DICTIONNAIRE
FRANÇAIS-ANGLAIS
ANGLAIS-FRANÇAIS
FRENCH-ENGLISH
ENGLISH-FRENCH
DICTIONARY

ROBERT·COLLINS JUNIOR DICTIONNAIRE FRANÇAIS~ANGLAIS ANGLAIS~FRANÇAIS

par

Beryl T. Atkins **Alain Duval**
Hélène M. A. Lewis **Rosemary C. Milne**

établi d'après le texte
abrégé et remanié du

DICTIONNAIRE
FRANÇAIS—ANGLAIS
ANGLAIS—FRANÇAIS
LE ROBERT & COLLINS

S.N.L. — Le Robert

COLLINS·ROBERT CONCISE FRENCH~ENGLISH ENGLISH~FRENCH DICTIONARY

by

Beryl T. Atkins   **Alain Duval**
Hélène M. A. Lewis   **Rosemary C. Milne**

based on the

COLLINS—ROBERT
FRENCH—ENGLISH
ENGLISH—FRENCH
DICTIONARY

Collins
London   Glasgow   Toronto

First published 1981

© Copyright 1981 William Collins Sons & Co. Ltd. and
S.N.L.-Le Robert

Latest reprint 1989

ISBN 0 00 433486 8

S.N.L.-Le Robert
107, av. Parmentier, 75011 PARIS

ISBN 2 85036 042 2

Collins Publishers
P.O. Box, Glasgow G4 0NB, Great Britain
100, Lesmill Road, Don Mills, Ontario M3B 2T5, Canada

Computer typeset by G.A. Pindar & Son Ltd, Scarborough, England
with
Data capture and manipulation by Morton Word Processing Ltd, Scarborough, England

Printed and bound in Great Britain
by William Collins Sons & Co Ltd

TABLE DES MATIÈRES

TABLE OF CONTENTS

INTRODUCTION

Le Robert & Collins 'Junior' a été établi à partir du texte abrégé et remanié du dictionnaire français/anglais, anglais/français Le Robert & Collins. Il conserve de ce fait les principales caractéristiques de son aîné: refléter les deux langues, permettre au francophone et à l'anglophone de traduire à la fois dans sa propre langue et dans la langue étrangère et de s'y exprimer avec assurance et précision.

INTRODUCTION

The Collins-Robert Concise Dictionary is an abridged version of the Collins-Robert French Dictionary and has been written with the same main objectives: to reflect the two living languages and to enable the user of either nationality to translate both into and from the foreign language, and to express himself in it correctly and confidently.

'Il a été débordé par un diable qui a sauté le mou!'

Que penseriez-vous du malheureux anglophone vous annonçant cette nouvelle? Pourtant il voudrait seulement vous dire qu'un camion, en passant au feu rouge, a écrasé quelqu'un ('he was run over by a truck which jumped the lights').

Ne riez pas, vous pourriez affirmer des choses bien plus ridicules en essayant de parler anglais. Tout cela parce que vous utilisez des mots que vous ne connaissez pas. Des mots que vous avez trouvés dans un dictionnaire.

Justement, prenez le verbe **sauter**. Tout le monde vous dira que l'anglais est **to jump**. Mais est-ce toujours vrai? Ouvrez un dictionnaire et vous aurez le plus souvent une série de mots anglais inconnus, comme **to pop out; to blow up; to fuse; to be cancelled**. Comment choisir celui qui convient? S'il s'agit d'un bouchon de champagne qui saute, il faut utiliser **to pop out** (= partir), pour un pont, ce sera **to blow up** (= exploser), pour un circuit électrique **to fuse** (= fondre), enfin, si c'est un cours qui a sauté, vous devez prendre **to be cancelled** (= être supprimé).

Ce qu'il faut éviter, c'est de dire que le bouchon a fondu, que le cours a explosé ou que le pont est parti.

Vous comprenez donc que vous pouvez dire toutes sortes d'absurdités en anglais en choisissant la première traduction venue du mot français que vous cherchez. Pour trouver le mot juste, vous devez vous laisser guider par des 'panneaux de signalisation', et dans ce dictionnaire ils sont toujours en italique.

En tournant la page, vous verrez comment cette signalisation fonctionne.

'Attention not to make yourself squash, you've got to walk inside the nails.'

You'd probably back away from the poor Frenchman who said that, leaving him quite mystified, for he'd only been trying to warn you to cross at the pedestrian crossing if you didn't want to get run over. ('Attention de ne pas te faire écraser, tu dois marcher dans les clous.') Don't laugh – if you try to speak French you could find yourself saying even odder things. All because you're not using words that you know, but words that you've found in a dictionary.

Take the word **cut**: most people would say this is **couper** in French – but is it? If you look it up in the dictionary, you're often faced with a row of unknown French words, like **tondre**, **graver**, **réduire** or **sécher**. How are you going to decide which is the word you want? Of course it depends what you're going to cut. Cut the grass and you would use **tondre** (= to mow); cut a disc and it would be **graver** (= to engrave); if you're cutting expenses you'd need **réduire** (= to reduce), and if you're going to cut classes you'd be looking for **sécher** (= to miss).

What you don't want to say is that you're going to mow the disc, or engrave the lawn and so on.

You'll understand from this that if you look up an English word in the dictionary and take the first French word you come across, you could find yourself talking or writing nonsense. If you want to reach the right French word, you have to read the signposts, and in this dictionary these signposts are in italics.

If you turn this page, you'll see what kind of signposts we've given you …

COMMENT UTILISER LE DICTIONNAIRE

> **couche** [kuʃ] *nf* **(a)** (*gén*) layer; [*peinture*] coat. ~
> **sociale** social stratum; (*fig*) **en tenir une** ~* to be
> really thick*. **(b)** (*Horticulture*) hotbed. **(c)**
> [*bébé*] nappy, diaper (*US*). **(d)** (*Méd: accouche-*
> *ment*) ~s confinement; **mourir en** ~s to die in
> childbirth. **(e)** (*littér: lit*) bed.
> **coucher** [kuʃe] (1) **1** *vt* **(a)** (*mettre au lit*) to put to
> bed; (*donner un lit*) to put up. **être/rester couché**
> to be/stay in bed. **(b)** *blessé* to lay out; *échelle etc*
> to lay down; *blés* to flatten. **être couché** to be
> lying. **(c)** (*inscrire*) to inscribe. **(d)** ~ **en joue**
> *fusil* to aim; *personne* to aim at. **2** *vi* (*dormir*) to
> sleep (*avec* with). **cela nous a fait** ~ **très tard** that
> meant we went to bed very late. **3 se** ~ *vpr* to go
> to bed; (*s'étendre*) to lie down; [*soleil, lune*] to set,
> go down; [*bateau*] to keel over. **4** *nm*: **le (moment**
> **du)** ~ bedtime; **le** ~ **des enfants** the children's
> bedtime; **(au)** ~ **du soleil** (at) sunset *ou* sundown
> (*US*). ♦ **couchette** *nf* [*voyageur*] berth, couchette;
> [*marin*] bunk.
> **coucou** [kuku] *nm* (*oiseau*) cuckoo; (*pendule*)
> cuckoo clock; (*péj: avion*) (old) crate; (*fleur*)
> cowslip. ~ **(me voici)!** peek-a-boo!

Comment dire en anglais: 'le coucou pousse dans
les bois'? L'article **coucou** vous donne plusieurs
mots: cuckoo; cuckoo clock; (old) crate; cowslip.
Sans autre indication, vous choisirez au hasard,
vous prendrez sans doute la première solution en
produisant un effet comique involontaire.

Aussi l'article contient-il autre chose, des mots
français en italique placés entre parenthèses
devant chaque traduction: (*oiseau*); (*pendule*);
(*péj: avion*); (*fleur*). Voilà vos panneaux de
signalisation. Ils correspondent chacun à un sens
différent du mot **coucou**. Vous pouvez choisir avec
certitude ce que vous voulez, dans notre exemple,
bien sûr: (*fleur*) cowslip.

L'exemple est simple, mais prenez le mot
coucher. Il peut être verbe transitif (coucher quelqu'un ou quelque chose) ou verbe intransitif
(coucher dans un lit) ou verbe pronominal (se
coucher tard); il peut aussi être un nom (l'heure du
coucher). Des chiffres vous indiquent ces différentes fonctions pour vous aider dans vos
recherches: 1 *vt* (transitif) – 2 *vi* (intransitif) – 3 **se**
~ *vpr* (pronominal) – 4 *nm* (nom masculin).

Vous savez aussi qu'on peut coucher des choses
très différentes: un bébé dans son berceau, une
échelle sur le sol, des mots sur le papier, on peut
aussi coucher quelqu'un en joue. Pour vous mettre
plus rapidement sur la voie, des lettres (a) – (b) –
(c) – (d) séparent ces grandes zones d'emplois.

Si vous connaissez la traduction dans le premier
cas: 'to put to bed', vous devinez qu'elle ne peut
s'appliquer ni à l'échelle, ni au blé couché par le
vent, c'est pourquoi ces deux mots en italique (ils
sont compléments d'objet du verbe) vous rensei-
gnent: *échelle* to lay down; *blés* to flatten. Mais
comment direz-vous, par exemple, 'coucher un
meuble sur le côté'? Comme il n'est pas possible de
citer tous les objets que l'on peut coucher, c'est le
mot *échelle* qui est chargé de les représenter, tout
comme *blés* veut dire *herbe, avoine etc* ... Donc,
'coucher un meuble' se dit 'to lay a piece of furniture down'.

Lorsqu'il s'agit de pourvoir quelqu'un d'un lit,
vous pourriez logiquement croire que 'coucher un
bébé' et 'coucher un ami pour la nuit' se disent de
la même manière, mais de nouveaux panneaux

(des synonymes entre parenthèses) vous avertis-
sent que (*mettre au lit*) un bébé se dit 'to put to bed'
et que (*donner un lit*) à un ami se dit 'to put up'.

Dans le verbe **se coucher**, de nouveaux panneaux vous aident à trouver votre chemin: [*soleil,*
lune] to set, go down; [*bateau*] to keel over. Ce sont
des sujets du verbe et ils sont placés entre
crochets pour les distinguer des autres indications
dont nous venons de parler.

Regardez maintenant l'article ♦ **couchette**.
Comme il ne forme pas un article principal, il est
précédé d'un losange pour le faire ressortir. Il y a
d'autres mots entre crochets: [*voyageurs*] et
[*marin*]. Ce sont des compléments du nom
couchette. Ils vous indiquent qu'une couchette de
[*voyageur*] se dit 'berth' ou 'couchette' alors qu'une
couchette de [*marin*] se dit 'bunk'.

Dans l'article **couche**, vous retrouvez un certain
nombre d'indications du même type. Il y en a aussi
de nouvelles. En voici quelques-unes:

... (*gén*) qui précède le mot anglais 'layer' signifie que cette traduction est la plus générale de
couche, celle qui est valable dans le plus grand
nombre de cas.

... (*US*) qui suit le mot 'diaper' indique que c'est
la manière dont on dit 'couche de bébé' en américain.

Il y a aussi un astérisque: * à la fin de l'expression 'en tenir une ~*', ainsi qu'à la fin de la traduction 'to be really thick*'. Cet astérisque indique
que l'une et l'autre sont familières. Si une expression est très familière, elle sera suivie de deux
astérisques: ‡. Si par contre elle est démodée, elle
sera suivie d'une croix: †.

Vous remarquerez enfin que le mot **couche** n'est
pas repris dans l'article. Il est remplacé par le
signe ~ qui évite la répétition.

Dans la partie Anglais–Français du dictionnaire
(cf. page ci-contre) vous remarquerez que les
mots en italique sont en anglais, pour aider le lecteur anglophone. En tant que Français, vous-
même n'avez pas besoin de précisions sur le sens
des traductions françaises!

Les pages suivantes, à partir de deux colonnes
prises dans le texte, regroupent tous les éléments
de cette signalisation.

USING THE DICTIONARY

aid [eɪd] **1** *n* **(a)** *(help)* aide *f*. **with the** ~ **of sb** avec l'aide de; **sth** à l'aide de; **in** ~ **of the blind** au profit des aveugles; *(fig)* **what is the meeting in** ~ **of?*** c'est dans quel but, cette réunion? **(b)** *(helper)* aide *mf*, assistant(e) *m(f)*; *(apparatus)* aide *f*, moyen *m*. **audio-visual** ~**s** support audio-visuel, moyens audio-visuels. **2** *vt* *(gen)* aider *(to do* à faire); *progress, recovery* contribuer à. *(Jur)* **to** ~ **and abet sb** être complice de qn.

aim [eɪm] **1** *n* **(a) to miss one's** ~ manquer son coup; **to take** ~ viser *(at sb/sth* qn/qch); **his** ~ **is bad** il vise mal. **(b)** *(purpose)* but *m*. **with the** ~ **of doing** dans le but de faire; **her** ~ **is to do** elle a pour but de faire. **2** *vt gun* braquer *(at* sur); *stone* lancer *(at* sur); *blow* décocher *(at* à); *remark* diriger *(at* contre). **3** *vi* viser. **to** ~ **at sth** viser qch; **to** ~ **at doing** *or* **to do** viser à faire, *(less formally)* avoir l'intention de faire. ♦ **aimless** *adj* sans but. ♦ **aimlessly** *adv wander* sans but; *stand around* sans trop savoir que faire; *chat, kick ball about* pour passer le temps.

alight¹ [ə'laɪt] *vi* *[person]* descendre *(from* de); *[bird]* se poser *(on* sur).

Suppose you want to say in French 'with the aid of a dictionary': you look up **aid** in the dictionary. If you know that in your sentence the word 'aid' is a noun (*n*), and not a transitive verb (*vt*), then you will go straight to the section marked **1** *n*. This is in two parts, **(a)** and **(b)**; the 'aid' that you're looking for is obviously the one marked **(a)** *(help)*, and not **(b)** *(helper)* or *(apparatus)*. You find the French word 'aide *f*. Read on and you have the phrase you're looking for; 'a dictionary' is obviously a thing (*sth* means 'something') and not a person (*sb* means 'somebody'), so you can now translate your phrase 'with the aid of a dictionary' - 'à l'aide d'un dictionnaire' ('with the aid of his brother' would be 'avec l'aide de son frère'). You'll see in this particular dictionary the sign ~, which we use to avoid having to keep repeating the headword, in this case **aid**.

You will have noticed that the gender of a French noun is always given, i.e. 'aide *f*'; normally this is done by using *f* for 'feminine' and *m* for 'masculine'. Sometimes the gender is already clear from the adjective which goes with the noun, and there is no need for *m* or *f*; thus, a few lines further on in the **aid** entry, **audio-visual** ~**s** is translated by 'support audio-visuel, moyens audio-visuels' - the masculine ending of 'audio-visuel' in both cases tells you that it is 'le support' and 'le moyen'.

Suppose however you'd been trying to put into French 'they aimed the searchlights at the plane'. From the entry **aim 2** *vt* (= verb transitive) you have to use the English in italics to help you choose the right French word to translate 'aim' in your sentence. Is 'aiming a *searchlight*' closer to 'aiming a *gun*' or to 'aiming a *stone*' at something? You obviously point a searchlight in the same way as you point a gun, you don't throw it, and so you would choose 'braquer': 'ils ont braqué les projecteurs sur l'avion'.

Further down the page you'll find **aimlessly** (the ♦ sign before it is just to help you find it more easily, since it's not a main headword like **aim**). If you want to talk about someone 'hanging about aimlessly on street corners' you'd pick *stand around* as nearest to 'hang about', and say 'il traînait au coin de la rue sans trop savoir que faire'.

Similarly under **alight**, for passengers who 'alight' from a coach, you would follow the signpost *[person]* and choose 'descendre', rather than 'se poser', which you'd use for a blackbird 'alighting' on a branch.

You may be puzzled by the word *(gen)* in **aid 2** *vt*: it means 'generally' or 'usually' and it tells you that usually the French for 'aid' is 'aider', but - look further on - if something is aiding *progress* or *recovery* (or *development* or anything else like that) then the translation of 'aid' would be 'contribuer à'; thus 'aider quelqu'un à faire quelque chose', but 'contribuer au progrès de quelque chose'.

Lastly, the asterisk (in **aid 1** *n*: **what is the meeting in** ~ **of?***) shows that this is something you'd happily *say* to someone, but not perhaps write in a formal piece of writing like an essay, or an application for a job. If an English or French phrase has two asterisks, this means that it is definitely slangy.

In the French-English side of the dictionary (see the opposite page) you'll notice that the words *in italics* are in French, to help the French user. As an English speaker, *you* don't need any help with your English!

If you want to know in more detail what all the signposts mean in this dictionary, turn over - they're all explained on the next page.

égide [eʒid] *nf:* sous l'~ de under the aegis of.
églantier [eglɑ̃tje] *nm* wild rose(-bush).
♦ **églantine** *nf* wild rose, eglantine.
église [egliz] *nf* (*gén*) church.
égoïsme [egɔism(ə)] *nm* selfishness, egoism.
♦ **égoïste 1** *adj* selfish, egoistic. **2** *nmf* egoist.
♦ **égoïstement** *adv* selfishly, egoistically.
égorger [egɔʀʒe] (3) *vt* (*lit*) to slit *ou* cut the throat of; (*) *client* to bleed white.
égout [egu] *nm* sewer. les ~s the sewerage system. ♦ **égoutier** *nm* sewer worker.
égoutter [egute] (1) **1** *vt* (*avec passoire*) to strain; (*en tordant*) to wring out. **2** *vi* [*vaisselle*] to drain; [*linge, eau*] to drip. **faire** ~ *eau* to drain off; *linge* to hang up to drip; 'laisser ~' 'drip dry'. **3** *s'*~ *vpr* to drip; to drain. ♦ **égouttoir** *nm* (*évier*) draining board; (*mobile*) draining rack; (*passoire*) strainer, colander.
égratigner [egratiɲe] (1) *vt* (*lit*) to scratch; (*fig*) to have a dig at. ♦ **égratignure** *nf* scratch; (*fig*) dig. **sans une** ~ without a scratch, unscathed.
égrener [egrəne] (5) *vt pois, blé, épi* to shell; *coton* to gin; *grappe* to pick grapes off. (*fig*) ~ **son chapelet** to tell one's beads; ~ **les heures** to mark the hours; **les maisons s'égrenaient le long de la route** the houses were dotted along the road.
égrillard, e [egrijar, ard(ə)] *adj* bawdy.
Égypte [eʒipt] *nf* Egypt. ♦ **égyptien, -ienne** *adj*, **É~(ne)** *nm(f)* Egyptian.
éhonté, e [eɔ̃te] *adj* shameless.
éjecter [eʒɛkte] (1) *vt* (*Tech*) to eject; (:) to kick out*. **se faire** ~ to get o.s. kicked out*. ♦ **éjection** *nf* (*Tech*) ejection; (:) kicking-out*.
élaborer [elabɔre] (1) *vt* (*gén*) to elaborate. ♦ **élaboration** *nf* elaboration.
élaguer [elage] (1) *vt* (*lit, fig*) to prune. ♦ **élagage** *nm* pruning. ♦ **élagueur** *nm* pruner.
élan[1] [elɑ̃] *nm* (*Zool*) elk, moose.
élan[2] [elɑ̃] *nm* (a) (*début de course*) run up. **saut avec/sans** ~ running/standing jump. (*vitesse acquise*) momentum. **prendre de l'**~ to gather speed; **emporté par son** ~ carried along by his own momentum. (c) [*enthousiasme, colère*] surge, burst. ~s **(d'affection)** rushes of affection; ~s **lyriques** lyrical outbursts. (d) [*troupes*] vigour, spirit. ~ **patriotique** patriotic fervour.
élancer [elɑ̃se] (3) **1** *vi* [*blessure*] to give shooting pains. **2** *s'*~ *vpr* (a) (*se précipiter*) to rush, dash (*vers* towards). s'~ **d'un bond sur** to leap onto. (b) (*se dresser*) to soar (*upwards*). ♦ **élancé, e** *adj clocher etc* slender. ♦ **élancement** *nm* shooting pain.
élargir [elarʒir] (2) **1** *vt* (a) (*gén*) to widen; *débat* to broaden. (*Pol*) **majorité élargie** increased majority; **ça lui élargit la taille** that makes his waist look fatter. (b) (*Jur: libérer*) to release, free. **2** *s'*~ *vpr* [*route*] to widen, get wider; [*idées*] to broaden. ♦ **élargissement** *nm* widening; broadening; release.
élastique [elastik] **1** *adj objet* elastic; *démarche* springy; [*sens, esprit*] flexible; (*péj*) [*conscience*] accommodating; (*Écon*) elastic. **2** *nm* (*de bureau*) elastic *ou* rubber band; (*Couture*) elastic. **en** ~ elasticated. ♦ **élasticité** *nf* elasticity; spring; flexibility; accommodating nature.
électeur, -trice [elɛktœr, tris] *nm,f* (a) (*Pol*) voter. (*circonscription*) ~s constituents. (b) (*Hist*) É~ Elector; É~**trice** Electress. ♦ **élection** *nf* (a) (*Pol, gén*) election. **jour des** ~s polling *ou* election day; ~ **partielle** ≃ by-election; ~s **législatives** ≃ general election. (b) (*choix*) **patrie d'**~ chosen country. ♦ **électoral, e,** *mpl* **-aux** *adj* electoral. ♦ **électorat** *nm* (a) (*Pol*) electorate; (*d'un parti*) voters. (b) (*Hist*) electorate.

(French annotation)	Dictionary text	(English annotation)

admiral ['ædmərəl] n amiral m (d'escadre). A~ of the Fleet amiral (à cinq étoiles). ♦ **Admiralty Board** n (Brit) ≃ ministère m de la Marine.

= Britannique; (US = Américain) — *= British; (US = American)*

admire [əd'maɪə'] vt admirer. ♦ **admirable** ['ædmərəbl] adj admirable. ♦ **admirably** adv admirablement. ♦ **admiration** n admiration f (of, for pour). to be the admiration of faire l'admiration de. ♦ **admirer** n admirateur m, -trice f; (†: suitor) soupirant† m. ♦ **admiring** adj admiratif. ♦ **admiringly** adv avec admiration.

équivalent culturel signalé par le signe ≃ — *≃ 'is approximately equivalent of'*

indication du genre: m = masculin; f = féminin — *gender: m = masculine; f = feminine*

emploi vieilli ou archaïque signalé par une croix † — *dagger means old-fashioned or obsolete*

admissible [əd'mɪsəbl] adj plan acceptable; evidence recevable.

admission [əd'mɪʃən] n (a) (entry) admission f, entrée f (to à). ~ free entrée gratuite; to gain ~ to person trouver accès auprès de; place être admis dans. (b) (confession) aveu m. by one's own ~ de son propre aveu.

genre indiqué une seule fois dans la catégorie — *gender shown once only per category*

admit [əd'mɪt] vt (a) (let in) laisser entrer. children not ~ted entrée interdite aux enfants; this ticket ~s 2 ce billet est valable pour 2 personnes. (b) (acknowledge) reconnaître, admettre (that que); crime reconnaître avoir commis; one's guilt reconnaître. I must ~ that ... je dois avouer or admettre que ...; I was wrong I ~ j'ai eu tort, j'en conviens.

prononciation (notation de l'Association Phonétique Internationale V p.xii) — *pronunciation in IPA, see p.xii*

mot souche de l'article repris par ~ (= 'admit') — *the sign ~ replaces main headword 'admit'*

admit of vt fus admettre, permettre.
admit to vt fus crime reconnaître avoir commis. to ~ to having done reconnaître avoir fait; to ~ to a feeling of avouer avoir un sentiment de.

traitement des verbes à particule séparé de l'article principal (ici: 'admit') V p.527 — *phrasal verbs dealt with separately from main entry ('admit') see p.527*

♦ **admittance** n droit m d'entrée, admission f (to sth à qch); accès m (to sth à qch); accès m (to sb auprès de qn); I gained ~tance on m'a laissé entrer; no ~tance except on business accès interdit à toute personne étrangère au service. ♦ **admittedly** adv: ~tedly this is true je le reconnais or il faut reconnaître que c'est vrai.

même dans les sous-articles ('admittance') le signe ~ remplace le mot souche ('admit') — *even in secondary entries ('admittance') ~ replaces main headword ('admit')*

éléments interchangeables de traduction à partir d'un tronc commun séparés par or — *separates alternative translations of part of a phrase*

admonish [əd'mɒnɪʃ] vt (reprove) réprimander (for doing pour avoir fait; about, for pour, à propos de); (warn) avertir (against doing de ne pas faire); (exhort) exhorter (to do à faire). ♦ **admonition** n réprimande f; avertissement m.

Précisions grammaticales à la suite de la traduction — *grammatical points given after French translations*

ad nauseam [,æd'nɔ:sɪæm] adv à satiété.
ado [ə'du:] n: much ~ about nothing beaucoup de bruit pour rien; without more ~ sans plus de cérémonies.
adolescent [,ædəʊ'lesnt] adj, n adolescent(e) m(f). ♦ **adolescence** n adolescence f.
adopt [ə'dɒpt] vt child, method, (Pol) motion adopter; candidate, career choisir. ♦ **adopted** adj child adopté; country d'adoption; son, family adoptif. ♦ **adoption** n adoption f; choix m. ♦ **adoptive** adj parent, child, adoptif; country d'adoption.

sous-articles signalés par un losange ♦ — *the sign ♦ highlights secondary headwords*

adore [ə'dɔ:'] vt adorer. ♦ **adorable** adj adorable. ♦ **adoration** n adoration f. ♦ **adoringly** adv avec adoration.

classes grammaticales:
vt = verbe transitif
adj = adjectif
n = nom
adv = adverbe
— *parts of speech:*
vt = verb transitive
adj = adjective
n = noun
adv = adverb

adorn [ə'dɔ:n] vt room orner; dress parer (with de). to ~ o.s. se parer. ♦ **adornment** n ornement m; parure f.
adrenalin(e) [ə'drenəlɪn] n adrénaline f. (fig) he felt the ~ rising il a senti son pouls s'emballer.

le genre du nom n'est pas indiqué lorsqu'un adjectif le rend évident — *gender of nouns not specified when clear from accompanying adjective*

Adriatic (Sea) [,eɪdrɪ'ætɪk('si:)] n (mer f) Adriatique f.
adrift [ə'drɪft] adv, adj (Naut) à la dérive. to turn ~ boat abandonner à la dérive; (fig) person laisser se débrouiller tout seul; to come ~* [wire etc] se détacher; [plans] tomber à l'eau.

parenthèses isolant les mots que l'on peut omettre — *brackets round words which may be left out*

*emploi familier indiqué par un astérisque * V p.vi* — *informal language; see note p.vii*

adroit [ə'drɔɪt] adj adroit. ♦ **adroitly** adv adroitement. ♦ **adroitness** n adresse f.
adulate ['ædjʊleɪt] vt aduler. ♦ **adulation** n adulation f.

adult ['ædʌlt] 1 n adulte mf. (Cine etc) ~s only interdit aux moins de 18 ans. 2 adj person, animal adulte; film, book, classes pour adultes. ~ education enseignement m post-scolaire.

= Cinéma; liste complète des abréviations V p.x — *= Cinema; for full list of such abbreviations see p.x*

ABRÉVIATIONS

ABBREVIATIONS

abréviation	**abbr, abrév**	abbreviated, abbreviation
adjectif	**adj**	adjective
administration	**Admin**	administration
adverbe	**adv**	adverb
agriculture	**Agr**	agriculture
anatomie	**Anat**	anatomy
antiquité	**Antiq**	ancient history
approximativement	**approx**	approximately
archéologie	**Archeol, Archéol**	archaeology
architecture	**Archit**	architecture
argot	**arg**	slang
article	**art**	article
astrologie	**Astrol**	astrology
astronomie	**Astron**	astronomy
automobile	**Aut**	automobiles
auxiliaire	**aux**	auxiliary
aviation	**Aviat**	aviation
biologie	**Bio**	biology
botanique	**Bot**	botany
britannique, Grande-Bretagne	**Brit**	British, Great Britain
canadien, Canada	**Can**	Canadian, Canada
chimie	**Chem, Chim**	chemistry
cinéma	**Cine, Ciné**	cinema
commerce	**Comm**	commerce
comparatif	**comp**	comparative
conditionnel	**cond**	conditional
conjonction	**conj**	conjunction
construction	**Constr**	building trade
mots composés	**cpd**	compound, in compounds
cuisine	**Culin**	cookery
défini	**def, déf**	definite
démonstratif	**dem, dém**	demonstrative
dialectal, régional	**dial**	dialect
diminutif	**dim**	diminutive
direct	**dir**	direct
écologie	**Ecol**	ecology
économique	**Econ, Écon**	economics
par exemple	**eg**	for example
électricité, électronique	**Elec, Élec**	electricity, electronics
et cetera	**etc**	etcetera
euphémisme	**euph**	euphemism
par exemple	**ex**	for example
exclamation	**excl**	exclamation
féminin	**f**	feminine
figuré	**fig**	figuratively
finance	**Fin**	finance
football	**Ftbl**	football
fusionné	**fus**	fused
futur	**fut**	future
en général, généralement	**gen, gén**	in general, generally
géographie	**Geog, Géog**	geography
géologie	**Geol, Géol**	geology
géométrie	**Geom, Géom**	geometry
grammaire	**Gram**	grammar
gymnastique	**Gym**	gymnastics
héraldique	**Her, Hér**	heraldry
histoire	**Hist**	history
humoristique	**hum**	humorous
impératif	**imper, impér**	imperative
impersonnel	**impers**	impersonal
industrie	**Ind**	industry
indéfini	**indef, indéf**	indefinite
indicatif	**indic**	indicative
indirect	**indir**	indirect
infinitif	**infin**	infinitive
inséparable	**insep**	inseparable
interrogatif	**interrog**	interrogative
invariable	**inv**	invariable
irlandais, Irlande	**Ir**	Irish, Ireland
ironique	**iro**	ironic
irrégulier	**irrég**	irregular
droit, juridique	**Jur**	law, legal
linguistique	**Ling**	linguistics
littéral, au sens propre	**lit**	literally
littéraire	**liter**	literary
littérature	**Literat**	literature
littéraire	**littér**	literary
littérature	**Littérat**	literature
masculin	**m**	masculine
mathématiques	**Math**	mathematics

médecine	**Med, Méd**	medicine
météorologie	**Met, Mét**	meteorology
métallurgie	**Metal, Métal**	metallurgy
militaire	**Mil**	military
mines	**Min**	mining
minéralogie	**Miner, Minér**	mineralogy
musique	**Mus**	music
mythologie	**Myth**	mythology
nom	**n**	noun
nautique	**Naut**	nautical, naval
négatif	**neg, nég**	negative
numéral	**num**	numerical
objet	**obj**	object
opposé	**opp**	opposite
optique	**Opt**	optics
ornithologie	**Orn**	ornithology
	o.s.	oneself
parlement	**Parl**	parliament
passif	**pass**	passive
péjoratif	**pej, péj**	pejorative
personnel	**pers**	personal
pharmacie	**Pharm**	pharmacy
philatélie	**Philat**	philately
philosophie	**Philos**	philosophy
photographie	**Phot**	photography
	phr vb elem	phrasal verb element
physique	**Phys**	physics
physiologie	**Physiol**	physiology
pluriel	**pl**	plural
politique	**Pol**	politics
possessif	**poss**	possessive
préfixe	**pref, préf**	prefix
préposition	**prep, prép**	preposition
prétérit	**pret, prét**	preterite
pronom	**pron**	pronoun
participe présent	**prp**	present participle
psychiatrie, psychologie	**Psych**	psychiatry, psychology
participe passé	**ptp**	past participle
quelque chose	**qch**	
quelqu'un	**qn**	
marque déposée	®	registered trademark
radio	**Rad**	radio
relatif	**rel**	relative
religion	**Rel**	religion
	sb	somebody, someone
sciences	**Sci**	science
école	**Scol**	school
écossais, Écosse	**Scot**	Scottish, Scotland
sculpture	**Sculp**	sculpture
séparable	**sep**	separable
singulier	**sg**	singular
argot	**sl**	slang
sociologie	**Soc, Sociol**	sociology, social work
Bourse	**St Ex**	Stock Exchange
	sth	something
subjonctif	**subj**	subjunctive
suffixe	**suf**	suffix
superlatif	**superl**	superlative
chirurgie	**Surg**	surgery
arpentage	**Surv**	surveying
technique	**Tech**	technical
télécommunications	**Telec, Téléc**	telecommunications
industrie textile	**Tex**	textiles
théâtre	**Theat, Théât**	theatre
télévision	**TV**	television
typographie	**Typ**	typography
université	**Univ**	university
américain, États-Unis	**US**	American, United States
voir	**V**	see
verbe	**vb**	verb
médecine vétérinaire	**Vet, Vét**	veterinary medicine
verbe intransitif	**vi**	intransitive verb
verbe pronominal	**vpr**	pronominal verb
verbe transitif	**vt**	transitive verb
verbe transitif et intransitif	**vti**	transitive and intransitive verb
verbe transitif indirect	**vt indir**	
zoologie	**Zool**	zoology
voir page vi	* ‡	see page vi
voir page vi	†	see page vi

Phonetic Transcription of French

Vowels

[i]	il, vie, lyre
[e]	blé, jouer
[ɛ]	lait, jouet, merci
[a]	plat, patte
[ɑ]	bas, pâte
[ɔ]	mort, donner
[o]	mot, dôme, eau, gauche
[u]	genou, roue
[y]	rue, vêtu
[ø]	peu, deux
[œ]	peur, meuble
[ə]	le, premier
[ɛ̃]	matin, plein
[ɑ̃]	sans, vent
[ɔ̃]	bon, ombre
[œ̃]	lundi, brun

Semi-consonants

[j]	yeux, paille, pied
[w]	oui, nouer
[ɥ]	huile, lui

Consonants

[p]	père, soupe
[t]	terre, vite
[k]	cou, qui, sac, képi
[b]	bon, robe
[d]	dans, aide
[g]	gare, bague
[f]	feu, neuf, photo
[s]	sale, celui, ça, dessous, tasse, nation
[ʃ]	chat, tache
[v]	vous, rêve
[z]	zéro, maison, rose
[ʒ]	je, gilet, geôle
[l]	lent, sol
[ʀ]	rue, venir
[m]	main, femme
[n]	nous, tonne, animal
[ɲ]	agneau, vigne
[h]	hop! (exclamative)
[']	haricot (no liaison)
[ŋ]	words borrowed from English: camping
[x]	words borrowed from Spanish or Arabic: jota

Transcription phonétique de l'anglais

Voyelles et diphtongues

[iː]	bead, see
[ɑː]	bard, calm
[ɔː]	born, cork
[uː]	boon, fool
[ɜː]	burn, fern, work
[ɪ]	sit, pity
[e]	set, less
[æ]	sat, apple
[ʌ]	fun, come
[ɒ]	fond, wash
[ʊ]	full, soot
[ə]	composer, above
[eɪ]	bay, fate
[aɪ]	buy, lie
[ɔɪ]	boy, voice
[əʊ]	no, ago
[aʊ]	now, plough
[ɪə]	tier, beer
[ɛə]	tare, fair
[ʊə]	tour

Consonnes

[p]	pat, pope
[b]	bat, baby
[t]	tab, strut
[d]	dab, mended
[k]	cot, kiss, chord
[g]	got, agog

[f]	fine, raffle
[v]	vine, river
[s]	pots, sit, rice
[z]	pods, buzz
[θ]	thin, maths
[ð]	this, other
[ʃ]	ship, sugar
[ʒ]	measure
[tʃ]	chance
[dʒ]	just, edge
[l]	little, place
[r]	ran, stirring
[m]	ram, mummy
[n]	ran, nut
[ŋ]	rang, bank
[h]	hat, reheat
[j]	yet, million
[w]	wet, bewail
[x]	loch

Divers

Un caractère en italique représente un son qui peut ne pas être prononcé.

[ʳ] représente un [r] entendu s'il forme une liaison avec la voyelle du mot suivant

['] accent tonique
[ˌ] accent secondaire

A, a [α] *nm (lettre)* A, a. **de A à Z** from A to Z; **prouver par ~ plus b** to prove conclusively.

à [a] *prép (avec le, les:* **au, aux) (a)** *(déplacement)* to; *(dans)* into. **aller ~ Paris/au marché** to go to Paris/to (the) market; **aller ~ la pêche** to go fishing; **son voyage ~ Londres** his trip to London; **entrez au salon** go into the lounge.

(b) *(position)* at; *(dans)* in; *(sur)* on. **habiter ~ Paris/au 4e étage** to live in Paris/on the 4th floor; **être ~ l'école/ ~ domicile** to be at school/at home; **c'est ~ 3 km** it's 3 km away; **~ la télévision/radio** on television/the radio; **rester au chaud** to stay in the warm.

(c) *(temps)* at; *(date)* on; *(époque)* in; *(jusqu'à)* to, till, until. **~ 6 heures/Noël** at 6 o'clock/ Christmas; **le 3 au soir** on the evening of the 3rd; **~ samedi!** see you on Saturday!; **au matin/19e siècle** in the morning/the 19th century; **de 2 ~ 4 heures** from 2 to *ou* till 4 (o'clock).

(d) *(rapport)* by, per; *(approximation)* to. **faire du 50 ~ l'heure** to do 50 km an *ou* per hour; **faire du 9 litres aux 100** to use 9 litres per 100 km; **être payé au poids/mois** to be paid by weight/the month; **entrer 2 ~ 2** to come in 2 by 2; **4 ~ 5 mètres** 4 to 5 metres; **gagner (par) 2 ~ 1** to win by 2 to 1.

(e) *(appartenance)* of, to. **ce sac est ~ moi/Peter** this bag is mine/Peter's, this bag belongs to me/Peter; **un ami ~ elle** a friend of hers, one of her friends; **ce n'est pas ~ moi de le faire** it's not for me *ou* up to me to do it.

(f) *(moyen)* on, by, with. **faire qch ~ la main** to do sth by hand; **aller ~ vélo/~ pied** to go by bike/on foot; **écrire qch au crayon** to write sth with a pencil *ou* in pencil; **jouer qch au piano** to play sth on the piano; **cuisiné au beurre** cooked in butter; **ils l'ont fait ~ 3** they did it between the 3 of them.

(g) *(caractérisation)* with. **robe ~ manches** dress with sleeves; **pompe ~ eau** water pump; **tasse ~ thé** tea cup; **elle est femme ~ le faire** she's the sort of woman to do it.

(h) *(destination)* for, to. **maison ~ vendre** house for sale; *(dédicace)* **~ ma sœur** to *ou* for my sister.

(i) *(conséquence)* to; *(hypothèse)* from. **~ leur grande surprise** much to their surprise; **~ ce que j'ai compris** from what I understood; **~ le voir si maigre** when I saw he was so thin; **~ bien réfléchir** if you think about it.

abaisser [abese] (1) **1** *vt* **(a)** *(gén) niveau* to lower; *store* to pull down; *température, taux* to bring down; *perpendiculaire* to drop. **(b)** to humiliate; *(Rel)* to humble. **2 s'~** *vpr* **(a)** *[température, taux]* to fall, drop; *[terrain]* to slope down; *(Théât) [rideau]* to fall *(sur* on). **(b)** *(s'humilier)* to humble o.s. **s'~ à faire** to stoop to doing. ♦ **abaissant, e** *adj* degrading. ♦ **abaissement** *nm* **(a)** *(action)* lowering; pulling down; dropping; humiliation; humbling. **(b)** *(chute)* fall, drop *(de* in); *[terrain]* downward slope; *[moralité]* decline. **(c)** *(abjection)* degradation.

abandon [abɑ̃dɔ̃] *nm* **(a)** *(délaissement)* desertion, abandonment; *(manque de soin)* neglected state, neglect. **laisser à l'~** to neglect. **(b)** *[idée, technique etc]* giving up; *[droit]* relinquishment;

[course] withdrawal *(de* from). **faire ~ de ses biens à qn** to make over one's property to sb; *(fig)* **~ de soi-même** self-abnegation. **(c)** *(relâchement)* lack of constraint. **parler avec ~** to talk freely *ou* without constraint; **moments d'~** moments of abandon; **l'~ de son attitude** his relaxed attitude.

abandonner [abɑ̃dɔne] (1) **1** *vt* **(a)** *(délaisser) lieu, personne* to desert, abandon; *technique* to abandon, give up. **son courage l'abandonna** his courage deserted him. **(b)** *(se retirer de) (gén)* to give up; *études, projet* to abandon; *droit* to relinquish; *course* to withdraw from. *(lit, fig)* **~ la lutte** to give up the fight. **(c)** *(donner)* **~ à** *(gén)* to leave to; **~ ses biens à une bonne œuvre** to leave *ou* donate one's wealth to a good cause; **elle lui abandonna sa main** she let him take her hand; **~ à qn le soin de faire qch** to leave it to sb to do sth; **~ au pillage** to leave to be pillaged. **2 s'~** *vpr* to let o.s. go. **s'~ à** *(gén)* to give o.s. up to; *désespoir* to give way to; **il s'abandonna au sommeil** he let sleep overcome him. ♦ **abandonné, e** *adj attitude* relaxed; *(avec volupté)* abandoned; *usine* disused.

abasourdir [abazurdir] (2) *vt* to stun.

abat-jour [abaʒur] *nm inv* lampshade.

abats [aba] *nmpl [volaille]* giblets; *[bœuf]* offal.

abattage [abataʒ] *nm [animal]* slaughter; *[arbre]* felling; *(Min)* extracting.

abattant [abatɑ̃] *nm* flap (of table, desk).

abattement [abatmɑ̃] *nm* **(a)** *(dépression)* despondency; *(fatigue)* exhaustion. **(b)** *(rabais)* reduction; *(fiscal)* (tax) allowance.

abattis [abati] *nmpl [volaille]* giblets; (*: membres*) limbs.

abattoir [abatwar] *nm* slaughterhouse.

abattre [abatr(ə)] (41) **1** *vt* **(a)** *arbre* to cut down, fell; *adversaire, quilles, mur* to knock down; *roche* to hew; *avion* to shoot down. **la pluie abat la poussière** the rain settles the dust; **il abattit son bâton sur ma tête** he brought his stick down on my head. **(b)** *(tuer) personne, fauve* to shoot; *chien* to destroy, put down; *bœuf* to slaughter. **(c)** *(physiquement)* to weaken, exhaust; *(moralement)* to demoralize. **abattu par la chaleur** overcome by the heat; **ne te laisse pas ~** don't let things get you down; *(lit, fig)* **~ ses cartes sur la table** *ou* put one's cards on the table; **~ du travail** to get through a lot of work. **2 s'~** *vpr* **(a)** *[personne]* to fall (down); *[cheminée]* to fall *ou* crash down. **(b)** **s'~ sur** *[pluie]* to beat down on; *[ennemi]* to swoop down on; *[coups, injures]* to rain on. ♦ **abattu, e** *adj (fatigué)* exhausted; *(déprimé)* demoralized, despondent.

abbaye [abei] *nf* abbey. ♦ **abbé** *nm [abbaye]* abbot; *(prêtre)* priest. ♦ **abbesse** *nf* abbess.

abc [abese] *nm*: **l'~ du métier** the first requirement of the job.

abcès [apsɛ] *nm* abscess. *(fig)* **vider l'~** to root out the evil.

abdication [abdikasjɔ̃] *nf (lit, fig)* abdication. ♦ **abdiquer** *vti [roi]* to abdicate; *(fig)* to give up.

abdomen [abdɔmɛn] *nm* abdomen. ♦ **abdominal, e,** *mpl* **-aux 1** *adj* abdominal. **2** *nmpl:* **~aux** stomach muscles.

abeille [abɛj] *nf* bee.

aberrant, e [abɛʀɑ̃, ɑ̃t] *adj conduite*, *(Bio)* aberrant; *histoire* absurd. ♦ **aberration** *nf (gén)* aberration.

abêtir *vt*, **s'~** *vpr* [abetiʀ] (2) to turn into a half-wit. ♦ **abêtissant, e** *adj travail* which reduces one to a half-wit. ♦ **abêtissement** *nm (état)* stupidity; *(action)* stupefying.

abhorrer [abɔʀe] (1) *vt (littér)* to abhor, loathe.

abîme [abim] *nm (lit, fig)* gulf, chasm. **au bord de l'~** *pays* on the brink of ruin; **au fond de l'~** *personne* in the depths of despair; **les ~s de l'enfer** the depths of hell; **dans un ~ de perplexité** utterly perplexed.

abîmer [abime] (1) **1** *vt* to damage, spoil. **2 s'~** *vpr* **(a)** *[objet]* to get spoilt *ou* damaged; *[fruits]* to go bad. **(b)** *(littér) [navire]* to founder. **s'~ dans la réflexion** to be plunged in thought.

abject, e [abʒɛkt] *adj* despicable, abject. ♦ **abjection** *nf* abjectness.

abjuration [abʒyʀɑsjɔ̃] *nf* abjuration, renunciation. ♦ **abjurer** (1) *vt* to abjure, renounce.

ablation [ablɑsjɔ̃] *nf (Méd)* removal.

ablutions [ablysjɔ̃] *nfpl (gén)* ablutions.

abnégation [abnegɑsjɔ̃] *nf* (self-)abnegation, self-denial. **avec ~** selflessly.

aboiement [abwamɑ̃] *nm [chien]* bark; *(péj: cri)* shout. **~s** barking.

abois [abwa] *nmpl*: **aux ~** at bay.

abolir [abɔliʀ] (2) *vt* to abolish. ♦ **abolition** *nf* abolition. ♦ **abolitionnisme** *nm* abolitionism. ♦ **abolitionniste** *adj, nmf* abolitionist.

abominable [abɔminabl(ə)] *adj* abominable; *(sens affaibli)* frightful, terrible. ♦ **abominablement** *adv* abominably; frightfully, terribly. ♦ **abomination** *nf (crime)* abomination; *(parole etc)* abominable remark *etc.* **avoir en ~** to loathe, abominate; **c'est une ~!** it's abominable! ♦ **abominer** (1) *vt* to abominate.

abondant, e [abɔ̃dɑ̃, ɑ̃t] *adj récolte, réserves* plentiful; *végétation* lush; *chevelure* thick; *larmes, conseils, repas* copious. **avec d'~es photographies** with numerous photographs; **les pêches sont ~es sur le marché** peaches are in plentiful *ou* good supply; **il lui faut une nourriture ~e** he must have plenty of food. ♦ **abondamment** *adv* abundantly; plentifully; *couler* profusely; *boire* copiously. ♦ **abondance** *nf (profusion)* abundance; *(opulence)* affluence. **des fruits en ~** fruit in plenty; **il y a (une) ~ de** there is an abundance of; **~ d'idées** wealth of ideas. ♦ **abonder** (1) *vi* **(a)** to abound, be plentiful. **~ en** to be full of, abound in. **(b)** **il abonda dans notre sens** he was in complete agreement with us.

abonné, e [abɔne] **1** *adj*: **être ~ à** *journal* to subscribe to; *téléphone, gaz* to have; *(fig)* **il y est ~!** he's making (quite) a habit of it! **2** *nm,f (Presse, Téléc)* subscriber; *(Élec, Gaz)* consumer; *(Rail, Théât)* season-ticket holder. ♦ **abonnement** *nm (Presse)* subscription; *(Téléc)* rental; *(Rail, Théât)* season ticket. ♦ **abonner** (1) **1** *vt*: **~ qn (à qch)** to take out a subscription (to sth) for sb; to buy sb a season ticket (for sth). **2 s'~** *vpr* to subscribe (*à* to), to buy a season ticket (*à* for).

abord [abɔʀ] *nm* **(a)** *(environs)* **~s** surroundings; **aux ~s de** around. **(b)** *(accès)* access, approach; *(accueil)* manner. **d'un ~ difficile** *livre* which is difficult to get into; *personne* unapproachable. **(c)** **allons d'~ chez le boucher** let's go to the butcher's first; **il fut (tout) d'~ poli, puis** he was polite at first *ou* initially, and then; **d'~, il n'a même pas 18 ans** for a start *ou* in the first place, he's not even 18; **dès l'~** from the outset; **au premier ~** at first sight. ♦ **abordable** *adj prix* reasonable; *personne* approachable; *lieu* accessible.

aborder [abɔʀde] (1) **1** *vt* **(a)** *lieu* to reach; *personne* to approach, come up to; *sujet* to tackle. **(b)** *(Naut) (attaquer)* to board; *(heurter)* to collide

with. **2** *vi (Naut)* to land *(dans, sur* on). ♦ **abordage** *nm (assaut)* boarding; *(accident)* collision. **à l'~!** away boarders!

aborigène [abɔʀiʒɛn] **1** *adj* aboriginal. **2** *nmf* aborigine, native.

aboucher (s') [abuʃe] (1) *vpr*: **s'~ avec qn** to get in touch with sb.

aboutir [abutiʀ] (2) *vi* **(a)** *(réussir)* to succeed. **faire ~** to bring to a successful conclusion. **(b)** **~ à** *ou* **dans** *lieu* to end (up) in; *désordre* to result in, lead to; **j'aboutis à 12 F** I get (it to come to) 12 francs; **il n'aboutira jamais à rien** he'll never get anywhere; **ça n'a abouti à rien** it has come to nothing. ♦ **aboutissement** *nm (résultat)* outcome; *(succès)* success.

aboyer [abwaje] (8) *vi* to bark; *(péj: crier)* to shout *(après* at).

abracadabrant, e [abʀakadabʀɑ̃, ɑ̃t] *adj* incredible, preposterous.

abrasif, -ive [abʀazif, iv] *adj, nm* abrasive.

abréger [abʀeʒe] (3 *et* 6) *vt (gén)* to shorten; *souffrances, visite* to cut short; *texte* to abridge; *mot* to abbreviate. **abrège!*** get to the point! ♦ **abrégé** *nm* summary. **faire un ~ de** to summarize; **en ~** *(en miniature)* in miniature; *(en bref)* in brief.

abreuver [abʀœve] (1) **1** *vt animal* to water. *(fig)* **~ qn de** to shower sb with; **terre abreuvée d'eau** waterlogged ground. **2 s'~** *vpr* to drink. ♦ **abreuvoir** *nm (mare)* watering place; *(récipient)* drinking trough.

abréviation [abʀevjɑsjɔ̃] *nf* abbreviation.

abri [abʀi] *nm (cabane)* shelter; *(fig)* refuge *(contre* from). **~ à vélos** bicycle shed; *(hum)* **tous aux ~s!** take cover!; **mettre à l'~** *(de la pluie, des regards)* to shelter *(de* from); **se mettre à l'~** to (take) shelter *(de* from); *(de soupçons)* to safeguard o.s. *(de* against); **c'est à l'~** *(de la pluie)* it's under shelter; *(du vol)* it's in a safe place; **à l'~ du mur** sheltered by the wall; **à l'~ du besoin** sheltered from want.

abricot [abʀiko] *nm, adj inv* apricot. ♦ **abricotier** *nm* apricot tree.

abriter [abʀite] (1) **1** *vt (pluie, vent)* to shelter; *(radiations)* to screen *(de* from). **le bâtiment peut ~ 20 personnes** the building can accommodate 20 people. **2 s'~** *vpr* to (take) shelter *(de* from). **s'~ derrière le règlement** to hide *ou* take cover behind the rules.

abrogation [abʀɔgɑsjɔ̃] *nf* abrogation. ♦ **abroger** (3) *vt* to abrogate.

abrupt, e [abʀypt, pt(ə)] **1** *adj pente* abrupt, steep; *personne* abrupt. **2** *nm* steep slope. ♦ **abruptement** *adv* steeply; abruptly.

abrutir [abʀytiʀ] (2) *vt*: **~ qn** to make sb stupid; **~ qn de** to drive sb stupid with; **abruti par l'alcool** stupefied with drink; **abruti de travail** dazed with work. ♦ **abruti, e†** *nm,f* idiot*, moron. ♦ **abrutissant, e** *adj bruit* stunning; *travail* mind-destroying. ♦ **abrutissement** *nm (fatigue)* exhaustion; *(abêtissement)* moronic state. **l'~ des masses par la télévision** the stupefying effect of television on the masses.

absence [apsɑ̃s] *nf [personne, objet]* absence; *[sentiment]* lack *(de* of). **il constata l'~ de sa valise** he noticed that his case was missing; **~ (de mémoire)** mental blank; **en l'~ de** in the absence of.

absent, e [apsɑ̃, ɑ̃t] **1** *adj* **(a)** *(gén)* away *(de* from); *(malade)* absent *(de* from). **conférence dont la France était ~e** conference from which France was absent. **(b)** *sentiment* lacking; *objet* missing. **toute émotion était ~e** there was no trace of emotion. **(c)** *(distrait)* *air* vacant. **2** *nm,f (gén)* absent person; *(Scol, Admin)* absentee; *(disparu)* missing person. **le grand ~ de la réunion** the most notable absentee at the meeting. ♦ **absentéisme** *nm* absenteeism. ♦ **absentéiste**

nmf absentee. *(gén)* **c'est un ~** he is always absent. ♦ **absenter (s')** (1) *vpr (gén)* to go out. **s'~ de *pièce*** to go out of; *ville* to leave; **elle s'absente souvent de son travail** she is frequently absent from work.

abside [apsid] *nf* apse.

absinthe [apsɛ̃t] *nf* absinth(e).

absolu, e [apsɔly] **1** *adj* **(a)** *(gén, Ling, Pol)* absolute. **en cas d'~e nécessité** if absolutely essential; **règle ~e** hard-and-fast rule. **(b)** *ton* peremptory; *jugement* rigid. **2** *nm*: **l'~** the absolute. ♦ **absolument** *adv (gén)* absolutely. **avoir ~ tort** to be quite *ou* absolutely wrong; **~ pas!** certainly not!

absolution [apsɔlysjɔ̃] *nf (Rel)* absolution *(de* from). **donner l'~ à qn** to give sb absolution.

absolutisme [apsɔlytism(ə)] *nm* absolutism.

absorber [apsɔʀbe] (1) *vt* **(a)** *aliment* to take; *parti, bruit, dette* to absorb; *firme* to take over; *liquide* to absorb, soak up; *tache* to remove. **(b)** *attention, temps* to occupy, take up. **s'~/être absorbé dans une lecture** to become/be absorbed in reading. ♦ **absorbant, e 1** *adj matière* absorbent; *tâche* absorbing; *(Bio)* absorptive. **2** *nm* absorbent. ♦ **absorption** *nf* **(a)** taking; absorption; takeover; removal. **(b)** *(méditation)* absorption.

absoudre [apsudʀ(ə)] (51) *vt* to absolve *(de* from).

abstenir (s') [apstəniʀ] (22) *vpr* **(a) s'~ de qch/de faire** to refrain *ou* abstain from sth/from doing; **je préfère m'~** I'd rather not. **(b)** *(Pol)* to abstain *(de voter* from voting). ♦ **abstention** *nf* abstention. ♦ **abstentionnisme** *nm* abstentionism. ♦ **abstentionniste** *adj, nmf* abstentionist.

abstinence [apstinɑ̃s] *nf* abstinence. **faire ~** to abstain *(from meat)*. ♦ **abstinent, e** *adj* abstinent.

abstraction [apstʀaksjɔ̃] *nf* abstraction. **faire ~ de** to leave aside, disregard.

abstraire [apstʀɛʀ] (50) **1** *vt* to abstract *(de* from). **2 s'~** *vpr* to cut o.s. off *(de* from). ♦ **abstrait, e** *adj* abstract. **dans l'~** in the abstract; **l'(art) ~** abstract art. ♦ **abstraitement** *adv* abstractly.

absurde [apsyʀd(ə)] *adj* absurd. ♦ **absurdité** *nf* absurdity.

abus [aby] *nm (gén)* abuse. **faire ~ de** *force* to abuse; **l'~ qu'il fait d'aspirine** his excessive use *ou* overuse of aspirin; **nous avons fait des *ou* quelques ~ hier soir** we overdid it last night; **il y a de l'~!*** that's going a bit too far!; **~ de pouvoir** abuse *ou* misuse of power.

abuser [abyze] (1) **1 ~ de** *vt indir* **(a)** *situation, victime* to take advantage of; *autorité, hospitalité* to abuse. **je ne veux pas ~ de votre temps/gentillesse** I don't want to waste your time/to impose on your kindness; **tu abuses!** you're going too far! **(b)** *(user avec excès)* médicaments* to overuse; *ses forces* to overtax; *plaisirs* to overindulge in. **~ de l'alcool** to drink to excess. **2** *vt [escroc]* to deceive; *[ressemblance]* to mislead. **3 s'~** *vpr (erreur)* to be mistaken; *(illusions)* to delude o.s. ♦ **abusif, -ive** [abyzif, iv] *adj pratique* improper; *mère* over-possessive; *prix, punition* excessive. **usage ~ de** improper use *ou* misuse of; **c'est ~ de dire** it's putting it a bit strongly to say. ♦ **abusivement** *adv* improperly; excessively.

acabit [akabi] *nm (péj)* sort, type.

acacia [akasja] *nm* acacia.

académie [akademi] *nf* **(a)** *(société savante)* learned society; *(Antiq)* academy. *(officielle)* **A~ Academy**; *(école)* **~ de dessin** art school, academy of art. **(b)** *(Univ)* ≃ regional education authority. ♦ **académicien, -ienne** *nm,f (gén)* academician; *(Antiq)* academic. ♦ **académique** *adj (gén, péj)* academic; *[Académie française]* of the French Academy; *(Univ)* ≃ of the regional education authority. *(Belgique, Can, Suisse)* **année ~** academic year.

acajou [akaʒu] *nm, adj inv* mahogany.

acariâtre [akaʀjɑtʀ(ə)] *adj* sour, cantankerous.

accabler [akɑble] (1) *vt* **(a)** *(gén)* to overwhelm. **accablé sous le nombre** overwhelmed *ou* overpowered by numbers; **sa déposition m'accable** his evidence is overwhelmingly against me. **(b) ~ qn de** *critiques* to heap on sb; *impôts, travail* to overburden sb with; *questions, conseils* to overwhelm sb with. ♦ **accablant, e** *adj chaleur, travail* exhausting; *témoignage, responsabilité* overwhelming; *douleur* excruciating. ♦ **accablement** *nm (abattement)* despondency; *(fatigue)* exhaustion.

accalmie [akalmi] *nf (gén)* lull *(de* in); *[fièvre]* respite *(dans* in); *[affaires]* slack period.

accaparer [akapaʀe] (1) *vt pouvoir, conversation, hôte* to monopolize; *temps, attention* to take up. **les enfants l'accaparent** the children take up all her time and energy. ♦ **accaparant, e** *adj* all-absorbing. ♦ **accaparement** *nm [pouvoir, production]* monopolizing; *[médecin etc]* involvement *(par* in). ♦ **accapareur, -euse 1** *adj* monopolistic. **2** *nm,f* monopolizer.

accéder [aksede] (6) **~ à** *vt indir* **(a)** *lieu* to reach, get to; *honneur, indépendance, pouvoir* to attain; *grade* to rise to. **(b)** *prière* to grant.

accélérer [akseleʀe] (6) **1** *vt* to speed up. **2** *vi (Aut, fig)* to accelerate, speed up. **accélère!*** get a move on!* **3 s'~** *vpr [pouls]* to quicken. ♦ **accélérateur** *nm* accelerator. ♦ **accélération** *nf* acceleration, speeding up; quickening.

accent [aksɑ̃] *nm* **(a)** *(prononciation)* accent. **(b)** *(Orthographe)* accent. **e ~ grave/aigu** e grave/acute; **~ circonflexe** circumflex (accent). **(c)** *(Phonétique)* accent, stress; *(fig)* stress, emphasis. **mettre l'~ sur** to stress. **(d)** *(inflexion)* tone (of voice). **~ plaintif** plaintive tone; **~ de sincérité** note of sincerity; **~s de rage/d'amour** accents of rage/of love; **les ~s de cette musique** the strains of this music.

accentuer [aksɑ̃tɥe] (1) **1** *vt* **(a)** *lettre* to accent; *syllabe* to stress. **(b)** *contraste* to emphasize, accentuate; *goût* to bring out; *effort* to intensify. **2 s'~** *vpr [tendance, traits]* to become more marked *ou* pronounced; *[inflation]* to increase. ♦ **accentuation** *nf* accentuation; stressing; emphasizing; intensification. *(Phonétique)* **les règles de l'~** the rules of stress.

accepter [aksɛpte] (1) *vt (gén, Comm)* to accept; **condition** to agree to, accept. **~ de faire** to agree to do; **elle accepte tout de sa fille** she puts up with anything from her daughter. ♦ **acceptable** *adj travail* satisfactory, fair; *repas* reasonable; **condition acceptable.** ♦ **acceptation** *nf (gén)* acceptance.

acception [aksɛpsjɔ̃] *nf* meaning, sense.

accès [aksɛ] *nm* **(a)** *(action d'entrer)* access; *(porte)* entrance. **interdire l'~ de qch à** to bar entry *ou* prevent access to sth; **~ interdit** no entry, no admittance; **d'~ facile** *lieu* (easily) accessible; *personne* approachable; *manuel* easily understood; **tous les ~ de la ville** all approaches to the town; **donner/avoir ~ à** to give/have access to. **(b)** *(colère, toux, folie)* fit; *[fièvre]* attack, bout; *[enthousiasme]* burst.

accessible [aksesibl(ə)] *adj lieu* accessible *(à* to); *personne* approachable; *but* attainable. **~ à tous** *(financièrement)* within everyone's pocket; *(intellectuellement)* within the reach of everyone.

accession [aksɛsjɔ̃] *nf*: **~ à** *pouvoir, indépendance* attainment of; *rang* rise to.

accessit [aksesit] *nm (Scol)* ≃ certificate of merit.

accessoire [aksɛswaʀ] **1** *adj (gén)* secondary, incidental. **2** *nm* **(a)** *(Théât)* prop; *(Aut)* accessory. **~s de toilette** toilet requisites. **(b)** *(Philos)* **l'~** the unessential. ♦ **accessoirement** *adv*

secondarily, incidentally; (*si besoin est*) if necessary. ♦ **accessoiriste** *nmf* property man (*ou* girl).
accident [aksidɑ̃] *nm* (a) (*gén, Philos*) accident; (*Aut, Aviat*) crash; (*Méd*) illness, trouble; (*fig: revers*) setback. (*Admin*) il n'y a pas eu d'~ de personnes there were no casualties, no one was injured; (*hasard*) par ~ by chance, by accident. (b) ~ de terrain undulation. ♦ **accidenté, e 1** *adj* (a) *région* undulating. (b) *véhicule* damaged. **2** *nm,f* casualty, injured person. ♦ **accidentel, -elle** *adj* (*gén*) accidental. ♦ **accidentellement** *adv* (a) (*par hasard*) accidentally, by accident *ou* chance. (b) *mourir* in an accident. ♦ **accidenter** (1) *vt personne* to injure, hurt; *véhicule* to damage.
acclamer [aklame] (1) *vt* to cheer, acclaim. ♦ **acclamation** *nf*: ~s cheers; **par** ~ by acclamation.
acclimater [aklimate] (1) **1** *vt* (*Bot, Zool*) to acclimatize. **2 s'~** *vpr* to become acclimatized (*à* to). ♦ **acclimatation** *nf* acclimatization.
accointances [akwɛ̃tɑ̃s] *nfpl* contacts, links.
accolade [akɔlad] *nf* (a) (*protocolaire*) embrace; (*Hist*) accolade. **donner l'~** to embrace. (b) (*Typ*) brace. **mots (mis) en** ~ words bracketed together. ♦ **accoler** (1) *vt* (*gén*) to place side by side; (*Typ*) to bracket together.
accommoder [akɔmɔde] (1) **1** *vt* (a) *plat* to prepare (*à* in, with). (b) (*combiner*) to combine; (*adapter*) to adapt; (†: *arranger*) to arrange. **2** *vi* (*Opt*) to focus (*sur* on). **3 s'~** *vpr*: **s'~ de** to put up with; **elle s'accommode de tout** she can make do with anything; (*littér*) **s'~à qch** to adapt to sth; **s'~ avec qn** to come to an arrangement with sb (*sur* about). ♦ **accommodant, e** *adj* accommodating. ♦ **accommodation** *nf* (*Opt*) accommodation; (*adaptation*) adaptation. ♦ **accommodement** *nm* arrangement.
accompagner [akɔ̃paɲe] (1) *vt* (*gén*) to accompany. **il s'était fait** ~ **de sa mère** he had got his mother to go with him *ou* to accompany him; **tous nos vœux vous accompagnent** all our good wishes go with you; **il s'accompagna à la guitare** he accompanied himself on the guitar; **du chou accompagnait le rôti** cabbage was served with the roast. ♦ **accompagnateur, -trice** *nm,f* (*Mus*) accompanist; (*guide*) guide; (*Scol*) accompanying adult; (*Tourisme*) courier. ♦ **accompagnement** *nm* (a) (*Mus*) accompaniment. **sans** ~ unaccompanied. (b) (*Culin*) accompanying vegetables.
accomplir [akɔ̃pliʀ] (2) *vt promesse* to fulfil, carry out; *mission, exploit* to perform, carry out, accomplish; *apprentissage* (*faire*) to do; (*terminer*) to complete. **la volonté de Dieu s'est accomplie** God's will was done. ♦ **accompli, e** *adj* (*expérimenté*) accomplished. ♦ **accomplissement** *nm* fulfilment; accomplishment; completion.
accord [akɔʀ] *nm* (a) (*gén, Gram*) agreement; (*harmonie*) harmony. **le bon** ~ **règne** harmony reigns; ~ **à l'amiable** mutual agreement; **en** ~ **avec le paysage** in harmony *ou* in keeping with the landscape. (b) (*Mus*) (*notes*) chord. ~ **parfait** triad; ~ **de tierce** third. (c) **être d'**~ to agree, be in agreement; **se mettre d'**~ **avec qn** to agree *ou* come to an agreement with sb; **mettre 2 personnes d'**~ to make 2 people come to an agreement with each other; **c'est d'**~ (*pour demain*) it's agreed *ou* all right *ou* O.K.* (for tomorrow).
accordéon [akɔʀdeɔ̃] *nm* accordion. **en** ~* *voiture* crumpled; *pantalon* wrinkled. ♦ **accordéoniste** *nmf* accordionist.
accorder [akɔʀde] (1) *vt* (a) (*gén*) to give, grant; *pension* to award (*à* to). ~ **à qch** to admit (to sb) that; **je vous l'accorde** I'll grant you that; ~ **de la valeur à qch** to attach value to sth, value sth. (b) (*harmoniser*) *couleurs* to match; (*Mus*) to tune.

(*fig*) **ils ont accordé leurs violons** they agreed on the line to take; (*Gram*) (**faire**) ~ **un verbe/un adjectif** to make a verb/an adjective agree (*avec* with). **2 s'**~ *vpr* (a) (*être d'accord*) to agree. **ils s'accordent pour dire que le film est mauvais** they agree that it's a poor film; (**bien/mal**) **s'**~ **avec qn** to get on (well/badly) with sb. (b) [*couleurs*] to match; [*opinions*] to agree; [*caractères*] to be in harmony. **ses actions s'accordent avec ses opinions** his actions are in keeping with his opinions. (c) (*Ling*) to agree (*avec* with). ♦ **accordeur** *nm* (*Mus*) tuner.
accorte [akɔʀt(ə)] *adj f* (*hum*) winsome.
accoster [akɔste] (1) *vt personne* to accost; (*Naut*) to come alongside; (*emploi absolu*) to berth.
accotement [akɔtmɑ̃] *nm* (*Aut*) shoulder, verge; (*Rail*) shoulder.
accoter [akɔte] (1) *vt* to lean, rest. **s'**~ **à** *ou* **contre** to lean against.
accoucher [akuʃe] (1) **1** *vt*: ~ **qn** to deliver sb's baby. **2** *vi* (a) (*être en travail*) to be in labour; (*donner naissance*) to give birth. ~ **d'un garçon** to give birth to a boy, have a (baby) boy. (b) (*fig hum*) ~ **de roman** to bring forth; **accouche!s** spit it out!* ♦ **accouchée** *nf* (*new*) mother. ♦ **accouchement** *nm* delivery. ~ **prématuré** premature birth. ♦ **accoucheur, -euse 1** *nm,f*: (**médecin**) ~ obstetrician. **2** *nf* (*sage-femme*) midwife.
accouder (s') [akude] (1) *vpr* to lean (on one's elbows) (*sur* on). ♦ **accoudoir** *nm* armrest.
accoupler [akuple] (1) **1** *vt* (a) *bœufs* to yoke; (*Tech*) to couple, connect (up) (*à* to); (*fig*) *mots* to link. (b) (*faire copuler*) to mate (*à* with). **2 s'**~ *vpr* to mate. ♦ **accouplement** *nm* yoking; coupling; connecting (up); linking; mating.
accourir [akuʀiʀ] (11) *vi* (*lit*) to rush up, hurry (*à, vers* to).
accoutrement [akutʀəmɑ̃] *nm* (*péj*) getup*. ♦ **accoutrer** (1) *vt* (*péj*) to get up* (*de* in).
accoutumer [akutyme] (1) *vt*: ~ **qn à qch/à faire** to accustom sb *ou* get sb used to sth/to doing; **s'**~ **à faire** to get used *ou* accustomed to doing. ♦ **accoutumé, e** *adj* usual. **comme à l'**~**e** as usual. ♦ **accoutumance** *nf* (*habitude*) habituation (*à* to); (*besoin*) addiction (*à* to).
accréditer [akʀedite] (1) **1** *vt rumeur* to substantiate; *personne* to accredit (*auprès de* to). **2 s'**~ *vpr* [*rumeur*] to gain ground.
accroc [akʀo] *nm* (a) [*tissu*] tear; [*réputation*] blot (*à* on); [*règle*] breach (*à* of). **faire un** ~ **à règle** to twist; *tissu* to tear. (b) (*anicroche*) hitch. **sans** ~s without a hitch.
accrochage [akʀɔʃaʒ] *nm* (*Aut*) collision; (*Mil*) engagement; (*Boxe*) clinch; (*dispute*) clash.
accrocher [akʀɔʃe] (1) **1** *vt* (a) *tableau* to hang (up) (*à* on); *wagons* to couple (*à* to). ~ **un ver à l'hameçon** to put a worm on the hook. (b) (*accident*) *jupe* to catch (*à* on); *voiture* to bump into; *piéton* to hit; *assiette* to knock. (c) (*: fig*) *occasion* to get; *personne* to get hold of; *mots* to catch; *client* to attract. ~ **le regard** to catch the eye. (d) (*Mil*) to engage; (*Boxe*) to clinch. **2** *vi* (a) [*fermeture éclair*] to jam; [*pourparlers*] to come up against a hitch. **cette planche accroche** this board catches on the cloth. (b) (*plaire*) [*slogan*] to catch on. **3 s'**~ *vpr* (a) (*se cramponner*) to hang on. **s'**~ **à branche, espoir** to cling to. (b) (*: *) [*malade*] to cling on; [*étudiant*] to stick at it*; [*importun*] to cling. (c) [*voitures*] to bump (each other); (*Boxe*) to get into a clinch; (*Mil*) to engage; (*se disputer*) to have a clash (*avec* with). ♦ **accrocheur, -euse** *adj concurrent* tenacious; *affiche* eye-catching; *slogan* catchy.
accroire [akʀwaʀ] *vt*: **faire** ~ **à qn qch/que** to delude sb into believing sth/that.
accroître *vt*, **s'**~ *vpr* [akʀwatʀ(ə)] (55) to increase. ♦ **accroissement** *nm* (*gén*) increase (*de*

in); *[production]* growth (*de* in).
accroupir (s') [akʀupiʀ] (2) *vpr* to squat *ou* crouch (down). ♦ **accroupi, e** *adj* squatting *ou* crouching (down).
accu* [aky] *nm* (*Aut etc*) battery.
accueil [akœj] *nm* (*gén*) welcome, reception; *[sinistrés, idée]* reception; (*logement*) accommodation. **faire bon ~ à** to welcome; **faire mauvais ~ à** to receive badly. ♦ **accueillant, e** *adj* welcoming. ♦ **accueillir** (12) *vt* **(a)** (*aller chercher*) to collect; (*recevoir*) to welcome; (*pouvoir héberger*) to accommodate. **bien/mal ~ qn** to give sb a good/bad reception; **~ par des huées** to greet with jeers. **(b)** *nouvelle* to receive.
acculer [akyle] (1) *vt*: **~ qn à** *mur* to drive sb back against; *ruine* to drive sb to the brink of; *choix* to force sb into; **~ qn dans** *pièce* to corner sb in; (*lit, fig*) **nous sommes acculés** we're cornered.
accumuler [akymyle] (1) **1** *vt* (*gén*) to accumulate; *marchandises* to stockpile; *énergie* to store. **2 s'~** *vpr* to accumulate; (*Fin*) to accrue. ♦ **accumulateur** *nm* battery. ♦ **accumulation** *nf* accumulation; stockpiling; storage; (*tas*) accumulation.
accusateur, -trice [akyzatœʀ, tʀis] **1** *adj regard* accusing; *preuves* incriminating. **2** *nm,f* accuser.
accusatif [akyzatif] *nm* (*Ling*) accusative.
accusation [akyzɑsjɔ̃] *nf* (*gén*) accusation; (*Jur*) charge. (*le procureur etc*) **l'~** the prosecution; **mettre en ~** to indict; **mise en ~** indictment.
accuser [akyze] (1) **1** *vt* **(a)** (*gén*) to accuse (*de* of); (*blâmer*) to blame (*de* for). (*Jur*) **~ de** to accuse of, charge with; **tout l'accuse** everything points to his guilt; **~ qn d'incompétence** to blame sb for his incompetence. **(b)** *forme, contraste* to emphasize; *âge, fatigue* to show. (*lit, fig*) **~ le coup** to stagger under the blow; **~ réception** to acknowledge receipt (*de* of). **2 s'~** *vpr* **(a)** **s'~ de qch/d'avoir fait** *[coupable]* to admit to sth/to having done; *[responsable]* to blame o.s. for sth/for having done. **(b)** *[tendance]* to become more marked. ♦ **accusé, e 1** *adj* (*marqué*) marked. **2** *nm,f* accused; *[procès]* defendant. **3**: **~ de réception** acknowledgement of receipt.
acerbe [asɛʀb(ə)] *adj* caustic, acid.
acéré, e [aseʀe] *adj pointe* sharp; *raillerie* scathing, cutting.
acétate [asetat] *nm* acetate.
acétique [asetik] *adj* acetic.
acétone [asetɔn] *nf* acetone.
acétylène [asetilɛn] *nm* acetylene.
achalandé, e [aʃalɑ̃de] *adj*: **bien ~** *[denrées]* well-stocked; *[clients]* well-patronized.
acharné, e [aʃaʀne] *adj combat, adversaire* fierce; *efforts, poursuivant, travailleur* relentless. **~ à qch/à faire** bent on sth/on doing; **~ contre** set against. ♦ **acharnement** *nm [combattant]* fierceness; *[poursuivant]* relentlessness; *[travailleur]* determination. **avec ~** *poursuivre, travailler* relentlessly; *combattre* fiercely. ♦ **acharner (s')** (1) *vpr*: **s'~ sur** *ou* **contre qn** *[malchance]* to dog sb; *[adversaire]* to pursue sb (relentlessly); **je m'acharne à le leur faire comprendre** I'm desperately trying to explain it to them; **il s'acharne inutilement** he's wasting his efforts.
achat [aʃa] *nm* **(a)** purchase. **faire l'~ de qch** to purchase *ou* buy sth; **faire des ~s** to shop, go shopping; **c'est cher à l'~** it's expensive to buy; **~ judicieux** wise buy. **(b)** (*Bourse, Comm*) buying. **la livre vaut 8 F à l'~** the buying rate for sterling is 8 francs.
acheminer [aʃmine] (1) **1** *vt colis* to dispatch; *troupes* to convey, transport; *trains* to route (*vers* to). **2 s'~** *vpr*: **s'~ vers** *lieu, ruine* to head for; *solution* to move towards. ♦ **acheminement** *nm* dispatch; conveying, transporting; routing.
acheter [aʃte] (5) *vt* **(a)** to buy, purchase (*au ven-*

deur from the seller; *pour qn* for sb). **je lui ai acheté une robe** I bought her a dress. **(b)** (*péj*) *vote* to buy; *juge* to bribe. ♦ **acheteur, -euse** *nm,f* buyer; (*Jur*) vendee; (*profession*) buyer. **il est ~** he'll buy it; **la foule des ~s** the crowd of shoppers.
achever [aʃve] (5) **1** *vt* **(a)** *discours, repas* to finish, end; *tâche* to complete, finish. **~ (de parler)** to finish (speaking); **cette remarque acheva de l'exaspérer** this remark really brought his irritation to a head. **(b)** *blessé* to finish off; *cheval* to destroy. **ça m'a achevé!** it was the end of me! **2 s'~** *vpr* (*se terminer*) to end (*par, sur* with). ♦ **achevé, e** *adj canaille* downright, thorough; *artiste* accomplished; *art* perfect. **d'un ridicule ~** perfectly ridiculous. ♦ **achèvement** *nm [travaux]* completion.
achopper [aʃɔpe] (1) *vi*: **~ sur** to stumble over.
acide [asid] **1** *adj* (*lit, fig*) acid, sour, tart; (*Chim*) acid. **2** *nm* acid. ♦ **acidité** *nf* (*lit, fig*) acidity. ♦ **acidulé, e** *adj goût* slightly acid *ou* sour.
acier [asje] *nm* steel. **d'~** *poutre* steel, of steel; *regard* steely. ♦ **aciérie** *nf* steelworks.
acné [akne] *nf* acne. **~ juvénile** teenage acne.
acolyte [akɔlit] *nm* (*péj*) confederate, associate.
acompte [akɔ̃t] *nm* (*arrhes*) deposit, down payment; (*régulier*) instalment; (*sur salaire*) advance.
acoquiner (s') [akɔkine] (1) *vpr* (*péj*) to team up (*avec* with).
à-côté [akote] *nm [problème]* side aspect; (*argent*) extra.
à-coup [aku] *nm* jolt. **par ~s** in fits and starts; **sans ~s** smoothly.
acoustique [akustik] **1** *adj* acoustic. **2** *nf* (*science*) acoustics (*sg*); (*sonorité*) acoustics (*pl*).
acquérir [akeʀiʀ] (21) *vt objet* to acquire, purchase, buy; *célébrité* to win; *habileté, valeur, expérience* to acquire, gain. **~ la certitude de** to become certain of; **ça s'acquiert facilement** it's easy to pick up; **~ la preuve de** to gain proof of. ♦ **acquéreur** *nm* buyer, purchaser. **se rendre ~ de qch** to purchase *ou* buy sth.
acquiescer [akjese] (3) *vi* (*approuver*) to approve, agree; (*de la tête*) to nod (one's approval *ou* agreement); (*consentir*) to acquiesce, assent (*à* to). ♦ **acquiescement** *nm* approval, agreement; acquiescence, assent.
acquis, e [aki, iz] **1** *adj droit, caractères* acquired; *fait* established. **tenir pour ~** (*normal*) to take for granted; (*décidé*) to take as settled; **être ~ à un projet** to be strongly in favour of a plan. **2** *nm* (*savoir*) experience. **la connaissance de l'anglais représente un ~ précieux** knowledge of English is a valuable asset. ♦ **acquisition** *nf* acquisition; (*par achat*) purchase.
acquit [aki] *nm* (*Comm*) receipt. **par ~ de conscience** to set one's mind at rest.
acquitter [akite] (1) **1** *vt* **(a)** *accusé* to acquit. **(b)** *impôt, facture* to pay; (*Comm*) to receipt. **~ qn de** to release sb from. **2 s'~** *vpr*: **s'~ de** *dette, obligation, devoir* to discharge; *promesse, fonction* to fulfil, carry out; **comment m'~ (envers vous)? how can I ever repay you?** (*de* for). ♦ **acquittement** *nm* acquittal; payment; discharge; fulfilment.
acre [akʀ(ə)] *nf* (*Hist*) ≃ acre.
âcre [akʀ(ə)] *adj* acrid, pungent. ♦ **âcreté** *nf* acridity, pungency.
acrimonie [akʀimɔni] *nf* acrimony.
acrobate [akʀɔbat] *nmf* (*lit, fig*) acrobat. ♦ **acrobatie** *nf* (*tour*) acrobatic feat; (*art, fig*) acrobatics (*sg*). **~ aérienne** aerobatics; (*lit, fig*) **faire des ~s** to perform acrobatics. ♦ **acrobatique** *adj* (*lit, fig*) acrobatic.
acte [akt(ə)] **1** *nm* (*action*) act. **~ réflexe** reflex action; **des ~s!** let's have some action! **il faut passer aux ~s** we must act *ou* take action; **~ de bravoure** act of bravery, brave act *ou*

action. **(b)** *(Jur)* *[notaire]* deed; *[état civil]* certificate; *(Théât, fig)* act. *[congrès etc]* ~s proceedings. **(c)** donner ~ de qch to acknowledge sth formally; faire ~ de citoyen to act *ou* behave as a citizen; faire ~ de clémence to show mercy; faire ~ de candidature to apply; faire ~ de présence to put in an appearance; prendre ~ de to note, take note of.

2: ~ d'accusation bill of indictment; les A~s des Apôtres the Acts of the Apostles; ~ de foi act of faith; ~ gratuit gratuitous act; ~ médical (medical) consultation; ~ de vente bill of sale.

acteur [aktœʀ] *nm (Théât, fig)* actor; *V* actrice.
actif, -ive [aktif, iv] **1** *adj (gén, Ling)* active; armée regular. prendre une part ~ive à qch to take an active part in sth. **2** *nm* **(a)** *(Ling)* active. **(b)** *(Fin)* assets; *[succession]* credits. **c'est à mettre à son ~** it is a point in his favour; plusieurs crimes à son ~ several crimes to his name. **3** *nf* regular army.
action [aksjɔ̃] *nf* **(a)** *(acte)* action, act. bonne ~ good deed; ~ d'éclat brilliant feat *ou* deed; commettre une mauvaise ~ to behave badly. **(b)** *(activité)* action. passer à l'~ to take action; *(Mil)* to go into action; entrer en ~ *[troupes, canon]* to go into action; mettre en ~ *plan* to put into action; dispositif to put into operation. **(c)** *(effet)* action. sans ~ ineffective; sous l'~ de under the action of. **(d)** *(Théât)* *(mouvement)* action; *(intrigue)* plot. roman d'~ novel of events. **(e)** *(Jur)* action (at law). **(f)** *(Fin)* share. ~s shares, stocks; société par ~s (joint) stock company; ~ de chasse hunting rights; *(fig)* ses ~s sont en baisse things are not looking so good for him. **(g)** *(Rel)* ~ de grâce(s) thanksgiving.
actionnaire [aksjɔnɛʀ] *nmf* shareholder.
actionner [aksjɔne] (1) *vt* to activate. actionné par la vapeur steam-powered. ◆ **actionnement** *nm* activation.
activement [aktivmɑ̃] *adv* actively.
activer [aktive] (1) **1** *vt* travaux to speed up; feu to stoke; *(Chim)* to activate. **2** s'~ *vpr (s'affairer)* to bustle about; *(*: se hâter)* to get a move on. s'~ à faire to be busy doing.
activisme [aktivism(ə)] *nm* activism. ◆ **activiste** *adj, nmf* activist.
activité [aktivite] *nf (gén)* activity; *[rue]* bustle. être en ~ *[usine]* to be in operation; *[volcan]* to be active; *[fonctionnaire]* to be in active life.
actrice [aktʀis] *nf (Théât, fig)* actress.
actualité [aktyalite] *nf* *[sujet]* topicality. d'~ topical; *(événements)* l'~ current events; *(nouvelles)* les ~s the news *(sg)*. ◆ **actuel, -elle** *adj* **(a)** *(présent)* present. à l'époque ~le nowadays. **(b)** *(d'actualité)* topical. ◆ **actuellement** *adv* at present.
acuité [akɥite] *nf* *[son]* shrillness; *[sens, crise]* acuteness.
acupuncteur [akypɔ̃ktœʀ] *nm* acupuncturist. ◆ **acupuncture** *nf* acupuncture.
adage [adaʒ] *nm* adage.
adapter [adapte] (1) **1** *vt (gén)* to adapt *(à to)*. *(Tech)* ~ qch à to fit sth to; adapté à la situation suited to the situation. **2** s'~ *vpr (gén)* to adapt (o.s.) *(à to)*. *(Tech)* s'~ à to fit. ◆ **adaptable** *adj* adaptable. ◆ **adaptateur, -trice** *nm,f* adapter. ◆ **adaptation** *nf* adaptation.
additionner [adisjɔne] (1) **1** *vt* to add up. ~ qch à to add sth to. **2** s'~ *vpr* to add up. ◆ **additif** *nm (clause)* rider; *(substance)* additive. ◆ **addition** *nf (gén)* addition; *(facture)* bill, check *(US)*. par ~ de by adding, by the addition of.
adepte [adɛpt(ə)] *nmf* follower.
adéquat, e [adekwa, at] *adj* appropriate, suitable.
adhérence [aderɑ̃s] *nf (gén)* adhesion *(à to)*; *[pneus]* grip *(à on)*. ◆ **adhérent, e** **1** *adj*: ~ à which sticks *ou* adheres to. **2** *nm,f* adherent.
adhérer [adeʀe] (6) ~ à *vt indir* **(a)** *(coller)* to

stick to, adhere to. ~ à **la route** to grip the road. **(b)** idée to support. **(c)** *(s'inscrire)* to join; *(être inscrit)* to be a member of.
adhésif, -ive [adezif, iv] *adj, nm* adhesive.
adhésion [adezjɔ̃] *nf* **(a)** *(accord)* adherence *(à to)*. **(b)** *(inscription)* joining; *(fait d'être membre)* membership *(à of)*.
adieu, pl ~x [adjø] **1** *nm* farewell, goodbye. *(lit, fig)* dire ~ à to say goodbye to; faire ses ~x (à qn) to say one's farewells (to sb). **2** *excl* goodbye, farewell (†).
adipeux, -euse [adipø, øz] *adj (Anat)* adipose; visage fleshy.
adjacent, e [adʒasɑ̃, ɑ̃t] *adj* adjacent, adjoining. ~ à adjacent to.
adjectif, -ive [adʒɛktif, iv] **1** *adj* adjectival. **2** *nm* adjective.
adjoindre [adʒwɛ̃dʀ(ə)] (49) *vt (gén)* to add; mécanisme to attach, affix; personne to appoint (as an assistant) *(à to)*. ◆ **adjoint, e** *adj, nm,f* assistant. ~ **au maire** deputy mayor. ◆ **adjonction** *nf* addition; attaching; affixing; appointment.
adjudant [adʒydɑ̃] *nm* warrant officer.
adjudication [adʒydikasjɔ̃] *nf* **(a)** *(vente aux enchères)* sale by auction; *(marché administratif)* invitation to tender. par *(voie d')* ~ by auction; by tender. **(b)** *(attribution)* *[contrat]* awarding; *[meuble]* auctioning *(à to)*.
adjuger [adʒyʒe] (3) *vt* **(a)** *(enchères)* to auction *(à to)*. adjugé, (vendu)! going, going, gone!; ceci fut adjugé pour 30 F this went for 30 francs. **(b)** *(récompense)* to award; *(*: donner)* to give. s'~ qch* to grab sth.
adjurer [adʒyʀe] (1) *vt*: ~ qn de faire to implore *ou* entreat sb to do. ◆ **adjuration** *nf* entreaty.
admettre [admɛtʀ(ə)] (56) *vt* **(a)** visiteur *(faire entrer)* to admit, let in; *(autoriser)* to allow in; *(recevoir)* to receive. il fut admis dans le salon he was ushered *ou* shown into the drawing room. **(b)** *(accepter)* excuses, attitude to accept; nouveau membre to admit. je n'admets pas cette conduite I won't accept *ou* permit such behaviour; c'est chose admise it's an accepted fact; règle qui n'admet pas d'exception rule which admits of *ou* allows of no exception; se faire ~ dans un club to gain admittance to a club. **(c)** *(reconnaître)* erreur to admit, acknowledge. j'admets que vous avez raison I admit *ou* acknowledge that you are right. **(d)** *(supposer)* to suppose, assume. en admettant que supposing *ou* assuming that. **(e)** *(Scol, Univ)* *(à un examen)* to pass; *(dans une classe)* to admit, accept. il a été admis au concours he passed *ou* got through the exam.
administrateur, -trice [administʀatœʀ, tʀis] *nm,f (gén)* administrator; *[entreprise]* director; *[fondation]* trustee.
administratif, -ive [administʀatif, iv] *adj* administrative. ◆ **administrativement** *adv* administratively.
administré, e [administʀe] *nm,f* citizen.
administrer [administʀe] (1) *vt* **(a)** entreprise to manage, run; fondation, fortune to administer; pays to run, govern. **(b)** justice, remède to administer; coup to deal; preuve to produce. ◆ **administration** *nf* **(a)** management; running; administration; government. **(b)** *(service public)* (government) department *ou* organisation. l'A~ ≃ the Civil Service; l'~ locale local government; l'~ des Impôts the tax department *ou* office.
admirable [admiʀabl(ə)] *adj* admirable. être ~ de courage to show admirable courage. ◆ **admirablement** *adv* admirably. ◆ **admirateur, -trice** *nm,f* admirer. ◆ **admiratif, -ive** *adj* admiring. ◆ **admiration** *nf* admiration. faire l'~ de qn to fill sb with admiration; en ~ devant qch filled with admiration for sth. ◆ **admirativement** *adv* admiringly. ◆ **admirer** (1) *vt* to admire.

admis, e [admi, iz] *nm,f* (*Scol*) successful candidate. ♦ **admissible 1** *adj conduite* acceptable; *postulant* eligible (*à* for). **2** *nmf* eligible candidate. ♦ **admissibilité** *nf* eligibility (*à* for).

admission [admisjɔ̃] *nf* (**a**) [*club*] admission, entry; [*école*] acceptance, entrance (*à* to). **demande d'~** application (*à* to join); **le nombre des ~s au concours** the number of successful candidates in this exam. (**b**) (*Tech: introduction*) intake; (*Aut*) induction.

admonestation [admɔnɛstasjɔ̃] *nf* admonition. ♦ **admonester** (1) *vt* to admonish.

adolescence [adɔlesɑ̃s] *nf* adolescence. ♦ **adolescent, e** *nm,f* adolescent, teenager.

adonner (s') [adɔne] (1) *vpr*: **s'~ à études** to devote o.s. to; *vice* to take to.

adopter [adɔpte] (1) *vt* (*gén*) to adopt. ♦ **adoptif, -ive** *adj enfant* adopted; *parent* adoptive. ♦ **adoption** *nf* adoption.

adorable [adɔʀabl(ə)] *adj personne* adorable, delightful; *chose* delightful. ♦ **adorablement** *adv* delightfully, adorably. ♦ **adorer** (1) *vt* (*gén*) to adore; (*Rel*) to worship. ♦ **adorateur, -trice** *nm,f* (*Rel, fig*) worshipper. ♦ **adoration** *nf* adoration; worship. **être en ~ devant** to worship.

adosser [adose] (1) *vt*: **~ à qch** *meuble* to stand against sth; *bâtiment* to build against sth; **s'~ à** *ou* **contre qch** [*personne*] to lean with one's back against sth.

adoucir [adusiʀ] (2) **1** *vt* (*gén, Tech*) to soften; *goût* to make milder; (*avec sucre*) to sweeten; *aspérités* to smooth out; *caractère* to mellow; *conditions pénibles* to ease. **pour ~ ses vieux jours** to comfort him in his old age; **pour ~ sa solitude** to ease his loneliness; **cette averse a adouci la température** this shower has brought the temperature down. **2 s'~** *vpr* [*voix, couleur, peau*] to soften; [*caractère*] to mellow; [*température*] to get milder; [*pente*] to become gentler. ♦ **adoucissement** *nm* sweetening; softening; smoothing-out; mellowing; easing. **un ~ de la température** a spell of milder weather. ♦ **adoucisseur** *nm*: **~** (*d'eau*) water softener.

adresse¹ [adʀɛs] *nf* (**a**) (*domicile*) address. (**b**) (*message*) address. **à l'~ de** for the benefit of. (**c**) (*Lexicographie*) headword; (*Ordinateur*) address.

adresse² [adʀɛs] *nf* (*habileté*) deftness, skill; (*finesse*) shrewdness, skill; (*tact*) adroitness. **jeu d'~** game of skill.

adresser [adʀese] (1) **1** *vt lettre* (*envoyer*) to send; (*écrire l'adresse*) to address (*à* to); *remarque, requête* to address; *reproche, coup* to level, aim (*à* at); *compliment* to pay (*à* to); *sourire* to give. **~ la parole à qn** to speak to *ou* address sb; **il m'adressa un signe de tête** he nodded at me; **~ qn à un spécialiste** to refer sb to a specialist. **2 s'~** *vpr*: **s'~ à** *interlocuteur* to speak to, address; *responsable* to go and see; *bureau* to apply to, enquire at; *générosité* to appeal to. **livre qui s'adresse aux femmes** book intended *ou* written for women.

adroit, e [adʀwa, wat] *adj* (*habile*) skilful, deft; (*subtil*) shrewd; (*plein de tact*) adroit. **~ de ses mains** clever with one's hands. ♦ **adroitement** *adv* skilfully; deftly; shrewdly; cleverly; adroitly.

aduler [adyle] (1) *vt* to adulate. ♦ **adulateur, -trice** *nm,f* adulator. ♦ **adulation** *nf* adulation.

adulte [adylt(ə)] **1** *adj personne* adult; *animal, plante* fully-grown. **2** *nmf* adult, grown-up.

adultère [adyltɛʀ] **1** *adj désir* adulterous. **femme/homme ~** adulteress/adulterer. **2** *nm* adultery.

advenir [advəniʀ] (22) *vb impers* (**a**) (*survenir*) **~ que** to happen that; **~ à** to happen to; **il m'advint de** I happened to; **advienne que pourra** come what may. (**b**) (*devenir*) **~ de** to become of; **qu'en adviendra-t-il?** what will come of it?

adverbe [advɛʀb(ə)] *nm* adverb. ♦ **adverbial, e, mpl -aux** *adj* adverbial.

adversaire [advɛʀsɛʀ] *nmf* (*gén*) opponent, adversary. ♦ **adverse** *adj forces* opposing; *sort* adverse. ♦ **adversité** *nf* adversity.

ad vitam æternam* [advitametɛʀnam] *loc adv* till kingdom come.

aérer [aeʀe] (6) **1** *vt pièce* to air; *terre* to aerate; *présentation* to lighten. **2 s'~** *vpr* [*personne*] to get some fresh air. ♦ **aéré, e** *adj pièce* airy; *page* well spaced out. ♦ **aérateur** *nm* ventilator. ♦ **aération** *nf* ventilation.

aérien, -ienne [aeʀjɛ̃, jɛn] *adj* (**a**) (*Aviat, gén*) navigation, photographie aerial. (**b**) *silhouette* sylphlike; *démarche* floating; *musique* ethereal. (**c**) *racine* aerial; *câble* overhead; (*Géog*) *courant* air.

aérium [aeʀjɔm] *nm* sanatorium.

aéro-club [aeʀɔklœb] *nm* flying club.

aérodrome [aeʀɔdʀom] *nm* airfield.

aérodynamique [aeʀɔdinamik] **1** *adj ligne* streamlined, aerodynamic. **2** *nf* aerodynamics (*sg*).

aérofrein [aeʀɔfʀɛ̃] *nm* air brake.

aérogare [aeʀɔgaʀ] *nf* [*aéroport*] airport (buildings); (*en ville*) air terminal.

aéroglisseur [aeʀɔglisœʀ] *nm* hovercraft.

aérogramme [aeʀɔgʀam] *nm* air letter.

aéronautique [aeʀɔnotik] **1** *adj* aeronautical. **2** *nf* aeronautics (*sg*).

aéronaval, e, pl ~s [aeʀɔnaval] *adj forces* air and sea. **l'A~e ≃** the Fleet Air Arm.

aéroplane† [aeʀɔplan] *nm* aeroplane, airplane (*US*).

aéroport [aeʀɔpɔʀ] *nm* airport.

aéroporté, e [aeʀɔpɔʀte] *adj troupes* airborne; *matériel* air-lifted.

aérosol [aeʀɔsɔl] *nm* aerosol.

aérospatial, e, mpl -aux [aeʀɔspasjal, o] **1** *adj* aerospace. **2** *nf* aerospace science.

affabilité [afabilite] *nf* affability. ♦ **affable** *adj* affable. ♦ **affablement** *adv* affably.

affabuler [afabyle] (1) *vi* to make up stories.

affaiblir [afebliʀ] (2) **1** *vt* (*gén*) to weaken. **2 s'~** *vpr* (*gén*) to grow weaker; [*son*] to fade, grow fainter; [*tempête*] to abate, die down. ♦ **affaiblissement** *nm* (*gén*) weakening.

affaire [afɛʀ] *nf* (**a**) (*gén: histoire*) matter, business; (*Jur*) case. **ce n'est pas une mince ~** it's no small matter; **il m'a tiré d'~** he helped me out; **ce n'est pas ton ~** it's none of your business; **j'en fais mon ~** I'll deal with that; **ça fait mon ~** that's (just) what I want *ou* need; **une grave ~ de corruption** a serious corruption case. (**b**) (*transaction*) deal, bargain. **une (bonne) ~** a good deal, a (good) bargain; **faire ~ avec qn** to make a bargain *ou* deal with sb. (**c**) (*firme*) business, concern. (**d**) **~s** (*gén, Pol*) affairs; (*commerce*) business; (*habits*) clothes; (*objets*) things, belongings; **les ~s culturelles** cultural affairs; **venir pour ~s** to come on business; **mettre de l'ordre dans ses ~s** (*finances*) to put one's affairs in order; (*objets*) to tidy up one's things. (**e**) **avoir ~ à** *cas* to be faced with, have to deal with; *personne* to be dealing with; **tu auras ~ à moi!** you'll be hearing from me!; **être à son ~** to be in one's element; **cela ne fait rien à l'~** that's got nothing to do with it; **ce n'est pas une ~!** it's nothing to get worked up about!; **c'est toute une ~** it's quite a business; **(se) faire une ~ de qch** to make a fuss about sth; **c'est (une) ~ de goût** it's a matter of taste; **c'est l'~ de quelques minutes** it's a matter of a few minutes.

2: ~ de cœur love affair; (*Pol*) **~ d'État** affair of state; **il en a fait une ~ d'état*** he made a great issue of it.

affairer (s') [afeʀe] (1) *vpr* to bustle about (*à faire* doing). **s'~ autour de qn** to fuss around sb.

♦ **affairé, e** adj busy. ♦ **affairement** nm bustling activity.

affaisser (s') [afese] (1) vpr (a) [sol] to subside; [corps, poutre] to sag; [plancher] to cave in. (b) (s'écrouler) to collapse. **affaissé sur le sol** slumped on the ground. ♦ **affaissement** nm subsidence; sagging. ~(s) **de terrain** subsidence.

affaler (s') [afale](1) vpr (tomber) to collapse; (se laisser tomber) to slump (down).

affamer [afame] (1) vt to starve. ♦ **affamé, e** adj starving, famished. ~ **de gloire** greedy for fame.

affectation [afɛktasjɔ̃] nf (a) [immeuble, somme] allocation, allotment (à to, for). (b) (nomination) appointment; (à une région) posting. (c) (simulation) affectation.

affecter [afɛkte] (1) vt (a) (feindre) to affect. ~ **de faire** to pretend to do; ~ **une forme** to take on ou assume a shape. (b) (destiner) to allocate, allot (à to, for). (c) (nommer) to appoint; (à une région) to post (à to). (d) (émouvoir) to affect, move; (concerner) to affect. (e) (Math) to modify. **affecté du signe** + bearing a plus sign. ♦ **affecté, e** adj affected.

affectif, -ive [afɛktif, iv] adj (gén) vie emotional; terme affective; (Psych) affective.

affection [afɛksjɔ̃] nf (a) (tendresse) affection. **avoir de l'~ pour** to be fond of. (b) (Méd) ailment; (Psych) affection.

affectionner [afɛksjɔne] (1) vt to be fond of. **votre fils affectionné** your loving son.

affectivité [afɛktivite] nf affectivity.

affectueux, -euse [afɛktɥø, øz] adj affectionate. ♦ **affectueusement** adv affectionately.

afférent, e [aferɑ̃, ɑ̃t] adj (Admin) ~ **à** pertaining to; **questions** ~es related questions.

affermir [afɛrmiʀ] (2) vt pouvoir, position to strengthen; chairs to tone up; prise to make firm ou firmer. ~ **sa voix** to steady one's voice. ♦ **affermissement** nm strengthening.

affiche [afiʃ] nf (gén) poster; (Théât) (play)bill. (officielle) **par voie d'~** by (means of) public notices; (Théât) **mettre à l'~** to bill; **quitter l'~** to come off; **tenir longtemps l'~** to have a long run.

afficher [afiʃe] (1) vt (a) affiche, résultat to stick up; (Théât) to bill. **défense d'~** (stick) no bills. (b) (péj) émotion, vice to display. **s'~ avec sa maîtresse** to show o.s. off with one's mistress. ♦ **affichage** nm sticking up; billing. **l'~** bill-sticking.

affilée[1] [afile] nf: **d'~** in a row.

affiler [afile] (1) vt to sharpen. ♦ **affilé, e[2]** adj sharp.

affiliation [afiljasjɔ̃] nf affiliation. ♦ **affilié, e** nm,f affiliated member. ♦ **affilier** (7) 1 vt to affiliate (à to). 2 **s'~** vpr to become affiliated (à to).

affiner [afine] (1) vt (a) métal to refine; fromage to complete the maturing of. (b) esprit, style to refine; sens to sharpen. **son goût s'est affiné** his taste has become more refined. ♦ **affinage** nm refining; maturing. ♦ **affinement** nm refinement.

affinité [afinite] nf (gén) affinity.

affirmatif, -ive [afiʀmatif, iv] 1 adj réponse, ton affirmative. **il a été** ~ he was quite positive. 2 nf: **répondre par l'~ive** to answer yes ou in the affirmative; **dans l'~ive** in the event of an affirmative (reply). ♦ **affirmation** nf (gén, Gram) assertion. ♦ **affirmativement** adv in the affirmative, affirmatively.

affirmer [afiʀme] (1) vt (a) (soutenir) to maintain, assert. **pouvez-vous l'~?** can you swear to it ou be positive about it?; ~ **qch sur l'honneur** to maintain sth on one's word of honour; ~ **sa volonté de** to affirm ou assert one's wish to. (b) originalité, autorité to assert. **talent qui s'affirme** talent which is becoming more assured.

affleurer [aflœʀe] (1) 1 vi [récifs, filon] to show on

the surface; [sentiment] to come to the surface. 2 vt (Tech) to make flush. ♦ **affleurement** nm (Géol) outcrop.

affliction [afliksjɔ̃] nf affliction.

affliger [afliʒe] (3) vt to distress, grieve. **s'~ de qch** to be grieved ou distressed about sth; **être affligé de** (gén) to be afflicted with; (hum) to be cursed with. ♦ **affligeant, e** adj distressing; (iro) pathetic.

affluence [aflyɑ̃s] nf crowd. **heure d'~** peak ou rush hour.

affluent [aflyɑ̃] nm tributary.

affluer [aflye] (1) vi [sang] to rush, flow; [foule] to flock (à, vers to); [lettres, argent] to flood ou pour in. ♦ **afflux** nm [fluide] rush, flow; [argent, foule] influx.

affoler [afɔle] (1) 1 vt (effrayer) to throw into a panic; (troubler) to drive wild. 2 **s'~** vpr to panic. ♦ **affolant, e** adj alarming. ♦ **affolé, e** adj panic-stricken; driven wild. **je suis** ~ **de voir ça*** I'm appalled at that. ♦ **affolement** nm panic, (wild) turmoil. **pas d'~!*** don't panic!

affranchir [afʀɑ̃ʃiʀ] (2) vt (a) lettre to stamp; (à la machine) to frank. **non affranchi** unstamped; unfranked. (b) esclave, esprit to emancipate, free (de from); (Cartes) to clear. **s'~ des convenances** to free o.s. from convention; (:: prévenir) ~ **qn** to give sb the low-down:. ♦ **affranchissement** nm stamping; franking; emancipation, freeing; (Poste: prix payé) postage.

affres [afʀ(ə)] nfpl: **les** ~ **de** the pangs ou torments of; **les** ~ **de la mort** the throes of death.

affréter [afʀete] (6) vt to charter. ♦ **affrètement** nm chartering.

affreux, -euse [afʀø, øz] adj (laid) hideous, horrible, ghastly; (abominable) dreadful, awful. ♦ **affreusement** adv souffrir horribly. ~ **laid** hideously ugly; ~ **mauvais** really horrible; ~ **en retard*** dreadfully ou awfully late.

affrioler [afʀijɔle] (1) vt to tempt, excite.

affront [afʀɔ̃] nm affront. **faire (un)** ~ **à** to affront.

affronter [afʀɔ̃te] (1) 1 vt adversaire, danger to confront, face; mort, froid to brave. 2 **s'~** vpr [adversaires] to confront each other; [théories] to conflict. ♦ **affrontement** nm confrontation.

affubler [afyble] (1) vt: ~ **qn de vêtement** to rig* sb out in; nom to give sb.

affût [afy] nm (a) ~ (de canon) (gun) carriage. (b) (Chasse) hide. **chasser à l'~** to lie in wait for game; **être à l'~ de qch** to be on the look-out for sth.

affûter [afyte] (1) vt to sharpen. ♦ **affûtage** nm sharpening.

afin [afɛ̃] prép: ~ **de** to, in order to, so as to; ~ **que** + subj so that, in order that.

Afrique [afʀik] nf Africa. **l'~ australe/du Sud** southern/South Africa. ♦ **africain, e** adj, **A~(e)** nm(f) African.

agacer [agase] (3) vt: ~ **qn** (énerver) to get on sb's nerves, irritate sb; (taquiner) to pester sb; **agacé par/de** irritated by/at. ♦ **agaçant, e** adj irritating. ♦ **agacement** nm irritation.

âge [ɑʒ] 1 nm (gén) age. **quel** ~ **avez-vous?** how old ou what age are you?; **d'un** ~ **avancé** elderly; **d'~ moyen** middle-aged; **sans** ~ ageless; **vieillir avant l'~** to get old before one's time; **il a pris de l'~** he has aged; **j'ai passé l'~ de le faire** I'm too old to do it; **être en** ~ **de** to be old enough to; **l'~ du bronze** the Bronze Age. 2: **l'~ adulte** (gén) adulthood; (homme) manhood; (femme) womanhood; **l'~ ingrat** the awkward age; **avoir l'~ (légal)** to be of age; **l'~ mûr** maturity, middle age; **l'~ d'or** the golden age; **l'~ de raison** the age of reason. ♦ **âgé, e** adj: **être** ~ to be old; **être** ~ **de 9 ans** to be 9 (years old); **enfant** ~ **de 4 ans** 4 year-old child; **dame** ~e elderly lady.

agence [aʒɑ̃s] nf (succursale) branch (office); (bureaux) offices; (organisme) agency. ~ immobilière estate agent's (office); ~ de placement employment agency; ~ de presse news ou press agency.

agencer [aʒɑ̃se] (3) vt (disposer) to arrange; (équiper) to equip. ♦ **agencement** nm arrangement; equipment.

agenda [aʒɛ̃da] nm diary.

agenouiller (s') [aʒnuje] (1) vpr to kneel (down); (fig) to bow. **être agenouillé** to be kneeling.

agent [aʒɑ̃] **1** nm (a) ~ (de police) policeman; **pardon monsieur l'~** excuse me, officer. (b) (Chim, Gram, Sci) agent. (c) (Comm, Pol) agent. **les ~s du lycée** the ancillary staff of the school.
2: ~ **d'assurances** insurance agent; ~ **de change** stockbroker; ~ **double** double agent; ~ **du gouvernement** government official; ~ **immobilier** estate agent; (Mil) ~ **de liaison** liaison officer; ~ **de maîtrise** supervisor.

agglomération [aglɔmeʀɑsjɔ̃] nf (a) (ville) town; (Aut) built-up area. **l'~ parisienne** Paris and its suburbs. (b) (Tech) conglomeration; (gén) agglomeration. ♦ **aggloméré** nm (charbon) briquette; (bois) chipboard; (pierre) conglomerate. ♦ **agglomérer** (6) **1** vt (Tech) to agglomerate. **2 s'~** vpr (Tech) to agglomerate; (se rassembler) to conglomerate.

agglutiner [aglytine] (1) vt to stick together; (Bio) to agglutinate. (fig) **s'~ devant la vitrine** to congregate in front of the shop window. ♦ **agglutination** nf (Bio, Ling) agglutination.

aggraver [agʀave] (1) **1** vt (faire empirer) to make worse, aggravate; (renforcer) to increase. **2 s'~** vpr to get worse; to increase. ♦ **aggravation** nf worsening, aggravation; [impôt, chômage] increase.

agile [aʒil] adj agile, nimble. ♦ **agilement** adv nimbly, agilely. ♦ **agilité** nf agility, nimbleness.

agir [aʒiʀ] (2) **1** vi (gén) to act; (se comporter) to behave. **il faut ~ tout de suite** we must act ou take action at once; **il a bien/mal agi envers moi** he behaved well/badly towards me; ~ **sur qch** to act on sth; ~ **auprès de qn** to use one's influence with sb; **il a fait ~ ses amis** he got his friends to act ou take action; **le remède agit lentement** the medicine is slow to take effect ou acts slowly.
2 s'~ vb impers (a) (il est question de) **dans ce film il s'agit de 3 bandits** this film is about 3 gangsters; **les livres dont il s'agit** the books in question; **il s'agit de ta santé** your health is at stake; **il s'agirait/il s'agit d'un temple grec** it would appear to be/it is a Greek temple; **de quoi s'agit-il?** what's it (all) about?, what's the matter?; **il ne s'agit pas d'argent** it's not a question of money; **il ne s'agit pas de ça!** that's not it! ou the point! (b) (il est nécessaire de faire) **il s'agit pour lui de réussir** what he has to do is succeed; **il ne s'agit pas de plaisanter** this is no joking matter; **il s'agit de savoir ce qu'il va faire** it's a question of knowing what he's going to do; **s'agissant de telles sommes** when such large amounts are involved.

agissant, e [aʒisɑ̃, ɑ̃t] adj (actif) active; (efficace) effective.

agissements [aʒismɑ̃] nmpl (péj) schemes.

agitateur, -trice [aʒitatœʀ, tʀis] nm,f agitator.

agitation [aʒitasjɔ̃] nf [personne] (remuant) restlessness, fidgetiness; (affairé) bustle; (troublé) agitation; [rue] bustle; (Pol) unrest.

agité, e [aʒite] adj (a) personne (remuant) restless, fidgety; (troublé) agitated. (b) mer rough, choppy; vie hectic; époque troubled; nuit restless. **avoir le sommeil ~** to toss in one's sleep.

agiter [aʒite] (1) **1** vt (a) bras to wave; ailes to flap; liquide to shake; branches to sway; (fig) menace to brandish. **agité par les vagues** tossed by the waves. (b) (inquiéter) to trouble, agitate.

(c) problème to discuss, debate. **2 s'~** vpr [serveur] to bustle about; [malade] to toss restlessly; [élève] to fidget; [foule, pensées, mer] to stir.

agneau, pl ~**x** [aɲo] nm lamb; (fourrure) lambskin.

agonie [agɔni] nf (Méd, fig) death throes. **être à l'~** to be at death's door; **longue ~** slow death. ♦ **agonisant, e** adj dying. ♦ **agoniser** (1) vi to be dying.

agrafe [agʀaf] nf [vêtement] hook; [papiers] staple; (Méd) clip. ♦ **agrafer** (1) vt to hook (up); to staple. ♦ **agrafeuse** nf stapler.

agraire [agʀɛʀ] adj lois agrarian; surface land.

agrandir [agʀɑ̃diʀ] (2) **1** vt écart, passage to widen; trou, domaine, photographie to enlarge; activités to expand. **ce miroir agrandit la pièce** this mirror makes the room look bigger; (faire) ~ **sa maison** to extend one's house. **2 s'~** vpr [ville, famille, entreprise] to grow, expand; [écart] to widen; [passage] to get wider; [trou] to get bigger. ♦ **agrandissement** nm [local] extension; [puissance, ville] expansion; (Phot) enlargement.

agréable [agʀeabl(ə)] adj pleasant, agreeable, nice. **pour lui être ~** in order to please him; **il me serait ~ de** it would be a pleasure for me to. ♦ **agréablement** adv pleasantly, agreeably.

agréer [agʀee] (1) **1** vt demande to accept. **veuillez ~ mes sincères salutations** yours sincerely; **fournisseur agréé** registered dealer. **2 ~ à** vt indir to please, suit.

agrégat [agʀega] nm (gén) aggregate; (péj) medley.

agrégation [agʀegasjɔ̃] nf agrégation (highest competitive examination for teachers in France). ♦ **agrégé, e** nm,f agrégé.

agréger [agʀeʒe] (3 et 6) vt particules to aggregate. (fig) ~ **qn à un groupe** to incorporate sb into a group.

agrément [agʀemɑ̃] nm (a) [personne] attractiveness, charm; [conversation, lieu] pleasantness. **plein d'~** very enjoyable ou pleasant; **sans ~** unattractive; **les ~s de la vie** the pleasant things in life; **voyage d'~** pleasure trip. (b) (accord) assent.

agrémenter [agʀemɑ̃te] (1) vt habit to embellish; récit to accompany (de with). **agrémenté de** accompanied by.

agrès [agʀɛ] nmpl (Naut) tackle; (Sport) (gymnastics) apparatus.

agresser [agʀese] (1) vt to attack. ♦ **agresseur** nm attacker; (Pol) aggressor. ♦ **agressif, -ive** adj aggressive. ♦ **agression** nf attack; (Pol) aggression. ♦ **agressivement** adv aggressively. ♦ **agressivité** nf aggressiveness.

agricole [agʀikɔl] adj (gén) agricultural; ouvrier, produits farm; population farming. ♦ **agriculteur** nm farmer. ♦ **agriculture** nf agriculture, farming.

agripper [agʀipe] (1) vt to grab ou clutch hold of. **s'~ à qch** to clutch ou grip sth.

agronome [agʀɔnɔm] nm agronomist. ♦ **agronomie** nf agronomy. ♦ **agronomique** adj agronomical.

agrumes [agʀym] nmpl citrus fruits.

aguerrir [ageʀiʀ] (2) vt to harden (contre to ou against). **troupes aguerries** seasoned troops; **s'~** to become hardened.

aguets [age] nmpl: **aux ~** on the look-out.

aguicher [agiʃe] (1) vt to entice, tantalize.

ah [ɑ] excl ah!, oh! ~ **bon?** (question) really?; (résignation) oh well.

ahuri, e [ayʀi] **1** adj (stupéfait) stunned, dumbfounded; (stupide) stupefied. **2** nm,f (péj) blockhead*. ♦ **ahurir** (2) vt to dumbfound, stun. ♦ **ahurissant, e** adj stupefying, staggering. ♦ **ahurissement** nm stupefaction.

aide [ɛd] **1** nf help, assistance, aid. **crier à l'~** to shout for help; **venir en ~ à qn** to help sb, come to sb's assistance *ou* aid; **à l'~! help!; sans l'~ de personne** without (any) help, completely unaided; **à l'~ de** with the help *ou* aid of. **2** *nm,f* assistant. **~-chimiste** assistant chemist; **~ de camp** *nm* aide-de-camp; **~ familiale** home help; **~-maçon** builder's mate. ◆ **aide-mémoire** *nm inv* crib (*Scol*), memorandum.

aider [ede] (1) **1** *vt* to help. **~ qn (à faire qch)** to help sb (to do sth); **~ qn de ses conseils** to help *ou* assist sb with one's advice; **je me suis fait ~ par ou de mon frère** I got my brother to help *ou* assist me; **~ à la clarté de qch** to help *ou* contribute towards the understanding of sth; **aidée de sa canne** with the help *ou* aid of her walking stick; **l'alcool aidant** helped on by the alcohol, with the help of alcohol. **2** *s'~ vpr*: **s'~ de** to use, make use of; **en s'aidant d'un escabeau** with the aid of a stool; **aide-toi, le Ciel t'aidera** God helps those who help themselves.

aïe [aj] *excl* (*douleur*) ouch! **~ ~ ~!** dear oh dear!

aïeul [ajœl] *nm* grandfather. **les ~s** the grandparents. ◆ **aïeule** *nf* grandmother. ◆ **aïeux** *nmpl* forefathers.

aigle [ɛgl(ə)] *nm,f* eagle. **~ royal** golden eagle; **regard d'~** eagle look; **ce n'est pas un ~*** he's no genius.

aigre [ɛgʀ(ə)] **1** *adj* *goût, lait* sour; *son* sharp; *vent* bitter, keen; *critique* harsh. **2** : **~ -doux, ~ -douce,** *mpl* **~s-doux** *adj sauce* sweet and sour; *fruit, propos* bitter-sweet. ◆ **aigrement** *adv dire* sourly.

aigrefin [ɛgʀəfɛ̃] *nm* swindler, crook.

aigrelet, -ette [ɛgʀəlɛ, ɛt] *adj goût* sourish; *voix* shrillish.

aigrette [ɛgʀɛt] *nf* (*plume*) aigrette; (*oiseau*) egret.

aigreur [ɛgʀœʀ] *nf* [*goût*] sourness; [*ton*] harshness, sharpness. **~s d'estomac** heartburn.

aigrir [egʀiʀ] (2) **1** *vt personne* to embitter; *caractère* to sour. **2** *s'~ vpr* [*aliment*] to turn sour. **il s'est aigri** he has become embittered.

aigu, -uë [egy] **1** *adj* (a) *son* high-pitched, shrill; (*Mus*) high. (b) *douleur, intelligence* acute, sharp. (c) (*pointu*) sharp, pointed. **2** *nm* (*Mus*) **les ~s** the high notes; **l'~** high pitch.

aiguillage [egɥijaʒ] *nm* (*Rail*) (*instrument*) points, switch (*US*).

aiguille [egɥij] *nf* (*gén*) needle; [*horloge*] hand; [*balance, cadran solaire*] pointer; [*clocher*] spire. **travail à l'~** needlework; **~ de glace** icicle; **~ de pin** pine needle.

aiguiller [egɥije] (1) *vt* to direct, steer (*vers* towards); (*Rail*) to shunt, switch (*US*). ◆ **aiguilleur** *nm* pointsman, switchman (*US*).

aiguillon [egɥijɔ̃] *nm* [*insecte*] sting; [*bouvier*] goad; (*fig*) spur. ◆ **aiguillonner** (1) *vt bœuf* to goad; (*fig*) to spur on.

aiguiser [egize] (1) *vt outil, esprit* to sharpen; *appétit* to whet.

ail, pl ~s, aulx [aj, o] *nm* garlic.

aile [ɛl] *nf* (*gén*) wing; [*moulin*] sail; [*hélice*] blade; [*nez*] wing. **l'oiseau disparut d'un coup d'~** the bird disappeared with a flap of its wings; **avoir/donner des ~s** to have/lend wings; **prendre sous son ~** to take under one's wing. ◆ **aileron** *nm* [*raie*] fin; [*oiseau*] pinion; (*Aviat*) aileron. ◆ **ailette** *nf* fin; blade. ◆ **ailier** *nm* winger.

ailleurs [ajœʀ] *adv* (a) somewhere else, elsewhere. **nulle part/partout ~** nowhere/everywhere else. (b) **par ~** (*autrement*) otherwise; (*en outre*) moreover, furthermore; **d'~** (*de plus*) besides, moreover; (*entre parenthèses*) by the way.

aimable [ɛmabl(ə)] *adj* kind, nice. **c'est très ~ à vous** it's most kind of you; **soyez assez ~ pour** be so kind as to. ◆ **aimablement** *adv* kindly, nicely.

aimant¹ [ɛmɑ̃] *nm* magnet.

aimant², e [ɛmɑ̃, ɑ̃t] *adj* loving, affectionate.

aimanter [ɛmɑ̃te] (1) *vt* to magnetize. **champ aimanté** magnetic field.

aimer [eme] (1) **1** *vt* (a) (*amour*) to love, to be in love with; (*amitié, goût*) to like, be fond of. **j'aime une bonne tasse de café** I like *ou* enjoy *ou* love a good cup of coffee; **je n'aime pas beaucoup cet acteur** I don't like that actor very much, I'm not very keen on that actor; **j'aime assez ce livre** I rather *ou* quite like this book; **elle aimerait bien venir** she would like *ou* love to come; **elle n'aime pas qu'il sorte le soir** she doesn't like him going out *ou* him to go out at night; **~ faire, ~à faire** to like doing *ou* to do. (b) (*avec autant, mieux*) **j'aimerais autant vous dire que** I may as well tell you that; **il aimerait autant ne pas sortir aujourd'hui** he'd just as soon not go out today, he'd be just as happy not going out today; **j'aime autant ça!*** (*menace*) that sounds more like it!*; (*soulagement*) what a relief!; **elle aimerait mieux des livres** she would rather *ou* sooner have books.

2 *s'~ vpr* to be in love, love each other. **se faire ~ de qn** to get sb to fall in love with one, win the love of sb.

aine [ɛn] *nf* groin (*Anat*).

aîné, e [ene] **1** *adj* (*entre 2*) elder, older; (*plus de 2*) eldest, oldest. **2** *nm,f* eldest child (*ou* boy *ou* girl). **il est mon ~ de 2 ans** he's 2 years older than me, he's 2 years my senior; **respectez vos ~s** respect your elders.

ainsi [ɛ̃si] *adv* (a) (*de cette façon*) in this way, thus; (*donc, de même*) so. **c'est ~ que ça s'est passé** that's the way *ou* how it happened; **s'il en était ~** if this were the case; **~ tu vas partir!** so, you're going to leave!; **~ que je le disais** just as I said; **sa beauté ~ que sa candeur** her beauty as well as her innocence. (b) **pour ~ dire** so to speak, as it were; **et ~ de suite** and so on (and so forth).

air¹ [ɛʀ] **1** *nm* (a) (*gaz*) air; (*vent*) (light) breeze; (*courant d'air*) draught. **sans ~** stuffy; **sortir à l'~ libre** to come out into the open air; **mettre la literie à l'~** to air the bedclothes; **sortir prendre l'~** to go out for a breath of fresh air; **vivre de l'~ du temps** to live on air alone. (b) (*espace*) air. **regarde en l'~** look up; **jeter qch en l'~** to throw sth (up) into the air; **l'avion a pris l'~** the plane has taken off. (c) (*ambiance*) atmosphere. (d) **être dans l'~** [*idée*] to be in the air; [*grippe*] to be about; [*orage, dispute*] to be brewing; **flanquer en l'~*** (*jeter*) to chuck away*; (*abandonner*) to chuck up*; (*gâcher*) to mess up*; **en l'~ paroles** idle, empty; **parler** rashly; (*en désordre*) upside down.

2 : **~ comprimé** compressed air. **~ conditionné** air conditioning; (*Mil*) **~-sol** *adj inv* air-to-ground.

air² [ɛʀ] *nm* (a) (*expression*) look, air; (*manière*) manner, air; (*apparence*) appearance, air. **ils ont un ~ de famille** there's a family likeness between them; **prendre un ~ entendu** to put on a knowing look. (b) **ça m'a l'~ d'un mensonge** it looks to me *ou* sounds to me like a lie; **elle a l'~ intelligente** she looks *ou* seems intelligent; **il a eu l'~ de ne pas comprendre** he looked as if he didn't understand, he didn't seem to understand; **il a l'~ de vouloir neiger** it looks like snow; **cette plante n'a l'~ de rien, pourtant ...** this plant doesn't look up to much but ... .

air³ [ɛʀ] *nm* [*opéra*] aria; (*mélodie*) tune, air. (*lit, fig*) **~ connu** familiar tune.

airain [ɛʀɛ̃] *nm* (*littér*) bronze.

aire [ɛʀ] *nf* (*gén, Math*) area; [*aigle*] eyrie. **~ de battage** threshing floor; **~ de lancement** launching site.

airelle [ɛʀɛl] *nf* bilberry.

aisance [ezɑ̃s] *nf* (*facilité*) ease; [*style*] fluency; (*richesse*) affluence. **vivre dans l'~** to be comfortably off; (*Couture*) **redonner de l'~ a**

qch to give more fullness to sth.
aise [εz] **1** *nf* (a) joy, pleasure. **combler d'~** to overjoy. **(b)** **être à l'~** *ou* **à son ~** *(situation)* to feel at ease; *(confort)* to feel *ou* be comfortable; *(richesse)* to be comfortably off; **mal à l'~** ill at ease; uncomfortable; **mettez-vous à l'~** make yourself at home *ou* comfortable; **vous en prenez à votre ~!** you're taking things nice and easy!; **à votre ~!** please yourself!; **aimer ses ~s** to be fond of (one's) creature comforts. **2** *adj (littér)* **être bien ~ d'avoir fini** to be delighted to have finished.
aisé, e [eze] *adj* (a) *(facile)* easy. **(b)** *démarche* easy; *style* flowing. **(c)** *(riche)* well-to-do, well-off. ♦ **aisément** *adv* easily.
aisselle [εsεl] *nf (Anat)* armpit.
ajonc [aʒɔ̃] *nm:* **~(s)** gorse.
ajouré, e [aʒuʀe] *adj mouchoir* hemstitched; *sculpture* which has an openwork design.
ajourner [aʒuʀne] **(1) 1** *vt assemblée* to adjourn; *élection, décision* to defer, adjourn; *candidat* to refer. **ajourné d'une semaine/au lundi suivant** adjourned for a week/until the following Monday. **2 s'~** *vpr (Pol)* to adjourn. ♦ **ajournement** *nm* adjournment; deferment; referring.
ajouter [aʒute] **(1) 1** *vt* to add. **ajoutez à cela qu'il pleuvait** on top of that *ou* in addition to that it was raining; **~ foi aux dires de qn** to believe sb's statements. **2 ~ à** *vt indir* to add to, increase. **3 s'~** *vpr:* **s'~ à** to add to; **ceci, venant s'~ à ses difficultés** this adding further to his difficulties. ♦ **ajout** *nm* addition.
ajuster [aʒyste] **(1) 1** *vt* **(a)** *(gén, Tech)* to adjust; *vêtement* to alter; *points de vue* to reconcile. **robe ajustée** close-fitting dress; **~ qch à** to fit sth to. **(b)** *tir* to aim; *cible* to aim at. **(c)** *(†) tenue* to tidy. **2 s'~** *vpr (s'emboîter)* to ˙ fit (together). ♦ **ajustage** *nm (Tech)* fitting. ♦ **ajustement** *nm [prix]* adjustment. ♦ **ajusteur** *nm* metal worker.
alambic [alɑ̃bik] *nm* still *(Chim)*.
alanguir [alɑ̃giʀ] **(2) 1** *vt* to make languid *ou* listless. **2 s'~** *vpr* to grow languid *ou* listless. ♦ **alangui, e** *adj* languid, listless. ♦ **alanguissement** *nm* languor.
alarme [alaʀm(ə)] *nf (gén)* alarm. **donner l'~** to give *ou* sound the alarm. ♦ **alarmant** *adj* alarming. ♦ **alarmer (1) 1** *vt* to alarm. **2 s'~** *vpr* to become alarmed *(de, pour* about, at). ♦ **alarmiste** *adj, nmf* alarmist.
Albanie [albani] *nf* Albania. ♦ **albanais, e** *adj*, **A~(ne)** *nm(f)* Albanian.
albâtre [albɑtʀ(ə)] *nm* alabaster.
albatros [albatʀos] *nm* albatross.
albinos [albinos] *nmf, adj inv* albino.
album [albɔm] *nm* album. **~ à colorier** colouring book.
albumine [albymin] *nf* albumin.
alcali [alkali] *nm* alkali.
alcalin, e [alkalε̃, in] *adj* alkaline.
alchimie [alʃimi] *nf* alchemy. ♦ **alchimiste** *nm* alchemist.
alcool [alkɔl] *nm (gén, Chim)* alcohol; *(type particulier)* spirit. **~ à brûler/à 90°** methylated/surgical spirit; **boire de l'~** *(gén)* to drink alcohol; *(eau de vie)* to drink spirits; **~ de prune** plum brandy. ♦ **alcoolique** *adj, nmf* alcoholic. ♦ **alcoolisé, e** *adj* alcoholic. ♦ **alcoolisme** *nm* alcoholism. ♦ **alcoo(l)test** *nm (objet)* Breathalyser; *(épreuve)* breath test.
alcôve [alkov] *nf* alcove.
aléa [alea] *nm* hazard, risk. **après bien des ~s** after many ups and downs.
aléatoire [aleatwaʀ] *adj (incertain)* uncertain; *(risqué)* chancy, risky.
alentour [alɑ̃tuʀ] *adv:* **~ (de)** around, round about. ♦ **alentours** *nmpl [ville]* surroundings, neighbourhood. **aux ~ de Dijon** in the vicinity *ou* neighbourhood of Dijon; **aux ~ de 8 heures/10 F**

round about 8 o'clock/10 francs.
alerte [alεʀt(ə)] **1** *adj personne* agile; *esprit* alert, agile; *style* brisk. **2** *nf* (a) *(signal, durée)* alert, alarm. **donner l'~** to give the alert *ou* alarm; **donner l'~ à qn** to alert sb; **~ aérienne** air raid warning. **(b)** *(fig) (avertissement)* warning sign; *(inquiétude)* alarm. **3** ˙ *excl:* **~!** watch out! ♦ **alertement** *adv* agilely; alertly; briskly. ♦ **alerter (1)** *vt (donner l'alarme)* to alert; *(informer)* to inform, notify; *(prévenir)* to warn.
alexandrin [alεksɑ̃dʀε̃] *nm* alexandrine.
alezan, e [alzɑ̃, an] *adj, nm,f* chestnut *(horse)*.
algarade [algaʀad] *nf (gronderie)* angry outburst; *(dispute)* row.
algèbre [alʒεbʀ(ə)] *nf (Math)* algebra. **par l'~** algebraically; **c'est de l'~*** it's (all) Greek to me*. ♦ **algébrique** *adj* algebraic.
Alger [alʒe] *n* Algiers.
Algérie [alʒeʀi] *nf* Algeria. ♦ **algérien, -ienne** *adj*, **A~(ne)** *nm(f)* Algerian.
algue [alg(ə)] *nf:* **~(s)** seaweed.
alias [aljɑs] *adv* alias.
alibi [alibi] *nm* alibi.
aliénation [aljenɑsjɔ̃] *nf (gén)* alienation. *(Méd)* **~ (mentale)** (mental) derangement.
aliéné, e [aljene] *nm,f* mental patient.
aliéner [aljene] **(6)** *vt* (a) *(céder) (gén)* to give up; *(Jur)* to alienate. **(b)** *partisans, opinion* to alienate *(à qn* from sb). **s'~ un ami** to alienate a friend.
alignement [aliɲmɑ̃] *nm (action)* aligning, lining up, bringing into alignment; *(rangée)* alignment, line; *(Fin, Pol)* alignment. **(Mil) être à l'~** to be in line.
aligner [aliɲe] **(1) 1** *vt objets* to line up, make lines of; *chiffres* to string together; *arguments* to reel off; *(Mil)* to form into lines. **des peupliers étaient alignés le long de la route** poplars stood in a straight line along the roadside; **~ sur qch** *[objets, conduite, politique]* to bring into line with sth. **2 s'~** *vpr [soldats]* to fall into line, line up. *(Pol)* **s'~ sur** *politique* to conform to the line of; *pays* to align o.s. with.
aliment [alimɑ̃] *nm:* **~(s)** food; **comment conserver vos ~s** how to keep (your) food *ou* foodstuffs fresh; **ça a fourni un ~ à la conversation** it gave us something to talk about. ♦ **alimentaire** *adj besoins* food. **denrées ~s** foodstuffs.
alimentation [alimɑ̃tɑsjɔ̃] *nf* (a) *(gén)* feeding; *[moteur]* supplying. **l'~ en eau des villes** supplying water to *ou* the supply of water to towns. **(b)** *(régime)* diet. **(c)** *(métier)* food trade; *(enseigne) [magasin]* grocery (store), groceries; *[rayon]* groceries.
alimenter [alimɑ̃te] **(1)** *vt (gén)* to feed; *conversation* to sustain; *moteur* to supply. **~ une ville en gaz** to supply a town with gas; **le malade recommence à s'~** the patient is starting to eat again.
alinéa [alinea] *nm* paragraph.
aliter (s') [alite] **(1)** *vpr* to take to one's bed. **rester alité** to remain confined to bed.
alizé [alize] *adj m, nm:* **(vent) ~** trade wind.
allaiter [alete] **(1)** *vt [femme]* to (breast-)feed; *[animal]* to suckle. **~ au biberon** to bottle-feed. ♦ **allaitement** *nm* (breast-)feeding; suckling; bottle-feeding.
allant, e [alɑ̃, ɑ̃t] **1** *adj (alerte)* active; *(entraînant)* lively. **2** *nm (dynamisme)* drive.
allécher [aleʃe] **(6)** *vt [odeur]* to make one's mouth water, tempt; *[proposition]* to entice, tempt. ♦ **alléchant, e** *adj* mouth-watering; enticing; tempting.
allée [ale] *nf* (a) *(gén)* path; *[parc]* walk; *(large)* avenue; *(menant à une maison)* drive; *[cinéma, bus]* aisle. **(b) leurs ~s et venues** their comings and goings; **j'ai perdu mon temps en ~s et venues** I've wasted my time going back and forth.

allégation [alegɑsjɔ̃] nf allegation.

allégeance [aleʒɑ̃s] nf allegiance.

alléger [aleʒe] (6 et 3) vt poids, impôts to lighten; bagages to make lighter; douleur to alleviate, soothe; châtiment to mitigate. ♦ **allégement** nm lightening; alleviation; mitigation.

allégorie [alegɔri] nf allegory. ♦ **allégorique** adj allegorical.

allègre [alegʀ(ə)] adj personne cheerful, light-hearted; démarche lively, jaunty; musique lively, merry. ♦ **allégrement** adv cheerfully; light-heartedly; jauntily; merrily. ♦ **allégresse** nf elation, exhilaration.

alléguer [alege] (6) vt prétexte to put forward. il allégua que ... he argued that ... .

Allemagne [alman] nf Germany. ~ de l'Ouest/de l'Est West/East Germany. ♦ **allemand, e** adj, nm, A~(e) nm(f) German.

aller [ale] (9) 1 vi (a) (gén) to go (à, vers to, towards). ~ et venir to come and go; ~ à Paris/au lit/à la pêche to go to Paris/to bed/fishing; ~ à la ville à pied/à vélo/en voiture to go to town on foot/by bike/by car, walk/cycle/drive to town; (lit, fig) ~ loin to go far; ~ jusqu'au ministre to take a matter to the minister; ~ à la catastrophe to be heading for disaster; ~ sur ses 8 ans to be getting on for 8. (b) (santé, situation) comment allez-vous? – ça va* how are you? - fine ou not so bad*; ça va bien/mal/ mieux I'm well/unwell/feeling better; ça va (les affaires)?* how are you getting on?, how's business?*; ça va mal à la maison things aren't going too well at home; ça va mal ~! there's going to be trouble!; ta pendule va bien? is your clock right?; ~ en empirant to get worse and worse, go from bad to worse. (c) (convenir) ~ à qn [mesure] to fit sb; [plan, genre] to suit sb; [climat] to agree with sb; ~ (bien) avec to go (well) with; la clef ne va pas dans la serrure the key won't go in ou doesn't fit the lock; ces ciseaux ne vont pas these scissors won't do ou are no good. (d) (excl) allons!, allez! (stimulation) go on!; (incrédulité, consolation) come on now!; (résignation) all right!, O.K.!*; allez, au revoir! 'bye then!; comme tu y vas! you're going a bit far! (e) ~ de soi to be self-evident ou obvious; cela va sans dire it goes without saying; il en va de même pour les autres the same applies to the others; il y va de votre vie your life is at stake; il y est allé de sa chanson he gave us a song.

2 vb aux (+ infin) (a) (futur immédiat) to be going to. ils allaient commencer they were going ou were about to start. (b) ~ faire qch to go and do sth; il est allé me chercher mes lunettes he went to fetch my glasses; allez donc voir si c'est vrai! you'll never know if it's true!; n'allez pas vous imaginer que don't you go imagining that.

3 s'en ~ vpr (a) (partir) to go (away); (déménager) to move, leave; (mourir) to die; (prendre sa retraite) to retire. ils s'en vont à Paris they are going ou off to Paris; je m'en vais leur montrer I'll show them. (b) [tache] to come off; [temps] to pass, go by. tout son argent s'en va en disques all his money goes on records.

4 nm (trajet) outward journey; (billet) single ou one-way (US) ticket. j'irai vous voir à l'~ I'll come and see you on the way there; je ne fais que l'~-retour I'm just going there and back; prendre un ~-retour to buy a return ou round-trip (US) ticket.

allergie [alerʒi] nf allergy. ♦ **allergique** adj allergic (à to).

alliage [aljaʒ] nm alloy.

alliance [aljɑ̃s] nf (a) (Pol) alliance; (Bible) covenant. (b) (mariage) union, marriage. oncle par ~ uncle by marriage. (c) (bague) (wedding) ring. (d) (fig: mélange) combination.

allier [alje] (7) 1 vt efforts to combine, unite; couleurs to match (à with). 2 s'~ vpr [efforts] to combine, unite; [couleurs] to match; (Pol) to become allies ou allied. s'~ à to become allied to ou with, ally o.s. with. ♦ **allié, e 1** adj pays allied. 2 nm,f (Pol, fig) ally; (parent) relative by marriage.

alligator [aligatɔʀ] nm alligator.

allô [alo] excl (Téléc) hullo!

allocation [alɔkasjɔ̃] nf (a) (V allouer) allocation; granting; allotment. (b) (somme) allowance. ~ de chômage unemployment benefit; ~s familiales family allowance(s), child benefits.

allocution [alɔkysjɔ̃] nf short speech.

allonger [alɔ̃ʒe] (3) 1 vt (a) (rendre plus long) to lengthen; (étendre) to stretch out. ~ le pas to quicken one's step. (b) (‡) somme to hand out; coup to deal. ~ qn to knock sb flat. (c) (Culin) sauce to thin (down). 2 vi: les jours allongent the days are growing longer. 3 s'~ vpr (a) [ombres, jours] to lengthen; [enfant] to grow taller; [discours] to drag on. (fig) son visage s'allongea his face fell; la route s'allongeait devant eux the road stretched away before them. (b) (s'étendre) to lie down, stretch out. ♦ **allongé, e** adj (a) (étendu) être ~ to be stretched out, be lying; ~ sur son lit/sur le dos lying on one's bed/on one's back. (b) (long) long; (étiré) elongated; (oblong) oblong. ♦ **allongement** nm (gén) lengthening; (Anat, Métal) elongation.

allouer [alwe] (1) vt argent to allocate; indemnité to grant; (Fin) actions to allot; temps to allot, allow, allocate.

allumage [alymaʒ] nm [poêle] lighting; [électricité] putting ou switching on; (Aut) ignition.

allume-cigare [alymsigaʀ] nm inv cigar lighter.

allume-gaz [alymgaz] nm inv gas lighter (for cooker).

allumer [alyme] (1) 1 vt (a) feu to light. le feu était allumé the fire was lit. (b) électricité to put ou switch ou turn on; gaz to light, turn on. laisse la lumière allumée leave the light on; ça n'allume pas the light doesn't come on ou work; ~ une pièce to put the light on in a room; sa fenêtre était allumée there was a light on at his window. (c) sentiment to arouse, stir up; guerre to stir up.

2 s'~ vpr [incendie] to blaze, flare up; [sentiment] to be aroused; [guerre] to break out. son regard s'alluma his face lit up; sa fenêtre s'alluma a light came ou went on at his window; où est-ce que ça s'allume? where do you switch it on?

allumette [alymɛt] nf (a) match. ~ de sûreté safety match. (b) (Culin) flaky pastry finger.

allumeur [alymœʀ] nm (Aut) distributor; (Tech) igniter. (Hist) ~ de réverbères lamplighter.

allure [alyʀ] nf (a) (vitesse) [véhicule] speed; [piéton] pace. à toute ~ at top ou full speed. (b) (démarche) walk; (attitude) air, look, appearance. avoir fière/piètre ~ to cut a fine/shabby figure; d'~ bizarre odd-looking; liberté d'~s free behaviour.

allusion [alyzjɔ̃] nf allusion (à to), hint (à at). ~ malveillante innuendo; faire ~ à to allude to, hint at; par ~ allusively. ♦ **allusif, -ive** adj allusive.

alluvions [alyvjɔ̃] nfpl alluvial deposits.

almanach [almana] nm almanac.

aloès [alɔɛs] nm aloe.

aloi [alwa] nm: de bon ~ gaieté wholesome; individu worthy; produit of genuine quality; de mauvais ~ unwholesome; of little worth; of doubtful quality.

alors [alɔʀ] adv (à cette époque) then, in those days, at that time; (en conséquence) then, in that case, so. ~ que (simultanéité) while, when; (opposition) whereas; ~ même que (même si) even if, though; (au moment où) while, just when; elle est sortie ~ que le docteur le lui avait interdit she went out although ou even though the doctor had told her not to; ~ tu viens? well (then), are you coming?; ~ là d'accord well then all right;

il pleut – **et** ~? it's raining – so (what)?
alouette [alwεt] *nf* skylark.
alourdir [aluʀdiʀ] (2) **1** *vt* (*gén*) to make heavy;
impôts to increase; *véhicule* to weigh down. **le gaz
alourdissait l'air** the smell of gas hung heavy on
the air, the air was heavy with the smell of gas.
2 s'~ *vpr* to become *ou* grow heavy.
♦ **alourdissement** *nm* [*véhicule, objet*] increased
weight, heaviness; [*impôts*] increase (*de* in).
aloyau [alwajo] *nm* sirloin.
alpaga [alpaga] *nm* (*Tex, Zool*) alpaca.
Alpes [alp(ə)] *nfpl*: **les** ~ the Alps. ♦ **alpage** *nm*
high mountain pasture. ♦ **alpestre** *adj* alpine.
alphabet [alfabε] *nm* (*système*) alphabet; (*livre*)
alphabet book. ~ **morse** Morse code. ♦ **alphabétique** *adj* alphabetical. ♦ **alphabétiquement**
adv alphabetically. ♦ **alphabétiser** (1) *vt*: ~ **qn** to
teach sb to read and write.
alpin, e [alpɛ̃, in] *adj* alpine.
alpinisme [alpinism(ə)] *nm* mountaineering,
climbing. ♦ **alpiniste** *nmf* mountaineer, climber.
altérant, e [alteʀɑ̃, ɑ̃t] *adj* thirst-making.
altercation [altεʀkasjɔ̃] *nf* altercation.
altérer [alteʀe] (6) **1** *vt* (**a**) (*assoiffer*) to make
thirsty. (**b**) *texte, vérité* to distort, falsify; *aliments* to adulterate. (**c**) *denrées* to spoil; *matière,
sentiments* to alter; *visage, voix* to distort; *santé*
to impair. (**d**) (*modifier*) to alter, change. **2 s'**~
vpr [*nourriture*] to go off; [*santé, relations*] to
deteriorate; [*voix*] to break; [*vin*] to spoil.
♦ **altération** *nf* (**a**) distortion, falsification;
alteration; adulteration; impairment; change. **l'**~
de sa santé the deterioration in his health; **l'**~ **de
son visage/de sa voix** his distorted features/
broken voice. (**b**) (*Mus*) accidental.
alternance [altεʀnɑ̃s] *nf* (*gén*) alternation. **être en
~** [*émissions*] to alternate; **travailler en ~** to
work alternately (*avec* with).
alternateur [altεʀnatœʀ] *nm* alternator.
alternatif, -ive [altεʀnatif, iv] **1** *adj* alternate;
(*Élec*) alternating. **2** *nf* (*dilemme*) alternative.
être dans une ~**ive** to have to choose between two
alternatives. ♦ **alternativement** *adv* alternately,
in turn.
alterner [altεʀne] (1) *vt* to alternate (*avec* with).
ils alternèrent à la présidence they took turns in
the chair. ♦ **alterne, alterné, e** *adj* alternate.
altesse [altεs] *nf* (*titre*) highness.
altier, -ière [altje, jεʀ] *adj* haughty.
altitude [altityd] *nf* altitude, height (above sea
level). **à 500 mètres d'**~ at a height *ou* an altitude
of 500 metres; **en** ~ at high altitude, high up;
prendre de l'~ to gain altitude.
alto [alto] *nm* (*instrument*) viola.
altruisme [altʀɥism(ə)] *nm* altruism. ♦ **altruiste**
1 *adj* altruistic. **2** *nmf* altruist.
alumine [alymin] *nf* alumina.
aluminium [alyminjɔm] *nm* aluminium.
alun [alœ̃] *nm* alum.
alunir [alyniʀ] (2) *vi* to land on the moon.
♦ **alunissage** *nm* (moon) landing.
alvéole [alveɔl] *nf ou m* [*ruche, poumon*] cell. ~
dentaire tooth socket; **~s dentaires** alveolar *ou*
teeth ridge.
amabilité [amabilite] *nf* kindness. **ayez l'**~ **de** be
so kind as to; **faire des ~s à qn** to be polite to sb.
amadou [amadu] *nm* touchwood, tinder.
amadouer [amadwe] (1) *vt* (*enjôler*) to coax,
cajole; (*adoucir*) to mollify.
amaigrir [amegʀiʀ] (2) *vt* to make thin *ou* thinner.
♦ **amaigrissant, e** *adj régime* slimming.
♦ **amaigrissement** *nm* (*pathologique*) thinness;
(*volontaire*) slimming. **un ~ de 3 kg** a loss in
weight of 3 kg.
amalgame [amalgam] *nm* (*péj*) (strange)
combination; (*Métal*) amalgam. ♦ **amalgamer**
(1) **1** *vt* to combine; to amalgamate. **2 s'**~ *vpr* to
combine.

amande [amɑ̃d] *nf* (**a**) (*fruit*) almond. **en** ~
almond-shaped. (**b**) [*noyau*] kernel. ♦ **amandier**
nm almond (tree).
amant [amɑ̃] *nm* lover. ♦ **amante†** *nf* mistress†.
amarrer [amaʀe] (1) *vt navire* to moor; *paquet* to
make fast ♦ **amarrage** *nm* mooring. ♦ **amarre** *nf*
(mooring) rope. **les ~s** moorings.
amas [amɑ] *nm* (*lit*) heap, pile; [*idées*] mass;
(*Astron*) star cluster; (*Min*) mass.
amasser [amɑse] (1) **1** *vt choses* to pile up, amass;
fortune to amass; *preuves* to amass, gather
(together). **2 s'**~ *vpr* [*choses, preuves*] to pile up,
accumulate; [*foule*] to gather.
amateur [amatœʀ] *nm* (*non-professionnel*)
amateur; (*péj*) dilettante, mere amateur. **équipe
~** amateur team; **~ d'art** art lover; **être ~ de**
films to be a keen film-goer; **faire qch en ~** to do
sth as a mere amateur; **y a-t-il des ~s?** (*volontaires*) are there any volunteers?; (*acheteurs*) are
there any takers? ♦ **amateurisme** *nm* (*Sport*)
amateurism; (*péj*) amateurishness.
Amazone [amazon] **1** *nm* (*Géog*) Amazon. **2** *nf*
(*Myth*) Amazon; (*fig*) amazon. (*écuyère*) **a**~
horsewoman; **monter en a**~ to ride sidesaddle.
ambages [ɑ̃baʒ] *nfpl*: **sans ~** without beating
about the bush, in plain language.
ambassade [ɑ̃basad] *nf* (*Pol*) embassy; (*mission*)
mission. ♦ **ambassadeur** *nm* (*Pol, fig*)
ambassador. **~ extraordinaire** ambassador
extraordinary (*auprès de* to). ♦ **ambassadrice** *nf*
ambassador; (*épouse*) ambassadress.
ambiance [ɑ̃bjɑ̃s] *nf* atmosphere (*de* in, of).
ambiant, e [ɑ̃bjɑ̃, ɑ̃t] *adj* surrounding; *température* ambient.
ambidextre [ɑ̃bidεkstʀ(ə)] *adj* ambidextrous.
ambigu, -uë [ɑ̃bigy] *adj* ambiguous. ♦ **ambiguïté**
nf ambiguity. **sans ~** (*adj*) unambiguous; (*adv*)
unambiguously.
ambitieux, -euse [ɑ̃bisjø, øz] *adj* ambitious. **~ de
plaire** anxious to please. ♦ **ambitieusement** *adv*
ambitiously. ♦ **ambition** *nf* ambition.
♦ **ambitionner** (1) *vt*: **il ambitionne de faire** his
ambition is to do.
ambivalence [ɑ̃bivalɑ̃s] *nf* ambivalence.
♦ **ambivalent, e** *adj* ambivalent.
amble [ɑ̃bl(ə)] *nm* [*cheval*] amble.
ambre [ɑ̃bʀ(ə)] *nm*: ~ (**jaune**) amber; ~ **gris**
ambergris. ♦ **ambré, e** *adj couleur* amber.
ambulance [ɑ̃bylɑ̃s] *nf* ambulance.
♦ **ambulancier, -ière** *nm,f* (*conducteur*) ambulance driver; (*infirmier*) ambulance man (*ou*
woman).
ambulant, e [ɑ̃bylɑ̃, ɑ̃t] *adj musicien* strolling,
travelling. **c'est un dictionnaire ~*** he's a walking
dictionary.
âme [ɑm] *nf* (**a**) (*gén*) soul. (*fig*) **avoir l'**~
chevillée au corps to have nine lives; **avoir une ~
généreuse** to have great generosity of spirit;
avoir une ~ basse to have an evil heart; **grandeur
d'**~ noble-mindedness; **en mon ~ et conscience**
in all conscience; **ému jusqu'au fond de l'**~ profoundly moved; **il est musicien dans l'**~ he's a
musician to the core. (**b**) (*personne*) soul. **on ne
voyait ~ qui vive** you couldn't see a (living) soul;
bonne ~* kind soul; **il erre comme une ~ en peine**
he is wandering about like a lost soul; **son ~
damnée** his henchman; **trouver l'**~ **sœur** to find a
soul mate; **l'**~ **d'un complot** the moving spirit in a
plot. (**c**) (*Tech*) [*canon*] bore; [*violon*] soundpost.
améliorer *vt*, **s'**~ *vpr* [ameljɔʀe] (1) (*gén*) to
improve. ♦ **amélioration** *nf* improvement.
amen [amεn] *adv* (*Rel, fig*) amen.
aménager [amenaʒe] (3) *vt* (**a**) (*équiper*) *local* to
fit out; *territoire, parc* to develop. (**b**) (*créer*)
route to make, build; *gradins* to fix up; *horaire* to
work out. ~ **un bureau dans une chambre** to fit a
study in a bedroom; ~ **une chambre en bureau**
to convert a bedroom into a study.

♦ **aménagement** *nm* (*gén*) development. ~s [*local*] fittings; [*quartier*] developments; [*horaire*] adjustments.

amende [amɑ̃d] *nf* fine. **mettre à l'~** to penalize; **donner une ~ à** to fine; **faire ~ honorable** to make amends.

amender [amɑ̃de] (1) **1** *vt* (*Pol*) to amend; (*Agr*) to enrich; *conduite* to improve, amend. **2 s'~** *vpr* to mend one's ways. ♦ **amendement** *nm* (*Pol*) amendment; (*Agr*) (*opération*) enrichment; (*substance*) enriching agent.

amène [amɛn] *adj* affable. **peu ~** unkind.

amener [amne] (5) **1** *vt* (**a**) *personne, objet* to bring; *catastrophe* to cause, bring about. **qu'est-ce qui vous amène ici?** what brings you here? (**b**) (*inciter*) **~ qn à faire qch** [*circonstances*] to lead *ou* bring sb to do sth; [*personne*] to get sb to do sth; **je suis amené à croire que** I am led to think that; **~ qn à ses propres idées** to bring sb round to one's own ideas; **~ la conversation sur un sujet** to lead the conversation on to a subject; **amené à un haut degré de complexité** brought to a high degree of complexity. (**c**) *transition, conclusion* to present, introduce. **bien amené** well-introduced. (**d**) *poisson* to draw in; *voile, drapeau* to strike. **2 s'~●** *vpr* (*venir*) to come along.

aménité [amenite] *nf* affability. **sans ~** unkindly.

amenuiser (**s'**) [amənɥize] (1) *vpr* [*valeur, espoir*] to dwindle; [*chances*] to lessen; [*provisions*] to run low, dwindle. ♦ **amenuisement** *nm* dwindling; lessening.

amer, -ère [amɛʀ] *adj* bitter. ♦ **amèrement** *adv* bitterly.

américain, e [amerikɛ̃, ɛn] **1** *adj* American. **2** *nm* (*Ling*) American (English). **3** *nm(f):* **A~(e)** American. ♦ **américaniser** (1) *vt* to americanize. ♦ **américanisme** *nm* americanism. ♦ **américaniste** *nmf* Americanist. ♦ **Amérique** *nf* America.

amerrir [ameʀiʀ] (2) *vi* (*Aviat*) to make a sea-landing; (*Espace*) to splash down. ♦ **amerrissage** *nm* (sea) landing; splashdown.

amertume [amɛʀtym] *nf* (*lit, fig*) bitterness.

améthyste [ametist(ə)] *nf, adj inv* amethyst.

ameublement [amœbləmɑ̃] *nm* (*meubles*) furniture. **articles d'~** furnishings.

ameublir [amœbliʀ] (2) *vt* (*Agr*) to loosen.

ameuter [amøte] (1) *vt* (*attrouper*) *curieux* to draw a crowd of; *voisins* to bring out; (*soulever*) to rouse, stir up (*contre* against). **des passants s'ameutèrent** a crowd of passers-by gathered (angrily).

ami, e [ami] **1** *nm,f* (**a**) friend. **~ d'enfance** childhood friend; **elle est avec ses ~es** she's with her (girl)friends; **se faire un ~ de qn** to make friends with sb; **~s des bêtes** animal lovers; **club des ~s de Balzac** Balzac society; **un professeur de mes ~s** a teacher friend of mine; **sans ~s** friendless. (**b**) (*amant*) boyfriend; (*maîtresse*) girlfriend, lady-friend. (**c**) **mes chers ~s** (ladies and) gentlemen; **mon cher ~** my dear fellow. **2** *adj* friendly. **être très ~ avec qn** to be very friendly *ou* be good friends with sb; **être ~ de l'ordre** to be a lover of order.

amiable [amjabl(ə)] *adj* (*Jur*) **à l'~** *vente* private; *accord* amicable. **régler qch à l'~** to settle sth out of court.

amiante [amjɑ̃t] *nm* asbestos.

amibe [amib] *nf* amoeba.

amical, e, *mpl* **-aux** [amikal, o] **1** *adj* friendly. **peu ~** unfriendly. **2** *nf* association, club. ♦ **amicalement** *adv* in a friendly way. [*lettre*] (**bien**) ~ best wishes, yours.

amidon [amidɔ̃] *nm* starch. ♦ **amidonner** (1) *vt* to starch.

amincir [amɛ̃siʀ] (2) **1** *vt* *couche* to thin (down). **cette robe l'amincit** this dress makes her look slim(mer) *ou* thin(ner). **2 s'~** *vpr* to get thinner.

♦ **amincissement** *nm* thinning (down). **cure d'~** slimming treatment.

amiral, e *mpl* **-aux** [amiʀal, o] **1** *adj:* **vaisseau ~** flagship. **2** *nm* admiral. **3** *nf* admiral's wife. ♦ **amirauté** *nf* admiralty.

amitié [amitje] *nf* (**a**) (*sentiment*) friendship. **prendre qn en ~** to take a liking to sb; **se lier d'~ avec qn** to make friends with sb; **avoir de l'~ pour qn** to be fond of sb; **faites-moi l'~ de venir** do me the favour of coming. (**b**) [*lettre*] ~s, **Paul** yours, Paul; **elle vous fait toutes ses ~s** she sends her regards.

ammoniac [amɔnjak] *nm* ammonia. ♦ **ammoniaque** *nf* liquid ammonia.

amnésie [amnezi] *nf* amnesia. ♦ **amnésique 1** *adj* amnesic. **2** *nmf* amnesiac.

amnistie [amnisti] *nf* amnesty. ♦ **amnistier** (7) *vt* to amnesty.

amocher● [amɔʃe] (1) *vt* to mess up●, make a mess of. **se faire ~** to get messed up●.

amoindrir [amwɛ̃dʀiʀ] (2) **1** *vt* *forces* to weaken; *quantité* to diminish, reduce. (*humilier*) ~ **qn** to belittle sb. **2 s'~** *vpr* to grow weaker, weaken; to diminish. ♦ **amoindrissement** *nm* weakening; diminishing; reduction.

amollir [amɔliʀ] (2) **1** *vt* *chose, esprit* to soften; *forces* to weaken. **2 s'~** *vpr* [*chose*] to go soft; (*fig*) to weaken. ♦ **amollissement** *nm* softening; weakening.

amonceler [amɔ̃sle] (4) **1** *vt* *choses* to pile *ou* heap up; *difficultés* to accumulate. **2 s'~** *vpr* to pile *ou* heap up; to accumulate; [*nuages, neige*] to bank up. ♦ **amoncellement** *nm* (**a**) piling *ou* heaping up; accumulation. (**b**) (*tas*) pile, heap.

amont [amɔ̃] *nm* [*cours d'eau*] upstream water; [*pente*] uphill slope. **en ~** upstream; uphill (*de* from); **l'écluse d'~** the upstream lock.

amoral, e, *mpl* **-aux** [amɔʀal, o] *adj* amoral.

amorce [amɔʀs(ə)] *nf* (**a**) (*Pêche*) bait; (*de fond*) ground bait. (**b**) (*explosif*) cap. (**c**) (*début*) start, beginning. **l'~ d'une réforme** the beginnings of a reform.

amorcer [amɔʀse] (3) *vt* (**a**) *hameçon* to bait; (*fig*) *client* to entice. (**b**) *pompe, syphon* to prime. (**c**) *négociations, travaux* to start, begin. **la construction est amorcée depuis 2 mois** work has been in progress *ou* been under way for 2 months; **une descente s'amorce après le virage** after the bend the road starts to go down; **une détente s'amorce** there are signs of a détente. ♦ **amorçage** *nm* baiting, ground baiting; priming.

amorphe [amɔʀf(ə)] *adj* passive.

amortir [amɔʀtiʀ] (2) *vt* (**a**) *coup* to cushion, soften; *bruit* to deaden, muffle; *douleur* to dull. (*Tennis*) **un amorti** a drop shot. (**b**) (*Fin*) *dette* to pay off; *action* to redeem; *matériel* to write off. **pour ~ la dépense** to recoup the cost. ♦ **amortissable** *adj* (*Fin*) redeemable. ♦ **amortissement** *nm* cushioning; softening; deadening; muffling; dulling; paying off; redemption. **l'~ de ce matériel se fait en 3 ans** it takes 3 years to recoup *ou* write off the cost of this equipment. ♦ **amortisseur** *nm* shock absorber.

amour [amuʀ] **1** *nm* (**a**) (*sentiment*) love. **roman d'~** love story; **faire l'~** to make love (*avec* to, with). (**b**) (*personne*) love; (*aventure*) love affair. **mon ~** my love; **cet enfant est un ~** that child's a real darling; **tu seras un ~** there's a darling *ou* a dear; **un ~ de bébé/de petite robe** a lovely *ou* sweet little baby/dress. (**c**) **pour l'~ de Dieu/de votre mère** for God's/your mother's sake; **faire qch pour l'~ de l'art●** to do sth for the love of it; **faire qch avec ~** to do sth with loving care. **2** *nfpl* (*littér*) ~s (*personnes*) loves; (*aventures*) love affairs. **3:** **~-propre** *nm* self-esteem, pride.

amoureux, -euse [amuʀø, øz] **1** *adj* (**a**) (*épris*) in love (*de* with). **être ~ de la nature** to be a lover of nature *ou* a nature-lover. (**b**) *aventures* amorous,

love; *tempérament* amorous; *regard* loving.
2 *nm,f* (†: *soupirant*) love, sweetheart.
♦ **amoureusement** *adv* lovingly, amorously.
amovible [amɔvibl(ə)] *adj* removable, detachable; (*Jur*) removable.
ampère [ɑ̃pɛʀ] *nm* ampere, amp. ♦ **ampèremètre** *nm* ammeter.
amphibie [ɑ̃fibi] **1** *adj* amphibious. **2** *nm* amphibian.
amphithéâtre [ɑ̃fiteɑtʀ(ə)] *nm* (*Archit*, *Géol*) amphitheatre; (*Univ*) lecture hall *ou* theatre; (*Théât*) upper gallery.
amphore [ɑ̃fɔʀ] *nf* amphora.
ample [ɑ̃pl(ə)] *adj* jupe full, ample, roomy; *geste* sweeping, grand; *voix* full; *style* grand; *projet* vast; *sujet* wide-ranging. **faire** ~**(s) provision(s) de** to gather a good supply of; **donner d'** ~**s détails** to give a wealth of detail *ou* full details; **jusqu'à plus** ~ **informé** until further information is available. ♦ **amplement** *adv* mériter fully, amply. **il a fait** ~ **ce qu'on lui demandait** he has fully accomplished what was asked of him; **ça suffit** ~ that's more than enough, that's ample.
ampleur [ɑ̃plœʀ] *nf* [*vêtement*] fullness; [*style*, *geste*] grandeur; [*sujet*] scope, range; [*crise*] scale, extent. **sans grande** ~ of limited scope, small-scale; **prendre de l'**~ to grow in scale *ou* extent.
amplifier [ɑ̃plifje] (7) **1** *vt* (*gén*) to expand, develop, increase; (*péj*) *incident* to magnify; *son* to amplify. **2 s'**~ *vpr* to grow, increase. ♦ **amplificateur** *nm* amplifier. ♦ **amplification** *nf* expansion, development, increase; magnification; amplification.
amplitude [ɑ̃plityd] *nf* (*Astron*, *Phys*) amplitude; [*températures*] range; [*catastrophe*] magnitude.
ampoule [ɑ̃pul] *nf* (*Élec*) bulb; (*Pharm*) phial; [*main*] blister.
amputer [ɑ̃pyte] (1) *vt* (**a**) (*Anat*) to amputate. **il est amputé (d'une jambe)** he has had a leg amputated, he has lost a leg. (**b**) *texte*, *budget* to cut drastically (*de* by). ♦ **amputation** *nf* amputation; drastic cut (*de* in).
amulette [amylɛt] *nf* amulet.
amusant, e [amyzɑ̃, ɑ̃t] *adj* (*distrayant*) amusing, entertaining; (*drôle*) amusing, funny.
amuse-gueule [amyzgœl] *nm inv* appetizer.
amusement [amyzmɑ̃] *nm* (*jeu*) game; (*passe-temps*) diversion, pastime; (*fait de* (*se*) *divertir*) amusement.
amuser [amyze] (1) **1** *vt* (**a**) (*divertir*) to amuse, entertain; (*faire rire*) to amuse. **ces remarques ne m'amusent pas** I'm not amused by such remarks; **si vous croyez que ces réunions m'amusent** if you think I enjoy these meetings. (**b**) (*détourner l'attention de*) to distract (the attention of); (*tromper*) to delude.
2 s'~ *vpr* (**a**) (*jouer*) [*enfants*] to play. **s'**~ **avec** *jouet* to play with; *stylo*, *ficelle* to play to fiddle with; **s'**~ **à un jeu** to play a game; **s'**~ **à faire** to amuse o.s. doing; (*fig*) **ne t'amuse pas à recommencer, sinon!** don't do that again, or else! (**b**) (*se divertir*) to have fun *ou* a good time, enjoy o.s.; (*rire*) to have a good laugh. **s'**~ **à faire** to have fun doing; **nous nous sommes bien amusés** we had great fun *ou* a great time*; **c'était juste pour s'**~ it was just for fun *ou* for a laugh; **il ne faut pas qu'on s'amuse** (*se dépêcher*) we mustn't dawdle; (*travailler*) we mustn't idle. (**c**) (*se jouer de*) **s'**~ **de qn** to make a fool of sb. ♦ **amuseur, -euse** *nm,f* entertainer; (*péj*) clown.
amygdale [amidal] *nf* tonsil.
an [ɑ̃] *nm* year. **dans 3** ~**s** in 3 years, in 3 years' time; **enfant de six** ~**s** six-year-old (child); **il a 22** ~**s** he is 22 (years old); **il reçoit tant par** ~ he gets so much a year *ou* per annum; **en l'**~ **de grâce** ... in the year of grace ...; **je m'en moque comme de l'**~ **quarante** I couldn't care less; **courbé sous le poids**

des ~**s** bowed with age.
anachronique [anakʀɔnik] *adj* anachronistic. ♦ **anachronisme** *nm* anachronism.
anagramme [anagʀam] *nf* anagram.
analogie [analɔʒi] *nf* analogy. **par** ~ **avec** by analogy with. ♦ **analogique** *adj* analogical. ♦ **analogue 1** *adj* analogous, similar (*à* to). **2** *nm* analogue.
analphabète [analfabɛt] *adj, nmf* illiterate. ♦ **analphabétisme** *nm* illiteracy.
analyse [analiz] *nf* (*gén*) analysis; [*sang*, *urine*] test. **ça ne résiste pas à l'**~ it doesn't stand up to analysis; **avoir l'esprit d'**~ to have an analytical mind; **se faire faire des** ~**s** to have some tests done; ~ **grammaticale** parsing; ~ **logique** sentence analysis. ♦ **analyser** (1) *vt* to analyse; to test; to parse. ♦ **analyste** *nmf* analyst. ♦ **analytique** *adj* analytical.
ananas [anana(s)] *nm* (*fruit*, *plante*) pineapple.
anarchie [anaʀʃi] *nf* (*Pol*, *fig*) anarchy. ♦ **anarchique** *adj* anarchic. ♦ **anarchiquement** *adv* anarchically. ♦ **anarchisme** *nm* anarchism. ♦ **anarchiste 1** *adj* anarchistic. **2** *nmf* anarchist.
anathème [anatɛm] *nm* anathema. (*fig*) **jeter l'**~ **sur** to anathematize.
anatomie [anatɔmi] *nf* (*gén*) anatomy; (*analyse*) analysis. ♦ **anatomique** *adj* anatomical.
ancestral, e, mpl -aux [ɑ̃sɛstʀal, o] *adj* ancestral.
ancêtre [ɑ̃sɛtʀ(ə)] *nmf* (*aïeul*) ancestor; (*: vieillard*) old man (*ou* woman); (*fig: précurseur*) ancestor, forerunner.
anchois [ɑ̃ʃwa] *nm* anchovy.
ancien, -ienne [ɑ̃sjɛ̃, jɛn] **1** *adj* (**a**) (*gén*) old; (*ancestral*, *antique*) ancient; *objet d'art* antique. **dans l'**~ **temps** in olden days. (**b**) (*précédent*) former, old. **son** ~**ne femme** his former *ou* previous wife; **mon** ~**ne école** my old school. **2** *nm* (*mobilier*) **l'**~ antiques. **3** *nm,f* (*par l'âge*) elder, old man (*ou* woman); (*par l'expérience*) senior person. (*Hist*) **les** ~**s** the Ancients; ~ **combattant** war veteran, ex-serviceman; ~ **élève** former pupil.
anciennement [ɑ̃sjɛnmɑ̃] *adv* formerly.
ancienneté [ɑ̃sjɛnte] *nf* (**a**) (*durée de service*) (length of) service; (*privilèges obtenus*) seniority. **à l'**~ by seniority. (**b**) [*maison*, *famille*] oldness, age; [*objet d'art*] age, antiquity; [*loi*, *tradition*] ancientness.
ancre [ɑ̃kʀ(ə)] *nf* (*Naut*, *Tech*) anchor. **être à l'**~ to be *ou* lie at anchor; **jeter/lever l'**~ to cast *ou* drop/weigh anchor. ♦ **ancrage** *nm* [*grand bateau*] anchorage; [*petit bateau*] moorage.
ancrer [ɑ̃kʀe] (1) **1** *vt* (*Naut*, *Tech*) to anchor. **idée bien ancrée** firmly rooted idea. **2 s'**~ *vpr* (*Naut*) to anchor. **il s'est ancré dans la tête que** ... he got it rooted *ou* fixed in his head that ... .
andouille [ɑ̃duj] *nf* (**a**) (*Culin*) andouille. (**b**) (*:* *imbécile*) clot*, fool. **faire l'**~ to act the fool.
âne [ɑn] *nm* (*Zool*) donkey, ass; (*fig*) ass, fool.
anéantir [aneɑ̃tiʀ] (2) *vt* (**a**) (*détruire*) to destroy, wipe out. (**b**) [*chaleur*, *chagrin*] to overwhelm; [*fatigue*] to exhaust. ♦ **anéantissement** *nm* (*destruction*) destruction, wiping out; (*fatigue*) exhaustion; [*abattement*] dejection.
anecdote [anɛkdɔt] *nf* anecdote. ♦ **anecdotique** *adj* anecdotal.
anémier [anemje] (7) **1** *vt* to make anaemic. **2 s'**~ *vpr* to become anaemic. ♦ **anémie** *nf* anaemia. ♦ **anémique** *adj* anaemic.
anémone [anemɔn] *nf* anemone. ~ **de mer** sea anemone.
ânerie [ɑnʀi] *nf* (*caractère*) stupidity; (*parole*) stupid remark; (*gaffe*) blunder. **dire des** ~**s** to talk rubbish.
ânesse [ɑnɛs] *nf* she-ass.
anesthésie [anɛstezi] *nf* (*technique*) anaesthesia; (*opération*) anaesthetic. **sous** ~ under the anaesthetic, under anaesthesia; **faire une** ~ to give an

anaesthetic. ♦ **anesthésier** (7) *vt* to anesthetize.
♦ **anesthésique** *adj*, *nm* anaesthetic.
♦ **anesthésiste** *nmf* anaesthetist.

ange [ɑ̃ʒ] *nm* (*Rel*, *fig*) angel; (*Zool*) angel fish. **oui
mon ~ yes, darling; tu seras un ~** there's an angel
ou a dear; **avoir une patience d'~** to have the patience of a saint; **c'est un ~ de bonté** he's the soul
of goodness; **un ~ passa** there was an awkward
pause; **être aux ~s** to be in (the) seventh heaven;
~ déchu fallen angel; **~ gardien** (*Rel*, *fig*) guardian angel; (*garde du corps*) bodyguard.

angélique [ɑ̃ʒelik] **1** *adj* angelic. **2** *nf* angelica.
♦ **angéliquement** *adv* angelically.

angelot [ɑ̃ʒlo] *nm* (*Art*) cherub.

angélus [ɑ̃ʒelys] *nm* angelus.

angine [ɑ̃ʒin] *nf* tonsillitis. **avoir une ~** to have a
sore throat; **~ de poitrine** angina (pectoris).

anglais [ɑ̃glɛ, ɛz] **1** *adj* English. **2** *nm* (**a**) A~
Englishman; **les A~** (*en général*) English people,
the English; (*hommes*) Englishmen. (**b**) (*Ling*)
English. **~ canadien** Canadian English. **3** *nf* (**a**)
A~e Englishwoman. (**b**) (*Coiffure*) **~es** ringlets.
(**c**) (*Écriture*) = modern English handwriting.
(**d**) **à l'~e** *légumes* boiled. **4** *adv*: **parler ~** to
speak English.

angle [ɑ̃gl(ə)] *nm* [*meuble*, *rue*] corner; (*Math*)
angle; (*aspect*) angle, point of view; (*fig*) [*caractère*] rough edge. **le magasin qui fait l'~** the shop
on the corner; **à ~ droit** at right angles; **vu
sous cet ~** seen from that angle; **~ de braquage**
lock.

Angleterre [ɑ̃glətɛʀ] *nf* England.

anglican, e [ɑ̃glikɑ̃, an] *adj*, *nm,f* Anglican.
♦ **anglicanisme** *nm* Anglicanism.

angliciste [ɑ̃glisist(ə)] *nmf* (*étudiant*) student of
English; (*spécialiste*) anglicist. ♦ **angliciser** (1)
vt to anglicize. ♦ **anglicisme** *nm* anglicism.

anglo- [ɑ̃glo] *préf* anglo-. ♦ **anglo-américain** *nm*
(*Ling*) American English. ♦ **anglo-normand, e**
adj, *nm* Anglo-Norman. **les îles ~-~es** the
Channel Islands. ♦ **anglo-saxon, onne** *adj*, *nm,f*
Anglo-Saxon.

anglophile [ɑ̃glɔfil] **1** *adj* anglophilic. **2** *nmf* anglophile. ♦ **anglophilie** *nf* anglophilia.

anglophobe [ɑ̃glɔfɔb] **1** *adj* anglophobic. **2** *nmf*
anglophobe. ♦ **anglophobie** *nf* anglophobia.

anglophone [ɑ̃glɔfɔn] **1** *adj* English-speaking.
2 *nmf* English speaker.

angoisse [ɑ̃gwas] *nf* (*gén*, *Psych*) anguish; (*peur*)
fear. **une étrange ~ le saisit** a strange feeling of
anguish gripped him; **il vivait dans l'~ d'un accident** he lived in fear and dread of an accident.
♦ **angoissant, e** *adj* harrowing, agonizing. **vivre
des jours ~s** to suffer days of anguish *ou* agony.
♦ **angoissé, e** *adj* *voix* anguished; *question*
agonized. **cri ~** cry of anguish; **être ~** (*inquiet*) to
be in anguish; (*oppressé*) to feel choked.
♦ **angoisser** (1) *vt* to cause anguish to.

anguille [ɑ̃gij] *nf* eel. **filer entre les doigts de qn
comme une ~** to slip right through sb's fingers; **il
y a ~ sous roche** there's something in the wind.

angulaire [ɑ̃gylɛʀ] *adj* angular.

anguleux, -euse [ɑ̃gylø, øz] *adj* angular, bony.

anicroche* [anikʀɔʃ] *nf* hitch, snag. **sans ~s**
smoothly, without a hitch.

ânier, -ière [ɑnje, jɛʀ] *nm,f* donkey-driver.

animal, e, *mpl* **-aux** [animal, o] *adj*, *nm* (*Bio*, *fig*)
animal. **quel ~!*** what a lout!

animateur, -trice [animatœʀ, tʀis] *nm,f* [*spectacle*] compère; [*centres culturels*] leader,
organizer; (*Ciné*: *technicien*) animator. **l' ~ de
cette entreprise** the driving force behind this
undertaking.

animation [animɑsjɔ̃] *nf* (**a**) (*vie*) life, liveliness;
(*affairement*) (hustle and) bustle; [*discussion*]
animation, liveliness. **parler avec ~** to speak with
great animation; **mettre de l'~ dans une réunion**
to liven up a meeting. (**b**) (*Ciné*) animation.

animé, e [anime] *adj* (**a**) (*affairé*) busy; (*plein de
vie*) lively; *discussion* animated, lively; (*Comm*)
enchères, *marché* brisk. (**b**) (*Ling*, *Philos*)
animate.

animer [anime] (1) **1** *vt* (**a**) *entreprise*, *groupe* to
lead; *réunion* to conduct; *spectacle* to compère;
soirée, *conversation* to liven up. **~ une course** to
set the pace in a race. (**b**) [*sentiment*] to drive,
impel; [*désir*, *motif*] to prompt. **la joie qui anime
son visage** the joy that shines in his face. (**c**)
(*mouvoir*) to drive. **animé d'un mouvement régulier** moving in a steady rhythm. (**d**) (*Philos*) to
animate. **2 s'~** *vpr* [*personne*, *rue*, *objet*] to come
to life; [*conversation*] to become animated, liven
up; [*yeux*] to light up.

animosité [animozite] *nf* animosity (*contre*
towards, against).

anis [ani(s)] *nm* (*plante*) anise; (*Culin*) aniseed.

ankyloser [ɑ̃kiloze] (1) **1** *vt* to stiffen. **être
ankylosé** to be stiff. **2 s'~** *vpr* to get stiff.

annales [anal] *nfpl* annals. **ça restera dans les ~***
that'll go down in history.

anneau, *pl* **~x** [ano] *nm* (*gén*) ring; [*chaîne*] link;
[*serpent*] coil. (*Sport*) **~x** rings.

année [ane] *nf* year. **tout au long de l'~** the whole
year round; **payé à l'~** paid annually; **étudiant de
deuxième ~** second-year student; **les ~s 20/30**
the 20s/30s; **d'~ en ~** from year to year; **~ bissex-
tile/ civile** leap/calendar year; **~-lumière** *nf*, *pl*
~s -~s light year.

annexe [anɛks(ə)] **1** *adj* *document* appended;
travail, *dépenses* subsidiary. **les bâtiments ~s**
the annexes. **2** *nf* (*Constr*) annexe; [*document*]
annex (*de* to). ♦ **annexer** (1) *vt* *territoire* to annex;
document to append (*à* to). ♦ **annexion** *nf* (*Pol*)
annexation.

annihiler [aniile] (1) *vt* *efforts* to ruin, destroy;
résistance to wipe out; *personnalité* to crush.
♦ **annihilation** *nf* ruin; destruction; crushing.

anniversaire [anivɛʀsɛʀ] *nm* [*naissance*]
birthday; [*événement*] anniversary.

annonce [anɔ̃s] *nf* announcement; (*publicité*)
advertisement; (*fig*: *indice*) sign, indication;
(*Bridge*) declaration. **petites ~s** small ads.

annoncer [anɔ̃se] (3) **1** *vt* (**a**) *fait* to announce (*à*
to); (*Comm*) *réclame* to advertise. **je lui ai
annoncé la nouvelle** I announced the news to her;
(*mauvaise nouvelle*) I broke the news to her; **on
annonce un grave incendie** a serious fire is
reported to have broken out. (**b**) (*prédire*) *pluie*,
chômage to forecast; [*présage*] to foretell; [*signe
avant-coureur*] to herald. **ça n'annonce rien de
bon** it bodes no good; **ce radoucissement annonce
la pluie** this warmer weather is a sign that rain is
on the way *ou* is a sign of rain. (**c**) (*dénoter*) to
indicate, point to. (**d**) *personne* to announce. **sans
se faire ~** without being announced. (**e**) (*Cartes*)
to declare. (*fig*) **~ la couleur** to lay one's cards on
the table.
   2 s'~ *vpr* [*personne*] to announce o.s., say who
one is; [*événement*] to approach. **s'~ bien/mal** to
look good/bad; **ça s'annonce difficile** it looks like
being difficult.

annonceur [anɔ̃sœʀ] *nm* (*publicité*) advertiser;
(*speaker*) announcer.

annonciateur, -trice [anɔ̃sjatœʀ, tʀis] *adj*: **signe
~ de** portent of.

Annonciation [anɔ̃sjasjɔ̃] *nf*: **l'~** (*événement*) the
Annunciation; (*jour*) Annunciation Day, Lady
Day.

annoter [anɔte] (1) *vt* to annotate. ♦ **annotation** *nf*
annotation.

annuaire [anɥɛʀ] *nm* yearbook, annual; [*téléphone*] (telephone) directory, phone book*.

annuel, -elle [anɥɛl] *adj* annual, yearly.
♦ **annuellement** *adv* annually, yearly. ♦ **annuité** *nf*
annual payment.

annulaire [anylɛʀ] *nm* ring *ou* third finger.

annuler [anyle] (1) **1** vt contrat, élection to nullify; mariage to annul; commande to cancel.
2 s'~ vpr [poussées] to nullify each other, cancel each other out. ♦ **annulation** nf nullification; cancellation; annulment.

anoblir [anɔbliʀ] (2) vt to ennoble. ♦ **anoblissement** nm ennoblement.

anode [anɔd] nf anode.

anodin, e [anɔdɛ̃, in] adj personne, détail insignificant; blessure harmless.

anomalie [anɔmali] nf (gén) anomaly; (Bio) abnormality; (Tech) (technical) fault.

ânon [anɔ̃] nm ass's foal.

ânonner [anɔne] (1) vti: ~ **(sa leçon)** to mumble (one's way) through one's lesson.

anonymat [anɔnima] nm anonymity. **garder l'~** to remain anonymous. ♦ **anonyme** adj (sans nom) anonymous; (impersonnel) impersonal. ♦ **anonymement** adv anonymously.

anorak [anɔʀak] nm anorak.

anormal, e, mpl **-aux** [anɔʀmal, o] adj (gén) abnormal. **il est ~ qu'il n'ait pas les mêmes droits** it's abnormal for him not to have the same rights. ♦ **anormalement** adv abnormally.

anse [ɑ̃s] nf [tasse] handle; (Géog) cove.

antagonisme [ɑ̃tagɔnism(ə)] nm antagonism. ♦ **antagoniste 1** adj antagonistic. **2** nmf antagonist.

antan [ɑ̃tɑ̃] nm: **d'~** of yesteryear, of long ago.

antarctique [ɑ̃taʀktik] **1** adj antarctic. **2** nm: **l'A~** the Antarctic, Antarctica.

antécédent, e [ɑ̃tesedɑ̃, ɑ̃t] **1** adj antecedent. **2** nm (Gram, Philos) antecedent. **~s** previous history.

antédiluvien, -ienne [ɑ̃tedilyvjɛ̃, jɛn] adj (lit, fig) antediluvian.

antenne [ɑ̃tɛn] nf **(a)** (Zool) antenna, feeler; (Rad) aerial; (fig: contact) contact. (fig) **avoir des ~s** to have a sixth sense. **(b)** (Rad, TV: écoute) **sur** ou **à l'~** on the air; **gardez l'~** stay tuned in; **je donne l'~ à Paris** over to Paris; **hors ~** off the air; **sur nos ~s** on our station. **(c)** (succursale) subbranch; (Mil) outpost; (Méd) (emergency) unit.

antérieur, e [ɑ̃teʀjœʀ] adj **(a)** époque, situation previous, earlier, former. **c'est ~ à la guerre** it was prior to the war. **(b)** partie front. **membre ~** forelimb. ♦ **antérieurement** adv earlier. **~ à** prior ou previous to. ♦ **antériorité** nf [événement] precedence; (Gram) anteriority.

anthologie [ɑ̃tɔlɔʒi] nf anthology.

anthracite [ɑ̃tʀasit] **1** nm anthracite. **2** adj inv charcoal grey.

anthropoïde [ɑ̃tʀɔpɔid] adj, nm anthropoid.

anthropologie [ɑ̃tʀɔpɔlɔʒi] nf anthropology. ♦ **anthropologique** adj anthropological. ♦ **anthropologiste** nmf anthropologist.

anthropophage [ɑ̃tʀɔpɔfaʒ] adj, nm cannibal. ♦ **anthropophagie** nf cannibalism.

anti [ɑ̃ti] préf (gén) anti-; (contraire à) un-. **anticonformisme** nonconformism; **antimatière** antimatter; **antimilitariste** antimilitarist; **antipoétique** unpoetic; **antisémitisme** antisemitism; **sérum antitétanique/ antidiphtérique** tetanus/diphtheria serum; **campagne antialcoolique** campaign against alcohol.

antiaérien, -ienne [ɑ̃tiaeʀjɛ̃, jɛn] adj canon antiaircraft; abri air-raid.

antiatomique [ɑ̃tiatɔmik] adj: abri ~ fallout shelter.

antibiotique [ɑ̃tibjɔtik] adj, nm antibiotic.

antibrouillard [ɑ̃tibʀujaʀ] adj, nm (Aut) (phare) ~ fog lamp.

antibuée [ɑ̃tibɥe] adj inv: dispositif ~ demister; **bombe ~** anti-mist spray.

antichambre [ɑ̃tiʃɑ̃bʀ(ə)] nf antechamber, anteroom. **faire ~†** to wait (for an audience with sb).

antichoc [ɑ̃tiʃɔk] adj montre shockproof.

anticipation [ɑ̃tisipasjɔ̃] nf: **paiement par ~** payment in advance; **roman d'~** science fiction novel.

anticiper [ɑ̃tisipe] (1) vi (gén) to anticipate; (en imaginant) to look ou think ahead; (en racontant) to jump ahead. **~ sur qch** to anticipate sth; **sans vouloir ~ sur ce que je dirai** without wishing to go into what I shall say later. **2** vt (gén, Fin) to anticipate. ♦ **anticipé, e** adj retour early; paiement advance. **avec mes remerciements ~s** thanking you in advance.

anticorps [ɑ̃tikɔʀ] nm antibody.

anticyclone [ɑ̃tisiklon] nm anticyclone.

antidater [ɑ̃tidate] (1) vt to backdate.

antidérapant, e [ɑ̃tideʀapɑ̃, ɑ̃t] adj non-skid.

antidote [ɑ̃tidɔt] nm (lit, fig) antidote (contre, de for, against).

antiesclavagisme [ɑ̃tiɛsklavaʒism(ə)] nm abolitionism.

antigang [ɑ̃tigɑ̃g] adj inv: **brigade ~** police commando squad.

antigel [ɑ̃tiʒɛl] nm antifreeze.

Antilles [ɑ̃tij] nfpl: **les ~** the West Indies. ♦ **antillais, e** adj, A~(e) nm(f) West Indian.

antilope [ɑ̃tilɔp] nf antelope.

antimite [ɑ̃timit] nm mothballs.

antimoine [ɑ̃timwan] nm antimony.

antinomie [ɑ̃tinɔmi] nf antinomy. ♦ **antinomique** adj antinomic(al).

antiparasite [ɑ̃tipaʀazit] adj: dispositif ~ suppressor.

antipathie [ɑ̃tipati] nf antipathy. ♦ **antipathique** adj unpleasant.

antipode [ɑ̃tipɔd] nm (Géog) **les ~s** the antipodes; (Géog) **être à l'~** ou aux **~s** to be on the other side of the world (de from, to); (fig) **votre théorie est aux ~s de la mienne** our theories are poles apart.

antique [ɑ̃tik] adj (de l'antiquité) antique, ancient; (très ancien) ancient; (péj) antiquated. ♦ **antiquaire** nmf antique dealer. ♦ **antiquité** nf (gén) antiquity; (meuble) antique.

antisepsie [ɑ̃tisɛpsi] nf antisepsis. ♦ **antiseptique** adj, nm antiseptic.

antithèse [ɑ̃titɛz] nf (lit, fig) antithesis. ♦ **antithétique** adj antithetical.

antivénéneux, -euse [ɑ̃tivenenø, øz] adj antidotal.

antivenimeux, -euse [ɑ̃tivənimø, øz] adj: sérum ~ antivenom.

antivol [ɑ̃tivɔl] nm, adj inv: (dispositif) ~ anti-theft device.

antonyme [ɑ̃tɔnim] nm antonym.

antre [ɑ̃tʀ(ə)] nm (caverne) cave; [animal] (fig) den, lair.

anus [anys] nm anus.

anxieux, -euse [ɑ̃ksjø, øz] **1** adj personne, regard anxious, worried; attente anxious. **~ de** anxious to. **2** nm,f worrier. ♦ **anxiété** nf anxiety. ♦ **anxieusement** adv anxiously.

aorte [aɔʀt(ə)] nf aorta.

août [u] nm August; pour loc V **septembre** et **quinze.**

apache [apaʃ] nm **(a)** (indien) A~ Apache. **(b)** (†: voyou) thug.

apaisant, e [apɛzɑ̃, ɑ̃t] adj soothing.

apaisement [apɛzmɑ̃] nm (calme) calm, quiet; (soulagement) relief; (pour rassurer) reassurance. **donner des ~s à qn** to reassure sb; **cela lui procura un certain ~** this brought him some relief.

apaiser [apeze] (1) **1** vt personne to calm down, pacify; désir, faim to appease, assuage; douleur, excitation to soothe; conscience to salve; scrupules to allay. **2 s'~** vpr [personne] to calm down; [vacarme, vagues, douleur] to die down.

apanage [apanaʒ] nm (privilège) privilege. **avoir l'~ de qch** to have the sole ou exclusive right to sth.

aparté [apaʀte] *nm* (*entretien*) private conversation; (*Théât*) aside. **en** ~ in an aside.
apathie [apati] *nf* apathy. ♦ **apathique** *adj* apathetic.
apatride [apatʀid] *nmf* stateless person.
apercevoir [apɛʀsəvwaʀ] (28) **1** *vt* (a) (*voir*) to see; (*brièvement*) to catch a glimpse of; (*remarquer*) to notice. (b) *danger* to see, perceive; *difficultés* to see, foresee. **2 s'**~ *vpr*: **s'**~ **de** *erreur* to notice; *présence* to become aware of; **s'**~ **que** to notice *ou* realize that.
aperçu [apɛʀsy] *nm* (*idée générale*) general idea *ou* picture; (*compte-rendu*) general survey. **avoir des** ~**s sur qch** to have some insight into sth.
apéritif [apeʀitif] *nm* aperitif.
à-peu-près [apøpʀɛ] *nm inv* vague approximation.
apeuré, e [apœʀe] *adj* frightened, scared.
aphone [afɔn] *adj* voiceless.
aphorisme [afɔʀism(ə)] *nm* aphorism.
aphrodisiaque [afʀɔdizjak] *adj, nm* aphrodisiac.
aphte [aft(ə)] *nm* mouth ulcer.
apiculteur, -trice [apikyltœʀ, tʀis] *nm,f* beekeeper. ♦ **apiculture** *nf* beekeeping.
apitoyer [apitwaje] (8) **1** *vt* to move to pity. **n'essaie pas de m'**~ don't try and make me feel sorry for you. **2 s'**~ *vpr*: **s'**~ **sur** to feel pity for. ♦ **apitoiement** *nm* (*pitié*) pity.
aplanir [aplaniʀ] (2) *vt terrain* to level; *difficultés* to smooth away. **les difficultés se sont aplanies** the difficulties smoothed themselves out *ou* were ironed out. ♦ **aplanissement** *nm* levelling; smoothing away.
aplatir [aplatiʀ] (2) **1** *vt* (*gén*) to flatten; *couture* to press flat; *pli* to smooth (out). **2 s'**~ *vpr* (a) [*personne*] to flatten o.s. (*contre* against); (*s'étendre*) to lie flat on the ground; (*: tomber*) to fall flat on one's face; (*s'humilier*) to grovel (*devant* before, to). (b) [*choses*] (*devenir plus plat*) to become flatter; (*s'écraser*) to smash (*contre* against). ♦ **aplati, e** *adj* flat. ♦ **aplatissement** *nm* (*gén*) flattening; (*humiliation*) grovelling.
aplomb [aplɔ̃] *nm* (a) (*assurance*) self-assurance; (*péj*) nerve, cheek*. (b) (*équilibre*) balance; (*verticalité*) plumb. **d'**~ *corps* steady, balanced; *mur* plumb; **se tenir d'**~ (**sur ses jambes**) to be steady on one's feet; **tu n'as pas l'air d'**~* you look out of sorts; (*lit, fig*) **se remettre d'**~ to get back on one's feet again; **le soleil tombait d'**~ the sun was beating straight down.
apocalypse [apɔkalips(ə)] *nf* (*Rel*) **l'A**~ (the book of) Revelation, the Apocalypse; **vision d'**~ vision of doom. ♦ **apocalyptique** *adj* (*Rel*) apocalyptic; *vision* apocalyptic, of doom.
apogée [apɔʒe] *nm* (*Astron, fig*) apogee.
apolitique [apɔlitik] *adj* (*indifférent*) apolitical; (*neutre*) non-political.
apologie [apɔlɔʒi] *nf* apology. **faire l'**~ **de** to praise.
apoplexie [apɔplɛksi] *nf* apoplexy.
a posteriori [apɔsteʀjɔʀi] *loc adv, adj* (*gén*) after the event.
apostolat [apɔstɔla] *nm* (*Bible*) apostolate; (*prosélytisme*) proselytism; (*fig*) vocation. ♦ **apostolique** *adj* apostolic.
apostrophe [apɔstʀɔf] *nf* (*Gram*) apostrophe; (*interpellation*) rude remark. ♦ **apostropher** (1) *vt* to shout at.
apothéose [apɔteoz] *nf* apotheosis, (*Théât, gén*: *bouquet*) grand finale. **finir dans une** ~ to end in a blaze of glory.
apothicaire† [apɔtikɛʀ] *nm* apothecary†.
apôtre [apotʀ(ə)] *nm* apostle. **faire le bon** ~ to play the saint.
apparaître [apaʀɛtʀ(ə)] (57) *vi* (*se montrer*) to appear (*à* to); (*sembler*) to seem, appear (*à* to); [*fièvre, boutons*] to break out. **la vérité lui apparut**

soudain the truth suddenly dawned on him; **il apparaît que** it appears *ou* turns out that.
apparat [apaʀa] *nm* (*pompe*) pomp. **d'**~ ceremonial.
appareil [apaʀɛj] *nm* (*instrument*) piece of apparatus, device; (*électrique, ménager*) appliance; (*poste*) set; (*Phot*) camera; (*téléphone*) (tele)phone; (*Aviat*) aircraft (*inv*); (*dentier*) brace; (*pour fracture*) splint. ~ **digestif** digestive system; **l'**~ **policier/du parti** the police/party machinery; **qui est à l'**~? who's speaking?; ~-**photo** *nm, pl* ~**s** -~**s** camera; ~ **à sous** (*distributeur*) slot machine; (*jeu*) fruit machine.
appareiller [apaʀeje] (1) **1** *vi* (*Naut*) to cast off. **2** *vt* (*assortir*) to match up. ♦ **appareillage** *nm* casting off.
apparemment [apaʀamɑ̃] *adv* apparently.
apparence [apaʀɑ̃s] *nf* (a) (*gén*) appearance. ~ **négligée** slovenly look *ou* appearance; ~ **souriante** smiling exterior; **fausse** ~ mere façade; **il n'a plus une** ~ **de respect pour** he no longer has the least semblance of respect for. (b) **malgré les** ~**s** in spite of appearances; **contre toute** ~ against all expectations; **selon toute** ~ in all probability; **en** ~ (*apparemment*) apparently; (*hypocritement*) outwardly.
apparent, e [apaʀɑ̃, ɑ̃t] *adj* (a) (*visible*) *poutre* visible; *gêne, raison* apparent, obvious. **de façon** ~**e** visibly. (b) (*superficiel*) *solidité, contradictions* apparent.
apparenter (s') [apaʀɑ̃te] (1) *vpr*: **s'**~ **à** (*Pol*) to ally o.s. with; (*par mariage*) to marry into; (*ressembler à*) to be similar to.
appariteur [apaʀitœʀ] *nm* (*Univ*) attendant.
apparition [apaʀisjɔ̃] *nf* (a) (*arrivée*) (*gén*) appearance; [*boutons, fièvre*] outbreak. **faire son** ~ to appear; to break out. (b) (*vision, fantôme*) apparition.
appartement [apaʀtəmɑ̃] *nm* flat, apartment (*US*); [*hôtel*] suite.
appartenance [apaʀtənɑ̃s] *nf* belonging (*à* to); membership (*à* to).
appartenir [apaʀtəniʀ] (22) **1** ~ **à** *vt indir* (*possession*) to belong to; (*participation*) to belong to, be a member of; **pour des raisons qui m'appartiennent** for reasons of my own; **un médecin ne s'appartient pas** a doctor's time is not his own. **2** *vb impers*: **il m'appartient de le faire** it is for me *ou* up to me to do it.
appât [apɑ] *nm* (*gén*) bait. **mordre à l'**~ to rise to the bait, bite; **l'**~ **du gain** the lure of gain. ♦ **appâter** (1) *vt gibier, client* to lure, entice; *piège* to bait.
appauvrir [apovʀiʀ] (2) **1** *vt* (*gén*) to impoverish; *sang* to make thin. **2 s'**~ *vpr* (*gén*) to grow poorer; [*race*] to degenerate. ♦ **appauvrissement** *nm* impoverishment; degeneration.
appel [apɛl] **1** *nm* (a) (*cri*) call; (*demande pressante*) appeal. ~ **à l'aide/aux armes** call for help/to arms; **elle a entendu des** ~**s** she heard cries; **à son** ~, **elle se retourna** she turned round when he called; **l'**~ **du devoir** the call of duty. (b) **faire** ~ **à** *générosité* to appeal to; *pompiers* to call on; *souvenirs* to call up; *courage* to summon up; **ça fait** ~ **à des connaissances spéciales** it calls for *ou* requires specialist knowledge. (c) (*présence*) **faire l'**~ (*Scol*) to call the register; (*Mil*) to call the roll; (*Mil*) **l'**~ **d'une classe** the call-up of a class. (d) (*Jur*) appeal (*contre* against). **faire** ~ (*d'un jugement*) to appeal (against a judgment); **sans** ~ (*Jur*) without appeal; (*fig*) final. (e) (*Cartes*) signal (*à* for). (f) (*élan*) take-off.
2: ~ **d'air** draught; ~ **de fonds** call for capital; (*Comm*) ~ **d'offres** invitation to tender; ~ **téléphonique** phone call; **faire un** ~ **de phares** to flash one's headlights.
appelé [aple] *nm* (*Mil*) conscript, draftee (*US*).

(*Rel, fig*) **il y a beaucoup d'~s et peu d'élus** many are called but few are chosen.

appeler [aple] (4) **1** *vt* (a) *personne, chien* to call; *nom* to call out; (*téléphoner à*) to call, phone. **~ qn par son prénom** to call *ou* address sb by his first name; **~ un chat un chat** to call a spade a spade; **~ (qn) à l'aide** to call (to sb) for help; **~ qn (d'un geste) de la main** to beckon to sb. (b) (*faire venir*) (*gén*) to call; *pompiers* to call out; *conscrits* to call up; *médecin* to send for; (*Jur*) to summon. (c) (*désigner*) **~ qn à poste** to appoint *ou* assign sb to; **être appelé à un brillant avenir** to be destined for a brilliant future; **la méthode est appelée à se généraliser** the method is bound to become general. (d) (*réclamer*) [*situation, conduite*] to call for. **une lâcheté en appelle une autre** one act of cowardice leads to another; **en ~ à** to appeal to; **en ~ de** to appeal against.

2 s'~ *vpr*: **il s'appelle Paul** his name is Paul, he's called Paul; **voilà ce qui s'appelle une gaffe** that's what's called a blunder!

appellation [apelɑsjɔ̃] *nf* designation, appellation; (*mot*) term, name. **~ d'origine** mark of the place of origin.

appendice [apɛ̃dis] *nm* (*Anat, gén*) appendix; (*hum: nez*) **~ nasal** proboscis (*hum*). ♦ **appendicite** *nf* appendicitis.

appentis [apɑ̃ti] *nm* lean-to.

appesantir [apəzɑ̃tiʀ] (2) **1** *vt membre, objet* to make heavy; *esprit* to dull; *autorité* to strengthen (*sur over*). **2 s'~** *vpr* [*tête, pas*] to grow heavier; [*esprit*] to grow duller; [*autorité*] to grow stronger. **s'~ sur un sujet** to dwell on a subject. ♦ **appesantissement** *nm* [*démarche*] heaviness; [*esprit*] dullness; [*autorité*] strengthening.

appétit [apeti] *nm* (*gén, fig*) appetite (*de* for). **avoir de l'~** to have a good *ou* hearty appetite; (*lit, fig*) **mettre qn en ~** to give sb an appetite; **avoir un ~ d'oiseau** to eat like a bird; **manger avec ~** to eat heartily; **l'~ vient en mangeant** (*lit*) eating whets the appetite; (*fig*) the more you have the more you want. ♦ **appétissant, e** *adj* appetizing.

applaudir [aplodiʀ] (2) **1** *vt* (*lit*) to applaud, clap; (*fig*) to applaud. **2** *vi* to applaud, clap. **~ à tout rompre** to bring the house down. **3 ~ à** *vt indir initiative* to applaud. **4 s'~** *vpr* to congratulate o.s, pat o.s. on the back (*d'avoir fait* for having done). ♦ **applaudissement** *nm*: **~s** applause.

applicable [aplikabl(ə)] *adj* applicable (*à* to).

applicateur [aplikatœʀ] *adj m, nm* applicator.

application [aplikasjɔ̃] *nf* (a) (V **appliquer**) application; use; implementation. **mettre en ~** *décision, loi* to implement. (b) **~s** [*théorie, méthode*] applications. (c) (*attention*) application (*à qch* to sth). **avec ~** industriously.

applique [aplik] *nf* wall lamp.

appliqué, e [aplike] *adj personne* industrious, painstaking; *écriture* careful. **bien ~** *baiser* firm; *coup* well-aimed; **linguistique** *etc* **~e** applied linguistics *etc*.

appliquer [aplike] (1) **1** *vt* (*gén*) to apply; *décision* to implement; *recette* to use; *gifle* to give. **~ un traitement/son esprit à qch** to apply a treatment/one's mind to sth; **~ une échelle contre un mur** to put *ou* lean a ladder against a wall; **~ sa main sur qch** to put one's hand on sth; **faire ~ la loi** to enforce the law. **2 s'~** *vpr* [*élève*] to apply o.s. (*à qch* to sth, *à faire qch* to doing sth); **s'~ à qch** [*remarque*] to apply to sth; **s'~ sur qch** [*calque*] to fit over sth.

appoint [apwɛ̃] *nm* (*gén, fig*) (*extra*) contribution; (*monnaie*) right change. **faire l'~** to give the right money *ou* change; **salaire d'~** extra income.

appointer [apwɛ̃te] (1) *vt salarié* to pay. ♦ **appointements** *nmpl* salary.

appontement [apɔ̃tmɑ̃] *nm* landing stage.

apport [apɔʀ] *nm* [*capitaux, culture*] contribution; [*chaleur, eau*] supply. **le tourisme grâce à son ~**

de devises tourism, thanks to the currency it brings in; **l'~ en vitamines d'un aliment** the vitamins provided by a food.

apporter [apɔʀte] (1) (*gén*) to bring (*à* to); *modification* to introduce; *solution* to supply, provide; *soin* to exercise (*à faire* in doing). **apporte-le-lui** take it to him; **apporte-le en montant/en venant/en entrant** bring it up/along/in; **elle y a apporté toute son énergie** she put all her energy into it; **son livre n'apporte rien de nouveau** his book contributes nothing new.

apposer [apoze] (1) *vt* (*gén*) to affix; *signature* to append.

apposition [apozisjɔ̃] *nf* (*Gram*) apposition.

apprécier [apʀesje] (7) *vt* (a) *distance, importance* to estimate, assess, appraise; (*expertiser*) *objet* to value. (b) *nuance, qualité, repas* to appreciate. **mets très apprécié** much appreciated dish. ♦ **appréciable** *adj* appreciable. ♦ **appréciatif, -ive** *adj* (*estimatif*) appraising, evaluative; (*admiratif*) appreciative. ♦ **appréciation** *nf* assessment; appraisal; estimation; valuation. **je la laisse à votre ~** I leave you to judge for yourself; **~s du professeur sur un élève** teacher's assessment of a pupil.

appréhender [apʀeɑ̃de] (1) *vt* (a) (*arrêter*) to apprehend. (b) (*redouter*) to dread (*de faire* doing). **~ que** to fear that. ♦ **appréhensif, -ive** *adj* apprehensive, fearful (*de* of). ♦ **appréhension** *nf* apprehension. **voir qch avec ~** to dread sth; **avoir de l'~** to be apprehensive.

apprendre [apʀɑ̃dʀ(ə)] (58) *vt* (a) *leçon, métier* to learn; *fait* to hear of, learn of. **~ à connaître qn** to get to know; **ça s'apprend facilement** it's easy to learn; **apprenez que je ne me laisserai pas faire!** be warned that I won't be trifled with! (b) **~ qch à qn** *nouvelle* to tell sb (of) sth; *science* to teach sb sth; (*iro*) **ça lui apprendra!** that'll teach him!

apprenti, e [apʀɑ̃ti] *nm,f* [*métier*] apprentice; (*débutant*) novice, beginner. ♦ **apprentissage** *nm* apprenticeship; (*fig*) initiation (*de* into). **mettre qn en ~** to apprentice sb (*chez* to); **école d'~** training school; **faire l'~ de métier** to serve one's apprenticeship in; *douleur* to be initiated into.

apprêter [apʀete] (1) **1** *vt* (a) (*préparer*) to get ready. (b) *peau* to dress; (*Peinture*) to size. **2 s'~** *vpr* (a) **s'~ à qch/à faire qch** to get ready for sth/to do sth. (b) (*toilette*) to prepare o.s. ♦ **apprêt** *nm* (*opération*) dressing; sizing; (*substance*) dressing; size. ♦ **apprêté, e** *adj* (*affecté*) affected.

apprivoiser [apʀivwaze] (1) *vt* to tame. **s'~** to become tame. ♦ **apprivoisable** *adj* tameable. ♦ **apprivoisé, e** *adj* tame. ♦ **apprivoisement** *nm* (*action*) taming; (*état*) tameness.

approbation [apʀɔbasjɔ̃] *nf* approval, approbation. **digne d'~** commendable. ♦ **approbateur, -trice** *adj* approving.

approchable [apʀɔʃabl(ə)] *adj* (*gén*) accessible.

approchant, e [apʀɔʃɑ̃, ɑ̃t] *adj style, genre* similar (*de* to); *résultat* close (*de* to). **rien d'~** nothing like that.

approche [apʀɔʃ] *nf* (*gén*) approach. **à l'~ de l'hiver** at the approach of winter, as winter draws near *ou* approaches; **d'~ difficile** *lieu* inaccessible; *auteur* difficult to understand; **travaux d'~** (*Mil*) approaches; (*fig*) manœuvres; **les ~s de ville, côte** the surrounding area of.

approché, e [apʀɔʃe] *adj* approximate.

approcher [apʀɔʃe] (1) **1** *vt* (a) *objet* to move near (*de* to); (*l'un de l'autre*) to bring *ou* move closer together. **approche ta chaise** draw *ou* bring your chair nearer; **il approcha le verre de ses lèvres** he lifted *ou* raised the glass to his lips. (b) *personne* (*lit*) to go near, approach; (*fig*) to approach. **2** *vi* (*date*) to approach, draw near; [*personne, orage*] to approach, come nearer. **le jour approche où the**

day is near when; **approche!** come here!; ~ **de** to approach, near. **3 s'**~ *vpr* (*venir*) to come near, approach; (*aller*) to go near, approach. **il s'approcha de moi** he came up to me; **s'**~ **du micro** (*venir*) to go up to the mike; (*se rapprocher*) to get close to the mike; **approche-toi!** come here!

approfondir [apʀɔfɔ̃diʀ] (2) **1** *vt puits* to deepen, make deeper; *étude* to go (deeper) into; *connaissances* to deepen, increase. **2 s'**~ *vpr* [*rivière*] to become deeper. ♦ **approfondi, e** *adj* thorough, detailed. ♦ **approfondissement** *nm* deepening.

approprier [apʀɔpʀije] (7) **1** *vt* to suit, adapt (*à* to). **2 s'**~ *vpr bien, droit* to appropriate. **s'**~ **à** to suit. ♦ **appropriation** *nf* (*usurpation*) appropriation; (*adaptation*) suitability, appropriateness. ♦ **approprié, e** *adj* appropriate, suitable.

approuver [apʀuve] (1) *vt personne* to agree with; *décision* (*trouver louable*) to approve of; (*ratifier*) to approve.

approvisionner [apʀɔvizjɔne] (1) **1** *vt magasin* to supply (*en, de* with); *compte* to pay money into; *fusil* to load. **bien approvisionné en fruits** well stocked with fruit. **2 s'**~ *vpr* to stock up (*en* with). **s'**~ **au marché** to shop at the market. ♦ **approvisionnement** *nm* (*action*) supplying (*en, de* of). (*réserves*) ~s supplies, provisions.

approximation [apʀɔksimasjɔ̃] *nf* approximation, (rough) estimate. ♦ **approximatif, -ive** *adj calcul, évaluation* rough; *nombre* approximate; *termes* vague. ♦ **approximativement** *adv* roughly; approximately; vaguely.

appui [apɥi] **1** *nm* (*lit, fig*) support. **prendre** ~ **sur** [*personne*] to lean on; [*objet*] to rest on; **il a des** ~ȝ **au ministère** he has connections in the ministry; **à l'**~ **de son témoignage** in support of his evidence, to back up his evidence. **2:** **appui(e)-bras** *nm inv* armrest; ~ **de fenêtre** window-sill; **appui(e)-tête** *nm inv* headrest.

appuyé, e [apɥije] *adj regard* fixed, intent; *geste* emphatic.

appuyer [apɥije] (8) **1** *vt* (*presser*) to press (*sur* on); (*soutenir*) *personne, thèse* to support, back (up); *attaque* to back up. (*poser*) ~ **qch contre qch** to lean *ou* rest sth against sth. **2** *vi* ~ **sur** *sonnette* to press; *frein* to press on, press down; *levier* to press (down *etc*); *mot, argument* to stress, emphasize; (*Mus*) *note* to accentuate. ~ **sur des colonnes** to rest on pillars; ~ **sur la droite** to bear to the right. **3 s'**~ *vpr* **(a) s'**~ **sur** *mur* to lean on; *preuve* to rely on; *parti* to rely on the support of. **(b)** (†) *importun, corvée* to put up with.

âpre [ɑpʀ(ə)] *adj* **(a)** *goût, hiver, vent* bitter; *temps* raw; *son* harsh. **(b)** *vie* harsh; *combat, discussion, résolution* bitter, grim; *concurrence, critique* fierce. ~ **au gain** grasping, greedy. ♦ **âprement** *adv* bitterly, grimly; fiercely. ♦ **âpreté** *nf* bitterness; rawness; harshness, grimness; fierceness.

après [apʀɛ] **1** *prép* **(a)** (*gén*) after. ~ **coup** after the event, afterwards; ~ **quoi** after which, and afterwards; **page** ~ **page** page after page; ~ **tout** after all; **j'étais** ~ **elle dans la queue** I was behind *ou* after her in the queue; **sa maison est (juste)** ~ **la mairie** his house is (just) past *ou* beyond the town hall; **collé** ~ **le mur** stuck on the wall; **crier** ~ **qn** to shout at sb; **en colère** ~ **qn** angry with sb; ~ **manger** after meals *ou* food; ~ **s'être reposé** after resting, after he had rested; ~ **que vous lui aurez parlé** after you have spoken to him. **(b)** **d'**~ **lui** according to him, in his opinion; **d'**~ **ce qu'il a dit** from *ou* according to what he said; **ne jugez pas d'**~ **les apparences** don't go by appearances; **d'**~ **les journaux** according to the papers; **d'**~ **Balzac** adapted from Balzac.

2 *adv* (*ensuite*) afterwards, after; (*plus tard*) later. **longtemps** ~ long after(wards); **2 jours** ~ **2 days** later; ~ **nous avons des articles moins chers** otherwise we have cheaper things; **et (puis)** ~?

(*lit*) and then what?; (*fig*) what of it?; ~ **tu iras dire que ...** next you'll be saying that ...; **le mois d'**~ the following month, the month after; **il courut** ~ he ran after it.

3: ~-**demain** *adv* the day after tomorrow; ~-**guerre** *nm* post-war years; ~-**midi** *nm ou nf inv* afternoon; ~-**rasage** *nm inv* after-shave; ~-**ski** *nm inv* snow boot.

a priori [apʀijɔʀi] *loc adv, adj* a priori.

à-propos [apʀopo] *nm* [*remarque*] aptness. **avoir beaucoup d'**~ to show great presence of mind.

apte [apt(ə)] *adj*: ~ **à qch** capable of sth; ~ **à faire** capable of doing, able to do; (*Mil*) ~ **(au service)** fit for service; (*Jur*) ~ **à** fit to *ou* for.

aptitude [aptityd] *nf* aptitude (*à faire* for doing); ability (*à faire* to do).

aquaplane [akwaplan] *nm* aquaplane.

aquarelle [akwaʀɛl] *nf* (*technique*) watercolours; (*tableau*) watercolour.

aquarium [akwaʀjɔm] *nm* aquarium.

aquatique [akwatik] *adj* aquatic.

aqueduc [akdyk] *nm* aqueduct.

aqueux, -euse [akø, øz] *adj* aqueous.

aquilin [akilɛ̃] *adj* aquiline.

aquilon [akilɔ̃] *nm* (*Poésie*) north wind.

ara [aʀa] *nm* macaw.

arabe [aʀab] **1** *adj désert, cheval* Arabian; *nation* Arab; *art, langue* Arabic, Arab. **2** *nm* (*Ling*) Arabic. **l'**~ **littéral** written Arabic. **3** *nmf*: **A**~ Arab.

arabesque [aʀabɛsk(ə)] *nf* arabesque.

Arabie [aʀabi] *nf* Arabia. ~ **Saoudite**, ~ **Séoudite** Saudi Arabia.

arable [aʀabl(ə)] *adj* arable.

arachide [aʀaʃid] *nf* peanut, groundnut.

araignée [aʀɛɲe] *nf* **(a)** (*animal*) spider. ~ **de mer** spider crab. **(b)** (*crochet*) spider.

aratoire [aʀatwaʀ] *adj* ploughing.

arbalète [aʀbalɛt] *nf* crossbow.

arbitraire [aʀbitʀɛʀ] **1** *adj* arbitrary. **2** *nm*: **l'**~ the arbitrary; **l'**~ **de qch** the arbitrary nature of sth. ♦ **arbitrairement** *adv* arbitrarily.

arbitre [aʀbitʀ(ə)] *nm* **(a)** (*Jur*) arbitrator; (*gén*) arbiter. **(b)** (*Sport*) referee; (*Cricket, Hockey, Tennis*) umpire. ♦ **arbitrage** *nm* arbitration; refereeing; umpiring. ♦ **arbitrer** (1) *vt* to arbitrate; to referee; to umpire.

arborer [aʀbɔʀe] (1) *vt* (*gén*) to display; *vêtement, médaille* to sport; *sourire* to wear; *drapeau* to bear; *gros titre* to carry.

arboriculture [aʀbɔʀikyltyʀ] *nf* arboriculture. ♦ **arboriculteur, -trice** *nm,f* arboriculturist.

arbre [aʀbʀ(ə)] *nm* (*Bot*) tree; (*Tech*) shaft. **les** ~**s vous cachent la forêt** you cannot see the wood for the trees; ~ **à cames** camshaft; ~ **fruitier** fruit tree; ~ **généalogique** family tree; ~ **de Noël** Christmas tree. ♦ **arbrisseau**, *pl* ~**x** *nm* shrub. ♦ **arbuste** *nm* small shrub, bush.

arc [aʀk] *nm* (*arme*) bow; (*Géom, Élec*) arc; (*Anat, Archit*) arch. **en** ~ **de cercle** in a semi-circle.

arcade [aʀkad] *nf* (*Archit, Anat*) arch. ~**s** arcade, arches.

arcanes [aʀkan] *nmpl* mysteries.

arc-boutant, *pl* ~**s**-~**s** [aʀkbutɑ̃] *nm* flying buttress.

arc-bouter [aʀkbute] (1) **1** *vt* to buttress. **2 s'**~ *vpr* to lean (*contre* against, *sur* on). **arc-bouté contre le mur** braced against the wall.

arceau, *pl* ~**x** [aʀso] *nm* (*Archit*) arch; (*Croquet*) hoop.

arc-en-ciel, *pl* ~**s**-~-~ [aʀkɑ̃sjɛl] *nm* rainbow.

archaïque [aʀkaik] *adj* archaic. ♦ **archaïsme** *nm* archaism.

archange [aʀkɑ̃ȝ] *nm* archangel.

arche [aʀʃ(ə)] *nf* (*Archit*) arch; (*Rel*) ark. **l'**~ **de Noé** Noah's Ark.

archéologie [aʀkeɔlɔȝi] *nf* archaeology.

♦ **archéologique** *adj* archaeological.
♦ **archéologue** *nmf* archaeologist.
archer [aʀʃe] *nm* archer.
archet [aʀʃɛ] *nm* (*Mus, gén*) bow.
archétype [aʀketip] *nm* archetype.
archevêque [aʀʃəvɛk] *nm* archbishop.
♦ **archevêché** *nm* (*territoire*) archbishopric; (*palais*) archbishop's palace.
archi... [aʀʃi] *préf* (a) (*: extrêmement*) tremendously, enormously. **~plein** chock-a-block*; **~millionnaire** millionaire several times over. (b) (*titre*) arch... . **~diacre/duc** archdeacon/archduke.
archipel [aʀʃipɛl] *nm* archipelago.
architecte [aʀʃitɛkt(ə)] *nm* (*lit, fig*) architect.
♦ **architectural, e**, *mpl* **-aux** *adj* architectural.
♦ **architecture** *nf* architecture.
archives [aʀʃiv] *nfpl* records, archives. **ça restera dans les ~!*** that will go down in history!
♦ **archiviste** *nmf* archivist.
arçon [aʀsɔ̃] *nm* (*d'avant*) pommel; (*d'arrière*) cantle.
arctique [aʀktik] **1** *adj* (*Géog*) Arctic. **2** *nm:* **l'~** the Arctic.
ardent, e [aʀdɑ̃, ɑ̃t] *adj* (a) *flambeau, chaleur* burning; *feu, soleil* blazing; *yeux* burning (*de* with). (b) *foi, partisan* fervent; *lutte, haine, amant* ardent; *discours* impassioned; *caractère* fiery. ♦ **ardemment** *adv* ardently, fervently.
♦ **ardeur** *nf* fervour; passion; ardour; fieriness. **son ~ au travail** his enthusiasm for work; **l'~ du soleil** the heat of the sun.
ardoise [aʀdwaz] **1** *nf* (*roche*) slate; (†: *dette*) unpaid bill. **2** *adj inv* (*couleur*) slate-grey.
ardu, e [aʀdy] *adj travail* arduous; *problème* difficult; *pente* steep.
are [aʀ] *nm* are, one hundred square metres.
arène [aʀɛn] *nf* (*lit, fig*) arena; (*piste*) arena; (*Géol*) sand.
arête [aʀɛt] *nf* (a) (*Zool*) fishbone. **~ centrale** backbone, spine. (b) [*cube*] edge; [*montagne*] ridge; [*nez*] bridge.
argent [aʀʒɑ̃] **1** *nm* (a) (*métal, couleur*) silver. **en ~** silver. (b) (*Fin*) money. **se faire de l'~** to make money; **~ liquide** ready money, cash; **~ de poche** pocket money; **payer ~ comptant** to pay cash; (*fig*) **prendre qch pour ~ comptant** to take sth at face value; **on en a pour son ~** we get good value for money. **2** *adj inv* silver. ♦ **argenté, e** *adj couleur* silver, silvery; *couverts* silver-plated; **ils ne sont pas très ~s*** they're not very well-off.
♦ **argenter** (1) *vt miroir* to silver; *couverts* to silver-plate. ♦ **argenterie** *nf* silverware; (*de métal argenté*) silver plate. ♦ **argentin, e**[1] *adj son* silvery.
Argentine [aʀʒɑ̃tin] *nf:* **l'~** Argentina, the Argentine. ♦ **argentin, e**[2] *adj*, **A~(e)** *nm(f)* Argentinian.
argile [aʀʒil] *nf* clay. ♦ **argileux, -euse** *adj* clayey.
argot [aʀgo] *nm* slang. ♦ **argotique** *adj* slangy.
arguer [aʀgɥe] (1) *vt* to deduce. **~ que** to claim that.
argument [aʀgymɑ̃] *nm* argument. **tirer ~ de qch** to use sth as an argument. ♦ **argumentation** *nf* argumentation. ♦ **argumenter** (1) *vi* to argue.
argus [aʀgys] *nm:* guide to secondhand car prices.
aride [aʀid] *adj* (*lit, fig*) arid; *vent* dry; *travail* thankless. **cœur ~** heart of stone. ♦ **aridité** *nf* aridity; dryness; thanklessness. **~ du cœur** stony-heartedness.
aristocrate [aʀistɔkʀat] *nmf* aristocrat. ♦ **aristocratie** *nf* aristocracy. ♦ **aristocratique** *adj* aristocratic.
arithmétique [aʀitmetik] **1** *nf* arithmetic. **2** *adj* arithmetical. ♦ **arithmétiquement** *adv* arithmetically.
arlequin [aʀləkɛ̃] *nm* (*Théât*) Harlequin.
armateur [aʀmatœʀ] *nm* shipowner.
armature [aʀmatyʀ] *nf* (*gén*) frame; (*Constr, fig*) framework.

arme [aʀm(ə)] *nf* (a) (*gén*) weapon, arm; (*à feu*) gun; (*fig*) weapon. **sans ~(s)** (*lit*) unarmed; (*fig*) defenceless; **se battre à l'~ blanche** to fight with knives; **~ atomique** atomic weapon; **~ à feu** firearm; **~ à double tranchant** double-edged weapon. (b) (*Mil*) (*section*) arm. (*littér*) **les ~s** the army. (c) (*emblème*) **~s** (coat of) arms; **aux ~s de** bearing the arms of. (d) **à ~s égales** on equal terms; **déposer les ~s** to lay down (one's) arms; **faire ses premières ~s** to make one's début (*dans* in); **passer qn par les ~s** to shoot sb (*by firing squad*); **partir avec ~s et bagages** to pack up and go; **passer l'~ à gauche*** to kick the bucket; **prendre le pouvoir par les ~s** to take power by force; **prendre les ~s** to take up arms; (*Escrime*) **faire des ~s** to fence; **en ~s** *soldats* at arms; *peuple* in arms; **aux ~s!** to arms!
armé, e[1] [aʀme] *adj* armed (*de* with). **~ jusqu'aux dents** armed to the teeth; **bien ~ contre le froid** well-armed *ou* well-equipped against the cold.
armée[2] [aʀme] **1** *nf* army. **quelle ~ d'incapables*** what a useless bunch*. **2**: **~ active** regular army; **l'~ de l'air** the Air Force; **l'~ de mer** the Navy; **l'~ de réserve** the reserve; **l'~ du Salut** the Salvation Army; **l'~ de terre** the Army.
armement [aʀməmɑ̃] *nm* (a) (*action*) [*pays*] armament; [*personne*] arming; [*fusil*] cocking; [*appareil-photo*] winding-on; [*navire*] fitting-out, equipping. (b) (*armes*) [*soldat*] arms, weapons; [*pays, navire*] arms, armament.
armer [aʀme] (1) **1** *vt* (a) *personne* to arm (*de* with); (*fig*) to arm, equip (*contre* against). (*Hist*) **~ qn chevalier** to dub sb knight. (b) *navire* to fit out, equip; *fusil* to cock; *appareil-photo* to wind on. (c) *béton, poutre* to reinforce (*de* with). **2 s'~** *vpr* to arm o.s. (*de* with, *contre* against).
armistice [aʀmistis] *nm* armistice.
armoire [aʀmwaʀ] *nf* (*gén*) cupboard; (*penderie*) wardrobe. **~ à pharmacie** medicine cabinet; **~ à glace** (*lit*) wardrobe with a mirror; (**fig: costaud*) hulking great brute*.
armoiries [aʀmwaʀi] *nfpl* coat of arms.
armure [aʀmyʀ] *nf* (*Mil, Zool*) armour; (*fig*) defence.
armurier [aʀmyʀje] *nm* [*fusils*] gunsmith; [*couteaux*] armourer. ♦ **armurerie** *nf* gunsmith's; armourer's.
arnaquer* [aʀnake] (1) *vt* to swindle. ♦ **arnaqueur, -euse*** *nm,f* swindler, hustler*.
arnica [aʀnika] *nf* arnica.
aromate [aʀɔmat] *nm* (*thym etc*) herb; (*poivre etc*) spice. **~s** seasoning. ♦ **aromatique** *adj* aromatic. ♦ **aromatiser** (1) *vt* to flavour.
arôme [aʀom] *nm* aroma.
arpège [aʀpɛʒ] *nm* arpeggio.
arpenter [aʀpɑ̃te] (1) *vt* to pace up and down; (*Tech*) *terrain* to survey. ♦ **arpentage** *nm* surveying. ♦ **arpenteur** *nm* (land) surveyor.
arqué, e [aʀke] *adj forme, sourcils* arched, curved. **avoir le dos ~** to be hunchbacked; **il a les jambes ~es** he's bow-legged.
arquebuse [aʀkəbyz] *nf* (h)arquebus. ♦ **arquebusier** *nm* (h)arquebusier.
arquer [aʀke] (1) **1** *vt tige* to curve; *dos* to arch. **2** *vi:* **il ne peut plus ~*** he can't walk any more. **3 s'~** *vpr* to curve.
arrachage [aʀaʃaʒ] *nm* (V **arracher**) lifting; pulling up; extraction; pulling out.
arraché [aʀaʃe] *nm* (*Sport*) snatch. (*fig*) **obtenir qch à l'~** to snatch sth.
arrachement [aʀaʃmɑ̃] *nm* (*chagrin*) wrench.
arrache-pied (d') [daʀaʃpje] *adv* relentlessly.
arracher [aʀaʃe] (1) **1** *vt légume* to lift; *plante* to pull up; *dent* to take out, extract; *poil, clou* to pull out; *chemise, affiche* to tear off. **se faire ~ une dent** to have a tooth out; (*fig*) **je vais lui ~ les yeux** I'll scratch his eyes out; **ça lui arracha le cœur** it broke his heart. (b) (*enlever*) **~ à qn** *arme*

to snatch *ou* grab from sb; *larmes, promesse* to wring from sb; *victoire* to wrest from sb. **(c)** (*soustraire*) ~ qn à *famille, mort, sort, pays* to snatch sb away from; *vice, soucis* to rescue sb from; *rêve* to snatch sb out of.

2 s'~ *vpr*: **s'~ (les vêtements)** to tear one's clothes; **s'~ les cheveux** to tear one's hair; **s'~ qn/qch** to fight over sb/sth; **s'~ de** *famille* to tear o.s. away from; *habitude, lit* to force o.s. out of.

arraisonner [aʀɛzɔne] (1) *vt* (*Naut*) to inspect.
♦ **arraisonnement** *nm* inspection.

arrangeant, e [aʀɑ̃ʒɑ̃, ɑ̃t] *adj* obliging.

arrangement [aʀɑ̃ʒmɑ̃] *nm* **(a)** (*gén, Mil*) arrangement; [*mobilier*] layout; [*mots*] order. l'~ **de sa toilette** the way she is dressed. **(b)** (*accord*) settlement, arrangement.

arranger [aʀɑ̃ʒe] (3) **1** *vt* **(a)** (*disposer*) (*gén*) to arrange; *coiffure* to tidy up; *tenue* to straighten (up). **(b)** *voyage, rencontre* to arrange, organize. **c'était arrangé à l'avance** it was fixed (in advance). **(c)** *différend* to settle, sort out. **ça n'arrange rien** it doesn't help matters. **(d)** (*contenter*) to suit. **si ça vous arrange** if that suits you, if that's convenient for you. **(e)** *voiture, montre* to fix, put right; *robe* (*recoudre*) to mend; (*modifier*) to alter; (*Mus*) to arrange. ~ **ses notes** to sort out one's notes. **(f)** (*: *malmener*) to sort out*.

2 s'~ *vpr* **(a)** (*se mettre d'accord*) to come to an arrangement. **arrangez-vous avec le patron** sort it out with the boss. **(b)** [*querelle*] to be settled; [*situation*] to sort itself out; [*santé, temps, rapports*] to get better. **ça ne s'arrange pas*** things are no better. **(c)** (*se débrouiller*) to manage. **arrangez-vous comme vous voudrez mais ... I** don't mind how you do it but ...; **je ne sais pas comment tu t'arranges, mais ... I** don't know how you manage (it), but ...; **arrangez-vous pour venir** arrange it so that you can come. **(d)** **s'~ de qch** to make do with sth. **(e)** (*se rajuster*) to tidy o.s. up. **tu t'es bien arrangé!*** you look a mess!

arrérages [aʀeʀaʒ] *nmpl* arrears.

arrestation [aʀɛstasjɔ̃] *nf* arrest. **mettre en état d'~** to place *ou* put under arrest.

arrêt [aʀɛ] **1** *nm* **(a)** (*action*) stopping, checking, arrest; (*lieu, pause*) stop. **attendez l'~ complet (du train)** wait until the train stops *ou* is at a standstill; **5 minutes d'~** 5 minutes' stop, a 5-minute stop; **véhicule à l'~** stationary vehicle; **faire un** ~ [*train*] to make a stop; (*Ftbl*) to make a save; **tomber en** ~ to stop short; **sans** ~ (*sans interruption*) without stopping, non-stop; (*très fréquemment*) continually, constantly; ~ **d'autobus** bus stop. **(b)** (*Mil*) ~s arrest; **mettre qn aux ~s** to put sb under arrest. **(c)** (*Jur: décision*) ruling, decision. **(d)** (*Tech*) [*machine*] stop mechanism; [*bouton*] stop button.

2: ~ **du cœur** cardiac arrest; **l'~ des hostilités** the cessation of hostilities; (*Sport*) ~ **de jeu** stoppage; ~ **de mort** death sentence; ~ **de travail** (*grève*) stoppage (of work); (*congé*) sick leave; (*certificat*) doctor's certificate.

arrêté, e [aʀete] **1** *adj* *volonté* firm; *idée* fixed, firm. **c'est une chose** ~ the matter is settled. **2** *nm* (*loi*) order. ~ **municipal** ≈ bye-law; ~ **de compte** (*fermeture*) settlement of account; (*relevé*) statement of account.

arrêter [aʀete] (1) **1** *vt* **(a)** (*gén*) to stop; *moteur* to switch off; *ennemi, progression* to check, halt; *hémorragie, criminel* to arrest. **arrêtez-moi près de la poste** drop me by the post office; **ici, je vous arrête!** I must stop you there!; **on n'arrête pas le progrès** there's no stopping progress; **nous avons été arrêtés par un embouteillage** we were held up by a traffic jam; **seul le prix l'arrête** it's only the price that stops him; (*Police*) **se faire ~** to get o.s. arrested. **(b)** *études, compétition* to give up; *envois, trafic aérien, représentations* to cancel. ~ **la fabrication d'un produit** to discontinue a pro-

duct; **on a dû ~ les travaux** we had to stop work *ou* call a halt to the work. **(c)** *compte* (*fermer*) to settle; (*relever*) to make up; *jour, lieu, plan* to decide on; *choix, décision* to make. ~ **ses regards sur** to fix one's gaze on; ~ **un marché** to settle a deal; (*Admin*) ~ **que** to rule that.

2 *vi* to stop. **arrête de parler!** stop talking!; ~ **de fumer** to give up *ou* stop smoking.

3 s'~ *vpr* **(a)** (*gén*) to stop; [*train*] to stop, come to a stop *ou* a halt. **nous nous arrêtâmes sur le bas-côté** we pulled up *ou* stopped by the roadside; **s'~ net** [*personne, bruit*] to stop dead; **s'~ pour manger** to break off *ou* stop to eat; **sans s'~** without stopping, without a break. **(b)** **s'~ sur** [*choix, regard*] to fall on; **s'~ à détails** to pay too much attention to; *projet* to settle *ou* fix on.

arrhes [aʀ] *nfpl* deposit.

arrière [aʀjɛʀ] **1** *nm* **(a)** [*voiture*] back; [*bateau*] stern; [*train*] rear; (*Sport*) fullback. **à l'~** aft, at the stern; **à l'~ de** at the stern of, abaft; **se balancer d'avant en** ~ to rock backwards and forwards; (*Mil*) **les ~s** the rear; **l'~ (du pays)** the homefront. **(b)** **en** ~ (*derrière*) behind; (*vers l'arrière*) backwards; **rester en** ~ to drop behind; **faire un pas en** ~ to step back(wards); (*Naut*) **en** ~ **toute!** full astern!; **100 ans en** ~ 100 years ago; **revenir en** ~ (*gén*) to go back; [*civilisation*] to regress; (*avec magnétophone*) to rewind; **le chapeau en** ~ his hat tilted back(wards); **en** ~! you vous génez stand *ou* get back! you're in the way; (*lit, fig*) **en** ~ **de** behind.

2 *adj inv*: **roue/feu** ~ rear wheel/light; **siège** ~ back seat.

3 *préf inv* (*le second élément prend la marque du pluriel et donne le genre*) **(a)** (*famille*) ~**grand-mère** great-grandmother; ~**petit-fils** great-grandson. **(b)** ~**bouche** back of the mouth; ~**boutique** back shop; ~**cour** backyard; ~**cuisine** scullery; ~**garde** rearguard; ~**gorge** back of the throat; (*lit, fig*) ~**goût** aftertaste; ~**pays** hinterland; ~**pensée** (*raison intéressée*) ulterior motive; (*réserves*) mental reservation; ~**plan** background; ~**saison** autumn; ~**salle** back room; ~**train** hindquarters.

arriéré, e [aʀjeʀe] **1** *adj* **(a)** (*Comm*) overdue. **(b)** (*Psych*) backward, retarded; *pays* backward; *méthodes, personne* out-of-date. **2** *nm* (*travail*) backlog; (*paiement*) arrears.

arrimer [aʀime] (1) *vt* (*Naut*) *cargaison* to stow; (*gén*) *colis* to secure. ♦ **arrimage** *nm* stowage.

arrivage [aʀivaʒ] *nm* [*marchandises*] arrival; [*touristes*] fresh load *ou* influx.

arrivant, e [aʀivɑ̃, ɑ̃t] *nm,f* (*personne*) newcomer. (*arrivée*) **compter les ~s** to count the new arrivals.

arrivée [aʀive] *nf* **(a)** [*personne, train*] arrival; [*neige*] arrival, coming; [*course*] finish. **à son** ~ when he arrived *ou* came in, on his arrival. **(b)** (*Tech*) ~ **d'air/de gaz** (*robinet*) air/gas inlet; (*processus*) inflow of air/gas.

arriver [aʀive] (1) **1** *vt* **(a)** (*être au bout*) to arrive; (*approcher*) to come. (*atteindre*) ~ **à** *lieu, résultat* to arrive at, get to, reach; *sujet, pouvoir* to come to; ~ **chez soi** to arrive *ou* get *ou* reach home; **c'est arrivé jusqu'à lui** [*bruit, nouvelle*] it reached him; ~ **le premier** (*course*) to come in first; (*soirée*) to be the first to arrive; **j'arrive!** (I'm) coming!, just coming!; **arrive! come on!; pour faire ~ l'eau jusqu'à la maison ... to bring water up to the house ...; je n'ai pas pu ~ jusqu'au chef** I wasn't able to get right to the boss; **l'eau lui arrivait aux genoux** the water came up to his knees; (*fig*) **il ne t'arrive pas à la cheville** he can't hold a candle to you. **(b)** (*réussir*) to succeed *ou* get on in life. ~ **à faire qch** to succeed in doing sth, manage to do sth; **je n'arrive pas à comprendre son attitude** I simply cannot understand his attitude; **il n'arrivera jamais à rien**

he'll never get anywhere, he'll never achieve anything. **(c)** (*se produire*) to happen. **c'est arrivé hier** it took place *ou* happened yesterday; **il croit que c'est arrivé*** he thinks he's made it*; **faire ~ un accident** to bring about an accident; **tu vas nous faire ~ des ennuis** you'll get us into trouble. **(d) on en arrive à se demander si ...** we're beginning to wonder whether ...; **il faudra bien en ~ là!** it'll have to come to that (eventually).

2 *vb impers* **(a) il (lui) est arrivé un malheur** something dreadful has happened (to him); **il est arrivé un télégramme** a telegram has come *ou* arrived; **il lui arrivera des ennuis** he'll get (himself) into trouble; **quoi qu'il arrive** whatever happens; **comme il arrive souvent (dans ces cas-là)** as often happens, as is often the case. **(b) il m'arrive d'oublier, il arrive que j'oublie** I sometimes forget; **il peut ~ qu'elle se trompe** she may (occasionally) make mistakes; **s'il lui arrivait de faire une erreur** if she should happen to make a mistake.

arrivisme [aʀivism(ə)] *nm* pushfulness. ♦ **arriviste** *nmf* go-getter*.

arrogance [aʀɔgɑ̃s] *nf* arrogance. ♦ **arrogant, e** *adj* arrogant.

arroger (s') [aʀɔʒe] (3) *vpr pouvoirs, titre* to assume (without right).

arrondir [aʀɔ̃diʀ] (2) **1** *vt* **(a)** *objet* to (make) round; *angle* to round off; *caractère* to smooth the rough edges off. **~ les angles** to smooth things over. **(b)** *fortune* to swell; *domaine* to increase; *salaire* to supplement. **(c)** (*simplifier*) *somme, nombre* to round off (*à* to). **2 s' ~** *vpr [relief]* to become round(ed); *[taille]* to fill out; *[fortune]* to swell. ♦ **arrondi, e 1** *adj forme* round, rounded; *visage* round. **2** *nm* (*gén: contour*) roundness; (*Couture*) hemline.

arrondissement [aʀɔ̃dismɑ̃] *nm* ≃ district.

arroser [aʀoze] (1) *vt* **(a)** (*gén*) to water; *rôti* to baste. **~ qch d'essence** to pour petrol over sth; **~ qn de balles** to spray sb with bullets; **se faire ~** to get drenched *ou* soaked; **ville très arrosée** very wet city; **mouchoir arrosé de sang/larmes** blood/tear-soaked handkerchief. **(b)** (*) *succès* to drink to; *repas* to wash down (with wine)*. ♦ **arrosage** *nm* watering. ♦ **arroseuse** *nf* water cart. ♦ **arrosoir** *nm* watering can.

arsenal, pl -aux [aʀsənal, o] *nm* (*Mil*) arsenal; (*: *attirail*) gear; (*: *collection*) collection.

arsenic [aʀsənik] *nm* arsenic.

arsouille† [aʀsuj] *nm ou nf* (*voyou*) ruffian.

art [aʀ] *nm* (*gén*) art; (*adresse*) skill. **l'~ de vivre** the art of living; **avec un ~ consommé** with consummate skill; **les ~s et métiers** industrial arts and crafts; **homme de l'~** expert; **avoir l'~ de faire qch** to have the art *ou* knack of doing sth.

artère [aʀtɛʀ] *nf* (*Anat*) artery; (*Aut*) main road. ♦ **artériel, -ielle** *adj* arterial.

arthrite [aʀtʀit] *nf* arthritis. ♦ **arthritique** *adj, nmf* arthritic. ♦ **arthrose** *nf* osteoarthritis.

artichaut [aʀtiʃo] *nm* artichoke.

article [aʀtikl(ə)] **1** *nm* **(a)** (*Comm*) item, article. **~ d'importation** imported product; **faire l'~ à qn** to give sb the sales patter. **(b)** *[loi, journal]* article; *[dictionnaire]* entry. **sur cet ~** on this point. **(c)** (*Gram*) article. **(d) à l'~ de la mort** at the point of death. **2:** **~s de bureau** office accessories; **~ de foi** article of faith; **~ réclame** special offer; **~s de voyage** travel goods.

articuler [aʀtikyle] (1) *vt* **(a)** (*prononcer clairement*) to articulate; (*dire*) to pronounce, utter. **articule! speak clearly! (b)** *mécanismes, os* to articulate, joint; *idées* to link. **ses phrases s'articulent bien** his sentences link *ou* hang* together well. ♦ **articulation** *nf* (*Anat*) joint; (*Tech, Ling*) articulation; *[doigts]* knuckles; *[discours, raisonnement]* link. ♦ **articulé, e** *adj langage* articulate; *membre, objet* jointed, articu-

lated; *poupée* with moveable joints.

artifice [aʀtifis] *nm* ingenious device, trick; (*péj*) trick. (*Art*) **l'~** artifice.

artificiel, -ielle [aʀtifisjɛl] *adj* (*gén*) artificial; *gaieté* forced, unnatural. ♦ **artificiellement** *adv* artificially.

artificieux, -ieuse [aʀtifisjø, jøz] *adj* guileful.

artillerie [aʀtijʀi] *nf* artillery. **~ de marine** naval guns; **tir d'~** artillery fire. ♦ **artilleur** *nm* artilleryman, gunner.

artimon [aʀtimɔ̃] *nm* mizzen.

artisan [aʀtizɑ̃] *nm* (*lit*) craftsman, artisan; (*fig*) architect, author. ♦ **artisanal, e, mpl -aux** *adj*: *profession* **~e** craft, craft industry; *retraite* **~e** pension for self-employed craftsmen; *fabrication* **~e** production by craftsmen. ♦ **artisanalement** *adv* by craftsmen. ♦ **artisanat** *nm* (*métier*) craft industry; (*classe sociale*) artisans.

artiste [aʀtist(ə)] **1** *nmf* **(a)** (*Art*) artist; (*Spectacle*) artiste; (*chanteur*) singer; (*fantaisiste*) entertainer. **~ peintre** artist, painter; **~ dramatique** actor (*ou* actress); **les ~s saluèrent** the performers took a bow. **(b)** (*péj: bohème*) bohemian. **2** *adj personne, style* artistic. ♦ **artistique** *adj* artistic. ♦ **artistiquement** *adv* artistically.

aryen, -yenne [aʀjɛ̃, jɛn] *adj,* A**~(ne)** *nm(f)* Aryan.

as [ɑs] *nm* **(a)** (*carte, dé*) ace. **(b)** (*champion*) ace*. **un ~ de la route** a crack driver; **l'~ de l'école** the school's star pupil. **(c)** **être ficelé comme l'~ de pique*** to be dressed all anyhow*; **être (plein) aux ~s** to be loaded*; **c'est passé à l'~s** (*perdu*) it's gone down the drain*; (*inaperçu*) it went unnoticed.

ascendance [asɑ̃dɑ̃s] *nf* (*généalogique*) ancestry.

ascendant, e [asɑ̃dɑ̃, ɑ̃t] **1** *adj astre, trait* rising; *mouvement* upward; *progression* ascending. **2** *nm* **(a)** (*influence*) ascendancy (*sur* over). **(b)** (*Admin*) **~s** ascendants. **(c)** (*Astron*) rising star; (*Astrol*) ascendant.

ascenseur [asɑ̃sœʀ] *nm* lift, elevator (*US*).

ascension [asɑ̃sjɔ̃] *nf* **(a)** *[ballon, fusée]* ascent; (*fig: sociale*) rise. (*Rel*) **l'A~** the Ascension; (*jour*) Ascension Day. **(b)** *[montagne]* ascent, climb. **faire l'~ d'une montagne** to climb a mountain. ♦ **ascensionnel, -elle** *adj* force upward. **vitesse ~elle** climbing speed.

ascète [asɛt] *nmf* ascetic. ♦ **ascétique** *adj* ascetic. ♦ **ascétisme** *nm* asceticism.

asepsie [asɛpsi] *nf* asepsis. ♦ **aseptique** *adj* aseptic. ♦ **aseptiser** (1) *vt pièce* to fumigate; *pansement* to sterilize; *plaie* to disinfect.

Asie [azi] *nf* Asia. **~ Mineure** Asia Minor. ♦ **asiatique** *adj,* A**~** *nmf* Asian.

asile [azil] *nm* (*lit, fig*) refuge; (*Pol*) asylum; (*Hist*) sanctuary. **~ de vieillards** old people's home; **~ de fous** lunatic asylum; **~ de paix** haven of peace.

asocial, e, mpl -aux [asɔsjal, o] *adj* antisocial.

aspect [aspɛ] *nm* (*allure*) look, appearance; (*angle*) aspect, side; (*Astrol, Ling*) aspect. **d'~ sinistre** sinister-looking; **avoir l'~ de** to look like.

asperge [aspɛʀʒ(ə)] *nf* asparagus. (*: *personne*) **(grande) ~** beanpole*.

asperger [aspɛʀʒe] (3) *vt surface* to spray; *personne* to splash (*de* with).

aspérité [aspeʀite] *nf* bump. **~s** *[surface]* bumps, rough patches; *[caractère]* harshness.

asphalte [asfalt(ə)] *nm* asphalt. ♦ **asphalter** (1) *vt* to asphalt.

asphyxier [asfiksje] (7) **1** *vt* (*lit*) to suffocate, asphyxiate; (*fig*) to stifle. **mourir asphyxié** to die of suffocation *ou* asphyxiation. **2 s'~** *vpr* (*accident*) to suffocate, asphyxiate; (*suicide*) to suffocate o.s.; (*au gaz*) to gas o.s. ♦ **asphyxie** *nf* suffocation, asphyxiation.

aspic [aspik] *nm* (*Zool*) asp; (*Culin*) meat (*ou* fish *etc*) in aspic.

aspirant, e [aspirã, ãt] **1** *adj* suction. **2** *nm,f* (*candidat*) candidate (*à* for). **3** *nm* (*Mil*) officer cadet; (*Naut*) midshipman.

aspirateur [aspiratœr] *nm* vacuum cleaner, hoover ®. **passer à l'~** to vacuum, hoover.

aspirer [aspire] (1) **1** *vt* *air* to inhale, breathe in; *liquide* to suck up; (*Ling*) to aspirate. **2** ~ **à** *vt indir* to aspire to. ♦ **aspiration** *nf* (a) *[air]* inhalation; (*Ling*) aspiration; *[liquide]* sucking up. (b) (*ambition*) aspiration, longing (*vers, à* for).

aspirine [aspirin] *nf* aspirin.

assagir *vt*, **s'~** *vpr* [asaʒir] (2) to quieten down.

assaillir [asajir] (13) *vt* (*lit*) to assail, attack; (*fig*) to assail (*de* with). ♦ **assaillant, e** *nm,f* assailant.

assainir [asenir] (2) *vt* *quartier, logement* to clean up; *marécage* to drain; *air* (*lit*) to purify; (*fig*) to clear; *finances, monnaie* to stabilize. **la situation s'est assainie** the situation has become healthier. ♦ **assainissement** *nm* cleaning up; stabilization.

assaisonner [asɛzɔne] (1) *vt* (*gén*) to season; *salade* to dress. ~ **qn** (*physiquement*) to knock sb about; (*verbalement*) to tell sb off; (*financièrement*) to clobber sb‡. ♦ **assaisonnement** *nm* dressing; seasoning.

assassin [asasɛ̃] **1** *adj* provocative. **2** *nm* (*gén*) murderer; (*Pol*) assassin; (*Presse etc*) killer. **à l'~!** murder! ♦ **assassinat** *nm* murder; assassination. ♦ **assassiner** (1) *vt* to murder; to assassinate.

assaut [aso] *nm* (*Mil*) assault, attack (*de* on); (*Sport*) bout. **donner l'~** to attack; **les ~s de l'ennemi** the enemy's attacks *ou* onslaughts; (*lit, fig*) **prendre d'~** to take by storm, storm; **faire ~ de politesse** to vie with each other in politeness.

assécher [asefe] (6) *vt* to drain; *[évaporation]* to dry. ♦ **assèchement** *nm* drainage; drying.

assembler [asɑ̃ble] (1) **1** *vt* (*gén*) to assemble; *meuble etc* to put together; *comité* to convene. **2** **s'~** *vpr* to assemble, gather. ♦ **assemblage** *nm* (a) (*action*) assembling, putting together. (b) (*jointure*) joint; (*structure*) assembly; (*collection*) collection. ♦ **assemblée** *nf* (*foule*) gathering; (*convoquée*) meeting; (*Pol*) assembly. (*Rel*) **l'~ des fidèles** the congregation; **à la grande joie de l'~** to the great joy of those present.

asséner [asene] (5) *vt* *coup* to strike; *argument* to thrust forward.

assentiment [asɑ̃timɑ̃] *nm* (*consentement*) assent, consent; (*approbation*) approval (*à* to).

asseoir [aswar] (26) **1** *vt* (a) ~ **qn** (*personne debout*) to sit down; (*personne couchée*) to sit sb up; **faire** ~ **qn** to ask sb to sit down. (b) **être assis** to be sitting *ou* seated; **rester assis** to remain seated; **assis en tailleur** sitting crosslegged; (*fig*) **assis entre deux chaises** in an awkward position. (c) *réputation, autorité* to establish. ~ **sa réputation sur** to build one's reputation on sth; ~ **une théorie sur des faits** to base a theory on facts. (d) (*: stupéfier*) to stagger, stun. **2** **s'~** *vpr* to sit down; *[personne couchée]* to sit up. **asseyez-vous donc** do sit down *ou* take a seat; **le règlement, je m'assieds dessus!‡** you know what you can do with the rules!‡

assermenté, e [asɛrmɑ̃te] *adj* *policier, expert* sworn.

assertion [asɛrsjɔ̃] *nf* assertion.

asservir [asɛrvir] (2) *vt* *personne* to enslave; *pays* to subjugate; *nature* to master. ♦ **asservissement** *nm* (*action*) enslavement; (*lit, fig: état*) slavery, subservience (*à* to).

assesseur [asesœr] *nm* assessor.

assez [ase] *adv* (a) **enough**. **bien** ~ **grand** quite big enough; **pas** ~ **souvent** not often enough; **est-ce que 5 F c'est** ~**?** – c'est bien ~ is 5 francs enough? *ou* will 5 francs do? – that will be plenty *ou* quite enough; **avez-vous acheté** ~ **de pain?** have you bought enough *ou* sufficient bread?; **as-tu trouvé une boîte** ~ **grande?** have you found a big enough box?; **je n'ai pas** ~ **d'argent pour m'offrir cette voiture** I can't afford (to buy myself) this car, I haven't enough money to buy myself this car; **il n'est pas** ~ **sot pour le croire** he is not so stupid as to believe him. (b) (*intensif*) **ce serait** ~ **agréable** it would be rather *ou* quite nice; **il était** ~ **tard** it was quite *ou* fairly late; **est-ce** ~ **bête!** how stupid (of me)!; **j'en ai** ~ **(de toi)!** I've had enough (of you)!, I'm fed up (with you)!; ~ **de discours!** enough talk!, enough said!

assidu, e [asidy] *adj* (*ponctuel*) regular; (*appliqué*) assiduous, painstaking; (*empressé*) assiduous in one's attention (*auprès de* to). ♦ **assiduité** *nf* regularity; assiduity (*à* to). **son** ~ **aux cours** his regular attendance at classes; (*hum*) ~**s** assiduous attentions. ♦ **assidûment** *adv* assiduously.

assiéger [asjeʒe] (3 *et* 6) *vt* (*Mil*) to besiege; *[tentations]* to beset. **la garnison assiégée** the beleaguered *ou* besieged garrison; **assiégé par l'eau** hemmed in by water. ♦ **assiégeant, e** *nm,f* besieger.

assiette [asjɛt] *nf* (a) (*vaisselle*) plate. ~ **anglaise** assorted cold roast meats; ~ **creuse/plate** soup/dinner plate. (b) (*équilibre*) (*cavalier*) seat; *[navire]* trim. (*fig*) **il n'est pas dans son** ~ he's feeling out of sorts. (c) *[impôt]* basis of assessment. ♦ **assiettée** *nf* (*gén*) plateful.

assigner [asiɲe] (1) *vt* (a) *place, rôle* to assign, allocate; *valeur* to attach; *cause* to ascribe, attribute; *somme* to allot, allocate; *limite* to set, fix (*à* to). ~ **un objectif à qn** to set sb a goal. (b) (*Jur*) ~ (**à comparaître**) *prévenu* to summons; *témoin* to subpoena, cite; ~ **qn à résidence** to put sb under house arrest. ♦ **assignable** *adj* ascribable (*à* to). ♦ **assignation** *nf* allocation; summons.

assimiler [asimile] (1) **1** *vt* (a) *immigrants, substance* to assimilate, absorb. **notions mal assimilées** ill-digested notions. (b) ~ **qn/qch à** (*comparer à*) to liken *ou* compare sb/sth to; (*classer comme*) to class sb/sth as; (*faire ressembler à*) to make sb/sth similar to. **2** **s'~** *vpr* to be assimilated. **s'~** **à qn** to liken o.s. to sb. ♦ **assimilable** *adj* easily assimilated. ~ **à** comparable to. ♦ **assimilation** *nf* assimilation; comparison (*à* to); classification (*à* as). ♦ **assimilé, e** *adj* comparable.

assis, e¹ [asi, iz] *adj* (a) *personne* sitting (down), seated; V **asseoir.** (b) *situation* stable; *autorité* well-established.

assise² [asiz] *nf* (*Constr*) course; (*Bio, Géol*) stratum; (*fig*) basis.

assises [asiz] *nfpl* (*Jur*) assizes; (*fig*) meeting.

assistance [asistɑ̃s] *nf* (a) *[conférence]* audience. (b) (*aide*) assistance; (*légale, technique*) aid. **donner** ~ **à qn** to give sb assistance; ~ **médicale** medical care; **l'A~ publique** ≈ the Health Service; **enfant de l'A~** child in care. (c) (*présence*) attendance. ♦ **assistant, e** *nm,f* (*gén, Scol*) assistant; (*Univ*) assistant lecturer. ~**e sociale** social worker; (*spectateurs*) **les** ~**s** those present.

assister [asiste] (1) **1** ~ **à** *vt indir* *cérémonie, cours* to be (present) at, attend; *spectacle* to be at; *événement* to witness. **2** *vt* *pauvres* to assist; *mourant* to comfort.

association [asɔsjasjɔ̃] *nf* (a) (*société*) association; (*Comm, Écon*) partnership. (b) *[idées, images]* association; (*couleurs*) combination. (c) (*collaboration*) partnership. **son** ~ **à nos travaux** his joining us in our undertaking. ♦ **associatif, -ive** *adj* associative. ♦ **associé, e** *nm,f* (*gén*) associate; (*Comm, Fin*) partner.

associer [asɔsje] (7) **1** *vt* (a) ~ **qn à** *profits* to give sb a share of; *affaire* to make sb a partner in; *triomphe* to include sb in.

(b) *idées, mots* to associate; *couleurs, intérêts*

to combine (*à* with). ~ qch à (*relier*) to associate *ou* link sth with; (*mêler*) to combine sth with.

2 s'~ *vpr* **(a)** (*s'unir*) to join together; (*Comm*) to form a partnership; *[couleurs, qualités]* to be combined (*à* with). s'~ qn to take sb on as a partner; s'~ à to join with; (*Comm*) to go into partnership with. **(b)** s'~ à *projet* to join in; *opinion* associate o.s. with; *douleur* to share in; je m'associe aux compliments que l'on vous faits I should like to join with those who have complimented you.

assoiffer [aswafe] (1) *vt* to make thirsty. **assoiffé de** thirsting for. ♦ **assoiffant, e** *adj* thirst-giving.

assoler [asɔle] (1) *vt champ* to rotate crops on. ♦ **assolement** *nm* rotation of crops.

assombrir [asɔ̃bRiR] (2) **1** *vt* (*lit*) to darken; *personne* to fill with gloom; *assistance, voyage* to cast a gloom *ou* shadow over. **2** s'~ *vpr [ciel, pièce]* to darken; *[personne, situation]* to become gloomy; *[visage, regard]* to cloud. ♦ **assombri, e** *adj ciel* darkened; *couleur* sombre; *visage, regard* gloomy, sombre. ♦ **assombrissement** *nm* darkening; gloominess.

assommer [asɔme] (1) *vt* (*tuer*) to batter sb's skull in; (*étourdir*) to knock out, stun; (*: ennuyer*) to bore stiff*. **assommé par** *bruit* stunned by; *chaleur* overwhelmed by. ♦ **assommant, e*** *adj* deadly dull*.

Assomption [asɔ̃psjɔ̃] *nf* Assumption; (*jour*) Assumption Day.

assonance [asɔnɑ̃s] *nf* assonance.

assorti, e [asɔRti] *adj bonbons* assorted. '**fromages** ~s' 'assortment of cheeses'; **bien/mal** ~ *magasin* well/poorly-stocked; *couple* well/badly matched; **avec écharpe** ~e with matching scarf; **être** ~ **de** *conseils* to be accompanied by *ou* with.

assortiment [asɔRtimɑ̃] *nm* **(a)** *[bonbons]* assortment; (*Comm: lot*) stock. **(b)** (*harmonie*) arrangement, ensemble.

assortir [asɔRtiR] (2) **1** *vt* **(a)** (*accorder*) to match (*à, avec* to, with). **(b)** (*accompagner de*) ~ **qch de** to accompany sth by *ou* with. **(c)** *commerçant* to supply; *magasin* to stock (*de* with). **2** s'~ *vpr* to match (*à* with). s'~ **de** to be accompanied by.

assoupir [asupiR] (2) **1** *vt personne* to make drowsy; *sens, douleur, intérêt* to dull; *passion* to lull. **2** s'~ *vpr [personne]* to doze off; (*fig*) to be dulled *ou* lulled. **il est assoupi** he is dozing. ♦ **assoupissement** *nm* (*sommeil*) doze; (*fig*) dulling; lulling.

assouplir [asupliR] (2) **1** *vt cuir, membres* to make supple; *règlements* to relax. ~ **le caractère de qn** to make sb more amenable. **2** s'~ *vpr* to become supple; to relax. ♦ **assouplissement** *nm* suppling up; relaxing. **exercices d'**~ limbering up exercises.

assourdir [asuRdiR] (2) *vt personne* to deafen; *bruit* to deaden, muffle. ♦ **assourdissant, e** *adj* deafening.

assouvir [asuviR] (2) *vt* to satisfy, appease. ♦ **assouvissement** *nm* satisfaction, appeasement.

assujettir [asyʒetiR] (2) **1** *vt peuple* to subjugate. ~ **qn à une règle** to subject sb to a rule. **2** s'~ *vpr*: s'~ **à qch** to submit to sth. ♦ **assujetti, e** *adj peuple* subjugated. ~ **à** *règle, taxe* subject to. ♦ **assujettissant, e** *adj* demanding, exacting. ♦ **assujettissement** *nm* (*contrainte*) constraint; (*dépendance*) subjection. ~ **à l'impôt** tax liability.

assumer [asyme] (1) *vt* **(a)** (*prendre*) *responsabilité, commandement, fonction* to take on, assume; *poste* to take up. **(b)** (*remplir*) *poste* to hold; *rôle* to fulfil. **(c)** (*accepter*) *conséquence* to accept.

assurance [asyRɑ̃s] *nf* **(a)** (*confiance*) self-confidence, (self-)assurance. **avoir de l'**~ to be self-confident *ou* (self-)assured. **(b)** (*garantie*) assurance. **veuillez agréer l'**~ **de ma considéra-**

tion distinguée ≃ yours faithfully. **(c)** (*contrat*) insurance (policy); (*firme*) insurance company. (*métier*) **les** ~s **insurance;** ~ **au tiers/tous risques** third party/comprehensive insurance; ~ **sur la vie** life insurance; **être aux** ~s **sociales** ≃ to be in the National Insurance scheme.

assuré, e [asyRe] **1** *adj réussite, situation* certain, assured; *air, voix* assured, confident; *main, pas* steady. **mal** ~ unsteady; **tenir pour** ~ **que** to be confident that; ~ **du succès** sure of success. **2** *nm,f* policyholder. ~ **social** ≃ member of the National Insurance scheme.

assurément [asyRemɑ̃] *adv* assuredly, most certainly.

assurer [asyRe] (1) **1** *vt* **(a)** ~ **à qn que** to assure sb that; ~ **que** to affirm *ou* contend that; **je vous assure!** I assure you!; ~ **qn de** *amitié etc* to assure sb of. **(b)** (*Fin*) *maison, personne* to insure (*contre* against). ~ **qn sur la vie** to insure sb's life. **(c)** *surveillance* to maintain; *service, ravitaillement, soins* to provide; *travaux* to carry out. ~ **la protection de** to protect; ~ **la liaison entre** to link. **(d)** *bonheur, succès, paix* to ensure; *fortune, situation* to secure. ~ **le pas, prise** to steady; (*Alpinisme*) to belay. **2** s'~ *vpr* **(a)** s'~ **que/de** qch to make sure that/of sth, check that/sth. **(b)** (*Fin, fig*) to insure o.s. (*contre* against). s'~ **sur la vie** to insure one's life. **(c)** *aide, victoire* to secure, ensure; *revenu* to ensure o.s. **(d)** (*s'affermir*) to steady o.s. (*sur* on); (*Alpinisme*) to belay o.s.

assureur [asyRœR] *nm* (*agent*) insurance agent; (*société*) insurance company.

astérisque [asteRisk(ə)] *nm* asterisk.

asthmatique [asmatik] *adj, nmf* asthmatic. ♦ **asthme** *nm* asthma.

asticot [astiko] *nm* (*gén*) maggot; (*: type*) guy*.

asticoter* [astikɔte] (1) *vt* to needle*.

astiquer [astike] (1) *vt* to polish.

astre [astR(ə)] *nm* star. ♦ **astral, e,** *mpl* -**aux** *adj* astral.

astreindre [astRɛ̃dR(ə)] (49) **1** *vt*: ~ **qn à faire** to compel *ou* force sb to do; ~ **qn à un travail** to force a task upon sb. **2** s'~ *vpr*: s'~ **à (faire) qch** to force *ou* compel o.s. to do sth. ♦ **astreignant, e** [astRɛɲɑ̃, ɑ̃t] *adj* exacting, demanding. ♦ **astreinte** *nf* constraint.

astringent, e [astRɛ̃ʒɑ̃, ɑ̃t] *adj, nm* astringent.

astrologie [astRɔlɔʒi] *nf* astrology. ♦ **astrologique** *adj* astrological. ♦ **astrologue** *nm* astrologer.

astronaute [astRɔnot] *nmf* astronaut. ♦ **astronautique** *nf* astronautics (*sg*).

astronome [astRɔnɔm] *nm* astronomer. ♦ **astronomie** *nf* astronomy. ♦ **astronomique** *adj* (*lit, fig*) astronomical.

astuce [astys] *nf* (*adresse*) shrewdness, astuteness, cleverness; (*truc*) trick; (*: *) (*jeu de mot*) pun; (*plaisanterie*) wisecrack*. **il a beaucoup d'**~ he is very shrewd *ou* astute. ♦ **astucieusement** *adv* cleverly, astutely. ♦ **astucieux, -ieuse** *adj* shrewd, astute, clever.

asymétrique [asimetRik] *adj* asymmetrical.

atavique [atavik] *adj* atavistic. ♦ **atavisme** *nm* atavism.

atelier [atəlje] *nm [artisan]* workshop; *[artiste]* studio; *[couturières]* workroom; *[usine]* workshop.

atemporel, -elle [atɑ̃pɔRɛl] *adj vérité* timeless.

atermoyer [atɛRmwaje] (8) *vi* to procrastinate. ♦ **atermoiement** *nm*: ~(s) procrastination.

athée [ate] **1** *adj* atheistic. **2** *nmf* atheist. ♦ **athéisme** *nm* atheism.

athlète [atlɛt] *nmf* athlete. ♦ **athlétique** *adj* athletic. ♦ **athlétisme** *nm* athletics (*sg*).

atlantique [atlɑ̃tik] **1** *adj* Atlantic. **2** *nm*: l'A~ the Atlantic.

atlas [atlɑs] *nm* (*livre, Anat*) atlas.

atmosphère [atmɔsfɛʀ] *nf* (*lit, fig*) atmosphere.
♦ **atmosphérique** *adj* atmospheric.
atoll [atɔl] *nm* atoll.
atome [atom] *nm* atom. ♦ **atomique** *adj* atomic.
♦ **atomiste** *nmf* atomic scientist.
atomiseur [atɔmizœʀ] *nm* (*gén*) spray; [*parfum*]
atomizer.
atone [atɔn] *adj être* lifeless; *regard* expressionless; (*Ling*) unstressed.
atours [atuʀ] *nmpl* (†, *hum*) attire, finery.
atout [atu] *nm* (a) (*Cartes*) trump. ~ **cœur** hearts
are trumps. (b) (*fig*) (*avantage*) asset; (*carte
maîtresse*) trump card.
âtre [ɑtʀ(ə)] *nm* hearth.
atroce [atʀɔs] *adj crime* atrocious, heinous;
douleur excruciating; *mort, sort* dreadful, terrible; *spectacle, goût, temps* ghastly, atrocious,
dreadful. ♦ **atrocement** *adv souffrir* atrociously,
horribly; *chanter* dreadfully, terribly. ♦ **atrocité**
nf (*caractère*) atrocity, atrociousness; (*acte*)
atrocity. **dire des** ~**s sur qn** to say atrocious
things about sb.
atrophie [atʀɔfi] *nf* atrophy. ♦ **atrophier** (7) *vt*,
s'~ *vpr* to atrophy.
attabler (s') [atable] (1) *vpr* to sit down at (the)
table. **les clients attablés** the seated customers.
attachant, e [ataʃɑ̃, ɑ̃t] *adj* engaging.
attache [ataʃ] *nf* [*ficelle*] (piece of) string; [*métal*]
clip, fastener; [*cuir*] strap. (*Anat*) ~**s** wrists and
ankles; (*connaissances*) ~**s** ties, connections; **à
l'**~ *animal* tethered; (*fig*) *personne* tied; *bateau*
moored.
attacher [ataʃe] (1) **1** *vt* (a) *animal, plante,
paquet* to tie up; (*ensemble*) to tie together; *volets*
to fasten; *papiers* to attach. ~ **qch/qn à** to tie
sth/sb to; *attachés avec une épingle* pinned
together; ~ **son nom à une découverte** to put one's
name to a discovery; **la ficelle qui attachait le
paquet** the string that was round the parcel. (b)
robe, ceinture to do up, fasten; *lacets* to do up, tie;
bouton to do up. (*Aviat*) **attachez votre ceinture**
fasten your seatbelt. (c) (*fig*) *importance, valeur*
to attach (*à* to). ~ **son regard sur** to fix one's eyes
on; ~ **qn à son service** to take sb on, engage sb; **ce
qui l'attache à elle** what makes him feel attached
to her, what keeps him with her; **être attaché à
qn/qch** to be attached to sb/sth.
2 s'~ *vpr* [*robe*] to do up, fasten (up) (*avec, par*
with). **s'**~ **à son siège** to fasten o.s. in one's seat;
s'~ **à qn** to become attached to sb. ♦ **attaché** *nm*
(*Pol, Presse*) attaché; (*Admin*) assistant.
♦ **attachement** *nm* attachment (*à* to).
attaquant, e [atakɑ̃, ɑ̃t] *nm,f* (*Mil, Sport*) attacker;
(*Ftbl*) striker, forward.
attaque [atak] *nf* (a) (*Mil, fig*) attack. **passer à l'**~
to move into the attack. (b) (*Méd*) (*gén*) attack;
[*épilepsie*] fit (*de* of). **avoir une** ~ (*cardiaque*) to
have a heart attack, have a stroke. (c) (*) **d'**~ **on
form; il n'est pas d'**~ he's a bit off form; **être
assez d'**~ **pour faire** to feel up to doing.
attaquer [atake] (1) **1** *vt* (a) *pays, abus, métal* to
attack; *passant* to attack, assault. ~ **par surprise** to make a surprise attack (on sb); ~ **qn en
justice** to bring an action against sb. (b) *difficulté, chapitre* to tackle; *discours* to launch
upon; (*Mus*) *morceau* to strike up; *note* to attack.
il attaqua les hors-d'œuvre* he tucked into* the
hors d'œuvres. **2 s'**~ *vpr*: **s'**~ **à** *personne, mal* to
attack; *problème* to tackle.
attarder [ataʀde] (1) **1** *vt* to make late. **2 s'**~ *vpr*
(*gén*) to linger. **s'**~ **chez des amis** to stay on at
friends'; **s'**~ **derrière les autres** to lag behind the
others; **s'**~ **à des détails** to linger over *ou* dwell on
details. ♦ **attardé, e** *adj* (*Psych*) backward; (*en
retard*) late; (*démodé*) old-fashioned.
atteindre [atɛdʀ(ə)] (49) **1** *vt* (a) *lieu, objectif,
objet haut placé* to reach. **cette tour atteint 30
mètres** this tower is 30 metres high; ~ **son but** to

reach one's goal, achieve one's aim. (b)
(*contacter*) to get in touch with, contact. (c)
[*pierre, tireur*] to hit (*à* in); [*maladie, reproches*]
to affect; [*malheur*] to strike. **il a été atteint dans
son orgueil** his pride has been hurt. **2** ~ **à** *vt indir
perfection* to attain, achieve. ♦ **atteint, e**[^1] *adj* (a)
(*malade*) **être** ~ **de** to be suffering from;
gravement ~ **poumon** badly affected; *malade*
seriously ill. (b) (*: fou*) touched*. ♦ **atteinte**[^2] *nf*
(a) (*préjudice*) attack (*à* on). **porter** ~ **à** to undermine. (b) (*Méd*) attack (*de* of). **les premières** ~**s
du mal** the first effects of the illness.
atteler [atle] (4) *vt cheval, charrette* to hitch up (*à*
to); *wagons* to couple. **s'**~ **à** *tâche* to get down to.
♦ **attelage** *nm* [*chevaux, bœufs*] team.
attenant, e [atnɑ̃, ɑ̃t] *adj:* ~ (**à**) adjoining.
attendre [atɑ̃dʀ(ə)] (41) **1** *vt* (a) [*personne*] to wait
for. **nous attendons qu'il vienne** we are waiting
for him to come; ~ **la fin/un autre moment** to wait
until the end/until another time; ~ **qn au train** to
meet sb off the train; ~ **qch/de faire qch avec
impatience** to look forward eagerly to sth/to
doing sth. (b) [*voiture*] to be waiting for; [*maison,
dîner*] to be ready for; [*surprise, gloire*] to be in
store for, await. (c) (*sans objet*) to wait. **attendez
voir*** let's see *ou* think; **attendez un peu wait a
second; (*iro*) **tu peux toujours** ~! you've got a
hope!; **ces fruits ne peuvent pas** ~ this fruit won't
keep. (d) **faire** ~ **qn** to keep sb waiting; **se faire** ~
[*personne*] to keep people waiting; [*événement*] to
be a long time coming. (e) (*escompter*) to expect.
~ **qch de qn** to expect sth from sb; **j'attendais
mieux de lui** I expected him to do better *ou* better
of him. (f) ~ **son tour** to wait one's turn; ~ **un
enfant** to be expecting a baby; **il attend son heure!**
he's biding his time; **il m'attendait au tournant***
he waited for the chance to catch me out; **en
attendant** (*pendant ce temps*) in the meantime;
(*en dépit de cela*) all the same; **il a pris froid en
attendant** he caught cold while (he was) waiting.
2 ~ **après*** *vt indir* to be waiting for; (*avoir
besoin*) to be in a hurry for. **je n'attends pas après
lui!** I can get along without him!
3 s'~ *vpr:* **s'**~ **à qch** to expect sth (*de* from);
est-ce que tu t'attends à ce qu'il écrive? do you
expect him to write?
attendrir [atɑ̃dʀiʀ] (2) **1** *vt viande* to tenderize;
personne ~ **par** to move (to pity); *cœur* to soften. **se laisser** ~ **par** to be moved by. **2 s'**~ *vpr* to be moved
(*sur by*). **s'**~ **sur qn** to feel sorry for sb.
♦ **attendri, e** *adj* tender. ♦ **attendrissant, e** *adj*
moving, touching. ♦ **attendrissement** *nm*
(*tendre*) emotion; (*apitoyé*) pity.
attendu, e [atɑ̃dy] **1** *adj* (*espéré*) long-awaited;
(*prévu*) expected. **2** *prép* given, considering (*que*
that).
attentat [atɑ̃ta] *nm* murder attempt; (*Pol*)
assassination attempt; (*contre un bâtiment*)
attack (*contre* on). ~ **à la bombe** bomb attack; ~
aux droits violation of rights; ~ **aux mœurs**
offence against public decency.
attente [atɑ̃t] *nf* (a) wait. **dans l'**~ **des résultats**
while waiting for the results; **dans l'**~ **de vos
nouvelles** looking forward to hearing from you.
(b) (*espoir*) expectation.
attenter [atɑ̃te] (1) *vi:* ~ **à** *vie* to make an attempt
on; *droits* to violate; *sûreté nationale* to conspire
against.
attentif, -ive [atɑ̃tif, iv] *adj personne, air* attentive; *travail* careful; *examen* careful, close. **être**
~ **à tout ce qui se passe** to pay attention to all that
goes on; ~ **à ses devoirs** heedful of one's duty.
♦ **attentivement** *adv lire* attentively, carefully;
examiner carefully, closely.
attention [atɑ̃sjɔ̃] *nf* (a) (*gén*) attention; (*soin*)
care. **avec** ~ *écouter* carefully, attentively;
examiner carefully, closely; ~! watch!, mind!,
careful!; ~ **à la marche** mind the step; ~ **à la pein-**

[^1]: **atteint, e**
[^2]: **atteinte**

ture (caution) wet paint; fais ~ (prends garde) be careful; (écoute) listen carefully; (regarde) watch carefully; **prêter** ~ **à qch/qn** to pay attention to sth/sb, take notice of sth/sb; **fais** ~ **(à ce) que la porte soit fermée** be sure ou make sure ou mind the door's shut. **(b)** (prévenance) attention. ~s attentions, thoughtfulness. ♦ **attentionné, e** adj thoughtful, considerate (pour towards).

atténuer [atenɥe] (1) **1** vt douleur to ease; propos to tone down; faute, punition to mitigate; faits to water down; couleur, son, coup to soften. **2 s'** ~ vpr [douleur, bruit] to die down; [violence] to subside. ♦ **atténuation** nf easing; toning down; watering down; softening; (Jur) [peine] mitigation; dying down.

atterrer [atere] (1) vt to dismay, appal. **son air atterré** his look of utter dismay.

atterrir [ateriʀ] (2) vi to land, touch down. ~ **sur le ventre** to make a belly landing; ~ **en prison*** to land up* in prison. ♦ **atterrissage** nm landing. **à l'**~ at touchdown; ~ **forcé** emergency ou forced landing.

attester [ateste] (1) vt fait to testify to. ~ **(de) l'innocence de qn** to testify to ou vouch for sb's innocence; (littér) **j'atteste les dieux que ...** I call the gods to witness that .... ♦ **attestation** nf (a) [fait] attestation. **(b)** (document) certificate.

attiédir [atjediʀ] (2) **1** vt eau to make lukewarm; climat to make more temperate; désir to cool. **2 s'**~ vpr to become lukewarm; to become more temperate; to cool down.

attifer* [atife] (1) **1** vt (habiller) to get up*. **2 s'**~ vpr to get o.s. up* (de in).

attiger* [atiʒe] (3) vi to go a bit far*.

attirail* [atiʀaj] nm gear, paraphernalia.

attirer [atiʀe] (1) vt (a) (gén, Phys) to attract; (en appâtant) to lure, entice; foule to draw, attract. **il m'attira dans un coin** he drew me into a corner; **être attiré par** to be attracted ou drawn to; ~ **l'attention de qn sur qch** to draw sb's attention to sth; **ça attire le regard** it catches the eye; **elle attire les hommes** she appeals to ou attracts men. **(b)** colère to bring down (sur on); sympathie to win, gain. **s'**~ **des ennemis** to make enemies for o.s.; **tu vas t'**~ **des ennuis** you're going to cause trouble for yourself ou bring trouble upon yourself. ♦ **attirance** nf attraction (pour for). ♦ **attirant, e** adj attractive, appealing.

attiser [atize] (1) vt feu to poke (up); (fig) to stir up.

attitré, e [atitʀe] adj (habituel) regular, usual; (agréé) accredited.

attitude [atityd] nf (maintien) bearing; (comportement) attitude; (affectation) attitude, façade.

attraction [atʀaksjɔ̃] nf (gén) attraction. (cirque etc) ~s programme of attractions ou entertainments.

attrait [atʀɛ] nm appeal, attraction. ~s attractions; **ses romans ont pour moi beaucoup d'**~ his novels appeal to me very much; **éprouver de l'**~ **pour qch** to find sth attractive ou appealing.

attraper [atʀape] (1) vt (a) (gén) to catch; (* fig) to get; (fig: saisir) crayon, mots, accent to pick up. ~ **qn à faire qch** to catch sb doing sth; **tu vas** ~ **froid** you'll catch cold; **la grippe s'attrape facilement** flu is very catching. **(b)** (gronder) to tell off*. **se faire** ~ **(par qn)** to get a telling off (from sb)*. **(c)** (tromper) to take in. **tu as été bien attrapé** (trompé) you were had all right*; (surpris) that startled you! ♦ **attrapade*** nf telling off*. ♦ **attrape** nf (farce) trick. ♦ **attrape-nigaud***, pl ~-~**s** nm con*.

attrayant, e [atʀejɑ̃, ɑ̃t] adj (gén) attractive; idée appealing; lecture pleasant. **peu** ~ unattractive, unappealing.

attribuer [atʀibɥe] (1) vt (a) prix to award; avantages to grant; rôle, part to allocate (à to). **s'**~ **le**

meilleur rôle to give o.s. the best role. **(b)** pensée, échec to attribute, ascribe (à to). **(c)** invention, mérite to attribute (à to); intérêt to find (à in); importance to attach (à to). **s'**~ **tout le mérite** to claim all the merit for o.s. ♦ **attribuable** adj attributable (à to). ♦ **attribut** nm attribute. **(nom/adjectif)** ~ predicative noun/adjective. ♦ **attribution** nf awarding; allocation; attribution.

attrister [atʀiste] (1) **1** vt to sadden. **2 s'**~ vpr to be saddened (de by) ou be grieved (de at, de voir que at seeing that).

attrouper (s') [atʀupe] (1) vpr to gather (together), form a crowd. ♦ **attroupement** nm crowd, mob (péj).

au [o] V **à**.

aubade [obad] nf dawn serenade.

aubaine [obɛn] nf godsend; (financière) windfall. **profiter de l'**~ to make the most of the opportunity.

aube [ob] nf (a) (lit) dawn, daybreak; (fig) dawn. **(b)** (Rel) alb. **(c)** [bateau] paddle; [moulin, turbine] vane. **roue à** ~s paddle wheel.

aubépine [obepin] nf hawthorn.

auberge [obɛʀʒ(ə)] nf inn. ~ **de (la) jeunesse** youth hostel. ♦ **aubergiste** nmf innkeeper, landlord (ou lady).

aubergine [obɛʀʒin] **1** nf (légume) aubergine, eggplant. **2** adj inv aubergine(-coloured).

aucun, e [okœ̃, yn] **1** adj (nég) no, not any; (positif) any. **il n'a** ~**e preuve** he has no proof, he hasn't any proof; **sans faire** ~ **bruit** without making a noise ou any noise; **il lit plus qu'**~ **autre enfant** he reads more than any other child. **2** pron (nég) none; (positif) any (one). **il n'aime** ~ **de ces films** he doesn't like any of these films; ~ **de ses enfants** none of his children; **pensez-vous qu'**~ **ait compris?** do you think anyone ou anybody understood?; **d'**~**s** some. ♦ **aucunement** adv in no way, not in the least.

audace [odas] nf (témérité) boldness, audacity; (originalité) daring; (effronterie) audacity; (geste osé) daring gesture; (innovation) daring idea. **avoir l'**~ **de** to have the audacity to, dare to. ♦ **audacieusement** adv daringly; boldly; audaciously. ♦ **audacieux, -ieuse** adj daring; bold; audacious.

au-deçà, au-dedans etc V **deçà, dedans** etc.

audible [odibl(ə)] adj audible. ♦ **audibilité** nf audibility.

audience [odjɑ̃s] nf (entretien) audience; (Jur) hearing. (fig) **ce projet eut beaucoup d'**~ this project aroused much interest.

audio-visuel, -elle [odjovizɥɛl] **1** adj audiovisual. **2** nm audio-visual methods.

auditeur, -trice [oditœʀ, tʀis] nm,f (gén, Rad) listener. **les** ~ **s** the audience. ♦ **auditif, -ive** adj auditory.

audition [odisjɔ̃] nf (a) (Mus) (essai) audition; (récital) recital; [disque] hearing. **(b)** (ouïe) hearing. (Jur) **procéder à l'**~ **d'un témoin** to examine a witness. ♦ **auditionner** (1) vti to audition. ♦ **auditoire** nm audience. ♦ **auditorium** nm (Rad) public studio.

auge [oʒ] nf trough.

augmenter [ɔgmɑ̃te] (1) **1** vt (gén) to increase, raise; collection to enlarge, extend; revenus to supplement (en faisant by doing). ~ **les prix de 10%** to increase ou raise ou put up prices by 10%; ~ **qn (de 50 F)** to increase sb's salary (by 50 francs), give sb a (50-franc) rise. **2** vi (gén) to increase; [prix] to rise, go up; [production, inquiétude] to grow. ~ **de poids** to increase in weight. ♦ **augmentation** nf (action) increasing, raising (de of); (résultat) increase, rise (de in).

augure [ɔgyʀ] nm (a) (devin) (Hist) augur; (fig hum) oracle. **(b)** (présage) omen; (Hist) augury. **de bon/mauvais** ~ of good/ill omen. ♦ **augurer** (1) *vt* to foresee (*de* from). **cela augure bien/mal de la suite** that augurs well/ill for what is to follow.

auguste [ɔgyst(ə)] *adj personnage* august; *geste* noble, majestic.

aujourd'hui [oʒuRdɥi] *adv* today; (*de nos jours*) nowadays, today. **je le ferai dès ∼** I'll do it this very day.

au(l)ne [on] *nm* alder.

aumône [ɔmon] *nf* alms. **vivre d'∼(s)** to live on charity; **faire l'∼** to give alms (*à* to); (*fig*) **faire l'∼ d'un sourire à qn** to favour sb with a smile. ♦ **aumônerie** *nf* chaplaincy. ♦ **aumônier** *nm* chaplain.

auparavant [oparavɑ̃] *adv* (*d'abord*) before, first. (*avant*) **2 mois ∼** 2 months before *ou* previously.

auprès [opRε] **1** *prép:* **∼ de** (*près de*) next to, close to, by; (*avec*) *malade, ami* with; (*comparé à*) compared with, in comparison with; (*dans l'opinion de*) in the view *ou* opinion of. **avoir de l'influence ∼ de qn** to have a lot of influence on sb; **faire une demande ∼ de qn** to apply to sb; **ambassadeur ∼ de** ambassador to sb. **2** *adv* nearby.

auquel [okεl] *V* lequel.

auréole [ɔReɔl] *nf* (*Art, Astron*) halo; (*tache*) ring. **l'∼ du martyre** the crown of martyrdom. ♦ **auréoler** (1) *vt* (*glorifier*) to glorify. **être auréolé de prestige** to have an aura of prestige.

auriculaire [ɔrikylεr] **1** *nm* little finger. **2** *adj* auricular.

aurore [ɔRɔR] *nf* dawn, daybreak; (*fig*) dawn. **à l'∼** at dawn; **∼ boréale** northern lights.

ausculter [ɔskylte] (1) *vt* to auscultate. ♦ **auscultation** *nf* auscultation.

auspices [ɔspis] *nmpl* (*Antiq, fig*) auspices. **sous de mauvais ∼** under unfavourable auspices.

aussi [osi] **1** *adv* (a) (*également*) too, also. **je suis fatigué et eux ∼** I'm tired and so are they *ou* and they are too; **il parle l'italien et ∼ l'anglais** he speaks Italian and English too *ou* as well; **faites bon voyage – vous ∼** have a good journey – you too *ou* the same to you. (b) (*comparaison*) **∼ grand** *etc* que as tall *etc* as; **pas ∼ souvent** *etc* que not so *ou* as often *etc* as. (c) (*si*) so. **je ne te savais pas ∼ bête** I didn't think you were so stupid; **comment peut-on laisser passer une ∼ bonne occasion?** how can one let slip such a good opportunity?; **∼ léger qu'il fût** light though he was. (d) (*tout autant*) **ça m'a fait ∼ mal** it hurt me just as much; **tu peux ∼ bien dire non** you can just as easily *ou* well say no; **∼ sec*** on the spot*. **2** *conj* (*en conséquence*) therefore, consequently.

aussitôt [osito] **1** *adv* straight away, immediately. **∼ arrivé** as soon as he arrived; **∼ dit, ∼ fait** no sooner said than done; **∼ après** straight *ou* immediately after; **∼ que je le vis** as soon as I saw him. **2** *prép:* **∼ mon arrivée** immediately on my arrival, as soon as I arrived.

austère [ɔstεr] *adj personne, vie* austere; *livre* dry; *manteau* severely cut. ♦ **austèrement** *adv* austerely. ♦ **austérité** *nf* austerity; dryness.

austral, e, *mpl* **∼s** [ɔstral] *adj* southern.

Australie [ɔstrali] *nf* Australia. ♦ **australien, -ienne** *adj*, **A∼(ne)** *nm(f)* Australian.

autant [otɑ̃] *adv* (a) **∼ de** (*quantité*) as much (*que* as); (*nombre*) as many (*que* as); **nous sommes ∼ qu'eux** there are as many of us as of them; **elle mange deux fois ∼** que lui she eats twice as much as him *ou* as he does. (b) (*intensité*) as much (*que* as). **il peut crier ∼ qu'il veut** he can scream as much as he likes; **courageux ∼ que compétent** as courageous as he is competent. (c) (*tant*) **∼ de succès, eau** so much, such; *personnes, bijoux* so many, such a lot of; **pourquoi travaille-t-il ∼?** why does he work so much *ou* so hard? (d) (*avec en*) **je ne peux pas en dire/faire ∼** I can't say/do as much *ou* the same. (e) (*avec de*) **ce sera augmenté d'∼** it will be increased accordingly

ou in proportion; **c'est d'∼ plus dangereux qu'il n'y a pas de parapet** it's all the more dangerous since *ou* because there is no parapet; **nous le voyons d'∼ moins qu'il habite très loin** we see him even less since *ou* because he lives a long way away. **(f) il est généreux, ∼ elle est avare** he is as generous as she is miserly; **∼ que possible** as much *ou* as far as possible; **(pour) ∼ que je sache** as far as I know, to the best of my knowledge; **c'est ∼ de gagné** at least that's something; **∼ dire qu'il est fou** you might as well say that he's mad; **il ne vous remerciera pas pour ∼** for all that you won't get any thanks from him; **tous ∼ que vous êtes** the whole lot of you; **∼ prévenir la police** it would be as well to inform the police.

autarcie [ɔtarsi] *nf* autarky.

autel [ɔtεl] *nm* (*Rel, lit, fig*) altar. **conduire sa fille à l'∼** to give one's daughter away in marriage; **dresser un ∼ à qn** to worship sb.

auteur [otœR] *nm* (*gén*) author; (*opéra*) composer; (*tableau*) painter. **l'∼ de l'accident** the person who caused the accident; **qui est l'∼ de cette affiche?** who designed this poster?; (*Mus*) **∼-compositeur** composer-songwriter; (*femme de lettres*) **c'est un ∼ connu** she is a well-known author *ou* authoress.

authenticité [ɔtɑ̃tisite] *nf* authenticity. ♦ **authentifier** (7) *vt* to authenticate. ♦ **authentique** *adj* authentic. ♦ **authentiquement** *adv* authentically.

auto [oto] **1** *nf* (*voiture*) car, automobile (*US*). **∼s tamponneuses** dodgems. **2** *adj inv* car. **3** *préf* **(a)** self-. **∼-discipline/défense/portrait** self-discipline/defence/portrait; **s'∼-gérer** to be self-managing; **∼-intoxication/suggestion** auto-intoxication/suggestion; **∼-allumage** pre-ignition. **(b)** (*automobile*) car. **∼(-)radio** car radio.

autobiographie [ɔtobjɔgrafi] *nf* autobiography. ♦ **autobiographique** *adj* autobiographic(al).

autobus [ɔtobys] *nm* bus.

autocar [ɔtokar] *nm* coach, bus (*US*).

autochtone [ɔtɔktɔn] *adj, nmf* native.

autoclave [ɔtoklav] *nm* autoclave.

autocollant, e [ɔtokɔlɑ̃, ɑ̃t] **1** *adj* self-adhesive. **2** *nm* sticker.

autocrate [ɔtokrat] *nm* autocrat. ♦ **autocratie** *nf* autocracy. ♦ **autocratique** *adj* autocratic.

autocuiseur [ɔtokɥizœR] *nm* pressure cooker.

autodafé [ɔtodafe] *nm* auto-da-fé.

autodidacte [ɔtodidakt(ə)] *adj* self-taught.

autodrome [ɔtodRom] *nm* motor-racing track.

auto-école [ɔtoekɔl] *nf* driving school.

autographe [ɔtograf] *adj, nm* autograph.

automate [ɔtomat] *nm* (*lit, fig*) automaton.

automation [ɔtomasjɔ̃] *nf* automation.

automatique [ɔtomatik] **1** *adj* automatic. **2** *nm* (*Téléc*) ≃ subscriber trunk dialling, direct dialing (*US*); (*revolver*) automatic. ♦ **automatiquement** *adv* automatically. ♦ **automatisation** *nf* automation. ♦ **automatiser** (1) *vt* to automate. ♦ **automatisme** *nm* automatism.

automitrailleuse [ɔtomitrajøz] *nf* armoured car.

automne [ɔtɔn] *nm* autumn, fall (*US*). ♦ **automnal, e,** *mpl* **-aux** *adj* autumnal.

automobile [ɔtomɔbil] **1** *adj véhicule, sport* motor; *assurance, industrie* motor, car, automobile (*US*). **2** *nf* motor car, automobile (*US*). **l'∼** the car industry; (*Sport*) **l'∼** motoring; **termes d'∼** motoring terms. ♦ **automobiliste** *nmf* motorist.

autonome [ɔtɔnɔm] *adj* autonomous; *territoire* self-governed. ♦ **autonomie** *nf* autonomy; self-government; (*Aut, Aviat*) range. ♦ **autonomiste** *nmf* (*Pol*) autonomist.

autopsie [ɔtɔpsi] *nf* autopsy, post-mortem (examination). ♦ **autopsier** (7) *vt* to carry out an autopsy on.

autorail [ɔtɔʀaj] *nm* railcar.

autoriser [ɔtɔʀize] (1) **1** *vt manifestation* to give permission for, authorize; *craintes* to justify. ~ **qn** to give sb permission *ou* allow sb (*à faire* to do); **ça autorise à croire que ...** that leads one to think that ...; **se croire autorisé à dire que ...** to feel one is entitled to say that ...; **loi qui autorise les abus** law which admits of abuses. **2 s'~** *vpr:* **s'~ de qch pour faire** to use sth as an excuse to do. ◆ **autorisation** *nf* permission (*de qch* for sth, *de faire* to do); (*permis*) permit. ◆ **autorisé, e** *adj agent, version* authorized; *opinion* authoritative. **milieux** ~s official circles.

autorité [ɔtɔʀite] *nf* (*pouvoir*) authority (*sur* over); (*expert*) authority. **avoir ~ pour faire** to have authority to do; (*Admin*) **l'~, les ~s** the authorities; **agent de l'~** representative of authority; **d'~** *ton* authoritative; *prendre* unhesitatingly; **de sa propre ~** on one's own authority; **faire ~** to ·be authoritative. ◆ **autoritaire** *adj,* *nmf* authoritarian. ◆ **autoritairement** *adv* in an authoritarian way. ◆ **autoritarisme** *nm,* authoritarianism.

autoroute [ɔtɔʀut] *nf* motorway, highway (*US*). ◆ **autoroutier, -ière** *adj* motorway.

autosatisfaction [ɔtɔsatisfaksjɔ̃] *nf* self-satisfaction.

auto-stop [ɔtɔstɔp] *nm* hitch-hiking. **faire de l'~** to hitch-hike; **prendre qn en ~** to pick up sb, give a lift to sb. ◆ **auto-stoppeur, -euse** *nm,f* hitch-hiker.

autour [otuʀ] **1** *adv* around, round. **maison avec un jardin ~** house with a garden round it.

2 *prép:* ~ **de** around, (round) about; **regarde ~ de toi** look around *ou* about you.

autre [otʀ(ə)] **1** *adj indéf* **(a)** (*différent*) other, different. **c'est une ~ question** that's another *ou* a different question; **parlons d'~ chose** let's talk about something else *ou* different; **revenez une ~ fois** come back some other *ou* another time. **(b)** (*supplémentaire*) other. **elle a 2 ~s enfants** she has 2 other *ou* 2 more children; **donnez-moi un ~ kilo** give me another kilo. **(c)** (*opposé*) other. **de l'~ côté de la rue** on the other *ou* opposite side of the street. **(d) et vous ~s qu'en pensez-vous?** what do you people think?; **nous ~ Français** we Frenchmen; **j'ai d'~s chats à fouetter** I've other fish to fry; **~ chose, Madame?** anything *ou* something else, madam?; **ce n'est pas ~ chose que de la jalousie** that's nothing but jealousy; **~ part** somewhere else; **d'~ part** (*par contre*) on the other hand; (*de plus*) moreover; **c'est une ~ paire de manches*** that's another story; (*Rel*) **l'~ monde** the next world.

2 *pron indéf* **(a)** (*qui est différent*) **un ~** another (one); **d'~s** others; **personne d'~** no one else, nobody else; **prendre une chose pour une ~** to take sth for sth else; **je n'en veux pas d'~** I don't want any other; **à d'~s!*** tell that to the marines!*; **il n'en fait jamais d'~s!** that's just typical of him; **un ~ que moi** anyone else but me; **il en a vu d'~s!** he's seen worse!; **les deux ~s** the other two, the two others; **X,Y,Z, et ~s** X,Y,Z etc. **(b)** (*supplémentaire*) **donnez m'en un ~** give me another (one) *ou* one more; **qui/rien d'~** who/ nothing else. **(c)** (*opposition*) **l'~** the other (one); **les ~s** the others; **d'une minute à l'~** any minute.

autrefois [otʀəfwa] *adv* in the past. **d'~** of the past, of old, past; **~ je préférais le vin** in the past I used to prefer wine.

autrement [otʀəmɑ̃] *adv* **(a)** (*différemment*) differently. **il ne peut en être ~** it can't be any other way; **agir ~ que d'habitude** to act differently from usual; **comment aller à Londres ~ que par le train?** how can we get to London other than by train?; **~ appelé** otherwise known as; **faire qch ~** to do sth another way *ou* differently;

on ne peut pas faire ~ it's impossible to do otherwise *ou* to do anything else; **il n'a pas pu faire ~ que de me voir** he couldn't help seeing me; **~ dit** in other words. **(b)** (*sinon*) otherwise, or else; (*à part cela*) otherwise, apart from that. **cela ne m'a pas ~ surpris** that didn't particularly surprise me. **(c)** (*comparatif*) ~ **bon/intelligent** far better/ more intelligent (*que* than).

Autriche [otʀiʃ] *nf* Austria. ◆ **autrichien, -ienne** *adj,* A~(ne) *nm(f)* Austrian.

autruche [otʀyʃ] *nf* ostrich. (*fig*) **faire l'~** to bury one's head in the sand.

autrui [otʀɥi] *pron* others.

auvent [ovɑ̃] *nm* canopy.

aux [o] *V* **à.**

auxiliaire [ɔksiljɛʀ] **1** *adj* (*Ling, Mil, gén*) auxiliary; *cause* secondary, subsidiary; (*Scol*) assistant. **bureau ~** sub-office. **2** *nmf* (*assistant*) assistant. ~ **médical** medical auxiliary. **3** *nm* (*Gram, Mil*) auxiliary.

auxquels [okɛl] *V* **lequel.**

avachir (s') [avaʃiʀ] (2) *vpr* [*cuir*] to become limp; [*vêtement*] to become shapeless; [*personne*] (*physiquement*) to become limp; (*moralement*) to get slack. **avachi sur son pupitre** slumped on his desk. ◆ **avachissement** *nm* loss of shape; limpness; slackness.

aval¹ [aval] *nm* [*cours d'eau*] downstream water; [*pente*] downhill slope. **en ~** downstream; downhill (*de* from).

aval², *pl* **~ s** [aval] *nm* (*fig: soutien*) backing, support; (*Comm, Jur*) guarantee.

avalanche [avalɑ̃ʃ] *nf* [*neige, documents*] avalanche; [*compliments*] flood.

avaler [avale] (1) *vt repas, mensonge, affront* to swallow; *roman* to devour. [*fumeur*] ~ **la fumée** to inhale; ~ **à petites gorgées** to sip; **il a avalé de travers** sth went down the wrong way; **il n'a rien avalé depuis 2 jours*** he hasn't eaten a thing for 2 days; **ambitieux qui veut tout ~** ambitious man who thinks he can take on anything; ~ **ses mots** to mumble; **tu as avalé ta langue?** have you lost your tongue?; **on dirait qu'il a avalé son parapluie** he's so stiff and starchy.

avaliser [avalize] (1) *vt plan* to back, support; (*Comm, Jur*) to guarantee.

avance [avɑ̃s] *nf* **(a)** (*marche*) advance. **accélérer/ralentir son ~** to speed up/slow down one's advance. **(b)** (*sur concurrent etc*) lead. **avoir de l'~ sur qn** to have a lead over sb; **10 minutes d'~** a 10 minute lead. **(c)** **avoir de l'~** (*sur l'horaire*)/**dans son travail** to be ahead of schedule/ahead in one's work; **avoir 10 minutes d'~** [*train*] to be 10 minutes early *ou* ahead of schedule; [*montre*] to be 10 minutes fast; **le train a perdu son ~** the train has lost the time it had gained; **ma montre prend de l'~** my watch is gaining *ou* gains; **en ~** (*sur l'heure fixée*) early; (*sur l'horaire etc*) ahead of schedule; (*dans les études*) ahead (*sur qn of* sb); **dépêche-toi, tu n'es pas en ~!** hurry up you're running out of time!; **en ~ pour son âge** advanced for his age; **en ~ sur son temps** ahead of *ou* in advance of one's time; **à l'~, d'~** in advance, beforehand. **(d)** ~ (*de fonds*) advance; ~ **à l'allumage** ignition advance; ~**s** (*ouvertures*) overtures; (*galantes*) advances.

avancé, e¹ [avɑ̃se] *adj* **(a)** *élève, technique, idée,* (*Mil*) *poste* advanced. **la saison était ~e** it was late in the season; **à une heure ~e de la nuit** late at night; **son roman est déjà assez ~** he's already quite far ahead with his novel; **d'un âge ~** well on in years; **dans un état ~ de ...** in an advanced state of ...; **il n'en est pas plus ~** he's no further on than he was; (*iro*) **nous voilà bien ~s!*** a long way that's got us! **(b)** *fruit, fromage* overripe. **ce poisson est ~** this fish is going off.

avancée² [avɑ̃se] *nf* overhang.

avancement [avɑ̃smɑ̃] *nm* (*promotion*) promotion; *(progrès)* *[travaux]* progress; *[sciences]* advancement.

avancer [avɑ̃se] (3) **1** *vt* **(a)** *objet* to move *ou* bring forward; *tête* to move forward; *main* to hold out, put out *(vers to)*; *pendule* to put forward; *hypothèse* to put forward, advance; *date, départ* to bring forward. **(b)** *(faire progresser)* *travail* to speed up. **si cela peut vous** ~ if it speeds things up (for you) *ou* helps you; **ça n'avance pas nos affaires** that doesn't improve matters for us; **cela ne t'avancera à rien de crier*** you won't get anywhere by shouting. **(c)** *argent* to advance; **(*:** *prêter)* to lend.

2 *vi* **(a)** to move forward; *[armée, procession]* to advance *(sur on)*. ~ **d'un pas** to move *ou* take a step forward; **faire** ~ **qn** to make sb move on. **(b)** *(fig)*, *[travail]* to make progress; *[nuit]* to be wearing on. **faire** ~ *travail* to speed up; *élève* to bring on; *science* to further; ~ **lentement dans son travail** to make slow progress in one's work; ~ **en grade** to be promoted, get promotion; **tout cela n'avance à rien** that doesn't get us any further *ou* anywhere. **(c)** *[montre]* ~ **de 10 minutes par jour** to gain 10 minutes a day; **j'avance de 10 minutes** I'm 10 minutes fast. **(d)** *[cap, promontoire]* to project, jut out *(dans into)*; *[lèvre, menton]* to protrude.

3 **s'**~ *vpr* to move forward; *(procession)* to advance; *(fig: s'engager)* to commit o.s. **il s'avança vers nous** he came towards us.

avanie [avani] *nf* snub. **faire des** ~**s à qn** to snub sb.

avant [avɑ̃] **1** *prép* **(a)** *(temps, lieu)* before. ~ **de partir** *ou* **que je (ne) parte** before leaving, before I leave; **pas** ~ **10 heures/une demi-heure** not until *ou* before 10/for another half hour; **j'étais** ~ **lui dans la queue** I was in front of him *ou* before him in the queue; **il me le faut** ~ **demain/un mois** I must have it by *ou* before tomorrow/within a month; ~ **peu** shortly; **X, ce féministe bien** ~ **la lettre X**, a feminist long before the term existed *ou* had been coined. **(b)** *(priorité)* before. ~ **tout** above all; **le travail passe** ~ **tout** work comes before everything; **en classe, elle est** ~ **sa sœur** at school she is ahead of her sister.

2 *adv* **(a)** *(d'abord)* before, beforehand; *(autrefois)* before. **quelques mois** ~ a few months before *ou* previously *ou* earlier; **la semaine d'**~ the week before, the previous week; **fort** ~ **dans la nuit** far into the night; **réfléchis** ~ think first; **le train d'**~ **était plein** the previous train was full. **(b)** *(espace)* **aller plus** ~**/trop** ~ *(lit, fig)* to go further (forward)/too far; **être assez** ~ **dans ses recherches** to be quite far ahead in one's research; **en** ~ *(mouvement)* forward; *(position)* in front, ahead *(de* of); **en** ~**, marche!** forward march!; *(Naut)* **en** ~ **toute!** full steam ahead!; *(fig)* **regarder en** ~ to look ahead; *(fig)* **mettre qch en** ~ to put sth forward; *(fig)* **mettre qn en** ~ *(pour se couvrir)* to use sb as a front; *(fig)* **il aime se mettre en** ~ he likes to push himself forward.

3 *nm* *[voiture, train]* front; *[navire]* bow, stem; *(Sport: joueur)* forward; *(Mil)* front. **à l'**~ **(du train)** in the front of the train; *(fig)* **aller de l'**~ to forge ahead.

4 *adj inv* **roue** front; *marche* forward. **traction** ~ front-wheel drive; **la partie** ~ the front part.

5 *préf inv* *(le second élément prend la marque du pluriel et donne le genre)* ~**-bras** forearm; ~**-centre** centre-forward; ~**-coureur** *adj* precursory, premonitory; *signe* ~**-coureur** forerunner; ~**-dernier** *adj* last but one; *(Mil)* vanguard; *(Art, Pol)* avant-garde; **d'**~**-garde** avant-garde; *(goût)* **foretaste**; ~**-guerre** prewar years; **d'**~**-guerre** pre-war; ~**-hier** the day before yesterday; ~**-port** outer harbour; ~**-poste** outpost; ~**-première** preview; ~**-projet** pilot study; ~**-propos** foreword; ~**-scène** *(scène)*

apron; *(loge)* box; ~**-train** *[animal]* forequarters; **l'**~**-veille** two days before *ou* previously; **l'**~**-veille de** two days before.

avantage [avɑ̃taʒ] *nm* **(a)** *(gén)* advantage. **l'**~ to have the advantage; **j'ai** ~ **à l'acheter** it's worth my while to buy it; **tirer** ~ **de la situation** to take advantage of the situation, turn the situation to one's advantage; **tu aurais** ~ **à te tenir tranquille*** you'd do well to keep quiet; **ils ont l'**~ **du nombre** they have the advantage of numbers *(sur* over). **(b)** *(Fin: gain)* benefit. ~**s en nature** benefits in kind. **(c)** *(plaisir)* pleasure. **que me vaut l'**~ **de votre visite?** to what do I owe the pleasure of your visit? **(d)** **être à son** ~ *(photo)* to look one's best; *(conversation)* to be at one's best; **se montrer à son** ~ to show o.s. off to advantage; **c'est (tout) à ton** ~ it's (entirely) to your advantage; **changer à son** ~ to change for the better.

♦ **avantager** (3) *vt* *(donner un avantage à)* to favour, give an advantage to; *(mettre en valeur)* to flatter. ♦ **avantageusement** *adv* **vendre** at a good price; *décrire* favourably, flatteringly. ♦ **avantageux, -euse** *adj* **(a)** *affaire* worthwhile, profitable; *prix* attractive. **(b)** *(présomptueux)* conceited. **(c)** *portrait* flattering.

avare [avaʀ] **1** *adj* miserly. ~ **de** *paroles, compliments* sparing of. **2** *nmf* miser. ♦ **avarice** *nf* miserliness, avarice. ♦ **avaricieux, -ieuse** *adj* miserly.

avarie [avaʀi] *nf:* ~**(s)** damage.

avarier (s') [avaʀje] (7) *vpr* to go bad, rot. **viande avariée** rotting meat.

avatar [avataʀ] *nm* *(Rel)* avatar; *(fig)* metamorphosis. *(péripéties)* ~**s*** misadventures.

avec [avɛk] **1** *prép* **(a)** *(gén)* with. **couteau** ~ **(un) manche en bois** knife with a wooden handle, wooden-handled knife; **ragoût fait** ~ **des restes** stew made out of *ou* from (the) left-overs; **c'est fait** ~ **du plomb** it's made of lead. **(b)** *(relations)* **combattre** with; **se comporter** with, towards. **doux/gentil** ~ **qn** gentle with/kind to sb; **se marier** ~ **qn** to marry sb; **son mariage** ~ **X** her marriage to X; **ils ont les syndicats** ~ **eux** they've got the unions on their side *ou* behind them. **(c)** *(cause etc)* with. ~ **le temps** in the course of time, with the passing of time; ~ **l'inflation et le prix de l'essence** what with inflation and the price of petrol; ~ **toute ma bonne volonté** with the best will in the world; **ils sont partis** ~ **la pluie** they left in the rain. **(d)** **d'**~ from; **séparer qch d'**~ **qch d'autre** to separate sth from sth else. **(e)** *(dans un magasin)* **et** ~ **ça?** is there anything else?; **il conduit mal et** ~ **ça** il conduit trop vite he drives badly and what's more he drives too fast; ~ **cela que tu ne le savais pas!** as if you didn't know!; ~ **tout ça j'ai oublié** le pain in the midst of all this I forgot about the bread.

2 *adv* **(*)** **tiens mes gants, je ne peux pas conduire** ~ holding my gloves, I can't drive with them on.

aven [avɛn] *nm* swallow hole.

avenant, e [avnɑ̃, ɑ̃t] **1** *adj* pleasant. **2** *nm* **(a)** **à l'**~ in keeping *(de* with). **(b)** *[contrat]* endorsement.

avènement [avɛnmɑ̃] *nm* *[roi]* accession *(à* to); *[régime, idée]* advent; *[Messie]* Advent, Coming.

avenir [avniʀ] *nm* *(gén)* future; *(postérité)* future generations. **dans un proche** ~ in the near future; **à l'**~ from now on, in future; **il a de l'**~, **c'est un homme d'**~ he's a man with a future *ou* with good prospects.

Avent [avɑ̃] *nm:* **l'**~ Advent.

aventure [avɑ̃tyʀ] *nf* *(péripétie)* adventure; *(entreprise)* venture; *(amoureuse)* affair; *(malencontreuse)* experience. **film d'**~**s** adventure film; **l'**~ adventure; **marcher à l'**~ to walk aimlessly; **si, par** ~ *ou* **d'**~ if by any chance. ♦ **aventuré, e** *adj* risky. ♦ **aventurer** (1) **1** *vt*

somme, vie to risk; *remarque* to venture. **2 s'~**
vpr to venture (*dans* into, *sur* onto). **s'~ à faire**
qch to venture to do sth, risk doing sth.
♦ **aventureusement** *adv* adventurously, riskily.
♦ **aventureux, -euse** *adj personne, vie* adventurous; *projet* risky. ♦ **aventurier, -ière** *nm,f*
adventurer, adventuress.
avenue [avny] *nf* avenue.
avérer (s') [avere] (6) *vpr*: il s'avère que it turns
out that; **cela s'avéra efficace** it proved (to be) *ou*
turned out to be effective; **il est avéré que** it is a
known *ou* recognised fact that.
averse [avɛʀs(ə)] *nf* (*lit, fig*) shower. **forte ~**
heavy shower, downpour.
aversion [avɛʀsjɔ̃] *nf* aversion (*pour* to), loathing
(*pour* for). **avoir en ~** to loathe.
avertir [avɛʀtiʀ] (2) *vt* (*mettre en garde*) to warn;
(*renseigner*) to inform (*de qch* of sth). ♦ **averti, e**
adj public informed, mature; *expert* well-
informed (*de* about). **~ de problèmes etc** aware
of. ♦ **avertissement** *nm* (*gén*) warning; (*Scol*)
admonition. (*préface*) **~ (au lecteur)** foreword.
♦ **avertisseur, -euse 1** *adj* warning. **2** *nm* (*Aut*)
horn. **~ (d'incendie)** (fire) alarm.
aveu, *pl* **~x** [avø] *nm*: **~x** confession, admission.
passer aux ~x to make a confession; **de l'~ de qn**
according to sb; **sans ~ homme** disreputable;
sans l'~ de qn without sb's consent.
aveugle [avœgl(ə)] **1** *adj* (*gén*) blind. **devenir ~** to
go blind; **~ d'un œil** blind in one eye; **son amour le**
rend ~ he is blinded by love; **une confiance ~** an
implicit trust; **être ~ aux défauts de qn** to be
blind to sb's faults. **2** *nmf* blind man (*ou* woman).
les ~s the blind; **faire qch en ~** to do sth blindly.
♦ **aveuglant, e** *adj* blinding, dazzling.
♦ **aveuglement** *nm* blindness. ♦ **aveuglément**
adv (*lit, fig*) blindly. ♦ **aveugler** (1) *vt* (*lit, fig*) to
blind; (*éblouir*) to dazzle, blind. **s'~ sur qn** to be
blind to sb's defects. ♦ **aveuglette** *nf*: **à l'~**
décider in the dark, blindly; **avancer à l'~** to
grope (one's way) along.
aviation [avjɑsjɔ̃] *nf* (*Mil*) air force. **l'~** (*sport,*
métier) flying; (*secteur*) aviation; (*transport*) air
travel; **d'~ coupe** flying; *usine* aircraft; *base* air;
~ de chasse fighter force. ♦ **aviateur, -trice** *nm,f*
aviator; pilot.
aviculture [avikyltyʀ] *nf* (*volailles*) poultry
farming. ♦ **avicole** *adj* poultry. ♦ **aviculteur,**
-trice *nm,f* poultry farmer.
avide [avid] *adj* (*cupidité*) greedy; *lecteur* avid,
eager (*de qch* for sth). ♦ **avidement** *adv* eagerly;
greedily; avidly. ♦ **avidité** *nf* eagerness; greed;
avidity (*de* for).
avilir [avilir] (2) **1** *vt* to degrade. **2 s'~** *vpr* to
degrade o.s. ♦ **avilissant, e** *adj* degrading.
♦ **avilissement** *nm* degradation.
aviné, e [avine] *adj* inebriated.
avion [avjɔ̃] *nm* aeroplane, plane, airplane (*US*),
aircraft (*pl inv*). (*sport*) **l'~** flying; **aller à Paris**
en ~ to go to Paris by air *ou* by plane, fly to Paris;
par ~ by air(mail); **~-cargo** (air) freighter, cargo
aircraft; **~ de chasse** fighter (plane); **~ de ligne**
airliner; **~ à réaction** jet (plane); **~-taxi** taxi-
plane.
aviron [avirɔ̃] *nm* (*rame*) oar; (*sport*) rowing.
faire de l'~ to row.
avis [avi] *nm* **(a)** (*gén, Admin*) opinion. **donner son**
~ to give one's opinion *ou* view (*sur* on, about); **les**
~ sont partagés opinion is divided; **être de l'~ de**
qn to be of the same opinion as sb; **à mon ~** in my
opinion, to my mind; **il était d'~ de partir** he
thought *ou* was of the opinion that we should
leave. **(b)** (*conseil*) advice. **un ~ amical** a
friendly piece of advice, some friendly advice.
(c) (*notification*) notice; (*Fin*) advice. **~ de crédit**
credit advice; **jusqu'à nouvel ~** until further
notice; **sauf ~ contraire** unless otherwise
informed; (*sur étiquette*) unless otherwise indi-

cated; **~ au lecteur** foreword; **~ au public** notice
to the public.
aviser [avize] (1) **1** *vt* **(a)** (*avertir*) to advise,
inform (*de* of), notify (*de* of, about). **(b)** (*aper-*
cevoir) to catch sight of, notice. **2** *vi* to decide
what to do. **~ au nécessaire** to see to the necessary, do what is necessary. **3 s'~** *vpr*: **s'~ de qch**
to realize sth suddenly; **s'~ de faire qch** to take it
into one's head to do sth. ♦ **avisé, e** *adj* sensible,
wise. **bien/mal ~** well-/ill-advised.
avitaminose [avitaminoz] *nf* vitamin deficiency.
aviver [avive] (1) **1** *vt douleur, appétit* to sharpen;
chagrin to deepen; *désir* to arouse, excite; *colère*
to stir up; *regard, couleur* to brighten; *feu,*
souvenirs to revive, stir up. **2 s'~** *vpr* to sharpen;
to deepen; to be aroused; to be stirred up; to be
excited; to brighten; to revive.
avocat, e [avɔka, at] **1** *nm,f* (*Jur: fonction*) barrister, attorney(-at-law) (*US*); (*fig*) advocate.
consulter son ~ to consult one's lawyer; **l'accusé**
et son ~ the accused and his counsel; **l'~ de la**
défense/de la partie civile the counsel for the
defence/the plaintiff; (*Rel, fig*) **l'~ du diable** the
devil's advocate; **~ général** counsel for the
prosecution; **se faire l'~ de qch** to advocate sth;
fais toi mon ~ auprès de lui plead with him on my
behalf.
    2 *nm* (*fruit*) avocado (pear).
avoine [avwan] *nf* oats.
avoir [avwaʀ] (34) **1** *vt* **(a)** (*gén*) to have;
(*recevoir, atteindre*) to get; (*porter*) *vêtements* to
have on, wear. **il n'a pas d'argent** he has no
money, he hasn't got any money; **essayez de m'~**
Paris (au téléphone) could you put me through to
Paris; **on les aura!** we'll get them!; **il a les mains**
qui tremblent his hands are shaking. **(b)** *âge,*
formes, couleur to be. **ils ont le même âge** they are
the same age; **~ 3 mètres de haut** to be 3 metres
high; **ça a une jolie forme** it is a nice shape. **(c)**
(*éprouver*) *joie, chagrin* to feel; *intérêt* to show. **~**
faim/honte to be *ou* feel hungry/ashamed; **~ le**
sentiment que to have the feeling that; **qu'est-ce**
qu'il a? what's the matter with him?; **qu'est-ce**
qu'il a à pleurer? what's he crying for? **(d)** *geste,*
remarque to make; *rire* to give; *cri* to utter. **(e)** (*:*
duper) to take in, con*. **se faire ~** to be had*, be
taken in. **(f)** **en ~ après* ou contre qn*** to be mad
at* *ou* cross with sb; **en ~ pour son argent** to have
ou get one's money's worth; **j'en ai pour 10 F** it
costs me 10 francs; **tu en as pour combien de**
temps? how long are you going to be *ou* will it take
you?; **en ~ assez* ou plein le dos*** to be fed up* (*de*
qch with sth); **on en a encore pour 2 km/2 heures** it
goes on for another 2 km/2 hours.
    2 *vb aux* **(a)** (*avec ptp*) **dis-moi si tu l'as/l'avais**
vu tell me if you have/had seen him; **je l'ai vu hier**
I saw him yesterday; **il a dû trop manger** he must
have eaten too much; **nous aurons terminé**
demain we shall have finished tomorrow. **(b)** (+
infin: devoir) **~ qch à faire** to have sth to do; **j'ai à**
travailler I have to work, I must work; **il n'a pas à**
se plaindre he can't complain; **vous n'avez pas à**
vous en soucier you needn't worry about it; **vous**
n'avez qu'à lui écrire just write to him, you need
only write to him; **tu n'avais qu'à ne pas y aller**
you shouldn't have gone in the first place; **s'il**
n'est pas content, il n'a qu'à partir if he doesn't
like it, he can just go. **(c)** **ils ont eu leurs carreaux**
cassés they had their windows broken; **vous**
aurez votre robe nettoyée your dress will be
cleaned.
    3 *vb impers* **(a)** **il y a** (*avec sg*) there is; (*avec*
pl) there are; **il y avait beaucoup d'eau/de gens**
there was a lot of water/were a lot of people; **il n'y**
avait que moi I was the only one; **il y avait une fois**
... once upon a time, there was ...; il y en a, je vous
jure!* some people, honestly!*; **il n'y a pas de quoi**
don't mention it; **qu'y a-t-il?** what's the matter?; **il**

y a que nous sommes mécontents* we're annoyed, that's what*; **il n'y a que lui pour faire cela!** only he would do that!; **il n'y a pas à dire*, il est très intelligent** there's no denying he's very intelligent; **il doit y ~ une raison** there must be a reason; **il n'y a qu'à les laisser partir** just let them go; **il n'y en a que pour mon petit frère, à la maison** my little brother gets all the attention at home. **(b)** (temps écoulé) **il y a 10 ans que je le connais** I have known him (for) 10 years; **il y a 10 ans, nous étions à Paris** 10 years ago we were in Paris. **(c)** (distance) **il y a 10 km d'ici à Paris** it is 10 km from here to Paris; **combien y a-t-il d'ici à Paris?** how far is it from here to Paris?

   4 nm (bien) resources; (Comm) (actif) credit (side); (billet de crédit) credit note. (Fin) **~ fiscal** tax credit; **~s** holdings, assets.

avoisiner [avwazine] **(1)** vt (lit, fig) to border on. ♦ **avoisinant, e** adj pays neighbouring; rue nearby, neighbouring.

avorter [avɔrte] **(1)** vi **(a)** (se faire) ~ to have an abortion; **faire ~ qn** [personne] to abort sb; [remède etc] to make sb abort. **(b)** (fig) to fail, come to nothing. **faire ~** to frustrate, wreck; **projet avorté** abortive plan. ♦ **avortement** nm (Méd) abortion; (fig) failure. ♦ **avorteur, -euse** nm,f abortionist. ♦ **avorton** nm (péj: personne) little runt (péj); (arbre, animal) puny specimen.

avouer [avwe] **(1) 1** vt amour to confess; fait to admit; faiblesse, crime to admit to, confess to. **~ que** to admit ou confess that; **elle est douée, je l'avoue** she is gifted, I must admit. **2** vi [cou-

pable] to confess, own up. (fig) **tu avoueras!** you must admit ou confess! **3 s'~** vpr: **s'~ coupable** to admit ou confess one's guilt; **s'~ vaincu** to admit defeat; **s'~ déçu** to admit to being disappointed. ♦ **avouable** adj respectable. **peu ~** disreputable. ♦ **avoué, e 1** adj avowed. **2** nm ≃ solicitor, attorney-at-law (US).

avril [avril] nm April. **en ~ ne te découvre pas d'un fil** ≃ never cast a clout till May is out; V septembre.

axe [aks(ə)] nm (Tech) axle; (Sci, Math) axis; (route) trunk ou main road; (fig) [politique] main line. **être dans l'~** to be on the same line (de as); **mets-toi dans l'~ de la cible** get directly in line with the target. ♦ **axer** **(1)** vt: **~ qch sur/autour de** to centre sth on/round. ♦ **axial, e,** mpl **-iaux** adj axial.

axiome [aksjom] nm axiom. ♦ **axiomatique 1** adj axiomatic. **2** nf axiomatics (sg).

axis [aksis] nm axis (vertebra).

ayant droit, pl **ayants droit** [ɛjɑ̃drwa] nm (Jur) assignee; [prestation] eligible party.

azalée [azale] nf azalea.

azimut [azimyt] nm azimuth. **dans tous les ~s*** all over the place.

azote [azɔt] nf nitrogen. ♦ **azoté, e** adj nitrogenous.

aztèque [aztɛk] adj, **A~** nmf Aztec.

azur [azyr] nm (couleur) azure; (ciel) sky. ♦ **azuré, e** adj azure. ♦ **azurer** **(1)** vt to tinge with blue.

azyme [azim] adj unleavened.

B

B, b [be] *nm (lettre)* B, b.
baba [baba] **1** *nm*: ~ **au rhum** rum baba. **2** *adj inv*: **en être** ~ * to be flabbergasted* *ou* dumbfounded.
babiller [babije] (1) *vi [personne]* to prattle, chatter; *[bébé]* to babble; *[oiseau]* to twitter. ♦ **babillage** *nm* babble; prattle; twitter; chatter.
babines [babin] *nfpl (Zool, fig)* chops.
babiole [babjɔl] *nf (bibelot)* trinket; *(fig: vétille)* triviality; *(petit cadeau)* token gift.
bâbord [babɔʀ] *nm* port side.
babouche [babuʃ] *nf* Turkish slipper.
babouin [babwɛ̃] *nm* baboon.
bac [bak] *nm* **(a)** *abrév de* **baccalauréat. (b)** *(bateau)* ferry, ferryboat. ~ **à voitures** car-ferry. **(c)** *(récipient)* tub; *(Ind)* tank, vat; *(Peinture, Phot)* tray; *[évier]* sink. ~ **à glace** ice-tray; ~ **à légumes** vegetable compartment.
baccalauréat [bakalɔʀea] *nm* baccalaureat, ≃ G.C.E. A-levels. ~ **en droit** ≃ degree of Bachelor of Laws.
bacchantes * [bakãt] *nfpl* moustache, whiskers*.
bâche [baʃ] *nf* canvas cover. ~ **goudronnée** tarpaulin. ♦ **bâcher** (1) *vt* to cover (with a canvas sheet *ou* a tarpaulin).
bachelier, -ière [baʃəlje, jɛʀ] *nm,f person who has passed the baccalauréat.*
bachot * [baʃo] *nm* = **baccalauréat.**
bachoter [baʃɔte] (1) *vi* to cram (for an exam). ♦ **bachotage** *nm* cramming.
bacille [basil] *nm* germ.
bâcler [bɑkle] (1) *vt devoir, ouvrage* to scamp; *cérémonie* to skip through. **c'est du travail bâclé** it's slapdash work.
bactérie [bakteʀi] *nf* bacterium. ♦ **bactérien, -ienne** *adj* bacterial. ♦ **bactériologie** *nf* bacteriology. ♦ **bactériologique** *adj* bacteriological. ♦ **bactériologiste** *nmf* bacteriologist.
badaud, e [bado, od] *nm,f (curieux)* curious onlooker; *(promeneur)* stroller.
baderne * [badɛʀn(ə)] *nf*: (vieille) ~ **old fogey**.
badigeonner [badiʒɔne] (1) *vt intérieur* to distemper; *extérieur* to whitewash; *(en couleur)* to colourwash; *(péj)* to daub *(de* with); *gorge, plaie* to paint *(à, avec* with). ♦ **badigeon** *nm* distemper; whitewash.
badine [badin] *nf* switch.
badiner [badine] (1) *vi (†: plaisanter)* to jest†. **c'est qn qui ne badine pas** he's not a man to be trifled with; **il ne badine pas sur la discipline** he's a stickler for discipline; **et je ne badine pas!** I'm not joking! ♦ **badinage** *nm*: ~(s) banter, jesting talk.
baffe * [baf] *nf* slap, clout.
bafouer [bafwe] (1) *vt* to hold up to ridicule.
bafouiller [bafuje] (1) **1** *vi* to splutter, stammer. **2** *vt* to splutter (out), stammer (out). **qu'est-ce qu'il bafouille?** what's he babbling on about? ♦ **bafouilleur, -euse** *nm,f* splutterer, stammerer.
bâfrer [bɑfʀe] (1) *vi* to guzzle, gobble.
bagage [bagaʒ] *nm* **(a)** *(valise)* bag, piece of luggage; *(Mil)* kit. ~**s** luggage, baggage; **faire/défaire ses** ~**s** to pack/unpack (one's luggage); ~**s accompagnés** registered luggage; ~**s à main** hand luggage. **(b)** *(diplômes)* qualifications. **son** ~ **intellectuel** his stock *ou* store of general knowledge. ♦ **bagagiste** *nm* baggage handler.
bagarre [bagaʀ] *nf (rixe)* fight, scuffle, brawl; *(dispute)* set-to, argument. **aimer la** ~ to love fighting *ou* a fight. ♦ **bagarrer** * (1) **1** *vi (lutter)* fight. **2 se** ~ *vpr (se battre)* to fight; *(se disputer)* to have a set-to. **ça s'est bagarré (dur)** there was (violent) rioting. ♦ **bagarreur, -euse** * **1** *adj caractère* aggressive. **2** *nm,f* fighter.
bagatelle [bagatɛl] *nf (objet)* trinket; *(petite somme)* small *ou* paltry sum; *(fig: vétille)* trifle. **perdre son temps à des** ~**s** to fritter away one's time.
bagne [baɲ] *nm (Hist) (prison)* penal colony; *(peine)* hard labour. *(fig)* **quel** ~!* what a grind!* ♦ **bagnard** *nm* convict.
bagnole * [baɲɔl] *nf* car, buggy◊. **vieille** ~ jalopy*.
bagou(t) * [bagu] *nm* volubility. **avoir du** ~ to have the gift of the gab.
bague [bag] *nf (bijou)* ring; *[cigare]* band; *[oiseau]* ring; *(Tech)* collar.
baguenauder (se) * [bagnode] (1) *vpr (faire un tour)* to go gallivanting about; *(traîner)* to mooch about*, trail around.
baguette [bagɛt] **1** *nf* **(a)** switch, stick. *(pour manger)* ~**s** chopsticks; ~ **de chef d'orchestre** conductor's baton; **sous la** ~ **de X** conducted by X; *(fig)* **mener qn à la** ~ to rule sb with an iron hand. **(b)** *(pain)* stick of French bread. **2**: ~ **magique** magic wand; ~ **de sourcier** divining rod; ~ **de tambour** drumstick.
bah [ba] *excl (indifférence)* pooh!; *(doute)* really!
bahut [bay] *nm* **(a)** *(coffre)* chest; *(buffet)* sideboard. **(b)** *(arg Scol)* school.
bai, e¹ [bɛ] *adj cheval* bay.
baie² [bɛ] *nf* **(a)** *(Géog)* bay. **(b)** ~ **(vitrée)** picture window. **(c)** *(Bot)* berry.
baignade [bɛɲad] *nf (action)* bathing; *(bain)* bathe; *(lieu)* bathing place.
baigner [beɲe] (1) **1** *vt* **(a)** *bébé* to bath; *pieds, visage* to bathe. **visage baigné de larmes** face bathed in tears; **chemise baignée de sueur** shirt soaked with sweat, sweat-soaked shirt. **(b)** *[mer, rivière]* to wash, bathe; *[lumière]* to bathe. **2** *vi [linge, fruits]* to soak *(dans* in). ~ **dans son sang/sa graisse** to lie in a pool of blood/grease; ~ **dans la brume/le mystère** to be shrouded *ou* wrapped in mist/mystery; *(fig)* **tout baigne dans l'huile*** everything's looking great*; **il baigne dans la joie** he is bursting with joy. **3 se** ~ *vpr (mer)* to go bathing *ou* swimming; *(piscine)* to go swimming; *(baignoire)* to have a bath. ♦ **baigneur, -euse 1** *nm,f* bather, swimmer. **2** *nm (jouet)* baby doll.
baignoire [beɲwaʀ] *nf* **(a)** bath(tub). ~ **sabot** ≃ hip-bath. **(b)** *(Théât)* ground floor box.
bail [baj], *pl* **baux** [bo] *nm (Jur)* lease. **prendre à** ~ to lease; **donner à** ~ to lease (out); *(fig)* **ça fait un** ~!* it's ages *(que* since).
bâiller [baje] (1) *vi [personne]* to yawn *(de* with); *[col, couture, soulier]* to gape; *[porte]* to be half-open. ~ **à s'en décrocher la mâchoire** to yawn one's head off. ♦ **bâillement** *nm* yawn.
bailleur, bailleresse [bajœʀ, bajʀɛs] *nm,f* lessor. ~ **de fonds** backer.
bâillon [bajɔ̃] *nm (lit, fig)* gag. ♦ **bâillonner** (1) *vt* to gag.

bain [bɛ̃] **1** *nm* **(a)** *[baignoire]* bath; *[piscine]*
swim; *[mer]* bathe. ~ **de boue/sang** mud/blood
bath; **prendre un** ~ to have a bath; to have a swim.
(b) *(liquide)* bathwater; *(Chim, Phot)* bath. **(c)**
(récipient) *(baignoire)* bath(tub); *[teinturier]* vat.
(d) *(piscine)* **petit/grand** ~ shallow/deep end;
(lieu) ~**s publics** public baths. **(e)** (*) **en avouant,
il nous a tous mis dans le** ~ by owning up he has
got us all involved; **nous sommes tous dans le
même** ~ we're all in the same boat; **tu seras vite
dans le** ~ you'll soon get the hang of it*.

2: prendre un ~ **de foule** to mingle with the
crowd, go on a walkabout; **j'ai pris un** ~ **de jou-
vence** it made me feel years younger; **faire
chauffer au** ~**-marie** *sauce* to heat in a double
boiler; **boîte de conserve** to immerse in boiling
water; ~**s de mer** sea bathing; ~ **de mousse**
bubble bath; ~ **de pieds** *(récipient)* foot-bath;
(baignade) paddle; ~ **de siège** hipbath; **prendre
un** ~ **de soleil** to sunbathe; ~**s de soleil**
sunbathing; ~ **turc** Turkish bath; ~ **de vapeur**
steam bath.

baïonnette [bajɔnɛt] *nf (Élec, Mil)* bayonet. ~ **au
canon** with fixed bayonets.

baisemain [bɛzmɛ̃] *nm:* **il lui fit le** ~ he kissed her
hand.

baiser [beze] **1** *nm* kiss. *(fin de lettre)* **bons** ~**s**
much love. **2** (1) *vt* **(a)** *main, visage* to kiss. **(b)** (‡:
avoir, l'emporter sur) to outdo.

baisse [bɛs] *nf (gén)* fall, drop *(de* in). **être en** ~ to
be falling *ou* dropping; ~ **sur le beurre** butter
down in price *ou* reduced.

baisser [bese] (1) **1** *vt* **(a)** *main, bras, objet* to
lower; *tête* to lower, bend; *(de chagrin, honte)* to
hang *(de* in). **baisse la branche pour que je puisse
l'attraper** pull the branch down so that I can reach
it; ~ **les yeux** to look down, lower one's eyes; ~ **le
nez dans son assiette*** to bow one's head over
one's plate; *(fig)* ~ **les bras** to give up; ~ **pavillon**
(Naut) to lower the flag; *(fig)* to show the white
flag. **(b)** *chauffage, lampe, radio* to turn down;
voix to lower. *(Aut)* ~ **ses phares** to dip one's
headlights; **baissę un peu le ton!*** pipe down!* **(c)**
prix to bring down, reduce.

2 *vi* **(a)** *(gén)* to fall, drop; *[marée]* to go out,
ebb; *[eaux]* to subside, go down; *[réserves, provi-
sions]* to run *ou* get low; *[soleil]* to go down, sink. **il
a baissé dans mon estime** he has sunk *ou* gone
down in my estimation. **(b)** *[forces]* to fail;
[talent] to decline. **le jour baisse** the light is
failing; **il a beaucoup baissé ces derniers temps**
he has got a lot weaker recently.

3 se ~ *vpr (pour ramasser)* to bend down,
stoop; *(pour éviter)* to duck. **il n'y a qu'à se** ~ **pour
les ramasser*** they are lying thick on the ground.

bajoues [baʒu] *nfpl (Zool)* chops; *(fig: joues)*
heavy jowls.

bal, pl ~ **s** [bal] *nm (réunion)* dance; *(habillé)* ball;
(lieu) dance hall. **aller au** ~ to go dancing; ~ **cos-
tumé/masqué** fancy dress/masked ball; ~
musette popular dance *(to the accordion)*.

balader* [balade] (1) **1** *vt (traîner)* to trail round;
(promener) to take for a walk *ou* stroll. **2 se** ~ *vpr
(à pied)* to go for a walk *ou* stroll; *(en auto)* to go
for a run; *(traîner)* to traipse round. **aller se** ~ **en
Afrique** to go touring round Africa. ◆ **balade*** *nf*
walk, stroll; run. **être en** ~ to be out for a stroll *(ou*
a run).

baladin† [baladɛ̃] *nm* wandering entertainer.

balafre [balafʀ(ə)] *nf (blessure)* gash; *(cicatrice)*
scar. ◆ **balafrer** (1) *vt* to gash; to scar.

balai [balɛ] *nm (gén)* broom, brush; *(Élec)* brush;
(Aut) [essuie-glace] blade. **passer le** ~ to give the
floor a sweep; ~**-brosse** long-handled scrubbing
brush; ~ **mécanique** carpet sweeper.

balance [balɑ̃s] *nf* **(a)** *(gén)* pair of scales, scales;
(à bascule) weighing machine; *(Chim, Phys)*
balance. **(b) tenir la** ~ **égale entre** to hold the

scales even between; **être en** ~ *[proposition]* to
hang in the balance; *[candidat]* to be under
consideration; **mettre dans la** ~ **le pour et le
contre** to weigh up the pros and cons; **il a mis
toute son autorité dans la** ~ he used his authority
to tip the scales; **si on met dans la** ~ **son ancienneté** if you take his seniority into account. **(c)**
(Écon, Pol) balance. ~ **commerciale/des
comptes/des forces** balance of trade/of pay-
ments/of power. **(d)** *(Astron)* **la B**~ Libra. **(e)**
(Pêche) drop-net.

balancer [balɑ̃se] (3) **1** *vt* **(a)** *chose, jambe* to
swing; *branches, bateau, bébé* to rock; *(sur
balançoire)* to swing. **(b)** *(:* lancer*)* to fling,
chuck*. **(c)** (‡: *se débarrasser de)* objet, *employé*
to chuck out*; *métier* to chuck up‡. **(d)**
(équilibrer) *compte, phrases, paquets* to balance.
tout bien balancé everything considered. **2** *vi*
(†: hésiter) to waver. **(b)** *(osciller)* to swing. **3 se**
~ *vpr [bras, jambes]* to swing; *[bateau]]* to rock;
[branches] to sway; *(sur balançoire)* to swing;
(sur bascule) to seesaw. **se** ~ **sur ses jambes** to
sway from side to side; **ne te balance pas sur ta
chaise!** don't tip back on your chair!; **je m'en
balancę** I couldn't give a darn* (about it), I
couldn't care less (about it). ◆ **balancé, e** *adj:*
bien ~ *phrase* nicely-balanced; (*) *personne*
well-built. ◆ **balancement** *nm [corps]* sway;
[bras] swinging; *[bateau]* rocking; *[hanches,
branches]* swaying; *[Littérat, Mus)* balance.
◆ **balancier** *nm [pendule]* pendulum; *[équili-
briste]* (balancing) pole. ◆ **balançoire** *nf (sus-
pendue)* swing; *(sur pivot)* seesaw. **faire de la** ~
to have a go on a swing *(ou* a seesaw).

balayer [baleje] (8) *vt* **(a)** *poussière* to sweep up;
pièce, trottoir to sweep. **le vent balaie la plaine**
the wind sweeps across the plain. **(b)** *(chasser)*
feuilles to sweep away; *soucis, ennemi, objection*
to sweep aside. **le gouvernement a été balayé** the
government was swept out of office. **(c)** *[phares,
tir]* to sweep (across); *[radar]* to scan. ◆ **balayage**
nm sweeping; scanning. ◆ **balayette** *nf* small
(hand) brush. ◆ **balayeur, -euse** *nm,f* roadsweeper.

balbutiement [balbysimɑ̃] *nm:* ~(s) stammering,
mumbling; *[bébé]* babbling; *(fig: débuts)* ~**s**
beginnings. ◆ **balbutier** (7) **1** *vi* to stammer,
mumble. **2** *vt* to stammer *ou* falter out.

balcon [balkɔ̃] *nm* balcony. *(Théât)*
premier/deuxième ~ dress/upper circle.

baldaquin [baldakɛ̃] *nm* canopy.

Baléares [baleaʀ] *nfpl:* **les** ~ the Balearic Islands.

baleine [balɛn] *nf* **(a)** whale. **(b)** *[corset]* stay;
[parapluie] rib. ◆ **baleinier, -ière 1** *adj* whaling.
2 *nm (pêcheur, bateau)* whaler. **3** *nf* whaling
boat.

balèzes [balɛz] *adj (musclé)* hefty*; *(doué)* great*.

balise [baliz] *nf (Naut, Aviat)* beacon. ◆ **balisage**
nm **(a)** *(action)* beaconing; marking-out. **(b)** *(signaux)* beacons. ◆ **baliser** (1) *vt* to mark out with
beacons.

balivernes [balivɛʀn] *nfpl* nonsense. **dire des** ~**s**
to talk nonsense; **s'amuser à des** ~**s** to fool
around.

ballade [balad] *nf* ballade.

ballant, e [balɑ̃, ɑ̃t] **1** *adj bras, jambes* dangling.
2 *nm (mou)* *[câble]* slack; *[chargement]* sway,
roll. **avoir du** ~ to be slack.

ballast [balast] *nm (Rail)* ballast; *(Naut)* ballast
tank.

balle¹ [bal] *nf* **(a)** *(projectile)* bullet. **criblé de** ~**s**
riddled with bullets. **(b)** *(Sport)* ball. **jouer à la** ~
to play (with) a ball; **c'est une belle** ~ that's a good
shot; **faire des** ~**s** to have a knock-up; *(Tennis)* ~
de set set point; *(fig)* **saisir la** ~ **au bond** to jump at
the opportunity. **(c)** ~**s* francs**.

balle² [bal] *nf (Agr, Bot)* husk, chaff; *[coton, laine]*
bale; *(visage)* chubby face.

baller [bale] (1) *vi [bras, jambes]* to dangle, hang loosely; *[tête]* to hang; *[chargement]* to be slack *ou* loose.

ballerine [balʀin] *nf (danseuse)* ballerina, ballet dancer; *(soulier)* ballet shoe.

ballet [balɛ] *nm (danse, spectacle, compagnie)* ballet; *(musique)* ballet music.

ballon [balɔ̃] *nm (a) (Sport)* ball. ~ **de football** football; *(fig)* le ~ **rond** soccer; **le** ~ **ovale** rugger. **(b)** ~ **(en baudruche)** (child's toy) balloon. **(c)** *(Aviat)* balloon. ~ **dirigeable** airship. **(d)** *(verre)* wineglass; *(contenu)* glass (of wine). **(e)** *[eau chaude]* tank; *[oxygène]* bottle.

ballonner [balɔne] (1) *vt ventre* to distend. **je suis ballonné** I feel bloated. ♦ **ballonnement** *nm*: ~(**s**) flatulence.

ballot [balo] *nm* **(a)** *(paquet)* bundle. **(b)** (*: *nigaud)* nitwit*. **c'est** ~ it's a bit daft*.

ballottage [balɔtaʒ] *nm*: **il y a** ~ there will have to be a second ballot.

ballotter [balɔte] (1) (1) *vi [objet]* to roll around, bang about; *[tête, membres]* to loll; *[poitrine]* to bounce; *[bateau]* to toss. **2** *vt personne* to shake about, jolt; *bateau* to toss. **ballotté entre 2 sentiments** torn between 2 feelings; **cet enfant a été ballotté entre plusieurs écoles** this child has been shifted around from school to school. ♦ **ballottement** *nm* banging about; rolling; lolling; bouncing; tossing, shaking.

balluchon [balyʃɔ̃] *nm* (†) bundle (of clothes). **faire son** ~ to pack up one's traps.

balnéaire [balneɛʀ] *adj* bathing.

balourd, e* [baluʀ, uʀd(ə)] *nm,f* dolt, oaf. ♦ **balourdise** *nf* **(a)** *(manuelle)* clumsiness; *(manque de finesse)* doltishness. **(b)** *(gaffe)* blunder.

balte [balt] *adj pays, peuple* Baltic.

balustrade [balystʀad] *nf (Archit)* balustrade; *(garde-fou)* railing.

bambin [bɑ̃bɛ̃] *nm* small child, little lad.

bambocher* [bɑ̃bɔʃe] (1) *vi* to live it up*, have a wild time. ♦ **bambocheur, -euse*** **1** *adj* revelling. **2** *nm,f* reveller.

bambou [bɑ̃bu] *nm* bamboo.

bamboula* [bɑ̃bula] *nf*: **faire la** ~ to live it up*, have a wild time.

ban [bɑ̃] *nm* **(a)** *[mariage]* ~**s** banns. **(b)** *[applaudissements]* round of applause. **un** ~ **pour X!** three cheers for X! **(c)** *(Hist)* proclamation. **(d)** **être au** ~ **de la société** to be outlawed from society; **le** ~ **et l'arrière-**~ de every last one of.

banal, e, *mpl* ~**s** [banal] *adj (gén)* banal; *idée* trite; *vie* humdrum; *personne* ordinary; *incident (courant)* commonplace; *(insignifiant)* trivial. **grippe** ~**e** common or garden case of flu; **peu** ~ unusual. **tout** ~ simply. ♦ **banalement** *adv* tritely; in a humdrum way. ♦ **banalité** *nf* **(a)** *(caractère)* banality; triteness; ordinariness; triviality. **(b)** *(propos)* truism, trite remark.

banaliser [banalize] (1) *vt* **(a)** *expression* to make trite; *vie* to rob of its originality. **(b)** *campus* to open to the police. *voiture* **banalisée** unmarked police vehicle. ♦ **banalisation** *nf (Univ)* opening to the police.

banane [banan] *nf* banana. ♦ **bananeraie** *nf* banana plantation. ♦ **bananier** *nm (arbre)* banana tree; *(bateau)* banana boat.

banc [bɑ̃] **1** *nm* **(a)** *(siège)* seat, bench. ~ **(d'école)** (desk) seat. **(b)** *(Géol) (couche)* layer; *[coraux]* reef. ~ **de sable/vase** sand/mudbank. **(c)** *[poissons]* shoal. **(d)** *(Tech)* (work)bench. **(e)** *(Mét)* bank, patch. **2:** ~ **des accusés** dock; ~ **des avocats** bar; ~ **d'église** pew; ~ **d'essai** *(Tech)* test bed; *(fig)* testing ground; *(Parl)* ~ **des ministres** government front bench.

bancaire [bɑ̃kɛʀ] *adj* banking. **chèque** ~ (bank) cheque.

bancal, e, *mpl* ~**s** [bɑ̃kal] *adj* **(a)** *(boiteux)*

limping; *(jambes arquées)* bandy-legged. **(b)** *chaise* wobbly, rickety. **(c)** *idée* shaky.

bandage [bɑ̃daʒ] *nm* **(a)** *(objet)* bandage. ~ **herniaire** truss. **(b)** *(action)* bandaging.

bande[1] [bɑ̃d] **1** *nf* **(a)** *(tissu, métal)* band, strip; *(terre, papier)* strip; *(Ciné)* film; *[magnétophone, ordinateur]* tape; *(Presse)* wrapper; *(Méd)* bandage; *(Phys, Rad)* band. **(Mil)** ~ **(de mitrailleuse)** (ammunition) belt. **(b)** *(dessin, motif)* stripe; *[chaussée]* line. **(c)** *(Billard)* cushion. *(fig)* **par la** ~ in a roundabout way. **(d)** *(Naut)* list. **donner de la** ~ to list. **2:** ~ **dessinée** comic strip, strip cartoon; ~ **molletière** puttee; ~ **sonore** sound track; ~ **Velpeau** crêpe bandage.

bande[2] [bɑ̃d] *nf [gens]* band, group; *[oiseaux]* flock; *[animaux]* pack. **ils sont partis en** ~ **they** set off in a group; **toute une** ~ **d'amis** a whole crowd *ou* group of friends; **faire** ~ **à part** (*lit*) to make a separate group; *(fig)* to keep o.s. to o.s; ~ **d'imbéciles!** bunch *ou* pack of idiots!*

bandeau, *pl* ~**x** [bɑ̃do] *nm (ruban)* headband; *(pansement)* head bandage; *(pour les yeux)* blindfold. **avoir un** ~ **sur l'œil** to wear an eye patch; *(fig)* **avoir un** ~ **sur les yeux** to be blind *(fig)*.

bandelette [bɑ̃dlɛt] *nf [momie]* wrapping, bandage.

bander [bɑ̃de] (1) *vt plaie* to bandage. ~ **les yeux à qn** to blindfold sb; **les yeux bandés** blindfold(ed). **(b)** *(tendre)* to tense; *arc* to bend.

banderole [bɑ̃dʀɔl] *nf (drapeau)* banderole. ~ **publicitaire** advertising streamer.

bandit [bɑ̃di] *nm (voleur)* gangster; *(brigand)* bandit; *(fig: escroc)* crook, shark*; (*: *enfant)* rascal. ~ **armé** gunman; ~ **de grand chemin** highwayman. ♦ **banditisme** *nm* crime.

bandoulière [bɑ̃duljɛʀ] *nf* shoulder strap. **en** ~ slung across the shoulder.

bang [bɑ̃g] *nm inv, excl* bang.

banjo [bɑ̃zo] *nm* banjo.

banlieue [bɑ̃ljø] *nf* suburbs. **proche/grande** ~ inner/outer suburbs; **de** ~ **maison** suburban; *train* commuter. ♦ **banlieusard, e** *nm,f* suburbanite.

bannière [banjɛʀ] *nf* banner; *[chemise]* shirt-tail.

bannir [baniʀ] (2) *vt* to banish *(de* from); *usage* to prohibit. ♦ **banni, e** *nm,f* exile. ♦ **bannissement** *nm* banishment.

banque [bɑ̃k] *nf* **(a)** *(établissement)* bank. **en** ~ in the bank; **la grande** ~ the big banks; ~ **d'affaires/du sang** commercial/blood bank. **(b)** *(activité)* banking. **(c)** *(Jeux)* bank. **tenir la** ~ to be (the) banker. ♦ **banquier** *nm (Fin, Jeux)* banker.

banqueroute [bɑ̃kʀut] *nf (Fin, Pol)* bankruptcy; *(fig)* failure. **faire** ~ to go bankrupt.

banquet [bɑ̃kɛ] *nm* dinner; *(d'apparat)* banquet. ♦ **banqueter** (4) *vi* to banquet.

banquette [bɑ̃kɛt] *nf [train]* seat; *[auto, café]* (bench) seat.

banquise [bɑ̃kiz] *nf* ice field; *(flottante)* ice floe.

baptême [batɛm] **1** *nm* **(a)** *(sacrement)* baptism; *(cérémonie)* christening, baptism. **recevoir le** ~ to be baptized *ou* christened. **(b)** *[cloche]* blessing; *[navire]* christening. **2:** ~ **de l'air** first flight; ~ **du feu** baptism of fire.

baptiser [batize] (1) *vt* **(a)** *(Rel)* to baptize, christen. **(b)** *cloche* to bless; *navire* to christen. **(c)** *(appeler)* to call, christen, name; (*: *surnommer)* to dub. ♦ **baptismal, e**, *mpl* ~**aux** *adj* baptismal. ♦ **baptisme** *nm* baptism. ♦ **baptiste** *nmf, adj* Baptist.

baquet [bakɛ] *nm* tub.

bar [baʀ] *nm (lieu)* bar; *(poisson)* bass.

baragouiner* [baʀagwine] (1) *vt paroles* to gabble. **il baragouine un peu l'espagnol** he can speak a bit of Spanish; *(péj)* **qu'est-ce qu'il baragouine?** what's he gabbling on about?* ♦ **baragouin*** *nm* gibberish, double Dutch.

baraque [baʀak] *nf (abri)* shed; *(boutique)* stall;

(*: *maison*) place*; (*péj: entreprise*) dump*.

baraqué, e* [baʀake] *adj*: **bien ~** well-built.

baraquement [baʀakmɑ̃] *nm*: **~(s)** group of huts; (*Mil*) camp.

baratin* [baʀatɛ̃] *nm* (*boniment*) sweet talk; (*verbiage*) chatter, hot air; (*Comm*) patter. **assez de ~!** cut the chat!* ♦ **baratiner*** (1) **1** *vt* to sweet-talk. **~ le client** to give a customer the patter. **2** *vi* (*bavarder*) to natter*. ♦ **baratineur, -euse*** *nm,f* (*beau parleur*) smooth talker; (*bavard*) gasbag‡.

baratte [baʀat] *nf* [*beurre*] churn.

barbant, e* [baʀbɑ̃, ɑ̃t] *adj* boring, deadly dull.

barbare [baʀbaʀ] **1** *adj* invasion barbarian; *crime* barbarous. **2** *nm* (*Hist, fig*) barbarian. ♦ **barbarement** *adv* barbarously. ♦ **barbarie** *nf* barbarism; (*cruauté*) barbarity. ♦ **barbarisme** *nm* (*Gram*) barbarism.

barbe [baʀb(ə)] **1** *nf* (**a**) (*Anat*) beard. **il a une ~ de 3 jours** he has 3 days' growth of beard; **sans ~** beardless. (**b**) (*aspérités*) **~s** [*papier*] ragged edge; [*métal*] jagged edge. (**c**) **à la ~ de qn** under sb's nose; **rire dans sa ~** to laugh up one's sleeve; **la ~!*** damn (it)!‡; **quelle ~!*** what a drag!*; **oh toi, la ~!*** oh shut up, you!* **2: B~ bleue** *nm* Bluebeard; **~ à papa** candy-floss.

barbecue [baʀbəkju] *nm* barbecue.

barbelé, e [baʀbəle] *adj, nm*: (**fil de fer**) **~** barbed wire; **les ~s** the barbed wire (fence).

barber* [baʀbe] (1) *vt* to bore stiff*. **se ~** to be bored stiff* (*à faire* doing).

barbichette* [baʀbiʃɛt] *nf* goatee beard.

barbier† [baʀbje] *nm* barber.

barbiturique [baʀbityʀik] **1** *adj* barbituric. **2** *nm* barbiturate.

barbon [baʀbɔ̃] *nm* († *ou péj*) (*vieux*) ~ old fogey*.

barboter [baʀbɔte] (1) **1** *vt* (*: *voler*) to pinch*, steal (*à* from). **2** *vi* [*canard, enfant*] to dabble, splash about; [*gaz*] to bubble.

barbouiller [baʀbuje] (1) *vt* (**a**) (*salir*) to smear (*de* with); (*péj: peindre*) to daub *ou* slap paint on. **il barbouille des toiles en amateur** he does a bit of painting as a hobby; **~ une feuille de dessins** to scribble drawings on a piece of paper. (**b**) (*) **~ l'estomac** to upset the stomach; **être barbouillé** to feel queasy. ♦ **barbouillage** *nm* (*peint*) daub; (*écrit*) scribble, scrawl. ♦ **barbouilleur, -euse** *nm,f* (*péint*) dauber; (*en bâtiment*) slapdash painter.

barbouze* [baʀbuz] *nf* (**a**) beard. (**b**) (*policier*) secret police agent; (*garde du corps*) bodyguard.

barbu, e [baʀby] *adj* bearded. **un ~** a man with a beard.

barda* [baʀda] *nm* gear; (*Mil*) kit.

barde [baʀd(ə)] **1** *nm* (*poète*) bard. **2** *nf* (*Culin*) bard.

barder [baʀde] (1) **1** *vt* (**a**) (*Culin*) to bard. (**b**) **bardé de fer** *cheval* barded; *soldat* armour-clad; *porte* with iron bars; **poitrine bardée de décorations** chest covered with medals; **être bardé (contre)** to be immune (to). **2** *vb impers* (*) **ça va ~** sparks are going to fly!

barème [baʀɛm] *nm* (*table*) table, list; (*tarif*) price list; (*Rail*) fare schedule; [*échelle*] scale.

baril [baʀi(l)] *nm* (*gén*) barrel; [*poudre*] keg; [*lessive*] drum.

barillet [baʀijɛ] *nm* [*revolver*] cylinder.

bariolé, e [baʀjɔle] *adj* gaily-coloured. ♦ **bariolure** *nf* gay colours.

baromètre [baʀɔmɛtʀ(ə)] *nm* barometer. **le ~ est au beau fixe/à la pluie** the barometer is set at fair/is pointing to rain. ♦ **barométrique** *adj* barometrical.

baron, -onne [baʀɔ̃, ɔn] *nm,f* baron; baroness.

baroque [baʀɔk] *adj* idée weird, wild; (*Art*) baroque.

baroud [baʀud] *nm*: **~ d'honneur** gallant last stand.

barque [baʀk(ə)] *nf* small boat.

barrage [baʀaʒ] *nm* (**a**) [*rivière*] dam; (*petit*) weir. (**b**) (*barrière*) barrier; (*Mil*) barrage. **~ de police** (police) roadblock; **faire ~ à** to stand in the way of.

barre [baʀ] **1** *nf* (**a**) (*gén*) bar; (*de fer, bois*) rod, bar; (*de savon*) cake, bar; (*Ftbl, Rugby*) crossbar; (*Danse*) barre. (**b**) (*Naut*) helm; (*petit*) tiller. (*lit, fig*) **être à la ~** to be at the helm. (**c**) (*Jur*) **~ du tribunal** bar; (*des témoins*) witness box; **comparaître à la ~** to appear as a witness. (**d**) (*houle*) (*gén*) race; (*à l'estuaire*) bore; (*banc de sable*) (sand) bar. (**e**) (*trait*) line; (*du t, f*) stroke. **mets une ~ à ton t** cross your t; (*Math*) **~ de fraction** fraction line. **2: ~ d'appui** (window) rail; **~ fixe** horizontal bar; (*Mus*) **~ de mesure** bar line; (*Tech*) **~ à mine** crowbar.

barreau, *pl* **~x** [baʀo] *nm* (**a**) [*échelle*] rung; [*cage*] bar. (**b**) (*Jur*) bar. **entrer au ~** to be called to the bar.

barrer [baʀe] (1) **1** *vt* (**a**) *porte* to bar; *fenêtre* to bar up; *route* (*par accident*) to block; (*pour travaux, par la police*) to close (off), shut off. (*lit, fig*) **~ la route à qn** to bar sb's way. (**b**) *mot* to cross *ou* score out; *feuille* to cross. **chèque barré/non barré** crossed/open *ou* uncrossed cheque. (**c**) (*Naut*) to steer. **quatre barré** coxed four. **2 se ~‡** *vpr* to clear off*.

barrette [baʀɛt] *nf* [*cheveux*] (hair) slide; (*Rel*) biretta.

barreur [baʀœʀ] *nm* (*gén*) helmsman; (*Aviron*) cox. **avec/sans ~** coxed/coxless.

barricader [baʀikade] (1) **1** *vt* to barricade. **2 se ~** *vpr*: **se ~ dans/derrière** to barricade o.s. in/behind; (*fig*) **se ~ chez soi** to lock o.s. in. ♦ **barricade** *nf* barricade.

barrière [baʀjɛʀ] *nf* (*clôture*) fence; (*porte*) gate; (*obstacle*) barrier. **~ douanière** trade *ou* tariff barrier; **~ (de passage à niveau)** level crossing gate.

barrique [baʀik] *nf* barrel, cask.

barrir [baʀiʀ] (2) *vi* to trumpet. ♦ **barrissement** *nm*: **~(s)** trumpeting.

baryton [baʀitɔ̃] *adj, nm* baritone.

bas¹, basse [bɑ, bɑs] **1** *adj* (**a**) (*gén*) low; *maison* low-roofed. **pièce basse de plafond** room with a low ceiling; **les basses branches** the lower *ou* bottom branches; **~ sur pattes** short-legged; **la Basse Seine** the lower Seine; **je l'ai eu à ~ prix** I got it cheap; **c'est la basse mer** the tide is out, it's low tide. (**b**) (*humble*) low, lowly; (*subalterne*) menial; (*abject*) base, mean. (**c**) **être au plus ~** [*personne*] to be very low; [*prix*] to be at their lowest; **au ~ mot** at the very least; **en ce ~ monde** here below; **de ~ étage** (*humble*) lowborn; (*médiocre*) poor, second-rate; **~ âge** young child.

2 *adv* (**a**) *parler* softly, in a low voice. **très/trop etc ~** very/too etc low; **mettez vos livres plus ~** put your books lower down; **voir plus ~** see below; **mettez la radio plus ~** turn the radio down. (**b**) *traiter qn plus ~ que terre* to treat sb like dirt; **mettre ~** to give birth; **mettre ~ les armes** (*Mil*) to lay down one's arms; (*fig*) to throw in the sponge; **~ les pattes!** (‡) paws off!‡; (*à un chien*) down!; **à ~ le fascisme!** down with fascism!

3 *nm* [*page*] foot, bottom; [*visage*] lower part; [*pantalon*] bottom. **dans le ~** at the bottom; **le tiroir du ~** the bottom drawer; **les appartements du ~** the downstairs flats; **lire de ~ en haut** to read from the bottom up; **il habite en ~** he lives downstairs *ou* down below.

4 *nf* (*Mus*) bass.

5: ~-côté *nm, pl* **~-~s** [*route*] verge; [*église*] side aisle; **basse-cour** *nf, pl* **basses-cours** [*lieu*] farmyard; (*volaille*) poultry; (*Naut*) **~-fond** *nm, pl* **~-~s** shallow, shoal; **les ~ de la société** the dregs of society; **les ~-~s de la ville** the seediest parts of the town; (*Boucherie*) **les ~ morceaux**

the cheap cuts; ~-relief *nm, pl* ~-~s bas relief, low relief; ~-ventre *nm, pl* ~-~s stomach, guts.
bas² [bɑ] *nm* stocking. *(fig)* ~ de laine savings.
basalte [bazalt(ə)] *nm* basalt. ♦ **basaltique** *adj* basalt(ic).
basané, e [bazane] *adj* tanned; *indigène* swarthy.
basculer [baskyle] (1) *vi [personne, objet]* to fall *ou* topple over; *[benne]* to tip up. il bascula dans le vide he toppled over the edge; *(Pol)* ~ dans l'opposition to swing over to the opposition; **faire** ~ **benne** to tip up; *contenu* to tip out; *personne* to topple over. ♦ **bascule** *nf (balançoire)* seesaw; *(balance)* weighing machine. *[personne]* ~ (automatique) scales; **fauteuil à** ~ rocking chair.
base [bɑz] **1** *nf* (a) *(lit, Chim, Mil)* base. *(Pol)* **la** ~ the rank and file, the grass roots. (b) *(principe fondamental)* basis. **des** ~s **solides en anglais** a sound basic knowledge of English. (c) **produit à** ~ **de soude** soda-based product; **être à la** ~ **de** to be at the root of; **sur la** ~ **de ces renseignements** on the basis of this information; **règles de** ~ basic rules. **2:** *(fig)* ~ **de départ** starting point *(fig)*; ~ **de lancement** launching site; ~ **de maquillage** make-up base. ♦ **baser** (1) *vt* opinion, théorie to base *(sur* on). *(Mil)* **être basé à** to be based at; **sur quoi vous basez-vous?** what basis *ou* grounds have you? *(pour dire* for saying).
base-ball [bɛzbol] *nm* baseball.
basilique [bazilik] *nf* basilica.
basket-ball [basketbol] *nm* basketball. ♦ **basket*** *nm* basketball. ~s sneakers, trainers. ♦ **basketteur, -euse** *nm,f* basketball player.
basque [bask(ə)] *nf [habit]* skirt(s); *[robe]* basque.
basse [bɑs] *V* **bas¹**.
bassesse [bɑsɛs] *nf* (a) *(servilité)* servility; *(mesquinerie)* baseness; *(vulgarité)* vileness. (b) *(acte)* servile *ou* base act. **faire des** ~s **à qn pour obtenir** to grovel in order to get. ♦ **bassement** *adv* basely, meanly.
basset [bɑsɛ] *nm* basset hound.
bassin [basɛ̃] *nm (pièce d'eau)* pond; *[piscine]* pool; *[fontaine]* basin; *(cuvette)* bowl; *(Méd)* bedpan; *(Géol)* basin; *(Anat)* pelvis; *(Naut)* dock. ~ **de radoub** dry dock; ~ **houiller** coalfield. ♦ **bassine** *nf* bowl; *(contenu)* bowlful.
bassiner [basine] (1) *vt* (a) *plaie* to bathe; *(Agr)* to spray (water on). (b) *lit* to warm (with a warming pan). (c) (*: *ennuyer*) to bore.
bassiste [basist(ə)] *nmf* double bass player.
basson [bɑsɔ̃] *nm (instrument)* bassoon; *(musicien)* bassoonist.
bastingage [bastɛ̃gaʒ] *nm (Naut)* (ship's) rail; *(Hist)* bulwark.
bastion [bastjɔ̃] *nm* bastion.
bât [bɑ] *nm* packsaddle. *(fig)* **c'est là où le** ~ **blesse** that's where the shoe pinches. ♦ **bâter** (1) *vt* to put a packsaddle on.
bataclan* [bataklɑ̃] *nm* junk*. **et tout le** ~ **and what have you, the whole caboodle***.
bataille [bataj] *nf* (a) *(Mil)* battle; *(rixe, fig)* fight. ~ **de rue** street fighting; ~ **rangée** pitched battle. (b) *(Cartes)* beggar-my-neighbour. (c) **il a les cheveux en** ~ his hair's all tousled; **le chapeau en** ~ with one's hat on askew. ♦ **batailler** (1) *vi* to fight, battle. ♦ **batailleur, -euse** *adj* aggressive. ♦ **bataillon** *nm (Mil)* battalion; *(fig)* crowd.
bâtard, e [bɑtaʀ, aʀd(ə)] **1** *adj enfant* illegitimate, bastard+ *(péj); (fig) œuvre* hybrid. **2** *nm,f (personne)* illegitimate child, bastard+ *(péj); (chien)* mongrel. ~ **nm** = Vienna roll. ♦ **bâtardise** *nf* bastardy+ *(péj)*, illegitimacy.
bateau, pl ~**x** [bato] **1** *nm* (a) *(gén)* boat; *(grand)* ship. **faire du** ~ *(à voiles)* to go sailing; *(à rames etc)* to go boating. (b) *[trottoir]* driveway entrance *(depression in kerb)*. **2** *adj inv* (*: *banal*) hackneyed. **3:** ~ **amiral** flagship; ~-**citerne** *nm, pl* ~**x**-~s tanker; ~ **de commerce** merchant ship; ~ **de guerre** warship, battleship; ~-**lavoir**

nm, pl ~**x**-~s wash-shed; ~ **de sauvetage** lifeboat; ~ **à vapeur** steamer, steamship.
bateleur, -euse† [batlœʀ, øz] *nm,f* tumbler.
batelier [batəlje] *nm* boatman; *[bac]* ferryman.
batellerie [batɛlʀi] *nf* canal transport.
bâti, e [bɑti] **1** *adj* (a) **bien/mal** ~ *personne* well-built/of clumsy build; *dissertation* well/badly constructed. (b) **terrain** ~/**non** ~ developed/undeveloped site. **2** *nm* (a) *(Couture)* tacking. (b) *[porte, machine]* frame.
batifoler [batifɔle] (1) *vi* (†, *hum)* (*folâtrer*) to lark about. (b) *(flirter)* to dally†, flirt *(avec* with).
bâtiment [bɑtimɑ̃] *nm* (a) *(édifice)* building. (b) *(industrie)* **le** ~ **the** building industry *ou* trade. (c) *(Naut)* ship.
bâtir [bɑtiʀ] (2) *vt* (a) *(Constr)* to build. **(se) faire** ~ **une maison** to have a house built; **terrain à** ~ building land. (b) *fortune, réputation, hypothèse* to build; *phrase* to construct. (c) *(Couture)* to tack, baste. ♦ **bâtisse** *nf* building. ♦ **bâtisseur, -euse** *nm,f* builder.
bâton [bɑtɔ̃] *nm* (a) *(canne)* stick; *(Rel)* staff; *(trique)* cudgel; *(Mil, Police)* baton. (b) *[craie etc]* stick. ~ **de rouge** (à lèvres) lipstick. (c) *(trait)* vertical stroke. (d) **il m'a mis des** ~s **dans les roues** he put a spoke in my wheel; **parler à** ~s **rompus** to talk casually about this and that.
batracien [batʀasjɛ̃] *nm* batrachian.
battage [bataʒ] *nm* (a) *[tapis]* beating; *[céréales]* threshing. (b) (*: *publicité*) publicity campaign. **faire du** ~ **autour de qch** to plug sth*.
battant [batɑ̃] *nm* (a) *[cloche]* tongue; *[porte]* flap, door; *[fenêtre]* window. **porte à double** ~ double door. (b) *(personne)* fighter *(fig)*.
batte [bat] *nf* bat.
battement [batmɑ̃] *nm* (a) ~(s) *[porte]* banging; *[pluie]* beating; *[voile, ailes]* flapping; *[paupières]* blinking; *[cœur]* beating. ~ **de jambes** leg movements; **avoir des** ~s **de cœur** to have palpitations. (b) *(intervalle)* interval. **2 minutes de** ~ *(pause)* a 2-minute break; *(attente)* 2 minutes' wait; *(temps libre)* 2 minutes to spare.
batterie [batʀi] *nf* (a) *(Mil)* battery. **mettre en** ~ to unlimber; *(fig)* **dévoiler ses** ~s to unmask one's guns. (b) *(Tech: série)* battery; *(Aut, Élec)* battery. *(Jazz)* **la** ~ the drums; ~ **de cuisine** pots and pans.
batteur [batœʀ] *nm (Culin)* whisk; *(Mus)* drummer; *(Agr)* thresher; *(Sport)* batsman. ♦ **batteuse** *nf* threshing machine.
battoir [batwaʀ] *nm [linge]* beetle; *[tapis]* beater. ~s* great paws*.
battre [batʀ(ə)] (41) **1** *vt* (a) *personne* to beat, strike, hit. ~ **qn à mort** to batter *ou* beat sb to death.
(b) *adversaire* to beat, defeat; *record* to beat. **se faire** ~ to be beaten; ~ **qn à plate(s) couture(s)** to beat sb hollow.
(c) *tapis, fer* to beat; *blé* to thresh. ~ **le fer pendant qu'il est chaud** to strike while the iron is hot; **il battit l'air des bras** his arms thrashed the air; **son manteau lui bat les talons** his coat is flapping round his ankles.
(d) *blanc d'œuf* to beat (up), whisk; *crème* to whip; *cartes* to shuffle. **œufs battus en neige** stiff egg whites.
(e) *(parcourir)* région to scour, comb. *(Chasse)* ~ **les buissons** to beat the bushes; **hors des sentiers battus** off the beaten track; *(fig)* ~ **la campagne** to wander in one's mind.
(f) *(heurter)* *[pluie]* to beat against. **battu par les tempêtes** storm-lashed.
(g) ~ **la mesure/le tambour** to beat time/the drum; ~ **le rappel** to call to arms; ~ **le rappel de ses amis** to rally one's friends; ~ **la retraite** to sound the retreat.
(h) ~ **en brèche une théorie** to demolish a theory; ~ **froid à qn** to give sb the cold shoulder;

~ **son plein** [saison, fête] to be at its height; ~ **pavillon britannique** to fly the British flag; ~ **monnaie** to strike ou mint coins.

2 vi **(a)** [cœur] to beat; [pluie] to beat, lash (contre against); [porte] to bang; [drapeau] to flap; [tambour] to beat.

(b) ~ **en retraite** to beat a retreat, fall back.

3 ~ **de** vt indir: ~ **des mains** to clap one's hands; (fig) to dance for joy; ~ **de l'aile** (lit) to flap its wings; (fig) to be in a shaky state.

4 se ~ vpr (combat) to fight (avec with, contre against); (fig) to fight, battle (contre against). **se** ~ **comme des chiffonniers** to fight like cat and dog; **se** ~ **la poitrine** to beat one's breast; (fig) **se** ~ **les flancs** to strain every nerve, rack one's brains. ♦ **battue** nf (Chasse) beat.

baudet [bodɛ] nm (Zool) donkey, ass.

baudrier [bodʀije] nm [épée] baldric; [drapeau] shoulder-belt.

baume [bom] nm (lit, fig) balm.

baux [bo] nmpl de **bail**.

bauxite [boksit] nf bauxite.

bavarder [bavaʀde] (1) vi to chat, chatter; (péj) to gossip; (divulguer) to talk. ♦ **bavard, e 1** adj talkative. **2** nm,f chatterbox*; (péj) gossip. ♦ **bavardage** nm **(a)** (action) chattering, gossiping. **(b)** ~(s) (propos) (idle) chatter; (indiscrétion) gossip.

baver [bave] (1) vi **(a)** [personne] to dribble; [animal] to slaver; [chien enragé] to foam at the mouth; [stylo] to leak; [pinceau] to drip; [liquide] to run. **(b)** en ~ **d'admiration*** to gasp in admiration; en ~**ı** to have a rough time of it. ♦ **bave** nf dribble; slaver; foam; [escargot] slime; [crapaud] spittle. ♦ **baveux, -euse** adj personne dribbling; omelette runny. ♦ **bavoir** nm bib. ♦ **bavure** nf (tache) smudge; (Tech) burr; (euph) mistake. **sans** ~ (adj) flawless; (adv) flawlessly.

bayer [baje] (1) vi: ~ **aux corneilles** to stand gaping.

bazar [bazaʀ] nm **(a)** (magasin) general store; (oriental) bazaar. **(b)** (*) (affaires) gear; (désordre) clutter, jumble. **quel** ~! what a shambles!*; **et tout le** ~ **the whole caboodle***. ♦ **bazarder*** (1) vt (jeter) to chuck out*; (vendre) to flogı, sell off.

bazooka [bazuka] nm bazooka.

béant, e [beã, ãt] adj gaping.

béat, e [bea, at] adj (hum) personne blissfully happy; (péj) smug; sourire beatific; admiration blind, dumb. ♦ **béatement** adv smugly; beatifically. ♦ **béatification** nf beatification. ♦ **béatifier** (7) vt to beatify. ♦ **béatitude** nf (Rel) beatitude; (bonheur) bliss.

beau [bo], bel devant voyelle ou h muet, **belle** f, mpl **beaux 1** adj **(a)** objet, paysage, femme beautiful, lovely; homme handsome, good-looking. **les beaux quartiers** the smart districts; **mettre ses beaux habits** to put on one's best clothes.

(b) discours, match, roman fine. **belle mort** fine death; ~ **geste** noble gesture.

(c) (agréable) temps fine, beautiful; voyage lovely; mer calm. **aux beaux jours** in (the) summertime; **il fait (très)** ~ **(temps)** the weather's very good, it's very fine; **c'est le bel âge** those are the best years of life; **c'est la belle vie!** this is the (good) life!

(d) (*: intensif) revenu, profit handsome, tidy*; résultat, occasion excellent, fine. **il en reste un** ~ **morceau** there's still a good bit (of it) left; **95 ans, c'est un bel âge** it's a good age, 95; **un** ~ **jour** one (fine) day.

(e) (iro: déplaisant) désordre fine; gifle good; brûlure, peur nasty; vacarme terrible. **c'est un bel escroc** he's a thorough crook; **la belle affaire!** so what?*; **en faire de belles** to get up to mischief; **en dire de belles sur qn*** to say some nice things

about sb (iro); **être dans un** ~ **pétrin** to be in a fine old mess.

(f) (locutions) **ce n'est pas** ~ **de mentir** it isn't nice to tell lies; **ça me fait une belle jambe!*** a fat lot of good it does me!*; (iro) **c'est du** ~ **travail!** well done! (iro); **de plus belle** more than ever, even more; **crier de plus belle** to shout louder than ever ou even louder; **à la belle étoile** out in the open; **il y a belle lurette** que it is ages since; **faire qch pour les beaux yeux de qn** to do sth just to please sb; **le plus** ~ **de l'histoire, c'est que** ... the best part about it is that ...; **c'est trop** ~ **pour être vrai** it's too good to be true; **se faire** ~ to get dressed up; **on a** ~ **faire/**~ **protester, personne n'écoute** whatever you do/however much you protest no one listens; **on a** ~ **dire, il n'est pas bête** say what you like, he is not stupid; **bel et bien** well and truly.

(g) (famille) ~-**père**, pl ~x-~s father-in-law; (remariage) step-father; **belle-fille**, pl ~s-~s daughter-in-law; (remariage) step-daughter; **mes beaux-parents** my husband's (ou wife's) parents, my in-laws*.

2 nm **(a)** le ~ the beautiful, beauty; **elle n'achète que le** ~ she only buys the best quality. **(b) faire le** ~ [chien] to sit up and beg; **être au** ~ to be set fair; **c'est du** ~! that's a fine thing to do! **3** nf **(a)** beauty, belle; (compagne) lady friend. **ma belle!*** my girl!; **la Belle au bois dormant** Sleeping Beauty.

(b) (Jeux) deciding match.

4: les beaux-arts nmpl (Art) fine arts; (école) the Art School; ~ **parleur** smooth talker; **le** ~ **sexe** the fair sex.

beaucoup [boku] adv **(a)** a lot, (very) much, a great deal. **elle ne lit pas** ~ she doesn't read much ou a great deal; **il s'intéresse** ~ **à la peinture** he is very interested in painting.

(b) ~ **de** (quantité) a great deal of, a lot of, much; (nombre) a lot of, a good many; ~ **de monde** a lot of people, a great ou good many people; **avec** ~ **de soin** with great care; **il ne reste pas** ~ **de pain** there isn't a lot of ou isn't (very) much bread left; **j'ai** ~ **(de choses) à faire** I have a lot (of things) to do; **il a eu** ~ **de chance** he's been very lucky.

(c) (employé seul: personnes) many. ~ **croient que** many ou a lot of people think that.

(d) (avec trop, plus etc) ~ **plus rapide** much ou a good deal ou a lot quicker; ~ **trop lentement** much ou far too slowly; ~ **moins de gens** a lot ou far fewer people.

(e) de ~ by far; **il est de** ~ **ton aîné** he is very much ou is a great deal older than you; **de** ~ **supérieur** greatly ou far superior; **il préférerait de** ~ **s'en aller** he'd much ou far rather go.

(f) (locutions) **c'est déjà** ~ **de l'avoir fait** it was quite something to have done it at all; **à** ~ **près** far from it; **c'est** ~ **dire** that's saying a lot; **être pour** ~ **dans une décision** to be largely responsible for a decision.

beaupré [bopʀe] nm bowsprit.

beauté [bote] nf **(a)** (gén) beauty; [femme] beauty, loveliness; [homme] handsomeness. **de toute** ~ very beautiful; **se (re)faire une** ~ to powder one's nose; **finir qch en** ~ to finish sth with a flourish. **(b)** (femme) beauty. **(c) les** ~s **de** Rome the beauties ou sights of Rome.

bébé [bebe] **1** nm (gén) baby; (poupée) dolly. **2** adj babyish.

bébête* [bebɛt] adj silly.

bec [bɛk] **1** nm **(a)** (Orn) beak, bill. (nez en) ~ **d'aigle** hook nose. **(b)** [plume] nib; [carafe] lip; [théière] spout. **(c)** (*: bouche) mouth. **(d) tomber sur un** ~* to come unstuck*; **rester le** ~ **dans l'eau*** to be left in the lurch. **2:** ~ **Bunsen** Bunsen burner; ~-**de-cane** nm, pl ~s-~-~ doorhandle; ~ **fin*** gourmet; ~ **de gaz**

bécane   39   bête

lamp post, gaslamp; *(Méd)* ~-de-lièvre *nm, pl*
~s-~-~ harelip; ~ **verseur** pouring lip.
bécane* [bekan] *nf (vélo)* bike.
bécarre [bekaʀ] *nm (Mus)* natural.
bêche [bɛʃ] *nf* spade. ♦ **bêcher** (1) *vt* to dig.
bécoter* [bekɔte] (1) 1 *vt* to kiss. 2 **se** ~* *vpr* to
smooch*. ♦ **bécot*** *nm* kiss.
becquée [beke] *nf* beakful. **donner la** ~ **à** to feed.
♦ **becqueter** (4) *vt (Orn)* to peck (at); (t) to eat.
bedaine* [bədɛn] *nf* paunch, potbelly*.
bedeau, *pl* ~ **x** [bədo] *nm* beadle.
bedonnant, e* [bədɔnɑ̃, ɑ̃t] *adj* potbellied*, portly.
bédouin, e [bedwɛ̃, in] *adj,* B~ **(e)** *nm(f)* Bedouin.
bée [be] *adj:* **être bouche** ~ to stand open-mouthed
ou gaping.
beffroi [befʀwa] *nm* belfry.
bégayer [begeje] (8) 1 *vi* to stammer, stutter. 2 *vt*
to stammer (out), falter (out). ♦ **bégaiement** *nm*
stammering, stuttering. ♦ **bègue** *nmf* stammerer, stutterer.
bégonia [begɔnja] *nm* begonia.
béguin* [begɛ̃] *nm:* **avoir le** ~ **pour qn/qch** to
fancy sb/sth.
beige [bɛʒ] *adj, nm* beige.
beignet [bɛɲɛ] *nm [fruits]* fritter; *(pâte frite)*
doughnut.
bel [bɛl] *adj V* **beau.**
bêler [bele] (1) *vi (Zool, fig)* to bleat. ♦ **bêlement**
nm bleating.
belette [bəlɛt] *nf* weasel.
belge [bɛlʒ(ə)] *adj,* B~ *nmf* Belgian. ♦ **Belgique**
nf Belgium.
bélier [belje] *nm (Zool, Tech)* ram. *(Astron)* **le** B~
Aries, the Ram.
belladone [beladɔn] *nf (Bot)* deadly nightshade;
(Méd) belladonna.
belle [bɛl] *V* **beau.**
belligérance [beliʒeʀɑ̃s] *nf* belligerence.
♦ **belligérant, e** *adj, nm,f* belligerent.
belliqueux, -euse [belikø, øz] *adj humeur*
quarrelsome; *politique, peuple* warlike.
belvédère [bɛlvedɛʀ] *nm* belvedere; *(vue)*
(panoramic) viewpoint.
bémol [bemɔl] *nm (Mus)* flat.
bénédicité [benedisite] *nm* grace. **dire le** ~ to say
grace.
bénédiction [benediksjɔ̃] *nf (gén)* blessing; (*:
aubaine) blessing, godsend.
bénéfice [benefis] *nm* **(a)** *(Comm)* profit. **faire**
du ~ to make a profit. **(b)** *(avantage)* advantage,
benefit. **concert donné au** ~ **de** concert given to
raise funds for *ou* in aid of; **le** ~ **du doute** the
benefit of the doubt; **au** ~ **de l'âge** by prerogative
of age. **(c)** *(Rel)* benefice, living. ♦ **bénéficiaire**
nmf (gén) beneficiary. **être le** ~ **de** to benefit by.
♦ **bénéficier de** (7) *vt indir (jouir de)* to have,
enjoy; *(obtenir)* to get, have; *(tirer profit de)* to
benefit by *ou* from. ~ **de circonstances**
atténuantes to be granted extenuating circumstances; **faire** ~ **qn d'une remise** to give *ou* allow
sb a discount. ♦ **bénéfique** *adj* beneficial.
Bénélux [benelyks] *nm:* **le** ~ the Benelux countries.
benêt [bənɛ] 1 *nm* simpleton. 2 *adj m* silly.
bénévole [benevɔl] *adj* voluntary, unpaid.
♦ **bénévolement** *adv* voluntarily.
bénin, -igne [benɛ̃, iɲ] *adj accident* slight, minor;
maladie, remède mild; *tumeur* benign.
bénir [beniʀ] (2) *vt* **(a)** *(Rel)* to bless. **(b)** *occasion*
to thank God for. *personne* **soyez béni!** bless you!;
(iro) **ah, toi, je te bénis!** oh curse you! ♦ **bénit, e**
adj consecrated; *eau* holy. ♦ **bénitier** *nm (Rel)*
stoup.
benjamin, ine [bɛ̃ʒamɛ̃, in] *nm,f* youngest child
(ou son *ou* daughter).
benjoin [bɛ̃ʒwɛ̃] *nm* benzoin.
benne [bɛn] *nf* **(a)** *(Min)* skip, truck. **(b)** *[camion]*
(basculante) tipper; *(amovible)* skip; *[grue]*

scoop; *[téléphérique]* (cable-)car.
benzène [bɛ̃zɛn] *nm* benzene.
béquille [bekij] *nf [infirme]* crutch; *[moto]* stand.
berbère [bɛʀbɛʀ] *adj,* B~ *nmf* Berber.
berceau, *pl* ~ **x** [bɛʀso] *nm (lit)* cradle, crib; *(lieu*
d'origine) birthplace; *(charmille)* arbour.
bercer [bɛʀse] (3) *vt (gén)* to rock; *douleur* to lull,
soothe. *(tromper)* ~ **de** to delude with; **se** ~ **d'illu-**
sions to delude o.s. ♦ **bercement** *nm* rocking
movement. ♦ **berceur, -euse** 1 *adj rythme*
soothing. 2 *nf (chanson)* lullaby.
béret [beʀɛ] *nm* beret.
berge [bɛʀʒ(ə)] *nf [rivière]* bank. **il a 50** ~**s** he's 50
(years old).
berger [bɛʀʒe] *nm (lit, Rel)* shepherd. **(chien de)**
~ **sheepdog;** ~ **allemand** alsatian. ♦ **bergère** *nf*
(a) shepherdess. **(b)** *(fauteuil)* wing chair.
♦ **bergerie** *nf* sheepfold.
bergeronnette [bɛʀʒəʀɔnɛt] *nf* wagtail.
berline [bɛʀlin] *nf (Aut)* saloon (car), sedan *(US)*;
(†: *à chevaux)* berlin; *(Min)* truck.
berlingot [bɛʀlɛ̃go] *nm (bonbon)* boiled sweet;
(emballage) (pyramid-shaped) carton.
berlue [bɛʀly] *nf:* **avoir la** ~ to be seeing things.
bermuda(s) [bɛʀmyda] *nm* bermuda shorts.
Bermudes [bɛʀmyd] *nfpl* Bermuda.
bernard-l'(h)ermite [bɛʀnaʀlɛʀmit] *nm inv*
hermit crab.
berne [bɛʀn(ə)] *nf:* **en** ~ ≈ at half-mast; **mettre en**
~ ≈ to half-mast.
berner [bɛʀne] (1) *vt (tromper)* to fool, hoax.
bernique [bɛʀnik] 1 *nf* limpet. 2 *excl* (*) nothing
doing!*
besace [bəzas] *nf* beggar's bag.
besicles [bezikl(ə)] *nfpl (Hist)* spectacles.
besogne [bəzɔɲ] *nf (travail)* work, job.
besoin [bəzwɛ̃] *nm* **(a)** *(exigence)* need *(de* for, *de*
faire to do). **il a de grands/petits** ~**s** his needs are
great/small. **(b)** *(pauvreté)* **le** ~ need, want;
famille dans le ~ needy family; **ceux qui sont**
dans le ~ the needy. **(c)** *(euph)* ~**s naturels**
nature's needs; **faire ses** ~**s** *[personne]* to relieve
o.s.; *[animal domestique]* to do its business. **(d)**
avoir ~ **de qch** *ou* **faire qch** to need sth/to do sth;
il n'a pas ~ **de venir** he doesn't need *ou* have to
come, there's no need for him to come; **il a** ~ **que**
vous l'aidiez he needs your help *ou* you to help
him; **pas** ~ **de dire que** it goes without saying
that; *(iro)* **il avait bien** ~ **de ça!** that's just what he
needed! *(iro)*; **est-ce que tu avais** ~ **d'y aller?*** did
you really have to go? **(e)** **au** ~, **si** ~ **est** if necessary, if need be; **pour les** ~**s de la cause** for the
purpose in hand.
bestial, e, *mpl* **-aux** [bɛstjal, o] *adj* bestial,
brutish. ♦ **bestialement** *adv* bestially, brutishly.
♦ **bestialité** *nf* bestiality, brutishness.
bestiaux [bɛstjo] *nmpl (gén)* livestock; *(bovins)*
cattle.
bestiole [bɛstjɔl] *nf (tiny)* creature.
bêta, -asse* [beta, as] *adj, nm,f* silly.
bétail [betaj] *nm (gén)* livestock; *(bovins, fig)*
cattle. ♦ **bétaillère** *nf* cattle truck.
bête [bɛt] 1 *nf* **(a)** *(animal)* animal; *(insecte)* bug,
creature. ~ **sauvage** wild beast *ou* creature;
pauvre petite ~ poor little thing *ou* creature; **ces**
sales ~**s** those wretched creatures. **(b)** *(per-*
sonne) *(bestial)* beast; (†: *stupide)* fool. *(hum)*
c'est une bonne ~! he is a good-natured sort;
(terme d'affection) **grosse** ~!* you big silly!*
　2 *adj (a)* *(stupide)* stupid, silly, foolish. **ce qu'il**
peut être ~! what a fool he is!; **être** ~ **comme ses**
pieds* to be as thick as a brick; **je ne suis pas si** ~
I'm not that silly; **c'est** ~ **j'ai oublié** it's silly *ou*
stupid, I forgot; **ce n'est pas** ~ that's not a bad
idea. **(b)** (*: *très simple)* **c'est tout** ~ it's quite *ou*
dead* simple.
　3: ~ **à bon dieu** ladybird; ~ **à cornes** horned
animal; *(iro)* ~ **curieuse** strange animal; ~ **fauve**

big cat; **c'est ma ~ noire** *[chose]* that's my pet hate; *[personne]* I just can't stand him; **~ de somme** beast of burden.
♦ **bêtement** *adv* stupidly, foolishly. **tout ~** quite simply.
bêtise [betiz] *nf* **(a)** *(stupidité)* stupidity, folly. **j'ai eu la ~ de** I was foolish enough to. **(b)** *(action stupide)* silly *ou* stupid action; *(erreur)* blunder. **dire des ~s** to talk nonsense; **ne faites pas de ~s** don't do anything silly *ou* stupid. **(c)** *(bagatelle)* trifle. **dépenser son argent en ~s** to spend one's money on rubbish. **(d) ~ de Cambrai** ≃ mint humbug.
béton [betɔ̃] *nm* concrete. **~ armé** reinforced concrete.
betterave [betrav] *nf*: **~ fourragère** mangel-wurzel, beet; **~ (rouge)** beetroot; **~ sucrière** sugar beet.
beugler [bøgle] (1) **1** *vi* **(a)** *[vache]* to moo; *[taureau]* to bellow. **(b)** (*) *[personne]* to bellow; *[radio]* to blare. **faire ~ sa télé** to have one's TV on full blast*. **2** *vt* (*) to bellow out. ♦ **beuglement** *nm* mooing; bellowing; blaring.
beurre [bœr] **1** *nm* **(a)** butter. **~ noir** brown (butter) sauce; **~ d'anchois** anchovy paste; **~ de cacahuètes** peanut butter. **(b)** (*) **entrer comme dans du ~** to go *ou* get in with the greatest (of) ease; **ça va mettre du ~ dans les épinards** that will add a little to the kitty; **faire son ~** to make a packet*. **2: ~-frais** *adj inv* buttercup yellow. ♦ **beurrer** (1) *vt* to butter. ♦ **beurrier** *nm* butter dish.
beuverie [bœvri] *nf* drinking bout.
bévue [bevy] *nf* blunder.
bi... [bi] *préf* bi... . **bilatéral/bivalent** bilateral/bivalent; **bicolore** two-coloured; **biréacteur** twin-engined jet; **biquotidien** twice-daily.
biais [bjɛ] *nm* **(a)** *(artifice)* device, means. **par le ~ de** by means of; *(aspect)* **abordons le problème par ce ~** let's tackle the problem from this angle. **(b)** *(Tex)* bias; *(ligne oblique)* slant. **en ~ poser** slantwise; *couper* diagonally; **regarder qn de ~ to** give sb a sidelong glance; **prendre une question de ~** to tackle a question in a roundabout way. ♦ **biaiser** (1) *vi* *(louvoyer)* to sidestep the issue, prevaricate; *(obliquer)* to change direction.
bibelot [biblo] *nm* *(sans valeur)* trinket; *(de valeur)* curio.
biberon [bibrɔ̃] *nm* baby's bottle. **l'heure du ~** (*baby's*) feeding time; **nourrir au ~** to bottle-feed.
bibine* [bibin] *nf* weak beer.
bible [bibl(ə)] *nf* *(livre, fig)* bible. ♦ **biblique** *adj* biblical.
bibliographie [biblijɔgrafi] *nf* bibliography. ♦ **bibliographique** *adj* bibliographic(al).
bibliophile [biblijɔfil] *nmf* booklover.
bibliothèque [biblijɔtɛk] *nf* *(édifice, collection)* library; *(meuble)* bookcase. **~ de gare** station bookstall. ♦ **bibliothécaire** *nmf* librarian.
bicarbonate [bikarbɔnat] *nm* bicarbonate. **~ de soude** sodium bicarbonate.
bicéphale [bisefal] *adj* two headed.
biceps [bisɛps] *nm* biceps. **avoir des ~* to have a strong pair of arms.
biche [biʃ] *nf* doe. *(fig)* **ma ~** darling.
bicher* [biʃe] (1) *vi* to be pleased with o.s. **ça biche?** how's things?*
bichonner [biʃɔne] (1) **1** *vt* *(pomponner)* to titivate; *(prendre soin de)* to fuss over. **2 se ~** *vpr* to titivate.
bicoque [bikɔk] *nf* *(péj)* shack*.
bicorne [bikɔrn(ə)] *nm* cocked hat.
bicyclette [bisiklet] *nf* bicycle, bike; *(sport)* cycling. **faire de la ~** *(promenade)* to go for a cycle ride; *(transport)* to go by bike.
bide [bid] *nm* (*: *ventre)* belly*; *(arg Théât)* flop.
bidet [bidɛ] *nm* **(a)** bidet. **(b)** *(cheval)* nag.

bidon [bidɔ̃] **1** *nm* **(a)** *(gén)* can, tin; *[lait]* churn; *[campeur, soldat]* flask. **(b)** (*: *ventre)* belly*; *(bluff)* rubbish. **2** *adj inv* (*: *attentat* mock. **société ~** ghost company. ♦ **bidonville** *nm* shanty town.
bidule* [bidyl] *nm* thingumabob*.
bielle [bjɛl] *nf* connecting rod.
bien [bjɛ̃] **1** *adv* **(a)** *(gén)* well; *fonctionner* properly, well. **être ~ portant** to be well, be in good health; **il parle ~ l'anglais** he speaks good English, he speaks English well; **il a ~ pris ce que je lui ai dit** he took what I had to say in good part; **il s'y est ~ pris (pour le faire)** he went about it the right way; **si je me rappelle ~** if I remember right *ou* correctly; **vous avez ~ fait** you did the right thing; **faire ~ les choses** to do things properly *ou* in style; **vous feriez ~ de** you'd do well *ou* you'd be well advised to; **on comprend ~ pourquoi** you can quite easily see why; **il peut très ~ le faire** he can quite easily do it.
(b) *(très)* very; *(beaucoup)* very much; *(trop)* rather. **~ mieux** much better; **~ souvent** quite often; **~ content** very glad; **~ plus heureux/cher** far *ou* much happier/more expensive; **nous avons ~ ri** we had a good laugh; **tout cela est ~ joli mais** that's all very well but; **c'est ~ long** it's rather long *ou* a bit on the long side.
(c) *(effectivement)* indeed, definitely. **j'avais ~ dit que** I DID say *ou* I certainly did say that; **c'est ~ une erreur** it's definitely *ou* certainly a mistake; **c'est ~ à ton frère que je pensais** it was indeed your brother I was thinking of; **est-ce ~ mon manteau?** is it really my coat?; **il s'agit ~ de cela!** as if that's the point!; **voilà ~ les femmes!** that's just like women!, that's women all over!; **c'est ~ ma veine!*** it's just my luck!; **c'était ~ la peine!** after all that trouble!; **où peut-il ~ être?** where on earth can he be?
(d) *(complètement)* **ferme ~ la porte** shut the door properly; **écoute-moi ~** listen to me carefully; **mets-toi ~ en face** stand right *ou* straight opposite; **ça m'est ~ égal** it's all the same to me; **c'est ~ compris?** is that clearly *ou* quite understood?
(e) *(hypothèse, fatalité)* **j'espère ~!** I should hope so!; **on verra ~** we'll see, time will tell; **il se pourrait ~ qu'il pleuve** it could well rain; **il fallait ~ que ça arrive** it was bound to happen; **il faut ~ le supporter** one just has to put up with it; **j'irais ~ mais ...** I'd willingly *ou* gladly go but ...; **je voudrais ~ t'y voir!** I'd like to see you try!
(f) *(au moins)* at least. **il y a ~ 3 jours que je ne l'ai vu** I haven't seen him for at least 3 days.
(g) ~ de: **des gens** *ou* **quite a few** (people); **ils ont eu ~ de la chance** they were really very lucky; **elle a eu ~ du mal à faire** she had a great deal of difficulty in doing.
(h) ~ que although, though.
(i) **ah ~ (ça) alors!** well really!; **~ sûr** of course; **ni ~ ni mal** so-so*; **c'est ~ fait (pour lui)** it serves him right.
2 *adj inv* **(a)** *(de qualité)* good; *(en bonne santé)* well; *(beau)* *personne* good-looking; *chose* nice. **donnez-lui quelque chose de ~** give him something really good; *(approbation)* **~! good!, fine!;** *(exaspération)* **c'est ~!** all right!, all right!
(b) *(à l'aise)* **il est ~ partout** he feels at home anywhere; **on est ~ à l'ombre** it's pleasant *ou* nice in the shade; **je suis ~ dans ce fauteuil** I'm very comfortable in this chair; **elle se trouve ~ dans son nouveau poste** she's very happy in her new job; **il est ~ où il est!** he's quite all right where he is; *(iro)* **vous voilà ~!** now you've done it!; **être/se mettre ~ avec qn** to be/get on good terms with sb.
(c) *(moralement)* nice. **ce n'est pas ~ de** it's not nice to; **c'est ~ à vous de les aider** it's good *ou* nice of you to help them.
3 *nm* **(a)** good. **faire le ~** to do good; **ça m'a fait**

du ~ it did me good; **c'est pour ton** ~! it's for your own good!; **ça a été un** ~ it was a good thing; **changer en** ~ to change for the better; **dire du** ~ **de** to speak highly of; **vouloir du** ~ **à qn** to wish sb well; **grand** ~ **vous fasse!** much good may it do you! **(b)** (gén: possession) possession; (argent) fortune; (terres) estate. ~ **mal acquis ne profite jamais** ill-gotten gains seldom prosper.
4: ~**-aimé(e)** adj, nm(f) beloved; ~**s de consommation** consumer goods; ~**-être** nm (physique) well-being; (matériel) comfort; ~**-fondé** nm [opinion] validity; [plainte] cogency; ~**pensant** adj (Rel) God-fearing; (Pol, gén) right-thinking.
bienfaisance [bjɛ̃fəzɑ̃s] nf charity. œuvres de ~ charities, charitable organisations. ♦ **bienfaisant, e** adj (remède) beneficial; personne beneficent, kind.
bienfait [bjɛ̃fɛ] nm kindness. **c'est un** ~ **du ciel!** it's a godsend! ou blessing!; **les** ~**s de** science the benefits of; cure the beneficial effects of. ♦ **bienfaiteur, -trice** nm,f benefactor, benefactress.
bienheureux, -euse [bjɛ̃nœrø, øz] adj (Rel) blessed.
biennale [bjenal] nf biennial event.
bienséance [bjɛ̃seɑ̃s] nf propriety. ♦ **bienséant, e** adj proper, becoming.
bientôt [bjɛ̃to] adv soon. **à** ~! see you soon!; **on est** ~ **arrivé** we'll soon be there, we'll be there shortly; **c'est pour** ~? is it due soon?; **il est** ~ **minuit** it's nearly midnight; **il eut** ~ **fait de finir son travail**† he lost no time in finishing his work.
bienveillance [bjɛ̃vɛjɑ̃s] nf benevolence, kindness (envers to). **examiner avec** ~ to give favourable consideration to. ♦ **bienveillant, e** adj benevolent, kindly.
bienvenu, e [bjɛ̃vny] **1** adj remarque apposite, well-chosen. **2** nm,f: **être le** ~ (ou **la** ~**e**) to be most welcome. **3** nf welcome. **souhaiter la** ~**e à qn** to welcome sb.
bière¹ [bjɛr] nf beer. ~ **blonde** lager; ~ **brune** brown ale; ~ **pression** draught beer.
bière² [bjɛr] nf coffin.
biffer [bife] (1) vt to cross out.
bifteck [biftɛk] nm (piece of) steak.
bifurquer [bifyrke] (1) vi [route] to fork, branch off; [véhicule] to turn off (vers, sur for). ~ **sur la droite** to bear right. ♦ **bifurcation** nf fork.
bigame [bigam] **1** adj bigamous. **2** nmf bigamist. ♦ **bigamie** nf bigamy.
bigarré, e [bigare] adj vêtement, groupe gaily-coloured; (fig) foule motley; peuple mixed. ♦ **bigarrure** nf coloured pattern.
bigorneau, pl ~**x** [bigorno] nm winkle.
bigot, e [bigo, ɔt] (péj) **1** adj over-devout. **2** nm,f (religious) bigot. ♦ **bigoterie** nf (religious) bigotry.
bigoudi [bigudi] nm (hair-)curler ou roller.
bigre [bigr(ə)] excl (hum) gosh!* ♦ **bigrement** adv bon darn*, dead*; changer a heck of a lot*.
bijou, pl ~**x** [biʒu] nm jewel; (fig) gem, marvel. **mon** ~ my love. ♦ **bijouterie** nf (boutique) jeweller's (shop); (commerce) jewellery business. ♦ **bijoutier, -ière** nm,f jeweller.
bikini [bikini] nm bikini.
bilan [bilɑ̃] nm **(a)** (évaluation) assessment; (résultats) results; (conséquences) consequences. **faire le** ~ **de** to take stock of, assess; ~ **de santé** (medical) checkup. **(b)** (Fin) balance sheet.
bilboquet [bilbɔkɛ] nm cup-and-ball game.
bile [bil] nf bile. **se faire de la** ~ **(pour)*** to get worried (about). ♦ **bileux, -euse*** **1** adj easily worried. **2** nm,f worrier, fretter*.
bilingue [bilɛ̃g] adj bilingual. ♦ **bilinguisme** nm bilingualism.

billard [bijar] nm **(a)** (jeu) billiards (sg); (table) billiard table. **boule de** ~ billiard ball; **faire un** ~ to play a game of billiards; ~ **électrique** pinball machine. **(b)** (*) **passer sur le** ~ to have an operation; **c'est du** ~ it's dead easy*.
bille [bij] nf **(a)** [enfant] marble; [billard] (billiard) ball. **(b)** ~ **de bois** block of wood. **(c)** (*: visage) face, mug†.
billet [bijɛ] **1** nm **(a)** ticket. ~ **aller/aller-retour** single ou one-way (US)/return ou round-trip (US) ticket. **(b)** (Fin) note, bill (US). **(c)** (†: lettre) note, short letter. **je te fiche** ou **flanque mon** ~ **que*** I bet you my bottom dollar that*. **2:** ~ **de banque** banknote; ~ **de commerce** promissory note; ~ **doux** love letter; ~ **de faveur** complimentary ticket; (Mil) ~ **de logement** billet.
billion [biljɔ̃] nm billion, trillion (US).
billot [bijo] nm block.
binaire [binɛr] adj binary.
biner [bine] (1) vt to hoe, harrow. ♦ **binette** nf **(a)** (Agr) hoe. **(b)** (*: visage) face.
bing [biŋ] excl smack!, thwack!
biniou [binju] nm (Mus) Breton bagpipes.
binôme [binom] nm binomial.
biochimie [bjoʃimi] nf biochemistry.
biographe [bjɔgraf] nmf biographer. ♦ **biographie** nf biography. ♦ **biographique** adj biographical.
biologie [bjɔlɔʒi] nf biology. ♦ **biologique** adj biological. ♦ **biologiste** nmf biologist.
bipartite [bipartit] adj bipartite.
bipède [biped] adj, nm biped.
biplan [biplɑ̃] nm biplane.
bique [bik] nf nanny-goat. (péj) **vieille** ~ old hag*. ♦ **biquet, -ette** nm,f (Zool) kid.
Birmanie [birmani] nf Burma. ♦ **birman, e** adj, B~(e) nm(f) Burmese.
bis¹ [bis] adv (sur partition) repeat. ~! encore!; (numéro) 12 ~ 12a.
bis², e [bi, biz] adj greyish-brown.
bisaïeul [bizajœl] nm great-grandfather.
bisaïeule [bizajœl] nf great-grandmother.
biscornu, e [biskɔrny] adj forme crooked; idée, esprit tortuous, cranky. **chapeau** ~ shapeless hat.
biscoteaux* [biskɔto] nmpl biceps.
biscotte [biskɔt] nf rusk.
biscuit [biskɥi] nm (mou) sponge cake; (sec) biscuit, cracker (US). ~ **à la cuiller** sponge finger. ♦ **biscuiterie** nf (usine) biscuit factory.
bise [biz] nf **(a)** North wind. **(b)** kiss.
biseau, pl ~**x** [bizo] nm [glace] bevel; (Menuiserie) chamfer; (outil) bevel. **en** ~ bevelled; chamfered. ♦ **biseauter** (1) vt to bevel; to chamfer; cartes to mark.
bismuth [bismyt] nm bismuth.
bison [bizɔ̃] nm bison, American buffalo.
bisquer* [biske] (1) vi to be riled*. **faire** ~ to rile*.
bissecteur, -trice [bisɛktœr, tris] **1** adj bisecting. **2** nf bisector.
bisser [bise] (1) vt acteur to encore.
bistouri [bisturi] nm lancet.
bistre [bistr(ə)] nm, adj bistre. ♦ **bistré, e** adj teint swarthy.
bistro(t) [bistro] nm café, bar.
bitume [bitym] nm (Chim, Min) bitumen; (revêtement) asphalt, Tarmac ®. ♦ **bitum(in)er** (1) vt to asphalt, tarmac. ♦ **bitum(in)eux, -euse** adj bituminous.
bivouac [bivwak] nm bivouac. ♦ **bivouaquer** (1) vi to bivouac.
bizarre [bizar] adj strange, odd, peculiar. **le** ~ **dans tout cela ...** the strange ou odd part about it all .... ♦ **bizarrement** adv strangely, oddly, peculiarly. ♦ **bizarrerie** nf strangeness, oddness. ~**s** peculiarities, oddities.
bizut(h) [bizy] nm (arg Scol) fresher (arg), first-year student. ♦ **bizuter** (1) vt (arg Scol) to rag.
blablabla* [blablabla] nm claptrap*.

blackbouler [blakbule] (1) *vt* (*élection*) to black-ball; (*examen*) to fail.

blafard, e [blafar, ard(ə)] *adj* wan, pale.

blague [blag] *nf* (a) (*) (*histoire*) joke; (*farce*) hoax. **faire une ~ à qn** to play a trick on sb; **sans ~?** you're kidding!ɪ; **~ à part** seriously, joking apart; **pas de ~s!** no messing about!* **(b)** (*: *erreur*) blunder. **(c) ~ (à tabac)** tobacco pouch. ♦ **blaguer*** (1) **1** *vi* to be joking *ou* kiddingɪ. **2** *vt* to tease, kidɪ. ♦ **blagueur, -euse 1** *adj* teasing. **2** *nm,f* joker.

blaireau, pl ~x [blɛro] *nm* (*Zool*) badger; (*pour barbe*) shaving brush.

blairer [blɛre] *vt*: **je ne peux pas le ~** I can't stand him, he gives me the creepsɪ.

blâme [blɑm] *nm* (*désapprobation*) blame; (*réprimande*) reprimand, rebuke; (*punition*) reprimand. **donner un ~** to reprimand. ♦ **blâmable** *adj* blameful. ♦ **blâmer** (1) *vt* to blame; to reprimand; to rebuke.

blanc, blanche [blɑ̃, blɑ̃ʃ] **1** *adj* **(a)** (*gén*) white (*de* with); (*pas bronzé*) pale. **il était ~ à 30 ans** he had white hair at 30; **~ comme un linge** as white as a sheet; (*fig*) **~ comme neige** as pure as the driven snow. **(b)** *page, copie* blank.

2 *nm* **(a)** (*couleur*) white; (*poudre*) white powder; (*vin*) white wine. (*lavage*) **le ~** et la **couleur** white and coloureds; (*tissu*) **vente de ~** white sale, sale of household linen. **(b)** (*espace*) blank. **'laisser en ~** ''leave (this space) blank'. **(c)** (*Culin*) **~ (d'œuf)** (egg) white; **~ (de poulet)** breast (of chicken). **(d)** (*homme*) B**~** White, white man. **(e) à ~**: *charger* with blanks; **tirer à ~** to fire blanks; **cartouche à ~** blank (cartridge).

3 *nf* **(a)** (*femme*) **Blanche** white woman. **(b)** (*Mus*) minim.

4: ~ bec* greenhorn; **~ cassé** off-white; **~ d'Espagne** whitening; **Blanche-Neige** Snow White.

♦ **blanchâtre** *adj* whitish, off-white. ♦ **blancheur** *nf* whiteness.

blanchir [blɑ̃ʃir] (2) **1** *vt* **(a)** (*gén*) to whiten, lighten; *cheveux* to turn grey *ou* white; *toile* to bleach. **~ à la chaux** to whitewash. **(b)** *linge* to launder. **il est blanchi** his laundry is done for him. **(c)** (*disculper*) to clear. **(d)** (*faire*) ~ (*Culin, Agr*) to blanch. **2** *vi* [*cheveux*] to go grey *ou* white; [*couleur*] to become lighter. **3 se ~** *vpr* to clear one's name. ♦ **blanchissage** *nm* laundering. **note de ~** laundry bill. ♦ **blanchissement** *nm* whitening. ♦ **blanchisserie** *nf* laundry. ♦ **blanchisseur, euse** *nm,f* launderer, launderess.

blanquette [blɑ̃kɛt] *nf*: **~ de veau** blanquette of veal.

blaser [blaze] (1) *vt* to make blasé. **être blasé de** to be bored with. ♦ **blasé, e** *adj* blasé.

blason [blazɔ̃] *nm* coat of arms.

blasphémateur, -trice [blasfematœr, tris] *nm,f* blasphemer. ♦ **blasphématoire** *adj* blasphemous. ♦ **blasphème** *nm* blasphemy. ♦ **blasphémer** (6) *vti* to blaspheme.

blatte [blat] *nf* cockroach.

blé [ble] *nm* wheat. **~ dur** hard wheat; **~ noir** buckwheat.

bled* [blɛd] *nm* village. **~ perdu** hole*, dumpɪ.

blême [blɛm] *adj* pale, wan. **~ de rage** livid with rage. ♦ **blêmir** (2) *vi* to turn pale (*de* with).

blesser [blese] (1) *vt* **(a)** (*gén*) to hurt, injure; (*Mil*) to wound. **être blessé au bras** to have an arm injury *ou* wound; **il s'est blessé en tombant** he fell and injured himself; **ses souliers lui blessent le talon** his shoes hurt his heel; **couleurs qui blessent la vue** colours which offend the eye. **(b)** (*offenser*) *personne* to hurt (the feelings of), wound; *convenances* to offend against. **paroles qui blessent** wounding *ou* cutting remarks; **il se blesse pour un rien** he's easily hurt *ou* offended. ♦ **blessant, e** *adj* cutting. ♦ **blessé, e** *nm,f*

wounded *ou* injured man (*ou* woman). **l'accident a fait 10 ~s** 10 people were injured *ou* hurt in the accident; **~ grave** seriously injured person; **les ~s de guerre** the war wounded; **~s de la route** road casualties. ♦ **blessure** *nf* injury; wound. **c'est une ~ d'amour-propre** his pride is hurt.

blet, blette [blɛ, blɛt] *adj* overripe.

bleu, e [blø] **1** *adj couleur* blue; *steak* very rare.

2 *nm* **(a)** (*couleur*) blue. (*fig*) **il n'y a vu que du ~*** he didn't smell a rat; **le ~ de ce ciel** the blueness of that sky; **~ marine/nuit/roi** navy/mid-night/royal blue; **~-noir** blue-black. **(b)** **~** (de lessive) (dolly) blue. **(c)** (*sur la peau*) bruise. **(d)** (*vêtement*) **~(s)** (de travail) dungarees, overalls. **(e)** (*arg Mil: recrue*) rookie (*arg*), raw recruit; (*gén: débutant*) beginner, greenhorn. **(f)** (*fromage*) blue(-veined) cheese. **(g)** (*Culin*) **truite au ~** trout au bleu.

♦ **bleuâtre** *adj* bluish. ♦ **bleuet** *nm* cornflower. ♦ **bleuir** (2) *vti* to turn blue. ♦ **bleuté, e** *adj reflet* bluish; *verre* blue-tinted.

blinder [blɛ̃de] (1) *vt* **(a)** (*Mil*) to armour; *porte* to reinforce. **(b)** (*: endurcir*) to harden, make immune (*contre* to). ♦ **blindage** *nm* armour plating; reinforcing. ♦ **blindé** *nm* (*Mil*) armoured car, tank. **les ~s** the armour.

blizzard [blizar] *nm* blizzard.

bloc [blɔk] **1** *nm* **(a)** [*marbre, bois*] block. **fait d'un seul ~** made from a single piece. **(b)** (*papeterie*) pad. **(c)** (*système d'éléments*) unit; (*groupe*) group; (*Pol*) bloc. **(d)** (ɪ: *prison*) **mettre qn au ~** to clap sb in clinkɪ; **faire ~ avec/contre qn** to unite with/against sb; **visser qch à ~** to screw sth up tight; **vendre qch en ~** to sell sth as a whole; **il refuse en ~ tous mes arguments** he rejects all my arguments wholesale; **se retourner tout d'un ~** to swivel round. **2: ~-calendrier** *nm, pl* **~s-~s** tear-off calendar; **~-cuisine** *nm, pl* **~s-~s** kitchen unit; **~-évier** *nm, pl* **~s-~s** sink unit; (*Aut*) **~-moteur** *nm, pl* **~s-~s** engine block; **~-notes** *nm, pl* **s-~** desk-pad; (*Méd*) **~** opératoire operating theatre suite.

blocage [blɔkaʒ] *nm* **(a)** [*prix*] freeze; [*compte*] freezing. **(b)** (*Psych*) block. **(c)** [*frein, roues*] locking; [*écrou*] overtightening.

blockhaus [blɔkos] *nm* (*Mil*) blockhouse.

blocus [blɔkys] *nm* blockade.

blond, e [blɔ̃, ɔ̃d] **1** *adj cheveux* fair, blond; *personne* fair, fair-haired; *blé, sable* golden. **~ cendré** ash-blond. **2** *nm* (*couleur*) blond, light gold; (*homme*) fair-haired man. **3** *nf* (*bière*) lager; (*cigarette*) Virginia cigarette; (*femme*) blonde. ♦ **blondinet, -ette** *nm,f* fair-haired child. ♦ **blondir** (2) *vi* [*cheveux*] to go fairer.

bloquer [blɔke] (1) **1** *vt* **(a)** (*grouper*) to lump *ou* group together. **(b)** *porte, machine* to jam; *écrou* to overtighten; *roue (accidentellement)* to lock; (*exprès*) to chock; *ballon* to block. **~ les freins** to jam on the brakes; **~ qn contre un mur** to pin sb against a wall; **bloqué par un accident** held up by an accident. **(c)** (*obstruer*) to block (up). **port bloqué par la glace** icebound port. **(d)** *marchandises* to stop, hold up; *salaires, compte* to freeze; *négociations* to block, hold up. **être bloqué** [*situation*] to be at a standstill. **2 se ~** *vpr* [*porte, frein, machine*] to jam; [*roue*] to lock.

blottir (se) [blɔtir] (2) *vpr* to curl up, snuggle up. **blotti parmi les arbres** nestling among the trees.

blouse [bluz] *nf* (*tablier*) overall; [*médecin*] white coat; [*paysan*] smock.

blouson [bluzɔ̃] *nm* lumber jacket, windjammer. **~ noir** ≃ teddy-boy.

blue-jean, pl ~-~ s [bludʒin] *nm* jeans, denims.

blues [bluz] *nm inv* (*Mus*) blues.

bluff* [blœf] *nm* bluff. **c'est du ~!** he's just bluffing! ♦ **bluffer*** (1) **1** *vi* to bluff. **2** *vt* to fool; (*Cartes*) to bluff. ♦ **bluffeur, -euse*** *nm,f* bluffer.

boa [bɔa] *nm* (*Habillement, Zool*) boa.

bobard* [bɔbaʀ] *nm* lie, fib*.

bobine [bɔbin] *nf* (a) *[fil]* reel, bobbin; (*sur machine*) spool; (*Ciné*) reel; (*Aut, Élec*) coil. (*Phot*) ~ de pellicule roll of film. (b) (*: *visage*) face.

bobo* [bobo] *nm* (*plaie*) sore; (*coupure*) cut. avoir ~ to have a pain; ça (te) fait ~? does it hurt?

bocage [bɔkaʒ] *nm* (*Géog*) bocage; (*bois*) grove. ♦ **bocager, -ère** *adj* (*boisé*) wooded; (*Géog*) bocage.

bocal, pl -aux [bɔkal, o] *nm* jar. mettre en ~aux to preserve, bottle.

bock [bɔk] *nm* glass of beer; (*verre*) beer glass.

bœuf [bœf], *pl* ~s [bø] 1 *nm* (*bête*) *[labour]* ox; *[boucherie]* bullock; (*viande*) beef. ~s de boucherie beef cattle. 2 *adj inv*: effet ~* fantastic effect*.

bohème [bɔɛm] 1 *adj* bohemian, happy-go-lucky. 2 *nmf* bohemian.

bohémien, -ienne [bɔemjɛ̃, jɛn] *nm,f* (*gitan*) gipsy.

boire [bwaʀ] (53) 1 *vt* (a) to drink. ~ un verre to have a drink; ~ qch à longs traits to take great gulps of sth; donner à ~ à qn to give sb sth to drink *ou* a drink; ~ à la santé/au succès de qn to drink sb's health/to sb's success; ça se boit bien it is very drinkable; faire ~ personne to give sth to drink to; *cheval* to water; ~ comme un trou* to drink like a fish; il boit (sec) he's a (heavy) drinker. (b) *[plante, buvard]* to soak up. (c) ~ les paroles de qn to drink in sb's words; ~ le calice jusqu'à la lie to drain one's cup to the last bitter drop; ~ un bouillon* (*fortune*) to make a big loss; (*bain*) to swallow a mouthful; ~ du (petit) lait to lap it up*; il y a à ~ et à manger you have to pick and choose what to believe. 2 *nm*: le ~ et le manger food and drink.

bois [bwa] 1 *nm* (a) (*gén*) wood. en ~ made of wood, wooden; chaise de ~ *ou* en ~ wooden chair; rester de ~ to remain impassive *ou* unmoved; il va voir de quel ~ je me chauffe! I'll show him (what I'm made of)! (b) (*Zool*) antler. (*Mus*) les ~ the woodwind instruments. 2: ~ blanc whitewood, deal; ~ de charpente timber; ~ de chauffage firewood; ~ de lit bedstead. ♦ **boisé, e** *adj* wooded. ♦ **boiserie** *nf*: ~(s) panelling.

boisson [bwasɔ̃] *nf* drink. usé par la ~ ravaged by drink; pris de ~ under the influence of drink.

boîte [bwat] 1 *nf* (a) (*gén*) box; (*en métal*) tin; *[conserves]* can. mettre en ~ to can; (*fig*) mettre qn en ~* to pull sb's leg*. (b) (*) (*cabaret*) night club; (*firme*) firm; (*bureau*) office; (*école*) school. quelle (sale) ~! what a dump!ꞯ 2: ~ d'allumettes box of matches; ~ crânienne cranium; ~ à gants glove compartment; ~ à *ou* aux lettres letterbox; ~ à musique musical box; ~ à ordures dustbin, trash can (*US*); ~ à outils toolbox; ~ à ouvrage workbox; ~ postale 150 P.O. Box 150; ~ de vitesses gearbox.

boiter [bwate] (1) *vi* to limp. ~ bas to limp badly. ♦ **boitement** *nm* limping. ♦ **boiteux, -euse** *adj personne, explication* lame; *meuble* wobbly; *paix, raisonnement* shaky; *vers, phrase* faulty, clumsy.

boîtier [bwatje] *nm* case. ~ électrique electric torch.

boitiller [bwatije] (1) *vi* to limp slightly, hobble.

bol [bɔl] *nm* bowl. ~ d'air breath of fresh air; avoir du ~ꞯ to be lucky.

boléro [bɔleʀo] *nm* (*gén*) bolero.

bolide [bɔlid] *nm* (*Astron*) meteor; (*voiture*) racing car. comme un ~ at top speed, like a rocket.

bombance*† [bɔ̃bɑ̃s] *nf* revel. faire ~ to revel.

bombarder [bɔ̃baʀde] (1) *vt* (*gén, Phys*) to bombard; (*bombes*) to bomb; (*obus*) to shell. (*fig*) ~ de *cailloux* to pelt with; *questions, lettres* to bombard with; on l'a bombardé directeur* he was

suddenly pitchforked into the position of manager. ♦ **bombardement** *nm* bombardment; bombing; shelling; pelting. ~ aérien air raid; ~ atomique atom-bomb attack. ♦ **bombardier** *nm* (*avion*) bomber.

bombe [bɔ̃b] 1 *nf* (a) (*Mil*) bomb. éclater comme une ~ to come as a bombshell, be like a bolt out of the blue. (b) (*atomiseur*) ~ (insecticide) *etc* (fly) *etc* spray. (c) (*Équitation*) riding hat. (d) faire la ~* to go on a binge*. 2: ~ au cobalt telecobalt machine; ~ glacée ice pudding.

bombé, e [bɔ̃be] *adj* (*gén*) rounded; *front* domed; *mur* bulging; *dos* humped; *route* steeply cambered.

bomber [bɔ̃be] (1) *vt*: ~ le torse (*lit*) to throw out one's chest; (*fig*) to swagger about.

bon¹, bonne¹ [bɔ̃, bɔn] 1 *adj* (a) (*gén*) good; *outil, produit* good (quality); *odeur, ambiance* good, nice, pleasant; *placement, entreprise* sound. être ~ en anglais to be good at English; une personne de ~ conseil a man of sound judg(e)ment; tout lui est ~ pour me discréditer he'll stop at nothing to discredit me; il a la bonne vie he's got it easy*; c'était le ~ temps! those were the days!; dans la bonne société in polite society.

(b) (*charitable*) *personne, action* good, kind, kindly. ~ mouvement nice gesture; elle est bonne fille she's a good-hearted girl; mon ~ monsieur my good man.

(c) (*utilisable*) *billet, passeport* valid. médicament ~ jusqu'au 5 mai medicine to be used before 5th May; est-ce que ce vernis est encore ~? is this varnish still usable?; est-ce que cette eau est bonne? is this water safe to drink?

(d) (*recommandé*) est-ce bien ~ de fumer tant? is it very wise to smoke so much?; il est ~ de louer de bonne heure it's as well *ou* it's advisable to book early; croire ~ de faire to think *ou* see fit to do; comme ~ vous semble as you think best.

(e) (*apte*) ~ pour le service fit for service; le voilà ~ pour recommencer now he'll have to start all over again; c'est ~ pour ceux qui n'ont rien à faire it's all right *ou* fine for people who have nothing to do; cet enfant n'est ~ à rien this child is no good *ou* use at anything; c'est ~ à jeter it's fit for the dustbin; c'est ~ à nous créer des ennuis it will only create problems for us; c'est ~ à savoir it's useful to know that, that's worth knowing.

(f) (*correct*) *méthode, calcul* right; *fonctionnement* efficient, proper. au ~ moment at the right *ou* proper time; le ~ usage correct usage (of language); il est de ~ ton de it is good manners to; si ma mémoire est bonne if my memory serves me well, if I remember correctly.

(g) (*intensif*) good. une bonne heure a good hour; bonne raclée* thorough *ou* sound hiding; une bonne averse a heavy shower; après un ~ moment after quite some time; faire ~ poids to give good weight; je te le dis une bonne fois I'm telling you once and for all; (un) ~ nombre de a good many; arriver ~ dernier to come in a long way *ou* well behind the others.

(h) (*souhaits*) ~ anniversaire! happy birthday!; ~ appétit! enjoy your meal!; ~ courage! good luck!; ~ retour! safe journey back!, safe return!; bonne santé! I hope you keep well!; bonnes vacances! have a good holiday!

(i) (*locutions*) c'est ~! (all) right!, OK!*; ~ sang! damn it!*; ~s baisers much love; ~ débarras! good riddance!; ~ gré mal gré willy-nilly; (à) ~ marché cheap; de ~ cœur *manger, rire* heartily; *accepter* willingly, readily; à ~ compte *s'en sortir* lightly; *acheter* cheap; de bonne heure early; à la bonne heure! that's fine!; être ~ enfant to be good-natured; cette fois-ci, on est ~!* this time we've had it!*; c'est de bonne guerre that's fair enough; (*iro*) elle est bien bonne celle-là!* that's a good one!; tenir le ~ bout* to be past the worst; garder qch pour la bonne bouche to save sth till the end; voilà une bonne chose de faite that's one good job done.

2 adv: il fait ~ ici it's nice ou pleasant here; il ne ferait pas ~ le contredire it would be unwise to contradict him.

3 nm (personne) good ou upright person. (morceau) mange le ~ et laisse le mauvais eat what's good and leave what's bad; cette solution a du ~ this solution has its good points; V aussi bon².

4 nf: en voilà une bonne! that's a good one!; (iro) tu en as de bonnes, toi!* you must be joking!*; avoir qn à la bonne* to like sb; V aussi bonne².

5: bonne amie† sweetheart; le B~ Dieu the good Lord; bonne étoile lucky star; (péj) bonne femme woman; ~ mot witty remark; bonnes œuvres charity; (Rel) la bonne parole the word of God; (Scol) ~ point star; (fig) un ~ point pour vous! that's a point in your favour!; ~ à rien, bonne à rien (nm,f) good-for-nothing; ~ sens common sense; bonne sœur* nun; ~ vivant (adj) jovial; (nm) jovial fellow.

bon² [bɔ̃] nm (formulaire) slip, form; (coupon d'échange) coupon, voucher; (Fin) bond. ~ d'épargne savings bond; ~ de garantie guarantee slip; ~ du Trésor (Government) Treasury bond.

bonbon [bɔ̃bɔ̃] nm sweet, candy (US). ~ acidulé acid drop; ~ à la menthe mint, humbug.

bonbonne [bɔ̃bɔn] nf demijohn; (Ind) carboy.

bonbonnière [bɔ̃bɔnjɛʀ] nf (boîte) sweet box; (fig: appartement) bijou residence.

bond [bɔ̃] nm leap, bound; (balle) bounce. faire des ~s to leap about; faire un ~ d'indignation to leap up indignantly; faire un ~ de surprise to start with surprise; se lever d'un ~ to leap ou spring up; l'économie a fait un ~ there has been a boom in the economy; les prix ont fait un ~ prices have shot up ou soared. ♦ bondissement nm bound, leap.

bonheur [bɔnœʀ] nm (a) (félicité) le ~ happiness; avoir le ~ de voir son fils réussir to have the joy of seeing one's son succeed; faire le ~ de qn to make sb happy; quel ~! what bliss!, what a delight! (b) (chance) (good) luck, good fortune. il ne connaît pas son ~! he doesn't know how lucky he is!; par ~ fortunately, luckily; au petit ~ (la chance)* haphazardly.

bonhomme [bɔnɔm] nm, pl bonshommes [bɔ̃zɔm] **1** nm (*) (homme) man, chap*, fellow; (mari) old man‡; (enfant) lad. aller son petit ~ de chemin to carry on in one's own sweet way; ~ de neige snowman. **2** adj inv good-natured. ♦ bonhomie nf good-naturedness.

bonification [bɔnifikasjɔ̃] nf (terre, vins) improvement; (Fin, Sport) bonus. ♦ bonifier vt, se ~ vpr (7) to improve.

boniment [bɔnimɑ̃] nm (baratin) patter; (mensonge) fib*.

bonjour [bɔ̃ʒuʀ] nm (gén) hello; (matin) good morning; (après-midi) good afternoon. donnez-lui le ~ de ma part give him my regards.

bonne² [bɔn] nf maid. ~ d'enfants nanny; ~ à tout faire general help; (hum) maid of all work; V aussi bon¹.

bonnement [bɔnmɑ̃] adv: tout ~ quite simply.

bonnet [bɔnɛ] nm bonnet. prendre qch sous son ~ to make sth one's own concern; c'est ~ blanc et blanc ~ it's six of one and half a dozen of the other; ~ d'âne/de bain dunce's/bathing cap; ~ de nuit nightcap; (*fig) wet blanket; ~ a poils bearskin. ♦ bonneterie nf (objets) hosiery; (magasin) hosier's shop; (commerce) hosiery trade. ♦ bonnetier, -ière nm,f hosier.

bonsoir [bɔ̃swaʀ] nm good evening; (en se couchant) good night. ~!* (rien à faire) nothing doing!*

bonté [bɔ̃te] nf (vertu) kindness, goodness; (acte) (act of) kindness. ayez la ~ de faire would you be so kind ou good as to do?; ~ divine! good heavens! ~! good gracious!

bonze [bɔ̃z] nm (Rel) bonze; (*: chef) bigwig*. vieux ~ * old fossil*.

boomerang [bumʀɑ̃g] nm (lit, fig) boomerang.

boqueteau [bɔktø] pl ~x [bɔkto] nm copse.

bord [bɔʀ] nm (a) (gén) edge; [route, lac] side; [précipice] brink; [verre] brim, rim. le ~ de la mer the seashore; ~ du trottoir kerb, curb (US); au ~ de la rivière marcher along the river bank; s'asseoir by the river; passer ses vacances au ~ de la mer to spend one's holidays at the seaside ou by the sea; rempli à ras ~ full to the brim ou to overflowing; chapeau à large(s) ~(s) broad-brimmed hat.

(b) (Naut) side. les hommes du ~ the crew; (Aviat, Naut) à ~ on board, aboard; jeter pardessus ~ to throw overboard; M X, à ~ d'une voiture bleue Mr X, driving ou in a blue car.

(c) (bordée) tack. tirer des ~s to tack.

(d) au ~ de la ruine on the verge ou brink of ruin; au ~ des larmes on the verge of tears; nous sommes du même ~ we are on the same side; un peu fantaisiste sur les ~s* a bit of an eccentric.

bordeaux [bɔʀdo] **1** nm Bordeaux (wine). ~ rouge claret. **2** adj inv maroon, burgundy.

bordée [bɔʀde] nf (salve) broadside; (quart) watch; (parcours) tack. tirer des ~s to tack; (fig) ~ d'injures torrent ou volley of abuse.

bordel [bɔʀdɛl] nm brothel. (fig) quel ~! what a shambles!*

border [bɔʀde] (1) vt (a) (Couture) to edge (de with); (ourler) to hem. (b) [arbres, maisons] to line; [sentier] to run alongside. bordé de fleurs bordered with flowers. (c) personne, couverture, to tuck in.

bordereau, pl ~x [bɔʀdəʀo] nm note, slip; (facture) invoice.

bordure [bɔʀdyʀ] nf (gén) edge; (cadre) frame; (de fleurs) border; (d'arbres) line; (Couture) border. en ~ de (le long de) alongside, along the edge of; (à côté de) next to, by.

boréal, e, mpl -aux [bɔʀeal, o] adj boreal.

borgne [bɔʀɲ(ə)] adj personne one-eyed, blind in one eye; (fig) hôtel shady.

borne [bɔʀn(ə)] nf (a) [route] kilometre-marker, ≃ milestone; [terrain] boundary marker; [monument] post (of stone); (Élec) terminal. **3** ~s* 3 kilometres. (b) (fig) ~s limit(s), bounds; dépasser les ~s to go too far; sans ~s limitless, boundless; mettre des ~s à to limit. ♦ borné, e adj personne narrow-minded; esprit, vie narrow; intelligence limited. ♦ borner (1) vt besoins, enquête, vue to limit, restrict (à faire to doing, à qch to sth); terrain to mark out ou off. arbres qui bornent un champ trees which border a field; se ~ à faire/à qch [personne] to restrict ou limit o.s. to doing/to sth; je me borne à vous faire remarquer que I would just ou merely like to point out to you that.

bosquet [bɔskɛ] nm copse, grove.

bosse [bɔs] nf [chameau, bossu] hump; (coup, monticule) bump. route pleine de ~s bumpy road; avoir la ~ du théâtre to be a born actor.

bosseler [bɔsle] (4) vt (déformer) to dent; (marteler) to emboss.

bosser* [bɔse] (1) **1** vi to work; (travailler dur) to slog away*. **2** vt examen to swot for. ♦ bosseur, -euse* nm,f slogger*.

bossu, e [bɔsy] **1** adj personne hunchbacked. dos

~ hunched back. **2** *nm,f* hunchback.
bot [bo] *adj*: **pied** ~ club-foot.
botanique [botanik] **1** *adj* botanical. **2** *nf* botany.
♦ **botaniste** *nmf* botanist.
botte [bot] *nf* **(a)** (high) boot; *[cavalier]* riding
boot; *[égoutier]* wader. ~ **de caoutchouc** wellington (boot), gumboot; **sous la** ~ **de l'ennemi**
under the enemy's heel. **(b)** *[légumes]* bunch;
[foin] sheaf; *(au carré)* bale. **(c)** *(Escrime)* thrust.
botter [bote] (1) *vt* **(a)** to put boots on. **se** ~ to put
one's boots on; **botté de cuir** with leather boots on,
wearing leather boots; **ça me botte‡** I like *ou* dig*
that. **(b)** *(Ftbl)* to kick. ~ **les fesses de qn‡** to give
sb a kick in the pants‡. ♦ **bottier** *nm* bootmaker.
♦ **bottillon** *nm* ankle boot. ♦ **bottine** *nf* (ankle)
boot.
Bottin [botẽ] *nm* ® directory, phonebook.
bouc [buk] *nm* *(Zool)* (billy) goat; *(barbe)* goatee
(beard). ~ **émissaire** scapegoat.
boucan* [bukã] *nm* din, racket. **faire du** ~ *(bruit)*
to kick up* a din *ou* a racket; *(protestation)* to kick
up* a fuss.
bouche [buʃ] **1** *nf* **(a)** *(gén)* mouth. **j'ai la** ~
pâteuse my tongue feels coated. **(b)** *(fig)* **fermer
la** ~ **à qn** to shut sb up; **dans sa** ~, **ce mot choque**
when he says *ou* uses it, that word sounds offensive; **il a toujours l'injure à la** ~ he's always
ready with an insult; **il n'a que ce mot-là à la** ~
that word is never off his lips; **de** ~ **à oreille** by
word of mouth; ~ **cousue!*** mum's the word!*;
passer de ~ **en** ~ to be rumoured about; **il en a
plein la** ~ he can talk of nothing else; **faire la fine**
~ to turn one's nose up; **avoir la** ~ **en cœur** to
simper.
2: ~ **d'aération** air vent; ~ **à** ~ *(nm inv)* kiss of
life; ~ **d'égout** manhole; ~ **d'incendie** fire hydrant; ~ **de métro** metro entrance.
bouchée¹ [buʃe] *nf* **(a)** mouthful. **pour une** ~ **de
pain** for a song; **mettre les** ~**s doubles** to put on a
spurt; **ne faire qu'une** ~ **de** to make short work of.
(b) une ~ **(au chocolat)** a chocolate; ~ **à la reine**
savoury vol-au-vent.
boucher¹ [buʃe] (1) **1** *vt* **(a)** *bouteille* to cork, put
the *ou* a cork in; *trou* to fill up; *fuite* to plug, stop;
fenêtre, nez, lavabo to block (up); *vue* to block. ~
le passage to be in the way. **(b) ça lui en a bouché
un coin‡** it floored* *ou* threw* him. **2 se** ~ *vpr
[évier]* to get blocked up; *[temps]* to become overcast. **se** ~ **le nez** to hold one's nose; **se** ~ **les
oreilles** to put one's fingers in one's ears.
♦ **bouché, e²** *adj temps* overcast; *(‡) personne*
thick‡. **les maths sont** ~**es** there's no future in
maths. ♦ **bouche-trou**, *pl* ~-~**s** *nm* stopgap.
boucher² [buʃe] *nm (lit, fig)* butcher. ♦ **bouchère**
nf (woman) butcher; *(épouse)* butcher's wife.
♦ **boucherie** *nf (magasin)* butcher's (shop);
(métier) butchery (trade); *(fig)* slaughter.
bouchon [buʃõ] *nm* **(a)** *(en liège)* cork; *(en verre,
plastique)* stopper; *(en chiffon)* plug; *[bidon]* cap;
[tube] top; *[évier]* plug. **(b)** *(Pêche)* float. **(c)**
(Aut) holdup, traffic jam.
boucle [bukl(ə)] *nf [ceinture]* buckle; *[cheveux]*
curl, lock; *[lacet]* bow; *[rivière]* loop; *(Sport)* lap;
(Aviat, Écriture, Ordinateurs) loop. ~ **d'oreille**
earring.
boucler [bukle] (1) **1** *vt* **(a)** *ceinture* to buckle,
fasten (up); *(*)* porte* to shut. *(lit, fig)* ~ **sa valise** to
pack one's bags; **tu vas la** ~**!‡** will you belt up!‡
(b) *(fig) affaire* to finish off; *circuit* to complete;
budget to balance. **(c)** *(‡: enfermer)* to lock up.
être bouclé chez soi to be cooped up *ou* stuck at
home. **(d)** *(Mil: encercler)* to seal off. **2** *vi* to curl,
be curly. ♦ **bouclage** *nm* locking up; sealing off.
♦ **bouclé, e** *adj* curly.
bouclier [buklije] *nm (gén)* shield.
Bouddha [buda] *nm* Buddha. ♦ **bouddhique** *nm*
Buddhistic. ♦ **bouddhisme** *adj* Buddhism.
♦ **bouddhiste** *adj, nmf* Buddhist.

bouder [bude] (1) **1** *vi* to sulk. **2** *vt* to refuse to
have anything to do with. **il se boudent** they're not
on speaking terms. ♦ **bouderie** *nf (état)* sulkiness; *(action)* sulk. ♦ **boudeur, -euse** *adj* sulky.
boudin [budẽ] *nm* **(a)** ~ **noir/blanc** = black/white
pudding. **(b)** *[bourrelet]* roll.
boudiné, e [budine] *adj* **(a)** *doigt* podgy. **(b)**
(serré) ~ **dans** squeezed into, bulging out of.
boudoir [budwaʀ] *nm (salon)* boudoir; *(biscuit)*
sponge finger.
boue [bu] *nf (gén, fig)* mud; *[canal]* sludge.
bouée [bwe] *nf* buoy; *[baigneur]* rubber ring. ~ **de
sauvetage** lifebuoy.
boueux, -euse [bwø, øz] **1** *adj* muddy. **2** *nm*
dustman, garbage collector *(US)*.
bouffée [bufe] *nf [parfum]* whiff; *[pipe]* puff;
[colère] outburst; *[orgueil]* fit; *[vent]* puff, gust.
(Méd) ~ **de chaleur** hot flush.
bouffer¹ [bufe] (1) *vi [manche]* to puff out;
[cheveux] to be bouffant. ♦ **bouffant, e** *adj*
puffed-out; **bouffant.** **pantalon** ~ baggy
breeches.
bouffer²* [bufe] (1) *vt* to eat, gobble up*. **se** ~ **le
nez** to scratch each other's eyes out; ~ **du curé** to
be violently anti-church. **2** *vi* to eat, nosh‡. **on a
bien bouffé** the grub was great‡. ♦ **bouffe‡** *nf*
grub‡.
bouffir [bufiʀ] (2) *vt* to puff up. ♦ **bouffi, e** *adj
visage,* *(fig)* puffed up; *yeux* swollen.
♦ **bouffissure** *nf* puffiness.
bouffon, -onne [bufõ, ɔn] **1** *adj* farcical, comical.
2 *nm (pitre)* buffoon, clown; *(Hist)* jester.
♦ **bouffonnerie** *nf* **(a)** *(caractère)* drollery. **(b)**
~**s** *(comportement)* antics; *(paroles)* jesting;
faire des ~**s** to clown about.
bougeoir [buʒwaʀ] *nm (bas)* candle-holder;
(haut) candlestick.
bouger [buʒe] (3) **1** *vi* to move, stir; *(protester)* to
stir. **ne bouge pas** keep still, don't move; **il n'a pas
bougé (de chez lui)** he stayed in *ou* at home; **ne pas**
~ *[idées, prix]* to stay the same; **ce tissu ne bouge
pas** this cloth wears well; *(dimension)* this cloth is
shrink-resistant; *(couleur)* this cloth will not
fade. **2** *vt (*) objet* to move, shift. **il n'a pas bougé
le petit doigt** he didn't lift a finger (to help). **3 se**
~ *vpr* to move. **bouge-toi de là!** shift over!*, shift
out of the way!*; **il faut se** ~ **pour obtenir
satisfaction** you have to put yourself out to get
satisfaction. ♦ **bougeotte*** *nf*: **avoir la** ~
(remuer) to have the fidgets; *(voyager)* to be
always on the move.
bougie [buʒi] *nf* **(a)** candle; *(Aut)* spark plug;
(Élec) watt. **(b)** *(*: visage)* face.
bougon, -onne [bugõ, ɔn] **1** *adj* grumpy, grouchy.
2 *nm,f* grumbler. ♦ **bougonnement** *nm*
grumbling, grouching. ♦ **bougonner** (1) *vi* to
grouch, grumble.
bougre* [bugʀ(ə)] *nm* fellow*. **pauvre** ~ poor
devil*; ~ **d'idiot!** stupid idiot!* ♦ **bougrement***
adv damned*.
bouillant, e [bujã, ãt] *adj (brûlant)* boiling (hot);
(qui bout) boiling; *tempérament* fiery.
bouille [buj] *nf (visage)* face.
bouillie [buji] *nf [bébé]* baby cereal; *[vieillard]*
porridge. **mettre en** ~ to reduce to a pulp.
bouillir [bujiʀ] (15) *vi* **(a)** *(lit)* to boil, be boiling.
faire ~ *eau* to boil, bring to the boil; *linge* to boil;
biberon to sterilize. **(b)** *(fig)* to boil. **faire** ~ **qn** to.
make sb's blood boil; ~ **d'impatience** to seethe
with impatience. ♦ **bouilloire** *nf* kettle.
bouillon [bujõ] *nm* **(a)** *(soupe)* stock. **prendre
un** ~* *(en nageant)* to swallow a mouthful; *(Fin)*
to make a big loss. **(b)** *(bouillonnement)* bubble
(in boiling liquid). **couler à gros** ~**s** to gush out.
2: ~ **cube** stock cube; *(Bio)* ~ **de culture** (culture) medium.
bouillonner [bujɔne] (1) *vi [liquide chaud]* to
bubble; *[torrent]* to foam; *[idées]* to bubble up;

[esprit] to seethe. **il bouillonne d'idées** his mind is teeming with ideas. ♦ **bouillonnement** *nm* bubbling; seething; foaming.

bouillotte [bujɔt] *nf* hot-water bottle.

boulanger [bulɑ̃ʒe] *nm* baker. ♦ **boulangère** *nf* (woman) baker; (*épouse*) baker's wife. ♦ **boulangerie** *nf* (*magasin*) baker's (shop), bakery; (*commerce*) bakery trade.

boule [bul] **1** *nf* **(a)** (*Billard*) ball; (*Boules*) bowl; (*Casino*) boule. **roulé en** ~ rolled up in a ball. **(b) avoir une** ~ **dans la gorge** to have a lump in one's throat; **perdre la** ~* to go nuts*; **être/se mettre en** ~* to be/get mad*. **2:** ~ **de cristal** crystal ball; ~ **de gomme** fruit pastille; ~ **de neige** snowball; (*fig*) **faire** ~ **de neige** to snowball; ℗ ~ **Quiès** earplug.

bouleau, *pl* ~**x** [bulo] *nm* silver birch.

bouledogue [buldɔg] *nm* bulldog.

boulet [bulɛ] *nm* **(a)** *[forçat]* ball and chain. ~ **(de canon)** cannonball; (*fig*) **traîner un** ~ to have a millstone round one's neck. **(b)** *[charbon]* (coal) nut.

boulette [bulɛt] *nf* **(a)** *[papier]* pellet; (*Culin*) meatball; (*empoisonnée*) poison ball. **(b)** (**fig*) blunder, bloomer*.

boulevard [bulvaʀ] *nm* boulevard. **pièce de** ~ light comedy.

bouleverser [bulvɛʀse] (1) *vt* **(a)** *objets* to turn upside down; *plans* to disrupt. **(b)** (*émouvoir*) to distress deeply, overwhelm, shatter. **bouleversé par la peur** distraught with fear. ♦ **bouleversant, e** *adj récit* deeply moving; *nouvelle* shattering. ♦ **bouleversement** *nm* upheaval, disruption. **le** ~ **de son visage** the utter distress on his face.

boulier [bulje] *nm* (*calcul*) abacus.

boulon [bulɔ̃] *nm* bolt. ♦ **boulonner** (1) **1** *vt* to bolt (down *ou* on *etc*). **2** *vi* (*) to work. ~ **dur** to slog *ou* slave away*.

boulot¹, -otte [bulo, ɔt] *adj* plump, tubby*.

boulot²* [bulo] *nm* (*gén*) work; (*emploi*) job. **quel** ~! what a job!; **allons, au** ~! let's get cracking!*

boulotter* [bulɔte] (1) **1** *vi* to eat, nosh‡. **on a bien boulotté** we had a good meal *ou* nosh‡. **2** *vt* to eat.

boum [bum] *nm* bang. ~ **par terre!** whoops a daisy!; **être en plein** ~‡ to be in full swing.

bouquet [bukɛ] *nm* **(a)** *[fleurs]* bunch of flowers; (*soigneusement composé*) bouquet; *[thym etc]* bunch. ~ **d'arbres** clump of trees. **(b)** *[feu d'artifice]* crowning piece. (*fig*) **c'est le** ~!* that takes the cake!* **(c)** *[vin]* bouquet. **(d)** (*crevette*) prawn.

bouquin* [bukɛ̃] *nm* book. ♦ **bouquiner*** (1) *vti* to read.

bourbier [buʀbje] *nm* quagmire; (*fig*) mess.

bourde* [buʀd(ə)] *nf* blunder, bloomer*.

bourdon [buʀdɔ̃] *nm* (*Zool*) bumblebee; (*cloche*) great bell. **avoir le** ~* to have the blues*.

bourdonnement [buʀdɔnmɑ̃] *nm* *[voix, insecte]* buzz; *[moteur]* drone. **avoir des** ~**s d'oreilles** to have a buzzing noise in one's ears. ♦ **bourdonner** (1) *vi* to buzz; to drone.

bourg [buʀ] *nm* market town; (*petit*) village. ♦ **bourgade** *nf* village, (small) town.

bourgeois, e [buʀʒwa, waz] **1** *adj* (*gén*) middle-class; (*Pol, péj*) bourgeois. **2** *nm,f* **(a)** bourgeois, middle-class person. **grand** ~ upper middle-class person. **(b)** (*Hist*) (*citoyen*) burgess; (*riche roturier*) bourgeois. **3** *nf* (**hum*: *épouse*) **ma** ~**e** the wife*. ♦ **bourgeoisement** *adv* **penser** conventionally; **vivre** comfortably. ♦ **bourgeoisie** *nf* middle classes, bourgeoisie. **petite** ~ lower middle class.

bourgeon [buʀʒɔ̃] *nm* bud. ♦ **bourgeonner** (1) *vi* to (come into) bud.

bourgmestre [buʀgmɛstʀ(ə)] *nm* burgomaster.

bourgogne [buʀgɔɲ] *nm* (*vin*) burgundy.

bourlinguer [buʀlɛ̃ge] (1) *vi* (*naviguer*) to sail; (*: *voyager*) to knock about a lot*.

bourrade [buʀad] *nf* (*du poing*) thump; (*du coude*) poke.

bourrage [buʀaʒ] *nm:* ~ **de crâne*** brainwashing; (*Scol*) cramming.

bourrasque [buʀask(ə)] *nf* gust of wind, squall. ~ **de neige** flurry of snow.

bourratif, -ive [buʀatif, iv] *adj* filling, stodgy.

bourre [buʀ] *nf [coussin]* stuffing; *[fusil]* wad. **à la** ~‡ late.

bourré, e [buʀe] *adj* **(a)** (*plein*) packed, crammed (*de* with). **(b)** (‡: *ivre*) tight*, plastered‡.

bourreau, *pl* ~x [buʀo] **1** *nm* (*tortionnaire*) torturer; (*Hist*) executioner; *[pendaison]* hangman. **2:** ~ **des cœurs** ladykiller; ~ **d'enfants** child *ou* baby batterer; ~ **de travail** glutton for work*.

bourrelet [buʀlɛ] *nm* (*gén*) roll; *[porte]* draught excluder. ~ **(de chair)** roll of flesh, spare tyre*.

bourrer [buʀe] (1) *vt* **(a)** *coussin* to stuff; *pipe* to fill; *valise* to cram full. ~ **un sac de papiers** to cram papers into a bag; ~ **qn de nourriture** to stuff sb with food; **les frites, ça bourre!** chips are very filling! **(b)** ~ **le crâne à qn*** (*endoctriner*) to brainwash sb; (*tromper*) to feed sb a lot of eyewash*; (*Scol*) to cram sb; ~ **qn de coups** to pummel sb.

bourrique [buʀik] *nf* **(a)** (*âne*) donkey, ass; (*ânesse*) she-ass. **(b)** (**fig*) (*imbécile*) ass; (*têtu*) mule. **faire tourner qn en** ~ to drive sb mad*.

bourru, e [buʀy] *adj* surly.

bourse [buʀs(ə)] **1** *nf* (**a**) (*porte-monnaie*) purse. **la** ~ **ou la vie!** your money or your life!; **sans** ~ **délier** without spending a penny; **ils font** ~ **commune** they pool their resources; **ils font** ~ **à part** they keep their finances separate. **(b)** **la B**~ ≃ the Stock Exchange *ou* Market (*US*); **la B**~ **monte/descend** the market is going up/down. **(c)** (*Univ*) ~ **(d'études)** (student's) grant. **2:** **B**~ **du commerce** commodity market; **B**~ **du travail** ≃ trade union centre. ♦ **boursier, -ière 1** *adj* Stock Market. **2** *nm,f* (*Univ*) grant-holder.

boursoufler [buʀsufle] (1) **1** *vt* to puff up, bloat. **2 se** ~ *vpr [peinture]* to blister. ♦ **boursouflé, e** *adj* puffy, bloated; blistered; *style* bombastic. ♦ **boursouflure** *nf* puffiness; pomposity; (*cloque*) blister.

bousculer [buskyle] (1) **1** *vt* (*pousser*) to jostle; (*heurter*) to bump into; (*presser*) to rush. (*fig*) **être très bousculé** to be rushed off one's feet. **2 se** ~ *vpr* to jostle each other. ♦ **bousculade** *nf* (*remous*) jostle, crush; (*hâte*) rush, scramble.

bouse [buz] *nf* cow pat. **de la** ~ (cattle) dung.

bousiller* [buzije] (1) *vt travail* to botch; *appareil, voiture* to smash up; *personne* to bump off‡.

boussole [busɔl] *nf* compass. (*fig*) **perdre la** ~* to go off one's head.

bout [bu] *nm* **(a)** (*extrémité*) (*gén*) end; *[nez, canne, oreille etc]* tip. **du** ~ **du pied** with one's toe; **à** ~ **de bras** at arm's length; (*fig*) **du** ~ **des lèvres** reluctantly, half-heartedly; **avoir qch sur le** ~ **de la langue** on the tip of one's tongue; **jusqu'au** ~ **des ongles** to one's fingertips; **savoir qch sur le** ~ **du doigt** to have sth at one's fingertips.

(b) *[espace, durée]* end. **à l'autre** ~ **de la pièce** at the far *ou* other end of the room; **au** ~ **d'un mois** at the end of a month; **on n'en voit pas le** ~ there doesn't seem to be any end to it; **d'un** ~ **à l'autre de ses œuvres/du voyage** throughout his works/ the journey; (*fig*) **ce n'est pas le** ~ **du monde!** it's not the end of the world!

(c) (*morceau*) *[ficelle, pain]* piece, bit. **il m'a fait un** ~ **de conduite** he went part of the way with me; **cela fait un** ~ **(de chemin)** it's quite a distance *ou* quite a long way away; **il est resté un (bon)** ~ **de temps** he stayed a while *ou* quite some time; **un** ~ **de terrain/ciel** a patch of land/sky; **un petit** ~ **de chou*** a little kid*.

(d) être à ~ (*fatigué*) to be all in*; (*en colère*) to have had enough; **à ~ de souffle** out of breath; **être à ~ de ressources** to have no money left; **être à ~ de nerfs** to be at the end of one's tether; **pousser qn à ~** to push sb to the limit (of his patience).

(e) (*locutions*) **au ~ du compte** in the end; **être au ~ de son rouleau*** (*idées*) to have run out of ideas; (*ressources*) to be running short of money; (*forces*) to be at the end of one's tether; **il n'est pas au ~ de ses peines** he's not out of the wood yet; **jusqu'au ~** right to the end; **~ à ~** end to end; **de ~ en ~** right through, from start to finish; **à ~ portant** at point-blank range.

boutade [butad] *nf* sally.

boute-en-train [butɑ̃trɛ̃] *nm inv* live wire*. **le ~ de la soirée** the life and soul of the party.

bouteille [butɛj] *nf* (*gén*) bottle; [*gaz*] cylinder. ® **~ Thermos** Thermos ® flask; **~ de vin** (*récipient*) wine bottle; (*contenu*) bottle of wine; **mettre en ~s** to bottle; **prendre de la ~*** to be getting on in years; **c'est la ~ à l'encre** the whole business is about as clear as mud.

boutique [butik] *nf* shop, store. **quelle sale ~!** what a dump!* ♦ **boutiquier, -ière** *nm,f* shopkeeper.

bouton [butɔ̃] **1** *nm* (*Couture*) button; (*Élec*) switch; [*porte, radio*] knob; [*sonnette*] (push-) button; (*Méd*) spot, pimple; (*Bot*) bud. **en ~** in bud; **~ de rose** rosebud. **2:** **~ de col** collar stud; **~ de manchette** cufflink; **~-d'or** *nm, pl* **~s-~** buttercup; **~-pression** *nm, pl* **~s-~** press-stud. ♦ **boutonner** (1) **1** *vt* to button (up). **2 se ~** *vpr* [*vêtement*] to button (up); [*personne*] to button (up) one's coat *etc*. ♦ **boutonneux, -euse** *adj* pimply, spotty. ♦ **boutonnière** *nf* buttonhole.

bouture [butyʀ] *nf* cutting. ♦ **bouturer** (1) *vt* to take a cutting from.

bouvier [buvje] *nm* herdsman.

bouvreuil [buvʀœj] *nm* bullfinch.

bovin, e [bɔvɛ̃, in] **1** *adj* (*lit, fig*) bovine. **2** *nmpl:* **~s** cattle.

bowling [buliŋ] *nm* (*jeu*) (tenpin) bowling; (*salle*) bowling alley.

box, pl boxes [bɔks] *nm* [*dortoir*] cubicle; [*écurie*] loose-box; (*garage*) lock-up (garage). **~ des accusés** dock.

boxe [bɔks(ə)] *nf* boxing. ♦ **boxer¹** [bɔkse] (1) **1** *vi* to box, be a boxer. **2** *vt* to box against, fight; (**ı**: *frapper*) to thump. ♦ **boxeur** *nm* boxer.

boxer² [bɔksɛʀ] *nm* boxer (dog).

boyau, ~ x [bwajo] *nm* **(a)** (*intestins*) **~x** guts; **~** (*de chat*) (cat)gut. **(b)** (*passage*) (narrow) passageway. **(c)** [*bicyclette*] racing tyre.

boycotter [bɔjkɔte] (1) *vt* to boycott. ♦ **boycott(age)** *nm* boycott.

bracelet [braslɛ] *nm* [*poignet*] bracelet; [*bras, cheville*] bangle; [*montre*] strap. **~-montre** *nm, pl* **~s-~s** wrist watch.

braconnage [brakɔnaʒ] *nm* poaching. ♦ **braconner** (1) *vi* to poach. ♦ **braconnier** *nm* poacher.

brader [brade] (1) *vt* (*Comm, fig*) to sell off. ♦ **braderie** *nf* cut-price market.

braguette [bragɛt] *nf* fly, flies (*of trousers*)

brailler [braje] (1) **1** *vi* to bawl. **2** *vt* *chanson* to bawl out. ♦ **braillard, e 1** *adj* bawling. **2** *nm,f* bawler. ♦ **braillement** *nm* bawling.

braire [brɛʀ] (50) *vi* (*lit, fig*) to bray. **faire ~ qn** to get on sb's wick.

braise [brɛz] *nf:* **~(s)** embers; **de ~** *yeux* fiery.

braiser [breze] (1) *vt* to braise.

bramer [brame] (1) *vi* [*cerf*] to bell; (*fig) to wail.

brancard [brɑ̃kaʀ] *nm* (*bras*) shaft; (*civière*) stretcher. ♦ **brancardier, -ière** *nm,f* stretcher-bearer.

branche [brɑ̃ʃ] *nf* **(a)** (*Bot*) branch, bough. **asperges en ~s** asparagus spears; **céleri en ~s** sticks of celery. **(b)** [*nerfs, famille, rivière*]

branch; [*lunettes*] side-piece; [*compas*] leg; [*ciseaux*] blade. **la ~ maternelle** the maternal branch *ou* the mother's side of the family. **(c)** (*secteur*) branch. **s'orienter vers une ~** technique to go in for the technical side. ♦ **branchage** *nm* branches, boughs. **~s** fallen branches.

brancher [brɑ̃ʃe] (1) *vt prise* to plug in; *tuyau, téléphone* to connect up. **~ qch sur** to plug sth into; to connect sth up with; (*fig*) **~ qn sur un sujet** to start sb off *ou* launch sb on a subject. ♦ **branchement** *nm* (*action*) plugging-in; connecting-up; (*conduite*) connection.

branchies [brɑ̃ʃi] *nfpl* gills.

brandir [brɑ̃diʀ] (2) *vt* to brandish, flourish.

branlant, e [brɑ̃lɑ̃, ɑ̃t] *adj* (*gén*) shaky; *dent* loose.

branle [brɑ̃l] *nm* [*cloche*] swing. **mettre en ~** *cloche* to swing, set swinging; (*fig*) *forces* to set in motion, set off; **se mettre en ~** to get going *ou* moving.

branle-bas [brɑ̃lba] *nm inv* bustle, commotion. **être en ~** to be in a state of commotion; **~ de combat!** 'action stations!'

branler [brɑ̃le] (1) **1** *vt:* **~ la tête** to shake one's head. **2** *vi* (*gén, fig*) to be shaky; [*dent*] to be loose. (*fig*) **ça branle dans le manche** the situation is very unsettled.

braquage [brakaʒ] *nm* (*Aut*) steering lock.

braquer [brake] (1) **1** *vt* **(a)** **~ une arme** *etc* **sur** to point *ou* aim a weapon *etc* at; **~ les yeux sur qch** to fix one's eyes on sth. **(b)** (*Aut*) to turn. **(c)** (*fig: buter*) **~ qn** to antagonize sb; **~ qn contre qch** to turn sb against sth. **2** *vi* (*Aut*) to turn the steering wheel. [*voiture*] **~ bien/mal** to have a good/bad lock. **3 se ~** *vpr* to dig one's heels in. **se ~ contre** to set one's face against.

braquet [brakɛ] *nm* gear ratio.

bras [bra] *nm* **(a)** (*lit, fig*) arm. **donner le ~ à qn** to give sb one's arm; **être au ~ de qn** to be on sb's arm; **se donner le ~** to link arms; **~ dessus, ~ dessous** arm in arm; (*lit*) **les ~ croisés** with one's arms folded; (*fig*) **rester les ~ croisés** to sit idly by; (*fig*) **~ droit** right-hand man. **(b)** (*travailleur*) hand, worker. **manquer de ~** to be short-handed. **(c)** [*outil*] handle; [*fauteuil, électrophone*] arm; [*grue*] jib; [*croix*] limb; [*brancard*] shaft. **(d)** [*fleuve*] branch. **(e)** **en ~ de chemise** in one's shirt sleeves; **saisir qn à ~ le corps** to seize sb bodily; **avoir le ~ long** to have a long arm; (*lit, fig*) **à ~ ouverts** with open arms; **tomber sur qn à ~ raccourcis*** to set on sb; **lever les ~ au ciel** to throw up one's arms; **les ~ m'en tombent** I'm stunned; **avoir qch/qn sur les ~*** to have sth/sb on one's hands, be stuck* with sth/sb; **dans les ~ de Morphée** in the arms of Morpheus.

brasier [brazje] *nm* inferno.

brassage [brasaʒ] *nm* **(a)** [*bière*] brewing. **(b)** (*mélange*) mixing. **~ de races** intermixing of races.

brassard [brasaʀ] *nm* armband.

brasse [bras] *nf* **(a)** (*Sport*) breast-stroke. **~ papillon** butterfly(-stroke). **(b)** (*Naut*) fathom.

brassée [brase] *nf* armful.

brasser [brase] (1) *vt* **(a)** (*remuer*) to stir (up); (*mélanger*) to mix; *salade* to toss; *cartes* to shuffle; *argent* to handle a lot of. **~ des affaires** to be in big business. **(b)** *bière* to brew. ♦ **brasserie** *nf* (*café*) = pub, bar, brasserie; (*usine*) brewery. ♦ **brasseur, -euse** *nm,f* [*bière*] brewer. **~ d'affaires** big businessman.

brassière [brasjɛʀ] *nf* [*bébé*] vest.

bravade [bravad] *nf* act of bravado. **par ~** out of bravado.

brave [brav] *adj* **(a)** (*courageux*) brave. **faire le ~** to put on a bold front. **(b)** (*bon*) nice; (*honnête*) decent, honest. **de ~s gens** good *ou* decent people; **mon ~ (homme)** my good man. ♦ **bravement** *adv* bravely.

braver [brave] (1) *vt autorité* to defy; *danger*

to brave. ~ **l'opinion** to fly in the face of (public) opinion.

bravo [bʀavo] **1** *excl (félicitation)* well done!, bravo!; *(approbation)* hear! hear! **2** *nm* cheer.

bravoure [bʀavuʀ] *nf* bravery.

break [bʀɛk] *nm (Aut)* estate (car), station wagon (*US*).

brebis [bʀəbi] *nf (Zool)* ewe; *(Rel: pl)* flock. ~ **égarée/galeuse** stray/black sheep.

brèche [bʀɛʃ] *nf (gén)* breach. **faire une ~ à sa fortune** to make a hole in one's fortune; *(fig)* **être toujours sur la ~** to be always hard at it*.

bredouille [bʀəduj] *adj (gén)* empty-handed.

bredouiller [bʀəduje] **(1) 1** *vi* to stammer, mumble. **2** *vt* to mumble, stammer (out). ◆ **bredouillement** *nm* mumbling, stammering.

bref, brève [bʀɛf, ɛv] **1** *adj (gén)* brief, short; *voyelle, syllabe* short. **soyez ~** be brief; **à ~ délai** shortly. **2** *adv (pour résumer)* in short, in brief; *(passons)* anyway. **en ~** in short, in brief.

brelan [bʀəlã] *nm (Cartes)* three of a kind. ~ **d'as** three aces.

breloque [bʀələk] *nf* bracelet charm.

Brésil [bʀezil] *nm* Brazil. ◆ **brésilien, -ienne** *adj,* **B~(ne)** *nm(f)* Brazilian.

Bretagne [bʀətaɲ] *nf* Brittany.

bretelle [bʀətɛl] *nf* **(a)** *(gén)* strap; *[fusil]* sling. *[pantalon]* ~s braces, suspenders (*US*). **(b)** *(Rail)* crossover; *(Aut)* link road. ~ **de raccordement** access road; ~ **de contournement** bypass.

breton, -onne [bʀətɔ̃, ɔn] *adj,* **B~(ne)** *nm(f)* Breton.

breuvage [bʀœvaʒ] *nm* drink, beverage.

brève [bʀɛv] *V* **bref.**

brevet [bʀəvɛ] *nm (diplôme)* diploma, certificate; *(Scol)* ≃ (G.C.E.) 'O' level; *[pilote]* licence; *(fig: garantie)* guarantee. *(Naut)* ~ **de capitaine** master's ticket; ~ **(d'invention)** patent. ◆ **brevetable** *adj* patentable. ◆ **breveté, e** *adj invention* patented; *technicien* qualified. ◆ **breveter** (4) *vt* to patent. **faire ~ qch** to take out a patent for sth.

bréviaire [bʀevjɛʀ] *nm (Rel)* breviary; *(fig)* bible.

bribe [bʀib] *nf* bit. ~s **de conversation** snatches of; *nourriture* scraps of; *fortune* remnants of; **par ~s** in snatches.

bric-à-brac [bʀikabʀak] *nm inv (objets, fig)* bric-a-brac; *(magasin)* junk shop.

bric et de broc [bʀikedbʀək] *loc adv:* **de ~** any old how*; *meublé* with bits and pieces.

brick [bʀik] *nm (Naut)* brig.

bricole* [bʀikəl] *nf (babiole)* trifle; *(cadeau)* token; *(travail)* easy job. **il ne reste que des ~s** there are only a few bits and pieces left; **10 F et des ~s** 10 francs odd*.

bricoler [bʀikəle] **(1) 1** *vi* to do odd jobs; *(passe-temps)* to tinker about. **2** *vt (réparer)* to fix up, mend; *(fabriquer)* to knock up. ◆ **bricolage** *nm* odd jobs; tinkering about; *(réparation)* makeshift repair. **rayon** ~ do-it-yourself department. ◆ **bricoleur, -euse** *nm,f* handyman (*ou* woman).

bride [bʀid] *nf* **(a)** *(Équitation)* bridle. **tenir en ~** *cheval, passions* to curb; **laisser la ~ sur le cou** *ou* **col à un cheval** to give a horse his head; **laisser la ~ sur le cou à qn** to leave sb a free hand; **à ~ abattue** hell for leather. **(b)** *[bonnet]* string; *(en cuir)* strap. ◆ **brider** (1) *vt (lit)* to bridle; *(fig)* to keep in check. **il est bridé dans son costume** his suit is too tight for him; **avoir les yeux bridés** to have slit eyes.

bridge [bʀidʒ(ə)] *nm (jeu, dents)* bridge; *(partie)* game of bridge. ◆ **bridger** (3) *vi* to play bridge. ◆ **bridgeur, -euse** *nm,f* bridge player.

brièvement [bʀijɛvmã] *adv* briefly. ◆ **brièveté** *nf* brevity.

brigade [bʀigad] *nf (Mil)* brigade; *(Police)* squad; *(équipe)* team. ◆ **brigadier** *nm (Police)* sergeant; *(Mil)* corporal.

brigand [bʀigã] *nm* (†) brigand; *(filou)* crook;

(hum: enfant) rascal. ◆ **brigandage** *nm* brigandage. **(actes de)** ~ robbery; *(fig)* **c'est du ~!** it's daylight robbery!

briguer [bʀige] (1) *vt emploi, faveur* to covet; *amitié, suffrages* to solicit.

brillant, e [bʀijã, ãt] **1** *adj* **(a)** *(luisant)* shiny; *(étincelant)* sparkling; *couleur* bright. **yeux ~s de fièvre/colère** eyes bright with fever/glittering with anger. **(b)** *personne, idées etc* brilliant. **ce n'est pas ~** it's not outstanding *ou* up to much. **2** *nm* **(a)** *(étincelant)* sparkle; *(luisant)* shine; *[couleur]* brightness; *[étoffe]* sheen; *(par usure)* shine; *(fig) [esprit]* brilliance. **donner du ~ à** to polish up. **(b)** *[diamant]* brilliant. ◆ **brillamment** *adv* brilliantly.

briller [bʀije] (1) *vi* **(a)** *(gén)* to shine; *[diamant]* to sparkle; *[étoile]* to twinkle; *[éclair]* to flash; *[surface humide]* to glisten. **faire ~ meuble etc** to polish; *(fig) avantages* to paint a glowing picture of; **ses yeux brillaient de joie** his eyes shone *ou* sparkled with joy. **(b)** *[personne]* to shine. ~ **par son talent** to be outstandingly talented; **il ne brille pas par le courage** courage is not his strong point; ~ **par son absence** to be conspicuous by one's absence.

brimer [bʀime] (1) *vt* to bully; *(Mil, Scol)* to rag. **je suis brimé*** I'm being got at*. ◆ **brimade** *nf* vexation. ~**(s)** ragging.

brin [bʀɛ̃] *nm* **(a)** *[herbe]* blade; *[muguet]* sprig; *[osier]* twig; *[paille]* wisp. *(fig)* **un beau ~ de fille** a fine-looking girl. **(b)** *[corde]* strand. **(c)** **un ~ de** a touch *ou* grain of; **faire un ~ de causette** to have a bit of a chat*; **faire un ~ de toilette** to have a quick wash; **il n'y a pas un ~ de vent** there isn't a breath of wind; **un ~ embêté*/plus grand** a shade worried/bigger. ◆ **brindille** *nf* twig.

bringue* [bʀɛ̃g] *nf* **(a)** binge*. **faire la ~** to go on a binge*. **(b)** *(femme)* **grande ~** beanpole*.

bringuebaler* [bʀɛ̃gbale] (1) **1** *vi [tête, voiture]* to shake about, joggle; *(avec bruit)* to rattle. **2** *vt* to cart about. ◆ **bringuebalant, e*** *adj auto* ramshackle. ◆ **bringuebalement*** *nm* shaking (about); rattle.

brio [bʀijo] *nm* brilliance; *(Mus)* brio. **avec ~** brilliantly.

brioche [bʀijəʃ] *nf* brioche, bun; (*: ventre*) paunch.

brique [bʀik] **1** *nf (Constr)* brick; (*) a million (old) francs. **2** *adj inv* brick red.

briquer* [bʀike] (1) *vt* to polish up.

briquet [bʀikɛ] *nm (cigarette)* lighter.

bris [bʀi] *nm* breaking. ~ **de clôture** breaking-in; ~ **de glaces** broken windows.

brisant [bʀizã] *nm (vague)* breaker; *(écueil)* reef.

brise [bʀiz] *nf* breeze.

briser [bʀize] (1) **1** *vt* **(a)** *(gén)* to break. ~ **en mille morceaux** to smash to smithereens; *(lit, fig)* ~ **la glace** to break the ice. **(b)** *(fig) cœur, traité etc* to break; *carrière* to ruin, wreck; *volonté, espoir, rebelle* to crush. **d'une voix brisée par l'émotion** in a voice choked with emotion; **ça l'a brisé** it has left him a broken man; **brisé (de fatigue)** worn out, exhausted; **brisé (de chagrin)** broken-hearted.

2 *vi* to break *(avec* with, *contre* against).

3 se ~ *vpr [verre]* to break, smash; *[vagues]* to break (*contre* against); *[résistance]* to break down; *[assaut]* to break up; *[espoir]* to be dashed; *[cœur, voix]* to break. ◆ **brise- préf:** ~**fer** *nm inv (enfant)* wrecker; ~**glace** *nm inv* icebreaker; ~**lames** *nm inv* breakwater; ~**mottes** *nm inv* harrow. ◆ **briseur, -euse** *nm,f:* ~ **de grève** blackleg, strikebreaker. ◆ **brisure** *nf* break.

britannique [bʀitanik] **1** *adj* British. **2** *nmf:* **B~** British citizen *ou* person; **les B~s** the British.

broc [bʀo] *nm* pitcher.

brocante [bʀəkãt] *nf* secondhand goods (trade).

♦ **brocanteur, -euse** *nm,f* secondhand (furniture) dealer.
broche [brɔʃ] *nf* (*bijou*) brooch; (*Culin*) spit; (*Tech, Méd*) pin.
brocher [brɔʃe] (1) *vt* to bind (*with paper*). **livre broché** paperback (book).
brochet [brɔʃɛ] *nm* (*Zool*) pike.
brochette [brɔʃɛt] *nf* (*ustensile*) skewer; (*plat*) kebab. (*fig*) ~ **de décorations** *etc* row *ou* string of.
brochure [brɔʃyr] *nf* (**a**) (*magazine*) brochure, pamphlet. (**b**) (*reliure*) (paper) binding.
brodequin [brɔdkɛ̃] *nm* (laced) boot.
broder [brɔde] (1) *vti* (*lit, fig*) to embroider (*de* with). ~ **sur un sujet** to elaborate on a subject. ♦ **broderie** *nf* (*art*) embroidery; (*objet*) piece of embroidery. ♦ **brodeur, -euse** *nm,f* embroiderer, embroideress.
brome [brom] *nm* bromine. ♦ **bromure** *nm* bromide.
bronche [brɔ̃ʃ] *nf*: ~**s** bronchial tubes; **il est faible des** ~**s** he has a weak chest.
broncher [brɔ̃ʃe] (1) *vi* [*cheval*] to stumble. **personne n'osait** ~* no one dared move a muscle *ou* make a move; **sans** ~ (*sans peur*) without flinching; (*sans protester*) uncomplainingly; (*sans se tromper*) without faltering.
bronchite [brɔ̃ʃit] *nf*: **la** ~ bronchitis; **une** ~ **a** bout of bronchitis. ♦ **broncho-pneumonie**, *pl* ~**-**~**s** *nf* broncho-pneumonia.
bronze [brɔ̃z] *nm* (*métal, objet*) bronze.
bronzer [brɔ̃ze] (1) **1** *vt* to tan. **2** *vi* to get a tan. **3 se** ~ *vpr* to sunbathe. ♦ **bronzage** *nm* suntan. ♦ **bronzé, e** *adj* (*sun*)tanned, sunburnt.
brosse [brɔs] *nf* (**a**) (*gén*) brush; (*en chiendent*) scrubbing-brush. ~ **à dents/à habits** *etc* tooth/ clothesbrush *etc*; ~ **métallique** wire brush; **donne un coup de** ~ **à ta veste** give your jacket a brush. (**b**) (*Coiffure*) **avoir les cheveux en** ~ to have a crew-cut. ♦ **brossage** *nm* brushing. ♦ **brosser** (1) **1** *vt* (**a**) to brush; to scrub. ~ **qn** to brush sb's clothes. (**b**) (*Art, fig*) to paint. **2 se** ~ *vpr* to brush one's clothes. **se** ~ **les dents** to brush one's teeth; **tu peux te** ~! **you can whistle for it!**
brouette [bruɛt] *nf* wheelbarrow.
brouhaha [bruaa] *nm* hubbub.
brouillage [bruja3] *nm* (*Rad*) (*intentionnel*) jamming; (*accidentel*) interference.
brouillard [brujar] *nm* fog; (*léger*) mist; (*avec fumée*) smog; (*très dense*) peasouper*. ~ **de chaleur** heat haze; **il fait du** ~ it's foggy; (*fig*) **être dans le** ~ to be lost.
brouillasser [brujase] (1) *vi* to drizzle.
brouiller [bruje] (1) **1** *vt* (**a**) *contour, vue* to blur; *papiers, idées* to muddle up; *message* to scramble. (*fig*) ~ **les pistes** *ou* **cartes** to cloud the issue. (**b**) (*fâcher*) to set at odds, put on bad terms (*avec* with). **être brouillé avec qn** to have fallen out with sb; **être brouillé avec les dates** to be hopeless at dates. (**c**) (*Rad*) (*exprès*) to jam; (*par accident*) to cause interference to. **2 se** ~ *vpr* (**a**) to become blurred; to get muddled up. **tout se brouilla dans sa tête** everything became confused in his mind. (**b**) (*se fâcher*) **se** ~ **avec qn** to fall out with sb. (**c**) (*ciel*) to cloud over. **le temps se brouille** the weather is breaking. ♦ **brouille** *nf* quarrel; (*légère*) tiff.
brouillon, -onne [brujɔ̃, ɔn] **1** *adj* (*soin*) untidy; (*organisation*) muddle-headed. **élève** ~ careless pupil. **2** *nm,f* muddler. **3** *nm* [*devoir*] rough copy; (*ébauche*) (rough) draft; (*notes* etc) rough work. (*papier*) ~ rough paper; **prendre qch au** ~ to make a rough copy of sth.
broussaille [brusaj] *nf*: ~**s** undergrowth, scrub; **en** ~ *cheveux* unkempt, tousled. ♦ **broussailleux, -euse** *adj* bushy, scrubby; *barbe* bushy.
brousse [brus] *nf*: **la** ~ the bush; (*fig*) **en pleine** ~* in the middle of nowhere.
brouter [brute] (1) **1** *vti* [*ruminant*] to graze;

[*lapin*] to nibble. **2** *vi* [*embrayage*] to judder.
broutille [brutij] *nf* trifle. **c'est de la** ~* (*mauvaise qualité*) it's cheap rubbish; (*sans importance*) it's not worth mentioning, it's nothing of any consequence.
broyer [brwaje] (8) *vt* to grind; *main* to crush. (*fig*) ~ **du noir** to be down in the dumps*. ♦ **broyage** *nm* grinding. ♦ **broyeur, -euse 1** *adj* grinding. **2** *nm* grinder.
bru [bry] *nf* daughter-in-law.
brugnon [brynɔ̃] *nm* nectarine.
bruine [bruin] *nf* drizzle. ♦ **bruiner** (1) *vi* to drizzle.
bruire [bruir] (2) *vi* [*tissu, vent*] to rustle; [*ruisseau*] to murmur; [*insectes*] to hum. ♦ **bruissement** *nm* rustle; murmur; humming.
bruit [bruij] *nm* (**a**) (*gén*) noise; (*sourd*) thud; (*strident*) screech; [*train*] rumble; [*coup de feu*] crack, bang; [*voix, moteur*] sound; [*vaisselle*] clatter. **des** ~**s de pas** footsteps; ~ **de fond** background noise; **on n'entend aucun** ~ you can't hear a sound; **faire du** ~ to make a noise; **travailler dans le** ~ to work against noise; **sans** ~ noiselessly. (**b**) (*fig*) **beaucoup de** ~ **pour rien** much ado about nothing; **faire grand** ~ **autour de** to make a great to-do about; **il fait plus de** ~ **que de mal** his bark is worse than his bite. (**c**) (*nouvelle*) rumour. **le** ~ **court que** rumour has it that; **faux** ~**s** false rumours. ♦ **bruitage** *nm* sound effects. ♦ **bruiteur** *nm* sound-effects engineer.
brûler [bryle] (1) **1** *vt* (**a**) (*gén*) [*acide, flamme*] to burn; [*eau bouillante*] to scald; [*fer à repasser*] to scorch; [*gel*] to nip. **brûlé par le soleil** (*bronzage*) sunburnt, tanned; (*lésion*) burnt by the sun; *herbe* sun-scorched; ~ **ses dernières cartouches** to shoot one's bolt; ~ **ses vaisseaux** to burn one's boats; **brûlé vif** (*accident*) burnt alive *ou* to death; (*supplice*) burnt at the stake; **grand brûlé** badly burnt person. (**b**) *café* to roast. (**c**) *électricité* to burn, use. **ils ont brûlé tout leur bois** they've burnt up all their wood; ~ **la chandelle par les deux bouts** to burn the candle at both ends. (**d**) (*Aut*) ~ **un stop** to ignore a stop sign; ~ **un feu rouge** to go through a red light; ~ **une étape** to cut out a stop; (*fig*) ~ **les étapes** (*réussite*) to shoot ahead; (*précipitation*) to take short cuts. (**e**) (*sensation*) to burn. **les yeux me brûlent** my eyes are smarting; **j'ai la figure qui (me) brûle** my face is burning; **l'argent lui brûle les doigts** money burns a hole in his pocket; **le désir de l'aventure le brûlait** he was burning for adventure.
2 *vi* (**a**) [*lumière, feu*] to burn; [*maison*] to be on fire; (*Culin*) to burn. **ça sent le brûlé** (*lit*) there's a smell of burning; (*fig*) trouble's brewing; **goût de brûlé** burnt taste. (**b**) [*front, objet*] to be burning (hot); [*liquide*] to be scalding. **ça brûle** you'll burn yourself, you'll get burnt; (*jeu*) **tu brûles!** you're getting hot! (**c**) ~ (**d'envie**) **de faire qch** to be burning to do sth; ~ **d'impatience** to seethe with impatience; ~ (**d'amour**) **pour qn** to be madly in love with sb.
3 se ~ *vpr* to burn o.s.; (*s'ébouillanter*) to scald o.s. **se** ~ **la cervelle** to blow one's brains out. ♦ **brûlant, e** *adj* *objet* burning (hot); *plat, liquide* piping hot; *soleil* scorching; *regard, pages* fiery; *sujet* ticklish. ~ (**de fièvre**) burning (with fever); **c'est d'une actualité** ~ it's the burning question of the hour. ♦ **brûle-parfum** *nm inv* perfume burner. ♦ **brûle-pourpoint** *adv*: **à** ~ point-blank. ♦ **brûleur** *nm* burner. ♦ **brûlure** *nf* (*lésion*) burn; (*sensation*) burning sensation. ~ (**d'eau bouillante**) scald; ~**s d'estomac** heartburn.
brume [brym] *nf* (*gén*) mist; (*dense*) fog; (*légère*) haze. ♦ **brumeux, -euse** *adj* misty; foggy; (*fig*) obscure, hazy.
brun, e [brœ̃, yn] **1** *adj* (*gén*) brown; *cheveux, tabac* dark; *peau* swarthy; (*bronzé*) tanned, brown. **il est** ~ he's dark-haired; ~ **roux** (dark)

auburn. **2** *nm* (*couleur*) brown; (*homme*) dark-haired man. **3** *nf* (*bière*) brown ale; (*femme*) brunette. ♦ **brunâtre** *adj* brownish. ♦ **brunette** *nf* brunette. ♦ **brunir** (2) **1** *vi* [*personne*] to get sunburnt; [*cheveux*] to go darker. **2** *vt peau* to tan; *cheveux* to darken.

brushing [bRɶʃiŋ] *nm* blow-dry.

brusque [bRysk(ə)] *adj* (*sec*) abrupt, blunt; (*soudain*) abrupt, sudden; *virage* sharp. ♦ **brusquement** *adv* abruptly; bluntly; suddenly; sharply. ♦ **brusquer** (1) *vt* (*gén*) to rush. **attaque brusquée** sudden attack. ♦ **brusquerie** *nf* abruptness, bluntness.

brut, e[1] [bRyt] **1** *adj* (a) *diamant* rough; *pétrole* crude; *sucre* unrefined; *soie*, *métal* raw; *champagne* brut; *fait*, *idée* crude, raw. **à l'état** ~ in the rough. (b) (*Comm*) gross. **ça fait 100 F/kg** ~ that makes 100 francs/kg gross. **2** *nm* crude oil.

brutal, e, *mpl* **-aux** [bRytal, o] *adj* (a) *caractère* rough, brutal; *instinct* savage; *jeu* rough. **force** ~**e** brute force. (b) *réponse*, *franchise* blunt; *vérité* plain; *réalité* stark. (c) *mort* sudden; *coup* brutal. ♦ **brutalement** *adv* roughly; brutally; bluntly; plainly; suddenly. ♦ **brutaliser** (1) *vt personne* to bully, manhandle; *machine* to ill-treat. ♦ **brutalité** *nf* brutality; roughness; suddenness; (*acte*) brutality. ~**s** (*Sport*) rough play; ~**s policières** police brutality. ♦ **brute**[2] *nf* (*brutal*) brute, animal; (*grossier*) boor, lout. **taper sur qch comme une** ~* to bash away at sth*; ~ **épaisse*** brutish lout; **grosse** ~!* big bully!

Bruxelles [bRysɛl] *n* Brussels.

bruyant, e [bRɥijã, ãt] *adj* noisy. ♦ **bruyamment** *adv* noisily.

bruyère [bRɥijɛR] *nf* (*plante*) heather; (*terrain*) heath(land). **pipe en (racine de)** ~ briar pipe.

bu, e [by] *ptp de* **boire.**

buanderie [bɥãdRi] *nf* wash house, laundry.

bûche [byʃ] *nf* (a) log. ~ **de Noël** Yule log. (b) (*) (*lourdaud*) blockhead*; (*chute*) fall. **ramasser une** ~ to come a cropper*.

bûcher[1] [byʃe] *nm* (a) (*remise*) woodshed. (b) (*funéraire*) (funeral) pyre; (*supplice*) stake.

bûcher[2]* [byʃe] (1) **1** *vt* to swot up*. **2** *vi* to swot*.

bûcheron [byʃRɔ̃] *nm* woodcutter, lumberjack.

bûcheur, -euse* [byʃœR, øz] *adj* hard-working. **2** *nm,f* slogger*.

bucolique [bykɔlik] *adj*, *nf* bucolic.

budget [bydʒɛ] *nm* budget. ♦ **budgétaire** *adj* (*gén*) budgetary. **année** ~ financial year.

buée [bɥe] *nf* mist, steam, condensation. **couvert de** ~ misted up, steamed up; **faire de la** ~ to make steam.

buffet [byfɛ] *nm* (a) (*meuble*) sideboard. ~ **de cuisine** kitchen dresser. (b) [*réception*] buffet. ~ (**de gare**) station buffet. (c) (‡: *ventre*) belly*.

buffle [byfl(ə)] *nm* buffalo.

buis [bɥi] *nm* (*arbre*) box tree; (*bois*) box(wood).

buisson [bɥisɔ̃] *nm* bush.

bulbe [bylb(ə)] *nm* (*Bot*, *Anat*) bulb; (*Archit*) onion-shaped dome. ♦ **bulbeux, -euse** *adj* bulbous.

Bulgarie [bylgaRi] *nf* Bulgaria. ♦ **bulgare** *adj*, *nm*, **B**~ *nmf* Bulgarian.

bulldozer [buldozœR] *nm* bulldozer.

bulle [byl] *nf* (a) bubble; [*bande dessinée*] balloon. **faire des** ~**s** to blow bubbles. (b) (*Rel*) bull.

bulletin [byltɛ̃] **1** *nm* (*communiqué*, *magazine*) bulletin; (*formulaire*) form; (*certificat*) certifi-cate; (*billet*) ticket; (*Scol*) report; (*Pol*) ballot paper. **2**: ~ **météorologique** weather forecast; ~-**réponse** *nm*, *pl* ~**s** -~**s** reply form *ou* coupon; ~ **de salaire** pay-slip.

bungalow [bœ̃galo] *nm* (*Inde*) bungalow; [*motel*] (holiday) chalet.

buraliste [byRalist(ə)] *nmf* [*tabac*] tobacconist; [*poste*] clerk.

bureau, *pl* ~**x** [byRo] **1** *nm* (a) (*meuble*) desk; (*chambre*) study; [*firme*] office. **heures de** ~ office hours; **nos** ~**x seront fermés** the office will be closed. (b) (*section*) department; (*comité*) committee; (*exécutif*) board. **2**: ~ **de change** bureau de change; ~ **d'études** research unit; (*indépendant*) research consultancy; ~ **de location** booking *ou* box office; ~ **de placement** employment agency; ~ **de poste** post office; ~ **de tabac** tobacconist's (shop); ~ **de vote** polling station.

bureaucrate [byRokRat] *nmf* bureaucrat. ♦ **bureaucratie** *nf* (*péj*) (*système*) bureaucracy, red tape; (*employés*) officialdom. ♦ **bureaucratique** *adj* bureaucratic.

burette [byRɛt] *nf* (*Culin*, *Rel*) cruet; [*mécanicien*] oilcan.

burin [byRɛ̃] *nm* (*Art*) burin; (*Tech*) (cold) chisel. ♦ **buriné, e** *adj visage* seamed, craggy.

burlesque [byRlɛsk(ə)] *adj* (*Théât*) burlesque; (*comique*) comical; (*ridicule*) ludicrous.

bus* [bys] *nm* bus.

busqué, e [byske] *adj*: **nez** ~ hooked nose.

buste [byst(ə)] *nm* (*torse*) chest; (*seins*, *sculpture*) bust.

but [by] *nm* (a) (*destination*, *objectif*) goal. **errer sans** ~ to wander aimlessly about; **il a pour** ~ **de faire** he is aiming to do; **aller droit au** ~ to go straight to the point; **nous touchons au** ~ the end *ou* our goal is in sight; **nous sommes encore loin du** ~ we still have a long way to go. (b) (*intention*) aim, purpose, object. **dans le** ~ **de faire** with the aim of doing; **le** ~ **de l'opération** the object *ou* point of the operation. (c) (*Ftbl*) goal; (*Tir*) target, mark. (d) **de** ~ **en blanc** *demander* point-blank; *répondre* off the cuff.

butane [bytan] *nm* (*Chim*) butane; (*en bouteille*) calor gas.

buter [byte] (1) **1** *vi* (a) ~ **contre** (*trébucher*) to stumble over; (*cogner*) to bump into; (*s'appuyer*) to rest against; (*fig*) *difficulté* to come up against; **nous butons sur ce problème** we are stuck over this problem. (b) (*Ftbl*) to score a goal. **2** *vt* (*irriter*) to antagonize; (‡: *tuer*) to bump off‡. **3 se** ~ *vpr* to dig one's heels in. ♦ **buté, e**[1] *adj* stubborn, obstinate. ♦ **butée**[2] *nf* (*Tech*) stop. ♦ **buteur** *nm* (*Ftbl*) striker.

butin [bytɛ̃] *nm* [*armée*] spoils; [*voleur*] loot; (*fig*) booty.

butiner [bytine] (1) *vi* to gather nectar.

butoir [bytwaR] *nm* (*Tech*) stop.

butor [bytɔR] *nm* (*péj*) boor, lout.

butte [byt] *nf* mound, hillock. ~-**témoin** outlier; (*fig*) **être en** ~ **à** to be exposed to.

buvable [byvabl(ə)] *adj* drinkable; (*Méd*) to be taken orally.

buvard [byvaR] *nm* (*papier*) blotting paper; (*sous-main*) blotter.

buvette [byvɛt] *nf* refreshment stall.

buveur, -euse [byvœR, øz] *nm,f* (*ivrogne*) drinker; [*café*] customer. ~ **de bière** beer drinker.

C

C, c [se] nm (lettre) C, c.
c' [s] abrév de **ce**.
ça [sa] pron dém = **cela** (dans la langue courante).
çà [sa] adv: ~ **et là** here and there.
cabale [kabal] nf cabal. ♦ **cabalistique** adj cabalistic.
caban [kabɑ̃] nm reefer (jacket).
cabane [kaban] nf (hutte) cabin; (remise) shed; (péj) shack. (*: prison) **en** ~ in (the) clink‡; ~ **à lapins** (lit) rabbit hutch; (fig) box. ♦ **cabanon** nm (maison) cottage, cabin; (remise) shed.
cabaret [kabaʀɛ] nm night club, cabaret; (Hist: café) inn. ♦ **cabaretier, -ière** nm,f innkeeper.
cabas [kabɑ] nm shopping bag.
cabestan [kabɛstɑ̃] nm capstan.
cabillaud [kabijo] nm (fresh) cod.
cabine [kabin] nf (Espace, Naut) cabin; [avion] cockpit; [grue] cab; [piscine] cubicle; (Audiovisuel) booth. ~ **d'ascenseur** lift (cage); ~ **de bain** bathing hut; ~ **d'essayage/de projection** fitting/projection room; ~ **téléphonique** phone box ou booth.
cabinet [kabinɛ] 1 nm (a) (toilettes) ~s toilet. (b) [médecin] surgery, consulting-room; [notaire] office; [immobilier] agency; (clientèle) practice. (c) (gouvernement) cabinet; [ministre] advisers. (d) [exposition] exhibition room. (e) (meuble) cabinet. 2: ~ **d'affaires** business consultancy; ~ **d'aisances**† water closet†, lavatory; ~ **particulier** private dining room; ~ **de toilette** bathroom; ~ **de travail** study.
câble [kɑbl(ə)] nm (gén) cable. ~ **d'amarrage** mooring line. ♦ **câblage** nm cabling. ♦ **câbler** (1) vt to cable.
caboche* [kabɔʃ] nf head, nut‡. ♦ **cabochard, e*** adj pigheaded*.
cabosser [kabɔse] (1) vt to dent.
cabot [kabo] nm (péj: chien) tyke (péj), cur (péj).
cabotage [kabɔtaʒ] nm coastal navigation. **faire du** ~ to ply along the coast. ♦ **caboteur** nm tramp, coaster.
cabotin [kabɔtɛ̃, in] 1 adj (péj) theatrical. 2 nm,f (péj) show-off; (acteur) ham (actor). ♦ **cabotinage** nm showing off; ham acting. ♦ **cabotiner** (1) vi to show off.
cabrer [kabʀe] (1) 1 vt cheval to make rear up; avion to nose up. ~ **qn** to put sb's back up; ~ **qn contre** to turn sb against. 2 **se** ~ vpr to rear up; to nose up; [personne] to rebel (contre against).
cabri [kabʀi] nm (Zool) kid.
cabriole [kabʀijɔl] nf [enfant, chevreau] caper; [gymnaste] somersault. ♦ **cabrioler** (1) vi to caper about.
cabriolet [kabʀijɔlɛ] nm (Hist) cabriolet; (décapotable) convertible.
caca* [kaka] nm: **faire** ~ to do a job*; **marcher dans du** ~ to step on some muck; (couleur) ~ **d'oie** greenish-yellow.
cacah(o)uète [kakawɛt] nf peanut.
cacao [kakao] nm cocoa.
cacatoès [kakatɔɛs] nm cockatoo.
cachalot [kaʃalo] nm sperm whale.
cache [kaʃ] 1 nm (gén) card; (Phot) mask. 2 nf hiding place; (pour butin) cache.
cachemire [kaʃmiʀ] nm (laine) cashmere; (dessin) paisley pattern.

cacher [kaʃe] (1) 1 vt (gén) to hide, conceal. ~ **son jeu** (lit) to keep one's cards up; (fig) to hide one's game; **tu me caches la lumière** you're in my light; ~ **son âge** to keep one's age a secret; **il n'a pas caché que** he made no secret (of the fact) that. 2 **se** ~ vpr (gén) to hide; [évadé] to be in hiding; [maison, défaut] to be concealed. **va te** ~! get out of my sight!; **faire qch sans se** ~ to do sth openly, do sth without hiding ou concealing the fact. ♦ **caché, e** adj (gén) hidden; (à l'écart) secluded; (secret) secret. ♦ **cache-cache** nm inv (lit, fig) hide-and-seek. ♦ **cache-col** nm inv ou ♦ **cache-nez** nm inv scarf, muffler. ♦ **cache-pot** nm inv flowerpot holder. ♦ **cache-radiateur** nm inv radiator cover. ♦ **cache-tampon** nm inv hunt-the-thimble.
cachet [kaʃɛ] nm (a) (Pharm) tablet. (b) (timbre) stamp; (sceau) seal. ~ **(de la poste)** postmark. (c) (fig: caractère) style, character. **robe qui a du** ~ stylish dress; **un** ~ **d'originalité** the stamp ou mark of originality. (d) (rétribution) fee. ♦ **cacheter** (4) vt to seal.
cachette [kaʃɛt] nf hiding-place. **en** ~ secretly; **en** ~ **de qn** unknown to sb.
cachot [kaʃo] nm (cellule) dungeon; (punition) solitary confinement.
cachotterie [kaʃɔtʀi] nf mystery. **faire des** ~s to be secretive, make mysteries about things. ♦ **cachottier, -ière** adj secretive.
cacophonie [kakɔfɔni] nf cacophony.
cactus [kaktys] nm inv cactus.
cadastre [kadastʀ(ə)] nm (registre) cadastre; (service) cadastral survey. ♦ **cadastral, e, mpl -aux** adj cadastral.
cadavre [kadavʀ(ə)] nm corpse, (dead) body; (*: bouteille) empty (bottle). ♦ **cadavérique** adj deathly pale.
cadeau, pl ~ **x** [kado] nm present, gift (de qn from sb). ~ **de Noël** Christmas present; **faire** ~ **de qch à qn** (offrir) to give sb sth as a present; (laisser) to let sb keep sth, give sth away (to sb); (fig) **ils ne font pas de** ~**x** they don't let you off lightly.
cadenas [kadnɑ] nm padlock. ♦ **cadenasser** (1) vt to padlock.
cadence [kadɑ̃s] nf [vers, chant] rhythm; [tir, production] rate; [marche] pace. **en** ~ (régulièrement) rhythmically; (en mesure) in time. ♦ **cadencé, e** adj rhythmic(al). ♦ **cadencer** (3) vt to give rhythm to.
cadet, -ette [kadɛ, ɛt] 1 adj (entre 2) younger; (plus de 2) youngest. 2 nm,f (a) youngest child (ou boy ou girl). **mon (frère/fils)** ~ my younger brother/son; **il est mon** ~ **de 2 ans** he's 2 years younger than me, he's 2 years my junior; **c'est le** ~ **de mes soucis** it's the least of my worries. (b) (Sport) minor (15-17 years). 3 nm (Hist Mil) cadet.
cadrage [kadʀaʒ] nm (Phot) centring (of image).
cadran [kadʀɑ̃] nm (gén) dial; [baromètre] face. ~ **solaire** sundial.
cadre [kadʀ(ə)] nm (a) (chassis) frame; (caisse) crate; [radio] frame antenna; (sur formulaire) space, box. (b) (décor) setting; (entourage) surroundings. **le** ~ **étroit de** the strait jacket ou the narrow confines of. (c) (limites) scope; (contexte) framework. **dans le** ~ **de fonctions**

within the scope *ou* limits of; *festival* within the context *ou* framework of; **respecter le ~ de la légalité** to remain within (the bounds of) the law. **(d)** *(chef)* executive, manager; *(Mil)* officer. **les ~s** the managerial staff; **~ supérieur/moyen** senior/middle manager *ou* executive. **(e)** *(personnel)* **figurer sur les ~s** to be (placed) on the books; **rayé des ~s** *(licencié)* dismissed; *(libéré)* discharged.

cadrer [kɑdʀe] (1) **1** *vi* to tally *(avec* with), conform *(avec* to, with). **2** *vt (Phot)* to centre.

caduc, caduque [kadyk] *adj (Bot)* deciduous; *(Jur)* null and void; *(périmé)* outmoded, obsolete.

cafard[1] [kafaʀ] *nm* **(a)** *(insecte)* cockroach. **(b)** (*) **accès de ~** fit of the blues*; **avoir le ~** to have the blues*, be feeling blue*; **ça lui donne le ~** that gets him down*. ♦ **cafardeux, -euse** *adj personne* feeling blue*; *tempérament* gloomy.

cafard[2], **e** [kafaʀ, aʀd(ə)] *nm,f (péj)* sneak. ♦ **cafardage** *nm* sneaking. ♦ **cafarder** (1) *vi* to sneak.

café [kafe] *nm (produit, moment)* coffee; *(lieu)* café. **~ au lait** *(nm)* white coffee, coffee with milk; *(adj inv)* coffee-coloured; **~ liégeois** coffee ice cream *(with whipped cream topping)*; **~ soluble** instant coffee. ♦ **caféier** *nm* coffee tree. ♦ **cafetier, -ière 1** *nm,f* café-owner. **2** *nf (pot)* coffeepot; *(percolateur)* coffee-maker; (‡: *tête*) nut‡.

cafouiller* [kafuje] (1) *vi [organisation, discussion]* to be in a shambles; *[équipe]* to go to pieces; *[candidat]* to flounder; *[moteur]* to work in fits and starts. **~ (avec) le ballon** to fumble the ball. ♦ **cafouillage*** *nm* muddle, shambles *(sg)*. ♦ **cafouilleur, -euse*** **1** *adj* shambolic*. **2** *nm,f* muddler.

cage [kaʒ] *nf (gén, Anat, Min)* cage; *(Tech)* casing; *(Sport: buts)* goal. **~ d'ascenseur** lift shaft; **~ d'escalier** stairwell; **~ à lapins** *(lit)* (rabbit) hutch; *(péj)* box.

cageot [kaʒo] *nm [légumes, fruits]* crate.

cagibi [kaʒibi] *nm* box room.

cagneux, -euse [kaɲø, øz] *adj* knock-kneed. **genoux ~** knock knees.

cagnotte [kaɲɔt] *nf (caisse commune)* kitty; (*: *économies)* nest egg.

cagoule [kagul] *nf [moine]* cowl; *[pénitent, bandit]* hood; *[enfant]* balaclava.

cahier [kaje] *nm (Scol)* notebook, exercise book; *(revue)* journal. **~ de brouillon** roughbook; **~ de textes** homework notebook.

cahin-caha* [kaɛ̃kaa] *adv:* **aller ~** *[vie, marcheur]* to jog along; *[santé]* to be so-so*.

cahot [kao] *nm* jolt, bump. ♦ **cahotant, e** *adj véhicule* bumpy, jolting. ♦ **cahoter** (1) **1** *vt* to jolt. **cahoté par la guerre** buffeted about by the war. **2** *vi* to jog *ou* trundle along.

cahute [kayt] *nf* shack.

caïd [kaid] *nm (meneur)* big chief*; (*: *as)* ace *(en* at). **le ~ de l'équipe*** the star of the team.

caillasse [kajas] *nf* loose stones.

caille [kɑj] *nf* quail.

caillebotis [kɑjbɔti] *nm* duckboard.

cailler [kɑje] (1) **1** *vt:* (faire) **~** to curdle. **2** *vi,* se **~** *vpr* **(a)** *[lait]* to curdle; *[sang]* to clot. **(b)** (‡: avoir froid) to be cold. **ça caille** it's freezing. ♦ **caillot** *nm* (blood) clot.

caillou, pl ~ x [kaju] *nm (gén)* stone; *(petit galet)* pebble; *(grosse pierre)* boulder; (*: *tête)* head, nut‡; (*: *diamant)* stone. **il a un ~ à la place du cœur** he has a heart of stone; **il n'a pas un poil sur le ~*** he's as bald as a coot *ou* an egg. ♦ **caillouteux, -euse** *adj* stony; pebbly. ♦ **cailloutis** *nm (gén)* gravel; *[route]* (road) metal.

caïman [kaimɑ̃] *nm* cayman, caiman.

Caire [kɛʀ] *n:* **le ~** Cairo.

caisse [kɛs] **1** *nf* **(a)** *(boîte)* box; *(cageot)* crate;

[horloge] casing; *[véhicule]* bodywork. **(b)** *(machine)* cash register, till; *(portable)* cashbox. **avoir de l'argent en ~** to have ready cash; **faire la ~** to do the till; **les ~s de l'état** the coffers of the state; **voler la ~** to steal the contents of the till, steal the takings. **(c)** *[boutique]* cashdesk; *[banque]* cashier's desk; *[supermarché]* checkout. **passer à la ~** *(lit)* to go to the cashdesk; *(payé)* to collect one's money; *(licencié)* to get paid off. **(d)** *(bureau)* office; *(organisme)* fund. **(e)** *(Mus)* drum. **2: ~ d'emballage** packing case; **~ enregistreuse** cash register; **~ d'épargne** savings bank; **~ noire** secret funds; **~ à outils** toolbox; **~ de résonance** resonance chamber. ♦ **caissette** *nf* (small) box. ♦ **caissier, -ière** *nm,f (gén)* cashier; *[banque]* teller; *[supermarché]* check-out assistant; *[cinéma]* box-office assistant.

caisson [kɛsɔ̃] *nm (Archit, Mil, Tech)* caisson. **le mal des ~s** caisson disease, the bends*.

cajoler [kaʒɔle] (1) *vt* to cuddle, make a fuss of. ♦ **cajolerie** *nf* cuddle. **faire des ~s à qn** to cuddle sb, make a fuss of sb.

cake [kɛk] *nm* fruit cake.

calage [kalaʒ] *nm [meuble]* wedging; *[roue]* chocking.

calamité [kalamite] *nf [malheur]* calamity. **quelle ~!*** what a calamity *ou* disaster! ♦ **calamiteux, -euse** *adj* calamitous.

calandre [kalɑ̃dʀ(ə)] *nf [automobile]* radiator grill; *(machine)* calender.

calcaire [kalkɛʀ] **1** *adj (gén)* chalky; *eau* hard; *(Géol)* limestone. **2** *nm (Géol)* limestone; *[bouilloire]* fur.

calciner [kalsine] (1) *vt (Tech)* to calcine; *rôti* to burn to a cinder. ♦ **calciné, e** *adj débris* charred, burned to ashes. **~ par le soleil** scorched by the sun.

calcium [kalsjɔm] *nm* calcium.

calcul [kalkyl] *nm* **(a)** *(gén, fig)* calculation; *(exercice scolaire)* sum. **erreur de ~** miscalculation; **d'après mes ~s** by my reckoning, according to my calculations; **par ~** with an ulterior motive, out of (calculated) self-interest. **(b)** *(discipline)* **le ~** arithmetic; **~ des probabilités** probability theory; **le ~ intégral** integral calculus. **(c)** *(Méd)* stone, calculus. ♦ **calculateur, -trice 1** *adj (intéressé)* calculating. **2** *nm* computer. **3** *nf* calculator. **4** *nm,f (personne)* calculator. ♦ **calculer** (1) **1** *vt prix, quantité, conséquences* to calculate, work out; *geste, effets* to plan, calculate. **~ son élan** to judge one's run-up; **~ son coup** to plan one's move (carefully); **avec une gentillesse calculée** with calculated kindness; **tout bien calculé** everything considered. **2** *vi (Math)* to calculate; *(économiser)* to count the pennies.

cale [kal] *nf* **(a)** *(soute)* hold; *(plan incliné)* slipway. **~ de radoub/sèche** graving/dry dock. **(b)** *[meuble]* wedge; *[roue]* chock, wedge.

calé, e* [kale] *adj personne* bright; *problème* tough.

calebasse [kalbɑs] *nf* calabash.

calèche [kalɛʃ] *nf* barouche.

caleçon [kalsɔ̃] *nm* (pair of) underpants. **~(s) de bain** bathing trunks.

calembour [kalɑ̃buʀ] *nm* pun.

calendes [kalɑ̃d] *nfpl (Antiq)* calends.

calendrier [kalɑ̃dʀije] *nm (jours et mois)* calendar; *(programme)* timetable.

cale-pied [kalpje] *nm inv [vélo]* toe clip.

calepin [kalpɛ̃] *nm* notebook.

caler [kale] (1) **1** *vt* **(a)** *meuble* to wedge; *roue* to chock, wedge; *malade, pile de livres* to prop up. **ça vous cale l'estomac*** it fills you up; **se ~ dans un fauteuil** to settle o.s. comfortably in an armchair. **(b)** *moteur* to stall. **2** *vi* **(a)** *[véhicule]* to stall. **(b)** (*: *abandonner)* to give up.

calfeutrer [kalføtʀe] (1) **1** *vt* to (make) draughtproof. **2 se** ~ *vpr* to make o.s. snug. ♦ **calfeutrage** *nm* draughtproofing.

calibre [kalibʀ(ə)] *nm* **(a)** *[fusil]* calibre, bore; *[tuyau]* bore; *[obus]* calibre; *[câble]* diameter; *[œufs, fruits]* grade; *[boule]* size. **(b)** *(instrument)* gauge; *(fig: envergure)* calibre. ♦ **calibrer** (1) *vt* œufs to grade; *(Tech)* to gauge.

calice [kalis] *nm* *(Rel)* chalice; *(Bot)* calyx.

calicot [kaliko] *nm* *(tissu)* calico; *(banderole)* banner.

calife [kalif] *nm* caliph.

califourchon [kalifuʀʃɔ̃] *nm*: **à** ~ astride.

câlin, e [kalɛ̃, in] **1** *adj* enfant, chat cuddly; mère, ton tender, loving. **2** *nm* cuddle. ♦ **câliner** (1) *vt* to fondle, cuddle. ♦ **câlinerie** *nf* tenderness. ~s caresses.

calleux, -euse [kalø, øz] *adj* peau horny, callous.

calligraphier [kaligʀafje] (7) *vt* to write artistically.

callosité [kalozite] *nf* callosity.

calmant, e [kalmɑ̃, ɑ̃t] **1** *adj* *(pour les nerfs)* tranquillizing; *(contre la douleur)* painkilling; paroles soothing. **2** *nm* tranquillizer; painkiller.

calmar [kalmaʀ] *nm* squid.

calme [kalm(ə)] **1** *adj* vie, atmosphère quiet, peaceful; air, ciel still; personne, mer calm, quiet; Bourse quiet. **rester** ~ to remain calm *ou* cool. **2** *nm* quietness, peacefulness; stillness; calm, calmness; *(sang-froid)* sangfroid. *(tranquillité)* le ~ quietness, peace (and quiet); **du** ~! *(restez tranquille)* quieten down!; *(pas de panique)* keep cool! *ou* calm!; *(Pol)* ramener le ~ to restore order; *(Naut)* ~ **plat** dead calm; *(fig)* c'est le ~ **plat** things are at a standstill. ♦ **calmement** *adv* agir calmly; se dérouler quietly.

calmer [kalme] (1) **1** *vt* personne to calm (down); querelle to quieten down; révolte, flots to calm; douleur, nerfs, crainte, fièvre to soothe; impatience, désir to curb; faim to appease; soif to quench. **2 se** ~ *vpr* [personne, mer] to calm down; [discussion] to quieten down; [douleur, faim, inquiétude] to ease; [fièvre, colère, ardeur] to subside.

calomnier [kalɔmnje] (7) *vt* to slander; *(par écrit)* to libel. ♦ **calomniateur, -trice** *nm,f* slanderer; libeller. ♦ **calomnie** *nf* slander; libel. **dire des** ~s to make slanderous remarks. ♦ **calomnieux, -euse** *adj* slanderous; libellous.

calorie [kalɔʀi] *nf* calorie. ♦ **calorifique** *adj* calorific.

calorifuger [kalɔʀifyʒe] (3) *vt* to lag, insulate. ♦ **calorifuge** *adj* (heat-)insulating. ♦ **calorifugeage** *nm* lagging, insulation.

calot [kalo] *nm* forage cap.

calotte [kalɔt] *nf* *(bonnet)* skullcap; *(partie supérieure)* crown; (*: gifle)* slap. **la** ~ **des cieux** the vault of heaven; ~ **glaciaire** icecap.

calque [kalk(ə)] *nm* *(dessin)* tracing; *(papier)* tracing paper; *(fig)* exact copy; *(Ling)* calque. ♦ **calquer** (1) *vt* to trace; to copy exactly.

calumet [kalymɛ] *nm* calumet. **le** ~ **de la paix** the pipe of peace.

calvaire [kalvɛʀ] *nm* *(croix, peinture)* Calvary; *(épreuve)* suffering, martyrdom. *(Rel)* Le C~ Calvary.

calvinisme [kalvinism(ə)] *nm* Calvinism. ♦ **calviniste** *adj, nmf* Calvinist.

calvitie [kalvisi] *nf* baldness.

camaïeu [kamajø] *nm* monochrome.

camarade [kamaʀad] *nmf* companion, friend, mate*; *(Pol)* comrade. ~ **d'atelier/d'école** workmate/schoolmate. ♦ **camaraderie** *nf* good-companionship.

Cambodge [kɑ̃bɔdʒ] *nm* Kampuchea, Cambodia†. ♦ **cambodgien, -ienne** *adj*, C~(ne) *nm(f)* Kampuchean, Cambodian†.

cambouis [kɑ̃bwi] *nm* dirty oil *ou* grease.

cambrer [kɑ̃bʀe] (1) **1** *vt* pied, dos to arch; bois to bend; métal to curve. **2 se** ~ *vpr* to arch one's back. ♦ **cambré, e** *adj* reins arched; pied, chaussures with a high instep.

cambrioler [kɑ̃bʀijole] (1) *vt* to burgle, burglarize (US). ♦ **cambriolage** *nm* burglary. ♦ **cambrioleur** *nm* burglar.

cambrousse [kɑ̃bʀus] *nf* country. **en pleine** ~ in the middle of nowhere, out in the sticks*.

cambrure [kɑ̃bʀyʀ] *nf* **(a)** *[poutre, reins]* curve; *[pied]* arch; *[route]* camber. **(b)** *(partie)* ~ **du pied** instep; ~ **des reins** small of the back.

cambuse [kɑ̃byz] *nf* (*: chambre)* place*, pad*; *(Naut)* storeroom.

came [kam] *nf* *(Tech)* cam; *(arg Drogue)* snow *(arg)*, junk *(arg)*; (*: marchandise)* stuff*; (* : pacotille)* junk*. ♦ **camé, e** [1] *nm,f* *(arg)* junkie *(arg)*.

camée² [kame] *nm* cameo.

caméléon [kameleɔ̃] *nm* chameleon.

camélia [kamelja] *nm* camellia.

camelot [kamlo] *nm* street pedlar.

camelote* [kamlɔt] *nf* *(pacotille)* junk*; *(marchandise)* stuff*.

caméra [kameʀa] *nf* *(Ciné, TV)* camera; *[amateur]* cine-camera, movie camera *(US)*.

Cameroun [kamʀun] *nm* Cameroon. ♦ **camerounais, e** *adj*, C~(e) *nm(f)* Cameroonian.

camion [kamjɔ̃] *nm* *(ouvert)* lorry, truck *(US)*; *(fermé)* van, truck *(US)*. ~-**citerne** *nm, pl* ~s -~s tanker (lorry), tank truck *(US)*; ~ **de déménagement** removal van. ♦ **camionnage** *nm* haulage. ♦ **camionnette** *nf* (small) van. ♦ **camionneur** *nm* lorry *ou* truck *(US)* driver; *(entrepreneur)* road haulier.

camisole [kamizɔl] *nf*: ~ **de force** strait jacket.

camomille [kamɔmij] *nf* camomile.

camoufler [kamufle] (1) *vt* *(Mil)* to camouflage; *(cacher)* to conceal; *(déguiser)* to disguise. ♦ **camouflage** *nm* *(Mil)* *(action)* camouflaging; *(résultat)* camouflage.

camp [kɑ̃] *nm* *(gén, Mil: emplacement)* camp; *(parti, Sport)* side; *(Pol)* camp. ~ **d'extermination** death camp; ~ **de toile** campsite.

campagne [kɑ̃paɲ] *nf* **(a)** *(gén)* country; *(paysage)* countryside. **en pleine** ~ right in the middle of the country(side); **auberge de** ~ country inn. **(b)** *(Mil, Pol, Presse)* campaign. **faire** ~ to fight a campaign; **en** ~ on campaign; **canon de** ~ field gun; **mener une** ~ **pour/contre** to campaign for/against; **tout le monde se mit en** ~ everybody set to work *ou* got busy *(pour faire* to do). ♦ **campagnard, e 1** *adj* country. **2** *nm* countryman. ~s countryfolk. **3** *nf* countrywoman.

campanile [kɑ̃panil] *nm* campanile.

campanule [kɑ̃panyl] *nf* bellflower, campanula.

camper [kɑ̃pe] (1) **1** *vi* to camp. **2** *vt* **(a)** troupes to camp out. **(b)** personnage to portray; portrait to fashion, shape. **(c)** lunettes etc to plant *(sur* on). **se** ~ **devant** to plant o.s. in front of. ♦ **campement** *nm* camp, encampment. ♦ **campeur, -euse** *nm,f* camper. ♦ **camping** *nm* **(a)** *(activité)* le ~ camping; **faire du** ~ to go camping. **(b)** *(lieu)* campsite.

camphre [kɑ̃fʀ(ə)] *nm* camphor.

campus [kɑ̃pys] *nm* campus.

camus, e [kamy, yz] *adj* personne pug-nosed.

Canada [kanada] *nm* Canada. ♦ **canadianisme** *nm* Canadianism. ♦ **canadien, -ienne 1** *adj* Canadian. **2** *nm(f)*: C~(ne) Canadian. **3** *nf* (veste) fur-lined jacket.

canaille [kanaj] **1** *adj* low, coarse. **2** *nf* *(salaud)* bastard‡; *(escroc)* crook; *(hum: enfant)* rascal. *(populace)* **la** ~ the rabble *(péj)*. ♦ **canaillerie** *nf* *[manières]* lowness, coarseness; *[procédés]* crookedness; *(action malhonnête)* dirty *ou* low trick.

canal, pl **-aux** [kanal, o] nm (artificiel) canal; (détroit) channel; (tuyau, fossé) conduit, duct; (Anat) canal, duct; (TV) channel. **par le ~ d'un collègue** through a colleague. ♦ **canalisation** nf (tuyau) (main) pipe; (Élec) cable. ♦ **canaliser** (1) vt foule, demandes to channel; fleuve to canalize; plaine to provide with a network of canals.

canapé [kanape] nm (meuble) settee, couch; (Culin) canapé.

canard [kanaʀ] nm (gén) duck; (mâle) drake; (*: journal) rag*. (Mus) **faire un ~** to hit a false note; **mon (petit)~* pet***; **~ de Barbarie** Muscovy ou musk duck.

canarder* [kanaʀde] (1) vt (fusil) to snipe at; (pierres) to pelt (avec with).

canari [kanaʀi] nm canary.

Canaries [kanaʀi] nfpl: **les (îles) ~** the Canary Islands.

cancans [kɑ̃kɑ̃] nmpl gossip. ♦ **cancaner** (1) vi to gossip, tittle-tattle. ♦ **cancanier, -ière** adj gossipy, tittle-tattling.

cancer [kɑ̃sɛʀ] nm cancer. ♦ **cancéreux, -euse** adj tumeur cancerous; personne with cancer. ♦ **cancérigène** adj carcinogenic. ♦ **cancérologie** nf cancerology. ♦ **cancérologue** nmf cancerologist.

cancre [kɑ̃kʀ(ə)] nm (péj: élève) dunce.

cancrelat [kɑ̃kʀəla] nm cockroach.

candélabre [kɑ̃delabʀ(ə)] nm candelabra.

candeur [kɑ̃dœʀ] nf naïvety.

candidat, e [kɑ̃dida, at] nm,f (gén) candidate (à at); [poste] applicant (à for). ♦ **candidature** nf candidature, candidacy (US); application (à for). **poser sa ~ à poste** to apply for.

candide [kɑ̃did] adj naïve. ♦ **candidement** adv naïvely.

cane [kan] nf (female) duck. ♦ **caneton** nm, **canette¹** nf duckling.

canette² [kanɛt] nf (bouteille) bottle (of beer).

canevas [kanva] nm (a) [livre] framework. (b) (toile) canvas; (ouvrage) tapestry (work).

caniche [kaniʃ] nm poodle.

canicule [kanikyl] nf (chaleur) scorching heat; (période) heatwave. (juillet-août) **la ~** the dog days. ♦ **caniculaire** adj scorching.

canif [kanif] nm penknife, pocket knife.

canin, e [kanɛ̃, in] 1 adj espèce canine; exposition dog. 2 nf (dent) canine (tooth).

caniveau, pl **~x** [kanivo] nm (roadside) gutter.

cannage [kanaʒ] nm (partie cannée) canework; (opération) caning.

canne [kan] nf walking stick. **~ à pêche** fishing rod; **~ à sucre** sugar cane.

canneler [kanle] (4) vt to flute. ♦ **cannelure** nf [colonne] flute.

cannelle [kanɛl] nf cinnamon.

canner [kane] (1) vt to cane. **chaise cannée** cane chair. ♦ **canneur, -euse** nm,f cane worker.

cannibale [kanibal] 1 adj cannibal. 2 nmf cannibal, man-eater. ♦ **cannibalisme** nm cannibalism.

canoë [kanɔe] nm canoe. **faire du ~** to canoe. ♦ **canoéiste** nmf canoeist.

canon [kanɔ̃] nm (a) (arme) gun; (Hist) cannon; [fusil, clé] barrel. (b) (Rel, Mus) canon. (code) **~s** canons.

cañon [kaɲɔ̃] nm canyon.

canonique [kanɔnik] adj (Rel) canonical; âge venerable. ♦ **canonisation** nf canonization. ♦ **canoniser** (1) vt to canonize.

canonner [kanɔne] (1) vt to bombard, shell. ♦ **canonnade** nf cannonade. ♦ **canonnier** nm gunner. ♦ **canonnière** nf gunboat.

canot [kano] nm boat, ding(h)y. **~ automobile** motorboat; **~ pneumatique** rubber ou inflatable ding(h)y; **~ de sauvetage** lifeboat. ♦ **canotage** nm boating, rowing. **faire du ~** to go boating ou rowing. ♦ **canotier** nm (chapeau) boater.

cantate [kɑ̃tat] nf cantata.

cantatrice [kɑ̃tatʀis] nf (opera) singer.

cantine [kɑ̃tin] nf (a) [usine] canteen; [école] dining hall; (service) school meals. (b) (malle) tin trunk. ♦ **cantinière** nf (Hist Mil) canteen woman.

cantique [kɑ̃tik] nm hymn.

canton [kɑ̃tɔ̃] nm (gén) district; (Admin) canton. ♦ **cantonal, e,** mpl **-aux** adj district; cantonal.

cantonade [kɑ̃tɔnad] nf: **dire qch à la ~** to say sth to everyone in general.

cantonner [kɑ̃tɔne] (1) vt (Mil) to station; (chez l'habitant etc) to quarter, billet (chez, dans on). (fig) **~ qn dans un travail** to confine sb to a job; se **~ dans** to confine o.s. to. ♦ **cantonnement** nm (action) stationing; billeting, quartering; (lieu) quarters, billet; (camp) camp.

cantonnier [kɑ̃tɔnje] nm roadman.

canular [kanylaʀ] nm hoax.

caoutchouc [kautʃu] nm (matière) rubber; (élastique) rubber ou elastic band. ® **~ mousse** foam ou sponge rubber. ♦ **caoutchouter** (1) vt to rubberize. ♦ **caoutchouteux, -euse** adj rubbery.

cap [kap] nm (a) (Géog) cape; (promontoire) point, headland. **le ~ Horn** Cape Horn; **le ~ de Bonne Espérance** the Cape of Good Hope; **doubler un ~** to round a cape; **passer le ~ de l'examen** to get over the hurdle of the exam; **franchir le ~ des 40 ans** to turn 40; **franchir le ~ des 50 millions** to pass the 50-million mark. **(b)** (lit, fig) **changer de ~** to change course; (Aut, Naut) **mettre le ~ sur** to head for.

capable [kapabl(ə)] adj able, capable. **~ de faire/de qch** capable of doing/of sth; **te sens-tu ~ de tout manger?** do you feel you can eat it all?, do you feel up to eating it all?; **il est ~ de l'avoir perdu** he's quite likely to have lost it, he may well have lost it.

capacité [kapasite] nf (contenance) capacity; (aptitude) ability (à faire to do); (civile, légale) capacity. **~s intellectuelles** intellectual abilities ou capacities; **avoir ~ pour** to be (legally) entitled to.

caparaçonner [kapaʀasɔne] (1) vt cheval to caparison. (fig) **caparaçonné de cuir** all clad in leather.

cape [kap] nf (courte) cape; (longue) cloak.

capharnaüm* [kafaʀnaɔm] nm clutter, muddle.

capillaire [kapilɛʀ] 1 adj (Sci) capillary; lotion hair. 2 nm (Anat) capillary.

capilotade [kapilɔtad] nf: **mettre en ~ fruits** to squash to a pulp; adversaire to beat to a pulp; **il avait les reins en ~** his back was aching like hell*.

capitaine [kapitɛn] nm (Mil, Naut, Sport) captain; (armée de l'air) flight lieutenant; (littér: chef) (military) leader. **~ d'industrie** captain of industry; **~ au long cours** master mariner; **~ des pompiers** fire chief.

capital, e, mpl **-aux** [kapital, o] 1 adj (gén) major, main; erreur chief, major; importance cardinal, capital; peine capital. **il est ~ d'y aller** it is vital ou absolutely essential that we go. 2 nm (Fin, Pol) capital. **~aux** money, capital; (fig) **~ de connaissances** stock ou fund of knowledge; **cela constitue un ~ appréciable** it is a major asset; **le ~ artistique du pays** the artistic wealth ou resources of the country. 3 nf (a) (lettre) **~e** capital (letter); **en ~es d'imprimerie** in block capitals. **(b)** (métropole) capital (city).

capitaliser [kapitalize] (1) 1 vt (a) somme to amass; (fig) expériences to build up, accumulate. **l'intérêt capitalisé pendant un an** interest accrued ou accumulated in a year. **(b)** (Fin: ajouter au capital) intérêts to capitalize. 2 vi to save. ♦ **capitalisation** nf capitalization. ♦ **capitalisme** nm capitalism. ♦ **capitaliste** adj, nmf capitalist.

capiteux, -euse [kapitø, øz] *adj vin* heady; *beauté* intoxicating.

capitonner [kapitɔne] (1) *vt* to pad (*de* with). ♦ **capitonnage** *nm* padding.

capituler [kapityle] (1) *vi* to capitulate, surrender. ♦ **capitulation** *nf* capitulation, surrender.

caporal, *pl* **-aux** [kapɔral, o] *nm* corporal.

capot [kapo] *nm* bonnet, hood (*US*).

capote [kapɔt] *nf [voiture]* hood, top (*US*); (*manteau*) greatcoat.

capoter [kapɔte] (1) *vi* to overturn.

câpre [kɑpʀ(ə)] *nf (Culin)* caper.

caprice [kapʀis] *nm* whim, caprice. **faire un** ~ to throw a tantrum; **cet enfant fait des** ~**s** this child is being awkward; ~ **de la nature** freak of nature; ~**s** *[chemin]* windings; *[mode]* vagaries, whims; *[sort]* quirks. ♦ **capricieusement** *adv* capriciously, whimsically. ♦ **capricieux, -ieuse** *adj* capricious, whimsical; (*péj*) temperamental; awkward.

Capricorne [kapʀikɔʀn(ə)] *nm*: le ~ Capricorn; être du ~ to be (a) Capricorn.

capsule [kapsyl] *nf (Espace, Sci)* capsule; *[bouteille]* capsule, cap; *[arme]* cap. ♦ **capsuler** (1) *vt* to put a capsule *ou* cap on.

capter [kapte] (1) *vt suffrages, confiance* to win; *émission* to pick up; *source* to harness; *courant* to tap.

captif, -ive [kaptif, iv] *adj, nm,f* captive. ♦ **captiver** (1) *vt* to captivate. ♦ **captivité** *nf* captivity.

capturer [kaptyʀe] (1) *vt* to catch, capture. ♦ **capture** *nf* (*action*) capture, catching; (*animal*) catch; (*personne*) capture.

capuche [kapyʃ] *nf* hood. ♦ **capuchon** *nm* hood; (*Rel*) cowl; (*pèlerine*) hooded raincoat; *[stylo]* top, cap.

capucine [kapysin] *nf (Bot)* nasturtium.

caquet [kakɛ] *nm* (*) *[personne]* prattle; *[poule]* cackle. **rabattre le** ~ **à qn*** to bring sb down a peg or two. ♦ **caqueter** (4) *vi* to prattle; to cackle.

car¹ [kaʀ] *nm* coach, bus (*US*). ~ **de police** police van.

car² [kaʀ] *conj* because, for.

carabine [kaʀabin] *nf* rifle.

carabiné, e* [kaʀabine] *adj fièvre* raging, violent; *facture* stiff.

carabinier [kaʀabinje] *nm (Espagne)* carabinero; (*Italie*) carabiniere.

caracoler [kaʀakɔle] (1) *vi* to caracole.

caractère [kaʀaktɛʀ] *nm* (a) (*gén*) character, nature. **avoir bon/mauvais** ~ to be good-/ill-natured, be good-/bad-tempered; (*personne, maison*) avoir du ~ to have character; **la situation n'a aucun** ~ **de gravité** the situation shows no sign *ou* evidence of seriousness. (b) (*gén pl*: *caractéristique*) characteristic, feature. (c) (*Typ*) character, letter. ~**s gras** bold type; ~**s d'imprimerie** block capitals.

♦ **caractériel, -elle** *adj traits* character; *troubles* emotional. (**enfant**) ~ emotionally disturbed child, problem child. ♦ **caractériser** (1) *vt* (*être typique de*) to characterize, be characteristic of; (*décrire*) to characterize. se ~ **par** to be characterized by; **erreur caractérisée** blatant mistake. ♦ **caractéristique 1** *adj* characteristic (*de* of). **2** *nf* characteristic, (typical) feature.

carafe [kaʀaf] *nf* (*gén*) carafe; (*en cristal*) decanter.

caraïbe [kaʀaib] *adj* Caribbean. les C~s the Caribbean.

carambolage [kaʀɑ̃bɔlaʒ] *nm* pileup. ♦ **se caramboler** (1) *vpr* to collide.

caramel [kaʀamɛl] *nm* (*Culin*) caramel; (*mou*) fudge; (*dur*) toffee, butterscotch. ♦ **caraméliser** (1) *vt sucre* to caramelize; *moule* to coat with caramel; *boisson* to flavour with caramel.

carapace [kaʀapas] *nf* (*lit, fig*) shell.

carat [kaʀa] *nm* carat.

caravane [kaʀavan] *nf* (*convoi*) caravan; (*fig*) stream; (*véhicule*) caravan, trailer (*US*). ♦ **caravanier, -ière 1** *adj* caravan. **2** *nm* caravanner. ♦ **caravaning** *nm* caravanning. ♦ **caravansérail** *nm* (*lit, fig*) caravanserai.

caravelle [kaʀavɛl] *nf* caravel.

carbone [kaʀbɔn] *nm* carbon. ♦ **carbonate** *nm* carbonate. ♦ **carbonique** *adj* carbonic.

carboniser [kaʀbɔnize] (1) *vt bois* to carbonize; *maison* to burn to the ground; *rôti* to burn to a cinder. ♦ **carbonisé, e** *adj restes* charred. **mort** ~ burned to death.

carburant [kaʀbyʀɑ̃] *nm* fuel. ♦ **carburateur** *nm* carburettor. ♦ **carburation** *nf [essence]* carburation. ♦ **carbure** *nm* carbide. ♦ **carburer** (1) *vi*: ~ **bien/mal** *[moteur]* to be well/badly tuned; (‡: *fig*) to be going well/badly.

carcan [kaʀkɑ̃] *nm* (*Hist*) iron collar; (*contrainte*) yoke; (*fig:col*) vice (*fig*).

carcasse [kaʀkas] *nf [corps]* carcass; *[abat-jour]* frame; *[bateau, immeuble]* skeleton.

cardan [kaʀdɑ̃] *nm* universal joint.

carder [kaʀde] (1) *vt* to card.

cardiaque [kaʀdjak] **1** *adj* cardiac. être ~ to have a heart condition. **2** *nmf* heart patient.

cardinal, e, *mpl* **-aux** [kaʀdinal, o] **1** *adj* cardinal. **2** *nm* (*Rel*) cardinal; (*nombre*) cardinal number.

cardiologie [kaʀdjɔlɔʒi] *nf* cardiology. ♦ **cardiologue** *nmf* cardiologist, heart specialist. ♦ **cardio-vasculaire** *adj* cardiovascular.

carême [kaʀɛm] *nm* (*jeûne*) fast. (*Rel: période*) le C~ Lent.

carence [kaʀɑ̃s] *nf* (*incompétence*) incompetence; (*manque*) shortage (*en* of); (*Méd*) deficiency. les ~**s de** the shortcomings of.

carène [kaʀɛn] *nf (Naut)* hull. ♦ **caréner** (6) *vt* (*Naut*) to careen; *véhicule* to streamline.

caresser [kaʀese] (1) *vt* (a) to caress, stroke. ~ **qn du regard** to give sb a caressing look. (b) *projet* to entertain, toy with. ♦ **caressant, e** *adj enfant* affectionate; *voix, brise* caressing.

cargaison [kaʀgɛzɔ̃] *nf* cargo, freight; (*fig*) load, stock. ♦ **cargo** *nm* cargo boat, freighter.

carguer [kaʀge] (1) *vt voiles* to furl.

caricature [kaʀikatyʀ] *nf* (a) caricature; (*politique*) cartoon. une ~ **de procès** a mockery of a trial; une ~ **de la vérité** a caricature *ou* gross distortion of the truth. (b) (‡: *personne*) fright*. ♦ **caricatural, e**, *mpl* **-aux** *adj* (*ridicule*) ridiculous, grotesque; (*exagéré*) caricatured. ♦ **caricaturer** (1) *vt* to caricature. ♦ **caricaturiste** *nmf* (caricaturist; (satirical) cartoonist.

carie [kaʀi] *nf*: la ~ **dentaire** tooth decay, (dental) caries; **j'ai une** ~ I've got a bad tooth *ou* a hole in my tooth. ♦ **carier** (7) *vt, se* ~ *vpr* to decay. **dent cariée** bad *ou* decayed tooth.

carillon [kaʀijɔ̃] *nm* (*cloches*) peal of bells; (*horloge*) chiming clock; (*sonnette*) (door) chime; (*air*) chimes. ♦ **carillonner** (1) **1** *vi [cloches]* to ring, chime; (*à la porte*) to ring very loudly. **2** *vt heure* to chime, ring; (*fig*) *nouvelle* to broadcast.

carlingue [kaʀlɛ̃g] *nf (Aviat)* cabin.

carmin [kaʀmɛ̃] *nm, adj inv* carmine.

carnage [kaʀnaʒ] *nm* (*lit, fig*) carnage, slaughter.

carnassier, -ière [kaʀnasje, jɛʀ] **1** *adj animal* carnivorous, flesh-eating. **2** *nm* carnivore.

carnaval, *pl* ~**s** [kaʀnaval] *nm* carnival. ♦ **carnavalesque** *adj* carnivalesque.

carne [kaʀn(ə)] *nf* (*péj*) tough *ou* leathery meat.

carnet [kaʀnɛ] *nm* (*calepin*) notebook; *[timbres etc]* book. ~ **de chèques** cheque book; ~ **de notes** school report.

carnivore [kaʀnivɔʀ] **1** *adj animal* carnivorous, flesh-eating. **2** *nm* carnivore.

carotide [kaʀɔtid] *adj, nf* carotid.

carotte [kaʀɔt] **1** *nf* carrot; (*Tech*) core; *[tabac]*

plug. les ~s sont cuites!* they've (*ou* we've *etc*) had it!*. 2 *adj inv* carroty.

carotters [karɔte] (1) *vt objet* to swipe*, pinch* (*à* from); *client* to do* (*de* out of).

carpe [karp(ə)] 1 *nf* carp. 2 *nm* (*Anat*) carpus.

carpette [karpɛt] *nf* (*tapis*) rug; (*fig, péj*) doormat (*fig*).

carquois [karkwa] *nm* quiver.

carre [kaR] *nf* [*ski*] edge.

carré, e [kaRe] 1 *adj* (a) (*Math, forme*) square. **mètre ~** square metre. (b) (*franc*) *personne* forthright, straightforward; *réponse* straight(forward). 2 *nm* (*gén, Math, écharpe*) square; (*Naut: mess*) wardroom. **~ de terre** patch *ou* plot (of land); **3 au ~** 3 squared; **mettre un nombre au ~** to square a number; (*Cartes*) **un ~ d'as** four aces. 3 *nf* (ː: *chambre*) padː.

carreau, *pl* **~x** [kaRo] *nm* (a) (*par terre*) (floor) tile; (*au mur*) (wall) tile; (*sol*) (tiled) floor; [*mine*] bank. (b) (*vitre*) (window) pane. (*: *lunettes*) ~x specs*. (c) (*sur un tissu*) check; (*sur du papier*) square. **à ~x** checked; **à petits ~x** with a small check. (d) (*Cartes*) diamond. (e) (*flèche*) bolt. (f) (ː) **il est resté sur le ~** (*bagarre*) he was laid out cold*; (*examen*) he didn't make the grade; **se tenir à ~** to keep one's nose clean*.

carrefour [kaRfuR] *nm* (*gén*) crossroads. **au ~ de plusieurs sciences** at the junction *ou* meeting point of many different sciences; **~ d'idées** forum for ideas.

carteler [kaRle] (4) *vt* to tile. ♦ **carrelage** *nm* (*action*) tiling; (*sol*) tiled floor. ♦ **carreleur** *nm* tiler.

carrelet [kaRlɛ] *nm* (*poisson*) plaice; (*filet*) square fishing net.

carrément [kaRemã] *adv* (*crûment*) bluntly, straight out; (*directement*) straight. **vas-y ~** go right ahead; **il est ~ timbré*** he's definitely cracked*.

carrer (se) [kaRe] (1) *vpr* to settle (o.s.) firmly (*dans* in).

carrière [kaRjɛR] *nf* (a) [*sable*] (sand)pit; [*roches etc*] quarry. (b) (*profession*) career. **faire ~ dans la banque** (*gén*) to make banking one's career; (*réussir*) to make a good career for o.s. in banking. (c) (*littér*) **le jour achève sa ~** the day has run its course; **donner** (*libre*) **~ à** to give free rein to. ♦ **carriériste** *nmf* (*péj*) careerist.

carriole [kaRjɔl] *nf* (*péj*) (ramshackle) cart.

carrossable [kaRosabl(ə)] *adj* suitable for (motor) vehicles.

carrosse [kaRɔs] *nm* (horse-drawn) coach.

carrosserie [kaRɔsRi] *nf* body, coachwork; (*métier*) coachbuilding. ♦ **carrossier** *nm* coachbuilder.

carrousel [kaRuzɛl] *nm* (*Équitation*) carrousel; (*fig*) whirligig.

carrure [kaRyR] *nf* [*personne*] build; [*vêtement*] breadth across the shoulders; (*fig*) calibre, stature. **de forte ~** well-built, burly.

cartable [kaRtabl(ə)] *nm* (school)bag; (*à bretelles*) satchel.

carte [kaRt(ə)] *nf* (a) (*gén*) card; (*Rail*) season ticket. **~ de crédit/de vœux** credit/New Year card; **~ grise** logbook; **~ de lecteur** library ticket; **~ postale** postcard; **~ de visite** visiting card; **avoir ~ blanche** to have carte blanche *ou* a free hand. (b) (*Jeux*) **~** (**à jouer**) (playing) card; **faire les ~s à qn** to read sb's cards; **~ maîtresse** (*lit*) master (card); (*fig*) trump card; (*lit, fig*) **~s sur table** cards on the table. (c) (*Géog*) map; (*Astron, Mét, Naut*) chart. **~ routière** roadmap; **~ d'état-major** ≃ Ordnance Survey map. (d) (*au restaurant*) menu. **repas à la ~** à la carte meal; **~ des vins** wine list; (*fig*) **programme à la ~** free-choice curriculum.

cartel [kaRtɛl] *nm* (*Pol, Écon*) cartel; (*pendule*) wall clock.

carter [kaRtɛR] *nm* [*bicyclette*] chain guard; [*moteur*] crankcase.

cartilage [kaRtila3] *nm* (*Anat*) cartilage; [*viande*] gristle. ♦ **cartilagineux, -euse** *adj* cartilaginous; gristly.

cartographe [kaRtɔgraf] *nmf* cartographer. ♦ **cartographie** *nf* cartography. ♦ **cartographique** *adj* cartographic(al).

cartomancie [kaRtɔmãsi] *nf* fortunetelling (*with cards*). ♦ **cartomancien, -ienne** *nm,f* fortuneteller.

carton [kaRtɔ̃] 1 *nm* (a) (*matière*) cardboard; (*morceau*) piece of cardboard; (*boîte*) (cardboard) box, carton; (*cartable*) (school)bag; (*dossier*) file. (b) (*cible*) target. **faire un ~** to have a go at the rifle range; (*: *sur l'ennemi*) to take a potshot* (*sur* at); **faire un bon ~** to make a good score. (c) (*Peinture*) sketch. 2: **~ à chapeau** hatbox; **~ à dessin** portfolio; **~ pâte** pasteboard; **de ~ pâte** cardboard. ♦ **cartonnage** *nm* (*emballage*) cardboard (packing); (*couverture*) binding.

cartouche [kaRtuʃ] 1 *nf* (*gén*) cartridge; [*cigarettes*] carton. 2 *nm* (*Archéol, Archit*) cartouche. ♦ **cartoucherie** *nf* (*fabrique*) cartridge factory; (*dépôt*) cartridge depot. ♦ **cartouchière** *nf* (*ceinture*) cartridge belt; (*sac*) cartridge pouch.

cas [ka] *nm* (*gén*) case; (*situation*) case, situation; (*événement*) occurrence; (*exemple*) case, instance. **comme c'est son ~** as is the case with him; **il s'est mis dans un mauvais ~** he's got himself into a tricky situation *ou* position; (*hum*) **c'est un ~ pendable** he deserves to be shot (*hum*); **faire** (**grand**) **~ de/peu de ~ de** to set great/little store by; **il ne fait jamais aucun ~ de nos observations** he never pays any attention to *ou* takes any notice of our comments; **c'est bien le ~ de le dire!** you've said it!; **au ~ où il pleuvrait** in case it rains; **en ce ~** in that case; **le ~ échéant** if such is the case; **en ~ de** in case of, in the event of; **en ~ de besoin** if need be; **en ~ d'urgence** in an emergency; **en aucun ~** on no account, under no circumstances; **en tout ~** in any case, at any rate; **selon les ~** as the case may be; **il a un ~ de conscience** he's in a moral dilemma.

casanier, -ière [kazanje, jɛR] *adj, nm,f* stay-at-home.

casaque [kazak] *nf* [*jockey*] blouse; [*mousquetaire*] tabard.

cascade [kaskad] *nf* waterfall, cascade; [*mots etc*] stream, torrent; [*rires*] peal. (*fig*) **des démissions en ~** a spate of resignations. ♦ **cascader** (1) *vi* to cascade. ♦ **cascadeur, -euse** *nm,f* stuntman; stuntgirl.

case [kaz] *nf* (a) (*carré*) square. (b) [*courrier*] pigeonhole; [*tiroir*] compartment. **il a une ~ vide*** he has a screw loose*. (c) (*hutte*) hut, cabin.

casemate [kazmat] *nf* blockhouse.

caser* [kaze] (1) 1 *vt* (*placer*) *objets* to put, tuck; (*loger*) to put up; (*marier*) to find a husband (*ou* wife) for; (*dans un métier*) to find a job for. **il est casé** (*mariage*) he's married; (*emploi*) he's fixed up. 2 **se ~** *vpr* (*mariage*) to settle down; (*emploi*) to find a (steady) job; (*logement*) to find a place (to live).

caserne [kazɛRn(ə)] *nf* (*Mil, fig*) barracks (*with sg*). **~ de pompiers** fire station. ♦ **casernement** *nm* (*action*) quartering in barracks; (*bâtiments*) barrack buildings. ♦ **caserner** (1) *vt* to barrack.

cash* [kaʃ] *adv*: **payer ~** to pay cash down.

casier [kazje] *nm* (*gén*) compartment; (*tiroir*) drawer; (*fermant à clef*) locker; (*courrier*) pigeonhole; (*meuble*) cabinet; (*Pêche*) (lobster *etc*) pot. **~ à bouteilles** bottle rack; **~ judiciaire** police record.

casino [kazino] *nm* casino.

casque [kask(ə)] *nm* (*gén*) helmet; [*motocycliste etc*] crash helmet; (*sèche-cheveux*) (hair-)drier.

~ **(à écouteurs)** headphones, headset (US); les C~s bleus the U.N. peace-keeping troops. ♦ **casqué, e** adj wearing a helmet. ♦ **casquette** nf cap.

casquer* [kaske] (1) vi (payer) to fork out*.

cassable [kasabl(ə)] adj breakable.

cassant, e [kasã, ãt] adj substance brittle; bois easily broken; ton, manières brusque, abrupt. **ce n'est pas** ~* it's not exactly tiring work.

cassation [kasasjɔ̃] nf (Jur) cassation; (Mil) reduction to the ranks.

casse [kɑs] **1** nf (action) breaking, breakage; (objets cassés) damage, breakages. **il va y avoir de la** ~* there's going to be (some) rough stuff*; **mettre à la** ~ to scrap; **bon pour la** ~ ready for the scrap heap. **2** nm (arg Crime) break-in. **3** préf V **casser.**

cassé, e [kɑse] adj voix broken; vieillard bent.

cassement [kɑsmã] nm: ~ **de tête** headache (fig), worry.

casser [kɑse] (1) **1** vt **(a)** (gén) to break; noix to crack; branche to snap; (*) appareil to bust*. ~ **un bras à qn** to break sb's arm; ~ **les prix** to slash prices. **(b)** (dégrader) (Mil) to reduce to the ranks, break; (Admin) to demote. **(c)** jugement to quash; mariage, arrêt to annul. **(d)** ~ **la croûte*** to have a bite to eat; ~ **la figure à qn*** to smash sb's face in**ı**; ~ **les pieds à qn*** (fatiguer) to bore sb stiff; (irriter) to get on sb's nerves; ~ **sa pipe*** to snuff it**ı**, kick the bucket*; **ça ne casse rien*** it's nothing special, it's no great shakes*; ~ **du sucre sur le dos de qn** to talk about sb behind his back; **il nous casse la tête avec sa trompette** he deafens us with his trumpet; **à tout** ~* (extraordinaire) fantastic*; (tout au plus) at the outside, at the most. **2** vi to break; to snap. [pantalon] ~ **sur la chaussure** to rest on the instep. **3** se ~ vpr [objet] to break. [personne] se ~ **une jambe** to break a leg; se ~ **la figure*** (faire faillite, tomber) to come a cropper*; (d'une certaine hauteur) to crash down; (se tuer) to smash o.s. up*; se ~ **le nez** to find no one in; **il ne s'est pas cassé (la tête)*** he didn't overtax himself; se ~ **la tête sur un problème*** to rack one's brains over a problem.

4: casse-cou* nmf inv daredevil, reckless person; **casse-croûte** nm inv snack, lunch (US); **casse-noisettes** nm inv, **casse-noix** nm inv (pair of) nutcrackers; **casse-pieds*** nmf inv (importun) nuisance, pain in the neck*; (ennuyeux) bore; (Mil) **aller au casse-pipes** to go to the front; **casse-tête** nm inv (problème) headache; (jeu) puzzle, brain teaser; (massue) club.

casserole [kasʀɔl] nf (Culin) saucepan; (péj: piano) tinny piano. **passer à la** ~ **ı** (tuer) to bump off**ı**.

cassette [kasɛt] nf (coffret) casket; [roi] privy purse; [magnétophone] cassette.

casseur [kɑsœʀ] nm (*: bravache) tough guy**ı**; (ferrailleur) scrap dealer; (manifestant) rioter, demonstrator; (arg Crime: cambrioleur) burglar.

cassis [kasis] nm (fruit) blackcurrant; (**ı**: tête) nut**ı**; [route] bump, ridge.

cassure [kɑsyʀ] nf (a) (lit, fig) break; [col] fold. **(b)** (Géol) (gén) break; (fissure) crack; (faille) fault.

castagnettes [kastaɲɛt] nfpl castanets. **avoir les dents qui jouent des** ~* to feel one's teeth chattering.

caste [kast(ə)] nf (lit, péj) caste.

castor [kastɔʀ] nm beaver.

castrer [kastʀe] (1) vt (gén) to castrate; cheval to geld; chat, chien to neuter. ♦ **castration** nf castration; gelding; neutering.

cataclysme [kataklism(ə)] nm cataclysm.

catacombes [katakɔ̃b(ə)] nfpl catacombs.

catafalque [katafalk(ə)] nm catafalque.

catalepsie [katalɛpsi] nf catalepsy. **tomber en** ~ to have a cataleptic fit. ♦ **cataleptique** adj, nmf cataleptic.

catalogue [katalɔg] nm catalogue. **prix de** ~ list price. ♦ **cataloguer** (1) vt objets to catalogue, list; (*) personne to label.

catalyse [kataliz] nf catalysis. ♦ **catalyseur** nm (Chim, fig) catalyst. ♦ **catalytique** adj catalytic.

cataplasme [kataplasm(ə)] nm (Méd) poultice; (fig) lead weight.

catapulte [katapylt(ə)] nf catapult. ♦ **catapulter** (1) vt to catapult.

cataracte [kataʀakt(ə)] nf (gén, Méd) cataract. (fig) des ~s de pluie torrents of rain.

catarrhe [kataʀ] nm catarrh.

catastrophe [katastʀɔf] nf disaster, catastrophe. **en** ~ partir in a mad rush; atterrir en ~ to make an emergency landing. ♦ **catastropher*** (1) vt to shatter, stun. ♦ **catastrophique** adj disastrous, catastrophic.

catch [katʃ] nm (all-in) wrestling. ♦ **catcheur, -euse** nm,f (all-in) wrestler.

catéchisme [kateʃism(ə)] nm (gén) catechism. ♦ **catéchiser** (1) vt to catechize. ♦ **catéchiste** nmf catechist.

catégorie [kategɔʀi] nf (gén, Philos) category; (Boxe, Hôtellerie) class; [personnel] grade. ♦ **catégorique** adj (gén) categorical; refus flat. ♦ **catégoriquement** adv categorically; flatly. ♦ **catégorisation** nf (gén) categorization; (Admin) grading. ♦ **catégoriser** (1) vt to categorize.

caténaire [katenɛʀ] adj, nf (Rail) catenary.

cathédrale [katedʀal] nf cathedral.

cathode [katɔd] nf cathode. ♦ **cathodique** adj cathodic.

catholique [katɔlik] **1** adj (Rel) (Roman) Catholic. **pas (très)** ~* fishy*, shady. **2** nmf (Roman) Catholic. ♦ **catholicisme** nm (Roman) Catholicism.

catimini [katimini] adv: **en** ~ on the sly; **sortir en** ~ to steal ou sneak out; **il me l'a dit en** ~ he whispered it in my ear.

catin [katɛ̃] nf (prostituée) trollop.

cation [katjɔ̃] nm cation.

Caucase [kokaz] nm: **le** ~ the Caucasus.

cauchemar [koʃmaʀ] nm (lit, fig) nightmare. ♦ **cauchemardesque** adj nightmarish.

causalité [kozalite] nf causality.

causant, e [kozã, ãt] adj talkative, chatty.

cause [koz] nf **(a)** (raison) cause (de of). **la chaleur en est la** ~ it is caused by the heat; **les ~s qui l'ont poussé à agir** the reasons that caused him to act. **(b)** (Jur) case; (à plaider) brief. (fig) **la** ~ **est entendue** there's no doubt in our minds; **plaider sa** ~ to plead one's case; **avocat sans** ~ briefless barrister. **(c)** (parti) cause. **faire** ~ **commune avec qn** to make common cause with sb, take sides with sb. **(d)** **à** ~ **de** (en raison de) because of, owing to, on account of; (par égard pour) because of, for the sake of; **être en** ~ [personne, intérêts etc] to be involved; **son honnêteté n'est pas en** ~ his honesty is not in question; **mettre en** ~ projet to call into question; personne to implicate; **ça remet tout en** ~ it re-opens the whole question, we're back to square one*; **mettre qn hors de** ~ to clear ou exonerate sb; **c'est hors de** ~ it is out of the question; **pour** ~ **de** on account of; **et pour** ~! and for (a very) good reason!; **non sans** ~! not without (good) reason!

causer[1] [koze] (1) vt (provoquer) to cause; (entraîner) to bring about. ~ **des ennuis à qn** to get sb into trouble, bring trouble to sb; ~ **de la peine à qn** to hurt sb.

causer[2] [koze] (1) vti (s'entretenir) to chat, talk (de about), (*: discourir) to speak, talk; (jaser) to talk, gossip (sur qn about sb); (**ı**: avouer) to talk. ~ **politique** to talk politics; ~ **à qn*** to talk ou speak to sb. ♦ **causerie** *nf (conférence)* talk; *(conversation)* chat. ♦ **causette** *nf*: **faire la** ~ to have a chat *ou* natter* *(avec* with). ♦ **causeur, -euse** 1 *adj* talkative, chatty. 2 *nm,f* talker.

causticité [kostisite] *nf (lit, fig)* causticity. ♦ **caustique** *adj, nmf* caustic.

cautère [kɔtɛr] *nm* cautery. ♦ **cautérisation** *nf* cauterization. ♦ **cautériser** (1) *vt* to cauterize.

caution [kosjɔ̃] *nf (Fin)* guarantee, security; *(Jur)* bail (bond); *(morale)* guarantee; *(appui)* backing, support. **libéré sous** ~ released on bail; **payer la** ~ **de** qn to stand bail for sb, bail sb out. ♦ **cautionnement** *nm (somme)* guaranty, guarantee, security; *[politique]* backing. ♦ **cautionner** (1) *vt (Fin, fig)* to guarantee; *politique* to support, back.

cavalcade [kavalkad] *nf (désordonnée)* stampede; *(défilé)* cavalcade.

cavaler* [kavale] (1) 1 *vi (courir)* to run. 2 *vt (ennuyer)* to bore, annoy. 3 **se** ~ *vpr (se sauver)* to clear off‡.

cavalerie [kavalri] *nf (Mil)* cavalry; *[cirque]* stable (of circus horses). *(Mil)* ~ **légère** light cavalry *ou* horse; *(*: *Comm)* **c'est de la grosse** ~ it's the heavy stuff.

cavalier, -ière [kavalje, jɛr] 1 *adj (a) (impertinent)* cavalier, offhand. *(b)* **allée/piste** ~**ière** riding path/track. 2 *nm,f (Équitation)* rider; *(partenaire)* partner. *(fig)* **faire** ~ **seul** to go it alone. 3 *nm (a) (Mil)* trooper, cavalryman. **troupe de 20** ~**s** troop of 20 horses. *(b) (accompagnateur)* escort. *(c) (Échecs)* knight. ♦ **cavalièrement** *adv* in cavalier fashion, offhandedly.

cave [kav] 1 *nf (gén)* cellar. 2 *adj* **joues** hollow, sunken. ♦ **caveau**, *pl* ~**x** *nm (sépulture)* vault, tomb; *(cave)* (small) cellar.

caverne [kavɛrn(ə)] *nf* cave, cavern. ♦ **caverneux, -euse** *adj (gén)* cavernous.

caviar [kavjar] *nm (Culin)* caviar. ~ **rouge** salmon roe.

caviste [kavist(ə)] *nm* cellarman.

cavité [kavite] *nf* cavity.

ce [sə], **cet** [sɛt] *devant voyelle ou h muet au masculin,* **cette** [sɛt] *f,* **ces** [se] *pl* 1 *adj dém (a) (proximité)* this; *(pl)* these; *(non-proximité)* that; *(pl)* those. **ce chapeau(-ci)/(-là)** this/that hat; **et ce rhume?*** and how's the cold (doing)?*; **cette nuit** *(qui vient)* tonight; *(passée)* last night; **en ces temps troublés** *(de nos jours)* in these troubled days; *(dans le passé)* in those troubled days; **un de ces jours** one of these days; **ces messieurs sont en réunion** the gentlemen are in a meeting; **cette ami chez qui elle habite** the friend she's living with; **c'est un de ces livres que l'on lit en vacances** it's one of those books *ou* the sort of book you read on holiday.

(b) (intensif) **aurait-il vraiment ce courage?** would he really have that sort of *ou* that much courage?; **cette idée!** what an idea!; **cette générosité me semble suspecte** such *ou* this generosity strikes me as suspect.

2 *pron dém (a)* **qui est-ce? – c'est un médecin** *(en désignant)* who's he? *ou* who's that? – he is a doctor; *(au téléphone)* who is it? – it's a doctor; **c'était le bon temps!** those were the days!; **qui est-ce qui a crié? – c'est lui** who shouted? – HE did *ou* it was him; **c'est eux*** *ou* **ce sont eux qui mentaient** they (are the ones who) *ou* it's they who were lying; **c'est toi qui le dis!** that's what YOU say!; **c'est à se demander si** you really wonder *ou* it makes you wonder if.

(b) **ce qui, ce que** what; *(reprenant une proposition)* which; **elle fait ce qu'on/tout ce qu'on lui dit** she does what *ou* as she is told/all that she is told; **il ne comprenait pas ce à quoi on faisait allusion/ce dont on l'accusait** he didn't understand what they were hinting at/what he was being accused of; **il faut être diplômé, ce qu'il**

n'est pas you have to have qualifications, which *ou* and he hasn't; **ce que ce film est lent!** how slow this film is!, what a slow film this is!; **voilà ce que c'est que de conduire trop vite** that's what comes of driving too fast.

(c) **c'est (vous) dire s'il a eu peur** that shows (you) how frightened he was; **à ce qu'on dit** from *ou* according to what they say; **ce faisant** in so doing; **ce disant** so saying; **pour ce faire** to this end, with this end in view; **il a refusé, et ce, après toutes nos prières** he refused, (and this) after all our entreaties.

ceci [səsi] *pron dém* this. **ce cas a** ~ **de surprenant que ...** this case is surprising in that ...; **à** ~ **près que** except that; ~ **compense cela** one thing makes up for another.

cécité [sesite] *nf* blindness.

céder [sede] (6) 1 *vt (a) part, tour* to give up. ~ **qch à qn** to let sb have sth; **je cède l'antenne à Paris** over to Paris; *(Jur)* ~ **ses biens** to make over one's property. *(b)* ~ **le pas à qn/qch** to give precedence to sb/sth; ~ **du terrain** *(Mil)* to yield ground; *(fig)* to make concessions; *[épidémie]* to recede; **son courage ne le cède en rien à son intelligence** he's as brave as he is intelligent. 2 *vi [personne]* to give in; *[branche]* to give way; *[colère]* to subside. ~ **à** *(succomber)* to give way to, yield to; *(consentir)* to give in to.

cédille [sedij] *nf* cedilla.

cèdre [sɛdr(ə)] *nm* cedar.

ceindre [sɛ̃dr(ə)] (52) *vt (littér) écharpe* to put on; **épée** to gird. **la tête ceinte d'un diadème** wearing a diadem; **ville ceinte de murs** town surrounded *ou* encircled by walls.

ceinture [sɛ̃tyr] *nf (a) [pantalon]* belt; *[pyjamas]* cord; *(écharpe)* sash; *(gaine)* girdle. **se mettre la** ~* to tighten one's belt *(fig)*; *(Judo)* ~ **noire** black belt; ~ **de flanelle** flannel binder; ~ **de natation** swimming ring; ~ **de sauvetage** life belt; ~ **de sécurité** seat *ou* safety belt; *(Boxe, fig)* **au-dessous de la** ~ below the belt. *(b) (taille) (Couture)* waistband; *(Anat)* waist. **l'eau lui arrivait à la** ~ he was waist-deep in *ou* up to his waist in water. *(c) [murailles]* ring; *[arbres]* belt; *(métro, bus)* circle line. ♦ **ceinturer** (1) *vt* **personne** to seize round the waist; **ville** to surround, encircle. ♦ **ceinturon** *nm* belt.

cela [s(ə)la] *pron dém* **a** that; *(sujet apparent)* it. **qu'est-ce que** ~ **veut dire?** what does that *ou* this mean?; ~ **vaut la peine qu'il essaie** it's worth his trying; **faire des études,** ~ **ne le tentait guère** studying did not really appeal to him. *(b) (pour renforcer)* ~ **fait 10 jours qu'il est parti** it is 10 days since he left, he left 10 days ago; **j'ai vu X – qui** ~?/**quand** ~?/**où** ~? I've seen X – who do you mean? *ou* who is that?/when was that?/where was that?; **voyez-vous** ~! did you ever hear of such a thing!; **à** ~ **près que** except that; **il y a** ~ **de bien que** the (one) good thing is that.

célébrer [selebre] (6) *vt* **mariage, messe, fête** to celebrate; **cérémonie** to hold. ~ **les louanges de** qn to sing sb's praises. ♦ **célébrant** *nm* celebrant. ♦ **célébration** *nf* celebration. ♦ **célèbre** *adj* famous, celebrated *(par for)*. ♦ **célébrité** *nf (renommée)* fame, celebrity; *(personne)* celebrity.

céleri [sɛlri] *nm*: ~ **en branche(s)** celery; ~**(-rave)** celeriac.

célérité [selerite] *nf* promptness, swiftness.

céleste [selɛst(ə)] *adj (Rel)* celestial, heavenly; *(fig)* heavenly.

célibat [seliba] *nm [homme]* bachelorhood; *[femme]* spinsterhood; *[prêtre]* celibacy. ♦ **célibataire** 1 *adj* single, unmarried; **prêtre** celibate. 2 *nm* bachelor; *(Admin)* single man. **la vie de** ~ (the) single life. 3 *nf* single *ou* unmarried woman; *(moins jeune)* spinster.

celle [sɛl] *pron dém* V **celui**.

cellier [selje] *nm* storeroom (*for wine and food*).
cellophane [selɔfan] *nf* ® cellophane ®.
cellule [selyl] *nf* (*gén*) cell; [*électrophone*] cartridge. ♦ **cellulaire** *adj* (*Bio*) cellular. **fourgon** ~ prison van.
cellulite [selylit] *nf* cellulitis.
celluloïd [selylɔid] *nm* celluloid.
cellulose [selyloz] *nf* cellulose. ♦ **cellulosique** *adj* cellulose.
celte [sɛlt(ə)] **1** *adj* Celtic. **2** *nmf*: **C~** Celt. ♦ **celtique** *adj*, *nm* Celtic.
celui [səlɥi], **celle** [sɛl], *mpl* **ceux** [sø], *fpl* **celles** [sɛl] *pron dém* (a) **celui-ci, celle-ci** this one; **ceux-ci, celles-ci** these (ones); **celui-là, celle-là** that one; **ceux-la, celles-là** those (ones).
(b) (*avec antécédent*) **j'ai vu mon frère et mon oncle: celui-ci était malade** I saw my brother and my uncle – the latter was ill; **elle écrivit à son frère; celui-ci ne répondit pas** she wrote to her brother, but he did not answer; **ceux-là, ils auront de mes nouvelles** as for them, I'll give them a piece of my mind; **il a vraiment de la chance, celui-là!** that fellow certainly has a lot of luck!; **elle est bien bonne, celle-là!** that's a bit much!
(c) (+ *de, que*) **je n'aime pas cette pièce, celle de X est meilleure** I don't like this play, X's is better; **il n'a qu'un désir, celui de devenir ministre** he only wants one thing and that's to become a minister; **s'il cherche un appartement, celui d'en-dessous est libre** if he's looking for a flat, the one below is free; **ses romans sont ceux qui se vendent le mieux** his novels are the ones that sell best; **celui dont je t'ai parlé** the one I told you about; **cette marque est celle recommandée par X** this is the brand recommended by X.
cénacle [senakl(ə)] *nm* (*literary*) coterie; (*Rel*) cenacle.
cendre [sɑ̃dr(ə)] *nf* (*gén*) ash. ~**(s)** [*charbon*] ash, ashes, cinders; (*braises*) embers; [*mort*] ~**s** ashes; **couleur de** ~ ashen, ash-coloured; (*Rel*) **les C~s** Ash Wednesday; (*Géol*) ~**s volcaniques** volcanic ash. ♦ **cendré, e 1** *adj* ash. **2** *nf* (*piste*) cinder track. ♦ **cendreux, -euse** *adj* ashy; *teint* ashen. ♦ **cendrier** *nm* [*fumeur*] ashtray; [*poéle*] ash pan.
Cendrillon [sɑ̃drijɔ̃] *nf* (*lit, fig*) Cinderella.
Cène [sɛn] *nf*: **la** ~ the Last Supper.
cénotaphe [senɔtaf] *nm* cenotaph.
cens [sɑ̃s] *nm*: ~ **électoral** (electoral) property qualification.
censé, e [sɑ̃se] *adj*: **être** ~ **faire qch** to be supposed to do sth. ♦ **censément** *adv* (*en principe*) supposedly; (*pratiquement*) virtually.
censeur [sɑ̃sœr] *nm* (*Hist, Presse*) censor; (*fig*) critic; (*Scol*) = deputy *ou* assistant head.
censurer [sɑ̃syre] (1) *vt* (*Ciné, Presse*) to censor; (*fig, Pol, Rel*) to censure. ♦ **censure** *nf* (*Ciné, Presse*) (*examen*) censorship; (*censeurs*) (board of) censors; (*Psych*) censor. **les** ~**s de la censure** of.
cent [sɑ̃] **1** *adj* (a) one hundred, a hundred. **quatre** ~ **treize** four hundred and thirteen; **deux** ~**s chaises** two hundred chairs; (*ordinal: inv*) **page quatre** ~ page four hundred. (b) **il a** ~ **fois raison** he's absolutely right; ~ **fois mieux** a hundred times better; **je préférerais** ~ **fois faire votre travail** I'd far rather do your job; **il est aux** ~ **coups** he is frantic; **faire les** ~ **pas** to pace up and down; **quatre** ~**s mètres haies** 400 metres hurdles; **tu ne vas pas m'attendre** ~ **sept ans*** you can't wait for ever; **je vous le donne en** ~ you'll never guess.
2 *nm* (a) a hundred. **il y a** ~ **contre un à parier que** it's a hundred to one that; ~ **pour** ~ a hundred per cent; *pour autres locutions* V **six**. (b) (*US, Can*: *monnaie*) cent.
centaine [sɑ̃tɛn] *nf* hundred. (*environ cent*) **une** ~ **de** about a hundred, a hundred or so; **plusieurs** ~**s**

(de) several hundred; **des** ~**s de** hundreds of; **10 F la** ~ 10 francs a hundred; V **soixantaine**.
centaure [sɑ̃tɔr] *nm* centaur.
centenaire [sɑ̃tnɛr] **1** *adj*: **cet arbre est** ~ this tree is a hundred years old, this is a hundred-year-old tree. **2** *nmf* (*personne*) centenarian. **3** *nm* (*anniversaire*) centenary.
centième [sɑ̃tjɛm] **1** *adj*, *nmf* hundredth; *pour loc* V **sixième**. **2** *nf* (*Théât*) hundredth performance.
centigrade [sɑ̃tigrad] *adj* centigrade. ♦ **centigramme** *nm* centigramme. ♦ **centilitre** *nm* centilitre. ♦ **centime** *nm* centime. (*fig*) **je n'ai pas un** ~ I haven't got a penny *ou* a cent (*US*). ♦ **centimètre** *nm* centimetre; (*ruban*) tape measure.
centrage [sɑ̃traʒ] *nm* centring.
central, e, *mpl* **-aux** [sɑ̃tral, o] **1** *adj* (*gén*) central; *partie* centre; *bureau* main. **2** *nm* (*Téléc*) ~ (**téléphonique**) (telephone) exchange. **3** *nf* (*prison*) (central) prison. ~**e** (**électrique**) power station; ~**e syndicale** trade union.
centraliser [sɑ̃tralize] (1) *vt* to centralize. ♦ **centralisateur, -trice** *adj* centralizing. ♦ **centralisation** *nf* centralization.
centre [sɑ̃tr(ə)] **1** *nm* (*gén*) centre. **le C~** (**de la France**) central France; ~**-ville** town *ou* city centre; **il se croit le** ~ **du monde** he thinks the universe revolves around him; **les grands** ~**s universitaires** the great academic centres; (*Pol*) ~ **gauche** centre left. **2**: ~ **commercial** shopping centre; ~ **hospitalier** hospital complex; (*Poste*) ~ **de tri** sorting office; (*lit, fig*) ~**s vitaux** vital organs.
centrer [sɑ̃tre] (1) *vt* (*Sport, Tech*) to centre. ~ **une discussion sur** to centre *ou* focus a discussion on.
centrifuge [sɑ̃trifyʒ] *adj* centrifugal. ♦ **centrifuger** (3) *vt* to centrifuge. ♦ **centrifugeuse** *nf* centrifuge.
centripète [sɑ̃tripɛt] *adj* centripetal.
centuple [sɑ̃typl(ə)] **1** *adj* a hundred times as large (*de as*). **2** *nm*: **le** ~ **de 10** a hundred times 10; **au** ~ a hundredfold. ♦ **centupler** (1) *vti* to increase a hundred times *ou* a hundredfold.
centurion [sɑ̃tyrjɔ̃] *nm* centurion.
cep [sɛp] *nm*: ~ (**de vigne**) vine stock. ♦ **cépage** *nm* (type of) vine.
cèpe [sɛp] *nm* (*Culin*) cepe; (*Bot*) boletus.
cependant [s(ə)pɑ̃dɑ̃] *conj* **(a)** (*pourtant*) nevertheless, however. **et** ~ **c'est vrai** yet *ou* but nevertheless it is true. **(b)** (*pendant ce temps*) meanwhile. ~ **que** while.
céramique [seramik] *nf* ceramic. (*art*) **la** ~ ceramics; **vase en** ~ ceramic vase.
cerceau, pl ~**x** [sɛrso] *nm* hoop.
cercle [sɛrkl(ə)] *nm* **(a)** (*lit*) circle, ring; (*Géom*) circle. **faire** ~ (**autour de qn/qch**) to make a circle *ou* ring (round sb/sth); ~ **vicieux** vicious circle. **(b)** [*famille, amis*] circle; [*connaissances*] scope, range; (*club*) club. ~ **littéraire** literary circle *ou* society. **(c)** [*tonneau*] hoop, band; [*roue*] metal rim. ♦ **cercler** (1) *vt* to ring; to hoop; to rim (*de* with). **lunettes cerclées d'écaille** horn-rimmed spectacles.
cercueil [sɛrkœj] *nm* coffin, casket (*US*).
céréale [sereal] *nf* cereal.
cérébral, e, *mpl* **-aux** [serebral, o] *adj* (*Méd*) cerebral; *travail* mental.
cérémonie [seremɔni] *nf* ceremony. **sans** ~ *manger* informally; *réception* informal; **faire des** ~**s** to stand on ceremony; **habit(s) de** ~ formal dress. ♦ **cérémonial, pl** ~**s** *nm* ceremonial. ♦ **cérémonieusement** *adv* ceremoniously, formally. ♦ **cérémonieux, -euse** *adj* ceremonious, formal.
cerf [sɛr] *nm* stag. ♦ **cerf-volant, pl** ~**s-**~**s** *nm* kite. **jouer au** ~ to fly a kite.
cerfeuil [sɛrfœj] *nm* chervil.

cerise [s(ə)ʀiz] **1** *nf* cherry. **2** *adj inv* cherry (-red). ♦ **cerisier** *nm* cherry tree.

cerner [sɛʀne] (1) *vt ennemi* to encircle, surround; *problème* to delimit, define. **avoir les yeux cernés** to have dark rings under one's eyes. ♦ **cerne** *nm* (*gén*) ring.

certain, e [sɛʀtɛ̃, ɛn] **1** *adj* (a) (*après n: incontestable*) (*gén*) certain; *preuve* positive, sure, definite; *cause* undoubted, sure. **c'est la raison ~e de son départ** it's undoubtedly the reason for his going; **c'est ~** there's no doubt about it, that's quite certain. (b) (*convaincu*) sure, certain (*de qch* of sth, *de faire* of doing). **2** *adj indéf* (*avant n*) (a) (*mal défini*) certain. **elle a un ~ charme**. she's got a certain charm; **dans un ~ village où** in a certain *ou* some village where; **un ~ M. X** a (certain) *ou* one Mr. X; **dans un ~ sens** in a way, in a certain sense, in some senses; **dans ~s cas** in some *ou* certain cases. (b) (*intensif*) some. **c'est à une ~e distance d'ici** it's quite a *ou* some distance from here; **d'un ~ âge** elderly.
3 *pron indéf pl*: **~s** (*personnes*) some (people); (*choses*) some.
♦ **certainement** *adv* certainly. ♦ **certes** *adv* (*concession*) certainly, admittedly; (*affirmation*) indeed, most certainly; (*bien sûr*) of course.

certificat [sɛʀtifika] *nm* (*attestation*) certificate, attestation; (*diplôme*) certificate, diploma; (*recommandation*) [*domestique*] testimonial; (*fig*) guarantee. **~ médical** doctor's certificate.

certifier [sɛʀtifje] (7) *vt document* to certify; *signature* to attest, witness. **~ qch à qn** to assure sb of sth, guarantee sth to sb; **copie certifiée conforme à l'original** certified copy of the original.
♦ **certification** *nf* attestation, witnessing.

certitude [sɛʀtityd] *nf* certainty. **j'ai la ~ d'être le plus fort** I am certain *ou* (quite) sure of being the strongest.

cerveau, *pl* **~x** [sɛʀvo] *nm* brain; (*personne, intelligence*) brain, mind; (*fig: centre de direction*) brain(s). **avoir le ~ dérangé** to be deranged *ou* (a bit) cracked*; **le ~ de la bande** the brain(s) *ou* the mastermind of the gang.

cervelas [sɛʀvəla] *nm* saveloy.

cervelet [sɛʀvəlɛ] *nm* cerebellum.

cervelle [sɛʀvɛl] *nf* (*Anat*) brain; (*Culin*) brains; (*tête*) head. **se brûler la ~** to blow one's brains out; **avoir une ~ d'oiseau** to be feather-brained.

cervical, e, *mpl* **-aux** [sɛʀvikal, o] *adj* cervical.

ces [se] *adj dém* V **ce**.

césarienne [sezaʀjɛn] *nf* Caesarean (section).

cessation [sɛsasjɔ̃] *nf* cessation; [*paiements*] suspension.

cesse [sɛs] *nf* (a) **sans ~** (*tout le temps*) continually, incessantly; (*sans interruption*) continuously, without ceasing. (b) **il n'a de ~ que** he will not rest until.

cesser [sese] (1) **1** *vt* (*gén*) to stop; *relations* to (bring to an) end, break off; *fabrication* to discontinue; (*Admin*) *fonctions* to relinquish, give up. **~ le combat** to stop (the) fighting. **2 ~ de** *vt indir*: **~ de faire qch** (*gén*) to stop doing sth; (*renoncer*) to give up doing sth; **ça a cessé d'exister** it has ceased to exist; **son effet n'a pas cessé de se faire sentir** its effect is still making itself felt; **il ne cesse de dire que** he is constantly *ou* he keeps on saying that. **3** *vi* (*gén*) to stop, cease; [*bruit, activités*] to stop, cease; [*fonctions*] to come to an end; [*fièvre*] to pass, die down. **faire ~ bruit** to put a stop to, stop; *scandale* to put an end *ou* a stop to.
♦ **cessez-le-feu** *nm inv* ceasefire.

cession [sɛsjɔ̃] *nf* transfer. **faire ~ de** to transfer.

c'est-à-dire [sɛtadiʀ] *conj* that is (to say). **~ que** (*conséquence*) which means that; (*excuse*) that thing is that.

cet [sɛt] *adj dém* V **ce**.

ceux [sø] *adj dém* V **celui**.

Ceylan [selɑ̃] *nm* Ceylon.

chacal, *pl* **~s** [ʃakal] *nm* jackal.

chacun, e [ʃakœ̃, yn] *pron indéf* (a) (*isolément*) each (one). **~ de** each (one) *ou* every one of; **~ à notre/leur tour** each (of us/of them) in turn. (b) (*tous*) everyone, everybody. **~ son tour!** everyone in turn!, each in turn!; **~ son goût/pour soi** every man to his (own) taste/for himself.

chagrin, e [ʃagʀɛ̃, in] **1** *adj* (*triste*) woeful, dejected; (*bougon*) ill-humoured, morose. **2** *nm* grief, sorrow. **~ d'amour** unhappy love affair; **faire du ~ à qn** to grieve *ou* distress sb; **avoir du ~** to be sorry *ou* upset. ♦ **chagrinant, e** *adj* distressing. ♦ **chagriner** (1) *vt* (*désoler*) to grieve, distress, upset; (*tracasser*) to worry, bother.

chah [ʃa] *nm* = **shah**.

chahut [ʃay] *nm* uproar. ♦ **chahuter** (1) **1** *vi* (*faire du bruit*) to make an uproar; (*faire les fous*) to scrap, romp. **2** *vt professeur* to rag, play up; (*: cahoter*) *objet* to knock about. ♦ **chahuteur, -euse 1** *adj* rowdy, unruly. **2** *nm,f* rowdy.

chai [ʃɛ] *nm* wine and spirits store(house).

chaîne [ʃɛn] *nf* (*gén*) chain; [*montagnes*] range, chain; [*magasins*] string, chain; (*Tex*) warp; (*TV, Rad*) channel. (*fig: esclavage*) **~s** chains, bonds; **~ d'arpenteur** chain measure; **~ hi-fi** hi-fi system; **~ de fabrication/de montage** production/assembly line; **produire à la ~** to mass-produce. ♦ **chaînette** *nf* (small) chain. ♦ **chaînon** *nm* (*lit, fig*) link; (*Géog*) secondary range.

chair [ʃɛʀ] *nf* flesh. **les ~s** the flesh; **en ~ et en os** in the flesh; (*couleur*) **~** flesh-coloured; **donner la ~ de poule à** to give gooseflesh *ou* goosebumps (*US*); **~ à saucisse** sausage meat; (*fig*) **je vais en faire de la ~ à pâté** I'm going to make mincemeat of him; **bien en ~** well-padded (*hum*), plump; **sa propre ~** his own flesh and blood.

chaire [ʃɛʀ] *nf* [*prédicateur*] pulpit; [*pape*] throne; [*professeur*] (*estrade*) rostrum; (*poste*) chair.

chaise [ʃɛz] *nf* chair. **~ de bébé** highchair; **~ électrique** electric chair; **~ longue** deckchair; **~ (à porteurs)** sedan(-chair). ♦ **chaisière** *nf* (female) chair attendant.

chaland [ʃalɑ̃] *nm* (*Naut*) barge.

châle [ʃal] *nm* shawl.

chalet [ʃalɛ] *nm* chalet.

chaleur [ʃalœʀ] *nf* (a) (*gén, Phys*) heat; (*agréable*) warmth. **les grandes ~s** (**de l'été**) the hot (summer) days *ou* weather; **'craint la ~'** 'to be kept in a cool place'. (b) (*discussion*) heat; [*accueil*] warmth; [*convictions*] fervour. **défendre avec ~** to defend hotly *ou* heatedly. (*Zool*) **être en ~** to be on *ou* in heat; (*Méd*) **avoir des ~s** to have hot flushes. ♦ **chaleureusement** *adv* warmly. ♦ **chaleureux, -euse** *adj* warm.

challenge [ʃalɑ̃ʒ] *nm* (*épreuve*) contest, tournament; (*trophée*) trophy.

chaloupe [ʃalup] *nf* launch. **~ de sauvetage** lifeboat.

chaloupé, e [ʃalupe] *adj danse* swaying; *démarche* rolling.

chalumeau, *pl* **~x** [ʃalymo] *nm* (*Tech*) blowlamp, blowtorch (*US*).

chalut [ʃaly] *nm* trawl (net). **pêcher au ~** to trawl. ♦ **chalutier** *nm* (*bateau*) trawler; (*pêcheur*) trawlerman.

chamailler (se)* [ʃamaje] (1) *vpr* to squabble, bicker. ♦ **chamaillerie*** *nf* squabble. ♦ **chamailleur, -euse*** **1** *adj* quarrelsome. **2** *nm,f* squabbler.

chamarré, e [ʃamaʀe] *adj* richly coloured. **~ d'or** bedecked with gold.

chambard* [ʃɑ̃baʀ] *nm* (*vacarme*) row, rumpus*; (*bagarre*) scuffle, brawl; (*désordre*) shambles* (*sg*), mess; (*bouleversement*) upheaval. ♦ **chambardement*** *nm* upheaval. ♦ **chambarder*** (1) *vt* (*bouleverser*) to turn upside down; (*se débarrasser de*) to chuck out‡.

chambellan [ʃɑ̃bɛlɑ̃] *nm* chamberlain.

chamboulement* [ʃɑ̃bulmɑ̃] *nm* (*désordre*) chaos; (*bouleversement*) upheaval. ♦ **chambouler*** (1) *vt objets* to turn upside down; *projets* to mess up*, make a mess of.

chambranle [ʃɑ̃bʀɑ̃l] *nm* [*porte*] frame; [*cheminée*] mantelpiece.

chambre [ʃɑ̃bʀ(ə)] **1** *nf* (a) bedroom; (*littér: pièce*) chamber (*littér*). faire ~ à part to sleep in separate rooms; **travailler en** ~ to work at home. (b) (*Pol*) House, Chamber; (*Jur: section*) division; (*tribunal*) court; (*Admin, groupement*) chamber. (c) (*Anat, Tech*) chamber.
2: ~ **à air** inner tube; ~ **d'amis** spare *ou* guest room; ~ **de bonne** maid's room; ~ **de commerce** Chamber of Commerce; **la C~ des communes** the House of Commons; ~ **à coucher** (*pièce*) bedroom; (*mobilier*) bedroom suite; **la C~ des députés** the Chamber of Deputies; ~ **forte** strongroom; ~ **froide** cold room; ~ **à gaz** gas chamber; **la C~ des lords** the House of Lords; (*Phot*) ~ **noire** dark room.
♦ **chambrée** *nf* room; [*soldats*] barrack-room. ♦ **chambrer** (1) *vt vin* to bring to room temperature.

chameau, *pl* ~x [ʃamo] *nm* (*Zool*) camel; (*péj) beast*. ♦ **chamelier** *nm* camel driver. ♦ **chamelle** *nf* she-camel.

chamois [ʃamwa] *nm* chamois.

champ [ʃɑ̃] **1** *nm* (a) (*Agr, Sci*) field; (*fig: domaine*) field, area. (*campagne*) les ~s the country(side); **fleurs des ~s** wild flowers; (*Phot*) **être dans le/sortir du** ~ to be in/go out of shot; **pas assez de** ~ not enough depth of focus. (b) **avoir du** ~ to have elbowroom, have room to move; **laisser le** ~ **libre à qn** to leave sb a clear field; **prendre du** ~ (*lit, fig*) to draw back. **2:** ~ **d'action** sphere of activity; ~ **d'aviation** airfield; ~ **de bataille** battlefield; ~ **de courses** racecourse; ~ **de foire** fairground; **mort au** ~ **d'honneur** killed in action; ~ **de tir** (*terrain*) rifle range; (*visée*) field of fire. ♦ **champêtre** *adj* (*gén*) rural; *vie* country.

champignon [ʃɑ̃piɲɔ̃] *nm* (*gén*) mushroom; (*vénéneux*) toadstool; (*Méd, terme de botanique*) fungus; (*Aut*) accelerator.

champion, -onne [ʃɑ̃pjɔ̃, ɔn] **1** *adj* (*) first-rate. **2** *nm,f* (*gén*) champion. **se faire le** ~ **d'une cause** to champion a cause. ♦ **championnat** *nm* championship.

chance [ʃɑ̃s] *nf* (a) (*bonne fortune*) (good) luck. **il a la** ~ **d'y aller** he's lucky *ou* fortunate enough to be going, he has the good luck *ou* good fortune to be going; **par** ~ luckily, fortunately; **pas de** ~! hard *ou* bad luck!; (*iro*) **c'est bien ma** ~ (that's) just my luck! (b) (*hasard*) luck, chance. **tenter sa** ~ to try one's luck; **mettre toutes les** ~ **de son côté** to take no chances; **mauvaise** ~ ill-luck. (c) (*possibilité*) chance. **quelles sont ses** ~s? what are his chances *ou* what chance has he got?; **il y a toutes les** ~s **que** the chances are that.

chanceler [ʃɑ̃sle] (4) *vi* [*personne*] to totter; [*objet*] to wobble, totter; [*autorité*] to falter; [*résolution*] to waver, falter. ♦ **chancelant, e** *adj pas* unsteady, faltering; *objet* wobbly; *mémoire, santé, autorité* shaky.

chancelier [ʃɑ̃səlje] *nm* (*Pol*) chancellor; [*ambassade*] secretary. **le C~ de l'Échiquier** the Chancellor of the Exchequer. ♦ **chancellerie** *nf* chancellery.

chanceux, -euse [ʃɑ̃sø, øz] *adj* lucky, fortunate.

chancre [ʃɑ̃kʀ(ə)] *nm* canker.

chandail [ʃɑ̃daj] *nm* (thick) jersey *ou* sweater.

Chandeleur [ʃɑ̃dlœʀ] *nf*: **la** ~ Candlemas.

chandelier [ʃɑ̃dəlje] *nm* candlestick; (*à plusieurs branches*) candelabra.

chandelle [ʃɑ̃dɛl] *nf* (*bougie*) (tallow) candle; (*Aviat*) chandelle; (*Rugby*) up-and-under; (*Tennis*) lob; (*Gym*) shoulder stand. **dîner aux** ~s dinner by candlelight; ~ **romaine** roman candle.

change [ʃɑ̃ʒ] *nm* (*Fin*) [*devises*] exchange; (*taux*) exchange rate. (*Banque*) **faire le** ~ to exchange money; (*fig*) **gagner/perdre au** ~ to gain/lose on the exchange *ou* deal; **donner le** ~ **à qn** to throw sb off the scent.

changeant, e [ʃɑ̃ʒɑ̃, ɑ̃t] *adj personne, fortune* changeable, fickle, changing; *paysage* changing; *temps* changeable, unsettled.

changement [ʃɑ̃ʒmɑ̃] *nm* (*gén*) change (*de* in, of); (*transformation*) alteration; (*Admin: mutation*) transfer. **le** ~ **de la roue** changing the wheel, the wheel change; **la situation reste sans** ~ the situation remains unchanged *ou* unaltered; ~ **en bien** change for the better; ~ **de programme** (*projet*) change of plan; (*spectacle etc*) change in the programme; ~ **de direction** (*sens*) change of direction; (*dirigeants*) change of management; ~ **de vitesse** (*dispositif*) gears, gear lever; (*action*) change of gears; [*bicyclette*] gear(s).

changer [ʃɑ̃ʒe] (3) **1** *vt* (a) (*modifier*) to change, alter. **ce chapeau la change** this hat makes her look different; **cela change tout!** that makes all the difference!, that changes everything!; **une promenade lui changera les idées** a walk will take his mind off things; **cela ne change rien au fait que** it doesn't change *ou* alter the fact that; ~ **qch/qn en** to change *ou* turn sth/sb into; **cela les changera de leur routine** it will be *ou* make a change for them from their routine. (b) (*remplacer*) (*gén*) to change; *décor* to change, shift; *marchandise, argent* to exchange (*contre* for). **j'ai changé ma place contre la sienne** I changed *ou* swapped* places with him, I exchanged my place for his; ~ **un malade** to change a patient. (c) (*déplacer*) to move. ~ **qn/qch de place** to move sb/sth to a different place, shift sb/sth; (*fig*) ~ **son fusil d'épaule** to change *ou* alter one's stand.
2 ~ **de** *vt indir* (*gén*) to change; (*modifier*) to alter; (*échanger*) to exchange. ~ **de nom** to change one's name; ~ **de domicile** to move house; ~ **d'avis** to change one's mind; **elle a changé de visage** (*d'émotion*) her expression changed *ou* altered; **change de disque!** put another record on!*; ~ **de train** to change trains; ~ **de camp** to change sides; ~ **de position** to alter *ou* change one's position; ~ **de côté** (*dans la rue*) to cross over (to the other side); ~ **de propriétaire** *ou* **de mains** to change hands; **changeons de sujet** let's change the subject; (*Naut*) ~ **de cap** to change *ou* alter course; ~ **de place avec qn** to change *ou* swap* places with sb.
3 *vi* (*se transformer*) to change, alter; (*Rail*) to change. ~ **en bien/en mal** to change for the better/the worse; **pour (ne pas)** ~! (just) for *ou* by way of a change!; **ça change (de la routine)** it makes a change (from the routine).
4 se ~ *vpr* to change (one's clothes). **se** ~ **en** to change *ou* turn into.

changeur [ʃɑ̃ʒœʀ] *nm* moneychanger. ~ **(de disques)** record changer; ~ **de monnaie** change machine.

chanoine [ʃanwan] *nm* (*personne*) canon.

chanson [ʃɑ̃sɔ̃] *nf* song. **c'est toujours la même** ~ it's always the same old story; ~ **folklorique** folksong; ~ **de geste** chanson de geste. ♦ **chansonnette** *nf* ditty.

chant [ʃɑ̃] *nm* (*action, art*) singing; (*chanson*) song; (*Poésie: chapitre*) canto. **le** ~ **de l'oiseau** (*musique*) the warbling *ou* singing of the bird; (*mélodie*) the song of the bird; **au** ~ **du coq** at cockcrow; (*lit, fig*) ~ **du cygne** swan song; ~ **de Noël** (Christmas) carol; ~ **religieux** hymn; **cours de** ~ singing lessons; ~ **grégorien** Gregorian chant.

chantage [ʃɑ̃taʒ] *nm* blackmail. **faire du ~ à qn** to blackmail sb.

chanter [ʃɑ̃te] (1) 1 *vt* (*gén*) to sing; *exploits* to sing (of). **qu'est-ce qu'il nous chante là?*** what's this he's telling us?; **~ qch sur tous les tons** to harp on *ou* go on about sth. 2 *vi* (*gén*) to sing; [*oiseau*] to sing, warble; [*coq*] to crow; [*poule*] to cackle; [*ruisseau*] to babble. **c'est comme si on chantait*** it's like talking to a deaf man, it's a waste of breath; (*par chantage*) **faire ~ qn** to blackmail sb; **vas-y si le programme te chante*** go if the programme appeals to you *ou* if you fancy the programme. ◆ **chantant, e** *adj voix* singsong, lilting; *musique* tuneful. ◆ **chanteur, -euse** *nm,f* singer.

chantier [ʃɑ̃tje] *nm* (*Constr*) (building) site; [*route*] roadworks; (*entrepôt*) depot, yard. **quel ~ dans ta chambre!*** what a shambles* *ou* mess in your room!; **avoir/mettre un ouvrage en ~** to have/put a piece of work in hand; **nous sommes en ~ depuis 2 mois** we've had workmen in *ou* alterations going on for 2 months; **~ de démolition** demolition site; **~ naval** shipyard.

chantonner [ʃɑ̃tɔne] (1) *vti* to sing softly, hum, croon.

chantre [ʃɑ̃tʀ(ə)] *nm* (*Rel*) cantor; (*poète*) bard; (*laudateur*) exalter.

chanvre [ʃɑ̃vʀ(ə)] *nm* (*Bot, Tex*) hemp.

chaos [kao] *nm* (*lit, fig*) chaos. ◆ **chaotique** *adj* chaotic.

chaparder* [ʃapaʀde] (1) *vti* to pinch*, pilfer (*à* from). ◆ **chapardage*** *nm* petty theft. ◆ **chapardeur, -euse*** 1 *adj* light-fingered. 2 *nm,f* pilferer.

chapeau, pl ~x [ʃapo] *nm* (*gén*) hat; (*Bot, Tech*) cap. **tirer son ~ à qn*** to take off one's hat to sb; **~!*** well done, jolly good*; (*Aut*) **~ de roue** hub cap; **sur les ~x de roues*** at top speed; **~ haut-de-forme** top hat; **~ melon** bowler (hat); **~ mou** trilby, fedora (*US*). ◆ **chapeauter** (1) *vt* (*Admin etc*) to head, oversee.

chapelain [ʃaplɛ̃] *nm* chaplain.

chapelet [ʃaplɛ] *nm* (*Rel*) rosary. **dévider son ~*** to recite one's grievances; **~ de oignons, injures** string of; *bombes* stick of.

chapelier, -ière [ʃapəlje, jɛʀ] 1 *adj* hat. 2 *nm,f* hatter.

chapelle [ʃapɛl] *nf* chapel; (*coterie*) coterie, clique. **~ ardente** chapel of rest.

chapelure [ʃaplyʀ] *nf* (dried) bread-crumbs.

chaperon [ʃapʀɔ̃] *nm* (*personne*) chaperon. **le petit ~ rouge** Little Red Riding Hood. ◆ **chaperonner** (1) *vt* to chaperon.

chapiteau, pl ~x [ʃapito] *nm* [*colonne*] capital; [*cirque*] big top.

chapitre [ʃapitʀ(ə)] *nm* [*livre*] chapter; [*budget*] section, item; (*Rel*) chapter. **sur ce ~** on that subject *ou* score. ◆ **chapitrer** (1) *vt* (*réprimander*) to admonish, reprimand; (*sermonner*) to lecture.

chaque [ʃak] *adj* (*défini*) every, each; (*indéfini*) every. **~ élève every** *ou* each pupil; **10 F ~** 10 francs each *ou* apiece; **~ homme naît libre** every man is born free; **à ~ instant** every other second.

char [ʃaʀ] *nm* (*Mil*) tank; [*carnaval*] (carnival) float; (*charrette*) waggon, cart; (*Antiq*) chariot. (*fig*) **le ~ de l'État** the ship of state.

charabia* [ʃaʀabja] *nm* gibberish, gobbledygook*.

charade [ʃaʀad] *nf* (*parlée*) riddle; (*mimée*) charade.

charbon [ʃaʀbɔ̃] *nm* coal; (*Méd*) anthrax; (*crayon*) piece of charcoal; [*arc électrique*] carbon. **~ actif** active carbon; **~ de bois** charcoal; **être sur des ~s ardents** to be like a cat on hot bricks. ◆ **charbonnages** *nmpl* (*houillères*) collieries, coalmines; (*ministère*) Coal Board. ◆ **charbonnier** *nm* (*personne*) coalman; (*navire*) collier.

charcutier, -ière [ʃaʀkytje, jɛʀ] *nm,f* pork butcher; (*traiteur*) delicatessen dealer; (**fig*)

butcher* (*fig*). ◆ **charcuter*** (1) *vt* to butcher*. ◆ **charcuterie** *nf* (*magasin*) pork butcher's shop and delicatessen; (*produits*) cooked pork meats; (*commerce*) pork meat trade; delicatessen trade.

chardon [ʃaʀdɔ̃] *nm* thistle.

chardonneret [ʃaʀdɔnʀɛ] *nm* goldfinch.

charge [ʃaʀʒ(ə)] *nf* (a) (*lit, fig: fardeau*) burden; [*véhicule, voûte*] load; [*navire*] freight, cargo. (b) (*responsabilité*) responsibility; (*poste*) office. (c) (*dépenses*) ~s expenses, costs, outgoings; [*locataire*] maintenance charges; **~s sociales** social security contributions; **les ~s de l'État** government expenditure. (d) (*Mil, Jur*) charge; (*caricature*) caricature. (e) [*fusil*] (*action*) loading, charging; (*explosifs*) charge; (*Élec*) (*action*) charging; (*quantité*) charge. **mettre une batterie en ~** to put a battery on charge. (f) **être à la ~ de qn** [*frais*] to be chargeable to sb, be payable by sb; [*personne*] to be dependent upon sb, be supported by sb; **~s de famille** dependents; **enfants à ~** dependent children; **les enfants confiés à sa ~** the children in his care; **avoir la ~ de qn/de faire qch** to be responsible for sb/for doing sth; **à ~ pour lui de payer** on condition that he meets the costs; **prendre en ~** *personne* to take charge of; *frais* to take care of; [*taxi*] to pick up, take on; **prise en ~** [*taxi*] minimum (standard) charge; [*Sécurité sociale*] acceptance of financial liability.

chargé, e [ʃaʀʒe] *adj* (*gén*) loaded; *estomac* overloaded; *programme* full, busy; *conscience* troubled. **~ de honneurs** laden with; *sens, menaces* full of; *nuages, parfums* heavy with; *tâche, enfant* in charge of; *homme au passé ~* man with a past; **avoir la langue ~e** to have a coated *ou* furred tongue. 2: **~ d'affaires** *nm* chargé d'affaires; **~ de famille** *adj* with family responsibilities; **~ de mission** *nm* official representative.

chargement [ʃaʀʒəmɑ̃] *nm* (*action*) loading; (*marchandises*) load; [*navire*] freight, cargo.

charger [ʃaʀʒe] (3) 1 *vt* (a) (*gén*) to load; (*à l'excès*) to overload. **table chargée de mets** table laden with dishes; **~ qn de paquets** to load sb up *ou* weigh sb down with; *impôts* to burden sb with, weigh sb down with; [*taxi*] **~ un client** to pick up a passenger. (b) *fusil, caméra* to load; (*Élec*) to charge; *chaudière* to stoke. (c) (*responsabilité*) **~ qn de qch** to put sb in charge of sth; **~ qn de faire** to give sb the responsibility *ou* job of doing, ask sb to do; **on l'a chargé d'une mission importante** he was given *ou* assigned an important mission; **on m'a chargé d'appliquer le règlement** I've been instructed to apply the rule; **il m'a chargé de ses amitiés pour vous** he asked me to give you his regards. (d) (*accuser*) to bring all possible evidence against. **~ qn de crime** to charge sb with. (e) (*Mil: attaquer*) *ennemi* to charge (at). (f) (*caricaturer*) *portrait* to make a caricature of; *description* to overdo, exaggerate; *rôle* to overact.

2 **se ~** *vpr*: **se ~ de** to see to, take care of, attend to; **se ~ de faire** to undertake to do; **je me charge de lui** leave it to me to look after him; **je me charge de le faire venir** I'll make sure he comes.

chargeur [ʃaʀʒœʀ] *nm* (a) (*personne*) (*gén, Mil*) loader; (*Naut: négociant*) shipper. (b) (*Phot*) cartridge; [*arme*] magazine; (*balles*) clip. **~ de batterie** (battery) charger.

chariot [ʃaʀjo] *nm* (*charrette*) waggon; (*petit*) cart; (*à roulettes*) trolley; (*de manutention*) truck; [*machine à écrire*] carriage.

charitable [ʃaʀitabl(ə)] *adj* (*gén*) charitable; (*gentil*) kind (*envers* towards); (*iro*) *conseil* friendly, kindly. ◆ **charitablement** *adv* charitably, kindly.

charité [ʃaʀite] *nf* (a) (*gén, Rel*) charity; (*gentillesse*) kindness. **ayez la ~ de** have the kindness to, be kind enough to. **(b)** (*aumône*) charity. **demander la ~** (*lit*) to beg for charity; (*fig*) to come begging; **faire la ~ à** to give (something) to; **la ~ publique** (public) charity; **~ bien ordonnée commence par soi-même** charity begins at home; **vente de ~** sale of work.

charivari* [ʃarivari] *nm* hullabaloo*.

charlatan [ʃarlatɑ̃] *nm* **(a)** (*péj*) (*gén*) charlatan; (*médecin*) quack; (*vendeur*) mountebank. ♦ **charlatanesque** *adj* (*de guérisseur*) quack; (*d'escroc*) phoney, bogus. ♦ **charlatanisme** *nm* charlatanism.

charme [ʃarm(ə)] *nm* **(a)** (*attrait*) charm, appeal; (*envoûtement*) spell. **le ~ de la nouveauté** the attraction(s) of novelty; **ça offre peu de ~ pour moi** it does not really appeal to me, it holds few attractions for me; (*hum*) **~s** charms (*hum*); **exercer un ~ sur qn** to have sb under one's spell; **tenir qn sous le ~ (de)** to captivate sb (with), hold sb spellbound (with); **faire du ~ à qn** to make eyes at sb; **se porter comme un ~** to be *ou* feel as fit as a fiddle. **(b)** (*Bot*) hornbeam. ♦ **charmant, e** *adj* (*gén*) charming, delightful; *soirée* delightful, lovely. (*iro*) **c'est ~!** charming! (*iro*). ♦ **charmer** **(1)** *vt* to charm, delight; *serpents* to charm. **être charmé de faire** to be delighted to do. ♦ **charmeur, -euse** **1** *adj* winning, engaging. **2** *nm,f* charmer. **~ de serpent** snake charmer.

charnel, -elle [ʃarnɛl] *adj instincts* carnal; *créature* earthly. ♦ **charnellement** *adv désirer* sexually.

charnier [ʃarnje] *nm* mass grave.

charnière [ʃarnjɛr] *nf* (*lit*) hinge; (*fig*) turning point; (*Mil, Sport*) linchpin. **discipline-~** interlinking field of study; **époque-~** transition period.

charnu, e [ʃarny] *adj* fleshy.

charogne [ʃarɔɲ] *nf* (*cadavre*) carrion; (ɪ: *salaud*) swine‡ (*inv*). ♦ **charognard** *nm* (*lit, fig*) vulture.

charpente [ʃarpɑ̃t] *nf* (*gén*) framework; (*carrure*) build, frame. ♦ **charpenté, e** *adj*: **bien ~** well built. ♦ **charpentier** *nm* carpenter; (*Naut*) shipwright.

charpie [ʃarpi] *nf* (*pansement*) shredded linen. (*lit, fig*) **être/mettre en ~** to be/tear in shreds.

charrette [ʃarɛt] *nf* cart. **~ à bras** handcart, barrow. ♦ **charretée** *nf* cartload (*de* of). (*fig) **des ~s de** loads* *ou* stacks* of. ♦ **charretier** *nm* carter. **de ~** *langage* coarse.

charrier [ʃarje] **(7)** **1** *vt* **(a)** (*avec brouette*) to cart (along), wheel (along); (*sur le dos*) to heave (along); [*camion*] to carry, cart; [*fleuve*] to carry (along), sweep (along). **(b)** (ɪ: *se moquer de*) **~ qn** to take sb for a ride‡, kid sb on‡. **2** *vi* (ɪ) (*abuser*) to go too far. (*plaisanter*) **tu charries** you must be kidding‡ *ou* joking.

charron [ʃarɔ̃] *nm* cartwright, wheelwright.

charrue [ʃary] *nf* plough, plow (*US*). **mettre la ~ avant les bœufs** to put the cart before the horse.

charte [ʃart(ə)] *nf* charter; (*Hist: titre*) title, deed.

charter [ʃartɛr] **1** *nm* (*vol*) charter flight; (*avion*) chartered plane. **2** *adj inv billet* charter; *avion* chartered.

chas [ʃa] *nm* eye (*of needle*).

chasse [ʃas] **1** *nf* **(a)** (*gén*) hunting; (*au fusil*) shooting. **aller à la ~ aux papillons** to go butterfly-hunting; **habits de ~** hunting clothes. **(b)** (*période*) hunting *ou* shooting season; (*gibier*) game; (*terrain*) hunting ground. **faire (une) bonne ~** to get a good bag; **~ gardée** (*lit*) private hunting (ground); (*fig*) private ground. **(c)** **la ~** (*chasseurs*) the hunt; (*Aviat*) the fighters. **(d)** (*poursuite*) chase. **faire la ~ à moustiques, abus** to hunt down; **faire la ~ aux appartements** to be *ou* go flat-hunting; **donner la ~ à** to give chase (*à* to); **se mettre en ~ pour trouver qch** to go hunting for sth.

2: **~ à l'affût** hunting (from a hide); **~ à courre** hunting; **~ d'eau** toilet flush; **tirer la ~ (d'eau)** to flush the toilet; **~ à l'homme** manhunt; **~ sous-marine** harpoon fishing. ♦ **chasse-clou**, *pl* **~-~s** *nm* nail punch. ♦ **chassé-croisé** *nm* (*Danse*) chassé-croisé; (*erreur*) mix-up. **avec tous ces ~s-~s** with all these to-ings and fro-ings *ou* mix-ups. ♦ **chasse-neige** *nm inv* snowplough.

châsse [ʃas] *nf* (*reliquaire*) reliquary, shrine.

chasser [ʃase] **(1)** **1** *vt* **(a)** (*gén*) to hunt; (*au fusil*) to shoot, hunt. **~ à l'affût** to hunt from a hide; **~ le faisan** to go pheasant-shooting. **(b)** *importun, ennemi* to drive *ou* chase away; *domestique, manifestant* to turn out; *immigrant* to drive out, expel. **chassant de la main les insectes** brushing away the insects with his hand; **chassez le naturel, il revient au galop** what's bred in the bone comes out in the flesh. **(c)** *odeur, doute* to dispel, drive away; *idée* to dismiss, chase away. **le vent a chassé le brouillard** the wind dispelled *ou* blew away the fog. **(d)** *clou* to drive in. **2** *vi* **(a)** (*gén*) to go hunting; (*au fusil*) to go shooting. **(b)** [*véhicule*] to skid; [*ancre*] to drag.

chasseur [ʃasœr] **1** *nm* **(a)** hunter, huntsman. **c'est un grand ~ de perdrix** he's a great one for partridge-shooting. **(b)** (*Mil*) (*soldat*) chasseur; (*avion*) fighter. (*régiment*) **le 3e ~** the 3rd chasseurs. **(c)** (*hôtel*) page (boy), messenger (boy). **2:** **~ alpin** mountain infantryman; **~-bombardier** *nm, pl* **~s-~s** fighter-bomber; **~ d'images** roving photographic enthusiast; **~ de têtes** headhunter.

chassis [ʃasi] *nm* (*véhicule*) chassis, subframe; (*Agr*) cold frame.

chaste [ʃast(ə)] *adj* chaste; *oreilles* innocent. ♦ **chastement** *adv* chastely. ♦ **chasteté** *nf* chastity.

chasuble [ʃazybl(ə)] *nf* chasuble.

chat [ʃa] **1** *nm* (*gén*) cat; (*mâle*) tomcat. **petit ~** kitten; **mon petit ~** pet*, love; **jouer à ~** to play tig *ou* tag; **(c'est toi le) ~!** you're it! *ou* he!; **il n'y avait pas un ~ dehors** there wasn't a soul outside; **avoir un ~ dans la gorge** to have a frog in one's throat; **~ échaudé craint l'eau froide** once bitten, twice shy. **2:** **le C~ Botté** Puss in Boots; **~ de gouttière** alley cat; **~ sauvage** wild cat.

châtaigne [ʃatɛɲ] *nf* (*fruit*) chestnut; (ɪ: *coup*) clout, biff*. ♦ **châtaignier** *nm* chestnut (tree).

châtain [ʃatɛ̃] *adj inv cheveux* chestnut (brown); *personne* brown-haired.

château, *pl* **~x** [ʃato] *nm* (*forteresse*) castle; (*palais*) palace, castle; (*manoir*) mansion; (*en France*) château. **bâtir des ~x en Espagne** to build castles in the air *ou* in Spain; **~ de cartes** house of cards; **~ d'eau** water tower; **~ fort** stronghold, fortified castle.

châtelain [ʃatlɛ̃] *nm* (*Hist*) (feudal) lord; (*propriétaire*) squire; (*nouveau riche*) manor-owner. ♦ **châtelaine** *nf* manor-owner; (*épouse*) lady of the manor.

châtier [ʃatje] **(7)** *vt coupable, faute* to punish; *style, langage* to refine. ♦ **châtiment** *nm* punishment.

chatoiement [ʃatwamɑ̃] *nm* glistening, shimmer(ing), sparkle.

chaton [ʃatɔ̃] *nm* **(a)** (*Zool*) kitten; (*Bot*) catkin. **~s** [*saule*] pussy willows; [*peuplier*] balls of fluff. **(b)** (*monture*) setting; (*pierre*) stone.

chatouiller [ʃatuje] **(1)** *vt* **(a)** (*lit*) to tickle; (*fig*) to titillate. ♦ **chatouille*** *nf* tickle. **craindre les ~s** to be ticklish. ♦ **chatouillement** *nm*: **~(s)** (*gén*) tickling; [*nez, gorge*] tickle. ♦ **chatouilleux, -euse** *adj* (*lit*) ticklish; (*susceptible*) touchy, (over-) sensitive (*sur* on, about).

chatoyer [ʃatwaje] **(8)** *vi* to glisten, shimmer, sparkle.

châtrer [ʃatre] **(1)** *vt* (*gén*) to castrate; *cheval* to geld; *chat* to neuter.

chatte [ʃat] *nf* (she-)cat. **ma (petite) ~*** (my) pet*, love.
chatterie [ʃatʀi] *nf* (a) ~s (*caresses*) playful caresses; (*minauderies*) kittenish ways. (b) (*friandise*) titbit.
chatterton [ʃatɛʀtɔn] *nm* insulating tape.
chaud, e [ʃo, od] **1** *adj* (a) (*agréable*) warm; (*brûlant*) hot. **cela sort tout ~ du four** it's (piping) hot from the oven. (b) *félicitations* warm, hearty; *partisan* keen, ardent; *discussion* heated; *nouvelle, tempérament* hot; *voix, couleur* warm; *bataille* fierce. **il n'est pas très ~ pour le faire*** he is not very keen on doing it; **l'alerte a été ~e** it was a near *ou* close thing; **points ~s** hot spots.
    2 *nm*: **le ~** (the) heat, the warmth; (*Méd*) ~ **et froid** chill; **elle souffre du ~** she suffers from the heat; **restez au ~** stay in the warmth; **garder qch au ~** to keep sth warm *ou* hot; **il a été opéré à ~** he had an emergency operation.
    3 *adv*: **avoir ~** to be *ou* feel warm; (*trop*) to be *ou* feel hot; **j'ai eu ~!** I got a real fright; **ça ne me fait ni ~ ni froid** I couldn't care less; **servir ~** serve hot; **tenir ~ à qn** to keep sb warm.
    ♦ **chaudement** *adv* *s'habiller* warmly; *féliciter* warmly, heartily; *défendre* heatedly, hotly.
chaudière [ʃodjɛʀ] *nf* boiler.
chaudron [ʃodʀɔ̃] *nm* cauldron. ♦ **chaudronnerie** *nf* (*métier*) boilermaking; (*boutique*) coppersmith's workshop; (*usine*) boilerworks. ♦ **chaudronnier** *nm* (*artisan*) coppersmith; (*ouvrier*) boilermaker.
chauffage [ʃofaʒ] *nm* (*action*) heating; (*appareils*) heating (system). ~ **central** central heating.
chauffard [ʃofaʀ] *nm* (*péj*) reckless driver. ~!* roadhog!
chauffer [ʃofe] (1) **1** *vt* (a) (*faire*) ~ **soupe** to warm up, heat up; *assiette* to warm, heat. (b) (*gén, Tech*) to heat; [*soleil*] to warm; [*soleil brûlant*] to heat. ~ **qch à blanc** to make sth white-hot; (*fig*) ~ **qn à blanc** to fire sb into action. (c) (*) *candidat* to cram; *commando* to train up. **2** *vi* [*aliment, eau, assiette*] to be heating (up), be warming (up); [*moteur*] to warm up; [*four*] to heat up; (*trop chaud*) to overheat. **ça va ~!*** sparks will fly!; **le but chauffe** they're on the brink of a goal; (*cache-tampon*) **tu chauffes!** you're getting warm(er)! **3 se ~** *vpr* to warm o.s. **se ~ au bois/gaz** to use wood/gas for heating. ♦ **chauffe-eau** *nm inv* immersion heater. ♦ **chauffe-plats** *nm inv* plate-warmer, hotplate.
chaufferie [ʃofʀi] *nf* [*usine*] boiler room; [*navire*] stokehold.
chauffeur [ʃofœʀ] *nm* (a) driver; (*privé*) chauffeur. **voiture sans ~** self-drive car. (b) [*chaudière*] fireman, stoker.
chaume [ʃom] *nm* [*champ*] stubble; [*toit*] thatch. ♦ **chaumière** *nf* (little) cottage; (*de chaume*) thatched cottage.
chaussée [ʃose] *nf* (*route*) road, roadway; (*surélevée*) causeway. ~ **bombée** cambered road; '~ **déformée** 'uneven road surface'.
chausser [ʃose] (1) *vt* *souliers, lunettes* to put on. ~ **du 40** to take size 40 in shoes; **chausse les enfants** put the children's shoes on (for them); **se ~** to put one's shoes on; **chaussé de bottes** wearing boots; **se (faire) ~ chez** to buy *ou* get one's shoes at; **ces chaussures chaussent large/bien** these are wide-fitting/well-fitting shoes. ♦ **chausse-pied**, *pl* ~-~s *nm* shoehorn. ♦ **chaussetrappe** *nf* ~-~s *nf* trap. ♦ **chaussette** *nf* sock. ♦ **chausseur** *nm* shoemaker.
chausson [ʃosɔ̃] *nm* slipper; [*bébé*] bootee; [*danseur*] ballet shoe; (*Culin*) turnover.
chaussure [ʃosyʀ] *nf* (*basse*) shoe; (*montante*) boot. **la ~** (*industrie*) the shoe industry; (*commerce*) the shoe trade; **rayon ~s** shoe *ou* footwear department.

chauve [ʃov] *adj* *personne* bald(-headed); *crâne* bald; *colline* bare. ~ **comme un œuf*** as bald as a coot. ♦ **chauve-souris**, *pl* ~s-~ *nf* bat.
chauvin, e [ʃovɛ̃, in] **1** *adj* chauvinistic. **2** *nm,f* chauvinist. ♦ **chauvinisme** *nm* chauvinism.
chaux [ʃo] *nf* lime. **blanchi à la ~** whitewashed.
chavirer [ʃaviʀe] (1) **1** *vi* (*lit*) to capsize, keel over, overturn; [*paysage, esprit*] to reel. **2** *vt* (a) (**faire**) ~ *bateau* to capsize, overturn. (b) (*bouleverser*) to bowl over.
chef [ʃɛf] **1** *nm* [*usine*] head, boss*; [*tribu*] chief(tain), headman; [*mouvement*] leader; (*Culin*) chef; (*littér: tête*) head. **tu es un ~*** you're the greatest*; **commandant en ~** commander-in-chief; **rédacteur en ~** chief editor; **de son propre ~** on his own initiative; **au premier ~** greatly; **de ce ~** accordingly.
    2 *adj inv*: **gardien ~** chief warden.
    3: ~ **d'accusation** charge; ~ **d'atelier** (shop) foreman; ~ **de bataillon** major; ~ **de bureau** head clerk; ~ **comptable** chief accountant; ~ **d'entreprise** company manager; ~ **d'État** head *ou* chief of state; ~ **d'état-major** chief of staff; ~ **de famille** head of the family; ~ **de file** leader; ~ **de gare** station master; ~**-lieu** *nm, pl* ~-~**x** = county town; ~ **d'œuvre** *nm, pl* ~**s-~** masterpiece, chef d'œuvre; ~ **d'orchestre** conductor; ~ **de service** section *ou* departmental head; ~ **de train** guard.
cheftaine [ʃɛftɛn] *nf* [*louveteaux*] cubmistress; [*éclaireuses*] (guide) captain.
cheik [ʃɛk] *nm* sheik.
chelem [ʃlɛm] *nm*: **petit/grand ~** small/grand slam.
chemin [ʃ(ə)mɛ̃] **1** *nm* (a) (*gén*) path; [*campagne*] lane; [*piste*] track. **le ~ de la ruine** the road *ou* path to ruin. (b) (*trajet, direction*) way (*de, pour* to). **il y a une heure de ~** it's an hour's walk (*ou* drive); **quel ~ a-t-il pris?** which way did she go?; **ils ont fait tout le ~ à pied** they walked all the way; **se mettre en ~** to set out *ou* off; **poursuivre son ~** to carry on one's way; **nous avons pris le ~ des écoliers** we came the long way round. (c) (*fig*) **il a encore du ~ à faire** he's still got a long way to go; **se mettre en travers du ~** to stand in the way *ou* path; **faire du ~** [*véhicule, chercheur*] to come a long way; [*idée*] to gain ground; [*ambitieux*] to make one's way; (*concession*) **faire la moitié du ~** to go half-way (to meet sb); **cela n'en prend pas le ~** it doesn't look likely; **il ne doit pas s'arrêter en si beau ~** he mustn't stop (now) when he's doing so well; **être sur le bon ~** to be on the right track *ou* lines.
    2: ~ **creux** sunken lane; **le ~ de croix** the Way of the Cross; ~ **de fer** railway, railroad (*US*); **par ~ de fer** by rail; ~ **de halage** tow-path.
cheminée [ʃ(ə)mine] *nf* (*extérieure*) chimney (stack); (*Naut, Rail*) funnel; (*intérieure*) fire-place; (*encadrement*) mantelpiece; [*volcan, lampe*] chimney. ~ **d'aération** ventilation shaft.
cheminement [ʃ(ə)minmɑ̃] *nm* [*marcheurs*] progress, advance; [*sentier*] course, way; [*pensée*] development, progression. ♦ **cheminer** (1) *vi* [*personne*] to walk (along); [*ruisseau etc*] to follow its course (*dans* along).
cheminot [ʃ(ə)mino] *nm* railwayman, railroad man (*US*).
chemise [ʃ(ə)miz] *nf* [*homme*] shirt; [*femme, bébé*] vest; [*dossier*] folder. **être en bras de ~** to be in one's shirt sleeves; **il s'en moque comme de sa première ~** he doesn't care a fig*; ~ **de nuit** [*femme*] nightdress; [*homme*] nightshirt. ♦ **chemiserie** *nf* (*magasin*) man's shop; (*commerce*) shirt(-making) trade. ♦ **chemisette** *nf* short-sleeved shirt. ♦ **chemisier** *nm* (*marchand*) shirt-maker; (*vêtement*) blouse.
chenal, *pl* **-aux** [ʃənal, o] *nm* (*canal*) channel, fairway; (*rigole*) channel; [*moulin*] millrace; [*usine*] flume.

chenapan [ʃ(ə)napã] *nm* rascal.
chêne [ʃɛn] *nm* oak. ~-**liège** *nm, pl* ~s-~s cork-oak; ~ **vert** holm oak.
chenet [ʃ(ə)nɛ] *nm* fire-dog, andiron.
chènevis [ʃɛnvi] *nm* hempseed.
chenil [ʃ(ə)ni(l)] *nm* kennels.
chenille [ʃ(ə)nij] *nf* (*Aut*, *Zool*) caterpillar.
♦ **chenillette** *nf* tracked vehicle.
cheptel [ʃɛptɛl] *nm* livestock.
chèque [ʃɛk] *nm* cheque, check (*US*); (*bon*) voucher. ~ **de 100 F** cheque for 100 francs; ~-**repas** luncheon voucher; ~-**cadeau** gift token; (*lit,fig*) ~ **en blanc** blank cheque; ~ **postal** ≃ (Post Office) Girocheque; ~ **sans provision** bad *ou* dud* cheque; ~ **de voyage** traveller's cheque.
♦ **chéquier** *nm* cheque book.
cher, chère[1] [ʃɛʀ] **1** *adj* (a) (*aimé*) dear (*à* to). **les êtres** ~**s** the loved ones; **c'est mon vœu le plus** ~ it's my fondest *ou* dearest wish; **son bien le plus** ~ his most precious possession; **ce** ~ (**vieux**) **Louis!*** dear old Louis!; **ses** ~**s parents** his beloved parents. (b) (*coûteux*) expensive, dear. **pas** ~ cheap, inexpensive; **la vie est chère** the cost of living is high. **2** *nm,f:* **mon** ~, **ma chère** my dear. **3** *adv* **coûter, payer** a lot *ou* a great deal (of money). **vendre** ~ to charge high prices; **je ne l'ai pas acheté** ~ I bought it very cheaply, I didn't pay much for it; **ça vaut** ~ it's expensive, it costs a lot; (*fig*) **il ne vaut pas** ~ he's a bad lot; (*fig*) **ça lui a coûté** ~ it cost him dear, he paid dearly for it.
chercher [ʃɛʀʃe] (1) *vt* (a) (*gén*) to look for, search for, try to find; *ombre, moyen* to look for, seek; *gloire, alliance* to seek; *danger* to court; (*sur un livre*) to look up; (*dans sa mémoire*) to try to think of. ~ **qn des yeux** to look (around) for sb; il **n'a pas bien cherché** he didn't look *ou* search very hard; ~ **ses mots** to search for words; (*à un chien*) **cherche! cherche!** find it, boy!; **il ne cherche que son intérêt** he is concerned only with his own interest; ~ **la difficulté** to look for difficulties; ~ **la bagarre** to be looking for a fight; **tu l'auras cherché!** you've been asking for it!; ~ **à faire** to try *ou* attempt to do.
(b) **aller** ~ **qch/qn** to go for sth/sb, go and fetch *ou* get sth/sb; **va me** ~ **mon sac** go and fetch *ou* get me my bag; **il est venu le** ~ **à la gare** he came to meet *ou* collect him at the station; **envoyer (qn)** ~ **le médecin** to send (sb) for the doctor; **où va-t-il** ~ **tout cela!** where does he get all that from!; **ça va** ~ **dans les 30 F** it'll add up to something like 30 francs.
(c) (*fig*) ~ **fortune** to seek one's fortune; ~ **des histoires à qn** to try to make trouble for sb; ~ **midi à quatorze heures** to look for complications; ~ **noise à qn** to seek a quarrel with sb; ~ **la petite bête** to split hairs; ~ **une aiguille dans une meule de foin** to look for a needle in a haystack; ~ **son salut dans la fuite** to seek *ou* take refuge in flight; **artiste qui se cherche** artist who is searching for an identity.
chercheur, -euse [ʃɛʀʃœʀ, øz] **1** *adj esprit* inquiring. **2** *nm,f* researcher, research worker. ~ **de** (*gén*) seeker of; ~ **d'or** gold digger; ~ **de trésors** treasure hunter.
chère[2] [ʃɛʀ] *nf* (*littér*) food, fare. **faire bonne** ~ to eat well.
chèrement [ʃɛʀmã] *adv aimer* dearly, fondly; *conserver* lovingly; *vendre* at a high price. ~ **payé** *victoire* dearly bought *ou* won; **vendre** ~ **sa vie** to sell one's life dearly.
chérir [ʃeʀiʀ] (2) *vt* to cherish. ♦ **chéri, e 1** *adj* beloved. **maman** ~**e** mother dear *ou* darling. **2** *nm,f* darling.
cherté [ʃɛʀte] *nf* high price, dearness. **la** ~ **de la vie** the high cost of living.
chérubin [ʃeʀybɛ̃] *nm* (*lit, fig*) cherub.
chétif, -ive [ʃetif, iv] *adj enfant* puny; *plante* puny, stunted; *récolte* meagre; *repas* meagre,

scanty; *raisonnement* paltry. ♦ **chétivement** *adv* punily.
cheval, pl -aux [ʃ(ə)val, o] **1** *nm* (*animal*) horse. (*Aut*) ~ *ou* ~**aux** (**vapeur**) horsepower; **ce n'est pas le mauvais** ~* he's not a bad sort; **au travail, c'est un vrai** ~ he works like a Trojan; **à** ~ on horseback; **à** ~ **sur une chaise** (sitting) astride a chair; **à** ~ **sur deux mois** overlapping two (different) months; **être (très) à** ~ **sur le règlement** to be a (real) stickler for the rules; **de** ~* *remède* drastic; *fièvre* raging. **2:** ~ **d'arçons** (vaulting) horse; ~ **à bascule** rocking horse; (*fig*) ~ **de bataille** hobby horse; ~**aux de bois** roundabout, merry-go-round, carousel (*US*); ~ **de course** racehorse; ~**aux de frise** chevaux-de-frise; ~ **de labour** cart-horse, plough horse; (*vieux*) ~ **de retour** old lag; ~ **de trait** draught horse; (*lit, fig*) ~ **de Troie** Trojan horse.
chevalet [ʃ(ə)valɛ] *nm* [*peintre*] easel; (*Menuiserie*) trestle; [*violon etc*] bridge.
chevalier [ʃ(ə)valje] *nm* (*Hist*) knight; [*légion d'honneur*] chevalier. **faire qn** ~ to knight sb, dub sb knight; ~ **errant** knight-errant; ~ **servant** (*attentive*) escort. ♦ **chevaleresque** *adj* chivalrous, gentlemanly; *honneur* knightly. ♦ **chevalerie** *nf* (*institution*) chivalry; (*chevaliers*) knighthood.
chevalière [ʃ(ə)valjɛʀ] *nf* signet ring.
chevalin, e [ʃ(ə)valɛ̃, in] *adj race* equine; *visage* horsy.
chevaucher [ʃ(ə)voʃe] (1) **1** *vt* to be *ou* sit astride; [*pont*] to span; [*tuiles*] to overlap. **2 se** ~ *vpr* to overlap. **3** *vi* to ride (on horseback). ♦ **chevauchée** *nf* (*course*) ride; (*cavaliers*) cavalcade. ♦ **chevauchement** *nm* (*gén*) overlapping.
chevet [ʃ(ə)vɛ] *nm* (a) [*lit*] bed(head). **au** ~ **de qn** at sb's bedside. (b) (*Archit*) chevet.
cheveu, pl ~**x** [ʃ(ə)vø] *nm* (a) (*poil*) hair. (*chevelure*) ~**x** hair; **aux** ~**x blonds** fair-haired; **2** ~**x blancs** 2 white hairs; **épingle à** ~**x** hairpin. (b) **leur vie n'a tenu qu'à un** ~ their life hung by a thread; **il s'en est fallu d'un** ~ **qu'ils ne se tuent** they escaped death by a hair's breadth, they were within an ace of being killed; **avoir un** ~* (**sur la langue**) to have a lisp; **se faire des** ~**x*** (**blancs**) to worry o.s. grey *ou* stiff*; **arriver comme un** ~ **sur la soupe*** [*visiteur*] to come at the most awkward moment; [*remarque*] to be completely irrelevant; **tiré par les** ~**x** far-fetched; **il y a un** ~* there's a hitch *ou* snag. ♦ **chevelu, e** *adj* long-haired. ♦ **chevelure** *nf* (*cheveux*) hair; [*comète*] tail. **elle avait une** ~ **abondante** she had thick hair *ou* a thick head of hair.
cheville [ʃ(ə)vij] *nf* (*Anat*) ankle; (*pour joindre*) peg, pin; (*pour clou*) rawlplug; [*poème*] cheville. (*Aut, fig*) ~ **ouvrière** kingpin; **il n'arrive pas à la** ~ **de son frère** he can't hold a candle to his brother; **être en** ~ **avec qn** to be in contact *ou* touch with sb. ♦ **cheviller** (1) *vt* (*Menuiserie*) to peg.
chèvre [ʃɛvʀ(ə)] **1** *nf* (*she-*)goat, (nanny-)goat. **rendre qn** ~* to drive sb up the wall*. **2** *nm* goat('s milk) cheese. ♦ **chevreau, pl** ~**x** *nm* kid.
chèvrefeuille [ʃɛvʀəfœj] *nm* honeysuckle.
chevreuil [ʃəvʀœj] *nm* (*Zool*) roe deer; (*mâle*) roebuck; (*Culin*) venison.
chevron [ʃəvʀɔ̃] *nm* (*poutre*) rafter; (*galon*) stripe, chevron. (*motif*) ~**s** herring bone (pattern); (*grands*) chevron pattern.
chevronné, e [ʃəvʀɔne] *adj* practised, seasoned.
chevroter [ʃəvʀɔte] (1) *vi* to quaver. ♦ **chevrotement** *nm* quavering.
chevrotine [ʃəvʀɔtin] *nf:* ~(**s**) buckshot.
chez [ʃe] *prép:* **rentrer** ~ **soi** to go (back) home; **faites comme** ~ **vous** make yourself at home; ~ **nous** (*gén*) at home; (*maison*) at our place *ou* house; (*famille*) in our family; (*pays*) in our country; **il est** ~ **sa tante** he's at his aunt's (place

ou house); c'est petit ~ lui his place *ou* house is small; être/aller ~ le boucher to be at/go to the butcher's; (*adresse*) ~ M X c/o Mr. X; c'est une coutume bien de ~ nous it's one of our typical local customs; ~ les Romains among the Romans; on trouve cela ~ les animaux/Balzac you find this in animals/Balzac; c'est une habitude ~ lui it's a habit with him.

chiader♦ [ʃjade] (1) **1** *vt examen* to swot for*. **2** *vi* to swot*. ♦ **chiadé, e♦** *adj* (*difficile*) tough*, stiff*; (*approfondi*) brainy*; (*perfectionné*) clever.

chialer♦ [ʃjale] (1) *vi* to blubber*.

chiasse♦ [ʃjas] *nf*: avoir la ~ (*colique*) to have the runs*; (*peur*) to be in a funk♦.

chic [ʃik] **1** *nm [toilette]* stylishness; *[personne]* style. avoir du ~ to have style; habillé avec ~ stylishly dressed; avoir le ~ pour faire qch to have the knack of doing sth; de ~ *peindre* without a model, from memory; écrire off the cuff. **2** *adj inv* (*élégant*) stylish, smart; (*riche*) smart, posh*; (*: gentil*) decent, nice (*avec* to). **3** *excl:* ~ terrific!*, great!*

chicane [ʃikan] *nf* (a) *[route]* in and out. (b) (*querelle*) squabble. ♦ **chicaner** (1) **1** *vt:* ~ qn to quibble *ou* squabble with sb (*sur qch* over sth). **2** *vi* to quibble (*sur* about). ♦ **chicanier, -ière** **1** *adj* quibbling. **2** *nm,f* quibbler.

chiche¹ [ʃiʃ] *adj:* pois ~ chick pea.

chiche² [ʃiʃ] *adj* (a) *personne, rétribution* niggardly, mean; *repas* scanty, meagre. être ~ de paroles to be sparing with one's words. (b) (*) es-tu ~ de le faire? are you game to do it?; ~ que je le fais! I bet you I do it!* ♦ **chichement** *adv* meanly, meagrely.

chichis♦ [ʃiʃi] *nmpl* fuss. faire des ~ to make a fuss; sans ~ informally.

chicorée [ʃikɔʀe] *nf* (*salade*) endive; (*à café*) chicory. ~ frisée curly endive (lettuce).

chicot [ʃiko] *nm* (*dent*) stump.

chien [ʃjɛ̃] **1** *nm* (*animal*) dog; *[fusil]* hammer. petit ~ (*jeune*) puppy; en ~ de fusil curled up; vie de ~ dog's life; de ~ *temps, métier* rotten*; comme un ~ like a dog; habillé à la ~* she has a certain something; entre ~ et loup in the twilight *ou* dusk; être comme ~ et chat to fight like cat and dog; recevoir qn comme un ~ dans un jeu de quilles to give sb a cold reception. **2** *adj inv* (*avare*) mean, stingy*; (*méchant*) rotten*. **3:** ~ d'arrêt pointer; ~ d'aveugle guide dog; ~ de berger sheepdog; ~ de chasse retriever; ~ couchant setter; faire le ~ couchant to toady; ~ courant hound; ~ de garde watch dog; ~-loup *nm, pl* ~s-~s wolfhound; ~ policier police dog.

chiendent [ʃjɛ̃dɑ̃] *nm* couch grass.

chienne [ʃjɛn] *nf* bitch.

chier♦ [ʃje] (7) *vi* to shit♦. faire ~ qn (*ennuyer*) to bore the pants off sb♦; (*tracasser*) to bug sb♦.

chiffe [ʃif] *nf* (*péj*) spineless individual, wet*. je suis comme une ~ (*fatigué*) I feel like a wet rag.

chiffon [ʃifɔ̃] *nm* (piece of) rag. mettre en ~ to crumple; parler ~s* to talk (about) clothes; ~ à chaussures shoe cloth; ~ de papier scrap of paper; ~ à poussière duster. ♦ **chiffonner** (1) **1** *vt* (a) *papier* to crumple; *habits* to crease, crumple. (b) (*: contrarier*) ça me chiffonne it bothers me. **2** se ~ *vpr* to crease *ou* crumple easily. ♦ **chiffonnier** *nm* (*personne*) ragman; (*meuble*) chiffonier. se battre comme des ~s to fight like cat and dog.

chiffre [ʃifʀ(ə)] *nm* (a) (*caractère*) figure, numeral. ~ arabe Arab numeral; nombre de 7 ~s 7-figure number; science des ~s science of numbers. (b) (*somme*) sum; (*total*) total. ça atteint des ~s astronomiques it reaches an astronomical figure *ou* sum; le ~ des chômeurs the unemployment figures *ou* total; ~ (d'affaires) turnover. (c) *[message]* code; *[coffre-fort]* combination. écrire une lettre en ~s to write a letter in code.

(d) (*initiales*) initials, monogram; (*Mus: indice*) figure.

chiffrer [ʃifʀe] (1) **1** *vt* (*coder*) to encode; (*évaluer*) to put a figure on, assess (the amount of); (*numéroter*) to number; *linge* to mark with one's initials; (*Mus*) to figure. **2** *vi*, se ~ *vpr:* (se) ~ à to add up to, amount to; ça finit par ~* it adds up to *ou* amounts to quite a lot in the end. ♦ **chiffrage** *nm* encoding; assessing; numbering; marking; figuring.

chignole [ʃiɲɔl] *nf* drill.

chignon [ʃiɲɔ̃] *nm* bun, chignon.

Chili [ʃili] *nm* Chile. ♦ **chilien, -ienne** *adj,* C~(ne) *nm(f)* Chilean.

chimère [ʃimɛʀ] *nf* (*utopie*) chimera; (*irréalisable*) pipe dream, (idle) fancy; (*Myth*) Chim(a)era. ♦ **chimérique** *adj* (a) *esprit, projet* fanciful; *rêve* idle. (b) (*imaginaire*) imaginary, chimerical.

chimie [ʃimi] *nf* chemistry. ♦ **chimique** *adj* chemical. ♦ **chimiquement** *adv* chemically. ♦ **chimiste** *nmf* chemist (*scientist*).

chimpanzé [ʃɛ̃pɑ̃ze] *nm* chimpanzee.

Chine [ʃin] *nf* China. ~ populaire communist China.

chiné, e [ʃine] *adj* (*Tex*) chiné.

chiner* [ʃine] (1) *vt* to tease, rag.

chinois, e [ʃinwa, waz] **1** *adj* (a) (*de Chine*) Chinese. (b) (*péj*) *personne* fussy; *règlement* hair-splitting. **2** *nm* (a) (*Ling*) Chinese. (*péj*) c'est du ~* it's all Greek to me*. (b) C~ Chinese(man); les C~ the Chinese. (c) (*: péj: maniaque*) hair-splitter. **3** *nf:* C~e Chinese woman. ♦ **chinoiseries** *nfpl* unnecessary fuss. les ~ de l'administration red tape.

chiot [ʃjo] *nm* pup(py).

chiper* [ʃipe] (1) *vt objet* to pinch*, filch*; *rhume* to catch.

chipie [ʃipi] *nf* minx.

chipoter* [ʃipɔte] (1) *vi* (*manger*) to pick at one's food; (*ergoter*) to quibble (*sur* over); (*marchander*) to haggle (*sur* over). ♦ **chipoteur, -euse*** **1** *adj* haggling; quibbling; (*en mangeant*) fussy. **2** *nm,f* haggler; quibbler; fussy eater.

chips [ʃip(s)] *nfpl* (*Culin*) crisps.

chique [ʃik] *nf* (*tabac*) quid; (*: enflure*) lump (on the cheek).

chiqué* [ʃike] *nm:* le ~ (*pour impressionner*) bluffing; (*factice*) sham; (*maniéré*) airs and graces; il a fait ça au ~ he bluffed it out; c'est du ~ it's all put on*; c'est pas du ~ that's for real*; faire du ~ to put on airs (and graces).

chiquement* [ʃikmɑ̃] *adv* s'habiller smartly, stylishly; *traiter,* kindly, decently.

chiquenaude [ʃiknod] *nf* flick.

chiquer [ʃike] (1) **1** *vt* to chew. **2** *vi* to chew tobacco.

chiromancie [kiʀɔmɑ̃si] *nf* palmistry. ♦ **chiromancien, -ienne** *nm,f* palmist.

chiropracteur [kiʀɔpʀaktœʀ] *nm* chiropractor. ♦ **chiropraxie** *nf* chiropractic.

chirurgie [ʃiʀyʀʒi] *nf* surgery (*science*). ♦ **chirurgical, e,** *mpl* -aux *adj* surgical. ♦ **chirurgien** *nm* surgeon. ~-dentiste dental surgeon.

chlore [klɔʀ] *nm* chlorine. ♦ **chlorer** (1) *vt* to chlorinate. ♦ **chlorhydrique** *adj* hydrochloric. ♦ **chlorure** *nm* chloride.

chloroforme [klɔʀɔfɔʀm(ə)] *nm* chloroform. ♦ **chloroformer** (1) *vt* to chloroform.

chlorophylle [klɔʀɔfil] *nf* chlorophyll. ♦ **chlorophyllien, -ienne** *adj* chlorophyllous.

choc [ʃɔk] *nm* (a) (*heurt*) *[objets]* impact, shock; *[vagues, véhicules]* crash; *[troupes, intérêts]* clash; (*sur la tête etc*) blow, bump. cela se brise au moindre ~ it breaks at the slightest bump; ça s'est déformé sous le ~ it twisted under the impact; résister au ~ *[instrument]* to be shock-resistant; *[armée]* to stand up to the onslaught; ~ **opératoire** post-operative shock. **(b)** *(bruit)* *(violent)* crash; *(sourd)* thud; *(métallique)* clang; *(cristallin)* clink. **(c)** *(émotion)* shock. **ça m'a fait un drôle de** ~ it gave me a nasty shock. **(d) de** ~ **troupe, traitement** shock; *patron* dynamic, high-powered; **argument/photo(-)**~ shock argument/photo; **prix-**~ special price.

chocolat [ʃɔkɔla] **1** *nm* **(gén)** chocolate. **mousse au** ~ chocolate mousse; ~ **en poudre/à croquer** drinking/plain chocolate. **2** *adj inv* chocolate (-coloured). ♦ **chocolaté, e** *adj* chocolate-flavoured. ♦ **chocolaterie** *nf* chocolate factory. ♦ **chocolatier, -ière 1** *adj* chocolate. **2** *nm,f* chocolate maker.

chocottes [ʃɔkɔt] *nfpl*: **avoir les** ~ to have the jitters*.

chœur [kœʀ] *nm (gén, fig)* chorus; *(Rel: chanteurs)* choir; *(nef)* choir, chancel. **en** ~ in chorus; **tous en** ~! all together now!

choir [ʃwaʀ] *vi (littér)* to fall. **faire** ~ to cause to fall; **laisser** ~ *objet* to drop; *amis* to let down; **se laisser** ~ **dans un fauteuil** to sink into an armchair.

choisir [ʃwaziʀ] **(2)** *vt (gén)* to choose; *candidat, produit* to select. **il faut savoir** ~ **ses amis** you must know how to pick *ou* choose your friends; **se** ~ **un mari** to choose a husband; ~ **de faire qch** to choose to do sth. ♦ **choisi, e** *adj passages* selected; *langage* carefully chosen; *clientèle* select.

choix [ʃwa] *nm* **(a)** *(décision)* choice; *(échantillonnage)* choice, selection. **un aménagement de son** ~ alterations of one's (own) choosing; **le** ~ **d'un cadeau** choosing a gift, the choice of a gift; **il y a du** ~ there is a choice *ou* a wide selection; **vous avez, au** ~, **fruits ou fromages** you have a choice between *ou* of fruit or cheese; **faire son** ~ to make one's choice; **je n'avais pas le** ~ I had no option *ou* choice; **laisser le** ~ **à qn (de faire)** to leave sb (free) to choose (to do), give sb the choice of (doing); **porter son** ~ **sur qch** to settle on sth. **(b)** *(qualité)* **de** ~ choice, selected; **de premier** ~ *fruits, viande* top grade; **de** ~ **courant** standard quality; **de second** ~ grade two; **articles de second** ~ seconds.

choléra [kɔleʀa] *nm* cholera. ♦ **cholérique 1** *adj* choleraic. **2** *nmf* cholera patient.

cholestérol [kɔlɛsteʀɔl] *nm* cholesterol.

chômage [ʃomaʒ] *nm* unemployment. **(être) au** ~ (to be) unemployed *ou* out of work; **s'inscrire au** ~ to apply for unemployment benefit; **mettre qn au** ~ to make sb redundant, put sb out of work; ~ **partiel** short-time working; ~ **technique** lay-offs; **mettre en** ~ **technique** to lay off. ♦ **chômer (1)** *vi* **(a)** *(gén)* to be idle; *[travailleur]* to be unemployed; *[usine]* to be at a standstill. **(b)** *(en congé)* to have a holiday. **jour chômé** public holiday. ♦ **chômeur, -euse** *nm,f* **(gén)** unemployed person; *(mis au chômage)* redundant worker. **les** ~**s** the unemployed, people out of work.

chope [ʃɔp] *nf* tankard; *(contenu)* pint.

choper [ʃɔpe] **(1)** *vt objet* to pinch*; *rhume* to catch; *voleur* to nab*.

chopine• [ʃɔpin] *nf* bottle (of wine).

choquer [ʃɔke] **(1) 1** *vt* **(a)** *(scandaliser)* to shock, appal. **ce roman risque de** ~ people may find this novel offensive *ou* shocking; **j'ai été choqué par son indifférence** I was shocked *ou* appalled by his indifference. **(b)** *délicatesse, raison* to offend against; *vue, oreilles* to offend. **(c)** *[chute]* to shake (up); *[accident]* to shake (up), shock; *[deuil]* to shake. **(d)** *objet* to knock (against); *verres* to clink. **2 se** ~ *vpr (s'offusquer)* to be shocked. ♦ **choquant, e** *adj* shocking; appalling; offensive.

choral, e *mpl* ~**s** [kɔʀal] **1** *adj* choral. **2** *nm* choral(e). **3** *nf* choral society, choir.

chorégraphe [kɔʀegʀaf] *nmf* choreographer.

♦ **chorégraphie** *nf* choreography. ♦ **chorégraphique** *adj* choreographic.

choriste [kɔʀist(ə)] *nmf (Rel)* choir member, chorister; *(Théât)* member of the chorus. **les** ~**s** the choir; the chorus.

chorus [kɔʀys] *nm*: **faire** ~ **(avec qn)** to voice one's agreement (with sb).

chose [ʃoz] **1** *nf* **(a)** *(gén)* thing. ~ **étrange, il a accepté** the strange thing is that he accepted, strangely enough he accepted; **c'est une** ~ **admise que** it's an accepted fact that; **c'est** ~ **faite** it's done; **peu de** ~ nothing much; **avant toute** ~ above all else; **de 2** ~**s l'une** it's got to be one thing or the other; **faire bien les** ~**s** to do things in style; **dites-lui bien des** ~**s de ma part** give him my regards; **nous avons parlé de** ~**s et d'autres** we talked about this and that *ou* about one thing and another.

(b) *(question)* matter. **la** ~ **en question** the matter in hand; **c'est tout autre** ~ it's another matter; **dans l'état actuel des** ~**s** as things *ou* matters stand at present.

(c) *(situation)* it, things. **il va vous expliquer la** ~ he'll tell you about it; **il a bien pris la** ~ he took it very well; **les** ~**s se sont passées ainsi** it *ou* things happened like this; **en mettant les** ~**s au mieux/pire** at best/worst.

2 *nm* **(*)** *(truc)* thing, contraption; *(personne)* what's-his-name*, thingumajig*. **eh! C**~ hey you.

3 *adj inv*: **être tout** ~ *(bizarre)* to feel a bit peculiar; *(malade)* to be out of sorts; **ça l'a rendu tout** ~ it made him go all funny*.

chou[1], *pl* ~**x** [ʃu] *nm (Bot)* cabbage; *(ruban)* rosette; *(gâteau)* puff. **notre projet est/il dans les** ~**x*** our plan has/he has had it*; **faire** ~ **blanc*** to draw a blank; ~ **de Bruxelles** Brussels sprout; ~**-fleur** *nm, pl* ~**x-**~**s** cauliflower; ~ **rouge** red cabbage. ♦ **chou**[2], **-te***, *mpl* ~**x 1** *nm,f (amour)* darling. **2** *adj inv (ravissant)* delightful. ♦ **chouchou, -te*** *nm,f* pet. ♦ **chouchouter*** **(1)** *vt* to pamper, pet. ♦ **choucroute** *nf* sauerkraut.

choucas [ʃuka] *nm* jackdaw.

chouette[1]• [ʃwɛt] *adj (beau)* smashing*, great*; *(gentil)* nice. **sois** ~ be a dear *ou* sport*; ~ **(alors)!** smashing!*, great!*

chouette[2] [ʃwɛt] *nf* owl. *(péj)* **vieille** ~ old harpy.

choyer [ʃwaje] **(8)** *vt* to pamper, spoil.

chrétien, -ienne [kʀetjɛ̃, jɛn] *adj, C*~**(ne)** *nm(f)* Christian. ♦ **chrétiennement** *adv* as a Christian. ♦ **chrétienté** *nf* Christendom.

christ [kʀist] *nm* **(a) le C**~ Christ. **(b)** *(objet)* figure of Christ. ♦ **christianisation** *nf* conversion to Christianity. ♦ **christianiser** **(1)** *vt* to convert to Christianity. ♦ **christianisme** *nm* Christianity.

chromatique [kʀɔmatik] *adj (Mus, Peinture)* chromatic; *(Bio)* chromosomal.

chrome [kʀom] *nm (Chim)* chromium. *(Aut)* **faire les** ~**s*** to polish the chrome. ♦ **chromer (1)** *vt* to chromium-plate.

chromo [kʀomo] *nm* chromo.

chromosome [kʀɔmozom] *nm* chromosome. ♦ **chromosomique** *adj* chromosomal.

chronique [kʀɔnik] **1** *adj* chronic. **2** *nf (Littérat)* chronicle; *(Presse)* column, page. ♦ **chroniquement** *adv* chronically. ♦ **chroniqueur** *nm (Littérat)* chronicler; *(Presse, gén)* columnist. ~ **sportif** sports editor; ~ **dramatique** drama critic.

chrono• [kʀono] *nm* stopwatch. *(Aut)* **faire du 80 (km/h) (au)** ~ to be timed at 80; **faire un bon** ~ to do a good time.

chronologie [kʀɔnɔlɔʒi] *nf* chronology. ♦ **chronologique** *adj* chronological. ♦ **chronologiquement** *adv* chronologically.

chronomètre [kʀɔnɔmɛtʀ(ə)] *nm* chronometer; *(Sport)* stopwatch. ♦ **chronométrage** *nm* timing. ♦ **chronométrer (6)** *vt* to time. ♦ **chronométreur** *nm* timekeeper. ♦ **chronométrique** *adj* chronometric.

chrysalide [kʀizalid] *nf* chrysalis.
chrysanthème [kʀisɑ̃tɛm] *nm* chrysanthemum.
chuchoter [ʃyʃɔte] (1) *vti* (*gén, fig*) to whisper; *[ruisseau]* to murmur. ♦ **chuchotement** *nm* whisper; murmur.
chuinter [ʃɥɛ̃te] (1) *vi* to hiss softly. ♦ **chuintement** *nm* soft hiss.
chut [ʃyt] *excl* sh!
chute [ʃyt] *nf* (**a**) (*gén*) fall; *[cheveux]* loss; *[empire, commerce]* collapse; *[régime]* downfall (*de* of); *[monnaie, température]* drop (*de* in); (*Théât*) *[pièce]* failure (*de* of). **faire une** ~ **de 3 mètres** to fall 3 metres; **faire une** ~ **de cheval** to fall off a horse; **loi de la** ~ **des corps** law of gravity; ~ **libre** free fall; **économie en** ~ **libre** plummeting economy; **attention,** ~ **de pierres** danger, falling rocks. (**b**) (*Géog*) ~ **d'eau** waterfall; **les** ~**s du Niagara/Zambèze** the Niagara/Victoria Falls; **fortes** ~**s de pluie/neige** heavy rainfalls/snowfalls. (**c**) (*déchet*) *[tissu]* clipping, scrap; *[bois]* off-cut. (**d**) **la** ~ **des reins** the small of the back; ~ **du jour** nightfall.
chuter [ʃyte] (1) *vi* to fall; (*échouer*) to come a cropper*; (*Théât*) to flop. (*lit, fig*) **faire** ~ **qn** to bring sb down.
Chypre [ʃipʀ(ə)] *n* Cyprus. ♦ **chypriote** *adj*, **C**~ *nmf* = **cypriote**.
ci [si] **1** *adv*: **celui-**~, **celle-**~ this one; **ceux-**~ these (ones); **ce livre-**~ this book; **à cette heure-**~ (*indue*) at this hour of the day; (*actuelle*) by now; **ces jours-**~ (*avenir*) in the next few days; (*passé*) these past few days; (*présent*) these days; **de** ~ **de là** here and there. **2**: ~**-après** below; ~**-contre** opposite; ~**-dessous** below; ~**-dessus** above; ~**-gît** here lies; ~**-inclus une enveloppe** envelope enclosed; **les papiers** ~**-joints** the enclosed papers.
cible [sibl(ə)] *nf* (*lit, fig*) target.
ciboire [sibwaʀ] *nm* (*Rel*) ciborium (*vessel*).
ciboule [sibul] *nf*, **ciboulette** [sibulɛt] *nf* chives.
cicatrice [sikatʀis] *nf* (*lit, fig*) scar. ♦ **cicatrisation** *nf* healing. ♦ **cicatriser** *vt*, **se** ~ *vpr* (1) to heal (over).
cidre [sidʀ(ə)] *nm* cider.
ciel [sjɛl] **1** *nm* (**a**) (*espace*: *pl littér* **cieux**) sky, heavens (*littér*). **sous des cieux plus cléments** (*climat*) beneath more clement skies; (*hum*: *moins dangereux*) in healthier climes. (**b**) (*Peinture*: *pl* **ciels**) sky. (**c**) (*Rel*) **le** ~, **les cieux** heaven; **juste** ~! good heavens!; **c'est le** ~ **qui vous envoie!** you're heaven-sent! (**d**) **à** ~ **ouvert** *égout* open; *piscine* open-air; *mine* opencast. **2**: ~ **de lit** canopy.
cierge [sjɛʀʒ(ə)] *nm* (*Rel*) candle.
cigale [sigal] *nf* cicada.
cigare [sigaʀ] *nm* cigar; (*: tête*) head, nut*. ♦ **cigarette** *nf* cigarette. ~ (**à**) **bout filtre** filter-tip(ped) cigarette.
cigogne [sigɔɲ] *nf* (*Orn*) stork.
ciguë [sigy] *nf* hemlock.
cil [sil] *nm* (*Anat*) eyelash. ~**s vibratiles** cilia. ♦ **ciller** [sije] (1) *vi*: ~ (**des yeux**) to blink (one's eyes).
cime [sim] *nf* *[montagne]* summit; *[arbre]* top; *[gloire]* peak, height.
ciment [simɑ̃] *nm* cement. ~ **armé** reinforced concrete. ♦ **cimenter** (1) *vt* to cement. ♦ **cimenterie** *nf* cement works.
cimetière [simtjɛʀ] *nm* *[ville]* cemetery; *[église]* graveyard, churchyard. ~ **de voitures** scrapyard.
cinéma [sinema] *nm* (*gén*) cinema; (*salle*) cinema, movie theater (*US*). ~ **muet/parlant** silent/talking films; **faire du** ~ to be a film actor (*ou* actress); **de** ~ *producteur, studio* film; *écran* cinema; **être dans le** ~ to be in the film business; **aller au** ~ to go to the pictures *ou* movies (*US*); **quel** ~! (*frime*) what a performance, what

an act; (*complication*) what a to-do *ou* fuss. ♦ **ciné*** *nm abrév de* **cinéma**. ♦ **cinéaste** *nmf* filmmaker. ♦ **ciné-club**, *pl* ~-~**s** *nm* film society. ♦ **cinémascope** *nm* ® Cinemascope ®. ♦ **cinémathèque** *nf* film library; (*salle*) film theatre. ♦ **cinématographique** *adj* film, cinema. ♦ **cinéphile** *nmf* film enthusiast.
cingler [sɛ̃gle] (1) **1** *vt* (*gén, fig*) to lash. **le visage cinglé par le vent** with his face stung *ou* whipped by the wind. **2** *vi* (*Naut*) ~ **vers** to make for. ♦ **cinglant, e** *adj vent* biting, bitter; *pluie* lashing; *propos* scathing, cutting. ♦ **cinglé, e*** **1** *adj* nutty‡, cracked*. **2** *nm,f* crackpot*, nut‡.
cinq [sɛ̃k] *adj, nm* five. **en** ~ **sec‡** in a flash, in two ticks*; *V* **six**.
cinquante [sɛ̃kɑ̃t] *adj, nm* fifty. ♦ **cinquantaine** *nf* about fifty. ♦ **cinquantenaire** *nm* fiftieth anniversary, golden jubilee. ♦ **cinquantième** *adj, nmf* fiftieth; *V* **six, soixantaine, sixième**.
cinquième [sɛ̃kjɛm] **1** *adj, nmf* fifth. **être la** ~ **roue du carrosse*** to count for nothing; *V* **sixième**. **2** *nf* (*Scol*) second year. ♦ **cinquièmement** *adv* in the fifth place.
cintre [sɛ̃tʀ(ə)] *nm* (*Archit*) arch; *[manteau]* coat hanger. (*Théât*) **les** ~**s** the flies. ♦ **cintré, e** *adj porte* arched; *veste* waisted; *chemise* slim-fitting.
cirage [siʀaʒ] *nm* (*produit*) (shoe) polish; (*action*) polishing. **être dans le** ~* (*malaise*) to be dazed; (*ignorance*) to be all at sea*.
circoncire [siʀkɔ̃siʀ] (37) *vt* to circumcize. ♦ **circoncision** *nf* circumcision.
circonférence [siʀkɔ̃feʀɑ̃s] *nf* circumference.
circonflexe [siʀkɔ̃flɛks(ə)] *adj*: **accent** ~ circumflex.
circonlocution [siʀkɔ̃lɔkysjɔ̃] *nf* circumlocution.
circonscription [siʀkɔ̃skʀipsjɔ̃] *nf* district, area. ~ (**électorale**) constituency.
circonscrire [siʀkɔ̃skʀiʀ] (39) *vt feu, épidémie* to contain, confine; *territoire* to mark out; *sujet* to define. **se** ~ *ou* **être circonscrit à qch** to be limited *ou* confined *ou* restricted to sth.
circonspection [siʀkɔ̃spɛksjɔ̃] *nf* caution, wariness, circumspection. ♦ **circonspect, e** *adj* circumspect, cautious, wary.
circonstance [siʀkɔ̃stɑ̃s] *nf* (*occasion*) occasion; *[accident]* circumstance. (*situation*) ~**s** circumstances; **en la** ~ on this occasion; **dans ces** ~**s** in these circumstances; ~**s atténuantes** mitigating circumstances; **de** ~ *mine* appropriate; *poésie* occasional. ♦ **circonstancié, e** *adj* detailed. ♦ **circonstanciel, -ielle** *adj* adverbial.
circonvenir [siʀkɔ̃vniʀ] (22) *vt* to circumvent.
circonvolution [siʀkɔ̃vɔlysjɔ̃] *nf* (*Anat*) convolution; *[itinéraire]* twist.
circuit [siʀkɥi] *nm* (*touristique*) tour, (round) trip; (*compliqué*) roundabout *ou* circuitous route; (*Sport, Élec*) circuit; (*Écon*) circulation. **mettre qch en** ~ to connect sth up; **être dans le** ~* to be around; ~ **de distribution** distribution network; ~ **fermé** (*Élec, fig*) closed circuit; ~ **intégré/imprimé** integrated/printed circuit.
circulaire [siʀkylɛʀ] *adj, nf* (*gén*) circular.
circulation [siʀkylasjɔ̃] *nf* *[air, sang, argent]* circulation; *[marchandises, travailleurs]* movement; *[trains]* running; (*Aut, Aviat*) traffic. **mettre en** ~ *argent* to put into circulation; *livre, voiture* to put on the market, bring out; **mise en** ~ circulation; marketing. ♦ **circulatoire** *adj* circulatory.
circuler [siʀkyle] (1) *vi* (**a**) (*Anat, Écon*) to circulate; *[rumeur]* to circulate, go round. **faire** ~ (*lit*) to circulate; *bruits* to spread, circulate (*sur* about). (**b**) *[voiture]* to go; *[passant]* to walk; *[foule]* to move (along); *[plat]* to be handed round. **circulez!** move along!; **faire** ~ **voitures** to move on; *plat* to hand round.
cire [siʀ] *nf* (*gén*) wax; *[meubles]* polish; *[oreille]*

(ear)wax. ~ **d'abeille** beeswax; ~ **à cacheter** sealing wax. ♦ **ciré** nm oilskin. ♦ **cirer** (1) vt to polish. ♦ **cireur, -euse** 1 nm,f [souliers] bootblack. 2 nf floor polisher. ♦ **cireux, -euse** adj matière waxy; teint waxen.

cirque [sirk(ə)] nm (spectacle) circus; (Antiq: arène) amphitheatre; (Géog) cirque. **quel** ~!* (tracas) what a carry-on*!; (désordre) what absolute chaos!

cirrhose [siroz] nf cirrhosis.

cisailles [sizaj] nfpl [métal, arbre] shears; [fil de fer] wire cutters. ♦ **cisailler** (1) vt métal to cut; arbuste to clip; (par l'usure) to shear off; (*: maladroitement) to hack; (*) personne to cripple the career of.

ciseau, pl ~**x** [sizo] nm (a) (paire de) ~**x** (gén) (pair of) scissors; [métal, laine] shears. (b) (Sculp, Tech) chisel. ~ **à froid** cold chisel. (c) (Sport: prise) scissors (hold).

ciseler [sizle] (5) vt pierre to chisel, engrave; métal to chase, engrave. ♦ **ciselure** nf chased pattern, engraving.

citadelle [sitadεl] nf (lit, fig) citadel.

citadin, e [sitadɛ̃, in] 1 adj urban, town, city. 2 nm,f city dweller.

citation [sitasjɔ̃] nf [auteur] quotation. ~ **à comparaître** (à accusé) summons to appear; (à témoin) subpoena; ~ **à l'ordre de l'armée** mention in dispatches.

cité [site] nf (a) (gén) city; (petite) town. ~**-dortoir** nf, pl ~**s**-~**s** dormitory town; ~**-jardin** nf, pl ~**s**-~**s** garden city; ~ **ouvrière** = (workers') housing estate; ~ **universitaire** (student) halls of residence.

citer [site] (1) vt to quote, cite. ~ **qn (en exemple)** to cite sb ou hold sb up as an example; ~ **un soldat à l'ordre du jour** to mention a soldier in dispatches; ~ **(à comparaître)** accusé to summon to appear; témoin to subpoena.

citerne [sitεrn(ə)] nf tank.

citoyen, -enne [sitwajɛ̃, εn] 1 nm,f citizen. 2 nm (*: type) fellow, guy*. ♦ **citoyenneté** nf citizenship.

citron [sitrɔ̃] 1 nm (fruit) lemon; (*: tête) head, nut*. 2 adj inv lemon(-coloured). ♦ **citronnade** nf lemon squash. ♦ **citronnier** nm lemon tree.

citrouille [sitruj] nf pumpkin; (*: tête) head, nut*.

civet [sivε] nm stew.

civière [sivjεr] nf stretcher.

civil, e [sivil] 1 adj guerre, mariage civil; (non militaire) civilian; (poli) civil, courteous. 2 nm civilian. **en** ~ **soldat** in civilian clothes; policier in plain clothes; **dans le** ~ in civilian life. ♦ **civilement** adv (a) **être** ~ **responsable** to be legally responsible; **se marier** ~ to have a civil wedding. (b) (poliment) civilly.

civilisation [sivilizasjɔ̃] nf civilization. ♦ **civiliser** (1) 1 vt to civilize. 2 **se** ~ vpr to become civilized.

civilité [silite] nf civility. ~**s** civilities, compliments.

civique [sivik] adj civic. ♦ **civisme** nm public-spiritedness.

clac [klak] excl [porte] slam!; [élastique] snap!; [fouet] crack!

clair, e [klεr] 1 adj (a) pièce bright, light; couleur (vive) bright; (pâle) light; robe light-coloured. **bleu** ~ light blue. (b) soupe, cheveux, tissu usé thin. (c) (lit, fig: limpide) clear. **par temps** ~ on a clear day; **avoir un esprit** ~ to be a clear thinker; **il est** ~ **qu'il se trompe** it is clear ou plain that he's mistaken; ~ **comme le jour** as clear as daylight, crystal-clear. 2 adv parler, voir clearly. **il fait** ~ it is daylight; **il ne fait guère** ~ it's not very light. 3 nm: **tirer qch au** ~ to clear sth up; **en** ~ (c'est-à-dire) to put it plainly; (non codé) in clear; **gaspiller le plus** ~ **de son temps/argent** to waste most of one's time/the better part of one's money; **au** ~

de lune in the moonlight. ♦ **clairement** adv clearly. ♦ **claire-voie,** pl ~**s**-~**s** nf openwork fence. **à** ~-~ openwork.

clairière [klεrjεr] nf clearing, glade.

clairon [klεrɔ̃] nm bugle; (joueur) bugler. ♦ **claironnant, e** adj voix resonant. ♦ **claironner** (1) vt nouvelle to trumpet.

clairsemé, e [klεrsəme] adj maisons, auditoire scattered; gazon sparse.

clairvoyance [klεrvwajɑ̃s] nf clear-sightedness, perceptiveness. ♦ **clairvoyant, e** adj clear-sighted, perceptive.

clamecer [klamse] (3) vi to kick the bucket*.

clamer [klame] (1) vt (gén) to shout out; innocence to proclaim. ♦ **clameur** nf (cris) clamour. ~**s** protests.

clan [klɑ̃] nm (lit, fig) clan.

clandestin, e [klɑ̃dεstɛ̃, in] adj réunion secret, clandestine; mouvement underground; commerce clandestine, illicit. **(passager)** ~ stowaway. ♦ **clandestinement** adv secretly; clandestinely; illicitly. ♦ **clandestinité** nf [activité] secret nature. **dans la** ~ **travailler** in secret, clandestinely; vivre underground.

clapet [klapε] nm (Tech) valve. **ferme ton** ~* hold your tongue*.

clapier [klapje] nm (lit) hutch; (péj) dump*, hole*.

clapoter [klapɔte] (1) vi to lap. ♦ **clapotement** nm ou ♦ **clapotis** nm lap(ping).

clapper [klape] (1) vi: ~ **de la langue** to click one's tongue.

claquage [klakaʒ] nm (blessure) strained muscle.

claque [klak] 1 nf (gifle) slap; (Théât) claque. 2 adj, nm: **(chapeau)** ~ opera hat.

claquer [klake] (1) 1 vi **(a)** [volet] to bang; [drapeau] to flap; [fouet] to crack; [coup de feu] to ring out. **faire** ~ porte to bang, slam; fouet to crack; doigts to snap; langue to click; ~ **dans ses mains** to clap (one's hands); ~ **des talons** to click one's heels; **il claquait des dents** his teeth were chattering. **(b)** (‡: mourir) [personne] to kick the bucket‡; [lampe] to conk out‡, pack in‡; [élastique] to snap. ~ **dans les mains de qn** [malade] to die on sb*; [affaire] to go bust on sb‡. 2 vt (gifler) to slap; (fermer) to snap shut; (*: fatiguer) to exhaust, tire out; (*: casser) to bust; (*: dépenser) to blow‡, blue‡. ~ **la porte** (lit) to slam the door; (fig) to leave in a huff; **se** ~ **un muscle** to strain a muscle. ♦ **claquement** nm bang; slam; crack; click; snap. (répété) **le** ~ ou **les** ~**s de** the banging (ou flapping ou cracking etc) of.

claquette [klakεt] nf (danse) ~**s** tap-dancing.

clarifier vt, **se** ~ vpr [klarifje] (7) (lit, fig) to clarify. ♦ **clarification** nf clarification.

clarinette [klarinεt] nf clarinet. ♦ **clarinettiste** nmf clarinettist.

clarté [klarte] nf (gén: lumière) light; [flamme, pièce, ciel] brightness; [eau, son] clearness; [explication, pensée] clarity. (fig: précisions) ~**s** knowledge (sur about); **à la** ~ **de la lampe/lune** in the lamplight/moonlight; ~ **d'esprit** clear thinking.

classe [klɑs] nf **(a)** (catégorie) (gén) class; (grade) grade; [utilisateurs] category. **les** ~ **moyennes** the middle classes; **société sans** ~ classless society; **de première** ~ employé top ou first grade; hôtel, billet 1st class; (Aviat) ~ **touriste** economy class; ~ **d'âge** age group. **(b)** (gén, Sport: valeur) class. **de (grande)** ~ of great distinction; **de** ~ **internationale** of international status; **elle a de la** ~ she's got class. **(c)** (Scol) (élèves, cours) class; (année) year, grade (US); (salle) classroom. **la** ~ (l'école) school; **il est (le) premier/(le) dernier de la** ~ he is top/bottom of the class; **aller en** ~ to go to school; **après la** ~ after school (hours); **c'est M X qui leur fait la** ~ Mr X is their teacher; **turbulent en** ~ disruptive in class ou in the classroom. **(d)** (Mil) **soldat de**

1ère (*ou* **2ème**) ~ = private; **la** ~ 1972 the class of '72; **faire ses** ~**s** to do one's training.
classer [klɑse] (1) **1** *vt* **(a)** *papiers* to file; *livres, plantes* to classify. **(b)** (*hiérarchiser*) to grade. **X, que l'on classe parmi X**, who ranks among. **(c)** (*clore*) *affaire* to close. **(d)** (*péj: cataloguer*) *personne* to size up, categorize. **2 se** ~ *vpr*: **se** ~ **parmi les premiers** to be *ou* come among the first; **se** ~ **parmi les meilleurs** to rank among the best; **être bien classé** to be well placed. ♦ **classé, e** *adj* *monument* listed; *vins* classified; *joueur* graded. ♦ **classement** *nm* **(a)** (*action*) filing; classification; grading; closing. **j'ai fait du** ~ **toute la journée** I've spent all day filing. **(b)** (*rang*) [*élève*] place; [*coureur*] placing; (*liste*) [*élèves*] class list; [*coureurs*] finishing list. **je vais vous lire le** ~ I'm going to read you your placings; ~ **général** overall placing(s). ♦ **classeur** *nm* (*meuble*) filing cabinet; (*dossier*) (loose-leaf) file.
classifier [klasifje] (7) *vt* to classify. ♦ **classification** *nf* classification.
classique [klasik] **1** *adj* *auteur, musique, études* classical; *vêtement, ameublement* classic(al); *argument* standard, classic; *conséquence* usual. **c'est** ~! it's the usual *ou* classic situation!; **grâce à une opération maintenant** ~ thanks to an operation which is now quite usual *ou* standard; (*Scol*) **il est en section** ~ he's in the classics stream. **2** *nm* (*auteur*) (*Antiq*) classical author; (*XVIIème siècle*) classic, classicist; (*écrivain, œuvre célèbre*) classic. **le** ~ (*musique*) classical music; (*mobilier*) the classic(al) style. ♦ **classicisme** *nm* (*Art*) classicism; (*conformisme*) conventionality. ♦ **classiquement** *adv* classically.
clause [kloz] *nf* (*gén*) clause.
claustrophobie [klostrɔfɔbi] *nf* claustrophobia.
clavecin [klavsɛ̃] *nm* harpsichord.
clavicule [klavikyl] *nf* collarbone.
clavier [klavje] *nm* (*lit*) keyboard; [*orgue*] manual; (*fig*) range.
clé *ou* **clef** [kle] **1** *nf* (*gén, fig*) key (*de* to); (*Tech*) spanner; [*violon*] peg; [*gamme*] clef. **altération à la** ~ change in the key signature; **avec un récompense à la** ~ with a reward into the bargain; **prix** ~**s en main** [*voiture*] price on the road; [*appartement*] price with immediate entry *ou* possession; **mettre sous** ~ to put under lock and key; **mettre la** ~ **sous la porte** to clear out; **prendre la** ~ **des champs** to run away. **2** *adj inv*: **position-** *etc* ~ key position *etc*. **3**: ~ **anglaise** (monkey) wrench; ~ **à molette** adjustable wrench *ou* spanner; (*lit, fig*) ~ **de voûte** keystone.
clématite [klematit] *nf* clematis.
clémence [klemɑ̃s] *nf* [*temps*] mildness; [*juge*] clemency, leniency. ♦ **clément, e** *adj* mild; lenient.
clémentine [klemɑ̃tin] *nf* clementine.
clenche [klɑ̃ʃ] *nf* latch.
cleptomane [klɛptɔman] *nmf* = **kleptomane**.
clerc [klɛʀ] *nm* [*notaire etc*] clerk; (*Rel*) cleric; (*Hist*) (learned) scholar. **être (grand)** ~ **en la matière** to be an expert on the subject.
clergé [klɛʀʒe] *nm* clergy. ♦ **clérical, e**, *mpl* -**aux** *adj, nmf* (*Rel*) clerical.
clic [klik] *nm* click. **le** ~-**clac de** the clickety-clack of.
cliché [kliʃe] *nm* (*banal*) cliché; (*Phot*) negative; (*Typ*) plate.
client, e [klijɑ̃, ɑ̃t] *nm,f* (*gén*) customer; [*avocat*] client; [*hôtel*] guest, patron; [*médecin*] patient; [*taxi*] fare; (* *péj: individu*) fellow, guy*; (*Antiq: protégé*) client. **être** ~ **d'un magasin** to patronize a shop, be a regular customer at a shop. ♦ **clientèle** *nf* [*magasin*] customers, clientèle; [*avocat, médecin*] practice; [*parti*] supporters. **accorder sa** ~ **à qn** to give sb one's custom, patronize sb.

cligner [kliɲe] (1) *vt, vt indir:* ~ **les** *ou* **des yeux** to blink; (*à moitié*) to screw up one's eyes; ~ **de l'œil** to wink (*en direction de* at). ♦ **clignement** *nm:* ~**(s)** blinking; **un** ~ **d'œil** a wink.
clignoter [kliɲɔte] (1) *vi* [*yeux*] to blink; [*étoile*] to twinkle; [*lampe*] to flicker; (*pour signal*) to flash, wink. ♦ **clignotant** *nm* (*Aut*) indicator. ♦ **clignotement** *nm:* ~**(s)** blinking; twinkling; flickering; flashing, winking.
climat [klima] *nm* (*lit, fig*) climate; (*littér: contrée*) clime (*littér*). ♦ **climatique** *adj* climatic. ♦ **climatisation** *nf* air conditioning. ♦ **climatiser** (1) *vt* to air-condition. ♦ **climatiseur** *nm* air conditioner.
clin [klɛ̃] *nm:* ~ **d'œil** wink; **faire un** ~ **d'œil** to wink (*à* at); **en un** ~ **d'œil** in the twinkling of an eye.
clinique [klinik] **1** *adj* clinical. **2** *nf* (*établissement*) nursing home; (*section*) clinic. ~ **d'accouchement** maternity home.
clinquant, e [klɛ̃kɑ̃, ɑ̃t] **1** *adj* flashy. **2** *nm* (*lit*) tinsel; (*bijoux*) tawdry jewellery; (*style*) flashiness.
clip [klip] *nm* brooch.
clique [klik] *nf* (*Mus*) band; (*péj*) clique, set. **prendre ses** ~**s et ses claques*** to pack up (and go).
cliqueter [klikte] (4) *vi* (*gén*) to clink; [*vaisselle*] to clatter; [*chaînes, ferraille*] to jangle; [*armes*] to clash. ♦ **cliquetis** *nm* clink; clatter; jangle; clash.
clivage [klivaʒ] *nm* (*action*) cleaving; (*résultat*) cleavage; (*fig*) split (*de* in).
cloaque [klɔak] *nm* cesspool, cesspit.
clochard, e* [klɔʃaʀ, aʀd(ə)] *nm,f* down-and-out, tramp.
cloche [klɔʃ] **1** *nf* (*gén*) bell; [*plat*] lid; [*plantes*] cloche; (*: imbécile*) idiot*. ~ **à fromage** cheese cover; ~ **à plongeur** diving bell. **2** *adj* **(a)** *jupe* bell-shaped. *chapeau* ~ cloche hat. **(b)** (*: idiot*) idiotic. ♦ **cloche-pied** *adv:* **a** ~ *sauter* to hop. ♦ **clochette** *nf* small bell; (*fleur*) bellflower.
clocher[1] [klɔʃe] *nm* (*en pointe*) steeple; (*quadrangulaire*) church tower; (*fig: village*) village. **de** ~ **mentalité** parochial. ♦ **clocheton** *nm* (*Archit*) pinnacle.
clocher*[2] [klɔʃe] (1) *vi:* **il y a qch qui cloche** there's sth up* *ou* wrong (*dans* with).
cloison [klwazɔ̃] *nf* (*gén*) partition; (*Naut*) bulkhead; (*fig*) barrier. ♦ **cloisonnement** *nm* compartmentalization. ♦ **cloisonner** (1) *vt* *activités etc* to compartmentalize.
cloître [klwatʀ(ə)] *nm* cloister. ♦ **cloîtrer** (1) **1** *vt* to shut away (*dans* in); (*Rel*) to cloister. **religieux cloîtré** enclosed monk. **2 se** ~ *vpr* to shut o.s. up *ou* away (*dans* in). **vivre cloîtré** to live a cloistered life.
clopiner [klɔpine] (1) *vi* to hobble *ou* limp along. ♦ **clopin-clopant** *adv:* **aller** ~ [*marcheur*] to hobble along; [*affaires*] to be so-so*.
cloque [klɔk] *nf* blister. ♦ **cloquer** (1) *vi* to blister.
clore [klɔʀ] (45) *vt* (*terminer*) to close, end, conclude; (*entourer*) to enclose (*de* with); (*fermer*) *porte* to close, shut; *lettre* to seal. ~ **le bec à qn*** to shut sb up*. ♦ **clos, e** **1** *adj* *système, yeux* closed; *espace* enclosed. **2** *nm* (*pré*) (enclosed) field; (*vignoble*) vineyard.
clôture [klotyʀ] *nf* **(a)** (*planches*) fence; (*fil de fer*) (wire) fence; (*haies*) hedge; (*ciment*) wall. **mur de** ~ outer wall. **(b)** [*débat, liste, compte*] closing, closure. (*Théât*) ~ **annuelle** annual closure; **avant la** ~ before it closes; **date** *etc* **de** ~ closing date *etc*. ♦ **clôturer** (1) *vt* *champ* to enclose; *liste* to close.
clou [klu] *nm* **(a)** (*gén*) nail; (*décoratif, pour chaussée*) stud; [*tapissier*] tack. **traverser dans les** ~**s** to cross at the pedestrian crossing. **(b)** (*Méd*) boil. **(c)** (*fig*) [*spectacle*] star attraction *ou* turn. **mettre sa montre au** ~* to pawn one's watch, put one's watch in hock*; (*vieux*) ~* (*gén*)

ancient machine; (*voiture*) old banger; des ~s!‖ nothing doing!*; ~ **de girofle** clove. ♦ **clouer** (1) *vt* (*lit*) to nail down; *ennemi* to pin down. ~ **qn sur place** to nail *ou* root sb to the spot; ~ **qn au lit** to keep sb confined to bed; ~ **le bec à qn*** to shut sb up*. ♦ **clouté, e** *adj ceinture* studded; *souliers* hob-nailed.

clown [klun] *nm* clown. **faire le** ~ to clown (about), play the fool. ♦ **clownerie** *nf* silly trick. ~s clowning.

club [klœb] *nm* (*gén*) club.

co [kɔ] *préf* co-, joint. **coaccusé** codefendant; **coacquéreur** joint purchaser; **codétenu** fellow prisoner; **coéquipier** team mate.

coaguler *vti*, **se** ~ *vpr* [kɔagyle] (1) to coagulate; [*sang*] to clot, congeal; [*lait*] to curdle. ♦ **coagulant, e 1** *adj* coagulative. **2** *nm* coagulant. ♦ **coagulation** *nf* coagulation.

coaliser *vt*, **se** ~ *vpr* [kɔalize] (1) to unite (in a coalition). ♦ **coalition** *nf* coalition.

coasser [kɔase] (1) *vi* to croak. ♦ **coassement** *nm*: ~(s) croaking.

cobalt [kɔbalt] *nm* cobalt.

cobaye [kɔbaj] *nm* (*lit, fig*) guinea-pig.

cobra [kɔbra] *nm* cobra.

cocaïne [kɔkain] *nf* cocaine.

cocarde [kɔkard(ə)] *nf* rosette; (*Hist*) cockade; [*avion*] roundel; (*sur voiture*) sticker.

cocasse [kɔkas] *adj* comical, funny. ♦ **cocasserie** *nf* comicalness, funniness.

coccinelle [kɔksinɛl] *nf* ladybird.

coccyx [kɔksis] *nm* coccyx.

cocher[1] [kɔʃe] (1) *vt* (*crayon*) to tick (off); (*entaille*) to notch.

cocher[2] [kɔʃe] *nm* coachman; [*fiacre*] cabman.

cochon[1] [kɔʃɔ̃] *nm* (*animal*) pig; (*: viande*) pork. ~ **d'Inde** guinea-pig; ~ **de lait** sucking-pig; **un** ~ **n'y retrouverait pas ses petits** it's like a pigsty in there. ♦ **cochon**[2], **-onne 1** *adj* (*: obscène*) dirty, smutty. **2** *nm,f* (*:péj: personne*) (*sale, vicieux*) dirty pig‖ *ou* beast‖; (*méchant*) swine‖. **quel temps de** ~! what lousy weather!* ♦ **cochonner*** (1) *vt* to mess up*. ♦ **cochonnerie*** *nf* (*histoire*) dirty joke; (*tour*) dirty trick. **de la** ~ (*nourriture*) disgusting food; (*marchandise*) rubbish; (*saleté*) filth; **faire des** ~s to make a mess. ♦ **cochonnet** *nm* (*Zool*) piglet; (*Boules*) jack.

cocktail [kɔktɛl] *nm* (*réunion*) cocktail party; (*boisson*) cocktail; (*fig*) mixture.

coco [koko] *nm* (*: œuf*) eggie*; (*réglisse*) liquorice powder. **oui mon** ~ yes, darling; (*: péj*) **drôle de** ~ odd guy*.

cocon [kɔkɔ̃] *nm* cocoon; (*fig*) shell.

cocorico [kɔkɔriko] *nm, excl* cock-a-doodle-do.

cocotier [kɔkɔtje] *nm* coconut palm.

cocotte [kɔkɔt] *nf* (*: poule*) hen; (*marmite*) casserole; (*:péj: femme*) tart*. **hue** ~! gee up!; **oui ma** ~ yes darling; ~ **minute** ® pressure cooker.

cocu, e‖ [kɔky] *adj, nm,f* cuckold. **faire qn** ~ to be unfaithful to sb.

code [kɔd] *nm* (*gén*) code. **C**~ **de la route** highway code; **écrire qch en** ~ to write sth in code, (en)code sth; (**phares**) ~ dipped headlights, low beams (*US*); **se mettre en** ~ to dip one's headlights. ♦ **codage** *nm* (en)coding. ♦ **coder** (1) *vt* to code.

codifier [kɔdifje] (7) *vt* to codify. ♦ **codification** *nf* codification.

coefficient [kɔefisjɑ̃] *nm* (*Math, Phys*) coefficient. ~ **d'erreur** margin of error.

coercition [kɔɛrsisjɔ̃] *nf* coercion.

cœur [kœr] *nm* **(a)** (*Anat, Cartes, forme*) heart. **en** (**forme de**) ~ heart-shaped; **on l'a opéré à** ~ **ouvert** he had an open-heart operation.

(b) (*fig: estomac*) **avoir mal au** ~ to feel sick; **il faut avoir le** ~ **bien accroché** you need guts* *ou* a strong stomach; **odeur qui soulève le** ~ nauseating *ou* sickening smell.

(c) (*âme*) heart. **c'est un** ~ **pur** he is a candid soul; **avoir le** ~ **sensible** to be tender-hearted; **elle lui a donné son** ~ she has lost her heart to him; **spectacle à vous fendre le** ~ heartrending *ou* heartbreaking sight; **avoir le** ~ **gros** to have a heavy heart; **il avait la rage au** ~ he was inwardly seething with anger; **ce geste lui est allé (droit) au** ~ this gesture went straight to his heart; **connaître le fond du** ~ **de qn** to know sb's innermost feelings; **des paroles venues (du fond) du** ~ heartfelt words; **au fond de son** ~ in his heart of hearts; **il m'a parlé à** ~ **ouvert** he had a heart-to-heart talk with me.

(d) (*bonté, générosité*) **avoir bon** ~ to be kind-hearted; **avoir le** ~ **sur la main** to be open-handed; **sans** ~ heartless; **c'est un** ~ **de pierre/ d'or** he has a heart of stone/gold; **femme de** ~ noble-hearted woman.

(e) (*humeur*) **avoir le** ~ **gai** to feel happy; **je n'ai pas le** ~ **à rire** I do not feel like laughing, I am not in the mood for laughing; **si le** ~ **vous en dit** if you feel like it.

(f) (*courage*) heart, courage. **le** ~ **lui manqua** his heart *ou* courage failed him; **mettre tout son** ~ **dans qch/à faire qch** to put all one's heart into sth/into doing sth; **comment peut-on avoir le** ~ **de refuser?** how can one have the heart to refuse?; **donner du** ~ **au ventre à qn*** to buck sb up*; **avoir du** ~ **au ventre*** to have guts*.

(g) [*chou*] heart; [*arbre*] heart, core; [*fruit*] core; [*problème, ville*] heart. **au** ~ **de** in the heart of; ~ **de palmier** heart of palm; ~ **d'artichaut** artichoke heart.

(h) **par** ~ by heart; **ça m'est resté sur le** ~ I still feel sore about it; **je vais lui dire ce que j'ai sur le** ~ I'm going to tell him what's on my mind; **à** ~ **joie** to one's heart's content; **je suis de tout** ~ **avec vous** I DO sympathize with you; **ne pas porter qn dans son** ~ to have no great liking for sb; **je veux en avoir le** ~ **net** I want to be clear in my own mind (about it); **avoir à** ~ **de faire** to make a point of doing; **prendre les choses à** ~ to take things to heart; **ce voyage me tient à** ~ I have set my heart on this journey; **ce sujet me tient à** ~ this subject is close to my heart.

coexister [kɔɛgziste] (1) *vi* to coexist. ♦ **coexistence** *nf* coexistence.

coffre [kɔfʀ(ə)] *nm* (*meuble*) chest; (*Aut*) boot, trunk (*US*); (*coffrage*) case; (*Hist, fig: cassette*) coffer; (*: poitrine*) chest. ~-**fort** *nm, pl* ~s-~s **safe**; ~ **à jouets** toybox. ♦ **coffrage** *nm* [*bois*] case; [*béton*] form. ♦ **coffrer*** (1) *vt* to throw *ou* put inside*. ♦ **coffret** *nm* casket. ~ **à bijoux** jewel box.

cognac [kɔɲak] *nm* cognac, French brandy.

cogner [kɔɲe] (1) **1** *vt objet* to knock; (*: battre*) to beat up. **2** ~ **sur** *vt indir clou* to hammer; *mur* to knock on; (*fort*) to bang on; ~ **du poing sur la table** to thump one's fist on the table; ~ **à porte** to knock at; (*fort*) to bang at; ~ **contre** to hit, strike. **3** *vi* [*volet*] to bang (*contre* against); (*°*) [*boxeur*] to hit out (hard); [*soleil*] to beat down; [*moteur*] to knock. **ça va** ~* there's going to be some rough stuff*. **4 se** ~ *vpr*: **se** ~/**se** ~ **le genou contre** to bang o.s/one's knee against; (*fig*) **c'est à se** ~ **la tête contre les murs** it's enough to drive you up the wall. ♦ **cognée** *nf* felling axe. ♦ **cognement** *nm*: ~(s) banging; knocking. ♦ **cogneur*** *nm* bruiser*.

cohabiter [kɔabite] (1) *vi* to live together, cohabit. ~ **avec** to live with. ♦ **cohabitation** *nf* living together, cohabitation.

cohérent, e [kɔerɑ̃, ɑ̃t] *adj* coherent, consistent. ♦ **cohérence** *nf* coherence, consistency.

cohésion [kɔezjɔ̃] *nf* cohesion.

cohorte [kɔɔʀt(ə)] *nf* (*groupe*) troop; (*Hist Mil*) cohort.

cohue [kɔy] *nf* (*foule*) crowd; (*bousculade*) crush.

coi, coite [kwa, kwat] *adj* silent.

coiffe [kwaf] *nf* headdress.

coiffer [kwafe] (1) *vt* (a) ~ **qn** to do sb's hair; **se faire** ~ to have one's hair done; **se** ~ to do one's hair. (b) (*mettre*) *chapeau* to put on. **se** ~ **d'une casquette** to put on a cap; ~ **qn** to put a hat on sb's head; **ça te coiffe bien** it suits you; **coiffé d'un chapeau** wearing a hat; **pic coiffé de neige** snow-capped peak. (c) (*fig*) *organismes* to have overall responsibility for; (***) *concurrent* to get the better of, beat. ♦ **coiffé, e** *adj*: **il est toujours mal/bien** ~ his hair always looks untidy/nice; **être** ~ **en brosse** to have a crew cut; **il était** ~ **en arrière** he had his hair brushed back. ♦ **coiffeur, euse 1** *nm,f* hairdresser. **2** *nf* (*meuble*) dressing table. ♦ **coiffure** *nf* hair style, hairdo*; (*chapeau*) hat. (*métier*) **la** ~ hairdressing.

coin [kwɛ̃] *nm* (a) (*angle*) corner. **au** ~ **du feu** by the fireside; **le magasin qui fait le** ~ the corner shop, the shop at the corner; **à tous les** ~**s de rue** on every street corner; **sourire en** ~ half smile; **regard en** ~ side glance; **surveiller qn du** ~ **de l'œil** to watch sb out of the corner of one's eye. (b) (*région*) area; (*village*) place; (*endroit*) [*plage, mémoire*] corner. **le** ~ **du bricoleur** the handyman's corner; **un** ~ **de terre/ciel** a patch of land/sky; **je l'ai mis dans un** ~ I put it somewhere; **dans tous les** ~**s (et recoins)** in every nook and cranny; ~**-repas** dining area; **l'épicier du** ~ the local grocer; **un** ~ **perdu** a place miles from anywhere; **un petit** ~ **pas cher** somewhere nice and cheap, a nice inexpensive spot. (c) (*cale*) wedge; (*poinçon*) hallmark; (*pour graver*) die; (*pour sous-main*) corner-piece.

coincer [kwɛ̃se] (3) **1** *vt* (a) (*intentionnellement*) to wedge; (*accidentellement*) to jam. **le tiroir est coincé** the drawer is stuck *ou* jammed; **il se trouva coincé contre un mur** he was pinned against a wall; **il m'a coincé pour me dire** he cornered me to tell me. (b) (***) *voleur* to nab*; *fraudeur* to catch up with; *candidat* to catch out. **coincé entre son désir et la peur** caught between his desire and fear; **nous sommes coincés** we are stuck *ou* cornered. **2 se** ~ *vpr* to jam, stick, get jammed *ou* stuck.

coïncidence [kɔɛ̃sidɑ̃s] *nf* (*gén*) coincidence. ♦ **coïncident, e** *adj* coincident. ♦ **coïncider** (1) *vi* to coincide (*avec* with). **faire** ~ **les dates** to get the dates to coincide.

coing [kwɛ̃] *nm* quince.

coke [kɔk] *nm* coke.

col [kɔl] *nm* (a) [*chemise*] collar. ~ **roulé** polo-neck sweater; ~ **bleu** (*ouvrier*) blue-collar worker; (*marin*) blue jacket. (b) (*Géog*) pass; (*Anat, fig*) neck.

colchique [kɔlʃik] *nm* autumn crocus.

coléoptère [kɔleɔptɛʀ] *nm* beetle.

colère [kɔlɛʀ] **1** *nf* (*gén*) anger; (*littér*) wrath; (*accès*) (fit of) rage. **être/se mettre/mettre qn en** ~ to be/get/make sb angry (*contre* with); **faire une** ~ to throw a tantrum. **2** *adj inv*: **être** ~* to be cross *ou* angry. ♦ **coléreux, -euse** *ou* ♦ **colérique** *adj* quick-tempered.

colibacille [kɔlibasil] *nm* colon bacillus.

colibri [kɔlibʀi] *nm* hummingbird.

colifichet [kɔlifiʃɛ] *nm* trinket.

colimaçon [kɔlimasɔ̃] *nm* snail. **escalier en** ~ spiral staircase.

colin [kɔlɛ̃] *nm* hake.

colin-maillard [kɔlɛ̃majaʀ] *nm* blind man's buff.

colique [kɔlik] *nf* (*diarrhée*) diarrhoea. (*douleurs*) ~**s** stomach pains, colic; ~**s néphrétiques** renal colic.

colis [kɔli] *nm* parcel. **par** ~ **postal** by parcel post.

collaborateur, -trice [kɔlabɔʀatœʀ, tʀis] *nm,f* (*gén*) colleague; (*journal*) contributor; (*livre*) collaborator; (*Pol*) collaborationist. ♦ **collaboration** *nf* collaboration (*à* on); contribution (*à* to). **en** ~

avec in collaboration with. ♦ **collaborer** (1) *vi* to collaborate (*à* on); to contribute (*à* to).

collage [kɔlaʒ] *nm* (a) sticking, gluing; pasting. ~ **de papiers peints** paperhanging; ~ **d'affiches** billposting. (b) (*Art*) collage.

collant, e [kɔlɑ̃, ɑ̃t] **1** *adj* (*ajusté*) tight-fitting, clinging; (*poisseux*) sticky. (*importun*) **être** ~* to cling. **2** *nm* (*maillot*) [*femme*] body stocking; [*danseur*] leotard; (*bas*) tights.

collation [kɔlɑsjɔ̃] *nf* snack.

colle [kɔl] *nf* (a) (*gén*) glue; (*à papier*) paste. (b) (*: *question*) poser*. (c) (*examen blanc*) mock oral exam; (*retenue*) detention.

collecteur, -trice [kɔlɛktœʀ, tʀis] **1** *nm,f* collector. **2** *nm*: (*égout*) ~ **main** sewer. ♦ **collecte** *nf* collection. ♦ **collecter** (1) *vt* to collect.

collectif, -ive [kɔlɛktif, iv] **1** *adj* (*gén*) collective; *billet* group; *hystérie, licenciements* mass; *installations* public. *immeuble* ~ block of flats. **2** *nm* (*Gram*) collective noun. (*Fin*) ~ **budgétaire** = Finance Bill. ♦ **collectivement** *adv* (*gén*) collectively. ♦ **collectiviser** (1) *vt* to collectivize.

collection [kɔlɛksjɔ̃] *nf* (*gén*) collection; (*Comm*) [*échantillons*] line. ♦ **collectionner** (1) *vt* to collect. ♦ **collectionneur, -euse** *nm,f* collector.

collectivité [kɔlɛktivite] *nf* (a) (*groupe*) group; (*organisation*) body, organisation. **la** ~ the community; **vivre en** ~ to lead a communal life. (b) (*possession commune*) collective ownership.

collège [kɔlɛʒ] *nm* (a) (*Scol*) secondary school, high school (*US*); (†: *privé*) private school. ~ **technique** technical school. (b) (*Pol, Rel*) college. ~ **électoral** electoral college. ♦ **collégial, e,** *mpl* **-iaux** *adj* collegiate. ♦ **collégien, -ienne** *nm,f* schoolboy; schoolgirl; (*fig*) novice.

collègue [kɔlɛg] *nmf* colleague.

coller [kɔle] (1) **1** *vt* (a) *timbre* to stick; *affiche* to stick up (*à, sur* on); *enveloppe* to stick down; *papier peint* to hang. ~ **2 morceaux (ensemble)** to stick *ou* glue 2 pieces together; ~ **son oreille à la porte** to press one's ear to the door; **il colla l'armoire contre le mur** he stood the wardrobe right against the wall; **il m'a collé (après) toute la journée*** he clung to me all day. (b) (*) (*mettre*) to stick*, shove*; (*donner*) to give; (*écrire*) to write. **colle tes valises dans un coin** stick* *ou* shove* *ou* dump* your bags in a corner; **ils l'ont collé ministre** they've gone and made him a minister*; **on lui a collé la responsabilité** he's got stuck* *ou* landed* with the responsibility. (c) (*arg Scol*) (*consigner*) to give a detention; to keep in; (*poser une question*) to catch out; (*recaler*) to fail. **se faire** ~ to be given a detention; to be failed.

2 *vi* (a) (*être poisseux*) to be sticky; (*adhérer*) to stick (*à* to). ~ **au peloton** to stick to the pack; **robe qui colle au corps** tight-fitting *ou* clinging dress; ~ **au sujet** to stick to the subject. (b) (*: *bien marcher*) **ça colle?** O.K.?*; **ça ne colle pas** it doesn't work, there's sth wrong.

3 se ~ *vpr* (a) (*) *tâche, personne* to get stuck *ou* landed with*. **se** ~ **à (faire) qch** to get down to (doing) sth. (b) **se** ~ **à qn** [*danseur, importun*] to cling to sb; **se** ~ **devant la télé** to be glued to the telly*; **ils sont toujours collés ensemble** they are always together.

collet [kɔlɛ] *nm* (*piège*) noose; [*dent*] neck; (*Tech*) collar, flange. **prendre qn au** ~ to seize sb by the collar; **elle est très** ~ **monté** she's very strait-laced. ♦ **colleter** (4) *vt* to collar. (*lit, fig*) **se** ~ **avec*** to wrestle *ou* grapple with.

colleur, -euse [kɔlœʀ, øz] *nm,f*: ~ **d'affiches** billsticker; ~ **de papiers peints** wallpaperer.

collier [kɔlje] *nm* [*femme*] necklace; [*maire*] chain; [*animal*] collar; (*Tech*) collar. ~ **de fleurs** garland of flowers; **reprendre le** ~* to get back into harness; ~ **(de barbe)** *narrow beard along the line of the jaw*.

collimateur [kɔlimatœʀ] *nm* collimator. (*lit, fig*)

avoir qn dans son ~ to have sb in one's sights.
colline [kɔlin] *nf* hill.
collision [kɔlizjɔ̃] *nf [véhicules]* collision; *(fig)*
clash. **entrer en** ~ to collide *(avec* with).
colloque [kɔlɔk] *nm* colloquium.
collusion [kɔlyzjɔ̃] *nf* collusion.
collyre [kɔliʀ] *nm* eye lotion.
colmater [kɔlmate] (1) *vt fuite* to seal (off); *fissure* to fill in, plug. *(fig, Mil)* ~ **une brèche** to seal
a gap.
colombe [kɔlɔ̃b] *nf* dove. ♦ **colombier** *nm* dovecote.
Colombie [kɔlɔ̃bi] *nf* Colombia. ♦ **colombien,
-ienne** *adj,* C~**(ne)** *nm(f)* Colombian.
colon [kɔlɔ̃] *nm (pionnier)* settler, colonist;
(enfant) child, boarder; *(arg Mil)* colonel.
côlon [kɔlɔ̃] *nm (Anat)* colon.
colonel [kɔlɔnɛl] *nm* colonel; *(armée de l'air)*
group captain.
colonie [kɔlɔni] *nf (gén)* colony. ~ **de vacances**
holiday camp. ♦ **colonial, e,** *mpl* **-aux 1** *adj* colonial. **2** *nm (habitant)* colonial. ♦ **colonialisme** *nm*
colonialism. ♦ **colonialiste** *adj, nmf* colonialist.
coloniser [kɔlɔnize] (1) *vt* to colonize. **les colo-
nisés** the colonized peoples. ♦ **colonisateur,
-trice 1** *adj* colonizing. **2** *nm,f* colonizer.
♦ **colonisation** *nf* colonization.
colonne [kɔlɔn] *nf (gén)* column. ~ **blindée**
armoured column; ~ **montante** rising main; ~ **de
secours** rescue party; ~ **vertébrale** spine, spinal
column. ♦ **colonnade** *nf* colonnade. ♦ **colonnette**
nf small column.
colorer [kɔlɔʀe] (1) *vt substance* to colour; *tissu*
·to dye; *bois* to stain; *récit* to colour *(de* with). ~
qch en bleu to colour sth blue. **2 se** ~ *vpr [tomate,
visage]* to turn red. **le ciel se colore de rose** the
sky takes on a rosy tinge; *(fig)* **se** ~ **de** to be coloured *ou* tinged with. ♦ **colorant, e** *adj, nm* colouring. ♦ **coloration** *nf* **(a)** *(action)* colouring;
dyeing; staining. **(b)** *(couleur)* colouring, colour;
[peau] colouring; *[voix]* coloration. ♦ **coloré, e**
adj teint ruddy; *objet* coloured; *foule, récit* colourful.
colorier [kɔlɔʀje] (7) *vt* to colour (in). ♦ **coloriage**
nm (action) colouring; *(dessin)* coloured
drawing. ♦ **coloris** *nm (gén)* colour, shade; *[peau]*
colouring.
colosse [kɔlɔs] *nm (personne)* giant; *(institution)*
colossus, giant. ♦ **colossal, e,** *mpl* **-aux** *adj*
colossal, huge.
colporter [kɔlpɔʀte] (1) *vt* to hawk, peddle.
♦ **colportage** *nm* hawking, peddling.
♦ **colporteur, -euse** *nm,f* hawker, pedlar. ~ **de
fausses nouvelles** newsmonger.
coltiner [kɔltine] (1) **1** *vt colis* to carry *ou* lug·
around. **2 se** ~· *vpr colis* to lug around·, carry; (:)
travail, personne to get stuck *ou* landed with·.
colza [kɔlza] *nm* rape(seed).
coma [kɔma] *nm (Méd)* coma. **dans le** ~ in a coma.
♦ **comateux, -euse** *adj:* **état** ~ comatose state.
combat [kɔ̃ba] *nm (gén)* fight; *(Mil)* battle; *(fig)*
fight, struggle; *(Sport)* match. **tué au** ~ killed in
action; **aller au** ~ to go into battle; **les**
~**s continuent** the fighting goes on; ~ **de rues**
street fighting; ~ **singulier** single combat.
♦ **combatif, -ive** *adj troupes* ready to fight; *personne* of a fighting spirit; *humeur* fighting.
♦ **combativité** *nf [troupe]* readiness to fight; *[per-
sonne]* fighting spirit. ♦ **combattant, e 1** *adj*
fighting, combatant. **2** *nm,f [guerre]* combatant;
[bagarre] brawler. ♦ **combattre** (41) **1** *vt* to fight;
(fig) théorie, vice to combat, fight (against). **2** *vi*
to fight.
combien [kɔ̃bjɛ̃] **1** *adv:* ~ **de** *(quantité)* how
much; *(nombre)* how many; ~ **y en a-t-il (en
moins)?** *(quantité)* how much (less) is there (of
it)?; *(nombre)* how many (fewer) are there (of
them)?; **(depuis)** ~ **de temps?** how long?; ~ **vous**

avez raison! how right you are!; ~ **d'ennui je vous
cause** what a lot of trouble I'm causing you; ~
mesure-t-il? how big is it?; **ça va faire une différence de** ~? what will the difference be?; ~ **y a-t-
il d'ici à la ville?** how far is it from here to the
town? **2** *nm* (*) *(rang)* **le** ~ **êtes-vous?** where were
you placed?; *(date)* **le** ~ **sommes-nous?** what date
is it?; *(fréquence)* **il y en a tous les** ~? how often
do they come?
combinaison [kɔ̃binɛzɔ̃] *nf* **(a)** *(gén, Math)*
combination. ~ **(ministérielle)** government. **(b)**
(vêtement) [femme] slip; *[aviateur]* flying suit;
[mécanicien] boiler suit. **(c)** *(astuce)* device;
(manigance) scheme. ♦ **combinard, e** *adj, nm,f*
(péj) **il est** ~ he's a schemer. ♦ **combine** *nf*
(astuce) trick; *(péj)* scheme. **il est dans la** ~ he's
in on it·. ♦ **combiné** *nm (Chim)* compound; *[télé-
phone]* receiver; *(Sport)* combination.
♦ **combiner** (1) **1** *vt (grouper)* to combine *(avec*
with); *(élaborer)* to devise, work out. **2 se** ~ *vpr* to
combine *(avec* with).
comble [kɔ̃bl(ə)] **1** *adj* packed. **2** *nm* **(a) le** ~ **de**
the height of; **au** ~ **du désespoir** in the depths of
despair; **pour** ~ **(de malheur) il** ... to cap *ou* crown
it all he ...; **c'est le** *ou* **un** ~! that's the last straw!
(b) *(charpente)* roof timbers. *(pièce)* **les** ~**s** the
attic.
comblement [kɔ̃bləmɑ̃] *nm [cavité]* filling(-in).
combler [kɔ̃ble] (1) *vt* **(a)** *trou* to fill in; *déficit* to
make good; *lacune* to fill; ~ **son retard** to make up
lost time. **(b)** *désir, besoin* to fulfil; *personne* to
gratify. **c'est une femme comblée** she has all that
she could wish for; ~ **qn de** *cadeaux* to shower sb
with; *joie* to fill sb with; **comblé d'honneurs** laden
with honours; **vraiment, vous nous comblez!**
really, you're too good to us!
combustible [kɔ̃bystibl(ə)] **1** *adj* combustible.
2 *nm* fuel. ♦ **combustion** *nf* combustion.
comédie [kɔmedi] *nf (Théât)* comedy. ~ **musicale**
musical; **de** ~ *(Théât)* comedy; *(fig)* comic; *(fig)*
jouer la ~ to put on an act; **faire la** ~ to make a
fuss *ou* a scene. ♦ **comédien, -ienne** *nm,f*
(comedy) actor *ou* actress; *(hypocrite)* sham;
(pitre) show-off.
comestible [kɔmɛstibl(ə)] **1** *adj* edible. **2** *nmpl:*
~**s** (fine) foods, delicatessen.
comète [kɔmɛt] *nf* comet.
comique [kɔmik] **1** *adj (Théât)* comic; *(fig)* comical. **2** *nm* **(a)** comic aspect *ou* character. **d'un** ~
irrésistible hilariously funny; **le** ~ **de la chose,
c'est que** ... the funny thing about it is that ... . **(b)**
(Littérat) **le** ~ comedy; ~ **de caractère** character
comedy; **avoir le sens du** ~ to have a sense of the
comic. **(c)** *(artiste)* comic, comedian;
(dramaturge) comedy writer. ♦ **comiquement**
adv comically.
comité [kɔmite] *nm (gén)* committee. *(fig)* **se
réunir en petit** ~ to have a small get-together; ~
directeur board of management.
commandant [kɔmɑ̃dɑ̃] *nm* **(a)** *(gén)* commander, commandant; *(armée de terre)* major;
(armée de l'air) squadron leader. **(b)** *(Aviat,
Naut)* captain. ~ **en second** second in command.
commande [kɔmɑ̃d] *nf* **(a)** *(Comm)* order. **passer
une** ~ to put in an order *(de* for); **en** ~ on order;
fait sur ~ made to order. **(b)** *(Tech) (action)* control, controlling; *(dispositif)* ~**s** controls;
être/se mettre aux ~**s** to be in/take control. **(c) de**
~ *sourire* forced, artificial; *(Art)* œuvre commissioned; **agir sur** ~ to act on orders; **s'amuser sur**
~ to enjoy o.s. to order; **ouvrage écrit/composé
sur** ~ commissioned work/composition.
commandement [kɔmɑ̃dmɑ̃] *nm (direction,
ordre, état-major)* command; *(Rel)* commandment. **prendre le** ~ **de** to take command of; **ton de**
~ commanding tone; **à mon** ~ on my command.
commander [kɔmɑ̃de] (1) **1** *vt* **(a)** *obéissance* to
order, command. **il me commanda le silence** he

ordered *ou* commanded me to keep quiet; ~ **l'admiration** to compel admiration; **la prudence commande que ...** prudence demands that ... . **(b)** *marchandise, repas* to order; (*Art*) *œuvre* to commission. **(c)** *armée* to command; (*emploi absolu*) to be in command *ou* in charge. **je n'aime pas qu'on me commande** I don't like to be ordered about; **ce bouton commande la sirène** this switch controls the siren. **2** ~ **à** *vt indir passions, muscles* to have command *ou* control over. **3 se** ~ *vpr [pièces]* to lead into one another; *[personne]* to control o.s. **ces choses-là ne se commandent pas** you can't help these things. ◆ **commandeur** *nm* commander (*of an Order*). ◆ **commanditaire** *nm* sleeping partner. ◆ **commanditer** (1) *vt* (*Comm: financer*) to finance.

commando [kɔmɑ̃do] *nm* (*groupe, homme*) commando.

comme [kɔm] **1** *conj* **(a)** (*temps*) as; (*cause*) as, since. (*juste*) ~ **le rideau se levait** (just) as the curtain was rising; ~ **il pleut** seeing that it's raining, since it's raining. **(b)** (*comparaison*) as, like (*devant n et pron*). **il pense** ~ **nous** he thinks as we do *ou* like us; **c'est un homme** ~ **lui qu'il nous faut** we need a man like him *ou* such as him; **en ville** ~ **à la campagne** in town and *ou* as well as in the country; **il écrit** ~ **il parle** he writes as *ou* the way he speaks; **dur** ~ **du fer** (as) hard as iron; **il y eut** ~ **une lueur** there was a sort *ou* kind of light. **(c)** (*en tant que*) as. ~ **étudiant** as a student. **(d)** ~ **si** as if, as though; ~ **pour faire** as if to do; ~ **si nous ne savions pas!** as if we didn't know!; ~ **quoi il ne fallait pas l'écouter** which goes to show that you shouldn't have listened to him; **il était** ~ **fasciné** it was as though *ou* as if he were fascinated. **(e)** ~ **cela** like that; ~ **ci** ~ **ça** so-so, (fair to) middling; **alors,** ~ **ça, vous nous quittez?** so you're leaving us?; ~ **il vous plaira** as you wish; ~ **de juste** naturally; ~ **par hasard, il était absent** he just HAPPENED to be away; ~ **il faut** *manger* properly; *personne* decent; **c'était amusant** ~ **tout** it was terribly funny.

2 *adv:* ~ **ces enfants sont bruyants!** how noisy these children are!; ~ **il fait beau!** what a lovely day!, what lovely weather!

commémorer [kɔmemɔʀe] (1) *vt* to commemorate. ◆ **commémoratif, -ive** *adj* commemorative, memorial. ◆ **commémoration** *nf* commemoration. **en** ~ **de** in commemoration of.

commencer [kɔmɑ̃se] (3) **1** *vt* to begin, start, commence. ~ **un élève (en maths)** to start a pupil (off) (in maths). **2** *vi* to begin, start, commence. **le concert va** ~ the concert is about to begin *ou* start; **ça commence bien!** that's a good start!; **pour** ~ to begin *ou* start with; ~ **à** (*ou* **de**) **faire** to begin *ou* start to do *ou* doing; **ça commence à bien faire*** it's getting a bit much*; ~ **par qch/par faire** **qch** to start *ou* begin with sth/by doing sth. ◆ **commençant, e 1** *adj* beginning. **2** *nm,f* beginner. ◆ **commencement** *nm* (*début*) beginning; (*départ*) start. **au/dès le** ~ in/from the beginning, at/from the outset *ou* start; **du** ~ **à la fin** from beginning to end, from start to finish; ~**s** *[science, métier]* beginnings.

comment [kɔmɑ̃] **1** *adv* **(a)** how. ~ **appelles-tu cela?** what do you call that?; ~ **allez-vous?** how are you?; ~ **faire?** how shall we do it?; ~ **se fait-il que ...?** how is it that ...?; **(b)** (*excl*) ~? pardon?, sorry?, what?*; ~ **cela?** what do you mean?; ~**, il est mort?** what! is he dead?; **et** ~**!*** not half!*, and how!*; ~ **donc!** by all means!, of course! **2** *nm:* **le** ~ the how.

commentaire [kɔmɑ̃tɛʀ] *nm* (*remarque*) comment; (*gén, Littérat: exposé*) commentary (*sur, de* on). ~**s de presse** press comments; **et pas de** ~**s!** and that's final!; **ça se passe de** ~**s** it speaks for itself. ◆ **commentateur, -trice** *nm,f* (*gén*) commentator. ◆ **commenter** (1) *vt poème, match*

to give a commentary on; *conduite, événement* to comment on.

commérage [kɔmeʀaʒ] *nm:* ~**(s)** gossip.

commerçant, e [kɔmɛʀsɑ̃, ɑ̃t] **1** *adj* **nation** trading; *ville* commercial; *rue* shopping. **il est très** ~ he's got good business sense. **2** *nm* shopkeeper, tradesman. **3** *nf* shopkeeper.

commerce [kɔmɛʀs(ə)] *nm* **(a)** **le** ~ trade, commerce; (*affaires*) business. (*commerçants*) **le petit** ~ small shopkeepers; **opération de** ~ commercial operation; ~ **de gros/demi-gros/détail** wholesale/retail-wholesale/retail trade; **faire du** ~ **avec** to trade with; **dans le** ~ *objet* in the shops; **vendu hors-**~ sold direct to the public. **(b)** (*boutique*) business. **(c)** (*littér*) (*compagnie*) company; (*rapport*) dealings. ◆ **commercer** (3) *vi* to trade (*avec* with). ◆ **commercial, e, mpl -iaux** **1** *adj* commercial. **2** *nf* (*véhicule*) (light) van. ◆ **commercialisation** *nf* marketing. ◆ **commercialiser** (1) *vt* to market.

commère [kɔmɛʀ] *nf* (*péj: bavarde*) gossip.

commettre [kɔmɛtʀ(ə)] (56) **1** *vt* **(a)** *crime* to commit; *erreur* to make. **(b)** (*confier*) ~ **qch à qn** to commit *ou* entrust sth to sb. **(c)** (*nommer*) to appoint, nominate (*à* to). **2 se** ~ *vpr* (*péj*) to lower o.s. **se** ~ **avec** to associate with.

commis [kɔmi] *nm* (shop) assistant. ~ **de bureau** office clerk; ~ **voyageur** commercial traveller.

commisération [kɔmizeʀasjɔ̃] *nf* commiseration.

commissaire [kɔmisɛʀ] *nm* (*police*) (police) superintendent; (*Sport etc*) steward; (*envoyé*) representative; *[commission]* commissioner. (*Naut*) ~ **du bord** purser; ~**-priseur** *nm, pl* ~**s-**~**s** auctioneer. ◆ **commissariat** *nm* **(a)** (*poste*) ~ (**de police**) police station. **(b)** (*ministère*) board.

commission [kɔmisjɔ̃] *nf* **(a)** (*nommée*) commission; (*comité*) committee. **travail en** ~ work in committee. **(b)** (*message*) message. **(c)** (*course*) errand; (*Comm, Jur: mandat*) commission. (*emplettes*) ~**s** shopping; **faire les** ~**s** to do the *ou* go shopping. **(d)** (*pourcentage*) commission (*sur* on). ◆ **commissionnaire** *nm* (*livreur*) delivery man; (*messager*) messenger; (*Comm: intermédiaire*) agent, broker. ◆ **commissionner** (1) *vt* to commission.

commissure [kɔmisyʀ] *nf [bouche]* corner.

commode [kɔmɔd] **1** *adj* **(a)** (*gén*) convenient; *outil* handy (*pour faire* for doing). **(b)** (*facile*) easy. ~ **à vivre** easy to get on with; **il n'est pas** ~ he's an awkward customer. **2** *nf* (*meuble*) chest of drawers. ◆ **commodément** *adv* **s'asseoir** comfortably; *transporter* easily. ◆ **commodité** *nf* convenience.

commotion [kɔmosjɔ̃] *nf* (*secousse*) shock; (*révolution*) upheaval. ~ **cérébrale** concussion. ◆ **commotionner** (1) *vt:* ~ **qn** to give sb a shock, shake sb.

commuer [kɔmɥe] (1) *vt peine* to commute (*en* to).

commun, e¹ [kɔmœ̃, yn] **1** *adj* **(a)** (*gén, Math*) common; *effort, démarche* joint; *ami* mutual; *pièce* shared. **d'un** ~ **accord** of one accord; **il y a une cuisine** ~**e** there is a communal *ou* shared kitchen; **être** ~ **à** to be shared by; **la vie** ~**e** *[couple]* conjugal life; *[communauté]* communal life; **ils n'ont rien de** ~ they have nothing in common (*avec* with); **il n'y a pas de** ~**e mesure entre eux** there's no possible comparison between them. **(b)** **avoir qch en** ~ to have sth in common; **faire la cuisine en** ~ to share (in) the cooking; **vivre en** ~ to live communally; **mettre ses ressources en** ~ to share *ou* pool one's resources. **(c)** *accident, métal,* (*péj*) *manières* common; *opinion* commonly held, widespread. **peu** ~ uncommon, unusual. **2** *nm* **(a)** **le** ~ **des mortels** the common run of people. **(b)** (*bâtiments*) **les** ~**s** the outbuildings. ◆ **communément** *adv* commonly.

communauté [kɔmynote] *nf* **(a)** *[idées]* identity;

[culture] community. **(b)** *(Pol, Rel etc)* community. **~ urbaine** urban community; **vivre en ~** to live communally; **mettre qch en ~** to pool sth; **la C~** Économique Européenne the European Economic Community. **(c)** *(entre époux)* shared estate. ♦ **communautaire** *adj* community; *(Pol)* Community.

commune² [kɔmyn] *nf* **(a)** *(ville)* town; *(territoire)* district; *(autorités)* town *(ou* district) council. **(b)** *(Brit Pol)* **les C~s** the (House of) Commons. ♦ **communal, e,** *mpl* **-aux** *adj (Admin)* district; *(local)* local.

communicatif, -ive [kɔmynikatif, iv] *adj rire* infectious; *personne* communicative.

communication [kɔmynikasjɔ̃] *nf* **(a)** *(gén, fig: liaison)* communication. **les ~s sont coupées** communications are cut (off); **porte de ~** communicating door; **être en ~ avec** to be in communication *ou* contact with; **mettre qn en ~ avec qn** to put sb in touch *ou* contact with sb. **(b)** *[fait]* communication; *[dossier]* transmission. **avoir ~ d'un fait** to be informed of a fact; **demander ~ d'un dossier** to ask for a file. **(c)** *(message)* message, communication; *(Univ: exposé)* paper. **(d) ~ (téléphonique)** (phone) call; **mettre qn en ~ (avec)** to put sb through (to), connect sb (with); **~ en PCV** reverse charge call, collect call *(US)*; **je n'ai pas pu avoir la ~** I couldn't get through.

communier [kɔmynje] (7) *vi (Rel)* to receive communion. **~ dans** *sentiment* to be united in. ♦ **communiant, e** *nm,f* communicant. **premier ~** child making his first communion. ♦ **communion** *nf (Rel, fig)* communion. **faire sa (première) ~** to make one's first communion; *(fig)* **être en ~ avec** *personne* to be in communion with; *sentiments* to be in sympathy with.

communiquer [kɔmynike] (1) **1** *vt nouvelle, mouvement, peur* to communicate; *dossier (donner)* to give; *(envoyer)* to send; *maladie* to pass on, give; *lumière, chaleur* to transmit (*à* to). **2** *vi [personnes, pièces]* to communicate *(avec* with). **3 se ~** *vpr [feu etc]* **se ~ à** to spread to. ♦ **communiqué** *nm* communiqué. **~ de presse** press release.

communisme [kɔmynism(ə)] *nm* communism. ♦ **communisant, e 1** *adj* communistic. **2** *nm,f* communist sympathizer, fellow traveller. ♦ **communiste** *adj, nmf* communist.

commuter [kɔmyte] (1) *vt* to commute. ♦ **commutateur** *nm (Élec)* switch. ♦ **commutation** *nf* commutation.

compact, e [kɔ̃pakt, akt(ə)] *adj* dense; *véhicule, appareil* compact; *majorité* solid.

compagnie [kɔ̃paɲi] *nf* **(a)** *(présence)* company. **en ~ de** in company with; **en bonne/mauvaise ~** in good/bad company; **tenir ~ à qn** to keep sb company; **bonsoir la ~!** goodnight all! **(b)** *(Comm, Mil, Théât)* company; *[perdreaux]* covey. **la banque X et ~** the bank of X and company; **tout ça, c'est voleurs et ~*** they're all the same thieving lot*. ♦ **compagne** *nf* companion; *(maîtresse)* ladyfriend; *[animal]* mate. **~ de classe** classmate. ♦ **compagnon** *nm* **(a)** *(gén)* companion. **~ de travail** fellow worker, workmate; **~ d'armes** companion- *ou* comrade-in-arms; **~ de bord** shipmate; **~ de voyage** travelling companion; **~ de misère** companion in suffering. **(b)** *(ouvrier)* craftsman, journeyman†.

comparaison [kɔ̃parɛzɔ̃] *nf* **(a)** *(gén)* comparison *(à* to, *avec* with). **mettre qch en ~ avec** to compare sth with; **il n'y a pas de ~ (entre)** there is no comparison (between); **en ~ (de)** in comparison (with); **il est sans ~ le meilleur** he is far and away the best. **(b)** *(Gram)* comparison; *(Littérat)* simile, comparison. ♦ **comparable** *adj* comparable *(à* to, *avec* with).

comparaître [kɔ̃parɛtr(ə)] (57) *vi (Jur)* to appear.

comparer [kɔ̃pare] (1) *vt (confronter)* to compare

(à, avec with); *(identifier)* to compare, liken *(à* to). **ça ne se compare pas** there's no comparison. ♦ **comparatif, -ive** *adj, nm* comparative. ♦ **comparativement** *adv* comparatively. **~ à** by comparison with. ♦ **comparé, e** *adj* comparative.

comparse [kɔ̃pars(ə)] *nmf (Théât)* walker-on; *(péj)* stooge. *(péj, fig)* **rôle de ~** minor part.

compartiment [kɔ̃partimɑ̃] *nm* compartment. ♦ **compartimentage** *nm [armoire]* partitioning; *[administration]* compartmentalization. ♦ **compartimenter** (1) *vt* to partition; to compartmentalize.

comparution [kɔ̃parysjɔ̃] *nf (Jur)* appearance.

compas [kɔ̃pa] *nm (Géom)* (pair of) compasses; *(Naut)* compass. *(fig)* **avoir le ~ dans l'œil** to have an accurate eye.

compassion [kɔ̃pasjɔ̃] *nf* compassion.

compatible [kɔ̃patibl(ə)] *adj* compatible. ♦ **compatibilité** *nf* compatibility.

compatir [kɔ̃patir] (2) *vi* to sympathize. **~ à la douleur de qn** to sympathize *ou* commiserate with sb in his grief. ♦ **compatissant, e** *adj* compassionate, sympathetic.

compatriote [kɔ̃patrijɔt] *nmf* compatriot, fellow countryman *(ou* woman).

compenser [kɔ̃pɑ̃se] (1) **1** *vt perte* to make good, compensate for, offset; *infirmité* to compensate (for). **~ qch par** to make up for sth with; **pour ~** to compensate, to make up for it. **2 se ~** *vpr [forces]* to compensate each other; *[gains et pertes]* to cancel each other out. ♦ **compensation** *nf (gén, Phys, Psych)* compensation; *(équilibrage)* balancing. **en ~ (des dégâts)** in compensation (for the damage). ♦ **compensatoire** *adj* compensatory. ♦ **compensé, e** *adj semelles* platform.

compère [kɔ̃pɛr] *nm* **(a)** *(complice)* accomplice; *(aux enchères)* puffer. **(b)** *(†: ami)* comrade.

compétence [kɔ̃petɑ̃s] *nf (gén, Jur)* competence. **~s** abilities; **ce n'est pas de ma ~** that's not (in) my sphere. ♦ **compétent, e** *adj* competent, capable; *(Jur)* competent. **~ en** competent in; **l'autorité ~e** the authority concerned.

compétition [kɔ̃petisjɔ̃] *nf* **(a)** *(épreuve)* event. *(activité)* **faire de la ~** to go in for competitive sport; **la ~ automobile** motor racing. **(b)** *(concurrence)* competition. **être en ~** to be competing *ou* in competition *(avec* with). ♦ **compétitif, -ive** *adj* competitive. ♦ **compétitivité** *nf* competitiveness.

compiler [kɔ̃pile] (1) *vt* to compile. ♦ **compilateur, -trice** *nm,f* compiler. ♦ **compilation** *nf* compilation.

complainte [kɔ̃plɛ̃t] *nf* lament.

complaire [kɔ̃plɛr] (54) **1 ~ à** *vt indir* to (try to) please. **2 se ~** *vpr:* **se ~ dans qch/à faire qch** to delight *ou* revel in sth/in doing sth.

complaisance [kɔ̃plɛzɑ̃s] *nf (obligeance)* kindness *(envers* to, towards); *(indulgence)* indulgence; *(connivence)* connivance; *(fatuité)* smugness, complacency. ♦ **complaisamment** *adv* obligingly, kindly; smugly, complacently. ♦ **complaisant, e** *adj* kind; indulgent; conniving; smug; complacent. **prêter une oreille ~e à qn/qch** to lend a willing ear to sb/sth.

complément [kɔ̃plemɑ̃] *nm* **(a)** *(gén, Bio, Math)* complement; *(reste)* rest, remainder. **~ d'information** further *ou* additional information. **(b)** *(Gram) (gén)* complement. **~ circonstanciel de lieu** adverbial phrase of place; **~ (d'objet) direct/indirect** direct/indirect object; **~ d'agent** agent; **~ de nom** possessive phrase. ♦ **complémentaire** *adj (gén, Math)* complementary; *(additionnel)* supplementary; *renseignement* further, additional.

complet, -ète [kɔ̃plɛ, ɛt] **1** *adj* **(a)** *(exhaustif) (gén)* complete, full; *rapport* comprehensive; *examen* thorough. **le dossier est-il ~?** is the file complete? **(b)** *échec, obscurité* complete, utter.

(c) *(après n) acteur* complete. **athlète** ~ all-round *ou* complete athlete. **(d)** *train* full. *(écriteau)* '~' *[hôtel]* 'no vacancies'; *[parking]* 'full (up)'; **eh bien! c'est ~!*** well, that's the limit! **2** *nm* **(a) nous sommes au** ~ we are all here; **la famille au grand** ~ the whole *ou* entire family. **(b)** ~**(-veston)** suit. ♦ **complètement** *adv démonter* completely; *lire* right through; *étudier* fully, thoroughly; *citer* in full; *faux* completely, utterly. ~ **nu** stark naked.

compléter [kɔplete] (6) **1** *vt* **(a)** *(terminer) somme, effectifs* to make up; *collection, dossier* to complete; *études, repas* to round off. **et pour** ~ **le tableau** and to crown it all *ou* as a finishing touch. **(b)** *(augmenter) formation* to complement, supplement; *garde-robe* to add to. **2 se** ~ *vpr [caractères, fonctions]* to complement one another.

complexe [kɔplɛks(ə)] *adj, nm* complex. ~ **d'Œdipe** Oedipus complex; **être bourré de** ~**s*** to have loads of hang-ups*. ♦ **complexer** (1) *vt*: **ça le complexe** it gives him a complex; **être très complexé** to be full of complexes *ou* hang-ups*. ♦ **complexité** *nf* complexity.

complication [kɔplikasjɔ] *nf (complexité)* complexity; *(ennui)* complication. **(Méd)** ~**s** complications; **faire des** ~**s** to make life difficult *ou* complicated.

complice [kɔplis] **1** *adj regard* knowing; *attitude* conniving. **être** ~ **de qch** to be (a) party to sth. **2** *nmf (criminel)* accomplice; *(amant)* lover; *(maîtresse)* mistress. ♦ **complicité** *nf (Jur, fig)* complicity.

compliment [kɔplimɑ] *nm (louange)* compliment. ~**s** *(félicitations)* congratulations; *(hommages)* compliments; **faire des** ~**s à qn** *(pour)* to compliment *ou* congratulate sb (on); **avec les** ~**s de la direction** with the compliments of the management. ♦ **complimenter** (1) *vt* to congratulate, compliment *(pour, sur, de* on).

compliquer [kɔplike] (1) **1** *vt* to complicate. **2 se** ~ *vpr* to become *ou* get complicated. **se** ~ **l'existence** to make life difficult *ou* complicated for o.s. ♦ **compliqué, e** *adj (gén)* complicated; *esprit* tortuous; *(Méd) fracture* compound. **ce n'est pas** ~, **moi je pars** that simplifies the problem – I'm leaving.

complot [kɔplo] *nm* plot. ♦ **comploter** (1) *vti* to plot *(de faire* to do, *contre* against). ♦ **comploteur** *nm* plotter.

comporter [kɔpɔʀte] (1) **1** *vt (consister en)* to be composed of, consist of, comprise; *(être muni de) dispositif, exceptions* to have, include; *(impliquer) risques* to entail, involve. **2 se** ~ *vpr [personne]* to behave *(en* like); *[voiture]* to perform. **notre équipe s'est très bien comportée** our team played very well *ou* put up a good performance. ♦ **comportement** *nm (gén)* behaviour *(envers* towards); *[pneus]* performance.

composer [kɔpoze] (1) **1** *vt* **(a)** *(confectionner) plat* to concoct, make (up); *équipe* to select; *assemblée* to form, set up; *lettre* to write, compose; *symphonie* to compose; *tableau* to paint; *numéro de téléphone* to dial; *programme* to work out, draw up; *bouquet* to arrange, make up; *étalage* to lay out, set up; *(Typ)* to set. **(b)** *(constituer) ensemble, produit* to make up, form. **(c)** *(littér)* ~ **son visage** to assume an affected expression. **2** *vi* **(a)** *(Scol)* to do a test. ~ **en anglais** to take an English test. **(b)** *(traiter)* to compromise *(avec* with). **3 se** ~ *vpr*: **se** ~ **de** *ou* **être composé de** to be composed of, consist of, comprise. ♦ **composant, e** *adj, nm,f* component. ♦ **composé, e 1** *adj* compound; *(guindé)* studied. **2** *nm (Chim, Gram)* compound; *(fig)* combination, mixture. **composite** [kɔpozit] *adj éléments* heterogeneous; *foule* motley; *(Archit)* composite.

compositeur, -trice [kɔpozitœʀ, tʀis] *nm,f (Mus)* composer; *(Typ)* typesetter.

composition [kɔpozisjɔ] *nf* **(a)** *(action: V composer)* concocting, making(-up); formation, setting-up; selection; writing; composition; painting; drawing up; laying out; (type)setting. **une œuvre de ma** ~ a work of my own composition. **(b)** *(résultat, œuvre)* composition; *(structure)* structure. **quelle est la** ~ **du gâteau?** what is the cake made of? **(c)** *(Scol: examen)* test, exam. ~ **de français** *(en classe)* French test *ou* exam; *(à l'examen)* French paper; *(rédaction)* ~ **française** French essay. **(d) venir à** ~ to come to terms; **amener qn à** ~ to get sb to come to terms.

compost [kɔpɔst] *nm* compost.

composter [kɔpɔste] (1) *vt (dater)* to (date) stamp; *(poinçonner)* to punch.

compote [kɔpɔt] *nf (Culin)* stewed fruit, compote. ~ **de pommes** stewed apples, compote of apples; **en** ~* *jambes* like jelly* *ou* cotton wool; *visage* black and blue. ♦ **compotier** *nm* fruit dish.

comprendre [kɔpʀɑdʀ(ə)] (58) *vt* **(a)** *(être composé de)* to be composed of, consist of, comprise. **le loyer ne comprend pas le chauffage** the rent doesn't include *ou* cover (the) heating.

(b) *problème, langue, personne* to understand. **vous m'avez mal compris** you've misunderstood me; **il ne comprend pas la plaisanterie** he can't take a joke; **c'est à n'y rien** ~ it's beyond me, I can't understand it; **se faire** ~ to make o.s. understood; **j'espère que je me suis bien fait** ~ I hope I've made myself quite clear; **tu comprends, ce que je veux c'est ...** you see, what I want is ...; **dois-je** ~ **que ...?** am I to take it *ou* understand that ...?

(c) *(concevoir) (gén)* to understand; *point de vue* to see; *difficultés* to appreciate; *gravité* to realize. **c'est comme ça que je le comprends** that's how I see *ou* understand it; **ça se comprend** it's quite understandable; **il m'a fait** ~ **que je devais faire attention** he made me realize that I should be careful.

♦ **compréhensible** *adj (clair)* comprehensible; *(concevable)* understandable. ♦ **compréhensif, -ive** *adj (tolérant)* understanding; *(Logique)* comprehensive. ♦ **compréhension** *nf* understanding; *(Logique)* comprehension.

compression [kɔpʀesjɔ] *nf (gén, Aut, Phys)* compression; *(Écon)* reduction, cutback *(de* in). ~**s budgétaires** cutbacks in spending, budget restrictions. ♦ **compresse** *nf* compress. ♦ **compresseur** *nm* compressor. ♦ **compressible** *adj (Phys)* compressible; *dépenses* reducible.

comprimer [kɔpʀime] (1) *vt* **(a)** *air, artère* to compress; *(pour emballer)* to press *ou* pack tightly together. **ça lui comprimait l'estomac** it was pressing into his stomach; **comprimés dans l'ascenseur** packed tightly together in the lift. **(b)** *dépenses, personnel* to cut down, reduce; *larmes, colère* to hold back. ♦ **comprimé** *nm (Pharm)* tablet.

compris, e [kɔpʀi, iz] *adj* **(a)** *(inclus)* emballage **(y)/non** ~ including/excluding packaging, packaging included/not included. **(b)** *(situé)* **être** ~ **entre** to be contained between *ou* by; **les chapitres** ~ **entre les pages 12 et 145** the chapters contained *ou* included in pages 12 to 145. **(c)** *(d'accord)* **(c'est)** ~! (it's) agreed!; **pars tout de suite,** ~! go immediately, understand? *ou* is that understood?

compromettre [kɔpʀɔmɛtʀ(ə)] (56) **1** *vt réputation, chances* to compromise, jeopardize. **2 se** ~ *vpr* to compromise o.s. ♦ **compromettant, e** *adj lettres* compromising. **ce n'est pas très** ~ **you** won't commit yourself to much, there's no great commitment involved. ♦ **compromis** *nm* compromise. ♦ **compromission** *nf* shady deal.

comptabiliser [kɔtabilize] (1) *vt (Fin)* to post. ♦ **comptabilité** *nf (science)* accountancy, book-keeping; (*comptes*) accounts, books; (*service*) accounts department; (*profession*) accountancy. s'occuper de la ~ to keep the books. ♦ **comptable 1** *adj* (*Fin*) accounts. **2** *nmf* accountant.

comptant [kɔ̃tɑ̃] **1** *adv payer* (in) cash; *acheter* for cash. **verser 10 F ~** to pay 10 francs down. **2** *nm* (*argent*) cash. **vente au ~** cash sale.

compte [kɔ̃t] **1** *nm* (a) (*calcul*) count. **faire le ~ de prisonniers** to count (up), make a count of; *dépenses* to calculate, work out.

(b) (*nombre*) number. **le ~ y est** (*paiement*) that's the right amount; (*inventaire*) that's the right number; **~ rond** round number *ou* figure; **nous sommes loin du ~** we are a long way short of the target.

(c) (*Banque, comptabilité*) account; (*facture*) account, bill. **faire/tenir ses ~s** to do/keep one's accounts *ou* books; **être en ~ avec qn** to have an *ou* be in account with sb; **donner son ~ à un employé** (*payer*) to settle up with an employee; (*renvoyer*) to give an employee his cards*; **il avait son ~*** (*mort*) he'd had it*; (*soûl*) he'd had more than he could hold; **son ~ est bon** he's had it*; **devoir/rendre des ~s à qn** to owe/give sb an explanation; **cela fait mon ~** that suits me.

(d) (*responsabilité*) **prendre qch à son ~** *dépense* to pay for sth; *maxime* to make sth one's own; **s'installer à son ~** to set up one's own business; **mettre qch sur le ~ de** to put sth down to, attribute sth to; **dire qch sur le ~ de qn** to say sth about sb; **pour le ~ de** on behalf of; **pour mon ~** (*opinion*) personally; (*usage*) for my own use.

(e) (*locutions*) (*Boxe*) **aller au tapis pour le ~** to go down for the count; **tenir ~ de qch** to take sth into account; **ne pas tenir ~ de qch** to disregard *ou* ignore sth; **~ tenu de** considering, in view of; **à ce ~-là** (*dans ce cas*) in this case; (*à ce train-là*) at this rate; **tout ~ fait** all things considered, when all is said and done.

2: **~ en banque** bank account; **~ chèque postal** ≃ Giro account; **~ à rebours** countdown; **~ rendu** (*gén*) account, report. [*film*] review.

compte- [kɔ̃t] *préf*: **~-gouttes** *nm inv* (*pipette*) dropper; **au ~-gouttes** (*fig*) sparingly; **~-tours** *nm inv* revolution counter.

compter [kɔ̃te] (1) **1** *vt* (a) (*calculer*) to count. **combien en avez-vous compté?** how many did you count?, how many did you make it?; **il a 50 ans bien comptés** he's a good 50 (years old); **ses gaffes ne se comptent plus** we can't keep count of his blunders. (b) (*prévoir*) to allow, reckon. **j'ai compté qu'il nous en fallait 10** I reckoned we'd need 10; **il faut (bien) ~ 10 jours** you must allow (a good) 10 days, you must reckon on it taking (a good) 10 days. (c) (*tenir compte de*) to take into account; (*inclure*) to include. **t'es-tu compté?** did you count *ou* include yourself?; **sans ~** (*sans inclure*) not counting; (*sans parler de*) not to mention, to say nothing of. (d) (*facturer*) to charge for; (*payer*) to pay. **combien vous ont-ils compté le café?** how much did they charge you for the coffee? (e) (*avoir*) to have. **il ne compte pas d'ennemis** he has no enemies. (f) (*classer, ranger*) to consider. **il le compte au nombre de ses amis** he considers him one of his friends, he numbers him among his friends. (g) (*parcimonie*) *argent* to count; *permissions* to ration. **il ne compte pas sa peine** he spares no trouble; **ses jours sont comptés** his days are numbered. (h) (*avoir l'intention de*) to intend, plan, mean (*faire* to do); (*s'attendre à*) to expect. **je ne compte pas qu'il vienne aujourd'hui** I am not expecting him to come today.

2 *vi* (a) (*calculer*) to count. **tu as mal compté** you counted wrong, you miscounted; **à ~ de** (*starting ou as*) from. (b) (*être économe*) to economize. **sans ~** (*lit*) regardless of expense; se dépenser sans ~ to spare no effort. (c) (*avoir de*

l'importance) to count, matter. **35 ans de mariage, ça compte!** 35 years of marriage, that's quite something!; **~ double** to count double; **ça compte pour beaucoup dans sa décision** it has a lot to do with his decision. (d) (*tenir compte de*) **~ avec qch** to reckon with sth, take account of sth, allow for sth. (e) (*figurer*) **~ parmi** to be *ou* rank among. (f) (*se fier à*) **~ sur** to count on, rely on; **nous comptons sur vous (pour) demain** we're relying on you for tomorrow; **j'y compte bien!** I should hope so!; **vous pouvez ~ là-dessus** you can depend upon it; **ne comptez pas sur moi** (you can) count me out.

compteur [kɔ̃tœʀ] *nm* meter. **~ Geiger** Geiger counter; **~ (kilométrique)** milometer; **~ (de vitesse)** speedometer.

comptoir [kɔ̃twaʀ] *nm* (a) [*magasin*] counter; [*bar*] bar. (b) (*colonial*) trading post. (c) (*agence*) branch.

compulser [kɔ̃pylse] (1) *vt* to consult, examine.

comte [kɔ̃t] *nm* count; (*Brit*) earl. ♦ **comté** *nm* (*Hist*) earldom; (*Admin*) county. ♦ **comtesse** *nf* countess.

concasser [kɔ̃kase] (1) *vt* to crush; *poivre* to grind. ♦ **concassage** *nm* crushing; grinding. ♦ **concasseur** *nm* crusher.

concave [kɔ̃kav] *adj* concave. ♦ **concavité** *nf* (*Opt*) concavity; (*cavité*) cavity.

concéder [kɔ̃sede] (6) *vt droit, point* to grant, concede; *but* to concede, give away. **je vous concède que** I'll grant you that.

concentrer *vt, se* **~** *vpr* [kɔ̃sɑ̃tʀe] (1) (*gén*) to concentrate; *attention, regards* to fix, focus (*sur* on). ♦ **concentration** *nf* (*gén*) concentration. **~ urbaine** conurbation; (*Écon*) **~ horizontale** horizontal integration; **~ d'esprit** concentration. ♦ **concentré, e 1** *adj acide* concentrated; *lait* condensed; *candidat* in a state of concentration. **2** *nm* (*chimique*) concentrated solution; (*bouillon*) concentrate, extract. **~ de tomates** tomato purée.

concentrique [kɔ̃sɑ̃tʀik] *adj cercle* concentric.

conception [kɔ̃sɛpsjɔ̃] *nf* (a) (*Bio*) conception. (b) (*action*) [*idée*] conception. **d'une ~ géniale** brilliantly conceived; **voilà quelle est ma ~ de la chose** this is how I see it. (c) (*idée*) notion, idea; (*réalisation*) creation. ♦ **concept** *nm* concept. ♦ **conceptualiser** (1) *vt* to conceptualize.

concerner [kɔ̃sɛʀne] (1) *vt* to concern. **des mesures concernant ce problème** steps concerning *ou* regarding this matter; **en ce qui concerne cette question** with regard to this question, as far as this question is concerned; **en ce qui me concerne** as far as I'm concerned.

concert [kɔ̃sɛʀ] *nm* (*Mus*) concert; (*accord*) entente, agreement. (*fig*) **~ de louanges/d'avertisseurs** chorus of praise/horns; **de ~** (*ensemble*) together, in unison; (*d'accord*) in concert; **de ~ avec** (*accord*) in conjunction with; (*ensemble*) together with. ♦ **concertiste** *nmf* concert artiste. ♦ **concerto** *nm* concerto.

concertation [kɔ̃sɛʀtasjɔ̃] *nf* (*dialogue*) dialogue; (*rencontre*) meeting. **sans ~** préalable without preliminary consultations. ♦ **concerté, e** *adj* concerted. ♦ **concerter** (1) **1** *vt* to devise. **2 se ~** *vpr* to consult (each other).

concession [kɔ̃sesjɔ̃] *nf* (*gén*) concession (*à* to); [*cimetière*] plot. ♦ **concessionnaire** *nmf* (*Comm*) agent, dealer.

concevoir [kɔ̃s(ə)vwaʀ] (28) *vt* (a) *idée* to conceive of; *solution, projet* to conceive, devise, think up; *déception* to understand. **~ que** to conceive *ou* imagine that; **leur maison est bien/mal conçue** their house is well/badly designed; **voilà comment je conçois la chose** that's how I view it; **cela se conçoit facilement** it's quite understandable; **lettre ainsi conçue** letter expressed *ou* couched in these terms. (b) (*littér,* éprouver) *doutes* have, feel; *jalousie* to feel. **(c)** (*engendrer*) to conceive. ♦ **concevable** *adj* conceivable.

concierge [kɔ̃sjɛʀʒ(ə)] *nmf* caretaker.

concile [kɔ̃sil] *nm* (*Rel*) council.

conciliabule [kɔ̃siljabyl] *nm* confabulation.

concilier [kɔ̃silje] (7) *vt* **(a)** *exigences* to reconcile (*avec* with). **(b)** *partisans, amitié* to win, gain. se ~ (**les bonnes grâces de**) **qn** to win *ou* gain sb's favour. ♦ **conciliable** *adj* reconcilable. ♦ **conciliant, e** *adj* conciliatory. ♦ **conciliateur, -trice** *nm,f* conciliator. ♦ **conciliation** *nf* (*apaisement*) conciliation; (*compatibilité*) reconciliation.

concis, e [kɔ̃si, iz] *adj* concise. ♦ **concision** *nf* concision, conciseness.

concitoyen, -yenne [kɔ̃sitwajɛ̃, jɛn] *nm,f* fellow citizen.

conclave [kɔ̃klav] *nm* (*Rel*) conclave.

conclure [kɔ̃klyʀ] (35) **1** *vt* **(a)** *accord* to conclude; *marché* to conclude, clinch. **marché conclu!** it's a deal! **(b)** (*gén*), *texte* to conclude, end (*par* with); *discours* to wind up, bring to a close. **et pour** ~ and to conclude. **(c)** (*déduire*) to conclude (*qch de qch* sth from sth). **2** ~ **à** *vt indir*: **ils ont conclu au suicide** they concluded that it was suicide. ♦ **concluant, e** *adj* conclusive. ♦ **conclusion** *nf* (*gén*) conclusion; [*discours*] close. ~**s** (*Jur*) [*demandeur*] submissions; [*avocat*] summing-up; [*jury*] findings; **en** ~ in conclusion.

concocter* [kɔ̃kɔkte] (1) *vt breuvage* to concoct; *discours* to elaborate.

concombre [kɔ̃kɔ̃bʀ(ə)] *nm* cucumber.

concorder [kɔ̃kɔʀde] (1) *vi* [*faits, dates, résultats*] to agree, tally; [*idées, caractères*] to match. **ses actes concordent-ils avec ses idées?** is his behaviour in accordance with his ideas? ♦ **concordance** *nf* [*témoignages*] agreement (*de* of); [*résultats*] similarity (*de* of *ou* between). (*Gram*) ~ **des temps** sequence of tenses. ♦ **concordant, e** *adj résultats* similar; *témoignages* ~**s** testimonies which agree *ou* tally. ♦ **concordat** *nm* (*Rel*) concordat. ♦ **concorde** *nf* concord.

concourir [kɔ̃kuʀiʀ] (11) **1** *vi* **(a)** [*concurrent*] to compete (*pour* for). **(b)** (*converger*) to converge (*vers* towards, on). **2** ~ **à** *vt indir*: ~ **à qch/à faire qch** to work towards sth/towards doing sth. ♦ **concours** *nm* **(a)** (*gén: jeu*) competition; (*examen*) competitive examination. ~ **hippique/agricole** horse/agricultural show; ~ **de beauté** beauty contest. **(b)** (*participation*) aid, help. **prêter son** ~ **à qch** to lend one's support to sth; ~ **de circonstances** combination of circumstances.

concret, -ète [kɔ̃kʀɛ, ɛt] *adj* (*gén*) concrete; *avantages* positive. ♦ **concrètement** *adv* in concrete terms. ♦ **concrétiser** (1) **1** *vt* to put in concrete form. **2 se** ~ *vpr* to materialize.

concubinage [kɔ̃kybinaʒ] *nm* cohabitation.

concupiscence [kɔ̃kypisɑ̃s] *nf* concupiscence. ♦ **concupiscent, e** *adj* concupiscent.

concurremment [kɔ̃kyʀamɑ̃] *adv* (*conjointement*) jointly.

concurrence [kɔ̃kyʀɑ̃s] *nf* (*gén, Comm*) competition. **prix défiant toute** ~ absolutely unbeatable price; **faire** ~ **à qn** to compete with sb; **jusqu'à** ~ **de ... up to ..., to a limit of ....** ♦ **concurrencer** (3) *vt* to compete with. ♦ **concurrent, e** *nm,f* (*Comm, Sport*) competitor; [*concours*] candidate. ♦ **concurrentiel, -elle** *adj* (*Écon*) competitive.

condamner [kɔ̃dane] (1) *vt* **(a)** *coupable* to sentence (*à* to, *pour* for); *livre, délit, expression* to condemn. ~ **à mort** to sentence to death; ~ **qn à une amende** to fine sb; **X, plusieurs fois condamné pour vol ...** X, several times convicted of theft ...; **il ne faut pas le** ~ **d'avoir fait cela** you

mustn't condemn *ou* blame him for doing that; **sa rougeur le condamne** his blushes condemn him; **je suis condamné à me lever tôt** I'm doomed to get up early. **(b)** (*Méd*) *malade* to give up hope for. **il était condamné** [*malade, projet*] he (*ou* it) was doomed *ou* done for; **c'est condamné à sombrer dans l'oubli** it's doomed to sink into oblivion. **(c)** *porte* to fill in, block up; *pièce* to lock up. (*fig*) ~ **sa porte à qn** to bar one's door to sb. ♦ **condamnable** *adj* reprehensible, blameworthy. ♦ **condamnation** *nf* **(a)** [*coupable*] (*action*) sentencing (*à* to, *pour* for); (*peine*) sentence. **il a 3** ~**s à son actif** he (already) has 3 convictions; ~ **à mort** death sentence; ~ **à une amende** imposition of a fine. **(b)** [*livre, délit, conduite*] condemnation. **(c)** (*fig: échec*) end. ♦ **condamné, e** *nm,f* sentenced person, convict. ~ (**à mort**) condemned man.

condenser *vt, se* ~ *vpr* [kɔ̃dɑ̃se] (1) to condense. ♦ **condensateur** *nm* condenser. ♦ **condensation** *nf* condensation. ♦ **condensé** *nm* (*Presse*) digest.

condescendance [kɔ̃desɑ̃dɑ̃s] *nf* condescension. ♦ **condescendant, e** *adj* condescending. ♦ **condescendre** (41) *vi*: ~ **à** (**faire**) to condescend to (do).

condiment [kɔ̃dimɑ̃] *nm* condiment.

condisciple [kɔ̃disipl(ə)] *nm* (*Scol*) schoolfellow; (*Univ*) fellow student.

condition [kɔ̃disjɔ̃] *nf* **(a)** (*circonstances*) ~**s** conditions; **dans ces** ~**s** under these conditions. **(b)** (*stipulation*) condition; (*exigence*) condition, requirement. ~ **préalable** prerequisite; **poser ses** ~**s** to lay down one's conditions; **remplir les** ~**s requises** to fulfil the requirements; **sans** ~(**s**) (*adj*) unconditional; (*adv*) unconditionally; **à une** ~ on one condition; **à** ~ **d'être** *ou* **que tu sois sage** provided *ou* on condition that you're good; **sous** ~ *libérer* conditionally. **(c)** (*Comm*) ~**s** terms; **faire ses** ~**s** to make one's terms. **(d)** (*état*) **en bonne** ~ *envoi* in good condition; *athlète* in condition, fit; (*se*) **mettre en** ~ to get into condition, get fit; **la mise en** ~ **des téléspectateurs** the conditioning of viewers. **(e)** (*socialement*) (*métier*) profession, trade; (*rang*) station, condition. **étudiant de** ~ **modeste** student from a modest home *ou* background; **améliorer la** ~ **des ouvriers** to improve the conditions of the workers. ♦ **conditionnel, -elle** *adj, nm* conditional. ♦ **conditionnellement** *adv* conditionally. ♦ **conditionner** (1) *vt* (*emballer*) to package, pre-pack; (*influencer*) to condition. ♦ **conditionnement** *nm* packaging; conditioning.

condoléances [kɔ̃doleɑ̃s] *nfpl* condolences. **faire ses** ~ **à qn** to offer sb one's sympathy *ou* condolences.

conducteur, -trice [kɔ̃dyktœʀ, tʀis] **1** *adj* (*Élec*) conductive, conducting. **2** *nm,f* (*Aut, Rail*) driver; [*machine*] operator. ~ **d'hommes** leader. **3** *nm* (*Élec*) conductor. ♦ **conductibilité** *nf* conductivity. ♦ **conductible** *adj* conductive. ♦ **conduction** *nf* (*Méd, Phys*) conduction.

conduire [kɔ̃dɥiʀ] (38) **1** *vt* **(a)** ~ **qn quelque part** [*personne, véhicule*] to take sb somewhere; [*guide, route, études*] to lead sb somewhere; ~ **qn à la gare** (*en voiture*) to take *ou* drive sb to the station; (*à pied*) to walk sb to the station; ~ **les hommes à l'assaut** to lead the men into the attack; **cela nous conduit à penser que** that leads us to think that; **ça l'a conduit en prison** it landed him in prison. **(b)** *véhicule* to drive; *embarcation* to steer; *avion* to pilot; *cheval* [*cavalier*] to ride; [*cocher*] to drive. **il conduit bien** he is a good driver, he drives well. **(c)** *affaires, pays* to run; *travaux* to supervise; *négociations, enquête* to conduct; *orchestre* [*chef*] to conduct; [*violon*] to lead. **(d)** *électricité* to conduct; *eau* to carry. **2 se** ~ *vpr* to behave (*comme* as). **il s'est mal conduit** he behaved badly. ♦ **conduit** *nm* (*Tech*) conduit, pipe; (*Anat*) duct, canal; [*fumée*] flue. ~ **de**

ventilation ventilation shaft; ~ **d'aération** air duct.
♦ **conduite** *nf* (**a**) (*V* **conduire** (**b**)) driving; steering; piloting. **voiture avec ~ à gauche** left-hand drive car; **faire un brin de ~ à qn*** to walk along with sb for a bit. (**b**) (*V* **conduire** (**c**)) running; supervision; conducting. **sous la ~ de guide** under the leadership of. (**c**) (*comportement*) behaviour; (*Scol*) conduct. (**d**) (*tuyau*) pipe; [*eau, gaz*] main.
cone [kon] *nm* (*gén*) cone.
confectionner [kɔ̃feksjɔne] (1) *vt* **mets** to prepare, make; *vêtement* to make. ♦ **confection** *nf* making; preparation. **être dans la ~** to be in the ready-made clothes business.
confédéral, e, *mpl* **-aux** [kɔ̃federal, o] *adj* confederal. ♦ **confédération** *nf* confederation, confederacy. ♦ **confédéré, e** *adj*, *nm,f* confederate.
conférence [kɔ̃ferɑ̃s] *nf* (*exposé*) lecture; (*réunion*) conference, meeting. **être en ~** to be in **ou** at a meeting; **~ de presse** press conference. ♦ **conférencier, -ière** *nm,f* speaker, lecturer.
conférer [kɔ̃fere] (6) **1** *vt* (*gén*) to give (*à* to); *prestige, dignité* to confer (*à* on). **2** *vi* to confer (*sur* on, about).
confesser [kɔ̃fese] (1) **1** *vt* **péchés** to confess. **~ qn** to hear sb's confession, confess sb. **2 se ~** *vpr* (*Rel*) to go to confession. **se ~ à** to confess to; **se ~ de** (*littér*) to confess. ♦ **confesse** *nf*: **aller à ~** to go to confession. ♦ **confesseur** *nm* confessor.
♦ **confession** *nf* (*aveu*) confession; (*religion*) denomination. ♦ **confessional**, *pl* **-aux** *nm* confessional. ♦ **confessionnel, -elle** *adj* denominational.
confetti [kɔ̃feti] *nm*: **~(s)** confetti.
confiance [kɔ̃fjɑ̃s] *nf* (*en l'honnêteté*) confidence, trust; (*en la valeur*) confidence, faith (*en* in). **avoir ~ en**, **faire ~ à** to have confidence in; (*Pol*) **voter la ~** to pass a vote of confidence; **mettre qn en ~** to win sb's trust; **avec ~** *se confier* trustingly; *espérer* confidently; *de ~ acheter* with confidence; *homme, maison* trustworthy, reliable; **un poste de ~** a position of trust; **~ en soi** self-confidence. ♦ **confiant, e** *adj* (*assuré*) confident; (*sans défiance*) confiding.
confidence [kɔ̃fidɑ̃s] *nf* confidence. **faire une ~ à qn** to confide sth to sb; **en ~** in confidence; **mettre qn dans la ~** to let sb into the secret. ♦ **confident, e** *nm,f* confidant; confidante. ♦ **confidentiel, -ielle** *adj* confidential; (*sur enveloppe*) private. ♦ **confidentiellement** *adv* confidentially.
confier [kɔ̃fje] (7) **1** *vt* **secret**, **projet**, **espoir** to confide (*à* to). **je vous confie le soin de la faire** I entrust you with the task of doing it. **2 se ~** *vpr*: **se ~ à qn** (*secret*) to confide in sb; (*protection*) to place o.s. in sb's hands.
configuration [kɔ̃figyʀasjɔ̃] *nf* (general) shape, configuration; [*lieux*] layout.
confiner [kɔ̃fine] (1) **1** *vt*: **~ qn dans** to confine sb in. **2 ~ à** *vt indir* to border on. **3 se ~** *vpr* to confine o.s. (*à* to). **se ~ chez soi** to shut o.s. up at home. ♦ **confiné, e** *adj* close, stuffy. ♦ **confinement** *nm* confining.
confins [kɔ̃fɛ̃] *nmpl* borders; (*limite extrème*) furthermost bounds.
confire [kɔ̃fiʀ] (37) *vt* to preserve; (*vinaigre*) to pickle. ♦ **confit, e** **1** *adj fruit* crystallized, candied; *cornichon etc* pickled. **2** *nm*: **~ d'oie** conserve of goose. ♦ **confiture** *nf* jam. **~ d'oranges de citrons** (orange/lemon marmalade; (*fig*) **donner de la ~ aux cochons** to cast pearls before swine.
confirmer [kɔ̃fiʀme] (1) *vt* (*gén*, *Rel*) to confirm. **la nouvelle se confirme** there is some confirmation of the news. ♦ **confirmation** *nf* confirmation. **en ~ de** in confirmation of; **c'est la ~ de** it is confirmation of.

confiserie [kɔ̃fizʀi] *nf* (*magasin*) confectioner's (shop); (*métier*, *marchandise*) confectionery. **manger une ~** to eat a sweet. ♦ **confiseur, -euse** *nm,f* confectioner.
confisquer [kɔ̃fiske] (1) *vt* (*gén*, *Jur*) to confiscate. ♦ **confiscation** *nf* confiscation.
conflit [kɔ̃fli] *nm* (*gén*, *Mil*) conflict, clash. **entrer en ~ avec qn** to clash with sb.
confluent [kɔ̃flyɑ̃] *nm* (*endroit*) confluence.
confondre [kɔ̃fɔ̃dʀ(ə)] (41) **1** *vt* (**a**) *choses, dates* to mix up, confuse. **~ qch avec qch d'autre** to mistake sth for sth else; **j'ai dû ~** I must have made a mistake. (**b**) (*déconcerter*) to astound (*par* with). **confondu de reconnaissance** overcome with gratitude. (**c**) *menteur* to confound. (**d**) (*fusionner*) to join. **2 se ~** *vpr* (**a**) *[couleurs, silhouettes]* to merge; [*souvenirs*] to become confused; [*fleuves*] to join. **nos intérêts se confondent** our interests are one and the same. (**b**) **se ~ en excuses/remerciements** to apologize (to sb)/thank sb profusely.
conforme [kɔ̃fɔʀm(ə)] *adj* true. **~ à modèle** true to; *plan*, *règle* in accordance ou conformity with; *moyens, opinions* in keeping with; **c'est peu ~ à ce que j'ai dit** it bears little resemblance to what I said.
conformer [kɔ̃fɔʀme] (1) **1** *vt*: **~ qch à** to model sth on. **2 se ~** *vpr*: **se ~ à** to conform to. ♦ **conformation** *nf* conformation. ♦ **conformé, e** *adj*: **bien/mal ~** well/ill-formed. ♦ **conformément** *adv*: **~ à** in accordance with.
conformisme [kɔ̃fɔʀmism(ə)] *nm* (*gén*) conformity. ♦ **conformiste** *adj*, *nmf* (*gén*) conformist. ♦ **conformité** *nf* (*identité*) similarity; (*fidélité*) faithfulness (*à* to). **en ~ avec** *plan*, *ordres* in accordance with; *idées* in keeping with. **en conformité** with.
confort [kɔ̃fɔʀ] *nm* comfort. **appartement tout ~** flat with all mod cons. ♦ **confortable** *adj* (*gén*, *fig*) comfortable. **peu ~** rather uncomfortable. ♦ **confortablement** *adv* comfortably. **vivre ~** (*confort*) to live in comfort; (*richesse*) to live very comfortably.
confrère [kɔ̃fʀɛʀ] *nm* [*profession*] colleague; [*association*] fellow member; (*journal*) (fellow) newspaper. ♦ **confrérie** *nf* brotherhood.
confronter [kɔ̃fʀɔ̃te] (1) *vt* *opinions* to confront; *textes* to compare. ♦ **confrontation** *nf* confrontation; comparison.
confus, e [kɔ̃fy, yz] *adj* (**a**) (*gén*) confused; *esprit, style* muddled; *idée* hazy. (**b**) (*honteux*) ashamed, embarrassed (*de qch* of sth, *d'avoir fait* at having done). ♦ **confusément** *adv distinguer*, *ressentir* vaguely; *parler* confusedly. ♦ **confusion** *nf* (*honte*) embarrassment; (*trouble*, *désordre*) confusion; (*erreur*) confusion (*de* in). **vous avez fait une ~** you've made a mistake; **mettre la ~ dans les esprits** to throw people into disarray ou confusion.
congé [kɔ̃ʒe] *nm* (**a**) (*vacances*) holiday, vacation (*US*); (*Mil*) leave. **3 jours de ~ pour** ou **à Noël** 3 days' holiday ou 3 days off at Christmas; **en ~** on holiday; **quand avez-vous ~?** when are you off?, when do you get a holiday?; **avoir ~ le mercredi** to have Wednesdays off; **~s payés/scolaires** paid/school holidays. (**b**) (*arrêt*) **prendre/donner du ~** to take a few time off ou some leave; **~ sans solde/de maladie** unpaid/sick leave. (**c**) (*départ*) notice. **donner son ~** [*employé*] to give in one's notice; [*employeur*, *locataire*] to give notice (*à* to); **il a demandé son ~** he's asked to leave. (**d**) (*adieu*) **prendre ~ (de qn)** to take one's leave (of sb). (**e**) (*Admin*: *autorisation*) clearance certificate; [*alcool*] release. ♦ **congédier** (7) *vt* to dismiss.
congeler [kɔ̃ʒle] (5) **1** *vt* to freeze. **produits congelés** (deep-)frozen ou deep-freeze foods. **2 se ~** *vpr* to freeze. ♦ **congélateur** *nm* (*meuble*) deep-

freeze; (compartiment) freezer compartment.
♦ **congélation** nf freezing.
congénère [kɔʒenɛʀ] nmf fellow creature.
♦ **congénital, e,** mpl **-aux** adj congenital.
congère [kɔʒɛʀ] nf snowdrift.
congestionner [kɔʒɛstjɔne] (1) vt rue to congest;
personne to flush, make flushed. **être congestionné** to be flushed. ♦ **congestion** nf congestion.
~ **(cérébrale)** stroke.
Congo [kɔgɔ] nm: **le** ~ the Congo. ♦ **congolais, e**
adj, **C~(e)** nm(f) Congolese.
congratuler [kɔgʀatyle] (1) vt to congratulate.
♦ **congratulations** nfpl congratulations.
congre [kɔgʀ(ə)] nm conger eel.
congrégation [kɔgʀegasjɔ̃] nf (Rel) congregation.
congrès [kɔgʀɛ] nm congress. ♦ **congressiste**
nmf participant at a congress.
conifère [kɔnifɛʀ] nm conifer.
conique [kɔnik] adj cone-shaped.
conjecture [kɔʒɛktyʀ] nf conjecture.
♦ **conjecturer** (1) vt to conjecture.
conjoint, e [kɔʒwɛ̃, wɛ̃t] **1** adj action joint. **2** nm,f
(époux) spouse. **les** ~**s** the couple, the husband
and wife. ♦ **conjointement** adv jointly. ~ **avec**
together with.
conjonction [kɔʒɔ̃ksjɔ̃] nf conjunction.
♦ **conjonctif, -ive** adj (Gram) conjunctive.
conjoncture [kɔʒɔ̃ktyʀ] nf circumstances. **crise
de** ~ economic crisis.
conjugaison [kɔʒygezɔ̃] nf (Bio, Gram) conjugation; (union) union.
conjugal, e, mpl **-aux** [kɔʒygal, o] adj amour conjugal; vie married, conjugal. ♦ **conjugalement**
adv vivre as a married couple.
conjuguer [kɔʒyge] (1) **1** vt (Gram) to conjugate;
(combiner) to combine. **action conjuguée** joint ou
combined action. **2 se** ~ vpr [efforts] to combine.
[verbe] **se** ~ **(avec)** to be conjugated (with).
conjurer [kɔʒyʀe] (1) **1** vt (a) échec to avert;
diable, sort to ward off. **(b)** ~ **qn de faire qch** to
beseech ou entreat sb to do sth. **2 se** ~ vpr to conspire (contre against). ♦ **conjuration** nf conspiracy. ♦ **conjuré, e** nm,f conspirator.
connaissance [kɔnɛsɑ̃s] nf (a) (savoir) knowledge. **une profonde** ~ **du cœur humain** a deep
understanding of the human heart; **faire étalage
de ses** ~**s** to display one's knowledge ou learning;
c'est un garçon qui a des ~**s** he's a knowledgeable
fellow. **(b)** (personne) acquaintance. **(c)** (conscience) consciousness. **sans** ~ unconscious;
reprendre ~ to regain consciousness, come
round. **(d)** (pas) **à ma** ~ (not) to my knowledge,
(not) as far as I know; **venir à la** ~ **de qn** to come to
sb's knowledge; **donner** ~ **de qch à qn** to inform
sb of sth; **en** ~ **de cause** with full knowledge of the
facts; **en pays de** ~ (gens) among familiar faces;
(sujet) on familiar ground; **qn de sa** ~ someone he
knew; **faire** ~ **avec qn** to meet sb; **prendre** ~ **de
qch** to read sth; **je leur ai fait faire** ~ I introduced
them (to each other). ♦ **connaisseur, -euse 1** adj
expert. **2** nm,f connoisseur.
connaître [kɔnɛtʀ(ə)] (57) **1** vt (a) (gén) to know;
fait, personne to be acquainted with; texte,
coutume to be familiar with; restaurant to know
of. **connaît-il la nouvelle?** has he heard the news?;
~ **qn de vue** to know sb by sight; **apprendre à** ~ **qn**
to get to know sb; **il l'a connu à l'université** he met
ou knew him at university; **tu connais les
oiseaux/la mécanique?** do you know anything
about birds/engineering?; ~ **la vie** to know about
life; **il connaît son affaire** he knows what he's
talking about; **elle n'y connaît rien** she doesn't
know a thing about it, she hasn't a clue about it*;
(fig) **je connais la chanson** I've heard it all before.
(b) succès to enjoy, have; privations to know,
experience. **nous connaissons de tristes heures**
we are going through sad times. **(c)** **faire**

~ **(qn/qch)** to make (sb/sth) known; **il m'a fait** ~
son frère/la pêche he introduced me to his
brother/fishing; **se faire** ~ (gén) to make o.s.
known; [artiste] to make a name for o.s.
2 se ~ vpr **(a) se** ~ **(soi-même)** to know o.s.;
(rage) **il ne se connaît plus** he's beside himself
with anger. **(b)** (se rencontrer) to meet. **(c) s'y** ~
en qch to know a lot about sth, be an expert on sth.
♦ **connu, e** adj terre, animal known; idée, auteur
well-known. **mal** ~ little known; **il est** ~ **comme
le loup blanc** everybody knows him.
connecter [kɔnɛkte] (1) vt to connect.
♦ **connexion** nf connection.
connétable [kɔnetabl(ə)] nm (Hist) constable.
connivence [kɔnivɑ̃s] nf connivance. **de** ~ **avec** in
connivance with; **sourire de** ~ smile of complicity.
conquérir [kɔkeʀiʀ] (21) vt (gén) to conquer;
galons to win; estime to win, gain; personnage
influent to win over. **conquis à une doctrine** won
over to a doctrine. ♦ **conquérant, e 1** adj peuple
conquering; ardeur masterful; regard swaggering. **2** nm,f conqueror. ♦ **conquête** nf conquest.
faire la ~ **de** to conquer; to win over.
consacrer [kɔsakʀe] (1) vt **(a)** ~ **à** (dédier à) to
devote to, dedicate to, consecrate to; (affecter à)
to devote to, give to; **pouvez-vous me** ~ **un
instant?** can you spare me a moment?; **se** ~ **à Dieu**
to dedicate ou give o.s. to God. **(b)** (Rel) to
consecrate; coutume, droit to establish; abus to
sanction. ♦ **consacré, e** adj expression accepted;
itinéraire traditional; écrivain established,
recognized.
conscience [kɔsjɑ̃s] nf **(a)** (psychologique) **la** ~
de qch the awareness ou consciousness of sth;
(Philos, Psych) **la** ~ consciousness; **avoir** ~ **que**
to be aware ou conscious that; **prendre** ~ **de qch**
to become aware of sth, realize sth;
perdre/reprendre ~ to lose/regain consciousness. **(b)** (morale) conscience. **avoir qch sur la** ~
to have sth on one's conscience; **avoir bonne/
mauvaise** ~ to have a good ou clear/bad ou guilty
conscience; **en (toute)** ~ in all conscience ou honesty. **(c)** ~ **(professionnelle)** conscientiousness.
♦ **consciemment** adv consciously. ♦ **consciencieusement** adv conscientiously. ♦ **consciencieux, -ieuse** adj conscientious. ♦ **conscient, e**
adj (non évanoui) conscious; (lucide) lucid; décision conscious. ~ **de** conscious ou aware of.
conscrit [kɔskʀi] nm conscript, draftee (US).
♦ **conscription** nf conscription, draft (US).
consécration [kɔsekʀasjɔ̃] nf (Rel) consecration;
[coutume, droit] establishment; [abus] sanc-
tioning; [artiste] consecration.
consécutif, -ive [kɔsekytif, iv] adj consecutive.
~ **à** following upon. ♦ **consécutivement** adv consecutively. ~ **à** following upon.
conseil [kɔsɛj] **1** nm **(a)** ~**(s)** advice; **un** ~ some
advice, a piece of advice; **prendre** ~ **de qn** to take
advice from sb; **un petit** ~ a word of advice; ~
d'ami friendly piece of advice; ~**s à la ménagère**
hints ou tips for the housewife. **(b)** (personne)
ingénieur-~ consulting engineer; **avocat-**~ legal
consultant. **(c)** (groupe) [entreprise] board;
[organisme] council, committee; (séance)
meeting. **tenir** ~ (se réunir) to hold a meeting;
(délibérer) to deliberate.
2: ~ **d'administration** [société] board of directors; [hôpital] board of governors; ~ **de classe**
staff meeting; ~ **de discipline** disciplinary
committee; ~ **de guerre** (réunion) council of war;
(tribunal) court-martial; **le C**~ **des ministres** the
Cabinet; ~ **municipal** town council; ~ **de révision**
recruiting board; **C**~ **de Sécurité** Security
Council.
conseiller[1] [kɔseje] (1) vt **(a)** prudence, méthode
to recommend (à qn to sb). ~ **à qn de faire qch** to
advise sb to do sth; **la peur lui conseilla de ...** fear

prompted him to ...; **il est conseillé de** it is advisable to; **il est conseillé aux parents de ...** parents are advised to ... . **(b)** *(guider)* to advise, give advice to. **bien/mal conseillé** *ʍell/*badly advised.

conseiller², **-ère** [kɔ̃seje, kɔ̃sejɛʀ] *nm,f (expert)* adviser; *(Admin, Pol)* council member, councillor. ~ **municipal** town councillor.

consentir [kɔ̃sɑ̃tiʀ] (16) **1** *vi* to agree, consent *(à* to). ~ **(à ce) que qn fasse qch** to consent *ou* agree to sb's doing sth. **2** *vt délai, prêt* to grant *(à* to). ♦ **consentant, e** *adj* willing; *(Jur)* consenting. **êtes-vous** ~? do you consent to it?, does it have your consent? ♦ **consentement** *nm* consent.

conséquence [kɔ̃sekɑ̃s] *nf* **(a)** *(gén)* consequence; *(conclusion)* conclusion. **cela a eu pour** ~ **de** the result *ou* consequence of this was that; **avoir d'heureuses** ~s to have a happy outcome *ou* happy results; **tirer les** ~s to draw conclusions *ou* inferences *(de* from). **(b) de** ~ of *(some)* consequence; **en** ~ *(donc)* consequently; *agir* accordingly; **en** ~ **de** *(par suite de)* in consequence of; **sans** ~ *(fâcheuse)* without repercussions; *(sans importance)* of no consequence; **cela ne tire pas à** ~ it's of no consequence. ♦ **conséquent, e** *adj (logique)* consistent; (*: *important)* sizeable; *(Géol)* consequent. **par** ~ consequently.

conservateur, **-trice** [kɔ̃sɛʀvatœʀ, tʀis] **1** *adj (gén)* conservative. **2** *nm,f [musée]* curator; *[bibliothèque]* librarian; *(Pol)* conservative. ♦ **conservatisme** *nm* conservatism.

conservatoire [kɔ̃sɛʀvatwaʀ] *nm* school, academy *(of music, drama)*. **le C**~ the (Paris) Conservatoire.

conserver [kɔ̃sɛʀve] (1) **1** *vt* **(a)** *(gén)* to keep; *denrée* to store; *vitesse* to maintain; *habitude* to keep up; *espoir, sens* to retain; *qualité, droits, vie* to conserve. **il a conservé sa tête** *(calme)* he kept his head; *(lucidité)* he still has his wits about him. **(b)** *(en bon état)* to preserve. **bien conservé** *personne* well-preserved. **(c)** *(Culin)* to preserve; *(au vinaigre)* to pickle; *(en bocal)* to bottle. **2 se** ~ *vpr [aliments]* to keep. ♦ **conservation** *nf [archives]* keeping; *[aliments, monuments]* preservation. **en bon état de** ~ well-preserved. ♦ **conserve** **1** *nf*: **les** ~s tinned *(ou* canned *ou* bottled) food(s); **l'industrie de la** ~ the canning industry; **mettre en** ~ *(boîte)* to can; *(bocal)* to bottle. **2** *adv*: **de** ~ *naviguer* in convoy; *agir* in concert. ♦ **conserverie** *nf (usine)* canning factory.

considérable [kɔ̃sideʀabl(ə)] *adj (gén)* considerable; *rôle* significant; *dégâts* extensive; *(littér) personnage* eminent. ♦ **considérablement** *adv* considerably; significantly; extensively.

considération [kɔ̃sideʀasjɔ̃] *nf* **(a)** *(examen)* consideration. **ceci mérite** ~ this is worth considering *ou* consideration; **prendre qch en** ~ to take sth into consideration *ou* account; **en** ~ **de** *(en raison de)* because of; *(par rapport à)* considering; **sans** ~ **de** *dangers* regardless of; *personne* without taking into consideration. **(b)** *(motif)* consideration. **(c)** *(remarques)* ~s reflections. **(d)** *(respect)* esteem, respect. **'veuillez agréer l'assurance de ma** ~ **distinguée'** 'yours faithfully *ou* truly'. ♦ **considérer** (6) *vt* **(a)** *(gén)* to consider. ~ **qch avec inquiétude** to view sth with anxiety; **tout bien considéré** all things considered; **je le considère comme mon fils** I look upon him as my son; **il se considère comme un génie** he considers himself a genius; **considérant que** considering that. **(b)** *(respecter)* to respect, have a high regard for.

consigner [kɔ̃siɲe] (1) *vt* **(a)** *fait* to record. **(b)** *soldat* to confine to barracks; *élève* to keep in (after school); *salle* to bar entrance to. **(c)** *bagages* to put in the left-luggage office. **(d)** *bouteille* to put a deposit on. ♦ **consigne** *nf*

(instructions) orders; *(punition) (Mil)* confinement to barracks; *(Scol)* detention; *[bagages]* left-luggage (office); *[bouteille]* deposit. ~ **automatique** left-luggage lockers. ♦ **consigné, e** *adj emballage* returnable. **non** ~ non-returnable.

consistance [kɔ̃sistɑ̃s] *nf* consistency. **prendre** ~ *[liquide]* to thicken; **sans** ~ *substance* lacking in consistency; *caractère* spineless; *rumeur* illfounded, groundless. ♦ **consistant, e** *adj repas* substantial; *nourriture, argument* solid; *sirop* thick.

consister [kɔ̃siste] (1) *vi (se composer de)* ~ **en** to consist of, be made up of; *(résider dans)* ~ **dans** to consist in; ~ **à faire** to consist in doing.

consoler [kɔ̃sɔle] (1) **1** *vt personne* to console; *chagrin* to soothe. **si ça peut te** ~ ... if it is of any consolation *ou* comfort to you ... . **2 se** ~ *vpr* to console o.s., find consolation. **se** ~ **d'une perte** to be consoled for *ou* get over a loss. ♦ **consolant, e** *adj* consoling, comforting. ♦ **consolation** *nf (action)* consolation. *(réconfort)* ~(s) consolation, comfort; **c'est une** ~ that's one consolation.

consolider [kɔ̃sɔlide] (1) **1** *vt (gén)* to strengthen; *accord, fortune* to consolidate. **2 se** ~ *vpr [régime]* to strengthen *ou* consolidate its position. ♦ **consolidation** *nf* strengthening; consolidation.

consommer [kɔ̃sɔme] (1) *vt* **(a)** *(gén)* to consume; *nourriture* to eat; *boissons* to drink; *carburant* to use. **il se consomme beaucoup de vin** a lot of wine is consumed *ou* drunk; **je désirerais** ~ I would like a drink; *(Aut)* **elle consomme beaucoup d'essence** it's heavy on petrol, it uses a lot of petrol. **(b)** *acte sexuel* to consummate; *crime* to perpetrate, commit; *ruine* to confirm. ♦ **consommateur**, **-trice** *nm,f (acheteur)* consumer; *[café]* customer. ♦ **consommation** *nf (a)* consumption; consummation; perpetration; confirmation. **il fait une grande** ~ **de papier** he goes through* *ou* uses a lot of paper; **de** ~ *biens, société* consumer. **(b)** *(boisson)* drink. **prendre les** ~s to take the orders. ♦ **consommé, e 1** *adj habileté* consummate; *écrivain* accomplished. **2** *nm* consommé.

consonne [kɔ̃sɔn] *nf* consonant.

consortium [kɔ̃sɔʀsjɔm] *nm* consortium.

conspirer [kɔ̃spiʀe] (1) *vi* to conspire, plot *(contre* against). ~ **à faire** to conspire to do. ♦ **conspirateur**, **-trice 1** *adj* conspiratorial. **2** *nm,f* conspirer, plotter. ♦ **conspiration** *nf* conspiracy.

conspuer [kɔ̃spɥe] (1) *vt* to boo.

constant, e [kɔ̃stɑ̃, ɑ̃t] **1** *adj (gén)* constant; *effort* steadfast. **2** *nf (Math)* constant; *(fig)* permanent feature. ♦ **constamment** *adv* constantly. ♦ **constance** *nf* constancy, steadfastness.

constater [kɔ̃state] (1) *vt* **(a)** *(remarquer)* to note, notice, see. **je constatai sa disparition** I noticed *ou* saw that it had disappeared; **je ne fais que** ~ I'm merely stating a fact, I'm merely making an observation; **constatez par vous-même** see for yourself. **(b)** *(consigner)* effraction to record; *décès* to certify. ♦ **constat** *nm*: ~ **(d'huissier)** certified report; ~ **(d'accident)** (accident) report. ♦ **constatation** *nf* **(a)** *(action)* noting; noticing; seeing; recording; certifying. **(b)** *(remarque)* observation. ~s *[enquête]* findings.

constellation [kɔ̃stelasjɔ̃] *nf (gén)* constellation. ♦ **constellé, e** *adj*: ~ **de** *astres, lumières* spangled *ou* studded with; *taches* spotted *ou* dotted with.

consternation [kɔ̃stɛʀnasjɔ̃] *nf* consternation, dismay. ♦ **consterner** (1) *vt* to dismay, fill with consternation. **air consterné** air of consternation *ou* dismay.

constiper [kɔ̃stipe] (1) *vt* to constipate. ♦ **constipation** *nf* constipation. ♦ **constipé, e** *adj (péj: guindé)* stiff; *(Méd)* constipated.

constituer [kɔ̃stitɥe] (1) **1** *vt* **(a)** *(fonder)* comité, gouvernement to set up, form; *bibliothèque* to build up; *dossier* to make up, put together. **(b)** (*composer*) *[éléments]* to make up, constitute. **constitué de plusieurs morceaux** made up *ou* composed of several pieces. **(c)** *délit, motif* to constitute. **(d)** *(Jur)* *rente* to settle (*à* on); *avocat* to retain. ~ **qn son héritier** to appoint sb one's heir. **2 se** ~ *vpr:* **se** ~ **prisonnier** to give o.s. up. ♦ **constituant, e** *adj* *(gén, Pol)* constituent. ♦ **constitué, e** *adj:* **bien/mal** ~ of sound/unsound constitution. ♦ **constitutif, -ive** *adj* constituent, component. ♦ **constitution** *nf* **(a)** setting-up, formation; building-up; putting together; making-up; settlement; retaining. **(b)** *(composition)* composition, make-up. **(c)** *(Méd, Pol)* constitution. ♦ **constitutionnel, -elle** *adj* constitutional.

construire [kɔ̃stʀᴜiʀ] (38) *vt* *(gén)* to build, construct; *(Géom)* to construct; *théorie, phrase* to construct, put together, build up. **ça s'est beaucoup construit ici** there's a lot of building here; **ça se construit avec le subjonctif** it takes the subjunctive. ♦ **constructeur, -trice** *nmf* *(fabricant)* maker, manufacturer; *(bâtisseur)* builder, constructor. ~ **de navires** shipbuilder. ♦ **constructif, -ive** *adj* constructive. ♦ **construction** *nf* **(a)** *(action)* building; construction. **de** ~ **française/robuste** French/ solidly built; **matériaux de** ~ building materials; **en** ~ under construction. **(b)** *(industrie)* **la** ~ **the** building trade; **les** ~**s navales** shipbuilding; **les** ~**s aéronautiques** the aircraft industry. **(c)** *(édifice)* building.

consul [kɔ̃syl] *nm* consul. ~ **général** consul general. ♦ **consulaire** *adj* consular. ♦ **consulat** *nm* **(a)** *(bureaux, charge)* consulate. **(b)** *(Hist française)* **le C**~ the Consulate.

consulter [kɔ̃sylte] (1) **1** *vt* *(gén)* to consult. **ne** ~ **que sa raison** to be guided only by one's reason. **2** *vi* *[médecin]* to hold surgery. **3 se** ~ *vpr* to confer, consult each other. **se** ~ **du regard** to look questioningly at one another. ♦ **consultatif, -ive** *adj* consultative, advisory. ♦ **consultation** *nf* **(a)** *(action)* consultation. **après** ~ **de son agenda** (after) having consulted his diary; **d'une** ~ **difficile** difficult to consult. **(b)** *[médecin, expert]* consultation. **aller à la** ~ to go to the surgery, pay a visit to the doctor; **les heures de** ~ surgery *ou* consulting hours. **(c)** *(échange de vues)* consultation. **en** ~ **avec** in consultation with.

consumer [kɔ̃syme] (1) **1** *vt* *[incendie]* to consume, . burn; *[fièvre, ambition]* to consume, devour; *forces* to expend; *fortune* to squander, fritter away. **débris consumés** charred debris. **2 se** ~ *vpr [bois]* to burn; *(littér: dépérir)* to waste away.

contact [kɔ̃takt] *nm* *(gén)* contact; *(toucher)* touch. *(Aut)* **mettre le** ~ to switch on the ignition; **prendre** ~ *(Rad)* to make contact; *(affaires)* to get in touch *ou* contact *(avec* with); **mettre en** ~ *objets* to bring into contact; *(affaires)* to put in touch; *(Rad)* to put in contact; **prise de** ~ *(entrevue)* first meeting; **au** ~ **de l'air** in contact with (the) air. ♦ **contacter** (1) *vt* to contact, get in touch with.

contagion [kɔ̃taʒjɔ̃] *nf* *(Méd)* contagion; *(fig: épidémie)* epidemic. **la** ~ **de la violence** the infectiousness of violence. ♦ **contagieux, -euse** *adj* *maladie* *(gén)* infectious; *(par le contact)* contagious; *peur, rire* infectious, contagious.

contaminer [kɔ̃tamine] (1) *vt* to contaminate. ♦ **contamination** *nf* contamination.

conte [kɔ̃t] *nm* tale, story. *(lit, fig)* ~ **de fée** fairy tale *ou* story.

contempler [kɔ̃tɑ̃ple] (1) *vt* to contemplate, gaze at. ♦ **contemplatif, -ive** *adj* *(gén)* contemplative. ♦ **contemplation** *nf* contemplation.

contemporain, e [kɔ̃tɑ̃pɔʀɛ̃, ɛn] **1** *adj* contemporary *(de* with). **2** *nm* contemporary.

contenir [kɔ̃tniʀ] (22) **1** *vt* **(a)** *(en capacité)* *[récipient]* to hold, take; *[cinéma, avion]* to seat, hold. **(b)** *(en contenu)* *[récipient, livre, minerai]* to contain. **(c)** *(maîtriser)* *(gén)* to contain; *larmes* to hold back; *foule, ennemi* to hold in check. **2 se** ~ *vpr* to contain o.s. ♦ **contenance** *nf* **(a)** *(capacité)* capacity. **(b)** *(attitude)* attitude. **pour se donner une** ~ to give an impression of composure; **faire bonne** ~ *(devant)* to put on a bold front (in the face of); **perdre** ~ to lose one's composure. ♦ **contenant** *nm:* **le** ~ the container.

content, e [kɔ̃tɑ̃, ɑ̃t] **1** *adj* pleased, glad, happy. ~ **de** *élève, voiture* pleased *ou* happy with; *changement* pleased *ou* glad at *ou* about; **être** ~ **de soi** to be pleased with o.s.; **non** ~ **d'être/d'avoir fait ...** not content with being/with having done .... **2** *nm:* **avoir (tout) son** ~ **de qch** to have had one's fill of sth. ♦ **contentement** *nm* contentment, satisfaction. ~ **de soi** self-satisfaction. ♦ **contenter** (1) **1** *vt besoin, curiosité* to satisfy; *personne* to satisfy, please. **cette explication l'a contenté** he was satisfied *ou* happy with this explanation. **2 se** ~ *vpr:* **se** ~ **de qch/de faire qch** to content o.s. *ou* make do with sth/with doing sth.

contentieux, -euse [kɔ̃tɑ̃sjø, øz] **1** *adj* *(Jur)* contentious. **2** *nm* *(Comm)* litigation; *(Pol)* disputes; *(service)* legal department.

contenu, e [kɔ̃tny] **1** *adj* *colère* restrained, suppressed. **2** *nm* *[récipient]* contents; *[texte]* content.

conter [kɔ̃te] (1) *vt* *littér) histoire* to recount, relate. ~ **qch à qn** to tell sth to sb; **il lui en a conté de belles!** he told him some incredible stories!; **elle ne s'en laisse pas** ~ she's not easily taken in; ~ **fleurette à qn** to murmur sweet nothings to sb.

contester [kɔ̃teste] (1) **1** *vt* to question, dispute, contest. *roman/écrivain* **très contesté** very controversial novel/author. **2** *vi* to protest. **il ne conteste jamais** he never takes issue over anything. ♦ **contestable** *adj* questionable, disputable. ♦ **contestataire 1** *adj* anti-establishment. **2** *nmf* protester. ♦ **contestation** *nf* **(a)** *(action)* contesting; questioning; disputing. **(b)** *(discussion)* dispute; *(objection)* objection. **(c)** *(Pol)* **la** ~ anti-establishment activity; **faire de la** ~ to protest (against the establishment). ♦ **conteste** *nf:* **sans** ~ unquestionably, indisputably.

conteur, -euse [kɔ̃tœʀ, øz] *nm,f (écrivain)* storywriter; *(narrateur)* storyteller.

contexte [kɔ̃tɛkst(ə)] *nm* context.

contigu, -uë [kɔ̃tigy] *adj choses* adjoining, adjacent; *sujets* closely related. **être** ~ **à qch** to be adjacent *ou* next to sth. ♦ **contiguïté** *nf [choses]* proximity; *[sujets]* relatedness.

continence [kɔ̃tinɑ̃s] *nf* continence. ♦ **continent¹, e** *adj* continent.

continent² [kɔ̃tinɑ̃] *nm* continent. *(terre ferme)* **le** ~ the mainland. ♦ **continental, e,** *mpl* **-aux** *adj* continental.

contingence [kɔ̃tɛ̃ʒɑ̃s] *nf* *(gén)* contingency. ♦ **contingent, e 1** *adj* contingent. **2** *nm* **(a)** *(Mil: groupe)* contingent. *(en France)* **le** ~ **soldiers on national service, the draft** *(US)*. **(b)** *(quota)* quota; *(part)* share. ♦ **contingenter** (1) *vt (Comm)* to place *ou* fix a quota on.

continu, e [kɔ̃tiny] *adj* *(gén)* continuous; *ligne, silence* unbroken. ♦ **continuateur, -trice** *nm,f* continuator. ♦ **continuation** *nf* continuation. ♦ **continuel, -elle** *adj* *(continu)* continuous; *(qui se répète)* continual. ♦ **continuellement** *adv* continuously; continually.

continuer [kɔ̃tinɥe] (1) **1** *vt* *effort* to continue (with), carry on with; *droite, route* to continue. ~ **son chemin** to go on, continue on one's way. **2** *vi* *[bruit, spectacle]* to continue, go on. ~ **de ou à manger** *etc* to go on *ou* keep on *ou* continue eating *etc*; **s'il continue ...** if he goes on *ou* keeps on *ou* continues ... . **3 se** ~ *vpr* to go on, continue

(jusqu'à as far as). ♦ **continuité** *nf [politique]* continuation; *[action]* continuity. ♦ **continûment** *adv* continuously. ♦ **continuum** *nm* continuum.
contondant, e [kɔ̃tɔ̃dɑ̃, ɑ̃t] *adj* blunt.
contorsion [kɔ̃tɔʀsjɔ̃] *nf* contortion.
♦ **contorsionner (se)** (1) *vpr* to contort o.s.
♦ **contorsionniste** *nmf* contortionist.
contour [kɔ̃tuʀ] *nm* outline, contour.
♦ **contourner** (1) *vt [obstacle]* to go *(ou* walk *ou* drive *etc)* round; *ville* to bypass; *difficulté* to get round.
contraception [kɔ̃tʀasεpsjɔ̃] *nf* contraception.
♦ **contraceptif, -ive** *adj, nm* contraceptive.
contracter [kɔ̃tʀakte] (1) **1** *vt* **(a)** *(raidir) muscle, visage* to tense; *(fig) personne* to make tense. **la peur lui contracta la gorge** fear gripped his throat. **(b)** *(Phys: réduire)* ~ **un corps** to make a body contract. **(c)** *dette, alliance, maladie* to contract; *assurance* to take out. **2 se** ~ *vpr [muscle, visage]* to tense; *[gorge]* to tighten; *(fig) [personne]* to become tense; *(Phys) [corps]* to contract. ♦ **contracté, e** *adj (Ling)* contracted; *personne* tense. ♦ **contraction** *nf (action)* tensing, contraction; *(état)* tenseness; *(spasme)* contraction.
contractuel, -elle [kɔ̃tʀaktɥεl] **1** *adj* contractual. **2** *nm,f (Police)* ≃ traffic warden; *(Admin)* contract employee.
contradiction [kɔ̃tʀadiksjɔ̃] *nf* contradiction. **être en** ~ **avec** to contradict. ♦ **contradictoire** *adj* contradictory, conflicting; *débat* ~ debate; ~ **à** in contradiction to, in conflict with.
contraindre [kɔ̃tʀɛ̃dʀ(ə)] (52) *vt:* ~ **qn à faire qch** to force *ou* compel *ou* constrain sb to do sth; **se** ~ **avec peine** to restrain o.s. with difficulty.
♦ **contraignant, e** *adj* restricting, constraining.
♦ **contraint, e[1]** *adj air* constrained, forced. **être** ~ **et forcé de faire** to be forced to do. ♦ **contrainte[2]** *nf* **(a)** *(violence)* constraint. **sous la** ~ under constraint *ou* duress. **(b)** *(gêne)* constraint, restraint. **sans** ~ unrestrainedly, unconstrainedly.
contraire [kɔ̃tʀεʀ] **1** *adj (gén)* opposite; *vent, action* contrary; *intérêts* conflicting; *destin* adverse. **l'alcool m'est** ~ alcohol doesn't agree with me; **le sort lui fut** ~ fate was against him; ~ **à la santé** bad for the health. **2** *nm [mot, concept]* opposite. **c'est tout le** ~ it's just the reverse *ou* opposite; **je ne vous dis pas le** ~ I'm not saying anything to the contrary, I'm not disputing it; **tout au** ~ on the contrary; **au** ~ **des autres** unlike the others. ♦ **contrairement** *adv:* ~ **à** contrary to; ~ **aux autres ...** unlike the others ... .
contrarier [kɔ̃tʀaʀje] (7) *vt (irriter)* to annoy; *(gêner) projets* to frustrate, thwart; *mouvement* to impede. ♦ **contrariant, e** *adj* annoying.
♦ **contrariété** *nf* annoyance.
contraste [kɔ̃tʀast(ə)] *nm (gén)* contrast. **par** ~ by contrast; **en** ~ **avec** in contrast to; **mettre en** ~ to contrast. ♦ **contrasté, e** *adj couleurs* contrasting. *(Phot)* **trop** ~ with too much contrast. ♦ **contraster** (1) **1** *vt éléments* to contrast; *photo* to give contrast to. **2** *vi* to contrast *(avec* with).
contrat [kɔ̃tʀa] *nm (gén)* contract; *(fig: accord)* agreement. *[équipe]* **remplir son** ~ to fulfil one's pledges.
contravention [kɔ̃tʀavɑ̃sjɔ̃] *nf* **(a)** *(Aut) (gén)* fine; *(papillon)* parking ticket. **dresser** ~ *(à qn)* to book* *ou* fine sb. **(b)** *(Jur: infraction)* ~ **à** contravention of.
contre [kɔ̃tʀ(ə)] **1** *prép et adv* **(a)** *(contact)* against. **appuyez-vous** ~ lean against *ou* on it; **serrer qn** ~ **son cœur** to clasp sb to one's breast; **son garage est juste** ~ **notre maison** his garage is built onto our house; **joue** ~ **joue** cheek to cheek.
(b) *(hostilité)* against. *(Sport)* **Poitiers** ~ **Lyon** Poitiers versus *ou* against Lyons; **en colère** ~ **qn** angry with sb; **je n'ai rien** ~ *(cela)* I have nothing against it. **(c)** *(protection)* **s'abriter** ~ **le vent** to

shelter from the wind; **des comprimés** ~ **la grippe** flu tablets, tablets for flu; **s'assurer** ~ **les accidents** to insure (o.s.) against *ou* for accidents.
(d) *(échange) argent* (in exchange) for; *promesse* in return for. **envoi** ~ **remboursement** cash on delivery. **(e)** *(rapport)* **1 bon** ~ **3 mauvais** 1 good one for 3 bad ones; **9 voix** ~ **4** 9 votes to 4. **(f)** *(locutions)* ~ **toute attente** contrary to (all) expectations; ~ **toute apparence** despite (all) appearances to the contrary; **par** ~ on the other hand.
2 *nm (riposte)* retort; *(Cartes)* double.
3 *préf (le second élément donne le genre et prend seul la marque du pl)* ~-**attaque** /-**révolution**/-**espionnage** counter-attack/revolution/espionage; ~-**expertise**/-**visite** *etc* second assessment/(medical) opinion *etc;* ~-**allée** *(ville)* service road; *(parc)* side path; ~-**amiral** rear admiral; ~-**braquer** to steer into the skid; ~-**courant** counter-current; **à** ~-**courant** against the current; **en** ~-**haut (de)** above; ~-**indication** contraindication; ~-**indiqué, e** *(Méd)* contraindicated; *(déconseillé)* unadvisable; ~-**interrogatoire** cross-examination; **faire subir un** ~-**interrogatoire à qn** to cross-examine sb; ~-**jour** *(éclairage)* backlighting; *(photographie)* backlit shot; **à** ~-**jour** *se profiler* against the sunlight; *photographier* into the light; *lire* with one's back to the light; ~ **la montre** against the clock; **épreuve** ~ **la montre** time-trial; ~-**performance** substandard performance; **prendre le** ~-**pied de ce que dit qn** to say exactly the opposite of sb else; *(Sport)* **à** ~-**pied** on the wrong foot; ~-**plaqué** plywood; ~-**ut** top *ou* high C; ~-**valeur** exchange value; ~-**vérité** untruth, falsehood.
contrebalancer [kɔ̃tʀəbalɑ̃se] (3) *vt [poids]* to counterbalance; *[influence]* to offset.
contrebande [kɔ̃tʀəbɑ̃d] *nf (activité)* contraband, smuggling. **faire de la** ~ to do some smuggling; **produits de** ~ contraband, smuggled goods.
♦ **contrebandier, -ière** *nm,f* smuggler.
contrebas [kɔ̃tʀəba] *nm:* **en** ~ (down) below; **en** ~ **de** below.
contrebasse [kɔ̃tʀəbas] *nf (instrument)* (double) bass; *(musicien)* (double) bass player.
contrebasson [kɔ̃tʀəbasɔ̃] *nm* contrabassoon.
contrecarrer [kɔ̃tʀəkaʀe] (1) *vt* to thwart.
contrecœur [kɔ̃tʀəkœʀ] *adv:* **à** ~ reluctantly.
contrecoup [kɔ̃tʀəku] *nm* repercussions.
contredire [kɔ̃tʀədiʀ] (37) *vt [personne]* to contradict; *[faits]* to be at variance with. ♦ **contredit** *nm:* **sans** ~ unquestionably.
contrée [kɔ̃tʀe] *nf (littér) (pays)* land; *(région)* region.
contrefaire [kɔ̃tʀəfεʀ] (60) *vt (imiter)* to imitate; *(déguiser)* to disguise; *(falsifier)* to counterfeit, forge; *(†: feindre)* to feign. ♦ **contrefaçon** *nf (action)* counterfeiting; forgery, forging; *(produit)* imitation; *(billets, signature)* forgery, counterfeit.
contrefort [kɔ̃tʀəfɔʀ] *nm* **(a)** *(Archit)* buttress.
(b) *(soulier)* stiffener. **(c)** *(Géog) [arête]* spur. *[chaîne]* ~s foothills.
contremaître, -maîtresse [kɔ̃tʀəmεtʀ(ə), mεtʀεs] *nm,f* foreman; forewoman.
contrepartie [kɔ̃tʀəpaʀti] *nf* compensation. **en** ~ *(en échange)* in return; *(en revanche)* in compensation *(de* for).
contrepoids [kɔ̃tʀəpwa] *nm (lit)* counterweight, counterbalance; *[acrobate]* balancing-pole. **faire** ~ to act as a counterbalance.
contrepoint [kɔ̃tʀəpwɛ̃] *nm* counterpoint.
contrepoison [kɔ̃tʀəpwazɔ̃] *nm* antidote.
contrer [kɔ̃tʀe] (1) **1** *vt (gén)* to counter; *(Cartes)* to double. **2** *vi (Cartes)* to double.
contresens [kɔ̃tʀəsɑ̃s] *nm* misinterpretation; *(traduction)* mistranslation. **à** ~ *(Aut)* the wrong way; *(Couture)* against the grain; **à** ~ **de** against.

contresigner [kɔ̃trəsiɲe] (1) vt to countersign.

contretemps [kɔ̃trətɑ̃] nm (retard) hitch. **à ~** (Mus) off the beat; (fig) at an inopportune moment.

contrevenir [kɔ̃trəvnir] (22) **~ à** vt indir to contravene. ♦ **contrevenant, e** nm,f offender.

contrevent [kɔ̃trəvɑ̃] nm (volet) shutter.

contribuer [kɔ̃tribɥe] (1) **~ à** vt indir to contribute to(wards). ♦ **contribuable** nmf taxpayer. ♦ **contribution** nf (a) (participation) contribution. **mettre qn à ~** to make use of sb. (b) (impôts) **~s** [commune] rates; [état] taxes; (administration) tax office; **~s directes** direct taxation.

contrit, e [kɔ̃tri, it] adj contrite. ♦ **contrition** nf contrition.

contrôler [kɔ̃trole] (1) **1** vt (a) (vérifier) (gén) to check; billets to inspect; qualité to control. (b) (surveiller) opérations, employés to supervise; prix to control. (c) (maîtriser) colère, (Écon, Sport) to control; (Mil) to be in control of. **2 se ~** vpr to control o.s. ♦ **contrôle** nm (a) (action) checking; inspecting; controlling; supervising. (b) (opération) check; inspection; control; supervision. **exercer un ~ sur** to maintain control over; **~ d'identité** identity check; **~ de soi-même** self-control; **garder le ~ de sa voiture** to remain in control of one's vehicle. (c) (Théât: bureau) (advance) booking office. (Mil: registres) **~s** lists. ♦ **contrôleur** nm (gén) inspector.

contrordre [kɔ̃trɔrdr(ə)] nm counter-order.

controverse [kɔ̃trɔvɛrs(ə)] nf controversy. ♦ **controversé, e** adj much debated.

contumace [kɔ̃tymas] nf (Jur) **par ~** in his (ou her etc) absence.

contusion [kɔ̃tyzjɔ̃] nf bruise. ♦ **contusionner** (1) vt to bruise.

conurbation [kɔnyrbasjɔ̃] nf conurbation.

convaincre [kɔ̃vɛ̃kr(ə)] (42) vt to convince (de qch of sth). **~ qn de faire qch** to persuade sb to do sth, talk sb into doing sth; **~ qn de meurtre** to prove sb guilty of ou convict sb of murder. ♦ **convaincant, e** adj convincing. ♦ **convaincu, e** adj convinced. **d'un ton ~** with conviction.

convalescence [kɔ̃valesɑ̃s] nf convalescence. **être en ~** to be convalescing; **maison de ~** convalescent home. ♦ **convalescent, e** adj, nm,f convalescent.

convection [kɔ̃vɛksjɔ̃] nf convection.

convenable [kɔ̃vnabl(ə)] adj (a) (approprié) fitting, suitable. (b) (décent) decent, respectable. **peu ~** improper. (c) (acceptable) devoir, salaire acceptable, adequate. **à peine ~** scarcely acceptable ou adequate. ♦ **convenablement** adv placé suitably; s'habiller acceptably, decently; payé, logé adequately; manger, se tenir properly.

convenance [kɔ̃vnɑ̃s] nf (préférence) convenience; [caractères] affinity; [équipement] suitability. **est-ce à votre ~?** is it to your liking?; **les ~s** (préférences) preferences; (sociales) the proprieties.

convenir [kɔ̃vnir] (22) **1 ~ à** vt indir: **~ à qn** (offre) to suit sb; [lecture] to be suitable for sb; [climat] to agree with sb; [date] to be convenient for sb. **2 ~ de** vt indir (a) erreur to admit, recognize. **~ d'avoir fait** to admit (to) having done. (b) date, lieu to agree upon. **comme convenu** as agreed. **3** vt: **~ que** (avouer) to admit that; (s'accorder sur) to agree that. **4** vb impers: **il convient de faire** (il vaut mieux) it's advisable to do; (il est bienséant de) it is polite ou proper to do; **il convient de faire remarquer** we should point out.

convention [kɔ̃vɑ̃sjɔ̃] nf (gén) agreement; (tacite) understanding; (Art, Pol, bienséance) convention. ♦ **conventionnel, -elle** adj (gén) conventional.

converger [kɔ̃vɛrʒe] (3) vi (gén) to converge; [regards] to focus (sur on). ♦ **convergence** nf convergence. ♦ **convergent, e** adj convergent.

conversation [kɔ̃vɛrsasjɔ̃] nf (gén) conversation; (Pol) talk. **en (grande) ~ avec** (deep) in conversation with; **faire la ~ à** to make conversation with, speak to; **avoir de la ~** to be a good conversationalist; **dans la ~ courante** in informal ou conversational speech. ♦ **converser** (1) vi to converse (avec with).

convertir [kɔ̃vɛrtir] (2) **1** vt to convert (à to, en into). **2 se ~** vpr to be converted (à to). ♦ **conversion** nf conversion (à to, en into). ♦ **converti, e 1** adj converted. **2** nm,f convert. ♦ **convertible 1** adj convertible (en into). **2** nm (canapé) bed-settee. ♦ **convertisseur** nm converter.

convexe [kɔ̃vɛks(ə)] adj convex. ♦ **convexité** nf convexity.

conviction [kɔ̃viksjɔ̃] nf (gén) conviction.

convier [kɔ̃vje] (7) vt: **~ à** soirée etc to invite to. ♦ **convive** nmf guest.

convoiter [kɔ̃vwate] (1) vt to covet. ♦ **convoitise** nf: **la ~** covetousness; **la ~ de qch** the lust for sth; **l'objet de sa ~** ou **de ses ~s** the object of his desire; **regard de ~** covetous look.

convoler [kɔ̃vɔle] (1) vi († ou hum) **~ (en justes noces)** to be wed.

convoquer [kɔ̃vɔke] (1) vt assemblée to convene; membre de club etc to invite (à to); candidat to ask to attend; prévenu, subordonné to summon. **le chef m'a convoqué** I was summoned by ou called before the boss. ♦ **convocation** nf (a) (action) convening; inviting; summoning. (b) (lettre, Jur: avis) summons; (lettre) (letter of) notification to appear ou attend.

convoyer [kɔ̃vwaje] (8) vt (gén) to escort; (Mil, Naut) to escort, convoy. ♦ **convoi** nm (funèbre) funeral procession; (train) train; (véhicules) convoy. ♦ **convoyeur** nm (navire) convoy, escort ship; (personne) escort. **~ de fonds** security guard.

convulser [kɔ̃vylse] (1) vt to convulse, distort. ♦ **convulsif, -ive** adj convulsive. ♦ **convulsion** nf (gén) convulsion. ♦ **convulsionner** (1) vt to convulse. ♦ **convulsivement** adv convulsively.

coopérer [kɔɔpere] (6) vi to cooperate (à in). ♦ **coopérant** nm person serving in the coopération. ♦ **coopératif, -ive** adj, nf cooperative. ♦ **coopération** nf (gén) cooperation; (Pol) scheme of aid to developing countries, ≃ Voluntary Service Overseas (Brit), Peace Corps (US).

coopter [kɔɔpte] (1) vt to coopt. ♦ **cooptation** nf coopting.

coordonner [kɔɔrdɔne] (1) vt to coordinate. ♦ **coordination** nf coordination. ♦ **coordonnateur, -trice 1** adj coordinating. **2** nm,f coordinator. ♦ **coordonné, e 1** adj (gén) coordinated; proposition coordinate. **2 ~es** nfpl (Math) coordinates; (adresse) whereabouts.

copain*, copine* [kɔpɛ̃, in] **1** nm,f pal*, chum*, buddy* (US). **2** adj: **très ~ avec** (very) pally¹ with.

copeau, pl ~x [kɔpo] nm (bois) shaving; (métal) turning.

copier [kɔpje] (7) **1** vt (gén) to copy; (Scol) to crib (sur from). **~ qch au propre** to make a fair copy of sth; **vous me la copierez*** that's one to remember! **2** vi (Scol) to crib (sur from). ♦ **copie** nf (a) (action) copying; (exemplaire, Presse, Typ) copy. (Admin) **~ certifiée conforme** certified copy; **prendre ~ de** to make a copy of; **pâle ~** pale imitation; **c'est la ~ de sa mère** she's the (spitting) image of her mother. (b) (Scol) (feuille) sheet (of paper); (devoir) exercise; (examen) paper. ♦ **copieur, -euse** nm,f (Scol) cribber.

copieux, -euse [kɔpjø, øz] adj (gén) copious; repas hearty; portion generous. ♦ **copieusement** adv copiously, heartily; generously. **on s'est fait ~ arroser** we got thoroughly soaked.

copilote [kɔpilɔt] nmf co-pilot; (Aut) navigator.

copiner* [kɔpine] (1) *vi* to be pally**:** (*avec* with).
♦ **copine** *nf* V **copain**.
copiste [kɔpist(ə)] *nmf* copyist.
copuler [kɔpyle] (1) *vi* to copulate. ♦ **copulation** *nf* copulation.
coq[1] [kɔk] *nm* cock. (*Boxe*) **poids ~** bantamweight; **être comme un ~ en pâte** to be in clover; **mollets de ~** wiry legs; **sauter du ~ à l'âne** to jump from one subject to another; **le ~ gaulois** the French cockerel; (*fig*) **~ du village** cock of the walk; (*Culin*) **~ au vin** coq au vin. ♦ **coquelet** *nm* (*Culin*) cockerel.
coq[2] [kɔk] *nm* (*Naut*) (ship's) cook.
coque [kɔk] *nf* (**a**) *[bateau]* hull; *[avion]* fuselage; *[auto]* body; *[œuf]* shell. (*Culin*) **à la ~** boiled. (**b**) (*mollusque*) cockle. ♦ **coquetier** *nm* egg cup.
coquelicot [kɔkliko] *nm* poppy.
coqueluche [kɔklyʃ] *nf* (*Méd*) whooping cough. (*fig*) **être la ~ de** to be the idol of.
coquerie [kɔkʀi] *nf* (*Naut*) (ship's) galley.
coquet, -ette [kɔkɛ, ɛt] **1** *adj* (**a**) *ville* pretty, charming; *logement, vêtement* smart, stylish; *personne* (*dans sa tenue*) smart; (*par tempérament*) clothes-conscious. (**b**) (*) *revenu* tidy*. (**c**) (†) flirtatious, coquettish. **2** *nf* (†) coquette, flirt. ♦ **coquettement** *adv* smartly, stylishly; prettily; coquettishly. ♦ **coquetterie** *nf* (**a**) (*élégance*) smartness, stylishness; (*caractère*) consciousness of one's appearance. (**b**) (*amoureuse*) coquetry, flirtatiousness. **~s** coquetries; (*amour propre*) **il mettait sa ~ à marcher sans canne** he prided himself on walking without a stick.
coquillage [kɔkijaʒ] *nm* (*coquille*) shell. (*mollusque*) **~(s)** shellfish.
coquille [kɔkij] **1** *nf* (*gén*) shell; (*récipient*) scallop; (*Typ*) misprint; (*Méd: plâtre*) spinal bed. **2: ~ de beurre** whorl of butter; (*Naut*) **~ de noix*** cockleshell; **~ Saint-Jacques** (*animal*) scallop; (*carapace*) scallop shell. ♦ **coquillettes** *nfpl* pasta shells.
coquin, e [kɔkɛ̃, in] **1** *adj* (*malicieux*) mischievous; (*grivois*) naughty. **~ de sort!*** the devil!* **2** *nm,f* (*enfant*) rascal, mischief. **3** *nm* (†: *gredin*) rogue. **4** *nf* (†) strumpet †. ♦ **coquinerie** *nf* (**a**) (*caractère*) mischievousness, roguishness. (**b**) (*acte*) mischievous trick; rascally trick.
cor [kɔʀ] *nm* (**a**) (*Mus*) horn. **~ anglais** cor anglais; **~ de chasse** hunting horn; **~ d'harmonie** French horn; **demander qch à ~ et à cri** to clamour for sth. (**b**) **~ (au pied)** corn.
corail, pl -aux [kɔʀaj, o] *nm, adj inv* coral.
coran [kɔʀɑ̃] *nm* Koran.
corbeau, pl ~x [kɔʀbo] *nm* (*gén*) crow. (**grand**) **~** raven.
corbeille [kɔʀbɛj] *nf* (**a**) (*panier*) basket. **~ de mariage** wedding presents; **~ à papiers** waste paper basket. (**b**) (*Théât*) (dress) circle.
corbillard [kɔʀbijaʀ] *nm* hearse.
corde [kɔʀd(ə)] **1** *nf* (**a**) (*câble*) rope. (*Boxe*) **~s** ropes; (*fig*) **mériter la ~** to deserve to be hanged; **de ~** *semelle* rope; *tapis* whipcord; **monter à la ~** to climb a rope. (**b**) *[violon, arc, raquette]* string. **les (instruments à) ~s** the stringed instruments, the strings; **quatuor à ~s** string quartet. (**c**) *[tissu]* thread; (*Math*) chord. (**d**) **se mettre la ~ au cou** to put one's head in the noose; **avoir plusieurs ~s à son arc** to have more than one string to one's bow; **c'est dans ses ~s** it's in his line; (*Courses*) **tenir la ~** to be on the inside (lane); **prendre un virage à la ~** to hug the bend; **tirer sur la ~** to go too far; **il pleut des ~s*** it's bucketing (down)*.
2: ~ à linge clothes line; **~ à nœuds** knotted climbing rope; **~ à piano** pianowire; **~ raide** tightrope; **~ à sauter** skipping rope; **~s vocales** vocal cords.
♦ **cordage** *nm* rope. *[voilure]* **~s** rigging.

♦ **cordeau, pl ~x** *nm* (**a**) *[jardinier]* line. (*fig*) **tiré au ~** as straight as a die. (**b**) (*mèche*) fuse.
♦ **cordée** *nf* roped party. ♦ **cordelette** *nf* cord.
cordial, e, mpl -iaux [kɔʀdjal, jo] **1** *adj* warm, cordial. **2** *nm* cordial. ♦ **cordialement** *adv* warmly, cordially. **~ (vôtre)** ever yours. ♦ **cordialité** *nf* warmth, cordiality.
cordillère [kɔʀdijɛʀ] *nf*: **la ~ des Andes** the Andes cordillera.
cordon [kɔʀdɔ̃] **1** *nm* *[rideau]* cord; *[tablier]* tie; *[sac]* string; *[souliers]* lace; *[soldats]* cordon; (*décoration*) ribbon. **~ de sonnette** bell-pull; (*fig*) **tenir les ~s de la bourse** to hold the purse strings. **2: ~-bleu*** *nm*, *pl* **~s-~s** cordon-bleu cook; **~ littoral** offshore bar; **~ ombilical** umbilical cord; (*Méd, Pol*) **~ sanitaire** quarantine line.
cordonnerie [kɔʀdɔnʀi] *nf* (*boutique*) shoemender's (shop); (*métier*) shoemending. ♦ **cordonnier, -ière** *nm,f* (*réparateur*) shoemender, cobbler.
coriace [kɔʀjas] *adj* (*lit, fig*) tough.
cormoran [kɔʀmɔʀɑ̃] *nm* cormorant.
corne [kɔʀn(ə)] **1** *nf* (*gén, instrument*) horn; *[cerf]* antler; *[page]* dog-ear. **à ~s** horned; **donner un coup de ~ à qn** to butt sb; **blesser qn d'un coup de ~** to gore sb; (*fig*) **faire les ~s à qn** to make a face at sb; (*peau*) **de la ~** hard skin. **2: ~ d'abondance** horn of plenty; **~ de brume** foghorn; **~ à chaussures** shoehorn.
cornée [kɔʀne] *nf* cornea.
corneille [kɔʀnɛj] *nf* crow.
cornemuse [kɔʀnəmyz] *nf* bagpipes. **joueur de ~** bagpiper.
corner[1] [kɔʀne] (1) **1** *vt* (**a**) *livre* to make dog-eared; *page* to turn down the corner of. (**b**) *nouvelle* to shout out. **2** *vi* (*Aut*) to sound one's horn.
corner[2] [kɔʀnɛʀ] *nm* (*Ftbl*) corner (kick).
cornet [kɔʀnɛ] *nm* (*récipient*) cornet; *[orgue]* cornet stop. **~ acoustique** ear trumpet; **~ à dés** dice cup; (*Mus*) **~ (à pistons)** cornet.
corniaud [kɔʀnjo] *nm* (*chien*) mongrel; (**:** *imbécile*) nitwit*.
corniche [kɔʀniʃ] *nf* (*Archit*) cornice; (*Géog*) ledge. (**route en**) **~** cliff road.
cornichon [kɔʀniʃɔ̃] *nm* (*lit*) gherkin; (*: *fig*) nitwit*.
Cornouailles [kɔʀnwaj] *nf* Cornwall.
cornue [kɔʀny] *nf* (*Tech*) retort.
corollaire [kɔʀɔlɛʀ] *nm* corollary.
corolle [kɔʀɔl] *nf* corolla.
coronaire [kɔʀɔnɛʀ] *adj* coronary.
corporatif, -ive [kɔʀpɔʀatif, iv] *adj* **système** corporative; **esprit** corporate. ♦ **corporation** *nf* professional body; (*Hist*) guild.
corporel, -elle [kɔʀpɔʀɛl] *adj* **châtiment** corporal; **besoin** bodily.
corps [kɔʀ] **1** *nm* (*gén, Chim, fig*) body; (*cadavre*) corpse, (dead) body. **trembler de tout son ~** to tremble all over; **n'avoir rien dans le ~** to feel empty; **se donner ~ et âme à qch** to give o.s. heart and soul to sth; **perdu ~ et biens** lost with all hands; (*fig*) **à ~ perdu** headlong; **donner ~ à qch** to give substance to sth; **faire ~ (avec** with); **[idées]** to form one body (*avec* with); **[choses concrètes]** to be joined (*avec* to); **prendre ~** to take shape; **à son ~ défendant** against one's will; **mais qu'est-ce qu'il a dans le ~?** what HAS got into him?
2: ~ d'armée army corps; **~ de ballet** corps de ballet; **~ de bâtiment** building; **~ à ~** (*adv*) hand-to-hand; (*nm*) hand-to-hand fight; **~ diplomatique** diplomatic corps; **~ électoral** electorate; **le ~ enseignant** the teaching profession; **~ expéditionnaire** task force; **~ franc** irregular force; **~ de garde** (*local*) guardroom; **~ gras** greasy substance; **le ~ médical** the medical profession; **~ de métier** trade association; **~ de sapeurs-pompiers** fire-brigade; **~ de troupe** unit (of troops).

corpulence [kɔrpylɑ̃s] *nf* stoutness, corpulence. **de moyenne ~** of medium build. ♦ **corpulent, e** *adj* stout, corpulent.

corpus [kɔrpys] *nm* corpus. ♦ **corpuscule** *nm* (*Anat, Phys*) corpuscle.

correct, e [kɔrɛkt, ɛkt(ə)] *adj* (*gén*) correct; *réponse* right; *fonctionnement, tenue* proper; (**: acceptable*) adequate. **~ en affaires** correct in business matters. ♦ **correctement** *adv* correctly; properly; adequately. ♦ **correcteur, -trice 1** *adj* corrective. **2** *nm,f* [*examen*] marker; (*Typ*) proof-reader. **3** *nm* (*Tech*) corrector. ♦ **correctif, -ive 1** *adj* corrective. **2** *nm* (*mise au point*) qualifying statement.

correction [kɔrɛksjɔ̃] *nf* (a) (*action*) (*gén*) correction; (*Typ*) proofreading; [*examen*] marking. (b) (*résultat*) correction; (*châtiment*) thrashing. (c) (*exactitude*) correctness; propriety. ♦ **correctionnel, -elle** *adj, nf*: **le tribunal ~, la ~le*** the criminal court.

corrélation [kɔrelasjɔ̃] *nf* correlation.

correspondance [kɔrɛspɔ̃dɑ̃s] *nf* (a) (*conformité*) correspondence. (b) (*Math*) relation; (*fig: rapport*) relation, connection. (c) (*échange de lettres*) correspondence; (*courrier*) mail. **être en ~** to be in correspondence; **apprendre qch par ~** to learn sth by a correspondence course. (d) (*transports*) connection. **assurer la ~ avec** to connect with. ♦ **correspondant, e 1** *adj* corresponding. **2** *nm,f* (*gén, Presse*) correspondent; (*Scol*) penfriend.

correspondre [kɔrɛspɔ̃dR(ə)] (41) **1 ~ à** *vt indir goûts* to suit; *capacités, description* to fit; *dimension, système* to correspond to. **ça ne correspond pas à la réalité** it doesn't tally with *ou* fit the facts. **2** *vi* (*écrire*) to correspond; [*chambres*] to communicate (*avec* with). (*Transport*) **~ avec** to connect with. **3 se ~** *vpr* to communicate.

corrida [kɔrida] *nf* bullfight; (**fig*) to-do*.

corridor [kɔridɔr] *nm* corridor.

corriger [kɔriʒe] (3) **1** *vt* (a) (*gén*) to correct; (*Typ*) to proofread; *examen* to mark; *abus* to remedy. (b) **~ qn de** *défaut* to cure sb of. (c) (*punir*) to thrash. **2 se ~** *vpr* (*devenir raisonnable*) to mend one's ways. **se ~ de** *défaut* to cure *ou* rid o.s. of. ♦ **corrigé** *nm* [*exercice*] correct version; [*traduction*] fair copy. **recueil de ~s** key to exercises.

corroborer [kɔrɔbɔre] (1) *vt* to corroborate.

corroder [kɔrɔde] (1) *vt* to corrode.

corrompre [kɔrɔ̃pR(ə)] (4) *vt témoin* to bribe, corrupt; *mœurs, texte* to corrupt; *langage* to debase; *aliments* to taint. ♦ **corrompu, e** *adj* corrupt.

corrosion [kɔrozjɔ̃] *nf* corrosion. ♦ **corrosif, -ive** *adj* corrosive; (*fig*) caustic, scathing.

corruption [kɔrypsjɔ̃] *nf* corruption. ♦ **corrupteur, -trice 1** *adj* corrupting. **2** *nm,f* briber; (*littér: dépravateur*) corrupter. ♦ **corruptible** *adj* corruptible.

corsage [kɔrsaʒ] *nm* (*chemisier*) blouse; [*robe*] bodice.

corsaire [kɔrsɛr] *nm* (*Hist*) privateer.

Corse [kɔrs(ə)] *nf* Corsica. ♦ **corse** *adj, C~ nmf* Corsican.

corser [kɔrse] (1) *vt repas* to make spicier; *difficulté* to intensify, aggravate; *récit* to liven up. **ça se corse** things are hotting up. ♦ **corsé, e** *adj vin* full-bodied; *café* strong (and flavourful); *mets, histoire* spicy; *problème* stiff.

corset [kɔrsɛ] *nm* corset.

corso [kɔrso] *nm*: **~ (fleuri)** procession of floral floats.

cortège [kɔrtɛʒ] *nm* [*prince*] retinue. (*littér*) **~ de** *malheurs* trail of; *souvenirs* succession of.

corvée [kɔrve] *nf* (*Mil*) fatigue duty; (*gén*) chore. **être de ~** to be on fatigue duty; **~ de ravitaillement** supply duty; **quelle ~!** what a chore!

corvette [kɔrvɛt] *nf* corvette.

cosaque [kɔzak] *nm* cossack.

cosmétique [kɔsmetik] *nm* hair oil.

cosmos [kɔsmos] *nm* (*univers*) cosmos; (*Espace*) outer space. ♦ **cosmique** *adj* cosmic. ♦ **cosmonaute** *nmf* cosmonaut. ♦ **cosmopolite** *adj* cosmopolitan.

cosse [kɔs] *nf* [*pois*] pod; (*Élec*) terminal spade tag. **avoir la ~*** to be in a lazy mood.

cossu, e [kɔsy] *adj personne* well-off; *maison* grand.

costaud, e* [kɔsto, od] *adj* strong, sturdy.

costume [kɔstym] *nm* (*régional*) costume, dress; (*Théât*) costume; (*complet*) suit. **~ de bain** bathing costume. ♦ **costumer** (1) **1** *vt*: **~** to dress sb up as. **2 se ~ en** to dress up as; **être costumé** to wear fancy dress.

cotation [kɔtasjɔ̃] *nf* (*Bourse*) quotation; [*voiture*] valuation; [*devoir*] marking.

cote [kɔt] *nf* (a) (*Bourse*) (*cours*) quotation; (*liste*) share index; [*timbre*] quoted value; [*devoir*] mark; [*cheval*] odds (*de* on); [*film*] rating; (*Impôts*) assessment. (b) (*popularité*) rating. **avoir la ~*** to be very popular (*auprès de* with) *ou* highly rated (*auprès de* by); **sa ~ est en baisse** his popularity is on the decline. (c) [*carte*] spot height; [*croquis*] dimensions; [*bibliothèque*] classification mark. (*Mil*) **la ~ 215** hill 215; **~ d'alerte** [*rivière, prix*] danger mark; [*situation*] crisis point; **~ mal taillée** rough-and-ready settlement.

côte [kot] *nf* (a) (*Anat, Bot*) rib. **se tenir les ~s** (*de rire*) to split one's sides (with laughter); **~ à ~** side by side. (b) [*bœuf*] rib; [*veau, agneau*] cutlet; [*mouton, porc*] chop. **~ première** loin chop. (c) [*colline*] slope; (*Aut*) [*route*] hill. (d) (*littoral*) coast. **les ~s de France** the coasts of France; **la ~ d'Azur** the Riviera; **la C~-d'Ivoire** the Ivory Coast.

côté [kote] **1** *nm* (a) side. **l'épée au ~** (with) his sword by his side; **à son ~** at *ou* by his side, beside him; **appartement ~ rue** flat overlooking the street; **se mettre du ~ du plus fort** to side *ou* take sides with the strongest. (b) (*aspect*) side. **les bons ~s de qch** the good sides *ou* points of sth; **prendre qch du bon/mauvais ~** to take sth well/badly; **prendre qn par son ~ faible** to attack sb's weak spot; **par certains ~s** in some respects *ou* ways; **d'un ~ ... d'un autre ~ ...** (*alternative*) on (the) one hand ... on the other hand ...; (*hésitation*) in one respect ... in another respect ...; (**du**) **~ santé*** healthwise*, as far as his *etc* health is concerned. (c) (*précédé de 'de': direction*) way, direction. **de ce ~-ci** this way; **de l'autre ~** the other way, in the other direction; **aller/venir du ~ de la mer** to go towards/come from the sea; **de tous ~s** everywhere; (*fig*) **je l'ai entendu dire de divers ~s** I've heard it from several quarters *ou* sources; (*fig*) **de mon ~** for my part.

2 à ~ *adv* (a) (*proximité*) nearby. **les gens (d')à ~** the people next door, our next-door neighbours; **à ~ de** next to, beside; (*tout*) **à ~** close by. (b) **viser à ~** (*du but*) to miss (the goal); **à ~ de la cible** wide of the target; **à ~ de la question** off the point; (*fig*) **passer à ~ de qch*** to miss sth (narrowly). (c) (*comparaison*) by comparison. **à ~ de** compared to; (*par contre*) **à ~ de ça** but on the other hand.

3 de ~ *adv se tourner* sideways; *sauter, laisser* aside, to one side. **mettre qch de ~** to put sth aside; **regard de ~** sidelong look.

coteau, pl ~x [kɔto] *nm* (*colline*) hill; (*versant*) hillside.

côtelette [kotlɛt] *nf* [*mouton, porc*] chop; [*veau, agneau*] cutlet.

coter [kɔte] (1) *vt* (a) to quote; *timbre* to quote the market price of; *devoir* to mark; *film* to rate. **bien/mal coté** highly/not highly thought of; **coté à**

l'Argus listed in the secondhand car book. (b) *carte* to put spot heights on; *croquis* to mark in the dimensions on; (*en bibliothèque*) to put a classification mark on.

coterie [kɔtʀi] *nf* (*gén péj*) set.

côtier, -ière [kotje, jɛʀ] *adj péche* inshore; *navigation, région* coastal.

cotisation [kɔtizasjɔ̃] *nf* [*club*] subscription; [*sécurité sociale, syndicat*] contributions. ♦ **cotisant, e** *nm,f* subscriber; contributor. ♦ **cotiser** (1) 1 *vi* to subscribe, pay one's subscription; to pay one's contributions (*à* to). 2 se ~ *vpr* to club together.

côtoiement [kotwamɑ̃] *nm* (*fréquentation*) association; (*coudoiement*) mixing (*de* with).

coton [kɔtɔ̃] 1 *nm* (*gén*) cotton; (*tampon*) (cotton-wool) swab. ~ à repriser darning thread; ~ hydrophile cotton wool; avoir du ~ dans les oreilles* to have cloth ears*; j'ai les jambes en ~ my legs feel like cotton wool. 2 *adj* (*: *ardu*) stiff*. ♦ **cotonnade** *nf* cotton fabric. ♦ **cotonneux, -euse** *adj brouillard* wispy; *nuage* fluffy. ♦ **cotonnier, -ière** 1 *adj* cotton. 2 *nm* (*Bot*) cotton plant.

côtoyer [kotwaje] (8) 1 *vt* (a) (*longer*) to drive (*ou* walk *etc*) alongside; [*rivière, route*] to run alongside. (b) (*coudoyer*) to rub shoulders with. ~ la malhonnêteté to be bordering *ou* verging on dishonesty. 2 se ~ *vpr* [*individus*] to rub shoulders; [*genres*] to meet.

cotte [kɔt] *nf* (a) (*Hist*) ~ de mailles coat of mail; ~ d'armes coat of arms (*surcoat*). (b) (*salopette*) dungarees, overalls.

cou [ku] 1 *nm* neck. jusqu'au ~ enlisé, endetté up to one's neck; sauter au ~ de qn to throw one's arms around sb's neck. 2: ~-de-pied *nm, pl* ~s-~-~ instep.

couac [kwak] *nm* false note.

couchage *nm* (*installation*) sleeping arrangements. matériel de ~ sleeping equipment.

couchant [kuʃɑ̃] 1 *adj: soleil* ~ setting sun. 2 *nm* (*ouest*) west; (*ciel du soir*) sunset.

couche [kuʃ] *nf* (a) (*gén*) layer; [*peinture*] coat. ~ sociale social stratum; (*fig*) en tenir une ~* to be really thick*. (b) (*Horticulture*) hotbed. (c) [*bébé*] nappy, diaper (*US*). (d) (*Méd: accouchement*) ~s confinement; mourir en ~s to die in childbirth. (e) (*littér: lit*) bed.

coucher [kuʃe] (1) 1 *vt* (a) (*mettre au lit*) to put to bed; (*donner un lit*) to put up. être/rester couché to be/stay in bed. (b) *blessé* to lay out; *échelle etc* to lay down; *blés* to flatten. être couché to be lying. (c) (*inscrire*) to inscribe. (d) ~ en joue *fusil* to aim; *personne* to aim at. 2 *vi* (*dormir*) to sleep (*avec* with). cela nous a fait ~ très tard that meant we went to bed very late. 3 se ~ *vpr* to go to bed; (*s'étendre*) to lie down; [*soleil, lune*] to set, go down; [*bateau*] to keel over. 4 *nm*: le ~ (moment du) ~ bedtime; le ~ des enfants the children's bedtime; (au) ~ du soleil (at) sunset *ou* sundown (*US*). ♦ **couchette** *nf* [*voyageur*] berth, couchette; [*marin*] bunk.

coucou [kuku] *nm* (*oiseau*) cuckoo; (*pendule*) cuckoo clock; (*péj: avion*) (old) crate; (*fleur*) cowslip. ~ (me voici)! peek-a-boo!

coude [kud] *nm* (*Anat*) elbow; [*route, tuyau*] bend. (*fig*) se serrer les ~s to stick together; ~ à ~ shoulder to shoulder. ♦ **coudée** *nf*: avoir les ~s franches to have elbow room; (*fig*) dépasser qn de cent ~s† to stand head and shoulders above sb.

coudoyer [kudwaje] (8) *vt* (*fréquenter*) to rub shoulders with; (*être à côté de*) to be next to. ♦ **coudoiement** *nm* mixing.

coudre [kudʀ(ə)] (48) *vt* to sew; *bouton* to sew on; *vêtement, plaie* to sew up; (*Reliure*) to stitch.

coudrier [kudʀije] *nm* hazel tree.

couenne [kwan] *nf* [*lard*] rind; (*: *peau*) hide*.

couiner [kwine] (1) *vi* to squeal.

couler [kule] (1) 1 *vi* (a) [*liquide, paroles*] to flow; [*larmes, sueur*] to run down; [*fromage, bougie*] to run. [*vin*] ~ à flots to flow freely; le sang a coulé blood has been shed; faire ~ *eau, bain* to run; faire ~ le sang to shed blood; (*fig*) ça a fait ~ beaucoup d'encre it caused much ink to flow; ~ de source (*être clair*) to be obvious; (*s'enchaîner*) to follow naturally. (b) [*robinet, nez*] to run; (*fuir*) to leak. (c) [*vie, temps*] to slip by. (d) [*bateau, personne*] to sink. ~ à pic to sink straight to the bottom. 2 *vt* (a) *ciment* to pour; *métal, statue* to cast. (b) *bateau* to sink; (*) *personne* to discredit; *candidat* to bring down. (c) *regard* to steal. ~ des jours heureux to enjoy happy days. 3 se ~ *vpr*: se ~ dans/à travers to slip into/through; se la ~ douce* to have an easy time of it. ♦ **coulant, e** 1 *adj style* runny; *style* flowing; (*: *indulgent*) easy-going. 2 *nm* [*ceinture*] sliding loop. ♦ **coulée** *nf* [*métal*] casting. ~ de lave lava flow; ~ de boue mud slide.

couleur [kulœʀ] *nf* (a) (*gén, fig*) colour; (*nuance*) shade, tint; (*peinture*) paint; (*Cartes*) suit. de ~ claire light-coloured; (de) ~ chair/ paille flesh/straw-coloured; film en ~s colour film; de ~ *personne* coloured; *vêtements* colourful; les ~s (*linge*) coloureds; (*emblème*) the colours; boîte de ~s paintbox; reprendre des ~s to get back one's colour; sans ~ colourless; ~ locale local colour. (b) (*locutions*) sous ~ de qch under the guise of sth; sous ~ de faire while pretending to do; sous de fausses ~s in a false light; peindre qch sous les plus sombres ~s to paint sth in the darkest colours; elle n'a jamais vu la ~ de son argent* she's never seen the colour of his money*.

couleuvre [kulœvʀ(ə)] *nf* grass snake.

coulisse [kulis] *nf* (a) (*Théât: gén pl*) wings; en ~ (*Théât*) in the wings; (*fig*) behind the scenes. (b) [*porte*] runner. porte à ~ sliding door; (*fig*) regard en ~ sidelong look. ♦ **coulisser** (1) *vi* [*porte*] to slide.

couloir [kulwaʀ] *nm* corridor, passage; [*wagon*] corridor; (*bande de circulation*) lane; (*ravin*) gully. ~ d'avalanche avalanche corridor.

coup [ku] 1 *nm* (a) (*choc*) knock; (*affectif*) blow. se donner un ~ à la tête to hit *ou* bang one's head; donner des ~s dans la porte to bang on the door.

(b) (*hostile*) blow. ~ de pied kick; ~ de poing punch; donner un ~ to hit; recevoir un ~ de bâton to be struck with a stick; il a reçu un ~ de griffe/de couteau he was clawed/knifed; tuer qn à ~s de pierres to stone sb to death; donner un ~ de dents/de bec to bite/peck (*dans* at); ~ de feu shot; tuer qn d'un ~ de fusil to shoot sb dead (with a rifle).

(c) (*avec le corps*) ~ d'œil (*regard*) glance; (*spectacle*) view; jeter un ~ d'œil à to glance at; ~ de coude nudge; ~ d'ongle scratch; l'oiseau donna un ~ d'aile the bird flapped its wings *ou* gave a flap of its wings; d'un ~ de tête/de genou with a nudge *ou* thrust of his head/knee.

(d) (*habileté*) avoir le ~* to have the knack; avoir le ~ d'œil to have a good eye.

(e) (*avec instrument*) ~ de crayon stroke of a pencil; ~ de marteau blow of a hammer; passer un ~ de chiffon/balai à qch to give sth a wipe/ sweep sth; donner un ~ de peinture à un mur to give a wall a coat of paint; ~ de téléphone phone call; donner un ~ de frein to brake.

(f) (*Golf, Tennis*) stroke; (*Boxe*) punch; (*Échecs*) move. (*Boxe, fig*) ~ bas punch below the belt; (*Ftbl, Rugby*) ~ d'envoi kick-off; (*Ftbl*) ~ franc free kick.

(g) (*bruit*) ~ de tonnerre (*lit*) thunderclap; (*fig*) bombshell; ~ de sonnette ring; arrêtez au ~ de sifflet stop when the whistle blows; les douze ~s de midi the twelve strokes of noon.

(h) (*produit par les éléments*) ~ de vent gust of

wind; **passer en ~ de** vent to rush past like a whirlwind; (*visite*) to pay a flying visit; **~(s) de soleil** sunburn; **prendre un ~ de soleil** to get sunburnt; **prendre un ~ de froid** to catch a chill.

(i) (*événement fortuit*) **~ du sort** blow dealt by fate; **~ de chance** stroke of luck; **~ dur** hard blow; **c'est un sale ~*** it's a dreadful blow.

(j) (*entreprise*) [*cambrioleurs*] job*. **tenter le ~*** to have a go*; **réussir un beau ~** to pull it off; **être dans le ~/hors du ~** to be/not to be in on it.

(k) (*:*contre qn*) trick. **faire un sale ~ à qn** to play a dirty trick on sb; **il nous fait le ~ chaque fois** he never fails to do that.

(l) (*: *verre*) **boire un ~** to have a drink; **il a bu un ~ de trop** he's had one too many*.

(m) (*: *fois*) time. **à tous (les) ~s** every time; **du premier ~** first time; **pour un ~** for once; **rire un bon ~** to have a good laugh.

(n) (*effet*) **sous le ~ de** *surprise* in the grip of, affected by; (*Admin*) **tomber sous le ~ de la loi** to be a statutory offence.

(o) (*locutions*) **à ~ sûr** definitely; **après ~** after the event; **~ sur ~** in quick succession; **c'est pour le ~ qu'il se fâcherait** then he'd really get angry; **sur le ~** (*gén*) outright; **tué** instantly; **sur le ~ je n'ai pas compris** at the time I didn't understand; **d'un seul ~** at one go; **tout à ~** all of a sudden; **tenir le ~** to hold out.

2: (*fig*) **~ d'arrêt** sharp check; (*Jur*) **~s et blessures** assault and grievous bodily harm; **~ de boutoir** thrust; (*lit, fig*) **~ de dés** toss of the dice; **~ d'éclat** glorious feat; **~ d'essai** first attempt; **~ d'État** (*coup d'état*); (*fig*) **~ de filet** haul; **~ de force** armed takeover; (*fig*) **~ de foudre** love at first sight; (*lit, fig*) **~ de grâce** finishing blow; **~ de grisou** firedamp explosion; **~ de main** (*aide*) helping hand; (*raid*) raid; **donne-moi un ~ de main** give me a hand; **~ de maître** master stroke; **~ de pouce** (*pour aider qn*) push in the right direction; **~ de sang** stroke; **~ de tête** sudden impulse; **~ de théâtre** (*Théât*) coup de théâtre; (*gén*) dramatic turn of events.

coupable [kupabl(ə)] **1** *adj personne* guilty (*de* of); *désirs* guilty; *négligence* culpable. **2** *nmf* culprit.

coupage [kupaʒ] *nm* (*action*) blending; (*avec de l'eau*) dilution; (*résultat*) blend. **~s** blended wines.

coupant, e [kupã, ãt] *adj lame, ton* sharp.

coupe¹ [kup] *nf* **(a)** (*à fruits*) dish; (*contenu*) dishful; (*à boire*) goblet. **(b)** (*Sport*) cup.

coupe² [kup] *nf* **(a)** (*action*) (*gén*) cutting; [*tissu*] cutting-out; [*arbre*] cutting-down. **(b)** (*résultat*) cut. **~ de cheveux** haircut. **(c)** (*section*) section. **(d) être sous la ~ de qn** to be under sb's control; **faire des ~s sombres dans** to make drastic cuts in; **mettre en ~ réglée** to bleed systematically (*fig*); *V aussi* **couper 5.**

coupé [kupe] *nm* (*Aut, Danse*) coupé.

couper [kupe] **(1) 1** *vt* **(a)** (*gén*) to cut; *bois* to chop; *arbre* to cut down; *rôti* to carve; (*Couture*) *vêtement* to cut out; *gâteau* to slice; (*fig*) [*vent*] to sting. **~ la gorge à qn** to slit sb's throat; **~ la tête à qn** to chop sb's head off; **se faire ~ les cheveux** to get one's hair cut. **(b)** (*raccourcir, retrancher*) to cut; (*séparer*) to cut off; (*entailler*) to slit. **(c)** *route, relations, vivres* to cut off; *fièvre* to bring down; *appétit* to take away; *eau, gaz* to cut off; (*au compteur*) to turn off. (*Aut*) **~ le contact** to switch off the ignition; **~ le vent** to cut out the wind; **~ la route à qn** to cut in front of sb; **~ qn de** to cut sb off from; **~ les ponts avec qn** to break off communications with sb. **(d)** (*fig*) *voyage* to break; *journée* to break up. **(e)** [*ligne*] to cut; [*route*] to cut across. **(f)** (*Cartes*) *jeu* to cut; (*avec l'atout*) to trump. **(g)** [*vin*] to blend; (*avec de l'eau*) to dilute. **(h)** (*locutions*) **~ les bras à qn** to dishearten sb; **~ la poire en deux** to meet halfway; **~ les cheveux**

en quatre to split hairs; **~ ses effets à qn** to steal sb's thunder; **~ l'herbe sous le pied à qn** to cut the ground from under sb's feet; **~ la parole à qn** [*personne*] to cut sb short; [*émotion*] to render sb speechless; **~ le sifflet* à qn** to shut sb up*; **~ le souffle à qn** (*lit*) to wind sb; (*fig*) to take sb's breath away; **brouillard/accent à ~ au couteau** fog/accent you could cut with a knife.

2 ~ à *vt indir* (*corvée*) to get out of. **tu n'y couperas pas** you won't get out of it. **(b) ~ court à** to cut short.

3 *vi* (*gén*) to cut; (*jouer atout*) to trump. **~ à travers champs** to cut across country; **~ au plus court** to take the quickest way.

4 se ~ *vpr* **(a)** to cut o.s. **se ~ à la jambe/les ongles** to cut one's leg/one's nails. **(b)** (*) to give o.s. away.

5: coupe-circuit *nm inv* cutout; **coupe-coupe** *nm inv* machete; **coupe-feu** *nm inv* firebreak; **coupe-gorge** *nm inv* death-trap; **coupe-papier** *nm inv* paper knife.

couperet [kupʀɛ] *nm* [*boucher*] cleaver, chopper; [*guillotine*] blade.

couple [kupl(ə)] *nm* (*gén*) couple; (*patineurs, animaux*) pair; (*moteur, de torsion*) torque. ♦ **coupler** (1) *vt* to couple together.

couplet [kuplɛ] *nm* [*chanson*] verse.

coupole [kupɔl] *nf* dome; (*petite*) cupola.

coupon [kupɔ̃] *nm* **(a)** (*Couture*) (*reste*) remnant; (*rouleau*) roll. **(b)** (*Fin:* ticket) coupon. **~-réponse** reply coupon.

coupure [kupyʀ] *nf* (*gén*) cut; (*fig: fossé*) break; (*billet de banque*) note. **~ (de presse** (newspaper) cutting; **~ de courant** power cut.

cour [kuʀ] *nf* **(a)** (*gén*) (court)yard; [*gare*] forecourt; [*caserne*] square. **être sur (la) ~** to look onto the (court)yard; **~ d'école** schoolyard, playground; **~ de ferme** farmyard; **~ de récréation** playground. **(b)** (*Jur*) court. **~ d'appel/de cassation** Court of Appeal/of Cassation; (*Mil*) **~ martiale** court martial. **(c)** (*fig*) court; [*écrivain, femme*] following. **faire sa ~ à** *roi* to pay court to; *supérieur* to pay one's respects to; **être bien/mal en ~** to be in/out of favour (*auprès de qn* with sb); **faire la ~ à une femme** to court a woman.

courage [kuʀaʒ] *nm* (*bravoure*) courage, bravery; (*ardeur*) will, spirit. **vous n'aurez pas le ~ de** you won't have the heart to; **entreprendre qch avec ~** to undertake sth with a will; **je ne m'en sens pas le ~** I don't feel up to it; **ça vous donnera du ~** it'll buck you up*; **~!** cheer up!, take heart!; **perdre ~** to lose heart; **reprendre ~** to take fresh heart. ♦ **courageusement** *adv* bravely, courageously; *entreprendre* with a will. ♦ **courageux, -euse** *adj* brave, courageous. **il n'est pas très ~ pour l'étude** he hasn't got much will for studying.

couramment [kuʀamã] *adv* **(a)** (*aisément*) fluently. **(b)** (*souvent*) commonly. **ce mot s'emploie ~** this word is in current usage; **cela se fait ~** it's quite common practice.

courant, e [kuʀã, ãt] **1** *adj* **(a)** *dépenses, usage* everyday, standard; (*Comm*) *modèle* standard; *incident* common. **il n'est pas ~ de voir** it is quite uncommon to see. **(b)** (*en cours*) *année* current. (*Comm*) **votre lettre du 5 ~** your letter of the 5th inst. **2** *nm* **(a)** [*cours d'eau*] current; [*populations, commerce*] movement; [*opinions*] trend. ~ (*atmosphérique*) airstream, current; **un ~ de sympathie** a wave of sympathy; (*Littérat*) **le ~ surréaliste** the surrealist movement. **(b)** (*Élec*) current. **couper le ~** to cut off the power. **(c) dans le ~ du mois** in the course of the month; **être au ~ de nouvelle** to know about; *science* to be well-informed about; *méthodes* to be up to date on; **mettre qn au ~ de** *faits* to tell sb (about); *théories* to bring sb up to date on; **tenez-moi au ~** keep me informed; **il se tient au ~** he keeps himself up to date *ou* informed.

courbature [kuʀbatyʀ] *nf* ache. ♦ **courbaturé, e** *adj* aching (all over).

courber [kuʀbe] (1) **1** *vt* to bend. **l'âge l'avait courbé** he was bowed *ou* bent with age; ~ **la tête** (*lit*) to bow *ou* bend one's head; (*fig*) to submit. **2** *vi* to bend. **3** *se* ~ *vpr [branche]* to bend; (*lit, fig*) *[personne]* to bend down. ♦ **courbe 1** *adj* curved. **2** *nf* curve. ~ **de niveau** contour line; ~ **de température** temperature curve. ♦ **courbette** *nf* low bow. (*fig*) **faire des** ~**s à** *ou* **devant qn** to bow and scrape to sb. ♦ **courbure** *nf* curve.

courette [kuʀɛt] *nf* small courtyard.

coureur, -euse [kuʀœʀ, øz] **1** *nm,f* (*Athlétisme*) runner. ~ **de fond** long-distance runner; ~ **automobile** racing(-car) driver; ~ **cycliste** racing cyclist; ~ **de dot** fortune hunter. **2** *nm*: **c'est un** ~ **de cafés** he hangs round cafés; ~ (**de filles**) womanizer. **3** *nf* (*péj*) manhunter.

courge [kuʀʒ(ə)] *nf* (*plante*) gourd; (*Culin*) marrow, squash (*US*). ♦ **courgette** *nf* courgette.

courir [kuʀiʀ] (11) **1** *vi* (a) (*gén*) to run; (*Aut, Cyclisme*) to race. **entrer/sortir en courant** to run in/out; ~ **à toutes jambes** to run like the wind; ~ **ventre à terre** to run flat out; **faire** ~ **un cheval** to race a horse. (b) (*se précipiter*) to rush. ~ **chercher le docteur** to rush *ou* run for the doctor; **je cours l'appeler** I'll run and call him; **faire qch en courant** to do sth in a rush; **tu peux toujours** ~!* you can whistle for it!* (c) (*avec à, après, sur*) ~ **à l'échec** to be heading for failure; ~ **après qch** to chase after sth; (*lit, fig*) ~ **après qn** to run after sb; ~ **sur ses 20 ans** to be approaching 20. (d) *[nuages, ombres, reflets]* to speed, race; *[eau]* to rush; *[chemin]* to run. **un frisson lui courut par tout le corps** a shiver ran through his body. (e) **faire** ~ **un bruit** to spread a rumour; **le bruit court que ...** there is a rumour going round that .... (f) (*se passer*) **le mois qui court** the current month; **par les temps qui courent** nowadays; **laisser** ~* to let things alone. (g) (*Fin*) *[intérêt]* to accrue.

2 *vt* (a) (*Sport*) *épreuve* to compete in. ~ **un 100 mètres** to run (in) *ou* compete in a 100 metres race; ~ **le Grand Prix** to race in the Grand Prix. (b) (*Chasse*) ~ **le cerf** to go staghunting; (*fig*) ~ **deux lièvres à la fois** to have one's finger in more than one pie. (c) (*rechercher*) *honneurs, aventure* to seek; *risque* to run. **il court de graves dangers** he's running a great risk; ~ **sa chance** to try one's luck. (d) *le monde, les bois* to roam; *les magasins* to go round. ~ **les rues** (*lit*) to roam the streets; (*fig*) to be run-of-the-mill; **ça ne court pas les rues** it is hard to find; ~ **les théâtres** to do the rounds of the theatres; ~ **les filles** to chase the girls.

couronne [kuʀɔn] *nf* (a) *[fleurs]* wreath. ~ **mortuaire/de lauriers** funeral/laurel wreath; ~ **d'épines** crown of thorns. (b) *[roi, pape]* crown; *[noble]* coronet. (c) (*objet*) *[dent]* crown; (*Astron*) corona. ♦ **couronnement** *nm* *[roi]* coronation, crowning; *[édifice]* top, crown; *[carrière]* crowning achievement. ♦ **couronner** (1) **1** *vt* (*gén, Méd, fig*) to crown; *ouvrage, auteur* to award a prize to. **front couronné de fleurs** head crowned with flowers; (*iro*) **et pour** ~ **le tout** and to crown it all; **couronné de succès** crowned with success. **2** *se* ~ *vpr*: **se** ~ **le genou** to graze its (*ou* one's) knee.

courrier [kuʀje] *nm* (a) (*reçu*) mail, letters; (*à écrire*) letters. (b) (†) (*avion, bateau*) mail; (*Mil*) *estafette* courier. (c) (*Presse*) (*rubrique*) column, page. ~ **du cœur** broken hearts' column, problem page; ~ **des lecteurs** letters to the Editor.

courroie [kuʀwa] *nf* strap; (*Tech*) belt.

courroucer [kuʀuse] (3) (*littér*) *vt* to incense. ♦ **courroux** *nm* wrath.

cours [kuʀ] *nm* (a) (*déroulement, Astron, gén*) course; *[guerre, maladie]* progress; *[rivière]* (*cheminement*) course; (*écoulement*) flow.

descendre le ~ **de la Seine** to go down the Seine; ~ **d'eau** river, stream. (b) (*Fin*) *[monnaie]* currency; *[titre, objet]* price; *[devises]* rate. ~ **légal** legal tender. (c) (*leçon*) (*Scol*) (*Univ*) lecture; (*série de leçons*) course; (*manuel*) coursebook. **faire un** ~ **sur** to give a class on; ~ **du soir** (*pl*) evening classes; ~ **par correspondance** correspondence course. (d) (*Scol*) (*établissement*) school. (*année*) ~ **élémentaire** *etc* primary *etc* class *ou* year; ~ **privé** private school. (e) (*avenue*) walk. (f) (*locutions*) **avoir** ~ *[monnaie]* to be legal tender; (*fig*) to be current; **en** ~ *année* current; *affaires* in hand; *essais* in progress; **en** ~ **de réparation** in the process of being repaired; **en** ~ **de route** on the way; **au** ~ **de** in the course of; **donner libre** ~ **à** to give free expression to.

course [kuʀs(ə)] *nf* (a) (*action*) running. **prendre sa** ~ to start running. (b) (*épreuve*) race; (*discipline*) (*Athlétisme*) running; (*Aut, Courses, Cyclisme*) racing. **faire de la** ~ to go running; ~ **de fond** (*spécialité*) long-distance running; (*épreuve*) long-distance race; (*fig*) **la** ~ **aux armements** the arms race; **faire la** ~ **avec qn** to race with sb; (*Courses*) **parier aux** ~**s** to bet on the races; ~ **de taureaux** bullfight; ~ **de trot** trotting race; ~ **de vitesse** sprint. (c) (*fig*) *[projectile]* flight; *[navire]* course; *[nuages, temps]* swift passage. (d) (*excursion*) (*à pied*) hike; (*ascension*) climb; (*voyage*) journey. (*taxi*) **payer la** ~ to pay the fare. (e) (*commission*) errand. **faire une** *ou* **des** ~**s** *[ménagère]* to do some shopping; *[coursier]* to run an errand *ou* errands. (f) (*Tech*) movement; *[piston]* stroke. (g) **être à bout de** ~ to be worn out; **il n'est plus dans la** ~* he's out of things now.

coursier, -ière [kuʀsje, jɛʀ] **1** *nm,f* messenger. **2** *nm* (*littér, cheval*) steed, horse.

court¹, e [kuʀ, kuʀt(ə)] **1** *adj* (a) (*gén*) short. **il a été très** ~ he was very brief; **de** ~**e durée** *joie* short-lived; **c'est plus** ~ **par le bois** it's quicker *ou* shorter through the wood; **avoir le souffle** ~ to be short-winded. (b) (*insuffisant*) **c'est** ~ **un peu** it's a bit on the short side. (c) **tirer à la** ~**e paille** to draw straws; **à sa** ~**e honte** to his great shame; **être à** ~ **d'argent** to be short of money; **prendre au** ~ to go the shortest way; **prendre qn de** ~ to catch sb unprepared. **2** *adv* short. **s'arrêter** ~ to stop short. **3:** ~**-bouillon** *nm, pl* ~**s-**~**s** court-bouillon; (*Élec*) ~**-circuit** *nm, pl* ~**s-**~**s** short (-circuit); ~**-circuiter** (1) *vt* (*lit, fig*) to short-circuit; **faire la** ~**e échelle à qn** to give sb a leg up; ~ **métrage** short film.

court² [kuʀ] *nm* tennis court.

courtaud, e [kuʀto, od] *adj* dumpy, squat.

courtier, -ière [kuʀtje, jɛʀ] *nm,f* broker.

courtiser [kuʀtize] (1) *vt* to pay court to. ♦ **courtisan** *nm* (*Hist*) courtier; (*fig*) sycophant. ♦ **courtisane** *nf* (*Hist*) courtesan.

courtoisie [kuʀtwazi] *nf* courtesy. ♦ **courtois, e** *adj* courteous; (*Littérat*) courtly. ♦ **courtoisement** *adv* courteously.

couru, e [kuʀy] *adj* *restaurant* popular. **c'est** ~* it's a sure thing.

cousin, e [kuzɛ̃, in] **1** *nm,f* cousin. ~ **germain** first cousin. **2** *nm* mosquito.

coussin [kusɛ̃] *nm* cushion.

cousu, e [kuzy] *adj* sewn, stitched. (*fig*) **c'est** ~ **de fil blanc** it doesn't hold *ou* hang together; ~ **main** (*lit*) handsewn; (*fig) **c'est du** ~ **main** it's top quality stuff.

coût [ku] *nm* (*lit, fig*) cost. **le** ~ **de la vie** the cost of living. ♦ **coûtant** *adj m*: **prix** ~ cost price.

couteau, *pl* ~x [kuto] *nm* (a) (*pour couper*) knife; *[balance]* knife edge; (*coquillage*) razor-shell. ~ **à poisson** fish knife; ~ **à cran d'arrêt** flick-knife; ~ **à découper** carving knife. (b) **vous me mettez le** ~ **sous la gorge** you're holding a pistol at my head; **être à** ~**x tirés** to be at daggers drawn (*avec* with); **remuer le ~ dans la plaie** to twist the knife in the wound.

coutellerie [kutɛlʀi] nf (industrie) cutlery industry; (magasin) cutler's (shop); (produits) cutlery.

coûter [kute] (1) **1** vi to cost. **les vacances, ça coûte!** holidays are expensive ou cost a lot!; **ça coûte une fortune** it costs a fortune; (fig) **ça va lui ~ cher** it will cost him dear; **ça ne coûte rien d'essayer** it costs nothing to try; **cet aveu m'a coûté** this confession cost me; **cette démarche me coûte** it costs me a great effort to take this step; **coûte que coûte** at all costs. **2** vt fatigue, larmes to cost. **ça lui a coûté la vie** it cost him his life. ♦ **coûteusement** adv expensively. ♦ **coûteux, -euse** adj costly, expensive.

coutume [kutym] nf (gén, Jur) custom. **avoir ~ de** to be in the habit of; **plus que de ~** more than usual; **comme de ~** as usual; **selon sa ~** following his usual custom. ♦ **coutumier, -ière** adj customary, usual. (gén péj) **il est ~ du fait** that is what he usually does.

couture [kutyʀ] nf (a) (activité, ouvrage) sewing. **la ~** (métier) dressmaking; (industrie) the fashion industry; **faire de la ~** to sew. (b) (suite de points) seam; (cicatrice) scar; (suture) stitches. **sans ~(s)** seamless; **sous toutes les ~s** from every angle. ♦ **couturier** nm couturier, fashion designer. ♦ **couturière** nf dressmaker.

couvent [kuvɑ̃] nm (sœurs) convent; (moines) monastery; (internat) convent school.

couver [kuve] (1) **1** vi (a) (feu, incendie, haine) to smoulder; (émeute) to be brewing; (complot) to be hatching. (b) (poule) to sit on its eggs. **2** vt (a) œufs (poule) to sit on; (appareil) to hatch. (b) (fig) enfant to be overcareful with; maladie to be sickening for; vengeance to brew, plot. **~ qch des yeux** (tendresse) to look lovingly at sth; (convoitise) to look longingly at sth. ♦ **couvée** nf (poussins, enfants) brood, clutch; (œufs) clutch.

couvercle [kuvɛʀkl(ə)] nm (gén) lid; (aérosol) cap, top.

couvert, e [kuvɛʀ, ɛʀt(ə)] **1** adj (a) (habillé) covered (up). **trop ~** too wrapped up; (chapeau) **il est resté ~** he kept his hat on. (b) **~ de** covered in ou with; **~ de chaume** thatched. (c) ciel overcast. (d) rue covered. (e) (fig: protégé) covered. **2** nm (a) (ustensiles) place setting. **les ~s en argent** the silver cutlery; **mettre 4 ~s** to lay ou set 4 places, lay ou set the table for 4; **le gite et le ~** board and lodging. (b) (au restaurant) cover charge. (c) (abri) shelter. **à ~ de** sheltered from; (Mil) **être/se mettre à ~** to be/get under ou take cover; **se mettre à ~ (contre des réclamations)** to cover o.s. (against claims); **sous (le) ~ de** prétexte under cover of; **sous (le) ~ de la plaisanterie** while trying to appear to be joking.

couverture [kuvɛʀtyʀ] nf (a) (literie) blanket. **~ de voyage** travelling rug; (fig) **tirer la ~ à soi** to take all the credit. (b) (toiture) roofing; (cahier) cover; (jaquette) dust cover; (Mil, Fin, fig) cover.

couveuse [kuvøz] nf (poule) broody hen. **~ (artificielle)** incubator.

couvre- [kuvʀ(ə)] préf V couvrir.

couvreur [kuvʀœʀ] nm roofer.

couvrir [kuvʀiʀ] (18) **1** vt (a) (gén) to cover (de, avec with). **~ un toit de chaume/de tuiles** to thatch/tile a roof; **couvre bien les enfants** wrap the children up well; **un châle lui couvrait les épaules** her shoulders were covered with ou by a shawl; **couvert de bleus** bruised all over, covered in bruises; **~ qn d'injures/de cadeaux** to shower insults/gifts on sb; **ça l'a couvert de ridicule** it covered him with ridicule. (b) voix to drown; énigme, sentiments to conceal; (lit, fig) personne to cover, shield. **~ qch du nom de charité** to pass sth off as charity. (c) distance, frais to cover.

2 se ~ vpr (personne) to wrap (o.s.) up;

(chapeau) to put one's hat on; (ciel) to become overcast; (Boxe, Escrime) to cover. **se ~ de taches** to get o.s. covered in; **boutons** to become covered in ou with; **gloire, honte** to cover o.s. with.

3: (hum) **couvre-chef** nm, pl ~-~s hat; **couvre-feu** nm, pl ~-~x curfew; **couvre-lit** nm, pl ~-~s bedspread; **couvre-pied(s)** nm, pl ~-~s quilt.

coyote [kɔjɔt] nm coyote, prairie wolf.

crabe [kʀɑb] nm (Zool) crab. **marcher en ~** to walk crab-wise.

crac [kʀak] excl (bois, glace etc) crack; (étoffe) rip; (fig) bang.

cracher [kʀaʃe] (1) **1** vi (a) to spit (sur at). **il ne crache pas sur le caviar** he doesn't turn his nose up at caviar; **c'est comme si je crachais en l'air** it's like banging my head against a brick wall. (b) (stylo, plume) to sputter; (micro) to crackle. **2** vt (a) sang etc to spit; bouchée, injures to spit out; (†) argent to cough up, stump up. (b) (canon) to spit out; (cheminée) to belch out. ♦ **crachat** nm: **~(s)** spit, spittle. ♦ **craché, e** adj: **c'est son père tout ~** he's the spitting image of his father. ♦ **crachement** nm (vapeur) burst; (étincelles) shower. **~(s)** (salive etc) spitting; (radio) crackle.

crachin [kʀaʃɛ̃] nm drizzle.

crack [kʀak] nm (poulain) star horse; (*: as) wizard*; (en sport) ace.

craie [kʀɛ] nf chalk.

craindre [kʀɛ̃dʀ(ə)] (52) vt (a) (personne) to fear, be afraid ou scared of. **craignant de manquer le train** afraid of missing ou afraid he might miss the train; **elle craignait qu'il ne se blesse** she was afraid that he would ou might hurt himself. (b) **~ pour vie, réputation, personne** to fear for. (c) (aliment) **~ le froid** to be easily damaged by the cold; **'craint l'humidité'** 'keep ou store in a dry place'; **c'est un vêtement qui ne craint pas** it's a hard-wearing garment; **il craint la chaleur** he can't stand the heat.

crainte [kʀɛ̃t] nf fear. **avoir la ~ de qch** to fear ou be afraid of sth; **soyez sans ~** have no fear; **j'ai des ~s à son sujet** I'm worried about him; **sans ~** (adj) fearless; (adv) fearlessly; **avec ~** fearfully; **par ~ de** for fear of; **de ~ que** for fear that, fearing that. ♦ **craintif, -ive** adj personne timorous, timid; ton timid. ♦ **craintivement** adv timorously, timidly.

cramoisi, e [kʀamwazi] adj crimson.

crampe [kʀɑ̃p] nf: **~(s)** cramp.

crampon [kʀɑ̃pɔ̃] nm (Tech) cramp, clamp; (chaussure) stud; (*: personne) clinging bore. **~ (à glace)** crampon. ♦ **cramponner** (1) **1** vt (*fig) to cling to. **2 se ~** vpr to hold on. **se ~ à branche** to cling to.

cran [kʀɑ̃] nm (a) (crémaillère) notch; (arme) catch; (ceinture) hole; (Couture, Typ) nick; (cheveux) wave. (b) **avoir du ~** to have guts*; **monter/descendre d'un ~** to go up/down a notch ou peg (dans in); **être à ~** to be very edgy. ♦ **cranté, e** adj notched.

crâne [kʀɑn] **1** nm (Anat) skull; (fig) head. **2** adj (†) gallant. ♦ **crânien, -ienne** adj cranial.

crâner* [kʀɑne] (1) vi to show off. ♦ **crâneur, -euse*** nm, f show-off.

crapaud [kʀapo] nm (Zool) toad.

crapule [kʀapyl] nf scoundrel. ♦ **crapulerie** nf villainy. ♦ **crapuleux, -euse** adj action villainous.

craqueler vt, **se ~** vpr [kʀakle] (4) to crack. ♦ **craquelure** nf crack.

craquer [kʀake] (1) **1** vi (a) (bruit) (parquet) to creak; (feuilles) to crackle; (neige, biscuit) to crunch; (chaussures) to squeak. (b) (céder) (bas) to rip; (glace etc) to crack; (branche) to snap; (entreprise) to collapse. **2** vt pantalon, bas to rip; allumette to strike. ♦ **craquement** nm: **~(s)** creak; squeak; crackle; crunch; **casser avec un ~** to break with a crack ou a snap.

crasse [kʀas] **1** nf (saleté) grime, filth; (*: sale

tour) dirty trick*. **2** *adj bêtise* crass. ♦ **crasseux, -euse** *adj* grimy, filthy.

cratère [kʀatɛʀ] *nm* crater.

cravache [kʀavaʃ] *nf* riding crop. *(fig)* **mener qn à la ~** to drive sb ruthlessly. ♦ **cravacher** (1) **1** *vt cheval* to use the crop on. **2** *vi* (*) *(foncer)* to belt along*; *(travailler)* to work like mad*.

cravate [kʀavat] *nf* tie; *(décoration)* ribbon; *(Lutte)* headlock. ♦ **cravater** (1) *vt* to put a tie on. **cravaté** wearing a tie; **se ~** to put one's tie on.

crayeux, -euse [kʀɛjø, øz] *adj* chalky.

crayon [kʀɛjɔ̃] *nm* (*gén*) pencil; *(dessin)* pencil drawing. **notes au ~** pencilled notes; **~ à bille** ball-point pen; **~ de couleur** crayon, coloured pencil; **~ noir** lead pencil; **~ pour les yeux** eyeliner pencil. ♦ **crayonner** (1) *vt notes* to scribble; *dessin* to sketch.

créance [kʀeɑ̃s] *nf* **(a)** *[créancier]* financial claim; *(titre)* letter of credit. **(b)** (†: *foi*) credence. **donner ~ à qch** *(rendre croyable)* to lend credibility to sth; *(ajouter foi à)* to give credence to sth. ♦ **créancier, -ière** *nm,f* creditor.

créateur, -trice [kʀeatœʀ, tʀis] **1** *adj* creative. **2** *nm,f* (*gén, Rel*) creator. ♦ **création** *nf* (*gén*) creation; *(Théât: représentation)* first production; *(Comm: produit)* product. ♦ **créativité** *nf* creativity.

créature [kʀeatyʀ] *nf* (*gén*) creature.

crécelle [kʀesɛl] *nf* rattle.

crèche [kʀɛʃ] *nf* **(a)** *(Rel: de Noël)* crib. **(b)** *(établissement)* crèche, day nursery.

crédibilité [kʀedibilite] *nf* credibility.

crédit [kʀedi] *nm* **(a)** *(Fin)* credit. **faire ~ à qn** to give sb credit; **acheter/vendre qch à ~** to buy/sell sth on credit *ou* easy terms; **porter une somme au ~ de qn** to credit a sum to sb; **~ hypothécaire** mortgage; **~ bail** leasing; **~s budgétaires** budget allocation; **~s extraordinaires** extraordinary funds. **(b)** *(prestige, confiance)* credit. **donner du ~ à qch** to give credit to sth; **avoir du ~** *[firme]* to be creditworthy; *[théorie]* to be widely accepted; **faire ~ à** to trust *ou* have faith in; **trouver/perdre ~ auprès de qn** to win/lose sb's confidence. ♦ **créditer** (1) *vt* (*Fin, Sport*) **~ qn de** to credit sb with. ♦ **créditeur, -trice** **1** *adj* in credit. **solde ~** credit balance. **2** *nm,f* customer in credit.

credo [kʀedo] *nm* (*Rel, fig*) creed.

crédule [kʀedyl] *adj* credulous, gullible. ♦ **crédulité** *nf* credulity, gullibility.

créer [kʀee] (1) *vt* **(a)** (*gén*) to create. **la joie de ~** the joy of creation; **se ~ une clientèle** to build up a clientèle; **~ des ennuis à qn** to create problems for sb. **(b)** *(Théât)* rôle to create; *pièce* to produce for the first time.

crémaillère [kʀemajɛʀ] *nf* **(a)** *[cheminée]* trammel. *(fig)* **pendre la ~** to have a house-warming party. **(b)** *(Rail, Tech)* rack.

crémation [kʀemasjɔ̃] *nf* cremation. ♦ **crématoire** **1** *adj* crematory. **2** *nm* crematorium.

crème [kʀɛm] **1** *nf* (*gén*) cream; *(peau du lait)* skin; *(entremets)* cream dessert. *(liqueur)* **~ de bananes** crème de bananes; **gâteau à la ~** cream cake; *(fig: les meilleurs)* **la ~** the cream; **la ~ des pères** the best of fathers. **2** *adj inv* cream-coloured. **3** *nm (café)* white coffee. **4:** **~ anglaise** egg custard; **~ de beauté** beauty cream; **~ Chantilly** *ou* **fouettée** whipped cream; **~ glacée** ice cream; **~ pâtissière** confectioner's custard; **~ à raser** shaving cream. ♦ **crémerie** *nf (magasin)* dairy. ♦ **crémeux, -euse** *adj* creamy. ♦ **crémier, -ière** *nm,f* dairyman (*ou* woman).

crémone [kʀemɔn] *nf* espagnolette bolt.

créneau, *pl* **~x** [kʀeno] *nm* **(a)** *[rempart]* crenel. **les ~x** the battlements. **(b)** *(Aut)* **faire un ~** to park *(between two cars)*. **(c)** *[horaire etc]* gap; *(Rad)* slot. ♦ **crénelé, e** *adj mur* crennellated.

créole [kʀeɔl] **1** *adj* creole. **2** *nmf* Creole.

crêpe [kʀɛp] **1** *nf (Culin)* pancake. **2** *nm (matière)* crepe; *(ruban de deuil)* black ribbon; *(au bras)* black armband.

crêper [kʀepe] (1) *vt cheveux* to backcomb. **se ~ le chignon*** to have a set-to.

crêperie [kʀepʀi] *nf* pancake shop.

crépir [kʀepiʀ] (2) *vt* to roughcast. ♦ **crépi, e** *adj, nm* roughcast. ♦ **crépissage** *nm* roughcasting.

crépiter [kʀepite] (1) *vi [feu]* to crackle; *[friture]* to splutter; *[mitrailleuse]* to rattle out; *[grésil]* to rattle, patter; *[applaudissements]* to break out. ♦ **crépitement** *nm*: **~(s)** crackling; spluttering; rattle, patter.

crépu, e [kʀepy] *adj cheveux* frizzy.

crépuscule [kʀepyskyl] *nm* (*lit, fig*) twilight. ♦ **crépusculaire** *adj*: **lumière ~** twilight glow.

crescendo [kʀeʃɛndo] *adv, nm* (*Mus*) crescendo. *(fig)* **aller ~** to rise in a crescendo, grow louder and louder.

cresson [kʀesɔ̃] *nm*: **~ (de fontaine)** watercress.

crête [kʀɛt] *nf* **(a)** *[oiseau]* crest. **~ de coq** cockscomb. **(b)** *[mur]* top; *[toit, montagne]* ridge; *[vague]* crest; *[graphique]* peak.

crétin, e [kʀetɛ̃, in] **1** *adj (péj)* cretinous*. **2** *nm,f (péj)* cretin*; *(Méd)* cretin. ♦ **crétinerie** *nf* idiocy.

creuser [kʀøze] (1) **1** *vt* **(a)** (*gén*) to dig; *puits* to sink, bore; *sillon* to plough; *(fig) abîme* to create; *problème, idée* to go into deeply, look into closely. **(b)** *(évider) bois* to hollow out; *sol* to dig out, dig a hole in. **(c)** *(locutions)* **la fatigue lui creusait les joues** his face looked gaunt with tiredness; **visage creusé de rides** face furrowed with wrinkles; **~ les reins** to draw o.s. up; **ça creuse (l'estomac)*** it gives you a real appetite; **se ~ (la cervelle)*** to rack one's brains; **il ne s'est pas beaucoup creusé!*** he didn't overtax himself! **2** *vi* to dig *(dans* into). ♦ **creusement** *nm* digging.

creuset [kʀøzɛ] *nm* crucible; *(fig: lieu de brassage)* melting pot.

creux, -euse [kʀø, øz] **1** *adj objet, son* hollow; *estomac* empty; *paroles* empty, hollow; *idées* barren, futile; *raisonnement* weak, flimsy. **les heures ~euses** (*gén*) slack periods; *(pour électricité etc)* off-peak periods. **2** *nm* (*gén*) hollow; *(trou)* hole. **le ~ des reins** the small of the back; **le ~ de la main** the hollow of one's hand; **manger dans le ~ de la main** to eat out of one's hand; **le ~ de l'estomac** the pit of the stomach; **avoir un ~ (dans l'estomac)** to feel empty. **(b)** *(Écon) période* slack period. **(c)** *(Naut) [voile]* belly; *[vague]* trough. **la ~ de 2 mètres** 2-metre high waves; *(fig)* **il est dans le ~ de la vague** his fortunes are at their lowest ebb.

crevaison [kʀəvɛzɔ̃] *nf (Aut)* puncture, flat.

crevant, e [kʀəvɑ̃, ɑ̃t] *adj* (*gén*) killing*.

crevasse [kʀəvas] *nf* (*gén*) crack; *[mur]* crevice; *[glacier]* crevasse. ♦ **crevasser** *vt*, **se ~** *vpr* (1) to crack.

crever [kʀəve] (5) **1** *vt* **(a)** to burst; *pneu* to puncture. **~ les yeux à qn** to blind sb; **j'ai un pneu (de) crevé** I've got a flat *ou* a puncture; *(fig)* **~ le cœur à qn** to break sb's heart; *(fig)* **cela crève les yeux** it stares you in the face! **(b)** (*: exténuer*) **~ qn** *[personne]* to work sb to death; *[tâche]* to kill sb*; **se ~ (au travail)** to work o.s. to death. **(c)** (†) **~ la faim** to be starving* *ou* famished*.

2 *vi* **(a)** *[pneu]* to puncture. **~ de jalousie** to be bursting with jealousy. **(b)** *(mourir) [animal, plante]* to die (off); (†) *[personne]* to die, snuff it*. **chien crevé** dead dog; **~ de faim/froid** to starve/freeze to death; **~ de soif** to die of thirst; **on crève de chaud ici*** it's boiling in here*; **faire ~ qn** to kill sb. **(c)** *(Aut)* to have a puncture, have a flat tyre.

♦ **crevé, e** *adj (mort)* dead; *(las)* dead-beat*. ♦ **crève-cœur** *nm inv* heartbreak. ♦ **crève-la-faim** *nmf inv* down-and-out.

crevette [krəvɛt] *nf*: ~ (rose) prawn; ~ grise shrimp.

cri [kri] *nm* (a) (*gén*) shout, cry; (*hurlement*) yell, howl; (*aigu*) squeal; [*peur*] scream, shriek; (*appel*) call; (*exclamation*) cry. ~ du cœur cry from the heart; ~ de guerre war cry; elle jeta un ~ de douleur she cried out in pain, she gave a cry of pain. (b) [*animal*] (*appel*) call; (*douleur*) squeal. (*générique*) quel est le ~ du chien? what noise does a dog make? (c) (*littér: crissement*) screech.

criailler [kriaje] (1) *vi* (*rouspéter*) to grouse*, grumble. ~ après qn to nag at sb. ♦ **criailleries** *nfpl* grousing*, grumbling; nagging.

criant, e [krijā, āt] *adj* (*gén*) glaring; *vérité* striking. **portrait** ~ de vérité portrait strikingly true to life.

criard, e [krijar, ard(ə)] *adj* (*péj*) *enfant* squalling; *femme* scolding; *oiseau* squawking; *son* piercing; *couleurs, vêtement* loud, garish.

cribler [krible] (1) *vt graines* to sift; *charbon* to riddle, screen. ~ qn de balles to riddle sb with; *questions* to bombard sb with. ♦ **criblage** *nm* sifting; riddling; screening. ♦ **crible** *nm* (à main) riddle; (*Ind*) screen. **passer au** ~ (*lit*) to riddle; (*fig*) to examine closely. ♦ **criblé, e** *adj*: ~ de *taches* covered in; *dettes* crippled with.

cric [krik] *nm* (car) jack.

criée [krije] *nf* (*salle*) auction room. (**vente à la**) ~ (*sale by*) auction.

crier [krije] (7) **1** *vi* (a) (*gén*) to shout, cry out; (*hurler*) to yell, howl; (*aigu*) to squeal; [*peur*] to scream, shriek; [*appel*] to call out. ~ de douleur to cry *ou* scream out in pain; ~ contre qn to nag at *ou* go on at sb; **tes parents vont** ~ your parents are going to make a fuss; ~ contre qch to shout about sth; ~ au scandale to call it a scandal; ~ au loup to cry wolf. (b) [*animal*] (*appel*) to call; (*douleur*) to squeal; [*plancher*] to creak; [*frein*] to screech.

2 *vt ordre, injures* to shout out, yell out; *mépris, innocence* to proclaim; *marchandise* to shout, cry. ~ à qn de se taire to shout at sb to be quiet; ~ qch sur les toits to cry sth from the rooftops; ~ casse-cou to warn of a danger; **sans** ~ **gare** without a warning; ~ **grâce** to beg for mercy; ~ **famine** to cry famine; ~ **vengeance** to cry out for vengeance.

♦ **crieur, -euse** *nm,f*: ~ de journaux newspaper seller; (*Hist*) ~ public town crier.

crime [krim] *nm* (*gén*) crime; (*meurtre*) murder. ~s de guerre war crimes; le ~ ne paie pas crime doesn't pay; ce n'est pas un ~! it's not a crime! ♦ **criminalité** *nf* criminality. ♦ **criminel, -elle 1** *adj* (*gén, Jur*) criminal. **2** *nm,f* murderer (*ou* murderess); criminal. (*hum*) voilà le ~ there's the culprit *ou* the guilty party. ♦ **criminellement** *adv agir* criminally. ♦ **criminologie** *nf* criminology.

crin [krɛ̃] *nm* horsehair. (*fig*) à tout ~ diehard. ♦ **crinière** *nf* [*animal*] mane; [*personne*] mop of hair.

crique [krik] *nf* creek, inlet.

criquet [krikɛ] *nm* locust.

crise [kriz] *nf* (a) (*Méd*) attack; [*épilepsie*] fit; (*fig: accès*) outburst, fit; (*lubie*) mood. ~ cardiaque/de foie heart/liverish attack; ~ de nerfs fit of hysterics; **piquer une** ~* to throw a tantrum. (b) (*moral, Pol, Écon*) crisis. **en état de** ~ in a state of crisis. (c) (*pénurie*) shortage. ~ du logement housing shortage.

crisper [krispe] (1) **1** *vt* (a) (*contracter*) *visage* to contort; *muscles* to tense; *poings* to clench. (b) (*: agacer*) ~ qn to get on sb's nerves*. **2 se** ~ *vpr* [*visage*] to tense; [*sourire*] to become strained; [*poing*] to clench; [*personne*] to get tense. ses **mains se crispèrent sur le volant** his hands tightened *ou* tensed on the wheel. ♦ **crispant, e** *adj* (*énervant*) irritating. ♦ **crispation** *nf* (a) [*traits,*

visage] contortion; [*muscles*] contraction. (b) (*spasme*) twitch. **des** ~s nerveuses nervous twitches. (c) (*nervosité*) state of tension. ♦ **crispé, e** *adj* tense.

crisser [krise] (1) *vi* [*gravier*] to crunch; [*pneus*] to screech; [*soie*] to rustle. ♦ **crissement** *nm*: ~(s) crunch; screech; rustle.

cristal, pl -aux [kristal, o] *nm* crystal; (*objet*) piece of crystal. ~ de roche rock crystal; ~aux de soude washing soda; ~aux de givre ice crystals. ♦ **cristallerie** *nf* crystal glassworks. ♦ **cristallin, e 1** *adj* (*Min*) crystalline; *son* crystal-clear. **2** *nm* (*Anat*) crystalline lens. ♦ **cristallisation** *nf* (*gén*) crystallization. ♦ **cristalliser** *vti, se* ~ *vpr* (1) to crystallize.

critère [kritɛr] *nm* criterion.

critérium [kriterjɔm] *nm* (*Cyclisme*) rally; (*Natation*) gala.

critique [kritik] **1** *adj* (*gén, Sci*) critical. **avoir l'esprit** ~ to have a critical mind; **il s'est montré très** ~ (au sujet de ...) he was very critical (of ...). **2** *nf* (a) (*blâme*) criticism. **la** ~ **est aisée** it's easy to criticize. (b) [*œuvre*] appreciation, critique; [*livre, spectacle*] review. **la** ~ (*métier*) criticism; (*personnes*) the critics; **faire la** ~ **de** *film* to review; *poème* to write an appreciation *ou* a critique of. **3** *nmf* critic. ~ **d'art** art critic. ♦ **critiquable** *adj* open to criticism. ♦ **critiquer** (1) *vt* (*blâmer*) to criticize, find fault with; (*juger*) *œuvre* to write a critique of.

croasser [krɔase] (1) *vi* to caw. ♦ **croassement** *nm* caw.

croc [kro] *nm* (*dent*) fang; (*crochet*) hook. (*lit, fig*) **montrer les** ~s to bare its (*ou* one's) teeth. ♦ **croc-en-jambe, pl** ~s-~-~ *nm* (*lit, fig*) faire un ~ à qn to trip sb up.

croche [krɔʃ] *nf* (*Mus*) quaver.

croche-pied, pl ~-~s [krɔʃpje] *nm* = **croc-en-jambe.**

crochet [krɔʃɛ] **1** *nm* (a) (*gén, Boxe*) hook; [*vêtement*] fastener; [*serpent*] fang; [*cambrioleur*] picklock; (*Typ*) entre ~s in square brackets; **vivre aux** ~s de qn to live off sb. (b) (*aiguille*) crochet hook; (*technique*) crochet. **faire qch au** ~ to crochet sth. (c) [*véhicule*] sudden swerve; [*route*] sudden turn; [*voyage*] detour. **faire** ~ (*pour éviter*) to swerve; (*par une ville*) to make a detour (*par* through). **2:** ~ **radiophonique** talent show. ♦ **crocheter** (5) *vt serrure* to pick; *porte* to pick the lock on. ♦ **crochu, e** *adj nez* hooked; *doigts* claw-like.

crocodile [krɔkɔdil] *nm* crocodile.

crocus [krɔkys] *nm* crocus.

croire [krwar] (44) **1** *vt* (a) to believe. **auriez-vous cru cela de lui?** would you have believed it of him?; **je te crois sur parole** I'll take your word for it; **le croira qui voudra, mais ...** believe it or not (but) ... . (b) (*penser*) to believe, think. **elle croyait avoir perdu son sac** she thought she had lost her bag; **il a cru bien faire** he meant well; **je crois que oui** I think so; **on les croyait morts/en France** they were believed dead/to be in France; **il n'a pas cru utile de me prévenir** he didn't think it necessary to warn me. (c) **en** ~ : à l'en ~ if you were to listen to what he says; **s'il faut en** ~ **les journaux** if we are to believe the papers; **vous pouvez m'en** ~ you can take it from me; **si vous m'en croyez** if you want my opinion; **il n'en croyait pas ses yeux** he couldn't believe his eyes. (d) (*locutions*) **c'est à** ~ **qu'il est sourd** you'd think he was deaf; **c'est à n'y pas** ~! it's unbelievable!; **il est à** ~ **que, il faut** ~ **que** it would seem that; **il ne croyait pas si bien dire!** he didn't know how right he was!; **on croirait une hirondelle** it looks like a swallow; **on croirait une clarinette** it sounds like a clarinet; **on croirait qu'elle ne comprend pas** she doesn't seem to understand; **tu ne peux pas** ~ **combien il nous manque** you cannot

imagine how much we miss him; **je vous crois!***
you bet!*, rather!; **on croit rêver!*** the mind
boggles!* **2** *vi* (*Rel*) to be a believer. **3** ~ **à,** ~
en *vt indir* to believe in; (*avec confiance*) to
have faith *ou* confidence in. **on a cru d'abord à
un accident** at first they took it for an accident;
veuillez ~ **à mes sentiments dévoués** yours
sincerely; **il croit trop en lui-même** he is too
self-confident. **4 se** ~ *vpr* to have an inflated
opinion of o.s. **il se croit malin** he thinks he's
clever.

croisade [kʀwazad] *nf* (*Hist, fig*) crusade.

croisé, e [kʀwaze] **1** *adj veste* double-breasted;
rimes alternate. **2** *nm* (*Hist*) crusader. **3** *nf*
(*littér: fenêtre*) casement (*littér*). (*lit, fig*) **à la** ~
des chemins at the crossroads, at the parting of
the ways.

croisement [kʀwazmã] *nm* **(a)** [*fils*] crossing;
[*véhicules*] passing. **(b)** (*Bio, Zool*) (*action*)
crossing (*avec* with); (*résultat*) cross. **(c)** (*carrefour*) crossroads, junction. **au** ~ **des deux
routes** where the two roads cross.

croiser [kʀwaze] (1) **1** *vt* **(a)** (*gén*) to cross; *bras* to
fold; [*route, ligne*] to cut across. **elle croisa son
châle sur sa poitrine** she folded her shawl across
her chest; **les jambes croisées** cross-legged; (*lit,
fig*) ~ **le fer** to cross swords (*avec* with). **(b)** *véhicule, passant* to pass. **son regard croisa le mien**
his eyes met mine. **(c)** *animaux, plantes* to cross
(*avec* with). **2** *vi* (*Habillement*) to overlap; (*Naut*)
to cruise. **3 se** ~ *vpr* [*chemins, lignes, lettres*] to
cross; [*regards*] to meet; [*personnes, véhicules*] to
pass each other. (*fig*) **se** ~ **les bras** to sit around
idly.

croiseur [kʀwazœʀ] *nm* cruiser (*warship*).

croisière [kʀwazjɛʀ] *nf* cruise. **faire une** ~ to go
on a cruise.

croissance [kʀwasɑ̃s] *nf* growth, development.

croissant [kʀwasɑ̃] *nm* (*forme*) crescent; (*Culin*)
croissant. **en** ~ crescent-shaped.

croître [kʀwatʀ(ə)] (55) *vi* [*enfant, plante*] to
grow; [*sentiment, bruit, quantité*] to grow,
increase; [*jours*] to get longer; [*chaleur*] to get
more and more intense, keep on rising; [*lune*] to
wax.

croix [kʀwa] *nf* (*gén*) cross. **C~-Rouge/de guerre**
etc Red/Military *etc* Cross; ~ **gammée** swastika;
disposé en ~ arranged crosswise; **mettre en** ~ to
crucify; **mise en** ~ crucifixion; **les bras en** ~ with
one's arms out-spread; **pour le faire sortir, c'est
la** ~ **et la bannière*** it's the devil's own job to get
him to go out; **les noms marqués d'une** ~ the
names with a cross against them; **tu peux faire
une** ~ **dessus*** you might as well forget it!*, you
can kiss that goodbye*.

croquant, e [kʀɔkɑ̃, ɑ̃t] *adj* crisp, crunchy.

croquer [kʀɔke] (1) **1** *vt* **(a)** *bonbons* to crunch;
fruits to munch. ~ **de l'argent** to squander money.
(b) (*dessiner*) to sketch. **joli à** ~ as pretty as a
picture. **2** *vi* [*fruit*] to be crunchy, be crisp; ~ **dans une pomme** to bite
into an apple. ♦ **croque-mitaine,** *pl* ~-~**s** *nm*
bog(e)y man, ogre. ♦ **croque-monsieur** *nm inv*
toasted cheese sandwich with ham. ♦ **croque-
mort,** *pl* ~-~**s** *nm* undertaker's assistant.

croquet [kʀɔkɛ] *nm* croquet.

croquette [kʀɔkɛt] *nf* croquette.

croquis [kʀɔki] *nm* sketch.

crosse [kʀɔs] *nf* **(a)** [*fusil*] butt; [*revolver*] grip;
[*violon*] head. **(b)** [*bâton*] (*Rel*) crook, crosier.
(*Sport*) ~ **de golf** golf club; ~ **de hockey** hockey
stick. **(c)** **chercher des** ~**s à qn*** to pick a quarrel
with sb.

crotale [kʀɔtal] *nm* rattlesnake.

crotte [kʀɔt] *nf*: **de la** ~ (*excrément*) manure,
dung; (*boue*) mud; ~**s** [*lapin*] droppings; **des** ~**s
ou une** ~ **de chien** some dog's dirt; ~ **de chocolat**
chocolate. ♦ **crotter** (1) *vt* to muddy. **souliers tout**

crottés muddy shoes. ♦ **crottin** *nm* dung,
manure.

crouler [kʀule] (1) *vi* (*lit, fig: s'écrouler*) to collapse; [*toit*] to cave in; [*civilisation*] to totter;
[*empire, mur*] to crumble. **la salle croulait sous
les applaudissements** the room shook with the
applause. ♦ **croulant, e** *adj mur* crumbling,
tumbledown; *autorité, empire* crumbling.

croup [kʀup] *nm* (*Méd*) croup.

croupe [kʀup] *nf* [*cheval*] rump, hindquarters; (*)
[*personne*] rump; [*colline*] top. **monter en** ~ to
ride pillion.

croupier [kʀupje] *nm* croupier.

croupir [kʀupiʀ] (2) *vi* [*eau*] to stagnate. (*fig*) ~
dans le vice to wallow in vice. ♦ **croupi, e** *adj eau*
stagnant.

croustiller [kʀustije] (1) *vi* [*pâte*] to be crusty;
[*chips*] to be crisp.

croûte [kʀut] *nf* **(a)** [*pain*] crust; [*fromage*] rind;
[*vol-au-vent*] case; [*terre, glace*] layer; [*plaie*]
scab. **la** ~ **terrestre** the earth's crust; **à la** ~!*
(*allons manger*) let's go and eat! **(b)** (*cuir*) hide.
(c) (*péj: tableau*) daub.

croûton [kʀutɔ̃] *nm* (*bout du pain*) crust; (*Culin*)
crouton; (*péj: personne*) old fossil*.

croyance [kʀwajɑ̃s] *nf* belief (*à, en* in).
♦ **croyable** *adj* credible. **pas** ~ unbelievable,
incredible. ♦ **croyant, e** *nm,f* believer.

cru¹, e¹ [kʀy] *adj* **(a)** (*Culin, Tech*) raw; *fruits*
uncooked, raw. **(b)** *lumière, couleur* harsh;
description (*réaliste*) forthright, blunt; (*grossière*) crude, coarse.

cru² [kʀy] *nm* (*vignoble*) vineyard; (*vin*) wine. (*lit,
fig*) **du** ~ local; **grand** ~ great wine *ou* vintage; **de
son** (**propre**) ~ of his own invention.

cruauté [kʀyote] *nf* cruelty (*envers* to); [*animal*]
ferocity.

cruche [kʀyʃ] *nf* **(a)** (*récipient*) pitcher, jug. **(b)**
(*: *imbécile*) ass*, twit*.

crucial, e, *mpl* **-aux** [kʀysjal, o] *adj* crucial.

crucifier [kʀysifje] (7) *vt* (*lit, fig*) to crucify.
♦ **crucifix** *nm* crucifix. ♦ **crucifixion** *nf*
crucifixion.

crudité [kʀydite] *nf* **(a)** [*langage*] crudeness,
coarseness; [*description*] bluntness; [*couleur*]
harshness. **(b)** (*Culin*) ~**s** = mixed salad.

crue² [kʀy] *nf* (*montée des eaux*) rise in the water
level; (*inondation*) flood. **en** ~ in spate.

cruel, -elle [kʀyɛl] *adj* (*gén*) cruel; *animal* ferocious; *sort* harsh; *froid, nécessité* bitter.
♦ **cruellement** *adv* cruelly; ferociously; harshly;
bitterly. ~ **éprouvé** sorely distressed.

crûment [kʀymɑ̃] *adv* (*nettement*) bluntly, forthrightly; (*grossièrement*) crudely, coarsely.
éclairer ~ to cast a harsh light over.

crustacé [kʀystase] *nm* (*Zool*) shellfish. (*Culin*)
~**s** seafood, shellfish.

crypte [kʀipt(ə)] *nf* crypt.

Cuba [kyba] *nf* Cuba. ♦ **cubain, e** *adj*, **C~(e)** *nm(f)*
Cuban.

cube [kyb] **1** *nm* (*gén*) cube; [*jeu*] wooden brick.
élever au ~ to cube. **2** *adj*: **mètre** ~ cubic metre.
♦ **cubage** *nm* cubage. ~ **d'air** air space. ♦ **cuber**
(1) **1** *vt* to cube. **2** *vi* (*: *augmenter*) to mount up.
♦ **cubique** *adj* cubic. ♦ **cubisme** *nm* cubism.
♦ **cubiste** *adj, nmf* cubist.

cubitus [kybitys] *nm* ulna.

cueillir [kœjiʀ] (12) *vt fleurs, fruits* to pick,
gather; (*isolément*) to pick, pluck; *ballon* to
catch; *baiser* to snatch; (*) *voleur* to catch, nab*.
(*fig*) **il m'a cueilli à froid** he caught me off guard.
♦ **cueillette** *nf* (*action*) picking; gathering;
(*récolte*) harvest *ou* crop of fruit.

cuiller, cuillère [kɥijɛʀ] *nf* spoon; (*contenu*)
spoonful; (*Pêche*) spoon-bait. **serrer la** ~ **à qn*** to
shake sb's paw*; ~ **à café** coffee spoon, = teaspoon; ~ **à soupe** soupspoon, = tablespoon.
♦ **cuillerée** *nf* spoonful.

cuir [kɥiʀ] *nm* leather; (*avant tannage*) hide. ~ **brut** rawhide; ~ **chevelu** scalp.

cuirasse [kɥiʀas] *nf* cuirass; (*fig*) armour. ♦ **cuirassé** *nm* battleship. ♦ **cuirasser** (1) *vt chevalier* to cuirass; *navire* to armour-plate; (*fig: endurcir*) to harden (*contre* against). **se** ~ **contre** to harden o.s. against. ♦ **cuirassier** *nm* (*Hist*) cuirassier. (*régiment*) **le 3e** ~ **the** 3rd armoured cavalry.

cuire [kɥiʀ] (38) **1** *vt* (a) (*aussi* **faire** ~ **)** to cook. ~ **à petit feu** to simmer *ou* cook gently; ~ **au bain-marie** ≃ to heat in a double saucepan; ~ **à la broche** to roast on the spit; ~ **au four** *gâteau* to bake; *viande* to roast; ~ **à la vapeur/au gril/à la poêle/à l'eau** to steam/grill/fry/boil; **faire trop** ~ **qch** to overcook sth; **ne pas faire assez** ~ **qch** to undercook sth. (b) *pain* to bake; *briques* to fire. (c) **à** ~ *chocolat, pommes* cooking; *poires* stewing. **2** *vi* (a) [*aliment*] to cook. ~ **à gros bouillon(s)** to boil hard. (b) [*personne*] ~ **au soleil** to roast in the sun; **on cuit ici!** it's boiling in here!* (c) **les mains/yeux me cuisaient** my hands/eyes were smarting; **mon dos me cuit** my back is burning. (d) **il vous en cuira** you'll rue the day you did it.

cuisant, e [kɥizɑ̃, ɑ̃t] *adj douleur* smarting, burning; *froid, échec, regret* bitter; *remarque* stinging.

cuisine [kɥizin] *nf* (a) (*pièce*) kitchen; (*art*) cookery, cooking; (*nourriture*) cooking, food. **elle fait la** ~ (*en général*) she does the cooking *ou* is the cook; (*en ce moment*) she's cooking the meal. (b) (*péj*) shady manoeuvres. ♦ **cuisiner** (1) *vt plat* to cook; (⁑ *fig*) *personne* to grill*. ♦ **cuisinier, -ière 1** *nm,f* (*personne*) cook. **2** *nf* cooker; (*vieux modèle*) kitchen range.

cuissardes [kɥisaʀd(ə)] *nfpl* [*pêcheur*] waders; (*mode féminine*) thigh boots.

cuisse [kɥis] *nf* (*Anat*) thigh. ~ **de poulet** chicken leg; (*fig*) **se croire sorti de la** ~ **de Jupiter*** to think a lot of o.s.

cuisson [kɥisɔ̃] *nf* [*aliments*] cooking; [*pain*] baking; [*gigot*] roasting; [*briques*] firing.

cuistance⁑ [kɥistɑ̃s] *nf* (*nourriture*) grub⁑.

cuistot* [kɥisto] *nm* cook.

cuit, e [kɥi, kɥit] **1** *adj* (a) *plat* cooked; *pain, viande* ready, done. **bien** ~ well cooked *ou* done; **trop** ~ overdone; **pas assez** ~ underdone; ~ **à point** (*parfaitement*) done to a turn; (*sau-gnant*) medium-cooked. (b) **c'est du tout** ~** it's a cinch* *ou* a walkover*; **il est** ~** he's had it*. **2** *nf:* **prendre une** ~⁑ to get plastered⁑.

cuivre [kɥivʀ(ə)] *nm:* ~ (**rouge**) copper; ~ **jaune** brass; **faire les** ~**s** to do the brass (*ou* the copper); (*Mus*) **les** ~**s** the brass. ♦ **cuivré, e** *adj reflets* coppery; *teint* bronzed; *voix* resonant.

cul [ky] **1** *nm* (*Anat:*⁑) backside*; [*bouteille*] bottom. **faire** ~ **sec** to down one's drink in one go*. **2:** ~**-de-jatte** *nm, pl* ~**s-~-~** legless cripple; ~**-de-sac** *nm, pl* ~**s-~-~** (*rue*) cul-de-sac, dead end; (*fig*) blind alley. **3** *adj inv* (⁑: *stupide*) silly, clottish*.

culasse [kylas] *nf* [*moteur*] cylinder head; [*fusil*] breech.

culbute [kylbyt] *nf* (*cabriole*) somersault; (*chute*) tumble, fall; (*⁑: ruine*) collapse. **faire la** ~ (*ruine*) to collapse; (*profit*) to double one's money.

culbuter [kylbyte] (1) **1** *vi* [*personne*] to tumble; [*chose*] to topple over; [*voiture*] to overturn. **2** *vt chaise etc* to knock over; *ennemi* to overwhelm; *ministère etc* to bring down, topple.

culinaire [kylinɛʀ] *adj* culinary.

culminer [kylmine] (1) *vi* (a) [*sommet*] to tower (*au-dessus de* above). ~ **à** to reach its highest point at. (b) (*fig*) [*colère*] to reach a peak.

culot [kylo] *nm* (a) (⁑: *effronterie*) cheek*. (b) [*ampoule*] cap; [*obus*] base.

culotte [kylɔt] *nf* (a) (*pantalon*) trousers; (*Hist*)

breeches; (*sous-vêtement*) pants. ~**(s) courte(s)/longue(s)** short/long trousers; ~ **de cheval** riding breeches; ~ **de golf** plus-fours; (*fig*) **c'est elle qui porte la** ~ she wears the trousers. (b) (*Boucherie*) rump.

culotté, e [kylɔte] *adj* (a) (*⁑*) cheeky*. (b) *pipe* seasoned.

culpabilité [kylpabilite] *nf* guilt.

culte [kylt(ə)] *nm* (*vénération*) cult, worship; (*pratiques*) cult; (*religion*) religion; (*office*) church service. **le** ~ **de Dieu** the worship of God; **avoir le** ~ **de** to worship; **les objets du** ~ liturgical objects.

cultiver [kyltive] (1) **1** *vt champ, art, personne, don* to cultivate; *légumes* to grow, cultivate. ~ **la terre** to cultivate the soil, farm the land. **2 se** ~ *vpr* to cultivate one's mind. ♦ **cultivable** *adj terrain* cultivable. ♦ **cultivateur, -trice** *nm,f* farmer. ♦ **cultivé, e** *adj* (*instruit*) cultured.

culture [kyltyʀ] *nf* (a) [*champ*] cultivation; [*légumes*] growing, cultivation. **méthodes de** ~ farming methods; ~ **intensive/fruitière** intensive/fruit farming; (*terres*) ~**s** land under cultivation. (b) [*esprit*] cultivation. **la** ~ **culture**; ~ **générale** general knowledge *ou* education; **faire de la** ~ **physique** to do physical training. (c) (*Bio*) culture. ♦ **culturel, -elle** *adj* cultural. ♦ **culturisme** *nm* body-building.

cumin [kymɛ̃] *nm* (*Culin*) caraway seeds, cumin.

cumuler [kymyle] (1) *vt fonctions* to hold concurrently *ou* simultaneously. ~ **2 traitements** to draw 2 separate salaries. ♦ **cumul** *nm* [*fonctions*] plurality; [*avantages*] amassing; [*traitements*] concurrent drawing.

cupide [kypid] *adj* greedy. ♦ **cupidement** *adv* greedily. ♦ **cupidité** *nf* greed.

cure [kyʀ] *nf* (a) (*traitement*) course of treatment. ~ **d'amaigrissement** slimming course; ~ **de fruits/de repos** fruit/rest cure. (b) (*Rel*) (*fonction, paroisse*) cure; (*maison*) presbytery. (c) (*littér*) **je n'en ai** ~! I care not a whit! ♦ **curable** *adj* curable. ♦ **curatif, -ive** *adj* curative.

curé [kyʀe] *nm* parish priest. (*péj*) **les** ~**s** clerics.

curée [kyʀe] *nf* (*Chasse*) quarry; (*fig: ruée*) scramble.

curer [kyʀe] (1) **1** *vt* to clean out. **se** ~ **les dents** to pick one's teeth; **se** ~ **les ongles** to clean one's nails. **2: cure-dent** *nm, pl* ~**-**~**s** toothpick; **cure-pipe** *nm, pl* ~**-**~**s** pipe cleaner. ♦ **curage** *nm* cleaning-out.

curieux, -euse [kyʀjø, øz] **1** *adj* (a) (*intéressé*) *esprit* inquiring. ~ **de qch** interested in *ou* keen on sth; ~ **de savoir** interested *ou* curious to know. (b) (*indiscret*) curious, inquisitive. (c) (*bizarre*) curious, funny. **2** *nm:* **le** ~, **dans cette affaire** the funny *ou* curious thing about this business. **3** *nm,f* (*indiscret*) busybody, nosey-parker*; (*badaud*) onlooker, bystander. **venir en** ~ to come just for a look. ♦ **curieusement** *adv* strangely, curiously. ♦ **curiosité** *nf* (a) (*intérêt*) curiosity; (*indiscrétion*) curiosity, inquisitiveness. ~**s malsaines** unhealthy curiosity. (b) (*site*) curious *ou* unusual sight *ou* feature; (*bibelot*) curio.

curiste [kyʀist(ə)] *nmf* person taking the waters at a spa.

cutané, e [kytane] *adj* skin.

cuti-(réaction) [kyti(ʀeaksjɔ̃)] *nf* skin test.

cuve [kyv] *nf* [*vin, teinture*] vat; [*mazout, eau, photo*] tank. ♦ **cuvée** *nf* (*contenu*) vatful; (*pro-duit, année*) vintage. ♦ **cuver** (1) **1** *vt:* ~ **son vin** to sleep it off*. **2** *vi* [*vin*] to ferment.

cuvette [kyvɛt] *nf* (*gén*) bowl; [*évier*] basin; [*W.-C.*] pan; (*Géog*) basin.

cyanure [sjanyʀ] *nm* cyanide.

cyclamen [siklamɛn] *nm* cyclamen.

cycle [sikl(ə)] *nm* (*gén*) cycle; (*vélo*) bicycle, cycle. **premier/deuxième** ~ (*Scol*) lower/upper

school; (*Univ*) first and second/final year.
♦ **cyclique** *adj* cyclical. ♦ **cyclisme** *nm* cycling.
♦ **cycliste 1** *adj course* cycle; *coureur* racing.
2 *nmf* cyclist. ♦ **cyclomoteur** *nm* moped.
♦ **cyclomotoriste** *nmf* moped rider.
cyclone [siklon] *nm* (*Mét*) cyclone; (*fig*) whirlwind.
Cyclope [siklɔp] *nm* (*Myth*) Cyclops.
cygne [siɲ] *nm* swan; (*jeune*) cygnet; (*mâle*) cob.
cylindre [silɛ̂dʀ(ə)] *nm* (*Aut, Typ, Géom*)

cylinder; (*rouleau*) roller. ♦ **cylindrée** *nf*
capacity. **les petites** ~s small-engined cars.
♦ **cylindrique** *adj* cylindrical.
cynique [sinik] **1** *adj* cynical. **2** *nm* cynic.
♦ **cyniquement** *adv* cynically. ♦ **cynisme** *nm*
cynicism.
cyprès [sipʀɛ] *nm* cypress.
cypriote [sipʀijɔt] *adj*, C~ *nmf* Cypriot.
cytise [sitiz] *nm* laburnum.

D

D, d [de] *nm* (*lettre*) D, d. ♦ **d'** *V* de.
dactylo [daktilo] *nf* typist. ♦ **dactylo(graphie)** *nf* typing, typewriting. ♦ **dactylographier** (7) *vt* to type (out).
dada [dada] *nm* (**: cheval*) horsy*; (*fig: marotte*) hobby-horse, pet subject.
dadais [dadε] *nm:* **grand ~** awkward lump.
dague [dag] *nf* dagger.
dahlia [dalja] *nm* dahlia.
daigner [dεɲe] (1) *vt* to deign, condescend. **daignez nous excuser** be so good as to excuse us.
daim [dɛ̃] *nm* fallow deer; (*mâle*) buck; (*peau*) buckskin, doeskin; (*cuir*) suede. ♦ **daine** *nf* doe.
dais [dε] *nm* canopy.
dalle [dal] *nf* paving stone, flag(stone). **~ funéraire** gravestone; **je n'y vois que ~₁** I can't see a damn₁ thing. ♦ **dallage** *nm* (*gén*) paving. ♦ **daller** (1) *vt* to pave.
daltonien, -ienne [daltɔnjɛ̃, jɛn] *adj* colour-blind.
dam [dɑ̃] *nm:* **au ~ de** (*détriment*) to the detriment of; (*déplaisir*) to the displeasure of.
dame [dam] **1** *nf* (a) (*gén*) lady; (**: épouse*) wife. **pour ~s** *coiffeur* ladies'; **de ~** *sac* lady's. (b) (*Cartes, Échecs*) queen; (*Dames*) crown. **le jeu de ~s** draughts, checkers (*US*); **aller à ~** (*Dames*) to make a crown; (*Échecs*) to queen. **2** *excl* (†) **~ oui/non!** why yes/no! **3: ~ de charité** benefactress; **~ de compagnie** lady's companion; **~ d'honneur** lady-in-waiting; **~ patronnesse** patroness.
damer [dame] (1) *vt terre* to pack down. (*fig*) **le ~ pion à qn** to get the better of sb.
damier [damje] *nm* (*Dames*) draughtboard, checkerboard (*US*). (*dessin*) **à ~** chequered.
damnation [dɑnasjɔ̃] *nf* damnation. ♦ **damné, e 1** *adj* (**: maudit*) cursed*. **2** *nm,f* damned person. **les ~s** the damned. ♦ **damner** (1) *vt* to damn. **faire ~ qn*** to drive sb mad*.
dancing [dɑ̃siŋ] *nm* dance hall.
dandiner (se) [dɑ̃dine] (1) *vpr* to waddle. ♦ **dandinement** *nm* waddle.
Danemark [danmaʀk] *nm* Denmark.
danger [dɑ̃ʒe] *nm* danger. **hors de/en ~** out of/in danger; **mettre en ~** to endanger; **il est en ~ de mort** he is in danger ou peril of his life; **courir un ~** to run a risk; **en cas de ~** in case of emergency; **~ public** public menace; **les ~s de la route** road hazards; **sans ~** (*adj*) safe; (*adv*) safely; **pas de ~ qu'il vienne!*** there's no fear ou danger that he'll come. ♦ **dangereusement** *adv* dangerously. ♦ **dangereux, -euse** *adj* (*gén*) dangerous (*pour* to); *entreprise* hazardous, risky. **zone ~euse** danger zone.
danois, e [danwa, waz] **1** *adj* Danish. **2** *nm* (*Ling*) Danish; (*chien*) Great Dane. **3** **D~(e)** *nm(f)* Dane.
dans [dɑ̃] *prép* (a) (*lieu*) in; (*mouvement*) into; (*but*) to; (*parcours*) through; (*intérieur*) inside; (*limites*) within. **être/pénétrer ~ la forêt** to be in/go into the forest; **ils sont partis ~ la montagne** they have gone off to the mountains; **elle erra ~ la ville** she wandered round ou about ou through the town; **~ un rayon restreint** within a restricted radius; **ils ont voyagé ~ le même train** they travelled on the same train; **cherche ~ la boîte** look inside ou in the box; **jeter l'eau sale ~ l'évier** to pour the dirty water down the sink; **~ le fond de l'armoire** at the back of the wardrobe; **boire ~ une tasse** to drink out of ou from a cup. (b) (*temps*) in; (*limites*) within, inside. **il est ~ sa 6e année** he's in his 6th year; **~ le temps** in the past, at one time; **cela pourrait se faire ~ le mois** it could be done within the month; **je l'attends ~ la nuit** I'm expecting him some time tonight. (c) (*état etc*) in. **être ~ les affaires** to be in business; **~ la plus grande confusion** in a state of great confusion; **il est ~ le secret** he's in on the secret; **il l'a fait ~ ce but** he did it with this aim in view. (d) (*approximation*) about. **cela coûte ~ les 50 F** it costs in the region of 50 francs ou about 50 francs; **il vous faut ~ les 3 mètres de tissu** you'll need about ou something like 3 metres of fabric; **la pièce fait ~ les 8 m²** the room is about 8 m².
dansant, e [dɑ̃sɑ̃, ɑ̃t] *adj mouvement* dancing; *musique* lively. **soirée ~e** dance.
danse [dɑ̃s] *nf* (*valse etc*) dance. **la ~** (*art*) dancing; **~ de guerre** war dance; **la ~ classique** ballet dancing; **avoir la ~ de Saint Guy** (*Méd*) to have St Vitus's dance; (*fig*) to have the fidgets; **de ~** *professeur* dancing; *musique* dance. ♦ **danser** (1) *vti* (*gén*) to dance. **faire ~ qn** to dance with sb; **~ de joie** to dance for joy. ♦ **danseur, -euse** *nm,f* (*gén*) dancer; (*partenaire*) partner; *[ballet]* ballet dancer.
dard [daʀ] *nm [animal]* sting.
darder [daʀde] (1) *vt* (*lancer*) *flèche, regard* to shoot (*sur* at). **le soleil dardait ses rayons** the sun's rays beat down (*sur* on). (b) (*dresser*) *piquants* to point.
dare-dare* [daʀdaʀ] *loc adv* double-quick.
datation [datasjɔ̃] *nf* dating.
date [dat] *nf* date. **~ de naissance** date of birth; **à quelle ~?** on what date?; **à cette ~-là** by that time, by then; **lettre en ~ du 23 mai** letter dated May 23rd; **~ limite** deadline; **prendre ~ avec qn** to set ou fix a date with sb; **faire ~** *[événement]* to stand out (*dans* in); **le premier/dernier en ~** the first/latest ou most recent; **sans ~** undated; **de longue ~** (*adj*) long-standing; **de fraîche ~** (*adj*) recent; **connaître qn de longue/fraîche ~** to have known sb for a long/short time.
dater [date] (1) **1** *vt* to date. **daté du 6/de Paris** dated from the 6th/from Paris; **non daté** undated. **2** *vi* (a) **~ de** to date back to, date from; **à ~ de demain** as from tomorrow, from tomorrow onwards; **de quand date votre dernière rencontre?** when did you last meet? (b) (*faire date*) *[événement]* to stand out (*dans* in); (*être démodé*) to be dated.
datif, -ive [datif, iv] *adj, nm* dative.
datte [dat] *nf* date. ♦ **dattier** *nm* date palm.
daube [dob] *nf* stew, casserole. **bœuf en ~** casserole of beef, beef stew.
dauphin [dofɛ̃] *nm* (a) (*Zool*) dolphin. (b) (*Hist*) **le D~** the Dauphin. (c) (*fig: successeur*) heir apparent.
Dauphine [dofin] *nf* Dauphine.
daurade [doʀad] *nf* sea bream.
davantage [davɑ̃taʒ] *adv* (a) (*plus*) more; (*négatif*) any more; (*interrogatif*) (any) more (*que* than). **bien/encore ~** much/still more. (b)

(plus longtemps) longer; *(négatif, interrogatif)* any longer *(que* than). **(c)** *(de plus en plus)* more and more. **chaque jour** ~ more and more every day. **(d)** ~ **de** (some) more; *(négatif)* any more.

de [d(ə)] *(devant voyelle et h muet:* **d'**; *contraction avec* **le, les: du, des)** **1** *prép* **(a)** *(provenance)* out of, from; *(localisation)* in, on. **sortir** ~ **la maison** to come out of the house; **arriver du Japon** to arrive from Japan; **l'avion** ~ **Londres** *(provenance)* the plane from London; *(destination)* the plane for London, the London plane; **les magasins** ~ **Paris** the Paris shops, the shops in Paris; **les voisins du 2e** the neighbours on the 2nd floor; **le meilleur** ~ **la classe/du monde** the best in the class/in the world; **né** ~ **parents pauvres** born of poor parents; ~ **6 qu'ils étaient au départ** (out) of the original 6.
(b) *(appartenance)* of. **la maison** ~ **mon ami** the house of my friend, my friend's house; **un roman** ~ **Wells** a novel by Wells, a novel of Wells'; **le pied** ~ **la table** the leg of the table, the table leg.
(c) *(caractérisation)* of. **regard** ~ **haine** look of hatred; **le professeur d'anglais** the English teacher, the teacher of English; **objet** ~ **cristal/ métal** crystal/metal object; **il est d'une bêtise!** he's so stupid!; **c'est bien** ~ **lui!** it's just like him *ou* typical of him!; **2 verres** ~ **cassés** 2 broken glasses, 2 glasses broken.
(d) *(contenu)* of. **une tasse** ~ **thé** a cup of tea.
(e) *(temps)* ~ **jour** by day, during the day; ~ **6 à 8** from 6 to 8; **3 heures du matin** 3 (o'clock) in the morning; **il n'a rien fait** ~ **l'année** he hasn't done a thing all year; **d'une minute à l'autre** *(incessamment)* any minute now; *(progressivement)* from one minute to the next; **3 jours** ~ **libre** 3 days free.
(f) *(mesure)* **pièce** ~ **6 m²** room measuring 6 m²; **enfant** ~ **5 ans** 5-year-old child; **promenade** ~ **3 heures/km** 3-hour/3-km walk; **ce poteau a 5 mètres** ~ **haut** this post is 5 metres high; **plus grand** ~ **5 cm** 5 cm taller; **il gagne 9 F** ~ **l'heure** he earns 9 francs an hour *ou* per hour.
(g) *(moyen, manière, cause)* **frapper** ~ **la main** to strike with one's hand; **se nourrir** ~ **racines** to live on roots; **il vit** ~ **sa peinture** he lives by his painting; **faire qch** ~ **rien** to make sth out of nothing; **parler d'une voix ferme** to speak in a firm voice; **mourir** ~ **vieillesse** to die of old age; **rougir** ~ **honte** to blush with shame; ~ **colère, il la gifla** he slapped her in anger; **étonné** ~ **voir** astonished at seeing *ou* to see.
(h) *(copule)* **décider** ~ **faire** to decide to do; **empêcher qn** ~ **faire** to prevent sb from doing; **content** ~ **qch** pleased with sth; **le mois** ~ **juin** the month of June; **le prénom** ~ **Paul** the name Paul; **ton idiot** ~ **fils** that stupid son of yours; **ce cochon** ~ **temps** this rotten weather; **et elle** ~ **se moquer** ~ **nous!** and she poked fun at us!

2 *art partitif (affirmation)* some *(souvent omis)*; *(interrogation)* any, some; *(négation)* any, no. **boire** ~ **l'eau au robinet** to drink (some) water from the tap; **voulez-vous du pain?** do you want any bread?; **il n'y a plus d'espoir** there is no hope left; **c'est du vol!** that's robbery!; **faire du bruit** to make a noise; **avoir** ~ **l'humour** to have a sense of humour; **il y a** ~ **la lumière** there's a light on.

3 *des, de art indéf pl* some *(souvent omis)*; *(négation)* any, no. **des enfants ont cassé les carreaux** some children have broken the window panes; **je n'ai pas de voisins** I haven't any neighbours, I have no neighbours; **j'ai attendu des heures (et des heures)** I waited for hours (and hours).

dé [de] *nm* **(a)** ~ **(à coudre)** thimble; *(petit verre)* tiny glass. **(b)** *(Jeux)* die, dice. ~**s** dice; **les** ~**s sont jetés** the die is cast; *(Culin)* **couper en** ~**s** to dice.

déambuler [deåbyle] (1) *vi* to stroll (about).

débâcle [debɑkl(ə)] *nf [armée]* rout; *[régime]* collapse; *[glaces]* breaking up.

déballer [debale] (1) **1** *vt* **affaires** to unpack; **marchandises** to display; **(*)** **sentiments** to pour out. ♦ **déballage** *nm (action)* unpacking; *(marchandises)* display *(of loose goods)*.

débandade [debɑ̃dad] *nf (déroute)* headlong flight; *(dispersion)* scattering. **en** ~ in disorder.

débander [debɑ̃de] (1) **1** *vt (Méd)* to unbandage. ~ **les yeux de qn** to remove the blindfold from sb's eyes. **2 se** ~ *vpr [armée]* to scatter.

débaptiser [debatize] (1) *vt* to rename.

débarbouiller *vt*, **se** ~ *vpr* [debaʀbuje] (1) to wash.

débarcadère [debaʀkadɛʀ] *nm* landing stage.

débardeur [debaʀdœʀ] *nm (ouvrier)* docker; *(vêtement)* slipover.

débarquer [debaʀke] (1) **1** *vt (gén, Mil)* to land; **marchandises** to unload. **2** *vi* to disembark, land. **il a débarqué chez moi*** he turned up at my place; **tu débarques!*** where have you been? ♦ **débarquement** *nm* landing; unloading.

débarras [debaʀa] *nm (pièce)* lumber room; *(placard)* cupboard. **bon** ~**!** good riddance!

débarrasser [debaʀase] (1) **1** *vt* **(a)** *local* to clear *(de* of). ~ **(la table)** to clear the table; **débarrasse le plancher!*** clear off!*, make yourself scarce!*.
(b) ~ **qn de** *fardeau* to relieve sb of; **ennemi, mal** to rid sb of; **liens** to release sb from. **2 se** ~ *vpr:* **se** ~ **de** *(gén)* to get rid of, rid o.s. of; **vêtement** to take off, remove.

débat [deba] *nm* discussion, debate. *(Jur, Pol)* ~**s** debates.

débattre [debatʀ(ə)] (41) **1** *vt* to discuss, debate. **2 se** ~ *vpr* to struggle, wrestle *(contre* with).

débauchage [deboʃaʒ] *nm (Écon)* laying off.

débauche [deboʃ] *nf* **(a)** *(vice)* debauchery. **partie de** ~ orgy. **(b)** *(abondance)* ~ **de** profusion of; ~ **de couleurs** riot of colour.

débaucher [deboʃe] (1) **1** *vt (†: corrompre)* to debauch; *(licencier)* to lay off. **2 se** ~ *vpr* to become debauched. ♦ **débauché, e 1** *adj* debauched. **2** *nm,f* debauchee.

débile [debil] *adj* **corps, esprit** feeble; *(péj)* moronic. **c'est un** ~ **mental** *(lit)* he is mentally deficient; *(péj)* he's a moron. ♦ **débilité** *nf:* ~ **(mentale)** mental deficiency.

débiliter [debilite] (1) *vt [climat]* to debilitate, enervate; *[propos]* to demoralize.

débiner* [debine] (1) **1** *vt* to run down. **2 se** ~ *vpr* to clear off*.

débit [debi] **1** *nm* **(a)** *(Fin)* debit. **mettre 10 F au** ~ **de qn** to debit sb with 10 francs. **(b)** *(Comm: vente)* turnover. **cette boutique a du** ~ this shop has a quick turnover. **(c)** *[fleuve, pompe]* flow; *[tuyau]* discharge; *[machine, gaz]* output. **(d)** *(élocution)* delivery. **2:** ~ **de boissons** *(Admin)* drinking establishment; ~ **de tabac** tobacconist's (shop).

débitant, e [debitɑ̃, ɑ̃t] *nm,f:* ~ **(de boissons)** ~ licensed grocer; ~ **(de tabac)** tobacconist.

débiter [debite] (1) *vt* **compte** to debit; **marchandises** to retail, sell; *[usine]* to produce; *(péj: dire)* to pour out; *(tailler)* to cut up.

débiteur, -trice [debitœʀ, tʀis] **1** *adj* **solde** debit. **mon compte est** ~ **de 50 F** my account has a debit balance of 50 francs. **2** *nm,f (Fin, fig)* debtor.

déblayer [debleje] (8) *vt* **décombres** to clear away; **chemin** to clear; **pièce** to clear up; **travail** to prepare. ♦ **déblaiement** *nm* clearing. ♦ **déblais** *nmpl (gravats)* rubble; *(terre)* earth.

débloquer [debloke] (1) **1** *vt* **(a)** **compte, prix** to free; **stocks, crédits** to release. **(b)** **machine** to unjam; **écrou, freins** to release; **route** to unblock. **2** *vi (*)* *(dire des bêtises)* to talk twaddle*; *(être fou)* to be off one's rocker*. ♦ **déblocage** *nm* freeing; releasing; unjamming; unblocking.

déboires [debwaʀ] *nmpl (déceptions)* disappoint-

ments; (*échecs*) setbacks; (*ennuis*) difficulties.
déboiser [debwaze] (1) *vt montagne* to deforest; *forêt* to clear of trees. ♦ **déboisement** *nm* deforestation; clearing.
déboîter [debwate] (1) **1** *vt membre* to dislocate; *tuyaux* to disconnect; *objet* to dislodge. se ~ l'épaule to dislocate one's shoulder. **2** *vi* (*Aut*) to pull out. ♦ **déboîtement** *nm* dislocation; pulling out.
débonnaire [debɔnɛʀ] *adj personne* good-natured; *air* kindly.
débordant, e [debɔʀdɑ̃, ɑ̃t] *adj activité* exuberant; *joie* overflowing. (*Mil*) mouvement ~ outflanking manoeuvre.
débordement [debɔʀdəmɑ̃] *nm* (a) ~(s) *[liquide]* overflowing; (*par ébullition*) boiling over; (*Mil, Sport*) outflanking. (b) *[joie]* outburst; *[paroles]* torrent; *[activité]* explosion. (*débauches*) ~s excesses.
déborder [debɔʀde] (1) **1** *vi* (a) *[liquide]* (*gén*) to overflow; (*en bouillant*) to boil over. plein à ~ full to the brim *ou* to overflowing (*de* with); ~ de la casserole to overflow (*ou* boil over) the saucepan; (*fig*) cela a fait ~ le vase, c'est la goutte qui a fait ~ le vase that was the last straw; ~ de santé *etc* to be bursting with health *etc*. (b) (*d'un alignement*) to stick out; (*en dessinant*) to go over the edge. **2** *vt* (a) (*dépasser*) (*gén*) to extend beyond; (*Mil, Sport*) to outflank; (*d'un alignement*) to stick *ou* jut out beyond. être débordé de travail to be snowed under with work*. (b) *lit* to untuck.
déboucher [debuʃe] (1) **1** *vt tuyau* to unblock; *bouteille* to uncork; *tube* to uncap. **2** *vi*: ~ de to emerge from, come out of; ~ sur qch *[rue]* to run *ou* open into sth; *[voiture]* to come out *ou* emerge into sth; *[discussion]* to lead up to sth. **3** se ~ *vpr* *[tuyau]* to come unblocked. ♦ **débouchage** *nm* unblocking; uncorking. ♦ **débouché** *nm [pays, économie]* outlet; *[vallée, carrière]* opening.
déboucler [debukle] (1) *vt ceinture* to unbuckle, undo.
débouler [debule] (1) **1** *vi [lapin]* to bolt; (*dégringoler*) to tumble down. **2** *vt* (*: dévaler*) to belt down*.
débourser [debuʀse] (1) *vt* to pay out, lay out. ♦ **débours** *nm* outlay.
debout [dəbu] *adv, adj inv* (a) *personne* standing; (*levé*) up. être ~ to stand; (*levé*) to be up; (*guéri*) to be up and about; se mettre ~ to stand up, get up; rester ~ to remain standing; (*veiller*) to stay up; il l'aida à se remettre ~ he helped him back up *ou* back to his feet; ~! get up!, on your feet! (b) *objet* standing upright. mettre qch ~ to stand sth upright; tenir ~ *[objet]* to stand up; *[édifice]* to be standing; *[théorie]* to stand, hold; ça ne tient pas ~ ce que tu dis what you say doesn't stand up *ou* doesn't hold water.
déboutonner [debutɔne] (1) **1** *vt* to unbutton, undo. **2** se ~ *vpr [personne]* to unbutton *ou* undo o.s.; *[habit]* to come unbuttoned *ou* undone.
débraillé, e [debʀɑje] **1** *adj tenue* untidy; *manières* slovenly; *style* sloppy. **2** *nm* slovenliness; sloppiness.
débrancher [debʀɑ̃ʃe] (1) *vt* (*gén*) to disconnect.
débrayer [debʀeje] (8) *vi* (*Aut*) to disengage the clutch; (*faire grève*) to stop work. ♦ **débrayage** *nm* clutch; stoppage.
débridé, e [debʀide] *adj* unbridled.
débris [debʀi] *nm* (*gén*) fragment. les ~ (*décombres*) the debris (*sg*); (*détritus*) the rubbish; *[repas]* the leftovers *ou* scraps; *[armée, fortune]* the remains.
débrouiller [debʀuje] (1) **1** *vt fils* to disentangle; *papiers, problème* to sort out; *mystère* to unravel. ~ qn* to teach sb the basics. **2** se ~ *vpr* to manage. il m'a laissé me ~ tout seul he left me to cope alone *ou* sort things out myself. ♦ **débrouillard, e*** *adj* smart*, resourceful.

♦ **débrouillardise*** *nf* smartness*, resourcefulness.
débroussailler [debʀusaje] (1) *vt terrain* to clear; *problème* to do the spadework on.
débusquer [debyske] (1) *vt* to drive out.
début [deby] *nm* (a) (*gén*) beginning, start. du ~ à la fin from beginning to end; salaire de ~ starting salary; dès le ~ from the outset *ou* start *ou* beginning; au ~ at first, in the beginning; au ~ du mois prochain early next month. (b) ~s start; à ses ~s projet in its early stages; faire ses ~s (*gén*) to start; (*Théât*) to make one's début.
débutant, e [debytɑ̃, ɑ̃t] **1** *adj* novice. **2** *nm,f* (*gén*) beginner, novice; (*Théât*) debutant actor (*ou* actress).
débuter [debyte] (1) **1** *vi* to start, begin (*par, sur* with); *[acteur]* to make one's début (*dans* in). **2** *vt* (*: *) to start, begin.
déca [deka] *préf* deca.
deçà [dəsa] *adv* (a) en ~ de *fleuve* on this side of; en ~ de ses moyens within his means; c'est très en ~ de la vérité it is far short of the truth. (b) (*littér*) ~, delà here and there.
décacheter [dekaʃte] (4) *vt lettre* to unseal, open. ♦ **décachetage** *nm* unsealing, opening.
décade [dekad] *nf* (*décennie*) decade; (*dix jours*) period of ten days.
décadence [dekadɑ̃s] *nf* (*processus*) decline; (*état*) decadence. tomber en ~ to fall into decline. ♦ **décadent, e** **1** *adj* decadent, declining. **2** *nm,f* decadent.
décaféiner [dekafeine] (1) *vt* to decaffeinate.
décalage [dekalaʒ] *nm* (*entre concepts*) gap; (*entre cause et effet*) interval, time-lag (*entre* between). ~ horaire time difference.
décalaminer [dekalamine] (1) *vt* to decarbonize.
décalcifier [dekalsifje] (7) *vt* to decalcify. ♦ **décalcification** *nf* decalcification.
décalcomanie [dekalkɔmani] *nf* (*image*) transfer. faire de la ~ to do transfers.
décaler [dekale] (1) *vt* (a) (*avancer*) to move forward; (*reculer*) to move back. se ~ d'un rang to move forward (*ou* back) a row; décalé par rapport aux autres out of line with *ou* sticking out beyond the others; décalé d'une heure (*avancé*) brought forward an hour; (*retardé*) put back an hour. (b) (*déséquilibrer*) to unwedge.
décalquer [dekalke] (1) *vt* to trace; (*par pression*) to transfer. ♦ **décalque** *nm* tracing; transfer.
décamper* [dekɑ̃pe] (1) *vi* to clear off*.
décanter [dekɑ̃te] (1) **1** *vt* to allow to settle. **2** se ~ *vpr [vin]* to settle; *[idées]* to become clear. laisser les choses se ~ to let things clarify themselves, allow the dust to settle. ♦ **décantation** *nf* settling; clarification.
décaper [dekape] (1) *vt* (*gén*) to clean; (*à l'abrasif*) to scour; (*à l'acide*) to pickle; (*à la brosse*) to scrub; (*au papier de verre*) to sand.
décapiter [dekapite] (1) *vt personne* to behead; (*accidentellement*) to decapitate; (*fig*) parti to remove the top men from. ♦ **décapitation** *nf* beheading.
décapotable [dekapɔtabl(ə)] *adj* (*Aut*) convertible.
décapsuler [dekapsyle] (1) *vt* to take the cap *ou* top off. ♦ **décapsuleur** *nm* bottle-opener.
décarcasser (se)* [dekaʀkase] (1) *vpr* to go to a lot of trouble (*pour* to).
décati, e [dekati] *adj* (*péj*) *vieillard* decrepit; *visage* aged; *beauté* faded.
décéder [desede] (6) *vi* to die. ♦ **décédé, e** *adj* deceased.
déceler [desle] (5) *vt* (*trouver*) to detect; (*montrer*) to indicate. ♦ **décelable** *adj* detectable.
décélération [deseleʀasjɔ̃] *nf* deceleration.
décembre [desɑ̃bʀ(ə)] *nm* December; V septembre.
décence [desɑ̃s] *nf* (*bienséance*) decency.

♦ **décemment** *adv* decently. ♦ **décent, e** *adj* decent.

décennie [deseni] *nf* decade.

décentraliser [desɑ̃tʀalize] (1) *vt* to decentralize.

♦ **décentralisation** *nf* decentralization.

déception [desɛpsjɔ̃] *nf* disappointment.

décerner [desɛʀne] (1) *vt* to award.

décès [desɛ] *nm* death.

décevoir [desvwaʀ] (28) *vt* to disappoint.

♦ **décevant, e** *adj* disappointing.

déchaîner [deʃene] (1) **1** *vt* *violence* to unleash; *enthousiasme* to arouse; *opinion publique* to rouse; *campagne (organiser)* to set up; *(avoir comme résultat)* to trigger off. ~ les huées/les rires to raise a storm of booing/laughter. **2 se** ~ *vpr [fureur]* to burst out; *[rires, tempête]* to break out; *[personne]* to loose one's anger *(contre* upon). ♦ **déchaîné, e** *adj passions, flots* raging; *enthousiasme, personne* wild; *opinion publique* furious. **il est** ~ **contre moi** he is furious with me. ♦ **déchaînement** *nm* bursting out; breaking out; *[passions etc]* fury. **un** ~ **d'injures** a torrent of abuse.

déchanter [deʃɑ̃te] (1) *vi* to become disillusioned.

décharge [deʃaʀʒ(ə)] *nf* (a) *(salve)* volley of shots. ~ **(électrique)** electrical discharge. (b) *(Jur)* discharge; *(Comm: reçu)* receipt. *(fig)* il faut dire à sa ~ que ... it must be said in his defence that ... . (c) *(dépôt)* ~ **(publique)** rubbish *ou* garbage *(US)* dump.

décharger [deʃaʀʒe] (3) *vt* *véhicule, bagages* to unload *(de* from); *conscience* to unburden *(auprès de* to); *accusé, arme* to discharge. ~ **sa colère** to vent one's anger *(sur qn* on sb); ~ **qn de tâche** to relieve sb of; ~ **de ses responsabilités** to pass off *ou* off-load one's responsibilities *(sur qn* onto sb); *(Élec)* **se** ~ to go flat, lose its charge. ♦ **déchargement** *nm* unloading.

décharné, e [deʃaʀne] *adj corps* emaciated; *doigts* bony; *visage* gaunt; *paysage* bare.

déchausser [deʃose] (1) **1** *vt*: ~ **un enfant** to take a child's shoes off. **2 se** ~ *vpr [personne]* to take one's shoes off; *[dents]* to come loose. ♦ **déchaussé, e** *adj personne* barefooted.

déchéance [deʃeɑ̃s] *nf* *(morale)* decay; *(physique)* degeneration; *(Rel)* fall; *(Pol) [souverain]* deposition.

déchet [deʃɛ] *nm [viande, tissu]* scrap; *(perte)* waste. ~**s radio-actifs** radioactive waste; **jeter les** ~**s à la poubelle** to throw the rubbish out; **il y a du** ~ there is some wastage; *(péj)* ~ **(humain)** human wreck.

déchiffrer [deʃifʀe] (1) *vt* *message* to decipher; *code* to decode; *(Mus)* to sight-read; *énigme* to unravel. ♦ **déchiffrable** *adj* decipherable; decodable. ♦ **déchiffrage** *nm* deciphering; decoding; sight-reading; unravelling.

déchiqueter [deʃikte] (4) *vt* *(lit, fig)* to tear to pieces. **déchiqueté par l'explosion** blown to pieces by the explosion. ♦ **déchiqueté, e** *adj relief* jagged; *corps* mutilated.

déchirer [deʃiʀe] (1) **1** *vt*: (a) *(lacérer)* to tear up; *(faire un accroc)* to tear, rip; *(arracher)* to tear out *(de* from); *(ouvrir)* to tear open. ~ **en deux** to tear in two. *[querelle, remords]* to tear apart. **cris qui déchirent l'air/les oreilles** cries which rend the air/split one's ears; **spectacle qui déchire le cœur** heartrending *ou* harrowing sight. **2 se** ~ *vpr [vêtement]* to tear, rip; *[sac]* to burst; *[cœur]* to break; *[couple]* to tear each other apart. **se** ~ **un muscle** to tear a muscle; **se** ~ **les mains** to graze one's hands. ♦ **déchirant, e** *adj* heartbreaking. ♦ **déchirement** *nm (douleur)* wrench, heartbreak. *(Pol: divisions)* ~**s** rifts. ♦ **déchirure** *nf [tissu]* tear, rip; *[ciel]* break in the clouds. **se faire une** ~ **musculaire** to tear a muscle.

déchoir [deʃwaʀ] (25) *vi [personne]* to demean

o.s.; *[réputation, influence]* to wane. ♦ **déchu, e** *adj roi* deposed; *(Rel)* fallen. *(Jur)* **être** ~ **de ses droits** to be deprived of one's rights.

déci [desi] *préf* deci.

décidé, e [deside] *adj air, ton* determined, decided; *personne* determined *(à faire* to do); *question* settled, decided. **bon, c'est** ~ **right**, that's settled then.

décidément [desidemɑ̃] *adv (certainement)* certainly, undoubtedly, indeed; *(vraiment)* really. ~, **il est fou** he's really mad.

décider [deside] (1) **1** *vt* (a) *(établir)* ~ **qch** to decide on sth; ~ **que** to decide that; ~ **de faire qch/de ne pas faire qch** to decide to do sth/against doing sth; **c'est à lui de** ~ it's up to him to decide. (b) *(persuader) [personne]* to persuade; *[conseil, événement]* to decide. ~ **qn à faire** to persuade sb to do. (c) *[chose] (provoquer)* to cause, bring about. **2** ~ **de** *vt indir*: ~ **de qch** *[personne]* to decide on sth; *[événements]* to decide *ou* determine sth; **le sort en a décidé autrement** fate has decided *ou* ordained otherwise. **3 se** ~ *vpr* (a) *[personne]* to come to *ou* make a decision, make up one's mind. **se** ~ **à** *ou* **pour qch** to decide on sth; **je ne peux pas me** ~ **à lui mentir** I cannot bring myself *ou* I cannot make up my mind to lie to him. (b) *[problème]* to be decided *ou* settled. **est-ce qu'il va se** ~ **à faire beau?*** do you think it'll turn out fine after all?

décimal, e, *mpl* **-aux** [desimal, o] *adj, nf* decimal.

décimer [desime] (1) *vt* to decimate. ♦ **décimation** *nf* decimation.

décisif, -ive [desizif, iv] *adj (gén)* decisive; *argument* conclusive; *coup, facteur* deciding.

décision [desizjɔ̃] *nf (choix, verdict)* decision; *(fermeté)* decisiveness. **soumettre qch à la** ~ **de qn** to submit sth to sb for his decision.

déclamer [deklame] (1) **1** *vt* to declaim; *(péj)* to spout. **2** *vi (péj)* to rant. *(littér)* ~ **contre** to inveigh against. ♦ **déclamation** *nf (art)* declamation. *(péj)* ~**(s)** ranting. ♦ **déclamatoire** *adj (gén)* declamatory; *(péj) ton* ranting.

déclarable [deklaʀabl(ə)] *adj* declarable.

déclaration [deklaʀɑsjɔ̃] **1** *nf (proclamation)* declaration; *(discours, commentaire)* statement; *(aveu)* admission; *(révélation)* revelation; *[décès]* registration; *[vol]* notification. **2:** ~ **(d'amour)** declaration of love; ~ **de guerre** declaration of war; ~ **d'impôts** statement of income; *(formulaire)* tax return; ~ **sous serment** statement under oath.

déclaré, e [deklaʀe] *adj opinion* professed; *athée, ennemi* avowed; *intention* avowed, declared.

déclarer [deklaʀe] (1) **1** *vt (gén)* to declare; *(annoncer)* to announce; *(avouer)* to admit; *décès* to register; *vol* to notify. ~ **la guerre** to declare war *(à* on); ~ **qn coupable** to find sb guilty; ~ **que** ... to declare that ...; **je vous déclare que** I tell you that. **2 se** ~ *vpr* (a) **se** ~ **en faveur de** to declare o.s. *ou* come out in favour of; **se** ~ **satisfait** to declare o.s. satisfied; **se** ~ **offensé** to say one is offended. (b) *[incendie, épidémie]* to break out. (c) *[amoureux]* to declare one's love.

déclasser [deklɑse] (1) *vt coureur* to relegate; *fiches* to get out of order. ♦ **déclassement** *nm* relegation.

déclencher [deklɑ̃ʃe] (1) **1** *vt mécanisme* to release; *sonnerie* to set off; *ouverture* to activate; *attaque, grève* to launch; *catastrophe, commentaires* to trigger off; *(Mil) tir* to open. **2 se** ~ *vpr [mécanisme]* to release itself; *[sonnerie]* to go off; *[attaque, grève]* to start; *[crise]* to be triggered off. ♦ **déclenchement** *nm* release; setting off; triggering off; activating; launching; starting; opening. ♦ **déclencheur** *nm (Tech)* release mechanism.

déclic [deklik] *nm (bruit)* click; *(mécanisme)* trigger mechanism.

décliner [dekline] (1) **1** *vt* (a) *nom, identité* to state, give; *offre* to decline, refuse. ~ **toute responsabilité** to decline *ou* refuse to accept any responsibility. (b) (*Ling*) to decline. **2** *vi* (a) (*s'affaiblir*) (*gén*) to decline; *[santé]* to deteriorate; *[ardeur, beauté]* to wane, fade. (b) (*baisser*) *[jour]* to draw to a close; *[soleil]* to go down; *[lune]* to wane; *[astre]* to set. ♦ **déclin** *nm* decline; deterioration; waning; fading (*de* in). le ~ **du jour/de la vie** the close of day/of life; **être à son** ~ *[soleil]* to be setting; *[lune]* to be waning; **être en** ~ to be on the decline. ♦ **déclinable** *adj* declinable. ♦ **déclinaison** *nf* (*Ling*) declension; (*Astron, Phys*) declination.
déclivité [deklivite] *nf* incline.
décocher [dekɔʃe] (1) *vt flèche, regard* to shoot; *coup* to throw; *ruade, remarque* to let fly.
décoder [dekɔde] (1) *vt code* to decode; *message* to decipher. ♦ **décodage** *nm* decoding; deciphering.
décoiffer [dekwafe] (1) *vt*: ~ **qn** (*cheveux*) to disarrange sb's hair; (*chapeau*) to take sb's hat off; **je suis toute décoiffée** my hair is in a mess; **se** ~ to take one's hat off.
décoincer [dekwɛ̃se] (3) *vt* (*gén*) to unjam.
décolérer [dekɔleRe] (6) *vi*: **il ne décolère pas depuis hier** he hasn't calmed down *ou* cooled off* since yesterday.
décoller [dekɔle] (1) **1** *vt* (*gén*) to unstick; (*) *poursuivants* to shake off. **2** *vi* (*Aviat, fig*) to take off; (*) *[gêneur]* to budge. **3 se** ~ *vpr [timbre]* to come unstuck. ♦ **décollage** *nm* (*Aviat*) takeoff.
décolleté, e [dekɔlte] **1** *adj robe* low-cut. ~ **dans le dos** cut low at the back. **2** *nm* low neckline.
décoloniser [dekɔlɔnize] (1) *vt* to decolonize. ♦ **décolonisateur, -trice 1** *adj* decolonizing. **2** *nm,f* decolonizer. ♦ **décolonisation** *nf* decolonization.
décolorer [dekɔlɔre] (1) **1** *vt liquide* to decolour; *cheveux* to bleach; *tissu* to fade. **lèvres décolorées** colourless lips. **se** ~ *vpr* (*gén*) to lose its colour; *[tissu]* to fade. ♦ **décoloration** *nf* (*gén*) decoloration. **se faire faire une** ~ to have one's hair bleached.
décombres [dekɔ̃bR(ə)] *nmpl* rubble, debris (*sg*).
décommander [dekɔmɑ̃de] (1) **1** *vt marchandise, invitation* to cancel; *invités* to put off. **2 se** ~ *vpr* to cancel an appointment.
décomposer [dekɔ̃poze] (1) **1** *vt* (a) *mouvement, lumière* to break up; *problème, phrase* to break down; (*Chim*) to decompose. (b) (*altérer*) *visage* to contort; *viande* to cause to decompose. **2 se** ~ *vpr [viande]* to decompose; *[visage]* to change dramatically. ♦ **décomposition** *nf* decomposition; breaking up; breaking down; contortion. **en** ~ *cadavre* in a state of decomposition; *société* in decay.
décompte [dekɔ̃t] *nm* (*compte*) detailed account; (*déduction*) deduction. **faire le** ~ **des points** to count up the points. ♦ **décompter** (1) *vt* to deduct.
déconcentrer [dekɔ̃sɑ̃tRe] (1) **1** *vt* (*Admin*) to devolve, decentralize; (*Ind*) to disperse. **2 se** ~ *vpr* (*Sport*) to lose concentration.
déconcerter [dekɔ̃sɛRte] (1) *vt* to disconcert.
déconfit, e [dekɔ̃fi, it] *adj* crestfallen, downcast.
déconfiture* [dekɔ̃fityR] *nf* defeat; (*financière*) (financial) collapse.
décongeler [dekɔ̃ʒle] (5) *vt* to thaw (out).
décongestionner [dekɔ̃ʒɛstjɔne] (1) *vt* (*Méd*), *rue* to relieve congestion in; *administration* to relieve the pressure on.
déconnecter [dekɔnɛkte] (1) *vt* to disconnect.
déconseiller [dekɔ̃sɛje] (1) *vt*: ~ **qch à qn** to advise sb against sth; **c'est déconseillé** it's inadvisable.
déconsidérer [dekɔ̃sidere] (6) *vt* to discredit.
décontenancer [dekɔ̃tnɑ̃se] (3) *vt* to disconcert.
décontracter *vt*, **se** ~ *vpr* [dekɔ̃tRakte] (1) to

relax. ♦ **décontraction** *nf* relaxation.
déconvenue [dekɔ̃vny] *nf* disappointment.
décor [dekɔR] *nm* (a) (*Théât*) le ~, les ~s the scenery, the décor; ~ **de cinéma/théâtre** film/stage set; **quel beau** ~! what a lovely set!; *[véhicule]* **entrer dans le** ~* to run off the road; **envoyer qn dans le** ~* to force sb off the road. (b) (*paysage*) scenery; (*milieu*) setting. ♦ **décorateur, -trice** *nm,f* (a) (*d'intérieurs*) (interior) decorator. (b) (*Théât*) set designer. ♦ **décoratif, -ive** *adj* decorative. ♦ **décoration** *nf* decoration. ♦ **décorer** (1) *vt* (*gén*) to decorate; *robe* to trim.
décortiquer [dekɔRtike] (1) *vt crevettes* to shell; *riz* to hull; *texte* to dissect.
décorum [dekɔRɔm] *nm*: le ~ decorum.
découcher [dekuʃe] (1) *vi* to stay out all night.
découdre [dekudR(ə)] (48) **1** *vt* (a) *vêtement* to unpick; *bouton* to take off. (b) (*littér*) **en** ~ to fight. **2 se** ~ *vpr [robe]* to come unstitched; *[bouton]* to come off.
découler [dekule] (1) *vi* to ensue, follow (*de* from).
découpage [dekupaʒ] *nm* (a) *[papier, gâteau]* cutting up; *[viande]* carving; *[image, métal]* cutting out; (*Ciné*) cutting. ~ **électoral** division into constituencies. (b) (*image*) cut-out (figure).
découpé, e [dekupe] *adj relief, côte* jagged, indented; *feuille* jagged.
découper [dekupe] (1) **1** *vt viande* to carve; *gâteau, papier, tissu* to cut up; *images, métal* to cut out. **indentations qui découpent la côte** indentations which cut into the coastline. **2 se** ~ *vpr [silhouette]* to stand out (*sur* against).
découpure [dekupyR] *nf* (a) (*contour*) jagged *ou* indented outline. ~**s** *[côte]* indentations. (b) (*morceau*) piece cut out.
décourager [dekuRaʒe] (3) **1** *vt* (*démoraliser*) to discourage, dishearten; (*dissuader*) to discourage, put off. ~ **qn d'une entreprise** to discourage sb from an undertaking, put sb off an undertaking. **2 se** ~ *vpr* to lose heart, become discouraged. ♦ **décourageant, e** *adj* disheartening, discouraging. ♦ **découragement** *nm* discouragement, despondency.
décousu, e [dekuzy] *adj* (*Couture*) unstitched; (*fig*) disjointed.
découvert, e [dekuvɛR, ɛRt(ə)] **1** *adj tête* bare, uncovered; *lieu* open, exposed. **être à** ~ to be exposed; **agir à** ~ to act openly. **2** *nm* (*compte*) overdraft; *[caisse]* deficit. **tirer de l'argent à** ~ to overdraw one's account. **3** *nf* discovery. **aller à la** ~**e de** to go in search of.
découvrir [dekuvRiR] (18) **1** *vt* (a) (*trouver*) to discover; *cause, vérité* to discover, find out, unearth. ~ **que/comment** to find out *ou* discover that/how; **elle s'est découvert un cousin en Amérique** she found out *ou* discovered she had a cousin in America; ~ **le pot aux roses*** to find out about the fiddle*. (b) *casserole* to take the lid off; *statue* to unveil; *corps, ruines* to uncover; *membres* to bare, uncover. **il resta découvert devant elle** he kept his hat off in her presence; *robe qui* **découvre le dos** dress which reveals the back. (c) *panorama* to see, have a view of. (d) ~ **ses projets** to reveal *ou* disclose one's plans (*à qn* to sb); **se** ~ **à qn** to confide in sb.
2 se ~ *vpr* (a) *[personne]* (*chapeau*) to take off one's hat; (*habits*) to take off one's clothes; (*couvertures*) to uncover o.s. **il ne faut pas se** ~ you must keep covered up. (b) (*Boxe, Escrime*) to leave o.s. open to attack. (c) *[ciel, temps]* to clear.
décrasser [dekRase] (1) *vt* (*gén*) to clean; *chaudière* to clean out. **se** ~ to give o.s. a good clean-up. ♦ **décrassage** *nm* cleaning; cleaning-out; clean-up.
décrépitude [dekRepityd] *nf [personne]* decrepitude; *[nation]* decay. **tomber en** ~ to

become decrepit; to decay. ♦ **décrépit, e** *adj* decrepit.

décréter [dekʀete] (6) *vt mobilisation, nomination* to order; *état d'urgence* to declare; *mesure (hum: décider)* to decree. ♦ **décret** *nm (gén)* decree.

décrier [dekʀije] (7) *vt (gén)* to disparage.

décrire [dekʀiʀ] (39) *vt (dépeindre)* to describe; *(parcourir)* to follow, describe. **l'avion décrivait des cercles** the plane flew in circles.

décrocher [dekʀɔʃe] (1) **1** *vt* **(a)** *rideau* to take down, unhook; *fermoir* to undo; *wagon* to uncouple; *téléphone (pour répondre)* to pick up, lift; *(pour l'empêcher de sonner)* to take off the hook; *objet coincé* to free. **le rideau s'est décroché** the curtain came unhooked. **(b)** (*: *obtenir*) to get, land*. **2** *vi* **(a)** *(Téléc)* to pick up *ou* lift the receiver. **(b)** *(Mil)* to break off the action. **(c)** (*) *(ne pas comprendre)* to fail to keep up; *(se désintéresser)* to drop out; *(cesser d'écouter)* to switch off*. ♦ **décroché** *nm (Constr)* recess.

décroiser [dekʀwaze] (1) *vt* to uncross.

décroître [dekʀwatʀ(ə)] (55) *vi (gén)* to decrease; *[fièvre, crue]* to go down; *[lune]* to wane; *[jour]* to get shorter; *[lumière]* to fade. ♦ **décroissance** *nf (gén)* decrease, decline *(de* in). ♦ **décrue** *nf [rivière]* fall in the level *(de* of).

décrotter [dekʀɔte] (1) *vt chaussures* to get the mud off.

déçu, e [desy] *adj* disappointed.

décupler [dekyple] (1) *vti* to increase tenfold; *(fig)* to double.

dédaigner [dedeɲe] (1) *vt (mépriser)* to scorn, disdain; *(négliger) offre, adversaire* to spurn; *menaces* to disregard. **ce n'est pas à ~ *(offre)*** it's not to be sniffed at *ou* despised; *(danger)* it can't just be shrugged off; *(littér)* **il dédaigna d'y aller** he did not deign to go; **il ne dédaigne pas la plaisanterie** *ou* **de plaisanter** he's not averse to a good joke. ♦ **dédaigneusement** *adv* disdainfully. ♦ **dédaigneux, -euse** *adj* disdainful *(de* of). ♦ **dédain** *nm* disdain *(de* for).

dédale [dedal] *nm [rues, idées]* maze.

dedans [d(ə)dā] **1** *adv* inside. **nous sommes restés (au-)~ toute la journée** we stayed indoors all day; **elle cherche son sac, tout son argent est ~** she is looking for her bag – all her money is in it; **du ~** from inside; **en *ou* au ~ (de lui)** deep down; **au ~ (de)** inside; **il est rentré ~*** *(accident)* he ran *ou* crashed straight into it; *(bagarre)* he laid into him*; **il s'est fichu ~*** he got it all wrong. **2** *nm* inside.

dédicacer [dedikase] (3) *vt* to autograph *(à qn* for sb), inscribe *(à qn* to sb). ♦ **dédicace** *nf* dedication; *(manuscrite)* inscription.

dédier [dedje] (7) *vt*: **~ à *(gén, Rel)*** to dedicate to; *efforts* to devote to.

dédire (se) [dediʀ] (37) *vpr (engagements)* to go back on one's word; *(affirmation)* to withdraw. ♦ **dédit** *nm (caution)* forfeit, penalty. **en cas de ~** if you fail to keep your word.

dédommager [dedɔmaʒe] (3) *vt*: **~ qn** to compensate sb *(de* for); **comment vous ~ du dérangement?** how can I ever make up for the trouble? ♦ **dédommagement** *nm* compensation. **en ~** in compensation *(de* for).

dédouaner [dedwane] (1) *vt (Comm)* to clear through customs; (*) *personne* to clear. ♦ **dédouanement** *nm* customs clearance.

dédoubler [deduble] (1) *vt classe* to divide in two. **~ un train** to put on a relief train; **je ne peux pas me ~*** I can't be in two places at once. ♦ **dédoublement** *nm (Psych)* **~ de la personnalité** dual personality.

déduction [dedyksjɔ̃] *nf* **(a)** *(Comm)* deduction. **~ faite de** after deduction of. **(b)** *(raisonnement)* deduction, inference; *(conclusion)* conclusion.

♦ **déductible** *adj* deductible. ♦ **déductif, -ive** *adj* deductive.

déduire [dedɥiʀ] (38) *vt (Comm)* to deduct *(de* from); *(conclure)* to deduce, infer *(de* from).

déesse [dees] *nf* goddess.

défaillance [defajās] *nf (évanouissement)* blackout; *(lit, fig: faiblesse)* weakness; *(panne)* fault, failure, breakdown *(de* in). **avoir une ~** *(évanouissement)* to faint, have a blackout; *(faiblesse)* to feel faint; **élève qui a des ~s** pupil who has certain shortcomings *ou* weak points *(en* in); **mémoire sans ~** faultless memory; **~ cardiaque** heart failure; **~ de mémoire** lapse of memory. ♦ **défaillant, e** *adj forces, mémoire* failing; *courage* weakening; *voix, pas* unsteady; *personne* weak, faint *(de* with). **candidat ~** candidate who fails to appear. ♦ **défaillir** (13) *vi [personne]* to faint; *[forces, courage]* to weaken. **sans ~** without flinching.

défaire [defeʀ] (60) **1** *vt* **(a)** *installation* to take down, dismantle; *nœud, fermeture, robe* to undo; *valise* to unpack. **~ le lit** *(changer les draps)* to strip the bed; *(se coucher)* to pull back the sheets; *(désordre)* to unmake the bed. **(b)** *contrat* to break. **elle se plaît à ~ tout ce que je fais** she takes pleasure in undoing everything I do. **(c)** *(littér) ennemi, armée* to defeat. **(d)** **~ qn de liens, gêneur** to rid sb of; *habitude* to break sb of. **2 se ~** *vpr* **(a)** *[ficelle]* to come undone. **(b)** **se ~ de gêneur** to get rid of; *idée* to put out of one's mind; *habitude* to break o.s. of; *collaborateur* to part with. ♦ **défait, e**[1] *adj visage* haggard; *cheveux* tousled; *lit* rumpled; *armée* defeated. ♦ **défaite**[2] *nf (Mil, fig)* defeat. ♦ **défaitisme** *nm* defeatism. ♦ **défaitiste** *adj, nmf* defeatist.

défalquer [defalke] (1) *vt* to deduct. ♦ **défalcation** *nf* deduction.

défaut [defo] *nm* **(a)** *[diamant, verre]* flaw; *[étoffe, machine]* fault; *[roman, système]* flaw, defect; *[personne]* fault, failing. **~ de prononciation** speech defect; **c'est un vilain ~** it's a bad fault; **sans ~** flawless, faultless. **(b)** *(désavantage)* drawback. **le ~ avec cette voiture, c'est que ...** the snag *ou* drawback with this car is that.... **(c)** *(manque)* **~ de raisonnement** lack of; *maind'œuvre* shortage of. **(d)** **faire ~** *[argent]* to be lacking; **le temps lui fait ~** he lacks time; **mes amis m'ont fait ~** my friends let me down; **à ~ de** for lack *ou* want of; **à ~ prenez du vinaigre** failing that use some vinegar; **être en ~** to be at fault; **prendre qn en ~** to catch sb out; **juger qn par ~** to judge sb in his absence; **calculer qch par ~** to calculate sth to the nearest decimal point; *(lit, fig)* **le ~ de la cuirasse** the chink in the armour.

défaveur [defavœʀ] *nf* disfavour *(auprès de* with). ♦ **défavorable** *adj* unfavourable *(à* to). ♦ **défavorablement** *adv* unfavourably.

défavoriser [defavɔʀize] (1) *vt [décision]* to penalize; *[timidité]* to put at a disadvantage. **j'ai été défavorisé par rapport aux autres** I was put at an unfair disadvantage compared with the others; **les couches défavorisées de la population** the underprivileged *ou* disadvantaged sections of the population.

défectif, -ive [defektif, iv] *adj verbe* defective.

défection [defeksjɔ̃] *nf [amis]* desertion; *[troupes]* failure to assist; *[candidats, invités]* failure to appear. **faire ~ *[partisans]*** to fail to lend support.

défectueux, -euse [defektɥø, øz] *adj* defective. ♦ **défectuosité** *nf (état)* defectiveness; *(défaut)* defect, fault *(de* in).

défendable [defɑ̃dabl(ə)] *adj* defensible.

défendeur, -deresse [defɑ̃dœʀ, dʀes] *nm,f (Jur)* defendant.

défendre [defɑ̃dʀ(ə)] (41) **1** *vt* **(a)** *(protéger) (gén)* to defend; *opinion* to stand up for; *cause* to champion; *(contre* against); *(du froid)* to protect

(*de* from). **(b)** (*interdire*) ~ qch à qn to forbid sb
sth; ~ à qn de faire to forbid sb to do; **il est
défendu de fumer** smoking is prohibited *ou* not
allowed. **2 se** ~ *vpr* **(a)** (*se protéger*) to defend
o.s. (*contre* against). **se** ~ **de la pluie** to protect
o.s. from the rain; **il se défend bien/mal en
affaires** he does quite well/he doesn't do very well
in business. **(b)** (*se justifier*) **se** ~ **d'avoir fait qch**
to deny doing sth; **sa position se défend** his position is quite defensible. **(c)** (*s'empêcher de*) **se** ~
de faire to refrain from doing.
défense [defɑ̃s] *nf* **(a)** (*gén*, *Jur*, *Mil*) defence.
(*fortifications etc*) ~**s** defences; **prendre la** ~ **de**
qn to stand up for sb, defend sb; **sans** ~ defenceless; **la parole est à la** ~ the defence may speak.
(b) (*interdiction*) ~ **d'entrer** no admittance;
danger: ~ **d'entrer** danger – keep out; ~ **de fumer**
no smoking, smoking prohibited; **j'ai oublié la** ~
qu'il m'a faite I forgot that he forbade me to do
that. **(c)** (*éléphant*) tusk.
défenseur [defɑ̃sœʀ] *nm* (*gén*, *Mil*) defender;
[cause] champion; *[doctrine]* advocate; (*Jur*)
counsel for the defence.
défensif, -ive [defɑ̃sif, iv] **1** *adj* defensive. **2** *nf:*
sur la ~**ive** on the defensive.
déférence [defeʀɑ̃s] *nf* deference. **par** ~ **pour** in
deference to. ♦ **déférent, e** *adj* deferential.
déférer [defeʀe] (6) *vt* **(a)** (*Jur*) *affaire* to refer to
the court. ~ **qn à la justice** to hand sb over to the
law. **(b)** (*céder*) to defer (*à* to).
déferler [defɛʀle] (1) *vi [vagues]* to break. ~ **sur le**
pays *[violence]* to sweep through the country;
[touristes] to pour into the country.
♦ **déferlement** *nm [vagues]* breaking; *[violence]*
spread; *[véhicules, touristes]* flood; *[enthou-*
siasme] wave.
défi [defi] *nm* challenge. **lancer un** ~ **à qn** to challenge sb; **mettre qn au** ~ to defy sb (*de faire* to
do); **c'est un** ~ **au bon sens** it defies common
sense; **d'un air de** ~ defiantly.
défiance [defjɑ̃s] *nf* mistrust. **sans** ~ (*adj*) unsuspecting; (*adv*) unsuspectingly. ♦ **défiant, e** *adj*
mistrustful.
déficience [defisjɑ̃s] *nf* (*Méd*, *fig*) deficiency. ~
de mémoire lapse of memory. ♦ **déficient, e** *adj*
(*gén*) deficient; *raisonnement* weak.
déficit [defisit] *nm* deficit. ♦ **déficitaire** *adj* (*Fin*)
in deficit; *année* poor (*en* in), bad (*en* for).
défier [defje] (7) **1** *vt adversaire* to challenge (*à*
to); *adversité* to defy. **à des prix qui défient toute**
concurrence at absolutely unbeatable prices; ~
qn de faire qch to defy sb to do sth. **2 se** ~ *vpr:* **se**
~ **de** to mistrust; (†) **défie-toi de lui!** beware of
him!
défigurer [defigyʀe] (1) *vt visage [blessure]* to
disfigure; *[bouton]* to spoil; *pensée*, *réalité* to distort; *texte*, *tableau* to mutilate, deface; *paysage*
to disfigure, mar.
défilé [defile] *nm* **(a)** (*cortège*) procession;
(*manifestation*) march; (*Mil*) march-past,
parade. ~ **de mode** fashion parade. **(b)** *[voitures,*
impressions] stream. **(c)** (*Géog*) narrow pass.
défiler [defile] (1) **1** *vi* (*Mil*) to march past,
parade; *[manifestants]* to march (*devant* past);
[paysage, souvenirs] to pass (*dans* through,
devant before). **2 se** ~ *vpr* (*s'éclipser*) to slip
away. (*refuser*) **il s'est défilé** he wriggled out of it.
définir [definiʀ] (2) *vt* to define. **notre politique se**
définit comme ... our policies can be defined
as ... . ♦ **défini, e** *adj* (*gén*, *Gram*) definite.
♦ **définissable** *adj* definable.
définitif, -ive [definitif, iv] **1** *adj* (*gén*) final; *vic-*
toire, fermeture, édition definitive; *refus* definite. **2** *nf:* **en** ~**ive** (*à la fin*) eventually; (*somme*
toute) when all is said and done. ♦ **définitivement** *adv partir* for good; *résoudre*
conclusively, definitively; *refuser* definitely;
nommer permanently.

définition [definisjɔ̃] *nf* definition; *[mots croisés]*
clue.
déflagration [deflagʀasjɔ̃] *nf* (*gén*) explosion.
déflation [deflɑsjɔ̃] *nf* deflation.
défoncer [defɔ̃se] (3) *vt caisse, porte* to stave in;
sommier to break the springs of; *route* to break
up. **fauteuil défoncé** sunken armchair.
déformer [defɔʀme] (1) **1** *vt objet* to put out of
shape; *corps* to deform; *visage, image, vision,
vérité* to distort; *esprit, goût* to warp. **déformé par
son métier** conditioned by one's job; **chaussée
déformée** uneven road surface. **2 se** ~ *vpr* to lose
its shape. ♦ **déformant, e** *adj miroir* distorting.
♦ **déformation** *nf* (*action*) putting out of shape;
deformation; distortion; warping; (*résultat*) loss
of shape; (*Méd*) deformation. **c'est de la** ~
professionnelle it's force of habit (because of his
job).
défouler (se) [defule] (1) *vpr* to release one's
pent-up feelings, unwind. ♦ **défoulement** *nm*
release.
défraîchir (se) [defʀeʃiʀ] (2) *vpr (passer)* to fade;
(*s'user*) to become worn.
défrayer [defʀeje] (8) *vt:* ~ **qn** to pay sb's expenses; ~ **la chronique** to be widely talked about.
défricher [defʀiʃe] (1) *vt terrain* to clear (*for
cultivation*); *sujet* to do the spadework on. (*fig*) ~
le terrain to clear the way. ♦ **défrichage** *nm*
clearing (*for cultivation*). (*fig*) ~ **d'un sujet**
spadework done on a subject.
défroisser [defʀwase] (1) *vt* to smooth out.
défunt, e [defœ̃, œ̃t] **1** *adj personne* late; *espoir,
année* which is dead and gone; *projet* defunct. **son**
~ **père** his late father. **2** *nm,f* deceased.
dégagé, e [degaʒe] *adj route, ciel* clear; *vue* wide,
open; *front* bare; *ton, manières* casual.
dégagement [degaʒmɑ̃] *nm* **(a)** (*action:* V
dégager) freeing; relief; clearing; release;
redemption. (*Aut*) **voie de** ~ slip road; (*Aut*)
itinéraire de ~ alternative route. **(b)** (*émanation*) emission. **(c)** (*Ftbl*) clearance. **(d)** (*espace
libre*) *[forêt]* clearing; *[appartement]* passage.
dégager [degaʒe] (3) **1** *vt* **(a)** *personne, objet* to
free; (*Mil*) to relieve; *ballon* to clear; *crédits* to
release; *objet en gage* to redeem. **cela devrait se**
~ **facilement** it should come free easily; ~ **qn de
sa promesse** to free sb from his promise; ~ **sa
responsabilité d'une affaire** to disclaim responsibility in a matter; *robe qui dégage le cou* dress
which leaves the neck bare. **(b)** *passage, nez* to
clear (*de* of). **allons, dégagez!** * move along! **(c)**
odeur, chaleur to give off, emit. **(d)** (*conclusion*) to
draw; *sens* to bring out; *impressions* to single out.
~ **la vérité de l'erreur** to separate truth from
untruth.
  2 se ~ *vpr* **(a)** *[personne]* to free *ou* extricate
o.s. (*de* from); (*Mil*) to extricate itself (*de* from). **se** ~ **de**
obligation to free o.s. from; *affaire* to back out of;
promesse to go back on. **(b)** *[ciel, rue, nez]* to
clear. **(c)** *[odeur, chaleur]* to be given off;
[enthousiasme] to radiate; *[rumeur]* to rise (*de*
from). **(d)** *[conclusion]* to be drawn; *[impression]*
to emerge (*de* from).
dégainer [degene] (1) *vt épée, pistolet* to draw.
dégarnir [degaʀniʀ] (2) **1** *vt maison* to empty,
clear; *compte* to drain; (*Mil*) to withdraw troops
from. **2 se** ~ *vpr [salle]* to empty; *[tête]* to go bald;
[arbre] to lose its leaves; *[rayons, stock]* to be
cleaned out. ♦ **dégarni, e** *adj front, salle, rayon*
bare; *compte* low; *tête* balding.
dégât [dega] *nm:* **du** ~, **des** ~**s** damage.
dégeler [deʒle] (5) **1** *vt lac, invité, réunion* to
thaw; *atmosphère, crédits* to unfreeze. **2 vi** to
thaw. (*Culin*) **faire** ~ to thaw, leave to thaw. **3 vb
impers:** **ça dégèle** it's thawing. **4 se** ~ *vpr [per-
sonne]* (*lit*) to warm up; (*fig*) to thaw. ♦ **dégel** *nm*
(*lit, fig*) thaw.
dégénérer [deʒeneʀe] (6) *vi* (*gén*) to degenerate

(en into). ♦ **dégénéré, e** adj, nm,f degenerate.
♦ **dégénérescence** nf degeneracy.

dégingandé, e* [deʒɛ̃gɑ̃de] adj gangling.

dégivrer [deʒivʀe] (1) vt to defrost; (Aviat) to de-
ice. ♦ **dégivrage** nm defrosting; de-icing.

déglinguer* [deglɛ̃ge] (1) **1** vt objet, appareil to
knock to pieces. **2 se ~** vpr to fall apart. **fauteuil
déglingué** armchair which is falling apart.

dégonfler [degɔ̃fle] (1) **1** vt pneu, ballon to
deflate; enflure to reduce. **2 se ~** vpr (lit) to go
down; (*: avoir peur) to chicken out*, back out.
♦ **dégonflé, e** adj **(a)** pneu flat. **(b)** (‡: lâche)
yellow‡, cowardly. **c'est un ~** he's a yellow-
belly‡. ♦ **dégonflement** nm deflation; reduction.

dégorger [degɔʀʒe] (3) **1** vt (déboucher) to clear
out; (lit, fig: déverser) to pour out. **2** vi [étoffe,
viande] to soak; [concombres] to sweat. **faire ~** to
soak; to sweat.

dégot(t)er* [degɔte] (1) vt to dig up*, unearth.

dégouliner [deguline] (1) vi [filet] to trickle;
[goutte] to drip. ♦ **dégoulinade** nf trickle.

dégourdir [deguʀdiʀ] (2) **1** vt membres to bring
the circulation back to. **le service militaire le
dégourdira** military service will teach him a
thing or two. **2 se ~** vpr [provincial] to get a bit
livelier. **se ~ (les jambes)** to stretch one's legs a
bit. ♦ **dégourdi, e*** adj (malin) smart, bright.

dégoût [degu] nm: **le ~** disgust, distaste (pour, de
for); **~ de la vie** world-weariness. ♦ **dégoûtant, e**
adj disgusting. ♦ **dégoûté, e** adj: **je suis ~!** I am
fed up!*; **être ~ de** to be sick of. ♦ **dégoûter** (1) vt
to disgust. **ce plat me dégoûte** I find this dish
disgusting; **se ~ de qch** to put sb off sth; **se ~ de
qn/qch** to get sick of sb/sth.

dégoutter [degute] (1) vi to drip.

dégrader [degrade] (1) **1** vt **(a)** personne to
degrade; qualité to debase. **(b)** [pluie] to erode;
[vandales] to deface, damage. **(c)** (Art) couleurs
to shade off. **2 se ~** vpr (moralement) to degrade
o.s.; [situation, santé, bâtiment] to deteriorate;
[temps] to break. ♦ **dégradant, e** adj degrading.
♦ **dégradation** nf degradation; debasement; erosion; damaging, defacing; deterioration.
♦ **dégradé** nm [couleurs] gradation.

dégrafer [degrafe] (1) **1** vt to unfasten, undo. **2 se
~** vpr (par accident) to come undone ou unfastened.

dégraisser [degrese] (1) vt vêtement to take the
grease marks out of; bouillon to skim; viande to
remove the fat from.

degré [dəgre] nm **(a)** (gén: niveau) degree. **à un ~
avancé de** at an advanced stage of; **au plus haut ~**
in the extreme, to a degree; **jusqu'à un certain ~**
to some extent ou degree; **par ~(s)** by degrees.
(b) (Gram, Mus, Sci) degree. **équation du 1er/2e
~** equation of the 1st/2nd degree; **~ en alcool d'un
liquide** percentage of alcohol in a liquid; **alcool à
90 ~s** 90% proof alcohol; **vin de 11 ~s** 11° wine;
~ centigrade/Fahrenheit degree centigrade/
Fahrenheit. **(c)** (Méd) **brûlure du
premier/deuxième ~** first/second degree burn;
(Scol) **enseignement du premier/second ~**
primary/secondary education; **~ de parenté**
degree of family relationship; **cousins au pre-
mier/au second ~** first/second cousins; **parents
au premier/deuxième ~** relatives of the
first/second degree. **(d)** (littér: marche) step.

dégressif, -ive [degresif, iv] adj degressive.

dégrever [degrəve] (5) vt produit to reduce the
tax(es) on; contribuable to grant tax relief to.
♦ **dégrèvement** nm reduction of tax (de on).

dégringoler [degrɛ̃gɔle] (1) **1** vi to tumble down.
elle a fait ~ toute la pile she toppled the whole
pile over. **2** vt pente to rush ou leap down.
♦ **dégringolade** nf tumble.

dégriser vt, **se ~** vpr [degrize] (1) (lit, fig) to
sober up.

dégrossir [degrosiʀ] (2) vt bois to trim; marbre to

rough-hew; travail to rough out; (*) personne to
knock the rough edges off. **il est mal dégrossi** he
is unrefined.

dégrouiller (se)* [degruje] (1) vpr to hurry up,
get a move on*.

déguenillé, e [degnije] adj ragged, tattered.

déguerpir* [degɛʀpiʀ] (2) vi to clear off*. **faire ~**
to drive off.

déguiser [degize] (1) **1** vt voix, pensée to disguise;
étonnement to conceal; enfant to dress up (en as).
non déguisé undisguised. **2 se ~** vpr (pour
tromper) to disguise o.s.; (pour s'amuser) to dress
up. ♦ **déguisement** nm (pour tromper) disguise;
(pour s'amuser) fancy dress.

déguster [degyste] (1) **1** vt vins to taste; fromages
to sample; repas, spectacle to enjoy, savour. **2** vi
(*: souffrir) to have a rough time of it*.
♦ **dégustateur** nm wine taster. ♦ **dégustation** nf
sampling. **~ de vin(s)** wine-tasting session.

dehors [dəɔʀ] **1** adv **(a)** outside. **passer la journée
(au) ~** to spend the day out of doors ou outside; **de
~** from (the) outside; **passez par ~** go round the
outside; **dîner ~** to eat ou dine out; **mettre qn ~***
to throw ou kick* sb out. **(b)** (locutions) **en ~ de
maison, fenêtre** outside; sujet outside, irrelevant
to; **en ~ de cela** apart from that; **il a voulu rester
en ~** he wanted to stay uninvolved; **au ~, elle
paraît calme** outwardly she looks relaxed. **2** nm
(a) (extérieur) outside. **les bruits du ~** the noise
from outside. **(b)** (apparences: pl) appearances.
sous des ~ aimables under a friendly exterior.

déifier [deifje] (7) vt to deify. ♦ **déification** nf
deification.

déisme [deism(ə)] nm deism. ♦ **déiste** adj, nmf
deist.

déjà [deʒa] adv **(a)** already. **est-il ~ rentré?** has
he come home yet?; **j'aurais ~ fini si** I would have
finished by now ou already if; **je suis sûr de
l'avoir ~ rencontré** I'm sure I've met him before
ou I've already met him. **(b)** (intensif) **c'est ~ pas
mal*** that's not bad at all; **c'est ~ un gros camion**
that's quite a big truck, that's a fair-sized truck; **il
est ~ assez paresseux** he's lazy enough as it is;
c'est ~ quelque chose! it's better than nothing!
(c) (*: interrogatif) **c'est combien, ~?** how much
is it again?

déjeuner [deʒœne] (1) **1** vi to have lunch; (le
matin) to have breakfast. **inviter qn à ~** to invite
sb to lunch; **nous avons déjeuné sur l'herbe** we
had a picnic lunch. **2** nm lunch, luncheon; (du
matin) breakfast; (tasse et soucoupe) breakfast
cup and saucer. **prendre son ~** to have lunch; **à ~**
for lunch; **ça a été un vrai ~ de soleil** it didn't last
long.

déjouer [deʒwe] (1) vt complot to foil; ruse to outsmart; surveillance to elude.

déjuger (se) [deʒyʒe] (3) vpr to go back on one's
decision.

delà [dəla] **1** adv: **au-~, par-~** beyond (that); **ça
coûte bien au-~** it costs much more (than that).
2 prép: **au ~ de** beyond; somme over, above;
(littér) **au ~ des mers, par ~ les mers** overseas,
beyond ou over the seas; **par ~ les apparences**
beneath appearances; **par ~ les siècles** across
the centuries. **3** nm: **l'au-~** the beyond.

délabrer [delabʀe] (1) **1** vt to ruin. **2 se ~** vpr
[mur] to become dilapidated, fall into decay;
[santé] to break down. ♦ **délabré, e** adj maison
dilapidated; santé broken; affaires in a poor
state; fortune depleted. ♦ **délabrement** nm
[maison] dilapidation; [santé, affaires] poor state;
[fortune] depletion. **état de ~** dilapidated state.

délacer [delase] (3) vt chaussures to undo;
corset to unlace. **2 se ~** vpr (par accident) to
come unlaced ou undone.

délai [dele] **1** nm **(a)** (limite) time limit. **c'est un ~
trop court pour ...** it's too short a time for ...; **~
impératif ou de rigueur, dernier ~** absolute

deadline; **dans un ~ de 6 jours** within a period of 6 days. **(b)** (*période d'attente*) waiting period. **il faut compter un ~ de huit jours** you'll have to allow a week. **(c)** (*sursis*) extension (of time). **il va demander un ~** he's going to ask for more time. **(d) dans le(s) plus bref(s) ~(s)** as soon *ou* as quickly as possible; **dans les ~s** within the time limit; **à bref ~** (*vite*) at short notice; (*bientôt*) shortly, very soon; **sans ~** without delay. **2: ~ de livraison** delivery time; **~ de paiement** term of payment, time for payment.

délaisser [delese] (1) *vt travail, enfant* (*abandonner*) to abandon; (*négliger*) to neglect. **épouse délaissée** deserted wife. ♦ **délaissement** *nm* (*action*) abandonment, desertion; (*état*) state of neglect.

délasser [delɑse] (1) **1** *vt* (*reposer*) to refresh, relax; (*divertir*) to entertain. **2 se ~** *vpr* to relax. ♦ **délassement** *nm* relaxation.

délation [delasjɔ̃] *nf* informing. ♦ **délateur, -trice** *nm,f* informer.

délavé, e [delave] *adj tissu* faded; *inscription* washed-out; *terre* waterlogged.

délayer [deleje] (8) *vt farine, poudre* to mix (*dans* with); (*péj*) *idée* to spin out; *texte* to pad out. ♦ **délayage** *nm* (*Culin*) mixing. (*péj*) **du ~** padding.

delco [dɛlko] *nm* ® distributor.

délecter (se) [delɛkte] (1) *vpr:* **se ~ de qch/à faire** to delight *ou* revel in sth/in doing. ♦ **délectable** *adj* delectable. ♦ **délectation** *nf* delight.

délégation [delegɑsjɔ̃] *nf* (*groupe, mandat*) delegation. **venir en ~** to come as a delegation; **agir par ~** to act on sb's authority; **~ de pouvoirs** delegation of powers. ♦ **délégué, e 1** *adj:* **membre ~** delegate. **2** *nm,f* delegate. ♦ **déléguer** (6) *vt* to delegate (*à* to).

délester [delɛste] (1) **1** *vt ballon* to unballast; (*Élec*) to cut off power from. **~ qn de qch** to relieve sb of sth. **2 se ~** *vpr:* **se ~ de lest** to jettison; *colis* to unload. ♦ **délestage** *nm* (*Élec*) power cut.

délétère [deletɛʀ] *adj* deleterious.

délibération [deliberɑsjɔ̃] *nf* deliberation. **~s** (*discussion*) deliberations; (*décision*) resolutions; **après ~ du jury** after the jury's deliberation.

délibéré, e [delibere] *adj* (*intentionnel*) deliberate; (*assuré*) resolute. ♦ **délibérément** *adv* deliberately; resolutely.

délibérer [delibere] (6) *vi* (*gén*) to deliberate. **après avoir mûrement délibéré** after duly considering the matter; **~ sur qch** to deliberate upon sth; **~ de qch** to deliberate sth; **~ de faire qch** to resolve to do sth.

délicat, e [delika, at] *adj* **(a)** (*gén*) delicate; *voile, travail* fine; *mets* dainty; *nuance* subtle; *oreille* sensitive; *toucher, mouvement* gentle; *prévenance* thoughtful. **(b)** (*difficile*) delicate, tricky. **(c)** (*scrupuleux*) scrupulous; (*plein de tact*) tactful. **peu ~** unscrupulous, dishonest. **(d)** (*exigeant*) particular. **faire le ~** (*nourriture*) to be particular; (*spectacle*) to be squeamish; (*propos*) to be easily shocked. ♦ **délicatement** *adv* delicately; finely; daintily; subtly; gently; thoughtfully; tactfully. ♦ **délicatesse** *nf* delicacy; daintiness; fineness; subtlety; sensitivity; gentleness; thoughtfulness; scrupulousness; tact.

délice [delis] *nm* delight. **c'est un vrai ~** it is quite delightful *ou* delicious; **les ~s de l'étude** the delights of study; **faire ses ~s de qch** to take delight in sth; **ça ferait les ~s de mon père** it would delight my father. ♦ **délicieusement** *adv* (*gén*) delightfully; *beau* exquisitely; *parfumé* deliciously; (*avec délice*) with delight. ♦ **délicieux, -ieuse** *adj fruit* delicious; *lieu, sensation* delightful.

délié, e [delje] **1** *adj* **(a)** *doigts* nimble; *esprit*

astute. **avoir la langue ~e** to have a long tongue. **(b)** *taille* slender; *fil, écriture* fine. **2** *nm* [*lettre*] upstroke.

délier [delje] (7) *vt* to untie. **~ la langue de qn** to loosen sb's tongue; **~ qn de** to free sb from.

délimiter [delimite] (1) *vt* (*gén*) to delimit. ♦ **délimitation** *nf* delimitation.

délinquance [delɛ̃kɑ̃s] *nf* delinquency. **~ juvénile** juvenile delinquency. ♦ **délinquant, e 1** *adj* delinquent. **2** *nm,f* delinquent, offender.

déliquescence [delikesɑ̃s] *nf* (*Chim*) deliquescence; (*fig*) decay. ♦ **déliquescent, e** *adj* deliquescent; decaying.

délire [deliʀ] *nm* (*Méd*) delirium; (*frénésie*) frenzy. **avoir le ~** to be delirious; **c'est du ~!*** it's sheer madness!; **foule en ~** frenzied crowd; **quand l'acteur parut, ce fut le ~*** when the actor appeared there was frenzied excitement; **~ de persécution** persecution mania. ♦ **délirer** (1) *vi* to be delirious (*de* with). **il délire!*** he's raving!*

délit [deli] *nm* offence.

délivrer [delivʀe] (1) **1** *vt* **(a)** *prisonnier* to set free. **~ qn de** to relieve sb of. **(b)** *reçu* to issue, give. **2 se ~** *vpr* to free o.s. (*de* from); (*fig*) to get relief (*de* from). ♦ **délivrance** *nf* **(a)** [*prisonniers*] release; [*pays*] deliverance. **(b)** (*fig: soulagement*) relief. **(c)** [*reçu*] issue.

déloger [delɔʒe] (3) **1** *vt locataire* to turn out; *fugitif* to flush out; *ennemi* to dislodge (*de* from). **2** *vi* to move out.

déloyal, e, *mpl* **-aux** [delwajal, o] *adj personne* disloyal (*envers* towards); *procédé* unfair. ♦ **déloyalement** *adv* disloyally. ♦ **déloyauté** *nf* disloyalty; unfairness; (*acte*) disloyal act.

delta [dɛlta] *nm* (*Géog, Ling*) delta.

déluge [delyʒ] *nm* (*pluie*) downpour; [*larmes, paroles*] flood; [*coups*] shower. (*Bible*) **le ~** the Flood; **ça remonte au ~** it's as old as the hills.

déluré, e [delyʀe] *adj* (*éveillé*) smart; (*péj*) forward, pert.

démagogie [demagɔʒi] *nf* demagogy. ♦ **démagogique** *adj* demagogic. ♦ **démagogue** *nm* demagogue.

démailler (se) [demaje] (1) *vpr* [*bas*] to ladder, run.

demain [d(ə)mɛ̃] *adv* tomorrow. **~ matin** tomorrow morning; **~ il fera jour** tomorrow is another day; **ce n'est pas ~ la veille*** it's not just around the corner; **le monde de ~** tomorrow's world.

demande [d(ə)mɑ̃d] *nf* (*requête*) request (*de* for); (*revendication*) demand (*de* for); (*question*) question; [*emploi, naturalisation*] application (*de* for); [*remboursement*] claim (*de* for); (*Écon: opposé à offre*) demand. **adressez votre ~ au ministère** apply to the ministry; **~ (en mariage)** proposal (of marriage); **faire sa ~ (en mariage)** to propose; **~ de divorce** divorce petition; **à** *ou* **sur la ~ de qn** at sb's request; **sur ~** on request; (*Admin*) on application.

demandé, e [d(ə)mɑ̃de] *adj* (*Comm etc*) in demand.

demander [d(ə)mɑ̃de] (1) **1** *vt* **(a)** *conseil, entrevue* to ask for, request; *emploi, divorce* to apply for; *indemnité* to claim; *réunion, volontaire* to call for. **~ qch à qn** to ask sb for sth; **~ un service à qn** to ask sb a favour; **~ la permission de** to ask permission to; **~ à voir qn** to ask to see sb; **~ à qn de faire** *ou* **qu'il fasse qch** to ask sb to do sth; **~ des nouvelles de qn** to inquire *ou* ask after sb; **vous n'avez qu'à ~** you only have to ask.

(b) *médecin, plombier* to send for; *personne, numéro* to ask for. (*au téléphone*) **demandez-moi M X** get me Mr X; **le patron vous demande** the boss wants to see you.

(c) (*désirer*) to be asking for, want. **il demande qu'on le laisse partir** he wants us *ou* is asking us to let him go; **il ne demandera pas mieux que de**

vous aider he'll be only too pleased to help you; **'on demande une vendeuse'** 'shop assistant wanted'.

(d) *heure, nom, chemin* to ask. ~ **qch à qn** to ask sb sth; **je ne te demande rien** I'm not asking you.

(e) *(nécessiter)* *[travail, décision etc]* to require, need. **ce travail va (lui)** ~ **6 heures** this job will require 6 hours, he'll need 6 hours to do this job; **ça demande toute votre attention** it calls for *ou* requires your full attention.

(f) *(exiger)* ~ **qch de qn** to ask sth of sb; **il ne faut pas trop lui en** ~**!** you mustn't ask too much of him!

(g) *(locutions)* ~ **la paix** to sue for peace; ~ **l'impossible** to ask the impossible; ~ **la lune** to ask for the moon; ~ **la parole** to ask to be allowed to speak; ~ **qn en mariage,** ~ **la main de qn** to ask for sb's hand in marriage; **sans** ~ **son reste** without further ado.

2 se ~ *vpr* to wonder. **il se demanda: suis-je vraiment aussi bête?** he asked himself *ou* wondered: am I really so stupid?

demandeur¹, -deresse [d(ə)mɑ̃dœʀ, dʀɛs] *nm,f* (*Jur*) plaintiff.

demandeur², -euse [d(ə)mɑ̃dœʀ, øz] *nm,f:* ~ **d'emploi** person looking for work, job-seeker.

démanger [demɑ̃ʒe] (3) *vt:* **ça (me** *etc)* **démange** it itches, it's itching; *(fig)* **ça me démange de faire ... I'm** dying *ou* itching to do ... . ♦ **démangeaison** *nf* itching sensation. **avoir des** ~**s** to be itching; **j'ai une** ~ I've got an itch; *(fig)* ~ **de faire** itch *ou* urge to do.

démanteler [demɑ̃tle] (5) *vt* (*Mil*) to demolish; *gang* to break up; *empire* to bring down. ♦ **démantèlement** *nm* demolition; breaking up; bringing down.

démantibuler* [demɑ̃tibyle] (1) **1** *vt* to demolish. **2 se** ~ *vpr* to fall apart.

démaquiller [demakije] (1) **1** *vt* to remove the make-up from. **2 se** ~ *vpr* to remove one's make-up. ♦ **démaquillage** *nm* removal of make-up. ♦ **démaquillant, e 1** *adj* make-up removing. **2** *nm* make-up remover.

démarcation [demaʀkɑsjɔ̃] *nf* demarcation (*de, entre* between).

démarche [demaʀʃ(ə)] *nf* **(a)** *[personne]* gait, walk; *[pensée]* processes. **(b)** *(intervention)* step. **faire des** ~**s** to take steps; **faire une** ~ **auprès de qn (pour obtenir qch)** to approach sb (to obtain sth).

démarcheur, -euse [demaʀʃœʀ, øz] *nm,f* door-to-door salesman (*ou* woman).

démarquer [demaʀke] (1) **1** *vt* (*Comm*) *article* to mark down; *œuvre, auteur* to plagiarize. **2 se** ~ *vpr:* **se** ~ **de** to dissociate o.s. from. ♦ **démarqué, e** *adj* *joueur* unmarked.

démarrage [demaʀaʒ] *nm* **(a)** *[véhicule]* (*départ*) moving off; *(mise en marche)* starting. **à chaque** ~ **du bus** every time the bus moved off; ~ **en côte** hill start. **(b)** *[affaire, élève]* (*action*) starting; *(résultat)* start. **le** ~ **d'une campagne** getting a campaign going. **(c)** *(Sport)* **placer plusieurs** ~**s** to pull ahead several times.

démarrer [demaʀe] (1) **1** *vi* *[moteur, conducteur]* to start up; *[véhicule]* to move off; *[coureur]* to pull away; *[campagne]* to get moving; *[débutant]* to start off. **l'affaire a bien démarré** the affair got off to a good start *ou* started off well; ~ **en trombe** to shoot off; **il ne veut pas** ~ **de son idée** he just won't let go of his idea. **2** *vt* (*plus courant:* **faire** ~) *véhicule* to start, get started; *affaire, travail* to get going on. ♦ **démarreur** *nm* (*Aut*) starter.

démasquer [demaske] (1) **1** *vt* (*gén*) to unmask; *plan* to unveil. **2 se** ~ *vpr* *[imposteur]* to drop one's mask.

démêlé [demele] *nm* dispute, quarrel. ~**s** problems.

démêler [demele] (1) **1** *vt* *ficelle* to disentangle; *cheveux* to untangle; *problème, situation* to sort out. ~ **qch d'avec** *ou* **de** to distinguish *ou* tell sth from. **2 se** ~ *vpr:* **se** ~ **de** *embarras* to extricate o.s. from.

démembrer [demɑ̃bʀe] (1) *vt* *domaine* to carve up.

déménager [demenaʒe] (3) **1** *vt* *affaires* to move, remove; *maison* to move the furniture out of. **2** *vi* **(a)** to move (house). ~ **à la cloche de bois** to shoot the moon. **(b)** *(*) *(partir)* to clear off*; *(être fou)* to be off one's rocker*. ♦ **déménagement** *nm* *[meubles]* removal; *(changement de domicile)* moving. **le** ~ **du bureau** moving the furniture out of the office. ♦ **déménageur** *nm* (*entrepreneur*) furniture remover; *(ouvrier)* removal man.

démence [demɑ̃s] *nf* madness, insanity. ♦ **dément, e 1** *adj* mad, insane. **c'est** ~**!** it's incredible! **2** *nm,f* (*Méd*) lunatic. ♦ **démentiel, -ielle** *adj* insane.

démener (se) [dɛmne] (5) *vpr* (*se débattre*) to thrash about, struggle; *(se dépenser)* to exert o.s.

démentir [demɑ̃tiʀ] (16) **1** *vt* **(a)** *[personne] nouvelle* to deny; *personne* to contradict. **(b)** *[faits]* *témoignage* to refute; *apparences* to belie; *espoirs* to disappoint. **ses actes démentent ses paroles** his actions belie his words. **2 se** ~ *vpr:* **ça ne s'est jamais démenti** it has never failed. ♦ **démenti** *nm* denial; refutation.

démériter [demeʀite] (1) **1** ~ **de** *vt indir* to show o.s. unworthy of. **2** *vi* to do badly. ♦ **démérite** *nm* *(littér)* demerit.

démesure [demzyʀ] *nf* *[personnage]* immoderation; *[propos]* outrageousness. ♦ **démesuré, e** *adj* *orgueil, taille* immoderate; *territoire, membres* enormous. ♦ **démesurément** *adv* immoderately; enormously.

démettre [demɛtʀ(ə)] (56) *vt* **(a)** *articulation* to dislocate. **se** ~ **le poignet** to dislocate one's wrist. **(b)** *fonctionnaire* to dismiss (*de* from). **se** ~ **de ses fonctions** to resign (from) one's duties, hand in one's resignation.

demeure [dəmœʀ] *nf* residence. **à** ~ *installations* permanent; *s'installer* permanently; **mettre qn en** ~ **de faire qch** to order sb to do sth; (*Jur*) **mettre qn en** ~ **de payer** to give sb notice to pay.

demeurer [dəmœʀe] (1) *vi* **(a)** *(avec avoir)* (*habiter*) to live. **il demeure rue d'Ulm** he lives in the rue d'Ulm. **(b)** *(avec être)* (*rester*) to remain, stay. ~ **fidèle** to remain faithful; **la conversation en est demeurée là** the conversation was taken no further *ou* was left at that; **la maison leur est demeurée** the house was left to them; **au demeurant** for all that. ♦ **demeuré, e 1** *adj* half-witted. **2** *nm,f* half-wit.

demi, e [d(ə)mi] **1** *adv:* **(à)** ~ **plein** *etc* half-full *etc*; **il ne croit qu'à** ~ he only half believes you; **il a fait le travail à** ~ he has only done half the work; **je ne fais pas les choses à** ~ I don't do things by halves. **2** *adj* (*après n*) **une livre et** ~**e** one and a half pounds, a pound and a half; **à six heures et** ~**e** at half past six; **2 fois et** ~**e plus grand 2** and a half times greater. **3** *nm,f* (*à la radio*) **une bouteille? – non une** ~**e** one bottle? – no, a half *ou* half a bottle; **deux** ~**s** two halves. **4** *nf* (*à l'horloge*) **la** ~**e a sonné** the half-hour has struck; **c'est déjà la** ~**e** it's already half past. **5** *nm* **(a)** *(bière)* = half-pint, half*. **(b)** *(Sport)* half-back. ~ **de mêlée/d'ouverture** scrum/stand-off half. **6** *préf inv* (*le 2ème élément donne le genre et porte la marque du pluriel*) half. **une** ~**-douzaine d'œufs** half a dozen *ou* a half-dozen eggs; **dans une** ~**-heure** in half an hour; **la première** ~**-heure** the first half-hour; ~**-litre/-journée/-sommeil/-teinte** *etc* half-litre/-day/-sleep/-tone *etc;* ~**-cercle** semicircle; ~**-cercle** semicircular; ~**-dieu** demigod; ~**-finale** semifinal; ~**-fond** (*discipline*) medium-distance running; ~**-frère** half-brother; (*Comm*)

~-**gros** wholesale trade; ~-**mal**: ce n'est que ~-**mal** it could have been worse; ~-**mot**: se faire comprendre à ~-**mot** to make o.s. understood without having to spell it out; ~-**pension** half-board; ~-**pensionnaire** half-boarder; ~-**saison**: manteau de ~-**saison** light coat; ~-**sel** (*adj inv*) *beurre* slightly salted; ~-**sœur** half-sister; ~-**tarif**: *billet etc* (à) ~-**tarif** half-price ticket *etc*; voyager à ~-**tarif** to travel at half-fare; ~-**tour** (*sur soi-même*) about-turn; (*Aut*) U-turn; (*de clé*) half-turn; (*repartir*) **faire** ~-**tour** to go back.

démilitarisation [demilitarizasjɔ̃] *nf* demilitarization. ♦ **démilitariser** (1) *vt* to demilitarize.

démission [demisjɔ̃] *nf* (*lit*) resignation; (*fig*) abdication. **donner sa** ~ to hand in *ou* tender one's resignation. ♦ **démissionner** (1) *vi* to resign; (*fig*) [*parents*] to give up.

démobilisation [demɔbilizasjɔ̃] *nf* demobilization. ♦ **démobiliser** (1) *vt* to demobilize.

démocrate [demɔkrat] **1** *adj* democratic. **2** *nmf* democrat. ♦ **démocratie** *nf* democracy. ~ **populaire** people's democracy. ♦ **démocratique** *adj* democratic. ♦ **démocratiquement** *adv* democratically. ♦ **démocratisation** *nf* democratization. ♦ **démocratiser** *vt*, **se** ~ *vpr* (1) to democratize.

démodé, e [demɔde] *adj* old-fashioned, out-of-date. ♦ **démoder** (se) (1) *vpr* to become old-fashioned, go out of fashion.

démographie [demɔgrafi] *nf* demography. ♦ **démographique** *adj* demographic. **poussée** ~ population increase.

demoiselle [d(ə)mwazɛl] *nf* (*jeune*) young lady; (*âgée*) single lady. **la** ~ **du téléphone** the telephone lady; ~ **d'honneur** [*mariage*] bridesmaid; [*reine*] maid of honour.

démolir [demɔliʀ] (2) *vt maison, objet, doctrine* to demolish; *santé* to ruin; *autorité* to overthrow, shatter; *personne* (*****: *épuiser*) to do for*****; (**t**: *battre*) to beat up; (*****: *critiquer*) to tear to pieces. ♦ **démolisseur** *nm* demolition worker; (*entrepreneur*) demolition contractor. ♦ **démolition** *nf* demolition. **en** ~ in the course of being demolished.

démon [demɔ̃] *nm* (*Rel*) demon, fiend; (*Myth*) genius; (*fig*) (*harpie*) harpy; (*enfant*) demon. **le** ~ the Devil; **le** ~ **du jeu** a passion for gambling; **le** ~ **de la curiosité** the demon curiosity; **mauvais** ~ evil spirit. ♦ **démoniaque** *adj* demoniacal, fiendish.

démonstration [demɔ̃strasjɔ̃] *nf* [*vérité*] demonstration; [*théorème*] proof; (*Comm*) demonstration. **faire une** ~ to give a demonstration; **appareil de** ~ demonstration model; ~**s de joie, force** show of. ♦ **démonstrateur, -trice** *nm,f* (*gén*) demonstrator (*of commercial products*). ♦ **démonstratif, -ive** *adj* demonstrative. **peu** ~ undemonstrative.

démonter [demɔ̃te] (1) **1** *vt* (a) (*gén*) to dismantle; *étagères* to take down; *appareil* to take to pieces, take apart; *pneu, porte* to take off. (b) (*déconcerter*) to disconcert. **il ne se laisse jamais** ~ he never gets flustered. (c) *cavalier* to throw. **2 se** ~ *vpr* [*assemblage*] to come apart; [*personne*] to become flustered. ♦ **démontable** *adj* (*gén*) that can be dismantled. ♦ **démontage** *nm* dismantling; taking down; taking to pieces; taking apart; taking off. ~ **difficile** difficult dismantling operation. ♦ **démonté, e** *adj mer* raging. ♦ **démonte-pneu**, *pl* ~-~**s** *nm* tyre lever.

démontrer [demɔ̃tre] (1) *vt vérité, fonctionnement* to demonstrate; *théorème* to prove; *nécessité* to show, demonstrate. ~ **qch (à qn) par A plus B** to prove sth conclusively (to sb); **ça démontrait son inquiétude** that clearly indicated his anxiety. ♦ **démontrable** *adj* demonstrable.

démoraliser [demɔralize] (1) **1** *vt* to demoralize.

2 se ~ *vpr* to become demoralized. ♦ **démoralisant, e** *adj* demoralizing. ♦ **démoralisation** *nf* demoralization.

démordre [demɔʀdʀ(ə)] (41) *vi*: **il ne démord pas de sa décision** he is sticking to his decision; **il ne veut pas en** ~ he won't budge an inch, he is sticking to his guns.

démouler [demule] (1) *vt statue* to remove from the mould; *gâteau* to turn out. ♦ **démoulage** *nm* removal from the mould; turning out.

démultiplier [demyltiplije] (7) *vt* to reduce, gear down. ♦ **démultiplication** *nf* (*procédé*) reduction; (*rapport*) reduction ratio.

démunir [demyniʀ] (2) **1** *vt*: ~ **qn de** to deprive sb of; ~ **qch de** to divest sth of. **2 se** ~ *vpr*: **se** ~ **de** to part with. ♦ **démuni, e** *adj* (*sans ressources*) impoverished. ~ **de** without; ~ **de protection** unprotected; ~ **d'intérêt** lacking in *ou* without interest; ~ **de tout** destitute.

démystifier [demistifje] (7) *vt* to enlighten. ♦ **démystification** *nf* enlightenment.

dénatalité [denatalite] *nf* fall in the birth rate.

dénaturer [denatyʀe] (1) *vt faits* to distort, misrepresent; (*Tech*) to denature; *goût* to alter completely. ♦ **dénaturé, e** *adj mœurs, parents* unnatural.

dénégation [denegasjɔ̃] *nf* (*gén, Jur*) denial.

déni [deni] *nm* (*Jur*) ~**de justice** denial of justice.

déniaiser [denjeze] (1) *vt*: ~ **qn** to teach sb a thing or two.

dénicher [denife] (1) *vt* (a) (*****) *objet* to unearth; *bistro* to discover; *personne* to track down. (b) (*débusquer*) *fugitif, animal* to drive out of hiding.

denier [dənje] *nm* (*à Rome*) denarius; (*en France, Tex*) denier. **pas un** ~**†** not a farthing; **de mes** ~**s†** out of my own pocket; **le** ~ **du culte** the (church) collection; **les** ~**s publics** public monies.

dénier [denje] (7) *vt responsabilité* to deny, disclaim; *faute* to deny. ~ **qch à qn** to deny sb sth.

dénigrer [denigʀe] (1) *vt* to denigrate. ♦ **dénigrement** *nm* denigration.

dénivellation [denivɛlasjɔ̃] *nf* (*pente*) slope. ~ **entre deux points** difference in level between two points.

dénombrer [denɔ̃bʀe] (1) *vt* (*compter*) to count; (*énumérer*) to enumerate. ♦ **dénombrable** *adj* countable. ♦ **dénombrement** *nm* counting.

dénominateur [denɔminatœʀ] *nm* denominator.

dénommer [denɔme] (1) *vt* to name. **le dénommé X** the man called X. ♦ **dénomination** *nf* designation.

dénoncer [denɔ̃se] (3) **1** *vt* (a) (*révéler*) *coupable, injustice, traité* to denounce; *forfait* to expose. **sa hâte le dénonça** his haste betrayed him; ~ **à la police** to inform against sb. (b) (*littér: dénoter*) to indicate. **2 se** ~ *vpr* to give o.s. up. **se** ~ **à la police** to give o.s. up to the police. ♦ **dénonciateur, -trice** **1** *adj* denunciatory. **2** *nm,f* denouncer, informer; exposer. ♦ **dénonciation** *nf* denunciation; exposure.

dénoter [denɔte] (1) *vt* to denote.

dénouement [denumɑ̃] *nm* (*Théât*) dénouement; [*aventure*] outcome.

dénouer [denwe] (1) **1** *vt lien* to untie, undo; *situation* to untangle, resolve. **2 se** ~ *vpr* to come untied *ou* undone; to be resolved.

dénoyauter [denwajote] (1) *vt fruit* to stone, pit. ♦ **dénoyauteur** *nm* stoner, pitter.

denrée [dɑ̃ʀe] *nf* (*aliment*) food, foodstuff; (*fig: hum*) commodity. ~**s coloniales** colonial produce.

densité [dɑ̃site] *nf* (*Phys*) density; [*brouillard*] denseness, thickness; [*foule*] denseness. **à forte/faible** ~ **de population** densely/sparsely populated. ♦ **dense** *adj* dense, thick; *style* condensed.

dent [dɑ̃] *nf* (a) [*homme, scie, peigne*] tooth; [*fourche*] prong; [*engrenage*] cog. ~ **de lait/de sagesse** milk/wisdom tooth; **en** ~**s de scie**

couteau serrated; *montagne* jagged. **(b)** *(locutions)* **avoir la ~**• to be hungry; **avoir la ~ dure** to be scathing in one's comments; **avoir/garder une ~ contre qn** to have/hold a grudge against sb; **avoir les ~s longues** *(ambitieux)* to have one's sights fixed high; **être sur les ~s** *(épuisé)* to be worn out; *(très occupé)* to be working flat out•; **faire** *ou* **percer ses ~s** to teethe; **croquer qch à belles ~s** to bite into sth with gusto; **manger du bout des ~s** to eat half-heartedly; **n'avoir rien à se mettre sous la ~** not to have a bite to eat. ♦ **dentaire** *adj* dental. ♦ **denté, e** *adj* *(Tech)* toothed; *(Bot)* dentate.

dentelé, e [dɑ̃tle] *adj arête, côte* jagged; *timbre* perforated; *bord* serrated.

dentelle [dɑ̃tɛl] *nf* lace. ♦ **dentellière** *nf* lacemaker; *(machine)* lacemaking machine.

dentelure [dɑ̃tlyʀ] *nf* *[timbre]* perforations; *[feuille]* serration; *[côte, arête]* jagged outline.

dentiste [dɑ̃tist(ə)] *nmf* dentist. ♦ **dentier** *nm* denture. ♦ **dentifrice** *nm* toothpaste, dentifrice. ♦ **dentition** *nf* dentition. ♦ **denture** *nf* teeth (pl).

dénuder [denyde] (1) **1** *vt* to bare, strip. **2 se ~** *vpr [personne]* to strip; *[colline]* to become bare. ♦ **dénudé, e** *adj* *(gén)* bare; *crâne* bald.

dénué, e [denɥe] *adj*: **~ de** *bon sens* devoid of; *talent* lacking in, without; **~ de tout** destitute; **~ de tout fondement** completely unfounded *ou* groundless. ♦ **dénuement** *nm* destitution.

déodorant [deɔdɔʀɑ̃] *adj m, nm*: **(produit) ~** deodorant.

dépanner [depane] (1) *vt véhicule* to fix, repair; *automobiliste* to fix the car of; (•: *tirer d'embarras*) to help out. ♦ **dépannage** *nm* fixing; repairing; helping out. **service de ~** breakdown service; **ils ont fait 3 ~s** they've fixed 3 breakdowns; **partir pour un ~** to go out on a repair *ou* breakdown job. ♦ **dépanneur** *nm* *(Aut)* breakdown mechanic; *(TV)* television repairman. ♦ **dépanneuse** *nf* breakdown truck.

dépareillé, e [depaʀeje] *adj collection* incomplete; *objet* odd. *(Comm)* **articles ~s** oddments.

déparer [depaʀe] (1) *vt* to spoil, mar.

départ [depaʀ] *nm* **(a)** *[voyageur, train]* departure. **observer le ~ du train** to watch the train leave *ou* depart; **mon ~ de l'hôtel** my departure from *ou* my leaving the hotel; **le ~ du courrier se fait à 9 heures** the mail leaves town at 9 o'clock. **(b)** *(Sport)* start. *(lit, fig)* **faux ~** false start; **donner le ~ aux coureurs** to give the runners the starting signal. **(c)** *[employé]* departure. **le ~ du ministre a fait l'effet d'une bombe** the minister's leaving *ou* departure was something of a bombshell. **(d)** *[processus]* start. **la substance de ~** the original substance. **(e) être sur le ~** to be about to leave *ou* go; **excursions au ~ de Chamonix** excursions (leaving *ou* departing) from Chamonix; *(fig)* **au ~** at the start *ou* outset. **(f)** *(littér: distinction)* distinction.

départager [depaʀtaʒe] (3) *vt* to decide between. **~ l'assemblée** to settle the voting in the assembly.

département [depaʀtəmɑ̃] *nm* *(gén)* department. ♦ **départemental, e**, *mpl* **-aux** *adj* departmental. **route ~e** secondary road.

départir (se) [depaʀtiʀ] (16) *vpr* *(gén nég)* **se ~ de** to abandon.

dépassé, e [depase] *adj* *(périmé)* out-moded.

dépassement [depasmɑ̃] *nm* **(a)** *(Aut)* overtaking, passing. **après plusieurs ~s ...** after overtaking several vehicles ... . **(b) ~ (de soi-même)** surpassing of oneself.

dépasser [depase] (1) **1** *vt* **(a)** *endroit* to pass, go past; *véhicule, piéton* to overtake, pass. **(b)** *alignement (horizontalement)* to jut *ou* stick out beyond; *(verticalement)* to jut out above. **(c)** *limite, quantité* to exceed. **~ qch en hauteur/largeur** to be higher/wider than sth, exceed sth in

height/width; **~ en nombre** to outnumber; **tout colis qui dépasse 20 kg** all parcels exceeding *ou* over 20 kg; **~ le nombre prévu** to be more than expected; **la réunion ne devrait pas ~ 3 heures** the meeting shouldn't last longer than 3 hours; **il ne veut pas ~ 100 F** he won't go above 100 francs; **elle a dépassé la quarantaine** she is over forty. **(d)** *valeur, prévisions* to exceed; *rival* to outstrip. **~ qn (en intelligence** *etc)* to surpass sb (in intelligence *etc)*; **pour la paresse il dépasse tout le monde** he beats everybody for laziness; **il dépasse tous ses camarades** he surpasses all his friends; **sa bêtise dépasse tout ce qu'on peut imaginer** his stupidity goes beyond all imagining; **l'homme doit se ~** man must try to surpass himself. **(e)** *instructions, attributions* to go beyond, overstep; *crédits* to exceed. **cela dépasse les bornes** that's going too far; **cela a dépassé le stade de la plaisanterie** it has gone beyond a joke; **cela dépasse mes forces/ma compétence** it's beyond my strength/capabilities; **il a dépassé ses forces** he has overtaxed himself. **(f)** (•: *dérouter*) **cela me dépasse!** it is beyond me!; **être dépassé par les événements** to be overtaken by events; **il est complètement dépassé!** he is completely out of his depth!

2 *vi* **(a)** *(Aut)* to overtake, pass. **(b)** *[tour, balcon, clou]* to stick out *(de* of); *[jupon]* to show *(de* below).

dépassionner [depasjɔne] (1) *vt débat* to take the heat out of.

dépaysement [depeizmɑ̃] *nm* *(désorientation)* disorientation; *(agréable)* change of surroundings. ♦ **dépaysé, e** *adj*: **être ~** to be completely disoriented. ♦ **dépayser** (1) *vt* to disorientate; to give a change of surroundings to.

dépecer [depəse] (5) *vt* *[boucher]* to joint, cut up; *[lion]* to dismember; *territoire* to carve up. ♦ **dépeçage** *nm* jointing, cutting up; dismembering; carving up.

dépêche [depɛʃ] *nf* dispatch. **~ télégraphique** telegram, wire.

dépêcher [depeʃe] (1) **1** *vt* to dispatch, send *(auprès de* to). **2 se ~** *vpr* to hurry. **dépêche-toi!** hurry up!; **se ~ de faire qch** to hurry to do sth.

dépeigner [depeɲe] (1) *vt*: **~ qn** to make sb's hair untidy; **dépeigné** with dishevelled hair.

dépeindre [depɛ̃dʀ(ə)] (52) *vt* to depict.

dépenaillé, e [depənaje] *adj* *(en haillons)* tattered.

dépendance [depɑ̃dɑ̃s] *nf* **(a)** *(interdépendance)* dependence, dependency. **~s** dependencies. **(b)** *(asservissement)* subordination. **sous la ~ de qn** subordinate to sb. **(c)** *[bâtiment]* outbuilding; *(territoire)* dependency. **(d)** *(Drogue)* dependence, dependency.

dépendre [depɑ̃dʀ(ə)] (41) **1 ~ de** *vt indir* *(gén)* to depend on, be dependent on; *[employé]* to be answerable to. **ce terrain dépend de leur domaine** this piece of land is part of their property; **ne ~ que de soi-même** to be answerable only to oneself; **– ça dépend –** it (all) depends; **il ne dépend que de vous que ...** it depends entirely on you whether ..., it's entirely up to you whether ... . **2** *vt lustre* to take down.

dépens [depɑ̃] *nmpl* **(a)** *(Jur)* costs. **condamné aux ~** ordered to pay costs. **(b) aux ~ de** at the expense of; **je l'ai appris à mes ~** I learnt this to my cost.

dépense [depɑ̃s] *nf* **(a)** *(argent dépensé)* *(sortie)* outlay, expenditure. **contrôler les ~s de qn** to control sb's expenditure *ou* spending; **c'est une grosse ~** it's a large outlay, it's a lot to lay out; **~s publiques** public expenditure *ou* spending; **pousser qn à la ~** to make sb spend money; **faire la ~ de qch** to spend money on sth; **regarder à la ~** to watch one's spending. **(b)** *[électricité, essence]* consumption; *[imagination]* expenditure. ~ **physique** (physical) exercise; ~ **de temps** spending of time.

dépenser [depɑ̃se] (1) **1** *vt argent, temps* to spend; *électricité* to use; *énergie, jeunesse* to use up. ~ **inutilement** qch to waste sth. **2 se** ~ *vpr* to exert o.s. ♦ **dépensier, -ière 1** *adj* extravagant. **2** *nm,f* spendthrift.

déperdition [depɛʀdisjɔ̃] *nf* (*Sci, gén*) loss.

dépérir [depeʀiʀ] (2) *vi [personne]* to waste away; *[forces]* to fail; *[plante]* to wither; *[affaire]* to go downhill. ♦ **dépérissement** *nm* wasting away; failing; withering.

dépêtrer [depetʀe] (1) **1** *vt:* ~ **qn de** to extricate sb from. **2 se** ~ *vpr* to extricate o.s. (*de* from).

dépeupler [depœple] (1) **1** *vt ville* to depopulate; *rivière* to empty of fish; *région* to empty of wildlife; *forêt* to clear (of trees *etc*). **2 se** ~ *vpr* to be depopulated; to be emptied of fish (*ou* wildlife); to be cleared (of trees *etc*). ♦ **dépeuplement** *nm* depopulation; emptying of fish (*ou* wildlife); clearing (of trees *etc*); (*résultat*) disappearance of fish (*ou* wildlife *ou* trees *etc*).

dépilatoire [depilatwaʀ] *adj* depilatory.

dépister [depiste] (1) *vt gibier, criminel* to track down; *maladie* to detect; *cause* to unearth, detect. ♦ **dépistage** *nm* tracking down; detection; unearthing.

dépit [depi] *nm* vexation. **causer du** ~ **à** qn to vex sb greatly; **en** ~ **de** in spite of; **en** ~ **du bon sens** contrary to good sense. ♦ **dépiter** (1) *vt* (*littér*) to vex greatly.

déplacer [deplase] (3) **1** *vt meuble, élève* to move, shift; *usine, fonctionnaire* to transfer, move; (*fig*) *problème* to shift the emphasis of; (*Naut*) to displace. **se** ~ **une articulation** to displace a joint. **2 se** ~ *vpr* (*gén*) to move; *[air]* to move, be displaced. ♦ **déplacé, e** *adj propos* uncalled-for, out of place. ♦ **déplacement** *nm* (*action*) moving; shifting; transfer; displacement; (*mouvement*) movement; displacement; (*voyage*) trip; (*Naut*) displacement. **ça vaut le** ~ it's worth the journey; **frais de** ~ travelling expenses.

déplaire [deplɛʀ] (54) *vt:* ~ **à** qn (*être antipathique*) to be disliked by sb; (*irriter*) to displease sb; **ça me déplaît** I dislike *ou* don't like it; **il cherche à** ~ he is trying to be disagreeable; **n'en déplaise à son mari** with all due respect to her husband; **elle se déplaît ici** she dislikes it *ou* doesn't like it here. ♦ **déplaisant, e** *adj* disagreeable, unpleasant. ♦ **déplaisir** *nm* displeasure.

déplâtrer [deplɑtʀe] (1) *vt* (*Méd*) to take out of plaster.

déplier [deplije] (7) *vt serviette, carte* to unfold; *jambes* to stretch out. ♦ **dépliant, e 1** *adj* extendible. **2** *nm* leaflet, folder.

déplorer [deplɔʀe] (1) *vt incident* to deplore; (*littér*) *mort* to lament. ♦ **déplorable** *adj* deplorable. ♦ **déplorablement** *adv* deplorably.

déployer [deplwaje] (8) **1** *vt carte* to spread out; *voile* to unfurl; *ailes* to spread; *troupes* to deploy; *échantillons* to spread out, lay out; *richesses, talents, force* to display. ~ **en éventail** *troupes* to fan out. **2 se** ~ *vpr [drapeau]* to unfurl; *[ailes]* to spread; *[troupes]* to deploy; *[cortège]* to spread out. ♦ **déploiement** *nm* unfurling; spreading; deployment; *[forces]* display.

déplumer (se) [deplyme] (1) *vpr [oiseau]* to moult; (*°*) *[personne]* to go bald.

dépoétiser [depɔetize] (1) *vt* to make prosaic.

dépolitiser [depɔlitize] (1) *vt* to depoliticize.

dépopulation [depɔpylasjɔ̃] *nf* depopulation.

déporter [depɔʀte] (1) *vt* (**a**) (*exiler*) to deport; (*interner*) to send to a concentration camp. (**b**) *[vent]* to carry off course. **se** ~ **vers la gauche** to swerve to the left. ♦ **déportation** *nf* deportation; imprisonment (in a concentration camp). ♦ **déporté, e** . *nm,f* deportee; prisoner (in a concentration camp).

déposer [depoze] (1) **1** *vt* (**a**) *gerbe, armes* to lay down; *ordures* to dump; *colis* to leave; *passager* to drop; (*Fin*) to deposit. **est-ce que je peux vous** ~ **quelque part?** can I give you a lift anywhere?, can I drop you anywhere?; **ce vin dépose de la lie** this wine has some sediment. (**b**) *plainte* to lodge; *réclamation* to file; *marque de fabrique* to register; *projet de loi* to bring in; *rapport* to send in. ~ **son bilan** to go into voluntary liquidation. (**c**) (*destituer*) *souverain* to depose. (**d**) *tenture* to take down; *tapis* to take up; *moteur* to take out. **2** *vi* (**a**) *[liquide]* to leave some sediment. **laisser** ~ to leave to settle. (**b**) (*Jur*) to testify. **3 se** ~ *vpr [poussière, lie]* to settle. ♦ **dépositaire** *nmf [objet confié]* depository; *[secret, vérité]* possessor; (*Comm*) agent (*de* for). ♦ **déposition** *nf* (*gén*) deposition.

déposséder [deposede] (6) *vt:* ~ **qn de** *terres* to dispossess sb of; *place, charge* to deprive sb of. ♦ **dépossession** *nf* dispossession; deprivation.

dépôt [depo] *nm* (**a**) (*action*) **procéder au** ~ **d'une gerbe** to lay a wreath; **le** ~ **des manteaux au vestiaire est obligatoire** coats must be left *ou* deposited in the cloakroom. (**b**) (*garde*) **avoir qch en** ~ to hold sth in trust; **confier qch en** ~ **à** qn to entrust sth to sb; ~ **sacré** sacred trust. (**c**) (*Comm*) *[marque]* registration. (**d**) (*garantie*) deposit. (*Fin*) ~ **de bilan** statement of affairs. (**e**) **du** ~, **un** ~ *[liquide]* sediment, deposit; *[tartre]* fur. (**f**) (*entrepôt*) warehouse; *[autobus, trains]*, (*Mil*) depot. **il y a un** ~ **de pain à l'épicerie** the grocer supplies *ou* sells bread; ~ **de munitions** ammunition dump; ~ **d'ordures** rubbish dump. (**g**) (*prison*) jail, prison.

dépotoir [depɔtwaʀ] *nm* (*lit, fig*) dumping ground.

dépouille [depuj] *nf* (*peau*) skin, hide. (*cadavre*) ~ (**mortelle**) (mortal) remains; (*butin*) ~**s** plunder, spoils.

dépouillé, e [depuje] *adj style, décor* bare, bald. ~ **de** lacking in, stripped of.

dépouiller [depuje] (1) **1** *vt* (**a**) *comptes, courrier* to go through, peruse; *scrutin* to count. (**b**) *animal* to skin; *arbre* to strip; *voyageur* to strip of his possessions; *héritier* to deprive of his inheritance. ~ **de** qch (*gén*) to strip of sth; *droits* to divest *ou* deprive of sth; ~ **le pays** to plunder the country, lay the country bare. (**c**) (*se défaire de*) to shed.

2 se ~ *vpr:* **se** ~ **de vêtements** to shed; *possessions* to divest o.s. of; *arrogance* to cast aside; **les arbres se dépouillent** the trees are shedding their leaves; **la campagne se dépouille** the countryside is beginning to look bare. ♦ **dépouillement** *nm* (**a**) perusal; *[scrutin]* counting. (**b**) (*sobriété*) lack of ornamentation. (**c**) (*de biens, droits*) deprivation.

dépourvu, e [depuʀvy] **1** *adj:* ~ **de** (*gén*) lacking in, without; *bons sens* devoid of; ~ **d'ornements** unornamented, bare of ornaments; ~ **d'argent** penniless; **des gens** ~**s** (**de tout**) destitute people. **2** *nm:* **prendre** qn **au** ~ to catch sb unprepared *ou* unawares.

dépravation [depʀavasjɔ̃] *nf* (*état*) depravity. ♦ **dépravé, e 1** *adj* depraved. **2** *nm, f* degenerate. ♦ **dépraver** (1) *vt* to deprave.

déprécier *vt,* **se** ~ *vpr* [depʀesje] (7) to depreciate. ♦ **dépréciatif, -ive** *adj* disparaging, derogatory. ♦ **dépréciation** *nf* depreciation (*de* in).

déprédations [depʀedasjɔ̃] *nfpl* (*dégâts*) damage.

dépression [depʀɛsjɔ̃] *nf:* ~ (**de terrain**) depression; ~ **atmosphérique** atmospheric depression, trough of low pressure; **une** ~ (**nerveuse**) a (nervous) breakdown; **elle fait de la** ~ she is having a bad fit of depression; ~ (**économique**) (economic) depression *ou* slump. ♦ **dépressif, -ive** *adj* depressive.

déprimer [depʀime] (1) *vt* (*moralement*) to

depress; (physiquement) to debilitate.
♦ **déprimant, e** adj (moralement) depressing; (physiquement) debilitating. ♦ **déprimé, e** adj (moralement) depressed; (physiquement) low; terrain low-lying.

depuis [dəpɥi] 1 prép (a) (temps: point de départ) since, ever since (intensif). **il attend/attendait ~ hier** he has/had been waiting since yesterday; ~ **son plus jeune âge** since ou from early childhood; ~ **cette affaire il est très méfiant** (ever) since that affair he has been very suspicious; ~ **quand le connaissez-vous?** how long have you known him?; ~ **quelle date êtes-vous ici?** since when have you been here?; ~ **cela,** ~ **lors** since then ou that time, ever since; ~ **le matin jusqu'au soir** from morning till night.
(b) (durée) for. **il est malade ~ une semaine** he has been ill for a week (now); ~ **ces derniers mois il a bien changé** he has changed a great deal in ou over the last few months; **tu le connais ~ longtemps? – ~ toujours** have you known him long? ou for a long time? – I've known him all my life; **je la connaissais ~ peu quand elle est partie** I had known her only a short time when she left; ~ **peu elle a recommencé à sortir** lately ou recently she has started going out again.
(c) (lieu) since, from. ~ **Nice il a fait le plein 3 fois** he's filled up 3 times since Nice; **le concert est retransmis ~ Paris** the concert is broadcast from Paris.
(d) (rang, quantité) from. ~ **le premier jusqu'au dernier** from the first to the last; **toutes les tailles ~ le 36** all sizes from 36 upwards.
(e) ~ **que,** ~ **le temps que:** ~ **qu'il est ministre** since he became a minister; ~ **le temps qu'il apprend le français** considering how long he's been learning French; ~ **le temps que je voulais voir ce film!** I had been waiting to see that film for ages!
2 adv ever since, since (then). **je ne l'ai pas revu ~** I haven't seen him since (then).

député [depyte] nm deputy, ≃ member of Parliament, ≃ representative (US). ♦ **députation** nf (groupe) deputation, delegation. **candidat à la ~** parliamentary candidate. ♦ **députer** (1) vt: ~ **qn pour faire** to delegate sb to do; ~ **qn auprès de** to send sb as representative to.

déraciner [derasine] (1) vt arbre, personne to uproot; erreur to eradicate. ♦ **déracinement** nm uprooting; eradication.

dérailler [deraje] (1) vi [train] to be derailed; (*: divaguer) to rave; (*: mal fonctionner) to be on the blink*. **faire ~ un train** to derail a train. ♦ **déraillement** nm derailment. ♦ **dérailleur** nm [bicyclette] derailleur gears.

déraisonner [derɛzɔne] (1) vi to rave. ♦ **déraisonnable** adj unreasonable.

déranger [derɑ̃ʒe] (3) 1 vt papiers, personne to disturb; coiffure to ruffle; projets, routine to disrupt, upset; machine to put out of order; temps to unsettle. ~ **qn inutilement** to bother ou trouble sb unnecessarily; **ça vous dérange si je fume?** do you mind if I smoke?; **il a le cerveau dérangé** his mind is deranged ou unhinged; **il a l'estomac dérangé** his stomach is upset. 2 **se ~** vpr (a) [médecin] to come out; (pour une démarche) to come along, come along. **sans vous ~** without leaving your home; **surtout, ne vous dérangez pas pour moi** please don't put yourself out on my account.
(b) (changer de place) to move. ♦ **dérangement** nm (gêne) trouble, inconvenience; (déplacement) trip; (bouleversement) disorder (de in). **en ~ machine** out of order.

déraper [derape] (1) vi [véhicule] to skid; [personne, échelle] to slip. ♦ **dérapage** nm skid.

dérégler [deregle] (6) 1 vt (gén) to upset; temps to unsettle. 2 **se ~** vpr [appareil] to go wrong; [pouls, estomac, temps] to be upset. ♦ **déréglé, e**

adj out of order; upset; unsettled; mœurs dissolute. ♦ **dérèglement** nm upset. [mœurs] ~**(s)** dissoluteness.

dérider vt, **se ~** vpr [deride] (1) personne to brighten up; front to uncrease.

dérision [derizjɔ̃] nf derision, mockery. **par ~** derisively, mockingly; **tourner en ~** to mock, ridicule. ♦ **dérisoire** adj derisory. ♦ **dérisoirement** adv pathetically.

dérivatif, -ive [derivatif, iv] 1 adj derivative. 2 nm distraction.

dérivation [derivasjɔ̃] nf [rivière] diversion; (Ling, Math) derivation; (Élec) shunt; (Aviat, Naut) deviation.

dérive [deriv] nf (a) (déviation) drift. (lit) **à la ~** adrift; (fig) **aller à la ~** to drift. (b) (dispositif) (Aviat) fin; (Naut) centre-board.

dériver [derive] (1) 1 vt rivière to divert; (Chim, Ling, Math) to derive; (Élec) to shunt. 2 ~ **de** vt indir to derive from. 3 vi (Aviat, Naut) to drift; [orateur] to drift off the subject. ♦ **dérivé, e** 1 adj derived. 2 nm (Chim, Ling, Math) derivative; (produit) by-product. 3 nf (Math) derivative.

dermatologie [dermatɔlɔʒi] nf dermatology. ♦ **dermatologue** nmf dermatologist.

dernier, -ière [dɛrnje, jɛr] 1 adj (a) (espace) (gén) last; étage top; rang back; branche highest. **arriver ~** to come in last; **la ~ière marche** (en bas) the bottom step; (en haut) the top step; (Presse) **en ~ière page** on the back page; **les 100 ~ières pages** the last 100 pages.
(b) (temps) (gén) last; (plus récent) latest; (final) final; (précédent) previous. **durant les ~s jours du mois** in the last few days of the month; **voici les ~ières nouvelles** here is the latest news; **l'artiste dans ses ~ières œuvres** the artist in his final ou last works; **les ~s propriétaires étaient belges** the previous ou last owners were Belgians; **il faut payer avant le 15,** ~ **délai** it must be paid by the 15th at the latest, the 15th is the final date for payment; **le mois ~** last month; **ces ~s temps** lately, of late; **c'est le ~ cri** it's the very latest thing ou fashion.
(c) (en mérite) élève bottom, last; qualité lowest, poorest. **de ~ ordre** very inferior; **il est toujours ~** (en classe) he's always bottom (of the class), he's always last (in the class).
(d) (extrême) **grossier au ~ point** ou **degré** extremely rude, rude in the extreme; **il a protesté avec la ~ière énergie** he protested most vigorously ou with the utmost vigour; **c'est du ~ chic** it's the last word in elegance; **c'est de la ~ière importance** it is of the utmost importance.
(e) (ultime) grade top, highest; regard, effort last, final. **quel est votre ~ prix?** (pour vendre) what's the lowest you'll go?; (pour acheter) what's your final offer?; **en ~ière analyse** in the final ou last analysis; **en ~ lieu** finally; **mettre la ~ière main à qch** to put the finishing touches to sth; **avoir le ~ mot** to have the last word; **en ~ ressort** in the last instance; **en ~ recours** as a last resort; **rendre le ~ soupir** to breathe one's last; **accompagner qn à sa ~ière demeure** to accompany sb to his final resting place.
2 nm,f last (one); (enfant) youngest (child). **sortir le ~** to leave last; **les ~s arrivés** the last ones to arrive; **il est le ~ de sa classe** he's at the bottom of the class; **il est le ~ à pouvoir faire cela** he's the last person to be able to do that; **c'est le ~ de mes soucis** it's the least of my worries; (péj) **le ~ des imbéciles** a complete and utter fool; (péj) **c'est le ~ des ~s!** he's the lowest of the low; **ce ~, cette ~ière** (de deux) the latter; (de plusieurs) this last, the last-mentioned; ~**-né** youngest (child).
3 nm (étage) top floor. **acheter qch en ~** to buy sth last.
4 nf (Théât) last performance. **vous con-**

naissez la ~ière?* have you heard the latest?

dernièrement [dɛʀnjɛʀmɑ̃] *adv* recently.

dérober [deʀɔbe] (1) **1** *vt* (a) (*voler*) to steal (*à qn* from sb). (b) (*cacher*) to hide, conceal (*à qn* from sb). ~ **qn à la justice** to shield sb from justice. **2 se** ~ *vpr* (a) (*refuser d'assumer*) to shy away. **je lui ai posé la question mais il s'est dérobé** I put the question to him but he evaded it. (b) (*se cacher de*) to hide, conceal o.s. (*à* from). (c) (*se libérer*) to slip away. **se** ~ **à l'étreinte de qn** to slip out of sb's arms. (d) [*sol, genoux*]to give way. (e) (*Équitation*) to refuse. ♦ **dérobade** *nf* evasion; (*Équitation*) refusal. ♦ **dérobé, e 1** *adj* **porte** secret, hidden. **2** *nf*: **à la** ~**e** secretly, surreptitiously.

dérogation [deʀɔɡasjɔ̃] *nf* (special) dispensation. ♦ **dérogatoire** *adj* dispensatory.

déroger [deʀɔʒe] (3) *vi* (a) (*déchoir*) (*gén*) to lower o.s.; (*Hist*) to lose rank and title. (b) (*enfreindre*) ~ **à qch** to go against sth.

dérouler [deʀule] (1) **1** *vt fil*to unwind; *cordage*to uncoil; *nappe* to unroll. ~ **qch dans son esprit** to go over sth in one's mind. **2 se** ~ *vpr* (a) [*fil*]to unwind; [*cordage*] to uncoil; [*carte*] to unroll; [*paysage*] to unfold. (b) (*se produire, se situer*) to take place. **c'est là que toute ma vie s'est déroulée** it was there that my whole life was spent. (c) (*se développer*) [*histoire*] to develop, unfold. **la manifestation s'est déroulée dans le calme** the demonstration went off peacefully; **à mesure que l'histoire se déroulait** as the story unfolded *ou* developed. ♦ **déroulement** *nm* (a) [*cérémonie*] progress; [*action*] development. **pendant le** ~ **des opérations** during the course of the operations, while the operations were in progress. (b) unwinding; uncoiling; unrolling.

déroute [deʀut] *nf* rout. **en** ~ routed; **mettre en** ~ to rout.

dérouter [deʀute] (1) *vt avion* to reroute; *candidat* to disconcert; *poursuivants* to throw off the scent. ♦ **déroutant, e** *adj* disconcerting.

derrick [deʀik] *nm* derrick.

derrière [deʀjɛʀ] **1** *prép* (a) (*gén, fig*) behind. **passe (par)** ~ **la maison** go round the back of *ou* round behind the house; **faire qch** ~ **(le dos de) qn** to do sth behind sb's back; (*fig*) **je suis** ~ **vous** I'll back you up, I'm on your side; **il faut toujours être** ~ **son dos** you've always got to keep an eye on him; **vin de** ~ **les fagots** extra-special wine. (b) (*Naut*) (*dans le bateau*) abaft; (*sur la mer*) astern of.

2 *adv* (a) behind. **assis 3 rangs** ~ sitting 3 rows back *ou* behind; (*Aut*) **monter** ~ to sit in the back; **regarde** ~ (*tourne-toi*) look behind *ou* back; (*au fond de la voiture*) look in the back; (*derrière un objet*) look behind it; **par-**~ **entrer** by the back; **attaquer** from behind, from the rear; **s'attacher** at the back; **médire** behind sb's back. (b) (*Naut*) (*dans le bateau*) abaft; (*sur la mer*) astern.

3 *nm* [*personne*] bottom, behind*; [*animal*] hindquarters, rump; [*objet*] back; [*maison*] back, rear. **habiter sur le** ~ to live at the back (of the house); **porte de** ~ back *ou* rear door.

derviche [dɛʀviʃ] *nm* dervish. ~ **tourneur** dancing dervish.

des [de] *V* **de.**

dès [dɛ] *prép* (a) (*temps*) from. **il a commencé à pleuvoir** ~ **le matin** it rained from the morning onwards; ~ **le début** from the start; ~ **qu'il aura fini il viendra** as soon as he's finished he'll come; ~ **son retour il fera le nécessaire** as soon as he's back he'll do what's necessary; ~ **l'époque romaine** as early as *ou* as far back as Roman times; ~ **son enfance** since (his) childhood, ever since he was a child; ~ **maintenant** right now. (b) (*espace etc*) ~ **Lyon il a plu sans arrêt** it never stopped raining from Lyons onwards *ou* after Lyons; ~ **l'entrée je sentis qu'il se passait qch** as

soon as I walked in at the door I sensed that sth was going on; ~ **le premier verre il roula sous la table** after the first glass he collapsed under the table. (c) ~ **lors** from that moment; ~ **lors que** (*puisque*) since, as.

désabusé, e [dezabyze] *adj* disenchanted, disillusioned.

désaccord [dezakɔʀ] *nm* (a) (*mésentente*) discord. **être en** ~ **avec sa famille** to be at odds with one's family. (b) (*divergence*) (*entre points de vue*) disagreement; (*entre intérêts*) conflict. **leurs intérêts sont en** ~ **avec les nôtres** their interests conflict with ours. (c) (*contradiction*) discrepancy. **ce qu'il dit est en** ~ **avec ce qu'il fait** there is a discrepancy between what he says and what he does.

désaccordé, e [dezakɔʀde] *adj* piano out of tune.

désaccoutumer [dezakutyme] (1) *vt*: ~ **qn de qch/de faire** to get sb out of the habit of sth/of doing; **se** ~ **de qch/de faire** to lose the habit of sth/of doing.

désaffecter [dezafɛkte] (1) *vt* to close down. ♦ **désaffectation** *nf* closing down. ♦ **désaffecté, e** *adj* disused.

désaffection [dezafɛksjɔ̃] *nf* loss of affection (*pour* for).

désagréable [dezagʀeabl(ə)] *adj* disagreeable. ♦ **désagréablement** *adv* disagreeably.

désagréger *vt*, **se** ~ *vpr* [dezagʀeʒe] (3 *et* 6) to disintegrate, break up. ♦ **désagrégation** *nf* disintegration, breaking up.

désagrément [dezagʀemɑ̃] *nm* (*déboire*) annoyance; (*déplaisir*) displeasure. **malgré tous les** ~**s que cela entraîne** despite all the annoyances *ou* trouble it involves.

désaltérer [dezalteʀe] (6) **1** *vt* to quench the thirst of. **2 se** ~ *vpr* to quench one's thirst. ♦ **désaltérant, e** *adj* thirst-quenching.

désamorcer [dezamɔʀse] (3) *vt fusée* to remove the primer from; *pompe* to drain; (*fig*) *situation* to defuse.

désappointer [dezapwɛ̃te] (1) *vt* to disappoint. ♦ **désappointement** *nm* disappointment.

désapprouver [dezapʀuve] (1) *vt* to disapprove of. **elle désapprouve qu'il vienne** she disapproves of his coming. ♦ **désapprobateur, -trice** *adj* disapproving. ♦ **désapprobation** *nf* disapproval.

désarçonner [dezaʀsɔne] (1) *vt* (*lit*) to unseat; (*fig*) [*réponse*] to nonplus.

désargenté, e* [dezaʀʒɑ̃te] *adj* (*sans un sou*) broke*.

désarmer [dezaʀme] (1) **1** *vt* (*Mil, fig*) to disarm; (*Naut*) to lay up. **2** *vi* [*pays*] to disarm; (*fig*) [*haine*] to abate. **il ne désarme pas contre son fils** he is unrelenting in his attitude towards his son. ♦ **désarmant, e** *adj* disarming. ♦ **désarmé, e** *adj* (*lit*) unarmed; (*fig*) helpless. ♦ **désarmement** *nm* [*forteresse*] disarming; [*pays*] disarmament; [*navire*] laying up.

désarroi [dezaʀwa] *nm* [*personne*] helplessness; [*armée, équipe*] confusion.

désarticuler (se) [dezaʀtikyle] (1) *vpr* [*acrobate*] to contort o.s. **se** ~ **l'épaule** to dislocate one's shoulder.

désastre [dezastʀ(ə)] *nm* (*lit, fig*) disaster. **les** ~**s causés par la tempête** the damage caused by the storm. ♦ **désastreux, -euse** *adj* (*gén*) disastrous; *conditions, temps* terrible, appalling.

désavantage [dezavɑ̃taʒ] *nm* (*gén*) disadvantage; (*handicap*) handicap; (*inconvénient*) drawback. **avoir un** ~ **sur qn** to be at a disadvantage *ou* be handicapped in comparison with sb; **se montrer à son** ~ to show o.s. to one's disadvantage *ou* in an unfavourable light.

désavantager [dezavɑ̃taʒe] (3) *vt* to put at a disadvantage (*par rapport à* by comparison with). **cela désavantage surtout les plus pauvres** this puts the very poor at the greatest disadvantâge, this penalizes the very poor in particular. ♦ **désavantageusement** *adv* unfavourably, disadvantageously. ♦ **désavantageux, -euse** *adj* unfavourable, disadvantageous.

désavouer [dezavwe] (1) **1** *vt* to disclaim, disavow; (*blâmer*) to repudiate. **2 se ~** *vpr* to retract. ♦ **désaveu** *nm* (*rétractation*) retraction; (*reniement*) disavowal; (*blâme*) repudiation.

désaxer [dezakse] (1) *vt esprit* to unhinge.

desceller [desele] (1) *vt pierre* to pull free.

descendance [desɑ̃dɑ̃s] *nf* (*enfants*) descendants; (*origine*) descent.

descendant, e [desɑ̃dɑ̃, ɑ̃t] **1** *adj direction* downward, descending; *gamme* falling, descending; (*Rail*) *voie, train* down. **2** *nm,f* descendant.

descendre [desɑ̃dʀ(ə)] (41) **1** *vi* (a) (*aller*) to go down; (*venir*) to come down (*à, vers* to, *dans* into); *[avion]* to come down, descend. **descends me voir** come down and see me; **~ à pied/en parachute** to walk/parachute down; **~ en train** to go down by train; **nous sommes descendus en 10 minutes** we got down in 10 minutes; **~ à Marseille** to go down to Marseilles; **~ en ville** to go into town; **la rue descend en pente douce** the street slopes gently down; **cheveux qui descendent sur les épaules** shoulder-length hair.
  (b) **~ de** *arbre* to climb *ou* come down from; *voiture* to get out of; **fais ~ le chien du fauteuil** get the dog down off the armchair; **~ à terre** to go ashore; **~ de cheval** to dismount; **~ de bicyclette** to get off one's bicycle.
  (c) *[obscurité, neige]* to fall; *[soleil]* to go down (*sur* on); *[brouillard]* to come down (*sur* over); *[prix, température]* to fall, drop; *[marée]* to go out.
  (d) (*s'abaisser*) **~ dans l'estime de qn** to go down in sb's estimation; **il est descendu jusqu'à mendier** he has stooped to begging.
  (e) (*lieu*) **~ à l'hôtel** to put up *ou* stay at a hotel; **la police est descendue dans cette boîte de nuit** the police have raided the night club.
  2 ~ de *vt indir ancêtre* to be descended from.
  3 *vt* (a) *escalier, rivière, gamme* to go down. **~ la rue en courant** to run down the street.
  (b) (*apporter*) *valise* to take *ou* bring down. **faire ~ ses bagages** to have one's luggage brought *ou* taken down; **descends-moi mes lunettes** bring *ou* fetch me my glasses down; **je te descends en ville** I'll take you into town, I'll give you a lift into town.
  (c) (*baisser*) *store, étagère, rayon* to lower.
  (d) (‡: *abattre*) *avion* to shoot down; *personne* to bump off‡; *bouteille* to down. **se faire ~** to get o.s. bumped off‡; **~ qn en flammes** to shoot sb down in flames.

descente [desɑ̃t] **1** *nf* (a) (*gén, Aviat*) descent. **la ~ dans le puits est dangereuse** going down the well is dangerous; **la ~ des bagages prend du temps** it takes time to bring down the luggage; **le téléphérique est tombé en panne dans la ~** the cable-car broke down on the way down; **~ en parachute** parachute drop; (*Ski*) (*épreuve de*) **~** downhill race *ou* run; **accueillir qn à la ~ du train** to meet sb off the train; **à ma ~ de voiture** as I got out of the car. (b) (*raid*) raid. **faire une ~ sur** *ou* **dans** to raid, make a raid on. (c) (*partie descendante*) downward slope, incline. **freiner dans les ~s** to brake going downhill; **la ~ de la cave/du garage** the entrance into the cellar/garage. **2: ~ de croix** Deposition; **~ aux enfers** descent into Hell; **~ de lit** bedside rug.

description [dɛskʀipsjɔ̃] *nf* description. **faire la ~ de** to describe. ♦ **descriptif, -ive** *adj* descriptive.

désembuer [dezɑ̃bɥe] (1) *vt vitre* to demist.

désemparé, e [dezɑ̃paʀe] *adj* bewildered, distraught; *navire* crippled.

désemparer [dezɑ̃paʀe] (1) *vi*: **sans ~** without stopping.

désemplir [dezɑ̃pliʀ] (2) *vi*: **le magasin ne désemplit jamais** the shop is never empty *ou* is always full.

désenchantement [dezɑ̃ʃɑ̃tmɑ̃] *nm* disenchantment, disillusion. ♦ **désenchanté, e** *adj* disenchanted, disillusioned.

désenfler [dezɑ̃fle] (1) *vi* to go down, become less swollen.

désennuyer [dezɑ̃nɥije] (8) *vt*: **~ qn** to relieve sb's boredom.

désépaissir [dezepesiʀ] (2) *vt cheveux* to thin (out).

déséquilibre [dezekilibʀ(ə)] *nm* (*entre quantités*) imbalance; (*mental*) unbalance; (*objet*) unsteadiness. **en ~** *armoire* unsteady; *budget* unbalanced. ♦ **déséquilibré, e 1** *adj* unbalanced. **2** *nm,f* unbalanced person. ♦ **déséquilibrer** (1) *vt* (*lit*) to throw off balance; *esprit* to unbalance.

désert, e [dezɛʀ, ɛʀt(ə)] **1** *adj* deserted. **2** *nm* desert. ♦ **désertique** *adj* desert.

déserter [dezɛʀte] (1) *vti* to desert. ♦ **déserteur** *nm* deserter. ♦ **désertion** *nf* desertion.

désespérer [dezɛspeʀe] (6) **1** *vt* to drive to despair. **2** *vi* to despair. **3 ~ de** *vt indir*: **~ de qn/de faire** to despair of sb/of doing; **je ne désespère pas de réussir** I haven't lost hope *ou* given up hope of succeeding. **4 se ~** *vpr* to despair. ♦ **désespérant, e** *adj lenteur, nouvelle* appalling; *enfant* hopeless; *temps* maddening, sickening. ♦ **désespéré, e 1** *adj* (*gén*) *cas* hopeless. **appel ~** cry of despair. **2** *nm,f* (*suicidé*) suicide (*person*). ♦ **désespérément** *adv tenter* desperately. **~ vide** hopelessly empty.

désespoir [dezɛspwaʀ] *nm* despair. **faire le ~ de qn** to be the despair of sb, drive sb to despair; **être au ~ to** be in despair; **je suis au ~ de ne pouvoir venir** I'm desperately sorry not to be able to come; **en ~ de cause** in desperation.

déshabiller [dezabije] (1) **1** *vt* to undress. **2 se ~** *vpr* to undress; (*manteau etc*) to take off one's coat *ou* things. ♦ **déshabillé** *nm* négligée.

déshabituer [dezabitɥe] (1) *vt*: **~ qn de (faire)** qch to break sb of the habit of (doing) sth. **2 se ~** *vpr*: **se ~ de** qch/de faire qch to get out of the habit of sth/of doing sth.

désherber [dezɛʀbe] (1) *vt* to weed. ♦ **désherbage** *nm* weeding. ♦ **désherbant** *nm* weed-killer.

déshériter [dezeʀite] (1) *vt héritier* to disinherit; (*désavantager*) to deprive. **déshérité par la nature** ill-favoured by nature; **les déshérités** the deprived.

déshonorer [dezɔnɔʀe] (1) **1** *vt profession* to disgrace, dishonour; *personne* to dishonour, bring disgrace *ou* dishonour upon. **2 se ~** *vpr* to bring disgrace *ou* dishonour on o.s. ♦ **déshonneur** *nm* disgrace, dishonour. ♦ **déshonorant, e** *adj* dishonourable, degrading.

déshydrater *vt*, **se ~** *vpr* [dezidʀate] (1) to dehydrate. ♦ **déshydratation** *nf* dehydration.

désigner [dezine] (1) *vt* (a) (*du doigt*) to point out; (*d'un mot*) to refer to. **tout le désigne comme coupable** everything points to his guilt. (b) (*nommer*) to appoint, designate (*à un poste* to a post). **que des volontaires se désignent!** volunteers step forward!; **successeur désigné** successor elect *ou* designate. (c) (*qualifier*) to mark out. **sa hardiesse le désigne pour cette tentative** his boldness marks him out for this attempt; **c'était la victime désignée** he was the classic victim; **être tout désigné pour faire qch** to be cut out to do sth. ♦ **désignation** *nf* designation.

désillusionner [dezilyzjɔne] (1) *vt* to disillusion. ♦ **désillusion** *nf* disillusion.

désinence [dezinɑ̃s] *nf* (*Ling*) ending, inflexion.

désinfecter [dezɛ̃fɛkte] (1) *vt* to disinfect. ♦ **désinfectant, e** *adj, nm* disinfectant. ♦ **désinfection** *nf* disinfection.

désintégrer [dezɛ̃tegʀe] (6) **1** vt (Phys) to split; (fig) to split up, break up. **2 se ~** vpr (gén) to disintegrate; (Phys) to split. ♦ **désintégration** nf splitting; splitting-up; breaking-up; disintegration.

désintéresser [dezɛ̃teʀese] (1) **1** vt créancier to pay off. **2 se ~** vpr: **se ~ de** to lose interest in. ♦ **désintéressé, e** adj disinterested. ♦ **désintéressement** nm (gén) disinterestedness; [créancier] paying off. ♦ **désintérêt** nm disinterest.

désintoxiquer [dezɛ̃tɔksike] (1) vt to treat for alcoholism (ou drug addiction). ♦ **désintoxication** nf treatment for alcoholism (ou drug addiction).

désinvolte [dezɛ̃vɔlt(ə)] adj casual, offhand, airy. ♦ **désinvolture** nf casualness.

désir [deziʀ] nm (souhait) wish, desire; (convoitise) desire (de qch for sth, de faire to do). vos **~s sont des ordres** your wish is my command; **prendre ses ~s pour des réalités** to indulge in wishful thinking. ♦ **désirable** adj desirable. **peu ~** undesirable.

désirer [deziʀe] (1) vt (vouloir) to want; (convoiter) to desire. **~ faire qch** to want ou wish to do sth; **que désirez-vous?** (au café) what would you like?; (dans un bureau) what can I do for you?; **il désire que tu viennes tout de suite** he wants you to come at once; **ça laisse beaucoup à ~** it leaves a lot to be desired. ♦ **désireux, -euse** adj: **~ de** anxious to.

désister (se) [deziste] (1) vpr to withdraw. ♦ **désistement** nm withdrawal.

désobéir [dezɔbeiʀ] (2) vi to be disobedient. **~ à qn/à un ordre** to disobey sb/an order. ♦ **désobéissance** nf disobedience (à to). ♦ **désobéissant, e** adj disobedient.

désobliger [dezɔbliʒe] (3) vt to offend. ♦ **désobligeant, e** adj disagreeable, offensive.

désodoriser [dezɔdɔʀize] (1) vt to deodorize. ♦ **désodorisant, e** adj, nm deodorant.

désœuvré, e [dezœvʀe] adj idle. **rester ~ pendant des heures** to be at a loose end ou have nothing to do for hours on end. ♦ **désœuvrement** nm idleness. **par ~** for want of anything better to do.

désoler [dezɔle] (1) **1** vt to distress, upset; (dévaster) to desolate. **2 se ~** vpr to be upset. ♦ **désolant, e** adj nouvelle, situation distressing; enfant, temps disappointing. **il est ~ que** it's a terrible shame ou such a pity that. ♦ **désolation** nf (consternation) distress, grief; (dévastation) desolation. ♦ **désolé, e** adj endroit desolate. **(b)** (affligé) distressed; (contrit) sorry. **(je suis) ~ de vous avoir dérangé** (I'm) sorry to have disturbed you.

désolidariser (se) [desɔlidaʀize] (1) vpr: **se ~ de** to dissociate o.s. from.

désopilant, e [dezɔpilɑ̃, ɑ̃t] adj hilarious.

désordre [dezɔʀdʀ(ə)] nm (a) (pièce, vêtements) untidiness, disorderliness; (service public) disorder; (esprits) confusion; (Méd) disorder; (vie) dissoluteness. **mettre/être en ~** to make/be untidy; **quel ~!** what a muddle! ou mess! **(b)** (agitation) disorder. **faire du ~** [élève] to cause a commotion ou a disturbance; [agitateur] to spread unrest; (émeute) **de graves ~s** serious disturbances, serious outbreaks of disorder. ♦ **désordonné, e** adj personne untidy, disorderly; mouvements uncoordinated; fuite, vie disorderly; esprit muddled. **~ dans son travail** disorganized in one's work.

désorganiser [dezɔʀganize] (1) vt (gén) to disorganize. ♦ **désorganisation** nf disorganization.

désorienter [dezɔʀjɑ̃te] (1) vt to disorientate.

désormais [dezɔʀmɛ] adv in future, henceforth.

désosser [dezɔse] (1) vt viande to bone.

despote [dɛspɔt] **1** adj despotic. **2** nm despot; (fig) tyrant. ♦ **despotique** adj despotic; (fig) tyran-

nical. ♦ **despotisme** nm despotism; (fig) tyranny.

desquels, desquelles [dekɛl] V lequel.

dessaisir [deseziʀ] (2) **1** vt: **~ un tribunal d'une affaire** to remove a case from a court. **2 se ~** vpr: **se ~ de** to part with.

dessaler [desale] (1) vt (a) (aussi: faire ~ ou mettre à ~) viande to soak. **(b)** (*: délurer) **~ qn** to teach sb a thing or two*.

dessécher [deseʃe] (6) **1** vt terre to dry out; plante to wither; (fig) cœur to harden. **2 se ~** vpr (gén) to dry out; [terre, bouche] to become parched; [plante] to wither; [aliments] to go dry.

dessein [desɛ̃] nm (gén) design; (intention) intention; (projet) plan. **il a le ~ de faire** he intends ou means to do; **avoir des ~s sur qn** to have designs on sb; **dans le ~ de faire** with the intention of doing; **faire qch à ~** to do sth intentionally.

desseller [desele] (1) vt to unsaddle.

desserrer [deseʀe] (1) **1** vt (gén) to loosen; nœud to slacken; étreinte to relax; poing, dents to unclench; écrou to unscrew; frein, étau to release; mots to space out. **~ sa ceinture de 2 crans** to loosen ou slacken one's belt 2 notches; (fig) **il n'a pas desserré les dents** he hasn't opened his mouth ou lips. **2 se ~** vpr [nœud, écrou] to come loose ou undone; [frein] to release itself; [étreinte] to relax, loosen. ♦ **desserré, e** adj loose; nœud slack.

dessert [desɛʀ] nm dessert.

desserte [desɛʀt(ə)] nf (a) (meuble) sideboard table. **(b)** (transport) service. **la ~ de la ville est assurée par un car** there is a bus service to the town.

desservir[1] [desɛʀviʀ] (14) vt (a) plat, table to clear away. **(b)** (nuire à) personne to go against; intérêts to harm. **il m'a desservi auprès de mes amis** he did me a disservice with my friends.

desservir[2] [desɛʀviʀ] (14) vt (a) (Transport) to serve. **le village est desservi par 3 lignes d'autobus** the village is served by ou has 3 bus services. **(b)** [couloir] to lead into.

dessin [desɛ̃] nm (a) (gén) drawing. **~ animé** cartoon film; **~ humoristique** cartoon; **il faut lui faire un ~!*** you'll have to spell it out for him. **(b)** (art) **le ~** drawing; **école de ~** drawing school; **~ de mode** fashion design; **planche à ~** drawing board. **(c)** (motif) pattern, design. **tissu avec des ~s jaunes** material with a yellow pattern on it. **(d)** (contour) outline, line. ♦ **dessinateur, -trice** nm,f (artiste) drawer. **~ industriel** draughtsman; **~ humoristique** cartoonist; **~ de mode** fashion designer.

dessiner [desine] (1) **1** vt (a) (gén) to draw; véhicule to design; jardin to lay out, landscape. **~ au crayon** to draw in pencil; **bouche bien dessinée** finely delineated mouth. **(b)** (chose) **les champs dessinent un damier** the fields are laid out like a checkerboard; **vêtement qui dessine bien la taille** garment that shows off the waist well. **2 se ~** vpr [contour] to stand out; [tendance] to become apparent; [projet] to take shape. **un sourire se dessina sur ses lèvres** a smile formed on his lips.

dessoûler* [desule] (1) vti to sober up.

dessous [d(ə)su] **1** adv (a) (sous) under, underneath, beneath; (plus bas) below. **mettez votre valise ~** put your suitcase underneath (it) ou under it; **retirer qch de ~ le lit** to get sth from under the bed. **(b)** en **~, au-~** (sous) under, underneath; (plus bas) below; **en ~ de, au-~ de** below; **les enfants au-~ de 7 ans** children under 7; **20° au-~ de zéro** 20° below zero; **être au-~ de tout** to be quite hopeless; **les locataires d'en ~** the people who rent the flat below, the tenants downstairs ou underneath; **regarder qn en ~** to give sb a shifty look; **faire qch en ~** to do sth in an underhand manner.

2 nm (a) [objet] bottom, underside; [pied] sole; [voiture, animal] underside. **drap du ~** bottom sheet; **les gens du** ~ the people downstairs; **le** ~ **de la table est poussiéreux** the table is dusty underneath; **les fruits du** ~ the fruit at the bottom, the fruit underneath; **avoir le** ~ to get the worst of it. **(b)** (*côté secret*) **les** ~ **de la politique** the hidden side of politics; **connaître le** ~ **des cartes** to have inside information. **(c)** (*Habillement*) **les** ~ underwear.

3: ~ **de bouteille** bottle mat; ~ **de plat** table mat; ~ **de robe** slip, petticoat; ~ **de table** under the counter payment; ~ **de verre** coaster.

dessus [d(ə)sy] **1** *adv* **(a)** *placé* on top (of it); *collé, écrit* on it; *lancer* over (it); (*plus haut*) above. **montez** ~ (*échelle*) get up on it; **passez (par)** ~ go over it; **ôter qch de** ~ **la table** to take sth off the table; **il lui a tapé/tiré** ~ he hit him/shot at him. **(b**ʾ **au-**~ above; (*étage*) upstairs; (*posé sur*) on top; (*plus cher etc*) over, above; **au-**~ **de** (*plus haut que*) above; (*sur*) on top of; *prix, limite* over, above; *possibilités* beyond; **les enfants au-**~ **de 7 ans** children over 7; **20° au-**~ **de zéro** 20° above zero; **être au-**~ **de tout soupçon/reproche** to be above all suspicion/beyond all reproach.

2 *nm* top. **drap du** ~ top sheet; **les gens du** ~ the people upstairs; (*fig*) **le** ~ **du panier** the pick of the bunch; (*élite sociale*) the upper crust; **avoir/prendre le** ~ to have/get the upper hand; **reprendre le** ~ to get over it.

3: ~ **de cheminée** mantelpiece; ~ **de lit** bedspread; ~ **de table** table runner.

destin [dɛstɛ̃] *nm* (*sort*) fate; (*avenir, vocation*) destiny.

destinataire [dɛstinatɛʀ] *nmf* [*lettre*] addressee; [*marchandise*] consignee; [*mandat*] payee.

destination [dɛstinasjɔ̃] *nf* (*direction*) destination; (*usage*) purpose. **à** ~ **de** *avion, train* to; *bateau* bound for; *voyageur* travelling to; **arriver à** ~ to reach one's destination.

destiner [dɛstine] (1) *vt* **(a)** (*attribuer*) ~ **qch à qn** (*gén*) to intend ou mean sth for sb; *ballon* to aim sth at sb; **livre destiné aux enfants** book (intended ou meant) for children; **il vous destine ce poste** he intends ou means you to have this post; **le sort qui lui était destiné** the fate that was in store for him. **(b)** (*affecter*) ~ **une somme à l'achat de qch** to intend to use a sum ou earmark a sum to buy sth; **les fonds seront destinés à la recherche** the money will be devoted to ou used for research. **(c)** (*vouer*) ~ **qn à une fonction/à être médecin** to destine sb for a post/to be a doctor; **destiné à mourir jeune** destined ou fated to die young; **il se destine à l'enseignement** he intends to go into teaching. ♦ **destinée** *nf* (*sort*) fate; (*avenir, vocation*) destiny.

destituer [dɛstitɥe] (1) *vt ministre* to dismiss; *roi* to depose; *fonctionnaire* to dismiss from office. ♦ **destitution** *nf* dismissal; deposition.

destruction [dɛstʀyksjɔ̃] *nf:* ~**(s)** (*gén*) destruction; [*rats*] extermination. ♦ **destructeur, -trice 1** *adj* destructive. **2** *nm,f* destroyer. ♦ **destructible** *adj* destructible. ♦ **destructif, -ive** *adj* destructive.

désuet, -ète [desɥɛ, ɛt] *adj* (*gén*) outdated; *mot* obsolete; *charme* old-fashioned. ♦ **désuétude** *nf* disuse. **tomber en** ~ [*loi*] to fall into abeyance; [*coutume*] to become obsolete, fall into disuse.

désunir [dezyniʀ] (2) *vt famille* to divide, disunite. ♦ **désunion** *nf* disunity.

détacher [detaʃe] (1) **1** *vt* **(a)** *prisonnier, paquet* to untie; *wagon* to take off, detach (*de* from). **(b)** (*dénouer*) (*gén*) to undo; *nœud* to untie; *soulier, ceinture* to unfasten. **(c)** (*ôter*) (*gén*) to remove, take off; *papier collé* to unstick; *rideau* to take down (*de* from); *reçu* to tear out (*de* of), detach (*de* from). **il ne pouvait** ~ **son regard du spectacle** he could not take his eyes off the sight; '~ **suivant le pointillé**' 'tear off along the dotted line'. **(d)** (*envoyer*) *personne* to send, dispatch; (*Admin:*

affecter) to second. **être détaché** to be on secondment. **(e)** (*mettre en relief*) *mots* to separate; *contour* to bring out; (*Mus*) *notes* to detach. **(f)** (*éloigner*) ~ **qn de qch/qn** to turn sb away from sth/sb. **(g)** (*nettoyer*) to clean.

2 se ~ *vpr* **(a)** [*prisonnier*] to free o.s., get loose (*de* from); [*paquet, nœud*] to come undone ou untied. **(b)** [*écorce, papier collé*] to come off; [*page, épingle*] to come out; [*rideau*] to come down. **(c)** [*coureur etc*] to pull ou break away (*de* from). **(d)** [*ressortir*] to stand out (*sur* against). **(e)** se ~ **de** (*renoncer à*) to renounce; (*se désintéresser de*) to grow away from.

♦ **détachable** *adj* detachable. ♦ **détachage** *nm* (*nettoyage*) stain removal. ♦ **détachant** *nm* stain remover. ♦ **détaché, e** *adj air* detached. ♦ **détachement** *nm* (*indifférence*) detachment; (*Mil*) detachment; [*fonctionnaire*] secondment.

détail [detaj] *nm* **(a)** (*particularité*) detail. **entrer dans les** ~**s** to go into details ou particulars. **(b)** [*facture, compte*] breakdown. **faire le** ~ **de qch** to give a breakdown of sth; **il nous a fait le** ~ **de ses aventures** he gave us a detailed account of his adventures; **en** ou **dans le** ~ in detail. **(c)** (*Comm*) retail. **vendre au** ~ *vin* to (sell) retail; *articles* to sell separately; **marchand de** ~ retailer, retail dealer. ♦ **détaillant, e** *nm,f* retailer, retail dealer. ♦ **détaillé, e** *adj* detailed. ♦ **détailler** (1) *vt* **(a)** (*Comm*) *articles* to sell separately; *marchandise* to sell retail. **(b)** *plan, raison* to detail, explain in detail. **il m'a détaillé de la tête aux pieds** he examined me from head to foot.

détaler [detale] (1) *vi* [*lapin*] to bolt; (*⁎*) [*personne*] to scarper⁎.

détartrer [detaʀtʀe] (1) *vt dents* to scale; *chaudière etc* to descale.

détaxer [detakse] (1) *vt* (*réduire*) to reduce the tax on; (*supprimer*) to remove the tax on. ♦ **détaxe** *nf* reduction in tax; removal of tax (*de* from); (*remboursement*) tax refund.

détecter [detɛkte] (1) *vt* to detect. ♦ **détecteur, -trice 1** *adj* detecting, detector. **2** *nm* detector. ♦ **détection** *nf* detection.

détective [detɛktiv] *nm:* ~ (**privé**) private detective.

déteindre [detɛ̃dʀ(ə)] (52) **1** *vt* to take the colour out of. **2** *vi* (*gén*) to lose its colour; (*au lavage*) to run; (*au soleil*) to fade. ~ **sur** [*couleur*] to run into; [*caractère*] to rub off on.

dételer [detle] (4) **1** *vt chevaux etc* to unharness; *voiture* to unhitch. **2** *vi* (*⁎*) to leave off working⁎. **sans** ~ without a break.

détendre [detɑ̃dʀ(ə)] (41) **1** *vt ressort* to release; *corde* to slacken, loosen; *corps, esprit* to relax; *atmosphère* to relieve, ease; *nerfs* to calm, soothe. **2 se** ~ *vpr* [*ressort*] to lose its tension; [*corde*] to become slack, slacken; [*atmosphère, esprit, corps*] to relax; [*nerfs*] to calm down. **détendez-vous!** relax!, let yourself unwind!⁎; **se** ~ **les jambes** to unbend one's legs. ♦ **détendu, e** *adj personne, atmosphère* relaxed; *câble* slack; *ressort* unstretched.

détenir [detniʀ] (22) *vt titre* to hold; *secret, objets volés* to be in possession of; *moyen* to have (in one's possession); *prisonnier* to detain. ~ **le pouvoir** to be in power.

détente [detɑ̃t] *nf* **(a)** (*délassement*) relaxation; (*dans les relations*) easing (*dans* of). (*Pol*) **la** ~ détente. **(b)** (*élan*) [*sauteur*] spring; [*lanceur*] thrust. **d'une** ~ **rapide** with a swift bound. **(c)** (*lit, fig:* **gâchette**) trigger.

détention [detɑ̃sjɔ̃] *nf* **(a)** (*possession*) [*armes*] possession; [*titres*] holding. **(b)** (*captivité*) detention. ~ **préventive** custody. ♦ **détenteur, -trice** *nm,f* possessor; holder. ♦ **détenu, e** *nm,f* prisoner.

détergent, e [detɛʀʒɑ̃, ɑ̃t] *adj, nm* detergent.

détériorer [deteʀjɔʀe] (1) **1** *vt* to damage, spoil. **2 se** ~ *vpr* to deteriorate. ♦ **détérioration** *nf* damaging (*de* of), damage (*de* to); deterioration (*de* in). ~s damage.

déterminer [detɛRmine] (1) *vt* (*gén*) to determine; (*par calcul*) to calculate, work out; (*motiver*) *retard* to cause, bring about. ♦ **déterminant, e** *adj* determining. ♦ **détermination** *nf* (*précision*) determining; (*résolution*) decision, resolution; (*fermeté*) determination. ♦ **déterminé, e** *adj air* determined; *but* definite, well-defined. **quantité** ~e given quantity.

déterrer [detere] (1) *vt* (*gén*) to dig up; (*lit, fig*) *objet* to unearth; *mort* to disinter. **avoir une tête de déterré** to look deathly pale.

détersif, -ive [detɛRsif, iv] *adj, nm* detergent.

détester [detɛste] (1) *vt* to hate, detest. **elle déteste attendre** she hates *ou* can't bear having to wait; **il ne déteste pas le chocolat** he is rather fond of *ou* is not averse to chocolate. ♦ **détestable** *adj temps, repas* foul, dreadful, appalling; *habitude, caractère* odious, detestable. ♦ **détestablement** *adv* appallingly, dreadfully.

détoner [detone] (1) *vi* to detonate, explode. ♦ **détonateur** *nm* detonator. ♦ **détonation** *nf* [*obus*] detonation, explosion; [*fusil*] bang.

détonner [detone] (1) *vi* [*couleurs*] to clash; [*conduite*] to be out of place.

détour [detuR] *nm* (a) (*sinuosité*) bend, curve. **faire des** ~s to wind about; **au** ~ **du chemin** at the bend of the path. (b) (*déviation*) detour. (c) (*subterfuge*) roundabout means; (*circonlocution*) circumlocution. **sans** ~s plainly, without beating about the bush.

détourner [detuRne] (1) **1** *vt* (a) *route, convoi* to divert; *avion* [*pirate de l'air*] to hijack; *soupçon, conversation* to divert (*sur* on to); *coup, colère* to ward off. ~ **les yeux** to look away; ~ **la tête** to turn one's head away; ~ **qn de chemin, devoir, soucis** to divert sb from; *projet* to dissuade sb from; *sa famille* to turn sb away from; ~ **qn du droit chemin** to lead sb astray. (b) (*voler*) to misappropriate. **2 se** ~ *vpr* to turn away. **se** ~ **de sa route** (*pour aller ailleurs*) to make a detour; (*par erreur*) to go off the right road. ♦ **détourné, e** *adj chemin, moyen* roundabout. **de façon** ~e in a roundabout way. ♦ **détournement** *nm* [*rivière*] diversion. ~ **d'avion** hijacking; ~ **de fonds** misappropriation of funds; ~ **de mineur** (*perversion*) corruption of a minor.

détraquer [detRake] (1) **1** *vt machine* to put out of order; *personne* (*physiquement*) to put out of sorts; (*nerveusement*) to upset; (*mentalement*) to unhinge. **ces orages ont détraqué le temps** these storms have unsettled the weather; **je suis détraqué*** he's a headcase‡, he's cracked*. **2 se** ~ *vpr* [*machine*] to go wrong; [*estomac*] to be upset; [*temps*] to break. ♦ **détraquement** *nm* [*machine*] breakdown; [*santé, nerfs*] upset, breakdown.

détremper [detRãpe] (1) *vt* to soak. **chemins détrempés** sodden paths; **chemise détrempée** soaking (wet) shirt.

détresse [detRɛs] *nf* distress. **en** ~ *personne, bateau* in distress; *entreprise* in difficulties; *cœur* anguished; **appel de** ~ distress call.

détriment [detRimã] *nm*: **au** ~ **de** to the detriment of.

détritus [detRitys] *nmpl* rubbish, refuse.

détroit [detRwa] *nm* (*Géog*) strait. **le** ~ **de Gibraltar** the straits of Gibraltar.

détromper [detRõpe] (1) **1** *vt personne* to disabuse (*de* of). **2 se** ~ *vpr* to be disillusioned.

détrôner [detRone] (1) *vt* (*lit, fig*) to dethrone.

détrousser [detRuse] (1) *vt* († *ou hum*) to rob.

détruire [detRɥiR] (38) *vt* (*gén*) to destroy; *population* to wipe out; *insectes* to exterminate; *santé, espoir, projet* to ruin, wreck. **les effets se détruisent** the effects cancel each other out.

dette [dɛt] *nf* (*Fin, fig*) debt. **faire des** ~s to get into debt; **avoir 1000 F de** ~s to be 1,000 francs in debt; **la** ~ **publique** the national debt; (*fig*) **je suis en** ~ **envers vous** I am indebted to you.

deuil [dœj] *nm* (a) (*perte*) bereavement. **plusieurs** ~s **dans sa famille** several deaths in his family. (b) (*affliction*) grief. **plonger qn dans le** ~ to plunge sb into mourning *ou* grief. (c) (*vêtements*) mourning (clothes). **en grand** ~ in deep mourning; **être/se mettre en** ~ to be in/go into mourning. (d) (*durée*) mourning. **jour de** ~ day of mourning; ~ **national** national mourning. (e) **faire son** ~ **de qch*** to say goodbye to sth*.

deux [dø] **1** *adj* (a) two. ~ **fois** twice; **je les ai vus tous** (**les**) ~ I saw them both, I saw both of them, I saw the two of them; (*lit, fig*) **à** ~ **tranchants** double-edged; **des** ~ **côtés de la rue** on both sides *ou* on either side of the street; **tous les** ~ **jours** every other day, every two days; (*en épelant*) ~ **t/l** double t/l. (b) (*quelques*) a couple, a few. **c'est à** ~ **minutes d'ici** it's just a few minutes *ou* only a couple of minutes from here; **vous y serez en** ~ **secondes** you'll be there in no time (at all); **j'ai** ~ **mots à vous dire** I want to have a word with you. (c) (*deuxième*) second. (d) (*locutions*) **essayer et réussir, cela fait** ~ to try and to succeed are two entirely different things; **pris entre** ~ **feux** caught in the crossfire; **il ne faut plus qu'il y ait** ~ **poids (et)** ~ **mesures** we must no longer have two sets of standards; (*fig*) **être assis entre** ~ **chaises** to be in an awkward position; ~ **précautions valent mieux qu'une** better safe than sorry; **en** ~ **temps, trois mouvements** in two ticks*.

2 *nm* two. **couper en** ~ to cut in two *ou* in half; **marcher** ~ **par** ~ to walk two by two *ou* in pairs; **à nous** ~ (*à un ennemi*) now let's fight it out! *V* **six**.

3: ~-**pièces** *nm inv* (*ensemble*) two-piece suit; (*maillot*) two-piece (costume); (*appartement*) two-room flat; ~-**points** *nm inv* colon; ~-**roues** *nm inv* two-wheeled vehicle.

♦ **deuxième** *adj, nmf* second. (*Mil*) ~ **classe** private; *V* **sixième**. ♦ **deuxièmement** *adv* second(ly).

dévaler [devale] (1) **1** *vt* to tear down, hurtle down. **2** *vi* [*rochers*] to hurtle down; [*lave*] to rush down; [*terrain*] to fall away sharply. [*personne*] ~ **dans les escaliers** to tumble down the stairs.

dévaliser [devalize] (1) *vt maison* to burgle; *banque, personne* to rob. (*fig*) [*clients*] ~ **un magasin** to buy up a shop.

dévaloriser *vt, se* ~ *vpr* [devaloRize] (1) to depreciate. ♦ **dévalorisation** *nf* depreciation.

dévaluer *vt, se* ~ *vpr* [devalɥe] (1) to devalue. ♦ **dévaluation** *nf* devaluation.

devancer [dəvãse] (3) *vt* (*distancer*) to get ahead of; (*précéder*) to arrive ahead of; *objection, désir* to anticipate. (*Mil*) ~ **l'appel** to enlist before call-up. ♦ **devancier, -ière** *nm,f* precursor.

devant [d(ə)vã] **1** *prép* (a) (*position*) in front of; (*distance*) ahead of; (*dépassement*) past. **il est passé** ~ **moi sans me voir** he walked past me without seeing me; **assis** ~ **la fenêtre** sitting at *ou* by the window; **va-t-en de** ~ **la vitrine** move away from (in front of) the window; **il marchait** ~ **moi** he was walking in front of *ou* ahead of me; **il est** ~ **moi en classe** (*lit*) he sits in front of me at school; (*fig*) he is ahead of me at school; **fuir** ~ **qn** to flee before *ou* from sb; **avoir du temps/de l'argent** ~ **soi** to have time/money to spare; (*lit, fig*) **aller droit** ~ **soi** to go straight on. (b) (*en présence de*) before. **s'incliner** ~ **qn** to bow before sb; **imperturbable** ~ **le malheur d'autrui** unmoved by other people's misfortune; (*fig*) **reculer** ~ **ses responsabilités** to shrink from one's responsibilities; **par-**~ **notaire** in the presence of a notary; ~ **la situation** (*étant donné*) in view of *ou* considering the situation; (*face à*) faced *ou* confronted with the situation; **rester ferme** ~ **le danger** to stand fast in the face of danger.

2 *adv:* **vous êtes juste** ~ you are right in front of it; **corsage qui se boutonne (par-)**~ blouse which buttons up at the front; **il est loin** ~ he's a long way ahead; **je suis passé** ~ *boutique* I went past *ou* by it; *coureur* I went ahead of *ou* in front of him; **fais passer le plateau** ~ pass the tray forward; **il a pris des places** ~ he has got seats at the front; (*Aut*) **monter** ~ to sit in the front; **marchez** ~**, les enfants** walk in front, children.

3 *nm* **(a)** (*gén*) front; *[bateau]* fore, bows. **habiter sur le** ~ to live at the front; **roue de** ~ front wheel. **(b) prendre les** ~**s** to make the first move, take the initiative; **je suis allé au-**~ **(de lui)** I went to meet him; **aller au-**~ **des désirs de qn** to anticipate sb's wishes; **courir au-**~ **du danger** to court danger; **aller au-**~ **des ennuis** to be looking for trouble.

devanture [d(ə)vãtyʀ] *nf* (*étalage*) display; (*vitrine*) (shop) window; (*façade*) (shop) front.

dévaster [devaste] (1) *vt* to devastate. ♦ **dévastateur, -trice** *adj orage* devastating; *passion* destructive. ♦ **dévastation** *nf:* ~(s) devastation.

déveine* [devɛn] *nf* rotten luck*.

développer [devlɔpe] (1) **1** *vt* (*gén, Phot*) to develop; *commerce* to expand; *argument* to enlarge (up)on; *paquet* to unwrap; *parchemin* to unroll; *coupon de tissu* to unfold; *troupes* to deploy. **poitrine bien/peu développée** well-developed/underdeveloped bust. **2 se** ~ *vpr [personne, plante]* to develop; *[affaire]* to expand, develop; *[armée]* to spread out; *[habitude]* to spread. ♦ **développement** *nm* development; expansion. **en plein** ~ fast-expanding, fast-developing.

devenir [dəvniʀ] (22) **1** *vi* **(a)** to become. ~ **médecin** to become a doctor; **que veux-tu** ~ **dans la vie?** what do you want to do *ou* be in life?; **cet enfant est devenu un homme solide** that child has turned into *ou* has become a strong man; **il est devenu tout rouge** he turned *ou* went quite red; ~ **vieux** to grow *ou* get old; **c'est à** ~ **fou!** it's enough to drive you mad! **(b)** (*advenir de*) **bonjour, que devenez-vous?*** hullo, how are you getting on? *ou* doing?*; **que sont devenues mes lunettes?** where have my glasses got to?; **qu'allons-nous** ~? what will become of us? **2** *nm* evolution.

dévergonder (se) [devɛʀgɔ̃de] (1) *vpr* to run wild. ♦ **dévergondé, e** *adj* shameless.

déverser [devɛʀse] (1) **1** *vt ordures* to tip (out), dump; *bombes* to unload; *voyageurs* to disgorge; *colère* to pour out. **2 se** ~ *vpr* to pour out (*dans* into).

dévêtir *vt*, **se** ~ *vpr* [devetiʀ] (20) to undress.

déviation [devjasjɔ̃] *nf* (*lit, fig: écart*) deviation; (*Aut*) diversion; *[colonne vertébrale]* curvature.

dévider [devide] (1) *vt bobine* to unwind; *reproches* to reel off. ♦ **dévidoir** *nm* reel.

dévier [devje] (7) **1** *vi* **(a)** *[aiguille]* to deviate; *[bateau, projectile]* to veer off course. **le poteau a fait** ~ **le ballon** the post deflected the ball. **(b)** *[doctrine]* to alter. **la conversation déviait dangereusement** the conversation was taking a dangerous turn; ~ **par rapport au projet initial** to move away *ou* diverge from the original plan; ~ **de sa ligne politique** to deviate *ou* depart from one's political line; **il fit** ~ **la conversation** he turned *ou* diverted the conversation (*sur* onto). **2** *vt circulation* to divert; *coup* to deflect.

deviner [d(ə)vine] (1) *vt* (*gén*) to guess; *énigme* to solve. ~ **l'avenir** to foretell the future; **devine pourquoi** guess why. ♦ **devin, devineresse** *nm,f* soothsayer. **je ne suis pas** ~*** I haven't got second sight. ♦ **devinette** *nf* riddle.

devis [d(ə)vi] *nm* estimate, quotation.

dévisager [deviʒaʒe] (3) *vt* to stare at, look hard at.

devise [d(ə)viz] *nf* motto; (*Comm*) slogan. (*Fin*) ~**s** (foreign) currency.

dévisser [devise] (1) *vt* to unscrew.

dévoiler [devwale] (1) *vt statue, secret* to unveil; *nom, date* to reveal, disclose.

devoir [d(ə)vwaʀ] (28) **1** *vt argent, respect etc* to owe. **il réclame ce qui lui est dû** he is asking for what is owing *ou* due to him; **il ne veut rien** ~ **à personne** he doesn't want to be indebted to anyone *ou* to owe anyone anything; **je dois à mes parents d'avoir réussi** I have my parents to thank for my success, I owe my success to my parents; **il lui doit bien cela!** it's the least he can do for him!; **avec les honneurs dûs à son rang** with honours befitting his rank.

2 *vb aux* **(a)** (*obligation*) to have to. **il aurait dû la prévenir** he should have *ou* ought to have warned her; **dois-je lui écrire tout de suite?** must I *ou* do I have to *ou* have I got to write to him straight away?; **vous ne devez pas entrer sans frapper** you are not to *ou* you must not come in without knocking; **non, tu ne dois pas le rembourser** no, you need not *ou* don't have to pay it back. **(b)** (*fatalité*) **cela devait arriver** it was bound to happen; **elle ne devait pas apprendre la nouvelle avant le lendemain** she was not to hear the news until the next day; **même s'il devait être condamné,** il refuserait even if he were (to be) found guilty he would refuse; **les choses semblent** ~ **s'arranger** things seem to be sorting themselves out. **(c)** (*prévision*) **il doit arriver ce soir** he is due to arrive tonight, he is to arrive tonight; **vous deviez le lui cacher** you were (supposed) to hide it from him. **(d)** (*probabilité*) **vous devez vous tromper** you must be mistaken; **elle ne doit pas être bête** she can't be stupid; **cela devrait pouvoir s'arranger** it should be possible to put that right.

3 se ~ *vpr:* **se** ~ **à qn/qch** to have to devote o.s. to sb/sth; **nous nous devons de le lui dire** it is our duty to tell him; **comme il se doit** (*comme il faut*) as is proper *ou* right; (*comme prévu*) as expected.

4 *nm* **(a)** (*obligation*) duty. **agir par** ~ to act from a sense of duty; **se faire un** ~ **de faire** to make it one's duty to do; ~**s religieux** religious duties; **se mettre en** ~ **de faire** to set about doing; **présenter ses** ~**s à qn** to pay one's respects to sb. **(b)** (*Scol*) (*à la maison*) homework; (*en classe*) exercise. **faire ses** ~**s** to do one's homework.

dévolu, e [devɔly] *adj:* **être** ~ **à qn** *[droits]* to be devolved upon sb; *[charge]* to be handed down to sb; **budget** ~ **à la recherche** funds allotted to research.

dévorer [devɔʀe] (1) *vt* **(a)** *aliment, livre* to devour; *fortune* to consume; *larmes* to choke back. **cet enfant dévore!** this child has a huge appetite!; **dévoré par les moustiques** eaten alive by mosquitoes; ~ **qn du regard** to eye sb greedily. **(b)** *[jalousie, feu]* to consume, devour. **la soif le dévore** he has a burning thirst; **voiture qui dévore les kilomètres** car which eats up the miles; **c'est une tâche qui dévore tous mes loisirs** it's a task which swallows up all my free time. ♦ **dévorant, e** *adj faim* raging; *curiosité, soif* burning; *passion* devouring, consuming.

dévot, e [devo, ɔt] *adj* (*gén*) devout, pious; (*péj*) over-pious. ♦ **dévotement** *adv* devoutly, piously. ♦ **dévotion** *nf* (*piété*) devoutness; (*culte*) devotion. **avoir une** ~ **pour qn** to worship sb.

dévouer (se) [devwe] (1) *vpr* (*se sacrifier*) to sacrifice o.s. (*pour* for). (*se consacrer à*) **se** ~ **à** to devote *ou* dedicate o.s. to. ♦ **dévoué, e** *adj* devoted, dedicated (*à* to). ♦ **dévouement** *nm* devotion, dedication. **avec** ~ devotedly.

dévoyer [devwaje] (8) **1** *vt* to lead astray. **2 se** ~ *vpr* to go astray. ♦ **dévoyé, e** *adj, nm,f* delinquent.

dextérité [dɛksteʀite] *nf* skill, dexterity.

diabète [djabɛt] *nm* diabetes (*sg*). ♦ **diabétique** *adj, nmf* diabetic.

diable [djabl(ə)] *nm* **(a)** devil. il a le ~ au corps he is the very devil; **il est très ~** he is a real little devil; **tirer le ~ par la queue** to live from hand to mouth; **habiter au ~ vauvert** to live miles from anywhere; **il faisait un vent du ~** there was the devil of a wind; **il est menteur en ~** he is the devil of a liar; **ce ~ de temps** this wretched weather. **(b)** (*excl*) **D~!** well!; **qu'il aille au ~!** the devil take him!; **du courage que ~!** cheer up, dash it!; **pourquoi/quand ~ l'as-tu jeté?** why/when the devil did you throw it out?; **c'est bien le ~ si** it would be most unusual if; **ce n'est pas le ~!** it's not the end of the world! **(c)** (*enfant*) devil, rogue. (*personne*) **pauvre ~** poor devil; **grand ~** tall fellow; **ce n'est pas un mauvais ~** he's not a bad fellow. (**l**) (*chariot*) hand truck. (*jouet*) ~ (à ressort) jack-in-the-box. ♦ **diablement*** *adv* dashed*. ♦ **diabolique** *adj* diabolical, devilish. ♦ **diaboliquement** *adv* diabolically.

diabolo [djabɔlo] *nm* (*jouet*) diabolo. (*boisson*) ~ **menthe** mint and lemonade.

diacre [djakʀ(ə)] *nm* deacon.

diadème [djadɛm] *nm* (*lit, fig*) diadem; (*bijou*) tiara.

diagnostiquer [djagnɔstike] (1) *vt* (*lit, fig*) to diagnose. ♦ **diagnostic** *nm* diagnosis.

diagonal, e, *mpl* **-aux** [djagɔnal, o] *adj, nf* diagonal. **en ~e** diagonally; **lire en ~e** to skim through.

diagramme [djagʀam] *nm* (*schéma*) diagram; (*graphique*) chart, graph.

dialecte [djalɛkt(ə)] *nm* dialect. ♦ **dialectal, e**, *mpl* **-aux** *adj* dialectal.

dialectique [djalɛktik] *adj, nf* dialectic.

dialogue [djalɔg] *nm* (*gén*) dialogue; (*conversation*) conversation. **c'est un ~ de sourds** it's a dialogue of the deaf. ♦ **dialoguer** (1) *vi* [*amis*] to have a conversation; [*syndicats*] to have a dialogue.

diamant [djamɑ̃] *nm* (*gén*) diamond. ♦ **diamantaire** *nm* (*tailleur*) diamond-cutter; (*vendeur*) diamond merchant.

diamètre [djamɛtʀ(ə)] *nm* diameter. ♦ **diamétralement** *adv* diametrically.

diantre [djɑ̃tʀ(ə)] *excl* (†, *hum*) by Jove! (†, *hum*). **qui ~ ...?** who the devil ...?†. ♦ **diantrement** *adv* (†, *hum*) devilish†.

diapason [djapazɔ̃] *nm* (*gén*) diapason. se **mettre au ~ de qn** to get in tune with sb.

diaphane [djafan] *adj* diaphanous.

diaphragme [djafʀagm(ə)] *nm* (*gén*) diaphragm.

diapositive [djapozitiv] *nf* (*Phot*) slide.

diarrhée [djaʀe] *nf* diarrhœa.

diatribe [djatʀib] *nf* diatribe.

dichotomie [dikɔtɔmi] *nf* dichotomy.

dictateur [diktatœʀ] *nm* dictator. ♦ **dictatorial, e**, *mpl* **-aux** *adj* dictatorial. ♦ **dictature** *nf* dictatorship. (*fig*) **c'est de la ~!** this is tyranny!

dicter [dikte] (1) *vt* lettre, condition to dictate (à to); volonté to impose (à upon). **il n'aime pas qu'on me dicte ce que je dois faire!** I won't be dictated to! ♦ **dictée** *nf* dictation. **écrire sous la ~ de qn** to take down sb's dictation.

diction [diksjɔ̃] *nf* (*débit*) diction, delivery; (*art*) speech production.

dictionnaire [diksjɔnɛʀ] *nm* dictionary. **c'est un vrai ~** he's a walking encyclopaedia.

dicton [diktɔ̃] *nm* saying, dictum.

dièse [djɛz] *adj, nm* (*Mus*) sharp. **fa ~** F sharp.

diesel [djezɛl] *nm* diesel.

diète [djɛt] *nf* **(a)** (*Méd*) (*jeûne*) starvation diet; (*régime*) diet. **mettre qn à la ~** to put sb on a starvation diet. **(b)** (*Hist*) diet. ♦ **diététicien, -ienne** *nm,f* dietician. ♦ **diététique** **1** *adj* dietary. **2** *nf* dietetics (*sg*).

dieu, *pl* **~x** [djø] *nm* **(a)** (*Myth, fig*) god. **(b)** D~ God; **D~ le père** God the Father; **société sans D~** godless society; **le bon D~** the good Lord; **on lui donnerait le bon D~ sans confession** he looks as if butter wouldn't melt in his mouth. **(c)** (*locutions*) **mon D~!** my goodness!, goodness me!; **mon D~ oui** well yes; **D~ vous bénisse!** God bless you!; à **D~ ne plaise!, D~ m'en garde!** God forbid!; **D~ vous entende!** may God hear you!; **D~ seul le sait** God only *ou* alone knows; **D~ sait s'il est généreux!** God knows he is generous!; **D~ soit loué!** praise God! *ou* the Lord!; **D~ merci, il n'a pas plu** it didn't rain, thank goodness; **à-D~-vat!** (*entreprise risquée*) well, it's in God's hands; (*départ*) God be with you; **tu vas te taire bon D~!** will you be quiet for Christ's sake!

diffamer [difame] (1) *vt* (*en paroles*) to slander; (*par écrit*) to libel. ♦ **diffamateur, -trice** *nm,f* slanderer. ♦ **diffamation** *nf*: ~(s) slander; libel. ♦ **diffamatoire** *adj* slanderous; libellous.

différé, e [difeʀe] *adj* (*TV*) (pre-)recorded.

différemment [difeʀamɑ̃] *adv* differently.

différence [difeʀɑ̃s] *nf* (*gén*) difference. ~ **d'âge** difference in age, age difference; **quelle ~ avec les autres!** what a difference from the others!; **ne pas faire de ~** to make no distinction (*entre* between); **à la ~ de** unlike; **à cette ~ que** with this difference that.

différencier [difeʀɑ̃sje] (7) **1** *vt* to differentiate. **2 se ~** *vpr* (*être différent de*) to differ (*de* from); (*devenir différent*) to become differentiated (*de* from); (*se rendre différent*) to differentiate o.s. (*de* from). ♦ **différenciation** *nf* differentiation.

différend [difeʀɑ̃] *nm* difference of opinion, disagreement.

différent, e [difeʀɑ̃, ɑ̃t] *adj* **(a)** (*dissemblable*) different (*de* from). **(b)** (*pl: divers*) different, various. **à ~es heures de la journée** at different times of day; **pour ~es raisons** for various reasons.

différentiel, -elle [difeʀɑ̃sjɛl] *adj, nm, nf* (*gén*) differential.

différer [difeʀe] (6) **1** *vi* **(a)** (*être dissemblable*) to differ, be different (*de* from, *en, par* in). **(b)** (*diverger*) to differ. **2** *vt* (*gén*) to postpone, put off; *jugement* to defer.

difficile [difisil] *adj* **(a)** *travail, problème* difficult; *situation* difficult, awkward, tricky*. **il a eu un moment ~** he went through a difficult *ou* hard *ou* trying time; **il a trouvé l'expédition ~** he found the expedition hard going *ou* heavy going; **~ à faire** difficult *ou* hard to do; **ils ont des fins de mois ~s** they find things difficult at the end of the month. **(b)** *personne* (*contrariant*) difficult, trying; (*exigeant*) fussy. **être ~ sur la nourriture** to be difficult *ou* fussy about one's food; **faire le ~** to be hard to please.

♦ **difficilement** *adv* *marcher, s'exprimer* with difficulty. **c'est ~ visible** it's difficult *ou* hard to see; **il gagne ~ sa vie** he finds it difficult *ou* hard to earn a living. ♦ **difficulté** *nf* (*gén*) difficulty. **avoir de la ~ à faire qch** to have difficulty (in) doing sth, find it difficult *ou* hard to do sth; **avoir des ~s financières** to be in financial difficulties; **faire des ~s pour accepter** to make *ou* raise difficulties about accepting; **être en ~** to be in difficulties *ou* in trouble; **mettre qn en ~** to put sb in a difficult position.

difforme [difɔʀm(ə)] *adj* *corps* deformed, misshapen; *visage, arbre* twisted. ♦ **difformité** *nf* deformity, misshapenness; twistedness. (*Méd*) ~**s** deformities.

diffus, e [dify, yz] *adj* (*gén*) diffuse.

diffuser [difyze] (1) *vt* *lumière, chaleur* to diffuse; *livres* to distribute; *émission* to broadcast. **programme diffusé en direct** live broadcast *ou* programme. ♦ **diffuseur** *nm* (*Presse: distributeur*) distributor. ♦ **diffusion** *nf* diffusion; distribution; broadcasting.

digérer [diʒeʀe] (6) *vt aliment, connaissance* to digest; *insulte* to stomach*, put up with. ~ **bien/mal** to have a good/bad digestion. ♦ **digeste** *adj aliment* easily digested, digestible. ♦ **digestif, -ive** 1 *adj* digestive. 2 *nm (liqueur)* liqueur. ♦ **digestion** *nf* digestion.

digital, e, *mpl* **-aux** [diʒital, o] 1 *adj (Anat)* digital. 2 *nf* digitalis.

digne [diɲ] *adj (auguste)* dignified; *(à la hauteur)* worthy. **son ~ fils** his worthy son; ~ **de** worthy of; ~ **d'éloges** praiseworthy; ~ **de foi** trustworthy; ~ **de pitié** pitiable; ~ **d'envie** enviable; **il n'est pas ~ de vivre** he's not fit to live; *(lit, péj)* **tu es le ~ fils de ton père!** you're fit to be your father's son!; **avec une attitude peu ~ d'un juge** with an attitude ill-befitting a judge. ♦ **dignement** *adv se conduire* with dignity; *récompenser* fittingly, justly. ♦ **dignitaire** *nm* dignitary. ♦ **dignité** *nf (gén)* dignity. **la ~ de la personne humaine** human dignity.

digression [digʀesjɔ̃] *nf* digression.

digue [dig] *nf (gén) dyke; (pour protéger la côte)* sea wall; *(fig)* barrier.

dilapider [dilapide] (1) *vt* to squander, waste. ♦ **dilapidation** *nf* squandering, wasting.

dilater [dilate] (1) 1 *vt (gén)* to dilate; *métal, gaz* to cause to expand. **2 se ~** *vpr* to dilate; to expand. **se ~ la rate*** to split one's sides (laughing)*. ♦ **dilatation** *nf* dilation; expansion.

dilemme [dilɛm] *nm* dilemma.

dilettante [diletɑ̃t] *nmf (en art)* dilettante; *(péj: amateur)* amateur. ♦ **dilettantisme** *nm* amateurishness.

diligence [diliʒɑ̃s] *nf* **(a)** *(empressement)* haste. **faire ~** to make haste. **(b)** *(soin)* diligence. **(c)** *(Hist: voiture)* stagecoach. ♦ **diligent, e** *adj (rapide)* speedy, prompt; *(assidu)* diligent.

diluer [dilɥe] (1) *vt liquide, (fig)* to dilute; *peinture* to thin down. ♦ **dilution** *nf* dilution; thinning down.

diluvienne [dilyvjɛn] *adj f pluie* torrential.

dimanche [dimɑ̃ʃ] *nm* Sunday. **le ~ de Pâques** Easter Sunday; **ses habits du ~** one's Sunday clothes, one's Sunday best; **peintre du ~** sparetime painter; **chauffeur du ~** Sunday driver; *V* **sameᵤ.**

dime [dim] *nf (Hist)* tithe.

dimension [dimɑ̃sjɔ̃] *nf* **(a)** *(taille)* size. **avoir la même ~** to be the same size; **de grande/petite ~** large/small-sized; **une tâche à la ~ de son talent** a task equal to *ou* commensurate with one's talent. **(b)** *(mesures)* ~s dimensions; **quelles sont les ~s de la pièce?** what are the dimensions *ou* measurements of the room?; **dans la plus grande ~** at the widest *(ou* longest) point; **à 2/3 ~s** 2/3 dimensional. **(c)** *(Philos)* dimension.

diminuer [diminɥe] (1) 1 *vt* **(a)** *(gén)* to reduce, decrease; *frais* to cut down; *prix* to bring down; *son* to lower, turn down; *plaisir, intérêt* to lessen, diminish. **ça l'a beaucoup diminué** this has greatly undermined his health; **c'est un homme très diminué** he has really gone downhill, he is not at all the man he was; ~ **un employé** to cut *ou* reduce the salary of an employee. **(b)** *(dénigrer)* to belittle.
2 *vi* **(a)** *[violence, intensité]* to diminish; *[circulation]* to decrease; *[pluie]* to let up; *[orage, bruit]* to die down *ou* away. ~ **d'intensité** to decrease in intensity, subside. **(b)** *[nombre]* to decrease, diminish; *[prix, valeur, pression]* to go down, fall, decrease; *[jours]* to grow shorter. **ça a diminué de volume** it has been reduced in volume.
♦ **diminutif, -ive** *adj, nm* diminutive. ♦ **diminution** *nf* **(a)** *(réduction)* reduction. **consentir une ~ à** to allow a reduction to. **(b)** *(décroissance)* diminishing; decrease. **une ~ du**

nombre des accidents a decrease in the number of accidents.

dinde [dɛ̃d] *nf* turkey(hen). ♦ **dindon** *nm* turkey(cock). **être le ~ (de la farce)** to be made a fool of. ♦ **dindonneau,** *pl* ~**x** *nm* turkey poult.

dîner [dine] (1) 1 *vi* to have dinner. ~ **d'une tranche de pain** to have a slice of bread for dinner; **avoir qn à ~** to have sb for *ou* to dinner. **2** *nm* dinner; *(réception)* dinner party. ~ **nf** *(jeu)* doll's tea party. *(repas)* **on fera la ~*** we'll have a snack. ♦ **dîneur, -euse** *nm,f* diner.

dingue* [dɛ̃g] 1 *adj* nuts*, crazy* *(de* about). **2** *nmf* nutcase*, loony*. **c'est un ~ de la voiture** he's crazy* *ou* nuts* about cars.

dinosaure [dinozɔʀ] *nm* dinosaur.

diocèse [djɔsɛz] *nm* diocese.

diphtérie [difteʀi] *nf* diphtheria. ♦ **diphtérique** *adj* diphtherial.

diphtongue [diftɔ̃g] *nf* diphthong.

diplomate [diplɔmat] 1 *adj* diplomatic. 2 *nmf (Pol)* diplomat; *(fig)* diplomatist. 3 *nm (Culin)* ≃ trifle. ♦ **diplomatie** *nf (Pol, fig)* diplomacy. ♦ **diplomatique** *adj* diplomatic.

diplôme [diplom] *nm (titre)* diploma; *(examen)* examination. **avoir des ~s** to have diplomas. ♦ **diplômé, e** 1 *adj* qualified. 2 *nm,f* holder of a diploma.

dire [diʀ] (37) 1 *vt* **(a)** *paroles* to say. **'j'ai froid' dit-il** 'I'm cold' he said; ~ **bonjour à qn** to say hullo to sb; **comme disent les Anglais** as the English put it *ou* say; ~ **ce qu'on pense** to speak one's mind; **il n'a pas dit un mot** he hasn't said *ou* spoken *ou* uttered a single word; **qu'est-ce que les gens vont ~!** whatever will people say!; **il ne croyait pas si bien ~** he didn't know how right he was, he never spoke a truer word; **ce n'est pas une chose à ~** it is better left unsaid; **que dis-je!** what am I saying?
(b) ~ **que** to say that; **doit-il venir? - elle dit que oui** is he coming? - she says he is *ou* she says so; **la loi dit clairement que** the law says clearly that *ou* clearly states that; **l'espoir fait vivre, dit-on** you can live on hope, as the saying goes; **on le dit malade** he's rumoured to be ill; **il sait ce qu'il dit** he knows what he's talking about.
(c) ~ **à qn que** to tell sb that, say to sb that; ~ **qch à qn** to tell sb sth; **j'ai qch à vous** ~ there's sth I want to tell you; ~ **la bonne aventure à qn** to tell sb's fortune; **il nous a dit sa joie** he told us his joy, he told us how happy he was; **ce nom me dit qch** this name rings a bell; **dites-lui de partir/qu'il parte** ce soir tell him to go/that he must leave tonight; **fais ce qu'on te dit!** do as you are told!; **'méfie-toi' me dit-il** he told me *ou* he said to me, 'be cautious'.
(d) *(objecter)* to say *(à, contre* against). **tu n'as rien à ~,** tu es bien servi you can't complain, you've done all right.
(e) *poèmes, messe, prière* to say; *rôle* to speak; *mensonge, renseignement* to tell. ~ **des bêtises** to talk nonsense.
(f) *(plaire)* **cela vous dit de sortir?** do you feel like going out?; **rien ne me dit en ce moment** I am not in the mood for anything just now; **cela ne me dit rien qui vaille** I don't like the look of that.
(g) *[chose]* *(indiquer)* to say, show. **son silence en dit long** his silence speaks for itself.
(h) *(penser)* to think. **qu'est-ce que tu dis de ma robe?** what do you think of *ou* how do you like my dress?; **qu'est-ce que vous dites de la question?** what do you think about the matter?; **qu'est-ce que vous diriez d'une promenade?** what would you say to a walk?, how about a walk?; **on dirait qu'il n'aime pas cette ville** he doesn't seem to like this town; **on dirait qu'il va pleuvoir** it looks like rain; **on dirait du poulet** it tastes like chicken; **on dirait du Brahms** it sounds like Brahms; **qui l'eût dit!** who would have thought it!

(i) (*décider*) **venez bientôt, disons demain** come soon, let's make it tomorrow *ou* let's say tomorrow; **il est dit que je ne gagnerai jamais** I'm destined never to win; **bon, voilà qui est dit** right, it's settled; **à l'heure dite** at the appointed time. **(j)** (*admettre*) **to say; admit. il faut bien ~ que** I must say *ou* admit that; **disons-le, il nous ennuie** let's be frank, he bores us.

(k) (*locutions*) **X, dit le Chacal** X, known as the Jackal; **qui dit argent dit problèmes** money means problems; **tu l'as dit!** you've said it!; **ceci dit** having said this; **pour ainsi ~** so to speak; **comme qui dirait*** as you might say; **ou pour mieux ~** ... or, to put it another way ...; **dis donc!** (*à propos*) by the way; (*holà*) hey!; **comme dit l'autre*** as they say, so to speak; **pour tout ~** in fact; **je vous l'avais bien dit!** I told you so!; **que tu dis!**! **sez you!**!; **à qui le dites-vous!** you're telling ME!**;** **cela va sans ~** it goes without saying; **à vrai ~ to tell (you) the truth; il n'y a pas à ~** there's no doubt about it; **je ne vous dis que cela!** just let me tell you!; **on a beau ~** say what you like; **comment dirais-je** ... how shall I put it?; **c'est ~ s'il est content** that just shows you how pleased he is; **c'est beaucoup ~** that's saying a lot; **c'est peu ~** that's an understatement; **c'est (tout) ~** that (just) shows you; **c'est moi qui vous le dis** you take my word for it; **ce n'est pas pour ~, mais** ... (*se vanter*) I don't wish to boast but ...; (*se plaindre*) I don't wish to complain but ...; **c'est-à-~** that is to say; **c'est-à-~ que je ne le savais pas** well actually I didn't know; **entre nous soit dit** between the two of us *ou* you and me; **soit dit en passant** incidentally.

(l) (*avec faire, laisser, vouloir*) **faire ~ qch à qn** to send word of sth to sb; **faire ~ à qn de venir** to send for sb; **il ne se l'est pas fait ~ deux fois** he did not need to be told twice; **je ne lui ai pas fait ~** I didn't make him say it; **laisser ~ to let people talk; je me suis laissé ~ que** I heard that, I was told that; **vouloir ~ to mean; cette phrase ne veut rien ~** this sentence does not mean a thing.

2 se ~ *vpr* **(a)** **il se dit qu'il était tard** he said to himself that it was late; **il se dit malade** he claims to be ill; **elles se dirent au revoir** they said goodbye (to each other). **(b)** (*sens passif*) **cela ne se dit pas** it's not the sort of thing one says; **cela ne se dit plus** this expression is no longer used; **comment se dit ... en français?** what is the French for ...?

3 *nm* (*déclaration*) statement. **d'après ses ~s** according to him *ou* what he says.

direct, e [diʀɛkt, ɛkt(ə)] **1** *adj* (*gén*) direct. **il m'a parlé de manière très ~e** he spoke to me in a very direct *ou* straightforward way; **ses chefs ~s** his immediate superiors; **être en rapport ~ avec** ci to deal directly *ou* be in direct contact with; **il a pris une part très ~e à cette affaire** he was directly involved in this business; **ce train est ~ jusqu'à Lyon** this is a fast *ou* non-stop train to Lyons. **2** *nm* (*Rail*) express (train), fast train; (*Boxe*) jab. **~ du gauche** straight left; (*Rad, TV*) **c'est du ~** it's live; **en ~ de New York** live from New York.

directement [diʀɛktəmɑ̃] *adv* (*immédiatement*) straight, directly; (*personnellement*) directly; (*sans intermédiaire*) direct, straight; (*tout à fait*) completely. **il est ~ allé se coucher** he went straight *ou* directly to bed, he went to bed straight away; **tout ceci ne me concerne pas ~ mais** ... none of this concerns me directly but ...; **adressez-vous ~ au patron** apply to the boss direct *ou* in person; **~ contraire** completely contrary.

directeur, -trice [diʀɛktœʀ, tʀis] **1** *adj* (*dirigeant*) directing; *idée* leading, main; *principe* guiding. **2** *nm* (*banque, usine*) (*responsable*) manager; (*administrateur*) director, (*Admin*) head; (*Ciné, TV*) director. **~ (d'école)** head-

master, principal (*US*); (*Pol*) **~ de cabinet** (d'un ministre) principal private secretary; **~ de journal** newspaper editor. **3** *nf* [*entreprise*] manageress; (*propriétaire*) director; (*Admin*) head. **~trice d'école** headmistress, principal (*US*).

direction [diʀɛksjɔ̃] *nf* **(a)** (*lit, fig: sens*) direction. **dans quelle ~ est-il parti?** which way did he go?; **prendre la ~ de Paris** to go towards *ou* in the direction of Paris; **train en ~ de** ... train for *ou* going to ... . **(b)** (*gén*) running; [*firme*] management; [*journal*] editorship; [*parti*] leadership; [*opérations*] directing; [*recherches*] supervision. **on lui a confié la ~ des travaux** he has been put in charge of the work; **prendre la ~ de entreprise** to take over the running of; *opérations* to take charge *ou* control of. **(c)** (*fonction*) [*entreprise*] post of manager; [*école*] headship; [*journal*] editorship; (*Admin*) post of chief executive. (*personnel dirigeant*) **la ~ the management. (d)** (*bureau*) director's *ou* manager's *ou* headmaster's *ou* editor's office. **(e)** (*service*) department. **la ~ du personnel** the personnel department. **(f)** (*Aut: mécanisme*) steering. **~ assistée** power assisted steering. ♦ **directorial, e**, *mpl* -**iaux** *adj* (*Comm, Ind*) managerial. **bureau ~** manager's *ou* director's *ou* headmaster's *ou* principal's (*US*) *etc* office.

directive [diʀɛktiv] *nf* directive.

directrice [diʀɛktʀis] *V* **directeur.**

dirigeable [diʀiʒabl(ə)] *adj, nm* airship.

dirigeant, e [diʀiʒɑ̃, ɑ̃t] **1** *adj classe* ruling. **2** *nm,f* [*entreprise*] manager; [*parti, pays*] leader.

diriger [diʀiʒe] (3) **1** *vt* **(a)** (*gén*) to run; *entreprise* to manage; *journal* to edit; *pays, parti* to lead; *opération* to direct; *recherches* to supervise, oversee; *enquête, débat* to lead; *orchestre* to conduct. (*Mil*) **~ le tir** to direct the firing; **cette idée dirige toute notre politique** this idea guides *ou* determines our whole policy. **(b)** *voiture, bateau* to steer; *avion* to pilot, fly. (*fig*) **bien ~ sa barque** to run one's affairs well. **(c)** (*acheminer*) *marchandises* to send; *personnes* to direct, send (*sur, vers* to). **(d)** *arme* to point, aim (*sur* at); *critique* to aim, direct (*contre* at); *lampe* to shine (*sur* on). **~ son attention sur qch** to turn one's attention to sth; **~ son regard sur qch** to look towards sth; **la flèche est dirigée vers la gauche** the arrow is pointing left *ou* to the left; **~ ses pas vers un lieu** to make one's way towards a place; **on devrait ~ ce garçon vers les sciences** we should steer this boy towards the sciences.

2 se ~ *vpr* **(a)** **se ~ vers** *lieu* to make one's way towards; *carrière* to turn towards; **l'avion se dirigea vers le nord** the plane flew *ou* headed northwards; **se ~ droit sur qch** to make a beeline *ou* make straight for sth. **(b)** (*se guider*) to find one's way. **se ~ au radar** to navigate by radar.

discerner [disɛʀne] (1) *vt* **(a)** (*distinguer*) *forme* to discern, make out; *bruit* to detect. **(b)** (*différencier*) to distinguish, discriminate (*entre* between). **~ le vrai du faux** to distinguish *ou* tell truth from falsehood. ♦ **discernable** *adj* discernible. ♦ **discernement** *nm* (*sagesse*) discernment; (*action*) distinguishing, discriminating. **sans ~** (*réflexion*) without proper judgment; (*distinction*) without distinction.

disciple [disipl(ə)] *nm* disciple.

discipliner [disipline] (1) *vt* *élèves* to discipline; *cheveux* to control. **se ~** to discipline oneself. ♦ **disciplinable** *adj* disciplinable. ♦ **disciplinaire** *adj* disciplinary. ♦ **disciplinairement** *adv* in a disciplinary way. ♦ **discipline** *nf* (*règle*) discipline; (*matière*) discipline, subject. ♦ **discipliné, e** *adj* well-disciplined.

discontinu, e [diskɔ̃tiny] *adj* (*gén*) discontinuous; *bruit* intermittent. (*Aut*) **bande jaune ~e** dotted yellow line. ♦ **discontinuer** (1) *vi*: **sans ~** without stopping, without a break. ♦ **discontinuité** nf discontinuity.

disconvenir [diskɔ̃vniʀ] (22) vi: **je n'en disconviens pas** I don't deny it.

discorder [diskɔʀde] (1) vi [sons] to be discordant; [couleurs] to clash; [témoignages] to conflict. ♦ **discordance** nf [caractères] conflict; [sons] discordance; [couleurs] clash. [témoignages] présenter des ~s to show discrepancies, conflict. ♦ **discordant, e** adj (gén) discordant; caractères, opinions conflicting; bruits harsh; couleurs clashing. ♦ **discorde** nf discord, dissension. **mettre la** ~ to cause dissension.

discothèque [diskɔtek] nf (collection) record collection; (meuble) record cabinet; (bâtiment) record library; (club) disco.

discours [diskuʀ] nm (a) (allocution) speech. (péj) **tous ces beaux** ~ all this fine talk; **suis-moi sans faire de** ~! follow me and no arguing; **perdre son temps en** ~ to waste one's time talking. (b) (Ling) (au) ~ **direct/indirect** (in) direct/indirect speech. (c) (Philos:traité) discourse. ♦ **discourir** (11) vi (faire un discours) to discourse; (péj) to hold forth (sur, de upon); (bavarder) to chat.

discourtois, e [diskuʀtwa, waz] adj discourteous.

discréditer [diskʀedite] (1) **1** vt (gén) to discredit. **2 se** ~ vpr [personne] to discredit o.s. ♦ **discrédit** nm discredit, disrepute. **tomber dans le** ~ to fall into disrepute.

discret, -ète [diskʀɛ, ɛt] adj (a) (réservé, silencieux) discreet. (b) (timide, neutre) personne unassuming; maquillage, regard discreet; vêtement sober, plain; couleur, endroit quiet; lumière subdued. **'envoi** ~' 'sent under plain cover'. ♦ **discrètement** adv discreetly; soberly; quietly. **il a** ~ **fait allusion à** he made a discreet allusion to. ♦ **discrétion** nf discretion; sobriety; plainness; (discernement) discretion. **vin etc à** ~ unlimited wine etc.

discrimination [diskʀiminasjɔ̃] nf discrimination. ♦ **discriminatoire** adj mesures discriminatory. ♦ **discriminer** (1) vt to discriminate.

disculper [diskylpe] (1) **1** vt to exonerate (de from). **2 se** ~ vpr to exonerate o.s. (auprès de qn in sb's eyes). ♦ **disculpation** nf exoneration.

discuter [diskyte] (1) **1** vt (a) (gén) to discuss; projet de loi to debate; prix to argue about. (b) (contester) ordre to question, dispute. **théorie très discutée** very controversial theory; **ça se discute** that's debatable. (c) ~ **le coup*** (parler) to have a chat; (parlementer) to argue away. **2** vi (conférer) to confer; (parler) to talk; (parlementer, protester) to argue (avec with). ~ **de qch** to discuss sth; **j'en ai discuté avec lui** I have discussed the matter ou talked the matter over with him. ♦ **discussion** nf (gén) discussion; (débat) debate; (pourparlers) discussion, talks; (conversation) talk; (querelle) argument. **suis-moi et pas de** ~s follow me and no argument. ♦ **discutable** adj debatable, questionable.

disette [dizɛt] nf (manque) scarcity, shortage; (famine) food shortage.

diseuse [dizøz] nf: ~ **de bonne aventure** fortune-teller.

disgrâce [disgʀɑs] nf disgrace. **tomber en** ~ to fall into disgrace. ♦ **disgracier** (7) vt to disgrace.

disgracieux, -ieuse [disgʀasjø, jøz] adj démarche awkward, ungainly; visage ill-favoured (pour unsightly).

disjoindre [disʒwɛ̃dʀ(ə)] (49) **1** vt planches to take apart; problèmes to separate. **2 se** ~ vpr to come apart ou loose.

disjoncteur [disʒɔ̃ktœʀ] nm (Élec) circuit breaker.

disloquer [dislɔke] (1) **1** vt (a) bras to dislocate. (b) machine, cortège, empire to break up. **2 se** ~ vpr (a) **se** ~ **le bras** to dislocate one's arm. (b)

[meuble] to come apart; [cortège] to disperse, break up. ♦ **dislocation** nf dislocation; breaking up; dispersal.

disparaître [dispaʀɛtʀ(ə)] (57) vi (a) (gén) to disappear, vanish. **le fuyard disparut dans la foule** the fugitive disappeared ou vanished into the crowd; ~ **discrètement** to slip away quietly; ~ **furtivement** to sneak away ou out; **il a disparu de son domicile** he has gone missing ou has disappeared from home. (b) (mourir) [race, coutume] to die out; [personne] to die; [navire] to sink, be lost. ~ **en mer** to be lost at sea; (Naut) ~ **corps et biens** to go down with all hands. (c) **faire** ~ tache, obstacle to remove; personne to get rid of; crainte to dispel; **cela a fait** ~ **la douleur/la rougeur** it made the pain/red mark go away, it got rid of the pain/all trace of the red mark; **faire** ~ **un objet** [prestidigitateur] to make an object vanish; [voleur] to conceal an object; (enlever) to remove an object; (jeter) to dispose of ou get rid of an object.

disparate [dispaʀat] adj éléments disparate; couple ill-assorted. ♦ **disparité** nf disparity (de in); ill-assortedness.

disparition [dispaʀisjɔ̃] nf (gén) disappearance; [soleil] setting; [tache, obstacle] removal; [objet, bateau] loss; (mort) death.

disparu, e [dispaʀy] **1** adj époque bygone, vanished; bonheur lost, departed; (mort) personne dead; coutume vanished. **il a été porté** ~ he has been reported missing; **marin** ~ **en mer** sailor lost at sea. **2** nm,f (mort) dead person; (manquant) missing person. **le cher** ~ the dear departed.

dispendieux, -ieuse [dispɑ̃djø, jøz] adj extravagant.

dispensaire [dispɑ̃sɛʀ] nm community clinic.

dispenser [dispɑ̃se] (1) **1** vt (a) (exempter) to exempt (de faire from doing, de qch from sth). **dispensez-moi de sa vue** spare me the sight of him; **se faire** ~ to get exempted. (b) bienfaits, lumière to dispense. ~ **à qn son dévouement** to lavish one's devotion on sb; (Méd) ~ **des soins à un malade** to give medical care to a patient. **2 se** ~ vpr: **se** ~ **de corvée** to avoid, get out of; remarque to refrain from making; **se** ~ **de faire qch** to get out of doing sth; **il peut se** ~ **de travailler** he doesn't need to work. ♦ **dispense** nf (exemption) exemption (de from); (permission) special permission; (Rel) dispensation (de from).

disperser [dispɛʀse] (1) **1** vt papiers to scatter, spread about; brouillard to disperse; collection to break up; foule, ennemi to scatter, disperse; ses efforts to dissipate. **tous nos amis sont maintenant dispersés** all our friends are scattered now. **2 se** ~ vpr [foule] to scatter, disperse; [élève] to dissipate one's efforts. ♦ **dispersé, e** adj habitat scattered; esprit unselective; travail disorganized. ♦ **dispersion** nf scattering; dispersal; breaking up; dissipation; (Chim, Phys) dispersion. **évitez la** ~ **dans votre travail** don't attempt to do too many things at once.

disponible [dispɔnibl(ə)] adj (a) livre, place available. **je ne suis pas** ~ **ce soir** I'm not free tonight. (b) auditoire receptive. ♦ **disponibilité** nf availability; receptiveness. (Fin) ~s liquid assets; (Admin) **mettre en** ~ fonctionnaire to grant leave of absence to.

dispos, e [dispo, oz] adj personne refreshed. **avoir l'esprit** ~ to have a fresh mind.

disposer [dispoze] (1) **1** vt (a) (mettre) to place, set, lay; (arranger) to arrange. (b) ~ **qn à faire/à qch** (engager à) to dispose ou incline sb to do sth/towards sth; (préparer à) to prepare sb to do/for sth. **2** vi (partir) to leave. **vous pouvez** ~ you may leave. **3** ~ **de** vt indir argent, moyens to have (available ou at one's disposal). **il disposait de quelques heures** he had a few hours to spare;

vous pouvez en ~ you can use it; **il dispose de ses amis de manière abusive** he takes advantage of his friends; **droit des peuples à ~ d'eux-mêmes** right of nations to self-determination. **4 se ~** *vpr*: **se ~ à faire** (*se préparer à*) to prepare to do, be about to do. ♦ **disposé, e** *adj* (**a**) **être ~ à faire** to be disposed *ou* prepared to do; **bien/mal ~** in a good/bad mood; **bien/mal ~ à l'égard de** *ou* **pour** *ou* **envers qn** well-/ill-disposed towards sb. (**b**) *terrain* situated. **bien/mal ~ pièces, vitrine** well-/badly-laid-out.

dispositif [dispozitif] *nm* (**a**) (*mécanisme*) device. (**b**) (*moyens*) plan of action. **~ de défense** defence system; **un important ~ (policier) a été mis en place** a large police operation was set up. (**c**) (*Jur*) [*jugement*] pronouncement; [*loi*] purview.

disposition [dispozisjɔ̃] *nf* (**a**) [*meubles*] arrangement; [*invités*] placing; [*terrain*] situation; [*pièces*] layout. (**b**) (*usage*) disposal. **mettre qch/être à la ~ de qn** to put sth/be at sb's disposal; **mis à la ~ de la justice** handed over to the law. (**c**) (*mesures*) **~s** (*préparatifs*) arrangements; (*précautions*) measures, steps; **prendre des** *ou* **ses ~s** to make arrangements. (**d**) (*humeur*) mood, frame of mind. **être dans de bonnes ~s pour faire qch** to be in the right mood to do sth; **être dans de bonnes ~s à l'égard de qn** to feel well-disposed towards sb; **est-il toujours dans les mêmes ~s à l'égard de ce projet?** does he still feel the same way about this plan? (**e**) (*aptitude*) **~s** aptitude, natural ability; **avoir des ~s pour les langues** to have a special aptitude for *ou* a gift for languages. (**f**) (*tendance*) tendency (*à* to). (**g**) (*Jur*) clause. **~s testamentaires** provisions of a will.

disproportion [disprɔpɔrsjɔ̃] *nf* disproportion (*de* in). ♦ **disproportionné, e** *adj objet* disproportionately large. **~ à** disproportionate to, out of all proportion with.

disputer [dispyte] (1) **1** *vt* (**a**) **~ qch/qn à qn** to fight with sb for *ou* over sth/sb; **elle essaya de lui ~ la gloire de son invention** she tried to rob him of the glory of his invention; **le ~ en beauté à qn** to rival sb in beauty. (**b**) *combat* to fight; *match* to play. (**c**) (*: gronder*) to tell off*. **se faire ~** to get a telling-off* (*par* from). **2 se ~** *vpr* (**a**) (*se quereller*) to quarrel, have an argument (*avec* with). (**b**) *objet* to fight over; *poste* to contest. ♦ **dispute** *nf* argument, quarrel. ♦ **disputé, e** *adj match* close, closely fought.

disquaire [diskɛr] *nm* record-dealer.

disqualifier [diskalifje] (7) *vt* (*Sport*) to disqualify; (*fig: discréditer*) to bring discredit on. ♦ **disqualification** *nf* disqualification.

disque [disk(ə)] *nm* (*gén, Méd*) disc; (*Sport*) discus; (*Mus*) record.

dissection [disɛksjɔ̃] *nf* dissection.

dissemblable [disāblabl(ə)] *adj* dissimilar (*de* to). ♦ **dissemblance** *nf* dissimilarity (*de* in).

disséminer *vt*, **se ~** *vpr* [disemine] (1) to scatter, spread (out). ♦ **dissémination** *nf* (*action*) scattering, spreading; (*état*) dispersal.

dissension [disãsjɔ̃] *nf* dissension.

dissentiment [disãtimã] *nm* disagreement.

disséquer [diseke] (6) *vt* (*lit, fig*) to dissect.

disserter [disɛrte] (1) *vi*: **~ sur** (*parler*) to speak on; (*écrire*) to write an essay on; (*péj*) to hold forth about. ♦ **dissertation** *nf* (*Scol, hum*) essay.

dissidence [disidãs] *nf* (*Pol*) dissidence; (*Rel*) dissent; (*divergence*) disagreement, dissidence. ♦ **dissident, e 1** *adj* (*Pol*) dissident; (*Rel*) dissenting. **2** *nm,f* (*Pol*) dissident; (*Rel*) dissenter.

dissimilitude [disimilityd] *nf* dissimilarity.

dissimuler [disimyle] (1) **1** *vt* to conceal, hide (*à qn* from sb). **je ne vous dissimulerai pas que I** won't disguise *ou* conceal the fact that; **savoir ~** to be good at pretending. **2 se ~** *vpr* to conceal *ou*

hide o.s. ♦ **dissimulateur, -trice 1** *adj* dissembling. **2** *nm,f* dissembler. ♦ **dissimulation** *nf* (*duplicité*) dissimulation; (*action de cacher*) concealment. ♦ **dissimulé, e** *adj caractère, enfant* secretive.

dissiper [disipe] (1) **1** *vt* (**a**) *fumée* to dispel; *nuage* to disperse; *soupçon, crainte* to dispel; *malentendu* to clear up. (**b**) *fortune* to dissipate, squander; *jeunesse* to waste. (**c**) **~ qn** (*corrompre*) to lead sb astray; (*distraire*) to distract sb. **2 se ~** *vpr* (**a**) [*fumée*] to drift away; [*nuages*] to disperse; [*brouillard*] to clear, lift; [*inquiétude*] to vanish; [*malaise*] to disappear, wear off. (**b**) [*élève*] to misbehave; [*personne*] to lead a dissolute *ou* dissipated life. ♦ **dissipation** *nf* (**a**) (*indiscipline*) misbehaviour; (*débauche*) dissipation. (**b**) [*fortune*] squandering, dissipation. (**c**) [*fumée, nuage*] dispersal; [*brouillard*] clearing, lifting; [*craintes*] dispelling.

dissocier [disɔsje] (7) **1** *vt* to dissociate. **2 se ~** *vpr* [*éléments*] to break up, split up. (*fig*) **se ~ de qn** to dissociate o.s. from sb. ♦ **dissociable** *adj molécules* dissociable; *problèmes* separable. ♦ **dissociation** *nf* dissociation.

dissolu, e [disɔly] *adj* dissolute.

dissolution [disɔlysjɔ̃] *nf* (*Jur*) dissolution; [*groupe*] breaking-up; [*empire, unité*] crumbling. **prononcer la ~ de** to dissolve; [*sucr, etc*] **tourner jusqu'à ~ complète** stir until it has completely dissolved.

dissolvant, e [disɔlvã, ãt] **1** *adj* solvent. **2** *nm* solvent; (*pour ongles*) nail varnish remover.

dissonance [disɔnãs] *nf:* **~(s)** dissonance. ♦ **dissonant, e** *adj sons* dissonant; *couleurs* clashing.

dissoudre [disudr(ə)] (51) **1** *vt* (**a**) (*aussi:* **faire ~**) *sel* to dissolve. (**b**) (*Jur, Pol*) to dissolve; *parti* to break up. **2 se ~** *vpr* (**a**) [*sel*] to dissolve. (**b**) [*association*] to break up.

dissuader [disɥade] (1) *vt* to dissuade (*de qch* from sth, *de faire* from doing). ♦ **dissuasion** *nf* dissuasion.

dissymétrie [disimetri] *nf* dissymmetry. ♦ **dissymétrique** *adj* dissymmetrical.

distance [distãs] *nf* (**a**) (*lit*) distance. **à quelle ~ est la gare?** how far away is the station?, what's the distance to the station?; **habiter à une grande ~/à quelques kilomètres de ~** to live a long way away/a few kilometres away (*de* from); **à 2 ans de ~ je m'en souviens encore** 2 years later I can still remember it; **nés à quelques années de ~** born within a few years of one another. (**b**) (*fig: écart*) gap. (**c**) (*locutions*) **garder ses ~s** to keep one's distance (*vis à vis de* from); **tenir qn à ~** to keep sb at a distance *ou* at arm's length; **se tenir à ~** to keep one's distance; **faire qch à ~** to do sth at *ou* from a distance; **mettre en marche à ~ appareil** to start up by remote control; **~ focale** focal length. ♦ **distancer** (3) *vt voiture* to outdistance, leave behind; *concurrent* to outstrip, leave behind. **se laisser ~** to be left behind. ♦ **distant, e** *adj lieu, événement* distant, far-off; *attitude* distant, aloof. **une ville ~e de 10 km** a town 10 km away.

distendre [distãdr(ə)] (41) **1** *vt peau* to distend; *muscle,* (*fig*) *lien* to strain. **2 se ~** *vpr* [*lien*] to slacken; [*peau*] to distend. ♦ **distension** *nf* distension; slackening.

distiller [distile] (1) *vt* (*lit*) to distil; (*fig*) to exude. ♦ **distillateur** *nm* distiller. ♦ **distillation** *nf* distillation, distilling. ♦ **distillerie** *nf* (*usine*) distillery; (*industrie*) distilling.

distinct, e [distɛ̃(kt), distɛ̃kt(ə)] *adj* distinct (*de* from). ♦ **distinctement** *adv* distinctly. ♦ **distinctif, -ive** *adj* distinctive. ♦ **distinction** *nf* (*gén*) distinction. **faire la ~ entre** to make a distinction between.

distinguer [distɛ̃ge] (1) **1** *vt* (**a**) *objet, bruit* to make out, distinguish. ~ **qn dans la foule** to pick out *ou* spot sb in the crowd; **il distingue mal sans lunettes** he can't see very well without his glasses. **(b)** (*différencier*) to distinguish. ~ **une chose d'avec une autre** to distinguish *ou* tell one thing from another. **(c)** (*rendre différent*) to distinguish, set apart (*de* from). **(d)** (*choisir*) to single out; (*honorer*) to honour. **2 se ~ vpr (a)** (*différer*) to be distinguished (*de* from). ces **objets se distinguent par leur couleur** these objects can be distinguished by their colour; **il se distingue par son accent** his accent makes him stand out. **(b)** (*réussir*) to distinguish o.s. **il se distingue par son absence** he is conspicuous by his absence. ♦ **distinguable** *adj* distinguishable.

♦ **distingué, e** *adj* distinguished. **veuillez agréer l'expression de ma considération** ~e yours faithfully. ♦ **distinguo** *nm* (*nuance*) distinction.

distordre *vt*, **se ~ vpr** [distɔRdR(ə)] (41) to twist.

distorsion [distɔRsjɔ̃] *nf* (*gén*) distortion; (*Écon*) imbalance.

distraction [distRaksjɔ̃] *nf* **(a)** (*inattention*) absent-mindedness. **j'ai eu une ~** my concentration lapsed. **(b)** (*passe-temps*) distraction, amusement. **la ~** recreation. **(c)** (*Jur: vol*) abstraction.

distraire [distRɛR] (50) **1** *vt* (*divertir*) to entertain, amuse; (*déranger*) to distract, divert; (*voler*) to abstract (*de* from). ~ **qn de son chagrin** to take sb's mind off his grief. **2 se ~ vpr** to amuse o.s., enjoy o.s. ♦ **distrait, e** *adj personne* absent-minded; *attitude* inattentive, abstracted. ♦ **distraitement** *adv* absent-mindedly, abstractedly. ♦ **distrayant, e** *adj* entertaining.

distribuer [distRibɥe] (1) *vt* **(a)** (*donner*) (*gén*) to distribute; *gâteau* to share out; *courrier* to deliver; *travail, rôle* to allocate, assign; *cartes* to deal (out); *ordres* to hand out; *saluts, enseignement* to dispense (*à* to). **(b)** (*disposer*) (*gén*) to distribute; *emploi du temps* to arrange; *plan de maison* to lay out. **savoir ~ son temps** to know how to divide up one's time. **(c)** (*gén, Comm: acheminer*) to distribute; *eau* to supply. ♦ **distributeur, -trice 1** *nm,f* distributor. **2** *nm* (*appareil*) machine; (*Aut*) distributor. ~ **automatique** slot machine. ♦ **distribution** *nf* **(a)** distribution; sharing out; delivery; allocation; deal; arrangement; layout; supply. ~ **gratuite** free gifts; ~ **des prix** prize giving. **(b)** (*Ciné, Théât: acteurs*) cast. **(c)** (*Comm, Aut, Tech*) distribution.

district [distRik(t)] *nm* district.

dithyrambique [ditiRɑ̃bik] *adj éloges* extravagant.

diurétique [djyRetik] *adj, nm* diuretic.

diurne [djyRn(ə)] *adj* diurnal.

divaguer [divage] (1) *vi* (*délirer*) to ramble; (***) to rave. ♦ **divagation** *nf* rambling; (***) raving.

divan [divɑ̃] *nm* divan.

diverger [divɛRʒe] (3) *vi* to diverge. ♦ **divergence** *nf* divergence. ♦ **divergent, e** *adj* divergent.

divers, e [divɛR, ɛRs(ə)] *adj* **(a)** (*pl*) (*varié*) diverse, varied; (*différent*) different, various; (*plusieurs*) various, several. **frais ~** miscellaneous expenses. **(b)** (*changeant*) varied. ♦ **diversement** *adv* in various ways.

diversifier [divɛRsifje] (7) **1** *vt exercices* to vary; *production* to diversify. **2 se ~ vpr** to diversify.

diversion [divɛRsjɔ̃] *nf* diversion. **faire ~** to create a diversion.

diversité [divɛRsite] *nf* (*variété*) variety, diversity; (*divergence*) diversity.

divertir [divɛRtiR] (2) **1** *vt* (*amuser*) to amuse, entertain, divert; (*voler*) to divert; (†: *détourner*) to distract (*de* from). **2 se ~ vpr** to amuse o.s., enjoy o.s. **se ~ l'esprit** to occupy one's mind; **se ~ de qn** to laugh at sb. ♦ **divertissant, e** *adj*

amusing, entertaining. ♦ **divertissement** *nm* (*passe-temps*) distraction, entertainment, amusement; (*Mus*) divertissement; (*Jur: vol*) misappropriation; (*Philos*) distraction. **le ~** recreation.

dividende [dividɑ̃d] *nm* (*Fin, Math*) dividend.

divin, e [divɛ̃, in] *adj* (*gén*) divine; (**: excellent*) divine, heavenly. **notre ~ Sauveur** our Holy Saviour. ♦ **divinement** *adv* divinely. ♦ **divinité** *nf* divinity.

diviniser [divinize] (1) *vt* to deify. ♦ **divinisation** *nf* deification.

diviser [divize] (1) **1** *vt* (*gén, Math*) to divide; *tâche, ressources* to share out; *gâteau* to divide up. ~ **en 3/en 3 parties** to divide *ou* split in 3/into 3 parts; ~ **pour régner** divide and rule; **les historiens sont divisés à ce sujet** historians are divided on this subject. **2 se ~ vpr** (*se scinder*) to split up, divide (*en* into); (*se ramifier*) to fork, divide. **se ~ en 3 chapitres** to be divided into 3 chapters. ♦ **diviseur** *nm* (*Math*) divisor; (*personne*) divisive influence. ♦ **divisibilité** *nf* divisibility. ♦ **divisible** *adj* divisible. ♦ **division** *nf* (*gén*) division; (*dans un parti*) split, rift. ~ **du travail** division of labour; **semer la** ~ to sow discord (*entre* among); (*Math*) **faire une** ~ to do a division (sum).

divorcer [divɔRse] (3) *vi* **(a)** (*Jur*) to get divorced. ~ **d'avec sa femme** to divorce one's wife. **(b)** (*fig*) to break (*d'avec* with). ♦ **divorce** *nm* (*lit, fig*) divorce (*d'avec* from). **obtenir le** ~ to get a divorce. ♦ **divorcé, e 1** *adj* (*lit, fig*) divorced (*de* from). **2** *nm,f* divorcee.

divulguer [divylge] (1) *vt* to divulge, disclose. ♦ **divulgation** *nf* disclosure.

dix [dis] **1** *adj inv, nm* ten. **2:** ~**-huit** *adj inv, nm* eighteen; ~**-huitième** *adj, nmf* eighteenth; ~**-neuf** *adj inv, nm* nineteen; ~**-neuvième** *adj, nmf* nineteenth; ~**-sept** *adj inv, nm* seventeen; ~**-septième** *adj, nmf* seventeenth. ♦ **dixième** *adj, nmf* tenth; (*de la Loterie*) tenth share in a ticket. ♦ **dixièmement** *adv* tenthly. ♦ **dizaine** *nf* (*dix*) ten; (*environ dix*) about ten; *V* **soixantaine**.

do [do] *nm inv* (*note*) C; (*chanté*) doh.

docile [dɔsil] *adj* docile; *cheveux* manageable. ♦ **docilement** *adv* docilely. ♦ **docilité** *nf* docility.

dock [dɔk] *nm* (*bassin*) dock; (*bâtiment*) warehouse. ♦ **docker** [dɔkɛR] *nm* docker.

docteur [dɔktœR] *nm* (*gén, Univ*) doctor (*ès, en* of). **le ~ Lebrun** Dr Lebrun. ♦ **doctorat** *nm* doctorate (*ès, en* in). ~ **de 3e cycle** ≈ Ph.D. ♦ **doctoresse** *nf* lady doctor.

doctrine [dɔktRin] *nf* doctrine. ♦ **doctrinaire 1** *adj* (*dogmatique*) doctrinaire; (*sentencieux*) sententious. **2** *nmf* doctrinarian. ♦ **doctrinal, e**, *mpl* -**aux** *adj* doctrinal.

document [dɔkymɑ̃] *nm* document. ♦ **documentaire 1** *adj intérêt* documentary. **2** *nm* (*film*) documentary (film). ♦ **documentaliste** *nmf* archivist. ♦ **documentation** *nf* documentation, literature. ♦ **documenté, e** *adj personne* well-informed; *livre* well-documented. ♦ **se documenter** (1) *vpr* to gather information *ou* material (*sur* on, about).

dodeliner [dɔdline] (1) *vi*: **il dodelinait de la tête** his head kept nodding (gently) forward.

dodo* [dɔdo] *nm* bye-byes*, sleep. **aller au** ~ to go to bye-byes*.

dodu, e [dɔdy] *adj* (*gén*) plump; *enfant, joue* chubby.

doge [dɔʒ] *nm* doge.

dogme [dɔgm(ə)] *nm* (*lit, fig*) dogma. ♦ **dogmatique** *adj* dogmatic.

dogue [dɔg] *nm* (*Zool*) mastiff.

doigt [dwa] *nm* **(a)** [*main, gant*] finger; [*animal*] digit. ~ **de pied** toe; **se mettre les ~s dans le nez** to pick one's nose. **(b)** (*mesure*) inch. **un ~ de vin** a drop of wine; **il a été à deux ~s de se tuer** he was within an ace *ou* an inch *ou* a hairsbreadth of being killed. (c) *(locutions)* avoir des ~s de fée *[ménagère]* to have nimble fingers; *[infirmière]* to have gentle hands; **il ne sait rien faire de ses dix ~s** he's a good-for-nothing; **faire marcher qn au ~ et à l'œil** to have sb at one's beck and call; **se mettre le ~ dans l'œil*** to be kidding o.s.*; **il n'a pas levé le petit ~ pour nous aider** he didn't lift a finger to help us; **son petit ~ le lui a dit** a little bird told him; **mettre le ~ sur le problème** to put one's finger on the problem; **mettre le ~ dans l'engrenage** to get involved in something; **je le ferais les ~s dans le nez*** I could do it standing on my head. ♦ **doigté** *nm [chirurgien]* touch; *(fig: tact)* tact. ♦ **doigtier** *nm* fingerstall.

doléances [dɔleɑ̃s] *nfpl (plaintes)* complaints; *(réclamations)* grievances.

dolent, e [dɔlɑ̃, ɑ̃t] *adj* doleful.

dollar [dɔlaʀ] *nm* dollar.

domaine [dɔmɛn] *nm (propriété)* estate, domain, property; *(sphère)* domain, sphere.

dôme [dom] *nm* dome. *(fig)* ~ **de verdure** canopy of foliage.

domestique [dɔmɛstik] **1** *nmf* servant. **2** *adj travaux* domestic, household; *soucis* domestic, family; *(Zool)* domestic, domesticated. ♦ **domesticité** *nf (personnel)* domestic staff, household. ♦ **domestiquer** (1) *vt animal* to domesticate; *marée* to harness.

domicile [dɔmisil] *nm* home, domicile *(Admin)*; *(adresse)* address. **le ~ conjugal** the marital home; **dernier ~ connu** last known address; **travailler à ~** to work at home; **'livraisons à ~'** 'deliveries'. ♦ **domiciliation** *nf* domiciliation. ♦ **domicilier** (7) *vt chèque* to domicile. **être domicilié** to be domiciled *(Admin)*, have one's home *(à in)*.

dominant, e [dɔminɑ̃, ɑ̃t] **1** *adj (gén) dominant, opinion, vent* prevailing; *idée, préoccupation* main, chief; *position* dominating. **2** *nf (caractéristique)* dominant characteristic; *(couleur)* dominant colour; *(Mus)* dominant.

dominateur, -trice [dɔminatœʀ, tʀis] *adj* character *tère* domineering; *geste* imperious; *passion* dominating; *passion* ruling.

domination [dɔminɑsjɔ̃] *nf* domination. **les pays sous la ~ britannique** countries under British rule *ou* dominion; **exercer sa ~ sur qn** to exert one's influence on sb; **~ de soi-même** self-control, self-domination.

dominer [dɔmine] (1) **1** *vt (gén)* to dominate; *concurrent* to outclass, surpass; *sentiment, situation* to master; *(par la taille)* to tower above. **~ le monde** to rule the world; **~ ses élèves** to keep control over one's pupils; **parler fort pour ~ le bruit de la rue** to speak loudly to overcome the noise from the street; **ce problème domine tous les autres** this problem overshadows all others; **se ~** to control o.s., keep o.s. under control; **la préoccupation que domine toute son œuvre** the preoccupation which dominates his whole work; **rocher qui domine la mer** rock which overlooks the sea. **2** *vi (a) [orateur, concurrent]* to be in the dominant position; *[équipe]* to be on top. *(fig)* **~ de la tête et des épaules** to be head and shoulders above the others. (b) *(prédominer) (gén)* to dominate; *(idée, théorie)* to prevail. **c'est le jaune qui domine** it is yellow which stands out *ou* which is the dominant colour.

dominion [dɔminjɔ̃] *nm (Brit: état)* dominion.

domino [dɔmino] *nm (gén)* domino. *(jeu)* **les ~s** dominoes *(sg)*.

dommage [dɔmaʒ] **1** *nm (préjudice)* harm, injury. *(dégât)* ~**(s)** damage; **causer un ~ à qn** to do sb harm; **c'est ~!, quel ~!** what a pity! *ou* shame! **2:** ~**(s) corporel(s)** physical injury; ~**s de guerre** war damages; ~**s et intérêts** damages. ♦ **dommageable** *adj* harmful, injurious *(à to)*.

dompter [dɔ̃te] (1) *vt animal, nature* to tame; *cheval* to break in; *fauve* to train; *rebelles* to subdue; *passions* to master, control. ♦ **domptage** *nm* taming. ♦ **dompteur, -euse** *nm,f (gén)* trainer. **~ de lions** liontamer; **~ de chevaux** horsebreaker.

don [dɔ̃] *nm (a) (aptitude)* gift, talent *(pour* for). **elle a le ~ de m'énerver** she has a knack of getting on my nerves; **ça n'a pas eu le ~ de lui plaire** it didn't happen to please him. (b) *(cadeau)* gift; *(offrande)* donation. **faire ~ de fortune** to donate; *livre* to give (as a present); **le ~ de soi** self-sacrifice. ♦ **donataire** *nmf* donee. ♦ **donateur, -trice** *nm,f* donor. ♦ **donation** *nf* donation.

donc [dɔ̃k] *conj (a) (par conséquent)* therefore, thus; *(après digression, marquant la surprise)* so, then. **c'était ~ un espion?** he was a spy then?, so he was a spy? (b) *(de renforcement)* **allons ~!** come on!; **tais-toi ~!** do be quiet!; **regardez ~ ça** just look at that; **dis ~ *(question)* tell me, I say; *(menace)* look here.

donjon [dɔ̃ʒɔ̃] *nm* keep.

don Juan [dɔ̃ʒɥɑ̃] *nm* Don Juan.

donnant, e [dɔnɑ̃, ɑ̃t] *adj (†)* generous. **c'est ~, ~** it's fifty-fifty.

donne [dɔn] *nf (Cartes)* deal. **mauvaise ~** misdeal.

donné, e [dɔne] **1** *adj lieu, date* given, fixed. **étant ~ la situation** in view of *ou* given *ou* considering the situation. **2** *nf (Math, Sci)* datum; *(gén)* fact. ~**es** data; facts.

donner [dɔne] (1) **1** *vt (a) (gén)* to give *(à* to); *lettre* to hand; *copie d'examen* to hand *ou* give in; *parts de gâteau* to hand *ou* give out; *vieux habits* to give away; *cartes* to deal (out); *sa vie, sa place* to give up; *permission* to grant; *décoration* to award. **~ à manger à qn** to give sb sth to eat; **pouvez-vous me ~ l'heure?** could you tell me the time?; **ça lui donne un air triste** it makes him look sad; **donne-toi un coup de peigne** give your hair a quick comb; **~ une gifle à qn** to slap sb's face; **~ un ordre à qn** to give sb an order, order sb to do sth; **il n'est pas donné à tout le monde d'être riche** it is not given to everybody to be rich; **c'est donné*** it's dirt cheap; *(fig)* **~ le ton** to set the tone; **je vous le donne en mille** you'll never guess; **on lui donnerait le bon Dieu sans confession** he looks as if butter wouldn't melt in his mouth. (b) *(causer) plaisir, courage* to give *(à* to); *mal* to cause, give *(à* to). **~ de l'appétit à qn** to give sb an appetite; **cela donne soif** this makes you (feel) thirsty. (c) *(avec à + infin: faire)* **il m'a donné à penser que** he made me think that; **ça nous a donné à réfléchir** it has given us food for thought; **~ à rire** to give cause for laughter; **~ ses chaussures à ressemeler** to take one's shoes (in) to be mended *ou* to the cobbler's. (d) *(organiser) réception* to give, hold *(à* for); *film* to show; *pièce* to perform, put on. **ça se donne encore?** *[film]* is it still on *ou* showing? (e) *(attribuer)* **quel âge lui donnez-vous?** how old do you take him to be *ou* would you say he was?; **~ un fait pour certain** to present a fact as a certainty; **on le donne pour un homme habile** he is said to be a clever man. (f) *(produire) récolte* to yield; *résultat* to produce. **les pommiers ont bien donné** the apple trees have produced a good crop *ou* given a good yield; **elle lui a donné un fils** she bore him a son. (g) (‡: *dénoncer)* **complice** to shop‡, give away.

2 *vi (a) (frapper)* **aller ~ sur** to strike; **~ de la tête contre** to knock one's head against; **le soleil donne en plein sur la voiture** the sun is beating down on the car; **ne savoir où ~ de la tête*** not to know which way to turn. (b) **~ dans** *piège* to fall into; *défaut* to lapse into; **~ dans le snobisme** to be rather snobbish. (c) **~ sur** *[pièce, porte]* to give onto, open onto; **la maison donne sur la mer** the house faces *ou* looks onto the sea front.

3 se ~ *vpr (a)* **se ~ à** *cause* to devote o.s. to; **se**

~ **à fond** to give one's all. **(b) se** ~ **à un maître** to choose o.s. a master; **se** ~ **de la peine** to take (great) trouble; **se** ~ **du bon temps** to have a good time; **se** ~ **un air sévère** to put on a strict air; **se** ~ **pour généreux** to profess *ou* make o.s. out to be generous.

donneur, -euse [dɔnœʀ, øz] *nm,f* (*gén*) giver; (*Cartes*) dealer; (ɪ: *dénonciateur*) squealerɪ, informer; (*Méd*) donor.

dont [dɔ̃] *pron rel* **(a)** (*reprenant complément de nom*) (*chose*) whose, of which; (*personne*) whose. **la maison** ~ **on voit le toit** the house the roof of which *ou* whose roof you can see. **(b)** (*partie d'un tout*) **ils ont 3 filles** ~ **2 sont mariées** they have 3 daughters, 2 of whom are married; **l'histoire,** ~ **l'essentiel est** ... the story, the main point of which is ... . **(c)** (*reprenant de*) **la façon** ~ **elle s'habille** the way (in which) she dresses, her way of dressing; **la maladie** ~ **elle souffre** the illness she suffers from *ou* from which she suffers.

doper [dɔpe] (1) **1** *vt* to dope. **2 se** ~ *vpr* to dope o.s. ♦ **doping** *nm* (*action*) doping. (*excitant*) ~(s) dope.

dorénavant [dɔʀenavɑ̃] *adv* from now on.

dorer [dɔʀe] (1) **1** *vt objet* to gild; *rôti* to brown; *peau* to bronze, tan. **faire** ~ **un cadre** to have a frame gilded; ~ **la pilule à qn*** to sugar the pill for sb; **se** ~ **au soleil** to lie and get brown in the sun. **2** *vi* (*rôti*) to brown. **faire** ~ **au four** to put in the oven to brown. ♦ **doré, e 1** *adj objet* gilt, gilded; *peau* bronzed, tanned; *blé, cheveux, rêves* golden. **2** *nm* (*matière*) gilt.

dorique [dɔʀik] *adj, nm* Doric.

dorloter [dɔʀlɔte] (1) *vt* to pamper, cosset. **trop dorloté** mollycoddled.

dormir [dɔʀmiʀ] (16) *vi* **(a)** to sleep; (*être endormi*) to be asleep, be sleeping. **avoir envie de** ~ to feel sleepy; **ça m'empêche de** ~ [*café*] it keeps me awake; [*soucis*] I'm losing sleep over it; **parler en dormant** to talk in one's sleep. **(b)** [*eau, nature*] to be still; [*argent*] to lie idle. **tout dormait dans la ville** everything was quiet *ou* still in the town; **ce n'est pas le moment de** ~! this is no time for slacking *ou* idling! **(c)** (*locutions*) **je dors debout** I'm asleep on my feet; **histoire à** ~ **debout** cock-and-bull story; ~ **comme un loir** to sleep like a log; **ne** ~ **que d'un œil** to sleep with one eye open; **il dort à poings fermés** he is sound *ou* fast asleep, he's dead to the world; (*fig*) ~ **tranquille** (*sans soucis*) to rest easy. ♦ **dormant, e 1** *adj eau* still; *châssis* fixed. **2** *nm* [*porte*] frame. ♦ **dormeur, -euse** *nm,f* sleeper.

dorsal, e, *mpl* **-aux** [dɔʀsal, o] *adj* (*gén*) dorsal.

dortoir [dɔʀtwaʀ] *nm* dormitory. **cité-**~ dormitory town.

dorure [dɔʀyʀ] *nf* (*couche d'or*) gilt, gilding; (*action*) gilding.

dos [do] *nm* **(a)** (*gén*) back; [*livre*] spine; [*langue*] back; [*lame*] blunt edge. **avoir le** ~ **rond** to be round-shouldered; **au** ~ **de la lettre** on the back of the letter; **robe décolletée dans le** ~ low-backed dress; **vu au** ~' 'see over'; **aller à** ~ **d'âne** to ride on a donkey; (*vu*) **de** ~ (seen) from behind *ou* from the back. **(b)** ~ **à** ~ back to back; **le train a bon** ~* (that's right) blame the train; **se mettre qn à** ~ to turn sb against one; (*fig*) **avoir qn sur le** ~ to have sb breathing down one's neck; **on l'a dans le** ~ɪ that's really messed us upɪ; **mettre qch sur le** ~ **de qn** (*responsabilité*) to saddle sb with sth; (*accusation*) to pin sth on sb; **il s'est mis une sale affaire sur le** ~ he has got himself mixed up in a nasty bit of business; **faire des affaires sur le** ~ **de qn** to do a bit of business at sb's expense; **il n'a rien à se mettre sur le** ~ he hasn't got a thing to wear; **tomber sur le** ~ **de qn** (*arriver*) to drop in on sb; (*attaquer*) to go for sb; **faire qch derrière le** ~ **de qn** to do sth behind sb's back; **il n'y va pas avec le** ~ **de la cuiller*** he certainly doesn't go in for

half-measures; **(pont en)** ~ **d'âne** humpback bridge.

dose [doz] *nf* (*Pharm*) dose; (*gén: proportion*) amount, quantity. **en avoir sa** ~* to have one's share of it; **forcer la** ~ to overstep the mark; ~ **d'ironie** touch of irony; **à petites** ~s in small doses. ♦ **dosage** *nm* (*action*) measuring out; correct proportioning; (*mélange*) mixture; (*équilibre*) balance. ♦ **doser** (1) *vt* (*Chim, Phar*) to measure out; *mélange* to proportion correctly; (*fig: équilibrer*) to strike a balance between. **savoir** ~ **ses efforts** to know how much effort to expend. ♦ **doseur** *nm* measure.

dossier [dosje] *nm* [*siège*] back; (*documents*) file, dossier; (*classeur*) file.

doter [dɔte] (1) *vt épouse* to provide with a dowry; *institution* to endow. ~ **de matériels** to equip with; *qualités* to endow with. ♦ **dot** *nf* dowry. **apporter qch en** ~ to bring a dowry of sth. ♦ **dotation** *nf* endowment.

douairière [dwɛʀjɛʀ] *nf* dowager.

douane [dwan] *nf* (*service*) **les** ~s the Customs; (*poste*) **la** ~ the customs; **marchandises en** ~ goods in bond; **passer à la** ~ to go through customs. ♦ **douanier, -ière 1** *adj* customs. **2** *nm,f* customs officer.

doublage [dubla3] *nm* (*gén*) doubling; [*film*] dubbing. **le** ~ **d'un acteur** standing in for an actor.

double [dubl(ə)] **1** *adj* double; *avantage* double, twofold. **le prix est** ~ **de ce qu'il était** the price is double *ou* twice what it was; **faire qch en** ~ **exemplaire** to make two copies of sth; **ustensile à** ~ **usage** dual-purpose utensil; **faire** ~ **emploi** to be redundant; **fermer à** ~ **tour** to double-lock; (*lit, fig*) **à** ~ **tranchant** double-edged; **valise à** ~ **fond** case with a false bottom; **jouer un** ~ **jeu** to play a double game; **phrase à** ~ **sens** sentence with a double meaning. **2** *nm* **(a) manger le** ~ (de qn) to eat twice as much (as sb) *ou* double the amount (that sb does); **4 est le** ~ **de 2** 4 is two times *ou* twice 2; **c'est le** ~ **du prix normal** it is twice *ou* double the normal price. **(b)** (*copie*) copy; (*sosie*) double. **avoir qch en** ~ (*document*) to have a copy of sth; (*timbre*) to have two *ou* a duplicate of sth; **plier qch en** ~ to fold sth in half *ou* two. **(c)** (*Tennis*) doubles. **faire un** ~ to play a doubles match. **3** *adv* double. **4:** ~ **commande** *nf* dual controls; ~ **croche** *nf* semiquaver, sixteenth note (*US*); ~**-décimètre** *nm* (20-cm) ruler; ~s **rideaux** *nmpl* double curtains; ~ **vue** *nf* second sight.

doubler [duble] (1) **1** *vt* (*augmenter*) to double; *ficelle* to use double; (*Scol*) *classe* to repeat; *acteur* to stand in for; *film* to dub; (*Couture*) to line (*de* with); (*dépasser*) *véhicule* to overtake, pass; (*Naut*) *cap* to round. ~ **le cap des 50 ans** to turn 50; ~ **le pas** to quicken one's pace, speed up; **veste non doublée** unlined jacket. **2** *vi* (*augmenter*) to double, increase twofold; (*Aut*) to overtake, pass. ~ **de poids** to double in weight. **3 se** ~ *vpr*: **se** ~ **de** to be coupled with; **c'est un savant doublé d'un pédagogue** he is a teacher as well as a scholar. ♦ **doublé** *nm* (*victoire*) double. ♦ **doublement 1** *adv* (*pour deux raisons*) for a double reason; (*à un degré double*) doubly. **2** *nm* doubling; (*Aut*) overtaking, passing. ♦ **doublure** *nf* **(a)** (*étoffe*) lining. **(b)** (*Théât*) understudy; (*Ciné*) stand-in; (*cascadeur*) stuntman (*ou* stuntwoman).

douce [dus] V **doux.**

douceur [dusœʀ] *nf* **(a)** [*peau*] softness; [*temps*] mildness; [*personne*] gentleness. **prendre qn par la** ~ to deal gently with sb; **les** ~s **de l'amitié** the pleasures of friendship. **(b)** (*sucrerie*) sweet. **(c) en** ~ **démarrer** smoothly; **commencer** gently. ♦ **douceâtre** *adj saveur* sickly sweet, cloying; *air* mawkish.

♦ **doucement** adv (sans violence) gently, softly; (gentiment) gently; (sans bruit) quietly; (prudemment) carefully; rouler slowly; démarrer smoothly. **comment allez-vous? – (tout) ~ how are you? – so-so*; allez-y ~!** easy or gently does it! ♦ **doucereux, -euse** adj goût sickly sweet; ton sugary; manières smooth.

douche [duʃ] nf (jet, système) shower; (*: averse) soaking, drenching. (salle) **~s** shower room; ~ **(froide)** (déception) let-down; **c'est vraiment la ~ écossaise** it's all up one minute and down the next. ♦ **doucher** (1) 1 vt: ~ qn to give sb a shower; [orage] to soak ou drench sb. **2 se ~** vpr to have ou take a shower.

doué, e [dwe] adj (talentueux) gifted, talented (en in). **être ~ pour** to have a gift for; (pourvu de) ~ **de vie, raison** endowed with.

douille [duj] nf [cartouche] (cartridge) case; (Élec) socket.

douillet, -ette [dujɛ, ɛt] adj (a) (péj) personne soft. (b) atmosphère, lit cosy. ♦ **douillettement** adv cosily. (péj) **élever ~** to mollycoddle.

douleur [dulœʀ] nf (physique) pain; (morale) distress. **'nous avons la ~ d'apprendre que...'** 'it is with great sorrow that we learn that ...'. ♦ **douloureusement** adv painfully; distressingly. ♦ **douloureux, -euse** adj painful; distressing; regard distressed, pained.

doute [dut] nm doubt. **être dans le ~** to be doubtful ou uncertain (sur about); **laisser qn dans le ~** to leave sb in (a state of) uncertainty; **le ~ n'est plus permis** there is no more room for doubt; **il a émis des ~s à propos de ...** he expressed (his) doubts ou misgivings about ...; **dans le ~, abstiens-toi** when in doubt, don't!; **sans ~** doubtless, no doubt; **sans aucun ~** without a doubt; **ceci ne fait aucun ~** there is no doubt about it; **mettre en ~** to question, challenge.

douter [dute] (1) **1 ~ de** vt indir (gén) to doubt, have (one's) doubts as to; réussite to be doubtful of; authenticité to question. **j'en doute** I have my doubts, I doubt it; **n'en doutez pas** there's no doubt about that; **je doute d'avoir jamais fait cela** I doubt that I ever did that; **je doute qu'il vienne** I doubt if ou whether he'll come; **à n'en pas ~** undoubtedly; **il ne doute de rien!*** he's got some nerve! **2 se ~** vpr: **se ~ de qch** to suspect sth; **se ~ que** to suspect that, have an idea that; **je m'en doute** I can well imagine that.

douteux, -euse [dutø, øz] adj (a) (incertain) (gén) doubtful; fait questionable; résultat uncertain. **il est ~ que** it is doubtful ou questionable that ou whether; **il n'est pas ~ que** there is no doubt that. (b) (péj) qualité, goût dubious, questionable; aliment dubious-looking; individu dubious, doubtful.

douve [duv] nf [château] moat.

Douvres [duvʀ(ə)] n Dover.

doux, douce [du, dus] **1** adj (au toucher) soft; temps mild; brise, chaleur gentle; (sucré, agréable) sweet; moutarde mild; son sweet, gentle; lumière, couleur soft; pente gentle; démarrage smooth; caractère, manières mild, gentle. **~ comme un agneau** as meek ou gentle as a lamb; **cuire à feu ~** to simmer gently (over a low flame); **se faire une douce violence** to inflict a pleasant burden upon o.s.; **cette pensée lui était douce** this thought gave him great pleasure; **en douce*** on the quiet; **préférer le ~ à l'amer** to prefer sweet tastes ou things to sour. **2** adv: **ça va tout ~*** things are going so-so*; († ou hum) **tout ~!** gently (now)!

douze [duz] adj, nm inv twelve; V six. ♦ **douzaine** nf (douze) dozen. (environ douze) **une ~** about twelve, a dozen or so. ♦ **douzième** adj, nmf twelfth; V sixième. ♦ **douzièmement** adv in twelfth place, twelfthly.

doyen, -enne [dwajɛ̃, ɛn] nm,f (Rel, Univ) dean; [groupe] most senior member; [assemblée] doyen.

draconien, -ienne [dʀakɔnjɛ̃, jɛn] adj draconian.

dragée [dʀaʒe] nf sugared almond. **tenir la ~ haute à qn** to be a fair ou good match for sb. ♦ **dragéifié** adj sugared.

dragon [dʀagɔ̃] nm (Myth, fig) dragon; (Hist Mil) dragoon.

draguer [dʀage] (1) vt (a) (Pêche) to fish with a dragnet; (pour nettoyer, trouver) to dredge; mines to sweep. [ancre] ~ **(le fond)** to drag. (b) (*fig) to chat up*. ♦ **drague** nf (Pêche) dragnet; (machine) dredge; (navire) dredger. ♦ **dragueur** nm (bateau) dredger. **~ de mines** minesweeper.

drainer [dʀene] (1) vt (gén) to drain. ♦ **drain** nm drain. ♦ **drainage** nm drainage.

drame [dʀam] nm (a) (Théât) drama. (b) (événement tragique) drama, tragedy. **n'en faites pas un ~** don't make such a drama out of it. ♦ **dramatique 1** adj (Théât) dramatic; (tragique) tragic; (spectaculaire) dramatic. **2** nf (TV) (television) play ou drama. ♦ **dramatiquement** adv tragically. ♦ **dramatisation** nf dramatization. ♦ **dramatiser** (1) vt to dramatize. ♦ **dramaturge** nmf dramatist, playwright.

drap [dʀa] nm (a) (tissu) woollen cloth. (b) ~ **(de lit)** sheet; (fig) **mettre qn dans de beaux ~s** to land sb in a fine mess.

drapeau, pl ~x [dʀapo] nm (gén) flag. **le ~ tricolore** the tricolour; **être sous les ~x** to do one's national service.

draper [dʀape] (1) **1** vt to drape. **2 se ~** vpr: **se ~ dans** to drape o.s. in; (fig péj) **se ~ dans sa dignité** to stand on one's dignity. ♦ **draperie** nf drapery. ♦ **drapier** nm draper.

dresser [dʀese] (1) **1** vt (a) liste, acte to draw up. ~ **(une) contravention à qn** to report sb, book sb*; ~ **le bilan de qch** to give a review of sth. (b) (ériger) (gén) to put up, erect; échelle to set up; tente to pitch; mât to raise. ~ **un buffet** to set ou lay out a buffet; ~ **la table** to lay ou set the table. (c) (inciter) ~ **qn contre** to set sb against. (d) tête to raise, lift. (fig) ~ **l'oreille** to prick up one's ears; **faire ~ les cheveux sur la tête à qn** to make sb's hair stand on end. (e) lion to tame; cheval to break in; chien to train. (Cirque) **animaux dressés** performing animals; **ça te dressera!*** that'll teach him a lesson; ~ **un enfant*** to teach a child his place. **2 se ~** vpr (gén) to stand; [tour, sommet] to tower; [personne] to stand up; [cheveux] to stand on end. **se ~ de toute sa taille** to draw o.s. up to one's full height; **se ~ contre qn** to rise up against sb; **se ~ en justicier** to set o.s. up as a dispenser of justice. ♦ **dressage** nm (domptage) taming; breaking in; training. ♦ **dresseur, -euse** nm,f trainer. ~ **de lions** liontamer.

dressoir [dʀeswaʀ] nm dresser.

drille [dʀij] nm (†) **joyeux ~** cheerful character.

drogue [dʀɔg] nf drug. **la ~** drugs. ♦ **drogué, e** nm,f drug addict. ♦ **droguer** (1) vt malade (péj) to dose up; victime to drug. **il se drogue** he's on drugs, he's taking drugs.

droguiste [dʀɔgist(ə)] nmf hardware merchant. ♦ **droguerie** nf (commerce) hardware trade; (magasin) hardware shop.

droit¹, e¹ [dʀwa, dʀwat] **1** adj bras right; poche right(-hand). **du côté ~** on the right-hand side. **2** nm (Boxe) right. **3** nf (a) **la ~e** (gén, Aut, Pol) the right; (côté) the right-hand side; **à ~e** rue, rouler on the right; tourner to the right; **chemin de ~e** right-hand path; **à ~e de la fenêtre** to the right of the window; **de ~e à gauche** from right to left; (fig) **de ~e et de gauche** everywhere; **garder sa ~e** to keep to the right; **idées de ~e** right-wing ideas. (b) (Boxe) right. ♦ **droitier, -ière** adj right-handed.

droit², e² [dʀwa, dʀwat] **1** adj (a) ligne, route straight. **4 km en ligne ~e** 4 km as the crow flies;

(fig) **cela vient en ~e ligne de** ... that comes straight *ou* direct from ...; *(Rel)* **le ~ chemin** the straight and narrow way. **(b)** *arbre, mur* upright, straight. **tiens ta tasse ~e** hold your cup straight *ou* level; **tiens-toi ~** *(debout)* stand up straight; *(assis)* sit up straight. **(c)** *(loyal)* **personne** upright, straight. **(d)** *(judicieux)* **jugement** sound, sane. **2** *nf:* **(ligne) ~e** straight line. **3** *adv* **couper** straight. **c'est ~ devant vous** it's straight ahead of you *ou* right in front of you; *(fig)* **aller ~ au but** to go straight to the point. ♦ **droiture** *nf* uprightness.

droit³ [dʀwa] **1** *nm* **(a)** *(prérogative)* right. **c'est bien votre ~** you've every right to do so, you're perfectly within your rights; **de quel ~ est-il entré?** what right had he to come in?; **avoir ~ de regard sur** to have the right to examine; **avoir le ~ de faire** *(permission)* to be allowed to do; *(Admin, Jur)* to have the right to do; **avoir ~ à qch** to be entitled to sth; *(hum)* **il a eu ~ à une bonne raclée*** he earned himself a good hiding; **être dans son (bon) ~** to be quite within one's rights; **c'est à lui de (plein) ~** it's his by right; **le ~ du plus fort** the law of the jungle; **faire ~ à requête** to grant; **monarque de ~ divin** monarch by divine right. **(b)** *(Jur)* **le ~ law;** *(Univ)* **faire son ~** to study law; **délit de ~ commun** common law crime. **(c)** *(gén pl)* *(taxe)* duty, tax; *(d'inscription etc)* fee, fees. **~ d'entrée** entrance fee; **~s de douane/de succession** customs/death duties. **2: ~ d'aînesse** birthright; **~ d'asile** right of asylum; **~s d'auteur** royalties; **avoir ~ de cité dans** to be established in; **~ de grâce** right of reprieve; **le ~ de vote** the right to vote, the vote.

drôle [dʀol] *adj* *(amusant)* funny, comical, amusing; *(bizarre)* funny, peculiar, strange; *(*: intensif)* fantastic. **ça me fait (tout) ~ (de le voir)*** it gives me a funny *ou* an odd feeling (to see him); **faire une ~ de tête** to pull a wry face, look disgruntled; **de ~s de progrès** fantastic *ou* terrific progress*. ♦ **drôlement** *adv* funnily; comically; amusingly; peculiarly; strangely. **il fait ~ froid*** it's terribly *ou* awfully cold; **il a ~ changé*** he really has changed, he's changed an awful lot. ♦ **drôlerie** *nf* funny remark *etc.* **la ~** funniness.

dromadaire [dʀɔmadɛʀ] *nm* dromedary.

dru, e [dʀy] **1** *adj herbe* thick; *barbe* bushy; *pluie* heavy. **2** *adv* thickly; heavily; *[coups]* thick and fast.

druide [dʀɥid] *nm* druid.

du [dy] *V* **de**.

dû [dy] **1** *adj* *(à restituer)* owing, owed; *(à échéance)* due. **la somme qui lui est due** the sum owing to him; **troubles ~s à ...** troubles due to ...; **en (bonne et) due forme** in due form. **2** *nm* due; *(argent)* dues. ♦ **dûment** *adv* duly.

dualité [dɥalite] *nf* duality.

duc [dyk] *nm* duke. ♦ **ducal, e,** *mpl* **-aux** *adj* ducal. ♦ **duché** *nm* dukedom. ♦ **duchesse** *nf* duchess.

duel [dɥɛl] *nm* duel. **se battre en ~** to fight a duel *(avec with)*; **~ d'artillerie** artillery battle. ♦ **duelliste** *nm* duellist.

dulcinée [dylsine] *nf* († *ou hum*) lady-love.

dune [dyn] *nf* dune.

Dunkerque [dœ̃kɛʀk] *n* Dunkirk.

duo [dɥo] *nm* *(Mus)* duet; *(Théât, fig)* duo.

duodénum [dɥɔdenɔm] *nm* duodenum.

dupe [dyp] *nf* dupe. **être (la) ~ de qn** to be taken in *ou* fooled by sb; **je ne suis pas ~** I'm not taken in by it. ♦ **duper** (1) *vt* to dupe, deceive. **se ~** (soi-

même) to deceive o.s. ♦ **duperie** *nf* deception. **la ~** dupery.

duplex [dyplɛks] *nm* *(appartement)* maisonette, duplex; *(Télec)* link-up.

duplicata [dyplikata] *nm* *inv* duplicate. ♦ **duplicateur** *nm* duplicator.

duplicité [dyplisite] *nf* duplicity.

dur, e [dyʀ] **1** *adj* **(a)** *(résistant)* *(gén)* hard; *carton, serrure, brosse* stiff; *viande* tough. **être ~ d'oreille** to be hard of hearing. **(b)** *(difficile)* *(gén)* hard, stiff, tough; *enfant* difficult. **~ à croire** hard to believe. **(c)** *(pénible, sévère)* *(gén)* harsh, hard; *combat* fierce; *vin* bitter. **les temps sont ~s** times are hard; **être ~ avec qn** to be hard with sb, be hard on sb; **il a le cœur ~** he's a hard-hearted man. **(d)** *(endurant)* **être ~ à la douleur** to be inured to suffering; **être ~ à l'ouvrage** to be a tireless worker. **2** *adv* (*) *(gén)* hard. **le soleil tape ~** the sun is beating down; **croire à qch ~ comme fer** to believe firmly in sth. **3** *nm,f* (*: *gén)* tough one *ou* guy*; *(Pol: intransigeant)* hard-liner. **un ~ à cuire*** a hard nut to crack; **construction en ~** permanent structure; **élevé à la ~e** brought up the hard way; **coucher sur la ~e** to sleep rough; **en voir de ~es*** to have a hard *ou* tough time of it. ♦ **durement** *adv* harshly; fiercely; hard-heartedly. **~ éprouvé** sorely tried; **élever qn ~** to bring sb up the hard way.

durable [dyʀabl(ə)] *adj* *(gén)* lasting; *étoffe* durable, long-lasting. ♦ **durablement** *adv* **s'installer** on a long-term basis. **bâti ~** built to last.

durant [dyʀɑ̃] *prép* *(au cours de)* during, in the course of; *(mesure de temps)* for. **il a plu ~ la nuit** it rained in (the course of) *ou* during the night; **2 heures ~** for (a whole) 2 hours; **sa vie ~** throughout his life.

durcir *vt*, **se ~** *vpr* [dyʀsiʀ] (2) *(lit, fig)* to harden. ♦ **durcissement** *nm* hardening.

durée [dyʀe] *nf* *(gén)* duration, length; *[bail]* term; *[matériau, ampoule]* life. **pendant une ~ d'un mois** for a period of one month; **pendant la ~ des réparations** for the duration of repairs; **de courte ~** *séjour* short; *bonheur* short-lived; **de longue ~** long-lasting; **croire en la ~ de qch** to believe in the continuance of sth, believe that sth will last.

durer [dyʀe] (1) *vi* *(gén)* to last. **la fête a duré toute la nuit** the party went on *ou* lasted all night; **sa maladie dure depuis 2 mois** he has been ill for 2 months (now); **ça ne peut plus ~!** this can't go on any longer!; *(iro)* **faire ~ le plaisir** to prolong the agony; **le temps me dure** time hangs heavy on my hands; **cette somme doit te ~ un mois** the sum will have to last you a month.

dureté [dyʀte] *nf* *(gén)* hardness; *[brosse]* stiffness; *[viande]* toughness; *[traitement]* harshness. **~ de cœur** hard-heartedness.

durillon [dyʀijɔ̃] *nm* callus.

duvet [dyvɛ] *nm* *(gén)* down; *(sac de couchage)* sleeping bag. ♦ **duveteux, -euse** *adj* downy.

dynamique [dinamik] **1** *adj* *(gén)* dynamic. **2** *nf* *(Phys)* dynamics *(sg)*. ♦ **dynamiquement** *adv* dynamically. ♦ **dynamisme** *nm* dynamism.

dynamite [dinamit] *nf* *(lit, fig)* dynamite. ♦ **dynamiter** (1) *vt* to dynamite.

dynamo [dinamo] *nf* dynamo.

dynastie [dinasti] *nf* dynasty. ♦ **dynastique** *adj* dynastic.

dysenterie [disɑ̃tʀi] *nf* dysentery. ♦ **dysentérique** *adj* dysenteric.

E

E, e [ə] *nm* (lettre) E, e.

eau, *pl* ~x [o] **1** *nf* (a) (*gén, Bijouterie*) water; (*pluie*) rain. **sans** ~ *vin* neat; **cuire à l'**~ to boil. (b) (*locutions*) **apporter de l'**~ **au moulin de qn** to strengthen *ou* back sb's case *ou* argument; (*Méd*) **aller aux** ~x to take the waters; **j'en avais l'**~ **à la bouche** it made my mouth water; **être en** ~ to be bathed in perspiration *ou* sweat; **faire** ~ (*de toutes parts*) to leak (like a sieve); (*Naut*) **mettre à l'**~ to launch; **mettre de l'**~ **dans son vin** (*lit*) to water down one's wine; (*fig*) to climb down; [*chaussures*] **prendre l'**~ to leak, let in water; **il passera beaucoup d'**~ **sous les ponts** much water will have flowed under the bridge; **il y a de l'**~ **dans le gaz*** things aren't running too smoothly. **2:** ~ **bénite** holy water; ~ **de Cologne** eau de Cologne; ~ **courante** running water; ~ **douce** fresh water; ~ **forte** (*Art*) etching; (*Chim*) aqua fortis; ~ **gazeuse** soda water; ~ **de javel** bleach; ~ **oxygénée** hydrogen peroxide; **roman à l'**~ **de rose** sentimental novel; ~ **salée** salt water; ~ **de toilette** toilet water; ~ **x usées** liquid waste; ~ **de vie (de prune** *etc*) (plum *etc*) brandy.

ébahir [ebaiʀ] (2) *vt* to astound. ♦ **ébahissement** *nm* astonishment.

ébattre (s') [ebatʀ(ə)] (41) *vpr* to frolic, gambol about. ♦ **ébats** *nmpl* frolics.

ébaucher [eboʃe] (1) **1** *vt* *livre, tableau* to sketch out; *plan* to outline; *amitié, conversation* to start up. ~ **un sourire** to give a faint smile; ~ **un geste** to give a hint of a movement. **2** **s'**~ *vpr* [*plan, solution, livre*] to take shape; [*amitié*] to form; [*conversation*] to start up. ♦ **ébauche** *nf* (a) (*action*) sketching out; outlining; starting up. (b) (*résultat*) [*livre, projet*] rough outline; [*amitié*] beginnings. **une** ~ **de sourire** the ghost of a smile; **l'**~ **d'un geste** the hint of a gesture; **première** ~ rough draft; **à l'état d'**~ in the early stages.

ébène [ebɛn] *nf* ebony. **cheveux d'**~ ebony hair. ♦ **ébéniste** *nm* cabinetmaker. ♦ **ébénisterie** *nf* (*métier*) cabinetmaking; (*façon*) cabinetwork.

éberluer [ebɛʀlɥe] (1) *vt* to astound.

éblouir [ebluiʀ] (2) *vt* (*lit, fig*) to dazzle. ♦ **éblouissement** *nm* (a) [*lampe*] dazzle. (b) (*émerveillement*) bedazzlement; (*spectacle*) dazzling sight. (c) (*Méd*) **avoir un** ~ to have a dizzy turn.

ébonite [ebɔnit] *nf* ebonite.

éborgner [ebɔʀɲe] (1) *vt*: ~ **qn** to blind sb in one eye, poke sb's eye out.

éboueur [ebwœʀ] *nm* dustman, garbage collector (*US*).

ébouillanter [ebujɑ̃te] (1) *vt* (*gén*) to scald.

ébouler [ebule] (1) **1** *vt* to cause to collapse *ou* crumble. **2** **s'**~ *vpr* (*progressivement*) to crumble; (*soudainement*) to collapse; [*sable*] to fall. ♦ **éboulement** *nm* (a) (*action*) crumbling; collapse; fall. (b) (*amas*) heap of rocks, earth *etc*. ♦ **éboulis** *nm* heap of fallen rocks, earth *etc*. **pente couverte d'**~ scree-covered slope.

ébouriffer [eburife] (1) *vt* (a) (*gén*) to ruffle. ~ **qn** to tousle *ou* ruffle sb's hair. (b) (**: surprendre*) to astound. ♦ **ébouriffant, e*** *adj* *vitesse, prix* hair-raising.

ébranler [ebʀɑ̃le] (1) **1** *vt* (*gén*) to shake; (*affaiblir*) to weaken; *esprit* to disturb. **ébranlé**

par cette nouvelle shaken *ou* shattered by the news; **se laisser** ~ **par des prières** to allow o.s. to be swayed by pleas. **2** **s'**~ *vpr* [*cortège*] to move off. ♦ **ébranlement** *nm* (*action*) shaking; weakening; disturbance; (*résultat*) shock.

ébrécher [ebʀeʃe] (6) *vt* *assiette* to chip; *lame* to nick; *fortune* to break into. ♦ **ébréchure** *nf* chip; nick.

ébriété [ebʀijete] *nf* intoxication.

ébrouer (s') [ebʀue] (1) *vpr* [*cheval*] to snort; [*personne, chien*] to shake o.s.

ébruiter [ebʀɥite] (1) **1** *vt* to spread about. **2** **s'**~ *vpr* to leak out. ♦ **ébruitement** *nm* spreading.

ébullition [ebylisjɔ̃] *nf* [*eau*] boiling point; (*fig: agitation*) turmoil. **porter à (l')**~ to bring to the boil; **avant l'**~ before boiling point is reached; **être en** ~ [*liquide*] to be boiling; [*maison*] to be in an uproar; [*pays*] to be seething with unrest.

écaille [ekaj] *nf* [*poisson, reptile*] scale; [*huître*] shell; [*peinture*] flake. **lunettes d'**~ horn-rimmed spectacles; **peigne en** ~ tortoiseshell comb. ♦ **écailler** (1) **1** *poisson* to scale; *peinture etc* to chip. **2** **s'**~ *vpr* [*peinture*] to flake off.

écarlate [ekaʀlat] *adj, nf* scarlet.

écarquiller [ekaʀkije] (1) *vt*: ~ **les yeux** to stare wide-eyed (*devant* at).

écart [ekaʀ] **1** *nm* (a) [*objets, dates*] gap; [*chiffres, températures, opinions*] difference (*entre* between). ~ **par rapport à la règle** departure from the rule; ~ **important de prix** big difference in price; (*lit, fig*) **réduire l'**~ **entre** to narrow the gap between. (b) **faire un** ~ [*cheval*] to shy; [*voiture*] to swerve; [*piéton*] to leap aside; (*Danse*) **faire le grand** ~ to do the splits. (c) **être à l'**~ [*hameau*] to be isolated; **tirer qn à l'**~ to take sb aside; **tenir qn à l'**~ (*fig*) to keep sb in the background; (*lit*) to hold sb back; **rester à l'**~ (*s'isoler*) to hold o.s. aloof; (*ne pas approcher*) to stay in the background; (*ne pas participer*) to keep out of things; **à l'**~ **de la route** (*well*) off the road, off the beaten track; **tenir qn à l'**~ **d'un lieu** to keep sb well away from a place; **tenir qn à l'**~ **d'une affaire** to keep sb out of an affair. **2:** ~ **de conduite** misdemeanour; ~ **de langage** bad language; ~ **de régime** lapse in one's diet.

écarteler [ekaʀtəle] (5) *vt* (*Hist*) to quarter. (*fig*) **écartelé entre 2 choses** torn between 2 things. ♦ **écartèlement** *nm* quartering.

écartement [ekaʀtəmɑ̃] *nm* space, gap (*de, entre* between). (*Rail*) ~ (**des rails**) gauge.

écarter [ekaʀte] (1) **1** *vt* (a) *objets* to move apart; *doigts* to spread; *rideaux* to draw (back). **il écarta la foule pour passer** he pushed his way through the crowd; **les jambes écartées** with his legs wide apart; **les bras écartés** with his arms outspread. (b) *objection, idée* to dismiss; *candidature* to turn down; *personne* to remove (*de* from). (c) (*éloigner*) *meuble* to move away; *personne* to push back; (*fig: de l'étude*) to distract (*de* from). **tout danger est maintenant écarté** there is no further risk of danger; **ça nous écarte de notre propos** this is leading us off the subject. **2** **s'**~ *vpr* (*se séparer*) to draw aside, part; (*s'éloigner*) to withdraw, move away; (*reculer*) to step back (*de* from). **s'**~ **de route, sujet** to stray *ou* wander off; *norme* to deviate *ou* depart from. ♦ **écarté, e** *adj* *lieu* remote, isolated. **chemin** ~ lonely road.

ecchymose [ekimoz] *nf* bruise.

ecclésiastique [eklezjastik] 1 *adj* ecclesiastical. **2** *nm* ecclesiastic.

écervelé, e [esɛʀvəle] 1 *adj* scatterbrained. **2** *nm,f* scatterbrain.

échafaud [eʃafo] *nm* scaffold. **il risque l'**~ he's risking his neck.

échafauder [eʃafode] (1) *vt* (a) *fortune* to build up; *théorie* to construct. (b) *(empiler)* to pile up. ♦ **échafaudage** *nm* (a) *(Constr)* ~(s) scaffolding. (b) *[objets]* heap, pile. (c) building up, construction.

échalote [eʃalɔt] *nf* shallot.

échancré, e [eʃãkʀe] *adj robe* with a scooped neckline; *côte* indented; *feuille* serrated. ♦ **échancrure** *nf* scooped neckline; indentation; serration.

échange [eʃɑ̃ʒ] *nm* (gén) exchange; *(troc)* swap. ~**s commerciaux** trade; **en** ~ *(par contre)* on the other hand; *(troc)* in exchange *(de* for); *(pour compenser)* to make up for it; **faire (l')** ~ **de qch** to swap *ou* exchange sth. ♦ **échanger** (3) *vt (gén)* to exchange, swap *(contre* for); *injures* to bandy. ♦ **échangeur** *nm (Aut)* interchange.

échantillon [eʃãtijɔ̃] *nm* sample. ♦ **échantillonnage** *nm (action)* sampling; *(collection)* range.

échapper [eʃape] (1) 1 *vi* ~ **à** *(gén)* to escape; *(en fuyant)* to escape (from), get away from; *(par ruse)* to evade; ~ **à la règle** to be an exception to the rule; **il échappe à tout contrôle** he is beyond control; **tu ne m'échapperas pas!** I'll get you yet!; **son nom m'échappe** his name escapes me *ou* has slipped my mind; **ce qu'il a dit m'a échappé** *(entendre)* I did not catch what he said; *(comprendre)* I did not grasp what he said; **l'opportunité d'une telle mesure m'échappe** I fail to see the point of such a measure; **rien ne lui échappe** he doesn't miss a thing. (b) ~ **des mains de qn** to slip out of sb's hands. (c) **laisser** ~ *parole, occasion, objet* to let slip; *détail* to overlook; **laisser** ~ **un prisonnier** to let a prisoner escape; **il l'a échappé belle** he had a narrow escape.

2 s'~ *vpr* (a) *[prisonnier]* to escape *(de* from), break out *(de* of); *[oiseau]* to fly away; *[coureur]* to pull away; *[cri]* to escape, burst *(de* from). **la voiture réussit à s'**~ the car got away; *(fig)* **je m'échappe un instant** I'll slip away for a moment. (b) *[gaz]* to escape, leak; *[odeur, lumière]* to come *(de* from). **des flammes s'échappaient du toit** flames were coming out of the roof.

♦ **échappatoire** *nf* way out. ♦ **échappé, e** 1 *nm,f (Sport)* **les** ~**s** the breakaway group. **2** *nf* (a) *(Sport)* breakaway. (b) *(vue)* vista; *(soleil)* gleam. ♦ **échappement** *nm (Aut)* exhaust; *(Tech)* escapement. ~ **libre** cutout.

écharde [eʃaʀd(ə)] *nf* splinter (of wood).

écharpe [eʃaʀp(ə)] *nf [femme]* scarf; *[maire]* sash; *(bandage)* sling. **bras en** ~ arm in a sling.

écharper [eʃaʀpe] (1) *vt (lit, fig)* to tear to pieces.

échasse [eʃas] *nf (gén)* stilt. ♦ **échassier** *nm* wader (bird).

échauder [eʃode] (1) *vt (ébouillanter)* to scald. *(faire réfléchir)* ~ **qn** to teach sb a lesson.

échauffer [eʃofe] (1) 1 *vt moteur* to overheat; *imagination* to fire. **échauffé par la course** hot after the race; **les esprits étaient très échauffés** people were getting very heated *ou* worked up. **2 s'**~ *vpr (Sport)* to warm up; *[débat]* to become heated. ♦ **échauffement** *nm (Sport)* warm-up; *[moteur]* overheating.

échauffourée [eʃofuʀe] *nf (Police)* clash; *(Mil)* skirmish.

échéance [eʃeɑ̃s] *nf* (a) *[délai]* expiry date; *[bon]* maturity date; *[traite]* redemption date; *[loyer]* date of payment; *[facture, dette]* settlement date. (b) *(règlements)* **l'**~ **de fin de mois** the end-of-

month payments; **faire face à ses** ~**s** to meet one's financial obligations *ou* commitments. (c) *(laps de temps)* term. *(Fin)* **à longue/courte** ~ long-/short-term; *(fig)* **à longue** ~ in the long run; *(fig)* **à courte** ~ before long.

échec [eʃɛk] *nm* (a) *(insuccès)* failure; *(revers)* setback. **voué à l'**~ bound to fail, doomed to failure; **tenir qn en** ~ to hold sb in check; **faire** ~ **à qn** to foil sb *ou* sb's plans. (b) *(Jeux)* **les** ~**s** chess; **jeu d'**~**s** *(échiquier)* chessboard; *(pièces)* chessmen; **être en** ~ to be in check; **faire** ~ **au roi** to check the king; **faire** ~ **et mat** to checkmate.

échelle [eʃɛl] *nf* (a) *(objet)* ladder. *(fig)* **il n'y a plus qu'à tirer l'**~ we may as well give it up. (b) *[croquis, salaires etc]* scale. **à grande** ~ large-scale; **à l'**~ **mondiale** on a world scale; ~ **sociale** social scale. (c) *[bas]* ladder, run. ♦ **échelon** *nm [échelle]* rung; *[hiérarchie]* grade; *(Admin: niveau)* level. **grimper rapidement les** ~**s** to get quick promotion; **à l'**~ **national** at the national level.

échelonner [eʃlɔne] (1) *vt objets, paiements* to space out; *congés* to stagger; *difficultés (en complexité)* to grade; *(dans le temps)* to introduce gradually *(sur* over). **service d'ordre échelonné sur le parcours** police guard stationed at intervals along the route; **s'**~ **sur 3 km** to stretch over *ou* be spaced out over a distance of 3 km. ♦ **échelonnement** *nm* spacing out; staggering; grading; gradual introduction.

écheveau, *pl* ~**x** [eʃvo] *nm* skein, hank; *(fig)* tangle.

échevelé, e [eʃəvle] *adj personne* tousled; *rythme* frenzied.

échevin [ɛʃvɛ̃] *nm (Hist)* alderman; *(Belgique)* deputy burgomaster.

échine [eʃin] *nf* backbone, spine; *(Culin)* loin. **courber l'**~ to submit; **s'échiner** (1) *vpr (fig)* to work o.s. to death *(à faire qch* doing sth).

échiquier [eʃikje] *nm* chessboard. **l'**~ **mondial** the scene of world affairs.

écho [eko] *nm* (a) *(lit)* echo; *(rumeur)* rumour, echo; *(témoignage)* account, report; *(réponse)* response. **se faire l'**~ **de** to echo, repeat; **sa proposition est restée sans** ~ his suggestion wasn't taken up. (b) *(Presse)* item of gossip. *(rubrique)* ~**s** gossip column.

échoir [eʃwaʀ] *vi* (a) **il vous échoit de faire** it falls to you to do. (b) *[loyer]* to fall due; *[délai]* to expire.

échoppe† [eʃɔp] *nf* workshop.

échouer [eʃwe] (1) 1 *vi* (a) *[personne]* to fail; *[plan]* to fail, fall through. ~ **à un examen/dans une tentative** to fail an exam/in an attempt; **faire** ~ **complot** to foil; *projet* to wreck; **faire** ~ **les plans de qn** to foil sb's plans. (b) *(aboutir)* to end up *(dans* in). (c) *(Naut: aussi* **s'**~) *[bateau]* to run aground; *[débris]* to be washed up. **le bateau s'est échoué** *ou* **a échoué sur un écueil** the boat ran onto a reef. **2** *vt (Naut) (accidentellement)* to ground; *(volontairement)* to beach.

éclabousser [eklabuse] (1) *vt* to splash, spatter *(de* with). **ils ont été éclaboussés par le scandale** their good name has been smeared by the scandal; ~ **qn de son luxe** *(éblouir)* to show off one's wealth to sb. ♦ **éclaboussure** *nf [boue]* splash; *[sang]* spatter; *[eau]* spot; *(fig)* smear, blot.

éclair [eklɛʀ] 1 *nm* (a) *(Mét)* flash of lightning; *(Phot)* flash. ~**s de chaleur** summer lightning; ~ **de génie etc** flash *ou* spark of; **passer comme un** ~ to flash past *ou* by; **en un** ~ in a flash; **un** ~ **dans sa vie** a ray of sunshine in his life. (b) *(Culin)* éclair. **2** *adj inv visite* lightning. **raid** ~ hit-and-run raid.

éclairage [eklɛʀaʒ] *nm (intérieur)* lighting; *(luminosité)* light (level). *(lit, fig)* **sous cet** ~ in this light. ♦ **éclairagiste** *nm (Théât)* electrician; *(Ciné)* lighting engineer.

éclairant, e [eklɛrã, ãt] *adj (fig)* illuminating, enlightening; *(lit) propriétés* lighting.

éclaircir [eklɛrsir] (2) **1** *vt* **(a)** *teinte* to lighten. **(b)** *soupe* to make thinner; *plantes, cheveux* to thin. **(c)** *mystère* to clear up; *pensée, situation* to clarify. **pouvez-vous nous ~ sur ce point?** can you enlighten us on this point? **2 s'~** *vpr* **(a)** *[ciel]* to clear; *[temps]* to clear up. **s'~ la voix** to clear one's throat. **(b)** *[arbres, foule]* to thin out; *[cheveux]* to get thin *ou* thinner. **(c)** *[idées, situation]* to become clearer; *[mystère]* to be cleared up. ♦ **éclaircie** *nf (de soleil)* bright interval, sunny spell; *(dans nuages)* break; *(fig: dans la vie)* ray of sunshine. ♦ **éclaircissement** *nm [mystère]* clearing up; *[texte obscur]* clarification. **j'exige des ~s** I demand an explanation.

éclairer [eklere] (1) **1** *vt* **(a)** *[lampe]* to light (up); *[soleil]* to shine (down) on; *[fenêtre]* to give light to. **une seule fenêtre était éclairée** only one window was lit up; **un sourire éclaira son visage** his face lit up in a smile; **bien/mal éclairé** well-/badly-lit. **(b)** *situation, texte* to throw light on. **(c)** **~ qn** *(lit)* to light the way for sb; *(fig: renseigner)* to enlighten sb *(sur* about). **(d)** *(Mil)* **~ le terrain** to scout out the ground. **2** *vi*: **~ bien/mal** to give a good/poor light. **3 s'~** *vpr [rue]* to be lit; *[visage]* to light up, brighten; *[situation]* to get clearer. **tout s'éclaire!** everything's becoming clear!; **s'~ à la bougie** to use candle-light. ♦ **éclairé, e** *adj minorité* enlightened.

éclaireur [eklɛrœr] *nm* **(a)** *(Mil)* scout. *(lit, fig)* **partir en ~** to go off to have a scout around. **(b)** *(Scoutisme)* (boy) scout. ♦ **éclaireuse** *nf* (girl) guide.

éclat [ekla] *nm* **(a)** *[os, bois]* splinter; *[grenade, pierre]* fragment. **~ d'obus** piece of shrapnel. **(b)** *[lumière, diamant, couleur]* brilliance; *[braise]* glow; *[vernis]* shine; *[satin, perle]* sheen; *[phares]* glare; *[yeux]* sparkle; *[teint, jeunesse]* radiance. **(c)** *[nom]* fame; *[cérémonie, époque]* brilliance; *[personnage]* glamour. **réception donnée avec ~** dazzling reception. **(d)** *(scandale)* fuss. **faire un ~** to make a fuss. **(e)** **~s de voix** shouts; **~ de colère** angry outburst; **~ de rire** roar *ou* burst of laughter. ♦ **éclatant, e** *adj* **(a)** *lumière, couleur* bright; *soleil* blazing; *blancheur* dazzling; *teint* radiant. **(b)** *succès* dazzling; *revanche* shattering; *gloire* shining; *vérité* manifest; *exemple* striking; *mensonge* blatant. **il a des dons ~s** he is brilliantly gifted; **~ de santé** radiant with health. **(c)** *rire, bruit* loud; *voix* ringing.

éclater [eklate] (1) *vi* **(a)** *[bombe]* to explode, blow up; *[bourgeon]* to burst open; *[pneu, chaudière]* to burst; *[verre]* to shatter; *[parti]* to break up. **(b)** *[fléau, applaudissement]* to break out; *[scandale, orage]* to break. **des cris ont éclaté** shouts were raised; **un coup de tonnerre éclata** there was a peal of thunder. **(c)** *[vérité]* to shine out. **la joie éclate dans ses yeux** joy shines in his eyes. **(d)** **~ de rire** to burst out laughing; **~ (de rage)** to explode (with rage); **~ en sanglots** to burst into tears; **~ en applaudissements** to burst into applause. **(e)** **faire ~** *mine* to detonate, blow up; *bombe* to explode; *pétard* to let off; *ballon, tuyau* to burst; *verre* to shatter; **faire** *ou* **laisser ~ sa joie/colère** to give free rein to one's joy/anger. ♦ **éclatement** *nm* explosion; bursting *(de* of); break-up *(de* in).

éclectique [eklɛktik] *adj* eclectic.

éclipse [eklips(ə)] *nf (Astron, fig)* eclipse. ♦ **éclipser** (1) **1** *vt (Astron)* to eclipse; *[gloire]* to eclipse, overshadow. **2 s'~*** *vpr* to slip away.

éclopé, e [eklɔpe] **1** *adj* lame. **2** *nm,f (hum)* (slightly) injured person.

éclore [eklɔr] (45) *vi [œuf]* to hatch; *[poussin]* to hatch (out); *[fleur]* to open out; *[amour, jour]* to dawn. **faire ~ œuf** to hatch; *sentiment* to kindle. ♦ **éclosion** *nf* hatching; opening; dawn.

écluse [eklyz] *nf (Naut)* lock. ♦ **éclusier, -ière** *nm,f* lock keeper.

écœurer [ekœre] (1) *vt*: **~ qn** *[gâteau]* to make sb feel sick; *[conduite]* to disgust sb, make sb sick; *[échec]* to sicken sb. ♦ **écœurant, e** *adj conduite* disgusting, sickening; *gâteau* sickly; *chance, avantage* disgusting. ♦ **écœurement** *nm (lit)* nausea; *(fig)* disgust; *(lassitude)* discouragement.

école [ekɔl] *nf* school. *(éducation)* **l'~** education; **navire-~** training ship; **être à bonne ~** to be in good hands; **il a été à dure ~** he learned about life the hard way; **faire l'~** to teach; **faire l'~ buissonnière** to play truant *ou* hooky; **faire ~** *[personne]* to collect a following; *[théorie]* to gain widespread acceptance; **~ hôtelière** catering school; **~ maternelle** nursery school; **~ normale** ≈ teachers' training college; **~ de secrétariat** secretarial college. ♦ **écolier** *nm* schoolboy; *(fig: novice)* novice. ♦ **écolière** *nf* schoolgirl.

écologie [ekɔlɔʒi] *nf* ecology. ♦ **écologique** *adj* ecological. ♦ **écologiste** *nmf* ecologist.

éconduire [ekɔ̃dɥir] (38) *vt visiteur* to dismiss; *soupirant* to reject; *solliciteur* to put off.

économat [ekɔnɔma] *nm (fonction)* bursarship; *(bureau)* bursar's office; *(magasin)* staff cooperative.

économe [ekɔnɔm] **1** *adj* thrifty. **être ~ de son temps** *etc* to be sparing of one's time *etc*. **2** *nmf (Admin)* bursar.

économie [ekɔnɔmi] *nf* **(a)** *(science)* economics *(sg)*; *(Pol: système)* economy. **(b)** *(épargne)* economy, thrift. **(c)** *(gain)* saving. **faire une ~ de temps** to save time; **~s savings; faire des ~s to** save up, save money; **faire des ~s de chauffage** to economize on heating; **il n'y a pas de petites ~s** every little helps; *(fig péj)* **faire des ~s de bouts de chandelle** to make footling economies. ♦ **économique** *adj (Écon)* economic; *(bon marché)* economical. ♦ **économiquement** *adv* economically. **les ~ faibles** the lower-income groups. ♦ **économiser** (1) *vt électricité* to economize on, save on; *temps, forces* to save; *argent* to save up. **~ sur** to economize on, cut down on. ♦ **économiste** *nmf* economist.

écoper [ekɔpe] (1) *vti (Naut)* to bale (out). **~ (d')une punition*** to catch it*. ♦ **écope** *nf (Naut)* baler.

écorce [ekɔrs(ə)] *nf [arbre]* bark; *[orange]* peel, skin. **l'~ terrestre** the earth's crust.

écorcher [ekɔrʃe] (1) *vt* **(a)** *(dépecer)* animal to skin; *criminel* to flay. **(b)** *(égratigner)* to graze; *(par frottement)* to chafe, rub. **(c)** *(fig) mot* to mispronounce. **il écorche l'allemand** he speaks broken German. **(d)** *(*)* **~ le client** to fleece one's customers; **~ les oreilles de qn** to grate on sb's ears. ♦ **écorchure** *nf* graze.

écorner [ekɔrne] (1) *vt meuble* to chip the corner of; *fortune* to make a hole in. **livre écorné** dog-eared book.

écossais, e [ekɔsɛ, ɛz] **1** *adj temps, caractère* Scottish; *whisky* Scotch; *tissu* tartan. **2** *nm*: **É~** Scot, Scotsman; **les É~** the Scots. **3** *nf*: **É~e** Scot, Scotswoman. ♦ **Écosse** *nf* Scotland.

écosser [ekɔse] (1) *vt* to shell, pod.

écot [eko] *nm* share (of a bill).

écouler [ekule] (1) **1** *vt (Comm)* to sell; *faux billets* to get rid of. **2 s'~** *vpr* **(a)** *(suinter)* to seep out; *(fuir)* to leak out; *(couler)* to flow out. **(b)** *(fig) [temps]* to pass, go by; *[argent]* to melt away; *[foule]* to drift away; *(Comm)* to sell. **sa vie écoulée** his past life. ♦ **écoulement** *nm [eau, voitures]* flow; *[pus]* discharge; *[foule]* dispersal; *[temps]* passage, passing; *(Comm)* selling.

écourter [ekurte] (1) *vt (gén)* to shorten; *visite* to cut down; *texte* to cut short.

écouter [ekute] (1) **1** *vt disque, confidence, conseil* to listen to; *discours, (Jur) témoin* to hear. **~**

qn jusqu'au bout to hear sb out; ~ qn parler to
hear sb speak; ~ aux portes to eavesdrop; faire ~
un disque à qn to play a record to sb; ses conseils
sont très écoutés his advice is greatly valued; ~
ses parents to listen to one's parents; faire ~ qn
to get sb to listen ou obey; n'écoutant que son
courage letting courage be his only guide. 2 s'~
vpr: elle s'écoute trop she coddles herself; si je
m'écoutais je n'irais pas I've a good mind not to
go; s'~ parler to savour one's words.
♦ écoute nf (Rad) listening (de to). (Police) ~(s)
téléphonique(s) (phone) tapping; nous restons à
l'~ we are staying tuned in; (TV) heures de grande ~ peak viewing hours; avoir une grande ~ to
have a large audience; être aux ~s to be listening
(de to). ♦ écouteur, -euse 1 nm,f (attentif) listener; (indiscret) eavesdropper. 2 nm [télé-
phone] receiver. (Rad) ~s earphones, headphones.
écrabouiller* [ekʀabuje] (1) vt to crush. se faire
~ par une voiture to get crushed by a car.
écran [ekʀɑ̃] nm (gén) screen. porter un roman à
l'~ to film a novel; faire ~ à qn (abriter) to screen
ou shelter sb; (gêner) to get in the way of sb;
(éclipser) to put sb in the shade.
écraser [ekʀɑze] (1) 1 vt (a) (gén) to crush;
mouche to swat; mégot to stub out; (en purée) to
mash; (en poudre) to grind (en to); (pour le jus) to
squeeze; (en aplatissant) to flatten out; (en
piétinant) to trample down. ~ sous la dent biscuit
to crunch; vous m'écrasez les pieds you're
treading on my feet. (b) (tuer) [voiture] ~ qn to
run sb over; il s'est fait ~ he was run over. (c)
(fig: accabler) to crush. être écrasé de impôts to
be crushed by; chaleur, sommeil to be overcome
by; travail to be snowed under with. (d) (vaincre)
ennemi to crush. notre équipe s'est fait ~ our
team was beaten hollow; il écrase tout le monde
he outdoes everyone (en at). 2 vi: en ~¹ to sleep
like a log*. 3 s'~ vpr (a) [avion] to crash; [objet,
corps] to be dashed (contre on, against); (dans le
métro) to get crushed (dans in). (b) (‡: se taire) to
pipe down*. ♦ écrasant, e adj (gén) crushing;
travail back-breaking; victoire, chaleur,
responsabilité, nombre overwhelming. ♦ écrasé,
e adj nez flat; relief dwarfed. ♦ écrasement nm
crushing.
écrémer [ekʀeme] (6) vt lait to skim.
écrevisse [ekʀəvis] nf (freshwater) crayfish.
écrier (s') [ekʀije] (7) vpr to exclaim, cry out.
écrin [ekʀɛ̃] nm (jewellery) case.
écrire [ekʀiʀ] (39) vt (gén) to write; (orthographier) to spell; (inscrire) to write down. ~
gros to have large handwriting; ~ à la machine to
type; c'était écrit it was bound to happen; il est
écrit que je ne pourrai jamais y arriver! I'm
doomed never to succeed! ♦ écrit nm (ouvrage)
piece of writing; (examen) written paper; (Jur)
document. par ~ in writing. ♦ écriteau, pl ~x nm
notice, sign. ♦ écriture nf (a) (à la main) (hand)-
writing; (alphabet) writing, script; (style) style.
(b) (Fin, Comm) ~s accounts, books; tenir les ~s
to do the book-keeping. (c) (Rel) l'É~ (Sainte)
the Scriptures. ♦ écrivain nm (homme) writer.
(femme-)~ woman writer.
écrou [ekʀu] nm (Tech) nut.
écrouer [ekʀue] (1) vt to imprison.
écrouler (s') [ekʀule] (1) vpr (gén) to collapse;
[empire, espoir] to crumble; [personne] (tomber)
to collapse; (*: s'endormir) to fall fast asleep;
[accusé] to break down. s'~ de fatigue to be overcome with weariness. ♦ écroulé, e adj: à moitié ~
maison half-ruined, tumbledown; être ~ (par le
malheur) to be prostrate with grief; (de rire) to be
doubled up with laughter. ♦ écroulement nm collapse.
écru, e [ekʀy] adj tissu raw; couleur natural-
coloured. toile ~e unbleached linen.

écu [eky] nm (Hist Fin) crown; (arme) shield.
écueil [ekœj] nm (lit) reef; (problème) stumbling
block; (piège) pitfall.
écuelle [ekɥel] nf bowl.
éculé, e [ekyle] adj soulier down-at-heel; plaisanterie hackneyed, worn.
écumer [ekyme] (1) 1 vt (a) bouillon to skim. (b)
(piller) to plunder; (chercher) to scour. ~ les
mers to scour the seas. 2 vi (gén) to foam;
[cheval] to lather. (fig) ~ (de rage) to foam with
rage. ♦ écume nf (gén) foam; [cheval] lather.
pipe en ~ de mer meerschaum pipe; (fig) l'~ de la
société the dregs of society. ♦ écumeux, -euse
adj foamy. ♦ écumoire nf skimmer.
écureuil [ekyʀœj] nm squirrel.
écurie [ekyʀi] nf stable; (fig: sale) pigsty. mettre
à l'~ to stable; ~ de course racing stable.
écusson [ekysɔ̃] nm badge.
écuyer [ekɥije] nm (cavalier) rider, horseman;
(d'un chevalier) squire; (à la cour) equerry.
♦ écuyère nf rider, horsewoman.
eczéma [ɛgzema] nm eczema.
Éden [edɛn] nm: l'~ Eden.
édicter [edikte] (1) vt to decree.
édifier [edifje] (7) vt maison to build, erect; fortune, empire to build (up); (moralement) to edify.
♦ édification nf erection; [esprit] edification.
♦ édifice nm edifice, building; (social) structure, fabric.
Édimbourg [edɛ̃buʀ] n Edinburgh.
édit [edi] nm (Hist) edict.
éditer [edite] (1) vt (publier) to publish; (annoter)
to edit. ♦ éditeur, -trice nm,f publisher; editor.
♦ édition nf (action) publishing; editing; (livre)
edition. l'~ the publishing business.
éditorial, pl -iaux [editɔʀjal, jo] nm leader, editorial. ♦ éditorialiste nmf leader writer.
édredon [edʀədɔ̃] nm eiderdown.
éducation [edykɑsjɔ̃] nf (Scol, gén) education;
(familiale) upbringing; [goût] training. j'ai fait
mon ~ à Paris I was educated ou went to school in
Paris; ~ physique physical training ou education;
sans ~ (instruction) ill-educated; (bonnes manières) ill-mannered, ill-bred. ♦ éducateur,
-trice 1 adj educational. 2 nm,f educator.
♦ éducatif, -ive adj educational.
édulcorer [edylkɔʀe] (1) vt (Pharm) to sweeten;
(fig) to tone down.
éduquer [edyke] (1) vt (à l'école) to educate; (à la
maison) to bring up; peuple to educate; goût to
train. bien éduqué well-mannered, well-bred.
effacer [efase] (3) 1 vt (gén) to efface, erase;
[gomme] to rub out; [chiffon] to wipe off; [grat-
toir] to scratch out; souvenir to efface; faute to
erase; craintes to dispel; concurrent to outshine.
~ son passé to blot out one's past; le temps efface
tout everything fades with time; ~ le corps to
draw o.s. in. 2 s'~ vpr (a) (gén) to fade; [inscrip-
tion] to wear off. ça s'efface bien [crayon] it rubs
out easily; [tableau] it's easy to clean. (b) (lit:
s'écarter) to move ou step aside; (fig: se tenir en
arrière) to keep in the background; (se retirer) to
withdraw. ♦ effacé, e adj teinte (passé) faded;
(sans éclat) subdued; personne, vie retiring; rôle
unobtrusive. ♦ effacement nm (a) erasing;
effacing; dispelling; fading. ~ des épaules
drawing one's shoulders back. (b) (modestie)
retiring ou self-effacing manner; (retrait) withdrawal; (éclipse) eclipse.
effarer [efaʀe] (1) vt to alarm. cette bêtise m'ef-
fare I am aghast at ou appalled by such stupidity.
♦ effarant, e adj (gén) alarming. ♦ effarement
nm alarm.
effaroucher [efaʀuʃe] (1) 1 vt (gén) to frighten ou
scare away; (choquer) to shock. 2 s'~ vpr (timidité) to take fright (de at); (pudeur) to be shocked
(de by).
effectif, -ive [efɛktif, iv] 1 adj aide, travail

effective, actual. être ~ à partir de to take effect
ou become effective as from. **2** *nm [lycée]* size;
[parti] size, strength. (*Mil, Pol*) ~s numbers;
(*Mil*) l'~ est au complet we are at full strength.
♦ **effectivement** *adv aider* effectively; *se produire* actually, really. **c'est ~ plus rapide** it's
actually faster; **oui, ~!** yes, indeed!

effectuer [efɛktɥe] (1) **1** *vt* (*gén*) to make; *opération, expérience* to carry out, perform; *geste* to
execute; *paiement* to effect; *trajet* to complete.
2 *s'~ vpr* to be made. **le voyage s'est effectué
sans incident** the journey went off without a
hitch.

efféminé, e [efemine] *adj* effeminate.

effervescence [efɛʀvesɑ̃s] *nf* (*lit*) effervescence; (*fig*) agitation. être en ~ to be in a turmoil.
♦ **effervescent, e** *adj* effervescent.

effet [efɛ] *nm* (a) (*résultat*) effect. **c'est l'~ du
hasard** it is quite by chance; **être sans ~** to be
ineffective, have no effect; **~ de surprise** effect
of surprise; **avoir pour ~ de** to result in; **ce
médicament (me) fait de l'~/a fait son ~** this
medicine is effective ou works (on me)/has taken
effect ou has worked. **(b)** (*impression*) impression (*sur* on). **il a fait son petit ~** he managed to
cause a bit of a stir; **c'est tout l'~ que ça te fait?** is
that all it means to you?; **faire bon/mauvais ~ sur
qn** to make a good/bad impression on sb; **il me fait
l'~ d'(être) une belle crapule** he seems like a real
crook to me; **cette déclaration a fait l'~ d'une
bombe** this statement came as a bombshell. **(c)**
(*procédé*) effect. **~ de style/de perspective**
stylistic/visual effect; **elle lui a coupé ses ~s** she
stole his thunder; **manquer son ~** *[personne]* to
spoil one's effect; *[plaisanterie]* to fall flat. **(d)**
(*Sport*) *[balle]* spin. **donner de l'~ à** to spin. **(e)**
(*Jur*) **avec ~ rétroactif** backdated; **prendre ~ à la
date de** to take effect as from. **(f)** (*Comm: valeur*)
~ (de commerce) bill of (exchange). **(g)** (*vêtements*) **~s** things, clothes. **(h) en ~** (*parce que*)
because; **oui, en ~** yes indeed; **c'est en ~ plus
rapide** it's actually faster. **(i)** (*locutions*) **mettre à
~** to put into effect; **à cet ~** to that effect ou end;
sous l'~ de *alcool* under the effect ou influence
of; **il était encore sous l'~ de la colère** he was still
angry.

efficace [efikas] *adj mesure* effective; *remède*
efficacious; *personne, machine* efficient.
♦ **efficacement** *adv* effectively; efficaciously;
efficiently. ♦ **efficacité** *nf* effectiveness, efficacy; efficiency.

effigie [efiʒi] *nf* effigy. **à l'~ de** bearing the effigy
of.

effiler [efile] (1) **1** *vt étoffe* to fray. **2** *s'~ vpr
[objet]* to taper; *[étoffe]* to fray. ♦ **effilé, e** *adj*
slender, tapering.

effilocher *vt, s'~ vpr* [efilɔʃe] (1) to fray.

efflanqué, e [eflɑ̃ke] *adj animal* raw-boned; *personne* emaciated.

effleurer [eflœʀe] (1) *vt* (*frôler*) to touch lightly,
brush (against); (*érafler*) to graze; (*fig*) *sujet* to
touch (lightly) upon. **~ l'esprit de qn** to cross sb's
mind. ♦ **effleurement** *nm* light touch.

effluve [eflyv] *nm:* **~s** exhalations.

effondrer (s') [efɔ̃dʀe] (1) *vpr* (*gén*) to collapse;
[empire, espoir] to crumble; *[accusé]* to break
down. ♦ **effondré, e** *adj* (*abattu*) crushed (*de* by).
♦ **effondrement** *nm* (a) collapse; break-down.
(b) (*abattement*) utter dejection.

efforcer (s') [efɔʀse] (3) *vpr:* **s'~ de faire** to try
hard to do, do one's best to do.

effort [efɔʀ] *nm* (a) effort. **après bien des ~s
after much effort; ~ financier** financial outlay;
~ de volonté effort of will; **faire un ~ de mémoire**
to make an effort to remember; **faire de gros ~s
pour réussir** to make a great effort to succeed, try
very hard to succeed; **faire tous ses ~s** to do one's
utmost, make every effort; **faire l'~ de** to make

the effort to; **sans ~** effortlessly. **(b)** (*Tech*)
stress, strain.

effraction [efʀaksjɔ̃] *nf* (*action*) breaking-in.
plusieurs ~s several break-ins; **entrer par ~** to
break in.

effranger *vt, s'~ vpr* [efʀɑ̃ʒe] (3) to fray.

effrayer [efʀeje] (8) **1** *vt* to frighten. **2** *s'~ vpr* to
be frightened (*de* by), take fright (*de* at).
♦ **effrayant, e** *adj* frightening, fearsome; (*sens
affaibli*) frightful.

effréné, e [efʀene] *adj course* frantic; *passion,
luxe* unbridled.

effriter [efʀite] (1) **1** *vt biscuit* to crumble; *roche*
to cause to crumble. **2** *s'~ vpr* [roche, fig] to crumble
(away). ♦ **effritement** *nm* crumbling(-away).

effroi [efʀwa] *nm* terror, dread.

effronté, e [efʀɔ̃te] *adj* insolent; *mensonge, menteur* brazen, shameless. ♦ **effrontément** *adv*
insolently; brazenly, shamelessly. ♦ **effronterie**
nf insolence; shamelessness.

effroyable [efʀwajabl(ə)] *adj* horrifying, appalling. ♦ **effroyablement** *adv* appallingly, horrify-
ingly.

effusion [efyzjɔ̃] *nf* effusion. **avec ~** effusively;
~ de sang bloodshed.

égal, e, *mpl* **-aux** [egal, o] **1** *adj* (a) (*valeur*) equal
(*en* in, *à* to). **de poids ~** of equal weight; **à poids ~**
weight for weight; **à ~e distance de** equidistant
from. **(b)** *justice, pas* even, unvarying; *climat,
caractère* equable; *terrain* even, level; *bruit, vent*
steady. **(c) ça m'est ~** I don't mind; (*je m'en
fiche*) I don't care; **c'est ~, il aurait pu écrire** all
the same he might have written; **la partie n'est
pas ~e** (*entre eux*) they are not evenly matched;
ça n'a d'~ que it is matched ou equalled only by;
rester ~ à soi-même to remain true to form.
2 *nm,f* (*personne*) equal. **d'~ à ~** as equals; **être à
l'~ de** (*égal à*) to be equalled ou matched by;
(*comme*) to be just like; **sans ~** matchless, unequalled. ♦ **égalable** *adj:* **difficilement ~** difficult to equal ou match. ♦ **également** *adv* (*gén*)
equally. (*aussi*) **elle lui a ~ parlé** she spoke to him
too ou as well. ♦ **égaler** (1) **1** *vt* to equal (*en* in). **2
plus 2 égalent 4** 2 plus 2 equals 4; **~ qn** to rank sb
with; **~ qn en qch** to equal sb in sth, match sb for
sth. **2** *s'~ vpr:* **s'~ à** to equal, be equal to; (*comparaison*) to liken o.s. to.

égaliser [egalize] (1) **1** *vt chances* to equalize; *sol,
revenus* to level (out). **2** *vi* (*Sport*) to equalize.
♦ **égalisateur, -trice** *adj* equalizing.
♦ **égalisation** *nf* equalization; levelling.

égalité [egalite] *nf [chances, hommes]* equality;
(*Math*) identity; *[climat]* equableness; *[pouls]*
regularity; *[surface]* evenness, levelness. **~
d'humeur** equanimity; **être à ~** (*gén*) to be equal;
(*match nul*) to draw. ♦ **égalitariste** *adj, nmf*
egalitarian.

égard [egaʀ] *nm* (a) (*respect*) **~s** consideration;
montrer beaucoup d'~s pour to show great
consideration for, be very considerate towards.
(b) à l'~ de (*envers*) towards; (*contre*) concerning, with regard to; **par ~ pour** out of
consideration for; **sans ~ pour** without regard
for; **à tous ~s** in all respects; **à cet ~** in this
respect.

égarer [egaʀe] (1) **1** *vt voyageur* to lead out of his
way; *enquêteurs* to mislead; *objet* to mislay;
(*moralement*) to lead astray. **égaré par la douleur**
distraught with grief. **2** *s'~ vpr [voyageur, lettre]*
to get lost; *[discussion]* to wander from the point.
(*fig, Rel*) **s'~ hors du droit chemin** to wander
from the straight and narrow; **mon esprit s'égare**
I feel distraught. ♦ **égaré, e** *adj voyageur* lost;
animal, obus stray; *village* remote; *air* distraught. ♦ **égarement** *nm* (*trouble*) distraction.
(*dérèglements*) **~s** aberrations.

égayer [egeje] (8) **1** *vt* (*gén*) to brighten up;
(*divertir*) to amuse, cheer up. **2** *s'~ vpr* to amuse

o.s. s'~ aux dépens de qn to amuse o.s. at sb's expense.

égide [eʒid] *nf*: sous l'~ de under the aegis of.

églantier [eglɑ̃tje] *nm* wild rose(-bush). ♦ **églantine** *nf* wild rose, eglantine.

église [egliz] *nf (gén)* church.

égoïsme [egɔism(ə)] *nm* selfishness, egoism. ♦ **égoïste** 1 *adj* selfish, egoistic. 2 *nmf* egoist. ♦ **égoïstement** *adv* selfishly, egoistically.

égorger [egɔRʒe] (3) *vt (lit)* to slit ou cut the throat of; (*) client to bleed white.

égout [egu] *nm* sewer. les ~s the sewerage system. ♦ **égoutier** *nm* sewer worker.

égoutter [egute] (1) 1 *vt (avec passoire)* to strain; (en tordant) to wring out. 2 *vi (vaisselle)* to drain; [linge, eau] to drip. ſaire ~ eau to drain off; linge to hang up to drip; 'laisser ~' 'drip dry'. 3 s'~ *vpr* to drip; to drain. ♦ **égouttoir** *nm (évier)* draining board; (mobile) draining rack; (passoire) strainer, colander.

égratigner [egRatiɲe] (1) *vt (lit)* to scratch; (fig) to have a dig at. ♦ **égratignure** *nf* scratch; (fig) dig. **sans une** ~ without a scratch, unscathed.

égrener [egRəne] (5) *vt pois, blé, épi* to shell; coton to gin; grappe to pick grapes off. (fig) ~ son **chapelet** to tell one's beads; ~ **les heures** to mark the hours; **les maisons s'égrenaient le long de la route** the houses were dotted along the road.

égrillard, e [egRijaR, aRd(ə)] *adj* bawdy.

Égypte [eʒipt] *nf* Egypt. ♦ **égyptien, -ienne** *adj,* É~(ne) *nm(f)* Egyptian.

éhonté, e [eɔ̃te] *adj* shameless.

éjecter [eʒɛkte] (1) *vt (Tech)* to eject; (‡) to kick out*. **se faire** ~‡ to get o.s. kicked out*. ♦ **éjection** *nf (Tech)* ejection; (‡) kicking-out*.

élaborer [elabɔRe] (1) *vt (gén)* to elaborate. ♦ **élaboration** *nf* elaboration.

élaguer [elage] (1) *vt (lit, fig)* to prune. ♦ **élagage** *nm* pruning. ♦ **élagueur** *nm* pruner.

élan¹ [elɑ̃] *nm (Zool)* elk, moose.

élan² [elɑ̃] *nm* (a) *(début de course)* run up. **saut avec/sans** ~ running/standing jump. (b) *(vitesse acquise)* momentum. **prendre de l'**~ to gather speed; **emporté par son** ~ carried along by his own momentum. (c) *[enthousiasme, colère]* surge, burst. ~s *(d'affection)* rushes of affection; ~s lyriques lyrical outbursts. (d) *[troupes]* vigour, spirit. ~ **patriotique** patriotic fervour.

élancer [elɑ̃se] (3) 1 *vi [blessure]* to give shooting pains. 2 s'~ *vpr* (a) *(se précipiter)* to rush, dash *(vers* towards). **s'**~ **d'un bond sur** to leap onto. (b) *(se dresser)* to soar (upwards). ♦ **élancé, e** *adj* clocher etc slender. ♦ **élancement** *nm* shooting pain.

élargir [elaRʒiR] (2) 1 *vt* (a) *(gén)* to widen; débat to broaden. (Pol) **majorité élargie** increased majority; **ça lui élargit la taille** that makes his waist look fatter. (b) *(Jur: libérer)* to release, free. 2 s'~ *vpr [route]* to widen, get wider; *[idées]* to broaden. ♦ **élargissement** *nm* widening; broadening; release.

élastique [elastik] 1 *adj* objet elastic; démarche springy; sens, esprit flexible; (péj) conscience accommodating. (Écon) elastic. 2 *nm* (de bureau) elastic ou rubber band; (Couture) elastic. **en** ~ elasticated. ♦ **élasticité** *nf* elasticity; spring; flexibility; accommodating nature.

électeur, -trice [elɛktœR, tRis] *nm,f* (a) *(Pol)* voter. (circonscription) ~s constituents. (b) *(Hist)* É~ Elector; É~trice Electress. ♦ **élection** *nf* (a) *(Pol, gén)* election. **jour des** ~s polling ou election day; ~ **partielle** = by-election; ~s **législatives** = general election. (b) *(choix)* patrie d'~ chosen country. ♦ **électoral, e** *mpl* -aux *adj* election. ♦ **électorat** *nm* (a) electorate; (d'un parti) voters. (b) (Hist) electorate.

électricité [elɛktRisite] *nf* electricity. (fig) il y a de l'~ dans l'air* the atmosphere is electric.

♦ **électricien** *nm* electrician. ♦ **électrification** *nf* electrification. ♦ **électrifier** (7) *vt* to electrify. ♦ **électrique** *adj* electrical. ♦ **électriquement** *adv* electrically. ♦ **électriser** (1) *vt (lit, fig)* to electrify.

électro [elɛktRɔ] *préf* electro. ~-**aimant** electromagnet; ~**cardiogramme** electrocardiogram; ~**choc(s)** electric shock treatment.

électrocuter [elɛktRɔkyte] (1) *vt* to electrocute. ♦ **électrocution** *nf* electrocution.

électrode [elɛktRɔd] *nf* electrode.

électroménager [elɛktRɔmenaʒe] *adj* appareil (domestic) electrical.

électron [elɛktRɔ̃] *nm* electron. ♦ **électronique** [elɛktRɔnik] 1 *adj (gén)* electronic; optique electron. 2 *nf* electronics (sg). ♦ **électronicien, -ienne** *nm,f* electronics engineer.

électrophone [elɛktRɔfɔn] *nm* record player.

élégant, e [elegɑ̃, ɑ̃t] *adj (gén)* elegant; conduite generous. ♦ **élégamment** *adv* elegantly. ♦ **élégance** *nf* elegance; generosity.

élégie [eleʒi] *nf* elegy.

élément [elemɑ̃] *nm (gén, Chim)* element; *[machine]* part, component; *[pile]* cell; *(Mil)* unit; *(fait)* fact. (rudiments) ~s rudiments, elements; ~s **préfabriqués de cuisine** ready-made kitchen units; **aucun** ~ **nouveau n'est survenu** there have been no new developments, no new facts have come to light; **c'est le meilleur** ~ **de ma classe** he's the best pupil in my class; **les** ~s **(naturels)** the elements; **être dans son** ~* to be in one's element. ♦ **élémentaire** *adj* elementary; rudimentary; *(Chim)* elemental.

éléphant [elefɑ̃] *nm* elephant. **comme un** ~ **dans un magasin de porcelaine** like a bull in a china shop.

élevage [ɛlvaʒ] *nm* (a) *(gén)* breeding. **l'**~ **(du bétail)** cattle breeding ou rearing; **l'**~ **des abeilles** beekeeping; **faire l'**~ **de** to breed; **pays d'**~ cattle-breeding area. (b) *(ferme)* cattle farm. ~ **de poulets** poultry farm.

élévation [elevasjɔ̃] *nf (action d'élever)* raising; *(action de s'élever)* rise (de in); *(tertre)* elevation, rise (in the ground); *(coupe, plan)* elevation; *[pensée, style]* loftiness; *[âme]* elevation. (Rel) l'~ the Elevation.

élève [elɛv] *nmf* pupil, student. ~ **infirmière** student nurse.

élevé, e [ɛlve] *adj (gén)* high; pertes heavy; cime lofty. **peu** ~ low; pertes slight; **bien** ~ well-mannered; **mal** ~ (rustre) ill-mannered; (impoli) rude; **c'est mal** ~ **de** it's bad manners ou it's rude to.

élever [ɛlve] (5) 1 *vt* (a) enfant to bring up, raise; bétail to rear, breed; abeilles to keep; plantes to grow. (b) mur (dresser) to put up. (hausser) ~ **(d'un étage)** to raise (by one storey), make (one storey) higher. (c) objection to raise, critique to make. (d) poids, regard to lift, raise; niveau, prix, voix to raise. (e) *(promouvoir)* to raise, elevate (au rang de to the rank of). (f) *(gén, Math)* to raise. ~ **un nombre au carré** to square a number. 2 s'~ *vpr* (a) *[niveau, prix]* to rise, go up. *[somme]* s'~ **à** to add up to, amount to. (b) *[immeuble] (se dresser)* to rise; *(se bâtir)* to go up. **un mur s'élevait entre** a wall stood between. (c) *[avion]* to go up; *[oiseau]* to fly up; *(dans la société)* to rise. s'~ **jusqu'au sommet de l'échelle** to climb to the top of the ladder. (d) *[discussions]* to arise; *[objections, doutes]* to be raised, arise; *[voix]* to rise. s'~ **contre** to rise up against.

éleveur, -euse [ɛlvœR, øz] *nm,f* stockbreeder.

elfe [ɛlf(ə)] *nm* elf.

éligible [eliʒibl(ə)] *adj (Pol)* eligible. ♦ **éligibilité** *nf* eligibility.

élimer *vt,* s'~ *vpr* [elime] (1) to fray.

éliminer [elimine] (1) *vt* to eliminate; données

secondaires to discard; (*euph*) *témoin* to dispose of. ♦ **élimination** *nf* elimination. ♦ **éliminatoire** 1 *adj épreuve* eliminatory; *note* disqualifying. 2 *nf* (*Sport*) heat.

élire [eliʀ] (43) *vt* to elect.

élite [elit] *nf* élite. **d'~ élève** first-class; *âme* noble; (*Mil*) **corps d'~** crack corps. ♦ **élitisme** *nm* élitism.

élixir [eliksiʀ] *nm* elixir.

elle [ɛl] *pron pers f* (**a**) (*sujet*) (*personne, nation*) she; (*chose*) it; (*animal, bébé*) she, it. ~s they; ~, ~ n'aurait jamais fait ça SHE would never have done that; ~ **renoncer?** HER give up? (**b**) (*objet*) (*personne, nation*) her; (*animal*) her, it; (*chose*) it. **c'est ~ qui me l'a dit** she told me herself, it's she who told me; (*iro*) **c'est ~s qui le disent** that's what THEY say!; **c'est ~ que j'avais invitée** it's her I had invited. (**c**) (*avec prép*) (*personne*) her; (*animal*) her, it; (*chose*) it. **ce livre est à ~** this book belongs to her *ou* is hers; **elle ne pense qu'à ~** she only thinks of herself; **elle a un appartement à ~** she has a flat of her own; **ses enfants à ~** HER children. (**d**) (*comparaison*) (*sujet*) she; (*objet*) her. **il est plus grand qu'~s** he is taller than they are *ou* than them. (**e**) (*interrog, emphatique*) **sa lettre est-~ arrivée?** has his (*ou* her) letter come?; **ta tante, ~ n'est pas très aimable!** your aunt isn't very nice!

ellipse [elips(ə)] *nf* (*Géom*) ellipse; (*Ling*) ellipsis.

élocution [elɔkysjɔ̃] *nf* (*débit*) delivery; (*clarté*) diction. **défaut d'~** speech impediment.

éloge [elɔʒ] *nm* (**a**) (*louange*) ~(s) praise; **faire des ~s à qn** to praise sb; **faire l'~ de** to praise; **faire son propre ~** to sing one's own praises. (**b**) (*panégyrique*) eulogy. ~ **funèbre** funeral oration. ♦ **élogieusement** *adv* **parler** very highly. ♦ **élogieux, -ieuse** *adj* laudatory.

éloigné, e [elwaɲe] *adj lieu, son* distant, far-off; *événement* distant, remote (*de* from); *parent* distant; *ancêtre* remote. **est-ce très ~ de la gare?** – **oui, c'est très ~** is it very far *ou* a long way from the station? – yes, it's a long way; ~ **de 3 km** 3 km away; **dans un avenir peu ~** in the not-too-distant future; **sentiment pas très ~ de la haine** emotion not far removed from hatred; **rien n'est plus ~ de mes pensées** nothing is farther from my thoughts; **tenir ~ de** to keep away from; **se tenir ~ des querelles** to steer clear of quarrels.

éloignement [elwaɲmɑ̃] *nm* (*gén*) removal; (*report*) postponement; (*désaffection*) estrangement; (*bannissement*) banishment; (*distance*) distance. **avec l'~** (*temps, espace*) from a distance.

éloigner [elwaɲe] (1) 1 *vt* **a** *objet* to move *ou* take away; *personne* to take away; (*fig: exiler*) to send away (*de* from). (*fig*) ~ **qn de être aimé** to estrange sb from; *tentations* to remove sb from. (**b**) (*fig: dissiper*) (*gén*) to remove; *idée, crainte* to dismiss; *danger* to ward off; *soupçons* to avert (*de* from). (**c**) *visite* (*reporter*) to put off, postpone; (*espacer*) to space out. 2 **s'~** *vpr* (*gén*) to go away (*de* from); (*souvenir*) to grow more distant *ou* remote. **s'~ en courant** to run away *ou* off; **éloignez-vous, les enfants** move *ou* stand back, children; **s'~ de** *être aimé* to grow away from; *sujet* to wander from; *position prise* to move away from; *devoir, vérité* to stray from; **s'~ du droit chemin** to stray from the straight and narrow.

élongation [elɔ̃gasjɔ̃] *nf*: **se faire une ~** to strain a muscle.

éloquent, e [elɔkɑ̃, ɑ̃t] *adj* eloquent. **ces chiffres sont ~s** these figures speak for themselves. ♦ **éloquemment** *adv* eloquently. ♦ **éloquence** *nf* eloquence.

élu, e [ely] 1 *adj* (*Rel*) chosen; (*Pol*) elected. 2 *nm,f* (*député*) elected member; (*conseiller*) councillor. (*hum*) **l'heureux ~** the lucky man; (*Rel*) **les É~s** the Chosen ones, the Elect.

élucider [elyside] (1) *vt* to elucidate. ♦ **élucidation** *nf* elucidation.

élucubrations [elykybʀasjɔ̃] *nfpl* (*péj*) wild imaginings.

éluder [elyde] (1) *vt* to evade, elude.

émacié, e [emasje] *adj* emaciated.

émailler [emaje] (1) *vt* (*lit*) to enamel; [*étoiles*] to spangle; [*fautes*] to pepper. ♦ **émail, pl -aux** *nm* enamel. **en ~** enamel; (*Art*) ~**aux** pieces of enamel work. ♦ **émaillage** *nm* enamelling.

émanation [emanɑsjɔ̃] *nf* (**a**) (*odeurs*) ~s exhalations. (**b**) (*fig*) product.

émanciper [emɑ̃sipe] (1) 1 *vt* (*Jur*) to emancipate; *esprit* to liberate. 2 **s'~** *vpr* to become liberated. ♦ **émancipation** *nf* emancipation; liberation.

émaner [emane] (1) ~ **de** *vt indir* [*pouvoir, ordres*] to come from; [*chaleur, odeur*] to emanate *ou* come from; [*charme*] to emanate from.

émarger [emaʀʒe] (3) 1 *vt* to sign. 2 *vi* to be paid. ♦ **émargement** *nm* signing. **feuille d'~** (*paye*) paysheet; (*présence*) attendance sheet.

emballer [ɑ̃bale] (1) 1 *vt* (**a**) (*empaqueter*) to pack (up); (*dans du papier*) to wrap up. (**b**) (‡: *emprisonner*) to run in‡. (**c**) *moteur* to race. (**d**) (*‡: enthousiasmer*) to thrill. 2 **s'~** *vpr* (**a**) (*‡*) (*enthousiasme*) to get carried away; (*colère*) to fly off the handle*. (**b**) [*moteur*] to race; [*cheval*] to bolt. **cheval emballé** bolting horse. ♦ **emballage** *nm* packing; wrapping-up; (*boîte etc*) packet, package. ♦ **emballement** *nm* (**a**) (*‡*) (*enthousiasme*) craze; (*colère*) angry outburst. (**b**) [*moteur*] racing; [*cheval*] bolting.

embarcadère [ɑ̃baʀkadɛʀ] *nm* landing stage.

embarcation [ɑ̃baʀkasjɔ̃] *nf* (small) boat *ou* craft (*inv*).

embardée [ɑ̃baʀde] *nf* (*Aut*) swerve. **faire une ~** to swerve.

embargo [ɑ̃baʀgo] *nm* embargo. **mettre l'~ sur** to put an embargo on.

embarquer [ɑ̃baʀke] (1) 1 *vt passagers* to embark; *cargaison* to load; (‡) (*emporter, emprisonner*) to cart off*; (*voler*) to pinch*. ~ **qn dans une histoire** to get sb mixed up in* *ou* involved in an affair. 2 *vi* (*aussi* **s'~**) (*en bateau*) to embark, board; (*en train, avion*) to board. ~ **pour la France** to sail for France. 3 **s'~** *vpr* (**a**) = 2. (**b**) **s'~ dans** *aventure* to embark on. ♦ **embarquement** *nm* loading; embarkation; boarding.

embarras [ɑ̃baʀa] *nm* (*ennui*) hindrance, obstacle; (*gêne*) confusion, embarrassment; (*situation délicate*) predicament, awkward position. **être dans l'~** to be in a predicament *ou* an awkward position; (*dans un dilemme*) to be in a quandary *ou* in a dilemma; (*sans argent*) to be in financial difficulties; ~ **gastrique** stomach upset; ~ **de circulation** (road) congestion; **faire des ~** (*chichis*) to make a fuss; (*ennuis*) to make trouble (*à qn* for sb); **je ne veux pas être un ~ pour vous** I don't want to hinder you *ou* to be in your way; **ne vous mettez pas dans l'~ pour moi** don't put yourself out for me; **elle a l'~ du choix** her only problem is that she has too great a choice.

embarrasser [ɑ̃baʀase] (1) 1 *vt* (**a**) [*paquets*] to clutter; [*vêtements*] to hinder, hamper. **ça m'embarrasse** it's in my way; ~ **l'estomac** to lie heavy on the stomach. (**b**) (*désorienter*) ~ **qn** to put sb in a predicament *ou* an awkward position; **ça m'embarrasse de te le dire mais ...** I don't like to tell you this but ...; **il y a qch qui m'embarrasse là-dedans** there's sth about it that bothers me. 2 **s'~** *vpr*: **s'~ de** *paquets, scrupules* to burden o.s. with; *détails* to trouble o.s. *ou* worry about; **s'~ dans** *vêtements* to get tangled up in; *explications* to get in a muddle with, get mixed up in. ♦ **embarrassant, e** *adj* (**a**) *situation* embarrass-

ing; *problème* awkward. **(b)** *paquets* cumbersome. **cet enfant est ~!** this child is always in the way! ♦ **embarrassé, e** *adj* (*gêné*) embarrassed; (*peu clair*) muddled, confused; (*encombré*) cluttered. **avoir l'estomac ~** to have an upset stomach; **j'ai les mains ~es** my hands are full.
embaucher [ābo∫e] (1) *vt* to take on, hire. ♦ **embauche** *nf* hiring. **est-ce qu'il y a de l'~?** are there any vacancies?; **bureau d'~** labour office.
embaumer [ābome] (1) **1** *vt cadavre* to embalm. **l'air embaumait le lilas** the air was fragrant with the scent of lilac. **2** *vi* to be fragrant. ♦ **embaumé, e** *adj air* balmy, fragrant. ♦ **embaumement** *nm* embalming.
embellir [ābeliʀ] (2) **1** *vt* (*gén*) to make (more) attractive; *récit* to embellish. **2** *vi* to grow more attractive. ♦ **embellissement** *nm* improvement; [*récit*] embellishment.
embêter* [ābete] (1) **1** *vt* (*gén*) to bother, worry; (*importuner*) to pester; (*irriter*) to annoy; (*lasser*) to bore. **2 s'~** *vpr* to be bored. ♦ **embêtant, e*** *adj* worrying, annoying; *situation* awkward, tricky. ♦ **embêtement*** *nm* annoyance. **~(s)** trouble.
emblée [āble] *adv*: **d'~** straightaway, right away.
emblème [āblɛm] *nm* emblem.
emboîter [ābwate] (1) **1** *vt* to fit together. **~ qch dans** to fit sth into; **~ le pas à qn** (*lit*) to follow close on sb's heels; (*fig*) to follow suit. **2 s'~** *vpr* to fit together.
embonpoint [ābɔ̃pwɛ̃] *nm* stoutness. **prendre de l'~** to grow stout.
embouchure [ābu∫yʀ] *nf* [*fleuve*] mouth; (*Mus*) mouthpiece.
embourber *vt*, **s'~** *vpr* [ābuʀbe] (1) *voiture* to get stuck in the mud.
embourgeoiser (s') [ābuʀʒwaze] (1) *vpr* to become middle-class.
embout [ābu] *nm* [*canne*] tip; [*tuyau*] nozzle.
embouteiller [ābuteje] (1) *vt* (*Aut*) to jam, block; (*Téléc*) *lignes* to block. ♦ **embouteillage** *nm* (*Aut*) traffic jam, holdup.
emboutir [ābutiʀ] (2) *vt métal* to stamp; (*Aut: percuter*) to crash *ou* run into.
embranchement [ābʀɑ̃∫mɑ̃] *nm* (*jonction*) junction; (*route*) side road; (*voie*) branch line; (*rivière*) embranchment; (*Bot, Zool*: *catégorie*) branch.
embraser [ābʀaze] (1) **1** *vt forêt etc* to set ablaze; *cœur* to fire. **2 s'~** *vpr* to blaze up; to be fired (*de* with). ♦ **embrasement** *nm* (*action*) blazing-up; (*résultat*) blaze.
embrasser [ābʀase] (1) **1** *vt* to kiss; (*étreindre*) to embrace; *cause, aspects* to embrace; *carrière* to take up. **~ qch du regard** to take sth in at a glance. **2 s'~** *vpr* to kiss (each other). ♦ **embrassade** *nf* embrace.
embrasure [ābʀazyʀ] *nf* embrasure. **dans l'~ de la porte** in the doorway.
embrayer [ābʀeje] (8) **1** *vt* (*Aut, Tech*) to put into gear. **2** *vi* (*Aut*) to let in ou engage the clutch. ♦ **embrayage** *nm* (*mécanisme*) clutch; (*action*) engaging the clutch.
embrigader [ābʀigade] (1) *vt* to dragoon (*dans* into).
embrocher [ābʀo∫e] (1) *vt* (*Culin*) (*broche*) to spit; (*brochette*) to skewer. (*fig*) **~ qn** to run sb through.
embrouiller [ābʀuje] (1) **1** *vt* (*gén*) to muddle up; *ficelle* to tangle (up). **2 s'~** *vpr* [*idées, situation*] to become muddled *ou* confused; [*personne*] to get in a muddle, become confused. **s'~ dans** to get in a muddle with. ♦ **embrouillement** *nm* (*action*) tangling; muddling up; confusion; (*état*) tangle; muddle; confusion.
embroussaillé, e [ābʀusaje] *adj chemin* overgrown; *barbe* bushy, shaggy.
embrumer [ābʀyme] (1) *vt* to mist over, cloud

over (*de* with).
embruns [ābʀœ̃] *nmpl* spindrift, sea spray.
embryon [ābʀijɔ̃] *nm* embryo. ♦ **embryonnaire** *adj* embryonic.
embûche [āby∫] *nf* pitfall, trap.
embuer [ābɥe] (1) *vt* to mist up *ou* over.
embuscade [ābyskad] *nf* ambush. **être en ~** to lie in ambush. ♦ **s'embusquer** (1) *vpr* to lie in ambush.
émêché, e [eme∫e] *adj* tipsy, merry.
émeraude [ɛmʀod] *nf*, *adj inv* emerald.
émerger [emɛʀʒe] (3) *vi* to emerge; (*faire saillie*) to stand out. **~ du brouillard** to rise out of the fog. ♦ **émergence** *nf* emergence.
émeri [emʀi] *nm* emery. **toile ~** emery paper.
émerveiller [emɛʀveje] (1) **1** *vt* to fill with wonder. **2 s'~** *vpr* to be filled with wonder. **s'~ de** to marvel at. ♦ **émerveillement** *nm* (*sentiment*) wonder; (*vision*) marvel.
émettre [emɛtʀ(ə)] (56) *vt* (*gén*) to emit; *lumière* to give out; *son* to send out; *odeur* to give off; (*Rad, TV*) to transmit; *monnaie, emprunt* to issue; *chèque* to draw; *hypothèse* to put forward; *vœux* to express. **~ sur ondes courtes** to broadcast on short wave. ♦ **émetteur, -trice 1** *adj* (*Rad*) transmitting; (*Fin*) issuing. **2** *nm* transmitter. **~-récepteur** transmitter-receiver.
émeute [emøt] *nf* riot. **~s** riots, rioting. ♦ **émeutier, -ière** *nm,f* rioter.
émietter *vt*, **s'~** *vpr* [emjete] (1) *pain, terre* to crumble; *pouvoir* to disperse; *énergie* to dissipate. ♦ **émiettement** *nm* crumbling; dispersion; dissipation.
émigrer [emigʀe] (1) *vi* to emigrate. ♦ **émigrant, e** *nm,f* emigrant. ♦ **émigration** *nf* emigration. ♦ **émigré, e** *nm,f* (*Hist*) émigré; (*Pol*) expatriate.
émincer [emɛ̃se] (3) *vt* to slice thinly.
éminence [eminɑ̃s] *nf* [*terrain*] hill, rise; [*qualité*] distinction, eminence; (*cardinal*) Eminence. (*fig*) **~ grise** éminence grise. ♦ **éminemment** *adv* eminently. ♦ **éminent, e** *adj* distinguished, eminent.
émir [emiʀ] *nm* emir. ♦ **émirat** *nm* emirate.
émissaire [emisɛʀ] *nm* (*gén*) emissary.
émission [emisjɔ̃] *nf* **(a)** (V *émettre*) emission; transmission; broadcast; issue; drawing. **(b)** (*Rad, TV: spectacle*) programme, broadcast.
emmagasiner [āmagazine] (1) *vt* (*lit, fig: amasser*) to accumulate; (*Comm*) to store. ♦ **emmagasinage** *nm* accumulation; storage.
emmailloter [āmajote] (1) *vt* to wrap up.
emmêler [āmele] (1) **1** *vt fil* to tangle (up); (*fig*) *affaire* to confuse, muddle. (*fig*) **tu emmêles tout** you're getting everything muddled (up) *ou* confused. **2 s'~** *vpr* (*lit*) to get in a tangle; (*fig*) to get in a muddle (*dans* with). ♦ **emmêlement** *nm* (*action*) tangling; (*état*) tangle; muddle.
emménager [āmenaʒe] (3) *vi* to move in. **~ dans** to move into. ♦ **emménagement** *nm* moving in.
emmener [āmne] (5) *vt* (*gén*) to take; *otage* to take away. **~ qn au cinéma** to take sb to the cinema; **~ promener qn** to take sb for a walk.
emmitoufler [āmitufle] (1) *vt* to wrap *ou* muffle up. **s'~** to wrap *ou* muffle o.s. up.
emmurer [āmyʀe] (1) *vt* to wall up, immure.
émoi [emwa] *nm* (*trouble*) agitation, emotion; (*de joie*) excitement; (*tumulte*) commotion. **en ~ cœur** in a flutter; *sens* agitated, excited; *rue* in a commotion.
émoluments [emɔlymɑ̃] *nmpl* (*Admin*) emolument, fee.
émotion [emosjɔ̃] *nf* emotion; (*peur*) fright. **donner des ~s à qn*** to give sb a nasty turn* *ou* fright. ♦ **émotif, -ive** *adj* emotional. ♦ **émotionnel, -elle** *adj* emotional. ♦ **émotionner*** (1) *vt* to upset. **2 s'~** *vpr* to get upset (*de* about). ♦ **émotivité** *nf* emotionalism.
émoulu, e [emuly] *adj*: **frais ~ (de l'école)** fresh from school, just out of school.

émoussé, e [emuse] *adj couteau* blunt; *goût* blunted, dulled.

émoustiller* [emustije] (1) *vt* to tantalize.

émouvoir [emuvwaʀ] (27) **1** *vt [beauté]* to rouse, stir; *[misère]* to affect, touch, move; *[menace]* to disturb, worry, upset. ~ qn jusqu'aux larmes to move sb to tears; se laisser ~ par des prières to be moved by entreaties; ~ la pitié de qn to move sb to pity, rouse sb's pity. **2** s'~ *vpr* to be roused *ou* stirred *ou* affected *ou* touched *ou* moved *ou* disturbed *ou* worried *ou* upset (*de* by). il ne s'émeut de rien nothing upsets *ou* disturbs him. ♦ **émouvant, e** *adj* moving, touching.

empailler [ɑ̃paje] (1) *vt animal* to stuff. ♦ **empailleur, -euse** *nm,f* taxidermist.

empaqueter [ɑ̃pakte] (4) *vt marchandises* to pack; *colis* to wrap up.

emparer (s') [ɑ̃paʀe] (1) *vpr* (a) *[personne]* s'~ de (*gén*) to seize; *objet* to grab (hold of), snatch up; *conversation* to take over; *prétexte* to seize on. **(b)** *[sentiment]* s'~ de to take *ou* seize hold of; le remords s'empara d'elle she was seized with remorse.

empâter [ɑ̃pate] (1) **1** *vt bouche* to coat, fur (up); *traits* to thicken, coarsen. **2** s'~ *vpr [silhouette]* to thicken out.

empêcher [ɑ̃peʃe] (1) *vt* to prevent, stop. ~ que qch (ne) se produise to prevent sth from happening, stop sth happening; ~ qn de faire to prevent sb from doing, stop sb (from) doing; (fig) ça ne m'empêche pas de dormir I don't lose any sleep over it; ça n'empêche rien* it makes no odds* *ou* no difference; (il) n'empêche qu'il a tort nevertheless *ou* all the same he's wrong. **2** s'~ *vpr*: s'~ de faire to stop o.s. (from) doing; il n'a pas pu s'~ de rire he couldn't help laughing, he couldn't stop himself (from) laughing. ♦ **empêché, e** *adj* (*retenu*) detained, held up. il a été ~ par ses obligations his commitments prevented him from coming; tu es bien ~ de le dire you seem at a loss to know what to say. ♦ **empêchement** *nm* (unexpected) difficulty, hitch. il a eu un ~ sth prevented him from coming.

empereur [ɑ̃pʀœʀ] *nm* emperor.

empeser [ɑ̃pəze] (5) *vt* to starch. ♦ **empesé, e** *adj col* starched; (*fig*) stiff, starchy.

empester [ɑ̃peste] (1) *vt odeur* to stink of, reek of; *pièce* to stink out (*de* with). ça empeste ici it stinks in here.

empêtrer (s') [ɑ̃petʀe] (1) *vpr*: s'~ dans *habits, explications* to get tangled up in; *affaire* to get (o.s.) mixed up in.

emphase [ɑ̃faz] *nf* pomposity. sans ~ simply. ♦ **emphatique** *adj* pompous; (*Ling*) emphatic.

empiéter [ɑ̃pjete] (6) *vi*: ~ sur (*lit, fig*) to encroach (up)on; *[terrain]* to overlap into; *attributions* to trespass on. ♦ **empiètement** *nm* encroachment (*sur* upon).

empiffrer (s') [ɑ̃pifʀe] (1) *vpr* to stuff o.s.* (*de* with), gorge o.s. (*de* on).

empiler [ɑ̃pile] (1) **1** *vt* to pile, stack. **2** s'~ *vpr* to be piled up (*sur* on). s'~ dans *véhicule* to squeeze into. ♦ **empilement** *nm* (*action*) piling, stacking; (*pile*) pile, stack.

empire [ɑ̃piʀ] *nm* (a) (*Pol*) empire. pas pour un ~! not for all the world! **(b)** (*emprise*) influence, authority. sous l'~ de colère in the grip of; *boisson* under the influence of; ~ sur soi-même self-control, self-command.

empirer [ɑ̃piʀe] (1) **1** *vi* to get worse, deteriorate. **2** *vt* to make worse.

empirique [ɑ̃piʀik] *adj* empirical. ♦ **empirisme** *nm* empiricism.

emplacement [ɑ̃plasmɑ̃] *nm* site, location. sur l'~ de on the site of.

emplâtre [ɑ̃platʀ(ə)] *nm* (*Méd*) plaster; (*Aut*) patch.

emplette† [ɑ̃plɛt] *nf* purchase. faire l'~ de to purchase; faire des ~s to do some shopping.

emplir [ɑ̃pliʀ] (2) **1** *vt verre, pièce* to fill (*de* with). **2** s'~ *vpr*: s'~ de to fill with.

employer [ɑ̃plwaje] (8) *vt* (*gén*) to use; *moyen, ouvrier* to employ; *temps* to spend (*à* qch, *à* faire qch doing sth). ~ toute son énergie à faire qch to apply *ou* devote all one's energies to doing sth; mal ~ to misuse; s'~ à faire qch/à qch to apply *ou* devote o.s. to doing sth/to sth. ♦ **emploi** *nm* (a) (*gén*) use; *[mot]* usage. je n'en ai pas l'~ I have no use for it; ~ du temps timetable, schedule. **(b)** (*poste*) job. l'~ employment; sans ~ unemployed, jobless. ♦ **employé, e** *nm,f* employee. ~ de bureau office worker, clerk; ~ des postes postal worker; l'~ du gaz the gas man; ~ de maison domestic employee; les ~s de cette firme the staff *ou* employees of this firm. ♦ **employeur, -euse** *nm,f* employer.

empocher* [ɑ̃pɔʃe] (1) *vt* to pocket.

empoigner [ɑ̃pwaɲe] (1) **1** *vt* to grasp, grab hold of. **2** s'~* *vpr* to have a row. ♦ **empoignade** *nf* row.

empoisonner [ɑ̃pwazɔne] (1) **1** *vt* (a) ~ qn *[assassin]* to poison sb; *[aliments]* to give sb food poisoning; (*fig*:*) *[contretemps]* to annoy sb; *[gêneur, travail]* to drive sb mad*. **(b)** *air* to make foul; *relations* to poison. **2** s'~ *vpr* (*lit*) to poison o.s.; (*intoxication*) to get food poisoning. (*fig*:*) to get bored. ♦ **empoisonnant, e*** *adj* annoying. **empoisonné, e** *adj flèche* poisoned; *paroles* poisonous. ♦ **empoisonnement** *nm* poisoning. (*: *ennui*) ~(s) bother. ♦ **empoisonneur, -euse** *nm,f* (*lit*) poisoner; (*fig*:*) bore.

emporté, e [ɑ̃pɔʀte] *adj* quick-tempered.

emportement [ɑ̃pɔʀtəmɑ̃] *nm* fit of anger, rage. avec ~ angrily.

emporte-pièce [ɑ̃pɔʀtəpjɛs] *nm inv* (*Tech*) punch. (*fig*) à l'~ incisive.

emporter [ɑ̃pɔʀte] (1) **1** *vt* (a) (*comme bagage*) to take; (*enlever*) to take away. si vous gagnez, vous pouvez l'~ (avec vous) if you win, you can take it away (with you); *plats chauds* à ~ take-away hot meals; il ne l'emportera pas en paradis! he'll soon be smiling on the other side of his face! **(b)** *[vent, train]* to carry along; *[colère, imagination]* to carry away. emporté par son élan carried along by his own momentum. **(c)** (*arracher*) *bras* to take off; *cheminée* to blow off; *pont* to wash away; (*euph: tuer*) *[maladie]* to carry off. la vague a emporté 3 passagers the wave swept 3 passengers overboard; (*fig*) plat qui emporte la bouche dish that takes the roof off your mouth*. **(d)** *prix* to carry off; (*Mil*) *position* to take, win. ~ la décision to carry *ou* win the day; l'~ (*sur*) *[personne]* to get the upper hand (of); *[méthode]* to prevail (over); l'~ sur son adversaire to get the better of one's opponent; l'~ sur qn en adresse to outmatch sb in skill. **2** s'~ *vpr* (a) (*de colère*) to lose one's temper (*contre* with). **(b)** *[cheval]* to bolt.

empoté, e* [ɑ̃pɔte] **1** *adj* awkward. **2** *nm,f* (*péj*) awkward lump*.

empourprer *vt*, s'~ *vpr* [ɑ̃puʀpʀe] (1) to turn crimson.

empreindre [ɑ̃pʀɛ̃dʀ(ə)] (52) *vt* (*littér*) to imprint. empreint de regret tinged with; *bonté* stamped with; *menaces* fraught with.

empreinte [ɑ̃pʀɛ̃t] *nf* (a) (*gén*) imprint, impression; *[animal]* track. ~ de pas footprint; ~s digitales fingerprints. **(b)** (*fig*) stamp.

empresser (s') [ɑ̃pʀese] (1) *vpr* (a) (*s'affairer*) to bustle about; (*péj*) to fuss about. s'~ auprès *ou* autour de qn to surround sb with attentions, fuss around sb. **(b)** (*se hâter*) s'~ de faire to hasten to do. ♦ **empressé, e** *adj serveur* attentive; *aide* willing; *admirateur* assiduous; *subordonné* overzealous. faire l'~ (*auprès d'une femme*) to fuss

around (a woman). ♦ **empressement** *nm* (a)
(*zèle*) attentiveness; willingness; assiduity;
overzealousness. (b) (*hâte*) eagerness. **il mon-
trait peu d'~ à ...** he showed little desire to ... .
emprise [ɑ̃pʀiz] *nf* hold, ascendancy (*sur* over).
sous l'~ de under the influence of.
emprisonner [ɑ̃pʀizɔne] (1) *vt* (*prison*) to
imprison; (*chambre*) to shut up; [*vêtement*] to
confine; [*doctrine, routine*] to trap.
♦ **emprisonnement** *nm* imprisonment. **10 ans
d'~** 10 years in prison.
emprunter [ɑ̃pʀœ̃te] (1) *vt argent, idée* to borrow
(*à* from); *chaleur* to derive (*à* from); *nom, autorité* to assume, take on; *style* to use, adopt; *route*
to take; *itinéraire* to follow. ♦ **emprunt** *nm*
(*action*) borrowing; (*somme*) loan; (*Ling: mot*)
borrowing. (*Fin*) **faire un ~ (d'un million)** to raise
a loan (of a million); **d'~** *nom, autorité* assumed;
matériel borrowed. ♦ **emprunté, e** *adj air, personne* ill-at-ease, awkward; *gloire, éclat* sham,
feigned. ♦ **emprunteur, -euse** *nm,f* borrower.
empuantir [ɑ̃pɥɑ̃tiʀ] (2) *vt* to stink out (*de*
with).
ému, e [emy] *adj* (*compassion, gratitude*) moved,
touched; (*joie*) excited; (*timidité, peur*) nervous,
agitated; *air* filled with emotion; *voix* emotional;
souvenirs tender. **encore tout ~, il la remercia**
still quite overcome he thanked her.
émulation [emylasjɔ̃] *nf* emulation. ♦ **émule** *nmf*
(*littér*) imitator; (*égal*) equal.
émulsion [emylsjɔ̃] *nf* emulsion.
en[1] [ɑ̃] *prép* (a) (*lieu*) in; (*direction*) to. **vivre ~
France** to live in France; **aller ~ Angleterre** to go
to England; **de ville ~ ville** from town to town; **il
voyage ~ Grèce** he's travelling around Greece;
aller ~ ville to go (in)to town. (b) (*date*) in. **~
semaine** in *ou* during the week; **de jour ~ jour**
from day to day, daily. (c) (*moyen de transport*)
by. **~ taxi** by taxi; **aller à Londres ~ avion** to fly to
London; **ils y sont allés ~ voiture** they went by
car *ou* in a car, they drove there. (d) (*état, manière*) in, on. **~ sang** covered in *ou* with blood;
partir ~ vacances to go on holiday; **~ flammes** on
fire, in flames; **être ~ noir** to be dressed in black,
be wearing black; **elle était ~ bigoudis** she was in
her rollers; **~ guerre** at war; **carte ~ couleur** coloured postcard; **~ groupe/cercle** in a group/
circle. (e) (*transformation*) **traduire, changer etc**
into. **se déguiser ~** to dress up as; **casser ~
deux/en deux morceaux** to cut in two/into two
pieces. (f) (*variante*) in. **la même valise ~ plus
grand** the same suitcase in a bigger size. (g)
(*conformité*) as. **~ tant qu'ami** as a friend; **agir ~
tyran** to act like a tyrant; **~ bon commerçant
(qu'il est)** good tradesman that he is; **donné ~
cadeau** given as a present. (h) (*composition*)
made of; (*présentation*) in. **c'est ~ or** it is made of
gold; **une bague ~ or** a gold ring; **c'est ~ quoi?***
what's it made of?; **~ 6 volumes** in 6 volumes;
écrit ~ prose written in prose. (i) (*matière*) in, at,
of. **~ musique** in music; **bon ~ géographie** good
at geography; **docteur ~ droit** doctor of law. (j)
(*mesure*) in. **compter ~ francs** to count in francs;
~ long lengthwise; **~ hauteur** in height. (k) (*avec
gérondif*) **monter/entrer ~ courant** to run up/in;
endormir un enfant ~ le berçant to rock a child to
sleep; **faire obéir qn ~ le punissant** to make sb
obey by punishing him; **se couper ~ ouvrant qch**
to cut o.s. opening sth; **il a fait une folie ~
achetant cette bague** it was very extravagant of
him to buy this ring; **aller jusqu'à la poste ~ se
promenant** to go for a walk as far as the post
office; **~ apprenant la nouvelle** when he heard
the news, on hearing the news; **il a buté ~ montant dans l'autobus** he tripped getting into *ou* as
he got into the bus; **il s'est endormi ~ lisant le
journal** he fell asleep while reading the newspaper; **fermez la porte ~ sortant** shut the door as

you go out; **il est sorti ~ haussant les épaules** he
left with a shrug of his shoulders.
en[2] [ɑ̃] *pron* (a) (*lieu*) **il ~ revient** he's just come
back (from there); **le bénéfice qu'il ~ a tiré** the
profit he got out of it *ou* from it; **où ~ sommes-
nous?** where are we now? (b) (*agent etc*) **il saisit
sa canne et l'~ frappa** he seized his stick and
struck him with it; **~ mourir** (*maladie*) to die of
it; (*blessure*) to die because of it *ou* as a result of
it; **elle ~ est aimée** she is loved by him. (c)
(*complément de vb, d'adj, de n*) **qu'est-ce que tu
~ feras?** what will you do with it (*ou* them)?; **je
t'~ donne/offre 10 F** I'll give/offer you 10 francs
for it. (d) (*quantitatif, indéf*) of it, of them (*souvent omis*). **si vous aimez les pommes, prenez-~
plusieurs** if you like apples, take several; **il n'y ~
a pas beaucoup** there isn't much (of it); **si j'~
avais** if I had any; **il n'y ~ a plus** there isn't (*ou*
aren't) any left, there's (*ou* there are) none left;
j'~ ai assez I've had enough (of it); **il ~ aime une
autre** he loves somebody else. (e) (*renforcement*)
non traduit. **il s'~ souviendra de cette réception**
he'll certainly remember that party. (f) (*locutions verbales*) *non traduit*. **il ~ est à penser que**
he has come to think that; **ne vous ~ faites pas**
don't worry, never mind; **il ~ va de même pour**
the same goes for.
encadrer [ɑ̃kadʀe] (1) *vt tableau* to frame; *visage,
plaine* to frame, surround; *étudiants, recrues* to
train; *prisonnier* to surround; (*par 2 personnes*) to
flank. **je ne peux pas l'~!*** I can't stand him*.
♦ **encadrement** *nm* (a) framing; training. **personnel d'~** (*Admin*) executive staff. (b) (*embrasure, cadre*) frame. **dans l'~ de la porte** in the
doorway.
encaisser [ɑ̃kese] (1) *vt* (a) *argent* to collect,
receive; *chèque* to cash. (b) (*) *coups, défaite* to
take. **qu'est-ce qu'il a encaissé!** what a hammering he got!* (c) (t) **je ne peux pas l'~** *personne* I
can't stand him*; *décision* I can't take it*.
♦ **encaissé, e** *adj vallée* deep; *route* hemmed in
by steep hills. ♦ **encaissement** *nm* (*Fin*) collection; receipt; cashing; [*vallée*] depth.
♦ **encaisseur** *nm* collector (*of debts etc*).
en-cas [ɑ̃ka] *nm* (*nourriture*) snack.
encastrer [ɑ̃kastʀe] (1) **1** *vt* (*dans mur*) to embed
(*dans* in); (*dans boîtier*) to fit (*dans* into). **2 s'~**
vpr [*pièces*] to fit (*dans* into).
encaustique [ɑ̃kɔstik] *nf* polish. ♦ **encaustiquer**
(1) *vt* to polish.
enceindre [ɑ̃sɛ̃dʀ(ə)] (52) *vt* to encircle, surround.
enceinte[1] [ɑ̃sɛ̃t] *adj f* pregnant (*de qn* by sb). **~ de
5 mois** 5 months pregnant.
enceinte[2] [ɑ̃sɛ̃t] *nf* (a) (*mur*) wall; (*palissade*)
enclosure, fence. **mur d'~** surrounding wall. (b)
(*espace clos*) enclosure; [*couvent*] precinct. **dans
l'~ de la ville** inside the town. (c) **~ (acoustique)**
loudspeaker.
encens [ɑ̃sɑ̃] *nm* incense. ♦ **encenser** (1) *vt* to
incense; (*fig*) to heap praise upon. ♦ **encensoir**
nm censer.
encercler [ɑ̃sɛʀkle] (1) *vt* to surround.
♦ **encerclement** *nm* surrounding.
enchaîner [ɑ̃ʃene] (1) **1** *vt* (a) *prisonnier* to chain
up (*à* to); (*fig*) *peuple* to enslave; *presse* to
muzzle; [*secret, sentiment*] to bind. (b) *faits,
épisodes* to link together. **2** *vi* to go on, continue;
(*Ciné, Théât*) to move on. **3 s'~** *vpr* to be linked
(together). ♦ **enchaînement** *nm* (*liaison*) linking;
(*Danse*) enchaînement. (*série*) **~ de circonstances** series *ou* string of.
enchanter [ɑ̃ʃɑ̃te] (1) *vt* (*ensorceler*) to enchant,
bewitch; (*ravir*) to enchant, delight. ♦ **enchanté,
e** *adj* (a) (*ravi*) enchanted (*de* by), delighted (*de*
with). **~ (de vous connaître)** pleased to meet you.
(b) (*magique*) enchanted. ♦ **enchantement** *nm*
(*magie*) enchantment; (*ravissement*) delight,
enchantment. **comme par ~** as if by magic.

♦ **enchanteur, -teresse 1** *adj* enchanting. **2** *nm* (*sorcier*) enchanter; (*fig*) charmer. **3** *nf* enchantress.

enchère [ãʃɛʀ] *nf* (a) (*Comm, Cartes: offre*) bid. **les ~s** the bidding. (b) (*vente*) **mettre aux ~s** to put up for auction; **vendu aux ~s** sold by auction.

enchérir [ãʃeʀiʀ] (2) *vi* (*Comm*) to make a higher bid. (*fig*) **~ sur** to go further than.

enchevêtrer [ãʃ(ə)vetʀe] (1) **1** *vt* **ficelle** to tangle (up); **idées, intrigue** to confuse, muddle. **2** **s'~** *vpr* *[ficelles]* to become entangled; *[situations]* to become confused *ou* muddled. **s'~ dans explications** to get tangled up in. ♦ **enchevêtrement** *nm* *[ficelles]* (*action*) entanglement; (*résultat*) tangle; *[idées, situation]* confusion, muddle.

enclave [ãklav] *nf* (*lit, fig*) enclave. ♦ **enclavement** *nm* (*action*) enclosing; (*résultat*) enclosed situation. ♦ **enclaver** (1) *vt* to enclose.

enclencher [ãklãʃe] (1) *vt* **mécanisme** to engage; *affaire* to set in motion, get under way.

enclin, e [ãklɛ̃, in] *adj*: **~ à qch/à faire qch** inclined *ou* prone to sth/to do sth.

enclore [ãklɔʀ] (45) *vt* to enclose, shut in. ♦ **enclos** *nm* (*gén*) enclosure; *[chevaux]* paddock; *[moutons]* fold.

enclume [ãklym] *nf* anvil.

encoche [ãkɔʃ] *nf* notch (*à* in).

encoignure [ãkɔɲyʀ] *nf* corner.

encoller [ãkɔle] (1) *vt* **papier** to paste; (*colle forte*) to glue.

encolure [ãkɔlyʀ] *nf* (*cou*) neck; (*mesure*) collar size.

encombrer [ãkɔ̃bʀe] (1) **1** *vt* **pièce, mémoire** to clutter (up); *couloir* to obstruct; *profession* to saturate; (*Téléc*) *lignes* to block; (*Comm*) **marché** to glut. **ces boîtes m'encombrent** (*je les porte*) I'm loaded down with these boxes; (*elles gênent*) these boxes are in my way. **2** **s'~** *vpr*: **s'~ de paquets** to load o.s. with; *enfants* to burden o.s. with; **il ne s'encombre pas de scrupules** he's not overburdened with scruples. ♦ **encombrant, e** *adj* **paquet** cumbersome, bulky; *présence* burdensome. ♦ **encombre** *nm*: **sans ~** without mishap *ou* incident. ♦ **encombrement** *nm* (a) (*gén*) congestion; (*Aut*) traffic jam. **à cause de l'~ des lignes téléphoniques** because of the telephone lines being blocked. (b) (*volume*) bulk.

encontre [ãkɔ̃tʀ(ə)] *prép*: **à l'~ de** (*contre*) against; (*au contraire de*) contrary to; **aller à l'~ de** *[décision]* to go against.

encore [ãkɔʀ] *adv* (a) (*toujours*) still. **il n'est ~ que caporal** he's only a corporal as yet, he's still only a corporal; **le malfaiteur court ~** the criminal is still at large. (b) **pas ~** not yet; **il n'est pas ~ prêt** he's not ready yet; **ça ne s'était ~ jamais vu** that had never been seen before. (c) (*pas plus tard que*) only. **ce matin ~** only this morning. (d) (*de nouveau*) again. **ça s'est ~ défait** it has come undone (yet) again *ou* once more; **~ vous!** (not) you again! (e) (*de plus*) more. **~ un rhume** (yet) another cold; **~ un peu de thé?** a little more tea?, more tea?; **j'en veux ~** I want some more; **que te faut-il ~?** what else *or* more do you want?; **pendant ~ 2 jours** for another 2 days, for 2 more days; **mais ~?** is that all?, what else? (f) (*avec comp*) even, still. **il fait ~ plus froid qu'hier** it's even *ou* still colder than yesterday; **~ pire** even *ou* still worse; **~ autant** as much again. (g) (*aussi*) too, also, as well. (h) (*restriction*) **~ ne sait-il pas tout** even then he doesn't know everything; **~ faut-il le faire** you still have to do it; **~ heureux qu'il ne se soit pas plaint** (still) at least he didn't complain; **c'est passable, et ~!** it'll do, but only just!; **si ~** if only. (i) (*littér*) **~ que** even though.

encourager [ãkuʀaʒe] (3) *vt* (*gén*) to encourage. **~ qn à l'effort** to encourage sb to make an

effort. ♦ **encourageant, e** *adj* encouraging. ♦ **encouragement** *nm* encouragement.

encourir [ãkuʀiʀ] (11) *vt* **frais** to incur; *punition* to bring upon o.s.

encrasser (s') [ãkʀase] (1) *vpr* *[arme]* to foul up; *[cheminée, bougie]* to soot up; *[poêle, piston]* to clog up. ♦ **encrassement** *nm* fouling up; sooting up; clogging up.

encre [ãkʀ(ə)] *nf* ink. **écrire à l'~** to write in ink; **~ de Chine** Indian ink. ♦ **encrier** *nm* inkwell.

encroûter (s')* [ãkʀute] (1) *vpr* *[personne]* to stagnate, get into a rut. **s'~ dans préjugés** to become entrenched in.

encyclique [ãsiklik] *adj, nf*: (**lettre**) **~** encyclical.

encyclopédie [ãsiklɔpedi] *nf* encyclopaedia. ♦ **encyclopédique** *adj* encyclopaedic.

endémique [ãdemik] *adj* (*Méd, fig*) endemic.

endetter *vt*, **s'~** *vpr* [ãdete] (1) to get into debt. ♦ **endetté, e** *adj* (*lit*) in debt. (*fig*) **~ envers qn** indebted to sb. ♦ **endettement** *nm* (*action*) getting into debt; (*dettes*) debts.

endeuiller [ãdœje] (1) *vt* to plunge into mourning; *épreuve sportive* to cast a tragic shadow over.

endiablé, e [ãdjable] *adj* furious, wild.

endiguer [ãdige] (1) *vt* **fleuve** to dyke up; *révolte, invasion* to hold back, contain; *progrès* to check, hold back.

endimanché, e [ãdimãʃe] *adj* in one's Sunday best.

endive [ãdiv] *nf*: **~(s)** chicory.

endoctriner [ãdɔktʀine] (1) *vt* to indoctrinate. ♦ **endoctrinement** *nm* indoctrination.

endolori, e [ãdɔlɔʀi] *adj* painful, aching.

endommager [ãdɔmaʒe] (3) *vt* to damage. ♦ **endommagement** *nm* damaging.

endormir [ãdɔʀmiʀ] (16) **1** *vt* (a) (*lit, fig*) **personne** to send to sleep. (b) **douleur** to deaden; *soupçons* to allay, lull. (c) (*tromper*) to beguile. **se laisser ~ par des promesses** to let o.s. be beguiled by promises. **2** **s'~** *vpr* (a) to go to sleep, fall asleep; (*euph: mourir*) to pass away. (*fig*) **ce n'est pas le moment de nous ~** we can't afford to slow down now; **s'~ sur ses lauriers** to rest on one's laurels. (b) *[ville]* to fall asleep; *[douleur]* to die down; *[facultés]* to go to sleep. ♦ **endormant, e** *adj* deadly boring. ♦ **endormi, e** *adj* (*lit*) sleeping, asleep; (**: apathique*) sluggish; (*engourdi*) numb; *passion, facultés* dormant; *ville, rue* sleepy, drowsy. **à moitié ~** half asleep; **quel ~*** what a sleepyhead.

endosser [ãdose] (1) *vt* **vêtement** to put on; **responsabilité** to take, shoulder (*de* for); (*Comm, Fin*) to endorse. ♦ **endossement** *nm* endorsement.

endroit [ãdʀwa] *nm* (a) (*gén*) place; *[récit]* passage, part. **un ~ idéal pour le pique-nique** an ideal spot *ou* place for a picnic; **les gens de l'~** the local people; **il arrêta sa lecture à cet ~** he stopped reading at that point; **à quel ~?** whereabouts?, where exactly?; **par ~s** in places; **à l'~ de** (*à l'égard de*) regarding, with regard to. (b) (*bon côté*) right side. **à l'~ vêtement** the right way out; *objet posé* the right way round; **remets tes chaussettes à l'~** turn your socks right side out; **une maille à l'~, une maille à l'envers** knit one, purl one.

enduire [ãdɥiʀ] (38) *vt* to coat (*de* with). ♦ **enduit** *nm* coating.

endurance [ãdyʀãs] *nf* endurance. ♦ **endurant, e** *adj* (*fort*) tough, hardy; (*patient*) patient.

endurcir [ãdyʀsiʀ] (2) **1** *vt* **corps** to toughen; *âme* to harden. **2** **s'~** *vpr* to become tough; to become hardened. ♦ **endurci, e** *adj* **criminel** hardened; *célibataire* confirmed. ♦ **endurcissement** *nm* (*action*) becoming tough; becoming hardened; (*état*) toughness; hardness. **~ à la douleur** being hardened to pain.

endurer [ãdyʀe] (1) *vt* to endure, bear.

énergétique [enɛʀʒetik] *adj ressources* energy; *aliment* energy-giving.

énergie [enɛʀʒi] *nf* **(a)** *(physique)* energy; *(morale)* spirit. **avec toute son** ~ with all one's energy; **être sans** ~ to feel unenergetic, be lacking in energy. **(b)** *(Phys)* energy; *(Tech)* power. **réaction qui libère de l'**~ reaction that releases energy; **consommation d'**~ power consumption. ♦ **énergique** *adj (physiquement)* energetic; *(moralement)* spirited; *résistance, ton, refus* forceful, vigorous; *remède* powerful; *mesures* drastic; *punition* severe. ♦ **énergiquement** *adv* energetically; spiritedly; forcefully; vigorously; powerfully; drastically; severely.

énergumène [enɛʀgymɛn] *nmf* rowdy character.

énerver [enɛʀve] (1) **1** *vt*: ~ **qn** *(agiter)* to set sb's nerves on edge; *(agacer)* to irritate sb, annoy sb, get on sb's nerves. **2** **s'**~ *vpr* to get worked up. ♦ **énervant, e** *adj* irritating, annoying. ♦ **énervé, e** *adj (agacé)* irritated, annoyed; *(agité)* nervous. ♦ **énervement** *nm* irritation, annoyance; nervousness.

enfant [ãfã] **1** *nmf (gén)* child; *(garçon)* (little) boy; *(fille)* (little) girl. **quand il était** ~ when he was a child; **c'est un grand** ~ he's such a child; **il est resté très** ~ he has stayed very childlike; **faire l'**~ to behave childishly; **sans** ~ childless; *(fig)* **ce livre est son** ~ this book is his baby; **c'est un** ~ **du pays** he's a native of these parts; (*: personnes)* **les** ~**s!** folks!* **2:** ~ **de chœur** altar boy; *(ingénu)* innocent; **ce n'est pas un** ~ **de chœur!*** he's no angel; ~ **prodige** child prodigy; ~ **prodigue** prodigal son; ~ **trouvé** foundling; ~ **unique** only child. ♦ **enfance** *nf (jeunesse)* childhood; *[garçon]* boyhood; *[fille]* girlhood; *(petite enfance)* infancy; *(fig: début)* infancy. **c'est l'**~ **de l'art** it's child's play; *(enfants)* ~ **déshéritée** deprived children.

enfanter [ãfãte] (1) **1** *vt* (†, *Bible)* to bring forth†. **2** *vi* to give birth. ♦ **enfantement** *nm* (†, *Bible)* childbirth; *[œuvre]* giving birth (*de* to).

enfantillage [ãfãtijaʒ] *nm (conduite)* childishness. **se livrer à des** ~**s** to behave childishly.

enfantin, e [ãfãtɛ̃, in] *adj* childlike; *(puéril)* childish. *(facile)* **c'est** ~ it's simple, it's child's play; **rire/jeu** ~ child's laugh/game.

enfer [ãfɛʀ] *nm (lit, fig)* hell. *(Myth)* **les** ~**s** Hell; **l'**~ **est pavé de bonnes intentions** the road to hell is paved with good intentions; **l'**~ **de la guerre** the purgatory of war; **bruit/vision d'**~ hellish *ou* infernal noise/vision; **feu d'**~ raging fire; **rouler à un train d'**~ to go hell for leather *ou* flat out.

enfermer [ãfɛʀme] (1) **1** *vt (gén)* to shut up; *(à clef)* to lock up *(dans* in); *(dans conventions)* to imprison, confine *(dans* within); *(dans un dilemme)* to trap *(dans* in). **il est bon à** ~ **(à l'asile)*** he ought to be locked up; *(littér)* **les collines qui enfermaient le vallon** the hills that enclosed the valley. **2** **s'**~ *vpr (lit)* to shut o.s. up *ou* in. **s'**~ **à clef** to lock o.s. away *ou* in; **s'**~ **dans** *mutisme* to retreat into; *rôle* to stick to.

enferrer (s') [ãfɛʀe] (1) *vpr* to tie o.s. in knots. **s'**~ **dans** *contradictions* to get embroiled in, get tangled up in.

enfiévrer [ãfjevʀe] (6) *vt imagination* to fire; *esprits* to rouse. ♦ **enfiévré, e** *adj* feverish.

enfilade [ãfilad] *nf*: **une** ~ **de maisons** a row *ou* string of; **prendre en** ~ *(Mil)* to rake, enfilade.

enfiler [ãfile] (1) **1** *vt aiguille, perles* to thread; *rue* to take; (*)* *vêtement* to slip on. ~ **qch sur une tringle** to slip sth onto a rod; (*: *fourrer)* ~ **un objet dans** to stick* an object into. **2** **s'**~ *vpr* **(a)** **s'**~ **dans** *couloir* to disappear into. **(b)** (:) *nourriture* to down; *corvée* to get landed with*.

enfin [ãfɛ̃] *adv* **(a)** *(à la fin)* at last, finally. **il y est** ~ **arrivé** he has at last *ou* finally succeeded; ~ **seuls!** alone at last! **(b)** *(en dernier lieu)* lastly,

finally. ~ **et surtout** and last but not least. **(c)** *(en conclusion)* ~ **(bref)** in short, in a word. **(d)** *(restrictif)* well. ~, **dans un sens, oui** well – in a way, yes; **mais** ~ **but; car** ~ because. **(e)** *(somme toute)* after all. **c'est un élève qui,** ~, **n'est pas bête** this pupil is not stupid, after all. **(f)** *(toutefois)* still. ~, **si ça vous plaît prenez-le** still, if you like it take it. **(g)** *(exclamatif)* ~! **que veux-tu y faire!** still, what can you do!; ~, **tu aurais pu le faire!** all the same *ou* even so, you could have done it!; **(mais)** ~! **je viens de te le dire!** but I've just TOLD you!; ~! **un grand garçon comme toi!** come now, a big boy like you!

enflammer [ãflame] (1) **1** *vt bois* to set on fire, set fire to; *allumette* to strike; *ciel* to set ablaze; *colère, désir* to inflame; *imagination* to fire. **2** **s'**~ *vpr [bois]* to catch fire; *[visage]* to blaze; *[désir]* to flare up; *[imagination]* to be fired; *[orateur]* to become impassioned. **s'**~ **(de colère)** to flare up (in anger). ♦ **enflammé, e** *adj allumette* burning; *torche, ciel* blazing; *caractère, paroles* fiery, passionate; *déclaration* impassioned; *plaie* inflamed.

enfler [ãfle] (1) **1** *vt membre, fleuve* to cause to swell; *(littér) voiles* to swell. **se faire** ~ **de 10 F*** to be done out of 10 francs*. **2** *vi [membre]* to become swollen, swell (up); *(grossir)* to fill out. **3** **s'**~ *vpr [voix]* to rise; *[son, fleuve, voiles]* to swell. ♦ **enflé, e** *nm,f* (:) *imbécile)* twit*, clot*. ♦ **enflure** *nf (Méd)* swelling; (:) *imbécile)* twit*, clot*.

enfoncer [ãfɔ̃se] (3) **1** *vt* **(a)** *pieu* to drive in; *punaise* to stick in, push in. ~ **un couteau dans** to plunge a knife into; ~ **qch à coups de marteau** to hammer sth in. **(b)** *(mettre)* ~ **les mains dans ses poches** to thrust one's hands into one's pockets; ~ **son chapeau jusqu'aux yeux** to pull one's hat down over one's eyes; **qui a bien pu lui** ~ **ça dans la crâne?** who on earth put that into his head?; ~ **qn dans la misère** to plunge sb into poverty. **(c)** *porte* to break down; *véhicule* to smash in; *(fig)* *ennemi* to break through. *(fig)* ~ **une porte ouverte** to labour an obvious point. **(d)** (*)* *(battre)* to beat hollow*; *(surpasser)* to lick*. **2** *vi (pénétrer)* to sink in; *(céder)* to give way, cave in. **3** **s'**~ *vpr* **(a)** *(gén)* to sink *(dans* in, into). **s'**~ **dans** *forêt* to disappear into; *vice* to plunge into; **s'**~ **sous les édredons*** to snuggle down under the eiderdown; **il s'est enfoncé jusqu'au cou dans une sale histoire** he's up to his neck in a nasty bit of business; **à mentir, tu ne fais que t'**~ **davantage** by lying, you're just getting yourself into deeper and deeper water. **(b)** *(céder)* to give way. **(c)** **s'**~ **une arête dans la gorge** to get a bone stuck in one's throat; **s'**~ **une aiguille dans la main** to stick a needle into one's hand; **enfoncez-vous bien ça dans le crâne*** now get this into your head*. ♦ **enfoncé, e** *adj yeux* deep-set; *côtes* broken; *recoin* deep. **la tête** ~**e dans les épaules** with his head sunk between his shoulders. ♦ **enfoncement** *nm* **(a)** *(action)* driving in; breaking down; breaking through; giving way; sinking. **avoir un** ~ **de la cage thoracique** to have broken ribs. **(b)** *(recoin)* recess, nook.

enfouir [ãfwiʀ] (2) **1** *vt* to bury *(dans* in). **2** **s'**~ *vpr*: **s'**~ **dans/sous** to bury o.s. in/under. ♦ **enfouissement** *nm* burying.

enfourcher [ãfuʀʃe] (1) *vt* to mount. *(fig)* ~ **son dada** to get on one's hobby-horse.

enfourner [ãfuʀne] (1) *vt* to put in the oven; (*: *avaler)* to down. (*: *enfoncer)* ~ **qch dans** to stuff sth into.

enfreindre [ãfʀɛ̃dʀ(ə)] (52) *vt* to infringe.

enfuir (s') [ãfɥiʀ] (17) *vpr* to run away *(chez, dans* to); *(s'échapper)* to run away, escape *(de* from); *(littér) [temps]* to fly.

enfumer [ãfyme] (1) *vt pièce* to fill with smoke; *ruche* to smoke out. **pièce enfumée** smoky room.

engagé, e [ɑ̃gaʒe] **1** adj écrivain committed. (Pol) non ~ uncommitted. **2** nm (soldat) enlisted man; (coureur) competitor; (cheval) runner. ~ volontaire volunteer.

engageant, e [ɑ̃gaʒɑ̃, ɑ̃t] adj mine, proposition attractive; air, sourire engaging, winning; gâteau inviting.

engagement [ɑ̃gaʒmɑ̃] nm (a) (promesse) agreement, promise. sans ~ de votre part without obligation on your part; prendre l'~ de to undertake to. (b) (Théât: contrat) engagement. (c) (embauche) taking on, engaging. (d) [capitaux] investing; [dépenses] incurring. ~s financiers financial commitments ou liabilities. (e) [débat, négociations] start. (f) (Sport) (inscription) entry; (coup d'envoi) kick-off; (Boxe) attack; (Escrime) engagement. (g) (Mil) [recrues] enlistment; [combat, troupes fraîches] engaging. tué dans un ~ killed in an engagement. (h) (Littérat, Pol) commitment. politique de non ~ policy of non-commitment. (i) (mise en gage) pawning. (j) (encouragement) encouragement. (k) (introduction) [clef] insertion; [voiture] entry.

engager [ɑ̃gaʒe] (3) **1** vt (a) [promesse] to bind. ça n'engage à rien it doesn't commit you to anything; ~ sa parole to give one's word. (b) ouvrier to take on, engage; artiste to engage. (c) (entraîner) to involve (dans in). (d) (encourager) ~ qn à faire qch to urge sb to do sth. (e) (introduire) to insert (dans in(to)). ~ sa voiture dans une ruelle to drive (one's car) into a lane. (f) discussion to start (up); négociations to enter into; (Jur) poursuites to institute (contre against). (g) (mettre en gage) to pawn; (investir) to invest. (h) (Sport) concurrents to enter. la partie est bien engagée the match is well under way. (i) (Mil) recrues to enlist; troupes fraîches to throw in, engage. ~ le combat contre l'ennemi to engage the enemy.

2 s'~ vpr (a) (promettre) to commit o.s. s'~ à faire to undertake to do. (b) (s'embaucher) to take a job (chez with). (c) s'~ dans frais to incur; discussion to enter into; affaire to become involved in; le pays s'engage dans une politique dangereuse the country is embarking on a dangerous policy. (d) s'~ dans [mécanisme] to fit into; [véhicule] to turn into; s'~ sur la chaussée to step onto the road. (e) [pourparlers] to start, get under way. (f) (Sport) to enter (dans for). (g) (Mil) [recrues] to enlist. s'~ dans l'armée de l'air to join the air force; le combat s'engagea the fight began.

engelure [ɑ̃ʒlyR] nf chilblain.

engendrer [ɑ̃ʒɑ̃dRe] (1) vt (littér) enfant to father; (Ling, Math, Phys) to generate; malheurs to breed.

engin [ɑ̃ʒɛ̃] nm (machine) machine; (outil) instrument; (Aut) large vehicle; (Aviat) aircraft; (*: truc) contraption, gadget. ~ balistique ballistic missile; ~ explosif explosive device.

englober [ɑ̃globe] (1) vt to include (dans in).

engloutir [ɑ̃glutiR] (2) **1** vt nourriture to gobble up, gulp down; navire to engulf; fortune to devour. **2** s'~ vpr [navire] to be engulfed. ♦ engloutissement nm gobbling up; engulfing; devouring.

engoncer [ɑ̃gɔ̃se] (3) vt (gén ptp) to cramp.

engorger [ɑ̃gɔRʒe] (3) vt tuyau to block; (Comm) to glut. ♦ engorgement nm blocking; glut.

engouer (s') [ɑ̃gwe] (1) vpr: s'~ de qch to develop a passion for sth; s'~ de qn to become infatuated with sb. ♦ engouement nm infatuation; passion (pour for).

engouffrer [ɑ̃gufRe] (1) **1** vt charbon to shoot (dans into); (*) fortune to devour; (*) nourriture to gobble up; navire to swallow up, engulf. **2** s'~ vpr (gén) to rush.

engourdir [ɑ̃guRdiR] (2) **1** vt membres to numb; esprit, douleur to dull; [chaleur] to make sleepy

ou drowsy. **2** s'~ vpr to go numb; to grow dull. ♦ engourdissement nm (a) (état) numbness; sleepiness, drowsiness; dullness. (b) (action) numbing; dulling.

engrais [ɑ̃gRɛ] nm (chimique) fertilizer; (animal) manure. mettre à l'~ to fatten up.

engraisser [ɑ̃gRese] (1) **1** vt volailles to cram; bétail to fatten (up); terre to manure, fertilize; (*) personne to fatten up. **2** vi (*) to put on weight. ♦ engraissement nm fattening up; cramming.

engrenage [ɑ̃gRənaʒ] nm gearing; (fig) chain. être pris dans l'~ to get caught up in the system.

engueuler‡ [ɑ̃gœle] (1) **1** vt: ~ qn to bawl sb out*; se faire ~ to get bawled out*. **2** s'~ vpr to have a row (avec with). ♦ engueulade‡ nf (dispute) row; (réprimande) bawling out*.

enguirlander* [ɑ̃giRlɑ̃de] (1) vt: ~ qn to give sb a telling-off.

enhardir [ɑ̃aRdiR] (2) **1** vt to make bolder. **2** s'~ vpr to get bolder.

énigme [enigm(ə)] nf (mystère) enigma, riddle; (jeu) riddle, puzzle. ♦ énigmatique adj enigmatic. ♦ énigmatiquement adv enigmatically.

enivrer [ɑ̃nivRe] (1) **1** vt to intoxicate. **2** s'~ vpr to get drunk (de on), become intoxicated (de with). ♦ enivrant, e adj intoxicating. ♦ enivrement nm intoxication.

enjamber [ɑ̃ʒɑ̃be] (1) vt obstacle to stride ou step over; fossé to step ou stride across; [pont] to span, stretch across. (s'asseoir) ~ qch to sit down astride sth. ♦ enjambée nf stride.

enjeu, pl ~x [ɑ̃ʒø] nm [pari, guerre] stake, stakes (de in). quel est l'~? what is at stake?

enjoindre [ɑ̃ʒwɛ̃dR(ə)] (49) vt: ~ à qn de faire to enjoin sb to do.

enjôler [ɑ̃ʒole] (1) vt: ~ qn to get round sb; ~ qn pour obtenir qch to coax ou wheedle sb into giving sth. ♦ enjôleur, -euse **1** adj coaxing, wheedling. **2** nm,f (charmeur) coaxer, wheedler.

enjoliver [ɑ̃ʒolive] (1) vt objet to embellish; récit to embroider. ♦ enjoliveur nm (Aut) hub cap.

enjoué, e [ɑ̃ʒwe] adj cheerful. ♦ enjouement nm cheerfulness.

enlacer [ɑ̃lase] (3) **1** vt (étreindre) to clasp, hug; (enchevêtrer) to intertwine; (s'enrouler autour) to wind round, entwine. **2** s'~ vpr to hug ou clasp each other; to intertwine. s'~ autour de to twine ou wind round. ♦ enlacement nm (étreinte) embrace; (enchevêtrement) intertwining.

enlaidir [ɑ̃lediR] (2) **1** vt to make ugly. **2** vi to become ugly.

enlever [ɑ̃lve] (5) **1** vt (a) (gén) to remove; étiquette, vêtement to take off; tache to take out; (en brossant ou lavant etc) to brush ou wash etc off; lustre to take down. ~ le couvert to clear the table; enlève tes coudes de la table take your elbows off the table. (b) craintes, scrupules to allay; doutes to dispel. ~ à qn courage to rob sb of; espoir to deprive sb of; commandement to relieve sb of; on lui a enlevé la garde de l'enfant the child was taken from his care; ça lui enlèvera le goût de recommencer that'll cure him of trying that again; ça n'enlève rien à son mérite that doesn't detract from his worth. (c) (emporter) objet to take away, remove; ordures to collect. faire ~ qch to have sth taken away; enlevé par un mal foudroyant borne off by a sudden illness; la mort nous l'a enlevé death has taken him from us. (d) (kidnapper) to kidnap, abduct. se faire ~ par son amant to elope with one's lover. (e) victoire to win; (Mil) position to capture, take. ~ la décision to carry the day; ~ une affaire (tractation) to pull off a deal; (commande) to get an order; (marchandise) to carry off a bargain; ça a été vite enlevé (marchandise) it sold quickly; (*: travail) it was done in no time.

2 s'~ vpr [tache] to come off; [peinture, écorce] to peel off, come off. enlève-toi de là* mind out of

the way!; **ça s'enlève comme des petits pains*** it's selling like hot cakes*.
♦ **enlevé, e** *adj récit* spirited; *musique* executed with spirit. ♦ **enlèvement** *nm [personne]* kidnapping, abduction; *[objet]* taking away; *[ordures, bagages]* collection; *(Mil) [position]* capture; *[organe]* removal.

enliser [ɑ̃lize] (1) 1 *vt:* ~ **sa voiture** to get one's car stuck in the mud *(ou* sand *etc).* 2 **s'~** *vpr* to sink *(dans* into); *(dans les détails)* to get bogged down *(dans* in). ♦ **enlisement** *nm* sinking.

enneigé, e [ɑ̃neʒe] *adj* montagne snow-covered; route blocked by snow, snowed up.
♦ **enneigement** *nm* depth of snow. **bulletin d'~** snow report.

ennemi, e [ɛnmi] 1 *adj (Mil)* enemy; *(hostile)* hostile. 2 *nm,f* enemy. **se faire un ~ de qn** to make an enemy of sb; **être ~ de qch** to be opposed to sth.

ennui [ɑ̃nɥi] *nm (désœuvrement)* boredom; *(monotonie)* tedium, tediousness; *(tracas)* trouble, worry. **avoir des ~s** to have troubles; **avoir des ~s d'argent** to have money worries; **avoir des ~s avec la police** to be in trouble with the police; **faire des ~s à qn** to make trouble for sb; **j'ai eu un ~ avec ma montre** I had some trouble *ou* bother with my watch; **si ça vous cause le moindre ~** if it's any bother to you; **l'~, c'est que ...** the trouble is that ....

ennuyer [ɑ̃nɥije] (8) 1 *vt (lasser)* to bore; *(préoccuper)* to worry; *(importuner)* to bother. *(irriter)* ~ **qn** to annoy sb, get on sb's nerves; **il y a qch qui m'ennuie** there's sth that worries *ou* bothers me; **ça m'ennuierait beaucoup de te voir fâché** I'd really hate to see you cross; **ça m'ennuierait beaucoup d'y aller** it would really annoy me to go; **si cela ne vous ennuie pas trop** if you wouldn't mind, if it isn't too much bother; **je ne voudrais pas vous ~** I don't want to put you to any trouble, I don't want to bother you. 2 **s'~** *vpr* to be bored *(de, à* with). **s'~ à mourir** to be bored to tears, be bored stiff*; **s'~ de qn** to miss sb. ♦ **ennuyé, e** *adj (préoccupé)* worried, bothered *(de* about); *(contrarié)* annoyed *(de* at, about). ♦ **ennuyeux, -euse** *adj (lassant)* boring, tedious; *(qui importune)* annoying, tiresome; *(préoccupant)* worrying.

énoncer [enɔ̃se] (3) *vt (gén)* to say; **idée** to express; **conditions** to state. ♦ **énoncé** *nm (Scol) [sujet]* exposition; *[problème]* terms; *(Jur) [loi]* wording; *[faits, décision]* statement. *(Scol)* **pendant l'~ du sujet** while the subject is being read out.

enorgueillir (s') [ɑ̃nɔʀgœjiʀ] (2) *vpr:* **s'~ de** *(être fier de)* to pride o.s. on, boast about; *(avoir)* to boast.

énorme [enɔʀm(ə)] *adj* enormous, tremendous, huge. **ça lui a fait un bien ~** it's done him a great deal of good; **il a accepté, c'est déjà ~** he has accepted and that's quite something. ♦ **énormément** *adv (a)* enormously, tremendously, hugely. **ça m'a ~ déçu** it greatly disappointed me. **(b)** ~ **d'argent** a tremendous *ou* an enormous amount of money; ~ **de gens** a tremendous *ou* an enormous number of people, a great many people. ♦ **énormité** *nf [poids, somme]* hugeness; *[demande]* enormity; *(propos)* outrageous remark; *(erreur)* howler*.

enquérir (s') [ɑ̃keʀiʀ] (21) *vpr* to inquire, ask *(de* about).

enquête [ɑ̃kɛt] *nf (gén, Jur)* inquiry; *(après décès)* inquest; *(Police)* investigation; *(sondage)* survey. ♦ **enquêter** (1) *vi* to hold an inquiry; to investigate; to conduct a survey. ~ **sur qch** to investigate sth, carry out an investigation into sth. ♦ **enquêteur, -euse** *nm,f (Police)* officer; *[sondage]* pollster. **les ~s poursuivent leurs recherches** the police are continuing their investigations.

enquiquiner* [ɑ̃kikine] (1) 1 *vt (importuner)* to

bother; *(préoccuper)* to worry; *(lasser)* to bore. 2 **s'~** *vpr* to be bored. ♦ **enquiquinement*** *nm:* **quel ~!** what a flipping nuisance!*; **avoir des ~s** to have trouble *(avec* with). ♦ **enquiquineur, -euse*** *nm,f* pest*.

enraciner [ɑ̃ʀasine] (1) 1 *vt* to root. **solidement enraciné** deep-rooted; **famille firmly rooted**. 2 **s'~** *vpr [arbre, préjugé]* to take root.

enrager [ɑ̃ʀaʒe] (3) *vi (a)* **faire ~ qn*** *(taquiner)* to tease sb; *(importuner)* to pester sb. **(b)** to be furious *(de faire* at doing). ♦ **enragé, e** *adj (a)* chasseur, joueur keen *(de* on). **c'est un ~ de la voiture** he's mad about cars*, he's a car fanatic. **(b)** *(en colère)* furious; *(Vét)* rabid.

enrayer [ɑ̃ʀeje] (8) 1 *vt* **maladie** to check, stop; **arme** to jam. 2 **s'~** *vpr* to jam.

enrégimenter [ɑ̃ʀeʒimɑ̃te] (1) *vt (péj)* to enrol.

enregistrer [ɑ̃ʀʒistʀe] (1) *vt* **voix** to record; *(sur bande)* to tape(-record); *(Jur)* **acte** to register; *(Comm)* **commande** to enter; **constatation** to note; *(mentalement)* to retain, register. **d'accord, j'enregistre*** all right, I'll bear it in mind; **(faire)** ~ **ses bagages** to register one's luggage; *(Aviat)* to check in one's luggage. ♦ **enregistrement** *nm* registration; check-in. ~ **magnétique** tape recording. ♦ **enregistreur, -euse** 1 *adj* recording. 2 *nm* recorder, recording machine.

enrhumer [ɑ̃ʀyme] (1) 1 *vt* to give a cold to. **être enrhumé** to have a cold. 2 **s'~** *vpr* to catch (a) cold.

enrichir [ɑ̃ʀiʃiʀ] (2) 1 *vt* **esprit**, **collection** to enrich; *[argent]* to make rich. 2 **s'~** *vpr [commerçant]* to grow rich; *[esprit]* to grow richer *(de* in); *[collection]* to be enriched *(de* with). ♦ **enrichi, e** *adj (Tech)* enriched. ♦ **enrichissant, e** *adj* enriching. ♦ **enrichissement** *nm* enrichment.

enrober [ɑ̃ʀɔbe] (1) *vt* **bonbon** to coat *(de* with); **paroles** to wrap up *(de* in). ♦ **enrobage** *nm* coating.

enrôler *vt*, **s'~** *vpr* [ɑ̃ʀole] (1) to enlist. ♦ **enrôlé** *nm* recruit. ♦ **enrôlement** *nm* enlistment.

enrouer [ɑ̃ʀwe] (1) 1 *vt* to make hoarse. 2 **s'~** *vpr (froid)* to go hoarse; *(cri)* to make o.s. hoarse. ♦ **enroué, e** *adj* hoarse. ♦ **enrouement** *nm* hoarseness.

enrouler [ɑ̃ʀule] (1) 1 *vt (gén)* to roll up; **cheveux** to coil up; **fil** to wind *(autour de* round). 2 **s'~** *vpr [serpent]* to coil up; *[fil]* to wind. **s'~ dans une couverture** to wrap *ou* roll o.s. up in a blanket.

ensabler *vt*, **s'~** *vpr* [ɑ̃sable] (1) **port** to silt up; **voiture** to get stuck in the sand.

ensanglanter [ɑ̃sɑ̃glɑ̃te] (1) *vt* **visage** to cover with blood; **vêtement** to soak with blood.

enseignant, e [ɑ̃sɛɲɑ̃, ɑ̃t] 1 *adj* teaching. 2 *nm,f* teacher.

enseigne [ɑ̃sɛɲ] 1 *nf (Comm)* (shop) sign; *(drapeau)* ensign. ~ **lumineuse** neon sign; *(littér)* **à telle(s) ~(s) que** so much so that. 2 *nm (Hist)* ensign. ~ **de vaisseau** lieutenant.

enseignement [ɑ̃sɛɲmɑ̃] *nm (a) (Admin)* education. ~ **ménager** home economics; ~ **par correspondance** postal tuition; ~ **secondaire/technique** secondary/technical education; ~ **professionnel** vocational training; ~ **programmé** programmed learning. **(b)** *(art d'enseigner)* teaching. ~ **moderne** modern teaching methods. **(c)** *(carrière)* teaching profession. **être dans l'~** to be a teacher. **(d)** *(leçon)* lesson. ♦ **enseigner** (1) *vt* to teach. ~ **qch à qn** to teach sb sth; ~ **à qn à faire qch** to teach sb (how) to do sth.

ensemble [ɑ̃sɑ̃bl(ə)] 1 *adv* together. **tous ~** all together; **ils ont répondu ~** *(deux)* they both answered together; *(plusieurs)* they all answered together; **ils vont bien ~** they go together well; **l'armoire et la table vont mal ~** the wardrobe and the table don't go (very well) together; **être bien/mal ~** to be on good/bad terms. 2 *nm (a) (unité)* unity. **avec un parfait ~** simultaneously, with one accord. **(b)** *(totalité)* whole. **l'~ du personnel** the entire *ou* whole staff, all the members of staff; **dans l'~** on the whole, by and large; **les spectateurs dans leur ~** the audience as a whole; **d'~ vue** *etc* overall, general. **(c)** *[personnes]* group; *[objets]* set; *[lois]* body; *(Mus)* ensemble; *(zone résidentielle)* housing scheme; *(Math)* set; *(Couture)* outfit, suit.

ensemencer [ɑ̃smɑ̃se] (3) *vt* *(Agr)* to sow.
♦ **ensemencement** *nm* sowing.

ensevelir [ɑ̃səvliʀ] (2) *vt* *(gén)* to bury; *(d'un linceul)* to shroud *(de* in). ♦ **ensevelissement** *nm* burying; shrouding.

ensoleiller [ɑ̃sɔleje] (1) *vt* *(lit)* to fill with sunshine; *(fig)* to brighten, light up. ♦ **ensoleillé, e** *adj* sunny. ♦ **ensoleillement** *nm* hours of sunshine.

ensommeillé, e [ɑ̃sɔmeje] *adj* sleepy, drowsy.

ensorceler [ɑ̃sɔʀsəle] (4) *vt* *(lit, fig)* to bewitch.

ensuite [ɑ̃sɥit] *adv* *(puis)* then, next; *(par la suite)* afterwards, later; *(en fin de compte)* in the end. **~ de quoi** after which.

ensuivre (s') [ɑ̃sɥivʀ(ə)] (40) *vpr* to follow. **et tout ce qui s'ensuit** and all the rest; **torturé jusqu'à ce que mort s'ensuive** tortured to death.

entaille [ɑ̃taj] *nf* *(gén)* cut; *(profonde)* gash; *(sur objet)* notch; *(allongée)* groove. ♦ **entailler** (1) *vt* to cut; to gash; to notch.

entamer [ɑ̃tame] (1) *vt* **(a)** *pain* to start (upon); *bouteille* to start, open; *patrimoine* to dip into; *journée, livre* to start; *travail* to start on; *discussion* to open; *poursuites* to institute. **la journée est déjà bien entamée** we are already well into the day; *(Cartes)* **~ la partie** to open the game. **(b)** *résistance* to wear down, break down; *conviction* to shake, weaken; *réputation* to damage, harm. **(c)** *(inciser)* to cut (into). ♦ **entame** *nf* first slice.

entartrer *vt*, **s'~** *vpr* [ɑ̃taʀtʀe] (1) to scale.
♦ **entartrage** *nm* scaling.

entasser *vt*, **s'~** *vpr* [ɑ̃tase] (1) to pile up *(sur* onto). **s'~ dans** to cram *ou* pack into.
♦ **entassement** *nm* **(a)** *(action)* piling up; cramming in, packing together. **(b)** *(tas)* pile, heap.

entendre [ɑ̃tɑ̃dʀ(ə)] (41) **1** *vt* **(a)** *voix, témoin, messe* to hear; *conseil, discours* to listen to. **j'entendais qn parler** I heard *ou* could hear sb speaking; *(fig)* **il ne l'entend pas de cette oreille** he doesn't see it like that; **à l'~** to hear him talk, to listen to him; **~ raison** to listen to *ou* see reason. **(b)** *(comprendre)* to understand; *(vouloir)* to intend, mean; *(vouloir dire)* to mean. **laisser ~ à qn que** *(faire comprendre)* to give sb to understand that; *(donner l'impression)* to give sb the impression that; **faites comme vous l'entendez** do as you see fit *ou* think best; **j'entends être obéi** I intend *ou* mean to be obeyed, I WILL be obeyed. **(c)** *(locutions)* **~ parler de** to hear of *ou* about; *(fig)* **il ne veut pas en ~ parler** he won't hear of it; **d'après ce que j'ai entendu dire** from what I have heard; **on entend dire que** it is said *ou* rumoured that; **sa voix se fit ~** his voice was heard.

2 s'~ *vpr* **(a)** *(être d'accord)* to agree *(sur* on). **ils s'entendent bien/ne s'entendent pas** they get on well (together)/don't get on (together). **(b)** *(s'y connaître)* **il s'y entend pour le faire** he's very good at it, he knows how to do it. **(c)** *(se comprendre)* **quand je dis énorme je m'entends, disons grand** when I say huge what I really mean is big; *(bien sûr)* **(cela) s'entend** of course; **entendons-nous bien!** let's be quite clear about this; **ça s'entend de 2 manières** that can be taken 2 ways *ou* to mean 2 different things. **(d)** *(être entendu)* **on ne s'entend plus ici** you can't hear yourself think in here.

♦ **entendement** *nm* *(Philos)* understanding.
♦ **entendeur** *nm:* **à bon ~, salut** a word to the wise is enough. ♦ **entendu, e** *adj* **(a)** *(convenu)* agreed.

(évidemment) **bien ~!** of course!; *(concessif)* **c'est ~** all right. **(b)** *sourire, air* knowing.
♦ **entente** *nf* *(amitié, compréhension)* understanding; *(accord)* agreement. **vivre en bonne ~** to live in harmony.

entériner [ɑ̃teʀine] (1) *vt* to ratify, confirm.

entérite [ɑ̃teʀit] *nf* enteritis.

enterrer [ɑ̃teʀe] (1) *vt* *(gén)* to bury; *projet* to drop. **tu nous enterreras tous!** you'll outlive us all! ♦ **enterrement** *nm [mort]* burial; *[espoir]* end, death; *(cérémonie)* funeral; *(convoi)* funeral procession. **faire une tête d'~** to look gloomy.

en-tête, *pl* **en-têtes** [ɑ̃tɛt] *nm* heading.

entêter [ɑ̃tete] (1) **1** *vt [parfum]* to go to the head of. **2 s'~** *vpr* to persist *(dans qch* in sth, *à faire qch* in doing sth). ♦ **entêtant, e** *adj vin* heady. ♦ **entêté, e** *adj* stubborn. ♦ **entêtement** *nm* stubbornness.

enthousiasme [ɑ̃tuzjasm(ə)] *nm* enthusiasm.
♦ **enthousiasmant, e** *adj* exciting, exhilarating.
♦ **enthousiasmer** (1) **1** *vt* to fill with enthusiasm. **2 s'~** *vpr* to be enthusiastic *(pour* about, over).
♦ **enthousiaste** *adj* enthusiastic *(de* about, over).

enticher (s') [ɑ̃tiʃe] (1) *vpr (péj)* **s'~ de** *femme* to become infatuated with; *choses* to have a passion for.

entier, -ière [ɑ̃tje, jɛʀ] **1** *adj* **(a)** *quantité* whole, full; *surface* whole, entire. **payer place ~ière** to pay the full price; **une heure ~ière** a whole *ou* full hour; **dans la France ~ière** throughout France, in the whole of France; **tout ~** entirely, completely. **(b)** *(intact)* intact; *(absolu)* absolute, complete. **la question reste ~ière** the matter still remains unresolved. **(c)** *personne, caractère* unyielding, unbending. **(d)** *pain* **~** wholemeal bread; **lait ~** full-cream milk. **2** *nm* **(a)** *(Math)* whole. **(b)** **en ~** entirely; **boire une bouteille en ~** to drink a whole bottle; **lire qch en ~** to read the whole of sth, read sth right through; **la nation dans son ~** the nation as a whole. ♦ **entièrement** *adv* entirely, completely, wholly, fully.

entité [ɑ̃tite] *nf* entity.

entonner [ɑ̃tɔne] (1) *vt chanson* to strike up.

entonnoir [ɑ̃tɔnwaʀ] *nm* *(Culin)* funnel.

entorse [ɑ̃tɔʀs(ə)] *nf* *(Méd)* sprain; *[loi]* infringement *(à* of). **se faire une ~ au poignet** to sprain one's wrist; **faire une ~ à vérité** to twist; *habitudes* to break; *règlement* to bend.

entortiller [ɑ̃tɔʀtije] (1) *vt* **(a)** *ficelle* to twist, wind; *objet* to wrap (up). **(b)** *(duper)* to hoodwink.

entourer [ɑ̃tuʀe] (1) **1** *vt* **(a)** *(mettre autour)* **~ qch de** *(gén)* to surround sth with; *couverture* to wrap sth in; **~ qn de ses bras** to put one's arms round sb. **(b)** *(être autour)* **~** to surround; *[écharpe]* to be round; *(fig)* *personne souffrante* to rally round. **le monde qui nous entoure** the world about us. **2 s'~** *vpr:* **s'~ de** to surround o.s. with; **s'~ de précautions** to take elaborate precautions. ♦ **entourage** *nm* *(famille)* family circle; *(compagnie)* set, circle; *[président]* entourage; *[fenêtre etc]* surround. ♦ **entouré, e** *adj (admiré)* popular.

entracte [ɑ̃tʀakt(ə)] *nm* *[spectacle]*, *(Ciné)* interval; *(fig)* interlude.

entraide [ɑ̃tʀɛd] *nf* mutual aid. ♦ **entraider (s')** (1) *vpr* to help one another.

entrailles [ɑ̃tʀaj] *nfpl* *(gén)*, *(littér)* entrails; *[mère]* womb; *(fig) [terre]* bowels. **sans ~** heartless; **spectacle qui vous prend aux ~** sight that grips your very soul.

entrain [ɑ̃tʀɛ̃] *nm* spirit, drive, liveliness. **avec ~ répondre, manger** with gusto; **travailler** spiritedly; **faire qch sans ~** to do sth half-heartedly.
♦ **entraînant, e** *adj paroles* stirring, rousing.

entraîner [ɑ̃tʀene] (1) **1** *vt* **(a)** *objets arrachés* to carry *ou* drag along; *(Tech)* *machine* to drive; *(tirer)* *wagons* to pull. **il entraîna son camarade dans sa chute** he pulled *ou* dragged his friend down in his fall; **il m'entraîna vers la sortie** he took me off towards the exit. **(b)** *(fig: influencer)* to lead. ~ **qn à voler qch** to get sb to steal sth; ~ **ses camarades à boire** to encourage one's friends to drink. **(c)** *dépenses, chutes (impliquer)* to entail, mean; *(causer)* to bring about, lead to. ~ **qn à une dépense** to lead sb to incur some expense. **(d)** *[rythme]* to carry along; *[enthousiasme]* to carry away. **se laisser ~ par ses passions** to (let o.s.) get *ou* be carried away by one's passions. **(e)** *(préparer) athlète* to train, coach; *cheval* to train *(à* for). **2 s'~** *vpr (gén)* to train o.s.; *(Sport)* to train *(à, pour* for). **s'~ à faire un mouvement** to practise a movement; **il s'entraîne à parler en public** he is training himself to speak in public. ♦ **entraînement** *nm [roue]* driving; *[athlète]* training. **manquer d'~** to be out of training. ♦ **entraîneur** *nm [cheval]* trainer; *[coureur]* coach, trainer.

entraver [ɑ̃tʀave] **(1)** *vt circulation* to hold up; *action* to hinder, hamper; *animal* to fetter; *prisonnier* to chain up. ♦ **entrave** *nf* hindrance *(à* to). *[prisonnier]* ~**s** chains; *(fig)* **les ~s de** the fetters of.

entre [ɑ̃tʀ(ə)] *prép* **(a)** *(gén)* between. **la vérité est ~ les deux** the truth is somewhere in between.

(b) *(parmi) (gén)* among, amongst; *choisir* between. **lui, ~ autres, n'est pas d'accord** he, for one, doesn't agree; ~ **autres (choses)** among other things; **l'un d'~ eux** one of them; **cette heure ~ toutes** this (hour) of all hours; **difficile ~ tous** exceptionally difficult.

(c) *(dans)* in, into. **prendre ~ ses bras** to take in one's arms; ~ **parenthèses** in brackets.

(d) *(à travers)* through. *(lit, fig)* **passer ~ les mailles du filet** to slip through the net.

(e) *(relation) (deux choses)* between; *(plus de deux)* among. ~ **nous** between you and me, between ourselves; ~ **eux 4** among the 4 of them; **il n'y a rien de commun ~ eux** they have nothing in common; **ils préfèrent rester ~ eux** they prefer to be on their own; **ils se sont disputés ~ eux** they have quarrelled with each other *ou* with one another; **on ne va pas se battre ~ nous** we're not going to fight among ourselves.

(f) *(locutions)* ~ **chien et loup** when the shadows are falling; ~ **deux âges** middle-aged; *(fig)* ~ **deux portes** briefly; ~ **deux eaux** just below the surface; **pris ~ deux feux** caught in the crossfire; **parler ~ ses dents** to mumble.

entrebâiller [ɑ̃tʀəbaje] **(1)** *vt* to half-open. ♦ **entrebâillé, e** *adj:* **être ~** to be ajar *ou* half-open. ♦ **entrebâillement** *nm:* **dans l'~ de la porte** in the half-open door.

entrechoquer [ɑ̃tʀəʃɔke] **(1) 1** *vt (gén)* to knock together; *verres* to clink. **2 s'~** *vpr (gén)* to knock together; *[verres]* to clink; *[dents]* to chatter; *[épées]* to clash together; *[idées, mots]* to jostle together.

entrecôte [ɑ̃tʀəkot] *nf* entrecôte *ou* rib steak.

entrecouper [ɑ̃tʀəkupe] **(1)** *vt:* ~ **de** *(gén)* to interrupt with; *citations* to intersperse with; **voix entrecoupée** broken voice. **2 s'~** *vpr [lignes]* to intersect, cut across each other.

entrecroiser *vt, s'~* *vpr* [ɑ̃tʀəkʀwaze] **(1)** *fils* to intertwine; *lignes* to intersect.

entrée [ɑ̃tʀe] *nf* **(a)** *(arrivée) [personnne]* entry, entrance; *[véhicule, marchandise]* entry. *(Théât)* ~ **(en scène)** entrance; **à son ~** as he entered; **faire une ~ discrète** to enter discreetly; **faire son ~ dans le monde** to make one's début (in society). **(b)** *(accès)* admission *(de, dans* to); *(sur pancarte)* 'way in'. **'~ libre'** 'admission free'; **'~ interdite'** 'no admittance'; **on lui a refusé l'~ de la salle** he was refused admission *ou* entrance to the hall; **billet d'~** (entrance) ticket; **depuis son ~ à l'université/dans le club** since he went to university/joined the club; **avoir ses ~s auprès**

de qn to have easy access to sb. **(c)** *(Tech) [pièce]* insertion. ~ **d'air** air inlet. **(d)** *(billet)* ticket. **les ~s couvriront tous les frais** the takings will cover all expenses. **(e)** *(porte)* entrance; *[trou]* mouth. *(Théât)* ~ **des artistes** stage door; ~ **de service** service entrance. **(f)** *(vestibule)* entrance (hall). **(g)** *(début)* **à l'~ de l'hiver** at the beginning of winter; **à l'~ de la vie** at life's outset; **d'~ (de jeu)** from the outset; ~ **en matière** introduction. **(h)** *(Culin)* first *ou* main course. **(i)** *(Comm, Statistique)* entry; *(Lexicographie)* headword.

entrefaites [ɑ̃tʀəfɛt] *nfpl:* **sur ces ~** at that moment.

entre-jambes [ɑ̃tʀəʒɑ̃b] *nm inv (Couture)* crotch.

entrelacer *vt, s'~* *vpr* [ɑ̃tʀəlase] **(3)** to intertwine, interlace. ♦ **entrelacement** *nm:* **un ~ de ...** a network of ....

entremêler [ɑ̃tʀəmele] **(1) 1** *vt choses* to intermingle, intermix. ~ **un récit de** to intersperse a tale with. **2 s'~** *vpr* to intermingle.

entremets [ɑ̃tʀəmɛ] *nm* (cream) sweet *ou* dessert.

entremettre (s') [ɑ̃tʀəmɛtʀ(ə)] **(56)** *vpr* to intervene *(dans* in). ♦ **entremetteur, -euse** *nm,f (péj)* go-between. ♦ **entremise** *nf* intervention. **par l'~ de** through.

entreposer [ɑ̃tʀəpoze] **(1)** *vt* to store, put into storage. ♦ **entrepôt** *nm (gén)* warehouse; *(port)* entrepot.

entreprendre [ɑ̃tʀəpʀɑ̃dʀ(ə)] **(58)** *vt (gén)* to begin *ou* start on, embark upon. ~ **qn** *(pour bavarder)* to buttonhole sb; *(sur un problème)* to tackle sb; ~ **de faire qch** to undertake to do sth. ♦ **entreprenant, e** *adj (gén)* enterprising; *(avec les femmes)* forward.

entrepreneur, -euse [ɑ̃tʀəpʀənœʀ, øz] *nm,f* contractor. ~ **(en bâtiment)** building contractor; ~ **de pompes funèbres** undertaker.

entreprise [ɑ̃tʀəpʀiz] *nf (firme)* firm; *(dessein)* undertaking, venture.

entrer [ɑ̃tʀe] **(1) 1** *vi* **(a)** *(aller)* to go in, enter; *(venir)* to come in; *(à pied)* to walk in; *(en voiture)* to drive in. ~ **dans** to go *ou* come into, enter; ~ **en coup de vent** to burst in, come bursting in; **entrez!** come in!; **les gens entraient et sortaient** people were going in and out; ~ **par la fenêtre** to get in by the window; **je suis entré chez eux** I called in at their house.

(b) *[marchandises, devises]* to enter; *[objet]* to go in; *(s'adapter)* to fit in. **ça n'entre pas** it won't go *ou* fit in; **son coude m'entrait dans les côtes** his elbow was digging into my ribs; **l'eau entre par le toit** water comes in through the roof; **l'air entre dans la pièce** air comes in *ou* enters the room; **la rage est entrée dans son cœur** his heart was filled with rage; **à force d'explications ça finira par ~*** explain it for long enough and it'll sink in*; **alors ces maths, ça entre?*** are you getting the hang of maths then?*; **c'est entré comme dans du beurre*** it went (in) like a hot knife through butter.

(c) laisser ~ to let in; **laisser ~ qn dans** to let sb into.

(d) faire ~ *visiteur* to show in; *objet* to fit in; *marchandises* to take *ou* bring in; *(en fraude)* to smuggle in; **il m'a fait ~ dans leur club** *(persuadé)* he got me to join their club; *(aidé)* he got me into their club; *(contraint)* he made me join their club; *(comme employé)* he got me a job in their club; **il me fit ~ dans la cellule** he showed me into the cell.

(e) *(commencer)* ~ **en convalescence** to begin convalescence; ~ **en ébullition** to reach boiling point, begin to boil.

(f) *' · dans club, parti* to join; *groupe, métier* to go into; *profession libérale* to enter; ~ **dans les affaires** to go into business; ~ **en religion** to enter the religious life; ~ **dans les ordres** to take orders; ~ **au service de qn** to enter sb's service; ~

dans l'histoire to go down in history; ~ **dans la légende** to become a legend.

(g) ~ **dans** *arbre* to hit, go into; *(Aut)* on lui est entré dedans* sb banged into him.

(h) ~ **dans** *vues, peines de qn* to share.

(i) ~ **dans** *catégorie* to fall into, come into; *mélange* to go into; **c'est entré pour beaucoup dans sa décision** it counted for a good deal in his decision; **il n'entre pas dans mes intentions de le faire** I don't have any intention of doing so; **faire ~ qch dans une catégorie** to put sth into a category.

(j) ~ **dans** *période, discussion* to enter into; *rêverie, considérations, colère* to go into; ~ **dans la vie active** to enter active life; ~ **dans la cinquantaine** to turn fifty; ~ **dans le vif du sujet** to get to the heart of the matter.

2 *vt:* ~ **les bras dans les manches** to put one's arms into the sleeves; **ne m'entre pas ta canne dans les côtes** don't dig your stick into my ribs.

entresol [ɑ̃tRəsɔl] *nm* mezzanine.

entre-temps [ɑ̃tRətɑ̃] *adv* meanwhile, (in the) meantime.

entretenir [ɑ̃tRətniR] (22) **1** *vt* **(a)** *propriété* to maintain, look after; *route, machine* to maintain; *famille* to support, keep; *souvenir, espoir* to keep alive; *craintes* to have; *correspondance* to keep up. **ça entretient de l'humidité** *(qualité)* it keeps up *ou* maintains the humidity; *(défaut)* it holds the damp; ~ **le feu** to keep the fire going *ou* burning; ~ **qn dans l'erreur** to keep sb in ignorance; ~ **sa forme**, **s'~** **(en bonne forme)** to keep (o.s.) fit. **(b)** *(converser)* ~ **qn** to speak to sb *(de* about). **2 s'~** *vpr* **(a)** *(converser)* **s'~ avec qn** to speak to sb *(de* about). **(b)** *(pourvoir à ses besoins)* to be self-supporting. ♦ **entretenu, e** *adj femme* kept. **jardin bien/mal ~** well-/badly-kept garden. ♦ **entretien** *nm* **(a)** *[maison]* upkeep; *[route, machine]* maintenance; *[famille]* keep. **(b)** *(conversation)* conversation; *(entrevue)* interview; *(débat)* discussion. *(Pol)* ~**(s)** talks, discussions.

entre-tuer (s') [ɑ̃tRətɥe] (1) *vpr* to kill one another.

entrevoir [ɑ̃tRəvwaR] (30) *vt (indistinctement)* to make out; *(brièvement)* to catch sight of; *(fig: pressentir)* to glimpse.

entrevue [ɑ̃tRəvy] *nf (discussion)* meeting; *(audience)* interview; *(Pol)* talks, discussions.

entrouvrir *vt*, **s'~** *vpr* [ɑ̃tRuvRiR] (18) to half-open. ♦ **entrouvert, e** *adj (gén)* half-open; *porte* ajar.

envahir [ɑ̃vaiR] (2) *vt [ennemi, herbes]* to invade, overrun; *[douleur, sommeil]* to overcome. **la foule envahit la place** the crowd swarmed into the square; *(déranger)* ~ **qn** to invade sb's privacy. ♦ **envahissant, e** *adj personne* intrusive; *passion* invading. ♦ **envahisseur, -euse 1** *adj* invading. **2** *nm,f* invader.

envaser [ɑ̃vaze] (1) **1** *vt port* to silt up. **2 s'~** *vpr [port]* to silt up; *[bateau]* to stick in the mud. ♦ **envasement** *nm* silting up.

enveloppe [ɑ̃vlɔp] *nf* **(a)** *(pli postal)* envelope. **sous ~** *envoyer* under cover; **mettre sous ~** to put in an envelope. **(b)** *(emballage) (gén)* covering; *(en papier, toile)* wrapping; *(en métal)* casing; *[graine]* husk; *[pneu]* cover. **(c)** *(apparence)* exterior.

envelopper [ɑ̃vlɔpe] (1) *vt* **(a)** *objet, enfant* to wrap up. **il s'enveloppa dans une cape** he wrapped himself in a cape; *(fig)* ~ **qn de son affection** to surround sb with one's affection; ~ **sa pensée** to veil one's thoughts. **(b)** *[brume]* to envelop, shroud. **le silence enveloppe la ville** the town is wrapped *ou* shrouded in silence; **enveloppé de mystère** shrouded *ou* veiled in mystery; ~ **qn du regard** to envelop sb with one's gaze; ~ **dans sa réprobation†** to include in one's disapproval.

envenimer [ɑ̃vnime] (1) **1** *vt plaie* to make septic; *querelle, situation* to inflame. **2 s'~** *vpr [plaie]* to go septic; *[querelle, situation]* to grow more bitter.

envergure [ɑ̃vɛRgyR] *nf [oiseau, avion]* wingspan; *[voile]* breadth; *[personne]* calibre; *[entreprise]* scale, scope; *[intelligence]* scope, range. **de grande ~** large-scale.

envers¹ [ɑ̃vɛR] *prép* towards, to. ~ **et contre tous** despite all opposition.

envers² [ɑ̃vɛR] *nm* **(a)** *[étoffe]* wrong side; *[papier]* back; *[médaille]* reverse (side). **l'~ et l'endroit** the wrong side and the right side; *(fig)* **l'~ du décor** the other side of the picture. **(b)** **à l'~** *vêtement* inside out; *objet (vertical)* upside down; *(horizontal)* the wrong way round, back to front; **tout va à l'~** everything is upside down; **faire qch à l'~** *(à rebours)* to do sth the wrong way round; *(mal)* to do sth all wrong; **elle avait la tête à l'~** her mind was in a whirl.

envie [ɑ̃vi] *nf* **(a)** ~ **de qch/de faire** *(désir)* desire for sth/to do; *(grand désir)* longing for sth/to do; *(besoin)* need for sth/to do; **avoir ~ de** to want; **j'ai ~ d'y aller** I feel like going, I would like to go; **avoir bien/presque ~ de faire qch** to have a good mind/half a mind to do sth; **j'ai ~ qu'il s'en aille** I would like him to go away, I wish he would go away; **avoir ~ de rire** to feel like laughing; **cela lui a donné (l')~ de rire** it made him want to laugh; **avoir ~*** *(d'aller aux toilettes)* to need to go to the toilet. **(b)** *(convoitise)* envy. **mon bonheur lui fait ~** he envies my happiness. **(c)** *(Anat)* *[peau]* birthmark; *[ongles]* hangnail. ♦ **enviable** *adj* enviable. ♦ **envier** (7) *vt* to envy, be envious of. **je vous envie votre maison** I wish I had your house, I envy you your house; **il n'a rien à m'~** *(comme avantage)* he has no cause to be jealous of me; *(comme désavantage)* he's just as badly off as I am. ♦ **envieusement** *adv* enviously. ♦ **envieux, -euse** *adj* envious. **faire des ~** to arouse envy.

environ [ɑ̃viRɔ̃] **1** *adv* about. **c'est à 100 km ~ d'ici** it's about 100 km from here, it's 100 km or so from here. **2** *nmpl:* **les ~s** the surroundings; **aux ~s de 10 F** round about 10 francs, 10 francs or thereabouts; **dans les ~s du château** in the vicinity of the castle. ♦ **environnant, e** *adj* surrounding. ♦ **environnement** *nm* environment. ♦ **environner** (1) *vt* to surround, encircle. **s'~ de** to surround o.s. with.

envisager [ɑ̃vizaʒe] (3) *vt* to envisage, contemplate *(de faire* doing).

envoi [ɑ̃vwa] *nm* **(a)** *(V envoyer)* sending; sending off; dispatching; shipment. ~ **contre remboursement** cash on delivery. **(b)** *(colis)* parcel. ~ **en nombre** mass mailing.

envoler (s') [ɑ̃vɔle] (1) *vpr [oiseau]* to fly away; *[avion]* to take off; *[chapeau]* to blow off; *[temps]* to fly (past); *[espoirs, objet volé]* to vanish. ♦ **envol** *nm [oiseau]* taking flight; *[avion]* takeoff; *[pensée]* flight. **prendre son ~** *[oiseau]* to take flight. ♦ **envolée** *nf:* ~ **(poétique)** flight of poetry.

envoûter [ɑ̃vute] (1) *vt* to bewitch, cast a spell on. **être envoûté par qn** to be under sb's spell. ♦ **envoûtement** *nm* bewitchment.

envoyer [ɑ̃vwaje] (8) **1** *vt* **(a)** *(gén)* to send; *marchandises* to dispatch, send off; *(par bateau)* to ship; *(en vacances)* to send off; *(en mission)* to send out *(chez* to); *candidature* to send in. **envoie-moi un mot** drop me a line. **(b)** *pierre* to throw; *(avec force)* to hurl; *obus* to fire; *signaux* to send out; *ballon* to send. ~ **des baisers à qn** to blow sb kisses; ~ **des sourires à qn** to smile at sb; ~ **des coups de poing à qn** to punch sb; **ne m'envoie pas ta fumée dans les yeux** don't blow smoke in my eyes; ~ **qn à terre** to knock sb down; *(Naut)* ~ **par le fond** to send down *ou* to the bottom; *(Mil)* ~ **les**

couleurs to run up the colours. (c) ~ **chercher qn/qch** to send for sb/sth; ~ **promener qn*** to send sb packing*; ~ **valser qch*** to send sth flying; **il a tout envoyé promener*** he has chucked (up) everything‡; **il ne le lui a pas envoyé dire*** he told him straight to his face. 2 **s'~‡** vpr corvée to get stuck with; nourriture to down. **je m'enverrais des gifles*** I could kick myself*. ♦ **envoyé, e** 1 adj réponse well-aimed, sharp. 2 nm,f (gén) messenger; (Pol) envoy; (Presse) correspondent. ♦ **envoyeur, -euse** nm,f sender.

épagneul, e [epaɲœl] nm,f spaniel.

épais, -aisse [epɛ, ɛs] 1 adj (a) (gén) thick; neige, silence deep; barbe bushy; corps thickset; nuit pitch-black. ~ **de 5 cm** 5 cm thick. (b) (péj) esprit dull; personne dense, thickheaded; plaisanterie clumsy. 2 adv semer thick, thickly. **il n'y en a pas ~!*** there's not much of it! ♦ **épaisseur** nf thickness; depth; dullness. **la neige a un mètre d'~** the snow is a metre deep. ♦ **épaissir** (2) 1 vt (lit) to thicken. **l'air était épaissi par les fumées** the air was thick with smoke. 2 vi (gén) to get thicker, thicken; [personne] to thicken out. 3 **s'~** vpr (lit) to thicken, get thicker; [ténèbres, mystère] to deepen. ♦ **épaississement** nm thickening.

épancher [epɑ̃ʃe] (1) 1 vt sentiments to pour forth. 2 **s'~** vpr [personne] to pour out one's feelings; [sang] to pour out. ♦ **épanchement** nm [sang] effusion; [sentiments] outpouring.

épanouir (s') [epanwiʀ] (2) vpr [fleur] to bloom, open out; [visage] to light up; [personne] to blossom. ♦ **épanoui, e** adj fleur in full bloom; visage, sourire radiant. ♦ **épanouissement** nm opening out; blossoming.

épargner [epaʀɲe] (1) vt (a) (économiser) to save. **je n'épargnerai rien pour le faire** I'll spare nothing to get it done. (b) (éviter) ~ **qch à qn** to spare sb sth; **pour t'~ des explications** to save giving you ou to spare you explanations; **pour m'~ la peine de venir** to save ou spare myself the bother of coming. (c) (ménager) ennemi etc to spare. ♦ **épargnant, e** nm,f saver. ♦ **épargne** nf (somme) savings. (vertu) **l'~** saving.

éparpiller [epaʀpije] (1) 1 vt (gén) to scatter; efforts to dissipate. 2 **s'~** vpr to scatter; to dissipate one's efforts. ♦ **éparpillement** nm scattering; dissipation. ♦ **épars, e** adj scattered.

épatant, e* [epatɑ̃, ɑ̃t] adj splendid, great*.

épaté, e [epate] adj nez flat.

épater* [epate] (1) vt (étonner) to amaze, stagger; (impressionner) to impress.

épaule [epol] nf (Anat, Culin) shoulder.

épauler [epole] (1) vt (a) personne to back up, support. (b) fusil to raise. **il épaula** he took aim.

épaulette [epolɛt] nf (Mil) epaulette.

épave [epav] nf (lit, fig) wreck; (débris) piece of wreckage.

épée [epe] nf sword.

épeler [eple] (4 ou 5) vt mot to spell; texte to spell out.

éperdu, e [epɛʀdy] adj (a) personne distraught, overcome (de with). (b) gratitude boundless; regard wild, distraught; amour passionate; fuite headlong; désir frantic. ♦ **éperdument** adv frantically; aimer passionately. **je m'en moque ~** I couldn't care less.

éperonner [epʀɔne] (1) vt cheval to spur on; navire to ram. ♦ **éperon** nm (gén) spur.

épervier [epɛʀvje] nm (Orn) sparrowhawk; (filet) casting net.

éphémère [efemɛʀ] adj fleeting, short-lived.

épi [epi] nm [blé] ear; [fleur] spike; [cheveux] tuft.

épice [epis] nf spice. ♦ **épicé, e** adj (gén) spicy. ♦ **épicer** (3) vt to spice.

épicerie [episʀi] nf (magasin) grocer's (shop); (nourriture) groceries; (métier) grocery trade. **aller à l'~** to go to the grocer's; ~ **fine** ≃

delicatessen. ♦ **épicier, -ière** nm,f (gén) grocer; (fruits et légumes) greengrocer.

épidémie [epidemi] nf epidemic. ♦ **épidémique** adj (lit) epidemic; (fig) contagious.

épiderme [epidɛʀm(ə)] nm skin. ♦ **épidermique** adj (Anat) skin. (fig) **réaction ~** automatic reaction.

épier [epje] (7) vt personne to spy on; geste to watch closely; bruit to listen out for; occasion to watch out for.

épilepsie [epilɛpsi] nf epilepsy. ♦ **épileptique** adj, nmf epileptic.

épiler [epile] (1) vt jambes to remove the hair from; sourcils to pluck.

épilogue [epilɔg] nm (littér) epilogue; (fig) conclusion.

épinard [epinaʀ] nm: ~**(s)** spinach.

épine [epin] nf (a) [buisson] thorn; [hérisson, oursin] spine, prickle; [porc-épic] quill. ~ **dorsale** backbone; **vous m'enlevez une belle ~ du pied** you have got me out of a spot*. (b) (arbre) thorn bush. ~ **blanche** hawthorn. ♦ **épineux, -euse** adj plante thorny, prickly; problème thorny, tricky.

épingle [epɛ̃gl(ə)] nf pin. **virage en ~ à cheveux** hairpin bend; ~ **à linge** clothes peg ou pin (US); ~ **de nourrice** safety pin; **tirer son ~ du jeu** to manage to extricate o.s. ♦ **épingler** (1) vt (attacher) to pin (on) (à, sur to); (‡: arrêter) to nick‡, nab*.

Épiphanie [epifani] nf: **l'~** Epiphany, Twelfth Night.

épique [epik] adj (lit, fig) epic.

épiscopat [episkɔpa] nm (siège) bishopric; (corps) episcopacy. ♦ **épiscopal, e**, mpl **-aux** adj episcopal.

épisode [epizɔd] nm episode. **film à ~s** serial. ♦ **épisodique** adj (occasionnel) occasional; (secondaire) minor, secondary. ♦ **épisodiquement** adv occasionally.

épitaphe [epitaf] nf epitaph.

épithète [epitɛt] nf (a) (Gram) attribute. **adjectif ~** attributive adjective. (b) (qualificatif) epithet.

épître [epitʀ(ə)] nf epistle.

éploré, e [eplɔʀe] adj (littér) visage bathed in tears; personne, voix tearful.

éplucher [eplyʃe] (1) vt légumes to peel; salade to clean; bonbon to unwrap; comptes to dissect. ♦ **épluchage** nm cleaning; peeling; unwrapping; dissection. ♦ **épluchure** nf (piece of) peeling.

éponge [epɔ̃ʒ] nf sponge. **passons l'~ !** let's forget all about it!; ~ **métallique** scouring pad. ♦ **éponger** (3) vt liquide to mop ou sponge up; front to mop; dette to absorb.

épopée [epɔpe] nf (lit, fig) epic.

époque [epɔk] nf (gén) time; (Hist) age, era, epoch; (Géol) period. **à l'~** at the time; **meuble d'~** genuine antique.

époumoner (s') [epumɔne] (1) vpr to shout etc o.s. hoarse.

épouser [epuze] (1) vt (a) personne to marry; idée to embrace, take up. (b) [robe] to fit; [route, tracé] to follow. ♦ **épouse** nf wife.

épousseter [epuste] (4) vt to dust.

époustoufler* [epustufle] (1) vt to stagger, flabbergast.

épouvanter [epuvɑ̃te] (1) vt (gén) to appal. ♦ **épouvantable** adj appalling, dreadful. ♦ **épouvantablement** adv appallingly, dreadfully. ♦ **épouvantail** nm (à oiseaux) scarecrow; (menace) (personne) bogey; (chose) bugbear. ♦ **épouvante** nf terror. **saisi d'~** terror-stricken; **avec ~** with dread; **film d'~** horror film.

époux [epu] nm husband. **les ~** the husband and wife.

éprendre (s') [epʀɑ̃dʀ(ə)] (58) vpr (littér) **s'~ de** to fall in love with.

épreuve [epʀœv] nf (a) (essai) test. (fig) ~ **de force** test of strength; **mettre à l'~** to put to the test; à l'~ des balles/du feu bulletproof/fireproof; **courage à toute** ~ unfailing courage. **(b)** (*initiatique*) ordeal; (*malheur*) ordeal, trial. **(c)** (*Scol*) test; (*Sport*) event. ~ **de sélection** heat; ~ **contre la montre** time-trial. **(d)** (*Typ*) proof; (*Phot*) print.

épris, e [epʀi, iz] *adj* (*littér*) in love (*de* with).

éprouver [epʀuve] (1) *vt* **(a)** *sensation* to feel, experience; *perte* to suffer; *difficultés* to experience. **(b)** (*tester*) to test. **(c)** [*maladie*] to afflict; [*nouvelle*] to distress. ♦ **éprouvant, e** *adj* testing. ♦ **éprouvé, e** *adj remède* well-tried, proven; *spécialiste* well-proven.

éprouvette [epʀuvεt] *nf* test-tube.

épuiser [epɥize] (1) **1** *vt* (*gén*) to exhaust; *personne* to tire out, wear out. **2** s'~ *vpr* [*réserves*] to run out; [*source*] to dry up; [*forces*] to fail; [*personne*] to exhaust o.s., wear *ou* tire o.s. out (*à faire qch* doing sth). ♦ **épuisant, e** *adj* exhausting. ♦ **épuisé, e** *adj* (*gén*) exhausted; (*Comm*) *article* sold out; *livre* out of print. ~ **de fatigue** tired out, worn out. ♦ **épuisement** *nm* (*gén*) exhaustion. **devant l'~ de ses finances** seeing that his money was exhausted *ou* had run out.

épuisette [epɥizεt] *nf* landing net; (*à crevettes*) shrimping net.

épurer [epyre] (1) *vt* (*lit*) to purify; (*Pol*) to purge. ♦ **épuration** *nf* purification; purge.

équateur [ekwatœʀ] *nm* equator. ♦ **équatorial, e**, *mpl* **-aux** *adj* equatorial.

équation [ekwɑsjɔ̃] *nf* equation.

équerre [ekεʀ] *nf* (*pour tracer*) set square; (*de soutien*) brace. **en** ~ at right angles; **être d'~** to be straight *ou* level.

équestre [ekεstʀ(ə)] *adj* equestrian.

équidistant, e [ekɥidistɑ̃, ɑ̃t] *adj* equidistant (*de* from).

équilatéral, e, *mpl* **-aux** [ekɥilateʀal, o] *adj* equilateral.

équilibre [ekilibʀ(ə)] *nm* (*gén*) balance, equilibrium; (*harmonie*) harmony. **perdre l'~** to lose one's balance; **être en** ~ **sur** [*personne*] to balance on; [*objet*] to be balanced on; **mettre qch en** ~ to balance sth (*sur* on); ~ (*mental*) (mental) equilibrium *ou* stability; ~ **budgétaire** balance in the budget; **budget en** ~ balanced budget; **l'~ du monde** the world balance of power. ♦ **équilibrage** *nm* (*Aut*) balancing. ♦ **équilibré, e** *adj personne* stable, well-balanced; *vie* well-regulated. **mal** ~ unbalanced. ♦ **équilibrer** (1) **1** *vt* (*gén*) to balance; (*contrebalancer*) to counterbalance. **2** s'~ *vpr* [*forces etc*] to counterbalance each other, cancel each other out. ♦ **équilibriste** *nmf* tightrope walker; (*fig*) juggler.

équinoxe [ekinɔks(ə)] *nm* equinox.

équipage [ekipaʒ] *nm* (*Aviat*) (air)crew; (*Naut*) crew; (†) [*seigneur, chevaux*] equipage†.

équipe [ekip] *nf* (*Sport, gén*) team; [*rameurs*] crew; [*ouvriers*] gang; (*par roulement*) shift; (*: péj, fig*) bunch*, crew*. ~ **de secours** rescue party; ~ **de nuit** night shift; **faire** ~ **avec** to team up with. ♦ **équipier, -ière** *nm,f* (*Sport*) team member.

équipée [ekipe] *nf* [*prisonnier*] escape; [*aventurier*] undertaking, venture; [*promeneur*] jaunt.

équiper [ekipe] (1) *vt* (*gén*) to equip; *local* to fit out; *sportif* to kit out (*de* with). ~ **une machine de** to fit a machine out with; **s'~** [*sportif*] to equip o.s., kit o.s. out. ♦ **équipement** *nm* (*action*) equipping; fitting out; kitting out (*de* with); (*matériel*) equipment, kit. **l'~ hôtelier d'une région** the hotel resources of a region.

équitable [ekitabl(ə)] *adj jugement* equitable, fair; *personne* fair. ♦ **équitablement** *adv* equitably, fairly.

équitation [ekitɑsjɔ̃] *nf* (horse-)riding.

équité [ekite] *nf* equity.

équivalence [ekivalɑ̃s] *nf* equivalence.

équivalent, e 1 *adj* equivalent (*à* to). **à prix** ~ for the same *ou* equivalent price. **2** *nm* equivalent (*de* of). ♦ **équivaloir** (29) *vi* to be equivalent (*à* to).

équivoque [ekivɔk] **1** *adj* (*ambigu*) equivocal, ambiguous; (*louche*) dubious. **2** *nf* (*ambiguïté*) ambiguity; (*incertitude*) doubt; (*malentendu*) misunderstanding. **sans** ~ *conduite* unequivocal.

érable [eʀabl(ə)] *nm* maple.

érafler [eʀafle] (1) *vt* to scratch, graze. ♦ **éraflure** *nf* scratch, graze.

éraillé, e [eʀaje] *adj voix* rasping, hoarse.

ère [εʀ] *nf* era. **avant notre** ~ B.C.; **de notre** ~ A.D.

érection [eʀεksjɔ̃] *nf* (*lit*) erection; [*société etc*] setting-up.

éreinter [eʀε̃te] (1) *vt* (*épuiser*) to exhaust, wear out; (*critiquer*) to pull to pieces. ♦ **éreintant, e** *adj* exhausting, back-breaking. ♦ **éreinté, e** *adj* worn out, shattered*.

ergot [εʀgo] *nm* [*coq*] spur.

ergoter [εʀgɔte] (1) *vi* to quibble (*sur* about). ♦ **ergotage** *nm:* ~(s) quibbling. ♦ **ergoteur, -euse** *nm,f* quibbler.

ériger [eʀiʒe] (3) *vt bâtiment* to erect; *société etc* to set up. ~ **ses habitudes en doctrine** to give one's habits the status of a doctrine; **il s'érige en maître** he sets himself up as a master.

ermite [εʀmit] *nm* hermit. ♦ **ermitage** *nm* hermitage; (*fig*) retreat.

éroder [eʀɔde] (1) *vt* to erode. ♦ **érosion** *nf* erosion.

érotisme [eʀɔtism(ə)] *nm* eroticism. ♦ **érotique** *adj* erotic.

errer [eʀe] (1) *vi* (*littér*) **(a)** [*voyageur, regard*] to wander, roam (*sur* over); [*sourire*] to hover. **(b)** (*se tromper*) to err. ♦ **errant, e** *adj* (*gén*) wandering. **chien** ~ stray dog.

erreur [eʀœʀ] *nf* **(a)** (*gén*) mistake, error. ~ **de calcul** miscalculation; ~ **typographique** misprint, typographical error; ~ **de sens** wrong meaning; ~ **de traduction** mistranslation; ~ **judiciaire** miscarriage of justice; **sauf** ~ unless I'm (very much) mistaken; **par** ~ by mistake; **faire** ~ to be wrong *ou* mistaken; **l'~ est humaine** to err is human. **(b)** (*dérèglements*) ~s errors; ~**s de jeunesse** errors of youth. ♦ **erroné, e** *adj* erroneous.

ersatz [εʀzats] *nm* (*lit, fig*) ersatz.

érudit, e [eʀydi, it] **1** *adj* erudite, scholarly. **2** *nm,f* scholar. ♦ **érudition** *nf* erudition, scholarship.

éruption [eʀypsjɔ̃] *nf* eruption. **entrer en** ~ to erupt.

ès [εs] *prép:* **licencié** ~ **lettres** = Bachelor of Arts.

escabeau, *pl* **~x** [εskabo] *nm* (*tabouret*) stool; (*échelle*) stepladder.

escadre [εskadʀ(ə)] *nf* (*Naut*) squadron; (*Aviat*) wing. ♦ **escadrille** *nf* (*Aviat*) flight. ♦ **escadron** *nm* (*Mil*) squadron; (*fig: bande*) crowd.

escalader [εskalade] (1) *vt* to climb; *forteresse* to scale. ♦ **escalade** *nf* (*action*) climbing; scaling; (*Pol etc*) escalation. (*sport*) **l'~** (rock) climbing; **une belle** ~ a beautiful climb.

escale [εskal] *nf* (**a**) (*endroit*) (*Naut*) port of call; (*Aviat*) stop. **faire** ~ **à** (*Naut*) to call at; (*Aviat*) to stop over at. **(b)** (*temps d'arrêt*) (*Naut*) call; (*Aviat*) stop. **vol sans** ~ non-stop flight; (*Aviat*) ~ **technique** refuelling stop.

escalier [εskalje] *nm* (*marches*) stairs; (*cage*) staircase. **dans l'~** on the stairs; ~ **de service** backstairs; ~ **roulant** escalator; ~ **de secours** fire escape.

escalope [εskalɔp] *nf* escalope.

escamoter [εskamɔte] (1) *vt cartes etc* to conjure away; *difficulté, question* to evade; *mot* to skip; (*: voler*) to pinch*; (*Aviat*) to retract. ♦ **escamotable** *adj* (*gén*) retractable; *lit* collapsible, fold-away. ♦ **escamotage** *nm* [*train d'atterrissage*] retraction. ♦ **escamoteur, -euse** *nm,f* conjurer.

escapade [ɛskapad] *nf* (*promenade*) jaunt. [*écolier*] **faire une** ~ to run away.
escargot [ɛskaʀgo] *nm* snail.
escarmouche [ɛskaʀmuʃ] *nf* (*lit, fig*) skirmish.
escarpé, e [ɛskaʀpe] *adj* steep. ♦ **escarpement** *nm* (*côte*) steep slope.
escarpin [ɛskaʀpɛ̃] *nm* flat shoe.
escient [ɛsjɑ̃] *nm*: **à bon** ~ advisedly; **à mauvais** ~ ill-advisedly.
esclaffer (s') [ɛsklafe] (1) *vpr* to burst out laughing.
esclandre [ɛsklɑ̃dʀ(ə)] *nm* scene.
esclave [ɛsklav] *nm* slave (*de qn/qch* to sb/sth). ♦ **esclavage** *nm* slavery. **réduire en** ~ to enslave. ♦ **esclavagisme** *nm* proslavery.
escompte [ɛskɔ̃t] *nm* discount. ♦ **escompter** (1) *vt* to discount; (*fig*) to expect.
escorte [ɛskɔʀt(ə)] *nf* (*gén*) escort. **sous bonne** ~ under escort. ♦ **escorter** (1) *vt* to escort.
escouade [ɛskwad] *nf* (*gén, Mil*) squad.
escrime [ɛskʀim] *nf* fencing. **faire de l'**~ to fence. ♦ **escrimer (s')** (1) *vpr*: **s'**~ **à faire qch** to wear o.s. out doing sth. ♦ **escrimeur, -euse** *nm,f* fencer.
escroc [ɛskʀo] *nm* swindler. ♦ **escroquer** (1) *vt* to swindle. ~ **qch à qn** to swindle sb out of sth. ♦ **escroquerie** *nf* swindle; (*Jur*) fraud.
ésotérique [ezɔteʀik] *adj* esoteric.
espace [ɛspas] *nm* (*gén*) space. (*Phys*) ~**-temps** space time; ~ **de temps** space of time, interval; **manquer d'**~ to be short of space *ou* room; **laisser un** ~ **entre** to leave a space *ou* gap between; **en l'**~ **de 3 minutes** within the space of 3 minutes; ~ **parcouru** distance covered; ~**s verts** green spaces; ~ **vital** living space. ♦ **espacement** *nm* (*action*) spacing out; (*résultat*) spacing. ♦ **espacer** (3) **1** *vt* to space out. **2 s'**~ *vpr* to become less frequent.
espadon [ɛspadɔ̃] *nm* swordfish.
espadrille [ɛspadʀij] *nf* rope-soled sandal.
Espagne [ɛspaɲ] *nf* Spain. ♦ **espagnol, e 1** *adj* Spanish. **2** *nm* (*Ling*) Spanish. **3** *nm(f)*: **E**~**(e)** Spaniard.
espèce [ɛspɛs] *nf* (**a**) (*Bio, Philos, Rel*) species. ~ **humaine** human race. (**b**) (*sorte*) sort, kind, type. **ça n'a aucune** ~ **d'importance** that is of absolutely no importance; **de la pire** ~ of the worst kind *ou* sort; **une** *ou* **un** ~ **d'excentrique** an eccentric sort of person; ~ **de maladroit!** you clumsy clot!* (**c**) (*Fin*) ~**s** cash; **en** ~**s** in cash.
espérance [ɛspeʀɑ̃s] *nf* hope. **dans l'**~ **de faire** hoping to do, in the hope of doing; **contre toute** ~ against all expectations *ou* hope; **donner de grandes** ~**s** to show great promise; **avoir de grandes** ~**s (d'avenir)** to have great prospects; **garder l'**~ **de pouvoir** ... to remain hopeful of being able to ...; ~ **de vie** life expectancy, expectation of life.
espérer [ɛspeʀe] (6) **1** *vt* **succès etc** to hope for. ~ **réussir** to hope to succeed; – **je l'espère (bien)** – I hope so; **ceci nous laisse** ~ **un succès rapide** this gives us hope of quick success; **j'espère bien n'avoir rien oublié** I hope I haven't forgotten anything. **2** *vi* (*avoir confiance*) to have faith. **il faut** ~ **you must have faith;** ~ **en Dieu etc** to trust in.
espiègle [ɛspjɛgl(ə)] **1** *adj* **enfant** mischievous; **air** roguish. **2** *nmf* imp. ♦ **espièglerie** *nf* mischievousness; roguishness; (*tour*) prank.
espion, -onne [ɛspjɔ̃, ɔn] *nm,f* spy. ♦ **espionnage** *nm* espionage, spying. **film d'**~ spy film. ♦ **espionner** (1) *vt* to spy on.
esplanade [ɛsplanad] *nf* esplanade.
espoir [ɛspwaʀ] *nm* (*gén*) hope. **dans l'**~ **de vous voir** hoping to see *ou* in the hope of seeing you; **avoir l'**~ **que** to be hopeful that; **avoir bon** ~ **de faire/que** to be confident of doing/that; **sans** ~ **situation** hopeless; **aimer** without hope.
esprit [ɛspʀi] **1** *nm* (**a**) (*gén: pensée*) mind. **avoir**

l'~ **large/étroit** to be broad-/narrow-minded; **à l'**~ **lent** slow-witted; **avoir l'**~ **clair** to have a clear head *ou* mind; **où ai-je l'**~? what am I thinking of?; **il m'est venu à l'**~ **que** it crossed my mind that, it occurred to me that. (**b**) (*humour*) wit. **faire de l'**~ to try to be witty *ou* funny. (**c**) (*être humain*) person; (*savant*) mind; (*fantôme*) spirit. **c'est un** ~ **subtil** he is a shrewd man, he has a shrewd mind. (**d**) [*loi, époque, texte*] spirit. (**e**) (*aptitude*) **avoir l'**~ **d'analyse** to have an analytical mind; **avoir l'**~ **des affaires** to have a good head for business; **avoir l'**~ **critique** to have a critical eye; **avoir l'**~ **de critique** to be a faultfinder. (**f**) (*attitude*) spirit. **l'**~ **de cette classe** the attitude of this class; ~ **de clan** clannishness; ~ **de compétition/d'équipe** competitive/team spirit; **faire preuve de mauvais** ~ to be a disruptive influence. **2:** ~ **de contradiction** argumentativeness; ~ **de famille** family feeling; (*péj*) clannishness; ~ **frappeur** spirit-rapper; **l'**~ **malin** the Evil spirit; (*Rel*) **l'E**~ **Saint** the Holy Ghost; ~ **de suite** consistency of thought.
esquimau, -aude, *mpl* ~**x** [ɛskimo, od] **1** *adj* Eskimo. **2** *nm* (*Ling*) Eskimo; (*glace*) choc-ice; (*chien*) husky. **3** *nm(f)*: **E**~**(de)** Eskimo.
esquinter* [ɛskɛ̃te] (1) **1** *vt* **objet** to mess up; **santé** to ruin; **adversaire** to bash up*; **voiture** to smash up; (*critiquer*) to pull to pieces. **2 s'**~ *vpr* to tire o.s. out (*à faire* doing).
esquisse [ɛskis] *nf* (*Peinture*) sketch; [*projet*] outline; [*geste*] suggestion. ♦ **esquisser** (1) *vt* to sketch (out); to outline. ~ **un geste** to half-make a gesture; **un progrès commence à s'**~ one can begin to detect some progress.
esquiver [ɛskive] (1) **1** *vt* **coup** to dodge; **question** to evade. **2 s'**~ *vpr* to slip *ou* sneak away. ♦ **esquive** *nf* dodge; evasion.
essai [ɛsɛ] *nm* (**a**) (*test*) (*action*) trying out; testing; (*épreuve*) test. (*Aut*) ~**s** trials; **prendre qn à l'**~ to take sb on for a trial period; **mettre à l'**~ to test (out), put to the test; (*première utilisation*) **faire l'**~ **d'un produit** to try out a product. (**b**) (*tentative*) attempt, try; (*Sport*) attempt. **premier** ~ first try *ou* attempt *ou* go. (**c**) (*Rugby*) try. (**d**) (*Littérat*) essay.
essaim [ɛsɛ̃] *nm* (*lit, fig*) swarm. ♦ **essaimer** [eseme] (1) *vi* (*lit*) to swarm; [*famille*] to scatter; [*firme*] to spread.
essayer [eseje] (8) **1** *vt* (**a**) (*tester*) to test (out), try (out); (*pour la première fois*) to try (out); **vêtement** to try on. (**b**) (*tenter*) to try. ~ **de faire** to try *ou* attempt to do; **essaie de le faire** to try to do it, try and do it; **je vais** ~ I'll try, I'll have a go *ou* a try. **2 s'**~ *vpr*: **s'**~ **à qch/à faire** to try one's hand at sth/at doing. ♦ **essayage** *nm* (*Couture*) fitting.
essence [esɑ̃s] *nf* (**a**) (*carburant*) petrol, gas(oline) (*US*); (*solvant*) spirit. ~ **minérale** mineral oil. (**b**) (*extrait*) [*plantes etc*] oil, essence. ~ **de rose** rose oil. (**c**) (*question, doctrine*) gist, essence; (*Philos*) essence. **par** ~ in essence, essentially. (**d**) (*espèce*) species.
essentiel, -elle [esɑ̃sjɛl] **1** *adj* (*indispensable*) essential (*à, pour* for); (*de base*) essential, basic. **2** *nm*: **l'**~ (*objets nécessaires*) the basic essentials; (*points principaux*) the essentials, the essential *ou* basic points; (*l'important*) the main thing; **l'**~ **de** the main part of; **l'**~ **de ce qu'il dit** most of what he says. ♦ **essentiellement** *adv* essentially; basically.
essieu, *pl* ~**x** [esjø] *nm* axle(-tree).
essor [esɔʀ] *nm* [*oiseau, imagination*] flight; [*pays*] expansion; [*art*] blossoming. **prendre son** ~ [*oiseau*] to fly off; [*société*] to expand rapidly.
essorer [esɔʀe] (1) *vt* (*manuellement*) to wring (out); (*force centrifuge*) to spin-dry. ♦ **essorage** *nm* wringing; spin-drying. ♦ **essoreuse** *nf* wringer; spin-dryer.
essouffler [esufle] (1) **1** *vt* to make breathless.

être essoufflé to be out of breath. **2 s'~** *vpr [coureur]* to get out of breath; *[travail]* to fall off; *[romancier]* to exhaust o.s. ♦ **essoufflement** *nm* breathlessness.

essuyer [esɥije] (8) **1** *vt* (a) *(gén)* to wipe; *tableau noir* to clean, wipe; *poussière* to dust; *eau* to wipe up, mop up. **s'~ les mains** to wipe one's hands (dry), dry one's hands; **~ la vaisselle** to wipe *ou* dry up; **nous avons essuyé les plâtres*** we had a lot of teething troubles. (b) *pertes, reproches* to suffer; *refus* to meet with; *tempête* to weather. **~ le feu de l'ennemi** to come under enemy fire; **~ un coup de feu** to be shot at. **2 s'~** *vpr [baigneur]* to dry o.s. **3: essuie-glace** *nm inv* windscreen *ou* windshield (*US*) wiper; **essuie-mains** *nm inv* hand towel.

est¹ [ɛ] *V* **être**.

est² [ɛst] **1** *nm* east. **vent d'~** east wind; **à l'~** *(situation)* in the east; *(direction)* to the east, east(wards); **à l'~ de** east of, to the east of; *(Pol)* **les pays de l'E~** the eastern countries. **2** *adj inv région* eastern; *côté* east; *direction* eastward, easterly.

estafilade [ɛstafilad] *nf* slash.

estaminet† [ɛstaminɛ] *nm* tavern†.

estampe [ɛstɑ̃p] *nf* *(image)* engraving, print; *(outil)* stamp.

estamper [ɛstɑ̃pe] (1) *vt* (*:* *voler*) to swindle, diddle* *(de qch* out of sth); *(Tech)* to stamp.

estampille [ɛstɑ̃pij] *nf* stamp.

esthétique [ɛstetik] **1** *adj jugement* aesthetic; *carrosserie* attractive. **2** *nf* attractiveness. *(discipline)* **l'~** aesthetics *(sg)*; **l'~ industrielle** industrial design. ♦ **esthète** *nmf* aesthete. ♦ **esthéticien, -ienne** *nm,f* *(Méd)* beautician. ♦ **esthétiquement** *adv* aesthetically. ♦ **esthétisme** *nm* aestheticism.

estimer [ɛstime] (1) *vt* (a) *objet* to appraise, value; *distance, dégâts, prix* to assess, estimate. (b) *(respecter) personne* to esteem. **estimé de tous** respected *ou* esteemed by everyone. (c) *qualité* to value greatly, prize. **savoir ~ un service rendu** to know how to appreciate a favour; **c'est un plat très estimé** this dish is considered a great delicacy. (d) *(considérer)* **~ que ...** to consider that ...; **nous estimons nécessaire de dire** we consider it necessary to say; **~ inutile de faire** to see no point in doing, consider it pointless to do; **s'~ heureux d'un résultat** to consider o.s. fortunate with a result. ♦ **estimable** *adj (respectable)* estimable; *(assez bon)* honest, sound; *(déterminable)* assessable. ♦ **estimation** *nf* appraisal, valuation; assessment, estimation; *(chiffre)* estimate. ♦ **estime** *nf* (a) *(considération)* esteem, respect. (b) *(Naut)* **à l'~** by dead reckoning.

estival, e, *mpl* **-aux** [ɛstival, o] *adj* summer. ♦ **estivant, e** *nm,f* holiday-maker.

estomac [ɛstɔma] *nm* (a) stomach. **partir l'~ creux** to set off on an empty stomach; **avoir l'~ creux/bien rempli** to feel empty/full (up). (b) (*:*) **avoir de l'~** *(du culot)* to have a nerve; *(du courage)* to have guts*; **il lui a fait ça à l'~** he hoodwinked him.

estomaquer* [ɛstɔmake] (1) *vt* to stagger*.

estomper [ɛstɔ̃pe] (1) **1** *vt dessin* to shade off; *contours, souvenir* to blur. **2 s'~** *vpr* to become blurred.

estourbir‡ [ɛsturbiʀ] (2) *vt (assommer)* to stun; *(tuer)* to do in‡.

estrade [ɛstʀad] *nf* platform, rostrum.

estragon [ɛstʀagɔ̃] *nm* tarragon.

estropier [ɛstʀɔpje] (7) *vt personne* to cripple, disable; *citation* to twist, distort; *langue étrangère, musique* to murder. ♦ **estropié, e** *nm,f* cripple.

estuaire [ɛstɥɛʀ] *nm* estuary.

estudiantin, e [ɛstydjɑ̃tɛ̃, in] *adj* student.

esturgeon [ɛstyʀʒɔ̃] *nm* sturgeon.

et [e] *conj* and. **~ lui ~ vous** both he and you; **j'aime beaucoup ça, ~ vous?** I'm very fond of that, aren't you? *ou* what about you?; **~ moi alors?** what about me then?; **~ puis** and then; *(qu'importe)* so what?*; **~ moi, je peux venir?** can I come too?; **vingt/trente** *etc* **~ un** twenty-/thirty-*etc* one; **à midi ~ quart** at a quarter past twelve; **le vingt ~ unième** the twenty-first.

étable [etabl(ə)] *nf* cowshed.

établi [etabli] *nm* workbench.

établir [etabliʀ] (2) **1** *vt* (a) *(gén)* to establish; *usine, record, communications* to set up; *règlement* to lay down, institute. **~ son camp/Q.G. dans** to pitch one's camp/set up one's H.Q. in; **~ son fils médecin** to set one's son up *ou* establish one's son in medical practice; **~ son pouvoir sur le pays** to establish control over the country; **il est établi que** it's an established fact that. (b) *empire, fortune* to build up; *démonstration* to base *(sur* on). (c) *liste* to draw up, make out; *programme* to arrange; *chèque* to make out; *plans* to draw up; *prix* to fix.

2 s'~ *vpr [commerçant, colon]* to establish o.s; *[usage]* to become customary; *[pouvoir]* to become established; *[amitié, contacts]* to develop. **une nouvelle usine s'est établie** a new factory has been set up; **l'ennemi s'est établi sur la colline** the enemy has taken up position on the hill; **s'~ boulanger** to set o.s. up as a baker; **un grand silence s'établit** a great silence fell.

♦ **établissement** *nm* (a) *(action)* establishing; setting-up; institution; laying-down; building up; basing; drawing-up; making-out; arranging; fixing; development. (b) *(bâtiment)* establishment; *(colonie)* settlement. **~ hospitalier** hospital; **~ religieux** religious institution; **~ industriel** factory; **avec les compliments des ~s** X with the compliments of X and Co.

étage [etaʒ] *nm [bâtiment]* floor, storey; *[fusée]* stage; *[mine, jardin]* level; *[gâteau]* tier. **au premier ~** on the first floor; **maison à deux ~s** three-storeyed house; **il grimpa 3 ~s** he went up *ou* walked up 3 floors *ou* flights. ♦ **étagement** *nm* terracing. ♦ **étager** (3) **1** *vt* to lay out in tiers. **2 s'~** *vpr* to rise in tiers *ou* terraces. ♦ **étagère** *nf (tablette)* shelf; *(meuble)* shelves.

étai [etɛ] *nm (gén, Naut)* stay.

étain [etɛ̃] *nm (Min)* tin; *(Orfèvrerie) (matière)* pewter; *(objet)* piece of pewterware.

étal [etal] *nm* stall.

étalage [etalaʒ] *nm* (a) *(Comm) (action)* displaying; *(devanture)* shop window; *(tréteaux)* stand; *(articles)* display. **disposer l'~** to dress the window; **chemise qui a fait l'~** shop-soiled shirt. (b) *[luxe, connaissances]* display, show. **faire ~ de** to show off. ♦ **étalagiste** *nmf* window dresser.

étale [etal] *adj mer, situation* slack.

étaler [etale] (1) **1** *vt* (a) *objets* to spread *(sur* over); *journal* to spread out *(sur* on); *marchandise* to display, lay out *(sur* on). **~ ses cartes** to display one's cards. (b) *beurre, peinture* to spread *(sur* on); *crème solaire* to apply. (c) *paiements* to spread; *vacances* to stagger *(sur* over). **étalez vos envois** space out your consignments. (d) *luxe, savoir* to flaunt; *malheurs* to make a show of. **2 s'~** *vpr [plaine, cultures]* to stretch out; *[vacances]* to be staggered *(sur* over); *[vaniteux]* to flaunt o.s. **son ignominie s'étale au grand jour** his ignominy is plain for all to see; **s'~ sur un divan** to sprawl on a divan; **étalé sur le tapis** sprawling on *ou* stretched out on the carpet; **s'~ (par terre)*** to fall flat on one's face*. ♦ **étalement** *nm* spreading; spreading-out; displaying; laying-out; application; staggering.

étalon [etalɔ̃] *nm (mesure)* standard; *(fig)* yardstick; *(cheval)* stallion. **~-or** gold standard.

étamine [etamin] *nf (Bot)* stamen.

étanche [etɑ̃ʃ] *adj vêtements, montre* waterproof;

compartiment, *(fig)* watertight. ~ **à l'air** airtight.
♦ **étanchéité** *nf* waterproofness; watertightness; airtightness.
étancher [etɑ̃ʃe] (1) *vt sang* to stem; *soif* to quench, slake.
étang [etɑ̃] *nm* pond.
étape [etap] *nf (gén)* stage; *(but) (gén)* stop; *(Sport)* stopover point. **faire** ~ **à** to stop off at; **par petites** ~**s** in easy stages.
état [eta] *nm* **(a)** *[personne]* state. ~ **(de santé)** health; ~ **de veille** waking state; ~ **d'âme** mood; ~ **d'esprit** frame *ou* state of mind; **il n'est pas en** ~ **de le faire** he's in no condition *ou* (fit) state to do it; **il était dans tous ses** ~**s** he was all worked up* *ou* in a terrible state; **il n'était pas dans son** ~ **normal** he wasn't his normal self. **(b)** *[connaissances, corps chimique]* state. **(situation)** ~ **d'alerte/de siège/d'urgence** state of alert/of siege/of emergency; ~ **de choses** situation; **quel est l'**~ **de la question?** where *ou* how do things stand in the matter?, what stage have things reached? **(c)** *[objet]* condition, state. **en bon/ mauvais** ~ in good/poor *ou* bad condition; *(Naut)* **en** ~ **de naviguer** sea-worthy; **en** ~ **de marche** in working order; **remettre en** ~ to repair, do up; **sucre à l'**~ **brut** sugar in its raw *ou* unrefined state; **à l'**~ **(de) neuf** as good as new. **(d)** *(nation)* state. **(e)** (†: *métier*) profession, trade; *(statut social)* station. **tailleur de son** ~ tailor by trade; ~ **civil** civil status. **(f)** *(comptes)* statement, account; *(inventaire)* inventory. ~**s de service** service record. **(g) faire** ~ **de** *ses services etc* to instance, put forward; **mettre en** ~ **d'arrestation** to put under arrest; **en tout** ~ **de cause** in any case; **c'est un** ~ **de fait** it is an established fact; **en** ~ **d'ivresse** in a drunken state, under the influence (of drink); **mettre qn hors d'**~ **de nuire** to make sb harmless.
♦ **étatisé, e** *adj* state-controlled. ♦ **étatiser** (1) *vt* to establish state control over. ♦ **état-major**, *pl* ~**s.**~**s** *nm (officiers)* staff; *(bureaux)* staff headquarters; *[parti politique]* administrative staff; *[entreprise]* top management. ♦ **États-Unis** *nmpl*: **les** ~ **(d'Amérique)** the United States (of America).
étau, *pl* ~**x** [eto] *nm (Tech)* vice. *(fig)* **l'**~ **se resserre** the noose is tightening; **se trouver pris comme dans un** ~ to find o.s. caught in a stranglehold.
étayer [eteje] (8) *vt mur* to prop up; *(fig) théorie* to support. ♦ **étayage** *nm* propping-up.
et cetera [ɛtsetera] *locution* et cetera, and so on (and so forth).
été [ete] *nm* summer. ~ **de la Saint-Martin** Indian summer; **en** ~ in (the) summer *ou* summertime.
éteindre [etɛ̃dʀ(ə)] (52) **1** *vt* **(a)** *flamme* to put out, extinguish; *bougie* to blow out; *gaz, lampe, radio* to turn off, switch off; *pièce* to put out the lights in. **laisse** ~ **le feu** let the fire go out; **tous feux éteints** without lights. **(b)** *colère* to subdue; *envie* to kill; *soif* to quench. **2 s'**~ *vpr [agonisant]* to pass away, die; *[colère]* to abate; *[amour]* to die; *[feu, gaz etc]* to go out; *[dette]* to be nullified; *[famille]* to die out. ♦ **éteint, e** *adj couleur* faded; *race, volcan* extinct; *regard* dull; *voix* faint. **c'est un homme** ~ he's a broken man.
étendard [etɑ̃daʀ] *nm (lit, fig)* standard.
étendre [etɑ̃dʀ(ə)] (41) **1** *vt* **(a)** *journal* to spread out; *beurre, ailes* to spread; *bras, blessé* to stretch out. ~ **du linge** *(sur un fil)* to hang out *ou* hang up the washing; **étendu sur le sol** stretched (out) *ou* lying on the ground. **(b)** (*) *adversaire* to floor*; *candidat* to fail. **se faire** ~ to be flattened*. **(c)** *(agrandir) (gén)* to extend *(sur* over); *domaine* to expand; *fortune* to increase; *vocabulaire* to widen. **cette mesure s'étend à tous** this measure applies to everyone. **(d)** *vin, sauce* to let down *(de* with).

2 s'~ *vpr* **(a)** *(s'allonger)* to stretch out; *(se reposer)* to lie down; *(fig: en expliquant)* to elaborate *(sur* on). **(b)** *[forêt, travaux]* to stretch, extend *(sur* over). **la plaine s'étendait à perte de vue** the plain stretched away as far as the eye could see. **(c)** *[brouillard, épidémie]* to spread; *[pouvoirs, parti, fortune]* to expand; *[connaissances, vocabulaire]* to widen. ♦ **étendu, e**¹ *adj (gén)* wide; *vocabulaire, pouvoirs* extensive, wide. ♦ **étendue**² *nf* **(a)** *(surface)* area; *(durée)* duration, length. **sur une** ~ **de** over an area of; **over a period of; grande** ~ **de sable** large stretch *ou* expanse of sand; **l'**~ **du territoire** the size *ou* extent of the territory. **(b)** *(importance)* extent; *[connaissances]* range, scope. **(c)** *(Mus)* range; *(Philos)* extent.
éternel, -elle [etɛʀnɛl] *adj (Philos, Rel)* eternal; *(sans fin)* eternal, everlasting; *(perpétuel)* perpetual. **soucis** ~**s** never-ending worries; **son** ~ **chapeau sur la tête*** the inevitable hat on his head. **2** *nm (Rel)* **l'É**~ the Eternal, the Everlasting; *(hum)* **grand joueur devant l'É**~ inveterate gambler. ♦ **éternellement** *adv* eternally; everlastingly; perpetually.
éterniser [etɛʀnize] (1) **1** *vt débats* to drag *ou* draw out. **2 s'**~ *vpr [attente]* to drag on; *[visiteur]* to linger too long. **on ne peut pas s'**~ **ici** we can't stay here for ever.
éternité [etɛʀnite] *nf* eternity. **il y a des** ~**s que tu m'as promis cela** you promised me that ages ago; **ça a duré une** ~ it lasted for ages; **de toute** ~ from time immemorial; **pour l'**~ to all eternity.
éternuer [etɛʀnɥe] (1) *vi* to sneeze.
♦ **éternuement** *nm* sneeze.
éther [etɛʀ] *nm (Chim, Poésie)* ether.
Éthiopie [etjɔpi] *nf* Ethiopia. ♦ **éthiopien, -ienne** *adj*, **É**~**(ne)** *nm(f)* Ethiopian.
éthique [etik] **1** *adj* ethical. **2** *nf (Philos)* ethics *(sg)*; *(code moral)* moral code.
ethnie [ɛtni] *nf* ethnic group. ♦ **ethnique** *adj* ethnic.
ethnologie [ɛtnɔlɔʒi] *nf* ethnology. ♦ **ethnologique** *adj* ethnological. ♦ **ethnologue** *nmf* ethnologist.
étinceler [etɛ̃sle] (4) *vi [diamant, lame]* to sparkle, glitter; *[étoile]* to twinkle; *[esprit, beauté]* to sparkle. *[yeux]* ~ **de colère** to glitter *ou* flash with anger; ~ **de joie** to sparkle *ou* shine with joy. ♦ **étincelle** *nf* **(a)** *(incandescente)* spark. **jeter des** ~**s** to throw out sparks; *(fig)* **faire des** ~**s*** *[élève]* to shine; *[dispute]* to make the sparks fly. **(b)** *[lame, regard]* flash, glitter; *[raison]* glimmer. ~ **de génie** spark *ou* flash of genius. ♦ **étincellement** *nm* sparkle; glitter; twinkling; flash; shining.
étioler [etjɔle] (1) **1** *vt plante* to blanch; *personne* to weaken. **2 s'**~ *vpr [plante]* to wilt; *[personne]* to wither away. ♦ **étiolement** *nm* blanching; weakening; wilting; withering away.
étiquette [etikɛt] *nf* label. *(protocole)* **l'**~ etiquette. ♦ **étiquetage** [etiktaʒ] *nm* labelling. ♦ **étiqueter** [etikte] (4) *vt* to label.
étirer [etire] (1) **1** *vt* to stretch; *métal* to draw out. **2 s'**~ *vpr [personne]* to stretch; *[convoi, route]* to stretch out.
étoffe [etɔf] *nf* material, fabric. *(fig)* **avoir l'**~ **de** to have the makings of; **avoir de l'**~ to have a strong personality.
étoffer [etɔfe] (1) **1** *vt style* to enrich; *discours* to fill out. **2 s'**~ *vpr [personne]* to fill out.
étoile [etwal] *nf* star. ~ **filante** shooting star; ~ **polaire** pole *ou* north star; ~ **du berger** evening star; ~ **de mer** starfish; **sans** ~ starless; **à la clarté des** ~**s** by starlight; **dormir à la belle** ~ to sleep out in the open; *(hôtel)* **trois** ~**s** three-star hotel; ~ **de la danse** dancing star; **avoir foi en son** ~ to trust one's lucky star; **né sous une bonne/ mauvaise** ~ born under a lucky/an unlucky

star; **son** ~ **a pâli** his star has set. ♦ **étoilé, e** *adj nuit* starry, starlit; *ciel* starry.

étole [etɔl] *nf (Rel, gén)* stole.

étonner [etɔne] (1) **1** *vt* to surprise, amaze, astonish. **2 s'~** *vpr* to be amazed, wonder, marvel *(de qch* at sth, *de voir* at seeing, *que* + *subj* that). ♦ **étonnamment** *adv* surprisingly, amazingly, astonishingly. ♦ **étonnant, e** *adj (surprenant)* surprising, amazing, astonishing; *(remarquable) personne* amazing, incredible. **l'~ est que the** astonishing *ou* amazing thing is that; **vous êtes ~** you're incredible *ou* amazing. ♦ **étonnement** *nm* surprise, amazement, astonishment.

étouffer [etufe] (1) **1** *vt* **(a)** *[assassin]* to smother; *[chaleur]* to suffocate; *[sanglots, aliment]* to choke. **les scrupules ne l'étouffent pas** he isn't hampered by scruples. **(b)** *bruit* to muffle; *bâillement, cris* to smother, suppress, stifle. **(c)** *scandale* to hush up; *rumeurs, sentiments* to stifle; *révolte* to put down, quell. **(d)** *flammes* to extinguish; *feu* to put out, smother. **2** *vi (mourir)* to die of suffocation, *(fig)* to suffocate. ~ **de colère** to choke with anger; ~ **de chaleur** to be overcome with the heat. **3 s'~** *vpr (mourir)* to suffocate; *(en mangeant)* to choke. ♦ **étouffant, e** *adj* stifling. ♦ **étouffé, e**[1] *adj rire* suppressed; *voix* subdued; *rumeur* muffled. ♦ **étouffée**[2] *nf:* **cuire à l'~** *poisson, légumes* to steam; *viande* to braise. ♦ **étouffement** *nm* **(a)** *(mort)* suffocation. *(Méd)* **sensation d'~** feeling of suffocation. **(b)** *(action)* hushing-up; stifling; suppression.

étoupe [etup] *nf [lin]* tow; *[cordes]* oakum.

étourdir [eturdir] (2) *vt [coup]* to stun, daze; *[bruit]* to deafen. ~ **qn** *[altitude, vin]* to make sb dizzy; *[succès]* to go to sb's head; **s'~ de paroles** to get drunk on words. ♦ **étourderie** *nf (caractère)* thoughtlessness, heedlessness; *(faute)* thoughtless blunder. ♦ **étourdi, e 1** *adj* thoughtless, heedless. **2** *nm,f* scatterbrain. ♦ **étourdiment** *adv* thoughtlessly. ♦ **étourdissant, e** *adj bruit* deafening; *succès, beauté* stunning; *rythme* intoxicating. ♦ **étourdissement** *nm (syncope)* blackout; *(vertige)* dizzy spell; *(littér: griserie)* intoxication. **ça me donne des** ~s it makes me feel dizzy.

étourneau, *pl* ~**x** [eturno] *nm (Orn)* starling; *(*: distrait)* scatterbrain.

étrange [etrɑ̃ʒ] *adj* strange; *(bizarre)* odd, queer. **et chose** ~ strangely enough. ♦ **étrangement** *adv* strangely, oddly; *(étonnamment)* surprisingly, amazingly.

étranger, -ère [etrɑ̃ʒe, ɛʀ] **1** *adj* **(a)** *(autre pays)* foreign. **être** ~ to be a foreigner, come from abroad. **(b)** *(autre groupe)* strange *(à* to). **être** ~ **à un groupe** not to belong to a group, be an outsider; **entrée interdite à toute personne** ~**ère** no entry for unauthorized persons. **(c)** *(inconnu)* strange, unfamiliar *(à* to). **son nom ne m'est pas** ~ his name is not unknown *ou* not unfamiliar to me. **(d)** *donnée, fait* extraneous *(à* to). ~ **au sujet** irrelevant to the subject; **être** ~ **à un complot** to have nothing to do with a plot. **(e)** *(Méd, fig)* **corps** ~ foreign body. **2** *nm,f (autre pays)* foreigner; *(péj, Admin)* alien; *(inconnu)* stranger. **3** *nm (pays)* **l'**~ foreign parts; **vivre à l'**~ to live abroad *ou* in a foreign country.

étrangeté [etrɑ̃ʒte] *nf* strangeness, oddness, queerness; *(événement)* odd *ou* strange event.

étrangler [etrɑ̃gle] (1) **1** *vt* **(a)** *(tuer)* to strangle, throttle. **(b)** *[rage etc]* to choke. **voix étranglée par l'émotion** voice choking with emotion. **(c)** *presse* to strangle, stifle; *(financièrement)* ~ **qn** to bleed sb white. **(d)** *(resserrer)* to squeeze. **taille étranglée** tightly constricted waist. **2 s'~** *vpr* **(a)** **s'~ de rire/en mangeant** to choke with laughter/whilst eating. **(b)** *[voix]* to catch in one's throat. **(c)** *[rue]* to narrow. ♦ **étranglement** *nm [victime]* strangulation; *[presse]* stifling; *[vallée]*

neck; *[rue]* bottleneck; *[taille]* constriction; *[voix]* strain. ♦ **étrangleur, -euse** *nm,f* strangler.

être [etr(ə)] (61) **1** *vb copula* **(a)** *(gén)* to be. **elle veut** ~ **médecin** she wants to be a doctor; **soyez sages!** be good!; **si j'étais vous** if I were you; **nous sommes 10 à vouloir partir** there are 10 of us wanting *ou* who want to go. **(b)** *(date)* **nous sommes le 12 janvier** it is January 12th. **(c)** *(appartenance)* **à qui est ce livre?** – **il est à moi** whose book is this? – it's mine *ou* it belongs to me; **je suis à vous** I'll be with you; **c'était à elle de protester** it was up to her to protest; ~ **de l'expédition** to take part in the expedition; **je ne pourrai pas** ~ **des vôtres jeudi** I shan't be able to join you on Thursday. **(d)** *(état, fait etc)* to be. **il n'est pas à son travail** his mind is not on his work; **il est au travail** he is working; **elle n'y est pour rien** it has nothing to do with her; **je suis pour dormir ici** I am for sleeping here*, I am in favour of sleeping here.

2 *vb aux* **(a)** *(temps composés actifs)* **est-il venu?** has he come?; **il est passé hier** he came yesterday. **(b)** *(passif)* ~ **fabriqué par ...** to be made by ...; **il a été blessé** he was injured. **(c)** *(avec à + infin)* **le poisson est à manger tout de suite** the fish is to be eaten *ou* must be eaten at once; **il est à travailler** he is busy working; **elle est toujours à le taquiner** she's forever teasing him.

3 *vi* **(a)** *(exister)* to be. **que la lumière soit** let there be light; **un menteur s'il en est a** liar if ever there was one. **(b)** *(habiter)* **il est maintenant à Lille** he now lives *ou* he is now in Lille; **elle n'y est pour personne** she is not at home *ou* available to anyone. **(c)** **(*:** *être allé)* **il n'avait jamais été à Londres** he'd never been to London; **j'ai été en Italie l'an dernier** I went to Italy last year.

4 *vb impers* **(a)** *(avoir atteint)* **en** ~ **à la page 9** to be at page 9, have reached page 9; **où en est-il dans ses études?** how far has he got with his studies?; **l'affaire en est là** that's how the matter stands. **(b)** *(se voir réduit à)* **j'en suis à me demander si** I've come to wonder if; **il en est à mendier** he has been reduced to begging. **(c)** *(locutions)* **il était une fois** once upon a time; **il n'en est rien** it's nothing of the sort; **tu y es?*** *(tu es prêt)* are you ready?; *(comprends-tu)* do you get it?* **(d)** *(pour mettre en relief)* **c'est lui qui me l'a dit** he (is the one who) told me; **c'est à qui dîra son mot** they all want to have their say; **est-ce que vous saviez?** did you know?; **il fait beau, n'est-ce pas?** it's a lovely day, isn't it?; **vous viendrez, n'est-ce pas?** you will come, won't you? **(e)** *(supposition)* **si ce n'était** were it not for; **ne serait-ce que pour nous ennuyer** if only to annoy us; **comme si de rien n'était** as if nothing had happened; *(Math)* **soit une droite XY** let XY be a straight line.

5 *nm (gén, Sci)* being. ~ **humain** human being; **un** ~ **cher** a loved one; **un** ~ **merveilleux** a wonderful person; **de tout son** ~ with all his heart; **au plus profond de notre** ~ deep down in our souls.

étreindre [etrɛ̃dr(ə)] (52) *vt ami* to embrace, clasp in one's arms; *ennemi* to seize, grasp; *(avec les mains)* to clutch, grip; *[douleur]* to grip. ♦ **étreinte** *nf* embrace; grip; clutch; grasp.

étrenner [etrene] (1) **1** *vt* to use for the first time. **2** *vi* **(*:** *écoper)* to catch it*, get it*.

étrennes [etrɛn] *nfpl [enfant]* New Year's gift; *[facteur etc]* ≈ Christmas box.

étrier [etrije] *nm* stirrup.

étriqué, e [etrike] *adj habit* skimpy, tight; *esprit, vie* narrow. **il fait tout** ~ **dans son manteau** he looks cramped in his coat.

étroit, e [etrwa, wat] *adj* **(a)** *(lit) (gén)* narrow; *espace* cramped, confined; *vêtement, étreinte* tight. **être à l'**~ *(logé)* to live in cramped conditions; *(habillé)* to be cramped in one's clothes. **(b)** *(borné)* narrow, limited. **à l'esprit** ~ narrow-minded. **(c)** *amitié, surveillance, liens* close; *subordination* strict. **en collaboration** ~e **avec** in close collaboration with. **(d)** *(Ling)* acception narrow, strict. ♦ **étroitement** *adv* lier closely; *obéir* strictly; *tenir* tightly. **être** ~ **logé** to live in cramped conditions. ♦ **étroitesse** *nf* narrowness; crampedness; tightness; closeness. ~ **(d'esprit)** narrow-mindedness.

étude [etyd] *nf* **(a)** *(action)* *(gén)* study. **mettre un projet à l'**~ to investigate *ou* study a project; **avoir le goût de l'**~ to like study *ou* studying; ~**(s) de marché** market research. **(b)** *(Scol, Univ)* ~s studies; **payer ses** ~s to pay for one's education; **faire des** ~s **(de droit)** to study (law). **(c)** *(ouvrage)* study. ~s **de fleurs** studies of flowers. **(d)** *(Scol)* **(salle d')**~ study *ou* prep room; **l'**~ **(du soir)** preparation. **(e)** *(Jur)* *(bureau)* office; *(clientèle)* practice.

étudiant, e [etydjɑ̃, ɑ̃t] *adj, nm,f* student.

étudier [etydje] (7) *vt* **(a)** *(gén)* to study; *leçon* to learn. **les deux adversaires s'étudiaient de près** the two opponents observed each other closely. **(b)** *(concevoir)* procédé to devise; *machine* to design. **(c)** *gestes, ton* to study. ♦ **étudié, e** *adj* geste studied; *conception* carefully designed; *prix* keen.

étui [etɥi] *nm* *(gén)* case; *[revolver]* holster.

étuve [etyv] *nf* *(bains)* steamroom; *(de désinfection)* sterilizer; *(fig)* oven.

étymologie [etimɔlɔʒi] *nf* etymology. ♦ **étymologique** *adj* etymological.

eucalyptus [økaliptys] *nm* eucalyptus.

Eucharistie [økaʀisti] *nf*: **l'**~ the Eucharist.

euh [ø] *excl* er! ... .

eunuque [ønyk] *nm* eunuch.

euphémisme [øfemism(ə)] *nm* euphemism. ♦ **euphémique** *adj* euphemistic.

euphorie [øfɔʀi] *nf* euphoria. ♦ **euphorique** *adj* euphoric.

Europe [øʀɔp] `*nf* Europe. ~ **Centrale** Central Europe; **l'**~ **verte** European *ou* Community agriculture. ♦ **eurodollar** *nm* Eurodollar. ♦ **européaniser** (1) *vt* to europeanize. ♦ **européen, -éenne** *adj*, **E**~(ne) *nm(f)* European. ♦ **Eurovision** *nf* Eurovision.

euthanasie [øtanazi] *nf* euthanasia.

eux [ø] *pron pers* *(sujet)* they; *(objet)* them. **nous y allons,** ~ **non** we are going but they aren't *ou* but not them; ~ **mentir?** them tell a lie?; **ce sont** ~ **qui répondront** they are the ones who will reply, they'll reply; **cette maison est-elle à** ~? does this house belong to them?, is this house theirs?; **ils ne pensent qu'à** ~ they only think of themselves.

évacuer [evakɥe] (1) *vt* *(gén)* to evacuate. ♦ **évacuation** *nf* evacuation. ♦ **évacué, e** *nm,f* evacuee.

évader (s') [evade] (1) *vpr* *(lit, fig)* to escape *(de* from). **faire s'**~ **qn** to help sb escape. ♦ **évadé, e** *nm,f* escaped prisoner.

évaluer [evalɥe] (1) *vt* bijou to appraise, value; *dégâts, prix* to assess, evaluate; *(approximativement)* to estimate *(à* at). **faire** ~ **qch par un expert** to have sth valued by an expert. ♦ **évaluable** *adj* assessable. ♦ **évaluation** *nf* appraisal; valuation; assessment; estimation.

évangile [evɑ̃ʒil] *nm* *(Rel, fig)* gospel. **ce n'est pas parole d'**~ it's not gospel. ♦ **évangélique** *adj* evangelical. ♦ **évangéliser** (1) *vt* to evangelize. ♦ **évangéliste** *nm* evangelist.

évanouir (s') [evanwiʀ] (2) *vpr* to faint *(de* from); *[rêves, craintes]* to vanish, disappear. ♦ **évanoui, e** *adj* unconscious. **tomber** ~ to faint. ♦ **évanouissement** *nm* *(syncope)* fainting fit; *(accident etc)* loss of consciousness; *(fig)* disappearance.

évaporer [evapɔʀe] (1) **1** *vt* *(gén* **faire** ~) to evaporate. **2 s'**~ *vpr* *(lit)* to evaporate; *(*: *disparaître)* to vanish into thin air. ♦ **évaporation** *nf*

evaporation. ♦ **évaporé, e** **1** *adj* *(péj)* personne scatterbrained. **2** *nm,f* scatterbrain.

évaser *vt, s'*~ *vpr* [evaze] (1) *tuyau* to open out; *jupe* to flare. **à bords évasés** with a curving rim. ♦ **évasement** *nm* opening-out; flare.

évasion [evazjɔ̃] *nf* *(lit, fig: fuite)* escape. **besoin d'**~ need to escape; ~ **des capitaux** flight of capital; ~ **fiscale** tax evasion. ♦ **évasif, -ive** *adj* evasive. ♦ **évasivement** *adv* evasively.

évêché [eveʃe] *nm* *(région)* bishopric; *(palais)* bishop's palace; *(ville)* cathedral town.

éveiller [eveje] (1) **1** *vt* **(a)** *(littér: réveiller)* to awaken. **tenir éveillé** to keep awake. **(b)** *curiosité, sentiment* to arouse, awaken; *passion* to kindle; *intelligence* to stimulate. **2 s'**~ *vpr* *(lit)* to awaken; *[ville, nature]* to wake (up); *[sentiment, curiosité]* to be aroused; *[intelligence]* to develop. **s'**~ **à** *amour* to awaken to. ♦ **éveil** *nm* awakening; arousing. **être en** ~ *[personne]* to be on the alert; *[sens]* to be alert *ou* aroused; **donner l'**~ to raise the alarm *ou* alert. ♦ **éveillé, e** *adj* *(alerte)* alert, sharp, bright; *(réveillé)* (wide-) awake.

événement [evɛnmɑ̃] *nm* event. **semaine chargée en** ~s eventful week.

éventail [evɑ̃taj] *nm* *(instrument)* fan; *(fig: gamme)* range. **en** ~ fan-shaped.

éventaire [evɑ̃tɛʀ] *nm* *(corbeille)* tray; *(étalage)* stand.

éventer [evɑ̃te] (1) **1** *vt* **(a)** *(avec éventail)* to fan. **(b)** *secret* to discover. **2 s'**~ *vpr* *[bière]* to go flat; *[parfum]* to go stale.

éventrer [evɑ̃tʀe] (1) *vt* **(a)** *(couteau)* to disembowel; *(corne)* to gore. **(b)** *sac* to tear open; *coffre* to smash open; *matelas* to rip open. ♦ **éventration** *nf* *(Méd)* rupture.

éventualité [evɑ̃tɥalite] *nf* possibility. **dans cette** ~ in that case. ♦ **éventuel, -elle** *adj* possible. **les profits** ~s **seraient réinvestis** any profits which might be made would be reinvested. ♦ **éventuellement** *adv* possibly.

évêque [evɛk] *nm* bishop.

éreinter (s') [evɛʀtɥe] (1) *vpr*: **s'**~ **à faire** to struggle hard to do.

éviction [eviksjɔ̃] *nf* *(Jur)* eviction; *[rival]* ousting.

évidence [evidɑ̃s] *nf* *(caractère)* obviousness, evidence; *(fait)* obvious fact. **se rendre à l'**~ to yield to the facts *ou* the evidence; **nier l'**~ to deny the obvious *ou* the facts; **c'est une** ~ **que de dire** it's a statement of the obvious to say; **(être) en** ~ (to be) conspicuous *ou* in evidence; **mettre en** ~ *personne, fait* to bring to the fore; *objet* to put in a conspicuous position; **se mettre en** ~ to make o.s. conspicuous; **de toute** ~ quite obviously *ou* evidently. ♦ **évidemment** *adv* *(gén)* obviously; *(bien sûr)* of course. ♦ **évident, e** *adj* obvious, evident.

évider [evide] (1) *vt* to hollow out.

évier [evje] *nm* sink.

évincer [evɛ̃se] (3) *vt* to oust, supplant. ♦ **évincement** *nm* ousting, supplanting.

éviter [evite] (1) *vt* *(gén)* to avoid; *coup* to dodge; *regard* to evade. ~ **qu'une situation n'empire** to avoid *ou* prevent the worsening of a situation; ~ **de faire qch** to avoid doing sth; ~ **le sel** to avoid *ou* keep off salt; **ça lui a évité d'avoir à se déplacer** that saved him the bother of going. ♦ **évitable** *adj* avoidable.

évocation [evɔkasjɔ̃] *nf* evocation. ♦ **évocateur, -trice** *adj* evocative *(de* of).

évoluer [evɔlɥe] (1) *vi* **(a)** *(changer)* *(gén)* to evolve; *[maladie]* to develop. **ses parents ont évolué** his parents have moved with the times. **(b)** *[danseur]* to move about; *[avion]* to circle; *[troupes]* to manoeuvre. ♦ **évolué, e** *adj* peuple (highly) developed, advanced; *personne* *(compréhensif)* broad-minded; *(indépendant)* independent. ♦ **évolution** *nf* evolution; development; advancement; movement.

évoquer [evɔke] (1) *vt* (*gén*) to evoke; *souvenir* to recall; *scène* to conjure up; *problème* to touch on.

exacerber [ɛgzasɛʀbe] (1) *vt* to exacerbate.

exact, e [ɛgza, akt(ə)] *adj* (a) *reproduction, compte rendu* exact, accurate; *réponse, calcul* correct, right; (*précis*) *dimension* exact, precise. **est-il ~ que?** is it right *ou* correct that?; **c'est l'~e vérité** that's the exact truth; **l'heure ~e** the exact time. (b) (*ponctuel*) punctual; (*littér: strict*) strict. ♦ **exactement** *adv* exactly; accurately; correctly; precisely; strictly. ♦ **exactitude** *nf* exactness; accuracy; correctness; precision; punctuality; (*littér: minutie*) exactitude.

exaction [ɛgzaksjɔ̃] *nf* exaction.

ex æquo [ɛgzeko] **1** *adj inv* equally placed. **2** *adv* **classer** equal.

exagérer [ɛgzaʒeʀe] (6) **1** *vt* (*gén*) to exaggerate. **sans ~** without any exaggeration; **il exagère** he goes too far. **2 s'~** *vpr difficultés* to exaggerate; *avantages* to overrate. ♦ **exagération** *nf* (*gén*) exaggeration. ♦ **exagéré, e** *adj* (*amplifié*) exaggerated; (*excessif*) excessive. **c'est un peu ~** it's a bit much°; **il n'est pas ~ de dire** it is not an exaggeration to say. ♦ **exagérément** *adv* excessively, exaggeratedly.

exalter [ɛgzalte] (1) *vt* (a) *esprit, courage* to fire, excite. **exalté par** (*excité*) excited by; (*euphorique*) elated by; **il s'exalte facilement** he is easily carried away. (b) (*glorifier*) to exalt, praise. ♦ **exaltant, e** *adj* exalting, elating. ♦ **exaltation** *nf* (a) (*nerveuse*) intense excitement; (*joyeuse*) elation; (*mystique*) exaltation. (b) (*glorification*) praising, exalting. ♦ **exalté, e 1** *adj sentiments* elated; *imagination* wild; *esprit* excited. **2** *nm,f* (*péj*) fanatic.

examiner [ɛgzamine] (1) *vt* (a) (*analyser*) (*gén*) to examine; *demande* to consider; *comptes* to go through. **~ en détail** to scrutinize. (b) *objet, visage* to examine, study; *ciel* to scan; *appartement* to have a look round. **s'~ devant la glace** to examine o.s. in the mirror. (c) (*Méd, Scol*) to examine. **se faire ~** to be examined. ♦ **examen** *nm* (a) (*action*) examination; consideration. **~ détaillé** scrutiny; **la question est à l'~** the matter is under consideration. (b) (*Méd*) medical examination. **se faire faire des ~s** to have some tests done. (c) (*Scol*) exam, examination. **~ blanc/de passage** mock/end-of-the-year exam. ♦ **examinateur, -trice** *nm,f* examiner.

exaspérer [ɛgzaspeʀe] (6) *vt* (*irriter*) to exasperate; (*littér: aviver*) to exacerbate, aggravate. ♦ **exaspération** *nf* exasperation.

exaucer [ɛgzose] (3) *vt vœu, prière* to grant. **~ qn** to grant sb's wish. ♦ **exaucement** *nm* fulfilment.

excavation [ɛkskavasjɔ̃] *nf* excavation.

excédent [ɛksedɑ̃] *nm* surplus (*sur* over). **un ~ de poids** some excess weight; **budget en ~** surplus budget. ♦ **excédentaire** *adj* production excess, surplus.

excéder [ɛksede] (6) *vt* (a) *longueur, prix* to exceed. **les avantages excèdent les inconvénients** the advantages outweigh the disadvantages. (b) *pouvoir* to overstep, exceed; *forces* to overtax. (c) (*accabler: gén pass*) to exhaust. **excédé de fatigue** exhausted, tired out; **excédé de travail** overworked. (d) (*agacer: gén pass*) to exasperate.

excellence [ɛkselɑ̃s] *nf* (a) excellence. **par ~ héros** par excellence; *aimer* above all else. (b) **Son E~** his Excellency. ♦ **excellemment** *adv* excellently. ♦ **excellent, e** *adj* excellent. ♦ **exceller** (1) *vi* to excel (*dans* in, *à faire* in doing).

excentrique [ɛksɑ̃tʀik] **1** *adj personne,* (*Math*) eccentric; *quartier* outlying. **2** *nmf* eccentric. ♦ **excentricité** *nf* eccentricity.

excepter [ɛksɛpte] (1) *vt* to except (*de* from). **sans ~ personne** without excluding anyone. ♦ **excepté, e 1** *adj:* **sa mère ~e** apart from *ou* except his mother. **2** *prép* except, apart from. **~ quand/que** except when/that. ♦ **exception** *nf* exception. **d'~** *mesure* special, exceptional; **faire une ~ à règle** to make an exception to; **faire ~ (à la règle)** to be an exception (to the rule); **faire ~ de** to make an exception of; **à l'~ de** except for. ♦ **exceptionnel, -elle** *adj* exceptional. ♦ **exceptionnellement** *adv* (*à titre d'exception*) in this particular instance; (*très*) exceptionally.

excès [ɛksɛ] *nm* (a) (*surplus*) [*argent*] excess, surplus; [*marchandises*] glut, surplus. **il y a un ~ d'acide** there is too much acid; **~ de précautions** excessive care; **~ de zèle** overzealousness. (b) (*abus*) excess. **des ~ de langage** immoderate language; **tomber dans l'~ inverse** to go to the opposite extreme; **faire un ~ de vitesse** to exceed the speed limit; **faire des ~ de table** to overindulge; **jusqu'à l'~, avec ~** to excess, excessively. ♦ **excessif, -ive** *adj* excessive. **elle est ~ive en tout** she takes everything to extremes; **c'est ~!** that's far too much!, that's excessive! ♦ **excessivement** *adv* excessively.

exciter [ɛksite] (1) **1** *vt* (a) *désir* to arouse, excite; *rire* to cause; *pitié* to rouse; *imagination* to fire, stir; *appétit* to whet; *ardeur* to increase. **cela ne fit qu'~ sa colère** that only made him even more angry. (b) (*enthousiasmer*) to thrill, excite. **excitant pour l'esprit** mentally stimulating. (c) (*rendre nerveux*) *personne* to arouse; *chien* to excite. **le café excite** coffee acts as a stimulant. (d) (°: *irriter*) to irritate. **il commence à m'~** he's getting on my nerves. (e) (*encourager*) to urge on. **~ qn contre qn** to set sb against sb; **~ qn à faire qch** to urge sb to do sth. (f) (*Méd, Élec*) to excite. **2 s'~** *vpr* (*enthousiaste*) to get excited (*sur* about, over); (*nerveux*) to get worked up°; (°: *fâché*) to get angry, fly off the handle°. ♦ **excitable** *adj* excitable. ♦ **excitant, e 1** *adj* (*gén*) exciting. **2** *nm* stimulant. ♦ **excitation** *nf* (*gén*) excitement; (*Méd, Élec*) excitation. (*incitation*) **~ à** incitement to. ♦ **excité, e** *nm,f* hothead.

exclamer (s') [ɛksklame] (1) *vpr* to exclaim. **s'~ de colère** to cry out in anger. ♦ **exclamation** *nf* exclamation.

exclure [ɛksklyʀ] (35) *vt* (a) (*d'une salle*) to turn out; (*d'un parti, d'une école*) to expel. **se faire ~ de** to get o.s. expelled from. (b) *solution, hypothèse* to exclude. **~ qch de son régime** to cut sth out of one's diet; **je tiens à être exclu de cette affaire** count me out of this business; **c'est tout à fait exclu** it's quite out of the question. ♦ **exclusif, -ive** *adj* exclusive. (*Comm*) **droits ~s** sole *ou* exclusive rights. ♦ **exclusion** *nf* exclusion; expulsion (*de* from). **à l'~ de** (*sauf*) with the exclusion of; (*en écartant*) to the exclusion of. ♦ **exclusivement** *adv* (*seulement*) exclusively, solely. **~ réservé au personnel** reserved for staff only; (*non inclus*) **du 10 au 15 ~** from the 10th to the 15th exclusive. ♦ **exclusivité** *nf* (*Comm*) exclusive rights; [*sentiments*] exclusiveness. **ce film passe en ~ à** this film is showing exclusively at.

excommunier [ɛkskɔmynje] (7) *vt* to excommunicate. ♦ **excommunication** *nf* excommunication.

excrément [ɛkskʀemɑ̃] *nm:* **~(s)** excrement.

excrétion [ɛkskʀesjɔ̃] *nf* excretion.

excroissance [ɛkskʀwasɑ̃s] *nf* outgrowth.

excursion [ɛkskyʀsjɔ̃] *nf* (*en car etc*) excursion, trip; (*à pied*) walk, hike. ♦ **excursionniste** *nmf* (day) tripper; hiker, walker.

excuser [ɛkskyze] (1) **1** *vt* (a) (*pardonner*) to excuse, forgive. **excusez-moi** excuse me, I'm sorry; **excusez-moi de ne pas venir** excuse my not coming, I'm sorry I can't come. **(b)** *(justifier, dispenser)* to excuse. **se faire** ~ to ask to be excused; **'M Dupont: (absent) excusé'** 'Mr Dupont has sent an apology'. **2 s'**~ *vpr:* **s'~ de qch** to apologize for sth *(auprès de* to). ♦ **excusable** *adj* excusable, forgivable. ♦ **excuse** *nf* **(a)** *(prétexte)* excuse. **mauvaise** ~ poor excuse; **sans** ~ inexcusable; **prendre qch pour** ~ to use sth as an excuse. **(b)** *(regret)* ~s apology; **faire des** ~s to apologize; **je vous dois des** ~s I owe you an apology.

exécrer [ɛgzekʀe] (6) *vt* to loathe, execrate. ♦ **exécrable** *adj* atrocious, execrable. ♦ **exécrablement** *adv* atrociously, execrably. ♦ **exécration** *nf* execration, loathing.

exécuter [ɛgzekyte] (1) **1** *vt* **(a)** *(accomplir)* *(gén)* to carry out; *travail, mouvements* to execute; *promesse* to fulfil; *tâche* to perform. **il a fait** ~ **des travaux** he had some work done. **(b)** *objet* to produce, make; *tableau* to paint; *commande* to make up; *(Mus) morceau* to perform, execute. **(c)** *(tuer)* to execute, put to death. **(d)** *décret* to enforce. **2 s'**~ *vpr (obéir)* to comply; *(payer)* to pay up. ♦ **exécutant, e** *nm,f (Mus)* performer; *(fig péj: agent)* underling. ♦ **exécuteur** *nm (Jur)* ~ **(testamentaire)** executor. ♦ **exécutif, -ive** *adj, nm* executive. ♦ **exécution** *nf* execution; carrying out; fulfilment; performance; production; making; painting; making up; enforcement. **mettre à** ~ *projet, idées* to carry out; **en** ~ **de la loi** in compliance with the law; ~ **capitale** capital execution.

exemplaire [ɛgzɑ̃plɛʀ] **1** *adj* exemplary. **2** *nm [livre]* copy; *(échantillon)* example.

exemple [ɛgzɑ̃pl(ə)] *nm (modèle)* example; *(spécimen)* example, instance. **citer qn en** ~ to quote sb as an example; **donner l'**~ to set an example *(de* of); **prendre** ~ **sur qn** to take sb as an example; **à l'**~ **de son père** just like his father; **faire un** ~ **de qn** to make an example of sb; **le seul** ~ **que je connaisse** the only example *ou* instance I know of; **par** ~ *(explicatif)* for example *ou* instance; *(*: par contre)* on the other hand; **(ça) par** ~! *(surprise)* my word!; *(indignation)* oh really!

exempt, e [ɛgzɑ̃, ɑ̃t] *adj:* ~ **de corvée** exempt from; *dangers* free from; ~ **de taxes** duty-free. ♦ **exempter** (1) *vt* to exempt *(de* from). ♦ **exemption** *nf* exemption.

exercer [ɛgzɛʀse] (3) **1** *vt* **(a)** *profession* to practise; *fonction* to fulfil; *talents, droit, charité* to exercise; *contrôle, influence* to exert *(sur* over); *représailles* to take *(sur* on); *poussée* to exert *(sur* on). **quel métier exercez-vous?** what job do you do?; *(Jur)* ~ **des poursuites contre qn** to bring an action against sb. **(b)** *(aguerrir) corps, esprit* to train, exercise *(à* to, for); *facultés* to exercise. **(c)** *(éprouver)* patience to tax. **2 s'**~ *vpr [pianiste, sportif]* to practise. **s'**~ **à technique** to practise; **s'**~ **à faire qch** to train o.s. to do sth. ♦ **exercé, e** *adj oreille* keen, trained.

exercice [ɛgzɛʀsis] *nm* **(a)** *(métier)* practice; *[droit]* exercise; *[facultés, culte]* exercise. **dans l'**~ **de ses fonctions** in the execution of his duties; **être en** ~ *[médecin]* to be in practice; *[fonctionnaire]* to hold office. **(b)** *(entraînement, devoir)* exercise. **faire de l'**~ to take some exercise; *(Mil)* **l'**~ drill; *(Ling)* ~s **structuraux** structure drills.

exhaler [ɛgzale] (1) *vt (littér) odeur* to exhale; *soupir* to breathe; *plainte* to utter. **s'**~ **de** to rise from. ♦ **exhalaison** *nf* exhalation.

exhaustif, -ive [ɛgzostif, iv] *adj* exhaustive. ♦ **exhaustivement** *adv* exhaustively.

exhiber [ɛgzibe] (1) **1** *vt (péj) savoir, richesse* to flaunt; *chiens savants, passeport* to show. **2 s'**~ *vpr (péj)* to show o.s. off; *(indécemment)* to expose o.s. ♦ **exhibition** *nf* flaunting; showing. *(péj)* ~**(s)** showing off. ♦ **exhibitionnisme** *nm*

exhibitionism. ♦ **exhibitionniste** *nmf* exhibitionist.

exhorter [ɛgzɔʀte] (1) *vt* to exhort *(à faire* to do, *à qch* to sth). ♦ **exhortation** *nf* exhortation.

exhumer [ɛgzyme] (1) *vt corps* to exhume; *ruines* to excavate; *faits, vieux livres* to unearth; *souvenirs* to recollect. ♦ **exhumation** *nf* exhumation; excavation; unearthing; recollection.

exiger [ɛgziʒe] (3) *vt* to demand, require *(qch de qn* sth of *ou* from sb). **j'exige que vous le fassiez** I insist on your doing it, I demand that you do it; **des titres universitaires sont exigés** university degrees are required; **trop** ~ **de ses forces** to overtask o.s.; **cette plante exige beaucoup d'eau** this plant needs *ou* requires a lot of water. ♦ **exigeant, e** *adj client* demanding, hard to please; *travail* demanding, exacting. ♦ **exigence** *nf* **(a)** *[client]* particularity; *[maître]* strictness. **(b)** *(revendication, besoin)* demand, requirement.

exigible [ɛgziʒibl(ə)] *adj (Comm, Jur)* payable. ♦ **exigibilité** *nf* payability.

exigu, -uë [ɛgzigy] *adj lieu* cramped; *ressources* scanty; *délais* short. ♦ **exiguïté** *nf* crampedness; scantiness; shortness.

exil [ɛgzil] *nm* exile. ♦ **exilé, e** *nm,f* exile. ♦ **exiler** (1) **1** *vt (Pol)* to exile; *(fig)* to banish. **2 s'**~ *vpr (Pol)* to go into exile. *(fig)* **s'**~ **loin du monde** to cut o.s. off from the world.

exister [ɛgziste] (1) *vi* to exist. **la vie existe-t-elle sur Mars?** is there life on Mars?; *(il y a)* **il existe** there is, there are; **il en existe en plusieurs couleurs** they come *ou* are found in several colours. ♦ **existant, e** *adj* existing. ♦ **existence** *nf (gén)* existence. **dans l'**~ in life.

exode [ɛgzɔd] *nm (lit, fig)* exodus. ~ **rural** drift from the land.

exonérer [ɛgzɔneʀe] (6) *vt (Fin)* to exempt *(de* from). ♦ **exonération** *nf* exemption.

exorbitant, e [ɛgzɔʀbitɑ̃, ɑ̃t] *adj* exorbitant.

exorciser [ɛgzɔʀsize] (1) *vt* to exorcize. ♦ **exorcisme** *nm* exorcism. ♦ **exorciste** *nm* exorcist.

exotique [ɛgzɔtik] *adj* exotic. ♦ **exotisme** *nm* exoticism.

expansion [ɛkspɑ̃sjɔ̃] *nf* **(a)** *(extension)* expansion. **en** ~ *économie* booming, fast-expanding; *univers* expanding. **(b)** *(effusion)* expansiveness. **avec de grandes** ~s expansively. ♦ **expansif, -ive** *adj* expansive. **peu** ~ not very forthcoming. ♦ **expansivité** *nf* expansiveness.

expatrier [ɛkspatʀije] (7) **1** *vt* to expatriate. **2 s'**~ *vpr* to expatriate o.s. ♦ **expatriation** *nf* expatriation. ♦ **expatrié, e** *nm,f* expatriate.

expectative [ɛkspɛktativ] *nf (incertitude)* state of uncertainty. **être dans l'**~ to be still waiting (to see *etc)*.

expectorer [ɛkspɛktɔʀe] (1) *vti* to expectorate. ♦ **expectoration** *nf* expectoration.

expédient, e [ɛkspedjɑ̃, ɑ̃t] *adj, nm* expedient.

expédier [ɛkspedje] (7) *vt* **(a)** *lettre* to send, dispatch. ~ **par la poste** to send through the post; ~ **par le train** to send by rail; ~ **par bateau** *lettres* to send surface mail; *produits* to ship. **(b)** *(*) client, affaire* to dispose of, deal with; *déjeuner* to polish off. ♦ **expéditeur, -trice** **1** *adj* dispatching. **2** *nm,f* sender. ♦ **expéditif, -ive** *adj* expeditious. ♦ **expédition** *nf (action)* dispatch; shipping; *(paquet)* consignment; *(par bateau)* shipment; *(Mil, Sci)* expedition. ♦ **expéditionnaire 1** *adj (Mil)* expeditionary. **2** *nmf (Comm)* forwarding clerk. ♦ **expéditivement** *adv* expeditiously.

expérience [ɛkspeʀjɑ̃s] *nf (a) (gén)* experience. **sans** ~ inexperienced; **savoir par** ~ to know by *ou* from experience; **il a une longue** ~ **de l'enseignement** he has a lot of teaching experience; **tente l'**~ try it; **faire l'**~ **de qch** to experience sth. **(b)** *(scientifique)* experiment. **vérité d'**~ experimental truth; **faire une ~ sur** to do an experiment on.

expérimenter [ɛkspeʀimɑ̃te] (1) *vt appareil* to test; *remède* to experiment with; *méthode* to test out. ♦ **expérimental, e,** *mpl* **-aux** *adj* experimental. ♦ **expérimentalement** *adv* experimentally. ♦ **expérimentateur, -trice** *nm,f* experimenter. ♦ **expérimentation** *nf* experimentation. ♦ **expérimenté, e** *adj* experienced.

expert, e [ɛkspɛʀ, ɛʀt(ə)] **1** *adj* expert, skilled (*en* in, *à* at). **2** *nm* expert (*en* in, at); (*d'assurances*) valuer. ~**-comptable** ≃ chartered accountant. ♦ **expertement** *adv* expertly.

expertiser [ɛkspɛʀtize] (1) *vt bijou* to value, appraise; *dégâts* to assess, evaluate. **faire ~ qch** to have sth valued. ♦ **expertise** *nf* (*évaluation*) valuation; (*rapport*) expert's report.

expier [ɛkspje] (7) *vt* to expiate, atone for. ♦ **expiation** *nf* expiation (*de* of), atonement (*de* for).

expirer [ɛkspiʀe] (1) **1** *vt air* to breathe out. **2** *vi* (*mourir, prendre fin*) to expire. ♦ **expiration** *nf* (*gén*) expiration. **venir à ~** to expire; **à l'~ de** at the expiry of.

explication [ɛksplikɑsjɔ̃] *nf* explanation (*de* for); (*discussion*) discussion; (*dispute*) argument; (*Scol*) analysis (*de* of). **j'exige des ~s** I demand an explanation. ♦ **explicable** *adj* explicable.

expliciter [ɛksplisite] (1) *vt* to make explicit. ♦ **explicite** *adj* explicit. ♦ **explicitement** *adv* explicitly.

expliquer [ɛksplike] (1) **1** *vt* (*faire comprendre*) to explain (*à qn* to sb); (*rendre compte de*) to account for, explain; (*Scol*) *texte* to analyse. **2 s'~** *vpr* (a) (*préciser*) to explain o.s., make o.s. clear. **s'~ sur ses projets** to explain one's plans. (b) (*comprendre*) to understand. (c) (*être compréhensible*) **ça s'explique par le mauvais temps** it is explained by the bad weather; **tout s'explique!** it's all clear now! (d) (*discuter*) **s'~ avec qn** to explain o.s. to sb; **après s'être longuement expliqués** after having discussed the matter for a long time; **ils sont allés s'~ dehors*** they went off to sort it out outside.

exploit [ɛksplwa] *nm* exploit, feat.

exploiter [ɛksplwate] (1) *vt mine* to work; *entreprise* to run; *ressources, idée, personne* to exploit. ♦ **exploitable** *adj* (*gén*) exploitable. ♦ **exploitant, e** *nm,f* farmer. ♦ **exploitation** *nf* (a) (*action*) working; exploitation; running. **mettre en ~** to exploit; **frais d'~** running costs. (b) (*entreprise*) concern. ~ **agricole** farming concern; ~ **minière** mining development. ♦ **exploiteur, -euse** *nm,f* exploiter.

explorer [ɛksplɔʀe] (1) *vt* to explore. ♦ **explorateur, -trice** *nm,f* explorer. ♦ **exploration** *nf* exploration.

exploser [ɛksploze] (1) *vi* (*lit, fig*) to explode; *[joie]* to burst out; *[bombe]* to blow up. ~ **(de colère)** to explode with anger; **faire ~ bombe** to explode; *bâtiment* to blow up; **cette remarque le fit ~** he blew up at that remark. ♦ **explosif, -ive** *adj, nm* explosive. ♦ **explosion** *nf* explosion; outburst. **faire ~** to explode; to blow up.

exporter [ɛkspɔʀte] (1) *vt* to export. ♦ **exportable** *adj* exportable. ♦ **exportateur, -trice 1** *adj* exporting. **2** *nm,f* exporter. ♦ **exportation** *nf* (*gén*) export.

exposer [ɛkspoze] (1) **1** *vt* (a) *marchandises* to display; *tableaux* to show. **c'est resté exposé pendant 3 mois** it has been on display for 3 months. (b) (*expliquer*) (*gén*) to explain; *faits, théorie* to expound, set out. (c) (*mettre en danger*) *personne, objet* to expose (*à* to); *vie, réputation* to risk. **sa conduite l'expose à des reproches** his behaviour lays him open to blame; **c'est exposé à être découvert** it is liable to be discovered. (d) (*gén, Phot: orienter*) to expose. **exposé au sud** facing (due) south; **maison bien exposée** well-situated house; **endroit très exposé** very exposed place. **2 s'~** *vpr* to expose o.s. **s'~ à** to expose o.s. to, lay o.s. open to. ♦ **exposant, e 1** *nm,f [foire]* exhibitor. **2** *nm* (*Math*) exponent. ♦ **exposé** *nm* (*action*) account, statement; (*conférence: gén, Scol*) talk (*sur* on). ♦ **exposition** *nf* (a) *[marchandises]* display; *[raisons]* exposition; (*au danger*) exposure (*à* to). (b) (*foire*) exhibition. **l'E~** Universelle the World Fair. (c) (*Phot*) exposure. (d) (*Littérat, Mus*) exposition. **scène d'~** introductory scene. (e) (*orientation*) *[maison]* aspect.

exprès¹ [ɛkspʀɛ] *adv* (*spécialement*) specially; (*intentionnellement*) on purpose.

exprès², -esse [ɛkspʀɛs] *adj* (a) *interdiction* formal. (b) (*inv*) (*lettre*) ~ express letter; **envoyer qch en ~** to send sth express.

express [ɛkspʀɛs] *adj, nm inv:* (train) ~ fast train; (*café*) ~ espresso coffee.

expressément [ɛkspʀɛsemɑ̃] *adv* (*formellement*) expressly; (*spécialement*) specially.

expression [ɛkspʀɛsjɔ̃] *nf* (*gén*) express¹on. **au-delà de toute ~** inexpressible; **visage sans ~** expressionless face; (*locution*) ~ **figée** set expression *ou* phrase. ♦ **expressif, -ive** *adj* expressive. ♦ **expressivement** *adv* expressively. ♦ **expressivité** *nf* expressiveness.

exprimer [ɛkspʀime] (1) **1** *vt* (a) (*gén*) to express. **le signe + exprime l'addition** the sign + stands for addition. (b) *jus* to press out. **2 s'~** *vpr* [*personne]* to express o.s.; *[sentiment]* to be expressed. **si je peux m'~ ainsi** if I may put it like that. ♦ **exprimable** *adj* expressible.

exproprier [ɛkspʀɔpʀije] (7) *vt* to place a compulsory purchase order on.

expulser [ɛkspylse] (1) *vt* (*gén*) *élève* to expel; *étranger* to deport, expel; *locataire* to evict; *manifestant* to eject (*de* from); *joueur* to send off; (*Anat*) to evacuate. ♦ **expulsion** *nf* expulsion; deportation; eviction; ejection; sending off; evacuation.

expurger [ɛkspyʀʒe] (3) *vt* to expurgate.

exquis, -ise [ɛkski, iz] *adj* (*lit*) exquisite; *personne, temps* delightful.

extase [ɛkstɑz] *nf* (*Rel, fig*) ecstasy. **être en ~ devant** to be in ecstasies over. ♦ **extasier (s')** (7) *vpr* to go into ecstasies (*sur* over). ♦ **extatique** *adj* ecstatic.

extension [ɛkstɑ̃sjɔ̃] *nf* *[membre, ressort]* stretching; *[épidémie]* extension, spreading; *[commerce, domaine]* expansion; *[loi, sens]* extension (*à* to). **par ~** (*de sens*) by extension; **prendre de l'~** to spread. ♦ **extensible** *adj matière* extensible; *définition* extendable. ♦ **extensif, -ive** *adj* extensive.

exténuer [ɛkstenɥe] (1) **1** *vt* to exhaust. **2 s'~** *vpr* to exhaust o.s. (*à faire* doing).

extérieur, e [ɛksteʀjœʀ] **1** *adj* (a) (*gén*) outside; *cour* outer; *bruit, réalité* external; *décoration* exterior; *[personne] apparence* outward; *amabilité* superficial. **signes ~s de richesse** outward signs of wealth; **être ~ à un sujet** to be external to ou outside a subject; **interdit à toute personne ~e au chantier** site workers only. (b) *commerce, politique* foreign. **2** *nm [objet, maison]* outside, exterior; *[personne]* exterior, outward appearance. **c'est à l'~ (de la ville)** it's outside (the town); (*Ciné*) ~**s** location shots; (*pays*) **l'~** foreign countries; **vendre à l'~** to sell abroad. ♦ **extérieurement** *adv* (*du dehors*) on the outside, externally; (*en apparence*) outwardly. ♦ **extérioriser** (1) *vt joie etc* to show.

exterminer [ɛkstɛʀmine] (1) *vt* (*lit, fig*) to exterminate. ♦ **extermination** *nf* extermination.

externe [ɛkstɛʀn(ə)] **1** *adj surface etc* external, outer; *angle* exterior. **à usage ~** for external use only. **2** *nmf* (*Scol*) day pupil; (*Méd*) non-resident student. ♦ **externat** *nm* (*Scol*) day school.

extincteur [ɛkstɛ̃ktœR] *nm* fire extinguisher.
extinction [ɛkstɛ̃ksjɔ̃] *nf [incendie]* extinguishing; *[peuple]* extinction; *[droit]* extinguishment.
~ **de voix** loss of voice.
extirper [ɛkstiRpe] (1) *vt* to eradicate. **impossible de lui ~ une parole!** it's impossible to drag a word out of him!; **s'~ de son manteau** to extricate o.s. from one's coat. ♦ **extirpation** *nf* eradication.
extorquer [ɛkstɔRke] (1) *vt* to extort (*à qn* from sb). ♦ **extorqueur, -euse** *nm,f* extortioner. ♦ **extorsion** *nf* extortion.
extra [ɛkstRa] **1** *nm inv (domestique)* extra servant *ou* help; *(gâterie)* special treat. **2** *adj inv fromage, vin* first-rate; *tissu* top-quality; *(*) *film, personne* terrific*, great*. **de qualité** ~ of the finest quality. **3** *préf* extra. ~-**fin** superfine, extra fine.
extraction [ɛkstRaksjɔ̃] *nf (V extraire)* extraction; mining; quarrying; (†: *origine)* extraction.
extrader [ɛkstRade] (1) *vt* to extradite. ♦ **extradition** *nf* extradition.
extraire [ɛkstRɛR] (50) *vt (gén, Méd, Math)* to extract; *charbon* to mine; *marbre* to quarry. ~ **de poche** to take *ou* bring out of; *prison* to get out of; *passage extrait d'un livre* extract from a book, passage taken from a book; **s'~ de son manteau*** to extricate o.s. from one's coat. ♦ **extrait** *nm (gén)* extract; *[livre]* extract, excerpt. ~ **de naissance** *etc* birth *etc* certificate.
extraordinaire [ɛkstRaɔRdinɛR] *adj (étrange)* extraordinary; *(exceptionnel)* exceptional, extraordinary; *(Pol)* special. **acteur** ~ extraordinary *ou* remarkable actor; **ce n'est pas** ~ it isn't up to much*; **si par** ~ if by some unlikely chance; **quand par** ~ on those rare occasions when. ♦ **extraordinairement** *adv* extraordinarily; exceptionally.
extravagance [ɛkstRavagɑ̃s] *nf (caractère)* eccentricity, extravagance. *(acte)* ~(s) eccentric *ou* extravagant behaviour. ♦ **extravagant, e** *adj idée, prix* extravagant; *conduite* eccentric.
extrême [ɛkstRɛm] **1** *adj (gén)* extreme; *point* furthest; *mesures* drastic. **à l'~ opposé (de)** at the opposite extreme (of). **2** *nm (gén)* extreme. **jusqu'à l'~** in the extreme, to a degree. **3:** ~ **droite/gauche** extreme right/left (wing); ~-**onction** Extreme Unction; **E~-Orient** Far East. ♦ **extrêmement** *adv* extremely. ♦ **extrémisme** *nm* extremism. ♦ **extrémiste** *adj, nmf* extremist.
extrémité [ɛkstRemite] *nf* **(a)** *(bout) (gén)* end; *[aiguille]* point; *[objet mince]* tip; *[village, île]* extremity, limit. *(Anat)* ~s extremities. **(b)** **à la dernière** ~ *(misère)* in the most dire plight; *(mort)* on the point of death; **se porter à des** ~s to go to extremes.
exubérance [ɛgzybeRɑ̃s] *nf (caractère)* exuberance. *(action)* ~(s) exuberant behaviour. ♦ **exubérant, e** *adj (gén)* exuberant.
exulter [ɛgzylte] (1) *vi* to exult. ♦ **exultation** *nf* exultation.
exutoire [ɛgzytwaR] *nm* outlet, release.
ex-voto [ɛksvɔto] *nm inv* monumental tablet.

F

F, f [ɛf] *nm ou nf (lettre)* F, f.
fa [fɑ] *nm inv (Mus)* F; *(en chantant)* fa.
fable [fabl(ə)] *nf (gén)* fable; *(mensonge)* tale.
être la ~ de toute la ville to be the laughing stock of the whole town.
fabriquer [fabʀike] (1) *vt (gén)* to make; *(industriellement)* to manufacture; *histoire* to fabricate, make up; *fausse monnaie* to forge. ~ en série to mass-produce; **il s'est fabriqué une cabane** he built *ou* made himself a shed; **qu'est-ce qu'il fabrique?*** what on earth is he up to?*
♦ **fabricant** *nm* manufacturer. ♦ **fabrication** *nf* making; manufacturing; forging; fabricating. ~ en série mass production; de ~ française made in France, of French make; de bonne ~ well-made; une robe de sa ~ a dress of her own making.
♦ **fabrique** *nf (établissement)* factory. ~ de papier paper mill.
fabuleux, -euse [fabylø, øz] *adj (gén)* fabulous.
♦ **fabuleusement** *adv* fabulously.
fac [fak] *nf (arg Univ) abrév de* **faculté.**
façade [fasad] *nf* (a) *[maison]* façade, front; *(latérale)* side; *[magasin]* front. la ~ arrière de la maison the back of the house. (b) *(fig: apparence)* façade. de ~ luxe sham.
face [fas] *nf* (a) *(visage)* face. les blessés de la ~ people with facial injuries; **sauver/perdre la** ~ to save/lose face. (b) *[objet]* side; *[médaille]* front; *(lit, fig) [monde]* face. question à double ~ two-sided question; **sous** *ou* **sur toutes ses** ~s from all sides; **la pièce est tombée sur** ~ the coin fell face up; *(jeu de pile ou face)* ~! heads!; **la** ~ **des choses** the face of things. (c) **faire** ~ to face up to things; **faire** ~ à *lieu, difficulté* to face; *épreuve* to face up to, face; *engagement* to meet; **se faire** ~ to be facing each other. (d) **en** ~ opposite; **la dame d'en** ~ the lady from across the street, the lady opposite; **regarder qn en** ~ to look sb in the face; **il lui a dit en** ~ **que** he told him to his face that; **il faut voir les choses en** ~ one must face facts. (e) ~ **à**, **en** ~ **de** *maison* opposite, facing; *examinateur* in front of; *danger* confronted *ou* faced with; **être** ~ **à** ~ to be facing each other, be face to face; *(TV)* **un** ~ **à** ~ a face to face discussion; **les deux ennemis étaient maintenant l'un en** ~ **de l'autre** the two enemies now stood facing each other *ou* face to face. (f) **de** ~ *portrait* full-face; *attaque* frontal; *(Théât)* place facing the stage; **voir qn de** ~ to see sb face on; **avoir une vue de** ~ **sur qch** to have a front view of sth.
facétie [fasesi] *nf (drôlerie)* joke; *(farce)* prank.
♦ **facétieux, -euse** *adj* facetious.
facette [fasɛt] *nf (lit, fig)* facet.
fâcher [fɑʃe] (1) 1 *vt (mettre en colère)* to anger, make angry; *(contrarier)* to distress. 2 **se** ~ *vpr (se mettre en colère)* to get angry *(contre* with); *(se brouiller)* to fall out *(avec* with). ♦ **fâché, e** *adj (en colère)* angry, cross *(contre* with); *(contrarié)* sorry *(de qch* about sth). **je suis** ~ **de ne pas venir** I am sorry that I cannot come; *(hum)* **je ne serais pas** ~ **de m'asseoir** I wouldn't mind a seat.
♦ **fâcherie** *nf (brouille)* quarrel.
fâcheux, -euse [fɑʃø, øz] *adj exemple* unfortunate; *situation* unfortunate, awkward. **il est** ~ **que** it's unfortunate *ou* a pity that.

♦ **fâcheusement** *adv* unfortunately, awkwardly. ~ **surpris** unpleasantly surprised.
facile [fasil] 1 *adj* (a) *(aisé)* easy *(à faire* to do). **plus** ~ **à dire qu'à faire** easier said than done; **avoir la larme** ~ to be easily moved to tears; **il a le couteau** ~ he's very ready with his knife. (b) *(péj) effet/ironie* ~ facile effect/irony. (c) *caractère* easy-going. **il est** ~ **à vivre** he's easy to get on with; *(péj) fille* ~ woman of easy virtue. **2** *adv (¹)* **elle a 50 ans** ~ she's easily 50. ♦ **facilement** *adv (gén)* easily. ~ **toléré par l'organisme** easily *ou* readily tolerated by the body.
facilité [fasilite] *nf* (a) *[problème]* easiness; *[succès]* ease; *[style]* fluency. **il travaille avec** ~ he works with ease. (b) *(aptitude)* ability, aptitude; *(tendance)* tendency. **il a beaucoup de** ~ **pour les langues** he has a great aptitude for languages. (c) *(gén pl: possibilité)* facility. **avoir toutes** ~s **de faire qch** to have every opportunity to do sth; ~s **de transport** transport facilities; *(Comm)* ~s **de paiement** easy terms. ♦ **faciliter** (1) *vt* to make easier, facilitate. **ça ne va pas** ~ **les choses** that's not going to make matters any easier.
façon [fasɔ̃] *nf (manière)* way. **de quelle** ~ **est-ce arrivé?** how did it happen?; **je le ferai à ma** ~ I shall do it my own way; **à la** ~ **d'un enfant** like a child, as a child would do; **(c'est une)** ~ **de parler** it's a way of putting it; **d'une certaine** ~ in a way, in some ways; **d'une** ~ **générale** generally speaking; **de toute(s)** ~(s) in any case, at any rate; **de cette** ~ (in) this way; **d'une** ~ **ou d'une autre** one way or another; **en aucune** ~ in no way; **un plat de ma** ~ a dish of my own making; **de** ~ **à ne pas le déranger** so as not to disturb him; **de** ~ **à ce qu'il puisse regarder** so that he can see. (b) **sans** ~ *accepter* without fuss; *repas* unpretentious; *personne* unaffected; **merci, sans** ~ no thanks honestly; **et sans plus de** ~s and without further ado. (c) ~s manners, behaviour; **en voilà des** ~s! that's no way to behave!; **faire des** ~s *(minauderies)* to be affected; *(chichis)* to make a fuss. (d) *(Couture) [robe]* cut, making-up. **payer la** ~ to pay for the tailoring *ou* making-up. (e) *(imitation)* **veste** ~ **daim** jacket in imitation suede. (f) *(†: genre)* **une** ~ **de roman** a novel of sorts.
façonner [fasɔne] (1) *vt (gén)* to make; *(industriellement)* to manufacture; *argile* to shape, fashion; *personne* to mould, form.
fac-similé, *pl* ~-~s [faksimile] *nm* facsimile.
facteur [faktœʀ] *nm (Poste)* postman; *(élément, Math)* factor. *(fabricant)* ~ **de pianos** piano maker.
factice [faktis] *adj marbre, beauté* artificial; *bijou* imitation; *barbe* false; *bouteille en vitrine* dummy; *enthousiasme* feigned.
factieux, -euse [faksjø, øz] 1 *adj* factious. 2 *nm,f* seditionary.
faction [faksjɔ̃] *nf* (a) *(groupe)* faction. (b) *[soldat]* guard; *(fig)* long watch. **être de** *ou* **en** ~ to be on *ou* stand guard; *(fig)* to keep watch.
♦ **factionnaire** *nm* guard.
factrice [faktʀis] *nf* postwoman.
facture [faktyʀ] *nf (gén)* bill; *(Comm)* invoice.
♦ **facturer** (1) *vt (établir une facture)* to invoice.

(*compter*) ~ qch 20 F (à qn) to charge (sb) 20 francs for sth.
facultatif, -ive [fakyltatif, iv] *adj* optional. **arrêt** ~ request stop.
faculté [fakylte] *nf* (a) (*Univ*) faculty. **quand j'étais en** ~ when I was at university. (b) (*don*) faculty; (*pouvoir*) power; (*propriété*) property. **avoir une grande** ~ **de mémoire** to have great powers of memory; **avoir la** ~ **de marcher** to have the power of walking; (*aptitudes*) ~s faculties. (c) (*droit*) right; (*possibilité*) freedom. **je te laisse la** ~ **de choisir** I'll give you the freedom to choose.
fadaise [fadɛz] *nf* (*littér*) ~(s) nonsense.
fade [fad] *adj plat* tasteless, insipid, bland; *teinte* dull; *plaisanterie* tame; *décor, individu, conversation* dull, insipid. ♦ **fadeur** *nf* tastelessness; insipidness; blandness; dullness. (*platitudes*) ~s sweet nothings.
fagot [fago] *nm* bundle of sticks.
fagoter* [fagɔte] (1) **1** *vt* (*péj*) to rig out*. **2 se** ~ *vpr* to rig o.s. out*.
faible [fɛbl(ə)] **1** *adj* (*gén*) weak; *somme, intensité* low; *quantité, différence* small, slight; *espoir, bruit, odeur* slight, faint; *lumière* dim; *voix, pouls* faint, feeble; *vent* light; *rendement, devoir, raisonnement* poor. **avoir la vue** ~ to have weak *ou* poor eyesight; **il est trop** ~ **avec elle** he is too soft with her; **à une** ~ **profondeur** at a slight depth below the surface; (*Pol*) **une** ~ **majorité** a narrow *ou* slight majority; ~ **en alcool** low in alcohol; ~ **en français** poor at French. **2** *nm* (a) (*sans volonté*) weakling. (*sans défense*) **les** ~**s** the weak; **un** ~ **d'esprit** a feeble-minded person. (b) (*déficience*) weak point; (*penchant*) weakness. **il a un** ~ **pour sa fille** he has a soft spot for his daughter.
♦ **faiblement** *adv* weakly; slightly; faintly; dimly; lightly. ♦ **faiblesse** *nf* (a) weakness; softness; smallness; slightness; faintness; feebleness; dimness; lightness. **la** ~ **de la demande** the low *ou* poor demand; ~ **d'esprit** feeble-mindedness; **avoir la** ~ **d'accepter** to be weak enough to accept. (b) (*syncope*) sudden weakness. (c) (*défaut*) weakness. **chacun a ses petites** ~**s** we all have our little foibles *ou* weaknesses.
♦ **faiblir** (2) *vi* to get weaker (*ou* slighter *ou* smaller *etc*); [*résolution, résistance*] to weaken; [*forces, courage, vue*] to fail; [*vent*] to slacken; [*rendement*] to slacken off. **l'écart faiblit entre eux** the gap is narrowing between them.
faïence [fajɑ̃s] *nf* (a) **la** ~ (*substance*) earthenware; (*objets*) crockery, earthenware. (b) (*objet*) piece of earthenware.
faille [faj] *nf* (*Géol*) fault; [*raisonnement*] flaw; [*amitié*] rift.
faillir [fajiʀ] *vi* (a) (*manquer*) **j'ai failli tomber** I almost *ou* very nearly fell. (b) ~ **à** *devoir* to fail in; *promesse* to fail to keep; **sans** ~ unfailingly. (c) (†: *fauter*) to lapse.
faillite [fajit] *nf* (*Comm*) bankruptcy; [*espoir, méthode, gouvernement*] collapse. **faire** ~ (*Comm*) to go bankrupt; (*fig*) to collapse; **mettre qn en** ~ to make sb bankrupt.
faim [fɛ̃] *nf* hunger. **donner/avoir** ~ to make sb/be hungry; **manger à sa** ~ to eat one's fill; **avoir** ~ **de** *honneur etc* to hunger for; **sa** ~ **de richesses** his yearning for wealth; **j'ai une** ~ **de loup** I'm ravenous *ou* famished.
fainéant, ~e [feneɑ̃, ɑ̃t] **1** *adj* lazy, idle. **2** *nm,f* idler. ♦ **fainéanter** (1) *vi* to idle about. ♦ **fainéantise** *nf* laziness, idleness.
faire [fɛʀ] (60) **1** *vt* (a) (*fabrication*) (*gén*) to make; *maison* to build; *pain* to bake; *repas* to cook; *liste* to draw up; *chèque* to make out; *cours* to give; *livre* to write; *tableau* to paint; *dessin* to draw; *farce* to play; *faute, promesse* to make. ~ **du thé** to make (some) tea; **qu'avez-vous fait de**

votre sac? what have you done with your bag?, where have you left *ou* put your bag? (b) (*activité*) (*gén*) to do; *piano, tennis, match* to play; *rêve, chute* to have; *geste, projet* to make. **que faites-vous?** (*dans la vie*) what do you do?, what is your job?; (*en ce moment*) what are you doing?; ~ **du français** to do *ou* study French; **elle fait du tricot/un peu de tricot** she knits/does a bit of knitting. (c) (*fonction*) (*Théât*) *rôle* to play, be. ~ **le malade** to pretend to be ill; ~ **l'innocent** to play *ou* act the innocent; **il fait le jardinier pendant les vacances** he is acting as gardener during the holidays; **quel idiot je fais!** what a fool I am! *ou* I look!; **il en a fait un avocat/son héritier** he's made a lawyer of him/made him his heir; **on le fait plus riche qu'il n'est** people make him out to be richer than he is; **ils ont fait de cette pièce une cuisine** they made *ou* turned the room into a kitchen; **la cuisine fait salle à manger** the kitchen serves as *ou* is used as a dining room; **cet hôtel fait aussi restaurant** this hotel is also run as a restaurant. (d) (*parcours*) to do. ~ **un voyage/une promenade** to go on a journey/go for *ou* take a walk; ~ **du 100 km/h** to do 100 km/h; ~ **les magasins** to go round the shops. (e) (*Comm*) **l'épicerie** to sell, deal in; *blé* to grow, produce. **nous ne faisons pas cette marque** we don't stock *ou* keep that make. (f) (*nettoyage*) *ménage* to do; *lit* to make; *chaussures* to clean. ~ **la vaisselle** to do the washing-up *ou* the dishes. (g) (*Méd*) *diabète etc* to have, suffer from. ~ **de la fièvre** to have *ou* run a temperature; ~ **ses besoins** to go to the toilet. (h) (*mesure*) to be. **2 et 2 font 4** 2 and 2 are *ou* make 4; **ça fait 3 mètres de long** it is 3 metres long; **ça fait 3 kg** it weighs 3 kg; **combien fait cette chaise?** how much is this chair? *ou* does this chair cost?; **je vous la fais 100 F** I'll let you have it *ou* I'll give it to you for 100 F. (i) (*effet*) *piqûres etc* to give. ~ **du bien/du mal à ...** to do good/harm to ...; ~ **du chagrin à qn** to cause unhappiness to sb, make sb unhappy; ~ **le bonheur de qn** to make sb happy; **qu'est-ce que cela peut bien te** ~? what does it matter to you?; **la mort de son père ne lui a rien fait** his father's death didn't affect him; **cela ne vous ferait rien de sortir?** would you mind going out?; **qu'est-ce qu'on t'a donc fait!** whatever have they done to you!; **ça ne fait rien** it doesn't matter. (j) (*locutions*) **pour ce qu'on en fait!** for all that we do with it!; **n'en faites rien** do nothing of the sort; **n'avoir que** ~ **de** to have no need of; **ne** ~ **que de protester** to keep on and on protesting, be constantly protesting; **je ne fais que d'arriver** I've only just arrived.
2 *vi* (a) (*agir*) to do. ~ **vite** to act quickly, be quick; **il a bien fait** he did the right thing; ~ **de son mieux** to do one's best; **on ferait bien de le prévenir** it would be a good idea to warn him; **je ferais mieux de partir** I'd better go; **faites comme vous voulez** do as you please; **faites comme chez vous** make yourself at home; **il n'y a rien à** ~ it's no use. (b) (*dire*) to say. **vraiment? fit-il** really? he said; **il fit un 'ah' de surprise** he gave a surprised 'ah'. (c) (*durer*) **ce chapeau (me) fera encore un hiver** this hat will last *ou* do me another winter. (d) (*paraître*) to look. **ce vase fait bien sur la table** the vase looks nice on the table; ~ **vieux/jeune** to look old/young (for one's age). (e) (*devenir*) to make, be. **cet enfant fera un bon musicien** this child will make a good musician; **il veut** ~ **médecin** he wants to be a doctor.
3 *vb impers*: **il fait jour** it is daylight; **il fait du soleil** the sun is shining, it is sunny; **il fait lourd** it *ou* the weather is close; **cela fait 2 ans que je ne l'ai pas vu** it is 2 years since I last saw him, I haven't seen him for 2 years; **ça fait 2 ans qu'il est parti** he left 2 years ago, it's 2 years since he left; **il fait bon se promener** it is nice to go for a walk; **il ne fait pas bon le contredire** it is better not to

contradict him; **cela fait que nous devons partir** the result is that we must leave. **4** *vb substitut* to do. **il travaille mieux que je ne fais** he works better than I do; **– faites, je vous en prie** – (yes) please do, (yes) by all means. **5 se ~** *vpr* **(a)** *robe, amis* to make o.s. **il se fait sa cuisine** he does his own cooking; **il se fait 4000 F par mois** he earns *ou* makes 4,000 francs a month; **s'en ~** to worry. **(b)** *[fromage, vin]* to mature. *(fig)* **il s'est fait tout seul** he is a self-made man. **(c)** *(devenir) prêtre etc* to become. **se ~ vieux** to be getting old; **il se faisait tard** it was getting late; **se ~ beau** to make o.s. beautiful. **(d) se ~** à to get used to; **il ne peut pas se ~ au climat** he can't get used to the climate. **(e) cela ne se fait pas** it's not done; **une chose qui se fait** a done thing; **ça ne se fera pas** it won't take place. **(f)** *(impers)* **il peut/il pourrait se ~ qu'il pleuve** it may/it might rain; **comment se fait-il qu'il soit absent?** how is it that he is absent? **(g) se ~ + infin:** **se ~ vomir** to make o.s. vomit; **il s'est fait remettre le document** he had the document handed over to him; **il s'est fait ouvrir par le voisin** he got the neighbour to let him in. **6** *vb aux* **+ infin:** **j'ai fait démarrer la voiture** I made the car start, I got the car started; **~ traverser la rue à un aveugle** to help a blind man across the road; **~ entrer** *visiteur* to show *ou* ask in; *livreur* to let in; **(se) ~ faire une robe** to have a dress made; **~ faire la vaisselle à qn** to get sb to do the dishes; **il lui a fait ouvrir le coffre-fort he** made him open *ou* forced him to open the safe. **7: ~-part** *nm inv* announcement (of a birth *ou* death *etc*); **~-part de mariage** = wedding invitation.

faisable [fəzabl(ə)] *adj* feasible. **est-ce ~ en 2 jours?** can it be done in 2 days?

faisan [fəzã] *nm* pheasant. ♦ **faisandé, e** *adj goût* high; *(péj)* corrupt.

faisceau, *pl* **~x** [fɛso] *nm (fagot)* bundle; *(Élec, Phys)* beam. **~ de preuves** body of proof.

fait¹ [fɛ] *nm* **(a)** *(événement)* event, occurrence; *(donnée, acte)* fact. **~ nouveau** new development; **le ~ de bouger** the fact of moving; **~ d'armes** feat of arms; **~ divers** (short) news item; *(rubrique)* **~s divers** news in brief; **~s et gestes** actions. **(b) au ~** *(à propos)* by the way; **en venir au ~** to get to the point; **être au ~ (de)** to be informed (of); **mettre qn au ~ (d'une affaire)** to inform sb of *ou* acquaint sb with a matter; **de ~** *(de facto)* de facto; *(en fait)* in fact; **il est de ~ que** it is a fact that; **de ce ~** therefore; **du ~ de qch** on account of sth; **en ~** in fact; **en ~ de** *(en guise de)* by way of a; *(en matière de)* as regards, in the way of; **le ~ est là** it's a fact; **être le ~ de** *(être typique de)* to be typical of; *(être causé par)* to be the work of; **par ce ~** by this very fact; **dire son ~ à qn** to talk straight to sb; **prendre ~ et cause pour qn** to side with sb; **comme par un ~ exprès** almost as if on purpose; **mettre qn devant le ~ accompli** to present sb with a fait accompli.

fait², e [fɛ, fɛt] *adj* **(a) être ~ pour** to be made *ou* meant for; **ceci n'est pas ~ pour lui plaire** this is not likely to please him; **il est ~ pour être médecin** he's cut out to be a doctor. **(b)** *(fini)* **c'en est ~ de notre vie calme** that's the end of our quiet life; **c'est toujours ça de ~** that's one job done. **(c)** *(mûr) personne* mature; *fromage* ripe. **(d)** *(locutions)* **comment est-il ~?** what is he like?, what does he look like?; **avoir la jambe bien ~e** to have nice legs; **il est ~ (comme un rat)*** he's cornered!; **c'est bien ~!** it serves them right!

faîte [fɛt] *nm [montagne]* summit; *[arbre]* top. **~ du toit** rooftop; **~ de la gloire** height of glory.

faitout *nm* [fɛtu] stewpot.

fakir [fakiʁ] *nm (Rel)* fakir; *(Music-Hall)* wizard.

falaise [falɛz] *nf* cliff.

fallacieux, -euse [falasjø, øz] *adj* fallacious. ♦ **fallacieusement** *adv* fallaciously.

falloir [falwaʁ] (29) **1** *vb impers* **(a)** *(besoin)* **il me le faut à tout prix** I must have it at all costs; **il lui faut qn pour l'aider** he needs sb to help him; **il vous faut tourner à gauche** you have to *ou* need to turn left; **(au magasin) qu'est-ce qu'il vous faut?** what are you looking for?; **il n'en faut pas beaucoup pour qu'il se mette à pleurer** it doesn't take much to make him cry; **s'il le faut** if need be. **(b)** *(obligation)* **il va ~ y aller** we'll have to go; **il faut que tu y ailles** you must go; **il faudrait qu'il parte** he ought to *ou* should go; **que faut-il leur dire?** what shall I tell them?; **il ne faut pas être en retard** we mustn't be *ou* we can't be late; **il va ~ qu'il parte** he'll have to go. **(c)** *(intensif)* **il fallait me le dire** you should have told me; **il faut voir ce spectacle** this show is a must, you must see this show; **il ne faudrait pas qu'il essaie!** he'd better not try!; **(il) faut dire qu'il est culotté*** you've got to admit he's got a cheek; **il a fallu qu'elle le perde!** she HAD to go and lose it! **(d)** *(probabilité)* **il faut que tu te sois trompé** you must have made a mistake; **faut-il donc être bête!** some people are so stupid; **faut-il qu'il soit bête!** he must be so *ou* really stupid; **il ne faut pas être intelligent pour dire ça** it's not very clever to say sth like that. **(e)** *(locutions)* **(il) faut le faire!** *(admiratif)* that takes some doing!; **il faut de tout pour faire un monde** it takes all sorts to make a world; **il ne faut jamais remettre au lendemain ce qu'on peut faire le jour même** procrastination is the thief of time; **ce qu'il faut entendre!** the things you hear! **2 s'en ~** *vpr:* **il ne s'en fallait que de 100 F pour qu'il ait la somme** he was only *ou* just 100 francs short of the full amount; **il s'en faut de beaucoup qu'il soit heureux** he is far from happy; **il s'en est fallu d'un cheveu qu'il ne soit pris** he was within a hair's breadth *ou* an ace of being caught; **peu s'en est fallu qu'il pleure** he almost *ou* very nearly wept.

falot¹ [falo] *nm* lantern.

falot², e [falo, ɔt] *adj personne* colourless; *lumière* wan, pale.

falsifier [falsifje] (7) *vt* to falsify, alter, tamper with.

famélique [famelik] *adj* half-starved.

fameux, -euse [famø, øz] *adj* **(a)** *(*: bon) mets, voiture* first-rate; *idée* bright, great*. **pas ~ mets, roman** not too good, not up to much*; **il n'est pas ~ en maths** he's not too hot at maths*. **(b)** *(*: avant n: intensif)* **c'est un ~ problème** it's a real *ou* it's quite a problem; **c'est une ~euse vaisselle** that's an awful lot of washing-up; **c'est un ~ gaillard** *(bien bâti)* he's a strapping fellow. **(c)** *(*: référence)* **quel est le nom de cette ~euse rue?** what's the name of that (famous) street? **(d)** *(célèbre)* famous *(pour* for). ♦ **fameusement** *adv* remarkably, really.

familial, e, *mpl* **-aux** [familjal, o] **1** *adj* family. **2** *nf* family estate car, station wagon *(US)*.

familiariser [familjaʁize] (1) **1** *vt:* **~ qn avec** to familiarize sb with. **2 se ~** *vpr:* **se ~ avec** *lieu, méthode* to familiarize o.s. with; *personne* to get to know, become acquainted with; *bruit, danger* to get used *ou* accustomed to; **être (peu) familiarisé avec** to be (un)familiar with.

familier, -ière [familje, jɛʁ] **1** *adj* **(a)** *(bien connu)* familiar. **ça m'est ~** I'm familiar with it; **cette attitude lui est ~ière** this is a familiar *ou* customary attitude of his; **le mensonge lui était devenu ~** he had become quite used to lying. **(b)** *(amical)* informal, friendly; *(désinvolte) personne, surnom* (over)familiar; *attitude* offhand, casual; *(non recherché) expression, style* familiar, colloquial. **expression ~ière** colloquialism. **2** *nm [club, théâtre]* regular visitor *(de* to); *[famille]* friend *(de* of). ♦ **familiarité** *nf*

familiarity. (*privautés*) ~s familiarities; ~ avec langue, méthode familiarity with. ♦ **familièrement** *adv* informally; familiarly; colloquially.

famille [famij] *nf* (*gén*) family. **on a prévenu la** ~ the relatives *ou* the next of kin have been informed; **dîner de** ~ family dinner; **ça tient de** ~ it runs in the family; **passer ses vacances en** ~ to spend one's holidays with the family.

famine [famin] *nf* (*épidémie*) famine. **nous allons à la** ~ we are heading for starvation.

fan* [fan] *nm* (*admirateur*) fan.

fanal, *pl* -**aux** [fanal, o] *nm* (*gén*) lantern; [*train*] headlight; [*phare*] beacon.

fanatique [fanatik] **1** *adj* fanatical (*de* about). **2** *nmf* (*gén, Sport*) fanatic. ♦ **fanatiquement** *adv* fanatically. ♦ **fanatiser** (1) *vt* to rouse to fanaticism. ♦ **fanatisme** *nm* fanaticism.

fane [fan] *nf* [*radis etc*] top.

faner [fane] (1) **1** *vi* to make hay. **2** *vt* (**a**) *herbe* to toss. (**b**) *fleur, beauté* to fade. **3** se ~ *vpr* [*plante, teint*] to fade; [*peau*] to wither.

fanfare [fɑ̃faʀ] *nf* (*orchestre*) brass band; (*musique*) fanfare. **en** ~ *réveil* clamorous, tumultuous; *partir* noisily, with great commotion; **annoncer en** ~ *réforme etc* to blazon *ou* trumpet forth.

fanfaron, -onne [fɑ̃faʀɔ̃, ɔn] **1** *adj* boastful. **2** *nm,f* braggart. **faire le** ~ to brag. ♦ **fanfaronnade** *nf*: ~(**s**) bragging. ♦ **fanfaronner** (1) *vi* to brag.

fanfreluche [fɑ̃fʀəlyʃ] *nf* trimming.

fange [fɑ̃ʒ] *nf* (*littér*) mire.

fanion [fanjɔ̃] *nm* pennant.

fantaisie [fɑ̃tezi] *nf* (**a**) (*caprice*) whim; (*extravagance*) extravagance. **je me suis payé une petite** ~ I bought myself a little present; **il veut vivre à sa** ~ he wants to live as he pleases; **il lui a pris la** ~ **de faire** he took it into his head to do; **à votre** ~ as it may please you. (**b**) (*imagination*) fancy, imagination. **manquer de** ~ [*vie*] to be monotonous; [*personne*] to be lacking in imagination. (**c**) **rideaux/boutons** etc ~ fancy curtains/buttons etc. (**d**) (*œuvre*) (*Littérat*) fantasy; (*Mus*) fantasia. ♦ **fantaisiste 1** *adj* (*faux*) fanciful; (*bizarre*) eccentric; (*farceur*) whimsical. **2** *nmf* (*Théât*) variety artist; (*original*) eccentric; (*péj: fumiste*) phoney*.

fantasme [fɑ̃tasm(ə)] *nm* fantasy.

fantasque [fɑ̃task(ə)] *adj* *humeur* whimsical; *chose* weird, fantastic.

fantassin [fɑ̃tasɛ̃] *nm* foot soldier, infantryman.

fantastique [fɑ̃tastik] *adj* (**a**) (*étrange*) uncanny, weird, fantastic. **le cinéma** ~ the cinema of the fantastic. (**b**) (*: excellent, énorme, incroyable*) fantastic*. ♦ **fantastiquement** *adv* fantastically.

fantoche [fɑ̃tɔʃ] *nm, adj* puppet.

fantôme [fɑ̃tom] **1** *nm* (*spectre*) ghost. **2** *adj* firme bogus. **bateau** ~ ghost *ou* phantom ship. ♦ **fantomatique** *adj* ghostly.

faon [fɑ̃] *nm* (*Zool*) fawn.

faramineux, -euse* [faʀaminø, øz] *adj* bétise etc staggering; *prix* astronomical; *idée* brilliant.

farce [faʀs(ə)] *nf* (**a**) (*tour*) practical joke, hoax. **faire une** ~ **à qn** to play a joke on sb; **magasin de** ~**s-attrapes** joke shop. (**b**) (*Théât*) farce. **grosse** ~ slapstick comedy. (**c**) (*Culin*) stuffing. ♦ **farceur, -euse** *nm,f* (*blagueur*) joker; (*péj: fumiste*) phoney*.

farcir [faʀsiʀ] (2) **1** *vt* (*Culin*) to stuff. **farci de fautes** crammed *ou* packed with mistakes. **2** se ~ *vpr* (❗) *travail, personne* to get landed with*; *mets* to knock back*. **il faut se le** ~! (*bavard*) he's a bit of a pain in the neck*.

fard [faʀ] *nm* make-up; (†: *poudre*) rouge; [*acteur*] greasepaint. **sans** ~ *parler* openly.

fardeau, *pl* ~**x** [faʀdo] *nm* (*lit*) load; (*fig*) burden. **sous le** ~ **de** under the weight *ou* burden of.

farder [faʀde] (1) **1** *vt acteur* to make up; *visage* to

rouge; *vérité* to disguise. **2** se ~ *vpr* to make o.s. up; to rouge one's face.

farfelu, e* [faʀfəly] **1** *adj* cranky, scatty*. **2** *nm,f* eccentric.

farfouiller* [faʀfuje] (1) *vi* to rummage about (*dans* in).

farine [faʀin] *nf* [*blé*] flour. ~ **d'avoine** oatmeal. ♦ **fariner** (1) *vt* to flour. ♦ **farineux, -euse 1** *adj* aspect, goût floury, chalky. **2** *nm*: (*aliment*) ~ starchy food.

farouche [faʀuʃ] *adj* (**a**) (*timide*) shy, timid; (*peu sociable*) unsociable. (**b**) (*hostile*) fierce. **ennemi** ~ bitter enemy. (**c**) (*opiniâtre*) volonté, résistance unshakeable; énergie irrepressible. (**d**) (*indompté*) savage, wild. ♦ **farouchement** *adv* fiercely.

fart [faʀ(t)] *nm* (ski) wax. ♦ **farter** (1) *vt* to wax.

fascicule [fasikyl] *nm* [*livre*] instalment.

fasciner [fasine] (1) *vt* (*gén*) to fascinate; [*charme*] to bewitch. ♦ **fascination** *nf* fascination (*sur* on, over).

fascisme [faʃism(ə)] *nm* fascism. ♦ **fasciste** *adj, nmf* fascist.

faste¹ [fast(ə)] *nm* splendour.

faste² [fast(ə)] *adj* (*littér*) lucky.

fastidieux, -euse [fastidjø, øz] *adj* tedious, boring. ♦ **fastidieusement** *adv* tediously, boringly.

fastueux, -euse [fastɥø, øz] *adj* décor sumptuous; repas, réception lavish. ♦ **fastueusement** *adv* sumptuously; lavishly.

fatal, e, *mpl* ~**s** [fatal] *adj* accident fatal; coup fatal, deadly; ton, instant fateful. **erreur** ~**e**! grievous *ou* fatal error!; **être** ~ **à qn** to be the *ou* prove fatal to *ou* for sb; **c'était** ~! it was inevitable, it was bound to happen. ♦ **fatalement** *adv* inevitably. ♦ **fatalisme** *nm* fatalism. ♦ **fataliste 1** *adj* fatalistic. **2** *nmf* fatalist. ♦ **fatalité** *nf* (*destin*) fate; (*coïncidence*) fateful coincidence; (*inévitabilité*) inevitability.

fatidique [fatidik] *adj* fateful.

fatigant, e [fatigɑ̃, ɑ̃t] *adj* (*épuisant*) tiring; (*agaçant*) tiresome, tedious. **c'est** ~ **pour le cœur** it's a strain on the heart; **tu es vraiment** ~ you really are tiresome *ou* a nuisance.

fatigue [fatig] *nf* (*gén*) tiredness; (*Méd, Tech*) fatigue. **tomber de** ~ to be dead tired; **il a voulu nous épargner cette** ~ he wanted to spare us the strain; **les** ~**s du voyage** the strain *ou* the tiring effects of the journey.

fatiguer [fatige] (1) **1** *vt* (**a**) *personne* to tire; *moteur* to strain; *poutre* to put a strain on; *terre* to exhaust, impoverish. [*patron*] ~ **qn/qch** to overwork sb/sth; **ça vous fatigue** it tires *ou* wears you out; **ça fatigue le cœur** it puts a strain on the heart. (**b**) (*fig: agacer*) to annoy; (*lasser*) to wear out. **2** *vi* [*moteur*] to labour, strain; [*poutre*] to become strained; [*personne*] to tire. **3** se ~ *vpr* to get tired; (*se surmener*) to overwork o.s. **se** ~ **à faire qch** to tire o.s. out doing sth; **se** ~ **les yeux** to strain one's eyes; (*se lasser de*) **se** ~ **de qch/de faire** to get tired of sth/of doing; **pas la peine de te** ~*! there's no need to wear yourself out *ou* no point wearing yourself out. ♦ **fatigué, e** *adj* personne, voix, traits tired, weary; yeux, cœur strained; estomac upset; poutre, joint, habit worn. ~ **de** tired of.

fatras [fatʀɑ] *nm* jumble.

fatuité [fatɥite] *nf* self-complacency.

faubourg [fobuʀ] *nm* (*inner*) suburb. ♦ **faubourien, -ienne** *adj* accent working-class.

fauchaison [foʃɛzɔ̃] *nf* (*époque, action*) mowing, reaping.

faucher [foʃe] (1) *vt* (**a**) *blé* to reap; *champs* to mow; *herbe* to mow, cut; (*avec une faux*) to scythe. (**b**) (*fig*) [*véhicule, tir*] to mow down. **la mort l'a fauché** death cut him down; **avoir une jambe fauchée par le train** to have a leg cut off by

the train. **(c)** (‡: *voler*) to pinch*, swipe*.
♦ **fauches** *nf* (*vol*) pinching*, swiping*. ♦ **fauché,
e*** *adj* (*sans argent*) stony-broke*. ♦ **faucheur,
-euse** *nm,f* mower, reaper.
faucille [fosij] *nf* sickle.
faucon [fokõ] *nm* falcon, hawk.
faufiler (se) [fofile] (1) *vpr*: se ~ **parmi la foule** to
worm *ou* inch one's way through the crowd; se ~
entre les voitures to thread one's way through the
traffic; se ~ **à l'intérieur/au dehors** to slip *ou*
sneak in/out.
faune[1] [fon] *nm* (*Myth*) faun.
faune[2] [fon] *nf* (*Zool*) wildlife; (*péj*) set.
faussaire [fosɛʀ] *nmf* forger.
faussement [fosmã] *adv* *accuser* wrongly; *croire*
falsely. ~ **modeste** falsely modest; **d'un ton** ~
indifférent in a tone of feigned indifference.
fausser [fose] (1) *vt* *calcul, réalité, sens* to distort;
esprit to disturb; *clef* to bend; *serrure* to break;
charnière to buckle; *hélice* to warp. ~ **compagnie
à qn** to give sb the slip.
fausseté [foste] *nf* [*accusation, dogme*] falseness, falsity; [*caractère, personne*] duplicity. **(b)**
(†: *mensonge*) falsehood.
faute [fot] *nf* (*erreur*) mistake, error; (*mauvaise
action*) misdeed; (*Jur*) offence; (*péché*) sin; (*Ftbl
etc*) offence; (*Tennis*) fault; (*responsabilité*)
fault. ~ **de frappe** typing error; ~ **d'impression**
misprint; ~ **d'inattention** careless mistake; ~
d'orthographe spelling mistake; **faire une** ~ to
make a mistake (*de* in); **c'est de la** ~ **de Richard**
it's Richard's fault, it's because of Richard; **à qui
la** ~? whose fault is it?, who's to blame?; **être/se
sentir en** ~ to be/feel at fault *ou* in the wrong;
prendre qn en ~ to catch sb out; **il ne se fait pas** ~
de faire he doesn't fail to do; ~ **d'argent** for want
of money; ~ **de quoi** failing which.
fauteuil [fotœj] *nm* (*gén*) armchair, easy chair;
[*président*] chair; [*théâtre, académicien*] seat.
(*fig*) **il est arrivé dans un** ~* he romped home; ~ **à
bascule** rocking chair; ~ **roulant** wheelchair.
fauteur [fotɛʀ] *nm*: ~ **de troubles** troublemaker;
~ **de guerre** warmonger.
fautif, -ive [fotif, iv] **1** *adj* **(a)** *élève* naughty,
guilty. **être** ~ to be at fault *ou* in the wrong. **(b)**
liste, calcul faulty. **2** *nm,f*: **c'est moi le** ~ I'm the
one to blame *ou* the culprit. ♦ **fautivement** *adv* by
mistake.
fauve [fov] **1** *adj* *couleur* tawny, fawn. **2** *nm* big
cat.
faux[1] [fo] *nf* scythe.
faux[2], **fausse** [fo, fos] **1** *adj* **(a)** *argent, documents* forged, fake; *marbre* imitation; *tableau*
fake; (*fig*) *savant* bogus; *dent, nez* false. ~
papiers forged identity papers. **(b)** *bonhomie,
colère* feigned; *attitude, promesse* false; *situation* awkward. **fausse dévotion** false piety. **(c)**
(*inexact*) (*gén*) wrong; *affirmation* untrue;
balance, raisonnement inaccurate, faulty; *piano,
voix* out of tune; *rumeur, soupçons* false. **c'est** ~
that's wrong; **faire fausse route** (*lit*) to go the
wrong way; (*fig*) to be on the wrong track; **faire
un** ~ **pas** (*lit*) to stumble; (*fig*) to make a foolish
mistake; **avoir de fausses craintes** to have
groundless fears.
2 *nm* **(a)** (*mensonge, Philos*) **le** ~ falsehood.
(b) (*contrefaçon*) forgery; (*tableau, document*)
fake, forgery. **faire un** ~ to commit a forgery.
3 *adv* *chanter* out of tune. **sonner** ~ [*rire*] to
have a false ring.
4: fausse alerte false alarm; ~ **ami** (*traître*)
false friend; (*Ling*) faux ami, deceptive cognate;
faire ~ **bond à qn** to let sb down; **fausse clef**
skeleton key; ~ **col** detachable collar; **fausses
côtes** floating ribs; **fausse couche** miscarriage;
(*lit, fig*) ~ **départ** false start; **fausse fenêtre** blind
window; ~-**filet** sirloin; ~ **frais** (*pl*) incidental
expenses; ~-**fuyant** evasion, equivocation;

user de ~-**fuyants** to equivocate; ~ **jeton***
devious character; **fausse joie** vain joy; ~ **jour**
(*lit*) deceptive light; (*fig*) **sous un** ~ **jour** in a false
light; **fausse manœuvre** wrong move; ~-
monnayeur forger; ~ **mouvement** awkward
movement; ~ **nom** false name; **fausse note** (*Mus*)
wrong note; (*fig*) sour note; (*lit, fig*) **fausse piste**
wrong track; ~ **pli** crease; **fausse porte** false
door; ~ **problème** non-problem; ~ **semblant**
sham, pretence; ~ **sens** mistranslation; ~
témoignage false evidence; (*délit*) perjury; ~
témoin lying witness.
faveur [favœʀ] *nf* **(a)** favour. **faites-moi la** ~ **de ...**
would you be so kind as to ...; **gagner/perdre la** ~
du public to win/lose public favour; **être en** ~ to
be in favour (*auprès de qn* with sb); **de** ~ *billet*
complimentary; *régime* preferential; **en** ~ **de** (*à
cause de*) on account of; (*au profit de*) in favour
of; (*but charitable*) in aid of; **être en** ~ **de qch** to
be in favour of sth; **à la** ~ **de** thanks to; **à la** ~ **de la
nuit** under cover of darkness. **(b)** (*ruban*) favour.
♦ **favorable** *adj* favourable. **sous un jour** ~ in a
favourable light; **prêter une oreille** ~ **à** to lend a
sympathetic ear to; **d'un œil** ~ with a favourable eye; **être** ~ **à** to be favourable to.
♦ **favorablement** *adv* favourably. ♦ **favori, -ite**
adj, nm,f favourite. ♦ **favoris** *nmpl* side whiskers. ♦ **favoriser** (1) *vt* (*gén*) to favour.
♦ **favoritisme** *nm* favouritism.
fébrile [febʀil] *adj* (*lit, fig*) feverish.
♦ **fébrilement** *adv* feverishly. ♦ **fébrilité** *nf*
feverishness.
fécond, e [fekõ, õd] *adj* *femelle* (*non stérile*) fertile; (*prolifique*) prolific; *sujet, idée, terre*
fruitful; *esprit* fertile. ~ **en** abounding in.
♦ **féconder** (1) *vt* *femme* to make pregnant;
animal, fleur to fertilize. ♦ **fécondation** *nf*
impregnation; fertilization. ♦ **fécondité** *nf* fertility, fruitfulness.
fécule [fekyl] *nf* starch. ♦ **féculent, e** *adj* starchy.
~**s** starchy foods.
fédéral, e, *mpl* -**aux** [federal, o] *adj* federal.
♦ **fédéraliser** (1) *vt* to federalize. ♦ **fédéralisme**
nm federalism. ♦ **fédéraliste** *adj, nmf* federalist.
fédération [federasjõ] *nf* federation.
fée [fe] *nf* fairy.
féerie [fe(e)ʀi] *nf* (*Ciné, Théât*) extravaganza;
(*vision*) enchantment. ♦ **féerique** *adj* magical.
feindre [fɛ̃dʀ(ə)] (52) **1** *vt* *enthousiasme,
ignorance* to feign. ~ **d'être/de faire** to pretend to
be/do. **2** *vi* to dissemble. ♦ **feint, e**[1] *adj* feigned.
feinter [fɛ̃te] (1) **1** *vt* (*Ftbl*) to dummy; (*Boxe*) to
feint at; (‡: *rouler*) to trick, take in. **2** *vi* (*Escrime*)
to feint. ♦ **feinte**[2] *nf* (*manœuvre*) dummy move;
(*Boxe*) feint; (*ruse*) ruse. **parler sans** ~ to speak
without dissimulation.
fêler *vt, se* ~ *vpr* [fele] (1) to crack.
félicité [felisite] *nf* (*Rel*) bliss.
féliciter [felisite] (1) **1** *vt* to congratulate (*qn de
ou sur qch* sb on sth). **2 se** ~ *vpr* to congratulate
o.s. (*de* on). **je n'y suis pas allé et je m'en félicite** I
didn't go and I'm glad *ou* very pleased I didn't.
♦ **félicitations** *nfpl* congratulations (*pour* on).
félin, e [felɛ̃, in] **1** *adj* *race* feline; *allure* feline,
catlike. **2** *nm* feline.
félon, -onne [felõ, ɔn] **1** *adj* perfidious. **2** *nm*
traitor. **3** *nf* traitress. ♦ **félonie** *nf* perfidy.
fêlure [felyʀ] *nf* (*lit, fig*) crack.
femelle [fəmɛl] **1** *adj* (*gén*) female; *souris etc*
she-; *oiseau* hen-; *baleine, éléphant* cow-. **2** *nf*
(*Zool, péj*) female.
féminin, e [feminɛ̃, in] **1** *adj* (*gén, Ling*) feminine;
sexe female; *mode, équipe* women's. **2** *nm* (*Ling*)
feminine. **au** ~ in the feminine. ♦ **féminisme** *nm*
feminism. ♦ **féministe** *adj, nmf* feminist.
♦ **féminité** *nf* femininity.
femme [fam] **1** *nf* (*individu*) woman; (*épouse*)
wife. **la** ~ woman; ~ **médecin/professeur** (lady

ou woman) doctor/teacher. **2** *adj inv*: être ~ (*nubile*) to have reached womanhood; être très ~ to be very womanly. **3**: ~ **d'affaires** businesswoman; ~ **auteur** authoress; ~ **de chambre** chambermaid; ~ **d'intérieur** (conscientious) housewife; ~ **de lettres** woman of letters; ~ **de ménage** domestic help, cleaning lady; ~ **du monde** society woman.

fémur [femyʀ] *nm* thighbone, femur.
fenaison [fənɛzɔ̃] *nf* haymaking.
fendiller *vt*, **se** ~ *vpr* [fɑ̃dije] (1) *vernis* to craze; *bois* to spring; *peau* to chap.
fendre [fɑ̃dʀ(ə)] (41) **1** *vt* (*gén*) to split; *rochers* to cleave; *plâtre* to crack. ~ **du bois** to chop wood; **il lui fendit le crâne** he split his skull open; ~ **la foule** to cut *ou* push one's way through the crowd; *récit qui fend le cœur* story which breaks one's heart, heartbreaking story. **2 se** ~ *vpr* (**a**) (*se fissurer*) to crack. **se** ~ **la lèvre** to cut one's lip; **se** ~ **la pipe** to laugh one's head off. (**b**) (*Escrime*) to lunge. (**c**) (‡) **se** ~ **de** *somme* to shell out*; *cadeau* to lash out on*. ♦ **fendu, e** *adj manche* slashed; *veste* with a vent; *jupe* slit. **la bouche** ~**e** **jusqu'aux oreilles** with a grin stretching from ear to ear.
fenêtre [f(ə)nɛtʀ(ə)] *nf* (*gén*) window. (*train*) **coin** ~ window seat; ~ **à guillotine** sash window; ~ **à battants** casement window.
fente [fɑ̃t] *nf* (**a**) (*fissure*) crack; [*rocher*] cleft. (**b**) [*volet*] slit; [*boîte à lettres*] slot; [*veston*] vent.
féodal, e, mpl -aux [feɔdal, o] **1** *adj* feudal. **2** *nm* feudal lord. ♦ **féodalité** *nf* feudalism.
fer [fɛʀ] **1** *nm* (**a**) (*métal*) iron. **volonté de** ~ iron will. (**b**) (*poutre*) (iron) girder; (*épée*) sword; [*cheval*] shoe; [*soulier*] steel tip; [*flèche, lance*] head, point; [*rabot*] blade. (**c**) ~**s** (‡: *chaînes*) chains, irons; (*Méd* †) forceps. **2**: ~**-blanc** tinplate; ~ **forgé** wrought iron; ~ **à friser** curling tongs; (*fig*) ~ **de lance** spearhead; ~ **à repasser** iron; ~ **à souder** soldering iron.
férié, e [feʀje] *adj*: **jour** ~ public holiday; **le lundi est** ~ the Monday is a holiday.
ferme¹ [fɛʀm(ə)] **1** *adj* (*gén*) firm; *viande* tough; *écriture* steady; *trait* confident; *résolution, acheteur* definite. ~ **sur ses jambes** steady on one's legs; **d'un pas** ~ with a firm step; **rester** ~ **dans l'adversité** to remain steadfast in adversity; *prix* ~**s et définitifs** firm prices. **2** *adv travailler* hard; *discuter* vigorously; (*Comm*) *acheter* definitely.
ferme² [fɛʀm(ə)] *nf* (*domaine*) farm; (*habitation*) farmhouse.
fermé, e [fɛʀme] *adj* (**a**) *porte etc* shut, closed; (*à clef*) locked; *espace* closed-in; *angle* narrow; *ensemble* closed; *robinet* off. (**b**) *milieu, club* exclusive. **cette carrière lui est** ~**e** this career is closed to him. (**c**) *visage* impassive; *personne* uncommunicative. (**d**) **être** ~ **à** *sentiment* to be impervious to; *art* to have no feeling for.
fermement [fɛʀməmɑ̃] *adv* (*lit, fig*) firmly.
ferment [fɛʀmɑ̃] *nm* (*lit, fig*) ferment. ♦ **fermentation** *nf* fermentation. **en** ~ (*lit*) fermenting; (*fig*) in a ferment. ♦ **fermenter** (1) *vi* to ferment.
fermer [fɛʀme] (1) **1** *vt* (**a**) (*lit*) to close, shut; *lettre, poing*, (*fig*) *compte, liste* to close; *manteau* to do up, fasten; *gaz* to turn *ou* switch off; *robinet* to turn off. ~ **à clef** to lock; ~ **au verrou** to bolt; ~ **la porte au nez de qn** to shut *ou* slam the door in sb's face; (*fig*) **toutes les portes lui sont fermées** all doors are closed to him; **ferme-la!‡** shut *ou* belt up!‡; **je n'ai pas fermé l'œil de la nuit** I didn't sleep a wink all night; ~ **les yeux sur** *misère* to close one's eyes to; *abus* to turn a blind eye to. (**b**) *chemin* to block, bar; *accès* to shut off; *frontière, col* to close; *aéroport* to close *ou* shut down. **champ fermé par une haie** field enclosed by a hedge; ~ **la marche** to bring up the rear. (**c**)

(*cesser d'exploiter*) *magasin, école* to close *ou* shut down. ~ **boutique** to close down. **2** *vi* (*gén*) to close, shut; [*vêtement*] to do up, fasten. **ça ferme mal** it doesn't close *ou* shut properly; **ça ferme à 7 heures** closing time is 7 o'clock. **3 se** ~ *vpr* to close, shut; [*fleur, blessure*] to close up; [*vêtement*] to do up, fasten. **se** ~ **à la pitié** to close one's heart to pity.
fermeté [fɛʀməte] *nf* (*V* **ferme¹**) firmness; steadiness; confidence; steadfastness.
fermette [fɛʀmɛt] *nf* country cottage.
fermeture [fɛʀmətyʀ] *nf* (**a**) (*action*) (*gén*) closing; shutting; (*à clef*) locking; (*au verrou*) bolting; (*Comm*: *définitive*) closing down. ~ **annuelle** annual closure; **à (l'heure de) la** ~ at closing time. (**b**) (*mécanisme*) [*coffre-fort*] catch; [*vêtement*] fastener. ~ **éclair** ® zip (fastener), zipper.
fermier, -ière [fɛʀmje, jɛʀ] **1** *adj farm.* **2** *nm* (*cultivateur*) farmer. **3** *nf* farmer's wife; (*indépendante*) (woman) farmer.
fermoir [fɛʀmwaʀ] *nm* [*collier*] clasp.
féroce [feʀɔs] *adj* (*lit*) ferocious; *envie, joie* savage; *appétit* ravenous. ♦ **férocement** *adv* ferociously; savagely. ♦ **férocité** *nf* ferocity, savagery.
ferraille [fɛʀaj] *nf* (*déchets*) scrap iron; (*: monnaie*) small change. **bruit de** ~ clanking noise; **mettre à la** ~ to scrap. ♦ **ferrailleur** *nm* scrap merchant.
ferrer [fɛʀe] (1) *vt* (**a**) *cheval* to shoe; *soulier* to nail. (**b**) *poisson* to strike. ♦ **ferré, e** *adj* (**a**) *canne* steel-tipped; *soulier* hobnailed; *cheval* shod; *roue* steel-rimmed. (**b**) (*: calé*) **être** ~ **sur un sujet** to be well up* in a subject.
ferreux [fɛʀø] *adj m* ferrous.
ferronnerie [fɛʀɔnʀi] *nf* (*atelier*) ironworks; (*métier*) ironwork; (*objets*) ironware. **grille en** ~ wrought iron gate. ♦ **ferronnier** *nm* (*artisan*) craftsman in wrought iron; (*commerçant*) ironware merchant.
ferroviaire [fɛʀɔvjɛʀ] *adj* railway, railroad (*US*), rail.
ferry-boat, pl ~-~**s** [fɛʀibot] *nm* [*voitures*] (car) ferry; [*trains*] (train) ferry.
fertile [fɛʀtil] *adj* (*gén*) fertile, fruitful. **journée** ~ **en événements** eventful day. ♦ **fertilisation** *nf* fertilization. ♦ **fertiliser** (1) *vt* to fertilize. ♦ **fertilité** *nf* (*lit, fig*) fertility.
fervent, e [fɛʀvɑ̃, ɑ̃t] **1** *adj* fervent. **2** *nm,f* devotee. ~ **de musique** music lover. ♦ **ferveur** *nf* fervour.
fesse [fɛs] *nf* (*Anat*) buttock. **les** ~**s** the buttocks, the bottom, the backside*. ♦ **fessée** *nf* spanking. ♦ **fesser** (1) *vt* to spank.
festin [fɛstɛ̃] *nm* feast.
festival, pl ~**s** [fɛstival] *nm* festival.
festivités [fɛstivite] *nfpl* (*gén*) festivities.
festoyer [fɛstwaje] (8) *vi* to feast.
fêtard, e* [fɛtaʀ, aʀd(ə)] *nm,f* (*péj*) roisterer.
fête [fɛt] **1** *nf* (**a**) (*religieuse*) feast; (*civile*) holiday. **Noël est la** ~ **des enfants** Christmas is the children's festival. (**b**) (*prénom*) feast *ou* name day. **la** ~ **de la Saint-Jean** Saint John's day; **souhaiter sa** ~ **à qn** to wish sb a happy feast day. (**c**) (*congé*) holiday. **3 jours de** ~ 3 days off, 3 days' holiday; **les** ~**s (de fin d'année)** the (Christmas and New Year) holidays. (**d**) (*foire*) fair; (*kermesse*) fête, fair; (*exposition*) festival, show. ~ **de la bière/de la moisson** beer/harvest festival; **la** ~ **de la ville** the town festival; **la foule en** ~ the festive crowd; **air de** ~ festive air. (**e**) (*réception*) party. **les** ~**s** the celebrations (*en l'honneur de* in honour of). (**f**) (*locutions*) **être à la** ~ to have a great time; **je n'étais pas à la** ~ it was no picnic for me*; **être de la** ~ to be one of the party; **faire sa** ~ **à qn‡** to bash sb up‡; **faire la** ~* to live it up*; **faire** ~ **à qn** to give sb a warm

reception; *[chien]* to fawn on sb; **elle se faisait une ~ d'y aller** she was really looking forward to going.
2: ~ de charité charity fair; **~ de famille** family celebration; **~ foraine** fun fair; **~ légale** public holiday; **la ~ des Mères** Mother's Day; **~ nationale** national holiday; **~ de village** village fête. ♦ **fêter** (1) *vt anniversaire* to celebrate; *personne* to have a celebration for.
fétiche [fetiʃ] *nm (lit)* fetish; *(mascotte)* mascot. ♦ **fétichisme** *nm* fetishism. ♦ **fétichiste** *adj, nmf* fetishist.
fétide [fetid] *adj* fetid.
fétu [fety] *nm:* **~ (de paille)** wisp of straw.
feu¹, *pl* **~x** [fø] **1** *nm* **(a)** *(source de chaleur)* fire. **faire du ~** to make a fire; *(cigarette)* **avez-vous du ~?** do you have a light?; **prendre ~** to catch fire; **mettre le ~ à qch** to set fire to sth; **en ~** on fire; **il y a le ~** there's a fire; *(fig)* **il n'y a pas le ~!•** there's no panic!•; *(fig)* **j'ai la gorge en ~** my throat is burning. **(b)** *(lumineux)* light. **le ~ était (au) rouge** the lights were at red; **être sous le ~ des projecteurs** *(lit)* to be in the glare of the spotlights; *(fig)* to be in the limelight; **mettre pleins ~x sur** to put the spotlight on; **les ~x de la rampe** the footlights. **(c)** *(Culin) (brûleur)* ring. **mettre qch/être sur le ~** to put sth/be on the stove; **plat qui va au ~** ovenproof *ou* fireproof dish; **faire cuire à ~ vif** to cook over a brisk heat; **faire cuire à petit ~** to cook gently. **(d)** *(tir)* fire. **faire ~** to fire; *(lit, fig)* **~ roulant** running fire; **des ~x croisés** crossfire. **(e)** *(ardeur)* fire. **dans le ~ de la discussion** in the heat of the discussion; **tempérament de ~** fiery temperament. **(f)** *(diamant)* **~x** fire; **jeter mille ~x** to flash *ou* sparkle brilliantly. **(g)** **avoir le ~ sacré** to be dedicated; **mettre le ~ aux poudres** to touch off a crisis; **mettre une ville à ~ et à sang** to put a town to fire and the sword; **mettre à ~ une fusée** to fire off a rocket; **au moment de la mise à ~** at the moment of blast-off.
2 *adj inv:* **rouge ~** flame red.
3: ~ d'artifice firework; **~ de Bengale** Bengal light; **~ follet** will-o'-the-wisp; **~ de joie** bonfire; *(fig)* **~ de paille** flash in the pan; **~ de position** sidelight; **~ rouge** set of traffic lights; *(lit, fig)* **~ vert** green light.
feu² [fø] *adj:* **~ ma tante, ma ~e tante** my late aunt.
feuille [fœj] **1** *nf [plante]* leaf; *[papier, acier]* sheet; *(bulletin)* slip; *(formulaire)* form; *(journal)* paper. **2: ~ de chou** *(péj: journal)* rag; **~ d'impôt** tax form; **~ de paye** pay slip; **~ de présence** attendance sheet; **~ de route** travel warrant; **~ de température** temperature chart; **~ volante** loose sheet. ♦ **feuillage** *nm:* **~(s)** foliage. ♦ **feuillet** *nm* leaf, page.
feuilleter [fœjte] (4) *vt* **(a)** *livre* to leaf through. **(b)** *(Culin)* **pâte feuilletée** puff pastry. ♦ **feuilleté** *nm* pastry.
feuilleton [fœjtɔ̃] *nm (à suivre)* serial; *(histoire complète)* series *(sg)*.
feuillu, e [fœjy] **1** *adj* leafy. **2** *nm* broad-leaved tree.
feutre [føtʀ(ə)] *nm (Tex)* felt; *(chapeau)* felt hat; *(stylo)* felt(-tip) pen. ♦ **feutré, e** *adj étoffe* felt-like; *atmosphère, bruit* muffled.
fève [fɛv] *nf (Bot)* broad bean; *[gâteau]* charm.
février [fevʀije] *nm* February; *V* septembre.
fi [fi] *excl (hum)* pooh! **faire ~ de** to snap one's fingers at.
fiable [fjabl(ə)] *adj* reliable. ♦ **fiabilité** *nf* reliability.
fiacre [fjakʀ(ə)] *nm* hackney cab.
fiancer [fjɑ̃se] (3) **1** *vt* to betroth *(avec, à* to). **2 se ~** *vpr* to become engaged *(avec, à* to). ♦ **fiançailles** *nfpl* engagement. ♦ **fiancé, e 1** *adj* engaged. **2** *nm* fiancé. *(couple)* **les ~s** the

engaged couple. **3** *nf* fiancée.
fiasco [fjasko] *nm* fiasco. **faire ~** to be a fiasco.
fibre [fibʀ(ə)] *nf* **(a)** *(lit: gén)* fibre. **~ de verre** glass fibre; **dans le sens des ~s** with the grain. **(b)** *(fig: âme)* **elle a la ~ maternelle** she has a strong maternal streak in her. ♦ **fibreux, -euse** *adj texture* fibrous; *viande* stringy.
ficelle [fisɛl] *nf (matière)* string; *(morceau)* piece of string; *(pain)* stick of French bread. **tirer les ~s** to pull the strings; **connaître les ~s du métier** to know the tricks of the trade. ♦ **ficeler** (4) *vt* (*: habiller)* to rig out•.
fiche [fiʃ] *nf* **(a)** *(carte)* index card; *(feuille)* sheet, slip; *(formulaire)* form. **~ perforée** perforated card; **~ de paye** pay slip; **mettre en ~** to index. **(b)** *(cheville)* pin; *(Élec) (broche)* pin; *(prise)* plug.
ficher¹ [fiʃe] (1) *vt* **(a)** *renseignements* to file; *suspects* to put on file. **(b)** **~ qch en terre** to drive sth into the ground; **se ~ une épine dans le doigt** to get a thorn stuck in one's finger.
ficher²• [fiʃe] (1) **1** *vt* **(a)** *(faire)* to do. **qu'est-ce qu'il fiche?** what on earth is he doing?; **je n'en ai rien à fiche** I couldn't care less *(de* about). **(b)** *(donner)* to give. **ce truc me fiche la migraine** this thing gives me a headache; **fiche-moi la paix!** leave me in peace!; **ça va nous ~ la poisse** that'll bring us bad luck; **je vous fiche mon billet que ...** I bet you my bottom dollar that• ... . **(c)** *(mettre)* to put. **fiche-le dans le tiroir** stick it in the drawer•; **~ qn à la porte** to chuck sb out•; **~ qch en l'air** *(gâcher)* to mess sth up•; *(jeter)* to chuck sth up•; **~ le camp** to clear off•. **2 se ~** *vpr* **(a)** *(se mettre)* **tu vas te ~ ce truc dans l'œil** you're going to stick that thing in your eye; **se ~ qch dans le crâne** to get sth into one's head; **se ~ par terre** to fall flat on one's face. **(b)** *(se gausser)* **se ~ de qn** to pull sb's leg; **se ~ qch** to make fun of sth; *(être indifférent)* **il s'en fiche** he couldn't care less about it; **ce garagiste se fiche du monde!** that garage man got a darned nerve!•; **là, ils ne se sont vraiment pas fichus de nous** they really did us proud!; **va te faire fiche!•** get lost!•, take a running jump!•
fichier [fiʃje] *nm* file.
fichu¹ [fiʃy] *nm* (head)scarf.
fichu², e• [fiʃy] *adj* **(a)** *(avant n)* *temps, métier* wretched, rotten•, lousy•. **il y a une ~e différence** there's one heck of a *ou* a heck of a difference•. **(b)** *(après n: perdu)* *malade, vêtement* done for. **le pique-nique est ~** the picnic has had it•. **(c)** *(habillé)* rigged out•. **(d)** *(conçu)* **ce livre est bien/mal ~** this is a clever/hopeless book; **comment c'est ~ ce truc?** how does this thing work? **(e)** *[malade]* **être mal ~** to feel rotten• *ou* out of sorts. **(f)** *(capable)* **il est ~ de~ d'y aller** he's quite likely *ou* liable to go; **il n'est (même) pas ~ de réparer ça** he can't even mend the darned thing•.
fictif, -ive [fiktif, iv] *adj (imaginaire)* imaginary; *(faux)* fictitious. ♦ **fiction** *nf (imagination)* fiction; *(fait)* invention. ♦ **fictivement** *adv* in fiction.
fidèle [fidɛl] **1** *adj (gén)* faithful (*à* to); *lecteur, client* regular; *récit, appareil* accurate. **rester ~ à une promesse** to remain faithful *ou* true to a promise; **~ serviteur** trusty *ou* loyal servant; **~ à lui-même** *ou* **à son habitude** true to form, true to character. **2** *nmf (Rel)* believer; *(client)* regular customer; *(lecteur)* regular reader; *[doctrine]* follower. **les ~s** *(croyants)* the faithful; *(assemblée)* the congregation. ♦ **fidèlement** *adv* faithfully, loyally; regularly; accurately. ♦ **fidélité** *nf* faithfulness; loyalty; accuracy; (*à un produit, sa femme)* fidelity.
fief [fjɛf] *nm (Hist)* fief; *[firme]* preserve; *[parti]* stronghold; *(hum: domaine)* kingdom.
fiel [fjɛl] *nm (lit, fig)* gall.

fier¹, fière [fjɛʀ] adj (a) proud. ~ **comme Artaban** as proud as a peacock; **faire le** ~ (*méprisant*) to be aloof; (*brave*) to be full of o.s.; **c'est qn de pas** ~* he's not stuck-up*; **avoir fière allure** to cut a fine figure; **il n'y a pas de quoi être** ~ there's nothing to be proud of *ou* to boast about. (b) (*avant n*) *imbécile* first-class, prize; *canaille* downright; *toupet* incredible. **je te dois une fière chandelle** I'm terribly indebted to you. ♦ **fièrement** adv proudly. ♦ **fierté** nf (*gén*) pride. **tirer** ~ **de** to get a sense of pride from.

fier² (se) [fje] (7) vpr: **se** ~ **à** (*gén*) to trust; *appareil, mémoire* to rely on; **ne vous fiez pas aux apparences** don't go by *ou* trust appearances.

fièvre [fjɛvʀ(ə)] nf (a) (*température*) fever, temperature. **avoir beaucoup de** ~ to have *ou* run a high temperature; **avoir 39 de** ~ to have a temperature of 104(°F) *ou* 39(°C); **une** ~ **de cheval** a raging fever. (b) (*maladie*) fever. ~ **jaune** yellow fever; ~ **aphteuse** foot-and-mouth disease. (c) (*fig: agitation*) fever, excitement. **avec** ~ excitedly; **la** ~ **des élections** election fever; **pris d'une** ~ **d'écrire** seized with a feverish urge to write. ♦ **fiévreusement** adv feverishly, excitedly. ♦ **fiévreux, -euse** adj feverish.

fifre [fifʀ(ə)] nm fife; (*joueur*) fife player.

figer vti, **se** ~ vpr [fiʒe] (3) *huile* to congeal; *sang* to clot, coagulate; *attitude* to freeze. **histoire à vous** ~ **le sang** bloodcurdling story. ♦ **figé, e** adj style, manières stiff; *mœurs* rigid; *sourire* fixed. **expression** ~**e** set expression; ~ **par la peur** terror-stricken; ~ **par la mort** rigid in death.

fignoler* [fiɲɔle] (1) vt to put the finishing touches to. **du travail fignolé** a really neat job*.

figue [fig] nf (*Bot*) fig. ~ **de Barbarie** prickly pear. ♦ **figuier** nm fig tree. ~ **de Barbarie** prickly pear.

figurant, e [figyʀɑ̃, ɑ̃t] nm,f (*Ciné*) extra; (*Théât*) walker-on; (*fig*) (*pantin*) puppet; (*complice*) stooge.

figuratif, -ive [figyʀatif, iv] adj (*Art*) representational.

figuration [figyʀɑsjɔ̃] nf: **faire de la** ~ (*Théât*) to do walk-on parts; (*Ciné*) to work as an extra.

figure [figyʀ] nf (*visage*) face; (*personnage*) figure; (*Cartes*) face card; (*image*) illustration; (*Danse, Math*) figure. **faire** ~ **de favori** to be looked at as the favourite; **faire bonne** ~ to put up a good show; **faire triste** ~ to look a sorry sight; ~ **de style** stylistic device.

figurer [figyʀe] (1) **1** vt to represent. **2** vi to appear. **3 se** ~ vpr to imagine. **figurez-vous que** would you believe that. ♦ **figuré, e** adj figurative. **mot employé au** ~ word used figuratively *ou* in the figurative sense.

figurine [figyʀin] nf figurine.

fil [fil] **1** nm (a) (*brin*) [coton, araignée] thread; [laine] yarn; [cuivre] wire; [haricots, marionnette] string. (*téléphone*) **j'ai ta mère au bout du** ~ I have your mother on the line *ou* phone; **haricots pleins de** ~**s/sans** ~**s** stringy/stringless beans. (b) (*Tex: matière*) linen. (c) [bois, viande] grain. **dans le sens du** ~ with the grain. (d) (*tranchant*) edge. **passer au** ~ **de l'épée** to put to the sword. (e) [discours, pensée] thread. **au** ~ **des jours** with the passing days; **le** ~ **de l'eau** the current. (f) (*locutions*) **donner du** ~ **à retordre à qn** to make life difficult for sb; **ne tenir qu'à un** ~ to hang by a thread; **de** ~ **en aiguille** one thing leading to another. **2:** ~ **conducteur** [enquête] vital lead; [récit] main theme; ~ **de fer** wire; ~ **(à linge)** washing *ou* clothes line; ~ **(à pêche)** fishing line; ~ **à plomb** plumbline.

filament [filamɑ̃] nm (*Bio, Élec*) filament; [bave] thread.

filandreux, -euse [filɑ̃dʀø, øz] adj viande stringy; discours long-winded.

filasse [filas] **1** nf tow. **2** adj inv tow-coloured.

filature [filatyʀ] nf (a) (*Tex*) (*action*) spinning; (*usine*) mill. (b) (*surveillance*) shadowing.

file [fil] nf line; (*Aut: couloir*) lane. ~ **(d'attente)** queue; **se garer en double** ~ to double-park; **se mettre en** ~ to line up; **prendre la** ~ to join the queue; **marcher en** ~ to walk in line; **entrer à la** ~ to file in; **en** ~ **indienne** in single file; **à la** ~ (*à la suite*) in succession, one after the other.

filer [file] (1) **1** vt (a) (*gén*) to spin; *comparaison, note* to draw out. ~ **un mauvais coton*** to be in a bad way. (b) (*Police etc: suivre*) to shadw. (c) (t: *donner*) *argent, objet* to slip; *coup* to land. (d) *bas* to ladder. (e) **navire qui file 20 nœuds** ship which does 20 knots. **2** vi (a) [liquide] to run; [lampe] to smoke. ~ **qch entre ses doigts** to run sth through one's fingers. (b) (*) (*courir*) to fly by; (*s'en aller*) to slip off *ou* away. **il fila comme une flèche** he darted away; ~ **voir qn** to dash to see sb; **il faut que je file** I must dash *ou* fly*; **allez, file!** off with you!; ~ **à l'anglaise** to take French leave; ~ **entre les doigts de qn** to slip between sb's fingers; ~ **doux** to behave o.s. (c) [maille] to run; [collant] to ladder.

filet [filɛ] nm (a) [eau] trickle; [fumée] wisp; [lumière] streak; [vinaigre] drop, dash; (*trait*) thread. (b) [poisson, viande] fillet. (c) (*Pêche, Sport*) net; (*piège*) snare. ~ **(à provisions)** string bag; ~ **(à bagages)** luggage rack; ~ **à cheveux/de pêche** hair/fishing net; **travailler sans** ~ to work without a safety net.

filial, e [filjal, o] **1** adj filial. **2** nf (*Comm*) subsidiary company.

filière [filjɛʀ] nf [carrière] path; [administration] channels; [drogue] network.

filiforme [filifɔʀm(ə)] adj antenne threadlike; (*) corps spindly.

filigrane [filigʀan] nm [billet] watermark; [objet] filigree. **mais on devinait, en** ~, **sa colère** but his anger was showing through.

filin [filɛ̃] nm rope.

fille [fij] nf (*opp de fils*) daughter; (*opp de garçon*) girl; (†*péj: prostituée*) whore. **brave** ~ nice girl, good sort; **rester** ~ †to remain unmarried; **vieille** ~ old maid; ~ **de ferme** farm girl; ~ **d'auberge** serving maid; ~ **d'honneur** maid of honour; (*péj*) ~**-mère** unmarried mother. ♦ **fillette** nf (little) girl. **rayon** ~**s** girls' department.

filleul, -eule [fijœl] nm,f godchild, godson (*ou* goddaughter).

film [film] nm (a) (*pellicule*) film; (*œuvre*) film, picture, movie (*US*). (*fig*) **le** ~ **des événements** the pattern of events. (b) (*couche*) film. ♦ **filmer** (1) vt *personne* to film; *scène* to film, shoot.

filon [filɔ̃] nm (*Minér*) vein; (*sujet*) theme, line; (*: *combine*) cushy number*. (*fig*) **trouver le** ~ to strike it lucky *ou* rich.

filou* [filu] nm rogue. ♦ **filouter*** (1) vti to cheat (*de* out of).

fils [fis] nm son. **M Martin** ~ young Mr Martin; (*Comm*) Mr Martin junior; **le** ~ **Martin** the Martin boy; ~ **de famille** young man of means; (*péj*) ~ **à papa** daddy's boy.

filtre [filtʀ(ə)] nm (*gén*) filter; [cigarette] filter tip. (*café-*)~ (*filter*) coffee. ♦ **filtrer** (1) **1** vt (lit) to filter; *nouvelles, spectateurs* to screen. **2** vi to filter (*à travers* through). ♦ **filtrage** nm filtering; screening. ♦ **filtrant, e** adj substance filtering; *pouvoir* of filtration; *verre* filter.

fin¹, fine¹ [fɛ̃, fin] **1** adj (a) (*en épaisseur*) thin; (*en grosseur*) fine; *lame* sharp; *taille, jambe* slender, slim. (b) (*de qualité*) fine. **perles fines** real pearls; **fines herbes** (sweet) herbs; **petits pois** ~**s** (graded) garden peas; **la fine fleur de** the flower of; **le** ~ **du** ~ the last word (*de* in). (c) *vue, ouïe* sharp; *goût, odorat* fine. (d) *personne, esprit* shrewd; *remarque* subtle. **fine mouche** sharp customer; ~ **limier** (keen) sleuth; **il n'est pas très** ~ he's not very bright; (*iro*) **c'est** ~ **ce que tu as**

fait! that was clever of you! (*iro*); **tu as l'air ~!** you look a fool!; **jouer au plus ~ avec qn** to try to outsmart sb. **(e)** (*avant n: connaisseur*) expert. **~ connaisseur** connoisseur; **~ tireur** crack shot. **(f)** (*avant n: intensif*) **au ~ fond de la campagne** in the depths of the country; **au ~ fond du tiroir** right at the back of the drawer; **savoir le ~ mot de l'histoire** to know the real story behind it all. **2** *adv* **moudre** finely. **écrire ~** to write small; **~ prêt** quite *ou* all ready.

fin² [fɛ̃] *nf* **(a)** (*gén*) end. **~ juin** at the end of June; **jusqu'à la ~ des temps** until the end of time; **à la ~** eventually, in the end, finally; **ça suffit à la ~!*** that's enough now!; **en ~ de compte** in the end; **sans ~** (*adj*) endless; (*adv*) endlessly; **prendre ~** to come to an end; **tirer à sa ~** to be coming to an end, be drawing to a close; **mettre ~ à** to put an end to, end; **mener qch à bonne ~** to bring sth to a successful conclusion; **faire une ~** to settle down; **c'est la ~ des haricots*** it's all up!"; **avoir une ~ tragique** to die a tragic death; (*Comm*) **~ de série** oddment. **(b)** (*but*) end, aim, purpose; (*Philos*) end. **la ~ justifie les moyens** the end justifies the means; **à seule ~ de faire** for the sole purpose of doing; **à toutes ~s utiles** for your information.

final, e, *mpl* **~s** [final] **1** *adj* final. **2** *nm* (*Mus*) finale. **3** *nf* (*Sport*) final. **quart de ~e** quarter final. **♦ finalement** *adv* in the end, finally. **♦ finaliste** *adj, nmf* finalist. **♦ finalité** *nf* finality.

finance [finɑ̃s] *nf:* **~s** finances; (*administration*) **les F~s** ≃ the Treasury; **la haute ~** (*activité*) high finance; (*personne*) top financiers. **♦ financement** *nm* financing. **♦ financer** (3) *vt* to finance. **♦ financier, -ière 1** *adj* financial. **2** *nm* financier. **♦ financièrement** *adv* financially.

fine² [fin] *nf* **(a)** (*alcool*) liqueur brandy. **(b)** (*huître*) **~ de claire** oyster.

finement [finmɑ̃] *adv* **ciselé** finely, delicately; **faire remarquer** subtly; **agir** cleverly, shrewdly.

finesse [finɛs] *nf* **(a)** (*V fin¹*) thinness, fineness; sharpness; slimness; shrewdness; subtlety. **(b)** **~s** (*langue*) niceties; (*affaire*) ins and outs; **il connaît toutes les ~s** he knows all the tricks.

fini, e [fini] **1** *adj* **(a)** (*gén, Ind*) finished. **tout est ~** it's all over. **(b)** (*péj*) **menteur, escroc** utter, out-and-out. **(c)** (*Math, Philos*) finite. **2** *nm* (*ouvrage*) finish.

finir [finiʀ] (2) **1** *vt* **(a)** **travail, parcours** to finish, complete; **discours, affaire** to end. **il a fini ses jours à Paris** he ended his days in Paris; **finis ton pain!** eat up *ou* finish your bread! **(b)** (*arrêter*) to stop (*de faire* doing). **(c)** (*parachever*) to put the finishing touches to. **2** *vi* **(a)** (*gén*) to finish, end; (*réunion*) to draw to a close. **les vacances finissent demain** the holidays are over tomorrow; **il finira en prison** he will end up in prison; **il a fini dans un accident de voiture** he died in a car accident; **ça finit en pointe** it ends in a point; **il a fini par se décider** he finally *ou* eventually made up his mind, he made up his mind in the end; **tu finis par m'ennuyer** you're beginning to annoy me. **(b)** **en ~ avec une situation** to put an end to a situation; **nous en aurons bientôt fini** we'll soon be finished with it; **quand en auras-tu fini avec tes jérémiades?** when will you ever stop moaning?; **pour vous en ~** to cut the story short; **qui n'en finit pas** never-ending, endless; **elle n'en finit pas de se préparer** she takes an age to get ready; **on n'en aurait jamais fini de raconter ses bêtises** you could go on for ever recounting the stupid things he has done.

finish [finiʃ] *nm* (*Sport*) finish.

finition [finisjɔ̃] *nf* (*action*) finishing; (*résultat*) finish.

Finlande [fɛ̃lɑ̃d] *nf* Finland. **♦ finlandais, e** *ou* **♦ finnois, e 1** *adj, nm* Finnish. **2** *nm(f):* **F~(e)** Finn.

fiole [fjɔl] *nf* phial; (*: tête*) face.

fioriture [fjɔʀityʀ] *nf* flourish.

firmament [fiʀmamɑ̃] *nm* firmament. (*fig*) **au ~ de** at the height of.

firme [fiʀm(ə)] *nf* firm.

fisc [fisk] *nm* ≃ Inland Revenue (*Brit*), ≃ Internal Revenue (*US*). **♦ fiscal, e**, *mpl* **-aux** *adj* fiscal, tax. **♦ fiscalité** *nf* (*système*) tax system; (*impôts*) taxation.

fission [fisjɔ̃] *nf* fission. **~ de l'atome** atomic fission.

fissurer *vt,* **se ~** *vpr* [fisyʀe] (1) to crack, fissure. **♦ fissure** *nf* crack, fissure.

fiston [fistɔ̃] *nm* son, lad.

fixateur [fiksatœʀ] *nm* (*Art*) fixative spray; (*Phot*) fixer.

fixation [fiksasjɔ̃] *nf* **(a)** (*Chim, Psych, Zool*) fixation; (*Phot*) fixing. **(b)** (*attache*) fastening. (*Ski*) **~ (de sécurité)** (safety) binding.

fixe [fiks(ə)] **1** *adj* (*gén*) fixed; **emploi** permanent, steady. **à heure ~** at a set time. **2** *nm* (*paye*) fixed salary.

fixer [fikse] (1) **1** *vt* **(a)** (*attacher*) to fix, fasten (*à, sur* to); **regard** to fix, fasten (*sur* on). **il le fixa longuement** he stared at him; **~ qch dans sa mémoire** to fix sth firmly in one's memory. **(b)** **prix, date** to fix, set; **règle** to lay down. (*fig*) **~ son choix sur qch** to decide *ou* settle on sth; (*fig*) **je ne suis pas encore fixé** I haven't made up my mind yet; **à l'heure fixée** at the agreed time; **~ ses idées sur le papier** to set one's ideas down on paper; **mot fixé par l'usage** word fixed by usage. **(c)** (*renseigner*) **~ qn sur qch*** to put sb in the picture about sth*; **être fixé sur le compte de qn** to have sb sized up*; **alors, es-tu fixé maintenant?*** have you got the picture now?* **(d)** (*Phot*) to fix. **2 se ~** *vpr* (*s'installer*) to settle; [*usage*] to become fixed.

fixité [fiksite] *nf* [*opinions*] fixedness; [*regard*] steadiness.

fjord [fjɔʀ(d)] *nm* fiord, fjord.

flac [flak] *excl* splash!

flacon [flakɔ̃] *nm* bottle; (*Chim*) flask.

flageller [flaʒele] (1) *vt* to flog, scourge.

flageoler [flaʒɔle] (1) *vi:* **~ sur ses jambes** (*de faiblesse*) to be sagging at the knees; (*de peur*) to quake at the knees.

flagrant, e [flagrɑ̃, ɑ̃t] *adj* **erreur** blatant, glaring. **prendre qn en ~ délit** to catch sb red-handed.

flair [flɛʀ] *nm* [*chien*] nose; (*fig*) sixth sense, intuition. **♦ flairer** (1) *vt* to sniff (at); (*Chasse*) to scent; (*fig*) to scent, sense.

flamand, e [flamɑ̃, ɑ̃d] **1** *adj, nm* Flemish. **2** *nm(f):* **F~(e)** Flemish man (*ou* woman).

flamant [flamɑ̃] *nm:* **~ (rose)** (pink) flamingo.

flambant [flɑ̃bɑ̃] *adv:* **~ neuf** brand new.

flambeau, pl ~x [flɑ̃bo] *nm* (*lit, fig*) torch; (*chandelier*) candlestick.

flamber [flɑ̃be] (1) **1** *vi* [*bois*] to burn; [*feu*] to blaze. **2** *vt* **crêpe** to flambé; **volaille, cheveux** to singe; (*Méd*) **aiguille** to sterilize. **♦ flambé, e¹s** *adj* finished. **♦ flambée²** *nf* **(a)** (*feu*) quick blaze. **(b)** [*violence*] outburst; [*prix*] explosion.

flamboyer [flɑ̃bwaje] (8) *vi* [*flamme*] to blaze; [*yeux*] to flash; [*ciel*] to blaze; [*épée*] to gleam, flash. **♦ flamboiement** *nm* blaze; flash; gleam. **♦ flamboyant, e** *adj* (*Archit*) flamboyant.

flamme [flam] *nf* **(a)** (*lit*) flame. **en ~s** on fire; (*Aviat, fig*) **descendre en ~** to shoot down in flames. **(b)** (*fig: ardeur, éclat*) fire; (*littér: amour*) ardour, love. **plein de ~** passionate, fiery. **(c)** (*drapeau*) pennant, pennon.

flan [flɑ̃] *nm* (*Culin*) custard tart.

flanc [flɑ̃] *nm* side; [*animal, armée*] flank; [*montagne*] slope. **tirer au ~*** to swing the lead*; **être sur le ~** to be laid up; (*:fig*) to be all in*; [*maladie*] **mettre qn sur le ~*** to knock sb out; **à ~ de coteau** on the hillside; **prendre de ~** (*Naut, fig*)

to catch broadside on; (*Mil*) to attack on the flank.
flancher* [flɑ̃ʃe] (1) *vi* [*cœur*] to pack up*;
[*troupes*] to quit; [*accusé*] to lose one's nerve. **sa
mémoire a flanché** his memory failed him; ~ **en
math** to come down in maths.
Flandre [flɑ̃dʀ(ə)] *nf*: **la** ~, **les** ~s Flanders.
flanelle [flanɛl] *nf* (*Tex*) flannel.
flâner [flɑne] (1) *vi* to stroll, saunter; (*péj*) to hang
about. ♦ **flânerie** *nf* stroll, saunter. (*péj*) ~(s)
idling about. ♦ **flâneur, -euse** 1 *adj* idle. 2 *nm,f*
stroller; (*péj*) idler.
flanquer [flɑ̃ke] (1) *vt* **(a)** to flank. **flanqué de**
flanked by. **(b)** (*: *jeter*) ~ **qch par terre** (*lit*) to
fling sth to the ground; (*fig*) to put paid to sth; ~
qn à la porte to chuck sb out‡; (*licencier*) to sack
ou fire sb; ~ **tout en l'air** to chuck it all up‡; **se** ~
par terre to fall flat on one's face. **(c)** (*: *donner*)
to give. ~ **2 ans de prison à qn** to put sb behind
bars for 2 years.
flaque [flak] *nf*: ~ **de sang** *etc* pool of blood *etc*; ~
d'eau puddle.
flash [flaʃ] *nm* **(a)** (*Phot*) flash. **au** ~ by flash. **(b)**
(*Rad, TV*) newsflash.
flasque [flask(ə)] *adj* peau‚flabby; (*fig*) limp.
flatter [flate] (1) 1 *vt* **(a)** *personne, goût* to flatter;
vice to pander to, encourage; *regard* to delight,
charm. ~ **servilement qn** to fawn upon sb. **(b)**
(*caresser*) to stroke, pat. 2 **se** ~ *vpr* (*se leurrer*) to
delude o.s. **il se flatte de le faire** he flatters himself he can do it; **se** ~ **de qch** to pride o.s. on sth; **et
je m'en flatte!** and I'm proud of it! ♦ **flatterie** *nf*
flattery. ♦ **flatteur, -euse** 1 *adj* flattering. 2 *nm,f*
flatterer.
fléau, *pl* ~**x** [fleo] *nm* **(a)** (*calamité*) scourge,
curse. **(b)** [*balance*] beam; (*Agr*) flail.
flèche [flɛʃ] *nf* **(a)** (*arme*) arrow; (*de direction*)
arrow, pointer; (*critique*) shaft. ~ **en caoutchouc**
rubber-tipped dart; **monter en** ~ (*lit*) to rise like
an arrow; (*fig*) to soar, rocket; **partir comme une**
~ to set off like a shot; **la** ~ **du Parthe** the
Parthian shot; **il fait** ~ **de tout bois** he'll use any
means he can. **(b)** [*église*] spire; (*grue*) jib;
[*attelage, mât*] pole. ♦ **flécher** (1) *vt* to arrow,
mark with arrows. ♦ **fléchette** *nf* dart.
fléchir [fleʃiʀ] (2) 1 *vt* **(a)** (*plier*) to bend;
articulation to flex. ~ **le genou devant qn** to bend
the knee to sb. **(b)** (*apaiser*) *personne* to sway;
colère to soothe. 2 *vi* **(a)** (*gén*) to bend; [*planches,
genoux*] to sag; [*armée*] to yield; [*volonté*] to
weaken; [*attention*] to flag; [*nombre*] to fall off;
[*prix*] to drop. **(b)** (*s'apaiser*) to yield. **se laisser** ~
to allow o.s. to be swayed. ♦ **fléchissement** *nm*
(*gén*) bending; [*prix*] drop.
flegme [flɛgm(ə)] *nm* composure, phlegm.
♦ **flegmatique** *adj* phlegmatic. ♦ **flegmatiquement** *adv* phlegmatically.
flemme* [flɛm] *nf* laziness. **j'ai la** ~ **de le faire** I
can't be bothered doing it. ♦ **flemmard, e*** 1 *adj*
bone-idle*. 2 *nm,f* lazybones*, slacker.
flétrir [fletʀiʀ] (2) 1 *vt* (*faner*) to wither, fade;
(*stigmatiser*) to condemn. 2 **se** ~ *vpr* to wither.
fleur [flœʀ] *nf* **(a)** (*lit, fig*) flower; [*arbre*]
blossom. **en** ~(s), in blossom; in flower; ~
d'oranger orange blossom; **assiette à** ~s flower-
patterned *ou* flowery plate; (*fig*) **couvrir qn de** ~s
to shower praise on sb. **(b)** **dans la** ~ **de l'âge** in
the prime of life; **arriver premier comme une** ~
to win hands down*; **à** ~ **de terre/d'eau** just above
the ground/the water; **j'ai les nerfs à** ~ **de peau**
my nerves are all on edge; **faire une** ~ **à qn*** to do
sb a good turn; **ils s'envoient des** ~s they pat each
other on the back.
fleurer [flœʀe] (1) *vt*: **ça fleure bon la lavande** *etc*
there's a lovely smell of lavender *etc*.
fleuret [flœʀɛ] *nm* (*épée*) foil.
fleurir [flœʀiʀ] (2) 1 *vi* **(a)** [*arbre*] to blossom,
flower; [*fleur*] to flower, bloom; [*sentiment*] to
blossom. **(b)** (*imparfait florissait, ptp florissant*)

[*commerce, arts*] to flourish. 2 *vt* *salon* to decorate with flowers. ~ **une tombe** to put flowers on a
grave. ♦ **fleuri, e** *adj* *fleur* in bloom; *branche* in
blossom; *jardin* in flower *ou* bloom; *tissu* flowery;
style flowery, florid. ♦ **fleuriste** *nmf* (*personne*)
florist; (*boutique*) florist's (shop).
fleuron [flœʀɔ̃] *nm* [*couronne*] floweret; [*bâtiment*] finial; (*fig*) jewel.
fleuve [flœv] 1 *nm* river. 2 *adj inv discours*
interminable.
flexible [flɛksibl(ə)] 1 *adj* (*lit*) flexible, pliable;
caractère (*compréhensif*) flexible, adaptable;
(*faible*) pliable. 2 *nm* (*tuyau*) flexible tubing.
♦ **flexibilité** *nf* flexibility.
flexion [flɛksjɔ̃] *nf* (*courbure*) flexion, bending;
(*Ling*) inflection.
flibustier [flibystje] *nm* freebooter.
flic* [flik] *nm* cop*.
flic flac [flikflak] *excl* splash! **faire** ~ to go splish
splash‚
flingue‡ [flɛ̃g] *nm* gun, rod‡. ♦ **flinguer‡** (1) *vt* to
gun down.
flipper [flipœʀ] *nm* (*électrique*) pin-ball machine.
flirt [flœʀt] *nm* (*amourette*) brief romance;
(*amoureux*) boyfriend *ou* girlfriend. (*action*) **le**
~ flirting. ♦ **flirter** (1) *vi* to flirt. (*fig*) ~ **avec idée**
to flirt with; *personne* to go about with.
floc [flɔk] *nm, excl* plop.
flocon [flɔkɔ̃] *nm* [*neige, purée*] flake; [*écume*]
fleck; [*laine*] flock.
floraison [flɔʀɛzɔ̃] *nf* [*fleurs, talents*] flowering,
blossoming; [*affiches*] rash; (*époque*) flowering
time.
floral, e, *mpl* **-aux** [flɔʀal, o] *adj* floral; *exposition*
flower.
floralies [flɔʀali] *nfpl* flower show.
flore [flɔʀ] *nf* flora.
florilège [flɔʀilɛʒ] *nm* anthology.
florin [flɔʀɛ̃] *nm* florin.
florissant, e [flɔʀisɑ̃, ɑ̃t] *adj* *pays* flourishing;
santé, teint blooming.
flot [flo] *nm* [*véhicules, insultes*] flood, stream.
(*marée*) **le** ~ the floodtide; **les** ~s the waves; **à**
(*grands*) ~s in streams; **la lumière entre à** ~s
light is streaming in *ou* flooding in; **être à** ~
[*bateau*] to be afloat; [*personne, entreprise*] to be
on an even keel; **remettre à** ~ *bateau* to refloat;
entreprise to bring back onto an even keel; (*lit,
fig*) **mettre à** ~ to launch.
flottaison [flɔtɛzɔ̃] *nf*: **ligne de** ~ waterline.
flottant [flɔtɑ̃] *nm* (*short*) shorts.
flotte [flɔt] *nf* **(a)** (*Aviat, Naut*) fleet. **(b)** (*)
(*pluie*) rain; (*eau*) water. **(c)** (*flotteur*) float.
flottement [flɔtmɑ̃] *nm* [*foule*] wavering, hesitation; [*électeurs*] indecision; [*soldats*] sway;
[*copie*] vagueness; [*travail*] unevenness (*dans* in).
flotter [flɔte] (1) 1 *vi* [*bateau, monnaie*] to float;
[*brume, parfum*] to hang; [*pensée*] to wander; (*en
hésitant*) to waver; [*cheveux*] to stream out;
[*drapeau*] to flap, flutter (*au vent* in the wind). **il
flotte dans ses vêtements** his clothes are too big
for him; **faire** ~ to float. 2 *vb impers* (*: *pleuvoir*)
to rain. 3 *vt bois* to float.
flotteur [flɔtœʀ] *nm* (*gén*) float; [*chasse d'eau*]
ballcock.
flottille [flɔtij] *nf* [*bateaux*] flotilla; [*avions*]
squadron.
flou, e [flu] 1 *adj* *contour, photo* blurred; *image*
hazy; *robe* loose(-fitting); *coiffure* soft; *théorie*
woolly, vague. 2 *nm* blurredness; looseness;
vagueness, woolliness.
fluctuer [flyktɥe] (1) *vi* to fluctuate.
♦ **fluctuation** *nf* fluctuation (*de* in).
fluet, -ette [flyɛ, ɛt] *adj* *corps* slight, slender;
taille slender, slim; *voix* thin.
fluide [flɥid] 1 *adj* (*lit, fig*) fluid; *main d'œuvre*
flexible. **la circulation est** ~ traffic flows freely.
2 *nm* fluid; (*fig: pouvoir*) mysterious power.

♦ **fluidité** *nf* fluidity; flexibility; free flow.
fluor [flyɔʀ] *nm* fluorine.
fluorescent, e [flyɔʀesɑ̃, ɑ̃t] *adj* fluorescent.
flûte [flyt] **1** *nf* flute; *(verre)* flute glass; *(pain)* long French loaf. **petite** ~ piccolo; ~ **à bec** recorder; ~ **de Pan** Pan's pipes. **2** *excl* (*) drat it!*, dash it!* ♦ **flûtiste** *nmf* flautist, flutist.
fluvial, e, *mpl* -**aux** [flyvjal, o] *adj eaux* river; *érosion* fluvial.
flux [fly] *nm [argent etc]* flood; *(Phys)* flux. *(marée)* **le** ~ **the floodtide; le** ~ **et le reflux** the ebb and flow.
fluxion [flyksjɔ̃] *nf* swelling; *(dentaire)* gumboil. ~ **de poitrine** pneumonia.
foc [fɔk] *nm* jib.
focal, e, *mpl* -**aux** [fɔkal, o] **1** *adj* focal. **2** *nf* focal distance.
fœtus [fetys] *nm* foetus.
foi [fwa] *nf* (a) *(croyance)* faith. **avoir la** ~ **to have faith; il faut avoir la** ~**!*** you've got to be really dedicated!; **sans** ~ **ni loi** fearing neither God nor man. (b) *(confiance)* faith, trust. **avoir** ~ **en to have faith** *ou* **trust in; digne de** ~ **reliable, trustworthy.** (c) *(assurance)* word. ~ **d'honnête homme!** on my word as a gentleman!; **cette lettre en fait** ~ this letter proves it; **sous la** ~ **du serment under** *ou* **on oath; sur la** ~ **de on the strength of; de bonne/mauvaise** ~ **in good/bad faith; ma** ~ **... well ... .**
foie [fwa] *nm* liver. ~ **gras foie gras.**
foin [fwɛ̃] *nm* hay. **faire les** ~**s to make hay;** *(saison)* **les** ~**s the haymaking season; faire du** ~*** to kick up a fuss*.**
foire [fwaʀ] *nf (marché)* fair; *(fête)* fun fair. **faire la** ~*** to go on a spree; c'est la** ~ **ici!* it's bedlam in here!; c'est une** ~ **d'empoigne it's a free-for-all.**
foirer [fwaʀe] (1) *vi* (*) *[vis]* to slip; *[obus]* to hang fire; (*) *[projet]* to fall through.
fois [fwa] *nf* (a) time. **une** ~ once; **deux** ~ twice; **trois** ~ three times; *(aux enchères)* **une** ~, **deux** ~, **trois** ~ **adjugé going, going, gone!; quand je l'ai vu pour la première/dernière** ~ **when I first/last saw him; c'est bon pour cette** ~ **I'll let you off this time; peu de** ~ **on few occasions; y regarder à deux** ~ **avant d'acheter qch to think twice before buying sth; s'y prendre à plusieurs** ~ **pour faire qch to take several attempts to do sth; payer en plusieurs** ~ **to pay in several instalments.** (b) *(calcul)* **une** ~ **tous les deux jours** once every two days, once every other day; **3** ~ **par an** 3 times a year; **9** ~ **sur 10** 9 times out of 10; **4** ~ **plus d'eau/de voitures** 4 times as much water/as many cars; **6** ~ **moins d'argent/de gens** 6 times less money/fewer people; **il avait deux** ~ **rien** *(argent)* he had absolutely nothing; *(blessure)* he had the merest scratch. (c) **une** ~ **once;** **il était une** ~ **once upon a time there was; une** ~ **n'est pas coutume** once in a while does no harm; **pour une** ~**! for once!; une (bonne)** ~ **pour toutes** once and for all; **une** ~ **(qu'il sera) parti** once he has left. (d) (*) **des** ~ *(parfois)* sometimes; **si des** ~ **vous le rencontrez** if you should happen to meet him; **non mais, des** ~**!** *(scandalisé)* do you MIND!; **attendons, des** ~**! qu'il viendrait** let's wait in case he comes. (e) **à la** ~ *répondre* at once, at the same time; **il était à la** ~ **grand et gros** he was both tall and fat.
foison [fwazɔ̃] *nf:* **il y a des légumes à** ~ there is an abundance of vegetables. ♦ **foisonnement** *nm* profusion, abundance. ♦ **foisonner** (1) *vi* to abound. **foisonnant d'idées** teeming with ideas.
folâtrer [fɔlɑtʀe] (1) *vi* to frolic. **au lieu de** ~ instead of playing about. ♦ **folâtre** *adj* playful.
folichon, -onne* [fɔliʃɔ̃, ɔn] *adj:* **ce n'est pas très** ~ it's not much fun.
folie [fɔli] *nf* (a) **la** ~ madness, lunacy; ~ **furieuse** *(Méd)* raving madness; *(fig)* sheer lunacy; **avoir**

la ~ **des grandeurs** to have delusions of grandeur; **il a la** ~ **des timbres-poste** he is mad about stamps; **aimer qn à la** ~ **to be madly in love with sb; il a eu la** ~ **de refuser** he was mad enough to refuse. (b) *(erreur)* extravagance. ~**s de jeunesse** youthful follies; **vous avez fait des** ~**s en achetant ce cadeau** you have been far too extravagant in buying this present; **il ferait des** ~**s pour elle/pour la revoir** he would do anything for her/to see her again.
folklore [fɔlklɔʀ] *nm* folklore. ♦ **folklorique** *adj costume* folk; (*: *excentrique*) outlandish. ♦ **folk song** *nm* folk music.
folle [fɔl] *V* fou.
follement [fɔlmɑ̃] *adv* madly, wildly. **on s'est** ~ **amusé** we had a fantastic time; **il désire** ~ **lui parler** he is longing to speak to her.
fomenter [fɔmɑ̃te] (1) *vt (lit, fig)* to foment, stir up.
foncer[1] [fɔ̃se] (3) *vi* to tear along*. ~ **sur to charge at, make a rush at;** ~ **dans la foule to charge into the crowd;** ~ **(tête baissée) dans le piège to walk straight into the trap;** *(fig)* ~ **dans le brouillard** to forge ahead in the dark. ♦ **fonceur, -euse*** *nm,f* fighter *(fig)*.
foncer[2] [fɔ̃se] (3) **1** *vt couleur* to make darker. **2** *vi* to turn *ou* go darker. ♦ **foncé, e** *adj* dark.
foncier, -ière [fɔ̃sje, jɛʀ] *adj* (a) *impôt* land; *propriété* landed. (b) *(fondamental)* fundamental, basic. ♦ **foncièrement** *adv* fundamentally, basically.
fonction [fɔ̃ksjɔ̃] *nf* (a) *(métier)* post, office. *(tâches)* ~**s duties; entrer en** ~**s to take up one's post; être en** ~ **to be in office; la** ~ **publique the public service.** (b) *(gén, Gram: rôle)* function. **faire** ~ **de directeur** to act as a manager; **il n'y a pas de porte, ce rideau en fait** ~ there is no door but this curtain does instead *ou* does duty for it. (c) *(Math)* function. *(fig)* **sa réussite est** ~ **de son travail** his success depends on how well he works; **en** ~ **de according to.**
fonctionnaire [fɔ̃ksjɔnɛʀ] *nmf (gén)* state employee; *[ministère]* ≃ civil servant; *[municipalité]* local authority employee.
fonctionnel, -elle [fɔ̃ksjɔnɛl] *adj* functional.
fonctionner [fɔ̃ksjɔne] (1) *vi (gén)* to work, operate; *[entreprise]* to function. **faire** ~ **machine to operate.** ♦ **fonctionnement** *nm* working, operating; functioning. **en état de bon** ~ in good working order; **mauvais** ~ **du carburateur** fault in the carburettor; **pendant le** ~ **de l'appareil** while the machine is in operation.
fond [fɔ̃] **1** *nm* (a) *[récipient, vallée etc]* bottom; *[gorge]* back; *[pièce]* far end, back; *[chapeau]* crown; *[chaise]* seat; *(Min)* **le** ~ **the coal face; être/tomber au** ~ **de l'eau** to be at/fall to the bottom of the water; **envoyer par le** ~ to send to the bottom; **y a-t-il beaucoup de** ~**?** is it very deep?; **l'épave repose par 10 mètres de** ~ the wreck is lying 10 metres down; **au** ~ **du couloir** at the far end of the corridor; **au** ~ **de la province** in the depths *ou* heart of the country; *(lit, fig)* **sans** ~ **bottomless.** (b) *(fig: tréfonds)* **merci du** ~ **du cœur** I thank you from the bottom of my heart; **au** ~ **de son cœur** deep down, in his heart of hearts; **je vais vous dire le** ~ **de ma pensée** I shall tell you what I really think; **regarder qn au** ~ **des yeux** to look deep into sb's eyes; **il a un bon** ~ he's a good person at heart; **il y a chez lui un** ~ **d'honnêteté** he's fundamentally honest; ~ **de vérité** element of truth; **toucher le** ~ **de la douleur** to plumb the depths of sorrow. (c) *(Littérat, Jur: contenu)* content; *(arrière-plan)* background; *[question]* heart; *[discours]* basis. **il faut aller jusqu'au** ~ **de cette histoire** we must get to the root of this business; **ouvrage de** ~ basic work; **article de** ~ leading article, leader; **avec** ~ **musical** with background

music. **(d)** *(lie)* sediment. *(petite quantité)* juste un ~ *(de verre)* just a drop; ils ont vidé les ~s de bouteilles they emptied what was left in the bottles; ~ de magasin old stock; racler les ~s de tiroirs to scrape around for pennies. **(e)** *(Sport)* de ~ long-distance. **(f)** *(locutions)* le ~ de l'air est frais* it's a bit chilly; au ~, dans le ~ in fact; à ~ *étudier* thoroughly, in depth; *soutenir* to the hilt; *visser* right home; à ~ de train hell for leather*, full tilt; de ~ en comble *fouiller, détruire* from top to bottom; *modifier* completely. **2:** ~ d'artichaut artichoke heart; les ~s marins the sea-bed; ~ de robe (full-length) slip *ou* petticoat; ~ de teint (make-up) foundation.

fondamental, e, *mpl* -aux [fɔ̃damɑ̃tal, o] *adj* fundamental, basic. ♦ **fondamentalement** *adv* fundamentally, basically.

fonder [fɔ̃de] (1) 1 *vt* **(a)** *(créer)* to found; *famille* to start. **(b)** *(baser)* *(gén)* to base, found; *richesse* to build; *espoirs* to place *(sur* on). **2 se** ~ *vpr*: se ~ sur *[personne]* to go on; *[théorie]* to be based on; sur quoi vous fondez-vous pour l'affirmer? what grounds do you have for saying this? ♦ **fondateur, -trice** *nm,f* founder. ♦ **fondation** *nf* *(action)* foundation. *(Constr)* ~s foundations. ♦ **fondé, e** 1 *adj* well-founded, justified. mal ~ ill-founded; ~ sur des ouï-dire based on hearsay; être ~ à dire to have good reason to say. 2 *nm*: ~ (de pouvoir) *(Jur)* authorized representative; *(Banque)* senior executive. ♦ **fondement** *nm* foundation. sans ~ without foundation, unfounded.

fondre [fɔ̃dʀ(ə)] (41) 1 *vt* **(a)** *(aussi* faire ~) *(lit, fig)* to melt; *minerai* to smelt. **(b)** *statue* to cast, found; *couleurs* to blend; *idées* to fuse together *(en* into). 2 *vi* **(a)** *(à la chaleur)* to melt; *(dans l'eau)* to dissolve. **(b)** *(fig) [colère]* to melt away; *[réserves]* to vanish. j'ai fondu de 5 kg I've lost 5 kg; ~ en larmes to dissolve into tears. **(c)** ~ sur qn *[ennemi]* to swoop down on sb; *[malheurs]* to sweep down on sb. **3 se** ~ *vpr* to merge *(dans* into). ♦ **fonderie** *nf* *(usine)* smelting works; *(de moulage)* foundry.

fondrière [fɔ̃dʀijɛʀ] *nf* pothole, rut.

fonds [fɔ̃] *nm* **(a)** ~ de commerce business. **(b)** *[musée]* collection; *[œuvre d'entraide]* fund. le F~ Monétaire International the International Monetary Fund; *(fig)* ~ folklorique folk heritage. **(c)** *(Fin: pl)* *(argent)* money; *(capital)* capital; *(pour un achat)* funds. ~ publics/secrets public/ secret funds; mise de ~ initiale initial (capital) outlay; ne pas être/être en ~ to be out/of be in funds; prêter de l'argent à ~ perdus to lend money for an indefinite period; ~ de roulement working capital.

fondu, e [fɔ̃dy] 1 *adj beurre* melted; *métal* molten; *contours* blurred, hazy; *couleurs* blending. neige ~e slush. 2 *nf* *(Culin)* (cheese) fondue. ~e bourguignonne meat fondue.

fontaine [fɔ̃tɛn] *nf* *(ornementale)* fountain; *(naturelle)* spring. *(fig)* ~ de fountain of.

fonte [fɔ̃t] *nf* **(a)** *(action)* *(gén)* melting; *[minerai]* smelting; *[cloche]* casting, founding. à la ~ des neiges when the snow melts. **(b)** *(métal)* cast iron. ~ brute pig-iron; en ~ *tuyau* cast-iron.

fonts [fɔ̃] *nmpl*: ~ baptismaux font.

football [futbol] *nm* football, soccer. jouer au ~ to play football. ♦ **foot*** *nm abrév de* football. ♦ **footballeur** *nm* footballer.

footing [futiɡ] *nm*: faire du ~ to go jogging; faire un ~ to go for a jog.

forage [fɔʀaʒ] *nm [roche]* drilling, boring; *[puits]* sinking, boring.

forain, e [fɔʀɛ̃, ɛn] 1 *adj* fairground. 2 *nm* *(acteur)* fairground entertainer. *(marchand)* ~ stallholder.

forban [fɔʀbɑ̃] *nm* *(Hist)* pirate; *(fig)* shark, crook.

forçat [fɔʀsa] *nm* *(bagnard)* convict; *(galérien, fig)* galley slave.

force [fɔʀs(ə)] 1 *nf* **(a)** *[personne]* la ~, les ~s strength; avoir de la ~ dans les bras to be strong in the arm; à la ~ du poignet *(lit)* by the strength of one's arms; *(fig)* by the sweat of one's brow; c'est une ~ de la nature he's a mighty figure; dans la ~ de l'âge in the prime of life; de toutes ses ~s frapper with all one's might; désirer with all one's heart. **(b)** *(violence)* force. la ~ brutale brute force. **(c)** *(de la nature)* force; *[argument, alcool etc]* strength. vent de ~ 4 force 4 wind; dans toute la ~ du terme in the strongest sense of the word; par la ~ des choses by force of circumstances; avoir ~ de loi to have force of law. **(d)** *(Mil)* strength. ~s forces; d'importantes ~s de police large contingents of police; dans une position de ~ in a position of strength. **(e)** *(valeur)* de la même ~ *joueurs* evenly matched; *cartes* of the same value; il est de première ~ au bridge he's a first-class bridge player; il est de ~ à le faire he's equal to it; tu n'es pas de ~ à lutter avec lui you're no match for him; à ~s égales on equal terms. **(f)** *(Phys)* force. *(Élec)* la ~ 30-amp circuit; ~ de gravité force of gravity. **(g)** en ~ *attaquer* in force; *venir* in strength; de ~, par ~ by force; faire entrer qn de ~ *ou* par la ~ to force sb to enter; entrer de ~ chez qn to force one's way into sb's house; avec ~ firmly; vouloir à toute ~ to want at all costs; à ~ d'essayer/de gentillesse by dint of trying/kindness; à ~, tu vas le casser* you'll end up breaking it; ~ lui est d'accepter he has no choice but to accept, he is forced to accept. **2** *adv (hum)* many. **3:** ~ d'âme fortitude; la ~ armée the army; les ~s armées the armed forces; ~ de caractère strength of character; ~ de dissuasion deterrent power; ~ de frappe strike force; les ~s de l'ordre the police.

forcé, e [fɔʀse] *adj (gén)* forced; *bain* unintended; *conséquence* inevitable; *amabilité* affected. atterrissage ~ forced *ou* emergency landing; c'est ~! it's inevitable! ♦ **forcément** *adv* *(inévitablement)* inevitably; *(évidemment)* of course. ça devait ~ arriver it was bound to happen; pas ~ not necessarily.

forcené, e [fɔʀsəne] 1 *adj (fou)* deranged; *ardeur, travailleur* frenzied; *partisan* fanatical. 2 *nm,f* *(fou)* maniac; *(fanatique)* fanatic.

forceps [fɔʀsɛps] *nm* forceps.

forcer [fɔʀse] (3) 1 *vt* **(a)** *(contraindre)* to force, compel *(à faire* to do). ils m'ont forcé la main they forced my hand; ~ qn au silence to force sb to keep silent. **(b)** *serrure, porte* to force open; *blocus* to run; *barrage* to force; *ville* to take by force. ~ le passage to force one's way through; sa conduite force le respect his behaviour commands respect; *(Sport)* ~ la décision to settle the outcome. **(c)** *cerf* to hunt down; *ennemi* to track down. **(d)** *(pousser)* *cheval* to override; *plantes* to force; *talent, voix* to strain; *allure* to increase; *destin* to tempt. ~ le sens d'un texte to stretch the meaning of a text; *(fig)* ~ la dose* *ou* la note* to overdo it. 2 *vi (exagérer)* to overdo it; *(en tirant)* to force it; *(être coincé)* to jam. sans ~* easily; il force sur l'alcool* he overdoes the drink a bit*. 3 se ~ *vpr* to force o.s. *(pour faire* to do).

forcing [fɔʀsiɡ] *nm* pressure. faire du ~ to pile on the pressure.

forcir [fɔʀsiʀ] (2) *vi* to fill out.

forer [fɔʀe] (1) *vt roche* to drill, bore; *puits* to sink, bore. ♦ **foret** *nm* drill.

forêt [fɔʀɛ] *nf (lit, fig)* forest. ~ vierge virgin forest. ♦ **forestier, -ière** 1 *adj région* forest. exploitation ~ière *(activité)* forestry; *(lieu)* forestry site. 2 *nm* forester.

forfait [fɔʀfɛ] *nm* **(a)** *(à payer)* fixed *ou* set price; *(à percevoir)* lump sum. ~-vacances package holiday. **(b)** (*abandon*) withdrawal. **gagner par ~** to win by default; **déclarer ~** to withdraw. **(c)** (*crime*) infamy. ◆ **forfaitaire** *adj* standard, uniform. ◆ **forfaitairement** *adv* uniformly.

forger [fɔrʒe] (3) *vt métal* to forge; (*fig*) *caractère* to form, mould; *mot* to coin; *prétexte* to make up. **c'est forgé de toutes pièces** it's a complete fabrication; **se ~ illusions** to build up; *réputation* to earn o.s.; *idéal* to create for o.s. ◆ **forge** *nf* (*atelier*) forge, smithy; (*fourneau*) forge. (*fonderie*) **~s** ironworks. ◆ **forgeron** *nm* blacksmith.

formaliser [fɔrmalize] (1) **1** *vt* to formalize. **2 se ~** *vpr* to take offence (*de* at). ◆ **formalisation** *nf* formalization.

formalisme [fɔrmalism(ə)] *nm* (*péj*) formality; (*Art, Philos*) formalism. ◆ **formaliste 1** *adj* (*péj*) formalistic; (*Art, Philos*) formalist. **2** *nmf* formalist.

formalité [fɔrmalite] *nf* formality. (*fig*) **sans autre ~** without any further ado.

format [fɔrma] *nm* format.

formation [fɔrmasjɔ̃] *nf* (**a**) (*développement*) formation, forming. **en cours de ~** in the process of formation. (**b**) (*apprentissage*) training; (*éducation*) education. (**c**) (*groupement*) (*gén*) formation. **~ musicale** music group. ◆ **formateur, -trice** *adj* formative.

forme [fɔrm(ə)] *nf* (**a**) (*contour*) form, shape; (*silhouette*) figure. **en ~ de cloche** bell-shaped; **sans ~** *chapeau* shapeless; *pensée* formless; **prendre la ~ d'un entretien** to take the form of a talk; **prendre ~** [*statue, projet*] to take shape; **sous ~ de comprimés** in tablet form; **sous toutes ses ~s** in all its forms. (**b**) (*genre*) **~ de vie** form of life; (*coutumes*) way of life; **~ de pensée** way of thinking. (**c**) (*Art, Jur*) form. **de pure ~** purely formal; **pour la ~** as a matter of form, for form's sake; **en bonne (et due) ~** in due form; (*fig*) **sans autre ~ de procès** without further ado. (**d**) (*convenances*) **~s** proprieties; **refuser en y mettant des ~s** to decline as tactfully as possible. (**e**) (*Ling*) form. **mettre à la ~ passive** to put in the passive. (**f**) (*Tech, Typ*) form; [*cordonnier*] last; [*modiste*] (dress) form. (**g**) (*physique*) form. **être en ~** to be on form; **hors de ~** off form.

formel, -elle [fɔrmɛl] *adj* (*catégorique*) definite, positive; (*Art, Philos*) formal; *politesse* formal. ◆ **formellement** *adv* positively; formally.

former [fɔrme] (1) **1** *vt* (**a**) (*gén*) to form; *train, phrase* to make up. **formé de 3 éléments** made up of 3 elements; **~ l'idée de faire** to form **ou** have the idea of doing; **ça forme un rond** it makes **ou** forms a circle. (**b**) *ingénieurs* to train; *intelligence, caractère* to form, develop. **2 se ~** *vpr* (*gén*) to form; [*autodidacte*] to teach **ou** train o.s.

formidable [fɔrmidabl(ə)] *adj* (*très important*) tremendous; (*****: *très bien*) fantastic*, great*, tremendous*; (*****: *incroyable*) incredible; (*effrayant*) fearsome. ◆ **formidablement** *adv* tremendously*; fantastically*.

formol [fɔrmɔl] *nm* formalin.

formulaire [fɔrmylɛr] *nm* form.

formule [fɔrmyl] *nf* (**a**) (*Chim, Math*) formula. (**b**) (*expression*) phrase, expression; (*magique, consacrée*) formula. **~ de politesse** (*en fin de lettre*) letter ending; **~ publicitaire** advertising slogan. (**c**) (*méthode*) system, way. **~ de paiement** method of payment; **~ de vacances** holiday schedule. (**d**) (*formulaire*) form.

formuler [fɔrmyle] (1) *vt plainte* to formulate, set out; *sentiment* to formulate, express. ◆ **formulation** *nf* formulation; expression.

fornication [fɔrnikasjɔ̃] *nf* fornication.

fort, e [fɔr, fɔrt(ə)] **1** *adj* (**a**) (*gén*) strong; (*euph: gros*) large; *bruit* loud; *pluie, rhume* heavy; *fièvre, augmentation* high; *chaleur, sentiment* great; *différence, somme* great, large, big; *se-*

cousse hard; *pente* steep. **~ comme un bœuf** as strong as an ox; **armée ~e de 20.000 hommes** army 20,000 strong; **la dame est plus ~e que le valet** the queen is higher than the jack; **avoir affaire à ~e partie** to have a strong **ou** tough opponent; **user de la manière ~e** to use strong-arm methods; **rayon (pour) femmes ~es** outside department; **il avait une ~e envie de rire** he very much wanted to laugh; **il y a de ~es chances pour qu'il vienne** there's a good chance he'll come, he's very likely to come; **faire payer le prix ~** to charge the full price; **être ~ dans l'adversité** to be strong in adversity; **âme ~e** steadfast soul; **~e tête** rebel. (**b**) (*doué*) good (*en, à* at). **il a trouvé plus ~ que lui** he has met (more than) his match; **ce n'est pas très ~ de sa part*** that's not very bright of him. (**c**) **~ de cette garantie** fortified by this guarantee; **être ~ de son bon droit** to be confident of one's rights; **il se fait ~ de le faire** he's quite sure **ou** confident he can do it; **au sens ~ du terme** in the strongest sense of the term; **à plus ~e raison, tu aurais dû venir** all the more reason for you to have come; **c'est plus ~ que moi** I can't help it; **c'est plus ~ que de jouer au bouchon!** it's a real puzzle!; **c'est trop ~!** that's too much!; **c'est trop ~ pour moi** it's above **ou** beyond me; **elle est ~e celle-là!*** that takes the biscuit!*; **et le plus ~ c'est que ...** and the best part of it is that ... .

2 *adv* (**a**) *crier* loudly, loud; *lancer, frapper* hard. **parlez plus ~** speak up **ou** louder; **respirez bien ~** take a deep breath; **tu y vas un peu ~*** you're going a bit far. (**b**) *détester* greatly; *mécontent* most, highly. **j'en doute ~** I very much doubt it; **j'ai ~ à faire avec lui** I have a hard job with him; **il y avait ~ peu de monde** there were very few people; **tu le sais ~ bien** you know very well.

3 *nm* (**a**) (*forteresse*) fort. (**b**) (*personne*) **le ~ et le faible** the strong and the weak; **~ des Halles** market porter. (**c**) (*spécialité*) strong point. (**d**) (*milieu*) **au ~ de l'été** at the height of; *hiver* in the depths of; *combat* in the thick of.

fortement [fɔrtəmɑ̃] *adv conseiller* strongly; *tenir* fast; *frapper* hard; *serrer* hard, tight. **~ marqué** strongly marked; **il en est ~ question** it is being seriously considered; **j'espère ~ que** I very much hope that; **~ intéressé par** most interested in.

forteresse [fɔrtərɛs] *nf* fortress, stronghold.

fortifier [fɔrtifje] (7) *vt* to strengthen, fortify. ◆ **fortifiant, e 1** *adj médicament* fortifying; *air* invigorating, bracing. **2** *nm* tonic. ◆ **fortification** *nf* fortification.

fortuit, e [fɔrtɥi, ɥit] *adj* fortuitous, chance. ◆ **fortuitement** *adv* fortuitously, by chance.

fortune [fɔrtyn] *nf* (**a**) (*richesse*) fortune. **situation de ~** financial situation; **avoir de la ~** to have private means; **faire ~** to make one's fortune; **le mot a fait ~** the word has become really popular. (**b**) (*chance*) luck, fortune; (*destinée*) fortune. **chercher ~** to seek one's fortune; **connaître des ~s diverses** to have varying luck; **il a eu la (bonne) ~ de le rencontrer** he was fortunate enough to meet him, he had the good fortune to meet him; **mauvaise ~** misfortune; **venez dîner à la ~ du pot** come to dinner and take pot luck with us. (**c**) **de ~ installation** makeshift, rough-and-ready. ◆ **fortuné, e** *adj* (*riche*) wealthy; (*heureux*) fortunate.

forum [fɔrɔm] *nm* forum.

fosse [fos] *nf* (*trou*) pit; (*tombe*) grave; (*pour le saut*) sandpit. **~ d'aisances** cesspool; **~ commune** communal grave; (*lit, fig*) **~ aux lions** lions' den; **~ d'orchestre** orchestra pit; **~ septique** septic tank.

fossé [fose] *nm* (*gén*) ditch; (*fig*) gulf, gap.

fossette [fosɛt] *nf* dimple.

fossile [fosil] nm, adj (lit, fig) fossil. ♦ **fossiliser** vt, se ~ vpr (1) to fossilize.

fossoyeur [foswajœR] nm gravedigger.

fou [fu], **fol** devant n commençant par une voyelle ou h muet, **folle** [fɔl] **f** 1 adj (a) personne, idée etc mad, crazy, insane; imagination, gestes, course wild. devenir/rendre ~ to go/drive mad ou crazy; ~ à lier raving mad; ~ de colère beside o.s. with anger; ~ d'amour madly ou wildly in love (pour with); elle est folle de lui she's mad* ou crazy* about him; pas folle, la guêpe* he's (ou she's) not stupid ou daft* you know!; avoir le ~ rire to have the giggles. (b) (*) courage, vitesse, succès fantastic*, terrific, tremendous; prix enormous, huge. j'ai eu un mal ~ pour venir I had a terrific ou terrible job to get here; tu as mis un temps ~ you've taken absolutely ages*; dépenser un argent ~ to spend loads ou pots of money*; il y a un monde ~ there are masses of people; c'est ~ ce qu'il a changé it's incredible ou unbelievable how he has changed. (c) boussole erratic; camion, cheval runaway; cheveux unruly. 2 nm,f (insensé) madman (ou madwoman), lunatic; (bête) fool. faire le ~ to play ou act the fool. 3 nm (Échecs) bishop; (Hist: bouffon) jester, fool.

foudre [fudʀ(ə)] nf lightning; (Myth) thunderbolt. frappé par la ~ struck by lightning; s'attirer les ~s de qn to bring down sb's wrath upon o.s.

foudroyer [fudʀwaje] (8) vt [foudre] to strike; [maladie etc] to strike down. ~ qn du regard to look daggers at sb. ♦ **foudroyant, e** adj vitesse lightning; poison, maladie violent; succès stunning. nouvelle ~e devastating piece of news.

fouetter [fwete] (1) vt (gén, fig) to whip; (punition) to flog; (Culin) to whisk; imagination to fire; désir to whip up. la pluie fouette les vitres the rain lashes ou whips the window panes; il n'y a pas de quoi ~ un chat it's nothing to make a fuss about. ♦ **fouet** nm whip; whisk.

fougère [fuʒɛʀ] nf fern. couvert de ~(s) overgrown with bracken.

fougue [fug] nf ardour, spirit. plein de ~ fiery. ♦ **fougueusement** adv with spirit, ardently. ♦ **fougueux, -euse** adj fiery, ardent; jeunesse hotheaded; cheval mettlesome; attaque spirited.

fouiller [fuje] (1) 1 vt (gén) to search; personne to frisk; région to scour; ciel to scan; question to go (deeply) into; sol to dig. il fouilla l'obscurité des yeux he peered into the darkness; très fouillé very detailed. 2 vi: ~ dans armoire to rummage in; bagages to go through; mémoire to search. 3 se ~ vpr to search one's pockets. ♦ **fouille** nf search. (Archéol) ~s excavation(s); faire des ~s to carry out excavations.

fouillis [fuji] nm [objets] jumble; [branchages] tangle. faire du ~ to make a mess; être en ~ to be in a mess.

fouine [fwin] nf (Zool) stone marten; (péj) snooper*. visage de ~ weasel face. ♦ **fouiner** (1) vi (péj) to nose around ou about. ♦ **fouineur, -euse** (péj) 1 adj prying, nosey*. 2 nm,f snooper*.

fouir [fwiʀ] (2) vi to dig.

foulant, e* [fulɑ̃, ɑ̃t] adj killing, back-breaking.

foulard [fulaʀ] nm (écharpe) scarf; (tissu) foulard.

foule [ful] nf (gén) crowd; (péj) mob. (le peuple) la ~ the masses; il n'y avait pas ~! there was hardly anyone there!; une ~ de gens a crowd of; objets, questions masses ou heaps* of; ils vinrent en ~ à l'exposition they came in crowds ou they flocked to the exhibition.

fouler [fule] (1) 1 vt raisins to press; sol to walk ou tread upon. (fig) ~ aux pieds to trample underfoot. 2 se ~ vpr (a) se ~ la cheville to sprain one's ankle. (b) (*: travailler) to flog o.s. to death*. ♦ **foulée** nf [cheval, coureur] stride. être dans la ~ de qn to follow (close) on sb's heels; (fig) il l'a fait dans la ~ he did it while he was at it

ou while he was in his stride. ♦ **foulure** nf sprain.

four [fuʀ] nm (a) (Culin) oven; [potier] kiln; (Ind) furnace. cuire au ~ gâteau to bake; viande to roast; plat allant au ~ ovenproof dish; ~ crématoire crematorium furnace. (b) (arg Théât) flop, fiasco. faire un ~ to be a flop. (c) (petit) ~ fancy cake.

fourbe [fuʀb(ə)] adj deceitful, treacherous. ♦ **fourberie** nf (acte) deceit. la ~ deceitfulness, treachery.

fourbi* [fuʀbi] nm (attirail) gear*; (fouillis) mess. et tout le ~ and the whole caboodle*.

fourbu, e [fuʀby] adj exhausted.

fourche [fuʀʃ(ə)] nf (gén) fork; (à foin) pitchfork. [route] faire une ~ to fork. ♦ **fourcher** (1) vi: ma langue a fourché it was a slip of the tongue. ♦ **fourchette** nf (lit) fork; (Statistique) margin. il a une bonne ~ he has a hearty appetite. ♦ **fourchu, e** adj arbre forked. pied ~ cloven hoof.

fourgon [fuʀgɔ̃] nm (wagon) waggon; (camion) (large) van; (diligence) coach. ~ mortuaire hearse. ♦ **fourgonnette** nf small van.

fourgonner [fuʀgɔne] (1) vi to poke about, rake about (dans in).

fourguer* [fuʀge] (1) vt to unload* (à onto).

fourmi [fuʀmi] nf ant. avoir des ~s dans les jambes to have pins and needles in one's legs. ♦ **fourmilière** nf (monticule) ant-hill; (intérieur) ants' nest; (fig) hive of activity.

fourmiller [fuʀmije] (1) vi to swarm. ~ de to be swarming ou teeming with. ♦ **fourmillement** nm swarming. un ~ d'idées a welter of ideas; (picotement) ~s pins and needles (dans in).

fournaise [fuʀnɛz] nf blaze; (fig) furnace, oven.

fourneau, pl ~x [fuʀno] nm (a) (poêle) stove. (b) [forge] furnace; [pipe] bowl.

fournée [fuʀne] nf (lit, fig) batch.

fourni, e [fuʀni] adj herbe, barbe thick. peu ~ sparse, thin; bien ~ (en marchandises) wellstocked.

fourniment* [fuʀnimɑ̃] nm gear*.

fournir [fuʀniʀ] (2) 1 vt (a) (approvisionner) to supply. ~ qn en to supply sb with. (b) (procurer) (gén) to supply, provide; pièce d'identité to produce; prestation, exemple to give; effort to put in. ~ qch à qn to supply ou provide sb with sth; (Cartes) ~ à cœur to follow suit in hearts. 2 ~ à vt indir besoins to provide for. 3 se ~ vpr to provide o.s. (de with). je me fournis chez cet épicier I shop at this grocer's. ♦ **fournisseur** nm (commerçant) tradesman; (détaillant) stockist, retailer; (Comm, Ind) supplier. ♦ **fourniture** nf supply. ~s de bureau office supplies.

fourrage [fuʀaʒ] nm fodder. ~ vert silage.

fourrager [fuʀaʒe] (3) vi: ~ dans to rummage through.

fourré [fuʀe] nm thicket. les ~s the bushes.

fourreau, pl ~x [fuʀo] nm [épée] sheath; [parapluie] cover. robe ~ sheath dress.

fourrer [fuʀe] (1) 1 vt (a) (*: mettre) to stick*. ~ qch dans un sac to stick* ou shove* sth into a bag; ~ son nez partout to poke ou stick* one's nose into everything; ~ qn dans le pétrin to land sb in the soup*. (b) volaille to stuff; manteau to line (with fur). 2 se ~* vpr: il s'est fourré dans la tête que ... he has got it into his head that ...; se ~ dans un coin to get in a corner; où a-t-il encore été se ~? where has he got to now?; il ne savait plus où se ~ he didn't know where to put himself. ♦ **fourré², e** adj bonbon filled; gants fur-lined. chocolats ~s chocolate creams; ~ à la crème cream(-filled). ♦ **fourre-tout** nm inv (placard) junk cupboard, glory-hole; (sac) holdall.

fourreur [fuʀœʀ] nm furrier.

fourrière [fuʀjɛʀ] nf pound. emmener une voiture à la ~ to tow away a car.

fourrure [fuRyR] nf (pelage) coat; (manteau etc) fur.

fourvoyer [fuRvwaje] (8) 1 vt: ~ qn [guide] to mislead sb; [mauvais exemple] to lead sb astray. 2 se ~ vpr (lit, fig) to go astray. se ~ dans lieu to stray into; aventure to get involved in.

foutaise‡ [futɛz] nf: de la ~, des ~s rubbish*.

foutre‡ [futR(ə)] 1 vt (faire) to do; (donner) to give; (mettre) to stick*, shove*. qu'est-ce qu'il fout what the hell‡ is he doing ou up to; ~ qn à la porte to give sb the boot*, kick sb out*; tout ~ en l'air (métier) to chuck it all up‡; (objet) to chuck it all away‡; fous-moi le camp! clear off! 2 se ~ vpr: se ~ dedans to boob*; se ~ par terre to go sprawling; se ~ de qn to take the mickey out of sb‡; je m'en fous I couldn't give a damn‡. ♦ **foutu, e‡** adj: être ~ [malade] to be done for; [appareil] to be bust*; être bien/mal ~ [appareil] to be damned clever/hopeless‡; (habillé) to be well/badly got up*; se sentir mal ~ to feel lousy*; il n'est pas ~ de le faire he's damn well incapable of doing it; ce ~ temps this damned weather‡.

fox(-terrier), pl **fox(-terriers)** [fɔks(tɛRje)] nm fox terrier.

foyer [fwaje] nm (a) (maison) home; (famille) family. (b) [chaudière] firebox; (âtre) hearth, fireplace. (c) [vieillards, soldats] home; [étudiants] hostel; (club) club; (Théât) foyer. ~ des artistes greenroom. (d) (Opt, Phys) focus. (e) ~ de incendie, infection seat of; lumière source of; agitation, extrémistes centre of.

fracas [fRaka] nm (gén) crash; [train, tonnerre] roar; [bataille] din. ♦ **fracassant, e** adj bruit deafening; déclaration shattering, sensational. ♦ **fracasser** (1) 1 vt to smash, shatter. 2 se ~ vpr: se ~ contre ou sur to crash against.

fraction [fRaksjɔ̃] nf (Math) fraction; (gén: partie) part. une ~ de seconde a split second; par ~ de in fractions of. ♦ **fractionnement** nm splitting up, division. ♦ **fractionner** vt, se ~ vpr (1) to divide (up), split up.

fracture [fRaktyR] nf (Géol, Méd) fracture. ♦ **fracturer** (1) vt (Géol, Méd) to fracture; serrure to break.

fragile [fRaʒil] adj (lit, fig: gén) fragile; peau delicate; verre brittle; équilibre shaky; [santé, argument] frail, flimsy. (sur étiquette) 'attention ~' 'fragile, with care'. ♦ **fragilité** nf fragility; delicacy; brittleness; shakiness; flimsiness, frailty.

fragment [fRagmã] nm fragment, bit; [conversation, chanson] snatch; [lettre] part; (extrait) passage, extract. ♦ **fragmentaire** adj sketchy, fragmentary.

fragmenter [fRagmãte] (1) 1 vt état, terrain to fragment, split up; travail, somme to split up (en into). 2 se ~ vpr [roches] to fragment. ♦ **fragmentation** nf fragmentation; splitting up.

frais¹, **fraîche** [fRɛ, fRɛʃ] 1 adj (a) vent, accueil cool. il fait ~ it's rather cool. (b) couleur, joues, parfum fresh; voix clear; joie, âme pure. (c) plaie, traces, nouvelles fresh; peinture wet; aliment, vêtement, troupes fresh. un peu d'air ~ a breath of fresh air; ~ et dispos, ~ comme une rose as fresh as a daisy; ~ comme un gardon bright as a button; (Comm) argent ~ ready cash; nous voilà ~!* we're in a fix!* 2 adv (a) il fait ~ it's cool; en été, il faut boire ~ in summer you need cool drinks. (b) (récemment) newly. ~ débarqué de sa province fresh ou newly up from the country; habillé de ~ freshly changed. 3 nm: prendre le ~ to take a breath of cool air; mettre (qch) au ~ to put (sth) in a cool place. ♦ **fraîchement** adv (récemment) freshly, newly; accueillir coolly. comment ça va? – ~!* how are you? – a bit chilly! ♦ **fraîcheur** nf coolness; freshness; chilliness; purity. la ~ du soir the cool of the evening.

frais² [fRɛ] nmpl (a) (gén) expenses; (charges) costs; (Admin: droits) charges, fees. ~ de déplacement travelling expenses; ~ d'entretien [machine] maintenance costs; ~ de timbre stamp charges; ~ d'enregistrement registration fees; ~ généraux overheads; ~ divers miscellaneous expenses; ~ de scolarité school fees; séjour tous ~ compris all-in holiday. (b) (lit) se mettre en ~ to go to great expense; se mettre en ~ pour qn to put o.s. out for sb; faire les ~ de la conversation (parler) to keep the conversation going; (en être le sujet) to be the main topic of conversation; faire les ~ d'une erreur to bear the brunt of a mistake; j'en ai été pour mes ~ I was wasting my time; à ses ~ at one's own expense; aux ~ de la princesse* at the firm's (ou the taxpayer's etc) expense; à peu de ~ acheter cheaply; s'en tirer lightly.

fraise [fRɛz] nf (a) (fruit) strawberry. ~ des bois wild strawberry. (b) [métallurgiste] milling-cutter; [dentiste] drill. ♦ **fraiser** (1) vt trou to countersink; pièce to mill. ♦ **fraisier** nm strawberry plant.

framboise [fRãbwaz] nf (fruit) raspberry. ♦ **framboisier** nm raspberry bush.

franc¹, franche [fRã, fRãʃ] 1 adj (a) personne, regard frank, candid; gaieté open. ~ comme l'or perfectly frank. (b) situation, différence clear-cut; cassure clean; répugnance clear, definite; couleur clear, pure. 5 jours ~s 5 clear days. (c) (péj: total) imbécile, ingratitude downright. (d) zone, ville free. (Comm) ~ de port postage paid. 2 adv: à vous parler ~ to be frank with you. 3: ~-maçon nm, pl ~s-~s freemason; ~-maçonnerie nf freemasonry; ~-parler nm outspokenness; ~-tireur nm, pl ~s-~s (Mil) irregular; (fig) free-lance; agir en ~-tireur to act independently.

franc² [fRã] nm (monnaie) franc.

français, e [fRãsɛ, ɛz] 1 adj French. 2 nm (a) F~ Frenchman; les F~ (gens) the French, French people; (hommes) Frenchmen. (b) (Ling) le ~ French. 3 nf: F~e Frenchwoman. ♦ **France** nf France.

Francfort [fRãkfɔR] n Frankfurt.

franchement [fRãʃmã] adv (a) (honnêtement) parler frankly, candidly; agir openly. ~, qu'en penses-tu? what do you honestly think?; il y a des gens, ~! really! ou honestly! some people!; ~ non frankly no. (b) (sans hésiter) frapper boldly; demander clearly, straight out. allez-y ~ (explication) go straight to the point; (manœuvre etc) go right ahead; c'est ~ plus lourd it's distinctly heavier. (c) (tout à fait) mauvais, laid downright, really; bon really. on s'est ~ bien amusé we really ou thoroughly enjoyed ourselves; c'est ~ trop cher it's much ou far too dear.

franchir [fRãʃiR] (2) vt obstacle to clear, jump over; rue, seuil to cross; porte to go through; distance to cover; mur du son to break (through); difficulté to surmount; limite to overstep. il lui reste 10 mètres à ~ he still has 10 metres to go; ~ le cap de la soixantaine to turn sixty. ♦ **franchissement** nm clearing; crossing; overstepping.

franchise [fRãʃiz] nf (a) [personne, réponse] frankness; [regard] candour. (b) (exemption) exemption; (Hist) [ville] franchise. '~ postale' = 'official paid'; ~ de bagages baggage allowance. (c) (Assurance) excess.

franco [fRãko] adv (Comm) ~ (de port) postage-paid; y aller ~* (explication) to go straight to the point; (manœuvre) to go right ahead.

franco- [fRãko] préf franco-. ♦ **franco-canadien** nm French Canadian. ♦ **francophile** adj, nmf francophile. ♦ **francophilie** nf francomania. ♦ **francophobe** adj, nmf francophobe. ♦ **francophobie** nf francophobia. ♦ **francophone** 1 adj French-speaking. 2 nmf (native) French

speaker. ♦ **francophonie** *nf* French-speaking communities.
frange [fʀɑ̃ʒ] *nf* (*lit*) fringe; [*conscience*] threshold. ♦ **franger** (3) *vt* to fringe (*de* with).
frangin* [fʀɑ̃ʒɛ̃] *nm* brother. ♦ **frangine*** *nf* sister.
franquette* [fʀɑ̃kɛt] *nf*: **à la bonne ~** simply, without any fuss.
frappant, e [fʀapɑ̃, ɑ̃t] *adj* striking.
frappe [fʀap] *nf* (a) [*médaille*] (*action*) striking; (*empreinte*) stamp. (b) [*dactylo*] (*souplesse*) touch; (*impression*) typeface. **la lettre est à la ~** the letter is being typed; **la première ~** the top copy.
frapper [fʀape] (1) **1** *vt* (a) (*lit, fig*) to strike; [*projectile, mesure*] to hit; [*couteau*] to stab. **~ le sol du pied** to stamp one's foot on the ground; **~ le regard/l'imagination** to catch the eye/the imagination; **la pluie/la lumière frappait le mur** the rain lashed against/the light fell on the wall; **frappé à mort** fatally wounded; **frappé de paralysie/par le malheur** stricken with paralysis/by misfortune; **frappé de stupeur** thunderstruck; **frappé de panique** panic-stricken; **~ qn d'une amende/d'un impôt** to impose a fine/a tax upon sb; **la loi doit ~ les coupables** the law must punish the guilty. (b) [*glacer*] *vin* to put on ice; *café* to ice. **à boire frappé** serve chilled. **2** *vi* to strike (*sur* on, *contre* against). **~ sur la table** to bang on the table (*avec* with); **~ dans ses mains** to clap one's hands; **entrez sans ~** come in without knocking, come straight in; (*fig*) **~ à toutes les portes** to try every door; (*fig*) **~ à la bonne/mauvaise porte** to go to the right/wrong person *ou* place. **3 se ~** *vpr* (a) **se ~ la poitrine** to beat one's breast; **se ~ le front** to tap one's forehead. (b) (*: *se tracasser*) to get (o.s.) worked up*.
frasque [fʀask(ə)] *nf* escapade.
fraternel, -elle [fʀatɛʀnɛl] *adj* brotherly, fraternal. ♦ **fraternisation** *nf* fraternization. ♦ **fraterniser** (1) *vi* to fraternize (*avec* with). ♦ **fraternité** *nf* fraternity.
fraude [fʀod] *nf*: **la ~** fraud; (*à un examen*) cheating; **en ~** *vendre* fraudulently; *lire* secretly; **passer qch en ~** to smuggle sth in; **~ électorale** electoral fraud; **~ fiscale** tax evasion. ♦ **frauder** (1) **1** *vt* to cheat. **~ le fisc** to evade taxation. **2** *vi* (*gén*) to cheat (*sur* over). ♦ **fraudeur, -euse** *nm,f* (*gén*) person guilty of fraud; (*à la douane*) smuggler; (*envers le fisc*) tax evader. ♦ **frauduleusement** *adv* fraudulently. ♦ **frauduleux, -euse** *adj* fraudulent.
frayer [fʀeje] (8) **1** *vt chemin* to open up, clear. (*fig*) **~ la voie** to pave the way. **2 se ~** *vpr*: **se ~ un passage** (**dans la foule**) to force one's way through (the crowd).
frayeur [fʀejœʀ] *nf* fright. **cri de ~** cry of fear.
fredaine [fʀədɛn] *nf* escapade.
fredonner [fʀədɔne] (1) *vt* to hum.
freezer [fʀizœʀ] *nm* ice-box, freezer (*of refrigerator*).
frégate [fʀegat] *nf* frigate.
frein [fʀɛ̃] *nm* (*lit, fig*) brake; [*cheval*] bit. **mets le ~** put the brake on; **mettre un ~ à** to curb, check; **sans ~** unbridled, unchecked; **~ à main** handbrake; **~ moteur** engine braking. ♦ **freinage** *nm* braking. ♦ **freiner** (1) **1** *vt véhicule* to pull up, slow down; *progression* to hold up; *joie, évolution* to check. **2** *vi* (*Aut*) to brake; (*à ski etc*) to slow down.
frelaté, e [fʀəlate] *adj aliment* adulterated; *milieu* tainted.
frêle [fʀɛl] *adj* (*lit, fig*) frail.
frelon [fʀəlɔ̃] *nm* hornet.
frémir [fʀemiʀ] (2) *vi* (a) (*de peur*) to shiver, shudder; (*de fièvre, froid*) to shiver, tremble; (*de*

colère) to shake; (*d'espoir*) to tremble (*de* with). **toute la salle frémissait** the whole audience trembled. (b) [*lèvres, feuillage*] to tremble, quiver; [*eau chaude*] to simmer. ♦ **frémissement** *nm* shudder; shiver; quiver. **un ~ de plaisir** a thrill *ou* quiver of pleasure; **le ~ ou les ~s de lèvres** the trembling *ou* quivering of; *eau* the simmering of.
frêne [fʀɛn] *nm* ash (tree).
frénésie [fʀenezi] *nf* frenzy. ♦ **frénétique** *adj* frenzied, frenetic. ♦ **frénétiquement** *adv* frenetically, furiously.
fréquent, e [fʀekɑ̃, ɑ̃t] *adj* frequent. ♦ **fréquemment** *adv* frequently. ♦ **fréquence** *nf* frequency.
fréquenter [fʀekɑ̃te] (1) *vt lieu* to frequent; *voisins* to see frequently; *jeune fille* to go around with. **~ la bonne société** to move in fashionable circles. ♦ **fréquentable** *adj*: **sont-ils ~s?** are they the sort of people one can associate with? ♦ **fréquentation** *nf* (a) [*établissement*] frequenting. **la ~ de ces gens** frequent contact with these people. (b) (*relations*) **~s** company. ♦ **fréquenté, e** *adj lieu* busy. (*fig*) **bien/mal ~** good/ill repute.
frère [fʀɛʀ] *nm* (*gén*) brother. **partager en ~s** to share like brothers; **~s d'armes** brothers in arms; **peuples ~s** sister countries; (*Rel*) **mes ~s** brethren; **~ lai** lay brother; **~ Antoine** Brother Antoine, Friar Antoine; **mettre qn chez les ~s** to send sb to a Catholic boarding school.
fresque [fʀɛsk(ə)] *nf* (*Art*) fresco; (*Littérat*) portrait.
fret [fʀɛ] *nm* (*prix*) (*Aviat, Naut*) freightage; (*Aut*) carriage; (*cargaison*) (*Aviat, Naut*) freight, cargo; (*Aut*) load. ♦ **fréter** (6) *vt* (*prendre à fret*) to charter; (*donner à fret*) to freight.
frétiller [fʀetije] (1) *vi* [*poisson, personne*] to wriggle; [*chien*] to wag its tail. **~ de joie** to quiver with joy. ♦ **frétillement** *nm* [*poisson*] **~(s)** wriggling; **~ d'impatience** quiver of impatience.
friable [fʀijabl(ə)] *adj* crumbly, flaky.
friand, e [fʀijɑ̃, ɑ̃d] **1** *adj*: **~ de** fond of. **2** *nm* (*pâté*) (minced) meat pie. ♦ **friandise** *nf* titbit, delicacy.
fric* [fʀik] *nm* (*argent*) dough‡, cash*, lolly‡.
fric-frac*, *se* **~ ou ~-(s)** [fʀikfʀak] *nm* break-in.
friche [fʀiʃ] *nf* fallow land. (*lit, fig*) **être/laisser en ~** to lie/let lie fallow.
friction [fʀiksjɔ̃] *nf* (*Phys, Tech, fig*) friction; (*massage*) rub-down; (*chez le coiffeur*) scalp massage. ♦ **frictionner** (1) *vt* to rub.
frigidaire [fʀiʒidɛʀ] *nm* ®, **frigo*** [fʀigo] *nm* refrigerator, fridge. ♦ **frigorifier** (7) *vt* (*lit*) to refrigerate. **être frigorifié*** to be frozen stiff. ♦ **frigorifique** *adj camion* refrigerator.
frileux, -euse [fʀilø, øz] *adj personne* sensitive to the cold; *geste* shivery. ♦ **frileusement** *adv* shiveringly.
frime* [fʀim] *nf*: **c'est de la ~** that's a lot of eyewash*; **c'est pour la ~** it's all *ou* just for show.
frimousse [fʀimus] *nf* (sweet) little face.
fringale* [fʀegal] *nf* raging hunger.
fringant, e [fʀegɑ̃, ɑ̃t] *adj cheval* frisky; *personne* dashing.
fringuer (se)* [fʀege] (1) *vpr* to get dressed. ♦ **fringues*** *nfpl* togs*.
friper *vt*, **se ~** *vpr* [fʀipe] (1) to crumple.
fripier, -ière [fʀipje, jɛʀ] *nm,f* secondhand clothes dealer.
fripon, -onne [fʀipɔ̃, ɔn] **1** *adj* roguish. **2** *nm,f* rogue. ♦ **friponnerie** *nf* (*acte*) piece of mischief, prank.
fripouille [fʀipuj] *nf* (*péj*) rogue.
frire [fʀiʀ] *vti*: **~, faire ~** to fry.
frise [fʀiz] *nf* (*Archit, Art*) frieze.
friser [fʀize] (1) **1** *vt* (a) *cheveux* to curl; *moustache* to twirl. **~ qn** to curl sb's hair. (b) *surface* to graze, skim; *mort* to come within a hair's

breadth of; *insolence* to border on. ~ **la soixan-taine** to be nearly sixty. **2** *vi [cheveux]* to curl; *[personne]* to have curly hair. **se faire** ~ to have one's hair curled. ♦ **frisé, e 1** *adj cheveux* curly; *personne* curly-haired. **2** *nf (chicorée)* curly endive. ♦ **frisette** *nf* little curl.

frisquet* [fʀiskɛ] *adj m* chilly.

frissonner [fʀisɔne] (1) *vi* (a) *(de peur)* to shiver, shudder; *(de fièvre, froid)* to shiver, tremble; *(de désir)* to quiver, tremble; *(de colère)* to shake *(de with)*. (b) *[feuillage]* to quiver, tremble; *[lac]* to ripple. ♦ **frisson** *nm* shiver; shudder; quiver. ~ **de désir** quiver of desire; **ça me donne le** ~ it gives me the shivers*. ♦ **frissonnement** *nm* shiver, shudder. **le** ~ **du feuillage** the quivering of the leaves.

frit, e [fʀi, fʀit] **1** *adj* fried. **2** *nf* chip. ~**s** chips, French fries *(US)*. ♦ **friteuse** *nf* chip pan, deep fryer. ♦ **friture** *nf* (a) *(Culin) (méthode)* frying; *(graisse)* deep fat; *(mets)* fried fish. (b) *(Rad*)* crackle.

frivole [fʀivɔl] *adj* frivolous. ♦ **frivolement** *adv* frivolously. ♦ **frivolité** *nf* frivolity.

froc [fʀɔk] *nm (Rel)* frock, habit; (ı: *pantalon*) trousers, bags*.

froid, e [fʀwa, fʀwad] **1** *adj (gén)* cold; *accueil* cold, cool; *calcul* cool. **ça me laisse** ~ it leaves me cold; **garder la tête** ~**e** to keep cool, keep a cool head; **souder à** ~ to cold-weld; **démarrer à** ~ to start *(from)* cold; **cueillir qn à** ~* to catch sb unawares *ou* off guard. **2** *nm* (a) **le** ~ *(gén)* the cold; *(industrie)* refrigeration; **j'ai** ~ I am cold; **j'ai** ~ **aux pieds** my feet are cold; **il fait un** ~ **de canard*** it's freezing cold *ou* perishing*; **ça me fait** ~ **dans le dos** *(lit)* it makes my back cold; *(fig)* it sends shivers down my spine; **prendre (un coup de)** ~ to catch cold *ou* a chill; **vague de** ~ cold spell; **n'avoir pas** ~ **aux yeux** to be adventurous. (b) *(brouille)* coolness. **être en** ~ **avec qn** to be on bad terms with sb. ♦ **froidement** *adv accueillir* coldly; *calculer* coolly; *tuer* in cold blood. ♦ **froideur** *nf* coldness. **recevoir qn avec** ~ to greet sb coldly.

froisser [fʀwase] (1) **1** *vt habit* to crumple, crease; *personne* to hurt, offend. **2 se** ~ *vpr [tissu]* to crease, crumple; *[personne]* to take offence *(de at)*. **se** ~ **un muscle** to strain a muscle. ♦ **froissement** *nm [tissu]* crumpling, creasing; *(bruit)* rustle.

frôler [fʀole] (1) *vt (lit) (toucher)* to brush against; *(passer près de)* to skim. ~ **la mort** to come within a hair's breadth of death. ♦ **frôlement** *nm (contact)* light touch *ou* contact; *(bruit)* rustle.

fromage [fʀɔmaʒ] *nm* cheese. **plat au** ~ cheese dish; **trouver un (bon)** ~* to find a cushy job*; ~ **blanc** soft white cheese; ~ **de chèvre** goat's milk cheese; ~ **de tête** pork brawn. ♦ **fromager, -ère 1** *adj* cheese. **2** *nm (marchand)* cheesemonger. ♦ **fromagerie** *nf* cheese dairy.

froment [fʀɔmɑ̃] *nm* wheat.

froncer [fʀɔ̃se] (3) *vt (Couture)* to gather. ~ **les sourcils** to frown, knit one's brows. ♦ **fronce** *nf* gather. **à** ~**s** gathered. ♦ **froncement** *nm*: ~ **de sourcils** frown.

fronde [fʀɔ̃d] *nf (arme)* sling; *(jouet)* catapult; *(fig)* revolt. ♦ **frondeur, -euse** *adj* rebellious.

front [fʀɔ̃] *nm (Anat)* forehead, brow; *(bâtiment)* façade, front; *(Mét, Mil, Pol)* front. **marcher le** ~ **haut** to hold one's head up high; **la honte sur son** ~ the shame on his face; ~ **de mer** sea front; **tué au** ~ killed in action; **de** ~ *attaque* frontal; *choc, heurter* head-on; **marcher à trois de** ~ to walk three abreast; **mener plusieurs tâches de** ~ to have several tasks on the go at one time; **aborder de** ~ **un problème** to tackle a problem head-on; **faire** ~ to face up to things; **faire** ~ **à l'ennemi** to face up *ou* stand up to the enemy; **faire** ~ **commun contre** to join forces against; **avoir le** ~

de faire to have the effrontery *ou* front to do. ♦ **frontal, e,** *mpl* **-aux** *adj collision* head-on; *attaque, (Anat, Géom)* frontal.

frontière [fʀɔ̃tjɛʀ] *nf (Géog, Pol)* frontier, border. **à l'intérieur et au-delà de nos** ~**s** at home and abroad; ~ **naturelle** natural boundary; **les** ~**s du savoir** the frontiers of knowledge; *(fig)* **à la** ~ **du rêve et de la réalité** on the borderline between dream and reality; **ville** ~ frontier *ou* border town. ♦ **frontalier, -lère 1** *adj* border, frontier. **2** *nm,f* inhabitant of the frontier zone.

fronton [fʀɔ̃tɔ̃] *nm* pediment.

frotter [fʀɔte] (1) **1** *vt (gén)* to rub; *allumette* to strike; *meubles, chaussures* to rub up, shine; *plancher* to scrub; *(pour enlever la terre)* to scrape. ~ **les oreilles à qn** to box sb's ears. **2** *vi* to rub, scrape. **3 se** ~ *vpr* to rub o.s. *(lit, fig)* **se** ~ **les mains** to rub one's hands; **se** ~ **à qn** to cross swords with sb. ♦ **frottement** *nm (action)* rubbing; *(lit, fig: friction)* friction.

frousse* [fʀus] *nf* fright. **avoir la** ~ to be scared stiff*. ♦ **froussard, e*** *nm,f (péj)* coward.

fructifier [fʀyktifje] (7) *vi [investissement]* to yield a profit. **faire** ~ to increase.

fructueux, -euse [fʀyktɥø, øz] *adj* fruitful, profitable. ♦ **fructueusement** *adv* fruitfully, profitably.

frugal, e, *mpl* **-aux** [fʀygal, o] *adj* frugal. ♦ **frugalement** *adv* frugally. ♦ **frugalité** *nf* frugality.

fruit [fʀɥi] *nm* fruit. **il y a des** ~**s** there is some fruit; **3** ~**s** 3 pieces of fruit; *(espèce)* 3 fruits; **les** ~**s de son travail** the fruits of one's work; **porter ses** ~**s** to bear fruit; **avec** ~ fruitfully; **sans** ~ fruitlessly; ~**s confits** candied fruits; ~**s de mer** seafood. ♦ **fruité, e** *adj* fruity. ♦ **fruitier, -ière 1** *adj* fruit. **2** *nm,f* fruiterer, greengrocer.

frusques [fʀysk(ə)] *nfpl (péj)* togs*. **vieilles** ~ rags.

fruste [fʀyst(ə)] *adj* coarse, unrefined.

frustrer [fʀystʀe] (1) *vt* to frustrate. ~ **qn de satisfaction** to deprive sb of; *biens* to defraud sb of. ♦ **frustration** *nf* frustration.

fuel(-oil) [fjul(ɔjl)] *nm* fuel oil.

fugitif, -ive [fyʒitif, iv] **1** *adj personne* runaway; *impression* etc fleeting. **2** *nm,f* fugitive.

fugue [fyg] *nf* (a) **faire une** ~ to run away, abscond. (b) *(Mus)* fugue.

fuir [fɥiʀ] (17) **1** *vt personne, danger* to shun, avoid; *obligation* to evade, shirk; *patrie, bourreaux* to flee from, run away from. **2** *vi* (a) *[prisonnier]* to run away, escape; *[troupes]* to take flight, flee. **faire** ~ *(Mil)* to put to flight; *(fig)* to chase off *ou* away; ~ **devant** to run away from. (b) *[bateau]* to glide swiftly along; *[temps]* to fly by, slip by; *[paysage]* to recede. (c) *[liquide, récipient]* to leak. ♦ **fuite** *nf* (a) *[fugitif]* flight, escape. **la** ~ **des capitaux** the flight of capital; **prendre la** ~ to take (to) flight; **mettre qn en** ~ to put sb to flight; **les prisonniers sont en** ~ the prisoners are on the run; **les voleurs en** ~ the runaway thieves. (b) *[temps, bateau]* swift passage. (c) *[liquide, nouvelle, récipient]* leak. **avaries dues à des** ~**s** damage caused by leakage.

fulgurant, e [fylgyʀɑ̃, ɑ̃t] *adj vitesse, réplique* lightning; *regard* blazing; *douleur* searing.

fulminer [fylmine] (1) *vi* to be enraged. ~ **contre** to fulminate against.

fumer [fyme] (1) **1** *vi [feu]* to smoke; *[liquide]* to steam; *[produit chimique]* to fume; (*: être en colère)* to be fuming* *(de with)*. ~ **comme un sapeur** to smoke like a chimney. **2** *vt tabac* to smoke; *(Culin)* to smoke; *(Agr)* to manure. ♦ **fumé, e¹** *adj* smoked. ♦ **fume-cigarette** *nm inv* cigarette holder. ♦ **fumée²** *nf* smoke; steam. *(Chim)* ~**s** fumes; **la** ~ **ne vous gêne pas?** do you mind my smoking?; **sans** ~ smokeless;

partir en ~ to go up in smoke; **il n'y a pas de** ~ **sans feu** there's no smoke without fire.
fumet [fymε] *nm* aroma.
fumeur, -euse[1] [fymœr, øz] *nm,f* smoker. **non-**~ non-smoker.
fumeux, -euse[2] [fymø, øz] *adj* **(a)** *(confus)* woolly. **(b)** *flamme* smoky; *horizon* misty.
fumier [fymje] *nm (engrais)* dung, manure; **(ı:** *salaud)* bastardı.
fumiste [fymist(ə)] **1** *nm (réparateur)* heating mechanic; *(ramoneur)* chimney sweep. **2** *nmf (péj: employé)* shirker; *(philosophe)* phoney*. ♦ **fumisterie** *nf (péj)* c'est une ~ it's a fraud *ou* a conı.
fumure [fymyr] *nf (engrais)* manure.
funambule [fynɑ̂byl] *nmf* tightrope walker.
funèbre [fynεbr(ə)] *adj (gén)* funeral; *ton* mournful, funereal; *atmosphère* gloomy, dismal. **veillée** ~ deathbed vigil.
funérailles [fyneraj] *nfpl* funeral.
funéraire [fynerεr] *adj* funeral. **pierre** ~ gravestone.
funeste [fynεst(ə)] *adj* **(a)** *(désastreux) (gén)* disastrous; *erreur* grievous; *conseil, influence* harmful. **jour** ~ fateful *ou* ill-fated day. **(b)** *(de mort)* vision of death. **(c)** *accident* fatal; *coup* fatal, lethal, deadly; *projet* lethal, deadly.
funiculaire [fynikylεr] *nm* funicular railway.
fur [fyr] *nm:* **au** ~ **et à mesure** *(gén)* little by little; **dépenser au** ~ **et à mesure** to spend as fast *ou* as soon as one earns; **passe-moi les assiettes au** ~ **et à mesure** pass the plates to me as you go along; **au** ~ **et à mesure que vous les recevez** as (soon as) you receive them; **au** ~ **et à mesure de vos besoins** as and when you need it.
furaxı [fyraks] *adj inv* hopping mad*.
furet [fyrε] *nm (animal)* ferret.
fureter [fyrte] **(5)** *vi* to nose *ou* ferret *ou* pry about. ♦ **fureteur, -euse** *adj* prying, inquisitive.
fureur [fyrœr] *nf (gén)* fury. **crise de** ~ fit of rage; **être en** ~ to be infuriated *ou* enraged; **mettre en** ~ to infuriate, enrage; **la** ~ **du jeu** a passion for gambling; **avec** ~ *dire* with rage, furiously; *aimer* madly, passionately; **faire** ~ to be all the rage. ♦ **furibond, e** *adj* furious. ♦ **furie** *nf (péj: mégère)* shrew; *(Myth)* Fury; *(colère, violence)* fury. **la** ~ **du jeu** a passion for gambling; **en** ~ *personne* infuriated, enraged; *mer* raging. ♦ **furieux, -euse** *adj (gén)* furious *(contre* with, at); *(hum: fort)* envie, coup tremendous. ♦ **furieusement** *adv* furiously; tremendously.

furoncle [fyrɔ̃kl(ə)] *nm* boil.
furtif, -ive [fyrtif, iv] *adj* furtive, stealthy. ♦ **furtivement** *adv* furtively, stealthily.
fusain [fyzε̃] *nm (crayon)* charcoal crayon; *(croquis)* charcoal drawing; *(arbre)* spindle-tree.
fuseau, *pl* ~x [fyzo] *nm [fileuse]* spindle; *[dentelière]* bobbin. **(pantalon)** ~, ~x stretch ski pants; **en (forme de)** ~ *colonne* swelled; *jambes* slender; ~ **horaire** time zone.
fusée [fyze] *nf (gén)* rocket; *[obus, mine]* fuse. ~ **éclairante** flare; ~ **spatiale** space rocket.
fuselage [fyzlaʒ] *nm* fuselage.
fuselé, e [fyzle] *adj colonne* swelled; *jambes* slender.
fuser [fyze] **(1)** *vi [cris]* to burst forth; *[liquide]* to gush *ou* spurt out; *[étincelles]* to fly; *[lumière]* to stream out.
fusible [fyzibl(ə)] *nm* fuse.
fusil [fyzi] *nm* **(a)** *(arme)* rifle, gun; *(de chasse)* shotgun. *(fig)* **c'est un bon** ~ he's a good shot; **changer son** ~ **d'épaule** to change one's plans; ~ **mitrailleur** machine gun; ~ **sous-marin** (underwater) speargun. **(b)** *(allume-gaz)* gas lighter; *(à aiguiser)* steel. ♦ **fusilier** *nm (Hist)* fusilier. ~ **marin** marine. ♦ **fusillade** *nf (bruit)* gunfire, shooting; *(combat)* shooting battle. ♦ **fusiller** **(1)** *vt (lit)* to shoot; *(*: casser)* to mess up*. ~ **qn du regard** to look daggers at sb.
fusion [fyzjɔ̃] *nf* **(a)** *(gén, Phys)* fusion; *[métal, glace]* melting; *[idées]* merging, blending. **(b)** *(Comm)* merger, amalgamation. ♦ **fusionner** **(1)** *vti (Comm)* to merge, amalgamate; *(Pol)* to merge.
fustiger [fystiʒe] **(3)** *vt adversaire* to flay; *pratiques* to censure, denounce.
fût [fy] *nm* **(a)** *[arbre]* trunk; *[colonne]* shaft. **(b)** *(tonneau)* barrel.
futaie [fytε] *nf* forest.
futé, e [fyte] *adj* crafty, sly.
futile [fytil] *adj (gén)* futile; *personne* frivolous. ♦ **futilité** *nf* futility; frivolousness. ~**s** trivialities.
futur, e [fytyr] **1** *adj* future. ~**e maman** mother-to-be; ~ **champion** budding *ou* future champion. **2** *nm (Ling, avenir)* **le** ~ the future; **le** ~ **proche** the immediate future; **le** ~ **antérieur** the future perfect. **3** *nm,f* fiancé(e), husband-(*ou* wife-) to-be.
fuyant, e [fɥijɑ̃, ɑ̂t] *adj regard, personne* evasive; *front* receding; *lignes, vision* fleeting.
fuyard, e [fɥijar, ard(ə)] *nm,f* runaway.

G

G, g [ʒe] *nm (lettre)* G, g.
gabardine [gabaʀdin] *nf (tissu)* gabardine; *(manteau)* gabardine (raincoat).
gabarit [gabaʀi] *nm (dimension)* size; *(fig: valeur)* calibre; *(maquette)* template.
Gabon [gabɔ̃] *nm:* le ~ the Gabon.
gâcher [gɑʃe] (1) *vt* (a) *plâtre* to temper; *mortier* to mix. (b) *(gaspiller)* to waste; *(bâcler)* to botch; *(gâter)* to spoil. **il nous a gâché notre plaisir** he spoiled our pleasure. ♦ **gâcheur, -euse 1** *adj* wasteful. **2** *nm,f* wasteful person; *(d'argent)* spendthrift. ♦ **gâchis** *nm (désordre)* mess; *(gaspillage)* waste.
gâchette [gɑʃɛt] *nf (arme)* trigger. **il a la ~ facile** he's trigger-happy.
gadget [gadʒɛt] *nm (gén: machin)* thingummy*; *(ustensile)* gadget; *(trouvaille)* gimmick.
gadoue [gadu] *nf (boue)* mud, sludge; *(neige)* slush.
gaffe [gaf] *nf* (a) *(bévue)* blunder, boob*. (b) *(Naut)* boat hook; *(Pêche)* gaff. (c) (*) **faire ~** to be careful *(à* of). ♦ **gaffer** (1) **1** *vi* to blunder, boob*. **2** *vt* to hook; to gaff. ♦ **gaffeur, -euse** *nm,f* blunderer.
gag [gag] *nm (Ciné, Théât)* gag.
gaga* [gaga] *adj* gaga*, senile.
gage [gaʒ] *nm* (a) *(à créancier)* security; *(à prêteur)* pledge. **mettre qch en ~** to pawn sth; **laisser qch en ~** to leave sth as (a) security; **~ de sincérité** proof *ou* evidence of one's sincerity; **~ d'amour** token *ou* in token of one's love; **en ~ de notre amitié** as a token *ou* in token of our friendship. (b) *(Jeux)* forfeit. (c) *(salaire)* ~**s** wages; **tueur à ~s** hired killer; **être aux ~s de qn** *(gén)* to be employed by sb; *(péj)* to be in the pay of sb.
gager [gaʒe] (3) *vt* (a) *(parier)* **~ que** to wager that, bet that. (b) *(emprunt)* to guarantee.
gageure [gaʒyʀ] *nf (pari)* wager. **c'est une véritable ~ que de vouloir le faire** it's attempting the impossible to try to do it.
gagner [gaɲe] (1) **1** *vt* (a) *(par le travail, l'effort)* to earn. **~ sa vie/sa croûte*** to earn one's living/one's bread and butter; **~ de l'argent** *(dans une affaire)* to make money. (b) *(par le hasard, la lutte)* to win. *(lit, fig)* **~ le gros lot** to hit *ou* win the jackpot; **~ qn de vitesse** to beat sb to it*. (c) *(obtenir)* to gain. **vous n'y gagnerez rien** you'll gain nothing by it; **~ du temps** *(temporiser)* to gain time; *(économiser)* to save time; *(lit, fig)* **~ du terrain** to gain ground; **vous y gagnerez un bon rhume** you'll get nothing but a bad cold. (d) *gardiens, témoins* to win over; *confiance* to win, gain. **se laisser ~ par les prières de qn** to be won over by sb's prayers. (e) *lieu, refuge* to reach. **~ qn** *(sommeil, peur)* to overcome sb, creep over sb; **le feu gagna le toit** the fire spread to the roof.

2 *vi* (a) *(être vainqueur)* to win. **~ aux courses** to win on the horses *ou* at the races; **il gagne sur tous les tableaux** he's winning all the way; **tu as gagné!*** you got what you asked for! (b) *(trouver un avantage)* **vous y gagnez** it's in your interest, it's to your advantage; **qu'est-ce que j'y gagne?** what do I get out of it? *ou* gain from it?; **vous gagneriez à partir en groupe** you'd be better off going in a group; **~ au change** to make on the deal. (c) *(s'améliorer)* **~ en hauteur** to increase in

height; **il gagne à être connu** he improves on acquaintance; **ce roman gagne à être relu** this novel gains by a second reading. (d) *(incendie, épidémie)* to spread, gain ground.
♦ **gagnant, e 1** *adj* winning. **on le donne ~** he is the favourite to win. **2** *nm,f* winner. ♦ **gagne-pain*** *nm inv* job.
gai, e [ge] *adj* (a) *personne, voix* cheerful, happy; *caractère* cheerful, merry. **~ luron** cheery fellow; **~ comme un pinson** happy as a lark. (b) *(euph: ivre)* merry, tipsy. (c) *couleur, robe* bright, gay; *pièce* bright, cheerful. (d) *(iro: amusant)* **c'est ~!** that's great*; **ça va être ~, les vacances avec lui!** the holidays are going to be great fun with him around! ♦ **gaiement** *adv* cheerfully; happily; cheerily; merrily. *(iro)* **allons-y ~!** let's get on with it! ♦ **gaieté** *nf (personne, roman)* cheerfulness, gaiety; *(couleur)* brightness, gaiety. **de ~ de cœur** lightheartedly; *(joies)* **les ~s de** the delights *ou* joys of.
gaillard, e [gajaʀ, aʀd(ə)] **1** *adj* (a) *personne* strong; *allure* lively, sprightly. (b) *(grivois)* bawdy. **2** *nm (costaud)* strapping *ou* robust fellow; (*: type)* fellow, guy*. **toi, mon ~, je t'ai à l'œil!** I've got my eye on you, mate!* **3** *nf* (*) strapping woman*. **4:** **~** *(d'avant)* forecastle, fo'c'sle; *(Hist)* **~ d'arrière** quarter-deck. ♦ **gaillardement** *adv* stoutly, vigorously.
gain [gɛ̃] *nm* (a) *(salaire)* earnings, wages. (b) *(lucre)* le ~ gain. (c) *(bénéfices)* ~**s** *(société)* profits; *(au jeu)* winnings. (d) *(avantage)* gains; *(spirituel)* benefit. **tirer un ~ de qch** to draw benefit from sth. (e) *(économie)* saving. **ça nous permet un ~ de temps** it saves us time. (f) *(obtention)* *(bataille)* winning; *(voix d'électeurs)* gaining. **obtenir ~ de cause** *(lit)* to win the case; *(fig)* to win the day; **donner ~ de cause à qn** *(Jur)* to decide the case in favour of sb; *(fig)* to pronounce sb right.
gaine [gɛn] *nf (Habillement)* girdle; *(Bot, fourreau)* sheath. **~ d'aération** ventilation shaft.
galant, e [galɑ̃, ɑ̃t] **1** *adj* (a) *(courtois)* gallant, courteous, gentlemanly. (b) *propos* flirtatious, gallant; *rendez-vous* romantic. **en ~e compagnie** with a lady *(ou* gentleman) friend. **2** *nm* suitor. ♦ **galamment** *adv* courteously, gallantly. ♦ **galanterie** *nf* gallantry; *(propos)* gallant remark.
galaxie [galaksi] *nf* galaxy.
galbe [galb(ə)] *nm* curve. ♦ **galbé, e** *adj* curved.
gale [gal] *nf (Méd)* scabies, itch; *(Vét)* *(chien, chat)* mange; *(mouton)* scab. **je n'ai pas la ~!** I'm not infectious!; **il est méchant comme la ~** he's a nasty piece of work*.
galère [galɛʀ] *nf (Hist)* galley. **qu'est-il allé faire dans cette ~?** why did he have to get involved in this business?
galerie [galʀi] *nf* (a) *(couloir)* gallery. **~ marchande** shopping arcade. (b) *(Art)* *(magasin)* gallery; *(salle de musée)* room, gallery. (c) *(Théât)* circle. **premières/deuxièmes ~s** dress/upper circle. (d) *(public)* gallery, audience. **pour amuser la ~** to amuse the audience. (e) *(Aut)* roof rack.
galérien [galeʀjɛ̃] *nm* galley slave.
galet [galɛ] *nm* pebble. **~s** shingle.

galette [galɛt] *nf* (*gâteau*) *round, flat cake*; (*crêpe*) pancake; (‡: *argent*) dough‡, lolly‡.

galeux, -euse [galø, øz] *adj personne* affected with scabies; *chien* mangy; *mouton* scabby. **traiter comme un chien** ~ to treat like dirt.

galimatias [galimatja] *nm* gibberish.

galipette* [galipɛt] *nf* somersault. **faire la** ~ to somersault.

Galles [gal] *nfpl*: **le pays de** ~ Wales. ♦ **gallois, e** 1 *adj* Welsh. 2 *nm* (a) G~ Welshman; **les** G~ the Welsh. (b) (*Ling*) Welsh. 3 *nf*: G~e Welshwoman.

gallicisme [galisism(ə)] *nm* gallicism.

gallon [galɔ̃] *nm* gallon.

galoche [galɔʃ] *nf* clog.

galon [galɔ̃] *nm* (*Couture*) (piece of) braid; (*Mil*) stripe. (*fig*) **prendre du** ~ to get promotion.

galop [galo] *nm* gallop. **petit** ~ canter; ~ **d'essai** (*lit*) trial gallop; (*fig*) trial run; **cheval au** ~ galloping horse; **se mettre au** ~ to break into a gallop; **partir au** ~ [*cheval*] to set off at a gallop; [*personne*] to rush off *ou* away; **va chercher tes affaires au** ~! go and get your things, at the double! ♦ **galopade** *nf* stampede. ♦ **galopant, e** *adj* inflation galloping. ♦ **galoper** (1) *vi* [*cheval*] to gallop; [*imagination*] to run wild, run riot; [*enfant*] to run.

galopin* [galɔpɛ̃] *nm* rascal.

galvaniser [galvanize] (1) *vt* (*Tech*) to galvanize; (*fig*) to galvanize into action. ♦ **galvanisation** *nf* galvanization.

galvauder [galvode] (1) **1** *vt réputation* to tarnish; *talent* to prostitute; *expression* to debase. **2** *vi* (*vagabonder*) to idle around.

gambade [gɑ̃bad] *nf* leap, caper. ♦ **gambader** (1) *vi* to gambol, leap (*about*), caper (*about*). ~ **de joie** to jump for joy.

gamelle [gamɛl] *nf* [*soldat*] mess tin; [*ouvrier*] billy-can. **prendre une** ~* to come a cropper*.

gamin, e [gamɛ̃, in] **1** *adj* (*espiègle*) mischievous, playful; (*puéril*) childish. **2** *nm,f* (*) kid*. ♦ **gaminerie** *nf* playfulness; childishness. **faire des** ~s to get up to mischief; to be childish.

gamme [gam] *nf* (*Mus*) scale; (*fig*) range. **faire des** ~s to practise scales.

gang [gɑ̃g] *nm* gang (of crooks).

ganglion [gɑ̃glijɔ̃] *nm* ganglion.

gangrène [gɑ̃grɛn] *nf* (*Méd*) gangrene; (*fig*) corruption.

gangster [gɑ̃gstɛʀ] *nm* gangster; (*fig*) shark, crook. ♦ **gangstérisme** *nm* gangsterism.

gant [gɑ̃] *nm* glove. ~s **de boxe** boxing gloves; ~ **de crin** massage glove; ~ **de toilette** face flannel, wash glove; **ça me va comme un** ~ [*robe*] it fits me like a glove; [*idée*] it suits me down to the ground; **tu ferais mieux de prendre des** ~s **avec lui** you'd better handle him with kid gloves; **il va falloir prendre des** ~s **pour lui annoncer la nouvelle** we'll have to break the news to him gently; (*lit*, *fig*) **jeter/relever le** ~ to throw down/take up the gauntlet. ♦ **se ganter** (1) *vpr* to put on one's gloves. **ganté de cuir** wearing leather gloves.

garage [gaʀaʒ] *nm* (*Aut*) garage. ~ **d'autobus** bus depot; ~ **d'avions** hangar; ~ **de bicyclettes** bicycle shed; ~ **de canots** boathouse. ♦ **garagiste** *nm* (*propriétaire*) garage owner; (*mécanicien*) garage mechanic.

garantir [gaʀɑ̃tiʀ] (2) *vt* (a) (*gén*, *Comm*: *assurer*) to guarantee. ~ **que** to assure *ou* guarantee that; **je te garantis que ça ne se passera pas comme ça!*** I can assure you things won't turn out like that! (b) (*protéger*) ~ **qch de** to protect sth from; **se** ~ **du soleil** to protect o.s. from the sun. ♦ **garant, e** *nm,f* (*personne*, *état*) guarantor (*de* for); (*chose*) guarantee (*de* of). **servir de** ~ **à qn** to stand surety for sb; **se porter** ~ **de qch** to vouch for sth, guarantee sth. ♦ **garanti, e¹** *adj*: ~ **étanche/3 ans** guaranteed waterproof/for 3 years;

c'est ~ **sur facture*** it's as sure as anything, it's a cert*. ♦ **garantie²** *nf* (*gén*, *Comm*) guarantee; (*gage*) security, surety; (*protection*) safeguard. [*police d'assurance*] ~s cover; **si on a la** ~ **qu'ils se conduiront bien** ... if we have a firm undertaking *ou* a guarantee that they'll behave ...; **servir de** ~ to be used as a security; **sous** ~ under guarantee; **c'est une** ~ **de succès** it's a guarantee of success; **c'est une** ~ **contre le chômage** it's a safeguard against unemployment; (*caution*) **donner sa** ~ **à** to guarantee, stand security *ou* surety for; **je vous dis ça, mais c'est sans** ~ I can't guarantee that what I'm telling you is right.

garçon [gaʀsɔ̃] *nm* (**a**) boy. **traiter qn comme un petit** ~ to treat sb like a child *ou* a little boy; ~ **manqué** tomboy; **c'est un brave** ~ he's a good sort *ou* a nice fellow *ou* a nice young man. (**b**) (*commis*) shop assistant; (*serveur*) waiter.' ~ **boucher** butcher's assistant. (**c**) (*célibataire*) bachelor. **rester** ~ to remain a bachelor. **2**: ~ **de bureau** office assistant; ~ **de café** waiter; ~ **de courses** messenger; ~ **d'écurie** stable lad; ~ **d'étage** bellboy; ~ **de ferme** farm hand; ~ **d'honneur** best man. ♦ **garçonnet** *nm* small boy. **taille** ~ **boy's size**. ♦ **garçonnière** *nf* bachelor flat.

garde¹ [gaʀd(ə)] *nf* (**a**) (*surveillance*) **se charger de la** ~ **de qch** to undertake to look after *ou* to guard *ou* to keep an eye on sth; **prendre en** ~ to take into one's care; **laisser qch en** ~ **à qn** to leave sth in sb's care; **sous la** ~ **de la police** under police guard; **être/mettre qn sous bonne** ~ to be/put sb under guard; ~ **à vue** police custody; **l'enfant a été laissé à la** ~ **de la mère** the child was left in the custody of the mother. (**b**) (*service*) [*soldat*] guard duty; [*infirmière etc*] ward duty. **être de** ~ [*infirmière*, *sentinelle*] to be on duty; **pharmacie de** ~ duty chemist's. (**c**) (*escorte*) guard. (**d**) (*infirmière*) nurse. ~ **d'enfant** childminder. (**e**) (*Boxe*, *Escrime*) guard. **en** ~! on guard!; **se mettre en** ~ to take one's guard. (**f**) [*épée*] hilt. (*lit*, *fig*) **jusqu'à la** ~ (up) to the hilt. (**g**) **mettre qn en** ~ to put sb on his guard (*contre* against); **mise en** ~ warning; **faire bonne** ~ to keep a close watch; **prenez** ~ **de ne pas tomber** mind you don't fall, be careful not to fall; **prends** ~! (*exhortation*) watch out!; (*menace*) watch it!*; **prends** ~ **aux voitures** watch out for *ou* mind the cars; **sans prendre** ~ **au danger** without considering the danger; **sans y prendre** ~ without realizing it; **être sur ses** ~s to be on one's guard.

garde² [gaʀd(ə)] *nm* [*prisonnier*] guard; [*château*] warden; [*jardin public*] keeper; (*soldat*) guardsman; (*sentinelle*) guard. ~ **champêtre** rural policeman; ~ **du corps** body-guard; ~ **forestier** forest warden; ~ **des Sceaux** ≃ Lord Chancellor.

garde- [gaʀd(ə)] *préf*: **garde-barrière** *nmf*, *pl* ~s-~(s) level-crossing keeper; **garde-boue** *nm inv* mudguard; **garde-chasse** *nm*, *pl* ~s-~(s) gamekeeper; **garde-chiourme** *nm*, *pl* ~(s)-~(s) martinet; **garde-côte** *nm*, *pl* ~-~(s) coastguard ship; **garde-fou** *nm*, *pl* ~-~s (*en fer*) railing; (*en pierre*) parapet; **garde-malade** *nmf*, *pl* ~s-~s home nurse; **garde-manger** *nm inv* (*armoire*) meat safe; (*pièce*) pantry, larder; **garde-meuble** *nm*, *pl* ~-~(s) furniture store; **garde-pêche** *nm inv* (*personne*) water bailiff; (*frégate*) fisheries protection ship; **garde-robe** *nf*, *pl* ~-~s (*habits*) wardrobe; (*Mil*) **garde-à-vous** (*fixe*)! attention!; **se mettre au garde-à-vous** to stand to attention.

garder [gaʀde] (1) **1** *vt* (a) (*surveiller*) to look after, guard; (*défendre*) to guard. ~ **qn à vue** ≃ to keep sb in custody; (*défendre*) to guard. ~ **qn à vue** ≃ to keep sb in custody; ~ **des enfants (à domicile)** to baby-sit; **garde ma valise** look after *ou* keep an eye on my suitcase; **on n'a pas gardé les cochons ensemble!*** you've a nerve to take liberties like that!*; **ça vous gardera du froid** it'll protect you from the cold; **Dieu vous garde** God be with you;

le musée qui garde ces trésors the museum which houses these treasures; **passage à niveau gardé/non gardé** manned/unmanned level-crossing. **(b)** (*conserver*) (*gén*) to keep; *jeunesse* to retain; *habitude* to keep up; *vêtement* to keep on; [*police*] to detain. ~ **la chambre/le lit** to stay in one's room/in bed; ~ **qn à déjeuner** to have sb stay for lunch; ~ **en retenue** to keep in detention; **je lui ai gardé une côtelette pour ce soir** I've kept *ou* saved a chop for him for tonight; **je lui garde un chien de ma chienne*** he's got it coming to him from me*; ~ **une poire pour la soif** to keep sth by for a rainy day; **gardez cela pour vous** keep this to yourself; **il a gardé toutes ses facultés** he still has all his faculties; ~ **son calme/le silence** to keep calm/silent; ~ **l'anonymat** to remain anonymous; ~ **la ligne** to keep one's figure; ~ **rancune à qn** to bear sb a grudge. **2 se** ~ *vpr* **(a)** [*denrées*] to keep. **(b) se** ~ **de qch** (*se défier de*) to be wary of sth; (*se protéger de*) to protect o.s. from sth, guard against sth; **gardez-vous de vos amis** be wary of your own friends; **se** ~ **de faire qch** to be careful not to do sth; **je m'en garderai bien!** that's the last thing I'd do!

garderie [gaʀdəʀi] *nf*: ~ **(d'enfants)** day nursery, crèche.

gardien, -ienne [gaʀdjɛ̃, jɛn] *nm,f* (*gén*) guard; [*prison*] officer; [*château*] warden; [*musée, hôtel*] attendant; [*jardin public, phare, zoo*] keeper; (*fig*: *défenseur*) guardian. ~ **de but** goalkeeper; ~ **d'immeuble** caretaker; ~ **de nuit** night watchman; ~ **de la paix** policeman.

gare[1] [gaʀ] *nf* station. ~ **de marchandises** goods station; ~ **maritime** harbour station; ~ **routière** (*camions*) haulage depot; (*autocars*) coach *ou* bus station; ~ **de triage** marshalling yard.

gare[2]* [gaʀ] *excl*: ~ **à toi!** just watch it!*; ~ **au premier qui bouge!** the first one to move will be for it!*; **sinon** ~! or else!*; ~ **à ta tête** mind your head; ~ **aux conséquences** beware of the consequences.

garer [gaʀe] (1) **1** *vt véhicule* to park; *embarcation* to dock. **2 se** ~ *vpr* to park; [*véhicule*] to draw into the side; [*piéton*] to get out of the way.

gargariser (se) [gaʀgaʀize] (1) *vpr* to gargle. (*fig péj*) **se** ~ **de grands mots** to revel in big words. ♦ **gargarisme** *nm* gargle.

gargote [gaʀgɔt] *nf* (*péj*) cheap restaurant.

gargouille [gaʀguj] *nf* (*Archit*) gargoyle. ♦ **gargouiller** (1) *vi* [*eau*] to gurgle; [*intestin*] to rumble. ♦ **gargouillement** *nm ou* ♦ **gargouillis** *nm* gurgling, rumbling.

garnement [gaʀnəmɑ̃] *nm* (*gamin*) rascal; (*adolescent*) tearaway.

garnir [gaʀniʀ] (2) *vt* **(a)** (*équiper*) *bibliothèque, caisse* to fill; *réfrigérateur* to stock; *chaudière* to stoke; *hameçon* to bait (*de* with). ~ **qch de pneus** *etc* to put tyres *etc* on sth, fit sth out with tyres *etc*; ~ **une muraille de canons** to range guns along a wall; ~ **une boîte de tissu** to line a box with material. **(b)** (*remplir*) to fill; (*couvrir*) to cover. **la foule garnissait les rues** the crowd packed the streets; **boîte garnie de chocolats** box full of *ou* filled with chocolates; **les canons qui garnissent la muraille** the guns which line the wall *ou* which are ranged along the wall. **(c)** (*décorer*) *robe* to trim; *aliment* to garnish (*de* with). ~ **de fleurs** to decorate with flowers. **2 se** ~ *vpr* [*salle*] to fill up (*de* with). ♦ **garni, e 1** *adj plat* (*décoré*) garnished; (*accompagné*) served with vegetables. **bien** ~ *portefeuille* well-lined; *réfrigérateur* well-stocked; *estomac, boîte* full. **2** *nm* furnished rooms *ou* accommodation.

garnison [gaʀnizɔ̃] *nf* garrison. **(ville de)** ~ garrison town; **être en** ~ **à** to be stationed *ou* garrisoned at.

garniture [gaʀnityʀ] *nf* [*chaudière*] lagging; [*coffret, freins*] lining; [*aliment*] (*décoration*) gar-

nish; (*légumes*) vegetables. [*robe*] ~**(s)** trimming; (*Aut*) ~ **intérieure** upholstery, interior trim; ~ **de cheminée** mantelpiece ornaments; ~ **de toilette** toilet set; ~ **périodique** sanitary towel *ou* napkin (*US*); **avec** ~ **en cuir** with leather fittings.

garrot [gaʀo] *nm* [*cheval*] withers; (*Méd*) tourniquet; (*supplice*) garrotte. ♦ **garrotter** (1) *vt* to tie up.

gars* [ga] *nm* (*enfant*) lad; (*type*) fellow, guy*. **au revoir les** ~! cheerio boys!* *ou* fellows!*

gas-oil [gazɔjl] *nm* diesel oil.

gaspiller [gaspije] (1) *vt* (*gén*) to waste; *fortune* to squander. ♦ **gaspillage** *nm* wasting; squandering. ♦ **gaspilleur, -euse 1** *adj* wasteful. **2** *nm,f* waster; squanderer.

gastrique [gastʀik] *adj* gastric. ♦ **gastrite** *nf* gastritis.

gastronome [gastʀɔnɔm] *nmf* gourmet, gastronome. ♦ **gastronomie** *nf* gastronomy. ♦ **gastronomique** *adj* gastronomic.

gâteau, pl ~**x** [gɑto] *nm* cake; (*au restaurant*) gateau. ~ **de riz** rice pudding; ~ **sec** biscuit; ~ **de miel** honeycomb; **se partager le** ~* to share the loot*; **c'est du** ~* it's a piece of cake*, it's a walkover*.

gâter [gɑte] (1) **1** *vt* (*gén*) to ruin, spoil; *enfant* to spoil; *jugement* to have a harmful effect on. ~ **des fruits** to make fruit go bad; **avoir les dents gâtées** to have bad teeth; **et, ce qui ne gâte rien** and, which is all to the good; **nous avons été gâtés cette année** we've been really lucky this year. **2 se** ~ *vpr* [*viande*] to go bad, go off; [*relations*] to go sour. **le temps va se** ~ the weather's going to break; **ça commence à se** ~ (*entre eux*) things are beginning to go wrong (between them); **ça va se** ~! there's going to be trouble!, things are going to turn nasty! ♦ **gâterie** *nf* little treat. **se payer une** ~ to treat o.s. to sth.

gâteux, -euse* [gɑtø, øz] **1** *adj* senile, gaga*. **2** *nm,f*: (*vieux*) ~ doddering old man. ♦ **gâtisme** *nm* senility.

gauche [goʃ] **1** *adj* **(a)** *bras* left; *poche* left-hand. **du côté** ~ on the left-hand side. **(b)** (*maladroit*) clumsy, awkward; (*tordu*) warped. **2** *nf* (*Boxe*) left. **3** *nf* **(a) la** ~ (*gén, Aut, Pol*) the left; (*côté*) the left-hand side; **à** ~ *rue, rouler* on the left; *tourner* to the left; *tiroir de* ~ left-hand drawer; **à** ~ **de la porte** to the left of the door; **garder sa** ~ to keep to the left; **idées de** ~ left-wing ideas; **mettre de l'argent à** ~* to put money aside. **(b)** (*coup*) left. ♦ **gauchement** *adv* clumsily, awkwardly. ♦ **gaucher, -ère** *adj* left-handed. ♦ **gaucherie** *nf* awkwardness, clumsiness. ♦ **gauchir** (2) **1** *vt* (*lit*) to warp; *fait* to distort. **2 se** ~ *vpr* to warp. ♦ **gauchisme** *nm* leftism. ♦ **gauchissement** *nm* warping; distortion. ♦ **gauchiste** *adj, nmf* leftist.

gaudriole* [godʀijɔl] *nf* (*propos*) broad joke.

gaufre [gofʀ(ə)] *nf* waffle. ♦ **gaufré, e** *adj papier* embossed; *tissu* goffered. ♦ **gaufrette** *nf* wafer. ♦ **gaufrier** *nm* waffle iron.

Gaule [gol] *nf* Gaul.

gaule [gol] *nf* pole; (*Pêche*) fishing rod. ♦ **gauler** (1) *vt arbre* to beat; *fruits* to bring down, shake down.

gaullisme [golism(ə)] *nm* Gaullism. ♦ **gaulliste** *adj, nmf* Gaullist.

gaulois, e [golwa, waz] **1** *adj* **(a)** (*de Gaule*) Gallic. **(b)** (*grivois*) bawdy. **2** *nm(f)*: **G**~**(e)** Gaul. **3** *nf* (®: *cigarette*) Gauloise. ♦ **gauloiserie** *nf* (*propos*) bawdy story. **la** ~ bawdiness.

gausser (se) [gose] (1) *vpr* (*littér*) (*rire*) to laugh; (*se moquer*) to be joking. **se** ~ **de** to poke fun at.

gaver [gave] (1) **1** *vt animal* to force-feed; *personne* to fill up (*de* with). **je suis gavé!** I'm full (up)! **2 se** ~ *vpr*: **se** ~ **de nourriture** to stuff o.s. with; *romans* to devour.

gaz [gɑz] **1** *nm inv* (*Chim*) gas. (*Mil*) les ~ gas; l'employé du ~ the gasman; **vous avez le ~?** are you on gas?; **il s'est suicidé au ~** he gassed himself; (*Aut*) **mettre les ~*** to step on the gas*; (*euph*) **avoir des ~** to have wind. **2:** ~ **asphyxiant** poison gas; ~ **carbonique** carbon dioxide; ~ **d'échappement** exhaust gas; ~ **lacrymogène** teargas; ~ **de ville** town gas. ♦ **gazoduc** *nm* gas pipeline. ♦ **gazogène** *nm* gas producer (*plant*). ♦ **gazole** *nm* diesel oil. ♦ **gazomètre** *nm* gasometer.

gaze [gɑz] *nf* gauze.

gazelle [gazɛl] *nf* gazelle.

gazer [gɑze] (1) **1** *vi* (*) **ça gaze?** how's things?*, **how goes it?***; **ça a gazé?** did it go O.K.?*; **ça ne gaze pas fort** things aren't too good *ou* too hot*; **il y a qch qui ne gaze pas** there's sth wrong somewhere. **2** *vt* (*Mil*) to gas.

gazette [gazɛt] *nf* (*hum*) newspaper.

gazeux, -euse [gazø, øz] *adj* (*Chim*) gaseous; *boisson* fizzy.

gazon [gazɔ̃] *nm* (*pelouse*) lawn. (*herbe*) le ~ turf, grass; **une motte de** ~ a turf, a sod.

gazouiller [gazuje] (1) *vi* [*oiseau*] to chirp, warble; [*ruisseau, bébé*] to babble. ♦ **gazouillement** *nm ou* ♦ **gazouillis** *nm* chirping, warbling; babbling.

geai [ʒɛ] *nm* jay.

géant, e [ʒeɑ̃, ɑ̃t] **1** *adj* gigantic; *paquet* giant-sized, giant. **2** *nm* (*lit, fig*) giant; (*Écon, Pol*) giant power. **3** *nf* giantess.

geindre [ʒɛ̃dʀ(ə)] (52) *vi* (*gémir*) to groan, moan (*de* with); (*péj*) to moan. ♦ **geignard, e*** *nm,f* moaner. ♦ **geignement** *nm*: ~(s) moaning.

gel [ʒɛl] *nm* (a) (*froid*) frost. '**craint le** ~' 'keep away from extreme cold'. (b) [*crédits*] freezing. (c) (*pâte*) gel.

gélatine [ʒelatin] *nf* gelatine. ♦ **gélatineux, -euse** *adj* gelatinous.

geler [ʒ(ə)le] (5) **1** *vt* (a) *eau, sol* to freeze; *membre* to cause frostbite to. **mourir gelé** to freeze to death; **j'ai les mains gelées** (*froides*) my hands are frozen (stiff); (*blessées*) my hands are frost-bitten; **tu nous gèles*** you're making us freeze. (b) (*Fin*) to freeze. **2 se ~*** *vpr* to freeze. **3** *vi* (a) [*eau*] to freeze (over), ice over; [*sol, plante*] to freeze; [*récoltes*] to be blighted by frost; [*membre*] to be frostbitten. (b) (*avoir froid*) to freeze. **4** *vb impers*: **il gèle** it's freezing; **il a gelé à pierre fendre** it froze hard. ♦ **gelé, e¹** *adj public* cold, unresponsive; (*: *soûl*) tight*. ♦ **gelée²** *nf* (a) (*gel*) frost. ~ **blanche** hoarfrost. (b) (*Culin*) jelly.

gélule [ʒelyl] *nf* (*Méd*) capsule.

gelure [ʒ(ə)lyʀ] *nf* (*Méd*) ~(s) frostbite.

Gémeaux [ʒemo] *nmpl* (*Astron*) Gemini.

gémir [ʒemiʀ] (2) *vi* [*blessé*] to groan, moan (*de* with); [*plancher*] to creak; [*vent*] to moan, whine. ♦ **gémissement** *nm*: ~(s) groaning; moaning; creaking; whining.

gênant, e [ʒɛnɑ̃, ɑ̃t] *adj situation, témoin* awkward, embarrassing; *révélations* embarrassing. (*irritant*) **c'est** ~ it's a nuisance.

gencive [ʒɑ̃siv] *nf* gum.

gendarme [ʒɑ̃daʀm(ə)] *nm* gendarme, policeman. ♦ **gendarmer (se)** (1) *vpr*: **se** ~ **pour obtenir qch** to have to take a strong line to get sth. ♦ **gendarmerie** *nf* (*corps*) gendarmerie, police force; (*bureaux*) police station; (*caserne*) police barracks.

gendre [ʒɑ̃dʀ(ə)] *nm* son-in-law.

gène [ʒɛn] *nm* gene.

gêne [ʒɛn] *nf* (*physique*) discomfort; (*dérangement*) trouble, bother; (*manque d'argent*) financial difficulties; (*embarras*) embarrassment. **il ressentait une certaine** ~ **à respirer** he experienced some difficulty in breathing; **je ne voudrais vous causer aucune** ~ I wouldn't like to put you to any trouble *ou* bother, I wouldn't want to be a nuisance.

généalogie [ʒenealɔʒi] *nf* genealogy. ♦ **généalogique** *adj* genealogical.

gêner [ʒene] (1) **1** *vt* (a) [*fumée*] to bother; [*bruit*] to bother, disturb; [*vêtement étroit, obstacle*] to hamper. ~ **le passage** to be in the way; **ça me gêne pour respirer** it hampers my breathing. (b) (*déranger*) *personne* to bother; *projet* to hamper, hinder. **j'espère que ça ne vous gêne pas d'y aller** I hope it won't inconvenience you to go; **cela vous gênerait de ne pas fumer?** would you mind not smoking?; **et alors, ça te gêne?*** so what?* (c) (*financièrement*) to put in financial difficulties. (d) (*embarrasser*) ~ **qn** to make sb feel ill-at-ease *ou* uncomfortable; **ça me gêne de vous dire ça mais ...** I hate to tell you but ... . **2 se** ~ *vpr* (*se contraindre*) **ne vous gênez pas pour moi** don't mind me, don't put yourself out for me; **il ne faut pas vous** ~ **avec moi** don't stand on ceremony with me; **il ne s'est pas gêné pour le lui dire** he didn't mind telling him. (b) (*économiser*) to tighten one's belt. ♦ **gêné, e** *adj personne, air* embarrassed, self-conscious; *silence* uncomfortable, embarrassed, awkward. (*financièrement*) **être** ~ (aux entournures) to be short of money *ou* hard up*.

général, e, mpl -aux [ʒeneʀal, o] **1** *adj* general. **un tableau** ~ **de la situation** a general *ou* an overall picture of the situation; **dans l'intérêt** ~ in the general interest; **à la surprise** ~e to the surprise of most *ou* many people; **en** ~, **de façon** ~e generally, in general; **secrétaire** ~ (*gén*) general secretary; [*organisation internationale*] secretary-general. **2** *nm* general. ~ **de brigade** brigadier; ~ **en chef** general-in-chief. **3** *nf* (*épouse*) general's wife. (b) (*Théât*) (*répétition*) ~e (final) dress rehearsal. ♦ **généralement** *adv* generally, usually. ~ **parlant** generally speaking; **coutume assez** ~ **répandue** fairly widespread custom.

généraliser [ʒeneʀalize] (1) **1** *vt* (*gén*) to generalize; *méthode* to put *ou* bring into general use. **cancer généralisé** general cancer. **2 se** ~ *vpr* to become widespread. ♦ **généralisable** *adj* which can be applied generally. ♦ **généralisation** *nf* generalization.

généraliste [ʒeneʀalist(ə)] *nm* (*Méd*) G.P., general practitioner.

généralité [ʒeneʀalite] *nf* (a) (*majorité*) majority. (b) ~s (*introduction*) general points; (*péj: banalités*) generalities.

générateur, -trice [ʒeneʀatœʀ, tʀis] **1** *adj* generative, generating. ~ **de désordres** which causes trouble. **2** *nf* (*Élec*) generator.

générer [ʒeneʀe] (6) *vt* to generate. ♦ **génération** *nf* generation.

généreux, -euse [ʒeneʀø, øz] *adj* generous. ♦ **généreusement** *adv* generously. ♦ **générosité** *nf* generosity. (*largesses*) ~s kindnesses.

générique [ʒeneʀik] **1** *adj* generic. **2** *nm* (*Ciné*) credit titles, credits.

genêt [ʒ(ə)nɛ] *nm* (*Bot*) broom.

génétique [ʒenetik] **1** *adj* genetic. **2** *nf* genetics (*sg*).

gêneur, -euse [ʒenœʀ, øz] *nm,f* (*importun*) intruder. **supprimer un** ~ to do away with a person who stands in one's way.

Genève [ʒ(ə)nɛv] *nf* Geneva.

génial, e, mpl -aux [ʒenjal, o] *adj écrivain, invention* of genius; *idée* inspired; (*: *formidable*) fantastic*, tremendous*. ♦ **génialement** *adv* with genius, brilliantly.

génie [ʒeni] *nm* (a) (*savant, talent*) genius. **avoir du** ~ to have genius; **avoir le** ~ **des affaires** to have a genius for business; **avoir le** ~ **du mal** to have an evil bent. (b) (*Myth*) (*gén*) spirit; (*arabe*) genie. **le bon/mauvais** ~ **de qn** sb's good/evil

genius. (c) (*Mil*) le ~ ≈ the Engineers; **soldat du** ~ **engineer;** ~ **civil** (*branche*) civil engineering; (*corps*) civil engineers.

genièvre [ʒənjɛvʀ(ə)] *nm* (*boisson*) Hollands gin; (*arbre*) juniper; (*fruit*) juniper berry.

génisse [ʒenis] *nf* heifer.

génital, e, *mpl* -**aux** [ʒenital, o] *adj* genital.

génitif [ʒenitif] *nm* genitive (case).

génocide [ʒenɔsid] *nm* genocide.

genou, *pl* ~**x** [ʒ(ə)nu] *nm* knee. **il était à** ~**x** he was kneeling, he was on his knees; **se mettre à** ~**x** to kneel down; (*fig*) **se mettre à** ~**x devant qn** to go down on one's knees to sb; **c'est à se mettre à** ~**x!*** it's out of this world!*; **j'en suis tombé à** ~**x!*** I just about dropped!*; **demander qch à (deux)** ~**x** to ask for sth on bended knee; **prendre qn sur ses** ~**x** to take sb on one's knee; **faire du** ~ **à qn*** to play footsie with sb*; **plier le** ~ **devant qn** to bend the knee to sb; **être sur les** ~**x*** to be on one's knees*, be tired out.

genre [ʒɑ̃ʀ] *nm* (**a**) (*espèce*) kind, type, sort. ~ **de vie** lifestyle, way of life; **cette maison n'est pas mauvaise en son** ~ that house isn't bad of its type; **ce qui se fait le mieux dans le** ~ the best of its kind; **chaussures en tout** ~ all kinds of shoes; **qch du même** ~ sth of the kind; **il a écrit un** ~ **de roman** he wrote a novel of sorts. (**b**) (*allure*) manner. **avoir bon** ~ to look a nice sort; **avoir mauvais** ~ to be coarse-looking; **il a un drôle de** ~ he's a bit weird; **avoir le** ~ **artiste** to be an arty type; **faire du** ~ to stand on ceremony; **ce n'est pas son** ~ **de ne pas répondre** it's not like him not to answer. (**c**) (*Art*) genre; (*Gram*) gender; (*Philos, Sci*) genus. **le** ~ **humain** mankind, the human race.

gens [ʒɑ̃] *nmpl* (*accord féminin de l'adjectif antéposé*) people, folk; (*serviteurs*) servants. **les** ~ **de la ville** townspeople, townsfolk; **les** ~ **du pays** *ou* **du coin*** the local people, the locals; **de braves** ~ good people *ou* folk; **les** ~ **d'Église** the clergy; ~ **de lettres** men of letters; **les** ~ **de loi**† the legal profession; ~ **de maison** people in service.

gentil, -ille [ʒɑ̃ti, ij] *adj* (**a**) (*aimable*) kind, nice (*avec, pour* to). **c'est** ~ **à toi de ...** it's very kind *ou* nice *ou* good of you to ...; **tout ça, c'est bien** ~ **mais ... that's all very nice but ...; **sois** ~, **va me le chercher** be a dear and go and get it for me, would you mind going to get it for me. (**b**) (*sage*) good. **il n'a pas été** ~ he hasn't been a good boy. (**c**) (*visage, endroit*) nice, pleasant; (*somme*) tidy, fair. ♦ **gentillesse** *nf* (*gén*) kindness. **une** ~ **en vaut une autre** one good turn deserves another. ♦ **gentiment** *adv* kindly, nicely.

gentilhomme [ʒɑ̃tijɔm], *pl* **gentilshommes** [ʒɑ̃tizɔm] *nm* gentleman. ~ **campagnard** country squire. ♦ **gentilhommière** *nf* manor house.

génuflexion [ʒenyflɛksjɔ̃] *nf* genuflexion.

géodésie [ʒeɔdezi] *nf* geodesy. ♦ **géodésique** *adj* geodesic.

géographie [ʒeɔgrafi] *nf* geography. ♦ **géographe** *nmf* geographer. ♦ **géographique** *adj* geographical.

geôle [ʒol] *nf* gaol, jail. ♦ **geôlier, -ière** *nm,f* gaoler, jailer.

géologie [ʒeɔlɔʒi] *nf* geology. ♦ **géologique** *adj* geological. ♦ **géologue** *nmf* geologist.

géométrie [ʒeɔmetri] *nf* geometry. ~ **dans l'espace** solid geometry; **à** ~ **variable** swing-wing. ♦ **géomètre** *nm* (*arpenteur*) surveyor; (*mathématicien*) geometer. ♦ **géométrique** *adj* geometrical. ♦ **géométriquement** *adv* geometrically.

géothermique [ʒeɔtɛrmik] *adj* geothermal.

gérance [ʒerɑ̃s] *nf* management. **prendre qch en** ~ to take over the management of sth; **mettre qch en** ~ to appoint a manager for sth. ♦ **gérant** *nm* manager; (*immeuble*) managing agent.

♦ **gérante** *nf* manageress.

géranium [ʒeʀanjɔm] *nm* geranium.

gerbe [ʒɛʀb(ə)] *nf* (*blé*) sheaf; (*osier*) bundle; (*preuves*) collection. ~ **de fleurs** spray of flowers; ~ **d'eau** spray *ou* shower of water; (*fusée*) **retomber en** ~ to fall in a shower *ou* burst of sparks.

gercer *vt*, **se** ~ *vpr* [ʒɛrse] (3) *peau* to chap; *sol* to crack. ♦ **gerçure** *nf* crack.

gérer [ʒere] (6) *vt* to manage. **mal** ~ to mismanage.

gériatrie [ʒeʀjatri] *nf* geriatrics (*sg*). ♦ **gériatrique** *adj* geriatric.

germain, e [ʒɛrmɛ̃, ɛn] *adj*: **cousin** ~ first cousin.

germe [ʒɛʀm(ə)] *nm* (*embryon, idée*) germ; (*pomme de terre*) eye; (*erreur, vie*) seed; (*microbe*) germ. **avoir en** ~ to contain in embryo, contain the seeds of. ♦ **germer** (1) *vi* to germinate. **pomme de terre germée** sprouting potato. ♦ **germination** *nf* germination.

gérondif [ʒeʀɔ̃dif] *nm* gerund.

gérontologie [ʒeʀɔ̃tɔlɔʒi] *nf* gerontology. ♦ **gérontologique** *adj* gerontological.

gésier [ʒezje] *nm* gizzard.

gésir [ʒezir] *vi*: **il gît/gisait sur le sol** he is lying/was lying *ou* lay on the ground.

gestation [ʒɛstasjɔ̃] *nf* gestation. **en** ~ in gestation.

geste [ʒɛst(ə)] *nm* (**a**) (*mouvement*) gesture. **pas un** ~ **ou je tire!** one move and I'll shoot!; **faire un** ~ **de la tête** (*affirmatif*) to nod (one's head); (*négatif*) to shake one's head; **il le fit entrer d'un** ~ he motioned *ou* gestured *ou* waved to him to come in; **il ne fit pas un** ~ **pour l'aider** he didn't lift a finger *ou* make a move to help him. (**b**) (*action*) act, deed; (*généreux*) gesture. **faites un** ~ make a gesture.

gesticuler [ʒɛstikyle] (1) *vi* to gesticulate. ♦ **gesticulation** *nf* gesticulation.

gestion [ʒɛstjɔ̃] *nf* management. **mauvaise** ~ mismanagement, bad management. ♦ **gestionnaire 1** *adj* administrative, management. **2** *nmf* administrator.

geyser [ʒezɛr] *nm* geyser.

ghetto [geto] *nm* ghetto.

gibecière [ʒibsjɛr] *nf* (*gén*) shoulder bag; (*chasseur*) gamebag; (*écolier*) satchel.

gibet [ʒibɛ] *nm* gallows.

gibier [ʒibje] *nm* (*lit*) game; (*fig*) prey. ~ **d'eau** waterfowl; ~ **à poil** game animals; ~ **à plume** game birds; ~ **de potence** gallows bird; (*lit, fig*) **le gros** ~ big game.

giboulée [ʒibule] *nf* (sudden) shower. ~ **de mars** April shower.

giboyeux, -euse [ʒibwajø, øz] *adj* well-stocked with game.

gicler [ʒikle] (1) *vi* to spurt. **faire** ~ **de l'eau** (*d'un robinet*) to squirt water; (*véhicule*) to send up a spray of water. ♦ **giclée** *nf* spurt. ♦ **gicleur** *nm* (*Aut*) jet.

gifler [ʒifle] (1) *vt*: ~ **qn** to smack sb's face, slap sb in the face. ♦ **gifle** *nf* slap in the face.

gigantesque [ʒigɑ̃tɛsk(ə)] *adj* gigantic, immense.

gigolo [ʒigolo] *nm* gigolo.

gigot [ʒigo] *nm* joint. ~ **de mouton** leg of mutton; ~ **de chevreuil** haunch of venison.

gigoter* [ʒigɔte] (1) *vi* to wriggle (about).

gilet [ʒilɛ] *nm* (*de complet*) waistcoat, vest (*US*); (*cardigan*) cardigan. ~ (**de corps**) vest, undershirt (*US*); ~ **pare-balles** bulletproof jacket; ~ **de sauvetage** life jacket.

gin [dʒin] *nm* gin.

gingembre [ʒɛ̃ʒɑ̃bʀ(ə)] *nm* ginger.

girafe [ʒiraf] *nf* (*Zool*) giraffe; (*péj: personne*) beanpole*.

giration [ʒirasjɔ̃] *nf* gyration. ♦ **giratoire** *adj* gyrating.

girofle [ʒirɔfl(ə)] *nm*: **clou de** ~ clove.

giroflée [ʒiRɔfle] *nf* wallflower.
girolle [ʒiRɔl] *nf* chanterelle.
giron [ʒiRɔ̃] *nm* (*genoux*) lap; (*fig: sein*) bosom.
girouette [ʒiRwɛt] *nf* weather cock. (*fig*) c'est une vraie ~ he changes (his mind) with the weather.
gisement [ʒizmɑ̃] *nm* (*Minér*) deposit.
gisent [ʒiz], **gît** [ʒi] *V* **gésir**.
gitan, e [ʒitɑ̃, an] **1** *adj*, G~(e) *nm(f)* gipsy. **2** *nf* (®: *cigarette*) Gitane.
gîte [ʒit] *nm* (*abri*) shelter; (*maison*) home; [*lièvre*] form; [*minerai*] deposit. le ~ et le couvert board and lodging; ~ (à la noix) topside.
givre [ʒivR(ə)] *nm* hoarfrost. ♦ **givré, e** *adj* (a) *arbre* covered in frost; *fenêtre, hélice* frosted-up, iced-up. (b) (*) (*ivre*) tight*; (*fou*) cracked*, nuts*. ♦ **givrer** *vt*, **se** ~ *vpr* (1) to frost up, ice up.
glaçage [ɡlasaʒ] *nm* [*papier, aliment*] glazing; (*au sucre*) icing.
glace [ɡlas] *nf* (a) (*eau*) ice. (*lit, fig*) **briser la** ~ to break the ice; (*Géog*)~s ice sheets *ou* fields; ~s **flottantes** ice floes; **bloqué par les** ~s canal blocked with ice; *bateau* icebound. (b) (*Culin*) ice cream. ~ à l'eau/à la crème water/dairy ice. (c) (*miroir*) mirror. (d) (*plaque de verre*) sheet of plate glass; [*vitrine*] glass; [*véhicule*] window.
glacer [ɡlase] (3) **1** *vt* (a) *liquide* (*geler*) to freeze; (*rafraîchir*) to chill, ice. **mettre à** ~ to put to chill; **ce vent glace les oreilles** this wind is freezing to the ears *ou* freezes your ears. (b) ~ **qn** (*lit, fig*: *réfrigérer*) to turn sb cold; (*paralyser*) to make sb's blood run cold; **glacé d'horreur** frozen with horror. (c) *papier, aliment* to glaze; (*au sucre*) to ice. **2** *se* ~ *vpr* (*lit, fig*) to freeze. ♦ **glacé, e** *adj lac* frozen; *vent, chambre* icy, freezing; *boisson* iced, ice-cold; *papier* glazed; *fruit* glacé; *accueil* icy, frosty. **je suis** ~ I'm frozen (stiff); **j'ai les mains** ~es my hands are frozen; **à servir** ~ serve iced *ou* ice-cold; *café* ~ iced coffee.
glaciaire [ɡlasjɛR] *adj période, calotte* ice; *relief* glacial.
glacial, e, *mpl* ~s *ou* **-aux** [ɡlasjal, o] *adj* icy, freezing; (*fig*) icy, frosty.
glaciation [ɡlasjasjɔ̃] *nf* glaciation.
glacier [ɡlasje] *nm* (a) (*Géog*) glacier. (b) (*fabricant*) ice-cream maker; (*vendeur*) ice-cream man.
glacière [ɡlasjɛR] *nf* (*lit, fig*) icebox.
glaçon [ɡlasɔ̃] *nm* [*rivière*] block of ice; [*toit*] icicle; [*boisson*] ice cube; (*péj: personne*) iceberg. **un whisky avec des** ~s a whisky on the rocks.
gladiateur [ɡladjatœR] *nm* gladiator.
glaïeul [ɡlajœl] *nm* gladiolus.
glaire [ɡlɛR] *nf* [*œuf*] white; (*Méd*) phlegm.
glaise [ɡlɛz] *nf* clay. ♦ **glaiseux, -euse** *adj* clayey.
gland [ɡlɑ̃] *nm* (*Bot*) acorn; (*ornement*) tassel.
glande [ɡlɑ̃d] *nf* gland. ♦ **glandulaire** *adj* glandular.
glaner [ɡlane] (1) *vt* (*lit, fig*) to glean. ♦ **glaneur, -euse** *nm,f* gleaner.
glapir [ɡlapiR] (2) *vi* (*lit, fig*) to yelp. ♦ **glapissement** *nm*: ~(s) yelping.
glas [ɡlɑ] *nm* knell. **on sonne le** ~ they are tolling the knell.
glissade [ɡlisad] *nf* (*par jeu*) slide; (*chute*) slip; (*dérapage*) skid; (*Danse*) glissade.
glissant, e [ɡlisɑ̃, ɑ̃t] *adj* slippery.
glissement [ɡlismɑ̃] *nm*: ~ **électoral** electoral swing; ~ **de sens** shift in meaning; ~ **de terrain** landslide.
glisser [ɡlise] (1) **1** *vi* (a) (*gén*) to slide; [*voilier, nuages*] to glide along. **il fit** ~ **le fauteuil sur le sol** he slid the armchair along the floor; **il se laissa** ~ **le long du mur** he slid down the wall; **une larme glissa le long de sa joue** a tear trickled *ou* slid down his cheek; **le pays glisse vers l'anarchie/la droite** the country is slipping *ou* sliding towards anarchy/is swinging towards the right. (b) (*déraper*) [*personne*] to slip; [*véhicule*] to skid;

[*parquet*] to be slippery. **il m'a fait** ~ he made me slip. (c) (*échapper de*) ~ **de la table/des mains** to slip *ou* slide off the table/out of one's hands; **le voleur leur a glissé entre les mains** the thief slipped (right) through their fingers. (d) (*effleurer*) **ses doigts glissaient sur les touches** his fingers slipped over the keys; **les reproches glissent sur lui** reproaches roll off him; ~ **sur un sujet** to skate over a subject; **la balle glissa sur le blindage** the bullet glanced off the armour plating. **2** *vt* (*introduire*) ~ **qch sous/dans qch** to slip sth under/into sth; **il me glissa un regard en coulisse** he gave me a sidelong glance; **il me glissa que ... he whispered to me that ... . 3 se** ~ *vpr*: **se** ~ **dans** [*personne*] to slip into; [*soupçon, erreur*] to creep into; **se** ~ **dans les draps** to slip *ou* slide between the sheets; **le voleur se glissa dans la maison** the thief slipped into the house; **se** ~ **jusqu'au premier rang** to edge *ou* worm one's way to the front.
glissière [ɡlisjɛR] *nf* groove. **porte à** ~ sliding door; ~ **de sécurité** crash barrier.
global, e, *mpl* **-aux** [ɡlɔbal, o] *adj* (*gén*) overall; *somme* total, aggregate; *vue* global. ♦ **globalement** *adv* (*en bloc*) globally; (*dans son ensemble*) taken as a whole.
globe [ɡlɔb] *nm* globe. ~ **oculaire** eyeball; **le** ~ **terrestre** the globe; (*fig*) **mettre qch sous** ~ to keep sth under glass.
globule [ɡlɔbyl] *nm* (*gén, Chim*) globule. ~s **rouges/blancs** red/white corpuscles. ♦ **globulaire** *adj* global; corpuscular. ♦ **globuleux, -euse** *adj forme* globular; *œil* protruding.
gloire [ɡlwaR] *nf* (a) (*renommée*) glory, fame; (*Rel: éclat*) glory. **en pleine** ~ at the height of one's fame; **couvert de** ~ covered in glory; **elle a eu son heure de** ~ she has had her hour of glory; **pour la** ~ for the glory of it. (b) (*distinction*) **sa plus grande** ~ **a été de faire** his greatest distinction *ou* his greatest claim to fame was to do; **s'attribuer toute la** ~ **de qch** to give o.s. all the credit for sth; **tirer** ~ **de qch** to vaunt sth; **il s'en fait** ~! he's proud of it! (c) (*louange*) glory, praise. ~ **à Dieu** glory to God, praise be to God; **à la** ~ **de** in praise of; **célébrer la** ~ **de** to sing the praises of. (d) (*personne: célébrité*) celebrity. ♦ **glorieusement** *adv* gloriously. ♦ **glorieux, -euse** *adj* glorious; (*fier*) proud.
glorifier [ɡlɔRifje] (7) **1** *vt* to glorify. **2 se** ~ *vpr*: **se** ~ **de** to glory in, take great pride in. ♦ **glorification** *nf* glorification.
gloriole [ɡlɔRjɔl] *nf* vainglory.
glossaire [ɡlɔsɛR] *nm* glossary.
glotte [ɡlɔt] *nf* glottis. **coup de** ~ glottal stop.
glouglou [ɡluɡlu] *nm* [*eau*] gurgling; [*dindon*] gobble-gobble. **faire** ~ to gurgle; to gobble.
glousser [ɡluse] (1) *vi* [*personne*] to chuckle; [*poule*] to cluck. ♦ **gloussement** *nm* chuckle; cluck.
glouton, -onne [ɡlutɔ̃, ɔn] **1** *adj personne* gluttonous; *appétit* voracious. **2** *nm,f* glutton. ♦ **gloutonnement** *adv* gluttonously; voraciously. ♦ **gloutonnerie** *nf* gluttony.
glu [ɡly] *nf* (*pour oiseaux*) birdlime. **on dirait de la** ~ it's like glue. ♦ **gluant, e** *adj* sticky, gummy.
glucose [ɡlykoz] *nm* glucose.
glycérine [ɡliseRin] *nf* glycerine.
glycine [ɡlisin] *nf* wisteria.
gnangnan* [ɲɑ̃ɲɑ̃] *nmf* moan*, drip*.
gnognote* [ɲɔɲɔt] *nf*: **c'est de la** ~! it's rubbish!
gnôle* [ɲol] *nf* firewater*, hooch*.
gnome [ɡnom] *nm* gnome.
gnon* [ɲɔ̃] *nm* bash*. **prendre un** ~ to get bashed*.
go [ɡo] *loc adv*: **tout de** ~ **dire** straight out; **aller** straightaway.
goal [ɡol] *nm* goalkeeper, goalie*.
gobelet [ɡɔblɛ] *nm* [*enfant*] beaker; [*étain*] tum-

bler; *[dés]* cup. ~ **en papier** paper cup.
gober [gɔbe] (1) *vt œuf, mensonge* to swallow.
godasse* [gɔdas] *nf* shoe.
godet [gɔdɛ] *nm (gén)* pot; (*: *verre*) glass.
godiche [gɔdiʃ] *adj (péj)* lumpish, oafish.
godille [gɔdij] *nf (Sport)* scull. (*: *péj*) à la ~ **système** ropey*, crappy* (*US*).
godillot* [gɔdijo] *nm* boot.
goéland [gɔelɑ̃] *nm* seagull, gull.
goélette [gɔelɛt] *nf* schooner.
goémon [gɔemɔ̃] *nm* wrack.
gogo* [gɔgo] **1** *nm* sucker*, mug*. c'est bon pour les ~s it's a mug's game*. **2** *adv*: du vin etc à ~ wine *etc* galore.
goguenard, e [gɔgnaʀ, aʀd(ə)] *adj* mocking.
goguette* [gɔgɛt] *nf*: être en ~ to be on the binge*.
goinfre* [gwɛ̃fʀ(ə)] (*glouton*) **1** *adj* piggish*. **2** *nm* pig*. ♦ **se goinfrer*** (1) *vpr* to make a pig of o.s.*. se ~ **de** to guzzle. ♦ **goinfrerie*** *nf* piggishness*.
goitre [gwatʀ(ə)] *nm* goitre.
golden [gɔldɛn] *nf inv* Golden Delicious.
golf [gɔlf] *nm (Sport)* golf; (*terrain*) golf course *ou* links. ~ **miniature** miniature golf.
golfe [gɔlf(ə)] *nm* gulf; (*petit*) bay. le ~ de Gascogne the Bay of Biscay; le ~ du Lion the Gulf of Lions; le ~ Persique the Persian Gulf.
gomme [gɔm] *nf (substance)* gum; (*pour effacer*) rubber, eraser (*US*). mettre toute la ~* to put one's foot right down*; à la ~* useless, hopeless. ♦ **gommer** (1) *vt mot* to rub out, erase; (*fig*) to erase. **papier gommé** gummed paper. ♦ **gommage** *nm* rubbing-out; erasing.
gond [gɔ̃] *nm* hinge.
gondole [gɔ̃dɔl] *nf* gondola. ♦ **gondolier, -ière** *nm,f* gondolier.
gondoler [gɔ̃dɔle] (1) **1** *vi [papier]* to crinkle; *[planche]* to warp; *[tôle]* to buckle. **2 se** ~ *vpr* to crinkle; to warp; to buckle; (*: *rire*) to split one's sides laughing*. ♦ **gondolant, e*** *adj* side-splitting*.
gonfler [gɔ̃fle] (1) **1** *vt* (a) *ballon etc (gén)* to inflate; (*avec pompe*) to pump up; (*en soufflant*) to blow up; *poitrine* to puff out. (b) *rivière, voiles* to swell. un paquet gonflait sa poche his pocket was bulging with a package; gonflé d'eau swollen with water; ça me gonfle l'estomac it makes me feel bloated; gonflé d'orgueil *personne* puffed up (with pride); cœur swollen with pride; cœur gonflé de joie heart bursting with joy. (c) *prix, résultat* to inflate; *effectif (augmenter)* to swell; (*exagérer*) to exaggerate. **2** *vi [cheville, bois]* to swell; *[pâte]* to rise. faire ~ le riz to leave the rice to swell. **3 se** ~ *vpr* to swell. son cœur se gonfle (de tristesse) his heart is heavy (with sorrow). ♦ **gonflage** *nm* inflation. ♦ **gonflé, e** *adj* (a) *yeux, visage* puffy, swollen. joues bien ~es chubby cheeks; je me sens ~ I feel bloated. (b) (*fig) il est ~! (*courageux*) he's got some nerve!*; (*impertinent*) he's got a nerve!* *ou* some cheek!*; être ~ à bloc to be raring to go*. ♦ **gonflement** *nm* inflation; swelling; exaggeration. ♦ **gonfleur** *nm* air pump.
gong [gɔ̃g] *nm (Mus)* gong; (*Boxe*) bell.
gorge [gɔʀʒ(ə)] *nf* (a) (*gosier*) throat; (*poitrine*) breast. avoir la ~ sèche to have a dry throat; avoir la ~ serrée to have a lump in one's throat; à ~ déployée *rire* heartily; *chanter* at the top of one's voice; prendre qn à la ~ [*créancier*] to put a gun to sb's head (*fig*); [*agresseur*] to grab sb by the throat; [*fumée*] to get in sb's throat; [*peur*] to grip sb by the throat; (*fig*) ça lui est resté en travers de la ~ he found it hard to take, he couldn't swallow it. (b) (*vallée, défilé*) gorge. (c) (*rainure*) [*poulie*] groove; [*serrure*] tumbler.
gorgée [gɔʀʒe] *nf* mouthful. boire à petites ~s to sip; boire à grandes ~s to gulp; d'une seule ~ in one gulp.

gorger [gɔʀʒe] (3) **1** *vt* to fill, stuff (*de* with). gorgé d'eau saturated with *ou* full of water; gorgé de soleil bursting with sunshine. **2 se** ~ *vpr* to gorge o.s., stuff o.s.* (*de* with).
gorille [gɔʀij] *nm* gorilla; (*: *garde*) bodyguard.
gosier [gozje] *nm* throat.
gosse* [gɔs] *nmf* kid*. sale ~ little brat*.
gothique [gɔtik] *adj* Gothic.
gouache [gwaʃ] *nf* gouache.
goudron [gudʀɔ̃] *nm* tar. ♦ **goudronner** (1) *vt route* to tar.
gouffre [gufʀ(ə)] *nm (Géog)* abyss, gulf. le ~ de l'oubli the depths of oblivion; c'est un ~ d'ignorance he's abysmally ignorant; au bord du ~ on the brink of the abyss.
goujat [guʒa] *nm* boor. ♦ **goujaterie** *nf* boorishness.
goulée [gule] *nf* gulp. ~ d'air frais gulp *ou* lungful of fresh air.
goulet [gulɛ] *nm (Naut)* narrows; (*Géog*) gully.
goulot [gulo] *nm [bouteille]* neck. boire au ~ to drink straight from the bottle; (*fig*) ~ d'étranglement bottleneck.
goulu, e [guly] **1** *adj* greedy, gluttonous. **2** *nm,f* glutton. ♦ **goulûment** *adv* greedily, gluttonously.
goupille [gupij] *nf (Tech)* pin.
goupiller [gupije] (1) **1** *vt* (a) (*: *combiner*) to fix*. **bien/mal goupillé** *machine* well/badly thought out. (b) (*Tech*) to pin. **2 se** ~ * *vpr* to work. comment est-ce que ça se goupille pour demain? what's the set up* for tomorrow?
goupillon [gupijɔ̃] *nm (Rel)* sprinkler; (*à bouteille*) bottle brush.
gourde [guʀd(ə)] **1** *nf (Bot)* gourd; (*à eau*) flask; (*: *empoté*) clot*. **2** *adj* (*) thick*.
gourdin [guʀdɛ̃] *nm* club, bludgeon.
gourer (se)* [guʀe] (1) *vpr* to boob*, slip up. se ~ de numéro to boob* over the number; se ~ dans to boob in*.
gourmand, e [guʀmɑ̃, ɑ̃d] **1** *adj (lit, fig)* greedy (*de* for). **2** *nm,f* gourmand. **3** *nm (Agr)* sucker. ♦ **gourmandise** *nf* (a) greed, greediness. (b) (*gâterie*) delicacy, titbit.
gourmet [guʀmɛ] *nm* gourmet.
gourmette [guʀmɛt] *nf [poignet]* chain bracelet.
gousse [gus] *nf [vanille etc]* pod. ~ d'ail clove of garlic.
gousset [gusɛ] *nm [gilet]* fob; [slip] gusset.
goût [gu] *nm* (a) (*sens*) taste. ça a mauvais ~ it has a bad taste, it tastes nasty; ça a un ~ de fraise it tastes like strawberry, it has a strawberry taste *ou* flavour; la soupe a un ~ the soup has a funny taste; sans ~ tasteless, flavourless. (b) (*jugement*) taste. sans/avec ~ tastelessly/tastefully; elle s'habille avec beaucoup de ~ she has very good taste in dress, she has very good dress sense; à mon/son ~ for my/his liking *ou* my/his taste; de bon ~ tasteful, in good taste; de mauvais ~ tasteless, in bad *ou* poor taste; (*iro*) il serait de bon ~ d'y aller it would be as well to go. (c) (*penchant*) taste, liking (*de, pour* for). il n'a aucun ~ pour les sciences the sciences don't appeal to him, he has no taste for *ou* he is not keen on the sciences; prendre ~ à qch to get a taste for sth, get to like sth; il n'avait ~ à rien he didn't feel like (doing) anything; il la trouve à son ~ she suits his taste; avoir des ~s modestes to have simple tastes; tous les ~s sont dans la nature it takes all sorts to make a world. (d) (*style*) style. dans le ~ classique in the classical style; ou qch dans ce ~-là* or sth of that sort; se mettre au ~ du jour to bring o.s. into line with current tastes.
goûter [gute] (1) **1** *vt aliment* to taste; *repos, spectacle* to enjoy; *plaisanterie* to appreciate. **2** ~ à *vt indir aliment, plaisir* to taste, sample. il a à peine goûté he's hardly touched it. **3** ~ de *vt indir* to have a taste of. **4** *vi (manger)* to have tea. **5** *nm* tea. donner un ~ to give a tea party.

goutte [gut] *nf* **(a)** (*lit, fig*) drop. ~ **de rosée** dewdrop; ~ **de sueur** bead of sweat; **pleuvoir à grosses ~s** to rain heavily; **il est tombé quelques ~s** a few spots *ou* drops of rain have fallen; **tomber** ~ **à** ~ to drip. **(b)** (*: eau-de-vie*) **prendre la** ~ to have a nip*. **(c)** (*Méd*) gout. **(d) avoir la** ~ **au nez** to have a running nose; **c'est une** ~ **d'eau dans la mer** it's a drop in the ocean; **c'est la** ~ **(d'eau) qui fait déborder le vase** it's the last straw (that breaks the camel's back). ♦ **goutte-à-goutte** *nm inv* drip. **faire du** ~**-à-**~ **à qn** to put sb on the drip. ♦ **gouttelette** *nf* droplet. ♦ **goutter** (1) *vi* to drip (*de* from).

gouttière [gutjɛʀ] *nf* (*horizontale*) gutter; (*verticale*) drainpipe; (*Méd*) (plaster) cast.

gouvernail [guvɛʀnaj] *nm* (*pale*) rudder; (*barre*) helm, tiller. (*fig*) **tenir le** ~ to be at the helm.

gouvernante [guvɛʀnɑ̃t] *nf* (*institutrice*) governess; (*intendante*) housekeeper.

gouvernants [guvɛʀnɑ̃] *nmpl* (*Pol*) **les** ~ the government.

gouverne [guvɛʀn(ə)] *nf:* **pour ta** ~ for your guidance.

gouvernement [guvɛʀnəmɑ̃] *nm* (*régime*) government; (*cabinet*) Cabinet, Government. **sous un** ~ **socialiste** under socialist rule *ou* government. ♦ **gouvernemental, e,** *mpl* **-aux** *adj* **député** of the governing party; *politique* government, governmental; *journal* pro-government. **le parti** ~ the party in office.

gouverner [guvɛʀne] (1) **1** *vt* **(a)** (*Pol*) to govern, rule; (*fig: contrôler*) to control. **le parti qui gouverne** the party in power *ou* in office. **(b)** (*Naut*) to steer. **(c)** (*Gram*) to govern, take. **2 se** ~ *vpr* [*peuple*] to govern it's own affairs; [*personne*] to control o.s.

gouverneur [guvɛʀnœʀ] *nm* governor.

grabat [gʀaba] *nm* pallet. ♦ **grabataire** *adj* bedridden.

grabuge* [gʀabyʒ] *nm:* **il va y avoir du** ~ there'll be a rumpus*.

grâce [gʀɑs] *nf* **(a)** (*charme*) [*personne*] grace; [*paysage*] charm. **plein de** ~ graceful; **faire des** ~s to put on airs and graces. **(b)** (*faveur*) favour. **il nous a fait la** ~ **d'accepter** he did us the honour of accepting; **être dans les bonnes** ~s **de qn** to be in sb's good books; **rentrer en** ~ to come back into favour; **gagner les bonnes** ~s **de qn** to gain sb's favour; **donner à qn une semaine de** ~ to give sb a week's grace; ~ **à qn/qch** thanks to sb/sth; ~ **à Dieu!** thank God, thank goodness! **(c) de** *ou* **avec bonne/mauvaise** ~ with (a) good/bad grace; **il a eu la bonne** ~ **de** he had the grace to; **il aurait mauvaise** ~ **à refuser** it would be in bad taste for him to refuse. **(d)** (*miséricorde*) mercy; (*Jur*) pardon. **crier** ~ to beg *ou* cry for mercy; ~**!** (have) mercy!; **de** ~ for pity's sake, for goodness' sake; **je vous fais** ~ **des détails** I'll spare you the details. **(e)** (*Rel*) grace; (*fig: don*) gift. (*fig*) **c'est la** ~ **que nous lui souhaitons** that is what we wish for him; **à la** ~ **de Dieu!** it's in God's hands! **(f)** (*déesse*) **les trois** '**G**~**s** the three Graces. **(g)** (*titre*) **Sa G**~ ... His *ou* Her Grace ... .

gracier [gʀasje] (7) *vt* to pardon.

gracieux, -ieuse [gʀasjø, jøz] *adj* (*élégant*) graceful; (*aimable*) kindly; (*gratuit*) gratuitous. **notre** ~**euse souveraine** our gracious sovereign. ♦ **gracieusement** *adv* gracefully; kindly; (*gratuitement*) free of charge. ♦ **gracieuseté** *nf* (*amabilité*) kindliness; (*geste élégant*) graceful gesture; (*cadeau*) free gift.

gracile [gʀasil] *adj* slender.

gradation [gʀadasjɔ̃] *nf* gradation.

grade [gʀad] *nm* (*Admin, Mil*) rank; (*diplôme*) degree; (*Mil, Tech*) grade. **monter en** ~ to be promoted; **en prendre pour son** ~* to get a proper dressing-down*. ♦ **gradé** *nm* (*gén*) officer.

gradin [gʀadɛ̃] *nm* (*Théât*) tier; [*stade*] step (of

the terracing); (*Agr*) terrace. **en** ~**s** terraced.

graduer [gʀadɥe] (1) *vt difficultés* to increase gradually; *thermomètre* to graduate. ♦ **graduation** *nf* graduation. ♦ **gradué, e** *adj exercices* graded; *règle* graduated. ♦ **graduel, -elle** *adj progression* gradual; *difficultés* progressive. ♦ **graduellement** *adv* gradually.

graffiti [gʀafiti] *nmpl* graffiti.

grain [gʀɛ̃] *nm* **(a)** [*blé, sable*] grain; [*café*] bean; [*poussière*] speck; [*chapelet*] bead. (*fig*) ~ **de vérité** *etc* grain of truth *etc*; **alcool de** ~(s) grain alcohol; (*Rel*) **le bon** ~ the good seed; ~ **de raisin** grape; ~ **de poivre** peppercorn; ~ **de groseille/cassis** red currant/blackcurrant (berry); ~ **de beauté** mole, beauty spot; **mettre son** ~ **de sel*** to put one's oar in*; **un** ~ **de fantaisie** a touch of fantasy; **un** ~ **de bon sens** a grain *ou* an ounce of common sense; **il n'y a pas un** ~ **de vérité dans ce qu'il dit** there's not a grain *ou* scrap of truth in what he says; **il a un (petit)** ~* he's a bit touched*. **(b)** (*texture*) grain. **à gros** ~**s** coarse-grained. **(c)** (*averse*) heavy shower; (*bourrasque*) squall.

graine [gʀɛn] *nf* (*Agr*) seed. **prends-en de la** ~* take a leaf out of (*ou* her) book*. ♦ **graineterie** *nf* (*commerce*) seed trade; (*magasin*) seed shop. ♦ **grainetier, -ière** *nm,f* seed merchant.

graisse [gʀɛs] *nf* (*gén*) fat; (*lubrifiant*) grease. ♦ **graissage** *nm* greasing. (*Aut*) **faire faire un** ~ to have a lubricating job done. ♦ **graisser** (1) *vt* (*gén*) to grease; (*salir*) to get grease on. (*fig*) ~ **la patte à qn*** to grease sb's palm. ♦ **graisseux, -euse** *adj objet* greasy; *tumeur* fatty.

grammaire [gʀamɛʀ] *nf* grammar. **règle de** ~ grammatical rule; **livre de** ~ grammar book. ♦ **grammairien, -ienne** *nm,f* grammarian. ♦ **grammatical, e,** *mpl* **-aux** *adj* grammatical. ♦ **grammaticalement** *adv* grammatically.

gramme [gʀam] *nm* gramme.

grand, e [gʀɑ̃, gʀɑ̃d] **1** *adj* **(a)** (*gén*) big; (*haut*) tall; (*important, remarquable*) great; *distance* long; *quantité* large; (*lit, fig*) *marge* wide; *bruit* loud; *vent* strong, high; *chaleur* intense; *soupir* deep; *dégâts* extensive. **plus** ~ **que nature** larger than life; **ouvrir la fenêtre toute** ~**e** to open the window wide; **la** ~**e majorité des gens** the great *ou* vast majority of people; **le** ~ **capital** big money; **les** ~**s esprits se rencontrent** great minds think alike. **(b)** (*plus âgé*) **son** ~ **frère** his big *ou* older brother; **ils ont 2** ~**s enfants** they have 2 grown-up children; **il est assez** ~ **pour savoir** he's big *ou* old enough to know; **les** ~**es classes** the senior forms. **(c)** (*principal*) main. **c'est la** ~**e question** (*problème*) it's the main *ou* major issue; (*interrogation*) it's the big question. **(d)** (*intensif*) *travailleur* hard; *collectionneur, ami, menteur* great; *buveur* heavy; *mangeur* big. ~**e jeunesse** extreme youth; ~ **âge** great age, old age; **un** ~ **mois** a good month; **un** ~ **panier de champignons** a full basket of mushrooms; **les** ~**s malades** the seriously ill; **un** ~ **invalide** a seriously disabled person; **de** ~**s mots** high-sounding words; **prendre de** ~**s airs** to put on airs, give o.s. airs. **(e)** (*de gala*) *dîner* grand. **en** ~**e pompe** with great pomp; **en** ~**e tenue** in full dress. **(f)** (*noble*) *âme* noble, great. **se montrer** ~ (**et généreux**) to be bighearted *ou* magnanimous. **(g)** (*locutions*) ~**-chose: cela ne vaut pas** ~**-chose** it's not worth much, it's not up to much*; **il n'y a pas** ~**-chose à dire** there's nothing much to say; **à ma** ~**e surprise** much to my surprise, to my great surprise; **de** ~**e classe** *produit* high-class; *œuvre* admirable; **de** ~ **cœur** wholeheartedly; **le groupe au** ~ **complet** the whole group; **à** ~**s cris** vociferously; **de** ~**e envergure** *opération* large-scale; *auteur* of great stature; *réforme* far-reaching; **à** ~**s frais** at great expense; **au** ~ **jour** (*lit*) in broad daylight; (*fig*) in the open; **de** ~ **matin** very early in the morning; **en** ~**e partie** largely; **à** ~**-peine** with great difficulty; à ~ renfort de *publicité* with the help of much; *arguments* with the help of many; à ~ spectacle *revue* spectacular; boire qch à ~s traits to take big gulps of sth. (h) (*beaucoup de*) avoir ~e allure to look very impressive; cela te fera (le plus) ~ bien that'll do you the world of good; faire ~ bruit to cause quite a stir; faire ~ cas de to attach great importance to, set great store by; il n'y a pas ~ monde there aren't very many (people) here; avoir ~peine à faire qch to have great difficulty in doing sth. (i) (*bien, très*) avoir ~ avantage à to be well advised to; il a ~ besoin d'un bain he is in great need of a bath, he badly needs a bath; elle avait ~ envie de faire she very much wanted to do, she was longing to do; avoir ~ faim to be very hungry; il fait ~ jour it's broad daylight; avoir ~ peur to be very much afraid; il est ~ temps de faire ceci it's high time this was done.

2 *adv*: voir ~ to think big*; ces souliers chaussent ~ these shoes are big-fitting; faire qch en ~ to do sth on a large scale *ou* in a big way; ouvrir ~ la fenêtre to open the window wide.

3 *nm* (a) (*Scol*) older *ou* senior boy. pour petits et ~s for old and young alike, for the young and the not-so-young. (b) (*terme d'affection*) mon ~ son, my lad. (c) les ~s de ce monde those in high places; (*Pol*) les quatre G~s the Big Four. (d) Pierre *etc* le G~ Peter *etc* the Great.

4 *nf* older *ou* bigger *ou* senior girl. (*terme d'affection*) ma ~e (my) dear.

5: le ~ air the open air; (*Phot*) ~ angle wide-angle lens; (*Aut*) ~s axes (main) trunk roads; la ~e banlieue the outer suburbs; la G~e-Bretagne Great Britain; ~ chef big boss; ~-duc *nm, pl* ~s-~s (*prince*) grand duke; (*Orn*) eagle owl; les ~es eaux de Versailles the fountains of Versailles; le ~ écart the splits; la ~e échelle (des pompiers) the (firemen's) big (turntable) ladder; (*Univ*) ~e école grande école, *school of university level with competitive entrance examination*; (*Scol*) être à la ~e école* to be at the big school; ~ ensemble housing scheme; le ~ film the main film; les G~s Lacs the Great Lakes; le ~ large the high seas; ~ magasin department store; ~ manitou* big boss*; ~ mât mainmast; ~-mère *nf, pl* ~s-mère grandmother; (*: vieille dame*) granny*; ~-messe *nf, pl* ~-~s high mass; le ~ monde high society; le G~ Nord the far North; ~-oncle *nm, pl* ~s-~s great-uncle; ~s-parents *nmpl* grandparents; ~-père *nm, pl* ~s-~s grandfather; (*: vieux monsieur*) old man; ~e personne grown-up; ~ prêtre high priest; le ~ public the general public; (*Pol*) ~e puissance major power; la ~-rue the high *ou* main street; ~e surface hypermarket; ~-tante *nf, pl* ~s-~s great-aunt; ~ teint *adj inv* colourfast; les ~es vacances the summer holidays *ou* vacation (*US*); (*Univ*) the long vacation; ~-voile *nf, pl* ~s-~s mainsail.

grandement [gʀɑ̃dmɑ̃] *adv*: se tromper ~ to be greatly mistaken; avoir ~ tort to be absolutely wrong; il a ~ le temps he has plenty of time; nous ne sommes pas ~ logés we haven't (very) much room; il est ~ temps de partir it's high time we went.

grandeur [gʀɑ̃dœʀ] *nf* (a) (*objet*) size; [*sacrifice*] greatness. ~ nature life-size; (*fig*) de première ~ of the first order. (b) (*gloire, dignité*) greatness; (*magnanimité*) magnanimity. ~ d'âme nobility of soul; ~ et décadence de rise and fall of; politique de ~ politics of grandeur.

grandiloquent, e [gʀɑ̃dilɔkɑ̃, ɑ̃t] *adj* grandiloquent.

grandiose [gʀɑ̃djoz] *adj* grandiose.

grandir [gʀɑ̃diʀ] (2) 1 *vi* (*en taille*) to grow; (*en importance*) to grow, increase; [*bruit*] to grow louder; [*ombre*] to grow bigger. ~ de 10 cm to grow 10 cm; ~ dans l'estime de qn to grow *ou* go

up in sb's estimation; en grandissant tu verras que as you grow up you'll see that. 2 *vt [microscope]* to magnify. ~ les dangers to exaggerate the dangers; ça le grandit (*en taille*) it makes him look taller; (*en prestige*) it increases his stature.

grange [gʀɑ̃ʒ] *nf* barn.

granit(e) [gʀanit] *nm* granite.

granulé [gʀanyle] *nm* granule.

granuleux, -euse [gʀanylø, øz] *adj* granular.

graphique [gʀafik] 1 *adj* graphic. 2 *nm* (*courbe*) graph.

graphite [gʀafit] *nm* graphite.

graphologie [gʀafɔlɔʒi] *nf* graphology.

grappe [gʀap] *nf* cluster. ~ de raisin bunch of grapes; en ~s in clusters.

grappin [gʀapɛ̃] *nm* grapnel. mettre le ~ sur to grab.

gras, grasse [gʀa, gʀas] 1 *adj* (a) *bouillon* fatty. *fromage* ~ full fat cheese. (b) (*gros*) *personne* fat; *volaille* plump. (c) (*graisseux*) *mains, cheveux* greasy; *sol* slimy. (d) (*épais*) *trait* thick. (e) *toux* loose, phlegmy; *voix, rire* throaty. (f) (*vulgaire*) coarse, crude. (g) (*abondant*) *pâturage* rich; *récompense* fat*. la paye n'est pas grasse it's not much of a salary. (h) faire la grasse matinée to have a long lie. 2 *nm* (*Culin*) fat; (*sale*) grease. ~-double tripe; le ~ de la jambe the fleshy part of the leg. ♦ grassement *adv* rétribuer generously; rire coarsely. ~ payé highly paid, well paid. ♦ grassouillet, -ette* *adj* podgy, plump.

gratification [gʀatifikasjɔ̃] *nf* (*Admin*) bonus.

gratifier [gʀatifje] (7) *vt*: ~ qn de *récompense, amende* to present sb with; *sourire* to favour sb with; *punition* to reward sb with.

gratin [gʀatɛ̃] *nm* (*Culin*) (*plat*) cheese(-topped) dish; (*croûte*) cheese topping. (*: haute société*) le ~ the upper crust; au ~ au gratin. ♦ gratiné, e 1 *adj* (a) (*Culin*) au gratin. (b) (*) *épreuve* stiff*; *plaisanterie* wild*. c'est un type ~ he's absolutely incredible. 2 *nf* onion soup au gratin. ♦ gratiner (1) *vi* [*sauce*] to stick.

gratis [gʀatis] 1 *adj* free. 2 *adv* free, for nothing.

gratitude [gʀatityd] *nf* gratitude.

gratter [gʀate] (1) 1 *vt* (a) *surface* to scratch; (*avec un outil*) to scrape; *tache* to scratch off; *inscription* to scratch out; *boue* to scrape off. (b) (*irriter*) ce drap me gratte this sheet is making me itch; ça (me) gratte I've got an itch; vin qui gratte la gorge wine which catches in one's throat. (c) (*) ~ quelques francs to make a few francs*; ~ les fonds de tiroir to raid the piggy bank. 2 *vi* (a) [*plume*] to scratch. (b) [*drap*] (*irriter*) to be scratchy; (*démanger*) to be itchy. (c) (*) (*économiser*) to save; (*travailler*) to slog (away)*; (*écrire*) to scribble. 3 se ~ *vpr* to scratch (o.s.). ♦ gratte-ciel *nm inv* skyscraper. ♦ gratte-papier *nm inv* (*péj*) penpusher. ♦ gratte-pieds *nm inv* shoe-scraper. ♦ grattoir *nm* scraper.

gratuit, e [gʀatɥi, ɥit] *adj* (a) (*sans payer*) free. (b) *affirmation* unwarranted; *cruauté, geste* gratuitous. ♦ gratuité *nf* (a) la ~ de l'éducation *etc* free education *etc*. (b) unwarranted nature; gratuitousness. ♦ gratuitement *adv* (a) free of charge. (b) gratuitously.

gravats [gʀava] *nmpl* (*Constr*) rubble.

grave [gʀav] 1 *adj* (*solennel*) grave, solemn; (*important, alarmant*) serious, grave; (*Ling*) *accent* grave; *note* low; *son, voix* deep. blessé ~ seriously injured man; ce n'est pas ~ there's no harm done, it's not serious. 2 *nm* (*Rad*) '~-aigu' 'bass-treble'; les ~s (*Rad*) the bass tones; (*Mus*) the low notes. ♦ gravement *adv* gravely, solemnly; seriously.

graver [gʀave] (1) *vt* (*gén*) to engrave; (*sur bois*) to carve (*dans* on); *disque* to cut. ~ à l'eau-forte to etch; faire ~ des cartes de visite to get some visiting cards printed; **c'est gravé sur son front** it's written all over his face. ♦ **graveur** *nm* engraver; (*sur bois*) woodcutter. ~ **à l'eau-forte** etcher.

gravier [gʀavje] *nm* (*caillou*) bit of gravel. **le ~** gravel; **allée de ~** gravel path.

gravillon [gʀavijɔ̃] *nm* (*caillou*) bit of grit *ou* gravel. **du ~, des ~s** loose chippings.

gravir [gʀaviʀ] (2) *vt* (*lit, fig*) to climb. **~ péniblement une côte** to struggle up a slope.

gravité [gʀavite] *nf* (a) [*ton, assemblée*] gravity, solemnity; [*situation, faute*] seriousness. **c'est un accident sans ~** it wasn't a serious accident. (b) (*Phys*) gravity.

graviter [gʀavite] (1) *vi* (*lit, fig*) to revolve (*autour de* round). **il gravite dans les milieux diplomatiques** he moves in diplomatic circles.

gravure [gʀavyʀ] *nf* (a) (*gén*) engraving; (*sur bois*) carving; [*disque*] cutting. (b) (*dans une revue*) plate; (*au mur*) print. **~ sur bois** (*technique*) woodcutting; (*dessin*) woodcut; **~ sur cuivre** copperplate engraving; **~ à l'eau-forte** etching; **~ de mode** fashion plate.

gré [gʀe] *nm* (a) [*personnes*] **à mon/votre ~** (*goût*) to my/your liking *ou* taste; (*désir, choix*) as I/you like *ou* please; **contre le ~ de qn** against sb's will; **de ~ à ~** by mutual agreement; **il le fera de ~ ou de force** he'll do it whether he likes it or not; **de son plein ~** of one's own free will, of one's own accord; **de bon ~** willingly; **de mauvais ~** grudgingly. (b) [*choses*] **flottant au ~ de l'eau** drifting on *ou* with the current; **volant au ~ du vent** flying in the wind; **agir au ~ des événements** to act according to events; **au ~ de sa fantaisie** as the fancy took him (*ou* her).

Grèce [gʀɛs] *nf* Greece. ♦ **grec, grecque 1** *adj* (*gén*) Greek; *vase, beauté* Grecian. **2** *nm* (*Ling*) Greek. **3** *nm(f)*: **G~(que)** Greek.

gredin [gʀədɛ̃] *nm* rascal.

gréer [gʀee] (1) *vt* (*Naut*) to rig. ♦ **gréement** *nm* rigging.

greffe¹ [gʀɛf] *nf* [*organe*] transplant; [*tissu, branche*] graft. **une ~ du cœur** a heart transplant; (*action*) **la ~ de qch** the transplanting (*ou* grafting) of sth. ♦ **greffer** (1) *vt* to transplant; to graft. [*problème*] **se ~ sur qch** to come on top of *ou* in addition to sth. ♦ **greffon** *nm* transplant; graft.

greffe² [gʀɛf] *nm* Clerk's Office (*of courts*). ♦ **greffier** *nm* clerk of the court.

grégaire [gʀegɛʀ] *adj* gregarious.

grêle¹ [gʀɛl] *adj jambes* spindly; *personne* lanky; *son* shrill.

grêle² [gʀɛl] *nf* hail. **averse de ~** hail storm; **~ de coups etc** hail *ou* shower of ~. ♦ **grêlé, e** *adj peau* pockmarked. ♦ **grêler** (1) *vb impers*: **il grêle** it is hailing. ♦ **grêlon** *nm* hailstone.

grelot [gʀəlo] *nm* bell.

grelotter [gʀəlɔte] (1) *vi* (*trembler*) to shiver (*de* with).

grenade [gʀənad] *nf* (*Bot*) pomegranate; (*explosif*) grenade. **~ lacrymogène** teargas grenade; **~ sous-marine** depth charge. ♦ **grenadine** *nf* grenadine.

grenat [gʀəna] **1** *nm* garnet. **2** *adj inv* dark red.

grenier [gʀənje] *nm* attic, garret; (*pour grain etc*) loft. **~ à blé** granary; **~ à foin** hayloft.

grenouille [gʀənuj] *nf* frog. (*péj*) **~ de bénitier** Holy Joe*.

grès [gʀɛ] *nm* (*Géol*) sandstone; (*Poterie*) stoneware. **pot de ~** stoneware pot.

grésil [gʀezi(l)] *nm* (*Mét*) (fine) hail.

grésiller [gʀezije] (1) *vi* [*huile*] to sizzle; [*radio*] to crackle. ♦ **grésillement** *nm*: **~(s)** sizzling; crackling.

grève [gʀɛv] *nf* (a) (*arrêt de travail*) strike. **se mettre en ~** to go on strike, strike; **être en ~**, **faire ~** to be on strike; **~ de la faim** hunger

strike; **~ sauvage** wildcat strike; **~ de solidarité** sympathy strike; **~ sur le tas** sit-down strike; **~ tournante** strike by rota; **~ du zèle** ≃ work-to-rule. (b) [*mer*] shore; [*rivière*] bank.

grever [gʀəve] (5) *vt budget* to put a strain on; *pays* to burden. **grevé d'impôts** weighed down with *ou* crippled by taxes.

gréviste [gʀevist(ə)] *nmf* striker.

gribouiller [gʀibuje] (1) **1** *vt* (*écrire*) to scribble, scrawl; (*dessiner*) to scrawl. **2** *vi* (*dessiner*) to doodle. ♦ **gribouillage** *nm ou* ♦ **gribouillis** *nm* scribble; doodle. ♦ **gribouilleur, -euse** *nm,f* scribbler.

grief [gʀijɛf] *nm* grievance. **faire ~ à qn de qch** to hold sth against sb.

grièvement [gʀijɛvmɑ̃] *adv*: **~ blessé** (very) seriously injured.

griffe [gʀif] *nf* (a) (*Zool*) claw. **le chat fait ses ~s** the cat is sharpening its claws; (*lit, fig*) **sortir *ou* montrer/rentrer ses ~s** to show/draw in one's claws; **arracher qn des ~s d'un ennemi** to snatch sb from the clutches of an enemy. (b) [*couturier*] maker's label; [*fonctionnaire*] signature stamp; (*fig: empreinte*) stamp. ♦ **griffer** (1) *vt* to scratch; (*avec force*) to claw.

griffonner [gʀifɔne] (1) **1** *vt* (*écrire*) to scribble, scrawl; (*dessiner*) to scrawl. **2** *vi* (*dessiner*) to doodle. ♦ **griffonnage** *nm* scribble; doodle.

grignoter [gʀiɲɔte] (1) **1** *vt* (a) [*personne, souris*] to nibble (at). (b) *libertés* to eat away at; *avantage* to win gradually. **~ du terrain** to gain ground gradually. **2** *vi* to nibble (at one's food). ♦ **grignotement** *nm*: **~(s)** nibbling.

gril [gʀi(l)] *nm* (*Culin*) steak pan, grill pan. **être sur le ~*** to be on tenterhooks. ♦ **grillade** *nf* (*viande*) grill.

grillage [gʀijaʒ] *nm* wire netting; [*clôture*] wire fencing. ♦ **grillager** (3) *vt* to put wire netting (*ou* wire fencing) on.

grille [gʀij] *nf* (a) (*clôture*) railings; (*portail*) (metal) gate. (b) [*cellule*] bars; [*parloir*] grille; [*égout*] (metal) grate *ou* grating; [*poêle à charbon*] grate. (c) [*salaires, tarifs*] scale; [*horaires*] schedule; [*codage*] (code) grid. **~ de mots croisés** crossword puzzle (grid).

griller [gʀije] (1) **1** *vt* (a) (*Culin: aussi faire ~*) *pain, amandes* to toast; *viande* to grill; *café, châtaignes* to roast. (b) *corps* to burn; *végétation* to scorch. **se ~ au soleil** to roast in the sun. (c) *lampe* to blow; *moteur* to burn out. (d) (*) **~ une cigarette** to have a smoke; **~ un feu rouge** to jump the lights; **~ une étape** to cut out a stop; **~ qn à l'arrivée** to pip sb at the post*. **2** *vi*: **~ (d'envie) de faire** to be itching to do; **on grille ici!*** we're *ou* it's roasting in here!* ♦ **grille-pain** *nm inv* toaster.

grillon [gʀijɔ̃] *nm* cricket.

grimace [gʀimas] *nf* (*gén*) grimace; (*sourire*) grin. **s'amuser à faire des ~s** to play at making *ou* pulling (funny) faces; **il fit une ~** he pulled a wry face, he grimaced; **il fit la ~ quand il connut la décision** he pulled a face when he learned of the decision. ♦ **grimacer** (3) *vi* (*sourire*) to grin. **~ (de douleur)** to grimace with pain; **~ (sous l'effort)** to grimace *ou* screw one's face up (with the effort); **il grimaça de dégoût** he grimaced *ou* his face twisted with disgust.

grimer *vt*, **se ~** *vpr* [gʀime] (1) (*Théât*) to make up.

grimoire [gʀimwaʀ] *nm* (*littér*) book.

grimper [gʀɛ̃pe] (1) **1** *vi* to climb (*avec difficulté*) to clamber up; [*fièvre, prix*] to soar. **~ aux arbres** to climb trees; **~ à l'échelle** to climb (up) the ladder; **ça grimpe dur!** it's a stiff *ou* steep climb! **2** *vt* to climb, go up. **3** *nm* (*Athlétisme*) **le ~** (rope)-climbing. ♦ **grimpant, e** *adj* climbing. ♦ **grimpette*** *nf* (steep little) climb.

grincer [gʀɛ̃se] (3) *vi* [*métal*] to grate; [*plancher*] to creak; [*plume*] to scratch. **~ des dents** (*de* colère) to grind one's teeth (in anger); **ce bruit vous fait ~ des dents** this noise sets your teeth on edge. ♦ **grinçant, e** adj (lit, fig) grating. ♦ **grincement** nm: **~(s)** grating; creaking; scratching.

grincheux, -euse [grɛ̃ʃø, øz] adj grumpy.

grippe [grip] nf: **la ~** (the) flu; **une petite ~ a** slight touch of flu; **~ intestinale** gastric flu; **prendre qn/qch en ~** to take a sudden dislike to sb/sth. ♦ **grippé, e** adj: **il est ~** he's got (the) flu.

gripper [gripe] (1) vti (Tech) to jam. **le moteur a grippé** the engine has seized up.

gris, e [gri, griz] 1 adj (lit) grey, gray (US); (morne) dull; (soûl) tipsy. **~ perle/-bleu** pearl/blue-grey; **il fait ~** it's a grey ou dull day; **faire ~e mine à qn** to give sb a cool reception; **faire ~ mine** to look put out. 2 nm grey. ♦ **grisaille** nf greyness; dullness. ♦ **grisâtre** adj greyish.

griser [grize] (1) 1 vt: **~ qn** to intoxicate sb, go to sb's head; **se laisser ~ par l'ambition** to be carried away by ambition. 2 **se ~** vpr: **se ~ de vitesse** to get drunk on; **paroles** to be intoxicated by ou carried away by. ♦ **griserie** nf intoxication.

grisonner [grizɔne] (1) vi to be going grey.

grisou [grizu] nm firedamp.

grive [griv] nf (Orn) thrush.

grivois, e [grivwa, waz] adj saucy. ♦ **grivoiserie** nf (attitude) sauciness; (histoire) saucy story.

Groënland [grɔenlɑ̃d] nm Greenland.

grog [grɔg] nm grog.

grogner [grɔɲe] (1) vi [personne] to grumble, growl; [cochon] to grunt; [sanglier] to snort; [ours, chien] to growl. ♦ **grognement** nm growl; grunt; snort. ♦ **grognon** 1 adj grumpy, surly. 2 nmf grumbler.

groin [grwɛ̃] nm [animal] snout.

grommeler [grɔmle] (4) 1 vi to mutter, grumble to o.s. 2 vt **insultes** to mutter. ♦ **grommellement** nm: **~(s)** muttering, grumbling.

gronder [grɔ̃de] (1) 1 vt **enfant** to scold, tell off*. 2 vi [canon, orage] to rumble; [chien] to growl; [foule] to mutter (angrily); [colère, émeute] to be brewing. ♦ **grondement** nm: **~(s)** rumbling; growling; (angry) muttering. ♦ **gronderie** nf scolding. ♦ **grondeur, -euse** adj grumbling.

groom [grum] nm bellboy.

gros, grosse [gro, gros] 1 adj (a) (gén) big, large; (épais) thick; (gras) fat; (lourd) heavy. **c'est ~ comme une tête d'épingle** it's the size of ou it's no bigger than a pinhead. (b) (fig) **travail** big; **somme, firme** large; **progrès** great; **dégâts** extensive, serious; **mer, rhume, averse** heavy; **fièvre** high; **soupir** deep. **les grosses chaleurs** the height of summer, the hot season; (fig) **c'est un ~ morceau*** (travail) it's a big job; (obstacle) it's a big hurdle; **la grosse industrie** heavy industry; **~ rire** guffaw; **un ~ banquier/mangeur** a big banker/eater; **un ~ buveur** a heavy drinker; **~ nigaud*** big ou great silly*. (c) (drap) coarse; **traits du visage** thick, heavy. **le ~ travail** the heavy work; **grosse plaisanterie** obvious ou unsubtle joke; **c'est vraiment un peu ~** it's a bit thick*. (d) **avoir les yeux ~ de larmes** to have eyes filled with tears; **cœur ~ de chagrin** heart heavy with sorrow; **femme grosse de 6 mois** woman 6 months pregnant; **jouer ~ jeu** to play for high stakes; **avoir le cœur ~** to have a heavy heart; **le chat fait le ~ dos** the cat is arching its back; **faire les ~ yeux (à un enfant)** to glower (at a child).

2 nm (a) (personne) (corpulent) fat man; (riche) rich man. **mon ~* old man*. (b) (principal) **le ~ du travail** the bulk of ou the main part of the work; **le ~ de l'armée** the main body of the army; **le ~ de l'orage** the worst of the storm; **dites-moi, en ~,** ce qui s'est passé tell me roughly what happened. (c) (milieu) **au ~ de l'hiver** in the depth of winter; **au ~ de l'été** at the height of summer. (d) (Comm) **le (commerce de) ~** the wholesale business; **prix de ~** wholesale price; **papetier en ~** wholesale stationer; **vendre en ~** to sell wholesale.

3 nf (personne) fat woman.

4 adv: **écrire ~** to write big, write in large letters; **il risque ~** he's risking a great deal; **il y a ~ à parier que ...** it's a safe bet that ...; **en avoir ~ sur le cœur** to be upset.

5: **~ bétail** cattle; **~ bonnet*** bigwig*, big shot*; (Mus) **grosse caisse** (bass) drum; **grosse cavalerie*** heavy stuff*; **~ gibier** big game; **~ intestin** large intestine; **grosse légume*** = **~ bonnet***; (lit, fig) **~ lot** jackpot; **~ mot** coarse word; **~ orteil** big toe; **~ plan** close-up; **~ sel** cooking salt; **par ~ temps** in rough weather; **~ titre** headline.

groseille [grozɛj] 1 nf: **~ (rouge)** red currant; **~ (blanche)** white currant; **~ à maquereau** gooseberry. 2 adj inv (cherry-)red. ♦ **groseillier** nm currant bush. **~ à manquereau** gooseberry bush.

grossesse [grosɛs] nf pregnancy.

grosseur [grosœr] nf (a) [objet] size; [fil, bâton] thickness; [personne] weight, fatness. (b) (tumeur) lump.

grossier, -ière [grosje, jɛr] adj (a) (sans finesse) matière, traits coarse; esprit unrefined; imitation, instrument, ruse crude; plaisanterie unsubtle; plaisirs base; travail roughly done; dessin, réparation, estimation rough. (b) erreur stupid, gross; ignorance crass. (c) (insolent) rude (envers to); (vulgaire) coarse. ♦ **grossièrement** adv roughly; crudely; coarsely; rudely. **se tromper ~** to make a gross error. ♦ **grossièreté** nf rudeness; crudeness; coarseness. **dire des ~s** to use coarse language; **la ~ de ses manières** his crude manners.

grossir [grosir] (2) 1 vi (a) [personne] to put on weight. (b) (en quantité etc) to grow; (en taille) to get bigger; [bruit] to get louder. 2 vt (a) [lunettes] to enlarge, magnify; (exagérer) to exaggerate. [vêtement] **~ qn** to make sb look fatter. (b) foule, cours d'eau to swell; voix to raise; somme to increase, add to. **~ les rangs de** to swell the ranks of. ♦ **grossissement** nm [tumeur] swelling; [objet, dangers etc] magnification.

grossiste [grosist(ə)] nmf wholesaler.

grosso modo [grosomɔdo] adv (en gros) roughly; (tant bien que mal) after a fashion.

grotesque [grɔtɛsk(ə)] adj (risible) ludicrous; (difforme) grotesque.

grotte [grɔt] nf (naturelle) cave; (artificielle) grotto.

grouiller [gruje] (1) 1 vi [foule] to mill about; [rue] to be swarming with people. 2 **se ~** vpr(*) to get a move on*. ♦ **grouillement** nm milling; swarming.

groupe [grup] nm group. **le ~ de la majorité** the M.P.s of the majority party; **des ~s de gens** groups ou knots of people; **un ~ de touristes** a group ou party of tourists; **par ~s de 3** in groups of 3, in threes; **marcher en ~** to walk in a group; **~ d'arbres** clump of trees; **~ électrogène** generating set; **~ hospitalier/scolaire** hospital/school complex; **~ de pression** pressure group; **~ sanguin** blood group. ♦ **groupement** nm (action) grouping; (groupe) group. ♦ **grouper** (1) 1 vt to group; (Comm) colis to bulk; efforts, ressources to pool; idées to put together, order. 2 **se ~** vpr [foule] to gather; (en association) to band together. **se ~ autour d'un chef** to rally round a leader. ♦ **groupuscule** nm (Pol péj) small group.

gruau, pl **~x** [gryo] nm: **farine de ~** fine wheat flour.

grue [gry] nf (Tech, Orn) crane; (‡péj: prostituée) tart‡ (péj).

grumeau, pl **~x** [grymo] nm [sauce] lump.

gruyère [gryjɛr] nm gruyère (cheese).

gué [ge] *nm* ford. **passer qch à** ~ to ford sth.
guenille [gənij] *nf* rag. ~s (old) rags.
guenon [gənɔ̃] *nf* (*Zool*) female monkey.
guépard [gepaʀ] *nm* cheetah.
guêpe [gɛp] *nf* wasp. ♦ **guêpier** *nm* (*piège*) trap; (*nid*) wasp's nest.
guère [gɛʀ] *adv* hardly, scarcely. **il n'y a** ~ **de monde** there's hardly *ou* scarcely anybody there; **il n'y a** ~ **que lui qui ...** he's about the only one who ...; **ça ne fera** ~ **moins de 100F** that won't be (very) much less than 100 francs; **je n'aime** ~ **qu'on me questionne** I don't much like being questioned; **cela ne durera** ~ **que** that won't last (for) very long.
guéridon [geʀidɔ̃] *nm* pedestal table.
guérilla [geʀija] *nf* guerrilla warfare. ♦ **guérillero** *nm* guerrilla.
guérir [geʀiʀ] (2) **1** *vt malade, maladie* to cure; *membre, blessure* to heal. **2** *vi* [*malade*] to recover (*de* from), be cured (*de* of); [*blessure, chagrin*] to heal. **3 se** ~ *vpr* to recover, be cured. **se** ~ **d'une habitude** to cure o.s. of a habit. ♦ **guérison** *nf* [*malade*] recovery; [*maladie*] curing; [*membre, plaie*] healing. ♦ **guérissable** *adj* curable. ♦ **guérisseur, -euse** *nm,f* healer; (*péj*) quack (doctor).
guérite [geʀit] *nf* (*Mil*) sentry box; (*sur chantier*) site hut.
Guernesey [gɛʀn(ə)zɛ] *nf* Guernsey.
guerre [gɛʀ] *nf* (a) (*conflit*) war; (*technique*) warfare. **correspondant** *etc* **de** ~ war correspondent *etc*; ~ **froide/mondiale** cold/world war; **la** ~ **de Sécession** the American Civil War; **la** ~ **d'embuscade** guerrilla warfare. (b) **entre eux c'est la** ~ **ouverte** there's open war(fare) between them; (*lit, fig*) **en** ~ at war (*avec, contre* with, against); **faire la** ~ **à** *pays, abus* to wage war on; **soldat qui a fait la** ~ soldier who was in the war; **ton chapeau a fait la** ~* your hat has been in the wars*; **faire la** ~ **à qn pour obtenir qch** to battle with sb to get sth; **de** ~ **lasse elle accepta** she gave up the struggle and accepted; **à la** ~ **comme à la** ~ we'll just have to make the best of things. ♦ **guerrier, -ière 1** *adj nation, air* warlike; *danse, exploits* war. **2** *nm,f* warrior.
guet [gɛ] *nm* (a) **faire le** ~ to be on the watch *ou* look-out; **avoir l'œil au** ~ to keep one's eyes open. (b) (*Hist*) watch. ♦ **guet-apens,** *pl* ~s-~ *nm* (*lit, fig*) ambush.
guêtre [gɛtʀ(ə)] *nf* gaiter.
guetter [gete] (1) *vt* (*épier*) to watch (intently); (*attendre*) to watch out for, be on the look-out for; (*hostilement*) to lie in wait for. ~ **le passage de qn** to watch out for sb (to pass by); (*fig*) **la crise cardiaque le guette** there's a heart attack lying in wait for him. ♦ **guetteur** *nm* (*Mil*) look-out; (*Hist*) watch.
gueule [gœl] *nf* (a) (ː) (*bouche*) mouth; (*figure*) face; (*aspect*) look. **ferme ta** ~! shut your trap!ː *ou* face!ː; **faire la** ~ to look sulky; **il a fait une sale** ~ he pulled a face; **ça a une drôle de** ~ **it** looks really weird. (b) [*animal, four*] mouth; [*canon*] muzzle. (fig) **se jeter dans la** ~ **du loup** to throw o.s. into the lion's jaws. ♦ **gueule-de-loup,** *pl* ~s-~-~ *nf* snapdragon. ♦ **gueuler** (1) *vi* (a) to bawl; (*de douleur*) yell. (b) (*protester*) to get stroppy*, bellyacheː (*contre* about). **ça va** ~ there'll be one hell of a rowː. (b) [*poste*] to blare out. **faire** ~ **sa télé** to turn one's telly up full blast*. **2** *vt ordres* to bawl out.

gueuleton* [gœltɔ̃] *nm* blow-out*.
gueux [gø] *nm* (*mendiant*) beggar; (*coquin*) rogue.
gui [gi] *nm* (a) (*Bot*) mistletoe. (b) (*Naut*) boom.
guibol(l)e* [gibɔl] *nf* (*jambe*) leg.
guichet [giʃɛ] *nm* (a) [*banque*] counter; [*théâtre*] box office; [*gare*] ticket office. **adressez-vous au** ~ **d'à côté** inquire at the next window; (*à la poste*) '~ **fermé**' 'position closed'. (b) [*mur*] hatch; (*grillage*) grille. ♦ **guichetier, -ière** *nm,f* counter clerk.
guide [gid] **1** *nm* (*gén*) guide; (*livre*) guide(book). **2** *nfpl* (*rênes*) ~s reins. ♦ **guidage** *nm* (*Aviat*) guidance. ♦ **guider** (1) *vt* (*gén*) to guide. **organisme qui guide les étudiants** organization that provides guidance for students; **se laissant** ~ **par son instinct** letting himself be guided by his instinct; **se guidant sur les étoiles** using the stars as a guide.
guidon [gidɔ̃] *nm* [*vélo*] handlebars.
guigne* [giɲ(ə)] *nf* rotten luck*. **avoir la** ~ to be jinxed*.
guigner [giɲe] (1) *vt* to eye.
guignol [giɲɔl] *nm* (*marionnette*) guignol (*name of French puppet*); (*péj*) clown; (*spectacle*) puppet show (= *Punch and Judy show*). **c'est du** ~! it's a real farce!
guillemet [gijmɛ] *nm* inverted comma, quotation mark. **ouvrez les** ~s open the inverted commas; **mettre un mot entre** ~s to put a word in quotation marks *ou* inverted commas.
guilleret, -ette [gijʀɛ, ɛt] *adj* (a) (*enjoué*) perky. **être tout** ~ to be full of beans*. (b) (*grivois*) saucy.
guillotine [gijɔtin] *nf* guillotine. ♦ **guillotiner** (1) *vt* to guillotine.
guimauve [gimov] *nf* marshmallow.
guimbarde* [gɛ̃baʀd(ə)] *nf:* (*vieille*) ~ old banger*, old rattletrap* (*US*).
guindé, e [gɛ̃de] *adj personne* stiff, starchy; *style* stilted. **il est** ~ **dans ses vêtements** his clothes make him look stiff.
Guinée [gine] *nf* Guinea.
guingois [gɛ̃gwa] *adv:* **de** ~ skew-whiff*.
guinguette [gɛ̃gɛt] *nf* open-air café *or* dance hall.
guirlande [giʀlɑ̃d] *nf* garland. ~ **de papier** paper chain.
guise [giz] *nf:* **n'en faire qu'à sa** ~ to do as one pleases *ou* likes; **en** ~ **de** by way of.
guitare [gitaʀ] *nf* guitar. ♦ **guitariste** *nmf* guitarist.
guitoune [gitun] *nf* tent.
gus* [gys] *nm* (*type*) guy*.
guttural, e, *mpl* **-aux** [gytyʀal, o] *adj* guttural.
Guyane [gɥijan] *nf* Guiana.
gym [ʒim] *nf* gym, P.E.
gymkhana [ʒimkana] *nm* rally. ~ **motocycliste** motorcycle scramble.
gymnastique [ʒimnastik] *nf* gymnastics (*sg*). **professeur de** ~ physical education *ou* P.E. teacher; ~ **corrective** remedial gymnastics; **faire de la** ~ (*Sport*) to do gymnastics; (*au réveil*) to do exercises; ~ **intellectuelle** mental gymnastics; **quelle** ~ **pour aller d'une banlieue à une autre*** what a palaver* to get from one suburb to another. ♦ **gymnase** *nm* gymnasium, gym. ♦ **gymnaste** *nmf* gymnast.
gynécologie [ʒinekɔlɔʒi] *nf* gynaecology. ♦ **gynécologique** *adj* gynaecological. ♦ **gynécologue** *nmf* gynaecologist.
gyroscope [ʒiʀɔskɔp] *nm* gyroscope.

H

H, h [aʃ] *nm ou nf (lettre)* H, h. **H aspiré/muet**
aspirate/silent *ou* mute h.
habile [abil] *adj* **mains, ouvrier** skilful, skilled;
diplomate, tactique skilful, clever. **être ~ à
(faire) qch** to be clever *ou* skilful at (doing) sth.
♦ **habilement** *adv* skilfully; cleverly. ♦ **habileté**
nf skill, skilfulness; cleverness.
habiller [abije] (1) **1** *vt* **(a)** (*vêtir*) to dress (*de* in);
(*déguiser*) to dress up (*en* as). **cette robe vous
habille bien** that dress really suits you. **(b)** *miséreux* to clothe; **recrues** to provide with
uniforms. (*Couture*) **c'est X qui l'habille** X makes
all her clothes. **(c)** *mur, fauteuil* to cover (*de*
with). **2 s'~** *vpr* to dress, get dressed; (*se
déguiser*) to dress up (*en* as). **elle s'habille long**
she wears long skirts; **elle ne sait pas s'~** she has
no dress sense; (*Couture*) **s'~ chez un tailleur** to
buy *ou* get one's clothes from a tailor. ♦ **habillé, e**
adj **(a)** *robe, soirée* dressy. **(b)** *personne*
bien/mal ~ well/badly dressed; **être ~ de noir** to
be dressed in *ou* wearing black; **tout ~** fully
dressed, with all one's clothes on. ♦ **habillement**
nm (*action*) clothing; (*costume*) clothes; (*profession*) clothing trade.
habit [abi] *nm* **(a)** **~s** clothes; **~s de travail/du
dimanche** working/Sunday clothes. **(b)** (*costume*) suit; (*Théât*) costume; (*de cérémonie*)
tails. (*tenue*) **son ~** his dress; **l'~ ne fait pas le
moine** do not judge by appearances; **en ~**
wearing tails; **l'~ ecclésiastique** clerical dress;
~ de gala formal dress; **~ religieux** (monk's)
habit.
habitable [abitabl(ə)] *adj* (in)habitable.
habitacle [abitakl(ə)] *nm* (*Naut*) binnacle; (*Aviat*)
cockpit.
habitant, e [abitã, ãt] *nm,f* [*maison*] occupant;
[*ville, pays*] inhabitant. **loger chez l'~** [*touristes*]
to stay with the locals; [*soldats*] to be billeted on
the locals.
habitat [abita] *nm* (*Bot, Zool*) habitat. (*Géog*) **~
rural** rural settlement.
habitation [abitasjɔ̃] *nf* (*maison*) house;
(*domicile*) place of residence. **conditions d'~**
housing *ou* living conditions; **~ à loyer modéré**
(*appartement*) = council flat, public housing unit
(*US*); (*immeuble*) = (block of) council flats,
public housing (*US*).
habiter [abite] (1) **1** *vt maison* to live in; *région* to
inhabit; [*idée*] to dwell in. **la maison n'a pas l'air
habitée** the house doesn't look lived-in *ou*
occupied. **2** *vi* to live (*en, dans* in).
habitude [abityd] *nf* **(a)** (*accoutumance*) habit.
avoir l'~ de faire to be used to doing, be in the
habit of doing; **mauvaises ~s** bad habits; **faire
perdre une ~ à qn** to break sb of a habit; **avoir une
longue ~ de** to have long experience of; **j'ai l'~!**
I'm used to it; **il a ses petites ~s** he has his (pet)
ways *ou* habits. **(b)** *d'~* usually; **par ~** out of habit;
comme d'~ as usual; **comme à son ~** as he usually does. **(b)** (*coutume*) **~s** customs.
habituer [abitɥe] (1) **1** *vt*: **~ qn à qch/à faire**
(*endurcir*) to accustom sb to sth/to doing, get sb
used to sth/to doing; (*apprendre*) to teach sb
sth/to do. **2 s'~** *vpr*: **s'~ à qch/à faire** to get used
ou accustomed to sth/to doing. ♦ **habitué, e** *nm,f*
[*maison*] regular visitor; [*café*] regular customer.

♦ **habituel, -elle** *adj* usual, customary, habitual.
♦ **habituellement** *adv* usually.
hacher ['aʃe] (1) *vt* (*au couteau*) to chop; (*avec un
appareil*) to mince; (*fig*) *discours* to break up;
récolte to slash to pieces. **~ menu** to mince, chop
finely; **il se ferait ~ pour vous** he'd go through
fire for you. ♦ **hache** *nf* axe. **~ de guerre** hatchet;
(*fig*) **déterrer la ~ de guerre** to take up the
hatchet. ♦ **haché, e 1** *adj viande* minced; *style*
jerky. **2** *nm* mince, ground beef (*US*). ♦ **hache-
légumes** *nm inv* vegetable-chopper. ♦ **hachette**
nf hatchet. ♦ **hache-viande** *nm inv* (meat-)
mincer. ♦ **hachis** *nm* [*légumes*] chopped vegetables; [*viande*] mince. **~ Parmentier** = shepherd's
pie. ♦ **hachoir** *nm* (*couteau*) chopper; (*appareil*)
(meat-)mincer.
hachisch ['aʃiʃ] *nm* hashish.
haddock ['adɔk] *nm* haddock.
hagard, e ['agaʀ, aʀd(ə)] *adj* distraught, wild.
haie ['ɛ] *nf* **(a)** (*clôture*) hedge. **~ vive** quickset
hedge. **(b)** [*coureur*] hurdle; [*chevaux*] fence.
course de ~s [*coureur*] hurdles (race); [*chevaux*]
steeplechase; **110 mètres ~s** 110 metres hurdles.
(c) [*spectateurs*] line, row.
haillon ['ajɔ̃] *nm* rag. **en ~s** in rags.
haine ['ɛn] *nf* hatred, hate (*de, pour* of). **prendre
qn en ~** to take a violent dislike to sb; **avoir de la
~ pour** to be filled with hate *ou* hatred for.
♦ **haineusement** *adv* with hatred. ♦ **haineux,
-euse** *adj parole* full of hatred *ou* hate; *joie*
malevolent.
haïr ['aiʀ] (10) *vt* to detest, hate. ♦ **haïssable** *adj*
detestable, hateful.
halage [alaʒ] *nm* towing. **chemin de ~** towpath.
hâle ['ɑl] *nm* tan, sunburn. ♦ **hâlé, e** *adj* tanned,
sunburnt.
haleine [alɛn] *nf* (*souffle*) breath; (*respiration*)
breathing. **hors d'~** out of breath, breathless;
d'une seule ~ dire in one breath; **avoir mauvaise
~** to have bad breath; **tenir qn en ~** (*attention*) to
hold sb spellbound; (*incertitude*) to keep sb in
suspense; **travail de longue ~** long-term job; **à
perdre ~** until one is out of breath.
haler ['ale] (1) *vt ancre* to haul in; *bateau* to tow.
haleter ['alte] (5) *vi* **(a)** (*manquer d'air*) to pant,
gasp for breath; (*de soif, d'émotion*) to pant (*de*
with). **(b)** [*poitrine*] to heave; [*moteur*] to puff.
♦ **haletant, e** *adj* panting; puffing; heaving; *voix*
breathless. **être ~** to be out of breath.
♦ **halètement** *nm*: **~(s)** panting; puffing;
heaving.
hall ['ol] *nm* [*hôtel, immeuble*] hall, foyer; [*gare*]
arrival (*ou* departure) hall.
halle ['al] *nf* (*marché*) (covered) market. **les H~s
(de Paris)** *the central food market of Paris.*
hallucination [alysinasjɔ̃] *nf* hallucination. **tu as
des ~s!*** you must be seeing things!
♦ **hallucinant, e** *adj* staggering, incredible.
halo ['alo] *nm* (*Astron, Tech*) halo. **~ de gloire**
cloud of glory.
halte ['alt(ə)] *nf* (*pause*) stop, break; (*fig*) pause;
(*endroit*) stopping place; (*Rail*) halt. **faire ~** to
(make a) stop; **~(-là)!** (*gén*) stop!; (*Mil*) halt!; (*fig*)
hold on!; **~ aux essais nucléaires!** no more
nuclear tests!
haltère [altɛʀ] *nm* (*à boules*) dumbbell; (*à dis-*

ques) barbell. **faire des** ~s to do weight lifting.
hamac ['amak] *nm* hammock.
hameau, *pl* ~x ['amo] *nm* hamlet.
hameçon [amsɔ̃] *nm* fish hook.
hampe ['ɑ̃p] *nf [drapeau]* pole; *[lance]* shaft; *[cerf]* breast; *[bœuf]* flank.
hanche ['ɑ̃ʃ] *nf [personne]* hip; *[cheval]* haunch.
hand-ball ['ɑ̃dbal] *nm* handball.
handicap ['ɑ̃dikap] *nm* (*lit, fig*) handicap. ◆ **handicapé, e** [1] *adj* handicapped. **2** *nm,f* handicapped person. ◆ **handicaper** (1) *vt* to handicap.
hangar ['ɑ̃gar] *nm* (*gén*) shed; *[marchandises]* warehouse; *[avions]* hangar.
hanneton ['antɔ̃] *nm* maybug.
hanter ['ɑ̃te] (1) *vt* to haunt.
hantise ['ɑ̃tiz] *nf* obsessive fear.
happer ['ape] (1) *vt* (*avec la gueule*) to snap up; (*avec la main*) to snatch up. **se faire** ~ **par une voiture** to be hit by a car.
harangue [aʀɑ̃g] *nf* harangue. ◆ **haranguer** (1) *vt* to harangue.
haras ['aʀɑ] *nm* stud farm.
harassement ['aʀasmɑ̃] *nm* exhaustion. ◆ **harasser** (1) *vt* to exhaust. **harassé de travail** overwhelmed with work.
harceler ['aʀsəle] (5) *vt* to harass (*de* with); *gibier* to hunt down. ◆ **harcèlement** *nm* harassing.
hardi, e ['aʀdi] *adj* (*gén*) bold, daring. ~ **les gars!** come on lads! ◆ **hardiesse** *nf* boldness, daring. ~s *[livre]* bold statements; *[domestique]* liberties; ~s **de langage** bold language. ◆ **hardiment** *adv* boldly, daringly.
harem ['aʀɛm] *nm* harem.
hareng ['aʀɑ̃] *nm* herring. ~ **saur** smoked herring, kipper.
hargne ['aʀɲ(ə)] *nf* aggressiveness. ◆ **hargneusement** *adv* aggressively. ◆ **hargneux, -euse** *adj* aggressive.
haricot ['aʀiko] *nm* bean. **des** ~s!₌ nothing doing!*; ~ **blanc** haricot bean; ~ **à rame** runner bean; ~ **vert** French bean; ~ **de mouton** mutton stew.
harmonica [aʀmɔnika] *nm* harmonica, mouth organ.
harmonie [aʀmɔni] *nf* (*gén*) harmony; (*fanfare*) wind band. **être en** ~ **avec** to be in harmony with; **vivre en bonne** ~ to get on well together (*avec* with). ◆ **harmonieusement** *adv* harmoniously. ◆ **harmonieux, -euse** *adj* (*gén*) harmonious; *couleurs* well-matched.
harmoniser *vt*, **s'** ~ *vpr* [aʀmɔnize] (1) to harmonize. ◆ **harmonisation** *nf* harmonization.
harmonium [aʀmɔnjɔm] *nm* harmonium.
harnacher ['aʀnaʃe] (1) *vt cheval* to harness; (*péj: habiller*) to rig out*. ◆ **harnachement** *nm* *[cheval]* (*action*) harnessing; (*objet*) harness; *[personne]* rig-out*.
harnais ['aʀnɛ] *nm* harness.
harpe ['aʀp(ə)] *nf* (*Mus*) harp. ◆ **harpiste** *nmf* harpist.
harpie ['aʀpi] *nf* (*Myth, péj*) harpy.
harpon ['aʀpɔ̃] *nm* harpoon. ◆ **harponner** (1) *vt* *baleine* to harpoon; (₌) *malfaiteur* to collar*; (₌) *passant* to waylay.
hasard ['azaʀ] *nm* (a) (*coïncidence*) coincidence. **un** ~ **heureux/malheureux** a stroke *ou* piece of luck/bad luck; **par le plus grand des** ~s quite by chance *ou* coincidence; **les** ~s **de la vie** the fortunes of life. (b) (*destin*) chance, fate, luck; (*Statistique*) chance. **les caprices du** ~ the whims of fate; **il ne laisse jamais rien au** ~ he never leaves anything to chance; **le** ~ **a voulu qu'il soit absent** as luck would have it he was not there. (c) (*risques*) ~s hazards. (d) **au** ~ **aller** aimlessly. **agir au hasard**; *tirer, citer* at random; **il a acheté ces livres au** ~ **de ses voyages** he bought these books haphazardly in the course of his journeys; **à tout** ~ (*en cas de besoin*) just in case; **je**

suis entré à tout ~ I looked in on the off chance; **par** ~ by chance, by accident; **tu n'aurais pas par** ~ **100 F?** you wouldn't by any chance have *ou* you wouldn't happen to have 100 francs on you?
◆ **hasarder** (1) **1** *vt vie* to risk; *hypothèse* to hazard, venture. **2 se** ~ *vpr*: **se** ~ **dans** to venture into; **se** ~ **à faire** to risk doing, venture to do.
◆ **hasardeux, -euse** *adj entreprise* hazardous, risky; *hypothèse* dangerous, rash.
hâte ['ɑt] *nf* (*empressement*) haste; (*impatience*) impatience. **à la** ~ hurriedly, hastily, in a hurry; **en toute** ~ posthaste; **avoir** ~ **de faire** to be eager *ou* anxious to do; **sans** ~ unhurriedly. ◆ **hâter** (1) **1** *vt* (*gén*) to hasten. ~ **le pas** to quicken one's pace. **2 se** ~ *vpr* to hurry, hasten (*de faire* to do). **hâtez-vous** hurry up; **je me hâte de dire que** I hasten to say that. ◆ **hâtif, -ive** *adj développement* precocious; *fruit* early; *travail* hurried; *décision* hasty; *hypothèse* dangerous, rash. ◆ **hâtivement** *adv* hurriedly, hastily.
hausse ['os] *nf* rise, increase (*de* in). ~ **de salaire** (pay) rise; **être en** ~ to be going up (in price); (*fig*) **ses actions sont en** ~ things are looking up for him.
hausser ['ose] (1) **1** *vt* (*gén*) to raise; (*surélever*) to heighten. ~ **les épaules** to shrug one's shoulders. **2 se** ~ *vpr*: **se** ~ **sur la pointe des pieds** to stand up on tiptoe; **se** ~ **au niveau de qn** to raise o.s. up to sb's level. ◆ **haussement** *nm*: ~ **d'épaules** shrug.
haut, e ['o, 'ot] **1** *adj* (a) (*gén*) high; (*en taille*) tall. **un mur** ~ **de 3 mètres** a wall 3 metres high; **les plus** ~es **branches de l'arbre** the topmost branches of the tree; (*lit, fig*) **marcher la tête** ~e to walk with one's head held high; **la mer est** ~e it is high tide, the tide is in; **en** ~e **mer** on the open sea; **pousser les** ~s **cris** to exclaim in horror; **à voix** ~e aloud, out loud; **le prix de l'or est au plus** ~ the price of gold has reached a peak. (b) (*supérieur*) *qualité, rang* high; *âme, pensée* lofty, noble. **du plus** ~ **comique** highly amusing; ~ **en couleur** (*pittoresque*) colourful; **avoir la** ~e **main sur qch** to have supreme control of sth; **de** ~e **naissance** of noble *ou* high birth; ~e **cuisine** *etc* haute cuisine *etc*; ~ **fonctionnaire** high-ranking civil servant; **la** ~e **bourgeoisie** the upper middle classes. (c) (*ancien*) **dans la plus** ~e **antiquité** in earliest antiquity; **le** ~ **moyen âge** the Early Middle Ages. (d) (*Géog*) **la H**~e **Normandie** Upper Normandy.
2 *nm* (a) top. **le mur a 3 mètres de** ~ the wall is 3 metres high; **en** ~ **de l'arbre** at the top of the tree; **le** ~ **du visage** the top part of the face; **les pièces du** ~ the upstairs rooms; **l'étagère du** ~ the top shelf; **des** ~s **et des bas** ups and downs; **du** ~ **d'un arbre** from the top of a tree; **parler du** ~ **d'une tribune** to speak from a platform. (b) **voir les choses de** ~ to take a detached view of things; **tomber de** ~ (*lit*) to fall from a height; (*fig*) to have one's hopes dashed; **prendre qch de** ~ to take sth in a high and mighty way; **traiter qn de** ~ to look down on sb; **regarder qn de** ~ **en bas** to look sb up and down; **frapper de** ~ **en bas** to strike downwards; **d'en** ~ from above.
3 *nf*: (**les gens de**) **la** ~e₌ the upper crust*, the swells₌.
4 *adv* high; (*sur colis*) 'this side up'. **mettez vos livres plus** ~ put your books higher up; **lire tout** ~ to read aloud *ou* out loud; **des gens** ~ **placés** people in high places; **aussi** ~ **qu'on peut remonter** as far back as we can go; **'voir plus** ~' 'see above'; ~ **les mains!** hands up!, stick 'em up!₌; **gagner** ~ **la main** to win hands down.
5: ~**-le-cœur** *nm inv* retch; **avoir un** ~**-le-cœur** to retch; ~ **commissaire** high commissioner; ~**-le-corps** *nm inv* sudden start, jump; **avoir un** ~**-le-corps** to start, jump; ~e **fidélité** hi-fi, high fidelity; ~**-fond** *nm, pl* ~s-~s shallow, shoal; ~-

de-forme *nm, pl* ~s-~-~ top hat; ~-**fourneau**
nm, pl ~s-~-x blast furnace; **le** ~ **lieu de la cul-**
ture the Mecca of culture; **en** ~ **lieu in high**
places; ~-**parleur** *nm, pl* ~-~s loudspeaker; ~**e**
trahison high treason.
hautain, e ['otɛ̃, ɛn] *adj* haughty.
hautbois ['obwa] *nm* oboe.
hautement ['otmɑ̃] *adv (extrêmement)* highly;
(ouvertement) openly.
hauteur ['otœR] *nf* **(a)** *[tour, personne]* height;
[son] pitch. *(Aut)* ~ **maximum 3 mètres** headroom 3 metres; **tomber de toute sa** ~ to come *ou*
go crashing down; **prendre de la** ~ to climb, gain
height; **à** ~ **des yeux** at eye level; **arriver à la** ~ **de**
qn to draw level with sb; *(fig)* **être à la** ~ **de la**
situation to be equal to the situation; **il n'est pas à**
la ~* he's not up to it. **(b)** *(Géom)* perpendicular
height; *(ligne)* perpendicular; *(Astron)* altitude.
(c) *(colline)* hill. **(d)** *(noblesse)* loftiness,
nobility; *(arrogance)* haughtiness.
hâve ['av] *adj* gaunt, haggard.
havre ['avR(ə)] *nm (lit, fig)* haven.
Haye ['ɛ] *nf:* **La** ~ the Hague.
hé ['e, he] *excl (pour appeler)* hey!; *(pour*
renforcer) well.
hebdomadaire [ɛbdɔmadɛR] *adj, nm* weekly.
héberger [ebɛRʒe] (3) *vt (gén)* to accommodate;
(provisoirement) to put up; *réfugiés* to take in.
♦ **hébergement** *nm* accommodation; putting up;
taking in.
hébéter [ebete] (6) *vt [alcool]* to stupefy; *[fatigue,*
télévision] to daze. ♦ **hébétement** *nm* stupor.
hébraïque [ebraik] *adj* Hebrew, Hebraic.
hébreu, *pl* ~x [ebrø] *adj m, nm* Hebrew. **pour**
moi, c'est de l'~* it's all Greek to me!
hécatombe [ekatɔ̃b] *nf* slaughter.
hectare [ɛktaR] *nm* hectare.
hecto ... [ɛkto] *préf* hecto ... . ~**litre/mètre**
hectolitre/metre.
hégémonie [eʒemɔni] *nf* hegemony.
hein* ['ɛ̃, hɛ̃] *excl* eh.
hélas ['elas] *excl* alas! ~ **non!** I'm afraid not!,
unfortunately not.
héler [ele] (6) *vt* to hail.
hélice [elis] *nf* propeller, screw.
hélicoptère [elikɔptɛR] *nm* helicopter.
♦ **héligare** *nf* heliport. ♦ **héliport** *nm* heliport.
♦ **héliporté, e** *adj* transported by helicopter.
hélium [eljɔm] *nm* helium.
hellénique [elenik] *adj* Hellenic.
helvétique [ɛlvetik] *adj* Swiss.
hématie [emati] *nf* red (blood) corpuscle.
hématome [ematom] *nm* bruise.
hémicycle [emisikl(ə)] *nm* semicircle,
hemicycle. *(Pol)* **l'**~ the benches *(of the*
Assemblée Nationale).
hémisphère [emisfɛR] *nm (gén)* hemisphere. ~
sud/nord southern/northern hemisphere.
♦ **hémisphérique** *adj* hemispherical.
hémistiche [emistiʃ] *nm* hemistich.
hémoglobine [emɔglɔbin] *nf* haemoglobin.
hémophile [emɔfil] **1** *adj* haemophilic. **2** *nmf*
haemophiliac. ♦ **hémophilie** *nf* haemophilia.
hémorragie [emɔraʒi] *nf* bleeding, haemorrhage.
hémorroïde [emɔrɔid] *nf (gén pl)* haemorrhoid,
pile.
hémostatique [emɔstatik] *adj, nm* haemostatic.
hennir ['eniR] (2) *vi* to neigh, whinny.
♦ **hennissement** *nm* neigh, whinny.
hep* ['ɛp, hɛp] *excl* hey!
hépatique [epatik] **1** *adj* hepatic. **2** *nmf* person
who suffers from a liver complaint. ♦ **hépatite** *nf*
hepatitis.
héraldique [eRaldik] **1** *adj* heraldic. **2** *nf*
heraldry.
héraut ['eRo] *nm (Hist, fig)* herald.
herbage [ɛRbaʒ] *nm* pasture.
herbe [ɛRb(ə)] *nf:* **l'**~ grass; **une** ~ *(espèce)* a

grass; *(brin)* a blade of grass; *(Culin, Méd)* a herb;
mauvaise ~ weed; ~**s folles** wild grasses; ~**s**
potagères pot herbs; **en** ~ *blé* green, unripe;
avocat budding; **couper l'**~ **sous les pieds de qn** to
cut the ground from under sb's feet. ♦ **herbeux,**
-euse *adj* grassy. ♦ **herbicide 1** *adj* herbicidal.
2 *nm* weed-killer. ♦ **herbier** *nm* herbarium.
♦ **herbivore 1** *adj* herbivorous. **2** *nm* herbivore.
herboriste [ɛRbɔrist(ə)] *nmf* herbalist.
♦ **herboristerie** *nf (commerce)* herb trade;
(magasin) herbalist's shop.
Hercule [ɛRkyl] *nm (Myth)* Hercules. *(fig)* **c'est**
un h~ he's a real Hercules. ♦ **herculéen, -éenne**
adj Herculean.
héréditaire [eReditɛR] *adj* hereditary. ♦ **hérédité**
nf (Bio) heredity; *(droit)* right of inheritance;
(caractère) hereditary nature.
hérésie [eRezi] *nf (Rel)* heresy. *(fig)* **c'est une** ~!
it's sacrilege! ♦ **hérétique 1** *adj* heretical. **2** *nmf*
heretic.
hérisser ['eRise] (1) **1** *vt* **(a)** **le chat hérisse ses**
poils the cat makes its coat bristle; **l'oiseau**
hérisse ses plumes the bird ruffles its feathers; **le**
vent hérisse mes cheveux the wind makes my
hair stand on end. **(b)** *(armer)* ~ **une planche de**
clous to spike a plank with nails; **de nombreuses**
difficultés hérissent le texte numerous difficulties are scattered throughout the text. **(c)**
(mettre en colère) ~ **qn** to put sb's back up*. **2 se**
~ *vpr* **(a)** *[poils]* to stand on end, bristle; *[animal]*
to bristle. **(b)** *(se fâcher)* to bristle, get one's back
up*. ♦ **hérissé, e** *adj cheveux* standing on end,
bristling. ~ **de poils, obstacles** bristling with;
épines spiked with.
hérisson ['eRisɔ̃] *nm* hedgehog.
héritage [eRitaʒ] *nm* inheritance; *(culturel)*
heritage, legacy. **faire un** ~ to come into an
inheritance; **laisser qch en** ~ **à qn** to leave sth to
sb, bequeath sth to sb; **tante à** ~ wealthy *ou* rich
aunt. ♦ **hériter** (1) *vti* to inherit. ~ **(de) qch de qn**
to inherit sth from sb; ~ **de son oncle** to inherit
one's uncle's property; **il a hérité d'un rhume***
he's picked up a cold. ♦ **héritier, -ière** *nm,f* heir;
heiress.
hermétique [ɛRmetik] *adj joint* airtight, watertight, hermetic; *barrage, visage* impenetrable; *écrivain, livre (obscur)* abstruse, obscure; *(Littérat)* hermetic. ♦ **hermétiquement**
adv tightly, hermetically; abstrusely, obscurely.
secret ~ **gardé** closely guarded secret.
♦ **hermétisme** *nm (obscurité)* abstruseness, obscurity; *(Alchimie, Littérat)* hermetism.
hermine [ɛRmin] *nf* ermine; *(avec pelage d'été)*
stoat.
hernie ['ɛRni] *nf (Méd)* hernia, rupture; *[pneu]*
bulge. ~ **discale** slipped disc. ♦ **herniaire** *adj*
hernial.
héroïne [eRɔin] *nf (femme)* heroine; *(drogue)*
heroin.
héroïque [eRɔik] *adj* heroic. **l'époque** ~ the
pioneering days. ♦ **héroïquement** *adv* heroically.
♦ **héroïsme** *nm* heroism.
héron ['eRɔ̃] *nm* heron.
héros ['eRo] *nm* hero.
herse ['ɛRs(ə)] *nf (Agr)* harrow; *[château]* port-
cullis.
hertz [ɛRts] *nm* hertz. ♦ **hertzien, -ienne** *adj*
Hertzian.
hésiter [ezite] (1) *vi (gén)* to hesitate. **il n'y a pas à**
~ there are two ways about it; **il hésitait sur la**
route à suivre he hesitated over which road to
take; ~ **entre plusieurs possibilités** to waver between several possibilities; ~ **en récitant sa leçon**
to falter in reciting one's lesson. ♦ **hésitant, e** *adj*
(gén) hesitant; *caractère* wavering; *voix, pas* faltering. ♦ **hésitation** *nf* hesitation. **sans** ~ without
hesitation, unhesitatingly; **après bien des** ~**s**
after much hesitation.

hétéroclite [eterɔklit] *adj ensemble* heterogeneous; *objets* assorted.

hétérogène [eterɔʒen] *adj* heterogeneous. ♦ **hétérogénéité** *nf* heterogeneousness.

hêtre ['ɛtr(ə)] *nm* (*arbre*) beech (tree); (*bois*) beech (wood).

heure [œʀ] *nf* (a) (*mesure*) hour; (*Scol*) period, class. **pendant les ~s de bureau** during office hours; **gagner 20 F de l'~** to earn 20 francs an hour *ou* per hour; **1 ~/3 ~s de travail** 1 hour's/3 hours' work; **il y a a 2 ~s de route** it's a 2-hour drive, it's 2 hours away by road; **faire des/10 ~s supplémentaires** to work *ou* do overtime/10 hours' overtime.
(b) (*de la journée*) **avez-vous l'~?** have you got the time?; **quelle ~ est-il?** what time is it?; **il est 6 ~s/6 ~s 10/6 ~s moins 10/6 ~s et demie** it is 6 (o'clock)/10 past 6/10 to 6/half past 6; **10 ~s du matin/du soir** 10 (o'clock) in the morning/at night, 10 a.m./p.m.; **il est 8 ~s passées** it's after 8 o'clock; **à 4 ~s juste(s)** at 4 sharp; **à une ~ avancée (de la nuit)** at a late hour (of the night).
(c) (*fixée*) time. **c'est l'~** it's time; **avant l'~** before time, ahead of time, early; **à l'~** on time; **après l'~** late; **~ d'été** summer time; **mettre sa montre à l'~** to set *ou* put one's watch right; **l'~ c'est l'~** on time is on time.
(d) (*moment*) time. **l'~ du déjeuner** lunchtime; **aux ~s des repas** at mealtimes; **~ de pointe** (*trains*) rush hour; (*magasin*) peak (shopping) period; (*téléphone*) peak period; **les ~s creuses** (*gén*) the slack periods; (*pour électricité*) off-peak periods; **les problèmes de l'~** the problems of the moment; **à l'~ H** at zero hour; **l'~ de vérité** the hour of truth.
(e) (*avec adj poss*) **il est poète à ses ~s** he writes poetry when the fancy takes him; **elle a eu son ~ de gloire** she has had her hour of glory; **il attend son ~** he is biding his time; **son ~ viendra** his time will come.
(f) (*locutions*) **à l'~** qu'il est il doit être arrivé he must have arrived by now; **repas chaud à toute ~** hot meals all day; **24 ~s sur 24** round the clock, 24 hours a day; **d'~ en ~** hourly, hour by hour; **d'une ~ à l'autre** *varier* from one hour to the next; *attendre* any time now; **'Paris à l'~ écossaise'** 'Paris goes Scottish'; **la France à l'~ de l'ordinateur** France in the computer age; **tout à l'~** (*passé*) a short while ago; (*futur*) in a little while, shortly.

heureusement [œʀøzmɑ̃] *adv* (*par bonheur*) fortunately, luckily; (*judicieusement*) happily. **il est parti, ~!** he has gone, thank goodness!; **mot ~ choisi** well *ou* happily chosen word.

heureux, -euse [œʀø, øz] *adj* (a) (*content, comblé*) happy. **vivre ~** to live happily; **~ comme un poisson dans l'eau** happy as a sandboy; **ces jouets vont faire des ~** these toys will make some children happy; **c'est une ~euse nature** he has a happy *ou* cheerful nature; **je suis très ~ d'apprendre la nouvelle** I am very glad *ou* happy *ou* pleased to hear the news; **je suis ~ du résultat** I am pleased *ou* happy with the result. (b) (*chanceux*) effet, résultat happy; choix fortunate, happy; *personne* fortunate, lucky. **~ en amour** lucky in love; (*iro*) **c'est encore ~!** it's just as well!; **par un ~ hasard** by a fortunate coincidence; **attendre un ~ événement** to be expecting a happy event.

heurt ['œʀ] *nm* (*lit: choc*) collision; (*fig: conflit*) clash. **sans ~** (*adj*) smooth; (*adv*) smoothly.

heurter ['œʀte] (1) **1** *vt* (a) *objet* to strike, hit; *personne* to collide with; (*bousculer*) to jostle. **~ des verres** *etc* to knock glasses *etc* against each other. (b) (*fig: choquer*) *personne* to offend; *bon sens, tradition* to go against; *opinions* to conflict *ou* clash with. **~ qn de front** to clash head-on with sb. **2** *vt indir*: **~ à la porte** to knock at the door; **~**

contre qch to strike against sth. **3 se ~** *vpr* to collide (with each other); (*fig*) to clash (with each other). **se ~ à un problème/refus** to come up against a problem/refusal. ♦ **heurté, e** *adj couleurs* clashing; *style, rythme* jerky.

hexagone [ɛgzagɔn] *nm* (*Géom*) hexagon. (*fig*) **l'~ (national)** France. ♦ **hexagonal, e, *mpl* -aux** *adj* hexagonal.

hiberner [ibɛʀne] (1) *vi* to hibernate. ♦ **hibernation** *nf* hibernation.

hibou, *pl* ~x ['ibu] *nm* owl.

hic* ['ik] *nm*: **c'est là le ~** that's the snag.

hideux, -euse ['idø, øz] *adj* hideous. ♦ **hideusement** *adv* hideously.

hier [jɛʀ] *adv* yesterday. **~** (au) **soir** yesterday evening, last night; **toute la journée d'~** all day yesterday; **je ne suis pas né d'~** I wasn't born yesterday.

hiérarchie ['jeʀaʀʃi] *nf* hierarchy. ♦ **hiérarchique** *adj* hierarchical. **chef ~** senior in rank. ♦ **hiérarchiquement** *adv* hierarchically.

hiéroglyphe ['jeʀɔglif] *nm* hieroglyphic.

hi-fi ['ifi] *adj, nf* hi-fi.

hilarité [ilaʀite] *nf* hilarity, mirth. ♦ **hilare** *adj* mirthful.

hindou, e [ɛ̃du] *adj*, **H~(e)** *nm(f)* (*citoyen*) Indian; (*croyant*) Hindu. ♦ **hindouisme** *nm* Hinduism.

hippie ['ipi] *adj, nmf* hippy.

hippique [ipik] *adj*: **concours ~** horse show; **le sport ~** equestrian sport.

hippocampe [ipokɑ̃p] *nm* sea horse.

hippodrome [ipodʀom] *nm* racecourse.

hippopotame [ipopotam] *nm* hippopotamus, hippo.

hirondelle [iʀɔ̃dɛl] *nf* swallow.

hirsute [iʀsyt] *adj tête* tousled; *personne* shaggy-haired; *barbe* shaggy.

hispanique [ispanik] *adj* Hispanic.

hisser ['ise] (1) *vt* (*Naut, fig*) to hoist; *objet* to hoist, haul up. **se ~ sur un toit** to haul o.s. up onto a roof.

histoire [istwaʀ] *nf* (a) (*science*) **l'~** history; **l'~ jugera** posterity will be the judge; **l'H~ sainte** Biblical history; **la petite ~** the footnotes of history; **pour la petite ~** for the record; **c'est de l'~ ancienne*** all that's ancient history*. (b) (*récit*) story; (*historique*) history; (**: mensonge*) story*, fib*. **~ drôle** funny story, joke; **~ de fous** shaggy-dog story; **c'est une ~ à dormir debout** it's a cock-and-bull story; **qu'est-ce que c'est que cette ~?** what on earth is all this about?; **~ de prendre l'air*** just for a breath of fresh air; **tu me racontes des ~s** you're pulling my leg. (c) (**: affaire*) business. **c'est une drôle d'~** it's a funny business; **il vient de lui arriver une drôle d'~** sth funny has just happened to him; **c'est toujours la même ~!** it's always the same old story. (d) (***) **~s** (*ennuis*) trouble; (*complications*) fuss; **faire des ~s à qn** to make trouble for sb; **quelle ~ pour si peu!** what a to-do ou fuss over so little. ♦ **historien, -ienne** *nm,f* historian. ♦ **historique 1** *adj étude* historical; *événement* historic. **2** *nm*: **faire l'~ de problème** to review; *institution* to examine the history of. ♦ **historiquement** *adv* historically.

hiver [ivɛʀ] *nm* winter. **il fait un temps d'~** it's like winter, it's wintry weather; **sports d'~** winter sports. ♦ **hivernal, e, *mpl* -aux** *adj* (*lit*) winter; (*fig: glacial*) *temps* wintry.

hocher ['ɔʃe] (1) *vt*: **~ la tête** (*affirmativement*) to nod (one's head); (*négativement*) to shake one's head. ♦ **hochement** *nm*: **~ de tête** nod (of the head); shake of the head. ♦ **hochet** *nm* [*bébé*] rattle.

hockey ['ɔkɛ] *nm* hockey. **~ sur glace** ice hockey; **~ sur gazon** field hockey.

holà ['ɔla, hɔla] **1** *excl* hold! **2** *nm*: **mettre le ~ à qch** to put a stop *ou* an end to sth.

hold-up ['ɔldœp] *nm inv* hold-up.

Hollande [ɔlɑ̃d] **1** nf Holland. **2** nm: h~ (fromage) Dutch cheese. ♦ **hollandais, e 1** adj Dutch. **2** nm **(a)** H~ Dutchman. **(b)** (Ling) Dutch. **3** nf: H~e Dutchwoman.

holocauste [ɔlɔkost(ə)] nm (Rel, fig) sacrifice; (Rel juive) holocaust.

homard [ˈɔmaʀ] nm lobster.

homélie [ɔmeli] nf homily.

homéopathe [ɔmeɔpat] nmf homoeopath. ♦ **homéopathie** nf homoeopathy. ♦ **homéopathique** adj homoeopathic.

homérique [ɔmeʀik] adj Homeric.

homicide [ɔmisid] nm murder, homicide (US). ~ **involontaire,** ~ **par imprudence** manslaughter.

hommage [ɔmaʒ] nm **(a)** (marque d'estime) tribute. **rendre** ~ **à qn** to pay homage ou tribute to sb. **(b)** (civilités) ~**s** respects; **présenter ses** ~**s à une damé** to pay one's respects to a lady. **(c)** (don) **en** ~ **de ma gratitude** as a mark ou token of my gratitude; **faire** ~ **d'un livre** to give a presentation copy of a book; ~ **de l'éditeur** with the publisher's compliments. **(d)** (Hist) homage.

homme [ɔm] **1** nm man. (espèce) l'~ man, mankind; **des vêtements d'**~ men's clothes; **parler d'**~ **à** ~ to have a man-to-man talk; **il n'est pas** ~ **à mentir** he's not one to lie ou a man to lie; **comme un seul** ~ as one man; **un** ~ **averti en vaut deux** forewarned is forearmed. **2:** ~ **d'action** man of action; ~ **d'affaires** businessman; ~ **des cavernes** cave man; ~ **de confiance** right-hand man; ~ **d'équipage** member of a ship's crew; **navire avec 30** ~**s d'équipage** ship with a crew of 30 (men); ~ **d'État** statesman; ~ **fort du régime** muscleman of the regime; ~**-grenouille** nm, pl ~**s**-~**s** frogman; l'~ **de la rue** the man in the street; ~ **de lettres** man of letters; ~ **de loi** man of law; ~ **de main** hired man; ~ **du monde** society man; ~**-orchestre** nm, pl ~**s**-~**s** one-man band; ~ **de paille** stooge; ~ **de peine** workhand; ~ **de science** man of science; ~ **à tout faire** odd-job man; ~ **de troupe** private.

homogène [ɔmɔʒɛn] adj homogeneous. ♦ **homogénéisation** nf homogenization. ♦ **homogénéiser** (1) vt to homogenize. ♦ **homogénéité** nf homogeneity.

homologue [ɔmɔlɔg] **1** adj homologous (de to). **2** nm (personne) counterpart, opposite number.

homologuer [ɔmɔlɔge] (1) vt to ratify. ♦ **homologation** nf ratification.

homonyme [ɔmɔnim] **1** adj homonymous. **2** nm (Ling) homonym; (personne) namesake. ♦ **homonymie** nf homonymy.

homosexualité [ɔmɔsɛksɥalite] nf homosexuality. ♦ **homosexuel, -elle** adj, nm,f homosexual.

Hongrie [ˈɔ̃gʀi] nf Hungary. ♦ **hongrois, e** adj, nm, H~**(e)** nm(f) Hungarian.

honnête [ɔnɛt] adj (intègre) honest; (satisfaisant) reasonable, fair; (hum: poli) courteous. **d'**~**s gens** decent people; ~ **homme** gentleman. ♦ **honnêtement** adv honestly; decently; fairly; reasonably; courteously. ~**, vous le saviez bien!** come now, you knew! ♦ **honnêteté** nf honesty; decency; fairness; courtesy.

honneur [ɔnœʀ] nm **(a)** (réputation) honour. **mettre son (point d')**~ **à faire qch** to make it a point of honour to do sth; **jurer sur l'**~ to swear on one's honour. **(b)** (mérite) credit. **avec** ~ creditably; **c'est tout à son** ~ it is much to his credit; **faire** ~ **à sa famille** to be a credit ou an honour to one's family. **(c)** (faveur) honour. **avoir l'**~ **de** to have the honour of; (Admin) **j'ai l'**~ **de solliciter ...** I am writing to ask ...; **invité d'**~ guest of honour; **membre d'**~ honorary member; **couvert d'**~**s** covered in honours; **avoir les** ~**s de la première page** to get a mention on the first page. **(d)** (Cartes) honour. **(e)** (titre) **votre** H~ Your Honour. **(f)** ~ **aux dames** ladies first; **à vous l'**~ after you; [mode] **être en** ~ to be in favour; **en l'**~ **de nos hôtes** in honour of our guests; **en l'**~ **de cet événement** in honour of this event; **à qui ai-je l'**~**?** to whom do I have the honour of speaking?; **faire les** ~**s de la maison** to do the honours of one's house; **faire** ~ **à un repas** to do justice to a meal.

honorable [ɔnɔʀabl(ə)] adj personne, buts honourable; sentiments creditable; résultats decent. ♦ **honorabilité** nf worthiness. ♦ **honorablement** adv honourably; creditably; decently.

honoraire [ɔnɔʀɛʀ] **1** adj honorary. **professeur** ~ professor emeritus. **2** nmpl: ~**s** fee, fees.

honorer [ɔnɔʀe] (1) **1** vt (vénérer) to honour; (estimer) to hold in high regard ou esteem; (faire honneur à) pays to be a credit to; signature to honour. ~ **qn de qch** to honour sb with sth; **je suis très honoré** I am highly ou greatly honoured; **cette franchise l'honore** this frankness does him credit. **2 s'**~ vpr: **s'**~ **de** to pride o.s. upon.

honorifique [ɔnɔʀifik] adj honorary.

honte [ˈɔ̃t] nf **(a)** (déshonneur) disgrace, shame. **couvrir qn de** ~ to bring disgrace ou shame on sb, disgrace sb; **c'est une** ~! that's disgraceful! ou a disgrace! **(b)** (gêne) shame. **à ma grande** ~ to my great shame; **sans** ~ shamelessly; **avoir** ~ **(de qch/de faire)** to be ou feel ashamed (of sth/of doing); **faire** ~ **à qn** to make sb feel ashamed. ♦ **honteusement** adv shamefully; disgracefully. ♦ **honteux, -euse** adj (déshonorant) shameful; (confus) ashamed (de of). **c'est** ~! it's a disgrace!, it's disgraceful!

hôpital, pl -aux [ɔpital, o] nm hospital.

hoquet [ˈɔkɛ] nm hiccough. **avoir le** ~ to have (the) hiccoughs. ♦ **hoqueter** (4) vi to hiccough.

horaire [ɔʀɛʀ] **1** adj hourly. **débit** ~ rate per hour. **2** nm timetable, schedule.

horde [ˈɔʀd(ə)] nf horde.

horizon [ɔʀizɔ̃] nm **(a)** horizon. **la ligne d'**~ the horizon; **à l'**~ voir on the horizon; disparaître below the horizon. **(b)** (paysage) landscape, view; (fig: perspective) horizon. **changer d'**~ to have a change of scene; l'~ **politique** the political scene. ♦ **horizontal, e, mpl -aux 1** adj horizontal. **2** nf horizontal. **à l'**~**e** in a horizontal position. ♦ **horizontalement** adv horizontally. ♦ **horizontalité** nf horizontality.

horloge [ɔʀlɔʒ] nf clock. **il a la régularité d'une** ~ he's as regular as clockwork; **il est 2 heures à l'**~ it's 2 o'clock by ou according to the clock; l'~ **parlante** the speaking clock; ~ **normande** grandfather clock. ♦ **horloger, -ère 1** nm watchmaking. **2** nm,f watchmaker. ♦ **bijoutier** watchmaker and jeweller. ♦ **horlogerie** nf (métier) watch-making; (magasin) watchmaker's (shop). ~ **bijouterie** watchmaker and jeweller's shop.

hormis [ˈɔʀmi] prép save.

hormone [ɔʀmɔn] nf hormone. ♦ **hormonal, e, mpl -aux** adj hormonal, hormone.

horoscope [ɔʀɔskɔp] nm horoscope.

horreur [ɔʀœʀ] nf (gén) horror; (répugnance) loathing. **frappé d'**~ horror-stricken; **vision d'**~ horrific ou horrifying sight; l'**esclavage dans toute son** ~ slavery in all its horror; **les** ~**s de la guerre** the horrors of war; **c'est une** ~* [film] it is terrible ou dreadful; [chapeau] it is a fright, it is hideous; **quelle** ~! how dreadful! ou awful!; **débiter des** ~**s sur qn** to say dreadful ou terrible things about sb; **avoir** ~ **de qch** to loathe ou detest sth; **le mensonge me fait** ~ I loathe ou detest lying, I have a horror of lying.

horrible [ɔʀibl(ə)] adj (effrayant) horrible; (laid) hideous; (mauvais) terrible, dreadful. ♦ **horriblement** adv horribly; hideously; terribly, dreadfully. ♦ **horrifier** (7) vt to horrify.

horripiler [ɔʀipile] (1) vt to exasperate.

hors [ɔʀ] **1** prép **(a)** (excepté) except (for), apart from. **(b)** (espace, temps) ~ de out of; vivre ~ de la ville to live out of town ou outside the town; habiter ~ du centre to live away from ou outside the centre; ~ d'ici! get out of here! **(c)** (fig) il est ~ d'affaire he's over the worst; ~ d'atteinte (lit) out of reach (de of); (fig) beyond reach; mettre ~ de combat to put out of the fight; être ~ de danger to be out of danger; il est ~ de doute que it is beyond doubt that; mettre ~ d'état de nuire to render harmless; ~ d'haleine out of breath; ~ de prix exorbitant, prohibitive; ~ de propos untimely; c'est ~ de question it is out of the question; être ~ de soi to be beside o.s. (with anger); mettre ~ d'usage to put out of action. **2**: ~-bord nm inv speedboat; ~-concours adj inv hors concours; ~-d'œuvre nm inv hors d'œuvre; ~-jeu adj inv, nm inv offside; ~-la-loi nm inv outlaw; ~-ligne, ~ pair adj inv outstanding, matchless; ~-taxe adj inv, adv duty-free; ~-texte nm inv plate; ~ tout adj longueur overall.

hortensia [ɔʀtɑ̃sja] nm hydrangea.

horticole [ɔʀtikɔl] adj horticultural. ♦ **horticulteur**, **-trice** nm,f horticulturist. ♦ **horticulture** nf horticulture.

hospice [ɔspis] nm **(a)** (hôpital) home. ~ de vieillards old people's home. **(b)** [monastère] hospice.

hospitalier, -ière [ɔspitalje, jɛʀ] adj (Méd) hospital; (accueillant) hospitable. ♦ **hospitaliser** (1) vt to hospitalize. ♦ **hospitalisation** nf hospitalization. ♦ **hospitalité** [ɔspitalite] nf hospitality.

hostie [ɔsti] nf (Rel) host.

hostile [ɔstil] adj hostile (à to). ♦ **hostilité** nf hostility. (Mil) les ~s hostilities.

hôte [ot] **1** nm (maître de maison) host; (aubergiste) landlord. **2** nmf (invité) guest. ~ payant paying guest.

hôtel [otɛl] nm hotel. ~-meublé nm, pl ~s-~s lodging house; ~ particulier (private) mansion; ~ des ventes salerooms; ~ de ville town hall. ♦ **hôtelier, -ière 1** adj hotel. **2** nm,f hotelier. ♦ **hôtellerie** nf (auberge) inn; (profession) hotel business.

hôtesse [otɛs] nf hostess; (aubergiste) landlady. ~ de l'air air hostess; ~ d'accueil receptionist, hostess.

hotte [ɔt] nf (panier) basket; [cheminée] hood. ~ aspirante cooker hood; la ~ du Père Noël Father Christmas's sack.

hou ['u, hu] excl (peur) boo!; [honte] tut-tut!

houblon ['ublɔ̃] nm (plante) hop; (dans la bière) hops.

houe ['u] nf hoe.

houille ['uj] nf coal. ~ blanche hydroelectric power. ♦ **houiller, -ère** 1 adj coal. 2 nf coalmine.

houle ['ul] nf swell. ♦ **houleux, -euse** adj mer heavy; séance stormy; foule turbulent.

houppe ['up] nf [cheveux] tuft; [fils] tassel. ♦ **houppette** nf powder puff.

hourra ['uʀa] excl hurrah!

houspiller ['uspije] (1) vt to scold, tell off.

housse ['us] nf dust cover; (pour recouvrir à neuf) loose cover; (élastique) stretch cover.

houx ['u] nm holly.

hublot ['yblo] nm porthole.

huche ['yʃ] nf (coffre) chest. ~ à pain bread bin.

hue ['y, hy] excl gee up! (fig) ils tirent tous à ~ et à dia they are all pulling in opposite directions.

huer ['ɥe] (1) vt to boo. ♦ **huées** nfpl boos.

huile [ɥil] nf **(a)** (liquide) oil. ~ de table salad oil; ~ de foie de morue cod-liver oil; ~ de lin linseed oil; jeter de l'~ sur le feu to add fuel to the flames; une mer d'~ a glassy sea. **(b)** (*: notabilité) bigwig*, big shot*. **(c)** (Peinture) oil painting. fait à l'~ done in oils. ♦ **huiler** (1) vt

machine to oil, lubricate. ♦ **huileux, -euse** adj oily.

huis [ɥi] nm (littér) door. (Jur) à ~ clos in camera.

huissier [ɥisje] nm (appariteur) usher; (Jur) ≃ bailiff.

huit ['ɥi(t)] adj, nm inv eight. lundi en ~ a week on Monday; dans ~ jours in a week; donner à qn ses ~ jours to give sb notice; V six. ♦ **huitaine** nf eight or so, about eight. dans une ~ (de jours) in a week or so. ♦ **huitante** adj inv (Suisse) eighty. ♦ **huitième** adj, nmf eighth. la ~ merveille du monde the eighth wonder of the world; V sixième. ♦ **huitièmement** adv eighthly.

huître [ɥitʀ(ə)] nf oyster.

hululer [ylyle] (1) vi to hoot. ♦ **hululement** nm: ~(s) hooting.

hum ['œm, hœm] excl hem!, h'm!

humain, e [ymɛ̃, ɛn] **1** adj (gén) human; (compatissant) humane. se montrer ~ to show humanity, act humanely (envers towards); c'est ~! it's only human! **2** nm human (being). ♦ **humainement** adv (avec bonté) humanely; (par l'homme) humanly. ♦ **humaniser** (1) vt to humanize. ♦ **humanisme** nm humanism. ♦ **humaniste 1** adj humanistic. **2** nmf humanist. ♦ **humanitaire** adj humanitarian.

humanité [ymanite] nf (gén) humanity. (humaine) l'~ humanity, mankind.

humble [œ̃bl(ə)] adj humble. ♦ **humblement** adv humbly.

humecter [ymɛkte] (1) vt linge to dampen; front to moisten.

humer ['yme] (1) vt plat to smell; air to breathe in.

humérus [ymeʀys] nm humerus.

humeur [ymœʀ] nf **(a)** (momentanée) mood, humour. de bonne ~ in a good mood ou humour, in good spirits; de mauvaise ~ in a bad mood; se sentir d'~ à travailler to feel in the mood for work; plein de bonne ~ good-humoured, full of good humour. **(b)** (tempérament) temper, temperament. il est d'~ inégale/égale he has an uneven/even temper. **(c)** (irritation) bad temper, ill humour. geste d'~ bad-tempered gesture; dire qch avec ~ to say sth ill-humouredly. **(d)** (Méd) secretion.

humide [ymid] adj (gén) damp; mains moist; climat (chaud) humid; (froid) damp; cave dank, damp; saison wet. ♦ **humidificateur** nm humidifier. ♦ **humidification** nf humidification. ♦ **humidifier** (7) vt to humidify. ♦ **humidité** nf dampness; humidity; dankness. traces d'~ traces of moisture ou of damp; 'craint l'~', 'à protéger de l'~' 'keep in a dry place'.

humilier [ymilje] (7) vt to humiliate. s'~ devant to humiliate ou humble o.s. before. ♦ **humiliation** nf humiliation.

humilité [ymilite] nf humility.

humoriste [ymɔʀist(ə)] nmf humorist. ♦ **humoristique** adj humorous.

humour [ymuʀ] nm humour. ~ noir sick humour; avoir beaucoup d'~ to have a good sense of humour.

humus [ymys] nm humus.

hune ['yn] nf (Naut) top.

huppé, e* ['ype] adj (riche) posh*, classy*.

hurler ['yʀle] (1) **1** vi (gén) to howl; [foule] to roar (de with); [sirène] to wail; [couleurs] to clash. **2** vt to roar, bellow out. ♦ **hurlement** nm howl; roar; wail.

hurluberlu [yʀlybɛʀly] nm crank.

hutte ['yt] nf hut.

hybride [ibʀid] adj, nm hybrid. ♦ **hybridation** nf hybridization. ♦ **hybrider** (1) vt to hybridize. ♦ **hybridité** nf hybridism.

hydrate [idʀat] nm hydrate. ~ de carbone carbohydrate. ♦ **hydratant, e** adj moisturizing. ♦ **hydratation** nf moisturizing, hydration. ♦ **hydrater** (1) vt to moisturize.

hydraulique [idʀolik] 1 *adj* hydraulic. 2 *nf* hydraulics (*sg*).

hydravion [idʀavjɔ̃] *nm* seaplane, hydroplane.

hydrocarbure [idʀɔkaʀbyʀ] *nm* hydrocarbon.

hydrocution [idʀɔkysjɔ̃] *nf* immersion syncope.

hydroélectricité [idʀɔelɛktʀisite] *nf* hydroelectricity. ♦ **hydro-électrique** *adj* hydroelectric.

hydrofoil [idʀɔfɔjl] *nm* hydrofoil (*boat*).

hydrogène [idʀɔʒɛn] *nm* hydrogen.

hydroglisseur [idʀɔglisœʀ] *nm* hydroplane (*boat*).

hydrolyse [idʀɔliz] *nf* hydrolysis.

hydromel [idʀɔmɛl] *nm* mead.

hydropisie [idʀɔpizi] *nf* dropsy.

hydroxyde [idʀɔksid] *nm* hydroxide.

hyène [jɛn] *nf* hyena.

hygiène [iʒjɛn] *nf* hygiene. ♦ **hygiénique** *adj* hygienic.

hymne [imn(ə)] *nm* (*Littérat*, *Rel*) hymn. ~ **national** national anthem.

hyper ... [ipɛʀ] *préf* hyper ... .

hyperbole [ipɛʀbɔl] *nf* (*Math*) hyperbola; (*Littérat*) hyperbole.

hyperémotivité [ipeʀemɔtivite] *nf* excess emotionality.

hypermarché [ipɛʀmaʀʃe] *nm* hypermarket.

hypermétrope [ipɛʀmetʀɔp] *adj* long-sighted. ♦ **hypermétropie** *nf* long-sightedness.

hypernerveux, -euse [ipɛʀnɛʀvø, øz] *adj* over-excitable. ♦ **hypernervosité** *nf* over-excitability.

hypersensibilité [ipɛʀsɑ̃sibilite] *nf* hypersensitivity. ♦ **hypersensible** *adj* hypersensitive.

hypertension [ipɛʀtɑ̃sjɔ̃] *nf* high blood pressure, hypertension. ♦ **hypertendu, e** *adj* suffering from high blood pressure.

hypertrophie [ipɛʀtʀɔfi] *nf* hypertrophy. ♦ **hypertrophier** (7) *vt* to hypertrophy.

hypnose [ipnoz] *nf* hypnosis. ♦ **hypnotique** *adj* hypnotic. ♦ **hypnotiser** (1) *vt* to hypnotize. s'~ **sur un problème** to be hypnotized by a problem. ♦ **hypnotiseur** *nm* hypnotist. ♦ **hypnotisme** *nm* hypnotism.

hypo ... [ipo] *préf* hypo ... .

hypocrisie [ipɔkʀizi] *nf* hypocrisy. ♦ **hypocrite** 1 *adj* hypocritical. 2 *nmf* hypocrite. ♦ **hypocritement** *adv* hypocritically.

hypodermique [ipɔdɛʀmik] *adj* hypodermic.

hypotension [ipɔtɑ̃sjɔ̃] *nf* low blood pressure.

hypoténuse [ipɔtenyz] *nf* hypotenuse.

hypothèque [ipɔtɛk] *nf* mortgage. ♦ **hypothécaire** *adj* hypothecary. **garantie** ~ mortgage security. ♦ **hypothéquer** (6) *vt* **maison** to mortgage; *créance* to secure (by mortgage).

hypothèse [ipɔtɛz] *nf* hypothesis. ♦ **hypothétique** *adj* hypothetical.

hystérie [isteʀi] *nf* hysteria. ~ **collective** mass hysteria. ♦ **hystérique** 1 *adj* hysterical. 2 *nmf* (*Méd*) hysteric; (*péj*) hysterical sort.

I

I, i [i] *nm (lettre)* I, i.
ibérique [ibeʀik] *adj* Iberian.
ibis [ibis] *nm* ibis.
iceberg [isbɛʀg] *nm* iceberg.
ici [isi] *adv* **(a)** here. **d'~ à Paris** from here to Paris; **passez par ~** come this way; **c'est ~ que** this is the place where, it is *(ou* was *etc)* here that; **le bus vient jusqu'~** the bus comes as far as this. **(b)** *(temporel)* **d'~ demain** by tomorrow; **d'~ peu** before long, shortly; **d'~ là** in the meantime; **jusqu'~** (up) until now; **d'~ à ce qu'il accepte, ça risque de faire long** it might be (quite) some time before he says yes. **(c) les gens d'~** the local people; **je vois ça d'~!** I can just see that!; **vous êtes ~ chez vous** please make yourself (quite) at home; **~ présent** here present; **'~ X'** *(au téléphone)* 'X speaking'; *(à la radio)* 'this is X'; **~ et là** here and there; *(Rel, hum)* **~-bas** here below; **par ~** *(dans le coin)* around here.
icône [ikon] *nf* icon.
idéal, e, *mpl* **-aux** [ideal, o] *adj, nm* ideal. **l'~ serait d'y aller** the ideal thing would be for us to go. ◆ **idéalement** *adv* ideally. ◆ **idéalisation** *nf* idealization. ◆ **idéaliser** (1) *vt* to idealize. ◆ **idéalisme** *nm* idealism. ◆ **idéaliste 1** *adj* idealistic. **2** *nmf* idealist.
idée [ide] **1** *nf* **(a)** *(gén)* idea. **il a eu l'~ de faire** he had the idea *ou* hit upon the idea of doing; **ça m'a donné l'~ qu'il ne viendrait pas** that made me think that he wouldn't come; **à l'~ de faire qch** at the idea *ou* thought of doing sth; **avoir une ~ derrière la tête** to have something at the back of one's mind; **tu te fais des ~s** you're imagining things; **je n'en ai pas la moindre ~** I haven't the faintest *ou* slightest idea; **vous n'avez pas ~ de sa bêtise** you have no idea how stupid he is; **j'ai ~ que** I have an idea *ou* a feeling that; **on n'a pas ~!** it's incredible!; **de nouvelles ~s-vacances** some new holiday tips *ou* hints. **(b)** *(opinion)* **~s** ideas, views; **ce n'est pas dans ses ~s** he doesn't hold with that; **avoir les ~s larges/étroites** to be broad-minded/narrow-minded. **(c) agir selon son ~** to act as one sees fit; **il n'en fait qu'à son ~** he does just as he likes; **il faut un peu d'~** you have to have some imagination *ou* a few ideas; **il y a de l'~*** there's sth in it, it's an idea. **(d)** *(esprit)* **avoir dans l'~ que** to have it in one's mind that; **il a dans l'~ de partir au Mexique** he's thinking of going to Mexico; **il s'est mis dans l'~ de faire** he took it into his head to do. **2: ~ fixe** idée fixe, obsession; **~ de génie** brainwave; **~ noire** black thought; **~ reçue** generally accepted idea.
identique [idɑ̃tik] *adj* identical *(à* to). ◆ **identifiable** *adj* identifiable. ◆ **identification** *nf* identification. ◆ **identifier** *vt*, **s'~** *vpr* (7) to identify *(à* with). ◆ **identiquement** *adv* identically. ◆ **identité** *nf* *(gén)* identity. **une ~ de goûts** *etc* similar *ou* shared tastes *etc*.
idéologie [ideɔlɔʒi] *nf* ideology. ◆ **idéologique** *adj* ideological.
idiome [idjom] *nm* idiom *(language)*. ◆ **idiomatique** *adj* idiomatic. **expression ~** idiom.
idiot, e [idjo, idjɔt] **1** *adj* idiotic, stupid; *(Méd)* idiotic. **2** *nm,f* idiot. **ne fais pas l'~*** *(n'agis pas*

bêtement) don't be an idiot; *(ne simule pas la bêtise)* stop acting stupid*. ◆ **idiotement** *adv* idiotically, stupidly. ◆ **idiotie** *nf* idiocy, stupidity. **c'est une ~** *(gén)* it's an idiotic thing to do *(ou* say); *(film)* it's rubbish; **ne fais pas d'~s** don't do anything stupid.
idiotisme [idjɔtism(ə)] *nm* idiom, idiomatic phrase.
idole [idɔl] *nf (Rel, fig)* idol. ◆ **idolâtre** *adj* idolatrous *(de* of). ◆ **idolâtrer** (1) *vt* to idolize. ◆ **idolâtrie** *nf* idolatry.
idylle [idil] *nf (gén)* idyll. ◆ **idyllique** *adj* idyllic.
if [if] *nm* yew (tree).
igloo, iglou [iglu] *nm* igloo.
ignare [iɲaʀ] *(péj)* **1** *adj* ignorant. **2** *nmf* ignoramus.
ignifuger [iɲifyʒe] (3) *vt* to fireproof. ◆ **ignifuge 1** *adj produit* fireproofing. **2** *nm* fireproofing material.
ignoble [iɲɔbl(ə)] *adj* vile, base; *(sens affaibli)* revolting.
ignominie [iɲɔmini] *nf (caractère)* ignominy; *(acte)* ignominious *ou* disgraceful act. ◆ **ignominieux, -euse** *adj* ignominious.
ignorance [iɲɔʀɑ̃s] *nf* ignorance. **être dans l'~ de qch** to be in ignorance of *ou* in the dark about sth; **dans l'~ des résultats** ignorant of the results; **il a de graves ~s en maths** there are serious gaps in his knowledge of maths. ◆ **ignorant, e 1** *adj* ignorant *(en* about). **~ des usages** ignorant *ou* unaware of the customs. **2** *nm,f* ignoramus. **ne fais pas l'~** stop pretending you don't know what I mean.
ignorer [iɲɔʀe] (1) *vt* **(a)** *(ne pas connaître)* not to know. **vous n'ignorez pas que** you know *ou* are aware that; **j'ignore tout de cette affaire** I don't know anything about this business; **j'ignore avoir dit cela** I am not aware of having said that; **~ la misère** to have had no experience of poverty; **c'est un poète qui s'ignore** he's an unconscious poet. **(b)** *(bouder)* **personne** to ignore. ◆ **ignoré, e** *adj* unknown. **~ de tous** *(inconnu)* unknown to anybody; *(boudé)* ignored by all.
iguane [igwan] *nm* iguana.
il [il] *pron pers m* **(a)** *(personne)* he; *(bébé, animal)* it, he; *(chose)* it; *(bateau, nation)* she, it. **~s** they; **~ était journaliste** he was a journalist. **(b)** *(impers)* it. **~ fait beau** it's a fine day; **~ y a 3 enfants** there are 3 children; **~ est vrai que** it is true that. **(c)** *(non traduit)* **Paul est-~ rentré?** is Paul back?; **~ est si beau cet arbre** this tree is so beautiful.
île [il] *nf* island. **les ~s anglo-normandes** the Channel Islands; **les ~s Britanniques** the British Isles; **~ flottante** floating island.
illégal, e, *mpl* **-aux** [ilegal, o] *adj* illegal, unlawful. ◆ **illégalement** *adv* illegally, unlawfully. ◆ **illégalité** *nf* illegality.
illégitime [ileʒitim] *adj* illegitimate. ◆ **illégitimité** *nf* illegitimacy.
illettré, e [iletʀe] *adj, nm,f* illiterate.
illicite [ilisit] *adj* illicit. ◆ **illicitement** *adv* illicitly.
illico* [iliko] *adv* at once, pronto*.
illimité, e [ilimite] *adj (gén)* unlimited; *confiance* boundless.

illisibilité 192 immuable

illisibilité [ilizibilite] *nf* illegibility. ♦ **illisible** *adj* (*indéchiffrable*) illegible; (*mauvais*) unreadable.

illogique [iloʒik] *adj* illogical. ♦ **illogiquement** *adv* illogically. ♦ **illogisme** *nm* illogicality.

illuminer [ilymine] (1) **1** *vt* (*lit, fig*) to light up, illuminate; (*projecteurs*) to floodlight. **2** *s'* ~ *vpr* [*visage, ciel*] to light up (*de* with); [*rue*] to be lit up. ♦ **illumination** *nf* (**a**) lighting; illumination; floodlighting. (*lumières*) ~s illuminations, lights. (**b**) (*inspiration*) flash of inspiration. ♦ **illuminé, e** *nm,f* (*péj: visionnaire*) crank (*péj*).

illusion [ilyzjɔ̃] *nf* illusion. ~ **d'optique** optical illusion; **tu te fais des** ~s you're deluding yourself; **ça ne fera pas** ~ **longtemps** it won't delude *ou* fool people for long. ♦ **s'illusionner** (1) *vpr* to delude o.s. (*sur* about). ♦ **illusionniste** *nmf* conjurer. ♦ **illusoire** *adj* illusory.

illustrer [ilystʀe] (1) **1** *vt* to illustrate (*de* with). **2** *s'* ~ *vpr* to win fame, become famous (*par, dans* through). ♦ **illustrateur, -trice** *nm,f* illustrator. ♦ **illustration** *nf* (*gén*) illustration. ♦ **illustre** *adj* illustrious, renowned. ♦ **illustré, e 1** *adj* illustrated. **2** *nm* (*journal*) comic.

îlot [ilo] *nm* (*île*) small island; (*maisons*) block; (*fig: zone*) island. ~ **de résistance** pocket of resistance.

image [imaʒ] *nf* (*dessin, représentation*) picture; (*métaphore, ressemblance, Phys*) image; (*reflet*) reflexion. **les** ~s **d'un film** the frames of a film; **popularisé par l'**~ popularized by the camera; **Dieu créa l'homme à son** ~ God created man in his own image; ~ **de marque** [*produit*] brand image; [*parti, firme*] public image. ♦ **imagé, e** *adj* full of imagery.

imaginer [imaʒine] (1) **1** *vt* (**a**) (*supposer*) to imagine. **je l'imaginais plus vieux** I imagined him to be older; **qu'allez-vous** ~ **là?** what on earth are you thinking of? (**b**) (*inventer*) to devise, dream up. **qu'est-il encore allé** ~?* now what has he dreamed up? **2** *s'* ~ *vpr* (**a**) (*se figurer*) to imagine. **s'** ~ **que** to imagine *ou* think that. (**b**) (*se voir*) to imagine o.s., picture o.s. ♦ **imaginable** *adj* conceivable, imaginable. ♦ **imaginaire** *adj* imaginary; *monde* make-believe. ♦ **imaginatif, -ive** *adj* imaginative. ♦ **imagination** *nf* (*faculté*) imagination. **ce sont de pures** ~s that's sheer imagination, those are pure fancies.

imbattable [ɛ̃batabl(ə)] *adj* unbeatable.

imbécile [ɛ̃besil] **1** *adj* stupid, idiotic; (*Méd*) imbecilic. **2** *nmf* idiot, imbecile. **ne fais pas l'**~* (*n'agis pas bêtement*) don't be an idiot*; (*ne simule pas la bêtise*) stop acting stupid*; **c'est un** ~ **heureux** he's living in a fool's paradise. ♦ **imbécillité** *nf* idiocy, imbecility. **c'est une** ~ (*gén*) it's an idiotic thing to do (*ou* say); (*film*) it's rubbish.

imberbe [ɛ̃bɛʀb(ə)] *adj* beardless.

imbiber [ɛ̃bibe] (1) **1** *vt*: ~ **un tampon de** to moisten a pad with; **imbibé d'eau** *étoffe* saturated (with water); *terre* waterlogged. **2** *s'* ~ *vpr*: **s'** ~ **de** to become saturated with.

imbriquer (s') [ɛ̃bʀike] (1) *vpr* [*problèmes*] to be linked *ou* interwoven; [*plaques*] to overlap; [*cubes*] to fit into each other. ♦ **imbrication** *nf* interweaving; overlapping.

imbroglio [ɛ̃bʀɔljo] *nm* imbroglio.

imbu, e [ɛ̃by] *adj*: ~ **de** full of.

imbuvable [ɛ̃byvabl(ə)] *adj* (*lit*) undrinkable; (*°) *personne* unbearable, insufferable.

imiter [imite] (1) *vt* (**a**) (*gén*) to imitate; *personnage* to impersonate; *geste* to mimic; *signature* to forge. **il se leva et tout le monde l'imita** he got up and everybody did likewise *ou* followed suit. (**b**) [*matière*] to look like. ♦ **imitateur, -trice 1** *adj* imitative. **2** *nm,f* (*gén*) imitator; (*Théât*) [*personnage*] impersonator. ♦ **imitatif, -ive** *adj* imitative. ♦ **imitation** *nf* imitation; impersonation; mimicry; forgery. **à l'**~ **de** in imitation of; **c'est**

en ~ **cuir** it's imitation leather.

immaculé, e [imakyle] *adj* spotless, immaculate. **d'un blanc** ~ spotlessly white.

immangeable [ɛ̃mɑ̃ʒabl(ə)] *adj* uneatable, inedible.

immanquable [ɛ̃mɑ̃kabl(ə)] *adj* *cible* impossible to miss. **c'était** ~! it was inevitable! ♦ **immanquablement** *adv* inevitably.

immatriculer [imatʀikyle] (1) *vt* to register. **faire** ~, **se faire** ~ to register. ♦ **immatriculation** *nf* registration. **numéro d'**~ registration *ou* license (*US*) number.

immédiat, e [imedja, at] **1** *adj* (*gén*) immediate. **2** *nm*: **dans l'**~ for the time being. ♦ **immédiatement** *adv* immediately.

immémorial, e, *mpl* **-aux** [imemɔʀjal, o] *adj* age-old. **de temps** ~ from time immemorial.

immense [imɑ̃s] *adj* (*gén*) immense; *espace* boundless; *foule* huge; *avantage* tremendous. ♦ **immensément** *adv* immensely, tremendously. ♦ **immensité** *nf* immensity, hugeness.

immerger [imɛʀʒe] (3) *vt objet* to immerse, submerge; *déchets* to dump at sea; *câble* to lay under water; *corps* to bury at sea. ♦ **immergé, e** *adj terres* submerged. ~ **par 100 mètres de fond** lying 100 metres down. ♦ **immersion** *nf* immersion; submersion; dumping at sea; underwater laying; burying at sea.

immérité, e [imeʀite] *adj* undeserved, unmerited.

immettable [ɛ̃metabl(ə)] *adj vêtement* unwearable.

immeuble [imœbl(ə)] *nm* (*bâtiment*) building; (*d'habitation*) block of flats, apartment building (*US*). ~ **de bureaux** office block.

immigrer [imigʀe] (1) *vi* to immigrate (*à, dans* into). ♦ **immigrant, e** *adj*, *nm,f* immigrant. ♦ **immigration** *nf* immigration.

imminence [iminɑ̃s] *nf* imminence. ♦ **imminent, e** *adj* imminent, impending.

immiscer (s') [imise] (3) *vpr*: **s'** ~ **dans** to interfere in. ♦ **immixtion** *nf*: ~ **dans** interference in.

immobile [imɔbil] *adj* motionless. **rester** ~ to keep still.

immobilier, -ière [imɔbilje, jɛʀ] **1** *adj vente* property; *biens* in real estate. **2** *nm*: **l'**~ the property *ou* real-estate business.

immobiliser [imɔbilize] (1) **1** *vt* (*gén*) to immobilize; *véhicule* to stop, bring to a standstill. **ça l'immobilise à son domicile** it keeps him housebound; **immobilisé par la peur** paralyzed with fear. **2** *s'* ~ *vpr* [*personne*] to stop, stand still; [*véhicule*] to come to a standstill. ♦ **immobilisation** *nf* immobilization. **attendez l'**~ **totale de l'avion** wait until the aircraft has come to a complete standstill. ♦ **immobilité** *nf* stillness, motionlessness. **le médecin lui a ordonné l'**~ **complète** the doctor ordered him not to move (at all); ~ **forcée** forced immobility; ~ **politique** political inertia.

immodéré, e [imɔdeʀe] *adj* immoderate, inordinate.

immoler [imɔle] (1) *vt* (*gén*) to sacrifice (*à* to). ♦ **immolation** *nf* sacrifice.

immonde [imɔ̃d] *adj taudis* squalid, foul; *personne* base, vile. ♦ **immondices** *nfpl* (*ordures*) refuse.

immoral, e, *mpl* **-aux** [imɔʀal, o] *adj* immoral. ♦ **immoralité** *nf* immorality.

immortaliser [imɔʀtalize] (1) **1** *vt* to immortalize. **2** *s'* ~ *vpr* to win immortality. ♦ **immortalité** *nf* immortality. ♦ **immortel, -elle 1** *adj* immortal. **2** *nf* (*fleur*) everlasting flower.

immotivé, e [imɔtive] *adj action* unmotivated; *crainte* groundless.

immuable [imyabl(ə)] *adj* (*gén*) unchanging; *loi* immutable. **son chapeau** ~ his eternal hat. ♦ **immuablement** *adv* immutably.

immuniser [imynize] (1) *vt* (*Méd*) to immunize. (*fig*) **être immunisé contre les tentations** to be immune to temptation. ♦ **immunisation** *nf* immunization. ♦ **immunité** *nf* (*Bio, Jur*) immunity. ~ **parlementaire** ≈ parliamentary privilege.

impact [ɛ̃pakt] *nm* (*lit, fig*) impact.

impair, e [ɛ̃pɛʀ] **1** *adj* odd. **2** *nm* (*gaffe*) blunder. (*Casino*) **l'~** the odd numbers.

impalpable [ɛ̃palpabl(ə)] *adj* impalpable.

imparable [ɛ̃paʀabl(ə)] *adj* unstoppable.

impardonnable [ɛ̃paʀdɔnabl(ə)] *adj* unforgivable, unpardonable.

imparfait, e [ɛ̃paʀfɛ, ɛt] **1** *adj* (*gén*) imperfect. **2** *nm* (*Ling*) **l'~** the imperfect (tense). ♦ **imparfaitement** *adv* imperfectly.

impartial, e, *mpl* **-aux** [ɛ̃paʀsjal, o] *adj* impartial, unbiased. ♦ **impartialement** *adv* impartially. ♦ **impartialité** *nf* impartiality.

impasse [ɛ̃pas] *nf* (**a**) (*cul-de-sac*) dead end; (*sur panneau*) 'no through road'. (**b**) (*fig*) impasse. **être dans l'~** *[négociations]* to be at a deadlock; ~ **budgétaire** budget deficit. (**c**) (*Cartes*) finesse. (*Scol*) **j'ai fait 3 ~s** I missed out 3 topics.

impassibilité [ɛ̃pasibilite] *nf* impassiveness. ♦ **impassible** *adj* impassive. ♦ **impassiblement** *adv* impassively.

impatience [ɛ̃pasjɑ̃s] *nf* impatience. **il était dans l'~ de la revoir** he was impatient to see her again. ♦ **impatiemment** *adv* impatiently. ♦ **impatient, e** *adj* impatient. ~ **de faire** eager to do. ♦ **impatienter** (1) **1** *vt* to irritate, annoy. **2 s'~** *vpr* to get impatient (*contre* with, at).

impayable* [ɛ̃pɛjabl(ə)] *adj* (*drôle*) priceless*.

impayé, e [ɛ̃pɛje] *adj* unpaid.

impeccable [ɛ̃pekabl(ə)] *adj* (*gén*) impeccable. ♦ **impeccablement** *adv* impeccably.

impénétrable [ɛ̃penetʀabl(ə)] *adj* (*gén*) impenetrable (*à* to, by); *visage* inscrutable.

impénitent, e [ɛ̃penitɑ̃, ɑ̃t] *adj* unrepentant.

impensable [ɛ̃pɑ̃sabl(ə)] *adj* *événement hypothétique* unthinkable; *événement arrivé* unbelievable.

imper* [ɛ̃pɛʀ] *nm* (*abrév de* **imperméable**) mac.

impératif, -ive [ɛ̃peʀatif, iv] **1** *adj* (*obligatoire*) imperative; (*impérieux*) *ton* commanding. **2** *nm* (**a**) (*Ling*) **l'~** the imperative (mood). (**b**) *[fonction]* requirement; *[mode, horaire]* demand; *[situation]* necessity; (*Mil*) imperative. ♦ **impérativement** *adv* imperatively.

impératrice [ɛ̃peʀatʀis] *nf* empress.

imperceptible [ɛ̃pɛʀsɛptibl(ə)] *adj* imperceptible (*à* to). ♦ **imperceptiblement** *adv* imperceptibly.

imperfection [ɛ̃pɛʀfɛksjɔ̃] *nf* (*gén*) imperfection.

impérial, e, *mpl* **-aux** [ɛ̃peʀjal, o] **1** *adj* imperial. **2** *nf* [*autobus*] top deck. **autobus à ~e** ≈ double-decker (bus). ♦ **impérialisme** *nm* imperialism. ♦ **impérialiste** *adj, nmf* imperialist.

impérieux, -euse [ɛ̃peʀjø, øz] *adj* (*autoritaire*) imperious; (*pressant*) urgent, pressing. ♦ **impérieusement** *adv* imperiously; urgently.

impérissable [ɛ̃peʀisabl(ə)] *adj* *œuvre* imperishable; *souvenir* lasting.

imperméable [ɛ̃pɛʀmeabl(ə)] **1** *adj* *roches* impermeable; *tissu* waterproof. ~ **à l'eau** waterproof; ~ **à l'air** airtight; (*fig: insensible*) ~ **à** impervious to. **2** *nm* (*manteau*) raincoat. ♦ **imperméabiliser** (1) *vt* to waterproof. ♦ **imperméabilité** *nf* impermeability.

impersonnel, -elle [ɛ̃pɛʀsɔnɛl] *adj* impersonal.

impertinence [ɛ̃pɛʀtinɑ̃s] *nf* impertinence. ♦ **impertinent, e** *adj* impertinent.

imperturbable [ɛ̃pɛʀtyʀbabl(ə)] *adj* imperturbable. **rester ~** to remain unruffled. ♦ **imperturbablement** *adv* imperturbably.

impétueux, -euse [ɛ̃petɥø, øz] *adj* (*gén*) impetuous; *torrent* raging. ♦ **impétueusement** *adv* impetuously. ♦ **impétuosité** *nf* impetuosity.

impie [ɛ̃pi] *adj* impious, ungodly. ♦ **impiété** *nf* impiety, ungodliness.

impitoyable [ɛ̃pitwajabl(ə)] *adj* merciless, pitiless. ♦ **impitoyablement** *adv* mercilessly, pitilessly.

implacable [ɛ̃plakabl(ə)] *adj* implacable. ♦ **implacablement** *adv* implacably.

implanter [ɛ̃plɑ̃te] (1) **1** *vt* *usage* to introduce; *race* to settle; *usine* to set up, establish; *idée,* (*Méd*) to implant. **2 s'~** *vpr* *[usines]* to be set up *ou* established; *[race]* to settle. **des traditions solidement implantées** deeply-rooted *ou* deeply-entrenched traditions. ♦ **implantation** *nf* introduction; settlement; establishment; implantation.

implication [ɛ̃plikasjɔ̃] *nf* (*gén*) implication.

implicite [ɛ̃plisit] *adj* implicit. ♦ **implicitement** *adv* implicitly.

impliquer [ɛ̃plike] (1) *vt* (**a**) (*supposer*) to imply (*que* that). (**b**) ~ **qn dans** to implicate sb in.

implorer [ɛ̃plɔʀe] (1) *vt* to implore. ~ **qn de faire** to implore *ou* beseech sb to do. ♦ **imploration** *nf* entreaty.

impoli, e [ɛ̃pɔli] *adj* impolite, rude (*envers* to). ♦ **impoliment** *adv* impolitely, rudely. ♦ **impolitesse** *nf* (*attitude*) impoliteness, rudeness; (*remarque*) impolite *ou* rude remark; (*acte*) impolite action. **c'est une ~ que de faire** it is impolite *ou* rude to do.

impondérable [ɛ̃pɔ̃deʀabl(ə)] *adj, nm* imponderable.

impopulaire [ɛ̃pɔpylɛʀ] *adj* unpopular. ♦ **impopularité** *nf* unpopularity.

importance [ɛ̃pɔʀtɑ̃s] *nf* (*gén*) importance; *[fait]* significance; *[somme]* size; *[dégâts]* extent. **avoir de l'~** to be important; **sans ~** unimportant, insignificant; **ça n'a pas d'~** it doesn't matter; **d'une certaine ~** *firme* sizeable; *dégâts* considerable; **prendre de l'~** (*gén*) to become more important; *[firme]* to increase in size; (*péj*) **se donner de l'~** to put on self-important airs. ♦ **important, e** *adj* important; (*quantité*) sizeable; extensive; (*péj*) *airs* self-important. **peu ~** of little importance *ou* significance; **l'~ est de** the important thing is to.

importer¹ [ɛ̃pɔʀte] (1) *vt* to import (*de* from). ♦ **importateur, -trice** **1** *adj* importing. **2** *nm,f* importer. ♦ **importation** *nf* (*action*) importation; (*produit*) import. **articles d'~** imported articles.

importer² [ɛ̃pɔʀte] (1) *vi* (*être important*) to matter. **que lui importe!** what does he care about it!, what does it matter to him!; **il importe de faire/que** it is important to do/that; **peu m'importe** (*pas de préférence*) I don't mind; (*je m'en moque*) I don't care; **n'importe** it doesn't matter, I don't mind; **n'importe qui** anybody, anyone; **n'importe quoi** anything; **n'importe comment** anyhow; **n'importe où** anywhere; **n'importe quand** anytime; **venez à n'importe quelle heure** come any time.

importun, e [ɛ̃pɔʀtœ̃, yn] **1** *adj* *présence* troublesome; *visite* inopportune; *personne* importunate. **2** *nm,f* (*gêneur*) irksome individual; (*visiteur*) intruder. ♦ **importunément** *adv* importunately, inopportunely. ♦ **importuner** (1) *vt* to importune, bother. **je ne veux pas vous ~** I don't wish to bother you *ou* to disturb you *ou* to intrude. ♦ **importunité** *nf* importunity.

imposer [ɛ̃poze] (1) **1** *vt* (*gén*) to impose; *tâche* to set; *conditions* to lay down; (*Fin: taxer*) to tax. ~ **sa présence à qn** to impose *ou* force one's company on sb; ~ **un régime à qn** to put sb on a diet; ~ **son nom** *[artiste]* to make o.s. known; *[firme]* to establish itself; **sa conduite impose le respect** his behaviour compels respect; (*Rel*) ~ **les mains** to lay on hands; **en ~ à qn** to impress sb. **2 s'~** *vpr* (**a**) (*être nécessaire*) to be essential *ou* vital *ou* imperative. **une visite au Louvre s'impose** a visit to the Louvre is a must. **(b)** s'~ **une tâche** to set o.s. a task; s'~ **de faire** to make it a rule to do. **(c)** *[artiste]* to make o.s. known; *[firme]* to become firmly established; *[sportif]* to emerge as the best. **(d)** *(importuner)* s'~ **à qn** to impose (o.s.) upon sb; **je ne voudrais pas m'~** I do not want to impose. ◆ **imposable** *adj* taxable. ◆ **imposant, e** *adj stature* imposing; *allure* stately; *(considérable)* imposing. ◆ **imposition** *nf (Fin)* taxation. *(Rel)* l'~ **des mains** the laying on of hands.

impossibilité [ɛpɔsibilite] *nf* impossibility. **être dans l'~ de faire qch** to find it impossible to do sth; **se heurter à des** ~**s** to come up against insuperable obstacles. ◆ **impossible 1** *adj (gén)* impossible. **il m'est** ~ **de le faire** it's impossible for me to do it, I can't possibly do it. **2** *nm*: **je ferai l'~ (pour venir)** I'll do my utmost (to come); **par** ~ by some miracle.

imposteur [ɛpɔstœR] *nm* impostor. ◆ **imposture** *nf* imposture.

impôt [ɛpo] *nm (taxe)* tax; *(taxation)* taxation. **payer des** ~**s** to pay tax; ~**s locaux** rates; ~ **sur les plus-values** ≃ capital gains tax; ~ **sur le revenu** income tax.

impotent, e [ɛpɔtɑ̃, ɑ̃t] **1** *adj* disabled, crippled. **2** *nm,f* cripple. ◆ **impotence** *nf* disability.

impraticable [ɛpratikabl(ə)] *adj idée* impracticable, unworkable; *(Sport) terrain* unfit for play; *route* impassable.

imprécation [ɛpRekɑsjɔ̃] *nf* imprecation, curse.

imprécis, e [ɛpResi, iz] *adj (gén)* imprecise; *tir* inaccurate. ◆ **imprécision** *nf* imprecision; inaccuracy.

imprégner [ɛpReɲe] **(6)** *vt tissu* to impregnate; *air* to permeate, fill; *esprit* to imbue *(de* with). **imprégné de lumière** flooded with light; s'~ **d'eau** to become soaked with water; s'~ **d'une langue** to immerse o.s. in a language. ◆ **imprégnation** *nf (gén)* impregnation; permeation; immersion.

imprenable [ɛpRənabl(ə)] *adj forteresse* impregnable. **vue** ~ open *ou* unrestricted outlook.

imprésario [ɛpResaRjo] *nm (Théât)* manager.

impression [ɛpResjɔ̃] *nf* **(a)** *(sensation)* impression. **faire bonne/mauvaise** ~ to create a good/bad impression; **avoir l'**~ **que** to have a feeling *ou* the impression that; **faire** ~ to make an impression. **(b)** *[livre] (action)* printing; *(tirage)* impression. **(c)** *(motif)* pattern. **(d)** *(Phot)* exposure. **(e)** *(Peinture)* undercoat.

impressionner [ɛpResjɔne] **(1)** *vt* **(a)** *(frapper)* to impress; *(bouleverser)* to upset. **(b)** *(Opt, Phot) [image]* to show up on; *[photographe]* to expose. ◆ **impressionnable** *adj* impressionable. ◆ **impressionnant, e** *adj* impressive; upsetting.

imprévisibilité [ɛpRevizibilite] *nf* unpredictability. ◆ **imprévisible** *adj* unpredictable.

imprévoyance [ɛpRevwajɑ̃s] *nf* lack of foresight; *(d'argent)* improvidence. ◆ **imprévoyant, e** *adj* lacking (in) foresight; improvident.

imprévu, e [ɛpRevy] **1** *adj événement* unforeseen, unexpected; *geste* unexpected; *dépense* unforeseen. **2** *nm*: **l'~** the unexpected, the unforeseen; **plein d'~** full of surprises; **en cas d'~** if anything unexpected *ou* unforeseen crops up; **tous ces** ~**s** all these unexpected *ou* unforeseen events.

imprimer [ɛpRime] **(1)** *vt livre* to print; *cachet* to stamp; *rides, marque* to imprint *(dans* in, on); *(publier)* to publish. ~ **un mouvement à** to transmit a movement to. ◆ **imprimé, e 1** *adj* printed. **2** *nm (formulaire)* printed form. *(Poste)* ~(**s)** printed matter; *(tissu)* l'~ printed material. ◆ **imprimerie** *nf (firme)* printing works; *(atelier)* printing house; *(section)* printery. *(technique)* l'~ printing. ◆ **imprimeur** *nm* printer.

improbabilité [ɛpRɔbabilite] *nf* unlikelihood, improbability. ◆ **improbable** *adj* unlikely, improbable.

improductif, -ive [ɛpRɔdyktif, iv] *adj* unproductive.

impromptu, e [ɛpRɔpty] **1** *adj départ* sudden; *visite* surprise; *repas, exposé* impromptu. **2** *nm (Littérat, Mus)* impromptu. **3** *adv* impromptu.

imprononçable [ɛpRɔnɔ̃sabl(ə)] *adj* unpronounceable.

impropre [ɛpRɔpR(ə)] *adj terme* inappropriate. ~ **à** unsuitable for; ~ **à la consommation** unfit for *(human)* consumption. ◆ **improprement** *adv* improperly. ◆ **impropriété** *nf [forme]* incorrectness. ~ **(de langage)** (language) error, mistake.

improviser [ɛpRɔvize] **(1)** *vt* to improvise. **2** s'~ *vpr*: s'~ **cuisinier** to act as cook; **on ne s'improvise pas menuisier** you don't become a joiner just like that. ◆ **improvisation** *nf* improvisation. ◆ **improvisé, e** *adj (de fortune)* improvised, makeshift; *(impromptu)* improvised.

improviste [ɛpRɔvist(ə)] *nm*: **à l'~** unexpectedly, without warning; **prendre qn à l'~** to catch sb unawares.

imprudent, e [ɛpRydɑ̃, ɑ̃t] **1** *adj (gén)* careless, imprudent, foolish; *remarque* unwise. **il est** ~ **de** it's unwise to. **2** *nm,f* imprudent *ou* careless person. ◆ **imprudemment** *adv* carelessly, imprudently, foolishly; unwisely. ◆ **imprudence** *nf (caractère)* carelessness, imprudence, foolishness. *(action)* **commettre une** ~ to do something foolish *ou* imprudent.

impudence [ɛpydɑ̃s] *nf* impudence; *(acte)* impudent action. ◆ **impudent, e** *adj* impudent.

impudeur [ɛpydœR] *nf* immodesty. ◆ **impudique** *adj* immodest.

impuissance [ɛpɥisɑ̃s] *nf [personne]* powerlessness, helplessness; *(sexuelle)* impotence; *[efforts]* ineffectiveness. ◆ **impuissant, e** *adj* powerless, helpless; impotent; ineffectual.

impulsion [ɛpylsjɔ̃] *nf (Phys, Psych)* impulse; *(fig: élan)* impetus. l'~ **donnée à l'économie** the boost *ou* impetus given to the economy. ◆ **impulsif, -ive** *adj* impulsive.

impunément [ɛpynemɑ̃] *adv* with impunity. ◆ **impuni, e** *adj* unpunished. ◆ **impunité** *nf* impunity.

impur, e [ɛpyR] *adj* impure. ◆ **impureté** *nf (gén)* impurity.

imputer [ɛpyte] **(1)** *vt*: ~ **à** to impute to, attribute to, ascribe to; *(Fin)* to charge to. ◆ **imputable** *adj*: ~ **à** ascribable to, attributable to; chargeable to. ◆ **imputation** *nf (accusation)* imputation. *(Fin)* ~ **à** charging to.

inabordable [inabɔRdabl(ə)] *adj personne* unapproachable; *lieu* inaccessible; *prix* prohibitive.

inaccentué, e [inaksɑ̃tɥe] *adj* unstressed.

inacceptable [inaksɛptabl(ə)] *adj offre* unacceptable; *propos* inadmissible.

inaccessible [inaksesibl(ə)] *adj* inaccessible. ~ **à** *(insensible à)* impervious to.

inaccoutumé, e [inakutyme] *adj* unusual. ~ **à** unaccustomed to, unused to.

inachevé, e [inaʃve] *adj* unfinished, uncompleted. ◆ **inachèvement** *nm* incompletion.

inactif, -ive [inaktif, iv] *adj* **(a)** *(oisif)* idle, inactive; *population* non-working. **(b)** *(inefficace)* ineffective. ◆ **inaction** *nf* inactivity, idleness. ◆ **inactivité** *nf* inactivity.

inadapté, e [inadapte] *adj personne* maladjusted. ~ **à** not adapted *ou* adjusted to. ◆ **inadaptation** *nf* maladjustment.

inadéquat, e [inadekwa, at] *adj* inadequate.

inadmissible [inadmisibl(ə)] *adj. (gén)* inadmissible.

inadvertance [inadvɛRtɑ̃s] *nf*: **par** ~ inadvertently.

inaliénable [inaljenabl(ə)] *adj* inalienable.

inaltérable [inaltɛʀabl(ə)] *adj substance* stable; *encre* permanent; *principes etc* steadfast, unshakeable. ~ **à l'air** unaffected by air.

inamical, e, *mpl* **-aux** [inamikal, o] *adj* unfriendly.

inamovible [inamɔvibl(ə)] *adj fonctionnaire* irremovable; *panneau* fixed; (*hum*) *casquette etc* eternal.

inanimé, e [inanime] *adj matière* inanimate; (*évanoui*) unconscious; (*mort*) lifeless.

inanité [inanite] *nf* [*conversation*] inanity; [*efforts*] futility.

inanition [inanisjɔ̃] *nf:* **tomber d'~** to faint with hunger.

inaperçu, e [inapɛʀsy] *adj* unnoticed. **passer** ~ to pass unnoticed.

inapplicable [inaplikabl(ə)] *adj* inapplicable (*à* to).

inapplication [inaplikasjɔ̃] *nf* [*élève*] lack of application. ♦ **inappliqué, e** *adj* lacking in application.

inappréciable [inapʀesjabl(ə)] *adj aide* invaluable; *bonheur* inestimable; *nuance* imperceptible.

inapte [inapt(ə)] *adj* incapable (*à faire* of doing). ~ **aux affaires** unsuited to business; (*Mil*) ~ (**au service**) unfit (for military service). ♦ **inaptitude** *nf* (*mentale*) inaptitude, incapacity; (*physique*) unfitness (*à* for).

inarticulé, e [inaʀtikyle] *adj* inarticulate.

inassouvi, e [inasuvi] *adj* unappeased.

inattaquable [inatakabl(ə)] *adj position* unassailable; *preuve* irrefutable; *conduite* irreproachable.

inattendu, e [inatɑ̃dy] **1** *adj* unexpected, unforeseen. **2** *nm:* **l'~ d'une remarque** the unexpectedness of a remark.

inattention [inatɑ̃sjɔ̃] *nf* (**a**) inattention. (**faute d'**)~ careless mistake. (**b**) ~ **à** *détails* lack of concern for. ♦ **inattentif, -ive** *adj* inattentive (*à* to); unconcerned (*à* by).

inaudible [inodibl(ə)] *adj* inaudible.

inaugurer [inɔgyʀe] (1) *vt* (*gén, fig*) to inaugurate; *monument* to unveil; *exposition* to open; (*hum*) *chapeau* to christen. ♦ **inaugural, e,** *mpl* **-aux** *adj* (*gén*) inaugural. **voyage** ~ maiden voyage. ♦ **inauguration** *nf* inauguration; unveiling; opening. (**cérémonie d'**)~ inaugural ceremony.

inavouable [inavwabl(ə)] *adj* shameful. ♦ **inavoué, e** *adj* unconfessed.

incalculable [ɛ̃kalkylabl(ə)] *adj* (*gén*) incalculable.

incandescence [ɛ̃kɑ̃desɑ̃s] *nf* incandescence. **en** ~ white-hot, incandescent. ♦ **incandescent, e** *adj* incandescent, white-hot.

incantation [ɛ̃kɑ̃tɑsjɔ̃] *nf* incantation. ♦ **incantatoire** *adj* incantatory.

incapable [ɛ̃kapabl(ə)] **1** *adj* (*gén*) incapable (*de faire* of doing). ~ **de bouger** unable to move, incapable of movement *ou* of moving. **2** *nmf:* **c'est un** ~ he's useless*, he's an incompetent. ♦ **incapacité** *nf* (*incompétence*) incapability; (*invalidité*) disablement; (*Jur*) incapacity. (*impossibilité*) ~ **de faire** incapability *ou* inability to do; **être dans l'~ de faire** to be unable to do, be incapable of doing.

incarcérer [ɛ̃kaʀseʀe] (6) *vt* to incarcerate. ♦ **incarcération** *nf* incarceration.

incarner [ɛ̃kaʀne] (1) **1** *vt* to embody; (*Théât*) to play; (*Rel*) to incarnate. **2** **s'**~ *vpr:* **s'**~ **dans** to be embodied in; (*Rel*) to be incarnate in. ♦ **incarnation** *nf* incarnation; embodiment. ♦ **incarné, e** *adj* (**a**) incarnate. **c'est la méchanceté** ~**e** he is wickedness incarnate. (**b**) *ongle* ingrown.

incartade [ɛ̃kaʀtad] *nf* prank.

incassable [ɛ̃kasabl(ə)] *adj* unbreakable.

incendier [ɛ̃sɑ̃dje] (7) *vt* (**a**) (*mettre le feu à*) to set fire to; (*brûler complètement*) to burn down. (**b**) *désir, imagination* to fire; *gorge* to burn. (**c**) (*°: réprimander*) ~ **qn** to give sb a telling-off*. ♦ **incendiaire 1** *nmf* arsonist. **2** *adj balle, discours* incendiary; *œillade* passionate. ♦ **incendie** *nm* fire. ~ **criminel** case of arson; ~ **de forêt** forest fire.

incertain, e [ɛ̃sɛʀtɛ̃, ɛn] *adj* (**a**) *personne* uncertain, unsure (*de, sur* about). (**b**) *démarche, temps* uncertain; *contour* indistinct, blurred; *lumière* dim. (**c**) *succès, fait* uncertain, doubtful. ♦ **incertitude** *nf* (*gén*) uncertainty. **être dans l'~** to be in a state of uncertainty.

incessamment [ɛ̃sɛsamɑ̃] *adv* (very) shortly.

incessant, e [ɛ̃sɛsɑ̃, ɑ̃t] *adj* (*gén*) incessant, unceasing; *efforts* ceaseless, unremitting.

inceste [ɛ̃sɛst(ə)] *nm* incest. ♦ **incestueux, -euse** *adj* incestuous.

inchangé, e [ɛ̃ʃɑ̃ʒe] *adj* unchanged, unaltered. ♦ **inchangeable** *adj* unchangeable.

incidemment [ɛ̃sidamɑ̃] *adv* incidentally, in passing.

incidence [ɛ̃sidɑ̃s] *nf* (*conséquence*) effect; (*Écon, Phys*) incidence.

incident [ɛ̃sidɑ̃] *nm* (*gén*) incident. ~ **imprévu** unexpected incident; ~ **de parcours** (*gén*) (slight) setback; (*lit, fig*) ~ **technique** technical hitch; **l'~ est clos** that's an end of the matter.

incinérer [ɛ̃sineʀe] (6) *vt* to incinerate; (*au crématorium*) to cremate. ♦ **incinérateur** *nm* incinerator. ♦ **incinération** *nf* incineration; cremation.

inciser [ɛ̃size] (1) *vt* to incise. ♦ **incisif, -ive 1** *adj ton* cutting, incisive; *regard* piercing. **2** *nf* (*dent*) incisor. ♦ **incision** *nf* incision.

inciter [ɛ̃site] (1) *vt:* ~ **qn à faire** to incite *ou* urge sb to do; **ça n'incite pas au travail** it's no incentive to work. ♦ **incitation** *nf* incitement (*à* to).

incivilité [ɛ̃sivilite] *nf* incivility, rudeness; (*propos*) uncivil *ou* rude remark.

inclassable [ɛ̃klasabl(ə)] *adj* unclassifiable.

incliner [ɛ̃kline] (1) **1** *vt* (**a**) (*pencher*) to tilt; (*courber*) to bend. ~ **la tête** (*to bow ou* incline one's head; ~ **le buste** (*saluer*) to bow; (*pencher*) to lean *ou* bend forward. (**b**) ~ **qn à** to encourage sb to; **ceci m'incline à penser que** that leads me to believe that. **2** *vi* (**a**) ~ **à** to be inclined to. (**b**) (*bifurquer*) ~ **vers** to veer towards *ou* to. **3** **s'**~ *vpr* (**a**) (*se courber*) to bow; (*s'avouer battu*) to admit defeat. (*lit, fig*) **s'**~ **devant qn** to bow before *ou* to sb; **s'**~ **devant un ordre** to accept an order; **Marseille s'est incliné devant Saint-Étienne** Marseilles went down to *ou* lost to Saint-Étienne. (**b**) [*arbre*] to bend over; [*mur*] to lean; [*chemin*] to slope. ♦ **inclinaison** *nf* [*route*] gradient; [*toit*] slope, pitch; [*mur*] lean; [*chapeau, tête*] tilt; [*navire*] list; (*Géom*) [*droite*] angle. ♦ **inclination** *nf* (**a**) (*penchant*) inclination. **avoir de l'~ pour** to have a strong liking *ou* a penchant for. (**b**) ~ **de** (**la**) **tête** (*acquiescement*) nod; (*salut*) inclination of the head; ~ (**du buste**) bow. ♦ **incliné, e** *adj* (**a**) *pente* steep; *mur* leaning; *récipient* tilted. (**b**) **être** ~ **à penser que ...** to be inclined to think that ...; **être** ~ **au mal** to have a tendency towards what is bad.

inclure [ɛ̃klyʀ] (35) *vt* to include; (*dans une enveloppe*) to enclose (*dans* in). **jusqu'au 10 mars inclus** until March 10th inclusive, up to and including March 10th. ♦ **inclusion** *nf* inclusion. ♦ **inclusivement** *adv* inclusively. **jusqu'au 1er janvier** ~ until January 1st inclusive, up to and including January 1st.

incognito [ɛ̃kɔɲito] **1** *adv* incognito. **2** *nm:* **garder l'**~ to remain incognito.

incohérent, e [ɛ̃kɔeʀɑ̃, ɑ̃t] *adj* (*confus*) incoherent; (*illogique*) inconsistent. ♦ **incohérence** *nf* incoherence; inconsistency. **~s dans un texte**

inconsistencies *ou* discrepancies in a text.
incolore [ɛ̃kɔlɔʀ] *adj* colourless; *vernis* clear.
incomber [ɛ̃kɔ̃be] (1) ~ à *vt indir [responsabilité]* to be incumbent (up)on; *[frais]* to be sb's responsibility. **il nous incombe de** it falls to us to.
incombustible [ɛ̃kɔ̃bystibl(ə)] *adj* incombustible.
incommode [ɛ̃kɔmɔd] *adj heure* awkward, inconvenient; *outil* impractical; *siège* uncomfortable; *position* awkward, uncomfortable. **♦ incommodément** *adv* inconveniently; awkwardly, uncomfortably. **♦ incommodité** *nf* inconvenience; awkwardness; impracticality; lack of comfort.
incommoder [ɛ̃kɔmɔde] (1) *vt*: ~ **qn** to disturb *ou* bother sb. **♦ incommodant, e** *adj odeur* unpleasant, offensive; *bruit* annoying; *chaleur* uncomfortable. **♦ incommodé, e** *adj* indisposed, unwell.
incomparable [ɛ̃kɔ̃paʀabl(ə)] *adj (sans pareil)* incomparable, matchless; *(dissemblable)* not comparable. **♦ incomparablement** *adv* incomparably.
incompatibilité [ɛ̃kɔ̃patibilite] *nf* incompatibility. ~ **d'humeur** (mutual) incompatibility. **♦ incompatible** *adj* incompatible *(avec* with).
incompétence [ɛ̃kɔ̃petãs] *nf* incompetence. **♦ incompétent, e** *adj* incompetent.
incomplet, -ète [ɛ̃kɔ̃plɛ, ɛt] *adj* incomplete. **♦ incomplètement** *adv renseigné* incompletely; *guéri* not completely.
incompréhension [ɛ̃kɔ̃pʀeãsjɔ̃] *nf (par ignorance)* lack of understanding; *(par hostilité)* lack of sympathy. **♦ incompréhensible** *adj (gén)* incomprehensible. **♦ incompréhensif, -ive** *adj* unsympathetic. **♦ incompris, e** *adj* misunderstood.
inconcevable [ɛ̃kɔ̃svabl(ə)] *adj (gén)* inconceivable.
inconciliable [ɛ̃kɔ̃siljabl(ə)] *adj* irreconcilable.
inconditionnel, -elle [ɛ̃kɔ̃disjɔnɛl] **1** *adj* unconditional; *partisan* unquestioning. **2** *nm,f (hum: fanatique)* enthusiast, fanatic.
inconduite [ɛ̃kɔ̃dɥit] *nf* wild *ou* loose behaviour.
inconfort [ɛ̃kɔ̃fɔʀ] *nm [logement]* lack of comfort, discomfort. **♦ inconfortable** *adj maison* uncomfortable; *(lit, fig) position* uncomfortable, awkward.
incongru, e [ɛ̃kɔ̃gʀy] *adj attitude* unseemly; *remarque* incongruous, ill-placed. **♦ incongruité** *nf* incongruity, unseemliness. **une** ~ an unseemly remark *(ou* action).
inconnu, e [ɛ̃kɔny] **1** *adj* unknown. **son visage m'était** ~ his face was new *ou* unknown to me; **une joie** ~**e** a strange joy; ~ **à cette adresse** not known at this address. **2** *nm,f* stranger, unknown person. **3** *nm*: **l'**~ the unknown. **4** *nf (Math, fig)* unknown quantity.
inconscient, e [ɛ̃kɔ̃sjã, ãt] **1** *adj (évanoui, machinal)* unconscious; *(irréfléchi)* thoughtless, reckless; *(*:* fou)* mad*. ~ **de** unaware of. **2** *nm (Psych)* **l'**~ the unconscious. **3** *nm,f (*)* nutcase*. **♦ inconsciemment** *adv* unconsciously; thoughtlessly; recklessly. **♦ inconscience** *nf* unconsciousness; thoughtlessness; recklessness. **c'est de l'**~ that's sheer madness.
inconséquent, e [ɛ̃kɔ̃sekã, ãt] *adj (illogique)* inconsistent, inconsequent; *(irréfléchi)* thoughtless. **♦ inconséquence** *nf* inconsistency; thoughtlessness.
inconsidéré, e [ɛ̃kɔ̃sidere] *adj* thoughtless, rash. **♦ inconsidérément** *adv* thoughtlessly, rashly.
inconsistant, e [ɛ̃kɔ̃sistã, ãt] *adj preuve* flimsy; *caractère* weak; *crème* runny. **♦ inconsistance** *nf* flimsiness; weakness; runniness.
inconsolable [ɛ̃kɔ̃sɔlabl(ə)] *adj* inconsolable.
inconstance [ɛ̃kɔ̃stãs] *nf [temps, sort]* fickleness; *[amour]* inconstancy; *[comportement]* inconsist-

ency. **♦ inconstant, e** *adj* fickle; inconstant; inconsistent.
incontestable [ɛ̃kɔ̃tɛstabl(ə)] *adj* incontestable, indisputable. **♦ incontestablement** *adv* incontestably, indisputably. **♦ incontesté, e** *adj* uncontested, undisputed.
incontinence [ɛ̃kɔ̃tinãs] *nf* incontinence. **♦ incontinent, e** *adj* incontinent.
incontrôlable [ɛ̃kɔ̃tʀolabl(ə)] *adj (non vérifiable)* unverifiable; *(irrépressible)* uncontrollable. **♦ incontrôlé, e** *adj* unverified; uncontrolled.
inconvenant, e [ɛ̃kɔ̃vnã, ãt] *adj comportement* improper, unseemly; *question* improper; *personne* ill-mannered. **♦ inconvenance** *nf* **(a)** impropriety, unseemliness. **(b)** *(acte, remarque)* impropriety.
inconvénient [ɛ̃kɔ̃venjã] *nm (désavantage)* disadvantage, drawback, inconvenience; *(risque)* risk. **nous ne voulons pas en supporter les** ~**s** we don't want to have to suffer the consequences; **peut-on en boire sans** ~? can one safely drink it?, is there any risk in drinking it?; **l'**~ **c'est que** the annoying thing is that, the one drawback is that; **si vous n'y voyez pas d'**~ ... if you have no objections ... .
incorporer [ɛ̃kɔʀpɔʀe] (1) *vt (gén)* to incorporate; *(Mil)* to enlist *(dans* into); *substance* to mix *(à, avec* with). **se faire** ~ **dans l'infanterie** to enlist in the infantry. **♦ incorporation** *nf* incorporation; mixing; enlistment.
incorrect, e [ɛ̃kɔʀɛkt, ɛkt(ə)] *adj* **(a)** *réglage* faulty; *solution* incorrect, wrong. **(b)** *langage* improper; *tenue* indecent; *personne* discourteous, impolite. **(c)** *(déloyal) personne, procédé* underhand. **♦ incorrectement** *adv* faultily; incorrectly; wrongly; improperly; indecently; discourteously, impolitely; in an underhand way. **♦ incorrection** *nf* **(a)** *l'*~ impropriety, incorrectness. **(b)** *(terme)* impropriety; *(action)* impolite action.
incorrigible [ɛ̃kɔʀiʒibl(ə)] *adj* incorrigible.
incorruptible [ɛ̃kɔʀyptibl(ə)] *adj* incorruptible.
incrédule [ɛ̃kʀedyl] **1** *adj (sceptique)* incredulous; *(Rel)* unbelieving. **2** *nmf (Rel)* nonbeliever. **♦ incrédulité** *nf* incredulity; unbelief.
increvable [ɛ̃kʀəvabl(ə)] *adj pneu* punctureproof; *(*:* infatigable)* tireless.
incriminer [ɛ̃kʀimine] (1) *vt personne* to incriminate, accuse; *conduite* to bring under attack; *honnêteté* to call into question.
incrochetable [ɛ̃kʀɔʃtabl(ə)] *adj serrure* burglarproof.
incroyable [ɛ̃kʀwajabl(ə)] *adj* incredible, unbelievable. **♦ incroyablement** *adv* incredibly, unbelievably.
incroyance [ɛ̃kʀwajãs] *nf (Rel)* unbelief. **♦ incroyant, e** **1** *adj* unbelieving. **2** *nm,f* nonbeliever.
incruster [ɛ̃kʀyste] (1) **1** *vt (Art)* to inlay. **2** **s'**~ *vpr* **(a)** *[caillou]* **s'**~ **dans** to become embedded in. **(b)** *(fig) [invité]* to take root. **(c)** *[radiateur]* to become incrusted *(de* with). **♦ incrustation** *nf (Art) (technique)* inlaying; *(ornement)* inlay; *(sur roche)* incrustation.
incuber [ɛ̃kybe] (1) *vt* to incubate. **♦ incubateur** *nm* incubator. **♦ incubation** *nf* incubation.
inculper [ɛ̃kylpe] (1) *vt* to charge *(de* with). **♦ inculpation** *nf* charging. **sous l'**~ **de** on a charge of. **♦ inculpé, e** *nm,f* accused.
inculquer [ɛ̃kylke] (1) *vt*: ~ **à qn** to inculcate in sb.
inculte [ɛ̃kylt(ə)] *adj terre* uncultivated; *barbe* unkempt; *personne* uneducated. **♦ inculture** *nf* lack of education.
incurable [ɛ̃kyʀabl(ə)] *adj, nmf* incurable.
incursion [ɛ̃kyʀsjɔ̃] *nf (lit, fig)* incursion, foray *(en, dans* into).
incurver *vt*, **s'**~ *vpr* [ɛ̃kyʀve] (1) to curve.
Inde [ɛ̃d] *nf* India. **les** ~**s** the Indies.

indécent, e [ɛ̃desã, ãt] *adj* indecent; *(fig) chance* disgusting. ♦ **indécemment** *adv* indecently. ♦ **indécence** *nf* indecency.

indéchiffrable [ɛ̃deʃifʀabl(ə)] *adj (illisible)* indecipherable; *(incompréhensible)* incomprehensible; *regard* inscrutable.

indéchirable [ɛ̃deʃiʀabl(ə)] *adj* tear-proof.

indécis, e [ɛ̃desi, iz] *adj personne (par nature)* indecisive; *(temporairement)* undecided *(sur* about); *résultat* undecided; *temps, paix* unsettled; *réponse* vague; *forme* indistinct. ♦ **indécision** *nf* indecisiveness; *(temporaire)* indecision *(sur* about).

indéfendable [ɛ̃defãdabl(ə)] *adj (lit, fig)* indefensible.

indéfini, e [ɛ̃defini] *adj (vague)* undefined; *(indéterminé)* indefinite. ♦ **indéfiniment** *adv* indefinitely. ♦ **indéfinissable** *adj* indefinable.

indélébile [ɛ̃delebil] *adj (lit, fig)* indelible.

indélicat, e [ɛ̃delika, at] *adj (mufle)* indelicate; *(malhonnête)* dishonest. ♦ **indélicatement** *adv* indelicately; dishonestly. ♦ **indélicatesse** *nf* indelicacy; dishonesty.

indémaillable [ɛ̃demajabl(ə)] *adj* run-resist.

indemne [ɛ̃dɛmn(ə)] *adj* unharmed, unhurt, unscathed.

indemniser [ɛ̃dɛmnize] (1) *vt (gén)* to indemnify *(de* for); *(d'une perte)* to compensate *(de* for). **se faire** ~ to get indemnification *ou* compensation. ♦ **indemnisation** *nf (action)* indemnification; *(somme)* indemnity, compensation. **10 F d'**~ 10 francs compensation. ♦ **indemnité** *nf [perte]* indemnity; *[frais]* allowance. ~ **de transport** travel allowance; ~ **parlementaire** M.P.'s salary.

indéniable [ɛ̃denjabl(ə)] *adj* undeniable. ♦ **indéniablement** *adv* undeniably.

indentation [ɛ̃dɑ̃tasjɔ̃] *nf* indentation.

indépendance [ɛ̃depãdãs] *nf (gén)* independence. ♦ **indépendamment** *adv (seul)* independently. ~ **de cela** apart from that. ♦ **indépendant, e** *adj (gén)* independent *(de* of). **pour des causes** ~**es de notre volonté** for reasons beyond our control; **'à louer: chambre** ~**e'** to let: self-contained bedsitter.

indescriptible [ɛ̃deskʀiptibl(ə)] *adj* indescribable.

indésirable [ɛ̃deziʀabl(ə)] *adj, nmf* undesirable.

indestructible [ɛ̃destʀyktibl(ə)] *adj* indestructible.

indéterminé, e [ɛ̃detɛʀmine] *adj date, cause* unspecified; *quantité* indeterminate; *impression, contours* vague. **pour des raisons** ~**es** for reasons which were not determined; **je suis encore** ~ **sur** I'm still undecided *ou* uncertain about. ♦ **indétermination** *nf (imprécision)* vagueness; *(irrésolution)* indecision.

index [ɛ̃dɛks] *nm (doigt)* forefinger; *(repère)* pointer; *(liste, indice)* index. ♦ **indexation** *nf* indexing. ♦ **indexer** (1) *vt* to index *(sur* to).

indication [ɛ̃dikɑsjɔ̃] *nf (gén)* indication *(de* of); *(directive)* instruction, direction; *(renseignement)* piece of information. **quelle** ~ **la pancarte?** what does the notice say?; **sauf** ~ **contraire** unless otherwise stated. ♦ **indicateur, -trice 1** *nm,f:* ~ **(de police)** (police) informer. **2** *nm (guide)* guide; *(horaire)* timetable; *(Tech)* gauge, indicator. ~ **des rues** street directory; ~ **de vitesse** *(Aut)* speedometer; *(Aviat)* airspeed indicator. ♦ **indicatif, -ive 1** *adj* indicative *(de* of). **2** *nm* **(a)** *(Rad) (mélodie)* signature tune. *[poste émetteur]* ~ **(d'appel)** call sign; ~ **téléphonique** (dialling) code. **(b)** *(Ling)* **l'**~ the indicative.

indice [ɛ̃dis] *nm* **(a)** *(signe)* indication, sign; *(élément d'enquête)* clue; *(Jur: preuve)* piece of evidence. **(b)** *(Math)* suffix; *(Admin: grade)* grading. ~ **des prix** price index.

indicible [ɛ̃disibl(ə)] *adj* inexpressible.

indien, -ienne [ɛ̃djɛ̃, jɛn] **1** *adj* Indian. **2** *nm(f):* **I'**~**(ne)** *[Inde]* Indian; *[Amérique]* (Red *ou* American) Indian.

indifférence [ɛ̃difeʀɑ̃s] *nf (gén)* indifference *(envers* to, towards). ♦ **indifféremment** *adv:* **supporter** ~ **le froid et le chaud** to stand cold and heat equally well, stand either cold or heat; **manger de tout** ~ to eat anything. ♦ **indifférent, e** *adj* indifferent *(à* to). **cela m'est** ~ it is immaterial to me, it doesn't matter to me; **parler de choses** ~**es** to talk of this and that. ♦ **indifférer** (6) *vt:* **ceci l'indiffère** he's indifferent to this, he couldn't care less about this.

indigence [ɛ̃diʒɑ̃s] *nf (misère)* poverty, destitution; *(fig)* poverty. ♦ **indigent, e 1** *adj* destitute, poor. **2** *nm,f* pauper.

indigène [ɛ̃diʒɛn] **1** *adj (du pays)* local; *(aux colonies)* native; *(Bot, Zool)* indigenous. **2** *nmf* local; native.

indigestion [ɛ̃diʒɛstjɔ̃] *nf* indigestion. **avoir une** ~ to get indigestion *ou* an attack of indigestion; *(fig)* **avoir une** ~ **de qch** to be sick of sth. ♦ **indigeste** *adj (lit, fig)* indigestible.

indigne [ɛ̃diɲ] *adj acte* shameful; *personne* unworthy. ~ **de amitié** unworthy of; **il est** ~ **de vivre** he doesn't deserve to live, he's not fit to live. ♦ **indignement** *adv* shamefully. ♦ **indignité** *nf* **(a)** *[personne]* unworthiness; *[conduite]* shamefulness. **(b)** *(acte)* shameful act.

indigner [ɛ̃diɲe] (1) **1** *vt:* ~ **qn** to make sb indignant. **2 s'**~ *vpr* to get indignant *(de* about, at, *contre* with). ♦ **indignation** *nf* indignation. **avec** ~ indignantly. ♦ **indigné, e** *adj* indignant *(par* at).

indigo [ɛ̃digo] *nm, adj inv* indigo.

indiqué, e [ɛ̃dike] *adj (conseillé)* advisable; *(adéquat)* appropriate, suitable. **c'est tout** ~ it's just what we need, it's just the thing.

indiquer [ɛ̃dike] (1) *vt* **(a)** *(montrer)* to show, indicate. ~ **qch du doigt** to point sth out *(à qn* to sb), point to sth; *[montre]* ~ **l'heure** to show *ou* tell the time; ~ **la réception à qn** to direct sb to *ou* show sb the way to reception; **qu'indique la pancarte?** what does the sign say?; **cela indique de la négligence** it points to *ou* indicates negligence. **(b)** *(dire)* **solution** to tell; *dangers* to point out. ~ **un hôtel à qn** to tell sb of a hotel, suggest a hotel to sb. **(c)** *(fixer)* **date** to give, name. **à l'heure indiquée** at the agreed *ou* appointed time. **(d)** *[étiquette]* to show; *[facture]* to give, mention. ~ **qch sur un plan** to mark *ou* draw sth on a plan.

indirect, e [ɛ̃diʀɛkt, ɛkt(ə)] *adj (gén)* indirect. ♦ **indirectement** *adv* indirectly; **apprendre qch** in a roundabout way.

indiscipline [ɛ̃disiplin] *nf* lack of discipline. ♦ **indiscipliné, e** *adj* undisciplined, unruly.

indiscret, -ète [ɛ̃diskʀɛ, ɛt] *adj (gén)* indiscreet; *(curieux)* inquisitive. **à l'abri des regards** ~**s** away from prying *ou* inquisitive eyes. ♦ **indiscrétion** *nf* **(a)** indiscretion; inquisitiveness. **sans** ~ without being indiscreet. **(b)** *(parole)* indiscreet word, indiscretion.

indiscutable [ɛ̃diskytabl(ə)] *adj* indisputable, unquestionable. ♦ **indiscutablement** *adv* indisputably, unquestionably. ♦ **indiscuté, e** *adj* undisputed.

indispensable [ɛ̃dispɑ̃sabl(ə)] **1** *adj (vital)* essential, vital; *(nécessaire)* necessary. **se rendre** ~ to make o.s. indispensable; **ça m'est** ~ it's indispensable to me, I can't do without it. **2** *nm:* **faire l'**~ to do what is essential *ou* absolutely necessary.

indisponible [ɛ̃disponibl(ə)] *adj* unavailable.

indisposer [ɛ̃dispoze] (1) *vt (rendre malade)* to upset; *(mécontenter)* to antagonize, alienate. ♦ **indisposé, e** *adj (malade)* indisposed, unwell. ♦ **indisposition** *nf (slight)* indisposition, upset.

indissociable [ɛ̃disɔsjabl(ə)] *adj problèmes* indissociable.

indissoluble [ɛ̃disɔlybl(ə)] *adj* indissoluble.
indistinct, e [ɛ̃distɛ̃(kt), ɛ̃kt(ə)] *adj* (*gén*) indistinct; *murmure* confused; *couleurs* vague.
♦ **indistinctement** *adv* (**a**) indistinctly; vaguely; confusedly. (**b**) (*indifféremment*) ça marche ~ au gaz ou à l'électricité it runs equally well *ou* just as well on gas or on electricity; **tuant ~ femmes et enfants** killing women and children indiscriminately.
individu [ɛ̃dividy] *nm* (*gén*) individual; (*corps*) body; (*péj: homme*) fellow. **un drôle d'~** an odd-looking character *ou* individual.
individualiser [ɛ̃dividɥalize] (1) **1** *vt* (*caractériser*) to individualize; (*personnaliser*) to personalize; *horaire* to tailor to individual requirements. **2 s'~** *vpr* to acquire an identity of one's own. ♦ **individualisé, e** *adj caractères, groupe* distinctive. ♦ **individualisme** *nm* individualism. ♦ **individualiste 1** *adj* individualistic. **2** *nmf* individualist. ♦ **individualité** *nf* (*gén*) individuality; (*personnalité*) personality. ♦ **individuel, -elle** *adj* (*gén*) individual; *liberté* personal; *caractères* distinctive. ♦ **individuellement** *adv* individually.
indivisibilité [ɛ̃divizibilite] *nf* indivisibility. ♦ **indivisible** *adj* indivisible.
Indochine [ɛ̃dɔʃin] *nf* Indochina. ♦ **indochinois, e** *adj*, **I~(e)** *nm(f)* Indochinese.
indolence [ɛ̃dɔlɑ̃s] *nf* (*gén*) indolence; *[pouvoirs publics]* apathy, lethargy. ♦ **indolent, e** *adj* indolent; apathetic, lethargic.
indolore [ɛ̃dɔlɔʀ] *adj* painless.
indomptable [ɛ̃dɔ̃tabl(ə)] *adj* (*gén*) untameable; *enfant* unmanageable; *volonté* indomitable. ♦ **indompté, e** *adj* untamed, wild.
Indonésie [ɛ̃dɔnezi] *nf* Indonesia. ♦ **indonésien, -enne** *adj*, **I~(ne)** *nm(f)* Indonesian.
indu, e [ɛ̃dy] *adj joie* unseemly; *dépenses* unwarranted. **sans optimisme ~** without undue optimism.
indubitable [ɛ̃dybitabl(ə)] *adj* indubitable. ♦ **indubitablement** *adv* indubitably.
induction [ɛ̃dyksjɔ̃] *nf* (*gén*) induction.
induire [ɛ̃dɥiʀ] (38) *vt* (**a**) ~ **qn en erreur** to mislead sb, lead sb astray. (**b**) (*inférer*) to infer, induce (*de* from).
indulgent, e [ɛ̃dylʒɑ̃, ɑ̃t] *adj* (*gén*) indulgent (*avec* with); *juge, examinateur* lenient (*envers* towards). ♦ **indulgence** *nf* indulgence; leniency. **critique sans ~** harsh criticism.
indûment [ɛ̃dymɑ̃] *adv* protester unduly; *détenir* wrongfully.
industrie [ɛ̃dystʀi] *nf* (**a**) (*activité*) industry. **doter un pays d'une ~** to provide a country with an industrial infrastructure; **l'~ du spectacle** show business. (**b**) (*entreprise*) industry, industrial concern. (**c**) (*ingéniosité*) ingenuity. ♦ **industrialisation** *nf* industrialization. ♦ **industrialiser** (1) **1** *vt* to industrialize. **2 s'~** *vpr* to become industrialized. ♦ **industriel, -elle 1** *adj* industrial. **2** *nm* industrialist, manufacturer. ♦ **industriellement** *adv* industrially.
industrieux, -euse [ɛ̃dystʀijø, øz] *adj* industrious.
inébranlable [inebʀɑ̃labl(ə)] *adj* (*résolu*) unshakeable, steadfast, unwavering; (*inamovible*) immovable.
inédit, e [inedi, it] *adj texte* unpublished; *trouvaille* new, original.
ineffable [inefabl(ə)] *adj* ineffable.
inefficace [inefikas] *adj mesure* ineffective; *machine* inefficient. ♦ **inefficacité** *nf* ineffectiveness; inefficiency.
inégal, e, *mpl* **-aux** [inegal, o] *adj* (*irrégulier*) uneven; (*disproportionné*) unequal. ♦ **inégalable** *adj* incomparable, matchless. ♦ **inégalé, e** *adj* unequalled, unmatched. ♦ **inégalement** *adv* unequally; unevenly. ♦ **inégalité** *nf* (*différence*) difference (*de* between); (*injustice*) inequality;

(*irrégularité*) unevenness. **~s de terrain** unevenness of the ground, bumps in the ground.
inélégant, e [inelegɑ̃, ɑ̃t] *adj toilette* inelegant; *procédés* discourteous.
inéligibilité [ineliʒibilite] *nf* (*Pol*) ineligibility. ♦ **inéligible** *adj* ineligible.
inéluctable [inelyktabl(ə)] *adj, nm* inescapable. ♦ **inéluctabilité** *nf* inescapability. ♦ **inéluctablement** *adv* inescapably.
inénarrable [inenaʀabl(ə)] *adj* (*désopilant*) priceless*; (*incroyable*) incredible.
inepte [inɛpt(ə)] *adj* inept. ♦ **ineptie** *nf* (*gén*) ineptitude. **dire des ~s** to talk nonsense.
inépuisable [inepɥizabl(ə)] *adj* inexhaustible.
inerte [inɛʀt(ə)] *adj* (*gén*) inert; *corps* lifeless; *personne* passive, apathetic. ♦ **inertie** *nf* inertia; passivity, apathy.
inescompté, e [inɛskɔ̃te] *adj,* **inespéré, e** [inɛspeʀe] *adj* unexpected, unhoped-for.
inestimable [inɛstimabl(ə)] *adj aide* inestimable, invaluable; *valeur* incalculable.
inévitable [inevitabl(ə)] *adj obstacle, accident* unavoidable; *résultat* inevitable, inescapable. **c'était ~!** it was inevitable!, it was bound to happen!; **l'~** the inevitable. ♦ **inévitablement** *adv* inevitably.
inexact, e [inɛgza(kt), akt(ə)] *adj* (*faux*) inaccurate, inexact; (*sans ponctualité*) unpunctual. ♦ **inexactitude** *nf* inaccuracy; unpunctuality.
inexcusable [inɛkskyzabl(ə)] *adj* inexcusable, unforgivable.
inexistant, e [inɛgzistɑ̃, ɑ̃t] *adj* non-existent.
inexorable [inɛgzɔʀabl(ə)] *adj destin* inexorable; *juge* inflexible. ♦ **inexorabilité** *nf* inexorability; inflexibility. ♦ **inexorablement** *adv* inexorably.
inexpérience [inɛkspeʀjɑ̃s] *nf* inexperience. ♦ **inexpérimenté, e** *adj personne* inexperienced; *gestes* inexpert.
inexplicable [inɛksplikabl(ə)] *adj* inexplicable. ♦ **inexplicablement** *adv* inexplicably. ♦ **inexpliqué, e** *adj* unexplained.
inexploitable [inɛksplwatabl(ə)] *adj* unexploitable. ♦ **inexploité, e** *adj* unexploited.
inexploré, e [inɛksplɔʀe] *adj* unexplored.
inexpressif, -ive [inɛkspʀesif, iv] *adj visage* expressionless, inexpressive.
inexprimable [inɛkspʀimabl(ə)] *adj, nm* inexpressible.
inextinguible [inɛkstɛ̃gibl(ə)] *adj* (*littér*) *passion* inextinguishable; *soif* unquenchable.
in extremis [inɛkstʀemis] **1** *loc adv arriver* at the last minute. **2** *loc adj sauvetage* last-minute.
inextricable [inɛkstʀikabl(ə)] *adj* inextricable. ♦ **inextricablement** *adv* inextricably.
infaillible [ɛ̃fajibl(ə)] *adj* infallible. ♦ **infaillibilité** *nf* infallibility. ♦ **infailliblement** *adv* (*à coup sûr*) inevitably; (*sans erreur*) infallibly.
infaisable [ɛ̃fəzabl(ə)] *adj* impossible, impracticable.
infâme [ɛ̃fɑm] *adj* (*gén*) vile; *action* unspeakable; *traître* infamous; *taudis* revolting, disgusting. ♦ **infamant, e** *adj acte* infamous; *propos* defamatory. ♦ **infamie** *nf* (**a**) infamy. (**b**) (*insulte*) scandalous remark; (*action*) infamous *ou* vile action.
infanterie [ɛ̃fɑ̃tʀi] *nf* infantry.
infantile [ɛ̃fɑ̃til] *adj maladie* infantile; *médecine* child; (*puéril*) infantile, childish. ♦ **infantilisme** *nm* (*Méd, Psych*) infantilism. **c'est de l'~!** how childish!
infarctus [ɛ̃faʀktys] *nm:* ~ (**du myocarde**) coronary thrombosis; **il a fait trois ~** he has had three coronaries.
infatigable [ɛ̃fatigabl(ə)] *adj* indefatigable, tireless. ♦ **infatigablement** *adv* indefatigably, tirelessly.
infatuer (s') [ɛ̃fatɥe] (1) *vpr:* **s'~ de** to become

infatuated with. ◆ **infatuation** *nf* self-conceit.
◆ **infatué, e** *adj air* conceited. ~ **de lui-même** full
of self-conceit.

infect, e [ɛ̃fɛkt, ɛkt(ə)] *adj (gén)* vile, revolting;
temps filthy, foul.

infecter [ɛ̃fɛkte] (1) **1** *vt atmosphère* to contaminate; *(Méd, fig)* to poison, infect. **2 s'~** *vpr [plaie]*
to become infected, turn septic. ◆ **infectieux,**
-euse *adj* infectious. ◆ **infection** *nf (Méd)* infection; *(puanteur)* stench.

inférer [ɛ̃feʀe] (6) *vt* to infer, gather *(de* from).

inférieur, e [ɛ̃feʀjœʀ] **1** *adj partie, rang, vitesse*
lower; *quantité, nombre* smaller; *qualité, intelligence* inferior. **descendez à l'étage** ~ go to the
next floor down; ~ **à** *nombre* less *ou* smaller than,
below; ~ **à la moyenne** below average; **roman** ~ **à**
un autre novel inferior to another. **2** *nm,f*
inferior. ◆ **infériorité** *nf* inferiority. ~ **en**
nombre inferiority in numbers; **en état d'**~ in an
inferior position.

infernal, e, *mpl* **-aux** [ɛ̃fɛʀnal, o] *adj (gén)* infernal; *douleur, enfant* diabolical.

infertile [ɛ̃fɛʀtil] *adj (lit, fig)* infertile.

infester [ɛ̃fɛste] (1) *vt (gén)* to infest. **infesté de**
souris infested with *ou* overrun with mice.

infidèle [ɛ̃fidɛl] **1** *adj ami, récit* unfaithful *(à* to);
mémoire unreliable; *(Rel)* infidel. **2** *nmf (Rel)*
infidel. ◆ **infidélité** *nf* **(a)** unfaithfulness;
unreliability. **(b)** *(acte déloyal)* infidelity. **faire**
une ~ **à qn** to be unfaithful to sb.

infiltrer (s') [ɛ̃filtʀe] (1) *vpr (gén)* to infiltrate;
[liquide] to percolate (through); *[lumière]* to filter
through. **s'**~ **dans** to infiltrate; to percolate
(through); to filter into. ◆ **infiltration** *nf* infiltration; percolation. *(Méd)* **se faire faire des** ~**s** to
have injections.

infime [ɛ̃fim] *adj* tiny, minute.

infini, e [ɛ̃fini] **1** *adj (gén)* infinite; *patience* unlimited; *douleur* immense; *propos* interminable,
never-ending. **2** *nm:* **l'**~ *(Philos)* the infinite;
(Math, Phot) infinity; **à l'**~ endlessly.
◆ **infiniment** *adv (gén)* infinitely. **avec** ~ **de soin**
with infinite care; **je regrette** ~ I'm extremely
sorry; **l'**~ **grand** the infinitely great; **l'**~ **petit** the
infinitesimal. ◆ **infinité** *nf* infinity. **une** ~ **de** an
infinite number of. ◆ **infinitésimal, e,** *mpl* **-aux**
adj infinitesimal.

infinitif, -ive [ɛ̃finitif, iv] *adj, nm* infinitive.

infirme [ɛ̃fiʀm(ə)] **1** *adj* crippled, disabled; *(avec*
l'âge) infirm. **2** *nmf* cripple. ~ **du travail** industrially disabled person; ~ **de guerre** war cripple.
◆ **infirmerie** *nf (gén)* infirmary; *[école, navire]*
sick bay. ◆ **infirmier** *nm* male nurse.
◆ **infirmière** *nf* nurse. ◆ **infirmité** *nf* disability.
les ~**s de la vieillesse** the infirmities of old age.

infirmer [ɛ̃fiʀme] (1) *vt* to invalidate.

inflammable [ɛ̃flamabl(ə)] *adj* inflammable,
flammable.

inflammation [ɛ̃flamasjɔ̃] *nf* inflammation.
◆ **inflammatoire** *adj* inflammatory.

inflation [ɛ̃flasjɔ̃] *nf* inflation. ◆ **inflationniste**
adj danger inflationary; *politique* inflationist.

infléchir [ɛ̃fleʃiʀ] (2) **1** *vt (lit, fig)* to bend; *rayons*
to inflect. **2 s'**~ *vpr [route]* to bend; *[poutre]* to
sag; *[politique]* to shift.

inflexible [ɛ̃flɛksibl(ə)] *adj (gén)* inflexible;
caractère unyielding; *règle* rigid. ◆ **inflexibilité**
nf inflexibility, rigidity.

inflexion [ɛ̃flɛksjɔ̃] *nf [direction]* bend; *[voix]*
inflexion; *[politique]* shift *(de* in). **d'une** ~ **de la**
tête/du corps with a nod/bow.

infliger [ɛ̃fliʒe] (3) *vt (gén)* to inflict; *amende* to
impose *(à* on).

influence [ɛ̃flyɑ̃s] *nf* influence *(sur* on). **il a de l'**~
he's an influential person; **avoir une** ~ **néfaste**
sur to have a harmful effect on; **sous l'**~ **de** under
the influence of. ◆ **influençable** *adj* easily influenced. ◆ **influencer** (3) *vt (gén)* to influence;

(agir sur) to act upon. ◆ **influent, e** *adj* influential. ◆ **influer** (1) *vi:* ~ **sur** to influence, have an
influence on.

influx [ɛ̃fly] *nm:* ~ **nerveux** (nerve) impulse.

informateur, -trice [ɛ̃fɔʀmatœʀ, tʀis] *nm,f*
informer.

informaticien, -ienne [ɛ̃fɔʀmatisjɛ̃, jɛn] *nm,f*
computer scientist.

information [ɛ̃fɔʀmasjɔ̃] *nf* **(a)** *(renseignement)*
piece of information; *(nouvelle)* piece of news.
voici nos ~**s** here is the news; **une** ~ **de dernière**
minute some last-minute news. **(b)** *(diffusion)*
information. **pour l'**~ **des voyageurs** for the
information of travellers; **mettre la main sur l'**~
to get hold of the information network. **(c)**
(connaissances) information. **(d)** *(Ordinateurs,*
Sci) **l'**~ information; **traitement de l'**~ data
processing. **(e)** *(Jur)* ~ **officielle** (judicial)
inquiry.

informatique [ɛ̃fɔʀmatik] **1** *nf (science)* computer science; *(techniques)* data processing.
l'ère de l'~ the age of the computer. **2** *adj* computer.

informe [ɛ̃fɔʀm(ə)] *adj masse* shapeless, formless; *visage* misshapen.

informer [ɛ̃fɔʀme] (1) **1** *vt* to inform, tell *(de* of,
about). **on vous a mal informé** you've been misinformed; **milieux bien informés** well-informed
circles. **2 s'**~ *vpr (d'un fait)* to inquire, find out,
ask *(de* about); *(dans une matière)* to inform o.s.
(sur about).

infortune [ɛ̃fɔʀtyn] *nf* misfortune. ◆ **infortuné, e**
1 *adj* ill-fated, wretched. **2** *nm,f (poor)* wretch.

infraction [ɛ̃fʀaksjɔ̃] *nf (délit)* offence. *(Aut)* **être**
en ~ to be committing an offence, be in breach of
the law.

infranchissable [ɛ̃fʀɑ̃ʃisabl(ə)] *adj (lit)* impassable; *(fig)* insurmountable, insuperable.

infrarouge [ɛ̃fʀaʀuʒ] *adj, nm* infrared.

infrastructure [ɛ̃fʀastʀyktyʀ] *nf (Constr)*
substructure; *(Écon, fig)* infrastructure.

infroissable [ɛ̃fʀwasabl(ə)] *adj* uncrushable,
crease-resistant.

infructueux, -euse [ɛ̃fʀyktɥø, øz] *adj* fruitless,
unfruitful.

infuser [ɛ̃fyze] (1) *vt* **(a)** *(plus gén faire* ~*) tisane*
to infuse. **laisser** ~ **le thé** to leave the tea to brew
ou infuse. **(b)** *(fig)* to infuse *(à* into). ◆ **infusion** *nf*
(action) infusion; *(tisane)* infusion, herb tea. ~
de tilleul lime tea.

ingénier (s') [ɛ̃ʒenje] (7) *vpr:* **s'**~ **à faire** to try
hard to do.

ingénieur [ɛ̃ʒenjœʀ] *nm* engineer. ~ **chimiste**
chemical engineer; ~ **du son** sound engineer.

ingénieux, -euse [ɛ̃ʒenjø, øz] *adj* ingenious.
◆ **ingénieusement** *adv* ingeniously.
◆ **ingéniosité** *nf* ingenuity.

ingénu, e [ɛ̃ʒeny] *adj* naïve, artless. ◆ **ingénuité**
nf naïvety, artlessness. ◆ **ingénument** *adv*
naïvely, artlessly.

ingérer [ɛ̃ʒeʀe] (6) **1** *vt* to ingest. **2 s'**~ *vpr:* **s'**~
dans to interfere in. ◆ **ingérence** *nf* interference
(dans in). ◆ **ingestion** *nf* ingestion.

ingouvernable [ɛ̃guvɛʀnabl(ə)] *adj (Pol)*
ungovernable.

ingrat, e [ɛ̃gʀa, at] *adj personne* ungrateful
(envers to); *métier, sujet* thankless; *sol* sterile;
visage unattractive. ◆ **ingratitude** *nf* ingratitude,
ungratefulness *(envers* towards). **avec** ~
ungratefully.

ingrédient [ɛ̃gʀedjɑ̃] *nm* ingredient.

inguérissable [ɛ̃geʀisabl(ə)] *adj (gén)* incurable;
chagrin inconsolable.

ingurgiter [ɛ̃gyʀʒite] (1) *vt nourriture* to swallow,
ingurgitate; *(fig)* to ingest, ingurgitate.

inhabile [inabil] *adj (manuellement)* clumsy;
(tactiquement) inept. ◆ **inhabilité** *nf* clumsiness;
ineptitude.

inhabitable [inabitabl(ə)] *adj* uninhabitable. ♦ **inhabité, e** *adj* uninhabited.

inhabituel, -elle [inabityɛl] *adj* unusual.

inhaler [inale] (1) *vt* to inhale, breathe in. ♦ **inhalation** *nf* inhalation. **prendre une** ~ to use an inhalation bath.

inhérent, e [ineʀɑ̃, ɑ̃t] *adj* inherent (*à* in).

inhiber [inibe] (1) *vt* to inhibit. ♦ **inhibition** *nf* inhibition.

inhospitalier, -ière [inɔspitalje, jɛʀ] *adj* inhospitable.

inhumain, e [inymɛ̃, ɛn] *adj* inhuman.

inhumer [inyme] (1) *vt* to inter. ♦ **inhumation** *nf* interment.

inimaginable [inimaʒinabl(ə)] *adj* unimaginable.

inimitable [inimitabl(ə)] *adj* inimitable.

inimitié [inimitje] *nf* enmity.

ininflammable [inɛ̃flamabl(ə)] *adj* non-flammable.

inintelligent, e [inɛ̃teliʒɑ̃, ɑ̃t] *adj* unintelligent.

inintelligible [inɛ̃teliʒibl(ə)] *adj* unintelligible. ♦ **inintelligibilité** *nf* unintelligibility.

inintéressant, e [inɛ̃teʀesɑ̃, ɑ̃t] *adj* uninteresting.

ininterrompu, e [inɛ̃teʀɔ̃py] *adj ligne* unbroken; *flot* steady, uninterrupted.

inique [inik] *adj* iniquitous. ♦ **iniquité** *nf* iniquity.

initial, e, *mpl* **-aux** [inisjal, o] *adj, nf* initial. ♦ **initialement** *adv* initially.

initiative [inisjativ] *nf* (*gén*) initiative. **prendre l'**~ **d'une action/de faire** to take the initiative for an action/in doing; **avoir de l'**~ to have *ou* show initiative.

initier [inisje] (7) **1** *vt* (*gén*) to initiate (*à* into); (*à un sport*) to introduce (*à* to). **2 s'**~ *vpr* to become initiated. ♦ **initiateur, -trice** *nm,f* (*gén*) initiator; (*mode*) innovator. ♦ **initiation** *nf* initiation (*à* into). (*titre*) ~ **à la philosophie** introduction to philosophy. ♦ **initié, e 1** *adj* initiated. **2** *nm,f* initiated person. **les non** ~**s** the uninitiated.

injecter [ɛ̃ʒɛkte] (1) *vt* (*Méd, Tech*) to inject. **yeux injectés de sang** bloodshot eyes. ♦ **injectable** *adj* injectable. ♦ **injection** *nf* injection.

injonction [ɛ̃ʒɔ̃ksjɔ̃] *nf* injunction, command.

injure [ɛ̃ʒyʀ] *nf* insult. **bordée d'**~**s** string of abuse *ou* insults; **il m'a fait l'**~ **de ne pas venir** he insulted *ou* affronted me by not coming. ♦ **injurier** (7) *vt* to abuse, insult. ♦ **injurieusement** *adv* abusively, insultingly. ♦ **injurieux, -euse** *adj* abusive, insulting (*pour* to).

injuste [ɛ̃ʒyst(ə)] *adj* (*gén*) unjust; (*partial*) unfair (*avec* to). ♦ **injustement** *adv* unjustly; unfairly. ♦ **injustice** *nf* (**a**) injustice; unfairness. (**b**) (*acte*) injustice.

injustifiable [ɛ̃ʒystifjabl(ə)] *adj* unjustifiable. ♦ **injustifié, e** *adj* unjustified, unwarranted.

inlassable [ɛ̃lɑsabl(ə)] *adj* tireless, unflagging. ♦ **inlassablement** *adv* tirelessly, unflaggingly.

inné, e [ine] *adj* innate, inborn.

innocent, e [inɔsɑ̃, ɑ̃t] **1** *adj* (*gén*) innocent (*de* of); *farce* harmless. **2** *nm,f* innocent. **l'**~ **du village** the village simpleton *ou* idiot. ♦ **innocemment** *adv* innocently. ♦ **innocence** *nf* innocence; harmlessness. ♦ **innocenter** (1) *vt* to clear, prove innocent (*de* of).

innombrable [inɔ̃bʀabl(ə)] *adj détails* innumerable, countless; *foule* vast.

innommable [inɔmabl(ə)] *adj conduite* unspeakable; *ordures* unspeakably foul.

innover [inɔve] (1) **1** *vi* to innovate. **ce peintre innove** this painter is breaking new ground. **2** *vt* to create, invent. ♦ **innovateur, -trice 1** *adj* innovatory. **2** *nm,f* innovator. ♦ **innovation** *nf* innovation.

inoccupé, e [inɔkype] *adj* (*gén*) unoccupied.

inoculer [inɔkyle] (1) *vt*: ~ **un virus à qn** (*volontairement*) to inoculate sb with a virus; (*accidentellement*) to infect sb with a virus; ~

une passion *etc* **à qn** to infect sb with a passion *etc*. ♦ **inoculation** *nf* inoculation; infection.

inodore [inɔdɔʀ] *adj gaz* odourless; *fleur* scentless.

inoffensif, -ive [inɔfɑ̃sif, iv] *adj* harmless, innocuous.

inonder [inɔ̃de] (1) *vt* to flood; (*fig: de produits*) to flood, swamp, inundate (*de* with). **inondé de soleil/de sueur** bathed in sunlight/in sweat; **inondé de larmes** *joues* streaming with tears; *yeux* full of tears; **se faire** ~ **(par la pluie)** to get soaked *ou* drenched (by the rain). ♦ **inondation** *nf* (*action*) flooding; swamping; inundation; (*résultat*) flood.

inopérable [inɔpeʀabl(ə)] *adj* inoperable.

inopiné, e [inɔpine] *adj* (*gén*) unexpected; *mort* sudden. ♦ **inopinément** *adv* unexpectedly.

inopportun, e [inɔpɔʀtœ̃, yn] *adj* ill-timed, inopportune, untimely. ♦ **inopportunément** *adv* inopportunely.

inorganisé, e [inɔʀganize] *adj* unorganized.

inoubliable [inublijabl(ə)] *adj* unforgettable.

inouï, e [inwi] *adj événement* unprecedented, unheard-of; *nouvelle, vitesse* incredible. **il est** ~**!*** he's incredible!

inox [inɔks] *ou* **inoxydable** [inɔksidabl(ə)] **1** *adj acier* stainless; *couteau* stainless steel. **2** *nm* stainless steel.

inqualifiable [ɛ̃kalifjabl(ə)] *adj* unspeakable.

inquiet, -ète [ɛ̃kjɛ, ɛt] **1** *adj* (*momentanément*) worried; (*par nature*) anxious; *gestes, attente* uneasy. **je suis** ~ **de ne pas le voir** I'm worried *ou* anxious at not seeing him. **2** *nm,f* worrier. ♦ **inquiétant, e** *adj* disturbing, worrying. ♦ **inquiéter** (6) **1** *vt* (*gén*) to worry, disturb; (*Mil*) to harass. **être inquiété (par la police)** to be troubled *ou* bothered by the police. **2 s'**~ *vpr* to worry. **s'**~ **de** (*s'enquérir*) to inquire about; (*se soucier*) to worry about, trouble (o.s.) about, bother about. ♦ **inquiétude** *nf* anxiety. **donner des** ~**s à qn** to give sb cause for worry *ou* anxiety; **soyez sans** ~ have no fear.

inquisiteur, -trice [ɛ̃kizitœʀ, tʀis] **1** *adj* inquisitive. **2** *nm* inquisitor. ♦ **inquisition** *nf* inquisition.

insaisissable [ɛ̃sezisabl(ə)] *adj fugitif* elusive; *nuance* imperceptible.

insalubre [ɛ̃salybʀ(ə)] *adj climat* insalubrious. ♦ **insalubrité** *nf* insalubrity.

insanité [ɛ̃sanite] *nf* (*folie*) insanity, madness; (*acte*) insane act. (*propos*) ~**(s)** insane talk.

insatiable [ɛ̃sasjabl(ə)] *adj* insatiable. ♦ **insatiablement** *adv* insatiably.

insatisfait, e [ɛ̃satisfɛ, ɛt] *adj* (*non comblé*) unsatisfied; (*mécontent*) dissatisfied. ♦ **insatisfaction** *nf* dissatisfaction.

inscription [ɛ̃skʀipsjɔ̃] *nf* (**a**) (*écrite*) inscription. **l'**~ **d'une question à l'ordre du jour** putting a question on the agenda. (**b**) (*immatriculation*) enrolment, registration; (*à l'université*) matriculation (*à* at); (*à un concours*) enrolment (*à* in). **l'**~ **à un club** joining a club; **il y a déjà 20** ~**s pour jeudi** 20 people have already signed on *ou* enrolled for Thursday; **votre** ~ **sur la liste dépend de** ... the inclusion of your name on the list depends on ... .

inscrire [ɛ̃skʀiʀ] (39) **1** *vt* (**a**) *nom, date* to note down, write down; (*dans la pierre*) to inscribe, engrave. ~ **une question à l'ordre du jour** to put a question on the agenda; **il est inscrit sur la liste** his name is (written) on the list. (**b**) *étudiant* to register, enrol; (*pour rendez-vous*) to put down. **(faire)** ~ **un enfant à l'école** to put a child's name down for school, enrol *ou* register a child for school. **2 s'**~ *vpr* (**a**) (*à un club*) to join (*à* non traduit); (*sur une liste*) to put one's name down (*sur* on); (*à l'université*) to register, enrol (*à* at). (**b**) (*s'insérer*) (*Math*) to be inscribed. (*fig*) **s'**~ **dans le cadre de qch** to lie *ou* come within the framework of sth, fit into sth. (**c**) **s'**~ **en faux**

contre qch to deny sth strongly. ♦ **inscrit, e** *nm,f* registered member (*ou* student *ou* candidate).
insecte [ɛ̃sɛkt(ə)] *nm* insect. ♦ **insecticide** *adj, nm* insecticide.
insécurité [ɛ̃sekyʀite] *nf* insecurity.
inséminer [ɛ̃semine] (1) *vt* to inseminate. ♦ **insémination** *nf* insemination.
insensé, e [ɛ̃sɑ̃se] *adj* insane. **c'est un ~!** he's demented! *ou* insane!
insensible [ɛ̃sɑ̃sibl(ə)] *adj* (a) insensible, insensitive (*à* to). (b) (*imperceptible*) imperceptible. ♦ **insensibiliser** (1) *vt* to anaesthetize. ♦ **insensibilité** *nf* insensitivity, insensibility. ♦ **insensiblement** *adv* imperceptibly.
inséparable [ɛ̃sepaʀabl(ə)] *adj* inseparable (*de* from).
insérer [ɛ̃seʀe] (6) **1** *vt* to insert (*dans* into). **2 s'~** *vpr*: **s'~ dans** *ensemble etc* to fit into. ♦ **insertion** *nf* insertion.
insidieux, -euse [ɛ̃sidjø, øz] *adj* insidious. ♦ **insidieusement** *adv* insidiously.
insigne[1] [ɛ̃siɲ] *adj honneur* distinguished; *faveur* notable; *maladresse* remarkable.
insigne[2] [ɛ̃siɲ] *nm* (*cocarde*) badge. (*emblème*) **l'~ de, les ~s de** the insignia of.
insignifiant, e [ɛ̃siɲifjɑ̃, ɑ̃t] *adj* (*gén*) insignificant; *somme* trifling. ♦ **insignifiance** *nf* insignificance.
insinuer [ɛ̃sinɥe] (1) **1** *vt* to insinuate, imply. **2 s'~** *vpr*: **s'~ dans** [*personne*] to worm one's way into, insinuate o.s. into; [*eau*] to seep *ou* creep into. ♦ **insinuation** *nf* insinuation, innuendo.
insipide [ɛ̃sipid] *adj* (*gén*) insipid.
insister [ɛ̃siste] (1) *vi* (a) ~ **sur** *sujet* to stress; *syllabe* to emphasize, stress; **n'insistons pas!** let us not dwell on it. (b) (*s'obstiner*) to be insistent (*auprès de* with), insist. **sonnez encore, insistez, elle est un peu sourde** ring again and keep (on) trying because she's a little deaf; **je n'insiste pas, je m'en vais*** I won't insist – I'll go. ♦ **insistance** *nf* insistence (*à faire ou* doing). **avec ~** insistently. ♦ **insistant, e** *adj* insistent.
insolation [ɛ̃sɔlasjɔ̃] *nf* (a) (*malaise*) sunstroke. **une ~** a touch of sunstroke. (b) (*ensoleillement*) (period of) sunshine. (c) (*exposition au soleil*) exposure.
insolent, e [ɛ̃sɔlɑ̃, ɑ̃t] *adj personne, attitude* insolent; *luxe, joie* unashamed. **il a une chance ~e!** he has the luck of the devil! ♦ **insolemment** *adv* insolently; unashamedly. ♦ **insolence** *nf* insolence; (*remarque*) insolent remark.
insolite [ɛ̃sɔlit] *adj* unusual, strange.
insoluble [ɛ̃sɔlybl(ə)] *adj problème* insoluble, insolvable. ~ (**dans l'eau**) insoluble (in water).
insolvable [ɛ̃sɔlvabl(ə)] *adj* insolvent. ♦ **insolvabilité** *nf* insolvency.
insomnie [ɛ̃sɔmni] *nf* insomnia. **nuits d'~** sleepless nights; **ses ~s** his (periods of) insomnia. ♦ **insomniaque** *nmf* insomniac.
insondable [ɛ̃sɔ̃dabl(ə)] *adj* unfathomable.
insonore [ɛ̃sɔnɔʀ] *adj* soundproof. ♦ **insonorisation** *nf* soundproofing. ♦ **insonoriser** (1) *vt* to soundproof.
insouciant, e [ɛ̃susjɑ̃, ɑ̃t] *adj personne* carefree, happy-go-lucky; *paroles* carefree. ~ **de** careless *ou* heedless of. ♦ **insouciance** *nf* heedless *ou* happy-go-lucky attitude. **vivre dans l'~** to live a carefree life. ♦ **insoucieux, -euse** *adj* carefree.
insoumis, e [ɛ̃sumi, iz] **1** *adj enfant* rebellious; *tribu* unsubdued; *soldat* absent without leave. **2** *nm* (*Mil*) absentee. ♦ **insoumission** *nf* rebelliousness; (*Mil*) absence without leave.
insoupçonnable [ɛ̃supsɔnabl(ə)] *adj* above suspicion. ♦ **insoupçonné, e** *adj* unsuspected (*de* by).
insoutenable [ɛ̃sutnabl(ə)] *adj douleur* unbearable; *théorie* untenable.
inspecter [ɛ̃spɛkte] (1) *vt* to inspect. ♦ **inspecteur, -trice** *nm,f* (*gén*) inspector. ~ **de**

police police inspector. ♦ **inspection** *nf* (a) (*examen*) inspection. **faire l'~ de** to inspect. (b) (*inspecteurs*) inspectorate.
inspirer [ɛ̃spiʀe] (1) **1** *vt* (*gén*) to inspire. **cette idée ne m'inspire pas beaucoup*** I'm not all that keen on this idea; **il ne m'inspire pas confiance** he doesn't inspire me with confidence; ~ **de l'horreur à qn** to fill sb with horror; **être bien/mal inspiré de faire qch** to be truly inspired/ill-inspired to do sth. **2** *vi* (*respirer*) to breathe in. **3 s'~** *vpr*: **s'~ d'un modèle** to be inspired by a model. ♦ **inspirateur, -trice** *nm,f* (*animateur*) inspirer; (*instigateur*) instigator. ♦ **inspiration** *nf* (a) (*poétique etc*) inspiration. **avoir de l'~** to have inspiration; **selon l'~ du moment** according to the mood of the moment; **j'eus la bonne ~ de refuser** I had the bright idea of refusing. (b) (*instigation*) instigation. **sous l'~ de qn** at sb's instigation, prompted by sb. (c) (*respiration*) inspiration.
instable [ɛ̃stabl(ə)] *adj* (*gén*) unstable; *temps* unsettled; *échafaudage* unsteady. ♦ **instabilité** *nf* instability; unsteadiness. **l'~ du temps** the unsettled weather.
installateur [ɛ̃stalatœʀ] *nm* fitter.
installation [ɛ̃stalasjɔ̃] *nf* (a) [*téléphone*] installation, putting in; [*rideaux*] putting up; [*local*] fitting out. (b) [*locataire*] settling in; [*artisan*] setting up. **il voulait fêter son ~** he wanted to celebrate moving in. (c) (*appareils etc: gén pl*) fittings, installations. **l'~ électrique est défectueuse** the wiring is faulty; **les ~s industrielles d'une région** the industrial plant of a region. (d) (*ameublement etc*) **ils ont une ~ provisoire** they have temporary living arrangements.
installer [ɛ̃stale] (1) **1** *vt* (a) *électricité, meuble* to install, put in; *étagère, tente* to put up; *appartement* to fit out. **cuisine bien installée** well equipped *ou* fitted kitchen; **ils ont installé leur bureau dans le grenier** they've turned the attic into a study. (b) *malade, jeune couple* to get settled, settle; *invité, fonctionnaire* to install. **il a installé son fils dentiste** he set his son up as a dentist. **2 s'~** *vpr* (a) [*commerçant*] to set o.s. up (*comme* as), set up shop (*comme* as). **s'~ à son compte** to set up on one's own. (b) (*se loger*) to settle, set up house; (*emménager*) to settle in. **il s'est installé chez des amis** he has moved in *ou* he is living with friends; **ils sont bien installés** they have made themselves a very comfortable home. (c) (*à un emplacement*) to settle down. **installe-toi comme il faut** (*confortablement*) make yourself comfortable; (*tiens-toi bien*) sit properly. (d) [*grève, maladie*] to take a firm hold, become firmly established. **s'~ dans la guerre** to settle into war.
instamment [ɛ̃stamɑ̃] *adv* insistently, earnestly.
instance [ɛ̃stɑ̃s] *nf* (a) (*autorité*) authority. **les ~s internationales** the international authorities. (b) (*Jur*) **introduire une ~** to institute (legal) proceedings; **en seconde ~** on appeal; **tribunal de première ~** ≈ court of first instance; **tribunal d'~** ≈ magistrates' court; **tribunal de grande ~** ≈ County court. (c) (*prière*) **demander qch avec ~** to ask earnestly for sth; **~s** entreaties. (d) (*en cours*) **l'affaire est en ~** the matter is pending; **être en ~ de divorce** to be waiting for a divorce; **en ~ de départ** on the point of departure.
instant[1] [ɛ̃stɑ̃] *nm* moment, instant. **vivre dans l'~** to live in the present (moment); **il faut le faire à l'~** we must do it this instant *ou* minute; **à l'~ où je vous parle** as I'm speaking to you now; **à chaque ~, à tout ~** (*d'un moment à l'autre*) at any moment *ou* minute; (*tout le temps*) all the time, every minute; **dans un ~** in a moment *ou* minute; **en un ~** in an instant; **de tous les ~s** constant; **par ~s** at times; **pour l'~** for the moment, for the time being.

instant², e [ɛ̃stɑ̃, ɑ̃t] *adj* (*pressant*) insistent.
instantané, e [ɛ̃stɑ̃tane] **1** *adj* instantaneous; *café* instant. **2** *nm* (*Phot*) snapshot. ♦ **instantanément** *adv* instantaneously; *dissoudre* instantly.
instaurer [ɛ̃stɔʀe] (1) *vt* to institute. ♦ **instauration** *nf* institution.
instigation [ɛ̃stigasjɔ̃] *nf* instigation. ♦ **instigateur, -trice** *nm,f* instigator.
instinct [ɛ̃stɛ̃] *nm* (*gén*) instinct. **d'~** instinctively. ♦ **instinctif, -ive** *adj* instinctive. ♦ **instinctivement** *adv* instinctively.
instituer [ɛ̃stitɥe] (1) *vt* (*gén*) to institute.
institut [ɛ̃stity] *nm* institute. **~ de beauté** beauty salon; **I~ Universitaire de Technologie** = Polytechnic; **~ médico-légal** mortuary.
instituteur, -trice [ɛ̃stitytœʀ, tʀis] *nm,f* (*primary school*) teacher.
institution [ɛ̃stitysjɔ̃] *nf* (*gén*) institution; (*école*) private school.
institutionnel, -elle [ɛ̃stitysjɔnɛl] *adj* institutional.
instructeur [ɛ̃stʀyktœʀ] *nm* instructor.
instructif, -ive [ɛ̃stʀyktif, iv] *adj* instructive.
instruction [ɛ̃stʀyksjɔ̃] *nf* **(a)** education. **~ civique** civics (*sg*); **~ militaire** army training; **~ religieuse** religious instruction; **avoir de l'~** to be well educated. **(b)** (*Jur*) investigation (*by juge d'instruction*). **(c)** (*Admin: circulaire*) directive. **(d)** **~s** (*ordres*) instructions; (*mode d'emploi*) instructions, directions.
instruire [ɛ̃stʀɥiʀ] (38) **1** *vt* **(a)** (*gén*) to teach, educate; *recrue* to train. **instruit par son exemple** having learnt from his example. **(b)** **~ qn de qch** to inform *ou* advise sb of sth. **(c)** (*Jur*) *affaire* to conduct the investigation for. **2 s'~** *vpr* to educate o.s. **s'~ de qch** to obtain information about sth, find out about sth. ♦ **instruit, e** *adj* educated.
instrument [ɛ̃stʀymɑ̃] *nm* (*lit, fig*) instrument. **~ de musique** musical instrument; **~s de travail** tools; (*fig*) **être l'~ de qn** to be sb's tool. ♦ **instrumental, e, mpl -aux** *adj* (*Ling, Mus*) instrumental. ♦ **instrumentation** *nf* instrumentation, orchestration. ♦ **instrumenter** (1) *vt* (*Mus*) to orchestrate. ♦ **instrumentiste** *nmf* instrumentalist.
insu [ɛ̃sy] *nm* **(a)** (*en cachette de*) **à l'~ de qn** without sb's knowledge, without sb's knowing. **(b)** (*inconsciemment*) **à mon ~** without my *ou* me knowing it.
insubmersible [ɛ̃sybmɛʀsibl(ə)] *adj* unsinkable.
insubordination [ɛ̃sybɔʀdinasjɔ̃] *nf* insubordination. ♦ **insubordonné, e** *adj* (*gén*) insubordinate.
insuccès [ɛ̃syksɛ] *nm* failure.
insuffisant, e [ɛ̃syfizɑ̃, ɑ̃t] *adj* (*en quantité*) insufficient; (*en qualité*) inadequate. **c'est ~** it's not enough; **il est ~ en math** he's not up to standard in maths; **en nombre ~** insufficient in number. ♦ **insuffisamment** *adv* insufficiently; inadequately. ♦ **insuffisance** *nf* insufficiency; inadequacy. **une ~ de personnel** a shortage of staff; **~s** (*faiblesses*) inadequacies; (*Méd*) insufficiency.
insuffler [ɛ̃syfle] (1) *vt* (*lit, fig*) to blow (*à, dans* into).
insulaire [ɛ̃sylɛʀ] **1** *adj population* island; *attitude* insular. **2** *nmf* islander.
insuline [ɛ̃sylin] *nf* insulin.
insulte [ɛ̃sylt(ə)] *nf* insult. **hurler des ~s** to shout insults *ou* abuse. ♦ **insultant, e** *adj* insulting (*pour* to). ♦ **insulter** (1) *vt* to insult.
insupportable [ɛ̃sypɔʀtabl(ə)] *adj* unbearable, insufferable.
insurger (s') [ɛ̃syʀʒe] (3) *vpr* (*lit, fig*) to rebel, revolt (*contre* against). ♦ **insurgé, e** *adj, nm,f* rebel, insurgent.
insurmontable [ɛ̃syʀmɔ̃tabl(ə)] *adj obstacle* insurmountable, insuperable; *dégoût* unconquerable.

insurrection [ɛ̃syʀɛksjɔ̃] *nf* insurrection, revolt. ♦ **insurrectionnel, -elle** *adj* insurrectionary.
intact, e [ɛ̃takt, akt(ə)] *adj* intact.
intangible [ɛ̃tɑ̃ʒibl(ə)] *adj* inviolable. ♦ **intangibilité** *nf* inviolability.
intarissable [ɛ̃taʀisabl(ə)] *adj* (*lit, fig*) inexhaustible. ♦ **intarissablement** *adv* inexhaustibly.
intégral, e, mpl -aux [ɛ̃tegʀal, o] **1** *adj* complete. **le remboursement ~ de qch** the repayment in full of sth; (*Ciné*) **version ~e** uncut version; (*Presse*) **texte ~** unabridged version. **2** *nf* (*Math*) integral; (*œuvre*) complete works. ♦ **intégralement** *adv* in full, fully. ♦ **intégralité** *nf* whole. **l'~ de la somme** the whole of the sum, the whole *ou* full sum; **dans son ~** in its entirety, in full.
intégrer [ɛ̃tegʀe] (6) **1** *vt* to integrate (*à, dans* into). **2** *vi* (*arg Univ*) **~ à** to get into. **3 s'~** *vpr* to become integrated (*à, dans* into). ♦ **intégration** *nf* integration (*à, dans* into). (*arg Univ*) **après son ~** after getting into the college.
intégrité [ɛ̃tegʀite] *nf* (*totalité*) integrity; (*honnêteté*) integrity, honesty, uprightness. ♦ **intègre** *adj* upright, honest.
intellect [ɛ̃telɛkt] *nm* intellect. ♦ **intellectuel, -elle 1** *adj* (*gén*) intellectual; *fatigue* mental; (*péj*) highbrow. **2** *nm,f* intellectual; (*péj*) highbrow. ♦ **intellectuellement** *adv* mentally; intellectually.
intelligence [ɛ̃teliʒɑ̃s] *nf* **(a)** (*aptitude*) intelligence. **avoir l'~ vive** to have a sharp *ou* quick mind; **les grandes ~s** great minds *ou* intellects. **(b)** (*compréhension*) **~ de** understanding of; **avoir l'~ des affaires** to have a good grasp *ou* understanding of business matters, have a good head for business. **(c)** (*complicité*) secret agreement. **agir d'~ avec qn** to act in (secret) agreement with sb; **signe d'~** sign of complicity; **vivre en bonne/mauvaise ~ avec qn** to be on good/bad terms with sb; **avoir des ~s dans la place** to have secret contacts in the place. ♦ **intelligent, e** *adj* (*gén*) intelligent; (*à l'esprit vif*) clever, bright. ♦ **intelligemment** *adv* intelligently; cleverly.
intelligible [ɛ̃teliʒibl(ə)] *adj* intelligible. **à haute et ~ voix** loudly and clearly. ♦ **intelligibilité** *nf* intelligibility. ♦ **intelligiblement** *adv* intelligibly.
intempérant, e [ɛ̃tɑ̃peʀɑ̃, ɑ̃t] *adj* intemperate. ♦ **intempérance** *nf* intemperance. **~s** excesses; **une telle ~ de langage** such excessive language.
intempéries [ɛ̃tɑ̃peʀi] *nfpl* bad weather.
intempestif, -ive [ɛ̃tɑ̃pɛstif, iv] *adj* (*gén*) untimely; *zèle* excessive. ♦ **intempestivement** *adv* at an untimely moment.
intemporel, e [ɛ̃tɑ̃pɔʀɛl] *adj* (*sans durée*) timeless; (*immatériel*) immaterial.
intenable [ɛ̃tnabl(ə)] *adj situation* intolerable, unbearable; *personne* unruly; *théorie* untenable.
intendance [ɛ̃tɑ̃dɑ̃s] *nf* (*Mil*) (*service*) Supply Corps; (*bureau*) Supplies office; (*Scol*) (*métier*) school management; (*bureau*) bursar's office. ♦ **intendant** *nm* (*Mil*) quartermaster; (*Scol*) bursar; (*régisseur*) steward. ♦ **intendante** *nf* (*Scol*) bursar; (*régisseur*) steward.
intense [ɛ̃tɑ̃s] *adj* (*gén*) intense; *circulation* dense, heavy. ♦ **intensément** *adv* intensely. ♦ **intensif, -ive** *adj* intensive. ♦ **intensification** *nf* intensification. ♦ **intensifier** *vt, s'~* *vpr* (7) to intensify. ♦ **intensité** *nf* intensity; density, heaviness. (*Ling*) **accent d'~** stress accent. ♦ **intensivement** *adv* intensively.
intenter [ɛ̃tɑ̃te] (1) *vt*: **~ un procès contre** *ou* **à qn** to start *ou* institute proceedings against sb.
intention [ɛ̃tɑ̃sjɔ̃] *nf* (*a*) intention. **agir dans une bonne ~** to act with good intentions; **c'est l'~ qui compte** it's the thought that counts; **à cette ~** with this intention, to this end; **avoir l'~ de faire** to intend *ou* mean to do, have the intention of doing. **(b)** **à l'~ de qn** *collecte* in aid of sb; *cadeau,*

messe for sb; **livre à l'~ des enfants** book aimed at children. ♦ **intentionné, e** *adj*: **bien ~** well-meaning, well-intentioned; **mal ~** ill-intentioned.
♦ **intentionnel, -elle** *adj* intentional.
♦ **intentionnellement** *adv* intentionally.

inter [ɛ̃tɛʀ] **1** *nm* (*Téléc*) = **interurbain**; (*Sport*) ~ **gauche/droit** inside-left/-right. **2** *préf* inter ... . ~ **continental/ministériel/syndical** *etc* intercontinental/departmental/union *etc*; **~allié** inter-Allied; **opération ~armes** combined arms operation; **tournoi ~scolaire** inter-schools tournament.

interaction [ɛ̃tɛʀaksjɔ̃] *nf* interaction.

intercaler [ɛ̃tɛʀkale] (1) **1** *vt* **mot** to insert; *feuillet* to inset, insert. ~ **quelques jours de repos dans un mois de stage** to fit a few days' break into a training month. **2** **s'~** *vpr*: **s'~ entre** to come in between. ♦ **intercalaire** *adj*: **feuillet ~** inset, insert.

intercéder [ɛ̃tɛʀsede] (6) *vi* to intercede (*auprès de* with).

intercepter [ɛ̃tɛʀsɛpte] (1) *vt* to intercept.
♦ **interception** *nf* interception.

interchangeable [ɛ̃tɛʀʃɑ̃ʒabl(ə)] *adj* interchangeable.

interclasse [ɛ̃tɛʀklɑs] *nm* (*Scol*) break (*between classes*).

interdépendance [ɛ̃tɛʀdepɑ̃dɑ̃s] *nf* interdependence. ♦ **interdépendant, e** *adj* interdependent.

interdire [ɛ̃tɛʀdiʀ] (37) **1** *vt* **(a)** (*prohiber*) to forbid; (*Admin*) *stationnement etc* to prohibit, ban; *journal* to ban. **on a interdit les camions dans la ville** lorries have been banned from *ou* prohibited in the town. **(b)** [*difficulté*] to preclude, prevent; [*obstacle*] to block. **son état de santé lui interdit tout travail** his state of health does not allow *ou* permit him to do any work; **la gravité de la crise interdit tout espoir** the gravity of the crisis precludes all hope; **une porte interdisait le passage** a door blocked *ou* barred the way. **2** **s'~** *vpr*: **s'~ toute remarque** to refrain *ou* abstain from making any remark; **s'~ la boisson** to abstain from drink *ou* drinking; **il s'interdit d'y penser** he doesn't allow himself to think about it.
♦ **interdiction** *nf* (*gén*) ban (*de* on). **'~ absolue de fumer'** 'smoking strictly prohibited'; **'~ de tourner à droite'** 'no right turn'; **~ de parler à quiconque** it is (strictly) forbidden to talk to anyone; **écriteau portant une ~** notice prohibiting *ou* forbidding sth. ♦ **interdit, e 1** *adj* **(a)** *livre* banned. **film ~ aux moins de 18/13 ans** = X/A film; **stationnement ~** no parking; **il est strictement ~ de faire** it is strictly forbidden *ou* prohibited to do. **(b)** (*surpris*) dumbfounded, taken aback. **2** *nm* (*interdiction*) (*Rel*) interdict; (*social*) prohibition.

intéresser [ɛ̃teʀese] (1) **1** *vt* (*captiver*) to interest; (*concerner*) to affect, concern. ~ **qn à problème** to interest sb in; *bénéfices* to give sb a share *ou* an interest in; **ça pourrait vous ~** this might interest you *ou* be of interest to you; (*Fin*) **être intéressé dans une affaire** to have an interest *ou* a stake in a business. **2** **s'~** *vpr*: **s'~ à qch/qn** to be interested in sth/sb, take an interest in sth/sb.
♦ **intéressant, e** *adj* (*captivant*) interesting; (*avantageux*) attractive, worthwhile. (*péj*) **un personnage peu ~** a worthless individual; **faire son ~** to show off. ♦ **intéressé, e** *adj* **(a)** (*en cause*) concerned, involved. **c'est lui le principal ~** he is the person *ou* party principally involved *ou* concerned. **(b)** (*égoïste*) *personne* self-interested; *motif* interested. **une visite ~e** a visit motivated by self-interest. ♦ **intéressement** *nm*: **l'~ des travailleurs aux bénéfices** the workers' sharing of the profits.

intérêt [ɛ̃teʀɛ] *nm* **(a)** (*attention*) interest. **porter de l'~ à qn** to take an interest in sb. **(b)** (*valeur*)

[*livre*] interest; [*recherches, découverte*] significance, relevance. **dénué d'~** devoid of interest; **considérations sans ~** unimportant *ou* minor considerations; **c'est sans ~ pour la suite de l'histoire** it's of no relevance *ou* importance for the rest of the story. **(c)** (*avantage*) interest. **dans l'~ général** in the general interest; **il y trouve son ~** he finds it worth his while; **il sait où est son ~** he knows which side his bread is buttered; **il a ~ à accepter** it's in his interest to accept, he'd be well advised to accept; **y a-t-il un ~ quelconque à se réunir?** is there any point at all in getting together? **(d)** (*Fin, Écon*) interest. **7% d'~** 7% interest; **prêter à ~** to lend at *ou* with interest; (*péj*) **agir par ~** to act out of self-interest; **il a des ~s dans l'affaire** he has a stake *ou* a financial interest in the business.

interférence [ɛ̃tɛʀfeʀɑ̃s] *nf* (*gén*) interference (*dans* in). **l'~ de ces problèmes** (*fusion*) the conjunction of these problems; (*immixtion*) the intrusion of these problems; (*dans* into).
♦ **interférer** (6) *vi* to interfere (*avec* with, *dans* in).

intérieur, e [ɛ̃teʀjœʀ] **1** *adj* (*gén*) inner; *poche* inside; *paroi, angle* interior; *navigation, mer* inland; *marché* home; *politique, (Aviat) vol* domestic, internal. **2** *nm* **(a)** [*tiroir*] inside; [*maison*] inside, interior. **à l'~ (de la ville)** inside (the town); **à l'~ de lui-même** inwardly, within himself; **rester à l'~** (*gén*) to stay inside; (*de la maison*) to stay indoors; **veste d'~** indoor jacket; **chaussures d'~** house shoes. **(b)** [*pays*] interior. **les villes de l'~** the inland cities, the cities of the interior; **l'~ est sauvage** the hinterland is wild; **à l'~ de nos frontières** within *ou* inside our frontiers. **(c)** (*mobilier*) interior. **(d)** (*Ftbl*) ~ **gauche/droit** inside-left/-right. ♦ **intérieurement** *adv* inwardly. **rire ~** to laugh inwardly *ou* to o.s.
♦ **intérioriser** (1) *vt* to internalize, interiorize.

intérim [ɛ̃teʀim] *nm* (*période*) interim period. **il assure l'~ en l'absence du directeur** he deputizes for the manager in his absence *ou* in the interim; **ministre par ~** acting *ou* interim minister.
♦ **intérimaire 1** *adj* *directeur* acting, interim; *secrétaire* temporary; *mesure* interim; *gouvernement* caretaker. **2** *nmf* (*secrétaire*) temporary secretary, temp*; (*fonctionnaire*) deputy; (*médecin, prêtre*) locum (tenens).

interjection [ɛ̃tɛʀʒɛksjɔ̃] *nf* interjection.

interligne [ɛ̃tɛʀliɲ] *nm* space between the lines. **double ~** double spacing.

interlocuteur, -trice [ɛ̃tɛʀlɔkytœʀ, tʀis] *nm,f* speaker. **mon ~** the person I was speaking to; (*Pol*) ~ **valable** authorized negotiator.

interlope [ɛ̃tɛʀlɔp] *adj* (*équivoque*) shady; (*illégal*) illicit, unlawful.

interloquer [ɛ̃tɛʀlɔke] (1) *vt* to take aback.

interlude [ɛ̃tɛʀlyd] *nm* (*Mus, TV*) interlude.

intermède [ɛ̃tɛʀmɛd] *nm* (*Théât, gén*) interlude.

intermédiaire [ɛ̃tɛʀmedjɛʀ] **1** *adj* intermediate, middle, intermediary. **une couleur ~ entre** a colour halfway between. **2** *nm*: **sans ~ vendre** directly; **par l'~ de personne** through (the intermediary of); *presse* through the medium of. **3** *nmf* intermediary, go-between; (*Comm, Écon*) middleman.

interminable [ɛ̃tɛʀminabl(ə)] *adj* endless, interminable, never-ending. ♦ **interminablement** *adv* endlessly, interminably.

intermittent, e [ɛ̃tɛʀmitɑ̃, ɑ̃t] *adj* sporadic, intermittent. ♦ **intermittence** *nf*: **par ~** sporadically, intermittently.

international, e, mpl -aux [ɛ̃tɛʀnasjɔnal, o] **1** *adj* international. **2** *nm,f* (*Ftbl, Tennis etc*) international player.

interne [ɛ̃tɛʀn(ə)] **1** *adj* (*gén*) internal; *oreille* inner; *angle* interior. **2** *nmf* (*Scol*) boarder. (*Univ, Méd*) ~ **(des hôpitaux)** houseman, intern (*US*).

♦ **internat** nm (Scol) boarding school; (Univ Méd) (stage) ≃ period as a houseman ou an intern (US); (concours) entrance examination (for hospital work).·

interner [ɛtɛʀne] (1) vt (Pol) to intern; (Méd) to confine to a mental hospital. **on devrait l'~*** he ought to be certified*. ♦ **interné, e** nm,f internee; inmate (of a mental hospital). ♦ **internement** nm internment; confinement (to a mental hospital).

interpeller [ɛtɛʀpele] (1) vt (appeler) to call out to, shout out to; (apostropher) to shout at; (orateur, malfaiteur) to question. ♦ **interpellation** nf: il y a eu une dizaine d'~s about ten people were taken in for questioning.

interphone [ɛtɛʀfɔn] nm intercom.

interpoler [ɛtɛʀpɔle] (1) vt to interpolate.

interposer [ɛtɛʀpoze] (1) **1** vt (lit, fig) to interpose (entre between). **2** s'~ vpr to intervene.

interpréter [ɛtɛʀpʀete] (6) vt (a) (Mus, Théât, gén) to perform, interpret; personnage, sonate to play; chanson to sing. (b) (expliquer) to interpret. **mal ~** to misinterpret. ♦ **interprétariat** nm interpreting. **école d'~** interpreting school. ♦ **interprétation** nf interpretation. ♦ **interprète** nmf (a) (Mus, Théât) performer, interpreter; singer. (b) (traducteur) interpreter. (porte-parole) **servir d'~ à qn/aux idées de qn** to act ou serve as a spokesman for sb/for sb's ideas.

interroger [ɛtɛʀɔʒe] (3) **1** vt (gén) to question, ask (sur about); (minutieusement) to interrogate; données, ciel to examine; mémoire to search; élève to test, examine (orally). **~ qn du regard** to give sb a questioning ou an inquiring look. **2** s'~ vpr to question o.s. (sur about). **s'~ sur la conduite à tenir** to wonder what course to follow. ♦ **interrogateur, -trice 1** adj air questioning, inquiring. **2** nm,f (oral) examiner. ♦ **interrogatif, -ive** adj, nm air, (Ling) interrogative. ♦ **interrogation** nf (a) (V interroger) questioning; interrogation; examination; testing. (b) (question) question. (Scol) ~ (écrite) (written) test; ~ (orale) oral (test); (Gram) ~ directe/indirecte direct/indirect question; (réflexions) ses ~s his questioning. ♦ **interrogatoire** nm (Police) questioning; (au tribunal) cross-examination; (fig) interrogation.

interrompre [ɛtɛʀɔ̃pʀ(ə)] (41) **1** vt voyage, études to break off, interrupt; grossesse to terminate. **il a interrompu la conversation pour dire** he broke ou cut into the conversation to say; ~ **qn** to interrupt sb; **je ne veux pas ~ mais** ... I don't want to cut in ou interrupt but .... **2** s'~ vpr [personne, conversation] to break off. ♦ **interrupteur** nm (Élec) switch. ♦ **interruption** nf (action) interruption; (état) break, interruption. ~ **de grossesse** termination of pregnancy; **sans ~** without a break; **un moment d'~** a moment's break.

intersection [ɛtɛʀsɛksjɔ̃] nf intersection.

interstice [ɛtɛʀstis] nm crack, chink, interstice.

interurbain, e [ɛtɛʀyʀbɛ̃, ɛn] **1** adj. communication long-distance. **2** nm: l'~ the long-distance telephone service.

intervalle [ɛtɛʀval] nm (espace) space; (temps) interval; (Mus) interval. **c'est arrivé à 2 jours d'~** it happened after an interval of 2 days; **dans l'~** (temporel) in the meantime, meanwhile; (spatial) in between.

intervenir [ɛtɛʀvəniʀ] (22) vi (a) (entrer en action) to intervene. **on a dû faire ~ l'armée** the army had to be brought in. (b) (Méd) to operate. (c) [événement] to take place, occur; [accord] to be reached; [décision] to be taken; [élément nouveau] to arise, come up. ♦ **intervention** nf (gén, Jur) intervention; (Méd) operation. **prix d'~** intervention price.

intervertir [ɛtɛʀvɛʀtiʀ] (2) vt to invert (the order of).

interview [ɛtɛʀvju] nf (Presse, TV) interview. ♦ **interviewé, e** [ɛtɛʀvjuve] nm,f interviewee. ♦ **interviewer¹** [ɛtɛʀvjuve] (1) vt to interview. ♦ **interviewer²** [ɛtɛʀvjuvœʀ] nm interviewer.

intestin [ɛtɛstɛ̃] nm intestine. ~s intestines, bowels. ♦ **intestinal, e, mpl -aux** adj intestinal.

intime [ɛtim] **1** adj (a) vie private; confidences, hygiène intimate; cérémonie quiet; atmosphère intimate, cosy. **journal** ~ private diary; **être** ~ **avec qn** to be close to sb. (b) mélange, conviction intimate. **2** nmf close friend. ♦ **intimement** adv intimately. ~ **persuadé** deeply ou firmly convinced.

intimer [ɛtime] (1) vt (a) ~ **à qn l'ordre de faire** to order sb to do. (b) (Jur) (assigner) to summon; (signifier) to notify.

intimider [ɛtimide] (1) vt to intimidate. ♦ **intimidable** adj easily intimidated. ♦ **intimidant, e** adj intimidating. ♦ **intimidateur, -trice** adj intimidating. ♦ **intimidation** nf intimidation.

intimité [ɛtimite] nf (a) (vie privée) privacy. **nous serons dans l'~** there will only be a few of us; **se marier dans l'~** to have a quiet wedding; **dans la plus stricte** ~ in the strictest privacy; **pénétrer dans l'~ de qn** to be admitted into sb's private life; **vivre dans l'~ de qn** to be in close contact with sb. (b) (familiarité) intimacy. **dans l'~ conjugale** in the intimacy of one's married life. (c) (confort) cosiness, intimacy.

intituler [ɛtityle] (1) **1** vt to entitle, call. **2** s'~ vpr [livre] to be entitled ou called; [personne] to call o.s. ♦ **intitulé** nm title.

intolérable [ɛtɔleʀabl(ə)] adj intolerable. ♦ **intolérablement** adv intolerably.

intolérance [ɛtɔleʀɑ̃s] nf intolerance. ♦ **intolérant, e** adj intolerant.

intonation [ɛtɔnasjɔ̃] nf (Ling, Mus) intonation. **voix aux** ~s **douces** soft-toned voice.

intouchable [ɛtuʃabl(ə)] adj, nmf untouchable.

intoxiquer [ɛtɔksike] (1) **1** vt (lit) to poison; (Pol) to brainwash. **2** s'~ vpr to poison o.s. ♦ **intoxication** nf (V intoxiquer) poisoning; brainwashing. ~ **alimentaire** food poisoning. ♦ **intoxiqué, e** nm,f (drogue) drug addict; (tabac) smoking addict; (alcool) alcoholic.

intraduisible [ɛtʀadɥizibl(ə)] adj texte untranslatable; idée inexpressible.

intraitable [ɛtʀetabl(ə)] adj uncompromising, inflexible.

intramusculaire [ɛtʀamyskylɛʀ] adj intramuscular.

intransigeant, e [ɛtʀɑ̃ziʒɑ̃, ɑ̃t] adj personne uncompromising, intransigent; morale uncompromising. **les** ~s the intransigents. ♦ **intransigeance** nf intransigence.

intransitif, -ive [ɛtʀɑ̃zitif, iv] adj, nm intransitive.

intransportable [ɛtʀɑ̃spɔʀtabl(ə)] adj objet untransportable; malade unfit to travel.

intraveineux, -euse [ɛtʀavɛnø, øz] **1** adj intravenous. **2** nf intravenous injection.

intrépide [ɛtʀepid] adj (courageux) intrepid, dauntless; menteur barefaced, unashamed. ♦ **intrépidité** nf intrepidity, dauntlessness.

intriguer [ɛtʀige] (1) **1** vt to intrigue, puzzle. **2** vi to scheme, intrigue. ♦ **intrigant, e 1** adj scheming. **2** nm,f schemer, intriguer. ♦ **intrigue** nf (manœuvre) intrigue, scheme; (liaison) (love) affair, intrigue; (Théât) plot.

intrinsèque [ɛtʀɛ̃sɛk] adj intrinsic. ♦ **intrinsèquement** adv intrinsically.

introduire [ɛtʀɔdɥiʀ] (38) **1** vt (gén) to introduce (dans into, auprès de to); visiteur to show in; idées nouvelles to bring in. **il introduisit sa clef dans la serrure** he placed his key in the lock, he inserted his key into the lock; **on m'introduisit dans le salon** I was shown into ou ushered into the lounge;

~ **des marchandises en contrebande** to smuggle in goods. **2 s'~** *vpr* **(a)** (*pénétrer*) to get in. **s'~ dans un groupe** to work one's way into a group; **s'~ chez qn par effraction** to break into sb's home; **s'~ dans une pièce** to get into *ou* enter a room. **(b)** [*usage*] to be introduced (*dans* into). ♦ **introduction** *nf* introduction. **chapitre d'~** introductory chapter; **lettre d'~** letter of introduction.

introuvable [ɛ̃tʀuvabl(ə)] *adj* which (*ou* who) cannot be found.

intrus, e [ɛ̃tʀy, yz] *nm,f* intruder. ♦ **intrusion** *nf* (*gén*) intrusion (*dans* in).

intuition [ɛ̃tɥisjɔ̃] *nf* intuition. ♦ **intuitif, -ive** *adj* intuitive. ♦ **intuitivement** *adv* intuitively.

inusable [inyzabl(ə)] *adj* *vêtement* hard-wearing.

inusité, e [inyzite] *adj* uncommon.

inutile [inytil] *adj* (*qui ne sert pas*) useless; (*superflu*) needless, unnecessary. **c'est ~ d'insister!** it's no use *ou* no good insisting!, there's no point insisting!; **~ de vous dire que** I hardly need say that. ♦ **inutilement** *adv* needlessly, unnecessarily. ♦ **inutilité** *nf* uselessness; needlessness.

inutilisable [inytilizabl(ə)] *adj* unusable.

inutilisé, e [inytilize] *adj* unused.

invaincu, e [ɛ̃vɛ̃ky] *adj* unconquered; (*Sport*) unbeaten.

invalide [ɛ̃valid] **1** *nmf* disabled person. **~ de guerre** disabled ex-serviceman; **~ du travail** industrially disabled person. **2** *adj* (*Méd*) disabled. ♦ **invalidité** *nf* disablement.

invalider [ɛ̃valide] (1) *vt* (*Jur*) to invalidate; *député* to remove from office. ♦ **invalidation** *nf* invalidation; removal (from office).

invariable [ɛ̃vaʀjabl(ə)] *adj* invariable. ♦ **invariablement** *adv* invariably. ♦ **invariant, e** *adj, nm* invariant.

invasion [ɛ̃vazjɔ̃] *nf* invasion.

invective [ɛ̃vɛktiv] *nf* invective. **~s** abuse, invectives. ♦ **invectiver** (1) **1** *vt* to hurl *ou* shout abuse at. **s'~** to hurl *ou* shout abuse at each other. **2** *vi* to inveigh, rail (*contre* against).

invendable [ɛ̃vɑ̃dabl(ə)] *adj* (*gén*) unsaleable; (*Comm*) unmarketable.

invendu, e [ɛ̃vɑ̃dy] **1** *adj* unsold. **2** *nm* unsold article.

inventaire [ɛ̃vɑ̃tɛʀ] *nm* (*gén, Jur*) inventory; (*Comm*) (*liste*) stocklist; (*opération*) stocktaking; (*fig: recensement*) survey. (*fig*) **faire l'~ de** to assess, take stock of.

inventer [ɛ̃vɑ̃te] (1) *vt* (*gén*) to invent; *moyen* to devise; *mot* to coin; *jeu* to make *ou* think up. **il n'a pas inventé la poudre** he'll never set the Thames on fire; **je n'invente rien** I'm not making anything up, I'm not inventing a thing. ♦ **inventeur, -trice** *nm,f* inventor. ♦ **inventif, -ive** *adj* resourceful, inventive. ♦ **invention** *nf* (*gén*) invention. **esprit d'~** inventiveness; **c'est une pure ~** it is a pure invention *ou* fabrication; **un cocktail de mon ~** a cocktail of my own creation.

invérifiable [ɛ̃veʀifjabl(ə)] *adj* unverifiable.

inverse [ɛ̃vɛʀs(ə)] **1** *adj* (*gén*) opposite. **arriver en sens ~** to arrive from the opposite direction; **dans l'ordre ~** in the reverse order. **2** *nm*: **l'~** (*gén*) the opposite, the reverse; **t'a-t-il attaqué ou l'~?** did he attack you or was it the other way round?; **à l'~** conversely. ♦ **inversé, e** *adj image* reversed; *relief* inverted. ♦ **inversement** *adv* (*gén*) conversely; (*Math*) inversely. **... et ~** ...and vice versa. ♦ **inverser** (1) *vt ordre* to reverse, invert; (*Élec*) to reverse. ♦ **inversion** *nf* (*gén*) inversion; (*Élec*) reversal.

invertébré, e [ɛ̃vɛʀtebʀe] *adj, nm* invertebrate.

investigation [ɛ̃vɛstigasjɔ̃] *nf* investigation. **après de minutieuses ~s** after a detailed investigation *ou* inspection.

investir [ɛ̃vɛstiʀ] (2) *vt* (*Fin, Mil*) to invest; *fonctionnaire* to induct; *évêque* to invest. **~ qn de**

pouvoirs to invest *ou* vest sb with powers; **~ qn de sa confiance** to place one's trust in sb. ♦ **investissement** *nm* (*Écon*) investment; (*Mil*) investing. ♦ **investiture** *nf* [*candidat*] nomination, appointment; [*évêché*] investiture.

invétéré, e [ɛ̃vetere] *adj* inveterate.

invincible [ɛ̃vɛ̃sibl(ə)] *adj* (*gén*) invincible; *timidité* insurmountable. ♦ **invincibilité** *nf* invincibility.

inviolable [ɛ̃vjɔlabl(ə)] *adj droit* inviolable; *serrure* impregnable; *diplomate* immune.

invisible [ɛ̃vizibl(ə)] **1** *adj* (*impossible à voir*) invisible; (*minuscule*) barely visible (*à* to); (*Écon*) invisible. **danger ~** unseen *ou* hidden danger; **M. X est ~** (*occupé*) Mr X cannot be seen; (*disparu*) Mr X isn't to be found. **2** *nm*: **l'~** the invisible. ♦ **invisibilité** *nf* invisibility.

inviter [ɛ̃vite] (1) *vt* (*gén*) to invite (*à* to). **~ qn à dîner** to invite *ou* ask sb to *ou* for dinner; **il s'est invité** he invited himself; **il m'invita à avancer** he motioned (to) me to come forward; **ceci invite à croire que ...** this leads us to believe that ...; **la chaleur invitait au repos** the heat tempted one to rest. ♦ **invitation** *nf* invitation (*à* to). **à** *ou* **sur son ~** at his invitation. ♦ **invité, e** *nm,f* guest.

invivable [ɛ̃vivabl(ə)] *adj* unbearable.

invocation [ɛ̃vɔkasjɔ̃] *nf* invocation (*à* to).

involontaire [ɛ̃vɔlɔ̃tɛʀ] *adj mouvement* involuntary; *peine* unintentional; *complice* unwitting. ♦ **involontairement** *adv* involuntarily; unintentionally; unwittingly.

invoquer [ɛ̃vɔke] (1) *vt* **(a)** *excuse* to put forward; *témoignage* to call upon; *ignorance* to plead; *loi* to cite, refer to. **(b)** *Dieu* to invoke, call upon.

invraisemblable [ɛ̃vʀesɑ̃blabl(ə)] *adj nouvelle* unlikely, improbable; *argument* implausible; *insolence, habit* incredible. ♦ **invraisemblance** *nf* unlikelihood, improbability; implausibility. **plein d'~s** full of improbabilities *ou* implausibilities.

invulnérable [ɛ̃vylneʀabl(ə)] *adj* invulnerable (*à* to). ♦ **invulnérabilité** *nf* invulnerability.

iode [jɔd] *nm* iodine.

ion [jɔ̃] *nm* ion. ♦ **ionisation** *nf* ionization. ♦ **ioniser** (1) *vt* to ionize.

Irak [iʀak] *nm* Iraq. ♦ **irakien, -ienne** *adj, nm, I~(ne)** *nm(f)* Iraqi.

Iran [iʀɑ̃] *nm* Iran. ♦ **iranien, -ienne** *adj, nm, I~(ne)** *nm(f)* Iranian.

irascible [iʀasibl(ə)] *adj* irascible. ♦ **irascibilité** *nf* irascibility.

iris [iʀis] *nm* (*gén*) iris.

Irlande [iʀlɑ̃d] *nf*: **l'~** (*pays*) Ireland; (*État*) the Irish Republic; **l'~ du Nord** Northern Ireland, Ulster. ♦ **irlandais, e 1** *adj* Irish. **2** *nm* **(a)** (*Ling*) Irish. **(b)** **I~** Irishman; **les I~** the Irish. **3** *nf*: **I~e** Irishwoman.

ironie [iʀɔni] *nf* irony. ♦ **ironique** *adj* ironic(al). ♦ **ironiquement** *adv* ironically. ♦ **ironiser** (1) *vi* to be ironic(al) (*sur* about).

irradier [iʀadje] (7) **1** *vt* to irradiate. **2** *vi* to radiate.

irraisonné, e [iʀezɔne] *adj* irrational.

irrationnel, -elle [iʀasjɔnɛl] *adj* (*gén, Math*) irrational. ♦ **irrationalité** *nf* irrationality.

irréalisable [iʀealizabl(ə)] *adj but* unrealizable, unachievable; *projet* unworkable.

irrecevable [iʀəsvabl(ə)] *adj témoignage* inadmissible; *demande* unacceptable.

irréconciliable [iʀekɔ̃siljabl(ə)] *adj* irreconcilable.

irrécupérable [iʀekypeʀabl(ə)] *adj argent* irretrievable; *ferraille* unreclaimable; *voiture* beyond repair; *personne* irredeemable.

irrécusable [iʀekyzabl(ə)] *adj témoin* unimpeachable; *preuve* indisputable.

irréductible [iʀedyktibl(ə)] *adj* (*gén, Sci*) irreducible; *obstacle* insurmountable; *ennemi*

implacable. ♦ **irréductiblement** adv implacably.
irréel, -elle [iʀeɛl] adj unreal.
irréfléchi, e [iʀefleʃi] adj action thoughtless, unconsidered; personne unthinking. ♦ **irréflexion** nf thoughtlessness.
irréfutable [iʀefytabl(ə)] adj irrefutable. ♦ **irréfutabilité** nf irrefutability.
irrégulier, -ière [iʀegylje, jɛʀ] adj (gén) irregular; terrain, travail uneven; vent fitful; élève, athlète erratic; homme d'affaires dubious. ♦ **irrégularité** nf irregularity. ♦ **irrégulièrement** adv irregularly; unevenly; fitfully; erratically; dubiously.
irrémédiable [iʀemedjabl(ə)] adj perte irreparable; mal incurable, irremediable. essayer d'éviter l'~ to try to avoid reaching the point of no return. ♦ **irrémédiablement** adv irreparably; incurably, irremediably.
irremplaçable [iʀɑ̃plasabl(ə)] adj irreplaceable.
irréparable [iʀepaʀabl(ə)] adj (lit, fig) irreparable. la voiture est ~ the car is beyond repair ou is a write-off.
irrépressible [iʀepʀesibl(ə)] adj irrepressible.
irréprochable [iʀepʀɔʃabl(ə)] adj conduite irreproachable; tenue impeccable.
irrésistible [iʀezistibl(ə)] adj (gén) irresistible. il est ~! (amusant) he's hilarious! ♦ **irrésistiblement** adv irresistibly.
irrésolu, e [iʀezɔly] adj personne irresolute, indecisive. ♦ **irrésolution** nf irresoluteness, indecisiveness.
irrespectueux, -euse [iʀɛspɛktɥø, øz] adj disrespectful (envers to, towards).
irrespirable [iʀɛspiʀabl(ə)] adj (lit) unbreathable; (étouffant) oppressive, stifling; (dangereux) unsafe, unhealthy.
irresponsable [iʀɛspɔ̃sabl(ə)] adj irresponsible. ♦ **irresponsabilité** nf irresponsibility.
irrévérencieux, -euse [iʀeveʀɑ̃sjø, øz] adj irreverent. ♦ **irrévérence** nf (caractère) irreverence; (propos) irreverent word.
irréversible [iʀevɛʀsibl(ə)] adj irreversible.
irrévocable [iʀevɔkabl(ə)] adj (gén) irrevocable. ♦ **irrévocablement** adv irrevocably.
irriguer [iʀige] (1) vt (Agr, Méd) to irrigate. ♦ **irrigation** nf irrigation.
irriter [iʀite] (1) **1** vt (a) (agacer) to irritate, annoy. (b) peau to irritate. **2** s'~ vpr: s'~ de qch/contre qn to feel irritated ou annoyed at sth/with sb. ♦ **irritabilité** nf irritability. ♦ **irritable** adj irritable. ♦ **irritant, e 1** adj irritating, annoying; (Méd) irritant. **2** nm irritant. ♦ **irritation** nf (colère) irritation, annoyance; (Méd) irritation.
irruption [iʀypsjɔ̃] nf irruption. faire ~ (chez qn) to burst in (on sb).
Islam [islam] nm: l'~ Islam. ♦ **islamique** adj Islamic.

Islande [islɑ̃d] nf Iceland. ♦ **islandais, e 1** adj, nm Icelandic. **2** nm(f): I~(e) Icelander.
isocèle [izɔsɛl] adj isoceles.
isoler [izɔle] (1) **1** vt (gén) to isolate; (Élec) to insulate; (contre le bruit) to soundproof. ville isolée du reste du monde town cut off from the rest of the world. **2** s'~ vpr (gén) to isolate o.s. ils s'isolèrent quelques instants they stood aside for a few seconds. ♦ **isolant, e 1** adj (gén) insulating; (insonorisant) soundproofing. **2** nm insulator. ♦ **isolation** nf insulation. ~ **phonique** soundproofing. ♦ **isolationnisme** nm isolationism. ♦ **isolationniste** adj, nmf isolationist. ♦ **isolé, e 1** adj (gén) isolated; lieu lonely, remote. **tireur ~** lone sniper. **2** nm,f (théoricien) loner; (personne délaissée) lonely person. ♦ **isolement** nm (gén) isolation; (personne délaissée, maison) loneliness; (Élec) insulation. ♦ **isolément** adv in isolation, individually, separately. ♦ **isoloir** nm polling booth.
isorel [izɔʀɛl] nm ® hardboard.
isotherme [izɔtɛʀm(ə)] adj isothermal. **camion ~** refrigerated lorry.
isotope [izɔtɔp] **1** adj isotopic. **2** nm isotope.
Israël [isʀaɛl] nm Israel. ♦ **israélien, -ienne** adj, I~(ne) nm(f) Israeli. ♦ **israélite 1** adj Jewish. **2** nm: I~ (gén) Jew; (Hist) Israelite. **3** nf: I~ Jewess; Israelite.
issu, e¹ [isy] adj: être ~ de (résulter de) to stem from; (être né de) to be descended from.
issue² [isy] nf (a) (sortie) exit; [vapeur] outlet. **voie sans ~** (lit, fig) dead end; (panneau) 'no through road'; **~ de secours** emergency exit; (fig) **se ménager une ~** to leave o.s. a way out. (b) (solution) way out. **la situation est sans ~** there is no way out of ou no solution to the situation; **un avenir sans ~** a future without prospects. (c) (fin) outcome. **~ fatale** fatal outcome; **à l'~ de** at the conclusion ou close of.
isthme [ism(ə)] nm (Anat, Géog) isthmus.
Italie [itali] nf Italy. ♦ **italien, -ienne** adj, nm, I~(ne) nm(f) Italian.
italique [italik] nm (Typ) italics. **mettre un mot en ~(s)** to put a word in italics, italicize a word.
itinéraire [itineʀɛʀ] nm (chemin) route, itinerary; (intellectuel) itinerary.
itinérant, e [itineʀɑ̃, ɑ̃t] adj itinerant. **ambassadeur ~** roving ambassador.
ivoire [ivwaʀ] nm ivory.
ivre [ivʀ(ə)] adj (lit) drunk. **~ de colère/de joie** wild ou beside o.s. with anger/joy; **~ mort** dead ou blind drunk. ♦ **ivresse** nf drunkenness. **l'~ de la victoire** the exhilaration of victory; **l'~ du plaisir** the (wild) ecstasy of pleasure; **avec ~** rapturously, ecstatically. ♦ **ivrogne** nmf drunkard. ♦ **ivrognerie** nf drunkenness.

J

J, j [ʒi] *nm (lettre)* J, j.
j' [ʒ(ə)] V **je.**
jabot [ʒabo] *nm (Zool)* crop; *(Habillement)* jabot.
jacasser [ʒakase] (1) *vi (gén)* to chatter. ♦ **jacassement** *nm:* ~**(s)** chatter.
jachère [ʒaʃɛʀ] *nf:* **mettre une terre en** ~ to leave a piece of land fallow; **rester en** ~ to lie fallow.
jacinthe [ʒasɛ̃t] *nf* hyacinth. ~ **des bois** bluebell.
Jacques [ʒak] *nm:* **faire le** ~* to play *ou* act the fool.
jade [ʒad] *nm (pierre)* jade; *(objet)* jade object.
jadis [ʒadis] **1** *adv* formerly, long ago. **mes amis de** ~ my friends of long ago. **2** *adj:* **dans le temps** ~ in days of old.
jaguar [ʒagwaʀ] *nm (Zool)* jaguar.
jaillir [ʒajiʀ] (2) *vi [liquide]* to spurt out, gush forth; *[larmes]* to flow; *[flammes]* to shoot up; *[étincelles]* to fly out; *[lumière]* to flash; *[cris]* to burst out; *[idée, vérité]* to spring *(de* from). **il jaillit dans la pièce** he burst into the room. ♦ **jaillissement** *nm [liquide]* spurt, gush.
jais [ʒɛ] *nm (Minér)* jet; *(couleur)* jet black.
jalon [ʒalɔ̃] *nm (lit)* ranging-pole; *(fig)* step. *(fig)* **poser les premiers** ~**s de qch** to prepare the ground for sth. ♦ **jalonner** (1) *vt (pour construire)* to mark out *ou* off; *(border, s'espacer sur)* to line. **carrière jalonnée de succès** career punctuated with successes.
jaloux, -ouse [ʒalu, uz] *adj (gén)* jealous. **faire des** ~ to make people jealous. ♦ **jalousement** *adv* jealously. ♦ **jalouser** (1) *vt* to be jealous of. ♦ **jalousie** *nf* **(a)** *(sentiment)* jealousy. **être malade de** ~ to be green with envy. **(b)** *(persienne)* venetian blind, jalousie.
Jamaïque [ʒamaik] *nf* Jamaica. ♦ **jamaïquain, e** *adj,* J~**(e)** *nm(f)* Jamaican.
jamais [ʒamɛ] *adv* **(a)** *(négatif)* never. **il ne lui a** ~ **plus écrit** he never wrote to her again, he has never written to her since; **il partit pour ne** ~ **plus revenir** he departed never to return; **nous sommes restés 2 ans sans** ~ **recevoir de nouvelles** we went for 2 years without ever hearing any news; **ça ne fait** ~ **que 2 heures qu'il est parti** it's no more than 2 hours since he left; **ce n'est** ~ **qu'un enfant** he is only *ou* but a child (after all); ~, **au grand** ~!, ~ **de la vie!** never!; ~ **plus!** never again!; **presque** ~ hardly ever, practically never; **c'est le moment ou** ~ it's now or never; ~ **deux sans trois!** there's always a third time! **(b)** *(temps indéfini)* ever. **si** ~ **j'avais un poste pour vous je vous préviendrais** if I ever had a job for you I'd let you know; **si** ~ **tu rates le train, reviens** if by any chance you miss *ou* if you should happen to miss the train come back; **les œufs sont plus chers que** ~ eggs are dearer than ever; **à tout** ~ for ever (and ever).
jambe [ʒɑ̃b] *nf* leg. ~ **de pantalon** trouser leg; ~ **de bois** wooden leg; *(Constr)* ~ **de force** strut; **avoir les** ~**s comme du coton** to have legs like jelly *ou* cotton wool; *(fig)* **n'avoir plus de** ~**s** to be worn out; **traîner la** ~ to limp along; **elle ne peut plus se tenir sur ses** ~**s** she can hardly stand; **prendre ses** ~**s à son cou** to take to one's heels; **faire qch par dessous** *ou* **par dessus la** ~* to do sth in a slipshod way; **tenir la** ~ **à qn*** to detain sb;

elle est toujours dans mes ~**s*** she's always getting in my way.
jambon [ʒɑ̃bɔ̃] *nm* ham. ~ **fumé** smoked ham, gammon; ~ **blanc** *ou* **de Paris** boiled ham. ♦ **jambonneau,** *pl* ~**x** *nm* knuckle of ham.
jante [ʒɑ̃t] *nf [charrette]* felly; *[voiture, vélo]* rim.
janvier [ʒɑ̃vje] *nm* January; V **septembre.**
Japon [ʒapɔ̃] *nm* Japan. ♦ **japonais, e** *adj, nm,* J~**(e)** *nm(f)* Japanese.
japper [ʒape] (1) *vi* to yap, yelp. ♦ **jappement** *nm* yap, yelp.
jaquette [ʒakɛt] *nf [homme]* morning coat; *[livre]* (dust) jacket.
jardin [ʒaʀdɛ̃] *nm* garden. **siège de** ~ garden seat; ~ **d'agrément** pleasure garden; ~ **botanique** botanical garden(s); ~ **d'enfants** nursery school, kindergarten; ~ **potager** vegetable garden; ~ **public** (public) park, public gardens. ♦ **jardinage** *nm* gardening. ♦ **jardiner** (1) *vi* to garden, do some gardening. ♦ **jardinier, -ière 1** *adj* garden. **2** *nm,f* gardener. **3** *nf* **(a)** *(caisse à fleurs)* window box. **(b)** ~**ière (de légumes)** mixed vegetables, jardiniere. **(c)** ~**ière d'enfants** nursery school *ou* kindergarten teacher.
jargon [ʒaʀgɔ̃] *nm (baragouin)* gibberish, double Dutch*; *(professionnel)* jargon. ~ **administratif** officialese, official jargon; ~ **de métier** trade jargon *ou* slang.
jarret [ʒaʀɛ] *nm [homme]* back of the knee, ham; *[animal]* hock. *(Culin)* ~ **de veau** knuckle of veal.
jarretelle [ʒaʀtɛl] *nf* suspender, garter *(US).*
jarretière [ʒaʀtjɛʀ] *nf* garter.
jars [ʒaʀ] *nm* gander.
jaser [ʒaze] (1) *vi [enfant]* to chatter, prattle; *[oiseau]* to twitter; *[ruisseau]* to babble; *(arg Police)* to talk; *[personne] (parler)* to chat; *(médire)* to gossip. **cela va faire** ~ **les gens** that'll set tongues wagging.
jasmin [ʒasmɛ̃] *nm* jasmine.
jauge [ʒoʒ] *nf* **(a)** *(compteur)* gauge; *(règle graduée)* dipstick. **(b)** *(capacité) [réservoir]* capacity; *[navire]* tonnage, burden. ♦ **jauger** (3) **1** *vt [réservoir]* to gauge the capacity of; *[navire]* to measure the tonnage of; *[personne]* to size up. **il le jaugea du regard** he gave him an appraising look. **2** *vi* to have a capacity of. **navire qui jauge 500 tonneaux ship of 500 tonnes** *ou* tons burden.
jaune [ʒon] **1** *adj* yellow. ~ **d'or** golden yellow; ~ **paille** straw-coloured. **2** *nm* **(a)** J~ Asiatic, Asian; **les** J~**s** the yellow races. **(b)** *(couleur)* yellow. **(c)** ~ **(d'œuf)** (egg) yolk. **(d)** *(péj: non gréviste)* blackleg, scab*. **3** *nf* **(a)** J~ Asiatic *ou* Asian woman. **(b)** *(péj)* blackleg, scab*. ♦ **jaunâtre** *adj* yellowish. ♦ **jaunir** (2) *vti* to turn yellow. ♦ **jaunisse** *nf (Méd)* jaundice. **en faire une** ~* *(de dépit)* to be pretty miffed*; *(de jalousie)* to be *ou* turn green with envy.
java [ʒava] *nf (danse)* popular waltz. *(fig)* **faire la** ~**s** to live it up*, have a rave-up*.
javelliser [ʒavelize] (1) *vt* to chlorinate.
javelot [ʒavlo] *nm (Mil, Sport)* javelin.
jazz [dʒaz] *nm* jazz.
je, j' [ʒ(ə)] *pron pers* I. **elle a un je ne sais quoi qui attire** there's a (certain) something about her that is very attractive; **son je-m'en-fichisme*** his (I-)couldn't-care-less attitude*.

jean [dʒin] *nm* (pair of) jeans.

jeep [ʒip] *nf* jeep.

jérémiades* [ʒeʀemjad] *nfpl* moaning, whining.

jerrycan [ʒeʀikan] *nm* jerry can.

jersey [ʒɛʀzɛ] **1** *nm* (*tissu*) jersey (cloth). **point de ~** stocking stitch. **2:** J~ *nf* Jersey.

jésuite [ʒezɥit] *nm, adj* Jesuit.

jésus [ʒezy] *nm* (a) J~ Jesus; J~ Christ Jesus Christ; **en 300 avant/après** J~ Christ in 300 B.C./A.D. (b) (*statue*) statue of the infant Jesus. (*terme d'affection*) **mon ~** (my) darling.

jet¹ [ʒɛ] *nm* (a) [*eau etc*] jet; [*sang*] spurt; [*salive*] stream; [*lumière*] beam. (b) [*pierre*] (*action*) throwing; (*résultat*) throw. **à un ~ de pierre** at a stone's throw. (c) **premier ~** first sketch; **écrire d'un (seul) ~** to write in one go*; **à ~ continu** in a continuous *ou* an endless stream; **~ d'eau** (*fontaine*) fountain; (*gerbe*) spray.

jet² [dʒɛt] *nm* (*Aviat*) jet.

jetée [ʒ(ə)te] *nf* jetty; (*grande*) pier.

jeter [ʒ(ə)te] (4) **1** *vt* (a) (*lancer*) to throw; (*avec force*) to fling, hurl; (*au rebut*) to throw away *ou* out. (*: *mettre rapidement*) **~ une veste sur ses épaules** to slip a jacket over one's shoulders; **~ une idée sur le papier** to jot down an idea; **~ qch à qn** (*pour qu'il l'attrape*) to throw sth to sb; (*agressivement*) to throw sth at sb; **~ qch par terre/par la fenêtre** to throw sth on the ground/out of the window; **~ qch à la poubelle** to throw sth in the dustbin; **jette l'eau sale dans l'évier** pour the dirty water down the sink; **~ dehors** *visiteur* to throw out; *employé* to sack. (b) (*construire*) **pont** to throw (*sur* over); **fondations** to lay. (c) **lueur** to give, give out, cast, shed; **cri** to give, utter, let out; **regard** to cast. **~ un coup d'œil sur qch** (*rapidement*) to glance at sth; (*pour surveiller*) to take a look at sth; **le diamant jette mille feux** the diamond sparkles brilliantly. (d) (*dans le désespoir*) to plunge; (*dans l'embarras*) to throw (*dans* into). **ça me jette hors de moi** it drives me frantic *ou* wild. (e) **discrédit, sort** to cast. **~ le trouble chez qn** to disturb *ou* trouble sb; **sa remarque a jeté un froid** his remark cast a chill. (f) (*dire*) to say (*à* to); **insultes** to hurl (*à* at). **il me jeta en passant que c'était commencé** he mentioned to me as he went by that it had begun. (g) (*locutions*) **~ son dévolu sur qch/qn** to set one's heart on sth/sb; **~ du lest** (*fig*) to dump ballast; (*fig*) to sacrifice sth, make concessions; **on va s'en ~ un derrière la cravate** * we'll have a quick one*; **~ l'argent par les fenêtres** to spend money like water; **~ sa gourme** to sow one's wild oats; **~ le manche après la cognée** to throw in one's hand; **~ de la poudre aux yeux de qn** to impress sb.

2 se ~ *vpr* (a) **se ~ par la fenêtre/à genoux** to throw o.s. out of the window/down on one's knees; **se ~ sur qn** to launch o.s. at sb, rush at sb; **se ~ sur sa proie** to pounce on one's prey; **sa voiture s'est jetée contre un arbre** his car crashed into a tree; **se ~ à l'eau** (*lit*) to plunge into the water; (*fig*) to take the plunge; **se ~ à corps perdu dans une entreprise** to throw o.s. wholeheartedly into an enterprise. (b) [*rivière*] to flow (*dans* into).

jeton [ʒ(ə)tɔ̃] *nm* (a) (*pièce*) (*gén*) token; (*Jeu*) counter; (*Roulette*) chip. **~ de téléphone** telephone token; **~ (de présence)** (*argent*) director's fees. (b) (*) (*coup*) biff*. **avoir les ~s** to have the jitters*.

jeu, pl ~x [ʒø] **1** *nm* (a) (*gén avec règles*) game. **~ d'adresse/de hasard** game of skill/chance; **~ de société** parlour game; **~-concours** competition; **~ télévisé** (*avec questions*) television quiz; **~ de patience** jigsaw puzzle. (b) (*Sport*) (*partie*) game. (*Tennis*) **mener par 5 ~x à 2** to lead by 5 games to 2; **hors ~** (*Tennis*) out (of play); (*Ftbl*) off-side; **remettre en ~** to throw in; **remise en ~** throw-in. (c) (*série*) [*pions, clefs*] set. **~ de construction** building set; **~ de cartes** pack of cards. (d) (*lieu*)

~ de boules bowling ground; **~ de quilles** skittle alley. (e) (*Cartes: main*) hand. **avoir du ~** to have a good hand; (*fig*) **cacher son ~** to conceal one's hand. (f) (*façon de jouer*) (*Sport*) game; (*Théât*) acting. **il a un ~ rapide** (*Sport*) he plays a swift game; (*Mus*) he plays quickly; **j'observais son petit ~** I watched his little game. (g) **le ~** (*amusement*) play; (*Casino*) gambling; **le ~ est nécessaire à l'homme** play is necessary to man, man needs to play. (h) (*fonctionnement*) [*institutions*] working, interplay; [*Tech*] play. **donner du ~ à qch** to give a bit of play to sth, loosen sth up a bit; **il y a du ~** it's a bit loose, there's a bit of play. (i) (*locutions*) **le ~ n'en vaut pas la chandelle** the game is not worth the candle; **il a beau ~ de protester maintenant** it's easy for him to complain now; **les forces en ~** the forces at work; **ce qui est en ~** what is at stake; **mettre/entrer en ~** to bring/come into play; **faire le ~ de qn** to play into sb's hands; **faire ~ égal avec qn** to be evenly matched (against sb); **c'est un ~ d'enfant** it's child's play; **par ~** for fun; **être pris à son propre ~** to be caught out at one's own game.

2: (*Comm*) **~ d'écritures** dummy entry; **~ de massacre** (*à la foire*) Aunt Sally; (*fig*) wholesale slaughter; **~ de mots** play on words, pun; **~ de l'oie** ≈ snakes and ladders; J~x olympiques Olympic games; J~x olympiques d'hiver Winter Olympics.

jeudi [ʒødi] *nm* Thursday. **le ~ de l'Ascension** Ascension Day; **le ~ saint** Maundy Thursday; V **samedi.**

jeun [ʒœ̃] *adv*: **être à ~** to have eaten (*ou* drunk) nothing; (*pas ivre*) to be sober; (*Méd*) **à prendre à ~** to be taken on an empty stomach.

jeune [ʒœn] **1** *adj* (a) (*gén*) young; *apparence* youthful; *industrie* new. **dans mon ~ âge** in my younger days, in my youth; **il n'est plus tout ~** he's not as young as he was; **il est plus ~ que moi de 5 ans** he's 5 years younger than me, he's 5 years my junior; **s'habiller ~** to dress young for one's age; **être ~ d'allure** to be young-looking, be youthful in appearance; **être ~ de caractère** (*puéril*) to be childish; (*dynamique*) to have a youthful outlook. (b) (*inexpérimenté*) inexperienced, green*. **être ~ dans le métier** to be new *ou* a newcomer to the trade. (c) (*cadet*) junior. **mon ~ frère** my younger brother; **mon plus ~ frère** my youngest brother; **Durand ~** Durand junior. (d) (*: *insuffisant*) short, skimpy. **c'est un peu ~** [*temps*] it's cutting it a bit short *ou* fine; [*argent*] it's a bit on the short side, it's pretty tight*.

2 *nm* youth, young man. **les ~s** young people; **club de ~s** youth club.

3 *nf* girl.

4: **~ chien** puppy; **~ femme** young woman; **~ fille** girl; **la ~ génération** the younger generation; **~s gens** young people; **~ homme** young man; **~ marié** bridegroom; **~ mariée** bride; **les ~s mariés** the newly-weds; (*Théât*) **~ premier** leading man; **~ première** leading lady.

jeûne [ʒøn] *nm* fast. ♦ **jeûner** (1) *vi* (*gén*) to go without food; (*Rel*) to fast.

jeunesse [ʒenɛs] *nf* (a) (*gén*) youth; [*apparence, esprit*] youthfulness; [*vin*] youngness. **dans ma ~** in my youth, in my younger days; **erreur de ~** youthful mistake; **il faut que ~ se passe** youth must have its fling; **la ~ de son visage** his youthful face. (b) (*personnes*) **la ~** young people; **la ~ des écoles** young people at school; **les ~s communistes** the Communist Youth Movement.

joaillerie [ʒɔajʀi] *nf* (*commerce*) jeweller's trade; (*marchandise*) jewellery; (*magasin*) jeweller's (shop). ♦ **joaillier, -ière** *nm,f* jeweller.

jobard, e [ʒɔbaʀ, aʀd(ə)] **1** *adj* gullible. **2** *nm,f* (*dupe*) sucker*, mug*.

jockey [ʒɔkɛ] *nm* jockey.

joie [ʒwa] *nf* joy. **à ma grande ~ to** my great joy *ou* delight; **être au comble de la ~** to be overjoyed; **quand aurons-nous la ~ de vous revoir?** when shall we have the pleasure of seeing you again?; **les ~s du mariage** the joys of marriage; **être plein de ~ de vivre** to be full of the joys of life; **faire la ~ de qn** to delight sb, give great pleasure to sb; **il se faisait une telle ~ d'y aller** he was so looking forward to going; **je me ferai une ~ de le faire** I shall be delighted *ou* only too pleased to do it.

joindre [ʒwɛ̃dR(ə)] (49) **1** *vt* **(a)** *(gén)* to join (*à* to); *objets* to put together; *villes* to link (*à* with); *efforts* to combine. **les talons joints** with one's heels together; **~ l'utile à l'agréable** to combine work with pleasure; **~ le geste à la parole** to suit the action to the word; *(fig)* **~ les deux bouts*** to make (both) ends meet. **(b)** *(inclure)* *timbre, chèque etc* to enclose (*à* with). **les avantages joints à ce poste** the advantages attached to this post; **carte jointe à un cadeau** card attached to a gift. **(c)** *(communiquer avec)* *personne* to get in touch with, contact. **2** *vi* *[fenêtre, porte]* to shut, close; *[planches etc]* to join. **3 se ~** *vpr* **(a)** *(s'unir à)* **se ~ à groupe** to join; **se ~ à la foule** to mingle *ou* mix with the crowd; **se ~ à la discussion** to join in the discussion. **(b)** *[mains]* to join.

♦ **joint** *nm* **(a)** *(articulation)* joint; *(ligne de jonction)* join; *(en ciment, mastic)* pointing. **~ de robinet** washer; **~ de cardan** cardan joint; **~ de culasse** cylinder head gasket. **(b)** *(arg Drogue)* joint *(arg)*. **(c) faire le ~*** *[personne]* to last *ou* hold out; *[argent]* to bridge the gap; **trouver le ~*** to come up with the answer. ♦ **jointure** *nf* joint; join. **faire craquer ses ~s** to crack one's knuckles.

joker [ʒɔkɛR] *nm* *(Cartes)* joker.

joli, e [ʒɔli] *adj* **(a)** *(gén)* nice; *femme* pretty; *vue* attractive. **~ comme un cœur** pretty as a picture; **il est ~ garçon** he is (quite) good-looking. **(b)** (*) *profit, résultat* nice, good. **ça fait une ~e somme** it's a tidy *ou* handsome sum of money. **(c)** *(iro: déplaisant)* fine *(iro)*, nice *(iro)*. **un ~ gâchis** a fine mess; **un ~ monsieur** a nasty character. **(d)** *(locutions)* **tout ça c'est bien ~ mais** that's all very well but; **le plus ~ (de l'histoire) c'est que** the best bit of it all is that; **vous avez fait du ~!** you've made a fine mess of things!; **faire le ~ cœur** to play the ladykiller; **ce n'est pas ~ de mentir** it's not nice to tell lies; **elle est ~e,** votre **idée!** that's a nice *ou* great* idea! ♦ **joliment** *adv* nicely; attractively; prettily. **il était ~ en retard*** he was pretty* late.

jonc [ʒɔ̃] *nm* *(plante)* bulrush; *(canne)* cane, rattan.

joncher [ʒɔ̃ʃe] (1) *vt:* **~ qch de** to strew sth with.

jonction [ʒɔ̃ksjɔ̃] *nf* junction. **point de ~** junction, meeting point.

jongler [ʒɔ̃gle] (1) *vi* *(lit, fig)* to juggle *(avec* with). ♦ **jonglerie** *nf* juggling, juggling. ♦ **jongleur, -euse** *nm,f* juggler; *(Hist)* jongleur.

jonque [ʒɔ̃k] *nf* *(Naut)* junk.

jonquille [ʒɔ̃kij] *nf* daffodil, jonquil.

Jordanie [ʒɔRdani] *nf* Jordan. ♦ **jordanien, -ienne** *adj,* **J~(ne)** *nm(f)* Jordanian.

joue [ʒu] *nf* **(a)** *(Anat)* cheek. **~ contre ~** cheek to cheek. **(b)** *(Mil)* **en ~!** take aim!; **mettre en ~ cible** to aim at; *fusil* to aim.

jouer [ʒwe] (1) **1** *vi* **(a)** to play *(avec* with). **~ à la poupée/aux soldats/aux cartes/à courir** to play with one's dolls/(at) soldiers/cards/at running; *(fig)* **~ avec son crayon, une idée** to toy with; **sa santé** to gamble with; *(fig)* **on ne joue pas avec ces choses-là** matters like these are not to be treated lightly; **~ au chat et à la souris avec qn** to play cat and mouse with sb; **~ avec** *ou* **contre X aux échecs** to play X at chess; **~ au héros** to play the hero. **(b)** *(Mus)* to play. **~ du piano** to play the

piano. **(c)** *(Casino)* to gamble. **~ à la Bourse** to speculate *ou* gamble on the Stock Exchange; **~ à la roulette** to play roulette; **~ aux courses** to bet on the horses; **ils ont joué sur la surprise** they were banking *ou* relying on the element of surprise. **(d)** *(Théât)* to act. **elle joue bien** she is a good actress, she acts well; **on joue à guichets fermés** the performance is fully booked *ou* is booked out. **(e)** *(fonctionner)* to work. **faire ~ un ressort** to activate *ou* trigger a spring. **(f)** *(joindre mal)* to fit loosely, be loose; *[bois]* *(travailler)* to warp. **(g)** *(intervenir)* *[facteur]* to matter, count. **cette mesure joue pour tout le monde** this measure applies to everybody; **ça a joué en ma faveur** it worked in my favour; **il a fait ~ ses appuis politiques** he made use of his political connections. **(h)** *(locutions)* **~ sur les mots** to play with words; **faire qch pour ~** to do sth for fun; **~ serré** to play a close game; **~ perdant/gagnant** to play a losing/winning game; **~ au plus fin** to try to outsmart sb; **~ de malheur** to be dogged by ill luck; *(lit, fig)* **à vous de ~!** your go! *ou* turn!; *(Échecs)* your move!; **bien joué!** well done!; **~ avec le feu** to play with fire.

2 *vt* **(a)** *(Théât)* *rôle* to play, act; *(représenter)* *film* to put on, show. **on joue 'Macbeth' ce soir** 'Macbeth' is on this evening; *(fig)* **~ un rôle** to play a part; *(fig)* **~ la comédie** to put on an act; *(fig)* **le drame s'est joué très rapidement** the tragedy happened very quickly. **(b)** *(simuler)* **~ les victimes** to play the victim; **~ la surprise** to affect *ou* feign surprise. **(c)** *(Mus)* *sport* to play; *pion* to play, move. **~ atout** to play trumps. **(d)** *argent (Casino)* to stake, wager; *(Courses)* to bet, stake *(sur* on); *cheval* to back, bet on; *réputation* to wager. **~ les consommations** to play for drinks. **(e)** *(littér: tromper)* *personne* to deceive. **(f)** *(locutions)* **il faut ~ le jeu** you've got to play the game; **~ franc jeu** to play fair; **~ un double jeu** to play a double game; **~ son va-tout** to stake one's all; **~ un tour à qn** to play a trick on sb; **~ sa dernière carte** to play one's last card.

3 ~ de *vt indir* *couteau, influence* to use, make use of. **~ des jambes*** to run away, take to one's heels; **~ des coudes** *pour entrer* to elbow one's way in; **il joue de sa maladie pour ne rien faire** he plays on his illness to get out of doing anything.

4 se ~ *vpr (littér)* **se ~ de qn** to deceive sb; **se ~ des difficultés** to make light of the difficulties; **il a réussi cet examen comme en se jouant** that exam was a walkover for him*.

♦ **jouet** *nm* toy, plaything. **être le ~ d'une illusion** to be the victim of an illusion. ♦ **joueur, -euse** *nm,f* player; *(Casino)* gambler. **~ de golf** golfer; **être beau/mauvais ~** to be a good/bad loser; *[enfant]* **il est très ~** he's very playful.

jouffflu, e [ʒufly] *adj* *enfant* chubby-cheeked; *visage* chubby.

joug [ʒu] *nm* **(a)** *(Agr, fig)* yoke. **sous le ~** under the yoke. **(b)** *[balance]* beam.

jouir [ʒwiR] (2) **1 ~ de** *vt indir (gén, Jur)* to enjoy. **~ de toutes ses facultés** to be in full possession of one's faculties. **2** *vi* (‡) *(plaisir)* to have a great time*. ♦ **jouissance** *nf* **(a)** *(volupté)* pleasure. **(b)** *(Jur: usage)* use, enjoyment.

joujou*, *pl* **~x** [ʒuʒu] *nm* toy. **faire ~** to play *(avec* with).

jour [ʒuR] **1** *nm* **(a)** *(lumière)* day(light); *(période)* day(-time). **il fait ~** it is daylight; **je fais ça le ~** I do it during the day *ou* in the daytime; **voyager de ~** to travel by day; **se lever avant le ~** to get up before dawn *ou* daybreak; **avoir le ~ dans les yeux** to have the light in one's eyes; **c'est le ~ et la nuit!** there's absolutely no comparison! **(b)** *(espace de temps)* day. **d'un ~ célébrité, joie** short-lived, fleeting; **c'est à 2 ~s de marche de ...** it is a 2 days' walk from ...; **dans 2 ~s** in 2 days' time, in 2 days; **un de ces ~s** one of these days; **à**

un de ces ~s! see you again sometime!, be seeing you!*; le ~ d'avant the day before, the previous day; le ~ d'après the day after, the next day, the following day; le ~ de Pâques Easter Day; (iro) c'est mon ~! it's just not my day today!; ce n'est vraiment pas le ~! you (ou we etc) have picked the wrong day!; le goût du ~ the style of the day; un œuf du ~ an egg laid today. (c) (indéterminé) la fuite des ~s the swift passage of time; mettre fin à ses ~s to put an end to one's life; nous gardons cela pour nos vieux ~s/pour les mauvais ~s we're keeping that for our old age/for a rainy day ou for hard times. (d) (éclairage: lit, fig) light. jeter un ~ nouveau sur to throw (a) new light on; se présenter sous un ~ favorable [projet] to look promising; [personne] to show o.s. in a favourable light; nous le voyons sous son véritable ~ we see him in his true colours. (e) (ouverture) [mur, haie] gap. (Couture) ~s hemstitching. (f) (locutions) donner le ~ à to give birth to; voir le ~ to be born; mettre au ~ (révéler) to bring to light; se faire ~ to become clear; vivre au ~ le ~ to live from day to day; être/mettre à ~ to be/bring up to date; mise à ~ updating; un ~ ou l'autre sooner or later; du ~ au lendemain overnight; chose de tous les ~s everyday ou ordinary thing; de nos ~s these days, nowadays; il y a 2 ans ~ pour ~ 2 years ago to the day.
2: le ~ de l'An New Year's day; ~ de congé day off, holiday; ~ férié public holiday; ~ de fête feastday, holiday; le ~ J D-day; le ~ des Morts All Souls' Day; ~ ouvrable weekday; le ~ des Rois Epiphany, Twelfth Night; le ~ du Seigneur Sunday; ~ de sortie day off; ~ de travail working day.

journal, pl **-aux** [ʒuʀnal, o] nm (a) (Presse) (news)paper; (magazine) magazine; (bulletin) journal. (b) (intime) diary, journal; (Rad) news. ~ de bord ship's log; ~ pour enfants children's comic ou paper; (TV) ~ télévisé television news.
journalier, -ière [ʒuʀnalje, jɛʀ] adj (de chaque jour) daily; (banal) everyday, humdrum. c'est ~ it happens every day.
journalisme [ʒuʀnalism(ə)] nm journalism. ♦ **journaliste** nmf journalist. ♦ **journalistique** adj journalistic.
journée [ʒuʀne] nf (a) day. pendant la ~ during the day; dans la ~ d'hier yesterday, in the course of yesterday. (b) [ouvrier] ~ (de travail) day's work; ~ (de salaire) day's wages ou pay; faire une ~ de dures ~s to put in a heavy day's work; être payé à la ~ to be paid by the day; faire la ~ continue to work over lunch; la ~ de 8 heures the 8-hour day; ~ de repos day off.
journellement [ʒuʀnɛlmɑ̃] adv (quotidiennement) daily; (souvent) every day.
joute [ʒut] nf (Hist, fig) joust. ~s nautiques water tournament. ♦ **jouter** (1) vi (Hist, fig) to joust (contre against).
jouvenceau, pl ~x [ʒuvɑ̃so] nm (†, hum) stripling†. ♦ **jouvencelle** nf (†, hum) damsel (†).
jouxter [ʒukste] (1) vt to adjoin, be next to.
jovial, **e**, mpl **-aux** ou ~s [ʒɔvjal, o] adj jovial, jolly. ♦ **jovialement** adv jovially. ♦ **jovialité** nf joviality, jollity.
joyau, pl ~x [ʒwajo] nm (lit, fig) gem, jewel.
joyeux, **-euse** [ʒwajø, øz] adj (gén) joyful; groupe merry; repas cheerful. un ~ luron a jolly fellow; il était tout ~ à l'idée de partir he was overjoyed at the idea of going; ~ Noël! merry ou happy Christmas!; ~euse fête! many happy returns! ♦ **joyeusement** adv joyfully; merrily; cheerfully.
jubilé [ʒybile] nm jubilee.
jubiler* [ʒybile] (1) vi to be jubilant. ♦ **jubilation** nf jubilation.
jucher vt, se ~ vpr [ʒyʃe] (1) to perch (sur on).
judaïque [ʒydaik] adj loi Judaic; religion Jewish.

♦ **judaïsme** nm Judaism. ♦ **judéo-** préf Judeo-.
judiciaire [ʒydisjɛʀ] adj judicial. poursuites ~s judicial ou legal proceedings.
judicieux, **-euse** [ʒydisjø, øz] adj judicious. ♦ **judicieusement** adv judiciously.
judo [ʒydo] nm judo. ♦ **judoka** nmf judoka.
juge [ʒyʒ] 1 nm (gén) judge. oui, Monsieur le J~ yes, your Honour; le ~ X Mr Justice X; être à la fois ~ et partie to be both judge and judged; je vous fais ~ I'll let you be the judge; il est seul ~ en la matière he is the only one who can judge. 2: ~-arbitre referee; ~ d'instruction examining judge ou magistrate; ~ de paix justice of the peace, magistrate; ~ de touche linesman.
jugé [ʒyʒe] nm: au ~ by guesswork; tirer au ~ to fire blind.
jugement [ʒyʒmɑ̃] nm (a) (Jur) [criminel] sentence; [civil] decision, award. rendre un ~ to pass sentence; passer en ~ to stand trial; poursuivre qn en ~ to sue sb, take legal proceedings against sb; ~ par défaut judgment by default. (b) (opinion) judgment, opinion. porter un ~ sur to pass judgment on; ~ préconçu prejudgment. (c) (discernement) judgment. manquer de ~ to lack judgment. (d) (Rel) judgment.
jugeote* [ʒyʒɔt] nf gumption*.
juger [ʒyʒe] (3) 1 vt (a) affaire to judge, try; accusé to try (pour for); différend to arbitrate in. le jury a jugé qu'il n'était pas coupable the jury found him not guilty; l'affaire doit se ~ à l'automne the case is to be heard in the autumn. (b) (décider) to judge. à vous de ~ it's up to you to decide ou to judge. (c) (apprécier) to judge. il ne faut pas ~ d'après les apparences you must not judge ou go by appearances; jugez combien j'étais surpris imagine how surprised I was. (d) (estimer) ~ qch/qn ridicule to consider ou find sth/sb ridiculous; ~ que to think ou consider that; ~ mal qn to think badly of sb; ~ bon de faire to consider it a good thing ou advisable to do; il se juge capable de le faire he thinks ou reckons he can do it. 2 ~ de vt indir to appreciate, judge. si j'en juge par mon expérience judging by my experience; autant que je puisse en ~ as far as I can judge. 3 nm = jugé.
juguler [ʒygyle] (1) vt maladie to arrest; envie to suppress; inflation to curb; révolte to put down.
juif, **juive** [ʒɥif, ʒɥiv] 1 adj Jewish. 2 nm: J~ Jew. 3 nf: Juive Jewess.
juillet [ʒɥijɛ] nm July; V septembre.
juin [ʒɥɛ̃] nm June; V septembre.
jumeau, **-elle**, mpl ~x [ʒymo, ɛl] 1 adj (gén) twin. mon frère ~ my twin brother; maisons ~elles semidetached houses. 2 nm,f (personne) twin; (sosie) double. 3 nf: ~elle(s) binoculars; ~elles de théâtre opera glasses. ♦ **jumelage** nm twinning. ♦ **jumelé**, **e** adj colonnes twin; roues, billets double. ♦ **jumeler** (4) vt villes to twin; efforts to join.
jument [ʒymɑ̃] nf mare.
jungle [ʒɔ̃gl(ə)] nf (lit, fig) jungle.
junior [ʒynjɔʀ] adj, nmf junior.
junte [ʒœt] nf junta.
jupe [ʒyp] nf skirt. (fig) être toujours dans les ~s de sa mère to cling to one's mother's apron strings. ♦ **jupon** nm waist petticoat ou slip. courir le ~ to chase anything in a skirt.
jurer [ʒyʀe] (1) 1 vt to swear. ~ fidélité à qn to swear ou pledge loyalty to sb; ~ la perte de qn to swear to ruin sb; faire ~ à qn de garder le secret to swear ou pledge sb to secrecy; il jurait ses grands dieux qu'il n'avait rien fait he swore blind* ou to heaven that he hadn't done anything; ah! je vous jure! honestly!; on ne jure plus que par lui everyone swears by him. 2 ~ de vt indir to swear to. j'en jurerais I'd swear to it; il ne faut ~ de rien you never can tell. 3 vi (a) (pester) to swear, curse. (b) [couleurs] to clash, jar; [propos]

to jar. **4 se** ~ *vpr*: **se** ~ **qch** (*à soi-même*) to vow sth (to o.s.); (*l'un à l'autre*) to pledge *ou* swear *ou* vow sth to each other. ♦ **juré, e 1** *adj* sworn. **2** *nm,f* juror, juryman (*ou* woman). **les** ~**s** the members of the jury.

juridiction [ʒyʀidiksjɔ̃] *nf* (*compétence*) jurisdiction; (*tribunal*) court(s) of law.

juridique [ʒyʀidik] *adj* legal. ♦ **juridiquement** *adv* legally.

juriste [ʒyʀist(ə)] *nm* [*compagnie*] lawyer; (*auteur*) jurist.

juron [ʒyʀɔ̃] *nm* oath, swearword. **dire des** ~**s** to swear, curse.

jury [ʒyʀi] *nm* (*Jur*) jury; (*Art, Sport*) panel of judges; (*Scol*) board of examiners.

jus [ʒy] *nm* (**a**) (*liquide*) juice. ~ **de fruit** fruit juice; ~ **de viande** gravy. (**b**) (*café*) coffee; (*courant*) juice*; (*eau*) water. **au** ~! coffee's ready!; **tomber dans le** ~ to fall into the water.

jusant [ʒyzɑ̃] *nm* ebb tide.

jusque [ʒysk(ə)] **1** *prép* (**a**) (*lieu*) **jusqu'à la, jusqu'au** to; **j'ai couru jusqu'à la maison** I ran all the *ou* right the way home; **j'ai marché jusqu'au village** I walked to *ou* as far as the village; **jusqu'où?** how far?; **il avait de la neige jusqu'aux genoux** he was knee-deep in snow; **la nouvelle est venue jusqu'à moi** the news has reached me; **en avoir** ~**-là*** to be fed up*; **s'en mettre** ~**-là*** to stuff o.s.* (**b**) (*temps*) **jusqu'à, jusqu'en** until, till, up to; **jusqu'à quand?** until when?, how long?; **jusqu'à présent** until now, so far; **jusqu'au bout** to the end; **du matin jusqu'au soir** from morning till night; **jusqu'à 5 ans** until *ou* up to the age of 5. (**c**) (*limite*) up to. **jusqu'à 20 kg** up to 20 kg, not exceeding 20 kg; **pousser l'indulgence jusqu'à la faiblesse** to carry indulgence to the point of weakness; **aller jusqu'à dire/faire** to go so far as to say/do; **tu vois jusqu'à quel point tu t'es trompé** you see how wrong you were. (**d**) (*y compris*) even. **ils ont regardé** ~ **sous le lit** they even looked under the bed; **tous jusqu'au dernier** every single one of them. **2** *adv*: ~ **et y compris** up to and including; **jusqu'à** (*même*) even; **tout jusqu'au paysage avait changé** even the landscape had changed. **3** *conj*: **jusqu'à ce que** until.

juste [ʒyst(ə)] **1** *adj* (**a**) (*légitime*) just; (*équitable*) just, fair; *colère* righteous, justifiable. **pour être** ~ **envers lui** in fairness to him, to be fair to him; **les** ~**s** (*gén*) the just; (*Rel*) the righteous; **à** ~ **titre** with just cause *ou* reason; ~ **ciel!**† heavens above! (**b**) (*calcul, réponse*) right; *raisonnement* sound; *remarque* apt; *appareil* accurate; *oreille* good; *note de musique, voix* true; *piano* well-tuned. **à l'heure** ~ right on time; **à 6 heures** ~**s** on the stroke of 6; **apprécier qch à son** ~ **prix** to appreciate the true worth of sth;

le ~ **milieu** the happy medium; **très** ~! quite right! (**c**) (*trop court*) *vêtement* tight; (*longueur*) on the short side. (*quantité*) **1 kg pour 6, c'est un peu** ~ 1 kg for 6 people – it's barely enough *ou* it's a bit on the short side; **elle n'a pas raté son train mais c'était** ~ she didn't miss her train but it was a close thing.

2 *adv* (**a**) *compter, viser* accurately; *raisonner* soundly; *deviner* rightly; *chanter* in tune. **tomber** ~ (*deviner*) to hit the nail on the head; **la pendule va** ~ the clock is keeping good time. (**b**) (*exactement*) just, exactly. ~ **au-dessus** just above; **3 kg** ~ **3 kg** exactly. (**c**) (*seulement*) only, just. **il est parti il y a** ~ **un moment** he left just *ou* only a moment ago. (**d**) (*un peu*) ~ **prévoir** not quite enough, too little; **il a mesuré trop** ~ he cut it a bit too fine. (**e**) (*locutions*) **que veut-il au** ~? what exactly does he want?; **au plus** ~ **prix** at the minimum price; **comme de** ~ of course; **tout** ~ (*seulement*) only just; (*à peine*) hardly, barely; (*exactement*) exactly.

justement [ʒystəmɑ̃] *adv* (**a**) (*précisément*) just, precisely. **on parlait** ~ **de vous** we were just talking about you. (**b**) *remarquer* rightly, justly, soundly. ~ **puni** justly punished; ~ **fier** justifiably proud.

justesse [ʒystɛs] *nf* (*gén*) accuracy; [*raisonnement*] soundness; [*remarque*] aptness. **de** ~ **gagner** by a narrow margin, narrowly; **s'en tirer** by the skin of one's teeth, narrowly.

justice [ʒystis] *nf* (**a**) (*gén*) justice. **rendre la** ~ to dispense justice; **rendre** ~ **à qn** to do sb justice; **rendre** ~ **au talent de qn** to give fair recognition to sb's talent; **on doit lui rendre cette** ~ **que** it must be said in fairness to him that; **ce n'est que** ~ it's only fair; **se faire** ~ (*se venger*) to take the law into one's own hands; (*se suicider*) to take one's life. (**b**) (*tribunal*) court; (*autorités*) law. **la** ~ **le recherche** he is wanted by the law; ~ **administrative** administrative law; **passer en** ~ to stand trial; **aller en** ~ to take the case to court. ♦ **justiciable** *adj*: ~ **de** subject to. ♦ **justicier, -ière** *nm,f* (*gén*) upholder of the law.

justifier [ʒystifje] (7) **1** *vt* (*gén*) to justify. **ça justifie mon point de vue** it bears out *ou* vindicates my opinion. **2** ~ **de** *vt indir* to prove. **3 se** ~ *vpr* to justify o.s. **se** ~ **d'une accusation** to clear o.s. of an accusation. ♦ **justifiable** *adj* justifiable. ♦ **justificatif, -ive** *adj* justificatory. **pièce** ~**ive** written proof *ou* evidence. ♦ **justification** *nf* (*explication*) justification; (*preuve*) proof.

jute [ʒyt] *nm* jute.

juteux, -euse [ʒytø, øz] *adj fruit* juicy.

juvénile [ʒyvenil] *adj allure* youthful.

juxtaposer [ʒykstapoze] (1) *vt* to juxtapose. ♦ **juxtaposition** *nf* juxtaposition.

K

K, k [ka] *nm (lettre)* K, k.
kaki [kaki] **1** *adj* khaki. **2** *nm* **(a)** *(couleur)* khaki.
(b) *(Agr)* persimmon.
kaléidoscope [kaleidɔskɔp] *nm* kaleidoscope.
kamikaze [kamikaze] *nm* kamikaze.
kangourou [kɑ̃guʀu] *nm* kangaroo.
kaolin [kɔɔlɛ̃] *nm* kaolin.
kapok [kapɔk] *nm* kapok.
karaté [kaʀate] *nm* karate.
kayak [kajak] *nm (eskimo)* kayak; *(Sport)* canoe,
kayak. **faire du** ~ to go canoeing.
képi [kepi] *nm* kepi.
kermesse [kɛʀmɛs] *nf* fair; *(de charité)* bazaar,
fête. *(fig)* c'est une vraie ~ là-dedans* it's absolute bedlam in there.
kérosène [keʀozɛn] *nm* kerosene, (aviation) fuel.
kidnapper [kidnape] **(1)** *vt* to kidnap.
♦ **kidnappeur, -euse** *nm,f* kidnapper.
kif [kif] *nm* **(a)** *(Drogue)* kef, kif. **(b)** (*) c'est du
~, c'est ~-~ it's all the same, it makes no odds*.
kilo [kilo] **1** *nm* kilo. **2** *préf* kilo... . ♦ **kilogramme**
nm kilogramme. ♦ **kilométrage** *nm* ≃ *[voiture]*
mileage. ♦ **kilomètre** *nm* kilometre. ♦ **kilowatt**
nm kilowatt. ~-**heure** *nm* kilowatt-hour.
kimono [kimɔno] *nm* kimono.
kinésithérapeute [kineziteʀapøt] *nmf* physiotherapist. ♦ **kinésithérapie** *nf* physiotherapy.
kiosque [kjɔsk(ə)] *nm [journaux etc]* kiosk, stall;
[jardin] pavilion. ~ **à musique** bandstand.
kirsch [kiʀʃ] *nm* kirsch.
kiwi [kiwi] *nm* kiwi.
klaxon [klaksɔn] *nm* ® *(Aut)* horn. ♦ **klaxonner**
(1) *vi* to hoot (one's horn), sound one's horn.
kleptomane [klɛptɔman] *adj, nmf* kleptomaniac.
♦ **kleptomanie** *nf* kleptomania.
knock-out [nɔkawt] *(Boxe, *)* **1** *adj* knocked out.
mettre qn ~ to knock sb out. **2** *nm* knock-out.
koala [kɔala] *nm* koala (bear).
krach [kʀak] *nm (Bourse)* crash.
kyrielle [kiʀjɛl] *nf [réclamations, personnes]*
stream; *[objets]* pile.
kyste [kist(ə)] *nm* cyst.

L

L, l [ɛl] *nm ou nf (lettre)* L, l.
l' [l(ə)] V **le**[1], **le**[2].
la[1] [la] V **le**[1], **le**[2].
la[2] [la] *nm inv (note)* A; *(chanté)* la. **donner le ~** *(lit)* to give an A; *(fig)* to set the tone.
là [la] **1** *adv* **(a)** *(espace)* there. **c'est ~ où** *ou* **que je suis né** that's where I was born; **c'est à 3 km de ~** it's 3 km away (from there); **quelque part par ~** somewhere around there; **passez par ~** go that way; **M X n'est pas ~** Mr X isn't there *ou* in; **qu'est-ce que tu fais ~?** *(lit)* what are you doing here?; *(fig: manigancer)* what are you up to? **(b)** *(temps)* then. **c'est ~ qu'il comprit** that was when he realized, it was then that he realized; **à partir de ~** from then on, after that; **à quelques jours de ~** a few days later. **(c)** *(situation)* that. **il faut en rester ~** we'll have to leave it at that; **la situation en est ~** that's how the situation stands at the moment; **ils en sont ~** that's the stage they've reached; **~ est la difficulté** that's where the difficulty lies. **(d)** *(intensif)* that. **ce jour-~** that day; **en ce temps-~** in those days; **ce qu'il dit ~ n'est pas bête** what he has just said isn't a bad idea; **de ~ son désespoir** hence his despair; **de ~ vient que nous ne le voyons plus** that's why we don't see him any more; **de ~ à prétendre qu'il a tout fait seul, il y a loin** there's a big difference between saying that and claiming that he did it all himself; **loin de ~** far from it; **tout est ~** that's the whole question; **comme menteur, il se pose ~** *ou* **se pose ~** he isn't half a liar*; **alors ~,** **ça ne me surprend pas** (oh) now, that doesn't surprise me; **hé ~!** *(appel)* hey!; *(surprise)* good grief!; **~, ~ du calme** now, now *ou* there, there, calm down; **oh ~ ~ (~ ~)** dear! dear!

2: ~-bas (over) there; **~-bas dans le nord** up (there) in the north; **~-dedans** *(lit)* inside; *(fig)* in that; **~-dessous** underneath; *(fig)* **il y a qch ~-dessous** there's sth odd about it *ou* that; **~-dessus** on that; *(sur ces mots)* at that point; *(à ce sujet)* about that; **~-haut** up there; *(dessus)* up on top; *(à l'étage)* upstairs; *(fig: au ciel)* in heaven above.
label [label] *nm (Comm)* stamp, seal.
labeur [labœʀ] *nm (littér)* labour.
laboratoire [labɔʀatwaʀ] *nm* laboratory. ◆ **labo*** *nm* lab*. ◆ **laborantin, e** *nm,f* laboratory *ou* lab* assistant.
laborieux, -euse [labɔʀjø, øz] *adj* **(a)** *(pénible)* *(gén)* laborious; *récit* laboured; *digestion* heavy. **ça a été ~!*** it has been heavy going. **(b)** *(travailleur)* hard-working, industrious. **les classes ~euses** the working classes; **une vie ~euse** a life of hard work. ◆ **laborieusement** *adv* laboriously, with much effort.
labourer [labuʀe] **(1)** *vt* **(a)** *(avec charrue)* to plough, plow *(US)*; *(avec bêche)* to dig (over). **terre qui se laboure bien** land which ploughs well. **(b)** *visage, corps* to gash. **labouré de rides** lined *ou* furrowed with wrinkles; **ça me laboure les côtes** it is digging into my sides. ◆ **labour** *nm* *(action)* ploughing, plowing *(US)*; digging; *(champ)* ploughed field. ◆ **labourage** *nm* ploughing, plowing *(US)*; digging. ◆ **laboureur** *nm* ploughman, plowman *(US)*.
Labrador [labʀadɔʀ] *nm (Géog, chien)* Labrador.
labyrinthe [labiʀɛ̃t] *nm (lit, fig)* maze, labyrinth.

lac [lak] *nm* lake. **le ~ Léman** Lake Geneva; **c'est dans le ~*** it has fallen through.
lacer [lase] **(3)** *vt chaussure* to tie (up); *corset* to lace up. **ça se lace (par) devant** it laces up at the front.
lacérer [laseʀe] **(6)** *vt vêtement* to tear *ou* rip up; *corps* to lacerate. ◆ **lacération** *nf* ripping up, tearing up; laceration.
lacet [lasɛ] *nm* **(a)** *[chaussure]* (shoe) lace; *[corset]* lace. **chaussures à ~s** lace-up shoes. **(b)** *[route]* sharp bend, twist. **en ~** winding, twisty. **(c)** *(piège)* snare.
lâche [lɑʃ] **1** *adj* **(a)** *corde* slack; *nœud, style, règlement* loose; *discipline* lax. **(b)** *(couard)* cowardly. **se montrer ~** to show o.s. a coward. **2** *nmf* coward. ◆ **lâchement** *adv* loosely; in a cowardly way.
lâcher [lɑʃe] **(1)** **1** *vt* **(a)** *ceinture* to loosen, let out, slacken. **(b)** *main, proie* to let go of; *bombes* to drop; *pigeon, frein* to release. **lâche-moi!** let *ou* leave go (of me)!; **attention! tu vas ~ le verre** careful, you're going to drop the glass; **~ un chien sur qn** to set a dog on sb; **il va falloir qu'il les lâche*** *ou* **qu'il lâche ses sous*** he'll have to part with the cash*. **(c)** *bêtise, juron* to come out with. **(d)** *(*: abandonner) personne* to throw over*; *métier* to give up, throw up*. *(Sport)* **~ le peloton** to leave the rest of the field behind; **il ne m'a pas lâché** *[poursuivant]* he stuck to me; *[mal de tête]* it didn't leave me; **une bonne occasion, ça ne se lâche pas** you don't pass up an opportunity like that*. **(e)** *(locutions)* **~ prise** *(lit)* to let go; *(fig)* to loosen one's grip; **~ pied** to fall back; **~ du lest** *(Naut)* to throw out ballast; *(* fig)* to climb down; **~ la bride à un cheval/à qn** to give a horse/sb his head. **2** *vi [corde]* to break, give way; *[frein]* to fail. **ses nerfs ont lâché** he broke down. **3** *nm:* **~ de ballons/de pigeons** release of balloons/of pigeons.
lâcheté [lɑʃte] *nf* cowardice, cowardliness; *(acte)* cowardly act, act of cowardice.
lâcheur, -euse* [lɑʃœʀ, øz] *nm,f* unreliable so-and-so*.
laconique [lakɔnik] *adj* laconic, terse. ◆ **laconiquement** *adv* laconically, tersely. ◆ **laconisme** *nm* terseness.
lacté, e [lakte] *adj sécrétion* milky; *régime, farine* milk.
lacune [lakyn] *nf [manuscrit]*, *(Anat, Bot)* lacuna; *[connaissances, texte]* gap, deficiency.
ladite [ladit] *adj* V **ledit**.
lagon [lagɔ̃] *nm* lagoon. ◆ **lagune** *nf* lagoon.
lai, e [lɛ] *adj (Rel)* lay. **frère ~** lay brother.
laïciser [laisize] **(1)** *vt* to secularize. ◆ **laïcité** *nf (caractère)* secularity.
laid, e [lɛ, lɛd] *adj* **(a)** *(gén)* ugly; *région* unattractive; *bâtiment* unsightly. **~ comme un pou** ugly as sin; **il est ~ de visage** he's got an ugly face. **(b)** *action* low, mean. **c'est ~ de montrer du doigt** it's rude *ou* not nice to point. ◆ **laideron** *nm* ugly girl *ou* woman. ◆ **laideur** *nf* ugliness; unattractiveness; unsightliness; lowness, meanness. **la guerre dans toute sa ~** the full horror of war; **les ~s de la vie** the ugly things in life.
laine [lɛn] *nf* wool. **de ~** *vêtement* wool, woollen; **~ peignée** *[veston]* worsted wool; *[pull]* combed

wool; ~ **de verre** glass wool; ~ **vierge** new wool.
♦ **lainage** *nm* (*vêtement*) woollen (garment); (*étoffe*) woollen material. ♦ **laineux, -euse** *adj* woolly. ♦ **lainier, -ière** *adj industrie* woollen; *région* wool-producing.
laïque [laik] **1** *adj tribunal* lay, civil; *vie* secular; *habit* ordinary; *collège* non-religious. **l'enseignement** ~ state education (*in France*). **2** *nm* layman. **les** ~**s** laymen, the laity. **3** *nf* laywoman.
laisse [lɛs] *nf* leash, lead. **tenir en** ~ to keep on a leash *ou* lead.
laisser [lese] (1) **1** *vt* (a) (*abandonner*) (*gén*) to leave. **laisse-moi ta clé** leave me your key, leave your key with me; **laisse-lui du gâteau** leave *ou* save him some cake; **il m'a laissé ce vase pour 10 F** he let me have this vase for 10 francs; **laisse-moi le soin de le lui dire** leave it to me to tell him; **laisse-moi le temps d'y réfléchir** give me time to think about it; **il a laissé un bras dans l'accident** he lost an arm in the accident; **il y a laissé sa vie** it cost him his life; ~ **qn indifférent** to leave sb unmoved; ~ **qn debout** to keep sb standing (up); **on lui a laissé ses illusions** we didn't disillusion him; **vous laissez le village sur votre droite** you go past the village on your right; ~ **la vie à qn** to spare sb's life; ~ **qn en liberté** to allow sb to stay free. (b) (*locutions*) (*lit, fig*) ~ **la porte ouverte** to leave the door open; **il ne laisse jamais rien au hasard** he never leaves anything to chance; **c'était à prendre ou à** ~ it was a case of take it or leave it; **avec lui il faut en prendre et en** ~ you must take what he tells you with a pinch of salt; **on l'a laissé pour mort** he was left for dead; **il laisse tout le monde derrière en math** he is head and shoulders above *ou* streets* ahead of the others in maths; (*littér*) **cela n'a pas laissé de me surprendre** I couldn't fail to be surprised by *ou* at that; (*littér*) **ça ne laisse pas d'être vrai** it is true nonetheless.
2 *vb aux*: ~ (**qn**) **faire qch** to let sb do sth; **le gouvernement laisse faire!** the government does nothing!; **laissez-moi rire** don't make me laugh; ~ **voir ses sentiments** to let one's feelings show; **il faut** ~ **faire le temps** we must let things take their course.
3 se ~ *vpr*: **se** ~ **exploiter** to let o.s. be exploited; **se** ~ **attendrir** to be moved; **je me suis laissé surprendre par la pluie** I got caught in the rain; **se** ~ **aller** to let o.s. go; **je me suis laissé faire*** I let myself be persuaded; **je n'ai pas l'intention de me** ~ **faire** I'm not going to let myself be pushed around; **laisse-toi faire!** (*à qn qu'on soigne*) let me do it!
♦ **laisser-aller** *nm inv* (*gén*) casualness, carelessness. ♦ **laisser-faire** *nm* (*Écon*) laissez-faire. ♦ **laissez-passer** *nm inv* pass. ♦ **laissé-pour-compte**, *pl* ~**s-**~**-**~ **1** *adj* (*lit, fig*) rejected. **2** *nm* (*Comm*) reject; (*invendu*) unsold article. (*fig*) **les** ~**s-**~**-**~ **de la société** society's rejects; **ce sont les** ~**s-**~**-**~ **du progrès** these people are the casualties of progress.
lait [lɛ] **1** *nm* milk. ~ **de vache** cow's milk; **petit** ~ whey; (*fig*) **boire du (petit)** ~ to lap it up; **cela se boit comme du petit** ~ you don't notice you're drinking it; **frère au** ~ foster brother; **chocolat au** ~ milk chocolate. **2**: ~ **de beauté** beauty lotion; ~ **caillé** curds; ~ **de chaux** lime water; ~ **de coco** coconut milk; ~ **démaquillant** cleansing milk; ~ **entier** unskimmed milk; ~ **maternel** mother's milk, breast milk; ~ **en poudre** dried *ou* powdered milk. ♦ **laitage** *nm* milk product. ♦ **laitance** *nf* soft roe. ♦ **laiterie** *nf* (*magasin*) dairy; (*industrie*) dairy industry. ♦ **laiteux, -euse** *adj* milky. ♦ **laitier, -ière 1** *adj* dairy. **2** *nm* (a) (*livreur*) milkman; (*vendeur*) dairyman. (b) (*Ind*) slag. **3** *nf* (*vendeuse*) dairywoman. (*vache*) **une (bonne)** ~**ière** a (good) milker.

laiton [lɛtɔ̃] *nm* brass.
laitue [lety] *nf* lettuce.
lama [lama] *nm* (*Zool*) llama; (*Rel*) lama.
lambeau, *pl* ~**x** [lɑ̃bo] *nm* scrap. **en** ~**x** *vêtements* in tatters *ou* rags; *affiche* in tatters; **mettre en** ~**x** to tear to shreds; **tomber en** ~**x** to fall to pieces.
lambin, e* [lɑ̃bɛ̃, in] **1** *adj* slow. **2** *nm,f* slow-coach*, slowpoke* (*US*). ♦ **lambiner*** (1) *vi* to dawdle.
lambris [lɑ̃bʀi] *nm* panelling.
lame [lam] **1** *nf* (a) (*métal, verre*) strip; [*ressort*] leaf; (*pour microscope*) slide. (b) [*poignard, tondeuse*] blade. **visage en** ~ **de couteau** hatchet face. (c) (*épée*) sword; (*escrimeur*) swordsman. (d) (*vague*) wave. **2**: ~**s de fond** ground swell; ~ **de parquet** floorboard; ~ **de rasoir** razor blade. ♦ **lamé, e** *adj, nm* lamé. ♦ **lamelle** *nf* (*gén*) (small) strip; [*persiennes*] slat; [*champignon*] gill; (*pour microscope*) coverglass. **couper en** ~**s** to cut into thin strips.
lamentable [lamɑ̃tabl(ə)] *adj* (*gén*) appalling, awful; *état* lamentable; *spectacle* pitiful. ♦ **lamentablement** *adv échouer* lamentably.
lamenter (se) [lamɑ̃te] (1) *vpr* to moan, lament. **se** ~ **sur qch** to moan over sth, bemoan sth; **arrête de te** ~ **sur ton propre sort** stop feeling sorry for yourself. ♦ **lamentation** *nf* lamentation. (*péj*) ~(**s**) moaning.
laminer [lamine] (1) *vt métal* to laminate. ♦ **laminage** *nm* lamination. ♦ **laminoir** *nm* rolling mill.
lampadaire [lɑ̃padɛʀ] *nm* (*intérieur*) standard lamp; (*rue*) street lamp. (**pied de**) ~ (*intérieur*) lamp standard; (*rue*) lamp-post.
lampe [lɑ̃p(ə)] *nf* lamp; (*ampoule*) bulb; (*Rad*) valve. ~ **de bureau** desk light; ~ **de chevet** bedside light; ~ **à pétrole** oil lamp; ~ **de poche** torch, flashlight (*US*); ~ **à souder** blowlamp. ♦ **lampion** *nm* Chinese lantern.
lance [lɑ̃s] *nf* (a) (*arme*) spear; (*tournoi*) lance. (b) (*tuyau*) hose. ~ **d'incendie** fire hose.
lancer [lɑ̃se] (3) **1** *vt* (a) (*gén*) to throw; (*violemment*) to hurl, fling; *bombes* to drop; (*Sport*) *poids* to put. ~ **qch à qn** to throw sth to sb; (*hostilement*) to throw *ou* hurl sth at sb; ~ **une balle en l'air** to throw *ou* toss a ball up in the air; ~ **les jambes en avant** to fling one's legs forward; ~ **un coup de poing** to lash out with one's fist; ~ **son poing dans la figure de qn** to punch sb in the face. (b) *fumée* to send up *ou* out; *flammes, lave* to throw out. [*yeux, bijoux*] ~ **des éclairs** to flash (fire). (c) *menaces* to hurl, fling; *proclamation* to issue; *S.O.S.* to send out; *fausse nouvelle* to put out; *hurlement* to give out. ~ **un cri** to cry out; **elle lança un coup d'œil furieux** she flashed *ou* darted a furious glance at him; **'je refuse' lança-t-il** 'I refuse' he said. (d) *navire, idée, produit* to launch; *entreprise* to start up; *emprunt* to issue, float. **ne le lancez pas sur son sujet favori** don't set him off on *ou* don't let him get launched on his pet subject; ~ **ses hommes à l'assaut** to launch one's men into the attack; ~ **qn dans la politique** to launch sb into politics; **ce chanteur est lancé** this singer has made a name for himself. (e) *moteur* to open up; *voiture* to get up to full speed; *balançoire* to set going. ~ **un cheval** to give a horse its head.
2 se ~ *vpr* (*prendre de l'élan*) to build up *ou* get up momentum *ou* speed; (*sauter*) to leap, jump; (*se précipiter*) to dash, rush (*contre* at). **se** ~ **à l'assaut** to leap to the attack; **se** ~ **dans la bagarre** to pitch into the fight; **n'hésite pas, lance-toi** don't hesitate, off you go *ou* let yourself go; **se** ~ **dans** *discussion etc* to launch into, embark on; *acteur* **qui cherche à se** ~ actor who's trying to make a name for himself.
3 *nm* (a) (*Sport*) **un** ~ a throw; **le** ~ **du poids** *etc* V **lancement**. (b) (*Pêche*) (*attirail*) rod and reel.

(*genre de pêche*) rod and reel fishing.
♦ **lance-flammes** *nm inv* flamethrower. ♦ **lance-grenades** *nm inv* grenade launcher. ♦ **lance-missiles** *nm inv* missile launcher. ♦ **lance-pierre(s)** *nm inv* catapult. ♦ **lance-torpilles** *nm inv* torpedo tube. ♦ **lancée** *nf*: être sur sa ~ to be *ou* have got under way; **continuer sur sa** ~ to keep going; **je peux encore courir 2 km sur ma** ~ now I'm in my stride I can run another 2 km.
♦ **lancement** *nm* [*navire, campagne etc*] launching; [*emprunt*] issuing, floating. **le** ~ **du disque** throwing the discus; **le** ~ **du poids** putting the shot. ♦ **lanceur, -euse** 1 *nm,f* (*Sport*) thrower; [*entreprise*] promoter. **2** *nm* (*Espace*) launcher.
lanciner [lɑ̃sine] (1) **1** *vi* to throb. **2** *vt* [*pensée*] to haunt; (***) [*enfant*] to torment. ♦ **lancinant, e** *adj douleur* shooting, throbbing; *souvenir* haunting; *musique* insistent. **ce que tu peux être** ~* you get on my nerves.
landau [lɑ̃do] *nm* (*d'enfant*) pram, baby carriage (*US*); (*carrosse*) landau.
lande [lɑ̃d] *nf* moor.
langage [lɑ̃gaʒ] *nm* language. **changer de** ~ to change one's tune; ~ **argotique** slang speech; ~ **chiffré** cipher, code (language).
lange [lɑ̃ʒ] *nm* baby's flannel blanket. (*Hist*) ~s swaddling clothes. ♦ **langer** (3) *vt bébé* to change (the nappy of). **table à** ~ changing table.
langoureux, -euse [lɑ̃guʀø, øz] *adj* languorous. ♦ **langoureusement** *adv* languorously.
langouste [lɑ̃gust(ə)] *nf* crawfish, spiny lobster (*US*). ♦ **langoustine** *nf* Dublin bay prawn. (*Culin*) ~s scampi.
langue [lɑ̃g] *nf* (**a**) (*Anat*) tongue. **tirer la** ~ to stick out *ou* put out one's tongue; (***: **être dans le besoin**) to have a rough time of it*; (***: **avoir soif**) il tirait la ~ his tongue was hanging out. (**b**) (*organe de la parole*) tongue. **avoir la** ~ **bien pendue** to have a ready tongue in one's head; **il a la** ~ **trop longue** he talks too much; **il n'a pas la** ~ **dans sa poche** he's never at a loss for words; **perdre/retrouver sa** ~ to lose/find one's tongue; **donner sa** ~ **au chat** to give in *ou* up; **j'ai le mot sur (le bout de) la** ~ the word is on the tip of my tongue. (**c**) (*personne*) **mauvaise** ~, ~ **de vipère** spiteful gossip. (**d**) (*Ling*) language. **la** ~ **française** the French language; **les gens de** ~ **anglaise** English-speaking people; ~ **maternelle** mother tongue; ~ **populaire** (*idiome*) popular language; (*usage*) popular speech; (*lit, fig*) **nous ne parlons pas la même** ~ we don't speak the same language. (**e**) ~ **de terre** spit of land. ♦ **languette** *nf* [*bois, cuir*] tongue.
langueur [lɑ̃gœʀ] *nf* languidness, languor. ♦ **languir** (2) *vi* (**a**) [*personne*] to languish; [*conversation etc*] to flag. ~ **après qn/qch** to languish for *ou* pine for sb/sth. (**b**) (***: *attendre*) to wait, hang around*. **faire** ~ **qn** to keep sb waiting. ♦ **languissant, e** *adj personne* languid; *regard* languishing; *récit* dull; *affaires* slack.
lanière [lanjɛʀ] *nf* [*cuir*] strap; [*étoffe*] strip; [*fouet*] lash.
lanterne [lɑ̃tɛʀn(ə)] *nf* lantern; (*électrique*) lamp, light. (*Aut*) **se mettre en** ~s to switch on one's (side)lights; ~ **magique** magic lantern; ~ **rouge** (*fig*: *dernier*) tail-ender; ~ **vénitienne** Chinese lantern.
laper [lape] (1) **1** *vt* to lap up. **2** *vi* to lap.
lapider [lapide] (1) *vt* to stone.
lapin [lapɛ̃] *nm* (**a**) (buck) rabbit; (*fourrure*) rabbit-skin. ~ **de garenne** wild rabbit; **mon petit** ~ my lamb; **poser un** ~ **à qn*** to stand sb up*. ♦ **lapine** *nf* (doe) rabbit.
laps [laps] *nm*: ~ **de temps** lapse of time.
lapsus [lapsys] *nm* slip (of the tongue).
laquais [lakɛ] *nm* lackey, footman; (*péj*) flunkey.
laque [lak] *nf* (*produit brut*) shellac; (*peinture*) lacquer; (*pour cheveux*) hair lacquer *ou* spray.

laquelle [lakɛl] *V* **lequel**.
laquer [lake] (1) *vt* to lacquer. **meuble (en) laqué blanc** piece of furniture with a white lacquer finish.
larbin [laʀbɛ̃] *nm* (*péj*) flunkey.
larcin [laʀsɛ̃] *nm* (*vol*) theft; (*butin*) spoils.
lard [laʀ] *nm* (*gras*) fat (of pig); (*viande*) bacon. ~ (**maigre**) ≃ streaky bacon; (*péj*) **un gros** ~* a fat lump‡. ♦ **larder** (1) *vt* (*Culin*) to lard. ~ **qn de coups de couteau** to hack at sb with a knife.
♦ **lardon** *nm* lardon.
large [laʀʒ(ə)] **1** *adj* (**a**) *surface* wide, broad; *concessions, pouvoirs* wide. **trop** ~ **de 3 mètres** 3 metres too wide; **chapeau à** ~ **bords** broad-brimmed *ou* wide-brimmed hat; **ouvrir une** ~ **bouche** to open one's mouth wide; **d'un geste** ~ with a broad *ou* sweeping gesture; **être** ~ **d'épaules** [*personne*] to be broad-shouldered; [*vêtements*] to be wide *ou* broad at the shoulders; **faire une** ~ **part à qch** to give great weight to sth; **dans une** ~ **mesure** to a great *ou* large extent. (**b**) (*généreux*) *personne* generous. **1 kg de viande pour 4, c'est** ~ **1** kg of meat for 4 is ample *ou* plenty; **une vie** ~ a life of ease. (**c**) *sens, esprit* broad; *conscience* accommodating. ~ **d'idées** broad-minded. **2** *adv*: **prévoir** ~ to allow a bit extra; **cette marque taille** ~ the sizes in this brand tend to be on the large side. **3** *nm* (**a**) (*largeur*) width. **avenue de 8 mètres de** ~ avenue 8 metres wide *ou* 8 metres in width; **être au** ~ (*place*) to have plenty of room; (*argent*) to have plenty of money; **cela se fait en 2 mètres de** ~ that comes in 2-metre widths. (**b**) (*Naut*) **le** ~ the open sea; **au** ~ **de Calais** off Calais; (*fig*) **prendre le** ~* to clear off*, hop it*.
♦ **largement** [laʀʒəmɑ̃] *adv* (**a**) (*gén*) widely. **fenêtre** ~ **ouverte** wide open window; **idée** ~ **répandue** widely held *ou* widespread view. (**b**) (*de loin*) considerably, greatly. **déborder** ~ **le sujet** to go well beyond the limits of the subject; **elle vaut** ~ **son frère** she's every bit as good as *ou* at least as good as her brother. (**c**) (*amplement*) **vous avez** ~ **le temps** you have ample time *ou* plenty of time; **c'est** ~ **suffisant** that's plenty, that's more than enough; **il est** ~ **temps de commencer** it's high time we started; **j'ai été** ~ **récompensé** I have been amply rewarded; **ça vaut** ~ **la peine** it's well worth the trouble. (**d**) (*généreusement*) generously. **vivre** ~ to live handsomely. (**e**) (*au moins*) easily, at least. **il est** ~ **2 heures** it's well past 2 o'clock.
♦ **largesse** [laʀʒɛs] *nf* generosity; (*cadeau*) generous gift.
♦ **largeur** [laʀʒœʀ] *nf* (*lit*) width, breadth; [*idées*] broadness. **sur toute la** ~ all the way across; **dans le sens de la** ~ widthways, widthwise; ~ **d'esprit** broad-mindedness.
larguer [laʀge] (1) *vt amarres* to cast off, slip; *parachutiste* to drop; (***) *objet, personne, emploi* to chuck‡. **être largué*** to be all at sea*.
larme [laʀm(ə)] *nf* (*lit*) tear; (***: *goutte*) drop.·en ~s in tears; **verser toutes les** ~s **de son corps** to cry one's eyes out; ~s **de crocodile** crocodile tears. ♦ **larmoyant, e** *adj voix* tearful; *récit* maudlin. ♦ **larmoyer** (8) *vi* (**a**) [*yeux*] to water, run. (**b**) (*pleurnicher*) to whimper, snivel.
larron [laʀɔ̃] *nm* (†, *Bible*) thief. **s'entendre comme** ~s **en foire** to be as thick as thieves.
larve [laʀv(ə)] *nf* (*Zool*) larva; (*asticot*) grub; (*péj*) worm. ♦ **larvé, e** *adj guerre* latent.
larynx [laʀɛ̃ks] *nm* larynx. ♦ **laryngite** *nf* laryngitis. ♦ **laryngologiste** *nmf* throat specialist, laryngologist.
las, lasse [lɑ, lɑs] *adj* weary, tired (*de* of).
lascar* [laskaʀ] *nm* (*louche*) character; (*malin*) rogue.
lascif, -ive [lasif, iv] *adj* lascivious, lustful. ♦ **lascivité** *nf* lasciviousness, lustfulness.

laser [lazɛʀ] *nm* laser.
lasser [lɑse] (1) **1** *vt* to weary, tire. **2 se** ~ *vpr*: **se** ~ **de qch/de faire qch** to grow weary of sth/of doing sth; **sans se** ~ without tiring. ◆ **lassant, e** *adj* wearisome, tiresome. ◆ **lassitude** *nf* weariness, lassitude.
lasso [laso] *nm* lasso. **prendre au** ~ to lasso.
latent, e [latã, ãt] *adj* (*gén*) latent. ◆ **latence** *nf* latency.
latéral, e, *mpl* **-aux** [lateʀal, o] *adj* side, lateral. ◆ **latéralement** *adv* (*gén*) laterally; *être situé* on the side.
latex [latɛks] *nm inv* latex.
latin, e [latɛ̃, in] *adj, nm*, **L**~(**e**) *nm(f)* Latin. ~ **de cuisine** dog Latin; **j'y perds mon** ~ I can't make head nor tail of it. ◆ **latino-américain, e** *adj* Latin-American.
latitude [latityd] *nf* (*gén, fig*) latitude. **Paris est à 48°** ~ **de** ~ **Nord** Paris is situated at latitude 48° north; **avoir toute** ~ **de faire qch** to be quite free *ou* have full scope to do sth.
latte [lat] *nf* (*gén*) lath; *[plancher]* board.
lauréat, e [lɔʀea, at] **1** *adj* prize-winning. **2** *nm,f* prize winner.
laurier [lɔʀje] *nm* (*Bot*) laurel; (*Culin*) bay leaves. **feuille de** ~ bay leaf. ◆ **laurier-rose**, *pl* ~s-~s *nm* oleander.
lavande [lavãd] *nf* lavender.
lavandière [lavãdjɛʀ] *nf* washerwoman.
lave [lav] *nf*: ~(**s**) lava.
laver [lave] (1) **1** *vt* (**a**) (*gén*) to wash; *plaie* to bathe; *tache* to wash out *ou* off; (*Méd*) *intestin* to wash out; (*à la brosse*) to scrub (down); (*à l'éponge*) to (wash with a) sponge. ~ **à grande eau** to swill down; ~ **la vaisselle** to wash the dishes, do the washing up. (**b**) (*emploi absolu*) *[savon]* to wash; *[personne]* to do the washing. (**c**) *affront* to avenge; *honte* to wash away. ~ **qn de qch** to clear sb of sth.
2 se ~ *vpr* to have a wash. **se** ~ **la figure** to wash one's face; **se** ~ **les dents** to clean *ou* brush one's teeth; **ce tissu se lave bien** this material washes well; **ça ne se lave pas** it isn't washable *ou* won't wash; **se** ~ **de accusation** to clear o.s. of; **je m'en lave les mains** I wash my hands of the matter.
◆ **lave-glace**, *pl* ~-~s *nm* windscreen *ou* windshield (*US*) washer. ◆ **lave-mains** *nm inv* wash-stand. ◆ **lave-vaisselle** *nm inv* dishwasher. ◆ **lavable** *adj* washable. ◆ **lavabo** *nm* washbasin. (*euph*) ~s toilets. ◆ **lavage** *nm* (*gén*) washing; (*lessive*) wash; *[plaie]* bathing. **pour un meilleur** ~, **utilisez** ... for a better wash, use ...; **on a dû faire 3** ~s it had to be washed 3 times; ~ **d'estomac** stomach wash; ~ **de cerveau** brainwashing; **on lui a fait subir un** ~ **de cerveau** he was brainwashed. ◆ **lavasse** *nf* dishwater*. ◆ **lavement** *nm* enema. ◆ **laverie** *nf*: ~ **automatique** launderette. ◆ **lavette** *nf* (*chiffon*) dish cloth; (*péj*) drip*. ◆ **laveur** *nm* washer. ~ **de carreaux** window cleaner. ◆ **laveuse** *nf* washerwoman. ◆ **lavoir** *nm* (*dehors*) washing-place; (*édifice*) wash house; (*bac*) washtub.
laxatif, -ive [laksatif, iv] *adj, nm* laxative.
laxisme [laksism(ə)] *nm* laxity. ◆ **laxiste 1** *adj* lax. **2** *nmf* latitudinarian.
layette [lɛjɛt] *nf* baby clothes, layette. **rayon** ~ babywear department.
le[1] [l(ə)], **la** [la], **les** [le] *art déf* (*avec à, de* **au, aux, du, des**) (**a**) (*détermination*) **les enfants sont en retard** the children are late; **il n'a pas** ~ **droit de le faire** he has no right to do it; **la femme de l'épicier** the grocer's wife; **l'Italie de Mussolini** Mussolini's Italy. (**b**) (*temps*) **les** (*souvent omis*). **venez** ~ **dimanche de Pâques** come on Easter Sunday; **l'hiver dernier** last winter; **il ne travaille pas** ~ **samedi** he doesn't work on Saturdays *ou* on a Saturday; ~ **matin** in the morning; **vers les 5 heures** at about 5 o'clock; **il est parti** ~ **5 mai** he

left on the 5th of May *ou* **on May the 5th** (*style parlé*); **he left on May 5th** (*style écrit*). (**c**) (*distribution*) a, an. **5 F** ~ **mètre/la pièce** 5 francs a metre/each *ou* apiece; **60 km à l'heure** 60 km an *ou* per hour; **j'en ai fait la moitié/**~ **dixième** I have done half/a tenth of it. (**d**) (*généralisation, abstraction*) *gén non traduit*. ~ **hibou vole surtout la nuit** owls fly *ou* the owl flies mainly at night; **l'homme est un roseau pensant** man is a thinking reed; **l'enfant n'aime pas** *ou* **les enfants n'aiment pas l'obscurité** children don't like the dark; **la tuberculose** tuberculosis; **la jeunesse** youth; ~ **café est cher** coffee is dear; **j'aime la musique** I like music; ~ **beau** the beautiful; **les riches** the rich. (**e**) (*possession*) **elle ouvrit les yeux** she opened her eyes; **j'ai mal au pied** I've a pain in my foot; **il a la jambe cassée** he has got a broken leg; **avoir mal à la tête** to have a headache; **il a les cheveux noirs** he has black hair. (**f**) (*valeur démonstrative*) **faites attention, les enfants!** be careful children!; **oh** ~ **beau chien!** what a lovely dog!, (just) look at that lovely dog!
le[2] [l(ə)], **la** [la], **les** [le] *pron m,f,pl* (**a**) (*homme*) him; (*femme, nation, bateau*) her; (*animal, bébé*) it, him, her; (*chose*) it. **les** them; **regarde-**~/**-la/-les** look at him *ou* it/her *ou* it/them. (**b**) (*emphatique*) **cette femme-là, je la déteste** I can't bear that woman; **vous l'êtes, beau** you really DO look smart. (**c**) (*neutre: souvent non traduit*) **je l'ai entendu dire** I have heard it said, so I have heard; **demande-**~-**lui** ask him; **je** ~ **savais bien** I thought so.
lécher [leʃe] (6) *vt* (**a**) (*gén*) to lick; *assiette* to lick clean; *[vagues]* to wash *ou* lap against. **se** ~ **les doigts** to lick one's fingers; (*fig*) **s'en** ~ **les doigts** to lick one's lips over it; ~ **les bottes de qn*** to suck up to sb*, lick sb's boots*. (**b**) (*: *fignoler*) to polish up. ◆ **lèche*** *nf* bootlicking*. **faire de la** ~ to be a bootlicker*. ◆ **lèche-bottes*** *nmf inv* bootlicker*. ◆ **lèche-vitrines*** *nm*: **faire du** ~ to go window-shopping. ◆ **lécheur, -euse*** *nm,f* bootlicker*.
leçon [l(ə)sõ] *nf* (*gén*) lesson. ~**s particulières** private lessons *ou* tuition; (*fig*) **il peut vous donner des** ~**s** he could teach you a thing or two; **faire la** ~ **à qn** (*endoctriner*) to give sb instructions; (*réprimander*) to give sb a lecture; **que cela te serve de** ~ let that be a lesson to you.
lecteur, -trice [lɛktœʀ, tʀis] *nm,f* (**a**) (*gén*) reader. **le nombre de** ~**s de ce journal** the readership of this paper. (**b**) (*Univ*) (foreign language) assistant. (**c**) ~ **de cassettes** cassette player.
lecture [lɛktyʀ] *nf* (*gén*) reading. **d'une** ~ **facile** easy to read, very readable; ~ **à haute voix** reading aloud; **faire la** ~ **à qn** to read to sb; **donner** ~ **de qch** to read sth out (*à qn* to sb); **apportez-moi de la** ~ bring me something to read; ~**s pour la jeunesse** books for children.
ledit [lədi], **ladite** [ladit], *m(f)pl* **lesdit(e)s** [ledi(t)] *adj* the aforementioned, the aforesaid.
légal, e, *mpl* **-aux** [legal, o] *adj* (*gén*) legal; *adresse* official. ◆ **légalement** *adv* legally. ◆ **légalisation** *nf* legalization. ◆ **légaliser** (1) *vt* to legalize. ◆ **légalité** *nf* [*acte*] legality. **rester dans la** ~ to keep within the law.
légat [lega] *nm*: ~ (**du Pape**) (papal) legate.
légataire [legatɛʀ] *nmf* legatee. ~ **universel** sole legatee.
légation [legasjõ] *nf* (*Diplomatie*) legation.
légende [leʒãd] *nf* (**a**) (*mythe*) legend. **entrer dans la** ~ to go down in legend. (**b**) *[médaille]* legend; *[dessin]* caption; *[carte]* key. (**c**) (*péj: mensonge*) fairy tale. ◆ **légendaire** *adj* (*gén*) legendary.
léger, -ère [leʒe, ɛʀ] *adj* (**a**) *poids, parfum* light. **construction** ~**ère** light *ou* flimsy (*péj*) building; **faire qch d'un cœur** ~ to do sth with a light heart. (**b**) *allure* light, nimble; *taille* light, slender. **d'un**

pas ~ with a light *ou* springy step. **(c)** *bruit, surprise* slight, faint; *thé* weak; *vin, coup* light; *maladie, châtiment* mild, slight. **une ~ère pointe d'ironie** a light touch of irony; **un blessé ~** a slightly injured person. **(d)** *(superficiel) personne, propos* thoughtless; *argument* lightweight, flimsy. **agir à la ~ère** to act thoughtlessly; **il prend toujours tout à la ~ère** he never takes anything seriously. **(e)** *(frivole) personne* fickle; *plaisanterie* ribald, broad. **femme ~ère** woman of easy virtue. ♦ **légèrement** *adv* lightly; nimbly; slightly; faintly; thoughtlessly. **~ plus grand** slightly bigger. ♦ **légèreté** *nf* lightness; flimsiness; nimbleness; mildness; thoughtlessness; fickleness; ribaldry.

légion [leʒjɔ̃] *nf* legion. **ils sont ~** they are legion. ♦ **légionnaire** *nm* (*Hist*) legionary; *[Légion étrangère]* legionnaire.

législation [leʒislɑsjɔ̃] *nf* legislation. ♦ **législateur, -trice** *nm,f* legislator. ♦ **législatif, -ive 1** *adj* legislative. **élections ~ives** = general election. **2** *nm*: **le ~** the legislature. ♦ **législature** *nf* (*Parl*) (*durée*) term (of office); (*corps*) legislature. ♦ **légiste** *nm* legist, jurist.

légitime [leʒitim] *adj* (*gén*) legitimate; *femme* lawful; *colère* justifiable, justified; *revendication* rightful. **j'étais en état de ~ défense** I was acting in self-defence. ♦ **légitimement** *adv*(*gén*) rightfully; (*Jur*) legitimately. ♦ **légitimer** (1) *vt* to legitimate. ♦ **légitimité** *nf* (*gén*) legitimacy.

legs [lɛg] *nm* (*Jur, fig*) legacy. **faire un ~ à qn** to leave sb a legacy. ♦ **léguer** (6) *vt* (*Jur*) to bequeath; *tradition, tare* to hand down, pass on.

légume [legym] **1** *nm* vegetable. **~s secs/verts** dry/green vegetables. **2** *nf*: **une grosse ~*** a bigwig*. ♦ **légumier** *nm* vegetable dish. ♦ **légumineuse** *nf* leguminous plant.

lendemain [lɑ̃dmɛ̃] *nm* (**a**) (*jour suivant*) **le ~** the next *ou* following day, the day after; **le ~ de son arrivée** the day after he arrived, the day following his arrival; **le ~ soir** the next *ou* following evening; **il ne faut jamais remettre au ~ ce qu'on peut faire le jour même** never put off till tomorrow what you can do today; **au ~ de la défaite** soon after *ou* in the days following the defeat. (**b**) (*avenir*) **le ~** tomorrow, the future; **succès sans ~** short-lived success. (**c**) **~s** (*conséquences*) consequences; (*perspectives*) prospects.

lent, e[1] [lɑ̃, lɑ̃t] *adj* (*gén*) slow; *poison* slow-acting. **à l'esprit ~** slow-witted. ♦ **lentement** *adv* slowly. ♦ **lenteur** *nf* slowness. **~ d'esprit** slow-wittedness; **la ~ de la construction** the slow progress of the building.

lente[2] [lɑ̃t] *nf* (*Zool*) nit.

lentille [lɑ̃tij] *nf* (*Bot, Culin*) lentil; (*Opt*) lens. **~s cornéennes** contact lenses.

léopard [leɔpaʀ] *nm* leopard; (*fourrure*) leopard-skin.

lèpre [lɛpʀ(ə)] *nf* (*Méd*) leprosy; (*fig: mal*) plague. ♦ **lépreux, -euse 1** *adj* (*lit*) leprous; *mur* flaking, peeling. **2** *nm,f* (*lit, fig*) leper. ♦ **léproserie** *nf* leper-house.

lequel [ləkɛl], **laquelle** [lakɛl], *m(f)pl* **lesquel(le)s** [lekɛl] (*avec à, de* **auquel, auxquels, auxquelles, duquel, desquels, desquelles**) **1** *pron* (**a**) (*relatif*) (*personne: sujet*) who; (*personne: objet*) whom; (*chose*) which. **j'ai écrit au directeur, ~ n'a jamais répondu** I wrote to the manager, who has never answered; **le règlement d'après ~** the ruling whereby ...; **la femme à laquelle j'ai acheté mon chien** the woman from whom I bought my dog; **le pont sur ~ vous êtes passé** the bridge you came over *ou* over which you came. (**b**) (*interrogatif*) which. **~ des 2 acteurs préférez-vous?** which of the 2 actors do you prefer?; **va voir ma sœur - laquelle?** go and see my sister – which one? **2** *adj*: **son état pourrait**

empirer, auquel cas je reviendrais his condition could worsen, in which case I would come back.

les [le] *V* **le**[1], **le**[2].

lesbienne [lɛsbjɛn] *nf* lesbian.

lèse-majesté [lɛzmaʒɛste] *nf* lese-majesty.

léser [leze] (6) *vt* (**a**) *personne* to wrong; *droits* to infringe on; *intérêts* to damage. (**b**) (*Méd*) to injure.

lésiner [lezine] (1) *vi* to skimp (*sur qch* on sth). ♦ **lésinerie** *nf* stinginess.

lésion [lezjɔ̃] *nf* (*Jur, Méd*) lesion.

lessiver [lesive] (1) *vt* (**a**) (*lit*) to wash. (**b**) (**:**: *battre*) (*au jeu*) to clean out*; *adversaire* to lick*. ♦ **lessivage** *nm* washing. ♦ **lessive** *nf* (*produit*) washing powder; (*linge*) washing; (*lavage*) washing, wash. **faire la ~** to do the washing; **faire 4 ~s par semaine** to do 4 washes a week. ♦ **lessivé, e*** *adj* (*fatigué*) **être ~** to be dead beat* *ou* all in*. ♦ **lessiveuse** *nf* (laundry) boiler.

lest [lɛst] *nm* ballast. ♦ **lester** (1) *vt* (*lit*) to ballast; (*: *remplir*) *poches* to fill.

leste [lɛst(ə)] *adj* (**a**) (*agile*) nimble, agile, sprightly. (**b**) *plaisanterie* risqué. ♦ **lestement** *adv* nimbly, agilely. **mener ~ une affaire** to conduct a piece of business briskly.

léthargie [letaʀʒi] *nf* lethargy. **tomber en ~** to fall into a state of lethargy. ♦ **léthargique** *adj* lethargic.

lettre [lɛtʀ(ə)] **1** *nf* (**a**) (*caractère*) letter. **c'est écrit en toutes ~s** it's there *ou* it's written in black and white; **écrire en (toutes) ~s** *nom, somme* to write in full. (**b**) (*missive*) letter. **~s** (*courrier*) letters, mail; **mettre une ~ à la boîte** to post a letter; **écris-lui une petite ~** write him a note. (**c**) **les (belles) ~s** literature; **homme de ~s** man of letters; **avoir des ~s** to be well-read. (**d**) (*Scol*) **fort en ~s** good at arts subjects; **professeur de ~s** teacher of French (*in France*); **~s modernes** French language and literature; **~s classiques** classics (*sg*). (**e**) (*locutions*) **rester ~ morte** *[protestation]* to go unheeded; **devenir ~ morte** *[loi]* to become a dead letter; **c'est passé comme une ~ à la poste*** it went off smoothly *ou* without a hitch; **prendre qch au pied de la ~** to take sth literally; **exécuter qch à la ~** to carry out sth to the letter.

2: **~ de change** bill of exchange; **~s de créance** credentials; **~s de noblesse** letters patent of nobility; **~ recommandée** (*attestant sa remise*) recorded delivery letter; (*assurant sa valeur*) registered letter. ♦ **lettré, e** *adj* well-read.

leucémie [løsemi] *nf* leukaemia. ♦ **leucémique 1** *adj* leukaemic. **2** *nmf* person suffering from leukaemia.

leur [lœʀ] **1** *pron pers mf* them. **il ~ est facile de le faire** it is easy for them to do it. **2** *adj poss* (**a**) their. **ils ont ~s petites manies** they have their little fads. (**b**) (*littér*) theirs, their own. **ils ont fait ~s ces idées** they made these ideas their own. **3** *pron poss*: **le ~, la ~, les ~s** theirs; **ces sacs sont les ~s** these bags are theirs. **4** *nm* (**a**) **ils ont mis du ~** they pulled their weight. (**b**) **les ~s** (*famille*) their family; (*partisans*) their own people; **ils ont encore fait des ~s*** they've (gone and) done it again*; **nous étions des ~s** we were with them.

leurre [lœʀ] *nm* (*illusion*) delusion; (*duperie*) deception; (*piège*) trap, snare; (*Pêche, Chasse*) lure. ♦ **leurrer** (1) **1** *vt* to delude. **2** se **~** *vpr* to delude o.s.

levage [ləvaʒ] *nm* (*Tech*) lifting.

levain [ləvɛ̃] *nm* *[pain]* leaven. **sans ~** unleavened.

levant [ləvɑ̃] **1** *adj*: **soleil ~** rising sun; **au soleil ~** at sunrise. **2** *nm*: **le ~** the East; (*pays*) **le L~** the Levant.

lever [l(ə)ve] (5) **1** *vt* (**a**) (*lit*) (*gén*) to raise; *objet* to lift; *yeux, tête* to lift up; *main* (*en classe*) to put

up. ~ **le visage vers qn** to look up at sb. **(b)** *blocus* to raise; *séance* to close; *difficulté, scrupules* to remove; *interdiction* to lift. **(c)** *impôts, armée* to levy. **(d)** *plan, carte* to draw. **(e)** *enfant, malade* to get up. **faire** ~ **qn** *(d'une chaise)* to make sb stand up; *(du lit)* to get sb up; *(lit, fig)* ~ **un lièvre** to start a hare. **(f)** *(locutions)* ~ **l'ancre** *(Naut)* to weigh anchor; *(fig)* to make tracks*; ~ **le camp** *(lit)* to break camp; *(fig)* to break up; ~ **le siège** *(lit)* to raise the siege; *(fig)* to take o.s. off; **il n'a pas levé le petit doigt pour m'aider** he didn't lift a finger to help me; *[chien]* ~ **la patte** to cock its leg; ~ **le pied** *(disparaître)* to vanish; *(Aut: ralentir)* to slow down; ~ **la main sur qn** to raise one's hand to sb; ~ **le voile** to reveal the truth *(sur* about); ~ **son verre à la santé de qn** to drink to sb's health.
  2 *vi* **(a)** *[plante]* to come up. **(b)** *(Culin)* to rise. **faire** ~ **la pâte** to make the dough rise.
  3 se ~ *vpr* **(a)** *[rideau, main]* to go up. **(b)** *[personne]* to get up. **se** ~ **de table** to get up from the table; **faire se** ~ **qn** *(du lit)* to get sb up; *(d'une chaise)* to make sb stand up; *(fig)* **il s'est levé du pied gauche** he got out of bed on the wrong side; **se** ~ **sur son séant** to sit up. **(c)** *[soleil, lune]* to rise; *[jour]* to break. **(d)** *[vent, orage]* to get up, rise; *[brume]* to lift, clear. **le temps se lève** the weather is clearing.
  4 *nm* **(a)** ~ **de soleil** sunrise; ~ **du jour** daybreak, dawn. **(b)** *(au réveil)* **prenez 3 comprimés au** ~ take 3 tablets when you get up on rising; **le** ~ **du roi** the levee of the king. **(c)** *(Théât)* **le** ~ **du rideau** *(commencement)* the curtain; *(action)* the raising of the curtain; *(pièce)* **un** ~ **de rideau** a curtain raiser.
  ♦ **levé**[1] *nm* *(plan)* survey. ♦ **levé**[2], **e**[1] *adj*: **être** ~ to be up. ♦ **levée**[2] **1** *nf* **(a)** *[siège]* raising; *[séance]* closing; *[interdiction]* lifting. **(b)** *(Poste)* collection. **(c)** *(Cartes)* trick. **faire une** ~ to take a trick. **(d)** *[impôts, armée]* levying. **(e)** *(remblai)* levee. **2**: ~ **de boucliers** general outcry; **la** ~ **du corps aura lieu à 10 heures** the funeral will start from the house at 10 o'clock; ~ **d'écrou** release (from prison). ♦ **lève-tard** *nm inv* late riser. ♦ **lève-tôt** *nm inv* early riser.
levier [ləvje] *nm* lever. **faire** ~ **sur qch** to lever sth up; *(fig)* **être aux** ~**s de commande** to be in control *ou* command.
lèvre [lɛvʀ(ə)] *nf* *(gén)* lip; *(Géog) [faille]* side.
lévrier [levʀije] *nm* greyhound.
levure [l(ə)vyʀ] *nf* *(ferment)* yeast.
lexique [lɛksik] *nm* vocabulary; *(glossaire)* lexicon. ♦ **lexicographie** *nf* lexicography.
lézard [lezaʀ] *nm* *(animal)* lizard; *(peau)* lizardskin. **faire le** ~ **(au soleil)*** to bask in the sun.
lézarde [lezaʀd(ə)] *nf* *(fissure)* crack. ♦ **se lézarder** (1) *vpr* to crack.
liaison [ljɛzɔ̃] *nf* **(a)** *(fréquentation)* ~ **(amoureuse)** (love) affair; ~ **(d'affaires)** business relationship *ou* connection. **(b)** *(contact)* **entrer en** ~ **avec qn** to get in contact with sb; **travailler en** ~ **étroite avec qn** to work in close collaboration with sb; ~ **radio** radio contact; **officier de** ~ liaison officer. **(c)** *(entre événements, idées)* connection. **(d)** *(Phonétique)* liaison. *(Gram)* **mot de** ~ linkword. **(e)** *(Transport)* link.
liane [ljan] *nf* creeper, liana.
liant, e [ljɑ̃, ɑ̃t] *adj* sociable.
liasse [ljas] *nf* bundle, wad.
Liban [libɑ̃] *nm*: **le** ~ (the) Lebanon. ♦ **libanais, e** *adj*, **L**~**(e)** *nm(f)* Lebanese.
libations [libasjɔ̃] *nfpl* libations.
libeller [libele] (1) *vt* *acte* to draw up; *chèque* to make out *(au nom de* to); *lettre* to word. ♦ **libellé** *nm* wording.
libellule [libelyl] *nf* dragonfly.

libéral, e, *mpl* **-aux** [libeʀal, o] *adj*, *nm,f* *(gén)* liberal. ♦ **libéralement** *adv* liberally. ♦ **libéralisation** *nf* liberalization. ♦ **libéraliser** (1) *vt* to liberalize. ♦ **libéralisme** *nm* liberalism. ♦ **libéralité** *nf* liberality; *(don)* generous *ou* liberal gift.
libérer [libeʀe] (6) **1** *vt* **(a)** *prisonnier* to release; *soldat* to discharge *(de* from). **libéré sous caution/sur parole** released on bail/on parole. **(b)** *pays, peuple* to free, liberate; *(d'une promesse)* to release *(de* from). **(c)** *énergie, gaz, cran d'arrêt* to release; *échanges commerciaux* to ease restrictions on. ~ **le passage** to free *ou* unblock the way. **(d)** *conscience* to unburden; *instincts* to give free rein to. **2 se** ~ *vpr* **(a)** *(de ses liens)* to free o.s. *(de* from); *(d'une promesse)* to release o.s. *(de* from); *(d'une dette)* to clear o.s. *(de* of). **jeudi je ne peux pas me** ~ I can't be free on Thursday. ♦ **libérateur, -trice 1** *adj* *(Psych)* liberating. **guerre** ~**trice** war of liberation. **2** *nm,f* liberator. ♦ **libération** *nf* release; discharge; freeing; liberation.
liberté [libɛʀte] *nf* **(a)** *(gén, Jur)* freedom, liberty. **mettre en** ~ to free, release; **être mis en** ~ **surveillée** to be put on probation; **mise en** ~ *[prisonnier]* release; **être en** ~ *[animal]* to be free; **animaux en** ~ animals in freedom; **le voleur est encore en** ~ the thief is still at large; *[épouse]* **elle a repris sa** ~ she has regained her independence; **avoir toute** ~ **pour agir** to have full freedom to act; ~, **égalité, fraternité** liberty, equality, fraternity. **(b)** *(loisir)* **moments de** ~ free moments, spare *ou* free time; **jour de** ~ free day, day off. **(c)** *(absence de contrainte)* liberty. ~ **de mœurs** freedom of morals; **prendre la** ~ **de faire** to take the liberty of doing; **prendre des** ~**s avec** *texte* to take liberties with. **(d)** *(droit)* right. **les** ~**s syndicales** the rights of the unions.
libertin, e [libɛʀtɛ̃, in] *adj*, *nm,f* libertine.
libraire [libʀɛʀ] *nmf* bookseller. ♦ **librairie** *nf* *(magasin)* bookshop. ~-**papeterie** bookseller's and stationer's; **la** ~ *(activité)* bookselling.
libre [libʀ(ə)] *adj* **(a)** *(sans contrainte)* free. **en vente** ~ on open sale; **garder l'esprit** ~ to keep one's mind free, keep a clear mind; **être** ~ **comme l'air** to be as free as a bird; **rester** ~ *(non marié)* to remain unattached; ~ **de tout préjugé** free from all prejudice; **vous êtes** ~ **de refuser** you're free *ou* at liberty to refuse; **le sujet de la dissertation est** ~ the subject of this essay is left open. **(b)** *(non occupé)* *(gén)* free; *passage* clear; *taxi* empty. *(Téléc)* **la ligne n'est pas** ~ the line is engaged; **est-ce que cette place est** ~? is this seat free? *ou* vacant?; **avoir du temps** ~ to have some spare *ou* free time; *(non payant)* **'entrée** ~' entrance free. **(c)** *(Scol)* **enseignement** ~ private and Roman Catholic. **(d)** *(sans retenue)* *personne* free *ou* open in one's behaviour; *plaisanteries* broad; *propos* blunt. **être très** ~ **avec qn** to be very free with sb; **donner** ~ **cours à sa colère** to give free rein *ou* give vent to one's anger. ♦ **libre arbitre** *nm* free will. ♦ **libre-échange** *nm* free trade. ♦ **libre penseur** *nm* freethinker. ♦ **libre-service**, *pl* ~-**s** ~**s** *nm* *(restaurant)* self-service restaurant; *(magasin)* self-service store. ♦ **librement** *adv* freely.
Libye [libi] *nf* Libya. ♦ **libyen, -enne** *adj*, **L**~**(ne)** *nm(f)* Libyan.
licence [lisɑ̃s] *nf* **(a)** *(Univ)* degree. ~ **ès lettres** Arts degree, ≃ B.A.; ~ **ès sciences** Science degree, ≃ B.Sc. **(b)** *(autorisation, Sport)* permit; *(Comm, Jur)* licence. **(c)** ~ **(des mœurs)** licentiousness; ~ **poétique** poetic licence. ♦ **licencié, e** *nm,f* **(a)** ~ **ès lettres/ès sciences/en droit** Bachelor of Arts/of Science/of Law, arts/science/law graduate. **(b)** *(Sport)* permit-holder.
licencier [lisɑ̃sje] (7) *vt* *(débaucher)* to

make redundant; (*renvoyer*) to dismiss.
♦ **licenciement** *nm* (*action*) dismissal. (*résultat*) plusieurs ~s several redundancies.
licencieux, -euse [lisɑ̃sjø, øz] *adj* licentious.
lichen [likɛn] *nm* lichen.
lichette* [liʃɛt] *nf*: ~ de pain *etc* nibble of bread *etc*.
licite [lisit] *adj* lawful, licit.
licorne [likɔrn(ə)] *nf* unicorn.
lie [li] 1 *nf* [*vin*] dregs, sediment. la ~ de la société the dregs of society. 2: ~ de vin *adj* wine (-coloured).
liège [ljɛʒ] *nm* cork.
lien [ljɛ̃] *nm* (a) (*lit, fig: attache*) bond, tie. ~s de parenté family ties; ~s d'amitié bonds of friendship. (b) (*corrélation*) link, connection.
lier [lje] (7) 1 *vt* (a) (*attacher*) to bind, tie up. ~ qn à un arbre to tie sb to a tree. (b) (*relier*) to link up. tous ces événements sont étroitement liés all these events are closely linked *ou* connected. (c) (*unir*) *personnes* to bind, unite. (d) (*Culin*) *sauce* to thicken. (e) ~ amitié/conversation to strike up a friendship/conversation. 2 se ~ *vpr* to make friends (*avec qn* with sb); (*par un serment*) to bind o.s. ils sont très liés they are very close friends.
lierre [ljɛr] *nm* ivy.
liesse [ljɛs] *nf* (*littér: joie*) jubilation. en ~ jubilant.
lieu, *pl* ~x [ljø] 1 *nm* (a) (*gén: endroit*) place; [*événement*] scene. en quelque ~ qu'il soit wherever he is; en tous ~x everywhere; en ~ sûr in a safe place; sur les ~x de l'accident to be on the scene of the accident. (b) (*locaux*) les ~x the premises; quitter les ~x (*Admin*) to vacate the premises; (*) to get out. (c) (*temps*) en premier ~ in the first place; en dernier ~ lastly; en son ~ in due course. (d) au ~ de qch instead of sth; en ~ et place de qn on behalf of sb; avoir ~ (*se produire*) to take place; avoir ~ d'être inquiet to have (good) grounds for being worried, have (good) reason to be worried; s'il y a ~ if necessary; donner ~ à des critiques to give rise to criticism; tenir ~ de qch to take the place of sth, serve as sth.
2: ~x d'aisances† lavatory; ~ commun commonplace; ~-dit, *pl* ~x-~s locality; ~ de naissance (*gén*) birthplace; (*Admin*) place of birth; ~ de passage passing through place; ~ de vacances (*ville*) holiday resort.
lieue [ljø] *nf* league. j'étais à cent ~s de supposer cela that never occurred to me.
lieuse [ljøz] *nf* (*Agr*) binder.
lieutenant [ljøtnɑ̃] *nm* (*Mil, fig*) lieutenant; (*marine marchande*) mate. ~-colonel lieutenant colonel.
lièvre [ljɛvr(ə)] *nm* hare.
ligament [ligamɑ̃] *nm* ligament.
ligature [ligatyr] *nf* ligature. ♦ **ligaturer** (1) *vt* to ligature.
ligne [liɲ] 1 *nf* (a) (*trait, limite*) line. ~ brisée broken *ou* dotted line; ~ de départ/d'arrivée starting/finishing line; la ~ des x/des y the X/Y axis; courir en ~ droite to run in a straight line; (*Aut*) ~ droite stretch of straight road. (b) [*meuble, voiture*] line(s); [*femme*] figure. garder la ~ to keep one's figure; la ~ lancée par la mode the look launched by the collections. (c) (*règle*) line. ~ de conduite line of conduct; les grandes ~s d'un programme the broad lines of a programme. (d) (*rangée*) line, row. mettre des personnes en ~ to line people up; se mettre en ~ to line up, get into line. (e) (*Rail*) line. ~ d'autobus (*service*) bus service; (*parcours*) bus route; ~ d'aviation (*compagnie*) air line; (*trajet*) (air) route; ~ de métro underground line. (f) (*Élec*) (*gén*) line; (*câbles*) wires. être en ~ to be connected. (g) [*texte*] line. (*dictée*) 'à la ~' 'new

paragraph'. (h) (*Pêche*) fishing line. (i) (*locutions*) mettre sur la même ~ to put on the same level; faire entrer en ~ de compte to take into account *ou* consideration; sur toute la ~ all along the line.
2: ~ de but goal line; ~ de flottaison water line; (*Pêche*) ~ de fond ledger line; ~ d'horizon skyline; (*Sport*) ~ médiane halfway line; ~ de mire line of sight; ~ de partage des eaux watershed; ~ de touche touchline.
♦ **lignée** *nf* (*postérité*) descendants; (*race*) line; (*tradition*) tradition.
ligoter [ligote] (1) *vt personne* to bind hand and foot. ~ à un arbre to tie to a tree.
ligue [lig] *nf* league. ♦ **liguer** (1) 1 *vt* to unite (*contre* against). être ligué avec to be in league with. 2 se ~ *vpr* to form a league, be in league (*contre* against).
lilas [lila] *nm, adj inv* lilac.
limace [limas] *nf* (*Zool*) slug; (*: chemise*) shirt; (*: personne*) slowcoach, slowpoke (*US*).
limande [limɑ̃d] *nf* (*poisson*) dab. ~-sole lemon sole.
lime [lim] *nf* file. ~ à ongles nail file. ♦ **limer** (1) *vt* to file; aspérité to file off.
limier [limje] *nm* (*Zool*) bloodhound; (*fig*) sleuth.
limite [limit] 1 *nf* (*gén*) limit; [*jardin*] boundary. ~ de rupture breaking point; ~ d'âge age limit; sans ~ boundless, limitless; la bêtise a des ~s! foolishness has its limits!; il dépasse les ~s! he's going a bit too far!; à la ~ on croirait qu'il le fait exprès you'd almost think he is doing it on purpose; à la ~ tout roman est réaliste at a pinch any novel could be said to be realistic; dans une certaine ~ up to a point, to a certain extent; dans les ~s de mes moyens (*aptitude*) within (the limits of) my capabilities; (*argent*) within my means; jusqu'à la dernière ~ to the end; jusqu'à la ~ de ses forces to the point of exhaustion; (*Boxe*) tenir jusqu'à la ~ to go the distance. 2 *adj*: cas ~ borderline case; vitesse/âge ~ maximum speed/age; date ~ deadline.
♦ **limitatif, -ive** *adj* restrictive. ♦ **limitation** *nf* (*gén*) limitation. ~ des prix/des naissances price/birth control; sans ~ de temps with no time limit; ~ de vitesse speed limit. ♦ **limiter** (1) 1 *vt* (a) (*restreindre*) to limit, restrict. ~ les dégâts* to stop things getting any worse; (*financièrement*) to cut one's losses. (b) (*frontière, montagnes*) to border. 2 se ~ *vpr* [*personne*] se ~ (à qch/à faire) to limit *ou* confine o.s. (to sth/to doing); [*chose*] se ~ à to be limited to.
limitrophe [limitrɔf] *adj département* border.
limoger [limɔʒe] (3) *vt* to dismiss, fire.
limon [limɔ̃] *nm* (*Géog*) silt; [*attelage*] shaft.
limonade [limɔnad] *nf* lemonade.
limpide [lɛ̃pid] *adj* (*gén*) limpid; *explication* lucid. ♦ **limpidité** *nf* [*eau, ciel*] clearness; [*regard*] limpidity; [*explication*] clarity, lucidity.
lin [lɛ̃] *nm* (*plante*) flax; (*tissu*) linen.
linceul [lɛ̃sœl] *nm* (*lit, fig*) shroud.
linéaire [lineɛr] *adj* linear.
linge [lɛ̃ʒ] *nm* (a) le ~, du ~ linen; le gros/petit ~ the main/small items of linen; ~ de corps/de table body/table linen; ~ de toilette bathroom linen. (b) (*lessive*) le ~ the washing. (c) (*morceau*) cloth. blanc comme un ~ as white as a sheet.
♦ **lingerie** *nf* (*local*) linen room; (*sous-vêtements*) lingerie, underwear.
lingot [lɛ̃go] *nm* ingot.
linguiste [lɛ̃gɥist(ə)] *nmf* linguist. ♦ **linguistique** 1 *nf* linguistics (sg). 2 *adj* linguistic.
linoléum [linɔleɔm] *nm* linoleum.
lion [ljɔ̃] *nm* lion. ♦ **lionceau**, *pl* ~x *nm* lion cub. ♦ **lionne** *nf* lioness.
lippu, e [lipy] *adj* thick-lipped.
liquéfier *vt*, se ~ *vpr* [likefje] (7) to liquefy.
♦ **liquéfaction** *nf* liquefaction.

liqueur [likœʀ] *nf (boisson)* liqueur; *(Chim)* solution.

liquide [likid] **1** *adj* liquid. **sauce trop ~** sauce which is too runny *ou* too thin. **2** *nm* **(a)** *(substance)* liquid. **(b)** *(argent)* **du ~** ready money, ready cash.

liquider [likide] (1) *vt* **(a)** *société, biens* to liquidate; *(lit, fig) compte* to settle; *retraite* to pay. **(b)** *(vendre)* to sell (off). **(c)** *(i) (tuer)* to liquidate; *(se débarrasser de)* to get rid of; *(finir)* to finish off. **c'est liquidé maintenant** it is all finished *ou* over now. ♦ **liquidation** *nf* liquidation; settlement; payment; sale. **mettre en ~ compagnie** to liquidate.

liquidité [likidite] *nf (Chim, Jur)* liquidity. **~s** liquid assets.

liquoreux, -euse [likɔʀø, øz] *adj vin* syrupy.

lire¹ [liʀ] (43) *vt (gén)* to read; *discours* to read out. **il l'a lu dans le journal** he read (about) it in the paper; **ça se lit très vite** it makes quick reading; **~ entre les lignes** to read between the lines; **lu et approuvé** read and approved; **~ dans le cœur de qn** to see into sb's heart; **elle m'a lu les lignes de la main** she read my hand; **~ dans le jeu de qn** to see sb's game; **nous espérons vous ~ bientôt** we hope to hear from you soon.

lire² [liʀ] *nf* lira.

lis [lis] *nm* lily.

liseron [lizʀɔ̃] *nm* bindweed, convolvulus.

liseur, -euse [lizœʀ, øz] **1** *nm,f* reader. **2** *nf (vêtement)* bed jacket.

lisible [lizibl(ə)] *adj écriture* legible; *livre* readable. ♦ **lisibilité** *nf* legibility. ♦ **lisiblement** *adv* legibly.

lisière [lizjɛʀ] *nf [bois, village]* edge.

lisse [lis] *adj cheveux* smooth; *cheveux* sleek. ♦ **lisser** (1) *vt cheveux* to smooth (down); *papier froissé* to smooth out. **l'oiseau se lisse les plumes** the bird is preening its feathers.

liste [list(ə)] *nf* list. **faire la ~ de** to make out a list of, list; **~ électorale** electoral roll; **~ noire** blacklist.

lit [li] **1** *nm* bed. **~ d'une personne/de deux personnes** single/double bed; **~ de fer** iron bedstead; **se mettre au ~** to go to bed; **faire le ~** to make the bed; **faire ~ à part** to sleep in separate beds; **au ~ les enfants!** bedtime *ou* off to bed children!; **enfants du premier ~** children of the first marriage. **2: ~ de camp** campbed; **~ d'enfant** cot; **~ gigogne** bunk bed; **~ de mort** deathbed; **~ en portefeuille** apple pie bed; *(Naut)* **le ~ du vent** the set of the wind.

litanie [litani] *nf (Rel, péj)* litany.

literie [litʀi] *nf* bedding.

lithographie [litɔgʀafi] *nf (technique)* lithography; *(image)* lithograph.

litière [litjɛʀ] *nf* litter.

litige [litiʒ] *nm (gén)* dispute; *(Jur)* lawsuit. **objet de ~** object of contention. ♦ **litigieux, -ieuse** *adj* litigious, contentious.

litre [litʀ(ə)] *nm (mesure)* litre; *(récipient)* litre bottle.

littéral, e, *mpl* **-aux** [liteʀal, o] *adj* literal. ♦ **littéralement** *adv (lit, fig)* literally.

littérature [liteʀatyʀ] *nf* literature; *(profession)* writing. ♦ **littéraire** *adj (gén)* literary.

littoral, e, *mpl* **-aux** [litɔʀal, o] **1** *adj* coastal. **2** *nm* coast.

liturgie [lityʀʒi] *nf* liturgy. ♦ **liturgique** *adj* liturgical.

livide [livid] *adj (pâle)* pallid; *(bleuâtre)* livid.

livraison [livʀɛzɔ̃] *nf* delivery. *(avis)* **'~ à domicile'** 'we deliver'.

livre¹ [livʀ(ə)] *nm* book. *(commerce)* **le ~** the book trade *ou* industry; **~ blanc** report *(on disasters, atrocities etc published by independent organization)*; **~ de bord** logbook; **~ de caisse** cashbook; **~ de classe** schoolbook; **~ d'or**

visitors' book; **~ de poche** paperback.

livre² [livʀ(ə)] *nf* **(a)** *(poids)* ≃ pound, half a kilo. **(b)** *(monnaie)* pound; *(Hist française)* livre. **~ sterling** pound sterling.

livrée [livʀe] *nf (uniforme)* livery.

livrer [livʀe] (1) **1** *vt* **(a)** *(Comm)* to deliver. **(b)** *(à l'ennemi)* to hand over *(à* to). **~ qn à la mort** to send sb to his death; **être livré au pillage** to be given over to pillage; **~ son âme au diable** to give one's soul to the devil; **être livré à soi-même** to be left to o.s. *ou* to one's own devices. **(c)** *confidence* to give away, reveal. **(d)** **~ bataille** to join *ou* do battle *(à* with); **~ passage à qn** to let sb pass. **2 se ~** *vpr* **(a)** **se ~ à** *destin* to abandon o.s. to; *excès, douleur* to give o.s. over to; *boisson* to indulge in; *sport* to practise; *occupation* to be engaged in; *recherches* to do, carry out; *enquête* to hold; **se ~ à l'étude** to devote o.s. to study. **(à la police)** to give o.s. up; **(à un confident)** to open up *(à* to). ♦ **livreur, -euse** *nm, f* delivery boy *(ou girl)*.

livret [livʀɛ] *nm* **(a)** *(Mus)* libretto. **(b)** **~ de caisse d'épargne** (savings) bank-book; **~ de famille** (official) family record book; **~ scolaire** (school) report book.

lobe [lɔb] *nm (Anat, Bot)* lobe.

local, e, *mpl* **-aux** [lɔkal, o] **1** *adj* local. **2** *nm (salle)* room. *(bureaux)* **~aux** offices, premises; **dans les ~aux de la police** in the police station. ♦ **localement** *adv (ici)* locally; *(par endroits)* in places. ♦ **localisation** *nf* localization. ♦ **localiser** (1) *vt (gén)* to localize; *épidémie* to confine. ♦ **localité** *nf* locality.

location [lɔkasjɔ̃] *nf (par locataire) [maison]* renting; *[voiture]* hiring. **prendre en ~ maison** to rent; *bateau* to hire. **(b)** *(par propriétaire) [maison]* renting (out), letting; *[voiture]* hiring (out). **donner en ~ maison** to rent out, let; *véhicule* to hire out; **~ de voitures** *(écriteau)* 'cars for hire'. **(c)** *(bail)* **(contrat de) ~** lease; **~-vente** hire purchase. **(d)** *(maison)* **il a une ~** *[locataire]* he is renting a house; *[propriétaire]* he has property for letting. **(e)** *(réservation)* booking. **bureau de ~** (advance) booking office. ♦ **locataire** *nmf [appartement]* tenant; *[chambre]* lodger.

locomotion [lɔkɔmɔsjɔ̃] *nf* locomotion.

locomotive [lɔkɔmɔtiv] *nf* locomotive, engine.

locution [lɔkysjɔ̃] *nf* phrase, locution. **~ figée** set phrase.

logarithme [lɔgaʀitm(ə)] *nm* logarithm.

loge [lɔʒ] *nf [concierge, francs-maçons]* lodge; *[bûcheron]* hut; *[artiste]* dressing room; *(spectateur)* box. *(fig)* **être aux premières ~s** to have a ringside seat.

loger [lɔʒe] (3) **1** *vi* to live *(dans* in, *chez* with, at). **~ rue X** to live in X street; *(Mil)* **~ chez l'habitant** to be billeted on the local inhabitants. **2** *vt* **(a)** *amis* to put up; *clients* to accommodate; *objet* to put; *soldats (chez l'habitant)* to billet. **(b)** *(contenir)* to accommodate. **salle qui loge beaucoup de monde** room which can hold *ou* accommodate a lot of people. **(c)** *(envoyer)* **~ une balle dans** to lodge a bullet in. **3 se ~** *vpr* **(a)** *[jeunes mariés]* to find somewhere to live; *[touristes]* to find accommodation; *[étudiant]* to find lodgings *ou* accommodation. **(b)** *(tenir)* **se ~ dans qch** to fit into sth. **(c)** *(se coincer dans)* **se ~ dans/entre** to lodge itself in/between.

♦ **logé, e** *adj*: **être ~ et nourri** to have board and lodging; **être bien/mal ~** to have good/poor lodgings *ou* accommodation; **être ~ à la même enseigne** to be in the same boat. ♦ **logeable** *adj (habitable)* habitable; *(spacieux)* roomy. ♦ **logement** *nm* **(a)** *(hébergement)* housing. **(b)** *(appartement)* flat, apartment *(US)*. **trouver un ~** to find lodgings *ou* accommodation *ou* a flat. **(c)** *(Mil) (à la caserne)* quartering; *(chez*

l'habitant) billeting. ~s quarters; billet.
♦ **logeur, -euse** *nm,f* landlord (*ou* landlady).
♦ **logis** *nm* (*littér*) dwelling. le ~ paternel the paternal home.
loggia [lɔdʒja] *nf* loggia.
logique [lɔʒik] **1** *nf* logic. cela est dans la ~ des choses it's in the nature of things. **2** *adj* logical.
♦ **logiquement** *adv* logically.
logistique [lɔʒistik] **1** *adj* logistic. **2** *nf* logistics (*sg*).
loi [lwa] *nf* law. se faire une ~ de faire to make it a rule to do; **il n'a pas la ~ chez lui!*** he's not the boss in his own house!*; **ce qu'il dit fait** ~ his word is law; **les** ~s **de la mode** the dictates of fashion; **les** ~s **de l'honneur** the code of honour; **les** ~s **de l'étiquette** the rules of etiquette; ~-**cadre** *nf*, *pl* ~s-~s outline *ou* blueprint law; ~ **martiale** martial law.
loin [lwɛ̃] *adv* (a) (*distance*) far. **plus** ~ further, farther; **moins** ~ not so far (*de* from); **il est** ~ **derrière** he's far *ou* a long way behind; **au** ~ in the distance, far off; **de** ~ from a distance; **de** ~ **en** ~ at distant intervals, here and there; **ça ne doit pas faire** ~ **de 5 km** it can't be far off 5 km. (b) (*temps*) **il n'est pas** ~ **de minuit** it isn't far off midnight; **de** ~ **en** ~ every now and then; **il n'y a pas** ~ **de 5 ans qu'il est parti** it's not far off 5 years since he left; **c'est** ~ **tout cela!** (*passé*) that was a long time ago!; (*futur*) that's a long way off!; ~ **dans le passé** in the remote past, in far-off times; **voir** ~ to see a long way *ou* far ahead. (c) (*fig*) **de là** far from it; **être très** ~ **du sujet** to be way off the subject; ~ **de moi la pensée de vous blâmer!** far be it from me to blame you!
lointain, e [lwɛ̃tɛ̃, ɛn] **1** *adj* (*lit, fig*) distant, remote; *regard* faraway. **2** *nm:* **dans le** ~ in the distance.
loir [lwaʀ] *nm* dormouse.
loisir [lwaziʀ] *nm* (a) ~s (*temps libre*) leisure (time), spare time; (*activités*) leisure *ou* spare-time activities. (b) (*littér*) **avoir le** ~ **de faire** to have leisure *ou* time to do; **donner à qn le** ~ **de faire** to allow sb (the opportunity) to do.
♦ **loisible** *adj* (*littér*) **il vous est** ~ **de faire** you are at liberty to do.
Londres [lɔ̃dʀ(ə)] *n* London. ♦ **londonien, -ienne** **1** *adj* London. **2** *nm(f):* **L**~(**ne**) Londoner.
long, longue [lɔ̃, lɔ̃g] **1** *adj* (a) (*gén*) long; *voyage* lengthy; *amitié* long-standing. **un pont** ~ **de 30 mètres** a bridge 30 metres long; **ce travail est** ~ **à faire** this work takes a long time; **il a été** ~ **à s'habiller** he took a long time to get dressed; **il était** ~ **à venir** he was a long time coming. (b) (*locutions*) **ils se connaissent de longue date** they have known each other for a very long time; **à** ~ **terme** *prévoir* in the long term *ou* run; *projet* long-term; **à plus ou moins longue échéance** sooner or later; **ça n'a pas fait** ~ **feu** it didn't last long; **de longue haleine** *travail* long-term; **préparé de longue main** prepared well beforehand; **à longue portée** *canon* long-range. **2** *adv:* **s'habiller** ~ to wear long clothes; **en savoir** ~/**trop** ~/**plus** ~ to know a lot/too much/more (*sur* about); **en dire** ~ *[attitude etc]* to speak volumes. **3** *nm* (a) **un bateau de 7 mètres de** ~ a boat 7 metres long; **en** ~ lengthways, lengthwise. (b) **tomber de tout son** ~ to measure one's length; **étendu de tout son** ~ spread out at full length; (**tout**) **le** ~ **du fleuve** (all) along the river; **tout au** ~ **de son récit** throughout his story; **l'eau coule le** ~ **de la gouttière** the water flows down *ou* along the gutter; **grimper le** ~ **d'un mât** to climb up a mast; **tout au ou du** ~ from beginning to end; **de** ~ **en large** back and forth, to and fro, up and down; **en** ~ **et en large** at great length. **4** *nf:* **à la longue** in the end.
♦ **long-courrier,** *pl* ~s-~s *nm* (*Naut*) ocean liner; (*Aviat*) long-haul *ou* long-distance aircraft. ♦ **long métrage** *nm* full-length film.

♦ **longue-vue,** *pl* ~s-~s *nf* telescope.
♦ **longuement** *adv* (*longtemps*) for a long time; (*en détail*) at length. ♦ **longuet, -ette*** *adj* a bit long.
longer [lɔ̃ʒe] (3) *vt* [*mur, sentier*] to border; [*personne, train*] to go along *ou* alongside. ~ **la côte** [*bateau, route*] to hug the coast; [*voiture*] to drive along *ou* keep to the coast.
longévité [lɔ̃ʒevite] *nf* longevity.
longitude [lɔ̃ʒityd] *nf* longitude. **à** *ou* **par 50° de** ~ **est** at 50° longitude east. ♦ **longitudinal, e,** *mpl* -**aux** *adj* longitudinal.
longtemps [lɔ̃tɑ̃] *adv* (for) a long time; (*dans phrase nég ou interrog*) (for) long. **pendant** ~ (for) a long time; (for) long; **pas avant** ~ not for a long time; ~ **avant/après** long before/after; **il n'en a plus pour** ~ (*finir*) he hasn't much longer to go; (*mourir*) he can't last much longer now; **je n'en ai pas pour** ~ I shan't be long, it won't take me long; **il habite ici depuis** ~, **il y a** ~ **qu'il habite ici** he has been living here (for) a long time; **c'était il y a** ~/**il n'y a pas** ~ that was a long time ago/not long ago.
longue [lɔ̃g] *V* **long.**
longueur [lɔ̃gœʀ] *nf* (*gén*) length. **la plage s'étend sur une** ~ **de 7 km** the beach stretches for 7 km; **dans le sens de la** ~ lengthways, lengthwise; (*lit, fig*) ~ **d'onde** wavelength; **à** ~ **de journée** all day long; **à** ~ **de temps** all the time; **traîner en** ~ to drag on; **prendre 2** ~s **d'avance** to go into a 2-length lead; (*dans un film*) ~s monotonous moments.
lopin [lɔpɛ̃] *nm:* ~ (**de terre**) patch of land, plot (of land).
loquace [lɔkas] *adj* talkative.
loque [lɔk] *nf:* ~s rags; **tomber en** ~s to be in tatters; (*fig péj*) **une** ~ (**humaine**) a (human) wreck.
loquet [lɔkɛ] *nm* latch.
lorgner* [lɔʀɲe] (1) *vt objet* to eye; *héritage* to have one's eye on. ♦ **lorgnette** *nf* spyglass.
♦ **lorgnon** *nm* pince-nez.
lors [lɔʀ] *adv:* ~ **de** at the time of; ~ **même que** even though *ou* if.
lorsque [lɔʀsk(ə)] *conj* when.
losange [lozɑ̃ʒ] *nm* diamond, lozenge.
lot [lo] *nm* (a) (*Loterie*) prize. **le gros** ~ the first prize, the jackpot. (b) (*portion*) share. ~ (**de terre**) plot (of land). (c) (*assortiment*) batch; [*draps, vaisselle*] set; (*aux enchères*) lot. (d) (*littér: destin*) lot, fate.
loterie [lɔtʀi] *nf* (*lit, fig*) lottery. **gagner à la** ~ to win on the lottery.
lotion [losjɔ̃] *nf* lotion.
lotir [lɔtiʀ] (2) *vt* (*diviser*) to divide up. ~ **qn de qch** to allot sth to sb, provide sb with sth; **être bien/mal loti** to be well-/badly off. ♦ **lotissement** *nm* (a) (*ensemble*) housing estate; (*parcelle*) plot, lot. (b) (*action*) division.
loto [lɔto] *nm* (*jeu*) lotto; (*matériel*) lotto set. ~ (**national**) = national lottery.
lotus [lotys] *nm* lotus.
louable [lwabl(ə)] *adj* praiseworthy, laudable.
♦ **louange** *nf* praise. **à la** ~ **de qn** in praise of sb.
♦ **louangeur, -euse** *adj* laudatory.
loubar(d) [lubaʀ] *nm* (young) thug.
louche[1] [luʃ] *adj* shady, fishy*, suspicious. **c'est** ~ that's funny *ou* odd.
louche[2] [luʃ] *nf* ladle.
loucher [luʃe] (1) *vi* to squint, have a squint.
louer[1] [lwe] (1) *vt* to praise. ~ **qn de qch** to praise sb for sth; (*fig*) **Dieu soit loué!** thank God! **2 se** ~ *vpr:* **se** ~ **de** *employé, appareil* to be very pleased with; **se** ~ **d'avoir fait qch** to congratulate o.s. on having done sth.
louer[2] [lwe] (1) *vt* (a) [*propriétaire*] *maison* to let, rent out; *voiture* to hire out, rent (out). (b) [*locataire*] *maison* to rent; *voiture* to hire, rent; *place* to book. **à** ~ *chambre etc* to let; *voiture etc*

for hire. ♦ **loueur, -euse** *nm,f* (*propriétaire*) hirer.

loufoque* [lufɔk] **1** *adj* crazy, barmy*. **2** *nmf* crackpot*.

loup [lu] **1** *nm* (*carnassier*) wolf; (*poisson*) bass; (*masque*) (eye) mask. **mon petit ~*** (my) pet* *ou* love; **mettre le ~ dans la bergerie** to set the fox to mind the geese. **2: ~-garou** *nm*, *pl* **~s-~s** werewolf; (*hum*) **le ~-garou** Mr Bogeyman; **~ de mer** (*: *marin*) old salt*; (*vétement*) (short-sleeved) jersey.

loupe [lup] *nf* magnifying glass.

louper* [lupe] (1) *vt* *train* to miss; *travail* to mess up*, spoil; *examen* to flunk*. **il a loupé son coup** he bungled *ou* botched* it; **ça va tout faire ~** that'll muck everything up*.

lourd, e [luʀ, luʀd(ə)] *adj* (*lit*, *fig*) heavy; *temps*, *chaleur* sultry, close; *faute* serious; *plaisanterie* heavy-handed. **yeux ~s de sommeil** eyes heavy with sleep; **avoir l'estomac ~** to feel bloated; **j'ai la tête ~e** my head feels fuzzy, I feel a bit headachy; **avoir l'esprit ~** to be slow-witted; **~ de menaces** heavy with threat; **~ de conséquences** fraught with consequences; **il n'y a pas ~ de pain*** there isn't much bread; **il n'en sait pas ~** he doesn't know much.

♦ **lourdaud, e 1** *adj* oafish. **2** *nm,f* oaf. ♦ **lourdement** *adv* (*gén*) heavily. **se tromper ~** to make a big mistake; **insister ~ sur qch** to insist strenuously on sth. ♦ **lourdeur** *nf* (*gén*) heaviness. **~ d'esprit** slow-wittedness; **avoir des ~s d'estomac** to feel bloated.

loustic* [lustik] *nm* (*enfant*) kid*; (*taquin*) villain* (*hum*); (*type*) (funny) guy*.

loutre [lutʀ(ə)] *nf* (*animal*) otter; (*fourrure*) otterskin.

louve [luv] *nf* she-wolf. ♦ **louveteau**, *pl* **~x** *nm* (*Zool*) (wolf) cub; (*scout*) cub scout.

louvoyer [luvwaje] (8) *vi* (*Naut*) to tack; (*fig*) to hedge, evade the issue.

loyal, e, *mpl* **-aux** [lwajal, o] *adj* (*fidèle*) loyal, faithful, trusty; (*honnête*) fair, honest. ♦ **loyalement** *adv* loyally, faithfully; fairly, honestly. ♦ **loyauté** *nf* loyalty, faithfulness; fairness, honesty.

loyer [lwaje] *nm* rent.

lubie [lybi] *nf* whim, craze, fad. **il lui a pris la ~ de faire** he has taken it into his head to do.

lubrifier [lybʀifje] (7) *vt* to lubricate. ♦ **lubrifiant, e 1** *adj* lubricating. **2** *nm* lubricant. ♦ **lubrification** *nf* lubrication.

lubrique [lybʀik] *adj* lewd.

lucarne [lykaʀn(ə)] *nf* [*toit*] skylight; (*en saillie*) dormer window.

lucide [lysid] *adj* *vieillard* lucid; *accidenté* conscious; *observateur* clear-headed; *raisonnement* lucid, clear. ♦ **lucidité** *nf* lucidity; consciousness; clear-headedness; clearness.

lucratif, -ive [lykʀatif, iv] *adj* lucrative. **association à but non ~** non-profit-making organization. ♦ **lucrativement** *adv* lucratively.

lueur [lɥœʀ] *nf:* **~(s)** (*lit*) (faint) light; [*braises*, *soleil couchant*] glow; [*flamme*, *raison*, *espoir*] glimmer; [*désir*, *colère*] gleam; **à la ~ d'une bougie** by candlelight; **les premières ~s de l'aube** the first light of dawn.

luge [lyʒ] *nf* sledge, sled (*US*). **faire de la ~** to sledge, sled (*US*).

lugubre [lygybʀ(ə)] *adj* gloomy, dismal.

lui [lɥi] **1** *pron pers mf* (*objet indirect*) (*homme*) him; (*femme*, *bateau*, *nation*) her; (*animal, bébé*) it, him, her; (*chose*) it. **je ne le ~ ai jamais caché** I have never kept it from him *ou* her; **il ~ est facile de le faire** it's easy for him *ou* her to do it. **2** *pron m* (*à*) (*fonction objet*) (*homme*) him; (*pays*, *bateau*) her; (*animal*) him, her, it; (*chose*) it. **c'est ~, je le reconnais** it's him, I recognize him. **(b)**

(*sujet*, *gén emphatique*) (*personne*) he, him; (*chose*) it; (*animal*) it, she, he; (*nation*) she, her. **elle est venue mais pas ~** she came but not him *ou* but he didn't; **c'est ~ qui me l'a dit** he told me himself, it's he who told me; **chasse ce chien, c'est ~ qui m'a mordu** chase that dog away – it's the one that bit me. **(c)** (*avec prép*) (*personne*) him; (*chose*) it. **ce livre est à ~** this book belongs to him *ou* is his; **il a un appartement à ~** he has a flat of his own; **un ami à ~** a friend of his, one of his friends; **il ne pense qu'à ~** he only thinks of himself; **elle veut une photo de ~** she wants a photo of him. **(d)** (*dans comparaisons*) (*sujet*) he, him*; (*objet*) him. **j'ai mangé plus que ~** I ate more than he did *ou* than him*; **ne fais pas comme ~** don't do as he did.

luire [lɥiʀ] (38) *vi* (*gén*) to shine; (*reflet humide*) to glisten; (*reflet moiré*) to shimmer, glimmer; (*éclat bref*) to glint; (*rougeoiement*) to glow. **rendu luisant par l'usure** shiny with wear; **yeux luisants de fièvre** eyes bright with fever. ♦ **luisant** *nm* [*étoffe*] sheen; [*pelage*] gloss.

lumbago [lɔ̃bago] *nm* lumbago.

lumière [lymjɛʀ] *nf* (*gén*) light. **la ~ du jour** daylight; **la ~ du soleil l'éblouit** he was dazzled by the sunlight; **donne-nous de la ~** switch *ou* put the light on, will you?; **il y a de la ~ dans sa chambre** there's a light on in his room; **à la ~ des récents événements** in the light of recent events; **faire (toute) la ~ sur qch** to make sth (wholly) clear; **le pauvre garçon n'est pas une ~** the poor boy doesn't really shine; **avoir des ~s sur une question** to have some knowledge of a question. ♦ **luminaire** *nm* light, lamp. ♦ **lumineux, -euse** *adj* (*gén*) luminous; *fontaine*, *enseigne* illuminated; *rayon* of light; (*iro*) *exposé* limpid, brilliant. **source ~euse** light source; **c'est ~!** it's as clear as daylight! ♦ **luminosité** *nf* luminosity. **il y a beaucoup de ~** the light is very bright.

lunch [lœntʃ] *nm* buffet lunch.

lundi [lœ̃di] *nm* Monday; *V* **samedi**.

lune [lyn] *nf* moon. **pleine/nouvelle ~** full/new moon; **nuit sans ~** moonless night; **~ de miel** honeymoon; **être dans la ~** to be in a dream; **demander la ~** to ask for the moon. ♦ **lunaire** *adj* *paysage* lunar. ♦ **lunatique** *adj* quirky, temperamental. ♦ **luné, e*** *adj:* **être bien/mal ~** to be in a good/bad mood.

lunette [lynɛt] *nf* **(a)** **~s** glasses, specs*; (*de protection*) goggles; **~s de soleil** sunglasses. **(b)** (*télescope*) telescope; [*fusil*] sight(s). **~ d'approche** telescope; (*Aut*) **~ arrière** rear window.

luron* [lyʀɔ̃] *nm* lad*. **gai ~** gay dog.

lustre [lystʀ(ə)] *nm* **(a)** [*peau*, *vernis*] lustre, shine; [*cérémonie*] lustre. **(b)** (*luminaire*) chandelier. **(c) depuis des ~s** for ages. **lustrer** [lystʀe] (1) *vt* (*Tech*) *étoffe* to lustre; (*gén*: *faire briller*) to shine; (*par l'usure*) to make shiny. ♦ **lustré, e** *adj* *poil* glossy; *manche usée* shiny.

luth [lyt] *nm* lute.

lutin [lytɛ̃] *nm* (*lit*, *fig*) imp.

lutte [lyt] *nf* **(a)** (*bataille*) struggle, fight. (*action*) **la ~** fighting; **~ armée** armed struggle; **~ des classes** class-struggle *ou* war; **~ d'intérêts** clash of interests; **être en ~ contre** to be in conflict with sb; **le pays en ~** the country at war. **(b)** (*Sport*) wrestling. **~ libre** all-in wrestling. ♦ **lutter** (1) *vi* to struggle, fight. **~ contre** *adversaire* to struggle *ou* fight against; *incendie* to fight; *sommeil*, *mort* to battle against; **ils luttaient de vitesse** they were racing each other. ♦ **lutteur, -euse** *nm,f* (*Sport*) wrestler; (*fig*) fighter.

luxe [lyks(ə)] *nm* (*richesse*) luxury; [*maison*, *objet*] luxuriousness. **de ~** *voiture* luxury; (*Comm*) *produits* de luxe; **je ne peux pas me payer le ~ d'être malade** I can't afford the luxury

of being ill; un ~ de détails a host *ou* wealth of details. ♦ **luxueusement** *adv* luxuriously.
♦ **luxueux, -euse** *adj* luxurious.
Luxembourg [lyksâbuʀ] *nm* Luxembourg.
♦ **luxembourgeois, e 1** *adj* of Luxembourg.
2 *nm(f)*: L~(e) native of Luxembourg.
luxer [lykse] (1) *vt* to dislocate. se ~ un membre to dislocate a limb. ♦ **luxation** *nf* dislocation.
luxure [lyksyʀ] *nf* lust.
luxuriance [lyksyʀjâs] *nf* luxuriance.
♦ **luxuriant, e** *adj* luxuriant.
luzerne [lyzɛʀn(ə)] *nf* lucerne, alfalfa.

lycée [lise] *nm* lycée, ≃ secondary school, high school (*US*). ~ **technique** technical school.
♦ **lycéen, -enne** *nm,f* secondary school *ou* high-school (*US*) pupil (*ou* boy *ou* girl).
lymphe [lɛ̃f] *nf* lymph. ♦ **lymphatique** *adj* (*Bio*) lymphatic; (*fig*) sluggish.
lyncher [lɛ̃ʃe] (1) *vt* to lynch.
lynx [lɛ̃ks] *nm* lynx.
lyre [liʀ] *nf* lyre. ♦ **lyrique** *adj* (**a**) (*Mus, Poésie*) lyric. artiste ~ opera singer. (**b**) (*enthousiaste*) lyrical. ♦ **lyrisme** *nm* lyricism.
lys [lis] *nm* = **lis.**

M

M, m [ɛm] *nm ou nf (lettre)* M, m.
m' [m(ə)] *V* me.
ma [ma] *adj poss V* mon.
macabre [makɑbʀ(ə)] *adj* macabre, gruesome.
macadam [makadam] *nm [pierres]* macadam; *[goudron]* Tarmac(adam) ®; *(fig: rue)* road.
♦ **macadamiser** (1) *vt* to macadamize; to tarmac.
macaron [makaʀɔ̃] *nm* (*Culin*) macaroon; *(insigne)* (round) badge; *(autocollant)* (round) sticker.
macaroni [makaʀɔni] *nm* piece of macaroni. **manger des** ~s to eat macaroni.
macchabée‡ [makabe] *nm* stiff‡ *(corpse)*.
macédoine [masedwan] *nf*: ~ **de légumes** mixed vegetables; ~ **de fruits** fruit salad.
macérer [maseʀe] (6) *vti*: **(faire)** ~ to macerate.
♦ **macération** *nf* maceration.
Mach [mak] *nm* mach. **voler à** ~ **2** to fly at mach 2.
mâche [mɑʃ] *nf* corn salad, lambs' lettuce.
mâchefer [mɑʃfɛʀ] *nm* clinker, cinders.
mâcher [mɑʃe] (1) *vt [personne]* to chew; *(avec bruit)* to munch; *[animal]* to chomp. **il faut lui** ~ **tout le travail** you have to do half his work for him; **il ne mâche pas ses mots** he doesn't mince his words.
machiavélique [makjavelik] *adj* Machiavellian.
machin, e[1]* [maʃɛ̃, in] **1** *nm,f* thing; *(dont le nom échappe)* thingummyjig*, what-d'you-call-it*. **2** *nm (personne)* M~ (**chouette**) what's-his-name*, what d'you-call-him*; **hé! M~! hey there you!; le père M~** Mr what's-his-name*. **3** M~**e** *nf (personne)* what's-her-name*.
machine[2] [maʃin] **1** *nf (gén, fig)* machine; *(locomotive)* engine, locomotive; *(Naut: moteur)* engine; *(avion)* plane; (*: moto)* bike. **la** ~ **administrative** the bureaucratic machinery; **à la** ~ **by machine**, with a machine; **fait à la** ~ machine-made; **faire** ~ **arrière** *(Naut)* to go astern; *(fig)* to back-pedal, draw back. **2:** ~ **à affranchir/à calculer** franking/calculating machine; ~ **à coudre** sewing machine; ~ **à écrire** typewriter; ~ **à laver** washing machine; ~ **à laver la vaisselle** dishwasher; ~-**outil** *nf, pl* ~**s**-~**s** machine tool; ~ **à sous** *(Casino)* one-armed bandit, fruit machine; *(distributeur)* slot machine; ~ **à vapeur** steam engine. ♦ **machinal, e, mpl -aux** *adj* mechanical. ♦ **machinalement** *adv* mechanically. ♦ **machinisme** *nm* mechanization. ♦ **machiniste** *nm (Théât)* stagehand; *(Transport)* driver.
machiner [maʃine] (1) *vt* trahison *etc* to plot, engineer. **il a tout machiné** he engineered the whole thing. ♦ **machination** *nf (complot)* plot, machination. **odieuses** ~s foul machinations *ou* schemings.
mâchoire [mɑʃwaʀ] *nf* jaw.
mâchonner* [mɑʃɔne] (1) *vt*, **mâchouiller*** [mɑʃuje] (1) *vt* to chew at *ou* on.
maçon [masɔ̃] *nm (gén)* builder; *[pierre]* (stone)mason; *[briques]* bricklayer. ♦ **maçonnerie** *nf* **(a)** *[pierres]* masonry, stonework; *[briques]* brickwork. **(b)** *(travail)* building; bricklaying. **entreprise de** ~ building firm.
macro ... [makʀɔ] *préf* macro ... .
maculer [makyle] (1) *vt* to stain *(de* with).
Madame [madam], *pl* **Mesdames** [medam] *nf*

(a) *(s'adressant à qn)* **bonjour** ~ *(courant)* good morning; *(nom connu)* good morning, Mrs X; *(avec déférence)* good morning, Madam; *(devant un auditoire)* **Mesdames (, Messieurs)** ladies (and gentlemen); ~ **la Présidente** Madam Chairman; **oui** ~ **la Marquise** yes Madam; *(Scol)* ~! please Mrs X!, please Miss! **(b)** *(parlant de qn)* ~ **X est malade** Mrs X is ill; **je vais le dire à** ~ I will inform Mrs X; ~ **dit que c'est à elle** the lady says it belongs to her; ~ **la Présidente** the chairman. **(c)** *(sur une enveloppe)* ~ **X** Mrs X; **Mesdames X** the Mrs X; **Mesdames X et Y** Mrs X and Mrs Y; **Monsieur X et** ~ Mr and Mrs X; ~ **la Maréchale X** Mrs X; ~ **la Marquise de X** the Marchioness of X. **(d)** *(en-tête de lettre)* Dear Madam. **Chère** ~ Dear Mrs X; ~, **Mademoiselle, Monsieur** Dear Sir or Madam; ~ **la Maréchale** Dear Madam. **(e)** *(sans majuscule, pl* ~**s**: * *ou péj)* lady.
Mademoiselle [madmwazɛl], *pl* **Mesdemoiselles** [medmwazɛl] *nf* **(a)** *(s'adressant à qn)* **bonjour** ~ *(courant)* good morning, Miss X; **bonjour Mesdemoiselles** good morning ladies; *(au restaurant)* **et pour vous** ~? and for the young lady?, and for you, miss? **(b)** *(parlant de qn)* ~ **X est malade** Miss X is ill; ~ **est sortie** Miss X is out; **je vais le dire à** ~ I shall tell Miss X. **(c)** *(sur une enveloppe)* ~ **X** Miss X; **Mesdemoiselles X** the Misses X; **Mesdemoiselles X et Y** Miss X and Miss Y. **(d)** *(en-tête de lettre)* Dear Madam. **Chère** ~ Dear Miss X.
Madère [madɛʀ] **1** *nf* Madeira. **2** *nm*: m~ Madeira (wine).
madone [madɔn] *nf* madonna.
maf(f)ia [mafja] *nf* **(a)** **la** M~ the Maf(f)ia. **(b)** *[trafiquants]* gang, ring. ~ **d'anciens élèves** old boys' network.
magasin [magazɛ̃] *nm* **(a)** *(boutique)* shop, store; *(entrepôt)* warehouse. ~ **à grande surface** hypermarket; ~ **à succursales multiples** chain *ou* multiple store; **faire les** ~s to go shopping; **nous ne l'avons pas en** ~ we haven't got it in stock. **(b)** *(Tech)* *[fusil, appareil-photo]* magazine. ♦ **magasinier** *nm [usine]* storeman; *[entrepôt]* warehouseman.
magazine [magazin] *nm (Presse)* magazine. *(Rad, TV)* ~ **féminin** woman's hour.
mage [maʒ] *nm* magus.
Maghreb [magʀɛb] *nm*: **le** ~ the Maghreb, NW Africa.
magie [maʒi] *nf* magic. **comme par** ~ like magic, as if by magic. ♦ **magicien, -ienne** *nm,f* magician. ♦ **magique** *adj (lit)* magic; *(fig: enchanteur)* magical. ♦ **magiquement** *adv* magically.
magistral, e, mpl -aux [maʒistʀal, o] *adj (éminent)* masterly; *(hum: gigantesque)* thorough, colossal; *(doctoral)* ton authoritative, masterful. *(Univ)* **cours** ~ lecture. ♦ **magistralement** *adv* in a masterly manner.
magistrat [maʒistʀa] *nm* magistrate. ♦ **magistrature** *nf (Jur)* magistracy; *(Admin, Pol)* public office. **la** ~ **suprême** the supreme *ou* highest office.
magma [magma] *nm (Sci)* magma; *(fig)* jumble.
magnanime [maɲanim] *adj* magnanimous. ♦ **magnanimité** *nf* magnanimity.

magnat [magna] *nm* tycoon, magnate. ~ **de la presse** press baron *ou* lord.

magner (se)ǂ [maɲe] (1) *vpr* to get a move on*, hurry up.

magnésium [maɲezjɔm] *nm* magnesium.

magnétiser [maɲetize] (1) *vt* (*Phys*, *fig*) to magnetize; (*hypnotiser*) to hypnotize. ♦ **magnétique** *adj* (*Phys*, *fig*) magnetic. ♦ **magnétisation** *nf* magnetization; hypnotization. ♦ **magnétiseur, -euse** *nm,f* hypnotizer. ♦ **magnétisme** *nm* magnetism; hypnotism.

magnéto [maɲeto] **1** *nf* (*Élec*) magneto. **2** *préf* magneto. **3** *nm* (*) tape recorder. ♦ **magnétophone** *nm* tape recorder. ~ **à cassettes** cassette recorder. ♦ **magnétoscope** *nm* (*appareil*) video (-tape) recorder; (*bande*) video-tape.

magnificence [maɲifisɑ̃s] *nf* (*faste*) magnificence.

magnifique [maɲifik] *adj* (*gén*) magnificent; *fleur, temps* gorgeous, superb; *projet* marvellous. ~!* fantastic!*, great!* ♦ **magnifiquement** *adv* magnificently; gorgeously, superbly; marvellously.

magot [mago] *nm* (a) (*Zool*) Barbary ape. (b) (*Sculp*) magot. ~ (*) (*somme d'argent*) pile (of money)*, packet*; (*économies*) savings, nest egg.

magouiller* [maguje] (1) *vi* (*péj*) to graft*.

mahara(d)jah [maaʀa(d)ʒa] *nm* Maharajah.

mai [mɛ] *nm* May; V **septembre**.

maigre [mɛgʀ(ə)] **1** *adj* (a) *personne* thin, skinny (*péj*); *visage* thin, lean. ~ **comme un clou*** as thin as a rake. (b) *bouillon* clear; *viande* lean; *fromage* low-fat. (c) (*Rel*) *jour* ~ day of abstinence; **faire** ~ to eat no meat. (d) *profit* small, slim, scanty; *ration, résultat, salaire* meagre, poor; *exposé* sketchy, skimpy; *espoir* slim, slight. **c'est un peu** ~ it's a bit skimpy, it's a bit on the short side. (e) *végétation* thin, sparse; *récolte, terre* poor. **un** ~ **filet d'eau** a thin trickle of water. **2** *nmf* thin person. **3** *nm* (*viande*) lean meat; (*jus*) thin gravy.
♦ **maigrement** *adv* poorly, meagrely. ♦ **maigreur** *nf* thinness; leanness; smallness, scantiness; meagreness; sketchiness; sparseness; poverty. **il est d'une** ~! he's so thin! ♦ **maigrir** (2) **1** *vi* to get thinner, lose weight. **il a maigri de 5 kg** he has lost 5 kg; **se faire** ~ to slim, diet (to lose weight). **2** *vt*: ~ **qn** [*vêtement*] to make sb look slim (*ou* slimmer); [*maladie*] to make sb lose weight.

maille [maj] *nf* (a) (*Couture*) stitch. [*bas*] ~ **filée** ladder, run; **une** ~ **à l'endroit, une** ~ **à l'envers** knit one, purl one; **tissu à fines** ~s fine-knit material. (b) [*filet*] mesh. (*lit, fig*) **passer à travers les** ~s (**du filet**) to slip through the net; **filet à larges/fines** ~s wide/fine mesh net. (c) [*armure, grillage*] link. (d) **avoir** ~ **à partir avec qn** to get into trouble with sb.

maillet [majɛ] *nm* mallet.

mailloche [majɔʃ] *nf* (*Tech*) beetle.

maillon [majɔ̃] *nm* (*lit, fig*) link.

maillot [majo] *nm* (*gén*) vest; (*Danse*) leotard; (*Sport*) jersey; [*bébé*] baby's wrap. ~ **de bain** [*homme*] swimming trunks; [*femme*] swimming costume, swimsuit; ~ **de corps** vest, undershirt (*US*).

main [mɛ̃] **1** *nf* (a) hand. **donner la** ~ **à qn** to hold sb's hand; **il me salua de la** ~ he waved to me; **être adroit de ses** ~s to be clever with one's hands; **des deux** ~s with both hands; **la** ~ **dans la** ~ [*promeneurs*] hand in hand; [*escrocs*] hand in glove; **les** ~s **en l'air**! hands up!, stick 'em up!*; **trouver une** ~ **secourable** to find a helping hand; **tomber aux** ~s **de l'ennemi** to fall into the hands of the enemy; **accorder la** ~ **de sa fille à qn** to give sb one's daughter's hand in marriage.
(b) (*locutions*) **à** ~ **droite/gauche** on the right-hand/left-hand side; **de** ~ **de maître** with a master's hand; **en** ~s **sûres** in(to) safe hands; **avoir une voiture bien en** ~ to have the feel of a car; **de la** ~ **à la** ~ directly (*without receipt*); **préparé de longue** ~ prepared long beforehand; **de première/seconde** ~ firsthand/secondhand; **à la** ~ by hand; **fait (à la)** ~ handmade; **cousu (à la)** ~ hand-sewn; **vol à** ~ **armée** armed robbery; (*pris*) **la** ~ **dans le sac** caught red-handed, caught in the act; **en sous** ~ *agir* secretly; **les** ~s **vides** emptyhanded; **avoir tout sous la** ~ to have everything at hand; **à** ~ **levée** *vote* by a show of hands; *dessin* freehand.
(c) (*locutions verbales*) **avoir la** ~ **heureuse** to be lucky; **avoir la** ~ **lourde** to be heavy-handed; (*gifler*) **avoir la** ~ **leste** to be free with one's hands; **je ne suis pas à ma** ~ I can't get a proper hold *ou* grip; **perdre la** ~ to lose one's touch; **faire la** ~ to get one's hand in; **faire** ~ **basse sur qch** to run off with sth; **laisser les** ~s **libres à qn** to give sb a free hand *ou* rein; **mettre la** ~ **au collet de qn** to arrest sb; **en venir aux** ~s to come to blows; **mettre la** ~ **sur** to lay hands on; **mettre la** ~ **à la pâte** to lend a hand; **mettre la dernière** ~ **à** to put the finishing touches to; **avoir la situation (bien) en** ~ to have the situation well in hand; **prendre qch/qn en** ~ to take sth/sb in hand; **remettre qch en** ~s **propres à qn** to hand sth to sb personally; **il n'y va pas de** ~ **morte** (*exagérer*) he doesn't do things by halves; (*frapper*) he doesn't pull his punches; **j'en mettrais ma** ~ **au feu** *ou* **à couper** I'd stake my life on it; **prêter** ~-**forte à qn** to come to sb's assistance.
2: ~ **courante** handrail; ~-**d'œuvre** *nf* labour, manpower.

mainmise [mɛ̃miz] *nf* (*Jur, Pol*) seizure (*sur* of).

maint, e [mɛ̃, ɛ̃t] *adj* (*littér*) many. ~ **étranger** many a foreigner; ~s **étrangers** many foreigners.

maintenant [mɛ̃tnɑ̃] *adv* now. **il doit être arrivé** ~ he must have arrived by now; **les jeunes de** ~ young people nowadays *ou* today.

maintenir [mɛ̃tniʀ] (22) **1** *vt* (*gén*) to keep; *édifice* to hold *ou* keep up, support; *tradition* to maintain, uphold; *décision* to stand by; *affirmation* to maintain. ~ **qch en équilibre** to keep *ou* hold sth balanced; ~ **la tête hors de l'eau** to keep one's head above water; ~ **l'ordre** to keep *ou* maintain law and order. **2 se** ~ *vpr* [*temps*] to stay fair; [*amélioration, préjugé*] to persist; [*malade*] to hold one's own; [*prix*] to hold steady. (*Scol*) **se** ~ **dans la moyenne** to keep up with the middle of the class. ♦ **maintien** *nm* (a) (*sauvegarde*) (*gén*) maintenance; [*tradition*] upholding. (b) (*posture*) bearing, deportment. **professeur de** ~ teacher of deportment.

maire [mɛʀ] *nm* mayor. ♦ **mairie** *nf* (*bâtiment*) town hall; (*administration*) town council.

mais [mɛ] **1** *conj* but. **tu me crois?** – ~ **oui** do you believe me? – (but) of course I do; ~ **ne te fais pas de soucis!** don't you worry!; ~ **dites-moi, c'est intéressant!** well now that's interesting!; ~ **j'y pense,** ... by the way I've just thought, ...; **ah** ~!, **non** ~ (**des fois**)! look here! **2** *nm*: **je ne veux pas de** ~ I don't want any buts; **il y a un** ~ there's one snag.

maïs [mais] *nm* maize, corn (*US*).

maison [mɛzɔ̃] **1** *nf* (a) (*bâtiment*) house; (*immeuble*) building; (*locatif*) block of flats. ~ **individuelle** (detached) house. (b) (*foyer*) home. **être/rester à la** ~ to be/stay at home; **rentrer à la** ~ to go (back) home; **les dépenses de la** ~ household expenses; **fait à la** ~ home-made. (c) (*famille*) family. **il n'est pas heureux à la** ~ he doesn't have a happy home *ou* family life. (d) (*entreprise*) firm, company; (*magasin*) (*grand*) store; (*petit*) shop. (e) (*famille royale*) House. (f) (*domesticité*) household. **la** ~ **du Roi** the Royal Household; **employés de** ~ domestic staff.

2 *adj inv* (a) *gâteau* home-made; *ingénieur* trained by the firm. **pâté** ~ **pâté** maison, chef's own pâté. (b) (*: *très réussi*) first-rate. **une bagarre** ~ an almighty* *ou* a stand-up row.
3: ~ **d'arrêt** prison; **la M**~ **Blanche** the White House; ~ **de campagne** (*grande*) house in the country; (*petite*) (country) cottage; ~ **close** *ou* **de passe** brothel; ~ **de jeu** gambling club; ~ **des jeunes et de la culture** = youth club and arts centre; (*Comm*) ~ **mère** parent company; ~ **de poupée** doll's house; ~ **de repos** convalescent home; ~ **de retraite** old people's home; ~ **de santé** (*clinique*) nursing home; (*asile*) mental home.
♦ **maisonnée** *nf* household, family.
♦ **maisonnette** *nf* small house.
maître, maîtresse [mɛtʀ(ə), mɛtʀɛs] **1** *adj* (a) (*gén*) main; *œuvre* major; *qualité* chief, major; (*Cartes*) atout master. **position maîtresse** major *ou* key position; **idée maîtresse** principal *ou* governing idea. (b) (*intensif*) **un** ~ **filou** an arrant *ou* out-and-out rascal; **une maîtresse femme** a managing woman.
2 *nm* (a) (*gén*) master; (*Pol: dirigeant*) ruler. **agir en** ~ to act authoritatively; **d'un ton de** ~ in an authoritative *ou* a masterful tone; **le** ~ **de céans** the master of the house; ~ **(d'école)** teacher, (school)master; ~ **charpentier** master carpenter. (b) (*titre*) (*pour artistes etc*) **M**~ Sir; **mon cher M**~ Dear Mr X; (*Jur*) **M**~ **X** Mr X. (c) (*locutions*) **être** ~ **chez soi** to be master in one's own home; **être son propre** ~ to be one's own master; **être** ~ **de faire** to be free to do; **rester** ~ **de soi** to keep one's self-control; **être** ~ **de soi** to have control of o.s.; **être** ~ **de la situation** to be in control of the situation; **se rendre** ~ **de** *pays* to gain control of; *incendie* to bring under control; **il est passé** ~ **dans l'art de mentir** he's a past master in the art of lying.
3 *nf* (a) (*gén*) mistress. (b) (*Scol*) **maîtresse (d'école)** teacher, (school)mistress; **maîtresse! Miss!**
4: ~ **d'armes** fencing master; ~ **de cérémonie** master of ceremonies; (*Crime*) ~ **chanteur** blackmailer; ~ **de conférences** = senior lecturer; ~ **d'équipage** boatswain; ~ **d'hôtel** [*maison*] butler; [*restaurant*] head waiter; ~ **de maison** host; **maîtresse de maison** (*ménagère*) housewife; (*hôtesse*) hostess; ~ **nageur** swimming teacher *ou* instructor.
maîtrise [mɛtʀiz] *nf* (a) (*sang-froid*) ~ **(de soi)** self-control, self-possession. (b) (*contrôle*) mastery, control. **(Mil) avoir la** ~ **de** to have control of, control. (c) (*habileté*) skill, expertise. (d) (*Ind*) supervisory staff. (e) (*Rel*) (*école*) choir school; (*groupe*) choir. (f) (*Univ*) research *degree* = master's degree. ~ **de conférence** = senior lectureship. ♦ **maîtriser** (1) **1** *vt* *forcené* to control; *adversaire* to overcome, overpower; *émeute*, *révolte* to suppress, bring under control; *difficulté*, *langue* to master; *inflation* to curb; *larmes*, *rire* to force back, restrain. **2 se** ~ *vpr* to control o.s. ♦ **maîtrisable** *adj* controllable.
majesté [maʒɛste] *nf* (*gén*) majesty. **Votre M**~ Your Majesty; **Sa M**~ (*roi*) His Majesty; (*reine*) Her Majesty. ♦ **majestueusement** *adv* majestically. ♦ **majestueux, -euse** *adj* (*gén*) majestic; *taille* imposing.
majeur, e [maʒœR] **1** *adj* (a) (*principal*) major. **sa préoccupation** ~**e** his major *ou* main concern; **en** ~**e partie** for the most part; **la** ~**e partie des gens** most people, the majority (of people). (b) (*Jur*) **être** ~ to be of age; **il sera** ~ **en 1995** he will come of age in 1995. (c) (*Mus*) major. **2** *nm,f* (*Jur*) major. **3** *nm* middle finger.
major [maʒɔʀ] *nm* (*Mil*) (*médecin*) ~ medical officer; (*Univ etc*) **être** ~ **de promotion** = to be first in one's year.
majorer [maʒɔʀe] (1) *vt* *impôt*, *prix* to increase,

raise (*de* by). ♦ **majoration** *nf* (*hausse*) rise, increase (*de* in); (*supplément*) surcharge.
majorité [maʒɔʀite] *nf* (*gén*) majority; (*parti majoritaire*) government, party in power. **élu à une** ~ **de** elected by a majority of; **être en** ~ to be in the majority; **groupe composé en** ~ **de** group mainly composed of; (*Jur*) **atteindre sa** ~ to come of age, reach one's majority. ♦ **majoritaire** *adj* majority. **être** ~ to be in the majority.
majuscule [maʒyskyl] **1** *adj* capital. **2** *nf* capital letter; (*Typ*) upper case letter.
mal [mal] **1** *adv* (a) (*de façon défectueuse*) badly, not properly. **cette porte ferme** ~ this door shuts badly *ou* doesn't shut properly; **nous sommes** ~ **nourris** the food we're given is poor *ou* bad; **il a** ~ **pris ce que je lui ai dit** he took exception to what I said to him; **il s'y est** ~ **pris** he set about it the wrong way; **de** ~ **en pis** from bad to worse. (b) ~ **choisi** *etc* ill-chosen etc; ~ **à l'aise** (*gêné*) ill-at-ease; (*malade*) unwell; ~ **famé** of ill fame, disreputable; ~ **en point** in a bad state; ~ **à propos** at the wrong moment; **avoir l'esprit** ~ **tourné** to have a low mind; **il est** ~ **venu de se plaindre** he is scarcely in a position to complain. (c) ~ **comprendre** to misunderstand; ~ **interpréter** to misinterpret; ~ **renseigner** to misinform. (d) (*avec difficulté*) with difficulty. **on comprend** ~ **pourquoi** it is not easy *ou* it is difficult to understand why. (e) (*de façon répréhensible*) badly, wrongly. **trouves-tu** ~ **qu'il y soit allé?** do you think it was wrong of him to go? (f) (*malade*) **se sentir** ~ to feel ill; **être** ~ **portant** to be in poor health; **se trouver** ~ to faint. (g) **il n'a pas** ~ **travaillé ce trimestre** he's worked quite well this term; **vous (ne) feriez pas** ~ **de le surveiller** it wouldn't be a bad thing if you kept an eye on him. (h) (*beaucoup*) **pas** ~ **(de)*** quite a lot (of); **on a pas** ~ **travaillé aujourd'hui** we've worked pretty hard today*; **je m'en fiche pas** ~**!** I couldn't care less!, I don't give a damn!‡
2 *adj inv* (a) (*contraire à la morale*) wrong, bad. **c'est** ~ **à lui de dire cela** it's bad *ou* wrong of him to say this. (b) (*malade*) ill. **il est au plus** ~ he is very ill. (c) (*mal à l'aise*) uncomfortable. **il est** ~ **dans sa peau** he's at odds with himself; **on n'est pas** ~ (*assis*) **dans ces fauteuils** these armchairs are quite comfortable. (d) **être** ~ **avec qn** to be on bad terms with sb; **se mettre** ~ **avec qn** to get on the wrong side of sb. (e) **pas** ~* (*bien*) not bad*, quite *ou* rather good; (*beau*) quite attractive; (*compétent*) quite competent.
3 *nm*, *pl* **maux** [mo] (a) (*ce qui est mauvais*) evil, ill. **le** ~ evil; ~ **nécessaire** necessary evil; **penser/dire du** ~ **de qn** to think/speak ill of sb. (b) (*qui cause un dommage*) harm. **faire du** ~ **à** to harm, hurt; **il n'y a pas de** ~ **à cela** there's no harm in that; ~ **m'en a pris de sortir** going out was a grave mistake (on my part). (c) (*douleur*) pain; (*maladie*) illness, disease; (*tristesse*) sorrow, pain. **avoir** ~ **partout** to be aching all over; **se faire (du)** ~ to hurt o.s.; **ça fait** ~, **j'ai** ~ it hurts; **j'ai** ~ **dans le dos** I've got a pain in my back, my back hurts; **avoir un** ~ **de tête** to have a headache; **avoir** ~ **aux dents** to have toothache; **avoir** ~ **au pied** to have a sore foot; **des maux d'estomac** stomach pains, an upset stomach; **un** ~ **blanc** a whitlow; **avoir le** ~ **de mer** to be seasick; **contre le** ~ **de mer** against seasickness; ~ **du pays** homesickness. (d) (*effort*) difficulty, trouble. **se donner du** ~ **à faire qch** to take trouble *ou* pains over sth; **avoir du** ~ **à faire qch** to have trouble *ou* difficulty doing sth; **on n'a rien sans** ~ you get nothing without (some) effort.
malabar* [malabaʀ] *nm* muscle man*.
malade [malad] **1** *adj* *homme* ill, sick, unwell; *organe*, *plante* diseased; *dent*, *jambe* bad. **être** ~ **du cœur** to have heart trouble *ou* a bad heart; **tomber** ~ to fall ill *ou* sick; **ça me rend** ~ it makes me

sick (*de* with); (*fou*) **tu n'es pas ~?*** are you mad *ou* out of your mind?; **l'entreprise est bien ~** the business is in a shaky state. **2** *nmf* invalid, sick person; (*d'un médecin*) patient. **~ mental** mentally sick person; **les ~s** the sick. ♦ **maladie** *nf* **(a)** (*Méd*) illness, disease; [*plante, vin*] disease. **~ de cœur/foie** heart/liver complaint *ou* disease; **il en a fait une ~*** he was in a terrible state about it. **(b)** (*: obsession*) mania. **avoir la ~ de la vitesse** to be a speed maniac. ♦ **maladif, -ive** *adj* (*lit*) sickly; *obsession* pathological.

maladroit, e [maladʀwa, wat] **1** *adj* (*gén*) clumsy, awkward. **~ de ses mains** useless with one's hands; **ce serait ~ de lui en parler** it would be a mistake to mention it to him. **2** *nm,f* clumsy clot. ♦ **maladresse** *nf* **(a)** clumsiness, awkwardness. **(b)** (*gaffe*) blunder, gaffe. ♦ **maladroitement** *adv* clumsily, awkwardly.

malaise [malɛz] *nm* **(a)** (*Méd*) dizzy turn. **avoir un ~** to feel faint *ou* dizzy. **(b)** (*fig: trouble*) uneasiness, disquiet. **le ~ étudiant** student discontent *ou* unrest.

malaisé, e [maleze] *adj* difficult. ♦ **malaisément** *adv* with difficulty.

malappris, e [malapʀi, iz] **1** *adj* boorish. **2** *nm,f* lout, boor.

malavisé, e [malavize] *adj* ill-advised, unwise.

malaxer [malakse] (1) *vt* (*triturer*) to knead; *muscle* to massage; (*mélanger*) to mix.

malchance [malʃɑ̃s] *nf* (*déveine*) bad luck, misfortune; (*mésaventure*) misfortune. **par ~** unfortunately. ♦ **malchanceux, -euse** *adj* unlucky.

malcommode [malkɔmɔd] *adj* inconvenient.

mâle [mɑl] **1** *adj* (*Bio, Tech*) male; (*viril*) manly. **2** *nm* male. **(éléphant) ~** bull (elephant); **(lapin) ~** buck (rabbit); **(moineau) ~** cock (sparrow); **(ours) ~** he-bear.

malédiction [malediksjɔ̃] *nf* curse.

maléfice [malefis] *nm* evil spell. ♦ **maléfique** *adj* evil.

malencontreux, -euse [malɑ̃kɔ̃tʀø, øz] *adj* unfortunate. ♦ **malencontreusement** *adv* *arriver* at the wrong moment; *faire tomber* inadvertently.

malentendu [malɑ̃tɑ̃dy] *nm* misunderstanding.

malfaçon [malfasɔ̃] *nf* fault, defect.

malfaisant, e [malfəzɑ̃, ɑ̃t] *adj* evil, harmful.

malfaiteur, -trice [malfɛtœʀ, tʀis] *nm,f* (*gén*) lawbreaker; (*voleur*) burglar, thief. **dangereux ~** dangerous criminal.

malformation [malfɔʀmasjɔ̃] *nf* malformation.

malgré [malgʀe] *prép* in spite of, despite. **~ son intelligence** in spite of *ou* for all his intelligence; **j'ai signé ~ moi** I signed reluctantly *ou* against my better judgment; **~ tout, c'est dangereux** all the same *ou* after all it's dangerous.

malhabile [malabil] *adj* clumsy, awkward. ♦ **malhabilement** *adv* clumsily, awkwardly.

malheur [malœʀ] *nm* **(a)** misfortune; (*accident*) accident. **un ~ ne vient jamais seul** it never rains but it pours; **grand ~** great tragedy. **(b)** **le ~** (*adversité*) adversity; (*malchance*) bad luck, misfortune; **famille dans le ~** family in misfortune *ou* faced with adversity; **le ~ a voulu qu'un agent le voie** as bad luck would have it a policeman saw him. **(c)** (*maudit*) **de ~*** wretched. **(d)** **par ~** unfortunately; **le ~ c'est que ...** the trouble *ou* snag is that ...; **faire le ~ de ses parents** to bring sorrow to one's parents; **faire un ~*** [*artiste*] to make a great hit; (*par colère*) to do sth violent, go wild; **quel ~ qu'il ne soit pas venu** what a shame *ou* pity he didn't come. ♦ **malheureusement** *adv* unfortunately. ♦ **malheureux, -euse 1** *adj* **(a)** *victime, geste, parole* unfortunate; *enfant, vie* unhappy, miserable; *air* distressed; *candidat* unsuccessful, unlucky. **c'est bien ~** it's a great pity *ou* shame; **il**

est **~ de ne pas venir** he's distressed *ou* upset at not coming; **rendre qn ~** to make sb unhappy. **(b)** (*: insignifiant*) wretched, miserable. **il y avait 2 ou 3 ~ spectateurs** there was a miserable handful of spectators. **2** *nm,f* (*infortuné*) poor wretch; (*indigent*) needy person. **le ~!** the poor man!; **ne fais pas cela, petit ~!** don't do that, you so-and-so!*

malhonnête [malɔnɛt] *adj* (*déloyal*) dishonest, crooked; (*impoli*) rude. ♦ **malhonnêtement** *adv* dishonestly, crookedly; rudely. ♦ **malhonnêteté** *nf* dishonesty, crookedness; rudeness. **une ~** (*action*) a crooked deal; (*parole*) a rude remark.

malice [malis] *nf* (*espièglerie*) mischief, mischievousness; (*méchanceté*) malice, spite. **il n'y entend pas ~** he means no harm by it; **boîte à ~** box of tricks. ♦ **malicieusement** *adv* mischievously. ♦ **malicieux, -euse** *adj* mischievous.

malin, -igne [malɛ̃, iɲ] *ou* **-ine*** [in] **1** *adj* **(a)** (*intelligent*) smart, clever. **il est ~ comme un singe** he is as artful as a cartload of monkeys; (*iro*) **c'est ~!** that's clever *ou* bright, isn't it? **(b)** (*: difficile*) **ce n'est pourtant pas bien ~** but it isn't difficult *ou* tricky. **(c)** (*mauvais*) *influence* malignant, malicious; (*Méd*) malignant. **2** *nm,f*: **c'est un (petit) ~** he's a crafty one, he knows a thing or two; **le M~** the Devil.

malingre [malɛ̃gʀ(ə)] *adj* puny.

malintentionné, e [malɛ̃tɑ̃sjɔne] *adj* ill-intentioned (*envers* towards).

malle [mal] *nf* (*valise*) trunk; (*Aut*) boot, trunk (*US*). **ils ont fait la ~*** they've scarpered. ♦ **mallette** *nf* (small) suitcase.

malléable [maleabl(ə)] *adj* malleable. ♦ **malléabilité** *nf* malleability.

malmener [malməne] (5) *vt* to manhandle, handle roughly.

malnutrition [malnytʀisjɔ̃] *nf* malnutrition.

malodorant, e [malɔdɔʀɑ̃, ɑ̃t] *adj* foul- *ou* ill-smelling.

malotru, e [malɔtʀy] *nm,f* lout, boor.

malpoli, e [malpɔli] *adj* impolite, discourteous.

malpropre [malpʀɔpʀ(ə)] *adj* *objet* dirty; *travail* shoddy; *histoire* smutty; *action* dishonest. ♦ **malproprement** *adv* in a dirty way. ♦ **malpropreté** *nf* dirtiness.

malsain, e [malsɛ̃, ɛn] *adj* unhealthy.

malséant, e [malseɑ̃, ɑ̃t] *adj* unseemly, unbecoming.

malt [malt] *nm* malt.

Malte [malt] *nf* Malta. ♦ **maltais, e** *adj, nm,* **M~(e)** (*nm/f*) Maltese.

malthusien, -ienne [maltyzjɛ̃, jɛn] *adj* Malthusian. ♦ **malthusianisme** *nm* Malthusianism.

maltraiter [maltʀete] (1) *vt personne* to manhandle, handle roughly, ill-treat; *grammaire* to misuse.

malveillance [malvɛjɑ̃s] *nf* malevolence. **avec ~** malevolently. ♦ **malveillant, e** *adj* malevolent.

maman [mamɑ̃] *nf* mummy, mother.

mamelle [mamɛl] *nf* (*Zool*) teat; (*pis*) udder, dug; [*femme*] breast. ♦ **mamelon** *nm* (*Anat*) nipple; (*Géog*) knoll, hillock.

mamie [mami] *nf* (*grand-mère*) granny*, gran*.

mammifère [mamifɛʀ] *nm* mammal.

mammouth [mamut] *nm* mammoth.

manche¹ [mɑ̃ʃ] *nf* **(a)** (*Habillement*) sleeve. **à ~s longues** long-sleeved; **sans ~s** sleeveless; (*fig*) **avoir qn dans sa ~** to have sb in one's pocket. **(b)** (*partie*) (*gén, Pol, Sport*) round; (*Cartes*) game. **(c)** (*Géog*) **la M~** the English Channel. **(d)** **~ à air** (*Aviat*) wind sock; (*Naut*) ventilator.

manche² [mɑ̃ʃ] *nm* **(a)** (*gén*) handle; (*long*) shaft. **~ à balai** (*gén*) broomstick; (*Aviat*) joystick. **(b)** (*: incapable*) clumsy fool.

manchette [mɑ̃ʃɛt] *nf* **(a)** [*chemise*] cuff; (*protectrice*) over-sleeve. **(b)** (*Presse*) headline. **(c)** (*Lutte*) forearm blow.

manchon [mɑ̃ʃɔ̃] *nm* muff.

manchot, -ote [mɑ̃ʃo, ɔt] **1** *adj (d'un bras)* one-armed; *(des deux bras)* armless; *(d'une main)* one-handed; *(des deux mains)* with no hands, handless. *(adroit)* **il n'est pas ~!** he's clever with his hands! **2** *nm (Orn)* penguin.

mandarin [mɑ̃daʀɛ̃] *nm (Hist, péj)* mandarin.

mandarine [mɑ̃daʀin] *nf* mandarin (orange), tangerine.

mandat [mɑ̃da] *nm* **(a)** *(gén, Pol)* mandate. **donner à qn ~ de faire** to give sb a mandate to do. **(b)** *(Poste)* postal order, money order. **(c)** *(Jur: procuration)* power of attorney, proxy; *(Police etc)* warrant. **~ d'amener** ≃ summons; **~ d'arrêt** ≃ warrant for arrest; **placer qn sous ~ de dépôt** ≃ to place sb under a committal order; **~ de perquisition** search warrant. ♦ **mandataire** *nmf (Jur)* proxy, attorney; *(représentant)* representative; *(aux Halles)* (sales) agent. ♦ **mandater** (1) *vt* **(a)** *personne* to commission. **(b)** *somme* to make over.

mandoline [mɑ̃dɔlin] *nf* mandolin(e).

manège [manɛ̃ʒ] *nm* **(a)** **~ (de chevaux de bois)** roundabout, merry-go-round. **(b)** *(Équitation)* *(école)* riding school; *(piste)* ring, school. **(c)** *(fig: agissements)* game, ploy.

manette [manɛt] *nf* lever, tap.

manger [mɑ̃ʒe] (3) **1** *vt* **(a)** to eat. **il ne mange pas en ce moment** he's off his food at present; **vous mangerez bien un morceau avec nous?** won't you have a bite to eat with us?; **cela se mange?** can you eat it?; **ça se mange chaud** it should be eaten hot; **donner à ~ à qn, faire ~ qn** to feed sb; **faire ~ qch à qn** to give sb sth to eat; **mange!** eat up!; **on mange bien/mal à cet hôtel** the food is good/bad at this hotel. **(b)** *(faire un repas)* **~ au restaurant** to eat out, have a meal out; **c'est l'heure de ~** *(midi)* it's lunchtime; *(soir)* it's dinnertime; **inviter qn à ~** to invite sb for a meal; **boire en mangeant** to drink with a meal; **~ sur le pouce** to have a (quick) snack. **(c)** *(soleil)* to fade; *(rouille)* to eat away. **mangé aux mites** moth-eaten. **(d)** *électricité, économies* to go through; *temps* to take up; *mots* to swallow. **les grosses entreprises mangent les petites** the big firms swallow up the smaller ones; **l'entreprise mange de l'argent** the business is wasting money. **(e)** *(locutions)* **~ la consigne** to forget one's errand; **~ comme quatre** to eat like a horse; **~ à sa faim** to have enough to eat; **~ du bout des dents** to pick at one's food; *(fig)* **~ le morceau** to spill the beans; **je ne mange pas de ce pain-là!** I'm having nothing to do with that!; **~ à tous les rateliers*** to cash in* on all sides; **~ qn des yeux** to devour sb with one's eyes.
2 *nm (nourriture)* food; *(repas)* meal.
♦ **mangeable** *adj* edible, eatable. ♦ **mangeaille** *nf (péj)* food. ♦ **mangeoire** *nf* trough, manger. ♦ **mangeur, -euse** *nm,f* eater.

mangue [mɑ̃g] *nf* mango *(fruit)*.

maniaque [manjak] **1** *adj* finicky, fussy. **2** *nmf (fou)* maniac, lunatic; *(fanatique)* fanatic; *(méticuleux)* fusspot*.

manichéen, -enne [manikeɛ̃, ɛn] *adj, nm,f* Manich(a)ean. ♦ **manichéisme** *nm (Philos)* Maniche(an)ism. **faire du ~** to see things in black and white.

manie [mani] *nf (habitude)* odd *ou* queer habit; *(obsession)* mania. **une de ses ~s** one of his funny habits.

manier [manje] (7) *vt* to handle. ♦ **maniabilité** *nf* handiness, manageability. ♦ **maniable** *adj* handy, manageable, easy to handle. ♦ **maniement** *nm* handling. **d'un ~ difficile** difficult to handle; **~ d'armes** arms drill, manual of arms *(US)*.

manière [manjɛʀ] *nf* **(a)** *(façon)* way; *(Art: style)* style. **sa ~ de parler** his way of speaking, the way he speaks; **il le fera à sa ~** he'll do it his own way;

~ de vivre way of life; **de quelle ~ as-tu fait cela?** how did you do that?; **à la ~ d'un singe** like a monkey; **c'est une ~ de pastiche** it's a kind of pastiche. **(b)** *(locutions)* **employer la ~ forte** to use strong-arm measures; **en ~ d'excuse** by way of (an) excuse; **d'une certaine ~** in a way, in some ways; **d'une ~ générale** generally speaking; **de toute(s) ~(s)** in any case, anyway; **d'une ~ ou d'une autre** somehow or other; **en aucune ~** in no way; **de ~ à faire** so as to do; **de ~ (à ce) que nous arrivions à l'heure** so that we get there on time. **(c)** **~s:** **avoir de bonnes/mauvaises ~s** to have good/bad manners; **ce ne sont pas des ~s!** that's no way to behave!; **faire des ~s** *(minauderies)* to put on airs; *(chichis)* to make a fuss. ♦ **maniéré, e** *adj (péj: affecté)* affected; *(Art)* *genre* mannered.

manifester [manifɛste] (1) **1** *vt (gén)* to show; *sentiment* to express; *courage* to demonstrate. **~ le désir de faire** to indicate one's wish to do. **2** *vi (Pol)* to demonstrate. **3 se ~** *vpr (émotion)* to show itself, express itself; *(difficultés)* to emerge, arise. **une certaine détente se manifesta** there was evidence of a certain thaw in the atmosphere. **(b)** *(candidat, témoin)* to come forward; *(personne) (se présenter)* to appear, turn up; *(se faire remarquer)* to make o.s. known, attract attention; *(dans un débat)* to make o.s. heard. **Dieu s'est manifesté aux hommes** God revealed himself to mankind. ♦ **manifestant, e** *nm,f* demonstrator. ♦ **manifestation** *nf* **(a)** *(Pol)* demonstration. **(b)** *(opinion, sentiment)* expression; *(maladie) (apparition)* appearance; *(symptômes)* outward sign. **~ de mauvaise humeur** show of bad temper. **(c)** *(Dieu, vérité)* revelation. **(d)** *(réunion, fête)* event. ♦ **manifeste 1** *adj* obvious, evident, manifest. **erreur ~** glaring error. **2** *nm (Littérat, Pol)* manifesto. ♦ **manifestement** *adv* obviously, evidently, manifestly.

manigancer [manigɑ̃se] (3) *vt* to plot, devise. **qu'est-ce qu'il manigance maintenant?** what's he up to now? ♦ **manigance** *nf* trick.

manipuler [manipyle] (1) *vt objet* to handle; *(péj) électeurs* to manipulate; *comptes* to rig, fiddle*. ♦ **manipulateur, -trice** *nm,f (technicien)* technician. ♦ **manipulation** *nf (maniement)* handling; *(Scol: Chim, Phys)* experiment. *(Méd, péj)* **~s** manipulation.

manitou [manitu] *nm* **(a)** **grand ~*** big shot*. **(b)** *(Rel)* manitou.

manivelle [manivɛl] *nf* crank.

manne [man] *nf (aubaine)* godsend. *(Rel)* **la ~** manna.

mannequin [mankɛ̃] *nm (personne)* model; *(objet)* dummy; *(fig: pantin)* stuffed dummy.

manœuvrer [manœvʀe] (1) **1** *vt véhicule* to manœuvre; *machine* to operate, work. **2** *vi (gén)* to manœuvre. ♦ **manœuvre 1** *nf (gén)* manœuvre. **la ~ d'un bateau est difficile** manœuvring a boat is difficult; *(Rail)* **faire la ~** to shunt; **~ d'encerclement** encircling movement; **~ d'obstruction** obstructive move; **~s frauduleuses** fraudulent schemes *ou* devices; **terrain de ~** drill *ou* parade ground; **grandes ~s** army manœuvres *ou* exercises. **2** *nm* labourer, unskilled worker. **~ agricole** farm labourer.

manoir [manwaʀ] *nm* manor house.

manomètre [manɔmɛtʀ(ə)] *nm* gauge, manometer.

manquer [mɑ̃ke] (1) **1** *vt* **(a)** *photo, gâteau* to spoil, make a mess of; *examen* to fail; *but, train, personne* to miss. **je l'ai manqué de peu/de 5 minutes** I missed him by a fraction/by 5 minutes; **c'est à ne pas ~** it's a must*; *(iro)* **il n'en manque jamais une!*** he puts his foot in it every time!*; **~ sa vie** to waste one's life; **ils ont manqué leur coup** their attempt failed. **(b)** *(être absent de)* to be absent from, miss.

2 vi (a) (faire défaut) (gén) to be lacking. **l'argent vint à** ~ money ran out *ou* ran short; **ce qui me manque c'est le temps** what I need *ou* lack is time; **les mots me manquent pour exprimer** I can't find (the) words to express; **le temps me manque pour dire** there's no time for me to say; **le pied lui manqua** his foot slipped, he missed his footing. (b) (*être absent*) to be absent; (*avoir disparu*) to be missing. (c) (*échouer*) to fail.

3 ~ **à** vt indir: ~ **à son honneur** to fail in one's honour; ~ **à tous ses devoirs** to neglect all one's duties; ~ **à l'appel** (*lit*) to be absent from roll call; (*fig*) to be missing; **il nous manque, sa présence nous manque** we miss him.

4 ~ **de** vt indir (a) intelligence to lack; argent, main d'œuvre to be short of, lack. **le pays ne manque pas d'un certain charme** the country is not without a certain charm; **on manque d'air ici** there's no air in here; **il ne manque pas d'audace!** he's got a nerve! (b) (*faillir*) **il a manqué mourir** he nearly *ou* almost died. (c) (*formules nég*) **ne manquez pas de le remercier** don't forget to thank him; **il n'a pas manqué de le lui dire** he made sure he told him; **on ne peut** ~ **d'être frappé par** one cannot fail to marvel at, one cannot help but be struck by; **ça ne va pas** ~ (**d'arriver**)* it's bound to happen.

5 vb impers: **il (nous) manque 2 chaises** (*elles ont disparu*) there are 2 chairs missing; (*on en a besoin*) we are 2 chairs short, we are short of 2 chairs; **il ne manquera pas de gens pour dire** there'll be no shortage of people to say; **il ne manquait plus que ça** that's all we needed, that's the last straw.

6 **se** ~ vpr (*suicide*) to fail.
♦ **manquant, e** adj missing. ♦ **manque** nm (a) ~ **de** (*faiblesse*) lack of, want of; (*pénurie*) shortage of; **quel** ~ **de chance!** what bad *ou* hard luck!; ~ **à gagner** loss of profit. (b) ~s [*roman*] faults; [*personne*] failings, shortcomings; [*connaissances*] gaps. (c) (*vide*) gap, emptiness; (*Drogue*) withdrawal. (d) **à la** ~**ı** chanteur, idée crummy‡.
♦ **manqué, e** adj essai failed, abortive; rendez-vous missed; photo spoilt; (*Tech*) pièce faulty; occasion lost, wasted. **c'est un écrivain** ~ (*mauvais écrivain*) he is a failure as a writer; (*il aurait dû être écrivain*) he should have been a writer. ♦ **manquement** nm: ~ **à règle** breach of; **au moindre** ~ at the slightest lapse.
mansarde [mãsaʀd(ə)] nf attic. ♦ **mansardé, e** adj: **chambre** ~e attic room.
mansuétude [mãsɥetyd] nf leniency, indulgence.
manteau, pl ~**x** [mãto] nm coat. **sous le** ~ clandestinely, on the sly; ~ **de cheminée** mantelpiece.
mantille [mãtij] nf mantilla.
manucure [manykyʀ] nmf manicurist.
manuel, -elle [manɥɛl] 1 adj manual. 2 nm (*livre*) manual, handbook. ~ **de lecture** reader. ♦ **manuellement** adv manually.
manufacture [manyfaktyʀ] nf (*usine*) factory; (*fabrication*) manufacture. ♦ **manufacturer** (1) vt to manufacture.
manuscrit, e [manyskʀi, it] 1 adj handwritten. **pages** ~**es** manuscript pages. 2 nm manuscript; (*dactylographié*) typescript.
manutention [manytãsjɔ̃] nf (*opération*) handling; (*local*) storehouse. ♦ **manutentionnaire** nmf packer.
mappemonde [mapmɔ̃d] nf (*carte*) map of the world; (*sphère*) globe.
maquereau, pl ~**x** [makʀo] nm mackerel; (‡) pimp, ponce‡.
maquette [makɛt] nf (*scale*) model.
maquiller [makije] (1) 1 vt visage to make up; vérité, faits to fake, doctor; chiffres to fiddle*; voiture to do over*, disguise. **meurtre maquillé en accident** murder faked up to look like an acci-

dent. 2 **se** ~ vpr to make up. ♦ **maquillage** nm make-up. **le** ~ **des faits** faking the facts.
maquis [maki] nm (*Géog*) scrub, bush; (*labyrinthe*) maze; (*Hist*) maquis. **prendre le** ~ to go underground. ♦ **maquisard, e** nm,f maquis.
maraîcher, -ère [maʀeʃe, maʀeʃɛʀ] 1 nm,f market gardener, truck farmer (*US*). 2 adj: produits ~s market garden produce, truck (*US*).
marais [maʀɛ] nm marsh, swamp. ~ **salant** salt marsh.
marasme [maʀasm(ə)] nm (a) (*Écon, Pol*) stagnation, slump. (b) (*accablement*) dejection, depression.
marathon [maʀatɔ̃] nm (*Sport, fig*) marathon.
marâtre [maʀɑtʀ(ə)] nf cruel mother.
marauder [maʀode] (1) vi to thieve, pilfer.
♦ **maraude** nf thieving, pilfering. **taxi en** ~ cruising *ou* prowling taxi. ♦ **maraudeur, -euse** nm,f (*voleur*) prowler; (*soldat*) marauder.
marbre [maʀbʀ(ə)] nm (*Géol*) marble; (*surface*) marble top; (*Typ*) stone, bed. **rester de** ~ to be stony-faced. ♦ **marbrer** (1) vt papier, cuir to marble; peau, bois to mottle. ♦ **marbrier** nm (*funéraire*) monumental mason. ♦ **marbrure** nf: ~(s) marbling; mottling.
marc [maʀ] nm (*raisin*) marc; (*alcool*) brandy. ~ (**de café**) (coffee) grounds *ou* dregs.
marcassin [maʀkasɛ̃] nm young wild boar.
marchand, e [maʀʃɑ̃, ɑ̃d] 1 adj valeur market. 2 nm,f shopkeeper; (*sur un marché*) stallholder; [*vins, fruits, charbon, grains*] merchant; [*meubles, bestiaux*] dealer. ~ **au détail** retailer; ~ **en gros** wholesaler; **la** ~**e de chaussures** the woman in the shoeshop. 3: ~ **ambulant** hawker, pedlar; ~ **de biens** ≃ estate agent; ~ **de couleurs** ironmonger, hardware dealer; ~ **de journaux** newsagent; ~ **de légumes** greengrocer; ~ **de quatre saisons** costermonger; ~ **de sable** sandman.
marchander [maʀʃɑ̃de] (1) vt objet to haggle over, bargain over; (*emploi absolu*) to haggle, bargain. **il n'a pas marchandé ses compliments** he wasn't sparing with his compliments.
♦ **marchandage** nm bargaining, haggling.
♦ **marchandise** nf (*article*) commodity. ~s goods, merchandise; (*stock*) **la** ~ the goods *ou* merchandise; **gare de** ~ goods station; **il a de la bonne** ~ he sells good stuff; **vanter la** ~* to show o.s. off to advantage.
marche¹ [maʀʃ(ə)] nf (a) (*action, Sport*) walking. **poursuivre sa** ~ to walk on; **chaussures de** ~ walking shoes. (b) (*démarche*) walk, step; (*rythme*) pace, step. (c) (*trajet*) walk. **c'est à 2 heures de** ~ it's a 2-hour walk from here. (d) (*Mus, Mil, Pol*) march. **chanson de** ~ marching song; **fermer la** ~ to bring up the rear; **ouvrir la** ~ to lead the way; **faire** ~ **sur** to march upon; **en avant,** ~! forward march! (e) [*véhicule*] running; [*machine, usine*] running, working; [*navire*] sailing; [*étoile*] course; [*horloge*] working. **dans le sens de la** ~ facing the engine; **véhicule en** ~ moving vehicle; **en état de** ~ in working order; (*Tech*) ~ **- arrêt** on - off; ~ **arrière** reverse; **faire** ~ **arrière** (*Aut*) to reverse; (*fig*) to back-pedal, backtrack; ~ **à suivre** (correct) procedure. (f) [*maladie*] progress; [*événements*] course; [*temps, progrès*] march. (g) **être en** ~ [*personnes*] to be on the move; [*moteur etc*] to be running; **se mettre en** ~ [*personne*] to get moving; [*machine*] to start; **mettre en** ~ voiture to start (up); machine to set going.
marche² [maʀʃ(ə)] nf [*escalier*] step. **sur les** ~s on the stairs; (*escalier extérieur, escabeau*) on the steps.
marché [maʀʃe] 1 nm (a) (*lieu*) market; (*ville*) trading centre. **faire son** ~ to go to the market; (*plus gén*) to go shopping. (b) (*Écon, Fin*) market. **lancer qch sur le** ~ to launch sth on the market; **le** ~ **du travail** the labour market; **le** ~ **des valeurs**

the stockmarket. (c) *(transaction)* bargain, deal. **passer un ~ avec qn** to make a deal with sb; **~ conclu!** it's a deal!; **mettre le ~ en main à qn** to force sb to accept or refuse. **2: le M~ commun** the Common Market, the E.E.C; **~ noir** black market; **~ aux puces** flea market.

marchepied [maʀʃəpje] *nm (Rail)* step; *(Aut)* running board; *(fig)* stepping stone.

marcher [maʀʃe] (1) *vi* **(a)** *(personne)* to walk; *[soldats]* to march. **~ à grands pas** to stride (along); **on va ~ un peu** let's have a walk, let's go for a walk; **faire ~ un bébé** to help a baby walk; **son père saura le faire ~ droit** his father will soon have him toeing the line; **~ dans une flaque d'eau** to step in a puddle; **défense de ~ sur les pelouses** keep off the grass; *(lit, fig)* **~ sur les pieds de qn** to tread on sb's toes; **~ sur une ville** to advance on a town. **(b)** (*) *(consentir)* to agree; *(être dupé)* to be taken in. **il n'a pas voulu ~ dans la combine** he did not want to get mixed up in the business; **faire ~ qn** *(taquiner)* to pull sb's leg; *(tromper)* to take sb for a ride. **(c)** *(avec véhicule)* **le train a bien marché jusqu'à Lyon** the train made good time as far as Lyons; **nous marchions à 100 à l'heure** we were doing a hundred. **(d)** *(appareil, usine)* to work; *[ruse]* to come off; *[affaires, études]* to go (well). **faire ~ appareil** to work, operate; *entreprise* to run; **ça fait ~ les affaires** it's good for business; **est-ce que le métro marche?** is the underground running?; **ces deux opérations marchent ensemble** these two procedures go *ou* work together; **les études, ça marche?*** how's the work going? ♦ **marcheur, -euse** *nm,f (gén)* walker; *(Pol etc)* marcher.

mardi [maʀdi] *nm* Tuesday. **M~ gras** Shrove Tuesday; *V* **samedi**.

mare [maʀ] *nf (étang)* pond; *(flaque)* pool. **~ de sang** pool of blood.

marécage [maʀekaʒ] *nm* marsh, swamp, bog. ♦ **marécageux, -euse** *adj* marshy, swampy, boggy.

maréchal, pl -aux [maʀeʃal, o] *nm (Mil)* marshal. **~-ferrant** blacksmith; **~ des logis** sergeant.

marée [maʀe] *nf* **(a)** tide. **~ montante/descendante** flood *ou* rising/ebb tide; **à ~ basse/haute** at low/high tide *ou* water; **~ noire** oil slick. **(b)** *(fig)* flood. **(c)** *(poissons)* **la ~** fresh (sea) fish.

marelle [maʀɛl] *nf* hopscotch.

margarine [maʀgaʀin] *nf* margarine, marge*.

marge [maʀʒ(ə)] **1** *nf (gén)* margin. **j'ai encore de la ~** I still have time (*ou* money *etc*) to spare; **en ~ de la société** on the fringe of society; **vivre en ~ du monde** to live cut off from the world. **2: ~ bénéficiaire** profit margin; **~ d'erreur** margin of error; **~ de manœuvre** room to manœuvre; **~ de sécurité** safety margin. ♦ **marginal, e, mpl -aux** *adj (gén, Écon)* marginal. *(fig)* **les ~aux** *(contestataires)* dropouts; *(déshérités)* second-class citizens.

marguerite [maʀgəʀit] *nf (Bot)* marguerite, (oxeye) daisy.

mari [maʀi] *nm* husband.

mariage [maʀjaʒ] *nm* **(a)** *(union)* marriage. **50 ans de ~** 50 years of married life *ou* of marriage; **on parle de ~ entre eux** there is talk of their getting married; **donner qn en ~ à** to give sb in marriage to; **~ d'amour** love match; **faire un ~ d'argent** to marry for money. **(b)** *(cérémonie)* wedding. **cadeau de ~** wedding present. **(c)** *[couleurs, parfums]* marriage, blend. ♦ **marié, e 1** *adj* married. **non ~** unmarried, single. **2** *nm* (bride)groom. **les ~s** *(jour du mariage)* the bride and (bride)groom; *(après le mariage)* the newlyweds. **3** *nf* bride. **trouver que la ~e est trop belle** to object that everything's too good to be true; **robe de ~e** wedding dress. ♦ **marier** (7) **1** *vt* **personne** to marry; *couleurs, goûts* to blend, harmonize. **il a encore 2 filles à ~** he still has 2 daugh-

ters to marry off. **2 se ~** *vpr [personne]* to get married; *[couleurs, goûts]* to blend, harmonize. **se ~ à ou avec qn** to marry sb, get married to sb.

marijuana [maʀiʒɥana] *nf* marijuana, pot *(arg)*.

marin, e¹ [maʀɛ̃, in] **1** *adj* air sea; *faune* marine, sea. **costume ~** sailor suit. **2** *nm* sailor; *(grade)* ordinary seaman. **~ d'eau douce** landlubber.

marine² [maʀin] **1** *nf* **(a)** navy. **terme de ~** nautical term; **~ (de guerre)** navy; **~ marchande** merchant navy. **(b)** *(tableau)* seascape. **2** *nm (soldat)* marine.

mariner [maʀine] (1) *vti* to marinade. **harengs marinés** soused herrings.

marionnette [maʀjɔnɛt] *nf (lit, fig)* puppet. *(spectacle)* **~s** puppet show; **~ à fils** marionette; **~ à gaine** glove puppet. ♦ **marionnettiste** *nmf* puppeteer.

marital, e, mpl -aux [maʀital, o] *adj* marital, husband's. ♦ **maritalement** *adv*: **vivre ~** to live as husband and wife.

maritime [maʀitim] *adj (gén)* maritime; *province* seaboard, coastal; *commerce, droit* shipping.

marmaille* [maʀmaj] *nf* gang of kids* *ou* brats* *(péj)*.

marmelade [maʀməlad] *nf* stewed fruit, compote. *(lit, fig)* **réduire en ~** to reduce to a pulp.

marmite [maʀmit] *nf* (cooking-)pot.

marmonner [maʀmɔne] (1) *vt* to mumble, mutter. ♦ **marmonnement** *nm*: **~(s)** mumbling, muttering.

marmot* [maʀmo] *nm* kid*, brat* *(péj)*.

marmotte [maʀmɔt] *nf (Zool)* marmot; *(fig)* dormouse.

marmotter [maʀmɔte] (1) *vt* to mumble, mutter.

Maroc [maʀɔk] *nm* Morocco. ♦ **marocain, e** *adj*, **M~(e)** *nm(f)* Moroccan.

maroquin [maʀɔkɛ̃] *nm (cuir)* morocco (leather); *(fig: portefeuille)* (minister's) portfolio. ♦ **maroquinerie** *nf (boutique)* shop selling fine leather goods; *(métier)* fine leather trade. *(articles de)* **~** fine leather goods. ♦ **maroquinier** *nm* dealer in fine leather goods.

marotte [maʀɔt] *nf* hobby, craze.

marquer [maʀke] (1) **1** *vt* **(a)** *(par une trace)* *(gén, fig)* to mark; *animal, criminel* to brand; *arbre* to blaze; *marchandise* to label, stamp. **j'ai marqué nos places avec nos valises** I've reserved our seats with our cases; **pour ~ cette journée** to mark this day; **la souffrance l'a marqué** suffering has left its mark on him. **(b)** *(indiquer, montrer)* *(gén)* to show; *[balance]* to register. **la pendule marque 6 heures** the clock points to *ou* shows 6 o'clock; **robe qui marque la taille** dress which shows off *ou* emphasizes the waistline; **cela marque bien que le pays veut la paix** that definitely indicates that the country wants peace; **la déception se marquait sur son visage** disappointment showed in his face *ou* was written all over his face. **(c)** *(écrire)* to note down, make a note of. **on l'a marqué absent** he was marked absent; **qu'y a-t-il de marqué?** what does it say?, what's written on it? **(d)** *(Sport)* *joueur* to mark; *but* to score. **(e)** *(locutions)* **~ le coup*** to mark the occasion; **~ un point sur qn** to be one up on sb; **~ la mesure** to keep the beat; *(lit, fig)* **~ le pas** to mark time; **~ un temps d'arrêt** to mark a pause.

2 *vi* **(a)** *[événement, personnalité]* to stand out; *[coup]* to reach home, tell. **(b)** *[crayon]* to write; *[tampon]* to stamp. **ne pose pas le verre là, ça marque** don't put the glass down there, it will leave a mark.

♦ **marquant, e** *adj* *personnage, événement* outstanding; *souvenir* vivid. ♦ **marque** *nf* **(a)** *(repère, trace)* *(lit, fig)* mark; *[linge personnel]* name tab; *[viande, œufs]* stamp. **~s de doigts** fingermarks; **~s de pas** footmarks, footprints; *(Sport)* **à vos ~s! prêts! partez!** on your marks!, get set!, go!; **~ de confiance** sign *ou* mark of confidence; la ~ **du génie** the hallmark of genius. **(b)** (*Comm*) [*nourriture*] brand; [*produits manufacturés*] make. ~ **de fabrique** trademark, trade name; ~ **déposée** registered trademark; **produits de** ~ high-class products; **visiteur de** ~ important *ou* distinguished visitor, V.I.P. **(c)** (*Sport, Cartes: décompte*) **la** ~ the score. ♦ **marqué, e** *adj* (*accentué*) pronounced; (*Ling*) marked. **le prix** ~ the marked price, the price on the label; (*fig*) **c'est un homme** ~ he's a marked man. ♦ **marqueur** *nm* (*stylo*) felt-tip (marker) pen.

marquis [maʀki] *nm* marquess.

marquise [maʀkiz] *nf* **(a)** (*noble*) marchioness. **(b)** (*auvent*) glass canopy.

marraine [maʀɛn] *nf* [*enfant*] godmother; [*navire*] christener, namer.

marre‡ [maʀ] *adv*: **en avoir** ~ to be fed up* (*de* with), be sick* (*de* of).

marrer (se)‡ [maʀe] (1) *vpr* to laugh. ♦ **marrant, e*** *adj* (*amusant*) funny, killing*; (*étrange*) funny, odd.

marron [maʀɔ̃] **1** *nm* **(a)** chestnut. ~ **d'Inde** horse chestnut; ~ **glacé** marron glacé; **tirer les ~s du feu** (*profiter*) to steal a march; (*être victime*) to be a cat's paw. **(b)** (*couleur*) brown. **(c)** (‡: *coup*) thump, clout*. **2** *adj inv* **(a)** (*couleur*) brown. **(b)** (‡: *être trompé*) **être** ~ to be had*. ♦ **marronnier** *nm* chestnut tree. ~ **(d'Inde)** horse chestnut tree.

Mars [maʀs] *nm* (*Astron, Myth*) Mars.

mars [maʀs] *nm* (*mois*) March; *V* **septembre**.

marsouin [maʀswɛ̃] *nm* (*Zool*) porpoise.

marteau, pl ~ **x** [maʀto] **1** *nm* hammer; [*horloge*] striker; [*porte*] knocker. **entre le** ~ **et l'enclume** between the devil and the deep blue sea; **être** ~* to be nuts* *ou* cracked*. **2**: ~**-pilon** *nm, pl* ~**x-~s** power hammer; ~**-piqueur** *nm, pl* ~**x-~s** pneumatic drill. ♦ **martèlement** *nm*: ~**(s)** hammering, pounding. ♦ **marteler** (5) *vt* to hammer, pound; *mots* to hammer out.

martial, e, mpl -aux [maʀsjal, o] *adj* martial.

martien, -ienne [maʀsjɛ̃, jɛn] *adj, nm,f* Martian.

martinet [maʀtinɛ] *nm* **(a)** small whip. **(b)** (*Orn*) swift.

martin-pêcheur, pl ~ **s-~s** [maʀtɛ̃pɛʃœʀ] *nm* kingfisher.

martre [maʀtʀ(ə)] *nf* marten. ~ **zibeline** sable.

martyr, e[1] [maʀtiʀ] **1** *adj peuple* martyred. **mère** ~**e** stricken mother; **enfant** ~ battered child. **2** *nm,f* martyr. ♦ **martyre**[2] *nm* (*Rel, fig*) martyrdom. **mettre au** ~ to martyrize; **souffrir le** ~ to suffer agonies. ♦ **martyriser** (1) *vt personne, animal* to martyrize; *élève* to bully; *enfant* to batter; (*Rel*) to martyr.

marxisme [maʀksism(ə)] *nm* Marxism. ♦ **marxiste** *adj, nmf* Marxist.

mascarade [maskaʀad] *nf* masquerade.

mascotte [maskɔt] *nf* mascot.

masculin, e [maskylɛ̃, in] **1** *adj* (*gén*) male; (*viril*) manly; (*péj: hommasse*) mannish; (*Gram*) masculine. **2** *nm* (*Gram*) masculine.

masochisme [mazɔʃism(ə)] *nm* masochism. ♦ **masochiste 1** *adj* masochistic. **2** *nmf* masochist.

masque [mask(ə)] *nm* (*gén, fig*) mask. **jeter le** ~ to unmask o.s.; ~ **antirides** face pack; ~ **à gaz/de plongée** gas/diving mask. ♦ **masqué, e** *adj bandit* masked; *enfant* wearing a mask. (*Aut*) **sortie** ~**e** concealed exit. ♦ **masquer** (1) **1** *vt* (*gén*) to mask, conceal (*à qn* from sb); *lumière* to screen, shade. ~ **la vue** to block (out) the view; ~ **l'essentiel** to mask *ou* obscure the essential point. **2 se** ~ *vpr* (*lit, fig*) to hide, conceal (*derrière* behind).

massacre [masakʀ(ə)] *nm* slaughter, massacre. [*gibier*] **c'est du** ~ it is sheer butchery; (*sabotage*) **c'est un vrai** ~! it's a real mess! ♦ **massacrer** (1) *vt* **(a)** (*tuer*) to slaughter, massacre; *animaux* to slaughter. **(b)** (*) *opéra* to murder; *travail* to

make a mess *ou* hash* of; *adversaire* to make mincemeat* of. ♦ **massacreur, -euse*** *nm,f* (*saboteur*) bungler.

masse [mas] *nf* **(a)** (*volume, Phys*) mass; (*forme*) massive shape. ~ **de nuages** bank of clouds; ~ **monétaire** amount of money in circulation; **taillé dans la** ~ carved from the block; **tomber comme une** ~ to fall in a heap. **(b)** (*foule*) **la** ~, **les** ~**s** the masses; **la** ~ **des lecteurs** the majority of readers; **manifestation de** ~ mass demonstration; **une** ~ **de***, **des** ~**s de*** objets masses of, loads of*; *touristes* crowds of; **il n'y en a pas des** ~**s*** [*objets*] there aren't very many; [*argent*] there isn't very much. **(c)** (*Elec*) earth, ground (*US*). **faire** ~ to act as an earth. **(d)** (*maillet*) sledgehammer; [*huissier*] mace. ~ **d'armes** mace. **(e)** **exécutions en** ~ mass executions; **fabriquer en** ~ to mass-produce; **venir en** ~ to come in a body *ou* en masse.

massepain [maspɛ̃] *nm* marzipan.

masser[1] *vt, se* ~ *vpr* [mase] (1) to mass.

masser[2] [mase] (1) *vt personne* to massage. **se faire** ~ to have a massage. ♦ **massage** *nm* massage. ♦ **masseur, -euse** *nm,f* masseur, masseuse. ~ **kinésithérapeute** physiotherapist.

massif, -ive [masif, iv] **1** *adj* **(a)** *meuble, bâtiment* massive, solid; *personne* sturdily built. **(b)** (*pur*) or/chêne ~ solid gold/oak. **(c)** *dose* massive, heavy. **départs** ~**s** mass exodus (*sg*). **2** *nm* (*Géog*) massif; [*fleurs, arbres*] clump. ♦ **massivement** *adv répondre* en masse; *injecter* in massive doses.

mass(-)media [masmedja] *nmpl* mass media.

massue [masy] *nf* club, bludgeon.

mastiquer [mastike] (1) *vt* **(a)** (*Bio*) to chew, masticate. **(b)** *vitre* to putty; *fissure* to fill. ♦ **mastic 1** *nm* [*vitrier*] putty; [*menuisier*] filler, mastic. **2** *adj* putty-coloured, off-white.

mastodonte [mastɔdɔ̃t] *nm* (*Zool*) mastodon. (*fig hum*) great hulk.

masure [mazyʀ] *nf* hovel.

mat[1] [mat] (*Échecs*) **1** *adj inv*: **être** ~ to be checkmate; **faire** ~ to checkmate. **2** *nm* checkmate.

mat[2], **e** [mat] *adj métal, couleur* mat(t), dull; *peinture, teint* mat(t). **bruit** ~ dull noise, thud.

mât [mɑ] *nm* (*Naut*) mast; (*pylône*) pole, post; (*hampe*) flagpole; (*Sport*) climbing pole. ~ **d'artimon** mizzenmast; ~ **de charge** derrick; ~ **de cocagne** greasy pole; ~ **de misaine** foremast.

match [matʃ] *nm* (*Sport*) match, game (*US*). ~ **aller/retour** first/second leg; ~ **nul** draw; **faire** ~ **nul** to draw.

matelas [matla] *nm* mattress. ~ **pneumatique** air mattress *ou* bed, Lilo ®. ♦ **matelasser** (1) *vt meuble* to pad; *tissu* to quilt. ♦ **matelassier, -ière** *nm,f* mattress maker.

matelot [matlo] *nm* sailor, seaman.

mater [mate] (1) *vt* **(a)** *rebelles, enfant* to subdue; *révolution* to put down, quell; *incendie* to bring under control. **(b)** (*Échecs*) to checkmate. **(c)** (*marteler*) to burr.

matérialiser [mateʀjalize] (1) **1** *vt* (*concrétiser*) to make materialize; (*symboliser*) to embody. **2 se** ~ *vpr* to materialize. ♦ **matérialisation** *nf* materialization.

matérialisme [mateʀjalism(ə)] *nm* materialism. ♦ **matérialiste 1** *adj* materialistic. **2** *nmf* materialist.

matériau [mateʀjo] *nm inv* (*Constr*) material. ♦ **matériaux** *nmpl* (*Constr*) materials; (*documents*) material.

matériel, -elle [mateʀjɛl] **1** *adj* (*gén*) material; (*financier*) financial; (*pratique*) organisation practical. **je n'ai pas le temps** ~ **de le faire** I simply have not the time to do it. **2** *nm* (*équipement*) equipment, materials; (*attirail*) gear; (*fig: corpus*) material. ~ **de bureau** (*meubles*) office equipment; (*fournitures*) office materials; ~

d'exploitation plant; ~ roulant rolling stock.
♦ matériellement adv materially; financially;
practically.
maternel, -elle [matɛrnɛl] adj (a) (gén)
maternal; geste, amour motherly. il avait gardé
les habitudes ~les he had retained his mother's
habits. (b) (école) ~le (state) nursery school.
♦ maternellement adv maternally, like a mother.
♦ maternité nf (a) (bâtiment) maternity hospital. (b) (accouchement) pregnancy. (c) (état
de mère) motherhood, maternity.
mathématique [matematik] 1 adj mathematical.
2 nfpl: les ~s mathematics. ♦ math(s)* nfpl
maths*, math* (US). ♦ mathématicien, -ienne
nm,f mathematician. ♦ mathématiquement adv
mathematically. ♦ matheux, -euse* nm,f (Scol)
maths specialist; (hum) maths expert.
matière [matjɛr] 1 nf (produit) material, substance; (sujet, Scol) subject. la ~ matter; fournir
la ~ d'un discours to provide the material ou subject matter for a speech; ignorant en la ~
ignorant on the matter ou subject; en ~ poétique
as far as poetry is concerned, as regards poetry;
donner ~ à plaisanter to give cause for laughter;
il n'y a pas là ~ à se réjouir this is no matter for
rejoicing. 2: ~(s) grasse(s) fat content, fat; ~s
fécales faeces; (lit, fig) ~ grise grey matter; ~
plastique plastic; ~ première raw material.
matin [matɛ̃] nm morning. le 10 au ~ on the
morning of the 10th; 2h du ~ 2 a.m., 2 in the
morning; du ~ au soir from morning till night; de
bon ~ early in the morning. ♦ matinal, e, mpl
-aux adj tâches morning; heure early. être ~ to
be an early riser, get up early. ♦ matinée nf (a)
(matin) morning. en fin de ~ at the end of the
morning. (b) (Ciné, Théât) matinée, afternoon
performance. ~ dansante afternoon dance.
matois, e [matwa, waz] adj wily, sly, crafty.
matou [matu] nm tomcat.
matraque [matrak] nf [police] truncheon, billy
(US); [malfaiteur] cosh. ♦ matraquer (1) vt (a)
[police] to beat up; [malfaiteur] to cosh. (*fig) ~ le
client to soak‡ ou overcharge customers. (b)
(Rad) publicité to plug; public to bombard (de
with). ♦ matraquage nm beating up; plugging;
bombarding.
matrice [matris] nf (utérus) womb; (Tech) mould,
die; (Typ, Ling, Math) matrix.
matricule [matrikyl] nm (Mil) regimental
number; (Admin) reference number.
matrimonial, e, mpl -aux [matrimɔnjal, o] adj
matrimonial.
matrone [matron] nf matronly woman.
mâture [matyr] nf masts. dans la ~ aloft.
maturité [matyrite] nf maturity. venir à ~ to
come to maturity; manquer de ~ to be immature.
maudire [modir] (2) vt to curse. ♦ maudit, e 1 adj
(a) (*: sacré) blasted*, confounded*. (b) (littér)
poète ~ accursed poet; ~e soit la guerre! cursed
be the war! 2 nm,f damned soul. les ~s the
damned. 3 nm: le M~ the Devil.
maugréer [mogree] (1) vi to grouse, grumble
(contre about, at).
mausolée [mozole] nm mausoleum.
maussade [mosad] adj (gén) gloomy, sullen.
mauvais, e [movɛ, ɛz] 1 adj (a) (en qualité) (gén)
bad; appareil faulty; santé, film, élève poor. ~e
excuse poor ou lame excuse; (Élec) ~ contact
faulty contact; ~ en géographie bad ou weak at
geography. (b) (erroné) wrong; (qui ne convient
pas) awkward. le ~ numéro the wrong number; il
a choisi un ~ moment he picked an awkward ou a
bad time; c'est un ~ calcul de sa part he's badly
misjudged it; il ne serait pas ~ de se renseigner it
wouldn't be a bad idea if we found out more about
this. (c) (nuisible) (gén) bad; blessure nasty;
temps, goût, odeur unpleasant; sourire, joie, personne malicious, spiteful. (Scol) ~e note bad

mark; la mer est ~e the sea is rough; être en ~e
posture to be in a tricky ou nasty position; la
soupe a un ~ goût the soup tastes nasty; il a passé
un ~ quart d'heure he had a nasty time of it; ce
n'est pas un ~ garçon he's not a bad boy; aujour-
d'hui il fait ~ today the weather is bad; prendre
qch en ~e part to take sth in bad part, take sth
amiss; se faire du ~ sang to worry, get in a state.
2 nm: enlève le ~ et mange le reste cut out the
bad part and eat the rest; (personnes) les ~ the
wicked.
3: ~ coucheur awkward customer; recevoir un
~ coup to get a nasty blow; faire un ~ coup to
commit a crime; ~ esprit troublemaker; ~
garçon tough; c'est de la ~e graine he's (ou she's)
a bad lot; ~e herbe weed; ~e langue gossip,
scandalmonger; ~ lieu place of ill repute; le ~
œil the evil eye; ~ pas tight spot; ~e passe difficult situation; ~ plaisant hoaxer; faire la ~e
tête to sulk; ~ traitement ill treatment; faire
subir de ~ traitements à to ill-treat.
mauve [mov] 1 adj, nm (couleur) mauve. 2 nf
(Bot) mallow.
mauviette [movjɛt] nf (péj) weakling.
maxi ... [maksi] préf: maxi ... .
maxillaire [maksilɛr] 1 adj maxillary. 2 nm
jawbone.
maxime [maksim] nf maxim.
maximum [maksimɔm], f ~ ou maxima [mak-
sima], pl ~s ou maxima adj, nm maximum. la
température ~ the maximum ou highest
temperature; au (grand) ~ at the (very) maximum, at the (very) most; il faut rester au ou le ~ à
l'ombre one must stay as much as possible in the
shade. ♦ maximal, e, mpl -aux adj maximal.
mayonnaise [majɔnɛz] nf mayonnaise.
mazout [mazut] nm (fuel) oil. poêle à ~ oil-fired
stove.
me, m' [m(ə)] pron pers me; (réfléchi) myself. il
m'en a parlé he spoke to me about it; je ne ~ vois
pas dans ce rôle-là I can't see myself in that part.
méandre [meɑ̃dr(ə)] nm (Art, Géog) meander;
(fig) twists and turns.
mec‡ [mɛk] nm guy.
mécanique [mekanik] 1 adj (gén) mechanical;
jouet clockwork. les industries ~s mechanical
engineering industries; (Aut, Aviat) avoir des
ennuis ~s to have engine trouble. 2 nf (gén)
mechanics (sg); (science) (mechanical)
engineering; (mécanisme) mechanism.
♦ mécanicien, -ienne nm,f (Aut) (garage ou
motor) mechanic; (Naut) engineer; (Rail) engine
driver, engineer (US). ♦ mécaniquement adv
mechanically. ♦ mécanisation nf mechanization.
♦ mécaniser (1) vt to mechanize. ♦ mécanisme
nm mechanism. ♦ mécanographie nf (procédé)
(mechanical) data processing; (service) comptometer department.
méchant, e [meʃɑ̃, ɑ̃t] 1 adj (a) nasty, wicked;
(sens affaibli) enfant naughty. ce n'est pas un ~
homme he's not such a bad fellow; ce n'est pas
bien ~* [blessure] it's not too serious; [examen]
it's not too difficult ou stiff*. (b) (insignifiant) un
~ morceau de fromage one miserable bit of
cheese; que de bruit pour une ~e clef perdue
what a fuss over one wretched lost key. (c) (‡:
sensationnel) il a une ~e moto he's got a fantastic* ou terrific* bike; une ~e cicatrice a hell of
a scar‡. 2 nm,f (enfant) naughty child; (personne)
wicked person. les ~s (dans un western) the baddies*, the bad guys* (US); faire le ~* to be difficult, be nasty. ♦ méchamment adv (cruellement) nastily, wickedly; (‡: très) bon fantastically*, terrifically*; abîmé badly. ♦ méchanceté
nf (a) nastiness, wickedness; naughtiness. par ~
out of spite. (b) (action, parole) nasty ou wicked
action ou remark. dire des ~s à qn to say spiteful
things to sb.

mèche [mɛʃ] *nf [lampe]* wick; *[bombe]* fuse; *[cheveux]* lock of hair; *[chignole]* bit. ~ **postiche** hairpiece; **être de** ~ **avec qn*** to be hand in glove with sb*, be in league with sb.

mécompte [mekɔ̃t] *nm* disappointment.

méconnaître [mekɔnɛtʀ(ə)] (57) *vt faits* to be unaware of, not to know; *gravité d'un problème* to misjudge; *mérites*, *personne* to underrate, underestimate; *devoirs* to ignore. ♦ **méconnaissable** *adj* unrecognizable; *(presque)* hardly recognizable. ♦ **méconnaissance** *nf (ignorance)* lack of knowledge *(de* about), ignorance *(de* of). ♦ **méconnu, e** *adj (gén)* unrecognized; *inventeur* misunderstood.

mécontentement [mekɔ̃tɑ̃tmɑ̃] *nm (Pol)* discontent; *(déplaisir)* dissatisfaction, displeasure; *(irritation)* annoyance. ♦ **mécontent, e 1** *adj* displeased, dissatisfied; annoyed *(de* with). **2** *nm,f* grumbler; *(Pol)* malcontent. ♦ **mécontenter** (1) *vt* to dissatisfy, displease; to annoy.

médaille [medaj] *nf* **(a)** *(décoration)* medal. **(b)** *(insigne) [employé]* badge; *[chien]* name tag; *[volaille]* guarantee tag. ♦ **médaillé, e** *nm,f* medalholder. ♦ **médailler** (1) *vt* to award a medal to. ♦ **médaillon** *nm (Art, Culin)* medallion; *(bijou)* locket.

médecin [mɛdsɛ̃] *nm* doctor. ~ **d'hôpital** ≃ consultant; ~ **légiste** forensic surgeon; ~ **généraliste** general practitioner, G.P.; ~ **militaire** army medical officer. ♦ **médecine** *nf* medicine. ~ **générale** general medicine; ~ **du travail** occupational *ou* industrial medicine.

médiation [medjasjɔ̃] *nf (gén, Pol)* mediation; *(Ind)* arbitration. ♦ **médiateur, -trice 1** *nm,f* mediator; arbitrator. **2** *nf (Géom)* median.

médical, e, mpl -aux [medikal, o] *adj* medical. ♦ **médicalement** *adv* medically. ♦ **médicament** *nm* medicine, drug. ♦ **médicinal, e, mpl -aux** *adj* medicinal.

médiéval, e, mpl -aux [medjeval, o] *adj* medieval.

médiocre [medjɔkʀ(ə)] *adj (gén)* mediocre; *qualité, salaire* poor; *personne, emploi* secondrate. **il a montré un intérêt** ~ **pour ce projet** he showed little interest in the project. ♦ **médiocrement** *adv intelligent* not particularly; *satisfait* barely; *travailler* indifferently. **gagner** ~ **sa vie** to earn a poor living. ♦ **médiocrité** *nf* mediocrity; poorness. **cet homme est une** ~ this man is a complete mediocrity *ou* second-rater.

médire [mediʀ] (37) *vi:* ~ **de qn** to speak ill of sb; *(à tort)* to malign *ou* slander sb. ♦ **médisance** *nf (propos)* piece of scandal. **la** ~ scandalmongering; **dire des** ~**s** to spread scandal *ou* malicious gossip. ♦ **médisant, e 1** *adj paroles* slanderous. **être** ~ to spread scandal. **2** *nm,f* scandalmonger, slanderer.

méditer [medite] (1) **1** *vt pensée* to meditate on, ponder (over); *projet* to meditate. ~ **de faire qch** to contemplate doing sth, plan to do sth. **2** *vi* to meditate. ~ **sur qch** to ponder over sth. ♦ **méditatif, -ive** *adj* meditative, thoughtful. ♦ **méditation** *nf* meditation. **après de longues** ~**s** after much *ou* deep thought, after lengthy meditation.

Méditerranée [meditɛʀane] *nf:* **la (mer)** ~ the Mediterranean (Sea). ♦ **méditerranéen, -enne** *adj* Mediterranean.

méduse [medyz] *nf* jellyfish. *(Myth)* M~ Medusa.

méduser [medyze] (1) *vt (gén pass)* to dumbfound.

meeting [mitiŋ] *nm (Pol, Sport)* meeting. ~ **d'aviation** air show.

méfait [mefɛ] *nm* misdemeanour; *(hum)* misdeed. **les** ~**s de** *temps, épidémie, alcoolisme* the ravages of.

méfiance [mefjɑ̃s] *nf* distrust, mistrust, suspicion. **éveiller la** ~ **de qn** to arouse sb's suspicion(s); **venir sans** ~ to come unsuspectingly. ♦ **méfiant, e** *adj* distrustful, mistrustful, suspicious. ♦ **méfier (se)** (7) *vpr:* **se** ~ **de** *personne, conseil* to distrust, mistrust; *ses impulsions* to be wary of; **méfiez-vous de lui** don't trust him; **il faut vous** ~ you must be careful; **méfie-toi de cette marche** mind *ou* watch the step.

méga [mega] **1** *préf* mega ... . ~**tonne** megaton. **2** *adj inv (†)* enormous. ~ **dissertation** hell of a long essay†.

mégalomanie [megalɔmani] *nf* megalomania. ♦ **mégalomane** *adj, nmf* megalomaniac.

mégarde [megaʀd(ə)] *nf:* **par** ~ *(accidentellement)* accidentally, by accident; *(par erreur)* by mistake, inadvertently.

mégère [meʒɛʀ] *nf (péj: femme)* shrew.

mégot* [mego] *nm* cigarette butt *ou* end.

meilleur, e [mejœʀ] **1** *adj* better *(que* than). **le** ~ **des deux** the better of the two; **le** ~ **de tous** the best of the lot; **ce gâteau est** ~ **avec du rhum** this cake tastes *ou* is better with rum; ~ **marché** cheaper; **le** ~ **marché** the cheapest; ~**s vœux** best wishes; **il n'y a rien de** ~ there's nothing better, there's nothing to beat it. **2** *adv sentir* better, nicer. **3** *nm,f:* **le** ~, **la** ~**e** the best one; **les** ~**s** the best (people). **4** *nm:* **le** ~ the best; **pour le** ~ **et pour le pire** for better or for worse; **donner le** ~ **de soi-même** to give of one's best; **le** ~ **de son temps** the best part of one's time; **prendre le** ~ **sur qn** to get the better of sb.

mélancolie [melɑ̃kɔli] *nf* melancholy. ♦ **mélancolique** *adj* melancholy. ♦ **mélancoliquement** *adv* melancholically.

mélanger [melɑ̃ʒe] (3) **1** *vt (gén)* to mix; *couleurs, vins, tabacs* to blend; *dates, documents* to mix up, muddle up. **public très mélangé** very varied *ou* mixed public. **2 se** ~ *vpr* to mix; to blend. **tout se mélange dans ma tête** I'm getting all mixed up. ♦ **mélange** *nm* **(a)** *(opération)* mixing; blending. **(b)** *(résultat)* mixture; blend. ~ **détonant** explosive mixture; **joie sans** ~ unalloyed joy; *(Littérat)* ~**s** miscellanies.

mélasse [melɑs] *nf (Culin)* treacle, molasses *(US)*; *(boue)* muck. **être dans la** ~* *(ennuis)* to be in the soup*; *(misère)* to be on one's beam ends*.

mêler [mele] (1) **1** *vt (unir)* to mingle; *races* to mix; *(Vét)* to cross; *(Culin)* to mix, blend; *traits de caractère* to combine. ~ **la douceur à la fermeté** to combine gentleness with firmness. **(b)** *papiers* to muddle up, mix up; *(battre) cartes* to shuffle. **la réalité et le rêve** to confuse reality and dream. **(c)** ~ **qn à** *affaire* to involve sb in, get sb mixed up in; *conversation* to bring *ou* draw sb into. **2 se** ~ *vpr* **(a)** to mix; to mingle; to combine. **(b) se** ~ à *querelle* to get involved in; *conversation* to join in; *groupe* to join, mix with; *[cris, sentiments]* to mingle with. **(c) se** ~ **de qch** to meddle with sth; **mêle-toi de tes affaires!** mind your own business!; **se** ~ **de faire qch** to take it upon o.s. to do sth. ♦ **mêlé, e 1** *adj sentiments* mixed, mingled; *monde* mixed. **2** *nf (bataille)* mélée; *(Rugby)* scrum. ~**e générale** free-for-all; **rester audessus de la** ~**e** to keep clear of the fray.

mélèze [melɛz] *nm* larch.

méli-mélo* [melimelo] *nm [situation]* muddle; *[objets]* jumble.

mélodie [melɔdi] *nf (gén)* tune. *(genre)* **les** ~**s de Debussy** Debussy's melodies. ♦ **mélodieusement** *adv* melodiously, tunefully. ♦ **mélodieux, -euse** *adj* melodious, tuneful. ♦ **mélodique** *adj* melodic.

mélodrame [melɔdʀam] *nm (Littérat, péj)* melodrama. ♦ **mélodramatique** *adj* melodramatic.

mélomane [melɔman] *adj, nmf:* **être** ~ to be a music lover.

melon [m(ə)lɔ̃] *nm (Bot)* melon. **(chapeau)** ~ bowler hat.

membrane [mɑ̃bʀan] *nf* membrane.

membre [mɑ̃bʀ(ə)] *nm* (a) (*Anat*) limb. (b) (*personne*) member. **être ~ de** to be a member of; **ce club a 300 ~s** this club has a membership of 300; **pays ~** member country. (c) (*Math, Ling*) member.

même [mɛm] 1 *adj* (a) (*identique*) same. **ils ont la ~ taille, ils sont de ~ taille** they are the same size; **ils ont la ~ voiture que nous** they have the same car as we have *ou* as us; **c'est toujours la ~ chose!** it's always the same (old story)!; **arriver en ~ temps (que)** to arrive at the same time (as). (b) (*réel*) very. **ce sont ses paroles ~s** those are his very *ou* actual words; **il est la générosité ~** he is generosity itself *ou* the soul of generosity. (c) **moi-~** myself; **toi-~** yourself; **lui-~** himself; **elle-~** herself; **nous-~s** ourselves; **vous-~** yourself; **vous-~s** yourselves; **eux-** *ou* **elles-~s** themselves; **on est soi-~ conscient de ses propres erreurs** one is aware (oneself) of one's own mistakes; **au plus profond d'eux-~s** in their heart of hearts; **elle fait ses robes elle-~** she makes her own dresses, she makes her dresses herself; **elle se disait en elle-~ que ...** she thought to herself that ...; **faire qch de soi-~** to do sth on one's own initiative; **faire qch (par) soi-~** to do sth (by) oneself.

2 *pron indéf*: **le** *ou* **la ~** the same one; (*fig*) **ce sont toujours les ~s** it's always the same ones.

3 *adv* (a) even. **il n'a ~ pas de quoi écrire** he hasn't even got anything to write with; **personne ne sait, ~ pas lui** nobody knows, not even him; **~ si** even if, even though. (b) (*précisément*) **ici ~** in this very place; **c'est celui-là ~ qui** he's the very one who; **c'est cela ~** that's just *ou* exactly it. (c) **boire à ~ la bouteille** to drink straight from the bottle; **coucher à ~ le sol** to lie on the bare ground; **à ~ la peau** next to the skin; **être à ~ de faire** to be able *ou* in a position to do; **il fera de ~** he'll do the same *ou* likewise; **vous le détestez? moi de ~** you hate him? so do I *ou* I do too; **de ~ qu'il nous a dit que ...** just as he told us that ...; **il en est de ~ pour moi** it's the same for me, same here*; **quand ~, tout de ~** all the same, even so.

mémé* [meme] *nf*, **mémère*** [memɛʀ] *nf* granny*.

mémoire[1] [memwaʀ] *nf*(*gén*) memory. **de ~** from memory; **pour ~** as a matter of interest; **avoir la ~ des noms** to have a good memory for names; **si j'ai bonne ~** if I remember rightly, if my memory serves me right; **avoir la ~ courte** to have a short memory; **j'ai gardé la ~ de cette conversation** I remember this conversation; **ça me revient en ~** it comes back to me; **il me l'a remis en ~** he reminded me of it; **de glorieuse ~** of blessed memory; **à la ~ de** in memory of, to the memory of.

mémoire[2] [memwaʀ] *nm* (*requête*) memorandum; (*rapport*) report; (*exposé*) paper; (*facture*) bill. (*souvenirs*) **~s** memoirs.

mémorable [memɔʀabl(ə)] *adj* memorable.

mémorandum [memɔʀɑ̃dɔm] *nm* memorandum.

mémorial, *pl* **-aux** [memɔʀjal, o] *nm* (*Archit*) memorial.

mémoriser [memɔʀize] (1) *vt* to memorize.

menace [mənas] *nf* threat. **paroles de ~** threatening words; **sous la ~** under threat; **~ d'épidémie** impending epidemic, threat of an epidemic. ♦ **menaçant, e** *adj* threatening, menacing. ♦ **menacer** (3) *vt* to threaten. **~ qn de mort/d'un revolver** to threaten sb with death/with a gun; **la pluie menace** it looks like rain; **chaise qui menace de se casser** chair which is about to break *ou* which looks like breaking; **ça menace de durer** it threatens *ou* looks set to last some time.

ménage [menaʒ] *nm* (a) (*entretien*) housework. **tenir son ~** to look after one's house; **faire le ~** to do the housework; **faire des ~s** to go out charring. (b) (*couple*) couple. **être heureux en ~** to

have a happy married life; **se mettre en ~ avec qn** to set up house with sb; **scènes de ~** domestic rows; **faire bon/mauvais ~ avec qn** to get on well/badly with sb.

ménager[1], **-ère** [menaʒe, ɛʀ] 1 *adj* (a) *ustensiles* household, domestic. **travaux ~s** housework. (b) (*économe*) **~ de** sparing of. 2 *nf* (*femme*) housewife; (*couverts*) canteen of cutlery.

ménager[2] [menaʒe] (3) *vt* (a) *adversaire* to handle carefully; *susceptibilité* to spare; *temps, argent* to use carefully *ou* sparingly; *forces* to conserve; *santé* to take care of; *paroles* to moderate, tone down. **il faut vous ~** you should take things easy; **il n'a pas ménagé ses efforts** he spared no effort; **elle est très sensible, il faut la ~** she is very sensitive, you must treat her gently; **~ les deux partis** to humour both parties; **~ la chèvre et le chou** to keep both parties sweet*. (b) *rencontre* to arrange, organize; *transition* to bring about. **~ l'avenir** to prepare for the future; **il nous ménage une surprise** he has a surprise in store for us. (c) *porte* to put in; *chemin* to cut. **~ une place pour** to make room for; **se ~ une porte de sortie** to leave o.s. a way out. ♦ **ménagement** *nm* care. **traiter avec ~** *interlocuteur* to treat considerately; *malade* to treat gently; **traiter sans ~** to handle roughly; **elle a besoin de ~** she needs care and attention; (*égards*) **~s** (respectful) consideration *ou* attention.

ménagerie [menaʒʀi] *nf* (*lit, fig*) menagerie.

mendier [mɑ̃dje] (7) 1 *vt* to beg (for). **~ qch à qn** to beg sb for sth, beg sth from sb. 2 *vi* to beg (for alms). ♦ **mendiant, e** *nm,f* beggar. ♦ **mendicité** *nf* begging.

mener [məne] (5) *vt* (a) (*conduire*) (*gén*) to lead; (*vers un lieu*) to take; (*en voiture*) to drive (*à* to, *dans* into). **~ un enfant à l'école** to take a child to school; **mène ton ami à sa chambre** show *ou* take your friend to his room; **chemin qui mène à la mer** path (leading) to the sea; **où tout cela va-t-il nous ~?** where's all this going to get *ou* lead us?; **ces études mènent au journalisme** this training prepares one for journalism; **de telles infractions pourraient le ~ loin** offences such as these could get him into trouble; **~ qn à faire** to lead sb to do.

(b) (*diriger*) (*gén*) to lead; *pays, entreprise* to run; *enquête* to carry out, conduct. **~ les choses rondement** to manage things efficiently; **~ qch à bien** to carry sth through to a successful conclusion; **~ qn par le bout du nez** to lead sb by the nose; **~ qn à la baguette** to rule sb with an iron hand; **l'argent mène le monde** money rules the world; **~ les débats** to chair the discussion.

(c) (*Sport*) to lead. **la France mène (l'Écosse par 2 buts à 1)** France is in the lead (by 2 goals to 1 against Scotland), France is leading (Scotland by 2 goals to 1).

(d) **~ la vie dure à qn** to rule sb with an iron hand; **~ qn en bateau*** to take sb for a ride*; **il n'en menait pas large** his heart was in his boots; **~ grand bruit autour d'une affaire** to give an affair a lot of publicity.

♦ **menées** *nfpl* intrigues, machinations. ♦ **subversives** subversive activities. ♦ **meneur, -euse** *nm,f*(*chef*) ringleader; (*agitateur*) agitator. **~ d'hommes** born leader; **~ de jeu** (*spectacle*) compère; (*jeu*) quiz-master.

ménestrel [menɛstʀɛl] *nm* minstrel.

menhir [menir] *nm* menhir, standing stone.

méninge [menɛ̃ʒ] *nf*(*Méd*) meninx. **~s** meninges; **se creuser les ~s** to rack one's brains. ♦ **méningite** *nf* meningitis.

ménopause [menɔpoz] *nf* menopause.

menotte [mənɔt] *nf* (a) **~s** handcuffs; **mettre les ~s à qn** to handcuff sb. (b) (*: main*) hand, handy*.

mensonge [mɑ̃sɔ̃ʒ] *nm* lie, fib*, untruth. (*acte*) **le**

~ lying, untruthfulness. ♦ **mensonger, -ère** *adj* untrue, false.

menstruation [mɑ̃stryasjɔ̃] *nf* menstruation.

mensuel, -elle [mɑ̃sɥɛl] **1** *adj* monthly. **2** *nm,f* employee paid by the month. **3** *nm* (*Presse*) monthly (magazine). ♦ **mensualiser** (1) *vt* to pay on a monthly basis. ♦ **mensualité** *nf* (*traite*) monthly payment; (*salaire*) monthly salary. ♦ **mensuellement** *adv* monthly, every month.

mensuration [mɑ̃syrasjɔ̃] *nf* (*calcul*) mensuration. (*mesures*) ~s measurements.

mental, e, *mpl* **-aux** [mɑ̃tal, o] *adj* mental. ♦ **mentalement** *adv* mentally. ♦ **mentalité** *nf* mentality.

menteur, -euse [mɑ̃tœr, øz] **1** *adj proverbe* false; *enfant* untruthful, lying. **il est très** ~ he is a great liar. **2** *nm,f* liar, fibber*.

menthe [mɑ̃t] *nf* (*Bot*) mint; (*boisson*) peppermint cordial. ~ **poivrée** peppermint; ~ **verte** spearmint; **de** ~, **à la** ~ mint.

mention [mɑ̃sjɔ̃] *nf* (a) (*action*) mention. **faire** ~ **de** to mention, make mention of. (b) (*annotation*) note, comment. (*Admin*) **'rayer la** ~ **inutile'** 'delete as appropriate'. (c) (*Scol*) ~ **passable/assez bien/bien/très bien** (*examen*) ≃ grade D/C/B/A pass; (*Univ: licence*) IIIrd class/lower IInd class/upper IInd class/Ist class Honours; **être reçu avec** ~ to pass with distinction. ♦ **mentionner** (1) *vt* to mention.

mentir [mɑ̃tir] (16) *vi* to lie (*à qn* to sb, *sur* about). **sans** ~ quite honestly; **il ment comme il respire** he's a compulsive liar; **faire** ~ **le proverbe** to give the lie to the proverb; ~ **à sa réputation** to belie one's reputation; **se** ~ **à soi-même** to fool o.s.

menton [mɑ̃tɔ̃] *nm* chin.

menu¹ [məny] *nm* (*repas*) meal; (*carte*) menu; (*régime*) diet. ~ (**à prix fixe**) set menu; ~ **du jour** today's menu; ~ **touristique** standard menu; ~ **gastronomique** gourmet's menu.

menu², e [məny] **1** *adj tige* slender; *taille, personne* slim, slight; *herbe* fine; *écriture, pas* small, tiny; *voix* thin; *incidents* minor, trifling. **en** ~s **morceaux** in tiny pieces; **dans les** ~s **détails, par le** ~ in minute detail; (*lit, fig*) ~ **fretin** small fry; ~e **monnaie** small *ou* loose change. **2** *adv* **hacher fine. écrire** ~ to write small.

menuisier [mənɥizje] *nm* [*meubles*] joiner; [*bâtiment*] carpenter. ♦ ~ **d'art** cabinetmaker. ♦ **menuiserie** *nf* (a) (*métier*) joinery; carpentry. ~ **d'art** cabinet work. (b) (*atelier*) joiner's workshop. (c) (*ouvrage*) piece of woodwork *ou* joinery.

méprendre (se) [meprɑ̃dr(ə)] (58) *vpr* (*littér*) to make a mistake, be mistaken (*sur* about).

mépris [mepri] *nm* contempt, scorn. **avec** ~ contemptuously, scornfully; **avoir le** ~ **des convenances** to have no regard for conventions; **au** ~ **du danger** regardless *ou* in defiance of danger. ♦ **mépriser** (1) *vt* (*gén*) to scorn, despise; *personne* to look down on; *conseil* to spurn. ♦ **méprisable** *adj* contemptible, despicable. ♦ **méprisant, e** *adj* contemptuous, scornful.

méprise [mepriz] *nf* (*erreur*) mistake, error; (*malentendu*) misunderstanding.

mer [mɛr] *nf* (a) sea. ~ **fermée** inland sea; ~ **de sable** sea of sand; ~ **d'huile** glassy sea; **vent de** ~ sea breeze; **gens de** ~ sailors. (b) (*marée*) tide. **la** ~ **est haute/basse** the tide is high *ou* in/low *ou* out; **c'est la haute/basse** ~ it is high/low tide. (c) (*fig*) **en mer, en haute** *ou* **pleine** ~ on the open sea; **prendre la** ~ to put out to sea; **mettre (une embarcation) à la** ~ to bring *ou* get out a boat; (*fig*) **ce n'est pas la** ~ **à boire!** it's not asking the impossible!

mercenaire [mɛrsənɛr] *adj, nm* mercenary.

mercerie [mɛrsəri] *nf* (*boutique*) haberdasher's shop, notions store (*US*); (*articles*) haberdashery, notions (*US*). ♦ **mercier, -ière** *nm,f* haberdasher.

merci [mɛrsi] **1** *excl* thank you (*de, pour* for); (*pour refuser*) no, thank you. ~ **bien** *ou* **beaucoup** thank you very much, many thanks; ~ **d'avoir répondu** thank you for replying; **dire** ~ **à qn** to thank sb, say thank you to sb. **2** *nm* thank-you. **je n'ai pas eu un** ~ I didn't get a word of thanks; **mille** ~s (very) many thanks. **3** *nf* mercy. **crier** ~ to cry for mercy; **sans** ~ **combat** *etc* merciless, ruthless; **à la** ~ **de** at the mercy of.

mercredi [mɛrkrədi] *nm* Wednesday. ~ **des Cendres** Ash Wednesday; *V* **samedi**.

mercure [mɛrkyr] *nm* mercury. ♦ **mercurochrome** *nm* mercurochrome.

merdes [mɛrd(ə)] **1** *nf* shit‡; (*fig: ennuis*) mess. **2** *excl* hell!‡

mère [mɛr] *nf* (a) mother. ~ **de famille** mother, housewife; **M**~ **Supérieure** Mother Superior; (*péj*) **la** ~ **X°** old Mrs X. (b) **cellule/maison** ~ parent cell/company.

méridien, -enne [meridjɛ̃, ɛn] *adj, nm* meridian.

méridional, e, *mpl* **-aux** [meridjɔnal, o] **1** *adj* southern. **2** *nm(f)*: **M**~(**e**) Southerner.

meringue [mərɛ̃g] *nf* meringue.

mériter [merite] (1) *vt louange, châtiment* to deserve, merit. **il mérite la prison** he deserves to go to gaol; **repos bien mérité** well-earned rest; **ça mérite d'être noté** it is worth noting; **ceci mérite réflexion** (*exiger*) this calls for *ou* requires careful thought; (*valoir*) this deserves careful thinking; **ça lui a mérité le respect de tous** this earned him everyone's respect. ♦ **méritant, e** *adj* deserving. ♦ **mérite** *nm* (*gén*) merit. **il n'y a aucun** ~ **à cela** there's no merit in that, one deserves no credit for that; **de grand** ~ of great worth *ou* merit; **si nombreux que soient ses** ~s however many qualities he may have; **ça a le** ~ **d'être simple** it has the merit of being simple. ♦ **méritoire** *adj* meritorious, commendable.

merlan [mɛrlɑ̃] *nm* whiting.

merle [mɛrl(ə)] *nm* blackbird.

merlu [mɛrly] *nm* hake.

merveille [mɛrvɛj] *nf* marvel, wonder. **à** ~ **fonctionner** perfectly; **se porter à** ~ to be in excellent health; **ça tombe à** ~ this comes just at the right time; **faire** ~ to work wonders; **c'est** ~ **que** it's a wonder *ou* a marvel that; **on en dit** ~ it's praised to the skies. ♦ **merveilleusement** *adv* marvellously, wonderfully. ♦ **merveilleux, -euse** **1** *adj* (*magnifique*) marvellous, wonderful; (*après n: surnaturel*) magic. **2** *nm*: **le** ~ the supernatural.

mes [me] *adj poss V* **mon**.

mésalliance [mezaljɑ̃s] *nf* misalliance.

mésange [mezɑ̃ʒ] *nf* tit(mouse).

mésaventure [mezavɑ̃tyr] *nf* misadventure, misfortune.

Mesdames [medam] *nfpl V* **Madame**.

Mesdemoiselles [medmwazɛl] *nfpl V* **Mademoiselle**.

mésentente [mezɑ̃tɑ̃t] *nf* dissension, disagreement.

mésestimer [mezɛstime] (1) *vt difficulté* to underestimate, underrate; *personne* to have little regard for.

mesquin, e [mɛskɛ̃, in] *adj* (*avare*) mean, stingy; (*vil*) mean, petty. ♦ **mesquinement** *adv* **agir** meanly, stingily; pettily. ♦ **mesquinerie** *nf* meanness, stinginess; pettiness. **une** ~ a mean *ou* petty trick.

mess [mɛs] *nm* (*Mil*) mess.

message [mesaʒ] *nm* message. ~ **publicitaire** advertisement. ♦ **messager, -ère** *nm,f* messenger. ♦ **messageries** *nfpl* freight company.

messe [mɛs] *nf* mass. **aller à la** ~ to go to mass; ~ **basse** low mass; **finissez vos** ~s **basses** stop muttering together.

messie [mesi] *nm* messiah. **le M**~ the Messiah.

Messieurs [mesjø] *nmpl V* **Monsieur**.

mesure [m(ə)zyr] *nf* (a) (*évaluation, dimension*)

measurement. **prendre les ~s** de qch to take the measurements of sth. **(b)** (*étalon, quantité*) measure. **~ de longueur** measure of length; **faire bonne ~** to give good measure; **la bonne ~** the happy medium; **la ~ est comble** that's the limit; **dépasser la ~** to overstep the mark; **boire outre ~** to drink to excess. **(c)** (*fig*) [*forces, sentiments*] measure. **monde à la ~ de l'homme** world on a human scale; **il est à ma ~** [*travail*] it is within my capabilities; [*adversaire*] he's a good match for me; **donner toute sa ~** to show one's worth. **(d)** (*modération*) moderation. **avec ~** in moderation; **il a beaucoup de ~** he's very moderate; **sans ~ orgueil** immoderate, measureless; **se dépenser sans ~** (*se dévouer*) to give one's all. **(e)** (*moyen*) measure, step. **prendre des ~s d'urgence** to take emergency action **ou** measures; **des ~s de rétorsion** reprisals; **j'ai pris mes ~s pour qu'il vienne** I have made arrangements for him to come. **(f)** (*Mus*) (*cadence*) time, tempo; (*division*) bar. **être/ne pas être en ~** to be in/out of time; **jouer quelques ~s** to play a few bars. **(g)** (*Habillement*) **prendre les ~s de qn** to take sb's measurements; **est-ce que ce costume est bien à ma ~?** is this suit my size?, will this suit fit me?; **s'habiller sur ~** to have one's clothes made to measure; **j'ai un patron sur ~** my boss suits me down to the ground. **(h)** (*locutions*) **dans la ~ du possible/de mes moyens** as far as possible/as I am able; **dans la ~ où** inasmuch as, insofar as; **dans une certaine/large ~** to some/to a large extent; **être en ~ de faire qch** to be in a position to do sth; **(au fur et) à ~ que** as; **donne-les moi (au fur et) à ~** hand them to me one by one **ou** as you go along. **♦ mesurable** *adj* measurable.

mesurer [məzyʀe] (1) **1** *vt* **(a)** *chose* to measure; *personne* to take the measurements of, measure (up); (*par calcul*) to calculate. **il me mesura 3 mètres de tissu** he measured me off **ou** out 3 metres of fabric. **(b)** *dégâts, valeur* to assess; *conséquences* to consider, weigh up. **(c)** (*hostilement*) **~ ses forces avec qn** to pit o.s. against sb; **~ qn du regard** to look sb up and down; **se ~ des yeux** to weigh **ou** size each other up. **(d)** (*avoir pour mesure*) to measure. **cette pièce mesure 3 mètres sur 10** this room measures 3 metres by 10; **il mesure 1 mètre 80** it (*ou* he) measures 1 metre 80. **(e)** (*avec parcimonie*) to limit. **le temps nous est mesuré** our time is limited. **(f)** (*avec modération*) **~ ses paroles** to moderate one's language. **(g)** (*proportionner*) to match (*à, sur* to). **2 se ~** *vpr*: **se ~ avec** *personne* to pit o.s. against; *difficulté* to confront, tackle. **♦ mesuré, e** *adj ton, pas* measured; *personne* moderate (*dans* in).

métabolisme [metabɔlism(ə)] *nm* metabolism.

métal, *pl* **-aux** [metal, o] *nm* metal. **♦ métallique** *adj* (*gén, fig*) metallic; *objet* (*en métal*) metal; (*qui ressemble au métal*) metallic. **bruit ~** jangle, clank. **♦ métallisé, e** *adj peinture* metallic. **♦ métallurgie** *nf* (*industrie*) metallurgical industry; (*technique*) metallurgy. **♦ métallurgique** *adj* metallurgic. **♦ métallurgiste** *nm* (*ouvrier*) steel **ou** metal-worker; (*industriel*) metallurgist.

métamorphose [metamɔʀfoz] *nf* metamorphosis. **♦ métamorphoser** (1) **1** *vt* to transform, metamorphose (*en* into). **2 se ~** *vpr* to be metamorphosed **ou** transformed (*en* into).

métaphore [metafɔʀ] *nf* metaphor. **♦ métaphorique** *adj* metaphorical. **♦ métaphoriquement** *adv* metaphorically.

météore [meteɔʀ] *nm* meteor. **♦ météorique** *adj* meteoric. **♦ météorite** *nm ou f* meteorite.

météorologie [meteɔʀɔlɔʒi] *nf* (*Sci*) meteorology; (*services*) Meteorological Office, Met Office[*]. **♦ météo** *nf* (*bulletin*) weather forecast. **♦ météorologique** *adj phénomène, observation* meteorological; *carte, station*

weather. **♦ météorologiste** *nmf ou* **♦ météorologue** *nmf* meteorologist.

métèque [metɛk] *nmf* (*péj*) wog[*] (*péj*), wop[*] (*péj*).

méthane [metan] *nm* methane.

méthode [metɔd] *nf* **(a)** method. **avoir sa ~ pour faire qch** to have one's own way **ou** method for **ou** of doing sth; **il a beaucoup de ~** he's very methodical; **faire qch avec/sans ~** to do sth methodically/unmethodically. **(b)** (*livre*) manual, tutor. **~ de latin** latin primer. **♦ méthodique** *adj* methodical. **♦ méthodiquement** *adv* methodically.

méticuleux, -euse [metikylø, øz] *adj* meticulous. **♦ méticuleusement** *adv* meticulously.

métier [metje] *nm* **(a)** (*gén: travail*) job; (*Admin*) occupation; (*manuel*) trade; (*artisanal*) craft; (*intellectuel*) profession. **les ~s manuels** the manual occupations; **il est plombier de son ~** is a plumber by **ou** to trade; **il est du ~** he is in the trade **ou** profession **ou** business; **il connaît son ~** he knows his job. **(b)** (*expérience*) (acquired) skill **ou** technique, experience. **avoir du ~** to have practical experience; **avoir 2 ans de ~** to have been 2 years in the trade **ou** profession; **homme de ~** expert, professional, specialist. **(c)** **~ à tisser** (weaving) loom.

métis, -isse [metis] **1** *adj personne* half-caste, half-breed; *animal* crossbreed, mongrel; *plante* hybrid. **2** *nm,f* (*personne*) half-caste, half-breed; (*animal, plante*) mongrel. **3** *nm* (*Tex*) fabric made of cotton and linen mixture. **♦ métisser** (1) *vt* to crossbreed, cross.

métonymie [metɔnimi] *nf* metonymy.

mètre [mɛtʀ(ə)] *nm* (*gén*) metre; (*instrument*) (metre) rule. **~ carré/cube** square/cubic metre; **~ pliant** folding rule; **~ à ruban** tape measure, measuring tape; (*Sport*) **un 100 ~s** a 100-metre race. **♦ métrage** *nm* (*Couture*) length, yardage; (*mesure*) measurement. **♦ métrer** (6) *vt* to measure (in metres); [*vérificateur*] to survey. **♦ métreur, -euse** *nm,f:* **~** (*vérificateur*) quantity surveyor. **♦ métrique** *adj* metric.

métro [metʀo] *nm* underground, subway (*US*). **le ~ de Londres** the tube.

métronome [metʀɔnɔm] *nm* metronome.

métropole [metʀɔpɔl] *nf* (*ville*) metropolis; (*état*) home country. **♦ métropolitain, e** *adj* metropolitan.

mets [mɛ] *nm* (*Culin*) dish.

mettable [mɛtabl(ə)] *adj* wearable, decent.

metteur [mɛtœʀ] *nm:* **~ en ondes** producer; **~ en scène** (*Théât*) producer; (*Ciné*) director.

mettre [mɛtʀ(ə)] (56) **1** *vt* **(a)** (*placer*) to put (*dans* in, into, *sur* on). **elle lui mit la main sur l'épaule** she put **ou** laid her hand on his shoulder; **elle met son travail avant sa famille** she puts her work before her family; **je mets Molière parmi les plus grands écrivains** I rank **ou** rate Molière among the greatest writers; **~ qch à plat** to lay sth down flat; **~ qch droit** to put **ou** set sth straight; **ne mets pas d'encre sur la nappe** don't get ink on the tablecloth; **~ un enfant à l'école** to send a child to school; (*combat*) **qu'est-ce qu'ils nous ont mis!*** what a hiding they gave us!*; **~ qch à cuire** to put sth on to cook. **(b)** (*vêtements, lunettes*) to put on. **je ne mets plus mon gilet** I've stopped wearing my cardigan; **mets-lui son chapeau** put his hat on (for him). **(c)** (*consacrer*) **j'ai mis 2 heures à le faire** I took 2 hours to do it, I spent 2 hours on **ou** over it; **~ beaucoup de soin à faire** to take great care in doing; **~ le temps qu'il le temps!** he's taken his time (about it)! **(d)** *radio, chauffage* to put **ou** switch **ou** turn on. **~ le réveil (à 7 heures)** to set the alarm (for 7 o'clock); **~ le verrou** to bolt the door. **(e)** (*installer*) *placards* to put in; *eau* to lay on. **(f)** (*écrire*) **~ en anglais/au pluriel** to put into English/the plural; **~ un mot à qn*** to drop a line to sb*; **mettez bien clairement que** put (down) quite clearly that; **il met qu'il est bien arrivé** he says in his letter *ou* writes that he arrived safely. **(g)** *argent* (*gén*) to put. ~ **de l'argent sur un cheval** to put money on a horse; **je suis prêt à ~ 500 F** I'm willing to give 500 francs; **il faut y ~ le prix** you have to pay for it. **(h)** (*supposer*) **mettons que je me sois trompé** let's say *ou* (just) suppose I've got it wrong.

2 se ~ *vpr* **(a)** *[personne]* to put o.s.; *[objet]* to go. **mets-toi là** (*debout*) (go and) stand there; (*assis*) (go and) sit there; **se ~ dans un fauteuil** to sit down in an armchair; (*fig*) **elle ne savait plus où se ~** she didn't know where to hide herself; **se ~ autour (de)** to gather round; **ces verres se mettent dans le placard** these glasses go in the cupboard; **se ~ une idée dans la tête/de l'encre sur les doigts** to get an idea into one's head/ink on one's fingers. **(b)** *[temps]* **se ~ au froid** to turn cold; **ça se met à la pluie** it looks like rain. **(c)** (*s'habiller*) **se ~ en robe** to put on a dress; **se ~ en bras de chemise** to take off one's jacket; **je n'ai rien à me ~** I've got nothing to wear. **(d) se ~ à rire** to start laughing, start *ou* begin to laugh; **se ~ au travail** to set to work, get down to work; **se ~ à boire** to take to drink; **il s'est bien mis à l'anglais** he's really taken to English. **(e)** (*se grouper*) **ils se sont mis à plusieurs/2 pour pousser la voiture** several of them/the 2 of them joined forces to push the car; **se ~ avec qn** (*faire équipe*) to team up with sb; (*prendre parti*) to side with sb; **se ~ d'un parti** to join a party. **(f) qu'est-ce qu'ils se sont mis!*** (*manger*) they had a real blowout!‡; (*combat*) they didn't half lay into each other!‡

meuble [mœbl(ə)] **1** *nm* (*objet*) piece of furniture. **les ~s** the furniture; (*ameublement*) **le ~** furniture; **~ de rangement** cupboard, storage unit; **être dans ses ~s** to be settled in one's own home. **2** *adj* **(a)** *terre* loose; *roche* soft. **(b)** (*Jur*) *biens* **~s** movables. ♦ **meublé, e 1** *adj* furnished. **non ~** unfurnished. **2** *nm* (*appartement*) furnished flat *ou* rooms. ♦ **meubler** (1) **1** *vt* **pièce** to furnish; *loisirs* to fill (*de* with). **~ la conversation** to keep the conversation going. **2 se ~** *vpr* to buy *ou* get (some) furniture.

meugler [møgle] (1) *vi* to moo. ♦ **meuglement** *nm*: **~(s)** mooing.

meule [møl] *nf* (*à moudre*) millstone; (*à polir*) buff wheel; (*de paille*) stack. **~** (*à aiguiser*) grindstone; (*de gruyère*) round of gruyère; **~ de foin** haystack.

meunier, -ière [mønje, jɛʀ] **1** *adj* (*Tech*) milling. **sole ~ière** sole meunière. **2** *nm* miller. **3** *nf* miller's wife.

meurtre [mœʀtʀ(ə)] *nm* murder. **au ~!** murder! ♦ **meurtrier, -ière 1** *adj* *intention* murderous; *arme, combat* deadly; *épidémie* fatal. **cette route est ~ière** this road is lethal *ou* a deathtrap. **2** *nm* murderer. **3** *nf* **(a)** murderess. **(b)** (*Archit*) loophole.

meurtrir [mœʀtʀiʀ] (2) *vt* to bruise. **être tout meurtri** to be covered in bruises, be black and blue all over. ♦ **meurtrissure** *nf* bruise.

meute [møt] *nf* (*Chasse, fig*) pack.

mévente [mevɑ̃t] *nf* slump in sales.

Mexique [mɛksik] *nm* Mexico. ♦ **mexicain, e** *adj*, **M~(e)** *nm(f)* Mexican. ♦ **Mexico** *n* Mexico City.

mi [mi] *nm* (*Mus*) mi. (*en chantant*) mi.

mi- [mi] *préf* half, mid-. **la mi-janvier** the middle of January, mid-January; **la mi-carême** the third Thursday in Lent; **les yeux mi-clos** with half-closed eyes; **mi-long** *bas* knee-length; *manteau* calf-length; **manche mi-longue** elbow-length sleeve; **mi-pleurant** half-crying; **mi-figue mi-raisin** *sourire, remarque* wry; *accueil* mixed; **à mi-chemin** halfway, midway; **à mi-côte** halfway up *ou* down the hill; **il a de l'eau à mi-cuisses** he is thigh-deep in water, water comes up to his thighs; **à mi-corps/mi-jambes** up (*ou* down) to the

waist/knees; **à mi-vitesse** at half-speed; **à mi-voix** in a low voice; *V* **mi-temps.**

miaou [mjau] *nm* miaow. **faire ~** to miaow.

miauler [mjole] (1) *vi* to mew; (*fortement*) to caterwaul. ♦ **miaulement** *nm*: **~(s)** mewing; caterwauling.

mica [mika] *nm* (*roche*) mica.

miche [miʃ] *nf* round loaf, cob loaf.

micheline [miʃlin] *nf* railcar.

micmac* [mikmak] *nm* (*péj*) (*intrigue*) (little) game*; (*complications*) fuss, carry-on*.

micro [mikʀo] *nm* microphone, mike*.

micro ... [mikʀo] *préf* micro ... . **~film** *etc* microfilm *etc.*

microbe [mikʀɔb] *nm* germ, microbe; (*: *enfant*) tich*; (*péj: nabot*) little runt*. ♦ **microbien, -ienne** *adj* *culture* microbial. **maladie ~ienne** bacterial disease.

microcosme [mikʀɔkɔsm(ə)] *nm* microcosm.

micron [mikʀɔ̃] *nm* micron.

microphone [mikʀɔfɔn] *nm* microphone.

microscope [mikʀɔskɔp] *nm* microscope. **au ~** under a microscope. ♦ **microscopique** *adj* microscopic.

microsillon [mikʀɔsijɔ̃] *nm* (*sillon*) microgroove. (*disque*) **~** long-playing record, L.P.

midi [midi] *nm* **(a)** (*heure*) 12 (o'clock). **~ 10** 10 past 12; **de ~ à 2 heures** from 12 *ou* (12) noon to 2; **à ~** at 12 o'clock, at noon, at midday. **(b)** (*déjeuner*) lunchtime. **à ~** at lunchtime; **qu'est-ce que tu as eu à ~?** what did you have for lunch? **(c)** (*période*) **ça s'est passé en plein ~** it happened right in the middle of the day. **(d)** (*Géog: sud*) south. **le M~** (*de la France*) the South of France, the Midi.

mie [mi] *nf* crumb (of the loaf).

miel [mjɛl] *nm* honey. **bonbon au ~** honey sweet; *[personne]* **être tout ~** to be unctuous *ou* syrupy. ♦ **mielleusement** *adv* (*péj*) unctuously. ♦ **mielleux, -euse** *adj* (*péj*) *personne* unctuous; *paroles* honeyed; *sourire* sugary; *saveur* sickly sweet.

mien, mienne [mjɛ̃, mjɛn] **1** *pron poss*: **le ~, la mienne, les ~s, les miennes** mine, my own. **2** *nm*: **les ~s** my family; *V* **sien. 3** *adj poss*: **un ~ cousin** a cousin of mine.

miette [mjɛt] *nf* *[pain]* crumb; *[conversation]* scrap. **en ~s** *verre* in bits *ou* pieces; *gâteau* in crumbs; *casser* to bits, to smithereens; **les ~s de sa fortune** the remnants of his fortune; **je n'en prendrai qu'une ~** I'll just have a tiny bit; **il n'en a pas laissé une ~** he didn't leave a scrap.

mieux [mjø] (*comp, superl de* **bien**) **1** *adv* **(a)** better. **aller ~** to be better; **elle joue ~ que lui** she plays better than he does; **espérer ~** to hope for better (things). **(b) le ~, la ~, les ~** (the) best; (*de deux*) (the) better; **c'est ici qu'il dort le ~** this is where he sleeps best; **tout va le ~ du monde** everything's going beautifully; **un dîner des ~ réussis** a most *ou* highly successful dinner; **j'ai fait le ~ ou du ~ que j'ai pu** I did my best *ou* the best I could; **elle est la ~ habillée** (*de deux*) she is the better dressed; (*de toutes*) she is the best dressed. **(c) ~ que jamais** better than ever; **~ vaut tard que jamais** better late than never; **~ vaut prévenir que guérir** prevention is better than cure; **il va de ~ en ~** he's getting better and better; **il nous a écrit, ~ il est venu nous voir** he wrote to us, and better still he came to see us; **ils criaient à qui ~ ~** each tried to outdo the other in shouting; **c'est on ne peut ~** it's (just) perfect.

2 *adj inv* **(a)** (*gén*) better; (*plus beau*) better-looking, more att‥ctive. **le ~ serait de** the best thing would be to; **être le ~ du monde** to be in perfect health *ou* excellent form; **c'est à l'ombre qu'elle sera le ~** she'll be best *ou* most comfortable in the shade; **son aînée est la ~** (*de 2*) his elder daughter is the better-looking; (*de toutes*) his eldest daughter is the best-looking. (b) au ~ (gén) at best; **faites pour le ~** do what you think best; **être le ~ du monde avec qn** to be on the best of terms with sb; **tu n'as rien de ~ à faire?** haven't you got anything better to do?; **qui ~ est** even better, better still.

3 *nm* (a) best. **aider qn de son ~** to do one's best to help sb, help sb the best one can. (b) *(progrès)* improvement.

mièvre [mjɛvʀ(ə)] *adj (gén)* vapid; *(sentimental)* mawkish. ♦ **mièvrerie** *nf* vapidity; mawkishness. **~(s)** *(comportement)* childish *ou* silly behaviour; *(propos)* vapid *ou* silly talk.

mignard, e [miɲaʀ, aʀd(ə)] *adj* style mannered.

mignon, -onne [miɲɔ̃, ɔn] **1** *adj* pretty, nice, sweet. **donne-le-moi, tu seras ~ne*** give it to me there's a dear*. **2** *nm,f* (little) darling.

migraine [migʀɛn] *nf* headache; *(Méd)* migraine.

migration [migʀasjɔ̃] *nf (gén)* migration. ♦ **migrateur** *nm* migrant, migratory bird. ♦ **migratoire** *adj* migratory.

mijaurée [miʒɔʀe] *nf* affected woman *ou* girl.

mijoter [miʒɔte] (1) **1** *vt* (a) *(Culin)* (faire) ~ *(lentement)* to simmer; *(avec soin)* to cook lovingly. (b) (*) *tour* to plot, cook up*; *complot* to hatch. **qu'est-ce qu'il peut bien ~?** what's he up to?*; **laisser qn ~ dans son jus** to leave sb to stew*. **2** *vi [plat]* to simmer.

mil [mil] *nm (dans une date)* a *ou* one thousand.

mile [mil] *nm* mile *(1609 mètres)*.

milice [milis] *nf* militia. ♦ **milicien** *nm* militiaman. ♦ **milicienne** *nf* woman serving in the militia.

milieu, pl ~x [miljø] *nm* (a) *(centre)* middle. **la porte du ~** the middle *ou* centre door; **celui du ~** the one in the middle, the middle one; **vers le ~ de l'après-midi** towards the middle of the afternoon, about mid-afternoon; **au ~ de** *(au centre de)* in the middle of; *(parmi)* among, in the midst of; **au beau ~ (de)** right in the middle (of), in the very middle (of); **au ~ de son affolement** in the middle *ou* midst of his panic; **au ~ de la nuit** in the middle of the night, at dead of night; **comment travailler au ~ de ce vacarme?** how can anyone work in *ou* surrounded by this din?; **au ~ de la descente** halfway down; **au ~ de l'hiver** in mid-winter.

(b) *(état intermédiaire)* middle course *ou* way. **il n'y a pas de ~ (entre)** there is no middle course *ou* way (between); **le juste ~** the happy medium, the golden mean; **il est innocent ou coupable, il n'y a pas de ~** he is either innocent or guilty, he can't be both.

(c) *(Bio, Géog)* environment. *(Phys)* ~ **réfringent** refractive medium.

(d) *(entourage)* milieu, environment; *(groupe)* set, circle; *(provenance)* background. **le ~ familial** the family circle; *(Sociol)* the family background, the home environment; **elle est dans son ~ chez nous** she feels (quite) at home with us; **de quel ~ sort-il?** what is her (his social) background?; **~x bien informés** well-informed circles; **~ très fermé** exclusive set; *(Crime)* **le ~, les gens du ~** (people) of the underworld.

militaire [militɛʀ] **1** *adj* military, army. **2** *nm* serviceman. **~ de carrière** regular (soldier). ♦ **militairement** *adv* **saluer** in military fashion. **occupé ~** occupied by the army. ♦ **militarisation** *nf* militarization. ♦ **militariser** (1) *vt* to militarize.

militer [milite] (1) *vi [personne]* to be a militant. *[arguments]* **~ pour/contre** to militate in favour of/against, argue for/against. ♦ **militant, e** *adj, nm,f* militant. ♦ **militantisme** *nm* militancy.

mille¹ [mil] **1** *adj inv* a *ou* one thousand. **~ un** a *ou* one thousand and one; **trois ~** three thousand; **deux ~ neuf cents** two thousand nine hundred; **~ regrets** I'm terribly *ou* extremely sorry; **c'est ~ fois trop grand** it's far too big. **2** *nm inv* (a)

(Comm, Math) a *ou* one thousand. **2 ~ de boulons** 2 thousand bolts. (b) *[cible]* bull's-eye. *(lit, fig)* **mettre dans le ~** to hit the bull's-eye. ♦ **mille-pattes** *nm inv* centipede.

mille² [mil] *nm* (a) **~ (marin)** nautical mile. (b) *(Can)* mile *(1,609 km)*.

millénaire [milenɛʀ] **1** *nm* millennium. **2** *adj (lit)* millennial; *(fig: très vieux)* ancient.

millésime [milezim] *nm (date)* year, date; *[vin]* year, vintage. ♦ **millésimé, e** *adj*: **bordeaux ~** vintage Bordeaux.

millet [mijɛ] *nm (Agr)* millet.

milli ... [mili] *préf* milli ... . **~gramme** *etc* milligram(me) *etc*.

milliard [miljaʀ] *nm* thousand million, milliard, billion *(US)*. **10 ~s de francs** 10 thousand million francs, 10 billion francs *(US)*. ♦ **milliardaire** *nmf* millionaire, billionaire *(US)*. ♦ **milliardième** *adj, nmf* thousand millionth, billionth *(US)*.

millième [miljɛm] *adj, nmf* thousandth.

millier [milje] *nm* thousand. **un ~ de gens** a thousand (or so) people, (about) a thousand people; **il y en a des ~s** there are thousands (of them).

million [miljɔ̃] *nm* million. **2 ~s de francs** 2 million francs; **être riche à ~s** to be a millionaire. ♦ **millionième** *adj, nmf* millionth. ♦ **millionnaire** *nmf* millionaire.

mime [mim] *nm* (a) *(personne)* mimic; *(professionnel)* mime. (b) *(art, pièce)* mime. ♦ **mimer** (1) *vt (Théât)* to mime; *(singer)* to mimic, take off*. ♦ **mimique** *nf (expression)* comical expression, funny face; *(geste)* expressive gesture.

mimosa [mimoza] *nm* mimosa.

minable [minabl(ə)] *adj (décrépit)* shabby-looking, seedy-looking; *(médiocre)* hopeless*, pathetic*; *salaire, vie* miserable, wretched. **c'est un ~** he's a washout*, he's (just) hopeless* *ou* pathetic*.

minauder [minode] (1) *vi* to mince about. ♦ **minauderies** *nfpl* mincing ways.

mince [mɛ̃s] **1** *adj* (a) *(peu épais)* thin; *(svelte)* slim, slender. (b) *profit, preuve, chances* slender; *salaire* meagre, small; *prétexte, connaissances, rôle* slight. **l'intérêt du film est bien ~** the film is decidedly lacking in interest; **ce n'est pas une ~ affaire** it's no easy task; **c'est un peu ~ comme réponse** that's not much of an answer. **2** *adv* **couper** thinly, in thin slices. **3** *excl* (*) **~ (alors)!** drat (it)!* ♦ **minceur** *nf* slenderness. ♦ **mincir** (2) *vi* to get slimmer *ou* thinner.

mine¹ [min] *nf* (a) *(physionomie)* expression, look; *(allure)* appearance. **ne fais pas cette ~-là** stop pulling that face; *(péj)* **faire des ~s** to put on simpering airs; **tu as la ~ de qn qui n'a rien compris** you look as if you haven't understood a single thing; **faire triste ~** to look a sorry sight. (b) *(teint)* **avoir bonne ~** to look well; **il a mauvaise ~** he doesn't look well; **il a meilleure ~** he looks better; **votre poulet a bonne ~** your chicken looks good *ou* inviting; *(iro)* **tu as bonne ~ maintenant!** now you look an utter idiot! (c) **faire ~ de faire** to make a show *ou* pretence of doing; **j'ai fait ~ de lui donner une gifle** I made as if to slap him; **il est venu pour voir ~ de rien*** he came all casual like* to have a look.

mine² [min] *nf (gén, Mil, fig)* mine. *(lit, fig)* **~ d'or** gold mine; **la nationalisation des ~s** the nationalization of the mining industry; **~ de charbon** *(gén)* coalmine; *(puits)* pit, mine; *(entreprise)* colliery; **ingénieur des M~s** (state qualified) mining engineer; **~ de renseignements** mine of information; **~ (de crayon)** lead (of pencil).

miner [mine] (1) *vt falaise, société, énergie* to undermine; *(avec explosifs)* to mine. **miné par le chagrin** worn down by grief; **miné par la jalousie** consumed by jealousy.

minerai [minʀɛ] *nm* ore.

minéral, e, *mpl* **-aux** [mineʀal, o] **1** *adj huile, sel* mineral; (*Chim*) inorganic. **2** *nm* mineral. ♦ **minéralogie** *nf* mineralogy. ♦ **minéralogiste** *nmf* mineralogist.

minéralogique [mineʀalɔʒik] *adj* (*Géol*) mineralogical. (*Aut*) **numéro** ~ registration *ou* licence (*US*) number; **plaque** ~ number plate.

minet, -ette* [minɛ, ɛt] *nm,f* (*chat*) puss*, pussy (-cat).

mineur, e [minœʀ] **1** *adj* (*gén, Jur*) minor. **en do** ~ in C minor; **être** ~ to be under age. **2** *nm,f* (*Jur*) minor. **3** *nm* (a) (*Mus*) minor. **en** ~ in a minor key. (b) (*Ind*) miner; *[houille]* (coal)miner. ~ **de fond** pitface worker; **village de** ~**s** mining village.

mini ... [mini] *préf* mini ... . ~**-budget** mini-budget; ~**-cassette** cassette recorder; **elle s'habille (en)** ~ she wears minis.

miniature [minjatyʀ] **1** *nf* (*gén*) miniature; (*: *nabot*) (little) shrimp*. **en** ~ in miniature. **2** *adj* miniature. ♦ **miniaturisation** *nf* miniaturization. ♦ **miniaturiser** (1) *vt* to miniaturize.

minier, -ière [minje, jɛʀ] *adj* mining.

minimum [minimɔm], *f* ~ *ou* **minima** [minima], *pl* ~**s** *ou* **minima 1** *adj* minimum. **2** *nm* (*gén, Math*) minimum; (*Jur*) minimum sentence. **dans le** ~ **de temps** in the shortest time possible; **un** ~ **de temps** a minimum amount of time; **travailler un** ~ to do a minimum of work; **la production a atteint son** ~ production has sunk to its lowest level (yet) *ou* an all-time low; **il faut rester le** ~ **au soleil** you must stay in the sun as little as possible. ♦ **minimal, e,** *mpl* **-aux** *adj* minimum. ♦ **minime** *adj* dégât, rôle minor; différence minimal; fait trivial; salaire paltry. ♦ **minimiser** (1) *vt* to minimize.

ministère [ministɛʀ] *nm* **(a)** (*département*) ministry, department (*surtout US*). ~ **de l'Intérieur** Ministry of the Interior, ≃ Home Office (*Brit*), Department of the Interior (*US*). **(b)** (*cabinet*) government. ~ **de coalition** coalition government. **(c)** (*Jur*) **le** ~ **public** the Prosecution, the State Prosecutor. **(d)** (*Rel*) ministry. **exercer son** ~ **à la campagne** to have a country parish. **(e)** (*littér: entremise*) agency. ♦ **ministériel, -elle** *adj* (*gén*) ministerial; remaniement cabinet. ♦ **ministre** *nm* **(a)** *[gouvernement]* minister, secretary (*surtout US*). ~ **de l'Intérieur** Minister of the Interior, ≃ Home Secretary (*Brit*), Secretary of the Interior (*US*); ~ **sans portefeuille** minister without portfolio. **(b)** *[ambassade]* envoy. ~ **plénipotentiaire** minister plenipotentiary. **(c)** (*Rel*) ~ **(du culte)** minister (of religion). **(d)** (*littér: représentant*) agent.

minium [minjɔm] *nm* red lead paint.

minois [minwa] *nm* (pretty) little face.

minorer [minɔʀe] (1) *vt* to cut, reduce. ♦ **minoration** *nf* cut, reduction (*de* in).

minorité [minɔʀite] *nf* (*gén*) minority; (*groupe*) minority (group). (*Jur*) **pendant sa** ~ while he is under age, during his minority; **être en** ~ to be in the minority; **le gouvernement a été mis en** ~ the government was defeated (*sur* on). ♦ **minoritaire** *adj* groupe minority. **être** ~ to be a minority *ou* in the minority.

minoterie [minɔtʀi] *nf* (*industrie*) flour-milling (industry); (*usine*) (flour-)mill. ♦ **minotier** *nm* miller.

minou* [minu] *nm* pussy(-cat)*, puss*.

minuit [minɥi] *nm* midnight, twelve (o'clock) (at night).

minuscule [minyskyl] **1** *adj* minute, tiny, minuscule. **2** *nf*: (*lettre*) ~ small letter; (*Typ*) lower case letter. ♦ **minus** *nmf* (*péj*) dimwit*, moron*.

minute [minyt] *nf* **(a)** minute; (*moment*) minute, moment. **une** ~ **d'inattention a suffi** a moment's inattention was enough; ~ **papillon!*** hey, just a minute!; **la** ~ **de vérité** the moment of truth; **steak** ~ minute steak; **talons** ~ heels repaired while you wait, heel-bar; **on me l'a apporté à la** ~ it has just this instant *ou* moment been brought to me; **il faut toujours tout faire à la** ~ you always have to do things there and then. **(b)** (*Jur*) minute, draft. ♦ **minutage** *nm* timing. ♦ **minuter** (1) *vt* (*organiser*) to time (carefully); (*limiter*) to time. **emploi du temps minuté** strict schedule.

minuterie [minytʀi] *nf [lumière]* time switch.

minutie [minysi] *nf* **(a)** [*personne, travail*] meticulousness; [*inspection*] detail. **ça demande beaucoup de** ~ it requires a great deal of precision. **(b)** (*détails: péj*) ~**s** trifling details, minutiae. ♦ **minutieusement** *adv* (*avec soin*) meticulously; (*dans le détail*) in minute detail. ♦ **minutieux, -euse** *adj* personne, soin meticulous; inspection minute. **il s'agit d'un travail** ~ it's a job that demands great care.

mioche [mjɔʃ] *nmf* (*: *gosse*) kid*, nipper*; (*péj*) brat*.

mirabelle [miʀabɛl] *nf* cherry plum.

miracle [miʀakl(ə)] *nm* miracle. **cela tient du** ~ it's a miracle; (*lit, fig*) **faire des** ~**s** to work miracles; **par** ~ miraculously; **le remède** ~ the miracle cure. ♦ **miraculé, e** *adj, nm,f* (*malade*) ~ (person) who has been miraculously cured. ♦ **miraculeusement** *adv* miraculously. ♦ **miraculeux, -euse** *adj* miraculous. **ça n'a rien de** ~ there's nothing so extraordinary about that.

mirador [miʀadɔʀ] *nm* (*Mil*) watchtower.

mirage [miʀaʒ] *nm* (*lit, fig*) mirage.

mire [miʀ] *nf* (*TV*) test card.

mirobolant, e* [miʀɔbɔlɑ̃, ɑ̃t] *adj* fabulous*, fantastic.

miroir [miʀwaʀ] *nm* mirror. **est-ce le** ~ **de la réalité?** is it a reflexion of reality?, does it mirror *ou* reflect reality?; (*lit, fig*) ~ **aux alouettes** lure. ♦ **se mirer** (1) *vpr* to gaze at o.s.; [*chose*] to be mirrored *ou* reflected (*in the water etc*).

miroiter [miʀwate] (1) *vi* (*étinceler*) to sparkle, gleam; (*chatoyer*) to shimmer. (*fig*) **il lui fit** ~ **les avantages** he painted in glowing colours the advantages. ♦ **miroitement** *nm*: ~**(s)** sparkling, gleaming; shimmering.

miroiterie [miʀwatʀi] *nf* **(a)** (*Comm*) mirror trade; (*Ind*) mirror industry. **(b)** (*usine*) mirror factory. ♦ **miroitier, -ière** *nm,f* (*vendeur*) dealer; (*fabricant*) mirror manufacturer.

mis, e [mi, miz] *adj*: **bien** ~ well-dressed.

misaine [mizɛn] *nf*: (**voile de**) ~ foresail.

misanthrope [mizɑ̃tʀɔp] **1** *nmf* misanthropist. **2** *adj* misanthropic. ♦ **misanthropie** *nf* misanthropy.

mise² [miz] **1** *nf* **(a)** (*action de mettre*) putting, setting. ~ **en service** putting into service; ~ **en bouteilles** bottling; ~ **en marche** starting; ~ **à jour** updating. **(b)** (*enjeu*) stake; (*Comm*) outlay. **(c)** (*habillement*) clothing. **(d)** **être de** ~ *[remarque]* to be in place; **ces propos ne sont pas de** ~ those remarks are out of place.

2: ~ **en accusation** impeachment; *[fusée]* ~ **à feu** blast-off; (*Fin*) ~ **de fonds** capital outlay; ~ **en garde** warning; ~ **en liberté** release; ~ **à mort** kill; (*Coiffure*) ~ **en plis** set; ~ **au point** (*Aut*) tuning; (*Phot*) focusing; (*Tech*) adjustment; (*explication*) clarification; ~ **à prix** (*enchères*) reserve price, upset price (*US*); ~ **en scène** production; (*fig*) performance; ~ **en valeur** *[terre]* development; *[maison]* improvement; *[tableau]* setting-off.

miser [mize] (1) *vt argent* to stake, bet (*sur* on). (*: *compter sur*) ~ **sur** to bank on, count on.

misère [mizɛʀ] *nf* **(a)** (*pauvreté*) poverty, destitution. **être dans la** ~ to be destitute *ou* poverty-stricken; **vivre dans la** ~ to live in poverty; **salaire de** ~ starvation wage. **(b)** (*malheur*) ~**s**

woes, miseries; (*: *ennuis*) petites ~s little troubles; **faire des ~s à qn*** to be nasty to sb; **quelle ~!** what a wretched shame! (c) (*somme*) il **l'a eu pour une ~** he got it for a song *ou* for next to nothing. ♦ **misérable 1** *adj* (a) (*pauvre*) *personne* destitute; *région* impoverished, poverty-stricken; *logement* seedy, mean. (b) (*pitoyable*) *existence, conditions* miserable, wretched, pitiful; *personne* pitiful, wretched. (c) (*sans valeur*) *somme d'argent* paltry, miserable. **tout ça pour un ~ billet de 10 F** all this because of a paltry *ou* measly* 10-franc note. **2** *nmf* (*méchant*) wretch; (*pauvre*) poor wretch. **petit ~!** you (little) wretch! ♦ **misérablement** *adv* (*pitoyablement*) miserably, wretchedly; (*pauvrement*) in wretched poverty. ♦ **miséreux, -euse 1** *adj* poverty-stricken. **2** *nm,f* down-and-out.
miséricorde [mizeʀikɔʀd(ə)] *nf* mercy. ♦ **miséricordieux, -ieuse** *adj* merciful.
misogyne [mizɔʒin] **1** *adj* misogynous. **2** *nmf* misogynist. ♦ **misogynie** *nf* misogyny.
miss [mis] *nf* (a) beauty queen. **M~ France** Miss France. (b) (*gouvernante*) governess.
missel [misɛl] *nm* missal.
missile [misil] *nm* missile.
mission [misjɔ̃] *nf* (*gén*) mission; (*Pol*) assignment. **~ lui fut donnée de** he was commissioned to; **il s'est donné pour ~ de faire** he set himself the task of doing. ♦ **missionnaire** *adj, nmf* missionary.
missive [misiv] *nf* (*littér*) missive.
mite [mit] *nf* clothes moth. ♦ **se miter** (1) *vpr* to be *ou* become moth-eaten. ♦ **miteux, -euse** *adj lieu* seedy, dingy; *vêtement, personne* shabby.
mi-temps [mitɑ̃] *nf inv* (a) (*Sport*) (*période*) half; (*repos*) half-time. **à la ~** at half-time. (b) travailler à **~** to work part-time.
mitigé, e [mitiʒe] *adj ardeur* mitigated; *convictions* lukewarm; *sentiments* mixed.
mitonner [mitɔne] (1) **1** *vt* (*à feu doux*) to simmer; (*avec soin*) to cook with loving care. **2** *vi* to simmer.
mitoyen, -enne [mitwajɛ̃, ɛn] *adj*: **mur ~** party wall.
mitrailler [mitʀɑje] (1) *vt* (*Mil*) to machine gun. **~ qn avec des élastiques*** to pelt sb with rubber bands; **~ qn de questions** to bombard sb with questions; (*Phot*) **~ un monument** to snap away at a monument. ♦ **mitraille** *nf* (*projectiles*) grapeshot; (*décharge*) hail of bullets; (*monnaie*) loose *ou* small change. ♦ **mitraillette** *nf* submachine gun. ♦ **mitrailleuse** *nf* machine gun.
mitre [mitʀ(ə)] *nf* (*Rel*) mitre.
mitron [mitʀɔ̃] *nm* baker's boy.
mixage [miksaʒ] *nm* (*Ciné, Rad*) (sound) mixing.
mixer, mixeur [miksœʀ] *nm* liquidizer.
mixte [mikst(ə)] *adj* (a) (*deux sexes*) (*gén*) mixed; *école* coeducational. (b) (*hétérogène*) (*gén*) mixed; *équipe* combined; *commission* joint; *rôle* dual. **lycée ~** comprehensive school; **outil à usage ~** dual-purpose tool; **cargo ~** cargo-passenger ship; **cuisinière ~** gas and electric cooker. ♦ **mixité** *nf* coeducation.
mixture [mikstyʀ] *nf* (*lit*) mixture; (*péj, fig*) concoction.
mobile [mɔbil] **1** *adj pièce de moteur* moving; *casier, panneau* movable; *feuillets* loose; *main d'œuvre, population, troupes* mobile; *reflet* changing; *traits, regard* mobile. **avec la voiture on est très ~** having a car makes you very mobile. **2** *nm* (*impulsion*) motive (*de* for). (b) (*Art*) mobile. (c) (*Phys*) moving object *ou* body.
mobilier, -ière [mɔbilje, jɛʀ] **1** *adj bien* personal; *valeurs* transferable. **2** *nm* (*ameublement*) furniture; (*Jur*) personal *ou* movable property.
mobiliser [mɔbilize] (1) *vt* (*gén*) to mobilize. **~ les esprits** to rouse people's interest. ♦ **mobilisation** *nf* mobilization.

mobilité [mɔbilite] *nf* (*gén*) mobility.
mobylette [mɔbilɛt] *nf* ® moped.
mocassin [mɔkasɛ̃] *nm* mocassin.
moche* [mɔʃ] *adj* (*laid*) ugly, awful, ghastly*; (*mauvais*) rotten*. ♦ **mocheté*** *nf* (a) (*laideur*) ugliness. (b) (*femme*) fright; (*objet*) eyesore.
mode¹ [mɔd] *nf* (*gén*) fashion; (*péj: engouement*) craze. **suivre la ~** to keep in fashion; **à la ~** personne, vêtement fashionable; (*dans le vent*) trendy*; **c'est la ~ des boucles d'oreilles** earrings are in fashion *ou* are in*; **habillé à la ~** fashionably *ou* trendily* dressed; **travailler dans la ~** to work in the fashion industry *ou* business; **journal de ~** fashion magazine; **coloris ~** fashion colours; **selon la ~ de l'époque** according to the custom of the day; **à la ~ du 18e siècle** in the style of the 18th century.
mode² [mɔd] *nm* (a) (*méthode*) method; (*genre*) way. **~ de vie** way of life; **~ de paiement** method *ou* mode of payment; **~ d'emploi** directions for use. (b) (*Gram*) mood; (*Mus, Philos*) mode. ♦ **modal, e, mpl -aux** *adj* modal. ♦ **modalité** *nf* (a) (*forme*) mode. **~ d'application de la loi** mode of enforcement of the law; **~s de paiement** methods *ou* modes of payment. (b) (*Ling, Mus, Philos*) modality. (c) (*Jur: condition*) clause.
modèle [mɔdɛl] **1** *nm* (*gén, Écon*) model; (*Tech*) pattern; (*type*) type; (*exemple*) example, model; (*Scol: corrigé*) fair copy. **~ réduit/de série** small-scale/production model; **~ déposé** registered design; **petit/grand ~** small/large; (*Mode*) **X présente ses ~s d'automne** X presents his autumn models *ou* styles; **X est le ~ du bon élève** X is a model pupil; **prendre qn pour ~** to model o.s. upon sb. **2** *adj conduite, ouvrier, ferme* model.
modeler [mɔdle] (5) *vt statue* to model, mould; *caractère* to shape, mould. **corps bien modelé** shapely body; **~ ses attitudes sur** to model one's attitudes on; **se ~ sur qn/qch** to model o.s. on sb/sth. ♦ **modelage** *nm* (*activité*) modelling; (*statue*) piece of sculpture. ♦ **modelé** *nm* [*corps*] contours; (*Géog*) relief.
modérer [mɔdeʀe] (6) **1** *vt* (*gén*) to curb, moderate; *vitesse* to reduce. **modérez vos expressions!** moderate *ou* mind your language! **2 se ~** *vpr* (*s'apaiser*) to calm down, control o.s.; (*montrer de la mesure*) to restrain o.s. ♦ **modérateur, -trice 1** *adj* moderating, restraining. **2** *nm* (*Tech*) regulator; (*atomique*) moderator. ♦ **modération** *nf* (*retenue*) moderation, restraint; (*diminution*) reduction. ♦ **modéré, e** *adj* (*gén*) moderate. ♦ **modérément** *adv* manger in moderation. **être ~ satisfait** to be moderately satisfied.
moderne [mɔdɛʀn(ə)] **1** *adj* (*gén*) modern; *équipement* up-to-date. **la jeune fille ~** the young woman of today. **2** *nm* (*style*) modern style; (*meubles*) modern furniture. ♦ **modernisation** *nf* modernization. ♦ **moderniser** (1) *vt* to modernize, bring up to date. ♦ **modernisme** *nm* modernism. ♦ **moderniste 1** *nmf* modernist. **2** *adj* modernistic.
modeste [mɔdɛst(ə)] *adj* (*gén*) modest. **c'est un cadeau bien ~** it's a very modest gift; **je ne suis qu'un ~ ouvrier** I'm only a simple working man; **d'origine ~** from a modest *ou* humble background; **faire le ~** to make a show of modesty; **avoir le triomphe ~** to be modest about one's successes. ♦ **modestement** *adv* modestly. ♦ **modestie** *nf* modesty. **fausse ~** false modesty.
modifier [mɔdifje] (7) **1** *vt* to modify, alter. **2 se ~** *vpr* to alter, be modified. ♦ **modification** *nf* modification, alteration.
modique [mɔdik] *adj* (*gén*) modest, low; *salaire* meagre. ♦ **modicité** *nf* lowness.
modiste [mɔdist(ə)] *nf* milliner.
module [mɔdyl] *nm* (*Espace*) module; (*Math, Phys*) modulus.
moduler [mɔdyle] (1) *vti* to modulate.

♦ **modulation** nf modulation. **poste à ~ de fréquence VHF** ou **FM** radio.

moelle [mwal] nf (Anat) marrow; (Bot) pith. **~ épinière** spinal cord; (lit, fig) **pourri jusqu'à la ~** rotten to the core.

moelleux, -euse [mwalø, øz] **1** adj tapis, couleur soft; aliment creamy, smooth; son, vin mellow. **2** nm softness; creaminess, smoothness; mellowness. ♦ **moelleusement** adv s'étendre luxuriously.

mœurs [mœʀ(s)] nfpl **(a)** (morale) morals. **avoir des ~ sévères** to have strict moral standards; **contraire aux bonnes ~** contrary to accepted standards of behaviour; **femme de ~ légères** woman of easy virtue; (Jur, Presse) **affaire de ~** sex case; **la police des ~** ≃ the vice squad. **(b)** (coutumes) customs, habits. **c'est entré dans les ~** it's become normal practice; **les ~ politiques** the political practices ou usages; **avoir des ~ simples** to have simple tastes. **(c)** (manières) manners, ways. **quelles ~!** what a way to behave!, what manners!; **comédie de ~** comedy of manners.

moi [mwa] **1** pron pers **(a)** (objet) me. **il nous a regardés ma femme et ~** he looked at my wife and me; **écoute-~ ça!*** just listen to that!; **il n'obéit qu'à ~** he only obeys me, I'm the only one he obeys; **~ elle me déteste** she hates me ou ME. **(b)** (sujet) I, me*. **qui a fait cela? – (ce n'est pas ~) who did this?** – I didn't ou not me*; **~, le saluer?, jamais!** me, greet him?, never!; **mon mari et ~ refusons** my husband and I refuse; **~ parti que ferez-vous?** when I'm gone what will you do?, what will you do with me away?; **et ~ de rire de plus belle!** and so I (just) laughed all the more!; **je ne l'ai pas vu, ~** I (myself) didn't see him. **(c)** (avec qui, que) **~ qui vous parle, je l'ai vu** I myself ou personally saw him; **c'est ~ qu'elle veut voir** it's me she wants to see; **et ~ qui avais espéré gagner!** and to think that I had hoped to win! **(d)** (avec prép) **venez chez ~** come to my place; **le poème n'est pas de ~** the poem isn't one I wrote ou isn't one of mine; **un élève à ~** a pupil of mine; **j'ai un appartement à ~** I have a flat of my own; **ce livre est à ~** this book belongs to me ou is mine; **il veut une photo de ~** he wants a photo of me. **(e)** (dans comparaisons) I, me. **il mange plus que ~** he eats more than I (do) ou than me; **fais comme ~** do as I do, do like me*; V **même. 2** nm: **le ~** the self, the ego; **notre vrai ~** our true self.

moignon [mwaɲɔ̃] nm stump.

moindre [mwɛ̃dʀ(ə)] adj **(a)** (moins grand) less, lesser; (inférieur) lower, poorer. **les dégâts sont bien ~s** the damage is much less; **à un ~ degré** to a lesser degree; **à ~ prix** at a lower price. **(b)** **le ~, la ~, les ~s** the least, the slightest; (de deux) the lesser; **la ~ idée** the slightest ou remotest idea; **le ~ de deux maux** the lesser of two evils; **c'est la ~ de mes difficultés** that's the least of my difficulties; **c'est la ~ des choses!** it's a pleasure!, it's the least I could do!; **certains spécialistes et non des ~s** disent que some specialists and important ones at that say that. ♦ **moindrement** adv: **il n'était pas le ~ surpris** he was not in the least ou slightest surprised.

moine [mwan] nm monk, friar.

moineau, pl **~x** [mwano] nm sparrow.

moins [mwɛ̃] **1** adv **(a)** (less). **3 fois ~** 3 times less; **il est ~ grand que son frère/que je ne pensais** he is not as tall as his brother/as I thought, he is less tall than his brother/than I thought; **il a fait encore ~ beau en juillet** the weather was even worse than in July; **rien n'est ~ sûr** nothing is less certain; **c'est tellement ~ cher** it's so much cheaper ou so much less expensive; **~ je fume, plus je mange** the less I smoke the more I eat; **c'est le même genre, en ~ bien** it's the same kind, only (it's) not so good. **(b)** (superl) least. **c'est la ~ douée de mes élèves** she is the least gifted of my pupils; **la température la ~ haute de l'été** the lowest temperature of the summer; **celui que je lis le ~ souvent** the one I read (the) least often. **2** nm **(a)** (quantité) less. **donner ~** to give less; **vous ne l'obtiendrez pas à ~** you won't get it for less. **(b)** **~ de** (quantité) less, not so much; (nombre) fewer, not so many; (heure) before, not yet; (durée, âge, distance) less than, under; **mange ~ de bonbons et de chocolat** eat fewer sweets and less chocolate; **les enfants de ~ de 4 ans** children under 4 ou of less than 4 years of age; **il est ~ de minuit** it is not yet midnight; **vous ne pouvez pas lui donner ~ de 100 F** you can't give him less than 100 francs; **il a eu ~ de mal que nous** he had less trouble than we had; **nous l'avons fait en ~ de 5 minutes** we did it in less than ou in under 5 minutes; **en ~ de deux*** in a flash; **il y aura ~ de monde demain** there will be fewer people tomorrow. **(c)** **le ~** the least; **c'est (bien) le ~ qu'on puisse faire** it's the least one can do; **si vous êtes le ~ du monde soucieux** if you are the slightest (bit) ou the least (bit) worried. **(d)** (quantité qui se soustrait) **il gagne 500 F de ~ qu'elle** he earns 500 francs less than she does; **vous avez 5 ans de ~ qu'elle** you are 5 years younger than she is; **il y a 3 verres en ~** (qui manquent) there are 3 glasses missing; (trop peu) we are 3 glasses short; **c'est le même climat, le brouillard en ~** it's the same climate except for the fog ou minus the fog. **(e)** (signe algébrique) minus (sign). **(f)** (locutions) **à ~ qu'il ne vienne** unless he comes; **au ~** at least; **pour le ~** to say the least, at the very least; **de ~ en ~** less and less; **du ~ je le pense** I think so at least; **laissez-le sortir, si du ~ il ne fait pas froid** let him go out, that is (only) if it is not cold.

3 prép **(a)** (soustraction) **6 ~ 2 font 4** 6 minus 2 equals 4, 2 from 6 makes 4; **j'ai retrouvé mon sac, ~ le portefeuille** I found my bag, minus the wallet. **(b)** (heure) to. **il est 4 heures ~ 5 (minutes)** it is 5 (minutes) to 4; **il n'est que ~ 10*** it's only 10 to*. **(c)** (température) below. **il fait ~ 5°** it is 5° below freezing ou minus 5°.

moire [mwaʀ] nf moiré. ♦ **moiré, e** adj, nm moiré.

mois [mwa] nm **(a)** (période) month. **dans un ~** in a month's time; **être payé au ~** to be paid monthly; **louer au ~** to rent by the month; **30 F par ~** 30 francs a ou per month; **un bébé de 6 ~** a 6-month(-old) baby; **devoir 3 ~ de loyer** to owe 3 months' rent. **(b)** (salaire) monthly pay ou salary. **~ double** extra month's pay (as end-of-year bonus).

moisir [mwaziʀ] **(2)** **1** vt to make mouldy. **2** vi **(a)** to go mouldy. **(b)** (en province) to stagnate; (dans un cachot) to rot. **on ne va pas ~ ici jusqu'à la nuit!*** we're not going to hang around here till night-time!* ♦ **moisi, e 1** adj mouldy, mildewed. **2** nm mould, mildew. **odeur de ~** musty smell; **ça sent le ~** it smells musty. ♦ **moisissure** nf (gén) mould; (aspect) mouldiness; (par l'humidité) mildew. **enlever les ~s sur un fromage** to scrape the mould ou mildew off a piece of cheese.

moisson [mwasɔ̃] nf harvest. **faire la ~** to harvest; **~ de renseignements** wealth of information. ♦ **moissonner** **(1)** vt céréale to harvest, gather in; champ to reap; renseignements, souvenirs to gather, collect. ♦ **moissonneur, -euse 1** nm,f harvester. **2** nf (machine) harvester. **3: ~euse-batteuse** nf, pl **~s-~s** combine harvester.

moite [mwat] adj (gén) sticky; mains sweaty; atmosphère muggy. ♦ **moiteur** nf stickiness; sweatiness; mugginess.

moitié [mwatje] nf **(a)** (partie) half. **partager qch en deux ~s** to halve sth, divide sth in half ou into two halves; **donne-m'en la ~** give me half (of it); **faire la ~ du chemin** to go halfway ou half of the way; **la ~ du temps** half the time; **il en faut ~ plus/moins** you need half as much again/half (of) that. **(b)** *(milieu)* halfway mark, half. **à la ~ du chemin** having reached halfway *ou* the half-way mark; **arrivé à la ~ du travail** having done half the work *ou* got halfway through the work. **(c)** *(hum: épouse)* **ma ~** my better half*, my wife. **(d)** **il a fait le travail à ~** he has (only) half done the work; **il ne fait jamais rien à ~** he never does things by halves; **à ~ plein** half-full; **à ~ chemin** (at) halfway, at the halfway mark; **à ~ prix** (at) half-price; **réduire de ~** to cut by half, halve; **plus grand de ~** half as big again, bigger by half; **diviser qch par ~** to divide sth in two *ou* in half; **on a partagé le pain ~ ~** we shared the bread half-and-half *ou* fifty-fifty*.

moka [mɔka] *nm (gâteau)* coffee cream cake, mocha cake; *(café)* mocha coffee.

molaire [mɔlɛʀ] *nf (dent)* molar.

môle [mol] *nm (digue)* breakwater, jetty; *(quai)* pier, jetty.

molécule [mɔlekyl] *nf* molecule. ♦ **moléculaire** *adj* molecular.

molester [mɔlɛste] (1) *vt* to manhandle, maul.

molette [mɔlɛt] *nf* toothed wheel; *[briquet]* knurl. ♦ **moleté, e** *adj* knurled.

mollesse [mɔlɛs] *nf [substance, contours]* softness; *[relief]* gentleness; *[traits du visage]* flabbiness; *[geste]* lifelessness; *[protestations]* weakness, feebleness; *[personne] (indolence)* sluggishness; *(manque d'autorité)* spinelessness; *(grande indulgence)* laxness. ♦ **mollasse*** *adj (péj) (apathique)* sluggish; *(flasque)* flabby, flaccid. ♦ **molle** *adj f* V **mou**. ♦ **mollement** *adv* **tomber** softly; **couler** gently; **travailler** half-heartedly; **protester** feebly, weakly.

mollet [mɔlɛ] *nm (Anat)* calf.

molletonner [mɔltɔne] (1) *vt* to line warmly.

mollir [mɔliʀ] (2) *vi (a) [sol, ennemi]* to yield, give way; *[père]* to come round, relent; *[courage]* to flag. **(b)** *[substance]* to soften, go soft. **(c)** *[vent]* to die down.

mollusque [mɔlysk(ə)] *nm (Zool)* mollusc; (* *péj)* lazy lump*.

molosse [mɔlɔs] *nm* big dog *ou* hound.

môme [mom] *nmf (*: enfant)* kid*; *(péj)* brat*; (‡: *fille)* bird‡.

moment [mɔmã] *nm* **(a)** *(instant)* while, moment. **je ne l'ai pas vu depuis un (bon) ~** I haven't seen him for a (good) while *ou* for quite a time *ou* while; **ça va prendre un ~** it will take some time *ou* a good while; **il réfléchit (pendant) un ~** he thought for a moment; **c'est l'affaire d'un ~** it won't take a minute *ou* moment; **dans un ~** in a little while, in a moment; **un ~!** just a moment *ou* a minute! **(b)** *(période)* time. **à quel ~ est-ce arrivé?** at what point *ou* when exactly did this occur?; **ce n'est pas le ~** this is not the time *ou* the moment *(de* to); **passer de bons ~s** to spend (some) happy times; **arriver au bon ~** to come at the right time; **passer un mauvais ~** to have a rough *ou* difficult time; **il est dans un de ses mauvais ~s** it's one of his off* *ou* bad spells; **à ses ~s perdus** in his spare time; **les grands ~s de l'histoire** the great moments of history; **le succès du ~** the success of the moment *ou* day; **profiter du ~** to take advantage of the opportunity *(de* to). **(c)** *(Tech)* moment; *(Phys)* momentum. **(d)** *(locutions)* **en ce ~** at the moment, at present, just now; **au ~ de l'accident** at the time of the accident, when the accident took place; **au ~ de partir** just as I *(ou* he *etc)* was about to leave; **au ~ où elle entrait** when *ou* as she was going in; **à un ~ donné** at a certain point; **le ~ venu** when the time comes *(ou* came); **il peut arriver à tout ~** *ou* d'un ~ à l'autre he may arrive (at) any time (now) *ou* any moment (now); **à ce ~-là** *(temps)* at that time; *(circonstance)* in that case; **le bruit grandissait**

de ~ en ~ the noise grew louder every moment; **du ~ où** *ou* **que** since, seeing that; **dès le ~ que** *ou* **où** as soon as; **par ~s** now and then, at times; **pour le ~** for the time being; **sur le ~** at the time. ♦ **momentané, e** *adj* momentary. ♦ **momentanément** *adv (en ce moment)* at the moment, at present; *(un court instant)* momentarily.

momie [mɔmi] *nf* mummy.

mon [mɔ̃], **ma** [ma], **mes** [me] *adj poss* my. **j'ai ~ samedi cette année*** I've got Saturday(s) off this year; **~ vieux*** my dear fellow, old chap* *ou* fellow*; *(Rel)* **oui ~ Père** yes Father; **~ Dieu** *(Rel)* dear Lord; *(excl)* good heavens!; **oui ~ général** yes sir *ou* general; V **son**.

monarchie [mɔnaʀʃi] *nf* monarchy. ♦ **monarchique** *adj* monarchistic. ♦ **monarchiste** *adj, nmf* monarchist. ♦ **monarque** *nm* monarch.

monastère [mɔnastɛʀ] *nm* monastery. ♦ **monastique** *adj* monastic.

monceau, *pl* **~x** [mɔ̃so] *nm* heap.

mondain, e [mɔ̃dɛ̃, ɛn] **1** *adj* **(a)** *réunion, chronique* society; *obligations* social; *public* fashionable. **plaisirs ~s** pleasures of society; **vie ~e** social *ou* society life. **(b)** *politesse, ton* refined. **(c)** *(Philos)* mundane; *(Rel)* worldly, earthly. **(d)** **la (police) ~e** ≃ the vice squad. **2** *nm,f* society man *(ou* woman), socialite. ♦ **mondanités** *nfpl (divertissements)* society life; *(propos)* society small talk.

monde [mɔ̃d] *nm* **(a)** *(monde)* world. **dans le ~ entier** all over the world, the world over, throughout the world; **le ~ entier s'indigna** the whole world was outraged; **il se moque ou se fiche* du ~** he's got a nerve *ou* cheek*; **mettre/venir au ~** to bring/come into the world; **si je suis encore de ce ~** if I'm still here *ou* in the land of the living *ou* of this world; **dans ce bas ~** here below; **l'Ancien/le Nouveau M~** the Old/New World; **le ~ de la folie** the world *ou* realm of madness.

(b) *(intensif)* **le meilleur du ~** the best in the world; **c'est le meilleur homme du ~** he's the finest man alive; **tout s'est passé le mieux du ~** everything went (off) perfectly *ou* like a dream*; **il n'était pas le moins du ~ anxieux** he was not the least bit worried; **pour rien au ~** not for all the world; **nul au ~ ne peut** ... nobody in the world can ...; **j'en pense tout le bien du ~** I have the highest opinion of him *(ou* her *ou* it).

(c) *(locutions)* **c'est le ~ à l'envers** it's a topsy-turvy *ou* crazy world; **comme le ~ est petit!** it's a small world!; **se faire tout un ~ de qch** to make a fuss about sth; **c'est un ~!** if that doesn't beat all!*; **il y a un ~ entre ces deux concepts** there is a world of difference between these two concepts.

(d) *(gens)* **j'entends du ~ à côté** I can hear people in the next room; **est-ce qu'il y a du ~?** *(qn est-il présent)* is there anybody there?; *(y a-t-il foule)* are there a lot of people there?; **il y a du ~** *(ce n'est pas vide)* there are some people there; *(il y a foule)* there's quite a crowd; **il y a beaucoup de ~** there's a real crowd; **ils reçoivent beaucoup de ~** they entertain a lot; **ce week-end nous avons du ~** we have people coming *ou* visitors this weekend; **tout ce petit ~ s'est bien amusé?** and have all these children had a nice time?; **il connaît son ~** he knows the people he deals with.

(e) *(milieu social)* set, circle. **le (grand) ~** (high) society; **il n'est pas de notre ~** he's not one of our set *ou* crowd*; **homme/femme/gens du ~** society man/woman/people.

♦ **mondial, e**, *mpl* **-aux** *adj guerre, population* world; *crise* world-wide. **à l'échelle ~e** on a world-wide scale. ♦ **mondialement** *adv* throughout the world. **~ connu** world-famous. ♦ **mond(i)ovision** *nf* television broadcast by satellite.

mongolien, -ienne [mɔ̃gɔljɛ̃, jɛn] *adj, nm,f (Méd)* mongol. ♦ **mongolisme** *nm* mongolism.

moniteur, -trice [mɔnitœʀ, tʀis] *nm,f* (*Sport*) instructor, instructress; *[colonie de vacances]* supervisor, (camp) counsellor (*US*).

monnaie [mɔnɛ] *nf* (a) (*devises*) currency. (b) (*pièce, médaille*) coin. (c) (*appoint*) change. **petite** *ou* **menue** ~ small change; **auriez-vous de la** ~? could you give me some change?; **faire la** ~ **de 100 F** to get change for 100 francs. (d) **c'est** ~ **courante** *[faits]* it's a common occurrence; *[pratiques]* it's common practice; (*fig*) **rendre à qn la** ~ **de sa pièce** to pay sb back in his own coin; **servir de** ~ **d'échange** to be used as money *ou* as a currency; (*fig*) to be used as bargaining counters; **payer qn en** ~ **de singe** to fob sb off with empty promises. ♦ **monétaire** *adj* (*gén*) monetary. **la circulation** ~ the circulation of currency. ♦ **monnayer** (8) *vt* **terres, titres** to convert into cash; **talent** to capitalize on.

mono... [mɔnɔ] *préf* mono... .

monochrome [mɔnɔkʀom] *adj* monochrome, monochromatic.

monocle [mɔnɔkl(ə)] *nm* monocle, eyeglass.

monocoque [mɔnɔkɔk] *adj, nm* monocoque.

monocorde [mɔnɔkɔʀd(ə)] *adj* **voix, discours** monotonous.

monoculture [mɔnɔkyltyʀ] *nf* single-crop farming, monoculture.

monogramme [mɔnɔgʀam] *nm* monogram.

monographie [mɔnɔgʀafi] *nf* monograph.

monokini [mɔnɔkini] *nm* topless swimsuit.

monolingue [mɔnɔlɛ̃g] *adj* monolingual.

monolithique [mɔnɔlitik] *adj* (*lit, fig*) monolithic.

monologue [mɔnɔlɔg] *nm* monologue, soliloquy. ♦ **monologuer** (1) *vi* to soliloquize.

monôme [mɔnom] *nm* (*Math*) monomial; (*arg Scol*) ≃ students' rag.

monomoteur, -trice [mɔnɔmɔtœʀ, tʀis] 1 *adj* single-engined. 2 *nm* single-engined aircraft.

monophonie [mɔnɔfɔni] *nf* monophony. ♦ **monophonique** *adj* monophonic.

monoplace [mɔnɔplas] *nmf* single-seater.

monopole [mɔnɔpɔl] *nm* (*Écon, fig*) monopoly. ♦ **monopolisateur, -trice** *nm,f* monopolizer. ♦ **monopolisation** *nf* monopolization. ♦ **monopoliser** (1) *vt* (*lit, fig*) to monopolize.

monosyllabe [mɔnɔsilab] *nm* (*lit, fig*) monosyllable. ♦ **monosyllabique** *adj* monosyllabic.

monothéisme [mɔnɔteism(ə)] *nm* monotheism. ♦ **monothéiste** 1 *adj* monotheistic. 2 *nmf* monotheist.

monotone [mɔnɔtɔn] *adj* (*gén*) monotonous; **spectacle** dull, dreary; **vie** humdrum. ♦ **monotonie** *nf* monotony; dullness, dreariness.

monseigneur [mɔ̃sɛɲœʀ] *pl* **messeigneurs** [mesɛɲœʀ] *nm* (a) (*formule d'adresse*) (*à archevêque, duc*) Your Grace; (*à cardinal*) Your Eminence; (*à prince*) Your Highness. (b) (*à la troisième personne*) His Grace; His Eminence; His Highness.

Monsieur [məsjø] *pl* **Messieurs** [mesjø] *nm* (a) (*s'adressant à qn*) **bonjour** ~ (*courant*) good morning; (*nom connu*) good morning Mr X; (*avec déférence*) good morning sir; (*au restaurant*) et **pour** (*vous*) ~/**Messieurs**? and for you, sir/gentlemen?; ~ **le Président** Mr President; **oui,** ~ **le Juge** ≃ yes, Your Honour *ou* Your Worship; ~ **le curé** Father; ~ **le ministre** Minister; ~ **le duc** Your Grace, your Lordship; **mon bon** *ou* **pauvre** ~* my dear sir. (b) (*parlant de qn*) ~ **est sorti** Mr X is not at home; ~ **dit que c'est à lui** the gentleman says it's his; ~ **le Président** the President; ~ **le juge X** ≃ (His Honour) Judge X; ~ **le duc de X** (His Grace) the Duke of X; ~ **l'abbé (X)** Father X; ~ **tout le monde** the average man. (c) (*sur une enveloppe*) ~ X Mr X; (*à un enfant*) Master John *etc* X; **Messieurs X et Y** Messrs X and Y. (d) (*entête de lettre*) (*gén*) Dear Sir; (*personne connue*) Dear Mr X; ~ **le Président** Dear Mr President.

(e) (*sans majuscule*) gentleman. **c'est un grand m**~ he is a great man.

monstre [mɔ̃stʀ(ə)] 1 *nm* (*gén*) monster. **c'est un** ~ **de laideur** he is monstrously ugly; (*Ciné, Théât*) ~ **sacré** superstar, public idol. 2 *adj* (*) **rabais** *etc* monstrous, colossal. **j'ai un travail** ~ I've got loads* of work to do. ♦ **monstrueusement** *adv* **laid** monstrously; **intelligent** stupendously. ♦ **monstrueux, -euse** *adj* monstrous. ♦ **monstruosité** *nf* (*gén*) monstrosity; (*Méd*) deformity. **dire des** ~s to say monstrous things.

mont [mɔ̃] *nm* mountain. (*avec nom propre*) **le** ~ **Everest** *etc* Mount Everest *etc*; **être toujours par** ~**s et par vaux*** to be always on the move. ♦ **mont-de-piété,** *pl* ~**s**-~-**~** *nm* (state-owned) pawnshop. **mettre qch au** ~ to pawn sth.

montage [mɔ̃taʒ] *nm* *[appareil]* assembly; *[bijou]* setting; (*Ciné*) editing. (*Élec*) ~ **en parallèle** connection in parallel; ~ **de photographies** photomontage.

montagne [mɔ̃taɲ] 1 *nf* (*sommet*) mountain. (*région*) **la** ~ the mountains; **moyenne** ~ medium mountains; **plantes des** ~s mountain plants; (*fig*) **une** ~ **de** mountains of; **il se fait une** ~ **de cet examen** he's making far too much of this exam. 2: **les** ~**s Rocheuses** the Rocky Mountains, the Rockies; ~**s russes** big dipper, roller coaster. ♦ **montagnard, e** 1 *adj* mountain. 2 *nm,f* mountain dweller. ♦ **montagneux, -euse** *adj* (*gén, Géog*) mountainous; (*accidenté*) hilly.

montant, e [mɔ̃tɑ̃, ɑ̃t] 1 *adj* **mouvement** upward, rising; **col** high; **robe** high-necked; **chemin** uphill. **chaussures** ~**es** boots; **train** ~ up train. 2 *nm* (*a*) *[échelle, fenêtre]* upright; *[lit]* post. (b) (*somme*) sum total, total amount.

montée [mɔ̃te] *nf* (a) (*escalade*) climb, climbing. **c'est une** ~ **difficile** it's a difficult climb; **on a fait la** ~ **à pied** we walked up, we went up on foot. (b) *[ballon, avion]* ascent. **pendant la** ~ **de l'ascenseur** while the lift is going up. (c) *[eaux, sève, prix]* rise. (d) (*côte*) hill, uphill slope.

monter¹ [mɔ̃te] (1) 1 *vi* (a) (*gén*) to go up (*à* to, *dans* into); *[oiseau]* to fly up; *[avion]* to climb. ~ **à pied/à vélo** to walk/cycle up; ~ **par l'ascenseur** to go up in the lift; ~ **en courant dans sa chambre** to run up(stairs) to one's room; **monte me voir** come up and see me. (b) ~ **sur table, toit** to climb (up) on; **colline, échelle** to climb up; **il était monté sur une chaise** he was standing on a chair; **monté sur un cheval** riding *ou* on a horse. (c) (*moyen de transport*) ~ **dans un train** to get on *ou* into a train, board a train; ~ **à bord d'un navire** to go on board *ou* aboard a ship; ~ **à cheval** (*se mettre en selle*) to get on *ou* mount a horse; (*faire du cheval*) to ride, go riding. (d) (*vedette*) to be on the way up; *[réputation]* to rise, go up. ~ **en grade** to be promoted; **les générations montantes** the rising generations. (e) *[eau, vêtements]* ~ **à** to come up to; **robe qui monte jusqu'au cou** high-necked dress. (f) *[colline, route]* to go up, rise; *[soleil, flamme]* to rise. ~ **en pente douce** to slope gently upwards, rise gently; **un bruit montait de la cave** a noise was coming from down in the cellar. (g) *[mer]* to come in; *[fleuve, colère]* to rise; *[prix, température]* to rise, go up; (*Mus*) *[voix, note]* to go up. **les prix montent en flèche** prices are rocketing *ou* soaring; **ça a fait** ~ **les prix** it put prices up; (*Culin*) (**faire**) ~ **des blancs en neige** to whisk up egg whites. (h) (*émotions*) **le sang lui monta au visage** the blood rushed to his face; **les larmes lui montent aux yeux** tears came into his eyes; **le vin lui monta à la tête** wine goes to his head; **un cri lui monta à la gorge** a cry rose in his throat. (i) *[plante]* ~ (**en graine**) to bolt, go to seed. (j) (*locutions*) ~ **à l'assaut** to go into the attack; ~ **à l'assaut de** to launch an attack on; ~ **sur ses ergots** to get one's hackles up; ~ **sur ses grands chevaux** to get on one's high horse;

~ **sur le trône** to come to ou ascend the throne.
2 vt (a) to go up. ~ **l'escalier** to go upstairs; ~ **la
gamme** to go up the scale. (b) valise to take ou
carry up. **faire** ~ **ses valises** to have one's luggage brought up. (c) ~ **un cheval** to ride a horse.
(d) ~ **qn contre** qn to set sb against sb; **on lui a
monté la tête** sb has got him all worked up. (e)
(Mil) ~ **la garde** to mount guard.
3 se ~ vpr [prix, frais] se ~ à to come to, add up
to; **se** ~ **la tête** to get worked up.
♦ **monte-charge** nm inv service elevator.
♦ **monte-plats** nm inv dumbwaiter.
monter² [mɔ̃te] (1) vt (a) machine, robe to
assemble; tente to pitch; film to edit; diamant to
set; pneu to put on. (Élec) ~ **en série** to connect in
series. (b) pièce de théâtre to put on, produce;
affaire to set up; farce to play; complot to hatch.
~ **un coup** to plan a job; ~ **le coup à qn‡** to take sb
for a ride‡; **coup monté** put-up job*, frame-up*.
(c) (équiper) to equip. **être bien/mal monté en
qch** to be well-/ill-equipped with sth; **tu es bien
montée, avec deux garnements pareils!*** you're
well set up with that pair of rascals!* ♦ **monteur,
-euse** nm,f (Tech) fitter; (Ciné) (film) editor.
monticule [mɔ̃tikyl] nm (colline) hillock; (tas)
mound.
montre¹ [mɔ̃tʀ(ə)] nf watch. ~-**bracelet** wrist
watch; ~ **de plongée** diver's watch; **il est 2 heures
à ma** ~ it is 2 o'clock by my watch; **j'ai mis 2
heures** ~ **en main** it took me exactly ou precisely
2 hours.
montre² [mɔ̃tʀ(ə)] nf: **faire** ~ **de courage** to show.
montrer [mɔ̃tʀe] (1) **1** vt (a) (gén) to show; (par un
geste) to point to; détail to point out; surprise,
courage to display; (ostensiblement) richesse to
show off, display (à to). **je vais vous** ~ **le jardin**
I'll show you (round) the garden; **l'avenir montrera qui avait raison** the future will show ou
prove who was right; ~ **à qn à faire qch** to show sb
how ou the way to do sth. (b) (locutions) **c'est
l'avocat qui montre le bout de l'oreille** it's the
lawyer in him showing through; **je lui montrerai
de quel bois je me chauffe** I'll show him what I'm
made of; (lit, fig) ~ **les dents** to bare one's teeth;
~ **le bon exemple** to set a good example; (lit, fig)
~ **le chemin** to show the way; ~ **le bout du nez** to
show one's face; ~ **patte blanche** to show one's
pass. **2** se ~ vpr to appear, show o.s.; (se faire
respecter) to assert o.s. **se** ~ **ferme** to appear
firm, show firmness; **se** ~ **désagréable** to be
unpleasant, behave unpleasantly; **se** ~ **lâche** to
show cowardice; **se** ~ **efficace** to prove effective.
monture [mɔ̃tyʀ] nf (a) (cheval) mount. (b)
(Tech) mounting; [lunettes] frame; [bijou]
setting.
monument [mɔnymɑ̃] nm (gén, fig) monument;
(commémoratif) memorial. ~ (funéraire)
monument; ~ **aux morts** war memorial; ~ **historique** ancient monument; **c'est un** ~ **de bêtise!***
what monumental stupidity! ♦ **monumental, e,**
mpl **-aux** adj monumental.
moquer (se) [mɔke] (1) vpr: **se** ~ **de** to make fun
of, laugh at, poke fun at; **on va se** ~ **de toi** people
will laugh at you, you'll make yourself a laughing
stock; **vous vous moquez du monde!** you've got an
absolute nerve!; **je m'en moque (pas mal)*** I
couldn't care less; **elle se moque du qu'en-dira-t-
on** she doesn't care what people say (about her).
♦ **moquerie** nf: ~(s) mockery. ♦ **moqueur, -euse**
adj mocking. ♦ **moqueusement** adv mockingly.
moquette [mɔkɛt] nf fitted carpet.
moral, e, mpl **-aux** [mɔʀal, o] **1** adj (gén) moral.
2 nm (a) **au** ~ **comme au physique** mentally as
well as physically. (b) (état d'esprit) morale.
avoir bon/mauvais ~ to be in good/low spirits; **les
troupes ont bon/mauvais** ~ **the morale of the
troupes is high/low. **3** nf (a) (doctrine) moral code;
(mœurs) morals; (valeurs traditionnelles) moral

standards. (Philos) **la** ~**e** moral philosophy;
action conforme à la ~**e** act in keeping with morality ou moral standards; **faire la** ~**e à qn** to lecture sb. ♦ (fable) moral.
♦ **moralement** adv morally. ♦ **moralisateur,
-trice 1** adj ton moralizing; histoire edifying.
2 nm,f moralizer. ♦ **moraliser** (1) **1** vi to
moralize. **2** vt: ~ **qn** to lecture sb. ♦ **moraliste
1** adj moralistic. **2** nmf moralist. ♦ **moralité** nf
(a) (mœurs) morals, morality, moral standards.
d'une haute ~ of high moral standards; **la** ~ **publique** public morality. (b) (valeur) [attitude,
action] morality. (c) (fable) moral. ~, **j'ai eu une
indigestion*** the result was (that) I had indigestion.
morbide [mɔʀbid] adj morbid. ♦ **morbidité** nf
morbidity.
morceau, pl ~**x** [mɔʀso] nm (gén) piece; (bout)
bit; (Littérat, Mus: passage) passage; [sucre]
lump; [terre] patch, plot; (chez le boucher) cut.~
de choix choice cut; **manger un** ~ to have a bite to
eat ou a snack; **lâcher le** ~‡ to spill the beans*,
talk*; **couper en** ~**x** to cut into pieces; **mettre qch
en** ~**x** to pull sth to pieces; ~**x choisis** selected
extracts ou passages; ~ **de bravoure** purple passage; **sacré** ~* (personne, objet) great ou solid
lump*. ♦ **morceler** (4) vt (gén) to divide up, split
up. ♦ **morcellement** nm division.
mordoré, e [mɔʀdɔʀe] adj, nm lustrous bronze.
mordre [mɔʀdʀ(ə)] (41) **1** vt **(a)** to bite. ~ **qn à la
jambe** to bite sb's leg, bite sb on the leg; ~ **une
pomme** to bite into an apple; ~ **la poussière** to bite
the dust. (b) [lime, vis] to bite into; [acide] to eat
into; [froid] to bite, nip. **la jalousie lui mordait le
cœur** jealousy was gnawing at his heart. **(c)**
(empiéter sur) **la balle a mordu la ligne** the ball
(just) touched the line. **2** ~ **sur** vt indir (empiéter
sur) to go over into, overlap into; (corroder) to
bite into. **3** vi (a) ~ **dans une pomme** to bite into
an apple. (b) (Pêche, fig) to bite; (lit, fig) ~ **à
l'hameçon** to bite, rise to the bait; **il a mordu aux
maths*** he's taken to maths; **l'engrenage ne mord
plus** the gear won't mesh any more. **4** se ~ vpr: **se**
~ **la langue** (lit, se repentir) to bite one's tongue;
(se retenir) to hold one's tongue; **maintenant il
s'en mord les doigts** he could kick himself now.
♦ **mordant, e 1** adj ton cutting, scathing;
polémiste scathing; froid biting. **2** nm [personne]
spirit, drive; [style] bite, punch; [scie] bite.
♦ **mordiller** (1) vt to nibble at. ♦ **mordu, e*** adj:
être ~ **de** to be mad* ou crazy* about; **c'est un** ~
du football he is a great football fan ou buff (US).
morfondre (se) [mɔʀfɔ̃dʀ(ə)] (42) vpr to languish.
morgue [mɔʀg(ə)] nf (a) pride, haughtiness. (b)
(Police) morgue; [hôpital] mortuary.
moribond, e [mɔʀibɔ̃, ɔ̃d] adj (lit, fig) dying,
moribund. **un** ~ a dying man.
morille [mɔʀij] nf morel.
morne [mɔʀn(ə)] adj visage doleful, glum; ton,
temps gloomy, dismal; vie, paysage dreary.
morose [mɔʀoz] adj sullen, morose. ♦ **morosité** nf
sullenness, moroseness.
morphine [mɔʀfin] nf morphine.
morphologie [mɔʀfɔlɔʒi] nf morphology.
♦ **morphologique** adj morphological.
mors [mɔʀ] nm (Équitation) bit; (Tech) jaw.
(lit, fig) **prendre le** ~ **aux dents** to take the bit between its (ou one's) teeth.
morse [mɔʀs(ə)] nm (a) (Zool) walrus. (b) (code)
Morse (code).
morsure [mɔʀsyʀ] nf bite.
mort¹ [mɔʀ] nf (a) death. **donner la** ~ **à qn** to kill
sb; **en danger de** ~ in danger of dying ou of one's
life; **mourir dans son sommeil, c'est une belle** ~
dying in one's sleep is a good way to go; **à la** ~ **de
sa mère** on the death of his mother, when his
mother died; **il n'y a pas eu** ~ **d'homme** no one
was killed, there was no loss of life; **le super-**

marché sera la ~ du petit commerce super-markets will mean the end of *ou* the death of small businesses; ~ au tyran!, à ~ le tyran! death to the tyrant! **(b)** silence de ~ deathly hush; engin de ~ deadly weapon; peine de ~ death penalty; menaces de ~ threats of death. **(c)** lutte à ~ fight to the death; blessé à ~ (*combat*) mortally wounded; (*accident*) fatally injured; condamnation à ~ death sentence; frapper qn à ~ to strike sb dead; mettre qn à ~ to put sb to death; nous sommes fâchés à ~ we're at daggers drawn; en vouloir à qn à ~ to be bitterly resentful of sb; freiner à ~* to jam on the brakes. **(d)** (*douleur*) souffrir mille ~s death to suffer agonies; il avait la ~ dans l'âme his heart ached.

mort², e [mɔʀ, mɔʀt(ə)] 1 adj (*lit,fig*) dead. il est ~ depuis 2 ans he's been dead (for) 2 years, he died 2 years ago; laissé pour ~ left for dead; ~ et enterré dead and buried; ~ ou vif dead or alive; ~ au champ d'honneur killed in action; ~ (de fatigue) dead tired, dead beat*; ~ de peur frightened to death, scared stiff*. 2 nm (a) dead man. les ~s the dead; il y a eu un ~ one man was killed; prière des ~s prayer for the dead; cet homme est un ~ vivant this man is more dead than alive; faire le ~ (*lit*) to pretend to be dead; (*fig*) to lie low. **(b)** (*Cartes*) dummy. être le ~ to be dummy. 3 nf dead woman. ♦ mort-né,e, pl ~-~(e)s adj stillborn. ♦ mort-aux-rats nf rat poison. ♦ morte-saison nf slack *ou* off season.

mortadelle [mɔʀtadɛl] nf mortadella.

mortalité [mɔʀtalite] nf mortality, death rate. ~ infantile infant mortality.

mortel, -elle [mɔʀtɛl] 1 adj (*gén*) mortal; *blessure* fatal; *poison* deadly, lethal; *froid, attente* deadly; *pâleur, silence* deathly; *livre, soirée* deadly boring *ou* dull. cette révélation lui serait ~elle such a discovery would kill him; il est ~* he's a deadly* bore. 2 nm,f (*littér, hum*) mortal. heureux ~!* lucky chap!* ♦ mortellement adv *blesser* fatally; *vexer* mortally. ~ pâle deathly pale; ~ ennuyeux deadly boring *ou* dull.

mortier [mɔʀtje] nm (*gén*) mortar.

mortifier [mɔʀtifje] (7) vt to mortify. ♦ mortification nf mortification.

mortuaire [mɔʀtɥɛʀ] adj chapelle, rites mortuary. chambre ~ death chamber; la maison ~ the house of the deceased.

morue [mɔʀy] nf (*Zool*) cod.

mosaïque [mɔzaik] nf mosaic.

Moscou [mɔsku] n Moscow.

mosquée [mɔske] nf mosque.

mot [mo] 1 nm (a) (*gén*) word. c'est bien le ~! that's the right word for it!; à/sur ces ~s at/with these words; à ~s couverts in veiled terms; en un ~ in brief, in a word; ~ à ~ word for word; ~ pour ~ word for word, verbatim. **(b)** (*message*) word; (*courte lettre*) note. ~ d'excuse excuse note; en toucher un ~ à qn to have a word with sb about it; se donner le ~ to pass the word round *ou* on. **(c)** (*locutions*) avoir des ~s avec qn to have words with sb; avoir toujours le ~ pour rire to be a born joker; tenir le ~ de l'énigme to hold the key to the mystery; avoir le ~ de la fin to get the last word; j'estime avoir mon ~ à dire dans cette affaire I think I'm entitled to have my say in this matter; je vais lui dire deux ~s I'll give him a piece of my mind; prendre qn au ~ to take sb at his word. 2: ~-clé nm, pl ~s-~s keyword; ~s croisés crossword (puzzle); ~ d'enfant child's (funny) remark *ou* saying; ~ d'esprit, bon ~ witticism, witty remark; ~ d'ordre watchword; ~ de passe password.

motard [mɔtaʀ] nm motorcyclist; (*Police*) motorcycle policeman.

motel [mɔtɛl] nm motel.

moteur¹ [mɔtœʀ] nm motor, engine. ~ électrique electric motor; ~ à 2/4 temps 2-/4-stroke engine;

à ~ power-driven, motor; (*fig*) être le ~ de qch to be the driving force behind sth.

moteur², -trice¹ [mɔtœʀ, tʀis] adj muscle, nerf motor; troubles motory; (*Tech*), (*lit, fig*) force driving.

motif [mɔtif] nm (a) (*gén*) reason, grounds; (*Jur*) motive (*de* for). **(b)** [tissu, papier] pattern; (*Peinture, Mus*) motif.

motion [mosjɔ̃] nf (*Pol*) motion. ~ de censure censure motion.

motiver [mɔtive] (1) vt (*justifier*) action, attitude to justify, account for; (*fournir un motif à*) refus, jugement to motivate. ♦ motivation nf motivation. ♦ motivé, e adj justified, well-founded, motivated; *personne* motivated.

moto* [mɔto] nf (motor)bike*. ♦ moto-cross nm inv motocross. ♦ motoculteur nm (motorized) cultivator. ♦ motocyclette nf motorcycle. ♦ motocycliste nmf motorcyclist. ♦ moto-nautisme nm speedboat racing. ♦ motopompe nf motor-pump.

motoriser [mɔtɔʀize] (1) vt (*Mil, Tech*) to motorize. être motorisé* to have a car. ♦ motorisation nf motorization.

motrice² [mɔtʀis] nf motor unit; V moteur².

motte [mɔt] nf: ~ (de terre) lump of earth, clod (of earth); ~ de gazon turf, sod; ~ de beurre lump *ou* block of butter.

motus* [mɔtys] excl not a word!

mou, molle [mu, mɔl] (*masc. mol* [mɔl] *devant voyelle ou h muet*) 1 adj substance soft; tige, geste limp; chair flabby; relief soft, gentle; traits du visage weak; protestations, opposition weak, feeble; style, (*Mus*) exécution dull. personne molle (*sans énergie*) lethargic *ou* sluggish person; (*sans autorité*) spineless character; (*trop indulgent*) lax *ou* soft person; bruit ~ muffled noise. 2 nm (a) [corde] avoir du ~ to be slack; donner du ~ (à qch) to slacken (sth). **(b)** (*Boucherie*) lights.

mouchard [muʃaʀ] nm (a) (*) (*Scol*) sneak*; (*arg Police*) grass (*arg*). **(b)** [veilleur de nuit] control clock; (*Mil*) spy plane. ♦ moucharder* (1) vt (*Scol*) to sneak on*; (*arg Police*) to grass on (*arg*).

mouche [muʃ] nf fly; (*en taffetas*) patch. ~ bleue, ~ à vers bluebottle, blowfly; quelle ~ t'a piqué? what has bitten you?*; tomber comme des ~s to fall like flies; prendre la ~ to take the huff*; faire ~ (*Tir*) to score a bull's-eye; (*fig*) to hit home.

moucher [muʃe] (1) 1 vt (a) ~ (le nez de) qn to blow sb's nose. **(b)** (* fig) ~ qn to snub sb, put sb in his place. 2 se ~ vpr to blow one's nose.

moucheron [muʃʀɔ̃] nm midge; (*: enfant*) kid*.

moucheté, e [muʃte] adj œuf speckled; laine flecked; fleuret buttoned.

mouchoir [muʃwaʀ] nm handkerchief. ~ en papier tissue, paper hanky; grand comme un ~ de poche as big as *ou* no bigger than a pocket handkerchief; ils sont arrivés dans un ~ it was a close finish.

moudre [mudʀ(ə)] (47) vt (*gén*) to grind.

moue [mu] nf pout. faire la ~ (*tiquer*) to pull a face; [enfant gâté] to pout.

mouette [mwɛt] nf seagull.

moufle [mufl(ə)] nf mitten.

mouiller [muje] (1) 1 vt (a) (*gén*) to wet. se faire ~ to get wet *ou* drenched *ou* soaked. **(b)** vin, lait to water (down). **(c)** (*Naut*) mine to lay; sonde to heave. ~ l'ancre to cast *ou* drop anchor. **(d)** (*Ling*) to palatalize. 2 vi (*Naut*) to lie at anchor. 3 se ~ vpr (a) to get o.s. wet. se ~ les pieds to get one's feet wet. **(b)** [yeux] to fill with tears. **(c)** (*: risquer*) to get one's feet wet, commit o.s. ♦ mouillage nm (*rade*) anchorage, moorage. ♦ mouillé, e adj wet. tout ~ soaked through; ne marche pas dans le ~ don't walk in the wet.

moulage [mula ʒ] nm [briques] moulding; [statue] casting; (*objet*) cast.

moule¹ [mul] *nm (lit, fig)* mould; (*Typ*) matrix. ~ à
gâteaux cake tin; ~ à **gaufre** waffle-iron; ~ à
tarte pie plate, flan case.
moule² [mul] *nf (a) (Zool)* mussel. ~s **marinières**
mussels (cooked) in white wine. **(b)** (*: *idiot*)
idiot, twit*.
mouler [mule] (1) *vt (a) briques* to mould; *carac-*
tères d'imprimerie, statue to cast; *lettre* to form
with care. ~ **son style sur** to model one's style on.
(b) *[robe]* to hug, fit closely round. **robe qui**
moule close- *ou* tight-fitting dress.
moulin [mulɛ̃] *nm* mill; (*: *moteur*) engine. ~ à
eau water mill; ~ à **vent** windmill. ♦ **mouliner** (1)
vt (Culin) to put through a vegetable mill; (*Pêche*)
to reel in. ♦ **moulinet** *nm (Pêche)* reel; (*Escrime*)
flourish. **faire des** ~s **avec une canne** to twirl *ou*
whirl a stick. ♦ **moulinette** *nf* ® vegetable mill.
moulu, e [muly] *adj:* ~ **(de coups)** thrashed; ~ **(de**
fatigue)* dead-beat*, worn-out.
moulure [mulyʀ] *nf* moulding.
mourir [muʀiʀ] (19) *vi (a)* to die. ~ **de sa belle**
mort to die a natural death; ~ **avant l'âge** to die
before one's time; ~ **assassiné** to be murdered; ~
en héros to die a hero's death; **faire** ~ **qn** to kill sb;
(hum) **tu n'en mourras pas!*** it won't kill you! **(b)**
[feu, coutume] to die out; *[bruit, vague]* to die
away; *[jour]* to fade, die; *[flamme]* to die down. **(c)**
~ **d'inquiétude** to be worried to death; **il meurt**
d'envie de le faire he's dying to do it; **s'ennuyer à**
~ to be bored to death *ou* to tears; ~ **de faim** *(lit)*
to starve to death; *(fig)* to be famished *ou*
starving; **je meurs de soif** I am parched; **faire** ~
qn à petit feu *(lit)* to kill sb slowly; *(fig)* to torment
the life out of sb; **c'est à** ~ **de rire** it would make
you die laughing*. ♦ **mourant, e** *adj* dying; *voix*
faint; (*) *rythme* deadly (dull). **un** ~ a dying man;
les ~s **the dying.**
mousquetaire [muskətɛʀ] *nm* musketeer.
mousse¹ [mus] *nf (Bot)* moss; *[bière, eau]* froth,
foam; *[savon]* lather; *[champagne]* bubbles;
(*Culin*) mousse. ~ **au chocolat** chocolate mousse;
balle (en) ~ rubber ball; **collant** ~ stretch tights;
~ **de caoutchouc** foam rubber; **se faire de la** ~* to
worry o.s. sick*.
mousse² [mus] *nm* ship's boy.
mousseline [muslin] *nf (coton)* muslin; (*soie,*
tergal) chiffon.
mousser [muse] (1) *vi [bière, eau]* to froth, foam;
[champagne] to bubble, sparkle; *[savon]* to lather.
se faire ~ı to give o.s. a boost* (*auprès de* with).
♦ **mousseux, -euse 1** *adj* sparkling; frothy. **2** *nm*
sparkling wine.
mousson [musɔ̃] *nf* monsoon.
moustache [mustaʃ] *nf [homme]* moustache.
[animal] ~s whiskers.
moustique [mustik] *nm (Zool)* mosquito; (*:
enfant) tich*, (little) kid*. ♦ **moustiquaire** *nf*
(*rideau*) mosquito net; *[fenêtre]* screen.
moutarde [mutaʀd(ə)] *nf* mustard. ~ **forte**
English mustard; ~ **à l'estragon** French mustard;
(fig) **la** ~ **me monta au nez** I flared up, I lost my
temper.
mouton [mutɔ̃] *nm (a) (Zool, fig)* sheep; (*Culin*)
mutton. **doublé de** ~ lined with sheepskin; **se con-**
duire en ~ **de Panurge** to behave like a lot of
sheep. **(b)** ~s *(sur la mer)* white horses; *(sur le*
plancher) (bits of) fluff; *(dans le ciel)* fluffy *ou*
fleecy clouds. ♦ **moutonneux, -euse** *adj mer*
flecked with white horses; *ciel* flecked with
fleecy *ou* fluffy clouds.
mouvement [muvmɑ̃] *nm (a) (geste)* movement.
~s **de gymnastique** (physical) exercises; **il**
approuva d'un ~ **de tête** he gave a nod of
approval; **elle eut un** ~ **de recul** she started back.
(b) *(impulsion)* impulse, reaction. **avoir un bon** ~
to make a kind gesture; ~ **de colère** burst *ou*
upsurge of anger; ~s **dans l'auditoire** a stir in the
audience; **discours accueilli avec des** ~s **divers**

speech which got a mixed reception; **agir de son**
propre ~ to act of one's own accord. **(c)** *(activité)*
activity, bustle. **rue pleine de** ~ busy *ou* lively
street. **(d)** *(déplacement)* movement; (*Mil:* **ma-**
nœuvre) move. **être sans cesse en** ~ to be constantly on the move *ou* on the go*; **mettre qch en**
~ to set sth in motion, set sth going; **se mettre en**
~ to start *ou* set off; **suivre le** ~ to follow the
general movement; **le** ~ **perpétuel** perpetual
motion; ~ **de foule** sway in the crowd; ~s **de**
population shifts in population; ~s **de troupes**
troop movements; ~ **de fonds** movement of capital; ~ **de personnel** changes in staff. **(e)** *(évolu-*
tion) **le** ~ **des idées** the evolution of ideas; **être**
dans le ~ to keep up-to-date; ~ **d'opinion** trend of
opinion; **le** ~ **des prix** the trend of prices; ~ **de**
baisse downward trend. **(f)** *[phrase]* rhythm;
[tragédie] action; *[draperie]* drape; *[collines]*
undulations. **(g)** *(groupe)* movement. ~ **politique**
political movement. **(h)** *[symphonie]* movement.
(i) *(Tech: mécanisme)* movement. **par un** ~
d'horlogerie by clockwork.
♦ **mouvant, e** *adj situation* unsettled, fluid;
ombre, flamme moving, changing; *terrain*
shifting. ♦ **mouvementé, e** *adj vie, poursuite*,
récit eventful; *séance* turbulent, stormy.
♦ **mouvoir** (27) **1** *vt (a) machine* to drive; *bras*,
levier to move. **comme mû par un ressort** as if
propelled by a spring. **(b)** *[sentiment]* to drive,
prompt. **2 se** ~ *vpr* to move.
moyen, -enne [mwajɛ̃, ɛn] **1** *adj (gén)* average.
être ~ **en maths** to be average at maths; **résultats**
très ~s mediocre *ou* poor results; **de taille** ~**enne**
personne of medium *ou* average height; *entre-*
prise, bâtiment medium-sized; **avoir un temps** ~
to have mixed weather; **une solution** ~**enne** a
middle-of-the-road solution.
2 *nm (a)* means, way. ~s **de défense/produc-**
tion *etc* means of defence/production *etc*;
trouver un ~ **terme** to find a middle course; **c'est**
l'unique ~ **de s'en sortir** it's the only way out;
employer les grands ~s to have to resort to
drastic means *ou* measures; **se débrouiller avec**
les ~s **du bord** *ou* **avec des** ~s **de fortune** to make
do with what's available, use makeshift devices;
au ~ **de** by means of. **(b)** **est-ce qu'il y a** ~ **de lui**
parler? is it possible to speak to him?; **il n'y a pas**
~ **de sortir par ce temps** you can't go out in this
weather; **le** ~ **de dire autre chose!** what else
could I say! **(c)** *(physiques)* ~s abilities; **être en**
possession de tous ses ~s to be at one's peak; **par**
ses propres ~s all by himself. **(d)** *(financiers)* ~s
means; **c'est au-dessus de ses** ~s he can't afford
it, it's beyond his means; **avoir de gros/petits** ~s
to have a large/small income.
3 *nf (a) (gén)* average. **la** ~**enne d'âge** the
average age; **la** ~**enne des gens** most people;
faire du 100 de ~**enne** to average 100 km/h;
~**enne arithmétique** arithmetic mean; **en** ~**enne**
on average. **(b)** *(Scol)* **avoir la** ~**enne** *(devoir)* to
get half marks; *(examen)* to get a pass; ~**enne**
générale *(de l'année)* average (for the year); **cet**
élève est dans la ~**enne/la bonne** ~**enne** this pupil
is about/above average.
♦ **moyen âge** *nm:* **le** ~ the Middle Ages.
♦ **moyenâgeux, -euse** *adj ville* medieval; (*péj*)
antiquated. ♦ **moyen-courrier**, *pl* ~s-~s *nm*
medium-haul (aeroplane). ♦ **Moyen-Orient** *nm:*
le ~ the Middle East. ♦ **moyennant** *prép argent*
for; *service* in return for; *travail, effort* with. ~
finance for a fee *ou* a consideration; ~ **quoi** in
return for which. ♦ **moyennement** *adv content*
fairly, moderately; *travailler* fairly *ou* moderately well.
moyeu, *pl* ~**x** [mwajø] *nm [roue]* hub.
muer [mɥe] (1) **1** *vi (gén)* to moult; *[serpent]* to
slough. **sa voix mue** his voice is breaking. **2** *vt*, **se**
~ *vpr* to change *ou* turn (*en* into). ♦ **mue** *nf*

moulting; sloughing; (*époque*) moulting *ou* sloughing season; (*peau, plumes*) slough; moulted hair, feathers *etc. [voix]* **au moment de la** ~ when the voice breaks.

muet, -ette [mɥɛ, ɛt] **1** *adj* (*infirme*) dumb; (*lit, fig: silencieux*) silent; (*Ling*) mute, silent; (*Géog*) *carte* blank. **en rester** ~ to stand speechless (*de* with); **il est resté** ~ **comme une carpe** he never opened his mouth. **2** *nm,f* dumb man (*ou* woman). **3** *nm*: **le** ~ the silent cinema.

mufle [myfl(ə)] *nm* **(a)** *[chien etc]* muzzle. **(b)** (‡: *goujat*) boor, lout. ♦ **muflerie** *nf* boorishness. **une** ~ a boorish remark (*ou* thing to do).

mugir [myʒiʀ] (2) *vi [vache]* to moo; *[bœuf]* to bellow; *[vent, sirène]* to howl. ♦ **mugissement** *nm*: ~(s) mooing; bellowing; howling.

muguet [mygɛ] *nm* (*Bot*) lily of the valley.

mulâtre, -esse [mylɑtʀ(ə), ɛs] *nm,f* mulatto.

mule [myl] *nf* (*Zool*) (she-)mule; (*pantoufle*) mule. ♦ **mulet** *nm* (*âne*) (he-)mule; (*poisson*) mullet. ♦ **muletier, -ière 1** *adj*: **sentier** ~ mule track. **2** *nm,f* mule-driver.

mulot [mylo] *nm* field mouse.

multicolore [myltikɔlɔʀ] *adj* multicoloured.

multiforme [myltifɔʀm(ə)] *adj apparence* multiform; *problème* many-sided.

multimillionnaire [myltimiljɔnɛʀ] *nmf* multimillionaire.

multinational, e, *mpl* **-aux** [myltinasjɔnal, o] *adj* multinational.

multiple [myltipl(ə)] **1** *adj occasions, raisons* numerous, multiple; *fracture* multiple; *aspects* multifarious, manifold; *problème* many-sided. **à usages** ~s multi-purpose; **100 est** ~ **de 10** 100 is a multiple of 10. **2** *nm* multiple. ♦ **multiplication** *nf* (*prolifération*) increase in the number of; (*Bot, Math*) multiplication. ♦ **multiplicité** *nf* multiplicity. ♦ **multiplier** (7) **1** *vt* (*gén*) to multiply (*par* by). **2 se** ~ *vpr* (*gén*) to multiply; *[infirmier]* to do one's utmost.

multirisque [myltiʀisk(ə)] *adj* multiple-risk.

multitude [myltityd] *nf* **(a) une** ~ **de** a multitude of, a vast number of; **la** ~ **de the mass of; la** ~ **des gens** the (vast) majority of people. **(b)** (*littér: foule*) multitude, throng.

municipal, e, *mpl* **-aux** [mynisipal, o] *adj élection, stade* municipal; *conseil* local, town. **arrêté** ~ local by-law; **piscine** ~e public swimming pool. ♦ **municipalité** *nf* (*ville*) town; (*conseil*) town council.

munir [myniʀ] (2) **1** *vt personne, objet* to provide, equip (*de* with). **muni de ces conseils** armed with this advice. **2 se** ~ *vpr*: **se** ~ **de** to provide o.s. with; **se** ~ **de patience** to arm o.s. with patience.

munitions [mynisjɔ̃] *nfpl* ammunition.

muqueuse [mykøz] *nf* mucous membrane.

mur [myʀ] *nm* (*gén*) wall. ~ **d'enceinte** outer wall *ou* walls; **une maison aux** ~s **de brique** a brick house; **faire le** ~* to jump the wall; **l'ennemi est dans nos** ~s the enemy is within our gates; **M X est dans nos** ~s **aujourd'hui** we have Mr X with us today; **avoir le dos au** ~ to have one's back to the wall; **on parle à un** ~ it's like talking to a brick wall; **franchir le** ~ **du son** to break the sound barrier. ♦ **muraille** *nf* (high) wall. **couleur de** ~ stone grey. ♦ **mural, e,** *mpl* **-aux** *adj* wall; (*Art*) mural. ♦ **murer** (1) **1** *vt ouverture* to wall up, brick up. **2 se** ~ *vpr* (*chez soi*) to shut o.s. up. **se** ~ **dans son silence** to immure o.s. in silence.

mûr, e[1] [myʀ] *adj fruit, projet* ripe; *tissu* worn; *personne, esprit* mature. **pas** ~ unripe; **trop** ~ overripe; **il est** ~ **pour le mariage** he is ready for marriage; **après** ~e **réflexion** after mature reflection. ♦ **mûrement** *adv*: **ayant** ~ **réfléchi** after much thought, after lengthy deliberation. ♦ **mûrir** (2) **1** *vi [fruit]* to ripen; *[idée, personne]*

to mature; *[abcès]* to come to a head. **2** *vt fruit* to ripen; *projet* to nurture; *personne* to make mature.

mûre[2] [myʀ] *nf [ronce]* blackberry, bramble; *[mûrier]* mulberry. ♦ **mûrier** *nm* mulberry bush.

murmurer [myʀmyʀe] (1) **1** *vt* to murmur. **on murmure que ...** it's whispered that ..., rumour has it that ... . **2** *vi* (*chuchoter*) to murmur; (*protester*) to mutter, grumble (*contre* about). ♦ **murmure** *nm* murmur. **obéir sans** ~ to obey without a murmur; ~s (*protestations*) murmurings, grumblings; (*objections*) objections.

muscade [myskad] *nf* nutmeg.

muscat [myska] *nm* (*raisin*) muscat grape; (*vin*) muscatel (wine).

muscle [myskl(ə)] *nm* muscle. ♦ **musclé, e** *adj corps* muscular; *homme* brawny; *régime* strongarm. ♦ **musculaire** *adj force* muscular. **fibre** ~ muscle fibre. ♦ **musculature** *nf* muscle structure.

muse [myz] *nf* (*Littérat, Myth*) Muse.

museau, pl ~x [myzo] *nm [chien, bovin]* muzzle; *[porc]* snout; (*Culin*) brawn; (*‡: visage*) face. ♦ **museler** (4) *vt* (*lit, fig*) to muzzle. ♦ **muselière** *nf* muzzle.

musée [myze] *nm* (*art*) art gallery; (*technique*) museum. (*lit, fig*) **pièce de** ~ museum piece. ♦ **muséum** *nm* museum.

musique [myzik] *nf* (*art*) music; (*orchestre*) band. ~ **sacrée/d'ambiance/de chambre** sacred/background/chamber music; **elle fait de la** ~ she plays an instrument; **mettre un poème en** ~ to set a poem to music; **c'est toujours la même** ~* it's always the same old refrain. ♦ **musical, e,** *mpl* **-aux** *adj* musical. ♦ **musicalement** *adv* musically. ♦ **musicalité** *nf* musicality, musical quality. ♦ **music-hall, pl** ~-~s *nm* (*salle*) variety theatre, music hall. **faire du** ~ to be in variety; **numéro de** ~ variety turn. ♦ **musicien, -ienne 1** *adj* musical. **2** *nm,f* musician.

musulman, e [myzylmɑ̃, an] *adj, nm,f* Moslem, Muslim.

muter [myte] (1) *vt* (*Admin*) to transfer. ♦ **mutation** *nf* (*gén*) transformation; (*Bio*) mutation; (*Admin, Jur*) transfer.

mutiler [mytile] (1) *vt* (*gén*) to mutilate; *personne* to maim; *statue, arbre* to deface. **se** ~ to maim *ou* injure o.s. ♦ **mutilation** *nf* mutilation. ♦ **mutilé, e 1** *adj*: **être** ~ to be disabled. **2** *nm,f* cripple, disabled person; ~ **de la face** disfigured person; ~ **de guerre** disabled ex-serviceman.

mutiner (se) [mytine] (1) *vpr* (*Mil, Naut*) to mutiny; (*gén*) to rebel, revolt. ♦ **mutin, e 1** *adj* (*espiègle*) mischievous. **2** *nm* mutineer; rebel. ♦ **mutiné, e 1** *adj* mutinous. **2** *nm* mutineer. ♦ **mutinerie** *nf* mutiny; rebellion, revolt.

mutisme [mytism(ə)] *nm* (*gén*) silence; (*Méd*) muteness.

mutuel, -elle [mytɥɛl] **1** *adj* mutual. **2** *nf* mutual benefit society. ♦ **mutuellement** *adv s'aider* one another, each other. ~ **ressenti** mutually felt.

myope [mjɔp] *adj* short- *ou* near-sighted, myopic. ~ **comme une taupe*** (as) blind as a bat. ♦ **myopie** *nf* short- *ou* near-sightedness, myopia.

myosotis [mjɔzɔtis] *nm* forget-me-not.

myriade [miʀjad] *nf* myriad.

myrtille [miʀtij] *nf* bilberry.

mystère [mistɛʀ] *nm* mystery. ♦ **mystérieusement** *adv* mysteriously. ♦ **mystérieux, -euse** *adj* mysterious.

mystifier [mistifje] (7) *vt* to fool, take in. ♦ **mystification** *nf* (*farce*) hoax; (*péj: mythe*) myth. ♦ **mystificateur, -trice** *nm,f* hoaxer.

mystique [mistik] **1** *adj* mystical. **2** *nmf* (*personne*) mystic. **3** *nf* (*science*) mysticism; (*péj: vénération*) blind belief (*de* in). ♦ **mysticisme** *nm*

mysticism. ♦ **mystiquement** *adv* mystically.
mythe [mit] *nm* (*gén*) myth. ♦ **mythique** *adj*
mythical. ♦ **mythologie** *nf* mythology.

♦ **mythologique** *adj* mythological. ♦ **mytho-
mane** *adj*, *nmf* mythomaniac.
myxomatose [miksɔmatoz] *nf* myxomatosis:

N

N, n [ɛn] *nm* (*lettre*) N, n.

n' [n] V **ne**.

nacre [nakʀ(ə)] *nf* mother-of-pearl. ♦ **nacré, e** *adj* pearly.

nager [naʒe] (3) **1** *vi* [*personne*] to swim; [*objet*] to float. **ça nage dans la graisse** it is swimming in fat; **~ dans l'opulence** to be rolling in money*; **il nage dans ses vêtements** he is lost in his clothes; **en allemand, je nage complètement*** I'm completely at sea* in German. **2** *vt* to swim. **~ la brasse** to swim breast-stroke. ♦ **nage** *nf* **(a)** swimming; (*manière*) stroke, style of swimming. **~ sur le dos** backstroke; **~ libre** freestyle; **gagner la rive à la ~** to swim to the bank. **(b)** **être en ~** to be bathed in sweat; **cela m'a mis en ~** that made me sweat. ♦ **nageoire** *nf* [*poisson*] fin; [*phoque etc*] flipper. ♦ **nageur, -euse** *nm,f* swimmer.

naguère [nagɛʀ] *adv* (*récemment*) not long ago; (*autrefois*) formerly.

naïf, naïve [naif, naiv] **1** *adj* naïve. **2** *nm,f* gullible fool, innocent. ♦ **naïvement** *adv* naïvely. ♦ **naïveté** *nf* naïvety.

nain, e [nɛ̃, nɛn] **1** *adj* dwarfish. **chêne ~** dwarf oak. **2** *nm,f* dwarf.

naissance [nɛsɑ̃s] *nf* (*gén*) birth; [*rivière*] source; [*cheveux, ongles*] root; [*cou*] base. **à la ~** at birth; **de ~** *aveugle* from birth; *français* by birth; **prendre ~** to take form; **donner ~ à** *enfant* to give birth to; *rumeurs* to give rise to.

naître [nɛtʀ(ə)] (59) *vi* **(a)** to be born. **il vient de ~** he has just been born; **X est né le 4 mars** X was born on March 4; **l'homme naît libre** man is born free; **il est né poète** he is a born poet; **en naissant** at birth; **il naît plus de filles que de garçons** there are more girls born than boys; **Mme Durand, née Dupont** Mme Durand, née Dupont; **être né de parents français** to be born of French parents; **être né coiffé** to be born lucky; **il n'est pas né d'hier** he wasn't born yesterday. **(b)** [*idée*] to be , born; [*ville*] to spring up; [*jour*] to break; [*sentiment, difficultés*] to arise; [*plante*] to burst forth; [*rivière*] to rise. **un sourire naquit sur son visage** a smile crept over his face; **faire ~** *industrie* to create; *soupçons, désir* to arouse; **la haine née de ces querelles** the hatred which sprang from these quarrels; **~ à l'amour** to awaken to love.

nana* [nana] *nf* (*femme*) bird*, chick*.

nantir [nɑ̃tiʀ] (2) *vt* to provide (*de* with). **se ~ de** to provide o.s. with. ♦ **nanti, e** *adj* affluent, well-to-do.

napalm [napalm] *nm* napalm.

naphtaline [naftalin] *nf* mothballs.

nappe [nap] *nf* tablecloth; [*gaz, pétrole*] layer; [*brouillard*] blanket; [*eau, feu*] sheet. **~ de mazout** oil slick. ♦ **napper** (1) *vt* (*Culin*) to coat (*de* with). ♦ **napperon** *nm* doily.

narcisse [naʀsis] *nm* (*Bot*) narcissus; (*péj: égocentrique*) narcissistic individual.

narcotique [naʀkɔtik] *adj, nm* narcotic.

narguer [naʀge] (1) *vt danger* to flout; *personne* to scoff at.

narine [naʀin] *nf* nostril.

narquois, e [naʀkwa, waz] *adj* mocking, derisive. ♦ **narquoisement** *adv* mockingly, derisively.

narrer [naʀe] (1) *vt* to narrate. ♦ **narrateur, -trice**

nm,f narrator. ♦ **narratif, -ive** *adj* narrative. ♦ **narration** *nf* (*action*) narration; (*récit*) narrative, account; (*Scol: rédaction*) essay.

nasal, e, *mpl* **-aux** [nazal, o] *adj* nasal.

naseau, *pl* **~x** [nazo] *nm* [*cheval*] nostril.

nasiller [nazije] (1) *vi* [*personne*] to have a (nasal) twang; [*micro*] to whine. ♦ **nasillard, e** *adj* nasal; whiny. ♦ **nasillement** *nm* (nasal) twang; whine.

nasse [nas] *nf* hoop net.

natal, e, *mpl* **~s** [natal] *adj* native. ♦ **natalité** *nf* birth rate.

natation [natasjɔ̃] *nf* swimming.

natif, -ive [natif, iv] *adj, nm,f* (*gén*) native.

nation [nasjɔ̃] *nf* nation. **les N~s Unies** the United Nations. ♦ **national, e**, *mpl* **-aux** *adj* (*gén*) national; *obsèques, éducation* state. (**route**) **~e** = 'A' ou trunk road, state highway (*US*). ♦ **nationalisation** *nf* nationalization. ♦ **nationaliser** (1) *vt* to nationalize. ♦ **nationalisme** *nm* nationalism. ♦ **nationaliste** *adj, nmf* nationalist. ♦ **nationalité** *nf* nationality.

natte [nat] *nf* (*tresse*) pigtail, plait; (*paillasse*) mat.

naturaliser [natyʀalize] (1) *vt* to naturalize. **se faire ~ français** to become a naturalized Frenchman. ♦ **naturalisation** *nf* naturalization.

nature [natyʀ] **1** *nf* **(a)** (*caractère*) nature. **la ~ humaine** human nature; **c'est/ce n'est pas de ~ à** it's liable to/not likely to; **il n'est pas de ~ à** he's not the sort of person who would. **(b)** (*monde*) **la ~** nature; **vivre (perdu) dans la ~** to live (out) in the country *ou* at the back of beyond; **disparaître dans la ~*** to vanish into thin air. **(c)** (*sorte*) nature, kind. **de toute(s) ~(s)** of all kinds, of every kind. **(d)** (*Art*) **peindre d'après ~** to paint from life; **plus grand que ~** more than life-size, larger than life; **~ morte** still life. **(e)** (*Fin*) **en ~** in kind. **2** *adj inv* *eau, thé etc* plain. **café ~** black coffee; **boire le whisky ~** to drink whisky neat.

naturel, -elle [natyʀɛl] **1** *adj* (*gén*) natural; *besoins* bodily. **avec sa voix ~elle** in his normal voice; **c'est ~ chez lui** it's natural for him, it comes naturally to him; **ne me remerciez pas, c'est tout ~** please don't mention it. **2** *nm* **(a)** (*caractère*) nature, disposition. **(b)** (*absence d'affectation*) naturalness. **(c)** (*indigène*) native. **(d)** **au ~** (*Culin*) served plain, au naturel; **elle est mieux en photo qu'au ~** she's better in photos than in real life. ♦ **naturellement** *adv* (*gén*) naturally; (*bien sûr*) naturally, of course.

naufrage [nofʀaʒ] *nm* [*bateau*] wreck; (*fig*) ruin. **un ~** a shipwreck; **faire ~** [*bateau*] to be wrecked; [*marin*] to be shipwrecked. ♦ **naufragé, e** **1** *adj* shipwrecked. **2** *nm,f* shipwrecked person; (*sur une île*) castaway.

nausée [noze] *nf* (feeling of) nausea *ou* sickness. **avoir la ~** to feel sick; **avoir des ~s** to have bouts of nausea; (*lit, fig*) **ça me donne la ~** it makes me (feel) sick. ♦ **nauséabond, e** *adj* (*lit, fig*) nauseating, sickening.

nautique [notik] *adj* nautical. **sports ~s** water sports; **fête ~** water festival.

naval, e, *mpl* **~s** [naval] *adj* (*gén*) naval; *industrie* ship-building.

navet [navɛ] *nm* **(a)** turnip. **(b)** (*péj*) third-rate film (*ou* novel).

navette [navɛt] *nf* **(a)** (*Tex*) shuttle. **(b)** (*transport*) shuttle (service). **faire la ~ entre** [*banlieusard*] to commute between; [*véhicule*] to operate a shuttle service between; [*bateau*] to ply between.

naviguer [navige] (1) *vi* **(a)** (*voyager*) [*bateau, marin*] to sail; [*avion, pilote*] to fly. **ce type a beaucoup navigué*** this guy has been around a lot*; **bateau en état de ~** seaworthy ship. **(b)** (*piloter*) [*marin*] to navigate, sail; [*aviateur*] to navigate, fly. (*fig*) **il sait ~*** he knows the ropes. ♦ **navigabilité** *nf* [*rivière*] navigability; [*bateau*] seaworthiness; [*avion*] airworthiness. ♦ **navigable** *adj rivière* navigable. ♦ **navigant, e** *adj* (*Aviat*) **personnel ~** flying personnel. ♦ **navigateur** *nm* (*gén*) navigator. **~ solitaire** single-handed sailor. ♦ **navigation** *nf* **(a)** (*Naut*) sailing, navigation; (*trafic*) (sea) traffic. **ouvert à la ~** open to shipping *ou* ships; **terme de ~** nautical term. **(b)** (*Aviat*) (*trafic*) air traffic; (*pilotage*) navigation, flying.

navire [navir] *nm* ship; (*Jur*) vessel. **~ amiral** flagship; **~ de guerre** warship.

navrer [navre] (1) *vt* (*conduite, nouvelle*) to distress, upset; [*contretemps*] to annoy. ♦ **navré, e** *adj* sorry (*de* to). **ton ~** (*excuse*) apologetic tone; (*compassion*) sympathetic tone; (*émotion*) distressed *ou* upset voice.

nazi, e [nazi] *adj, nm,f* Nazi. ♦ **nazisme** *nm* Nazism.

ne [n(ə)] *adv nég*, **n'** *devant voyelles et h muet* **(a)** not. **il n'a rien dit** he did not *ou* didn't say anything, he said nothing; **nul n'a compris** nobody *ou* no one understood; **je n'ai pas d'argent** I have no money, I haven't any money; **~ me dérangez pas** don't *ou* do not disturb me; **il ~ sait pas parler** he can't *ou* cannot speak; **pas un seul ~ savait** not a single one knew; **il n'a que faire de vos conseils** he has no use for your advice; **que n'a-t-il songé à me prévenir** if only he had thought to warn me; **n'était la situation internationale, il serait parti** had it not been for *ou* were it not for the international situation he would have left; **cela fait des années que je n'ai été au cinéma** it's years since I (last) went to the cinema. **(b)** **~ ... que** only; **elle n'a confiance qu'en nous** she trusts only us; **il n'a que trop d'assurance** he is only too self-assured; **il n'y a pas que vous** you're not the only one; **et il n'y a pas que ça!** and that's not all! **(c)** (*sans valeur nég*) **j'ai peur qu'il ~ vienne** I am afraid (that) he will come; **mangez avant que le rôti ~ refroidisse** do eat before the roast gets cold; **il est plus malin qu'on ~ pense** he is more cunning than you think.

né, e [ne] *adj, nm,f* born. **son premier/dernier ~** her first-/last-born.

néanmoins [neɑ̃mwɛ̃] *adv* nevertheless, yet.

néant [neɑ̃] *nm*: **le ~** nothingness; **le ~ de la vie** the worthlessness of life; **signes particuliers: ~** special peculiarities: none.

nébuleux, -euse [nebylø, øz] **1** *adj ciel* cloudy; *discours* nebulous. **2** *nf* (*Astron*) nebula.

nécessaire [nesesɛr] **1** *adj* (*gén*) necessary; *personne* indispensable (*à* to). **il est ~ qu'on le fasse** we need to do it, we have (got) to do it, we must do it, it's necessary for us to do it; **~ à la vie/aux hommes** necessary for life/to man; **un bon repos vous est ~** you need a good rest; **avoir le temps ~** (*pour qch/pour faire*) to have the necessary time *ou* the time required (for sth/to do). **2** *nm*: **je n'ai pas le ~ pour le faire** I haven't got what's needed *ou* necessary to do it; **le strict ~** the bare necessities *ou* essentials; **je vais faire le ~** I'll see to it, I'll make the necessary arrangements. **3**: **~ à couture** sewing box; **~ à ongles** manicure set; **~ de toilette** toilet bag; **~ de voyage** grip. ♦ **nécessairement** *adv faux etc* necessarily. **dois-je ~ m'en aller?** is it necessary for me to go?,

must I go?, do I have to go?; il va ~ échouer he's bound to fail, he'll inevitably fail. ♦ **nécessité** *nf* **(a)** necessity. **je ne vois pas la ~ de le faire** I don't see the necessity of doing that *ou* the need for doing that; **être dans la ~ de faire qch** to have no choice *ou* alternative but to do sth. **(b)** **les ~s de la vie** the necessities *ou* essentials of life; **les ~s du service** the demands *ou* requirements of the job. **(c)** (†: *pauvreté*) destitution. ♦ **nécessiter** (1) *vt* to necessitate, require. ♦ **nécessiteux, -euse** *adj* needy.

nécrologie [nekrɔlɔʒi] *nf* (*liste*) obituary column; (*biographie*) obituary. ♦ **nécrologique** *adj* obituary.

nécropole [nekrɔpɔl] *nf* necropolis.

nectar [nɛktar] *nm* (*Bot, Myth, fig*) nectar.

néerlandais, e [neɛrlɑ̃dɛ, ɛz] **1** *adj* Dutch. **2** *nm* **(a)** **N~** Dutchman; **les N~** the Dutch. **(b)** (*Ling*) Dutch. **3** *nf*: **N~e** Dutchwoman.

nef [nɛf] *nf* nave. **~ latérale** side aisle.

néfaste [nefast(ə)] *adj* (*nuisible*) harmful (*à* to); (*funeste*) ill-fated, unlucky.

négatif, -ive [negatif, iv] **1** *adj* negative. **2** *nm* (*Phot*) negative. **3** *nf*: **dans la ~ive** in the negative. ♦ **négation** *nf* negation. ♦ **négativement** *adv* negatively.

négliger [negliʒe] (3) **1** *vt* (*gén*) to neglect; *tenue* to be careless about; *conseil* to disregard; *occasion* to miss. **ce n'est pas à ~** (*offre*) it's not to be sneezed at; (*difficulté*) it mustn't be overlooked; **ne rien ~ pour réussir** to leave no stone unturned in an effort to succeed; **il a négligé de le faire** he did not bother *ou* he neglected to do it. **2 se ~** *vpr* (*santé*) to neglect o.s.; (*tenue*) to neglect one's appearance. ♦ **négligé, e 1** *adj épouse* neglected; *tenue* slovenly; *travail, style* slipshod. **2** *nm* (*laisser-aller*) slovenliness; (*vêtement*) négligée. ♦ **négligeable** *adj* (*gén*) negligible; *détail* trivial; *adversaire* insignificant. **non ~** not inconsiderable. ♦ **négligemment** *adv* (*sans soin*) carelessly, negligently; (*nonchalamment*) casually. ♦ **négligence** *nf* negligence, slovenliness; (*erreur*) omission. ♦ **négligent, e** *adj* (*sans soin*) negligent, careless; (*nonchalant*) casual.

négocier [negɔsje] (7) *vti* (*gén*) to negotiate. ♦ **négoce** *nm* (†: *commerce*) business. ♦ **négociable** *adj* negotiable. ♦ **négociant, e** *nm,f* merchant. **~ en gros** wholesaler. ♦ **négociateur, -trice** *nm,f* negotiator. ♦ **négociation** *nf* negotiation.

nègre [nɛgr(ə)] **1** *nm* (*péj*) (*indigène*) Negro, nigger (*péj*); (*écrivain*) ghost writer. **2** *adj* Negro. ♦ **négresse** *nf* Negress.

neige [nɛʒ] *nf* (*gén, arg*) snow. **aller à la ~*** to go to the ski resorts; **~ carbonique** dry ice; **~ fondue** (*pluie*) sleet. ♦ **neiger** (3) *vb impers* to snow, be snowing. ♦ **neigeux, -euse** *adj* *sommet* snow-covered, snow-clad; *aspect* snowy.

nénuphar [nenyfar] *nm* water lily.

néo- [neɔ] *préf* neo-.

néolithique [neɔlitik] *adj, nm* neolithic.

néologisme [neɔlɔʒism(ə)] *nm* neologism.

néon [neɔ̃] *nm* (*gaz*) neon; (*éclairage*) neon lighting.

néophyte [neɔfit] *nmf* (*gén*) beginner; (*Rel*) neophyte.

néo-zélandais, e [neɔzelɑ̃dɛ, ɛz] **1** *adj* New Zealand. **2** *nm(f)*: **N~(e)** New Zealander.

nerf [nɛr] *nm* nerve. **avoir les ~s malades** to suffer from nerves; **avoir les ~s à vif** to be very nervy *ou* edgy, be on edge; **avoir ses ~s** to have a fit of nerves; **être sur les ~s** to be all keyed up; **taper* sur les ~s de qn** to get on sb's nerves; **ses ~s ont lâché*** his nerves have gone to pieces, he has cracked up*; **allons du ~!** come on, buck up!*; **ça manque de ~** it has got no go about it; **l'argent est le ~ de la guerre** money is the sinews of war. ♦ **nerveusement** *adv* (*excité*) nervously, tensely;

(*agacé*) touchily, nervily. **ébranlé** ~ shaken.
♦ **nerveux, -euse** *adj* (a) *tension, système* nervous; *cellule* nerve. (b) (*agité*) nervous, tense; (*irritable*) touchy, nervy. **c'est un grand** ~ he's very highly strung. (c) (*vigoureux*) *corps, style* energetic, vigorous; *moteur* responsive. (d) (*sec*) *personne* wiry; *main* sinewy; *viande* stringy. ♦ **nervosité** *nf* (a) (*agitation*) (*permanente*) nervousness; (*passagère*) agitation, tension. (b) (*irritabilité*) irritability, nerviness.
nervure [nɛʀvyʀ] *nf* (*Bot*) nervure; (*Archit*) rib.
n'est-ce pas [nɛspɑ] *adv*: **il est fort,** ~? he is strong, isn't he?; **il l'ignore,** ~? he doesn't know, does he?
net, nette [nɛt] **1** *adj* (a) *surface* clean; *intérieur, travail* neat, tidy; *conscience* clear. **mettre qch au** ~ to make a fair copy of sth. (b) *prix, poids* net. ~ **de** free of. (c) *idée, explication, voix* clear; *réponse* straight, plain; *refus* flat; *situation* clearcut. (d) *différence, amélioration* marked, distinct. **il est très** ~ **qu'il le savait** it is quite clear *ou* obvious that he knew. (e) *dessin, écriture, souvenir* clear; *contour,* (*Phot*) *image* sharp; *cassure* clean. **2** *adv* (a) *s'arrêter* dead; *tué* outright. **se casser** ~ to break clean through. (b) *parler* frankly, bluntly; *refuser* flatly. **pour vous parler** ~ to be blunt *ou* frank with you. (c) (*Comm*) net. **2 kg** ~ **2 kg** net. ♦ **nettement** *adv* (*gén*) clearly; *refuser* flatly; *dire* bluntly, frankly; *apparaître* distinctly, sharply; *s'améliorer* markedly. ♦ **netteté** *nf* (*tenue, travail*) neatness; (*explication, souvenir, voix*) clearness, clarity; (*contour, image*) sharpness; (*cassure*) cleanness.
nettoyer [netwaje] (8) *vt* (a) (*gén*) *objet* to clean; *jardin* to clear. ~ **au chiffon** to dust; ~ **avec du savon** to wash with soap; ~ **à la brosse** to brush; ~ **à sec** to dry-clean. (b) (***) (*tuer*) to finish off*; (*ruiner*) to clean out; (*vider*) to clean out, empty. (c) (*Mil, Police*) to clean up. ♦ **nettoiement** *nm* cleaning. ♦ **nettoyage** *nm* (*gén*) cleaning; (*Mil, Police*) cleaning up. ~ **de printemps** springcleaning; ~ **à sec** dry cleaning.
neuf[1] [nœf] *adj inv, nm inv* nine; *V* six.
neuf[2], **neuve** [nœf, nœv] **1** *adj* (*gén*) new; *pensée* fresh; *pays* young. **à l'état** ~ as good as new. **2** *nm*: **il y a du** ~ there has been a new development; **vêtu de** ~ dressed in new clothes; **remettre à** ~ to do up like new.
neurasthénie [nøʀasteni] *nf* (*gén*) depression. **faire la** ~ to be depressed. ♦ **neurasthénique** *adj* depressed.
neurologie [nøʀɔlɔʒi] *nf* neurology. ♦ **neurologue** *nmf* neurologist.
neutre [nøtʀ(ə)] **1** *adj* (*gén*) neutral; (*Ling, Zool*) neuter. **2** *nm* (*Ling*) neuter; (*Élec*) neutral; (*Pol*) neutral country. ♦ **neutralisation** *nf* neutralization. ♦ **neutraliser** (1) *vt* to neutralize. ♦ **neutralité** *nf* neutrality. ♦ **neutron** *nm* neutron.
neuvième [nœvjɛm] *adj, nmf* ninth; *V* sixième. ♦ **neuvièmement** *adv* ninthly; *V* sixièmement.
neveu, *pl* ~**x** [n(ə)vø] *nm* nephew.
névralgie [nevʀalʒi] *nf* neuralgia. ♦ **névralgique** *adj* neuralgic. (*Méd, fig*) **point** ~ nerve centre.
névrose [nevʀoz] *nf* neurosis. ♦ **névrosé, e** *adj, nm,f* neurotic. ♦ **névropathe** *adj, nmf* neurotic. ♦ **névrotique** *adj* neurotic.
nez [ne] *nm* (a) (*gén*) nose. **parler du** ~ to talk through one's nose; **comme le** ~ **au milieu du visage** as plain as the nose on your face *ou* as a pikestaff; **cela sent le brûlé à plein** ~ there's a strong smell of burning; **tu as le** ~ **dessus!** it's right under your nose! (b) (*visage*) **baisser/lever le** ~ to bow/raise one's head, look down/up; **mettre le** ~ **à la fenêtre** to show one's face at the window; **fermer la porte au** ~ **de qn** to shut the door in sb's face; ~ **à** ~ **face to face** (*avec* with); **faire un drôle de** ~ to pull a funny face. (c) (*flair*)

avoir du ~ to have flair; **j'ai eu le** ~ **creux de m'en aller*** I was quite right to leave. (d) **au** ~ **et à la barbe de qn** under sb's very nose; **il m'a dans le** ~*** he can't stand me*, he has got sth against me; **se bouffer le** ~***** to be at each others' throats; **mettre son** ~ **dans qch** to poke one's nose into sth; **l'affaire lui est passée sous le** ~*** the bargain slipped through his fingers.
ni [ni] *conj* nor, or. **ni** ... **ni** ... neither ... nor ...; **il ne pouvait** (~) **parler** ~ **entendre** he could neither speak nor hear, he couldn't speak or hear; **je ne veux** ~ **ne peux accepter** I neither wish to nor can accept; ~ **plus** ~ **moins** no more no less; ~ **l'un** ~ **l'autre** neither one nor the other, neither of them; ~ **vu** ~ **connu*** no one'll know; **cela ne me fait** ~ **chaud** ~ **froid** it makes no odds to me.
niais, e [njɛ, ɛz] **1** *adj* (*gén*) silly, simple; *rire* inane. **2** *nm,f* simpleton. ♦ **niaisement** *adv* inanely. ♦ **niaiserie** *nf* silliness, simpleness; *inaneness.* ~**s** foolish remarks *etc.*
niche [niʃ] *nf* (a) (*alcôve*) niche, recess; (*chien*) kennel. (b) (*farce*) trick.
nichée [niʃe] *nf* (*oiseaux, enfants*) brood; (*chiens*) litter.
nicher [niʃe] (1) **vi** (*oiseau*) to nest; (***) (*personne*) to hang out‡. **2 se** ~ *vpr* (*oiseau*) to nest; (*village etc*) to nestle; (***) (*personne*) to stick* *ou* put o.s.; (*objet*) to lodge itself.
nickel [nikɛl] **1** *nm* nickel. **2** *adj* (**: impeccable*) spick and span. ♦ **nickeler** (4) *vt* to nickel-plate.
nicotine [nikɔtin] *nf* nicotine.
nid [ni] *nm* (*Zool*) nest; (*foyer*) cosy little nest; (*repaire*) den. **surprendre qn au** ~ to find sb at home *ou* in; ~ **de mitrailleuses** nest of machine guns; ~ **de poule** pothole; ~ **à poussière** dust trap; ~ **de résistance** centre of resistance.
nièce [njɛs] *nf* niece.
nier [nje] (7) *vt* to deny (*avoir fait* having done). **l'accusé nia** the accused denied the charges.
nigaud, e [nigo, od] **1** *adj* silly, simple. **2** *nm,f* simpleton. **gros** ~! big silly *ou* ninny!*
nipper* [nipe] (1) **1** *vt* to tog out*. **2 se** ~ *vpr* to get togged up*. ♦ **nippes‡** *nfpl* togs*.
nippon, e *ou* **-onne** [nipɔ̃, ɔn] *adj*, **N**~(**e**) *nm(f)* Japanese, Nipponese.
nitrate [nitʀat] *nm* nitrate. ♦ **nitrique** *adj* nitric. ♦ **nitroglycérine** *nf* nitroglycerine.
niveau, *pl* ~**x** [nivo] *nm* (a) (*huile, eau*) level. **au** ~ **du sol** at ground level; **la neige m'arrivait au** ~ **des genoux** the snow came up to my knees *ou* was knee-deep; **serré au** ~ **de la taille** tight at the waist; **au** ~ **du village, il s'arrêta** once level with the village he stopped; **de** ~ **avec, au même** ~ **que** level with; **mettre/être de** *ou* **à** ~ to make/be level. (b) (*études*) standard; (*intelligence, qualité*) level. ~ **de langue** register; ~ **social** social standing; ~ **de vie** standard of living; **atteindre son** ~ **le plus bas** to reach its lowest ebb *ou* level; (*Scol*) **au** ~ up to standard; **au** ~ **européen** at a European level. (c) (*objet*) (*Constr*) level; (*Aut: jauge*) gauge. ♦ **niveler** (4) *vt* (*gén*) to level; (*érosion*) to wear down *ou* away. ~ **par le bas** to level down. ♦ **nivelage** *nm ou* ♦ **nivellement** *nm* levelling.
noble [nɔbl(ə)] **1** *adj* noble. **2** *nmf* nobleman; noblewoman. **les** ~**s** the nobility. ♦ **noblement** *adv* nobly. ♦ **noblesse** *nf* (*gén*) nobility. **la petite** ~ the gentry.
noce [nɔs] *nf* (*cérémonie*) wedding; (*cortège*) wedding party. ~**s** wedding; **être de** ~ to be invited to a wedding; **repas de** ~(**s**) wedding banquet; ~**s d'or** golden wedding; **il l'épousa en premières** ~**s** she was his first wife; **faire la** ~*** to live it up*, have a wild time; **je n'étais pas à la** ~ I was having a pretty uncomfortable time. ♦ **noceur, -euse*** *nm,f* reveller.
nocif, -ive [nɔsif, iv] *adj* noxious, harmful. ♦ **nocivité** *nf* noxiousness, harmfulness.

noctambule [nɔktɑ̃byl] *nmf* night-owl.

nocturne [nɔktyʀn(ə)] **1** *adj* nocturnal, night. **2** *nm* (*Zool*) night hunter; (*Mus*) nocturne; (*Sport*) evening fixture.

Noël [nɔɛl] *nm* (*fête*) Christmas; (*chant*) (Christmas) carol; (*cadeau*) Christmas present.

nœud [nø] **1** *nm* (*gén*) knot; (*ruban*) bow; (*Phys*) node. **faire son** ~ **de cravate** to knot *ou* tie one's tie; **avoir un** ~ **dans la gorge** to have a lump in one's throat; **il y a un** ~!* there's a hitch *ou* snag!; **le** ~ **de problème**, (*Théât*) **intrigue** the knot of; (*littér: lien*) **les** ~**s de l'amitié** the bonds *ou* ties of friendship. **2:** ~ **coulant** slipknot; ~ **ferroviaire** rail junction; ~ **gordien** Gordian knot; ~ **papillon** bow tie; ~ **de vipères** nest of vipers.

noir, e [nwaʀ] **1** *adj* **(a)** (*couleur*) black; *peau* (*par le soleil*) tanned; (*par les coups etc*) black and blue; *yeux, cheveux* dark. **je l'ai vu** ~ **sur blanc** I saw it in black and white; ~ **de saleté** black with dirt. **(b)** *race* black, coloured. **l'Afrique** ~**e** black Africa; **le problème** ~ the colour problem. **(c)** (*obscur*) dark. **il faisait** ~ **comme dans un four*** it was as black as pitch; **il faisait nuit** ~**e** it was pitch-dark; **rue** ~**e de monde** street teeming with people. **(d)** *désespoir, humeur, avenir, colère* black; *misère* utter; *idée* gloomy; (*macabre*) *film* macabre. **(e)** (*hostile*) black. **regarder qn d'un œil** ~ to give sb a black look. **(f)** (*: ivre*) drunk, tight.

2 *nm* **(a)** (*couleur*) black; (*pour les yeux*) mascara. **elle avait du** ~ **sur le menton** she had a black mark on her chin; **elle est en** ~ she is in black; (*en deuil*) she is in mourning; **voir les choses en** ~ to look on the black side. **(b)** (*obscurité*) dark, darkness. **(c)** **vendre au** ~ to sell on the black market; **travailler au** ~ to work on the side, moonlight*. **(d)** (*personne*) N~ black.

3 *nf* **(a)** (*personne*) N~e black, black woman. **(b)** (*Mus*) crotchet.

♦ **noirâtre** *adj* blackish. ♦ **noirceur** *nf* blackness; darkness; (*acte perfide*) black deed. ♦ **noircir** (2) **1** *vt* (*gén, fig*) to blacken; [*charbon*] to dirty; (*à la cire*) to darken. (*fig*) ~ **du papier** to cover paper with writing; **le soleil l'a noirci** the sun has tanned him; ~ **la situation** to paint a black picture of the situation. **2** *vi* [*peau*] to tan; [*ciel, couleur*] to darken. **3 se** ~ *vpr* [*ciel, couleur*] to darken; [*temps*] to turn stormy. ♦ **noircissement** *nm* blackening; dirtying; darkening. ♦ **noircissure** *nf* black mark.

noise [nwaz] *nf*: **chercher** ~ **à qn** to try to pick a quarrel with sb.

noisette [nwazɛt] **1** *adj inv* hazel. **2** *nf* (*fruit*) hazelnut. ~ **de beurre** knob of butter. ♦ **noisetier** *nm* hazel tree.

noix [nwa] *nf* (*fruit*) walnut; [*côtelette*] eye. **à la** ~* rubbishy; ~ **de beurre** knob of butter; ~ **de coco** coconut; ~ **de muscade** nutmeg; ~ **de veau** cushion of veal.

nom [nɔ̃] **1** *nm* (*gén*) name. **petit** ~ Christian *ou* first name; **le beau** ~ **de liberté** the great name of liberty; **il n'est spécialiste que de** ~ he is a specialist in name only; **un crime sans** ~ *ou* **qui n'a pas de** ~ an unspeakable crime; **se faire un** ~ to make a name for o.s.; **parler au** ~ **de qn** to speak for *ou* on behalf of sb; **au** ~ **de la loi, ouvrez** open up in the name of the law; **au** ~ **de quoi vous permettez-vous ...?** whatever gives you the right to ...?; **au** ~ **du ciel!** in heaven's name!; **au** ~ **de ce que vous avez de plus cher** in the name of everything you hold most dear; ~ **de** ~ * *ou* **d'un chien!*** damn! *ou* dash* it!; **traiter qn de tous les** ~**s** to call sb names, call sb everything under the sun. **2:** ~ **de baptême** Christian name, given name (*US*); ~ **commun** common noun; ~ **déposé** (registered) trademark; ~ **d'emprunt** alias, assumed name; ~ **de famille** surname; ~ **de femme mariée** married name; ~ **de guerre** nom de guerre; ~ **de jeune**

fille maiden name; ~ **propre** proper noun; ~ **de théâtre** stage name.

nomade [nɔmad] **1** *adj* nomadic. **2** *nmf* nomad.

nombre [nɔ̃bʀ(ə)] *nm* **(a)** (*gén*) number. **depuis** ~ **d'années** for several years, for a number of years; **les gagnants sont au** ~ **de 3** there are 3 winners; **supérieur en** ~ superior in numbers; **à** ~ **égal** with equal numbers; **des ennemis sans** ~ innumerable enemies. **(b)** (*masse*) numbers. **être en** ~ to be in large numbers; **faire** ~ to make up the numbers; **submergé par le** ~ to overcome by sheer weight of numbers; **le plus grand** ~ **de** the great majority of people. **(c)** (*parmi*) **je le compte au** ~ **de mes amis** I number him among my friends; **est-il du** ~ **des reçus?** is he among those who passed?; **il y en avait dans le** ~ **qui riaient** some among them were laughing.

nombreux, -euse [nɔ̃bʀø, øz] *adj* **(a)** numerous, many. **les** ~**euses personnalités** the numerous *ou* many personalities; **de** ~ **accidents** many *ou* numerous accidents; **être** ~ to be numerous; **les gens étaient venus** ~ people had come in great numbers; **peu** ~ few; **le public était moins/plus** ~ **hier** there were fewer/more spectators yesterday. **(b)** *foule, collection* large.

nombril [nɔ̃bʀi] *nm* navel, belly button*. **il se prend pour le** ~ **du monde*** he thinks he is the cat's whiskers*.

nomenclature [nɔmɑ̃klatyʀ] *nf* (*gén: liste*) list; (*Ling, Sci*) nomenclature.

nominal, e, *mpl* **-aux** [nɔminal, o] *adj* (*gén*) nominal; (*Ling*) noun. **liste** ~**e** list of names. ♦ **nominalement** *adv* (*gén, Ling*) nominally. ♦ **nominatif, -ive 1** *adj* (*Fin*) registered. **liste** ~**ive** list of names. **2** *nm* (*Ling*) nominative. ♦ **nominativement** *adv* by name.

nommer [nɔme] (1) **1** *vt* **(a)** *fonctionnaire* to appoint; *candidat* to nominate (*à* to). **(b)** (*citer*) to name; (*appeler*) *personne* to call, name. **ce que nous nommons le bonheur** what we name *ou* call happiness; **qn que je ne nommerai pas** sb who shall remain nameless. **2 se** ~ *vpr* (*s'appeler*) to be called; (*se présenter*) to introduce o.s. ♦ **nomination** *nf* (*promotion*) appointment, nomination (*à* to); (*document*) appointment *ou* nomination papers. ♦ **nommément** *adv* **(a)** (*par son nom*) by name. **(b)** (*spécialement*) particularly.

non [nɔ̃] **1** *adv* **(a)** no. **le connaissez-vous?** – ~ do you know him? – no (I don't); **est-elle chez elle?** – ~ **is she at home?** – no (she isn't); **je ne dis pas** ~ (*ce n'est pas de refus*) I wouldn't say no; (*je n'en disconviens pas*) I don't disagree; **certes** ~! most certainly *ou* definitely not!; **bien sûr que** ~! of course not!, I should think not!; **répondre (par)** ~ to answer no; **faire** ~ **de la tête** to shake one's head. **(b)** (*remplaçant une proposition*) not. **je pense que** ~ I don't think so; **je crains que** ~ I am afraid not; **elle veut mais lui** ~ she wants to but he doesn't; **ah** ~? really?, no?; **partez-vous ou** ~? are you going or not?; **erreur ou** ~ mistake or no mistake. **(c)** (*littér: pas*) not. **c'est mon avis** ~ **le vôtre** it's my opinion not yours; ~ (*pas*) **que ...** not that .... **(d)** (*impatience, indignation*) **tu vas cesser de pleurer** ~? **WILL** you stop crying?; ~ **par exemple!** good gracious! **(e)** (*doute*) no? **il me l'a dit lui-même** – ~? he told me so himself – no?; **c'est bon** ~? it's good isn't it? **(f)** **nous ne l'avons pas vu** – **nous** ~ **plus** we didn't see him – neither did we *ou* we didn't either; **il parle** ~ **plus en médecin mais en ami** he is talking now not as a doctor but as a friend. **(g)** (*modifiant adv*) not. ~ **loin de là il y a ...** not far from there there's ...; **c'est** ~ **moins intéressant** it's no less interesting; ~ **sans raison/** ~ **sans peine** not without reason/difficulty; ~ **seulement il est impoli mais** ... not only is he impolite but .... **(h)** (*modifiant adj, participe*) **toutes les places** ~ **réservées** all

the unreserved seats, all seats not reserved.
2 *nm inv* no. **il y a eu 30 ~** there were 30 votes
against *ou* 30 noes.
3 *préf* non-, un-. **~-ferreux** non-ferrous; **~-**
vérifié unverified.
4: **non-agression** non-aggression; **non-**
alignement non-alignment; **non-assistance à per-**
sonne en danger failure to render assistance to a
person in danger; **non-combattant** non-
combatant; **non-conformisme** nonconformism;
non-croyant non-believer; **non-existant** non-
existent; **non-intervention** non-intervention;
non-lieu not proven verdict; **non-paiement** non-
payment; **non-parution** failure to appear *ou* be
published; **non-retour** no return; **non-sens**
(absurdité) (piece of) nonsense; *(en traduction)*
meaningless word; **non-stop** non-stop.
nonante [nɔnɑ̃t] *adj* *(Belgique, Suisse)* ninety.
nonchalance [nɔ̃ʃalɑ̃s] *nf* nonchalance. ♦ **non-**
chalant, e *adj* nonchalant. ♦ **nonchalamment** *adv*
nonchalantly.
nord [nɔʀ] **1** *nm* north. **le vent du ~** the north
wind; **un vent du ~** a northerly *ou* north wind; **le**
vent est au ~ the wind is blowing from the north;
au ~ *(situation)* in the north; *(direction)* to the
north, northwards; **au ~ de** north of; **l'Europe du**
~ Northern Europe; **l'Amérique du N~** North
America. **2** *adj inv* *région* northern; *entrée, pôle*
north; *direction* northward; *(Mét)* northerly.
3: **~-africain** *etc* North African *etc*; **~-est/**
-ouest north-east/-west. ♦ **nordique 1** *adj*
Nordic. **2** *nmf:* **N~** Scandinavian. ♦ **nordiste 1**
adj Northern, Yankee. **2** *nmf:* **N~** Northerner,
Yankee.
normal, e, *mpl* **-aux** [nɔʀmal, o] **1** *adj* *(gén)*
normal; *(courant)* normal, usual. **de dimension**
~e normal-sized, standard-sized; **il n'est pas ~**
there's sth wrong with him; **c'est ~!** it's (quite)
natural! **2** *nf:* **s'écarter de la ~e** to diverge from
the norm; **revenir à la ~e** to return to normality,
get back to normal; **au-dessus de la ~e** above
average. ♦ **normalement** *adv* normally, usually.
♦ **normaliser** (1) *vt* *situation* to normalize; *pro-*
duit to standardize. ♦ **normalisation** *nf*
normalization; standardization.
Normandie [nɔʀmɑ̃di] *nf* Normandy. ♦ **normand,**
e *adj,* **N~(e)** *nm(f)* Norman.
norme [nɔʀm(ə)] *nf* *(gén)* norm; *(Tech)* standard.
rester dans la ~ to keep within limits.
Norvège [nɔʀvɛʒ] *nf* Norway. ♦ **norvégien,**
-ienne *adj, nm,* **N~(e)** *nm(f)* Norwegian.
nos [no] *adj poss* V **notre.**
nostalgie [nɔstalʒi] *nf* nostalgia. ♦ **nostalgique**
adj nostalgic.
notable [nɔtabl(ə)] *adj, nm* notable. ♦ **notabilité**
nf notability. ♦ **notablement** *adv* notably.
notaire [nɔtɛʀ] *nm* = solicitor, notary (public).
notamment [nɔtamɑ̃] *adv* notably.
note [nɔt] *nf* **(a)** *(écrite)* note. **prendre des ~s** to
take notes; **prendre bonne ~ de qch** to take good
note of sth; **prendre qch en ~** to make a note of
sth, write sth down; **~ en bas de page** footnote; **~**
de service memorandum. **(b)** *(chiffrée)* mark.
bonne/mauvaise ~ good/bad mark. **(c)** *(facture)*
bill, check *(US)*. **(d)** *(Mus, fig)* note. **ses paroles**
étaient dans la ~ his words struck the right note;
~ de tristesse note *ou* touch of sadness.
♦ **notation** *nf* *[signes]* notation; *[devoir, employé]*
marking. *(remarque)* **une ~ intéressante** an
interesting touch. ♦ **noter** (1) *vt* **(a)** *adresse etc*
to write down, note down. **notez-le** make a note of
it; **notez que nous serons absents** note that we'll
be away. **(b)** *(remarquer)* *faute, progrès* to notice.
notez (bien) que je n'ai rien dit I didn't say anything, mark you; **il faut ~ qu'il a des excuses** he
has an excuse mind *ou* mark you. **(c)** *(cocher)* to
mark. **~ d'une croix** to mark with a cross, put a
cross against. **(d)** *devoir* to mark; *élève, employé*

to give a mark to. ♦ **notice** *nf* *(gén)* note; *(mode*
d'emploi) directions, instructions.
notifier [nɔtifje] (7) *vt* to notify. ♦ **notification** *nf*
notification.
notion [nosjɔ̃] *nf* notion. **perdre la ~ du temps** to
lose all notion of time; **avoir quelques ~s de**
grammaire to have some notion of grammar.
notoire [nɔtwaʀ] *adj* *criminel* notorious; *fait* well-
known. **il est ~ que** it is common knowledge that.
♦ **notoirement** *adv* notoriously. **~ reconnu** well
known. ♦ **notoriété** *nf [fait]* notoriety; *(re-*
nommée) fame. **c'est de ~ publique** that's
common knowledge.
notre [nɔtʀ(ə)], *pl* **nos** [no] *adj poss* our;
(emphatique) our own. **~ homme a filé** the chap
ou fellow has run off; **~ esprit** our minds; **N~**
Seigneur Our Lord.
nôtre [notʀ(ə)] **1** *pron poss:* **le ~, la ~, les ~s** ours,
our own. **2** *nm* **(a) nous y mettrons du ~** we'll do
our bit. **(b) les ~s** *(famille)* our family; *(parti-*
sans) our own people; **il sera des ~s** he will join
us. **3** *adj poss* *(littér)* ours, our own. **ces principes,**
nous les avons faits ~s we have made these
principles our own; V **sien.**
noubas [nuba] *nf:* **faire la ~** to live it up*.
nouer [nwe] (1) **1** *vt* *ficelle* to tie, knot, fasten;
paquet to tie up, do up; *alliance, amitié* to form;
(Littérat) *action* to build up. **avoir la gorge nouée**
to have a lump in one's throat; **~ conversation**
avec qn to start *ou* strike up a conversation with
sb. **2 se ~** *vpr [mains]* to join together; *[amitié]* to
be formed; *[conversation]* to start; *[intrigue]* to
build up. ♦ **noueux, -euse** *adj* gnarled.
nougat [nuga] *nm* *(Culin)* nougat. *(pieds)* **~s**
feet; **c'est du ~*** it's dead easy*.
nouille [nuj] *nf* **(a)** *(Culin)* **~s** pasta, noodles. **(b)**
(*) *(imbécile)* noodle*, idiot; *(mollasson)* big
lump*.
nounou* [nunu] *nf* nanny.
nounours [nunuʀs] *nm* teddy (bear).
nourrice [nuʀis] *nf* **(a)** *(gardienne)* child-minder;
(qui allaite) wet nurse. **~ sèche** dry nurse; **mettre**
un enfant en ~ to foster a child. **(b)** *(bidon)*
jerrycan.
nourrir [nuʀiʀ] (2) **1** *vt* *(lit)* to feed; *feu* to stoke;
projet to nurse; *espoir, haine* to nourish. **~ au sein**
to breast-feed; **bien/mal nourri** well-/poorly-fed;
cette entreprise nourrit 10 000 ouvriers this firm
provides work for 10,000 workers; **ça ne nourrit**
pas son homme it doesn't earn a man his bread *ou*
doesn't give a man a living wage. **2** *vi* to be nourishing. **3 se ~** *vpr* to eat. **se ~ de** *viande* to feed
(o.s.) on, eat; *illusions* to feed on, live on.
♦ **nourri, e** *adj* *fusillade* heavy; *conversation*
lively. ♦ **nourrissant, e** *adj* nourishing, nutritious. ♦ **nourrisson** *nm* infant. ♦ **nourriture** *nf*
(aliments, fig) food. *(alimentation)* **une ~ saine** a
healthy diet.
nous [nu] *pron pers* **(a)** *(sujet)* we. **~ vous écrirons**
we'll write to you; **~ accepter?, jamais!** us accept
that?, never!; **c'est ~ qui sommes fautifs** we are
the ones to blame. **(b)** *(objet)* us. **écoutez-~** listen
to us; **~, elle ~ déteste** she hates us; **c'est ~**
qu'elle veut voir it's us she wants to see. **(c)** *(avec*
prép) us. **à ~ cinq** between the 5 of us; **cette**
maison est à ~ this house belongs to us *ou* is ours;
un élève à ~ one of our pupils. **(d)** *(comparaison)*
we, us. **il est aussi fort que ~** he is as strong as we
are *ou* as us*; **faites comme ~** do as we do, do the
same as us*. **(e)** *(avec vpr)* **~ ~ sommes bien**
amusés we thoroughly enjoyed ourselves; **~ ~**
détestons we hate each other; **asseyons-~ donc**
let's sit down.
nouveau, nouvelle¹ [nuvo, nuvɛl] **[nouvel** [nuvɛl]
devant nm commençant par voyelle ou h muet),
mpl **nouveaux** [nuvo] **1** *adj* **(a)** *(gén)* new.
carottes nouvelles spring carrots; **c'est tout ~**
this is brand-new; **ce travail est ~ pour lui** he's

new to this job; **le ~ président** the new *ou* newly-elected president. **(b)** (*original*) *idée* novel, new; *méthode* new, up-to-date. **(c)** (*qui s'ajoute*) fresh. **avez-vous lu son ~ livre?** have you read his new *ou* latest book?; **un ~ Napoléon** a second Napoleon; **il y a eu un ~ tremblement de terre** there has been a further *ou* a fresh earthquake.
 2 *nm,f* new man (*ou* woman); (*Scol*) new boy (*ou* girl).
 3 *nm:* **y a-t-il du ~ à ce sujet?** is there anything new on this?; **il y a du ~ dans cette affaire** there has been a new development in this business; **faire qch de** *ou* **à ~** to do sth again; **nous examinerons la question à ~** we'll examine the question anew.
 4: Nouvel An New Year; **Nouvelle-Angleterre** New England; **Nouvelle-Calédonie** New Caledonia; **nouvelle lune** new moon; **nouveaux mariés** newly-weds; **N~ Monde** New World; **~-né**, *mpl* **~-nés** (*adj*) newborn; (*nm*) newborn child; **~ venu, nouvelle venue** newcomer; **Nouvelle-Zélande** New Zealand.
nouveauté [nuvote] *nf* (*actualité, originalité*) novelty; (*chose*) new thing; (*livre*) new publication. **il n'aime pas la ~** he hates anything new; **c'est une ~!** that's new!; (*Habillement*) **~s de printemps** new spring fashions.
nouvelle² [nuvɛl] *nf* **(a)** (*écho*) **une ~** a piece of news; **vous connaissez la ~?** have you heard the news?; **aller aux ~s** to go and find out what is happening; **avez-vous de ses ~s?** have you heard from him?, have you had any news from him?; **j'irai prendre de ses ~s** I'll go and see how he's getting on; **pas de ~s, bonnes ~s** no news is good news; **il aura de mes ~s!*** I'll give him what for!*; (*goûtez mon vin*) **vous m'en direz des ~s** (taste my wine,) I'm sure you'll like it; (*Presse*) **voici les ~s** here is the news. **(b)** (*court récit*) short story.
nouvellement [nuvɛlmɑ̃] *adv* recently, newly.
novembre [nɔvɑ̃bʀ(ə)] *nm* November; *V* septembre.
novice [nɔvis] **1** *adj* inexperienced (*dans* in), green* (*dans* at). **2** *nmf* novice, beginner; (*Rel*) novice.
noyau, *pl* **~x** [nwajo] *nm* [*fruit*] stone, pit (*US*); (*Astron, Bio, Ling, Phys*) nucleus; (*Géol*) core; (*groupe de fidèles*) circle; (*manifestants*) small group. **~ de résistance** centre of resistance.
noyer¹ [nwaje] *nm* (*arbre*) walnut (tree); (*bois*) walnut.
noyer² [nwaje] (8) **1** *vt* **(a)** (*gén*) to drown; *moteur, rives* to flood. **les yeux noyés de larmes** with his eyes full of *ou* brimming with tears; **~ le poisson*** to draw a red herring across the trail; **~ qn sous un déluge d'explications** to swamp sb with explanations; **noyé dans l'obscurité** shrouded in darkness; **noyé dans la foule** lost in the crowd; **noyé dans la masse** put together with the rest. **(b)** (*Tech*) *pilier* to embed. **2 se ~** *vpr* (*accidentellement*) to drown; (*volontairement*) to drown o.s. **se ~ dans les détails** to get bogged down in details; **se ~ dans un verre d'eau** to make a mountain out of a molehill. ♦ **noyade** *nf* drowning. **de nombreuses ~s** many drowning accidents, many deaths by drowning. ♦ **noyé, e 1** *adj* (*fig: perdu*) **être ~** to be out of one's depth, be all at sea (*en* in). **2** *nm,f* drowned person.
nu, e [ny] **1** *adj* (**a**) *personne* naked, bare. **~-pieds** barefoot, with bare feet; (**la**) **tête ~e** bareheaded; **~ jusqu'à la ceinture** stripped to the waist; **à moitié ~** half-naked; **tout ~** stark naked; **se mettre ~** to strip (off), take one's clothes off. **(b)** *mur, arbre, plaine* bare; *vérité* plain, naked. **(c) en ~e-propriété** without usufruct; **mettre à ~** *fil électrique* to strip; **mettre son cœur à ~** to lay bare one's heart. **2** *nm* nude. ♦ **nu-pieds** *nmpl* (*sandales*) flip-flops.

nuage [nɥaʒ] *nm* cloud. **le ciel se couvre de ~s** the sky is clouding over; **juste un ~ de lait** just a drop of milk; (*fig*) **il est dans les ~s** his head is in the clouds; **sans ~s** *ciel* cloudless; *bonheur* unmarred, unclouded. ♦ **nuageux, -euse** *adj* *temps* cloudy; *ciel* cloudy, overcast.
nuance [nɥɑ̃s] *nf* [*couleur*] shade; (*Littérat*) shade of meaning, nuance; (*différence*) slight difference; (*touche*) touch, note. **~ politique** shade of political opinion; **tout en ~s** *discours* subtle; **sans ~** unsubtle. ♦ **nuancer** (3) *vt* *opinion* to qualify.
nucléaire [nyklɛɛʀ] *adj* nuclear.
nudité [nydite] *nf* [*personne*] nakedness, nudity; [*mur*] bareness. ♦ **nudisme** *nm* nudism. ♦ **nudiste** *adj, nmf* nudist.
nuée [nɥe] *nf* (*littér: nuage*) cloud; [*insectes, flèches*] cloud; [*ennemis*] horde, host.
nues [ny] *nfpl:* **porter qn aux ~s** to praise sb to the skies; **tomber des ~s** to be completely taken aback.
nuire [nɥiʀ] (38) **1 ~ à** *vt indir* to harm, injure. **sa laideur lui nuit beaucoup** his ugliness is very much against him *ou* is a great disadvantage to him. **2 se ~** *vpr* (*à soi-même*) to do o.s. a lot of harm; (*l'un l'autre*) to harm each other's interests. ♦ **nuisible** *adj* harmful, injurious (*à* to). *animaux* **~s** pests.
nuit [nɥi] *nf* **(a)** (*obscurité*) darkness, night. **il fait ~ noire** it's pitch dark; **la ~ tombe** night is falling; **à la ~ tombante** at nightfall, at dusk; **rentrer avant la ~** to come home before dark; **la ~ polaire** the polar night *ou* darkness. **(b)** (*temps*) night. **cette ~** (*passée*) last night; (*qui vient*) tonight; **dans la ~ de jeudi** during Thursday night; **~ blanche** sleepless night; **ouvert la ~** open at night; **rouler la ~** *ou* **de ~** to drive at night; **de ~** *service etc* night; **dans la ~ des temps** in the mists of time; **la ~ de Noël** Christmas Eve.
nul, nulle [nyl] **1** *adj indéf* **(a)** (*aucun*) no. **il n'avait ~ besoin de sortir** he had no need to go out; **~ autre** no one else; **il ne l'a trouvé nulle part** he couldn't find it anywhere, he could find it nowhere; **sans ~ doute** without any doubt. **(b)** *résultat, risque* nil; *testament, élection* null and void; *récolte etc* non-existent. **le score est ~** (*zéro à zéro*) the result is a nil draw; (*2 à 2 etc*) the result is a draw; **~ et non avenu** invalid, null and void; **rendre ~** to annul, nullify. **(c)** *personne, travail* worthless, useless. **~ en géographie** hopeless *ou* useless at geography. **2** *pron indéf* no one. **~ d'entre vous** none of you. ♦ **nullement** *adv* not at all, not in the least. ♦ **nullité** *nf* **(a)** (*Jur*) nullity; [*personne*] uselessness; [*objection*] invalidity. **(b)** (*personne*) nonentity, wash-out*.
numéraire [nymeʀɛʀ] *nm* cash.
numéro [nymeʀo] *nm* **(a)** (*gén, Aut, Phys*) number. **j'habite au ~ 6** I live at number 6; **~ minéralogique** registration *ou* license (*US*) number, car number; **composer un ~** to dial a number. **(b)** (*Presse*) issue, number. **vieux ~** back number, back issue. **(c)** [*chant, danse*] number; [*cirque, music-hall*] act, turn. **il nous a fait son petit ~** he put on his usual act for us. **(d)** (*personne*) **c'est un drôle de ~!*** what a character! ♦ **numéral, e** *adj* **numéral, -aux** *adj, nm* numeral. ♦ **numérique** *adj* numerical. ♦ **numériquement** *adv* numerically. ♦ **numéroter** (1) *vt* to number.
nuptial, e, *mpl* **-aux** [nypsjal, o] *adj bénédiction* nuptial; *cérémonie* wedding.
nuque [nyk] *nf* nape (of the neck).
nurse [nœʀs(ə)] *nf* nanny, (children's) nurse.
nutrition [nytʀisjɔ̃] *nf* nutrition. ♦ **nutritif, -ive** *adj* (*nourrissant*) nourishing, nutritious; (*Méd*) nutritive. *valeur* **~** food *ou* nutritional value.
nylon [nilɔ̃] *nm* ® nylon.
nymphe [nɛ̃f] *nf* (*Myth, fig*) nymph.

O, o [o] *nm* (*lettre*) O, o.
oasis [ɔazis] *nf* (*lit, fig*) oasis.
obéir [ɔbeiʀ] (2) ~ **à** *vt indir* (a) (*gén*) to obey. **il sait se faire** ~ he knows how to make people obey him *ou* how to enforce obedience; ~ **à une impulsion** to act on an impulse. (b) [*voilier, moteur, monture*] to respond to. ♦ **obéissance** *nf* obedience (*à* to). ♦ **obéissant, e** *adj* obedient (*à* to).
obélisque [ɔbelisk(ə)] *nm* obelisk (*monument*).
obèse [ɔbɛz] *adj* obese. ♦ **obésité** *nf* obesity.
objecter [ɔbʒɛkte] (1) *vt* (a) (*à une suggestion*) ~ **une raison à un argument** to put forward a reason against an argument; **il m'objecta que ...** he objected to me that ...; **je n'ai rien à** ~ I have no objection (to make). (b) (*à une demande*) **il objecta la fatigue** he pleaded tiredness; **il m'objecta mon manque d'expérience** he objected that I lacked experience. ♦ **objecteur** *nm*: ~ **de conscience** conscientious objector. ♦ **objection** *nf* objection. **faire une** ~ to raise *ou* make an objection, object.
objectif, -ive [ɔbʒɛktif, iv] **1** *adj* (*gén*) objective. **2** *nm* (*gén*) objective; [*caméra*] lens, object. **braquer son** ~ **sur** to train one's camera on. ♦ **objectivement** *adv* objectively. ♦ **objectivité** *nf* objectivity.
objet [ɔbʒɛ] *nm* (a) (*article*) object, thing. ~**s de première nécessité** basic essentials, essential items *ou* things; ~**s de toilette** toilet requisites *ou* articles; **les** ~**s trouvés** the lost property office. (b) [*rêve, désir*] object; [*discussion, litige, science*] subject. **il était l'**~ **de la curiosité des autres** he was an object of curiosity to the others; **faire ou être l'**~ **de** *discussion, recherches* to be the subject of; *enquête* to be subjected to; *soins* to be given *ou* shown. (c) [*visite, démarche*] object, purpose. **votre plainte est sans** ~ your complaint is not applicable. (d) (*Ling, Philos*) object.
obligation [ɔbligasjɔ̃] *nf* (a) (*gén*) obligation. **avoir l'**~ **de faire** to be under an obligation to do; **sans** ~ **d'achat** with no obligation to buy; ~**s militaires, scolaires** *etc* obligations, duties. (b) (*Fin*) bond, debenture. ♦ **obligatoire** *adj* compulsory, obligatory. **c'était** ~**!** it was inevitable!, it was bound to happen! ♦ **obligatoirement** *adv* (a) **devoir** ~ **faire** to be strictly obliged to do. (b) (*: sans doute*) inevitably.
obliger [ɔbliʒe] (3) *vt* (a) (*forcer*) ~ **qn à faire** [*règlement*] to require sb to do; [*circonstances*] to force *ou* oblige *ou* compel sb to do; **mes principes m'y obligent** I'm bound by my principles (to do it); **je suis obligé de vous laisser** I have to *ou* I must leave you, I'm obliged to leave you; **il est bien obligé** he has no choice *ou* alternative. (b) (*rendre service à*) to oblige. **je vous serais très obligé de bien vouloir** I should be greatly obliged if you would kindly; **entre voisins, il faut bien s'**~ we neighbours have to help each other. ♦ **obligé, e 1** *adj* (a) (*redevable*) **être** ~ **à qn** to be obliged *ou* indebted to sb (*de qch* for sth). (b) (*: inévitable*) **c'était** ~**!** it had to happen!, it was bound to happen! **2** *nm,f* (a) (*Jur*) debtor. (b) **être l'**~ **de qn** to be under an obligation to sb. ♦ **obligeamment** *adv* obligingly. ♦ **obligeance** *nf*: **il a eu l'**~ **de me reconduire** he was obliging *ou* kind enough to take me back. ♦ **obligeant, e** *adj*

personne obliging; *offre* kind.
oblique [ɔblik] **1** *adj* (*gén*) oblique. **regard** ~ sidelong glance. **2** *nf* (*Math*) oblique line. ♦ **obliquement** *adv* obliquely. ♦ **obliquer** (1) *vi*: **obliquez avant l'église** turn off before the church.
oblitérer [ɔblitere] (6) *vt* *timbre* to cancel. ♦ **oblitération** *nf* cancelling, cancellation.
oblong, -ongue [ɔblɔ̃, ɔ̃g] *adj* oblong.
obnubiler [ɔbnybile] (1) *vt* to obsess.
obole [ɔbɔl] *nf* (*contribution*) offering.
obscène [ɔpsɛn] *adj* obscene. ♦ **obscénité** *nf* obscenity.
obscur, e [ɔpskyʀ] *adj* (*lit*) dark; (*fig*) obscure; *pressentiment* vague, dim. **de naissance** ~**e** of obscure *ou* humble birth. ♦ **obscurcir** (2) **1** *vt* to darken; (*fig*) to obscure. **2** **s'**~ *vpr* [*ciel*] to darken, grow dark; [*jour*] to grow dark; [*style*] to become obscure; [*vue*] to grow dim; [*mystère*] to deepen. ♦ **obscurcissement** *nm* darkening; obscuring; dimming. ♦ **obscurément** *adv* obscurely. ♦ **obscurité** *nf* (*lit*) darkness; (*fig*) obscurity. **dans l'**~ in the dark, in darkness; (*fig*) **laisser qch dans l'**~ to throw no light on sth.
obséder [ɔpsede] (6) *vt* to haunt, obsess. **être obsédé par** to be haunted *ou* obsessed by. ♦ **obsédant, e** *adj* haunting, obsessive. ♦ **obsédé, e** *nm,f*: ~ (*sexuel*) sex maniac; (*hum*) **un** ~ **du tennis** a tennis fanatic.
obsèques [ɔpsɛk] *nfpl* funeral.
obséquieux, -euse [ɔpsekjø, øz] *adj* obsequious. ♦ **obséquiosité** *nf* obsequiousness.
observer [ɔpsɛʀve] (1) **1** *vt* (a) (*regarder*) to observe; *adversaire* to watch; (*au microscope*) to examine. (b) (*contrôler*) ~ **ses gestes** to watch one's gestures. (c) (*remarquer*) to notice, observe. **faire** ~ **que** to point out *ou* remark *ou* observe that; **faire** ~ **un détail à qn** to point out a detail to sb. (d) (*respecter*) (*gén*) to observe; *jeûne* to keep; *attitude, maintien* to keep (up), maintain. **2** **s'**~ *vpr* (*surveiller sa tenue*) to keep a check on o.s., be careful of one's behaviour. ♦ **observance** *nf* observance. ♦ **observateur, -trice 1** *adj* observant. **2** *nm,f* observer. ♦ **observation** *nf* (a) (*obéissance*) observance. (b) (*expérience, surveillance*) observation. (*Méd*) **être en** ~ to be under observation. (c) (*remarque*) observation, remark; (*objection*) objection; (*reproche*) reproof. **je lui en fis l'**~ I pointed it out to him; **ce film appelle quelques** ~**s** this film calls for some comment; **faire une** ~ **à qn** to reprove sb. ♦ **observatoire** *nm* (*Astron*) observatory; (*gén: lieu*) observation *ou* look-out post.
obsession [ɔpsesjɔ̃] *nf* obsession. **il avait l'**~ **de la mort** he had an obsession with death. ♦ **obsessionnel, -elle** *adj* obsessional.
obstacle [ɔpstakl(ə)] *nm* (*lit, fig*) obstacle; (*Équitation*) jump, fence. **faire** ~ **à la lumière** to block, obstruct; *un projet* to hinder.
obstétrique [ɔpstetʀik] *nf* obstetrics (*sg*).
obstination [ɔpstinasjɔ̃] *nf* obstinacy, stubbornness. ~ **à faire** obstinate *ou* stubborn determination to do. ♦ **obstiné, e** *adj* *personne* obstinate, stubborn; *efforts, demandes* persistent, obstinate. ♦ **obstinément** *adv* obstinately, stubbornly; persistently. ♦ **s'obstiner** (1) *vpr* to insist, dig

one's heels in. s'~ à faire to persist obstinately *ou* stubbornly in doing; s'~ au silence to remain obstinately silent.

obstruer [ɔpstʀye] (1) *vt* to obstruct, block. ♦ **obstruction** *nf* obstruction, blockage; *(tactique)* obstruction. **faire de l'~** to be obstructive.

obtempérer [ɔptãpeʀe] (6) ~ **à** *vt indir* to obey.

obtenir [ɔptəniʀ] (22) *vt* **(a)** *permission, diplôme* to obtain, get. **il m'a fait ~ de l'avancement** he got me promoted; **il obtint de lui parler** he was (finally) allowed to speak to him; **elle a obtenu qu'il paie** she got him to pay, she managed to make him pay. **(b)** *résultat* to achieve, obtain; *total* to reach, arrive at. **cette couleur s'obtient par un mélange** this colour is obtained by blending. ♦ **obtention** *nf* obtaining, achievement. **pour l'~ du visa** to obtain the visa.

obturer [ɔptyʀe] (1) *vt (gén)* to seal; *dent* to fill. ♦ **obturateur** *nm (Phot)* shutter; *(Tech)* obturator. ♦ **obturation** *nf* sealing; filling. *(Phot)* **vitesse d'~** shutter speed.

obtus, e [ɔpty, yz] *adj (lit, fig)* obtuse.

obus [ɔby] *nm* shell.

occasion [ɔkazjõ] *nf* **(a)** *(circonstance)* occasion; *(conjoncture favorable)* opportunity, chance. **avoir l'~ de faire** to have the chance *ou* opportunity of doing; **à l'~ de** on the occasion of; **la robe des grandes** ~**s** the dress kept for special *ou* great occasions; **à l'~ venez dîner** come and have dinner some time; **à la première** ~ at the first opportunity. **(b)** *(Comm)* secondhand buy; (*: *avantageuse*) bargain. **d'~** *(adj, adv)* secondhand. ♦ **occasionnel, -elle** *adj (gén)* occasional; *client* casual; *(fortuit)* chance. ♦ **occasionnellement** *adv* occasionally. ♦ **occasionner** (1) *vt* to cause, bring about. ~ **du dérangement à qn** to put sb to *ou* cause sb a lot of trouble.

occident [ɔksidã] *nm* west. ♦ **occidental, e, mpl -aux** **1** *adj* western. **2** *nm(f):* **O~(e)** Westerner.

occulte [ɔkylt(ə)] *adj* occult.

occuper [ɔkype] (1) **1** *vt (gén)* to occupy; *logement* to live in; *surface, temps* to take up; *poste* to hold; *main d'œuvre* to employ. **leurs bureaux occupent tout l'étage** their offices take up *ou* occupy the whole floor; **ça occupe une trop petite part de mon temps** it takes up *ou* fills *ou* occupies far too little of my time; **comment ~ ses loisirs?** how should one occupy *ou* employ one's free time?; **mon travail m'occupe beaucoup** my work keeps me very busy; **ils ont occupé tout le pays** they took over *ou* occupied the whole country. **2 s'~** *vpr* **(a)** s'~ **de** *(s'attaquer à)* to deal with, take care of; *(être chargé de)* to be in charge of; *(s'intéresser à)* to take an interest in; *enfant, malade* to look after; *client* to attend to. **je m'occupe de tout** I'll see to everything, I'll take care of everything; **occupe-toi de tes affaires*** mind your own business; **est-ce qu'on s'occupe de vous Madame?** are you being attended to? *ou* served? **(b)** s'~ **à faire qch/à qch** to busy o.s. doing sth/with sth; **il y a de quoi s'~** there is plenty to do *ou* to keep one busy *ou* occupied. ♦ **occupant, e** **1** *adj (Mil)* occupying. **2** *nm,f [maison]* occupant, occupier; *[place, voiture]* occupant. **3** *nm:* **l'~** the occupying forces. ♦ **occupation** *nf (Mil)* occupation; *(logement)* occupancy, occupation; *(passetemps)* occupation; *(emploi)* occupation, job. **vaquer à ses** ~**s** to go about one's business. ♦ **occupé, e** *adj personne* busy; *toilettes, téléphone* engaged; *places* taken, occupied; *zone, usine* occupied.

occurrence [ɔkyʀɑ̃s] *nf* **(a)** instance, case. **en l'~** in this case. **(b)** *(Ling)* occurrence.

océan [ɔseã] *nm (lit)* ocean. ~ **de verdure** sea of greenery. ♦ **Océanie** *nf* Oceania. ♦ **océanique** *adj* oceanic.

ocre [ɔkʀ(ə)] *nf, adj inv* ochre.

octane [ɔktan] *nm* octane.

octante [ɔktãt] *adj inv (dialectal)* eighty.

octave [ɔktav] *nf (Mus)* octave.

octobre [ɔktɔbʀ(ə)] *nm* October; V **septembre**.

octogénaire [ɔktɔʒenɛʀ] *adj, nmf* octogenarian.

octogone [ɔktɔgɔn] *nm* octagon. ♦ **octogonal, e, mpl -aux** *adj* octagonal, eight-sided.

octroyer [ɔktʀwaje] (8) **1** *vt* to grant (*à* to). **2 s'~** *vpr* to accord *ou* grant o.s. ♦ **octroi** *nm* **(a)** granting. **(b)** *(Hist)* city toll.

oculaire [ɔkylɛʀ] *adj (Anat)* ocular. ♦ **oculiste** *nmf* eye specialist, oculist.

ode [ɔd] *nf* ode.

odeur [ɔdœʀ] *nf (gén)* smell, odour; *(de fleurs etc)* fragrance, scent. **sans** ~ odourless; **mauvaise** ~ bad *ou* unpleasant smell *ou* odour; ~ **de brûlé** smell of burning; **avoir une bonne/une mauvaise** ~ to smell nice/bad; **être/ne pas être en** ~ **de sainteté** to be in favour/out of favour *(auprès de* with). ♦ **odorant, e** *adj* sweet-smelling. ♦ **odorat** *nm* sense of smell.

odieux, -euse [ɔdjø, øz] *adj (gén)* odious; *élève* unbearable; *tâche, conduite* obnoxious; *crime* heinous. **ça m'est** ~ I can't bear it. ♦ **odieusement** *adv* odiously; obnoxiously.

odyssée [ɔdise] *nf* odyssey.

œdème [edɛm] *nm* oedema.

œil [œj], *pl* **yeux** [jø] *nm (Anat)* eye. **aux yeux bleus** blue-eyed; **avoir de bons/mauvais yeux** to have good/bad eyes *ou* eyesight; **à l'~ nu** with the naked eye; **avoir un** ~ **au beurre noir** to have a black eye. **(b)** *(expression)* look. **il a un** ~ **malin** there's a mischievous look in his eye; **d'un** ~ **d'envie** with an envious look. **(c)** *(jugement)* **voir qch d'un bon/mauvais** ~ to view sth favourably/unfavourably; **d'un** ~ **critique** with a critical eye; **il ne voit pas cela du même** ~ **qu'elle** he doesn't see *ou* view that in the same light as she does. **(d)** *(coup d'œil)* **avoir l'~ du spécialiste** to have a trained eye; **il a l'~** he has sharp eyes; **risquer un** ~ **au dehors** to take a quick look outside. **(e)** *(regard)* **sous l'~ de** under the eye *ou* gaze of; **faire qch aux yeux de tous** to do sth in full view of everyone; **chercher qn des yeux** to glance *ou* look (a)round for sb; **n'avoir d'yeux que pour qch/qn** to have eyes only for sth/sb. **(f)** *[aiguille, pomme de terre, cyclone]* eye; *(bourgeon)* bud. **les yeux du bouillon** the globules of fat in the stock. **(g)** *(locutions avec œil)* **à l'~*** *(gratuitement)* for nothing, for free*; **mon ~!*** *(je n'y crois pas)* my eye!*, my foot!*; *(je ne le donnerai pas)* nothing doing!*, no way!*; **avoir qn à l'~*** to keep a watch *ou* an eye on sb; **faire de l'~** à qn to make eyes at sb, give sb the eye*. **(h)** *(locutions avec yeux)* **à ses yeux** in his eyes; **ouvrir de grands yeux** to look surprised; **coûter les yeux de la tête** to cost the earth; *(lit, fig)* **les yeux fermés** with one's eyes shut; **faire les yeux doux à qn** to make sheep's eyes at sb; **faire des yeux ronds** to stare round-eyed; **avoir les yeux battus** to have rings under one's eyes. ♦ **œillade** *nf* wink. **faire des** ~**s à qn** to make eyes at sb. ♦ **œillères** *nfpl (lit, fig)* blinkers.

œillet [œjɛ] *nm* carnation. ~ **d'Inde** French marigold; ~ **(mignardise)** pink.

œsophage [ezɔfaʒ] *nm* œsophagus.

œuf [œf], *pl* ~ **s** [ø] *nm* **(a)** egg. ~ **frais** new-laid *ou* fresh egg; ~**s brouillés** scrambled eggs; ~ **à la coque** (soft-)boiled egg; ~ **dur** hard-boiled egg; ~ **sur le plat** fried egg; **détruire qch dans l'~** to nip sth in the bud; **mettre tous ses** ~**s dans le même panier** to put all one's eggs in one basket. **(b)** *(idiot)* blockhead*.

œuvre [œvʀ(ə)] **1** *nf* **(a)** *(livre etc)* work; *(production globale)* works. ~**s complètes/choisies** complete/selected works. **(b)** *(travail)* *(à faire)* undertaking, task; *(achevé)* work. **ce beau gâchis est l'~ des enfants** this fine mess is the children's doing *ou* work; **être/se mettre à l'~** to be at/get down to work; **voir qn à l'~** to see sb at work;

mettre en ~ *moyens* to implement; **mise en ~** implementation; **il avait tout mis en ~ pour les aider** he had done everything possible to help them. **(c)** (*acte*) deed, work. **(bonnes)** ~s good *ou* charitable works; **ce sera une bonne ~** that will be a kind act; **faire ~ utile** to do valuable work; **faire ~ de pionnier** to act as a pioneer; **le feu avait fait son ~** the fire had wrought its havoc. **(d)** (*organisation*) ~ **(de bienfaisance)** charitable organization, charity. **2** *nm* (*littér*) **l'~ gravé de Picasso** the etchings of Picasso.

offenser [ɔfɑ̃se] **(1) 1** *vt personne, souvenir, bon goût* to offend; *règles* to offend against. **2 s'~** *vpr* to take offence (*de qch* at sth). ♦ **offensant, e** *adj* offensive, insulting. ♦ **offense** *nf* (*affront*) insult; (*Rel: péché*) trespass, offence. ~ **envers chef d'Etat** libel against; *Dieu* offence against.

offensif, -ive [ɔfɑ̃sif, iv] **1** *adj* (*Mil, Pol*) offensive. **2** *nf* offensive. **passer à l'~ive** to go into the offensive; (*fig*) **l'~ive de l'hiver** the onslaught of winter.

office [ɔfis] **1** *nm* **(a)** (*métier*) office; (*fonction*) function. **l'~ de directeur** the office of manager; **faire ~ de** to act *ou* serve as; **remplir son ~** [*objet*] to fulfil its function; [*fonctionnaire*] to perform one's duties. **(b)** (*bureau*) bureau, agency. ~ **de publicité** advertising agency; ~ **du tourisme** tourist bureau. **(c)** (*messe*) (church) service. (*prières*) **l'~** (*divin*) the divine office. **(d)** **être nommé d'~** to be appointed automatically. **(e)** (*littér: service*) office. (*Pol*) **bons ~s** good offices. **2** *nm ou f* (*cuisine*) pantry.

officiel, -elle [ɔfisjɛl] **1** *adj* (*gén*) official. **2** *nm, f* official. ♦ **officialiser** **(1)** *vt* to make official. ♦ **officiellement** *adv* officially.

officier[1] [ɔfisje] *nm* officer. ~ **de marine** naval officer; ~ **de police** = police officer; ~ **ministériel** member of the legal profession; ~ **de l'état civil** = registrar.

officier[2] [ɔfisje] **(7)** *vi* (*Rel, hum*) to officiate.

officieux, -euse [ɔfisjø, øz] *adj* unofficial. ♦ **officieusement** *adv* unofficially.

offrir [ɔfʀiʀ] **(18) 1** *vt* (**a**) *cadeau* (*donner*) to give (*à* to); (*acheter*) to buy (*à* for). **c'est pour ~?** is it for a present?; **la joie d'~** the joy of giving. **(b)** *aide, marchandise, choix* to offer; *démission* to tender. **puis-je vous ~ à boire?** can I offer you a drink?; ~ **de faire** to offer to do; ~ **sa vie à la patrie** to offer up one's life to the homeland. **(c)** *spectacle, avantage* to present, offer; *exemple, explication* to provide; *analogie* to offer, have. **cela n'offre rien de particulier** there is nothing special about that; ~ **de la résistance** to offer resistance. **2 s'~** *vpr* **(a)** [*femme*] to offer o.s. (*à* to). **s'~ aux regards** [*personne*] to expose o.s. to the public gaze; [*spectacle*] to present itself to the gaze. **(b)** *repas, vacances* to treat o.s. to; *disque* to buy o.s. **(c)** **s'~ à faire qch** to offer to do sth. ♦ **offrande** *nf* offering. ♦ **offrant** *nm:* **au plus ~** to the highest bidder. ♦ **offre** *nf* (*gén*) offer; (*aux enchères*) bid. (*Écon*) **l'~ et la demande** supply and demand; (*Presse*) ~s **d'emploi** situations vacant column, job ads*; **il y avait plusieurs ~s d'emploi** there were several jobs advertised; ~ **publique d'achat** takeover bid; ~s **de service** offers of service; ~s **de paix** peace overtures.

offusquer [ɔfyske] **(1) 1** *vt* to offend. **2 s'~** *vpr* to take offence (*de* at).

ogive [ɔʒiv] *nf* **(a)** (*Archit*) rib. **voûte en ~** rib vault. **(b)** [*fusée etc*] nose cone. ~ **nucléaire** nuclear warhead.

ogre, ogresse [ɔgʀ(ə), ɔgʀɛs] *nm,f* ogre, ogress. **manger comme un ~** to eat like a horse.

oie [wa] *nf* (*Zool*) goose; (*péj*) silly goose.

oignon [ɔɲɔ̃] *nm* (*légume*) onion; [*tulipe etc*] bulb; (*Méd*) bunion. **petits ~s** pickling onions; **ce n'est pas mes ~s** it's no business of mine.

oiseau, pl ~x [wazo] *nm* bird. ~ **de mauvais augure** bird of ill omen; ~-**mouche** *nm, pl* ~x-~s hummingbird; ~ **de paradis** bird of paradise; ~ **de proie** bird of prey; **trouver l'~ rare** to find the man (*ou* woman) in a million; **drôle d'~*** queer fish* *ou* customer*. ♦ **oiseleur** *nm* bird-catcher. ♦ **oiselier, -ière** *nm,f* bird-seller. ♦ **oisellerie** *nf* (*magasin*) birdshop; (*commerce*) bird-selling.

oiseux, -euse [wazø, øz] *adj propos* pointless; *question* trivial, trifling.

oisif, -ive [wazif, iv] **1** *adj* idle. **2** *nm,f* man (*ou* woman) of leisure. ♦ **oisiveté** *nf* idleness. ~ **forcée** forced inactivity.

oléagineux, -euse [ɔleaʒinø, øz] **1** *adj* oleaginous. **2** *nm* oleaginous plant.

oléoduc [ɔleɔdyk] *nm* oil pipeline.

olive [ɔliv] **1** *nf* olive. **2** *adj inv* olive(-green). ♦ **olivâtre** *adj* (*gén*) olive-greenish; *teint* sallow. ♦ **oliveraie** *nf* olive grove. ♦ **olivier** *nm* (*arbre*) olive tree; (*bois*) olive(-wood).

olympique [ɔlɛ̃pik] *adj* Olympic. ♦ **olympiade** *nf* Olympiad.

ombrage [ɔ̃bʀaʒ] *nm* **(a)** (*ombre*) shade. **(b)** **prendre ~ de qch** to take umbrage *ou* offence at sth. ♦ **ombragé, e** *adj* shaded, shady. ♦ **ombrager** **(3)** *vt* to shade. ♦ **ombrageux, -euse** *adj personne* touchy, easily offended; *cheval* skittish, nervous.

ombre [ɔ̃bʀ(ə)] *nf* **(a)** (*ombre portée*) shadow; (*obscurité*) darkness. **25° à l'~** 25° in the shade; **tu me fais de l'~** you're in my light; **places sans ~/pleines d'~** shadeless/shady squares. **(b)** (*forme vague*) shadow, shadowy figure; (*fantôme*) shade. **(c)** (*fig*) (*anonymat*) obscurity; (*secret, incertitude*) dark. **laisser dans l'~** to leave in the dark; **rester dans l'~** [*artiste*] to remain in obscurity; [*meneur*] to keep in the background; [*détail*] to be still obscure. **(d)** (*soupçon*) **une ~ de moustache** a hint *ou* suspicion of a moustache; **il n'y a pas l'~ d'un doute** there's not the shadow of a doubt; **pas l'~ d'une chance** not the ghost of a chance. **(e)** (*locutions*) **jeter une ~ sur qch** to cast a gloom over sth; **mettre qn à l'~*** to put sb behind bars, lock sb up; **il y a une ~ au tableau** there's a fly in the ointment; **n'être plus que l'~ de soi-même** to be the mere shadow of one's former self; ~s **chinoises** (*improvisées*) shadowgraph; (*spectacle*) shadow show. ♦ **ombrelle** *nf* parasol, sunshade. ♦ **ombreux, -euse** *adj* shady.

omelette [ɔmlɛt] *nf* omelette.

omettre [ɔmɛtʀ(ə)] **(56)** *vt* to leave out, miss out, omit. ~ **de faire qch** to fail *ou* omit to do sth. ♦ **omission** *nf* (*action*) omission; (*chose oubliée*) omission, oversight.

omnibus [ɔmnibys] *nm* slow *ou* stopping train; (*Hist: bus*) omnibus.

omnipotence [ɔmnipɔtɑ̃s] *nf* omnipotence. ♦ **omnipotent, e** *adj* omnipotent.

omniprésent,e [ɔmnipʀezɑ̃, ɑ̃t] *adj* omnipresent.

omniscient, e [ɔmnisjɑ̃, ɑ̃t] *adj* omniscient.

omnivore [ɔmnivɔʀ] *adj* omnivorous.

omoplate [ɔmɔplat] *nf* shoulder blade.

on [ɔ̃] *pron* **(a)** (*indétermination*) ~ **l'interrogea** he was questioned; ~ **va encore augmenter l'essence** petrol is going up again; ~ **prétend que** they say that, it is said that; ~ **se précipita sur les places vides** there was a rush for the empty seats. **(b)** (*quelqu'un*) someone. ~ **frappa à la porte** there was a knock at the door; **est-ce qu'~ est venu réparer la porte?** has anyone *ou* someone been to repair the door?; ~ **peut très bien aimer la pluie** some people may well like the rain. **(c)** (*celui qui parle*) you, one, we. ~ **aimerait être sûr que ...** one *ou* we would like to be sure that ...; ~ **a trop chaud ici** it's too hot here; ~ **ne pense jamais à tout** one *ou* you can't think of everything. **(d)** (*éloignement*) they, people. **en Chine ~ mange avec des baguettes** in China they eat with chopsticks. **(e)** (*: nous*) we. ~ **a décidé tous les trois**

de partir the three of us decided to leave; ~ a amené notre chien we've brought along the dog; (hum) ~ ne dit plus bonjour? don't we say hullo any more? (f) (intensif) c'est ~ ne peut plus beau it couldn't be lovelier.

once [ɔ̃s] nf ounce.

oncle [ɔ̃kl(ə)] nm uncle.

onctueux, -euse [ɔ̃ktɥø, øz] adj (lit) creamy; (fig) unctuous, smooth. ♦ **onctueusement** adv unctuously. ♦ **onctuosité** nf unctuousness, smoothness; creaminess.

onde [ɔ̃d] nf (a) (gén, Phys) wave. petites ~s, ~s moyennes medium waves; ~s courtes short waves; sur les ~s et dans la presse on the radio and in the press; il passe sur les ~s demain he's on the air tomorrow; mettre en ~s to produce for the radio. (b) (littér: lac, mer) l'~ the waters.

ondée [ɔ̃de] nf shower (of rain).

on-dit [ɔ̃di] nm inv rumour. ce ne sont que des ~ it's only hearsay.

onduler [ɔ̃dyle] (1) vi (gén) to undulate; [drapeau] to ripple, wave; [route] to snake up and down; [cheveux] to be wavy. ♦ **ondulation** nf undulation. [cheveux] ~s waves. ♦ **onduleux, -euse** adj ligne wavy; plaine undulating; démarche swaying, supple.

onéreux, -euse [ɔnerø, øz] adj costly.

ongle [ɔ̃gl(ə)] nm [personne] (finger)nail; [animal] claw. ~ de pied toenail; se faire les ~s to cut (ou file) one's nails.

onomatopée [ɔnɔmatɔpe] nf onomatopoeia.

onyx [ɔniks] nm onyx.

onze [ɔ̃z] adj, nm inv eleven. le ~ novembre Armistice Day; le ~ de France the French eleven ou team; V **six**. ♦ **onzième** adj, nmf eleventh. ♦ **onzièmement** adv in the eleventh place.

opale [ɔpal] nf opal.

opaque [ɔpak] adj verre, corps opaque (à to); brouillard, nuit impenetrable. ♦ **opacité** nf opaqueness; impenetrableness.

opéra [ɔpera] nm (œuvre) opera; (édifice) opera house. ~ bouffe opera bouffe, comic opera; ~-comique light opera, opéra comique. ♦ **opérette** nf operetta, light opera.

opercule [ɔpɛrkyl] nm protective cap.

opérer [ɔpere] (6) 1 vt (a) malade, organe to operate on (de for); tumeur to remove. se faire ~ des amygdales to have one's tonsils removed ou out*. (b) transformation, réforme to carry out, implement; choix, redressement to make. ~ des miracles to work wonders; ça a opéré un changement it brought about a change; un changement s'était opéré a change had taken place ou had occurred. 2 vi [remède] to work, take effect; [technicien etc] to proceed. comment faut-il ~? what's the procedure? (pour for). ♦ **opérable** adj operable. ♦ **opérateur, -trice** nm,f (sur machine) operator; (Ciné) cameraman. ♦ **opération** nf (a) (gén, Math, Méd, Mil) operation. salle d'~ operating theatre. (b) (Comm) deal. ~ financière financial deal; ~s de bourse stock exchange dealings. (c) (Tech, gén) process, operation. (iro) par l'~ du Saint-Esprit by magic. ♦ **opérationnel, -elle** adj operational. ♦ **opératoire** adj (Méd) operating. ♦ **opéré, e** nm,f (Méd) patient.

ophtalmologie [ɔftalmɔlɔʒi] nf ophthalmology. ♦ **ophtalmologique** adj ophthalmological. ♦ **ophtalmologiste** nmf ophthalmologist.

opiner [ɔpine] (1) vi: ~ de la tête to nod one's agreement, nod assent.

opiniâtre [ɔpinjɑtr(ə)] adj personne stubborn, obstinate; efforts, haine unrelenting. ♦ **opiniâtrement** adv stubbornly, obstinately; unrelentingly. ♦ **opiniâtreté** nf stubbornness, obstinacy; unrelentingness.

opinion [ɔpinjɔ̃] nf (gén) opinion (sur on, about). j'ai la même ~ I am of ou I hold the same opinion ou view; l'~ française French public opinion.

opium [ɔpjɔm] nm opium.

opportun, e [ɔpɔrtœ̃, yn] adj timely, opportune. il serait ~ de faire it would be appropriate ou advisable to do; en temps ~ at the appropriate ou right time. ♦ **opportunément** adv opportunely. ♦ **opportunisme** nm opportunism. ♦ **opportuniste** adj, nmf opportunist. ♦ **opportunité** nf timeliness, opportuneness; appropriateness.

opposer [ɔpoze] (1) 1 vt (a) équipes to bring together; rivaux to bring into conflict (à with); idées, couleurs to contrast (à with). ce qui nous oppose what divides us. (b) arguments to put forward; résistance to put up. ~ son refus/des protestations to refuse/protest; ~ une armée à qn to set an army against sb; il nous opposa que cela coûtait cher he objected that it was expensive. 2 s'~ vpr (a) [équipes] to confront each other, meet; [rivaux] to clash; [théories] to conflict; [styles] to contrast (à with). haut s'oppose à bas high is the opposite of low. (b) s'~ à parents to rebel against; mesure, progrès to oppose; rien ne s'oppose à leur bonheur nothing stands in the way of their happiness; je m'oppose à ce que vous y alliez I am opposed to ou I am against your going there; ma conscience s'y oppose it goes against my conscience. ♦ **opposant, e** nm,f opponent (à of). ♦ **opposé, e 1** adj (a) rive, direction opposite; équipe opposing. la maison ~e à la nôtre the house opposite ou facing ours; l'équipe ~e à la nôtre the team playing against ours. (b) intérêts, opinions conflicting; caractères opposite; forces opposing; couleurs, styles contrasting. ils sont d'un avis ~ (au nôtre) they are of the opposite opinion; (l'un à l'autre) they are of conflicting opinions; ~ à opposed to, against. 2 nm (a) (contraire) l'~ the opposite, the reverse (de of); à l'~ de Paul, je pense que ... contrary to ou unlike Paul, I think that ... (b) à l'~ (dans l'autre direction) the other ou opposite way (de from); (de l'autre côté) on the other ou opposite side (de from). ♦ **opposition** nf (a) (résistance) opposition (à to). (Pol) l'O~ the Opposition. (b) (conflit) (gén) opposition; [idées, intérêts] conflict; [styles, caractères] contrast. mettre en ~ to oppose, contrast; ceci est en ~ avec les faits this conflicts with the facts; mettre ~ à décision to oppose; chèque to stop; par ~ à as opposed to, in contrast with.

oppresser [ɔprese] (1) vt (gén) to oppress; [vêtement serré] to suffocate; [remords] to weigh down. avoir une respiration oppressée to have difficulty with one's breathing. ♦ **oppressant, e** adj oppressive. ♦ **oppresseur** nm oppressor. ♦ **oppressif, -ive** adj oppressive. ♦ **oppression** nf (asservissement) oppression; (gêne) feeling of suffocation ou oppression.

opprimer [ɔprime] (1) vt (a) peuple to oppress; opinion to suppress, stifle. (b) [chaleur etc] to suffocate, oppress.

opprobre [ɔprɔbr(ə)] nm (littér) opprobrium, shame.

opter [ɔpte] (1) vi: ~ pour to opt for, decide upon; ~ entre to choose ou decide between.

opticien, -ienne [ɔptisjɛ̃, jɛn] nm,f optician.

optimisme [ɔptimism(ə)] nm optimism. ♦ **optimiste 1** adj optimistic. 2 nmf optimist.

optimum, pl ~s ou optima [ɔptimɔm, a] 1 nm optimum. 2 adj optimum, optimal. ♦ **optimal, e**, mpl -aux adj optimal, optimum.

option [ɔpsjɔ̃] nf (gén) option. matière à ~ optional subject.

optique [ɔptik] 1 adj verre optical; nerf optic. 2 nf (a) (science, appareils) optics (sg). instrument d'~ optical instrument. (b) (perspective) perspective. voir qch avec une certaine ~ to look at sth from a certain angle ou viewpoint.

opulent, e [ɔpylɑ̃, ɑ̃t] adj pays, prairie rich; personne wealthy, rich; luxe, vie opulent.

♦ **opulence** *nf* richness; wealthiness; opulence.
opuscule [ɔpyskyl] *nm* opuscule.
or¹ [ɔʀ] *nm* **(a)** (*métal*) gold. ~ **noir** black gold; **blés/cheveux d'~** golden cornfields/hair; **en lettres d'~** in gilt *ou* gold lettering; **étalon** ~ gold standard. **(b) en** ~ *objet* gold; *occasion* golden; *mari, sujet* marvellous, wonderful; **c'est une affaire en** ~ (*achat*) it's a real bargain; (*commerce, magasin*) it's a gold mine; **pour tout l'~ du monde** for all the money in the world; **faire des affaires d'~** to run a gold mine.
or² [ɔʀ] *conj* (*transition*) now; (*pourtant*) but, yet.
oracle [ɔʀakl(ə)] *nm* (*gén*) oracle.
orage [ɔʀaʒ] *nm* (*tempête*) (thunder)storm; (*dispute*) row, upset. **pluie d'~** thundery *ou* stormy shower; **les ~s de la vie** the turmoils of life; (*lit, fig*) **il y a de l'~ dans l'air** there is a storm brewing. ♦ **orageux, -euse** *adj* ciel, vie, séance stormy; *pluie, temps* thundery.
oraison [ɔʀɛzɔ̃] *nf* orison, prayer. ~ **funèbre** funeral oration.
oral, e, *mpl* **-aux** [ɔʀal, o] *adj, nm* (*gén, Scol*) oral. ♦ **oralement** *adv* orally.
orange [ɔʀɑ̃ʒ] **1** *adj inv, nm* (*couleur*) orange. **2** *nf* (*fruit*) orange. ~ **sanguine** blood orange. ♦ **orangé, e** *adj* orangey. ♦ **orangeade** *nf* orangeade. ♦ **oranger** *nm* orange tree. ♦ **orangeraie** *nf* orange grove. ♦ **orangerie** *nf* (*serre*) orangery.
orang-outan(g), *pl* ~**s**-~**s** [ɔʀɑ̃utɑ̃] *nm* orang-outang.
orateur, -trice [ɔʀatœʀ, tʀis] *nm,f* (*gén*) speaker. **être bon** ~ to be a good speaker *ou* orator. ♦ **oratoire 1** *adj* oratorical. **2** *nm* (*chapelle*) oratory.
oratorio [ɔʀatɔʀjo] *nm* oratorio.
orbite [ɔʀbit] *nf* (*Anat*) (eye-)socket; (*Astron, Phys*) orbit; (*zone d'influence*) sphere of influence. **mettre sur** ~ *satellite* to put into orbit; *projet* to launch; **être sur** ~ to be in orbit. ♦ **orbital, e,** *mpl* **-aux** *adj* orbital.
orchestre [ɔʀkɛstʀ(ə)] *nm* **(a)** (*musiciens*) orchestra; (*jazz, danse*) band. **(b)** (*Ciné, Théât: emplacement*) stalls, orchestra (*US*). ♦ **orchestral, e,** *mpl* **-aux** *adj* orchestral. ♦ **orchestration** *nf* orchestration; organization. ♦ **orchestrer** (1) *vt* (*Mus*) to orchestrate; *propagande* to organize.
orchidée [ɔʀkide] *nf* orchid.
ordinaire [ɔʀdinɛʀ] **1** *adj* **(a)** (*habituel*) ordinary, usual; *session* ordinary. **peu** ~ *fait* unusual; (***) *audace* incredible. **(b)** *vin* ordinary; *service de table* everyday; *qualité* standard; (*péj: commun*) common. **2** *nm*: **l'~** (*banalité*) the ordinary; (*nourriture*) the food; **qui sort de l'~** which is out of the ordinary; **comme à l'~** as usual; **d'~** usually, as a rule; **plus que d'~** more than usual. ♦ **ordinairement** *adv* usually, as a rule.
ordinal, e, *mpl* **-aux** [ɔʀdinal, o] *adj* ordinal. **2** *nm* ordinal number.
ordinateur [ɔʀdinatœʀ] *nm* computer. **mettre sur** ~ to computerize; **mise sur** ~ computerization.
ordonnance [ɔʀdɔnɑ̃s] *nf* **(a)** (*Méd*) prescription. **(b)** (*Jur: arrêté*) order. **(c)** (*phrase, tableau*) organization, layout; (*bâtiment*) plan, layout; (*cérémonie*) organization. **(d)** (*Mil: domestique*) batman.
ordonner [ɔʀdɔne] (1) **1** *vt* **(a)** *idées, éléments, discours* to organize. **(b)** *traitement* to prescribe; *huis-clos* to order. ~ **que** to order that; **il nous ordonna le silence** he ordered us to be quiet. **(c)** (*Rel*) *prêtre* to ordain. **2 s'~** *vpr* (*idées, faits*) to organize themselves. ♦ **ordonné, e 1** *adj* maison, enfant tidy, orderly; *employé* methodical; *vie* well-ordered. **2** *nf* (*Math*) ordinate.
ordre [ɔʀdʀ(ə)] *nm* **(a)** (*succession*) order. **par** ~ **alphabétique** in alphabetical order; **l'~ de marche** in marching order. **(b)** (*Archit, Bio: catégorie*) order. **(c)** (*nature*) **dans le même** ~

d'idées similarly; **dans un autre** ~ **d'idées** in a different connection; **motifs d'~ personnel** reasons of a personal nature; **c'est dans l'~ des choses** it's in the nature of things; **du même** ~ of the same nature *ou* order; **un chiffre de l'~ de 2 millions** a figure of the order of 2 million; **donnez-nous un** ~ **de grandeur** give us a rough estimate *ou* a rough idea; **de premier** ~ first-rate; **de dernier** ~ third-rate. **(d)** (*organisation*) l'~ order; **l'~ public** law and order; **rentrer dans l'~** to be back in order. **(e)** (*personne, chambre*) tidiness, orderliness. ~ **sans** ~ untidy, disorderly; **avoir de l'~** (*rangements*) to be tidy *ou* orderly; (*travail*) to be methodical; **en** ~ *maison* tidy, orderly; *comptes* in order; **mettre en** ~ to tidy up; **mettre bon** ~ **à qch** to put sth to rights, sort out sth. **(f)** (*état*) **en** ~ **de marche** in working order. **(g)** (*association*) order. (*Rel*) **entrer dans les** ~**s** to take (holy) orders; **l'~ des médecins** ≈ the Medical Associa'on; **l'~ des avocats** ≈ the Bar. **(h)** (*commandement*) (*gén, Fin*) order; (*Mil*) order, command. ~ **de mission** orders (*for a mission*); (*Mil*) ~ **de route** marching orders; **par** ~ **du ministre** by order of the minister; **j'ai reçu des** ~**s formels** I have formal instructions; **être aux** ~**s de qn** to be at sb's disposal; (*formule de politesse*) **je suis à vos** ~**s** I am at your service; (*Mil*) **à vos** ~**s!** yes sir!; **combattre sous les** ~**s de qn** to fight under sb's command; **payable à l'~ de** payable to the order of. **(i)** **l'~ du jour** (*Mil*) the order of the day; (*programme*) the agenda; **cité à l'~ du jour** mentioned in dispatches; **être à l'~ du jour** (*lit*) to be on the agenda; (*d'actualité*) to be topical.
ordure [ɔʀdyʀ] *nf* (*saleté*) (*lit*) dirt, filth; (*fig*) filth; (*péj: personne*) swine‡. ~**s** (*saletés*) dirt; (*grossièretés*) obscenities, filth; (*détritus*) rubbish, refuse, garbage (*US*); **jeter qch aux** ~**s** to throw sth into the dustbin *ou* garbage can (*US*); **écrire des** ~**s** to write filth. ♦ **ordurier, -ière** *adj* lewd, filthy.
orée [ɔʀe] *nf* (*bois*) edge.
oreille [ɔʀɛj] *nf* **(a)** (*Anat*) ear. **les** ~**s ont dû lui tinter** his ears must have been burning; **écouter de toutes ses** ~**s** to be all ears; **venir aux** ~**s de qn** to come to sb's attention; **dire qch à qn dans le creux de l'~** to have a word in sb's ear about sth; **n'écouter que d'une** ~ to listen with only one ear; **avoir les** ~**s rebattues de qch** to have heard enough of sth, be sick of hearing sth; **tirer les** ~**s à qn** (*lit*) to tweak sb's ears; (*fig*) to tell sb off*; **se faire tirer l'~** to need a lot of persuading; **ouvre tes** ~**s** listen to what you are told; **l'~ basse** crestfallen. **(b)** (*ouïe*) hearing, ear. **avoir l'~ fine** to be sharp of hearing, have a sharp ear; **avoir de l'~** to have a good ear (for music). ♦ **oreiller** *nm* pillow. ♦ **oreillons** *nmpl*: **les** ~ (the) mumps.
orfèvre [ɔʀfɛvʀ(ə)] *nm* silversmith, goldsmith. **être** ~ **en la matière** to be an expert on the subject. ♦ **orfèvrerie** *nf* (*commerce*) silversmith's *ou* goldsmith's trade; (*magasin*) silversmith's *ou* goldsmith's shop; (*ouvrage*) (silver) plate, (gold) plate.
organe [ɔʀgan] *nm* (*gén, Anat*) organ; (*porte-parole*) spokesman; (*littér: voix*) voice. ~**s de commande** controls; ~**s de transmission** transmission system.
organigramme [ɔʀganigʀam] *nm* (*hiérarchie*) organization chart; (*procédure*) flow chart.
organique [ɔʀganik] *adj* (*Chim, Jur, Méd*) organic.
organiser [ɔʀganize] (1) **1** *vt* (*gén*) to organize, arrange. **2 s'~** *vpr* to organize o.s. (*ou* itself), get (o.s. *ou* itself) organized. ♦ **organisateur, -trice 1** *adj* organizing. **2** *nm,f* organizer. ♦ **organisation** *nf* **(a)** (*action*) organization, arranging; (*résultat*) organization, arrangement. **(b)** (*parti, syndicat*) organization.

organisme [ɔʀganism(ə)] nm (organes, bureaux) body, organism; (Zool: individu) organism.
organiste [ɔʀganist(ə)] nmf organist.
orgasme [ɔʀgasm(ə)] nm orgasm, climax.
orge [ɔʀʒ(ə)] nf barley.
orgie [ɔʀʒi] nf orgy. une ~ de a profusion of.
orgue [ɔʀg(ə)] nm organ. ~ de Barbarie barrel organ, hurdy-gurdy.
orgueil [ɔʀgœj] nm pride. tirer ~ de qch to take pride in sth, pride o.s. on sth; mettre son ~ à faire qch to take a pride in doing sth. ♦ **orgueilleuse-ment** adv proudly. ♦ **orgueilleux, -euse** adj proud.
orgues [ɔʀg(ə)] nfpl organ. les grandes ~ the great organs.
orient [ɔʀjɑ̃] nm (littér: est) orient. l'O~ the East, the Orient (littér). ♦ **oriental, e** mpl -aux 1 adj région eastern; langue, produits oriental. 2 nm: O~ Oriental. 3 nf: O~e Oriental woman.
orienter [ɔʀjɑ̃te] (1) 1 vt (a) objet to position, adjust. ~ une maison vers le sud to build a house facing south; ~ une antenne vers le nord to turn ou direct an aerial towards the north; maison bien orientée well-positioned house, house with a good aspect. (b) élèves to orientate; voyageurs, recherches to direct (vers towards). ~ la conversation vers un sujet to turn the conversa-tion onto a subject. (c) (marquer) carte to orien-tate; (Math) droite to orient. 2 s'~ vpr [voyageur] to find one's bearings. s'~ vers (lit, fig) to turn towards; [société] to move towards.
♦ **orientable** adj antenne adjustable.
♦ **orientation** nf (a) (action) positioning, adjust-ment; directing; orientation. l'~ professionnelle careers advising; conseiller d'~ careers adviser. (b) (position) [maison] aspect; [antenne] direc-tion. l'~ du jardin au sud the garden's southern aspect. (c) (tendance) [recherches] direction, orientation; [science] trends; [magazine] lean-ings, (political) tendencies. quelle ~ va-t-il choisir? [parti] which line will they move towards?; [élève] which direction will he take?
♦ **orienté, e** adj (partial) article slanted.
orifice [ɔʀifis] nm (gén) opening; [tuyau] mouth; [organe] orifice.
originaire [ɔʀiʒinɛʀ] adj (a) ~ de plante, mets native to; il est ~ de he is a native of, he was born in. (b) propriétaire original; vice innate. ♦ **originairement** adv originally, at first.
original, e, mpl -aux [ɔʀiʒinal, o] 1 adj original; (péj: bizarre) eccentric, odd. 2 nm,f eccentric. 3 nm (tableau) original; (document) original (copy); (texte dactylographié) top copy. ♦ **originalement** adv originally. ♦ **originalité** nf (a) originality; eccentricity; oddness. (b) (caractéristique) original aspect ou feature. (conduite) ~(s) eccentric behaviour.
origine [ɔʀiʒin] nf (gén) origin. avoir son ~ dans to have one's origins in, originate in; d'~ pays of origin; pneus original; d'~ française of French origin ou extraction; coutume d'~ ancienne long-standing custom, custom of long standing; à l'~ originally, to begin with; dès l'~ at ou from the outset ou the very beginning; à l'~ de at the origin of. ♦ **originel, e** adj original. ♦ **originellement** adv (primitivement) origi-nally; (dès le début) from the outset.
oripeaux [ɔʀipo] nmpl rags.
orme [ɔʀm(ə)] nm elm.
orner [ɔʀne] (1) vt (a) chambre, vêtement to deco-rate; discours to embellish (de with). robe ornée d'un galon dress trimmed with braid. (b) [statue, bibelot] to adorn, decorate. ♦ **orné, e** adj style ornate, florid. ♦ **ornement** nm (gén) ornament; (Archit, Art) embellishment, adornment. sans ~(s) toilette, style plain, unadorned; d'~ arbre, jardin ornamental. ♦ **ornemental, e**, mpl -aux adj plante ornamental; motif decorative.

♦ **ornementation** nf ornamentation.
ornière [ɔʀnjɛʀ] nf (lit) rut. (fig) il est sorti de l'~ maintenant he's out of the wood now.
ornithologie [ɔʀnitɔlɔʒi] nf ornithology. ♦ **ornithologique** adj ornithological. ♦ **ornitho-logiste** nmf ou ♦ **ornithologue** nmf ornithologist.
orphelin, e [ɔʀfəlɛ̃, in] 1 adj orphan(ed). 2 nm,f orphan. être ~ de père to be fatherless, have lost one's father. ♦ **orphelinat** nm (lieu) orphanage; (orphelins) children of the orphanage.
orteil [ɔʀtɛj] nm toe. gros ~ big toe.
orthodoxe [ɔʀtɔdɔks(ə)] 1 adj (Rel, gén) orthodox. 2 nmf orthodox. ♦ **orthodoxie** nf orthodoxy.
orthographe [ɔʀtɔgʀaf] nf (gén) spelling; (sys-tème) spelling (system). ♦ **orthographier** (7) to spell (in writing). ♦ **orthographique** adj spell-ing, orthographical.
orthopédie [ɔʀtɔpedi] nf orthopaedics (sg). ♦ **orthopédique** adj orthopaedic. ♦ **orthopédiste** nmf orthopaedist.
ortie [ɔʀti] nf (stinging) nettle. ~ blanche white dead-nettle.
os [ɔs] nm bone. ~ de seiche cuttle-bone; viande sans ~ boned meat; à manche en ~ bone-handled; trempé jusqu'aux ~ soaked to the skin, wet through; il y a un ~* there's a snag ou hitch; tomber sur un ~* to come across ou hit* a snag.
oscar [ɔskaʀ] nm (Ciné) Oscar; (gén) prize (de for).
osciller [ɔsile] (1) vi (Sci) to oscillate; [pendule] to swing; [tête, navire] to rock. le vent fit ~ la flamme the wind made the flame flicker; (fig) ~ entre [personne] to waver between; [prix] to fluc-tuate between. ♦ **oscillation** nf oscillation; fluctuation. ♦ **oscillatoire** adj oscillatory.
oseille [ozɛj] nf (Bot) sorrel; (‡: argent) dough‡.
oser [oze] (1) vt to dare. il faut ~ one must take risks; il n'osait (pas) bouger he did not dare (to) move; je n'ose pas I dare not; si j'ose dire if I may say so; j'ose l'espérer I like to hope so. ♦ **osé, e** adj tentative, toilette bold, daring; sujet risqué, daring.
osier [ozje] nm (Bot) willow; (fibres) wicker. cor-beille en ~ wicker(work) basket.
ossature [ɔsatyʀ] nf [corps] frame, bone struc-ture; [machine, discours] framework. ♦ **osselets** nmpl knucklebones. ♦ **ossements** nmpl (squelettes) bones. ♦ **osseux, -euse** adj (Anat, Méd) bone; (maigre) bony.
ostensible [ɔstɑ̃sibl(ə)] adj conspicuous. ♦ **ostensiblement** adv conspicuously.
ostentation [ɔstɑ̃tasjɔ̃] nf ostentation. avec ~ ostentatiously; faire qch sans ~ to do sth unostentatiously. ♦ **ostentatoire** adj osten-tatious.
ostraciser [ɔstʀasize] (1) vt to ostracize. ♦ **ostra-cisme** nm ostracism.
otage [ɔtaʒ] nm hostage.
otarie [ɔtaʀi] nf sea-lion.
ôter [ote] (1) 1 vt (a) (gén) to remove (de from); ornement, scrupules, somme to take away; vête-ment to take off; arêtes, tache to take out (de of). ôte les assiettes clear the dishes; ôte tes mains de la porte! take your hands off the door! (b) (pren-dre) ~ qch à qn (lit) to take sth (away) from sb; ~ à qn ses forces to deprive sb of his strength; ~ à qn toute envie de faire to rid sb of any desire to do; on ne m'ôtera pas de l'idée que ... I can't get it out of my mind ou head that ... . 2 s'~ vpr: ôtez-vous de là! move yourself!, get out of there!
otite [ɔtit] nf ear infection.
oto-rhino-(laryngologie) [ɔtoʀinolaʀɛ̃gɔlɔʒi] nf otorhinolaryngology. ♦ **oto-rhino-(laryngolo-giste)** nmf ear, nose and throat specialist.
ou [u] conj or. aujourd'hui ~ demain (either) today or tomorrow; avec ~ sans sucre? with or without sugar?; que vous le vouliez ~ non whether you

like it or not; ~ **pour mieux dire** or rather; ~ **il est malade ~ (bien) il est fou** he's either sick or mad, either he's sick or (else) he's mad.

où [u] **1** *pron* (a) (*lit*) where. **la ville ~ j'habite** the town I live in *ou* where I live; **le mur ~ il est appuyé** the wall he's leaning against; **le livre ~ il a copié ceci** the book from which he copied this; **le village par ~ il est passé** the village he went through. (b) (*abstrait*) **la famille d'~** il sort the family he comes from; **dans l'état ~ il est** in the state he is in; **la mélancolie ~ il se complaît** the melancholy in which he wallows; **au prix ~ c'est** at the price it is. (c) (*temporel*) when. **le jour ~ je l'ai rencontré** the day (when *ou* on which) I met him; **à l'instant ~ il est arrivé** the moment he arrived. **2** *adv rel* where. **s'établir ~ l'on veut** to settle where one likes; ~ **que l'on aille** wherever one goes; **savoir ~ s'arrêter** to know where *ou* when to stop; **d'~ l'on peut conclure que ...** from which one may conclude that ...; **d'~ son silence** hence his silence. **3** *adv interrog* where. ~ **es-tu?** where are you?; **par ~ y aller?** which way should we go?; **d'~ vient cette attitude?** what's the reason for this attitude?; ~ **voulez-vous en venir?** what are you getting at?

ouailles [waj] *nfpl* (*Rel, hum*) flock.

ouate [wat] *nf* (*pour pansement*) cotton wool; (*pour rembourrage*) padding. ♦ **ouaté, e** *adj vêtement* quilted; *bruit* muffled; *ambiance* cocoon-like.

oublier [ublije] (7) **1** *vt* (*gén*) to forget; *soucis, client* to forget (about); *fautes d'orthographe* to miss; *phrase* to leave out. ~ **de faire/pourquoi** to forget to do/why; **il essaie de se faire ~** he's trying to keep out of the limelight; **on l'a oublié sur la liste** he's been left off the list. **2 s'~** *vpr* [*personne*] to forget o.s. **ça s'oublie facilement** it's easily forgotten. ♦ **oubli** *nm* (a) forgetting. **l'~ de cet objet** forgetting this thing; **l'~ de soi (-même)** self-effacement. (b) (*trou de mémoire*) lapse of memory; (*omission*) omission; (*négligence*) oversight. **cet ~ lui coûta la vie** this omission *ou* oversight cost him his life. (c) **l'~** oblivion, forgetfulness.

ouest [wɛst] **1** *nm* west. **le vent d'~** the west wind; **un vent d'~** a west(erly) wind; **à l'~** (*situation*) in the west; (*direction*) to the west, westwards; **à l'~ de west** of; **l'Europe de l'~** Western Europe; **Allemagne de l'~** West Germany; (*Pol*) **l'O~** the West. **2** *adj inv région* western; *entrée* west; *direction* westward, westerly. ~**-allemand** West German.

ouf [uf] *excl* phew! **sans avoir le temps de dire ~*** before they had time to catch their breath.

oui [wi] **1** *adv* (a) yes. **le connaissez-vous?** — ~ **do** you know him? — yes (I do); **est-elle chez elle?** — ~ **is she at home?** — yes (she is); **ah, ça ~!** I should say so!, yes indeed!; **vous en voulez?** — ~, **bien sûr** do you want some? — of course (I do) *ou* I most certainly do; **répondre (par)** ~ to answer yes; **faire ~ de la tête** to nod (one's head). (b) (*remplaçant une proposition*) **je pense que ~** (yes) I think so; **j'espère que ~** I hope so; **j'ai demandé si elle était venue, lui dit que ~** I asked if she had been and he says she has. (c) (*intensif*) **il va accepter, ~ ou non?** is he or isn't he going to accept?; **tu te presses, ~ ou non?** will you PLEASE hurry up. **2** *nm inv* yes. **il y a eu 30 ~** there were 30 votes for, there were 30 ayes; **pleurer pour un ~ ou pour un non** to cry at the drop of a hat.

ouïe [wi] *nf* hearing. ♦ **ouï-dire** *nm inv*: **par ~** by hearsay. ♦ **ouïr** (10) *vt* (*littér, Jur*) to hear. **j'ai ouï dire que** I've heard it said that.

ouïes [wi] *nfpl* (*Zool*) gills; (*Mus*) sound-hole.

ouille [uj] *excl* ouch!

ouragan [uʀagɑ̃] *nm* (*lit*) hurricane. (*fig*) **déchaîner un ~** to create a storm; **arriver comme un ~** to arrive like a whirlwind *ou* tornado.

ourler [uʀle] (1) *vt* to hem. ♦ **ourlet** *nm* hem.

ours [uʀs] *nm* (*Zool*) bear; (*péj: misanthrope*) (old) bear. (*jouet*) ~ **(en peluche)** teddy bear; ~ **blanc** polar bear; ~ **brun** brown bear; ~ **mal léché*** lout. ♦ **ourse** *nf* she-bear. ♦ **ourson** *nm* bear cub.

oursin [uʀsɛ̃] *nm* sea urchin.

oust(e)* [ust(ə)] *excl* beat it!*, off with you!

outil [uti] *nm* (*lit, fig*) tool; (*agricole*) implement. ♦ **outillage** *nm [bricoleur]* set of tools; *[jardinier]* implements; *[usine]* equipment. ♦ **outiller** (1) *vt* (*gén*) to equip; *ouvrier* to supply with tools, kit out; *atelier* to fit out. **bien/mal outillé** well-/badly-equipped.

outrage [utʀaʒ] *nm* insult (*à* to). **faire ~ à mémoire** to insult, offend; *pudeur* to outrage; ~ **à agent** insulting a police officer; ~ **à magistrat** contempt of court; ~ **à la pudeur** indecent behaviour. ♦ **outragé, e** *adj* gravely offended. ♦ **outrageant, e** *adj* offensive. ♦ **outrager** (3) *vt* (*littér*) *personne* to offend gravely; *mœurs* to outrage; *raison* to insult.

outrageux, -euse [utʀaʒø, øz] *adj* outrageous, excessive. ♦ **outrageusement** *adv* outrageously, excessively.

outrance [utʀɑ̃s] *nf* (*excès*) excess. **l'~** excessiveness; **méticuleux à ~** meticulous in the extreme. ♦ **outrancier, -ière** *adj* extreme.

outre [utʀ(ə)] **1** *prép* besides. ~ **son salaire** on top of *ou* in addition to his salary; ~ **le fait que** as well as *ou* besides the fact that; **en ~** moreover, besides; **en ~ de** on top of; ~ **mesure** to excess; **passer ~** to carry on regardless; **passer ~ à** to disregard; ~ **qu'il a le temps, il sait le faire** apart from having the time he knows how to do it.

2: ~**-Atlantique** across the Atlantic; ~**-Manche** across the Channel; ~**-mer** overseas; **les territoires d'~-mer** overseas territories; **voix d'~-tombe** lugubrious voice.

outrepasser [utʀəpase] (1) *vt droits, pouvoir, ordres* to exceed; *limites* to go beyond, overstep.

outrer [utʀe] (1) *vt* (*exagérer*) to exaggerate; (*indigner*) to outrage. ♦ **outré, e** *adj* (a) *éloges* excessive, exaggerated; *description* exaggerated, extravagant. (b) (*indigné*) outraged (*de, par* at, by).

outsider [awtsajdœʀ] *nm* (*Sport, fig*) possible winner.

ouvert, e [uvɛʀ, ɛʀt] *etc* V **ouvrir.**

ouvrage [uvʀaʒ] *nm* (a) (*travail*) work. **se mettre à l'~** to set to *ou* start work. (b) (*objet*) piece of work; (*Couture, Constr*) work; (*livre*) (*œuvre*) work; (*volume*) book. ~ **d'art** structure (*bridge ou tunnel etc*). ♦ **ouvragé, e** *adj meuble* finely carved; *napperon* finely embroidered; *bijou* finely worked.

ouvrier, -ière [uvʀije, ijɛʀ] **1** *adj quartier* working-class; *conflit, agitation, législation* industrial, labour. **2** *nm* worker, workman. ~ **d'usine** factory worker *ou* hand; ~ **agricole** farm labourer, farm hand; ~ **qualifié/spécialisé** skilled/unskilled worker. **3** *nf* female worker. ~**ière (d'usine)** female factory worker *ou* factory hand.

ouvrir [uvʀiʀ] (18) **1** *vt* (a) (*gén*) to open; *porte fermée à clef* to unlock; *ailes* to spread; *manteau* to undo, unfasten. ~ **par effraction** to break open; **il a ouvert brusquement** la porte he threw *ou* flung the door open; ~ **la porte aux abus** to throw the door open to abuses; **on a frappé: va ~!** there was a knock: go and open *ou* answer the door!; **fais-toi ~ par la concierge** ask *ou* get the caretaker to let you in; ~ **l'œil** to keep one's eyes open (*fig*); **ça m'a ouvert les yeux** it opened my eyes, it was an eye-opener (to me); ~ **les oreilles** to pin back one's ears*; **ça m'a ouvert l'appétit** that whetted my appetite; ~ **sa bourse (à qn)** to put one's hand in one's pocket (to help sb). (b) (*percer*) *mur* to open up; *membre, ventre* to open up, cut open; *autoroute* to build; *perspectives* to open up. **ils lui ont ouvert un passage dans la foule** they made a passage for him through the crowd; *(fig)* ~ **la voie (à qn)** to lead the way (for sb). **(c)** *(commencer) théâtre, magasin* to open (up); *compte, enquête, bal* to open. ~ **les hostilités** to start up *ou* begin hostilities; ~ **le feu** to open fire; ~ **le jeu** *(Sport)* to open up the game; *(Cartes)* to open play. **(d)** *(être au début de) liste* to head; *procession* to lead. ~ **la marche** to take the lead. **(e)** *gaz, radio* to turn on, switch on, put on; *eau, robinet* to turn on; *vanne* to open.

2 *vi* to open (*sur* on, *par* with).

3 **s'~** *vpr* **(a)** *(gén)* to open; *[fleur]* to open out. **robe qui s'ouvre par devant** dress that undoes *ou* unfastens at the front; **la foule s'ouvrit pour le laisser passer** the crowd parted to let him through; **s'~ un passage dans la foule** to cut one's way through the crowd; **la porte a dû s'~** the door must have come open; **la vie qui s'ouvre devant elle** the life which is opening in front of *ou* before her. **(b)** **s'~ à** *amour, problèmes* to become aware of; *confident* to open one's heart to (*de qch* about sth). **(c)** **s'~ les veines** to cut *ou* slash one's wrists; **s'~ la jambe** to cut open *ou* gash one's leg.

♦ **ouvre-boîte(s)** *nm inv* tin opener. ♦ **ouvrebouteille(s)** *nm inv* bottle-opener. ♦ **ouvert, e** *adj* *(gén, fig)* open; *angle* wide; *ensemble* openended; *robinet* on, running; *col* undone. **la bouche** ~**e** open-mouthed, with open mouth; **entrez, c'est** ~**!** come in, the door isn't locked!; ~ **au public**

open to the public; **à l'esprit** ~ open-minded. ♦ **ouvertement** *adv* *dire* openly; *agir* openly, overtly. ♦ **ouverture** *nf* **(a)** *(action: V ouvrir)* opening; unlocking; opening up; opening-out. **heures d'~** opening hours; **à l'~** at opening time; **l'~ de la porte est automatique** the door opens automatically. **(b)** *(trou)* opening; *(Phot)* aperture; *(Mus)* overture; *(Cartes)* opening. ~ **d'esprit** open-mindedness. **(c)** *(avances)* ~**s** overtures; **faire des** ~**s de paix** to make peace overtures (*à qn* to sb). ♦ **ouvrable** *adj:* **jour** ~ weekday, working day; **heures** ~**s** business hours. ♦ **ouvreuse** *nf* usherette.

ovaire [ɔvɛʀ] *nm* ovary.

ovale [ɔval] *adj, nm* oval.

ovation [ɔvasjɔ̃] *nf* ovation. **faire une** ~ **à qn** to give sb an ovation.

ovin, e [ɔvɛ̃, in] **1** *adj* ovine. **2** *nm:* **les** ~**s** the ovine race.

ovule [ɔvyl] *nm* (*Physiol*) ovum. ♦ **ovulation** *nf* ovulation.

oxyder [ɔkside] **(1)** **1** *vt* to oxidize. **2** **s'~** *vpr* to become oxidized. ♦ **oxydant, e** **1** *adj* oxidizing. **2** *nm* oxidizer. ♦ **oxydation** *nf* oxidization, oxidation. ♦ **oxyde** *nm* oxide. ~ **de carbone** carbon monoxide.

oxygène [ɔksiʒɛn] *nm* oxygen. ♦ **oxygénation** *nf* oxygenation. ♦ **oxygéner** **(6)** **1** *vt* (*Chim*) to oxygenate. **2** **s'~** *vpr* (*) to get some fresh air.

ozone [ozon] *nm* ozone.

P

P, p [pe] *nm* (*lettre*) P, p.
pacage [pakaʒ] *nm* pasture (land).
pacha [paʃa] *nm* pasha. **mener une vie de** ~ to live like a lord.
pachyderme [paʃidɛʀm(ə)] *nm* (*éléphant*) elephant.
pacifique [pasifik] **1** *adj* (a) *coexistence* peaceful; *humeur* peaceable; *intention* pacific. **utilisé à des fins** ~**s** used for peaceful purposes. (b) (*Géog*) Pacific. **2** *nm* (*Géog*) **le P**~ the Pacific. ◆ **pacificateur, -trice 1** *adj* pacificatory. **2** *nm,f* (*personne*) peacemaker; (*chose*) pacifier. ◆ **pacification** *nf* pacification. ◆ **pacifier** (7) *vt* to pacify. ◆ **pacifiquement** *adv* peacefully; peaceably; pacifically. ◆ **pacifisme** *nm* pacifism. ◆ **pacifiste** *nmf, adj* pacifist.
pacotille [pakɔtij] *nf* poor-quality stuff, cheap and nasty goods; (*clinquant*) showy stuff. **c'est de la** ~ it's cheap rubbish; **meubles de** ~ cheap furniture.
pacte [pakt(ə)] *nm* pact. ◆ **pactiser** (1) *vt* (*péj*) (*se liguer*) to take sides (*avec* with); (*transiger*) to come to terms (*avec* with).
pactole [paktɔl] *nm* gold mine.
pagaie [pagɛ] *nf* paddle.
pagaïe, pagaille [pagaj] *nf* (*objets*) mess, shambles; (*désorganisation*) chaos. **mettre la** ~ **dans qch** to mess sth up; **il y en a en** ~* there are loads* *ou* masses of them.
paganisme [paganism(ə)] *nm* paganism, heathenism.
pagayer [pageje] (8) *vi* to paddle. ◆ **pagayeur, -euse** *nm,f* paddler.
page¹ [paʒ] *nf* (a) page. ~ **de garde** flyleaf; **une** ~ **d'écriture** a page of writing; **les plus belles** ~**s de Corneille** the finest passages of Corneille; **une** ~ **glorieuse de notre histoire** a glorious page *ou* chapter in our history; **mettre en** ~ to make up (into pages). (b) (*loc*) **être à la** ~ (*mode*) to be up-to-date *ou* with it*; (*actualité*) to keep in touch *ou* up-to-date; **ne plus être à la** ~ to be out of touch *ou* behind the times.
page² [paʒ] *nm* (*Hist*) page (boy).
pagne [paɲ] *nm* loincloth.
pagode [pagɔd] *nf* pagoda.
paie [pɛ] *nf* (*gén*) pay; [*ouvrier*] wages. **feuille de** ~ payslip; **ça fait une** ~ **que nous ne nous sommes pas vus*** it's ages since we last saw each other. ◆ **paiement** *nm* payment. ~ **comptant** cash payment.
païen, -ienne [pajɛ̃, jɛn] *adj, nm,f* pagan, heathen.
paille [paj] **1** *nf* straw; (*pour boire*) (drinking) straw; (*Tech: défaut*) flaw. ~ **de fer** steel wool; ~ **de riz** straw; **chapeau de** ~ straw hat; **être sur la** ~ to be penniless; **mettre sur la** ~ to reduce to poverty; **2 millions de francs? une** ~!* 2 million francs? peanuts!* **2** *adj inv* straw-coloured. ◆ **paillasse** *nf* (a) (*matelas*) straw mattress. (b) [*évier*] draining board. ◆ **paillasson** *nm* (*lit, péj*) doormat. ◆ **paillé, e** *adj* straw-bottomed.
paillette [pajɛt] *nf* (a) (*Habillement*) sequin, spangle. (b) [*or*] speck; [*mica, lessive*] flake. ◆ **pailleté, e** *adj robe* sequined. ◆ **pailleter** (4) *vt* to spangle.
pain [pɛ̃] **1** *nm* (*gén*) bread; (*miche*) loaf; [*cire*]

bar; [*savon*] bar, cake. (*Culin*) ~ **de poisson** *etc* fish *etc* loaf; **avoir du** ~ **sur la planche*** to have a lot on one's plate; **le** ~ **quotidien** one's daily bread. **2:** ~ **brioché** brioche loaf; ~ **de campagne** farmhouse bread; ~ **complet** wholemeal bread; ~ **d'épice(s)** = gingerbread; ~ **de Gênes** Genoa cake; ~ **grillé** toast; ~ **de gruau** *ou* **viennois** Vienna loaf; ~ **de mie** sandwich loaf; ~ **aux raisins** currant bun; **petit** ~ (**au lait**) = plain bun; **se vendre comme des petits** ~**s** to sell like hot cakes.
pair¹ [pɛʀ] *nm* (*personne*) peer; (*Fin*) par. **remboursé au** ~ repayable at par; **travailler au** ~ to work in exchange for board and lodging; **jeune fille au** ~ au pair girl; **ça va de** ~ **avec** it goes hand in hand (*avec* with). ◆ **pairesse** *nf* peeress. ◆ **pairie** *nf* peerage.
pair², e¹ [pɛʀ] *adj nombre* even. **le côté** ~ **de la rue** the even-numbers side of the street; **jours** ~**s** even dates.
paire² [pɛʀ] *nf* (*gén*) pair; [*bœufs*] yoke; [*pigeons*] brace. **donner une** ~ **de gifles à qn** to box sb's ears; (*hum*) **les deux font la** ~ they're two of a kind; **c'est une autre** ~ **de manches*** that's another story.
paisible [pezibl(ə)] *adj* peaceful, quiet; (*sans agressivité*) peaceable. ◆ **paisiblement** *adv* peacefully, quietly; peaceably.
paître [pɛtʀ(ə)] (57) **1** *vi* to graze. **faire** ~ to take to pasture; **envoyer** ~ **qn*** to send sb packing*. **2** *vt*: ~ **l'herbe d'un pré** to graze.
paix [pɛ] *nf* (a) (*gén, Mil*) peace. **signer la** ~ to sign a peace treaty; **en temps de** ~ in peacetime; **faire la** ~ **avec qn** to make one's peace with sb, make it up with sb; **ramener la** ~ **entre** to make peace between. (b) (*tranquillité*) peace, quiet; (*silence*) stillness, peacefulness. **avoir la** ~ to have a bit of peace and quiet; ~ **à sa mémoire** God rest his soul; **avoir la conscience en** ~ to have a clear conscience; **fiche-moi*** **la** ~! leave me alone!; **la** ~!* shut up!*
Pakistan [pakistɑ̃] *nm* Pakistan. ◆ **pakistanais, e** *adj,* P~(**e**) *nm(f)* Pakistani.
palace [palas] *nm* luxury hotel.
palais [palɛ] *nm* (*édifice*) palace; (*Anat*) palate. ~ **des expositions** exhibition hall; **le P**~ **de Justice** the Law Courts; ~ **des sports** sports stadium.
palan [palɑ̃] *nm* hoist.
pale [pal] *nf* [*hélice*] blade; [*roue*] paddle.
pâle [pal] *adj* pale; (*maladif*) pallid; *style* weak; *imitation* poor; *sourire* faint, wan. ~ **comme un linge** as white as a sheet; ~ **de peur** white with fear.
palefrenier [palfʀənje] *nm* [*auberge*] ostler; [*château*] groom.
Palestine [palɛstin] *nf* Palestine. ◆ **palestinien, -ienne** *adj,* P~(**ne**) *nm(f)* Palestinian.
paletot [palto] *nm* knitted jacket. **il m'est tombé sur le** ~* he jumped on me.
palette [palɛt] *nf* (*Peinture*) palette; (*Boucherie*) shoulder; [*roue*] paddle.
pâleur [palœʀ] *nf* paleness; (*maladive*) pallor.
palier [palje] *nm* [*escalier*] landing; [*route*] level; (*Tech*) bearing; (*fig: étape*) stage. **habiter sur le même** ~ to live on the same floor; **les prix ont**

atteint un nouveau ~ prices have risen to a new level.

pâlir [pɑliʀ] (2) 1 *vi [personne]* to turn *ou* go pale *(de* with); *[étoiles]* to grow dim; *[ciel]* to grow pale; *[couleur]* to fade; *[souvenir]* to fade (away), dim. **faire** ~ **qn d'envie** to make sb green with envy. 2 *vt* to turn pale. ♦ **pâlissant, e** *adj teinte, lumière* wan, fading.

palissade [palisad] *nf [pieux]* fence; *[planches]* boarding.

pallier [palje] (7) *vt difficulté* to get round; *manque* to offset, compensate for, make up for. ♦ **palliatif** *nm (mesure)* palliative, stopgap measure; *(réparation)* makeshift.

palmarès [palmaʀɛs] *nm (Scol)* prize list; *(Sport)* (list of) medal winners; *[athlète etc]* record (of achievements).

palme [palm(ə)] *nf (Bot)* palm leaf; *(symbole)* palm; *[nageur]* flipper. **vin de** ~ palm wine. ♦ **palmé, e** *adj patte* webbed; *oiseau* webfooted. ♦ **palmeraie** *nf* palm grove. ♦ **palmier** *nm (Bot)* palm tree; *(gâteau)* palmier.

palombe [palɔ̃b] *nf* woodpigeon.

pâlot, -otte* [pɑlo, ɔt] *adj* pale, peaky*.

palourde [paluʀd(ə)] *nf* clam.

palper [palpe] (1) *vt objet* to feel, finger; *(Méd)* to palpate; (:) *argent* to get, make. ♦ **palpable** *adj (lit, fig)* palpable.

palpiter [palpite] (1) *vi [cœur]* to beat; *(violemment)* to pound; *[narines, flamme]* to quiver. ♦ **palpitant, e** *adj livre* thrilling, exciting. **être** ~ **d'émotion** to be quivering with emotion. ♦ **palpitation** *nf:* ~(s) *[cœur]* pounding; *[flamme]* quivering; *(Méd)* **avoir des** ~s to have palpitations.

paluche: [palyʃ] *nf (main)* hand, paw*.

paludisme [palydism(ə)] *nm* malaria.

pamphlet [pɑ̃flɛ] *nm* satirical tract, lampoon.

pamplemousse [pɑ̃pləmus] *nm* grapefruit.

pan¹ [pɑ̃] *nm (morceau)* piece; *(basque)* tail; *(côté)* side, face. ~ **de ciel** patch of sky; ~ **de mur** (section of) wall; **il est en** ~ **de chemise** he has just his shirt on.

pan² [pɑ̃] *excl [coup de feu]* bang!; *[gifle]* slap!, whack!

pan³ [pɑ̃], *devant voyelle* [pan] *préf* Pan-. **panaméricain** *etc* Pan-American *etc.*

panacée [panase] *nf* panacea.

panache [panaʃ] *nm (plumet)* plume; *(héroïsme)* gallantry. ~ **de fumée** plume of smoke.

panaché, e [panaʃe] 1 *adj fleur* many-coloured; *foule, assortiment* motley; *glace* mixed-flavour. 2 *nm (boisson)* shandy.

panards [panaʀ] *nm* foot, hoof:.

panaris [panaʀi] *nm* whitlow.

pancarte [pɑ̃kaʀt(ə)] *nf (gén)* sign, notice; *(Aut)* (road)sign; *[manifestant]* placard.

pancréas [pɑ̃kʀeas] *nm* pancreas.

paner [pane] (1) *vt* to coat with breadcrumbs.

panier [panje] 1 *nm (gén, Sport)* basket; *(contenu)* basket(ful). *(fig)* **ils sont tous à mettre dans le même** ~ they are all much of a muchness; **jeter au** ~ to throw out. 2: ~ **à bouteilles** bottle-carrier; **c'est un** ~ **de crabes** they fight to get ahead of each other; ~ **percé** spendthrift; ~ **à salade** *(Culin)* salad shaker *ou* basket; *(*fig)* police van, Black Maria*.

panique [panik] *nf* panic. **pris de** ~ panic-stricken; **peur** ~ pathological fear. ♦ **paniquer** *vi, se* ~* *vpr* (1) to panic.

panne [pan] *nf* breakdown. **je suis tombé en** ~ my car has broken down; **je suis tombé en** ~ **sèche** I have run out of petrol *ou* gasoline *(US)*; ~ **de courant** power failure; ~ **de moteur** engine failure; **rester en** ~ **devant une difficulté** to be stuck over a difficulty; **laisser qn en** ~ to let sb down.

panneau, pl ~**x** [pano] *nm [porte etc]* panel; *(écriteau)* sign, notice. ~ **d'affichage** *(pour résul-* tats)* notice board; *(pour publicité)* hoarding, billboard *(US)*; ~ **indicateur** signpost; ~ **de signalisation** road-sign; ~ **vitré** glass panel; **tomber dans le** ~* to fall *ou* walk (right) into the trap, fall for it*. ♦ **panonceau, pl** ~**x** *nm (plaque)* plaque; *(publicitaire)* sign.

panoplie [panɔpli] *nf (jouet)* outfit; *[moyens etc]* range. ~ **d'armes** *(collection)* display of weapons; *(équipement)* armoury.

panorama [panɔʀama] *nm (lit, fig)* panorama. ♦ **panoramique** *adj* panoramic.

panse [pɑ̃s] *nf* paunch; (*: *ventre)* belly:. **se remplir la** ~* to eat one's fill.

panser [pɑ̃se] (1) *vt* **(a)** *plaie* to dress; *bras* to put a dressing on; *blessé* to dress the wounds of. **(b)** *cheval* to groom. ♦ **pansage** *nm* grooming. ♦ **pansement** *nm* dressing; *(bandage)* bandage. **faire un** ~ to dress a wound; **couvert de** ~s all bandaged up; ~ **(adhésif)** (sticking) plaster, bandaid ® *(US)*.

pantalon [pɑ̃talɔ̃] *nm* (pair of) trousers *ou* pants *(US)*. **10** ~**s** 10 pairs of trousers.

pantelant, e [pɑ̃tlɑ̃, ɑ̃t] *adj personne* panting *(de* with); *gorge, chair* heaving.

panthéon [pɑ̃teɔ̃] *nm* pantheon.

panthère [pɑ̃tɛʀ] *nf* panther; *(fig: mégère)* hellcat*.

pantin [pɑ̃tɛ̃] *nm (jouet)* jumping jack; *(péj: personne)* puppet.

pantomime [pɑ̃tɔmim] *nf (art)* mime; *(spectacle)* mime show; *(fig)* scene, fuss.

pantoufle [pɑ̃tufl(ə)] *nf* slipper. ♦ **pantouflard, e*** *adj caractère* stay-at-home; *vie* quiet.

paon [pɑ̃] *nm* peacock.

papa [papa] *nm* dad, daddy. **la musique de** ~* old-fashioned music; **conduire à la** ~* to potter along in one's car; **c'est un** ~ **gâteau** he spoils his (grand)children.

pape [pap] *nm* pope. ♦ **papal, e** *mpl* **-aux** *adj* papal. ♦ **papauté** *nf* papacy.

papelard* [paplaʀ] *nm* paper.

paperasse [papʀas] *nf (péj)* ~(s) papers; *(à remplir)* forms. ♦ **paperasserie** *nf (péj)* papers; *(à remplir)* forms; *(routine)* red tape. **il y a trop de** ~ **à faire dans ce travail** there's too much paperwork in this job.

papeterie [papetʀi] *nf (magasin)* stationer's (shop); *(fourniture)* stationery; *(fabrique)* paper mill; *(fabrication)* papermaking industry; *(commerce)* stationery trade. ♦ **papetier, -ière** *nm,f (vendeur)* stationer; *(fabricant)* paper-maker.

papier [papje] 1 *nm* **(a)** *(matière)* paper. **sac en** ~ paper bag; **mettre qch sur** ~ to write sth down; **sur** ~ **libre** on plain paper; **sur le** ~ *(théoriquement)* on paper. **(b)** *(feuille écrite)* paper; *(feuille blanche)* sheet *ou* piece of paper; *(Presse: article)* article. **un** ~ **à signer** a form to be signed; ~**s (d'identité)/militaires** *etc* (identity)/army *etc* papers; *(Aut)* **vos** ~**s, s'il vous plaît!** may I see your (driving) licence, please?; **rayez cela de vos** ~**s!** you can forget about that!; **être dans les petits** ~**s de qn** to be in sb's good books. **2:** ~ **aluminium** aluminium foil, tinfoil; ~ **d'argent** silver foil *ou* paper, tinfoil; ~ **brouillon** scrap paper; ~ **buvard** blotting paper; ~ **calque** tracing paper; ~ **à cigarettes** cigarette paper; ~ **collant** gummed paper; ~ **à dessin** drawing paper; ~ **d'emballage** wrapping paper; ~ **filtre** filter paper; ~ **hygiénique** toilet paper; ~ **journal** newspaper; ~ **à lettres** writing paper, notepaper; ~ **mâché** papier-mâché; *(fig)* **mine de** ~ **mâché** pasty complexion; ~ **machine** typing paper; ~ **monnaie** paper money; ~ **peint** wallpaper; ~ **de soie** tissue paper; ~ **timbré** stamped paper; ~ **de verre** glass-paper, sandpaper.

papillon [papijɔ̃] *nm (insecte)* butterfly; *(écrou)* wing *ou* butterfly nut; *(contravention)* (parking)

ticket; (*autocollant*) sticker. ~ **de nuit** moth.
papillote [papijɔt] *nf* [*cheveux*] curlpaper; [*bonbon*] (sweet) paper; [*gigot*] frill.
papilloter [papijɔte] (1) *vi* [*lumière*] to twinkle; [*paupières*] to flicker; [*yeux*] to blink. ♦ **papillotement** *nm:* ~(s) twinkling; flickering; blinking.
papoter [papɔte] (1) *vi* to chatter. ♦ **papotage** *nm* (*action*) chattering. (*propos*) ~(s) (idle) chatter.
paquebot [pakbo] *nm* liner, (steam)ship.
pâquerette [pɑkʀɛt] *nf* daisy.
Pâques [pɑk] **1** *nm* Easter. (*fig*) à ~ **ou à la Trinité** never in a month of Sundays. **2** *nfpl:* **joyeuses** ~ Happy Easter; **faire ses** ~ to carry out one's Easter duties.
paquet [pakɛ] *nm* (a) [*café*] bag; [*cigarettes*] packet, pack (*US*); [*cartes*] pack; [*linge*] bundle. (b) (*colis*) parcel. **faire un** ~ to make up a parcel. (c) ~ **de neige** pile *ou* mass of; *boue* lump of; *billets* wad of; **il a touché un bon** ~* he got a fat sum*. (d) (*Rugby*) ~ (**d'avants**) pack. (e) (*Naut*) ~ **de mer** heavy sea, big wave. (f) **faire ses** ~s to pack one's bags; **il y a mis le** ~* (*argent*) he spared no expense; (*efforts*) he put everything into it. ♦ **paquetage** *nm* (*Mil*) pack, kit.
par [paʀ] *prép* (a) (*agent, cause*) by. **cassé** ~ **l'orage** broken by the storm; **accablé** ~ **le désespoir** overwhelmed with despair; **il a appris la nouvelle** ~ **un ami** he learned the news from *ou* through a friend; **elle veut tout faire** ~ **elle-même** she wants to do everything (for) herself; **la décision** ~ **le patron de** ... the boss's decision to ... .
(b) (*manière, moyen*) by. **obtenir qch** ~ **la force/la persuasion/la ruse** to obtain sth by force/with persuasion/by *ou* through cunning; **la porte ferme** ~ **un verrou** the gate is locked with a bolt *ou* by means of a bolt; **payer** ~ **chèque** to pay by cheque; ~ **le train** by rail *ou* train; ~ **bien des côtés** in many ways; **honnête** ~ **nature** honest by nature.
(c) (*motif etc*) out of, from, for. **étonnant** ~ **son érudition** amazing for his learning; ~ **manque de temps** owing to lack of time; ~ **habitude** out of *ou* from habit; ~ **plaisir/pitié** for pleasure/out of pity; ~ **hasard/erreur** by chance/mistake.
(d) (*lieu, état*) through. **il est sorti** ~ **la fenêtre** he went out by (way of) *ou* through the window; **nous sommes venus** ~ **l'Espagne** we came via *ou* through Spain; **se promener** ~ **les champs** to walk through *ou* across the fields; ~ **tout le pays** throughout *ou* all over the (entire) country; **il habite** ~ **ici** he lives round here; **sortez** ~ **ici** go out this way; ~ **où est-il venu?** which way did he come (by)?; **passer** ~ **de dures épreuves** to go through some very trying times; ~ **5 mètres de fond** at a depth of 5 metres; ~ **10° de latitude sud** at a latitude of 10° south; **arriver** ~ **le nord** to arrive from the north.
(e) (*distribution, mesure*) a, per, by. **marcher 2** ~ **2** to walk 2 by 2 *ou* in 2's; **50 F** ~ **personne** 50 francs per person *ou* a head *ou* apiece; **3 fois** ~ **jour** 3 times daily *ou* a day; **6 étudiants** ~ **appartement** 6 students to a flat *ou* per flat; ~ **an** a *ou* per year, per annum; ~ **moments** at times; **ils sont venus** ~ **milliers** they came in their thousands; ~ **poignées** in handfuls, by the handful; ~ **3 fois, on lui a demandé** 3 times he has been asked.
(f) (*atmosphère*) in; (*moment*) on. ~ **une belle nuit** one *ou* on a beautiful night; ~ **ce froid/cette chaleur** in this cold/heat; ~ **temps de pluie** in wet weather; **sortir** ~ **moins 10°** to go out when it's minus 10°.
(g) **commencer** ~ **qch/**~ **faire** to begin with sth/by doing; **il a fini** ~ **ennuyer tout le monde** he ended up *ou* finished up boring everyone; ~ **où allons-nous commencer?** where shall we begin?
(h) (*exclamations*) by. ~ **tout ce que j'ai de plus cher** by all that I hold most dear.

(i) ~ **trop** far too, excessively; **de** ~ ... in the name of ..., by order of ... .
parabole [paʀabɔl] *nf* (*Math*) parabola; (*Rel*) parable. ♦ **parabolique 1** *adj* parabolic. **2** *nm* (*radiateur*) electric fire.
parachever [paʀaʃve] (5) *vt* to perfect, put the finishing touches to. ♦ **parachèvement** *nm* perfection.
parachute [paʀaʃyt] *nm* parachute. ♦ **para*** *nm* para*. ♦ **parachutage** *nm* parachuting. ♦ **parachuter** (1) *vt* to parachute. **ils m'ont parachuté à ce poste*** I was pitchforked into this job. ♦ **parachutisme** *nm* parachuting. **faire du** ~ to go parachuting. ♦ **parachutiste** *nmf* parachutist; (*Mil*) paratrooper.
parade [paʀad] *nf* (a) (*ostentation*) show. **faire** ~ **de** to parade, show off; **de** ~ *uniforme* ceremonial. (b) (*spectacle*) parade. ~ **militaire/foraine** military/circus parade. (c) (*Escrime, Boxe*) parry; (*fig*) answer, reply. ♦ **parader** (1) *vi* to show off.
paradis [paʀadi] *nm* (*lit, fig*) paradise, heaven. **le P**~ **terrestre** (*Bible*) the Garden of Eden; (*fig*) heaven on earth. ♦ **paradisiaque** *adj* heavenly.
paradoxe [paʀadɔks(ə)] *nm* paradox. ♦ **paradoxal, e,** *mpl* **-aux** *adj* paradoxical. ♦ **paradoxalement** *adv* paradoxically.
paraffine [paʀafin] *nf* paraffin wax.
parages [paʀaʒ] *nmpl* (a) **dans les** ~ in the area, in the vicinity; **dans les** ~ **de** round about, in the vicinity of. (b) (*Naut*) waters, region.
paragraphe [paʀagʀaf] *nm* paragraph.
paraître [paʀɛtʀ(ə)] (57) *vi* (a) (*se montrer*) to appear (*sur* on). **il n'a pas paru à la réunion** he didn't appear *ou* turn up at the meeting; ~ **en public** to appear in public, make a public appearance. (b) (*Presse*) to appear, come out. **faire** ~ **qch** [*éditeur*] to bring sth out; [*auteur*] to have sth published. (c) (*être visible*) to show (through). **il en paraît toujours qch** one can always see some sign of it *ou* traces of it; **laisser** ~ **son irritation** to let one's annoyance show; (*péj*) **chercher à** ~ to show off. (d) (*sembler*) to look, seem, appear. **cela me paraît une erreur** it looks *ou* seems like a mistake to me; **cette robe la fait** ~ **plus grande** that dress makes her look taller; **il lui paraissait impossible de refuser** he didn't see how he could refuse; **il paraît que oui** so it seems *ou* appears, apparently so.
parallèle [paʀalɛl] **1** *adj* (a) (*Math*) parallel (*à* to). (b) (*comparable*) similar; (*indépendant*) separate; (*non officiel*) unofficial. **2** *nf* (*Math*) parallel line. (*Élec*) **en** ~ in parallel. **3** *nm* (*Géog, fig*) parallel. **mettre en** ~ **choses opposées** to compare; **choses semblables** to parallel. ♦ **parallèlement** *adv* (*lit*) parallel (*à* to); (*ensemble*) at the same time; (*similairement*) in the same way. ♦ **parallélisme** *nm* (*lit, fig*) parallelism; (*Aut*) wheel alignment. ♦ **parallélogramme** *nm* parallelogram.
paralyser [paʀalize] (1) *vt* (*Méd, fig*) to paralyse. ♦ **paralysie** *nf* paralysis. ♦ **paralytique** *adj, nmf* paralytic.
paramètre [paʀamɛtʀ(ə)] *nm* parameter.
paranoïaque [paʀanɔjak] *adj, nmf* paranoiac.
parapet [paʀapɛ] *nm* parapet.
paraphe [paʀaf] *nm* (*trait*) flourish; (*initiales*) initial; (*signature*) signature. ♦ **parapher** (1) *vt* (*Admin*) to initial; to sign.
paraphrase [paʀafʀɑz] *nf* paraphrase. ♦ **paraphraser** (1) *vt* to paraphrase.
parapluie [paʀaplyi] *nm* umbrella.
parasite [paʀazit] **1** *nm* (*lit, fig*) parasite. (*Rad, TV*) ~s interference, atmospherics, static. **2** *adj* parasitic(al). ♦ **parasiter** (1) *vt* (*Bot, Vét*) to live as a parasite on; (*Rad, TV*) to cause interference on.
parasol [paʀasɔl] *nm* [*plage*] beach umbrella,

parasol; *[café]* sunshade, parasol.

paratonnerre [paʀatɔnɛʀ] *nm* lightning conductor.

paravent [paʀavɑ̃] *nm* folding screen *ou* partition.

parc [paʀk] **1** *nm* (*jardin public*) park; *[château]* grounds; (*Mil: entrepôt*) depot; (*fig, Écon: ensemble*) stock. **2**: ~ **d'attractions** amusement park; ~ **automobile** *[pays]* number of vehicles on the road; *[entreprise]* car fleet; ~ **à bébé** playpen; ~ **à huîtres** oyster bed; ~ **à moutons** sheep pen, sheepfold; ~ **naturel** nature reserve; ~ **de stationnement** car park, parking lot (*US*); ~ **zoologique** zoological gardens.

parcelle [paʀsɛl] *nf* (*lit*) fragment; (*vérité]* grain, scrap; *[bonheur]* bit; (*sur cadastre*) parcel (*of land*). ~ **de terre** plot of land.

parce que [paʀsk(ə)] *conj* because.

parchemin [paʀʃəmɛ̃] *nm* (piece of) parchment.

parcimonie [paʀsimɔni] *nf* parsimony. ♦ **parcimonieusement** *adv* parsimoniously. ♦ **parcimonieux, -euse** *adj* parsimonious.

par-ci par-là [paʀsipaʀla] *adv* (*espace*) here and there; (*temps*) now and then.

parcmètre [paʀkmɛtʀ(ə)] *nm* (parking) meter.

parcourir [paʀkuʀiʀ] (11) *vt* (a) *distance* to cover, travel; (*en tous sens*) *lieu* to go all over; *pays* to travel up and down. ~ **les mers** to sail all over the seas; **un frisson parcourut tout son corps** a shiver ran through his body. (b) *livre* to glance *ou* skim through. **il parcourut la foule des yeux** he ran his eye over the crowd. ♦ **parcours** *nm* (*distance*) distance; (*trajet*) journey; (*itinéraire*) route; *[fleuve]* course; *[golf]* round. (*Sport*) **sur un** ~ **difficile** over a difficult course; **le prix du** ~ the fare.

par-delà [paʀdəla] *prép* beyond.

par-derrière [paʀdɛʀjɛʀ] **1** *prép* (*round*) behind. **2** *adv* **passer** round the back; *attaquer* from behind; *se boutonner* at the back. **dire du mal de qn** ~ to speak ill of sb behind his back.

par-dessous [paʀd(ə)su] *prép, adv* under(neath).

pardessus [paʀdəsy] *nm* overcoat.

par-dessus [paʀd(ə)sy] **1** *prép* over. ~ **tout** above all; **j'en ai** ~ **la tête** I'm sick and tired of it; ~ **le marché** into the bargain, on top of all that; ~ **bord** overboard. **2** *adv* over (the top).

par-devant [paʀd(ə)vɑ̃] **1** *prép*: ~ **notaire** in the presence of *ou* before a lawyer. **2** *adv* **passer** round the front; *attaquer* from the front; *se boutonner* at the front.

pardon [paʀdɔ̃] *nm* (a) (*grâce*) forgiveness, pardon (*Jur*). (b) (*en Bretagne*) pardon (*religious festival*). (c) **demander** ~ **à qn d'avoir fait qch** to apologize to sb for doing *ou* having done sth; **demande** ~! say you're sorry!; (**je vous demande**) ~ (I'm) sorry, I beg your pardon; ~ **Monsieur, avez-vous l'heure?** excuse me, could you tell me the time?; **et puis** ~!* **il travaille dur** he works hard I can tell you. ♦ **pardonnable** *adj* pardonable, forgivable. ♦ **pardonner** (1) **1** *vt* to forgive, pardon. ~ **qch à qn/à qn d'avoir fait qch** to forgive sb for sth/for doing *ou* having done sth; **pour se faire** ~ so as to be forgiven; **pardonnez-moi de vous avoir dérangé** I'm sorry to have disturbed you; **je ne me le pardonnerai jamais** I'll never forgive myself. **2** *vi* to forgive. **erreur qui ne pardonne pas** fatal mistake.

pare- [paʀ] *préf* V **parer²**.

pareil, -eille [paʀɛj] **1** *adj* (a) (*identique*) similar. **il n'y en a pas deux** ~s there aren't two the same *ou* alike; ~ **que,** ~ **à** the same as, similar to, just like; **c'est toujours** ~ it's always the same; **il est** ~ **à lui-même** he's the same as ever; **j'en ai un** ~ I have one the same *ou* just like it; **l'an dernier à** ~**eille époque** this time last year. (b) (*tel*) such (a). **je n'ai jamais entendu un discours** ~ I've never heard such a speech *ou* a speech like it.

2 *nm,f*: **nos** ~**s** (*semblables*) our fellow men; (*égaux*) our equals *ou* peers; **ne pas avoir son** ~ to be second to none; **vous et vos** ~**s** people like you; **sans** ~ unparalleled, unequalled; **c'est du** ~ **au même*** it comes to the same thing. **3** *adv* (*) **s'habiller** ~ dress the same, in the same way, alike. **faire** ~ to do the same thing (*que* as). ♦ **pareillement** *adv* (*de la même manière*) in the same way (*à* as); (*également*) likewise, also, equally. **à vous** ~! the same to you!

parent, e [paʀɑ̃, ɑ̃t] **1** *adj* related (*de* to). **2** *nm,f* (a) *relative, relation*. **être** ~ **de qn** to be related to sb; (*fig*) ~ **pauvre** poor relation. (b) (*Bio*) parent. **3** *nmpl*: ~**s** (*père et mère*) parents; (*ancêtres*) ancestors, forefathers. ♦ **parenté** *nf* (*rapport*) relationship, kinship; (*famille*) relations, relatives.

parenthèse [paʀɑ̃tɛz] *nf* (*digression*) digression; (*signe*) bracket, parenthesis. **entre** ~**s** ⟨*lit*⟩ in brackets; (*fig*) incidentally, in parenthesis; (*fig*) **ouvrir une** ~ to digress.

parer¹ [paʀe] (1) **1** *vt* (a) (*orner*) to adorn. **robe richement parée** richly trimmed dress. (b) *viande* to dress, trim; *cuir* to dress. **2 se** ~ *vpr* (*se faire beau*) to put on all one's finery. **se** ~ **de bijoux** to adorn o.s. with; *faux titre* to assume.

parer² [paʀe] (1) **1** *vt coup* to ward off, stave off, fend off; (*Boxe, Escrime, fig*) to parry. **2** ~ **à** *vt indir inconvénient* to deal with, remedy; *danger* to ward off; *éventualité* to be prepared for. ~ **au plus pressé** to attend to the most urgent things first. ♦ **paré, e** *adj* (*prêt*) ready, all set; (*préparé*) prepared (*contre* against). ♦ **pare-balles** *adj inv* bulletproof. ♦ **pare-brise** *nm inv* windscreen, windshield (*US*). ♦ **pare-chocs** *nm inv* (*Aut*) bumper, fender (*US*). ♦ **pare-soleil** *nm inv* sun visor.

paresseux, -euse [paʀesø, øz] **1** *adj personne* lazy, idle; *esprit* slow; *allure* lazy; *estomac* sluggish. ~ **comme une couleuvre** bone-idle*. **2** *nm,f* lazy *ou* idle person, lazybones*. ♦ **paresse** *nf* laziness; idleness, slowness; (*péché*) sloth. ♦ **paresser** (1) *vi* to laze about *ou* around. ♦ **paresseusement** *adv* lazily.

parfait, e [paʀfɛ, ɛt] **1** *adj* (*gén*) perfect; *raisonnement, manières* flawless, faultless; *tranquillité* complete, total; *crétin* utter, downright. (**c'est**) ~! (that's) perfect! *ou* great!* **2** *nm* (a) (*Culin*) ~ **au café** coffee parfait. (b) (*Ling*) perfect. ♦ **parfaire** (60) *vt* to perfect. ♦ **parfaitement** *adv* perfectly; completely, totally, utterly. **tu as fait ça tout seul?** — ~! you did it all on your own? — I certainly did! *ou* I did indeed!

parfois [paʀfwa] *adv* sometimes.

parfum [paʀfœ̃] *nm* (*substance*) perfume, scent; (*odeur*) scent, fragrance; *[café]* aroma; *[glace]* flavour. **être au** ~* to be in the know*; **mettre qn au** ~* to put sb in the picture*. ♦ **parfumé, e** *adj savon* scented; *air, fleur* fragrant. ~ **au café** coffee-flavoured. ♦ **parfumer** (1) **1** *vt [fleurs]* to perfume, scent; *[café, tabac]* to fill with its aroma; *mouchoir* to put scent *ou* perfume on; (*Culin*) to flavour (*à* with). **2 se** ~ *vpr* to use perfume *ou* scent. ♦ **parfumerie** *nf* (*gén*) perfumery; (*boutique*) perfume shop. ♦ **parfumeur, -euse** *nm,f* perfumer.

pari [paʀi] *nm* bet, wager; (*Sport*) bet. (*fig*) **les** ~**s sont ouverts** it's anyone's bet*. ♦ **parier** (7) *vt* (a) (*gager*) to bet, wager. **je (te) parie que c'est lui** I bet you it's him; **il y a gros à** ~ **que ...** the odds are that ...; **je l'aurais parié** I might have known. (b) (*Courses*) *argent* to bet, lay, stake. ~ **sur un cheval** to bet on a horse. ♦ **parieur, -euse** *nm,f* punter.

parisien, -ienne [paʀizjɛ̃, jɛn] **1** *adj* (*gén*) Paris; *ambiance* Parisian. **la vie** ~**ienne** Paris *ou* Parisian life. **2** *nm(f)*: **P**~**(ne)** Parisian.

parité [paʀite] *nf* parity. ♦ **paritaire** *adj*

commission joint; *représentation* equal.
parjure [paʀʒyʀ] **1** *adj personne* faithless; *serment* false. **2** *nm* (*violation de serment*) betrayal; (*faux serment*) perjury. **3** *nmf* traitor; perjurer.
♦ **parjurer (se)** (1) *vpr* to be faithless to one's promise; to perjure o.s.
parking [paʀkiŋ] *nm* (*lieu*) car park, parking lot (US); (*action*) parking.
parlement [paʀləmã] *nm* parliament.
♦ **parlementaire 1** *adj* parliamentary. **2** *nmf* (*Pol*) member of Parliament; (*négociateur*) negotiator, mediator. ♦ **parlementer** (1) *vi* (*négocier*) to parley.
parler [paʀle] (1) **1** *vi* (a) (*faculté physique*) to talk. **votre perroquet parle?** can your parrot talk?; **parlez plus fort!** talk *ou* speak louder!, speak up! (b) (*exprimer sa pensée*) to speak; (*bavarder*) to talk. **~ franc** to speak frankly; **faire ~ un suspect** to make a suspect talk; **~ à tort et à travers** to talk through one's hat*; **voilà qui est bien parlé!** well said! (c) **~ à qn** to talk *ou* speak to sb; **nous ne nous parlons pas** we're not on speaking terms; **moi qui vous parle** I myself; (*fig*) **trouver à qui ~** to meet one's match. (d) **~ de qch/qn** to talk about sth/sb; **~ de faire qch** to talk of doing sth; **faire ~ de soi** to get o.s. talked about; **~ mal de qn** to speak ill of sb; **toute la ville en parle** it's the talk of the town; **il n'en parle jamais** he never mentions it *ou* refers to it *ou* talks about it; **quand on parle du loup (on en voit la queue)** speak of the devil (and he will appear). (e) **~ de qch à qn** to tell sb about sth; **je lui parlerai de cette affaire** I'll speak to him *ou* I'll have a word with him about this business; **on m'a beaucoup parlé de vous** I've heard a lot about you. (f) **~ par gestes** to use sign language; **~ à l'imagination** to appeal to the imagination; **les faits parlent d'eux-mêmes** the facts speak for themselves; **de quoi ça parle, ton livre?** — **ça parle de bateaux*** what is your book about? — it's about ships. (g) (*locutions*) **vous parlez!*** (*bien sûr*) you're telling me!*, you bet!*; (*iro*) no chance!*, you must be joking!*; **tu parles d'une brute!** talk about a brute!; **n'en parlons plus!** let's forget (about) it, let's not mention it again; **sans ~ de ...** not to mention ..., to say nothing of ...; **vous n'avez qu'à ~** just say the word.
2 *vt langue* to speak. **~ (l')anglais** to speak English; **~ politique** to talk politics.
3 *nm* speech; (*régional*) dialect.
♦ **parlant, e 1** *adj être* speaking, talking; (*fig*) *portrait* lifelike; *comparaison* graphic, vivid; *regard* eloquent, meaningful. **2** *adv*: **économiquement** *etc* **~** economically *etc* speaking. ♦ **parlé, e** *adj langue* spoken. ♦ **parleur, -euse** *nm,f* talker. **beau ~** fine talker. ♦ **parloir** *nm* [*école, prison*] visiting room; [*couvent*] parlour.
parmi [paʀmi] *prép* (*gén*) among. **~ nous** among us, in our midst; **aller ~ les rues désertes** to go through the deserted streets.
parodie [paʀɔdi] *nf parody.* (*fig*) **une ~ de procès** a mockery of a trial. ♦ **parodier** (7) *vt* to parody.
paroi [paʀwa] *nf* (*gén*) wall; (*véhicule*) side; (*cloison*) partition. **~ rocheuse** rock face.
paroisse [paʀwas] *nf* parish. ♦ **paroissial, e, mpl -aux** *adj* parish. **salle ~e** church hall. ♦ **paroissien, -ienne** *nm,f* parishioner. **drôle de ~*** funny customer*.
parole [paʀɔl] *nf* (a) (*mot*) word; (*remarque*) remark. **comprenez-vous le sens de ses ~s?** can you understand (the meaning of) what he says?; **c'est ~ d'évangile** it's the gospel truth; (*iro*) **de belles ~s** fair *ou* fine words! (*iro*); **assez de ~s, des actes!** enough talk *ou* enough said, let's have some action!; **tout cela est bien joli en ~s mais ...** this sounds all very well but ... . (b) [*chanson*] **~s** words, lyrics; **histoire sans ~s** wordless cartoon.

(c) (*promesse*) word. **tenir ~** to keep one's word; **c'est un homme de ~** he's a man of his word; **je l'ai cru sur ~** I took his word for it; **~ d'honneur!** you have my word (of honour); **ma ~!*** (upon) my word! (d) (*faculté*) speech. **avoir la ~ facile** to be a fluent speaker; **la ~ est d'argent, le silence est d'or** speech is silver, silence is golden. (e) (*Ling*) speech, parole. (f) (*dans un débat*) **droit de ~** right to speak; **passer la ~ à qn** to hand over to sb; **prendre la ~** to speak.
paroxysme [paʀɔksism(ə)] *nm* [*maladie*] crisis (point); [*sentiment*] height. **au ~ de la joie** beside o.s. with joy; **atteindre son ~** to be at its height.
parpaing [paʀpɛ̃] *nm* (*aggloméré*) breeze-block.
parquer [paʀke] (1) **1** *vt voiture* to park; *bétail* to pen (in *ou* up). **2 se ~** *vpr* (*Aut*) to park.
parquet [paʀkɛ] *nm* (a) (*plancher*) (wooden *ou* parquet) floor. (b) (*Jur*) public prosecutor's department.
parrain [paʀɛ̃] *nm* (*Rel*) godfather; (*fig*) sponsor.
♦ **parrainage** *nm* sponsorship. ♦ **parrainer** (1) *vt* to sponsor.
parricide [paʀisid] **1** *adj* parricidal. **2** *nmf* parricide. **3** *nm* (*crime*) parricide.
parsemer [paʀsəme] (5) *vt* (a) (*répandre*) **~ de** to sprinkle with, strew with; **~ un texte de citations** to scatter quotations through a text. (b) (*être répandu sur*) to be scattered *ou* sprinkled over. **ciel parsemé d'étoiles** sky sprinkled *ou* studded with stars; **parsemé de difficultés** riddled with difficulties.
part [paʀ] *nf* (a) (*portion*) (*gén, Fin*) share; [*légumes*] portion. **la ~ du lion** the lion's share.
(b) (*participation*) part. **cela prend une grande ~ dans sa vie** it plays a great part in his life; **prendre ~ à** *débat* to participate in, take part in; *douleur* to share in; **faire la ~ de la fatigue** to take tiredness into account, make allowances for tiredness.
(c) (*partie*) part, portion, fraction. **pour une large ~** to a great extent; **pour une petite ~** in a small way.
(d) **à ~** (*de côté*) aside, on one side; (*séparément*) separately, on its (*ou* their) own; (*excepté*) except for, apart from; **prendre qn à ~** to take sb aside; **plaisanterie à ~** joking apart; **c'est un homme à ~** he's an exceptional man, he's in a class of his own; **un cas à ~** a special case.
(e) **faire ~ de qch à qn** to inform sb of sth, tell sb about sth; **de la ~ de** (*provenance*) from; (*au nom de*) on behalf of; **cela m'étonne de sa ~** I'm surprised at that (coming) from him; **pour ma ~** as for me, as far as I'm concerned; **c'est gentil de sa ~** that's nice of him; (*Téléc*) **c'est de la ~ de qui?** who's calling? *ou* speaking?; **prendre qch en bonne ~** to take sth in good part; **prendre qch en mauvaise ~** to take offence at sth; **de toute(s) ~(s)** from all sides; **d'autre ~** (*de plus*) moreover; **d'une ~ ... d'autre ~** on the one hand ... on the other hand; **de ~ et d'autre** on both sides; **de ~ en ~** right through; **membre à ~ entière** full member.
partage [paʀtaʒ] *nm* (a) (*division*) division; [*gâteau*] cutting. **faire le ~ de qch** to divide sth up. (b) (*distribution*) sharing out. **le ~ n'est pas juste** it isn't fairly shared out. (c) (*participation*) sharing. **il y a ~ des responsabilités** the responsibility is shared; **fidélité sans ~** undivided loyalty. (d) (*part*) share; (*fig: sort*) portion, lot. (*Jur*) **recevoir qch en ~** to receive sth in a will.
partager [paʀtaʒe] (3) **1** *vt* (a) (*fractionner*) to divide up; (*distribuer*) to share out. **~ en 2/en 2 bouts** to divide in 2/into 2 bits; **~ son temps entre** to divide one's time between. (b) *héritage, sort* to share (*avec* with). **les torts sont partagés** all (*ou* both) parties are at fault. (c) *bonheur, goûts* to share (in); *idée* to share, agree with. **amour partagé** mutual love. (d) [*conflit*] to divide.

partagé entre l'amour et la haine torn between
love and hatred. **2 se ~** *vpr*: ça peut facilement se
~ **en 3** it can easily be divided in 3; **le pouvoir ne
se partage pas** power is not sth which can be
shared; **ils se sont partagé le butin** they shared
the booty between them. ♦ **partagé, e** *adj* (a)
opinions divided. (b) (*littér: doté*) endowed. **il est
bien ~ par le sort** fate has been kind to him.

partance [paʀtɑ̃s] *nf*: **en ~ train** due to leave;
avion outbound; *bateau* sailing; **en ~ pour Londres** for London.

partant [paʀtɑ̃] *nm* (a) (*coureur*) starter; (*cheval*)
runner. **tous ~s** all horses running; **non ~** non-
runner. (b) (*personne*) person leaving.

partenaire [paʀtənɛʀ] *nmf* partner.

parterre [paʀtɛʀ] *nm* (a) (*plate-bande*) border,
(flower)bed. (b) (*Théât*) stalls, orchestra (*US*);
(*public*) audience.

parti [paʀti] *nm* (a) (*groupe*) party. **prendre le ~
de qn, prendre ~ pour qn** to stand up for sb,
take sb's side; **il ne veut pas prendre ~** he does
not want to take a stand *ou* take sides. (b) (*solution*) option, course of action. **prendre le ~ de
faire** to make up one's mind to do, decide to do;
prendre son ~ de qch to come to terms with sth.
(c) (*personne à marier*) match. (d) **tirer ~ de**
situation to take advantage of, turn to (good)
account; *ressources* to put to good use; **faire un
mauvais ~ à qn** to deal roughly with sb. (e) **~ pris**
prejudice, bias; **juger sans ~ pris** to take an
unbiased *ou* objective view.

partial, e, *mpl* **-aux** [paʀsjal, o] *adj jugement*
biased. **être ~** to be biased *ou* partial.
♦ **partialement** *adv* in a biased way. ♦ **partialité**
nf: **~ (en faveur de qn)** partiality (for sb); **~
(contre qn)** bias (against sb).

participer [paʀtisipe] (1) **1 ~ à** *vt indir* (*gén*) to
take part in; *discussion, jeu* to participate in; *concours* to enter; *complot* to be involved in; *frais* to
contribute to; *profits* to share in. [*artiste*] **~ à un
spectacle** to appear in a show; **~ à la joie de qn** to
share sb's joy; **~ (financièrement) à projet** to
cooperate in. **2 ~ de** *vt indir* (*littér*) to partake of
(*littér*). ♦ **participant, e 1** *adj* participant, par-
ticipating. **2** *nm,f* [*concours, course*] entrant (*à
in*); [*débat*] participant; [*association*] member (*à
of*). **les ~s à la cérémonie** those taking part in the
ceremony. ♦ **participation** *nf* (a) [*débat*]
participation; [*spectacle*] appearance; [*complot*]
involvement (*à in*). **c'est la ~ qui compte** what
counts is taking part; **'~ aux frais: 50 F'** 'cost: 50
francs'. (b) (*Écon*) (*détention d'actions*) interest.
la ~ (ouvrière) worker participation; **~ aux
bénéfices** profit-sharing. ♦ **participe** *nm* participle.

particulariser [paʀtikylaʀize] (1) **1** *vt* to particularize. **2 se ~** *vpr* to be distinguished *ou*
characterized (*par* by). ♦ **particularité** *nf*
particularity, distinctive characteristic *ou*
feature.

particule [paʀtikyl] *nf* (*Ling, Phys*) particle. **nom
à ~** title.

particulier, -ière [paʀtikylje, jɛʀ] **1** *adj* (a)
(*spécifique*) particular; *style* distinctive. **dans ce
cas ~** in this particular case; **cette habitude lui
est ~ière** this habit is peculiar to him. (b)
(*inhabituel*) unusual. **rien de ~ à signaler** nothing
in particular *ou* unusual to report; **avec un soin
tout ~** with very special care, with particular
care. (c) (*étrange*) peculiar, odd. (d) (*privé*) private. **leçons ~ières** private lessons *ou* tuition. (e)
en ~ (*en privé*) *parler* in private; (*séparément*)
examiner separately; (*surtout, entre autres
choses*) in particular. **2** *nm* (a) (*personne*)
person; (*Admin*) private individual. **comme un
simple ~** like any ordinary person; **vente de ~ à
~** private sale; **drôle de ~*** odd character *ou* individual. (b) (*chose*) **du général au ~** from

the general to the particular. ♦ **particulièrement**
adv particularly. **tout ~** especially.

partie [paʀti] *nf* (a) (*fraction*) part. **une petite ~
de l'argent** a small part *ou* amount of the money;
la majeure ~ du temps most of *ou* the greater
part of the time; **en ~** partly, in part; **en majeure
~** largely, for the most part; **faire ~ de ensemble,
risques** to be part of; *club* to belong to; *gagnants*
to be among; **faire ~ intégrante de** to be an
integral part of, be part and parcel of. (b)
(*spécialité*) field, subject. **il n'est pas de la ~** it's
not his line *ou* field. (c) (*Cartes, Sport*) game.
(*fig*) **abandonner la ~** to give up the fight; **la ~
n'est pas égale** it's not an even match. (d) (*Jur*)
[*contrat*] party; [*procès*] litigant; (*Mil: adversaire*) opponent. **se porter ~ civile** to associate in
an action with the public prosecutor; **avoir
affaire à forte ~** to have a tough opponent to contend with; **être ~ prenante dans une négociation**
to be a party to a negotiation. (e) (*Mus*) part.
(*Ling*) **les ~s du discours** the parts of speech;
(*Anat*) **~s sexuelles** private parts. (f) (*sortie,
réunion*) party. **~ de pêche** fishing party *ou*
expedition; **~ de campagne** outing in the country;
ce n'est pas une ~ de plaisir! it's not my idea of
fun! (g) (*locutions*) **ils ont la ~ belle** it's easy for
them; **se mettre de la ~** to join in; **je veux être de
la ~** I want to be in on this*; **ce n'est que ~ remise**
it will be for another time; **prendre qn à ~** to
attack sb; **comptabilité en ~ simple/double**
single/double-entry book-keeping.

partiel, -elle [paʀsjɛl] **1** *adj* (*gén*) partial.
paiement ~ part payment. **2** *nm* (*Univ*) class
exam. ♦ **partiellement** *adv* partially, partly.

partir [paʀtiʀ] (16) *vi* (a) (*gén*) to go (*dans, pour*
to); (*quitter un lieu*) to leave (*pour* for); (*se mettre
en route*) to set off, set out (*pour* for); (*s'éloigner*)
to go away *ou* off. **il est parti chercher du pain/
faire les courses/en vacances** he has gone to buy
some bread/gone (out) shopping/gone (off) on
holiday; **allez, je pars** I'm off now; **sa femme est
partie de la maison** his wife has left home; **faire ~
qn** to drive sb *ou* chase sb away; (*fig*) **~ en fumée**
to go up in smoke; **fais ~ le chat de ma chaise** get
the cat off my chair.

(b) [*moteur*] to start; [*avion*] to take off; [*train*]
to leave; [*coureur*] to be off; [*plante*] to take. **~ en
courant** to dash off; **la voiture partit** the car drove
off; **attention, prêts? partez!** ready, steady, go!;
c'est parti mon kiki!* here we go!*; **faire ~ une
voiture** to start (up) a car.

(c) [*fusée, coup de feu*] to go off; [*bouchon*] to
pop *ou* shoot out. **ces cris partaient de la foule**
these cries came from the crowd; **faire ~ fusée** to
launch; *pétard* to set off.

(d) (*être engagé*) **~ sur une idée fausse** to start
off with the wrong idea; [*affaire*] **~ bien/mal** to
get off to a good/bad start, start (off) well/badly;
le pays est mal parti the country is in a bad way *ou*
in a mess; **il est bien parti pour gagner** he's all set
to win; **~ dans des digressions** to launch into
digressions; **~ d'un éclat de rire** to burst out
laughing; **la pluie est partie pour toute la journée**
the rain has set in for the day; **on est parti pour ne
pas déjeuner** at this rate *ou* the way things are
going, we won't get any lunch.

(e) **~ de** [*contrat, vacances*] to begin on, run
from; [*course*] to start *ou* leave from; [*analyse*] to
be based on; **un chemin qui part de l'église** a path
going from the church; **si tu pars du principe que
tu as toujours raison** if you start from the notion
that you're always right; **cela part d'un bon sentiment** that comes from his (*ou* her *etc*) kindness.

(f) (*disparaître*) (*gén*) to go; [*tache*] to come
out; [*bouton, crochet*] to come off; [*odeur*] to
clear. **toute la couleur est partie** all the colour has
gone *ou* faded; **faire ~ tache** to remove; *odeur* to
clear, get rid of.

(g) à ~ de from; à ~ d'aujourd'hui from today onwards; à ~ de maintenant from now on; à ~ de ou en partant de la gauche, c'est le troisième it is (the) third along from the left; **pantalons à ~ de 50 F** trousers from 50 francs (upwards).

partisan, e [paʀtizɑ̃, an] **1** *adj* **(a)** *(partial)* partisan. **(b)** être ~ de qch/de faire qch to be in favour of sth/of doing sth. **2** *nm,f(gén)* supporter; *(Mil)* partisan.

partitif, -ive [paʀtitif, iv] *adj* partitive.

partition [paʀtisjɔ̃] *nf* **(a)** *(Mus)* score. **(b)** *(division)* partition.

partout [paʀtu] *adv* everywhere. ~ **où** wherever; **avoir mal** ~ to ache all over; **tu as mis des papiers** ~ you've put papers all over the place; *(Sport)* 2/15 ~ 2/15 all; *(Tennis)* 40 ~ deuce.

partouze‡ [paʀtuz] *nf* orgy.

parure [paʀyʀ] *nf (toilette)* costume; *(bijoux)* jewels; *(fig littér)* finery. ~ **de lit** set of bed linen.

parution [paʀysjɔ̃] *nf* appearance, publication.

parvenir [paʀvəniʀ] (22) **1** ~ **à** *vt indir* **(a)** *(arriver) (gén)* to reach; *sommet* to get to; *honneurs* to achieve. ~ **à maturité** to become ripe; **faire** ~ **qch à qn** to send sth to sb; ~ **à ses fins** to achieve one's ends. **(b)** *(réussir)* ~ **à faire qch** to manage to do sth, succeed in doing sth; **il y est parvenu** he managed it. **2** *vi (faire fortune)* to succeed *ou* get on in life. ♦ **parvenu, e** *adj, nm,f (péj)* parvenu, upstart.

parvis [paʀvi] *nm* square *(in front of church)*.

pas¹ [pɑ] *nm* **(a)** *(gén)* step; *(bruit)* footstep; *(trace)* footprint; *(démarche)* tread. **faire un** ~ **en arrière** to step *ou* take a step back; **marcher à grands** ~ to stride along; *(lit, fig)* ~ **à** ~ step by step; **ne le quittez pas d'un** ~ follow him wherever he goes; **arriver sur les** ~ **de qn** to follow close on sb's heels. **(b)** *(distance)* pace. **c'est à deux** ~ **d'ici** it's just a stone's throw from here. **(c)** *(vitesse)* pace; *(Mil, Danse)* step; *[cheval]* walk. **d'un bon** ~ at a good *ou* brisk pace; **marcher d'un** ~ **lent** to walk slowly; **marcher au** ~ to march; **mettre son cheval au** ~ to walk one's horse; *(Aut)* **rouler au** ~ to drive dead slow*; **au** ~ **cadencé** in quick time; **au** ~ **de charge** at the charge; **au** ~ **de course** at a run; **au** ~ **de gymnastique** at a jog trot; **faire le** ~ **de l'oie** to goose-step. **(d)** *[montagne]* pass; *[mer]* strait. **le** ~ **de Calais** the Straits of Dover. **(e)** ~ *(de vis)* thread. **(f) le** ~ **de la porte** the doorstep; *(Jur)* ~ **de porte** key money *(for shop etc)*. **(g) avancer à** ~ **de géant** to take gigantic steps forward; **à** ~ **de loup, à** ~ **feutrés** stealthily; **j'y vais de ce** ~ I'll go straight-away *ou* at once; **mettre qn au** ~ to bring sb to heel, make sb toe the line; **avoir le** ~ **sur qn** to rank before sb; **prendre le** ~ **sur** *considérations* to override; *méthode* to supplant; *personne* to steal a lead over; **sauter le** ~ to take the plunge.

pas² [pɑ] *adv nég* **(a)** *(avec ne)* not. **ce n'est** ~ **vrai**, c'est ~ **vrai*** it isn't *ou* it's not *ou* it is not true; **je ne trouve** ~ **mon sac** I can't *ou* cannot find my bag; **ils n'ont** ~ **de voiture** they don't have *ou* haven't got a car, they have no car; **il m'a dit de ne** ~ **le faire** he told me not to do it; **je n'en sais** ~ **plus que vous** I know no more *ou* I don't know any more about it than you (do); **il n'est** ~ **moins intelligent que vous** he is no less intelligent than you. **(b)** *(opposition)* **elle travaille, mais lui** ~ she works, but he doesn't; **ils sont 4 et non** ~ 3 there are 4 of them, not 3. **(c)** *(réponses négatives)* ~ **de sucre, merci!** no sugar, thanks!; ~ **du tout** not at all; ~ **encore** not yet; ~ **des masses‡** not a lot; **qui l'a prévenu?** — ~ **moi** who told him? — not me *ou* I didn't. **(d)** *(excl)* ~ **un n'est venu** not one *ou* none (of them) came; ~ **possible!*** no!, you don't say!*; ~ **de chance!*** hard *ou* bad luck!, too bad!*; **tu es content,** ~ **vrai?*** you're pleased, aren't you?; ~ **d'histoires** no nonsense; *(c'est)* ~ **bête!** that's not a bad idea!; ~ **de ça!** none of that!; **ce n'est** ~ **trop**

tôt! it's not before time! **(e)** *(locutions)* ~ **plus tard qu'hier** only *ou* just yesterday; **ils ont** ~ **mal d'argent** they have quite a lot of money.

passable [pɑsabl(ə)] *adj* passable, reasonable, tolerable. *(Univ)* **mention** ~ pass(mark). ♦ **passablement** *adv* **travailler** reasonably well; *irritant, long* rather, fairly; *(beaucoup)* quite a lot *ou* a bit* *(de* of).

passade [pɑsad] *nf* passing fancy.

passage [pɑsaʒ] **1** *nm* **(a)** *(venue)* **attendre le** ~ **de l'autobus** to wait for the bus to come (by *ou* past); **observer le** ~ **des oiseaux** to watch the birds fly by; **lors de votre** ~ **à la douane** when you go through customs; **l'autobus fait 4** ~**s par jour** the bus goes past 4 times a day; **'**~ **de troupeaux**' 'cattle crossing'; **commerçant qui travaille avec le** ~ shopkeeper catering for the casual *ou* passing trade; **il est de** ~ **à Paris** he is in *ou* visiting Paris at the moment; **je l'ai saisi au** ~ I grabbed him as I went by *ou* past. **(b)** *(transfert)* **le** ~ **de l'enfance à l'adolescence** the transition from childhood to adolescence; **le** ~ **du jour à la nuit** the change from day to night; **le** ~ **de l'alcool dans le sang** the entry of alcohol into the bloodstream. **(c)** *(lieu)* passage; *(chemin)* way, passage; *(itinéraire)* route; *(rue)* passage(way), alley(way). **on se retourne sur son** ~ people turn round and look when he goes past; **barrer le** ~ **à qn** to block sb's way; **laisser le** ~ **à qn** to let sb pass *ou* past, make way for sb. **(d)** *(Naut)* **payer son** ~ to pay for one's passage, pay one's fare. **(e)** *[livre, symphonie]* passage. **(f)** *(traversée)* *[rivière, limite]* crossing. **(g)** ~ **clouté** pedestrian crossing; **'**~ **interdit'** 'no entry'; ~ **à niveau** level crossing; ~ **souterrain** subway, underground passage *(US)*; ~ **à tabac** beating up; ~ **à vide** blank spell.

passager, -ère [pɑsaʒe, ɛʀ] **1** *adj* **(a)** *hôte* temporary, making a short stay. **(b)** *malaise etc* passing; *inconvénient* temporary; *bonheur, beauté* transient. **pluies** ~**ères** intermittent *ou* occasional showers *ou* rain. **(c)** *rue* busy. **2** *nm,f* passenger. ~ **clandestin** stowaway. ♦ **passagèrement** *adv* temporarily.

passant, e [pɑsɑ̃, ɑ̃t] **1** *adj rue* busy. **2** *nm,f* passer-by. **3** *nm [ceinture]* loop.

passation [pɑsɑsjɔ̃] *nf [contrat]* signing. ~ **de pouvoirs** transfer of power.

passe [pɑs] **1** *nf (gén)* pass; *(Roulette)* passe; *(chenal)* pass, channel. **être en** ~ **de faire** to be on the way to doing; **être dans une mauvaise** ~ to be in a bad way; **traverser une mauvaise** ~ to go through a bad patch; *(fig)* ~ **d'armes** heated exchange. **2** *nm* (*) skeleton *ou* master key. ♦ **passe-droit,** *pl* ~-~**s** *nm* undeserved privilege. ♦ **passe-montagne,** *pl* ~-~**s** *nm* balaclava. ♦ **passe-partout 1** *nm inv* skeleton *ou* master key. **2** *adj inv*: *formule etc* ~ all-purpose phrase *etc*. ♦ **passe-plat,** *pl* ~-~**s** *nm* serving hatch. ♦ **passe-temps** *nm inv* pastime.

passé, e [pɑse] **1** *adj (dernier)* last. **le mois** ~ last month; **au cours des années** ~**es** over the past years. **(b)** *(révolu)* past. ~ **de mode** out of fashion, out of date; **sa gloire** ~**e** his past *ou* former glory; **cette époque est** ~**e maintenant** that era is now over; **il se rappelait le temps** ~ he was thinking back to days *ou* time gone by. **(c)** *(fané)* faded. **(d)** *(plus de)* **il est 8 heures** ~**es** it's past *ou* gone 8 o'clock; **ça fait une heure** ~**e que je t'attends** I've been waiting for you for more than *ou* over an hour. **2** *nm* **(a)** *(gén)* past. **c'est du** ~ it's (all) in the past now. **(b)** *(Gram)* past tense. ~ **antérieur** past anterior; ~ **composé** perfect; ~ **simple** past historic. **3** *prép* after. ~ **6 heures/cette maison** after 6 o'clock/this house.

passementerie [pɑsmɑ̃tʀi] *nf* braid, trimming.

passeport [pɑspɔʀ] *nm* passport.

passer [pɑse] (1) **1** *vi* **(a)** *(gén)* to pass; *[train]* to come *ou* go past; *[démarcheur]* to call. ~ **devant la**

maison de qn to pass *ou* go past sb's house; ~ **en courant** to run past; **il passait dans la rue** he was walking down the street; **l'air passe sous la porte** a draught comes in under the door; **où passe la route?** where does the road go?; **la Seine passe à Paris** the Seine flows through Paris; **faire** ~ **qn d'abord** to let sb go first; **une lueur passa dans son regard** a gleam came into his eyes; ~ **au bureau** to call (in) at the office; ~ **prendre qn** to call for sb; **le facteur est passé** the postman has been; **j'irai le voir en passant** I'll call to see him on my way past; *(fig)* **soit dit en passant** let me say in passing *ou* by the way. **(b)** *(changer)* to go. ~ **d'une pièce dans une autre** to go from one room to another; ~ **d'un état à l'autre** to change *ou* pass from one state to another; ~ **à l'ennemi** to go over to the enemy; **la photo passa de main en main** the photo was passed *ou* handed round; ~ **dans la langue** to pass *ou* come into the language; **argent de poche passe en bonbons** his pocket money (all) goes on sweets. **(c)** *[temps]* to go by, pass. **comme le temps passe!** how time flies!; **cela fait** ~ **le temps** it passes the time. **(d)** *[liquide]* to go through; *[courant électrique]* to get through. **(e)** *(être accepté) [proposition, candidat]* to pass, get through; *[plaisanterie, erreur]* to be acceptable; *[aliment]* to go down. **mon déjeuner ne passe pas** my lunch hasn't settled; **il est passé dans la classe supérieure** he's moved up to the next class; ~ **directeur** to become *ou* be appointed director; **qu'il soit menteur, passe encore, mais voleur, c'est plus grave** it's one thing if he's a liar, but it's more serious if he's a thief; **passe pour cette fois** I'll let you off this time. **(f)** *[film]* to be showing, be on; *(TV) [émission]* to be on; *[personne]* to be on, appear. ~ **à la télé*** he'll be on TV*. **(g)** *(dépasser) [oreilles, queue]* to stick out. **son manteau est trop court, la robe passe** her coat is too short — her dress shows underneath (it); **ne laisse pas** ~ **ton bras par la portière** don't put your arm out of the window. **(h)** *[couleur, beauté]* to fade; *[mode]* to die out; *[douleur]* to pass (off), wear off; *[colère, orage]* to die down; *[jeunesse]* to pass; *[mourir]* to pass on *ou* away. **faire** ~ **à qn l'envie de faire** to cure sb of doing; **cela fera** ~ **votre rhume** that will get you over your cold *ou* get rid of your cold for you; **le plus dur est passé** the worst is over now; **ça lui passera!*** he'll grow out of it! **(i)** *(Cartes)* to pass. **(j)** *(Aut)* ~ **en première** to go into first (gear); ~ **en seconde** to change into second; **les vitesses passent mal** the gears are stiff. **(k)** ~ **par** *(lit, fig)* to go through; **par où êtes-vous passé?** which way did you go?; ~ **par des difficultés** to have difficulties *ou* a difficult time; **nous sommes tous passés par là** we've all been through that; **il faudra bien en** ~ **par là** there's no way round it, we'll have to put up with it. **(l)** ~ **pour un imbécile/pour un Allemand** to be taken for a fool/for a German; ~ **pour un séducteur** to be regarded as a lady's man; **il passe pour intelligent** he is supposed to be intelligent; **cela passe pour vrai** it's thought to be true; **se faire** ~ **pour** to pass o.s. off as; **faire** ~ **qn pour** to make sb out to be. **(m)** ~ **sous/sur/derrière** *etc* to go under/over/behind *etc*; **passez donc devant** you go first; ~ **devant une juridiction** to come before a court; **il est passé sous l'autobus** he was run over by the bus; **le travail passe avant les loisirs** work comes before leisure; **les poissons sont passés au travers du filet** the fish slipped through the net; ~ **sur** *faute, détail* to pass over. **(n)** **y** ~*: **tout le monde y a** *ou* **y est passé** everybody got it, nobody escaped it; **toute sa fortune y a passé** *ou* **y est passée** his whole fortune went on it. **(o)** **laisser** ~ **air** to let in; *personne* to let through *(ou* past, in, out *etc)*; *erreur* to overlook, miss; *occasion* to let slip, miss; **nous ne pouvons pas laisser** ~ **cette affaire sans pro-**

tester we cannot let this matter pass without a protest.

2 *vt* **(a)** *frontière* to cross; *porte* to go through; *obstacle* to get through; *haie* to jump *ou* get over. ~ **une rivière à la nage** to swim across a river. **(b)** *examen* to sit, take; *douane* to go through, clear. *visite médicale* to have. **(c)** *temps* to spend *(à faire* doing). **pour** ~ **le temps** to while away *ou* pass the time. **(d)** *(assouvir)* ~ **sa colère sur qn** to work off *ou* vent one's anger on sb. **(e)** *(omettre)* *mot* to miss *ou* leave out. ~ **son tour** to miss one's turn; **et j'en passe!** and that's not all! **(f)** *(permettre)* ~ **une faute à qn** to overlook sb's mistake; ~ **un caprice à qn** to indulge sb's whim; **on lui passe tout** he gets away with anything; **passez-moi l'expression** (if you'll) pardon the expression. **(g)** *consigne, maladie* to pass on; *objet* to pass, give, hand; *faux billets* to pass; *(Sport) ballon* to pass *(à* to). ~ *(en fraude)* **de l'alcool** to smuggle spirits; **tu** **(le) fais** ~ pass *ou* hand it round; **passe-moi du feu** give me a light; *(au téléphone)* **je vous passe M X** *(gén)* here's Mr X; *(standard)* I'm putting you through to Mr X; **passe-lui un coup de fil** give him a ring *ou* call. **(h)** *pull* to slip on; *robe* to slip into. ~ **une bague au doigt de qn** to slip a ring on sb's finger; ~ **un lacet dans qch** to thread a lace through sth. **(i)** ~ **la tête à la porte** to poke one's head round the door; ~ **la main à la fenêtre** to stick one's hand out of the window. **(j)** *(dépasser) maison* to pass, go past. ~ **les bornes** to go too far; **tu as passé l'âge (de ces jeux)** you are too old (for these games); **il ne passera pas la nuit** he won't last the night. **(k)** *soupe, thé* to strain; *café* to pour the water on. **(l)** *(Aut)* ~ **la seconde** to go *ou* change (up *ou* down) into second (gear). **(m)** *film* to show; *disque* to put on, play. **que passent-ils au cinéma?** what's on *ou* showing at the cinema? **(n)** *(Comm) écriture* to enter; *commande* to place; *accord* to reach, come to; *contrat* to sign. **(o)** ~ **le balai** to sweep up; **passe le chiffon dans le salon** dust the sitting room, give the sitting room a dust; ~ **une couche de peinture sur qch** to give sth a coat of paint; **elle lui passa la main dans les cheveux** she ran her hand through his hair; **se** ~ **les mains à l'eau** to rinse one's hands.

3 **se** ~ *vpr* **(a)** *(avoir lieu)* to take place; *(arriver)* to happen. **qu'est-ce qu'il se passe?** what's going on?; **tout s'est bien passé** everything went off smoothly; **cela ne se passera pas ainsi!** I shan't let it rest at that!; **il ne se passe pas un seul jour sans qu'il ne pleuve** not a day goes by without rain. **(b)** *(finir) [douleur, orage]* to pass off, be over. **(c)** **se** ~ **de qch/de faire** to do without sth/doing; **se** ~ **de qn** to manage without sb; **la citation se passe de commentaires** the quotation needs no comment *ou* speaks for itself.

passerelle [pɑsʀɛl] *nf (pont)* footbridge; *(Aviat, Naut)* gangway; *(du commandant)* bridge; *(fig: passage)* (inter)link.

passeur [pɑsœʀ] *nm (rivière)* ferryman; *[frontière]* smuggler.

passible [pasibl(ə)] *adj:* ~ **d'une amende** *personne* liable to a fine; *délit* punishable by a fine; ~ **d'un impôt** liable for (a) tax.

passif, -ive [pasif, iv] **1** *adj (gén)* passive. **2** *nm (Ling)* passive; *(Fin)* liabilities. ◆ **passivement** *adv* passively. ◆ **passivité** *nf* passivity, passiveness.

passion [pɑsjɔ̃] *nf* passion. **avoir la** ~ **du jeu** to have a passion for gambling; **aimer/discuter avec** ~ to love/argue passionately; **sans** ~ dispassionately; *(Rel)* **la P**~ the Passion. ◆ **passionnant, e** *adj personne* fascinating; *film* fascinating, gripping, exciting. ◆ **passionné, e 1** *adj personne, haine* passionate; *orateur, jugement* impassioned. **être** ~ **de** to have a passion for. **2** *nm,f:* **un** ~ **de voitures** a car fanatic. ◆ **passionnel, -elle** *adj sentiment* passionate; *crime* of passion. ♦ **passionnément** *adv* passionately. ♦ **passionner** (1) 1 *vt personne* to fascinate, grip; *débat* to inflame. **la musique le passionne** music is his passion, he has a passion for music. 2 **se ~** *vpr:* **se ~ pour** *livre* to be fascinated by; *sport, science* to have a passion for.

passoire [paswar] *nf* (*gén, fig*) sieve; *[thé]* strainer; *[légumes]* colander.

pastel [pastɛl] *nm, adj inv* pastel.

pastèque [pastɛk] *nf* watermelon.

pasteur [pastœr] *nm* (*prêtre*) minister, pastor; (*littér, Rel: berger*) shepherd.

pasteuriser [pastœrize] (1) *vt* to pasteurize. ♦ **pasteurisation** *nf* pasteurization.

pastiche [pastiʃ] *nm* pastiche. ♦ **pasticher** (1) *vt* to write a pastiche of.

pastille [pastij] *nf* (*bonbon*) pastille, lozenge; *[couleur]* block; *[papier]* disc. **~s de menthe** mints; **~s pour la toux** cough pastilles *ou* drops.

pastoral, e, *mpl* **-aux** [pastɔral, o] 1 *adj* (*gén*) pastoral. 2 *nf* (*gén*) pastoral; (*Mus*) pastorale.

patate [patat] *nf* (**: pomme de terre*) spud**‡**; (**‡**: *imbécile*) fathead**‡**, chump*. **~ (douce)** sweet potato.

patati* [patati] *excl:* **et ~ et patata** and so on and so forth.

patatras [patatra] *excl* crash!

pataud, e [pato, od] *adj* lumpish, clumsy.

patauger [patoʒe] (3) *vi* (*avec effort*) to wade about; (*avec plaisir*) to splash about; (*fig: être perdu*) to flounder.

pâte [pat] 1 *nf* (a) *(à tarte)* pastry; *(à gâteaux)* mixture; *(à pain)* dough; *(à frire)* batter. (b) *[fromage]* cheese. (c) **~s (alimentaires)** pasta; *(dans la soupe)* noodles. (d) *(gén: substance)* paste; *(crème)* cream. 2: **~ d'amandes** almond paste; **~ brisée** shortcrust pastry; **~ dentifrice** toothpaste; **~ feuilletée** puff *ou* flaky pastry; **~ de fruits** fruit jelly; **~ à modeler** modelling clay, Plasticine ®; **~ à papier** paper pulp; **~ sablée** sablé pastry. ♦ **pâté** *nm* (*Culin*) pâté; *(d'encre)* inkblot. **~ en croûte** = meat pie; **~ de maisons** block (of houses); **~ (de sable)** sandpie, sandcastle. ♦ **pâtée** *nf* (a) *[chien, volaille]* mash, feed; *[porcs]* swill. (b) *(*: correction)* hiding*.

patelin* [patlɛ̃] *nm* village.

patent, e¹ [patɑ̃, ɑ̃t] *adj* obvious, patent.

patente² [patɑ̃t] *nf* (trading) licence. ♦ **patenté, e** *adj* licensed.

patère [patɛr] *nf* (hat- *ou* coat-)peg.

paternel, -elle [patɛrnɛl] 1 *adj* paternal; *(bienveillant)* fatherly. **quitter le domicile ~** to leave one's father's house; **ma tante ~elle** my aunt on my father's side, my paternal aunt. 2 *nm* (**‡**) old man**‡**. ♦ **paternalisme** *nm* paternalism. ♦ **paternaliste** *adj* paternalistic. ♦ **paternellement** *adv* paternally; in a fatherly way. ♦ **paternité** *nf* paternity.

pâteux, -euse [patø, øz] *adj* (*gén*) pasty; *langue* coated; *voix* thick, husky.

pathétique [patetik] 1 *adj* moving, pathetic; *(Anat)* pathetic. 2 *nm* pathos.

pathogène [patɔʒɛn] *adj* pathogenic.

pathologique [patɔlɔʒik] *adj* pathological. ♦ **pathologiquement** *adv* pathologically.

patibulaire [patibylɛr] *adj* sinister.

patience [pasjɑ̃s] *nf* (*gén*) patience. **prendre ~** to be patient, have patience; **il faut avoir une ~ d'ange** it takes the patience of a saint *ou* of Job; *(Cartes)* **faires des ~s** to play patience; **~, j'arrive!** wait a minute! *ou* hang on!*, I'm coming. ♦ **patiemment** *adv* patiently. ♦ **patient, e** 1 *adj* patient. 2 *nm,f* (*Méd*) patient. ♦ **patienter** (1) *vi* to wait. **faites-le ~** ask him to wait; **~ un instant** to wait *ou* hang on* a moment; **pour ~ il regardait les tableaux** to fill in *ou* pass the time he looked at the paintings.

patin [patɛ̃] *nm [patineur]* skate; *[luge]* runner;

(pour le parquet) cloth pad. **~ (de frein)** brake block; **~s à glace** iceskates; **~s à roulettes** roller skates; **faire du ~ à glace** to go ice-skating. ♦ **patinage** *nm* skating. **~ artistique** figure skating. ♦ **patiner¹** (1) *vi* (*Sport*) to skate; *(Aut) [roue]* to spin; *[embrayage]* to slip. ♦ **patinette** *nf* scooter. ♦ **patineur, -euse** *nm,f* skater. ♦ **patinoire** *nf* skating rink, ice rink.

patine [patin] *nf* patina, sheen. ♦ **patiner²** (1) *vt (naturellement)* to give a sheen to; *(artificiellement)* to give a patina to.

pâtir [patir] (2) *vi (littér)* to suffer (*de* because of).

pâtisserie [patisri] *nf (magasin)* cake shop, confectioner's; *(gâteau)* cake, pastry; *(art ménager)* cake- *ou* pastry-making, baking; *(commerce)* confectionery. ♦ **pâtissier, -ière** *nm,f* confectioner, pastrycook.

patois [patwa] *nm* patois.

patraque* [patrak] *adj* peaky*, out of sorts.

pâtre [pɑtr(ə)] *nm (littér)* shepherd.

patriarche [patrijarʃ(ə)] *nm* patriarch.

patricien, -ienne [patrisjɛ̃, jɛn] *adj, nm,f* patrician.

patrie [patri] *nf (gén)* homeland, fatherland. **Limoges, ~ de la porcelaine** Limoges, the home of porcelain.

patrimoine [patrimwan] *nm (gén)* inheritance; *(Jur)* patrimony; *(fig)* heritage.

patriote [patrijɔt] 1 *adj* patriotic. 2 *nmf* patriot. ♦ **patriotique** *adj* patriotic. ♦ **patriotisme** *nm* patriotism.

patron [patrɔ̃] *nm* (a) *(propriétaire)* owner, boss*; *(gérant)* manager, boss*; *(employeur)* employer, boss*; *(Hist, Rel: protecteur)* patron. **saint ~** patron saint; **~ (pêcheur)** skipper. (b) *(Couture)* pattern. **taille demi-~/~/grand ~** small/medium/large size. ♦ **patronne** *nf* boss*, lady owner (*ou* manager *ou* employer); *(sainte)* patron saint. ♦ **patronage** *nm* (a) *(protection)* patronage. (b) *(organisation)* youth club. ♦ **patronal, e,** *mpl* **-aux** *adj* employer's. ♦ **patronat** *nm:* **le ~** the employers. ♦ **patronner** (1) *vt* to sponsor, support.

patrouille [patruj] *nf* patrol. ♦ **patrouiller** (1) *vi* to patrol, be on patrol. **~ dans les rues** to patrol the streets. ♦ **patrouilleur** *nm (soldat)* patroller; *(Naut)* patrol boat.

patte [pat] 1 *nf* (a) *(jambe)* leg; *(pied) [chat]* paw; *[oiseau]* foot; (**: main*) hand, paw*. **~s de devant** forelegs; forefeet; **~s de derrière** hindlegs; hind feet; **le chat retomba sur ses ~s** the cat fell on its feet; *[chat]* **faire ~ de velours** to draw in *ou* sheathe its claws; **court sur ~s** *personne* short-legged; *table* low; **il est toujours dans mes ~s** he's always under my feet; **s'il me tombe sous la ~*** if I get my hands *ou* paws* on him; **tomber dans les ~s de qn*** to fall into sb's clutches. (b) *[ancre]* fluke; *(languette)* tongue; *[vêtement]* strap; *(sur l'épaule)* epaulette. (c) *(favoris)* **~s** *(de lapin)* sideburns. 2: **pantalon à ~s d'éléphant** bell-bottom trousers; **~s de mouche** spidery scrawl; **~-d'oie** *nf, pl* **~s-~** *(à l'œil)* crow's-foot; *(carrefour)* branching crossroads.

pâturer [patyre] (1) *vti* to graze. ♦ **pâturage** *nm (lieu)* pasture; *(action)* grazing. ♦ **pâture** *nf (nourriture)* food; *(pâturage)* pasture.

paume [pom] *nf [main]* palm.

paumer* [pome] (1) 1 *vt (perdre)* to lose. 2 **se ~** *vpr* to get lost. ♦ **paumé, e‡** *adj* lost. **habiter un bled ~** to live in a godforsaken hole**‡**. 2 *nmf* dropout*.

paupière [popjɛr] *nf* eyelid.

paupiette [popjɛt] *nf:* **~ de veau** veal olive.

pause [poz] *nf (arrêt)* break; *(en parlant, Mus)* pause; *(Sport)* half-time.

pauvre [povr(ə)] 1 *adj (gén)* poor; *végétation* sparse; *mobilier* shabby; *excuse, orateur, sourire* weak. **mineral ~ en cuivre** ore with a low copper content, ore poor in copper; **air ~ en oxygène** air low in oxygen; **pays ~ en ressources** country short of *ou* lacking resources; **de ~s chances de succès** only a slim *ou* slender chance of success; **elle avait un ~ petit air** she looked miserable *ou* wretched. (b) **~ crétin** stupid ass‡; **~ hère** poor wretch; **~ d'esprit** half-wit; **mon ~ mari** my poor husband; **~ de moi!** poor (little) me!; **mon ~ ami** my dear friend. 2 *nmf* poor man *ou* woman. **les ~s** the poor, poor people; **mon ~!** my dear fellow; **le ~!** the poor guy!* ♦ **pauvrement** *adv* poorly; **vêtu** shabbily. ♦ **pauvreté** *nf* (*gén*) poverty; *[mobilier]* shabbiness.

pavaner (se) [pavane] (1) *vpr* to strut about.

pavé [pave] *nm [chaussée]* cobblestone; *[cour]* paving stone; (*viande*) thick piece of steak; (*péj*: *livre*) hefty tome*. **être sur le ~** (*sans domicile*) to be on the streets; (*sans emploi*) to be out of a job; **mettre qn sur le ~** to throw sb out; **jeter un ~ dans la mare** to set the cat among the pigeons. ♦ **paver** (1) *vt cour* to pave; **chaussée** to cobble. ♦ **pavage** *nm* (*revêtement*) paving; cobbles.

pavillon [pavijɔ̃] *nm* (a) (*villa*) house; (*de gardien*) lodge; (*d'hôpital*) ward, pavilion. **~ de banlieue** house in the suburbs; **~ de chasse** hunting lodge. (b) (*Naut*) flag. (c) *[instrument]* bell; *[phonographe]* horn; *[oreille]* pinna. ♦ **pavoiser** [pavwaze] (1) **1** *vt navire* to dress; *monument* to deck with flags. **2** *vi* to put out flags; (*fig*) to exult.

pavot [pavo] *nm* poppy.

payer [peje] (8) **1** *vt* (a) *somme, employé* to pay; *dette* to pay, settle; *entrepreneur* to pay, settle up with. **~ comptant** to pay cash; **~ qn de promesses** to fob sb off with promises; (*fig*) **il est payé pour le savoir** he has learnt that to his cost. (b) *travail, marchandise* to pay for. **je l'ai payé de ma poche** I paid for it out of my own pocket; **il m'a fait ~ 10F** he charged me 10 francs (*pour* for); **travail bien/mal payé** well-paid/badly-paid work. (c) (*: offrir*) **~ qch à qn** (*gén*) to buy sth for sb; *restaurant, apéritif* to treat sb to sth, stand sb sth; **~ un voyage à qn** to pay for sb to go on a trip. (d) (*récompenser*) to reward (*de* for). (e) *faute, crime* to pay for. **il l'a payé de sa vie** it cost him his life; **il me le paiera!** he'll pay for this!

2 *vi* (a) *[effort]* to pay off; *[métier]* to be well-paid. **le crime ne paie pas** crime doesn't pay; **~ pour qn** (*lit*) to pay for sb; (*fig*) to carry the can for sb*. (b) **~ de sa personne** to give of o.s., sacrifice o.s.; **ça ne paie pas de mine, mais** it isn't much to look at but; **~ d'audace** to act with great daring.

3 se ~ *vpr* (a) **tout se paie** everything must be paid for. (b) (*: s'offrir*) *objet* to buy o.s., treat o.s. to; *maladie* to get. **se ~ une pinte de bon sang** to have a good laugh*; **se ~ la tête de qn** to make a fool of sb.

♦ **payable** *adj*: **~ en 3 fois** payable in 3 instalments; **l'impôt est ~ par tous** taxes must be paid by everyone. ♦ **payant, e** *adj* (a) *spectateur* who pays (for his seat). **spectacle ~** show for which there is an admission charge. (b) (*rentable*) *affaire* profitable; *politique, conduite* which pays off. ♦ **paye** *nf* = **paie**. ♦ **payement** *nm* = **paiement**. ♦ **payeur, -euse 1** *adj*: **service ~** payments office. **2** *nmf* payer; (*Mil, Naut*) paymaster. **mauvais ~** bad debtor.

pays [pei] **1** *nm* (a) (*contrée*) country. **des ~ lointains** far-off countries *ou* lands. (*région*) region. **gens/vin du ~** local people/wine; **~ de légumes/d'élevage** vegetable-growing/cattle-breeding region; **le ~ du vin** the wine country. (c) (*village*) village. (d) **voir du ~** to travel around (a lot); **être en ~ de connaissance** (*dans une réunion*) to be among familiar faces; (*sur un sujet*) to be on home ground. **2: les P~-Bas** *nmpl* the Netherlands; **~ de Cocagne** land of plenty; **le**

~ de Galles Wales.

paysage [peiza3] *nm* (*point de vue*) landscape; (*décor*) scenery. ♦ **paysagiste** *nmf* (*Peinture*) landscape painter. (*Agr*) (*jardinier*) **~** landscape gardener.

paysan, -anne [peizɑ̃, an] **1** *adj* *problème* farming; *revendications* farmers'; *coutumes* country; (*péj*) *manières* peasant. **2** *nm* countryman, farmer; (*péj*) peasant. **3** *nf* peasant woman, countrywoman; (*péj*) peasant. ♦ **paysannerie** *nf* peasantry, farmers.

péage [pea3] *nm* (*droit*) toll; (*barrière*) tollgate. **pont à ~** toll bridge.

peau, pl ~x [po] **1** *nf* (a) (*gén*) skin. **n'avoir que la ~ et les os** to be all skin and bones; **attraper qn par la ~ du cou** to grab sb by the scruff of his *ou* her neck; **faire ~ neuve** *[administration]* to find a new image; (*en changeant d'habit*) to change (one's clothes). (b) (*: corps, vie*) **risquer sa ~** to risk one's neck* *ou* hide*; **sauver sa ~** to save one's skin; **j'aurai sa ~!** I'll have his hide for this!*; **être bien/mal dans sa ~** (*physiquement*) to feel great*/awful; (*mentalement*) to feel quite at ease/ill-at-ease; **avoir qn dans la ~** to be crazy about sb*; **avoir le jeu** etc **dans la ~** to have gambling etc in one's blood; **se mettre dans la ~ de qn** to put o.s in sb's place *ou* shoes. (c) (*cuir*) hide; (*fourrure*) pelt. **gants de ~** leather gloves. (d) *[fromage]* rind; (*épluchure*) peel. **2: ~ de chamois** chamois leather, shammy; **~ de mouton** sheepskin; **~ de porc** pigskin; **P~-Rouge** *nmf*, *pl* **P~x-R~s** Red Indian, redskin; **~ de vache** (*homme*) bastard‡; (*femme*) bitch‡.

pébroque* [pebrɔk] *nm* brolly*, umbrella.

peccadille [pekadij] *nf* (*vétille*) trifle; (*délit*) peccadillo.

pêche¹ [peʃ] *nf* (*fruit*) peach; (‡: *coup*) slap, clout. **~-abricot/blanche** yellow/white peach. ♦ **pêcher¹** *nm* peach tree.

pêche² [peʃ] *nf* (a) (*activité*) fishing; (*saison*) fishing season. **la ~ à la ligne** (*mer*) line fishing; (*rivière*) angling; **la ~ aux moules** the gathering of mussels; **aller à la ~** to go fishing; **barque de ~** fishing boat. (b) (*poissons*) catch. ♦ **pêcher²** (1) **1** *vt* (*être pêcheur de*) to fish for; (*attraper*) to catch, land; *coquillages* to gather. **~ la baleine/la crevette** to go whaling/shrimping; **où as-tu été ~ cette idée?*** where did you dig that idea up from?* **2** *vi* to go fishing, to go angling. **~ à l'asticot** to fish with maggots. ♦ **pêcherie** *nf* fishery, fishing ground. ♦ **pêcheur¹** *nm* fisherman; angler. **~ de crevettes** shrimper; **~ de perles** pearl diver. **2** *adj* *bateau* fishing. ♦ **pêcheuse** *nf* fisherwoman; (*à la ligne*) (woman) angler.

péché [peʃe] *nm* sin. **~ capital** *ou* **mortel** deadly sin; **~ de jeunesse** youthful indiscretion; **c'est son ~ mignon** he has a weakness for it. ♦ **pécher** (6) *vi* (*Rel*) to sin. **~ par imprudence** to be too reckless; **~ par ignorance** to err through ignorance; **~ par excès de prudence** to be over-careful; **ça pèche par bien des points** it has a lot of weaknesses *ou* shortcomings. ♦ **pécheur, pécheresse** *nm,f* sinner.

pécule [pekyl] *nm* (*économies*) savings; *[détenu, soldat]* earnings, wages.

pécuniaire [pekynjɛʀ] *adj* financial.

pédagogie [pedagɔʒi] *nf* (*science, méthode*) education. ♦ **pédagogique** *adj* *méthodes* educational; (*clair*) *exposé* clear. **stage (de formation) ~** teacher-training course. ♦ **pédagogue** *nmf* teacher.

pédale [pedal] *nf* (*gén*) pedal; *[machine à coudre, tour]* treadle. ♦ **pédaler** (1) *vi* to pedal. ♦ **pédalier** *nm* pedal and gear mechanism. ♦ **pédalo** *nm* pedal-boat.

pédant, e [pedɑ̃, ɑ̃t] **1** *adj* pedantic. **2** *nm,f* pedant. ♦ **pédantisme** *nm* pedantry.

pédéraste [pedeʀast(ə)] *nm* homosexual.

pédiatre [pedjatʀ(ə)] *nmf* paediatrician.
♦ **pédiatrie** *nf* paediatrics (*sg*).

pédicure [pedikyʀ] *nmf* chiropodist.

pedigree [pedigʀe] *nm* pedigree.

pègre [pɛgʀ(ə)] *nf*: la ~ the underworld.

peigne [pɛɲ] *nm* (*cheveux*) comb; (*Tex*) card. **passer qch au ~ fin** to go through sth with a fine-tooth comb. ♦ **peignée*** *nf* (*raclée*) thrashing, hiding. ♦ **peigner** (1) **1** *vt cheveux* to comb; *enfant* to comb the hair of; (*Tex*) to card. **mal peigné** dishevelled, tousled. **2 se ~** *vpr* to comb one's hair.

peignoir [pɛɲwaʀ] *nm* dressing gown. **~ (de bain)** bathrobe.

peinard, e* [penaʀ, aʀd(ə)] *adj travail, vie* cushy‡. **être ~** to take it easy.

peindre [pɛ̃dʀ(ə)] (52) *vt* (*gén*) to paint; (*fig*: *décrire*) to portray, depict. **~ qch en jaune** to paint sth yellow; **se faire ~ par X** to have one's portrait painted by X; **le désespoir se peignait sur leur visage** despair was written on their faces.

peine [pɛn] *nf* (a) (*chagrin*) sorrow, sadness. **avoir de la ~** to be sad *ou* (*moins fort*) upset; **elle m'a fait de la ~** (*pitié*) I felt sorry for her; (*chagrin*) she upset me *ou* made me sad; **~s de cœur** emotional troubles; **il faisait ~ à voir** he looked a pitiful sight. (b) (*effort*) effort, trouble. **cela demande de la ~** that requires an effort; **se donner de la ~ pour faire** to go to a lot of trouble to do; **si tu te donnais seulement la ~ d'essayer** if you would only bother to try; **donnez-vous donc la ~ d'entrer** do come in; **est-ce que c'est la ~ d'y aller?** is it worth going?; **ce n'est pas la ~ de me le répéter** there's no point in repeating that, you've no need to repeat that; **ce n'est pas la ~** don't bother; **c'était bien la ~ de sortir!** it was a waste of time going out; **tu as été sage, pour la ~, tu auras un bonbon** here's a sweet for being good; **ne vous mettez pas en ~ pour moi** don't go to *ou* put yourself to any trouble for me. (c) (*difficulté*) difficulty. **avoir de la ~ à faire** to have difficulty in doing, find it difficult *ou* hard to do; **sans ~** without difficulty, easily; **il n'est pas en ~ pour trouver des secrétaires** he has no difficulty finding secretaries; **je serais bien en ~ de vous le dire** I'd be hard pushed to tell you. (d) (*punition*) punishment, penalty; (*Jur*) sentence. **~ capitale** *ou* **de mort** capital punishment, death sentence; **sous ~ de mort** on pain of death; **défense d'afficher sous ~ d'amende** billposters will be fined; **pour la ~ tu mettras la table** for that you can lay the table. (e) **à ~** hardly; **il est à ~ 2 heures** it's only just 2 o'clock; **à ~ rentré, il a dû ressortir** he had hardly *ou* scarcely got in when he had to go out again, no sooner had he got in than he had to go out again; **il était à ~ aimable** he was barely *ou* scarcely civil.
♦ **peiner** (1) **1** *vi* [*personne*] to work hard; [*moteur*] to labour. **~ sur un problème** to struggle with a problem. **2** *vt* to sadden, distress. **ton peiné** aggrieved tone; **il avait l'air peiné** he looked upset.

peintre [pɛ̃tʀ(ə)] *nmf* (*lit*) painter; (*fig*: *écrivain*) portrayer. **~ en bâtiment** house painter. ♦ **peinture** *nf* (*action, art*) painting; (*ouvrage*) painting, picture; (*surface peinte*) paintwork; (*matière*) paint; (*fig*) portrayal. **faire de la ~** (à l'huile/à l'eau) to paint (in oils/watercolours); **attention à la ~!** wet paint!; **~ à l'huile** (*tableau*) oil painting; (*matière*) oil paint; (*pour le bâtiment*) oil-based paint; **~ au pistolet** spray painting. ♦ **peinturlurer** (1) *vt* to daub (with paint). **visage peinturluré** painted face.

péjoratif, -ive [peʒɔʀatif, iv] *adj* derogatory, pejorative.

Pékin [pekɛ̃] *n* Peking. ♦ **pékinois, e** *adj, nm*, **P~(e)** *nm(f)* Pekinese.

pelage [pəlaʒ] *nm* coat, fur.

pêle-mêle [pɛlmɛl] *adv* higgledy-piggledy.

peler [pəle] (5) *vti* (*gén*) to peel. ♦ **pelé, e 1** *adj personne* bald(-headed); *animal* hairless; *vêtement* threadbare; *terrain* bare. **2** *nm*: **il n'y avait que quatre ~s et un tondu*** there was hardly anyone there.

pèlerin [pɛlʀɛ̃] *nm* pilgrim. ♦ **pèlerinage** *nm* pilgrimage. **faire un ~ à** to go on a pilgrimage to.

pèlerine [pɛlʀin] *nf* cape.

pélican [pelikɑ̃] *nm* pelican.

pelle [pɛl] *nf* (*gén*) shovel; [*enfant*] spade. **~ à ordures** dustpan; **~ à tarte** cake *ou* pie server; **il y en a à la ~*** there are loads of them*; **prendre une ~s** to come a cropper. ♦ **pelletée** *nf* shovelful; spadeful. ♦ **pelleteuse** *nf* mechanical shovel *ou* digger.

pellicule [pelikyl] *nf* (*gén, Phot*) film. (*Méd*) **~s** dandruff.

pelote [p(ə)lɔt] *nf* [*laine*] ball; [*épingles*] pin cushion. (*fig*) **faire sa ~** to feather one's nest; **~ (basque)** pelota.

peloter* [p(ə)lɔte] (1) *vt* to pet*, paw*.

peloton [p(ə)lɔtɔ̃] *nm* (*Mil*) platoon; (*Sport*) pack. **~ d'exécution** firing squad; **être dans le ~ de tête** (*Sport*) to be up with the leaders; (*en classe*) to be among the top few.

pelouse [p(ə)luz] *nf* lawn; (*Ftbl, Rugby*) field, ground.

peluche [p(ə)lyʃ] *nf* (*Tex*) plush; (*poil*) bit of fluff. **jouets en ~** soft toys; **chien en ~** fluffy dog.

pelure [p(ə)lyʀ] *nf* (*épluchure*) peeling, piece of peel; (‡: *manteau*) (over)coat. (*Bot*) **~ d'oignon** onion skin.

pénal, e, *mpl* **-aux** [penal, o] *adj* penal. ♦ **pénaliser** (1) *vt* to penalize. ♦ **pénalité** *nf* (*Fin, Sport*) penalty. ♦ **penalty, pl ~ies** *nm* (*Ftbl*) penalty (kick).

pénates [penat] *nmpl* (*Myth*) Penates; (*fig hum*) home.

penaud, e [pəno, od] *adj* sheepish.

penchant [pɑ̃ʃɑ̃] *nm* (*tendance*) tendency, propensity (*à faire* to do); (*faible*) liking, fondness (*pour qch* for sth). **avoir un ~ pour la boisson** to be partial to drink.

pencher [pɑ̃ʃe] (1) **1** *vt objet* to tip up, tilt. **~ la tête** (*en avant*) to bend one's head forward; (*sur le côté*) to lean *ou* tilt one's head to one side. **2** *vi* (a) [*mur, arbre*] to lean over; [*navire*] to list; [*objet*] to tilt, tip (to one side). (*fig*) **faire ~** la balance to tip the scales. (b) **~ pour qch** to favour sth; **~ à croire que** to be inclined to believe that. **3 se ~** *vpr* (a) to lean over; (*se baisser*) to bend down. **défense de se ~ au dehors** do not lean out of the window. (b) **se ~ sur un cas** to look into *ou* study a case; **se ~ sur les malheurs de qn** to turn one's attention to sb's misfortunes. ♦ **penché, e** *adj tableau, poteau* slanting; *objet* tilting, tipping; *écriture* sloping. **être ~ sur ses livres** to be bent over one's books.

pendaison [pɑ̃dɛzɔ̃] *nf* hanging. **~ de crémaillère** house-warming party.

pendant[1], **e** [pɑ̃dɑ̃, ɑ̃t] **1** *adj* (a) *jambes* hanging, dangling; *oreilles* drooping; *branches* hanging, drooping. **la langue ~e** with his (*ou* his) tongue hanging out. (b) (*Admin*) *question* outstanding; *affaire, procès* pending. **2** *nm* (a) **~ (d'oreille)** drop earring. (b) (*contrepartie*) **le ~ de meuble** the matching piece to; *personne* the counterpart of; **faire ~ à, se faire ~** to match.

pendant[2] [pɑ̃dɑ̃] **1** *prép* (*au cours de*) during; (*durée*) for. **~ la journée/la guerre** during the day/the war; **~ ce temps** meanwhile, in the meantime; **marcher ~ des kilomètres/des heures** to walk for miles/for hours. **2**: **~ que** *conj* while; **~ que vous serez à Paris, pourriez-vous aller le voir?** while you're in Paris could you go and see him?; (*iro*) **finissez le plat ~ que vous y êtes** why don't you eat it all (up) while you're at it (*iro*).

pendentif [pɑ̃dɑ̃tif] *nm* (*bijou*) pendant.
penderie [pɑ̃dʀi] *nf* (*meuble*) wardrobe; (*débarras*) walk-in cupboard *ou* closet (*US*).
pendre [pɑ̃dʀ(ə)] (41) **1** *vt objet* to hang up; *criminel* to hang. ~ **le linge au dehors** to hang the washing out to dry; ~ **la crémaillère** to have a house-warming party; **qu'il aille se faire** ~ **ailleurs!*** he can go hang!* **2** *vi* [*objet*] to hang (down) (*de* from); [*bras, jambes*] to dangle; [*joue*] to sag. **laisser** ~ **ses jambes** to dangle one's legs; **cela lui pend au nez*** he's got it coming to him*. **3 se** ~ *vpr* (*se tuer*) to hang o.s. **se** ~ **à branche** to hang from; **se** ~ **au cou de qn** to throw one's arms round sb's neck. ♦ **pendu, e 1** *adj* (*a*) *chose* hung up, hanging up. ~ **à** hanging from. (*b*) **être** ~ **au téléphone*** to spend all one's time on the telephone; **être** ~ **aux lèvres de qn** to hang on sb's every word. **2** *nm,f* hanged man (*ou* woman).
pendule [pɑ̃dyl] **1** *nf* clock. **2** *nm* pendulum.
♦ **pendulette** *nf* small clock.
pénétrer [penetʀe] (6) **1** *vi* [*personne, véhicule*] ~ **dans** *bâtiment* to enter; *groupe* to penetrate; **faire** ~ **qn dans le salon** to show *ou* let sb into the lounge; **des voleurs ont pénétré dans la maison** thieves broke into the house. (*b*) [*air, liquide*] to come *ou* get in. **le soleil pénètre dans la pièce** the sun is shining into the room; ~ **dans le bois** [*balle*] to penetrate the wood; [*vernis*] to soak into the wood; **faire** ~ **de l'air** (*dans*) to let fresh air in(to); **faire** ~ **une crème (dans la peau)** to rub a cream in(to the skin). **2** *vt* (*gén, fig*) to penetrate; [*odeur, sentiment*] to fill. **le froid les pénétrait jusqu'aux os** the cold cut *ou* went right through them; ~ **les intentions de qn** to fathom sb's intentions; **pénétré de pitié** filled with pity. **3 se** ~ *vpr*: **se** ~ **d'une idée** to get an idea firmly set in one's mind, become convinced of a idea.
♦ **pénétrable** *adj* penetrable (*à* by). ♦ **pénétrant, e** *adj pluie* drenching; *froid* piercing, biting; *odeur, regard, esprit* penetrating. ♦ **pénétration** *nf* (*gén*) penetration. ♦ **pénétré, e** *adj air, ton* earnest. **être** ~ **de** *sa propre importance* to be full of; *ses obligations* to be highly conscious of.
pénible [penibl(ə)] *adj travail* tiresome, tedious; *personne* tiresome; *nouvelle, maladie* painful (*à* to). ~ **à lire** hard *ou* difficult to read; **l'hiver a été** ~ the winter has been unpleasant; **il est vraiment** ~* he's a thorough nuisance; **la lumière violente lui est** ~ bright light hurts his eyes; **il m'est** ~ **de constater que** I am sorry to find that.
♦ **péniblement** *adv* (*difficilement*) with difficulty; (*tristement*) painfully.
péniche [peniʃ] *nf* barge.
pénicilline [penisilin] *nf* penicillin.
péninsule [penɛ̃syl] *nf* peninsula.
pénitence [penitɑ̃s] *nf* (*gén*) punishment; (*Rel*) (*repentir*) penitence; (*peine, sacrement*) penance. **faire** ~ to repent (*de* of); **mettre qn en** ~ to make sb stand in the corner. ♦ **pénitencier** *nm* penitentiary. ♦ **pénitent, e** *adj, nm,f* penitent.
♦ **pénitentiaire** *adj* prison.
pénombre [penɔ̃bʀ(ə)] *nf* (*faible clarté*) half-light; (*obscurité*) darkness.
pensée¹ [pɑ̃se] *nf* (*gén*) thought. **si vous voulez connaître le fond de ma** ~ if you want to know what I really think (about it) *ou* how I really feel about it; **venir à la** ~ **de qn** to occur to sb; **les soucis qui hantent sa** ~ the worries that haunt his thoughts *ou* his mind; **la** ~ **marxiste** Marxist thinking.
pensée² [pɑ̃se] *nf* (*Bot*) pansy.
penser [pɑ̃se] (1) **1** *vi* to think. ~ **à qch/à faire** (*réfléchir*) to think about sth/about doing; (*prévoir*) to think of sth/of doing; (*se souvenir*) to remember sth/to do; **pensez-y avant d'accepter** think it over *ou* give it some thought before you accept; **il me fait** ~ **à mon père** he makes me think of *ou* he reminds me of my father; **fais m'y** ~

don't let me forget, remind me about that; **faire qch sans y** ~ to do sth without thinking (about it); **il vient?** — **pensez-vous!** is he coming? — you must be joking!*; **il va accepter?** — **je pense bien!** will he accept? — of course he will!
2 *vt* (*a*) (*avoir une opinion*) to think. **il en pense du bien/du mal** he has a high/poor opinion of it; **que pensez-vous de ce projet?** what do you think *ou* how do you feel about this plan?; **que penseriez-vous d'un voyage à Rome?** what would you say to *ou* how would you fancy a trip to Rome? (*b*) (*supposer*) to think. **je pense que oui/non** I think so/don't think so; **ce n'est pas si bête qu'on le pense** it's not such a silly idea as you might think; **ils pensent avoir trouvé une maison** they think they've found a house; **vous pensez bien qu'elle a refusé** you can well imagine that she refused; **j'ai pensé mourir** I thought I was going to die. (*c*) ~ **faire** (*avoir l'intention de*) to be thinking of doing, consider doing, intend to do; (*espérer*) to hope *ou* expect to do. (*d*) (*concevoir*) *projet, machine* to think out.
♦ **penseur** *nm* thinker. ♦ **pensif, -ive** *adj* pensive, thoughtful. ♦ **pensivement** *adv* pensively, thoughtfully.
pension [pɑ̃sjɔ̃] *nf* (*a*) (*allocation*) pension. ~ **de retraite** retirement *ou* old age pension; ~ **alimentaire** [*étudiant*] living allowance; [*divorcée*] alimony. (*b*) (*hôtel*) boarding house; (*Scol*) boarding school; (*hébergement*) board and lodging. ~ **de famille** = boarding house, guesthouse. **être en** ~ **chez qn** to board with sb; **chambre sans/avec demi-**~ room (*with no meals provided*)/with half-board; ~ **complète** full board.
♦ **pensionnaire** *nmf* (*Scol*) boarder; [*famille*] lodger; [*hôtel*] resident. ♦ **pensionnat** *nm* boarding school. ♦ **pensionné, e** *nm,f* pensioner.
♦ **pensionner** (1) *vt* to give a pension to.
pentagone [pɛ̃tagɔn] *nm* pentagon.
pente [pɑ̃t] *nf* slope; **être en** ~ **douce/raide** to slope (down) gently/steeply; **en** ~ *toit* sloping; *allée* on a slope. **rue en** ~ steep street; **suivre sa** ~ **naturelle** to follow one's natural tendency; **être sur une mauvaise** ~ to be going downhill; (*fig*) **remonter la** ~ to get on one's feet again; (*fig*) ~ **glissante** slippery slope.
Pentecôte [pɑ̃tkot] *nf* (*dimanche*) Whit Sunday; (*période*) Whitsun.
pénurie [penyʀi] *nf* shortage. ~ **de** shortage *ou* lack of.
pépé* [pepe] *nm* grandad*, grandpa*.
pépée* [pepe] *nf* (*fille*) bird*, chick*.
pépère* [pepɛʀ] **1** *nm* (*pépé*) grandad*, grandpa*; (*homme*) (old) man. **2** *adj vie, endroit* quiet, *travail* cushy*.
pépie [pepi] *nf*: **avoir la** ~* to be parched*.
pépier [pepje] (7) *vi* to chirp, chirrup, tweet.
pépin [pepɛ̃] *nm* (*a*) (*Bot*) pip. **sans** ~**s** seedless. (*b*) (*: *ennui*) snag, hitch. **avoir un** ~ to hit a snag*. (*: *parapluie*) brolly*.
pépinière [pepinjɛʀ] *nf* (*lit*) tree nursery; (*fig*) nest. ♦ **pépiniériste** *nm* nurseryman.
perception [pɛʀsɛpsjɔ̃] *nf* (*a*) (*sensation*) perception. (*b*) [*impôt*] collection; (*bureau*) tax (collector's) office.
♦ **percepteur** *nm* tax collector, tax man*.
♦ **perceptible** *adj* (*a*) *son, ironie* perceptible (*à* to). (*b*) *impôt* collectable.
percer [pɛʀse] (3) **1** *vt* (*a*) (*trouer*) to pierce; (*avec perceuse*) to drill *ou* bore through; *chaussette* to wear a hole in; *coffre-fort* to break open; *abcès* to lance; *tympan* to burst; *nuages, lignes ennemies* to pierce, break through. **avoir une poche percée** to have a hole in one's pocket; **percé de trous** full of holes. (*b*) *trou, ouverture* to pierce, make; *canal* to build; *tunnel* to bore, drive (*dans* through). **mur percé de petites fenêtres** wall with small windows set in it. (*c*) *mystère* to

penetrate. ~ qch à jour to see (right) through sth.
(d) ~ une dent to cut a tooth.

2 vi [abcès] to burst; [plante] to come up; [soleil,
armée] to break through; [émotion] to show; [ve-
dette] to become famous. il a une dent qui perce
he's cutting a tooth; rien n'a percé des négociations no news of the negotiations has filtered
through.

♦ perçant, e adj (gén) piercing; vue sharp, keen.
♦ perce nf: mettre en ~ tonneau to broach, tap.
♦ percée nf [forêt] opening, clearing; [mur]
breach, gap; (Mil, Sci) breakthrough; (Rugby)
break. ♦ percement nm [trou] piercing; drilling,
boring; [rue] building, driving; [fenêtre] making.
♦ perce-neige nm inv snowdrop. ♦ perceur nm
driller. ~ de coffre-fort* safe-breaker.
♦ perceuse nf drill.

percevoir [pɛʀsəvwaʀ] (28) vt (a) (ressentir) to
perceive, detect, make out. **(b)** taxe to collect;
indemnité to receive, get. ♦ percevable adj
impôt collectable, payable.

perche [pɛʀʃ(ə)] nf (a) (poisson) perch. **(b)**
(bâton) pole; (*: personne) beanpole*.

percher [pɛʀʃe] (1) **1** vi [oiseau] to perch; [vo-
lailles] to roost; (ı: habiter) to live; (pour la nuit)
to stay, kip*. **2** vt (*: mettre) to stick*. **3** se ~ vpr
(lit, fig) to perch. être perché sur to be perched
upon. ♦ perchoir nm (lit, fig) perch.

percolateur [pɛʀkɔlatœʀ] nm (commercial) percolator.

percuter [pɛʀkyte] (1) **1** vt (gén) to strike. **2** vi: ~
contre [avion, voiture] to crash into. ♦ percussion
nf (gén) percussion. ♦ percussionniste nmf
percussionist. ♦ percutant, e adj discours
forceful, explosive. ♦ percuteur nm firing pin.

perdre [pɛʀdʀ(ə)] (41) **1** vt (a) (gén) to lose; nom,
date to forget; habitude to get out of. (lit, fig) ~ qn
de vue to lose sight of sb; j'ai perdu le goût de rire
I don't feel like laughing any longer; ~
espoir/l'appétit/la vie to lose hope/one's appetite/
one's life; l'arbre perd ses feuilles the tree is
shedding ou losing its leaves. **(b)** temps, argent to
waste (à qch on sth, à faire doing); occasion to
lose, miss; aliment to spoil. tu ne l'as jamais vu?
tu n'y perds rien! you've never seen him? you
haven't missed anything!; il ne perd rien pour
attendre! I'll be quits with him yet! **(c)** (causer
préjudice à) to ruin. son ambition l'a perdu ambition was his downfall ou the ruin of him. **2** vi (a)
(gén) to lose (sur on). tu as perdu en ne venant pas
you missed something by not coming. **(b)** [réser-
voir] to leak. **3** se ~ vpr (a) (s'égarer) to get lost,
lose one's way. se ~ dans les détails to get bogged
down ou get lost in the details; il y a trop de chiffres, je m'y perds there are too many figures, I'm
all confused. **(b)** (disparaître) to disappear,
vanish; [coutume] to die out; (Naut) to sink. se ~
dans la foule to disappear ou vanish into the
crowd; son cri s'est perdu dans le vacarme his
shout was lost in the din. **(c)** (devenir inutilisable) to be wasted; [denrées] to go bad. il y a des
gifles qui se perdent he (ou she etc) deserves a
good slap.

♦ perdant, e **1** adj numéro, cheval losing. je suis
~ I lose out*. **2** nm,f loser. ♦ perdition nf (a)
(Rel) perdition. lieu de ~ den of vice ou iniquity.
(b) (Naut) en ~ in distress. ♦ perdu, e adj (a)
(gén) lost; malade done for; balle stray. je suis ~
(égaré) I'm lost; (désespéré) I'm done for;
(embrouillé) I'm lost ou all at sea; c'est de
l'argent ~ it's money down the drain, it's a waste
of money; pendant ses moments ~s in his spare
time; ma récolte est ~e my harvest is ruined. **(b)**
endroit out-of-the-way, isolated. **(c)** emballage
non-returnable.

perdrix [pɛʀdʀi] nf partridge. ♦ perdreau, pl ~x
nm (young) partridge.

père [pɛʀ] nm (a) father. ~ de famille father;

Martin (le) ~ Martin senior; de ~ en fils from
father to son. **(b)** (ancêtres) ~s forefathers,
ancestors. **(c)** (Zool) [animal] sire. **(d)** (Rel)
father. le P~ X Father X; mon P~ Father; le P~
éternel the Heavenly Father. **(e)** (*: monsieur) le
~ Benoît old (man) Benoît*; un ~ tranquille a
quiet fellow; le ~ Noël Father Christmas, Santa
Claus.

péremptoire [peʀɑ̃ptwaʀ] adj peremptory.

perfection [pɛʀfɛksjɔ̃] nf perfection. à la ~ to
perfection. ♦ perfectionné, e adj sophisticated.
♦ perfectionnement nm perfection (de of),
improvement (de in). cours de ~ proficiency
course. ♦ perfectionner (1) **1** vt to improve, perfect. **2** se ~ vpr [chose] to improve; [personne] to
improve o.s. se ~ en anglais to improve one's
English.

perfide [pɛʀfid] adj (littér) perfidious. ♦ perfidie
nf (vice) perfidy; (acte) perfidious act.

perforer [pɛʀfɔʀe] (1) vt (trouer) to pierce; (poinçonner) to punch; (Méd) to perforate. carte perforée punch card; bande perforée punched tape.
♦ perforateur, -trice **1** nm,f (ouvrier) punch-
card operator. **2** nf (Ordinateurs) card punch.
♦ perforation nf (Méd) perforation;
(Ordinateurs) punch.

performance [pɛʀfɔʀmɑ̃s] nf performance.

perfusion [pɛʀfyzjɔ̃] nf perfusion.

péricliter [peʀiklite] (1) vi [affaire] to collapse.

péril [peʀil] nm (littér) peril, danger. mettre en ~
to imperil, endanger; au ~ de sa vie at the risk of
one's life; le ~ jaune the yellow peril.
♦ périlleux, -euse adj perilous.

périmé, e [peʀime] adj: être ~ [billet] to be out-
of-date ou no longer valid; [idée] to be outdated.

périmètre [peʀimɛtʀ(ə)] nm (Math) perimeter;
(zone) area.

période [peʀjɔd] nf (gén) period. une ~ de chaleur
a hot period ou spell; pendant la ~ électorale at
election time. ♦ périodicité nf periodicity.
♦ périodique **1** adj periodic. **2** nm (Presse)
periodical. ♦ périodiquement adv periodically.

péripétie [peʀipesi] nf event, episode. les ~s
d'une révolution the turns taken by a revolution;
après bien des ~s after many ups and downs.

périphérie [peʀifeʀi] nf (limite) periphery; (banlieue) outskirts. ♦ périphérique **1** adj (Anat,
Math) peripheral; quartier outlying. **2** nm:
(boulevard) ~ ring road, circular route (US).

périphrase [peʀifʀaz] nf circumlocution.

périple [peʀipl(ə)] nm (par mer) voyage; (par
terre) journey.

périr [peʀiʀ] (2) vi (littér) to perish (littér), die;
[navire] to go down, sink. ~ noyé to drown; faire
~ to kill. ♦ périssable adj perishable.

périscope [peʀiskɔp] nm periscope.

péritonite [peʀitɔnit] nf peritonitis.

perle [pɛʀl(ə)] nf (bijou) pearl; (boule) bead; [eau,
sang] drop; [sueur] bead; (fig: trésor, hum: erreur)
gem. ~ fine ou de culture natural/cultured pearl.

permanence [pɛʀmanɑ̃s] nf (a) (durée) permanence. en ~ siéger permanently; crier continuously. **(b)** (service) être de ~ to be on duty ou on
call; une ~ est assurée le dimanche there is
someone on duty ou on call on Sundays. **(c)**
(bureau) (duty) office; (Pol) committee room;
(Scol) study room. ♦ permanent, e **1** adj (gén)
permanent; armée, comité standing; spectacle
continuous. (Ciné) ~ de 2 heures à minuit continuous showings from 2 o'clock to midnight.
2 nm (Pol) (party) official. **3** nf (Coiffure) perm.

perméable [pɛʀmeabl(ə)] adj permeable.

permettre [pɛʀmɛtʀ(ə)] (56) **1** vt (a) (gén) to
allow, permit. ~ à qn de faire (autoriser) to allow
ou permit sb to do, let sb do; (donner la possibilité) to enable sb to do; (donner le droit) to entitle
sb to do; il se croit tout permis he thinks he can
do what he likes ou as he pleases; est-il

permis d'être aussi bête! how can anyone be so stupid!; **mes moyens ne me le permettent pas** I cannot afford it; **mes occupations ne me le permettent pas** I'm too busy to be able to do it. **(b)** *(sollicitation)* **vous permettez?** may I?; **permettez-moi de vous dire que** may I say that, let me tell you that; **vous permettez que je fume?** do you mind if I smoke?; **permettez! je ne suis pas d'accord** if you don't mind! *ou* pardon me! I disagree.

2 se ~ *vpr* *(gén)* to allow o.s.; *fantaisie* to indulge o.s. in. **je ne peux pas me ~ d'acheter ce manteau** I can't afford to buy this coat; **il s'est permis de partir sans permission** he took the liberty of going without permission; **je me permettrai de vous dire que** let me tell you that; **je me permets de vous écrire au sujet de ...** I am writing to you in connection with ... .

♦ **permis, e 1** *adj* limites permitted. **il est ~ d'en douter** one might *ou* may well doubt this. **2** *nm* permit, licence. **~ de conduire** *(carte)* driving licence; *(épreuve)* driving test; **~ de construire** planning permission; **~ d'inhumer** burial certificate; **~ de séjour** residence permit; **~ de travail** work permit. ♦ **permission** *nf* **(a)** permission. **demander/donner la ~** to ask/give permission *(de* to). **(b)** *(Mil)* *(congé)* leave; *(certificat)* pass. **en ~** on leave; **~ de minuit** late pass. ♦ **permissionnaire** *nm* soldier on leave.

permuter [pɛʀmyte] **(1) 1** *vt* *(gén)* to change round, permute; *(Math)* to permutate. **2** *vi* to change, swap (seats *ou* jobs *etc*). ♦ **permutation** *nf* permutation.

pernicieux, -euse [pɛʀnisjø, øz] *adj* pernicious.

pérorer [peʀɔʀe] **(1)** *vi* to hold forth *(péj)*, declaim *(péj)*.

Pérou [peʀu] *nm* Peru. **ce n'est pas le ~*** it's no great fortune.

perpendiculaire [pɛʀpɑ̃dikylɛʀ] *adj, nf* perpendicular *(à* to). ♦ **perpendiculairement** *adv* perpendicularly. **~ à** at right angles to, perpendicular to.

perpétrer [pɛʀpetʀe] **(6)** *vt* to perpetrate.

perpétuel, -elle [pɛʀpetɥɛl] *adj* *(gén)* perpetual; *secrétaire* permanent; *rente* life. ♦ **perpétuellement** *adv* perpetually. ♦ **perpétuer** **(1)** *vt* to perpetuate. **2 se ~** *vpr* *[usage]* to be perpetuated; *[espèce]* to survive. ♦ **perpétuité** *nf* perpetuity. **à ~** *condamnation* for life; *concession* in perpetuity.

perplexe [pɛʀplɛks(ə)] *adj* perplexed, puzzled. **laisser ~** to perplex, puzzle. ♦ **perplexité** *nf* perplexity.

perquisition [pɛʀkizisjɔ̃] *nf* *(Police)* search. ♦ **perquisitionner** **(1)** *vi* to carry out a search. **~ au domicile de qn** to search sb's house.

perron [peʀɔ̃] *nm* steps *(leading to entrance)*.

perroquet [peʀɔkɛ] *nm* *(Orn, fig)* parrot.

perruche [peʀyʃ] *nf* *(Orn)* budgerigar, budgie*; *(bavard)* chatterbox*.

perruque [peʀyk] *nf* wig.

persécuter [pɛʀsekyte] **(1)** *vt* to persecute. ♦ **persécuteur, -trice** *nm,f* persecutor. ♦ **persécution** *nf* persecution.

persévérer [pɛʀseveʀe] **(6)** *vi* to persevere. ♦ **persévérance** *nf* perseverance.

persienne [pɛʀsjɛn] *nf* (metal) shutter.

persiflage [pɛʀsiflaʒ] *nm* mockery.

persil [pɛʀsi] *nm* parsley.

persister [pɛʀsiste] **(1)** *vi* to persist. **~ dans qch/à faire** to persist in sth/in doing; **~ dans son opinion** to stick to one's opinion; **je persiste à croire que ...** I still believe that ... . ♦ **persistance** *nf* persistence *(à faire* in doing). **avec ~** *(tout le temps)* persistently; *(avec obstination)* persistently, doggedly, stubbornly. ♦ **persistant, e** *adj* persistent.

personne [pɛʀsɔn] **1** *nf* **(a)** *(être humain)* person.

deux ~s two people, two persons *(US)*; **les ~s qui ...** those who ..., the people who ...; **100 F par ~** 100 francs per head *ou* per person; **par ~ interposée** through an intermediary, through a third party. **(b)** *(corps)* **être bien (fait) de sa ~** to be good-looking; **toute sa ~ inspire confiance** his whole being inspires confidence; **il prend soin de sa petite ~** he looks after himself; **je l'ai vu en ~** I saw him in person; **je m'en occupe en ~** I'll see to it personally; **c'est la bonté en ~** he's *ou* she's kindness itself *ou* personified. **(c)** *(Gram)* person. **à la première ~** in the first person. **2** *pron* *(quelqu'un)* anyone, anybody; *(aucun)* no one, nobody. **elle le sait mieux que ~** she knows that better than anyone *ou* anybody (else); **presque ~** hardly anyone *ou* anybody, practically no one *ou* nobody; **il n'y a ~** there's no one *ou* nobody there, there isn't anyone *ou* anybody there; **ce n'est la faute de ~** it's no one's *ou* nobody's fault. **3: ~ âgée** elderly person; **~ à charge** dependent; *(Jur)* **~ civile** *ou* **morale** artificial person; **la ~ humaine** the individual; *(Jur)* **~ physique** individual. ♦ **personnage** *nm* *(individu)* character, individual; *(célébrité)* personage, (very) important person; *[roman]* character; *[tableau]* figure. **~ influent** influential person; *(lit, fig)* **jouer un ~** to play a part. ♦ **personnalité** *nf* *(gén)* personality.

personnel, -elle [pɛʀsɔnɛl] **1** *adj* *(gén, Gram)* personal; *(égoïste)* selfish, self-centred. **fortune ~elle** personal *ou* private fortune; **mon opinion ~elle** my own *ou* personal opinion. **2** *nm* *[école, château]* staff; *[usine, service public]* personnel, employees. **faire partie du ~** to be on the staff; **chef du ~** personnel officer *ou* manager. ♦ **personnellement** *adv* personally.

personnifier [pɛʀsɔnifje] **(7)** *vt* to personify, embody. **être la bêtise personnifiée** to be stupidity itself *ou* personified. ♦ **personnification** *nf* personification, embodiment.

perspective [pɛʀspɛktiv] *nf* **(a)** *(Art)* perspective. **(b)** *(point de vue)* *(lit)* view; *(fig)* angle, viewpoint. **(c)** *(idée, possibilité)* prospect. **en ~** in prospect; **à la ~ de** at the prospect of.

perspicace [pɛʀspikas] *adj* perspicacious. ♦ **perspicacité** *nf* insight, perspicacity.

persuader [pɛʀsɥade] **(1)** *vt* to persuade, convince *(qn de qch* sb of sth). **j'en suis persuadé** I'm quite sure *ou* convinced (of it); **se ~ de qch** to convince o.s. of sth, be convinced of sth. ♦ **persuasif, -ive** *adj* persuasive, convincing. ♦ **persuasion** *nf* *(action, art)* persuasion; *(croyance)* conviction, belief.

perte [pɛʀt(ə)] *nf* *(gén)* loss; *(ruine)* ruin. **~ de chaleur** loss of; *temps* waste of; **vendre à ~** to sell at a loss; *(Mil)* **de lourdes ~s** heavy losses; **il court à sa ~** he is on the road to ruin; **à ~ de vue** as far as the eye can see; *(Fin)* **~ sèche** dead loss; *(lit, fig)* **être en ~ de vitesse** to lose momentum.

pertinent, e [pɛʀtinɑ̃, ɑ̃t] *adj* remarque pertinent, relevant; *analyse, esprit* judicious, discerning; *(Ling)* significant. ♦ **pertinemment** *adv* parler pertinently, to the point. **savoir ~ que** to know full well that. ♦ **pertinence** *nf* pertinence, relevance.

perturber [pɛʀtyʀbe] **(1)** *vt* services publics, réunion to disrupt, disturb; *personne* to perturb, disturb. ♦ **perturbateur, -trice 1** *adj* disruptive. **2** *nm,f* troublemaker. ♦ **perturbation** *nf* disruption; disturbance; perturbation. **~ (atmosphérique)** (atmospheric) disturbance.

pervenche [pɛʀvɑ̃ʃ] *nf* *(Bot)* periwinkle.

pervers, e [pɛʀvɛʀ, ɛʀs(ə)] *adj* joie perverse; *personne* perverted. **2** *nm,f* pervert. ♦ **perversion** *nf* perversion. ♦ **perversité** *nf* perversity. ♦ **pervertir** **(2) 1** *vt* to pervert. **2 se ~** *vpr* to become perverted.

peser [pəze] **(5) 1** *vt* *(lit)* to weigh; *(fig: évaluer)* to

weigh up. **tout bien pesé** everything considered.
2 *vi* to weigh. ~ **lourd** *[objet]* to be heavy; *[argument, homme politique]* to carry weight; *(fig)* **il n'a pas pesé lourd devant son adversaire** he was no match for his opponent; ~ **sur** *objet* to press on; *estomac, conscience* to lie heavy on; *décision* to influence; **le soupçon/la menace qui pèse sur lui** the suspicion/the threat which hangs over him; **toute la responsabilité pèse sur ses épaules** all the responsibility rests on his shoulders, he has to shoulder all the responsibility; **le temps lui pèse** time hangs heavy on his hands; **ses responsabilités lui pèsent** he feels weighed down by his responsibilities, his responsibilities weigh heavy on him.
♦ **pesamment** *adv* heavily. ♦ **pesant, e 1** *adj* *(gén: lit, fig)* heavy; *sommeil* deep; *architecture* massive; *style* ponderous; *présence* burdensome. **2** *nm*: **valoir son ~ d'or** to be worth one's weight in gold. ♦ **pesanteur** *nf (Phys)* gravity; *(lourdeur)* heaviness; weightiness; massiveness; ponderousness. ♦ **pesée** *nf [objet]* weighing; *(poussée)* push, thrust. ♦ **pèse-bébé, pl ~-~s** *nm* baby scales. ♦ **pèse-lettre, pl ~-~s** *nm* letter scales. ♦ **pèse-personne, pl ~-~s** *nm* scales.
pessimisme [pesimism(ə)] *nm* pessimism.
♦ **pessimiste 1** *adj* pessimistic *(sur* about). **2** *nmf* pessimist.
peste [pɛst(ə)] *nf (Méd)* plague; *(fig: personne)* pest, nuisance. *(fig)* **fuir qch comme la ~** to avoid sth like the plague.
pester [pɛste] (1) *vi* to curse. ~ **contre qn/qch** to curse sb/sth.
pestilence [pɛstilɑ̃s] *nf* stench. ♦ **pestilentiel, -elle** *adj* stinking.
pet [pɛ] *nm* **(a)** *(ɪ)* fart. **(b) faire le ~** to be on (the) watch *ou* on (the) look-out.
pétale [petal] *nm* petal.
pétarader [petarade] (1) *vi [moteur]* to backfire.
pétard [petar] *nm* **(a)** banger, firecracker; *(Rail)* detonator, torpedo *(US).* **(b)** *(ɪ: tapage)* din, racket. **faire du ~** to kick up a stink; **être en ~** to be raging mad*. **(c)** *(ɪ: revolver)* gun, gat*. **(d)** *(ɪ: derrière)* bottom*.
péter [pete] (6) **1** *vi* **(a)** *(ɪ)* to fart. **(b)** *(*) [détonation]* to go off; *[tuyau, ballon]* to burst; *[ficelle]* to bust*, snap. **2** *vt* *(*) ficelle* to bust*, snap; *objet* to bust*. ~ **la santé** to be bursting with health.
pétiller [petije] (1) *vi [feu]* to crackle; *[liquide]* to bubble; *[yeux, joie]* to sparkle. ♦ **pétillant, e** *adj* *eau* bubbly, fizzy; *vin* sparkling. ♦ **pétillement** *nm*: ~(s) crackling; bubbling; sparkling.
petit, e [p(ə)ti, it] **1** *adj* **(a)** *objet, pointure etc* small; *(nuance affective)* little. *(fig)* **se faire tout ~** to make o.s. inconspicuous; **être de ~e taille** to be short *ou* small. **(b)** *(mince)* taille* slim, slender; *membre* thin, slender. **une ~e pluie fine** a fine drizzle. **(c)** *(jeune)* small, young; *(nuance affective)* little. **son ~ frère** his younger *ou* little brother; *(bébé)* his baby brother; ~ **chat/chien** (little) kitten/puppy; **un ~ Anglais** an English boy; **les ~s Anglais** English children; **dans sa ~e enfance** when he was very small; **le ~ Jésus** baby Jesus. **(d)** *voyage, distance, lettre* short, little. **par ~es étapes** in short *ou* easy stages; **il en a pour une ~e heure** it won't take him more than an hour; **j'en ai pour un ~ moment** *(longtemps)* it'll take me quite a while; *(peu de temps)* it won't take me long. **(e)** *bruit, espoir* faint, slight; *coup* light, gentle; *opération, détail, fonctionnaire* minor; *rhume* slight; *cadeau* little. ~**e robe d'été** light summer dress; **il a un ~ appétit** he hasn't much of an appetite; **avoir une ~e santé** to be in poor health; **ce n'est pas une ~e affaire que de le faire obéir** getting him to obey is no easy matter; **la ~e industrie** light industry; **le ~ commerce** small businesses; **les ~es gens** ordinary people; **la ~e histoire** the footnotes of history. **(f)** *(péj: mes-*

quin) mean, petty, low. **(g)** *(affectif, intensif)* little. **ma ~e maman** my (dear) mummy; **mon ~ chou** *etc* (my little) pet*, darling; **un ~ coin tranquille** a nice quiet spot; **un bon ~ souper** a nice little supper; *(euph)* **le ~ coin** *ou* **endroit** the bathroom *(euph)*; **être/ne pas être dans les ~s papiers de qn** to be in sb's good/bad books; **mettre les ~s plats dans les grands** to lay on a first rate meal; **être aux ~s soins pour qn** to dance attendance on sb; **être dans ses ~s souliers** to be shaking in one's shoes.
2 *adv*: ~ **à ~** little by little.
3 *nm (enfant)* (little) boy; *(Scol)* junior (boy); *(homme petit)* small man; *(personne inférieure)* little man. **les ~s** children; **viens ici, ~** come here, son; **pauvre ~** poor little thing; **le ~ Durand** young Durand, the Durand boy; **les tout ~s** the very young, the tiny tots; **la chatte et ses ~s** the cat and her kittens; **la lionne et ses ~s** the lioness and her young *ou* cubs; **faire des ~s** to have kittens *(ou* puppies *ou* lambs *etc)*; *(fig)* **son argent a fait des ~s** his money has made more money; **c'est le monde en ~** it is the world in miniature.
4 *nf (enfant)* (little) girl; *(femme)* small woman. **la ~e Durand** the Durand's daughter.
5: ~ **ami** boyfriend; ~**e amie** girlfriend; ~**-beurre** *nm, pl* ~**s-~** petit beurre biscuit; ~ **cousin** *(enfant)* little *ou* young cousin; *(parent éloigné)* distant cousin; ~ **déjeuner** breakfast; **le ~ doigt** the little finger; **le ~ écran** television, TV; ~**-enfant** *nm, pl* ~**s-~s** grandchild; ~**e-fille** *nf, pl* ~**es-~s** granddaughter; ~**-fils** *nm, pl* ~**s-~s** grandson; ~**-neveu** *nm, pl* ~**s-~s** great-nephew; ~**e-nièce** *nf, pl* ~**es-~s** great-niece; ~ **nom*** Christian name, first name; ~**-pois** *nm, pl* ~**s-~** (garden) pea; *(Culin)* ~ **salé** salt pork; ~**-suisse** *nm, pl* ~**s-~** petit-suisse.
♦ **petitement** *adv* *(chichement)* poorly; *(mesquinement)* meanly, pettily. **nous sommes ~ logés** our accommodation is cramped.
♦ **petitesse** *nf [taille, endroit]* smallness, small size; *[somme]* smallness; *[acte]* meanness, pettiness.
pétition [petisjɔ̃] *nf* petition. **faire une ~ auprès de qn** to petition sb. ♦ **pétitionnaire** *nmf* petitioner.
pétrifier [petrifje] (7) *vt (Géol)* to petrify; *personne* to paralyze, transfix *(de* with).
♦ **pétrification** *nf* petrification.
pétrin [petrɛ̃] *nm* **(a)** *(*: ennui)* mess*. **être dans le ~** to be in a mess* *ou* jam* *ou* fix*. **(b)** *(Boulangerie)* kneading-trough. ♦ **pétrir** (2) *vt* to knead.
pétrole [petrɔl] *nm (brut)* oil, petroleum. ~ *(lampant)* paraffin (oil); **lampe à ~** paraffin *ou* oil lamp. ♦ **pétrochimie** *nf* petrochemistry.
♦ **pétrolier, -ière 1** *adj* petroleum, oil; *pays* oil-producing. **2** *nm (navire)* (oil) tanker; *(financier)* oil magnate. ♦ **pétrolifère** *adj* oil-bearing.
peu [pø] **1** *adv* **(a)** *(petite quantité)* little, not much; *(petit nombre)* few, not many. **il gagne très ~** he doesn't earn very much, he earns very little; **il se contente de ~** he is satisfied with little; **il mange trop ~** he doesn't eat (nearly) enough. **(b)** *(modifiant adj etc)* (a) little, not very. **il est ~ sociable** he is not very sociable; **il conduit ~ prudemment** he doesn't drive very carefully; **ils sont trop ~ nombreux** there are too few of them; **c'est un ~ grand** it's a little *ou* a bit (too) big. **(c)** ~ **de** *(quantité)* little, not much; *(nombre)* few, not (very) many; **nous avons eu (très) ~ de soleil/d'orages** we had (very) little sunshine/(very) few storms, we didn't have (very) much sunshine/(very) many storms (at all); **il est ici pour ~ de temps** he is here for (only) a short time *ou* while. **(d)** *(locutions)* **il l'a battu de ~** he just beat him; **à ~ près terminé** almost *ou* nearly *ou* more or less finished; **à ~ près 10 kilos**

roughly *ou* approximately 10 kilos; **rester dans l'à**
~ **près** to remain vague; **à ~ de chose près** more
or less, just about; **(c'est)** ~ **de chose** it's nothing;
~ **à** ~ gradually, little by little, bit by bit.
  2 *nm* **(a)** little. **le** ~ **(d'argent) qu'elle a** what
little (money) *ou* the little (money) she has; **son** ~
de patience lui a nui his lack of patience has done
him harm; **le** ~ **d'amis qu'elle avait** the few
friends she had. **(b) un** ~ **a** little; **un petit** ~ **a**
little bit; **il boite un** ~ he limps slightly *ou* a little
ou a bit, he is slightly *ou* a bit lame; **il est un** ~
artiste he's a bit of an artist*, he's something of an
artist; **nous avons un** ~ **moins de clients** we have
slightly fewer customers; **pour un** ~ *ou* **un** ~ **plus
il écrasait le chien** he all but *ou* he very nearly ran
over the dog. **(c) un** ~ **d'eau** a little water; **un** ~
de patience a little patience, a bit of patience; **un**
~ **de silence!** let's have some quiet *ou* a bit of
quiet!; **il a un** ~ **de sinusite** he has a touch of
sinusitis. **(d)** (*: *intensif*) **un** ~!, **un** ~ **mon
neveu!‡** you bet!*, and how!*; **montre-moi un** ~
comment tu fais just show me how you do it;
comme menteur il est un ~ **là!** as liars go, he'd be
hard to beat!; **un** ~ **partout** just about everywhere; **c'est un** ~ **beaucoup*** that's a bit much*.

peuple [pœpl(ə)] *nm* (*gén*) people; (*foule*) crowd
(of people). **les gens du** ~ the common people,
ordinary people. ♦ **peuplade** *nf* (small) tribe,
people. ♦ **peuplé, e** *adj* populated. ♦ **peupler** (1)
1 *vt* **(a)** (*pourvoir*) **colonie** to populate; *étang* to
stock; *forêt* to plant out; (*fig*) *esprit* to fill (**de**
with). **(b)** (*habiter*) *terre, maison* to inhabit. **2 se**
~ *vpr* [*région*] to become populated; (*fig*:
s'animer) to fill (up), be filled (**de** with).
♦ **peuplement** *nm* **(a)** (*action*) populating;
stocking; planting (with trees). **(b)** (*population*)
population.

peuplier [pøplije] *nm* poplar (tree).

peur [pœʀ] *nf* fear. **être vert** *ou* **mort de** ~ to be
frightened *ou* scared out of one's wits; **prendre** ~
to take fright; **sans** ~ (*adj*) fearless (**de** of); (*adv*)
fearlessly; **avoir une** ~ **bleue de qch** to be scared
stiff* of sth; **il m'a fait une de ces** ~**s!** he gave me
a dreadful fright *ou* scare; **avoir** ~ to be frightened *ou* afraid *ou* scared (**de** of); (*fig*) **j'ai bien**
~**/très** ~ **qu'il ne pleuve** I'm afraid/very much
afraid it's going to rain; **il y a eu plus de** ~ **que de
mal** it caused more fright than real harm, it was
more frightening than anything else; **faire** ~ **à qn**
to frighten *ou* scare sb; **cette pensée fait** ~ it's a
frightening thought; **laid à faire** ~ frightfully
ugly; **il a couru de** ~ **de manquer le train** he ran
for fear of missing the train. ♦ **peureusement**
adv fearfully, timorously. ♦ **peureux, -euse** *adj*
fearful, timorous.

peut-être [pøtɛtʀ(ə)] *adv* perhaps, maybe. ~ **bien
qu'il pleuvra** it may *ou* might well rain; ~ **que oui**
perhaps so; **tu le sais mieux que moi** ~**?** so (you
think) you know more about it than I do, do you?

pèze‡ [pez] *nm* (*argent*) dough‡, bread‡.

phalange [falɑ̃ʒ] *nf* phalanx.

pharaon [faʀaɔ̃] *nm* Pharaoh.

phare [faʀ] *nm* **(a)** (*tour*) lighthouse; (*Aviat, fig*)
beacon. **(b)** (*Aut*) headlight, headlamp. **rouler
pleins** ~**s** to drive on full beam *ou* high beams
(*US*); ~**s code** dipped headlights *ou* beams; ~
antibrouillard fog lamp; ~ **de recul** reversing
light.

pharmacie [faʀmasi] *nf* **(a)** (*magasin*) chemist's
(shop), pharmacy, drugstore (*Can, US*). **(b)** (*science*) pharmacology; (*profession*) pharmacy. **(c)**
(*produits*) pharmaceuticals, medicines. **(armoire
à)** ~ medicine cabinet; ~ **portative** first-aid kit.
♦ **pharmaceutique** *adj* pharmaceutical. ♦ **phar-
macien, -ienne** *nm,f* (dispensing) chemist, pharmacist, druggist (*US*).

pharynx [faʀɛ̃ks] *nm* pharynx.

phase [fɑz] *nf* phase.

phénol [fenɔl] *nm* phenol.

phénomène [fenɔmɛn] *nm* (*gén*) phenomenon;
(*excentrique*) character; (*anormal*) freak.
♦ **phénoménal, e, *mpl* -aux** *adj* (*gén*) phenomenal. ♦ **phénoménalement** *adv* phenomenally.

philanthrope [filɑ̃tʀɔp] *nmf* philanthropist.
♦ **philanthropie** *nf* philanthropy. ♦ **philanthropique** *adj* philanthropic(al).

philatélie [filateli] *nf* philately, stamp collecting.
♦ **philatélique** *adj* philatelic. ♦ **philatéliste** *nmf*
philatelist, stamp collector.

philharmonique [filaʀmɔnik] *adj* philharmonic.

philosophie [filozofi] *nf* philosophy. ♦ **philosophe 1** *nmf* philosopher. **2** *adj* philosophical.
♦ **philosopher** (1) *vi* to philosophize.
♦ **philosophique** *adj* philosophical. ♦ **philosophiquement** *adv* philosophically.

phlébite [flebit] *nf* phlebitis.

phobie [fɔbi] *nf* phobia.

phonétique [fɔnetik] **1** *nf* phonetics (*sg*). **2** *adj*
phonetic. ♦ **phonétiquement** *adv* phonetically.

phonique [fɔnik] *adj* phonic.

phonographe [fɔnɔgʀaf] *nm* (wind-up)
gramophone, phonograph (*US*).

phoque [fɔk] *nm* (*animal*) seal; (*fourrure*)
sealskin.

phosphate [fɔsfat] *nm* phosphate.

phosphore [fɔsfɔʀ] *nm* phosphorus. ♦ **phosphorescence** *nf* luminosity, phosphorescence.
♦ **phosphorescent, e** *adj* luminous, phosphorescent.

photo [fɔto] *nf* photo, snap(shot). **prendre qn en** ~
to take a photo *ou* snap(shot) of sb. ♦ **photo-
électrique** *adj* photo-electric.

photocopie [fɔtɔkɔpi] *nf* (*action*) photocopying,
photostatting; (*copie*) photocopy, photostat
(copy). ♦ **photocopier** (7) *vt* to photocopy, photostat. ♦ **photocopieur** *nm* photocopier, photostat.

photographie [fɔtɔgʀafi] *nf* (*art*) photography;
(*image*) photograph. **faire de la** ~ to take photographs, do photography; ~ **d'identité** passport
photograph. ♦ **photographe** *nmf* (*artiste*) photographer; (*commerçant*) camera dealer.
(*boutique*) **chez un** ~ at a camera shop *ou* store
(*US*). ♦ **photographier** (7) *vt* to photograph. **se
faire** ~ to have one's photo(graph) taken.
♦ **photographique** *adj* photographic.

photogravure [fɔtɔgʀavyʀ] *nf* photoengraving.

phrase [fʀɑz] *nf* (*Ling*) sentence; (*Mus, fig:
expression*) phrase. **faire des** ~**s** to talk in
flowery language; ~ **toute faite** stock phrase.

phtisie [ftizi] *nf* consumption.

physicien, -ienne [fizisjɛ̃, jɛn] *nm,f* physicist.

physiologie [fizjɔlɔʒi] *nf* physiology. ♦ **physiologique** *adj* physiological. ♦ **physiologiste** *nmf*
physiologist.

physionomie [fizjɔnɔmi] *nf* (*lit, fig*) face.
♦ **physionomiste** *adj, nmf*: **il est** ~ he has a good
memory for faces.

physique [fizik] **1** *adj* (*gén*) physical. **2** *nm*
physique. **au** ~ physically; **avoir un** ~ **agréable** to
be quite good-looking; **avoir le** ~ **de l'emploi** to
look the part. **3** *nf* physics (*sg*). ♦ **physiquement**
adv physically.

piaffer [pjafe] (1) *vi* [*cheval*] to stamp, paw the
ground. ~ **d'impatience** to fidget with impatience.

piailler [pjaje] (1) *vi* (*lit, péj*) to squawk.
♦ **piaillement** *nm*: ~**(s)** squawking.

piano [pjano] **1** *nm* piano. ~ **droit/à** queue
upright/grand piano. **2** *adv* (*Mus*) piano; (*fig*)
gently. ♦ **pianiste** *nmf* pianist.

pic [pik] *nm* **(a)** (*cime*) peak. **(b)** (*pioche*) pick-
(axe). ~ **à glace** ice pick. **(c)** (*oiseau*) ~ (*vert*)
(green) woodpecker. **(d) à** ~ *falaise* sheer;
couler à ~ to go straight down; **arriver à** ~* to
come just at the right time *ou* in the nick of time.

pichet [piʃɛ] nm pitcher, jug.
picoler* [pikɔle] (1) vi to booze‡, tipple*.
picorer [pikɔʀe] (1) vti to peck.
picoter [pikɔte] (1) 1 vt (a) gorge to tickle; peau to make smart; yeux to sting; (avec une épingle) to prick. (b) (picorer) to peck at. 2 vi [gorge] to tickle; [peau] to smart, prickle; [yeux] to smart, sting. ♦ **picotement** nm: ~(s) tickling; smarting; prickling; stinging.
picrate‡ [pikʀat] nm plonk*, (cheap) wine.
pie [pi] 1 nf (oiseau) magpie; (bavard) chatterbox*. 2 adj inv cheval piebald; vache black and white.
pièce [pjɛs] 1 nf (a) (fragment) piece. en ~s in pieces; (lit, fig) mettre en ~s to pull ou tear to pieces; c'est inventé de toutes ~s it's a complete fabrication. (b) (objet, pion) piece; (Mil) gun; (Chasse, Pêche: prise) specimen. se vendre à la ~ to be sold separately ou individually; 2 F ~ 2 francs each ou apiece; travail à la ~ ou aux ~s piecework; (costume) un deux ~s a two-piece (suit). (c) (Tech) ~ (détachée) part, component; ~s (de rechange) spares, spare parts; livré en ~s détachées delivered in kit form. (d) (document) paper, document. ~ d'identité identity paper; ~ à conviction exhibit; juger sur ~s to judge on actual evidence. (e) (Couture: reprise) patch. (f) [maison] room. un deux-~s a 2-room(ed) flat ou apartment (US). (g) (Littérat, Mus) piece. ~ (de théâtre) play. (h) ~ (de monnaie) coin; une ~ de 5 francs a 5-franc piece ou coin; donner la ~ à qn* to give ou slip sb a tip.
2: ~ de bétail head of cattle; ~ de blé wheat field; ~ d'eau ornamental lake ou pond; (Culin) ~ montée tiered cake; (noce) wedding cake; ~ de musée museum piece; ~ de terre piece ou patch of land; ~ de vin cask of wine.
pied [pje] nm (a) (gén) foot. aller ~s nus ou nupieds to go barefoot(ed); avoir les ~s plats to have flat feet, be flatfooted; à ~s joints with one's feet together; le ~ lui a manqué he lost his footing, his foot slipped; aller à ~ to go on foot, walk; (fît, fig) ~s et poings liés bound hand and foot. (b) [arbre, mur etc] foot, bottom; [table] leg; [appareil-photo, lampadaire] stand, tripod; [lampe] base; [verre] stem; [colonne] base, foot. (c) [salade, tomate] plant. ~ de céleri head of celery; ~ de vigne vine; blé sur ~ standing corn ou wheat. (d) (Culin) [porc, veau] trotter. (e) (mesure) foot. un poteau de 6 ~s a 6-foot pole. (f) (Poésie) foot. (g) (niveau) vivre sur un grand ~ to live in (great ou grand) style; sur un ~ d'amitié/d'égalité on a friendly/equal footing. (h) (‡: idiot) twit*, idiot. il chante comme un ~ he's a useless* ou lousy‡ singer. (i) (avec prép) à ~ lutter every inch of the way; au ~ de la lettre literally; au ~ levé at a moment's notice; à ~ d'œuvre ready to to get down to the job; à ~ sec without getting one's feet wet; de ~ ferme resolutely; des ~s à la tête from head to foot; sur le ~ de guerre ready for action. (j) (avec verbes) avoir ~ to be able to touch the bottom (in swimming); perdre ~ to be ou get out of one's depth; avoir bon ~ bon œil to be as fit as a fiddle; avoir le ~ marin to be a good sailor; avoir les ~s sur terre to have one's feet firmly on the ground; avoir un ~ dans la tombe to have one foot in the grave; être sur ~ [projet] to be under way; [malade] to be up and about; faire du ~ à qn (prévenir) to give sb a kick (to warn him); (galamment) to play footsy with sb*; faire le ~ de grue* to kick one's heels; faire des ~s et des mains pour faire qch* to move heaven and earth to do sth; faire un ~ de nez à qn to thumb one's nose at sb; cela lui fera les ~s* that'll teach him (a thing or two)*; mettre qn à ~ to dismiss sb; mettre ~ à terre to dismount; mettre les ~s chez qn to set foot in sb's house; mettre qn au ~ du mur to put

sb to the test; mettre les ~s dans le plat* (gaffer) to put one's foot in it; (intervenir) to put one's foot down; mettre qch sur ~ to set sth up; remettre qn sur ~ to set sb back on his feet again; prendre ~ dans/sur to get a foothold in/on; c'est le ~!‡ it's a real turn-on!‡; it's great!*
♦ **pied-noir**, pl ~s-~s nm pied-noir (Algerian-born Frenchman). ♦ **pied-de-poule** 1 nm, pl ~s-~-~ hound's-tooth cloth. 2 adj inv hound's tooth.
♦ **pied-à-terre** nm inv pied-à-terre.
piédestal, pl **-aux** [pjedɛstal, o] nm (lit, fig) pedestal.
piège [pjɛ] nm (lit, fig) trap; (fosse) pit; (collet) snare. les ~s d'une dictée the pitfalls of a dictation; pris à son propre ~ caught in one's own trap; tendre un ~ à qn to set a trap for sb; ~ à loups mantrap. ♦ **piégé, e** adj: engin ~ booby trap; voiture/lettre ~e car-/letter-bomb. ♦ **piéger** (3) vt (a) animal, personne to trap. se faire ~ to be trapped. (b) objet to set a trap in; (avec explosifs) to booby-trap.
pierre [pjɛʀ] 1 nf (gén, Méd) stone. cœur de ~ heart of stone; faire d'une ~ deux coups to kill two birds with one stone; ~ qui roule n'amasse pas mousse a rolling stone gathers no moss; c'est une ~ dans son jardin it's a dig at him; jour à marquer d'une ~ blanche/noire red-letter/black day.
2: ~ d'achoppement stumbling block; ~ à aiguiser whetstone; ~ à briquet flint; ~ ponce pumice stone; ~ précieuse precious stone, gem; mur en ~s sèches drystone wall ou dyke; ~ de taille freestone; ~ tombale tombstone; (lit, fig) ~ de touche touchstone. ♦ **pierraille** nf loose stones, chippings. ♦ **pierreries** nfpl gems, precious stones. ♦ **pierreux, -euse** adj stony.
pierrot [pjeʀo] nm (a) (Théât) pierrot. (b) (Orn) sparrow.
piété [pjete] nf piety. articles de ~ devotional articles.
piétiner [pjetine] (1) 1 vi (trépigner) to stamp (one's foot ou feet); (ne pas avancer) [personne] to stand about; [discussion, enquête] to be at a standstill, hang fire; [science] to be at a standstill. ~ dans la boue to trudge through the mud. 2 vt sol to trample ou tread on; (fig) adversaire to trample underfoot. ♦ **piétinement** nm (marche sur place) standing about; (bruit) stamping. le ~ de la discussion the fact that the discussion is not making progress.
piéton¹ [pjetɔ̃] nm pedestrian. ♦ **piéton²**, **-onne** ou ♦ **piétonnier, -ière** adj pedestrian. rue ~onne ou ~ière pedestrian precinct.
piètre [pjɛtʀ(ə)] adj very poor, mediocre. c'est une ~ consolation it's small ou little comfort; avoir ~ allure to be a sorry sight.
pieu, pl ~x¹ [pjø] nm (a) post; (pointu) stake; (Constr) pile. (b) (‡: lit) bed. se mettre au ~ to turn in*.
pieuvre [pjœvʀ(ə)] nf octopus.
pieux², **-euse** [pjø, øz] adj pious, devout. ~ mensonge white lie. ♦ **pieusement** adv piously.
pif‡ [pif] nm (nez) beak‡, nose. au ~ at a rough guess.
pigeon [piʒɔ̃] nm (oiseau) pigeon; (*: dupe) mug‡. ~ ramier woodpigeon; ~ voyageur carrier ou homing pigeon. ♦ **pigeonnier** nm dovecote.
piger‡ [piʒe] (3) vi to twig‡, understand. je ne pige pas I don't get it*, I don't twig‡.
pigment [pigmɑ̃] nm pigment. ♦ **pigmentation** nf pigmentation. ♦ **pigmenter** (1) vt to pigment.
pignon [piɲɔ̃] nm (Archit) gable; (Tech) gearwheel; (petite roue) pinion.
pile [pil] 1 nf (a) (tas) pile, stack. (b) [pont] pile, pier. (c) (Élec) battery. à ~(s) battery-operated; ~ atomique nuclear reactor. (d) [pièce] ~ ou face? heads or tails?; tirer à ~ ou face pour savoir si ... to toss up to find out if ... . 2 adv (*) (net) dead*; (juste) just, right. s'arrêter ~ to stop

dead*; ça tombe ~! that's just *ou* exactly what I (*ou* we *etc*) need(ed)!; **arriver** ~ to come just at the right time; **à 2 heures** ~ (at) dead on 2*, at 2 on the dot*.

piler [pile] (1) *vt* (*lit*) to crush, pound. ~ **qn*** (*rosser*) to give sb a hammering:; (*vaincre*) to beat sb hollow*.

pilier [pilje] *nm* pillar; (*Rugby*) prop (forward).

piller [pije] (1) *vt ville, maison* to loot, ransack, pillage; *personne* to fleece; (*fig: plagier*) to plagiarize. ◆ **pillage** *nm* looting, ransacking, pillaging; fleecing; plagiarizing. ◆ **pillard, e** 1 *adj* pillaging, looting. 2 *nm,f* looter.

pilon [pilɔ̃] *nm* (*instrument*) pestle; (*jambe*) wooden leg; [*poulet*] drumstick. ◆ **pilonner** (1) *vt* (*Culin*) to pound; (*Mil*) to pound, shell, bombard. ◆ **pilonnage** *nm* pounding, shelling, bombardment.

pilori [pilɔʀi] *nm* pillory. **mettre au** ~ (*lit*) to put in the stocks; (*fig*) to pillory.

pilote [pilɔt] 1 *adj ferme* experimental; *magasin* cut-price. 2 *nm* (*Aviat, Naut*) pilot; (*Aut*) driver; (*fig: guide*) guide. ~ **automatique/d'essai/de ligne** automatic/test/airline pilot; ~ **de course** racing driver. ◆ **pilotage** *nm* piloting, flying. ◆ **piloter** (1) *vt avion* to pilot, fly; *navire* to pilot; *voiture* to drive. ~ **qn** to show *ou* guide sb round.

pilotis [pilɔti] *nm* pile.

pilule [pilyl] *nf* pill. **prendre la** ~ (*contraceptive*) to be on *ou* take the pill; (:*fig*) to take a hammering:.

piment [pimɑ̃] *nm* chilli (pepper); (*fig*) spice. ~ **doux** pepper, capsicum; **avoir du** ~ to be spicy. ◆ **pimenté, e** *adj plat* hot; *récit* spicy.

pimpant, e [pɛ̃pɑ̃, ɑ̃t] *adj* spruce.

pin [pɛ̃] *nm* (*arbre*) pine (tree); (*bois*) pine(wood). ~ **maritime/parasol** maritime/umbrella pine.

pinards [pinaʀ] *nm* plonk*, (cheap) wine.

pince [pɛ̃s] *nf* (a) (*outil*) ~(s) (*gén*) pliers; (*à sucre, charbon, de forgeron*) tongs; ~ **à épiler** tweezers; ~ **à linge** clothes peg. (b) (*levier*) crowbar. (c) [*crabe*] pincer, claw. (d) (*Couture*) dart. **faire des** ~s **à** to put darts in. (e) (:: *main*) mitt:, paw:. (f) (:: *jambe*) leg. **aller à** ~s to foot it*. ◆ **pince-monseigneur**, *pl* ~s-~ *nf* jemmy.

pinceau, *pl* ~x [pɛ̃so] *nm* (*Peinture*) (paint)brush; (:: *pied*) foot, hoof:. ~ **lumineux** pencil of light.

pincer [pɛ̃se] (3) 1 *vt* (a) (*pour faire mal*) to pinch, nip; [*froid, chien*] to nip; (*Agr*) to pinch out; (*Mus*) to pluck. **se** ~ **le doigt dans la porte** to trap *ou* catch one's finger in the door; **il s'est fait** ~ **par un crabe** he was nipped by a crab. (b) (*serrer*) grip. ~ **les lèvres** to purse (up) one's lips; **se** ~ **le nez** to hold one's nose; **robe qui pince la taille** dress which is tight at the waist. (c) (*Couture*) *veste* to put darts in. (d) (**fig: arrêter*) to catch, cop:. (e) **en** ~ **pour qn:** to be stuck on sb:, be mad about sb*. 2 *vi* (:) **ça pince** (**dur**) it's freezing (cold). ◆ **pincé, e**[1] *adj air, ton* stiff. ~ **de** [*sel, poivre*] pinch. ◆ **pincement** *nm*: ~ **au cœur** lump in one's throat. ◆ **pince-sans-rire** *nm inv*: **c'est un** ~ he's the deadpan type.

pincettes [pɛ̃sɛt] *nfpl* (fire) tongs; [*horloger*] tweezers. **il n'est pas à toucher avec des** ~s (*sale*) he's filthy dirty; (*mécontent*) he's like a bear with a sore head.

pinède [pinɛd] *nf* pinewood, pine forest.

pingouin [pɛ̃gwɛ̃] *nm* [*arctique*] auk; (*gén*) penguin.

ping-pong [piŋpɔ̃g] *nm* table tennis.

pingre [pɛ̃gʀ(ə)] (*péj*) 1 *adj* stingy, niggardly. 2 *nmf* skinflint, niggard. ◆ **pingrerie** *nf* (*péj*) stinginess.

pinson [pɛ̃sɔ̃] *nm* chaffinch.

pintade [pɛ̃tad] *nf* guinea-fowl.

pioche [pjɔʃ] *nf* mattock, pickaxe. ◆ **piocher** (1) *vt terre* to dig up; (***) *sujet* to cram for; (*Jeu*) *carte* to pick up (from the pile).

piolet [pjɔlɛ] *nm* ice axe.

pion [pjɔ̃] *nm* (a) (*Échecs*) pawn; (*Jeu*) piece. (b) (*Scol: péj*) ≃ supervisor.

pioncer [pjɔ̃se] (3) *vi* to have a kip:, sleep.

pionnier [pjɔnje] *nm* (*lit, fig*) pioneer.

pipe [pip] *nf* pipe. ~ **de bruyère** briar pipe.

pipeau [pipo] *nm* (*Mus*) (reed-)pipe.

pipelet, -ette* [piplɛ, ɛt] *nm,f* (*péj*) concierge.

pipe-line *pl* ~-~s [pajplajn, piplin] *nm* pipeline.

pipi* [pipi] *nm* wee(wee)*. **faire** ~ to go to the toilet.

piquant, e [pikɑ̃, ɑ̃t] 1 *adj barbe* prickly; (*Bot*) *tige* thorny; *froid* biting; *critique* biting, cutting; *détail* titillating, spicy; *moutarde* hot; *goût, fromage* pungent; *vin* sour, tart. (*Culin*) **sauce** ~**e** piquant sauce. 2 *nm* [*hérisson, oursin*] spine; [*rosier*] thorn; [*chardon*] prickle; [*barbelé*] barb; [*conversation*] piquancy; [*aventure*] spice. **et, détail qui ne manque pas de** ~, ... and here's a diverting detail ... .

pique [pik] 1 *nf* (*arme*) pike; (*critique*) cutting remark. 2 *nm* (*carte*) spade; (*couleur*) spades.

piqué, e [pike] 1 *adj* (a) (*Couture*) (*cousu*) (machine-)stitched; *couvre-lit* quilted. (b) *glace, linge* mildewed; *meuble* worm-eaten; *vin* sour. ~ **par la rouille** *métal* pitted with rust; *linge* covered in rust spots. (c) (**: fou*) nuts*, barmy*. 2 *nm* (a) (*Aviat*) dive. (b) (*tissu*) piqué.

piquer [pike] (1) 1 *vt* (a) [*guêpe*] to sting; [*moustique, serpent*] to bite; (*avec une pointe*) to prick; (*Méd*) to give an injection to. **se faire** ~ to have an injection; (*euph*) **faire** ~ **un chat** to have a cat put to sleep (*euph*); ~ **la viande avec une fourchette** to prick the meat with a fork; ~ **qch au mur** to put *ou* stick *ou* pin sth up on the wall. (b) *aiguille* to stick, stab, jab (*dans* into). (c) (*Couture*) ~ **qch** (**à la machine**) to (machine) stitch sth, sew sth up. (d) [*barbe*] to prick, prickle; [*ortie*] to sting; [*froid*] to bite, sting. **ça** (**me**) **pique** [*démangeaison*] it itches; [*barbe, tissu*] it's prickly; [*liqueur*] it burns; [*ronces*] it prickles; [*alcool sur une plaie*] it stings *ou* burns; **les yeux me piquent** my eyes are smarting *ou* stinging. (e) (*exciter*) *curiosité* to arouse, excite; (*vexer*) to pique, nettle. ~ **qn au vif** to cut sb to the quick. (f) (**: faire*) ~ **un cent mètres** to put on a burst of speed; ~ **une crise de larmes** to have a fit of tears; ~ **une colère** to fly into a rage; ~ **une suée** to break out in a sweat; ~ **un plongeon** to dive. (g) (**: prendre*) *accent* to pick up; *manie, maladie* to pick up, catch, get; *portefeuille* to pinch*, whip:; *idée* to pinch* (*à* from); *voleur* to nab:, nick:. ~ **dans le tas** to choose *ou* pick at random.

2 *vi* (a) [*avion*] to go into a dive. **il faudrait** ~ **vers le village** we'll have to head towards the village; ~ **du nez** [*avion*] to go into a nose-dive; [*bateau*] to dip her head; [*fleurs*] to droop; [*personne*] to fall headfirst. (b) [*moutarde, radis*] to be hot; [*vin*] to be sour; [*fromage*] to be pungent.

3 **se** ~ *vpr* (a) (*avec une aiguille*) to prick o.s.; (*dans les orties*) to get stung; (*Méd*) to give o.s. an injection, inject o.s. (b) [*miroir, linge*] to go mildewed; [*métal*] to be pitted; [*vin, cidre*] to go *ou* turn sour. (c) **se** ~ **de littérature** to pride o.s. on one's knowledge of literature; **se** ~ **de faire qch** to pride o.s. on one's ability to do sth. (d) (*se vexer*) to take offence. (e) **il s'est piqué au jeu** it grew on him; **se** ~ **au jeu:** to booze:.

◆ **pique-assiette*** *nmf inv* scrounger*, sponger*. ◆ **pique-nique**, *pl* ~-~s *nm* picnic. ◆ **pique-niquer** (1) *vi* to have a picnic, picnic.

piquet [pikɛ] *nm* (*pieu*) post, stake; [*tente*] peg. ~ (**de grève**) (strike-)picket; (*Scol*) **mettre qn au** ~ to put sb in the corner.

piqueter [pikte] (4) *vt* (*moucheter*) to dot (*de* with).

piquette [pikɛt] *nf* (*vin*) (cheap) wine; (:: *défaite*) hammering‡, thrashing*. **prendre une ~** to be hammered‡ *ou* thrashed*.

piqûre [pikyʀ] *nf* (a) *[épingle]* prick; *[guêpe, ortie]* sting; *[moustique]* bite; *(trace, trou)* hole. **~ d'amour-propre** injury to one's pride. (b) *(Méd)* injection, shot*. **faire/se faire faire une ~** to give/have an injection. (c) *(Couture) (point)* (straight) stitch; *(rang)* (straight) stitching.

pirate [piʀat] **1** *adj* pirate. **2** *nm* pirate; *(fig: escroc)* swindler, shark*. **~ de l'air** hijacker, sky-jacker*. ♦ **pirater** (1) *vt* to pirate. ♦ **piraterie** *nf* piracy; *(acte)* act of piracy. **~ aérienne** hijacking, skyjacking*; **c'est de la ~!** it's daylight robbery!

pire [piʀ] **1** *adj* (a) *(comp)* worse. **c'est ~ que jamais** it's worse than ever. (b) *(superl)* **le ~, la ~ the worst. 2** *nm*: **le ~ the worst; le ~ c'est que ...** the worst thing *ou* the worst of it is that ...; **au ~ at** (the very) worst.

pirogue [piʀɔg] *nf* dugout canoe.

pirouette [piʀwɛt] *nf (lit)* pirouette; *(fig: volte-face)* about-turn *(fig)*; *(faux-fuyant)* evasive reply.

pis¹ [pi] *nm [vache]* udder.

pis² [pi] *(littér)* **1** *adj* worse. **qui ~ est** what is worse. **2** *adv* worse. **de ~ en ~** worse and worse; **dire ~ que pendre de qn** to malign sb. **3** *nm*: **le ~ the worst (thing); au ~ aller** if the worst comes to the worst. ♦ **pis-aller** *nm inv (personne, solution)* stopgap; *(chose)* makeshift.

pisciculture [pisikyltyʀ] *nf* fish breeding.

piscine [pisin] *nf* swimming pool.

pissenlit [pisɑ̃li] *nm* dandelion.

pisser‡ [pise] (1) **1** *vi [personne]* to pee‡; *[récipient]* to gush out. **2** *vt*: **ça passe le sang/l'eau** it's gushing blood/water, there's blood/water gushing from it. ♦ **pisse‡** *nf* pee‡.

pistache [pistaʃ] *nf* pistachio (nut).

piste [pist(ə)] *nf* (a) *[animal, suspect]* track, trail; *(Police: indice)* lead. **être sur la bonne ~** to be on the right track; **perdre la ~ du meurtrier** to lose the murderer's trail. (b) *[hippodrome]* course; *[stade]* track; *[patinage]* rink; *[danse]* (dance-) floor; *[skieurs]* (ski)run; *[cirque]* ring; *(Aviat)* runway. **~ cavalière** bridle path; **~ cyclable** cycle track; *(Athlétisme)* **~ à 3 lanes** 3 lane. (c) *(sentier)* track; *[désert]* trail. (d) *[magnétophone]* track. *(Ciné)* **~ sonore** sound track. ♦ **pister** (1) *vt* to track, trail.

pistolet [pistɔlɛ] *nm (arme)* pistol, gun; *[peintre]* spray gun. **peindre au ~** to spray-paint; **~ mitrailleur** submachine gun.

piston [pistɔ̃] *nm (Tech)* piston; *(Mus)* valve; *(*: aide)* string-pulling*. ♦ **pistonner*** (1) *vt* to pull strings for* *(auprès de* with). **se faire ~** to get sb to pull strings (for one)*.

piteux, -euse [pitø, øz] *adj (minable)* pitiful, pathetic; *(honteux)* shamefaced. **en ~ état** in a sorry *ou* pitiful state. ♦ **piteusement** *adv* pathetically.

pitié [pitje] *nf* (a) *(compassion)* pity. **avoir ~ de qn** to pity sb, feel pity for sb; **prendre qn en ~** to take pity on sb; **il me fait ~** I feel sorry for him, I pity him; **quelle ~ de voir ça** it's pitiful to see (that). (b) *(miséricorde)* pity, mercy. **avoir ~ d'un ennemi** to have pity *ou* mercy on an enemy; **~!** *(lit: grâce)* (have) mercy!; *(*: assez)* for good-ness' *ou* pity's sake!; **sans ~ agir** pitilessly, mercilessly, ruthlessly; *personne* pitiless, merci-less, ruthless.

piton [pitɔ̃] *nm* (a) *(à anneau)* eye; *(à crochet)* hook; *[alpiniste]* piton, peg. (b) *(Géog)* peak.

pitoyable [pitwajabl(ə)] *adj (gén)* pitiful, pitiable.

pitre [pitʀ(ə)] *nm (lit, fig)* clown. **faire le ~ to** clown *ou* fool about. ♦ **pitrerie** *nf*: **~(s)** clowning.

pittoresque [pitɔʀɛsk(ə)] **1** *adj* picturesque; *récit* colourful, vivid. **2** *nm*: **le ~ de qch** the pic-turesque quality of sth.

pivert [pivɛʀ] *nm* green woodpecker.

pivoine [pivwan] *nf* peony.

pivot [pivo] *nm (gén)* pivot; *[dent]* post. ♦ **pivotant, e** *adj panneau* pivoting, revolving; *fauteuil* swivel. ♦ **pivoter** (1) *vi [porte]* to revolve, pivot. *[personne]* ~ **(sur ses talons)** to turn *ou* swivel round; **faire ~ qch** to swing *ou* swivel sth round.

placage [plaka3] *nm (en bois)* veneer; *(en pierre)* facing.

placard [plakaʀ] *nm* (a) *(armoire)* cupboard. (b) *(affiche)* poster, notice. **~ publicitaire** display advertisement. (c) *(*: couche)* thick layer. ♦ **placarder** (1) *vt affiche* to stick up, put up; *mur* to stick posters on, placard.

place [plas] *nf* (a) *(esplanade)* square. *(fig)* **sur la ~ publique** in public. (b) *[objet]* place. **remettre qch en ~** to put sth back where it belongs *ou* in its proper place; **changer qch de ~** to move *ou* shift sth. (c) *[personne] (lit, fig)* place; *(assise)* seat. **~ d'honneur** place *ou* seat of honour; **prenez ~** take your place *ou* seat; *(lit, fig)* **prendre la ~ de qn** to take sb's place; **il ne tient pas en ~** he can't keep still; *(fig)* **remettre qn à sa ~** to put sb in his place; **laisser la ~ à qn** *(lit)* to give (up) one's seat to sb; *(fig)* to hand over to sb; **il n'est pas à sa ~ dans ce milieu** he is out of place in this setting; **être en bonne ~ pour gagner** to be well-placed *ou* in a good position to win; **se mettre à la ~ de qn** to put o.s. in sb's place *ou* in sb's shoes; **à votre ~** if I were you, in your place. (d) *(espace libre)* room, space. **prendre/faire de la ~** to take up/make room *ou* space. (e) *(siège, billet)* seat; *(prix d'un trajet)* fare; *(emplacement réservé)* space. **payer ~ entière** *(au cinéma etc)* to pay full price; *(dans le bus etc)* to pay full fare; **~ de parking** parking space; **cinéma de 400 ~s** cinema seating 400 (people) *ou* with a seating capacity of 400; **~ assise** seat; **une voiture de 4 ~s** a 4-seater car; **j'ai 3 ~s dans ma voiture** I've room for 3 in my car. (f) *(rang)* *(Scol)* place; *(Sport)* place, placing. **il a eu une ~ de 2e en histoire** he came *ou* was (placed) 2nd in history. (g) *(emploi)* job; *[domestique]* position, situation. **une ~ d'em-ployé** a job as a clerk; *(Pol)* **les gens en ~** influen-tial people. (h) *(Mil)* **~ (forte)** fortified town; *(lit, fig)* **s'introduire dans la ~** to get on the inside; **~ d'armes** parade ground. (i) *(Comm, Fin)* market. **~ financière** money market. (j) **de ~ en ~** here and there, in places; **rester sur/se rendre sur ~** to stay on/go to the spot; **à la ~ (de)** *(en échange)* instead (of), in place (of); **répondre à la ~ de qn** to reply in sb's place *ou* on sb's behalf; **être en ~** to be ready; **mettre qch en ~** to set sth up, get sth ready; **faire ~ à qn** *(lit)* to let sb pass; *(fig)* to give way to sb; **faire ~ nette** to make a clean sweep.

placement [plasmɑ̃] *nm (Fin)* investment.

placer [plase] (3) **1** *vt* (a) *(mettre) (gén)* to place, put; *invité, spectateur* to seat; *sentinelle* to post, station; *(Boxe)* coup to land, place; *parole* to put in, get in; *(Tech: installer)* to put in, fit in. **vous me placez dans une situation délicate** you're placing *ou* putting me in a tricky position; **il a placé l'ac-tion de son roman en Provence** he has set *ou* situated the action of his novel in Provence. (b) *malade, écolier* to place *(dans* in). **~ qn comme vendeur** to place *ou* find sb a job as a salesman; **~ qn comme apprenti (chez X)** to apprentice sb (to X); **l'orchestre est placé sous la direction de ...** the orchestra is conducted by ... . (c) *(Comm: vendre)* to place, sell; *argent (Bourse)* to invest; *(Caisse d'Épargne)* to deposit; *(sur son compte)* to put, pay *(sur* into).

2 se ~ *vpr* (a) *[personne]* to take up a position; *(debout)* to stand; *(assis)* to sit (down); *[événe-ment]* to take place, occur, happen. **si nous nous plaçons dans cette perspective** if we look at things from this point of view *ou* angle; **plaçons-**

nous dans cette hypothèse let us suppose that this happens. **(b)** *(Scol, Sport)* se ~ 2e to be *ou* come 2nd, be in 2nd place; **il s'est bien placé** he was well placed. **(c)** *[ouvrier]* to get *ou* find a job; *[retraité]* to find a place in a home.

♦ **placé, e** *adj:* **la fenêtre est ~e à gauche** the window is (situated) on the left; **être bien/mal ~** *[terrain]* to be well/badly situated; *[objet, concurrent]* to be well/badly placed; *[spectateur]* to have a good/a poor seat; **sa fierté est mal ~e** his pride is misplaced *ou* out of place; **je suis bien/mal ~ pour vous répondre** I'm in a/in no position to answer.

placide [plasid] *adj* placid. ♦ **placidité** *nf* placidity.

plafond [plafɔ̃] *nm (gén, fig)* ceiling; *[voiture, caverne]* roof. **prix ~** ceiling *ou* maximum price. ♦ **plafonner** (1) *vi* to reach a ceiling *ou* maximum. ♦ **plafonnier** *nm [voiture]* courtesy light; *[chambre]* ceiling light.

plage [plaʒ] *nf [mer, lac]* beach; *[disque]* track; *(ville)* (seaside) resort; *(fig: zone)* area. **~ de prix** price range *ou* bracket; **~ arrière** *(Naut)* quarter-deck; *(Aut)* parcel *ou* back shelf.

plagiat [plaʒja] *nm* plagiarism. ♦ **plagier** (7) *vt* to plagiarize.

plaider [plede] (1) **1** *vt* to plead. **~ la légitime défense** to plead self-defence; **~ la cause de qn** *(fig)* to plead sb's cause; *(Jur)* to plead sb's case; **l'affaire s'est plaidée à Paris** the case was heard in Paris. **2** *vi [avocat]* to plead; *(intenter un procès)* to go to court. *(fig)* **~ pour qn** *[personne]* to speak for sb; *[qualités]* to be a point in sb's favour. ♦ **plaideur, -euse** *nm,f* litigant. ♦ **plaidoirie** *nf* (defence *ou* prosecution) speech. ♦ **plaidoyer** *nm (Jur)* speech for the defence; *(fig)* defence, plea.

plaie [plɛ] *nf (coupure)* wound; *(coupure)* cut; *(fig: fléau)* scourge. **quelle ~!*** what a bind!* *ou* pest!* *ou* nuisance!; **remuer le fer dans la ~** to twist the knife in the wound.

plaignant, e [plɛɲɑ̃, ɑ̃t] **1** *adj partie* litigant. **2** *nm,f* plaintiff.

plaindre [plɛ̃dʀ(ə)] (52) **1** *vt* **(a)** *personne* to pity, feel sorry for. **elle n'est pas à ~** *(c'est bien fait)* she doesn't deserve to be pitied; *(elle a de la chance)* she's got nothing to complain about; **je vous plains** I pity you *(de faire for doing)*. **(b)** *(*: *donner chichement)* to begrudge. **2** se ~ *vpr (gémir)* to moan; *(protester)* to complain, grumble, moan* *(de* about); *(Jur: réclamer)* to make a complaint *(de* about, *auprès de* to). **se ~ de maux de tête etc** to complain of.

plaine [plɛn] *nf* plain.

plain-pied [plɛ̃pje] *adv:* **de ~** *(pièce)* on the same level *(avec* as); *(maison)* (built) at street-level; *(fig)* **entrer de ~ dans le sujet** to come straight to the point.

plainte [plɛ̃t] *nf (gémissement)* moan, groan; *(protestation)* complaint. **porter ~ contre qn** to lodge a complaint against *ou* about sb. ♦ **plaintif, -ive** *adj* plaintive, doleful. ♦ **plaintivement** *adv* plaintively, dolefully.

plaire [plɛʀ] (54) **1** *vi [personne]* **~ à qn** to be liked by sb; **ça me plaît** *[livre, spectacle, travail]* I like *ou* enjoy it; *[plan]* it suits me; *[sport, activité]* I'm keen on it, I enjoy it; **ce genre de musique ne me plaît pas beaucoup** I'm not keen on *ou* I don't care for that kind of music, that kind of music doesn't appeal to me very much; **c'est une chose qui me plairait beaucoup à faire** it's something I'd very much like to do *ou* I'd love to do; **il cherche à ~ à tout le monde** he tries to please everyone; **ça te plairait d'aller au cinéma?** would you like to go to the pictures?, do you fancy* going *ou* do you feel like going to the pictures?; **quand ça me plaît** when I feel like it, when it suits me, when the fancy takes me; **je fais ce qui me plaît** I do as I like

ou please; *[idée, repas]* cela plaît toujours it always goes down well, it's always popular. **2** *vb impers:* **et s'il me plaît d'y aller?** and what if I want to go?; **comme il vous plaira** just as you like *ou* please; **s'il te plaît, s'il vous plaît** please; **plaît-il?** I beg your pardon? **3** se ~ *vpr:* **il se plaît à Londres** he likes *ou* enjoys being in London; **les fougères se plaisent dans les sous-bois** ferns do well *ou* thrive in the undergrowth; **tu te plais avec ton chapeau?** do you like *ou* fancy* yourself in your hat?; **ces deux-là se plaisent** those two get on well together; **se ~ à lire** to take pleasure in reading.

plaisance [plɛzɑ̃s] *nf:* **la navigation de ~** sailing, yachting; **bateau de ~** yacht; **maison de ~** country cottage. ♦ **plaisancier** *nm* yachtsman.

plaisant, e [plɛzɑ̃, ɑ̃t] *adj (agréable)* pleasant, agreeable; *(amusant)* amusing, funny; *(ridicule)* laughable, ridiculous. ♦ **plaisamment** *adv* pleasantly; agreeably; amusingly; laughably.

plaisanter [plɛzɑ̃te] (1) **1** *vi* to joke *(sur* about). **et je ne plaisante pas!** and I'm not joking!; **vous plaisantez** you must be joking; **pour ~** for fun *ou* a joke *ou* a laugh*; **il ne plaisante pas sur la discipline** there's no joking with him over matters of discipline. **2** *vt:* **~ qn sur qch** to tease sb about sth. ♦ **plaisanterie** *nf (a) (blague, raillerie)* joke *(sur* about); *(farce)* practical joke, prank. **aimer la ~** to be fond of a joke; **il est en butte aux ~s de ses amis** his friends are always making fun of him *ou* poking fun at him; **mauvaise ~** (nasty) practical joke. ♦ **plaisantin** *nm (blagueur)* joker; *(fumiste)* clown.

plaisir [pleziʀ] *nm* **(a)** *(joie)* pleasure. **prendre ~ à faire qch** to find *ou* take pleasure in doing sth, delight in doing sth; **j'ai le ~ de vous annoncer que ...** I have pleasure in announcing that ...; **ranger pour le ~ de ranger** to tidy up just for the sake of it; *(iro)* **je vous souhaite bien du ~!** good luck to you! *(iro)*; **au ~ de vous revoir, au ~*** (I'll) see you again sometime. **(b)** *(distraction)* pleasure; *(dada)* hobby. **(c)** *(littér: volonté)* pleasure *(littér)*, wish. **si c'est votre (bon) ~** if such is your will *ou* wish. **(d) faire ~ à qn** to please sb; **cela me fait ~ de vous voir** I'm pleased *ou* delighted to see you; **ça fait ~ à voir** it is a pleasure to see; **faismoi ~: mange ta soupe** eat your soup, there's a dear; **voulez-vous me faire le ~ de venir dîner?** would you do me the pleasure of dining with me?; **fais-moi le ~ de te taire!** would you mind just being quiet!, do me a favour and be quiet!; **il se fera un ~ de vous reconduire** he'll be (only too) pleased *ou* glad to drive you back; **bon, c'est bien pour vous faire ~** all right, if it will make you happy.

plan¹ [plɑ̃] *nm (a) [maison, machine]* plan; *[ville, région]* map. **faire des ~s** to draw up plans. **(b)** *(Math etc: surface)* plane. *(dans cuisine)* **~ de travail** work-top; **~ incliné** inclined plane; **en ~ incliné** sloping; **~ d'eau** stretch of water. **(c)** *(Ciné)* shot. **premier ~** foreground; **dernier ~** background; *(Peinture)* **au deuxième ~** in the middle distance. **(d)** *(fig: niveau)* plane. **mettre qch au deuxième ~** to consider sth of secondary importance; **ce problème vient au premier ~ de nos préoccupations** this problem is uppermost in our minds; **personnalité de premier/second ~** key/minor *ou* secondary figure; **au premier ~ de l'actualité** in the forefront of the news. **(e)** *(projet)* plan. **~ de travail** work plan *ou* programme *ou* schedule; **~ d'action** plan of action. **(f)** *[livre]* plan; *[dissertation]* plan, framework. **(g)** **laisser en ~*** *personne* to leave in the lurch *ou* stranded; *affaires, voiture* to abandon, ditch*; **il a tout laissé en ~*** he dropped everything; **rester en ~*** *[projet]* to be left in mid air.

plan², plane [plɑ̃, plan] *adj (gén)* flat; *(Math)* plane.

planche [plɑ̃ʃ] nf (a) (en bois) plank; (plus large) board; (rayon) shelf; (Naut: passerelle) gangplank; (plongeoir) diving board. ~ à dessin/à repasser drawing/ironing board; ~ à laver washboard; (fig) ~ de salut last hope; (Théât) monter sur les ~s to go on the stage; (Natation) faire la ~ to float on one's back; cabine en ~s wooden hut. (b) (Typ, illustration) plate. (c) (Horticulture) bed. ♦ plancher nm (Constr) floor. (prix) ~ minimum ou floor ou bottom price.

plancton [plɑ̃ktɔ̃] nm plankton.

planer [plane] (1) vi [oiseau] to glide, hover; [avion] to glide; [fumée] to float, hover; (fig) [rêveur] to have one's head in the clouds. ~ sur [regard] to look down over; [danger, soupçons] to hang over.

planète [planɛt] nf planet. ♦ planétaire adj (Astron, Tech) planetary. ♦ planétarium nm planetarium.

planeur [planœʀ] nm (Aviat) glider.

planifier [planifje] (7) vt to plan. ♦ planification nf (economic) planning. ♦ planning nm (Écon, Ind) programme, schedule. ~ familial family planning.

planque [plɑ̃k] nf (cachette) hideaway, hideout; (travail) cushy* ou soft* job. ♦ planquer* (1) 1 vt to hide ou stash* away. 2 se ~ vpr to take cover.

plant [plɑ̃] nm (plante) seedling, young plant; (plantation) bed; [arbres] plantation. un ~ de vigne a young vine.

plantation [plɑ̃tasjɔ̃] nf (action) planting; (culture) plant; (terrain) bed; [arbres] plantation. faire des ~s de fleurs to plant flowers (out).

plante [plɑ̃t] nf (a) (Bot) plant. ♦ fourragère fodder plant; ~ grasse succulent (plant); ~ grimpante creeper; ~ verte green (foliage) plant. (b) (Anat) ~ (des pieds) sole (of the foot).

planter [plɑ̃te] (1) vt (a) plante to plant, put in; jardin to put plants in; (repiquer) to plant out. avenue plantée d'arbres tree-lined avenue. (b) clou to hammer in, knock in; pieu to drive in; aiguille to stick in. ~ un poignard dans le dos de qn to knife ou stab sb in the back; se ~ une épine dans le doigt to get a thorn stuck in one's finger. (c) (mettre) objet to stick*, put. il se planta devant moi he planted himself in front of me; rester planté devant une vitrine* to stand looking at a shop window; ~ là* personne, voiture to dump*, ditch*; outils to dump*, drop; métier to chuck up*, pack in*. (d) tente to put up, pitch; (Théât) décors to set up. ~ une échelle contre un mur to stand a ladder (up) against a wall. ♦ planteur nm (colon) planter. ♦ plantoir nm dibble.

planton [plɑ̃tɔ̃] nm (Mil) orderly. faire le ~* to hang about*.

plantureux, -euse [plɑ̃tyʀø, øz] adj repas copious; région fertile. récolte ~euse bumper ou heavy crop.

plaquage [plakaʒ] nm (Rugby) tackle.

plaque [plak] nf [métal, verre] sheet, plate; [marbre, chocolat] slab; (de verglas, sur la peau) patch; (Élec, Phot, de revêtement) plate; (portant une inscription) plaque; (insigne) badge. ~ d'identité identity disc; (Aut) ~ minéralogique number ou license (US) plate; ~ tournante (Rail) turntable; (fig) centre.

plaquer [plake] (1) vt (a) bois to veneer; bijoux to plate. (b) (ɪ: abandonner) personne to ditch*; emploi to chuck (in ou up)ɪ, pack in*. (c) (aplatir) cheveux to plaster down. ~ qn au sol to pin sb to the ground; se ~ contre un mur to flatten o.s. against a wall. (d) (Rugby) to tackle, bring down. (e) (Mus) accord to play. ♦ plaqué, e 1 adj: ~ (or etc) (gold etc) plated. 2 nm plate. c'est du ~ it's plated.

plasma [plasma] nm (Anat, Phys) plasma.

plastic [plastik] nm gelignite.

plastifier [plastifje] (7) vt to coat with plastic.

plastique [plastik] 1 adj plastic. en matière ~ plastic. 2 nm plastic. 3 nf plastic art.

plastiquer [plastike] (1) vt to plant a plastic bomb in.

plastron [plastʀɔ̃] nm [chemise] shirt front; [escrimeur] plastron.

plastronner [plastʀɔne] (1) vi to swagger.

plat¹, plate [pla, plat] 1 adj (a) (gén) flat; angle, cheveux straight; style flat, dull; (obséquieux) obsequious. bateau à fond ~ flat-bottomed boat; chaussure à talon ~ flat(-heeled) shoe. (b) poser qch à ~ to lay sth (down) flat; être à ~ [pneu, batterie] to be flat; [automobiliste] to have a flat tyre; (*) [personne] to be washed out*; la grippe l'a mis à ~* his flu laid him low; tomber à ~ [plaisanterie] to fall flat; tomber à ~ ventre to fall flat on one's face; se mettre à ~ ventre to lie face down; (fig) se mettre à ~ ventre devant qn to crawl to sb. 2 nm (partie plate) flat (part). course de ~ flat race; (fig) faire du ~ à* supérieur to crawl to; femme to sweet-talk*. ♦ plate-bande, pl ~s-~s nf (Horticulture) flower bed. piétiner les ~s-~s de qn* to tread on sb else's patch. ♦ plate-forme, pl ~s-~s nf (gén, fig) platform; (Rail: wagon) flat wagon ou car (US).

plat² [pla] nm (récipient, mets) dish; (partie du repas) course. il en a fait tout un ~* he made a great fuss about it; mettre les petits ~s dans les grands to lay on a first-rate meal; ~ du jour today's special; ~ de résistance [repas] main course; (fig) pièce de résistance.

platane [platan] nm plane tree.

plateau, pl ~x [plato] nm (de serveur) tray; [balance] pan; [électrophone] turntable, deck; [table] top; [graphique] plateau; (Géog) plateau; (Théât) stage; (Ciné, TV) set; (Rail: wagon) flat wagon ou car (US); (plate-forme roulante) trailer. ~ de fromages cheeseboard.

platine [platin] 1 nm, adj inv platinum. 2 nf [électrophone] deck, turntable.

platitude [platityd] nf [livre] dullness; (propos) platitude.

plâtre [plɑtʀ(ə)] nm (matière) plaster; (objet) plaster cast. (Constr) les ~s the plasterwork. ♦ plâtras nm (débris) rubble. ♦ plâtrer (1) vt mur to plaster; jambe to set ou put in plaster. ♦ plâtrier nm plasterer.

plausible [plozibl(ə)] adj plausible.

plébiscite [plebisit] nm plebiscite. ♦ plébisciter (1) vt (Pol) to elect by plebiscite. (fig) se faire ~ to be elected by an overwhelming majority.

pléiade [plejad] nf (gén) pleiad.

plein, pleine [plɛ̃, plɛn] 1 adj (a) (rempli) full; vie, journée full, busy. ~ à déborder full to overflowing; ~ à craquer full to bursting, crammed full; un ~ panier de pommes a whole basketful of apples; avoir le ventre ~* to be full, have eaten one's fill; être ~ aux asɪ to be rolling in money*; (péj) un gros ~ de soupeɪ as big a slobɪ (péj); ~ comme une barriqueɪ as drunk as a lord; ~ de (gén) full of; taches covered in ou with; idées bursting with; salle pleine de monde room full of people, crowded room; remarque pleine de finesse very shrewd remark. (b) succès, confiance complete, total. accord ~ et entier wholehearted consent; absent un jour ~ absent for a whole day; à ~ temps full-time; avoir les ~s pouvoirs to have full powers; politique de ~-emploi policy of full employment. (c) lune full. la mer est pleine the tide is in, it is high tide; en pleine mer on the open sea. (d) paroi solid; trait unbroken, continuous; voix rich, sonorous. (e) (Vét) pregnant, in calf (ou foal, lamb etc). (f) (intensité) la pleine lumière the bright light; avoir pleine conscience de qch to be fully aware of sth; être en pleine forme* to be in ou on top form; de son ~ gré of one's own free will; de ~

droit *membre* rightful; *réclamer* rightfully; heurter qch de ~ fouet to crash headlong into sth; *[usine]* marcher à ~ rendement to work at full capacity; ça sent l'ammoniaque à ~ nez there's a terrible smell *ou* stench of ammonia; respirer à ~s poumons to take deep breaths; prendre qch à pleines mains to grasp sth firmly. **(g)** ~ air open air; les enfants ont ~ air le mercredi the children have games *ou* sport on Wednesdays; jeux de ~ air outdoor games; en ~ air spectacle, cirque open-air; s'*asseoir* in the open (air). **(h)** en ~ milieu right *ou* bang* in the middle; en pleine tête right in the head; oiseau en ~ vol bird in full flight; en pleine jeunesse in the bloom of youth; en ~ jour in broad daylight; le jardin est en ~ soleil the garden is in full sun; affaire en pleine croissance rapidly expanding *ou* growing business; en pleine saison at the height of the season; je suis en ~ travail I'm in the middle of work *ou* working; en pleine obscurité in complete darkness.

2 *adv* **(a)** avoir de l'encre ~ les mains to have ink all over one's hands, have one's hands covered in ink; il a des jouets ~ un placard he's got a cupboardful *ou* a cupboard full of toys; se diriger ~ ouest to head due west; en avoir ~ le dos de qch* to be fed up with sth*; en avoir ~ les jambes* to be all-in*; il a voulu nous en mettre ~ la vue* he wanted to dazzle us. **(b)** ~ de* *argent, gens etc* lots of; il a mis ~ de chocolat sur sa veste he has got chocolate all over his jacket. **(c)** en ~: la lumière frappait son visage en ~ the light was shining straight into his face; en ~ devant toi right *ou* straight in front of you. **(d)** à ~ fonctionner at full capacity; utiliser to the full; les légumes donnent à ~ it is the height of the vegetable season.

3 *nm* **(a)** faire le ~ (*Aut*) to fill up; (*Théât*) to have a full house; le ~, s'il vous plaît fill it up please. **(b)** *[animation, fête]* height.

pleinement [plɛnmɑ̃] *adv* vivre to the full; approuver wholeheartedly, fully; responsable wholly, entirely, fully. utiliser qch ~ to make full use of sth.

plénipotentiaire [plenipɔtɑ̃sjɛʀ] *adj, nm* plenipotentiary.

pléonasme [pleɔnasm(ə)] *nm* pleonasm.

pléthore [pletɔʀ] *nf* overabundance, plethora. ♦ **pléthorique** *adj* nombre excessive; effectifs overabundant.

pleurer [plœʀe] (1) **1** *vi* **(a)** *[personne]* to cry, weep (*sur* over); *[yeux]* to water, run. ~ de rire/de rage to shed tears of laughter/rage; faire ~ qn *[peine]* to make sb cry; *[oignons]* to make sb's eyes water; ~ comme une madeleine to cry one's eyes *ou* one's heart out; sur le point de ~ almost in tears, on the verge of tears; triste à ~ terribly sad; bête à ~ pitifully stupid. **(b)** (*péj: réclamer*) to moan. **2** *vt* **(a)** personne to mourn (for); chose to bemoan. ~ des larmes de joie to weep *ou* shed tears of joy; ~ toutes les larmes de son corps to cry one's eyes out. **(b)** (*péj*) (*quémander*) to shout for; (*lésiner sur*) to begrudge, stint. ~ misère to moan about one's lot. ♦ **pleur** *nm*: en ~s in tears.

pleurésie [plœʀezi] *nf* pleurisy.

pleurnicher [plœʀniʃe] (1) *vi* to snivel*. ♦ **pleurnicherie** *nf*: ~(s) snivelling*. ♦ **pleurni-cheur, -euse** *i adj* snivelling*. **2** *nm,f* crybaby*.

pleuviner [pløvine] (1) *vi* to drizzle.

pleuvoir [pløvwaʀ] (23) **1** *vb impers* to rain. il pleut it's raining; il pleut à torrents, il pleut des cordes it's pouring (down). **2** *vi* *[coups, projectiles]* to rain down; *[critiques, invitations]* to shower down. faire ~ des coups sur qn to rain blows (up)on sb.

plexiglas [plɛksiglas] *nm ®* plexiglass ®.

pli [pli] *nm* **(a)** *[rideau etc]* fold; (*Couture*) pleat. (faux) ~ crease; ~ de pantalon trouser crease;

ton manteau fait un ~ dans le dos your coat creases (up) at the back; garder un bon ~ to keep its shape; *[vêtement]* prendre un mauvais ~ to go out of shape; les ~s et les replis de sa cape the many folds of his cloak; (*fig*) cela ne fait pas un ~* there's no doubt about it. **(b)** *[génou, bras]* bend; *[menton, ventre]* (skin-)fold; *[bouche, yeux]* crease; *[front]* crease, furrow, line. **(c)** (*habitude*) habit. prendre le ~ de faire to get into the habit of doing; mauvais ~ bad habit. **(d)** (*enveloppe*) envelope; (*lettre*) letter. **(e)** (*Cartes*) trick. faire un ~ to win *ou* take a trick. **(f)** (*Géol*) fold. ~ de terrain undulation.

pliant, e [plijɑ̃, ɑ̃t] **1** *adj* table etc collapsible, folding. **2** *nm* folding *ou* collapsible stool, camp-stool.

plie [pli] *nf* plaice.

plier [plije] (7) **1** *vt* **(a)** (*gén*) to fold; (*ranger*) to fold up; volets to fold back. (*fig*) ~ bagage to pack up and go. **(b)** branche, genou to bend. (*fig*) ~ le genou devant qn to bow before sb; plié par l'âge bent (double) with age; plié (en deux) de rire/par la douleur doubled up with laughter/pain; ~ qn à une discipline to force a discipline upon sb. **2** *vi* **(a)** *[branche]* to bend (over); *[plancher]* to sag. ~ sous le poids des ans to be weighed down by years. **(b)** *[personne]* to yield, give in; *[armée]* to give way, lose ground. faire ~ qn to make sb give in. **3** se ~ *vpr [chaise]* to fold (up). se ~ à règle to submit to; circonstances to bow to, yield to; désirs to give in to.

plinthe [plɛ̃t] *nf* skirting board.

plisser [plise] (1) **1** *vt* jupe to pleat; papier to fold (over); (en chiffonnant) to crease; lèvres to pucker (up); yeux to screw up; front to crease, wrinkle; (*Géol*) to fold. **2** *vi* to become creased. **3** se ~ *vpr [front]* to crease (up), furrow; *[lèvres]* to pucker (up). ♦ **plissé, e** *adj* jupe pleated; peau creased, wrinkled. ♦ **plissement** *nm*: ~ de terrain fold. ♦ **plissure** *nf* pleats.

pliure [plijyʀ] *nf* (*gén*) fold; *[bras, genou]* bend.

plomb [plɔ̃] *nm* (*métal*) lead; (*Pêche*) sinker; (*Chasse*) piece of (lead) shot; (*Typ*) type; (*Élec: fusible*) fuse. de ~ tuyau lead; soldat tin; ciel leaden; soleil blazing; sommeil deep, heavy; avoir du ~ dans l'aile to be in a bad way; avoir du ~ dans la tête to have common sense; le soleil tombe à ~ the sun is blazing straight down; les ~s ont sauté the fuses have blown.

plomber [plɔ̃be] (1) *vt* canne, ligne to weight (with lead); dent to fill; colis to seal (with lead). ♦ **plombage** *nm* *[dent]* filling. ♦ **plombé, e** *adj* couleur leaden. ♦ **plomberie** *nf* (*métier, installations*) plumbing; (*atelier*) plumber's (work)shop. ♦ **plombier** *nm* plumber.

plonger [plɔ̃ʒe] (3) **1** *vi* **(a)** *[personne, sous-marin, avion]* to dive (*dans* into, *sur* on, onto); *[route, terrain]* to plunge down; *[racines]* to go down. il plongea dans sa poche pour prendre son mouchoir he plunged his hand *ou* he dived into his pocket to get his handkerchief out. **2** *vt* (*lit, fig*) ~ qch/qn dans to plunge sth/sb into; ~ qn dans la surprise to surprise sb greatly; ~ qn dans le désespoir to throw *ou* plunge sb into despair; ~ son regard sur/vers to cast one's eyes at/towards. **3** se ~ *vpr*: se ~ dans lecture to bury *ou* immerse o.s. in; eau to plunge in. ♦ **plongé, e**[1] *adj* ~ dans obscurité, misère plunged in; vice steeped in; méditation immersed in, deep in; livre buried *ou* immersed in; ~ dans le sommeil sound asleep, in a deep sleep. ♦ **plongeant, e** *adj* décolleté, tir plunging. vue ~e view from above. ♦ **plongée**[2] *nf* (*action*) diving; (*exercice*) dive; *[sous-marin]* submersion. ~ sous-marine (*gén*) diving; (*sans scaphandre*) skin diving. ♦ **plongeoir** *nm* diving board. ♦ **plongeon** *nm* dive. faire un ~ to dive. ♦ **plongeur, -euse** *nm,f* **(a)** (*Sport*) diver; (*sans* *scaphandre)* skin diver. **(b)** *[restaurant]* dishwasher.

plouf [pluf] *nm, excl* splash.

ployer [plwaje] (8) *(littér)* **1** *vi (lit, fig)* to bend; *[poutre]* to sag; *[armée]* to yield, give in. **2** *vt* to bend.

pluie [plчi] *nf* **(a)** rain; *(averse)* shower. le temps est à la ~ it looks like rain; temps de ~ wet *ou* rainy weather; ~ battante driving *ou* lashing rain; ~ diluvienne downpour; ~ fine drizzle. **(b)** *[cadeaux]* shower; *[coups]* hail, shower. verser qch en ~ to sprinkle sth in *ou* on. **(c)** faire la ~ et le beau temps to rule the roost; il n'est pas né de la dernière ~ he wasn't born yesterday.

plumage [plymaʒ] *nm* plumage, feathers.
plumard [plymaʀ] *nm* bed.
plume [plym] *nf* **(a)** *[oiseau]* feather. chapeau à ~s feathered hat; oreiller de ~s feather pillow; soulever qch comme une ~ to lift sth up as if it were a featherweight; il y a laissé des ~s* he got his fingers burnt. **(b)** *(pour écrire)* pen; *(pour vacciner)* vaccine point. il a la ~ facile writing comes easily to him; prendre la ~ to take up one's pen. ♦ **plumeau,** *pl* ~x *nm* feather duster. ♦ **plumer** (1) *vt volaille* to pluck; *(†fig) personne* to fleece*. ♦ **plumet** *nm* plume.

plumier [plymje] *nm* pencil box.
plupart [plypaʀ] *nf:* la ~ des gens most people, the majority of people; la ~ des gens qui se trouvaient là most of the people there; dans la ~ des cas in most cases, in the majority of cases; pour la ~ for the most part; la ~ du temps most of the time.

pluriel, -elle [plyʀjɛl] **1** *adj* plural. **2** *nm* plural. au ~ in the plural; la première personne du ~ the first person plural.

plus 1 *adv nég* [ply] **(a)** *(temps)* no longer. il n'en a ~ besoin he doesn't need it any longer, he no longer needs it; il n'a ~ dit un mot he didn't say another word; *(euph)* son père n'est ~ his father has passed away *(euph)*; elle n'est ~ très jeune she's not as young as she was; ~ de doute no doubt now; il n'y a ~ d'enfants! children aren't what they used to be. **(b)** *(quantité)* no more. elle n'a ~ de pain she hasn't (got) any more bread, she's got no (more) bread left; des fruits? il n'y en a ~ fruit? there is none left; il n'y a ~ personne there's no one left; il n'y a ~ rien there's nothing left; il n'y a ~ rien d'autre à faire there's nothing else to do; on n'y voit ~ guère *ou* presque ~ rien you can hardly see anything now. **(c)** *(avec que: seulement)* il n'y a ~ que des miettes there are only crumbs left; ~ que huit jours avant les vacances only a week to go before the holidays; ~ que 5 km à faire only another 5 km to go.

2 *adv emploi comparatif* [ply(s)] **(a)** *travailler etc* more *(que* than). il est ~ intelligent/âgé *(que moi)* he is more intelligent/he is older (than me *ou* than I am); trois fois ~ cher/souvent que ... three times as expensive/often as ...; il est ~ qu'intelligent he's clever to say the least; j'aime dix fois ~ le théâtre que le cinéma I like the theatre ten times better than the cinema. **(b)** ~ de pain *etc* more bread *etc;* il n'y aura pas ~ de monde demain there won't be any more people tomorrow; il y aura ~ de 100 personnes there will be more than *ou* over 100 people; les enfants de ~ de 4 ans children over 4; il n'y avait pas ~ de 10 personnes there were no more than 10 people; il est ~ de 9 heures it's after *ou* past 9 o'clock; ~ d'un more than one. **(c)** ~ on est de fous, ~ on rit the more the merrier; ~ on boit, ~ on a soif the more you drink, the thirstier you get; ~ il gagne, moins il est content the more he earns, the less happy he is. **(d)** elle a 10 ans de ~ *(que lui)* she's 10 years older (than him); il y a 10 personnes de ~ qu'hier there are 10 more people than yesterday; les faux frais sont en ~ the incidental expenses

are not included *ou* are extra; deux verres de ~ *ou* en ~ two more *ou* extra glasses; *(de trop)* two glasses too many; en ~ de son travail on top of *ou* in addition to his work. **(e)** de ~ en ~ more and more; aller de ~ en ~ vite to go faster and faster; ~ *ou* moins more or less; ~ que jamais more than ever; qui ~ est what is more, moreover.

3 *adv emploi superlatif* [ply(s)]: le film le ~ long/beau que j'aie vu the longest/most beautiful film I've ever seen; la ~ grande partie de son temps most of his time; le livre que je lis le ~ souvent the book I read most often; il a couru le ~ vite he ran the fastest; ce que j'aime le ~ what I like (the) most *ou* (the) best; c'est le samedi qu'il y a le ~ de monde it's on Saturdays that there are (the) most people; prends le ~ possible de livres/de beurre take as many books/as much butter as possible *ou* as you can; au ~ at the most, at the outside; tout au ~ at the very most.

4 *conj* [plys] plus. les voisins, ~ leurs enfants the neighbours, plus *ou* and their children; *(degré)* il fait ~ deux it's plus two (degrees), it's two above freezing.

5 *nm* [plys] *(Math)* **(signe)** ~ plus (sign).
♦ **plus-que-parfait** [plyskəpaʀfɛ] *nm* pluperfect (tense), past perfect. ♦ **plus-value,** *pl* ~-~s [plyvaly] *nf (bénéfice)* profit; *(imposable)* capital gains.

plusieurs [plyzjœʀ] *adj et pron indéf pl* several. nous nous sommes mis à ~ pour ... several of us got together to... .

plutonium [plytɔnjɔm] *nm* plutonium.
plutôt [plyto] *adv* **(a)** *(de préférence)* rather; *(à la place)* instead. prends ce livre ~ que celui-là take this book rather than *ou* instead of that one; cette maladie affecte ~ les enfants this illness affects children for the most part *ou* tends to affect children; ~ souffrir que mourir it is better to suffer than to die. **(b)** *(plus exactement)* rather. il est ignorant ~ que sot he's ignorant rather *ou* more than stupid. **(c)** *(assez) chaud, bon* rather, quite. c'est ~ bon signe that's quite *ou* rather a good sign; il est ~ petit he is rather *ou* somewhat on the small side, he is rather *ou* fairly small.

pluvieux, -euse [plyvjø, øz] *adj* rainy, wet.
pneu [pnø] *nm (abrév de pneumatique) [véhicule]* tyre, tire *(US); (message)* letter sent by pneumatic despatch *ou* tube.

pneumatique [pnømatik] **1** *adj (Sci)* pneumatic; *(gonflable)* inflatable. **2** *nm* = pneu.
pneumonie [pnømɔni] *nf:* la ~ pneumonia; une ~ an attack *ou* a bout of pneumonia.

poche [pɔʃ] *nf (gén) [kangourou]* pouch; *(sac)* bag. ~ revolver/intérieur hip/inside pocket; ~ de pantalon/d'air trouser/air pocket; de ~ *mouchoir* pocket; *livre* paperback; format de ~ pocket-size; j'avais 10 F en ~ I had 10 francs on me; en être de sa ~* to be out of pocket; il a payé de sa ~ he paid for it out of his (own) pocket; mettre qn dans sa ~* to twist sb round one's little finger; c'est dans la ~! it's in the bag!*; faire les ~s à qn* to go through sb's pockets; connaître un endroit comme sa ~ to know a place like the back of one's hand; *[veste]* faire des ~s to bag, go out of shape.

pocher [pɔʃe] (1) *vt (Culin)* to poach. ~ un œil à qn to give sb a black eye.

pochette [pɔʃɛt] *nf (mouchoir)* pocket handkerchief; *(petite poche)* breast pocket; *(enveloppe)* envelope; *(étui)* case. ~ surprise lucky bag; ~ d'allumettes book of matches.

podium [pɔdjɔm] *nm* podium.
poêle[1] [pwal] *nf:* ~ (à frire) frying pan; passer à la ~ to fry.
poêle[2], **poële** [pwal] *nm* stove.
poème [pɔɛm] *nm* poem. c'est tout un ~* *(compliqué)* it's a real palaver*; *(indescriptible)*

it defies description. ♦ **poésie** *nf* (*art*) poetry; (*poème*) poem. ♦ **poète** 1 *nm* poet. 2 *adj* *tempérament* poetic. **être** ~ to be a poet. ♦ **poétesse** *nf* poetess. ♦ **poétique** *adj* poetic(al). ♦ **poétiquement** *adv* poetically.

pognons [pɔɲɔ̃] *nm* dough*s, lolly*s.

poids [pwa] 1 *nm* (a) (*lit, fig*) weight. **prendre du** ~ to gain *ou* put on weight; **vendu au** ~ sold by weight; **quel** ~ **pèse-t-il?** what weight is he?, what does he weigh?; **plier sous le** ~ **des sacs/des soucis** to be weighed down with bags/by worries; **il ne fait pas le** ~ [*acteur, homme politique*] he doesn't measure up; [*lutteur*] he's no match for his opponent; **enlever un** ~ (**de la conscience**) **à qn** to take a weight *ou* a load off sb's mind; **avoir un** ~ **sur l'estomac** to have something lying heavy on one's stomach; **argument de** ~ weighty argument. (b) (*Sport*) shot. **lancer le** ~ to put(t) the shot. 2: ~ **lourd** (*Sport*, **fig: personne grosse*) heavyweight; (*camion*) lorry, truck (*US*); (*Tech*) ~ **mort** dead load; ~ **plume** (*Sport*, *fig) featherweight; ~ **spécifique** specific gravity.

poignant, e [pwaɲɑ̃, ɑ̃t] *adj* poignant, heartrending.

poignard [pwaɲaʀ] *nm* dagger. **coup de** ~ stab. ♦ **poignarder** (1) *vt* to stab, knife.

poigne [pwaɲ] *nf* (*étreinte*) grip; (*main*) hand. **avoir de la** ~ (*lit*) to have a strong grip; (*fig*) to be firm-handed.

poignée [pwaɲe] *nf* (*quantité*) handful; [*porte etc*] handle. ~ **de main** handshake; **donner une** ~ **de main à qn** to shake hands with sb.

poignet [pwaɲɛ] *nm* (*Anat*) wrist; (*Habillement*) cuff.

poil [pwal] 1 *nm* (a) (*Anat*) hair; [*brosse*] bristle; [*étoffe*] strand. **avoir du** ~ *ou* **des** ~**s sur la poitrine** to have hairs on one's chest; **manteau en** ~ **de lapin/de chameau** rabbit-skin/camel-hair coat; (*pelage*) **chat qui a un beau** ~ cat with a sleek coat *ou* with sleek fur; **les** ~**s d'un tapis/d'un tissu** the pile of a carpet/of a fabric. (b) (*: *un peu*) **ça mesure un mètre, à un** ~ **près** it measures roughly one metre; **il n'y a pas un** ~ **de différence entre les deux** there isn't the slightest difference between the two (of them); **il s'en est fallu d'un** ~ it was a near thing *ou* a close shave. (c) **être à** ~**s** to be in the altogether* *ou* in one's birthday suit*; **se mettre à** ~***s** to strip off; **c'est au** ~* it's great* *ou* fantastic*; **avoir un** ~ **dans la main*** to be bone-idle*; **être de bon/de mauvais** ~* to be in a good/bad mood; **tomber sur le** ~ **à qn*** to go for* *ou* lay into* sb; **reprendre du** ~ **de la bête*** to regain strength. 2: ~ **de carotte** *personne* redhaired; *cheveux* red; ~ **à gratter** itching powder. ♦ **poilu, e** 1 *adj* hairy. 2 *nm* poilu (*French soldier in First World War*).

poinçon [pwɛ̃sɔ̃] *nm* (a) [*cordonnier*] awl; [*graveur*] style; (*pour estampiller*) die, stamp. (b) (*estampille*) hallmark. ♦ **poinçonner** (1) *vt* *marchandise* to stamp; *or etc* to hallmark; *billet* to punch. ♦ **poinçonneur, -euse** 1 *nm,f* (*personne*) ticket-puncher. 2 *nf* (*machine*) punching machine.

poindre [pwɛ̃dʀ(ə)] (49) *vi* (*littér*) [*jour*] to break; [*plante*] to come up, peep through.

poing [pwɛ̃] *nm* fist. **taper du** ~ **sur la table** to thump the table; **mettre son** ~ **dans la figure de qn** to punch sb in the face; **revolver au** ~ revolver in hand; **menacer qn du** ~ to shake one's fist at sb.

point¹ [pwɛ̃] 1 *nm* (a) (*endroit, degré*) point. **pour aller d'un** ~ **à un autre** to go from one point *ou* place *ou* spot to another; **avoir atteint le** ~ **où ...** to have reached the point *ou* stage where ...; **nous en sommes toujours au même** ~ we haven't got any further; **au** ~ **où on en est** considering the situation we're in; ~ **d'ébullition** boiling point; **jusqu'à un certain** ~ up to a point, to a certain extent; **au plus haut** ~ extremely; **au plus haut**

de la gloire at the height *ou* peak *ou* summit of glory; **est-il possible d'être bête à ce**~(-là)**!** how stupid can you get?*; **sa colère avait atteint un** ~ **tel que ...** he was so angry that ..., his anger was such that ...; **il a mangé au** ~ **de se rendre malade** he ate so much (that) he was sick.

(b) (*détail, subdivision*) point. ~ **de droit** point of law; **passons au** ~ **suivant** de l'ordre du jour let us move on to the next item on the agenda; ~ **de détail** minor point, point of detail; **ils sont d'accord sur ce** ~ they agree on this point *ou* score; **se ressembler en tout** ~ to resemble each other in every respect.

(c) (*position*) (*Aviat, Naut*) position. (*Naut*) **faire le** ~ to plot one's position; **faire le** ~ **de la situation** (*analyse*) to take stock of the situation; (*résumé*) to sum up the situation.

(d) (*marque*) (*en morse, sur i etc*) dot; (*ponctuation*) full stop, period; (*tache*) spot, speck; [*dé*] pip. (*fig*) **mettre les** ~**s sur les i** to spell it out; **mettre un** ~ **final à qch** to put an end to sth; **tu n'iras pas, un** ~ **c'est tout** you're not going — period *ou* full stop.

(e) (*score*) (*Cartes, Sport*) point; (*Scol, Univ*) mark, point; [*retraite*] unit; [*salaire*] point. (*Boxe*) **aux** ~**s** on points; **bon/mauvais** ~ (*Scol*) good/bad mark (*for conduct etc*); (*fig*) plus/minus (mark).

(f) (*Couture*) stitch. **faire un** ~ **à qch** to put a stitch in sth.

(g) ~ **viande** medium; **arriver à** ~ (*nommé*) to arrive just at the right moment; **au** ~ *photo* in focus; *procédé* perfected; *discours* up to scratch; **mettre au** ~ to (bring into) focus; to perfect; **mettre une affaire au** ~ **avec qn** to finalize *ou* settle all the details of a matter with sb; [*machine, spectacle*] **ce n'est pas encore au** ~ it isn't quite up to scratch yet; **j'étais sur le** ~ **de faire du café** I was just going to *ou* (just) about to make some coffee.

2: ~ **d'appui** [*levier*] fulcrum; [*personne*] chercher un ~ **d'appui** to look for sth to lean on; ~**s cardinaux** cardinal points; ~ **chaud** (*Mil*) trouble spot; (*de l'actualité*) major issue; ~ **de côté** stitch (*pain in the side*); ~ **culminant** [*gloire, épidémie*] height; [*scandale*] climax; [*montagne*] peak, summit; ~ **de départ** [*train*] point of departure; [*aventure*] starting point; (*Sport*) start; (*fig*) **nous voilà revenus au** ~ **de départ** (so) we're back to square one*, we're back where we started; ~ **d'eau** (*source*) watering place; [*camping*] water (supply) point; ~ **d'exclamation** exclamation mark *ou* point (*US*); ~ **faible** weak point; ~ **fort** strong point; ~ **d'honneur** point of honour; ~ **d'interrogation** question mark; **le** ~ **du jour** daybreak; ~ **de mire** (*lit*) target; (*fig*) focal point; (*Aut*) ~ **mort** neutral; (*fig*) **au** ~ **mort** at a standstill; ~ **névralgique** (*Méd*) nerve centre; (*fig*) sensitive spot; ~ **de non-retour** point of no return; ~ **de rencontre** meeting point; ~ **de repère** (*dans l'espace*) landmark; (*dans le temps*) point of reference; ~ **stratégique** key point; ~**s de suspension** suspension points; (*Méd*) ~ **de suture** stitch; ~ **de vente** shop, store; ~ **virgule** semicolon; ~ **de vue** (*lit*) view(point); (*fig*) point of view, standpoint; **du** ~ **ou** ~ **de vue argent** from the financial point of view.

point² [pwɛ̃] *adv* (*littér, hum*) = **pas²**.

pointage [pwɛ̃taʒ] *nm* (a) (*sur une liste*) ticking *ou* checking *ou* marking off; [*employé*] checking in; (*à la sortie*) checking out; [*canon*] aiming. (b) (*contrôle*) check.

pointe [pwɛ̃t] 1 *nf* (a) (*pointue*) point; [*montagne*] peak, top; [*chaussure*] toe; [*grille*] spike. **à la** ~ **de l'île** at the tip of the island; **la côte s'avance en** ~ the coast forms a headland; **objet qui forme une** ~ object that tapers to a point; (*Danse*) **faire des** ~**s** to dance on points; **en** ~ **barbe** in a point, pointed. (b) (*clou*) tack; (*Sport*) [*chaussure*] spike; (*outil pointu*) point. **(c)** (*foulard*) triangular (neck)scarf. **(d)** ~ **de** *ail, ironie, jalousie* touch *ou* hint of. (*accent*) hint of. **(e)** (*maximum*) peak. ~ **de vitesse** burst of speed; **à la** ~ **de actualité** *etc* in the forefront of; **de** ~ **industrie** leading; *technique* latest; *vitesse* top, maximum; [*circulation*] **heure de** ~ rush *ou* peak hour; **faire une** ~ **jusqu'à Paris** to push *ou* press on as far as Paris. **2:** ~ **d'asperge** asparagus tip; **la** ~ **des pieds** the toes; **(se mettre) sur la** ~ **des pieds** (to stand) on tiptoe; ~ **de terre** spit of land.

pointer [pwɛ̃te] **(1) 1** *vt* **(a)** (*cocher*) to tick off, check off, mark off. (*Naut*) ~ **(sa position)** to plot one's position. **(b)** (*Ind*) *employé* (*à l'arrivée*) to check in; (*au départ*) to check out. **(c)** *fusil* to aim (*vers, sur* at); *jumelles* to train (*vers, sur* on); *lampe* to direct (*vers, sur* towards); *doigt* to point (*sur* at). **(d)** [*chien*] ~ **les oreilles** to prick up its ears. **2** *vi* **(a)** [*employé*] (*arrivée*) to clock in, check in; (*départ*) to clock out, check out. **(b)** (*apparaître*) (*gén*) to appear; [*plante*] to peep out; (*fig*) [*ironie*] to pierce through; [*jour*] to break, dawn. **(c)** (*s'élever*) [*tour*] to soar up. **3 se** ~* *vpr* (*arriver*) to turn up*, show up*.

pointillé, e [pwɛ̃tije] **1** *adj* dotted. **2** *nm* dotted line.

pointilleux, -euse [pwɛ̃tijø, øz] *adj* particular, pernickety.

pointu, e [pwɛ̃ty] *adj* pointed; (*aiguisé*) sharp.

pointure [pwɛ̃tyʀ] *nf* size. **quelle est votre** ~? what size are you?

poire [pwaʀ] *nf* (*fruit*) pear; (*:* *tête*) face, mug:; (*:* *dupe*) mug:, sucker*. ◆ **électrique** (*pear-shaped*) switch.

poireau, *pl* ~**x** [pwaʀo] *nm* leek. **faire le** ~* to hang about*. ◆ **poireauter*** **(1)** *vi* to hang about*.

poirier [pwaʀje] *nm* pear tree. (*fig*) **faire le** ~ to do a headstand.

pois [pwa] **1** *nm* (*légume*) pea; (*dessin*) (polka) dot, spot. **petits** ~ (garden) peas; **robe à** ~ **dotted** *ou* spotted dress. **2:** ~ **cassés** split peas; ~ **chiche** chickpea; ~ **de senteur** sweet pea.

poison [pwazɔ̃] *nm* (*lit, fig*) poison. **quel** ~!* what a pest* *ou* nuisance!

poisse: [pwas] *nf* bad *ou* rotten* luck. **avoir la** ~ to have bad *ou* rotten* luck.

poisser [pwase] **(1)** *vt* **(a)** (*:* *attraper*) to nab:. **(b)** (*salir*) to make sticky. ◆ **poisseux, -euse** *adj* sticky.

poisson [pwasɔ̃] *nm* fish. **2/3** ~**s** 2/3 fish *ou* fishes; **comme un** ~ **dans l'eau** in one's element; (*Astron*) **P**~**s** Pisces. (*blague*) ~ **d'avril** April fool's trick; ~ **rouge** goldfish. ◆ **poissonnerie** *nf* (*boutique*) fishmonger's (shop); (*métier*) fish trade. ◆ **poissonneux, -euse** *adj* full of fish. ◆ **poissonnier, -ière** *nm,f* fishmonger.

poitrine [pwatʀin] *nf* (*gén*) chest, breast (*littér*); (*seins*) bust, bosom; (*Culin*) [*veau, mouton*] breast. [*porc*] ~ **(salée** *ou* **fumée)** streaky bacon. ◆ **poitrail** *nm* (*Zool*) breast; (*hum: poitrine*) chest.

poivre [pwavʀ(ə)] *nm* pepper. ~ **en grains** whole pepper, peppercorns; ~ **et sel** *cheveux* pepper-and-salt. ◆ **poivré, e** *adj* *plat* peppery; *histoire* spicy, juicy*. ◆ **poivrer** **(1)** *vt* to pepper. ◆ **poivrier** *nm* (*Bot*) pepper plant; (*objet*) pepperpot.

poivron [pwavʀɔ̃] *nm:* ~ **(vert)** green pepper, capsicum; ~ **rouge** red pepper, capsicum.

poivrot, e* [pwavʀo, ɔt] *nm,f* drunkard.

poix [pwa] *nf* pitch (*tar*).

poker [pɔkɛʀ] *nm* (*Cartes*) (*jeu*) poker; (*partie*) game of poker. (*fig*) **coup de** ~ gamble.

pôle [pol] *nm* pole. **P**~ **Nord/Sud** North/South Pole; (*fig*) ~ **d'attraction** centre of attraction, focus of attention. ◆ **polaire** *adj* polar. ◆ **polariser** **(1)** *vt* (*Élec, Phys*) to polarize; (*fig:* *attirer*) to attract. ~ **son attention** *ou* **se** ~ **sur qch**

to focus *ou* centre one's attention on sth.

polémique [pɔlemik] **1** *adj* controversial. **2** *nf* controversy, argument, polemic.

poli, e [pɔli] **1** *adj* **(a)** (*avec to*). polite. **soyez** ~! don't be so rude. **(b)** *bois, métal* polished; *caillou* smooth. **2** *nm* shine. ◆ **poliment** *adv* politely.

police [pɔlis] **1** *nf* **(a)** (*corps*) police, police force. **voiture de** ~ police car; **être dans** *ou* **de la** ~ to be in the police (force), be a policeman; **la** ~ **est à ses trousses** the police are after him *ou* are on his tail. **(b)** (*maintien de l'ordre*) enforcement of law and order. **faire la** ~ to keep law and order (*dans* in). **(c)** (*règlements*) regulations. **(d)** ~ **(d'assurance)** (insurance) policy; ~ **d'assurance vie** life insurance policy. **2:** ~ **judiciaire** ≃ Criminal Investigation Department, CID; ~ **des mœurs** ≃ vice squad; ~ **parallèle** *unofficial governmental police service*; ~ **de la route** traffic police; ~ **secours** police (*special service for emergencies*), ≃ emergency services. ◆ **policier, -ière 1** *adj* (*gén*) police; *roman* detective. **2** *nm* policeman.

Polichinelle [pɔliʃinɛl] *nm* (*marionnette*) Punch; (*péj*) buffoon.

polio(myélite) [pɔljɔ(mjelit)] *nf* polio(myelitis).

polir [pɔliʀ] **(2)** *vt* (*gén, fig*) to polish; *discours* to polish (up); *caractère* to refine.

polisson, -onne [pɔlisɔ̃, ɔn] **1** *adj* (*espiègle*) naughty; (*grivois*) naughty, saucy. **2** *nm,f* (*enfant*) (little) devil*. ◆ **polissonnerie** *nf* naughty trick.

politesse [pɔlitɛs] *nf* politeness; (*parole*) polite remark; (*action*) polite gesture.

politique [pɔlitik] **1** *adj* political; (*littér: habile*) diplomatic, politic. **homme** ~ politician. **2** *nf* **(a)** (*science, carrière*) politics (*sg*). **faire de la** ~ (*militantisme*) to be a political activist; (*métier*) to be in politics. **(b)** (*ligne de conduite*) policy; (*manière de gouverner*) policies. ~ **extérieure** foreign policy; **la** ~ **du gouvernement** the government's policies; **pratiquer la** ~ **de l'autruche** to bury one's head in the sand. ◆ **politicien, -ienne** (*péj*) **1** *adj* politicking (*péj*). **2** *nm,f* political schemer. ◆ **politiquement** *adv* (*lit*) politically; (*fig littér*) diplomatically. ◆ **politisation** *nf* politicization. ◆ **politiser** **(1)** *vt* to politicize.

polka [pɔlka] *nf* polka.

pollen [pɔlɛn] *nm* pollen.

polluer [pɔlɥe] **(1)** *vt* to pollute. ◆ **polluant, e** *adj* polluting. **produit** ~ pollutant. ◆ **pollution** *nf* pollution.

polo [pɔlo] *nm* **(a)** (*Sport*) polo. **(b)** (*chemise*) sweat shirt.

polochon* [pɔlɔʃɔ̃] *nm* bolster.

Pologne [pɔlɔɲ] *nf* Poland. ◆ **polonais, e 1** *adj* Polish. **2** *nm* **(a)** **P**~ Pole. **(b)** (*Ling*) Polish. **3** *nf* **(a)** **P**~**e** Pole. **(b)** (*Mus, Culin*) polonaise.

poltron, -onne [pɔltʀɔ̃, ɔn] **1** *adj* cowardly. **2** *nm,f* coward. ◆ **poltronnerie** *nf* cowardice.

polychrome [pɔlikʀom] *adj* polychrome, polychromatic.

polyclinique [pɔliklinik] *nf* polyclinic.

polycopier [pɔlikɔpje] **(7)** *vt* to duplicate, stencil. **machine à** ~ duplicator.

polyculture [pɔlikyltyʀ] *nf* mixed farming.

polyester [pɔliɛstɛʀ] *nm* polyester.

polygame [pɔligam] **1** *adj* polygamous. **2** *nm* polygamist. ◆ **polygamie** *nf* polygamy.

polyglotte [pɔliglɔt] *adj, nmf* polyglot.

polygone [pɔligɔn] *nm* (*Math*) polygon; (*fig: zone*) area, zone. (*Mil*) ~ **de tir** rifle range.

Polynésie [pɔlinezi] *nf* Polynesia. ◆ **polynésien, -ienne** *adj*, **P**~(**ne**) *nm(f)* Polynesian.

polysémie [pɔlisemi] *nf* polysemy.

polyvalent, e [pɔlivalɑ̃, ɑ̃t] *adj* (*Chim, Méd*) polyvalent; *rôle* varied; *usages* various, many; *personne* versatile.

pommade [pɔmad] *nf* [*peau*] ointment; [*cheveux*]

cream, pomade. (*fig*) **passer de la** ~ **à qn*** to butter sb up*, soft-soap sb*.

pomme [pɔm] 1 *nf* (a) (*fruit*) apple. **tomber dans les** ~**s*** to faint, pass out*. (b) [*laitue*] heart; [*canne*] knob; [*arrosoir*] rose. (c) (*) (*tête*) head, nut*; (*visage*) face. **c'est pour ma** ~ it's for my own sweet self*.

2: ~ **d'Adam** Adam's apple; (~**s**) **chips** (potato) crisps *ou* chips (*US*); ~**s frites** chips, French fries (*US*); ~ **de pin** pine *ou* fir cone; ~ **de terre** potato.

pommeau, *pl* ~**x** [pɔmo] *nm [épée, selle]* pommel; [*canne*] knob.

pommelé, e [pɔmle] *adj cheval* dappled; *ciel* mackerel, flecked with clouds. **gris** ~ dapple-grey.

pommette [pɔmɛt] *nf* cheekbone.

pommier [pɔmje] *nm* apple tree.

pompe [pɔ̃p] *nf* (a) (*machine*) pump; (**t**: *chaussure*) shoe. ~ **à air** air pump; **à toute** ~**t** at top speed, flat out*; ~ **à essence** (*distributeur*) petrol *ou* gasoline (*US*) pump; (*station*) petrol *ou* gas (*US*) station; ~ **à incendie** fire engine (*apparatus*). (b) (*littér: solennité*) pomp. **en grande** ~ with great pomp. (c) ~**s funèbres** funeral director's, undertaker's; **entreprise de** ~**s funèbres** funeral parlour. ♦ **pomper** (1) *vt* to pump; (*évacuer*) to pump out; [*éponge, buvard*] to soak up; (*arg Scol: copier*) to crib* (*sur* from); (**t**: *boire*) to drink, knock back**t**; (**t**: *épuiser*) to wear *ou* tire out. ♦ **pompeusement** *adv* pompously. ♦ **pompeux, -euse** *adj* (*ampoulé*) pompous; (*imposant*) solemn. ♦ **pompier** 1 *adj* (*) *style* pompous, pretentious. 2 *nm* fireman. **appeler les** ~**s** to call the fire brigade. ♦ **pompiste** *nmf* petrol *ou* gasoline (*US*) pump attendant.

pompon [pɔ̃pɔ̃] *nm* pompon, bobble. **c'est le** ~!* it's the last straw!, that beats everything!*

pomponner [pɔ̃pɔne] (1) 1 *vt* to titivate, doll up*. 2 **se** ~ *vpr* to titivate (o.s.), get dolled up*.

poncer [pɔ̃se] (3) *vt* to sand, rub down. ♦ **ponçage** *nm* sanding, rubbing down. ♦ **ponce** *nf*: **pierre** ~ pumice (stone). ♦ **ponceuse** *nf* sander.

ponction [pɔ̃ksjɔ̃] *nf* (*lombaire*) puncture; (*pulmonaire*) tapping; [*argent*] withdrawal. **faire une** ~ **dans ses économies** to dip into one's savings.

ponctuel, -elle [pɔ̃ktɥɛl] *adj* punctual. ♦ **ponctualité** *nf* punctuality. ♦ **ponctuellement** *adv* punctually.

ponctuer [pɔ̃ktɥe] (1) *vt* (*lit, fig*) to punctuate (*de* with). ♦ **ponctuation** *nf* punctuation.

pondérer [pɔ̃deʀe] (6) *vt* (*équilibrer*) to balance; (*Écon*) to weight. ♦ **pondéré, e** *adj personne* level-headed. ♦ **pondération** *nf* level-headedness; balancing; weighting.

pondéreux, -euse [pɔ̃deʀø, øz] *adj* heavy.

pondre [pɔ̃dʀ(ə)] (41) 1 *vt œuf* to lay; (*) *enfant, devoir* to produce. **œuf frais pondu** new-laid egg. 2 *vi* to lay.

poney [pɔnɛ] *nm* pony.

pont [pɔ̃] 1 *nm* (*Constr*) bridge; (*fig: lien*) bridge, link; (*Naut*) deck; (*Aut*) axle. **vivre sous les** ~**s** to be a tramp; **faire un** ~ **d'or à qn** to offer sb a fortune to take on a job; (*vacances*) **on a un** ~ **de 3 jours** we have 3 days (off); **faire le** ~ to make a long weekend of it. 2: ~ **basculant/suspendu/tournant/transbordeur** bascule/suspension/swing/transporter bridge; ~ **aérien** airlift; **les P**~**s et chaussées** the department of civil engineering; ~ **de graissage** ramp (*in a garage*); ~**levis** *nm*, *pl* ~**s**~ drawbridge.

ponte[1] [pɔ̃t] *nf* (*action*) laying (of eggs); (*saison*) (egg-)laying season.

ponte[2]* [pɔ̃t] *nm* big shot*, big noise*.

pontife [pɔ̃tif] *nm* (*Rel*) pontiff. ♦ **pontifical, e**, *mpl* **-aux** *adj messe* pontifical; *gardes, états* papal. ♦ **pontificat** *nm* pontificate. ♦ **pontifier*** (7) *vi* to pontificate.

ponton [pɔ̃tɔ̃] *nm* pontoon, landing stage.

pop [pɔp] *adj inv* pop.

pope [pɔp] *nm* (Orthodox) priest.

popeline [pɔplin] *nf* poplin.

popote* [pɔpɔt] 1 *nf* (*cuisine*) cooking. 2 *adj inv* stay-at-home.

populace [pɔpylas] *nf* (*péj*) rabble.

populaire [pɔpylɛʀ] *adj* (*gén, fig*) popular; *quartier* working-class; (*Ling*) *expression* colloquial. **république** ~ people's republic; **manifestation** ~ mass demonstration. ♦ **populariser** (1) *vt* to popularize. ♦ **popularité** *nf* popularity.

population [pɔpylasjɔ̃] *nf* (*gén*) population. ♦ **populeux, -euse** *adj pays* densely populated; *rue* crowded.

porc [pɔʀ] *nm* (*animal*) pig, hog (*US*); (*viande*) pork; (*péj: personne*) pig; (*peau*) pigskin.

porcelaine [pɔʀsəlɛn] *nf* (*matière*) porcelain, china; (*objet*) piece of porcelain.

porcelet [pɔʀsəlɛ] *nm* piglet.

porc-épic, *pl* ~**s**-~**s** [pɔʀkepik] *nm* porcupine.

porche [pɔʀʃ(ə)] *nm* porch.

porcherie [pɔʀʃəʀi] *nf* (*lit, fig*) pigsty.

pore [pɔʀ] *nm* pore. ♦ **poreux, -euse** *adj* porous.

pornographie [pɔʀnɔgʀafi] *nf* pornography. ♦ **pornographique** *adj* pornographic.

port[1] [pɔʀ] *nm* harbour, port. ~ **d'attache** (*Naut*) port of registry; (*fig*) home base; **arriver à bon** ~ to arrive safe and sound.

port[2] [pɔʀ] *nm* (a) **le** ~ **de la barbe** *etc* wearing a beard *etc*; ~ **d'armes prohibées** illegal carrying of firearms. (b) (*prix*) (*poste*) postage; (*transport*) carriage. **franco de** ~ carriage paid; (**en**) ~ **dû** postage due. (c) (*comportement*) bearing, carriage.

portail [pɔʀtaj] *nm* portal.

portant, e [pɔʀtɑ̃, ɑ̃t] *adj*: **être bien/mal** ~ to be in good/poor health.

portatif, -ive [pɔʀtatif, iv] *adj* portable.

porte [pɔʀt(ə)] 1 *nf* (a) (*gén*) door; [*forteresse, jardin, écluse, ski*] gate; (*seuil*) doorstep; (*embrasure*) doorway. **sonner à la** ~ to ring the (door-)bell; **c'est à ma** ~ it's on the doorstep; **le bus me descend à ma** ~ the bus takes me to my door; **faire du** ~ **à** ~ to sell from door to door, be a door-to-door salesman; **Dijon,** ~ **de la Bourgogne** Dijon, the gateway to Burgundy. (b) **être à la** ~ to be locked out; **mettre qn à la** ~ (*licencier*) to sack sb; (*éjecter*) to throw sb out; **claquer la** ~ **au nez de qn** to slam the door in sb's face; **frapper à la bonne/mauvaise** ~ to get hold of the right/wrong person; **laisser la** ~ **ouverte à** *compromis, abus* to leave the door open to; **parler à qn entre deux** ~**s** to have a quick word with sb, speak to sb very briefly; **prendre la** ~ to go away, leave; **aimable comme une** ~ **de prison** like a bear with a sore head.

2: ~ **cochère** carriage entrance; ~ **à deux battants** double door; ~ **d'embarquement** departure gate; ~ **d'entrée** front door; ~**-fenêtre** *nf*, *pl* ~**s**-~**s** French window; ~ **de secours** emergency exit; ~ **de service** tradesman's entrance; (*lit, fig*) ~ **de sortie** way out.

porte- [pɔʀt(ə)] *préf formant nm*: ~**-avions** *inv* aircraft carrier; ~**-bagages** *inv* (luggage) rack; ~**-bonheur** *inv* lucky charm; ~**-clefs** *inv* (*anneau*) key ring; (*étui*) key case; ~**-couteau**, *pl* ~**-**~**(x)** knife rest; ~**-documents** *inv* attaché case; (*lit, fig*) ~**-drapeau**, *pl* ~**-**~**(x)** standard bearer; **en** ~**-à-faux** *objet* precariously balanced; *situation* awkward; ~**-mine**, *pl* ~**-**~**(s)** propelling pencil; ~**-monnaie** *inv* purse; ~**-parapluies** *inv* umbrella stand; ~**-parole** *inv* (*homme*) spokesman; (*femme*) spokeswoman; (*revue politique etc*) mouthpiece; ~**-plume** *inv* penholder; ~**-revues** *inv* magazine rack; ~**-savon**, *pl* ~**-**~**(s)** soapdish; ~**-serviettes** *inv* towel rail; ~**-voix** *inv* megaphone; (*électrique*) loudhailer.

porté, e[1] [pɔʀte] *adj:* être ~ **à faire** to be inclined to do, tend to do; être ~ **à colère** to be prone to anger; être ~ **sur qch** to be partial to sth.

portée[2] [pɔʀte] *nf* (a) (*distance*) range, reach; [*fusil*] range. **canon à faible/longue** ~ short-/long-range gun; **à** ~ **de voix** within earshot; **restez à** ~ **de vue** don't go out of sight; **c'est à la** ~ **de toutes les bourses** it's within everyone's means; **hors de** ~ out of reach (*de* of). (b) [*intelligence*] reach, scope, capacity. **se mettre à la** ~ **des enfants** to come down to a child's level. (c) [*parole*] impact, import; [*acte*] significance. (d) (*Archit*) (*poussée*) loading; (*distance*) span. (e) (*Mus*) stave, staff. (f) (*Vét*) litter.

portefeuille [pɔʀtəfœj] *nm* [*argent*] wallet; (*Bourse, Pol*) portfolio.

portemanteau, *pl* ~**x** [pɔʀtmɑ̃to] *nm* coat hanger; (*accroché au mur*) coat rack; (*sur pied*) hat stand.

porter [pɔʀte] (1) **1** *vt* (a) *paquet* to carry; *responsabilité* to bear, carry. **pouvez-vous me** ~ **ma valise?** can you carry my case for me?; ~ **la tête droite** to hold one's head up; **cette poutre porte tout le poids** this beam bears *ou* carries *ou* takes the whole weight. (b) (*amener*) to take. **porte-lui ce livre** take this book to him, take him this book; **il s'est fait** ~ **à manger** he had food brought to him; ~ **qch à sa bouche** to lift *ou* put sth to one's lips; ~ **une œuvre à l'écran** to transfer a work to the screen; ~ **bonheur/malheur (à qn)** to be lucky/unlucky (for sb), bring (sb) (good) luck/misfortune. (c) *vêtement* to wear; *barbe* to have, wear; *nom* to have, bear; *blessure, inscription* to bear; *trace* to show. ~ **les cheveux longs** to wear one's hair long, have long hair; ~ **le nom de Jérôme** to be called Jerome; **elle porte bien le pantalon** trousers suit her; **cela ne se porte plus** that's out of fashion, nobody wears that any more. (d) (*inscrire*) to write down, put down (*sur* on, in); (*Comm*) *somme* to enter (*sur* in). ~ **de l'argent au crédit/débit d'un compte** to credit/debit an account with a sum; **se faire** ~ **absent** to go absent; **se faire** ~ **malade** to report sick; **porté disparu** reported missing. (e) *sentiment* to have, feel (*à* for); *coup* to deal (*à* to); *accusation, attaque* to make (*contre* against); *pas* to turn (*vers* towards). **faire** ~ **regard, choix, effort** to direct (*sur* towards); *attention* to focus, turn (*sur* on). (f) (*faire arriver*) to bring. ~ **au pouvoir/à la perfection** to bring to power/to perfection; ~ **la température/le nombre à** to bring the temperature/the number up to. (g) (*inciter*) ~ **qn à (faire) qch** to prompt *ou* lead sb to do sth; **tout (nous) porte à croire que ...** everything leads us to believe that ... . (h) (*Méd*) *enfant* to carry; *intérêts, récolte* to yield; *fruit* to bear. **je ne le porte pas dans mon cœur** I am not exactly fond of him. (i) (*conduire*) to carry; [*foi*] to carry along; [*vent, foule*] to carry away.

2 *vi* (a) [*bruit*] to carry. **le son a porté à 500 mètres** the sound carried 500 metres. (b) [*conseil*] to be effective. [*reproche, coup*] ~ (*juste*) to hit *ou* strike home; **tous les coups portaient** every blow told. (c) (*Vét*) [*animal*] to carry its young. (d) ~ **sur** [*édifice, pilier*] to be supported by *ou* on; [*débat*] to turn on, be about; [*revendications*] to concern; [*étude, action*] to focus on; [*accent*] to fall on; **faire** ~ **son exposé sur qch** to focus on sth in one's talk; **sa tête a porté sur le trottoir** his head struck the pavement.

3 se ~ *vpr* (a) **se** ~ **bien/mal** to be well/unwell; **se** ~ **mieux/plus mal** to feel better/worse; **se** ~ **comme un charme** to be fighting fit, be as fit as a fiddle. (b) **se** ~ **candidat** to stand as a candidate; **se** ~ **acquéreur (de)** to put in a bid (for). (c) [*regard, soupçon, choix*] **se** ~ **sur** to fall on; **son**

attention se porta sur ce point he focused *ou* concentrated his attention on this point. (d) **se** ~ **à violences** to commit; **se** ~ **à la rencontre de qn** to go to meet sb.

porteur, -euse [pɔʀtœʀ, øz] **1** *adj* **fusée** booster; *courant* carrier. **2** *nm,f* [*colis*] porter; [*message, chèque*] bearer; [*actions*] (share)holder. ~ **d'eau/de germes** water/germ carrier; **il était** ~ **de faux papiers** he was carrying forged papers; **le** ~ **du ballon** the holder of the (foot)ball; (*Fin*) **payable au** ~ payable to bearer.

portier [pɔʀtje] *nm* commissionnaire, janitor.

portière [pɔʀtjɛʀ] *nf* (*Aut, Rail*) door.

portillon [pɔʀtijɔ̃] *nm* gate.

portion [pɔʀsjɔ̃] *nf* (*gén*) portion; (*Culin*) helping. ~ **congrue** smallest share; ~ **de route** stretch of road.

portique [pɔʀtik] *nm* (*Archit*) portico; (*Sport*) crossbar.

porto [pɔʀto] **1** *nm* port (wine). **2:** **P**~ *n* (*Géog*) Oporto.

portrait [pɔʀtʀɛ] *nm* (*peinture, description*) portrait; (*photo*) photograph. ~**-robot** identikit picture, photo-fit picture; **c'est tout le** ~ **de son père** he's the spitting image of his father; **faire le** ~ **de qn** to paint sb's portrait.

portuaire [pɔʀtɥɛʀ] *adj* port, harbour.

Portugal [pɔʀtygal] *nm* Portugal. ♦ **portugais, e** *adj, nm,* **P**~(**e**) *nm(f)* Portuguese.

pose [poz] *nf* (a) (*installation*) installation. **la** ~ **d'une serrure** fitting a lock. (b) (*Art, attitude*) pose; (*affectation*) posing. **prendre une** ~ to strike a pose. (c) (*Phot*) exposure; (*bouton*) time exposure. **prendre une photo en** ~ to take a photo in time exposure.

posé, e [poze] *adj personne* calm, level-headed; *attitude* steady, sober. ♦ **posément** *adv* **parler** calmly, steadily.

poser [poze] (1) **1** *vt* (a) (*placer*) to put (down), lay (down), set down (*sur* on); (*debout*) to stand, put (*contre* against); (*Math*) *opération* to write, set down. ~ **son manteau** to take off one's coat; ~ **son regard sur qch** to look at sth; **réussir à** ~ **son avion** to manage to land one's plane; ~ **un lapin à qn*** to stand sb up*. (b) *carrelage, fondations etc* to lay; *gaz* to install; *rideaux* to hang, put up; *tapis, vitre* to put in; *moquette, serrure* to fit (*sur* on). ~ **des jalons** (*lit*) to put stakes up; (*fig*) to prepare the ground. (c) *principe, condition* to lay down, set out, state; *problème* to pose; *devinette* to set. ~ **une question à qn** to ask sb a question, put a question to sb; (*à l'examen*) to set sb a question; ~ **la question de confiance** to ask for a vote of confidence; ~ **sa candidature** to apply (*à* for); (*Pol*) to put o.s. up *ou* stand *ou* run (*US*) for election; **posons que ...** let us suppose *ou* assume that ... . (d) (*donner de l'importance*) to give standing to; (*professionnellement*) to establish the reputation of.

2 *vi* (a) (*Art, Phot*) to pose, sit (*pour* for); (*se vanter*) to show off. ~ **à l'artiste** to play *ou* act the artist. (b) [*poutre*] ~ **sur** to bear *ou* rest on.

3 se ~ *vpr* (a) [*oiseau*] to alight (*sur* on); [*avion*] to land, touch down; [*regard*] to settle, fix (*sur* on). (*Aviat*) **se** ~ **sur le ventre** to make a belly-landing. (b) **se** ~ **comme victime** to pretend *ou* claim to be a victim; **comme menteur, il se pose là*** he's a terrible liar; (*poids*) **il se pose là!*** he's enormous. (c) [*question*] to come up, crop up, arise. **le problème qui se pose** the problem we are faced with; **il commence à se** ~ **des questions** he's beginning to wonder; **il y a une question que je me pose** there's one thing I'd like to know.

poseur, -euse [pozœʀ, øz] **1** *adj* affected. **2** *nm,f* (a) (*péj*) show-off, poseur. (b) (*ouvrier*) ~ **de tuyaux** *etc* pipe *etc* layer.

positif, -ive [pozitif, iv] *adj, nm* (*gén*) positive. ♦ **positivement** *adv* (*gén*) positively.

position [pozisjɔ̃] *nf* (*gén*) position. (*lit, fig*) **rester sur ses ~s** to stand one's ground; **avoir une ~ de repli** (*Mil*) to have a position to fall back on; (*fig*) to have other proposals to fall back on; **prendre ~** (*gén, Mil*) to take up (one's) position; (*se déclarer*) to take a stand; **être en première/seconde/dernière ~** to be first/second/last; **dormir dans une mauvaise ~** to sleep in the wrong position; **être dans une ~ fausse** to be in a false position; **le gouvernement doit définir sa ~ sur cette question** the government must make its position *ou* stance on this question clear; (*Fin*) **demander sa ~** to ask for the balance of one's account.

posologie [pozɔlɔʒi] *nf* directions for use.

posséder [pɔsede] (6) 1 *vt* (a) (*gén*) to have; *fortune, qualité* to possess; *maison* to own; *diplôme* to hold. **bien ~ une langue** to have a thorough knowledge of a language. (b) *[démon]* to possess. **la jalousie le possède** he is consumed with jealousy. (c) (*: duper*) **~ qn** to take sb in*; **se faire ~** to be had*. 2 **se ~** *vpr* to control o.s. **elle ne se possédait plus de joie** she was beside herself *ou* was overcome with joy.

♦ **possédant, e** 1 *adj* propertied. 2 *nmpl*: **les ~s** the wealthy. ♦ **possédé, e** 1 *adj* possessed (*de* by). 2 *nm,f* person possessed. ♦ **possesseur** *nm* possessor, owner; holder. **être ~ de** *objet* to have. ♦ **possessif, -ive** *adj*, *nm* possessive. ♦ **possession** *nf* (a) (*gén*) possession; *[bien]* ownership. **la ~ d'une arme** possessing *ou* having a weapon; **avoir qch en sa ~** to have sth in one's possession; **prendre ~ de** *fonction* to take up; *appartement* to take possession of; **en ~ de toutes ses facultés** in possession of all one's faculties. (b) (*chose possédée*) possession; (*Rel: envoûtement*) possession. (*maîtrise*) **~ de soi** self-control.

possibilité [pɔsibilite] *nf* (*gén*) possibility; *[projet]* feasibility. **ai-je la ~ de faire cela?** is it possible for me to do that?, can I do that?; **quelles sont vos ~s de logement?** what is your position as regards accommodation?

possible [pɔsibl(ə)] 1 *adj* (*gén*) possible; *projet* feasible. **lui serait-il ~ d'arriver plus tôt?** could he possibly *ou* would it be possible for him to come earlier?; **arrivez tôt si (c'est) ~** arrive early if possible *ou* if you can; **ce n'est pas ~ autrement** there's no other way; **il est ~ qu'il vienne** he may *ou* might (possibly) come, it's possible (that) he'll come; **il a eu toutes les difficultés ~s et imaginables à obtenir un visa** he had all kinds of problems *ou* every imaginable problem getting a visa; **venez aussitôt que ~** come as soon as possible *ou* as soon as you (possibly) can; **il a acheté la valise la plus légère ~** he bought the lightest possible suitcase; **cette situation n'est plus ~** this situation has become impossible *ou* intolerable; **ce n'est pas ~** (*faux*) that can't be true; (*étonnant*) well I never!; (*irréalisable*) it's impossible; **c'est (bien) ~** (quite) possibly, maybe. 2 *nm*: **dans le ~, dans les limites du ~** within the realms of possibility; **faire tout son ~** to do one's utmost, do all one can (*pour* to); **énervant au ~** extremely annoying.

post- [pɔst] *préf* post-.

postal, e, *mpl* **-aux** [pɔstal, o] *adj* (*gén*) postal; *colis* sent by post *ou* mail.

postdater [pɔstdate] (1) *vt* to postdate.

poste¹ [pɔst(ə)] *nf* (a) (*administration, bureau*) post office. **la ~ principale** the main *ou* head post office. (b) (*service*) postal *ou* mail service. **envoyer qch par la ~** to send sth by post *ou* mail; **mettre une lettre à la ~** to post *ou* mail a letter; **~ aérienne** airmail; **~ restante** poste restante.

poste² [pɔst(ə)] 1 *nm* (a) (*emplacement*) post. **~ de douane** *etc* customs *etc* post; **à vos ~s!** to your stations! *ou* posts! (b) (*emploi*) (*gén*) job;

[fonctionnaire] post; (*dans une hiérarchie*) position; (*nomination*) appointment. **toujours fidèle au ~?*** still at the same job? (c) (*Rad, TV*) set. **~ émetteur/récepteur** transmitting/receiving set, transmitter/receiver; **éteindre le ~** to turn the set off. (d) (*Téléc*) **~ 23** extension 23. (e) *[budget]* item. (f) (*Ind*) shift. **~ de 8 heures** 8-hour shift. 2: **~ d'aiguillage** signal box; **~ de commandement** headquarters; **~ de contrôle** checkpoint; **~ d'équipage** crew's quarters; **~ d'essence** petrol *ou* gas (*US*) station; **~ d'incendie** fire point; **~ de pilotage** cockpit; **~ de police** police station.

poster¹ [pɔste] (1) 1 *vt lettre* post, mail; *sentinelle* to post, station. 2 **se ~** *vpr* to position *ou* station o.s.

poster² [pɔstɛʀ] *nm* poster.

postérieur, e [pɔsteʀjœʀ] 1 *adj* (*dans le temps*) later; (*dans l'espace*) back. **~ à 1800** after 1800. 2 *nm* (***) behind*. ♦ **postérieurement** *adv* later. **~ à** after.

postérité [pɔsteʀite] *nf* posterity.

posthume [pɔstym] *adj* posthumous.

postiche [pɔstiʃ] 1 *adj* (*gén*) false. 2 *nm* hairpiece, postiche.

postier, -ière [pɔstje, jɛʀ] *nm,f* post office worker.

postillon [pɔstijɔ̃] *nm* (*Hist*) postilion.

postopératoire [pɔstɔpeʀatwaʀ] *adj* post-operative.

postposition [pɔstpozisjɔ̃] *nf* postposition. **verbe à ~** phrasal verb.

postscolaire [pɔstskɔlɛʀ] *adj* enseignement further.

post-scriptum [pɔstskʀiptɔm] *nm inv* postscript.

postsynchroniser [pɔstsɛ̃kʀɔnize] (1) *vt* to dub (*a film*).

postuler [pɔstyle] (1) *vt* (a) *emploi* to apply for, put in for. (b) *principe* to postulate. ♦ **postulant, e** *nm,f* applicant. ♦ **postulat** *nm* postulate.

posture [pɔstyʀ] *nf* posture, position. **en bonne/mauvaise ~** in a good/bad position.

pot [po] 1 *nm* (a) (*en verre*) jar; (*en terre*) pot; (*en carton*) carton. **mettre en ~** *fleur* to pot; *confiture* to put in jars; **mettre un enfant sur le ~** to put a child on the potty; **tu viens boire un ~?*** are you coming for a drink? (b) (**: chance*) luck. **avoir du/manquer de ~** to be lucky/unlucky; **coup de ~** stroke of luck. (c) (*Cartes*) (*enjeu*) kitty; (*restant*) pile.

2: **~ de chambre** chamberpot; **~ de colle** (*lit*) pot of glue; (*péj: crampon*) leech; **~ à eau** water jug; **~ d'échappement** exhaust pipe; **~-au-feu** (*nm inv*) (*plat*) (beef) stew; (*viande*) stewing beef; **~ de fleurs** (*récipient*) flowerpot; (*fleurs*) pot of flowers; **~ à lait** (*pour transporter*) milk can; (*sur la table*) milk jug; (*Mus*) **~-pourri** *nm*, *pl* **~s-~** potpourri, medley; **~-de-vin** *nm*, *pl* **~s-~-~** bribe, backhander*.

potable [pɔtabl(ə)] *adj* (*lit*) drinkable; (**fig*) decent. **eau ~** drinking water.

potage [pɔtaʒ] *nm* soup.

potager, -ère [pɔtaʒe, ɛʀ] 1 *adj* vegetable. 2 *nm* kitchen *ou* vegetable garden.

potasser* [pɔtase] (1) *vt* to cram for.

pote* [pɔt] *nm* pal*, mate*.

poteau, *pl* **~x** [pɔto] *nm* post. **au ~!*** down with him!; **~** (*d'exécution*) execution post; **~ d'arrivée/de départ** finishing/starting post; **~ de but** goal-post; **~ indicateur** signpost; **~ télégraphique** telegraph post *ou* pole.

potelé, e [pɔtle] *adj enfant* plump, chubby; *bras* plump.

potence [pɔtɑ̃s] *nf* (*gibet*) gallows (*sg*); (*support*) bracket.

potentiel, -elle [pɔtɑ̃sjɛl] *adj*, *nm* (*gén*) potential. ♦ **potentiellement** *adv* potentially.

poterie [pɔtʀi] *nf* (*atelier, art*) pottery; (*objet*) piece of pottery. ♦ **potiche** *nf* oriental vase; (*fig*) figurehead. ♦ **potier** *nm* potter.

potin* [pɔtɛ̃] *nm* (**a**) (*vacarme*) din, racket. **faire du ~** (*lit*) to make a noise; (*fig*) to kick up a fuss*. (**b**) (*commérage*) **~s** gossip.

potion [posjɔ̃] *nf* potion.

potiron [pɔtiʀɔ̃] *nm* pumpkin.

pou, *pl* **~x** [pu] *nm* louse. **couvert de ~x** covered in lice.

pouah [pwa] *excl* ugh!

poubelle [pubɛl] *nf [ordures]* (dust)bin, trash can (*US*). **mettre à la ~** to throw away.

pouce [pus] *nm* (**a**) *[main]* thumb; *[pied]* big toe. **se tourner les ~s** to twiddle one's thumbs; (*au jeu*) **~!** pax!, truce!; **manger sur le ~*** to have a quick snack. (**b**) (*mesure*) inch.

poudre [pudʀ(ə)] *nf* (*gén*) powder; (*poussière*) dust; (*fard*) (face) powder; (*explosif*) (gun)-powder. **réduire qch en ~** to grind sth to a powder; **en ~** *lait* dried, powdered; *chocolat* drinking; *sucre* granulated; **prendre la ~ d'escampette*** to take to one's heels; **~ à laver/à récurer** soap/scouring powder. ♦ **poudrer** (1) *vt* to powder. ♦ **poudrerie** *nf* gunpowder factory. ♦ **poudreux, -euse** *adj* (*poussiéreux*) dusty. **neige ~euse** powder snow. ♦ **poudrier** *nm* (powder) compact. ♦ **poudrière** *nf* powder magazine; (*fig*) powder keg (*fig*).

pouf [puf] **1** *nm* pouffe. **2** *excl* thud! **faire ~** to tumble (over).

pouffer [pufe] (1) *vi:* **~ (de rire)** to snigger.

pouilleux, -euse [pujø, øz] **1** *adj* (*lit*) lousy, verminous; *quartier* squalid, seedy; *personne* dirty, filthy. **2** *nm,f* (*pauvre*) down-and-out.

poulailler [pulaje] *nm* henhouse. (*Théât*) **le ~*** the gods*.

poulain [pulɛ̃] *nm* foal; (*fig*) promising young athlete; (*protégé*) protégé.

poularde [pulaʀd(ə)] *nf* fatted chicken.

poule¹ [pul] **1** *nf* (**a**) (*Zool*) hen; (*Culin*) (boiling) fowl. **se lever/se coucher avec les ~s** to get up/go to bed early; **quand les ~s auront des dents** when pigs can fly. (**b**) (*) (*maîtresse*) mistress; (*prostituée*) whore. **ma ~** (my) pet. **2: ~ d'eau** moorhen; **~ faisane** hen pheasant; **~ mouillée*** coward, softy*; **la ~ aux œufs d'or** the goose that lays the golden eggs; **~ au pot** boiled chicken.

poule² [pul] *nf* (**a**) (*enjeu*) pool, kitty. (**b**) (*tournoi*) (*gén*) tournament; (*Escrime*) pool; (*Rugby*) group.

poulet [pulɛ] *nm* chicken; (**:**:*flic*) cop**:**.

pouliche [puliʃ] *nf* filly.

poulie [puli] *nf* pulley; (*avec sa caisse*) block.

poulpe [pulp(ə)] *nm* octopus.

pouls [pu] *nm* pulse. **prendre le ~ de qn** to take sb's pulse.

poumon [pumɔ̃] *nm* lung. **~ d'acier** iron lung.

poupe [pup] *nf* (*Naut*) stern.

poupée [pupe] *nf* (*jouet*) doll, dolly; (*:*femme jolie*) doll*; (**:** *fille*) bird*; (*pansement*) finger bandage.

poupon [pupɔ̃] *nm* little baby. ♦ **pouponner** (1) *vi* to play mother. ♦ **pouponnière** *nf* day nursery, crèche.

pour [puʀ] **1** *prép* (**a**) (*direction*) for, to. **il part ~ l'Espagne demain** he leaves for Spain *ou* he is off to Spain tomorrow; **le train ~ Londres** the London train, the train for London.

(**b**) (*temps*) for. **il lui faut sa voiture ~ demain** he must have his car for *ou* by tomorrow; **~ l'instant** for the moment; **~ toujours** for ever; **gardez le meilleur ~ la fin** keep the best till the end.

(**c**) (*intention*) for. **il ferait tout ~ sa mère** he would do anything for his mother *ou* for his mother's sake; **faire qch ~ la gloire** to do sth for the glory of it; **son amour ~ les bêtes** his love of animals; **c'est mauvais/bon ~ vous** it's bad/good for you; **il a été très gentil ~ ma mère** he was very

kind to my mother; **sirop ~ la toux** cough mixture; **le plombier est venu ~ la chaudière** the plumber came about the boiler; **~ le meilleur et ~ le pire** for better or for worse.

(**d**) (*approbation*) for, in favour of. **je suis ~!*** I'm all for it*, I'm all in favour (of it).

(**e**) (*point de vue*) **~ moi** (*à mon avis*) in my opinion, in my view; (*en ce qui me concerne*) personally, for my part; **sa fille est tout ~ lui** his daughter is everything to him.

(**f**) (*cause*) **condamné ~ vol** convicted for theft; **puni ~ avoir menti** punished for lying *ou* having lied; **félicité ~ son audace** congratulated on his boldness; **fermé ~ cause de maladie** closed because of *ou* on account of illness; **pourquoi se faire du souci ~ cela?** why worry about that?; **il y est ~ qch/~ beaucoup** he is partly/largely responsible for it.

(**g**) (*à la place de*) **payer ~ qn** to pay for sb; (*Comm etc*) **~ le directeur** p.p. Manager; **il a parlé ~ nous** he spoke on our behalf; **donnez-moi ~ 30 F d'essence** give me 30 francs' worth of petrol; **il l'a eu ~ 5 F** he got it for 5 francs.

(**h**) (*rapport*) for. **~ cent** per cent; **petit ~ son âge** small for his age; **jour ~ jour** to the (very) day; **mourir ~ mourir, je préfère que ce soit ici** if I have to die I should prefer it to be here.

(**i**) (*comme*) for, as. **prendre qn ~ un imbécile** to take sb for an idiot; **il a ~ adjoint son cousin** he has his cousin as his deputy; **il passe ~ filou** he's said to be a crook; **il a ~ principe de faire ...** his principle is to do ...; **~ de bon*** truly, really.

(**j**) (*emphatique*) **~ (ce qui est de) notre voyage** as for our journey, as far as our journey goes *ou* is concerned; **~ une malchance c'est une malchance!** this is a most unfortunate thing indeed!

(**k**) (*but*) to. **nous avons assez d'argent ~ l'aider** we have enough money to help him; **je n'ai rien dit ~ ne pas le blesser** I didn't say anything in order not to *ou* so as not to hurt him; **il étendit le bras ~ prendre la boîte** he reached (out) for the box; **le travail n'est pas ~ l'effrayer** he's not afraid of hard work; **il a dit ça ~ rire** he said it in fun *ou* as a joke; **il est parti ~ ne plus revenir** he left never to return; **j'étais ~ partir*** I was just going, I was just about to go.

(**l**) **~ que**+*subj* so that, in order that; **écris ta lettre ~ qu'elle parte ce soir** write your letter so that it leaves this evening; **il est trop tard ~ qu'on le prévienne** it's too late to warn him.

(**m**) (*restriction*) **~ riche qu'il soit, il n'est pas généreux** rich though he is, he's not generous; **~ peu qu'il soit sorti ...** if on top of it all he has gone out ...; **~ autant que je sache** as far as I know.

2 *nm:* **le ~ et le contre** the arguments for and against, the pros and the cons.

pourboire [puʀbwaʀ] *nm* tip.

pourcentage [puʀsɑ̃taʒ] *nm* percentage. **travailler au ~** to work on commission.

pourchasser [puʀʃase] (1) *vt [ennemi]* to pursue, hunt down; *[créancier, importun]* to hound. **~ le crime** to hunt out crime.

pourparlers [puʀpaʀle] *nmpl* talks, negotiations, discussions. **être en ~ avec** to have talks with.

pourpre [puʀpʀ(ə)] **1** *adj*, *nm* (*couleur*) crimson. **2** *nf* (*matière, étoffe, symbole*) purple.

pourquoi [puʀkwa] **1** *conj* why. **~ est-il venu?** why did he come?, what did he come for? **2** *adv* why. **tu viens? — ~ pas?** are you coming? — why not? *ou* why shouldn't I?; **allez savoir ~*!** I don't know why! **3** *nm inv* (*raison*) reason (*de* for); (*question*) question.

pourrir [puʀiʀ] (2) **1** *vi [fruit]* to go rotten *ou* bad; *[bois, cadavre]* to rot away. **~ en prison** to rot in prison; **laisser ~ la situation** to let the situation deteriorate *ou* get worse. **2** *vt fruit* to make rotten, rot; (*fig*) *enfant etc* to spoil. ♦ **pourri, e**

1 *adj* **(a)** *(gén)* rotten; *feuille, cadavre* rotting; *viande* bad. **être** ~ **to have gone rotten** *ou* **bad. (b)** *temps* wet, rainy; *société* rotten; *enfant* spoilt. **2** *nm* **(a)** *(morceau)* rotten *ou* bad part; *odeur* putrid smell. **(b)** (‡:*crapule*) swine‡, bastard‡. ♦ **pourrissement** *nm* [*situation*] deterioration, worsening *(de* in, of). ♦ **pourriture** *nf* **(a)** *(lit, Agr)* rot; [*société*] rottenness. **(b)** *(péj: personne)* swine‡.

poursuivre [puʀsɥivʀ(ə)] (40) **1** *vt* **(a)** *(courir après)* *(gén)* to pursue; *animal* to hunt down; *malfaiteur* to chase (after). **(b)** [*importun, souvenir*] to hound; [*idée*] to haunt. ~ **qn de sa colère** to hound sb through anger. **(c)** *(gén)* *rêve etc* to pursue; *gloire* to seek (after); *idéal* to strive towards. **(d)** *(continuer)* *(gén)* to continue, go *ou* carry on with; *avantage* to follow up, pursue. ~ **sa marche** to keep going, walk on. **(e)** *(Jur)* ~ **qn** (**en justice**) *(au criminel)* to prosecute sb; *(au civil)* to sue sb. **2** *vi* *(continuer)* to carry on, go on, continue; *(persévérer)* to keep at it, keep it up. **3** **se** ~ *vpr* to go on, continue. ♦ **poursuite** *nf* **(a)** [*fugitif*] chase *(de* after), pursuit *(de* of); [*gloire*] pursuit *(de* of). **se mettre à la** ~ **de qn** to go in pursuit of sb. **(b)** ~**s** (**judiciaires**) legal proceedings; **engager des** ~**s contre** to take legal action against; **s'exposer à des** ~**s** to run the risk of prosecution. **(c)** *(continuation)* continuation. **(d)** *(Sport)* *(course)* ~ track race. ♦ **poursuivant, e** *nm,f* pursuer.

pourtant [puʀtɑ̃] *adv* yet, nevertheless. **frêle mais** ~ **résistant** frail but nevertheless *ou* yet resilient; **il n'est** ~ **pas très intelligent** (and) yet he's not very clever, he's not very clever though.

pourtour [puʀtuʀ] *nm* [*cercle*] circumference; [*rectangle*] perimeter; [*bord*] surround. **sur le** ~ **de** around.

pourvoir [puʀvwaʀ] (25) **1** *vt*: ~ **qn de qch** to provide *ou* equip *ou* supply sb with sth, provide sth for sb; ~ **sa cave du vin** to stock one's cellar with wine. **2** ~ **à** *vt indir* *éventualité, besoins* to provide for, cater for; *emploi* to fill. **j'y pourvoirai** I'll see to it *ou* deal with it. **3 se** ~ *vpr*: **se** ~ **de argent** to provide o.s. with. ♦ **pourvoyeur, -euse** *nm,f* supplier. ♦ **pourvu¹, e** *adj* *emploi* filled. ~ **de intelligence** gifted *ou* endowed with; *dispositif* equipped *ou* fitted with; **nous voilà** ~**s pour l'hiver** we're stocked up *ou* well provided for for the winter; **feuille de papier** ~**e d'une marge** sheet of paper with a margin.

pourvu² [puʀvy] *conj*: ~ **que** *(souhait)* let's hope; *(condition)* provided (that), so long as.

pousse [pus] *nf* **(a)** *(bourgeon)* shoot. **(b)** *(action)* [*feuilles*] sprouting; [*cheveux*] growth.

poussé, e¹ [puse] *adj* *études* advanced; *enquête* exhaustive. **très** ~ *technique, dessin* elaborate.

pousse-café* [puskafe] *nm inv* (after-dinner) liqueur.

poussée² [puse] *nf* **(a)** *(pression)* pressure; *(coup)* push, shove; *(Tech, Mil)* thrust. **sous la** ~ **under the pressure. (b)** [*acné*] attack; [*prix*] rise, upsurge; *(électorale)* upsurge. ~ **de fièvre** (sudden) high temperature.

pousser [puse] (1) **1** *vt* **(a)** *(gén)* to push; *verrou* to slide; *objet gênant* to move, push aside; *(du coude)* to nudge; *(en bousculant)* to jostle. ~ **la porte** *(fermer)* to push the door to *ou* shut; *(ouvrir)* to push the door open; ~ **un caillou du pied** to kick a stone (along); **le vent nous poussait vers la côte** the wind was blowing us towards the shore; *(balançoire)* **peux-tu me** ~? can you give me a push? **(b)** *cheval* to ride hard, push; *moteur* to drive hard; *feu* to stoke up; *chauffage* to turn up; *élève* *(stimuler)* to urge on, push; *(mettre en valeur)* to push. **c'est l'ambition qui le pousse** he is driven by ambition. **(c)** ~ **qn à faire qch** [*faim, curiosité*] to drive sb to do sth; [*personne*] *(inciter)* to urge *ou* press sb to do sth; *(persuader)*

to persuade *ou* induce sb to do sth; **son échec nous pousse à croire que** ... his failure leads us to think that ...; ~ **qn au crime** to drive sb to crime; ~ **qn à la dépense** to encourage sb to spend money. **(d)** *études, marche* to continue; *avantage* to press (home), follow up. ~ **la plaisanterie un peu loin** to carry *ou* take the joke a bit far; ~ **qch à la perfection** to carry *ou* bring sth to perfection; **il a poussé la gentillesse jusqu'à faire** he was kind enough to do; ~ **qn dans ses derniers retranchements** to drive sb into a corner; ~ **qn à bout** to push sb to breaking point. **(e)** *cri* to let out, utter, give; *soupir* to heave. ~ **des cris** to shout, scream; ~ **des rugissements** to roar.

2 *vi* **(a)** *(grandir)* *(gén)* to grow; [*graine*] to sprout. **faire** ~ **des tomates** to grow tomatoes; **ça pousse comme du chiendent** they grow like weeds; **se laisser** ~ **la barbe/les cheveux** to grow a beard/one's hair; **il a une dent qui pousse** he's cutting a tooth, he's got a tooth coming through; **de nouvelles villes poussaient comme des champignons** new towns were springing up *ou* mushrooming. **(b)** *(faire un effort)* to push. *(fig)* ~ **à la roue** to do a bit of pushing, push a bit; **faut pas** ~‡! this is going a bit far! **(c)** *(aller)* ~ **jusqu'à Lyon** to go on *ou* push on as far as Lyons.

3 se ~ *vpr* *(se déplacer)* to move, shift*.

poussette [pusɛt] *nf* push chair.

poussière [pusjɛʀ] *nf* dust. **faire de la** ~ to raise a dust; **avoir une** ~ **dans l'œil** to have a speck of dust in one's eye; **3 F et des** ~**s*** just over 3 francs; **tomber en** ~ to crumble into dust. ♦ **poussiéreux, -euse** *adj* dusty.

poussif, -ive [pusif, iv] *adj* *personne* short-winded; *moteur* puffing, wheezing.

poussin [pusɛ̃] *nm* chick. **mon** ~!* pet!

poussoir [puswaʀ] *nm* [*sonnette*] button.

poutre [putʀ(ə)] *nf* (*en bois*) beam; (*en métal*) girder. ♦ **poutrelle** *nf* girder.

pouvoir¹ [puvwaʀ] (33) **1** *vb aux* **(a)** *(permission)* can, may, to be allowed to. **peut-il venir?** can he *ou* may he come?; **il peut ne pas venir** he doesn't have to come, he needn't come, he's not bound to come; **il pourrait venir s'il nous prévenait** he could come *ou* he would be able *ou* allowed to come if he notified us; **est-ce qu'on peut fermer la fenêtre?** may we *ou* do you mind if we shut the window? **(b)** *(possibilité)* can, to be able to. **il ne peut pas ne pas venir** he can't not come, he HAS to *ou* he MUST come; **il n'a (pas) pu venir** he couldn't *ou* wasn't able to *ou* was unable to come; **il ne peut pas s'empêcher de tousser** he can't help coughing; **comme il pouvait comprendre la fiche technique, il a pu réparer le poste** since he could understand the technical information he was able to *ou* he managed to repair the set; **pourriez-vous nous apporter du thé?** could you bring us some tea? **(c)** *(éventualité)* **il peut être français** he may *ou* might *ou* could be French; **il ne peut pas être français** he can't be French; **quel âge peut-il avoir?** how old might he be?; **qu'est-ce que cela peut bien lui faire?*** what's that (got) to do with him?*; **il peut être très méchant, parfois** he can be very nasty at times; **où ai-je bien pu mettre mon stylo?** where on earth can I have put my pen?; **cela pourrait se faire** that might *ou* could be arranged. **(d)** *(suggestion)* **elle pourrait arriver à l'heure!** she might *ou* could (at least) be punctual! **(e)** *(littér: souhait)* **puisse Dieu les aider!** may God help them!; **puissiez-vous dire vrai!** let us pray *ou* hope you're right!

2 *vb impers*: **il peut** *ou* **pourrait pleuvoir** it may *ou* might *ou* could rain, it is possible that it will rain.

3 *vt* can. **il partira dès qu'il le pourra** he will leave as soon as he can *ou* is able (to); **que puis-je pour vous?** what can I do for you?; **il a été on ne peut plus aimable** he couldn't have been kinder,

he was as kind as could be; **il n'en peut plus**
(*fatigué*) he's all-in* *ou* tired out; (*à bout*) he can't
take any more; **on n'y peut rien** there's nothing
we can do (about it), it can't be helped.
 4 se ~ *vpr*: **il se peut/se pourrait qu'elle vienne**
she may *ou* could/might *ou* could (well), come;
cela se pourrait bien that's quite possible, that
might *ou* could well be.
pouvoir² [puvwaʀ] *nm* **(a)** (*gén*) power. **~ absorbant** absorption power; **~ d'achat** purchasing
power; **avoir le ~ de faire** (*capacité*) to have the
power *ou* ability to do; (*autorisation*) to have
authority *ou* power to do; **ce n'est pas en mon ~** it
is not within *ou* in my power, it is beyond my
power; **avoir du ~ sur qn** to have influence *ou*
power over sb; **avoir du ~ sur soi-même** to have
will power; **dépasser ses ~s** to exceed one's
powers. **(b)** (*Pol*) **le ~** (*direction*) power;
(*dirigeants*) the government; **le parti au ~** the
party in power *ou* in office; **avoir le ~** to hold
power, rule, govern; **prendre le ~** (*légalement*) to
come to power *ou* into office; (*illégalement*) to
seize power; **le ~ exécutif** the executive power;
les ~s publics the authorities. **(c)** (*Jur: procuration*) proxy. **donner ~ à qn de faire** to give sb
proxy to do.
prairie [pʀeʀi] *nf* meadow.
praline [pʀalin] *nf* sugared almond. ♦ **praliné, e**
1 *adj* praline-flavoured. 2 *nm* praline-flavoured
ice cream.
pratique [pʀatik] 1 *adj* **(a)** (*non théorique,
réaliste*) practical. **avoir le sens ~** to be
practical-minded. **(b)** (*commode*) (*gén*) practical; *instrument* handy; *emploi du temps* convenient. 2 *nf* **(a)** (*application, procédé*) practice;
(*expérience*) practical experience. **en ~** in practice; **mettre qch en ~** to put sth into practice; **il a
une longue ~ des élèves** he has a long practical
experience of teaching; **il a perdu la ~** he is out of
practice; **des ~s malhonnêtes** dishonest practices. **(b)** (*règle*) observance; (*sport*) practising;
[*vertu*] exercise, practice. **la ~ du golf** golfing,
(playing) golf; **~** (*religieuse*) church attendance;
la ~ de la médecine the practising of medicine.
♦ **pratiquement** *adv* (*en pratique*) in practice;
(*presque*) practically. ♦ **praticable** *adj* (*gén*)
practicable; *projet* feasible; *chemin* passable,
negotiable. ♦ **praticien, -ienne** *nm,f* (*gén*) practitioner. ♦ **pratiquant, e** 1 *adj* practising. **il est
très ~** he goes to church regularly. 2 *nm,f* (*d'une
foi*) follower; (*assidu*) regular churchgoer.
pratiquer [pʀatike] (1) 1 *vt* **(a)** *art etc* to practise,
practice (*US*); *règle* to observe; *vertu* to exercise;
football to play. **~ l'escrime** to go in for fencing.
(b) *ouverture* to make; *trou* to pierce, bore; *route*
to build, open up; (*Méd*) *intervention* to carry out
(*sur on*). **(c)** *méthode* to use. 2 *vi* (*Rel*) to go to
church; (*Méd*) to be in practice. **3 se ~** *vpr*
[*méthode*] to be the practice; [*religion*] to be practised. **les prix qui se pratiquent à Paris** prices
which prevail *ou* are current in Paris.
pré [pʀe] *nm* meadow.
pré ... [pʀe] *préf* pre ... .
préalable [pʀealabl(ə)] 1 *adj* *entretien, condition*
preliminary; *accord, avis* prior, previous. **~ à**
preceding, prior to. 2 *nm* precondition, prerequisite. **au ~** first, beforehand.
♦ **préalablement** *adv* first, beforehand. **~ à** prior
to.
préambule [pʀeãbyl] *nm* [*loi*] preamble; (*fig: prélude*) prelude (*à* to).
préau, *pl* **~x** [pʀeo] *nm* [*école*] covered
playground; [*prison, couvent*] inner courtyard.
préavis [pʀeavi] *nm* (advance) notice. **sans ~**
without advance *ou* previous notice.
précaire [pʀekɛʀ] *adj* (*gén*) precarious; *santé*
shaky.

précaution [pʀekosjɔ̃] *nf* **(a)** (*disposition*)
precaution. **prendre se ~s** to take precautions.
(b) (*prudence*) caution, care. **par ~ as a precaution; **pour plus de ~** to be on the safe side; **avec ~**
cautiously.
♦ **précautionneux, -euse** *adj* (*prudent*) cautious;
(*soigneux*) careful.
précéder [pʀesede] (6) 1 *vt* **(a)** (*venir avant*) to
precede, come before; (*dans une file*) to be in
front *ou* ahead of, precede. **faire ~ son discours
d'une remarque** to precede one's speech by a
remark. **(b)** (*devancer*) to precede, get ahead of.
il m'a précédé de 5 minutes he got there 5 minutes
before me *ou* ahead of me, he preceded me by 5
minutes.
 2 *vi* to precede. **tout ce qui a précédé** all that has
been said *etc* before *ou* so far; **dans le chapitre
qui précède** in the preceding chapter.
♦ **précédemment** *adv* before, previously.
♦ **précédent, e** 1 *adj* previous. **un discours ~** a
previous *ou* an earlier speech; **le film ~** the
preceding *ou* previous film. 2 *nm* precedent.
sans ~ unprecedented.
précepte [pʀesɛpt(ə)] *nm* precept.
précepteur [pʀesɛptœʀ] *nm* private tutor.
prêcher [pʀeʃe] (1) 1 *vt* (*Rel, fig*) to preach; *personne* to preach to. (*hum*) **~ la bonne parole** to
spread the good word. 2 *vi* to preach. **~ d'exemple** to preach by example.
précieux, -euse [pʀesjø, øz] *adj* (*lit, fig, péj*) precious; *conseil* invaluable; *ami* valued, precious.
♦ **précieusement** *adv* preciously.
précipice [pʀesipis] *nm* (*gouffre*) chasm; (*fig*)
abyss. (*paroi*) **au bord du ~** at the brink of the
precipice.
précipiter [pʀesipite] (1) 1 *vt* **(a)** (*jeter*) to throw
ou hurl down; (*dans le malheur*) to plunge (*dans*
into). **(b)** (*hâter*) *pas, événement* to hasten. **il ne
faut rien ~** we mustn't rush things. 2 *vti* (*Chim*)
to precipitate. **3 se ~** *vpr* **(a)** (*se ruer*) to rush
forward. **se ~ vers/sur** to rush towards/at; **se ~
contre** [*personne*] to throw o.s. against; [*voiture*]
to smash into; **se ~ dans le vide** to hurl o.s. into
space; **se ~ sur l'ennemi** to rush at *ou* hurl o.s. at
the enemy; **il se précipita au-dehors** he raced *ou*
dashed *ou* rushed outside. **(b)** (*s'accélérer*) to
speed up; [*pouls*] to quicken. **les choses se pré-
cipitaient** events started to move faster. **(c)** (*se
dépêcher*) to hurry, rush. ♦ **précipitamment** *adv*
hastily. **sortir ~** to rush out. ♦ **précipitation** *nf*
(*hâte*) haste. (*Mét*) **~s** precipitation. ♦ **précipité,
e** 1 *adj* *départ, pas, décision* hasty; *fuite* headlong; *rythme* swift. 2 *nm* (*Chim*) precipitate.
précis, e [pʀesi, iz] 1 *adj* (*juste*) precise, accurate;
(*défini*) precise, definite; (*net*) *contours* distinct,
precise. **je ne pense à rien de ~** I'm not thinking
of anything in particular; **à cet instant ~** at that
precise *ou* very moment; **à 4 heures ~es** at 4
o'clock sharp *ou* on the dot*. 2 *nm* (*résumé*)
précis, summary; (*manuel*) handbook.
♦ **précisément** *adv* (*gén*) precisely; (*avec exactitude*) accurately; (*distinctement*) distinctly. **je
venais ~ de sortir** in fact *ou* as a matter of fact I
had just gone out, as it happened I'd just gone out;
il est arrivé ~ à ce moment-là he arrived right *ou*
just at that moment *ou* at that very moment; **ce
n'est pas ~ beau** it's not exactly beautiful.
♦ **préciser** (1) 1 *vt* *intention* to specify, make
clear, clarify; *fait* to be more specific about. **je
vous préciserai la date plus tard** I'll let you know
the exact date later; **je dois ~ que ...** I must point
out *ou* add *ou* explain that ... . **2 se ~** *vpr* [*idée*] to
take shape; [*danger*] to become clear *ou* clearer.
♦ **précision** *nf* **(a)** precision; accuracy; distinct-
ness. **outil de ~** precision tool. **(b)** (*détail*) point,
piece of information; (*explication*) explanation.
précoce [pʀekɔs] *adj* early; *sénilité* premature;
enfant precocious, advanced for his *ou* her age.

♦ **précocement** *adv* precociously. ♦ **précocité** *nf* earliness; precocity, precociousness.
préconçu, e [pʀekɔ̃sy] *adj* preconceived.
préconiser [pʀekɔnize] (1) *vt remède* to recommend; *méthode* to advocate.
précurseur [pʀekyʀsœʀ] **1** *adj m* precursory. ~ **de** preceding. **2** *nm* forerunner, precursor.
prédécesseur [pʀedesesœʀ] *nm* predecessor.
prédestiner [pʀedɛstine] (1) *vt* to predestine (*à qch* for sth, *à faire* to do). ♦ **prédestination** *nf* predestination.
prédicateur [pʀedikatœʀ] *nm* preacher.
prédiction [pʀediksjɔ̃] *nf* prediction.
prédilection [pʀedilɛksjɔ̃] *nf* predilection, partiality (*pour* for). **de** ~ favourite.
prédire [pʀediʀ] (37) *vt [prophète]* to foretell; *(gén)* to predict. ~ **l'avenir** to tell *ou* predict the future; **il m'a prédit que je ...** he predicted (that) I ..., he told me (that) I ... .
prédisposer [pʀedispoze] (1) *vt* to predispose (*à* to). ♦ **prédisposition** *nf* predisposition (*à* to).
prédominer [pʀedɔmine] (1) *vi (gén)* to predominate. ♦ **prédominance** *nf* predominance. ♦ **prédominant, e** *adj* predominant.
prééminence [pʀeeminɑ̃s] *nf* pre-eminence. ♦ **prééminent, e** *adj* pre-eminent.
préexister [pʀeɛgziste] (1) *vi* to pre-exist. ♦ **préexistant, e** *adj* pre-existent. ♦ **préexistence** *nf* pre-existence.
préfabriqué, e [pʀefabʀike] **1** *adj* prefabricated. **2** *nm (maison)* prefabricated house.
préface [pʀefas] *nf* preface.
préfecture [pʀefɛktyʀ] *nf* prefecture. ~ **de police** Paris police headquarters. ♦ **préfectoral, e, mpl -aux** *adj* prefectural.
préférer [pʀefeʀe] (6) *vt* to prefer (*à* to). **je te préfère avec les cheveux courts** I like you better *ou* I prefer you with short hair; **je préfère aller au cinéma** I prefer to go *ou* I would rather go to the cinema; **nous avons préféré attendre (plutôt que)** we preferred to wait *ou* thought it better to wait (rather than); **si tu préfères** if you prefer, if you like. ♦ **préférable** *adj* preferable (*à qch* to sth), better (*à qch* than sth). **il serait** ~ **d'y aller** it would be better if you (*ou* we *etc*) went, it would be better for you (*ou* us *etc*) to go. ♦ **préféré, e** *adj, nm,f* favourite, pet*. ♦ **préférence** *nf* preference. **de** ~ preferably; **de** ~ **à** in preference to, rather than; **je n'ai pas de** ~ I don't mind. ♦ **préférentiel, -ielle** *adj* preferential.
préfet [pʀefɛ] *nm* prefect.
préfigurer [pʀefigyʀe] (1) *vt* to foreshadow.
préfixe [pʀefiks] *nm* prefix.
préhistoire [pʀeistwaʀ] *nf* prehistory. ♦ **préhistorique** *adj* prehistoric; *(péj)* antediluvian, ancient.
préjudice [pʀeʒydis] *nm (matériel)* loss; *(moral)* harm, damage, wrong. **porter** ~ **à qn** *(gén)* to harm sb; *[décision]* to be detrimental to sb; **au** ~ **de sa santé** at the expense of his health. ♦ **préjudiciable** *adj* prejudicial, detrimental, harmful (*à* to).
préjugé [pʀeʒyʒe] *nm* prejudice. **avoir un** ~ **contre** to be prejudiced *ou* biased against.
préjuger [pʀeʒyʒe] (3) *vt,* ~ **de** *vt indir* to prejudge.
prélasser (se) [pʀelɑse] (1) *vpr* to lounge.
prélat [pʀela] *nm* prelate.
prélever [pʀelve] (5) *vt échantillon* to take (*sur* from); *impôt* to levy (*sur* on); *retenue* to deduct *sur* from); *argent sur un compte* to withdraw (*sur* from). ♦ **prélèvement** *nm* taking; levying; deduction; withdrawal. **faire un** ~ **de sang** to take a blood sample.
préliminaire [pʀeliminɛʀ] **1** *adj* preliminary. **2** *nmpl:* ~s preliminaries.
prélude [pʀelyd] *nm* prelude (*à* to). ♦ **préluder à** (1) *vt indir* to be a prelude to.

prématuré, e [pʀematyʀe] **1** *adj (gén)* premature; *mort* untimely. **2** *nm,f* premature baby. ♦ **prématurément** *adv* prematurely.
préméditer [pʀemedite] (1) *vt* to premeditate. ~ **de faire** to plan to do. ♦ **préméditation** *nf* premeditation. **avec** ~ *crime* premeditated; *tuer* with intent.
premier, -ière [pʀəmje, jɛʀ] **1** *adj* **(a)** *(gén)* first; *impression* initial; *enfance* early; *rang* front; *ébauche* rough; *branche* lower, bottom. **être** ~ to be first; *(Sport)* **être en** ~**ière position** to be in the lead; *(Presse)* **en** ~**ière page** on the front page; **les 100** ~**ières pages** the first 100 pages; **la** ~**ière marche de l'escalier** the bottom step; **le** ~ **mouchoir de la pile** the first *ou* top handkerchief in the pile; **ses** ~**s poèmes** his first *ou* early poems; **lire qch de la** ~**ière à la dernière ligne** to read sth from beginning to end; *(lit, fig)* **poser la** ~**ière pierre** to lay the foundation stone *ou* first stone; **au** ~ **signe de résistance** at the first sign of resistance. **(b)** *(dans un ordre)* first; *(à un examen)* first, top; *(en importance)* leading, foremost. ~ **secrétaire** first secretary; ~ **commis** chief shop assistant; ~ **danseur/rôle** leading dancer/part; **de** ~**ière qualité** top-quality; **de** ~ **ordre** first-rate; **c'est de** ~**ière urgence** it's a matter of the utmost urgency, it's (a) top priority; ~ **en classe** top of the class, first in the class; **de** ~**ière importance** of paramount *ou* prime *ou* the first importance; **de** ~**ière nécessité** absolutely essential; **cela m'intéresse au** ~ **chef** it's of the greatest *ou* utmost interest to me; **c'est le** ~ **écrivain français vivant** he's the leading *ou* foremost French writer alive today. **(c)** *(du début)* grade, *prix* bottom. **c'était le** ~ **prix** it was the cheapest; **les** ~**s rudiments** the first *ou* basic rudiments. **(d)** *(après n: fondamental)* cause basic; *objectif, qualité* prime; *prix* initial, original. **(e) au** ~ **abord** at first sight; **au** *ou* **du** ~ **coup** at the first go *ou* try; **il n'est plus de la** ~**ière jeunesse** he's not as young as he used to be; **en** ~ **lieu** in the first place; *(fig)* **être aux** ~**ières loges** to have a front seat; **il n'en sait pas le** ~ **mot** he doesn't know the first thing about it; ~**ière nouvelle!** it's news to me!; **faire ses** ~**s pas** to take one's first steps; **faire les** ~**s pas** to make the first move; **dans un** ~ **temps** as a first step, at first; **dans les** ~**s temps** at first, at the outset; **à** ~**ière vue** at first sight.
2 *nm,f* first (one). **passer le** ~ to go first; **il a été le** ~ **à le dire** he was the first to say so; **il a été reçu dans les** ~**s** he was in the first few.
3 *nm (gén)* first; *(étage)* first floor, second floor *(US)*; *(enfant)* first child. **le** ~ **de l'an** New Year's Day; **en** ~ *arriver* first; *dire* first(ly).
4 *nf (gén)* first; *(Rail etc)* first class; *(Théât)* first night; *(Ciné)* première; *(Alpinisme)* first ascent; *(Scol)* ≃ lower sixth, junior year *(US)*. *(Aut)* **passer en** ~**ière** to go into first gear; **c'est de** ~**ière!*** it's first-class!
5: le ~ **âge** the first 3 months of life; **le** ~ **avril** the first of April, April Fool's Day; ~**ière communion** first communion; ~ **jour** *[exposition]* first *ou* opening day; **le P**~ **Mai** the first of May, May Day; ~ **ministre** Prime Minister, Premier; ~ **né** first *ou* eldest child; ~ **plan** *(Phot)* foreground; *(fig)* forefront; **rôle de** ~ **plan** principal role; **les** ~**s secours** first aid; **le** ~ **venu** *(lit)* the first to come; *(fig)* anybody; ~ **violon** leader.
premièrement [pʀəmjɛʀmɑ̃] *adv (d'abord)* first(ly); *(en premier lieu)* in the first place, to start with; *(objection)* firstly, for a start.
prémonition [pʀemɔnisjɔ̃] *nf* premonition. ♦ **prémonitoire** *adj* premonitory.
prémunir [pʀemyniʀ] (2) **1** *vt* to protect *(contre* against). **2 se** ~ *vpr* to protect o.s. *(contre* from).
prenant, e [pʀənɑ̃, ɑ̃t] *adj film, activité* absorbing, engrossing; *voix* fascinating, captivating.

prendre [pʀɑ̃dʀ(ə)] (58) **1** *vt* **(a)** (*saisir*) to take. il l'a pris dans le tiroir he took *ou* got it out of the drawer; il prit un journal sur la table he picked up *ou* took a newspaper from the table; prends tes lunettes pour lire put your glasses on to read; il la prit par le cou he put his arms round her neck.

(b) (*aller chercher*) *chose* to get, fetch; *personne* to pick up; (*emmener*) to take. je ne veux plus de ce manteau, tu peux le ~ I don't want this coat any more so you can take *ou* have it; prends ta chaise et viens ici bring *ou* fetch your chair over here; prends du beurre dans le frigo get some butter out of the fridge.

(c) (*s'emparer de*) (*gén*) to take; *poisson, voleur* to catch. le voleur s'est fait ~ the robber was caught.

(d) (*surprendre*) to catch; (*duper*) to take in. ~ qn à faire qch to catch sb doing sth; se laisser ~ à des paroles aimables to let o.s. be taken in by soft talk.

(e) *repas* to have; *médicament* to take; *bain, repos* to take, have. est-ce que vous prendrez du café? will you have *ou* would you like (some) coffee?; fais-lui ~ son médicament give him his medicine; il a pris son temps! he took his time (over *ou* about it)!

(f) *métro, direction* to take. il a pris le train he took the train *ou* went by train; je prends le train de 4 heures I'm catching the 4 o'clock train; il a pris sa voiture/l'avion pour aller à Lyon he drove/flew to Lyons, he went by car/air to Lyons.

(g) *billet, essence* to get; *assurance-vie* to take out; *couchette* to book. nous avons pris une maison (*loué*) we have taken *ou* rented a house; (*acheté*) we have bought a house.

(h) *client, pensionnaire* to take; *passager* to pick up; *locataire* to take (in); *personnel* to take on.

(i) *renseignement, adresse* to write down, make a note of; *mesures, température* to take; (*sous la dictée*) to take (down). ~ des notes to take notes; ~ en photo to take a photo of sb.

(j) *risque etc* to take; *air, ton* to put on, assume; *décision* to take, make, come to.

(k) *autorité* to gain. ~ du ventre to get fat; ~ du poids to put on weight; les feuilles prenaient une couleur dorée the leaves were turning golden-brown.

(l) (*coûter, prélever*) *temps, place, argent* to take; (*faire payer*) to charge. cela me prend tout mon temps it takes up all my time; ce spécialiste prend très cher this specialist charges very high fees; ~ de l'argent à la banque to draw (out) *ou* withdraw money from the bank; la cotisation est prise sur le salaire the contribution is taken off *ou* deducted from one's salary; il a dû ~ sur ses économies he had to dip into his savings.

(m) *coup* to get; *maladie* to catch; *nouvelle, plaisanterie* to take. ~ froid/un rhume to catch cold/a cold; qu'est-ce qu'on a pris! (*reproches*) we didn't half catch it!*; (*défaite*) we took a beating*; (*averse*) we got drenched!

(n) (*manier*) *personne, problème* to handle, tackle.

(o) ~ qn/qch pour (*considérer*) to take sb/sth for; (*se servir de*) to take *ou* use sb/sth as; pour qui me prenez-vous? what do you take me for?, who do you think I am?; ~ qn pour un autre to mistake sb for sb else.

(p) [*fièvre, remords*] to strike; [*doute, colère*] to seize, sweep over. être pris de panique to be panic-stricken; il me prend l'envie de faire I feel like doing, I've got an urge to do; qu'est-ce qui te prend?* what's the matter with you?, what's come over you?; quand le froid vous prend when the cold hits you.

(q) (*coincer*) to catch, trap. j'ai pris mon manteau *ou* mon manteau s'est pris dans la porte I caught *ou* trapped my coat in the door, my coat got stuck *ou* caught in the door.

(r) (*locutions*) à tout ~ on the whole, all in all; c'est à ~ ou à laisser take it or leave it; il faut en ~ et en laisser you have to take it with a pinch of salt; c'est toujours ça de pris that's something at least; ~ sur soi de faire qch to take it upon o.s. to do sth.

2 *vi* **(a)** [*ciment, pâte*] to set.

(b) [*plante*] to take root; [*vaccin*] to take; [*mode*] to catch on; [*spectacle*] to be a success. avec moi, ça ne prend pas* it doesn't work with me*.

(c) [*feu de buches*] to go; [*incendie*] to start; [*bois*] to catch fire.

(d) (*se diriger*) to go. ~ à gauche to go *ou* turn *ou* bear left.

3 se ~ *vpr* **(a)** se ~ au sérieux to take o.s. seriously; il se prend pour un intellectuel he thinks *ou* likes to think he's an intellectual.

(b) s'y ~ to set about (doing) it; s'y ~ bien/mal pour faire qch to set about doing sth the right/wrong way; s'y ~ à deux fois pour faire qch to try twice to do sth, take two attempts to do sth; il faut s'y ~ à deux it needs two of us (to do it); je ne sais pas comment tu t'y prends, mais ... I don't know how you manage it but ... .

(c) s'en ~ à (*agresser*) to lay into, set about; (*passer sa colère sur*) to take it out on; (*blâmer*) to lay *ou* put the blame on.

(d) (*se solidifier*) to set hard. se ~ en glace to freeze over.

preneur, -euse [pʀənœʀ, øz] *nm,f* (*acheteur*) buyer; (*locataire*) tenant. je suis ~ à 100 F I'll buy *ou* take it for 100 francs.

prénom [pʀenɔ̃] *nm* Christian name, first name; (*Admin*) forename, given name (*US*). ♦ **prénommer** (1) *vt* to call, name. le prénommé Paul the said Paul; se ~ to be called *ou* named.

préoccuper [pʀeɔkype] (1) **1** *vt* (*inquiéter*) to worry, bother; (*absorber*) to preoccupy. l'avenir le préoccupe he is concerned *ou* anxious about the future; tu as l'air préoccupé you look worried, you look as though you've got sth on your mind; il est uniquement préoccupé de sa petite personne he only thinks about himself *ou* number one*. **2** se ~ *vpr* (*s'occuper*) to concern o.s. (*de* with); (*s'inquiéter*) to worry (*de* about). il ne s'en préoccupe guère he doesn't bother very much about it. ♦ **préoccupant, e** *adj* worrying. ♦ **préoccupation** *nf* (*inquiétude*) worry, anxiety; (*ennui*) worry; (*problème à résoudre*) preoccupation, concern.

préparer [pʀepaʀe] (1) **1** *vt* **(a)** (*gén*) to prepare; *repas* to make; *complot* to hatch; *plan* to draw up; *bagages* to get ready; *peaux, poisson* to dress; *voyage* to get ready for; *examen* to prepare for, study for. ~ l'avenir to prepare for the future; il a préparé la rencontre des 2 ministres he organized the meeting of the 2 ministers; (*Mil, fig*) ~ le terrain to prepare the ground. **(b)** ~ qn à qch/à faire qch to prepare sb for sth/to do sth; ~ qn à un examen to prepare *ou* coach sb for an exam; je n'y étais pas préparé I wasn't prepared for it, I wasn't expecting it. **(c)** ~ qch à qn to have sth in store for sb; il nous prépare une surprise he has a surprise in store for us.

2 se ~ *vpr* **(a)** (*s'apprêter*) to prepare (o.s.), get ready; (*athlète*) to train (*à qch* for sth, *à faire* to do). elle se prépare she's getting ready; préparez-vous à venir be prepared to come. **(b)** (*lit, fig*) [*orage*] to be brewing. il se prépare une bagarre there's going to be a fight; il se prépare qch de louche there's sth fishy in the air. ♦ **préparateur, -trice** *nm,f* assistant. ♦ **préparatifs** *nmpl* preparations (*de* for). ♦ **préparation** *nf* (*gén*) preparation (*d'un repas etc* of a meal *etc*, *d'un voyage etc* for a trip *etc*);

[peaux, poisson] dressing *(de* of); *(à épreuve sportive)* training *(à* for). **annoncer qch sans** ~ to announce sth abruptly *ou* without preparation; **avoir qch en** ~ to have sth in hand *ou* preparation. ♦ **préparatoire** *adj* preparatory, preliminary.

prépondérance [pRepɔ̃deRɑ̃s] *nf [nation, théorie]* supremacy; *[trait de caractère]* domination. ♦ **prépondérant, e** *adj rôle* dominating.

préposer [pRepoze] (1) *vt* to appoint *(à* to). **être préposé à** to be in charge of. ♦ **préposé** *nm (Postes)* postman *(ou* woman); *(gén)* employee; *[vestiaire]* attendant.

préposition [pRepozisjɔ̃] *nf* preposition.

préretraite [pReR(ə)tRɛt] *nf* early retirement.

prérogative [pReRɔgativ] *nf* prerogative.

près [pRɛ] *adv* (a) *(espace)* near(by), close (by), near *ou* close at hand; *(temps)* near, close. **c'est plus/moins** ~ **que je ne croyais** it's nearer *ou* closer than I thought/not as near *ou* close as I thought. (b) ~ **de** *(dans le temps)* close to; *(dans l'espace)* close to, near (to); *(presque)* nearly, almost; **le moins** ~ **possible de Noël** as far away as possible from Christmas; **ils étaient très** ~ **l'un de l'autre** they were very close to each other; **elle est** ~ **de sa mère** she's with her mother; **il est** ~ **de la retraite** he is close to *ou* nearing retirement; **il en a dépensé** ~ **de la moitié** he has spent nearly *ou* almost half of it; **il a été** ~ **de refuser** he was on the point of refusing *ou* about to refuse; *(iro)* **je ne suis pas** ~ **de partir** at this rate, I'm not likely to be going (yet); *(fig)* **être** ~ **de son argent** to be close- *ou* tight-fisted. (c) **de** ~ *(gén)*, *examiner* closely; *surveiller* carefully; **le coup a été tiré de** ~ the shot was fired at close range; **il voit mal de** ~ he can't see very well close to; **il a vu la mort de** ~ he has stared *ou* looked death in the face, he has come within an inch of death. (d) **à peu de chose** ~ more or less; **ce n'est pas aussi bon, à beaucoup** ~ it's nothing like as good, it's nowhere near as good; **ils sont identiques, à la couleur** ~ they are identical apart from *ou* except for the colour; **à cela** ~ **que ...** apart from the fact that ...; **je vais vous donner le chiffre à un franc** ~ I'll give you the figure to within about a franc; **il a raté le bus à une minute** ~ he missed the bus by a minute *ou* so; **il n'est pas à 10 minutes/à un kilo de sucre** ~ he can spare 10 minutes/a kilo of sugar.

présage [pRezaʒ] *nm* omen, sign. **mauvais** ~ ill omen. ♦ **présager** (3) *vt (annoncer)* to be a sign *ou* an omen of; *(prévoir)* to predict, foresee. **rien ne laissait** ~ **que** there was nothing to indicate *ou* foretell that.

presbytère [pRɛsbitɛR] *nm* presbytery.

prescience [pResjɑ̃s] *nf* prescience, foresight.

prescrire [pRɛskRiR] (39) *vt (Méd, Jur)* to prescribe; *(stipuler)* to stipulate; *(ordonner)* to order, command. ♦ **prescription** *nf* prescription; stipulation; order.

préséance [pReseɑ̃s] *nf* precedence.

présélectionner [pReselɛksjɔne] (1) *vt (Rad)* to preset; *candidats* to short-list. ♦ **présélection** *nf (gén)* preselection; *[candidats]* short-listing.

présence [pRezɑ̃s] *nf (gén)* presence; *(au bureau, à l'école)* attendance. **avoir de la** ~ to have great presence; **en** ~ *armées* opposing; **mettre deux personnes en** ~ to bring two people together *ou* face to face; **en** ~ **de** in (the) presence of; **hors de ma** ~ while I was not there, in my absence; **en** ~ **de tels incidents** faced with such incidents; ~ **d'esprit** presence of mind.

présent¹, e [pRezɑ̃, ɑ̃t] **1** *adj (gén)* present. **ici** ~ here present; **être** ~ **à une cérémonie** to be present at *ou* attend a ceremony; *métal* ~ **dans un minerai** metal present *ou* found in an ore; **avoir qch** ~ **à l'esprit** to have sth fresh in one's mind, not to forget about sth. **2** *nm (Gram)* present tense. *(époque)* **le** ~ the present; *(personnes)* **les** ~s those present; **il y avait 5** ~s there were 5

people present *ou* there; **à** ~ at present, presently *(US)*, now; *(de nos jours)* nowadays; **les gens d'à** ~ people of today.

présent² [pRezɑ̃] *nm (littér)* gift, present.

présentation [pRezɑ̃tasjɔ̃] *nf (gén)* presentation; *[nouveau venu]* introduction. **sur** ~ **du billet** on presentation of the ticket; **faire les** ~s to make the introductions; ~ **de mode** fashion show; *[personne]* **avoir une bonne/mauvaise** ~ to have a good/poor appearance. ♦ **présentable** *adj* presentable. ♦ **présentateur, -trice** *nm,f (Rad, TV)* introducer, presenter.

présentement [pRezɑ̃tmɑ̃] *adv* at present, presently *(US)*.

présenter [pRezɑ̃te] (1) **1** *vt* (a) *(gén)*, *tableau, pièce de théâtre* to present; *personne* to introduce *(à* to, *dans* into); *marchandises* to display *(à* to), set out *(à* before); *(TV)* *nouvelles* to present; *émission* to compere. (b) *facture etc* to present, submit; *passeport* to present, show; *requête, candidat* to put in; *plat* to hold out. ~ **le flanc à l'ennemi** to turn one's flank towards the enemy; ~ **sa candidature à un poste** to apply for *ou* put in for a job; **présentez armes!** present arms! (c) *excuses, félicitations* to present, offer; *respects* to present, pay; *objection* to raise. (d) *(exposer)* *problème, idée, théorie* to set out, expound. **travail bien/mal présenté** well-/badly presented *ou* laid-out piece of work; ~ **qch sous un jour favorable** to present sth in a favourable light; **il nous a présenté son ami comme un héros** he spoke of his friend as a hero. (e) *(laisser paraître)* *avantage, symptôme, danger, obstacle* to show. **cette route présente beaucoup de détours** there are a lot of bends on this road. (f) *(Tech: placer)* to position, line up.

2 *vi [personne]* ~ **bien/mal** to have a good/poor appearance.

3 se ~ *vpr* (a) *(se rendre)* to go, come, appear. **se** ~ **chez qn** to go to sb's house; **il ne s'est présenté personne** no one came *ou* appeared *ou* turned up. (b) *[candidat]* to come forward. **se** ~ **pour un emploi** to apply for *ou* put in for a job; **se** ~ **à** *élection* to stand *ou* put o.s. up *ou* run *(US)* for; *examen* to sit, take; *concours* to go in for, enter for. (c) *(donner son nom)* to introduce o.s. (d) *[solution etc]* to present itself; *[occasion]* to arise, present itself; *[difficulté]* to crop up, come up. **un problème se présente à nous** we are faced with a problem; **si une nouvelle occasion se présente** if another opportunity arises; **se** ~ **à l'esprit** to come *ou* spring to mind. (e) *(apparaître)* **se** ~ **sous forme de cachets** to come in the form of tablets; **l'affaire se présente bien/mal** things are looking good/aren't looking too good; **se** ~ **sous un nouveau jour** to appear in a new light; **comment cela se présente-t-il?** *(lit)* what does it look like?; *(*fig) how's it going?

préserver [pRezɛRve] (1) *vt* to protect *(de* from, against). **se** ~ **du soleil** to protect o.s. from the sun; **Dieu m'en préserve!** Heaven preserve me! ♦ **préservation** *nf* preservation, protection.

président [pRezidɑ̃] *nm [pays, club]* president; *[comité, firme]* chairman; *[université]* vice-chancellor, president *(US)*; *[tribunal]* presiding judge *ou* magistrate. ~ **du jury** *(Scol)* chief examiner; *(Jur)* foreman of the jury; ~ **du conseil** prime minister; ~ **directeur général** chairman and managing director; **Monsieur le** ~ *(gén)* Mr President; *(Jur)* your Honour. ♦ **présidence** *nf* presidency; chairmanship; vice-chancellorship; *(résidence)* presidential residence *ou* palace. *(Pol)* **candidat à la** ~ presidential candidate. ♦ **présidente** *nf (en titre)* (lady *ou* woman) president *etc*; *(épouse)* president's *etc* wife. ♦ **présidentiel, -elle** *adj* presidential.

présider [pRezide] (1) **1** *vt (gén)* to preside over; *débat* to chair. ~ **un dîner** to be the guest of honour at a dinner; **c'est X qui préside** (*séance*) X is in the chair. **2** ~ **à** *vt indir*: ~ **à qch** to govern sth.

présomption [prezɔ̃psjɔ̃] *nf* (*supposition*) presumption; (*prétention*) presumptuousness. ♦ **présomptueux, -euse** *adj* presumptuous.

presque [prɛsk(ə)] *adv* almost, nearly; (*négatif*) hardly, scarcely. **c'est** ~ **de la folie** it's little short of madness; ~ **rien** hardly *ou* scarcely anything, next to nothing; **la** ~ **totalité des lecteurs** almost *ou* nearly all the readers.

presqu'île [prɛskil] *nf* peninsula.

pressant, e [prɛsɑ̃, ɑ̃t] *adj* besoin, danger pressing; *travail, désir* urgent; *demande* insistent.

presse [prɛs] *nf* **(a)** (*institution*) press; (*journaux*) (news)papers. ~ **automobile** car magazines; (*lit, fig*) **avoir bonne/mauvaise** ~ to be well/badly thought of; **agence** *etc* **de** ~ press agency *etc*. **(b)** (*appareil*) (*gén*) press; (*Typ*) (printing) press. **mettre sous** ~ *livre* to send to press; *journal* to put to bed. **(c)** (*littér: foule*) throng (*littér*), press (*littér*). **(d)** (*urgence*) **il n'y a pas de** ~* there's no rush *ou* hurry. ♦ **presse-citron** *nm inv* lemon squeezer. ♦ **presse-papiers** *nm inv* paperweight. ♦ **presse-purée** *nm inv* potato-masher.

pressentir [prɛsɑ̃tir] (16) *vt* **(a)** *danger* to sense. ~ **que ...** to have a feeling *ou* a premonition that ...; **rien ne laissait** ~ **sa mort** there was nothing to forewarn of *ou* to hint at his death. **(b)** *personne* to sound out, approach. ♦ **pressentiment** *nm* (*intuition*) presentiment, premonition; (*idée*) feeling.

presser [prɛse] (1) **1** *vt* **(a)** *éponge, fruit, objet* to squeeze; *bouton* to press, push; *raisin, disque* to press. **les gens étaient pressés les uns contre les autres** people were squashed up *ou* crushed up against one another. **(b)** ~ **qn de faire** to urge *ou* press sb to do. **(c)** *départ* to hasten, speed up. **(faire)** ~ **qn to hurry sb** (up); **(faire)** ~ **les choses** to speed things up; ~ **le pas** to speed up; **rien ne vous presse** there's no hurry, we're in no rush. **(d)** *débiteur, ennemi* to press. **pressé par le besoin** driven *ou* pressed by need; ~ **qn de questions** to bombard *ou* ply sb with questions. **2** *vi* [*affaire*] to be urgent. **le temps presse** time is short, time presses; **rien ne presse** there's no hurry *ou* rush. **3 se** ~ *vpr* **(a) se** ~ **contre qn** to squeeze up against sb; **se** ~ **autour de qn** to press *ou* crowd round sb; **les gens se pressaient pour entrer** people were pushing to get in. **(b)** (*se hâter*) **tp hurry (up). sans se** ~ without hurrying. ♦ **pressé, e** *adj* pas hurried. **être** ~ **(de partir)** to be in a hurry (to leave); **il faut parer au plus** ~ we must do the most urgent thing(s) first, first things first.

pressing [prɛsiŋ] *nm* **(a)** (*repassage*) steam-pressing; (*établissement*) dry-cleaner's. **(b)** (*Sport*) pressure.

pression [prɛsjɔ̃] *nf* **(a)** (*gén, fig, Sci*) pressure. (*Tech*) **mettre sous** ~ to pressurize; **faire** ~ **sur** *objet* to press on; *personne* to put pressure on; **être soumis à des** ~**s** to be under pressure; **bière à la** ~ draught beer. **(b)** (*bouton*) press stud, snap fastener (*US*).

pressoir [prɛswar] *nm* (*appareil*) press; (*local*) press-house.

pressuriser [prɛsyrize] (1) *vt* to pressurize. ♦ **pressurisation** *nf* pressurization.

prestance [prɛstɑ̃s] *nf* imposing bearing, presence.

prestation [prɛstasjɔ̃] *nf* **(a)** (*allocation*) benefit, allowance. ~**s sociales** social security benefits. **(b)** [*hôtel*] ~(s) service. **(c)** [*artiste, sportif*] performance.

preste [prɛst(ə)] *adj* (*littér*) nimble.

prestidigitation [prɛstidiʒitasjɔ̃] *nf* conjuring. ♦ **prestidigitateur, -trice** *nm,f* conjurer.

prestige [prɛstiʒ] *nm* prestige. **voiture** *etc* **de** ~ prestige car *etc*. ♦ **prestigieux, -euse** *adj* prestigious.

présumer [prezyme] (1) **1** *vt* to presume, assume. **2** ~ **de** *vt indir*: **trop** ~ **de** to overestimate, overrate.

présupposer [presypoze] (1) *vt* to presuppose.

prêt¹, e [prɛ, ɛt] *adj* **(a)** (*préparé*) ready (*à qch* for sth, *à faire* to do). **poulet** ~ **à cuire** oven-ready chicken; **tout est** ~ everything is ready, everything is in readiness; **il est** ~ **à tout** he will do anything, he will stop at nothing. **(b)** (*disposé*) ~ **à** ready *ou* prepared *ou* willing to. ♦ **prêt-à-porter** *nm* ready-to-wear (clothes).

prêt² [prɛ] *nm* (*action*) loan, lending; (*somme*) loan; (*sur salaire*) advance.

prétendant, e [pretɑ̃dɑ̃, ɑ̃t] **1** *nm* (*prince*) pretender; (*amoureux*) suitor. **2** *nm,f* (*candidat*) candidate (*à* for).

prétendre [pretɑ̃dr(ə)] (41) **1** *vt* **(a)** (*affirmer*) to claim, maintain, assert. **il se prétend médecin** he makes out *ou* claims he's a doctor; **on le prétend très riche** he is said *ou* alleged to be very rich; **à ce qu'il prétend** according to him *ou* to what he says. **(b)** (*avoir la prétention de*) to claim, pretend. **tu ne prétends pas le faire tout seul?** you don't pretend *ou* expect to do it on your own? **(c)** (*littér*) (*vouloir*) to want; (*avoir l'intention de*) to mean, intend. **2** ~ **à** *vt indir* to lay claim to, aspire to. ~ **à faire** to aspire to do. ♦ **prétendu, e** *adj* *chose* alleged; *personne* so-called, would-be. ♦ **prétendument** *adv* supposedly, allegedly.

prétention [pretɑ̃sjɔ̃] *nf* **(a)** (*exigence*) claim. **avoir des** ~**s sur** to lay claim to. **(b)** (*ambition*) pretension, claim (*à* to). **avoir la** ~ **de faire** to claim to be able to do; **sans** ~ *maison, repas* unpretentious; *robe* simple. **(c)** (*vanité*) pretentiousness, pretension. ♦ **prétentieusement** *adv* pretentiously. ♦ **prétentieux, -euse** *adj* pretentious.

prêter [prete] (1) **1** *vt* **(a)** *objet, argent* to lend. ~ **qch à qn** to lend sth to sb, lend sb sth; (*fig*) **c'est un prêté pour un rendu** it's tit for tat. **(b)** *sentiment, intention* to attribute, ascribe (*à* to). **on lui prête l'intention de démissionner** he is alleged *ou* claimed *ou* supposed to be going to resign. **(c)** *aide* to give, lend. ~ **main forte à qn** to lend sb a hand, go to sb's help; ~ **la main à un complot** to get involved in *ou* take part in a plot. **(d)** (*locutions*) ~ **attention à** to pay attention to, take notice of; ~ **le flanc à la critique** to lay o.s. open to criticism, invite criticism; ~ **l'oreille** to listen (*à* to); ~ **serment** to take an *ou* the oath; ~ **de l'importance à qch** to accord importance to sth, consider sth to be important. **2** ~ **à** *vt indir*: ~ **à la critique** to be open to *ou* give rise to criticism; ~ **à rire** to be ridiculous *ou* laughable. **3 se** ~ *vpr* **(a)** (*gén*) **se** ~ **à qch** to lend o.s. to sth. **(b)** [*chaussures, cuir*] to give, stretch. ♦ **prêteur, -euse 1** *adj* unselfish. **il n'est pas** ~ he doesn't like lending his things. **2** *nm,f* (*money*)lender. ~ **sur gages** pawnbroker. ♦ **prête-nom, pl** ~-~**s** *nm* figurehead.

prétérit [preterit] *nm* preterite.

prétexte [pretɛkst(ə)] *nm* pretext, excuse. **mauvais** ~ poor *ou* lame excuse; **sous** ~ **de/que** on the pretext of/that; **sous aucun** ~ on no account. ♦ **prétexter** (1) *vt*: ~ **qch** to give sth as a pretext *ou* an excuse.

prêtre [prɛtr(ə)] *nm* priest. ♦ **prêtresse** *nf* priestess. ♦ **prêtrise** *nf* priesthood.

preuve [prœv] *nf* **(a)** (*gén, Jur, Math*) proof. **pouvez-vous apporter la** ~ **de ce que vous dites?** can you prove what you're saying?, can you produce proof *ou* evidence of what you're saying?; **j'avais prévu cela, la** ~, **j'ai déjà mon billet*** I'd thought of that and to prove it I've already got my ticket; **je n'ai pas de** ~**s** I have no proof *ou* evidence; **il y a à 3** ~**s irréfutables qu'il ment** there are

3 definite pieces of evidence to show that he's lying. **(b)** (*locutions*) **faire ~ de** to show; **faire ses ~s** [*personne*] to prove o.s.; [*technique*] to be well-tried; **professeur qui a fait ses ~s** experienced teacher.

prévaloir [pʀevalwaʀ] (29) **1** *vi* to prevail (*sur* over, *contre* against). **faire ~ ses droits** to insist upon one's rights; **faire ~ son opinion** to win acceptance for one's opinion. **2 se ~** *vpr*: **se ~ de** (*se flatter*) to pride o.s. on; (*profiter*) to take advantage of.

prévenance [pʀevnɑ̃s] *nf*: **~(s)** thoughtfulness, consideration, kindness. ♦ **prévenant, e** *adj* considerate, kind (*envers* to), thoughtful.

prévenir [pʀevniʀ] (22) *vt* **(a)** (*menacer*) to warn (*de qch* about *ou* against sth); (*aviser*) to inform, tell, let know (*de qch* about sth). **~ le médecin** to call the doctor; **partir sans ~** to leave without telling anyone. **(b)** *accident, malheur* to prevent, avoid. **mieux vaut ~ que guérir** prevention is better than cure. **(c)** *besoin, désir* to anticipate; *objection* to forestall. **(d) ~ qn contre qn/en faveur de qn** to prejudice sb against sb/in sb's favour. ♦ **préventif, -ive** *adj* preventive. **à titre ~** as a preventive. ♦ **prévention** *nf* **(a)** [*accident, crime*] prevention. **~ routière** road safety. **(b)** (*Jur*) custody, detention. **(c)** (*préjugé*) prejudice (*contre* against). ♦ **préventivement** *adv* agir preventively. ♦ **préventorium** *nm* sanatorium. ♦ **prévenu, e** (*Jur*) **1** *adj* charged (*de* with). **2** *nm,f* defendant, accused (person).

prévoir [pʀevwaʀ] (24) *vt* **(a)** *événement, conséquence* to foresee, anticipate; *temps* to forecast. **tout laisse ~ une issue rapide** everything points to a rapid solution; **rien ne faisait ou ne laissait ~ que ...** there was nothing to suggest *ou* to make one think that ...; **on ne peut pas tout ~** you can't think of everything; **plus tôt que prévu** earlier than expected *ou* anticipated. **(b)** *voyage, construction* to plan. **~ de faire qch** to plan to do sth; **au moment prévu** at the appointed *ou* scheduled time; **comme prévu** as planned; **prévu pour lundi** scheduled for Monday. **(c)** *temps, place, argent* to allow; *équipements, repas* to provide. **tout est prévu pour l'arrivée de nos hôtes** everything is organized for the arrival of our guests; **cette voiture est prévue pour 4 personnes** this car is designed to take 4 people; **déposez vos lettres dans la boîte prévue à cet effet** put your letters in the box provided. **(d)** [*loi*] to provide for, make provision for.

♦ **prévisible** *adj* foreseeable. ♦ **prévision** *nf* (*gén*) prediction; (*attente*) expectation. **~s budgétaires** budget estimates; **~s météorologiques** weather forecast; (*action*) **la ~ du temps** weather forecasting; **en ~ de son arrivée** in anticipation *ou* expectation of his arrival:

prévoyance [pʀevwajɑ̃s] *nf* foresight, forethought. **société de ~** provident society. ♦ **prévoyant, e** *adj* provident.

prier [pʀije] (7) **1** *vt* (*Rel*) to pray to; (*implorer*) to beg. **il m'a prié de venir** (*demande*) he begged me to come; (*invitation*) he asked *ou* invited me to come; (*ordre*) he requested me to come; **je vous prie de sortir** will you please leave the room; **je vous en prie** (*faites donc*) please do, of course; (*après vous*) after you; (*de rien*) don't mention it, not at all; **voulez-vous ouvrir la fenêtre je vous prie?** would you mind opening the window please?; **il s'est fait ~** he needed coaxing *ou* persuading; **sans se faire ~** without hesitation. **2** *vi* to pray (*pour* for). ♦ **prière** *nf* (*Rel*) prayer; (*demande*) request; (*supplication*) plea, entreaty. **être en ~** to be at prayer *ou* praying; **à la ~ de qn** at sb's request; **~ de ne pas fumer** no smoking (please).

primaire [pʀimɛʀ] **1** *adj* (*gén*) primary; (*péj*) *personne* simple-minded; *raisonnement* simplistic.

2 *nm* (*Géol*) Primary, Palaeozoic. (*Scol*) **être en ~** to be in primary school.

primauté [pʀimote] *nf* primacy.

prime¹ [pʀim] *nf* **(a)** (*cadeau*) free gift. **(b)** (*bonus*) bonus; (*subvention*) premium, subsidy; (*indemnité*) allowance. **~ de transport** transport allowance. **(c)** (*Assurance, Bourse*) premium.

prime² [pʀim] *adj*: **de ~ abord** at first glance; **~ jeunesse** earliest youth; (*Math*) **n ~** n prime.

primer [pʀime] (1) **1** *vt* (*surpasser*) to prevail over, take precedence over; (*récompenser*) to award a prize to. **2** *vi* to be of prime importance.

primeur [pʀimœʀ] **1** *nfpl* (*Comm*) **~s** early fruit and vegetables; **marchand de ~s** greengrocer. **2** *nf*: **avoir la ~ d'une nouvelle** to be the first to hear a piece of news.

primevère [pʀimvɛʀ] *nf* primrose, primula.

primitif, -ive [pʀimitif, iv] **1** *adj* (*gén, Sociol*) primitive; (*originel*) original, first; *couleur* primary; (*sommaire*) *installation* primitive, crude. **2** *nm,f* primitive. ♦ **primitivement** *adv* originally.

primo [pʀimo] *adv* first (of all), firstly.

primordial, e, *mpl* **-aux** [pʀimɔʀdjal, o] *adj* essential, primordial.

prince [pʀɛ̃s] *nm* prince. **être bon ~** to be generous; **habillé comme un ~** dressed like a prince; **~ charmant** Prince Charming; **~ consort** Prince Consort; **~ héritier** crown prince. ♦ **princesse** *nf* princess. ♦ **princier, -ière** *adj* (*lit, fig*) princely.

principal, e, *mpl* **-aux** [pʀɛ̃sipal, o] **1** *adj bâtiment* main; *employé* chief, head; *question, raison* principal, main. **il a eu l'un des rôles ~aux** he played a major role, he was one of the leading *ou* main figures. **2** *nm* (*Fin*) principal; (*Scol*) principal, head(master); (*Admin*) chief clerk. **c'est le ~** that's the main thing. **3** *nf* (*Gram*) main clause. ♦ **principalement** *adv* principally, mainly, chiefly.

principauté [pʀɛ̃sipote] *nf* principality.

principe [pʀɛ̃sip] *nm* principle. **partir du ~ que** to work on the principle *ou* assumption that; **avoir pour ~ de faire** to make it a principle to do, make a point of doing; **par ~** on principle; **en ~** (*d'habitude*) as a rule; (*théoriquement*) in principle; **de ~ opposition etc** mechanical, automatic; **faire qch pour le ~** to do sth on principle.

printemps [pʀɛ̃tɑ̃] *nm* spring. **au ~** in (the) spring(time). ♦ **printanier, -ière** *adj soleil* spring; *temps, vêtement* spring-like.

priorité [pʀijɔʀite] *nf* (*gén*) priority. **en ~** as a (matter of) priority; (*Aut*) **avoir la ~** to have right of way (*sur* over). ♦ **prioritaire** *adj* having priority; (*Aut*) having right of way.

pris, prise¹ [pʀi, pʀiz] *adj* **(a)** *place* taken. **avoir les mains prises** to have one's hands full; **tous les billets sont ~** the tickets are sold out. **(b)** *personne* busy, engaged. **si vous n'êtes pas ~ ce soir ...** if you're free *ou* if you're not busy this evening ... . **(c)** (*Méd*) *nez* stuffed-up; *gorge* hoarse. **les poumons sont ~** the lungs are affected. **(d)** *crème* set; (*gelé*) *eau* frozen. **(e) ~ de peur/remords** stricken with *ou* by fear/remorse; **~ de boisson** under the influence of drink.

prise² [pʀiz] **1** *nf* **(a)** (*pour empoigner*) hold, grip; (*pour soulever*) purchase; (*Judo, Alpinisme*) hold. **cette construction offre trop de ~ au vent** this building is too open to the wind. **(b)** (*Chasse, Pêche*) catch; (*Mil, Dames, Échecs*) capture. **(c)** (*Aut*) **être en ~** to be in gear; **en ~** (*directe*) in direct drive; (*fig*) **en ~ directe avec** *ou* **sur** switched on to. **(d)** (*Méd*) dose. **(e)** (*locutions*) **avoir ~ sur** to have a hold over; **son attitude donne ~ aux soupçons** his attitude gives rise to *ou* lays him open to suspicion; **aux ~s avec qn/qch** battling *ou* grappling with sb/sth. **2: ~ d'air** air inlet *ou* intake; **~ de bec*** row*, set-to*; **~**

de conscience awareness, realization; ~ de contact initial contact *ou* meeting; ~ **de courant**
(*mâle*) plug; (*femelle*) socket; ~ **d'eau** water
(supply) point; (*robinet*) tap; ~ **d'otages** taking *ou*
seizure of hostages; ~ **de position** stand; ~ **de
sang** blood test; (*Ciné*) ~ **de son** sound recording;
(*Élec, Rad*) ~ **de terre** earth, ground (*US*); ~ **de
vue** (*opération*) filming, shooting; (*photo*)
shot.

priser [pRize] (1) **1** *vt tabac* to take; (*fig:
apprécier*) to prize, value. **2** *vi* to take snuff.

prisme [pRism(ə)] *nm* prism.

prison [pRizɔ̃] *nf* (*lieu*) prison, jail; (*peine*)
imprisonment. **mettre/être en** ~ to send to/be in
prison *ou* jail; **peine de** ~ prison sentence; **condamné à 3 mois de** ~ **ferme** sentenced to 3
months' imprisonment; **faire de la** ~ **préventive**
to be remanded in custody. ♦ **prisonnier, -ière**
1 *adj soldat* captive. **être** ~ to be a prisoner (*de*
of); ~ **de ses vêtements** imprisoned in one's
clothes. **2** *nm,f* prisoner. **faire/retenir qn** ~ to
take/hold sb prisoner.

privation [pRivasjɔ̃] *nf* (*suppression*) deprivation; (*gén pl: sacrifice*) privation, hardship. **la** ~
de la vue the loss of one's sight.

privatiser [pRivatize] (1) *vt entreprise* to put into
private hands.

privautés [pRivote] *nfpl* liberties.

privé, e [pRive] **1** *adj* (*gén*) private; (*Presse*)
source unofficial; (*Jur*) *droit* civil. **2** *nm* (*vie*) private life; (*Comm: secteur*) private sector. **en** ~ in
private.

priver [pRive] (1) *vt*: ~ **qn de qch** to deprive sb of
sth; ~ **qch d'un élément** to remove an element
from sth, strip sth of one of its elements; **privé de
connaissance** unconscious; **privé de voix** speechless, unable to speak; **il a été privé de sommeil** he
didn't get any sleep; **cela ne me prive pas** (*de vous
le donner*) I can spare it; (*de ne plus en manger*) I
don't miss it; (*de ne pas y aller*) I don't mind. **2 se**
~ *vpr* to go *ou* do without. **se** ~ **de qch** to go *ou* do
without sth, manage without sth; **se** ~ **de dessert**
to do without sweet, forego the sweet; **se** ~
inutilement de qch to deprive o.s. of sth unnecessarily; **il ne s'est pas privé de le dire** he had no
hesitation in saying so; **si tu veux y aller, ne t'en
prive pas pour moi** if you want to go don't hold
back for me.

privilège [pRivilɛʒ] *nm* (*gén*) privilege. **j'ai eu le**
~ **de faire** I had the privilege of doing, I was
privileged to do. ♦ **privilégié, e** *adj* (*gén*)
privileged; (*par le sort*) favoured. ♦ **privilégier**
(7) *vt* to favour.

prix [pRi] *nm* (a) (*gén, fig*) price; [*location, transport*] cost. **quel est le** ~ **du billet de métro?** how
much does a ticket on the underground cost?,
what is the fare on the underground?; ~ **de
revient** cost price; **menu à** ~ **fixe** set price menu;
votre ~ **sera le mien** name *ou* state your price;
acheter qch à ~ **d'or** to pay a (small) fortune for
sth; **ça n'a pas de** ~ it is priceless; **je vous fais un**
~ (**d'ami**) I'll let you have it at a reduced price, I'll
knock a bit off for you*; **y mettre le** ~ to pay a lot
for sth; **c'est dans mes** ~ that's within my price-
range; (*enchères*) **mettre qch à** ~ to set a reserve
price *ou* an upset price (*US*) on sth; **mettre à** ~ **la
tête de qn** to put a price on sb's head; **objet de** ~
expensive *ou* pricey object; **j'apprécie votre
geste à son juste** ~ I appreciate your gesture for
what it's worth; **donner du** ~ **à qch** to make sth
more precious; **à tout** ~ at all costs; **à aucun** ~ on
no account; **au** ~ **de grands efforts** at the expense
of great effort. (b) (*récompense*) prize. **le** ~
Nobel de la paix the Nobel Peace Prize. (c) (*vainqueur*) (*personne*) prizewinner; (*livre*) prize winning book. (d) (*Courses*) race. (*Aut*) **Grand** ~
(**automobile**) Grand Prix.

pro [pRo] *nm, préf* pro-.

probable [pRɔbabl(ə)] *adj* probable, likely. **il est
peu** ~ **qu'il vienne** he is unlikely to come, there is
little chance of his coming. ♦ **probabilité** *nf*
probability, likelihood; (*chance*) probability.
♦ **probablement** *adv* probably.

probant, e [pRɔbɑ̃, ɑ̃t] *adj* convincing.

probité [pRɔbite] *nf* probity, integrity.

problème [pRɔblɛm] *nm* problem; (*à débattre*)
issue; (*Math*) problem, sum. **enfant à** ~**s** problem
child. ♦ **problématique** *adj* problematic(al).

procéder [pRɔsede] (6) **1** *vi* (*agir*) to proceed;
(*moralement*) to behave. **2** ~ **à** *vt indir enquête
etc* to conduct, carry out. ~ **à l'ouverture de qch**
to proceed to open sth. **3** ~ **de** *vt indir* (*littér*) to
come from, proceed from. ♦ **procédé** *nm*
(*méthode*) process. (*conduite*) ~(**s**) behaviour,
conduct.

procédure [pRɔsedyR] *nf* (*gén, Jur*) procedure;
(*procès*) proceedings.

procès [pRɔsɛ] *nm* (*civil*) (legal) proceedings,
(court) action, lawsuit; (*criminel*) trial. **engager
un** ~ **contre qn** to take (court) action against sb,
take sb to court, sue sb; **gagner/perdre son** ~ to
win/lose one's case; (*fig*) **faire le** ~ **de qch** to put sth
on trial (*fig*). ♦ **procès-verbal**, *pl* ~**-**~**aux** *nm*
(*compte-rendu*) minutes; (*constat*) report; (*de
contravention*) statement. **dresser un** ~ **contre
qn** to book sb.

procession [pRɔsesjɔ̃] *nf* (*gén*) procession.

processus [pRɔsesys] *nm* process.

prochain, e [pRɔʃɛ̃, ɛn] **1** *adj* (a) (*suivant*) next. **le
mois** ~ next month; **la** ~**e fois** next time; **à la** ~**e
occasion** at the next *ou* first opportunity; **au
revoir, à une** ~**e fois!** goodbye, see you again!; **ce
sera pour une** ~**e fois** it'll have to be some other
time; **je descends à la** ~**e*** I'm getting off at the
next stop. (b) (*proche*) *arrivée* imminent; *avenir*
near, immediate. **un jour** ~ soon, in the-near
future. **2** *nm* fellow man. ♦ **prochainement** *adv*
soon, shortly.

proche [pRɔʃ] **1** *adj* (a) *village* neighbouring,
nearby. **être** ~ to be near, be close (by); ~ **de near**,
close to; **le magasin le plus** ~ the nearest shop; **de**
~ **en** ~ gradually; **le P~-Orient** the Near-East.
(b) *mort* close, at hand; *départ* imminent. **dans un**
~ **avenir** in the near future; **être** ~ to be drawing
near, be at hand; **être** ~ **de** to be close to. (c)
événement close, recent. (d) *parent* close, near.
2 *nmpl*: ~**s** close relations, next of kin.

proclamer [pRɔklame] (1) *vt* (*gén*) to proclaim;
décret to publish; *résultats d'élection* to declare;
résultats d'examen to announce. ♦ **proclamation**
nf proclamation; declaration; announcement.

procréer [pRɔkRee] (1) *vt* to procreate.
♦ **procréation** *nf* procreation.

procuration [pRɔkyRasjɔ̃] *nf* proxy; (*Fin*) power
of attorney.

procurer [pRɔkyRe] (1) **1** *vt* to bring, give. ~ **qch à
qn** to get *ou* obtain sth for sb, provide sb with sth.
2 se ~ *vpr* to get, find, obtain (for o.s.); (*acheter*)
to buy (o.s.).

procureur [pRɔkyRœR] *nm* (*Jur*) ~ (**de la République**) public *ou* state prosecutor.

prodigalité [pRɔdigalite] *nf* (*gén*) prodigality,
extravagance; (*fig: profusion*) profusion. ~**s**
extravagance.

prodige [pRɔdiʒ] **1** *nm* (*événement*) marvel,
wonder; (*personne*) prodigy. **tenir du** ~ to be
extraordinary; **faire des** ~**s** to work wonders;
grâce à des ~**s de courage** thanks to his (*ou her
etc*) prodigious *ou* extraordinary courage. **2** *adj*:
enfant ~ child prodigy. ♦ **prodigieusement**
adv fantastically, incredibly, prodigiously.
♦ **prodigieux, -euse** *adj* (*gén*) fantastic, incredible; *effort, personne* prodigious.

prodigue [pRɔdig] **1** *adj* (*dépensier*) extravagant,
wasteful, prodigal; (*généreux*) generous. **être** ~
de compliments, argent to be free with; *temps* to

be unsparing of; (*Rel*) **le fils** ~ the prodigal son. **2** *nmf* spendthrift.

prodiguer [pʀɔdige] (1) *vt énergie* to be unsparing of; *conseils* to give; *argent* to be lavish with. ~ **qch à qn** to lavish sth on sb.

produire [pʀɔdɥiʀ] (38) **1** *vt* (*gén*, *Ciné*, *Jur*) to produce; *voitures etc* to produce, make; (*Agr*) to produce, grow; *intérêt* to yield, return. **2 se** ~ *vpr* **(a)** (*survenir*) to happen, occur, take place. **(b)** *[acteur]* to give a performance, appear. ♦ **producteur, -trice 1** *adj* (*gén*, *Agr*) producing. **pays** ~ **de pétrole** oil-producing country, oil producer. **2** *nm,f* (*gén*, *Ciné*, *Agr*) producer. ♦ **productif, -ive** *adj* productive. (*Fin*) ~ **d'intérêts** interest-bearing. ♦ **production** *nf* **(a)** (*action*) production. **(b)** (*rendement*) (*Ind*) production, output; (*Agr*) production, yield. **(c)** (*produit*) product. ~**s** (*Agr*) produce; (*Comm*, *Ind*) goods. **(d)** (*Ciné*) production. ♦ **productivité** *nf* productivity.

produit [pʀɔdɥi] *nm* **(a)** (*article*) product; (*Chim*) chemical. ~**s** (*Agr*) produce; (*Comm*, *Ind*) goods, products; ~**s finis** finished goods *ou* products; ~**s alimentaires** foodstuffs; ~**s de beauté** cosmetics; ~ **pharmaceutique** pharmaceutical (product). **(b)** (*rapport*) product, yield; (*bénéfice*) profit; (*revenu*) income. **le** ~ **de la collecte** the proceeds *ou* takings from the collection; ~ **national brut** gross national product. **(c)** (*Math*) product.

proéminent, e [pʀɔeminɑ̃, ɑ̃t] *adj* prominent.

prof* [pʀɔf] *abrév de* **professeur.**

profane [pʀɔfan] **1** *adj fête etc* secular. **2** *nmf* **(a)** (*gén*) layman, lay person. **(b)** (*Rel*) non-believer. **3** *nm* (*Rel*) **le** ~ the secular. ♦ **profaner** (1) *vt église* to desecrate, profane; *souvenir* to defile. ♦ **profanateur, -trice 1** *adj* profaning. **2** *nm,f* profaner. ♦ **profanation** *nf* desecration, profanation; defilement.

proférer [pʀɔfeʀe] (6) *vt parole* to utter.

professer [pʀɔfese] (1) *vt* **(a)** *opinion etc* to profess, declare. **(b)** (*Scol*) to teach.

professeur [pʀɔfesœʀ] *nm* (*gén*) teacher; (*Scol*) (school)teacher; (*Univ*) = lecturer; (*avec chaire*) professor. ~ **de piano** piano teacher *ou* master (*ou* mistress).

profession [pʀɔfesjɔ̃] *nf* (*gén*) occupation; (*manuelle*) trade; (*libérale*) profession. (*Admin*) **'sans** ~**'** 'occupation: none'; **faire** ~ **d'être artiste** to profess *ou* declare o.s. an artist; (*Rel*, *fig*) ~ **de foi** profession of faith. ♦ **professionnel, -elle 1** *adj activité, maladie* occupational; *formation* vocational; *sportif, secret, faute* professional. **école** ~**elle** training college. **2** *nm,f* (*gén*, *Sport*) professional.

professoral, e, *mpl* **-aux** [pʀɔfesɔʀal, o] *adj ton* professorial. ♦ **professorat** *nm*: **le** ~ teaching.

profil [pʀɔfil] *nm* (*gén*, *fig*) profile; (*voiture*) line. **de** ~ in profile. ♦ **profiler** (1) **1** *vt* (*Tech*) (*dessiner*) to profile; (*fabriquer*) to shape. **2 se** ~ *vpr* [*objet*] to stand out, be outlined (*sur*, *contre* against); (*ennuis, solution*) to emerge.

profit [pʀɔfi] *nm* (*Comm*, *Fin*) profit; (*avantage*) benefit, advantage, profit. **être d'un grand** ~ **à qn** to be of great benefit to sb; **faire du** ~ (*gén*) to be economical; [*vêtement*] to wear well; [*rôti*] to go a long way; **vous avez** ~ **à faire cela** it's in your interest *ou* to your advantage to do that; **tirer** ~ **de,** **mettre à** ~ *leçon* to profit *ou* benefit from; **malheur des autres** to take advantage of; *invention* to turn to good account; *jeunesse, temps libre* to make the most of; **collecte au** ~ **des aveugles** collection in aid of the blind. ♦ **profitable** *adj* (*utile*) beneficial, of benefit; (*lucratif*) profitable (*à* to). ♦ **profiter** (1) **1** *vi* ~ **de** *vt indir* to take advantage of; *jeunesse, vacances* to make the most of. **2** ~ **à** *vt indir*: ~ **à qn** [*repas, conseil*] to benefit sb; **cette affaire lui a profité** he benefited by that business; **à qui cela profite-t-il?** who stands to

gain by it? **3** *vi* (*) [*enfant*] to thrive, grow; (*être économique*) to be economical. ♦ **profiteur, -euse** *nm,f* profiteer.

profond, e [pʀɔfɔ̃, ɔ̃d] **1** *adj* **(a)** (*lit*) deep. **peu** ~ shallow; ~ **de 3 mètres** 3 metres deep. **(b)** *nuit, couleur, voix* deep; *soupir* deep, heavy; *sommeil* deep, sound; *silence, mystère, réflexion* deep, profound; *erreur, intérêt, sentiment* profound; *révérence* deep, low; *cause, signification* underlying, deeper; *tendance* deep-seated, underlying. **2** *nm*: **au plus** ~ **de** (*gén*) in the depths of; **au plus** ~ **de la nuit** at dead of night. **3** *adv creuser* deep; *planter* deep (down). ♦ **profondément** *adv* deeply; profoundly; *creuser* deep; *s'incliner* low. ~ **différent** vastly *ou* profoundly different; **il dort** ~ he is sound *ou* fast asleep; **idée** ~ **ancrée dans les esprits** idea deeply rooted in people's minds; **ça m'est** ~ **égal** I really couldn't care less. ♦ **profondeur** *nf* **(a)** (*lit*) depth. **à cause du peu de** ~ because of the shallowness; **creuser en** ~ to dig deep; **avoir 10 mètres de** ~ to be 10 metres deep *ou* in depth; **les** ~**s** the depths (*de* of). **(b)** [*personne, remarque*] profundity; [*sentiment, regard*] depth. **en** ~ *agir* in depth; *réforme* radical.

profusion [pʀɔfyzjɔ̃] *nf* (*gén*) profusion; [*idées*] wealth. **il y a des fruits à** ~ there is fruit galore* *ou* in plenty, there is plenty of fruit.

progéniture [pʀɔʒenityʀ] *nf* offspring.

programme [pʀɔgʀam] *nm* **(a)** (*gén*) programme, program (*US*); (*emploi du temps*) timetable; (*Ordinateurs*) program. **au** ~ in the programme. **(b)** (*Scol*) (*d'une matière*) syllabus; (*d'une classe, d'une école*) curriculum. **les œuvres du** ~ the set books, the books on the syllabus. ♦ **programmation** *nf* programming. ♦ **programmer** (1) *vt émission* to bill; *ordinateur* to program; (*: *prévoir*) to plan. ♦ **programmeur, -euse** *nm,f* (computer) programmer.

progrès [pʀɔgʀɛ] *nm* (*gén*) progress. **faire des** ~ to make progress; **élève en** ~ pupil who is making progress *ou* who is getting on (well); **il y a du** ~ there is some progress *ou* improvement; **suivre les** ~ **de** to follow the progress of. ♦ **progresser** (1) *vi* **(a)** (*s'améliorer*) to progress, get *ou* come on well. **(b)** (*avancer*) to advance, progress; [*théorie*] to gain ground, make headway. ♦ **progressif, -ive** *adj* progressive. ♦ **progression** *nf* (*gén*) progress; [*ennemi*] advance; [*maladie*] progression. **(b)** (*Math, Mus*) progression. ♦ **progressiste** *adj, nmf* progressive. ♦ **progressivement** *adv* progressively.

prohiber [pʀɔibe] (1) *vt* to prohibit, ban, forbid. ♦ **prohibitif, -ive** *adj* prohibitive. ♦ **prohibition** *nf* prohibition.

proie [pʀwa] *nf* (*lit, fig*) prey. **être la** ~ **de** to fall prey to, be the prey of; **être en** ~ **à** *maladie* to be a victim of; *douleur* to be tortured by; *émotion* to be prey to.

projecteur [pʀɔʒɛktœʀ] *nm* **(a)** [*film*] projector. **(b)** [*lampe*] [*théâtre*] spotlight; [*bateau*] searchlight; [*monument*] floodlight.

projectile [pʀɔʒɛktil] *nm* missile, projectile.

projection [pʀɔʒɛksjɔ̃] *nf* **(a)** [*film*] (*action*) projection; (*séance*) showing. **appareil de** ~ projector; **salle de** ~ film theatre; **cabine de** ~ projection room. **(b)** [*pierres etc*] throwing; [*vapeur*] discharge. ♦ **projectionniste** *nmf* projectionist.

projet [pʀɔʒɛ] *nm* **(a)** (*dessein*) plan. **faire le** ~ **de faire** to make plans to do; **ce** ~ **de livre** this plan for a book; **c'est encore en** ~ it's still only at the planning stage. **(b)** (*ébauche*) [*roman*] (preliminary) draft; [*maison*] plan. ~ **de loi** bill; **établir un** ~ **de contrat** to draft a contract.

projeter [pʀɔʒte] (4) **1** *vt* **(a)** (*envisager*) to plan (*de faire* to do). **(b)** (*jeter*) (*gén*) to throw, fling; *gravillons* to throw up; *étincelles* to throw off; *fumée* to send out, discharge. **(c)** *ombre, reflet* to

cast, project, throw; *diapositive* to project, show.
2 se ~ *vpr [ombre]* to be cast, fall (*sur* on).

prolétaire [pʀɔleteʀ] *nm* proletarian.
♦ **prolétariat** *nm* proletariat. ♦ **prolétarien,**
-ienne *adj* proletarian.

prolifération [pʀɔlifeʀasjɔ̃] *nf* proliferation.
♦ **proliférer** (6) *vi* to proliferate. ♦ **prolifique** *adj*
prolific.

prologue [pʀɔlɔg] *nm* prologue (*à* to).

prolonger [pʀɔlɔ̃ʒe] (3) **1** *vt* (*gén*) to prolong;
billet to extend; *rue, mur* to extend, continue. **2 se**
~ *vpr* (*gén*) to go on, carry on, continue; *[effet]* to
last, persist.
♦ **prolongation** *nf* prolongation; extension. (*Ftbl*)
~s extra time. ♦ **prolongé, e** *adj* prolonged.
♦ **prolongement** *nm [route]* continuation; *[bâti-*
ment, affaire] extension. **être dans le ~ de qch** to
run *ou* lead straight on from sth; (*suites*) **~s**
repercussions, effects.

promenade [pʀɔmnad] *nf* (a) (*à pied*) walk,
stroll; (*en voiture*) drive, ride; (*en bateau*) sail;
(*en vélo, à cheval*) ride. **faire une ~/être en ~** to
go out/be out for a walk (*ou* a drive *etc*). (b)
(*avenue*) walk, esplanade. ♦ **promener** (5) **1** *vt*
(**emmener**) **~ qn** to take sb (out) for a walk *ou*
stroll; **cela te promènera** that will get you out for
a while; (*péj*) **~ qch/qn partout*** to trail sth/sb
everywhere; **~ ses regards/ses doigts sur qch** to
run one's eyes/one's fingers over sth. **2 se ~** *vpr*
to go for a walk (*ou* drive *etc*); *[regards, doigts]* to
wander. **ses affaires se promènent toujours**
partout* his things are always lying around all
over the place. ♦ **promeneur, -euse** *nm,f* walker,
stroller.

promesse [pʀɔmɛs] *nf* promise; (*Comm*) commitment, undertaking. **~ en l'air** empty *ou* vain
promise; **~ d'achat** commitment to buy; **faire une**
~ to make a promise, give one's word; **j'ai sa ~** I
have his word for it; (*fig*) **plein de ~s** very promising.

prometteur, -euse [pʀɔmetœʀ, øz] *adj* début,
signe promising.

promettre [pʀɔmetʀ(ə)] (56) **1** *vt* (*gén, fig*) to
promise. **je te le promets** I promise (you); **il a**
promis de venir he promised to come; **il m'a**
promis de venir *ou* **qu'il viendrait** he promised
me that he would come; **~ la lune** to promise the
moon *ou* the earth; **~ son cœur** to pledge one's
heart; **on nous promet du beau temps** we are
promised *ou* we are in for* some fine weather; **le**
dîner promet d'être réussi the dinner promises to
be a success; **cet enfant promet** this child shows
promise *ou* is promising; (*iro*) **ça promet!** that's a
good start! (*iro*), that's promising! (*iro*).
2 se ~ *vpr:* **se ~ de faire** to mean *ou* resolve to
do; **se ~ du bon temps** to promise o.s. a good time.
♦ **promis, e** *adj:* **être ~ à qch** to be destined for
sth.

promiscuité [pʀɔmiskɥite] *nf* lack of privacy (*de*
in).

promontoire [pʀɔmɔ̃twaʀ] *nm* headland, promontory.

promotion [pʀɔmosjɔ̃] *nf [employé, produit]*
promotion; (*Scol: année*) year. **~ sociale** social
advancement; (*article en*) **~** (item on) special
offer. ♦ **promoteur, -trice** *nm,f* (*Constr*) property developer; (*instigateur*) promoter.
♦ **promotionnel, -elle** *adj* article on (special)
offer; *vente* promotional. ♦ **promouvoir** (27) *vt* to
promote (*à* to).

prompt, prompte [pʀɔ̃, pʀɔ̃t] *adj* (*gén*) swift,
rapid, quick; *réaction* prompt, swift; *départ,*
changement sudden. **~ rétablissement!** get well
soon!; **~ à agir** swift *ou* quick to act.
♦ **promptement** *adv* swiftly; rapidly; quickly;
promptly; suddenly. ♦ **promptitude** *nf* swiftness;
rapidity; quickness; promptness; suddenness.

promulguer [pʀɔmylge] (1) *vt* to promulgate.

prôner [pʀone] (1) *vt* (*vanter*) to extol; (*préco-*
niser) to advocate.

pronom [pʀɔnɔ̃] *nm* pronoun. ♦ **pronominal, e,**
mpl **-aux** *adj* pronominal. **verbe ~** reflexive verb.

prononcer [pʀɔnɔ̃se] (3) **1** *vt* (a) (*articuler*) to
pronounce. **mal ~ un mot** to mispronounce a
word; **~ distinctement** to speak clearly. (b)
(*dire*) *parole, nom* to utter; *discours* to make,
deliver. (c) *sentence, dissolution* to pronounce.
2 se ~ *vpr* (a) to reach *ou* come to a decision, give
a verdict (*sur* on). **se ~ en faveur de** to pronounce
o.s. in favour of. (b) *[mot]* to be pronounced.
♦ **prononcé, e** *adj accent, goût, trait* marked, pronounced. ♦ **prononciation** *nf* pronunciation. **il a**
une bonne ~ he speaks clearly; (*langue*
étrangère) he has a good pronunciation; **défaut de**
~ speech impediment *ou* defect.

pronostic [pʀɔnɔstik] *nm* forecast. ♦ **pronos-**
tiquer (1) *vt* (*prédire*) to forecast; (*être le signe*
de) to foretell, be a sign of. ♦ **pronostiqueur,**
-euse *nm,f* (*gén*) forecaster; (*Courses*) tipster.

propagande [pʀɔpagɑ̃d] *nf* propaganda. **faire de**
la ~ pour qch/qn to push *ou* plug* sth/sb.

propager [pʀɔpaʒe] (3) **1** *vt foi, idée* to propagate;
nouvelle, maladie to spread. **2 se ~** *vpr* (*gén*) to
spread; (*Phys*) *[onde]* to be propagated; (*Bio*)
[espèce] to propagate. ♦ **propagateur, -trice** *nm,f*
propagator; spreader. ♦ **propagation** *nf* propagation; spreading.

propane [pʀɔpan] *nm* propane.

propension [pʀɔpɑ̃sjɔ̃] *nf* propensity (*à qch* for
sth, *à faire* to do).

prophète [pʀɔfɛt] *nm* prophet. ♦ **prophétesse** *nf*
prophetess. ♦ **prophétie** *nf* prophecy. ♦ **prophé-**
tique *adj* prophetic. ♦ **prophétiser** (1) *vt* to
prophesy.

propice [pʀɔpis] *adj* (*gén*) favourable (*à* to);
circonstance auspicious, propitious. **moment ~**
opportune moment.

proportion [pʀɔpɔʀsjɔ̃] *nf* (*gén*) proportion. (*rap-*
port) **la ~ entre hauteur et largeur** the proportion
ou relation of height to width, the ratio between
height and width; **en ~** in proportion (*de* to); **hors**
de ~ out of proportion (*avec* to); **toutes ~s gar-**
dées relatively speaking, making due allow-
ance(s). ♦ **proportionné, e** *adj:* **~ à** proportional
ou proportionate to; **bien ~** well-proportioned.
♦ **proportionnel, -elle** *adj* proportional. **~ à**
proportional *ou* proportionate to. ♦ **proportion-**
nellement *adv* proportionally, proportionately (*à*
to). ♦ **proportionner** (1) *vt* to proportion.

propos [pʀɔpo] *nm* (a) (*paroles*) talk, remarks,
words. (b) (*littér: intention*) intention. **de ~ déli-**
béré deliberately, on purpose. (c) (*sujet*) subject.
à quel ~ voulait-il me voir? what did he want to
see me about?; **à ~ de ta voiture** about your car,
on the subject of your car; **je vous écris à ~ de**
l'annonce I am writing regarding *ou* concerning
the advertisement *ou* in connection with the
advertisement; **à ce ~** in this connection. (d) (*lit,*
fig) **arriver à ~** to come at the right moment *ou*
time; *[fait]* **arriver mal à ~** to happen (just) at the
wrong moment *ou* time; **juger à ~ de faire qch** to
see fit to do sth; **à ~, dis-moi ...** incidentally *ou* by
the way, tell me ... .

proposer [pʀɔpoze] (1) **1** *vt* (a) (*suggérer*) (*gén*) to
suggest, propose (*de faire* doing); *solution, can-*
didat to put forward. **~ qch à qn** to suggest sth to
sb; **je vous propose de passer me voir** I would
suggest that you come round and see me. (b)
(*offrir*) *aide, prix, situation* to offer. **~ de faire** to
offer to do; **~ qch à qn** to offer sth to sb, offer sb
sth.
2 se ~ *vpr* (a) (*offrir ses services*) to offer one's
services. **se ~ pour faire qch** to offer to do sth.
(b) *but, tâche* to set o.s. **se ~ de faire qch** to
intend *ou* mean to propose to do sth.
♦ **proposition** *nf* (a) (*suggestion, offre*) proposal,

proposition. (*Pol*) ~ de loi private bill; sur ~ de at the proposal of. **(b)** (*Math, Philos, déclaration*) proposition. **(c)** (*Gram*) clause. ~ **principale** main clause.

propre[1] [pRɔpR(ə)] **1** *adj* **(a)** (*pas sali*) clean; (*net*) *personne, vêtement* neat, tidy; *travail, cahier* neat. ~ **comme un sou neuf** as neat *ou* clean as a new pin; **ce n'est pas** ~ **de manger avec les doigts** it's messy to eat with your fingers; **nous voilà** ~**s!*** now we're in a fine *ou* proper mess!* **(b)** (*qui ne salit pas*) *chien* house-trained; *enfant* toilet-trained. **(c)** (*honnête*) honest, decent. **2** *nm*: **sentir le** ~ to smell clean; **recopier qch au** ~ to make a fair copy of sth; **c'est du** ~!* (*gâchis*) what a mess!; (*comportement*) it's an absolute disgrace!

propre[2] [pRɔpR(ə)] **1** *adj* **(a)** (*possessif*) own. **par ses** ~**s moyens** *réussir* on one's own; *rentrer* under one's own steam; **ce sont ses** ~**s mots** those are his own *ou* his very *ou* his actual words; **de son** ~ **chef** on his own initiative. **(b)** (*spécifique*) ~ **à** peculiar to, characteristic of; **c'est un trait qui lui est** ~ it's a distinctive *ou* specific characteristic of his. **(c)** (*qui convient*) suitable, appropriate (*à* for). **le mot** ~ the right *ou* proper word. **(d)** (*de nature à*) **un poste** ~ **à lui apporter des satisfactions** a job likely to bring him satisfaction. **(e)** (*Ling*) **sens d'un mot** literal. **2** *nm* **(a)** (*qualité*) **c'est le** ~ **de qch** it's a peculiarity *ou* (distinctive) feature of sth; **avoir qch en** ~ to have exclusive possession of sth; **cette caractéristique que la France possède en** ~ this feature which is peculiar *ou* exclusive to France. **(b)** (*Ling*) **au** ~ in the literal sense, literally.

propre-à-rien, *pl* ~**s**-~-~ [pRɔpRaRjɛ̃] *nmf* good-for-nothing.

proprement [pRɔpRəmɑ̃] *adv* **(a)** (*avec propreté*) cleanly; (*avec netteté*) neatly, tidily; (*comme il faut*) properly; (*fig: décemment*) decently. **mange** ~! eat properly! **(b)** (*exactement*) exactly, literally; (*exclusivement*) specifically, strictly. **à** ~ **parler** strictly speaking; **le village** ~ **dit** the actual village, the village itself; **c'est** ~ **scandaleux** it's absolutely disgraceful.

propreté [pRɔpRəte] *nf* (*V* propre[1]) cleanliness, cleanness; neatness; tidiness; (*hygiène*) hygiene.

propriété [pRɔpRijete] *nf* **(a)** (*droit*) ownership, property. ~ **artistique** artistic copyright; **posséder en toute** ~ to have sole ownership of. **(b)** (*maison*) property; (*terres*) property, land. ~ **bâtie/non bâtie** developed/undeveloped property; ~ **privée** private property. **(c)** (*qualité*) property. **(d)** (*correction*) [*mot*] appropriateness, suitability. ♦ **propriétaire 1** *nm* (*gén*) owner; [*entreprise*] proprietor; [*appartement loué*] landlord. **il est** ~ he owns his house; ~ **récoltant** grower; ~ **terrien** landowner; ~ **foncier** property owner. **2** *nf* owner; proprietress; landlady.

propulser [pRɔpylse] **(1)** *vt* **(a)** [*moteur*] to propel, drive. **(b)** (*projeter*) to hurl, fling. ♦ **propulseur 1** *adj* propulsive, driving. **2** *nm* propeller. ♦ **propulsion** *nf* propulsion. **à** ~ **atomique** atomic-powered.

prorata [pRɔRata] *nm inv*: **au** ~ **de** in proportion to.

proroger [pRɔRɔʒe] **(3)** *vt durée* to extend; *échéance* to put back, defer; *séance* to adjourn; (*Parl*) to prorogue. ♦ **prorogation** *nf* extension; deferment; adjournment; prorogation.

prosaïque [pRɔzaik] *adj* mundane, prosaic. ♦ **prosaïquement** *adv* mundanely, prosaically.

proscrire [pRɔskRiR] **(39)** *vt chose* to ban, prohibit, proscribe; *personne* (*mettre hors la loi*) to outlaw, proscribe; (*exiler*) to banish, exile. ~ **une expression de son style** to banish an expression from one's style. ♦ **proscription** *nf* banning; prohibition; proscription; banishment. ♦ **proscrit, e** *nm,f* (*hors-la-loi*) outlaw; (*exilé*) exile.

prose [pRoz] *nf* (*gén*) prose; (*hum: lettre*) letter. **poème en** ~ prose poem.

prospecter [pRɔspɛkte] **(1)** *vt* (*Min*) to prospect; (*Comm*) to canvass. ♦ **prospecteur, -trice** *nm,f* prospector. ♦ **prospection** *nf* prospecting; canvassing.

prospectus [pRɔspɛktys] *nm* (*tract*) leaflet, handout; (*dépliant*) brochure, leaflet.

prospère [pRɔspɛR] *adj commerce, santé* flourishing; *finances* thriving; *pays, commerçant* prosperous, affluent. ♦ **prospérer** **(6)** *vi* to flourish; to thrive; to prosper. ♦ **prospérité** *nf* (*matérielle, économique*) prosperity; [*finances*] thriving state.

prostate [pRɔstat] *nf* prostate (gland).

prosterner [pRɔstɛRne] **(1) 1** *vt* (*littér*) to bow low. **2 se** ~ *vpr* (*s'incliner*) to bow down, prostrate o.s. (*devant* before); (*fig: s'humilier*) to grovel (*devant* before). ♦ **prosterné, e** *adj* prostrate.

prostituer [pRɔstitɥe] **(1) 1** *vt* to prostitute. **2 se** ~ *vpr* (*lit, fig*) to prostitute o.s. ♦ **prostituée** *nf* prostitute. ♦ **prostitution** *nf* (*lit, fig*) prostitution.

prostration [pRɔstRasjɔ̃] *nf* prostration. ♦ **prostré, e** *adj* prostrate.

protagoniste [pRɔtagɔnist(ə)] *nm* protagonist.

protection [pRɔtɛksjɔ̃] *nf* (*défense*) protection; (*patronage*) patronage; (*blindage*) armour-plating. **mesures de** ~ protective measures; **prendre qn sous sa** ~ to give sb one's protection (*ou* patronage); ~ **de la nature** preservation *ou* protection of the countryside. ♦ **protecteur, -trice 1** *adj* (*gén*) protective (*de* of); *ton, air* patronizing. **2** *nm,f* (*défenseur*) protector, guardian; [*arts*] patron. **3** *nm* (*souteneur*) pimp (*péj*). ♦ **protectionnisme** *nm* protectionism. ♦ **protectionniste** *adj, nmf* protectionist. ♦ **protectorat** *nm* protectorate.

protéger [pRɔteʒe] **(6 et 3) 1** *vt* (*gén*) to protect; (*moralement*) to guard, shield; (*des éléments*) to protect, shelter (*de* from); (*fig: patronner*) to patronize. **2 se** ~ *vpr* to protect o.s. ♦ **protégé, e** *nm,f* protégé; protégée; (*: favori*) favourite, pet*. ♦ **protège-cahier**, *pl* ~**s**-~**s** *nm* exercise-book cover.

protéine [pRɔtein] *nf* protein.

protestant, e [pRɔtɛstɑ̃, ɑ̃t] *adj, nm,f* Protestant. ♦ **protestantisme** *nm* Protestantism.

protester [pRɔtɛste] **(1)** *vti* to protest (*contre* against, about). ~ **de son innocence** to protest one's innocence. ♦ **protestataire 1** *adj personne* protesting; *marche* protest. **2** *nmf* protester. ♦ **protestation** *nf* (*plainte*) protest; (*déclaration*) protestation, profession.

prothèse [pRɔtɛz] *nf* prosthesis. ~ **(dentaire)** dentures.

protocole [pRɔtɔkɔl] *nm* **(a)** (*étiquette*) etiquette; (*Pol*) protocol. **(b)** (*procès-verbal*) protocol. ~ **d'accord** draft treaty. ♦ **protocolaire** *adj* cérémonie formal.

prototype [pRɔtɔtip] *nm* prototype.

protubérance [pRɔtybeRɑ̃s] *nf* bulge, protuberance. ♦ **protubérant, e** *adj* bulging, protuberant, protruding.

proue [pRu] *nf* bow, bows, prow.

prouesse [pRuɛs] *nf* (*littér*) feat. (*fig*) **faire des** ~**s** to work miracles.

prouver [pRuve] **(1)** *vt* (*gén*) to prove. **cela prouve que ...** it proves *ou* shows that ...; **cela n'est pas prouvé** there's no proof of it, that hasn't been proved; **il a voulu se** ~ **qu'il en était capable** he wanted to prove to himself that he was capable of it.

provenir [pRɔvniR] **(22)** ~ **de** *vt indir pays* to come from; *cause* to be due to, be the result of. ♦ **provenance** *nf* [*objet*] origin; [*coutume*] source. **j'ignore la** ~ **de cette lettre** I don't know where this letter comes from; **en** ~ **de l'Angleterre** from England.

proverbe [prɔvɛrb(ə)] *nm* proverb.
♦ **proverbial, e,** *mpl* **-aux** *adj* proverbial.
providence [prɔvidɑ̃s] *nf* (*Rel*) providence; (*fig: sauveur*) guardian angel. (*fig*) ça a été notre ~ it was our salvation. ♦ **providentiel, -elle** *adj* providential. ♦ **providentiellement** *adv* providentially.
province [prɔvɛ̃s] *nf* province. vivre en ~ to live in the provinces; ville de ~ provincial town. ♦ **provincial, e,** *mpl* **-aux** *adj*, *nm,f* provincial.
proviseur [prɔvizœr] *nm* head(master) (*of a lycée*).
provision [prɔvizjɔ̃] *nf* (a) (*réserve*) stock, supply. faire ~ de to stock up with, get in a stock *ou* supply of. (b) ~s (*vivres*) provisions, food; (*courses*) groceries; faire ses ~s to go shopping; filet à ~s shopping bag. (c) (*arrhes*) deposit. (*Banque*) y a-t-il ~ au compte? are there sufficient funds in the account?
provisoire [prɔvizwar] *adj* mesure, gouvernement provisional, temporary; bonheur, installation temporary. à titre ~ temporarily, provisionally; c'est du ~ it's a temporary arrangement. ♦ **provisoirement** *adv* for the time being.
provoquer [prɔvɔke] (1) *vt* (a) (*inciter*) ~ qn à to incite sb to. (b) (*défier*) to provoke. ~ qn en duel to challenge sb to a duel. (c) accident, révolte etc to cause; réaction to provoke, produce; gaieté, commentaires to give rise to; colère, curiosité to arouse. le malade est sous sommeil provoqué the patient is in an induced sleep. ♦ **provocant, e** *adj* provocative. ♦ **provocateur, -trice 1** *adj* provocative. **2** *nm* agitator. ♦ **provocation** *nf* provocation.
proxénète [prɔksenɛt] *nm* procurer.
proximité [prɔksimite] *nf* proximity. à ~ close by, near at hand; à ~ de near (to), in proximity to.
prude [pryd] **1** *adj* prudish. **2** *nf* prude.
prudent, e [prydɑ̃, ɑ̃t] *adj* (*circonspect*) cautious, prudent; (*sage*) wise, sensible; (*réservé*) cautious. il serait ~ de faire you would be well-advised to do, it is advisable to do; ce n'est pas ~ it's not advisable; c'est plus ~ it's wiser *ou* safer; soyez ~! be careful!, take care! ♦ **prudemment** *adv* cautiously, prudently; wisely, sensibly. ♦ **prudence** *nf* caution, cautiousness, prudence; wisdom. par ~ as a precaution, to be on the safe side; il a eu la ~ de partir he had the good sense *ou* he was wise enough to leave.
prune [pryn] **1** *nf* (*fruit*) plum; (*alcool*) plum brandy. pour des ~s‡ for nothing; des ~s!‡ not likely!* **2** *adj inv* plum-coloured. ♦ **pruneau, pl** ~**x** *nm* prune; (*‡:balle*) slug*. ♦ **prunier** *nm* plum tree.
prunelle [prynɛl] *nf* (a) (*Bot*) sloe; (*eau-de-vie*) sloe gin. (b) (*pupille*) pupil. il y tient comme à la ~ de ses yeux it's the apple of his eye.
psalmodier [psalmɔdje] (7) *vt* to chant.
psaume [psom] *nm* psalm.
pseudo- [psødɔ] *préf* (*gén*) pseudo-; (*péj*) bogus (*péj*).
pseudonyme [psødɔnim] *nm* (*gén*) assumed name; [*écrivain*] pen name; [*comédien*] stage name.
psychanalyse [psikanaliz] *nf* psychoanalysis. ♦ **psychanalyser** (1) *vt* to psychoanalyze. ♦ **psychanalyste** *nmf* psychoanalyst. ♦ **psychanalytique** *adj* psychoanalytic(al).
psychiatre [psikjatr(ə)] *nmf* psychiatrist. ♦ **psychiatrie** *nf* psychiatry. ♦ **psychiatrique** *adj* troubles psychiatric; hôpital psychiatric, mental.
psychique [psiʃik] *adj* psychological, psychic(al). ♦ **psychisme** *nm* psyche.
psychologie [psikɔlɔʒi] *nf* psychology. ♦ **psychologique** *adj* psychological. ♦ **psychologiquement** *adv* psychologically. ♦ **psychologue** *nmf* psychologist. (*fig*) être ~ to be a good psychologist. ♦ **psychose** *nf* (*Psych*)

psychosis; (*fig: obsession*) obsessive fear (*de* of).
puant, e [pɥɑ̃, ɑ̃t] *adj* (*lit*) stinking, foul-smelling; (*fig*) personne obnoxious. ♦ **puanteur** *nf* stink, stench.
puberté [pybɛrte] *nf* puberty.
public, -ique [pyblik] **1** *adj* (*gén*) public. danger ~ public danger; rendre ~ nouvelle to make public.
2 *nm* (*population*) (general) public; (*assistance*) audience. des huées s'élevèrent du ~ boos rose from the audience *ou* public; un ~ clairsemé assistant au match the match was attended by very few spectators; le ~ est informé que ... the public is advised that ...; en ~ in public; roman destiné au grand ~ novel written for the general reader *ou* public.
publication [pyblikasjɔ̃] *nf* (*gén*) publication.
publicité [pyblisite] *nf* (a) (*méthode, profession*) advertising. (*Comm, fig*) faire de la ~ pour qch to advertise sth. (b) (*annonce*) advertisement, ad(vert)*. (c) (*révélations*) publicity. faire de la ~ autour de qch to give sth a lot of publicity. ♦ **publicitaire** *adj* (*gén*) advertising; film, voiture publicity. vente ~ promotional sale.
publier [pyblije] (7) *vt* to publish. ça vient d'être publié it has just come out *ou* been published.
publiquement [pyblikmɑ̃] *adv* publicly.
puce [pys] *nf* flea. cela m'a mis la ~ à l'oreille that started me thinking; les ~s, le marché aux ~s the flea market; oui, ma ~* yes, pet*; jeu de ~s tiddlywinks. ♦ **puceron** *nm* greenfly.
pudeur [pydœr] *nf* (*sexuelle*) sense of modesty *ou* decency; (*délicatesse*) sense of propriety. ♦ **pudibond, e** *adj* prudish. ♦ **pudibonderie** *nf* prudishness. ♦ **pudique** *adj* (*chaste*) modest; (*discret*) discreet. ♦ **pudiquement** *adv* modestly; discreetly.
puer [pɥe] (1) **1** *vi* to stink, reek. **2** *vt* to stink *ou* reek of.
puéricultrice [pɥerikyltris] *nf* paediatric nurse. ♦ **puériculture** *nf* paediatric nursing.
puéril, e [pɥeril] *adj* puerile, childish. ♦ **puérilité** *nf* (*caractère*) puerility, childishness; (*acte*) childish act.
pugilat [pyʒila] *nm* (fist)fight.
puis [pɥi] *adv* then. (*en outre*) et ~ and besides; et ~ c'est tout and that's all; et ~ après? (*ensuite*) and what next?, and then what?; (*et alors?*) so what?, what of it?
puisard [pɥizar] *nm* cesspool.
puiser [pɥize] (1) *vt* to draw (*dans* from). ~ dans son sac to dip into one's bag.
puisque [pɥisk(ə)] *conj* as, since, seeing that. (*intensif*) ~ je te le dis! I'm telling you (so)!
puissance [pɥisɑ̃s] *nf* (*gén, fig, Pol, Sci*) power; [*vent*] strength, force. avoir une grande ~ de travail to have a great capacity for work; avoir une grande ~ d'imagination to have a very powerful imagination *ou* great powers of imagination; (*Aut*) ~ fiscale engine rating; (*Jur*) ~ paternelle parental authority; (*Math*) 10 ~ 4 10 to the power of 4, 10 to the 4th; exister en ~ to have a potential existence; c'est là en ~ it is potentially present. ♦ **puissamment** *adv* (*fortement*) powerfully; (*beaucoup*) greatly. ♦ **puissant, e 1** *adj* (*gén*) powerful. **2** *nm*: les ~s the mighty *ou* powerful.
puits [pɥi] *nm* [eau, pétrole] well; (*Min*) shaft; (*Constr*) well, shaft. ~ d'aération/d'extraction ventilation/winding shaft; (*Min*) ~ à ciel ouvert opencast mine; ~ de science well of learning.
pull(-over) [pul(ɔvœr)] *nm* sweater, jersey, pullover.
pulluler [pylyle] (1) *vi* (*se reproduire*) to proliferate, multiply; (*grouiller*) to swarm (*de* with); [*erreurs*] to abound.
pulmonaire [pylmɔnɛr] *adj* pulmonary, lung.
pulpe [pylp(ə)] *nf* pulp.

pulsation [pylsɑsjɔ̃] *nf* (*action*) beating. ~s heart-beats.

pulsion [pylsjɔ̃] *nf* (*Psych*) drive, urge.

pulvériser [pylveʀize] (1) *vt solide, adversaire* to pulverize; *liquide* to spray; *record* to smash*. ♦ **pulvérisateur** *nm* spray. ♦ **pulvérisation** *nf* pulverization; spraying. (*Méd*) ordonner des ~s to prescribe a nasal spray.

puma [pyma] *nm* puma.

punaise [pynɛz] *nf* (*Zool*) bug; (*clou*) drawing pin, thumbtack (*US*).

punir [pyniʀ] (2) *vt* (*gén*) to punish (*pour* for). être puni de prison to be sentenced to prison; c'est puni par la loi it is punishable by law. ♦ **punissable** *adj* punishable (*de* by). ♦ **punitif, -ive** *adj expédition* punitive. ♦ **punition** *nf* punishment (*de qch* for sth). pour ta ~ for your punishment.

pupille¹ [pypij] *nf* (*Anat*) pupil.

pupille² [pypij] *nmf* (*enfant*) ward. ~ de la Nation war orphan.

pupitre [pypitʀ(ə)] *nm* (*Scol*) desk; (*Rel*) lectern; [*musicien*] music stand; [*piano*] music rest; [*chef d'orchestre*] rostrum.

pur, e [pyʀ] *adj* (a) (*gén, fig*) pure; *personne* pure-hearted; *ciel* clear; *vin* undiluted; *whisky, gin* neat, straight. (b) (*intensif*) c'est de la folie ~e it's pure *ou* sheer madness; c'est de l'insubordination ~e et simple it's insubordination pure and simple; par ~ hasard by sheer chance, purely by chance; c'est la ~e vérité it's the plain *ou* simple truth; en ~e perte for absolutely nothing, fruitlessly. ♦ **purement** *adv* purely. ~ et simplement purely and simply.

♦ **pureté** *nf* purity. ♦ **pur-sang** *nm inv* thoroughbred, purebred.

purée [pyʀe] *nf* [*tomates etc*] purée. ~ (de pommes de terre) mashed potatoes; être dans la ~: to be in the soup*.

purgatoire [pyʀgatwaʀ] *nm* (*Rel, fig*) purgatory.

purge [pyʀʒ(ə)] *nf* (*Méd, Pol*) purge. ♦ **purgatif, -ive** *adj, nm* purgative. ♦ **purger** (3) 1 *vt radiateur* to flush (out), drain; *freins* to bleed; (*Méd, fig*) to purge; (*Jur*) *peine* to serve. 2 se ~ *vpr* to take a purgative.

purifier [pyʀifje] (7) 1 *vt* (*gén*) to purify, cleanse; *métal* to refine. 2 se ~ *vpr* to cleanse o.s. ♦ **purification** *nf* purification, cleansing; refinement.

purin [pyʀɛ̃] *nm* liquid manure.

puritain, e [pyʀitɛ̃, ɛn] 1 *adj* puritan(ical). 2 *nm,f* puritan. ♦ **puritanisme** *nm* puritanism.

pus [py] *nm* pus.

pustule [pystyl] *nf* pustule.

putain: [pytɛ̃] *nf* whore. ce ~ de réveil! that god-damn: alarm clock!

putois [pytwa] *nm* polecat.

putréfier *vt*, se ~ *vpr* [pytʀefje] (7) to putrefy. ♦ **putréfaction** *nf* putrefaction.

putsch [putʃ] *nm* putsch.

puzzle [pœzl(ə)] *nm* jigsaw (puzzle).

pygmée [pigme] *nm* pygmy, pigmy.

pyjama [piʒama] *nm* pyjamas, pajamas (*US*). un ~ a pair of pyjamas.

pylône [pilon] *nm* pylon.

pyramide [piʀamid] *nf* (*gén*) pyramid.

pyromane [piʀɔman] *nmf* arsonist, fire-raiser.

python [pitɔ̃] *nm* python.

Q

Q, q [ky] *nm* (*lettre*) Q, q.
qu' [k(ə)] *V* que.
quadragénaire [kwadraʒenɛʀ] *adj*: être ~ to be forty years old.
quadrilatère [kadʀilatɛʀ] *nm* (*Géom, Mil*) quadrilateral.
quadriller [kadʀije] (1) *vt* (*Mil, Police*) to cover, control. ♦ **quadrillage** *nm* (a) (*Mil, Police*) covering, control. (b) [*papier*] square *ou* grid pattern. ♦ **quadrillé, e** *adj papier* squared.
quadrimoteur [kadʀimɔtœʀ] *nm* four-engined plane.
quadripartite [kwadʀipaʀtit] *adj* (*Pol*) conférence ~ four-power conference.
quadriréacteur [kadʀiʀeaktœʀ] *nm* four-engined jet.
quadrupède [kadʀypɛd] *adj, nm* quadruped.
quadruple [kadʀypl(ə)] **1** *adj quantité* quadruple. en ~ partie in four parts. **2** *nm* (*Math, gén*) quadruple. je l'ai payé le ~ I paid four times as much for it; **augmenter au** ~ to increase fourfold. ♦ **quadrupler** (1) *vti* to quadruple, increase fourfold. ♦ **quadruplés, -ées** *nm,fpl* quadruplets, quads*.
quai [ke] *nm* [*port*] quay; (*pour marchandises*) wharf; [*gare*] platform; [*rivière*] embankment. être à ~ [*bateau*] to be alongside (the quay); [*train*] to be in (the station).
qualifier [kalifje] (7) **1** *vt* (a) (*décrire*) to describe (*de* as). ~ qn de menteur to call *ou* label sb a liar. (b) (*Sport, gén: rendre apte*) to qualify (*pour* for). (c) (*Gram*) to qualify. **2 se** ~ *vpr* (*Sport*) to qualify (*pour* for). (*hum*) il se qualifie d'artiste he labels *ou* calls himself an artist. ♦ **qualificatif, -ive 1** *adj adjectif* qualifying. **2** *nm* (*Gram*) qualifier; (*fig: terme*) term. ♦ **qualification** *nf* description; label; qualification. (*Sport*) obtenir sa ~ to qualify. ♦ **qualifié, e** *adj* (a) (*compétent*) qualified; *ouvrier* skilled. non ~ unskilled. (b) *vol* aggravated. (*fig*) c'est du vol ~ it's daylight robbery.
qualité [kalite] *nf* (a) (*gén*) quality. de mauvaise ~ of bad *ou* poor quality; **produits de** ~ high-quality products; **il a les** ~**s requises pour faire ce travail** he has the necessary skills for this job. (b) , (*fonction*) position; (†:*noblesse*) quality; (*Admin: métier*) occupation. **en sa** ~ **de maire** in his capacity as mayor; (*Jur*) **avoir** ~ **pour** to have authority to. ♦ **qualitatif, -ive** *adj* qualitative.
quand [kɑ̃] **1** *conj* when. ~ ce sera fini, nous irons prendre un café when it's finished we'll go and have a coffee; ~ je te le disais! didn't I tell you so!, I told you so!; ~ bien même even though *ou* if; malgré tous ses défauts elle est ~ même gentille in spite of all her faults she's still nice; ~ même, il exagère! really, he overdoes it!; tu aurais pu venir ~ même even so you could have come, you could have come all the same. **2** *adv* when. ~ pars-tu? when are you leaving?; c'est pour ~? [*devoir*] when is it for?; [*rendez-vous*] when is it?; [*naissance*] when is it to be?; ça date de ~? [*événement*] when did it take place?
quant [kɑ̃] *adv*: ~ à as for, as to; ~ à moi as for me; ~ à cela, je n'en sais rien as to that *ou* as regards that, I know nothing about it.
quantité [kɑ̃tite] *nf* quantity, amount. la ~ de gens

qui the number of people who; **en** ~**s industrielles** in massive *ou* huge amounts; (**une**) ~ **de** *argent, eau* a great deal of, a lot of; *gens, objets* a great many, a lot of, a great number of; **des fruits en** ~ fruit in plenty; (*fig*) **considérer qn comme** ~ **négligeable** to consider sb as totally insignificant. ♦ **quantifier** (7) *vt* to quantify. ♦ **quantitatif, -ive** *adj* quantitative.
quarante [kaʀɑ̃t] *adj, nm inv* forty; *V* soixante. ♦ **quarantaine** *nf* (a) (*nombre*) about forty; *V* soixantaine. (b) (*Méd*) quarantine. **mettre en** ~ (*lit*) to quarantine; (*fig*) to send to Coventry. ♦ **quarantième** *adj, nmf* fortieth.
quart [kaʀ] *nm* (a) (*fraction*) quarter. un ~ de poulet a quarter chicken; un ~ de vin a quarter-litre bottle of wine; (*Sport*) ~**s de finale** quarter finals; **un kilo un** ~ *ou* **et** ~ a kilo and a quarter; **on n'a pas fait le** ~ **du travail** we haven't done a quarter of the work; **donner un** ~ **de tour à un bouton** to give a knob a quarter turn; (*Aut*) *partir au* ~ **de tour** to start first time. (b) (*Mil: gobelet*) beaker (*of 1/4 litre capacity*). (c) ~ **d'heure** quarter of an hour; **3 heures moins le** ~ (a) quarter to 3; **3 heures et** ~ *ou* **un** ~ (a) quarter past 3; **il est le** ~/**moins le** ~ it's (a) quarter past/(a) quarter to; **passer un mauvais** ~ **d'heure** to have a bad *ou* nasty time of it. (d) (*Naut*) watch. **être de** ~ to keep the watch; **de** ~ **homme** on watch.
quartette [kwaʀtɛt] *nm* (*Mus*) jazz quartet(te).
quartier [kaʀtje] *nm* (a) [*ville*] district, area, quarter. **les gens du** ~ the local people, the people of the area; **de** ~ *cinéma, épicier* local; **le** ~ **est de la ville** the east end of (the) town. (b) (*Mil*) ~(s) quarters; **avoir** ~(s) **libre(s)** to be free *ou* off (for a few hours); (*lit, fig*) **prendre ses** ~**s d'hiver** to go into winter quarters; **grand** ~ **général** general headquarters. (c) [*bœuf*] quarter; [*viande*] chunk; [*fruit*] piece, segment. (*lit, fig*) **mettre en** ~**s** to tear to pieces; **ne pas faire de** ~ to give no quarter.
quartz [kwaʀts] *nm* quartz.
quasi [kazi] **1** *adv* almost, nearly. **2** *préf* near. ~-**certitude** near certainty; **la** ~-**totalité de** the near total of. ♦ **quasiment** *adv* almost, nearly.
quatorze [katɔʀz(ə)] *adj, nm inv* fourteen. **la guerre de** ~ the First World War. ♦ **quatorzième** *adj, nmf* fourteenth; *V* sixième.
quatrain [katʀɛ̃] *nm* quatrain.
quatre [katʀ(ə)] *adj, nm inv* four. **une robe de** ~ **sous** a cheap dress; (*lit, fig*) **aux** ~ **coins de** in the four corners of; **à** ~ **pattes** on all fours; **être tiré à** ~ **épingles** to be dressed up to the nines; **un de ces** ~ (*matins*)* one of these (fine) days; **faire les** ~ **cents coups** to be a real troublemaker; **faire ses** ~ **volontés** to do exactly as one pleases; **dire à qn ses** ~ **vérités** to tell sb a few plain *ou* home truths; **monter (l'escalier)** ~ **à** ~ to rush up the stairs four at a time; **manger comme** ~ to eat like a wolf; **se mettre en** ~ **pour qn** to go out of one's way for sb, put o.s. out for sb; **ne pas y aller par** ~ **chemins** not to beat about the bush. ♦ **quatre heures** *nm inv* afternoon tea *ou* snack. ♦ **quatre-quarts** *nm inv* (*Culin*) pound cake. ♦ **quatre-vingt-dix** *adj, nm inv* ninety. ♦ **quatre-vingt-dixième** *adj, nmf* ninetieth. ♦ **quatre-vingt-onze**

adj, nm inv ninety-one. ♦ **quatre-vingts** *adj, nm inv* eighty. ♦ **quatrième 1** *adj* fourth. (*fig*) en ~ **vitesse*** at great speed. **2** *nmf* (*Jeux*) fourth player. **3** *nf* (*Aut*) fourth gear; *V* **sixième**. ♦ **quatrièmement** *adv* fourthly, in the fourth place.

quatuor [kwatɥɔʀ] *nm* quartet(te).

que [k(ə)] **1** *conj* (a) (*introduisant subordonnée*) that. **elle sait** ~ **tu es prêt** she knows (that) you're ready; **je veux qu'il vienne** I want him to come; **venez que nous causions** come along so that we can have a chat. (b) (*remplaçant si, quand etc: non traduit*) **si vous êtes sages et qu'il fasse beau** if you are good and the weather is fine; **quand il rentrera et qu'il aura déjeuné** when he comes home and he's had a meal. (c) (*temps*) **elle venait à peine de sortir qu'il se mit à pleuvoir** she had no sooner gone out than *ou* she had hardly gone out when it started raining; **ça fait 2 ans qu'il est là** he has been here (for) 2 years; **ça fait 2 ans qu'il est parti** it is 2 years since he left, he left 2 years ago. (d) (*ordre, souhait etc*) **qu'il le veuille ou non** whether he likes it or not; ~ **la guerre finisse!** if only *ou* I wish the war would end!; **qu'il vienne!** let him come!; ~ **m'importe!** what do I care?, I don't care! (e) (*comparaison*) (*avec plus, moins*) than; (*avec aussi, autant, tel*) as. **il est plus petit qu'elle** he's smaller than her *ou* than she is; **elle est tout aussi capable** ~ **vous** she's just as capable as you (are).

2 *adv*: **ce** ~ **tu es lent!*** you're so slow!, how slow you are!; ~ **de monde!** what a crowd (there is)!, what a lot of people!; ~ **n'es-tu venu me voir?** why didn't you come to see me?

3 *pron* (a) (*relatif direct*) (*personne*) that, whom; (*chose, animal*) which, that (*gén omis*); (*temps*) when. **les enfants** ~ **tu vois dans la rue** the children that *ou* whom you see in the street; **la raison qu'il a donnée** the reason (that *ou* which) he gave; **un jour** ~ one day ago. (b) (*attribut*) **quel homme charmant** ~ **votre voisin!** what a charming man your neighbour is; **distrait qu'il est, il n'a rien vu** dreamy as he is, he didn't notice anything; **c'est un inconvénient** ~ **de ne pas avoir de voiture** it's inconvenient not having a car; **en bon fils qu'il est** being the good son (that) he is. (c) (*interrog*) what; (*discriminatif*) which. ~ **fais-tu?** what are you doing?; **qu'est-ce qu'il y a?** what's the matter?; **je pense** ~ **non** I don't think so; **mais il n'a pas de voiture! — il dit** ~ **si** but he has no car! — he says he has; **qu'est-ce** ~ **tu préfères, le rouge ou le noir?** which (one) do you prefer, the red or the black? (d) **je ne l'y ai pas autorisé,** ~ **je sache** I didn't give him permission to do so, as far as I know, I'm not aware that I gave him permission to do so; **qu'il dit!*** that's what he says!; ~ **oui!** yes indeed!; ~ **non!** certainly not!

quel, quelle [kɛl] **1** *adj* (a) (*interrog*) what; (*être animé: attribut*) who. ~ **est cet auteur?** who is that author?; **sur** ~ **auteur/sujet va-t-il parler?** what author/subject is he going to talk about? (b) (*discriminatif*) which. ~ **acteur préférez-vous?** which actor do you prefer? (c) (*excl*) what. **quelle surprise!** what a surprise!; **j'ai remarqué avec quelle attention ils écoutaient** I noticed how attentively they were listening. (d) (*relatif*) (*être animé*) whoever; (*chose*) whatever; (*discriminatif*) whichever, whatever. ~ **que soit le train que vous preniez** whichever *ou* whatever train you take; **les hommes,** ~s **qu'ils soient** men, whoever they may be. **2** *pron interrog* which. **des deux solutions quelle est la meilleure?** of the two solutions, which (one) is better?

quelconque [kɛlkɔ̃k] *adj* (a) (*n'importe quel*) some (or other), any; (*moindre*) any. **pour une raison** ~ for some reason (or other); **à partir d'un point** ~ **du cercle** from any point on the circle; **il n'a pas manifesté un désir** ~ **d'y aller** he didn't

show the slightest *ou* least desire *ou* any desire to go. (b) (*médiocre*) poor, indifferent; (*laid*) plain-looking; (*ordinaire*) ordinary.

quelque [kɛlk(ə)] **1** *adj indéf* (a) (*sans pl*) some. **cela fait** ~ **temps que je ne l'ai vu** I haven't seen him for some time *ou* for a while; **avez-vous** ~ **idée de?** have you any idea about?; **j'ai** ~ **peine à croire cela** I find it rather *ou* somewhat difficult to believe; **par** ~ **temps qu'il fasse** whatever the weather (may be *ou* is like); **en** ~ **sorte** (*pour ainsi dire*) as it were, so to speak; (*bref*) in a word. (b) (*pl*) a few, some. **reste-t-il** ~s **places?** are there any *ou* some *ou* a few seats left?; **les** ~s **enfants qui étaient venus** the few children who had come. **2** *adv* (a) (*environ*) some, about. **ça a augmenté de** ~ **50 F** it's gone up by about some 50 francs; **20 kg et** ~(s)* a bit over 20 kg*. (b) ~ **peu déçu** rather *ou* somewhat disappointed; **il est** ~ **peu menteur** he is something of *ou* a bit of a liar; ~ **lourde que soit la tâche** however heavy the task may be.

♦ **quelque chose** *pron indéf* something; (*avec interrog*) anything. ~ **d'autre** something else; **il a** ~ **qui ne va pas** there's something the matter with him; **ça y est pour** ~ it has got something to do with it; **il y a** ~ **comme une semaine** something like a week ago; **il a plu** ~!* it rained something dreadful!*, it didn't half rain!*; (*lit, fig*) **faire** ~ **à qn** to have an effect on sb; **ça alors, c'est** ~! that's a bit stiff! ♦ **quelquefois** *adv* sometimes, occasionally, at times. ♦ **quelque part** *adv* somewhere. ♦ **quelques-uns, -unes** *pron indéf pl* some, a few. ♦ **quelqu'un** *pron indéf* somebody, someone; (*avec interrog*) anybody, anyone. **c'est** ~ **de sûr** he's a reliable person, he's someone reliable; **c'est** ~ [*savant*] he is (a) somebody; (*excl*) that's a bit stiff!

quémander [kemɑ̃de] (1) *vt* to beg for.

qu'en-dira-t-on [kɑ̃diʀatɔ̃] *nm inv* gossip.

quenelle [kənɛl] *nf* (*Culin*) quenelle.

quenotte* [kənɔt] *nf* tooth, toothy-peg*.

querelle [kəʀɛl] *nf* quarrel. ~ **d'amoureux** lovers' tiff; **chercher une mauvaise** ~ **à qn** to pick a quarrel with sb for nothing. ♦ **quereller** (1) **1** *vt* to scold. **2 se** ~ *vpr* to quarrel (with one another). ♦ **querelleur, -euse** *adj* quarrelsome.

question [kɛstjɔ̃] *nf* (a) (*demande*) (*gén*) question; (*pour lever un doute*) query, question. ~ **subsidiaire** reserve question (to decide the winner); (*Pol*) **poser la** ~ **de confiance** to ask for a vote of confidence. (b) (*problème*) question, matter, issue. **la** ~ **sociale** the social question *ou* issue; **la** ~ **n'est pas là** that's not the point; **c'est une** ~ **de temps** it's a question *ou* matter of time. (c) (*locutions*) ~ **argent** as far as money goes, money-wise*; **de quoi est-il** ~? what is it about?; **il fut d'abord** ~ **du budget** first they spoke about *ou* discussed the budget; **il est** ~ **de lui comme ministre** there's some question of his being *ou* becoming a minister; **il n'en est pas** ~! there's no question of it!; **hors de** ~ out of the question; **la personne en** ~ the person in question; **remettre en** ~ **autorité** to question, challenge; **science** to question, call into question; **projets** to put a question mark over, cast doubt over; **c'est notre vie même qui est en** ~ it's our very lives that are at stake. ♦ **questionnaire** *nm* questionnaire. ♦ **questionner** (1) *vt* (*interroger*) to question, ask (*sur* about).

quête [kɛt] *nf* (*collecte*) collection. (*littér: recherche*) [*Graal*] quest; [*absolu*] pursuit. **en** ~ **de** (*gén*) in search of; **être en** ~ **de travail** to be looking for work. ♦ **quêter** (1) **1** *vi* (*à l'église*) to take the collection; (*dans la rue*) to collect money. **2** *vt* to seek. ♦ **quêteur, -euse** *nm, f* collector.

queue [kø] **1** *nf* (a) (*gén*) tail; [*classement*] bottom; [*poêle*] handle; [*fruit, feuille*] stalk; [*fleur*] stem; [*train*] rear. **commencer par la** ~ to begin at the end. (**b**) (*file*) queue, line (*US*). (**c**) (*locutions*) la ~ **entre les jambes*** with one's tail between one's legs; **à la ~ leu leu** *marcher* in single file; *se plaindre* one after the other; **il n'y en avait pas la ~ d'un*** there wasn't the sniff of one*; (*Aut*) **faire une ~ de poisson à qn** to cut in front of sb; **finir en ~ de poisson** to finish up in the air; **histoire sans ~ ni tête*** cock-and-bull story. **2: ~ de billard** billiard cue; **~ de cheval** ponytail; **~-de-pie** *nf, pl* **~s-~-~** tails.

qui [ki] **1** *pron* (**a**) (*interrog*) (*sujet*) who; (*objet*) who, whom. **~ (est-ce) ~ l'a vu?** who saw him?; **~ d'entre eux/parmi vous?** which of them/of you?; **~ a-t-elle vu?** who *ou* whom did she see?; **à ~ voulez-vous parler?** who do you wish to speak to?, who is it you want to speak to?; **à ~ est ce sac?** whose bag is this?, whose is this bag?; **elle ne sait à ~ se plaindre** she doesn't know who to complain to *ou* to whom to complain. (**b**) (*relatif sujet*) (*être animé*) who, that*; (*chose*) which, that. **Paul, ~ traversait le pont, trébucha** Paul, who was crossing the bridge, tripped; **il a un perroquet ~ parle** he's got a talking parrot, he's got a parrot which *ou* that talks; **je la vis ~ nageait vers le rivage** I saw her (as she was) swimming towards the bank. (**c**) (*relatif avec prép*) **le patron pour ~ il travaille** the employer (that *ou* who* *ou* whom) he works for, the employer for whom he works. (**d**) (*relatif sans antécédent*) whoever, anyone who. **amenez ~ vous voulez** bring along whoever *ou* anyone you like; **~ vous savez** you-know-who*; **c'est à ~ des deux mentira le plus** each tries to outdo the other in lying *ou* in lies; **je le dirai à ~ de droit** I will tell whoever is concerned; **j'interdis à ~ que ce soit d'entrer ici** I forbid anyone to come in here; **à ~ mieux mieux** (*gén*) each one more so than the other; **crier each one louder than the other; ils ont pris tout ce qu'ils ont pu:** **~ une chaise, ~ une radio** they took whatever they could: some took a chair, others a radio. (**e**) **~ va lentement va sûrement** more haste less speed; **~ vivra verra** what will be will be; **~ a bu boira** once a thief always a thief; **~ se ressemble s'assemble** birds of a feather flock together; **~ veut la fin veut les moyens** he who wills the end wills the means. **2: qui-vive?** *excl* who goes there?; **être sur le ~** to be on the alert.

quiconque [kikɔ̃k] **1** *pron rel* whoever, anyone who. **2** *pron indéf* anyone, anybody.

quiétude [kjetyd] *nf [lieu]* quiet; *[personne]* peace (of mind). **en toute ~** in (complete) peace.

quille [kij] *nf* (*jouet*) skittle; (*:jambe*) pin*; (*Naut*) keel. (**jeu de**) **~s** ninepins, skittles.

quincaillerie [kɛ̃kajri] *nf* (*ustensiles, métier*) hardware, ironmongery; (*magasin*) hardware shop *ou* store, ironmonger's (shop); (*fig péj: bijoux*) jewellery. ♦ **quincaillier, -ière** *nm,f* hardware dealer, ironmonger.

quinconce [kɛ̃kɔ̃s] *nm*: **en ~** in staggered rows.

quinine [kinin] *nf* quinine.

quinquagénaire [kɛ̃kaʒenɛʀ] *adj*: **être ~** to be fifty years old.

quinquennal, e *mpl* **-aux** [kɛ̃kenal, o] *adj* five-year, quinquennial.

quintal, pl -aux [kɛ̃tal, o] *nm* quintal (*100 kg*).

quinte [kɛ̃t] *nf* (**a**) (*Méd*) **~ (de toux)** coughing fit. (**b**) (*Mus*) fifth; (*Escrime*) quinte; (*Cartes*) quint.

quintessence [kɛ̃tesɑ̃s] *nf* quintessence.

quintette [kɛ̃tɛt] *nm* quintet(te).

quintuple [kɛ̃typl(ə)] **1** *adj* quintuple. **en ~ partie** in five parts. **2** *nm* quintuple (*de* of). **je l'ai payé le ~** I paid five times as much for it. ♦ **quintupler** (**1**) *vti* to quintuple, increase fivefold. ♦ **quintuplés, -ées** *nm,fpl* quintuplets, quins*.

quinze [kɛ̃z] **1** *nm inv* fifteen; *V* **six**. **2** *adj inv* fifteen. **le ~ août** Assumption; **demain/lundi en ~** a fortnight *ou* two weeks tomorrow/on Monday; **dans ~ jours** in a fortnight, in two weeks. ♦ **quinzaine** *nf* about fifteen, fifteen or so. **une ~ (de jours)** a fortnight, two weeks; **~ publicitaire** (two-week) sale; *V* **soixantaine**. ♦ **quinzième** *adj, nmf* fifteenth; *V* **sixième**.

quiproquo [kipʀɔko] *nm* (*sur personne*) mistake; (*sur sujet*) misunderstanding.

quittance [kitɑ̃s] *nf* (*reçu*) receipt; (*facture*) bill.

quitte [kit] *adj*: **être ~ (envers qn)** to be quits *ou* all square (with sb); **tu es ~ ou je t'en tiens ~ pour cette fois** I'll let you off this time; **être ~ d'une dette** to be rid *ou* clear of a debt; **nous en sommes ~s pour la peur** we got off with a fright; **~ à s'ennuyer, ils préfèrent rester chez eux** they prefer to stay (at) home even if it means *ou* although it may mean getting bored; (*fig*) **c'est du ~ ou double** it's a big gamble.

quitter [kite] (**1**) *vt* (**a**) *lieu, personne* to leave. **ne pas ~ la chambre** to be confined to one's room; **les clients sont priés de ~ la chambre avant midi** guests are requested to vacate their rooms before midday; **se ~** to part. (**b**) *espoir* to give up. *[crainte, énergie]* **~ qn** to leave *ou* desert sb. (**c**) *vêtement* to take off. (**d**) **si je le quitte des yeux une seconde** if I take my eyes off him for a second; (*Téléc*) **ne quittez pas** hold the line.

quoi [kwa] *pron* (**a**) (*interrog*) what. **de ~ parles-tu?** what are you talking about?; **en ~ puis-je vous aider?** how can I help you?; **c'est fait en ~** what is it made of?; **~ faire?** what are we (going) to do?; **à ~ bon?** what's the use? (*faire* of doing); **et puis ~ encore!** what next! (**b**) (*relatif*) **la chose à ~ tu fais allusion** what you're referring to; **c'est en ~ tu te trompes** that's where you're wrong. (**c**) **il n'y a pas de ~ rire** it's no laughing matter, there's nothing to laugh about; **il n'y a pas de ~ fouetter un chat** it's not worth making a fuss about; **ils ont de ~ occuper leurs vacances** they've got enough *ou* plenty to occupy their holiday; **avoir de ~ écrire** to have sth to write with; **il n'a pas de ~ se l'acheter** he can't afford it, he hasn't the means to buy it; **si vous avez besoin de ~ que ce soit** if there's anything (at all) you need; **merci beaucoup! — il n'y a pas de ~** many thanks! — don't mention it *ou* (it's) a pleasure *ou* not at all. (**d**) **~ qu'il arrive** whatever happens; **~ qu'il en soit** be that as it may, however that may be; **~ qu'on en dise** whatever *ou* no matter what people say.

quoique [kwak(ə)] *conj* (*bien que*) although, though. **quoiqu'il soit malade** although he is ill.

quolibet† [kɔlibɛ] *nm* gibe, jeer.

quote-part, pl ~s-~s [kɔtpaʀ] *nf* (*lit, fig*) share.

quotidien, -ienne [kɔtidjɛ̃, jɛn] **1** *adj* (*journalier*) daily; (*banal*) everyday; *existence* humdrum. **dans la vie ~ienne** in everyday *ou* daily life. **2** *nm* daily (paper). ♦ **quotidiennement** *adv* daily, every day.

quotient [kɔsjɑ̃] *nm* quotient.

R

R, r [ɛʀ] *nm (lettre)* R, r.
rabâcher [ʀabɑʃe] (1) **1** *vt* to harp on, keep (on) repeating. **2** *vi* to keep repeating o.s.
♦ **rabâcheur, -euse** *nm,f* repetitive bore.
rabais [ʀabɛ] *nm* reduction, discount. **au** ~ *vendre* at a reduced price, (on the) cheap; *(péj) enseignement* third-rate.
rabaisser [ʀabese] (1) **1** *vt (dénigrer)* to belittle, disparage; *(réduire)* to reduce. **2 se** ~ *vpr* to belittle o.s.
rabattre [ʀabatʀ(ə)] (41) **1** *vt* **(a)** *capot* to close; *col* to turn down; *strapontin (ouvrir)* to pull down; *(fermer)* to put up. **le vent rabat la fumée** the wind blows the smoke back down; **les cheveux rabattus sur les yeux** with his hair brushed down over his eyes; ~ **les couvertures** *(se couvrir)* to pull the blankets up; *(se découvrir)* to push back the blankets. **(b)** *(diminuer)* to reduce; *(déduire)* to deduct, take off. ~ **l'orgueil de qn** to humble sb's pride; *[prétentieux]* **en** ~ to climb down. **(c)** *gibier* to drive; *terrain* to beat. ~ **des clients*** to tout for customers. **2 se** ~ *vpr* **(a)** *[voiture, coureur]* to cut in. **se** ~ **devant qn** to cut in front of sb. **(b) se** ~ **sur** *marchandise, personne* to fall back on, make do with. **(c)** *[porte]* to fall *ou* slam shut; *[couvercle]* to close. ♦ **rabat** *nm [table, poche]* flap. ♦ **rabat-joie** *nm inv* killjoy, spoilsport*. ♦ **rabattage** *nm (Chasse)* beating.
♦ **rabatteur, -euse** *nm,f (Chasse)* beater; *(fig péj)* tout.
rabbin [ʀabɛ̃] *nm* rabbi. **grand** ~ chief rabbi.
rabibocher* [ʀabibɔʃe] (1) **1** *vt* to reconcile. **2 se** ~ *vpr* to make it up *(avec* with).
rabiot: [ʀabjo] *nm [nourriture]* extra (food); *[temps]* extra time. **5 minutes de** ~ 5 minutes' extra time, 5 minutes extra. ♦ **rabioter:** (1) *vt nourriture* to scrounge* *(à qn* from sb); *temps, argent* to fiddle* *(à qn* off sb).
râblé, e [ʀɑble] *adj* well-set, stocky.
rabot [ʀabo] *nm* plane. ♦ **raboter** (1) *vt (Menuiserie)* to plane (down); *(*:égratigner)* to scrape. ♦ **raboteux, -euse** *adj* uneven, rough.
rabougri, e [ʀabugʀi] *adj (chétif)* stunted, puny; *(desséché)* shrivelled.
rabrouer [ʀabʀue] (1) *vt* to snub, rebuff.
racaille [ʀakɑj] *nf* rabble, riffraff.
raccommoder [ʀakɔmɔde] (1) **1** *vt* **(a)** *(réparer)* to mend, repair; *chaussette* to darn. **(b)** *(*) ennemis* to reconcile. **2 se** ~* *vpr* to make it up.
♦ **raccommodage** *nm* **(a)** *(action)* mending, repairing; darning. **(b)** *(endroit réparé)* mend, repair; darn.
raccompagner [ʀakɔ̃paɲe] (1) *vt* to take *ou* see back *(à* to). ~ **qn en voiture** to drive sb back (home).
raccord [ʀakɔʀ] *nm* **(a)** *[papier peint]* join. ~ **(de maçonnerie)** pointing; ~ **(de peinture)** touch up. **(b)** *[discours]* link; *(Ciné) (scène)* link scene. **(c)** *(pièce, joint)* link.
raccorder [ʀakɔʀde] (1) *vt (gén)* to link up, join (up); *(Téléc)* to connect *(à* with, to). *(fig)* ~ **à faits** to link (up) with, tie up with. ♦ **raccordement** *nm (action)* linking; joining; connecting; *(résultat)* join; connection.
raccourcir [ʀakuʀsiʀ] (2) **1** *vt (gén)* to shorten; *vacances, textes* to curtail, cut short. **2** *vi [jours]*

to get shorter; *(au lavage)* to shrink. ♦ **raccourci** *nm (chemin)* short cut; *(résumé)* summary. **en** ~ *(en miniature)* in miniature; *(en bref)* in a nutshell. ♦ **raccourcissement** *nm* shortening.
raccrocher [ʀakʀɔʃe] (1) **1** *vi (Téléc)* to hang up, ring off. **2** *vt vêtement* to hang back up; *écouteur* to put down; *personne, bonne affaire* to grab *ou* get hold of; *wagons, faits* to link, connect *(à* to, with). **3 se** ~ *vpr:* **se** ~ **à** *branche* to catch *ou* grab (hold of); *espoir, personne* to cling to, hang on to.
race [ʀas] *nf (ethnique)* race; *(Zool)* breed. **de** ~ *(gén)* pedigree, purebred; *cheval* thoroughbred; **de** ~ **noble** of noble stock *ou* race; *(péj)* **lui et ses gens de sa** ~ him and people of his type. ♦ **racé, e** *adj animal* purebred, pedigree; *cheval, personne, voiture* thoroughbred.
racheter [ʀaʃte] (5) **1** *vt* **(a)** *objet qu'on possédait avant* to buy back; *nouvel objet* to buy another; *pain, lait* to buy some more; *firme* to take over; *parts de société* to buy up; *objet d'occasion* to buy *(à* from); *dette* to redeem; *otage* to ransom; *(Rel) pécheur* to redeem. **(b)** *crime* to atone for, expiate; *faute, imperfection* to make up for *(par* by). **2 se** ~ *vpr [pécheur]* to redeem o.s.; *[criminel, fautif]* to make amends. ♦ **rachat** *nm* buying (back); takeover; redemption; ransom; atonement, expiation.
rachitisme [ʀaʃitism(ə)] *nm* rickets *(sg).* **faire du** ~ to have rickets. ♦ **rachitique** *adj (Méd)* rickety; *(péj)* scraggy, scrawny.
racial, e, mpl -aux [ʀasjal, o] *adj* racial.
racine [ʀasin] *nf (gén, Math, fig)* root. **prendre** ~ to take root; ~ **carrée** square root.
racisme [ʀasism(ə)] *nm* racialism, racism.
♦ **raciste** *adj, nmf* racialist, racist.
raclée* [ʀakle] *nf (coups)* hiding, thrashing; *(défaite)* thrashing*, licking*.
racler [ʀakle] (1) *vt (gén)* to scrape; *tache* to scrape away; *écailles* to scrape off. **se** ~ **la gorge** to clear one's throat.
racoler [ʀakɔle] (1) *vt [prostituée]* to solicit; *[vendeur]* to solicit, tout for. ♦ **racolage** *nm* soliciting; touting.
raconter [ʀakɔ̃te] (1) *vt histoire* to tell, relate, recount; *malheurs* to tell about, recount. ~ **qch à qn** to tell sb sth, relate sth to sb; ~ **ce qui s'est passé** to say *ou* relate *ou* recount what happened; **qu'est-ce que tu racontes?** what are you talking about? *ou* saying?; ~ **des histoires** to tell stories. ♦ **racontar** *nm* story, lie.
racorni, e [ʀakɔʀni] *adj (durci)* hardened; *(desséché)* shrivelled (up).
radar [ʀadaʀ] *nm* radar.
rade [ʀad] *nf (natural)* harbour, roads. **en** ~ **de Brest** in Brest harbour; **laisser en** ~* *personne* to leave stranded *ou* in the lurch; *projet* to drop, shelve; *voiture* to leave behind.
radeau, pl ~**x** [ʀado] *nm* raft.
radiateur [ʀadjatœʀ] *nm (à eau, huile, Aut)* radiator; *(à gaz)* heater.
radiation [ʀadjasjɔ̃] *nf* **(a)** *(Phys)* radiation. **(b)** *[nom]* crossing *ou* striking off.
radical, e, mpl -aux [ʀadikal, o] *adj, nm (gén)* radical. ♦ **radicalement** *adv (gén)* radically. ~ **faux** completely wrong. ♦ **radicaliser** *vt,* **se** ~ *vpr: position* to toughen, harden.

radier [ʀadje] (7) *vt* to cross off, strike off (a list).
radieux, -euse [ʀadjø, øz] *adj personne* beaming *ou* radiant with joy; *air* radiant, beaming; *soleil* radiant; *journée, temps* brilliant, glorious.
radin, e* [ʀadɛ̃, in] **1** *adj* stingy, tight-fisted. **2** *nm,f* skinflint. ♦ **radinerie*** *nf* stinginess.
radio [ʀadjo] **1** *nf* (a) *(poste)* radio (set). **mets la ~** turn *ou* put on the radio. (b) *(radiodiffusion)* **la ~** (the) radio; **avoir la ~** to have a radio; **parler à la ~** to speak on the radio, broadcast. (c) *(radiographie)* X-ray (photograph). **passer une ~** to have an X-ray (taken), be X-rayed. **2** *nm* *(opérateur)* radio operator; *(message)* radiogram, radiotelegram. ♦ **radioactif, -ive** *adj* radioactive. ♦ **radioactivité** *nf* radioactivity. ♦ **radiodiffuser** (1) *vt* to broadcast *(by radio)*. ♦ **radiodiffusion** *nf* broadcasting *(by radio)*. ♦ **radiographie** *nf* *(technique)* radiography, X-ray photography; *(photographie)* X-ray (photograph), radiograph. ♦ **radiographier** (7) *vt* to X-ray. ♦ **radiographique** *adj* X-ray. ♦ **radioguidage** *nm* *(Aviat)* radio control. ♦ **radiologie** *nf* radiology. ♦ **radiologue** *nmf* radiologist. ♦ **radiophonie** *nf* radiotelephony. ♦ **radiophonique** *adj* radio. ♦ **radioreportage** *nm* radio report. ♦ **radioreporter** *nm* radio reporter. ♦ **radioscopie** *nf* radioscopy. ♦ **radiotélévisé, e** *adj* broadcast and televised.
radis [ʀadi] *nm* radish; (ⁱːsou) penny *(Brit)*, cent *(US)*. **~ noir** horseradish.
radium [ʀadjɔm] *nm* radium.
radoter [ʀadɔte] (1) *vi (péj)* to ramble on *ou* drivel (on). ♦ **radotage** *nm* *(péj)* **~(s)** drivel. ♦ **radoteur, -euse** *nm,f (péj)* (old) driveller.
radoucir [ʀadusiʀ] (2) **1** *vt* *ton* to soften. **2 se ~** *vpr (personne)* to calm down; *[voix]* to soften; *[temps]* to become milder. ♦ **radoucissement** *nm* *(Mét)* **le ~** the milder weather; **un ~** a milder spell (of weather).
rafale [ʀafal] *nf* *[vent, pluie]* gust; *[mitrailleuse]* burst. **en** *ou* **par ~s** in gusts; **~s de balles** hail of bullets; **~ de vent** squall.
raffermir [ʀafɛʀmiʀ] (2) **1** *vt (gén)* to strengthen; *voix* to steady. **2 se ~** *vpr (gén)* to grow stronger; *[voix]* to become steadier.
raffiner [ʀafine] (1) **1** *vt (gén)* to refine; *langage* to polish. **2** *vi* to be meticulous. ♦ **raffinage** *nm* refining. ♦ **raffiné, e** *adj (gén)* refined; *mœurs* polished, sophisticated. ♦ **raffinement** *nm* *(caractère)* refinement, sophistication; *(détail)* refinement. ♦ **raffinerie** *nf* refinery. ♦ **raffineur, -euse** *nm,f* refiner.
raffoler [ʀafɔle] (1) **~ de** *vt indir* to be very keen on.
raffut* [ʀafy] *nm* row, racket, din. **faire du ~** to kick up* a row.
rafiot [ʀafjo] *nm (péj: bateau)* (old) tub *(péj)*.
rafistoler* [ʀafistɔle] (1) *vt* to patch up, botch up.
rafle [ʀafl(ə)] *nf (police)* roundup *ou* raid. ♦ **rafler*** (1) *vt* to swipe*.
rafraîchir [ʀafʀeʃiʀ] (2) **1** *vt* (a) *(refroidir)* to cool, make cooler. (b) **~ qn** *[bain]* to freshen sb (up); *[boisson]* to refresh sb. (c) *vêtement, couleur* to brighten up; *appartement* to do up; *connaissances* to brush up. **se faire ~ les cheveux** to have a trim; **~ la mémoire de qn** to jog *ou* refresh sb's memory. **2** *vi [vin etc]* to cool (down). **mettre à ~** to chill. **3 se ~** *vpr* (a) *[temps]* to get cooler *ou* colder. (b) *(en se lavant)* to freshen (o.s.) up; *(en buvant)* to refresh o.s. ♦ **rafraîchissant, e** *adj* refreshing. ♦ **rafraîchissement** *nm* (a) *[température]* cooling. (b) *(boisson)* cool *ou* cold drink. *(glaces, fruits)* **~s** refreshments.
ragaillardir [ʀagajaʀdiʀ] (2) *vt* to perk up*, buck up*.
rage [ʀaʒ] *nf* (a) *(colère)* rage, fury. **mettre qn en ~** to infuriate *ou* enrage sb; **ivre de ~** mad with

rage. (b) *(manie)* maddening habit. *(passion)* **avoir la ~ de faire/de qch** to have a mania for doing/for sth. (c) **faire ~** *[incendie, tempête]* to rage. (d) *(Méd)* **la ~** rabies *(sg)*. (e) **~ de dents** raging toothache. ♦ **rager** (3) *vi* to fume. **ça (me) fait ~!** it makes me fume! *ou* mad! ♦ **rageur, -euse** *adj (coléreux)* bad-tempered; *(furieux)* furious. ♦ **rageusement** *adv* angrily.
ragot* [ʀago] *nm* piece of gossip. **~s** gossip, tittle-tattle.
ragoût [ʀagu] *nm* stew.
ragoûtant, e [ʀagutɑ̃, ɑ̃t] *adj (lit, fig)* **peu ~** unsavoury, unappetising.
raid [ʀɛd] *nm (Mil)* raid, hit-and-run attack. *(Sport)* **~ automobile** long-distance car rally.
raide [ʀɛd] **1** *adj* (a) *(rigide) (gén)* stiff; *cheveux* straight; *câble* taut, tight. (b) *(abrupt)* steep, abrupt. (c) *morale* rigid, inflexible; *manières, démarche* stiff. (d) *alcool* rough; *(fig: osé)* propos daring, bold. **elle est ~ celle-là* (incrédulité)** that's a bit hard to swallow, that's a bit far-fetched; *(indignation)* that's a bit steep *ou* stiff. (e) **être ~ (comme un passe-lacet)*** to be (stony *ou* flat) broke*. **2** *adv* (a) **ça montait ~** *[ascension]* it was a steep climb; *[pente]* it climbed steeply. (b) **tomber ~** to drop to the ground; **~ mort** stone dead; **il l'a étendu ~ (mort)*** he laid him out cold*. ♦ **raideur** *nf* stiffness; straightness; tautness, tightness; steepness, abruptness; rigidity, inflexibility. **avec ~** stiffly. ♦ **raidillon** *nm* (steep) rise *ou* incline.
raidir [ʀediʀ] (2) **1** *vt (gén)* to stiffen; *corde* to tighten; *(fig) position* to harden, toughen. **2 se ~** *vpr* (a) *[tissu]* to stiffen; *[corde]* to grow taut; *[position]* to harden. (b) *[personne] (perdre sa souplesse)* to become stiff(er); *(bander ses muscles)* to tense *ou* stiffen o.s.; *(s'entêter)* to take a hard *ou* tough line. ♦ **raidissement** *nm (gén)* stiffening; *[prise de position]* hard line.
raie [ʀɛ] *nf* (a) *(trait)* line; *(éraflure)* mark, scratch. (b) *(bande)* stripe. (c) *(Coiffure)* parting. (d) *(Zool)* skate, ray.
raifort [ʀefɔʀ] *nm* horseradish.
rail [ʀaj] *nm* rail. *(voie)* **les ~s** the rails; **~ conducteur** live rail; *(transport)* **le ~** the railway, the railroad *(US)*; *(lit, fig)* **remettre sur les ~s** to put back on the rails.
railler [ʀaje] (1) *vt* to scoff at, mock at. ♦ **raillerie** *nf (action)* mockery; *(parole)* mocking remark. ♦ **railleur, -euse** **1** *adj* mocking. **2** *nmpl:* **les ~s** the mockers.
rainure [ʀenyʀ] *nf* groove; *(courte)* slot. ♦ **rainurer** (1) *vt* to groove.
raisin [ʀezɛ̃] *nm (espèce)* grape. **le ~, les ~s** grapes; **~s de Corinthe** currants; **~s secs** raisins; **~s de table** dessert grapes.
raison [ʀezɔ̃] **1** *nf* (a) *(faculté)* reason. **il a perdu la ~** he has lost his reason, he has taken leave of his senses, he is not in his right mind; **boire plus que de ~** to drink more than is sensible *ou* more than is good for one. (b) *(motif)* reason. **pour quelles ~s l'avez-vous renvoyé?** on what grounds did you sack him?, what were your reasons for sacking him?; **il n'y a pas de ~ de s'arrêter** there's no reason to stop; **ce n'est pas une ~!** that's no excuse! *ou* reason!; **avec (juste) ~** with good reason; **~ de plus** all the more reason *(pour faire* for doing); **comme de ~** as one might expect; **non sans ~** not without reason. (c) **avoir ~** to be right *(de faire* in doing, to do); **avoir ~ de qn/qch** to get the better of sb/sth; **donner ~ à qn** *[événement]* to prove sb right; *[personne]* to side with sb; **se faire une ~** to put up with it; **en ~ du froid** because of *ou* owing to the cold weather; **payé en ~ du travail fourni** paid according to the work produced; **à ~ de 5 F par caisse** at the rate of 5 francs per crate; *(Math)* **~ directe/indirecte** direct/inverse ratio *ou* proportion. **2: ~ d'État** reason of

State; ~ **d'être** raison d'être; (*Comm*) ~ **sociale** corporate name.

raisonnable [rɛzɔnabl(ə)] *adj* (a) (*sensé*) *personne* sensible, reasonable; *conseil* sensible, sound, sane. (b) (*décent*) reasonable, fair. ♦ **raisonnablement** *adv* sensibly, reasonably; *dépenser* moderately.

raisonner [rɛzɔne] (1) **1** *vi* (*penser*) to reason; (*discourir, ergoter*) to argue (*sur* about). **il raisonne juste** his reasoning is sound. **2** *vt* (a) ~ **qn** to reason with sb, make sb see reason. (b) *conduite* to reason out. **explication bien raisonnée** well-reasoned explanation. **3** *se* ~ *vpr* to reason with o.s., try to be reasonable. ♦ **raisonné, e** *adj* (*gén*) reasoned. ♦ **raisonnement** *nm* (a) (*façon de réfléchir*) reasoning. **ses** ~**s m'étonnent** his reasoning surprises me. (b) (*argumentation*) argument. **un** ~ **logique** a logical argument, a logical line of reasoning. (c) (*péj*: *ergotages*) ~**s** argument, quibbling. ♦ **raisonneur, -euse** (*péj*) **1** *adj* argumentative. **2** *nm,f* arguer, quibbler.

rajeunir [raʒœnir] (2) **1** *vt* (a) ~ **qn** [*cure*] to rejuvenate sb; [*repos, expérience etc*] to make sb feel (*ou* look) younger. (b) *manuel* to update, bring up to date; *institution* to modernize; *installation, vieux habits* to give a new look to, brighten up; *personnel* to recruit younger people into; *thème* to inject new life into. **2** *vi* [*personne*] to feel (*ou* look) younger; [*quartier*] to be modernized. **3** *se* ~ *vpr* (*se prétendre moins âgé*) to make o.s. younger. ♦ **rajeunissant, e** *adj* *traitement, crème* rejuvenating. ♦ **rajeunissement** *nm* rejuvenation; updating; modernization.

rajouter [raʒute] (1) *vt* *sel* to add (some) more; *commentaire* to add another. **il rajouta que** ... he added that ...; (*fig*) **en** ~* to overdo it. ♦ **rajout** *nm* addition.

rajuster [raʒyste] (1) **1** *vt* *mécanisme* to readjust; *vêtement* to straighten, tidy. **2** *se* ~ *vpr* [*personne*] to tidy *ou* straighten o.s. up, rearrange o.s. ♦ **rajustement** *nm* adjustment.

râle [rɑl] *nm* (a) [*blessé*] groan; [*mourant*] death rattle. (b) (*Méd*) rale. (c) (*Orn*) rail.

ralentir [ralɑ̃tir] (2) **1** *vt* to slow down. ~ **sa marche** to slacken one's pace, slow down. **2** *vi* [*marcheur*] to slow down, slacken one's pace; [*automobiliste*] to slow down, reduce speed. **3** *se* ~ *vpr* [*production*] to slow down *ou* up, slacken off; [*ardeur*] to flag. ♦ **ralenti, e 1** *adj* slow. **2** *nm* (*Ciné*) slow motion; (*Aut*) tick-over. **au** ~ slow motion; (*Aut, Ind*) **tourner au** ~ to tick over, idle; **vivre au** ~ to live at a slower pace. ♦ **ralentissement** *nm* slowing down; slackening off; flagging.

râler [rɑle] (1) *vi* (a) [*blessé*] to groan, moan; [*mourant*] to give the death rattle. (b) (**: rouspéter*) to grouse*, moan*. **faire** ~ **qn** to infuriate sb, make sb fume. ♦ **râleur, -euse** *nm,f* grouser*, moaner*.

rallier [ralje] (7) **1** *vt* (*grouper*) to rally; (*unir*) to unite; (*rejoindre*) to rejoin; *suffrages* to bring in, win. ~ **qn à son avis** to bring sb round *ou* win sb over to one's opinion. **2** *se* ~ *vpr* (*se regrouper*) to rally. **se** ~ **à** *parti* to join; *ennemi* to go over to; *chef* to rally round; *avis* to come round to. ♦ **ralliement** *nm* rallying. **son** ~ **à notre cause** his joining *ou* the fact that he joined our cause; **cri de** ~ rallying cry.

rallonger [ralɔ̃ʒe] (3) **1** *vt* (*gén*) to lengthen, make longer; *vacances, bâtiment* to extend. **2** *vi* (***) [*jours*] to get longer. ♦ **rallonge** *nf* [*table*] (extra) leaf; [*fil électrique*] extension cord *ou* flex; [*perche*] extension piece. **une** ~ **d'argent/de temps** some extra money/time.

rallumer [ralyme] (1) **1** *vt* *feu* to light (up) again, relight; *courage, conflit* to revive, rekindle. ~ (**la lumière**) to switch *ou* turn the light(s) on again.

2 *se* ~ *vpr* [*incendie, guerre*] to flare up again; [*lampe*] to come on again; [*haine, courage*] to revive, be revived.

rallye [rali] *nm*: ~ (**automobile**) (car) rally.

ramage [ramaʒ] *nm* (*chant*) song. (*branchages, dessin*) ~(**s**) foliage.

ramasser [ramɑse] (1) **1** *vt* (*lit, fig*: *prendre*) to pick up; *copies, ordures* to collect; *fruits* to gather; *objets épars* to gather up *ou* together; *pommes de terre* to dig up; *maladie, amende* to get, pick up. ~ **une bûche*** to come a cropper*. **2** *se* ~ *vpr* (*se pelotonner*) to curl up; (*pour bondir*) to crouch; (**: tomber, échouer*) to come a cropper*. ♦ **ramassage** *nm* picking up; collection; gathering. ~ **scolaire** school bus service. ♦ **ramassé, e** *adj* (*trapu*) squat, stocky; (*concis*) compact, condensed. ♦ **ramasseur, -euse** *nm,f* (*gén*) collector. ~ **de balles (de tennis)** ballboy; ~ **de pommes de terre** potato-picker. ♦ **ramassis** *nm* (*péj*) ~ **de** *voyous* pack *ou* bunch of; *doctrines, objets* jumble of.

rambarde [rɑ̃bard(ə)] *nf* guardrail.

ramdams [ramdam] *nm* row, racket. **faire du** ~ to kick up* a row.

rame [ram] *nf* (*aviron*) oar; (*Rail*) train; (*Typ*) ream; (*Agr*) stake, stick.

rameau, pl ~**x** [ramo] *nm* (small) branch. (*Rel*) **les R**~**x** Palm Sunday.

ramener [ramne] (5) **1** *vt* (a) (*lit, fig*: *faire revenir*) to bring back; *paix* to restore. **je vais te** ~ (**en voiture**) I'll drive *ou* take you back (home); ~ **à la vie** to bring back to *ou* restore to life. (b) *couverture* to pull. ~ **ses cheveux en arrière** to brush one's hair back; ~ **ses jambes en arrière** to draw back one's legs. (c) (*réduire à*) ~ **qch à** to reduce sth to. **2** *se* ~ *vpr* (a) [*problèmes*] **se** ~ **à** to come down to, boil down to. (b) (**: arriver*) to roll up*, turn up*.

ramer [rame] (1) *vi* to row. ♦ **rameur, -euse** *nm,f* (*sportif*) oarsman (*ou* oarswoman), rower.

ramier [ramje] *nm*: (*pigeon*) ~ woodpigeon.

ramifier (se) [ramifje] (7) *vpr* [*veines*] to ramify; [*routes, branches*] to branch out (*en* into). ♦ **ramification** *nf* (*gén*) ramification.

ramollir [ramɔlir] (2) **1** *vt* to soften. **2** *se* ~ *vpr* to get *ou* go soft. ♦ **ramolli, e** *adj* soft. ♦ **ramollissement** *nm* softening.

ramoner [ramɔne] (1) *vt* *cheminée* to sweep. ♦ **ramonage** *nm* chimney-sweeping. ♦ **ramoneur** *nm* (chimney) sweep.

rampe [rɑ̃p] *nf* (a) (*voie d'accès*) ramp; (*côte*) slope. ~ **de lancement** launching pad. (b) [*escalier*] banister(s); [*chemin*] handrail. (c) (*projecteurs*) la ~ the footlights.

ramper [rɑ̃pe] (1) *vi* [*serpent*] to crawl, creep; [*homme*] to crawl; [*plante, ombre*] to creep; [*sentiment*] to lurk. (*péj*) ~ **devant qn** to grovel before *ou* crawl before sb.

ramure [ramyr] *nf* [*cerf*] antlers; [*arbre*] boughs, foliage.

rancard♦ [rɑ̃kar] *nm* (*tuyau*) tip; (*rendez-vous*) date. **donner un** ~ **à qn** to make a date with sb. ♦ **rancarder♦** (1) *vt* to tip off.

rancart♦ [rɑ̃kar] *nm*: **mettre au** ~ to chuck out♦, scrap.

rance [rɑ̃s] *adj* *beurre* rancid; *odeur* rank, rancid. ♦ **rancir** (2) *vi* to go rancid.

rancœur [rɑ̃kœr] *nf* rancour, resentment.

rançon [rɑ̃sɔ̃] *nf* (*lit*) ransom. **la** ~ **de la gloire** the price of fame. ♦ **rançonner** *vt* *voyageurs* to demand *ou* exact a ransom from; (*fig*) to fleece.

rancune [rɑ̃kyn] *nf* grudge, rancour. **garder** ~ **à qn** to hold a grudge against sb, bear sb a grudge (*de qch* for sth); **sans** ~! no hard feelings! ♦ **rancunier, -ière** *adj*: **être** ~ to bear a grudge.

randonnée [rɑ̃dɔne] *nf*: ~ (**en voiture**) drive, ride; ~ (**à bicyclette**) ride; ~ (**à pied**) walk, ramble;

(*grande*) hike; **faire une** ~ to go for a drive (*ou a ride etc*).

rang [ʀɑ̃] *nm* **(a)** (*rangée*) row, line; (*Mil, fig*) rank. **en** ~ **d'oignons** in a row *ou* line; **en** ~**s serrés** in close order, in serried ranks; **en** ~ **par 2** 2 abreast; **sur 4** ~**s** 4 deep; **se mettre sur un** ~ to get into *ou* form a line; **se mettre en** ~**s par 4** to get into *ou* form rows of 4. **(b)** (*noblesse*) station, rank. **(c)** (*hiérarchique*) rank; [*classement*] place. **avoir** ~ **de** to hold the rank of; **par** ~ **d'âge** in order of age; **mettre qn au** ~ **de** to count *ou* rank sb among; **c'est au premier** ~ **de mes préoccupations** that's uppermost in *ou* in the forefront of my mind. ♦ **rangée**[1] *nf* row, line.

ranger [ʀɑ̃ʒe] (3) **1** *vt* **(a)** (*mettre en ordre*) *maison, papiers* to tidy (up); *mots* to arrange, order. **(b)** (*mettre à sa place*) (*gén*) to put away; *véhicule* to park. **où se rangent les tasses?** where do the cups go? *ou* belong?; **je le range parmi les meilleurs** I rank it among the best. **(c)** *écoliers* to line up, put into rows; *invités* to place. **2 se** ~ *vpr* **(a)** [*automobiliste*] (*stationner*) to park; (*venir s'arrêter*) to pull in; [*piéton*] to step *ou* stand aside. **(b)** (*se mettre en rang*) to line up, get into rows. **(c)** (*se rallier à*) **se** ~ **à** *décision, avis* to fall in with; **se** ~ **du côté de qn** to side with sb. **(d)** (*: *se marier*) to settle down. ♦ **rangé, e**[2] *adj pièce* tidy; *vie* well-ordered; *personne* (*ordonné*) orderly; (*sans excès*) settled. **il est** ~ **maintenant** he has settled down now; **mal** ~ untidy. ♦ **rangement** *nm* **(a)** [*objets*] putting away. **faire du** ~ to do some tidying (up). **(b)** (*espace*) [*appartement*] cupboard space; [*remise*] storage space. **(c)** (*arrangement*) arrangement.

ranimer [ʀanime] (1) **1** *vt blessé* to revive, bring round*; *souvenir, querelle, douleur* to revive; *feu, sentiment* to rekindle; *forces, ardeur* to revive, restore. **2 se** ~ *vpr* to revive; to come round; to rekindle; to be restored.

rapace [ʀapas] **1** *nm* (*Orn*) bird of prey. **2** *adj* (*Orn*) predatory; (*fig*) rapacious, grasping. ♦ **rapacité** *nf* (*lit, fig*) rapaciousness, rapacity.

rapatrier [ʀapatʀije] (7) *vt personne* to repatriate; *objet* to bring back (home). ♦ **rapatrié, e** *nm,f* repatriate. ♦ **rapatriement** *nm* repatriation.

râper [ʀɑpe] (1) *vt* (*Culin*) to grate; *bois* to rasp. ♦ **râpe** *nf* grater; rasp. ♦ **râpé, e 1** *adj* (*usé*) threadbare; (*Culin*) grated. **2** *nm* (*fromage*) grated cheese.

rapetisser [ʀaptise] (1) **1** *vt* (*raccourcir*) to shorten; (*dénigrer*) to belittle. (*faire paraître plus petit*) ~ **qch** to make sth *ou* look small(er). **2** *vi*, **se** ~ *vpr* [*vieillard*] to shrink, get smaller; [*jours*] to get shorter.

râpeux, -euse [ʀɑpø, øz] *adj* (*gén*) rough.

raphia [ʀafja] *nm* raffia.

rapiat, e [ʀapja, at] **1** *adj* niggardly, tight-fisted. **2** *nm,f* niggard, skinflint.

rapide [ʀapid] **1** *adj* (*gén*) quick, rapid, swift; *coureur* fast; *guérison* speedy; *mouvement* brisk; *intelligence* lively; *pente* steep, abrupt. ~ **comme l'éclair** (as) quick as a flash. **2** *nm* **(a)** (*train*) express (train), fast train. **(b)** [*rivière*] rapid. ♦ **rapidement** *adv* (*gén*) fast, quickly, rapidly, swiftly, speedily; *marcher* briskly; *descendre en pente* steeply, abruptly. ♦ **rapidité** *nf* (*gén*) speed, rapidity, speediness, swiftness, quickness; [*mouvement*] briskness; [*intelligence*] liveliness.

rapiécer [ʀapjese] (3 *et* 6) *vt* to patch (up).

rappel [ʀapɛl] *nm* **(a)** [*ambassadeur, réservistes*] recall; (*Théât*) curtain call. **(b)** (*évocation, avertissement*) reminder; (*Comm: référence*) quote; (*somme due*) back pay; (*vaccination*) booster. ~ **à l'ordre** call to order. **(c)** (*Alpinisme*) **faire un** ~ to abseil, rope down.

rappeler [ʀaple] (4) **1** *vt* **(a)** (*faire revenir*) to call back; *réservistes, diplomate* to recall. **(b)** ~ **qch**

(*mentionner*) to mention sth; (*Comm*) *référence* to quote sth; (*être similaire*) to be reminiscent of sth; ~ **qch à qn** to remind sb of sth; **cela ne te rappelle rien?** doesn't that remind you of anything?, doesn't that ring a bell? **(c)** ~ **qn à la vie** to bring sb back to life, revive sb; ~ **qn à l'ordre** to call sb to order; ~ **qn à son devoir** to remind sb of his duty. **(d)** (*retéléphoner à*) to call *ou* ring *ou* phone back. **2 se** ~ *vpr* to remember, recollect, recall.

rappliquer* [ʀaplike] (1) *vi* (*revenir*) to come back; (*arriver*) to turn up*, show up*.

rapport [ʀapɔʀ] *nm* **(a)** (*lien*) connection, relationship, link. **avoir beaucoup de** ~/**n'avoir aucun** ~ **avec qch** to have a lot to do/nothing to do with sth, be closely related/be unrelated to sth. **(b)** (*relations*) ~**s** relations, relationships; **entretenir de bons/mauvais** ~**s avec qn** to be on good/bad terms *ou* have good/bad relations with sb; ~**s** (*sexuels*) sexual relations. **(c)** (*compte rendu*) report; (*Mil*)· conference. ~ **de police** police report. **(d)** (*profit*) yield, return. **être d'un bon** ~ to give a good profit *ou* return; **immeuble de** ~ block of flats (used as a letting concern). **(e)** (*Math, Tech*) ratio. ~ **de 1 à 100** ratio of 1 to 100. **(f)** (*locutions*) **être en** ~ **avec qch** (*en harmonie*) to be in keeping *ou* in line with sth; **être en** ~ **avec qn** to have connections *ou* dealings with sb; **mettre/se mettre en** ~ **avec qn** to put/get in touch *ou* contact with sb; **par** ~ **à** in relation to; **sous le** ~ **de l'honnêteté** from the point of view of honesty; **sous tous les** ~**s** in every respect; (*équilibre*) **le** ~ **des forces** the balance of power; (*lutte*) **des** ~**s de force** power struggle.

rapporter [ʀapɔʀte] (1) **1** *vt* **(a)** *objet, réponse* to bring *ou* take back (*à* to). **(b)** (*Fin, fig*) *profit* to bring in. **placement qui rapporte 5%** investment that yields (a return of) 5% *ou* that brings in (a yield *ou* revenue of) 5%. **(c)** *fait* (*gén*) to report; (*mentionner*) to mention; (*citer*) to quote. **on nous a rapporté que** we were told that, it was reported to us that. **(d)** (*ajouter*) to add. **c'est un élément rapporté** this element has been added on. **(e)** (*établir un lien entre*) ~ **qch à** to relate sth to. **(f)** (*annuler*) to revoke. **2** *vi* **(a)** (*Chasse*) to retrieve. **(b)** (*Fin*) to give a good return *ou* yield. **ça rapporte gros** it brings in a lot of money, it pays very well. **(c)** (*arg Scol: moucharder*) ~ (**sur ses camarades**) to tell on* *ou* sneak on* one's friends. **3 se** ~ *vpr* **(a)** **se** ~ **à qch** to relate to sth; **ça se rapporte à ce que je disais tout à l'heure** that ties up with *ou* links up with *ou* relates to what I was saying just now. **(b)** **s'en** ~ **à qn/au jugement de qn** to rely on sb's judgment.

rapporteur, -euse [ʀapɔʀtœʀ, øz] **1** *nm,f* (*mouchard*) telltale, sneak*. **2** *nm* (*Admin*) reporter; (*Géom*) protractor.

rapprocher [ʀapʀɔʃe] (1) **1** *vt* **(a)** (*approcher*) to bring closer *ou* nearer (*de* to). ~ **sa chaise** (**de la table**) to pull *ou* draw one's chair up (to the table). **(b)** (*réconcilier, réunir*) to bring together. **(c)** *indices, textes* (*confronter*) to put *ou* bring together; (*assimiler*) to establish a connection *ou* link between. **c'est à** ~ **de ce qu'on disait tout à l'heure** that ties up *ou* connects with what was being said earlier. **2 se** ~ *vpr* **(a)** (*approcher*) to get closer *ou* nearer (*de* to). **rapproche-toi** come *ou* move *ou* draw closer; **se** ~ **de la vérité** to get near *ou* close to the truth. **(b)** (*en fréquence*) to become more frequent. **(c)** (*ennemis*) to come together; [*points de vue*] to draw closer together. **se** ~ **de** to move *ou* draw closer to. **(d)** (*s'apparenter à*) to be close to. **ça se rapproche de ce qu'on disait** that's close to *ou* that ties up with what was being said. ♦ **rapproché, e** *adj*: **être** ~ (*proche*) to be close *ou* near (*de* to); (*répété*) to be frequent. ♦ **rapprochement** *nm* (*réconciliation*) reconciliation; (*comparaison*) comparison; (*rapport*) link, connection. **le** ~ **des 2 objets** (*action*) bringing the 2 objects (closer) together; (*résultat*) the fact that the 2 objects are close together.

rapt [Rapt] *nm* (*enlèvement*) abduction.

raquette [Raket] *nf* (*Tennis*) racket; (*Ping-Pong*) bat; (*à neige*) snowshoe.

rare [RaR] *adj* (a) (*peu commun*) (*gén*) rare; *énergie* exceptional; *imprudence* singular. ça n'a rien de ~ there's nothing uncommon *ou* unusual about it; il était ~ qu'il ne sache pas he rarely *ou* seldom did not know. (b) (*peu nombreux*) few, rare. les ~s voitures qui passaient the few *ou* odd cars that went by; les clients sont ~s customers are scarce *ou* are few and far between. (c) (*peu abondant*) (*gén*) scarce; *barbe* thin; *végétation* sparse; *gaz* rare. [*légumes*] se faire ~ to become scarce, be in short supply. ♦ **se raréfier** (7) *vpr* (*gén*) to become scarce; [*air*] to rarefy, get thin. ♦ **rarement** *adv* rarely, seldom. ♦ **rareté** *nf* (a) [*objet, cas*] rarity; [*vivres, argent*] scarcity; [*visites*] infrequency. (b) (*objet*) rarity; (*événement*) rare *ou* unusual occurrence. ♦ **rarissime** *adj* extremely rare.

ras, e [Ra, Raz] *adj* (a) *poil, herbe* short; *cheveux* close-cropped; *mesure* full. à poil ~ *chien* short-haired; *étoffe* with a short pile; cheveux coupés (à) ~ hair cut short. (b) (*locutions*) à ~ de terre level with the ground; coupé à ~ de terre cut down to the ground; voler au ~ de l'eau to skim the water; à ~ bords to the brim; en ~e campagne in open country; pull ~ du cou crew-neck jumper, round-neck jumper; j'en ai ~ le bol* I'm fed up to the back teeth‡.

rasade [Razad] *nf* glassful.

raser [Raze] (1) **1** *vt* (a) *barbe* to shave off; *menton, malade etc* to shave. (b) [*projectile*] to graze, scrape; [*oiseau, balle de tennis*] to skim (over). ~ les murs to hug the walls. (c) (*abattre*) to raze (to the ground). (d) (*: ennuyer*) to bore. **2 se** ~ *vpr* (a) (*toilette*) to shave. se ~ les jambes to shave one's legs. (b) (*: s'ennuyer*) to be bored stiff *ou* to tears. ♦ **rasage** *nm* shaving. ♦ **rasant, e** *adj* (a) (*: ennuyeux*) boring. (b) *lumière* low-angled. tir ~ grazing fire. ♦ **rasé, e** *adj* *menton* (clean-)shaven; *tête* shaven. mal ~ unshaven; ~ de près close-shaven. ♦ **rase-mottes** *nm inv*: faire du ~ to hedgehop. ♦ **raseur, -euse*** *nm,f* bore. ♦ **rasoir 1** *nm* (a) razor. ~ électrique (electric) shaver, electric razor. (b) (*: importun*) bore. **2** *adj* (*) boring.

rassasier [Rasazje] (7) **1** *vt faim, désirs* to satisfy. ~ qn to satisfy sb *ou* sb's hunger (*de* with); être rassasié to be satisfied, have eaten one's fill; (*dégoûté*) to have had more than enough (*de* of). **2 se** ~ *vpr* to satisfy one's hunger. je ne me rassasierai jamais de ... I'll never tire of ... .

rassembler [Rasɑ̃ble] (1) **1** *vt* (*gén*) to gather, assemble; *troupes* to rally; *troupeau* to round up; *objets, notes* to gather together, collect; (*après démontage*) to put back together, reassemble; *idées* to collect; *courage* to summon up. **2 se** ~ *vpr* to gather, assemble. ♦ **rassemblement** *nm* (a) gathering, assembling *etc*. (*Mil*) ~! fall in! (b) (*groupe*) gathering; (*parti*) union.

rasseoir [Raswar] (26) **1** *vt bébé* to sit back up (straight); *objet* to put back up straight. **2 se** ~ *vpr* to sit down again.

rasséréner (se) [Raserene] (6) *vpr* to become serene again.

rassir *vi, se* ~ *vpr* [Rasir] (2) to go stale. ♦ **rassis, e** *adj* (*lit, péj*) stale.

rassurer [RasyRe] (1) **1** *vt*: ~ qn to put sb's mind at ease, reassure sb. **2 se** ~ *vpr* to put one's mind at ease, reassure o.s. ♦ **rassurant, e** *adj* reassuring, comforting, cheering.

rat [Ra] *nm* rat. il est fait comme un ~ he's cornered, he has no escape; ~ de bibliothèque bookworm; ~ des champs fieldmouse; ~ d'hôtel hotel

thief; ~ **musqué** muskrat, musquash; (**petit**) ~ **de l'Opéra** pupil of the Opéra ballet class.

ratatiner [Ratatine] (1) **1** *vt* (a) *pomme* to dry up, shrivel; *visage* to wrinkle. (b) (‡: *détruire*) to wreck. se faire ~ (*battre*) to get thrashed; (*tuer*) to get done in‡. **2 se** ~ *vpr* [*pomme*] to shrivel *ou* dry up; [*visage, personne*] to become wrinkled *ou* shrivelled.

rate [Rat] *nf* (*Anat*) spleen.

râteau, pl ~**x** [Rato] *nm* (*Agr, Roulette*) rake.

râtelier [Ratəlje] *nm* rack; (*: dentier*) set of dentures.

rater [Rate] (1) **1** *vi* [*coup*] to misfire, fail to go off; [*projet*] to fail, go wrong, backfire. tout faire ~ to ruin everything; ça ne va pas ~* it's dead certain*. **2** *vt* (*) *cible, occasion, train* to miss; *gâteau, travail* to mess up*, spoil, botch; *examen* to fail, flunk*. raté! missed!; (*iro*) il n'en rate pas une he's always putting his foot in it*; je ne te raterai pas! you won't get away with it!; ~ son effet to spoil one's effect; il a raté son coup he didn't pull it off. ♦ **raté, e 1** *nm,f* (*personne*) failure. **2** *nm* (*Aut*) [*arme*] misfire. avoir des ~s to misfire.

ratiboiser‡ [Ratibwaze] (1) *vt maison* to wreck; *personne* to do in*. ~ qch à qn (*au jeu*) to clean sb out of sth*; (*en le volant*) to nick‡ *ou* pinch* sth from sb.

ratifier [Ratifje] (7) *vt* to ratify. ♦ **ratification** *nf* (*Admin, Jur*) ratification.

ration [Rasjɔ̃] *nf* (*gén*) ration; (*fig: part*) share; [*soldat*] rations.

rationaliser [Rasjɔnalize] (1) *vt* to rationalize. ♦ **rationnel, -elle** *adj* rational. ♦ **rationnellement** *adv* rationally.

rationner [Rasjɔne] (1) **1** *vt charbon, personne* to ration. **2 se** ~ *vpr* to ration o.s. ♦ **rationnement** *nm* rationing.

ratisser [Ratise] (1) *vt gravier* to rake; *feuilles* to rake up; (*Mil, Police*) to comb; (*: au jeu*) to clean out*, fleece*. ♦ **ratissage** *nm* raking; combing.

raton [Ratɔ̃] *nm*: ~ laveur racoon.

rattacher [Rataʃe] (1) *vt prisonnier* to tie up again; *lacets* to do up *ou* fasten again; *territoire, service* to join (*à* to), unite (*à* with); *problème* to link, connect, tie up (*à* with); *fait* to relate (*à* to). rien ne le rattache plus à sa famille nothing binds *ou* ties him to his family any more. ♦ **rattachement** *nm* uniting (*à* with), joining (*à* to).

rattraper [RatRape] (1) **1** *vt* (a) *prisonnier* to recapture; *objet, enfant qui tombe* to catch (hold of); *voiture, coureur, (fig) leçon en retard* to catch up with. on ne m'y rattrapera plus I won't be caught (at it) again. (b) *mayonnaise* to salvage; *erreur, temps perdu* to make up for; *argent perdu* to recover, get back, recoup; *sommeil* to catch up on. (c) (*Scol: repêcher*) ~ qn to allow sb to pass, let sb get through. **2 se** ~ *vpr* (*reprendre son équilibre*) to stop o.s. falling; (*fig: récupérer*) to make up for it, make good (one's losses *ou* one's mistakes). se ~ à une branche to catch hold of a branch to stop o.s. falling. ♦ **rattrapage** *nm* [*candidat*] passing. le ~ d'un oubli/du retard making up for an omission/for lost time; ~ scolaire remedial teaching.

raturer [RatyRe] (1) *vt* (*corriger*) to make an alteration to; (*barrer*) to erase, delete. ♦ **rature** *nf* alteration; erasure, deletion.

rauque [Rok] *adj voix* (*enrouée*) hoarse; (*éraillée*) husky; *cri* raucous.

ravage [Ravaʒ] *nm*: faire des ~s to wreak havoc (*dans* in). ♦ **ravagé, e‡** *adj* nuts*, bonkers‡. ♦ **ravager** (3) *vt pays* to lay waste, ravage, devastate; *visage* [*maladie*] to ravage; [*soucis*] to harrow. ♦ **ravageur, -euse** *adj* devastating.

ravaler [Ravale] (1) **1** *vt* (a) (*nettoyer*) to clean, give a face lift* to; (*réparer*) to restore. (b) *sanglots, colère* to choke back. (c) *dignité, personne* to lower. ♦ **ravalement** *nm* cleaning; restoration; face lift*.

ravauder [Ravode] (1) *vt vêtement* to repair, mend; *chaussette* to darn.

rave [Rav] *nf* (*Bot*) rape.

ravi, e [Ravi] *adj* (*enchanté*) delighted.

ravier [Ravje] *nm* hors d'œuvres dish.

ravigoter* [Ravigɔte] (1) *vt* to buck up*.

ravin [Ravɛ̃] *nm* (*gén*) gully; (*encaissé*) ravine. ♦ **ravinement** *nm* gullying. ♦ **raviner** (1) *vt* (*Géog*) to gully; *visage* to furrow.

ravir [RaviR] (2) *vt* (a) (*charmer*) to delight. **cela lui va à** ~ that suits her beautifully. (b) (*enlever*) ~ **qch à qn** to rob sb of sth, take sth (away) from sb. ♦ **ravissant, e** *adj* ravishing, delightful. ♦ **ravissement** *nm* rapture. **plongé dans le** ~ **in** raptures; **regarder qn avec** ~ to look at sb rapturously. ♦ **ravisseur, -euse** *nm,f* kidnapper, abductor.

raviser (se) [Ravize] (1) *vpr* to change one's mind, decide otherwise, think better of it.

ravitailler [Ravitaje] (1) **1** *vt* (*en vivres*) to provide with fresh supplies; (*en carburant*) to refuel. **2 se** ~ *vpr* [*armée*] to get fresh supplies; [*ménagère*] to stock up (*à* at); [*véhicule*] to refuel. ♦ **ravitaillement** *nm* (*action*) resupplying; refuelling; (*réserves*) supplies. **aller au** ~ to go for fresh supplies.

raviver [Ravive] (1) *vt feu, sentiment* to revive, rekindle; *couleur* to brighten up.

ravoir [RavwaR] *vt* (*recouvrer*) to have *ou* get back; (*obtenir davantage*) to get more *ou* another; (*: nettoyer*) to get clean.

rayer [Reje] (8) *vt* (*marquer*) to rule, line; (*érafler*) to scratch; (*biffer*) to cross *ou* score out, delete. ~ **qn d'une liste** to cross sb *ou* sb's name off a list, delete sb's name from a list. ♦ **rayé, e** *adj tissu, pelage* striped.

rayon [Rɛjɔ̃] *nm* (a) (*gén, Opt, Phys: faisceau*) ray; [*jour*] ray, beam; [*phare*] beam. (*radiations*) ~s **radiation;** ~s **X** X-rays; ~ **laser** laser beam; (*lit, fig*) ~ **de soleil** ray of sunshine; ~ **de lune** moonbeam; ~ **d'espoir** ray *ou* gleam of hope. (b) [*roue*] spoke. (c) (*planche*) shelf; [*bibliothèque*] (book)shelf. (d) (*Comm*) (*section*) department; (*comptoir*) counter. **c'est son** ~ (*spécialité*) that's his line; (*responsabilité*) that's his concern *ou* responsibility *ou* department*. (e) [*ruche*] (honey)comb. (f) (*Math, fig*) radius. **dans un** ~ **de 10 km** within a radius of 10 km *ou* a 10-km radius; ~ **d'action** (*lit*) range; (*fig*) scope, range; **à grand** ~ **d'action** long-range; (*Aut*) ~ **de braquage** lock. ♦ **rayonnage** *nm*: ~**(s)** set of shelves, shelving.

rayonne [Rɛjɔn] *nf* rayon.

rayonner [Rɛjɔne] (1) *vi* (a) [*influence, joie, astre*] to radiate. [*prestige etc*] ~ **sur/dans** to extend over/in; ~ **de bonheur** to be radiant *ou* glowing with happiness. (b) (*Phys*) [*chaleur, énergie*] to radiate. (c) ~ **dans une région** [*touristes*] to tour around a region (from a base); [*cars*] to service a region. (d) [*avenues, lignes*] to radiate (*autour de* from, out from). ♦ **rayonnant, e** *adj* (*Phys, fig*) radiant. ♦ **rayonnement** *nm* [*culture*] influence; [*influence*] extension; [*personnalité, beauté, astre*] radiance; (*Phys: radiation*) radiation.

rayure [RejyR] *nf* (*dessin*) stripe; (*éraflure*) scratch. **papier à** ~**s** striped paper.

raz-de-marée [Radmare] *nm inv* (*Géog, fig*) tidal wave. ~ **électoral** landslide.

razzia [Razja] *nf* raid, foray. (*fig*) **faire une** ~ **dans qch*** to raid *ou* plunder sth.

ré [Re] *nm* (*Mus*) D; (*en chantant*) re.

réaccoutumer [Reakutyme] (1) **1** *vt* to reaccustom. **2 se** ~ *vpr* to reaccustom o.s. (*à* to).

réacteur [ReaktœR] *nm* (*Aviat*) jet engine; (*Chim, Phys nucléaire*) reactor.

réaction [Reaksjɔ̃] *nf* (*gén*) reaction. **être sans** ~ to show no reaction; ~ **en chaîne** chain reaction;

(*Aviat*) **moteur à** ~ jet engine. ♦ **réactionnaire** *adj, nmf* reactionary.

réadapter [Readapte] (1) **1** *vt personne* to readjust (*à* to); (*Méd*) to rehabilitate; *muscle* to re-educate. **2 se** ~ *vpr* to readjust (*à* to). ♦ **réadaptation** *nf* readjustment; rehabilitation; re-education.

réaffirmer [ReafiRme] (1) *vt* to reaffirm, reassert.

réagir [Rea3iR] (2) *vi* to react (*à* to, *contre* against, *sur* upon).

réaliser [Realize] (1) **1** *vt* (a) *rêve* to achieve, fulfil; *effort* to make, exercise; *exploit* to achieve, carry off; *projet* to carry out. (b) (*: se rendre compte de*) to realize. (c) (*Ciné*) to produce. (d) *vente, bénéfice* to make. (e) (*Fin*) *capital* to realize. **2 se** ~ *vpr* [*rêve*] to come true; [*personnalité*] to fulfil o.s. ♦ **réalisateur, -trice** *nm,f* (*Ciné, Rad, TV*) director. ♦ **réalisation** *nf* (a) (*action*) realization; fulfilment, achievement. (b) (*ouvrage*) achievement, creation. (c) (*Ciné*) production.

réalisme [Realism(ə)] *nm* realism. ♦ **réaliste 1** *adj* realistic. **2** *nmf* realist.

réalité [Realite] *nf* reality. **en** ~ in (actual) fact, in reality; **la** ~ **dépasse la fiction** truth is stranger than fiction; **son rêve est devenu (une)** ~ his dream became (a) reality *ou* came true.

réanimer [Reanime] (1) *vt* to resuscitate, revive. ♦ **réanimation** *nf* resuscitation.

réapparaître [ReapaRɛtR(ə)] (57) *vi* to reappear. ♦ **réapparition** *nf* reappearance.

réapprendre [ReapRɑ̃dR(ə)] (58) *vt* (*gén*) to relearn, learn again. ~ **qch à qn** to teach sth to sb again.

réapprovisionner [ReapRɔvizjɔne] (1) **1** *vt* to restock. **2 se** ~ *vpr* to stock up again (*en* with).

réarmer [ReaRme] (1) **1** *vt fusil, appareil-photo* to reload; *bateau* to refit. **2** *vi, se* ~ *vpr* [*pays*] to rearm. ♦ **réarmement** *nm* (*Pol*) rearmament.

réassortir [ReasɔRtiR] (2) **1** *vt magasin* to restock (*en* with); *stock* to replenish; *verres* to match (up). **2 se** ~ *vpr* (*Comm*) to stock up again (*de* with). ♦ **réassortiment** *nm* replenishment.

rébarbatif, -ive [RebaRbatif, iv] *adj mine* forbidding, unprepossessing; *sujet, tâche* daunting, forbidding.

rebâtir [R(ə)batiR] (2) *vt* to rebuild.

rebattre [R(ə)batR(ə)] (41) *vt*: ~ **les oreilles de qn de qch** to keep harping about sth*. ♦ **rebattu, e** *adj citation* hackneyed.

rebelle [Rəbɛl] **1** *adj soldat* rebel; *enfant, esprit* rebellious; *maladie* stubborn; *cheveux* unruly. ~ **à discipline** unamenable to; **il est** ~ **à la poésie** poetry is a closed book to him. **2** *nmf* rebel. ♦ **se rebeller** (1) *vpr* to rebel (*contre* against). ♦ **rébellion** *nf* (*révolte*) rebellion. (*rebelles*) **la** ~ the rebels.

rebiffer (se)* [R(ə)bife] (1) *vpr* to hit *ou* strike back (*contre* at).

reboiser [R(ə)bwaze] (1) *vt* to reafforest.

rebondir [R(ə)bɔ̃diR] (2) *vi* (a) (*sur le sol*) to bounce; (*contre un mur etc*) to rebound. (b) [*conversation, action*] to get going *ou* moving again, spring to life again; [*scandale*] to take a new turn. **faire** ~ to set *ou* get going again. ♦ **rebond** *nm* bounce; rebound. ♦ **rebondi, e** *adj objet* potbellied; *croupe* rounded; *ventre* fat; *visage* chubby; *porte-monnaie* well-lined. ♦ **rebondissement** *nm* [*affaire*] (sudden new) development (*de* in).

rebord [R(ə)bɔR] *nm* [*assiette, pot*] rim; [*puits, falaise, table*] edge. **le** ~ **de la fenêtre** the windowsill, the window ledge.

rebours [R(ə)buR] *nm*: **à** ~ (*à rebrousse-poil*) the wrong way; (*à l'envers*) the other way round; **compter à** ~ to count backwards; **faire tout à** ~ **to**

do everything the wrong way round; (*à l'opposé de*) **à ~ de** against.

rebouteux, -euse [ʀ(ə)butø, øz] *nm,f* bonesetter.

rebrousser [ʀ(ə)bʀuse] (1) *vt poil* to brush up. **~ chemin** to turn back, retrace one's steps; (*lit, fig*) **à rebrousse-poil** the wrong way.

rebuffade [ʀ(ə)byfad] *nf* rebuff.

rébus [ʀebys] *nm* rebus.

rebut [ʀəby] *nm* (*déchets*) scrap. **mettre au ~** to scrap, throw out, discard; (*péj: racaille*) **le ~ de la société** the scum *ou* dregs of society; (*Poste*) **~s** dead letters.

rebuter [ʀ(ə)byte] (1) **1** *vt* (*décourager*) to put off, dishearten, discourage; (*répugner*) to repel; (*repousser*) to repulse. **2 se ~** *vpr* to be discouraged. ♦ **rebutant, e** *adj* repellent; off-putting; disheartening.

récalcitrant, e [ʀekalsitʀɑ̃, ɑ̃t] *adj, nm,f* recalcitrant.

recaler [ʀ(ə)kale] (1) *vt* (*Scol*) to fail. **se faire ~** (**en histoire**) to fail *ou* flunk* (history).

récapituler [ʀekapityle] (1) *vt* to recapitulate, sum up. ♦ **récapitulatif, -ive** *adj* recapitulatory, summary. ♦ **récapitulation** *nf* recapitulation, summing up.

recauser* [ʀ(ə)koze] (1) *vi*: **~ de qch** to talk about sth again.

receler [ʀəs(ə)le] (5) *vt objet volé* to receive; *voleur* to harbour; *trésor* to conceal. ♦ **recel** *nm*: **~ (d'objets volés)** (*action*) receiving stolen goods, receiving; (*résultat*) possession of stolen goods. ♦ **receleur, -euse** *nm,f* receiver.

récemment [ʀesamɑ̃] *adv* recently. **l'as-tu vu ~?** have you seen him lately? *ou* recently?

recenser [ʀ(ə)sɑ̃se] (1) *vt population* to take a census of; *objets* to make an inventory of; (*Mil*) to compile a register of. ♦ **recensement** *nm* census; inventory; registration. ♦ **recenseur** *adj m, nm*: (**agent**) **~** census taker.

récent, e [ʀesɑ̃, ɑ̃t] *adj événement* recent; *propriétaire* new.

récépissé [ʀesepise] *nm* receipt.

réception [ʀesɛpsjɔ̃] *nf* (**a**) (*gala*) reception. (**b**) (*accueil*) reception, welcome. **discours de ~** welcoming speech. (**c**) (*salon*) reception room; [*hôtel*] (*hall*) entrance hall, lobby; (*bureau*) reception desk. **salle de ~** function room. (**d**) [*paquet, lettre*] receipt; (*Bio, Rad, TV*) reception. (**e**) (*Sport*) [*ballon*] trapping, catching; [*sauteur*] landing. ♦ **récepteur, -trice 1** *adj* receiving. **2** *nm* (*gén, Téléc*) receiver. ♦ **réceptif, -ive** *adj* receptive (*à* to). ♦ **réceptionnaire** *nmf* [*marchandises*] receiving clerk. ♦ **réceptionner** (1) *vt marchandises* to receive, take delivery of; *ballon* to trap, catch. ♦ **réceptionniste** *nmf* receptionist. ♦ **réceptivité** *nf* (*gén*) receptivity, receptiveness.

récession [ʀesesjɔ̃] *nf* recession. ♦ **récessif, -ive** *adj* recessive.

recette [ʀ(ə)sɛt] *nf* (**a**) (*Culin*) recipe; (*Chim*) formula; (*fig: truc*) formula, recipe (*de* for). (**b**) (*recouvrement*) collection; (*encaisse*) takings. **faire ~** to be a big success, be a winner; (*rentrées d'argent*) **~s** receipts; (*Impôts*) **~-perception** tax office.

recevabilité [ʀəsvabilite] *nf* (*Jur*) admissibility. ♦ **recevable** *adj* admissible.

receveur, -euse [ʀəsvœʀ, øz] *nm,f* (*Méd*) recipient. **~ (d'autobus)** bus conductor (*ou* conductress); **~ (des contributions)** tax collector *ou* officer; **~ (des postes)** (28) postmaster (*ou* mistress).

recevoir [ʀəsvwaʀ] (28) **1** *vt* **(a)** (*gén*) to receive, get; *refus* to meet with. **nous avons bien reçu votre lettre du 15 courant** we acknowledge receipt of your letter of the 15th instant; **je n'ai d'ordre à ~ de personne** I don't take orders from anyone; **il a reçu un coup de pied/de poing** he got kicked/punched; **c'est lui qui a tout reçu** he got

the worst of it; **recevez l'expression de mes sentiments distingués** yours faithfully *ou* sincerely. **(b)** *invité* (*accueillir*) to receive, welcome, greet; (*à dîner*) to entertain; (*pour coucher*) to take in; (*Admin*) *demandeur* to see. **le docteur reçoit de 10h à 12h** the doctor's surgery *ou* office (*US*) is from 10 a.m. till noon; **~ la visite de qn** to receive *ou* have a visit from sb. **(c)** *candidat* to pass. **être reçu à un examen** to pass an exam; **il a été reçu premier** he came first. **(d)** (*contenir*) [*hôtel*] to take, hold, accommodate; (*récolter*) [*gouttière*] to collect. **2 se ~** *vpr* (*en sautant*) to land.

rechange [ʀ(ə)ʃɑ̃ʒ] *nm* **(a)** **~ (de vêtements)** change of clothes. **(b) de ~** *solution* alternative; *outil* spare; **j'ai apporté des chaussures de ~** I brought a spare *ou* an extra pair of shoes.

réchapper [ʀeʃape] (1) *vi*: **~ de** *ou* **à** *accident* to come through.

recharge [ʀ(ə)ʃaʀʒ(ə)] *nf* [*arme*] reload; [*stylo*] refill. ♦ **recharger** (3) *vt véhicule, arme, appareil-photo* to reload; *briquet* to refill; *accumulateur* to recharge. ♦ **rechargement** *nm* reloading; refilling; recharging.

réchauffer [ʀeʃofe] (1) **1** *vt* (*Culin*) (**faire** *ou* **mettre à**) **~** to reheat, heat *ou* warm up again. **(b)** *personne* to warm up; *cœur* to warm; *courage* to revive, rekindle. **(c)** [*soleil*] to heat up, warm up. **2 se ~** *vpr* [*temps*] to get warmer; [*personne*] to warm o.s. (up). ♦ **réchaud** *nm* stove. ♦ **réchauffé, e** *adj* (*lit*) reheated, warmed-up; (*péj: fig*) rehashed (*péj*); *plaisanterie* stale, old hat. ♦ **réchauffement** *nm* warming (up). **un ~ de la température** a rise *ou* an increase in the temperature.

rêche [ʀɛʃ] *adj* rough, harsh.

rechercher [ʀ(ə)ʃɛʀʃe] (1) *vt* (**a**) *objet égaré* to look for, search for, hunt for; *honneurs, danger* to seek; *succès, plaisir* to pursue; *cause d'accident* to look for, try to determine. **~ comment** to try to find out how; **'on recherche femme de ménage'** 'cleaning lady required'; **recherché pour meurtre** wanted for murder; **~ la perfection** to strive for *ou* seek perfection; **~ l'amitié de qn** to seek sb's friendship. (**b**) (*chercher à nouveau*) to search for *ou* look for again. ♦ **recherche** *nf* (**a**) (*gén*) search (*de* for); [*plaisirs, gloire*] pursuit (*de* of); [*perfection*] quest (*de* for). **se mettre à la ~ de qch** to go in search of sth, look *ou* hunt *ou* search for sth; (*enquête*) **faire des ~s** to make investigations. (**b**) (*Scol, Univ*) **la ~** research; **faire des ~s sur un sujet** to do *ou* carry out research into a subject; **travail de ~** piece of research. (**c**) [*tenue, ameublement*] meticulousness, studied elegance; (*péj: affectation*) affectation. ♦ **recherché, e** *adj* (*très demandé*) in great demand, much sought-after; (*de qualité*) choice, exquisite; *style* mannered; *tenue* meticulous; (*péj*) affected, studied.

rechigner [ʀ(ə)ʃiɲe] (1) *vi* to balk, jib (*à qch* at sth, *à faire* at doing).

rechute [ʀ(ə)ʃyt] *nf* (*Méd*) relapse. **faire une ~** to have a relapse. ♦ **rechuter** (1) *vi* to have a relapse.

récidive [ʀesidiv] *nf* (*Jur*) second *ou* subsequent offence; (*Méd*) recurrence; (*fig*) repetition. ♦ **récidiver** (1) *vi* (*Jur*) to commit a second *ou* subsequent offence; (*fig*) to do it again; (*Méd*) to recur. ♦ **récidiviste** *nmf* recidivist.

récif [ʀesif] *nm* reef.

récipient [ʀesipjɑ̃] *nm* container, receptacle.

réciproque [ʀesipʀɔk] **1** *adj* reciprocal. **2** *nf*: **la ~** (*l'inverse*) the opposite, the reverse; (*la pareille*) the same. ♦ **réciprocité** *nf* reciprocity. ♦ **réciproquement** *adv* (*l'un l'autre*) each other, one another; (*vice versa*) vice versa.

récit [ʀesi] *nm* (*action, histoire*) account; (*genre*) narrative; (*Théât*) monologue. **faire le ~ de** to give an account of.

récital, pl ~s [ʀesital] nm recital.
réciter [ʀesite] (1) vt to recite. ♦ **récitation** nf
(poème) recitation; (action) recital.
réclamation [ʀeklamɑsjɔ̃] nf complaint. **faire une**
~ to make ou lodge a complaint; (Téléc) **télé-
phonez aux** ~s ring the engineers.
réclame [ʀeklam] nf (annonce) advertisement,
advert. (publicité) **la** ~ advertising; **faire de la** ~
pour to advertise; **article (en)** ~ special offer.
réclamer [ʀeklame] (1) 1 vt aide, argent etc to ask
for; droit, part to claim; patience, soin to call for,
require, demand. ~ **l'indulgence de qn** to beg ou
crave sb's indulgence; **je réclame la parole!** I ask
ou beg to speak!; **il se réclame de l'école romantique** he claims to draw his inspiration from the
romantic school. 2 vi to complain.
reclasser [ʀ(ə)klase] (1) vt chômeur to redeploy;
ex-prisonnier to rehabilitate.
reclus, e [ʀəkly, yz] 1 adj cloistered. 2 nm,f
recluse. ♦ **réclusion** nf: ~ **(criminelle)** imprisonment.
recoiffer [ʀ(ə)kwafe] (1) 1 vt: ~ **qn** to do sb's hair.
2 **se** ~ vpr to do one's hair.
recoin [ʀəkwɛ̃] nm nook.
récolter [ʀekɔlte] (1) vt (Agr) to harvest, gather
(in); signatures, argent to collect; (*) coups to get,
collect*. ♦ **récoltant, e** nm,f grower. ♦ **récolte** nf
(action) harvesting, gathering (in); (lit, fig: produit) crop; [blé] harvest.
recommander [ʀ(ə)kɔmɑ̃de] (1) 1 vt (a) (gén) to
recommend (à to). ~ **à qn de faire** to recommend
ou advise sb to do; **il est recommandé de** it's
advisable to, you would be well-advised to. (b)
lettre (pour attester sa remise) to record; (pour
assurer sa valeur) to register. 2 **se** ~ vpr: **se** ~ **de
qn** to give sb's name as a reference; **il se recom-
mande par son talent** his talent commends him.
♦ **recommandable** adj commendable. ♦ **recommandation** nf recommendation; recording; registration. ♦ **recommandé, e** adj (a)
envoyer qch en ~ to send sth recorded delivery
(ou by registered mail). (b) (conseillé) recommended.
recommencer [ʀ(ə)kɔmɑ̃se] (3) 1 vt récit, travail
to begin ou start (over) again; erreur to make
again, repeat; combat to renew. 2 vi (gén) to
begin ou start again; [combat] to start afresh,
resume. ~ **à** ou **de faire** to begin ou start to do ou
doing again. ♦ **recommencement** nm new beginning, renewal.
recomparaître [ʀ(ə)kɔ̃paʀɛtʀ(ə)] (57) vi (Jur) to
appear (in court) again.
récompense [ʀekɔ̃pɑ̃s] nf reward; (prix) award.
en ~ **de** in return for. ♦ **récompenser** (1) vt to
reward (de for).
recompter [ʀ(ə)kɔ̃te] (1) vt to count again,
recount.
réconcilier [ʀekɔ̃silje] (7) 1 vt to reconcile. 2 **se**
~ vpr to be ou become reconciled (avec with).
♦ **réconciliation** nf reconciliation.
reconduire [ʀ(ə)kɔ̃dɥiʀ] (38) vt (a) politique, bail
to renew. (b) ~ **qn chez lui** to see ou take sb
(back) home; **il m'a reconduit à la porte** he
showed me to the door. ♦ **reconductible** adj
renewable. ♦ **reconduction** nf renewal.
réconfort [ʀekɔ̃fɔʀ] nm comfort. ♦ **réconfortant,
e** adj parole comforting; aliment fortifying.
♦ **réconforter** (1) vt to comfort; to fortify.
reconnaître [ʀ(ə)kɔnɛtʀ(ə)] (57) 1 vt (a) (gén:
identifier) to recognize. **ces jumeaux sont
impossibles à** ~ these twins are impossible to tell
apart; **on reconnaît un fumeur à ses doigts jaunis**
you can tell ou recognize ou spot a smoker by his
stained fingers; **je le reconnais bien là** that's just
like him ou typical of him, that's him all over! (b)
(admettre) (gén) to recognize; torts to admit;
supériorité, dette to acknowledge. **il faut** ~ **qu'il
faisait très froid** admittedly it was very cold, you

must admit it was very cold; **il a reconnu s'être
trompé** he admitted making a mistake; (Jur) ~ **qn
coupable** to find sb guilty; **il ne reconnaît à personne le droit d'intervenir** he doesn't recognize in
anyone the right ou acknowledge that anyone has
the right to intervene. (c) terrain to reconnoitre.
~ **les lieux** to see how the land lies, reconnoitre
(the ground). 2 **se** ~ vpr (dans la glace) to recognize o.s.; (entre personnes) to recognize each
other; (lit, fig: trouver son chemin) to find one's
way about ou around. **je ne m'y reconnais plus**
I'm completely lost; **je commence à me** ~ I'm
beginning to find my bearings; **le pêcher se
reconnaît à ses fleurs roses** the peach tree is
recognizable by its pink flowers, you can tell a
peach tree by its pink flowers; **se** ~ **vaincu** to
admit ou acknowledge defeat. ♦ **reconnaissable**
adj recognizable (à by, from). ♦ **reconnaissance**
nf (a) (gratitude) gratitude, gratefulness (à qn to
ou towards sb). (b) (gén, Pol: fait de reconnaître)
recognition; (Jur: d'un droit) recognition,
acknowledgement; (littér: aveu) acknowledgement, admission. **signe de** ~ sign of recognition;
~ **de dette** note of hand. (c) (exploration)
reconnaissance, survey; (Mil) reconnaissance,
recce*. **partir en** ~ to make a reconnaissance, go
on a recce*; **mission de** ~ reconnaissance mission. ♦ **reconnaissant, e** adj grateful (à qn de qch
to sb for sth). **je vous serais** ~ **de me dire** I would
be grateful if you could tell me. ♦ **reconnu, e** adj
recognized.
reconquérir [ʀ(ə)kɔ̃keʀiʀ] (21) vt (Mil) to recon-
quer; liberté to recover, win back. ♦ **reconquête**
nf reconquest; recovery.
reconsidérer [ʀ(ə)kɔ̃sidere] (6) vt to reconsider.
reconstituer [ʀ(ə)kɔ̃stitɥe] (1) vt parti, texte to
reconstitute; fortune to build up again; crime,
édifice to reconstruct; faits, puzzle to piece
together; (Bio) organisme to regenerate.
♦ **reconstituant, e** 1 adj energizing. 2 nm tonic.
♦ **reconstitution** nf reconstitution; rebuilding;
reconstruction; piecing together; regeneration.
~ **historique** reconstruction of history.
reconstruire [ʀ(ə)kɔ̃stʀɥiʀ] (38) vt to rebuild,
reconstruct. ♦ **reconstruction** nf reconstruction.
reconvertir [ʀ(ə)kɔ̃vɛʀtiʀ] (2) 1 vt usine to recon-
vert (en to); personnel to redeploy. 2 **se** ~ vpr
[personne] to move into ou turn to a new type of
employment. **nous nous sommes reconvertis
dans le textile** we have moved (over) into textiles.
♦ **reconversion** nf reconversion; redeployment.
recopier [ʀ(ə)kɔpje] (7) vt to copy out ou write out
(again). ~ **ses notes au propre** to make a fair copy
of one's notes.
record [ʀ(ə)kɔʀ] nm, adj inv record. **en un temps**
~ in record time. ♦ **recordman** [ʀ(ə)kɔʀdman], pl
recordmen [ʀ(ə)kɔʀdmɛn] nm record holder.
recoucher [ʀ(ə)kuʃe] (1) 1 vt enfant to put back to
bed. 2 **se** ~ vpr to go back to bed.
recouper [ʀ(ə)kupe] (1) vt (à nouveau) to cut
again; (davantage) to cut more; route to
intersect; témoignage to tie up ou match up with.
2 **se** ~ vpr [faits] to tie ou match up.
♦ **recoupement** nm cross-check. **faire un** ~ to
cross-check.
recourbé, e [ʀ(ə)kuʀbe] adj (gén) curved; bec
hooked. **nez** ~ hooknose.
recourir [ʀ(ə)kuʀiʀ] (11) ~ **à** vt indir moyen to
resort to; personne to turn to, appeal to.
♦ **recours** nm resort, recourse; (Jur) appeal. **en
dernier** ~ as a last resort; **la situation est sans** ~
there's no solution to the situation; **avoir** ~ **à
moyen** to resort to; personne to turn to, appeal to;
~ **en grâce** appeal for mercy.
recouvrer [ʀ(ə)kuvʀe] (1) vt santé to recover;
cotisation to collect. ♦ **recouvrement** nm
recovery; collection.
recouvrir [ʀ(ə)kuvʀiʀ] (18) 1 vt (gén, fig) to

cover; (à nouveau) to re-cover. **recouvert d'eau** covered in ou with water; ~ **une casserole** to put a lid on a saucepan. **2 se** ~ vpr (se superposer) to overlap.

récréation [ʀekʀeasjɔ̃] nf **(a)** (lycée) break; (école primaire) playtime, break. **aller/être en** ~ to go out for/have one's break. **(b)** (amusement) recreation, relaxation.

recréer [ʀ(ə)kʀee] (1) vt to re-create.

récrier (se) [ʀekʀije] (7) vpr to exclaim.

récriminer [ʀekʀimine] (1) vi to recriminate (contre against). ♦ **récrimination** nf recrimination.

récrire [ʀekʀiʀ] (39) vt (à nouveau) to rewrite; (davantage) to write again.

recroqueviller (se) [ʀ(ə)kʀɔkvije] (1) vpr [papier] to shrivel up, curl up; [personne] to huddle ou curl o.s. up.

recrudescence [ʀ(ə)kʀydesɑ̃s] nf upsurge, new wave ou outburst.

recrue [ʀ(ə)kʀy] nf recruit. ♦ **recrutement** nm recruitment. ♦ **recruter** (1) vt to recruit.

rectangle [ʀɛktɑ̃gl(ə)] nm rectangle. ♦ **rectangulaire** adj rectangular.

rectifier [ʀɛktifje] (7) vt (corriger) to correct; (ajuster) to adjust; erreur to rectify, put right; tracé to straighten. ~ **le tir** (lit) to adjust the fire; (fig) to adjust one's sights. ♦ **rectificatif** nm correction. ♦ **rectification** nf rectification; correction.

rectiligne [ʀɛktiliɲ] adj (gén) straight; mouvement rectilinear; (Géom) rectilinear.

rectitude [ʀɛktityd] nf (morale) rectitude; [ligne] straightness.

recto [ʀɛkto] nm front (of a page), first side. ~ **verso** on both sides (of the page).

reçu, e [ʀ(ə)sy] **1** adj usages accepted; candidat successful. **2** nm (quittance) receipt.

recueil [ʀ(ə)kœj] nm (gén) book, collection.

recueillir [ʀ(ə)kœjiʀ] (12) **1** vt suffrages etc to get; graines to gather, collect; argent to collect; réfugié to take in; déposition to take down, take note of; opinion to record. **2 se** ~ vpr (Rel, gén) to collect ou gather one's thoughts. **se** ~ **sur la tombe** de qn to meditate at sb's grave. ♦ **recueillement** nm (Rel, gén) meditation, contemplation. **écouter avec** ~ to listen reverently. ♦ **recueilli, e** adj meditative.

recul [ʀ(ə)kyl] nm **(a)** (lit, fig: retraite) retreat. **avoir un mouvement de** ~ to recoil, start ou shrink back (par rapport à from). **(b)** [maladie] recession; [civilisation, valeur boursière] decline. **être en** ~ (gén) to be on the decline; [monnaie] to be falling; [parti] to be losing ground; (Pol) ~ **de la majorité** fall ou drop in government support. **(c)** (éloignement) distance. **avec le** ~ (du temps) with the passing of time; (dans l'espace) from a distance, from further away; **prendre du** ~ to stand back (par rapport à from); **cette salle n'a pas assez de** ~ there isn't enough room to move back in this room. **(d)** [arme à feu] recoil, kick. **(e)** [échéance] deferment. **(f)** [véhicule] backward movement. ♦ **reculade** nf retreat.

reculer [ʀ(ə)kyle] (1) **1** vi **(a)** [personne] to move ou step back; (par peur) to draw back, back away; [automobiliste] to reverse; (Mil) to retreat. ~ **de 2 pas** to take 2 paces back, retreat 2 paces; **faire** ~ **foule** to move ou force back; cheval to move back; ennemi to push ou force back. **(b)** (hésiter) to shrink back; (changer d'avis) to back out. ~ **devant la dépense** to shrink from the expense; **rien ne me fera** ~ I'll stop ou stick at nothing, nothing will stop me. **(c)** (diminuer) (gén) to decline; [incendie] to subside; [eaux] to subside, recede, go down. **faire** ~ **l'épidémie** to reduce the epidemic. **(d)** [arme à feu] to recoil. **2** vt meuble, frontière to push back; véhicule to reverse; date,

décision to postpone; échéance to defer. **3 se** ~ vpr to step back, retreat. **se** ~ **d'horreur** to draw back ou back away in horror. ♦ **reculé, e** adj époque remote, distant; ville remote, out-of-the-way. ♦ **reculons** loc adv: **aller à** ~ to go backwards; **sortir à** ~ **d'une pièce** to back out of a room.

récupérer [ʀekypeʀe] (6) **1** vt argent, forces to recover, get back; ferraille to salvage; chiffons to reprocess; délinquant to rehabilitate; journées de travail to make up; (Pol: péj) mouvement to take over; (*: prendre) to get. **regarde si tu peux** ~ **qch dans ces vieux habits** have a look and see if there's anything you can rescue ou retrieve from among these old clothes. **2** vi [coureur] to recover, recuperate. ♦ **récupération** nf recovery; salvage; reprocessing; rehabilitation; takeover; recuperation.

récurer [ʀekyʀe] (1) vt to scour.

récuser [ʀekyze] (1) **1** vt (Jur) to challenge. **2 se** ~ vpr to decline to give an opinion. ♦ **récusation** nf challenge.

recycler [ʀ(ə)sikle] (1) **1** vt élève to reorientate; ingénieur (perfectionner) to send on a refresher course; (reconvertir) to retrain; matière to recycle. **2 se** ~ vpr to retrain; to go on a refresher course. ♦ **recyclage** nm reorientation; retraining; recycling.

rédaction [ʀedaksjɔ̃] nf **(a)** [contrat] drafting; [thèse] writing; [dictionnaire] compilation. **(b)** (Presse) (personnel) editorial staff; (bureaux) editorial offices. **(c)** (Scol) essay, composition. ♦ **rédacteur, -trice** nm,f (Presse) (sub)-editor; [article] writer; [loi] drafter; [encyclopédie] compiler. ~ **en chef** chief editor.

reddition [ʀedisjɔ̃] nf (Mil) surrender.

redemander [ʀədmɑ̃de] (1) vt adresse to ask again for; aliment to ask for more.

rédemption [ʀedɑ̃psjɔ̃] nf redemption. ♦ **rédempteur, -trice 1** adj redemptive, redeeming. **2** nm,f redeemer.

redescendre [ʀ(ə)desɑ̃dʀ(ə)] (41) **1** vt (avec aux avoir) escalier to go ou come (back) down again; objet to take downstairs again. **2** vi (avec aux être) [personne] to go ou come (back) down again; [ascenseur, chemin] to go down again; [baromètre, fièvre] to fall again.

redevable [ʀədvabl(ə)] adj: **être** ~ **à qn de** argent to owe sb; aide to be indebted to sb.

redevance [ʀədvɑ̃s] nf (gén: impôt) tax; (Rad, TV) licence fee; (Téléc) rental charge; (bail, rente) dues, fees.

rédhibitoire [ʀedibitwaʀ] adj défaut damning.

rédiger [ʀediʒe] (3) vt lettre to write; dictionnaire to compile, write; contrat to draw up, draft.

redire [ʀ(ə)diʀ] (37) vt to repeat. ~ **qch à qn** to say sth to sb again, tell sb sth again, repeat sth to sb; **elle ne se le fait pas** ~ **deux fois** she doesn't need telling ou to be told twice; **trouver à** ~ **à qch** to find fault with sth; **je ne vois rien à** ~ **(à cela)** I've no complaint with that, I can't see anything wrong with that.

redite [ʀ(ə)dit] nf (needless) repetition.

redondance [ʀ(ə)dɔ̃dɑ̃s] nf: **la** ~ superfluity. ♦ **redondant, e** superfluous.

redonner [ʀ(ə)dɔne] (1) vt objet to give back, return; confiance, énergie to restore; renseignement to give again; pain to give more; couche, tranche to give another. **cela te redonnera des forces** that will build your strength back up ou put new strength into you.

redoubler [ʀ(ə)duble] (1) **1** vt joie, douleur to increase, intensify; efforts to step up, redouble. **frapper à coups redoublés** to bang twice as hard; ~ **(une classe)** to repeat a year ou a grade (US). **2** ~ **de** vt indir: ~ **d'efforts** to step up ou redouble one's efforts; ~ **de prudence** to be extra ou doubly careful; ~ **de larmes** to cry even harder.

3 *vi* (*gén*) to increase, intensify; *[vent]* to become twice as strong; *[cris]* to get even louder *ou* twice as loud. ◆ **redoublant, e** *nm,f* pupil who is repeating a year at school. ◆ **redoublement** *nm* increase (*de* in), intensification (*de* of). **avec un ~ d'attention** with increased attention; (*Scol*) **le ~** repeating a year.

redouter [ʀ(ə)dute] (1) *vt* to dread. ◆ **redoutable** *adj* fearsome, formidable.

redoux [ʀ(ə)du] *nm* spell of milder weather.

redresser [ʀ(ə)dʀese] (1) **1** *vt* (**a**) *poteau* to set upright; *tige* to straighten (up); *tôle cabossée* to straighten out; (*Élec*) *courant* to rectify; (*Opt*) *image* to straighten; *personne couchée* to sit *ou* prop up. **~ la tête** (*lit*) to hold up *ou* lift one's head; (*être fier*) to hold one's head up high; (*se révolter*) to show signs of rebellion. (**b**) *bateau* to right; *avion, voiture* to straighten up. (**c**) *situation, économie* to redress. **~ le pays** to get *ou* put the country on its feet again. (**d**) *erreur, torts, abus* to right, redress. **2 se ~** *vpr* (**a**) (*se mettre assis*) to sit up; (*se mettre droit*) to stand up straight; (*être fier*) to hold one's head up high. (**b**) *[bateau]* to right itself; *[avion; voiture]* to straighten up; *[économie]* to recover; *[situation]* to correct itself. (**c**) *[cheveux]* to stick up. ◆ **redressement** *nm [économie, situation]* recovery. **~ fiscal** payment of back taxes. ◆ **redresseur** *nm* (*Élec*) rectifier. **~ de torts** righter of wrongs.

réduire [ʀedɥiʀ] (38) **1** *vt* (**a**) (*diminuer*) (*gén*) to reduce; *prix* to cut, bring down; *pression* to lessen; *texte* to shorten, cut; *production* to cut (back), lower; *dépenses* to cut down *ou* back (on); *inflation* to curb; *dessin* to scale down; *photographie* to make smaller. (**b**) **~ à** (*contraindre à*) to reduce to; (*ramener à*) to bring down to, reduce to; (*limiter à*) to limit *ou* confine to; **il en est réduit à mendier** he has been reduced to begging; **~ qch à néant** to reduce sth to nothing. (**c**) **~ en poudre** *etc* to reduce to; **~ qch en morceaux** to smash sth to pieces; **~ qch en bouillie** to crush *ou* reduce sth to (a) pulp; **réduit en cendres** reduced to ashes, burnt to a cinder. (**d**) (*Méd*) to set, reduce; (*Chim*) to reduce. (**e**) *place forte* to capture; *rebelles* to quell. **~ l'opposition** to silence the opposition. **2** *vi* (*Culin*) *[sauce]* to reduce. **faire ~** to reduce. **3 se ~** *vpr* (*financièrement*) to cut down on *ou* reduce one's spending. **se ~ à** *[incident]* to boil down to, amount to; *[somme, quantité]* to amount to; **je me réduirai à quelques exemples** I'll limit *ou* confine myself to a few examples; **se ~ en cendres** to be burnt to a cinder, be reduced to ashes.

◆ **réduction** *nf* (*gén, Culin, Sci*) reduction; (*diminution*) reduction, cut (*de* in); (*rabais*) discount, reduction; (*Mil*) *[ville]* capture; *[rebelles]* quelling. **un monde en ~** a world in miniature. ◆ **réduit, e** *adj* (**a**) *objet* (*à petite échelle*) small-scale, scaled-down; (*en miniature*) miniature; (*miniaturisé*) miniaturized. (**b**) *prix, vitesse* reduced; *moyens, débouchés* limited. **livres à prix ~s** cut-price books, books at reduced prices. **2** *nm* (*pièce*) tiny room; (*péj*) cubbyhole; (*recoin*) recess; (*Mil*) *[maquisards]* hideout.

rééditer [ʀeedite] (1) *vt* (*Typ*) to republish; (* *fig*) to repeat. ◆ **réédition** *nf* (*Typ*) new edition; (* *fig*) repetition, repeat.

rééduquer [ʀeedyke] (1) *vt* (*gén*) to re-educate; *délinquant, malade* to rehabilitate. ◆ **rééducation** *nf* re-education; rehabilitation. **faire de la ~** (*fonctionnelle*) to have physiotherapy.

réel, -elle [ʀeɛl] **1** *adj* (*gén*) real; *plaisir, amélioration* real, genuine; (*Fin*) *valeur, salaire* real, actual. **dans la vie ~elle** in real life; **faire de ~elles économies** to make genuine *ou* real savings. **2** *nm*: **le ~** reality. ◆ **réellement** *adv* really.

réélire [ʀeeliʀ] (43) *vt* to re-elect. ◆ **réélection** *nf*

re-election. ◆ **rééligible** *adj* re-eligible.

réescompter [ʀeɛskɔ̃te] (1) *vt* to rediscount. ◆ **réescompte** *nm* rediscount.

réévaluer [ʀeevalɥe] (1) *vt* to revalue. ◆ **réévaluation** *nf* revaluation.

réexaminer [ʀeɛgzamine] (1) *vt* to re-examine. ◆ **réexamen** *nm* re-examination.

réexpédier [ʀeɛkspedje] (7) *vt* (*à l'envoyeur*) to return, send back; (*au destinataire*) to send on, forward.

refaire [ʀ(ə)fɛʀ] (60) **1** *vt* (**a**) (*recommencer*) (*gén*) to redo, make *ou* do again; *pansement* to renew; *devoir* to rewrite; *nœud* to do up again, tie again. **~ sa vie** to start a new life; **il m'a refait une visite** he paid me another call; **il va falloir ~ de la soupe** we'll have to make some more soup; **son éducation est à ~** he'll have to be re-educated; **si c'était à ~!** if I had to do it again! *ou* begin again! (**b**) *toit* to redo, renew; *meuble, chambre* to do up, renovate. **~ qch à neuf** to do sth up like new; (*fig*) **~ ses forces** to recover one's strength. (**c**) (*: duper*) to take in. **je me suis fait ~ de 5 F** he did me out of 5 francs*. **2 se ~** *vpr* (*santé*) to recover; (*argent*) to make up one's losses. **on ne se refait pas!** you can't change your own character!

réfection [ʀefɛksjɔ̃] *nf* (*action*) repairing; (*résultat*) repairs.

réfectoire [ʀefɛktwaʀ] *nm* (*Scol*) dining hall, canteen; (*Rel*) refectory; *[usine]* canteen.

référence [ʀefeʀɑ̃s] *nf* (**a**) (*renvoi*) reference; (*en bas de page*) footnote. **par ~ à** in reference to; **ouvrage de ~** reference book; **point de ~** point of reference; **faire ~ à** to refer to, make reference to. (**b**) *[employé]* reference, testimonial. (*iro*) **ce n'est pas une ~** that's no recommendation.

référendum [ʀefeʀɛ̃dɔm] *nm* referendum.

référer [ʀefeʀe] (6) **1 en ~ à** *vt indir*: **en ~ à qn** to refer *ou* submit a matter to sb. **2 se ~** *vpr*: **se ~ à** (*consulter*) to consult; (*s'en remettre à*) to refer to.

refermer [ʀ(ə)fɛʀme] (1) **1** *vt* to close *ou* shut again. **2 se ~** *vpr* to close up. **le piège se referma sur lui** the trap closed *ou* shut on him.

refiler [ʀ(ə)file] (1) *vt* (*gén*) to give; *maladie* to pass on (*à* to); *fausse pièce* to palm off* (*à* on).

réfléchir [ʀefleʃiʀ] (2) **1** *vi* to think (*à* about). **prends le temps de ~** take time to think about it *ou* to consider it; **cela donne à ~** that makes you think; (*péj*) **sans ~** thoughtlessly, without thinking; **réfléchissez-y** think about it, think it over. **2** *vt* (**a**) **~ que** to realize that. (**b**) *lumière, son* to reflect. **3 se ~** *vpr* to be reflected. ◆ **réfléchi, e** *adj* (*Gram*) reflexive; (*Opt*) reflected; *action* well thought-out; *personne, acte* thoughtful. **tout bien ~** after careful consideration *ou* thought; **c'est tout ~** my decision is made, my mind is made up. ◆ **réfléchissant, e** *adj* reflective. ◆ **réflecteur, -trice 1** *adj* reflecting. **2** *nm* (*gén*) reflector.

reflet [ʀ(ə)flɛ] *nm* (**a**) (*éclat*) (*gén*) reflection; *[cheveux]* (*naturel*) light; (*artificiel*) highlight. **~s du soleil sur la mer** reflection *ou* glint *ou* flash of the sun on the sea. (**b**) (*lit, fig: image*) reflection. **c'est le ~ de son père** he's the image of his father. ◆ **refléter** (6) **1** *vt* to reflect. **2 se ~** *vpr* to be reflected.

réflexe [ʀeflɛks(ə)] **1** *adj* reflex. **2** *nm* reflex. **~ conditionné** conditioned reflex; **il eut le ~ de couper l'électricité** he instinctively switched off the electricity.

réflexif, -ive [ʀeflɛksif, iv] *adj* (*Math*) reflexive; (*Psych*) introspective.

réflexion [ʀeflɛksjɔ̃] *nf* (**a**) (*méditation*) thought. **la ~** reflection; **ceci donne matière à ~** this gives (you) food for thought; *[offre]* **ceci mérite ~** this is worth thinking about *ou* considering; **avec ~** thoughtfully; **~ faite** on reflection, on second thoughts; **à la ~** when you think about it. (**b**) (*remarque*) remark, comment, reflection; (*idée*) thought; (*plainte*) complaint. (c) (*Phys*) reflection.

refluer [R(ə)flye] (1) *vi [liquide]* to flow back; *[foule]* to pour *ou* surge back; *[sang]* to rush back. ♦ **reflux** *nm [foule]* backward surge; *[marée]* ebb.

refondre [R(ə)fɔ̃dR(ə)] (41) *vt cloche, texte* to recast. ♦ **refonte** *nf* (*gén*) recasting; *[enseignement]* restructuring.

réforme [RefɔRm(ə)] *nf* reform; (*Rel*) reformation. **mettre à la ~ objets** to scrap; *soldat* to discharge. ♦ **réformateur, -trice 1** *adj* reforming. **2** *nm,f* reformer. ♦ **réformé, e 1** *adj* (*Rel*) reformed; (*Mil*) *appelé* declared unfit for service; *soldat* discharged. **2** *nm,f* (*Rel*) Protestant. ♦ **réformer** (1) **1** *vt loi, mœurs, administration* to reform; *abus* to (put) right; *jugement* to reverse; (*Mil*) *appelé* to declare unfit for service; *soldat* to discharge; *matériel* to scrap. **2 se ~** *vpr* to change one's ways, turn over a new leaf. ♦ **réformisme** *nm* reformism. ♦ **réformiste** *adj, nmf* reformist.

reformer *vt,* **se ~** *vpr* [R(ə)fɔRme] (1) to reform.

refouler [R(ə)fule] (1) *vt envahisseur* to drive back, repulse; *immigrant* to turn back; *larmes, liquide* to force back; *désir, colère* to repress. ♦ **refoulé, e** *adj personne* frustrated, inhibited. ♦ **refoulement** *nm* driving (*ou* turning *ou* forcing) back; (*Psych: complexe*) repression.

réfractaire [RefRaktɛR] **1** *adj* (a) **~ à** *autorité, virus* resistant to; *musique* impervious to. (b) *métal* refractory; *brique* fire; *plat* ovenproof, heat-resistant. **2** *nm* (*Mil*) draft evader.

réfracter [RefRakte] (1) *vt* to refract. ♦ **réfraction** *nf* refraction.

refrain [R(ə)fRɛ̃] *nm* refrain, chorus. **c'est toujours le même ~** it's always the same old story.

refréner [R(ə)fRene] (6) *vt* to curb, (hold in) check.

réfrigérateur [RefRiʒeRatœR] *nm* refrigerator, fridge*. ♦ **réfrigérant, e** *adj fluide* refrigerating; *accueil* icy, frosty. ♦ **réfrigération** *nf* refrigeration; (*Tech*) cooling. ♦ **réfrigérer** (6) *vt* (*gén*) to refrigerate; (*Tech*) to cool; *enthousiasme* to put a damper on, cool. **je suis réfrigéré*** I'm frozen stiff*.

refroidir [R(ə)fRwadiR] (2) **1** *vt nourriture* to cool (down); *zèle* to cool, put a damper on; *personne* (*dégouter*) to put off; (*: tuer*) to do in*, bump off*. **2** *vi* to cool (down); (*devenir trop froid*) to get cold. **faire ~** to let cool. **3 se ~** *vpr [ardeur]* to cool (off); *[temps]* to get cooler *ou* colder; *[personne]* to get *ou* catch cold. ♦ **refroidissement** *nm [air, liquide]* cooling; (*Méd*) chill. **~ de la température** drop in the temperature.

refuge [R(ə)fyʒ] *nm* (*gén*) refuge; (*pour piétons*) (traffic) island; (*en montagne*) mountain hut *ou* shelter. ♦ **réfugié, e** *adj, nm,f* refugee. ♦ **se réfugier** (7) *vpr* (*lit, fig*) to take refuge.

refuser [R(ə)fyze] (1) **1** *vt* (a) (*gén*) to refuse; *offre* to decline, turn down, reject; *marchandise, routine* to refuse to accept. **~ de faire** to refuse to do; **~ le risque** to refuse to take risks; **~ à qn la permission de faire** to refuse sb permission to do; **~ l'entrée à qn** to refuse admittance *ou* entry to sb; **je lui refuse toute compétence** I deny him any ability. (b) *client* to turn away; *candidat* (*à un examen*) to fail; (*à un poste*) to turn down. **2 se ~** *vpr plaisir* to refuse o.s., deny o.s. **ça ne se refuse pas** it is not to be refused, I wouldn't say no (to it); **se ~ à** *solution* to refuse (to accept), reject; *commentaire* to refuse to make; **se ~ à faire qch** to refuse to do sth. ♦ **refus** *nm* refusal. **ce n'est pas de ~*** I won't say no (to that).

réfuter [Refyte] (1) *vt* to refute. ♦ **réfutation** *nf* refutation.

regagner [R(ə)gaɲe] (1) *vt amitié* to regain; *argent* to win *ou* get back; *lieu* to get back to. **~ le**

temps perdu to make up for lost time; (*Mil, fig*) **~ du terrain** to regain ground.

regain [R(ə)gɛ̃] *nm* (a) **~ de jeunesse** renewal of; *popularité* revival of. (b) (*Agr*) second crop of hay.

régaler [Regale] (1) **1** *vt personne* to treat to a delicious meal. **2 se ~** *vpr* (*bien manger*) to have a delicious meal; (*fig: profiter*) to make a handsome *ou* fat* profit. **on s'est bien régalé** it was delicious; **se ~ de qch** to have a feast on sth. ♦ **régal,** *pl* **~s** *nm* delight, treat.

regard [R(ə)gaR] *nm* (a) (*vue*) eye, glance, gaze; (*fixe*) stare. **parcourir qch du ~** to cast a glance *ou* an eye over sth; **soustraire qch aux ~s** to hide sth from sight *ou* view; **cela attire les ~s** it catches people's eye *ou* attention. (b) (*expression*) look *ou* expression (in one's eye). (c) (*coup d'œil*) look, glance. **lancer un ~ de colère à qn** to cast an angry look *ou* glare *ou* glance at sb. (d) *[égout]* manhole; *[four]* peephole, window. (e) **au ~ de la loi** in the eyes of the law; **texte avec photos en ~** text with photos on the opposite page *or* with photos facing; **en ~ de ce qu'il gagne** in comparison with what he earns.

regardant, e [R(ə)gaRdã, ãt] *adj* careful with money. **il n'est pas ~** he's quite free with his money.

regarder [R(ə)gaRde] (1) **1** *vt* (a) *paysage, objet* to look at; *action en déroulement* to watch. **~ la télévision** to watch television; **~ le journal** to look at *ou* have a look at the paper; **~ par la fenêtre** to look out of the window; **regarde où tu marches*** watch *ou* look where you're going; **regarde voir dans l'armoire** have a look in the wardrobe; **regardez-moi ça!*** just (take a) look at that!; **vous ne m'avez pas regardé!*** what do you take me for!*; **regardez-le faire** watch him do it; **elles sont allées ~ les vitrines** they've gone to do some window-shopping; **sans ~ traverser** without looking; **payer regardless** of the expense. (b) (*rapidement*) to glance at; (*longuement*) to gaze at; (*fixement*) to stare at. **~ (qch) par le trou de la serrure** to peep (at sth) through the keyhole; **~ de près** to have a close look at; **~ bouche bée** to gape at; **~ à la dérobée** to steal a glance at; **~ qn avec colère** to glare angrily at sb; **~ qn de travers** to scowl at sb; **~ qch d'un bon/mauvais œil** to look on sth *ou* view sth favourably/unfavourably; **~ qn de haut** to give sb a scornful look, look scornfully at sb; (*lit, fig*) **~ qn/qch en face** to look sb/sth in the face. (c) (*vérifier*) to (have a) look at; *essence* to check. **~ un mot dans le dictionnaire** to look up *ou* check a word in the dictionary. (d) (*envisager*) *problème, avenir* to view. **ne ~ que son propre intérêt** to be only concerned with one's own interests; **~ qn comme un ami** to look upon *ou* regard *ou* consider sb as a friend. (e) (*concerner*) to concern. **la suite me regarde** what happens next is my concern *ou* business; **mêlez-vous de ce qui vous regarde** mind your own business. (f) *[maison]* **~ (vers)** to face.

2 **~ à** *vt indir:* **y ~ à deux fois avant de faire qch** to think twice before doing sth; **il n'y regarde pas de si près** he's not that fussy *ou* particular; **à y bien ~** on thinking it over; **c'est qn qui va ~ à 2 F** he's the sort of person who worries about 2 francs; **il ne regarde pas à la dépense** he doesn't worry how much he spends, he spares no expense.

3 se ~ *vpr* (*dans une glace*) to look at o.s.; (*l'un l'autre*) to look at each other *ou* at one another. (*iro*) **il ne s'est pas regardé!*** he should take a look at himself!

régate [Regat] *nf:* **~(s)** regatta.

régence [Reʒãs] *nf* regency.

régénérer [ReʒeneRe] (6) *vt* (*Bio, Rel*) to regenerate; *personne, forces* to revive, restore.

régent, e [Reʒã, ãt] *nm,f* regent. ♦ **régenter** (1) *vt* (*gén*) to rule over; *personne* to dictate to.

régie [ʀeʒi] *nf* (*Ciné, Théât, TV*) production department. (*compagnie*) ~ (**d'État**) state-owned company.

regimber [ʀ(ə)ʒɛ̃be] (1) *vi* (*gén*) to baulk, jib (*contre at*).

régime [ʀeʒim] *nm* (**a**) (*Pol*) (*mode*) system (of government); (*gouvernement*) government; (*péj*) régime. (**b**) (*Admin*) (*système*) system; (*règlements*) regulations. ~ (**matrimonial**) marriage settlement. (**c**) (*Méd*) diet. **être au** ~ to be on a diet. (**d**) [*moteur*] (engine *ou* running) speed. (*Tech, fig*) **marcher à plein** ~ to go (at) full speed; (*fig*) **à ce** ~ at this rate. (**e**) (*Gram*) object. (**f**) [*dattes, bananes*] bunch.

régiment [ʀeʒimɑ̃] *nm* regiment. **être au** ~* to be doing (one's) military service.

région [ʀeʒjɔ̃] *nf* (*gén, fig*) region; (*limitée*) area. ♦ **régional, e,** *mpl* **-aux** *adj* regional. ♦ **régionalisme** *nm* regionalism. ♦ **régionaliste** *adj, nmf* regionalist.

régir [ʀeʒiʀ] (2) *vt* (*gén*) to govern.

régisseur [ʀeʒisœʀ] *nm* (**a**) (*Théât*) stage manager; (*Ciné, TV*) assistant director. (**b**) [*propriété*] steward.

registre [ʀəʒistʀ(ə)] *nm* (*gén, Ling, Mus*) register. ~ **de l'état civil** register of births, marriages and deaths.

réglage [ʀeglaʒ] *nm* adjustment; [*moteur*] tuning. ♦ **réglable** *adj* adjustable.

règle [ʀɛgl(ə)] *nf* (*gén, Rel: loi*) rule; (*instrument*) ruler. (*lit, fig*) **c'est la** ~ **du jeu** those are the rules of the game; ~ **de conduite/de 3** rule of conduct/of 3; ~ **à calculer** slide rule; **avoir pour** ~ **de faire** to make it a rule to do; (*menstruation*) **avoir ses** ~**s** to have one's period(s); **il est de** ~ **qu'on fasse un cadeau** it's usual *ou* it's standard practice *ou* the done thing to give a present; **en** ~ **comptabilité** in order; *réclamation* made according to the rules; **bataille en** ~ proper *ou* right old* fight; **je ne suis pas en** ~ my papers *etc* are not in order; **en** ~ **générale** as a (general) rule; (*hum*) **dans les** ~**s de l'art** according to the rule book.

réglé, e [ʀegle] *adj* **vie** (well-)ordered, regular; *personne* steady, stable; *papier* ruled, lined.

règlement [ʀɛgləmɑ̃] *nm* (**a**) (*règle*) regulation; (*réglementation*) rules, regulations. (**b**) [*conflit, facture*] settlement. ♦ **par chèque** payment by cheque; (*fig*) ~ **de compte(s)** settling of scores; (*de gangsters*) gangland killing.
♦ **réglementaire** *adj* uniforme regulation; *procédure* statutory. **dans le temps** ~ in the prescribed time; **ce n'est pas** ~ it doesn't conform to the regulations.

réglementer [ʀɛgləmɑ̃te] (1) *vt* to regulate, control. ♦ **réglementation** *nf* (*règles*) regulations; (*contrôle*) control, regulation.

régler [ʀegle] (6) *vt* (**a**) *conflit* to settle; *problème* to settle, sort out. (**b**) *dette* to settle (up), pay; *compte* to settle; *commerçant* to settle up with, pay; *travaux* to settle up for, pay for. ~ **par chèque** to pay by cheque; **j'ai un compte à** ~ **avec lui** I've got a score to settle with him; **on lui a réglé son compte*** they've settled his hash~. (**c**) *débit, machine* to regulate, adjust; *tir, poste de T.V.* to adjust; *moteur* to tune; *thermostat* to set. (**d**) (*fixer*) *modalités* to settle (on), fix, decide on; *conduite* to determine. ~ **le sort de qn** to decide *ou* determine sb's fate. (**e**) (*imiter*) ~ **qch sur** to model sth on; **se** ~ **sur qn d'autre** to model o.s. on sb else. (**f**) *papier* to rule (lines on).

réglisse [ʀeglis] *nf ou nm* liquorice.

règne [ʀɛɲ] *nm* (*Pol, fig*) reign; (*Bot, Min, Zool*) kingdom. **sous le** ~ **de Louis XIV** (*période*) in the reign of Louis XIV; (*domination*) under the reign *ou* rule of Louis XIV. ♦ **régner** (6) *vi* (*Pol, fig*) to reign; (*exercer sa domination*) to rule; [*silence*] to reign; [*confiance, confusion*] to prevail (*sur*

over). **faire** ~ **l'ordre** to maintain law and order; **faire** ~ **la terreur** to make terror reign. ♦ **régnant, e** *adj* reigning; prevailing.

regorger [ʀ(ə)gɔʀʒe] (3) *vi*: ~ **de** [*pays*] to abound in, overflow with; [*magasin*] to be packed *ou* crammed with; **le marché regorge de fruits** there is plenty of fruit *ou* there is an abundance of fruit on the market.

régresser [ʀegʀese] (1) *vi* [*science, enfant*] to regress; [*épidémie*] to recede, diminish, decrease. ♦ **régressif, -ive** *adj* regressive. ♦ **régression** *nf* (*gén*) regression. **en (voie de)** ~ on the decline *ou* decrease.

regret [ʀ(ə)gʀɛ] *nm* [*décision, faute*] regret (*de* for); [*passé*] regret (*de* about). **le** ~ **d'avoir échoué** the regret that he had failed *ou* at having failed; **j'ai le** ~ **de vous le dire, c'est avec** ~ **que je vous le dis** I'm sorry *ou* I regret to have to tell you this; **sans** ~ with no regrets; **à** ~ **partir** with regret, regretfully; **donner avec** ~ with regret, reluctantly. ♦ **regrettable** *adj* regrettable, unfortunate. ♦ **regretter** (1) *vt* (*gén*) to regret; (*être désolé*) to be sorry; *personne, jeunesse* to miss. **notre regretté président** our late lamented president; **on le regrette beaucoup dans le village** he is greatly *ou* sadly missed in the village; **je ne regrette rien** I have no regrets; **je regrette mon geste** I'm sorry I did that, I regret doing that; **je regrette de ne pas lui avoir écrit** I'm sorry *ou* I regret that I didn't write to him, I regret not writing *ou* not having written to him.

regrouper [ʀ(ə)gʀupe] (1) *vt* (*gén*) to group *ou* gather together; (*de nouveau*) *armée* to reassemble; *parti* to regroup; *bétail* to round up. **2 se** ~ *vpr* to gather (together), assemble (*autour de* round). ♦ **regroupement** *nm* grouping *ou* gathering together; reassembly; round-up.

régulariser [ʀegylaʀize] (1) *vt* *position* to regularize, straighten out, sort out; *passeport* to put in order; *débit* to regulate. ♦ **régularisation** *nf* regularization; straightening out; putting in order; regulation.

régularité [ʀegylaʀite] *nf* (*V régulier*) regularity; steadiness; evenness. **contester la** ~ **d'une opération** to question the lawfulness *ou* legality of an operation.

régulation [ʀegylasjɔ̃] *nf* (*gén*) regulation; [*circulation, naissances*] control. ♦ **régulateur, -trice 1** *adj* regulating. **2** *nm* (*Tech, fig*) regulator.

régulier, -ière [ʀegylje, jɛʀ] **1** *adj* (**a**) (*gén, Mil, Rel*) regular; *élève, qualité, vitesse* steady; *répartition, ligne, paysage* even; *humeur* equable. **à intervalles** ~**s** at regular intervals; **il est** ~ **dans son travail** he's steady in his work; (*Aviat*) **ligne** ~**ière** scheduled service; *armée* ~**ière** regular *ou* standing army; **il faut que la pression soit bien** ~**ière** the pressure must be evenly distributed. (**b**) *gouvernement* legitimate; *élection, procédure* in order; *tribunal* legal, official; *opération, homme d'affaires* aboveboard, on the level. **être en situation** ~**ière** to be in line with the law; **ce n'est pas très** ~ it is not quite on the level *ou* aboveboard; ~ **en affaires** straight *ou* honest in business. **2** *nm* (*Mil, Rel*) regular. ♦ **régulièrement** *adv* (**a**) regularly; steadily; evenly. **élu** ~ properly elected. (**b**) (*normalement*) normally.

réhabiliter [ʀeabilite] (1) **1** *vt* *condamné* to rehabilitate; *art* to restore to favour; *mémoire, droits de qn* to restore. ~ **qn dans ses fonctions** to reinstate sb (in his job). **2 se** ~ *vpr* [*criminel*] to rehabilitate o.s.; [*candidat etc*] to redeem o.s. ♦ **réhabilitation** *nf* rehabilitation; restoring; reinstatement.

rehausser [ʀəose] (1) *vt* *mur, plafond* to raise, heighten; *beauté, couleur* to set off, enhance; *goût, détail* to emphasize, bring out; *mérite* to enhance, increase; *tableau, robe* to brighten up, liven up. **rehaussé de** embellished with.

réimprimer [ʀeɛ̃pʀime] (1) *vt* to reprint. ♦ **réimpression** *nf* (*action*) reprinting; (*livre*) reprint.

rein [ʀɛ̃] *nm* (a) (*organe*) kidney. ~ **artificiel** kidney machine. (b) (*région*) ~s (small of the) back; **avoir mal aux** ~s to have backache; (*fig*) **avoir les** ~s **solides** to be on a sound financial footing; (*fig*) **casser les** ~s **à qn** to ruin *ou* break sb.

réincarner (se) [ʀeɛ̃kaʀne] (1) *vpr* to be reincarnated. ♦ **réincarnation** *nf* reincarnation.

reine [ʀɛn] **1** *nf* (*Échecs, Pol, Zool, fig*) queen. **la** ~ **d'Angleterre** the Queen of England; **la** ~ **Élisabeth** Queen Elizabeth; ~ **de beauté** beauty queen. **2**: ~**-claude** *nf, pl* ~**(s)-**~**s** greengage; ~**-marguerite** *nf, pl* ~**s-**~**s** (China) aster.

reinette [ʀɛnɛt] *nf* rennet, pippin. ~ **grise** russet.

réinscrire [ʀeɛ̃skʀiʀ] (39) **1** *vt nom* to put down again; *élève* to re-enrol, reregister. **2 se** ~ *vpr* to re-enrol, reregister. ♦ **réinscription** *nf* re-enrolment, reregistration.

réinsérer [ʀeɛ̃seʀe] (6) *vt publicité* to reinsert; *délinquant* to reintegrate, rehabilitate. ♦ **réinsertion** *nf* reinsertion; reintegration, rehabilitation.

réinstaller [ʀeɛ̃stale] (1) **1** *vt objet* to put back, reinstall; (*dans ses fonctions*) to reinstate. **2 se** ~ *vpr* (*dans un fauteuil*) to settle down again (*dans* in); (*dans une maison*) to settle back (*dans* into). ♦ **réinstallation** *nf* putting back; reinstallation; settling back.

réintégrer [ʀeɛ̃tegʀe] (6) *vt* (a) (*dans ses fonctions*) to reinstate. (b) *lieu* to return to, go back to. ♦ **réintégration** *nf* reinstatement (*dans* in); return (*de* to).

réitérer [ʀeiteʀe] (6) *vt ordre, question* to reiterate, repeat; *exploit* to repeat.

rejaillir [ʀ(ə)ʒajiʀ] (2) *vi* [*liquide*] to splash back *ou* up (*sur* onto, at). ~ **sur qn** [*scandale*] to rebound on sb; [*gloire*] to be reflected on sb; [*bienfaits*] to fall upon sb.

rejeter [ʀəʒte] (4) **1** *vt* (a) (*relancer*) to throw back (*à* to). (b) *nourriture* to bring *ou* throw up, vomit; *lave* to spew *ou* throw out; *déchets, fumée* to discharge. **cadavre rejeté par la mer** corpse cast up *ou* washed up by the sea. (c) *envahisseur* to drive back, repulse; *indésirable* to cast out, expel; *domination, projet de loi* to reject; *offre* to turn down; *hypothèse* to dismiss. **la machine rejette les mauvaises pièces de monnaie** the machine rejects *ou* refuses invalid coins. (d) ~ **une faute sur qn/qch** to shift *ou* transfer the blame *ou* responsibility for a mistake onto sb/sth. (e) (*placer*) **la préposition est rejetée à la fin** the preposition is put at the end; ~ **en arrière** *tête* to throw *ou* toss back; *cheveux* to push (*ou* comb *ou* brush) back; *épaules* to pull back; *chapeau* to tilt back.
2 se ~ *vpr*: **se** ~ **sur qch** to fall back on sth.
♦ **rejet** *nm* (a) (*action*) bringing *ou* throwing up etc; discharge; repulsion; expulsion; rejection; dismissal. (b) (*Bot*) shoot; (*Littérat*) enjambment; (*Méd*) [*greffe*] rejection. ♦ **rejeton** *nm* (*: enfant*) kid*; (*Bot*) shoot.

rejoindre [ʀ(ə)ʒwɛ̃dʀ(ə)] (49) **1** *vt* (a) (*retrouver*) *lieu* to get (back) to; *personne* to (re)join, meet (again); *poste* to rejoin, return to. **la route rejoint la voie ferrée à X** the road meets (up with) *ou* joins the railway line at X. (b) (*rattraper*) to catch up (with). (c) (*se rallier à*) *parti* to join; *point de vue* to agree with. **mon idée rejoint la vôtre** my idea is closely akin to yours *ou* is very similar to yours. (d) (*réunir*) to bring together (again). **2 se** ~ *vpr* [*routes*] to join, meet; [*idées*] to be similar *ou* closely akin to each other; [*per-*

sonnes] (*pour rendez-vous*) to meet (up) (again); (*sur point de vue*) to agree.

rejouer [ʀ(ə)ʒwe] (1) **1** *vt* (*gén*) to play again; *match* to replay; *pièce* to perform again. **on rejoue une partie?** shall we have *ou* play another game? **2** *vi* to play again; [*musicien*] to perform again.

réjouir [ʀeʒwiʀ] (2) **1** *vt* to delight. **ça ne me réjouit pas beaucoup** I don't find it particularly appealing. **2 se** ~ *vpr* to be delighted *ou* thrilled (*de faire* to do, *de qch* about *ou* at sth). **se** ~ **du malheur de qn** to take delight in *ou* rejoice over sb's misfortunes; **je m'en réjouis pour vous** I'm delighted for you; **je me réjouis à l'avance de les voir** I am greatly looking forward to seeing them; **réjouissez-vous!** rejoice! ♦ **réjoui, e** *adj air* joyful, joyous. ♦ **réjouissance** *nf* rejoicing. ~s festivities. ♦ **réjouissant, e** *adj histoire* amusing, entertaining; *nouvelle* cheering; (*iro*) *perspective* delightful, heartening. (*iro*) **c'est** ~! that's great!* (*iro*).

relâche [ʀəlɑʃ] **1** *nm ou nf* (a) (*littér: répit*) respite, rest. **sans** ~ without a break, non-stop. (b) (*Théât*) closure. **faire** ~ to be closed. **2** *nf* (*Naut*) port of call. **faire** ~ **dans un port** to put in at *ou* call at a port.

relâcher [ʀ(ə)lɑʃe] (1) **1** *vt* (a) *étreinte, muscle* to relax; *lien* to loosen, slacken (off); *ressort* to release; *discipline, effort* to relax, slacken. (b) (*libérer*) *prisonnier, otage, gibier* to release, let go, set free. (c) (*refaire tomber*) to let go of again. **2** *vi* (*Naut*) ~ (**dans un port**) to put into port. **3 se** ~ *vpr* (a) [*courroie*] to go loose *ou* slack; [*muscle*] to relax. (b) [*surveillance, discipline, mœurs*] to become *ou* get lax; [*style*] to become loose; [*attention*] to flag; [*effort, zèle*] to slacken, flag. **ne te relâche pas maintenant!** don't let up *ou* slacken off now!; **il se relâche dans son travail** he's growing lax *ou* slack in his work. ♦ **relâché, e** *adj style* loose; *mœurs* loose, lax; *discipline* lax, slack. ♦ **relâchement** *nm* relaxation; loosening; slackening; release; laxity; flagging.

relais [ʀ(ə)lɛ] *nm* (*Sport*) relay (race); (*Ind: équipe*) shift; (*Téléc*) (*action*) relaying; (*dispositif*) relay; (*chevaux*) relay; (*restaurant*) restaurant; (*Hist: auberge*) coaching inn. **prendre le** ~ to take over (*de* from); ~ **de télévision** television relay station.

relancer [ʀ(ə)lɑ̃se] (3) *vt ballon* to throw back (again); *idée* to revive, relaunch; *économie* to boost, stimulate; *débiteur* to pester, badger. ♦ **relance** *nf* boosting, stimulation; revival, relaunching. (*résultat*) **la** ~ **de l'économie** the boost (given) to the economy.

relater [ʀ(ə)late] (1) *vt* to relate, recount.

relatif, -ive [ʀ(ə)latif, iv] **1** *adj* (*gén*) relative; *silence, luxe* relative, comparative. ~ **à** relative *ou* relating to, connected with. **2** *nm* (*Gram*) relative pronoun. **3** *nf* (*Gram*) relative clause.

relation [ʀ(ə)lasjɔ̃] *nf* (a) (*gén, Math, Philos*) relation(ship). **c'est sans** ~ **avec** it has no connection with, it bears no relation to. (b) (*rapports*) ~s (*gén*) relations; ~s **amoureuses** love affair; **avoir de bonnes** ~s **avec qn** to be on good terms with sb, have a good relationship with sb; **être en** ~s **d'affaires avec qn** to have business relations *ou* dealings with sb; **être en** ~(s) **avec qn** to be in touch *ou* contact with sb; **entrer** *ou* **se mettre en** ~(s) **avec qn** to get in touch *ou* make contact with sb. (c) (*connaissance*) acquaintance. **avoir des** ~s to have (influential) connections. (d) (*récit*) account, report.

relativement [ʀ(ə)lativmɑ̃] *adv* relatively, comparatively. ~ **à** (*par comparaison*) in relation to, compared to; (*concernant*) with regard to, concerning.

relativité [ʀ(ə)lativite] *nf* relativity.

relaxer [ʀ(ə)lakse] (1) **1** *vt* (a) (*acquitter*) to

acquit, discharge; (*relâcher*) to release. **(b)** *muscles* to relax. **2 se** ~ *vpr* to relax. ♦ **relaxation** *nf* relaxation. ♦ **relaxe¹** *nf* acquittal, discharge; release. ♦ **relaxe²ᵉ** *adj* (*gén*) relaxed; *tenue* informal, casual.

relayer [R(ə)leje] (8) **1** *vt ouvrier etc* to relieve, take over from; (*Téléc*) to relay. **se faire** ~ to hand over to somebody else. **2 se** ~ *vpr* to take turns (*pour faire* to do); (*Sport*) to take over from one another. ♦ **relayeur, -euse** *nm,f* relay runner.

reléguer [R(ə)lege] (6) *vt* to relegate (*en, à* to). ♦ **relégation** *nf* relegation.

relent [R(ə)lɑ̃] *nm* foul smell, stench. *des* ~s de the stench *ou* reek of.

relever [Rəlve] (5) **1** *vt* **(a)** *meuble* to stand up again; *véhicule* to right; *personne* to help (back) up, help (back) to his feet; *blessé* to pick up. (*lit, fig*) ~ **la tête** to raise one's head. **(b)** (*gén*), *niveau* to raise; *col* to turn up; *chaussettes* to pull up; *jupe* to raise, lift; *manche* to roll up; *vitre* (*en poussant*) to push up; (*avec manivelle*) to wind up; *siège* to tip up. ~ **les yeux** to lift *ou* raise one's eyes, look up. **(c)** *mur en ruines* to rebuild; *pays, économie* to put back on its feet. **(d)** *salaire, note* to raise, increase, put up; *niveau de vie* to raise. **(e)** *sauce* to season, add seasoning *ou* spice to; *goût* to bring out. **(f)** *sentinelle* to relieve, take over from. ~ **la garde** to change the guard. **(g)** (*remarquer*) (*gén*) to find; *faute* to pick out. **(h)** (*inscrire*) *renseignement* to take down, note (down); *plan* to copy out, sketch; (*Naut*) *point* to plot; *compteur* to read. ~ **une cote** to plot an altitude. **(i)** *injure* to react to; *défi* to accept, take up, answer. **je n'ai pas relevé cette insinuation** I ignored this insinuation. **(j)** (*ramasser*) *copies* to collect (in), take in. **(k)** ~ **qn de** *promesse* to release sb from; *fonctions* to relieve sb of.

2 ~ **de** *vt indir* (*être du ressort de*) to be a matter for, be the concern of; (*être sous la tutelle de*) to come under. **ça relève de l'imagination la plus fantaisiste** is a product of the wildest imagination; ~ **de maladie** to recover from *ou* get over an illness.

3 *vi* [*vêtement*] to pull up, go up.

4 se ~ *vpr* **(a)** (*se remettre debout*) to stand *ou* get up (again), get back (on) to one's feet; (*sortir du lit*) to get up (again). **(b)** [*col*] to turn up; [*strapontin*] to tip up; [*couvercle*] to lift up. **(c)** [*pays, économie*] to pick up again, recover. **se** ~ **de** *chagrin* to recover from, get over; *ruines* to rise from.

♦ **relève** *nf* (*gén*) relief; (*troupe*) relief (troops). **la** ~ **de la garde** the changing of the guards; (*lit, fig*) **prendre la** ~ to take over (**de** from). ♦ **relevé, e 1** *adj virage* banked; *sauce* spicy, highly seasoned; *style* elevated, lofty, refined. **chapeau à bords** ~s hat with a turned-up brim. **2** *nm* [*dépenses*] summary, statement; [*cote*] plotting; [*adresses*] list; [*compteur*] reading; [*facture*] bill. ~ **de compte** bank statement; ~ **de notes** = (school) report. ♦ **relèvement** *nm* [*note, prix*] (*action*) raising, increasing, putting up; (*résultat*) rise, increase (**de** in); [*pays, économie*] recovery (**de** of); (*Naut*) [*position*] plotting (**de** of). ♦ **releveur** *nm* (gas *ou* electricity *etc*) meter man.

relief [Rəljɛf] *nm* **(a)** (*gén, Art, Géog*) relief. **au** ~ **accidenté** hilly; (*lit, fig*) **manquer de** ~ to be flat; **portrait qui a beaucoup de** ~ portrait which has plenty of depth. **(b) en** ~ *motif* in relief; *caractères* raised, embossed; *photographie* three-dimensional; **carte en** ~ relief map; **mettre en** ~ *intelligence, détail* to bring out; *qualités* to set off, enhance; *point à débattre* to underline, stress, emphasize; **essayer de se mettre en** ~ to try to get o.s. noticed. **(c)** († : *restes*) ~s remains, left-overs.

relier [Rəlje] (7) *vt* (*gén*) to link (*à* to); (*ensemble*)

to link *ou* join up *ou* together; *faits* to connect *ou* link together; *livre* to bind. **livre relié** bound volume, hard-back (book). ♦ **relieur, -euse** *nm,f* (book)binder.

religion [R(ə)liʒjɔ̃] *nf* (*gén, fig*) religion; (*foi*) (religious) faith; (*vie monastique*) monastic life. **se faire une** ~ **de qch** to make a religion of sth; **entrer en** ~ to take one's vows. ♦ **religieusement** *adv* religiously. ♦ **religieux, -euse 1** *adj* (*gén*) religious; *art* sacred; *école, mariage, musique* church. **l'habit** ~ the monk's (*ou* nun's) habit. **2** *nm* monk. **3** *nf* **(a)** (*nonne*) nun. **(b)** (*Culin*) cream bun (*made with choux pastry*).

reliquaire [R(ə)likɛR] *nm* reliquary.

reliquat [R(ə)lika] *nm* [*compte*] balance; [*somme*] remainder.

relique [R(ə)lik] *nf* (*Rel, fig*) relic. **garder qch comme une** ~ to treasure sth.

relire [R(ə)liR] (43) *vt* to read again, reread.

reliure [RəljyR] *nf* (*couverture*) binding; (*art, action*) (book)binding.

reloger [R(ə)lɔʒe] (3) *vt* to rehouse. ♦ **relogement** *nm* rehousing.

reluire [RəlɥiR] (38) *vi* to shine, gleam; (*sous la pluie*) to glisten. **faire** ~ **qch** to polish *ou* shine sth up, make sth shine. ♦ **reluisant, e** *adj* shining, shiny, gleaming (**de** with). (*iro*) **peu** ~ *avenir, résultat* far from brilliant; *personne* despicable.

reluquer‡ [R(ə)lyke] (1) *vt* to eye (up)*.

remâcher [R(ə)mɑʃe] (1) *vt* [*ruminant*] to ruminate; *échec* to ruminate *ou* brood over.

remanger [R(ə)mɑ̃ʒe] (3) **1** *vt* (*de nouveau*) to have again; (*davantage*) to have *ou* eat some more. **2** *vi* to eat again.

remanier [R(ə)manje] (7) *vt* (*gén*) to revise; *livre* to reshape, recast; *programme* to reorganize; *ministère* to reshuffle. ♦ **remaniement** *nm* revision; reshaping, recasting; reorganization; reshuffle.

remarier *vt*, **se** ~ *vpr* [R(ə)maRje] (7) to remarry. ♦ **remariage** *nm* second marriage, remarriage.

remarquable [R(ə)maRkabl(ə)] *adj personne, exploit* remarkable, outstanding; *fait* striking, noteworthy. ~ **par sa taille** notable for his height. ♦ **remarquablement** *adv doué* remarkably, outstandingly; *jouer* remarkably *ou* outstandingly well.

remarque [R(ə)maRk(ə)] *nf* (*observation*) remark, comment; (*critique*) critical remark; (*annotation*) note. **il m'en a fait la** ~ he remarked *ou* commented on it to me, he made a remark *ou* a comment about it to me.

remarquer [R(ə)maRke] (1) *vt* **(a)** (*apercevoir*) to notice. **sans se faire** ~ unnoticed, without being noticed, without attracting attention; **cette tache se remarque beaucoup/à peine** this stain is quite/hardly noticeable; **se faire** ~ to make o.s. conspicuous, draw attention to o.s.; **je remarque que vous avez une cravate** I see *ou* note that you are wearing a tie. **(b)** (*faire une remarque*) to remark, observe, comment. **remarquez (bien) que je n'en sais rien** mark you *ou* mind you I don't know; **faire** ~ *détail, erreur* to point out (*à qn* to sb).

remballer [Rɑ̃bale] (1) *vt* to pack (up) again; (*dans du papier*) to rewrap.

rembarquer *vti*, **se** ~ *vpr* [RɑbaRke] (1) to re-embark.

rembarrer [RɑbaRe] (1) *vt* to rebuff.

remblai [Rɑblɛ] *nm* (*Rail, pour route*) embankment; (*Constr*) cut. **(terre de)** ~ (*Rail*) ballast; (*pour route*) hard core; (*Constr*) backfill; (*Aut*) ~s récents soft verges. ♦ **remblayer** (8) *vt route, voie ferrée* to bank up; *fossé* to fill in *ou* up.

rembobiner [Rɑbɔbine] (1) *vt* to rewind.

remboîter [Rɑbwate] (1) *vt tuyaux* to fit together again; *os* to put back into place.

rembourrer [RɑbuRe] (1) *vt fauteuil* to stuff; *vête-*

ment to pad. ◆ **rembourrage** nm stuffing;
padding.
rembourser [ʀɑ̃buʀse] (1) vt (gén) to reimburse,
repay, pay back; dette to settle; billet to refund.
se faire ~ to get one's money back, get reim-
bursed; **je veux être remboursé** I want my money
back; ~ **qn de ses dépenses** to refund ou reimburse sb's expenses; **je te rembourserai demain**
I'll pay you back ou square up with you*
tomorrow. ◆ **remboursable** adj billet refund-
able; emprunt repayable. ◆ **remboursement** nm
reimbursement, repayment; settlement; refund.
envoi contre ~ cash with order.
rembrunir (se) [ʀɑ̃bʀyniʀ] (2) vpr [visage] to
darken; [ciel] to darken, cloud over.
remède [ʀ(ə)mɛd] nm (Méd, fig: traitement)
remedy, cure; (médicament) medicine. ~ **de**
bonne femme old wives' ou folk cure ou remedy;
~ **universel** cure-all; **porter** ~ **à qch** to cure ou
remedy sth; **la situation est sans** ~ the situation
cannot be remedied ou is beyond remedy.
◆ **remédier à** (7) vt indir maladie to cure; situation to remedy, put right; difficulté to solve.
remembrer [ʀ(ə)mɑ̃bʀe] (1) vt terres to regroup.
◆ **remembrement** nm regrouping of lands.
remémorer (se) [ʀ(ə)memɔʀe] (1) vpr to recall,
recollect.
remercier [ʀ(ə)mɛʀsje] (7) vt (a) (dire merci) to
thank (de qch for sth, d'avoir fait for doing). **il me**
remercia d'un sourire he thanked me with a
smile, he smiled his thanks; **je vous remercie**
thank you, thanks. (b) (refuser) **vous voulez**
boire? – **je vous remercie** would you like a drink?
– no thank you. (c) employé to dismiss (from his
job). ◆ **remerciement** nm (a) ~**s** thanks; (dans
un livre) acknowledgements. (b) (action)
thanking. **lettre de** ~ thank-you letter.
remettre [ʀ(ə)mɛtʀ(ə)] (56) **1** vt (a) (à nouveau)
objet to put back; vêtement to put back on, put on
again; radio, chauffage to put ou turn ou switch on
again. ~ **un bouton à une veste** to sew ou put a
button back on a jacket; ~ **un enfant insolent à sa**
place to put an insolent child in his place; ~ **un**
appareil en marche to restart a machine, start a
machine (up) again; ~ **en question** autorité to
(call into) question, challenge; accord to cast
doubt over, throw back into question; ~ **une pen-**
dule à l'heure to put ou set a clock right; ~ **qch à**
neuf to make sth as good as new again; ~ **qch en**
état to repair ou mend sth; **le repos l'a remise (sur**
pied) the rest has set her back on her feet; ~ **de**
l'ordre dans qch to sort sth out. (b) (davantage)
chaise to add; tricot to put on another; sel, argent
to put in some more. ~ **de l'huile dans le moteur** to
top up the engine with oil. (c) lettre, rançon,
criminel to hand over; devoir, clefs to hand in,
give in; objet prêté ou volé to return; récompense
to present; démission to hand in, tender (à to). **il**
s'est fait ~ **les clefs** he got ou had the keys given
to him; ~ **un enfant à ses parents** to return a child
to his parents; ~ **son sort entre les mains de qn** to
put one's fate into sb's hands. (d) réunion to put
off, postpone (à until); date to put back (à to). **il ne**
faut jamais ~ **au lendemain ce qu'on peut faire le**
jour même never put off till tomorrow what you
can do today. (e) (se rappeler) to remember. ~
qch en mémoire à qn to remind sb of sth, recall
sth to sb. (f) peine, péché to remit. ~ **une dette à**
qn to remit sb's debt, let sb off a debt. (g) ~ **ça***
(démarches) to go through it all again; (au café)
to have another drink; (travail) to get down to it
again; (bruit) **les voilà qui remettent ça!** there
they go again!, they're at it again!*
2 se ~ vpr (a) (recouvrer la santé) to recover,
get better, pick up*. **se** ~ **d'une maladie** to
recover from ou get over an illness; **remettez-**
vous! pull yourself together! (b) (recommencer)
se ~ **à (faire) qch** (gén) to start (doing) sth again;

(sport, habitude) to take up sth again; **il se remet**
à faire froid the weather ou it is getting ou
turning cold again; **se** ~ **debout** to get back to
one's feet. (c) (se confier) **se** ~ **entre les mains de**
qn to put o.s. in sb's hands; **je m'en remets à vous**
I'll leave it (up) to you. (d) (se réconcilier) **se** ~
avec qn to make it up with sb; **ils se sont remis**
ensemble they've come back together again.
réminiscence [ʀeminisɑ̃s] nf reminiscence. **quel-**
ques ~**s de** some vague recollections of.
remise [ʀ(ə)miz] **1** nf (a) [lettre] delivery;
[rançon, clefs] handing over; [récompense]
presentation; [devoir] handing in. (b) [péchés,
dette] remission; [peine] reduction (de of, in). (c)
(rabais) discount, reduction. (d) (local) shed. (e)
(ajournement) postponement, putting off ou
back. **2:** ~ **en cause** calling into question; ~ **en**
état [machine] repair(ing); [tableau] restoration;
~ **en jeu** throw-in; ~ **à jour** updating; ~ **en**
marche restarting; ~ **en ordre** reordering; ~ **en**
place putting back in place.
remiser [ʀ(ə)mize] (1) vt (ranger) to put away.
rémission [ʀemisjɔ̃] nf (gén) remission. **sans** ~
travailler unremittingly, relentlessly; mal
irremediable.
remontage [ʀ(ə)mɔ̃taʒ] nm [montre] rewinding,
winding up; [meuble] reassembly, putting back
together.
remontant, e [ʀ(ə)mɔ̃tɑ̃, ɑ̃t] **1** adj (a) boisson
invigorating, fortifying. (b) rosier remontant;
fraisier double-cropping ou -fruiting. **2** nm tonic,
pick-me-up*.
remontée [ʀ(ə)mɔ̃te] nf [côte, rivière] ascent;
[prix] rise; [candidat] recovery. (Sport) ~
mécanique skilift.
remonte-pente, pl ~**-**~**s** [ʀ(ə)mɔ̃tpɑ̃t] nm skilift.
remonter [ʀ(ə)mɔ̃te] (1) **1** vi (a) (à nouveau) [per-
sonne] to go ou come back up; [marée] to come in
again; [prix, baromètre, route] to rise again, go up
again. **il remonta sur la table** he climbed back
(up) onto the table; ~ **en voiture** to get back into
one's car, get into one's car again; **il est remonté**
de la 7e à la 3e place he has come up ou recovered
from 7th to 3rd place. (b) [vêtement] to go up, pull
up. (c) (revenir) [souvenir] to come back; [odeur]
to come up. ~ **jusqu'au coupable** to trace back to
the guilty man; ~ **à la source** to go back ou return
to the source; **aussi loin que remontent ses**
souvenirs as far back as he can remember; **cette**
histoire remonte à plusieurs années this story
dates back ou goes back several years; **tout cela**
remonte au déluge! all that's as old as the hills!
2 vt (a) étage, côte to go ou climb back up; rue
to go ou come back up. ~ **le courant** (en barque) to
sail ou row (back) upstream; (fig) to begin to get
back on one's feet again. (b) adversaire to catch
up with. **il a 15 points à** ~ he has 15 marks to catch
up. (c) mur, jupe, note to raise; vitre (en poussant) to push up; (avec manivelle) to wind up;
manche to roll up; col to turn up. (d) (reporter)
objet to take ou bring back up. (e) montre to wind
up. (f) (réinstaller) machine, meuble to put
together again, put back together (again), reassemble; usine to set up again. (g) (réassortir)
garde-robe to renew; magasin to restock. (h)
(remettre en état) personne (physiquement) to
set up (again); (moralement) to cheer ou buck* up
(again); entreprise to put ou set back on its feet.
3 se ~ vpr (a) **se** ~ **en boîtes de conserves** to
get in (further) stocks of tinned food; **se** ~ **en**
chaussures to get some new shoes. (b) (physiquement) to set o.s. up (again); (moralement) to
cheer ou buck* o.s. up.
remontoir [ʀ(ə)mɔ̃twaʀ] nm winder.
remontrance [ʀ(ə)mɔ̃tʀɑ̃s] nf (a) reproof,
reprimand. **faire des** ~**s à qn** to reprimand sb. (b)
(Hist) remonstrance.
remontrer [ʀ(ə)mɔ̃tʀe] (1) vt (a) (de nouveau) to

show again. **(b) en ~ à** qn: **il pourrait t'en ~** he could teach you a thing or two; **il a voulu m'en ~** he wanted to show he knew better than me.

remords [ʀ(ə)mɔʀ] *nm*: **le ~, les ~** remorse; **avoir un** *ou* **des ~** to feel remorse, be conscience-stricken; **j'ai eu un ~ de conscience** I had second thoughts.

remorque [ʀ(ə)mɔʀk(ə)] *nf* (*véhicule*) trailer; (*câble*) tow-rope, towline. **prendre une voiture en ~** to tow a car; **avoir qn en ~** to have sb in tow; (*lit, fig*) **être à la ~ de** to tag behind. ♦ **remorquer** (1) *vt voiture, bateau, train* to tow; *train* to pull, haul; (*fig*) *personne* to have in tow, trail *ou* drag along. ♦ **remorquage** *nm* towing; pulling, hauling. ♦ **remorqueur** *nm* tug(boat).

remous [ʀ(ə)mu] *nm*: **le ~, les ~** [*bateau*] the (back)wash; [*eau*] the swirl, the eddies; [*air*] the eddy; [*foule*] the bustle; [*scandale*] the stir.

rempailler [ʀɑ̃pɑje] (1) *vt chaise* to reseat, rebottom (*with straw*).

rempart [ʀɑ̃paʀ] *nm* (*Mil, fig*) rampart. **sur les ~s** on the ramparts *ou* battlements; **faire à qn un ~ de son corps** to shield sb with one's (own) body.

remplacer [ʀɑ̃plase] (3) *vt* (*gén*) to replace (*par* with); *objet usagé* to change (*par* for); *directeur à la retraite* to take over from; *professeur malade* to stand in for, substitute for. **se faire ~** to find o.s. a stand-in *ou* replacement; **le miel peut ~ le sucre** honey can be used in place of *ou* as a substitute for sugar. ♦ **remplaçable** *adj* replaceable. ♦ **remplaçant, e** *nm,f* (*gén*) replacement, substitute; (*Méd*) locum; (*Sport*) reserve; (*pendant un match*) substitute; (*Scol*) supply teacher, stand-in. ♦ **remplacement** *nm* replacement. (*intérim*) **assurer le ~ de qn** to stand in *ou* deputize for sb; **faire des ~s** to do temporary (replacement) work; **en ~ de qch** instead of sth, as a replacement *ou* substitute for sth; **solution de ~** alternative solution; **produit de ~** substitute (product).

remplir [ʀɑ̃pliʀ] (2) **1** *vt* **(a)** (*gén*) to fill (*de* with); *récipient* to fill (up); (*à nouveau*) to refill; *questionnaire* to fill in. **~ qch à moitié** to half fill sth, fill sth half full. **(b)** *promesse, fonction, condition* to fulfil; *travail* to carry out, do; *rôle* to fill, play; *besoin* to fulfil, meet, satisfy. **~ ses fonctions** to carry out *ou* perform one's duties. **2 se ~** *vpr* [*récipient, salle*] to fill (up) (*de* with). **se ~ les poches*** to line one's pockets. ♦ **rempli, e** *adj* (*gén*) full (*de* with), filled (*de* with); *visage* full, plump; *journée, vie* full, busy. **avoir l'estomac bien ~** to have a full stomach, have eaten one's fill; *texte* **~ de fautes** text riddled *ou* packed with mistakes. ♦ **remplissage** *nm* [*tonneau*] filling (up); [*discours*] padding.

remplumer* (se) [ʀɑ̃plyme] (1) *vpr* (*physiquement*) to fill out again; (*financièrement*) to get back on one's feet.

remporter [ʀɑ̃pɔʀte] (1) *vt* **(a)** *objet* to take away (again), take back. **(b)** *victoire* to win; *prix* to carry off; *succès* to achieve.

remuer [ʀ(ə)mɥe] (1) **1** *vt* **(a)** *tête, bras* to move; *oreille* to twitch; *hanches* to sway. **~ la queue** [*vache*] to flick its tail; [*chien*] to wag its tail; (*fig*) **il n'a pas remué le petit doigt** he didn't lift a finger (to help). **(b)** (*faire*) **~** *branches* to stir; *objet* (*déplacer*) to move, shift; (*secouer*) to shake. **(c)** *café, sauce* to stir; *salade* to toss; *terre* to dig *ou* turn over; *souvenirs* to stir up, arouse. **~ de l'argent (à la pelle)** to handle a great deal of money; **~ ciel et terre pour** to move heaven and earth (in order) to. **(d)** (*émouvoir*) to move. **2** *vi* [*personne*] to move; [*dent, tuile*] to be loose. **cesse de ~!** keep still!, stop fidgeting! **3 se ~** *vpr* **(a)** (*bouger*) to move; (*se déplacer*) to move about. **(b)** (*: *s'activer*) to bestir o.s., get a move on*. ♦ **remuant, e** *adj* restless. ♦ **remue-ménage** *nm inv* (*bruit*) commotion; (*activité*) hurly-burly. **faire du ~** to make a commotion.

rémunérer [ʀemyneʀe] (6) *vt personne* to remunerate, pay. **~ le travail de qn** to remunerate *ou* pay sb for his work. ♦ **rémunérateur, -trice** *adj emploi* remunerative, lucrative. ♦ **rémunération** *nf* remuneration, payment (*de* for).

renâcler [ʀ(ə)nɑkle] (1) *vi* [*animal*] to snort; [*personne*] to grumble, show (one's) reluctance. **~ à faire qch** to jib at having to do sth, do sth reluctantly.

renaissance [ʀ(ə)nɛsɑ̃s] **1** *nf* (*Rel, fig*) rebirth. (*Hist*) **la R~** the Renaissance. **2** *adj inv mobilier* Renaissance.

renaître [ʀ(ə)nɛtʀ(ə)] (59) *vi* **(a)** [*sentiment, intérêt*] to be revived (*dans* in); [*plante, conflit*] to spring up again; [*difficulté*] to recur, crop up again; [*économie*] to revive, recover; [*sourire*] to return (*sur* to); [*jour*] to dawn, break. **faire ~** to bring back, revive. **(b)** (*revivre*) to come to life again. **~ de ses cendres** to rise from one's ashes; **je me sens ~** I feel as if I've been given a new lease of life; (*littér*) **~ au bonheur** to find happiness again.

rénal, e, *mpl* **-aux** [ʀenal, o] *adj* renal, kidney.

renard [ʀ(ə)naʀ] *nm* (*Zool*) fox. (*fig*) **fin ~** crafty *ou* sly fox *ou* dog. ♦ **renarde** *nf* vixen.

renchérir [ʀɑ̃ʃeʀiʀ] (2) *vi* **(a)** [*personne*] to go further. **~ sur ce que qn dit** to add something to what sb says, go further *ou* one better (*péj*) than sb. **(b)** [*prix*] to get dearer *ou* more expensive. ♦ **renchérissement** *nm* [*marchandises*] rise *ou* increase in the price (*de* of).

rencontre [ʀɑ̃kɔ̃tʀ(ə)] *nf* (*gén*) meeting; (*imprévue*) encounter; (*Mil*) encounter; [*éléments*] conjunction; [*routes*] junction. **faire la ~ de qn** to meet sb; **aller à la ~ de qn** to go and meet sb, go to meet sb; **faire une mauvaise ~** to have an unpleasant encounter; **~ de boxe** boxing match.

rencontrer [ʀɑ̃kɔ̃tʀe] (1) **1** *vt* **(a)** (*gén*) to meet; (*par hasard*) to run *ou* bump into; (*en réunion*) to have a meeting with. **(b)** (*trouver*) *expression, village, passant* to find, come across; *occasion* to meet with; *obstacle* to meet with, encounter, come up against. **(c)** (*heurter*) to strike; (*toucher*) to meet (with). **(d)** *équipe* to meet, play (against); *boxeur* to meet, fight (against). **2 se ~** *vpr* **(a)** (*gén*) to meet; (*en réunion*) to have a meeting; [*équipes*] to meet, play (each other); [*véhicules*] to collide (with each other). **(b)** (*avoir les mêmes idées*) to be at one (*avec* with), be of the same opinion *ou* mind (*avec* as). **(c)** (*coïncidence, curiosité*) to be found.

rendement [ʀɑ̃dmɑ̃] *nm* [*champ*] yield; [*machine, personne*] output; [*entreprise*] (*productivité*) productivity; (*production*) output (*de* of); [*investissement*] return (*de* on); (*Phys*) efficiency.

rendez-vous [ʀɑ̃devu] *nm inv* **(a)** (*rencontre*) appointment; (*d'amoureux*) date. **donner un ~ à qn** to make an appointment with sb, arrange to see *ou* meet sb; **~ spatial** docking (in space). **(b)** (*lieu*) meeting place. **~ de chasse** meet.

rendormir (se) [ʀɑ̃dɔʀmiʀ] (16) *vpr* to go back to sleep, fall asleep again.

rendre [ʀɑ̃dʀ(ə)] (41) **1** *vt* **(a)** *objet, argent* to give back, return; (*Scol*) *devoir* to hand *ou* give in; *réponse* to give. **~ à qn sa parole** to release sb from a promise, let sb (off) (his promise); **~ la liberté à qn** to set sb free, give sb his freedom; **~ la santé à qn** to restore sb to health; **~ la vue à qn** to restore sb's sight. **(b)** *justice* to administer, dispense; *jugement* to pronounce, render; *verdict* to return. (*fig*) **~ justice à qn** to do justice to sb. **(c)** *hospitalité, invitation* to return, repay; *salut, coup* to return. **il m'a joué un sale tour, mais je le lui rendrai** he played a dirty trick on me, but I'll get even with him *ou* I'll pay him back; **il la déteste, et elle le lui rend bien** he hates her and she feels exactly the same about him; **~ la mon-**

naie à qn to give sb his change; *(fig)* ~ à qn la **monnaie de sa pièce** to pay sb back in his own coin. **(d)** *(+ adj)* to make. ~ **qn heureux** *etc* to make sb happy *etc*; **c'est à vous** ~ **fou!** it's enough to drive you mad! **(e)** *expression, traduction* to render. **(f)** *(produire) liquide* to give out; *son* to produce. *(fig)* **l'enquête n'a rien rendu** the inquiry drew a blank *ou* didn't come to anything. **(g)** *(vomir)* to vomit, bring up. **(h)** *(locutions)* ~ **l'âme** *ou* **le dernier soupir** to breathe one's last, give up the ghost; ~ **les armes** to lay down one's arms; ~ **des comptes à qn** to be accountable to sb; ~ **compte de qch à qn** to give sb an account of sth; ~ **gloire à Dieu** to glorify God; ~ **grâces à** to give thanks to; ~ **hommage à** to pay tribute to; ~ **la pareille à qn** to do the same for sb, pay sb back the same way; *(Sport) [cheval]* ~ **du poids** to have a weight handicap; ~ **service à qn** to be of service *ou* help to sb; ~ **visite à qn** to visit sb, call on sb, pay sb a visit.
2 *vi* **(a)** *[arbres, terre]* to yield, be productive. **la pêche a bien rendu** we have got a good catch (of fish). **(b)** *(vomir)* to be sick, vomit.
3 **se** ~ *vpr* **(a)** *(céder) [soldat, criminel]* to give o.s. up, surrender. **se** ~ **à l'avis de qn** to bow to sb's opinion; **se** ~ **à l'évidence** to face (the) facts; **se** ~ **aux prières de qn** to give in *ou* yield to sb's pleas. **(b)** *(aller)* **se** ~ **à** to go to; **alors qu'il se rendait à** ... as he was on his way to ... *ou* going to .... **(c)** **se** ~ **compte de qch** to realize sth, be aware of sth; **se** ~ **compte que** to realize that, be aware that; **rendez-vous compte!** just imagine! *ou* think! **(d)** *(+adj)* to make o.s. **se** ~ **ridicule** to make o.s. ridiculous, make a fool of o.s.
rendu, e [Rɑ̃dy] **1** *adj* **(a)** *(arrivé)* **être** ~ to have arrived. **(b)** *(remis)* ~ **à domicile** delivered to the house. **(c)** *(fatigué)* exhausted, tired out, worn out. **2** *nm (Comm)* return.
rêne [REn] *nf* rein. **tenir les** ~**s du gouvernement** to hold the reins of government, be in the saddle.
renégat, e [Rɔnega, at] *nm,f* renegade.
renfermer [Rɑ̃fERme] **(1)** **1** *vt* to contain, hold. **2 se** ~ *vpr* **se** ~ **(en soi-même)** to withdraw (into o.s.). ◆ **renfermé, e 1** *adj* withdrawn. **2** *nm*: **odeur de** ~ fusty *ou* stale smell.
renflé, e [Rɑ̃fle] *adj* bulging. ◆ **renflement** *nm* bulge.
renflouer [Rɑ̃flue] **(1)** *vt entreprise, bateau* to refloat; *personne* to set back on his feet.
renfoncement [Rɑ̃fɔ̃smɑ̃] *nm* recess.
renforcer [Rɑ̃fɔRse] **(3)** **1** *vt objet, argument, équipe* to reinforce; *paix* to consolidate; *effort* to add to, intensify; *position, amitié* to strengthen. ~ **qn dans une opinion** to confirm sb in an opinion. **2 se** ~ *vpr [craintes, amitié]* to strengthen; *[pression]* to intensify.
renfort [Rɑ̃fɔR] *nm* **(a)** *(Mil)* ~**s** *(hommes)* reinforcements; *(matériel)* (further) supplies. **(b)** *(Tech)* reinforcement, strengthening piece. **(c)** **de** ~ *barre, toile* strengthening; *armée* back-up, supporting; *personnel* extra, additional; **envoyer qn en** ~ to send sb as an extra; **à grand** ~ **de gestes** accompanied by a great many gestures.
renfrogner (se) [Rɑ̃fRɔɲe] **(1)** *vpr* to scowl. ◆ **renfrogné, e** *adj* sullen, sulky.
rengager [Rɑ̃gaʒe] **(3)** **1** *vt discussion* to start up again; *fonds* to reinvest; *combat, ouvrier* to re-engage. **2 se** ~ *vpr (Mil)* to join up again, re-enlist.
rengaine [Rɑ̃gɛn] *nf*: **(vieille)** ~ (old) folk song; **c'est toujours la même** ~* it's always the same old song*.
rengainer [Rɑ̃gene] **(1)** *vt épée* to sheathe, put up; *revolver* to put back in its holster; (*)* compliment* to save, withhold.
rengorger (se) [Rɑ̃gɔRʒe] **(3)** *vpr [oiseau]* to puff out its throat; *[personne]* to puff o.s. up.
renier [Rɔnje] **(7)** **1** *vt foi, Dieu* to renounce; *signa-*

ture to disown, repudiate; *promesse* to go back on, break. **2 se** ~ *vpr* to go back on what one has said *ou* done. ◆ **reniement** *nm* renunciation; disowning, repudiation; breaking.
renifler [R(ɔ)nifle] **(1)** **1** *vt* to sniff (at). **2** *vi [personne]* to sniff; *[cheval]* to snort. ◆ **reniflement** *nm (action)* sniffing; *(bruit)* sniff.
renne [REn] *nm* reindeer.
renom [R(ɔ)nɔ̃] *nm (notoriété)* renown, fame; *(réputation)* reputation. **de grand** ~, **en** ~ renowned, famous; **avoir du** ~ to be famous. ◆ **renommé, e¹** *adj* celebrated, famous. ~ **pour** renowned *ou* famed for. ◆ **renommée²** *nf* **(a)** *(célébrité)* fame, renown. **de** ~ **mondiale** world-famous. **(b)** *(opinion publique)* public report. **(c)** *(réputation)* reputation. **bonne/mauvaise** ~ good/bad reputation *ou* name.
renoncer [R(ɔ)nɔ̃se] **(3)** ~ **à** *vt indir (gén)* to give up, renounce. ~ **à qn** to give sb up; **je** *ou* **j'y renonce** I give up. ◆ **renoncement** *nm* renunciation. ◆ **renonciation** *nf* giving up, renunciation.
renouer [Rɑnwe] **(1)** **1** *vt lacet* to tie (up) again, re-tie; *conversation* to renew. **2** *vi*: ~ **avec habitude** to take up again; ~ **avec qn** to take up with sb again.
renouveau, pl ~**x** [R(ɔ)nuvo] *nm (transformation)* revival. *(regain)* ~ **de succès/faveur** renewed success/favour.
renouveler [R(ɔ)nuvle] **(4)** **1** *vt (gén)* to renew; *stock* to replenish; *conseil d'administration* to re-elect; *congé* to re-grant; *offre, exploit, erreur* to repeat; *douleur, théorie* to revive. ~ **l'air d'une salle** to air a room; ~ **sa confiance à qn** to reassert one's confidence in sb. **2 se** ~ *vpr (se répéter) [erreur, fait]* to recur, be repeated; *(être remplacé) [personnel]* to be renewed; *(innover) [auteur]* to try sth new. ◆ **renouvelable** *adj passeport* renewable; *assemblée* that must be re-elected. ◆ **renouvellement** *nm* renewal; replenishment; repetition; revival; recurrence. *(Pol)* **solliciter le** ~ **de son mandat** to stand for re-election.
rénover [Renɔve] **(1)** *vt maison* to renovate, modernize; *meuble* to restore; *institutions, méthodes* to reform, regenerate; *science* to renew. ◆ **rénovateur, -trice** *adj, nm,f*: **être** ~ to have a reforming *ou* regenerative influence. ◆ **rénovation** *nf* renovation, modernization; restoration; reform; renewal.
renseignement [Rɑ̃sɛɲmɑ̃] *nm*: ~**(s)** information; **un** ~ **intéressant** an interesting piece of information, some interesting information; **demander des** ~**s sur qn** to make inquiries *ou* ask for information *ou* for particulars about sb; **avoir de bons** ~**s sur qn** to have good reports about *ou* on sb; **pourriez-vous me donner un** ~? could you give me some information?, could you tell me something?; '~**s**' *(panneau)* 'inquiries', 'information'; *(Téléc)* directory inquiries. **(b)** *(Mil)* ~**(s)** intelligence; **agent de** ~**s** intelligence agent.
renseigner [Rɑ̃seɲe] **(1)** **1** *vt* to give information to. **qui pourrait me** ~ **sur lui?** who could tell me sth about her?, who could give me some information *ou* particulars about him?; **il a l'air bien renseigné** he seems to be well informed; **on vous a mal renseigné** you have been misinformed. **2 se** ~ *vpr* to make inquiries, ask for information *ou* particulars *(sur* about). **je vais me** ~ **auprès de lui** I'll ask him about it; **j'essaierai de me** ~ I'll try to find out.
rentable [Rɑ̃tabl(ɔ)] *adj* profitable. **c'est très** ~ it really pays. ◆ **rentabilité** *nf* profitability.
rente [Rɑ̃t] *nf (pension)* annuity, pension; *(fournie par la famille)* allowance; *(emprunt d'État)* government stock *ou* bond. **avoir des** ~**s** to have a private income, have private *ou* independent means. ◆ **rentier, -ière** *nm,f* person of independent *ou* private means.

rentrant, e [ʀɑ̃tʀɑ̃, ɑ̃t] *adj train d'atterrissage* retractable; (*Math*) *angle* reflex.

rentrée [ʀɑ̃tʀe] *nf* **(a)** (*Scol*) start of the new school year; (*Univ*) start of the new academic year; (*du trimestre*) start of the new term. **la ~ aura lieu lundi** the new term begins on Monday, school starts again on Monday; **à la ~ de Noël** at the start of (the) term after the Christmas holidays. **(b)** [*tribunaux*] reopening; [*députés*] reassembly; [*députés*] return. **c'est la ~ des théâtres parisiens** it's the start of the theatrical season in Paris; **on verra ça à la ~** we'll see about that after the holidays. **(c)** [*acteur, sportif*] comeback. **faire sa ~ politique** to make a *ou* one's political comeback. **(d)** (*retour*) return. **à l'heure des ~s dans Paris** when everyone is coming back into Paris *ou* returning to Paris; (*Espace*) **~ dans l'atmosphère** re-entry into the atmosphere; **effectuer sa ~ dans l'atmosphère** to re-enter the atmosphere. **(e)** (*Comm*) **~s** income; **~ d'argent** (incoming) sum of money.

rentrer [ʀɑ̃tʀe] **1** *vi* **(a)** (*à nouveau*) (*aller*) to go back in; (*venir*) to come back in. **~ (chez soi)** to return home, go (*ou* get *ou* come) back home; **est-ce qu'il est rentré?** is he (back) home?; **~ à Paris/de Paris** to go back *ou* come back *ou* return to Paris/from Paris; **je rentre en voiture** I'm driving back, I'm going back by car. **(b)** (*reprendre ses activités*) [*élèves*] to go back to school, start school again; [*université*] to start again; [*tribunaux*] to reopen; [*parlement*] to reassemble; [*députés*] to return. **le trimestre prochain, on rentrera un lundi** next term we start on a Monday. **(c)** (*entrer*) [*personne*] to go in; to come in; [*chose*] to go in. **nous sommes rentrés dans un café** we went into a café; **cette clef ne rentre pas dans la serrure** this key doesn't fit (into) the lock. **(d)** **~ dans** (*travailler dans*) to join, go into; (*s'écraser contre*) to crash into, collide with; (*être compris dans*) to be included in, be part of; **il l'a fait ~ dans la firme** he helped him to get a job in the firm; **furieux, il lui est rentré dedans** he was furious and he pitched* *ou* laid* into him; **~ dans une catégorie** to fall into *ou* come into a category. **(e)** [*argent*] to come in. **faire ~ l'argent** to get the money in. **(f)** (*) [*connaissances*] **les maths, ça ne rentre pas** he can't take maths in, he can't get the hang of maths*; **faire ~ qch dans la tête de qn** to drum *ou* get sth into sb's head. **(g)** (*locutions*) **~ dans sa coquille** to go back into one's shell; **~ dans son argent** to recover *ou* get back one's money; **tout est rentré dans l'ordre** (*dans son état normal*) everything is back to normal again; (*dans le calme*) order has been restored; (*tout a été clarifié*) everything is sorted out now; **~ dans le rang** to come *ou* fall back into line; **~ en grâce auprès de qn** to get back into sb's good graces.

2 *vt* **(a)** *foins, marchandises, animaux* to bring in. **~ sa voiture au garage** to put the car away in the garage. **(b)** *train d'atterrissage* to raise; (*lit, fig*) *griffes* to draw in. **~ sa chemise dans son pantalon*) to tuck one's shirt in (one's trousers); **ne me rentre pas ton coude dans le ventre** don't jab *ou* stick your elbow in(to) my stomach; **~ le ventre** to pull one's stomach in; **~ sa rage** to hold back *ou* suppress one's unger.

renverser [ʀɑ̃vɛʀse] (1) **1** *vt* **(a)** (*faire tomber*) *personne* to knock over *ou* down; *objet* to knock over, upset, overturn; *liquide* to spill, upset; *grains* to scatter. **(b)** (*mettre à l'envers*) to turn upside down. **(c)** (*abattre*) *obstacles* (*lit*) to knock down; (*fig*) to overcome; *ordre établi, royauté* to overthrow. **~ le gouvernement** (*coup d'État*) to overthrow *ou* overturn the government; (*vote*) to defeat the government. **(d)** **~ la tête en arrière** to tip *ou* tilt one's head back; **~ le corps en arrière** to lean back. **(e)** (*inverser*) *ordre*

---

des mots, courant to reverse; (*Opt*) *image* to invert, reverse. **~ la situation** to reverse the situation; **~ la vapeur** (*lit*) to reverse steam; (*fig*) to change course. **(f)** (*: étonner*) to bowl over, stagger. **2 se ~** *vpr* **(a)** **se ~ en arrière** to lean back. **(b)** [*voiture*] to overturn; [*bateau*] to overturn, capsize; [*vase*] to fall over, be overturned. **♦ renversant, e*** *adj nouvelle* staggering, astounding; *personne* amazing, incredible. **♦ renverse** *nf*: **tomber à la ~** to fall backwards. **♦ renversement** *nm* [*ordre des mots*] inversion, reversal; [*situation, valeurs*] reversal; (*Pol*) (*un coup d'État*) overthrow; (*par vote*) defeat.

renvoi [ʀɑ̃vwa] *nm* **(a)** (*V renvoyer*) dismissal; expulsion; suspension; return; discharge; referral; postponement. **(b)** (*référence*) cross-reference; (*en bas de page*) footnote. **(c)** (*rot*) belch. **ça me donne des ~s** it gives me wind, it makes me belch.

renvoyer [ʀɑ̃vwaje] (8) *vt* **(a)** (*congédier*) *employé* to dismiss; *élève* (*définitivement*) to expel; (*temporairement*) to suspend. **se faire ~** to be dismissed (*ou* expelled). **(b)** *lettre, ballon, personne* to send back; *cadeau* to return. **~ les soldats dans leurs foyers** to discharge soldiers, send soldiers back home; **~ la balle** (*Sport*) to return the ball; **il m'a renvoyé la balle** (*argument*) he threw the *ou* my argument back at me; (*responsabilité*) he tried to pass the buck (to me)*. **(c)** (*référer*) *lecteur* to refer (*à* to). **(d)** (*différer*) *rendez-vous* to postpone, put off (*à plus tard* until later). (*Jur*) **l'affaire a été renvoyée à huitaine** the case was postponed *ou* deferred for a week. **(e)** (*réfléchir*) *son* to echo; *lumière, chaleur, image* to reflect.

réorganiser [ʀeɔʀganize] (1) **1** *vt* to reorganize. **2 se ~** *vpr* [*pays, parti*] to be reorganized. **♦ réorganisation** *nf* reorganization.

réouverture [ʀeuvɛʀtyʀ] *nf* reopening.

repaire [ʀ(ə)pɛʀ] *nm* (*Zool*) den, lair; (*fig*) den, hideout. **~ de brigands** thieves' den.

repaître (se) [ʀəpɛtʀ(ə)] (57) *vpr*: **se ~ de aliments** to gorge o.s. on; *lectures* to revel in.

répandre [ʀepɑ̃dʀ(ə)] (41) **1** *vt* **(a)** (*accidentellement*) *liquide* to spill; *grains* to scatter. **(b)** (*gén, fig*) (*volontairement*) to spread; *dons* to lavish; *sang, larmes, lumière* to shed; *odeur* to give off; *chaleur, fumée* to give out. **2 se ~** *vpr* [*liquide*] to spill, be spilled; [*grains*] to scatter, be scattered; [*odeur, lumière, doctrine*] to spread (*sur* over); [*son*] to carry (*dans* through); [*opinion, méthode*] to become widespread (*dans* among). **la foule se répand dans les rues** the crowd spills out *ou* pours out into the streets; **la nouvelle se répandit comme une traînée de poudre** the news spread like wildfire; **se ~ en menaces** *etc* to pour out threats *etc*. **♦ répandu, e** *adj* opinion widespread. **idée très ~e** widely held *ou* widespread idea.

reparaître [ʀ(ə)paʀɛtʀ(ə)] (57) *vi* to reappear.

réparer [ʀepaʀe] (1) *vt* **(a)** (*remettre en état*) (*gén*) to mend, repair, fix*; *forces, santé* to restore. (*lit, fig*) **~ les dégâts** to repair the damage; **faire ~ qch** to get *ou* have sth mended *ou* repaired; **~ qch sommairement** to patch sth up. **(b)** (*corriger*) *erreur, négligence* to put right. **(c)** (*compenser*) *faute* to make up for, make amends for; *perte* to make good, make up for, compensate for. **♦ réparable** *adj objet* repairable, which can be repaired; *erreur* which can be put right. **♦ réparateur, -trice 1** *adj sommeil* refreshing. **2** *nm,f* repairer. **~ de télévision** television repairman *ou* engineer. **♦ réparation** *nf* **(a)** (*remise en état*) mending, repairing, fixing*; restoration; (*résultat*) repair. **en ~** under repair; **faire des ~s** to do some repairs; **l'atelier de ~** the repair shop. **(b)** (*correction*) putting right. **(c)** (*compensation*) compensation (*de* for). **en ~ du dommage** to make up for *ou* to compensate for the harm; **obtenir** ~ **(d'un affront)** to obtain redress (for an insult). **(d)** *(dommages-intérêts)* damages, compensation. *(Hist)* ~s reparations.

reparler [ʀ(ə)paʀle] (1) *vi:* ~ **de qch** to talk about sth again; ~ **à qn** to speak to sb again.

repartie [ʀəpaʀti] *nf* retort. **avoir de la** ~ to be good *ou* quick at repartee.

repartir [ʀ(ə)paʀtiʀ] (16) *vi [voyageur]* to set off *ou* leave again; *[machine]* to start (up) again; *[affaire]* to get going again. ~ **chez soi** to go back home; ~ **à zéro** to start from scratch again; *[discussion]* **c'est reparti!*** they're off again!*

répartir [ʀepaʀtiʀ] (2) **1** *vt* **(a)** *(diviser)* *somme, travail* to share out, divide up *(en* into, *entre* among), distribute *(entre* among). ~ **les joueurs en 2 groupes** to divide *ou* split (up) the players into 2 groups. **(b)** *(égaliser)* *masses, chaleur* to distribute; *(étaler)* *paiement, horaire* to spread *(sur* over). **les troupes sont réparties le long de la frontière** troops are spread out *ou* distributed *ou* scattered along the frontier.

2 se ~ *vpr* (*se diviser*) to be divided (up); (*s'égaliser*) to be distributed. **se** ~ **le travail** to share out the work (among themselves *ou* ourselves *etc*).

♦ **répartition** *nf (action)* sharing out, division, distribution; spreading; *(résultat)* distribution.

repas [ʀəpɑ] *nm* meal. ~ **léger** light meal, snack; ~ **de noces** wedding breakfast; **aux heures des** ~ at mealtimes; **panier** ~ picnic basket; **plateau** ~ meal tray.

repasser [ʀ(ə)pɑse] (1) **1** *vt* **(a)** *frontière* to cross again; *examen* to resit, take again; *film* to show again. ~ **un plat au four** to put a dish in the oven again *ou* back in the oven. **(b)** *(au fer)* to iron. **ça ne se repasse pas** it doesn't need ironing; **planche à** ~ ironing board. **(c)** *couteau, lame* to sharpen (up). **(d)** *leçon* to go (back) over, go over again *(dans son esprit* in one's mind). **(e)** (*: trans- mettre)* *affaire* to hand over *ou* on; *maladie* to pass on *(à qn* to sb). *(au téléphone)* **je te repasse ta mère** I'm handing you back to your mother. **2** *vi (dans un endroit)* to come back, go back; *(devant un même lieu)* to go *ou* come past again; *(sur un même trait)* to go over again, go back over. **tu peux toujours** ~**:** nothing doing:, you've got a hope*. ♦ **repassage** *nm [linge]* ironing; *[couteau]* sharpening.

repayer [ʀ(ə)peje] (8) *vt* to pay again.

repêcher [ʀ(ə)peʃe] (1) *vt* **a** *corps* to recover, fish out. **(b)** *(Scol)* *candidat* to let through, pass (*with less than the official pass mark*); *athlète* to give a second chance to. ♦ **repêchage** *nm* recovery, fishing out; passing. **question de** ~ question to give candidates a second chance.

repeindre [ʀ(ə)pɛ̃dʀ(ə)] (52) *vt* to repaint.

repenser [ʀ(ə)pɑ̃se] (1) **1** ~ **à** *vt indir:* ~ **à qch** to think about sth again. **2** *vt* *concept* to rethink; *question* to think out again.

repentir¹ (se) [ʀ(ə)pɑ̃tiʀ] (16) *vpr (Rel)* to repent. **se** ~ **de qch/d'avoir fait qch** to regret sth/having done sth, be sorry for sth/of having done sth; *(Rel)* to repent of sth/of having done sth. ♦ **repentant, e** *ou* **repenti, e** *adj* repentant, penitent. ♦ **repentir²** *nm (Rel)* repentance; *(regret)* regret.

répercuter [ʀepɛʀkyte] (1) **1** *vt* *son* to echo; *écho* to send *ou* throw back; *lumière* to reflect. ~ **une augmentation sur le client** to pass an increase in cost on to the customer. **2 se** ~ *vpr [son]* to reverberate, echo; *[lumière]* to be reflected, reflect. *(fig)* **se** ~ **sur** to have repercussions on. ♦ **répercussion** *nf (gén)* repercussion *(sur, dans* on).

repérer [ʀ(ə)peʀe] (6) **1** *vt (Mil)* to locate; (*) *personne, erreur* to spot, pick out; *coin tranquille* to discover, locate, find. **se faire** ~ to be spotted, be picked out. **2 se** ~ *vpr (se diriger)* to find one's

way about *ou* around; *(lit, fig: savoir où l'on est)* to find *ou* get one's bearings. ♦ **repérable** *adj* which can be spotted. ♦ **repérage** *nm (Aviat, Mil)* location. **le** ~ **d'un point sur la carte** locating a point on the map. ♦ **repère** *nm (marque)* line, mark; *(jalon)* marker, indicator; *(monument etc)* landmark; *(fig)* landmark.

répertoire [ʀepɛʀtwaʀ] *nm* **(a)** *(carnet)* index notebook; *(liste)* (alphabetical) list; *(catalogue)* catalogue. ~ **des rues** street index. **(b)** *(Théât)* repertoire, repertory; *[chanteur]*, *(fig)* repertoire. **pièce du** ~ stock play.

répertorier [ʀepɛʀtɔʀje] (7) *vt* to itemize, list.

répéter [ʀepete] (6) **1** *vt* **(a)** *parole, essai etc* to repeat. **je l'ai répété/je te l'ai répété dix fois** I've said that/I've told you that a dozen times; **il ne se l'est pas fait** ~ he didn't have to be told *ou* asked twice; **tentatives répétées** repeated attempts. **(b)** *pièce de théâtre* to rehearse; *rôle, leçon* to learn, go over; *morceau de piano* to practise. **2 se** ~ *vpr [personne]* to repeat o.s.; *[événement]* to be repeated, recur. **que cela ne se répète pas!** (just) don't let that happen again! ♦ **répétition** *nf* repetition; *(Théât)* rehearsal. ~ **générale** (final) dress rehearsal; **fusil à** ~ repeater rifle.

repeupler [ʀəpœple] (1) **1** *vt* *région* to repopulate; *bassin, chasse* to restock *(de* with); *forêt* to replant *(de* with). **2 se** ~ *vpr* to be *ou* become repopulated. ♦ **repeuplement** *nm* repopulation; restocking; replanting.

repiquer [ʀ(ə)pike] (1) *vt* **(a)** *(Bot)* to plant out. **plantes à** ~ bedding plants. **(b)** *disque* to record, tape. **(c)** *[moustique]* to bite again; *[épine]* to prick again. ♦ **repiquage** *nm* planting out; recording.

répit [ʀepi] *nm (rémission)* respite; *(repos)* respite, rest; *(pour payer)* respite, breathing space. **sans** ~ *travailler* continuously, without respite; *harceler* relentlessly.

replacer [ʀ(ə)plase] (3) *vt* *objet* to replace, put back (in its place).

replanter [ʀ(ə)plɑ̃te] (1) *vt* *plante* to replant, plant out; *forêt, arbre* to replant.

replâtrer [ʀ(ə)plɑtʀe] (1) *vt* **(a)** *mur* to replaster. **(b)** (*) *amitié, gouvernement* to patch up. ♦ **replâtrage** *nm* patching up.

replet, -ète [ʀəplɛ, ɛt] *adj* *personne* podgy, fat; *visage* chubby.

repleuvoir [ʀ(ə)plœvwaʀ] (23) *vb impers* to rain again, start raining again.

replier [ʀ(ə)plije] (7) **1** *vt* **(a)** *journal* to fold up, fold back up; *manche* to roll up, fold up; *coin de feuille* to fold over; *ailes* to fold; *jambes* to tuck up. **(b)** *troupes* to withdraw. **2 se** ~ *vpr (Mil)* to fall back, withdraw *(sur* to). **se** ~ **(sur soi-même)** to withdraw into oneself. ♦ **repli** *nm [terrain, papier]* fold; *[conscience]* hidden *ou* innermost recess; *(Mil)* withdrawal, falling back. ~ **sur soi- même** withdrawal into oneself.

réplique [ʀeplik] *nf* **(a)** *(réponse)* reply, retort. **et pas de** ~**!** and don't answer back!; *argument sans* ~ unanswerable *ou* irrefutable argument. **(b)** *(contre-attaque)* counter-attack. **(c)** *(Théât)* line; *(signal)* cue. **donner la** ~ **à qn** *(pour répéter)* to give sb his cue; *(dans une scène)* to play opposite sb; *(fig)* **je saurai lui donner la** ~ I can match him (in an argument). **(d)** *(Art, objet identique)* replica. *(fig)* **il est la** ~ **de son jumeau** he is the image of his twin brother. ♦ **répliquer** (1) **1** *vt* to reply. ~ **que** to reply *ou* retort that; **il n'y a rien à** ~ **à cela** there's no answer to that. **2** *vi (répondre)* to reply; *(protester)* to protest; *(être insolent)* to answer back; *(contre-attaquer)* to counter- attack, retaliate.

répondant, e [ʀepɔ̃dɑ̃, ɑ̃t] **1** *nm,f* guarantor, surety. *(Fin)* **servir de** ~ **à qn** to stand surety for sb, be sb's guarantor. **2** *nm:* **avoir du** ~ to have a lot of money.

répondeur [repɔ̃dœʀ] nm (telephone) answering machine, Ansafone ®.

répondre [repɔ̃dʀ(ə)] (41) **1** vt bêtise, insulte to reply with. ~ que to answer ou reply that; **il m'a répondu qu'il viendrait** he told me (in reply) ou he replied that he would come; ~ **présent à l'appel** (lit) to answer present at roll call; (fig) to come forward, volunteer; **bien répondu!** well said!; **qu'est-ce que vous voulez ~ à cela?** what can you reply ou say to that?

2 vi **(a)** to answer, reply. ~ **à qn/à une question** etc to reply to ou answer sb/a question etc; ~ **à une invitation** to reply to ou acknowledge an invitation; ~ **(à la porte/à la sonnette)** to answer the door/the bell; ~ **(au téléphone)** to answer the telephone; **il répond au nom de Dick** he answers to the name of Dick; ~ **par oui** to reply ou answer ou say yes; ~ **par un sourire** to smile in reply; ~ **par des injures** to reply with a string of insults. **(b)** (être impertinent) to answer back. **(c)** (réagir) commandes, membres to respond (à to).

3 ~ **à** vt indir **(a)** besoin to answer; signalement to answer, fit; désirs to meet. **ça répond à mon attente** it comes up to ou meets my expectations. **(b)** attaque, avances, appel to respond to; amour, salut to return; politesse, invitation to repay, pay back. **s'ils lancent une attaque, nous saurons y** ~ if they launch an attack we'll fight back ou retaliate. **(c)** dessin, façade to match. **les 2 ailes du bâtiment se répondent** the 2 wings of the building match (each other).

4 ~ **de** vt indir (garantir) to answer ou vouch for. **il viendra, je vous en réponds!** he will be all right, you can take it from me!* ou you can take my word for it!; **si vous agissez ainsi, je ne réponds plus de rien** if you behave like that, I'll accept no further responsibility; (Jur) ~ **de ses crimes** to answer for one's crimes.

réponse [repɔ̃s] nf (gén) answer, reply; (Physiol, Tech, fig) response (à, de to). **en** ~ **à votre question** in answer ou reply to your question; **ma lettre est restée sans** ~ my letter remained unanswered; **sa demande est restée sans** ~ there has been no reply ou response to his request; **coupon-**~ reply coupon; **avoir** ~ **à tout** to have an answer for everything; **c'est la** ~ **du berger à la bergère** it's tit for tat; ~ **de Normand** evasive answer.

report [ʀ(ə)pɔʀ] nm (V **reporter¹**) postponement, deferment; transfer; carrying over; (sur livre de compte) '~' (en bas de page) 'carried forward'; (en haut de page) 'brought forward'.

reportage [ʀ(ə)pɔʀtaʒ] nm report (sur on); (métier) (news) reporting. ~ **en direct** live commentary; **faire le** ~ **d'une cérémonie** to cover a ceremony, do the coverage of a ceremony.

reporter¹ [ʀ(ə)pɔʀte] (1) **1** vt **(a)** objet to take back; (par la pensée) to take back (à to). **(b)** match to postpone, put off; date to put back, defer (à until). **(c)** indications, vote, affection to transfer (sur to). ~ **une somme sur la page suivante** to carry an amount over to the next page. **2 se** ~ vpr: **se** ~ **à** to refer to; (par la pensée) to think back to; **reportez-vous à la page 5** turn to ou refer to ou see page 5.

reporter² [ʀ(ə)pɔʀtɛʀ] nm reporter.

repos [ʀ(ə)po] nm **(a)** (détente) rest. **prendre du** ~ to take ou have a rest; **rester en** ~ to rest; **après une journée de** ~ after a day's rest. **(b)** (congé) **jour de** ~ day off; **le médecin lui a donné du** ~ the doctor has given him some time off. **(c)** (tranquillité) peace and quiet; (moral) peace of mind; (littér: sommeil, mort) rest, sleep. **avoir la conscience en** ~ to have an easy ou a clear conscience; **pour avoir l'esprit en** ~ to put my (ou your etc) mind at rest; **laisse ton frère en** ~ leave your brother in peace. **(d)** (pause) [discours] pause; [vers] rest; (Mus) cadence. **(e)**

(locutions) (Mil) ~**!** (stand) at ease!; **au** ~ machine, animal at rest; **sans** ~ **poursuivre** relentlessly; quête relentless; **de tout** ~ situation, entreprise secure, safe; placement gilt-edged, safe.

reposer [ʀ(ə)poze] (1) **1** vt **(a)** verre etc to put back down, put down again; objet démonté to refit, put back. (Mil) **reposez armes!** order arms! **(b)** yeux, membres to rest; esprit to rest, relax. ~ **sa tête sur un coussin** to rest one's head on a cushion; **elle avait le visage reposé** she looked rested. **(c)** question to repeat, ask again; problème to bring up again, raise again. **2** ~ **sur** vt indir [bâtiment] to be built on; [supposition] to rest on. **3** vi **(a)** (littér) (être étendu, enterré, endormi) to rest. **l'épave repose par 20 mètres de fond** the wreck is lying 20 metres down. **(b)** laisser ~ liquide to leave to settle; pâte à crêpes to leave to stand; **laisser** ~ **la terre** to let the land lie fallow; **faire** ~ **son cheval** to rest one's horse. **4 se** ~ vpr **(a)** (se délasser) to rest. **(b)** **se** ~ **sur** qn to rely on sb. **(c)** (à nouveau) [oiseau] to settle again; [problème] to crop up again. ♦ **reposant, e** adj sommeil refreshing; lieu, couleur restful; vacances restful, relaxing. ♦ **repose-pieds** nm inv footrest. ♦ **repose-tête**, pl ~-~s nm headrest.

repousser [ʀ(ə)puse] (1) **1** vt **(a)** objet encombrant, personne to push away; ennemi to repel, drive back; coups to ward off; quémandeur to turn away, repulse. **(b)** (fig: refuser) (gén) to reject; demande, aide to turn down; hypothèse to reject, dismiss, rule out. **(c)** (remettre en place) meuble to push back; tiroir to push back in; porte to push to. **(d)** (différer) date to put back; réunion to put off, postpone (à plus tard until later). **(e)** (dégoûter) to repel, repulse. **(f)** (Tech) cuir, métal to emboss (by hand). **en cuir repoussé** in repoussé leather. **2** vi [feuilles, cheveux] to grow again. ♦ **repoussant, e** adj repulsive.

répréhensible [ʀepʀeɑ̃sibl(ə)] adj acte, personne reprehensible. **ce n'est pas** ~**!** there's nothing wrong with that!

reprendre [ʀ(ə)pʀɑ̃dʀ(ə)] (58) **1** vt **(a)** (récupérer) ville, prisonnier to recapture; employé, objet prêté to take back; espoir, forces to regain, recover. ~ **des couleurs** to get some colour back in one's cheeks; ~ **sa place** (à table) to go back to one's seat, resume one's seat; (dans un groupe) to take one's place again; **j'irai** ~ **mon manteau chez le teinturier** I'll go and get ou fetch my coat (back) from the cleaner's. **(b)** (Comm) marchandises to take back; (contre un nouvel achat) to take in part exchange; usine to take over. **les articles en solde ne sont pas repris** sale goods cannot be returned ou exchanged. **(c)** pain, viande to have ou take (some) more; légumes to have a second helping of. **(d)** travaux, récit etc to resume; livre to pick up again, go back to; hostilités to reopen, start again; lutte, habitudes, idée to take up again; pièce de théâtre to put on again; refrain to take up; argument, critique to repeat. **reprenez votre histoire au début** start your story from the beginning again; **reprenons les faits un par un** let's go over the facts one by one again; ~ **le travail** to go back to work, start work again; ~ **la route** to go on ou set off on one's way again. **(e)** (saisir à nouveau) (gén) to catch again. **son mal de gorge l'a repris** he's suffering from a sore throat again; (iro) **voilà que ça le reprend!** there he goes again!, he's off again!*; **ses doutes le reprirent** he was seized with doubts once more. **(f)** (fig) **on ne m'y reprendra plus** I won't let myself be caught (out) ou had* again; (menace) **que je ne t'y reprenne pas!** don't let me catch you doing that again! **(g)** (Sport: rattraper) balle to catch. **(h)** (retoucher) tableau to touch up; chapitre to go over again; manteau (gén) to alter; (trop grand) to take in; (trop petit) to let out; (trop long) to take up; *(trop court)* to let down. **il y a beaucoup de choses à ~ dans ce travail** there are lots of improvements to be made to this work. **(i)** *(réprimander)* to reprimand, tell off*; *(pour faute de langue)* to pull up; *(corriger)* to correct.

2 *vi* **(a)** *(retrouver la vigueur) [plante]* to take again; *[affaires]* to pick up. **(b)** *(recommencer)* to start again. **(c)** *(dire)* **'ce n'est pas moi' reprit-il** 'it's not me' he went on.

3 se ~ *vpr* **(a)** *(se corriger)* to correct o.s.; *(s'interrompre)* to stop o.s. **(b)** *(recommencer)* **se ~ à plusieurs fois pour faire qch** to make several attempts to do sth *ou* at doing sth; **se ~ à espérer** to find o.s. hoping again. **(c)** *(réagir)* to take a grip on o.s., pull o.s. together (again), take o.s. in hand. **le coureur s'est bien repris sur la fin** the runner made a good recovery towards the end.

représailles [R(ə)pRezaj] *nfpl (Pol, fig)* reprisals, retaliation. **user de ~** to take reprisals *(envers* against); **en ~ as a reprisal**, in retaliation *(de* for).

représenter [R(ə)pRezɑ̃te] (1) **1** *vt* **(a)** *[peintre, romancier]* to depict, portray, show; *[photographie]* to represent, show. **~ fidèlement les faits** to describe the facts faithfully. **(b)** *(symboliser, signifier)* to represent. **ça va ~ beaucoup de travail** that will mean *ou* represent *ou* involve a lot of work. **(c)** *(Théât) (jouer)* to perform, play; *(mettre à l'affiche)* to perform, put on; *adaptation* to stage. **(d)** *(agir au nom de)* to represent. **il s'est fait ~ par son notaire** he was represented by his solicitor, he sent his solicitor to represent him. **(e)** *(littér: insister sur)* **~ qch à qn** to point sth out to sb. **2** *vi (en imposer)* **il représente bien** he cuts a fine figure. **3 se ~** *vpr* **(a)** *(s'imaginer)* to imagine. **(b)** *(survenir à nouveau) [idée, situation]* to occur again; *[occasion]* to present itself again, arise again; *[problème]* to crop up again. **(c) se ~ à un examen** to resit an exam; **se ~ à une élection** to stand for election again.

♦ **représentant, e** *nm,f (gén)* representative. **~ de commerce** sales representative *ou* rep*, travelling salesman. ♦ **représentatif, -ive** *adj (gén)* representative *(de* of). ♦ **représentation** *nf* **(a)** *(notation) (gén, fig)* representation; *[paysage, société]* portrayal; *[faits]* description. **(b)** *(Théât)* performance. **(c)** *[pays, mandant]* representation; *(groupe de délégués)* representatives. **(d)** *(Comm) (métier)* commercial travelling. **faire de la ~** to be a (sales) representative *ou* a commercial traveller. **(e)** *(réception)* **avoir des frais de ~** to get an entertainment allowance. ♦ **représentativité** *nf* representativeness.

répression [RepResjɔ̃] *nf* repression. ♦ **répressible** *adj* repressible. ♦ **répressif, -ive** *adj* repressive.

réprimande [RepRimɑ̃d] *nf* reprimand, rebuke. ♦ **réprimander** [1]] *(1) vt* to reprimand, rebuke.

réprimer [RepRime] (1) *vt (gén)* to suppress; *insurrection* to quell, put down; *larmes, colère* to hold back, swallow.

repris de justice [R(ə)pRidʒystis] *nm inv* ex-prisoner, ex-convict.

reprise [R(ə)pRiz] *nf* **(a)** *[activité]* resumption; *[hostilités]* re-opening, renewal; *[froid]* return; *(Théât)* revival; *(Ciné)* rerun; *(Rad, TV: rediffusion)* repeat. **les ouvriers ont décidé la ~ du travail** the men have decided to go back *ou* return to work; **~ (économique)** (economic) revival *ou* recovery. **(b)** *(Aut)* **avoir de bonnes ~s** to have good acceleration. **(c)** *(Boxe)* round. *(Ftbl)* **à la ~** at the start of the second half. **(d)** *(Comm) [marchandise]* taking back; *(pour nouvel achat)* part exchange. **valeur de ~ d'une voiture** part-exchange value *ou* trade-in value of a car; **~ des bouteilles vides** return of empties. **(e)** *[chaussette]* darn; *[drap, chemise]* mend. **(f)** **à 2 ou 3/à plusieurs ~s** on 2 or 3/on several occasions, 2 or 3/several times.

repriser [R(ə)pRize] *(1) vt chaussette, lainage* to darn; *drap, accroc* to mend.

réprobation [RepRɔbasjɔ̃] *nf* reprobation. ♦ **réprobateur, -trice** *adj* reproving.

reproche [R(ə)pRɔʃ] *nm* reproach. **faire des ~s à qn** to reproach *ou* blame sb; **conduite qui mérite des ~s** reprehensible behaviour; **avec ~** reproachfully; **ton de ~** reproachful tone; **homme sans ~** man beyond *ou* above reproach.

reprocher [R(ə)pRɔʃe] (1) *vt* **(a)** **~ qch à qn** to reproach sb for sth; **~ à qn de faire qch** to reproach sb for *ou* with doing sth; **je ne te reproche rien** I'm not blaming you for anything; **je n'ai rien à me ~** I've nothing to reproach myself with. **(b)** *(critiquer)* **qu'as-tu à ~ à mon plan/à ce tableau?** what have you got against my plan/this picture?; **je reproche à ce tissu d'être salissant** the fault I find with that material is that it gets dirty; **il n'y a rien à ~ à cela** there's nothing wrong with that.

reproduire [R(ə)pRɔdyiR] (38) **1** *vt (gén)* to reproduce; *modèle* to copy; *erreur* to repeat. **2 se ~** *vpr (Bio, Bot)* to reproduce, breed; *[phénomène]* to recur. **et que ça ne se reproduise plus!** and don't let that happen again! ♦ **reproducteur, -trice** *adj* reproductive. ♦ **reproduction** *nf (action)* reproduction; copy; repeat; *(photo)* reproduction. **organes de ~** reproductive organs; *(sur un livre)* **'~ interdite'** 'all rights (of reproduction) reserved'.

réprouver [RepRuve] (1) *vt personne* to reprove; *action* to condemn; *projet* to disapprove of; *(Rel)* to damn, reprobate. ♦ **réprouvé, e** *nm,f* reprobate.

reptile [Reptil] *nm (Zool)* reptile; *(serpent)* snake; *(péj: personne)* creep* *(péj)*.

repu, e [Rəpy] *adj animal* sated, satisfied. **je suis ~** I'm full, I've eaten my fill.

république [Repyblik] *nf* republic. ♦ **républicain, e** *adj, nm,f* republican; *(US Pol)* Republican.

répudier [Repydje] (7) *vt conjoint* to repudiate; *foi, engagement* to renounce. ♦ **répudiation** *nf* repudiation; renouncement.

répugnance [Repyɲɑ̃s] *nf* **(a)** *(répulsion)* repugnance, disgust *(pour* for), loathing *(pour* of). **avoir de la ~ pour les épinards** to loathe spinach. **(b)** *(hésitation)* reluctance *(à faire qch* to do sth). **éprouver de la ~ à faire** to be loath *ou* reluctant to do; **avec ~** reluctantly, unwillingly. ♦ **répugnant, e** *adj individu* repugnant; *laideur* revolting; *travail, odeur, nourriture* disgusting, revolting, loathsome. ♦ **répugner** (1) **~ à** *vt indir* **(a)** *(dégoûter)* to repel, disgust, be repugnant to. **ça me répugne** I am repelled by *ou* disgusted with it, I find it disgusting. **(b)** *(hésiter)* **~ à faire qch** to be loath *ou* reluctant to do sth.

répulsion [Repylsjɔ̃] *nf (gén, Phys)* repulsion *(pour* for). ♦ **répulsif, -ive** *adj* repulsive.

réputation [Repytasjɔ̃] *nf (honneur)* reputation, good name; *(renommée)* reputation. **avoir bonne/mauvaise ~** to have a good/bad reputation; **connaître qn de ~** to know sb by repute; **il a la ~ d'être avare** he has a reputation for being miserly, he is reputed to be miserly. ♦ **réputé, e** *adj* **(a)** *(célèbre)* reputable, renowned. **hautement ~** of great repute *ou* renown; **~ pour** renowned *ou* famous for. **(b)** *(prétendu)* **remède ~ infaillible** cure which is reputed *ou* supposed *ou* said to be infallible.

requérir [RəkeRiR] (21) *vt (exiger)* to call for, require; *(solliciter)* to request; *police* to call on; *(Jur) peine* to call for, demand.

requête [Rəkɛt] *nf (Jur)* petition; *(supplique)* request, petition. **adresser une ~ à un juge** to petition a judge; **à** *ou* **sur la ~ de qn** at sb's request.

requiem [Rekyijɛm] *nm inv* requiem.
requin [R(ə)kɛ̃] *nm (Zool, fig)* shark.

requinquer* [ʀ(ə)kɛ̃ke] (1) **1** *vt* to pep up*, buck up*. **2 se** ~ *vpr* to perk up*.

requis, e [ʀəki, iz] *adj conditions* requisite, required. (*réquisitionné*) **les** ~ labour conscripts (*civilians*).

réquisitionner [ʀekizisjɔne] (1) *vt biens* to requisition, commandeer; *hommes* to requisition, conscript. ♦ **réquisition** *nf* requisition; conscription.

réquisitoire [ʀekizitwaʀ] *nm* (*plaidoirie*) closing speech for the prosecution; (*fig*) indictment (*contre* of).

rescapé, e [ʀɛskape] **1** *adj personne* surviving. **2** *nm,f* survivor (*de* of).

rescousse [ʀɛskus] *nf*: **venir à la** ~ to come to the rescue; **appeler qn à la** ~ to call on *ou* to sb for help.

réseau, pl ~ **x** [ʀezo] *nm* (*gén, fig*) network. ~ **fluvial** river system, network of rivers; ~ **d'espionnage** spy network *ou* ring; ~ **d'intrigues** web of intrigue; ~ **d'habitudes** pattern of habits.

réservation [ʀezɛʀvasjɔ̃] *nf* (*à l'hôtel*) reservation; (*des places*) reservation, booking.

réserve [ʀezɛʀv(ə)] *nf* **(a)** (*provision*) reserve. **faire des** ~**s de sucre** to get in *ou* lay in a stock of *ou* reserves of sugar; **mettre qch en** ~ to put sth by, put sth in reserve; **avoir/tenir qch en** ~ (*gén*) to have/keep sth in reserve; (*Comm*) to have/keep sth in stock. **(b)** (*restriction*) reservation, reserve. **émettre des** ~**s sur qch** to have reservations *ou* reserves about sth; **sous toutes** ~**s** *publier* with all reserve; *dire* with reservations; **sous** ~ **de** subject to; **sans** ~ **admiration** unreserved; *approuver* unreservedly. **(c)** (*prudence, discrétion*) reserve. **(d)** (*Mil*) **la** ~ the reserve; **armée de** ~ reserve army. **(e)** (*territoire*) [*nature, animaux*] reserve; [*Indiens*] reservation. ~ **de pêche/chasse** fishing/hunting preserve. **(f)** [*bibliothèque*] reserve collection. **(g)** (*entrepôt*) storehouse, storeroom.

réserver [ʀezɛʀve] (1) **1** *vt* **(a)** (*mettre à part*) (*gén*) to keep, save, reserve; *marchandises* to put aside *ou* on one side (*à, pour* for). ~ **le meilleur pour la fin** to keep *ou* save the best till last. **(b)** (*louer*) *place, table* to book, reserve. **(c)** (*fig: destiner*) *accueil, châtiment* to have in store, reserve (*à* for). **nous ne savons pas ce que l'avenir nous réserve** we don't know what the future has in store for us *ou* holds for us; **il lui était réservé de mourir jeune** he was destined to die young. **(d)** (*retarder*) *réponse, opinion* to reserve. **2 se** ~ *vpr*: **se** ~ **le meilleur morceau** to keep *ou* save *ou* reserve the best bit for o.s.; **se** ~ **pour plus tard** to save *ou* reserve o.s. for later; **se** ~ **pour une autre occasion** to wait for another opportunity; **se** ~ **le droit/la possibilité de faire qch** to reserve the right to do sth/the possibility of doing sth.
♦ **réservé, e** *adj place* reserved (*à* for); *personne, caractère* reserved. **pêche** ~**e** private fishing; **les médecins sont très** ~**s à son sujet** the doctors are very guarded *ou* cautious in their opinions about him; **tous droits** ~**s** all rights reserved.

réserviste [ʀezɛʀvist(ə)] *nm* reservist.

réservoir [ʀezɛʀvwaʀ] *nm* (*cuve*) tank; (*plan d'eau*) reservoir; [*poissons*] fishpond; [*usine à gaz*] gasometer, gasholder.

résider [ʀezide] (1) *vi* [*personne*] to live, reside; [*problème*] to lie, reside (*dans* in). ♦ **résidant, e** *adj* resident. ♦ **résidence** *nf* (*gén*) residence. **changer de** ~ to move (house); **en** ~ **surveillée** under house arrest; (*Diplomatie*) **la** ~ the residency; ~ **principale** main home; ~ **secondaire** second home, weekend cottage; ~ **universitaire** (university) hall of residence. ♦ **résident, e** *nm,f* (*étranger*) foreign national *ou* resident; (*diplomate*) resident. ♦ **résidentiel, -ielle** *adj* residential.

résidu [ʀezidy] *nm* **(a)** (*reste*) (*Chim, fig*) residue;

(*Math*) remainder. **(b)** (*déchets*) ~**s** remnants, residue; ~**s industriels** industrial waste. ♦ **résiduel, -elle** *adj* residual.

résigner (se) [ʀezine] (1) *vpr* to resign o.s. (*à* to). **il faudra s'y** ~ we'll have to resign ourselves to it *ou* put up with it. ♦ **résignation** *nf* resignation (*à* to). **avec** ~ with resignation, resignedly. ♦ **résigné, e** *adj* resigned (*à* to).

résilier [ʀezilje] (7) *vt contrat* to terminate. ♦ **résiliation** *nf* termination.

résine [ʀezin] *nf* resin. ♦ **résineux, -euse 1** *adj* resinous. **2** *nm* coniferous tree.

résistance [ʀezistɑ̃s] *nf* **(a)** (*gén*) resistance (*à* to). **en appuyant, je sentis une** ~ when I pressed I felt some resistance; **opposer une** ~ **farouche à un projet** to put up fierce resistance to a project, make a very determined stand against a project; **il a une grande** ~ he has great resistance *ou* stamina; **coureur qui a de la** ~ a runner who has lots of staying power; **ça offre une grande** ~ **au feu/aux chocs** it is very heat-/shock-resistant. **(b)** (*Élec*) (*mesure*) resistance; [*réchaud, radiateur*] element. ♦ **résistant, e 1** *adj personne* robust, tough; *plante* hardy; *tissu* strong, hard-wearing; *couleur* fast; *métal* resistant, strong. ~ **à la chaleur** heatproof, heat-resistant. **2** *nm,f* (*Hist*) (French) Resistance worker *ou* fighter. ♦ **résister** (1) ~ **à** *vt indir* (*gén*) to resist; *fatigue, sécheresse* to stand up to, withstand; *douleur* to stand; *attaque* to hold out against. ~ **au courant d'une rivière** to hold one's own against the current of a river; ~ **à l'épreuve du temps** to stand the test of time; **le plancher ne pourra pas** ~ **au poids** the floor won't support *ou* take the weight; **ça n'a pas résisté longtemps** it didn't resist *ou* hold out for long; **couleur qui résiste au lavage** colour which is fast in the wash; **cette vaisselle résiste au feu** this crockery is heat-resistant *ou* heatproof; **ça ne résiste pas à l'analyse** it does not stand up to analysis.

résolu, e [ʀezɔly] *adj personne, air* resolute. ~ **à faire** resolved *ou* determined to do, set on doing. ♦ **résolument** *adv* resolutely. ♦ **résolution** *nf* (*gén, Pol: décision*) resolution; (*énergie*) resolve, resolution; (*solution*) solution. **prendre la** ~ **de faire** to make a resolution to do, resolve to do, make up one's mind to do.

résonner [ʀezɔne] (1) *vi* [*son*] to resonate, reverberate, resound; [*salle*] to be resonant; [*objet*] to resound. **ça résonne** the noise resonates *ou* reverberates *ou* echoes; ~ **de** to resound *ou* ring *ou* resonate with. ♦ **résonance** *nf* (*gén, Élec, Phys*) resonance; (*fig*) echo; **être en** ~ to be resonating. ♦ **résonateur** *nm* resonator. ♦ **résonnant, e** *adj* resonant.

résorber [ʀezɔʀbe] (1) **1** *vt* (*Méd*) to resorb; *chômage* to bring down, reduce gradually; *surplus* to absorb; *inflation* to curb. **2 se** ~ *vpr* to be resorbed; (to be brought down *ou* reduced; to be absorbed. ♦ **résorption** *nf* resorption; gradual reduction (*de* in); absorption.

résoudre [ʀezudʀ(ə)] (51) **1** *vt* **(a)** *problème etc* to solve; *difficultés* to resolve, settle, sort out. **(b)** (*décider*) *exécution* to decide on, determine on. ~ **de faire qch** to decide *ou* resolve to do sth, make up one's mind to do sth; ~ **qn à faire qch** to induce sb to do sth. **2 se** ~ *vpr* (**a**) **se** ~ **à faire qch** (*se décider*) to resolve *ou* decide to do sth, make up one's mind to do sth; (*se résigner*) to bring o.s. to do sth. **(b) se** ~ **en pluie** to resolve into rain.

respect [ʀɛspɛ] *nm* **(a)** respect (*de, pour* for). **il n'a aucun** ~ **pour le bien d'autrui** he has no respect *ou* consideration *ou* regard for other people's property; **sauf votre** ~ with all due respect; ~ **de soi** self-respect. **(b)** (*formule de politesse*) **présentez mes** ~**s à votre femme** give my regards *ou* pay my respects† to your wife; **mes** ~**s, mon colonel** good day to you, sir. **(c)**

tenir qn en ~ *(avec une arme)* to keep sb at a respectful distance *ou* at bay. ♦ **respectabilité** *nf* respectability. ♦ **respectable** *adj (honorable)* respectable; *(important)* respectable, sizeable. ♦ **respecter** (1) **1** *vt* to respect, have respect for. **se faire** ~ to be respected *(par* by), command respect *(par* from); **la jeunesse ne respecte rien** young people show no respect for anything *ou* do not respect anything; ~ **l'ordre alphabétique** to keep things in alphabetical order; **faire** ~ **la loi** to enforce the law; ~ **les termes d'un contrat** to abide by the terms of a contract. **2 se** ~ *vpr* to respect o.s. *(hum)* **le professeur qui se respecte** any self-respecting teacher.

respectif, -ive [ʀɛspɛktif, iv] *adj* respective. ♦ **respectivement** *adv* respectively.

respectueux, -euse [ʀɛspɛktɥø, øz] *adj* respectful *(envers* to, *de* of). **se montrer** ~ **du bien d'autrui** to show respect *ou* consideration for other people's property; ~ **de la loi** respectful of the law, law-abiding; **veuillez agréer mes salutations** ~**euses** yours respectfully. ♦ **respectueusement** *adv* respectfully.

respirer [ʀɛspiʀe] (1) **1** *vi* **(a)** *(lit, Bio)* to breathe. ~ **par le nez** to breathe through one's nose; ~ **profondément** to breathe deeply, take a deep breath. **(b)** *(fig) (se détendre)* to get one's breath, have a break; *(se rassurer)* to breathe again. **2** *vt* **(a)** *(inhaler)* to breathe (in), inhale. **faire** ~ **qch à qn** to make sb inhale sth. **(b)** *calme, bonheur* to radiate; *honnêteté* to exude, emanate; *joie* to glow with. ♦ **respirable** *adj (lit, fig)* breathable. ♦ **respiration** *nf (fonction)* breathing, respiration; *(souffle)* breath. **avoir la** ~ **difficile** to have difficulty (in) breathing; **retenir sa** ~ to hold one's breath; **faites 3** ~**s complètes** breathe in and out 3 times. ♦ **respiratoire** *adj* breathing, respiratory.

resplendir [ʀɛsplɑ̃diʀ] (2) *vi (gén, fig)* to shine; *[astre]* to beam; *[surface métallique]* to gleam; *[lac, neige]* to glisten, glitter. ~ **ou être resplendissant de bonheur** to be aglow *ou* radiant with happiness; **soleil resplendissant** radiant *ou* beaming sun.

responsable [ʀɛspɔ̃sabl(ə)] **1** *adj* **(a)** *(de dégâts)* liable, responsible *(de* for); *(de délits)* responsible *(de* for); *(moralement)* responsible, accountable *(de* for, *devant qn* to sb). **civilement** ~ liable in civil law. **(b)** *(chargé de)* ~ **de** responsible for, in charge of. **(c)** *(coupable)* responsible. **les freins défectueux sont** ~**s (de l'accident)** the faulty brakes are to blame *ou* are responsible for the accident. **(d)** *(sérieux)* *attitude, étudiant* responsible. **2** *nmf* **(a)** *(coupable)* **le** ~ the person responsible *ou* who is to blame, the culprit; **le seul** ~ **est l'alcool** alcohol alone is to blame. **(b)** *(chef) [service]* person in charge; *[parti, syndicat]* official. **des** ~**s de l'industrie** representatives *ou* leaders of industry. ♦ **responsabilité** *nf (gén)* responsibility *(de* for). **de lourdes** ~**s** heavy responsibilities; **avoir la** ~ **de qch** to be responsible for sth; ~ **civile** civil liability.

resquiller [ʀɛskije] (1) *vi (dans l'autobus)* to fiddle* a free seat; *(au cinéma)* to get in on the sly; *(ne pas faire la queue)* to jump the queue. ♦ **resquilleur, -euse** *nm,f (gén)* fiddler*; *(dans une queue)* queue-jumper; *(dans l'autobus)* fare-dodger.

ressac [ʀəsak] *nm*: **le** ~ *(mouvement)* the backwash, the undertow; *(vague)* the surf.

ressaisir [ʀ(ə)seziʀ] (2) **1** *vt* **(a)** *objet* to catch hold of again; *fuyard* to recapture; *prétexte* to seize on again. **(b)** *[peur]* to grip (once) again; *[désir]* to take hold of again. **2 se** ~ *vpr* **(a)** to regain one's self-control; *[athlète]* to rally. **ressaisissez-vous!** pull yourself together! **(b) se** ~ **de** *pouvoir* to seize again.

ressasser [ʀ(ə)sase] (1) *vt pensées* to keep turning over; *conseil* to keep trotting out.

ressembler [ʀ(ə)sɑ̃ble] (1) **1** ~ **à** *vt indir* to resemble, be *ou* look like. **à quoi ressemble-t-il?*** what does he look like?, what's he like?; **ça ne ressemble à rien!*** *(attitude)* it makes no sense at all; *(peinture)* it's like nothing on earth!*; **à quoi ça ressemble de crier comme ça!*** what do you mean by shouting like that!; **cela lui ressemble bien, de dire ça** it's just like him *ou* it's typical of him to say that. **2 se** ~ *vpr* to look *ou* be alike, resemble each other. **ils se ressemblent comme deux gouttes d'eau** they're as like as two peas (in a pod). ♦ **ressemblance** *nf (visuelle)* resemblance, likeness; *(de composition)* similarity. **avoir une** ~ **avec qch** to bear a resemblance *ou* likeness to sth. ♦ **ressemblant, e** *adj photo* lifelike, true to life.

ressemeler [ʀ(ə)səmle] (4) *vt* to resole. ♦ **ressemelage** *nm* resoling.

ressentiment [ʀ(ə)sɑ̃timɑ̃] *nm* resentment *(contre* against, *de* at). **éprouver du** ~ to feel resentful *(envers* towards).

ressentir [ʀ(ə)sɑ̃tiʀ] (16) **1** *vt (gén)* to feel; *sensation* to experience. **2 se** ~ *vpr:* **se** ~ **de** *[travail, qualité]* to show the effects of; *[personne]* to feel the effects of.

resserre [ʀ(ə)sɛʀ] *nf (cabane)* shed; *(réduit)* storeroom.

resserrer [ʀ(ə)seʀe] (1) **1** *vt (gén)* to tighten; *amitié* to strengthen; *crédits* to squeeze. **2 se** ~ *vpr [étreinte]* to tighten; *[liens affectifs]* to grow stronger; *[groupe]* to draw in; *[pores, mâchoire]* to close; *[vallée]* to narrow. **le filet se resserrait autour de lui** the net was closing in on him. ♦ **resserré, e** *adj vallée* narrow. **maison** ~**e entre des immeubles** house squeezed between high buildings. ♦ **resserrement** *nm* **(a)** *(action)* strengthening; narrowing. **le** ~ **du crédit** the tightening of *ou* squeeze on credit. **(b)** *(partie étroite)* narrow part.

resservir [ʀ(ə)sɛʀviʀ] (14) **1** *vt plat* to serve (up) again *(à* to); *dîneur* to give a second helping to *(de, en* of); *(fig) histoire* to trot out again* *(péj)*. **2** *vi [vêtement, outil]* to serve again, do again, be useful again. **2 se** ~ *vpr [dîneur]* to help o.s. again *(de* to), take another helping *(de* of). **se** ~ **de** *outil* to use again.

ressort [ʀ(ə)sɔʀ] *nm* **(a)** *(de métal)* spring. ~ **à boudin** spiral spring; **faire** ~ to spring back; **à** ~ spring-loaded. **(b)** *(énergie)* spirit. **avoir du** ~ to have spirit. **(c)** *(littér: motivation)* **les** ~**s qui le font agir** the motivating forces behind his actions. **(d)** *(Jur: circonscription)* jurisdiction. *(compétence)* **être du** ~ **de** to fall within the competence of; *(fig)* **ce n'est pas de mon** ~ this is not my responsibility.

ressortir [ʀ(ə)sɔʀtiʀ] (2) **1** *vi* **(a)** *(à nouveau) [personne]* to go out again, leave again; *[objet]* to come out again. **souvenirs qui ressortent** memories which resurface. **(b)** *(contraster) [détail, qualité]* to stand out. **faire** ~ **qch** to make sth stand out, bring out sth. **2** ~ **de** *vt indir (résulter)* to emerge from, be the result of. **3** ~ **à** *vt indir (Jur)* to come under the jurisdiction of. **4** *vt vêtements, outil etc* to take *ou* bring out again; *(Comm) modèle* to bring out again.

ressortissant, e [ʀ(ə)sɔʀtisɑ̃, ɑ̃t] *nm,f* national.

ressouder [ʀ(ə)sude] (1) **1** *vt objet* to solder together again; *amitié* to patch up. **2 se** ~ *vpr [os]* to knit, mend.

ressource [ʀ(ə)suʀs(ə)] *nf* **(a)** ~**s** *(gén)* resources; *(art, technique)* possibilities; *(finances personnelles)* means; **famille sans** ~**s** family with no means of support *ou* no resources; ~**s en hommes** manpower resources; **être à bout de** ~**s** to have exhausted all the possibilities, be at the end of one's resources; **homme de** ~**(s)** man of resource, resourceful man. **(b)** (*recours*) **n'ayant pas la** ~ **de lui parler** having no means *ou* possibility of speaking to him; **sa seule** ~ **était de** the only way *ou* course open to him was to; **vous êtes ma dernière** ~ you are my last resort. **(c)** **avoir de la** ~ [*sportif, cheval*] to have strength in reserve.

ressouvenir (se) [ʀ(ə)suvniʀ] (22) *vpr:* **se** ~ **de** to remember, recall; **faire se** ~ **qn de qch** to remind sb of sth.

ressusciter [ʀesysite] (1) **1** *vi* (*Rel*) to rise (from the dead); (*fig*) to come back to life, revive. **2** *vt* (*Rel*) to raise (from the dead); (*fig*) to bring back to life, revive; *mourant* to resuscitate; (*péj*) *passé, coutume* to resurrect (*péj*).

restant, e [ʀɛstɑ̃, ɑ̃t] **1** *adj* remaining. **2** *nm* **(a)** (*l'autre partie*) **le** ~ the rest, the remainder. **(b)** (*ce qui est en trop*) **faire une écharpe dans un** ~ **de tissu** to make a scarf out of some left-over material.

restaurant [ʀɛstɔʀɑ̃] *nm* restaurant. **on va au** ~? shall we have a meal out?; ~ **d'entreprise** staff canteen *ou* dining room; ~ **libre-service** self-service restaurant; ~ **universitaire** university refectory *ou* canteen.

restaurer [ʀɛstɔʀe] (1) **1** *vt* to restore. **2 se** ~ *vpr* to have sth to eat. ◆ **restaurateur, -trice** *nm,f* **(a)** (*Art, Pol*) restorer. **(b)** (*aubergiste*) restaurant owner. ◆ **restauration** *nf* **(a)** (*Art, Pol*) restoration. **(b)** (*hôtellerie*) catering.

reste [ʀɛst(ə)] *nm* **(a)** (*l'autre partie*) **le** ~ the rest; **le** ~ **du lait** the rest *ou* remainder *ou* remains of the milk, what is left of the milk. **(b)** (*ce qui est en trop*) **il y a un** ~ **de fromage** there's some cheese left over; **s'il y a un** ~ **de laine** if there's some spare wool *ou* some wool to spare; **un** ~ **de tendresse le poussa à rester** a last trace *ou* a remnant of tenderness moved him to stay. **(c) les** ~s (*nourriture*) the left-overs; (*dépouille mortelle*) the (mortal) remains; **les** ~s **de the** remains of, what is left of. **(d)** (*Math: différence*) remainder. **(e) avoir de l'argent/du temps de** ~ to have money/time left over *ou* in hand *ou* to spare; **il ne voulait pas être en** ~ **avec eux** he didn't want to be outdone by them *ou* indebted to them; **au** ~, **du** ~ besides, moreover; **partir sans demander son** ~ to leave without further ado; **pour le** ~ (as) for the rest; **et (tout) le** ~ and everything else, and all the rest.

rester [ʀɛste] (1) **1** *vi* **(a)** (*dans un lieu*) to stay, remain; (*: habiter*) to live. ~ **à la maison** to stay *ou* remain indoors; ~ **à dîner** to stay for *ou* to dinner; **je ne peux** ~ **que 10 minutes** I can only stay *ou* stop* 10 minutes; **un os lui est resté dans la gorge** a bone was caught *ou* got stuck in his throat; ~ **à regarder la télévision** to stay watching television; **naturellement ça reste entre nous** of course we shall keep this to ourselves *ou* this is just between ourselves. **(b)** (*dans un état*) to stay, remain. ~ **sans rien dire** to stay *ou* keep *ou* remain silent; ~ **dans l'ignorance** to remain in ignorance; ~ **debout** to stand, remain standing; (*ne pas se coucher*) to stay up; **je suis resté assis toute la journée** I spent the whole day sitting; **ne reste pas là les bras croisés** don't just stand there with your arms folded; ~ **en carafe** to be left stranded. **(c)** (*subsister*) to be left, remain. **rien ne reste de l'ancien château** nothing is left *ou* remains of the old castle; **le seul parent qui leur reste** their only remaining relative; **l'argent qui leur reste** the money they have left; **10 km restaient à faire** there were still 10 km to go. **(d)** (*durer*) [*sentiments, œuvre*] to last, live on. **le surnom lui est resté** the nickname stayed with him, the nickname stuck*. **(e)** ~ **sur une impression** to retain an impression; (*lit, fig*) ~ **sur sa faim** to be left unsatisfied; **ça m'est resté sur le cœur** I still feel sore about it*, it still rankles with

me. **(f) ils en sont restés à des discussions préliminaires** they have got no further than *ou* they are still at the stage of preliminary discussions; **où en étions-nous restés?** where did we leave off?; **restons-en là** let's leave off there, let's leave it at that. **(g)** (*: mourir*) **y** ~ to meet one's end.

2 *vb impers:* **il reste encore un peu de pain** there's still a little bread left; **il me reste à faire ceci** I still have this to do; **il reste beaucoup à faire** much remains *ou* there's a lot left to do *ou* to be done; **il ne me reste que toi** you're all I have left; **il ne me reste qu'à vous remercier** it only remains for me to thank you; **il restait à faire 50 km** there were 50 km still *ou* left to go; **reste à savoir si** it remains to be seen whether; **il n'en reste pas moins que** the fact remains (nonetheless) that.

restituer [ʀɛstitɥe] (1) *vt objet volé* to return, restore (*à* qn to sb); *somme d'argent* to return, refund (*à* qn to sb); *texte reconstitué* to restore; (*Tech*) *énergie, chaleur* to release; *sons* to reproduce. ◆ **restitution** *nf* return; restoration; release; reproduction.

restreindre [ʀɛstʀɛ̃dʀ(ə)] (52) **1** *vt* (*gén*) to restrict, limit; *dépenses* to cut down. **2 se** ~ *vpr* **(a)** (*dans ses dépenses*) to cut down. **(b)** [*production*] to decrease, go down; [*espace*] to decrease, diminish; [*ambition, champ d'action*] to narrow; [*sens d'un mot*] to become more restricted. ◆ **restreint, e** *adj* limited, restricted (*à* to).

restriction [ʀɛstʀiksjɔ̃] *nf* **(a)** (*limitation*) restriction, limiting, limitation. ~s restrictions. **(b)** (*condition*) qualification. (*réticence*) ~ **(mentale)** mental reservation. ◆ **restrictif, -ive** *adj* restrictive.

résultat [ʀezylta] *nm* (*gén*) result. **cette tentative a eu des** ~s **désastreux** this attempt had disastrous results *ou* a disastrous outcome; **c'est un** ~ **remarquable** it's a remarkable result *ou* achievement; ~s **sportifs** sports results. ◆ **résultante** *nf* (*Sci*) resultant; (*fig: conséquence*) result, consequence. ◆ **résulter** (1) **1** *vi:* ~ **de** to result from; **rien de bon ne peut en** ~ no good can come of it *ou* result from it. **2** *vb impers:* **il résulte de tout ceci que** the result of all this is that; **qu'en résultera-t-il?** what will be the result? *ou* outcome?

résumer [ʀezyme] (1) **1** *vt* (*abréger*) to summarize; (*récapituler, aussi Jur*) to sum up; (*reproduire en petit*) to epitomize, typify. **2 se** ~ *vpr* **(a)** [*personne*] to sum up (one's ideas). **(b)** (*se réduire à*) **se** ~ **à** to amount to, come down to, boil down to*. ◆ **résumé** *nm* summary, résumé. **en** ~ (*en bref*) in short, in brief; (*pour conclure*) to sum up; (*en miniature*) in miniature.

résurrection [ʀezyʀɛksjɔ̃] *nf* (*Rel*) resurrection; (*fig*) revival.

rétablir [ʀetabliʀ] (2) **1** *vt* (*gén*) to restore; *fait, vérité* to re-establish. ~ **qn dans son emploi** to reinstate sb *ou* restore sb to his post; (*guérir*) ~ **qn** to restore sb to health, bring about sb's recovery. **2 se** ~ *vpr* [*malade*] to recover; [*calme*] to return, be restored; (*faire un rétablissement*) to pull o.s. up (*onto a ledge etc*). ◆ **rétablissement** *nm* (*action*) restoring, re-establishment; (*guérison*) recovery. (*Sport*) **faire un** ~ to do a pull-up (*onto a ledge etc*).

rétamer [ʀetame] (1) *vt* **(a)** *casseroles* to re-coat, re-tin. **(b)** (*:*) (*fatiguer*) to wear out*; (*rendre ivre*) to knock out*; (*démolir*) to wipe out; (*au jeu*) to clean out*. **se** ~ **(par terre)** to take a dive*, crash to the ground.

retapes [ʀ(ə)tap] *nf:* **faire (de) la** ~ to tout for business.

retaper [ʀ(ə)tape] (1) **1** *vt* **(a)** (*:*) *maison, vêtement* to do up; *voiture* to fix up; *lit* to straighten; *malade* to set up (again), buck up*. **(b)** (*dactylographier*) to retype, type again. **2 se** ~ *vpr* (*:*) (*guérir*) to get back on one's feet. **(b)** (*:* **à**

nouveau) to do again. **se ~ un verre** to have o.s. another drink*.

retapisser [ʀ(ə)tapise] (1) *vt* to re-paper.

retard [ʀ(ə)taʀ] *nm* **(a)** *[personne attendue]* lateness. **être/mettre qn en ~** to be/make sb late; **vous avez 2 heures de ~** you're 2 hours late; **après plusieurs ~s** after being late several times. **(b)** *[train etc]* delay. **en ~ sur l'horaire** schedule; **combler son ~** to make up for the delay; (*Sport*) **être en ~ (de 2 km) sur le peloton** to be (2 km) behind the pack. **(c)** *[montre]* **cette montre a du ~** this watch is slow; **prendre un ~ de 3 minutes par jour** to lose 3 minutes a day. **(d)** (*sur des délais*) delay. **paiement en ~** (*effectué*) late payment; (*non effectué*) overdue payment; **il est toujours en ~ sur les autres pour payer** he is always behind the others *ou* later than the others in paying; **sans ~** without delay. **(e)** (*sur un programme*) delay. **en ~ sur le programme** behind schedule; **j'ai du courrier en ~** I'm behind *ou* behind-hand with my mail, I have a backlog of mail; **il doit combler son ~ en anglais** he has to make up for the ground he has lost in English. **(f)** (*infériorité*) *[peuple, pays]* backwardness. **il est en ~ pour son âge** he's backward for his age; **~ de croissance** slow development; **pays qui a un siècle de ~ économique** country whose economy is a century behind; **être en ~ sur son temps** to be behind the times. **(g)** (*Aut*) **~ à l'allumage** retarded ignition.

♦ **retardataire** **1** *adj* arrivant late; *théorie* obsolete, outmoded. **2** *nmf* latecomer. ♦ **retardement** *nm*: **à ~** *dispositif* delayed action; (*Phot*) *mécanisme* self-timing; **comprendre après the event; bombe à ~** time bomb.

retarder [ʀ(ə)taʀde] (1) **1** *vt* **(a)** (*mettre en retard*) (*gén*) to delay; *opération, automobiliste* to hold up; *programme* to hinder, set back. **ne te retarde pas** don't make yourself late; **ça l'a retardé dans ses études** this has set him back in *ou* hindered him in his studies. **(b)** (*remettre*) *opération* to delay; *date* to put back. **~ son départ d'une heure** to put back one's departure by an hour, delay one's departure for an hour. **(c)** *montre* to put back. **~ l'horloge d'une heure** to put the clock back an hour. **2** *vi [montre]* to be slow; (*d'habitude*) to lose. **je retarde de 10 minutes** I'm 10 minutes slow; (*fig*) *[personne]* **~ (sur son époque)** to be behind the times, be out of touch.

♦ **retardé, e** *adj* enfant backward.

retéléphoner [ʀ(ə)telefɔne] (1) *vi* to phone again, call back.

retenir [ʀətniʀ] (22) **1** *vt* **(a)** (*empêcher de tomber, de passer etc*) to hold back; *cheval, chien* to check. **la timidité le retenait** shyness held him back; **~ qn de faire qch** to keep sb from *ou* stop sb doing sth. **(b)** (*garder*) *personne* to keep. **~ qn à dîner** to have sb stay for dinner, keep sb for dinner; **j'ai été retenu** I was kept back *ou* detained *ou* held up; **~ qn prisonnier** to hold sb prisoner. **(c)** *humidité, odeur, chaleur* to retain. **(d)** (*fixer*) *[clou, nœud etc]* to hold. (*fig*) **~ l'attention de qn** to hold sb's attention. **(e)** (*réserver*) *place, table* to book, reserve. **(f)** (*se souvenir de*) *leçon, nom* to remember; *impression* to retain. **j'en retiens qu'il est borné** the thing that stands out *ou* that sticks in my mind *ou* the thing I've learnt is that he's narrow-minded; **celui-là, je le retiens!** I'll remember him all right!, I shan't forget him in a hurry!* **(g)** (*réprimer*) *larmes, cri* to hold *ou* choke back *ou* in; *colère* to hold back, restrain. **~ son souffle** to hold one's breath; **il ne put ~ un sourire** he could not hold back a smile, he could not help smiling. **(h)** (*garder*) *salaire* to stop, withhold; *bagages d'un client* to retain; (*prélever*) *somme d'argent* to deduct, keep back. (*Math*) **je pose 4 et je retiens 2** put down 4 and carry 2. **(i)** (*accepter*) *proposition, plan* to accept.

2 se ~ *vpr* (*s'accrocher*) to hold o.s. back; (*se contenir*) to restrain o.s.; (*besoins naturels*) to hold on. **se ~ de pleurer** to stop o.s. crying; **se ~ à qch** to hold *ou* cling on to sth.

rétention [ʀetɑ̃sjɔ̃] *nf* (*Jur, Méd*) retention.

retentir [ʀ(ə)tɑ̃tiʀ] (2) *vi [sonnerie]* to ring. **~ de** to ring *ou* resound with; (*affecter*) **~ sur** to have an effect upon, affect. ♦ **retentissant, e** *adj* voix ringing; *claque, bruit, succès* resounding; *scandale* tremendous; *discours* which causes a great stir. ♦ **retentissement** *nm [nouvelle, œuvre]* stir, effect. (*répercussions*) **~s** repercussions.

retenue [ʀətny] *nf* **(a)** (*prélèvement*) deduction, stoppage*. **(b)** (*modération*) self-control, (self-)restraint; (*réserve*) reserve. **avoir de la ~** to be reserved; **sans ~** without restraint, unrestrainedly. **(c)** (*Math*) **n'oublie pas la ~** don't forget what to carry (over). **(d)** (*Scol*) detention. **être en ~** to be in detention, be kept in.

réticence [ʀetisɑ̃s] *nf* reluctance. **~s** hesitations, reservations; **avec ~** reluctantly; **sans ~** without (any) hesitation *ou* reservation(s). ♦ **réticent, e** *adj* (*hésitant*) hesitant, reluctant; (*réservé*) reticent, reserved.

rétif, -ive [ʀetif, iv] *adj* restive.

rétine [ʀetin] *nf* retina.

retirer [ʀ(ə)tiʀe] (1) **1** *vt* **(a)** (*lit, fig: enlever*) *manteau etc* to take off, remove; *candidature* to withdraw; *plainte* to withdraw, take back. **il retira vite sa main** he quickly took away *ou* removed *ou* withdrew his hand; **~ qch à qn** (*gén*) to take sth away from sb; *emploi, amitié* to deprive sb of sth; **je retire ce que j'ai dit** I take back what I said; **retire-lui ses chaussures** take his shoes off (for him); **~ son permis de conduire à qn** to disqualify sb from driving; **~ à qn sa confiance** to withdraw one's confidence in sb; **~à qn l'envie de recommencer** to stop sb wanting to start again. **(b)** (*faire sortir*) to take out, remove (*de* from). **~ un bouchon** to pull out *ou* take out *ou* remove a cork; **je ne peux pas ~ la clef de la serrure** I can't get the key out of the lock; **on ne peut pas lui ~ ça de la tête** we can't get it out of his head. **(c)** *bagages, billets réservés* to collect, pick up; *argent en dépôt* to withdraw, take out; *gage* to redeem. **(d)** (*obtenir*) **~ des avantages de qch** to get *ou* gain *ou* derive advantages from sth; **il n'en a retiré que des ennuis** it brought him nothing but worry. **(e)** (*extraire*) *minerai, huile* to obtain.

2 se ~ *vpr* (*partir*) to retire, withdraw; (*se coucher*) to retire (to bed); (*prendre sa retraite*) to retire; (*ôter sa candidature*) to withdraw, stand down **en faveur de** in favour of); (*pour laisser passer qn etc*) to move out of the way; (*Mil*) *[troupes]* to withdraw; *[marée]* to recede, go back, ebb; *[eaux d'inondation]* to recede, go down. **se ~ de compétition etc** to withdraw from. ♦ **retiré, e** *adj* lieu remote, out-of-the-way; *vie* secluded. **il vivait ~ du reste du monde** he lived withdrawn *ou* cut off from the rest of the world; **~ des affaires** retired from business.

retombée [ʀ(ə)tɔ̃be] *nf* **(a)** *[invention etc]* spinoff. **~s** *[bombe, scandale]* fallout. **(b)** (*Archit*) spring, springing.

retomber [ʀ(ə)tɔ̃be] (1) *vi* **(a)** (*à nouveau*) *[personne, neige]* to fall again. **~ dans** *erreur, guerre* to lapse into; *oubli* to sink into; **~ en enfance** to lapse into second childhood; **~ amoureux/malade** to fall in love/fall ill again. **(b)** (*redescendre*) *[fusée, personne]* to land; *[chose lancée, liquide]* to come down; *[capot]* to fall back down; *[conversation, intérêt]* to fall away. (*lit, fig*) **~ sur ses pieds** to fall *ou* land on one's feet; (*fig*) **ça lui est retombé sur le nez** it has rebounded on him; **se laisser ~ sur son oreiller** to fall back *ou* sink back onto one's pillow. **(c)** *[pendre]* *[cheveux, rideaux]* to fall, hang (down) (*sur* onto). **(d)** *[responsabilité]* **~ sur qn** to fall *ou* land on sb; **les**

frais retombèrent sur nous we were landed* *ou* saddled* with the expense; **faire ~ sur qn la responsabilité de qch** to pass the responsibility for sth on to sb.

rétorquer [ʀetɔʀke] (1) *vt* to retort.

rétorsion [ʀetɔʀsjɔ̃] *nf* (*Jur, Pol*) retortion, retaliation.

retoucher [ʀ(ə)tuʃe] (1) 1 *vt* (a) *photo, peinture* to touch up; *vêtement, texte* to alter, make alterations to. (b) (*toucher de nouveau*) to touch again; (*blesser de nouveau*) to hit again. 2 *vi:* **~ à qch** to lay hands on sth again, touch sth again. ♦ **retouche** *nf* [*texte, vêtement*] alteration. **faire une ~** *ou* **des ~s à une photo** to touch up a photograph.

retour [ʀ(ə)tuʀ] 1 *nm* (a) (*gén, Comm, Tech*) return; (*billet*) return (ticket). **être sur le (chemin du) ~** to be on one's way back; **pendant le ~** on the way *ou* journey back, during the return journey; **à leur ~ (d'Afrique), ils trouvèrent la maison vide** when they got back *ou* on their return (from Africa) they found the house empty; **de ~ à la maison** back home; **le ~ à une vie normale** the return *ou* reversion to (a) normal life; **le ~ (périodique) de ce phénomène/thème** the recurrence of this phenomenon/theme; **on prévoit un ~ du froid** a return of the cold weather is forecast; **un ~ offensif de la grippe** a renewed outbreak of flu; **~ à l'envoyeur** return to sender. (b) **en ~** in return; **choc** *ou* **effet en ~** backlash; **c'est un juste ~ des choses** it's poetic justice; **par ~ (du courrier)** by return (of post); **sans ~ partir for ever;** *voyage* final; **faire un ~ sur soi-même** to take stock of o.s., do some soul-searching. **2: ~ d'âge** change of life; **~ en arrière** (*Littérat, Ciné*) flashback; (*souvenir*) look back; (*mesure rétrograde*) retreat; **~ de flamme** blowback; **~ en force** return in strength; **~ de manivelle** (*lit*) kick; (*fig*) backlash.

retourner [ʀ(ə)tuʀne] (1) 1 *vt* (a) (*dans l'autre sens*) *caisse* to turn upside down; *matelas* to turn (over); *carte* to turn up; *viande, omelette* to turn over. **~ un tableau contre le mur** to turn a picture against the wall; (*fig*) **elle l'a retourné comme une crêpe*** she soon changed his mind for him; **~ la situation** to reverse the situation. (b) (*en remuant*) *foin, terre* to turn over; *salade* to toss. **~ qch dans sa tête** to turn sth over in one's mind; **~ le couteau dans la plaie** to twist the knife in the wound. (c) (*mettre l'intérieur à l'extérieur*) *sac, gant* to turn inside out; (*Couture*) *col* to turn. (*fig*) **~ sa veste** to turn one's coat; **son col est retourné** (*par mégarde*) his collar is turned up. (d) (*dans le sens opposé*) *phrase* to turn round; *argument* to turn back (*contre* against); *compliment, critique* to return. **il retourna le pistolet contre lui-même** he turned the gun on himself. (e) (*renvoyer*) *marchandise, lettre* to return, send back. (f) (*fig*: *bouleverser*) *pièce, maison* to turn upside down; *personne* to shake. **ce spectacle m'a retourné*** the sight of this shook me *ou* gave me quite a turn*.

2 *vi* to return, go back (*à, chez* to). **~ sur ses pas** to turn back, retrace one's steps.

3 *vb impers:* **nous voudrions bien savoir de quoi il retourne** we should really like to know what is going on.

4 **se ~** *vpr* (a) [*personne couchée*] to turn over; [*véhicule*] to turn over, overturn. **se ~ dans son lit** to toss and turn in bed; **il doit se ~ dans sa tombe** he must be turning in his grave; (*fig*) **laissez-lui le temps de se ~** give him time to sort himself out *ou* find his feet; (*fig*) **il sait se ~** he knows how to cope. (b) (*tourner la tête*) to turn round; (*tourner les yeux*) to look back. (c) (*fig*) **se ~ contre qn** [*personne*] to turn against sb; [*situation*] to backfire on sb, rebound on sb; **il ne savait vers qui se ~** he didn't know who to turn to. (d) (*tordre*) *pouce*

---

to wrench, twist. (e) (*partir*) **s'en ~** to go back.

retracer [ʀ(ə)tʀase] (3) *vt* *vie, histoire* to relate, recount; *trait effacé* to redraw, draw again.

rétracter [ʀetʀakte] (1) 1 *vt* *griffe* to draw in, retract; *parole* to retract, withdraw. **2 se ~** *vpr* [*griffe, antenne*] to retract; (*se dédire*) to retract, back down. ♦ **rétractation** *nf* retraction. ♦ **rétractile** *adj* retractile. ♦ **rétraction** *nf* retraction.

retrait [ʀ(ə)tʀɛ] *nm* (a) [*mer*] ebb; [*eaux, glacier*] retreat; [*troupes, candidat, somme d'argent*] withdrawal; [*bagages*] collection; [*objet en gage*] redemption. **~ du permis de conduire** disqualification from driving. (b) **situé en ~** set back (*de* from); **se tenant en ~** standing back; (*fig*) **rester en ~** to stand aside.

retraite [ʀ(ə)tʀɛt] *nf* (a) (*fuite*) retreat. **~ aux flambeaux** torchlight tattoo. (b) [*travailleur*] (*état*) retirement; (*pension*) retirement pension. **être en ~** to be retired *ou* in retirement; **mettre qn à la ~** to pension sb off; **mise à la ~** retirement; **prendre sa ~** to retire, go into retirement; **prendre une ~ anticipée** to retire early; **~ complémentaire** supplementary pension. (c) (*littér*: *refuge*) retreat; [*animal*] lair; [*voleurs*] hideout, hiding place. (d) (*Rel*) retreat. **faire une ~** to be in retreat. ♦ **retraité, e** 1 *adj* retired. 2 *nm,f* (*old age*) pensioner.

retranchement [ʀ(ə)tʀɑ̃ʃmɑ̃] *nm* (*Mil*) entrenchment, retrenchment. (*fig*) **poursuivre qn jusque dans ses derniers ~s** to drive sb into a corner.

retrancher [ʀ(ə)tʀɑ̃ʃe] (1) 1 *vt* *quantité, nombre* to take away, subtract; *somme d'argent* to deduct, dock, take off; *passage, mot* to take out, remove, omit (*de* from). (*littér*) **son argent le retranchait des autres** his money cut him off from other people. **2 se ~** *vpr* (*Mil*) **se ~ derrière/dans** to entrench o.s. behind/in; **se ~ dans son mutisme/derrière la loi** to take refuge in silence/ behind the law.

retranscrire [ʀ(ə)tʀɑ̃skʀiʀ] (39) *vt* to retranscribe. ♦ **retranscription** *nf* retranscription.

retransmettre [ʀ(ə)tʀɑ̃smɛtʀ(ə)] (56) *vt* to broadcast, relay. ♦ **retransmission** *nf* broadcast. **~ en direct/différé** live/recorded broadcast.

rétrécir [ʀetʀesiʀ] (2) 1 *vt* *vêtement* to take in; *tissu* to shrink; *pupille* to contract; *rue, orifice* to make narrower; *bague* to tighten, make smaller; *esprit* to narrow. **faire ~ tissu** to shrink. 2 *vi, se ~* *vpr* [*tissu*] to shrink; [*pupilles*] to contract; [*vallée*] to narrow, get narrower; [*esprit*] to grow narrow; [*cercle d'amis*] to grow smaller, dwindle. ♦ **rétrécissement** *nm* [*tricot*] shrinkage; [*pupille*] contraction; [*vallée*] narrowing.

rétribuer [ʀetʀibɥe] (1) *vt* *ouvrier* to pay. **~ le travail de qn** to pay sb for his work. ♦ **rétribution** *nf* payment.

rétro [ʀetʀo] *adj inv:* **la mode ~** the Twenties fashion.

rétroactif, -ive [ʀetʀɔaktif, iv] *adj* retrospective; (*Jur*) retroactive. (*Admin*) **augmentation avec effet ~** backdated pay rise. ♦ **rétroaction** *nf* retrospective effect. ♦ **rétroactivement** *adv* (*gén*) retrospectively; (*Jur*) retroactively. ♦ **rétroactivité** *nf* retroactivity.

rétrofusée [ʀetʀofyze] *nf* retrorocket.

rétrograde [ʀetʀɔgʀad] *adj* *idées, politique* retrograde, reactionary; *mouvement, sens* backward, retrograde.

rétrograder [ʀetʀɔgʀade] (1) 1 *vi* (*Aut*) to change down; (*dans une hiérarchie*) to regress, move down; (*perdre son avance*) to fall back; (*reculer*) to move back. 2 *vt* *fonctionnaire* to demote, downgrade.

rétrospectif, -ive [ʀetʀɔspɛktif, iv] *adj, nf* retrospective. ♦ **rétrospectivement** *adv* in retrospect.

retrousser [ʀ(ə)tʀuse] (1) 1 *vt* *jupe* to hitch up,

tuck up; *manche* to roll up; *lèvres* to curl up. **2 se**
~ *vpr [bords]* to turn outwards. ♦ **retroussé, e** *adj*
nez turned-up, retroussé; *moustaches* curled up.

retrouvailles [R(ə)tRuvɑj] *nfpl* reunion.

retrouver [R(ə)tRuve] (1) **1** *vt* **(a)** (*récupérer*)
objet, situation, chemin to find again; *santé,*
calme to regain; *secret, recette* to redis-
cover; *nom, date* to think of, remember. **on a**
retrouvé le corps the body has been found; **une**
telle occasion ne se retrouvera jamais an opportunity like this will never occur again *ou* crop up
again; **une chienne n'y retrouverait pas ses petits**
it's in absolute chaos. **(b)** (*rencontrer*) *personne*
to meet (up with) again; (*pour rendez-vous*) to
join, meet *ou* see again; *endroit* to be back in, see
again; *caractéristique, phénomène* to find,
encounter. **et que je ne te retrouve pas ici!** and
don't let me catch *ou* find you here again!; **on**
retrouve chez Jacques le sourire de son père you
can see *ou* recognize his father's smile in Jacques; **je retrouve bien là mon fils!** that's my son
all right!; **on retrouve sans cesse les mêmes tour-**
nures dans ses romans you are constantly coming
across *ou* meeting the same expressions in his
novels.

2 se ~ *vpr* **(a)** (*se réunir*) to meet; (*après une*
absence) to meet again. **on se retrouvera!** I'll get
even with you!; **comme on se retrouve!** fancy
meeting *ou* seeing you here! **(b)** (*dans même*
endroit, situation) to find o.s. back (*dans* in). **(c)**
(*: finir*) **il s'est retrouvé en prison/dans le fossé**
he ended up *ou* landed (up)* in prison/in the ditch.
(d) s'y ~ (*trouver son chemin*) to find one's way;
(*: rentrer dans ses frais*) to break even; (*: tirer*
un profit) to make a profit; **on a de la peine à s'y** ~,
dans ces digressions it's hard to find one's way
through *ou* to make sense of these digressions; **je**
ne m'y retrouve plus I'm completely lost.

rétroviseur [RetRɔvizœR] *nm* rear-view mirror,
(driving) mirror. ~ **(d'aile)** wing mirror.

réunir [Reynir] (2) **1** *vt* **(a)** *objets* to gather *ou* collect (together); *preuves* to put together; *fonds* to
raise; *pièces de collection* to collect; *tendances,*
styles to combine. **(b)** *participants* to gather, collect; *membres d'un parti* to call together, call a
meeting of; *amis, famille* to entertain, have
round*; *personnes brouillées* to bring together,
reunite. **(c)** (*raccorder*) *[couloir, fil]* to join, link.
~ **deux fils** to tie *ou* join two threads together; ~ **à**
province etc to unite to. **2 se** ~ *vpr* **(a)** (*se rencon-*
trer) to meet, get together*. **se** ~ **entre amis** to
have a friendly get-together*. **(b)** *[compagnies]*
to combine; *[états]* to unite; *[fleuves]* to merge.
♦ **réuni, e** *adj*: ~**s** (*pris ensemble*) (put) together;
(*Comm: associés*) associated. ♦ **réunification** *nf*
reunification. ♦ **réunifier** (7) *vt* to reunify.
♦ **réunion** *nf* **(a)** (*action*) collection, gathering;
raising; combination; reunion. ~ **d'une province**
à un état union of a province with a state. **(b)**
(*séance*) meeting. ~ **cycliste** cycle rally; ~ **hip-**
pique gymkhana, horse show; ~ **de famille**
family gathering; ~ **sportive** sports meeting.

réussir [Reysir] (2) **1** *vi* **(a)** *[projet]* to succeed, be
a success, be successful; *[culture]* to thrive, do
well. **tout lui réussit** everything goes *ou* comes
right for him, everything works for him; **cela ne**
lui a pas réussi that didn't do him any good. **(b)**
[personne] to succeed, be successful, be a success; (*à un examen*) to pass; (*dans les affaires,*
ses études) to do well (*dans* in). **ont-ils réussi?** did
they succeed?, did they pull it off?*; **il a réussi à**
son examen he passed his exam; **il réussit bien en**
maths he does well *ou* he's a success at maths; ~ **à**
faire to succeed in doing, manage to do. **(c)**
[climat, aliment] ~ **à qn** to agree with sb. **2** *vt*
entreprise, plat to make a success of, make a good
job of; *but* to bring off, pull off*; *photo* to manage
successfully. ~ **son coup*** to pull it off*. ♦ **réussi,**

e *adj* (*gén*) successful; *mouvement* good, well
executed. **c'était très** ~ it was a great success *ou*
very successful. ♦ **réussite** *nf* (*succès*) success;
(*Cartes*) patience. **faire une** ~ *ou* **des** ~**s** to play
patience.

revaloir [R(ə)valwaR] (29) *vt*: **je te revaudrai ça**
(*hostile*) I'll pay you back for this; (*reconnais-*
sant) I'll repay you some day.

revaloriser [R(ə)valɔRize] (1) *vt* *monnaie* to
revalue; *salaire* to raise; *méthode* to promote
again. ♦ **revalorisation** *nf* revaluation; raising;
fresh promotion.

revanche [R(ə)vɑ̃ʃ] *nf* revenge; (*Jeux, Sport*)
return match; (*Boxe*) return fight *ou* bout.
prendre sa ~ (**sur qn**) to take one's revenge (on
sb), get one's own back (on sb)*; **en** ~ on the other
hand.

rêvasser [Revase] (1) *vi* to daydream.
♦ **rêvasserie** *nf*: ~**(s)** daydreaming.

rêve [REV] *nm* (*lit, fig*) dream; (*éveillé*) daydream.
faire des ~**s** to dream, have dreams; **il est dans un**
~ he's (day)dreaming; **voiture/silence de** ~
dream car/silence; **son** ~ **de jeunesse** his
youthful dream; **la femme de ses** ~**s** the woman
of his dreams, his dream woman; **disparaître**
comme dans un ~ to disappear in a trice; **ça, c'est**
le ~* that would be ideal, that would be (just)
perfect.

revêche [Rəvɛʃ] *adj* surly, sour-tempered.

réveil [Revɛj] *nm* **(a)** *[dormeur]* waking (up),
wakening; (*retour à la réalité*) awakening;
[nature, sentiment, souvenir] reawakening;
[volcan] fresh stirrings; *[douleur]* return. **dès le**
~, **il chante** as soon as he's awake *ou* he wakes up
he starts singing. **(b)** (*Mil*) reveille. **(c)** (*réveille-*
matin) alarm (clock).

réveiller [Reveje] (1) **1** *vt* *dormeur* to wake (up),
waken; *personne évanouie* to bring round, revive;
appétit, courage, sentiment to rouse, awaken;
douleur (physique) to start up again; (*mentale*) to
revive, reawaken. **2 se** ~ *vpr [dormeur]* to wake
(up), awake; *[personne évanouie]* to come round,
regain consciousness; *[appétit, courage, senti-*
ment] to be roused; *[douleur, souvenir]* to return;
[nature] to reawaken; *[volcan]* to stir again. **se**
réveillant de sa torpeur rousing himself from his
lethargy. ♦ **réveillé, e** *adj* awake; (*: dégourdi*)
bright. **à moitié** ~ half asleep. ♦ **réveille-matin**
nm inv alarm clock.

réveillon [Revejɔ̃] *nm* Christmas Eve *ou* New
Year's Eve dinner. ♦ **réveillonner** (1) *vi* to celebrate Christmas *ou* New Year's Eve (*with a din-*
ner and a party).

révéler [Revele] (6) **1** *vt* **(a)** *secret* to disclose,
reveal; *opinion* to make known. **(b)** *aptitude,*
caractère to reveal, display; *sentiments* to show.
(c) *artiste [impresario]* to discover; *[œuvre]* to
bring to fame. **2 se** ~ *vpr [vérité, talent, ten-*
dance] to be revealed, reveal itself; (*Rel*) to
reveal o.s.; *[artiste]* to show *ou* display one's
talent. **se** ~ **cruel** to show o.s. *ou* prove to be cruel;
se ~ **difficile** to prove difficult. ♦ **révélateur,**
-trice 1 *adj indice* revealing. **c'est** ~ **d'un malaise**
it reveals a malaise. **2** *nm* (*Phot*) developer;
(*expérience*) revelation. ♦ **révélation** *nf* revelation; disclosure. **ce jeune auteur a été la** ~ **de**
l'année this young author was the discovery of
the year; **faire des** ~**s** to make disclosures *ou*
revelations. ♦ **révélé, e** *adj* (*Rel*) revealed.

revenant, e [Rəvnɑ̃, ɑ̃t] *nm,f* ghost. **tiens, un** ~!*
hello stranger!*

revendeur, -euse [R(ə)vɑ̃dœR, øz] *nm,f* (*détail-*
lant) retailer; (*d'occasion*) secondhand dealer.

revendiquer [R(ə)vɑ̃dike] (1) *vt* *droits* to claim,
demand; *responsabilité* to claim. ♦ **revendicatif,**
-ive *adj* *mouvement etc* of protest.
♦ **revendication** *nf* (*action*) claiming; (*demande*)
claim, demand.

revendre [R(ə)vᾶdR(ə)] (41) *vt* (*d'occasion*) to resell; (*au détail*) to sell. (*davantage*) j'en ai rendu 4 I sold another 4; avoir de l'énergie à ~ to have energy enough and to spare; des tableaux, on en a à ~ pictures, we've got them by the score.

revenir [Rəvniʀ] (22) 1 *vi* (a) *[personne]* (*repasser de nouveau*) to come back, come again; (*rentrer*) to come back, return; *[saison, mode, lettre]* to come back, return; *[fête, date]* to come (round) again; *[calme, soleil]* to return. cette expression revient souvent dans sa conversation that expression often crops up in his conversation; ~ chez soi/de voyage/dans son pays to come back *ou* return home/from a journey/to one's country; ~ en bateau/avion to sail/fly back; je reviens dans un instant I'll be back in a minute, I'll be right back*. (b) ~ à (*équivaloir à*) to come down to, amount to, boil down to*; (*coûter*) to amount to, come to; cela revient à dire que that amounts to saying that; cela revient au même it amounts to *ou* comes to the same thing; ça revient cher it's expensive; à combien est-ce que cela va vous ~? how much will that cost you? (d) ~ à qn *[souvenir oublié]* to come back to sb; *[courage, appétit, parole]* to come back to sb, return (to sb); *[prérogative, honneur]* to fall to sb; *[héritage]* to come *ou* go *ou* pass to sb; *[ragots]* to reach sb's ears; il a une tête qui ne me revient pas I don't like the look of him; tout le mérite vous revient all the credit goes to you, the credit is all yours; il lui revient de décider it's for him *ou* it's up to him to decide; ce titre lui revient de droit this title is his by right; là-dessus, 100 F me reviennent 100 francs of that comes to me. (e) ~ sur *passé, problème* to go back over; *promesse* to go back on; ne revenons pas là-dessus let's not go back over that. (f) ~ de *maladie* to recover from, get over; *syncope* to come round from; *surprise* to get over; *illusions* to lose, shake off; *erreurs, théories* to leave behind, cast aside; elle est revenue de tout she's seen it all before; crois-tu qu'il en reviendra? do you think he'll pull through?; il revient de loin it's a miracle he's still with us; je n'en reviens pas! I can't get over it! (g) ~ à soi to come round; ~ à la vie to come back to life. (h) (*Culin*) faire ~ to brown. 2 s'en ~ *vpr* to come back (*de* from).

revente [R(ə)vᾶt] *nf* resale.

revenu [Rəvny] *nm* *[particulier]* income; *[état]* revenue (*de* from); *[investissement]* yield, revenue (*de* from, on).

rêver [Reve] (1) 1 *vi* (a) (*gén, fig*) to dream (*de, à* of, about); (*rêvasser*) to daydream. tu m'as appelé? – moi? tu rêves! did you call me? – me? you must have been dreaming!; ou you're imagining things!; on croit ~!* I can hardly believe it!, the mind boggles!* (b) (*désirer*) ~ de qch/de faire to dream of sth/of doing; ~ de réussir to long to succeed, long for success. 2 *vt* (*en dormant*) to dream; (*imaginer*) to dream up; (*désirer*) to dream of. il se rêve conquérant he dreams of being a conqueror.

réverbérer [Reverbere] (6) *vt* *son* to send back, reverberate; *chaleur, lumière* to reflect. ◆ réverbération *nf* reverberation. ◆ réverbère *nm* street lamp *ou* light.

révérence [Reverᾶs] *nf* (a) *[homme]* bow; *[femme]* curtsey. faire une ~ to bow; to curtsey (*à qn* to sb); (*fig: partir*) tirer sa ~ (à qn) to take one's leave (of sb). (b) (*respect*) reverence (*envers* for). ◆ révérencieux, -ieuse *adj* reverent.

révérend, e [Reverᾶ, ᾶd] *adj, nm* reverend.

révérer [Revere] (6) *vt* to revere.

rêverie [Revʀi] *nf* (*état*) daydreaming; (*rêve, chimère*) daydream.

revers [R(ə)vɛʀ] *nm* (a) *[papier, main]* back; *[étoffe]* wrong side; *[médaille]* reverse side. prendre l'ennemi à ~ to take the enemy from *ou* in the rear; (*fig*) c'est le ~ de la médaille that's the other side of the coin; d'un ~ de main with the back of one's hand. (b) (*Tennis*) backhand. faire un ~ to play a backhand shot. (c) *[veste]* lapel; *[pantalon]* turn-up, cuff (*US*); *[bottes]* top; *[manche]* (turned-back) cuff. (d) (*coup du sort*) ~ (*de fortune*) reverse (of fortune); ~ économiques economic setbacks *ou* reverses.

reverser [R(ə)vɛʀse] (1) *vt* *liquide* to pour out some more; *somme* to put back, pay back (*dans, sur* into).

réversible [Reversibl(ə)] *adj* reversible; (*Jur*) revertible (*sur* to). ◆ réversion *nf* (*Bio, Jur*) reversion.

revêtir [R(ə)vetiʀ] (20) 1 *vt* (a) *habit* to don, put on. (b) *caractère, importance, forme* to assume, take on. (c) ~ qn de *habit* to array sb in; *autorité, dignité* to endow *ou* invest sb with; (*déguiser*) ~ qch de to cloak sth in, cover sth with; ~ un document de sa signature to append one's signature to a document. (d) (*enduire*) *route* to surface; *mur, sol* to cover (*de* with). ~ de plâtre to plaster; montagnes revêtues de neige mountains covered in snow, snow-covered mountains. 2 se ~ *vpr* (*mettre*) se ~ de *habit* to array o.s. in, don, dress o.s. in; *neige, feuilles* to be covered in. ◆ revêtement *nm* (*enduit*) coating; *[route]* surface; *[mur extérieur]* facing; *[mur intérieur]* covering; *[sol]* flooring, floor-covering. ◆ revêtu, e *adj* *[personne]* ~ de dressed in, wearing.

rêveur, -euse [Revœʀ, øz] 1 *adj* air dreamy. ça vous laisse ~* the mind boggles*, it makes you wonder. 2 *nm,f* (*lit, péj*) dreamer. ◆ rêveusement *adv* dreamily.

revigorer [R(ə)vigɔʀe] (1) *vt* *[vent]* to invigorate; *[repas]* to revive, buck up*; *[discours]* to cheer. ça revigore it's bracing *ou* invigorating.

revirement [R(ə)viʀmᾶ] *nm* (*gén*) reversal (*de* of); *[goûts]* (abrupt) change (*de* in); *[opinions]* change, turnaround (*de* in).

réviser [Revize] (1) *vt* *procès, règlement* to review; *opinion* to review, reappraise; *comptes* to audit; *liste, leçons, manuscrit* to revise; *moteur* to overhaul, service; *montre* to service. ◆ révision *nf* (*action*) review; reappraisal; auditing; revision; overhauling; servicing. (*Scol*) faire ses ~s to do one's revision; (*Aut*) prochaine ~ après 10 000 km next major service after 10,000 km.

revivifier [R(ə)vivifje] (7) *vt* to revive.

revivre [R(ə)vivʀ(ə)] (46) 1 *vi* (*être ressuscité*) to live again; (*être revigoré*) to come alive again; *[coutumes]* to be revived. faire ~ (*ressusciter*) to bring back *ou* restore to life; (*revigorer*) to revive, put new life into; *mode, époque* to revive. 2 *vt* to relive, live again.

révocation [Revɔkasjɔ̃] *nf* *[fonctionnaire]* removal (from office), dismissal; *[contrat]* revocation, repeal. ◆ révocable *adj* removable, dismissible; revocable.

revoici [R(ə)vwasi] *prép*, **revoilà** [R(ə)vwala] *prép*: ~ Paul! Paul's back (again)!, here's Paul again!; le ~ qui se plaint! there he goes complaining again!

revoir [R(ə)vwaʀ] (30) *vt* (a) (*gén, fig*) to see again; *photos* to have another look at. quand le revois-tu? when are you next seeing *ou* meeting him again?, when are you meeting again?; au ~ Monsieur goodbye Mr X; dire au ~ à qn to say goodbye to sb; faire au ~ de la main to wave goodbye; ce n'est qu'un au ~ it's only a temporary goodbye.

(b) (*réviser*) *édition* to revise; (*Scol*) *leçons* to revise, go over again.

révolter [Revɔlte] (1) **1** *vt* to revolt, outrage, appal. **2 se ~** *vpr* (*s'insurger*) to revolt, rise up (*contre* against); (*protester*) to rebel (*contre* against); (*s'indigner*) to be revolted *ou* outraged *ou* appalled (*contre* by). ♦ **révoltant, e** *adj* revolting, outrageous, appalling. ♦ **révolte** *nf* revolt. **en ~ contre** in revolt *ou* up in arms against. ♦ **révolté, e 1** *adj* (a) rebellious, in revolt. (b) (*outré*) outraged, appalled. **2** *nm,f* rebel.

révolu, e [Revɔly] *adj* past. **des jours ~s** past *ou* bygone days, days gone by; (*Admin*) **âgé de 20 ans ~s** over 20 years of age; **après 2 ans ~s** when two full years had (*ou* have) passed.

révolution [Revɔlysjɔ̃] *nf* (*gén*) revolution. [*rue*] **être en ~** to be in an uproar. ♦ **révolutionnaire** *adj, nmf* revolutionary. ♦ **révolutionner** (1) *vt* (*transformer radicalement*) to revolutionize; (*: bouleverser*) to stir up.

revolver [Revɔlvɛʀ] *nm* (*gén*) gun; (*à barillet*) revolver.

révoquer [Revɔke] (1) *vt fonctionnaire* to remove from office, dismiss; *contrat, édit* to revoke, repeal.

revue [R(ə)vy] *nf* (a) (*gén, Mil: examen*) review. **~ de presse** review of the press; (*lit, fig*) **passer en ~** to pass in review. (b) (*magazine*) magazine; (*spécialisée*) journal; (*érudite*) review. (c) (*spectacle*) (*satirique*) revue; (*de variétés*) variety show *ou* performance. **~ à grand spectacle** revue spectacular.

révulser (se) [Revylse] (1) *vpr* [*visage*] to contort; [*yeux*] to roll upwards. ♦ **révulsif, -ive** *adj, nm* revulsant.

rez-de-chaussée [Redʃose] *nm inv* ground floor, first floor (*US*). **habiter un ~** to live in a ground-floor flat.

rhabiller [Rabije] (1) **1** *vt*: **~ qn** to dress sb again; (*lui racheter des habits*) to fit sb out again, reclothe sb. **2 se ~** *vpr* to put one's clothes back on, dress (o.s.) again. **tu peux aller te ~!**‡ you've had it!*

rhapsodie [Rapsɔdi] *nf* rhapsody.

rhésus [Rezys] *nm* (*Méd*) Rhesus.

rhétorique [Retɔrik] **1** *nf* rhetoric. **2** *adj* rhetorical.

Rhin [Rɛ̃] *nm*: **le ~** the Rhine.

rhinocéros [RinɔseRɔs] *nm* rhinoceros.

rhinopharyngite [Rinɔfaʀɛ̃ʒit] *nf* sore throat, throat infection.

rhododendron [Rɔdɔdɛ̃dRɔ̃] *nm* rhododendron.

rhubarbe [Rybaʀb(ə)] *nf* rhubarb.

rhum [Rɔm] *nm* rum.

rhumatisme [Rymatism(ə)] *nm*: **~(s)** rheumatism. ♦ **rhumatisant, e** *adj, nm,f* rheumatic. ♦ **rhumatismal, e, mpl -aux** *adj* rheumatic. ♦ **rhumatologie** *nf* rheumatology. ♦ **rhumatologue** *nmf* rheumatologist.

rhume [Rym] *nm* cold. **attraper un ~** to catch a cold; **~ de cerveau** head cold; **~ des foins** hay fever.

riant, e [Rijɑ̃, ɑ̃t] *adj paysage* smiling; *atmosphère, perspective* cheerful, pleasant, happy.

ribambelle [Ribɑ̃bɛl] *nf*: **~ de enfants** swarm *ou* herd *ou* flock of; *noms* string of.

ribouldingue†‡ [Ribuldɛ̃g] *nf* spree, binge*. **faire la ~** to go on the spree *ou* the binge*.

ricain, e‡ [Rikɛ̃, ɛn] *adj*, **R~(e)** *nm(f)* (*péj*) Yank(ee)* (*péj*).

ricaner [Rikane] (1) *vi* (*méchamment*) to snigger; (*bêtement*) to giggle. ♦ **ricanement** *nm* snigger; giggle.

riche [Riʃ] **1** *adj* (*gén, fig*) rich; *personne* rich, wealthy, well-off. **~ à millions** enormously wealthy; **faire un ~ mariage** to marry (into) money; **ce n'est pas un ~ cadeau** it's not much of a

gift; **ça fait ~*** it looks plush(y)* *ou* expensive *ou* posh*; **c'est une ~ idée** that's a great* *ou* grand idea; **il y a une documentation très ~ sur ce sujet** there is a wealth of *ou* a vast amount of information on this subject; **~ en** *calories, gibier* rich in; **~ de** *possibilités, espérances* full of; **~ en protéines** with a high protein content, rich in protein; **je ne suis pas ~ en sucre** I'm not very well-off for sugar. **2** *nmf* rich *ou* wealthy person. **les ~s** the rich, the wealthy. ♦ **richard, e*** *nm,f* (*péj*) moneybags*. ♦ **richement** *adv* richly. ♦ **richesse** *nf* (a) [*personne, pays*] wealth; [*ameublement, décor*] richness; [*sol, texte, collection*] richness. **la ~ en calcium de cet aliment** the high calcium content of this food; **la ~ en pétrole du pays** the country's abundant *ou* vast oil resources; **la santé est une ~** good health is a great blessing *ou* is a boon. (b) **~s** (*argent*) riches, wealth; (*ressources*) wealth; (*fig: trésors*) treasures; **~s naturelles** natural resources. ♦ **richissime** *adj* fabulously rich *ou* wealthy.

ricin [Risɛ̃] *nm* castor oil plant.

ricocher [Rikɔʃe] (1) *vi* [*balle de fusil*] to rebound, ricochet; [*pierre etc*] to rebound; (*sur l'eau*) to bounce (*sur qch* off sth). ♦ **ricochet** *nm* rebound, ricochet; bounce. **faire ~** to rebound *ou* ricochet *ou* bounce (*sur* off); (*fig*) to rebound; **faire des ~s** to skim pebbles, play ducks and drakes.

rictus [Riktys] *nm* (*moqueur, cruel*) grin; [*animal, dément*] grimace.

ride [Rid] *nf* [*peau, pomme*] wrinkle (*de* in); [*eau, sable*] ripple (*de* on, in), ridge (*de* in).

rideau, pl ~x [Rido] *nm* (*gén, Théât*) curtain; [*boutique*] shutter; [*cheminée*] blower; [*classeur*] roll shutter; [*appareil-photo*] shutter. **tirer les ~x** to draw the curtains *ou* drapes (*US*); **~ de arbres** screen of; *pluie* sheet of; **~ de fer** [*boutique*] metal shutter(s); [*théâtre*] (metal) safety curtain; (*Pol*) **le ~ de fer** the Iron Curtain.

rider [Ride] (1) **1** *vt peau, fruit* to wrinkle; *eau* to ripple; *sable* to ruffle the surface of. **2 se ~** *vpr* to become wrinkled; to become rippled.

ridicule [Ridikyl] **1** *adj* (*gén*) ridiculous; *personne, vêtement* ludicrous, absurd; *prétentions* laughable; *quantité* ridiculously small. **se rendre ~** to make o.s. (look) ridiculous, make a fool of o.s. **2** *nm* (a) **le ~** (*grotesque*) ridicule; (*absurdité*) **le ~ de qch** the ridiculousness *ou* the absurdity of sth; **se donner le ~ de ...** to be ridiculous enough to ...; **tomber dans le ~** to become ridiculous; **le ~ ne tue pas** ridicule never killed anyone. (b) (*travers*) **~s** ridiculous *ou* silly ways, absurdities. ♦ **ridiculement** *adv* ridiculously. ♦ **ridiculiser** (1) **1** *vt* to ridicule, hold up to ridicule. **2 se ~** *vpr* to make o.s. (look) ridiculous, make a fool of o.s.

rien [Rjɛ̃] **1** *pron indéf* (a) (*avec ne*) nothing. **je n'ai ~ entendu** I didn't hear anything, I didn't hear a thing, I heard nothing; **il n'y a plus ~** there's nothing left. (b) **~ de +** *adj, ptp* nothing; **~ de plus** nothing more *ou* else *ou* further; **il n'est ~ de tel qu'une bonne pêche** there's nothing like *ou* nothing to beat a good peach; **~ de plus facile** nothing easier. (c) **~ que la chambre coûte très cher** the room alone costs a great deal; **la vérité, ~ que la vérité** the truth and nothing but the truth; **je voudrais vous voir, ~ qu'une minute** could I see you just for a minute. (d) (= *quelque chose*) anything. **as-tu jamais lu ~ de plus drôle?** have you ever read anything funnier? (e) (*intensif*) **~ au monde** nothing on earth *ou* in the world; **~ du tout** nothing at all; **~ de ~*** nothing, absolutely nothing; **trois fois ~** next to nothing. (f) (*Sport*) nil, nothing. **~ partout** nothing all; (*Tennis*) **15 à ~** 15 love. (g) (*avec avoir, être, faire*) **n'avoir ~ contre qn** to have nothing against sb; **il n'a ~ d'un dictateur** he's got nothing of the dictator about him; **n'être ~** [*personne*] to be a nobody; [*chose*] to be nothing; **il ne nous est ~**

he's nothing to do with us; **n'être pour ~ dans une affaire** to have no hand in *ou* have nothing to do with an affair; **il n'en est ~** it's not so at all, it's nothing of the sort; **élever 4 enfants, ça n'est pas ~** bringing up 4 children is no mean feat; **il ne fait (plus) ~** he doesn't work (any more); **il ne nous a ~ fait** he hasn't done anything to us; **cela ne lui fait ~** he doesn't mind, it doesn't matter to him; **ça ne fait ~*** it doesn't matter, never mind; **~ à faire!** it's no good!, nothing doing!* **(h)** *(locutions)* **je vous remercie – de ~*** thank you – you're welcome *ou* don't mention it *ou* not at all; **c'est cela ou ~** it's that or nothing; **c'est mieux que ~** it's better than nothing; **c'est à moi, ~ qu'à moi** it's mine and mine alone; **une blessure de ~ (du tout)** a trifling *ou* trivial injury; **une fille de ~** a worthless girl; **cela ne nous gêne en ~ (du tout)** it doesn't bother us in any way *ou* at all; **pour ~** *(peu cher)* for a song, for next to nothing; *(inutilement)* for nothing; **ce n'est pas pour ~ que ...** it is not without cause *ou* good reason *ou* it's not for nothing that ...; **il ne s'agit de ~ moins qu'un crime** it's nothing less than a crime.

2 *nm* **(a)** *(néant)* nothingness. **(b)** **un ~** a mere nothing; **des ~s** trivia; **il a peur d'un ~** every little thing *ou* anything frightens him; **avec un ~ d'ironie** with a hint *ou* touch of irony; **en un ~ de temps** in no time (at all), in next to no time; **c'est un ~ bruyant ici** it's a bit *ou* a shade noisy in here.

3 *adv* **(1)** *(très)* not half‡. **il fait ~ froid ici** it isn't half cold here‡.

rieur, rieuse [ʀijœʀ, ʀijøz] **1** *adj personne* cheerful, merry; *expression* cheerful, laughing **2** *nm,f:* **les ~s** people who are *(ou* were) laughing.

rigide [ʀiʒid] *adj armature* rigid, stiff; *muscle, carton* stiff; *règle, politique* strict, rigid. **livre à couverture ~** hardback (book). ♦ **rigidement** *adv* strictly, rigidly. ♦ **rigidité** *nf* rigidity, stiffness; strictness.

rigole [ʀigɔl] *nf (canal)* channel; *(filet d'eau)* rivulet; *(Agr: sillon)* furrow. ♦ **d'irrigation** irrigation channel; **~ d'écoulement** drain.

rigoler* [ʀigɔle] **(1)** *vi (rire)* to laugh; *(s'amuser)* to have fun, have a laugh*; *(plaisanter)* to joke. *(iro)* **tu me fais ~** you make me laugh; **on a bien rigolé** we had great fun *ou* a good laugh*; **tu rigoles!** you're kidding!‡ *ou* joking!; **il ne faut pas ~ avec ce genre de maladie** you mustn't fool around with an illness like this*; **j'ai dit ça pour ~** it was only a joke, I only said it in fun *ou* for a laugh*. ♦ **rigolade*** *nf:* **aimer la ~** to like a bit of fun *ou* a laugh*; **il prend tout à la ~** he thinks everything's a big joke *ou* laugh*, he makes a joke of everything; **c'est de la ~** *(c'est facile)* it's child's play *ou* a cinch*; *(c'est une parodie)* it's a big joke* *ou* farce; *(c'est un attrape-nigaud)* it's a complete con‡. ♦ **rigolo, -ote* 1** *adj personne, histoire* funny, killing*. **ce n'est pas ~** it's no joke, it's not funny; **c'est ~, je n'avais jamais remarqué cela** that's funny *ou* odd, I had never noticed that. **2** *nm,f (amusant)* comic, wag; *(péj: fumiste)* fraud, phoney.

rigueur [ʀigœʀ] *nf* **(a)** *[discipline, climat]* harshness, rigour. **les ~s du sort/de l'hiver** the rigours of fate/winter. **(b)** *[morale, personne]* strictness. **(c)** *[définition, classification]* strictness, rigour. **manquer de ~** to lack rigour. **(d)** **tenir ~ à qn de n'être pas venu** to hold it against sb that he didn't come; **à la ~** *(si nécessaire)* at a pinch, if need be; *(peut-être)* possibly; **il est de ~ d'envoyer un mot de remerciement** it is the done thing to send a note of thanks; **'tenue de soirée de ~'** 'evening dress', 'dress: formal'. ♦ **rigoureusement** *adv punir* harshly; *démontrer* rigorously; *appliquer* rigorously, strictly; *exact* rigorously; *interdit, vrai* strictly. ♦ **rigoureux, -euse** *adj (gén)* rigorous; *punition, climat* harsh; *moraliste, interdiction, définition* strict.

rime [ʀim] *nf* rhyme. **faire qch sans ~ ni raison** to do sth without either rhyme or reason. ♦ **rimer (1) 1** *vi [mot]* to rhyme *(avec* with); *[poète]* to write verse. *(fig)* **cela ne rime à rien** it does not make sense, there's no sense *ou* point in it. **2** *vt* to put into verse.

rimmel [ʀimɛl] *nm* ® mascara.

rincer [ʀɛ̃se] **(3) 1** *vt* to rinse (out). **se faire ~*** *(par la pluie)* to get drenched *ou* soaked; *(au jeu)* to get cleaned out*. **2 se ~** *vpr:* **se ~ la bouche** to rinse out one's mouth; **se ~ l'œil‡** to get an eyeful*. ♦ **rinçage** *nm (action)* rinsing (out). **cette machine à laver fait 3 ~s** this washing machine does 3 rinses. ♦ **rince-doigts** *nm inv* finger-bowl.

ring [ʀiŋ] *nm* (boxing) ring.

riper [ʀipe] **(1)** *vi* to slip. **faire ~** to slide along.

riposter [ʀipɔste] **(1) 1** *vi* **(a)** *(répondre)* to answer back, retaliate. **~ à une insulte** to reply to an insult; **~ par une insulte** to retort *ou* retaliate with an insult. **(b)** *(contre-attaquer)* to counter-attack, retaliate. **~ à une attaque** to counter an attack *(par* by). **2** *vt:* **~ que** to retort *ou* answer back that. ♦ **riposte** *nf (réponse)* retort, riposte; *(contre-attaque)* counter-attack, reprisal.

riquiqui* [ʀikiki] *adj inv portion* tiny, mean, stingy*; *vêtement, objet* tiny.

rire [ʀiʀ] **(36) 1** *vi* **(a)** to laugh. **~ aux éclats** to roar with laughter, laugh one's head off; **~ bruyamment** to guffaw; **~ dans sa barbe** to laugh to o.s.; **~ jaune** to laugh on the other side of one's face; *(iro)* **laissez-moi ~!** don't make me laugh!, you make me laugh! *(iro)*; **c'est à mourir de ~** it's hilarious, it's awfully funny; **ça ne me fait pas ~** I don't find it funny; **nous avons bien ri** we had a good laugh*; **il a pris les choses en riant** *(avec bonne humeur)* he saw the funny side of it; *(à la légère)* he laughed it off; **rira bien qui rira le dernier** he who laughs last laughs longest. **(b)** *[yeux, visage]* to shine with happiness. **(c)** *(s'amuser)* to have fun, have a laugh*. **il aime bien ~** he likes a bit of fun *ou* a good laugh*. **(d)** *(plaisanter)* **vous voulez ~!** you must be joking!; **il a dit cela pour ~** he was only joking, he said it in fun; **il a fait cela pour ~** he did it for a joke *ou* laugh*; **c'était une bagarre pour ~** it wasn't a real fight.

2 ~ de *vt indir* to laugh *ou* scoff at. **il fait ~ de lui** he makes himself a laughing stock.

3 se ~ *vpr:* **se ~ de difficultés** to make light of; *menaces, personne* to laugh at.

4 *nm (façon, éclat)* laugh. **le ~** laughter; **un gros ~** a loud laugh, a guffaw; **un petit ~ de satisfaction** a little chuckle of satisfaction; **un petit ~ bête** a stupid giggle *ou* titter; **il y eut des ~s** there was laughter; **elle eut un ~ méchant** she gave a wicked laugh, she laughed wickedly.

ris [ʀi] *nm:* **~ de veau** calf sweetbread.

risée [ʀize] *nf:* **s'exposer à la ~ générale** to lay o.s. open to ridicule; **être la ~ de toute l'Europe** to be *ou* make o.s. the laughing stock of Europe.

risette [ʀizɛt] *nf:* **faire (une) ~ à qn** to give sb a nice *ou* little smile.

risible [ʀizibl(ə)] *adj (ridicule)* ridiculous, silly; *aventure* laughable, funny.

risque [ʀisk(ə)] *nm* **(a)** *(gén, Jur: danger)* risk. **le goût du ~** a taste for danger; **prendre tous les ~s** to take any number of risks; **à cause du ~ d'incendie** because of the fire risk *ou* the risk of fire; **~ pour la santé** health hazard *ou* risk. **(b)** **ce sont les ~s du métier** that's an occupational hazard *(hum)*; **il n'y a pas de ~ qu'il refuse** there's no risk *ou* chance of his refusing; **au ~ de le mécontenter** at the risk of displeasing him; **c'est à tes ~s et périls** it's at your own risk.

risquer [ʀiske] **(1) 1** *vt* **(a)** *réputation, vie* to risk. **~ le tout pour le tout** to risk *ou* chance the lot; **risquons le coup*** let's chance it; **qui ne risque rien n'a rien** nothing ventured, nothing gained.

(b) *prison, ennuis* to risk. **tu risques gros** you're taking a big risk; **tu risques qu'on te le vole** you risk having it stolen; **bien emballé, ce vase ne risque rien** packed like this the vase is quite safe *ou* won't come to any harm; **ce vieux pantalon ne risque rien** these old trousers don't matter at all. **(c)** *allusion, regard* to venture, hazard. **(d) tu risques de le perdre** *(éventualité)* you might (well) *ou* could (well) lose it; *(probabilité)* you're likely to lose it; **pourquoi ~ de tout perdre?** why should we risk losing *ou* take the risk of losing everything?; **ça ne risque pas d'arriver!** there's no chance *ou* danger of that happening!, that's not likely to happen. **2 se ~** *vpr*: **se ~ dans** *grotte* to venture into; *entreprise* to venture (up)on, launch o.s. into; **se ~ à faire qch** to venture *ou* dare to do sth, have a try *ou* a go at doing sth. ◆ **risqué, e** *adj* *(hasardeux)* risky; *(licencieux)* risqué, daring. ◆ **risque-tout** *nmf inv* daredevil.

rissoler [Risɔle] (1) *vti (aussi: faire ~)* to brown.

ristourne [RistuRn(ə)] *nf* rebate, discount. ◆ **ristourner** (1) *vt* to give a rebate of.

rite [Rit] *nm (gén, Rel)* rite; *(fig: habitude)* ritual.

ritournelle [RituRnɛl] *nf (Mus)* ritornello. *(fig)* **c'est toujours la même ~** it's always the same (old) story *ou* tune.

rituel, -elle [Rityɛl] *adj, nm (gén)* ritual. ◆ **rituellement** *adv* ritually; *(invariablement)* invariably, unfailingly.

rivage [Rivaʒ] *nm* shore.

rival, e, *mpl* **-aux** [Rival, o] *adj, nm,f* rival. **sans ~** unrivalled. ◆ **rivaliser** (1) *vi*: **~ avec** *[personne]* to rival, compete *ou* vie with; *[chose]* to rival, hold its own against; **ils rivalisaient de générosité** they vied with each other *ou* they tried to outdo each other in generosity. ◆ **rivalité** *nf* rivalry.

rive [Riv] *nf [mer, lac]* shore; *[rivière]* bank.

river [Rive] (1) *vt clou* to clinch; *plaques* to rivet together. **~ son clou à qn*** to shut sb up*; **~ qch au sol** to nail sth to the floor. ◆ **rivé, e** *adj*: **~ à** *(gén)* riveted to; *travail* tethered *ou* tied to; **~ sur place** rooted to the spot.

riverain, e [RivRɛ̃, ɛn] **1** *adj (d'une eau)* waterside. *(d'une route)* **les propriétés ~es** the houses along the road. **2** *nm,f* lakeside *(ou* riverside) resident. *[rue]* **les ~s** the residents of *ou* in the street; **'interdit sauf aux ~s'** 'no entry except for access'.

rivet [Rivɛ] *nm* rivet. ◆ **rivetage** *nm* riveting. ◆ **riveter** (4) *vt* to rivet (together).

rivière [RivjɛR] *nf (lit, fig)* river; *(Équitation)* water jump. **~ de diamants** diamond rivière.

rixe [Riks(ə)] *nf* brawl, fight, scuffle.

riz [Ri] *nm* rice. **~ au lait** rice pudding. ◆ **rizière** *nf* paddy-field, ricefield.

robe [Rɔb] *nf [femme, fillette]* dress, frock; *[magistrat, prélat]* robe; *[professeur]* gown; *[cheval, fauve]* coat; *(couleur) [vin]* colour. **~ bain de soleil** sundress; **~ de chambre** dressing gown; **pommes de terre en ~ de chambre** *ou* **des champs** jacket potatoes; **~ de grossesse** maternity dress; **~ de mariée** wedding dress *ou* gown; **~ du soir** evening dress *ou* gown.

robinet [Rɔbinɛ] *nm* tap, faucet *(US)*. ◆ **robinetterie** *nf (installations)* taps; *(usine)* tap factory; *(commerce)* tap trade.

robot [Rɔbo] *nm (lit, fig)* robot. **~ ménager** food-processor; **avion ~** remote-controlled aircraft.

robuste [Rɔbyst(ə)] *adj* *personne, voiture* robust, sturdy; *santé* robust, sound; *plante* robust, hardy; *foi* firm, strong. ◆ **robustesse** *nf* robustness; sturdiness; soundness; hardiness; firmness, strength.

roc [Rɔk] *nm (lit, fig)* rock.

rocade [Rɔkad] *nf (route)* bypass.

rocaille [Rɔkaj] *nf (cailloux)* loose stones; *(terrain)* rocky *ou* stony ground; *(jardin)* rockery, rock garden. ◆ **rocailleux, -euse** *adj* *terrain*

rocky, stony; *voix* harsh, grating.

rocambolesque [Rɔkɑ̃bɔlɛsk(ə)] *adj* fantastic, incredible.

roche [Rɔʃ] *nf* rock. ◆ **rocher** *nm* rock. ◆ **rocheux, -euse** *adj* rocky. **paroi ~euse** rock face.

rock (and roll) [Rɔk(ɛnRɔl)] *nm (musique)* rock-'n'-roll; *(danse)* jive.

roder [Rɔde] (1) *vt moteur, spectacle etc* to run in, break in *(US)*; *soupape* to grind. **il faut ~ ce spectacle** we have to let this show get into its stride; *[personne]* **il n'est pas encore rodé** he is not yet broken in. ◆ **rodage** *nm* running in, breaking in *(US)*; grinding.

rôder [Rode] (1) *vi (au hasard)* to roam *ou* wander about; *(de façon suspecte)* to lurk *ou* prowl about. **~ autour d'un magasin** to hang *ou* lurk around a shop. ◆ **rôdeur, -euse** *nm,f* prowler.

rogne* [Rɔɲ] *nf* anger. **être/se mettre en ~** to be/get (hopping) mad*.

rogner [Rɔɲe] (1) *vt ongle, page* to trim; *aile* to clip; *salaire* to cut *ou* whittle down. **~ sur** *dépense* to cut down *ou* back on.

rognon [Rɔɲɔ̃] *nm (Culin)* kidney.

rognures [RɔɲyR] *nfpl [métal, ongles]* clippings; *[viande]* scraps.

roi [Rwa] *nm* king. **les R~s mages** the Magi, the Three Wise Men; **le R~-Soleil** the Sun-King; **le jour des R~s** *(gén)* Twelfth Night; *(Rel)* Epiphany; **tirer les ~s** to eat Twelfth Night cake; **un des ~s de la presse** one of the press barons *ou* kings *ou* magnates *ou* tycoons; **X, le ~ des fromages X,** the leading *ou* first name in cheese(s); **c'est le ~ de la resquille!*** he's a master *ou* an ace at getting something for nothing; **tu es le ~ (des imbéciles)!*** you're the world's biggest idiot!*

roide [Rwad], **roideur** [RwadœR], **roidir** [Rwadir] = **raide, raideur, raidir.**

roitelet [Rwatlɛ] *nm (péj)* kinglet; *(Orn)* wren.

rôle [Rol] *nm* **(a)** *(Théât, fig)* role, part. **premier/petit ~** leading/minor role *ou* part; **jouer un ~** to play a part, act a role; *(fig)* **il joue les seconds ~s** he plays second fiddle; **ce n'est pas mon ~ de vous sermonner mais ...** it isn't my job *ou* place to lecture you but ...; **la télévision a pour ~ de ...** the role *ou* function of television is to ... . **(b)** *(registre)* roll, list.

romain, e [Rɔmɛ̃, ɛn] **1** *adj (gén)* Roman. **2** *nm(f)* **R~(e)** Roman. **3** *nf*: *(laitue)* **~e** cos *(lettuce)*; *(balance)* **~e** steelyard.

roman¹ [Rɔmɑ̃] *nm (livre)* novel; *(genre médiéval)* romance; *(fig: récit)* story. **ils ne publient que des ~s** they only publish novels *ou* fiction; *(lit, fig)* **~ d'amour** love story; **~ d'aventures** adventure story; **~ de cape et d'épée** historical romance; **~ de chevalerie** tale of chivalry; **~ courtois** courtly romance; **~ d'épouvante** horror story; **~ d'espionnage** spy story; **~-feuilleton** *(lit)* serialized novel, serial; *(fig)* saga; **~ policier** detective novel *ou* story; **~ de science-fiction** science fiction novel; **~ (de) série noire** thriller.

roman², **e** [Rɔmɑ̃, an] *adj (Ling)* Romance, Romanic; *(Archit)* Romanesque.

romance [Rɔmɑ̃s] *nf* sentimental ballad, lovesong.

romancer [Rɔmɑ̃se] (3) *vt (sous forme de roman)* to make into a novel; *(agrémenter)* to romanticize.

romancier, -ière [Rɔmɑ̃sje, jɛR] *nm,f* novelist.

romanesque [Rɔmanɛsk(ə)] **1** *adj histoire* fabulous, fantastic; *amours, aventures* storybook; *personne, imagination* romantic; *mode littéraire* novelistic. **œuvres ~s** novels, fiction. **2** *nm [personne]* romantic side; *(imagination)* fancy.

romanichel, -elle [Rɔmaniʃɛl] *nm,f* gipsy.

romantique [Rɔmɑ̃tik] *adj, nmf* romantic. ◆ **romantisme** *nm* romanticism.

romarin [RɔmaRɛ̃] *nm* rosemary.

rompre [Rɔ̃pR(ə)] (41) **1** *vt (gén, fig)* to break; *fian-*

çailles, pourparlers to break off. ~ **l'équilibre** to upset the balance; ~ **le front de l'ennemi** to break through the enemy front; ~ **qn à un exercice** to break sb in to an exercise; ~ **des lances contre qn** to cross swords with sb; *(Mil)* ~ **les rangs** to fall out, dismiss. **2** *vi [corde]* to break, snap; *[digue]*to burst, break; *[fiancés]* to break it off; *(Boxe, Escrime)* to break. *(Mil)* ~ **le combat** to withdraw from the engagement; ~ **avec personne, habitude** to break with. **3 se** ~ *vpr [corde, branche]* to break, snap; *[digue]* to burst, break; *[veine]* to burst, rupture. **il va se** ~ **le cou** he's going to break his neck. ♦ **rompu, e** *adj* **(a)** *(fourbu)* exhausted, worn-out, tired out. **(b)** *(expérimenté)* ~ **à qch** experienced in sth; ~ **aux affaires** with wide business experience; ~ **aux privations** accustomed *ou* inured to deprivation.

romsteck [ʀɔmstɛk] *nm (viande)* rumpsteak; *(tranche)* piece of rumpsteak.

ronce [ʀɔ̃s] *nf (branche)* bramble branch. *(buissons)* ~s brambles.

ronchonner* [ʀɔ̃ʃɔne] (1) *vi* to grumble, grouse*, grouch* *(après at).* ♦ **ronchon*** **1** *adj* grumpy, grouchy*. **2** *nm* grumbler, grouch(er)*, grouser*. ♦ **ronchonnement*** *nm:* ~(s) grumbling, grousing*, grouching*.

rond, e [ʀɔ̃, ʀɔ̃d] **1** *adj* **(a)** *forme* round. **(b)** *(gras) visage* round, chubby, plump; *mollet, poitrine* (well-)rounded; *ventre, personne* plump, tubby. **(c)** *(net)* round. **chiffre** ~ round number *ou* figure; **ça fait 50 F tout** ~ it comes to a round 50 francs; **pour faire un compte** ~ to make a round figure; **être** ~ **en affaires** to be straight(forward) *ou* on the level* in business matters. **(d)** *(*: soûl)* drunk, tight*.

2 *nm* **(a)** *(cercle dessiné)* circle, ring; *(tranche)* slice; *(objet)* ring. ~ **de serviette** serviette *ou* napkin ring; **en** ~ in a circle *ou* ring. **(b)** *(*: sou)* ~s lolly*, cash; **il n'a pas le** *ou* **un** ~ he hasn't got a penny *ou* a cent; **il n'a plus le** ~ he's broke*; **ça doit valoir des** ~s! that must cost a lot! *ou* a packet!*

3 *nf* **(a)** *[gardien, soldats]* rounds; *[policier]* beat, patrol, rounds; *[patrouille]* patrol. **faire sa** ~**e** to be on one's rounds *ou* on the beat *ou* on patrol. **(b)** *(danse)* round (dance), dance in a ring; *[danseurs]* circle, ring. **faites la** ~**e** dance round in a circle *ou* ring. **(c)** *(Mus: note)* semibreve, whole note *(US).* **(d)** *(Écriture)* roundhand. **(e)** **à des kilomètres à la** ~**e** for miles around; **passer qch à la** ~**e** to pass sth round. ♦ **rondelet, -ette** *adj femme* plumpish; *somme* tidy. ♦ **rondelle** *nf (tranche)* slice; *(disque)* disc; *[boulon]* washer. ♦ **rondement** *adv (efficacement)* briskly; *(franchement)* frankly. ♦ **rondeur** *nf* **(a)** *[forme]* (*gén)* roundness; *[bras, visage]* plumpness, chubbiness. **(hum)** **les** ~**s d'une femme** *(formes)* a woman's curves; *(embonpoint)* a woman's plumpness. **(b)** *(bonhomie)* friendly straightforwardness, easygoing directness. ♦ **rondin** *nm* log. ♦ **rondouillard, e*** *adj (péj)* tubby, podgy, pudgy *(US).* ♦ **rond-point,** *pl* ~**s-**~**s** *nm (carrefour)* roundabout, traffic circle *(US).*

ronéoter [ʀɔneɔte] (1) *vt* to duplicate, roneo.

ronfler [ʀɔ̃fle] (1) *vi* **(a)** *[dormeur]* to snore; *[toupie]* to hum; *[poêle]* (*sourdement)* to hum; *(fort)* to roar; *[moteur]* (*sourdement)* to purr, throb; *(fort)* to roar. **faire** ~ **son moteur** to rev up one's engine. **(b)** *(*: dormir)* to snore away. ♦ **ronflant, e** *adj (péj) promesse* high-flown; *titre* pompous, grand(-sounding). ♦ **ronflement** *nm:* ~(s) snore(s); hum; roar; purr, throb. ♦ **ronfleur, -euse** *nm,f* snorer.

ronger [ʀɔ̃ʒe] (3) **1** *vi [souris, chagrin]* to gnaw *ou* eat away at; *[acide, vers]* to eat into; *[mer]* to wear away, eat into. ~ **un os** to gnaw (at) a bone; **rongé par les vers** worm-eaten; **rongé par la rouille**

---

rust-eaten; *(lit, fig)* ~ **son frein** to champ (at) the bit; **rongé par la maladie** sapped by illness. **2 se** ~ *vpr:* **se** ~ **les ongles** to bite one's nails; **se** ~ **les sangs** to worry o.s., eat one's heart out. ♦ **rongeur, -euse** *adj, nm* rodent.

ronronner [ʀɔ̃ʀɔne] (1) *vi [chat]* to purr; *[moteur]* to purr, hum. ♦ **ronronnement** *nm:* ~(s) purr; hum.

roquet [ʀɔkɛ] *nm (péj)* (nasty little) dog.

roquette [ʀɔkɛt] *nf (Mil)* rocket.

rosace [ʀozas] *nf [cathédrale]* rose window; *[plafond]* (ceiling) rose; *(Géom)* rosette.

rosaire [ʀozɛʀ] *nm* rosary.

rosbif [ʀɔsbif] *nm:* **du** ~ *(rôti)* roast beef; *(à rôtir)* roasting beef; **un** ~ a joint of (roast) beef.

rose [ʀoz] **1** *nf (fleur)* rose; *(vitrail)* rose window; *(diamant)* rose diamond. **pas de** ~**s sans épines** no rose without a thorn; ~ **de Noël** Christmas rose; ~ **pompon** button rose; ~ **des sables** gypsum flower; ~ **trémière** hollyhock; ~ **des vents** compass card. **2** *nm (couleur)* pink. **3** *adj* *(gén)* pink; *(plein de santé)* rosy. ~ **bonbon** candy-pink; **tout n'est pas** ~ it's not all roses *ou* all rosy, it's not a bed of roses; **voir la vie en** ~ to see everything through rose-coloured spectacles.

rosé, e[1] [ʀoze] **1** *adj couleur* pinkish; *vin* rosé. **2** *nm* rosé (wine).

roseau, *pl* ~**x** [ʀozo] *nm* reed.

rosée[2] [ʀoze] *nf* dew.

roseraie [ʀozʀɛ] *nf* rose garden.

rosette [ʀozɛt] *nf (nœud)* bow; *(insigne, Archit, Bot)* rosette.

rosier [ʀozje] *nm* rosebush, rose tree. ~ **nain/grimpant** dwarf/climbing rose.

rosir [ʀoziʀ] (2) *vti* to turn pink.

rosse [ʀɔs] **1** *nf* **(a)** *(† péj: cheval)* nag. **(b)** *(*péj)* *(homme)* beast*, swine‡; *(femme)* beast*, bitch‡. **2** *adj (péj)* horrid, nasty, rotten*. ♦ **rosserie** *nf* nastiness; *(propos)* nasty remark; *(acte)* nasty trick.

rosser [ʀɔse] (1) *vt* to thrash. **se faire** ~ to get a (good) hiding *ou* a thrashing.

rossignol [ʀɔsiɲɔl] *nm* **(a)** *(Orn)* nightingale. **(b)** *(*: invendu)* unsaleable article. **(c)** *(clef)* picklock.

rot [ʀo] *nm* belch, burp*; *[bébé]* burp.

rotation [ʀɔtasjɔ̃] *nf* **(a)** *(mouvement)* rotation. **mouvement de** ~ rotating *ou* rotary movement. **(b)** *[matériel]* turnover; *[avions, bateaux]* frequency (of service); *[cultures, équipes de travail]* rotation. **par** ~ in rotation. ♦ **rotatif, -ive** **1** *adj* rotary. **2** *nf* rotary press. ♦ **rotatoire** *adj* rotary.

roter* [ʀɔte] (1) *vi* to burp*, belch.

rotin [ʀɔtɛ̃] *nm* rattan (cane). **chaise de** ~ cane chair.

rôtir [ʀotiʀ] (2) **1** *vt (Culin: aussi faire* ~) to roast. **agneau rôti** roast lamb. **2** *vi (lit, fig)* to roast. **3 se** ~ *vpr:* **se** ~ **au soleil** to bask in the sun. ♦ **rôti** *nm:* **du** ~ roasting meat; *(cuit)* roast meat; **un** ~ a joint. ♦ **rôtisserie** *nf (restaurant)* steakhouse, grill and griddle; *(boutique)* shop selling roast meat. ♦ **rôtisseur, -euse** *nm,f* seller of roast meat; steakhouse proprietor. ♦ **rôtissoire** *nf* (roasting) spit.

rotonde [ʀɔtɔ̃d] *nf (Archit)* rotunda.

rotor [ʀɔtɔʀ] *nm* rotor.

rotule [ʀɔtyl] *nf (Anat)* kneecap. **être sur les** ~**s*** to be dead beat* *ou* all in.

rouage [ʀwaʒ] *nm [engrenage]* cog(wheel), gearwheel; *[montre]* part; *(fig)* cog. **les** ~**s** *[montre]* the works *ou* parts; *[organisme]* the workings; **les** ~**s de l'État** the wheels of State.

roublard, e* [ʀublaʀ, aʀd(ə)] *adj* crafty, wily, artful.

roucouler [ʀukule] (1) **1** *vi [oiseau]* to coo; *[amoureux]* to bill and coo; *[chanteur]* to warble. **2** *vt (péj) chanson* to warble; **mots d'amour** to coo.

♦ **roucoulade** *nf ou* ♦ **roucoulement** *nm*: ~(s) cooing, warbling.

roue [ʀu] *nf* (*gén*) wheel; *[engrenage]* cog(wheel), (gear)wheel. ~ **à aubes** paddle wheel; ~ **de secours** spare wheel; **véhicule à deux ~s** two-wheeled vehicle; **faire la** ~ *[paon]* to spread *ou* fan its tail; *[personne] (se pavaner)* to strut about; (*Gymnastique*) to do a cartwheel; **faire** ~ **libre** to freewheel.

roué, e [ʀwe] *adj* cunning, wily, sly.

rouer [ʀwe] (1) *vt* **(a)** ~ **qn de coups** to give sb a beating *ou* thrashing. **(b)** (*supplice*) to put on the wheel.

rouerie [ʀuʀi] *nf* cunning, wiliness, slyness; (*tour*) cunning *ou* wily *ou* sly trick.

rouet [ʀwe] *nm* (*à filer*) spinning wheel.

rouflaquettes* [ʀuflakɛt] *nfpl* sideburns.

rouge [ʀuʒ] **1** *adj* (*gén*) red; (*porté à l'incandescence*) *fer* red-hot. ~ **de colère/honte** red *ou* flushed with anger/shame; **devenir** ~ **comme une cerise** to blush, go red in the face; **il est** ~ **comme une pivoine** he's as red as a beetroot *ou* a lobster. **2** *nm* (*couleur*) red; (*vin*) red wine; (*fard*) rouge. ~ **à lèvres** lipstick; (*Pol*) **voter** ~ to vote Communist; (*Aut*) **le feu est au** ~ the lights are red; **le** ~ **lui monta aux joues** his cheeks flushed, he blushed, he went red in the face; **le fer porté au** ~ red-hot iron. **3** *nmf* (*péj: communiste*) Red* (*péj*), Commie* (*péj*). ♦ **rougeâtre** *adj* reddish. ♦ **rougeaud, e** *adj* red-faced. ♦ **rouge-gorge**, *pl* ~**s**-~**s** *nm* robin (redbreast).

rougeole [ʀuʒɔl] *nf*: **la** ~ (the) measles (*sg*); **une** ~ a bout of measles.

rougeoyer [ʀuʒwaje] (8) *vi [feu]* to glow red; *[ciel]* to turn red. ♦ **rougeoiement** *nm* red *ou* reddish glow. ♦ **rougeoyant, e** *adj ciel* reddening; *cendres* glowing.

rouget [ʀuʒɛ] *nm*: ~ (**barbet**) red mullet; ~ (**grondin**) gurnard.

rougeur [ʀuʒœʀ] *nf* (*teinte*) redness; (*Méd: tache*) red blotch *ou* patch; *[visage]* redness. **sa** ~ **a trahi sa gêne** her red face *ou* her blushes betrayed her embarrassment.

rougir [ʀuʒiʀ] (2) **1** *vi* **(a)** *[personne]* (*gén*) to go red, redden; (*émotion*) to flush; (*honte*) to blush (*de* with). ~ **jusqu'aux oreilles** to go bright red, blush to the roots of one's hair; (*lit, fig*) **faire** ~ **qn** to make sb blush; **dire qch sans** ~ to say sth without blushing *ou* unblushingly. **(b)** (*fig: avoir honte*) ~ **de** to be ashamed of. **(c)** *[ciel, tomate, feuille]* to go *ou* turn red, redden; *[métal]* to get red-hot. **2** *vt ciel, feuilles* to turn red; *métal* to make red-hot. ♦ **rougissant, e** *adj visage* blushing; *feuille, ciel* reddening. ♦ **rougissement** *nm* (*de honte etc*) blush; (*d'émotion*) flush.

rouille [ʀuj] **1** *nf* rust. **2** *adj inv* rust(-coloured), rusty. ♦ **rouillé, e** *adj métal* rusty, rusted; *mémoire, athlète* rusty; *muscles* stiff. **tout** ~ rusted over. ♦ **rouiller** (1) **1** *vi* to rust, go *ou* get rusty. **2** *vt métal, esprit* to make rusty. **3 se** ~ *vpr [métal]* to go *ou* get rusty, rust; *[athlète, mémoire]* to become rusty; *[muscles]* to get stiff.

roulade [ʀulad] *nf* **(a)** (*Mus*) roulade, run; *[oiseau]* trill. **(b)** (*Culin*) rolled meat. **(c)** (*Sport*) roll.

roulant, e [ʀulɑ̃, ɑ̃t] **1** *adj* **(a)** *meuble* on wheels. (*Rail*) **matériel** ~ rolling stock; **personnel** ~ train crews. **(b)** (*: drôle*) killing*. **2** *nf* (*arg Mil*) field kitchen.

roulé, e [ʀule] **1** *adj* **(a)** **être bien** ~* to have a good *ou* shapely figure. **(b)** *bord de chapeau* curved; *bord de foulard, morceau de boucherie* rolled. **2** *nm* (*gâteau*) Swiss roll; (*pâte*) = turn-over; (*viande*) rolled meat. ♦ **roulé-boulé**, *pl* ~**s**-~**s** *nm* roll-up.

rouleau, *pl* ~**x** [ʀulo] *nm* (*gén, Sport*) roll; (*outil, vague*) roller; *[machine à écrire]* platen, roller; (*pour se coiffer*) curler, roller. ~ **compresseur**

steamroller, roadroller; ~ **à pâtisserie** rolling pin; ~ **de papier** roll of paper; **passer une pelouse au** ~ to roll a lawn.

roulement [ʀulmɑ̃] *nm* **(a)** (*rotation*) rotation. **travailler par** ~ to work on a rota system, work in rotation. **(b)** **avoir des** ~**s d'épaules/de hanches** to sway one's shoulders/wiggle one's hips; **faire des** ~**s d'yeux** to roll one's eyes. **(c)** (*circulation*) movement. **pneu usé par le** ~ tyre worn through use. **(d)** (*bruit*) *[train, camion]* rumble; *[charrette]* rattle. ~ **de tonnerre** rumble *ou* peal *ou* roll of thunder; ~ **de tambour** drum roll. **(e)** *[capitaux]* circulation. **(f)** ~ (**à billes**) ball bearings.

rouler [ʀule] (1) **1** *vt* **(a)** *meuble, tonneau* to roll along; *brouette* to wheel along, trundle along. ~ **qch dans la farine** to roll sth in flour; ~ **des projets dans sa tête** to turn plans over (and over) in one's mind. **(b)** *tapis, manches* to roll up; *cigarette* to roll; *ficelle* to wind up, roll up. ~ **qn dans une couverture** to wrap *ou* roll sb (up) in a blanket. **(c)** (*Culin*) *pâte* to roll out. **(d)** (*: duper*) to con; (*sur le prix, le poids*) to diddle* (*sur* over). **(e)** *épaules* to sway; *hanches* to wiggle; *yeux* to roll. **il a roulé sa bosse** he has knocked about the world*; (*Ling*) ~ **les 'r'** to roll one's r's.

2 *vi* **(a)** *[voiture, train]* to go, run; *[conducteur]* to drive. **cette voiture a très peu roulé** this car has a very low mileage; **les voitures ne roulent pas bien sur le sable** cars don't run well on sand; **le véhicule roulait à gauche** the vehicle was driving (along) on the left; ~ **au pas** (*prudence*) to go dead slow; (*dans un embouteillage*) to crawl along; ~ **à 80 km à l'heure** to do 80 km per hour, drive at 80 km per hour; **on a bien roulé*** we kept up a good speed; **ça roule bien** the traffic is flowing well; **il roule en Rolls** he drives around in a Rolls. **(b)** *[bille, dé]* to roll. **une larme roula sur sa joue** a tear rolled down his cheek; **un coup de poing l'envoya** ~ **dans la poussière** a punch sent him rolling in the dust; **faire** ~ **boule** to roll; **cerceau** to roll along. **(c)** *[bateau]* to roll. **(d)** *[tambour]* to roll; *[tonnerre]* to roll, rumble, peal. **(e)** (*fig*) *[aventurier]* to knock about, drift around. (*conversation*) ~ **sur** to turn on, be centred on; ~ **sur l'or** to be rolling in money*, have pots of money*.

3 se ~ *vpr*: **se** ~ **par terre** to roll on the ground; (*fig*) to fall about* (laughing); **se** ~ **dans une couverture** to roll *ou* wrap o.s. up in a blanket; **se** ~ **en boule** to roll o.s. (up) into a ball.

roulette [ʀulɛt] *nf* **(a)** *[meuble]* castor. **ça a été comme sur des** ~**s*** it went very smoothly. **(b)** ~ **de dentiste** dentist's drill. **(c)** (*jeu*) roulette; (*instrument*) roulette wheel. ~ **russe** Russian roulette.

roulis [ʀuli] *nm* roll(ing). **il y a du** ~ the ship's rolling a lot.

roulotte [ʀulɔt] *nf* caravan, trailer (*US*).

Roumanie [ʀumani] *nf* Rumania, Romania. ♦ **roumain, e** *adj, nm*, **R**~(**e**) *nm(f)* Rumanian, Romanian.

roupie [ʀupi] *nf* (*Fin*) rupee.

roupiller* [ʀupije] (1) *vi* (*dormir*) to sleep; (*faire un somme*) to have a snooze *ou* a kip‡; (*fig*) to doze, be half asleep. **je vais** ~ I'll be turning in*. ♦ **roupillon*** *nm* snooze, kip‡.

rouquin, e* [ʀukɛ̃, in] **1** *adj personne* red-haired; *cheveux* red, carroty*. **2** *nm,f* redhead.

rouspéter* [ʀuspete] (6) *vi* to grouse*, grouch* (*après* at). ♦ **rouspétance*** *nf* grousing*, grouching*. ♦ **rouspéteur, -euse*** **1** *adj* grumpy. **2** *nm,f* grouser*, grouch*.

roussir [ʀusiʀ] (2) **1** *vt [fer à repasser]* to scorch, singe; *[flamme]* to singe. *[chaleur]* ~ **l'herbe** to scorch the grass. **2** *vi [feuilles]* to turn brown *ou* russet. **(b)** (*Culin*) **faire** ~ to brown. ♦ **rousse** *adj f V* **roux.** ♦ **rousseur** *nf [cheveux]* redness; *[feuilles]* russet colour. (*sur la peau*) ~**s** brownish marks. ♦ **roussi** *nm*: ça sent le ~! (*lit*) there's a smell of burning; (*fig*) I can smell trouble.

route [Rut] *nf* road. ~ **nationale/ départementale** = trunk *ou* main/secondary road; **faire de la** ~ to do a lot of mileage; **accidents de la** ~ road accidents. (b) (*chemin à suivre*) way; (*Naut: cap*) course. **montrer la** ~ à qn to show the way to sb; **la** ~ **sera longue** (*gén*) it'll be a long journey; (*en voiture*) it'll be a long drive; **ce n'est pas ma** ~ it's not on my way. (c) (*ligne de communication*) route. ~ **aérienne/maritime** air/sea route; **la** ~ **de l'opium** the opium route *ou* trail. (d) (*fig*) path, road, way. **être sur la bonne** ~ (*dans la vie*) to be on the right road *ou* path; (*dans un problème*) to be on the right track. (e) (*locutions*) **faire** ~ **vers** (*gén*) to head towards *ou* for; [*bateau*] **en** ~ **pour** bound for; **faire** ~ **avec qn** to travel with sb; **prendre la** ~, **se mettre en** ~ to set off *ou* out; **en** ~ on the way; **en** ~! let's go!, let's be off!; **bonne** ~! have a good journey! *ou* trip!; **mettre en** ~ *moteur* to start (up); *affaire* to set in motion, get under way; **mise en** ~ starting up; setting in motion; **carnet de** ~ travel diary; **tenir bien la** ~ to hold the road well. ♦ **routier, -ière** 1 *adj* road. 2 *nm* (*camionneur*) long-distance lorry *ou* truck (*US*) driver; (*restaurant*) = transport café.

routine [Rutin] *nf* routine. **visite de** ~ routine visit. ♦ **routinier, -ière** *adj travail*, *vie* humdrum, routine; *personne* routine-minded.

rouvrir *vti*, **se** ~ *vpr* [RuvRiR] (18) to reopen, open again.

roux, rousse [Ru, Rus] 1 *adj personne* red-haired; *cheveux* red, auburn; (*orangé*) ginger; *pelage*, *feuilles* russet, reddish-brown. 2 *nm* (a) (*couleur*) red, auburn; ginger; russet, reddish-brown. (b) (*Culin*) roux. 3 *nm,f* redhead.

royal, e, *mpl* **-aux** [Rwajal, o] *adj* (*lit*) royal; *magnificence* regal, royal; *repas*, *cadeau* fit for a king; *salaire* princely; *mépris* majestic, regal; *paix* blissful. ♦ **royalement** *adv vivre*, *traiter* royally. **il s'en moque** ~* he couldn't care less*; (*iro*) **il m'a** ~ **offert 3 F d'augmentation*** he offered me a princely 3-franc rise (*iro*). ♦ **royaliste** *adj*, *nmf* royalist. ♦ **royaume** *nm* (*lit*) kingdom, realm; (*fig*) realm. **le R~-Uni** the United Kingdom. ♦ **royauté** *nf* (*régime*) monarchy; (*fonction, dignité*) kingship.

ruade [Ryad] *nf* kick (*of a horse's hind legs*). **lancer une** ~ to lash *ou* kick out.

ruban [Rybɑ̃] *nm* (*gén, fig*) ribbon; [*téléscripteur*] tape; [*ourlet*] binding, tape. ~ **d'acier** steel band *ou* strip; ~ **adhésif** adhesive tape, sticky tape; ~ **de chapeau** hat band.

rubéole [Rybeɔl] *nf* German measles (*sg*), rubella.

rubis [Rybi] 1 *nm* (*pierre, couleur*) ruby; [*montre*] jewel. 2 *adj inv* ruby(-coloured).

rubrique [RybRik] *nf* (*article*) column; (*titre, catégorie*) heading, rubric.

ruche [Ryʃ] *nf* (*lit, fig*) (bee)hive.

rude [Ryd] *adj* (a) (*au toucher*) rough; (*à l'ouïe*) harsh. (b) *métier*, *climat*, *adversaire* tough; *montée* stiff. **être mis à** ~ **épreuve** [*personne*] to be put through the mill; [*tissu*] to get rough treatment; **il a été à** ~ **école** he learned life the hard way; **en faire voir de** ~ **s à qn** to give sb a hard *ou* tough time. (c) (*fruste*) *manières* unpolished, crude; *traits* rugged; *montagnards* rugged, tough. (d) (*bourru*) *personne* harsh, hard; *manières* rough. (e) (*intensif*) *gaillard*, *appétit* hearty; *peur*, *coup* real. ♦ **rudement** *adv* (a) *frapper* hard; *répondre* harshly; *traiter* roughly, harshly. (b) (*) *content*, *mauvais*, *cher* terribly*, awfully*; *travailler* terribly *ou* awfully hard*. ~ **bien** terribly *ou* awfully well*; **ça change** ~ it's a real change; **il est** ~ **plus généreux** he's a great deal *ou* darned sight* more generous; **j'ai eu** ~ **peur** I had a dreadful *ou* an awful fright.

♦ **rudesse** *nf* roughness; harshness; toughness; crudeness; ruggedness.

rudiments [Rydimɑ̃] *nmpl* [*discipline*] rudiments; [*théorie*] principles. **avoir quelques** ~ **d'anglais** to have a smattering of English *ou* some basic knowledge of English. ♦ **rudimentaire** *adj* rudimentary.

rudoyer [Rydwaje] (8) *vt* to treat harshly.

rue [Ry] *nf* street. (*péj: populace*) **la** ~ the mob; ~ **à sens unique** one-way street; **être à la** ~ to be out on the street.

ruée [Rɥe] *nf* rush; (*péj*) stampede, (mad) scramble. **la** ~ **vers l'or** the gold rush.

ruelle [Rɥɛl] *nf* (*rue*) alley(-way).

ruer [Rɥe] (1) 1 *vi* [*cheval*] to kick (out). (*fig*) ~ **dans les brancards** to rebel. 2 **se** ~ *vpr*: **se** ~ **sur** to pounce on; **se** ~ **vers/dans** to dash *ou* rush towards/into; **se** ~ **à l'assaut** to hurl *ou* fling o.s. into the attack.

rugby [Rygbi] *nm* Rugby (football), rugger*. ~ **à quinze** Rugby Union; ~ **à treize** Rugby League. ♦ **rugbyman**, *pl* **rugbymen** *nm* rugby player.

rugir [RyʒiR] (2) 1 *vi* (*gén*) to roar (*de* with); [*vent*] to howl, roar. 2 *vt* to roar out. ♦ **rugissement** *nm* roar; howl.

rugueux, -euse [Rygø, øz] *adj* (*gén*) rough; (*grossier*) coarse; *sol* rugged, bumpy. ♦ **rugosité** *nf* roughness; coarseness; ruggedness, bumpiness; (*aspérité*) rough patch, bump.

ruine [Rɥin] *nf* (*lit, fig*) ruin. (*péj*) ~ (*humaine*) (human) wreck; **en** ~ in ruins, ruined; **c'est la** ~ **de tous mes espoirs** that puts paid to *ou* that means the ruin of all my hopes; **menacer** ~ to be threatening to collapse; **tomber en** ~ to fall in ruins; (*financièrement*) **cette voiture est une vraie** ~ that car will ruin me. ♦ **ruiner** (1) 1 *vt* (*lit, fig*) to ruin. **ça ne va pas te** ~!* it won't break* *ou* ruin you! 2 **se** ~ *vpr* to ruin *ou* bankrupt o.s.; (*fig: dépenser trop*) to spend a fortune. ♦ **ruineux, -euse** *adj goût* ruinously expensive; *dépense* ruinous.

ruisseau, *pl* ~**x** [Rɥiso] *nm* (*cours d'eau*) stream, brook; (*lit, fig: caniveau*) gutter. **des** ~**x de larmes** floods of; **lave**, **sang** streams of.

ruisseler [Rɥisle] (4) *vi* [*liquide*] to flow, stream; [*mur*] to run with water, stream (with water). ~ **de eau**, **lumière** etc to stream with. ♦ **ruissellement** *nm*: **le** ~ **de la pluie sur le mur** the rain streaming *ou* running *ou* flowing down the wall; ~ **de lumière** stream of light.

rumeur [RymœR] *nf* (a) (*nouvelle imprécise*) rumour. **selon certaines** ~**s, elle** ... rumour has it that she ..., it is rumoured that she ... . (b) [*vagues, vent*] murmur, murmuring; [*rue, conversation*] hum; [*émeute*] hubbub. (c) (*protestation*) rumblings. ~ **de mécontentement** rumblings of discontent.

ruminer [Rymine] (1) 1 *vt* (*Zool*) to ruminate; *projet* to ruminate *ou* chew over; *chagrin* to brood over; *vengeance* to ponder, meditate. 2 *vi* (*Zool*) to ruminate, chew the cud. ♦ **ruminant** *nm* ruminant. ♦ **rumination** *nf* rumination.

rumsteck [Rɔmstɛk] *nm* = **romsteck**.

rupin, e [Rypɛ̃, in] *adj quartier* ritzy*, plush(y)*; *personne* stinking *ou* filthy rich*.

rupture [RyptyR] *nf* (a) (*annulation*) [*contrat*] breach (*de* of); [*relations diplomatiques*] severance, rupture (*de* of); [*pourparlers*] breakdown (*de* of, in). (*action*) **la** ~ **des pourparlers entre les 2 pays** the breaking off of talks between the 2 countries. (b) (*séparation amoureuse*) break-up, split. (c) [*câble*, *poutre*] breaking; [*digue*] bursting; [*organe*] rupture; [*tendon*] tearing. **limite de** ~ breaking point; ~ **entre le passé et le présent** break between the past and the present; ~ **de rythme** (sudden) break in (the) rhythm; ~ **d'équilibre** (*lit*) loss of balance; (*fig*) upsetting of the balance; ~ **d'essieu** broken axle

rural, e, *mpl* **-aux** [ʀyʀal, o] **1** *adj* country, rural. **2** *nm,f* country person.

ruse [ʀyz] *nf* **(a)** **la** ~ (*pour gagner*) cunning, craftiness, slyness; (*pour tromper*) trickery, guile. **(b)** (*subterfuge*) trick, ruse. (*lit, fig*) ~ **de guerre** stratagem, tactics. ♦ **rusé, e** *adj personne* cunning, crafty, sly. ♦ **ruser** (1) *vi* to use cunning; to use trickery.

russe [ʀys] *adj, nm*, **R**~ *nmf* Russian. ♦ **Russie** *nf* Russia.

rustaud, e [ʀysto, od] **1** *adj* coarse. **2** *nm,f* country bumpkin, yokel.

rustine [ʀystin] *nf* ® rubber repair, patch (*for bicycle tyre*).

rustique [ʀystik] **1** *adj* (*gén*) rustic; *vie* country; (*Agr*) hardy. **2** *nm* (*style*) rustic style.

rustre [ʀystʀ(ə)] **1** *nm* lout, boor. **2** *adj* boorish.

rut [ʀyt] *nm* [*mâle*] rut; [*femelle*] heat; (*période*) rutting *ou* heat period. **être en** ~ to be rutting; to be in *ou* on heat.

rutabaga [ʀytabaga] *nm* swede, rutabaga (*US*).

rutiler [ʀytile] (1) *vi* to gleam, shine brightly. ♦ **rutilant, e** *adj* brightly shining, gleaming. ♦ **rutilement** *nm* gleam.

rythme [ʀitm(ə)] *nm* **(a)** (*Art, fig: cadence*) rhythm. (*Mus*) **au** ~ **de** to the beat *ou* rhythm of; (*Théât*) **pièce qui manque de** ~ play which lacks tempo, slow-moving play. **(b)** (*vitesse*) (*gén*) rate; [*vie, travail*] tempo, pace. ~ **cardiaque** (rate of) heartbeat; **à ce** ~-**là** at that rate; **suivre le** ~ to keep up (the pace); **au** ~ **de 1 000 par jour** at the rate of 1,000 a *ou* per day. ♦ **rythmé, e** *adj* rhythmic(al). ♦ **rythmer** (1) *vt* to give rhythm to, punctuate. ♦ **rythmique 1** *adj* rhythmic(al). **danse** ~ rhythmics (*sg*). **2** *nf* rhythmics (*sg*).

S

S, s [ɛs] *nm* (*lettre*) S, s. **en s** *route* zigzagging, winding; *barre* S-shaped.

s' [s] *V* **se, si**[1].

sa [sa] *adj poss V* **son**[1].

sabbat [saba] *nm* (*Rel*) Sabbath; (*: bruit*) racket, row*.

sable [sɑbl(ə)] **1** *nm* sand. **de ~** *dune, vent* sand; *plage* sandy; **~s mouvants** quicksands. **2** *adj inv* sandy, sand-coloured. ♦ **sablage** *nm* [*allée*] sanding; [*façade*] sandblasting. ♦ **sablé** *nm* shortbread biscuit *ou* cookie (*US*). ♦ **sabler** (1) *vt* **(a)** *route* to sand; *façade* to sandblast. **(b)** **~ le champagne** to drink *ou* have champagne. ♦ **sableux, -euse** *ou* ♦ **sablonneux, -euse** *adj* sandy. ♦ **sablier** *nm* (*gén*) hourglass, sandglass; (*Culin*) egg timer. ♦ **sablière** *nf* (*carrière*) sand quarry.

sabord [sabɔʀ] *nm* scuttle (*Naut*). ♦ **sabordage** *nm* (*Naut*) scuttling; (*fig*) winding up, shutting down. ♦ **saborder** (1) **1** *vt navire, projet* to scuttle; *entreprise* to wind up, shut down. **2 se ~** *vpr* (*Naut*) to scuttle one's ship; (*fig*) to wind up, shut down.

sabot [sabo] *nm* (*chaussure*) clog; (*Zool*) hoof; (*péj: machine*) useless heap*. **il travaille comme un ~** he's a hopeless worker; **~ de frein** brake shoe; **~ de Denver** Denver shoe.

saboter [sabɔte] (1) *vt* **(a)** (*Mil, Pol, fig*) to sabotage. **(b)** (*bâcler*) to make a (proper) mess of, botch; (*abîmer*) to mess up, ruin. ♦ **sabotage** *nm* **(a)** (*Mil, Pol, fig*) sabotage; (*acte*) act of sabotage. **(b)** (*bâclage*) botching. ♦ **saboteur, -euse** *nm,f* (*Mil, Pol*) saboteur; (*bâcleur*) shoddy worker, botcher.

sabre [sɑbʀ(ə)] *nm* sabre. **~ d'abordage** cutlass; **mettre ~ au clair** to draw one's sword. ♦ **sabrer** (1) *vt* (*Mil*) to sabre, cut down; (*: recaler à l'examen*) to plough*; (*: critiquer*) to tear to pieces; (*: biffer*) to score out. **cette nouvelle m'a sabré (le moral)** I was really shattered by the news*.

sac [sak] **1** *nm* **(a)** (*gén*) bag; (*de grande taille, en toile*) sack; (*cartable*) (school) bag; (*à bretelles*) satchel. **(b)** (*contenu*) bag, bagful; sack, sackful. **(c)** (*: argent*) ten francs. **(d)** [*ville*] sack(ing). **mettre à ~** *ville* to sack; *maison* to ransack. **(e)** (*locutions*) **mettre dans le même ~*** to lump together; **l'affaire est dans le ~*** it's in the bag*. **2:** **~ de couchage** sleeping bag; **~ à dos** rucksack, knapsack; **~ à main** handbag; **~ à provisions** shopping bag; (*en papier*) (paper) carrier; **~ de voyage** overnight *ou* travelling bag.

saccade [sakad] *nf* jerk. **par ~s** in fits and starts, jerkily. ♦ **saccadé, e** *adj gestes, style* jerky; *respiration* spasmodic, halting; *bruit* staccato; *sommeil* fitful.

saccager [sakaʒe] (3) *vt* **(a)** (*dévaster*) *pièce* to turn upside down; *jardin* to create havoc in, wreck. **saccagé par la grêle** devastated by the hail. **(b)** (*piller*) *ville* to sack, lay waste; *maison* to ransack. ♦ **saccage** *nm* havoc (de in).

saccharine [sakaʀin] *nf* saccharin(e).

sacerdoce [sasɛʀdɔs] *nm* (*Rel*) priesthood; (*fig*) calling, vocation. ♦ **sacerdotal, e, mpl -aux** *adj* priestly, sacerdotal.

sachet [saʃɛ] *nm* [*bonbons*] bag; [*poudre*] sachet. **~ de thé** tea bag.

sacoche [sakɔʃ] *nf* (*gén*) bag; (*pour outils*) toolbag; [*cycliste*] (*de selle*) saddlebag; (*de portebagages*) pannier; [*écolier*] (school)bag; (*à bretelles*) satchel.

sacquer* [sake] (1) *vt* **(a)** *employé* to give the sack* *ou* push* to. **se faire ~** to get the sack*, get fired*. **(b)** *élève* (*mauvaise note*) to give a lousy mark to:; (*recaler*) to plough*, fail.

sacrer [sakʀe] (1) **1** *vt roi* to crown; *évêque* to consecrate. **2** *vi* (*:†*) to curse, swear. ♦ **sacraliser** (1) *vt* to regard as sacred. ♦ **sacre** *nm* [*roi*] coronation; [*évêque*] consecration. ♦ **sacré, e 1** *adj* **(a)** (*Rel*) sacred, holy; *art, droit, repas* sacred; *terreur* holy. **(b)** (*) (*maudit*) blasted*, confounded*, damned‡. (*considérable*) **c'est un ~ menteur** he's one heck* *ou* hell‡ of a liar; **ce ~ Paul a encore gagné** that devil Paul has gone and won again*. **2** *nm*: **le ~** the sacred. ♦ **sacrement** *nm* sacrament. ♦ **sacrément*** *adv* froid etc fearfully, damned‡. **ça m'a ~ plu** I liked it ever so much*.

sacrifice [sakʀifis] *nm* (*Rel, fig*) sacrifice. **faire le ~ de sa vie** to sacrifice one's life. ♦ **sacrifier** (7) **1** *vt* (*gén*) to sacrifice (à to, pour for); (*Comm*) *marchandises* to give away (at a knockdown price). **2 ~ à** *vt indir mode* to conform to. **3 se ~** *vpr* to sacrifice o.s.

sacrilège [sakʀilɛʒ] **1** *adj* (*Rel, fig*) sacrilegious. **2** *nm* sacrilege. **3** *nmf* sacrilegious person.

sacripant [sakʀipɑ̃] *nm* (†, *hum*) rogue, scoundrel.

sacristie [sakʀisti] *nf* (*catholique*) sacristy; (*protestante*) vestry. ♦ **sacristain** *nm* [*sacristie*] sacristan; [*église*] sexton.

sacro-saint, e [sakʀosɛ̃, ɛ̃t] *adj* (*lit, iro*) sacrosanct.

sacrum [sakʀɔm] *nm* sacrum.

sadique [sadik] **1** *adj* sadistic. **2** *nmf* sadist. ♦ **sadiquement** *adv* sadistically. ♦ **sadisme** *nm* sadism.

safari [safaʀi] *nm* safari. **faire un ~** to go on safari; **~-photo** photographic safari.

safran [safʀɑ̃] *nm, adj inv* saffron.

sagace [sagas] *adj* (*littér*) sagacious, shrewd. ♦ **sagacité** *nf* sagacity, shrewdness.

sagaie [sagɛ] *nf* assegai.

sage [saʒ] **1** *adj* **(a)** (*avisé*) wise, sensible; (*chaste*) good, proper; (*docile*) good, well-behaved; (*modéré*) *goûts etc* sober, moderate. **~ comme une image** (as) good as gold. **2** *nm wise man*; (*Antiq*) sage. ♦ **sage-femme, pl ~s-~s** *nf* midwife. ♦ **sagement** *adv* wisely, sensibly; properly; moderately. **il est resté ~ assis** he sat quietly, he sat like a good child *ou* boy. ♦ **sagesse** *nf* wisdom, (good) sense; properness; good behaviour; moderation.

Sagittaire [saʒitɛʀ] *nm*: **le ~** Sagittarius; **être (du) ~** to be Sagittarius *ou* a Sagittarian.

sagouin‡ [sagwɛ̃] *nm* (*sale*) dirty *ou* filthy pig*; (*salopard*) swine‡, slob‡, bastard‡.

saigner [seɲe] (1) **1** *vi* to bleed. **il saignait du nez** he had (a) nosebleed, his nose was bleeding. **2** *vt* to bleed. **~ qn à blanc** to bleed sb white. **3 se ~** *vpr*: **se ~ (aux quatre veines) pour qn** to bleed o.s. white for sb. ♦ **saignant, e** *adj plaie* (*lit*) bleeding; (*fig*) raw; *viande* rare, underdone; (‡) *critique*,

mésaventure damned nasty‡. ♦ **saignée** *nf* **(a)**
(Méd) bleeding. **faire une ~ à qn** to bleed sb, let
sb's blood. **(b)** *[budget]* savage cut *(à, dans* in). **les
~s faites par la guerre** the heavy losses incurred
by the war. **(c)** *(Anat)* **la ~ du bras** the bend of the
arm. **(d)** *(sillon) [sol]* trench, ditch; *[mur]* groove.
♦ **saignement** *nm* bleeding. **~ de nez** nosebleed.
saillir [sajiʀ] (2) **1** *vi [corniche]* to jut out, stick
out, project; *[menton, veine, muscle]* to protrude;
[pommette] to be prominent; *[yeux]* to bulge. **2** *vt*
(Zool) to cover, serve. ♦ **saillant, e** *adj* jutting,
projecting; protruding; prominent; bulging;
événement salient, outstanding. ♦ **saillie** *nf* **(a)**
(aspérité) projection. **faire ~** to project, jut out.
(b) *(boutade)* witticism. **(c)** *(Zool)* covering,
serving.
sain, saine [sɛ̃, sɛn] *adj* **(a)** *personne* healthy;
constitution, dents healthy, sound. **~ et sauf** safe
and sound. **(b)** *climat, nourriture* healthy, wholesome. **il est ~ de faire** it is good for you *ou* healthy
to do. **(c)** *fondations, fruit* sound; *viande* good;
gestion healthy. **(d)** *(moralement) personne*
sane; *politique, jugement* sound, sane; *goûts*
healthy; *lectures* wholesome. ♦ **sainement** *adv*
healthily; soundly; wholesomely; sanely.
saindoux [sɛ̃du] *nm* lard.
saint, e [sɛ̃, sɛ̃t] **1** *adj* **(a)** *(sacré)* holy. **la ~e
Famille** the Holy Family; **le vendredi ~** Good
Friday; **le jeudi ~** Maundy Thursday; **le mardi ~**
Tuesday of Holy Week; **toute la ~e journée*** the
whole blessed day*; **avoir une ~e terreur de qch***
to have a holy terror of sth*. **(b)** *(devant prénom)*
Saint. *(apôtre)* **~ Pierre** Saint Peter; *(église)* **S~-
Pierre** Saint Peter's; *(fête)* **la S~-Pierre** the feast
of Saint Peter; *(jour)* **à la S~-Pierre** on Saint
Peter's day. **(c)** *personne* saintly, godly; *action*
pious, saintly, holy.
　2 *nm,f (lit, fig)* saint; *(statue)* statue of a saint.
　3: **~-bernard** *nm inv (chien)* St Bernard; *(fig)*
good Samaritan; **le S~-Esprit** the Holy Spirit *ou*
Ghost; **~-frusquin*** clobber*, gear*; **et tout le ~-
frusquin*** and the whole caboodle; **à la ~-
glinglin*** never in a month of Sundays*; **jusqu'à la
~-glinglin*** till the cows come home*; *(péj)* **~e
nitouche** (pious) hypocrite; **~ patron** patron
saint; **S~-Père** Holy Father; **le ~ sacrement** the
Blessed Sacrament; **le S~ des S~s** the Holy of
Holies; **le S~-Siège** the Holy See; **la S~-
Sylvestre** New Year's Eve; **la S~e Vierge** the
Blessed Virgin.
♦ **saintement** *adv* like a saint. ♦ **sainteté** *nf [per-
sonne]* saintliness; *[Évangile, Vierge]* holiness;
[lieu, mariage] sanctity. **Sa S~ (le pape)** His Holiness (the Pope).
saisir [seziʀ] (2) **1** *vt* **(a)** *(prendre)* to take hold of,
catch hold of; *(s'emparer de)* to seize, grab (hold
of); *prétexte* to seize. **~ qn à la gorge** to grab *ou*
seize sb by the throat; **~ une occasion au vol** to
jump at the opportunity. **(b)** *mot, nom* to catch,
get*; *explications* to grasp, understand, get*. **(c)**
[sentiment] to take hold of, seize, grip; *[malaise]*
to come over. *(surprendre)* **~ qn** to bring sb up
with a start; **saisi de joie** overcome with joy; **saisi
de panique** seized with panic, panic-stricken;
être saisi par *horreur* to be gripped by; *ressemblance, froid* to be struck by; **elle fut tellement
saisie que** ... she was so overcome that ... . **(d)**
(Jur) personne, chose to seize; *juridiction* to
submit *ou* refer to. **(e)** *(Culin)* to fry briskly. **2 se
~** *vpr:* **se ~ de qch/qn** to seize *ou* grab sth/sb.
♦ **saisie** *nf [biens, journal]* seizure. **~-arrêt** dis-
traint. ♦ **saisissant, e** *adj spectacle* gripping;
ressemblance startling, striking. ♦ **saisissement**
nm (froid) sudden chill; *(émotion)* (rush of) emotion; *(surprise)* surprise.
saison [sɛzɔ̃] *nf* season; *(cure)* cure. **la belle ~** the
summer months; **en cette ~** at this time of year;
en toutes ~s all (the) year round; **temps de ~**

seasonable weather; **la ~ des pluies** the rainy *ou*
wet season; *(Tourisme)* **haute/basse ~** high/low
ou off-season; **hors ~ plante** out of season.
♦ **saisonnier, -ière 1** *adj* seasonal. **2** *nm,f* seasonal worker.
salade [salad] *nf* **(a)** *(laitue)* lettuce; *(scarole)*
endive; *(plat)* green salad. **~ de tomates** *etc*
tomato *etc* salad; **~ niçoise** salade niçoise;
haricots en ~ bean salad. **(b)** *(*fig) (confusion)*
tangle, muddle. *(mensonges)* **~s** stories*.
♦ **saladier** *nm* salad bowl.
salaire [salɛʀ] *nm* **(a)** wage(s), salary, pay. **(b)**
(fig: récompense, châtiment) reward *(de* for).
salaison [salɛzɔ̃] *nf (procédé)* salting; *(aliment)*
salt meat *(ou* fish).
salamandre [salamɑ̃dʀ(ə)] *nf (Zool)* salamander;
(poêle) slow-combustion stove.
salami [salami] *nm* salami.
salarié, e [salaʀje] **1** *adj travailleur* salaried,
wage-earning; *travail* paid. **2** *nm,f* salaried employee, wage-earner.
salaud‡ [salo] *nm* bastard, swine‡.
sale [sal] *adj* **(a)** *(crasseux)* dirty. **~ comme un
cochon** filthy (dirty). **(b)** *(ordurier)* dirty, filthy.
(c) *(*: *avant n: mauvais)* (*gén*) nasty; *temps,
caractère* rotten*, foul, lousy*. **~ tour** dirty trick;
faire une ~ tête* to be damned annoyed‡.
salé, e [sale] **1** *adj* **(a)** *saveur, mer* salty; *amande,
plat, beurre* salted; *(conservé au sel) poisson,
viande* salt. **(b)** *(*: *grivois)* spicy*, juicy*. **(c)** *(*)*
punition stiff*; *facture* steep*. **2** *nm (nourriture)*
salty food; *(porc salé)* salt pork. **3** *adv:* **manger ~**
to like a lot of salt on one's food.
salement [salmɑ̃] *adv* dirtily; *(‡: très)* damned‡.
j'ai eu ~ peur I had a hell of a fright‡, I was
damned scared‡.
saler [sale] (1) *vt* **(a)** *(lit)* to put salt in, salt. **(b)** *(*)*
client to do*, fleece; *facture* to bump up*; *inculpé*
to be tough on*.
saleté [salte] *nf* **(a)** *(malpropreté) [lieu, personne]*
dirtiness; *(crasse)* dirt, filth. **il y a une ~ par terre**
there's some dirt on the floor; **tu as fait des ~s** *ou*
de la ~ **partout** you've made a mess all over the
place. **(b)** *(*) **de la ~, une ~** *(objet)* rubbish, junk;
(nourriture) rubbish, muck*; **ce réfrigérateur est
une ~** *ou* **de la ~** this fridge is a load of old rubbish*; **acheter une ~** to buy some (old) junk *ou*
rubbish *ou* trash. **(c)** *(*) *(maladie)* nasty bug*;
(obscénité) dirty *ou* filthy remark; *(méchanceté)*
dirty *ou* filthy trick*; *(salaud)* nasty piece of
work*, nasty character.
salière [saljɛʀ] *nf* saltcellar.
saligaud‡ [saligo] *nm (malpropre)* dirty *ou* filthy
pig*; *(salaud)* swine‡, bastard‡.
salin, e [salɛ̃, in] *adj* saline.
salir [saliʀ] (2) **1** *vt lieu* to (make) dirty, mess up.
~ qn to soil *ou* tarnish sb's reputation. **2 se ~** *vpr*
[tissu] to get dirty *ou* soiled; *[personne]* to get
dirty, dirty o.s. *(lit, fig)* **se ~ les mains** to get one's
hands dirty, dirty one's hands.
♦ **salissant, e** *adj étoffe* which shows the dirt;
travail dirty, messy.
salive [saliv] *nf* saliva, spittle. ♦ **saliver** (1) *vi* to
salivate.
salle [sal] **1** *nf* **(a)** *[musée, café]* room; *[château]*
hall; *[restaurant]* (dining) room; *[hôpital]* ward.
(b) *(Ciné, Théât)* *(auditorium)* auditorium,
theatre; *(public)* audience; *(cinéma)* cinema,
movie theater *(US)*. **faire ~ comble** to have a full
house. **2: ~ d'attente** waiting room; **~ de bain(s)**
bathroom; **~ de classe** classroom; **~ de concert**
concert hall; **~ d'eau** shower-room; **~ des fêtes**
village hall; **~ à manger** *(pièce)* dining room;
(meubles) dining room suite; **~ d'opération**
operating theatre; **~ des professeurs** staff room;
~ de rédaction (newspaper) office; **~ de séjour**
living room; **~ de spectacle** theatre; cinema; **~
des ventes** saleroom, auction room.

salon [salɔ̃] 1 *nm* (a) *[maison]* lounge, sitting room; *[hôtel]* lounge; *[navire]* saloon, lounge. (b) *(meubles)* lounge *ou* living-room suite. (c) *(exposition)* exhibition, show. (d) *(cercle littéraire)* salon. 2: S~ de l'Auto Motor Show; ~ de coiffure hairdressing salon; ~ de thé tearoom.
salopardı [salɔpaʀ] *nm* bastardı, swineı.
salopeı [salɔp] *nf (méchante)* bitchı; *(dévergondée)* tartı; *(sale)* slut.
saloperı [salɔpe] (1) *vt (bâcler)* to botch, bungle; *(salir)* to mess up*, muck up*.
saloperieı [salɔpʀi] *nf* (a) de la ~ *(nourriture)* rubbish, muck*; *(objet)* trash, junk, rubbish; acheter une ~ to buy some (old) trash *ou* junk *ou* rubbish. (b) *(maladie)* nasty bug*; *(action)* dirty trick*; *(obscénité)* dirty *ou* filthy remark. (c) *(crasse)* filth. ça fait de la ~ *ou* des ~s partout it makes a mess everywhere.
salopette [salɔpɛt] *nf (gén)* dungarees; *[ouvrier]* overall(s).
salpêtre [salpɛtʀ(ə)] *nm* saltpetre.
salsifis [salsifi] *nm* salsify, oyster-plant.
saltimbanque [saltɛ̃bɑ̃k] *nmf* (travelling) acrobat.
salubre [salybʀ(ə)] *adj* healthy, salubrious. ♦ **salubrité** *nf* healthiness, salubrity. ~ **publique** public health.
saluer [salɥe] (1) *vt (gén, fig)* to greet; *(Mil, Naut)* to salute. *(dire au revoir)* ~ qn to take one's leave of sb; ~ qn de la main to wave (one's hand) to sb (in greeting); ~ qn d'un signe de tête to nod (a greeting) to sb; **saluez-le de ma part** give him my regards; ~ **(le public)** to bow to the audience; **'je vous salue, Marie'** 'Hail, Mary'.
salut [saly] 1 *nm* (a) *(de la main)* wave (of the hand); *(de la tête)* nod (of the head); *(du buste)* bow; *(Mil, Naut)* salute. (b) *(sauvegarde)* safety. **mesures de** ~ **public** measures for the protection of the public. (c) *(Rel: rédemption)* salvation. 2 *excl* (a) (*) *(bonjour)* hi (there)!*, hello!; *(au revoir)* see you!*, bye!*. (b) *(littér)* ~ *(à toi)* (all) hail (to thee).
salutaire [salytɛʀ] *adj (gén)* salutary; *air* healthy; *remède* beneficial. **ça m'a été** ~ it did me good *ou* was good for me.
salutation [salytɑsjɔ̃] *nf* salutation, greeting. **veuillez agréer, Monsieur, mes** ~s **distinguées** yours faithfully *ou* truly.
salve [salv(ə)] *nf* salvo.
samedi [samdi] *nm* Saturday. ~ **nous irons** on Saturday we'll go; ~ **qui vient** this Saturday, next Saturday; **un** ~ **sur deux** every other *ou* second Saturday; **le** ~, **le 18 décembre** Saturday December 18th; **le** ~ **23 janvier** on Saturday January 23rd; ~ **soir** Saturday evening *ou* night.
sanatorium [sanatɔʀjɔm] *nm* sanatorium, sanitarium (*US*).
sanctifier [sɑ̃ktifje] (7) *vt* to sanctify, hallow. ♦ **sanctification** *nf* sanctification.
sanction [sɑ̃ksjɔ̃] *nf* (a) *(condamnation)* sanction, penalty; *(Scol)* punishment; *(fig: conséquence)* penalty (*de* for). (b) *(ratification)* sanction, approval. ♦ **sanctionner** (1) *vt (punir)* to punish; *(consacrer)* to sanction, approve.
sanctuaire [sɑ̃ktɥɛʀ] *nm* sanctuary.
sandale [sɑ̃dal] *nf* sandal. ♦ **sandalette** *nf* sandal.
sandow [sɑ̃do] *nm* ® *(attache)* luggage elastic; *(Aviat)* catapult.
sandwich [sɑ̃dwitʃ] *nm* sandwich. **(pris) en** ~ **(entre)*** sandwiched (between).
sang [sɑ̃] *nm (lit, fig)* blood. **animal à** ~ **froid/chaud** cold-blooded/warm-blooded animal; **être en** ~ to be bleeding; **du même** ~ of the same flesh and blood; **avoir le** ~ **chaud** to be hot-blooded; **il a le jeu dans le** ~ he's got gambling in his blood; **mon** ~ **n'a fait qu'un tour** *(peur)* my heart missed *ou* skipped a beat; *(colère)* I saw red; **se ronger les** ~s to worry (o.s.), fret. ♦ **sang-froid** *nm inv*

sangfroid, self-control. **garder/perdre son** ~-~ to keep/lose one's head; **faire qch de** ~-~ to do sth in cold blood *ou* cold-bloodedly; **répondre avec** ~-~ to reply coolly *ou* calmly. ♦ **sanglant, e** *adj (gén)* bloody; *insulte, défaite* savage.
sangle [sɑ̃gl(ə)] *nf (gén)* strap; *[selle]* girth. *[siège]* ~s webbing. ♦ **sangler** (1) *vt cheval* to girth; *colis, corps* to strap up.
sanglier [sɑ̃glije] *nm* (wild) boar.
sanglot [sɑ̃glo] *nm* sob. ♦ **sangloter** (1) *vi* to sob.
sangsue [sɑ̃sy] *nf (lit, fig)* leech.
sanguin, e [sɑ̃gɛ̃, in] 1 *adj caractère* fiery, passionate; *visage* ruddy; *(Anat)* blood. 2 *nf (Bot)* blood orange; *(dessin)* red pencil drawing.
sanguinaire [sɑ̃ginɛʀ] *adj personne* bloodthirsty; *combat* bloody.
sanguinolent, e [sɑ̃ginɔlɑ̃, ɑ̃t] *adj linge* streaked with blood; *plaie* slightly bleeding.
sanitaire [sanitɛʀ] 1 *adj* (a) *(Méd)* services, mesures health; conditions sanitary. (b) *(Plomberie)* **l'installation** ~ the bathroom plumbing; **appareil** ~ bathroom *ou* sanitary appliance. 2 *nmpl*: **les** ~s *(lieu)* the bathroom; *(appareils)* the bathroom suite; *(plomberie)* the bathroom plumbing.
sans [sɑ̃] 1 *prép* (a) *(gén)* without. **je suis sorti** ~ **chapeau ni manteau** I went out without a hat or coat *ou* with no hat or coat; **repas à 60 F** ~ **le vin** meal at 60 francs exclusive of wine *ou* not including wine; **manger** ~ **fourchette/faim** to eat without a fork/without feeling hungry; **non** ~ **mal** not without difficulty; **marcher** ~ **chaussures** to walk barefoot; **marcher** ~ **but** to walk aimlessly; **il est** ~ **scrupules** he is unscrupulous, he has no scruples, he is devoid of scruples; **robe** ~ **manches** sleeveless dress; ~ **père** fatherless, with no father; **dictée** ~ **fautes** error-free dictation; **demain** ~ **faute** tomorrow without fail; **je te connais,** ~ **plus** I know him but no more that that. (b) *(cause négative)* but for. ~ **cette réunion, il aurait pu partir ce soir** if it had not been for *ou* were it not for *ou* but for this meeting he could have left tonight. (c) *(avec infin ou subj)* without. **vous n'êtes pas** ~ **savoir que** you must be aware that; **je n'irai pas** ~ **être invité** *ou* ~ **que je sois invité** I won't go without being invited; ~ **plus attendre** without further delay; **j'y crois** ~ **y croire** I believe it and I don't; **je ne suis pas** ~ **avoir des doutes** I have my doubts *ou* I will not without some doubts; **il ne se passe pas de jour** ~ **qu'il lui écrive** not a day passes without his writing to him; **il va** ~ **dire que** it goes without saying that. (d) (*) ~ **ça,** ~ **quoi** otherwise; if not; **sois sage,** ~ **ça ...!** be good or else ...!, be good - otherwise ...! 2 *adv* (*) **votre parapluie! vous alliez partir** ~ your umbrella! you were going to go off without it. 3: ~-**abri** *nmf inv* homeless person; ~-**gêne** *(adj inv)* inconsiderate; *(nm inv)* lack of consideration (for others); *(nmf inv)* inconsiderate type; ~-**soin** *(adj inv)* careless; *(nmf inv)* careless person; ~-**le-sou** *adj inv* penniless; ~-**souci** *adj inv* carefree; ~-**travail** *nmf inv* unemployed person.
santé [sɑ̃te] *nf* health. **avoir la** ~ to be healthy, be in good health; **meilleure** ~ get well soon; *(Admin)* **services de** ~ health services; *(en trinquant)* **à votre** ~! cheers!*; **à la** ~ **de Paul!** here's to Paul!; **boire à la** ~ **de qn** to drink (to) sb's health.
saoul, e [su, sul] = **soûl**.
sape [sap] *nf* (a) *(lit, fig: action)* undermining, sapping; *(tranchée)* approach *ou* sapping trench. (b) *(habits)* ~sı gear*, clobberı. ♦ **saper** (1) 1 *vt (lit, fig)* to undermine, sap. 2 **se** ~ı *vpr* to do o.s. up*. **bien sapé** well turned out *ou* got up*. ♦ **sapeur** *nm (Mil)* sapper. ~-**pompier** *nm* fireman.
saphir [safiʀ] *nm (pierre)* sapphire; *(aiguille)* sapphire, needle.
sapin [sapɛ̃] *nm (arbre)* fir (tree); *(bois)* fir. ~ **de**

Noël Christmas tree. ♦ **sapinière** *nf* fir plantation *ou* forest.

saquer* [sake] (1) *vt* = **sacquer***.

sarabacane [saʀabɑ̃d] *nf* (*danse*) saraband; (*: *tapage*) racket*, hullabaloo*. **faire la** ~* to make a racket*; ~ **de chiffres** jumble of figures.

sarbacane [saʀbakan] *nf* (*arme*) blowpipe, blowgun; (*jouet*) peashooter.

sarcasme [saʀkasm(ə)] *nm* (*ironie*) sarcasm; (*remarque*) sarcastic remark. ♦ **sarcastique** *adj* sarcastic.

sarcler [saʀkle] (1) *vt jardin* to weed; *mauvaise herbe* to pull up. ♦ **sarcloir** *nm* spud, weeding hoe.

sarcophage [saʀkɔfaʒ] *nm* (*cercueil*) sarcophagus.

Sardaigne [saʀdɛɲ] *nf* Sardinia.

sardine [saʀdin] *nf* sardine.

sardonique [saʀdɔnik] *adj* . sardonic. ♦ **sardoniquement** *adv* sardonically.

sarment [saʀmɑ̃] *nm*: ~ **(de vigne)** vine shoot.

sarrasin [saʀazɛ̃] *nm* (*Bot*) buckwheat.

sas [sɑ] *nm* **(a)** (*Espace, Naut*) airlock; *[écluse]* lock. **(b)** (*tamis*) sieve, screen.

Satan [satɑ̃] *nm* Satan. ♦ **satané, e*** *adj* blasted*, confounded*. ♦ **satanique** *adj* satanic.

satellite [satelit] *nm* (*lit*, *fig*) satellite. ♦ **satelliser** (1) *vt fusée* to put into orbit; *pays* to make into a satellite.

satiété [sasjete] *nf* satiety, satiation. **à** ~ **manger** to satiety *ou* satiation; *répéter* ad nauseam; **j'en ai à** ~ I've more than enough.

satin [satɛ̃] *nm* satin. ♦ **satiné, e** *adj tissu, aspect* satiny, satin-like; *peinture* with a silk finish. ♦ **satiner** (1) *vt étoffe* to put a satin finish on; *photo* to put a silk finish on.

satire [satiʀ] *nf* satire. ♦ **satirique** *adj* satirical. ♦ **satiriquement** *adv* satirically. ♦ **satiriser** (1) *vt* (*gén*) to satirize.

satisfaction [satisfaksjɔ̃] *nf* satisfaction; *[désir]* satisfaction, gratification. **je vois avec** ~ **que** I'm gratified to see that; **à la** ~ **de tous** to everybody's satisfaction; **leur fils ne leur a donné que des** ~**s** their son has been a (source of) great satisfaction to them; **donner** ~ **à qn/obtenir** ~ to give sb/get satisfaction (*de qch* for sth). ♦ **satisfaire** (60) **1** *vt* (*gén*) to satisfy; *désir, besoin* to satisfy, gratify; *demande* to satisfy, meet. **2** ~ **à** *vt indir* to satisfy; to gratify; to meet; *promesse, condition* to fulfil. **3 se** ~ *vpr* to be satisfied (*de* with); (*euph*) to relieve o.s. ♦ **satisfaisant, e** *adj* (*acceptable*) satisfactory; (*qui fait plaisir*) satisfying. ♦ **satisfait, e** *adj* satisfied. **être** ~ **de décision** to be satisfied with, be happy with *ou* about; *soirée* to be pleased with; ~ **de soi** self-satisfied.

saturer [satyʀe] (1) *vt* (*gén, Sci*) to saturate (*de* with). **saturé d'eau** *terre* waterlogged; (*lit, fig*) **j'en suis saturé** I've had my fill of it. ♦ **saturation** *nf* (*gén, Sci*) saturation. **être à** ~ to be at saturation point.

Saturne [satyʀn(ə)] *nm* (*Astron, Myth*) Saturn.

satyre [satiʀ] *nm* (*: *obsédé*) sex maniac*; (*Myth*) satyr.

sauce [sos] *nf* (*Culin*) sauce; *[salade]* dressing; (*jus de viande*) gravy. ~ **blanche** *etc* white *etc* sauce; **à quelle** ~ **allons-nous être mangés?** I wonder what Fate has in store for us; **mettre de la** ~ **dans un discours** to pad out *ou* add some padding to a speech; **mettre un exemple à toutes les** ~**s** to turn *ou* adapt an example to fit any case; **recevoir la** ~* to get soaked *ou* drenched. ♦ **saucer** (3) *vt assiette* to wipe (the sauce off). **se faire** ~* to get soaked *ou* drenched. ♦ **saucière** *nf* sauceboat; *[jus de viande]* gravy boat.

saucisse [sosis] *nf* sausage. ~ **de Francfort** ≃ frankfurter. ♦ **saucisson** *nm* (slicing) sausage.

sauf[1], **sauve** [sof, sov] *adj personne* unharmed,

unhurt; *honneur* saved, intact. ♦ **sauf-conduit, pl** ~**-**~**s** *nm* safe-conduct.

sauf[2] [sof] *prép* (*à part*) except; (*à moins de*) unless. **tout le monde** ~ **lui** everyone except *ou* but him; ~**si** except if, unless; ~ **avis contraire** unless you hear otherwise *ou* to the contrary.

sauge [soʒ] *nf* (*Culin*) sage; (*ornementale*) salvia.

saugrenu, e [sogʀəny] *adj* preposterous, ludicrous.

saule [sol] *nm* willow (tree). ~ **pleureur** weeping willow.

saumâtre [somɑtʀ(ə)] *adj goût* briny; (*fig*) unpleasant.

saumon [somɔ̃] **1** *nm* salmon. **2** *adj inv* salmon pink.

saumure [somyʀ] *nf* brine.

sauna [sona] *nm* sauna.

saupoudrer [sopudʀe] (1) *vt* (*gén*) to sprinkle; (*Culin*) to dredge, dust, sprinkle (*de* with).

saut [so] *nm* (*lit, fig*: *bond*) jump, leap; (*Sport*: *épreuve, spécialité*) jumping. **faire qch au** ~ **du lit** to do sth on getting up *ou* getting out of bed; **faire un** ~ **chez qn** to pop *ou* nip over *ou* round to sb's (place)*; **il a fait un** ~ **jusqu'à Bordeaux** he paid a flying visit to Bordeaux; ~ **avec/sans élan** running/standing jump; ~ **en hauteur** high jump; ~ **en longueur** long jump; ~ **en parachute** (*sport*) parachuting, parachute jumping; (*bond*) parachute jump; ~ **à la perche** (*sport*) pole vaulting; (*bond*) (pole) vault; ~ **périlleux** somersault. ♦ **saute** *nf*: ~ **de humeur** sudden change of; *température* jump in; ~ **de vent** (sudden) change of wind direction. ♦ **sauté, e** *adj, nm* sauté.

sauter [sote] (1) **1** *vi* **(a)** (*gén, fig*) to jump, leap; *[oiseau]* to hop. ~ **à pieds joints** to make a standing jump; ~ **à cloche-pied** to hop; ~ **à la corde** to skip (*with a rope*); ~ **en parachute** to parachute; **il sauta de la table** he jumped *ou* leapt (down) off *ou* from the table; ~ **en l'air** to jump *ou* leap *ou* spring up; (*de colère*) to hit the roof*; (*de peur*) to jump, start; ~ **de joie** to jump for joy; ~ **à la gorge/au cou de qn** to fly at sb's throat/into sb's arms; (*fig*) ~ **sur une occasion** to jump *ou* leap at an opportunity; ~ **d'un sujet à l'autre** to jump *ou* leap *ou* skip from one subject to another; **il m'a sauté dessus** he pounced on me, he leapt at me; **va faire tes devoirs, et que ça saute!*** go and do your homework and get a move on!* *ou* be quick about it!; **cela saute aux yeux** it sticks out a mile, it's (quite) obvious. **(b)** *[bouchon]* to pop *ou* fly off; *[chaîne de vélo]* to come off; *[bombe, pont]* to blow up, explode; (*Élec*) *[circuit]* to fuse; *[fusible]* to blow; (*) *[employé, ministère]* to get the sack*, get kicked out‡; *[cours]* to be cancelled. **(c)** **faire** ~ **train, caserne** to blow up; (*Élec*) *plombs* to blow; *crêpe* to toss; *serrure* to break open; (*: *annuler*) to cancel; (*Culin*) to sauté, shallow-fry; **faire** ~ **un enfant sur ses genoux** to bounce *ou* dandle a child on one's knee; (*Casino*) **faire** ~ **la banque** to break the bank; **se faire** ~ **la cervelle*** to blow one's brains out.

2 *vt obstacle* to jump (over), leap (over); *page, repas* to skip, miss (out). (*fig*) ~ **le pas** to take the plunge; **on la saute ici!‡** we're starving to death here!*

♦ **saute-mouton** *nm* leapfrog. ♦ **sauterelle** *nf* (*Zool*) grasshopper. **(grande)** ~* beanpole. ♦ **sauterie** *nf* party. ♦ **sauteur, -euse 1** *nm,f* jumper. ~ **à la perche** pole-vaulter. **2** *nf* (*Culin*) high-sided frying pan.

sautiller [sotije] (1) *vi [oiseau]* to hop; *[enfant]* to skip; (*sur un pied*) to hop. ♦ **sautillant, e** *adj mouvement* hopping, skipping; *musique* bouncy, bouncing. ♦ **sautillement** *nm*: ~**(s)** hopping, skipping.

sautoir [sotwaʀ] *nm* (*Bijouterie*) chain. **porter qch en** ~ to wear sth (on a chain) round one's neck.

sauvage [sovaʒ] **1** *adj* **(a)** (*gén*) wild; *peuplade,* *combat* savage; (*fig: insociable*) unsociable. **vivre à l'état** ~ to live wild. **(b)** *camping, vente* unauthorized; *concurrence* unfair; *grève, école* unofficial. **2** *nmf* (*solitaire*) unsociable type, recluse; (*brute*) brute, savage; (*indigène*) savage. ♦ **sauvagement** *adv* savagely, wildly. ♦ **sauvagerie** *nf* savagery.

sauve [sov] *adj f* V **sauf**[1]. ♦ **sauvegarde** *nf* safeguard. **sous la** ~ **de** under the protection of. ♦ **sauvegarder** (1) *vt* to safeguard.

sauve-qui-peut [sovkipø] *nm inv* (*panique*) stampede, mad rush.

sauver [sove] (1) **1** *vt* (*gén*) to save; (*en portant secours*) to rescue (*de* from); (*en retirant des décombres*) *meubles* to salvage. **ce sont les illustrations qui sauvent le livre** it's the illustrations which save *ou* redeem the book; ~ **la vie à qn** to save sb's life; (*fig*) ~ **les meubles** to salvage *ou* save sth from the wreckage (*fig*); ~ **la mise to** retrieve the situation; ~ **les apparences** to keep up appearances. **2 se** ~ *vpr* **(a)** **se** ~ **de** *danger* to save o.s. from. **(b)** (*s'enfuir*) to run away (*de* from); (*: partir*) to be off, get going*; [lait]* to boil over. ♦ **sauvetage** *nm* rescue; (*moral*) salvation; [*biens*] salvaging. ~ **en montagne** mountain-rescue; **cours de** ~ life-saving lessons. ♦ **sauveteur** *nm* rescuer. ♦ **sauveur** *adj m, nm* saviour.

sauvette* [sovɛt] *nf*: **à la** ~ hastily, hurriedly; **vendre à la** ~ to hawk *ou* peddle on the streets (*without authorization*).

savane [savan] *nf* savannah.

savant, e [savã, ãt] **1** *adj* (*érudit*) learned, scholarly; (*habile*) clever, skilful; *chien, puce* performing. (*hum*) **c'est trop** ~ **pour moi** it's too learned *ou* highbrow for me. **2** *nm* (*sciences*) scientist; (*lettres*) scholar. ♦ **savamment** *adv* learnedly; skilfully, cleverly. (*par expérience*) **j'en parle** ~ I speak knowingly.

savate* [savat] *nf* worn-out old shoe.

saveur [savœʀ] *nf* flavour; (*fig*) savour.

savoir [savwaʀ] (32) **1** *vt* **(a)** *adresse, nom, leçon* to know; *nouvelle* to hear, learn of. **je la savais malade** I knew (that) she was ill, I knew her to be ill; **elle sait cela par** *ou* **de son boucher** she heard it from her butcher; **personne ne savait sur quel pied danser/où se mettre** nobody knew what to do/where to put themselves; **je crois** ~ **que** I believe *ou* understand that; **il ment – qu'en savez-vous?** he is lying – how do you know? *ou* what do you know about it?; **il nous a fait** ~ **que** he informed us *ou* let us know that; **ça finira bien par se** ~ it will surely end up getting out *ou* getting known. **(b)** (*avec infin: être capable de*) to know how to. **elle sait lire** she can read, she knows how to read; ~ **plaire** to know how to please; **il sait parler aux enfants** he's good at talking to children; **elle saura bien se défendre** she'll be quite able to look after herself *ou* quite capable of looking after herself; ~ **y faire** *ou* **s'y prendre** to know how to go about things (the right way); **il faut** ~ **attendre** you have to learn to be patient; **je ne saurais pas vous répondre** I'm afraid I couldn't answer you. **(c)** (*se rendre compte*) to know. **il ne sait plus ce qu'il dit** he doesn't know *ou* realize what he's saying, he isn't aware of what he's saying; **il se savait très malade** he knew he was very ill; **sans le** ~ unknowingly. **(d)** (*locutions*) **qui sait?** who knows?; **et que sais-je encore** and I don't know what else; **il nous a emmenés je ne sais où** he took us goodness knows where; **elle ne sait pas quoi faire pour l'aider** she's at a loss to know how to help him; **on ne sait jamais** you never know, you can never tell; **pas que je sache** not as far as I know, not to my knowledge; **sachez que** you should know that, let me tell you that; (*énumération*) **à** ~ that is, namely, i.e.; (*hum*) **la personne que vous savez** you-know-who; **vous**

n'êtes pas sans ~ **que** you are not unaware (of the fact) that; **il ne savait à quel saint se vouer** he didn't know which way to turn; **elle ne savait où donner de la tête** she didn't know what to do first; **si j'avais su** had I known, if I had known. **2** *nm* learning,^knowledge. ~ **-faire** savoir-faire, know-how*; **avoir du** ~**-vivre** to know how to behave.

savon [savɔ̃] *nm* (*matière*) soap; (*morceau*) bar *ou* cake of soap. ~ **à barbe/de Marseille** shaving/ household soap; ~ **en poudre** soap powder; **il m'a passé un** ~* he gave me a ticking-off* *ou* dressing-down*. ♦ **savonnage** *nm* soaping. ♦ **savonner** (1) *vt* to soap. ♦ **savonnette** *nf* bar *ou* cake of (toilet) soap. ♦ **savonneux, -euse** *adj* soapy.

savourer [savuʀe] (1) *vt* to savour. ♦ **savoureux, -euse** *adj* plat tasty, flavoursome; *anecdote* juicy*, spicy.

saxophone [saksɔfɔn] *nm* saxophone. ♦ **saxophoniste** *nmf* saxophonist.

sbire [sbiʀ] *nm* (*péj*) henchman (*péj*).

scabreux, -euse [skabʀø, øz] *adj* (*indécent*) improper, shocking; (*dangereux*) risky.

scalp [skalp] *nm* (*action*) scalping; (*chevelure*) scalp. ♦ **scalper** (1) *vt* to scalp.

scalpel [skalpɛl] *nm* scalpel.

scandale [skɑ̃dal] *nm* **(a)** (*fait choquant*) scandal. **ce livre a fait** ~ that book scandalized people *ou* provoked an uproar; **crier au** ~ to cry out in indignation; **à** ~ *livre, couple* controversial. **(b)** (*tapage*) scene, fuss. **faire un** ou **du** ~ to make a scene, kick up a fuss*. ♦ **scandaleusement** *adv* scandalously, outrageously. ♦ **scandaleux, -euse** *adj* scandalous, outrageous, shocking. ♦ **scandaliser** (1) *vt* to scandalize. **se** ~ **de qch** to be scandalized by sth.

scander [skɑ̃de] (1) *vt* vers to scan; *nom, slogan* to chant.

Scandinavie [skɑ̃dinavi] *nf* Scandinavia. ♦ **scandinave** *adj*, **S**~ *nmf* Scandinavian.

scaphandre [skafɑ̃dʀ(ə)] *nm* [*plongeur*] diving suit; [*cosmonaute*] space-suit. ~ **autonome** aqualung. ♦ **scaphandrier** *nm* (underwater) diver.

scarabée [skaʀabe] *nm* beetle.

scarlatine [skaʀlatin] *nf* scarlet fever.

scarole [skaʀɔl] *nf* curly endive.

sceau, *pl* ~ **x** [so] *nm* seal; (*fig*) stamp, mark. **sous le** ~ **du secret** under the seal of secrecy.

scélérat, e [seleʀa, at] **1** *adj* (†) villainous, wicked. **2** *nm,f* (†) villain, blackguard†. **petit** ~!* (you) little rascal!

sceller [sele] (1) *vt* pacte, sac to seal; (*Constr*) to embed. ♦ **scellement** *nm* sealing; embedding. ♦ **scellés** *nmpl* seals.

scénario [senaʀjo] *nm* (*Ciné, fig: plan*) scenario; (*dialogues*) screenplay, (film) script, scenario. (*fig*) **ça s'est déroulé selon le** ~ **habituel** it followed the usual pattern. ♦ **scénariste** *nmf* (*Ciné*) scriptwriter.

scène [sɛn] *nf* **(a)** (*gén*) scene. (*Théât*) **dans la première** ~ in the first scene, in scene one; **changement de** ~ scene change; **la** ~ **se passe à Rome** the action takes place in Rome, the scene is set in Rome; **sur la** ~ **internationale** on the international scene; **j'ai assisté à toute la** ~ I was present at *ou* during the whole scene; ~ **de ménage** domestic fight *ou* scene; **faire une** ~ (à qn) to make a scene. **(b)** (*estrade*) stage. **en** ~, **sur** ~ on stage; (*le théâtre*) **la** ~ the stage; **mettre en** ~ *personnage* to present; *pièce de théâtre* to stage, direct; *film* to direct.

sceptique [sɛptik] **1** *adj* sceptical. **2** *nmf* sceptic. ♦ **scepticisme** *nm* scepticism. ♦ **sceptiquement** *adv* sceptically.

sceptre [sɛptʀ(ə)] *nm* (*lit, fig*) sceptre.

schéma [ʃema] *nm* (*diagramme*) diagram, sketch; (*résumé*) outline. ♦ **schématique** *adj* *dessin* diagrammatic(al), schematic; (*péj*) *conception* oversimplified. ♦ **schématiquement** *adv* diagrammatically, schematically. **expliquer** qch ~ to outline sth. ♦ **schématisation** *nf* schematization; (*péj*) (over)simplification. ♦ **schématiser** (1) *vt* to schematize; (*péj*) to (over)simplify.

schisme [ʃism(ə)] *nm* schism.

schiste [ʃist(ə)] *nm* schist.

schizophrène [skizɔfʀɛn] *adj, nmf* schizo-phrenic. ♦ **schizophrénie** *nf* schizophrenia.

schnoqueː [ʃnɔk] *nm*: vieux ~ old fathead**ː**.

sciage [sjaʒ] *nm [bois, métal]* sawing.

sciatique [sjatik] **1** *nf* sciatica. **2** *adj* sciatic.

scie [si] **(a)** *(domaine)* saw. ~ à découper fretsaw; (*mécanique*) ~ à métaux hacksaw; ~ à **ruban** bandsaw. **(b)** (*péj*) (*chanson*) catch-tune; (*personne*) bore.

sciemment [sjamɑ̃] *adv* knowingly, wittingly.

science [sjɑ̃s] *nf* **(a)** (*domaine*) science. ~**s** appli-quées/humaines applied/social sciences; (*Scol*) ~**s** naturelles biology. **(b)** (*art*) art. sa ~ **des couleurs** his skill *ou* technique in the use of colour. **(c)** (*érudition*) knowledge. avoir la ~ infuse to have innate knowledge. ♦ **science-fiction** *nf* science fiction. ♦ **scientifique 1** *adj* scientific. **2** *nmf* scientist. ♦ **scientifiquement** *adv* scientifically.

scier [sje] **(7)** *vt* (*gén*) to saw; *bûche* to saw (up); *partie en trop* to saw off. **ça m'a scié!**ː it bowled me over!, it staggered me! ♦ **scierie** *nf* sawmill. ♦ **scieur** *nm* sawyer.

scinder *vt, se* ~ *vpr* [sɛ̃de] **(1)** to split (up) (*en* in, into).

scintiller [sɛ̃tije] **(1)** *vi [diamant, lumières]* to sparkle, glitter; *[étoile]* to twinkle; *[yeux]* to sparkle; *[goutte d'eau]* to glisten; *[esprit]* to sparkle, scintillate. ♦ **scintillement** *nm*: ~(**s**) sparkling; glittering; twinkling; glistening; scintillating.

scission [sisjɔ̃] *nf* split, scission. faire ~ to split away, secede. ♦ **scissionniste** *adj, nmf* seces-sionist.

sciure [sjyʀ] *nf*: ~ (de bois) sawdust.

sclérose [skleʀoz] *nf* (*Méd*) sclerosis; (*fig*) ossification. ~ **en plaques** multiple sclerosis. ♦ **scléroser** (**se**) **(1)** *vpr* (*Méd*) to become* scle-rosed, sclerose; (*fig*) to become ossified.

scolaire [skɔlɛʀ] *adj* (*gén*) school; (*péj*) schoolish. **ses succès** ~**s** his success in *ou* at school, his scholastic achievements. ♦ **scolarisation** *nf* schooling. ♦ **scolariser** (1) *vt* to provide with schooling. ♦ **scolarité** *nf* (*gén*) schooling; (*âge limite*) school-leaving age. pendant mes années **de** ~ during my school years; ~ **obligatoire** compulsory school attendance *ou* schooling.

scoliose [skɔljoz] *nf* scoliosis.

sconse [skɔ̃s] *nm* skunk (fur).

scooter [skutœʀ] *nm* (motor) scooter.

scorbut [skɔʀbyt] *nm* scurvy.

score [skɔʀ] *nm* (*Sport*) score.

scories [skɔʀi] *nfpl* (*Ind*) slag; (*Géol*) (volcanic) scoria.

scorpion [skɔʀpjɔ̃] *nm* **(a)** (*Zool*) scorpion. **(b)** (*Astron*) le S~ Scorpio, the Scorpion; être (du) S~ to be Scorpio.

scotch [skɔtʃ] *nm* **(a)** (*boisson*) scotch (whisky). **(b)** ® sellotape ®, Scotchtape ® (*US*).

scout, e [skut] *adj, nm* (boy) scout. ♦ **scoutisme** *nm* (*mouvement*) (boy) scout movement; (*acti-vités*) scouting.

scribe [skʀib] *nm* (*Hist*) scribe. ♦ **scribouillard, e** *nm,f* (*péj*) penpusher (*péj*).

script [skʀipt] *nm*: (*écriture*) ~ printing. ♦ **script-girl**, *nm* ~-~**s** *nf* continuity girl.

scrupule [skʀypyl] *nm* scruple. avoir des ~**s** à **faire** qch to have scruples *ou* misgivings *ou* qualms about doing sth; **sans** ~**s** *personne*

unscrupulous, without scruples; *agir* without scruple, unscrupulously; **par un** ~ **d'honnêteté** in scrupulous regard for honesty. ♦ **scrupuleusement** *adv* scrupulously. ♦ **scrupuleux, -euse** *adj* scrupulous. **peu** ~ unscrupulous.

scrutateur, -trice [skʀytatœʀ, tʀis] **1** *adj regard* searching. **2** *nm* (*Pol*) scrutineer, canvasser (*US*).

scruter [skʀyte] **(1)** *vt* to scrutinize, examine; *pénombre* to peer into, search.

scrutin [skʀytɛ̃] *nm* (*vote*) ballot; (*élection*) poll; (*système*) (election) system. au ~ **secret** by secret ballot; **au 3e tour de** ~ on *ou* at the third ballot *ou* round; **dépouiller le** ~ to count the votes; **le jour du** ~ polling day; ~ **majoritaire** election on a majority basis; ~ **uninominal** uninominal system.

sculpter [skylte] **(1)** *vt marbre* to sculpture, sculpt; *bois* to carve (*dans* out of). ♦ **sculpteur** *nm* (*homme*) sculptor; (*femme*) sculptress. ~ **sur bois** woodcarver. ♦ **sculptural, e**, *mpl* **-aux** *adj* (*Art*) sculptural; *beauté* statuesque. ♦ **sculpture** *nf* sculpture. ~ **sur bois** woodcarving.

se [s(ə)] *pron* **(a)** (*réfléchi*) (*sg*) (*indéfini*) oneself; (*mâle*) himself; (*femelle*) herself; (*non humain*) itself; (*pl*) themselves. ~ **regarder dans la glace** to look at o.s. in the mirror; ~ **raser/laver** to shave/wash; ~ **mouiller/salir** to get wet/dirty. **(b)** (*réciproque*) each other, one another. **deux per-sonnes qui s'aiment** two people who love each other *ou* one another. **(c)** (*possessif*) ~ **casser la jambe** to break one's leg; **il** ~ **lave les mains** he is washing his hands. **(d)** (*passif*) cela ne ~ **fait pas** that's not done; **cela** ~ **répare facilement** it can easily be repaired again; **l'anglais** ~ **parle dans le monde entier** English is spoken throughout the world; **cela** ~ **vend bien** it sells well. **(e)** (*imper-sonnel*) **il** ~ **peut que** it may be that; **comment** ~ **fait-il que ...?** how is it that ...? **(f)** (*changement*) **s'améliorer** to get better; ~ **boucher** to become *ou* get blocked; *V aussi le verbe en question.*

séance [seɑ̃s] *nf* **(a)** *[conseil municipal]* meeting, session; *[tribunal, parlement]* session, sitting. **être en** ~ to be in session, sit. **(b)** (*période*) ses-sion. ~ **de gymnastique** gymnastics session; ~ **de pose** sitting. **(c)** (*Théât*) performance. ~ **de cinéma** film show; (*Ciné*) **première/dernière** ~ first/last showing. **(d)** ~ **tenante** forthwith.

séant[1] [seɑ̃] *nm* (*hum*) posterior (*hum*). se mettre **sur son** ~ to sit up.

séant[2], **e** [seɑ̃, ɑ̃t] *adj* (*convenable*) seemly, fitting.

seau, *pl* ~ **x** [so] *nm* (*récipient*) bucket, pail; (*con-tenu*) bucket(ful), pail(ful). **il pleut à** ~**x** it's pouring down in buckets*; ~ **hygiénique** slop pail.

sébile [sebil] *nf* (offering) bowl.

sec, sèche [sɛk, sɛʃ] **1** *adj* (*gén, fig*) dry; *raisins, figue* dried; (*maigre*) *bras, personne* thin; *cœur* hard, cold; *réponse* curt; (*sans eau*) *alcool* neat, straight. (*fig*) **avoir la gorge sèche*** to be parched *ou* dry; **il est** ~ **comme un coup de trique*** he's as thin as a rake; (*Sport*) *placage* ~ hard tackle; **bruit** ~ sharp snap; **je suis** ~ **sur ce sujet*** I draw a blank on that subject. **2** *adv frapper, boire* hard. **démarrer** ~ (*sans douceur*) to start (up) with a jolt *ou* jerk; (*fig*) **ça démarre** ~ **ce soir** it's getting off to a good start this evening; **aussi** ~ː straight away. **3** *nm*: **au** ~ *conserver* in a dry place; *rester* in the dry; **être à** ~ *[torrent, puits]* to be dry *ou* dried-up; (*: sans argent*) [*personne*] to be broke*; *[caisse]* to be empty; **mettre à** ~ **un étang** to drain a pond. **4** *nf* (*: cigarette*) fag*.

sécateur [sekatœʀ] *nm* (pair of) secateurs, (pair of) pruning shears.

sécession [sesesjɔ̃] *nf* secession. **faire** ~ to secede. ♦ **sécessionniste** *adj, nmf* secessionist.

sécher [seʃe] (6) **1** vt **(a)** (gén) to dry; /flaque to
dry (up). se ~ au soleil to dry o.s. in the sun. **(b)**
(arg Scol) cours to skip*. **2** vi **(a)** /surface, pein-
ture] to dry (off); [pâte, éponge] to dry (out);
/linge] to dry; /fleur]to dry up ou out. faire ou laisser ~ qch to leave sth to dry (off ou out); fruits,
viande to dry sth; le caoutchouc a séché the
rubber has dried up ou gone dry. **(b)** (arg Scol)
(rester sec) to be stumped*, dry up*; (être absent)
to skip classes. ♦ **sèche-cheveux** nm inv hair-
drier. ♦ **sèche-linge** nm inv drying cabinet.
♦ **sèchement** adv (gén) drily; répondre curtly.
♦ **sécheresse** nf (gén) dryness; [réponse] curtness; [cœur] coldness, hardness; (absence de
pluie) drought. ♦ **séchoir** nm (local) drying shed;
(appareil) drier; (pliant) clothes-horse. ~ à
cheveux hair-drier.

second, e[1] [s(ə)gɔ̃, ɔ̃d] **1** adj **(a)** (gén) second. en
~ lieu second(ly), in the second place; de ~e
main secondhand; de ~ choix (péj) low-quality,
low-grade; (Comm) class two; voyager en ~e
classe to travel second-class; passer en ~ to
come second; commander en ~ to be second in
command; chez lui, c'est une ~e nature with him
it's second nature; doué de ~e vue gifted with
second sight; être dans un état ~ to be in a sort of
trance. **(b)** (dérivé) cause secondary. **2** nm,f
second. **3** nm **(a)** (adjoint) second in command;
(Naut) first mate. **(b)** (étage) second floor, third
floor (US). **4** nf (transport) second class; (billet)
second-class ticket; (Scol) ≃ fifth form, tenth
grade (US); (Aut) second (gear).

secondaire [s(ə)gɔ̃dɛʀ] **1** adj (gén) secondary.
(gén, Méd) effets ~s side effects. **2** nm (Scol) le
~ secondary ou high-school (US) education.

seconde[2] [s(ə)gɔ̃d] nf (gén, Géom) second.

seconder [s(ə)gɔ̃de] (1) vt (lit, fig) to assist, aid,
help.

secouer [s(ə)kwe] (1) **1** vt **(a)** (lit) to shake; poussière, paresse, oppression to shake off; tapis to
shake (out). ~ la tête (pour dire oui) to nod (one's
head); (pour dire non) to shake one's head; on est
drôlement secoué (dans un autocar) you're terribly shaken about; (dans un bateau) you're terribly tossed about. **(b)** /deuil, professeur/ ~ qn to
shake sb up; ~ les puces à qn* (réprimander) to
give sb a ticking-off* ou telling-off; (stimuler) to
give sb a good shake(-up)*. **2** se ~ vpr (lit) to
shake o.s.; (*fig) to shake o.s. up*.

secours [s(ə)kuʀ] nm **(a)** (aide) help, aid, assistance. crier au ~ to shout ou call (out) for help; au
~! help!; porter ~ à qn to give sb help ou assistance; (en montagne etc) to rescue sb; ~ aux
blessés aid ou assistance for the wounded; le ~ en
mer sea rescue; équipe de ~ rescue party ou
team; cela m'a été d'un grand ~ this has been a ou
of great help to me; sortie de ~ emergency exit;
roue de ~ spare wheel.
    (b) (Mil) le ~, les ~ relief.
    (c) (aumône) un ~, des ~ aid.
♦ **secourable** adj personne helpful. ♦ **secourir**
(11) vt to help, assist, aid. ♦ **secourisme** nm first
aid. ♦ **secouriste** nmf first-aid worker.

secousse [s(ə)kus] nf (choc) jerk, jolt; (traction)
tug, pull; (morale) jolt, shock. sans une ~
smoothly; ~ sismique earth tremor; ~ politique
political upheaval.

secret, -ète [səkʀɛ, ɛt] **1** adj (gén) secret;
(renfermé) personne reserved. garder qch ~ to
keep sth secret ou (in the) dark*.
    2 nm **(a)** secret. ~ de fabrication/d'État/de
Polichinelle trade/state/open secret; ce n'est un
~ pour personne que ... it's no secret that ...; une
sauce dont il a le ~ a sauce of which he (alone) has
the secret; mettre qn dans le ~ to let sb into ou in
on the secret, let sb in on it*; être dans le ~ des
dieux to share the secrets of the powers that be;
en ~ secretly; (Prison) au ~ in solitary confine-

ment. **(b)** (discrétion, silence) secrecy. promettre le ~ (absolu) to promise (absolute) secrecy; le ~ professionnel professional secrecy; le
gouvernement a gardé le ~ sur les négociations
the government has maintained silence ou
remained silent about the negotiations.

secrétaire [s(ə)kʀetɛʀ] **1** nmf (gén) secretary. ~
médicale/commerciale medical/business ou
commercial secretary; ~ de direction executive
secretary; ~ d'État junior minister; (US Pol)
state secretary; ~ général Secretary-General.
2 nm (meuble) writing desk, secretaire, secretary (US). ♦ **secrétariat** nm **(a)** (travail)
secretarial work. école de ~ secretarial college.
(b) (bureaux d'une école) (secretary's) office;
(d'une firme) secretarial offices; (d'un
organisme) secretariat. **(c)** (personnel) secretarial staff. **(d)** ~ d'État (ministère) ≃ ministry;
(fonction) office of junior minister.

sécréter [sekʀete] (6) vt (Bio) to secrete; ennui to
exude. ♦ **sécrétion** nf secretion.

secte [sɛkt(ə)] nf sect. ♦ **sectaire** adj, nmf sectarian. ♦ **sectarisme** nm sectarianism.

secteur [sɛktœʀ] nm **(a)** (Écon, Mil) sector;
(Admin) district; (gén: zone) area; (fig)
(domaine) area; (partie) part. dans le ~* (ici)
round here; (là-bas) round there; (Écon) ~
primaire etc primary etc sector. **(b)** (Élec) (zone)
local supply area. (circuit) le ~ the mains
(supply).

section [sɛksjɔ̃] nf (gén) section; (Admin) section,
department; (en autobus) fare stage; (Mil)
platoon. ♦ **sectionnement** nm severance.
♦ **sectionner** (1) **1** vt to sever. **2** se ~ vpr to be
severed.

séculaire [sekylɛʀ] adj (très vieux) age-old.
forêts 4 fois ~s 4-century-old forests.

séculier, -ière [sekylje, jɛʀ] adj secular.

sécuriser [sekyʀize] (1) vt to give (a feeling of)
security to.

sécurité [sekyʀite] nf (absence de danger) safety;
(absence de troubles) security. être en ~ to be
safe, be secure; la ~ de l'emploi security of
employment, job security; mesures de ~ strict
security measures; (contre accident) safety
measures; (contre attentat) de ~ dispositif
safety; la ~ routière road safety; la S~ sociale ≃
Social Security.

sédatif, -ive [sedatif, iv] adj, nm sedative.

sédentaire [sedɑ̃tɛʀ] adj sedentary. ♦ **séden-
tariser** (1) vt to settle.

sédiment [sedimɑ̃] nm sediment. ♦ **sédimentaire**
adj sedimentary. ♦ **sédimentation** nf sedimenta-
tion.

séditieux, -euse [sedisjø, øz] **1** adj troupes
insurrectionary; propos seditious. **2** nm,f
insurrectionary. ♦ **sédition** nf insurrection,
sedition.

séduire [sedɥiʀ] (38) vt **(a)** (abuser de) to seduce.
(b) /femme] to charm, captivate; /charlatan]
win over, charm; /style, qualité, projet] to appeal
to. ♦ **séducteur, -trice 1** adj seductive. **2** nm
seducer; (péj: Don Juan) womanizer (péj). **3** nf
seductress. ♦ **séduction** nf **(a)** seduction,
seducing; charming; captivation; winning over.
(b) (attirance) appeal; charm. les ~s de la vie
estudiantine the attractions ou appeal of student
life. ♦ **séduisant, e** adj femme, beauté enticing,
seductive; homme, visage (very) attractive;
projet appealing, attractive.

segment [sɛgmɑ̃] nm (gén) segment.
♦ **segmentation** nf segmentation. ♦ **segmenter**
vt, se ~ (1) vpr to segment.

ségrégation [segʀegasjɔ̃] nf segregation.
♦ **ségrégationnisme** nm segregationism.
♦ **ségrégationniste** adj, nmf segregationist.

seiche [sɛʃ] nf (Zool) cuttlefish.

seigle [sɛgl(ə)] nm rye.

seigneur [sɛɲœʀ] nm lord. (Rel) le S~ the Lord.
♦ **seigneurial, e** mpl -aux adj château seignio-
rial; allure lordly, stately. ♦ **seigneurie** nf (a)
votre/sa S~ your/his Lordship. (b) (terre) sei-
gniory.
sein [sɛ̃] nm (mamelle) breast; (littér, fig) (giron)
bosom (littér); (matrice) womb. donner le ~ à un
bébé to breast-feed (a baby); dans le ~ de la terre
in the bosom of the earth; au ~ de équipe within;
bonheur, flots in the midst of.
séisme [seism(ə)] nm (Géog) earthquake.
seize [sɛz] adj inv, nm sixteen; V six. ♦ **seizième**
adv, nmf sixteenth. ♦ **seizièmement** adv in the
sixteenth place.
séjour [seʒuʀ] nm (a) (arrêt) stay. faire un ~
forcé to have an enforced stay. (b) (salon) living
room. (c) (littér: endroit) abode (littér), dwelling
place. ♦ **séjourner** (1) vi [personne] to stay;
[neige, eau] to lie.
sel [sɛl] nm (gén, Chim) salt; (humour) wit;
(piquant) spice. ~s de bain bath salts; ~ fin ou de
table table salt; ~ gemme rock salt.
select* [selɛkt] adj inv posh*.
sélectionner [selɛksjɔne] (1) vt to select, pick.
[joueur international] 3 fois sélectionné capped
ou selected 3 times. ♦ **sélecteur** nm selector.
♦ **sélectif,-ive** adj selective. ♦ **sélection** nf selection. faire une ~ parmi to make a selection
from among; épreuve de ~ (selection) trial.
♦ **sélectionné, e** 1 adj specially selected. 2 nm,f
selected player ou competitor. ♦ **sélectionneur,**
-euse nm,f (Sport) selector.
self(-service) [sɛlf(sɛʀvis)] nm self-service
(restaurant).
selle [sɛl] nf (a) saddle. se mettre en ~ to mount,
get into the saddle. (b) (Méd) ~s stools, motions;
êtes-vous allé à la ~ ? have you had a motion?
♦ **seller** (1) vt to saddle. ♦ **sellerie** nf saddlery.
♦ **sellier** nm saddler.
sellette [sɛlɛt] nf (support) stand. (fig)
être/mettre qn sur la ~ to be/put sb on the carpet.
selon [s(ə)lɔ̃] prép (conformément à) in accordance with; (en fonction de, suivant l'opinion de)
according to. vivre ~ ses moyens to live
according to one's means; c'est ~ le cas it all
depends on the individual case; ~ moi in my
opinion, to my mind, according to me; ~ toute
vraisemblance in all probability; ~ que
according to ou depending on whether.
semailles [s(ə)maj] nfpl (opération) sowing;
(période) sowing period.
semaine [s(ə)mɛn] nf (gén) week; (salaire)
week's ou weekly pay. en ~ during the week, on
weekdays; dans 2 ~s in 2 weeks ou a fortnight; ~
publicitaire publicity week; la ~ sainte Holy
Week; il te le rendra la ~ des quatre jeudis he'll
never give it back to you in a month of Sundays;
faire la ~ anglaise to work ou do a five-day week;
officier de ~ officer on duty (for the week).
sémantique [semɑ̃tik] 1 adj semantic. 2 nf
semantics (sg).
sémaphore [semafɔʀ] nm (Naut) semaphore.
semblable [sɑ̃blabl(ə)] 1 adj (a) (similaire)
similar. ~ à like, similar to. (b) (tel) such. de ~s
erreurs sont inacceptables such errors ou errors
of this kind are unacceptable. (c) (qui se
ressemblent) [jumeaux, objets] être ~s to be
alike. 2 nm fellow creature, fellow man. (péj) toi
et tes ~s you and your kind (péj), you and people
like you (péj).
semblant [sɑ̃blɑ̃] nm (a) un ~ de calme, vie,
vérité a semblance of; soleil a glimmer of; un ~
de réponse some vague attempt at a reply. (b)
faire ~ de faire qch to pretend to do sth; il fait ~
he's pretending.
sembler [sɑ̃ble] (1) 1 vb impers: il semble it
seems; il me semble que (j'estime) it seems ou
appears to me that, it looks to me as though; (je

crois) I think that, I have a feeling that; comme
bon te semble as you see fit, as you think best;
prenez ce que bon vous semble take what you
please ou wish; il me semble revoir mon grand-
père it's as though I see my grandfather again.
2 vi to seem (à qn to sb). il semblait content he
seemed (to be) ou appeared happy; vous me
semblez pessimiste you sound ou seem ou look
pessimistic.
semelle [s(ə)mɛl] nf sole. ~s intérieures insoles;
~s compensées platform soles; leur viande était
de la vraie ~* their meat was like leather; il n'a
pas reculé d'une ~ he hasn't moved back an inch;
il ne m'a pas quitté d'une ~ he never left me by so
much as an inch.
semence [s(ə)mɑ̃s] nf (Agr, fig) seed; (sperme)
seed; (clou) tack. blé de ~ seed corn.
semer [s(ə)me] (5) vt (a) graines, peur to sow;
clous to scatter, strew; faux bruits to spread. (b)
(*: perdre) to lose, shed*; poursuivant to shake
off. ♦ **semé, e** adj: ~ de pièges bristling with; difficultés plagued with; anecdotes interspersed ou
sprinkled with; arbres dotted with; fleurs, diamants, étoiles studded with; la vie est ~ e de joies
et de peines life is strewn with joys and troubles.
♦ **semeur, -euse** nm,f sower.
semestre [s(ə)mɛstʀ(ə)] nm (période) half-year,
six-month period; (loyer) half-yearly rent; (Univ)
semester. payé par ~ paid half-yearly; le premier ~ the first half of the year. ♦ **semestriel,**
-elle adj half-yearly, six-monthly; semestral.
semi- [səmi] préf inv semi-. ~**-automatique**
semiautomatic; ~**-circulaire** semicircular; ~**-**
conducteur, -trice (adj) semiconducting; (nm)
semiconductor; ~**-remorque** (nf: remorque)
trailer, semitrailer (US); (nm: camion) articu-
lated lorry, trailer truck (US).
sémillant, e [semijã, ãt] adj (vif) vivacious;
(fringant) dashing.
séminaire [seminɛʀ] nm (Rel) seminary; (Univ)
seminar. ♦ **séminariste** nm seminarist.
semis [s(ə)mi] nm (plante) seedling; (opération)
sowing; (terrain) seedbed.
semonce [s(ə)mɔ̃s] nf reprimand. (Naut, fig) coup
de ~ shot across the bows.
semoule [s(ə)mul] nf semolina.
sempiternel, -elle [sɛ̃pitɛʀnɛl] adj eternal,
never-ending.
sénat [sena] nm senate. ♦ **sénateur** nm senator.
♦ **sénatorial, e,** mpl -aux adj senatorial.
sénile [senil] adj senile. ♦ **sénilité** nf senility.
sens [sɑ̃s] nm (a) (instinct, conscience) sense. les
5 ~ the 5 senses; reprendre ses ~ to regain
consciousness; avoir le ~ des réalités to be a
realist; avoir le ~ de l'orientation to have a (good)
sense of direction. (b) (raison, avis) sense. c'est
plein de ~ it is very sensible; cela n'a pas de ~
that doesn't make (any) sense; ~ commun
common sense; à mon ~ to my mind, in my
opinion. (c) (signification) meaning. au ~
propre/figuré in the literal/figurative sense ou
meaning; dépourvu de ~ meaningless; en un ~ in
a way ou sense; en ce ~ que in the sense that. (d)
(direction) direction. aller dans le mauvais ~ to
go in the wrong direction, go the wrong way; dans
le ~ de la longueur/largeur lengthwise ou
lengthways/widthwise; dans le ~ (du bois) with
the grain (of the wood); venir en ~ contraire to
come from the opposite direction; dans le ~ des
aiguilles d'une montre clockwise; dans le ~ contraire des aiguilles d'une montre anticlockwise,
counterclockwise (US); dans le ~ de la marche
facing the engine; il a retourné la boîte dans tous
les ~ he turned the box this way and that; (lit, fig)
mettre ~ dessus dessous to turn upside down. (e)
(ligne directrice) line. il a agi dans le même ~ he
acted along the same lines; j'ai donné des direc-
tives dans ce ~ I've given instructions to that

effect *ou* end. **(f)** (*Aut*) être en ~ **giratoire** to form a roundabout *ou* traffic circle (*US*); ~ **interdit** *ou* **unique** one-way street ; '~ **interdit**' 'no entry'; à ~ **unique** (*Aut*) one-way; (*fig: concession*) one-sided.

sensation [sɑ̃sasjɔ̃] *nf* feeling, sensation. **j'ai la** ~ **de l'avoir déjà vu** I have a feeling I've seen him before; **faire** ~ to cause *ou* create a sensation; **roman à** ~ sensational novel; **la presse à** ~ the gutter press. ♦ **sensationnel, -elle** *adj* (*: merveilleux*) fantastic*, terrific*, sensational*; (*qui fait sensation*) sensational.

sensé, e [sɑ̃se] *adj* sensible.

sensibiliser [sɑ̃sibilize] (1) *vt*: ~ **qn** to make sb sensitive *ou* alive (*à* to). ♦ **sensibilisation** *nf*: **la** ~ **de l'opinion publique à ce problème est récente** public opinion has only become sensitive *ou* alive to this problem in recent years.

sensible [sɑ̃sibl(ə)] *adj* **(a)** (*personne, blessure, balance etc*) sensitive (*à* to). **pas recommandé aux personnes** ~**s** not recommended for people of (a) nervous disposition; **elle a le cœur** ~ she is tenderhearted; **être** ~ **au froid** to feel the cold, be sensitive to the cold. **(b)** (*perceptible*) (*gén*) perceptible (*à* to); (*progrès, différence*) appreciable, noticeable. ♦ **sensibilité** *nf* (*gén, Tech*) sensitivity. ♦ **sensiblement** *adv* (*presque*) approximately, more or less; (*notablement*) appreciably, noticeably. ♦ **sensiblerie** *nf* (*sentimentalité*) sentimentality, mawkishness; (*impressionnabilité*) squeamishness.

sensitif, -ive [sɑ̃sitif, iv] **1** *adj* (*Anat*) sensory. **2** *nf* (*Bot*) sensitive plant.

sensoriel, -elle [sɑ̃sɔʀjɛl] *adj* sensory.

sensuel, -elle [sɑ̃sɥɛl] *adj* sensuous; (*sexuellement*) sensual. ♦ **sensualité** *nf* sensuousness; sensuality. ♦ **sensuellement** *adv* sensuously; sensually.

sentence [sɑ̃tɑ̃s] *nf* (*verdict*) sentence; (*adage*) maxim. ♦ **sentencieux, -euse** *adj* sententious.

senteur [sɑ̃tœʀ] *nf* scent, perfume.

senti, e [sɑ̃ti] *adj*: **bien** ~ *sentiment, discours* heartfelt; *mots* well-chosen; **quelques vérités bien** ~**es** a few home truths.

sentier [sɑ̃tje] *nm* (*lit*) (foot)path; (*fig*) path. (*lit, fig*) **hors des** ~**s battus** off the beaten track; (*lit, fig*) **sur le** ~ **de la guerre** on the warpath.

sentiment [sɑ̃timɑ̃] *nm* **(a)** (*émotion, opinion*) feeling. ~ **de culpabilité** guilt *ou* guilty feeling. **(b)** (*sensibilité*) **le** ~ feeling, emotion; (*péj*) sentiment; (*péj*) **faire du** ~ to sentimentalize, be sentimental. **(c)** (*conscience*) **avoir le** ~ **de** to be aware of; **avoir le** ~ **que qch va arriver** to have a feeling that sth is going to happen. **(d)** (*formules de politesse*) **recevez, Monsieur, mes** ~ **distingués** yours faithfully; **transmettez-lui nos meilleurs** ~**s** give him our best wishes. ♦ **sentimental, e**, *mpl* **-aux 1** *adj* (*gén*) sentimental; (*péj*) soppy*; *aventure* love. **il a des problèmes** ~**aux** he has problems with his love life. **2** *nm,f* sentimentalist. ♦ **sentimentalement** *adv* sentimentally. ♦ **sentimentalité** *nf* sentimentality.

sentinelle [sɑ̃tinɛl] *nf* sentry. **être en** ~ (*Mil*) to be on sentry duty; (*fig*) to stand guard at the window.

sentir [sɑ̃tiʀ] (16) **1** *vt* **(a)** (*par l'odorat*) to smell; (*au goût*) to taste; (*au toucher, contact*) to feel. **il ne peut pas** ~ **la différence** he can't tell (*ou* taste *ou* smell) the difference; **elle sentit une odeur de brûlé** she smelt something burning; (*fatigue*) **je ne sens plus mes jambes** my legs are dropping off*; **il ne peut pas le** ~* he can't stand *ou* bear (the sight of) him. **(b)** (*dégager une odeur*) to smell. ~ **bon/mauvais** to smell good *ou* nice/bad; ~ **des pieds** to have smelly feet; **ce thé sent le jasmin** (*goût*) this tea tastes of jasmine; (*odeur*) this tea smells of jasmine; **la pièce sent le renfermé/le moisi** the room smells stale/musty; **ça ne sent pas la rose!*** it's

not a very nice smell, is it? **(c)** (*fig: dénoter*) *autoritarisme, hypocrisie* to smack of. **ça sent le piège** there's a trap *ou* catch in it; **ça sent la pluie** it looks *ou* feels like rain; **ça sent l'orage** there's a storm in the air; **ça sent le roussi*** there's going to be trouble. **(d)** (*changement, fatigue*) to feel, be aware *ou* conscious of; *beauté de qch* to appreciate; *danger, difficulté* to sense. ~ **que** to feel *ou* be aware *ou* conscious that; (*pressentir*) to sense that; **il ne sent pas sa force** he doesn't know *ou* realize his own strength. **(e)** **faire** ~ **son autorité** to make one's authority felt; **faire** ~ **la beauté de qch** to bring out *ou* demonstrate *ou* show the beauty of sth; **les effets commencent à se faire** ~ the effects are beginning to be felt *ou* to make themselves felt.

2 se ~ *vpr* **(a) se** ~ **mieux** *etc* to feel better *etc*; **se** ~ **revivre** to feel o.s. coming alive again; **il ne se sent pas le courage de le lui dire** he doesn't feel brave enough to tell him. **(b)** (*effet, changements*) to be felt, show. **(c) ne pas se** ~ **de joie** to be beside o.s. with joy; **il ne se sent plus!*** he's off his head!* *ou* out of his mind!*

seoir [swaʀ] (26) **1** *vi*: ~ **à qn** to become sb. **2** *vb impers*: **il sied de/que** it is proper *ou* fitting to/that.

séparer [separe] (1) **1** *vt* (*gén*) to separate (*de* from); *combattants* to pull apart, part; *questions, aspects* to distinguish between. ~ **l'écorce du tronc** to pull the bark off *ou* away from the trunk; ~ **qch en 2** to split *ou* divide sth in 2; ~ **les cheveux par une raie** to part one's hair; **ils avaient séparé l'enfant de sa mère** they had separated *ou* parted the child from its mother; **un seul obstacle le séparait du but** only one obstacle stood between him and his goal.

2 se ~ *vpr* **(a) se** ~ **de** *employé, objet* to part with. **(b)** (*s'écarter*) to divide, part (*de* from); *objet* to split off, separate off (*de* from). **le second étage de la fusée s'est séparé** the second stage of the rocket has split off *ou* separated (off); **le fleuve se sépare en deux** the river divides in(to) two. **(c)** [*adversaires*] to separate, break apart; [*manifestants*] to disperse; [*assemblée*] to break up; [*convives*] to leave each other, part; [*époux*] to part, split up*, separate. **se** ~ **de sa femme** to part *ou* separate from one's wife. ♦ **séparable** *adj* separable (*de* from). ♦ **séparation** *nf* **(a)** (*gén, Jur, Pol*) separation. **au moment de la** ~ [*manifestants*] when they dispersed; [*convives*] when they parted; **mur de** ~ separating *ou* dividing wall; ~ **de corps** legal separation; **des** ~**s déchirantes** heartrending partings. **(b)** (*cloison*) division, partition. (*fig*) **faire une** ~ **nette entre 2 problèmes** to draw a clear dividing line between 2 problems. ♦ **séparatisme** *nm* separatism. ♦ **séparatiste** *adj, nmf* separatist. ♦ **séparé, e** *adj* *sons, notions* separate; *personnes* (*Jur: désuni*) separated; (*gén: éloigné*) apart. **vivre** ~ to live apart (*de* from). ♦ **séparément** *adv* separately.

sept [sɛt] *adj inv, nm inv* seven; *V* six.

septante [sɛptɑ̃t] *adj inv* († *ou* dial) seventy.

septembre [sɛptɑ̃bʀ(ə)] *nm* September. **arriver le premier** ~ to arrive on the first of September; **en** ~ in September; **à la mi-**~ in mid-September; **vers la fin de** ~ in late September; **en** ~ **prochain/dernier** next/last September.

septennat [sɛptena] *nm* seven-year term (of office).

septentrional, e, *mpl* **-aux** [sɛptɑ̃tʀijɔnal, o] *adj* northern.

septicémie [sɛptisemi] *nf* blood poisoning, septicaemia.

septième [sɛtjɛm] *adj, nmf* seventh. **le** ~ **art** the cinema; **être au** ~ **ciel** to be in (the) seventh heaven; *V* **sixième**. ♦ **septièmement** *adv* seventhly; *V* **sixièmement**.

septuagénaire [sɛptɥaȝenɛʀ] *adj, nmf* septuagenarian.

sépulcre [sepylkʀ(ə)] *nm* sepulchre. ♦ **sépulcral, e,** *mpl* **-aux** *adj* sepulchral.

sépulture [sepyltyʀ] *nf* (*tombeau*) burial place.

séquelles [sekɛl] *nfpl* [*maladie*] after-effects; [*guerre*] aftermath.

séquence [sekɑ̃s] *nf* sequence.

séquestrer [sekɛstʀe] (1) *vt personne* to confine illegally. ♦ **séquestration** *nf* illegal confinement. ♦ **séquestre** *nm:* **mettre sous** ~ to sequester.

sérail [seʀaj] *nm* seraglio.

séraphin [seʀafɛ̃] *nm* seraph.

serein, e [səʀɛ̃, ɛn] *adj ciel* serene, clear; *visage* serene, calm; *jugement* calm, dispassionate. ♦ **sereinement** *adv* serenely; clearly; calmly; dispassionately. ♦ **sérénissime** *adj* Serene. ♦ **sérénité** *nf* serenity; clarity; calmness; dispassionateness.

sérénade [seʀenad] *nf* (**a**) (*Mus*) serenade. **donner une** ~ **à qn** to serenade sb. (**b**) (**hum: vacarme*) racket*, hullabaloo*.

serf, serve [sɛʀ(f), sɛʀv(ə)] *nm,f* serf.

sergent [sɛʀȝɑ̃] *nm* (*Mil*) sergeant. ~**-chef** staff sergeant; ~ **de ville**† policeman; ~**-major** = quartermaster sergeant.

série [seʀi] *nf* (**a**) [*objets, timbres*] set; [*ennuis*] series, string*. (*beaucoup*) (**toute**) **une** ~ **de*** ... **a** (whole) series *ou* string* of ...; **ouvrages de** ~ **noire** crime thrillers. (**b**) (*catégorie*) (*Naut*) class; (*Sport*) rank; (*éliminatoire*) qualifying heat *ou* round. (**c**) (*Ind, fig*) **fabrication en** ~ mass production; **article de** ~ standard article. (**d**) (*Chim, Math, Mus*) series. (*Élec*) **monté en** ~ connected in series.

sérieux, -euse [seʀjø, øz] **1** *adj* (**a**) *personne* (*ne plaisantant pas*) serious, earnest; (*réfléchi*) serious-minded; (*digne de confiance*) dependable; (*moralement*) *jeune fille* responsible, trustworthy. ~ **comme un pape** sober as a judge; **ce n'est vraiment pas** ~! it's not taking a very responsible *ou* serious attitude. (**b**) *acquéreur, promesses, menace* genuine, serious. **non, il était** ~ no, he was serious *ou* he meant it; **'pas** ~ **s'abstenir'** 'only genuine inquirers need apply'. (**c**) *conversation, situation, maladie, travail* serious. (**d**) (*intensif*) *raison, avance, chances* strong, good; *coup* serious; *différence* serious, considerable. **2** *nm* seriousness; earnestness; serious-mindedness; dependability. **garder son** ~ to keep a straight face; (**se**) **prendre au** ~ to take (o.s.) seriously. ♦ **sérieusement** *adv* seriously; responsibly; genuinely; considerably. **il l'a dit** ~ he meant it seriously, he was in earnest.

serin [s(ə)ʀɛ̃] *nm* (*Orn*) canary.

seriner [s(ə)ʀine] (1) *vt* (*péj*) ~ **qch à qn** to drum *ou* din sth into sb.

seringue [s(ə)ʀɛ̃g] *nf* syringe.

serment [sɛʀmɑ̃] *nm* (**a**) (*solennel*) oath. **faire un** ~ to take an oath; **sous** ~ on *ou* under oath. (**b**) (*promesse*) pledge. **des** ~**s** (**d'amour**) vows *ou* pledges of love; **je te fais le** ~ **de venir** I swear to you that I'll come.

sermon [sɛʀmɔ̃] *nm* (*Rel, fig*) sermon. ♦ **sermonner** (1) *vt:* ~ **qn** to lecture sb.

serpe [sɛʀp(ə)] *nf* billhook, bill. **visage taillé à coups de** ~ craggy *ou* rugged face.

serpent [sɛʀpɑ̃] *nm* (*Zool*) snake, serpent; (*fig: ruban*) ribbon. ~ **à sonnettes** rattlesnake. ♦ **serpenter** (1) *vi* [*rivière, chemin*] to snake, meander, wind; [*vallée*] to wind. ♦ **serpentin** *nm* (*ruban*) streamer; (*Chim*) coil.

serpillière [sɛʀpijɛʀ] *nf* floorcloth.

serpolet [sɛʀpɔlɛ] *nm* wild thyme.

serre [sɛʀ] *nf* (**a**) (*Agr*) (*gén*) greenhouse, glasshouse; (*attenant à une maison*) conservatory. ~ **chaude** hothouse. (**b**) (*griffe*) talon, claw.

serrer [seʀe] (1) **1** *vt* (**a**) (*avec la main*) to grip, hold tight. ~ **qn dans ses bras** to clasp sb in one's arms; ~ **la main à qn** (*la donner à qn*) to shake sb's hand, shake hands with sb; (*presser*) to squeeze *ou* press sb's hand; **se** ~ **la main** to shake hands; ~ **qn à la gorge** to grab sb by the throat. (**b**) *poing, mâchoires* to clench; *lèvres* to set. **les lèvres serrées** with tight lips; **avoir la gorge serrée par l'émotion** to be choked by emotion; **cela serre le cœur** it wrings your heart; ~ **les dents** (*lit*) to clench one's teeth; (*fig*) to grit one's teeth. (**c**) [*chaussures, vêtements*] (*comprimer*) to be too tight; (*mouler*) to fit tightly. (**d**) *vis* to tighten; *joint* to clamp; *robinet* to turn off tight; *nœud, ceinture* to tighten, pull tight. ~ **qch dans un étau** to grip sth in a vice; ~ **le frein à main** to put on the handbrake; ~ **la vis à qn*** to crack down harder on sb*. (**e**) *véhicule, piéton* (*par derrière*) to keep close behind; (*latéralement*) to squeeze (*contre* up against). ~ **qn dans un coin** to wedge sb in a corner; ~ **le trottoir** to hug the kerb; (*fig*) ~ **une question de plus près** to study a question more closely; (*Naut*) ~ **la côte** to sail close to the shore, hug the shore. (**f**) (*rapprocher*) *objets, mots* to close up, put close together; *convives* to squeeze up *ou* together. (*Mil*) ~ **les rangs** to close ranks. (**g**) (†: *ranger*) to put away.

2 *vi* (*Aut*) ~ **à droite** to move in to the right.

3 se ~ *vpr:* **se** ~ **contre qn** to huddle (up) against sb; (*tendrement*) to cuddle up to sb; **se** ~ **autour du feu** to squeeze *ou* crowd round the fire; **serrez-vous un peu** squeeze up a bit; **son cœur se serra** he felt a pang of anguish; **se** ~ **les coudes** to back one another up; **se** ~ **la ceinture** to tighten one's belt. ♦ **serrage** *nm* [*vis*] tightening; [*joint*] clamping. ♦ **serré, e 1** *adj* (**a**) *vêtement* tight. (**b**) *spectateurs* (tightly) packed. (**c**) *tissu* closely woven; *réseau, herbe* dense; *mailles, écriture* close. (**d**) (*bloqué*) **trop** ~ too tight; **pas assez** ~ not tight enough. (**e**) (*contracté*) **avoir le cœur** ~ to feel a pang of anguish; **avoir la gorge** ~**e** to feel a tightening *ou* a lump in one's throat. (**f**) *discussion* closely conducted, closely argued; *lutte, match* tight, close-fought; *budget* tight. **2** *adv:* **écrire** ~ to write a cramped hand; (*fig*) **jouer** ~ to play a tight game. ♦ **serrement** *nm:* ~ **de main** handshake; ~ **de cœur** pang of anguish.

serrure [seʀyʀ] *nf* lock. ♦ **serrurerie** *nf* (*métier*) locksmith's trade; (*travail*) ironwork. ♦ **serrurier** *nm* locksmith.

sertir [sɛʀtiʀ] (2) *vt bijou* to set.

sérum [seʀɔm] *nm* serum.

servant [sɛʀvɑ̃] *nm* (*Rel, Mil*) server. ♦ **servante** *nf* (maid) servant.

serveur [sɛʀvœʀ] *nm* [*restaurant*] waiter; [*bar*] barman. ♦ **serveuse** *nf* waitress; barmaid.

serviable [sɛʀvjabl(ə)] *adj* obliging, willing to help. ♦ **serviabilité** *nf* obligingness.

service [sɛʀvis] **1** *nm* (**a**) (*travail*) duty. **heures de** ~ hours of duty; **prendre son/être de** ~ to come on/be on duty; **pompier de** ~ duty fireman, fireman on duty; (*Admin, Mil*) **en** ~ **commandé** on an official assignment; **avoir 25 ans de** ~ to have completed 25 years' service. (**b**) (*gén, Écon: prestations*) ~**s** services; **offrir ses** ~**s à qn** to offer sb one's services. (**c**) (*domesticité*) (domestic) service. **entrer en** ~ **chez qn** to go into service with sb; **être au** ~ **de** to be in the service of; **escalier de** ~ backstairs, servants' stairs; **entrée de** ~ service *ou* tradesman's entrance. (**d**) (*Mil*) **le** ~ (**militaire**) military *ou* national service; **faire son** ~ to do one's military *ou* national service; ~ **armé** combatant service. (**e**) (*organisme public*) service; (*section*) department, section. **les** ~**s postaux** the postal services; ~ **des achats/des urgences** buying/casualty department. (**f**) (*Rel*) service. ~ **funèbre** funeral

service. **(g)** (*faveur, aide*) service. **rendre un** ~ **à qn** to do sb a favour *ou* a service; **rendre** ~ **à qn** (*aider*) to do sb a service *ou* a good turn; (*s'avérer utile*) to come in useful *ou* handy for sb, be of use to sb; **il aime rendre** ~ he likes to be helpful; **rendre un mauvais** ~ **à qn** to do sb a disservice; **qu'y-a-t-il pour votre** ~? how can I be of service to you?; **je suis à votre** ~ I am at your service. **(h)** (*au restaurant*) service; (*pourboire*) service (charge). ~ **compris/non compris** service included/not included, inclusive/exclusive of service; **premier/deuxième** ~ first/second sitting. **(i)** (*vaisselle, linge*) service, set. ~ **à liqueurs** set of liqueur glasses. **(j)** (*fonctionnement*) **mettre en** ~ to put *ou* bring into service; **hors de** ~ out of order *ou* commission. **(k)** (*transport*) service. ~ **d'autobus/d'hiver** bus/winter service. **(l)** (*Tennis*) service. **être au** ~ to have the service. **2:** ~ **après-vente** after-sales service; ~ **d'ordre** (*policiers*) police patrol; (*manifestants*) team of stewards (*responsible for crowd control etc*); ~**s secrets** secret service.
serviette [sɛʀvjɛt] *nf* **(a)** ~ **(de toilette)** (hand) towel; ~ **(de table)** serviette, (table) napkin; ~ **de bain** bath towel; ~**-éponge** towel; ~ **périodique** sanitary towel. **(b)** (*cartable*) briefcase.
servile [sɛʀvil] *adj homme, obéissance* servile, cringing; *imitation* slavish. ♦ **servilement** *adv* servilely, cringingly; slavishly. ♦ **servilité** *nf* servility; slavishness.
servir [sɛʀviʀ] (14) **1** *vt* **(a)** (*être au service de*) to serve. ~ **qn** (*dans un magasin*) to attend to *ou* serve sb; (*au restaurant*) to wait on *ou* serve sb; ~ **la messe** to serve Mass; **elle aime se faire** ~ she likes to be waited on; **le boucher m'a bien servi** the butcher has sold me good meat; 'Madame est **servie'** 'dinner is served'; **il sert dans un café** he is a waiter in a café; **ils voulaient la pluie, ils ont été servis!** they wanted rain – well, they've got what they asked for *ou* wanted!; **en fait d'ennuis, elle a été servie** as regards troubles, she's had her share (and more). **(b)** *plat* to serve. ~ **qch à qn** to serve sb with sth, help sb to sth; '~ **frais'** 'serve cool'; ~ **à boire à qn** to serve a drink to sb; **à table, c'est servi!** come and sit down now, it's ready!; **il nous sert toujours les mêmes plaisanteries** he always trots out the same old jokes. **(c)** (*aider*) *personne, ambitions* to serve (well), aid. **sa prudence l'a servi** his caution served him well (*auprès de* with); **il a été servi par une bonne mémoire** he was aided by a good memory. **(d)** (*être utile*) ~ **à personne** to be of use *ou* help to; *usage* to be of use in, be useful for; ~ **à faire** to be used for doing; **ça m'a servi à réparer le lit** I used it to mend the bed; **cela ne sert à rien** it's no use, it's useless; **cela ne sert à rien de pleurer** it's no use crying, crying doesn't help; **à quoi sert cet objet?** what is this object used for?; **à quoi servirait de réclamer?** what use would complaining be?, what would be the point of complaining? **(e)** ~ **de qch** (*objet*) to serve as sth, be used as sth; (*personne*) **elle lui a servi d'interprète** she acted as his interpreter; ~ **de leçon à qn** to be a lesson to sb. **(f)** (*verser*) to pay. ~ **des intérêts à qn** to pay sb interest. **(g)** (*Cartes*) to deal; (*Tennis*) to serve; (*Mil*) *canon* to serve.
2 se ~ *vpr* **(a)** (*distribution*) to help o.s. (*chez un fournisseur*) **se** ~ **chez X** to shop at X's. **(b)** **se** ~ **de qch** to use sth; **se** ~ **de ses relations** to make use of *ou* use one's contacts.
serviteur [sɛʀvitœʀ] *nm* (*gén*) servant.
servitude [sɛʀvityd] *nf* **(a)** (*esclavage*) servitude. **(b)** (*gén pl: contrainte*) constraint.
servofrein [sɛʀvɔfʀɛ̃] *nm* (*Tech*) servo(-assisted) brake.
ses [se] *adj poss V* **son**[1].
session [sesjɔ̃] *nf* (*Jur, Parl*) session. ~ **(d'examen)** university exam session.

seuil [sœj] *nm* (*marche*) doorstep; (*entrée*) doorway, threshold†; (*fig*) threshold; (*Géog, Tech*) sill. (*fig*) **du** ~ **de la mort** on the threshold *ou* brink of death.
seul, e [sœl] **1** *adj* **(a)** (*non accompagné*) alone, on one's (*ou* its *etc*) own, by oneself (*ou* itself *etc*); (*isolé*) lonely. **ils se retrouvèrent enfin** ~**s** they were alone (together) *ou* on their own *ou* by themselves at last; **une femme** ~**e peut très bien se débrouiller** a woman on her own *ou* a single woman can manage perfectly well. **(b)** (*avant n: unique*) **un** ~ **livre** (*et non plusieurs*) one book, a single book; (*à l'exception de tout autre*) only one book; **le** ~ **homme** the one man, the only man, the sole man; **pour cette** ~**e raison** for this reason alone *ou* only, for this one reason; **une** ~**e fois** only once. **(c)** (*en apposition*) only, alone. ~ **le résultat compte** the result alone counts, only the result counts. **(d)** (*locutions*) ~ **et unique** one and only; **c'est la** ~**e et même personne** it's one and the same person; **d'un** ~ **coup** (*subitement*) suddenly; (*ensemble, à la fois*) in *ou* at one go; **d'un** ~ **tenant** *terrain* all in one piece; **vous êtes** ~ **juge** you alone can judge; **à** ~ ~**e fin** de with the sole purpose of; **du** ~ **fait que ...** by the mere *ou* very fact that ...; **parler à qn** ~ **à** ~ to speak to sb in private *ou* privately *ou* alone; **se retrouver** ~ **à** ~ **avec qn** to find o.s. alone with sb; (*fig*) **comme un** ~ **homme** as one man.
2 *adv parler, rire* to oneself; *vivre* alone, by oneself, on one's own. (*sans aide*) **faire qch (tout)** ~ to do sth (all) on one's own *ou* unaided *ou* single-handed.
3 *nm,f*: **un** ~ (*gén*) only one; **le** ~ **que j'aime** the only one I love; **il n'en reste pas un** ~ there isn't a single one left.
seulement [sœlmã] *adv* **(a)** (*gén*) only; (*exclusivement*) only, solely; (*toutefois*) only, but. **nous serons** ~ **4** there will be only 4 of us; **on ne vit pas** ~ **de pain** you can't live on bread alone *ou* only *ou* solely on bread; **ce n'est pas** ~ **sa maladie qui le déprime** it's not only *ou* just his illness that depresses him; **il vient** ~ **d'entrer** he's only just (now) come in; **c'est bien,** ~ **c'est cher** it's fine only *ou* but it's expensive. **(b)** (*locutions*) **non** ~ **il a plu, mais (encore) il a fait froid** it didn't only rain but it was cold too; **on ne nous a pas** ~ **donné un verre d'eau** we were not even given a glass of water, we were not given so much as a glass of water; **si** ~ if only.
sève [sɛv] *nf* sap.
sévère [sevɛʀ] *adj* (*gén*) severe; *juge, climat* harsh; *parent, ton* stern. ♦ **sévèrement** *adv* severely; harshly; sternly. ♦ **sévérité** *nf* severity; harshness; sternness.
sévices [sevis] *nmpl* (*physical*) cruelty, ill treatment.
sévir [seviʀ] (2) *vi* **(a)** (*punir*) to act ruthlessly. ~ **contre** to deal ruthlessly with. **(b)** [*fléau, doctrine*] to rage, hold sway; [*pauvreté*] to be rampant *ou* rife.
sevrer [səvʀe] (5) *vt nourrisson* to wean. (*fig*) ~ **qn de qch** to deprive sb of sth. ♦ **sevrage** *nm* weaning.
sexe [sɛks(ə)] *nm* sex; (*organes*) sex organs. **enfant du** ~ **masculin** child of male sex, male child; **le beau** ~ the fair sex. ♦ **sexualité** *nf* sexuality. ♦ **sexué, e** *adj* sexual. ♦ **sexuel, -elle** *adj* (*gén*) sexual; *éducation, hormone, organe* sexual, sex. ♦ **sexuellement** *adv* sexually. ♦ **sexy*** *adj inv* sexy*.
sextant [sɛkstã] *nm* sextant.
seyant, e [sɛjã, ãt] *adj vêtement* becoming.
shah [ʃa] *nm* shah.
shakespearien, -ienne [ʃɛkspiʀjɛ̃, jɛn] *adj* Shakespearian.
shampooing [ʃãpwɛ̃] *nm* shampoo. **faire un** ~ **à qn** to shampoo sb's hair; ~ **colorant** tint, rinse.

shérif [ʃeʀif] nm sheriff.

shooter [ʃute] (1) vi (Ftbl) to shoot, make a shot.
♦ **shoot** nm shot.

short [ʃɔʀt] nm: ~(s) pair of shorts, shorts.

si[1] [si] **1** conj (a) (hypothèse) if. ~ j'avais de l'argent if I had any money, had I any money; ~ j'étais riche if I were rich; ~ j'avais su! if I had only known!, had I only ou but known!; et s'il refusait? and what if he refused?; ~ tu lui téléphonais? how ou what about phoning him?, supposing you phoned him? (b) (répétition) if, when. ~ je sors sans parapluie, il pleut if ou when(ever) I go out without an umbrella, it always rains. (c) (opposition) while. ~ lui est aimable, sa femme est arrogante while ou whereas he is very pleasant, his wife is arrogant. (d) (exposant un fait) c'est un miracle ~ la voiture n'a pas pris feu it's a miracle (that) the car didn't catch fire; excusez-nous ~ nous n'avons pas pu venir please excuse us for not being able to come. (e) (interrogation indirecte) if, whether. il demande ~ elle viendra he is asking whether ou if she will come; vous imaginez s'ils étaient fiers! you can imagine how proud they were!; ~ je veux y aller! quelle question! do I want to go! what a question! (f) qui peut le savoir, ~ ce n'est lui? who will know if not him? ou apart from him? ou but him?; ~ ce n'était la crainte de les décourager if it were not ou were it not for the fear of putting them off; une des plus belles, ~ ce n'est la plus belle one of the most beautiful, if not the most beautiful; elle va bien, ~ ce n'est qu'elle est fatiguée she's quite well apart from the fact that she is tired. (g) (locutions) il te répondra ~ tant est qu'il le sache he'll tell you, that is if he knows; s'il te ou vous plaît please; ~ je ne me trompe if I am not mistaken, unless I'm mistaken; ~ j'ose dire if I may say so, if I may put it like that; ~ l'on peut dire so to speak; ~ l'on veut in a way; ~ c'est ça*, je m'en vais if that's how it is, I'm off*. **2** nm inv if. avec des ~ on mettrait Paris en bouteille if ifs and ands were pots and pans there'd be no need for tinkers.

si[2] [si] adv (a) (affirmatif) vous ne venez pas? - ~/mais ~ aren't you coming? - yes I am/of course I am; ~,~, il faut venir oh but you must come!; il n'a pas voulu, moi ~ he didn't want to, but I did. (b) (tellement) so. un ami ~ gentil such a kind friend; j'ai ~ faim I'm so hungry. (c) ~ bien que so that. (d) (concessif) however. ~ bête qu'il soit, il comprendra stupid as he is ou however stupid he is he will understand; ~ peu que ce soit however little it may be. (e) (égalité) as, so. elle n'est pas ~ timide que vous croyez she's not so ou as shy as you think.

si[3] [si] nm inv (Mus) B; (en chantant) ti, te.

siamois, e [sjamwa, waz] **1** adj Siamese. **2** nm,fpl: ~,~es Siamese twins. **3** nm (chat) Siamese.

sic [sik] adv sic.

Sicile [sisil] nf Sicily.

sidéral, e mpl -aux [sideʀal, o] adj sidereal.

sidérer* [sideʀe] (6) vt to stagger, shatter*.

sidérurgie [sideʀyʀʒi] nf (fabrication) iron and steel metallurgy; (industrie) iron and steel industry. ♦ **sidérurgique** adj procédé (iron and) steel-making. ♦ **sidérurgiste** nmf (iron and) steel worker.

siècle [sjɛkl(ə)] nm century; (époque) age, century. être de son ~/d'un autre ~ to live with the times/be behind the times; le ~ de Périclès the age of Pericles; il y a des ~s que nous ne nous sommes vus* it's years ou ages since we last saw each other.

siège [sjɛʒ] nm (a) (objet) seat. ~ de jardin garden chair; prenez un ~ take a seat; ~ éjectable ejector seat. (b) (Méd: postérieur) seat. (c) (Pol: fonction) seat. (d) (Jur) [magistrat] bench. (e) [firme] head office; [parti] headquarters; [assemblée] seat. ~ social registered office; ~

épiscopal episcopal see. (f) [maladie, rébellion] seat; [faculté, sensation] centre. (g) [place forte] siege. (lit, fig) faire le ~ de to lay siege to; lever le ~ (lit) to raise the siege; (fig) to get up and go. ♦ **siéger** (3 et 6) vi [assemblée] to sit. voilà où siège le mal that's where the trouble lies.

sien, sienne [sjɛ̃, sjɛn] **1** pron poss: le ~, la sienne, les ~s, les siennes [homme] his (own); [femme] hers, her own; [chose] its own; (indéf) one's own; ce sac est le ~ this bag is hers; mes enfants sont sortis avec les 2 ~s my children have gone out with her 2. **2** nm (a) y mettre du ~ to give and take. (b) les ~s (famille) one's family; (partisans) one's own people. **3** nf: il a encore fait des siennes* he has (gone and) done it again*. **4** adj poss (littér) un ~ cousin a cousin of his ou hers; faire sienne une théorie to adopt a theory, make a theory one's own.

sieste [sjɛst(ə)] nf (gén) nap, snooze*; (en Espagne etc) siesta. faire la ~ to have a nap ou siesta.

siffler [sifle] (1) **1** vi (gén, fig) to whistle; (avec un sifflet) to blow one's ou a whistle; [gaz, serpent] to hiss; [respiration] to wheeze. **2** vt (a) (appeler) chien to whistle for; (pour infraction) to blow one's whistle at; départ, faute to blow one's whistle for. (Ftbl) ~ la fin du match to blow the final whistle, blow for time. (b) acteur, pièce to hiss, boo. (c) chanson to whistle. (d) (‡: avaler) to guzzle*, knock back‡. ♦ **sifflant, e** adj sonorité whistling; toux wheezing; prononciation hissing. (consonne) ~e sibilant. ♦ **sifflement** nm: ~(s) whistling; hissing; wheezing. un ~ a whistle; ~ d'oreilles whistling in the ears. ♦ **sifflet** nm whistle. (huées) ~s hissing, booing, cat calls. ♦ **siffleur, -euse 1** adj merle whistling; serpent hissing. **2** nm,f whistler; hisser, booer. ♦ **sifflotement** nm whistling. ♦ **siffloter** (1) vti to whistle.

sigle [sigl(ə)] nm abbreviation, acronym.

sigma [sigma] nm sigma.

signal, pl -aux [siɲal, o] nm signal. donner le ~ de (lit) to give the signal for; (fig: déclencher) to be the signal ou sign for; signal; à mon ~ tous se levèrent when I gave the signal ou sign everyone got up; ~ de détresse distress signal; (Aut) signaux (lumineux) traffic signals ou lights; tirer le ~ d'alarme to pull the alarm. ♦ **signalé, e** adj service signal. ♦ **signalement** nm description, particulars. ♦ **signaler** (1) **1** vt (être l'indice de) to indicate, be a sign of; (avertir) to signal; (mentionner) to indicate; fait, vol to report; erreur, détail to point out. signalez que vous allez tourner à droite indicate ou signal that you are turning right; rien à ~ nothing to report; ~ qn à l'attention de qn to bring sb to sb's attention; nous vous signalons que ... we would point out to you that ... . **2** se ~ vpr (s'illustrer) to distinguish o.s., stand out; (attirer l'attention) to draw attention to o.s. se ~ à l'attention de qn to attract sb's attention, bring o.s. to sb's attention.

signaliser [siɲalize] (1) vt route to put up (road) signs on; voie to put signals on. ♦ **signalisation** nf (a) (action) erection of (road)signs (ou signals) (de on). erreur de ~ signposting (ou signalling) error; panneau de ~ roadsign; moyens de ~ means of signalling. (b) (signaux) signals. ~ routière roadsigns.

signature [siɲatyʀ] nf (action) signing; (marque) signature. ♦ **signataire** nmf signatory.

signe [siɲ] **1** nm (a) (gén) sign. un ~ de tête affirmatif/négatif a nod/a shake of the head; c'est un ~ de pluie it's a sign it's going to rain; c'est bon/mauvais ~ it's a good/bad sign; (lit, fig) ne pas donner ~ de vie to give no sign of life; en ~ de respect as a sign ou mark ou token of respect; '~s particuliers: néant' 'special peculiarities: none'; (fig) rencontre placée sous le ~ de l'amitié franco-britannique meeting where the keynote *ou* where the dominant theme was Franco-British friendship. **(b) faire ~ à qn** (*lit*) to make a sign to sb, sign to sb (*de faire* to do); (*fig: contacter*) to get in touch with sb, contact sb; **faire ~ du doigt à qn** to beckon (to) sb with one's finger; (*de la tête*) **faire ~ que oui** to nod in agreement; **faire ~ que non** to shake one's head. **2: ~ de croix/du zodiaque** *etc* sign of the cross/of the Zodiac *etc*; **~s extérieurs de richesse** outward signs of wealth; (*clin d'œil*) **~ d'intelligence** knowing look; **~ de ponctuation** punctuation mark; **~ précurseur** omen, portent; **~ de ralliement** rallying symbol.

signer [siɲe] (1) **1** *vt* to sign. **tableau non signé** unsigned painting; (*fig*) **c'est signé!*** it's written all over it!* **2 se ~** *vpr* (*Rel*) to cross o.s.

signet [siɲɛ] *nm* bookmark.

signifier [siɲifje] (7) *vt* **(a)** (*avoir pour sens*) to mean, signify. **bonté ne signifie pas forcément faiblesse** kindness does not necessarily mean *ou* signify *ou* imply weakness; **qu'est-ce que cela signifie?** what's the meaning of this? **(b)** (*faire connaître à*) to make known;(*Jur*) to serve notice of (*à on*), notify (*à* to). **~ sa volonté à qn** to make one's wishes known to sb, inform sb of one's wishes; **~ son congé à qn** to give sb his notice.

silence [silɑ̃s] *nm* **(a)** silence. (*lit,fig*) **garder le ~** to keep silent (*sur* on); **faire ~** to be silent; **passer qch sous ~** to pass over sth in silence; **en ~** in silence; **sortez vos cahiers et en ~!** get out your books and no talking! **(b)** (*dans la conversation, un récit*) pause; (*Mus*) rest. **à son entrée il y eut un ~** there was a hush when he came in. **(c)** (*paix*) silence, stillness. ♦ **silencieusement** *adv* silently; noiselessly. ♦ **silencieux, -euse 1** *adj* (*gén*) silent; (*paisible*) still; *moteur* noiseless. **2** *nm* (*Tech*) silencer.

silex [silɛks] *nm* flint.

silhouette [silwɛt] *nf* (*profil*) outline, silhouette; (*allure, dessin*) figure. **~s de tir** figure targets.

silice [silis] *nf* silica.

silicium [silisjɔm] *nm* silicon.

silicone [silikɔn] *nf* silicone.

sillage [sijaʒ] *nm* [*bateau*] wake; [*avion*] slipstream. (*lit, fig*) **dans son ~** in his (*ou* its *etc*) wake *ou* trail.

sillon [sijɔ̃] *nm* (*Agr, fig*) furrow; [*disque*] groove. ♦ **sillonner** (1) *vt* [*bateau, routes*] to cut across; cross; [*rides, ravins*] to furrow.

silo [silo] *nm* silo.

simagrées [simagʁe] *nfpl* fuss. **faire des ~** to make a fuss *ou* a to-do*.

simiesque [simjɛsk(ə)] *adj* (*V singe*) monkeylike; ape-like.

similaire [similɛʁ] *adj* similar. ♦ **simili** *préf* imitation. ♦ **similitude** *nf* similarity.

simple [sɛ̃pl(ə)] **1** *adj* **(a)** (*non complexe*) simple; (*non multiple*) *billet, fleur* single; (*facile*) straightforward. **en ~ épaisseur** in a single thickness; **réduit à sa plus ~ expression** reduced to a minimum; **~ comme bonjour*** easy as pie*. **(b)** (*modeste*) plain, simple. **il a su rester ~** he has managed to stay unaffected *ou* simple; (*hum*) **dans le plus ~ appareil** in one's birthday suit. **(c)** (*naif*) simple. **~ d'esprit** (*adj*) simple-minded; (*nmf*) simpleton. **(d)** (*restrictif*) simple. **un ~ particulier** an ordinary citizen; **un ~ soldat** a private; **une ~ formalité** a simple *ou* mere formality; **un ~ regard la déconcertait** just a *ou* a mere look would upset her. **2** *nm* **(a)** (*Tennis*) **~ messieurs** men's singles; **~ au double** to double. **(b)** († *Bot*) simple†. **(c)** (*Tennis*) singles. **~ dames** ladies' singles. ♦ **simplement** *adv* simply; straightforwardly; plainly; unaffectedly. **je veux ~ dire que ...** I simply *ou* merely *ou* just want to say that ... . ♦ **simplet, -ette** *adj personne* simple; *raisonnement* simplistic. ♦ **simplicité** *nf* simplicity; straightforwardness; plainness; unaffectedness.

(*naïveté*) simpleness. ♦ **simplification** *nf* simplification. ♦ **simplifier** (7) *vt* (*gén, Math*) to simplify. **trop ~** to oversimplify. ♦ **simpliste** *adj* (*péj*) simplistic.

simuler [simyle] (1) *vt* (*gén, Tech*) to simulate; *sentiment, attaque* to feign, sham. **~ une maladie** to feign illness, pretend to be ill. ♦ **simulacre** *nm* (*action simulée*) enactment. (*péj*) **un ~ de justice** a pretence of justice; **un ~ de procès** a sham trial, a mockery of a trial. ♦ **simulateur, -trice 1** *nm,f* shammer, pretender; (*Mil: faux malade*) malingerer. **2** *nm*: **~ de vol** flight simulator. ♦ **simulation** *nf* simulation, feigning. **c'est de la ~** it's all sham, it's all put on. ♦ **simulé, e** *adj* feigned, sham.

simultané, e [simyltane] *adj* simultaneous. ♦ **simultanéité** *nf* simultaneity. ♦ **simultanément** *adv* simultaneously.

sinapisme [sinapism(ə)] *nm* mustard plaster.

sincère [sɛ̃sɛʁ] *adj* (*gén*) sincere; *partisan, sentiment* sincere, genuine, true. ♦ **sincèrement** *adv* sincerely; genuinely; truly; (*pour parler franchement*) honestly, really. ♦ **sincérité** *nf* sincerity; genuineness.

sinécure [sinekyʁ] *nf* sinecure. **ce n'est pas une ~*** it's not exactly a rest cure.

singe [sɛ̃ʒ] *nm* (*Zool*) monkey; (*de grande taille*) ape; (*personne laide*) horror; (*enfant espiègle*) monkey. **faire le ~** to monkey about; **malin comme un ~** as crafty *ou* artful as a monkey. ♦ **singer** (3) *vt attitude* to ape, mimic, take off*; *sentiments* to feign. ♦ **singeries** *nfpl* (*pitreries*) antics, clowning; (*simagrées*) airs and graces. **faire des ~** to clown about, play the fool.

singulier, -ière [sɛ̃gylje, jɛʁ] **1** *adj* (*Ling*) singular; (*étonnant*) remarkable, singular. **2** *nm* (*Ling*) singular. ♦ **singulariser** (1) **1** *vt* to mark out, make conspicuous. **2 se ~** *vpr* to call attention to o.s., make o.s. conspicuous. ♦ **singularité** *nf* **(a)** remarkable nature; singularity. **(b)** (*exception*) peculiarity. ♦ **singulièrement** *adv* remarkably, singularly; peculiarly; (*en particulier*) particularly, especially.

sinistre [sinistʁ(ə)] **1** *adj* sinister, ominous. (*avant n: intensif*) **un ~ imbécile** an utter idiot. **2** *nm* (*catastrophe*) disaster; (*incendie*) blaze; (*Assurances: cas*) accident. **déclarer un ~** to put in *ou* submit an accident claim. ♦ **sinistré, e 1** *adj* (*disaster-*)stricken. **2** *nm,f* disaster victim. ♦ **sinistrement** *adv* in a sinister way.

sinon [sinɔ̃] *conj* **(a)** (*sauf*) except, other than. **à quoi sert cette manœuvre ~ à nous intimider?** what is the purpose of this manoeuvre other than to intimidate us?; **je ne sais pas grand-chose, ~ qu'il a démissionné** I don't know much about it, except that *ou* only that he has resigned. **(b)** (*concession*) if not. **il avait leur approbation, ~ leur enthousiasme** he had their approval, if not their enthusiasm. **(c)** (*autrement*) otherwise, or else. (*menace*) **fais-le, ~ ...** do it, or else ... .

sinueux, -euse [sinɥø, øz] *adj route* winding; *rivière* winding, meandering; *ligne* sinuous; *pensée* tortuous. ♦ **sinuosité** *nf* (*aspect*) winding; (*courbe*) curve, loop.

sinus [sinys] *nm* (*Anat*) sinus; (*Math*) sine. ♦ **sinusite** *nf* sinusitis. ♦ **sinusoïdal, e, *mpl* -aux** *adj* sinusoidal. ♦ **sinusoïde** *nf* sinusoid.

sionisme [sjɔnism(ə)] *nm* Zionism. ♦ **sioniste** *adj, nmf* Zionist.

siphon [sifɔ̃] *nm* (*tube, bouteille*) siphon; [*évier, W.-C.*] U-bend; (*Spéléologie*) sump. ♦ **siphonné, e† *adj* cracked†. ♦ **siphonner** (1) *vt* to siphon.

sire [siʁ] *nm* **(a)** (*au roi*) S~ Sire. **(b)** (*seigneur*) lord. **(c)** *triste* **~** unsavoury individual.

sirène [siʁɛn] *nf* **(a)** (*Myth, fig*) siren, mermaid. **(b)** [*bateau, ambulance*] siren; [*usine*] hooter. (*incendie*) **~ d'alarme** fire alarm.

sirop [siʁo] *nm* (*pharmaceutique*) syrup, mixture;

(pour boisson) syrup, cordial. ~ **de menthe** mint cordial; ~ **d'érable** maple syrup.

siroter [siʀɔte] (1) *vt* to sip.

sirupeux, -euse [siʀypø, øz] *adj (lit, péj)* syrupy.

sis, sise [si, siz] *adj (Admin, Jur)* located.

sismique [sismik] *adj* seismic. ♦ **sismographe** *nm* seismograph.

site [sit] *nm (environnement)* setting; *(endroit pittoresque)* beauty spot; *(Constr: emplacement)* site. ~ **naturel/classé** natural/listed site; **la protection des ~s** the conservation of places of interest.

sitôt [sito] **1** *adv:* ~ **(après qu'elle fut) couchée, elle s'endormit** as soon as *ou* immediately she was in bed she fell asleep, she was no sooner in bed than she fell asleep; ~ **dit,** ~ **fait** no sooner said than done; ~ **qu'il sera guéri** as soon as he is better; ~ **après la guerre** straight *ou* immediately after the war; **il ne reviendra pas de** ~ he won't be back for quite a while *ou* for (quite) some time; *(hum)* he won't be back in a hurry. **2** *prép:* ~ **les vacances, elle partait** she went away as soon as the holidays started.

situation [situɑsjɔ̃] *nf (circonstances)* situation; *(emplacement)* situation, position, location; *(emploi)* job, position, situation; *(Fin: état)* statement of finances. **être en** ~ **de faire** to be in a position to do; ~ **de fait** de facto situation; ~ **de famille** marital status; **se faire une belle** ~ to work up to a good position.

situer [situe] (1) **1** *vt (construire)* to site, situate, locate; *(par la pensée: localiser)* to set, place; *(*: catégoriser) personne* to place, pin down*. **2 se** ~ *vpr* (a) *(emploi réfléchi)* to place o.s. *(par rapport à* in relation to). **(b)** *(dans l'espace)* to be situated; *(dans le temps)* to take place; *(par rapport à des notions)* to stand. **bien/mal situé** well/badly situated; **l'action se situe à Paris** the action is set *ou* takes place in Paris.

six [sis], *devant consonne* [si], *devant voyelle ou h muet* [siz] **1** *adj cardinal inv* six. ~ **mille** six thousand; **les** ~ **huitièmes de cette somme** six eighths of-this sum; **il a** ~ **ans** he is six (years old); **un enfant de** ~ **ans** a six-year-old (child), a child of six; **un objet de** ~ **F** a six-franc article; **à** ~ **faces** six-sided; **il est trois heures moins** ~ it is six minutes to three; **cinq fois sur** ~ five times out of six; **tous les** ~ all six of them; **ils ont porté la table à eux** ~ the six of them carried the table; **ils viennent à** ~ **pour déjeuner** there are six coming to lunch; **on peut s'asseoir à** ~ **autour de cette table** this table can seat six (people); **se battre à** ~ **contre un** to fight six against one; **entrer** ~ **par** ~ to come in six at a time *ou* six by six; **se mettre en rangs par** ~ to form rows of six.

2 *adj ordinal inv* sixth, six. **arriver le** ~ **septembre** to arrive on the sixth of September *ou* (on) September (the) sixth; **Louis** ~ Louis the Sixth; **page** ~ page six; **il habite au numéro** ~ he lives at number six; **il est** ~ **heures du soir** it's six in the evening *ou* p.m.

3 *nm six.* **quarante-~** forty-six; **quatre et deux font** ~ four and two are *ou* make six; **il fait mal ses** ~ he writes his sixes badly; *(numéro)* **le** ~ number six; **il habite** ~ **rue de Paris** he lives at six Rue de Paris; **nous sommes le** ~ **aujourd'hui** it's the sixth today; *(Cartes)* **le** ~ **de cœur** the six of hearts; *(Dominos)* **le** ~ **et deux** the six-two.

4: *(Mus)* **~-huit** *nm inv* six-eight (time); **mesure à ~-huit** bar in six-eight (time); *(Naut)* **~-mâts** *nm inv* six-master.

♦ **sixième 1** *adj* sixth. **vingt-~** twenty-sixth; **dans le** ~ **(arrondissement)** in the sixth arrondissement *(in Paris)*; **au** ~ **(étage)** on the sixth floor. **2** *nmf (gén)* sixth (person). **se classer** ~ to come sixth. **3** *nm (portion)* sixth. **calculer le** ~ **d'un nombre** to work out the sixth of a number; **recevoir le** ~ **d'une somme** to receive a

sixth of a sum; **(les) deux ~s du budget** two sixths of the budget. **4** *nf (Scol)* ≃ first year *ou* form, ≃ sixth grade *(US)*. **entrer en (classe de)** ~ ≃ to go into the first form; **élève de** ~ ≃ first form pupil. ♦ **sixièmement** *adv* in the sixth place, sixthly.

skaï [skaj] *nm ®* Skai (fabric) ®, leatherette.

sketch, *pl* **~es** [skɛtʃ] *nm (variety)* sketch.

ski [ski] *nm (objet)* ski; *(sport)* skiing. ~ **alpin** Alpine skiing; ~ **de fond** langlauf; ~ **nautique** water-skiing; **faire du** ~ to ski, go skiing; **chaussures de** ~ ski boots. ♦ **skier** (7) *vi* to ski. ♦ **skieur, -euse** *nm,f* skier.

slalom [slalɔm] *nm* slalom; *(fig)* zigzag. ♦ **slalomer** (1) *vi (Ski)* to slalom; *(fig: obstacles)* to zigzag. ♦ **slalomeur, -euse** *nm,f* slalom skier.

slave [slav] **1** *adj* Slavic, Slavonic. **2** *nmf:* **S~** Slav.

slip [slip] *nm* briefs, pants. ~ **de bain** *[homme]* (bathing) trunks; *(du bikini)* bikini briefs; **2 ~s** 2 pairs of briefs *ou* pants.

slogan [slɔgɑ̃] *nm* slogan.

slow [slo] *nm* slow number.

smala* [smala] *nf (troupe)* tribe*.

smicard, e* [smikaʀ, aʀd(ə)] *nm,f* minimum wage earner.

smoking [smɔkiŋ] *nm (costume)* dinner suit, *(veston)* dinner jacket, tuxedo *(US)*.

snack(-bar) [snak(baʀ)] *nm* snack bar.

snob [snɔb] **1** *nmf* snob. **2** *adj* snobby, posh*. ♦ **snober** (1) *vt:* ~ **qn** to snub sb, give sb the cold shoulder. ♦ **snobisme** *nm* snobbery.

sobre [sɔbʀ(ə)] *adj personne* sober, temperate, abstemious; *style* sober. ~ **de paroles** sparing of words; ~ **comme un chameau** as sober as a judge. ♦ **sobrement** *adv* soberly, temperately; frugally. ♦ **sobriété** *nf* sobriety, temperance; frugality.

sobriquet [sɔbʀikɛ] *nm* nickname.

sociable [sɔsjabl(ə)] *adj caractère* sociable; *milieu* hospitable. ♦ **sociabilité** *nf* sociability; hospitality.

social, e, *mpl* **-aux** [sɔsjal, o] *adj (gén)* social. **prestations ~es** social security benefits. ♦ **social-démocrate,** *mpl* **sociaux-démocrates** *adj, nmf* Social Democrat. ♦ **socialement** *adv* socially. ♦ **socialisation** *nf* socialization. ♦ **socialiser** (1) *vt* to socialize. ♦ **socialisme** *nm* socialism. ♦ **socialiste** *adj, nmf* socialist.

société [sɔsjete] *nf* **(a)** *(groupe)* society. **la** ~ **société;** **la bonne/haute** ~ polite/high society; **la** ~ **de consommation** the consumer society. **(b)** *(club)* *(littéraire)* society; *(sportive)* club. **la S~ protectrice des animaux** ≃ the Royal Society for the Prevention of Cruelty to Animals. **(c)** *(Comm)* company, firm. ~ **par actions/anonyme** joint stock/limited company. **(d)** *(assemblée)* company, gathering. **une** ~ **d'artistes** a company *ou* gathering of artists; **toute la** ~ **se leva** the whole company rose. **(e)** *(compagnie)* company. **rechercher la** ~ **de qn** to seek sb's company. ♦ **sociétaire** *nmf* member *(of a society)*.

socio- [sɔsjo] *préf* socio. ~ **-éducatif/-économique** *etc* socioeducational/economic *etc*.

sociologie [sɔsjɔlɔʒi] *nf* sociology. ♦ **sociologique** *adj* sociological. ♦ **sociologiquement** *adv* sociologically. ♦ **sociologue** *nmf* sociologist.

socle [sɔkl(ə)] *nm [statue]* plinth, pedestal; *[lampe]* base.

socquette [sɔkɛt] *nf* ankle sock.

soda [sɔda] *nm* fizzy drink. ~ **à l'orange** orangeade.

sodium [sɔdjɔm] *nm* sodium.

sœur [sœʀ] *nf (gén, Rel)* sister. **avec un dévouement de** ~ with a sister's *ou* with sisterly devotion; **et ta ~?‡** get lost; ~ **Jeanne** Sister Jeanne; **mis en pension chez les ~s** sent to a convent (boarding) school.

sofa [sɔfa] *nm* sofa.

soi [swa] **1** *pron pers (gén)* oneself. **n'aimer que** ~ to love only oneself; **il faut regarder devant** ~

you must look in front of you; **il n'agit que pour ~** he is only acting for himself; **se rendre service entre ~** to help each other *ou* one another (out); **cela va de ~** it's obvious, it stands to reason, it goes without saying (*que* that); **en ~** (*intrinsèquement*) in itself; **~-même** oneself; **le respect de ~-même** self-respect; (*hum*) Monsieur X? – **~-même!** Mr X? – in person! **2 nm** (*Philos*) self; (*Psych*) id. ♦ **soi-disant 1** *adj inv* so-called. **2** *adv* supposedly. **il était ~ parti** he had supposedly left, he was supposed to have left.

soie [swa] *nf* (*Tex*) silk; [*sanglier etc*] bristle. ♦ **soierie** *nf* (*tissu*) silk; (*commerce*) silk trade.

soif [swaf] *nf* (*lit*) **avoir ~** to be thirsty; **le sel donne ~** salt makes you thirsty, salt gives one a thirst; **jusqu'à plus ~*** till one can take no more. **(b)** (*fig: désir*) **~ de qch** thirst *ou* craving for sth; **~ de faire qch** craving to do sth.

soigné, e [swaɲe] *adj* **(a)** *personne, tenue, chevelure* tidy, well-groomed, neat; *ongles* well-groomed, well-kept; *mains* well-cared-for; *travail, présentation* neat, careful, meticulous; *jardin* well-kept, neat; *repas* carefully-prepared. **peu ~** *personne* untidy; *cheveux* unkempt, untidy. **(b)** (*: intensif*) *note* massive*, whopping*; *punition* stiff*. **avoir un rhume ~** to have a whopper* of a cold.

soigner [swaɲe] **(1) 1** *vt* **(a)** [*médecin*] to treat; [*infirmière*] to look after, nurse. **se faire ~** to have treatment; **il faut te faire ~!*** you need your head examined!* **(b)** *plantes, invité, ongles* to look after, take (good) care of; *tenue, travail, repas* to take care over. **2 se ~** *vpr* (*lit, fig*) [*personne*] to take good care of o.s., look after o.s. **cette maladie se soigne** this disease can be treated. ♦ **soigneur** *nm* (*Boxe*) second; (*Cyclisme, Ftbl*) trainer.

soigneux, -euse [swaɲø, øz] *adj personne* tidy, neat; *travail* careful, meticulous. **~ de sa personne/de ses vêtements** careful about one's appearance/with one's clothes. ♦ **soigneusement** *adv* tidily, neatly; carefully; meticulously. **~ préparé** carefully prepared.

soin [swɛ̃] *nm* **(a)** (*application*) care; (*ordre et propreté*) tidiness, neatness. **sans ~** (*adj*) careless; untidy; (*adv*) carelessly; untidily; **avec (grand) ~** with (great) care, (very) carefully. **(b)** (*charge*) care. **confier à qn le ~ de faire** to entrust sb with the job of doing; **je vous laisse ce ~** I leave this to you, I leave you to take care of this; **son premier ~ fut de faire ...** his first concern was to do .... **(c)** **~s** care; (*traitement*) attention, treatment; **les ~s du ménage** the care of the home; **les ~s du visage** face-care, care of the complexion; **le blessé a reçu les premiers ~s** the injured man has been given first aid; **confier qn/qch aux (bons) ~s de** to leave sb/sth in the hands *ou* care of; (*sur lettre*) **aux bons ~s de** care of, c/o; **être aux petits ~s pour qn** to wait on sb hand and foot. **(d)** **avoir** *ou* **prendre ~ de faire** to take care to do; **avoir** *ou* **prendre ~ de qn/qch** to take care of *ou* look after sb/sth; **prenez ~ d'éteindre** take care *ou* be sure to turn out the lights.

soir [swaʀ] *nm* evening. **journal du ~** evening paper; **5 heures du ~** 5 (o'clock) in the afternoon *ou* evening, 5 p.m.; **11 heures du ~** 11 (o'clock) at night, 11 p.m.; **le ~** in the evening; **j'y vais ce ~** I'm going this evening *ou* tonight; **hier ~** last night, yesterday evening; **la veille au ~** the previous evening, in the evening of the previous day. ♦ **soirée** *nf* (*soir*) evening; (*réception*) party; (*Théât*) evening performance. **~ dansante** dance.

soit [swa] **1** *adv* (*oui*) very well, well and good. **2** *conj* **(a)** (*d'alternative*) **~ l'un ~ l'autre** (either) one or the other; **~ avant ~ après** (either) before or after; **~ qu'il soit fatigué ~ qu'il en ait assez** whether he is tired or whether he has had enough. **(b)** (*à savoir*) that is to say. **(c)** (*Math: posons*)

~ un rectangle ABCD let ABCD be a rectangle.

soixante [swasɑ̃t] *adj inv, nm inv* sixty. **les années ~** the sixties, the 60s; **~ et un** sixty-one; **~ et unième** sixty-first; **~-dix** seventy; **~-dixième** seventieth; **~ et onze** seventy-one. ♦ **soixantaine** *nf* **(a)** (*environ soixante*) sixty or so, (round) about sixty, sixty-odd*. **la ~ de spectateurs qui étaient là** the sixty or so *ou* the sixty-odd* people there; **ils étaient une bonne ~** there were a good sixty of them; **ça doit coûter une ~ de mille (francs)** that must cost sixty thousand or so francs *ou* (round) about sixty thousand francs. **(b)** (*soixante*) sixty. **(c)** (*âge*) sixty. **d'une ~ d'années** *personne* of about sixty; *arbre* sixty or so years old; **elle a la ~** she is sixtyish *ou* in her sixties. ♦ **soixantième** *adj, nmf* sixtieth.

soja [sɔʒa] *nm* (*plante*) soya.

sol¹ [sɔl] **1** *nm* (*gén*) ground; (*d'une maison*) floor; (*Agr, Géol*) soil. **sur le ~ français** on French soil; **vitesse au ~** ground speed; (*Sport*) **exercices au ~** floor exercises. **2:** (*Mil*) **~-air** *adj inv* ground-to-air; **~-~** *adj inv* ground-to-ground.

sol² [sɔl] *nm inv* (*Mus*) G; (*en chantant*) so(h).

solaire [sɔlɛʀ] *adj* (*Astrol, Astron*) solar; *crème* sun.

soldat [sɔlda] *nm* (*gén*) soldier. **simple ~** private; **~ d'infanterie** infantryman; **le S~ inconnu** the Unknown Soldier *ou* Warrior; **~ de plomb** tin soldier.

solde¹ [sɔld(ə)] *nf* (*salaire*) pay. (*péj*) **être à la ~ de** to be in the pay of.

solde² [sɔld(ə)] *nm* **(a)** (*Fin*) balance; (*à payer*) balance outstanding. **~ créditeur** credit balance; **pour ~ de tout compte** in settlement. **(b)** (*article en*) **~ sale(s)** article; **~ de lainages** sale of woollens, woollen sale; **acheter qch en ~** to buy sth at sale price; **les ~s** the sales.

solder [sɔlde] **(1) 1** *vt* **(a)** *compte* (*arrêter*) to wind up; (*acquitter*) to settle, balance. **(b)** *marchandises* to sell (off) at sale price. **je vous le solde à 10 F** I'll let you have it for 10 francs. **2 se ~** *vpr* (*Fin*) **se ~ par un bénéfice** to show a profit; (*fig*) **se ~ par un échec** to end in failure.

sole [sɔl] *nf* (*poisson*) sole.

solécisme [sɔlesism(ə)] *nm* solecism (*in language*).

soleil [sɔlɛj] *nm* **(a)** (*astre*) sun; (*lumière*) sunshine, sunlight; (*chaleur*) sunshine. **le ~ levant/couchant/de minuit** the rising/setting/midnight sun; **se mettre au ~** to go out into the sun(shine) *ou* sunlight; **il fait du ~** the sun is shining, it's sunny; **il fait un ~ de plomb** the sun is blazing down; **des jours sans ~** sunless days. **(b)** (*feu d'artifice*) Catherine wheel; (*acrobatie*) grand circle; (*fig: culbute*) somersault; (*fleur*) sunflower. **(c)** (*locutions*) **rien de nouveau sous le ~** there's nothing new under the sun; **avoir du bien au ~** to be the owner of property; (*fig*) **se faire une place au ~** to find o.s a place in the sun.

solennel, -elle [sɔlanɛl] *adj* (*gén*) solemn; *séance* ceremonial. ♦ **solennellement** *adv* solemnly; ceremonially. ♦ **solennité** *nf* solemnity.

solfège [sɔlfɛʒ] *nm* musical theory.

solidaire [sɔlidɛʀ] *adj* **(a)** (*mutuellement liés*) **être ~s** to show solidarity, stand *ou* stick together; **être ~ de** to stand by, back, support. **(b)** *mécanismes* interdependent. **être ~ de** to be dependent on. **(c)** (*Jur*) *engagement* binding all parties; *débiteurs* jointly liable. ♦ **solidairement** *adv* jointly. ♦ **se solidariser** (1) *vpr*: **se ~ avec** to show solidarity with. ♦ **solidarité** *nf* solidarity; interdependence; joint liability. **faire une grève de ~** to come out in sympathy *ou* stop work in sympathy with the strikers.

solide [sɔlid] **1** *adj* **(a)** (*non liquide*) solid. **(b)** (*robuste*) *objet, muscles* solid, sturdy, strong; *qualité, connaissances, santé, esprit* sound; *personne* sturdy; (*sérieux*) reliable, solid. **c'est du ~**

it's solid stuff; **être ~ sur ses jambes** to be steady on one's legs; **cela ne repose sur rien de ~** it has no solid *ou* sound foundation; **avoir la tête ~** *(lit)* to have a hard head; *(fig: équilibre)* to have a good head on one's shoulders. **(c)** *coup de poing* hefty*; *revenus* substantial; *repas* (good) solid. **2** *nm (Géom, Phys)* solid. ♦ **solidement** *adv fixer* firmly; *fabriquer* solidly; *s'installer* securely. ♦ **solidification** *nf* solidification. ♦ **solidifier** *vt*, **se ~** *vpr* (7) to solidify. ♦ **solidité** *nf* solidity; sturdiness; soundness; reliability.

soliloque [sɔlilɔk] *nm* soliloquy.

soliste [sɔlist(ə)] *nmf* soloist.

solitaire [sɔlitɛʀ] **1** *adj (gén)* solitary, lonely; *caractère* solitary. **un passant ~** a solitary *ou* lone passer-by. **2** *nmf (ermite)* recluse; *(fig: ours)* lone wolf, loner. **travailler en ~** to work on one's own. **3** *nm (sanglier)* old boar; *(diamant)* solitaire; *(jeu)* solitaire. ♦ **solitude** *nf* **(a)** *(tranquillité)* solitude; *(manque de compagnie)* loneliness; *[endroit]* loneliness. **(b)** *(désert)* solitude.

solliciter [sɔlisite] (1) *vt faveur, audience* to seek, request, solicit *(de qn* from sb); *poste* to seek; *curiosité* to appeal to; *attention* to attract; *cheval, voiture* to coax forward. **il est très sollicité** he's very much in demand; **les attractions qui sollicitent le touriste** the attractions that are there to tempt the tourist. ♦ **sollicitation** *nf (démarche)* entreaty, appeal; *(tentation)* temptation, solicitation. ♦ **solliciteur, -euse** *nm,f* supplicant.

sollicitude [sɔlisityd] *nf* concern, solicitude.

solo [sɔlo] *adj inv, nm* solo.

solstice [sɔlstis] *nm* solstice.

soluble [sɔlybl(ə)] *adj substance* soluble; *problème* soluble, solvable. **café ~** instant coffee. ♦ **solubilité** *nf* solubility.

solution [sɔlysjɔ̃] *nf (réponse)* solution *(de* to); *(Math, Chim)* solution. **c'est une ~ de facilité** that's an easy answer *ou* the easy way out; **~ de continuité** solution of continuity.

solvable [sɔlvabl(ə)] *adj (Fin)* solvent. ♦ **solvabilité** *nf* solvency.

solvant [sɔlvɑ̃] *nm (Chim)* solvent.

sombre [sɔ̃bʀ(ə)] *adj* **(a)** *(foncé)* dark. **il fait ~** it's dark; **bleu ~** dark blue. **(b)** *pensées, avenir* sombre, gloomy, dark, dismal. **(c) ~ idiot** utter idiot; **une ~ histoire d'enlèvement** a murky story of abduction. ♦ **sombrement** *adv* darkly; sombrely, gloomily, dismally.

sombrer [sɔ̃bʀe] (1) *vi [bateau]* to sink, go down, founder; *[raison]* to give way; *[empire]* to founder. **~ dans le désespoir** to sink into despair; **~ corps et biens** to go down with all hands.

sommaire [sɔmɛʀ] **1** *adj exposé, réponse* brief, summary; *examen* cursory; *réparation, repas* basic; *tenue, décoration* scanty; *justice* summary. **2** *nm* summary. ♦ **sommairement** *adv* briefly; summarily; cursorily; basically; scantily.

sommation [sɔmasjɔ̃] *nf (Jur)* summons; *(injonction)* demand; *(Mil)* warning.

somme¹ [sɔm] *nm nap,* snooze*. **faire un ~** to have a nap *ou* a snooze*.

somme² [sɔm] *nf (Math)* sum; *(quantité)* amount. **la ~ totale** the grand total, the total sum; **faire la ~ de** to add up; **~ (d'argent)** sum *ou* amount (of money); **en ~** in sum, in short; **~ toute** when all's said and done.

sommeil [sɔmɛj] *nm (gén, fig)* sleep; *(envie de dormir)* drowsiness, sleepiness. **avoir ~** to be *ou* feel sleepy; **8 heures de ~** 8 hours' sleep; **~ de plomb** heavy *ou* deep sleep; **premier ~** first hours of sleep; **nuit sans ~** sleepless night; **laisser une affaire en ~** to leave a matter (lying) dormant, leave a matter in abeyance; *(littér)* **le ~ éternel** eternal rest. ♦ **sommeiller** (1) *vi [personne]* to doze; *[qualité, nature]* to lie dormant.

sommelier [sɔməlje] *nm* wine waiter.

sommer [sɔme] (1) *vt:* **~ qn de faire** to charge *ou* enjoin sb to do.

sommet [sɔmɛ] *nm* **(a)** *(gén)* top; *[montagne]* summit; *[vague]* crest; *[crâne]* crown; *[angle]* vertex. **les ~s de la gloire** the summits *ou* heights of fame. **(b)** *(montagne)* summit, mountain top.

sommier [sɔmje] *nm* bedsprings; *(avec pieds)* divan base.

sommité [sɔmite] *nf* leading light *(de* in).

somnambule [sɔmnɑ̃byl] *nmf* sleepwalker, somnambulist. ♦ **somnambulisme** *nm* sleepwalking, somnambulism.

somnifère [sɔmnifɛʀ] **1** *nm* sleeping drug, soporific; *(pilule)* sleeping pill *ou* tablet. **2** *adj* soporific.

somnolence [sɔmnɔlɑ̃s] *nf* sleepiness, drowsiness, somnolence. ♦ **somnolent, e** *adj* sleepy, drowsy, somnolent. ♦ **somnoler** (1) *vi (lit)* to doze; *(fig)* to lie dormant.

somptueux, -euse [sɔ̃ptɥø, øz] *adj habit, résidence* sumptuous, magnificent; *train de vie* lavish; *cadeau* handsome; *repas* sumptuous, lavish. ♦ **somptueusement** *adv* sumptuously, magnificently; lavishly; handsomely. ♦ **somptuosité** *nf* sumptuousness, magnificence; lavishness; handsomeness.

son¹ [sɔ̃], **sa** [sa], **ses** [se] *adj poss* **(a)** *[homme]* his; *[femme]* her; *[objet]* its. **Sa Majesté** *(roi)* His Majesty; *(reine)* Her Majesty; **ce n'est pas ~ genre** he *(ou* she) is not that sort, it's not like him *(ou* her); *(emphatique)* **~ jardin à lui est une vraie jungle** HIS *ou* his own garden is a real jungle; **à sa vue, elle poussa un cri** she screamed at the sight of him *(ou* her) *ou* on seeing him *(ou* her); **un de ses amis** one of his *(ou* her) friends, a friend of his *(ou* hers); **~ idiote de sœur*** that stupid sister of hers *(ou* his); **ça a ~ importance** that has its *ou* a certain importance. **(b)** *(à valeur d'indéfini)* one's. **faire ses études** to study; **être satisfait de sa situation** to be satisfied with one's situation; **chacun selon ses possibilités** each according to his (own) capabilities. **(c)** *(*: valeur intensive)* **il doit gagner ~ million par an** he must be earning a million a year; **il a passé tout ~ dimanche à travailler** he spent the whole of *ou* all Sunday working.

son² [sɔ̃] *nm (gén, Ling, Phys)* sound. **défiler au ~ d'une fanfare** to march past to the music of a band; **le ~ d'une cloche** the sound *ou* ringing of a bell; *(fig)* **entendre un autre ~ de cloche** to hear another side of the story; **(spectacle) ~ et lumière** son et lumière (display).

son³ [sɔ̃] *nm (Agr)* bran.

sonate [sɔnat] *nf* sonata.

sonde [sɔ̃d] *nf (Naut)* sounding line; *(Tech: de forage)* borer, drill; *(Méd)* probe; *(à canal central)* catheter; *(d'alimentation)* feeding tube; *(Mét)* sonde; *(spatiale)* probe. **mettre une ~ à qn** to put a catheter in sb. ♦ **sondage** *nm* boring, drilling; sounding; probing; catheterization. **~ (d'opinion)** (opinion) poll. ♦ **sonder** (1) *vt* **(a)** *(Naut)* to sound; *(Mét)* to probe; *terrain* to bore, drill; *plaie* to probe; *vessie* to catheterize. **(b)** *personne* to sound out; *avenir* to probe.

songer [sɔ̃ʒe] (3) **1** *vi (littér)* to dream. **2** *vt:* **~ que** *(réfléchir)* to reflect *ou* consider that; *(imaginer)* to imagine that; **songe que ...** remember that ... . **3 ~ à** *vt indir (évoquer)* to think over, reflect upon; *(s'occuper de)* to think of. **songez-y** think it over, consider it; **~ à faire qch** to contemplate doing sth, think of doing sth. ♦ **songe** *nm (littér)* dream. ♦ **songerie** *nf (littér)* reverie. ♦ **songeur, -euse 1** *adj* pensive. **cela me laisse ~** I just don't know what to think. **2** *nm,f* dreamer.

sonner [sɔne] (1) **1** *vt* **(a)** *cloche* to ring; *glas* to sound, toll; *clairon, réveil, retraite* to sound; *infirmière* to ring for. **~ l'alarme** to sound the alarm; **la pendule sonne 3 heures** the clock strikes 3 (o'clock); **on ne t'a pas sonné!*** nobody asked you!; **se faire ~ les cloches*** to get a good telling-off*. **(b)** (*: *étourdir*) *[chute]* to knock out; *[nouvelle]* to stagger*, take aback. **2** *vi [cloches, téléphone]* to ring; *[réveil]* to ring, go off; *[clairon]* to sound; *[glas]* to sound, toll; *[heure]* to strike; *[clefs, monnaie]* to jangle, jingle. **~ creux** *(lit)* to sound hollow; *(fig)* to ring hollow; **~ faux** *(lit)* to sound out of tune; *(fig)* to ring false; *(fig)* **~ bien/mal** to sound good/bad; **~ à toute volée** to peal out; **on a sonné** the bell has just gone, sb just rang (the bell). **3 ~ de** *vt indir* clairon, cor to sound. ♦ **sonnant, e** *adj:* **à 4 heures ~(es)** on the stroke of 4. ♦ **sonné, e** *adj:* **il est midi ~** it's gone twelve; **avoir trente ans bien ~s*** to be on the wrong side of thirty*. **(b)** (*: *fou*) cracked*. **(c)** (*: *assommé*) groggy. ♦ **sonnerie** *nf* **(a)** *(son)* *[cloche]* ringing; *[téléphone]* bell; *[clairon]* sound. **(b)** *(Mil: air)* call. **(b)** *(mécanisme)* *[réveil]* alarm (mechanism); *[pendule]* chimes; *(sonnette)* bell. ♦ **sonnette** *nf* bell. **~ de nuit** night-bell; **~ d'alarme** alarm bell. ♦ **sonneur** *nm:* **~ (de cloches)** bell ringer.

sonore [sɔnɔʀ] *adj* objet resonant; *voix* resonant, ringing, sonorous; *baiser, gifle* resounding; *salle, voûte* echoing; *(Ling)* voiced; *(Acoustique)* vibrations sound. **onde ~** sound wave; **fond ~** background noise; **bande ~** sound track. ♦ **sonorisation** *nf* ou ♦ **sono*** *nf* *(équipement)* public address system, P.A. system. ♦ **sonorité** *nf [instrument de musique]* tone; *[salle]* acoustics *(pl)*; *[grotte]* resonance. **~s** tones.

sophistiqué, e [sɔfistike] *adj (gén)* sophisticated.

soporifique [sɔpɔʀifik] *adj, nm* soporific.

soprano [sɔpʀano] *nmf* soprano.

sorbet [sɔʀbɛ] *nm* water ice, sorbet. ♦ **sorbetière** *nf* ice cream churn.

sorcellerie [sɔʀsɛlʀi] *nf* witchcraft, sorcery. **c'est de la ~!** it's magic! ♦ **sorcier** *nm* *(lit)* sorcerer. **il ne faut pas être ~ pour ...** you don't have to be a wizard to ... . ♦ **sorcière** *nf* witch, sorceress; *(fig péj)* (old) witch, (old) hag.

sordide [sɔʀdid] *adj* quartier sordid, squalid; *action* base, sordid; *gains* sordid. ♦ **sordidement** *adv* sordidly; squalidly; basely.

sornettes† [sɔʀnɛt] *nfpl* twaddle, balderdash.

sort [sɔʀ] *nm* **(a)** *(condition)* lot. **envier le ~ de qn** to envy sb's lot. **(b)** *(destinée)* fate. **le (mauvais) ~ fate; abandonner qn à son triste ~** to abandon sb to his sad fate; **faire un ~ à un plat*** to polish off a dish*. **(c)** *(hasard)* fate. **le ~ est tombé sur lui** he was chosen by fate, it fell to his lot; **tirer (qch) au ~** to draw lots (for sth). **(d)** *(sorcellerie)* curse, spell. **jeter un ~ sur** to put a curse *ou* spell on.

sortable* [sɔʀtabl(ə)] *adj:* **tu n'es pas ~!** you're not presentable!

sorte [sɔʀt(ə)] *nf* **(a)** *(espèce)* sort, kind. **toutes ~s de gens** all kinds *ou* sorts of people; **une ~ de** a sort *ou* kind of; *(péj)* **une ~ de médecin** a doctor of sorts. **(b) accoutré de la ~** dressed in that fashion *ou* way; **il n'a rien fait de la ~** he did nothing of the kind *ou* no such thing; **de ~ à** so as to, in order to; **en quelque ~** in a way, as it were; **de (telle) ~ que** *(de façon à ce que)* so that, in such a way that; *(si bien que)* so much that; **faites en ~ d'avoir fini demain** see to it *ou* arrange it so that you will have finished tomorrow; **faire en ~ que** to see to it that.

sortie [sɔʀti] *nf* **(a)** *(action)* *[personne]* leaving, exit; *[véhicule]* departure; *(Théât)* exit. **à sa ~** when he went out *ou* left; **faire une ~ discrète** to leave discreetly, make a discreet exit; **faire une ~** *(Mil)* to make a sortie; *[gardien de but]* to leave the goal mouth; **attention! ~ d'usine** caution, factory exit; **à la ~ de l'école** after school; **c'est sa première ~ depuis sa maladie** it's his first day *ou* time out since his illness. **(b)** *(promenade etc)* outing; *(le soir: au théâtre etc)* evening *ou* night

out. **jour de ~** *[domestique]* day off; *[pensionnaire]* day out. **(c)** *(lieu)* exit. *(lit, fig)* **(porte de) ~** way out; **~ de secours** emergency exit; **~ des artistes** stage door; **les ~s de Paris** the roads out of Paris. **(d)** *(paroles)* *(indignée)* outburst; *(drôle)* sally; *(incongrue)* odd remark. **(e)** *(Comm)* *[voiture, modèle]* launching; *[livre]* appearance; *[disque, film]* release; *(pour l'exportation)* export. **(f)** *(somme dépensée)* outlay. **~s** outgoings. **(g) ~ de bain** bathrobe.

sortilège [sɔʀtilɛʒ] *nm* (magic) spell.

sortir [sɔʀtiʀ] (16) **1** *vi* **(a)** *[personne]* *(aller)* to go out, leave; *(venir)* to come out, leave; *(à pied)* to walk out; *(le soir)* to go out; *(Théât)* to exit, leave (the stage). **~ acheter du pain** to go out to buy some bread *ou* for some bread; **faites ~ ces gens** make these people go *ou* leave, get these people out; **sors (d'ici)!** get out (of here)!; **laisser ~ qn** to let sb out *ou* leave. **(b)** *[objet]* *(gén)* to come out; *[disque, film]* to be released; *(à la loterie)* to come up *ou* out. *(Comm)* **tout ce qui sort (du pays)** doit être déclaré everything going out *ou* leaving (the country) must be declared. **(c)** *(dépasser)* to stick out; *(pousser)* *[plante]* to come up; *[dent]* to come through. **(d)** *(quitter)* **~ de lieu** to go *ou* come out of, leave; *indifférence* to overcome; *silence* to break out of; **~ de l'eau** to come out of the water; **~ du lit** to get out of bed; *[fleuve]* **~ de son lit** to overflow its banks; **~ des rails** to go off the rails. **(e)** *(passé immédiat)* **on sortait de l'hiver** it was getting near the end of winter; **il sort d'ici/du lit** he's just left/just got up. **(f)** *(s'écarter de)* **~ de légalité, limites** to go beyond, overstep; *compétences* to be outside; **~ du sujet** to go *ou* get off the subject; **~ du jeu** *[balle]* to go out of play; **cela sort de l'ordinaire** that's out of the ordinary; **il n'y a pas à ~ de là, nous avons besoin de lui** there's no getting away from it — we need him; **il ne veut pas ~ de là** he won't budge. **(g)** *(provenir de)* **~ de lieu, bonne famille** to come from; **il sort du Lycée X** he was educated at the Lycée X; **sait-on ce qui sortira de ces entrevues!** who knows what'll come (out) of these talks!; **de la fumée sortait par les fenêtres** smoke was pouring out of the windows; *(lit, fig)* **d'où sors-tu!** where have you been! **(h)** *(locutions)* **~ de ses gonds** *(lit)* to come off its hinges; *(fig)* to fly off the handle; **je sors d'en prendre*** I've had quite enough thank you *(iro)*; **il est sorti d'affaire** he has got over it; **on n'est pas sorti de l'auberge*** we're not out of the wood yet; **se croire sorti de la cuisse de Jupiter*** to think a lot of o.s.; **cela lui est sorti de la mémoire** that slipped his mind.

2 *vt* *(gén)* to take out; *(expulser)* to throw out; *(mettre en vente)* to bring out; *film* to release; *(Aviat)* train d'atterrissage to lower. **~ qch de sa poche** to take *ou* bring *ou* pull sth out of one's pocket; *(dire)* **qu'est-ce qu'il va encore nous ~?*** what will he come out with next?*

3 se ~ *vpr* to go out. **tu crois qu'il va s'en ~?** *(travail)* do you think he'll ever see the end of it?; *(procès, maladie)* do you think he'll come through all right?

4 *nm:* **au ~ de l'hiver** as winter draws *(ou* drew) to a close.

sosie [sozi] *nm* double *(person)*.

sot, sotte [so, sɔt] *adj* silly, foolish, stupid. ♦ **sottement** *adv* foolishly, stupidly. ♦ **sottise** *nf* stupidity, foolishness; *(parole, action)* silly *ou* foolish remark *(ou* action).

sou [su] *nm* *(monnaie)* sou; *(fig)* penny. **machine à ~s** *(jeu)* one-armed bandit, fruit-machine; *(distributeur)* slot machine; **économiser ~ à ou par ~** to save penny by penny; **il est sans le ~** he's penniless; **il n'a pas pour un ~ de bon sens** he hasn't an ounce of common sense (in him); **il n'est pas menteur pour un ~** he isn't the least bit untruthful; **propre comme un ~ neuf** (as) neat as a new pin.

soubassement [subasmɑ̃] *nm* [*maison*] base.

soubresaut [subʀəso] *nm* (*cahot*) jolt; (*de peur*) start; (*d'agonie*) convulsive movement. **avoir un ~** to give a start; to make a convulsive movement.

soubrette [subʀɛt] *nf* (†, *hum*) maid.

souche [suʃ] *nf* (a) [*arbre*] stump; [*vigne*] stock. **rester planté comme une ~** to stand stock-still. (b) [*famille*] founder. **de vieille ~** of old stock. (c) (*Ling*) root. (b) [*microbes*] colony, clone. (e) (*talon*) counterfoil, stub. **carnet à ~s** counterfoil book.

souci [susi] *nm* (a) (*tracas*) worry. **donner du ~ à, se faire du ~** to worry; **être sans ~** to be free of worries *ou* care(s); **~s d'argent** money worries. (b) (*préoccupation*) concern (*de* for). **avoir ~ du bien-être de son prochain** to have concern for the well-being of one's neighbour; **c'est le cadet de mes ~s** that's the least of my worries. (c) (*fleur*) marigold. ♦ **se soucier** (7) *vpr*: **se ~ de** *chose* to care about; *personne* to care about, show concern for; **il s'en soucie comme de l'an quarante*** he doesn't give *ou* care a fig (about it)*, he couldn't care less (about it). ♦ **soucieux, -euse** *adj* (*inquiet*) concerned, worried. **peu ~** unconcerned; **être ~ de qch** to be concerned about sth; **être ~ de faire** to be anxious to do.

soucoupe [sukup] *nf* saucer. **~ volante** flying saucer.

soudain, e [sudɛ̃, ɛn] **1** *adj* (*gén*) sudden; *mort* sudden, unexpected. **2** *adv* (*tout à coup*) suddenly, all of a sudden. ♦ **soudainement** *adv* suddenly. ♦ **soudaineté** *nf* suddenness.

soude [sud] *nf* (*industrielle*) soda. **~ caustique** caustic soda.

souder [sude] (1) **1** *vt métal* to solder; (*soudure autogène*) to weld; *os* to knit; *organismes* to fuse (together); *êtres* to bind together. **soudé au sol** glued to the spot. **2 se ~** *vpr* [*os*] to knit together. ♦ **soudeur** *nm* solderer; welder. ♦ **soudure** *nf* (*opération*) soldering; welding; knitting; (*endroit*) soldered joint; weld; (*substance*) solder. **~ à l'arc** arc welding; **~ autogène** welding; **faire la ~ (entre)** to bridge the gap (between).

soudoyer [sudwaje] (8) *vt* to bribe, buy over.

souffle [sufl(ə)] *nm* (a) (*expiration*) (*en soufflant*) blow, puff; (*en respirant*) breath. **murmurer un nom dans un ~** to breathe a name; **le dernier ~ d'un agonisant** the last breath of a dying man. (b) (*respiration*) breathing; (*capacité*) breath. **~ régulier** regular breathing; **manquer de/être à bout de ~** to be short of/be out of breath; **avoir le ~ court** to be short-winded; **reprendre son ~** to get one's breath back; **n'avoir plus de ~, être à bout de ~** to be out of breath; (*lit*) **avoir le ~ coupé** to be winded; (*fig*) **il en a eu le ~ coupé** it took his breath away. (c) [*ventilateur, explosion*] blast. (d) (*vent*) puff *ou* breath of air, puff of wind. **un ~ d'air** a slight breeze. (e) (*inspiration*) inspiration. (f) **~ au cœur** cardiac *ou* heart murmur.

souffler [sufle] (1) **1** *vi* (a) [*vent, personne*] to blow. **le vent soufflait en rafales** the wind was blowing in gusts. (b) (*respirer avec peine*) to puff (and blow). (c) (*se reposer*) to get one's breath back. **laisser ~ qn** to give sb a breather, let sb get his breath back. **2** *vt* (a) *bougie, feu* to blow out. (b) **~ de la fumée au nez de qn** to blow smoke in(to) sb's face. (*: *prendre*) to pinch*, nick‡. (d) [*bombe, explosion*] to destroy. (e) *conseil, réponse* to whisper (*à qn* to sb). (*Théât*) **~ son rôle à qn** to prompt sb; **ne pas ~** mot not to breathe a word. (f) (*: *étonner*) to flabbergast*, stagger. (g) (*Tech*) **~ le verre** to blow glass. ♦ **soufflé** *nm* (*Culin*) soufflé. ♦ **soufflerie** *nf* [*orgue, forge*] bellows; (*d'aération*) ventilating fan; (*Ind*) blowing engine; (*Aviat*) wind tunnel. ♦ **soufflet** *nm* (a)

[*forge, appareil photo*] bellows; (*Rail*) vestibule; (*Couture*) gusset. (b) (†: *gifle*) slap (in the face). ♦ **souffleur, -euse** *nm,f* (*Théât*) prompter. **~ de verre** glass-blower.

souffrir [sufʀiʀ] (18) **1** *vi* (*gén, fig*) to suffer (*de* from). **il souffre beaucoup** he is suffering a great deal, he is in great pain; **faire ~ qn** (*physiquement*) to hurt sb; (*moralement*) to make sb suffer; [*événement*] to cause sb pain; **ça fait ~** it hurts, it is painful; **~ de l'estomac** to have stomach trouble; **je souffre de le voir si affaibli** it pains *ou* grieves me to see him so weakened. **2** *vt* (a) *pertes, mépris, tourments* to endure, suffer. **~ le martyre** to go through agonies. (b) (*supporter*) to bear. **il ne peut pas ~ les épinards/cet individu** he can't stand *ou* bear spinach/that individual. (c) (*permettre*) *retard, exception* to admit of, allow of. **~ que** to allow *ou* permit that; **je ne souffrirai pas que mon fils en pâtisse** I will not allow my son to suffer from it. ♦ **souffrance** *nf* (a) (*douleur*) suffering. (b) **être en ~** [*colis*] to be awaiting delivery, be held up; [*dossier*] to be pending. ♦ **souffrant, e** *adj personne* unwell. **l'humanité ~e** suffering humanity. ♦ **souffre-douleur** *nmf inv* whipping boy, underdog. ♦ **souffreteux, -euse** *adj* sickly.

soufre [sufʀ(ə)] *nm* sulphur. (*fig*) **sentir le ~** to smack of heresy.

souhait [swɛ] *nm* wish. **les ~s de bonne année** New Year greetings; **à tes ~s!** bless you! **tout marchait à ~** everything went as well as one could wish *ou* went perfectly. ♦ **souhaitable** *adj* desirable. ♦ **souhaiter** (1) *vt réussite, changements* to wish for. **~ que** to hope that; **je souhaite réussir** I hope to succeed; **je souhaiterais vous aider** I wish I could help you; **~ à qn le bonheur** to wish sb happiness; **je vous souhaite bien des choses** all good wishes; **~ la bonne année/bonne chance à qn** to wish sb a happy New Year/luck.

souiller [suje] (1) *vt* (*littér*) *vêtement, atmosphère* to dirty; *réputation, âme* to sully, tarnish. **souillé de boue** spattered with mud; (*fig*) **~ ses mains** to stain one's hands. ♦ **souillon** *nf* slattern, slut. ♦ **souillure** *nf* (*lit, fig*) stain.

soûl, soûle [su, sul] **1** *adj* drunk. **~ comme un Polonais*** (as) drunk as a lord. **2** *nm*: **manger tout son ~** to eat one's fill; **elle a ri tout son ~** she laughed till she could laugh no more.

soulager [sulaʒe] (3) **1** *vt* (*gén*) to relieve (*de* of); *douleur* to relieve, soothe; *conscience* to ease. **buvez, ça vous soulagera** drink this — it'll give you relief *ou* make you feel better. **2 se ~** *vpr* to find relief; (*apaiser sa conscience*) to ease one's conscience; (*: *euph*) to relieve o.s. ♦ **soulagement** *nm* relief.

soûler [sule] (1) *vt*: **~ qn** [*personne*] to get sb drunk; [*boisson*] to make sb drunk; [*fatigue, vitesse etc*] to make sb's head spin *ou* reel; **~ qn de théories, promesses** to intoxicate sb with, make sb's head spin *ou* reel with. **2 se ~** *vpr* to get drunk. (*fig*) **se ~ de** *bruit, vent* to intoxicate o.s. with. ♦ **soûlard, e‡** *nm,f ou* **soûlaud, e‡** *nm,f* drunkard. ♦ **soûlerie** *nf* (*péj*) drunken binge.

soulever [sulve] (5) **1** *vt* (a) *poids* to lift (up); *poussière* to raise. **cela me soulève le cœur** it makes me feel sick; **le bateau soulevait de grosses vagues** the boat was sending up great waves. (b) *foule* to stir up, rouse; *enthousiasme, colère* to arouse; *protestations, applaudissements* to raise; *difficultés, problème* to raise, bring up. **2 se ~** *vpr* [*malade*] to lift o.s. up; [*véhicule, couvercle, rideau*] to lift; [*vague*] to swell (up); [*rebelles*] to rise up. **à cette vue, son cœur se souleva** his stomach turned at the sight. ♦ **soulèvement** *nm* (*révolte*) uprising; (*Géol*) upthrust.

soulier [sulje] *nm* shoe. **~s montants** boots; **être dans ses petits ~s** to feel awkward.

souligner [suliɲe] (1) vt (lit) to underline; *silhouette* to emphasize; *détail, problème* to underline, stress, emphasize.

soumettre [sumɛtʀ(ə)] (56) **1** vt **(a)** (*asservir, astreindre*) (*gén*) to subject (*à* to); *rebelles* to put down, subdue, subjugate. **(b)** *idée, cas* to submit (*à* to). **2 se ~** vpr (*gén*) to submit (*à* to). **se ~ à un régime** to submit o.s. to a diet. ♦ **soumis, e** adj submissive. ♦ **soumission** nf submission (*à* to). **faire sa ~** to submit.

soupape [supap] nf valve. (lit, fig) **~ de sûreté** safety valve.

soupçon [supsɔ̃] nm **(a)** (*suspicion*) suspicion. **avoir des ~s** to have one's suspicions; **au-dessus de tout ~** above suspicion; **difficultés dont il n'avait pas ~** difficulties of which he had no inkling ou no suspicion. **(b)** [*assaisonnement, vulgarité*] hint, touch, suggestion; [*vin, lait*] drop. ♦ **soupçonner** (1) vt to suspect (*de* of). **vous ne soupçonnez pas ce que ça demande comme travail** you haven't an inkling ou you've no idea how much work that involves. ♦ **soupçonneux, -euse** adj suspicious.

soupe [sup] nf soup. **~ aux légumes** vegetable soup; **à la ~!s** grub's up!s; **il est ~ au lait** he's very quick-tempered; **~ populaire** soup kitchen.

souper [supe] **1** nm supper. **2** vi (1) to have supper. **j'en ai soupé de ces histoires!*** I'm sick and tired* of all this fuss!

soupeser [supəze] (5) vt (lit) to weigh in one's hands; (fig) to weigh up.

soupière [supjɛʀ] nf (soup) tureen.

soupir [supiʀ] nm (a) sigh. **~ de soulagement** sigh of relief. **(b)** (*Mus*) crotchet rest. ♦ **soupirant** nm suitor. ♦ **soupirer** (1) vi (lit) to sigh. (*littér*) **~ après qch** to sigh ou yearn for sth.

soupirail, pl **-aux** [supiʀaj, o] nm (small) basement window.

souple [supl(ə)] adj *membres* supple; *tige* pliable, supple; *caractère, discipline* flexible; *silhouette, démarche, taille* lithe. ♦ **souplesse** nf suppleness; pliability; flexibility; litheness.

source [suʀs(ə)] nf **(a)** (*point d'eau*) spring; (*début de cours d'eau*) source. **~ thermale** thermal spring; **prendre sa ~ dans** to have its source in. **(b)** (fig) source. **~ de ridicule, chaleur etc** source of; **l'argent est la ~ de tous nos maux** money is the root of all our ills; **tenir qch de ~ sûre** to have sth on good authority, get sth from a reliable source; **de ~ autorisée** from an official source.

sourcil [suʀsi] nm (eye)brow. ♦ **sourciller** (1) vi: **il n'a pas sourcillé** he didn't turn a hair ou bat an eyelid. ♦ **sourcilleux, -euse** adj (*pointilleux*) finicky.

sourd, e [suʀ, suʀd(ə)] **1** adj **(a)** *personne* deaf. **être ~ comme un pot*** to be as deaf as a post; **faire la ~e oreille** to turn a deaf ear; **~ à conseils** deaf to; *vacarme* oblivious to. **(b)** *son* muffled, muted; *couleur* toned-down, subdued; (*Phonétique*) *consonne* voiceless; *douleur* dull; *désir, inquiétude* gnawing; *hostilité* veiled; *lutte, manigances* silent, hidden. **2** nm,f deaf person. **les ~s** the deaf; **taper comme un ~** to bang with all one's might; **crier comme un ~** to yell at the top of one's voice. ♦ **sourdement** adv (*avec un bruit assourdi*) dully; (*secrètement*) silently. ♦ **sourdine** nf mute. **jouer en ~** to play softly ou quietly; (fig) **mettre une ~ à** *enthousiasme* to moderate. ♦ **sourd-muet,** f **~e-~ette 1** adj deaf-and-dumb. **2** nm,f deaf-mute.

sourdre [suʀdʀ(ə)] vi [*source*] to rise.

souriant, e [suʀjã, ãt] adj *visage* smiling; *personne* cheerful; (fig) *pensée, philosophie* benign, agreeable.

souricière [suʀisjɛʀ] nf (lit) mousetrap; (fig) trap.

sourire [suʀiʀ] **1** nm smile. **avec le ~** (*accueillir qn*) with a smile; (*travailler*) cheerfully; **gardez le ~!** keep smiling!; **faire un ~ à qn** to give sb a smile. **2** vi (36) to smile (*à qn* at sb). **faire ~ qn** to make sb smile; **cette idée ne me sourit guère** that idea doesn't appeal to me, I don't fancy that idea*; **la chance lui souriait** luck smiled on him.

souris [suʀi] nf **(a)** (*Zool*) mouse. **~ blanche** white mouse. **(b)** (ṣ: *femme*) bird*, broad* (*US*).

sournois, e [suʀnwa, waz] adj *personne, regard, air* sly, shifty; *méthode, propos* sly, underhand. ♦ **sournoisement** adv slyly; shiftily; in an underhand manner. ♦ **sournoiserie** nf slyness; shiftiness; underhand manner.

sous [su] **1** prép **(a)** (*position*) under, underneath, beneath. **s'abriter ~ un arbre** to shelter under ou underneath ou beneath a tree; **se promener ~ la pluie** to take a walk in the rain; **le pays était ~ la neige** the country was covered with ou in snow; **dormir ~ la tente** to sleep under canvas ou in a tent; **~ terre** underground, under the ground; **cela s'est passé ~ nos yeux** it happened before ou under our very eyes; **~ le feu de l'ennemi** under enemy fire; **~ une apparence paisible** beneath his (*ou* her *etc*) peaceful exterior. **(b)** (*à l'époque de*) under, during; (*dans un délai de*) within. **~ le règne de** under ou during the reign of; **~ peu** shortly, before long; **~ huitaine** within the ou a week. **(c)** (*cause, dépendance etc*) under. **~ l'influence/les ordres/la direction de** under the influence/orders/management of; **~ l'empire de la terreur** in the grip of terror; **examiner une question ~ tous ses angles** to look at a question from every angle; **~ certaines conditions** on certain conditions; **voir qch ~ un jour nouveau** to see sth in a new light; **~ ce rapport** on that score, in this respect; **il a été peint ~ les traits d'un berger** he was painted as a shepherd ou in the guise of a shepherd; **l'affaire est ~ sa responsabilité** the affair is his responsibility. **(d)** (*Méd*) **~ anesthésie** under anaesthetic; **malade ~ perfusion** patient on the drip. **(e)** (*Tech*) **(emballé) ~** plastique plastic-wrapped; **~ tube** in (a) tube; **(emballé) ~ vide** vacuum-packed.

2 préf **(a)** (*infériorité*) **c'est du ~-art** it's pseudo-art; **~-homme** subhuman. **(b)** (*subordination*) sub-. **~-directeur** assistant ou sub-manager; **~-chef de bureau** deputy chief clerk; **~-officier** non-commissioned officer, N.C.O; **~-secrétaire d'État** Undersecretary of State; **~-louer** to sublet; **~-titrer** to subtitle; **~-agence** sub-branch. **(c)** (*insuffisance*) under. **~-alimenté** undernourished, underfed; **~-équipé** underequipped; **~-équipement** lack of equipment; **~-développement** underdevelopment; **pays ~-développés** underdeveloped ou developing ou emergent countries; **~-évaluer** to underestimate, underrate; **~-peuplé** underpopulated.

♦ **sous-bois** nm inv undergrowth. ♦ **sous-entendre** (41) vt to imply, infer. ♦ **sous-entendu, e 1** adj implied, understood. **2** nm innuendo, insinuation. ♦ **sous-estimer** vt to underestimate, underrate. ♦ **sous-fifre*** nm underling. ♦ **sous-jacent, e** adj underlying. ♦ **sous-main** nm inv desk blotter. (fig) **en ~-main** secretly. ♦ **sous-marin, e 1** adj *chasse* underwater; *faune* submarine. **2** nm submarine. ♦ **sous-sol** nm [*terre*] subsoil, substratum; [*maison*] basement. ♦ **sous-tendre** vt (*Géom*) to subtend; (fig) to underlie. ♦ **sous-vêtement** nm undergarment. **~-vêtements** underwear, undergarments.

souscrire [suskʀiʀ] (39) **1 ~ à** vt indir (*Fin, fig*) to subscribe to. **~ pour 100 F à qch** to subscribe 100 francs to sth. **2** vt (*Comm*) *billet* to sign. ♦ **souscripteur, -trice** nm,f subscriber (*de* to). ♦ **souscription** nf subscription. **ouvrir une ~ en faveur de ...** to start a fund in aid of ... .

soussigné, e [susiɲe] adj, nm,f undersigned. **je ~**

X **déclare que** ... I the undersigned, X, certify that ... .

soustraire [sustRεR] (50) 1 *vt* (*défalquer*) to subtract, take away (*de* from); (*dérober*) to remove, abstract; (*cacher*) to conceal, shield (*à* from). 2 **se** ~ *vpr*: **se** ~ **à devoir** to shirk; *autorité* to elude, escape from; *curiosité* to conceal o.s. from. ♦ **soustraction** *nf* (*Math*) subtraction; (*vol*) removal, abstraction.

soutane [sutan] *nf* cassock, soutane.

soute [sut] *nf [navire]* hold. ~ (**à bagages**) baggage hold; ~ **à charbon** coal-bunker; ~ **à mazout** oil-tank.

souteneur [sutnœR] *nm* procurer.

soutenir [sutniR] (22) 1 *vt* (**a**) (*physiquement*) to support, hold up; *[médicament etc]* to sustain. (**b**) *parti, candidat* to support, back; *famille* to support. (*moralement*) **il m'a beaucoup soutenu** he was a real support *ou* prop to me; **elle soutient les enfants contre leur père** she takes the children's part *ou* she stands up for the children against their father. (**c**) *attention, effort* to keep up, sustain; *réputation* to keep up, maintain. (**d**) *assaut, choc* to stand up to, withstand; *regard* to bear, support. ~ **la comparaison avec** *ou* to bear *ou* stand comparison with. (**e**) *opinion* to uphold, support. (*Univ*) ~ **sa thèse** to attend one's viva; ~ **que** to maintain that. 2 **se** ~ *vpr* (*sur ses jambes*) to hold o.s. up, support o.s.; (*s'entraider*) to stand by each other. (*fig*) **ça peut se** ~ it's a tenable point of view. ♦ **soutenu**, **e** *adj style* elevated; *effort* sustained, unflagging.

souterrain, **e** [suteRε̃, εn] 1 *adj* underground, subterranean. 2 *nm* underground *ou* subterranean passage.

soutien [sutjε̃] *nm* support. ♦ **soutien-gorge**, *pl* ~**s**-~ *nm* bra.

soutirer [sutiRe] (1) *vt* (**a**) ~ **qch à qn** to squeeze *ou* get out of sb, extract sth from sb. (**b**) *vin* to decant.

souvenir [suvniR] 1 *nm* (**a**) (*réminiscence*) memory, recollection; (*fait de se souvenir*) recollection, remembrance. **mauvais** ~ bad memory; **vague** ~ vague recollection; ~**s d'enfance** childhood memories; **avoir le** ~ **de qch** to have a memory of sth; **je n'ai pas** ~ **d'avoir** ... I have no recollection of having ...; **en** ~ **de** in memory *ou* remembrance of. (**b**) (*mémoire*) memory. (**c**) (*objet*) keepsake, memento; (*trace, pour touristes*) souvenir. **magasin de** ~**s** souvenir shop. (**d**) (*formules de politesse*) **amical** ~ yours (ever); **mon bon** ~ **à X** remember me to X, (my) regards to X.

2 **se** ~ (22) *vpr*: **se** ~ **de qn** to remember sb; **se** ~ **de qch/d'avoir fait qch/que** ... to remember *ou* recall *ou* recollect sth/doing sth/that ...; **il s'en souviendra!** he won't forget it!; **souvenez-vous qu'il est très puissant** bear in mind *ou* remember that he is very powerful; **souviens-toi de ta promesse!** remember your promise!; **tu m'as fait me** ~ **que** ... you have reminded me that ... .

3 *vb impers* (*littér*) **il me souvient d'avoir fait** I recollect *ou* recall *ou* remember having done.

souvent [suvɑ̃] *adv* often. **le plus** ~ more often than not; **peu** ~ seldom.

souverain, **e** [suvRε̃, εn] 1 *adj* (*Pol*) sovereign; *juge, mépris* supreme. **le** ~ **pontife** the Supreme Pontiff; **remède** ~ **contre qch** sovereign remedy against sth. 2 *nm,f* (*Pol, fig*) sovereign. ♦ **souverainement** *adv* (*intensément*) supremely, intensely; (*en tant que souverain*) with sovereign power. ♦ **souveraineté** *nf* sovereignty.

soviet [sɔvjεt] *nm* soviet. ♦ **soviétique** 1 *adj* Soviet. 2 *nmf*: S~ Soviet citizen.

soyeux, **-euse** [swajø, øz] 1 *adj* silky. 2 *nm* (Lyons) silk manufacturer.

spacieux, **-euse** [spasjø, øz] *adj* spacious, roomy.

sparadrap [spaRadRa] *nm* adhesive *ou* sticking plaster.

spartiate [spaRsjat] *adj*, S~ *nmf* Spartan.

spasme [spasm(ə)] *nm* spasm. ♦ **spasmodique** *adj* spasmodic.

spatial, **e**, *mpl* **-aux** [spasjal, o] *adj* spatial; (*Espace*) space.

spatule [spatyl] *nf* spatula.

speaker [spikœR] *nm* (*Rad, TV*) announcer. ♦ **speakerine** *nf* (woman) announcer.

spécial, **e**, *mpl* **-aux** [spesjal, o] *adj* (*gén*) special; (*bizarre*) peculiar. ♦ **spécialement** *adv* (*particulièrement*) especially, particularly; (*exprès*) specially.

spécialiser (se) [spesjalize] (1) *vpr* to specialize (*dans* in). ♦ **spécialisation** *nf* specialization. ♦ **spécialisé**, **e** *adj travail, personne* specialized. **être** ~ **dans** *[personne]* to be a specialist in; *[firme]* to specialize in. ♦ **spécialiste** *nmf* (*gén, Méd*) specialist. ♦ **spécialité** *nf* (*gén, Culin*) speciality; (*Univ etc: branche*) specialism, special field. **il a la** ~ **de faire** ...* he has a special *ou* particular knack of doing ... .

spécieux, **-euse** [spesjø, øz] *adj* specious.

spécifier [spesifje] (7) *vt* to specify, state. ♦ **spécification** *nf* specification. ♦ **spécificité** *nf* specificity. ♦ **spécifique** *adj* specific. ♦ **spécifiquement** *adv* (*tout exprès*) specifically; (*typiquement*) typically.

spécimen [spesimεn] *nm* (*gén*) specimen; (*publicitaire*) specimen copy, sample copy.

spectacle [spεktakl(ə)] *nm* (**a**) (*vue*) sight; (*grandiose*) spectacle. **au** ~ **de** at the sight of; (*péj*) **se donner en** ~ (*à qn*) to make a spectacle *ou* an exhibition of o.s. (in front of sb). (**b**) (*Ciné, Théât*) (*représentation*) show. (*branche*) **le** ~ show business, entertainment; (*rubrique*) '~**s**' 'entertainment'; **aller au** ~ to go to a show. ♦ **spectaculaire** *adj* spectacular, dramatic. ♦ **spectateur**, **-trice** *nm,f* (*événement*) onlooker, witness; (*Sport*) spectator; (*Ciné, Théât*) member of the audience. **les** ~**s** the audience.

spectre [spεktR(ə)] *nm* (*fantôme*) spectre; (*Phys*) spectrum. ♦ **spectral**, **e**, *mpl* **-aux** *adj* (*gén*) spectral.

spéculer [spekyle] (1) *vi* (*Philos*) to speculate (*sur* on, about); (*Fin*) to speculate (*sur* in). (*fig: tabler sur*) ~ **sur** to bank on, rely on. ♦ **spéculateur**, **-trice** *nm,f* speculator. ♦ **spéculatif**, **-ive** *adj* (*Fin, Philos*) speculative. ♦ **spéculation** *nf* speculation.

spéléologie [speleɔlɔʒi] *nf* (*étude*) speleology; (*exploration*) potholing. ♦ **spéléologique** *adj* speleological; potholing. ♦ **spéléologue** *nmf* speleologist; potholer.

sperme [spεRm(ə)] *nm* semen, sperm.

sphère [sfεR] *nf* (*Astron, fig*) sphere. ♦ **sphérique** *adj* spherical.

sphincter [sfε̃ktεR] *nm* sphincter.

sphinx [sfε̃ks] *nm* sphinx.

spirale [spiRal] *nf* spiral.

spirite [spiRit] *adj, nmf* spiritualist. ♦ **spiritisme** *nm* spiritualism, spiritism. ♦ **spiritualité** *nf* spirituality.

spirituel, **-elle** [spiRityεl] *adj* (**a**) (*fin*) witty. (**b**) (*Philos, Rel, gén*) spiritual. **concert** ~ concert of sacred music. ♦ **spirituellement** *adv* wittily, spiritually.

spiritueux [spiRityø] *nm* (*alcool*) spirit.

splendeur [splɑ̃dœR] *nf* (*gén*) splendour. **c'est une** ~ it is quite magnificent *ou* splendid; (*iro*) **dans toute sa** ~ in all its glory. ♦ **splendide** *adj* splendid, magnificent. ♦ **splendidement** *adv* splendidly, magnificently.

spolier [spɔlje] (7) *vt* to despoil. ♦ **spoliation** *nf* despoilment (*de, of*).

spongieux, **-euse** [spɔ̃ʒjø, øz] *adj* spongy.

spontané, **e** [spɔ̃tane] *adj* spontaneous.

♦ **spontanéité** *nf* spontaneity. ♦ **spontanément** *adv* spontaneously.

sporadique [spɔʀadik] *adj* sporadic. ♦ **sporadiquement** *adv* sporadically.

sport [spɔʀ] **1** *nm* sport. ~s d'équipe team sports; **faire du** ~ to do sport; **aller aux** ~s **d'hiver** to go on a winter sports holiday, go winter sporting; **voiture** *etc* **de** ~ sports car *etc*; **il va y avoir du** ~!* we'll see some fun!* *ou* **action!*** **2** *adj inv* **vêtement** casual. ♦ **sportif, -ive 1** *adj* *épreuve, résultats* sports; *pêche* competitive; *jeunesse, allure* athletic; *mentalité* sporting, sportsman-like. **2** *nm* sportsman. **3** *nf* sportswoman. ♦ **sportivement** *adv* sportingly. ♦ **sportivité** *nf* sportsmanship.

spot [spɔt] *nm* (*Phys*) light spot; (*Théât etc*) spot-light, spot. ~ (**publicitaire**) commercial, advert*.

square [skwaʀ] *nm* public garden(s).

squelette [skəlɛt] *nm* (*lit, fig*) skeleton. ♦ **squelettique** *adj* *personne, arbre* scrawny, skeleton-like; *exposé* sketchy, skimpy; (*Anat*) skeletal; *effectifs* minimal. **d'une maigreur** ~ all skin and bone.

stable [stabl(ə)] *adj* (*gén*) stable; *position, échelle* steady. ♦ **stabilisateur, -trice 1** *adj* stabilizing. **2** *nm* [*véhicule*] anti-roll device; [*navire, vélo*] stabilizer; [*avion*] (*horizontal*) tailplane; (*vertical*) fixed fin; (*Chim*) stabilizer. ♦ **stabilisation** *nf* stabilization. ♦ **stabiliser** *vt*, **se** ~ *vpr* (1) to stabilize. ♦ **stabilité** *nf* stability.

stade [stad] *nm* (a) (*sportif*) stadium. (b) (*période*) stage.

stage [staʒ] *nm* (*période*) training period; (*cours*) training course. **faire un** ~ to go on a (training) course. ♦ **stagiaire** *nmf, adj* trainee.

stagner [stagne] (1) *vi* (*lit, fig*) to stagnate. ♦ **stagnant, e** *adj* stagnant. ♦ **stagnation** *nf* stagnation.

stalactite [stalaktit] *nf* stalactite.

stalagmite [stalagmit] *nf* stalagmite.

stand [stɑ̃d] *nm* [*exposition*] stand; [*foire*] stall. ~ (**de tir**) (*Sport*) shooting range; (*Mil*) firing range; ~ **de ravitaillement** pit.

standard [stɑ̃daʀ] **1** *nm* (*Téléc*) switchboard. ~ **de vie** standard of living. **2** *adj inv* standard. ♦ **standardisation** *nf* standardization. ♦ **standardiser** (1) *vt* to standardize. ♦ **standardiste** *nmf* switchboard operator.

standing [stɑ̃diŋ] *nm* standing. **immeuble de grand** ~ block of luxury flats *ou* apartments (*US*).

star [staʀ] *nf* (*Ciné*) star. ♦ **starlette** *nf* starlet.

starter [staʀtɛʀ] *nm* (*Aut*) choke. **mettre le** ~ to pull the choke out.

station [stasjɔ̃] *nf* (a) ~ (**de métro**) (underground *ou* subway (*US*)) station; ~ (**d'autobus**) (bus) stop; ~ (**de chemin de fer**) halt; ~ **de taxis** taxi rank. (b) (*poste, lieu*) station. ~ **radiophonique** radio station; ~-**service** service *ou* petrol *ou* filling station. (c) (*de vacances*) resort. ~ **balnéaire** sea *ou* seaside resort; ~ **thermale** thermal spa. (d) (*posture*) posture, stance. **la** ~ **debout** an upright posture *ou* stance. (e) (*halte*) stop. ♦ **stationnaire** *adj* stationary.

stationner [stasjɔne] (1) *vi* (*être garé*) to be parked; (*se garer*) to park. ♦ **stationnement** *nm* (*Aut*) parking. '~ **interdit**' 'no parking'; (*sur autoroute*) 'no stopping'.

statique [statik] *adj* static. ♦ **statiquement** *adv* statically.

statistique [statistik] **1** *nf* (*science*) statistics (*sg*). (*données*) **des** ~s statistics; **une** ~ a statistic. **2** *adj* statistical. ♦ **statisticien, -ienne** *nm,f* statistician. ♦ **statistiquement** *adv* statistically.

statue [staty] *nf* statue. ♦ **statuette** *nf* statuette.

statuer [statɥe] (1) *vi*: ~ **sur** to rule on.

statu quo [statykwo] *nm* status quo.

stature [statyʀ] *nf* stature.

statut [staty] *nm* (*position*) status. (*règlement*) ~s statutes. ♦ **statutaire** *adj* statutory. ♦ **statutairement** *adv* in accordance with the statutes *ou* regulations.

stencil [stɛnsil] *nm* (*Typ*) stencil.

sténo(dactylo) [steno(daktilo)] *nf* (*personne*) shorthand typist; (*travail*) shorthand typing. ♦ **sténo(graphie)** *nf* shorthand. ♦ **sténographier** (7) *vt* to take down in shorthand. ♦ **sténographique** *adj* shorthand.

stentor [stɑ̃tɔʀ] *nm*: **une voix de** ~ a stentorian voice.

steppe [stɛp] *nf* steppe.

stère [stɛʀ] *nm* stere.

stéréo [stereo] *nf, adj* stereo. ♦ **stéréophonie** *nf* stereophony. ♦ **stéréophonique** *adj* stereo-phonic.

stéréotype [stereɔtip] *nm* (*lit, fig*) stereotype. ♦ **stéréotypé, e** *adj* stereotyped.

stérile [steʀil] *adj* (*gén*) sterile; *terre* barren; *discussion, effort* fruitless. ♦ **stérilet** *nm* coil, loop. ♦ **stérilisateur** *nm* sterilizer. ♦ **stérilisation** *nf* sterilization. ♦ **stériliser** (1) *vt* to sterilize. ♦ **stérilité** *nf* sterility; barrenness; fruitlessness.

sternum [stɛʀnɔm] *nm* breastbone, sternum.

stéthoscope [stetɔskɔp] *nm* stethoscope.

steward [stiwaʀt] *nm* (*Aviat*) steward.

stigmate [stigmat] *nm* (*marque*) mark. (*Rel*) ~s stigmata. ♦ **stigmatisation** *nf* stigmatization. ♦ **stigmatiser** (1) *vt* to stigmatize.

stimuler [stimyle] (1) *vt* to stimulate. ♦ **stimulant, e 1** *adj* stimulating. **2** *nm* (*physique*) stimulant; (*intellectuel*) stimulus, spur, incentive. ♦ **stimulation** *nf* stimulation. ♦ **stimulus, pl stimuli** *nm* stimulus.

stipuler [stipyle] (1) *vt* to stipulate. ♦ **stipulation** *nf* stipulation.

stock [stɔk] *nm* stock. ♦ **stockage** *nm* stocking. ♦ **stocker** (1) *vt* (*Comm*) to stock; (*péj*) to stock-pile.

stoïque [stɔik] *adj* stoical, stoic. ♦ **stoïquement** *adv* stoically.

stomacal, e, *mpl* **-aux** [stɔmakal, o] *adj* stomach, gastric.

stop [stɔp] **1** *excl* stop. **2** *nm* (*panneau*) stop sign; (*feu arrière*) brake-light. **faire du** ~* to hitch-hike, hitch*. ♦ **stoppage** *nm* invisible mending. ♦ **stopper** (1) **1** *vti* to halt, stop. **2** *vt* (*Couture*) *bas* to stop from running. **faire** ~ **un vêtement** to get a garment (invisibly) mended. ♦ **stoppeur, -euse** *nm,f* invisible mender.

store [stɔʀ] *nm* [*fenêtre*] blind, shade; (*voilage*) net curtain; [*magasin*] awning, shade. ~ **vénitien** Venetian blind.

strabisme [stʀabism(ə)] *nm* squint.

strapontin [stʀapɔ̃tɛ̃] *nm* jump seat, foldaway seat.

stratagème [stʀataʒɛm] *nm* stratagem.

strate [stʀat] *nf* stratum.

stratège [stʀatɛʒ] *nm* (*Mil, fig*) strategist. ♦ **stratégie** *nf* strategy. ♦ **stratégique** *adj* strategic.

stratifier [stʀatifje] (7) *vt* to stratify. ♦ **stratification** *nf* stratification.

stratosphère [stʀatɔsfɛʀ] *nf* stratosphere.

strict, e [stʀikt(ə)] *adj* *discipline, maître, sens* strict; *costume* plain; *interprétation* literal. **c'est la** ~**e vérité** it is the plain *ou* simple truth; **c'est son droit le plus** ~ it is his most basic right; **le** ~ **nécessaire/minimum** the bare essentials/minimum; **dans la plus** ~**e intimité** strictly in private. ♦ **strictement** *adv* strictly; plainly.

strident, e [stʀidɑ̃, ɑ̃t] *adj* shrill, strident.

strie [stʀi] *nf* (*de couleur*) streak; (*en relief*) ridge; (*Anat, Géol*) stria. ♦ **strier** (7) *vt* to streak; to ridge; to striate.

strophe [strɔf] nf verse, stanza.
structure [stryktyʀ] nf structure. ~s d'accueil reception facilities. ◆ **structural, e,** mpl -aux adj structural. ◆ **structuralement** adv structurally. ◆ **structurel, -elle** adj structural. ◆ **structurer** (1) vt to structure.
stuc [styk] nm stucco.
studieux, -euse [stydjø, øz] adj personne studious; vacances study. ◆ **studieusement** adv studiously.
studio [stydjo] nm (d'artiste, de prise de vues) studio; (auditorium) film theatre, arts cinema; (d'habitation) bedsitter, studio apartment (US).
stupéfaire [stypefɛʀ] (60) vt to stun, astound, dumbfound. ◆ **stupéfaction** nf stupefaction, amazement. ◆ **stupéfait, e** adj stunned, dumbfounded, astounded (de qch at sth).
stupéfier [stypefje] (7) vt to stun, stagger, astound. ◆ **stupéfiant, e 1** adj stunning, astounding, staggering. **2** nm drug, narcotic. ◆ **stupeur** nf astonishment, amazement; (Méd) stupor.
stupide [stypid] adj (inepte) stupid, silly, foolish; (hébété) stunned. ◆ **stupidement** adv stupidly. ◆ **stupidité** nf stupidity; (parole, acte) stupid ou silly ou foolish remark (ou action).
style [stil] nm (a) (genre, classe) style. meubles de ~ period furniture. (b) (pointe) style, stylus. (c) (Ling) ~ direct/indirect direct/indirect ou reported speech; ~ journalistique journalistic style, journalese (péj); ~ télégraphique telegraphese. ◆ **styler** (1) vt domestique etc to train. (bien) stylé well-trained. ◆ **stylisation** nf stylization. ◆ **styliser** (1) vt to stylize.
stylo [stilo] nm pen. ~(-bille ou à bille) ball-point (pen); ~ (à encre) (fountain) pen.
su [sy] nm: au ~ de with the knowledge of.
suaire [sɥɛʀ] nm (littér) shroud.
suant, e‡ [sɥɑ̃, ɑ̃t] adj (ennuyeux) deadly (dull)*.
suave [sɥav] adj personne, manières suave, smooth; musique, parfum sweet; couleurs mellow; formes smooth. ◆ **suavement** adv s'exprimer suavely. ◆ **suavité** nf suavity; smoothness; sweetness; mellowness.
subalterne [sybaltɛʀn(ə)] **1** adj rôle subordinate, subsidiary; employé, poste junior. officier ~ subaltern. **2** nmf subordinate, inferior.
subconscient, e [sypkɔ̃sjɑ̃, ɑ̃t] adj, nm subconscious.
subdiviser [sybdivize] (1) **1** vt to subdivide (en into). **2 se** ~ vpr to be subdivided (en into). ◆ **subdivision** nf subdivision.
subir [sybiʀ] (2) vt attaque, critique to undergo, suffer, be subjected to; perte, défaite to suffer, sustain; corvée, importun to put up with, endure; examen, modifications to undergo, go through; peine de prison, opération to undergo; charme to be subject to, be under the influence of; influence to be under. ~ les effets de qch to experience the effects of sth; faire ~ à qn torture to subject sb to; défaite to inflict upon sb; influence to exert over sb; examen to put sb through.
subit, e [sybi, it] adj sudden. ◆ **subitement** adv suddenly, all of a sudden.
subjectif, -ive [sybʒɛktif, iv] adj subjective. ◆ **subjectivement** adv subjectively. ◆ **subjectivité** nf subjectivity.
subjonctif, -ive [sybʒɔ̃ktif, iv] adj, nm subjunctive.
subjuguer [sybʒyge] (1) vt auditoire to captivate, enthrall; esprits to render powerless; vaincu to subjugate.
sublime [syblim] adj sublime. ◆ **sublimation** nf sublimation. ◆ **sublimement** adv sublimely. ◆ **sublimer** (1) vt to sublimate.
submerger [sybmɛʀʒe] (3) vt terres to flood, submerge; barque to submerge. ~ qn [foule] to engulf sb; [ennemi, émotion] to overcome ou

overwhelm sb; **submergé de** travail, commandes snowed under ou swamped with. ◆ **submersible** adj, nm submarine. ◆ **submersion** nf flooding, submersion.
subordonner [sybɔʀdɔne] (1) vt: ~ qn/qch à to subordinate sb/sth to; (faire dépendre de) leur départ est subordonné au résultat des examens their departure is subject to ou depends on the exam results. ◆ **subordination** nf subordination. ◆ **subordonné, e 1** adj subordinate (à to). **2** nm,f subordinate. **3** nf (Ling) subordinate clause.
suborner [sybɔʀne] (1) vt témoins to bribe; jeune fille to seduce.
subreptice [sybʀɛptis] adj surreptitious. ◆ **subrepticement** adv surreptitiously.
subside [sypsid] nm grant. ~s allowance.
subsidiaire [sypsidjɛʀ] adj subsidiary. ◆ **subsidiairement** adv subsidiarily.
subsistance [sybzistɑ̃s] nf subsistence. assurer la ~ de qn to support ou maintain ou keep sb; ma ~ était assurée I had enough to live on; moyen de ~ means of subsistence. ◆ **subsistant, e** adj remaining. ◆ **subsister** (1) vi (ne pas périr) to live on, survive; (se nourrir) to subsist; [doute, vestiges] to remain, subsist.
substance [sypstɑ̃s] nf substance. en ~ in substance; ~ alimentaire food. ◆ **substantiel, -elle** adj substantial. ◆ **substantiellement** adv substantially.
substantif [sypstɑ̃tif] nm noun, substantive.
substituer [sypstitɥe] (1) **1** vt: ~ qch/qn à to substitute sth/sb for. **2 se** ~ vpr: se ~ à qn (en évinçant) to substitute o.s. for sb; (en le représentant) to substitute for sb. ◆ **substitut** nm (magistrat) deputy public prosecutor; (succédané) substitute (de for). ◆ **substitution** nf (intentionnelle) substitution (à for); (accidentelle) mix-up (de of, in).
subterfuge [syptɛʀfyʒ] nm subterfuge.
subtil, e [syptil] adj (sagace) esprit, réponse subtle; distinction subtle, fine, nice. ◆ **subtilement** adv subtly. ◆ **subtilité** nf subtlety; nicety.
subtiliser [syptilize] (1) vt to spirit away (hum). ◆ **subtilisation** nf spiriting away.
subvenir [sybvəniʀ] (22) ~ à vt indir besoins to provide for, meet; frais to meet, cover. ~ à ses besoins to support o.s.
subvention [sybvɑ̃sjɔ̃] nf (gén) grant; (aux agriculteurs, à un théâtre) subsidy. ◆ **subventionner** (1) vt to grant funds to; to subsidize.
subversion [sybvɛʀsjɔ̃] nf subversion. ◆ **subversif, -ive** adj subversive.
suc [syk] nm (de fleur, Anat) juice.
succédané [syksedane] nm substitute (de for).
succéder [syksede] (6) **1** ~ à vt indir (gén) to succeed, follow; roi to succeed; titres to succeed to. **2 se** ~ vpr to follow ou succeed one another.
succès [syksɛ] nm (gén) success; (livre) bestseller; (disque) hit; (film, pièce) box-office success, hit. (conquête) ~ (féminin) conquest; avoir du ~ to be a success, be successful (auprès de with); avec ~ successfully; sans ~ unsuccessfully, without success; à ~ auteur successful; chanson à ~ hit (song).
succession [syksesjɔ̃] nf (gén) succession; (Jur: patrimoine) estate, inheritance. prendre la ~ de directeur to succeed, take over from; roi to succeed; maison de commerce to take over. ◆ **successeur** nm successor. ◆ **successif, -ive** adj successive. ◆ **successivement** adv successively.
succinct, e [syksɛ̃, ɛ̃t] adj écrit succinct; repas frugal. ◆ **succinctement** adv succinctly; frugally.
succion [syksjɔ̃] nf suction. bruit de ~ sucking noise.
succomber [sykɔ̃be] (1) vi (mourir) to die, suc-

cumb. ~ **sous le nombre** to be overcome by numbers; ~ **à** *tentation, fatigue etc* to succumb to.
succulent, e [sykylɑ̃, ɑ̃t] *adj* delicious, succulent.
succursale [sykyʀsal] *nf (Comm)* branch.
sucer [syse] (3) *vt* to suck. ♦ **sucette** *nf (bonbon)* lollipop; *(tétine)* dummy.
sucre [sykʀ(ə)] *nm (substance)* sugar; *(morceau)* lump of sugar. **cet enfant n'est pas en ~ quand même!** for goodness sake, the child won't break!; **être tout ~ tout miel** to be all sweetness and light; **~ de canne** cane sugar; **~ cristallisé** coarse grained sugar; **~ en morceaux** lump sugar, **~ d'orge** *(substance)* barley sugar; *(bâton)* stick of barley sugar; **~ en poudre** castor sugar; **~ semoule** granulated sugar. ♦ **sucré, e** 1 *adj fruit, saveur* sweet; *jus de fruits* sweetened; *(péj)* ton sugary, honeyed. **trop ~** too sweet; **bien ~** well-sweetened. **non ~** unsweetened. 2 *nm*: **le ~** sweet things. ♦ **sucrer** (1) 1 *vt* **(a)** *boisson* to sugar, put sugar in, sweeten. **~ les fraises‡** to be a bit doddery*. **(b)** (‡: *supprimer) argent, avantage* to stop. **2 se ~** *vpr (lit)* to help o.s. to sugar; (‡*fig: s'enrichir*) to line one's pocket(s)*. ♦ **sucrerie** *nf* **(a)** **~s** sweets, sweet things; **aimer les ~s** to have a sweet tooth. **(b)** *(usine)* sugar house; *(raffinerie)* sugar refinery. ♦ **sucrier, -ière 1** *adj industrie, betterave* sugar; *région* sugar-producing. **2** *nm* **(a)** *(récipient)* sugar basin *ou* bowl. **~** *(verseur)* sugar shaker. **(b)** *(industriel)* sugar producer.
sud [syd] **1** *nm* south. **vent du ~** south(erly) wind; **regarder vers le ~** to look south(wards) *ou* towards the south; **au ~ de** (to the) south of; **l'Europe du ~** Southern Europe; **le S~ de la France** the South of France. **2** *adj inv région, partie* southern; *entrée* south; *côte* south(ern); *côté* south(ward); *direction* southward, southerly *(Mét.)*. **3:** **~-africain** *etc* South African *etc*; **~-est/-ouest** south-east/west. ♦ **sudiste** *(Hist US)* **1** *nmf* Southerner. **2** *adj* Southern.
Suède [sɥɛd] **1** *nf* Sweden. **2** *nm (peau)* **s~** suede. ♦ **suédine** *nf* suedette. ♦ **suédois, e 1** *adj, nm* Swedish. **2** *nm(f):* **S~(e)** Swede.
suer [sɥe] (1) **1** *vi (transpirer)* to sweat; *(fig: peiner)* to sweat* *(sur* over). **~ à grosses gouttes** to sweat profusely; **faire ~ qn** *(lit)* to make sb sweat; **tu me fais ~*** you're a pain (in the neck)*; **on se fait ~ ici*** what a drag it is here*. **2** *vt sueur* to sweat; *humidité* to ooze; *pauvreté* to exude. **~ sang et eau** *pour faire qch* to sweat blood to do sth. ♦ **suée*** *nf* sweat. **prendre une bonne ~** to work up a good sweat*; **quelle ~! what a drag!*** *ou* **pain!*** ♦ **sueur** *nf* sweat. **en ~** in a sweat, sweating; **j'en avais des ~s froides** I was in a cold sweat.
suffire [syfiʀ] (37) **1** *vi* to be enough, be sufficient, suffice. **~ à** *besoins* to meet; *personne* to be enough for; **5 hommes me suffisent (pour ce travail)** 5 men will do me *ou* will be sufficient (for me) (for this job); **il ne peut ~ à tout** he can't manage (to do) everything, he can't cope with everything; **ça suffit** that's enough, that'll do; **ça ne te suffit pas de l'avoir cassé?** isn't it enough for you to have broken it?
2 *vb impers:* **il suffit de s'inscrire pour devenir membre** enrolling is enough *ou* sufficient to become a member, you just *ou* only have to enrol to become a member; **il suffit d'un rien pour l'inquiéter** it only takes the smallest thing to worry him, the smallest thing is enough to worry him; **il suffit d'une fois** once is enough.
3 se ~ *vpr (Écon)* **se ~** (à soi-même) to be self-sufficient.
♦ **suffisamment** *adv* sufficiently, enough. **~ fort** sufficiently strong, strong enough; **être ~ vêtu** to have sufficient *ou* enough clothes on, be adequately dressed; **~ de nourriture** sufficient *ou* enough food. ♦ **suffisance** *nf* **(a)** *(vanité)* self-

importance, bumptiousness. **(b) avoir qch en ~** to have sth in plenty, have a sufficiency of sth. ♦ **suffisant, e** *adj* **(a)** *(adéquat)* sufficient; *(Scol) résultats* satisfactory. **c'est ~ pour qu'il se mette en colère** it's enough to make him lose his temper; **je n'ai pas la place ~e** I haven't got sufficient *ou* enough room. **(b)** *(prétentieux)* self-important, bumptious.
suffixe [syfiks(ə)] *nm* suffix.
suffoquer [syfɔke] (1) **1** *vi (lit)* to choke, suffocate, stifle. *(fig)* **~ de** to choke with. **2** *vt [fumée]* to suffocate, choke, stifle; *[colère, joie]* to choke; *(étonner) [nouvelle]* to stagger. ♦ **suffocant, e** *adj* suffocating, stifling; staggering. ♦ **suffocation** *nf (sensation)* suffocating feeling.
suffrage [syfʀaʒ] *nm (Pol: voix)* vote; *(approbation)* approval, approbation. **~s exprimés** valid votes; **~ universel** universal suffrage *ou* franchise; **remporter tous les ~s** to meet with universal approval *ou* approbation.
suggérer [sygʒeʀe] (6) *vt (gén)* to suggest; *solution* to suggest, put forward. **j'ai suggéré d'aller** *ou* **que nous allions au cinéma** I suggested going *ou* that we went to the cinema.
suggestion [sygʒɛstjɔ̃] *nf* suggestion. ♦ **suggestif, -ive** *adj* suggestive.
suicide [sɥisid] *nm (lit, fig)* suicide. ♦ **suicidaire** *adj* suicidal. ♦ **suicidé, e** *nm,f (personne)* suicide. ♦ **se suicider** (1) *vpr* to commit suicide.
suie [sɥi] *nf* soot.
suif [sɥif] *nm* tallow.
suinter [sɥɛ̃te] (1) *vi* to ooze. ♦ **suintement** *nm:* **~(s)** oozing.
Suisse [sɥis] **1** *nf (pays)* Switzerland. **~ romande** French-speaking Switzerland. **2** *nmf (habitant)* Swiss. **3** *adj:* **s~** Swiss. **4** *nm:* **s~** *(bedeau)* ≃ verger; *(fromage)* **(petit-)** petit-suisse. ♦ **Suissesse** *nf* Swiss (woman).
suite [sɥit] *nf* **(a)** *(escorte)* retinue, suite. **(b)** *(nouvel épisode)* continuation, following episode; *(second roman, film)* sequel; *(rebondissement d'une affaire)* follow-up; *(reste)* remainder, rest. **la ~ au prochain numéro** to be continued (in the next issue); **~ et fin** concluding *ou* final episode; **la ~ des événements devait lui donner raison** what followed was to prove him right; **attendons la ~** let's see what comes next. **(c)** *(aboutissement)* result. *(prolongements)* **~s** *[maladie]* after-effects; *(accident)* results; *[incident]* consequences, repercussions; **la ~ logique de** the logical result of. **(d)** *(succession) (Math)* series. **~ de maisons** *etc* succession *ou* string *ou* series of; *événements* train of; *(Comm)* **article sans ~** discontinued line. **(e)** *(cohérence)* coherence. **des propos sans ~** disjointed talk; **avoir de la ~ dans les idées** to show great singleness of purpose, not to be easily put off. **(f)** *(appartement)* suite. **(g)** *(Mus)* suite. **(h)** *(locutions)* **(comme) ~ à votre lettre** further to your letter; **à la ~** *(successivement)* one after the other; *(derrière)* **mettez-vous à la ~** join on at the back; **à la ~ de** *(derrière)* behind; *(en conséquence de)* following; **de ~** *(immédiatement)* at once; **pendant 3 jours de ~** (for) 3 days on end *ou* in a row *ou* running; **par ~** *(Econ)* by owing to, as a result of; *(par conséquent)* **par ~** consequently, therefore; **par la ~, dans la ~** afterwards, subsequently; **donner ~ à** to follow up; **faire ~ à** to follow; **prendre la ~ de** *firme, directeur* to succeed, take over from.
suivant¹, e [sɥivɑ̃, ɑ̃t] **1** *adj* following, next. **le mardi ~** the following *ou* next Tuesday; **voir page ~e** see next page; **faites l'exercice ~** do the following exercise. **2** *nm,f* following (one), next (one). **(au) ~!** next (please)!
suivant² [sɥivɑ̃] *prép (selon)* according to. **~ l'usage** in keeping with the custom; **~ l'expression** as the saying goes; **~ les jours** according to *ou* depending on the day; **découper ~ le pointillé**

cut (out) along the dotted line; ~ **que** according to whether.

suivi, e [sɥivi] *adj travail* steady; *correspondance* regular; *qualité* consistent; *conversation, politique* consistent; (*Comm*) *article* in general production. **très ~** *cours* well-attended; *mode* widely adopted; *feuilleton* widely followed.

suivre [sɥivʀ(ə)] (40) **1** *vt* **(a)** (*espace, temps, série*) to follow. **il me suit comme mon ombre** he follows me about like my shadow; **je ne peux pas vous ~** I can't keep up (with you); (*iro*) **certains députés, suivez mon regard, ont** ... certain deputies, without mentioning any names, have ...; **faire ~ qn** to have sb followed; **suivez la page!** this way, please!; **suivez la N7 sur 10 km** keep to *ou* follow the N7 (road) for 10 km; (*Police*) **~ une piste** to follow up a clue. **(b)** *exemple, instinct, conseil* to follow. **~ un traitement** to follow a course of treatment; **~/faire ~ un régime** to be/put on a diet; **l'enquête suit son cours** the inquiry is running *ou* taking its course; **~ le mouvement** to follow the crowd. **(c)** (*Scol*) (*être inscrit à*) to attend, go to; (*être attentif à*) to follow, attend to; (*assimiler*) *programme* to keep up with. **(d)** *affaire, match* to follow; *feuilleton, actualité* to follow, keep up with. **~ un élève** to follow the progress of a pupil; **il est suivi par un médecin** he's having treatment from a doctor; **à ~** to be continued. **(e)** (*Comm*) *article* to (continue to) stock. **(f)** (*comprendre*) *argument, personne* to follow. **jusqu'ici je vous suis** I'm with you* *ou* I follow you so far.

2 *vi* **(a)** [*élève*] (*être attentif*) to attend, pay attention; (*assimiler le programme*) to keep up, follow. **(b) faire ~ son courrier** to have one's mail forwarded; **'faire ~'** 'please forward'. **(c)** (*venir après*) to follow. **ce qui suit** what follows.

3 *vb impers* **il suit que** ... it follows that ...; **comme suit** as follows.

4 se ~ *vpr* [*personnes, événements*] to follow one behind the other; [*pages, nombres*] to be in (the right) order; [*argument, pensée*] to be coherent, be consistent. **3 démissions qui se suivent** 3 resignations running *ou* in a row *ou* in quick succession.

sujet, -ette [syʒɛ, ɛt] **1** *adj:* **~ à** *maladie etc* liable to, subject to, prone to; **~ à faire** liable *ou* prone to do; **il n'est pas ~ à faire des imprudences** he is not one to do anything imprudent; **~ à caution** *nouvelle* unconfirmed; *moralité* questionable. **2** *nm,f* (*gouverné*) subject. **3** *nm* **(a)** (*matière*) subject (*de* for). **~ de conversation** topic of conversation, subject (for conversation); **c'était devenu un ~ de plaisanterie** it had become a standing joke *ou* sth to joke about; **~ d'examen** examination question. **(b)** (*motif*) **~ de mécontentement** *etc* cause for, ground(s) for; **avoir ~ de faire** to have cause *ou* grounds for doing; **ayant tout ~ de croire à sa bonne foi** having every reason to believe in his good faith. **(c)** (*individu*) subject. (*Scol*) **brillant ~** brilliant pupil; **un mauvais ~** (*enfant*) a bad boy; (*jeune homme*) a bad lot. **(d)** (*Ling, Mus, Philos*) subject. **(e)** (*à propos de*) **au ~ de** about, concerning; **à ce ~, je voulais vous dire que** ... on that subject I wanted to tell you that ... .

sujétion [syʒesjɔ̃] *nf* (*asservissement*) subjection; (*contrainte*) constraint.

sulfamides [sylfamid] *nmpl* sulpha drugs.

sulfate [sylfat] *nm* sulphate.

sulfure [sylfyʀ] *nm* sulphide. ♦ **sulfureux, -euse** *adj* sulphurous. ♦ **sulfurique** *adj* sulphuric. ♦ **sulfurisé, e** *adj:* **papier ~** greaseproof paper.

sultan [syltã] *nm* sultan. ♦ **sultane** *nf* sultana (*sultan's wife*).

summum [sɔmɔm] *nm* height.

super [sypɛʀ] **1** *nm:* **~(carburant)** super, four-star (petrol), premium (*US*). **2** *préf* (*) **~ chic**

fantastically smart*; (*Pol*) **les ~-grands** the super-powers. **3** *adj inv* (*) terrific*, great*.

superbe [sypɛʀb(ə)] *adj* (*gén*) superb, magnificent. ♦ **superbement** *adv* superbly, magnificently.

supercherie [sypɛʀʃəʀi] *nf* trick. **la ~** trickery.

superficie [sypɛʀfisi] *nf* (*gén*) area.

superficiel, -ielle [sypɛʀfisjɛl] *adj* (*gén*) superficial; *esprit* shallow; *blessure* superficial, skin-deep. ♦ **superficiellement** *adv* superficially.

superflu, e [sypɛʀfly] **1** *adj* superfluous. **2** *nm:* **le ~** (*excédent*) the surplus; (*accessoire*) the super-fluity.

supérieur, e [sypɛʀjœʀ] **1** *adj* (*les plus importants*) *niveaux, branches, classes etc* upper; *planètes* superior; *animaux, végétaux* higher. **la partie ~e de l'objet** the upper *ou* top part of the object; **montez à l'étage ~** go to the next floor up *ou* to the floor above; (*Rel*) **Père ~** Father Superior. **(b)** (*plus important*) (*gén*) higher; *intelligence, qualité* superior; *nombre, vitesse* greater; *quantité, somme* larger. **forces ~es en nombres** forces superior in number(s); **~ à** *nombre* greater *ou* higher than, above; *production* superior to; *intelligence* **~e à la moyenne** above-average *ou* higher than average intelligence; **hiérarchiquement ~ à qn** above sb in the hierarchy. **(c)** (*hautain*) superior. **(d)** (*à la hauteur*) **~ à sa tâche** more than equal to the task; **restant ~ à la situation** remaining master of the situation. **2** *nm,f* superior. **~ hiérarchique** immediate superior, senior. ♦ **supérieurement** *adv* exceptionally well. **~ doué** exceptionally gifted. ♦ **supériorité** *nf* (*gén*) superiority. **nous avons la ~ du nombre** we outnumber them.

superlatif, -ive [sypɛʀlatif, iv] *adj, nm* superlative.

supermarché [sypɛʀmaʀʃe] *nm* supermarket.

superposer [sypɛʀpoze] (1) **1** *vt objets* to superpose (*à* on); *clichés*, (*fig*) *visions* to superimpose. **2 se ~** *vpr* to be superposed; to be superimposed (on one another). ♦ **superposition** *nf* superposition; superimposition.

superproduction [sypɛʀpʀɔdyksjɔ̃] *nf* (*Ciné*) spectacular.

supersonique [sypɛʀsɔnik] *adj* supersonic.

superstition [sypɛʀstisjɔ̃] *nf* superstition. ♦ **superstitieusement** *adv* superstitiously. ♦ **superstitieux, -euse** *adj* superstitious.

superstructure [sypɛʀstʀyktyʀ] *nf* (*gén*) superstructure.

superviser [sypɛʀvize] (1) *vt* to supervise.

supplanter [syplãte] (1) *vt* to supplant.

suppléance [sypleãs] *nf* (*poste*) supply post; (*action*) temporary replacement. ♦ **suppléant, e** **1** *adj* supply; deputy. **médecin ~** locum. **2** *nm,f* (*professeur*) supply teacher; (*juge*) deputy (judge); (*député*) deputy (M.P.); (*médecin*) locum.

suppléer [syplee] (1) **1** *vt* **(a)** (*ajouter*) to supply. **(b)** *lacune* to fill; *défaut* to make up for. **(c)** (*remplacer*) (*gén*) to replace; *professeur* to stand in for; *juge* to deputize for. **2 ~ à** *vt indir défaut, manque* to make up for; *qualité, faculté* to substitute for.

supplément [syplemã] *nm* (*gén*) supplement; (*au restaurant*) extra charge; (*dans le train*) excess fare. **un ~ de travail** extra *ou* additional work; **un ~ d'information** supplementary *ou* additional information; **payer un ~ pour excès de bagages** to pay extra for excess luggage; **le fromage est en ~** cheese is extra. ♦ **supplémentaire** *adj crédits, retards* additional, further; *travail* additional, extra; *trains* relief; *angle* supplementary.

suppliant, e [syplijã, ãt] **1** *adj* beseeching, imploring. **2** *nm,f* suppliant, supplicant. ♦ **supplication** *nf* (*gén*) plea, entreaty; (*Rel*) supplication.

supplice [syplis] *nm* (a) (*peine*) le ~ torture; un ~ a form of torture; le ~ **de la roue** torture on the wheel; ~ **chinois** Chinese torture; ~ **de Tantale** torment of Tantalus. (b) (*souffrance*) torture. ~s **moraux** moral tortures *ou* torments; le ~ **de l'incertitude** the ordeal *ou* torture of uncertainty; **être au** ~ (*appréhension*) to be in agonies; (*douleur*) to be in misery; **mettre qn au** ~ to torture sb. ♦ **supplicié, e** *nm,f* torture victim. ♦ **supplicier** (7) *vt* (*lit, fig*) to torture.

supplier [syplije] (7) *vt* to beseech, implore, entreat (*de faire* to do). **n'insistez pas, je vous en supplie** I beg of you not to insist.

supplique [syplik] *nf* petition.

supporter[1] [sypɔʀte] (1) *vt* (a) (*soutenir*) to support, hold up. (b) (*subir, endurer*) (*gén*) to bear; *conséquences, malheur* to suffer; *maladie, solitude* to endure; *conduite* to tolerate, put up with. **elle supporte tout de son fils** she puts up with *ou* takes anything from her son; **je ne peux pas** ~ **l'hypocrisie** I can't bear *ou* abide hypocrisy; **je ne peux pas les** ~ I can't bear *ou* stand them; **je ne supporte pas qu'elle fasse cela** I won't stand for *ou* tolerate her doing that; **on supporte un gilet, par ce temps*** you can do with a cardigan in this weather. (c) (*résister à*) *température, épreuve* to withstand. **verre qui supporte la chaleur** heatproof *ou* heat-resistant glass; **il a bien supporté l'opération** he took the operation well; **il ne supporte pas l'alcool** he can't take alcohol; **il ne supporte pas la chaleur/les épinards** heat/spinach doesn't agree *ou* disagrees with him, he can't stand *ou* bear the heat/spinach; **lait facile à** ~ easily-digested milk. ♦ **support** *nm* (a) (*soutien*) (*gén*) support; (*béquille*) prop. (b) (*moyen*) medium. ~ **publicitaire** advertising medium; **conférence faite à l'aide d'un** ~ écrit lecture given with the help of a written text; ~ **audio-visuel** audio-visual aid. ♦ **supportable** *adj* *douleur, chaleur* bearable; *conduite* tolerable.

supporter[2] [sypɔʀtɛʀ] *nm* (*Sport*) supporter.

supposer [sypoze] (1) *vt* (a) (*présumer*) to suppose, assume. **à** ~ **que** supposing *ou* assuming (that); **je suppose que tu es contre** I take it *ou* I assume *ou* I suppose you are against it. (b) (*présupposer*) to presuppose; (*suggérer*) to imply. **ta réponse suppose que tu n'as rien compris** your reply implies that you haven't understood a thing. ♦ **supposé, e** *adj auteur* supposed; *nombre* estimated. ♦ **supposition** *nf* supposition.

suppositoire [sypozitwaʀ] *nm* suppository.

supprimer [syprime] (1) **1** *vt objet, obstacle* to remove (*de* from); *mot, paragraphe* to delete (*de* from); *trains* to cancel; *permis de conduire* to withdraw, take away (*de* from); *emplois, témoin gênant* to do away with; *douleur, fatigue* to eliminate; *loi, concurrence* to abolish; *publication, effets nocifs* to suppress; *abus* to put an end to; *allocation* to stop. ~ **qch à qn** to deprive sb of sth; **cette technique supprime des opérations inutiles** this technique does away with *ou* cuts out some useless operations. **2 se** ~ *vpr* to do away with o.s., take one's own life. ♦ **suppression** *nf* removal; deletion; cancellation; withdrawal; elimination; abolition; suppression. **faire des** ~**s dans un texte** to make some deletions in a text.

suppurer [sypyre] (1) *vi* to suppurate. ♦ **suppuration** *nf* suppuration.

supputer [sypyte] (1) *vt* to calculate. ♦ **supputation** *nf* calculation.

supra [sypra] *préf* supra ... .

suprême [sypʀɛm] **1** *adj* (*gén*) supreme. **2** *nm* (*Culin*) supreme. ♦ **suprématie** *nf* supremacy. ♦ **suprêmement** *adv* supremely.

sur[1] [syʀ] **1** *prép* (a) (*position*) on, upon; (*sur le haut de*) on (top of); (*avec mouvement*) on, onto; (*dans*) on, in; (*par-dessus*) over; (*au-dessus*) above. **il y a un sac** ~ **la table** there's a bag on the table; ~ **ma route** on my way; **elle rangea ses chapeaux** ~ **l'armoire** she put her hats away on top of the wardrobe; **elle a jeté son sac** ~ **la table** she threw her bag onto the table; **une chambre (qui donne)** ~ **la rue** a room that looks out onto the street; **il n'est jamais monté** ~ **un bateau** he's never been in *ou* on a boat; ~ **la place** in the square; **lire qch** ~ **le journal** to read sth in the paper; **un pont** ~ **la rivière** a bridge across *ou* on *ou* over the river; **l'avion est passé** ~ **nos têtes** the aircraft flew over *ou* above our heads; **retire tes livres de** ~ **la table** take your books (from) off the table; **je n'ai pas d'argent** ~ **moi** I haven't (got) any money on *ou* with me; **elle a acheté des poires** ~ **le marché** she bought pears at the market.

(b) (*direction*) to, towards. **tourner** ~ **la droite** to turn (to the) right; **l'église est** ~ **votre gauche** the church is on *ou* to your left; **travaux** ~ **5 km** roadworks for 5 km; **fermez bien la porte** ~ **vous** be sure and close the door behind *ou* after you.

(c) (*temps*) **il est arrivé** ~ **les 2 heures** he came (at) about *ou* (at) around 2; **il va** ~ **ses quinze ans** he's getting on for fifteen; **l'acte s'achève** ~ **une réconciliation** the act ends with a reconciliation; **il est** ~ **le départ** he's just going, he's (just) about to leave; ~ **ce, il est sorti** whereupon *ou* upon which he went out; ~ **ce, il faut que je vous quitte** and now I must leave you; **boire du café** ~ **de la bière** to drink coffee on top of beer.

(d) (*cause*) on, by. ~ **commande** by order; ~ **la recommandation de X** on X's recommendation.

(e) (*manière*) on. **ils vivent** ~ **son traitement** they live on *ou* off* his salary; **ne le prends pas** ~ **ce ton** don't take it like that; **chanter qch** ~ **l'air de** to sing sth to the tune of.

(f) (*sujet*) on, about. **causerie** ~ **la Grèce** talk on *ou* about Greece; **être** ~ **un travail** to be occupied with *ou* (in the process of) doing a job; **être** ~ **une bonne affaire/une piste** to be on to a bargain/on a trail.

(g) (*proportion*) out of, in; (*mesure*) by; (*accumulation*) after. ~ **12 verres, 6 sont ébréchés** out of 12 glasses 6 are chipped; **un homme** ~ **10** one man in (every) *ou* out of 10; (*note*) **9** ~ **10** 9 out of 10; **la cuisine fait 2 mètres** ~ **3** the kitchen is *ou* measures 2 metres by 3; **un vendredi** ~ **trois** every third Friday; **un jour** ~ **deux** every other day; **faire faute** ~ **faute** to make one mistake after another.

(h) (*influence*) over, on. **elle ne peut rien** ~ **lui** she has no control over him; **savoir prendre** ~ **soi** to keep a grip on o.s.; **prendre** ~ **soi de faire qch** to take it upon o.s. to do sth.

2 *préf* over. ~**excité** overexcited; ~**production** overproduction.

3: ~**-le-champ** *adv* immediately.

sur[2]**, e** [syʀ] *adj* (*aigre*) sour.

sûr, e [syʀ] *adj* (a) (*certain*) certain, sure (*de* of, about). **il est** ~ **de son fait** he's sure *ou* confident he'll do it; ~ **de soi** self-assured, self-confident; **j'en étais** ~! I knew it!, just as I thought!; **j'en suis** ~ **et certain** I'm positive (about it), I'm absolutely certain (of it); **la chose est** ~ **e** that's certain, that's for sure *ou* certain. (b) (*sans danger*) safe. **peu** ~ unsafe; **le plus** ~ **est de** ... the safest thing is to ...; **en lieu** ~ in a safe place. (c) (*digne de confiance*) (*gén*) reliable; *personne, firme* trustworthy; *instinct, raisonnement* sound; *remède, moyen* safe, sure. **avoir la main** ~**e** to have a steady hand; **peu** ~ (*gén*) unreliable; *allié* untrustworthy; *méthode* unsafe; *bases* unsound.

surabonder [syrabɔ̃de] (1) *vi* to be overabundant, be superabundant. ♦ **surabondance** *nf* overabundance, superabundance. ♦ **surabondant, e** *adj* overabundant, superabundant.

suranné, e [syrane] *adj* outmoded, outdated.

surcharger [syrʃarʒe] (3) *vt voiture* to overload.

~ **qn de travail** to overload *ou* overburden sb with work; **manuscrit surchargé de corrections** manuscript covered *ou* littered with corrections. ◆ **surcharge** *nf* (a) (*action*) overloading; (*poids en excédent*) extra load, excess load. **une tonne de** ~ an extra *ou* excess load of a ton; **prendre des passagers en** ~ to take on excess *ou* extra passengers; **une** ~ **de travail** extra work. (b) [*document*] alteration.

surchauffer [syʀʃofe] (1) *vt* **pièce** to overheat; (*Phys, Tech*) to superheat.

surchoix [syʀʃwa] *adj inv* top-quality.

surclasser [syʀklɑse] (1) *vt* to outclass.

surcroît [syʀkʀwa] *nm*: **donner un** ~ **de travail à** to give extra *ou* additional work; **par (un)** ~ **d'honnêteté** through an excess of honesty; **pour** ~ **de malheur ...** to add to his (*ou* her *etc*) misfortune ...; **avare et paresseux de** *ou* **par** ~ miserly and idle to boot.

surdité [syʀdite] *nf* deafness.

sureau, *pl* ~**x** [syʀo] *nm* elder (tree).

surélever [syʀelve] (5) *vt* to raise, heighten (*de* by). **rez-de-chaussée surélevé** raised ground floor.

sûrement [syʀmɑ̃] *adv* (a) (*progresser*) in safety; (*attacher*) securely; (*fonctionner*) safely. (b) (*certainement*) certainly. ~ **pas!** surely not!; **il viendra** ~ he'll certainly come, he's sure to come.

surenchère [syʀɑ̃ʃɛʀ] *nf* (*sur prix fixé*) overbid; (*enchère plus élevée*) higher bid. **une** ~ **de violence** an increasing build-up of violence; (*fig*) **faire de la** ~ to use outbidding tactics. ◆ **surenchérir** (2) *vi* to bid higher (*sur* than); (*élection etc*) to try to outmatch *ou* outbid each other (*de* with). ~ **sur qn** to bid higher than sb, outbid sb.

surestimer [syʀɛstime] (1) *vt* **importance** to overestimate; **maison à vendre** to overvalue. ◆ **surestimation** *nf* overestimation; overvaluation.

sûreté [syʀte] *nf* (a) (*sécurité*) safety; (*précaution*) precaution. **la** ~ **de l'État** state security; **pour plus de** ~ as an extra precaution, to be on the safe side; **être en** ~ to be in safety, be safe; **mettre en** ~ to put in a safe *ou* secure place; **serrure etc de** ~ safety lock *etc*. (b) (*exactitude*) (*gén*) reliability; [*coup d'œil, geste*] steadiness; [*jugement*] soundness. **il a une grande** ~ **de main** he has a very sure hand; ~ **d'exécution** sureness of touch. (c) (*dispositif*) safety device. (d) (*garantie*) assurance, guarantee. (e) (*Police*) **la S**~ (**nationale**) ≃ the CID (*Brit*), ≃ the FBI (*US*).

surévaluer [syʀevalɥe] (1) *vt* to overvalue.

surexciter [syʀɛksite] (1) *vt* to overexcite. ◆ **surexcitation** *nf* overexcitement.

surface [syʀfas] *nf* (*gén*) surface; [*champ, chambre*] surface area. **faire** ~ to surface; **en** ~ **nager** at the surface, near the surface; *apprendre* **superficially**; (*Ftbl*) ~ **de réparation** penalty area.

surfait, e [syʀfɛ, ɛt] *adj* overrated.

surfin, e [syʀfɛ̃, in] *adj* superfine.

surgelé, e [syʀʒəle] *adj* deep-frozen. (**aliments**) ~**s** (deep-)frozen food.

surgir [syʀʒiʀ] (2) *vi* (*lit*) to appear suddenly; [*difficultés*] to arise, crop up. [*plante, immeuble*] ~ **de terre** to shoot up, spring up.

surhomme [syʀɔm] *nm* superman. ◆ **surhumain, e** *adj* superhuman.

surir [syʀiʀ] (2) *vi* to turn *ou* go sour.

surlendemain [syʀlɑ̃dmɛ̃] *nm*: **le** ~ **de son arrivée** two days after his arrival; **il est mort le** ~ he died two days later.

surmener [syʀməne] (5) (1) *vt* to overwork. **se** ~ *vpr* to overwork (o.s.). ◆ **surmenage** *nm* (*action*) overworking; (*état*) overwork. **le** ~ **intellectuel** mental fatigue, brain-fag*.

surmonter [syʀmɔ̃te] (1) **1** *vt* (*dans l'espace*) to

surmount, top; (*vaincre*) to overcome, get over, surmount. **2 se** ~ *vpr* to master o.s., control o.s.

surnager [syʀnaʒe] (3) *vi* [*objet*] to float (on the surface); [*souvenir*] to linger on.

surnaturel, -elle [syʀnatyʀɛl] **1** *adj* supernatural; (*ambiance inquiétante*) uncanny. **2** *nm*: **le** ~ the supernatural.

surnom [syʀnɔ̃] *nm* nickname; (*d'un héros*) name.

surnombre [syʀnɔ̃bʀ(ə)] *nm*: **en** ~ too many; **j'étais en** ~ I was one too many.

surnommer [syʀnɔme] (1) *vt*: ~ **qn 'le gros'** to nickname sb 'fatty'; **le roi Richard surnommé 'le Courageux'** King Richard known as *ou* named 'the Brave'.

surpasser [syʀpɑse] (1) **1** *vt* (*gén*) to surpass; **rival** to surpass, outdo (*en* in). **2 se** ~ *vpr* to surpass o.s.

surpeuplé, e [syʀpœple] *adj* overpopulated. ◆ **surpeuplement** *nm* overpopulation.

surplis [syʀpli] *nm* surplice.

surplomb [syʀplɔ̃] *nm* overhang. **en** ~ overhanging. ◆ **surplomber** (1) *vt* to overhang.

surplus [syʀply] *nm* (a) (*gén, Comm*) surplus. **marchandises en** ~ surplus goods; **il me reste un** ~ **de clous** I've got some nails left over *ou* some surplus nails; **avec le** ~ (**du bois**) with the left-over *ou* surplus (wood). (b) (*d'ailleurs*) **au** ~ moreover, what is more.

surpopulation [syʀpɔpylasjɔ̃] *nf* overpopulation.

surprendre [syʀpʀɑ̃dʀ(ə)] (58) *vt* (a) **ennemi** to surprise; **voleur** to surprise, catch in the act; (*par visite imprévue*) to catch unawares *ou* on the hop*. **se** ~ **à faire qch** to find o.s. doing sth; **je vais aller le** ~ **au travail** I'm going to drop in (unexpectedly) on him at work. (b) **secret** to discover; **conversation** to overhear; **regard** to intercept. (c) [*pluie, marée, nuit*] to catch out. **se laisser** ~ **par la nuit** to be overtaken by nightfall. (d) (*étonner*) to amaze, surprise. ◆ **surprenant, e** *adj* amazing, surprising. ◆ **surpris, e**[1] *adj* surprised. ~ **de qch** surprised *ou* amazed at sth. ◆ **surprise**[2] *nf* (*gén*) surprise. **avoir la** ~ **de voir que** to be surprised to see that; **prix sans** ~**s** (all-)inclusive price; **par** ~ **attaquer** by surprise; **il m'a pris par** ~ he caught me off guard. ◆ **surprise-partie**, *pl* ~**s-**~**s** *nf* party.

surproduction [syʀpʀɔdyksjɔ̃] *nf* overproduction.

surréalisme [syʀʀealism(ə)] *nm* surrealism. ◆ **surréaliste** **1** *adj* (*Art*) surrealist; (*bizarre*) surrealistic. **2** *nmf* surrealist.

sursaut [syʀso] *nm* start, jump. (*fig*) ~ **d'énergie** (sudden) burst *ou* fit of energy; **se réveiller en** ~ to wake up with a start. ◆ **sursauter** (1) *vi* to start, jump, give a start. **faire** ~ **qn** to make sb start *ou* jump, startle sb.

surseoir [syʀswaʀ] (26) ~ **à** *vt indir* **publication** to defer, postpone; (*Jur*) **jugement** *etc* to stay. ~ **à l'exécution d'un condamné** to grant a reprieve to a condemned man. ◆ **sursis** *nm* [*condamnation à mort*], (*fig*) reprieve. **peine avec** ~ suspended sentence; **il a eu 2 ans avec** ~ he was given a 2-year suspended sentence; ~ (**d'incorporation**) deferment. ◆ **sursitaire** *adj* (*Mil*) deferred.

surtaxe [syʀtaks(ə)] *nf* surcharge. ◆ **surtaxer** (1) *vt* to surcharge.

surtout [syʀtu] *adv* (*avant tout*) above all; (*spécialement*) especially, particularly. **j'aime** ~ **les romans** I particularly like novels, I like novels above all; **dernièrement, j'ai** ~ **lu des romans** I have read mostly *ou* mainly novels of late; ~ **que*** especially as *ou* since; ~ **pas (maintenant)** certainly not (now); ~ **ne vous mettez pas en frais** please *ou* above all don't go to any expense.

surveiller [syʀveje] (1) **1** *vt* (*gén*) to watch, keep an eye on; **prisonnier, malade, territoire** to (keep) watch over; **locaux, ennemi** to keep watch on; **études de qn** to supervise; **réparation** to supervise; oversee; *(Scol) examen* to invigilate. ~ **sa ligne** to watch one's figure. **2 se** ~ *vpr* to keep a check *ou* a watch on o.s. ♦ **surveillance** *nf* watch; supervision; invigilation. **sous la** ~ **de la police** under police surveillance; **mission de** ~ surveillance mission; ~ **médicale** medical supervision. ♦ **surveillant, e** *nm,f [prison]* warder; *[usine, chantier]* supervisor, overseer; *[magasin]* shopwalker; *[hôpital]* nursing officer; *(Scol) (pion)* supervisor; *(aux examens)* invigilator. *(Scol)* ~ **d'internat** supervisor of boarders.

survenir [sYrvəniʀ] (22) *vi [événement]* to take place; *[incident, retards]* to occur, arise.

survêtement [sYrvɛtmɑ̃] *nm (sportif)* tracksuit; *[skieur]* overgarments.

survivre [sYrvivʀ(ə)] (46) *vi (lit, fig)* to survive. ~ **à** *accident, humiliation* to survive; *personne, époque* to outlive; **se** ~ **dans** *œuvre, enfant* to live on in. ♦ **survie** *nf* survival. *(Rel)* **la** ~ afterlife. ♦ **survivance** *nf* survival. ♦ **survivant, e** et **1** *adj* surviving. **2** *nm,f* survivor.

survoler [sYrvɔle] (1) *vt (lit)* to fly over; *livre* to skim *ou* skip through; *question* to skim over. ♦ **survol** *nm*: **le** ~ **de** flying over; skimming *ou* skipping through; skimming over.

survolté, e [sYrvɔlte] *adj* **(a)** *(surexcité)* worked up, wrought up. **(b)** *(Élec)* stepped up, boosted.

sus [sy(s)] *adv (Admin)* **en** ~ in addition *(de* to).

susceptible [sysɛptibl(ə)] *adj* **(a)** *(ombrageux)* touchy, thin-skinned, sensitive. **(b)** **être** ~ **de faire qch** *(aptitude)* to be in a position *ou* be able to do sth; *(éventualité)* to be likely *ou* liable to do sth; ~ **d'être démontré** susceptible of proof; *texte* ~ **d'améliorations** text open to improvement *ou* that can be improved upon; **il est** ~ **de gagner** he may well win, he is liable to win. ♦ **susceptibilité** *nf* touchiness, sensitiveness. ~s susceptibilities, sensibilities.

susciter [sysite] (1) *vt intérêt* to arouse; *passions* to arouse, incite; *controverse* to give rise to, provoke; *obstacles* to create.

suspect, e [syspɛ(kt), ɛkt(ə)] **1** *adj individu, conduite* suspicious; *opinion, citoyen* suspect. **être** ~ **de qch** to be suspected of sth. **2** *nm,f* suspect. ♦ **suspecter** (1) *vt personne* to suspect *(de faire* of doing); *bonne foi* to have (one's) suspicions about, question.

suspendre [syspɑ̃dʀ(ə)] (41) **1** *vt* **(a)** *vêtements* to hang up *(à* on); *lampe* to hang, suspend *(à* from); *hamac* to sling (up). **(b)** *(interrompre) (gén)* to suspend; *récit* to break off; *séance* to adjourn. **(c)** *jugement* to suspend, defer; *décision* to postpone, defer. **(d)** *fonctionnaire, joueur* to suspend. ~ **qn de ses fonctions** to suspend sb from office. **2 se** ~ *vpr*: **se** ~ **à qch** to hang from sth. ♦ **suspendu, e** *adj* **(a)** ~ **à qch** *vêtement, lustre* hanging *ou* suspended from sth; *(fig)* **être** ~ **aux lèvres de qn** to hang upon sb's every word; *(fig)* **chalets** ~s **au-dessus d'une gorge** chalets suspended *ou* perched over a gorge. **(b)** *(Aut)* **voiture bien/mal** ~e car with good/poor suspension.

suspens [syspɑ̃] *nm*: **en** ~ *affaire, projet* in abeyance; *poussière* in suspension; *(dans l'incertitude)* in suspense; **tenir les lecteurs en** ~ to keep the reader in suspense; **en** ~ **dans l'air** suspended in the air.

suspense [syspɑ̃s] *nm* suspense.

suspension [syspɑ̃sjɔ̃] **1** *nf* **(a)** *(action: V suspendre)* hanging; suspending; breaking off; adjournment; suspension, deferment; postponement. **(b)** *(Aut)* suspension. **(c)** *(lustre)* chandelier. **(d)** *(Chim)* suspension. **(e)** **en** ~ *poussière* in suspension; **en** ~ **dans l'air** suspended in the air. **2**: ~ **d'armes** suspension of fighting; ~ **de paiement** suspension of payment(s); ~ **de séance** adjournment.

suspicion [syspisjɔ̃] *nf* suspicion.

susurrer [sysyʀe] (1) *vti* to whisper, murmur.

suture [sytyʀ] *nf* suture. ♦ **suturer** (1) *vt* to suture *(Méd)*, stitch up.

suzerain, e [syzʀɛ̃, ɛn] *adj, nm,f* suzerain. ♦ **suzeraineté** *nf* suzerainty.

svelte [svɛlt(ə)] *adj* slender. ♦ **sveltesse** *nf* slenderness.

sycomore [sikɔmɔʀ] *nm* sycamore (tree).

syllabe [silab] *nf* syllable. ♦ **syllabique** *adj* syllabic.

syllogisme [silɔʒism(ə)] *nm* syllogism.

sylviculture [silvikyltyʀ] *nf* forestry.

symbole [sɛ̃bɔl] *nm (gén)* symbol. ♦ **symbolique** *adj (gén)* symbolic(al); *(fig: très modique)* token, nominal. **geste** ~ symbolic *ou* token gesture. ♦ **symboliquement** *adv* symbolically. ♦ **symbolisation** *nf* symbolization. ♦ **symboliser** (1) *vt* to symbolize.

symétrie [simetʀi] *nf (gén)* symmetry. ♦ **symétrique** *adj* symmetrical *(de* to, *par rapport à* in relation to). ♦ **symétriquement** *adv* symmetrically.

sympa* [sɛ̃pa] *adj inv (abrév de* **sympathique**) nice, friendly. **sois** ~, **prête-le-moi** be a pal* and lend it to me.

sympathie [sɛ̃pati] *nf* **(a)** *(inclination)* liking; *(affinité)* fellow feeling. **j'ai beaucoup de** ~ **pour lui** I have a great liking for him, I like him a great deal; **des relations de** ~ **les unissaient** they were united by a fellow feeling. **(b)** *(compassion)* sympathy. **croyez à notre** ~ you have our deepest sympathy. ♦ **sympathique** *adj* **(a)** *(agréable)* nice, friendly; *ambiance* pleasant; *plat* good. **je le trouve** ~ I like him, I find him likeable. **(b)** *(Anat)* sympathetic. ♦ **sympathiquement** *adv* accueillir in a friendly manner. ♦ **sympathisant, e** *nm,f (Pol)* sympathizer. ♦ **sympathiser** (1) *vi (bien s'entendre)* to get on (well) *(avec* with); *(se prendre d'amitié)* to make friends *(avec* with). *(fréquenter)* **ils ne sympathisent pas avec les voisins** they don't have much contact with the neighbours; **ils ont tout de suite sympathisé** they took to each other immediately.

symphonie [sɛ̃fɔni] *nf* symphony. ♦ **symphonique** *adj* symphonic; *orchestre* symphony.

symposium [sɛ̃pozjɔm] *nm* symposium.

symptôme [sɛ̃ptom] *nm (Méd)* symptom; *(signe)* sign, symptom. ♦ **symptomatique** *adj (Méd)* symptomatic; *(révélateur)* significant. ~ **de** symptomatic of.

synagogue [sinagɔg] *nf* synagogue.

synchronie [sɛ̃kʀɔni] *nf* synchrony. ♦ **synchronique** *adj* synchronic. ♦ **synchronisation** *nf* synchronization. ♦ **synchronisé, e** *adj* synchronized. ♦ **synchroniser** (1) *vt* to synchronize. ♦ **synchronisme** *nm* synchronism.

syncope [sɛ̃kɔp] *nf* **(a)** *(évanouissement)* blackout, fainting fit. **tomber en** ~ to faint, pass out. **(b)** *(Mus)* syncopation. ♦ **syncopé, e** *adj (Mus)* syncopated.

syndic [sɛ̃dik] *nm*: ~ **(d'immeuble)** managing agent.

syndicat [sɛ̃dika] *nm [travailleurs]* (trade) union; *[employeurs]* union, syndicate; *[producteurs agricoles]* union; *(non professionnel)* association. ~ **d'initiative** tourist (information) office *ou* bureau; ~ **de propriétaires** association of property owners. ♦ **syndical, e, mpl -aux** *adj* (trade-) union. ♦ **syndicalisme** *nm (mouvement)* trade unionism. *(activité)* **faire du** ~ to participate in unionist activities. ♦ **syndicaliste 1** *nmf* trade unionist. **2** *adj chef* trade-union; *doctrine* unionist. ♦ **syndiqué, e 1** *adj*: **être** ~ to be a union member; **travailleurs non** ~s non-union workers. **2** *nm,f* union member. ♦ **syndiquer** (1) **1** *vt* to unionize. **2 se** ~ *vpr (se grouper)* to form a trade union; *(adhérer)* to join a trade union.

syndrome [sɛ̃dʀom] *nm* syndrome.

synode [sinɔd] *nm* synod.

synonyme [sinɔnim] **1** *adj* synonymous (*de* with).
2 *nm* synonym. ♦ **synonymie** *nf* synonymy.
syntaxe [sɛ̃taks(ə)] *nf* syntax. ♦ **syntactique** *adj*
ou ♦ **syntaxique** *adj* syntactic.
synthèse [sɛ̃tɛz] *nf* synthesis. **faire la** ~ **de qch** to
synthesize sth. ♦ **synthétique** *adj* synthetic.
♦ **synthétiquement** *adv* synthetically.
♦ **synthétiser** (1) *vt* to synthesize.
syphilis [sifilis] *nf* syphilis. ♦ **syphilitique** *adj*,
nmf syphilitic.
Syrie [siʀi] *nf* Syria. ♦ **syrien, -ienne** *adj*, S~(ne)
nm(f) Syrian.
système [sistɛm] *nm* (*gén*) system. ~
métrique/nerveux metric/nervous system; **il**
connaît le ~ he knows the system; **il me tape sur**
le ~**ı** he gets on my nerves*; **le** ~ **D*** resourcefulness. ♦ **systématique** *adj* (*gén*) systematic. **il est**
trop ~ he's too rigid *ou* dogmatic in his thinking.
♦ **systématiquement** *adv* systematically.
♦ **systématisation** *nf* systematization. ♦ **systé-**
matiser (1) **1** *vt* to systematize. **2** **se** ~ *vpr* to
become the rule.

T

T, t [te] *nm* (*lettre*) T, t. **en T** *table etc* T-shaped.
t' [t(ə)] *V* te, tu.
ta [ta] *adj poss V* ton[1].
tabac [taba] **1** *nm* **(a)** (*produit*) tobacco; (*couleur*) tobacco brown; (*magasin*) tobacconist's (shop). ~ **blond/brun** light/dark tobacco; ~ **à priser** snuff. **(b)** (*) **passer qn à** ~ to beat sb up; (*arg Théât*) **faire un** ~ to be a great hit; **c'est toujours le même** ~ it's always the same old thing. **2** *adj inv* buff.
tabasser* [tabase] (1) **1** *vt*: ~ **qn** to beat sb up. **2 se** ~ *vpr* to have a punch-up*.
tabatière [tabatjɛʀ] *nf* **(a)** (*boîte*) snuffbox. **(b)** (*lucarne*) skylight.
tabernacle [tabɛʀnakl(ə)] *nm* tabernacle.
table [tabl(ə)] **1** *nf* **(a)** (*meuble*) table. (*fig*) **faire** ~ **rase** to make a clean sweep (*de* of). **(b)** (*pour le repas*) table. **être à** ~ to be having a meal, be at table; **à** ~! come and eat!; **mettre la** ~ to lay *ou* set the table; **se mettre à** ~ to sit down to eat, sit down at the table; (*arg Police*) to talk, come clean; **toute la** ~ **éclata de rire** the whole table burst out laughing; **avoir une bonne** ~ to keep a good table; **aimer (les plaisirs de) la** ~ to enjoy one's food. **(c)** (*gén, Math: liste*) table. ~ **alphabétique** alphabetical table. **(d)** (*Géol: plateau*) tableland, plateau. **2:** ~ **de conférence** conference table; ~ **à dessin** drawing board; ~ **d'écoute** wire-tapping set; ~ **des matières** (table of) contents; ~ **de nuit** bedside table; ~ **d'opération** operating table; ~ **d'orientation** viewpoint indicator; ~ **à repasser** ironing board; (*lit, fig*) ~ **ronde** round table; ~ **roulante** trolley; ~ **de travail** work table *ou* desk.
tableau, *pl* ~ **x** [tablo] *nm* **(a)** (*peinture*) painting; (*reproduction, gravure*) picture. (*lit, fig*) ~ **de chasse** bag; ~ **de maître** masterpiece. **(b)** (*fig*) (*scène*) picture, scene; (*description*) picture. **un** ~ **tragique** a tragic picture *ou* scene; **pour compléter le** ~* to cap it all; **gagner sur les 2/sur tous les** ~**x** to win on both/all counts. **(c)** (*Théât*) scene. **(d)** (*Scol*) ~ **(noir)** (black)board. **(e)** (*panneau*) (*gén*) board; [*fusibles*] box; [*clefs*] rack, board. ~ **des horaires** timetable; ~ **d'affichage** notice board; ~ **de bord** dashboard, instrument panel; ~ **d'honneur** list of merit; ~ **de service** duty roster. **(f)** (*carte, graphique*) table, chart; (*Admin: liste*) register, roll, list.
tablée [table] *nf* table (*of people*).
tabler [table] (1) *vi*: ~ **sur qch** to count *ou* reckon *ou* bank on sth.
tablette [tablɛt] *nf* **(a)** [*chocolat*] bar; [*chewing-gum*] stick; [*métal*] block. **(b)** [*lavabo, étagère*] shelf; [*secrétaire*] flap. **(c)** (*Hist: pour écrire*) tablet. (*hum*) **marquer qch sur ses** ~**s** to make a note of sth.
tablier [tablije] *nm* **(a)** (*gén*) apron; [*ménagère*] apron, pinafore; [*écolier*] overall, smock. **(b)** [*pont*] roadway. **(c)** [*cheminée*] (flue-)shutter; [*magasin*] (iron *ou* steel) shutter.
tabou [tabu] *nm, adj* taboo.
tabouret [tabuʀɛ] *nm* stool; (*pour les pieds*) footstool.
tac [tak] *nm* **(a)** (*bruit*) tap. **(b)** **répondre du** ~ **au** ~ to answer pat.
tache [taʃ] *nf* **(a)** [*fruit*] mark; [*plumage, pelage*] spot; [*peau*] blotch, mark. ~ **de rousseur** freckle;

(*fig*) **faire** ~ to jar, stick out like a sore thumb*. **(b)** (*salissure*) stain, mark. ~ **d'encre** ink stain; (*sur le papier*) ink blot *ou* blotch; ~ **d'huile** oily mark, oil stain; (*fig*) **faire** ~ **d'huile** to spread, gain ground; ~ **de sang** bloodstain; **sa robe n'avait pas une** ~ her dress was spotless. **(c)** (*sur réputation*) blot, stain. **sans** ~ *conduite* spotless, unblemished. **(d)** (*impression visuelle*) ~ **de couleur/d'ombre** patch of colour/shadow. **(e)** (*Peinture*) spot, dot, blob.
tâche [taʃ] *nf* (*travail*) task, work; (*mission*) task, job. **mourir à la** ~ to die in harness; **à la** ~ **payer** by the piece; **travail à la** ~ piecework.
tacher [taʃe] (1) **1** *vt* **(a)** [*encre, vin*] to stain; [*graisse*] to mark, stain. **taché de sang** bloodstained. **(b)** (*colorer*) *pré, robe* to spot, dot; *peau, fourrure* to spot, mark. **(c)** *réputation* to stain. **2 se** ~ *vpr* (*personne*) to get stains on one's clothes; [*tissu*] to get stained *ou* marked; (*s'abîmer*) [*fruits*] to become marked.
tâcher [taʃe] (1) *vi*: ~ **de faire** to try to do; **tâchez de venir avant samedi** try *ou* try and come before Saturday; **et tâche de ne pas recommencer*** and see to it that *ou* mind it doesn't happen again.
tacheter [taʃte] (4) *vt* to spot, dot, speckle.
tacite [tasit] *adj* tacit. ◆ **tacitement** *adv* tacitly.
taciturne [tasityʀn(ə)] *adj* taciturn, silent.
tacot* [tako] *nm* (*voiture*) banger*, crate*.
tact [takt] *nm* tact. **avoir du** ~ to have tact, be tactful; **avec** ~ tactfully; **sans** ~ (*adj*) tactless; (*adv*) tactlessly.
tactile [taktil] *adj* tactile.
tactique [taktik] **1** *adj* tactical. **2** *nf* (*gén*) tactics.
taie [tɛ] *nf* **(a)** ~ **(d'oreiller)** pillowcase, pillowslip; ~ **de traversin** bolster case. **(b)** (*Méd*) opaque spot.
tailler [tajade] (1) *vt* to slash, gash.
taille[1] [taj] **(a)** [*personne, cheval*] height. **homme de haute/petite** ~ tall/short man; **ils sont de la même** ~ they are the same height. **(b)** [*objet, maison*] size. **de petite/moyenne** ~ small-/medium-sized; **c'est de la** ~ **d'un crayon** it's the size of a pencil. **(c)** (*Comm: mesure*) size. **la** ~ **40** size 40; **ce pantalon n'est pas à sa** ~ these trousers aren't his size; **si je trouvais qn de ma** ~ if I found sb my size. **(d)** (*fig*) **c'est un poste à sa** ~ it's a job in keeping *ou* in line with his capabilities; **être de** ~ **à faire** to be up to doing, be quite capable of doing; **il n'est pas de** ~ (*face à un concurrent*) he doesn't measure up; **de** ~ *erreur, enjeu* considerable, sizeable. **(e)** (*ceinture*) waist. **avoir la** ~ **fine** to have a slim waist, be slim-waisted; **avoir la** ~ **mannequin** to have a perfect figure; **ils se tenaient par la** ~ they had their arms round each other's waist; **pantalon (à)** ~ **basse** low-waisted trousers, hipsters.
taille[2] [taj] *nf* (*action: V tailler*) cutting; carving; pruning; trimming; clipping. (*résultat*) **de** ~ **hexagonale** with a six-sided cut. ◆ **taille-crayon(s)** *nm inv* pencil sharpener.
tailler [taje] (1) **1** *vt* **(a)** *pierre* to cut; *bois* to carve; *crayon* to sharpen; *tissu* to cut (out); *arbre* to prune, cut back; *haie* to trim, clip, cut; *barbe* to trim. ~ **qch en biseau** to bevel sth; ~ **qch en pointe** to cut sth to a point. **(b)** *vêtement* to make;

statue to carve; *tartines* to cut, slice. **rôle taillé à sa mesure** tailor-made role; **~ une bavette*** to have a natter*; **~ une armée en pièces** to hack an army to pieces. **2** *vi:* **~ dans la chair** to cut into the flesh. **3 se ~** *vpr* **(a)** (**≴:** *partir*) to beat it**≴**, clear off**≴**. **(b) se ~ un franc succès** to be a great success; **se ~ la part du lion** to take the lion's share; **se ~ un empire** to carve out an empire for o.s. ♦ **taillé, e** *adj* **personne bien ~** well-built; **il est ~ en athlète** he has an athletic build; *(fig)* **être ~ pour qch/pour faire qch** to be cut out for sth/to do sth. ♦ **tailleur** *nm* **(a)** *(couturier)* tailor. **en ~ assis** cross-legged. **(b)** *(costume)* (woman's) suit. **(c)** **~ de pierre(s)** stone-cutter.

taillis [taji] *nm* copse, coppice.

tain [tɛ̃] *nm [miroir]* silvering. **glace sans ~** two-way mirror.

taire [tɛʀ] (54) **1 se ~** *vpr* **(a)** *[personne]* to be silent *ou* quiet; *[nature, forêt]* to be silent; *[bruit]* to disappear. **ils ne voulaient pas se ~** they wouldn't stop talking *ou* keep quiet; **l'orchestre s'était tu** the orchestra had fallen silent. **(b)** *(être discret)* to keep quiet, remain silent *(sur qch* about sth). **tais-toi!*** *(ne m'en parle pas)* don't talk to me about it! **2** *vt fait, vérité* to hush up, not to tell; *raisons* to conceal, say nothing about; *chagrin* to stifle, keep to o.s. **une personne dont je tairai le nom** a person who shall remain nameless *ou* whose name I shan't mention. **3** *vi:* **faire ~ opposition** to silence; **fais ~ les enfants** make the children keep *ou* be quiet, make the children shut up*.

talc [talk] *nm* talcum powder, talc.

talent [talɑ̃] *nm* talent. *(hum)* **montrez-nous vos ~s*** show us what you can do; **avoir du ~** to have talent, be talented; **encourager les jeunes ~s** to encourage young talent; *(iro)* **il a le ~ de se faire des ennemis** he has a gift for making enemies. ♦ **talentueux, -euse** *adj* talented.

taler [tale] (1) *vt fruits* to bruise.

talisman [talismɑ̃] *nm* talisman.

taloche* [talɔʃ] *nf* clout*, cuff. ♦ **talocher*** (1) *vt* to cuff.

talon [talɔ̃] *nm (gén, Anat)* heel; *[chèque]* stub, counterfoil; *(Cartes)* talon. **tourner les ~s** to turn on one's heel and leave; **être sur les ~s de qn** to be (hot) on sb's heels; **~ d'Achille** Achilles' heel. ♦ **talonner** (1) *vt fugitifs* to follow (hot) on the heels of; *débiteur* to hound; *[cheval]* to kick; *[faim]* to gnaw at. *(Rugby)* **~ (le ballon)** to heel (the ball). ♦ **talonneur** *nm (Rugby)* hooker.

talquer [talke] (1) *vt* to put talcum powder *ou* talc on.

talus [taly] *nm [route]* embankment; *[rivière]* bank.

tambouille* [tɑ̃buj] *nf* grub*. **faire la ~** to cook the grub*.

tambour [tɑ̃buʀ] *nm* **(a)** *(instrument)* drum. **~ de basque** tambourine; **~ battant** briskly; **sans ~ ni trompette** without any fuss. **(b)** *(musicien)* drummer. **~-major** drum major. **(c)** *(à broder)* embroidery hoop. **(d)** *(porte)* *(sas)* tambour; *(à tourniquet)* revolving door. **(e)** *[machine à laver]* drum; *[moulinet]* spool. **~ de frein** brake drum. ♦ **tambourin** *nm* tambourine. ♦ **tambouriner** (1) **1** *vi [personne, pluie]* to drum *(sur* on). **2** *vt musique* to drum out; *(fig)* *nouvelle* to broadcast.

tamis [tami] *nm (gén)* sieve; *(à sable)* riddle, sifter. **passer au ~** *(lit)* to sieve; to riddle, sift; *personne* to screen; *dossier* to sift through. ♦ **tamiser** (1) *vt farine* to sieve; *sable* to riddle, sift; *(fig)* *lumière* to filter. ♦ **tamisage** *nm* sieving; sifting, riddling; filtering. ♦ **tamisé, e** *adj lumière (artificielle)* subdued; *(du jour)* soft, softened.

Tamise [tamiz] *nf:* **la ~** the Thames.

tampon [tɑ̃pɔ̃] *nm* **(a)** *(pour boucher)* *(gén)* plug; *(en coton)* wad; *(pour nettoyer une plaie)* swab;

(pour étendre un liquide) pad. **~ buvard** blotter; **~ encreur** inking-pad; **~ à récurer** scouring pad; **rouler qch en ~** to roll sth (up) into a ball. **(b)** *(timbre)* stamp. **le ~ de la poste** the postmark. **(c)** *(Rail, fig: amortisseur)* buffer. **état ~** buffer state. ♦ **tamponner** (1) **1** *vt* **(a)** *(essuyer)* to mop up, dab; *yeux* to dab (at). **(b)** *(collision)* to ram (into), crash into. **(c)** *(avec un timbre)* to stamp. **2 se ~** *vpr* **(a)** *[trains]* to crash into each other, ram each other. **(b) se ~ de qch≴** not to give a damn about sth≴.

tam-tam, *pl* **~s-~s** [tamtam] *nm* tomtom. **faire du ~ autour de*** *affaire* to make a lot of fuss *ou* a hullabaloo about.

tancer [tɑ̃se] (3) *vt (littér)* to berate *(littér)*.

tandem [tɑ̃dɛm] *nm (bicyclette)* tandem; *(fig: duo)* pair, duo.

tandis [tɑ̃di] *conj:* **~ que** *(simultanéité)* while; *(opposition)* whereas, while.

tangage [tɑ̃gaʒ] *nm (Naut)* pitching.

tangent, e [tɑ̃ʒɑ̃, ɑ̃t] **1** *adj (Géom)* tangent, tangential *(à* to). *(*: juste)* **c'était ~** it was a close thing, it was touch-and-go*; **il était ~** he was a borderline case. **2** *nf (Géom)* tangent. **prendre la ~e*** *(partir)* to make off*; *(éluder)* to dodge the issue.

tangible [tɑ̃ʒibl(ə)] *adj* tangible.

tanguer [tɑ̃ge] (1) *vi [navire, avion]* to pitch; *(fig)* to reel.

tanière [tanjɛʀ] *nf (lit, fig)* den, lair.

tank [tɑ̃k] *nm* tank.

tanker [tɑ̃kɛʀ] *nm* tanker.

tanner [tane] (1) *vt cuir* to tan; *visage* to weather. **~ le cuir à qn≴** to tan sb's hide*; **~ qn*** to pester sb. ♦ **tannage** *nm* tanning. ♦ **tannant, e*** *adj (ennuyeux)* maddening*. ♦ **tannerie** *nf (endroit)* tannery; *(activité)* tanning. ♦ **tanneur** *nm* tanner.

tant [tɑ̃] *adv* **(a)** *(intensité: avec vb)* so much. **il mange ~!** he eats so much! *ou* such a lot!; **vous m'en direz ~!** is that really so! **(b)** *(quantité)* **~ de** *temps, eau* so much; *arbres, gens* so many; *habileté* such, so much; **~ de fois** so many times, so often. **(c)** *(avec adj, participe)* so. **il est rentré ~ le ciel était menaçant** he went home (because) the sky looked so overcast; **cet enfant ~ désiré** this child they had longed for so much; **~ il est vrai que ...** which only goes to show *ou* prove that ... ; **le jour ~ attendu** the long-awaited day. **(d)** *(quantité imprécise)* so much. **gagner ~ par mois** to earn so much a month; **~ pour cent** so many per cent. **(e)** *(comparaison)* **ce n'est pas ~ leur maison qui me plaît que leur jardin** it's not so much their house that I like as their garden; **il criait ~ qu'il pouvait** he shouted as much as he could; **~ filles que garçons** both girls and boys, girls as well as boys, girls and boys alike. **(f)** **~ que** *(aussi longtemps que)* as long as; *(pendant que)* while; **~ qu'elle aura de la fièvre** while *ou* as long as she has a temperature; **~ que vous y êtes*** while you are about it. **(g)** **~ bien que mal** so-so, after a fashion; **s'il est ~ soit peu intelligent** if he is at all *ou* in the least bit intelligent; **~ mieux** so much the better, that's fine; **~ mieux pour lui** good for him; **~ pis** *(conciliant)* never mind, (that's) too bad; *(indifférent)* (that's just) too bad; **~ pis pour lui** (that's just) too bad for him; **~ et si bien que** to such an extent that, so much so that; **il y en a ~ et plus** *(eau)* there is ever so much; *(objets)* there are ever so many; **il a protesté ~ et plus** he protested for all he was worth; **~ qu'à faire, on va payer maintenant** we might *ou* may as well pay now; **~ qu'à marcher, allons en forêt** if we have to walk let's go to the forest; **~ que ça?*** as much as that?; **pas ~ que ça*** not that much*; **~ s'en faut** far from it.

tante [tɑ̃t] *nf (parente)* aunt, aunty*; *(≴: homosexuel)* poof≴, queer≴.

tantinet* [tɑ̃tinɛ] *nm*: un ~ **fatigant** a tiny *ou* weeny* bit tiring.

tantôt [tɑ̃to] *adv* **(a)** (*cet après-midi*) this afternoon. **(b)** (*parfois*) ~ **à pied**, ~ **en voiture** sometimes on foot, sometimes by car.

taon [tɑ̃] *nm* horsefly, gadfly.

tapage [tapaʒ] *nm* **(a)** (*vacarme*) din, uproar, row. **faire du** ~ to create a din *ou* an uproar, make a row; ~ **nocturne** disturbance of the peace (*at night*). **(b)** (*battage*) fuss, talk (*autour de* about, over). ♦ **tapageur, -euse** *adj* **(a)** (*bruyant*) noisy, rowdy. **(b)** *publicité* obtrusive; *toilette* flashy, loud, showy.

tapant, e* [tapɑ̃, ɑ̃t] *adj*: **à 8 heures** ~**(es)** at 8 o'clock sharp *ou* on the dot*.

tape [tap] *nf* (*coup*) slap.

taper [tape] **(1)** **1** *vt* **(a)** *tapis* to beat; *enfant* to slap, clout*; *porte* to bang, slam. ~ **un coup à la porte** to knock once at the door, give a knock at the door. **(b)** ~ (**à la machine**) *lettre* to type (out); **tapé à la machine** typed, typewritten. **(c)** (ⁱ: *emprunter*) ~ **qn** (**de 10 F**) to touch sb* (for 10 francs), cadge (10 francs) off sb*.

2 *vi* **(a)** ~ **sur clou** to hit; *table* to bang *ou* rap on; ~ **sur qn*** (*coups*) to thump sb*; (*critiques*) to run sb down*; ~ **à la porte** to knock on the door; ~ **dans un ballon** to kick a ball about; ~ **dur** to hit hard. **(b)** (ⁱ: *entamer*) ~ **dans** *provisions, caisse* to dig into*. **(c)** [*soleil*] to beat down. **(d)** ~ **des pieds** to stamp one's feet; ~ **des mains** to clap one's hands; (*fig*) **se faire** ~ **sur les doigts*** to be rapped over the knuckles; **il a tapé à côté*** he was wide of the mark; ~ **sur les nerfs de qn*** to get on sb's nerves*; ~ **dans l'œil de qn*** to take sb's fancy*; ~ **dans le tas** (*bagarre*) to pitch into the crowd; (*repas*) to tuck in*, dig in*.

3 se ~ *vpr* **(a)** (ⁱ: *s'envoyer*) *repas* to put away*; *marche* to do; *corvée* to get landed with*. **(b)** **c'est à se** ~ **la tête contre les murs** it's enough to drive you up the wall*; **se** ~ **la cloche*** to feed one's face*.

♦ **tape-à-l'œil 1** *adj inv* flashy, showy. **2** *nm* show, flash*.

tapette [tapɛt] *nf* **(a)** (*pour tapis*) carpet beater; (*pour mouches*) flyswatter; (*pour souris*) mousetrap. **(b)** (*langue*) **elle a une** (**bonne**) ~ she's a real chatterbox*. **(c)** (ⁱ: *homosexuel*) poofⁱ, queer*.

tapeur, -euse* [tapœʀ, øz] *nm,f* (*emprunteur*) cadger*.

tapins [tapɛ̃] *nm*: **faire le** ~ to walk the streets (*for prostitution*), hustleⁱ.

tapinois [tapinwa] *nm*: **en** ~ furtively.

tapioca [tapjɔka] *nm* tapioca.

tapir (se) [tapiʀ] **(2)** *vpr* (*se blottir*) to crouch; (*se cacher*) to hide away; (*s'embusquer*) to lurk.

tapis [tapi] *nm* **(a)** (*gén, fig*) carpet; (*petit*) rug; (*natte*) mat; (*sur un meuble*) cloth. ~ **vert** (*tissu*) green baize; (*table de jeu*) gambling table; ~-**brosse** doormat; ~ **roulant** (*pour colis etc*) conveyor belt; (*pour piétons*) moving walkway, travelator. ♦ **aller au** ~ to go down for the count; **envoyer qn au** ~ to floor sb; **mettre sur le** ~ **affaire** to lay on the table, bring up for discussion; **revenir sur le** ~ to come back up for discussion. ♦ **tapisser** **(1)** *vt* **(a)** [*personne*] (*de papier peint*) to (wall)paper; (*de tentures*) to hang, cover; (*d'affiches*) to plaster, cover (*de* with). **(b)** [*tenture, papier*] to cover, line; [*mousse, neige*] to carpet, cover; (*Anat, Bot*) to line. **tapissé de lierre** ivy-clad, covered in ivy. ♦ **tapisserie** *nf* **(a)** (*tenture*) tapestry; (*papier peint*) wallpaper; (*activité*) tapestry-making. [*danseur*] **faire** ~ to sit out. **(b)** (*broderie*) tapestry; (*activité*) tapestry-work. ♦ **tapissier, -ière** *nm,f* (*fabricant*) tapestry-maker; (*commerçant*) upholsterer; (*décorateur*) interior decorator.

taquin, e [takɛ̃, in] **1** *adj* teasing. **il est** ~ he is a

tease *ou* teaser. **2** *nm,f* tease, teaser. ♦ **taquiner** **(1)** *vt* [*personne*] to tease; [*fait, douleur*] to bother, worry. ♦ **taquinerie** *nf*: ~**(s)** teasing.

tarabiscoté, e [taʀabiskɔte] *adj* (over-)ornate, fussy.

tarabuster [taʀabyste] **(1)** *vt* [*personne*] to badger, pester; [*fait, idée*] to bother, worry.

taratata [taʀatata] *excl* nonsense!, rubbish!

tard [taʀ] **1** *adv* late. **il se fait** ~ it's getting late; ~ **dans la matinée** late in the morning, in the late morning; **plus** ~ later (on); **jeudi au plus** ~ on Thursday at the latest; **pas plus** ~ **qu'hier** only yesterday; **remettre qch à plus** ~ to put sth off till later (on). **2** *nm*: **sur le** ~ (*dans la vie*) late (on) in life. ♦ **tarder** **(1)** **1** *vi* **(a)** ~ **à entreprendre qch** to put off *ou* delay starting sth; **ne tardez pas** (**à le faire**) don't be long doing it; ~ **en chemin** to loiter on the way; **sans** (**plus**) ~ without (further) delay. **(b)** [*réaction, moment, lettre*] to be a long time coming. **ça n'a pas tardé** it wasn't long (in) coming; **ils ne vont pas** ~ they won't be long (now); **il n'a pas tardé à s'en apercevoir** it didn't take him long to notice, he noticed soon enough. **2** *vb impers*: **il me tarde de le revoir** I am longing *ou* I can't wait to see him again. ♦ **tardif, -ive** *adj* (*gén*) late; *regrets, remords* belated. ♦ **tardivement** *adv* **rentrer** late; **s'apercevoir** belatedly.

tare [taʀ] *nf* **(a)** (*contrepoids*) tare. **faire la** ~ to allow for the tare. **(b)** [*personne*] defect (*de* in, of); [*système*] flaw (*de* in), defect (*de* of). ♦ **taré, e 1** *adj régime* tainted, corrupt; *enfant* with a defect. **2** *nm,f* (*Méd*) degenerate; (*péj*) cretin*.

targette [taʀʒɛt] *nf* bolt (*on a door*).

targuer (se) [taʀge] **(1)** *vpr*: **se** ~ **de qch/de faire qch** to boast about sth/that one can do sth, pride *ou* preen o.s. on sth/on doing sth.

tarif [taʀif] *nm* (*tableau*) price list, tariff; (*barème*) rate, tariff; (*taux*) rate. **les** ~**s postaux vont augmenter** postage rates are going up; **voyager à plein** ~**/à** ~ **réduit** to travel at full/reduced fare; (*hum*) **50 F d'amende, c'est le** ~**!** a 50-franc fine is what you get! ♦ **tarifaire** *adj* tariff. ♦ **tarifer** **(1)** *vt* to fix the price *ou* rate for. **marchandises tarifées** fixed-price goods.

tarir [taʀiʀ] **(2)** **1** *vi* (*gén*) to dry up; [*imagination, puits*] to run dry, dry up. **il ne tarit pas sur ce sujet** he can't stop talking about that. **2** *vt* (*lit, fig*) to dry up. **3 se** ~ *vpr* to run dry, dry up. ♦ **tarissement** *nm* drying up.

tartare [taʀtaʀ] **1** *adj* (*Hist*) Tartar; (*Culin*) tartar(e). **2** *nmf*: **T**~ Tartar.

tarte [taʀt(ə)] **1** *nf* (*Culin*) tart; (ⁱ: *gifle*) clout*. **c'est pas de la** ~* it's no easy matter. **2** *adj inv* (*) (*bête*) daft*, stupid; (*laid*) ugly. ♦ **tartelette** *nf* tartlet, tart.

tartine [taʀtin] *nf* **(a)** slice of bread; (*beurrée*) slice of bread and butter. **(b)** (**fig: *lettre, article*) screed. ♦ **tartiner** **(1)** *vt pain* to spread (*de* with); *beurre* to spread. **fromage à** ~ cheese spread.

tartre [taʀtʀ(ə)] *nm* [*dents*] tartar; [*chaudière*] fur.

tas [tɑ] *nm* **(a)** (*amas*) pile, heap. **mettre en** ~ to put into a heap, heap *ou* pile up; ~ **de fumier** manure heap. **(b)** (*: *beaucoup de*) **un ou des** ~ **de** loads of*, heaps of*, lots of; **un** ~ **de mensonges** a pack of lies; ~ **de crétins*** you load of idiots!* **(c)** **tirer dans le** ~ to fire into the crowd; **dans le** ~, **il n'y en a que 3 de bons** out of that lot there are only 3 that are any good; **former qn sur le** ~ to train sb on the job*.

tasse [tɑs] *nf* cup. ~ **à thé** teacup; ~ **de thé** cup of tea; (*fig*) **boire une** ~* to swallow a mouthful (*when swimming*).

tasser [tɑse] **(1)** **1** *vt* (*gén*) to pack; *passagers* to pack, cram; *sol* to pack down. **2 se** ~ *vpr* **(a)** [*terrain*] to settle, sink; [*vieillard*] to shrink. **(b)** (*se serrer*) to bunch *ou* squeeze up. **(c)** (*) **ça va se** ~

things will settle down. ♦ **tassé, e** *adj*: **bien ~***
(*café*) good and strong; **demi de bière** well-filled.
♦ **tassement** *nm* packing; settling. **~ de la colonne** (**vertébrale**) compression of the spinal
cord.
tata [tata] *nf* (*: *tante*) auntie*; (ı: *homosexuel*)
poofı, queerı.
tâter [tɑte] (1) **1** *vt* (*palper*) to feel; (*fig: sonder*) to
sound out. **marcher en tâtant les murs** to feel *ou*
grope one's way along the walls; (*fig*) **~ le terrain**
to see how the land lies. **2** *vi*: **~ de** (*gén*) to try;
mets to taste; *prison* to sample. **3 se ~** *vpr* to feel
o.s.; (ı: *hésiter*) to be in two minds.
tatillon, -onne [tatijɔ̃, ɔn] *adj* finicky, pernickety.
tâtonner [tɑtɔne] (1) *vi* (*lit, fig*) to grope around;
(*par méthode*) to proceed by trial and error.
♦ **tâtonnement** *nm*: **~(s)** trial and error,
experimentation. ♦ **tâtons** *adv* (*lit, fig*) **avancer à
~** to grope along; **chercher qch à ~** to grope *ou*
feel around for sth.
tatouage [tatwaʒ] *nm* (*action*) tattooing; (*dessin*)
tattoo. ♦ **tatouer** (1) *vt* to tattoo.
taudis [todi] *nm* hovel. **quartier de ~** slum area.
tauleı [tol] *nf* (*prison*) nickı, clinkı. **il a fait de la ~**
he's done time, he has been inside*.
taupe [top] *nf* (*animal*) mole; (*fourrure*) moleskin.
(*péj*) **vieille ~** old crone. ♦ **taupinière** *nf*
molehill.
taureau, *pl* ~x [tɔro] *nm* (*Zool*) bull. (*Astron*) **le
T~** Taurus, the Bull; (*fig*) **prendre le ~ par les
cornes** to take the bull by the horns; **être (du) T~**
to be Taurus *ou* a Taurean.
tautologie [totɔlɔʒi] *nf* tautology. ♦ **tautologique**
adj tautological.
taux [to] *nm* (*gén, Fin, Statistique*) rate; *[infir-
mité]* degree; *[cholestérol]* level. **~ de change**
exchange rate, rate of exchange.
taverne [tavɛrn(ə)] *nf* inn, tavern.
taxe [taks(ə)] *nf* (*impôt*) tax; (*à la douane*) duty.
toutes ~s comprises inclusive of tax; **~ à la
valeur ajoutée** value added tax, VAT. ♦ **taxable**
adj taxable. ♦ **taxer** (1) *vt* (**a**) (*imposer*) to tax.
(**b**) *produit* to fix the price of. (**c**) **~ qn de qch**
(*qualifier de*) to call sb sth; (*accuser de*) to accuse
sb of sth. ♦ **taxation** *nf* taxing, taxation; fixing
the price.
taxi [taksi] *nm* (*voiture*) taxi, (taxi)cab; (*: *chauffeur*) cabby*, taxi driver.
taximètre [taksimɛtr(ə)] *nm* (taxi)meter.
taxiphone [taksifɔn] *nm* pay phone, public
(tele)phone.
Tchécoslovaquie [tʃekɔslɔvaki] *nf* Czechoslovakia. ♦ **tchécoslovaque** *adj* Czechoslova-
k(ian). ♦ **tchèque** *adj, nm*, **T~** *nmf* Czech.
te [t(ə)] *pron* you; (*réfléchi*) yourself.
technique [tɛknik] **1** *nf* technique. **2** *adj* technical. ♦ **technicien, -ienne** *nm,f* technician.
♦ **technicité** *nf* technical nature. ♦ **techni-
quement** *adv* technically.
technocrate [tɛknɔkrat] *nmf* technocrat.
♦ **technocratie** *nf* technocracy. ♦ **technocra-
tique** *adj* technocratic. ♦ **technologie** *nf* technology. ♦ **technologique** *adj* technological.
♦ **technologue** *nmf* technologist.
teck [tɛk] *nm* teak.
teckel [tekɛl] *nm* dachshund.
teigne [tɛɲ] *nf* (*Méd*) ringworm; (*péj: personne*)
pest.
teindre [tɛ̃dʀ(ə)] (52) **1** *vt* to dye. **2 se ~** *vpr*: **se ~
(les cheveux)** to dye one's hair. ♦ **teint** *nm*
(*permanent*) complexion, colouring; (*momentané*) colour. ♦ **teinte** *nf* (*nuance*) shade, tint;
(*couleur*) colour; (*fig*) tinge, hint. ♦ **teinter** (1) *vt*
(*gén*) to tint; *bois* to stain; (*fig*) to tinge.
♦ **teinture** *nf* (*colorant*) dye; (*action*) dyeing;
(*Pharm*) tincture. (*fig*) **une ~ de maths** a smattering of maths. ♦ **teinturerie** *nf* (*métier*) dyeing;
(*magasin*) (dry) cleaner's. ♦ **teinturier, -ière**

nm,f (*qui nettoie*) dry cleaner; (*qui teint*) dyer.
tel, telle [tɛl] **1** *adj* (**a**) (*similitude, quantité*)
such; (*dans comparaison*) like. **une telle ignoran-
ce/réponse** such ignorance/such an answer; **~
père, ~ fils** like father like son; **as-tu jamais rien
vu de ~?** have you ever seen such a thing? *ou* anything like it?; **en tant que ~, comme ~** as such; **~
il était enfant, ~ je le retrouve** so he was as a child
and so he has remained; (*littér*) **le lac ~ un miroir**
the lake like a mirror. (**b**) (*indéfini*) such-and-
such. **venez ~ jour** come on such-and-such a day;
telle quantité d'alcool a given quantity of alcohol;
telle ou telle personne vous dira que someone or
other will tell you that. (**c**) **~ que** like, such as; **il
est resté ~ que je le connaissais** he is still the
same *ou* just as he used to be; **un homme ~ que lui**
a man like him, such a man; **~ que je le connais, il
ne viendra pas** if I know him, he won't come; **~
que vous me voyez, j'ai 72 ans** you wouldn't think
it to look at me but I'm 72; **les métaux ~s que l'or
et le platine** metals like *ou* such as gold and
platinum; **laissez tous ces dossiers ~s quels** *ou*
~s que* leave all those files as they are *ou* as you
find them. (**d**) (*conséquence*) **de telle façon que**
in such a way that; **de telle sorte que** so that; **à
telle(s) enseigne(s) que** so much so that. **2** *pron
indef*: **~ vous dira oui, ~ autre** ... one will say yes,
another ...; **~ ou ~** somebody (or other); **~ est
pris qui croyait prendre** (it's) the biter bitten.
télé* [tele] *nf* (*abrév de* **télévision**) TV*, telly*.
télécommande [telekɔmɑ̃d] *nf* remote control.
♦ **télécommander** (1) *vt* (*Tech*) to operate by
remote control. (*fig*) **ça a été télécommandé** it
was initiated from elsewhere.
télécommunications [telekɔmynikasjɔ̃] *nfpl*
telecommunications.
téléenseignement [teleɑ̃sɛɲmɑ̃] *nm* television
teaching, teaching by television.
téléférique [teleferik] *nm* (*installation*)
cableway; (*cabine*) cable-car.
télégramme [telegram] *nm* telegram, wire,
cable.
télégraphe [telegraf] *nm* telegraph.
♦ **télégraphie** *nf* telegraphy. ♦ **télégraphier** (7)
1 *vt message* to telegraph, wire, cable. **2** *vi*: **~ à
qn** to wire *ou* cable sb. ♦ **télégraphique** *adj fils*
telegraph; *alphabet* Morse; *message, adresse*,
(*fig*) *style* telegraphic. ♦ **télégraphiste** *nmf* (*messager*) telegraph boy.
téléguidage [telegidaʒ] *nm* radio control.
♦ **téléguider** (1) *vt* (*Tech*) to radio-control. (*fig*)
ça a été téléguidé it was initiated from elsewhere.
téléobjectif [teleɔbʒɛktif] *nm* telephoto lens.
télépathie [telepati] *nf* telepathy. ♦ **télépathique**
adj telepathic.
téléphone [telefɔn] *nm* (*système*) telephone;
(*appareil*) (tele)phone. **avoir le ~** to be on the
(tele)phone; **~ arabe** bush telegraph; **~
automatique** automatic telephone system; (*Pol*)
~ rouge hot line. ♦ **téléphoner** (1) **1** *vt* to (tele)-
phone. **téléphone-lui de venir** phone *ou* call him
and tell him to come. **2** *vi* to phone, be on the
phone. **~ à qn** to telephone sb, phone *ou* ring *ou*
call sb (up). ♦ **téléphonique** *adj* telephone.
♦ **téléphoniste** *nmf* (telephone) operator.
télescope [teleskɔp] *nm* telescope.
♦ **télescopique** *adj* (*gén*) telescopic.
télescoper [teleskɔpe] (1) **1** *vt véhicule* to smash
up. **2 se ~** *vpr* to telescope, concertina.
♦ **télescopage** *nm* telescoping, concertinaing.
téléscripteur [teleskriptœr] *nm* teleprinter.
télésiège [telesjɛʒ] *nm* chairlift.
téléski [teleski] *nm* ski tow.
téléspectateur, -trice [telespɛktatœr, tris] *nm,f*
(television *ou* TV) viewer.
télétype [teletip] *nm* teleprinter.
télévision [televizjɔ̃] *nf* (*gén*) television;
(*appareil*) television (set). **à la ~** on television.

♦ **téléviser** (1) *vt* to televise. ♦ **téléviseur** *nm* television (set).

télex [telɛks] *nm* telex.

tellement [tɛlmɑ̃] *adv* (a) (*si*) so; (*avec comp*) so much. **il est** ~ **gentil** he's so (very) nice (*que* that); ~ **mieux** so much better (*que l'autre* than the other). (b) (*tant*) so much. ~ **de gens** so many people; ~ **de temps** so much time, so long; **on ne le comprend pas,** ~ **il parle vite** he talks so quickly (that) you can't understand him; **il dort à peine,** ~ **il travaille** he hardly sleeps, he works so much *ou* hard. (c) (*avec nég*) **pas** ~ **fort** not (all) that strong, not so (very) strong; **il ne travaille pas** ~ he doesn't work (all) that much *ou* so (very) much; **tu aimes le cinéma? – pas** ~ do you like the cinema? – not (all) that much *ou* – not (very) much; **on ne la voit plus** ~ we don't really see (very) much of her any more.

téméraire [temeʀɛʀ] *adj* action, personne rash, reckless, foolhardy; *jugement* rash. ♦ **témérairement** *adv* rashly; recklessly; foolhardily. ♦ **témérité** *nf* rashness; recklessness; foolhardiness.

témoignage [temwaɲaʒ] *nm* (a) (*gén, Jur*) testimony, evidence; (*fig: récit, reportage*) account, testimony. **ces** ~**s sont contradictoires** these are contradictory pieces of evidence. (b) (*preuve*) ~ **de bonne conduite** evidence *ou* proof of; *confiance* expression of; ~ **d'amitié** (*geste*) expression of friendship; (*cadeau*) token *ou* mark *ou* sign of friendship; **en** ~ **de ma reconnaissance** as a token *ou* mark of my gratitude.

témoigner [temwaɲe] (1) **1** *vi* (*Jur*) to testify, give evidence. **2** *vt* (a) *goût, intérêt* to show, display. (b) ~ **que** [*témoin*] to testify that; [*attitude, situation*] to attest *ou* reveal *ou* show that. **3** ~ **de** *vt indir* [*conduite, évolution*] to attest, show. [*personne*] **je peux en** ~ I can testify *ou* bear witness to that.

témoin [temwɛ̃] **1** *nm* (a) (*gén, Jur*) witness; [*duel*] second. ~ **oculaire** eyewitness; ~ **à charge/à décharge** witness for the prosecution/for the defence; **être** ~ **de** to witness, be a witness to; **prendre qn à** ~ (**de qch**) to call sb to witness (to *ou* of sth); **faire qch sans** ~ to do sth unwitnessed. (b) (*preuve*) evidence, testimony. **les** ~**s d'une époque révolue** the surviving evidence of a bygone age. (c) (*Sport*) baton. **passer le** ~ to hand on *ou* pass the baton. **2** *adj* sujet, échantillon control. **appartement** ~ show-flat; **réalisation** ~ pilot *ou* test development; **lampe** ~ warning light.

tempe [tɑ̃p] *nf* (*Anat*) temple.

tempérament [tɑ̃peʀamɑ̃] *nm* (a) (*physique*) constitution; (*caractère*) disposition, temperament, nature. (b) (*Comm*) **vente à** ~ sale on deferred (payment) terms; **achat à** ~ ≃ hire purchase, installment plan (*US*); **acheter qch à** ~ to buy sth on hire purchase *ou* on an installment plan (*US*).

tempérance [tɑ̃peʀɑ̃s] *nf* temperance. ♦ **tempérant, e** *adj* temperate.

température [tɑ̃peʀatyʀ] *nf* temperature. **avoir** *ou* **faire de la** ~ to have a temperature; **prendre la** ~ **de malade** to take the temperature of; *auditoire, public* to gauge the temperature of.

tempérer [tɑ̃peʀe] (16) *vt* climat, ardeur, sévérité to temper; *douleur* to soothe, ease. ♦ **tempéré, e** *adj* climat temperate.

tempête [tɑ̃pɛt] *nf* (*lit, fig*) storm. ~ **de sable** sandstorm; **vent qui souffle en** ~ gale force wind; **une** ~ **dans un verre d'eau** a storm in a teacup; **une** ~ **d'applaudissements** a storm of applause, thunderous applause. ♦ **tempêter** (1) *vi* to rant and rave, rage. ♦ **tempétueux, -euse** *adj* tempestuous, stormy.

temple [tɑ̃pl(ə)] *nm* (*Hist, littér*) temple; (*protestant*) (Protestant) church.

temporaire [tɑ̃pɔʀɛʀ] *adj* temporary. ♦ **temporairement** *adv* temporarily.

temporel, -elle [tɑ̃pɔʀɛl] *adj* (a) (*Rel*) (*non spirituel*) worldly, temporal; (*non éternel*) temporal. (b) (*Ling, Philos*) temporal.

temporiser [tɑ̃pɔʀize] (1) *vi* to temporize, stall, play for time. ♦ **temporisateur, -trice 1** *adj* temporizing, stalling. **2** *nm,f* temporizer. ♦ **temporisation** *nf* temporization, stalling, playing for time.

temps¹ [tɑ̃] *nm* (a) (*durée*) le ~ time; **il a mis beaucoup de** ~ **à se préparer** he took a long time to get ready; **avec le** ~ with *ou* in time; **la jeunesse n'a qu'un** ~ youth will not endure; **travailler à plein** ~/**à** ~ **partiel** to work full-time/part-time; **peu de** ~ **avant/après** shortly before/after, a short while *ou* time before/after; **dans quelque** ~ before too long, in a (little) while; **pour un** ~ for a time *ou* while; **durant (tout) ce** ~ (**là**) all this time; **je ne le vois plus depuis quelque** ~ I haven't seen him for a (little) while *ou* some (little) time.

(b) (*portion de temps*) time. ~ **d'arrêt** pause, halt; **marquer un** ~ **d'arrêt** to pause momentarily; ~ **mort** (*dans le travail*) slack period; (*dans la conversation*) lull; **s'accorder un** ~ **de réflexion** to give o.s. time for reflection; **la plupart du** ~ most of the time; **avoir le** ~ (**de faire**) to have time (to do); **prenez votre** ~ take your time; **passer son** ~ **à lire** to spend one's time reading; **donnez-moi le** ~ **de m'habiller** just give me time to get dressed; **je me suis arrêté juste le** ~ **de prendre un verre** I stopped just long enough for a drink; **le** ~ **perdu ne se rattrape jamais** time and tide wait for no man; [*soldat, prisonnier*] **faire son** ~ to serve one's time; (*fig*) [*personne*] **il a fait son** ~ he has had his day.

(c) (*moment précis*) time. **il est grand** ~ **qu'il parte** it's high time he went, it's time for him to go; **le** ~ **est venu de ...** the time has come to ...; **il était** ~! none too soon!, not before time!; **il n'est plus** ~ **de se lamenter** the time for bemoaning one's lot is past *ou* over.

(d) (*époque*) time, times, days. **en** ~ **de guerre** in wartime; **en** ~ **de crise** in times of crisis; **par les** ~ **qui courent** these days, nowadays; **c'était le bon** ~ those were good times, those were the days; **dans le** ~ at one time; **dans le bon vieux** ~ in the good old days; **en ce** ~ **là** at that time; **en** ~ **normal** in normal circumstances; **les premiers** ~ at the beginning, at first; **ces derniers** ~ lately, latterly; **au** ~ **des Tudors** in Tudor times, in the days of the Tudors; **de mon** ~ in MY day *ou* time; **dans mon jeune** ~ in my younger days; **être de son** ~ to move with the times; **les jeunes de notre** ~ young people of our time *ou* (of) today; **le** ~ **des vacances** holiday time.

(e) (*Mus*) beat; (*Gym*) [*mouvement*] stage. ~ **fort/faible** strong/weak beat; (*fig*) **les** ~ **forts d'un roman** the powerful moments of a novel; **à deux/trois** ~ in double/triple time.

(f) (*Ling*) [*verbe*] tense. ~ **simple/composé** simple/compound tense.

(g) (*Tech*) stroke. **moteur à 4** ~ 4-stroke engine.

(h) (*Sport*) [*coureur*] time.

(i) (*locutions*) **à** ~ in time; **de** ~ **en** ~, **de** ~ **à autre** from time to time, now and again; **de tout** ~ from time immemorial; **au** ~ **où** in the days when, at the time when; **en** ~ **voulu** *ou* **utile** in due time *ou* course; **à** ~ **perdu** in one's spare time; **cela fait passer le** ~ it passes the time; **le** ~ **c'est de l'argent** time is money.

temps² [tɑ̃] *nm* (*conditions atmosphériques*) weather. **quel** ~ **fait-il?** what's the weather like?; **il fait beau/mauvais** ~ the weather's fine/bad; **avec le** ~ **qu'il fait!** in this weather!, with the weather we are having!; ~ **de chien*** rotten* *ou*

lousy* weather; le ~ est lourd aujourd'hui it's close today; (fig) prendre le ~ comme il vient to take things as they come.
tenable [t(ə)nabl(ə)] adj: ce n'est pas ~ it's unbearable.
tenace [tənas] adj (a) (persistant) (gén) stubborn, persistent; volonté tenacious, stubborn. (b) colle firmly adhesive, strong. ♦ **tenacement** adv stubbornly; persistently; tenaciously. ♦ **ténacité** nf stubbornness; persistence; tenacity.
tenaille [t(ə)naj] nf: ~(s) [menuisier] pincers; [forgeron] tongs; (Mil) prendre en ~ to catch in a pincer movement.
tenailler [tənaje] (1) vt [inquiétude] to torture, torment. la faim le tenaillait he was gnawed by hunger.
tenancier [tənɑ̃sje] nm [bar] manager. ♦ **tenancière** nf [bar] manageress.
tenant [tənɑ̃] nm (a) [doctrine] supporter, upholder (de of); (Sport) [titre] holder. (b) les ~s et (les) aboutissants d'une affaire the ins and outs of a question; d'un (seul) ~ terrain all in one piece.
tendance [tɑ̃dɑ̃s] nf (a) (inclination, Psych) tendency. ~ à l'exagération tendency to exaggerate. (b) (opinions) [parti, artiste] leanings; [livre] drift, tenor. quelle est sa ~ (politique)? what are his (political) leanings? ou sympathies? (c) (évolution) [art, économie, public] trend. ~ à la hausse upward trend. (d) avoir ~ à faire qch to have a tendency ou tend ou be inclined to do sth.
tendancieux, -ieuse [tɑ̃dɑ̃sjø, jøz] adj tendentious.
tendon [tɑ̃dɔ̃] nm tendon, sinew. ~ d'Achille Achilles' tendon.
tendre¹ [tɑ̃dʀ(ə)] (41) 1 vt (a) (raidir) corde to tighten, tauten; ressort to set; muscles to tense, brace; pièce de tissu to stretch, pull ou draw tight. (b) (installer) tenture to hang; piège, filet to set. ~ une bâche sur une remorque to stretch ou pull a tarpaulin over a trailer; ~ un fil entre deux points to stretch a thread between two points; ~ une pièce de tentures to hang a room with draperies. (c) (avancer) cou to crane; joue to offer; main to hold out; bras to stretch out (à to). ~ une main secourable to hold out ou offer a helping hand; ~ l'oreille to prick up one's ears. (d) ~ qch à qn (donner) to hold sth out to sb; (offrir) to offer sth to sb; (fig) ~ une perche à qn to throw sb a line. 2 se ~ vpr [corde] to become taut, tighten; [rapports] to become strained. 3 vi: ~ à qch/à faire (avoir tendance à) to tend towards sth/to do; (viser à) to aim at sth/to do; (Math) ~ vers l'infini to tend towards infinity.
tendre² [tɑ̃dʀ(ə)] adj (a) peau, pierre soft; haricots, viande tender. l'herbe ~ the sweet grass; depuis sa plus ~ enfance from his earliest days; c'est ~ comme la rosée it melts in the mouth. (b) (affectueux) personne tender, loving; amour, regard fond, tender. ne pas être ~ pour qn to be hard on sb. (c) couleurs soft, delicate. ♦ **tendrement** adv tenderly; lovingly; fondly. ♦ **tendresse** nf tenderness; fondness. ~ maternelle maternal love; combler qn de ~s to overwhelm sb with tenderness ou with tokens of (one's) love; n'avoir aucune ~ pour to have no fondness for. ♦ **tendreté** nf [viande] tenderness; [bois, métal] softness.
tendu, e [tɑ̃dy] adj corde, toile tight, taut; muscles tensed, braced; rapports strained; personne tense, strained; situation tense. les bras ~s with arms outstretched; ~ de velours, soie hung with.
ténèbres [tenɛbʀ(ə)] nfpl darkness, gloom. ♦ **ténébreux, -euse** adj (obscur) dark, gloomy; (mystérieux) dark; époque obscure.
teneur [tənœʀ] nf (gén) content; [lettre] content, terms. ~ en alcool alcohol content.
tenir [t(ə)niʀ] (22) 1 vt (a) (maintenir) (avec les mains, une ficelle) to hold; (en position) to hold, keep; (dans un état) to keep; (Mus) note to hold. ~ les yeux fermés to keep one's eyes shut; une robe qui tient chaud a dress which keeps you warm; elle tient ses enfants très propres she keeps her children very neat; ~ qch en place to hold ou keep sth in place; ses affaires le tiennent he is tied by his business; l'envie me tenait de ... I was gripped by the desire to ... . (b) voleur, (*) rhume etc to have, have got; vérité, preuve to hold, have. (menace) si je le tenais! if I could get my hands on him! ou lay hands on him!; nous le tenons we've got him; nous tenons un bon filon we're on to a good thing; mieux vaut ~ que courir a bird in the hand is worth two in the bush. (c) (avec autorité) enfant, classe to have ou keep under control, control; pays to have under one's control. (d) hôtel, magasin to run, keep; registre to keep; emploi to hold; (Comm) marchandise to stock, keep; conférence to hold; maison, ménage to keep. (e) ~ de qn renseignement to have from sb; bijou to have got from sb; il tient cela de son père he gets that from his father. (f) (occuper) place, largeur to take up. tu tiens trop de place! you are taking up too much room!; (Aut) il ne tenait pas sa droite he was not keeping to the right. (g) (contenir) [récipient] to hold. (h) (résister) [souliers] ~ l'eau to keep out the water; (Naut) ~ la mer to be seaworthy; (Aut) ~ la route to hold the road. (i) promesse to keep; pari (accepter) to take on; (respecter) to keep to, honour. (j) discours to give; langage to use. ~ des propos désobligeants à l'égard de qn to make ou pass offensive remarks about sb, say offensive things about sb. (k) ~ qn/qch pour to regard sth as, consider sb/sth (as), hold sb/sth to be; ~ pour certain que ... to regard it as certain that ... . (l) tiens! (en donnant) take this, here (you are); (de surprise) ah!; (pour attirer l'attention) look!; tiens, tiens* well, well!, fancy that!; tenez, ça m'écœure you know, that sickens me.
2 vi (a) [objet, fixe, nœud] to hold; [échafaudage] to stay up, hold (up). l'armoire tient au mur the cupboard is held ou fixed to the wall; ce chapeau ne tient pas sur ma tête this hat won't stay on (my head); il n'y a pas de bal qui tienne there's no question of going to any dance; ça tient toujours, notre pique-nique?* is our picnic still on?*, does our picnic still stand? (b) [personne] ~ debout to stand up; il tient bien sur ses jambes he is very steady on his legs; cet enfant ne tient pas en place this child cannot keep ou stay still. (c) (Mil, gén: résister) ~ (bon ou ferme) to hold ou stand firm; je n'ai pas pu ~ (chaleur) I couldn't stand it; (colère) I couldn't contain myself. (d) (être contenu dans) ~ dans to fit in(to); nous tenons à 4 à cette table this table seats 4, we can get 4 round this table; son discours tient en quelques pages his speech is just a few pages long. (e) [accord, beau temps] to hold; [couleur] to be fast; [mariage] to last; [fleurs] to last (well); [mise en plis] to hold, stay in.
3 ~ à vt indir (a) (aimer) réputation to value, care about; objet, personne to be attached to, be fond of; vie to care about. un peu de vin? — je ~ tiens pas would you like some wine? — not really, not particularly. (b) (vouloir) il tient beaucoup à vous connaître he is very anxious to meet you, he is very keen ou eager to meet you; il tient à ce que nous sachions ... he insists ou is anxious that we should know ...; si vous y tenez if you really want to. (c) (avoir pour cause) to be due to, stem from.
4 ~ de vt indir (ressembler à) parent to take after. il a de qui ~ it runs in the family; sa réussite tient du prodige his success is something of a miracle.
5 vb impers to depend. il ne tient qu'à elle it's up to her, it depends on her; à quoi cela tient-il qu'il

n'écrire pas? how is it *ou* why is it that he doesn't write?; **qu'à cela ne tienne** never mind (that), that needn't matter.

6 se ~ *vpr* **(a) se ~ la tête** to hold one's head; **se ~ par la main** to hold hands; **se ~ à qch** to hold on to sth; **se ~ debout/couché/à genoux** to be standing (up)/lying (down)/kneeling (down); **tenez-vous prêts à partir** be ready to leave; **elle se tenait à sa fenêtre** she was standing at her window; **tiens-toi tranquille** keep still; **tiens-toi droit** (*debout*) stand up straight; (*assis*) sit up (straight). **(b)** (*se conduire*) to behave. **tiens-toi bien!** behave yourself! **(c)** (*réunion etc: avoir lieu*) to be held. **(d)** [*faits etc*] (*être liés*) to hang *ou* hold together. **(e)** (*se retenir*) **il ne peut se ~ de rire** he can't help laughing; **il ne se tenait pas de joie** he couldn't contain his joy; **se ~ à quatre pour ne pas faire qch** to struggle to stop o.s. (from) doing sth. **(f) s'en ~ à qch** (*se limiter à*) to confine o.s. to sth; (*se satisfaire de*) to content o.s. with sth; **nous nous en tiendrons là pour aujourd'hui** we'll leave it at that for today; **il aimerait savoir à quoi s'en ~** he'd like to know where he stands. **(g)** (*se considérer*) **il ne se tient pas pour battu** he doesn't consider himself beaten; **tenez-vous le pour dit** consider yourself told *ou* warned once and for all.

tennis [tenis] **1** *nm* **(a)** (*Sport*) tennis. **~ sur gazon/terre battue** lawn/hard-court tennis; **~ de table** table tennis. **(b)** (*terrain*) (tennis) court. **2** *nfpl* (*chaussures*) gym shoes, sneakers; (*pour jouer au tennis*) tennis shoes. ♦ **tennisman**, *pl* **tennismen** *nm* tennis player.

ténor [tenɔʀ] **1** *nm* (*Mus*) tenor; (*fig*) big name*. **2** *adj* tenor.

tension [tɑ̃sjɔ̃] *nf* **(a)** [*ressort etc*] tension. **(b)** (*Élec*) voltage, tension. **à haute/basse ~** high-/low-voltage *ou* tension; **sous ~** (*lit*) live; (*fig*) under stress; **chute de ~** voltage drop. **(c)** (*Méd*) **~** (*artérielle*) blood pressure; **avoir de la ~** to have (high) blood pressure; **~ nerveuse** nervous tension; (*fig*) **~ d'esprit** sustained mental effort. **(d)** (*fig*) [*relations*] tension (*de* in); [*situation*] tenseness (*de* of).

tentacule [tɑ̃takyl] *nm* (*Zool, fig*) tentacle. ♦ **tentaculaire** *adj* (*Zool*) tentacular; (*fig*) sprawling.

tente [tɑ̃t] *nf* (*gén*) tent. **coucher sous la ~** to sleep under canvas; **~ à oxygène** oxygen tent.

tenter [tɑ̃te] **(1)** *vt* **(a)** (*séduire*) to tempt. **se laisser ~** to yield to temptation; **~ le diable** to tempt fate, ask for trouble. **(b)** (*essayer*) to try, attempt. **~ l'impossible pour ...** to attempt the impossible to ...; **~ sa chance** to try one's luck; **~ le coup*** to have a go*, give it a try; **~ de faire** to attempt *ou* try to do. ♦ **tentant, e** *adj* (*gén*) tempting; *beauté* alluring, enticing. **2** *nm* tempter. **3** *nf* temptress. ♦ **tentation** *nf* temptation. ♦ **tentative** *nf* (*gén*) attempt, endeavour; (*sportive, style journalistique*) bid, attempt. **~ de meurtre** murder attempt, attempted murder.

tenture [tɑ̃tyʀ] *nf* (*tapisserie*) hanging; (*rideau*) curtain.

tenu, e[1] [t(ə)ny] *adj* **(a) bien/mal ~ enfant** well/poorly turned out; *maison* well/poorly kept *ou* looked after. **(b)** (*surveillé*) **leurs filles sont très ~es** their daughters are kept on a tight rein. **(c)** (*obligé*) **être ~ de faire** to be obliged to do; **être ~ au secret professionnel** to be bound by professional secrecy.

tenue[2] [t(ə)ny] *nf* **(a)** [*maison*] upkeep, running; [*magasin*] running; [*classe*] handling, control; [*séance*] holding. **la ~ des livres de comptes** the book-keeping. **(b)** (*conduite*) (good) manners, good behaviour. **un peu de ~!** behave yourself!, watch your manners! **(c)** (*qualité*) [*journal*] standard, quality. **publication de haute ~**

quality publication. **(d)** (*maintien*) posture. **(e)** (*apparence*) appearance; (*vêtements*) dress, clothes; (*uniforme*) uniform. **~ d'intérieur** indoor clothes; **en ~ légère** (*d'été*) wearing light clothing; (*osée*) scantily dressed; **en grande ~** in full dress (uniform); **~ de combat/de soirée** battle/evening dress. **(f)** (*Aut*) **~ de route** road holding.

ténu, e [teny] *adj* *point, fil* fine; *brume, voix* thin; *raisons, nuances* tenuous.

ter [tɛʀ] *adj* (*numéro*) **10 ~** (number) 10 B.

térébenthine [teʀebɑ̃tin] *nf* turpentine.

tergal [tɛʀgal] *nm* ® Terylene ®.

tergiverser [tɛʀʒivɛʀse] **(1)** *vi* to procrastinate. ♦ **tergiversations** *nfpl* procrastinations.

terme [tɛʀm(ə)] *nm* **(a)** (*mot*) term. **en ~s clairs** in clear terms; **en d'autres ~s** in other words. **(b)** [*équation, contrat*] term. **(c)** (*date limite*) time limit, deadline; [*vie, voyage, récit*] end, term. **arriver à ~** [*délai*] to expire; [*opération*] to reach its conclusion; [*paiement*] to fall due; **mettre un ~ à qch** to put an end *ou* a stop to sth; **mener qch à ~** to bring sth to completion; **à court/long ~** *emprunt, projet* short-/long-term; (*Bourse*) **marché à ~** forward market. **(d)** (*Méd*) **à ~** *accouchement* full-term; *naître* at term; **avant ~** *naître* prematurely; *naissance* premature; **un bébé né 2 mois avant ~** a baby born 2 months premature. **(e)** [*loyer*] (*date*) term; (*période*) quarter (year); (*somme*) (quarterly) rent. **(f)** (*relations*) **~s** terms; **en bons/mauvais ~s avec** **qn** on good/bad terms with sb.

terminer [tɛʀmine] **(1) 1** *vt* **(a)** *séance* to bring to an end *ou* to a close, terminate; *travail* to finish (off), complete; *repas, récit* to finish, end. **~ un repas par un café** to finish off *ou* end a meal with a coffee; **j'en ai terminé avec eux** I am *ou* have finished with them, I have done with them. **(b)** (*dernier élément*) **le café termina le repas** the meal finished *ou* ended with coffee; **un bourgeon termine la tige** the stalk ends in a bud. **2 se ~** *vpr* (*gén*) to end (*par* with, *en* in); [*repas, vacances*] to come to an end. **se ~ en pointe** to end in a point. ♦ **terminaison** *nf* ending. ♦ **terminal, e,** *mpl* **-aux** *adj* terminal, final. (*Scol*) (*classe*) **~e** ≃ Upper Sixth, 12th grade (*US*).

terminologie [tɛʀminɔlɔʒi] *nf* terminology.

terminus [tɛʀminys] *nm* terminus.

termite [tɛʀmit] *nm* termite, white ant. ♦ **termitière** *nf* ant-hill.

terne [tɛʀn(ə)] *adj* (*gén*) dull, drab; *regard* lifeless.

ternir [tɛʀniʀ] **(2) 1** *vt* *métal* to tarnish; *glace* to dull; *réputation* to tarnish. **2 se ~** *vpr* to become tarnished; to become dull.

terrain [tɛʀɛ̃] **1** *nm* **(a)** (*relief*) ground; (*sol*) soil, ground; (*Géol: formation*) formation. **~ lourd** heavy soil *ou* ground. **(b)** (*Ftbl, Rugby*) pitch, field; (*avec les installations*) ground; (*Courses, Golf*) course; (*Basketball*) basketball court. **(c)** (*parcelle*) plot (of land), piece of land; (*à bâtir*) site. **maison avec 2 hectares de ~** house with 2 hectares of land; **le prix du ~** the price of land. **(d)** (*Mil*) (*lieu d'opérations*) terrain; (*gagné ou perdu*) ground. (*lit, fig*) **gagner/perdre du ~** to gain/lose ground; **reconnaître le ~** (*lit*) to reconnoitre the terrain; (*fig*) to see how the land lies; (*fig*) **tâter le ~** to test the ground; **préparer/déblayer le ~** to prepare/clear the ground; (*Sociol etc*) **sur le ~** in the field. **(e)** (*fig: sujet*) ground. **être sur son ~** to be on home ground *ou* territory; **trouver un ~ d'entente** to find an area of agreement; **je ne le suivrai pas sur ce ~** I can't go along with him there *ou* on that; **sur un ~ glissant** on slippery *ou* dangerous ground. **(f)** [*épidémie*] breeding ground. **2:** **~ d'aviation** airfield; **~ de camping** campsite, camping ground; **~ de sport** sports ground; **un ~ vague** a piece of *ou* some waste ground.

terrasse [tɛʀas] *nf [parc, appartement]* terrace; *(sur le toit)*terrace roof; *[café]*pavement (area). **à la ~ (du café** outside (the café).

terrasser [tɛʀase] (1) *vt* **(a)** *[adversaire]*to floor, bring down; *[fatigue]* to overcome; *[attaque]* to bring down; *[émotion]*to overwhelm; *[maladie]*to strike down. **(b)** *(Tech)* to excavate, dig out. ♦ **terrassement** *nm (action)* excavation. *(remblais)* ~s earthworks; *[voie ferrée]* embankments. ♦ **terrassier** *nm* navvy.

terre [tɛʀ] **1** *nf* **(a)** la ~ *(planète)* the earth; *(monde)* the world; **parcourir la ~ entière** to travel the world over *ou* all over the globe; **sur la ~ on (the) earth**, in the world; *(fig)* **redescendre sur ~** to come back to earth. **(b)** *(sol)* ground; *(matière)* earth, soil; *(pour poterie)* clay. **vase en ~** clay vase; **à** *ou* **par ~ poser** (down) on the ground; **jeter** to the ground; **cela fiche tous nos projets par ~*** that really messes up all our plans*; **mettre qn en ~** to bury sb; **(5 mètres) sous ~ (5 metres)** underground. **(c)** *(étendue, campagne)* land. **une langue de ~** a strip of land; **aimer la ~** to love the land; **des ~s à blé** corn-growing land; **lopin de ~** piece *ou* patch *ou* plot of land. **(d)** *(opp à mer)* land. **sur la ~ ferme** on dry land; *(Naut)* **aller à ~** to go ashore; **dans les ~s** inland; **voyager par voie de ~** to travel by land *ou* overland. **(e)** *(domaine)* la ~ land; **une ~** an estate. **(f)** *(pays)* land, country. **la T~ promise** the Promised Land. **(g)** *(Élec)* earth, ground *(US)*. **mettre à la ~** to earth.

2: **~ battue** hard-packed surface; **politique de la ~ brûlée** scorched earth policy; **~ de bruyère** heath-peat; **~ cuite** *(pour tuiles)* baked clay; *(pour statuettes)* terracotta; **~ glaise** clay; **la T~ Sainte** the Holy Land.

♦ **Terre-Neuve 1** *nf* Newfoundland. **2** *nm inv:* **t~-n~** *(chien)* Newfoundland. ♦ **terre-plein**, *pl* **~-~s**, *nm* (Mil) terreplein; *(Constr)* platform. ♦ **terre-à-terre** *adj inv esprit* down-to-earth, matter-of-fact.

terreau [tɛʀo] *nm* compost. **~ de feuilles** leaf mould.

terrer (se) [tɛʀe] (1) *vpr [criminel, renard]* (en fuite) to crouch down; *(dans une tanière)* to go to ground *ou* earth; *[timide, insociable]* to hide (o.s.) away.

terrestre [tɛʀɛstʀ(ə)] *adj faune, transports* land; *surface* earth's, terrestrial; *biens, plaisirs, vie* earthly, terrestrial.

terreur [tɛʀœʀ] *nf* terror. **avec ~** with terror *ou* dread; **vaines ~s** empty fears; *(*hum)* **jouer les ~s** to play the tough guy*.

terreux, -euse [tɛʀø, øz] *adj goût* earthy; *sabots* muddy; *mains, salade* dirty; *teint* sallow.

terrible [tɛʀibl(ə)] *adj* (*: excellent) terrific*, tremendous*; *(horrible)* terrible, dreadful. **c'est ~ ce qu'il peut manger*** it's incredible what he can eat*; **ce film n'est pas ~*** this film is nothing special. ♦ **terriblement** *adv* terribly, dreadfully.

terrien, -ienne [tɛʀjɛ̃, jɛn] **1** *adj propriétaire* landed; *origine* country. **2** *nm (paysan)* countryman; *(habitant de la Terre)* Earthman; *(non-marin)* landsman. **3** *nf* countrywoman; Earthwoman; landswoman.

terrier [tɛʀje] *nm* **(a)** *[lapin]* burrow, hole. **(b)** *(chien)* terrier.

terrifier [tɛʀifje] (7) *vt* to terrify. ♦ **terrifiant, e** *adj (effrayant)* terrifying; *progrès, appétit* fearsome, incredible.

terrine [tɛʀin] *nf (récipient)* terrine; *(pâté)* pâté.

territoire [tɛʀitwaʀ] *nm (gén, Pol, Zool)* territory; *[commune]* area; *[évêque, juge]* jurisdiction. ♦ **territorial, e**, *mpl* **-aux 1** *adj* territorial. **2** *nf* Territorial Army.

terroir [tɛʀwaʀ] *nm (Agr)* soil. **accent du ~** country *ou* rural accent.

terroriser [tɛʀɔʀize] (1) *vt* to terrorize.

♦ **terrorisme** *nm* terrorism. ♦ **terroriste** *adj, nmf* terrorist.

tertiaire [tɛʀsjɛʀ] *adj (Géol, Méd)* tertiary. *(Écon)* **(secteur) ~ service industries**, tertiary sector.

tertio [tɛʀsjo] *adv* third(ly).

tertre [tɛʀtʀ(ə)] *nm* mound.

tes [te] *adj poss* V **ton**[1].

tesson [tesɔ̃] *nm:* **~ (de bouteille)** piece of broken bottle.

test [tɛst] **1** *nm (gén)* test. **faire passer un ~ à qn** to give sb a test, put sb through a test. **2** *adj:* **région-~** test area. ♦ **tester**[1] (1) *vt* to test.

testament [tɛstamɑ̃] *nm (Jur)* will, testament; *(fig)* testament. **ceci est mon ~** this is my last will and testament; *(Rel)* **Ancien/Nouveau T~** Old/New Testament. ♦ **testamentaire** *adj:* **dispositions ~s** provisions of a will. ♦ **testateur** *nm* testator. ♦ **testatrice** *nf* testatrix. ♦ **tester**[2] (1) *vi* to make (out) one's will.

testicule [tɛstikyl] *nm* testicle.

tétanos [tetanos] *nm (Méd)* tetanus, lockjaw; *(Physiol)* tetanus.

têtard [tɛtaʀ] *nm* tadpole.

tête [tɛt] **1** *nf (a) [homme, animal, objet, plante]* head. **être ~ nue** to be bareheaded; **avoir la ~ sale** to have dirty hair; **de la ~ aux pieds** from head to foot; **gagner d'une ~** to win by a head; **20 ~s de bétail** 20 head of cattle; **50 F par ~** 50 francs a head *ou* apiece *ou* per person. **(b)** *(fig: vie)* head, neck. **risquer sa ~** to risk one's neck. **(c)** *(visage)* face. **il a une ~ sympathique** he has a friendly face; **faire une drôle de ~** to pull a (wry *ou* long) face; **faire la ~** to sulk, have the sulks*; **c'est une ~ à claques*** he has got the sort of face you itch to smack. **(d)** *(début)* *[train, procession]* front, head; *(Mil) [colonne]* head; *[page, liste, classe]* top, head. **en ~ de phrase** at the head of the sentence; *(Rail)* **monter en ~** to get on at the front; *[coureur etc]* **être en/prendre la ~** to be in/take the lead; **être en ~** *ou* **à la ~ de qch** to be at the head of sth, head sth. **(e)** *(facultés mentales)* **avoir (toute) sa ~** to have (all) one's wits about one; **n'avoir rien dans la ~** to be empty-headed; **où ai-je la ~?** whatever am I thinking of?; **avoir une petite ~** to be dim-witted; **~ sans cervelle** *ou* **en l'air** *ou* **de linotte** scatterbrain; **avoir la ~ sur les épaules** to be level-headed; **femme de ~** capable woman; **calculer qch de ~** to work sth out in one's head; **je n'ai plus le nom en ~** the name has gone (clean) out of my head; **chercher qch dans sa ~** to search one's memory for sth; **mettre qch dans la ~ de qn** to put *ou* get sth into sb's head; **se mettre dans la ~ que** *(s'imaginer)* to get it into one's head that; **se mettre dans la** *ou* **en ~ de faire qch** *(se décider)* to take it into one's head to do sth; **avoir la ~ ailleurs** to have one's mind elsewhere; **se creuser la ~** to rack one's brains; **ils ne se sont pas cassé la ~!** they didn't exactly overexert themselves!; **n'en faire qu'à sa ~** to do (exactly) as one pleases; **faire qch à ~ reposée** to do sth in a more leisurely moment; **c'est lui la ~ du complot** he's the brains *ou* mind behind the plot. **(f)** *(tempérament)* **avoir la ~ chaude/froide/dure** to be hot-/cool-/thick-headed; **il fait sa mauvaise ~** he's being awkward; **c'est une forte ~** he's self-willed. **(g)** *(Ftbl)* header. **faire la ~** to head the ball. **(h)** *(locutions)* **marcher la ~ haute** to walk with one's head held high; **avoir la ~ basse** to hang one's head; *(lit, fig)* **courir ~ baissée** to rush headlong *(dans* into); **tomber la ~ la première** to fall headfirst; **jeter** *ou* **lancer à la ~ de qn que ...** to hurl in sb's face that ...; **en avoir par-dessus la ~** to be fed up to the teeth*; **j'en donnerais ma ~ à couper** I would stake my life on it; **ne plus savoir où donner de la ~** not to know which way to turn; **tenir ~ à** to stand up to; **mettre la ~ de qn à prix** to put a price on sb's head; **se trouver à la ~ d'une**

petite **fortune** to find o.s. the possessor of a small fortune.

2 (*Théât*) ~ **d'affiche** top of the bill; (*Aut*) ~ **de bielle** big end; ~ **brûlée** wild adventurer; ~ **chaude** hothead; ~ **chercheuse** homing device; (*Aut*) ~ **de Delco** ® distributor head; ~ **d'épingle** pinhead; ~ **de lard*** *ou* **de mule*** pigheaded so and so*; ~ **de lecture** *[pick-up]* pickup head; *[magnétophone]* recording head; ~ **de ligne** terminus, end of the line (*Rail*); ~ **de mort** (*emblème*) death's-head; *[pavillon]* skull and crossbones, Jolly Roger; (*Culin*) Gouda cheese; ~ **nucléaire** nuclear warhead; ~ **de pont** (*fleuve*) bridgehead; (*mer*) beachhead; ~ **de Turc** whipping boy, Aunt Sally.

♦ **tête-bêche** *adv* head to foot *ou* tail. ♦ **tête-denègre** *adj inv* dark brown. ♦ **tête-à-queue** *nm inv* (*Aut*) spin. ♦ **tête-à-tête** *nm inv* (*conversation*) tête-a-tête, private conversation. **en** ~-~-~ alone together; **dîner en** ~-~-~ intimate dinner for two.

téter [tete] (6) *vt lait, doigt* to suck; *biberon, sein, pipe* to suck at. ~ **sa mère** to suck at one's mother's breast; **donner à** ~ **à un bébé** to feed a baby. ♦ **tétée** *nf* (*action*) sucking; (*repas*) feed; (*moment*) feeding time. ♦ **tétine** *nf* [*vache, biberon*] teat; (*sucette*) dummy, pacifier (*US*). ♦ **teton*** *nm* breast.

têtu, e [tety] *adj* stubborn, pigheaded.

texte [tɛkst(ə)] *nm* (*gén*) text; (*morceau choisi*) passage, piece; (*énoncé de devoir*) subject, topic. **erreur dans le** ~ textual error; (*Théât*) **apprendre son** ~ to learn one's lines. ♦ **textuel, -elle** *adj traduction* literal, word for word; *citation* verbatim, exact. ♦ **textuellement** *adv* literally, word for word; exactly, verbatim. **il me l'a dit** ~ those were his very words.

textile [tɛkstil] **1** *nm* (**a**) (*matière*) textile. ~**s synthétiques** synthetic *ou* man-made fibres. (**b**) (*Ind*) **le** ~ the textile industry, textiles. **2** *adj* textile.

texture [tɛkstyʀ] *nf* (*lit, fig*) texture.

thé [te] **1** *nm* tea; (*plante*) tea plant; (*réunion*) tea party. ~ **à la menthe** mint tea. **2** *adj inv*: **rose** ~ tea rose.

théâtre [teatʀ(ə)] *nm* (**a**) **le** ~ (*technique*) the theatre; (*profession*) the stage *ou* theatre; **faire du** ~ to be on the stage, be an actor; **s'intéresser au** ~ to be interested in drama *ou* the theatre; **je n'aime pas le** ~ **à la télévision** I do not like stage productions on television; ~ **d'essai** experimental theatre *ou* drama; ~ **d'amateurs** amateur dramatics *ou* theatricals; **roman adapté pour le** ~ novel adapted for the stage. (**b**) (*lieu*) theatre. ~ **de marionnettes/de verdure** puppet/open-air theatre; **il ne va jamais au** ~ he never goes to the theatre, he is not a theatregoer; **le** ~ **était plein** there was a full house. (**c**) **homme de** ~ man of the theatre *ou* stage; **accessoires de** ~ stage props; **directeur de** ~ theatrical *ou* stage director; **troupe de** ~ theatre *ou* drama company. (**d**) (*genre littéraire*) theatre. **le** ~ **de Sheridan** Sheridan's plays *ou* dramatic works, the theatre of Sheridan; **le** ~ **classique** the classical theatre, classical drama; **le** ~ **de boulevard** light theatrical entertainment. (**e**) (*fig péj*) (*exagération*) theatricals, histrionics; (*simulation*) playacting. (**f**) [*crime*] scene. (*Mil*) **le** ~ **des opérations** the theatre of operations.

♦ **théâtral, e**, *mpl* **-aux** *adj* (**a**) *œuvre* theatrical, dramatic; *rubrique, saison* theatre; *représentation* stage, theatrical. (**b**) (*péj*) *attitude* theatrical, histrionic. ♦ **théâtralement** *adv* theatrically, histrionically.

théière [tejɛʀ] *nf* teapot.

thème [tɛm] *nm* (**a**) (*sujet*) theme. (**b**) (*Scol: traduction*) prose (composition).

théologie [teɔlɔʒi] *nf* theology. ♦ **théologien** *nm*

theologian. ♦ **théologique** *adj* theological.

théorème [teɔʀɛm] *nm* theorem.

théorie [teɔʀi] *nf* theory. **en** ~ in theory. ♦ **théoricien, -ienne** *nm,f* theoretician, theorist. ♦ **théorique** *adj* theoretical. ♦ **théoriquement** *adv* theoretically.

thérapeutique [teʀapøtik] **1** *adj* therapeutic. **2** *nf* (*science*) therapeutics (*sg*); (*traitement*) therapy.

thermal, e, *mpl* **-aux** [tɛʀmal, o] *adj*: **cure** ~**e** water cure; **établissement** ~ hydropathic *ou* water-cure establishment; **source** ~**e, eaux** ~**es** thermal *ou* hot springs; **station** ~**e** spa.

thermique [tɛʀmik] *adj unité* thermal; *énergie* thermic. **centrale** ~ thermal power station.

thermoélectrique [tɛʀmɔelɛktʀik] *adj* thermoelectric(al).

thermomètre [tɛʀmɔmɛtʀ(ə)] *nm* thermometer. ~ **médical** clinical thermometer; (*fig*) **le** ~ **de l'opinion publique** the barometer *ou* gauge of public opinion.

thermonucléaire [tɛʀmɔnykleɛʀ] *adj* thermonuclear.

thermos [tɛʀmos] *nm ou nf* (®: *aussi* **bouteille** ~) vacuum *ou* Thermos ® flask.

thermostat [tɛʀmɔsta] *nm* thermostat.

thésauriser [tezoʀize] (1) **1** *vi* to hoard money. **2** *vt* to hoard (up).

thèse [tɛz] *nf* (*gén*) thesis; (*Univ*) ≃ Ph.D. thesis.

thon [tɔ̃] *nm* tunny (fish), tuna(-fish).

thorax [tɔʀaks] *nm* thorax. ♦ **thoracique** *adj cavité* thoracic. **cage** ~ rib-cage; **capacité** ~ respiratory *ou* vital capacity.

thrombose [tʀɔ̃boz] *nf* thrombosis.

thym [tɛ̃] *nm* thyme.

thyroïde [tiʀɔid] *adj, nf* thyroid. ♦ **thyroïdien, -ienne** *adj* thyroid.

tiare [tjaʀ] *nf* tiara.

tibia [tibja] *nm* shinbone, tibia.

tic [tik] *nm* (*nerveux*) twitch, tic; (*manie*) mannerism.

ticket [tikɛ] *nm* ticket. ~ **de quai** platform ticket; ~ **de rationnement** (ration) coupon.

tic-tac [tiktak] *nm* ticking, tick-tock. **faire** ~ to tick, go tick tock.

tiède [tjɛd] **1** *adj liquide, foi, accueil* lukewarm; *vent, temps* mild, warm. **2** *nmf* (*péj*) lukewarm *ou* half-hearted individual. **3** *adv*: **boire qch** ~ to drink sth when it's lukewarm *ou* not very hot *ou* not very cold. ♦ **tièdement** *adv* (*péj*) in a lukewarm way, half-heartedly. ♦ **tiédeur** *nf* lukewarmness, half-heartedness; mildness, warmth. ♦ **tiédir** (2) **1** *vi* (**a**) (*devenir moins chaud*) to cool (down); (*se réchauffer*) to grow warm(er). **faire** ~ **de l'eau** to warm *ou* heat up some water. (**b**) [*foi, ardeur*] to cool (off). **2** *vt* [*soleil*] to warm (up); [*air frais*] to cool (down).

tien, tienne [tjɛ̃, tjɛn] **1** *pron poss*: **le** ~, **la tienne, les** ~**s, les tiennes** yours, your own; **à la tienne** your (good) health, cheers*. **2** *nm*: **le** ~ what's yours; **les** ~**s** (*famille*) your family; (*groupe*) your set. **3** *adj poss*: **un** ~ **cousin** a cousin of yours; *V* **sien.**

tiens [tjɛ̃] *excl V* tenir; **un** ~ **vaut mieux que deux tu l'auras** a bird in the hand is worth two in the bush.

tiers, tierce [tjɛʀ, tjɛʀs(ə)] **1** *adj* third. **une tierce personne** a third party; **le T**~**-Monde** the Third World; **le T**~**-État** the third estate. **2** *nm* (**a**) (*fraction*) third. **j'ai lu un** ~**/les deux** ~ **du livre** I have read a third/two thirds of the book. (**b**) (*personne*) third party. **3** *nf* (*Mus*) third; (*Cartes, Escrime*) tierce. ♦ **tiercé** *nm* tiercé, French system of forecast betting.

tif* [tif] *nm* hair. ~**s** hair.

tige [tiʒ] *nf* [*fleur*] stem; [*céréales*] stalk; [*botte, chaussette*] leg (part); (*en métal*) shaft.

tignasse* [tiɲas] *nf* shock of hair, mop (of hair).

tigre [tigʀ(ə)] nm tiger. ♦ **tigré, e** adj (tacheté) spotted; (rayé) striped, streaked. ♦ **tigresse** nf tigress.

tilleul [tijœl] nm (arbre) lime (tree); (infusion) lime tea.

timbale [tɛ̃bal] nf (a) (Mus) les ~s the timpani, the kettledrums. (b) (gobelet) (metal) cup ou tumbler; (Culin) timbale. ♦ **timbalier** nm timpanist.

timbre [tɛ̃bʀ(ə)] nm (a) (objet, vignette) stamp. ~(-poste) (postage) stamp; ~ fiscal excise stamp. (b) (marque) stamp; (cachet de la poste) postmark. (c) (son) timbre, tone. (d) (sonnette) bell. ♦ **timbrage** nm stamping; postmarking. dispensé de ~ postage paid. ♦ **timbré, e*** adj (fou) cracked*, dotty*. ♦ **timbrer** (1) vt (apposer un cachet sur) acte to stamp; lettre to postmark; (affranchir) to stamp, put a stamp on.

timide [timid] adj (timoré) timid, timorous; (emprunté) shy, timid; amoureux bashful. **faussement** ~ coy; **c'est un grand** ~ he's very shy. ♦ **timidement** adv timidly; timorously; shyly; bashfully. ♦ **timidité** nf timidity; timorousness; shyness; bashfulness.

timonier [timɔnje] nm (Naut) helmsman, steersman.

timoré, e [timɔʀe] adj timorous.

tintamarre [tɛ̃tamaʀ] nm din, racket*. **faire du ~** to make a din ou racket*.

tinter [tɛ̃te] (1) (1) vi (cloche) to ring, chime; [clochette] to tinkle; [objets métalliques] to jingle, chink; [verres] to chink. **faire ~ cloche** to ring; verres to make chink; les oreilles me tintent my ears are ringing. ♦ **tintement** nm: ~(s) ringing; chiming; tinkling; jingling; chinking.

tintins [tɛ̃tɛ̃] excl nothing doing!*, no go!* **faire ~** to go without.

tintouin* [tɛ̃twɛ̃] nm bother.

tique [tik] nf (Zool) tick.

tiquer [tike] (1) vi to pull a face. **sans ~** without turning a hair.

tir [tiʀ] nm (a) (Sport) shooting. ~ **au pistolet** pistol shooting; ~ **à l'arc** archery. (b) (action) firing. **déclencher le ~** to open the firing. (c) (trajectoire) fire. **régler le ~** to regulate the fire; ~ **groupé** grouped fire; **angle de ~** angle of fire. (d) (rafales) fire. **un ~ ou des ~s de barrage/d'artillerie** barrage/artillery fire. (e) (Boules, Ftbl) shot. (f) (stand) ~ (forain) shooting gallery, rifle range.

tirade [tiʀad] nf soliloquy.

tirage [tiʀaʒ] nm (a) (Phot) (action) printing; (photo) print. (b) [journal] circulation; [livre] edition. **quel est le ~ de cet ouvrage?** how many copies of this work were printed?; ~ **de 2.000 exemplaires** run ou impression of 2,000 copies; ~ **à part** off-print. (c) [cheminée] draught. (d) (Loterie) draw. **le ~ des numéros gagnants** the draw for the winning numbers; **procéder par ~ au sort** to draw lots. (e) (*: désaccord) friction.

tirailler [tiʀaje] (1) **1** vt (a) corde, manche to pull at, tug at. (b) [douleurs] to gnaw at, stab at; [doutes] to plague. **tiraillé entre plusieurs possibilités** torn between several possibilities. **2** vi (Mil) to fire. ♦ **tiraillement** nm (douleur) gnawing ou stabbing pain; (doute) doubt. ~(s) (conflit) friction; (sur une corde) tugging. ♦ **tirailleur** nm (Mil, fig) skirmisher.

tirant [tiʀã] nm: ~ **d'eau** draught; **avoir 6 mètres de ~ d'eau** to draw 6 metres of water.

tire¹ [tiʀ] nf (voiture) car.

tire² [tiʀ] nf: **voleur à la ~** pick-pocket; **V aussi tirer.**

tiré, e¹ [tiʀe] adj traits, visage drawn, haggard. ~ **à quatre épingles** done up ou dressed up to the nines*; (fig) ~ **par les cheveux** far-fetched.

tirée²* [tiʀe] nf (trajet) long haul* ou trek. (quan-

tité) **une ~ de** a load* of, heaps* of.

tirelire [tiʀliʀ] nf (a) moneybox, piggy bank. (b) (*) (tête) nut*; (visage) face.

tirer [tiʀe] (1) **1** vt (a) poignée, corde to pull; manche, robe to pull down; chaussette to pull up; véhicule, charge to pull, draw; remorque, navire to tow. ~ **qn par la manche** to tug at sb's sleeve; ~ **qn à l'écart** to draw sb aside; **ne tire pas** don't pull; ~ **les cheveux à qn** to pull sb's hair. (b) rideaux to draw, pull; verrou to slide to, shoot. **tire la porte** pull the door to. (c) vin, idée etc to draw; épée to draw, pull out; plaisir to draw, get, derive; jus, substance to extract; mot, citation, passage to take (de from). ~ **un son d'un instrument** to get a sound out of ou draw a sound from an instrument; ~ **un objet d'un tiroir** to pull an object out of a drawer; ~ **son chapeau à qn** to raise one's hat to sb; ~ **de l'argent d'une activité** to make money from an activity; ~ **son origine de qch** to have sth as its origin; ~ **son nom de qch** to take its name from sth; ~ **qn du sommeil** to arouse sb from sleep; ~ **qn du lit** to get ou drag sb out of bed; **on ne peut rien en ~** you can't get anything out of him; **encore une heure à ~ avant la fin*** another hour to get through before the end. (d) (délivrer) ~ **qn de prison** etc to get sb out of; misère to rescue sb from; ~ **qn du doute** to remove ou dispel sb's doubts; ~ **qn de l'erreur** to disabuse sb; **il faut le ~ de là** we'll have to help him out. (e) numéro to draw; carte to take, draw. (f) (Phot, Typ) to print. **se faire ~ le portrait*** to have one's picture taken. (g) (tracer) trait to draw; plan to draw up. (h) coup de feu to fire; feu d'artifice to set off; gibier to shoot. **il a tiré plusieurs coups de revolver sur l'agent** he shot ou fired at the policeman several times; ~ **le canon** to fire the cannon. (i) chèque to draw.

2 vi (a) (faire feu) to fire, shoot; (Ftbl) (Boules) to throw. ~ **à vue** to shoot on sight; ~ **à balles/à blanc** to fire bullets/blanks; **apprendre à ~** to learn to shoot. (b) (Presse) ~ **à 10.000 exemplaires** to have a circulation of 10,000. (c) [cheminée] to draw; [voiture] to pull. (d) ~ **au flanc*** to skive; ~ **dans les jambes** ou **pattes*** de qn to make life difficult for sb.

3 ~ **sur** vt indir (a) corde, poignée to pull ou tug at. (fig) ~ **sur la ficelle*** to push one's luck*. (b) couleur to border on, verge on; âge to be getting on for ou verging on. (c) (faire feu sur) to shoot at, fire at. (d) pipe to pull at, draw on; cigarette to puff at, draw on.

4 ~ **à** vt indir: ~ **à sa fin** to be drawing to a close; ~ **à conséquence** to matter.

5 se ~ vpr (a) se ~ **de** danger, situation to get (o.s.) out of; travail, examen to manage, cope with, get through; **s'en ~*** [malade] to pull through; [délinquant] to get away with it; (financièrement) to manage, get by; **il s'en est bien tiré** (procès) he got off lightly; (épreuve) he coped well with it, he made a good job of it; **il s'en est tiré avec une amende** he got off with a fine. (b) (*: déguerpir) to push off*, clear off*. (c) (*: toucher à sa fin) to drag towards its close. (d) [traits, visage] to become drawn. ♦ **à tire d'ailes** loc adv voler swiftly. ♦ **tire-bouchon**, pl ~-~s nm corkscrew. **en ~** in a corkscrew. ♦ **tire-fesses*** nm inv ski tow. ♦ **tire-au-flanc*** nmf inv skiver*. ♦ **à tire-larigot** loc adv to one's heart content.

tiret [tiʀe] nm (trait) dash; (en fin de ligne) hyphen.

tireur [tiʀœʀ] nm (a) ~ **isolé** sniper; ~ **d'élite** marksman, sharpshooter; **c'est un bon ~** he is a good shot. (b) (Fin) drawer.

tireuse [tiʀøz] nf (a) ~ **de cartes** fortuneteller. (b) (pompe) (hand) pump.

tiroir [tiʀwaʀ] nm drawer. ♦ ~-**caisse** pl ~s-~s nm till.

tisane [tizan] *nf* herb(al) tea. ~ **de menthe** mint tea.

tison [tizɔ̃] *nm* brand. ♦ **tisonner** (1) *vt* to poke. ♦ **tisonnier** *nm* poker.

tisser [tise] (1) *vt* (*lit, fig*) to weave; [*araignée*] to spin. ♦ **tissage** *nm* weaving. ♦ **tisserand, e** *nm,f ou* ♦ **tisseur, -euse** *nm,f* weaver.

tissu [tisy] *nm* (*Tex*) cloth, fabric, material; (*Anat*) tissue. (*péj*) **un ~ de mensonges, intrigues** a web of; **obscénités, inepties** a farrago of. ♦ **tissu-éponge,** *pl* **~s-~** *nm* (terry) towelling.

titre [titʀ(ə)] *nm* (a) [*livre etc*] title; [*chapitre*] heading, title. (*Presse*) **les (gros) ~s** the headlines. (b) (*honorifique, sportif etc*) title; (*appellation*) title, name. ~ **de noblesse** title; (*Admin*) **en ~** titular. (c) (*document*) title. ~ **de propriété** title deed; ~ **de transport** ticket. (d) (*Bourse*) security. **~s** securities, stocks; ~ **au porteur** bearer bond. (e) (*diplôme*) qualification. **avoir les ~s requis** to be fully qualified, have all the necessary qualifications. (f) (*littér: prétentions*) **ses ~s de gloire** his claims to fame. (g) [*or, argent*] fineness; [*solution*] titre. ~ **d'alcool** alcohol content. (h) **à ce ~** (*en cette qualité*) as such; (*pour cette raison*) therefore; **à quel ~?** on what grounds?; **au même ~** in the same way (*que* as); **à aucun ~** on no account; **à double ~** on two accounts; **à ~ privé/personnel** in a private/personal capacity; **à ~ permanent/provisoire** on a permanent/temporary basis; **à ~ exceptionnel** in exceptional cases; **à ~ d'ami** as a friend; **à ~ gratuit** *ou* **gracieux** free of charge; **à ~ d'exemple** as an example, by way of example; **à ~ indicatif** for information only; **à ~ d'indemnité** by way of indemnity, as an indemnity.
♦ **titré, e** *adj* **personne** titled. ♦ **titrer** (1) *vt* (a) (*ennoblir*) to confer a title on. (b) (*Presse*) to run as a headline. (c) (*Chim*) solution to titrate. ~ **10°** to be 10° proof (*on the Gay Lussac scale*).

tituber [titybe] (1) *vi* to stagger *ou* totter *ou* stumble (along); (*d'ivresse*) to reel (along).

titulaire [tityleʀ] **1** *adj* **professeur** tenured. **être ~** to have tenure; **être ~ de poste, permis** to hold. **2** *nmf* [*poste*] incumbent; [*carte*] holder. ♦ **titulariser** (1) *vt* to give tenure to.

toast [tost] *nm* (*pain*) slice *ou* piece of toast; (*discours*) toast. **porter un ~ en l'honneur de qn** to toast sb.

toboggan [tɔbɔgɑ̃] *nm* (*jeu*) slide; (*traîneau*) toboggan; (*Aut*) flyover, overpass (*US*).

toc [tɔk] **1** *excl* (*bruit*) **~!** knock knock!, rat-a-tat! **2** *nm:* **c'est du ~*** (*faux*) it's a fake; (*camelote*) it's rubbish *ou* trash*; **en ~** imitation, fake.

tocsin [tɔksɛ̃] *nm* alarm (bell), tocsin.

toge [tɔʒ] *nf* (*Hist*) toga; (*Jur, Scol*) gown.

Togo [tɔgo] *nm* Togo.

tohu-bohu [tɔybɔy] *nm* hubbub.

toi [twa] *pron pers* (a) (*sujet, objet*) you. **si j'étais ~** if I were you; **il a accepté, ~ non** he accepted but you didn't *ou* but not you; **~, tu n'as pas à te plaindre** YOU have no cause to complain; **~, je te connais** I know YOU. (b) (*avec vpr*) **assieds-~** sit down; **tais-~!** you be quiet! (c) (*avec prép*) **cette maison est-elle à ~?** is this house yours?; **tu n'as même pas une chambre à ~ tout seul?** you haven't even a room of your own? *ou* a room to yourself?

toile [twal] **1** *nf* (a) (*tissu*) cloth; (*morceau*) piece of cloth. **grosse ~** (*rough ou coarse*) canvas; ~ **de lin/coton** linen/cotton (cloth); **en ~, de ~ draps** linen; **pantalon** (heavy) cotton; **sac** canvas; ~ **imprimée** printed cotton. (b) (*Art*) (*support*) canvas; (*œuvre*) canvas, painting. (c) [*araignée*] web. **la ~ de l'araignée** the spider's web; **plein de ~s d'araignées** full of cobwebs. **2:** ~ **cirée** oilcloth; ~ **émeri** emery cloth; (*Théât, fig*) ~ **de fond** backdrop; ~ **de jute** hessian; **à ~ matelas** ticking; ~ **de tente** tent canvas.

toilette [twalɛt] *nf* (a) (*action*) washing; [*voiture*] cleaning; (*chien*) grooming. **faire sa ~** to have a wash, get washed; [*chat*] to wash itself; ~ **intime** intimate hygiene; **elle passe des heures à sa ~** she spends hours getting ready *ou* washing *ou* dressing; **la ~ des enfants prend toujours du temps** children always take a long time washing; **nécessaire de ~** toilet bag; **faire la ~ de voiture** to clean; **chien** to groom. (b) (*meuble*) washstand. (c) (*vêtements*) clothes; (*costume*) outfit. **en ~ de bal** dressed for a dance; ~ **de mariée** wedding *ou* bridal dress *ou* gown. (d) (*W.-C.*) **~s** toilet; (*publiques*) public conveniences *ou* lavatory, restroom (*US*); **aller aux ~s** to go to the toilet.

toiser [twaze] (1) *vt* to eye scornfully (up and down).

toison [twazɔ̃] *nf* (a) [*mouton*] fleece. (b) (*chevelure*) (*épaisse*) mop; (*longue*) mane. (c) (*poils*) abundant growth.

toit [twa] *nm* (*lit*) roof; (*fig: maison*) home, roof. **habiter sous les ~s** to live under the eaves; (*fig*) **crier qch sur les ~s** to shout sth from the rooftops; **voiture à ~ ouvrant** car with a sunshine roof; **vivre sous le ~ paternel** to live in the parental home. ♦ **toiture** *nf* roof.

tôle [tol] *nf* (*matériau*) sheet metal; (*morceau*) steel (*ou* iron) sheet. ~ **ondulée** corrugated iron.

tolérer [tɔleʀe] (6) *vt* (*gén, Méd, Tech*) to tolerate; **comportement** to put up with; **douleur** to bear, endure, stand; **excédent de bagages etc** to allow. **il ne tolère pas qu'on le contredise** he won't stand (for) *ou* tolerate being contradicted. ♦ **tolérable** *adj* tolerable, bearable. ♦ **tolérance** *nf* (*gén*) tolerance; (*religieuse*) toleration. **c'est une ~, pas un droit** it is tolerated rather than allowed as of right; (*Douane*) **il y a une ~ de 200 cigarettes** there's an allowance of 200 cigarettes. ♦ **tolérant, e** *adj* tolerant.

tôlerie [tolʀi] *nf* (*commerce*) sheet metal trade; (*atelier*) sheet metal workshop; (*carcasse*) plates, steel-work. ♦ **tôlier** *nm* sheet metal worker. ~ **en voitures** panel beater.

tollé [tɔle] *nm:* ~ (*général*) general outcry.

tomahawk [tɔmaok] *nm* tomahawk.

tomate [tɔmat] *nf* tomato.

tombe [tɔ̃b] *nf* (*gén, fig*) grave; (*avec monument*) tomb; (*pierre*) gravestone, tombstone. **suivre qn dans la ~** to follow sb to the grave. ♦ **tombale** *adj f:* **pierre ~** tombstone. ♦ **tombeau,** *pl* **~x** *nm* (*lit*) tomb; (*fig*) grave. **mettre au ~** to entomb; **mise au ~** entombment; **à ~ ouvert** at breakneck speed.

tombée [tɔ̃be] *nf:* (a) **la ~ de la nuit** (at) nightfall; (à) **la ~ du jour** (at) the close of the day.

tomber [tɔ̃be] (1) **1** *vi* (a) [*personne, objet*] to fall (over *ou* down). ~ **de vélo/d'un arbre** to fall off one's bike/down from a tree; ~ **par terre** to fall down, fall to the ground; ~ **raide mort** to fall down *ou* drop (down) dead; ~ **à genoux** to fall on(to) one's knees; (*fig*) ~ **aux pieds de qn** to fall at sb's feet; ~ **de tout son long** to fall headlong, go sprawling; **faire ~ qn/qch** to knock sb/sth over *ou* down; ~ **de fatigue** to drop from exhaustion; ~ **de sommeil** to be falling asleep on one's feet; (*fig*) ~ **(bien) bas** to sink (very) low; **la nouvelle vient de ~** the news has just broken *ou* come through. (b) [*feuilles, lumière, nuit*] to fall; [*cheveux*] to fall (out); [*pluie*] to fall, come down; [*foudre*] to strike; [*brouillard*] to come down. **il tombe de la neige** snow is falling. (c) [*soldat, régime, garnison*] to fall. **faire ~ le gouvernement** to bring down the government. (d) [*température, prix, nombre*] to drop, fall; [*vent, fièvre*] to drop; [*baromètre*] to fall; [*jour*] to draw to a close; [*voix*] to drop, fall away; [*colère, conversation*] to die down; [*enthousiasme*] to fall away. **faire ~ vent, prix etc** to bring down. (e) (*obstacle, objection*) to disappear; [*projet*] to fall through. (f) [*draperie, robe, chevelure*] to fall, hang; [*moustaches, épaules*] to droop. **ce pantalon tombe bien** these trousers hang well. **(g)** *[date, choix, sort]* to fall (*sur* on). Noël **tombe un mardi** Christmas falls on a Tuesday; **et il a fallu que ça tombe sur moi** it (just) had to be me. **(h)** *(inopinément)* **il est tombé en pleine réunion** he walked in right in the middle of a meeting. **(i)** *(devenir: V aussi noms etc en question)* ~ **malade** *etc* to fall ill *etc*. **(j)** *(se trouver: V aussi noms en question)* ~ **dans un piège** *etc* to fall into a trap *etc*. **(k) laisser** ~ *objet*, (*) *amis, activité* to drop. **laisse** ~!* give it a rest!*; **se laisser** ~ **dans un fauteuil** to drop *ou* fall into an armchair. **(l)** *(locutions) [projets etc]* ~ **à l'eau** to fall through; **bien/mal** ~ *(avoir de la chance/malchance)* to be lucky/unlucky; *(se produire au bon/mauvais moment)* to come at the right/wrong moment; ~ **de Charybde en Scylla** to jump out of the frying pan into the fire; ~ **juste** *(en devinant)* to be right; *[calculs]* to come out right; ~ **de haut** to be bitterly disappointed; **il n'est pas tombé de la dernière pluie** he wasn't born yesterday; **ce n'est pas tombé dans l'oreille d'un sourd** it didn't fall on deaf ears; **il est tombé sur la tête!*** he's got a screw loose!*; *[aubaine]* ~ **du ciel** to be heaven-sent; ~ **des nues** to be completely taken aback; *[projet]* ~ **à l'eau** to fall through; *[plaisanterie]* ~ **à plat** to fall flat; **cela tombe sous le sens** it's obvious, it stands to reason.

2 ~ **sur** *vt indir* **(a)** *ami* to run into; *détail* to come across. **(b)** *[regard]* to fall *ou* light upon; *[conversation]* to come round to. **(c)** (*: *attaquer, critiquer*) to go for*. (*: *s'inviter*) **il nous est tombé dessus hier** he landed on us yesterday.

3 *vt*: ~ **la veste*** to slip off one's jacket.

tombereau, *pl* ~**x** [tɔ̃bʀo] *nm (charrette)* tipcart; *(contenu)* cartload.

tombola [tɔ̃bɔla] *nf* tombola.

tome [tɔm] *nm (division)* part, book; *(volume)* volume.

ton¹ [tɔ̃], **ta** [ta], **tes** [te] *adj poss* your, your own.

ton² [tɔ̃] *nm* **(a)** *(hauteur de la voix)* pitch; *(timbre)* tone. ~ **aigu** shrill pitch; ~ **nasillard** nasal tone; **hausser/baisser le** ~ to raise/lower one's voice; *(fig)* **il devra changer de** ~ he'll have to sing a different tune; **ne le prenez pas sur ce** ~ don't take it that way *ou* like that; *(fig)* **dire qch sur tous les** ~**s** to say sth in every possible way. **(b)** *(Mus) (intervalle)* tone; *(clef)* key. **donner le** ~ to give the pitch; **être dans le** ~ to be in tune. **(c)** *(Ling)* tone. **(d)** *(manière de s'exprimer)* tone. **des plaisanteries de bon** ~ jokes in good taste; **il est de bon** ~ **de faire** it is good form to do; **être dans le** ~ to fit in; **donner le** ~ to set the tone; *(mode)* to set the fashion. **(e)** *(couleur)* shade, tone. **être dans le** ~ to tone in, match; **la ceinture n'est pas du même** ~ **que la robe** the belt does not match the dress. ♦ **tonalité** *nf (gén)* tone; *(Mus: système)* tonality; *(Mus: clef)* key; *(Téléc)* dialling tone.

tondre [tɔ̃dʀ(ə)] (41) *vt* **(a)** *mouton,* (*hum*) *personne* to shear; *gazon* to mow; *haie* to clip, cut; *caniche* to clip; *cheveux* to crop. **(b)** (*: *escroquer*) to fleece*. ♦ **tondeuse** *nf (à cheveux)* clippers; *(pour les moutons)* shears. ~ **(à gazon)** (lawn)mower. ♦ **tondu, e** *adj cheveux, pelouse* closely-cropped.

tonifier [tɔnifje] (7) *vt muscles* to tone up; *esprit* to invigorate, stimulate. ♦ **tonifiant, e** *adj air* bracing, invigorating; *lotion* toning; *lecture* invigorating, stimulating. ♦ **tonique** **1** *adj boisson* tonic; *lotion* toning; *air, froid* invigorating, bracing; *lecture* invigorating, stimulating; *(Ling)* tonic. **2** *nm (Méd, fig)* tonic; *(lotion)* toning lotion.

tonitruant, e [tɔnitʀyɑ̃, ɑ̃t] *adj voix* thundering, booming.

tonnage [tɔnaʒ] *nm* tonnage.

tonnant, e [tɔnɑ̃, ɑ̃t] *adj voix* thunderous, thundering.

tonne [tɔn] *nf (metric)* ton, tonne. **des** ~**s de*** tons of*, loads of*.

tonneau, *pl* ~**x** [tɔno] *nm* **(a)** *(récipient)* barrel, cask. **(b)** *(Aviat)* hestitation flick roll; *(Aut)* somersault. **faire un** ~ to somersault, roll over. **(c)** *(Naut)* ton. ♦ **tonnelet** *nm* keg, (small) cask. ♦ **tonnelier** *nm* cooper.

tonnelle [tɔnɛl] *nf* bower, arbour.

tonner [tɔne] (1) **1** *vi [canon]* to thunder, boom, roar; *[personne]* to thunder, rage *(contre* against*)*. **2** *vb impers*: **il tonne** it is thundering.

tonnerre [tɔnɛʀ] **1** *nm* **(a)** thunder. **le** ~ **gronde** there is a rumble of thunder; **un bruit de** ~ a noise like thunder, a thunderous noise; **un** ~ **d'applaudissements** thunderous applause, a thunder of applause. **(b) du** ~* terrific*, fantastic*. **2** *excl*: ~!* hell's bells!*

tonsure [tɔ̃syʀ] *nf (Rel)* tonsure; (*: *calvitie*) bald patch.

tonte [tɔ̃t] *nf [moutons]* shearing; *[haie]* clipping; *[gazon]* mowing; *(époque)* shearing-time.

tonton* [tɔ̃tɔ̃] *nm* uncle.

tonus [tɔnys] *nm (musculaire)* tone; *(fig: dynamisme)* energy, dynamism.

top [tɔp] **1** *nm bip. (Rad)* **au 4e** ~ at the 4th stroke. **2** *adj*: ~ **secret** top secret.

topaze [tɔpaz] *nf* topaz.

topinambour [tɔpinɑ̃buʀ] *nm* Jerusalem artichoke.

topo* [tɔpo] *nm (exposé)* spiel*.

topographie [tɔpɔgʀafi] *nf* topography. ♦ **topographique** *adj* topographic(al).

toquade [tɔkad] *nf (péj) (pour qn)* infatuation; *(pour qch)* fad, craze.

toque [tɔk] *nf [femme]* fur hat; *[juge, jockey]* cap. ~ **de cuisinier** chef's hat.

toqué, e* [tɔke] **1** *adj* crazy*, cracked*, nuts* *(de* about*)*. **2** *nm,f* nutcase*.

torche [tɔʀʃ(ə)] *nf* torch. ~ **électrique** (electric) torch; *(Parachutisme)* **se mettre en** ~ to candle. ♦ **torchère** *nf (Ind)* flare.

torcher* [tɔʀʃe] (1) *vt* to wipe.

torchis [tɔʀʃi] *nm* cob (for walls).

torchon [tɔʀʃɔ̃] *nm (a) (gén)* cloth; *(pour épousseter)* duster; *(à vaisselle)* tea towel, dish towel. **le** ~ **brûle entre eux** they're at daggers drawn. **(b)** *(péj) (devoir mal présenté)* mess; *(mauvais journal)* rag.

tordant, e* [tɔʀdɑ̃, ɑ̃t] *adj* killing*, screamingly funny*. **il est** ~ he's a scream* *ou* a kill*.

tordre [tɔʀdʀ(ə)] (41) **1** *vt (gén)* to wring; *(pour essorer)* to wring (out); *barre de fer, bras* to twist; *(déformer)* visage to contort, twist. **je vais lui** ~ **le cou** I'll wring his neck (for him). **2 se** ~ *vpr* **(a)** *[personne] (de douleur, de rire)* to be doubled up *(de* with*)*. **se** ~ **le bras** to sprain *ou* twist one's arm. **(b)** *[barre]* to bend; *[roue]* to buckle, twist. ♦ **tordu, e 1** *adj jambes* bent, crooked; *tronc* twisted; *barre* bent; *roue* buckled, twisted; *esprit* warped. *(péj)* **être** ~* to be round the bend*. **2** *nm,f* (*: *fou*) nut case*.

toréador [tɔʀeadɔʀ] *nm* toreador, bullfighter.

tornade [tɔʀnad] *nf* tornado.

torpeur [tɔʀpœʀ] *nf* torpor.

torpille [tɔʀpij] *nf (Mil, Zool)* torpedo. ♦ **torpillage** *nm* torpedoing. ♦ **torpiller** (1) *vt* to torpedo. ♦ **torpilleur** *nm* torpedo boat.

torréfier [tɔʀefje] (7) *vt café* to roast.

torrent [tɔʀɑ̃] *nm (lit, fig)* torrent. **il pleut à** ~**s** the rain is coming down in torrents; *(fig)* **des** ~**s de** streams *ou* floods of*. ♦ **torrentiel, -elle** *adj* torrential.

torride [tɔʀid] *adj région* torrid; *chaleur* scorching.

torsade [tɔʀsad] *nf [fils]* twist. ♦ **torsader** (1) *vt* to twist.

torse [tɔʀs(ə)] *nm (gén)* chest; *(Anat, Sculp)* torso. ~ **nu** stripped to the waist.

torsion [tɔʀsjɔ̃] *nf* (*action*) twisting; (*Phys, Tech*) torsion. **exercer une ~ sur qch** to twist sth.

tort [tɔʀ] *nm* (a) (*action blâmable*) fault. **il a le ~ d'être trop jeune** his trouble is that he's too young; **ils ont tous les ~s de leur côté** the fault *ou* wrong is entirely on their side, they're entirely at fault *ou* in the wrong; **avoir des ~s envers qn** to have wronged sb; **regretter ses ~s** to be sorry for one's wrongs; **vous avez refusé? c'est un ~ did you refuse? — you were wrong (to do so). (b)** (*préjudice*) wrong. **faire (du) ~ à qn** to harm sb, do sb harm; **ça va faire du ~ aux produits laitiers** it will harm *ou* be harmful to *ou* be detrimental to the dairy industry. **(c) à ~** wrongly; **c'est à ~ qu'on l'avait dit malade** he was wrongly *ou* mistakenly said to be ill; **à ~ ou à raison** rightly or wrongly; **dépenser à ~ et à travers** to spend wildly; **parler à ~ et à travers** to talk wildly. **(d) être/se mettre dans son ~** to be/put o.s. in the wrong; **être en ~** to be in the wrong *ou* at fault; **avoir ~** to be wrong (*de faire* to do); **donner ~ à qn** [*témoin*] to lay the blame on sb, blame sb; [*événements*] to show sb to be wrong, prove sb wrong.

torticolis [tɔʀtikɔli] *nm* stiff neck.

tortiller [tɔʀtije] (1) **1** *vt mouchoir* to twist; *moustache* to twirl. **2** *vi:* **~ des hanches** to wiggle one's hips; **il n'y a pas à ~*** there's no wriggling round it. **3 se ~** *vpr* [*serpent*] to writhe; [*ver, personne*] to wiggle, squirm.

tortionnaire [tɔʀsjɔnɛʀ] *nm* torturer.

tortue [tɔʀty] *nf* (*Zool, fig: lent*) tortoise. **~ de mer** turtle; **avancer comme une ~** to crawl along at a snail's pace.

tortueux, -euse [tɔʀtɥø, øz] *adj chemin, rivière* winding; *discours* tortuous; *manœuvres* devious.

torture [tɔʀtyʀ] *nf:* **~(s)** torture. ♦ **torturer** (1) *vt* to torture. **se ~ l'esprit** to rack *ou* cudgel one's brains.

tôt [to] *adv* (a) (*au début*) early. **il se lève ~** he is an early riser, he gets up early; **~ dans la matinée** early in the morning, in the early morning. **(b)** (*après peu de temps*) soon, early. **il est un peu ~ pour le juger** it's a little too soon *ou* early to judge him; **~ ou tard** sooner or later; **il a eu ~ fait de s'en apercevoir!** he was quick to notice it!, it wasn't long before he noticed it!; **si seulement vous me l'aviez dit plus ~!** if only you had told me sooner! *ou* earlier!; **ce n'est pas trop ~!** it's not a moment too soon!, it's not before time!; **il n'était pas plus ~ parti que la voiture est tombée en panne** no sooner had he set off than the car broke down. **(c) venez le plus ~ possible** come as early *ou* as soon as you can; **le plus ~ sera le mieux** the sooner the better; **il peut venir jeudi au plus ~** Thursday is the earliest *ou* soonest he can come.

total, e, *mpl* **-aux** [tɔtal, o] **1** *adj* (*gén*) total; *ruine, désespoir* utter, complete. **2** *adv:* **~, il a tout perdu*** the net result *ou* outcome was he lost everything. **3** *nm* total. **le ~ de la population** the total (number of the) population; (*fig*) **si on fait le ~** if you add it all up *ou* together; **au ~** (*lit*) in total; (*fig*) on the whole, all in all. ♦ **totalement** *adv* totally, completely. ♦ **totaliser** (1) *vt* to total. ♦ **totalitaire** *adj* (*Pol*) *régime* totalitarian. ♦ **totalitarisme** *nm* totalitarianism. ♦ **totalité** *nf* (a) (*gén*) **la ~ de** all of; **la ~ de son salaire** his whole *ou* entire salary, all of his salary; **vendu en ~ aux États-Unis** all sold to the USA; **pris dans sa ~** taken as a whole *ou* in its entirety. **(b)** (*Philos*) totality.

toubib* [tubib] *nm* doctor, doc*.

toucan [tukã] *nm* toucan.

touchant¹ [tuʃã] *prép* concerning.

touchant², e [tuʃã, ãt] *adj* (*émouvant*) touching, moving.

touche [tuʃ] *nf* (a) [*piano etc*] key. **(b)** (*de couleur*) touch, stroke; (*d'ironie*) touch. **une ~ de**

gaieté a touch *ou* note of gaiety. **(c)** (*Pêche*) bite; (*Escrime*) hit. **faire une ~** (*lit*) to have a bite; (*: flirter*) to make a hit. **(d)** (*Ftbl, Rugby*) (*ligne*) touchline; (*sortie*) touch; (*remise en jeu*) (*Ftbl*) throw-in; (*Rugby*) line-out. **sortir en ~** to go into touch; **rester sur la ~** (*lit*) to stay on the touchlines; (*fig*) to be left on the sidelines. **(e)** (*: allure*) **quelle drôle de ~!** what a sight!!*, what DOES he (*ou* she *etc*) look like!*

touche-à-tout [tuʃatu] *nmf inv* (*gén enfant*) (little) meddler; (*inventeur*) dabbler.

toucher [tuʃe] (1) **1** *vt* (a) (*gén*) to touch; (*pour palper*) *tissu etc* to feel. **~ qch du doigt** to touch sth with one's finger; **je n'avais pas touché une raquette depuis 6 mois** I hadn't had a racket in my hands for 6 months; **il ne faut pas que ça touche (le mur)** it mustn't touch (the wall); **~ le fond** to touch the bottom; **~ terre** to land; **l'avion toucha le sol** the plane touched down. **(b)** (*jouxter*) to adjoin. **son jardin touche le nôtre** his garden (ad)joins ours *ou* is adjacent to ours. **(c)** *adversaire, objectif* to hit. **touché d'une balle en plein cœur** hit by a bullet in the heart. **(d)** (*contacter*) to reach, get in touch with, contact. **(e)** (*faire escale à*) *port* to put in at, call at. **(f)** *salaire* to draw, get, be paid; *prime* to get; receive; *chèque* to cash; *gros lot* to win. **(g)** (*émouvoir*) [*drame, deuil*] to affect; [*cadeau, bonté*] to touch, move; [*reproche*] to have an effect on. **~ qn au vif** to cut sb to the quick. **(h)** (*concerner*) [*problème*] to affect, concern. **touché par la dévaluation** affected *ou* hit* by devaluation. **(i) je vais lui en ~ un mot** I'll have a word with him about it, I'll mention it to him; **touchons du bois!*** touch wood!*, let's keep our fingers crossed!

2 se ~ *vpr* [*lignes, cercles*] to touch; [*terrains*] to be adjacent (to each other), adjoin.

3 ~ à *vt indir* (a) *objet* to touch; *économies* to break into, touch. **~ à tout** (*lit*) to meddle with everything; (*faire plusieurs métiers*) to dabble in everything; **on n'a pas touché au fromage** we haven't touched the cheese, the cheese has been left untouched. **(b)** (*malmener*) *enfant* to touch, lay a finger on; *réputation* to question. **(c)** (*modifier*) *règlement* to meddle with; *mécanisme* to tamper with; *monument* to touch. **(d)** (*concerner*) *intérêts* to affect; *problème, domaine* to touch, have to do with. **(e)** (*aborder*) *période, but* to near, approach; *sujet* to broach, come onto; *activité* to try one's hand at. (*fig*) **sans avoir l'air d'y ~** looking as if butter wouldn't melt in his (*ou* her *etc*) mouth; **l'hiver touche à sa fin** winter is nearing its end. **(f)** (*être en contact avec*) to touch; (*être contigu à*) to border on, adjoin. **cela touche à la folie** that verges *ou* borders on madness.

4 *nm* (*sens*) (sense of) touch; (*impression produite*) feel. **doux au ~** soft to the touch.

touffe [tuf] *nf* [*herbe, poils*] tuft; [*arbres, fleurs*] clump.

touffu, e [tufy] *adj barbe* bushy; *arbres* leafy; *haie, bois* thick; *roman, style* complex.

touiller* [tuje] (1) *vt* to stir.

toujours [tuʒuʀ] *adv* (a) (*continuité*) always; (*répétition*) forever, always. **~ à l'heure** always on time; **la vie se déroule ~ pareille** life goes on the same as ever *ou* forever the same; **il est ~ en train de critiquer** he is always *ou* forever criticizing, he keeps on criticizing; **comme ~** as ever, as always; **ce sont des amis de ~** they are lifelong friends; **il est parti pour ~** he's gone forever *ou* for good. **(b)** (*encore*) still. **il travaille ~** he is still working; **j'espère ~ qu'elle viendra** I keep hoping she'll come; **ils n'ont ~ pas répondu** they still haven't replied, they have not yet replied. **(c)** (*intensif*) anyway, anyhow. **écrivez ~, il vous répondra peut-être** write anyway *ou* anyhow, he (just) might answer you; **où est-elle?**

— **pas chez moi** ~! where is she? — not at my place anyway! *ou* at any rate!; **je trouverai** ~ **(bien) une excuse** I can always think up an excuse; **tu trouveras** ~ **(bien) une poste** you're sure *ou* bound to find a post office; **tu peux** ~ **courir!*** you've got some hope! (*iro*); **vous pouvez** ~ **crier, il n'y a personne** shout as much as you like, there's no one about; ~ **est-il que** the fact remains that, that does not alter the fact that.
toupet [tupε] *nm* **(a)** ~ **(de cheveux)** quiff. **(b)** (*: *culot*) sauce*, nerve, cheek. **avoir du** ~ to have a nerve *ou* a cheek.
toupie [tupi] *nf* (*jouet*) (spinning) top. **vieille** ~ː silly old troutː.
tour[1] [tuʀ] *nf* **(a)** tower; (*immeuble*) tower block, high-rise block. ~ **de contrôle** control tower. **(b)** (*Échecs*) castle, rook.
tour[2] [tuʀ] *nm* **(a)** (*parcours autour de*) **faire le** ~ **de** *parc etc* to go round; *possibilités* to explore; *magasins* to go round, look round; *problème* to consider from all angles; ~ **de ville** (*pour touristes*) city tour; **si on faisait le** ~? shall we go round (it)?; (*fig*) **faire le** ~ **du cadran** to sleep (right) round the clock; **faire le** ~ **du monde** to go round the world; **faire un** ~ **d'Europe** to tour Europe; ~ **d'horizon** (general) survey; ~ **de chant** song recital; ~ **de piste** (*Sport*) lap; (*Cirque*) circuit; **la bouteille a fait le** ~ **de la table** the bottle went round the table.
(b) (*excursion*) trip, outing; (*balade*) (*à pied*) walk, stroll; (*en voiture*) run, drive. **faire un** ~ **de manège** to have a ride on a merry-go-round; **faire un** ~ **en ville** to go for a walk round town; **je vais te faire faire le** ~ **du propriétaire** I'll show you over *ou* round the place.
(c) (*succession*) turn. ~ **de garde** spell *ou* turn of duty; **c'est votre** ~ it's your turn; **attendre son** ~ to wait one's turn; **chacun son** ~ everyone will have his turn; **nous le faisons chacun à notre** ~ *ou* ~ **à** ~ *ou* **à** ~ **de rôle** we do it in turn, we take turns at it; **à qui le** ~? whose turn is it?, who is next?
(d) (*Pol*) ~ **(de scrutin)** ballot; **au premier** ~ in the first ballot *ou* round.
(e) [*partie du corps*] measurement; [*tronc, colonne*] girth; [*visage*] contour, outline; [*surface*] circumference. ~ **de taille** *etc* waist *etc* measurement; **la table fait 3 mètres de** ~ the table measures 3 metres round (the edge).
(f) (*rotation*) turn; (*Tech*) revolution. **un** ~ **de vis** (a turn of a) screw; (*Aut*) **régime de 2.000** ~s speed of 2,000 revs *ou* revolutions; **donner un** ~ **de clef** to turn the key, give the key a turn; **faire un** ~ **sur soi-même** to spin round once; **souffrir d'un** ~ **de reins** to suffer from a sprained back; **à** ~ **de bras** *frapper* with all one's strength; *produire* prolifically.
(g) (*tournure*) [*situation, conversation*] turn. ~ **d'esprit** turn *ou* cast of mind; ~ **(de phrase)** turn of phrase.
(h) [*acrobate*] feat, stunt; [*jongleur, escroc, plaisantin*] trick. ~ **d'adresse/de cartes** skilful/card trick; ~ **de force** (*lit*) feat of strength; (*fig*) amazing feat; **en un** ~ **de main** in next to no time; **et le** ~ **est joué!** and there you have it!; **par un** ~ **de passe-passe** by sleight of hand; **c'est un** ~ **à prendre** it's just a knack one picks up; **avoir plus d'un** ~ **dans son sac** to have more than one trick up one's sleeve; **jouer un** ~ **à qn** to play a trick on sb; **un** ~ **de cochon*** a dirty *ou* lousy trick*.
(i) (*Tech*) lathe. ~ **de potier** potter's wheel.
tourbe [tuʀb(ə)] *nf* peat. ♦ **tourbeux, -euse** *adj* peaty. ♦ **tourbière** *nf* peat bog.
tourbillon [tuʀbijɔ̃] *nm* (*dans l'eau*) whirlpool; (*de vent*) whirlwind; ~ **de fumée/neige** swirl *ou* eddy of smoke/snow; ~ **de plaisirs** whirl of pleasure; **le** ~ **de la vie** the hurly-burly *ou* hustle and bustle of life. ♦ **tourbillonnement** *nm* whirling, swirling, eddying. ♦ **tourbillonner** (1) *vi* [*pous-*

sière etc] to whirl, swirl, eddy; [*danseurs, idées*] to swirl *ou* whirl round.
tourelle [tuʀεl] *nf* (*gén*) turret; [*sous-marin*] conning tower.
tourisme [tuʀism(ə)] *nm*: **le** ~ tourism; **le** ~ **d'hiver** the winter tourist trade *ou* industry; **avion/voiture de** ~ private plane/car; **office du** ~ tourist office; **agence de** ~ tourist agency; **faire du** ~ to do some touring *ou* sightseeing. ♦ **touriste** *nmf* tourist. ♦ **touristique** *adj* (*gén*) tourist; *région* popular with (the) tourists, touristic (*péj*).
tourment [tuʀmɑ̃] *nm* agony, torment.
tourmente [tuʀmɑ̃t] *nf* (*lit*) storm, gale; (*fig*) storm. ~ **de neige** blizzard.
tourmenter [tuʀmɑ̃te] (1) **1** *vt* (*gén*) to torment; [*remords, doute*] to rack, plague. **2 se** ~ *vpr* to fret, worry (o.s.). ♦ **tourmenté, e** *adj* *personne, visage* tormented, tortured; *formes* tortured; *vie, mer* stormy.
tournage [tuʀnaʒ] *nm* (*Ciné*) shooting; (*Menuiserie*) turning.
tournant, e [tuʀnɑ̃, ɑ̃t] **1** *adj fauteuil* swivel; *scène* revolving; (*Mil*) *mouvement* encircling; *escalier* spiral. **2** *nm* (*virage*) bend. (*fig*) ~ **décisif** watershed, turning point; **avoir qn au** ~* to get even with sb; **attendre qn au** ~* to wait for the chance to catch sb out.
tourné, e[1] [tuʀne] *adj* **(a)** **bien** ~ *personne, jambes* shapely; *taille* neat, trim; *compliment* well-turned; **mal** ~ *lettre* badly phrased; **avoir l'esprit mal** ~ to have a nasty turn of mind. **(b)** *lait, vin* sour. **(c)** (*Menuiserie*) turned.
tournebouler* [tuʀnəbule] (1) *vt personne* to put in a whirl.
tournebroche [tuʀnəbʀɔʃ] *nm* roasting jack.
tourne-disque, pl ~-~**s** [tuʀnədisk(ə)] *nm* record player.
tournedos [tuʀnədo] *nm* tournedos.
tournée[2] [tuʀne] *nf* **(a)** [*conférencier, artiste*] tour; [*inspecteur, livreur*] round. **être en** ~ to be on tour; to be on one's rounds; **faire la** ~ **de** *magasins* to do the rounds of, go round; **faire la** ~ **des grands ducs** to go out on a spree*. **(b)** (*consommations*) round (of drinks).
tournemain [tuʀnəmɛ̃] *nm*: **en un** ~ in next to no time.
tourner [tuʀne] (1) **1** *vt* **(a)** *clef, regard etc* to turn; *sauce* to stir; *page* to turn (over). ~ **et retourner** to turn over and over; **quand il m'a vu, il a tourné la tête** when he saw me he looked away *ou* he turned his head away; (*lit, fig*) ~ **le dos à** to turn one's back on; **le dos tourné à la fenêtre** with one's back to the window; ~ **ses pensées/efforts vers** to turn one's thoughts/efforts towards *ou* to. **(b)** *armée* to turn, outflank; *obstacle* to round; *difficulté* to get round *ou* past. **(c)** *phrase, compliment* to turn; *demande, lettre* to phrase, express. **(d)** (*Ciné*) *scène* to shoot, film; *film* (*faire les prises de vue*) to shoot; (*en être producteur ou acteur*) to make. **ils ont dû** ~ **en studio** they had to do the filming in the studio. **(e)** *bois, ivoire* to turn; *pot* to throw. **(f)** (*locutions*) ~ **qch en ridicule** to ridicule sth, hold sth up to ridicule; **il a tourné l'incident en plaisanterie** he made a joke out of the incident; **il tourne tout à son avantage** he turns everything to his (own) advantage; (*fig*) ~ **la page** to turn over a new leaf; ~ **les pouces** to twiddle one's thumbs; ~ **la tête à qn** [*vin*] to go to sb's head; [*succès*] to go to *ou* turn sb's head.
2 *vi* **(a)** (*gén*) to turn; [*aiguilles*] to go round; (*Tech*) [*roue*] to revolve; [*toupie*] to spin; [*taximètre*] to tick away; [*usine, moteur*] to run. ~ **sur soi-même** to turn round on o.s.; (*très vite*) to spin round; **l'heure tourne** time is passing *ou* is going on; **j'ai vu tout** ~ my head began to spin *ou* swim; **faire** ~ **le moteur** to run the engine; ~ **au ralenti** to tick over. **(b)** ~ **autour de** (*gén*) to revolve *ou*

go round; *[oiseau, mouches]* to fly round; ~ **autour de qn** *(péj: importuner)* to hang round sb; *(par curiosité)* to hover round sb; *[enquête, conversation]* ~ **autour de qch** to centre on sth. **(c)** *(changer) [vent, opinion]* to turn, shift, veer (round); *[chemin, promeneur]* to turn; *[chance]* to change. **bien/mal** ~ to turn out well/badly; **ça va mal** ~* that'll lead to trouble; ~ **au froid/au rouge** to turn cold/red; ~ **à l'avantage de qn** to turn to sb's advantage; ~ **à la bagarre** to turn *ou* degenerate into a fight; **sa bronchite a tourné en pneumonie** his bronchitis has turned *ou* developed into pneumonia; ~ **au drame** to take a dramatic turn. **(d)** *[lait]* to turn (sour). **faire** ~ to turn sour. **(e)** *(locutions)* ~ **à l'aigre** to turn sour; ~ **court** to come to a sudden end; ~ **de l'œil*** to pass out*, faint; ~ **en rond** to go round in circles; ~ **rond** to run smoothly; **elle ne tourne pas rond*** she must be a bit touched*; **qu'est-ce qui ne tourne pas rond?*** what's the matter?, what's wrong?, what's up?*; ~ **autour du pot*** to beat about the bush; **faire** ~ **qn en bourrique** to drive sb round the bend*.
3 se ~ *vpr (lit, fig)* **se** ~ **vers** to turn to; **se** ~ **contre qn** to turn against sb; **tourne-toi (de l'autre côté)** turn round *ou* the other way.
tournesol [tuʀnəsɔl] *nm* sunflower.
tourneur [tuʀnœʀ] *nm (Tech)* turner.
tournevis [tuʀnəvis] *nm* screwdriver.
tourniquet [tuʀnikɛ] *nm (barrière)* turnstile; *(porte)* revolving door; *(d'arrosage)* sprinkler hose; *(présentoir)* revolving stand; *(Méd)* tourniquet.
tournis* [tuʀni] *nm:* **donner le** ~ **à qn** to make sb feel dizzy *ou* giddy.
tournoi [tuʀnwa] *nm* tournament.
tournoyer [tuʀnwaje] (8) *vi [eau, fumée]* to whirl, swirl, eddy; *[oiseaux]* to wheel (round); *[feuilles mortes]* to swirl around. **faire** ~ **qch** to whirl sth round. ◆ **tournoiement** *nm:* ~**(s)** whirling; swirling; eddying; wheeling.
tournure [tuʀnyʀ] *nf* **(a)** *(tour de phrase)* turn of phrase; *(forme)* form. ~ **négative** negative form. **(b)** *[événements]* turn. **la situation a pris une mauvaise/meilleure** ~ the situation took a turn for the worse/for the better; **prendre** ~ to take shape. **(c)** ~ **d'esprit** turn *ou* cast of mind.
tourteau, *pl* ~**x** [tuʀto] *nm* (sort of) crab.
tourterelle [tuʀtəʀɛl] *nf* turtledove.
tous [tu] V **tout.**
Toussaint [tusɛ̃] *nf:* **la** ~ All Saints' Day.
tousser [tuse] (1) *vi [personne]* to cough; *[moteur]* to splutter, cough, hiccup. ◆ **toussoter** (1) *vi* to cough, have a slight cough.
tout [tu], **toute** [tut], *mpl* **tous** [tu] *(adj)* *ou* [tus] *(pron)*, *fpl* **toutes** [tut] **1** *adj* **(a)** *(complet)* all (of), the whole (of). ~ **le**, **toute la** all (the), the whole (of the); **lire** ~ **Balzac** to read the whole of *ou* all (of) Balzac; **il a plu toute la nuit/tout une nuit** it rained the whole (of the) night *ou* all night (long)/for a whole night; ~ **le monde** everybody, everyone; ~ **le reste** (all) the rest; ~ **le temps** all the time; **toute la France** the whole of *ou* all France; **donner toute satisfaction** to give complete satisfaction; **en toute franchise** in all sincerity; **c'est toute une affaire** it's quite a business.
(b) *(tout à fait)* **c'est** ~ **le contraire** it's quite the opposite *ou* the very opposite; **lui** ~ **le premier** him *ou* he first of all; **c'est** ~ **autre chose** that's quite another matter; **c'est** ~ **le portrait de son père** he is the spitting image of his father.
(c) *(seul)* **c'est** ~ **l'effet que cela lui fait** that's all the effect *ou* the only effect it has on him; **c'est là** ~ **le problème** that's the whole problem; **cet enfant est toute ma joie** this child is all my joy.
(d) *(n'importe quel)* any, all. **toute personne** any person, everyone; **toute trace d'agitation a**

disparu all *ou* any trace of agitation has gone; **à** ~ **instant** at any moment; **à** ~ **âge** at any age, at all ages; **pour** ~ **renseignement, téléphoner** ... for all information, ring ... .
(e) *(complètement)* **il était** ~ **à son travail** he was entirely taken up by his work; **habillé** ~ **en noir** dressed all in black; **un style** ~ **en nuances** a very subtle style.
(f) tous, toutes *(l'ensemble)* all, every; **toutes les personnes** all the people, everyone; **courir dans tous les sens** to run in all directions *ou* in every direction; **toutes sortes de** all sorts of, every kind of.
(g) tous *ou* **toutes les** *(chaque)* every; **tous les ans** every year; **tous les deux jours** every other day, every two days; **tous les 10 mètres** every 10 metres; **tous les trente-six du mois** once in a blue moon; **tous (les) deux** both (of them), the two of them; **tous (les) 3/4** all 3/4 (of them).
(h) *(locutions)* **en** ~ **bien** ~ **honneur** with the most honourable (of) intentions; **à** ~ **bout de champ** every now and then; **en** ~ **cas** in any case, at any rate; ~ **un chacun** every one of us; **de** ~ **côté** *chercher* on all sides, everywhere; **à tous égards** in every respect; **en** ~ **état de cause, de toute façon** in any case, anyway, anyhow; **à** ~ **instant** continually, constantly; **à toutes jambes** as fast as one's legs can carry one; **en tous lieux** everywhere; **faire** ~ **son possible** to do one's utmost; **toutes proportions gardées** relatively speaking, making due allowances; **à** ~ **propos** every other minute; **de** ~ **cœur** wholeheartedly; **de toute beauté** most beautiful, of the utmost beauty; **de** ~ **temps, de toute éternité** from time immemorial, since the beginning of time; **de** ~ **repos** easy; **à** ~ **prix** at all costs; **à toute vitesse** at full *ou* top speed; **il a une patience/un courage à toute épreuve** his patience/courage will stand any test, he has limitless patience/unshakeable courage; **selon toute apparence** to all appearances.
2 *pron indéf* **(a)** *(gén)* everything, all; *(n'importe quoi)* anything. **il a** ~ **organisé** he organized everything, he organized it all; **il vend de** ~ he sells everything; **c'est** ~ **ou rien** it's all or nothing; ~ **ce que** everything (that); all that.
(b) tous, toutes all; **vous tous** all of you; **tous ensemble** all together.
(c) *(locutions)* ~ **est bien qui finit bien** all's well that ends well; ... **et** ~ **et** ~* ... and all that sort of thing, ... and so on and so forth; ~ **est là** that's the whole point; **c'est** ~ that's all; **c'est** ~ **dire** I need say no more; **ce n'est pas** ~ **de partir, il faut arriver** it's not enough to set off, one must arrive as well; **il y avait des gens** ~ **ce qu'il y a de plus distingué** there were the most distinguished people there; **à** ~ **prendre,** ~ **bien considéré** all things considered, taking everything into consideration; *(Comm)* ~ **compris** inclusive, all-in; **avoir** ~ **d'un brigand** to be an absolute *ou* a real outlaw; **en** ~ in all; ~ **ce qui brille n'est pas or** all that glitters is not gold.
3 *adv* **(a)** *surpris, déçu* very, most; *cru* quite, completely. **les toutes premières années** the very first *ou* early years; **c'est une** ~ **autre histoire** that's quite another story; **c'est** ~ **naturel** it's perfectly *ou* quite natural; **la ville** ~ **entière** the whole town; ~ **nu** stark naked; ~ **neuf** brand new.
(b) *(quoique)* ~ **médecin qu'il soit** even though *ou* although he is a doctor; **toute malade qu'elle est** dise however *ou* no matter how ill she says she is.
(c) *(intensif)* ~ **près** very near *ou* close; ~ **là-bas/au bout** right over there/at the end; ~ **simplement** quite simply; **parler** ~ **bas** to speak very low; **il était** ~ **en sueur** he was running with sweat; **elle était** ~ **en larmes** she was in floods of tears; **le jardin est** ~ **en fleurs** the garden is a mass of flowers.

(d) ~ **en** + *participe présent:* ~ **en marchant** as *ou* while you walk, while walking.

(e) *(avec n)* **être** ~ **yeux/oreilles** to be all eyes/ears; **être** ~ **sucre** ~ **miel** to be all sweetness and light; ~ **laine** all wool; **être** ~ **feu** ~ **flammes** to be fired with enthusiasm.

(f) *(locutions)* ~ **à coup** all of a sudden, suddenly; ~ **à fait** quite, entirely; ~ **à l'heure** *(futur)* in a moment; *(passé)* a moment ago; **tous risques assurance** *etc* all-risks; ~ **de suite** straightaway, at once, immediately; *(Aut)* ~ **terrain** all-roads; ~ **au plus** at the (very) most; ~ **au moins** at (the very) least; ~ **d'abord** first of all, in the first place; ~ **de même** all the same, for all that; ~ **de même!** well really!; **idées toutes faites** ready-made ideas; **vendu** ~ **cuit** sold ready-cooked; **c'est du** ~ **cuit*** it's a cinch* *ou* a pushover*; **il est gentil** ~ **plein*** he is really very *ou* really awfully* nice; ~ **nouveau** ~ **beau** (just) wait till the novelty wears off; **c'est** ~ **comme*** it comes to the same thing really; **c'est** ~ **un** it's one and the same thing; **c'est** ~ **vu*** it's a foregone conclusion.

4 *nm* **(a)** *(ensemble)* whole. **vendre le** ~ to sell the (whole) lot.

(b) le ~ **est qu'il arrive à temps** the main *ou* most important thing is that he arrives in time; **du** ~ **au** ~ completely, utterly, entirely; **ce n'est pas le** ~*, **il faut se dépêcher** this isn't good enough, we'll have to hurry; **pas du** ~ not at all; **il n'y a plus du** ~ **de pain** there's no bread left at all.

♦ **tout-à-l'égout** *nm inv* mains drainage. ♦ **tout-petit,** *pl* ~-~s *nm* little one. ♦ **toute-puissance** *nf* omnipotence. ♦ **tout-puissant,** *f* ~e-~e *adj* omnipotent, all-powerful. **le** **T~-P~** the Almighty.

toutefois [tutfwa] *adv* however.

toutou* [tutu] *nm* doggie*, bow-wow*. **obéir à qn comme un** ~ to obey sb as meekly as a lamb.

toux [tu] *nf* cough.

toxique [tɔksik] **1** *adj* toxic, poisonous. **2** *nm* toxin, poison. ♦ **toxicologie** *nf* toxicology. ♦ **toxicologique** *adj* toxicological. ♦ **toxicologue** *nmf* toxicologist. ♦ **toxicomane** *nmf* drug addict. ♦ **toxicomanie** *nf* drug addiction. ♦ **toxine** *nf* toxin.

trac [tʀak] *nm* *(Théât, en public)* stage fright; *(aux examens etc)* nerves. **avoir le** ~ to get stage fright; to get nerves; **donner le** ~ **à qn** to give sb a fright.

tracas [tʀaka] *nm* worry. **donner du** *ou* **des** ~ **à qn** to give sb trouble, worry sb. ♦ **tracasser** (1) **1** *vt* to worry, bother. **2 se** ~ *vpr* to worry, fret.

trace [tʀas] *nf* **(a)** *(gén, fig: marque)* mark; *(empreinte d'animal, de pneu)* tracks; *(vestige de civilisation)* trace; *(indice)* sign. ~**s de pas** footprints; ~**s de doigt** finger marks; ~**s d'effraction** signs of a break-in. **(b)** *(quantité minime)* *[poison, substance]* trace. **sans une** ~ **d'accent étranger** without a *ou* any trace of a foreign accent. **(c)** **disparaître sans laisser de** ~**s** to disappear without trace; **il n'y avait pas** ~ **des documents** there was no trace of the documents; **être sur la** ~ **de** to be on the track of; **perdre la** ~ **d'un fugitif** to lose track of *ou* lose the trail of a fugitive; *(fig)* **marcher sur les** ~**s de qn** to follow in sb's footsteps.

tracé [tʀase] *nm* **(a)** *(plan)* layout, plan. **(b)** *(parcours)* *[autoroute]* route; *[rivière]* line, course; *[côte, crête]* line. **(c)** *(graphisme)* line.

tracer [tʀase] (3) *vt* *(dessiner)* to draw; *(écrire)* to trace; *(frayer)* **route** to open up. *(fig)* ~ **la voie à qn** to show sb the way.

trachée [tʀaʃe] *nf:* ~**(-artère)** windpipe.

tract [tʀakt] *nm* leaflet.

tractations [tʀaktɑsjɔ̃] *nfpl* dealings, bargaining, negotiations.

tracteur [tʀaktœʀ] *nm* tractor.

traction [tʀaksjɔ̃] *nf* *(gén)* traction. *(Aut)* ~ **avant** car with front-wheel drive.

tradition [tʀadisjɔ̃] *nf* *(gén)* tradition. **il est de** ~ **que** it is a tradition *ou* traditional that. ♦ **traditionnel, -elle** *adj* traditional; (*: *habituel*) **sa** ~**elle robe noire*** her good old* *ou* usual black dress. ♦ **traditionnellement** *adv* traditionally; (*: *habituellement*) as usual.

traduire [tʀadɥiʀ] (38) **1** *vt* **(a)** **texte, auteur** to translate *(en into)*; **sentiment** to convey, render, express. **cela traduit notre inquiétude** this shows *ou* conveys our anxiety. **(b)** ~ **qn en justice** to bring sb before the courts. **2 se** ~ *vpr* *(gén)* to be translated. **ça va se** ~ **par une augmentation des impôts** the visible outcome will be an increase in taxes, it will be translated into an increase in taxes. ♦ **traducteur, -trice** *nm,f* translator. ♦ **traduction** *nf* translation; rendering; expression. **la** ~ **de ce texte en anglais** the translation of *ou* translating this text into English. ♦ **traduisible** *adj* translatable.

trafic [tʀafik] *nm* **(a)** *(péj)* traffic; (†: *commerce*) trade *(de in).* ~ **d'armes** arms dealing, gunrunning; ~ **de la drogue** drug trafficking. **(b)** *(activités suspectes)* dealings; (*: *micmac*) funny business*, goings-on*. **(c)** *(Aut, Aviat, Rail)* traffic. ♦ **trafiquant, e** *nm,f* *(péj)* trafficker. ~ **d'armes** arms dealer, gunrunner. ♦ **trafiquer** (1) **1** *vi* *(péj)* to traffic, trade (illicitly). **2** *vt* (*: *péj*) **moteur, vin** to doctor*.

tragédie [tʀaʒedi] *nf* *(gén, Théât)* tragedy. ♦ **tragédien, -ienne** *nm,f* tragic actor *ou* actress. ♦ **tragique 1** *adj* *(Théât, fig)* tragic. **ce n'est pas** ~ it's not the end of the world*. **2** *nm* *(auteur)* tragic author; *(tragédie)* tragedy. **prendre qch au** ~ to make a tragedy out of sth. ♦ **tragiquement** *adv* tragically.

trahir [tʀaiʀ] (2) *vt* **ami, patrie** to betray; **secret, émotion** to betray, give away. **ses nerfs l'ont trahi** his nerves failed him; **ces mots ont trahi ma pensée** those words misrepresented my thoughts. ♦ **trahison** *nf* *(gén)* betrayal; *(Jur, Mil: crime)* treason.

train [tʀɛ̃] *nm* **(a)** *(Rail)* train. ~ **omnibus/direct** slow *ou* stopping/fast *ou* non-stop train; ~ **de marchandises/voyageurs** goods/passenger train; ~ **auto-couchettes** car-sleeper train; **prendre le** ~ to take the train; **prendre le** ~ **en marche** (*lit*) to get on the moving train; *(fig)* to jump on the bandwagon. **(b)** *(allure)* pace. **aller son petit** ~ to go along at one's own pace; **aller bon** ~ *[affaire, voiture]* to make good progress; *[commentaires]* to be rife; **il allait à un** ~ **d'enfer** he was going hell for leather; **au** ~ **où il travaille** (at) the rate he is working; **au** *ou* **du** ~ **où vont les choses** at THIS rate. **(c)** **être en** ~ *(en forme)* to be in good form; *(gai)* to be in good spirits; **mettre un travail en** ~ to get a job under way *ou* started off; **mise en** ~ *[travail]* starting (up), start; *(exercices de gym)* warm-up; **elle ne se sent pas très en** ~ she doesn't feel too good *ou* too bright*. **(d)** **être en** ~ **de faire qch** to be doing sth; **être en** ~ **de manger** to be (busy) eating. **(e)** *(ensemble)* *[bateaux, mulets]* train, line; *[réformes, mesures]* set, batch. ~ **de pneus** set of (four) tyres; *(Aut)* ~ **avant/arrière** front/rear wheel-axle unit; *[animal]* ~ **de devant** forequarters; ~ **de derrière** hindquarters; ~ **d'atterrissage** undercarriage, landing gear. **(f)** ~ **de vie** style of living, life style.

traînant, e [tʀɛnɑ̃, ɑ̃t] *adj* **voix** drawling.

traînard, e [tʀɛnaʀ, aʀd(ə)] *nm,f* *(en marchant)* straggler; (*: *au travail*) slowcoach*.

traîne [tʀɛn] *nf* *[robe]* train. *(fig)* **être à la** ~ *(en remorque)* to be in tow; (*: *en retard*) to lag behind.

traîneau, *pl* ~**x** [tʀɛno] *nm* sleigh, sledge, sled *(US)*.

traînée [tʀene] *nf* *(sur le sol)* trail, tracks; *(sur un* *mur, dans le ciel*) streak. **se répandre comme une ~ de poudre** to spread like wildfire.

traîner [tʀene] (1) **1** *vt objet lourd, personne* to drag (along). **~ les pieds** to drag one's feet, shuffle along; **~ la jambe** to limp, hobble; **~ qn dans la boue** to drag sb through the mud; *(fig)* **~ un boulet** to have a millstone round one's neck; **elle est obligée de ~ ses enfants partout** she has to trail *ou* drag her children round (with her) everywhere; **elle traîne un mauvais rhume** she has a bad cold she can't get rid of. **2** *vi* **(a)** *[personne]* (*rester en arrière*) to lag *ou* trail behind; (*péj: errer, s'attarder*) to hang about. **~ en chemin** to dawdle on the way. **(b)** *[chose]* (*être éparpillé*) to lie about *ou* around. **des idées qui traînent partout** ideas that float around everywhere. **(c)** *[conversation, procès, maladie]* **~** (*en longueur*) to drag on; **ça n'a pas traîné!*** that wasn't long coming!; **faire ~ qch** to drag sth out; **doctrine où traînent des relents de fascisme** doctrine with a lingering whiff of fascism about it. **(d)** *[robe]* to trail. **~ par terre** to trail *ou* hang *ou* drag on the ground. **3 se ~** *vpr* **(a)** *[personne]* to drag o.s. (about *ou* along). **se ~ par terre** to crawl on the ground; *(fig)* **se ~ aux pieds de qn** to grovel at sb's feet. **(b)** *[conversation, journée, hiver]* to drag on.

train-train [tʀɛtʀɛ̃] *nm* humdrum routine.

traire [tʀɛʀ] (50) *vt vache* to milk; *lait* to draw.

trait [tʀɛ] *nm* **(a)** (*ligne*) line. **faire un ~** to draw a line; **~ de plume/de crayon** stroke of the pen/of the pencil; **~ d'union** (*Typ*) hyphen; *(fig)* link; **biffer qch d'un ~** to score *ou* cross sth out; *(lit, fig)* **à grands ~s** roughly. **(b)** (*caractéristique*) feature, trait; (*acte*) act. **avoir des ~s de ressemblance avec** to have certain features in common with; **~ de courage** act of courage. **(c)** (*physionomie*) **~s** features. **(d)** (†: *projectile*) arrow, dart; (*littér: critique*) taunt, gibe. **filer comme un ~** to be off like an arrow *ou* a shot; **~ d'esprit** flash *ou* shaft of wit; **~ de génie** brainwave, flash of genius. **(e)** (*courroie*) trace. **animal de ~** draught animal. **(f)** (*gorgée*) draught, gulp. **d'un ~** *boire* in one gulp; *dormir* uninterruptedly, without a break. **(g)** (*rapport*) **avoir ~ à** to relate to, have to do with, concern.

traite [tʀɛt] *nf* **(a)** (*trafic*) **~ des Noirs** slave trade. **(b)** (*Comm: billet*) draft, bill. **(c)** (*parcours*) stretch. **d'une (seule) ~** at a stretch. **(d)** *[vache]* milking.

traité [tʀete] *nm* (*livre*) treatise; (*convention*) treaty.

traitement [tʀɛtmɑ̃] *nm* **(a)** *[personne]* treatment; (*Méd*) course of treatment. **mauvais ~s** illtreatment. **(b)** (*rémunération*) salary. **(c)** *[matières premières]* processing, treating.

traiter [tʀete] (1) **1** *vt* **(a)** *personne, animal* to treat; (*Méd*) to treat; (†) *invités* to entertain. **~ qn bien/mal** to treat sb well/badly; **~ qn durement** to be hard with *ou* on sb; **~ qn en enfant** to treat sb as *ou* like a child; **se faire ~ pour** to undergo treatment for, be treated for. **(b)** (*qualifier*) to call. **~ qn de menteur** to call sb a liar. **(c)** *question* to treat, deal with; (*Art*) *thème* to treat; (*Comm*) *affaire* to handle, deal with. **(d)** (*Tech*) to treat, process. **non traité** untreated. **2 ~ de** *vt indir sujet, problème* to deal with, treat of. **3** *vi* (*négocier*) to treat, have dealings (*avec* with).

traiteur [tʀɛtœʀ] *nm* caterer.

traître, traîtresse [tʀɛtʀ(ə), tʀɛtʀɛs] **1** *adj* (*lit, fig*) treacherous. **ne pas dire un ~ mot** not to breathe a (single) word. **2** *nm* (*gén*) traitor; (*Théât*) villain. **prendre/attaquer qn en ~** to play an underhand trick/make an insidious attack on sb. **3** *nf* traitress. ♦ **traîtreusement** *adv* treacherously. ♦ **traîtrise** *nf*: **la ~** treacherousness; **une ~** a treachery.

trajectoire [tʀaʒɛktwaʀ] *nf* trajectory.

trajet [tʀaʒɛ] *nm* (*à parcourir*) distance;

(*itinéraire*) route; (*voyage*) journey; (*par mer*) voyage; (*Anat*) *[nerf, artère]* course. **quel ~ il a parcouru depuis son dernier roman!** what a long way he has come since his last novel!

tralala* [tʀalala] *nm* (*luxe, apprêts*) fuss.

trame [tʀam] *nf* *[tissu]* weft, woof; *[roman]* framework; *[vie]* web. **usé jusqu'à la ~** threadbare.

tramer [tʀame] (1) *vt évasion* to plot; *complot* to hatch. **il se trame qch** there's sth brewing.

tramway [tʀamwɛ] *nm* (*moyen de transport*) tram(way); (*voiture*) tram(car).

tranchant, e [tʀɑ̃ʃɑ̃, ɑ̃t] **1** *adj* **(a)** *couteau, arête* sharp. **du côté ~** with the cutting edge. **(b)** *personne* sharp, cutting. **2** *nm* cutting edge.

tranche [tʀɑ̃ʃ] *nf* **(a)** *[pain, jambon]* slice; *[bacon]* rasher. **~ de bœuf** beefsteak; **couper en ~s** to slice. **(b)** (*bord*) *[livre, planche]* edge. **(c)** (*section*) section. (*Admin*) **~ d'âge/de salaires** age/wage bracket.

trancher [tʀɑ̃ʃe] (1) **1** *vt* **(a)** *corde* to cut, sever. **~ le cou à qn** to cut off sb's head; **~ la gorge à qn** to cut *ou* slit sb's throat. **(b)** *discussion* to conclude, bring to a close; *question, difficulté* to settle, decide. **~ court** *ou* **net** to bring to a firm conclusion; **il faut ~** we have to take a decision. **2** *vi* *[couleur]* to stand out clearly (*sur, avec* against); *[trait, qualité]* to contrast strongly *ou* sharply (*sur, avec* with). ♦ **tranché, e¹** *adj couleurs* clear, distinct; *opinion, limite* clear-cut, definite. ♦ **tranchée²** *nf* (*fossé*) trench.

tranquille [tʀɑ̃kil] *adj* **(a)** (*calme*) quiet, tranquil (*littér*); (*paisible*) peaceful. **aller d'un pas ~** to walk calmly; **se tenir ~** to be quiet; **nous étions bien ~s** we were having a nice quiet time; **j'aime être ~** I like to (have) some peace; **laisser qn ~** to leave sb alone, to leave sb in peace; **laisser qch ~** to leave sth alone. **(b)** (*rassuré*) **être ~** to be easy in one's mind; **tu peux être ~** you needn't worry; **pour avoir l'esprit ~** to set my (*ou* his *etc*) mind at rest *ou* at ease; **avoir la conscience ~** to be at peace with one's conscience, have a clear conscience; **tu peux être ~ que ...** you may be sure that ..., rest assured that ... . ♦ **tranquillement** *adv* quietly; tranquilly; peacefully. ♦ **tranquillisant, e 1** *adj nouvelle* reassuring; *effet, produit* soothing, tranquillizing. **2** *nm* (*Méd*) tranquillizer. ♦ **tranquilliser** (1) *vt*: **~ qn** to reassure sb; **se ~** to set one's mind at rest. ♦ **tranquillité** *nf* quietness; tranquillity; peacefulness. **en toute ~ agir** without being bothered *ou* disturbed; *partir* with complete peace of mind; **troubler la ~ publique** to disturb the peace; **travailler dans la ~** to work in peace (and quiet); **~ (d'esprit)** peace of mind; **~ matérielle** material security.

trans ... [tʀɑ̃z] *préf* trans ...

transaction [tʀɑ̃zaksjɔ̃] *nf* (*Comm*) transaction.

transatlantique [tʀɑ̃zatlɑ̃tik] **1** *adj* transatlantic. **2** *nm* (*paquebot*) transatlantic liner; (*fauteuil*) deckchair.

transbahuter* [tʀɑ̃zbayte] (1) *vt* to shift, lug along*.

transborder [tʀɑ̃sbɔʀde] (1) *vt* (*Naut*) to tran(s)-ship; (*Rail*) to transfer. ♦ **transbordement** *nm* tran(s)shipment; transfer. ♦ **transbordeur** *nm*: **pont ~** transporter bridge.

transcendance [tʀɑ̃sɑ̃dɑ̃s] *nf* transcendence. ♦ **transcendant, e** *adj* (*sublime*) transcendent; (*Philos, Math*) transcendental. ♦ **transcendental, e, mpl -aux** *adj* transcendental. ♦ **transcender** (1) **1** *vt* to transcend. **2 se ~** *vpr* to transcend o.s.

transcrire [tʀɑ̃skʀiʀ] (39) *vt* (*copier*) to copy out; (*Mus, Ling*) to transcribe. ♦ **transcription** *nf* copying out; transcription.

transe [tʀɑ̃s] *nf* **(a)** (*état second*) trance. **être/entrer en ~** to be in/to go into a trance. **(b)** (*affres*) **~s** agony; **dans les ~s** in agony; **dans**

les ~s de l'attente in agonies of anticipation.
transférer [trɑ̃sfere] (6) *vt* to transfer.
♦ **transfert** *nm* transfer; *(Psych)* transference.
transfigurer [trɑ̃sfigyre] (1) *vt* to transfigure.
transformer [trɑ̃sfɔrme] (1) **1** *vt* *(gén)* to change, alter; *(radicalement)* to transform; *magasin, essai de rugby* to convert; *matière première* to convert, process. **le bonheur l'a transformé** happiness has transformed him *ou* made a new man of him; ~ **qch en** to turn *ou* convert sth into; **elle a fait ~ son manteau en jaquette** she's had her coat made *ou* converted into a jacket. **2 se ~** *vpr* *[embryon]* to be transformed, transform itself; *[énergie, matière]* to be converted; *[personne, pays]* to change, alter; *(radicalement)* to be transformed (*en* into). ♦ **transformable** *adj* structure, canapé convertible; aspect transformable. ♦ **transformateur** *nm* transformer. ♦ **transformation** *nf* change; alteration; transformation; conversion; processing. **industries de ~** processing industries.
transfuge [trɑ̃sfyʒ] *nmf* *(Mil, Pol)* renegade.
transfusion [trɑ̃sfyzjɔ̃] *nf*: ~ **(sanguine)** (blood) transfusion.
transgresser [trɑ̃sgrese] (1) *vt règle* to infringe, contravene; *ordre* to disobey, go against. ♦ **transgression** *nf* infringement, contravention; disobedience.
transiger [trɑ̃ziʒe] (3) *vi* to compromise (*avec* with).
transir [trɑ̃zir] (2) *vt [froid]* to chill to the bone, numb; *[peur]* to paralyze, numb. ♦ **transi, e** *adj* numb (with cold).
transistor [trɑ̃zistɔr] *nm* transistor. ♦ **transistorisé, e** *adj* transistorized.
transit [trɑ̃zit] *nm* transit. **en ~** in transit; **de ~** transit. ♦ **transiter** (1) *vti* to pass in transit.
transitif, -ive [trɑ̃zitif, iv] *adj* transitive.
transition [trɑ̃zisjɔ̃] *nf* transition. **de ~** *période, mesure* transitional; **sans ~** without any transition.
transitoire [trɑ̃zitwar] *adj* transitional.
translucide [trɑ̃slysid] *adj* translucent.
transmettre [trɑ̃smetr(ə)] (56) *vt* **(a)** *(lit, fig: léguer)* to transmit, pass on; *biens* to hand down; *fonctions, titre* to hand over. **(b)** *message* to pass on, convey; *lettre* to send on, forward; *(Téléc)* to transmit; *(Rad, TV)* to broadcast. **(c)** *(Sport)* ballon to pass; *témoin, flambeau* to hand over, pass on. **(d)** *(Sci) énergie, impulsion* to transmit; *(Méd)* maladie to pass on, transmit. ♦ **transmetteur** *nm* transmitter. ♦ **transmissible** *adj* transmissible, transmittable. ♦ **transmission** *nf* transmission; passing on; handing down; handing over; sending on, forwarding; broadcasting. *(Pol)* ~ **des pouvoirs** handing over *ou* transfer of power; *(Mil: service)* ~**s** ≃ Signals (corps); ~ **de pensée** thought transfer, telepathy.
transparaître [trɑ̃sparetr(ə)] (57) *vi* to show (through). ♦ **transparent, e** *adj* *(lit, fig)* transparent; *eau, ciel, yeux* transparent, limpid, clear. ♦ **transparence** *nf* transparency, transparence; limpidity, clearness. **regarder qch par ~** to look at sth against the light; **voir qch par ~** to see sth showing through.
transpercer [trɑ̃sperse] (3) *vt (lit, fig)* to go through, pierce; *(d'un coup de couteau)* to stab. ~ **qn du regard** to give sb a piercing look.
transpirer [trɑ̃spire] (1) *vi* **(a)** *(lit)* to perspire, sweat. **il transpire des mains** his hands perspire *ou* sweat, he has sweaty hands; ~ **à grosses gouttes** to be running *ou* streaming with sweat; ~ **sur un devoir*** to sweat over an exercise*. **(b)** *[secret]* to come to light, leak out. ♦ **transpiration** *nf* perspiration. **être en ~** to be perspiring *ou* sweating *ou* in a sweat.
transplanter [trɑ̃splɑ̃te] (1) *vt (Bot, Méd, fig)* to transplant. ♦ **transplantation** *nf* *(action)*

transplantation; *(Méd: intervention)* transplant. ~ **cardiaque** heart transplant.
transport [trɑ̃spɔr] *nm* **(a)** *(action) (gén)* carrying; *(par véhicule)* transport(ation), conveyance. **un train se chargera du ~ des bagages** the luggage will be taken by train; **endommagé pendant le ~** damaged in transit; ~ **par train** rail transport(ation); **entreprise de ~(s)** transport business; **frais de ~** transportation costs. **(b) les** ~**s transport;** ~**s publics** *ou* **en commun** public transport; ~**(s) routier(s)** road haulage *ou* transport; ~**s aériens** air transport. **(c)** *(émotion)* transport. **avec des ~s de joie** with transports of delight; ~ **au cerveau** seizure, stroke.
transporter [trɑ̃spɔrte] (1) **1** *vt* **(a)** *(gén, fig)* to carry; *(avec véhicule)* to transport, carry, convey; *énergie, son* to carry. **transporté d'urgence à l'hôpital** rushed to hospital; **ils ont dû ~ le matériel à bras** they had to move the equipment by hand; **cette musique nous transporte dans un autre monde** this music transports us into another world. **(b)** *(exalter)* to carry away, send into raptures. ~ **qn de joie** to send sb into raptures; **être transporté de joie** to be in transports of delight, be carried away with delight. **2 se ~** *vpr (littér: se déplacer)* to betake o.s., repair (*à, dans* to). ♦ **transporteur** *nm (entrepreneur)* haulage contractor, carrier; *(appareil)* conveyor.
transposer [trɑ̃spoze] (1) *vt* to transpose. ♦ **transposition** *nf* transposition.
transvaser [trɑ̃svaze] (1) *vt* to decant.
transversal, e, *mpl* **-aux** [trɑ̃sversal, o] *adj* coupe, barre cross; *mur, rue* which runs across; *vallée* transverse. ♦ **transversalement** *adv* across, crosswise.
trapèze [trapez] *nm* **(a)** *(Géom)* trapezium, trapezoid (US). **(b)** *(Sport)* trapeze. ~ **volant** flying trapeze. ♦ **trapéziste** *nmf* trapeze artist.
trappe [trap] *nf* trap door; *(Tech)* hatch; *(pour parachute)* exit door; *(piège)* trap.
trappeur [trapœr] *nm* trapper, fur trader.
trapu, e [trapy] *adj* **(a)** *personne* squat, stocky, thickset; *maison* squat. **(b)** *(arg Scol) élève* brainy*; *problème* rough, tough. ~ **en maths** terrific at maths*.
traquenard [traknar] *nm (lit)* trap; *(fig)* pitfall, trap.
traquer [trake] (1) *vt gibier, fugitif* to track down, hunt down; *abus* to hunt down; *débiteur, vedette* to hound, pursue. **bête traquée** hunted animal.
traumatiser [tromatize] (1) *vt* to traumatize. ♦ **traumatisme** *nm* traumatism.
travail, pl -aux [travaj, o] *nm* **(a)** *(activité)* le ~ work; ~ **manuel/scolaire** manual/school work; **c'est le ~ de l'électricien** that's the electrician's job; **observer qn au ~** to watch sb at work *ou* working; **séance de ~** working session; **avoir du ~/beaucoup de ~** to have (some) work/a lot of work to do; **se mettre au ~** to set to *ou* get down to work. **(b)** *(tâche)* un ~ work, a job; **c'est un ~ de spécialiste** *(difficile à faire)* it's work for a specialist, it's a specialist's job; *(bien fait)* it's the work of a specialist; **commencer un ~** to start a piece of work *ou* a job; **un ~ de Romain a** Herculean task. **(c)** ~**aux** work; ~**aux pratiques/scientifiques/de réparation/de plomberie** practical/scientific/repair/plumbing work; ~**aux d'approche** *(Mil)* sapping *ou* approach works; *(fig)* manœuvres; **faire faire des ~aux dans la maison** to have some work *ou* some jobs done in the house; **les ~aux des champs** farm work; **les ~aux pénibles** the heavy work *ou* tasks; ~**aux ménagers** housework; *(Scol)* ~**aux manuels** handicrafts; *(Admin)* ~**aux publics** public works; *(Comm)* **'pendant les ~aux'** 'during alterations'; **attention! ~aux!** caution! work in progress!; *(sur la route)* road works ahead! **(d)** *(métier)* le ~ work; **un ~** a job, an occupation;

être sans ~ to be out of work *ou* without a job *ou* unemployed; **accident du** ~ industrial accident; ~ **d'équipe/en usine** team/factory work; ~ **à la pièce** piecework; ~ **à la chaîne** assembly line *ou* production line work; ~ **au noir*** moonlighting*; **cesser le** ~ to stop work, down tools; **reprendre le** ~ to go back to work. **(e)** (*Écon: opposé au capital*) labour. **(f)** *[pierre, bois, cuir]* (*façonnage*) working; (*facture*) work. **(g)** *[machine, organe]* (*fonctionnement*) working(s); (*opération*) operation. ~ **musculaire** work of the muscles. **(h)** *[gel, érosion]* work; *[bois]* warp, warping; *[vin, cidre]* working. **le** ~ **du temps** the work of time. **(i)** (*Phys*) work. **unité de** ~ unit of work. **(j)** (*Méd*) *[femme]* labour; **femme en** ~ woman in labour. **entrer en** ~ to go into *ou* start labour; **salle de** ~ labour ward. **(k)** ~**aux forcés** hard labour.

travaillé, e [travaje] *adj bois, cuivre* worked, wrought; *style* polished; *meuble, ornement* finely-worked. (*tourmenté*) ~ **par** tormented by.

travailler [travaje] **(1)** **1** *vi* **(a)** (*gén*) to work; *[artiste]* (*s'exercer*) to practise, train. **commencer à/finir de** ~ to start/stop work; **je vais** ~ **un peu** I'm going to do some work; **faire** ~ **sa tête** to set one's mind to work; **faire** ~ **ses bras** to exercise one's arms; **va** ~ (go and) get on with your work; **sa femme travaille** his wife works/ *ou* goes out to work; **le temps travaille pour/ contre eux** time is on their side/against them. **(b)** *[métal, bois]* to warp; *[vin, imagination]* to work. **2** *vt* **(a)** (*façonner*) *verre, cuir* to work; *discipline, style* to work on. ~ **la terre** to work the land; (*Culin*) ~ **la pâte** to work the mixture; ~ **le chant/ piano** to practise singing/the piano; ~ **les esprits** to work on people's minds. **(b)** *[doutes]* to distract, worry; *[douleur]* to distract, torment. **cette idée le travaille** this idea is on his mind *ou* is preying on his mind. **3** ~ **à** *vt indir projet* to work towards; *but* to work for. ~ **à la perte de qn** to work towards sb's downfall.

travailleur, -euse [travajœʀ, øz] **1** *adj* hardworking. **2** *nm,f* worker. **les** ~**s** the workers, working people; ~**s étrangers** immigrant workers; ~ **agricole** agricultural *ou* farm worker; ~ **de force** labourer; ~ **indépendant** self-employed person.

travailliste [travajist(ə)] **1** *adj* Labour. **2** *nmf* Labour Party member. **il est** ~ he is Labour; **les** ~**s** Labour.

travée [trave] *nf* **(a)** (*section*) *[mur]* bay; *[pont]* span. **(b)** (*rangée*) row of benches *ou* seats).

travers¹ [travɛʀ] *nm* (*défaut*) failing, fault, shortcoming.

travers² [travɛʀ] *nm* **(a)** **en** ~ across, crosswise; **en** ~ **de** across; **le véhicule se mit en** ~ **de la route** the vehicle stopped sideways on *ou* stopped across the road; **se mettre en** ~ **des projets de qn** to stand in the way of sb's plans; **en** ~, **par le** ~ **navire** abeam, on the beam. **(b)** **au** ~ (**de**) through; **le vent passe au** ~ the wind comes (right) through; (*fig*) **passer au** ~ to get away with it. **(c) de** ~ *nez* crooked; **comprendre de** ~ to misunderstand; **marcher de** ~ (*lit*) to stagger *ou* totter along; (*fig*) to be going wrong; **il répond toujours de** ~ he never gives a proper answer; **elle a mis son chapeau de** ~ she has put her hat on crooked, her hat is not on straight; **il a l'esprit un peu de** ~ he's slightly odd; **il l'a regardé de** ~ he looked askance at him, he gave him a funny look; **il a avalé sa soupe de** ~ his soup has gone down the wrong way; **prendre qch de** ~ to take sth the wrong way, take sth amiss. **(d)** **à** ~ (*lit, fig*) through; *campagne* across, through; **à** ~ **le grillage/les siècles** through the fence/the centuries; **à** ~ **champs** through *ou* across the fields.

traverse [travɛʀs(ə)] *nf* (*Rail*) sleeper; (*barre transversale*) strut, crosspiece.

traversée [travɛʀse] *nf* (*gén*) crossing. **la** ~ **de la ville en voiture** going through *ou* crossing the town by car; **faire la** ~ **d'un fleuve à la nage** to swim across a river.

traverser [travɛʀse] **(1)** *vt* **(a)** *rue, pont, mer* to cross; *forêt, tunnel*, (*fig*) *crise* to go through. ~ **la une rivière à la nage** to swim across a river; ~ **la foule** to make one's way through the crowd. **(b)** *[pont, route]* to cross, run across; *[tunnel]* to cross under; *[barre, trait]* to run across; *[projectile, infiltration]* to go *ou* come through. ~ **qch de part en part** to go right through sth; **une idée lui traversa l'esprit** an idea passed through his mind *ou* occurred to him.

traversin [travɛʀsɛ̃] *nm [lit]* bolster.

travestir [travɛstiʀ] **(2)** *vt personne* to dress up; *vérité, paroles* to travesty, misrepresent. ♦ **travesti** *nm* (*acteur*) drag artist; (*Psych: déséquilibré*) transvestite; (*déguisement*) fancy dress.

trébucher [tʀebyʃe] *vi* (*lit, fig*) to stumble. **faire** ~ **qn** to trip sb up; ~ **sur** *ou* **contre pierre** to stumble over, trip against; *mot* to stumble over.

trèfle [tʀɛfl(ə)] *nm* (*Bot*) clover; (*Cartes*) clubs. ~ **à quatre feuilles** four-leaf clover.

tréfonds [tʀefɔ̃] *nm*: **le** ~ **de** the inmost depths of; **dans le** ~ **de mon cœur** deep down in my heart.

treillage [tʀɛjaʒ] *nm* (*sur un mur*) lattice work, trellis(work); (*clôture*) trellis fence.

treille [tʀɛj] *nf* (*tonnelle*) vine arbour; (*vigne*) climbing vine.

treillis [tʀeji] *nm* **(a)** (*en bois*) trellis; (*en métal*) wire-mesh; (*Constr*) lattice work. **(b)** (*Tex*) canvas; (*Mil: tenue*) combat uniform.

treize [tʀɛz] *adj inv, nm inv* thirteen; *V* **six**. ♦ **treizième** *adj, nmf* thirteenth; *V* **sixième**. ♦ **treizièmement** *adv* in the thirteenth place.

tréma [tʀema] *nm* dieresis. **ï** ~ **i** dieresis.

tremble [tʀɑ̃bl(ə)] *nm* aspen.

tremblement [tʀɑ̃bləmɑ̃] *nm* (*frisson*) shiver. ~**(s)** trembling; **avec des** ~**s dans la voix** with a trembling *ou* quavering voice; **tout le** ~***** the whole caboodle*; ~ **de terre** earthquake.

trembler [tʀɑ̃ble] **(1)** *vi* to tremble; (*de froid, fièvre*) to shiver (*de* with); *[feuille]* to flutter; *[lumière]* to flicker; *[voix]* to quaver. **tremblant de tout son corps** shaking *ou* trembling all over; **faire** ~ **le sol** to make the ground tremble; **la terre a tremblé** there has been an earth tremor; (*fig: avoir peur*) ~ **pour qn/qch** to fear for *ou* tremble for sb/sth. ♦ **tremblote*** *nf*: **avoir la** ~ (*froid*) to have the shivers*; (*peur*) to have the jitters*; (*vieillesse*) to have the shakes*. ♦ **tremblotement** *nm*: ~**(s)** trembling. ♦ **trembloter** **(1)** *vi* to tremble *ou* shake *ou* flutter *ou* flicker slightly.

trémolo [tʀemolo] *nm* (*instrument*) tremolo; *[voix]* quaver. **avec des** ~**s dans la voix** with a tremor in one's voice.

trémousser (se) [tʀemuse] **(1)** *vpr* (*sur sa chaise*) to jig about, wriggle; (*en marchant*) to wiggle.

trempe [tʀɑ̃p] *nf* **(a)** (*acier*) (*processus*) quenching; (*qualité*) temper. **(b)** *[personne, âme]* calibre. **(c)** (*) (*gifle*) slap; (*râclée*) hiding*.

tremper [tʀɑ̃pe] **(1)** **1** *vt* **(a)** *[pluie]* to soak, drench. **se faire** ~ to get drenched. **(b)** (*plus gén* **faire** ~) *linge* to soak; *aliments* to soak, steep; *papier* to damp, wet; *tiges de fleurs* to stand in water. **(c)** (*plonger*) to dip (*dans* into, in). ~ **sa main dans l'eau** to dip one's hand in the water. **(d)** (*Tech*) *métal, lame* to quench; (*littér*) *caractère* to steel, strengthen. **2** *vi* **(a)** *[tige de fleur]* to stand in water; *[linge, graines]* to soak. **(b)** (*péj*) ~ **dans** *crime* to take part in, have a hand in, be involved in. **3 se** ~ *vpr* (*bain rapide*) to have a quick dip; (*se mouiller*) to get (o.s.) soaked, get drenched. ◆ **trempé, e** adj (a) (mouillé) soaked, drenched. ~ **de sueur** bathed in perspiration; ~ **jusqu'aux os** wet through, soaked to the skin. (b) (Tech) tempered. ◆ **trempette** nf (baignade) (quick) dip. **faire** ~ to have a (quick) dip.

tremplin [tʀɑ̃plɛ̃] nm [piscine] diving-board, spring-board; [gymnase] springboard; [ski] ski-jump; (fig) springboard.

trente [tʀɑ̃t] adj inv, nm inv thirty. **il y en a** ~**-six modèles*** there are umpteen* models; **il n'y a pas** ~**-six possibilités*** there aren't all that many choices; **voir** ~**-six chandelles*** to see stars; **se mettre sur son** ~ **et un*** to put on one's Sunday best; V **six, soixante.** ◆ **trentaine** nf thirty, thirty or so; V **soixantaine.** ◆ **trentième** adj, nmf thirtieth; V **sixième, soixantième.**

trépan [tʀepɑ̃] nm trepan. ◆ **trépanation** nf trepanation. ◆ **trépaner** (1) vt to trepan.

trépas [tʀepɑ] nm (littér) demise, death. ◆ **trépassé, e** adj, nm,f (littér) deceased. ◆ **trépasser** (1) vi (littér) to pass away.

trépider [tʀepide] (1) vi to vibrate, reverberate. ◆ **trépidant, e** adj vibrating; rythme pulsating; vie hectic, busy. ◆ **trépidation** nf vibration, reverberation.

trépied [tʀepje] nm tripod.

trépigner [tʀepiɲe] (1) vi to stamp one's feet (de with). ◆ **trépignement** nm: ~(s) stamping (of feet).

très [tʀɛ] adv very; (avec ptp) (very) much. ~ **difficile** very ou most difficult; ~ **admiré** greatly ou highly ou (very) much admired; ~ **peu de gens** very few people; **avoir** ~ **peur** to be very much afraid ou very frightened; **c'est** ~ **nécessaire** it's most essential; **ils sont** ~ **amis** they are great friends; **il est** ~ **en avant** (sur le chemin) he is well ou a long way ahead; ~ **bien, si vous insistez** all right ou very well, if you insist.

trésor [tʀezɔʀ] nm (a) (gén, fig) treasure. **chasse au** ~ treasure hunt; **des** ~**s de renseignements, patience** a wealth of; **dépenser des** ~**s d'ingéniosité** to expend boundless ingenuity. (b) (musée) treasure-house, treasury. (c) (Fin) [roi, état] exchequer, finances. (service) T~ (public) public revenue department. ◆ **trésorerie** nf (bureaux) [Trésor public] public revenue office; [firme] accounts department; (gestion) accounts; (argent disponible) finances, funds. ◆ **trésorier, -ière** nm,f treasurer. (Admin) ~**-payeur général** paymaster.

tressaillir [tʀesajiʀ] (13) vi (a) (de plaisir) to thrill, quiver; (de peur) to shudder, shiver; (de douleur) to wince. **son cœur tressaillait** his heart was fluttering. (b) (sursauter) to start, give a start. **faire** ~ **qn** to startle sb, make sb jump. (c) (s'agiter) [personne, animal] to quiver, twitch; [plancher, véhicule] to shake, vibrate. ◆ **tressaillement** nm thrill, quiver; shudder; wince; start; twitch; vibration.

tressauter [tʀesote] (1) vi (a) (sursauter) to start, give a start. **faire** ~ **qn** to startle sb, make sb jump. (b) (être secoué) [voyageurs] to be jolted ou tossed about; [objets] to shake about, jump about. ◆ **tressautement** nm start; jump; jolt.

tresser [tʀese] (1) vt cheveux, rubans to plait, braid; paille to plait; panier, guirlande to weave; câble to twist. ◆ **tressage** nm plaiting; braiding; weaving; twisting. ◆ **tresse** nf (cheveux) plait, braid; (cordon) braid.

tréteau, pl ~**x** [tʀeto] nm trestle. (Théât fig) les ~**x** the boards, the stage.

treuil [tʀœj] nm winch, windlass.

trêve [tʀɛv] nf (Mil, Pol) truce; (fig: répit) respite, rest. ~ **de plaisanteries** enough of this joking; **sans** ~ unremittingly, unceasingly, relentlessly.

tri [tʀi] nm (classement) sorting (out); (sélection) selection. **faire le** ~ **de** to sort (out); to select; (Poste) **le (bureau de)** ~ the sorting office.

◆ **triage** nm (gén) sorting (out); [wagons] marshalling. **gare de** ~ marshalling yard.

tri ... [tʀi] préf tri ... .

triangle [tʀijɑ̃gl(ə)] nm (Géom, Mus) triangle. **en** ~ in a triangle. ◆ **triangulaire** adj (gén) triangular; débat, tournoi three-cornered.

tribal, e, mpl **-aux** [tʀibal, o] adj tribal.

tribord [tʀibɔʀ] nm starboard. **à** ~ to starboard.

tribu [tʀiby] nf tribe.

tribulations [tʀibylasjɔ̃] nfpl tribulations, troubles.

tribunal, pl **-aux** [tʀibynal, o] nm court. ~ **pour enfants/de police** juvenile/police court; ~ **militaire** military tribunal; **porter une affaire devant les** ~**aux** to bring a case before the courts; (fig) **le** ~ **des hommes** the justice of men.

tribune [tʀibyn] nf (a) (pour le public) gallery; (sur un stade) stand. ~ **d'honneur** grandstand. (b) (pour un orateur) platform, rostrum. (c) (fig: débat) forum. ~ **libre d'un journal** opinion column of a newspaper.

tribut [tʀiby] nm (lit, fig) tribute.

tributaire [tʀibytɛʀ] adj (dépendant) **être** ~ **de** to be dependant ou reliant on.

tricentenaire [tʀisɑ̃tnɛʀ] **1** adj three-hundred-year-old. **2** nm tercentenary, tricentennial.

tricher [tʀiʃe] (1) vi (gén) to cheat. ~ **sur son âge** to lie about ou cheat over one's age. ◆ **triche*** nf cheating. ◆ **tricherie** nf: **la** ~ cheating; **une** ~ a trick. ◆ **tricheur, -euse** nm,f cheater, cheat*.

tricolore [tʀikɔlɔʀ] adj three-coloured. **le drapeau** ~ the (French) tricolour; (Sport) **l'équipe** ~* the French team.

tricot [tʀiko] nm (a) (vêtement) jumper, sweater. ~ **de corps** vest, undershirt (US). (b) (technique) knitting. **faire du** ~ to knit. (c) (tissu) knitted fabric. **en** ~ knitted. ◆ **tricoter** (1) vti to knit.

tricycle [tʀisikl(ə)] nm tricycle.

trident [tʀidɑ̃] nm trident.

trier [tʀije] (7) vt (classer) to sort (out); (sélectionner) to select, pick; (en calibrant) to grade; (en tamisant) to sift. (fig) **trié sur le volet** hand-picked. ◆ **trieur, -euse** nm,f sorter; grader.

trilogie [tʀilɔʒi] nf trilogy.

trimbal(l)er [tʀɛ̃bale] (1) **1** vt (*) bagages to lug* ou cart* around; (péj) personne to trail along. **2 se** ~**:** vpr to trail along.

trimer* [tʀime] (1) vi to slave away. **faire** ~ **qn** to drive sb hard, keep sb hard at it*.

trimestre [tʀimɛstʀ(ə)] nm (a) (période) quarter; (Scol) term. (b) (loyer) quarter, quarter's rent; (frais de scolarité) term's fees; (salaire) quarter's income. ◆ **trimestriel, -elle** adj publication quarterly; paiement three-monthly, quarterly; (Scol) bulletin, examen end-of-term.

tringle [tʀɛ̃gl(ə)] nf rod. ~ **à rideaux** curtain rod ou rail.

trinité [tʀinite] nf trinity. **à la** T~ on Trinity Sunday.

trinquer [tʀɛ̃ke] (1) vi (a) (porter un toast) to clink glasses. ~ **à qch** to drink to sth. (b) (*: écoper) to cop it‡.

triomphe [tʀijɔ̃f] nm (gén) triumph; [maladie, mode] victory. **en** ~ in triumph; **air de** ~ air of triumph, triumphant air; **remporter un** ~ to have ou be a triumphant success. ◆ **triomphal, e,** mpl **-aux** adj succès triumphal; entrée, air triumphant. ◆ **triomphalement** adv saluer in triumph; annoncer triumphantly. ◆ **triomphant, e** adj triumphant. ◆ **triomphateur, -trice** nm,f triumphant victor. ◆ **triompher** (1) **1** vi (a) (gén, Mil) to triumph; (raison) to prevail, be triumphant; [maladie] to claim its victory. **faire** ~ **une cause** to bring ou give victory to a cause. (b) (crier victoire) to exult, rejoice. **2** ~ **de** vt indir (gén) to triumph over.

tripatouiller* [tʀipatuje] (1) vt (péj) (toucher) to fiddle about with*; (truquer) to fiddle*.

tripes [tʀip] *nfpl* (*Culin*) tripe; (*: intestins*) guts*.
rendre ~s **et boyaux** to be as sick as a dog*. ◆ **triperie** *nf* (*boutique*) tripe shop; (*commerce*) tripe trade. ◆ **tripier, -ière** *nm,f* tripe butcher.
tripette* [tʀipɛt] *nf*: ça ne vaut pas ~ that's a load of rubbish*.
triple [tʀipl(ə)] *adj* (a) triple. (*péj*) ~ **menton** row of chins; (*Sport*) ~ **saut** triple jump; **au** ~ **galop** hell for leather*; **faire qch en** ~ **exemplaire** to make three copies of sth, do sth in triplicate; **l'inconvénient en est** ~ **there are three disadvantages, the disadvantages are threefold; prendre une** ~ **dose (de)** to take a triple dose (of). (b) (*intensif*) ~ **idiot/sot** prize idiot/fool. **2** *nm*: **manger le** ~ **(de qn)** to eat three times as much (as sb); **9 est le** ~ **de 3** 9 is three times 3; **c'est le** ~ **du prix normal** it's three times *ou* treble the normal price. ◆ **triplé, e 1** *nm* (*Sport*) treble. **2** ~(**e**)**s** *nm(f)pl* (*bébés*) triplets. ◆ **triplement 1** *adv* (*pour trois raisons*) in three ways; (*à un degré triple*) trebly. **2** *nm* trebling, tripling (*de* of); threefold increase (*de* in). ◆ **tripler (1) 1** *vt* to treble, triple. **2** *vi* to triple, treble, increase threefold (*de* in).
triporteur [tʀipɔʀtœʀ] *nm* delivery tricycle.
tripot [tʀipo] *nm* (*péj*) dive*, joint*.
tripoter* [tʀipɔte] (1) (*péj*) **1** *vt* to fiddle with. **se** ~ **le nez** to fiddle with one's nose. **2** *vi* (*fouiller*) to root about, rummage about (*dans* in). (*trafiquer*) ~ **dans qch** to get involved in sth. ◆ **tripotage*** *nm* (*manigances*) ~(**s**) jiggery-pokery*. ◆ **tripotée*** *nf* (a) (*correction*) belting*, hiding*. (b) (*grand nombre*) **une** ~ **de ...** loads* of ...; lots of... . ◆ **tripoteur, -euse*** *nm,f* (*affairiste*) shark*, shady dealer*.
trique [tʀik] *nf* cudgel. **mener qn à la** ~ to bully sb along; **donner des coups de** ~ to cudgel, thrash; **sec comme un coup de** ~ as skinny as a rake.
triste [tʀist(ə)] *adj* (a) (*gén*) sad; *personne, sort* unhappy; *regard, sourire* sorrowful; *nécessité, devoir* painful; *pensée* gloomy; *couleur, temps, paysage* dreary, dismal, miserable. *chanson* ~ sad *ou* melancholy song; **il est** ~ **comme un bonnet de nuit** he's as miserable as sin; **faire** ~ **figure** *ou* **mine** to look downcast, look sorry for o.s.; **être dans un** ~ **état** to be in a sad *ou* sorry state. (b) (*péj: lamentable*) *résultats* wretched, deplorable; *affaire, époque* dreadful; *réputation* sorry. **un** ~ **sire** *ou* **personnage** an unsavoury individual. ◆ **tristement** *adv* sadly; sorrowfully; gloomily. **se rendre** ~ **célèbre par ses crimes** to gain an unenviable reputation because of one's crimes. ◆ **tristesse** *nf* (*gén*) sadness; (*pensée*) gloominess; (*paysage*) bleakness, dreariness; (*chagrin*) sorrow.
triturer [tʀityʀe] (1) *vt* *pâte* to knead; *objet* to manipulate. **se** ~ **la cervelle*** to rack one's brains.
trivial, e, *mpl* **-aux** [tʀivjal, o] *adj* (*vulgaire*) coarse, crude; (*littér: ordinaire*) mundane, commonplace. ◆ **trivialement** *adv* coarsely, crudely; in a mundane *ou* commonplace way. ◆ **trivialité** *nf* coarseness, crudeness; mundane *ou* commonplace nature; (*remarque*) coarse *ou* crude remark.
troc [tʀɔk] *nm* (*échange*) exchange; (*système*) barter. **faire un** ~ **avec qn** to make an exchange with sb.
troène [tʀɔɛn] *nm* privet.
troglodyte [tʀɔglɔdit] *nm* cave dweller.
trogne* [tʀɔɲ] *nf* (*péj: visage*) mug* (*péj*), face.
trognon [tʀɔɲɔ̃] *nm* [*fruit*] core; [*chou*] stalk, core. **il s'est fait avoir jusqu'au** ~ he was well and truly had*; **mon petit** ~* sweetie pie*.
trois [tʀwa] *adj, nm* three. ~ **fois rien** hardly anything, next to nothing; **en** ~ **coups de cuiller à pot*** in next to no time; **à** ~ **dimensions** three-dimensional; *V* **six**. ◆ **trois étoiles** *nm inv* three-

star hotel (*ou* restaurant). ◆ **trois-mâts** *nm inv* three-master. ◆ **trois-pièces** *nm inv* (*complet*) three-piece suit; (*appartement*) three-room flat. ◆ **trois-quarts 1** *nmpl* three-quarters. **manteau** ~-~ three-quarter (length) coat; **les** ~-~ **du travail** three-quarters of the work; **aux** ~-~ **détruit** almost totally destroyed. **2** *nm inv* (*Rugby*) three-quarter. ◆ **troisième** *adj, nmf* third. **le** ~ **âge** (*période*) the years of retirement; (*groupe social*) senior citizens; *V* **sixième**. ◆ **troisièmement** *adv* third(ly), in the third place.
trolleybus [tʀɔlɛbys] *nm* trolley bus.
trombe [tʀɔ̃b] *nf* (*Mét*) waterspout. (*fig: pluie*) **des** ~**s d'eau** a cloudburst, a downpour; **entrer en** ~ to sweep in like a whirlwind.
trombine* [tʀɔ̃bin] *nf* (*visage*) face, mug* (*péj*); (*tête*) nut*.
trombone [tʀɔ̃bɔn] *nm* (a) (*Mus*) (*instrument*) trombone; (*artiste*) trombonist, trombone (player). ~ **à coulisse/à pistons** slide/valve trombone. (b) (*agrafe*) paper clip.
trompe [tʀɔ̃p] *nf* (a) (*Mus*) horn. ~ **de chasse** hunting horn. (b) [*éléphant*] trunk; [*insecte*] proboscis. (*Anat*) ~ **d'Eustache** Eustachian tube.
tromper [tʀɔ̃pe] (1) **1** *vt* (a) (*duper*) (*gén*) to deceive (*sur* about, over); (*sans le faire exprès*) to mislead; *poursuivant, vigilance* to elude; *époux* to be unfaithful to, deceive. **mari trompé** husband who has been deceived; **cette manœuvre les a trompés** this move tricked *ou* fooled them; **les apparences trompent** appearances are deceptive; **c'est ce qui vous trompe** that's where you are mistaken *ou* wrong. (b) *attente* to while away; *faim, soif* to stave off; *espoirs* to fall short of, fail to come up to, disappoint. **2 se** ~ *vpr* to make a mistake, be mistaken. **se** ~ **de 5 F dans un calcul** to be 5 francs out in one's reckoning; **on pourrait s'y** ~ you'd hardly know the difference; **si je ne me trompe** if I am not mistaken; **se** ~ **de route** to take the wrong road; **se** ~ **de jour** to get the day wrong, make a mistake about the day. ◆ **trompe-l'œil** *nm inv* (*Art*) trompe-l'œil; (*fig*) eye-wash*. ◆ **tromperie** *nf* (*duperie*) deception, deceit. ◆ **trompeur, -euse 1** *adj* *personne, paroles* deceitful; *apparences* deceptive, misleading; *distance, profondeur* deceptive. **2** *nm,f* deceiver. ◆ **trompeusement** *adv* deceitfully; deceptively.
trompette [tʀɔ̃pɛt] **1** *nf* trumpet. **2** *nm* trumpeter, trumpet (player). ◆ **trompettiste** *nmf* trumpet player, trumpeter.
tronc [tʀɔ̃] *nm* (*gén*) trunk; (*pour aumônes*) (collection) box. (*Scol*) ~ **commun** common-core syllabus.
tronche* [tʀɔ̃ʃ] *nf* (*visage*) mug* (*péj*), face; (*tête*) nut*.
tronçon [tʀɔ̃sɔ̃] *nm* section. ◆ **tronçonner** (1) *vt* to cut into sections. ◆ **tronçonneuse** *nf* chain saw.
trône [tron] *nm* throne. **monter sur le** ~ to come to *ou* ascend the throne. ◆ **trôner** (1) *vi* [*roi, invité*] to sit enthroned; [*chose*] to sit imposingly.
tronquer [tʀɔ̃ke] (1) *vt* *colonne* to truncate; *texte* to truncate, curtail, cut down.
trop [tʀo] **1** *adv* (a) (*devant adv, adj*) too; (*avec vb*) (*gén*) too much; *attendre, durer* (for) too long. **il a** ~ **bu** he has had too much to drink, he has drunk too much; **un** ~ **grand effort l'épuiserait** too great an effort would exhaust him; **c'est** ~ **loin pour que j'y aille à pied** it's too far for me to walk there; **c'est** ~ **beau pour être vrai** it's too good to be true; **elle en a déjà bien** *ou* **beaucoup** *ou* **par** ~ **dit** she has said far *ou* much too much already; **vous êtes** ~ **(nombreux)/** ~ **peu (nombreux)** there are too many/too few of you; **une** ~ **forte dose** an overdose; **insister** ~ to be overinsistent *ou* too pressing; **c'est** ~ **chauffé** it's overheated.
(b) ~ **de** *pain, eau* too much; *objets* too many;

gentillesse, sévérité excessive; **s'il te reste ~ de dollars, vends-les-moi** if you have dollars left over ou to spare, sell me them; **nous avons ~ de personnel/de travail** we are overstaffed/overworked; **il y a ~ de monde dans la salle** the hall is overcrowded ou overfull.

(c) (superl, intensif) too, so (very). **c'est ~ bête/drôle** how stupid/funny, it's too stupid/funny for words; **nous n'avons pas ~ de place chez nous** we haven't got (so) very much room ou (all) that much room at our place; **vous êtes ~ aimable** you are too ou most kind; **il n'aime pas ~ ça*** he isn't too keen ou overkeen (on it), he doesn't like it overmuch ou (all) that much; **je ne le sais que ~** I know only too well; **c'est ~! that's going too far!**, enough is enough!; **cela ne va pas ~ bien** things are not going ou terribly well; **je n'en sais ~ rien** I don't really know.

(d) de ~, en ~: il y a une personne de ~ ou en ~ dans l'ascenseur there is one person too many in the lift; **s'il y a du pain en ~, j'en emporterai** if there is any bread (left) over ou any bread extra I'll take some away; **il m'a rendu 2 F de ~** he gave me back 2 francs too much; **l'argent versé en ~** the excess payment; **il pèse 3 kg de ~** he is 3 kg overweight; **si je suis de ~, je peux m'en aller!** if I'm in the way ou not welcome I can always leave!; **cette remarque est de ~** that remark is uncalled for; **il a bu un verre de ~** he's had a drink too many.

2 nm (excédent) excess; (reste) extra. **le ~ d'importance accordé à** the excessive importance attributed to.
♦ **trop-perçu**, pl ~-~s nm excess (tax) payment.
♦ **trop-plein**, pl ~-~s nm excess; (d'eau) overflow. **~ d'énergie** surplus ou boundless energy.

trophée [tʀɔfe] nm trophy.

tropique [tʀɔpik] nm tropic. **~ du cancer/capricorne** tropic of Cancer/Capricorn; **les ~s** the tropics. ♦ **tropical, e**, mpl **-aux** adj tropical.

troquer [tʀɔke] (1) vt: **~ qch contre qch d'autre** to swap sth for sth else; (Écon) to barter ou trade sth for sth else.

troquet [tʀɔkɛ] nm small café.

trot [tʀo] nm trot. **petit/grand ~** jog/full trot; **course de ~** trotting race; (fig) **au ~*** at the double. ♦ **trotte*** nf: **il y a une ~ (d'ici au village)** it's a fair distance (from here to the village).
♦ **trotter** (1) vi [cheval, cavalier] to trot; [personne] (à petits pas) to trot along; (beaucoup) to run around; [souris, enfants] to scurry ou scamper (about). **un air/une idée qui vous trotte dans la tête** a tune/an idea which keeps running through your head. ♦ **trotteur, -euse** 1 nm,f (cheval) trotter, trotting horse. 2 nf (aiguille) (sweep) second hand. ♦ **trottiner** (1) vi [cheval] to jog along; [personne] to trot along; [souris] to scurry ou scamper along. ♦ **trottinette** nf (child's) scooter.

trottoir [tʀɔtwaʀ] nm pavement, sidewalk (US). **~ roulant** moving walkway, travellator; (péj) **faire le ~*** to walk the streets, be on the game*.

trou [tʀu] nm (a) (lit) hole. **~ d'aération** airhole, air vent; **~ d'air** air pocket; **le ~ de la serrure** the keyhole; (Théât) **le ~ du souffleur** the prompt box; **faire un ~** (gén) to dig ou make a hole; (déchirure) to tear a hole; (usure) to wear a hole. **(b)** (moment de libre) gap; (déficit) deficit. **un ~ dans ses économies** a hole in his savings; **~ (de mémoire)** lapse of memory. (c) (péj: localité) place, hole* (péj), dump* (péj). **il n'est jamais sorti de son ~** he has never been out of his own backyard.

troubadour [tʀubaduʀ] nm troubadour.

troublant, e [tʀublɑ̃, ɑ̃t] adj (gén) disturbing.

trouble[1] [tʀubl(ə)] 1 adj (a) eau, vin unclear, cloudy; regard, image blurred, misty. (b) affaire

shady, murky; désir dark. 2 adv: **voir ~** to have blurred vision.

trouble[2] [tʀubl(ə)] nm (a) (remue-ménage) tumult, turmoil; (désunion) discord, trouble. (émeute) **~s** disturbances, troubles; **~s politiques** political unrest ou disturbances. (b) (émoi) (inner) turmoil, agitation; (inquiétude) distress; (gêne, perplexité) confusion, embarrassment. (c) (gén pl: Méd) disorder. **~s psychiques** psychological trouble ou disorders.

trouble-fête [tʀubləfɛt] nmf inv spoilsport.

troubler [tʀuble] (1) 1 vt (a) ordre etc to disturb, disrupt; esprit to cloud. **en ces temps troublés** in these troubled times. (b) personne (impressionner) to disturb; (inquiéter, gêner) to trouble, bother. (c) (brouiller) eau to make cloudy; atmosphère, ciel to cloud. **les larmes lui troublaient la vue** tears clouded ou blurred her vision. 2 se ~ vpr (a) [eau] to cloud, become cloudy. (b) [personne] to become flustered. **sans se ~** unperturbed.

trouer [tʀue] (1) vt (a) vêtement (usure) to wear a hole in; (déchirure) to tear a hole in; (brûlure) to burn a hole in. **sac troué** bag with a hole ou with holes in it; **tout troué** full of holes. (b) (fig: traverser) silence, nuit to pierce. ♦ **trouée** nf [haie, nuages] gap, break; (Mil) breach (dans in).

troufion* [tʀufjɔ̃] nm soldier.

trouille* [tʀuj] nf: **avoir la ~** to be scared stiff; **flanquer la ~ à qn** to put the wind up sb*. ♦ **trouillard, e** 1 adj chicken*, yellow-bellied*. 2 nm,f chicken, yellowbelly*.

troupe [tʀup] nf (a) (Mil) troop. **la ~** (l'armée) the army; (les simples soldats) the troops. (b) [chanteurs, danseurs] troupe. [acteurs] **~ (de théâtre)** (theatrical) company. (c) [gens, animaux] band, group, troop.

troupeau, pl **~x** [tʀupo] nm [bœufs, chevaux] (dans un pré) herd; (transhumant) drove; [moutons] flock; [oies] gaggle; (péj) [touristes] herd (péj).

trousse [tʀus] nf (a) (étui) (gén) case, kit; [médecin] instrument case; [écolier] pencil case ou wallet. **~ de maquillage** vanity case; **~ à outils** toolkit; **~ de toilette** (sac) toilet bag, sponge bag; (mallette) travelling case. (b) **aux ~s** de (hot) on the heels of, on the tail of.

trousseau, pl **~x** [tʀuso] nm (a) **~ de clefs** bunch of keys. (b) [mariée] trousseau; [écolier] outfit.

trouvaille [tʀuvaj] nf (objet) find; (fig: idée, métaphore, procédé) stroke of inspiration.

trouver [tʀuve] (1) 1 vt (a) (en cherchant) to find; (par hasard) to find, come upon ou across; difficultés to meet with, come up against. **~ un emploi à qn** to find sb a job, find a job for sb; **je ne le trouve pas** I can't find it; **où peut-on le ~?** where can he be found?, where is he to be found?; **aller/venir ~ qn** to go/come and see sb; **j'ai trouvé!** I've got it!; **formule bien trouvée** clever ou happy phrase; **où est-il allé ~ ça?** where (on earth) did he get that idea from?, whatever gave him that idea? (b) (avec à + infin) **~ à redire (à tout)** to find sth to criticize (in everything); **~ à manger** to find sth to eat; **~ à se distraire** to find a way to amuse o.s. (c) (éprouver) **~ du plaisir à qch/à faire qch** to take pleasure in sth/in doing sth; **~ de la difficulté à faire** to find ou have difficulty in doing. (d) (estimer) **~ que** to find ou think that; **je le trouve fatigué** I think he looks tired, I find him tired-looking; **vous trouvez?** (do) you think so?; **il a trouvé bon de nous écrire** he thought ou saw fit to write to us. (e) (locutions) **~ à qui parler** to meet one's match; **~ son maître** to find one's master; **cet objet n'avait pas trouvé preneur** the object had had no takers; **~ la mort** to meet one's death; **je la trouve mauvaise!*** I think it's a bit off*, I don't like it at all; **~ le sommeil** to get to sleep; **~ chaussure à son pied** to find a suitable match; ~ **son compte à faire qch** to be better (off) doing sth; **il a trouvé le moyen de s'égarer** he managed *ou* contrived to get (himself) lost.

2 se ~ *vpr* **(a)** (*être placé*) to be; (*soudainement*) to find o.s. **où se trouve la poste?** where is the post office?; **ça ne se trouve pas sur la carte** it isn't *ou* doesn't appear on the map; **je me trouvais près de l'entrée** I was (standing *ou* sitting *etc*) near the entrance; **je me suis trouvé dans l'impossibilité de répondre** I found myself unable to reply. **(b)** (*se sentir*) to feel. **se ~ bien** (*dans un fauteuil etc*) to feel comfortable; (*dans une atmosphère*) to feel happy *ou* at ease; (*santé*) to feel **~ bien/mieux** to feel well/better; **se ~ mal** to faint, pass out; **se ~ bien/mal d'avoir fait qch** to be pleased/displeased at having done sth, have reason to be glad/to regret having done sth. **(c)** (*coïncidence*) **se ~ être/avoir** ... to happen to be/have ...; **elles se trouvaient avoir le même chapeau** it turned out that they had *ou* they happened to have the same hat.

3 *vpr impers* **(a)** (*le fait est*) **il se trouve que c'est moi** it happens *ou* it turns out to be me, it's me as it happens; **comme il se trouve parfois** as is sometimes the case, as sometimes happens. **(b)** (*il y a*) **il se trouve toujours des gens pour dire** ... you'll always find people who will say ... . **(c)** (*°*) **ils sont sortis, si ça se trouve** they may well be out, they're probably out.

truand [tryɑ̃] *nm* gangster. ♦ **truander** (1) *vt* to swindle, do‡.

trublion [tryblijɔ̃] *nm* troublemaker, agitator.

truc* [tryk] *nm* (*moyen*) way; (*tour, artifice*) trick; (*dispositif*) thingummy*, whatsit*. **trouver le ~** (**pour faire**) to find the way (of doing). **(b)** (*chose, idée*) thing. **j'ai pensé (à) un ~** I've thought of sth, I've had a thought; **il y a un tas de ~s à faire** there's a heap of things to do*; **méfie-toi de ces ~s-là** be careful of those things. **(c)** (*personne*) **(Machin-)~** what's-his-(*ou* -her-name*). ♦ **trucage** *nm* = **truquage**.

truchement [tryʃmɑ̃] *nm*: **par le ~ de qn** through (the intervention of) sb; **par le ~ de qch** by means of sth.

truculent, e [trykylɑ̃, ɑ̃t] *adj* colourful. ♦ **truculence** *nf* colourfulness.

truelle [tryɛl] *nf* trowel.

truffe [tryf] *nf* (*Culin*) truffle; (*nez du chien*) nose. ♦ **truffer** (1) *vt* to garnish with truffles. (*fig*) **truffé de** *citations* peppered *ou* larded with; *pièges* bristling with.

truie [trɥi] *nf* (*Zool*) sow.

truite [trɥit] *nf* trout.

truquer [tryke] (1) *vt* (*gén*) to fix*; *élections* to rig; *comptes* to fiddle*. ♦ **truquage** *nm* **(a)** fixing, rigging*; fiddling*. **(b)** (*Ciné*) effect, trick.

trust [trœst] *nm* (*Écon: cartel*) trust; (*grande entreprise*) corporation. ♦ **truster** (1) *vt* (*lit, fig*) to monopolize.

tsar [dzar] *nm* tsar.

tsé-tsé [tsetse] *nf*: (*mouche*) **~** tsetse fly.

tsigane [tsigan] **1** *adj* (*Hungarian*) gypsy, tzigane. **2** *nmf*: **T~** (Hungarian) Gypsy, Tzigane.

tu [ty] *pron pers* you (*used to address a child, close relation or friend*); (*Rel*) thou†. **dire ~ à qn** to address sb as 'tu'; **être à ~ et à toi avec qn*** to be on first-name terms with sb.

tuant, e [tɥɑ̃, ɑ̃t] *adj* (*fatigant*) exhausting; (*énervant*) exasperating.

tuba [tyba] *nm* (*Mus*) tuba; (*Sport*) snorkel, breathing tube.

tube [tyb] *nm* **(a)** (*gén*) tube; (*canalisation*) pipe. **~ de rouge** (à lèvres) lipstick; **~ digestif** digestive tract. **(b)** (*°: chanson à succès*) hit song *ou* record.

tubercule [tybɛrkyl] *nm* (*Anat, Méd*) tubercle; (*Bot*) tuber.

tuberculose [tybɛrkyloz] *nf* tuberculosis. ♦ **tuberculeux, -euse** **1** *adj* tuberculous, tubercular. **être ~** to have tuberculosis *ou* TB. **2** *nm,f* tuberculosis *ou* tubercular *ou* TB patient.

tubulure [tybylyr] *nf* (*tube*) pipe. ♦ **tubulaire** *adj* tubular.

tuer [tɥe] (1) **1** *vt* (*gén*) to kill; (*à la chasse*) to shoot; (*fig: exténuer*) to exhaust, wear out. **~ qn à coups de couteau** to stab *ou* knife sb to death; **~ qn d'une balle** to shoot sb dead; **l'alcool tue** alcohol can kill *ou* is a killer; **cet enfant me tuera** this child will be the death of me; **~ la poule aux œufs d'or** to kill the goose that lays the golden eggs; **~ qch dans l'œuf** to nip sth in the bud; **~ le temps** to kill time. **2 se ~** *vpr* (*accident*) to be killed; (*suicide*) to kill o.s. **se ~ à travailler** to work o.s. to death, kill o.s. with work; **se ~ à répéter qch à qn** to wear o.s. out repeating sth to sb. ♦ **tué, e** *nm,f* person killed. **les ~s** the dead. ♦ **tuerie** *nf* (*carnage*) slaughter, carnage. ♦ **tue-tête** *adv*: **crier à ~** to shout at the top of one's voice, shout one's head off°. ♦ **tueur, -euse** **1** *nm,f* killer. **~** (**à gages**) hired killer, hitman. **2** *nm* (*d'abattoir*) slaughterman, slaughterer.

tuile [tɥil] *nf* **(a)** (*Constr*) tile. **(b)** (*°: malchance*) blow. **quelle ~!** what a blow! **(c)** (*Culin*) wafer.

tulipe [tylip] *nf* tulip.

tuméfié, e [tymefje] *adj* puffed-up, swollen.

tumeur [tymœr] *nf* tumour.

tumulte [tymylt(ə)] *nm* **(a)** (*bruit*) [*foule, rue*] commotion; [*voix*] hubbub; [*acclamations*] thunder, tumult. **(b)** (*agitation*) [*affaires*] hurlyburly; [*passions*] turmoil, tumult. ♦ **tumultueux, -euse** *adj séance, époque* stormy, turbulent; *foule* turbulent, agitated; *passion* tumultuous, turbulent.

tunique [tynik] *nf* tunic.

Tunisie [tynizi] *nf* Tunisia. ♦ **tunisien, -ienne** *adj*, **T~(ne)** *nm(f)* Tunisian.

tunnel [tynɛl] *nm* tunnel.

turban [tyrbɑ̃] *nm* turban.

turbine [tyrbin] *nf* turbine.

turboréacteur [tyrbɔreaktœr] *nm* turbojet.

turbulent, e [tyrbylɑ̃, ɑ̃t] *adj enfant* boisterous; (*Sci*) turbulent. ♦ **turbulence** *nf* (*Sci: remous*) **~(s)** turbulence.

turc, turque [tyrk(ə)] **1** *adj* Turkish. **2** *nm* **(a)** (*personne*) **T~** Turk; (*fig*) **jeune T~** Young Turk. **(b)** (*Ling*) Turkish. **3** *nf*: **Turque** Turkish woman.

turfiste [tyrfist(ə)] *nmf* racegoer.

turlupiner* [tyrlypine] (1) *vt* to bother, worry.

turne [tyrn(ə)] *nf* (*arg Scol: chambre*) room.

Turquie [tyrki] *nf* Turkey.

turquoise [tyrkwaz] *nf, adj inv* turquoise.

tutelle [tytɛl] *nf* (*Jur*) guardianship; (*Pol*) trusteeship. **mettre qn en ~** to put sb in the care of a guardian; **sous la ~ de qn** (*dépendance*) under sb's supervision; (*protection*) in sb's tutelage *ou* guardianship.

tuteur, -trice [tytœr, tris] **1** *nm,f* (*Jur*) guardian. **2** *nm* (*Agr*) stake, support, prop.

tutoyer [tytwaje] (8) *vt*: **~ qn** to address sb as 'tu', ≃ be on first-name terms with sb. ♦ **tutoiement** *nm* use of (the familiar) 'tu'.

tutu [tyty] *nm* tutu, ballet skirt.

tuyau, *pl* **~x** [tɥijo] *nm* **(a)** (*gén, rigide*) pipe, length of piping; (*flexible*) length of rubber (*ou* plastic *etc*) tubing; [*pipe*] stem. **~ d'arrosage** hosepipe, garden hose; **~ de cheminée** chimney pipe; **~ d'échappement** exhaust (pipe); (*fig*) **dans le ~ de l'oreille*** in sb's ear. **(b)** (*°: conseil*) tip. ♦ **tuyauter*** (1) *vt*: **~ qn** (*conseiller*) to give sb a tip; (*mettre au courant*) to put sb in the know*. ♦ **tuyauterie** *nf*: **~(s)** piping; (*orgue*) pipes.

tympan [tɛ̃pɑ̃] *nm* (*Anat*) eardrum.

type [tip] **1** *nm* **(a)** (*modèle*) type. **une pompe du ~ réglementaire** a regulation-type pump; **avoir le ~ oriental** to be Oriental-looking, have

Oriental looks; **ce** *ou* **il n'est pas mon** ~* he is not my type *ou* sort; **c'est le** ~ **(parfait** *ou* **même) de l'intellectuel** he's a perfect *ou* classic example *ou* he's the epitome of the intellectual. **(b)** (*: *individu*) bloke*, guy*. **quel sale** ~! what a nasty customer *ou* piece of work! **2** *adj inv* typical, classic; (*Statistique*) standard. **l'exemple** ~ the typical *ou* classic example.

typhoïde [tifɔid] *adj* typhoid. **la (fièvre)** ~ typhoid (fever).

typhon [tifɔ̃] *nm* typhoon.

typhus [tifys] *nm* typhus (fever).

typique [tipik] *adj* typical. **sa réaction est** ~ his reaction is typical (of him). ♦ **typiquement** *adv* typically.

typographe [tipɔgʀaf] *nmf* typographer. ♦ **typographie** *nf* typography. ♦ **typographique** *adj* *opérations, art* typographic(al). **erreur** ~ typographic(al) *ou* printer's error, misprint.

typologie [tipɔlɔʒi] *nf* typology.

tyran [tiʀɑ̃] *nm* (*lit, fig*) tyrant. ♦ **tyrannie** *nf* tyranny. **exercer sa** ~ **sur qn** to tyrannize sb. ♦ **tyrannique** *adj* tyrannical. ♦ **tyranniser** (1) *vt* to tyrannize.

U

U, u [y] *nm (lettre)* U, u.
ulcère [ylsɛʀ] *nm* ulcer. ♦ **ulcération** *nf* ulceration. ♦ **ulcérer** (6) **1** *vt (révolter)* to sicken, appal; (*Méd*) to ulcerate. **2** s'~ *vpr* to ulcerate. ♦ **ulcéreux, -euse** *adj* ulcerated, ulcerous.
ultérieur, e [ylteʀjœʀ] *adj* later, subsequent, ulterior. **à une date** ~e at a later *ou* subsequent date. ♦ **ultérieurement** *adv* later, subsequently.
ultimatum [yltimatɔm] *nm* ultimatum.
ultime [yltim] *adj* ultimate, final.
ultra [yltʀa] *préf* ultra. ~**-moderne** *etc* ultramodern *etc*; ~**-son** ultrasonic sound; ~**-violet** (*adj*) ultraviolet; (*nm*) ultraviolet ray.
un, une [œ̃, yn] **1** *adj indéf* (a) a, an (*devant voyelle*); (*un, une quelconque*) some; (*avec noms abstraits*) *non traduit*. **ne venez pas ~ dimanche** don't come on a Sunday; **retrouvons-nous dans ~ café** let's meet in a café *ou* in some café (or other); **~ jour, tu comprendras** one day *ou* some day you'll understand; **avec une grande sagesse** with great wisdom; **cet enfant sera ~ Paganini** this child will be another Paganini; **ce n'est pas ~ génie** he's no genius. (b) (*intensif*) **elle a fait une de ces scènes!** she made a dreadful scene! *ou* such a scene!; **j'ai une de ces faims!** I'm so hungry!; **il est d'~ sale!** he's so dirty! (c) ~ **autre** another, another one. **Monsieur Un tel** Mr So-and-So; ~ **certain Mr X** a (certain) Mr X, one Mr X; ~ (**petit**) **peu** a little.
2 *pron* (a) one. **prêtez-m'en ~** lend me one of them); **j'en ɔonnais ~ qui sera content!** I know someone *ou* somebody who'll be pleased! (b) (*avec art déf*) l'~ one; **les ~s** some; **l'une et l'autre solution sont acceptables** either solution is acceptable, both solutions are acceptable; **ils se regardaient l'~ l'autre** they looked at one another *ou* at each other; (*à tout prendre*) l'~ **dans l'autre** on balance, by and large.
3 *adj inv* one one. ~ **seul** one only, only one; **pas ~** (**seul**) not one; (*emphatique*) not a single one; **sans ~ sou*** penniless, broke*.
4 *nm,f* one. **j'ai tiré le (numéro) ~** I picked (number) one; (**d'abord**) **et d'une!*** for a start!; **il n'a fait ni une ni deux, il a accepté** he accepted without a second's hesitation; (*Presse*) **la une** the front page, page one.
unanime [ynanim] *adj* unanimous. ♦ **unanimement** *adv* unanimously. ♦ **unanimité** *nf* unanimity. **élu à l'~** elected unanimously; **cette décision a fait l'~** this decision was approved unanimously.
uni, e [yni] *adj* (a) *tissu* plain, self-coloured; *couleur* plain. (b) *couple, amis* close; *famille* close(-knit). **présenter un front ~ contre** to present a united front to. (c) *surface* smooth, even.
unième [ynjɛm] *adj*: **vingt/trente et ~** twenty-/thirty-first.
unifier [ynifje] (7) **1** *vt (gén)* to unify. **2** s'~ *vpr [pays]* to become unified. ♦ **unificateur, -trice** *adj* unifying. ♦ **unification** *nf* unification.
uniforme [ynifɔʀm(ə)] **1** *adj (gén)* uniform; *surface* even. **2** *nm (vêtement)* uniform. **en (grand) ~** in (dress) uniform. ♦ **uniformément** *adv* uniformly; evenly. ♦ **uniformisation** *nf* standardization. ♦ **uniformiser** (1) *vt (standardiser)* to standardize; *teinte* to make uniform.

♦ **uniformité** *nf* uniformity; evenness.
unijambiste [yniʒɑ̃bist(ə)] **1** *adj* one-legged. **2** *nmf* one-legged man (*ou* woman).
unilatéral, e, mpl -aux [ynilateral, o] *adj* unilateral. ♦ **unilatéralement** *adv* unilaterally.
unilingue [ynilɛ̃g] *adj* unilingual.
union [ynjɔ̃] **1** *nf* (*alliance, mariage*) union; (*groupe*) association, union; (*éléments, couleurs*) combination, blending. **l'~ fait la force** strength through unity. **2:** ~ **de consommateurs** consumers' association; **l'U~ Soviétique** the Soviet Union.
unique [ynik] *adj* (a) (*seul*) only. **mon ~ espoir** my only *ou* sole *ou* one hope; **fils ~** only son; **route à voie ~** single-lane road; **tiré par un cheval ~** drawn by only one *ou* by a single horse; ~ **en France** the only one of its kind in France; **deux aspects d'un même et ~ problème** two aspects of one and the same problem. (b) (*après n: exceptionnel*) *livre, talent* unique. ~ **en son genre** unique of its kind; ~ **au monde** absolutely unique. (c) (*: *impayable*) priceless*. ♦ **uniquement** *adv* (a) (*exclusivement*) only, solely. **pas ~** not only *ou* not just that; **il pense ~ à l'argent** he thinks only of money. (b) (*simplement*) only, merely, just. **c'était ~ par curiosité** it was only *ou* just *ou* merely out of curiosity.
unir [yniʀ] (2) **1** *vt* (a) (*associer*) to unite (*à* with). **le sentiment qui les unit** the feeling which binds them together *ou* unites them; ~ **en mariage** to unite *ou* join in marriage. (b) (*combiner*) *couleurs, qualités* to combine (*à* with). (c) (*relier*) *continents, villes* to link, join up. **2** s'~ *vpr (s'associer)* to unite (*à, avec* with, *contre* against); (*se marier*) to be joined in marriage; (*se combiner*) to combine (*à, avec* with).
unisexe [ynisɛks] *adj inv* unisex.
unisson [ynisɔ̃] *nm*: **à l'~** in unison.
unitaire [yniteʀ] *adj (Comm, Math, Phys)* unitary; (*Pol*) unitarian.
unité [ynite] *nf* (a) (*cohésion*) unity. ~ **de vues** unity of views. (b) (*Comm, Math*) *nombre* unit. ~ **de mesure** unit of measure. (c) (*troupe*) unit; (*navire*) (war)ship. (d) (*: *10 000 F*) ten thousand francs.
univers [ynivɛʀ] *nm* (*gén*) universe. ♦ **universalité** *nf* universality. ♦ **universel, -elle** *adj* (*gén*) universal; *réputation* world-wide. ♦ **universellement** *adv* universally.
universitaire [ynivɛʀsitɛʀ] **1** *adj vie, restaurant* university; *études, milieux, diplôme* university, academic. **2** *nmf* academic.
université [ynivɛʀsite] *nf* university.
uranium [yʀanjɔm] *nm* uranium.
urbain, e [yʀbɛ̃, ɛn] *adj* (a) (*de la ville*) urban, city. (b) (*littér: poli*) urbane. ♦ **urbanisation** *nf* urbanization. ♦ **urbaniser** (1) **1** *vt* to urbanize. **2** s'~ *vpr* to become urbanized. ♦ **urbanisme** *nm* town planning. ♦ **urbaniste** *nmf* town planner. ♦ **urbanité** *nf* (*littér*) urbanity.
urée [yʀe] *nf* urea. ♦ **urémie** *nf* uraemia.
urgence [yʀʒɑ̃s] *nf* (a) [*décision, situation*] urgency. **y a-t-il ~ à ce que nous fassions ...?** is it urgent for us to do ...?; **d'~ mesures, situation** emergency; **faire qch d'~** to do sth as a matter of urgency; **transporté d'~ à l'hôpital** rushed to hos-

pital; **à envoyer d'~** to be sent immediately; **le patron l'a convoqué d'~** the boss requested to see him urgently *ou* immediately. **(b)** *(cas urgent)* emergency. **salle des ~s** emergency ward. ♦ **urgent, e** *adj* urgent. **rien d'~** nothing urgent; **l'~ est de** the most urgent thing is to. ♦ **urger*** (3) *vi:* **ça urge!** it's urgent!

urine [yʀin] *nf:* **~(s)** urine. ♦ **uriner** (1) *vi* to urinate. ♦ **urinoir** *nm* (public) urinal.

urne [yʀn(ə)] *nf* **(a)** *(Pol)* **~ (électorale)** ballot box; **aller aux ~s** to vote, go to the polls. **(b)** *(vase)* urn.

urticaire [yʀtikɛʀ] *nf* nettle rash, hives, urticaria.

us [ys] *nmpl:* **~ (et coutumes)** (habits and) customs.

usage [yzaʒ] *nm* **(a)** *(utilisation)* use. **outil à ~s multiples** multi-purpose tool; **faire ~ de** *(gén)* to use, make use of; *droit* to exercise; **faire un bon/ mauvais ~ de qch** to put sth to good/bad use; **avoir l'~ de qch** to have the use of sth; **ces souliers ont fait de l'~** I've (*ou* we've *etc*) had good use out of these shoes; **à l'~** with use; **à l'~ de** for; **en ~** in use. **(b)** *(coutume, habitude)* custom. **c'est l'~** it's the custom, it's what's done; **entrer dans l'~** (*courant*) *[objet, mot]* to come into common *ou* current use; *[mœurs]* to become common practice; **entrer dans l'~ ou** to custom; **il était d'~ de** it was customary *ou* a custom *ou* usual to; **formule d'~** set formula; **après les compliments d'~** after the usual *ou* customary compliments. **(c)** *(Ling)* **l'~** usage; **l'~ écrit** written usage. ♦ **usagé, e** *adj* worn, old. ♦ **usager, -ère** *nm,f* user. **~ de la route** roaduser.

user [yze] (1) **1** *vt* **(a)** *(détériorer)* *outil, roches* to wear away; *vêtements, personne* to wear out; *nerfs* to wear down. **(b)** *(consommer)* *(gén)* to use; *essence, charbon* to use, burn. **il use 2 paires de chaussures par mois** he goes through 2 pairs of shoes (in) a month. **2** *vi (littér)* **en ~ bien/mal avec qn** to deal well/badly by sb, treat sb well/ badly. **3 ~ de** *vt indir (gén)* to make use of, use; *droit* to exercise. **il en a usé et abusé** he has used and abused it. **4 s'~** *vpr [tissu]* to wear out. **s'~ les yeux** to strain one's eyes (**à** *faire* by doing). ♦ **usé,**

e *adj* **(a)** *objet* worn; *(fig)* *personne* worn-out. **~ jusqu'à la corde** threadbare. **(b)** *(banal)* *thème* hackneyed, trite; *plaisanterie* well-worn, stale.

usine [yzin] *nf (gén)* factory; *(importante)* plant; *(textile)* mill; *(métallurgique)* works. **~ à gaz** gasworks. ♦ **usiner** (1) *vt (traiter)* to machine; *(fabriquer)* to manufacture.

usité, e [yzite] *adj* in common use, common.

ustensile [ystɑ̃sil] *nm (gén)* implement. **~ (de cuisine)** (kitchen) utensil.

usuel, -elle [yzчɛl] **1** *adj* everyday, ordinary; *mot* everyday; *nom* common. **2** *nm (livre)* book on the open shelf.

usufruit [yzyfʀчi] *nm* usufruct. ♦ **usufruitier, -ière** *adj, nm,f* usufructuary.

usure¹ [yzyʀ] *nf (a)* *(processus)* *[vêtement]* wear (and tear); *[roche]* wearing away; *[forces]* wearing out. **on l'aura à l'~** we'll wear him down in the end. **(b)** *(état)* *[objet]* worn state.

usure² [yzyʀ] *nf (intérêt)* usury. ♦ **usuraire** *adj* usurious. ♦ **usurier, -ière** *nm,f* usurer.

usurper [yzyʀpe] (1) *vt* to usurp. ♦ **usurpateur, -trice** **1** *adj* usurping. **2** *nm,f* usurper. ♦ **usurpation** *nf* usurpation.

ut [yt] *nm (Mus)* (the note) C.

utérus [yteʀys] *nm* womb.

utile [ytil] *adj (gén)* useful; *conseil* useful, helpful (**à** *qn* to *ou* for sb). **livre ~ à lire** useful book to read; **cela vous sera ~** that'll be of use to you; **ton parapluie m'a été bien ~ ce matin** your umbrella came in very handy this morning; **est-il vraiment ~ que j'y aille?** do I really need to go?; **puis-je vous être ~?** can I be of help?, can I do anything for you? ♦ **utilement** *adv* profitably, usefully.

utiliser [ytilize] (1) *vt (gén)* to use, make use of. ♦ **utilisable** *adj* usable. ♦ **utilisateur, -trice** *nm,f* user. ♦ **utilisation** *nf* use.

utilitaire [ytilitɛʀ] *adj* utilitarian.

utilité [ytilite] *nf* usefulness, use. **cet outil peut avoir son ~** this tool has its uses *ou* may come in handy *ou* useful; **d'aucune ~** (of) no use *ou* help, useless; **déclaré d'~ publique** state-approved.

utopie [ytɔpi] *nf* utopian view (*ou* idea *etc*). **c'est de l'~** that's sheer utopianism. ♦ **utopique** *adj* utopian.

V

V, v [ve] *nm (lettre)* V, v. **en V** V-shaped.

vacance [vakɑ̃s] **1** *nf (Admin: poste)* vacancy.
2 *nfpl:* ~s holidays, vacation *(US)*. **les** ~**s de Noël**
the Christmas holidays; **partir/être en** ~s to go/be
away on holiday; **prendre ses** ~**s en une fois** to
take (all) one's holiday(s) at once; **j'ai besoin de**
~s I need a holiday *ou* vacation; ~**s de neige**
winter sports holiday; **lieu de** ~s holiday place.
♦ **vacancier, -ière** *nm,f* holiday-maker, vaca-
tionist *(US)*.

vacant, e [vakɑ̃, ɑ̃t] *adj (gén)* vacant; *appartement* unoccupied.

vacarme [vakaʀm(ə)] *nm* din, racket, row. **faire
du** ~ to make a din.

vaccin [vaksɛ̃] *nm (substance)* vaccine. *(vaccination)* **faire un** ~ **à qn** to give sb a vaccination.
♦ **vaccination** *nf* vaccination. ♦ **vacciner** (1) *vt*
(Méd) to vaccinate *(contre* against). **se faire** ~ to
have a vaccination, get vaccinated.

vache [vaʃ] **1** *nf* **(a)** *(Zool)* cow; *(cuir)* cowhide. ~
laitière dairy cow. **(b)** (‡: *méchant*) *(femme)*
bitch‡, cow‡; *(homme)* swine‡. **(c)** ~ **à eau** canvas
waterbag. **(d)** *(locutions)* **période de** ~**s grasses/
maigres** fat/lean years; **c'est une** ~ **à lait*** he's a
mug* *ou* sucker*; **il parle français comme une** ~
espagnole he absolutely murders the French language; **manger de la** ~ **enragée** to go through
hard *ou* lean times; **faire un coup en** ~ **à qn** to do
the dirty on sb‡; **ah la** ~!‡ *(douleur, indignation)*
hell!‡, damn!‡; **une** ~ **de surprise‡** a hell of a sur-
prise‡. **2** *adj* (‡: *méchant*) rotten*, mean.
♦ **vachement** *adv* **(a)** *crier etc* like mad*. ~
bon/difficile damned‡ good/hard. **(b)** *(méchamment)* in a rotten* *ou* mean way. ♦ **vacher** *nm*
cowherd. ♦ **vacherie** *nf* **(a)** (‡: *méchanceté*)
rottenness*, meanness. **une** ~ *(action)* a dirty
trick*; *(remarque)* a nasty remark. **(b)** (‡:
intensif) **quelle** ~ **de temps** *etc*! what damned‡
awful weather *etc*!

vaciller [vasije] (1) *vi* **(a)** *(lit)* *[personne, mur]* to
sway (to and fro); *[bébé, meuble]* to wobble. ~ **sur
ses jambes** to stand shakily *ou* unsteadily on one's
legs; **s'avancer en vacillant** to totter *ou* reel
along. **(b)** *[lumière]* to flicker; *[voix]* to shake;
[résolution, courage] to falter, waver; *[raison,
santé, mémoire]* to be shaky, be failing.
♦ **vacillant, e** *adj démarche* shaky, wobbly;
flamme flickering; *santé, mémoire, raison* shaky,
failing; *caractère* indecisive. ♦ **vacillement** *nm:*
~(s) swaying; wobbling, flickering; faltering,
wavering.

vadrouille* [vadʀuj] *nf* ramble. **être en** ~ to be
out on a ramble. ♦ **vadrouiller*** (1) *vi* to ramble *ou*
rove around *ou* about.

va-et-vient [vaevjɛ̃] *nm inv [personnes etc]* comings and goings, to-ings and fro-ings; *[piston]* to
and fro (motion), backwards and forwards
motion. **faire le** ~ **entre** to go to and fro between;
(Élec) **(interrupteur de)** ~ two-way switch.

vagabond, e [vagabɔ̃, ɔ̃d] **1** *adj peuple, vie* wandering; *imagination, humeur* restless. **2** *nm,f*
(péj: rôdeur) tramp, vagrant, vagabond.
♦ **vagabondage** *nm* wandering, roaming; *(Jur,
péj)* vagrancy. ♦ **vagabonder** (1) *vi [personne,
imagination]* to roam, wander.

vagin [vaʒɛ̃] *nm* vagina.

vagir [vaʒiʀ] (2) *vi [bébé]* to cry, wail.
♦ **vagissement** *nm* cry, wailing.

vague[1] [vag] **1** *adj (gén)* vague; *idée* hazy; *regard*
faraway; *robe, manteau* loose(-fitting). **un** ~
cousin some distant cousin; **il avait un** ~ **diplôme**
he had a degree of sorts *ou* some kind of degree.
2 *nm* vagueness. **il est resté dans le** ~ he kept it
all rather vague; **regarder dans le** ~ to gaze (vacantly) into space; **avoir du** ~ **à l'âme** to feel
vaguely melancholic. ♦ **vaguement** *adv* vaguely.

vague[2] [vag] *nf (lit, fig)* wave. ~(s) **de fond** ground
swell; ~ **d'enthousiasme** wave *ou* surge of
enthusiasm; **premières** ~s **de touristes** first
influxes of tourists; ~ **de chaleur** heatwave; ~ **de
froid** cold spell *ou* snap.

vaillant, e [vajɑ̃, ɑ̃t] *adj* **(a)** *(courageux)* brave,
courageous; *(au combat)* valiant, gallant. **(b)**
(vigoureux) vigorous, robust. **je ne me sens pas
très** ~ I don't feel particularly great today*.
♦ **vaillamment** *adv* bravely, courageously; valiantly, gallantly. ♦ **vaillance** *nf* courage,
bravery; valour, gallantry.

vain, e [vɛ̃, vɛn] *adj* **(a)** *promesse, espoir* vain,
empty; *tentative, attente* vain, futile, fruitless;
regrets, discussion vain, useless, idle. **en** ~ in
vain; **son sacrifice n'aura pas été** ~ his sacrifice
will not have been in vain; **il est** ~ **d'essayer de** ...
it is futile to try to ... . **(b)** *(vaniteux)* vain.
♦ **vainement** *adv* vainly.

vaincre [vɛ̃kʀ(ə)] (42) *vt rival* to defeat; *ennemi* to
defeat, vanquish, conquer; *obstacle etc* to overcome; *timidité, sentiment, maladie* to overcome,
triumph over, conquer. **nous vaincrons** we shall
overcome. ♦ **vaincu, e** *adj* defeated, vanquished.
s'avouer ~ to admit defeat; **les** ~**s** the vanquished, the defeated. ♦ **vainqueur 1** *nm (à la
guerre)* conqueror, victor; *(en sport)* winner.
2 *adj m* victorious, triumphant.

vaisseau, *pl* ~**x** [vɛso] *nm* **(a)** *(Naut)* ship, vessel.
~ **amiral** flagship; ~ **de guerre** warship; *(Aviat)*
~ **spatial** spaceship. **(b)** *(Anat)* vessel.

vaisselle [vɛsɛl] *nf (plats)* crockery; *(plats à
laver)* dishes; *(lavage)* washing-up, dishes. **faire
la** ~ to wash up, do the washing-up *ou* the dishes.
♦ **vaisselier** *nm* dresser.

val, *pl* ~**s** *ou* **vaux** [val, vo] *nm* valley.

valable [valabl(ə)] *adj contrat, passeport, raison,
motif* valid; *œuvre, solution, équipements* decent,
worthwhile. ♦ **valablement** *adv* validly. **pour en
parler** ~ ... to be able to say anything worthwhile
ou valid about it ... .

valdinguer‡ [valdɛ̃ge] (1) *vi:* **aller** ~ *[personne]* to
go sprawling; *[objet]* to come crashing down;
envoyer ~ **qch** to send sth flying*.

valet [valɛ] *nm (domestique)* (man)servant;
(Cartes) jack, knave. ~ **de chambre** manservant,
valet; ~ **de ferme** farmhand; ~ **de pied** footman;
(cintre) ~ **(de nuit)** valet.

valeur [valœʀ] *nf* **(a)** *(commerciale)* value, worth;
(Fin) [devise, action] value, price. ~ **marchande/
vénale** market/monetary value; **prendre/
perdre de la** ~ to go up/down in value, lose/
gain in value; **ça a beaucoup de/n'a aucune** ~ it is
worth a lot/worthless. **(b)** *(titre boursier)* security. ~s securities, stocks and shares; ~s
(mobilières) transferable securities. **(c)**

(qualité) [personne] worth, merit; [roman] value, merit; [science, théorie] value. **acteur de** ~ actor of considerable merit; **juger qn/qch à sa (juste)** ~ to judge sb/sth at his/its true value; **~s morales** moral values. **(d)** (mesure) value. **~ relative/absolue d'un terme** relative/absolute value of a term; **en ~ absolue/relative** in absolute/relative terms; **donnez-lui la ~ d'une cuiller à café** give him the equivalent of a teaspoonful, give him a teaspoon's worth. **(e)** (locutions) **objets de ~** valuables, articles of value; **sans ~** objet valueless, worthless; témoignage invalid, valueless; **mettre en ~** terrain to exploit; détail to bring out, highlight; objet décoratif to set off; **mettre qn en ~** [conversation, esprit] to show sb (off) to advantage, bring out sb's personal qualities.

valeureux, -euse [valœRø, øz] adj valorous.
♦ **valeureusement** adv valorously.

valide [valid] adj **(a)** (non blessé) able-bodied; (en bonne santé) fit, well; membre good. **(b)** billet, carte d'identité valid. ♦ **valider** (1) vt passeport, billet to validate; document to authenticate. ♦ **validation** nf validation; authentication. ♦ **validité** nf validity.

valise [valiz] nf (suit)case. (lit, fig) **faire ses ~s** to pack one's bags; **la ~ (diplomatique)** the diplomatic bag.

vallée [vale] nf valley. ♦ **vallon** nm small valley.
♦ **vallonné, e** adj undulating. ♦ **vallonnement** nm undulation.

valoir [valwaR] (29) **1** vi **(a)** [objet] **~ qch** to be worth sth; **ça vaut 10 F** it's worth 10 francs; **~ cher** to be worth a lot, be expensive; **acompte à ~ sur ...** deposit to be deducted from ...; **cette montre vaut-elle plus cher que l'autre?** — **elles se valent à peu près** is this watch worth more than the other one? — they are worth about the same (amount). **(b)** (qualité) **que vaut cet auteur/cette pièce?** is this author/this play any good?; **ils ne valent pas mieux l'un que l'autre** there's nothing to choose between them, they are two of a kind; **il ne vaut pas cher!** ou **pas grand-chose!** he's a bad lot; **il a conscience de ce qu'il vaut** he is aware of his worth, he knows his worth; **ça ne vaut rien** ou **pas un clou** (gén) it's no good (pour for); [marchandise] it's rubbish; [argument] it's worthless; [outil] it's useless ou no use; **ne faire rien qui vaille** to do nothing useful ou worthwhile ou of any use; **cela ne me dit rien qui vaille** I don't like the look of that, it seems rather ominous to me. **(c)** (s'appliquer) to hold, apply, be valid. **ceci ne vaut que dans certains cas** this only holds ou applies ou is only valid in certain cases. **(d)** (être aussi bon) **~ qn/qch** to be as good as sb/sth; (revenir au même) **~ qch** to be equivalent to sth, be worth sth; **rien ne vaut la mer** there's nothing like ou nothing to beat the sea; **cette méthode en vaut une autre** it's as good a method as any (other); (en mal) **ces deux frères se valent** these two brothers are two of a kind; **ça se vaut** it's six of one and half a dozen of the other. **(e)** (justifier) **~** to be worth. **le musée valait le détour/d'être vu** the museum was worth the detour/was worth seeing; **cela vaut la peine** ou **le coup** it's worth it, it's worth the trouble. **(f)** **faire ~** domaine to exploit; droits to assert; fait, argument to emphasize; (mettre en vedette) caractéristique to highlight, bring out; personne to show off to advantage; **je lui fis ~ que ...** I impressed upon him that ... . **(g)** **il vaut/vaudrait mieux refuser, mieux vaut/vaudrait refuser** it is better/would be better to refuse; **il vaudrait mieux que vous refusiez** you had better refuse, you would do better to refuse; **mieux vaut trop de travail que pas assez** too much work is better than not enough.

2 vt: **ceci lui a valu des reproches** etc this earned ou brought him reproaches etc; **qu'est ce**

qui nous vaut l'honneur de cette visite? to what do we owe the honour of this visit?

valoriser [valɔRize] (1) vt to enhance the value of.
♦ **valorisation** nf valorization.

valse [vals(ə)] nf (danse) waltz; (fig: carrousel) musical chairs. **~ hésitation** pussyfooting*.
♦ **valser** (1) vi **(a)** (danser) to waltz. **(b)** (*fig) **envoyer ~ qch/qn** to send sth/sb flying; **il est allé ~ contre le mur** he went flying against the wall; **faire ~ l'argent** to spend money like water.
♦ **valseur, -euse** nm,f waltzer.

valve [valv(ə)] nf valve.

vampire [vãpiR] nm (gén) vampire; (Zool) vampire bat.

vandale [vãdal] adj, nmf vandal. ♦ **vandalisme** nm vandalism.

vanille [vanij] nf vanilla.

vanité [vanite] nf **(a)** (amour-propre) pride, vanity, conceit. **sans ~** without false modesty; **tirer ~ de** to pride o.s. on. **(b)** (futilité) [promesse, espoir] emptiness, vanity; [tentative] futility, fruitlessness; [regrets, discussion] uselessness, idleness. ♦ **vaniteusement** adv vainly, conceitedly. ♦ **vaniteux, -euse** adj vain, conceited.

vanne [van] nf (canalisation) gate; [écluse, digue] (sluice) gate.

vanner [vane] (1) vt **(a)** (Agr) to winnow. **(b)** (‡: fatiguer) to exhaust, do in*. **je suis vanné** I'm dead-beat*.

vannerie [vanRi] nf basketwork. ♦ **vannier** nm basket maker.

vantail, pl -aux [vãtaj, o] nm [porte] leaf. **porte à double ~** Dutch door.

vanter [vãte] (1) **1** vt auteur, endroit, qualités to praise, speak highly of, speak in praise of; méthode, avantages, marchandises to vaunt. **2 se ~ vpr (a)** (fanfaronner) to boast, brag. **sans me ~** without false modesty, without wishing to boast ou brag. **(se targuer) se ~ de qch/d'avoir fait qch** to pride o.s. on sth/on having done sth; **se ~ de (pouvoir) faire ...** to boast one can do ...; **il n'y a pas de quoi se ~** there's nothing to be proud of ou to boast about. ♦ **vantard, e** 1 adj boastful, bragging, boasting. **2** nm,f braggart, boaster.
♦ **vantardise** nf (caractère) boastfulness; (propos) boast.

va-nu-pieds [vanypje] nmf inv (péj) tramp, beggar.

vapes [vap] nfpl: **tomber dans les ~** to fall into a dead faint, pass out; **être dans les ~** (évanoui) to be out cold*; (drogué, après un choc) to be woozy* ou in a daze.

vapeur [vapœR] nf **(a)** (brouillard) haze, vapour; (Chim: émanation) vapour. **~s d'essence** petrol fumes; **~ (d'eau)** steam, (water) vapour; **machine** etc **à ~** steam engine etc; **(cuit à la) ~** steamed; **aller à toute ~** to go full steam ahead. **(b)** (†: malaises) **~s** vapours†.

vaporeux, -euse [vapɔRø, øz] adj tissu filmy; atmosphère misty, vaporous; cheveux gossamer.

vaporiser [vapɔRize] (1) **1** vt to spray. **2 se ~** vpr (Phys) to vaporize. ♦ **vaporisateur** nm spray.

vaquer [vake] (1) **1** ~ **à** vt indir to attend to, see to. **~ à ses occupations** to go about one's business. **2** vi (Admin: être en vacances) to be on vacation.

varappe [vaRap] nf rock climbing.

varech [vaRɛk] nm wrack.

vareuse [vaRøz] nf [marin] pea jacket; (d'uniforme) tunic.

varice [vaRis] nf varicose vein.

varicelle [vaRisɛl] nf chickenpox.

varier [vaRje] (7) vti to vary. ♦ **variable 1** adj (gén) variable; temps changeable, unsettled; humeur changeable. **le baromètre est au ~** the barometer reads 'change'; **les réactions sont très ~s** reactions are very varied ou vary greatly. **2** nf variable. ♦ **variante** nf (gén) variant (de of).

♦ **variation** *nf* variation (*de* in). ♦ **varié, e** *adj* **(a)** (*non monotone*) *style, paysage, menu* varied. **un travail très** ~ a very varied job. **(b)** (*divers*) *opinions, sujets, objets* various, divers. **hors-d'œuvre** ~s selection of hors d'œuvres. ♦ **variété** *nf* (*gén*) variety. (*Music-hall*) (*spectacle de*) ~s variety show.

variole [vaʀjɔl] *nf* smallpox.

vase¹ [vɑz] *nm* vase. (*fig*) **en** ~ **clos** in isolation *ou* seclusion; ~s **communicants** communicating vessels; ~ **de nuit** chamberpot.

vase² [vɑz] *nf* silt, mud, sludge.

vaseline [vazlin] *nf* vaseline, petroleum jelly.

vaseux, -euse [vɑzø, øz] *adj* **(a)** (*) (*fatigué*) washed out*; (*confus*) woolly*, hazy. **(b)** (*boueux*) silty, muddy, sludgy.

vasistas [vazistɑs] *nm* fanlight.

vasque [vask(ə)] *nf* (*bassin*) basin; (*coupe*) bowl.

vassal, e, *mpl* **-aux** [vasal, o] *nm,f* (*Hist, fig*) vassal.

vaste [vast(ə)] *adj* (*gén*) vast, huge, immense. **c'est une** ~ **fumisterie*** it's a huge *ou* gigantic hoax.

Vatican [vatikɑ̃] *nm:* **le** ~ the Vatican.

va-tout [vatu] *nm:* **jouer son** ~ to stake *ou* risk one's all.

vaudeville [vodvil] *nm* vaudeville, light comedy.

vau-l'eau [volo] *adv:* **aller à** ~ to be on the road to ruin.

vaurien, -ienne [voʀjɛ̃, jɛn] *nm,f* (*voyou*) good-for-nothing; (*garnement*) little devil*.

vautour [votuʀ] *nm* (*Zool, fig*) vulture.

vautrer (se) [votʀe] (1) *vpr:* **se** ~ **dans** *boue, vice* to wallow in; *fauteuil* to loll in; **se** ~ **sur** *tapis* to sprawl on; **vautré dans l'herbe** sprawling *ou* sprawled in the grass.

va-vite [vavit] *adv:* **à la** ~ in a rush *ou* hurry.

veau, *pl* ~ **x** [vo] *nm* **(a)** (*Zool*) calf; (*Culin*) veal; (*cuir*) calfskin. **côte de** ~ veal chop; **foie de** ~ calf's liver. **(b)** (*péj*) (*personne*) lump* (*péj*); (*voiture*) tank* (*péj*).

vecteur [vɛktœʀ] *nm* (*Bio, Math*) vector.

vécu, e [veky] **1** *adj* real(-life). **2** *nm:* **le** ~ real-life experience.

vedette [vədɛt] *nf* **(a)** (*spectacle*) star. **une** ~ **de la politique** a leading light *ou* figure in politics; **produit-**~ leading product; **avoir la** ~ [*artiste*] to top the bill, have star billing; [*événement, criminel*] to be in the spotlight, make the headlines; [*orateur etc*] to be in the limelight; **mettre qn en** ~ (*Ciné*) to give sb star billing; (*fig*) to push sb into the limelight, put the spotlight on sb; **en** ~ **américaine** as a special guest star. **(b)** (*embarcation*) launch; (*Mil*) patrol boat.

végétal, e, *mpl* **-aux** [veʒetal, o] **1** *adj graisses, teintures* vegetable; *biologie, cellules* plant. **2** *nm* vegetable, plant.

végétarien, -ienne [veʒetaʀjɛ̃, jɛn] *adj, nm,f* vegetarian.

végéter [veʒete] (6) *vi* (*péj*) [*personne*] to vegetate; [*affaire*] to stagnate. ♦ **végétatif, -ive** *adj* vegetative. ♦ **végétation** *nf* (a) (*Bot*) vegetation. **(b)** (*Méd*) ~s adenoids.

véhémence [veemɑ̃s] *nf* vehemence. ♦ **véhément, e** *adj* vehement.

véhicule [veikyl] *nm* **(a)** (*Aut*) vehicle. ~ **automobile/utilitaire** motor/commercial vehicle. **(b)** [*pensée*] vehicle, medium. ♦ **véhiculer** (1) *vt* (*Aut*) to convey, transport; *substance, idées* to convey.

veille [vɛj] *nf* **(a)** (*état*) wakefulness. **en état de** ~ in the waking state, awake. **(b)** (*garde*) (night) watch. **(c)** (*jour précédent*) **la** ~ the day before; **la** ~ **au soir** the previous evening, the evening before; **la** ~ **de cet examen** the day before that exam; **la** ~ **de Noël/du jour de l'an** Christmas/New Year's Eve; **la** ~ **de sa mort** on the eve of his death, on the day before his death. **(d)** (*fig*)

à la ~ **de guerre** on the eve of; **être à la** ~ **de faire qch** to be on the brink *ou* point of doing sth.

veiller [veje] (1) **1** *vi* (*rester éveillé*) to stay up, sit up; (*être de garde*) to be on watch; (*rester vigilant*) to be watchful; (*faire la veillée*) to spend the evening in company. **2** *vt mort, malade* to watch over, sit up with. **3** *vt indir* **(a)** ~ **à** *intérêts, approvisionnement etc* to attend to, see to, look after. ~ **à ce que** ... to see to it that ..., make sure that ...; ~ **au grain** to keep an eye open for trouble. **(b)** ~ **sur** to watch over, keep a watchful eye on. ♦ **veillée** *nf* (*réunion*) evening gathering. ~ (**funèbre**) wake, watch. ♦ **veilleur** *nm* ~ **de** (**de nuit**) (night) watchman. **(b)** (*Mil*) look-out. ♦ **veilleuse** *nf* (*lampe*) night light; (*Aut*) sidelight. (*fig*) **mettre qch en** ~ to soft-pedal on sth; **mets-la en** ~**!** belt up!**:**

veine [vɛn] *nf* **(a)** (*gén, Anat, Méd*) vein; [*houille*] seam, vein; [*minerai de fer*] lode, vein. **(b)** (*fig: inspiration*) inspiration. **de la même** ~ in the same vein; **être en** ~ to be inspired; **être en** ~ **de patience** to be in a patient mood *ou* frame of mind. **(c)** (*: chance*) luck. **c'est une** ~ that's a bit of luck; **coup de** ~ stroke of luck; **pas de** ~**!** hard *ou* bad *ou* rotten* luck!; **avoir de la** ~ to be lucky; **il n'a pas eu de** ~ **aux examens** his luck was out at the exams; (*iro*) **c'est bien ma** ~ that's just my (rotten*) luck. ♦ **veinard, e*** **1** *adj* lucky. **2** *nm,f* lucky devil*. ♦ **veiner** (1) *vt* (*donner l'aspect du bois*) to grain; (*donner l'aspect du marbre*) to vein.

vêler [vele] (1) *vi* to calve. ♦ **vêlage** *nm* calving.

vélin [velɛ̃] *nm* vellum.

velléité [veleite] *nf* vague desire, vague impulse. ♦ **velléitaire 1** *adj* irresolute, wavering. **2** *nmf* waverer.

vélo [velo] *nm* bike, cycle. ~ **de course** racing cycle; **venir en** ~ to come by bike; **faire du** ~ to cycle, do some cycling; **il sait faire du** ~ he can ride a bike. ♦ **vélodrome** *nm* velodrome. ♦ **vélomoteur** *nm* moped.

vélocité [velɔsite] *nf* swiftness.

velours [v(ə)luʀ] *nm* **(a)** (*tissu*) velvet. ~ **côtelé** corduroy, cord. **(b)** (*velouté*) (*gén*) velvet; [*pêche*] bloom. **peau de** ~ velvet(y) skin.

velouté [vəlute] **1** *adj joues, crème, vin* smooth, velvety; *lumière, voix* mellow. **2** *nm* **(a)** (*douceur*) velvetiness, smoothness. **(b)** (*sauce*) velouté sauce; (*potage*) velouté. ~ **de tomates** cream of tomato soup.

velu, e [vəly] *adj* hairy.

venaison [vənɛzɔ̃] *nf* venison.

vénal, e, *mpl* **-aux** [venal, o] *adj* venal. ♦ **vénalité** *nf* venality.

vendange [vɑ̃dɑ̃ʒ] *nf:* ~(s) grape harvest, vintage; **faire la** ~ to harvest *ou* pick the grapes. ♦ **vendanger** (3) **1** *vt vigne* to harvest *ou* pick grapes from; *raisins* to harvest. **2** *vi* to harvest *ou* pick the grapes. ♦ **vendangeur, -euse** *nm,f* grape-picker.

vendetta [vɑ̃deta] *nf* vendetta.

vendre [vɑ̃dʀ(ə)] (41) **1** *vt* **(a)** (*lit, fig*) to sell (*à* to). ~ **qch à qn** to sell sb sth *ou* sth to sb; **il m'a vendu un tableau 500 F** he sold me a picture for 500 francs; **il vend cher** he is expensive *ou* dear, his prices are high; ~ **qch aux enchères** to sell sth by auction; **maison à** ~ house for sale. **(b)** (*: trahir*) to sell. **(c)** (*locutions*) ~ **chèrement sa vie** to sell one's life dearly; ~ **la peau de l'ours** (*avant de l'avoir tué*) to count one's chickens (before they are hatched); ~ **la mèche*** to give the game away*.

2 se ~ *vpr* **(a)** [*marchandise*] **se** ~ **à la pièce/douzaine** to be sold singly/by the dozen; **ça se vend bien/comme des petits pains** that sells well/like hot cakes. **(b)** (*se trahir*) to give o.s. away. ♦ **vendeur, -euse** *nm,f* (*gén*) salesman (*ou* saleswoman), shop *ou* sales assistant;

(*Jur*) vendor, seller. ~ **de journaux** newsvendor; **je ne suis pas** ~ I'm not selling. ♦ **vendu** *nm* (*péj*) Judas.

vendredi [vɑ̃dRədi] *nm* Friday. ~ **saint** Good Friday; *V* **samedi**.

vénéneux, -euse [venenø, øz] *adj* poisonous.

vénérer [veneRe] (6) *vt* to venerate, revere. ♦ **vénérable** *adj* venerable. ♦ **vénération** *nf* veneration, reverence.

vengeance [vɑ̃ʒɑ̃s] *nf* vengeance, revenge. **ce forfait crie** ~ this crime cries out for revenge; **de petites** ~s petty acts of vengeance *ou* revenge. ♦ **venger** (3) **1** *vt* to avenge (*de qch* for sth). **2 se** ~ *vpr* to take (one's) revenge *ou* vengeance; (*pour son honneur*) to avenge o.s. **se** ~ **de qn** to take revenge on sb; **se** ~ **de qch** to take one's revenge for sth. ♦ **vengeur, -geresse 1** *adj personne* (re)vengeful; *bras, lettre* avenging. **2** *nm,f* avenger.

véniel, -elle [venjɛl] *adj* venial.

venin [vənɛ̃] *nm* (*lit, fig*) venom. ♦ **venimeux, -euse** *adj* (*lit, fig*) venomous.

venir [v(ə)niR] (22) **1** *vi* (a) [*personne*] to come. **ils viennent de Lyon** they are coming from Lyons; **il vint vers moi** he came up to me *ou* towards me; **ils sont venus en voiture** they came by car, they drove (here); **je viens!** I'm coming!, I'm on my way!*; **je viens dans un instant** I'll be there in a moment; **le voisin est venu** the man from next door came round *ou* called; **il vient chez nous tous les jeudis** he comes (round) to our house *ou* to us every Thursday. (b) **faire** ~ **médecin** to call, send for; **tu nous as fait** ~ **pour rien** you got us to come *ou* you made us come for nothing; **faire** ~ **son vin de Provence** to get one's wine sent from Provence. (c) (*fig*) to come. **le bruit est venu jusqu'à nous que** ... word has reached us *ou* come to us that ...; **ça ne me serait pas venu à l'idée** that would never have occurred to me *ou* entered my head, I should never have thought of that; **la semaine qui vient** the coming week; **cette plante vient bien** this plant is coming along *ou* is doing well *ou* nicely; **les années à** ~ the years to come, future years. (d) (*provenance, cause*) ~ **de** to come from; **l'épée lui vient de son oncle** the sword has been passed down to him by his uncle; **ces troubles viennent du foie** this trouble stems *ou* comes from the liver; **d'où vient cette hâte soudaine?** what's the reason for this sudden haste?, how come* *ou* why this sudden haste?; **ça vient de ce que** ... it comes *ou* results *ou* stems from the fact that ... . (e) (*atteindre*) ~ (*jusqu'*)**à** (*vers le haut*) to come up to, reach (up to); (*vers le bas*) to come down to, reach (down to); (*en longueur, en superficie*) to come out to, reach; **l'eau nous vient aux genoux** the water comes up to *ou* reaches (up to) our knees; ~ **au monde** to come into the world, be born; ~ **à bout de** *travail, gâteau* to get through; *adversaire* to get the better of, overcome; **je n'en viendrai jamais à bout** I'll never manage it, I'll never get through it. (f) **en** ~ **à: j'en viens maintenant à votre question** I shall now come *ou* turn to your question; **venons-en au fait** let's get to the point; **j'en viens à la conclusion que** ... I have come to *ou* reached the conclusion that ...; **j'en viens à leur avis** I'm coming round to their opinion; **j'en viens à me demander si** ... I'm beginning to wonder if ...; **comment les choses en sont-elles venues là?** how did things come to this stage?; **où en sont-elles venues là?** how aux mains** to come to blows; **où voulez-vous en** ~? what are you getting *ou* driving at?

2 *vb aux* (a) (*se déplacer pour*) **je suis venu travailler** I have come to work; **il va** ~ **la voir** he's going to come to *ou* and see her; **viens m'aider** come and help me; **ne viens pas te plaindre!** don't (you) come and complain *ou* come complaining. (b) (*passé récent*) **il vient d'arriver** he has just

arrived; **elle venait de se lever** she had just got up. (c) (*éventualité*) **s'il venait à mourir** if he were to die *ou* if he should (happen to) die.

3 *vb impers* (a) **il vient beaucoup d'enfants** a lot of children are coming; **il lui est venu des boutons** he came out in spots; **il ne lui viendrait pas à l'idée que** ... it wouldn't occur to him *ou* enter his head that ...; **il vient une heure où** ... the hour is coming when ... . (b) (*éventualité*) **s'il vient à pleuvoir** if it should (happen to) rain.

4 s'en ~ *vpr* (*littér*) to come.

vent [vɑ̃] *nm* (a) wind. ~ **du nord** North wind; ~ **coulis** draught; **un** ~ **de révolte** a wind of revolt; (*Naut*) ~ **contraire** headwind; **au** ~/**sous le** ~ (**de**) to windward/to leeward (of); **être en plein** ~ to be exposed to the wind; **il y a du** ~ **il fait du** ~ it is windy; **coup de** ~ gust of wind. (b) (*Méd*) **avoir des** ~s to have wind. (c) (*locutions*) (*lit, fig*) **observer d'où vient le** ~ to see how the wind blows; **le** ~ **est à l'optimisme** there is optimism in the air; (*fig*) **il a le** ~ **en poupe** he has the wind in his sails; **à tous les** ~s, **aux quatre** ~s to the four winds; **être dans le** ~* to be with it*, be trendy*; **jeune fille dans le** ~* trendy girl*; (*péj*) **c'est du** ~* it's all wind *ou* hot air*; **avoir** ~ **de** to get wind of; **quel bon** ~ **vous amène?** to what do I (*ou* we) owe the pleasure of seeing you?; **elle l'a fait contre** ~s **et marées** she did it against all the odds *ou* despite all the obstacles.

ventail, *pl* **-aux** [vɑ̃taj, o] *nm* ventail.

vente [vɑ̃t] *nf* sale. **bureau/promesse de** ~ sales office/agreement; **être en** ~ **libre** (*gén*) to be freely sold, have no sales restrictions; **en** ~ **chez votre libraire** available *ou* on sale at your local bookshop; **mettre en** ~ *produit* to put on sale; *maison* to put up for sale; **nous n'en avons pas la** ~ we have no demand *ou* sale for that; **la livre vaut 10 F à la** ~ the selling rate for sterling is 10 francs; ~ (**aux enchères**) (auction) sale, auction; ~ **de charité** charity bazaar, jumble sale, sale of work.

venter [vɑ̃te] (1) *vb impers*: **il vente** the wind blows. ♦ **venté, e** *adj* windswept, windy.

ventiler [vɑ̃tile] (1) *vt* (a) (*aérer*) to ventilate. (b) *total* to break down; *crédits, travail* to allocate. ♦ **ventilateur** *nm* (*gén*) fan; (*dans un mur, une fenêtre*) ventilator, fan. ♦ **ventilation** *nf* ventilation; breaking down; allocation.

ventouse [vɑ̃tuz] *nf* (*Méd*) cupping glass; (*Zool*) sucker; (*dispositif adhésif*) suction pad. **faire** ~ to cling, adhere.

ventre [vɑ̃tR(ə)] *nm* (a) (*abdomen*) stomach, tummy*. **être étendu sur le** ~ to be lying on one's stomach *ou* front; **avoir/prendre du** ~ to have/be getting rather a paunch; (*fig*) **passer sur le** ~ **de qn** to ride roughshod over sb; **courir** ~ **à terre** to run at top speed. (b) (*estomac*) stomach. **avoir le** ~ **creux** to have an empty stomach; **avoir le** ~ **plein** to be full; **avoir mal au** ~ to have stomach ache *ou* (a) tummy ache*; (*fig*) **ça me ferait mal au** ~s it would make me sick; (*fig*) **voyons ce que ça a dans le** ~* let's see what's inside it; (*courage*) **il n'a rien dans le** ~* he's got no guts*. (c) (*utérus*) womb. (d) [*animal*] (under)belly; [*vase*] bulb; [*bateau, avion*] belly. ♦ **ventricule** *nm* ventricle. ♦ **ventriloque** *nmf* ventriloquist. ♦ **ventripotent, e** *adj* potbellied. ♦ **ventru, e** *adj personne* potbellied; *objet* bulbous.

venu, e [v(ə)ny] *adj* (a) **être bien** ~ **de faire** to have (good) grounds for doing; **être mal** ~ **de faire** to have no grounds for doing, be in no position to do. (b) *remarque* **bien** ~ timely, apposite; **mal** ~ untimely, inapposite; **il serait mal** ~ **de lui poser cette question** it would be unseemly to ask him this question. (c) (*arrivé*) **bien** ~ sturdy; *plante* sturdy, well-developed, fine. (d) (*arrivé*) **tard** ~ late; **tôt** ~ early. ♦ **venue** *nf* coming. **lors de ma** ~ **au monde** when I came into the world.

vêpres [vɛpʀ(ə)] *nfpl* vespers.
ver [vɛʀ] *nm* (*gén*) worm; (*larve*) grub; *[viande, fruits]* maggot. *[bois]* ~s woodworm; ~ **luisant** glow-worm; ~ **à soie** silkworm; ~ **solitaire** tapeworm; ~ **de terre** earthworm; **tirer les ~s du nez à qn*** to worm information out of sb*.
véracité [veʀasite] *nf* veracity, truthfulness.
véranda [veʀɑ̃da] *nf* veranda(h).
verbal, e, *mpl* **-aux** [vɛʀbal, o] *adj* (*gén*) verbal.
♦ **verbalement** *adv* verbally.
verbaliser [vɛʀbalize] (1) *vi*: **l'agent a dû** ~ the officer had to book* *ou* report him (*ou* me *etc*).
verbe [vɛʀb(ə)] *nm* (a) (*Gram*) verb. ~ **d'action/ d'état** verb of action/state; ~ **fort** strong verb. (b) (*Rel, littér: langage*) **le** ~ the word; **avoir le** ~ **haut** to speak in a high and mighty tone.
verbiage [vɛʀbjaʒ] *nm* verbiage.
verdâtre [vɛʀdɑtʀ(ə)] *adj* greenish.
verdeur [vɛʀdœʀ] *nf* (a) (*jeunesse*) vigour, vitality. (b) *[fruit]* tartness, sharpness; *[vin]* acidity. (c) *[langage]* forthrightness.
verdict [vɛʀdik(t)] *nm* (*Jur, gén*) verdict.
verdir [vɛʀdiʀ] (2) *vti* to turn green.
verdoyant, e [vɛʀdwajɑ̃, ɑ̃t] *adj* green, verdant (*littér*).
verdure [vɛʀdyʀ] *nf* (*végétation*) greenery; (*légumes verts*) green vegetables.
véreux, -euse [veʀø, øz] *adj* (a) *aliment* maggoty, worm-eaten. (b) *financier, affaire* dubious, shady.
verge [vɛʀʒ(ə)] *nf* (*baguette*) rod; (*Anat*) penis.
verger [vɛʀʒe] *nm* orchard.
verglas [vɛʀgla] *nm* (black) ice (*on road etc*).
♦ **verglacé, e** *adj* icy, iced-over.
vergogne [vɛʀgɔɲ] *nf*: **sans** ~ (*adj*) shameless; (*adv*) shamelessly.
vergue [vɛʀg(ə)] *nf* (*Naut*) yard.
véridique [veʀidik] *adj récit, témoin* truthful, veracious; *repentir* genuine, authentic.
vérifier [veʀifje] (7) *vt* (a) (*contrôler*) (*gén*) to check, verify; (*Fin*) *comptes* to audit. **cela a été vérifié et revérifié** it has been checked and double-checked. (b) (*prouver*) to establish *ou* confirm (the truth of), prove to be true; (*confirmer*) to bear out, confirm. **cet accident a vérifié mes craintes** this accident has borne out *ou* confirmed my fears; **ça peut se** ~ **tous les jours** it is borne out every day. ♦ **vérifiable** *adj* verifiable. ♦ **vérificateur, -trice 1** *adj* checking, verifying. **2** *nm,f* controller, checker, inspector. ♦ **vérification** *nf* (*action*) checking; verification; auditing. ~ **faite** on checking. (b) (*contrôle*) check; (*preuve*) proof; (*confirmation*) confirmation. ~ **d'identité** identity check.
vérin [veʀɛ̃] *nm* jack.
véritable [veʀitabl(ə)] *adj* (*gén*) real; *raisons, sentiment, ami* true, genuine; *cuir, perles* genuine. **sous son jour** ~ in its (*ou* his *etc*) true light; **un** ~ **coquin** a real *ou* a downright rogue; **c'est une** ~ **folie** it's absolute madness. ♦ **véritablement** *adv* really; truly; genuinely. **il l'a** ~ **fait** he actually *ou* really did it; **c'est** ~ **délicieux** it's absolutely *ou* positively *ou* really delicious.
vérité [veʀite] *nf* (a) **la** ~ (*connaissance du vrai*) truth; (*conformité aux faits*) the truth; **nul n'est dépositaire de la** ~ no one has a monopoly of truth; **c'est l'entière** ~ it is the whole truth; **dire la** ~ to tell *ou* speak the truth; **la** ~, **c'est qu'il est paresseux** the truth (of the matter) is, he's lazy. (b) (*ressemblance*) *[portrait]* lifelikeness, trueness to life; *[tableau]* trueness to life. (c) (*sincérité*) truthfulness, sincerity. **un air de** ~ an air of sincerity *ou* truthfulness, a truthful *ou* sincere look. (d) (*fait vrai*) truth. ~**s éternelles/ premières** eternal/first truths. (e) **c'est peu de chose, en** ~ it's really *ou* actually nothing very much; **à la** ~ *ou* **en** ~ **il préfère s'amuser** to tell the truth *ou* to be honest he prefers to enjoy himself.
vermeil, -eille [vɛʀmɛj] **1** *adj tissu* vermilion, bright red; *bouche* ruby, cherry; *teint* rosy. **2** *nm* vermeil.
vermicelle [vɛʀmisɛl] *nm*: ~(s) vermicelli.
vermifuge [vɛʀmifyʒ] *adj, nm* vermifuge.
vermillon [vɛʀmijɔ̃] *nm, adj inv* vermilion.
vermine [vɛʀmin] *nf* (*lit, fig*) vermin.
vermoulu, e [vɛʀmuly] *adj* worm-eaten.
vernir [vɛʀniʀ] (2) *vt* to varnish; *poterie* to glaze. ♦ **verni, e** *adj* (a) *bois* varnished; (*luisant*) shiny, glossy. **souliers** ~s patent (leather) shoes. (b) (*: *chanceux*) lucky. ♦ **vernis** *nm* varnish; glaze; (*éclat*) shine, gloss. ~ **(à ongles)** nail varnish *ou* polish; ~ **de culture** veneer of culture. ♦ **vernissage** *nm* (a) varnishing; glazing. (b) (*exposition*) preview (*at art gallery*).
vérole [veʀɔl] *nf* pox.
verre [vɛʀ] **1** *nm* (a) (*substance*) glass. **cela se casse comme du** ~ it's as brittle as glass. (b) *[vitre, cadre]* glass; *[lunettes]* lens. **mettre qch sous** ~ to put sth under glass; **porter des** ~s to wear glasses. (c) (*récipient, contenu*) glass. ~ **à bière** beer glass; ~ **de bière** glass of beer. (d) (*boisson*) drink. **boire** *ou* **prendre un** ~ to have a drink; **un petit** ~* a quick one*, a dram*; **avoir bu un** ~ **de trop*, avoir un** ~ **dans le nez*** to have had one too many*, have had a drop too much*. **2**: ~ **blanc** plain glass; ~**s de contact** contact lenses; ~ **à dents** tooth mug *ou* glass; ~ **dépoli** frosted glass; ~**s fumés** tinted lenses; ~ **de montre** watch glass; ~ **à pied** stemmed glass. ♦ **verrerie** *nf* (*usine*) glassworks, glass factory; (*objets*) glassware; (*commerce*) glass trade *ou* industry. ♦ **verrier** *nm* (*ouvrier*) glassworker; (*artiste*) glass artist. ♦ **verrière** *nf* (*fenêtre*) window; (*toit vitré*) glass roof; (*paroi vitrée*) glass wall. ♦ **verroterie** *nf*: **bijoux en** ~ glass jewellery.
verrou [vɛʀu] *nm [porte]* bolt. **mettre le** ~ to bolt the door; **mettre qn sous les** ~s to put sb behind bars *ou* under lock and key; **être sous les** ~s to be behind bars. ♦ **verrouiller** (1) *vt porte* to bolt; *culasse* to lock. ♦ **verrouillage** *nm* (*action*) bolting; locking; (*dispositif*) locking mechanism.
verrue [vɛʀy] *nf* wart. ~ **plantaire** verruca.
vers[1] [vɛʀ] *prép* (a) (*direction*) toward(s), to. **en allant** ~ **la gare** going to *ou* towards the station; **il tendit la main** ~ **la bouteille** he reached out for the bottle, he stretched out his hand toward(s) the bottle. (b) (*approximation*) around, about. **c'est** ~ **Aix que nous avons eu une panne** it was (somewhere) near Aix *ou* round about Aix that we broke down; ~ **quelle heure doit-il venir?** (at) around *ou* (at) about what time is he due?; **il était** ~ **(les) 3 heures** it was about *ou* around 3; ~ **le début du siècle** toward(s) *ou* about the turn of the century.
vers[2] [vɛʀ] *nm* (a) (*sg: ligne*) line. **au 3e** ~ **in line 3**, in the 3rd line. (b) (*pl: poésie*) verse. **traduction en** ~ verse translation; **faire des** ~ to write verse; ~ **blancs/libres** blank/free verse.
versant [vɛʀsɑ̃] *nm [vallée]* side; *[massif]* slopes.
versatile [vɛʀsatil] *adj* fickle, changeable. ♦ **versatilité** *nf* fickleness, changeability.
verse [vɛʀs(ə)] *adv*: **à** ~ in torrents; **il pleut à** ~ it is pouring down.
versé, e [vɛʀse] *adj*: ~/**peu** ~ **dans qch** (well-) versed/ill-versed in sth.
Verseau [vɛʀso] *nm* (*Astron*) **le** ~ Aquarius, the Water-carrier; **être (du)** ~ to be Aquarius *ou* an Aquarian.
versement [vɛʀsəmɑ̃] *nm* payment (*sur un compte* into an account); (*échelonné*) instalment.
verser [vɛʀse] (1) **1** *vt* (a) *liquide, grains* to pour, tip (*dans* into, *sur* onto); (*servir*) *thé etc* to pour (out) (*dans* into). **verse-toi à boire** pour yourself a drink. (b) *larmes, sang, clarté* to shed. (c) (*classer*) ~ **une pièce à un dossier** to add an item to a

file. (d) (*payer*) to pay. ~ **qch à qn** to pay sb sth; ~ **une somme à un compte** to pay a sum of money into an account; ~ **des arrhes** to put down *ou* pay a deposit. (e) (*incorporer*) ~ **qn dans** to assign *ou* attach sb to. **2** *vi* (a) [*véhicule*] to overturn. **il va nous faire** ~ **dans le fossé** he'll tip us into the ditch. (b) ~ **dans** *sentimentalité* to lapse into. ♦ **verseur, -euse 1** *adj*: **bec** ~ (pouring) lip; **bouchon** ~ pour-through stopper. **2** *nm* pourer.

verset [vɛʀsɛ] *nm* (*Rel*) verse.

version [vɛʀsjɔ̃] *nf* (a) (*traduction*) translation (*into the mother tongue*), unseen (translation). ~ **anglaise** English unseen (translation), translation from English. (b) (*variante*) version. **film en ~ originale** film in the original language *ou* version; **film italien en ~ française** Italian film dubbed in French. (c) (*interprétation*) version.

verso [vɛʀso] *nm* back. **au ~** on the back (of the page); '**voir au ~**' 'see over(leaf)'.

vert, verte [vɛʀ, vɛʀt(ə)] **1** *adj* (a) (*couleur*) green. ~ **de peur** green with fear. (b) *céréale, fruit* unripe, green; *vin* young; *bois* green. (c) *vieillard* sprightly, spry. (d) *réprimande* sharp, stiff. (e) *propos* spicy, saucy. **il en a dit des vertes (et des pas mûres)*** he said some pretty spicy *ou* saucy things. **2** *nm* green. ~ **olive** *etc* olive *etc* (-green); **mettre un cheval au ~** to put a horse out to grass *ou* to pasture; **se mettre au ~** to hole up* in the country. ♦ **vert-de-gris 1** *nm inv* verdigris. **2** *adj inv* grey(ish)-green. ♦ **vertement** *adv* *réprimander* sharply.

vertèbre [vɛʀtɛbʀ(ə)] *nf* vertebra. ♦ **vertébral, e,** *mpl* **-aux** *adj* vertebral. ♦ **vertébré, e** *adj, nm* vertebrate.

vertical, e, *mpl* **-aux** [vɛʀtikal, o] **1** *adj* (*gén*) vertical; *position du corps* upright. **2** *nf* (*ligne*) vertical line. (*direction*) **la ~e** the vertical; **à la ~e** s'élever vertically. ♦ **verticalement** *adv* monter vertically, straight up; *descendre* vertically, straight down. ♦ **verticalité** *nf* verticalness, verticality.

vertige [vɛʀtiʒ] *nm* (a) (*peur du vide*) **le ~** vertigo; **avoir le ~** to suffer from vertigo, get dizzy; **être pris de ~** to feel dizzy *ou* giddy, have a fit of vertigo; **cela me donne le ~** it makes me feel dizzy *ou* giddy, it gives me vertigo. (b) (*étourdissement*) dizzy *ou* giddy spell *ou* turn. (c) (*fig: égarement*) fever. **gagné par le ~ de l'expansion** ... having caught the expansion fever ... . ♦ **vertigineusement** *adv*: ~ **haut** breathtakingly high, of a dizzy height; **les prix montent** ~ prices are rising at a dizzy *ou* breathtaking rate, prices are rocketing. ♦ **vertigineux, -euse** *adj* (*gén*) breathtaking; *précipice* breathtakingly high; *hauteur* dizzy, giddy.

vertu [vɛʀty] *nf* (*gén: morale*) virtue; (*littér: pouvoir*) virtue (*littér*), power. **en ~ de** in accordance with. ♦ **vertueusement** *adv* virtuously. ♦ **vertueux, -euse** *adj* virtuous.

vésicule [vezikyl] *nf* vesicle. **la ~ (biliaire)** the gall-bladder.

vespasienne [vɛspazjɛn] *nf* urinal.

vessie [vesi] *nf* bladder. **prendre des ~s pour des lanternes** to believe that the moon is made of green cheese.

veste [vɛst(ə)] *nf* jacket. ~ **droite/croisée** single-/double-breasted jacket; ~ **de pyjama** pyjama jacket *ou* top; **retourner sa ~*** to turn one's coat; **ramasser une ~*** to come a cropper*.

vestiaire [vɛstjɛʀ] *nm* [*théâtre, restaurant*] cloakroom; [*stade, piscine*] changing-room. (*armoire-*)~ locker.

vestibule [vɛstibyl] *nm* hall, vestibule.

vestige [vɛstiʒ] *nm* (*objet*) relic; (*fragment*) trace; [*coutume, gloire*] vestige, remnant, relic. ~**s** [*ville*] remains, vestiges, [*passé*] vestiges, remnants, relics.

vestimentaire [vɛstimɑ̃tɛʀ] *adj*: **élégance** ~

sartorial elegance; **fantaisies** ~**s** eccentricities of dress; **détails** ~**s** details of one's dress.

veston [vɛstɔ̃] *nm* jacket.

vêtement [vɛtmɑ̃] *nm* (a) (*article d'habillement*) garment, item *ou* article of clothing. (*tenue*) **son** ~ his clothes; (*Comm: industrie*) **le** ~ the clothing industry. (b) ~**s** clothes; ~**s de sport** sports clothes; (*dans magasin*) sportswear; ~**s de dessous** underclothes.

vétéran [veteʀɑ̃] *nm* (*Mil*) veteran; (*fig*) veteran, old hand*.

vétérinaire [veteʀinɛʀ] **1** *nm* vet, veterinary surgeon. **2** *adj* veterinary.

vétille [vetij] *nf* trifle, triviality.

vêtir [vetiʀ] (20) **1** *vt* (*habiller*) to clothe, dress. **2 se** ~ *vpr* to dress (o.s.). ♦ **vêtu, e** *adj* dressed. **bien/mal** ~ well-/badly-dressed; ~ **de** dressed in, wearing.

veto [veto] *nm* (*Pol, gén*) veto. **opposer son** ~ **à qch** to veto sth.

vétuste [vetyst(ə)] *adj* ancient, dilapidated. ♦ **vétusté** *nf* dilapidation.

veuf, veuve [vœf, vœv] **1** *adj* widowed. **il est deux fois** ~ he has been twice widowed, he is a widower twice over. **2** *nm* widower. **3** *nf* (*gén*) widow. ♦ **veuvage** *nm* widowhood.

vexer [vɛkse] (1) **1** *vt* to hurt, upset. **être vexé par qch** to be hurt by sth, be upset at sth. **2 se** ~ *vpr* to be hurt (*de* by), be upset (*de* at). ♦ **vexant, e** *adj* (*contrariant*) annoying; (*blessant*) hurtful. ♦ **vexation** *nf* humiliation.

via [vja] *prép* via.

viabilité [vjabilite] *nf* (a) [*chemin*] practicability. **avec/sans** ~ **terrain** with/without services (laid on). (b) [*entreprise*] viability. ♦ **viable** *adj* (*gén*) viable.

viaduc [vjadyk] *nm* viaduct.

viager, -ère [vjaʒe, ɛʀ] **1** *adj*: **rente** ~**ère** life annuity. **2** *nm* (*rente*) life annuity; (*bien*) **property mortgaged for a life annuity. mettre un bien en ~** to sell a property in return for a life annuity.

viande [vjɑ̃d] *nf* meat. ~ **rouge/blanche** red/white meat; ~ **de boucherie** (butcher's *ou* fresh) meat.

vibrer [vibʀe] (1) **1** *vi* (*gén, Phys*) to vibrate; [*voix*] to quiver, be vibrant; [*personne*] to thrill (*de* with), be stirred (*de* by). **faire** ~ *objet* to vibrate; *auditoire* to stir, thrill, ~ **d'enthousiasme** to be vibrant with enthusiasm. ♦ **vibrant, e** *adj* *membrane* vibrating; *voix* vibrant, resonant; *discours, nature* emotive. ~ **de** vibrant with. ♦ **vibration** *nf* (*gén, Phys*) vibration. ♦ **vibratoire** *adj* vibratory.

vicaire [vikɛʀ] *nm* [*paroisse*] curate. [*évêque*] ~ **général** vicar-general.

vice [vis] *nm* (a) (*moral*) vice. **vivre dans le** ~ to live a life of vice. (b) (*défectuosité*) fault, defect. ~ **de construction** fault *ou* defect in construction; ~ **de forme** legal flaw *ou* irregularity.

vice- [vis] *préf* vice-. ~**-amiral** *nm*, *pl* ~**-~aux** vice-admiral; ~**-président, e** *nm,f*, *mpl* ~**-~s** vice-president, vice-chairman; ~**-roi** *nm*, *pl* ~**-~s** viceroy.

vice versa [visevɛʀsa] *adv* vice versa.

vicier [visje] (7) *vt atmosphère* to pollute, taint; *sang* to contaminate, taint; *rapports* to taint. ♦ **vicieusement** *adv* pervertedly. ♦ **vicieux, -euse 1** *adj* *personne, penchant* perverted, depraved; *cheval* restive, unruly; *attaque, balle* well-disguised, nasty*; *prononciation, expression* incorrect, wrong. **2** *nm,f* pervert.

vicinal, e, *mpl* **-aux** [visinal, o] *adj*: **chemin** ~ byroad, byway.

vicissitudes [visisityd] *nfpl* (*gén*) vicissitudes.

vicomte [vikɔ̃t] *nm* viscount. ♦ **vicomtesse** *nf* viscountess.

victime [viktim] *nf* (*gén*) victim; [*accident*] casualty, victim. **être** ~ **de** to be the victim of.

victoire [viktwaʀ] *nf* (*gén*) victory; (*Sport*) win, victory. ~ **aux points** win on points; **crier** ~ to crow (over one's victory). ♦ **victorieusement** adv victoriously; triumphantly. ♦ **victorieux, -euse** adj armée victorious; équipe winnning, victorious; air triumphant.

victuailles [viktɥaj] nfpl provisions.

vidange [vidɑ̃ʒ] nf **(a)** [réservoir] emptying; (Aut) oil change. (Aut) **faire la ~** to change the oil. **(b)** (dispositif) [lavabo] waste outlet. ♦ **vidanger** (3) vt réservoir to empty; liquide to empty out.

vide [vid] **1** adj (lit, fig) empty; appartement empty, vacant. **avoir l'estomac** ou **le ventre ~** to have an empty stomach; (Comm) **bouteilles ~s** empty bottles, empties*; **sa vie était ~** his life was empty ou a void; **~ de** (gén) empty ou (de)void of; **~ de sens** mot meaningless; **les rues ~s de voitures** the streets empty ou devoid of cars. **2** nm **(a) le ~** (l'espace) the void; (le néant) emptiness; **suspendu au-dessus du ~** hanging over the void; **avoir peur du ~** to have no head for heights; **faire le ~ dans** to create a vacuum in; **sous ~** under vacuum; **emballé sous ~** vacuum-packed; **regarder dans le ~** to gaze into space ou emptiness; **le ~ de l'existence** the emptiness of existence. **(b)** (trou) (entre deux objets) gap, (empty) space; **un ~ dans son cœur** an emptiness ou a void in one's heart; **~ sanitaire** underfloor space. **(c) à ~ repartir** etc empty; **faire le ~ dans son esprit** to make one's mind a blank; **parler dans le ~** (sans objet) to talk vacuously; (personne n'écoute) to waste one's breath; V aussi **vider**.

vidéocassette [videokasɛt] nf video-cassette.

vider [vide] (1) **1** vt **(a)** récipient, meuble, pièce to empty; étang, citerne to empty, drain; contenu to empty (out). **~ un appartement de ses meubles** to empty ou clear a flat of its furniture; **il vida son verre** he emptied ou drained his glass; **ils ont vidé tous les tiroirs** they cleaned out ou emptied all the drawers. **(b)** poisson, poulet to gut, clean out; pomme to core. **(c)** querelle to settle. **(d)** cavalier to throw. **~ les étriers** to leave the stirrups. **(e)** (*: expulser) to throw out*, chuck out* (de of). **(f)** (*: épuiser) to wear out. **(g)** (locutions) **~ son sac*** to come out with it*; **~ l'abcès** to root out the evil; **~ son cœur** to pour out one's heart; **~ les lieux** to quit ou vacate the premises. **2 se ~** vpr to empty. ♦ **vide-ordures** nm inv (rubbish) chute. ♦ **vide-poches** nm inv tidy; (Aut) glove compartment.

vie [vi] nf **(a)** (gén) life. **être en ~** to be alive; **être bien en ~** to be well and truly alive, be alive and kicking*; **donner la ~** to give birth (à to); **plein de ~** full of life; **rappeler qn à la ~** to bring sb back to life; **attends de connaître la ~ pour juger** wait until you know (something) about life before you pass judgment; **sa présence met de la ~ dans la maison** he brings some life ou a bit of life into the house. **(b)** (activités) life. **dans la ~ courante** in everyday life; **(mode de) ~** way of life, life style; **la ~ de garçon** a bachelor's life ou existence; **la ~ d'un professeur n'est pas toujours drôle** a teacher's life ou the life of a teacher isn't always fun; **la ~ des animaux** animal life; **~ de bohème** bohemian way of life ou life style; **~ de château** life of luxury. **(c)** (moyens matériels) living. **(le coût de) la ~** the cost of living; **la ~ chère** the high cost of living. **(d)** (durée) life(time). **toute sa ~** all his life; **ça n'arrive qu'une seule fois dans la ~** it only happens once in a lifetime. **(e)** (biographie) life (story). **elle m'a raconté sa ~** she told me her life story ou the story of her life. **(f)** (locutions) **à ~, pour la ~** for life; **passer de ~ à trépas** to pass on; **faire passer qn de ~ à trépas** to dispatch sb into the next world; **une question de ~ ou de mort** a matter of life and death; **c'est la belle ~!** this is the life!; **ce n'est pas une ~!** it's a rotten* ou hard life!; **c'est une ~ de chien!*** it's a dog's life!*; **c'est la ~!** that's life!; **jamais de ma ~** never in my life; **jamais de la ~!** never!, not on your life!*;

être entre la ~ et la mort to be at death's door; **avoir la ~ dure** [personne] to have nine lives; [superstitions] to die hard; **mener la ~ dure à qn** to give sb a hard time of it; **sans ~** (mort) lifeless; (évanoui) unconscious; (amorphe) lifeless, listless; **refaire sa ~** (avec qn) to make a new life (with sb); **faire la ~** (se débaucher) to lead a life of pleasure; (*: faire une scène) to kick up a row*, make a scene; **laisser la ~ sauve à qn** to spare sb's life; **voir la ~ en rose** to see life through rose-coloured glasses, take a rosy view of life.

vieillesse [vjɛjɛs] nf [personne] old age; [chose] age, oldness. **aide à la ~** help for the old ou the elderly ou the aged. ♦ **vieil, vieille** V **vieux**. ♦ **vieillard** nm old man. **les ~s** the elderly, old people. ♦ **vieillerie** nf old-fashioned thing. ♦ **vieillir** (2) **1** vi (prendre de l'âge) to grow old; (paraître plus vieux) to age; [mot, doctrine] to become (out)dated; [vin, fromage] to age. **je la trouve très vieillie** I find she has aged a lot. **2** vt: **~ qn** [coiffure, maladie] to age sb, put years on sb; (par fausse estimation) to make sb older than he (really) is. **3 se ~** vpr to make o.s. older. ♦ **vieillissant, e** adj ageing. ♦ **vieillissement** nm [personne, vin] ageing; [doctrine, œuvre] becoming (out)dated. ♦ **vieillot, -otte** adj (démodé) antiquated, quaint.

vierge [vjɛrʒ(ə)] **1** nf **(a)** virgin. **la** (Sainte) **V~** the (Blessed) Virgin. **(b)** (Astron) **la V~** Virgo, the Virgin; **être de la V~** to be Virgo ou a Virgoan. **2** adj **(a)** personne virgin. **être ~** to be a virgin. **(b)** feuille de papier blank, virgin; film unexposed; casier judiciaire clean; terre, neige virgin. **(c) ~ de** free from.

Viet-Nam [vjɛtnam] nm Vietnam. ♦ **vietnamien, -ienne** adj, nm, **V~(ne)** nm(f) Vietnamese.

vieux [vjø], f **vieille** [vjɛj], msg **vieil** [vjɛj] devant voyelle ou h muet, mpl **vieux** [vjø] **1** adj **(a)** (âgé) old. **très ~** ancient, very old; **la vieille génération** the older generation; **les vieilles gens** old people, old folk*, the aged ou elderly; **il est plus ~ que moi** he is older than I am; **~ comme le monde** as old as the hills; **il commence à se faire ~** he is getting on (in years), he's beginning to get old; **sur ses ~ jours** in his old age; **il n'a pas fait de ~ os** he didn't last ou live long. **(b)** (de longue date) ami, habitude old, long-standing; coutumes, famille old, ancient. **de vieille race** of ancient lineage; **connaître qn de vieille date** to have known sb for a very long time. **(c)** (précédent) old, former, previous. **ma vieille voiture était plus rapide que la nouvelle** my old ou previous car was quicker than the new one.

2 nm **(a)** old man. **les ~** the old ou aged ou elderly, old people, old folk*; **un ~ de la vieille*** one of the old brigade; (père) **le ~:** my old man:; (parents) **ses ~:** his folks*; **mon ~** old man* ou chap* ou boy*. **(b)** **préférer le ~ au neuf** to prefer old things to new.

3 nf old woman. (mère) **la vieille:** my old woman: ou lady:; **ma vieille*** old girl*; (à un homme) old man* ou chap* ou boy*.

4 adv **vivre** to a ripe old age; **s'habiller** old.

5: vieille bique* old bag:; (hum) **vieille branche** old bean*; **de la vieille école** old-fashioned, traditional; **vieille fille** spinster, old maid; **~ garçon** bachelor; **~ gâteux** old dodderer*; **~ jeton*** ou **schnock:** old misery*; **~ jeu** adj inv old-fashioned, old hat; **vieille noix*** (silly) old twit: ou fathead.

vif, vive¹ [vif, viv] **1** adj **(a)** personne (plein de vie) lively, vivacious; (alerte) sharp, quick; rythme lively; imagination, intelligence lively, keen. **il a l'œil ~** he has a sharp ou keen eye; **à l'esprit ~** quick-witted. **(b)** (emporté) personne sharp, brusque, quick-tempered; ton, propos sharp, brusque. **(c)** (intense) émotion, plaisir, déception etc keen, intense; souvenirs, impres-

sion vivid; *satisfaction* deep, great; *impatience* great; *penchant* strong; *lumière, éclat* bright, brilliant; *couleur* vivid, brilliant; *froid* biting, bitter; *douleur* sharp; *vent* keen. **à vive allure** at a brisk pace; **avec mes plus ~s remerciements** with my most profound thanks; **c'est avec un ~ plaisir que ...** it is with very great pleasure that ...; **l'air ~ les revigorait** the bracing *ou* sharp air gave them new life. **(d)** *(à nu)* **pierre** bare; *joints* dry; *(acéré)* **arête** sharp. **(e)** *(locutions)* **brûler ~ qn** to burn sb alive; **de vive voix renseigner** by word of mouth; *remercier* personally, in person.

2 *nm* **(a) ~ chair** bared; *plaie* open; **avoir les nerfs à ~** to be on edge; **piqué au ~** cut *ou* hurt to the quick; **couper dans le ~** to cut into the living flesh; **entrer dans le ~ du sujet** to get to the heart of the matter; **prendre qn en photo sur le ~** to photograph sb in a real-life situation. **(b)** *(Pêche)* **pêcher au ~** to fish with live bait. **(c)** *(Jur: personne)* living person. **donation entre ~s** donation inter vivos.

vigie [viʒi] *nf* *(matelot)* look-out, watch; *(poste)* look-out post.

vigilant, e [viʒilɑ̃, ɑ̃t] *adj personne, œil* vigilant, watchful; *soins* vigilant. ♦ **vigilance** *nf* vigilance; watchfulness.

vigile [viʒil] *nm* *(Hist)* watch; *(veilleur de nuit)* (night) watchman.

vigne [viɲ] *nf* *(plante)* vine; *(vignoble)* vineyard. **~ vierge** Virginia creeper. ♦ **vigneron, -onne** *nm,f* wine grower. ♦ **vignoble** *nm* vineyard.

vignette [viɲɛt] *nf* *(Art: motif)* vignette; *(illustration)* illustration; *(Comm: timbre)* label. *(Aut)* **la ~** ≃ the (road) tax disc.

vigoureux, -euse [viguʀø, øz] *adj* *(gén)* vigorous, robust; *bras, mains* strong, powerful; *style* vigorous, energetic; *résistance* vigorous, strenuous. ♦ **vigoureusement** *adv* vigorously. ♦ **vigueur** *nf* **(a)** vigour; robustness; strength; energy. **(b)** *en* **~ loi** in force; *formule* current, in use; **entrer en ~** to come into force *ou* effect; **cesser d'être en ~** to cease to apply.

vil, e [vil] *adj* **(a)** *(méprisable)* vile, base. **(b) à ~ prix** at a very low price.

vilain, e [vilɛ̃, ɛn] **1** *adj* **(a)** *(laid)* personne, *vêtement* ugly(-looking); *couleur* nasty. **(b)** *temps* nasty, bad, lousy*; *odeur, blessure, affaire* nasty, bad. **(c)** *(méchant)* *enfant, conduite* naughty; *action, pensée* wicked. **jouer un ~ tour à qn** to play a nasty *ou* mean trick on sb; **c'est un ~ monsieur** he's a nasty customer. **2** *nm* **(a)** *(Hist)* villain. **(b)** *(*)* **il va y avoir du ~** it's going to turn nasty.

vilebrequin [vilbʀəkɛ̃] *nm* *(outil)* (bit-)brace; *(Aut)* crankshaft.

villa [villa] *nf* (detached) house.

village [vilaʒ] *nm* village. **~ de toile** tent village. ♦ **villageois, e** **1** *adj* village. **2** *nm,f* villager.

ville [vil] **1** *nf* **(a)** town; *(plus important)* city. **en ~, à la ~** in town, in the city; **aller en ~** to go into town; **les gens de la ~** townspeople; *(vie)* **aimer la ~** to like town *ou* city life; *(quartier)* **la vieille ~** the old (part of) town. **(b)** *(municipalité)* ≃ local authority, (town) council. **2: ~ champignon** mushroom town; **~ d'eaux** spa (town); **~ satellite** satellite town.

villégiature [vileʒjatyʀ] *nf*: **aller en/être en ~ quelque part** to go on/be on holiday *ou* vacation *(US)* somewhere; **(lieu de) ~** (holiday) resort.

vin [vɛ̃] *nm* wine. **~ chaud** mulled wine; **~ cuit** liqueur wine; *(réunion)* **~ d'honneur** reception *(where wine is served)*; **être entre deux ~s** to be tipsy.

vinaigre [vinɛgʀ(ə)] *nm* vinegar. **tourner au ~** * to turn sour. ♦ **vinaigré, e** *adj*: **trop ~** with too much *etc* vinegar. ♦ **vinaigrette** *nf* French dressing, vinaigrette, oil and vinegar dressing.

vindicatif, -ive [vɛ̃dikatif, iv] *adj* vindictive.

vingt [vɛ̃] *([vɛ̃t] en liaison et dans les nombres de 22 à 29)* *adj inv, nm inv* twenty. **je te l'ai dit ~ fois** I've told you a hundred times; **il n'avait plus ses jambes de ~ ans** he no longer had the legs of a young man; **~-quatre heures sur ~-quatre** round the clock, twenty-four hours a day; **V six, soixante.** ♦ **vingtaine** *nf*: **une ~** about twenty, twenty or so, (about) a score. ♦ **vingtième** *adj, nmf* twentieth. ♦ **vingtièmement** *adv* in the twentieth place.

vinicole [vinikɔl] *adj industrie* wine; *région* wine-growing, wine-producing; *établissement* wine-making.

vinyle [vinil] *nm* vinyl.

viol [vjɔl] *nm* *[femme]* rape; *[temple]* violation, desecration.

violacé, e [vjɔlase] *adj* purplish, mauvish.

violent, e [vjɔlɑ̃, ɑ̃t] *adj* *(gén)* violent; *effort* violent, strenuous; *besoin* intense, urgent. ♦ **violemment** *adv* violently. ♦ **violence** *nf* violence. **commettre des ~s contre qn** to assault sb, commit acts of violence against sb; **se faire ~ to** force o.s.; **faire ~ à** to do violence to. ♦ **violenter** (1) *vt femme* to assault (sexually).

violer [vjɔle] (1) *vt (gén)* to violate; *promesse* to break; *temple* to desecrate; *femme* to rape. ♦ **violation** *nf* *(gén)* violation; *[promesse]* breaking; *[sépulture]* desecration. *(Jur)* **~ de domicile** forcible entry *(into a person's home)*; **~ du secret professionnel** breach *ou* violation of professional secrecy.

violet, -ette [vjɔlɛ, ɛt] **1** *adj* purple; *(pâle)* violet. **2** *nm* *(couleur)* purple. **3** *nf* *(Bot)* violet.

violon [vjɔlɔ̃] *nm* **(a)** *(instrument, musicien)* violin, fiddle*. *(personne)* **premier ~** leader. **(b)** *(*: prison)* lock-up*, jug‡. **(c) ~ d'Ingres** (artistic) hobby. ♦ **violoniste** *nmf* violinist, violin-player, fiddler*.

violoncelle [vjɔlɔ̃sɛl] *nm* cello. ♦ **violoncelliste** *nmf* cellist, cello-player.

vipère [vipɛʀ] *nf* adder, viper. **langue de ~** viper's tongue.

virage [viʀaʒ] *nm* *[véhicule, coureur]* turn; *[politique]* change in policy *ou* direction; *(Aut)* *[tournant]* bend. **prendre un ~ à la corde** to hug the bend; **~ en épingle à cheveux** hairpin bend; **~ relevé** banked corner.

virée * [viʀe] *nf* *(en voiture)* drive, run; *(à pied)* walk; *(en vélo)* run; *(de plusieurs jours)* trip; *(dans les cafés etc)* tour. **faire une ~** to go for a run *(ou* walk, drive *etc)*.

virement [viʀmɑ̃] *nm*: **~ (bancaire)** credit transfer; **~ postal** ≃ (National) Giro transfer.

virer [viʀe] (1) **vi** **(a)** *(changer de direction)* to turn. **~ sur l'aile** to bank; **~ de bord** to tack. **(b)** *[couleur]* to turn, change; *(Phot)* *[épreuves]* to tone; *(Méd)* *[cuti-réaction]* to come up positive. **bleu qui vire au violet** blue which is turning purple *ou* changing to purple; **~ à l'aigre** to turn sour. **2** *vt* *(Fin)* to transfer *(à un compte)* (in)to an account. **(b)** *(*: expulser)* to kick out*, chuck out*. **se faire ~** to get (o.s.) kicked* *ou* chucked out*. **(c)** *(Méd)* **il a viré sa cuti** he gave a positive skin test.

virevolter [viʀvɔlte] (1) *vi* *[danseuse]* to twirl around; *[cheval]* to do a demivolt. ♦ **virevolte** *nf* twirl; demivolt.

virginité [viʀʒinite] *nf* *[femme]* virginity, maidenhood; *[âme]* purity.

virgule [viʀgyl] *nf* *(de ponctuation)* comma; *(Math)* (decimal) point. **5 ~ 2** 5 point 2; **~ flottante** floating decimal.

viril, e [viʀil] *adj attributs* male, masculine; *attitude, traits* manly, virile; *prouesses* virile. ♦ **virilement** *adv* in a manly *ou* virile way. ♦ **virilité** *nf* masculinity; manliness; virility.

virtuel, -elle [viʀtɥɛl] *adj* *(gén)* potential; *(Philos, Phys)* virtual. ♦ **virtuellement** *adv* *(en puis-*

sance) potentially; (*pratiquement*) virtually.
virtuose [viʀtɥoz] *nmf* (*Mus*) virtuoso; (*fig: artiste*) master. ♦ **virtuosité** *nf* virtuosity.
virulence [viʀylɑ̃s] *nf* virulence. ♦ **virulent, e** *adj* virulent.
virus [viʀys] *nm* (*lit*) virus. (*fig*) le ~ du jeu the gambling bug.
vis [vis] *nf* screw. **escalier à** ~ spiral staircase; ~ **sans fin** worm, endless screw; (*Aut*) ~ **platinées** (contact) points.
visa [viza] *nm* (*gén*) stamp; [*passeport*] visa. ~ **de censure** (censor's) certificate; (*fig*) ~ **pour** ... passport to ... .
visage [vizaʒ] *nm* face. **au** ~ **pâle** pale-faced; **V~ pâle** paleface; **agir à** ~ **découvert** to act openly; **faire bon** ~ **à qn** to put on a show of friendliness for sb.
vis-à-vis [vizavi] **1** *prép*: ~ **de** (*en face de*) opposite, vis-à-vis; (*comparé à*) beside, vis-à-vis, next to; (*envers*) towards, vis-à-vis; **sincère** ~ **de soi-même** frank with o.s.; **j'en ai honte** ~ **de lui** I'm ashamed of it in front of *ou* before him. **2** *adv* (*face à face*) face to face. **se faire** ~ to be facing *ou* opposite each other. **3** *nm inv* (*personne*) person opposite; (*maison*) house opposite. **immeuble sans** ~ building with an open *ou* unimpeded outlook.
viscères [visɛʀ] *nmpl* intestines. ♦ **viscéral, e,** *mpl* -**aux** *adj* (*Anat*) visceral; *peur* deep-seated, deep-rooted.
viscosité [viskozite] *nf* viscosity.
viser [vize] (1) **1** *vt* (**a**) *cible, effet, carrière* to aim at. (**b**) (*concerner*) [*mesure, remarque*] to be aimed at, be directed at. **se sentir visé** to feel one is being got at*. (**c**) (*⁑: regarder*) to take a look at. (**d**) (*Admin*) *passeport* to visa; *document* to stamp. **faire** ~ **un passeport** to have a passport visaed. **2** *vi* [*tireur*] to aim, take aim. ~ **juste** to aim accurately; ~ **à la tête** to aim for the head; (*fig: ambitionner*) ~ **haut** to set one's sights high, aim high. **3** ~ **à** *vt indir*: ~ **à qch/à faire** [*personne*] to aim at sth/at doing *ou* to do; [*mesures*] to be aimed at sth/at doing. ♦ **visée** *nf* (**a**) (*avec une arme*) aiming. **pour faciliter la** ~ to help one's aim, help in taking aim. (**b**) (*desseins*) ~**s** aims, designs; **avoir des** ~**s sur** to have designs on. ♦ **viseur** *nm* [*arme*] sights; [*caméra*] viewfinder; (*Astron: lunette*) telescopic sight.
visible [vizibl(ə)] *adj* (*gén*) visible; *embarras* obvious, evident, visible; *progrès* clear, perceptible. **il est** ~ **que** ... it is obvious *ou* apparent *ou* clear that ...; **Monsieur est-il** ~? is Mr X seeing *ou* is Mr X receiving visitors?; **elle n'est pas** ~ **le matin** she's not at home to visitors in the morning. ♦ **visibilité** *nf* visibility. **sans** ~ *pilotage, virage* blind. ♦ **visiblement** *adv* obviously, clearly.
visière [vizjɛʀ] *nf* [*casquette*] peak; (*en celluloïd*) eyeshade; [*armure*] visor.
vision [vizjɔ̃] *nf* (**a**) (*vue*) (eye)sight, vision. **champ de** ~ field of view *ou* vision; ~ **nette** clear vision; **porter des lunettes pour la** ~ **de loin** to wear glasses for seeing at a distance. (**b**) (*conception*) vision. (**c**) (*apparition*) vision. **tu as des** ~**s*** you're seeing things. ♦ **visionnaire** *adj, nmf* visionary. ♦ **visionner** (1) *vt* to view. ♦ **visionneuse** *nf* (*Ciné, Phot*) viewer.
visite [vizit] *nf* (**a**) (*action*) [*pays etc*] visiting; [*bagages*] examination, inspection. (*à l'hôpital*) **heures de** ~ visiting hours; **la** ~ **du château a duré 2 heures** it took 2 hours to go round the castle. (**b**) (*tournée*) (*gén*) visit; [*ami, représentant*] visit, call; [*inspecteur*] visit, inspection. ~ **guidée** guided tour; **en** ~ **officielle en France** on an official visit to France; **rendre** ~ **à qn** to pay sb a visit, call on sb, visit sb; **avoir la** ~ **de qn** to have a visit from sb. (**c**) (*visiteur*) visitor. **nous attendons de la** ~ *ou* **des** ~**s** we are expecting visitors *ou* company *ou* guests. (**d**) (*Méd*) ~ **médicale**

medical examination; ~ (**à domicile**) (house)call, visit; ~ **de contrôle** follow-up visit; **la** ~ (*chez le médecin*) (medical) consultation; (*Mil*) sick parade; (*Mil*) **passer la** ~ (*d'entrée*) to have one's medical. ♦ **visiter** (1) *vt* (**a**) *pays* to visit; *château* to go round, visit; *maison à vendre* to go *ou* look over, view. **il nous a fait** ~ **la maison** he showed us round the house. (**b**) *bagages* to examine, inspect; *recoins* to search (in); *navire* to inspect; (*hum*) *coffre-fort* to visit. (**c**) [*médecin, représentant*] to visit, call on. ♦ **visiteur, -euse** *nm,f* visitor.
vison [vizɔ̃] *nm* mink; (*manteau*) mink (coat).
visqueux, -euse [viskø, øz] *adj* (*gén*) viscous; *surface* sticky; (*fig*) *personne, manière* smarmy, slimy.
visser [vise] (1) *vt* (**a**) to screw on. **ce n'est pas bien vissé** it's not screwed down *ou* up properly; (*fig*) **rester vissé sur sa chaise** to be rooted *ou* glued to one's chair. (**b**) (*⁑: surveiller*) *élève, employé* to keep a tight rein on.
visu [vizy] *adv*: **de** ~ with one's own eyes.
visuel, -elle [vizɥɛl] *adj* (*gén*) visual. **troubles** ~**s** eye trouble. ♦ **visuellement** *adv* visually.
vital, e, *mpl* -**aux** [vital, o] *adj* vital. ♦ **vitalité** *nf* vitality.
vitamine [vitamin] *nf* vitamin. ♦ **vitaminé, e** *adj* with added vitamins.
vite [vit] *adv* (**a**) (*rapidement*) quickly, fast; (*en hâte*) in a rush *ou* hurry. **c'est** ~ **fait** it doesn't take long, it's done in a jiffy*; **ça ne va pas** ~ it's slow work; **faites** ~! be quick about it!; **le temps passe** ~ time flies; **aller** ~ **en besogne*** to be a fast worker*; **aller plus** ~ **que la musique** to jump the gun. (**b**) (*tôt*) soon, in no time. **on a** ~ **fait de dire que** ... it's easy to say that ...; **il eut** ~ **fait de découvrir que** ... he soon *ou* quickly discovered that ..., he discovered in no time that ... . (**c**) (*tout de suite*) quick. **lève-toi** ~! get up quick!; **eh, pas si** ~! hey, not so fast!, hey, hold on (a minute)!; ~! **un médecin** quick! a doctor!; **et plus** ~ **que ça!** and get a move on!*, and be quick about it!
vitesse [vitɛs] *nf* (**a**) (*promptitude*) speed, quickness. **en** ~ (*rapidement*) quickly; (*en hâte*) in a hurry *ou* rush; **faites-moi ça en** ~ do this for me quickly; **faites-moi ça, et en** ~! do this for me and be quick about it!; **écrire un petit mot en** ~ to scribble a hasty note; **à toute** ~, **en quatrième** ~ at full *ou* top speed. (**b**) [*véhicule, courant*] speed. ~ **acquise** momentum; ~ **de croisière** cruising speed; **à quelle** ~ **allait-il?** what speed was he going at? *ou* doing?; **faire de la** ~ to go *ou* drive fast; **prendre de la** ~ to pick up *ou* gather speed; **gagner qn de** ~ (*lit*) to beat sb; (*fig*) to beat sb to it; (*Rail*) **expédier un colis en petite/grande** ~ to send a parcel by slow/express goods service. (**c**) (*Aut*) gear. **changer de** ~ to change gear; **en 2e/4e** ~ in 2nd/4th gear; **passer les** ~**s** to go *ou* run through the gears.
viticole [vitikɔl] *adj* *industrie* wine; *région* wine-growing *ou* -producing; *établissement* wine-making. ♦ **viticulteur** *nm* wine grower. ♦ **viticulture** *nf* wine growing.
vitre [vitʀ(ə)] *nf* [*fenêtre, vitrine*] (window) pane; [*voiture*] window. **les camions font trembler les** ~**s** the lorries make the window panes *ou* the windows rattle; **casser une** ~ to break a window (pane). ♦ **vitrage** *nm* (*vitres*) windows; (*cloison*) glass partition. ♦ **vitrail, pl** -**aux** *nm* stained-glass window. ♦ **vitré, e** *adj* glass. ♦ **vitrer** (1) *vt* to glaze, put glass in. ♦ **vitrerie** *nf* (*activité*) glaziery, glazing; (*marchandise*) glass. ♦ **vitreux, -euse** *adj* (*Anat, Géol*) vitreous; *yeux* glassy, dull; *eau* dull. ♦ **vitrier** *nm* glazier.
vitrifier [vitʀifje] (7) *vt* (*par fusion*) to vitrify; (*par enduit*) to glaze, put a glaze on. ♦ **vitrification** *nf* vitrification; glazing.
vitrine [vitʀin] *nf* (**a**) (*devanture*) (shop) window.

en ~ in the window. **(b)** (*armoire*) display cabinet.

vitriol [vitʀijɔl] *nm* vitriol.

vitupérer [vitypeʀe] (6) *vi* to vituperate (*contre* against), rant and rave (*contre* about). ◆ **vitupérations** *nfpl* vituperations.

vivable [vivabl(ə)] *adj personne* livable-with*; *milieu, monde* fit to live in.

vivace [vivas] *adj arbre* hardy; *préjugé* inveterate, indestructible. **plante** ~ (hardy) perennial.

vivacité [vivasite] *nf* (*a*) (*joie de vivre*) liveliness, vivacity; (*agilité*) sharpness, quickness; [*rythme, imagination*] liveliness; [*intelligence*] liveliness, keenness. ~ **d'esprit** quick-wittedness. **(b)** (*brusquerie*) ~ **d'humeur** brusqueness, quick-temperedness. **(c)** [*lumière, couleur*] brightness, brilliance. **(d)** [*émotion*] keenness, intensity; [*souvenir, impression*] vividness.

vivant, e [vivɑ̃, ɑ̃t] **1** *adj* (*a*) (*en vie*) living. **il est encore** ~ he's still alive *ou* living; **expériences sur des animaux** ~s experiments on live *ou* living animals. **(b)** (*plein de vie*) *enfant, rue, récit* lively; *portrait* lifelike. **c'est le portrait** ~ **de sa mère** he's the (living) image of his mother. **(c)** (*en usage*) *expression, croyance* living. **expression encore très** ~e expression which is still very much alive. **2** *nm* (*personnes*) **les** ~s the living; (*vie*) **de son** ~ in his lifetime, while he was alive.

vivats [viva] *nmpl* cheers.

vive[2] [viv] *excl*: ~ **le roi!** long live the king!; ~ **les vacances!** three cheers for *ou* hurrah for the holidays!

vivement [vivmɑ̃] *adv* (*a*) (*avec brusquerie*) sharply, brusquely. **(b)** *regretter* deeply, greatly; *désirer* keenly. **s'intéresser** ~ à to take a keen *ou* deep interest in. **(c)** *éclairer etc* brilliantly, vividly, brightly. **(d)** (*souhait*) ~ **les vacances!** roll on the holidays!*; ~ **que ce soit fini!** I'll be glad when it's all over!

viveur [vivœʀ] *nm* high liver, pleasure-seeker.

vivier [vivje] *nm* (*étang*) fishpond; (*réservoir*) fish-tank.

vivifier [vivifje] (7) *vt* to invigorate. ◆ **vivifiant, e** *adj air* invigorating, bracing.

vivisection [vivisɛksjɔ̃] *nf* vivisection.

vivoter [vivɔte] (1) *vi* [*personne*] to rub *ou* get along (somehow).

vivre [vivʀ(ə)] (46) **1** *vi* (*a*) (*être vivant*) to live, be alive. **il avait cessé de** ~ he was dead; ~ **vieux/centenaire** to live to a ripe old age/to be a hundred; **ce manteau a vécu*** this coat is finished *ou* has had its day; **il fait bon** ~ it's good to be alive, it's a good life. **(b)** (*habiter*) to live. ~ **à Londres** to live in London; ~ **avec qn** to live with sb. **(c)** (*se comporter*) to live. **se laisser** ~ to take life as it comes; **être facile/difficile à** ~ to be easy/difficult to live with *ou* to get on with; **il a beaucoup vécu** he has seen a lot of life; **elle ne vit plus depuis que son fils est pilote** she lives on her nerves since her son became a pilot. **(d)** (*subsister*) to live; *de laitages, son traitement* to live on. **avoir (juste) de quoi** ~ to have (just) enough to live on; **travailler pour** ~ to work for a living; **faire** ~ **qn** to provide a (living) for sb, support sb; ~ **de l'air du temps** to live on air. **(e)** [*idée, rue*] to be alive; [*portrait*] to be lifelike *ou* lively. **2** *vt*: ~ **des jours heureux** to live through *ou* spend happy days; **nous vivons des temps troublés** we are living in *ou* through troubled times; **il vivait une belle aventure** he was living out an exciting adventure; ~ **sa vie** to live one's own life. **3** *nm*: **le** ~ **et le couvert** board and lodging; ~s supplies, provisions.

vlan, v'lan [vlɑ̃] *excl* wham!, bang!

vocabulaire [vɔkabylɛʀ] *nm* vocabulary. (*péj*) **quel** ~! what language!

vocal, e, *mpl* **-aux** [vɔkal, o] *adj* vocal. ◆ **vocalement** *adv* vocally.

vocation [vɔkɑsjɔ̃] *nf* vocation. **avoir la** ~ **de l'enseignement** to be cut out to be a teacher, have a vocation for teaching; **la** ~ **industrielle du Japon** the industrial vocation of Japan.

vociférer [vɔsifeʀe] (6) **1** *vi* to utter cries of rage, vociferate. ~ **contre qn** to scream at sb. **2** *vt* to shout (out), scream. ◆ **vocifération** *nf* cry of rage, vociferation.

vœu, *pl* ~x [vø] *nm* (*a*) (*promesse*) vow. **faire (le)** ~ **de faire** to vow to do, make a vow to do. **(b)** (*souhait*) wish. **faire un** ~ to make a wish; **tous nos** ~x (**de bonheur**) all good wishes for your happiness; **meilleurs** ~x best wishes.

vogue [vɔg] *nf* fashion, vogue. **être en** ~ to be in fashion *ou* vogue; **c'est la grande** ~ **maintenant** it's all the rage now.

voguer [vɔge] (1) *vi* (*littér*) to sail; [*pensées*] to drift, wander. ~ **au fil de l'eau** to float *ou* drift along.

voici [vwasi] *prép* (*a*) here *ou* this is; (*pl*) here *ou* these are. ~ **mon bureau** here is *ou* this is my office; ~ **vos livres** here *ou* these are your books; ~ **la pluie** here comes the rain; **me** *etc* ~ here I am *etc*; **les** ~ **prêts à partir** they're ready to leave; **la maison que** ~ this (particular) house; **M Dupont, que** ~ M Dupont here; **il m'a raconté l'histoire que** ~ he told me the following story; ~ **qu'il se met à pleuvoir maintenant** and now it's starting to rain; ~ **pourquoi je l'avais supprimé** that was why I'd eliminated it. **(b)** (*il y a*) ~ **5 ans que je ne l'ai pas vu** it's 5 years (now) since I last saw him, I haven't seen him for the past 5 years; **il est parti** ~ **une heure** he left an hour ago, it's an hour since he left.

voie [vwa] *nf* (*a*) (*chemin*) way; (*Admin: route*) road. **par la** ~ **des airs** by air; ~ **d'accès** access; ~s **de communication** communication routes; ~s **navigables** waterways; **la** ~ **publique** the public highway; ~ **de raccordement** slip road; ~ **sans issue** no through road, cul-de-sac. **(b)** (*partie d'une route*) lane. **route à** ~ **unique** single-lane *ou* single-track road; **route à 3/4** ~s 3-/4-lane road. **(c)** (*Rail*) ~(s) track, line. ~ **ferrée** railway *ou* railroad (*US*) line; ~ **de garage** siding; (*fig*) **mettre sur une** ~ **de garage** *affaire* to shelve; *personne* to shunt to one side; **ligne à** ~ **unique** single-track line; **ligne à** ~ **étroite** narrow-gauge line; **le train est annoncé sur la** ~ **2** the train will arrive at platform 2. **(d)** (*Anat*) ~s **digestives** *etc* digestive *etc* tract; **par** ~ **orale** orally. **(e)** (*fig*) way. **la** ~ **du bien** the path of good; **montrer la** ~ to show the way; **l'affaire est en bonne** ~ the matter is shaping *ou* going well; **mettre qn sur la** ~ to put sb on the right track. **(f)** (*filière*) **par des** ~s **détournées** by devious *ou* roundabout means; **par la** ~ **hiérarchique/diplomatique** through official/diplomatic channels; **par** ~ **de conséquence** in consequence, as a result. **(g)** **en** ~ **d'exécution** in (the) process of being carried out; **pays en** ~ **de développement** developing country; **en** ~ **de guérison** getting better; **en** ~ **d'achèvement** (well) on the way to completion, nearing completion. **(h)** ~ **d'eau** leak; **se livrer à des** ~s **de fait sur qn** to assault sb; **la** ~ **lactée** the Milky Way.

voilà [vwala] **1** *prép* (*a*) (*même sens que voici*) here *ou* this is; (*pl*) here *ou* these are; (*opposé à voici*) there *ou* that is; (*pl*) there *ou* those are. ~ **mon frère** this is *ou* here is my brother; **voici mon frère et** ~ **ma sœur** this is my brother and that is my sister, here is my brother and there is my sister; **voici mes valises et** ~ **les vôtres** here *ou* these are my bags and there *ou* those are yours; ~ **le printemps** here comes spring; **le** ~, **c'est lui** there he is, that's him; **le** ~ **prêt à partir** he's ready to leave; ~ **ce dont il s'agit** that's *ou* this is what it's all about; ~ **comment il faut faire** that's how it's done; **l'homme que** ~ that man (there); **M**

Dupont que ~ M Dupont there; **il m'a raconté l'histoire que** ~ he told me the following story; ~ **qu'il se met à pleuvoir** it's starting to rain; ~ **qui est louche** that's a bit odd *ou* suspicious. **(b)** (*il y a*) ~ **5 ans que je ne l'ai pas vu** it's 5 years since I last saw him, I haven't seen him for the past 5 years; **il est parti** ~ **une heure** he left an hour ago, it's an hour since he left. **(c)** (*locutions*) **en** ~ **une histoire/blague!** what a story/joke!; **en** ~ **assez!** that's enough!, that'll do!; **veux-tu de l'argent? – en** ~ do you want some money? – here's some *ou* here you are; ~ **le hic** there's *ou* there's the hitch; ~ **tout** that's all; ~ **bien les Français!** how like the French!, isn't that just like the French!, that's the French all over!* **2** *excl*: ~! **j'arrive!** there – I'm coming!; **ah!** ~! **je comprends!** oh, (so) that's it; ~! **ça devait arriver!** there you are, it was bound to happen!; ~, **je vais vous expliquer** right (then), I'll explain to you.

voilage [vwalaʒ] *nm* (*rideau*) net curtain. (*tissu*) **acheter du** ~ to buy some net.

voile[1] [vwal] *nf* **(a)** [*bateau*] sail. **faire** ~ **vers** to sail towards; **toutes** ~**s dehors** with full sail on; **mettre les** ~**s‡** to clear off‡, push off‡. **(b)** (*sport*) sailing. **faire de la** ~ to sail, go sailing.

voile[2] [vwal] *nm* **(a)** (*gén*) veil. (*Rel*) **prendre le** ~ to take the veil; **sous le** ~ **de** under the veil of; ~ **de brume** veil of mist; **avoir un** ~ **devant les yeux** to have a film before one's eyes. **(b)** (*tissu*) net. ~ **de tergal ® Terylene ®** net. **(c)** (*Méd*) ~ **au poumon** shadow on the lung; (*Anat*) ~ **du palais** soft palate, velum. ◆ **voilé, e** *adj* **(a)** *femme, allusion* veiled. **(b)** *lumière, ciel, contour* misty, hazy; *éclat* dimmed; *regard* misty. **avoir la voix** ~**e** to have a husky voice. ◆ **voiler[1]** (1) **1** *vt* (*lit, fig*) to veil. **2 se** ~ *vpr* **(a)** [*musulmane*] **se** ~ **le visage** to wear a veil; (*fig*) **se** ~ **la face** to hide one's face. **(b)** [*horizon, soleil, regard*] to mist over; [*ciel*] to grow hazy *ou* misty. ◆ **voilette** *nf* (hat) veil.

voiler[2] *vt*, **se** ~ *vpr* [vwale] (1) [*roue*] to buckle; [*planche*] to warp.

voilier [vwalje] *nm* sailing ship; (*de plaisance*) sailing boat. ◆ **voilure** *nf* [*bateau*] sails. **une** ~ **de 1 000m²** 1,000m² of sail.

voir [vwar] (30) **1** *vt* **(a)** to see. **on n'y voit rien** you can't see a thing; ~ **double** to see double; **c'est un film à** ~ it's a film worth seeing; **il a vu du pays** he has been around *ou* knocked about a bit; ~ **qn faire qch** to see sb do sth; **j'ai vu bâtir ces maisons** I saw these houses being built; **je l'ai vu naître** I've known him since he was born; **le pays qui l'a vu naître** his native country; **il a vu deux guerres** he has lived through *ou* seen two wars. **(b)** (*se représenter*) to see. **je le vois mal habitant la ban-lieue** I (somehow) can't see *ou* imagine him living in the suburbs; **ne** ~ **que par qn** to see only *ou* see everything through sb's eyes; ~ **la vie en rose/les choses en noir** to take a rosy/black view of things; ~ **loin** to see ahead; ~ **le problème sous un autre jour** to see *ou* view the problem in a different light; **on n'en voit pas le bout** there seems to be no end to it; **façon de** ~ view of things, outlook; **il a vu petit/grand** he planned things on a small/big scale; **ne** ~ **que son intérêt** to consider only one's own interest. **(c)** (*étudier*) *problème* to look into; *dossier* to look at; *leçon* to go over; *circulaire* to see, read. **je verrai** I'll have to see, I'll think about it; **c'est à vous de** ~ it's up to you to see *ou* decide. **(d)** (*découvrir*) to see, find (out). **aller** ~ **s'il y a quelqu'un** to go and see *ou* go and find out if there is anybody there; **vous verrez que ce n'est pas leur faute** you will see *ou* find that it's not their fault; **c'est à** ~ (*à prouver*) that remains to be seen. **(e)** (*rendre visite à*) *médecin, avocat* to see. **aller** ~ **qn** (*gén*) to go and see sb; *ami* to call on *ou* visit sb. **(f)** (*faire l'expérience de*) **il en a vu de dures** *ou* **de toutes les couleurs** he has been through the mill *ou* through some hard times; **en**

faire ~ (**de dures**) **à qn** to give sb a hard time; **j'en ai vu d'autres!** I've been through *ou* seen worse!; **on n'a jamais vu ça!** did you ever see *ou* hear the like?; **il ne voit pas ce que vous voulez dire** he doesn't see *ou* grasp what you mean. **(g)** **laisser** ~, **faire** ~ to show; **faites-moi** ~ **ce dessin** let me see *ou* show me this picture; **elle ne peut pas le** ~* she can't stand him; **se faire mal** ~ (**de qn**) to be frowned on (by sb); **se faire bien** ~ (**de qn**) to make o.s. popular (with sb); **vous aurez du mal à lui faire** ~ **que** ... you will find it difficult to make him see *ou* realise that ... . **(h)** (*locutions*) **voyons** (*réflexion*) let's see now; (*irritation*) come (on) now, come; **dis-moi** ~ tell me; **je voudrais t'y** ~ I'd like to see you try; **essaie** ~!* just you try it!; **regarde** ~ **ce qu'il a fait*** just look what he has done!; **pour** ~ just to see; **qu'il aille se faire** ~!‡ he can go to hell!‡; **il ferait beau** ~ **qu'il** ... it would be a fine thing if he ...; **cela n'a rien à** ~ **avec** ... this has got nothing to do with ...; **n'y** ~ **que du feu** to be completely hoodwinked *ou* taken in; ~ **trente-six chandelles** to see stars; **ne pas** ~ **plus loin que le bout de son nez** to see no further than the end of one's nose; ~ **venir** to wait and see; **je te vois venir*** I can see what you're leading up to *ou* getting at.

2 ~ **à** *vt indir* to make sure that, see (to it) that. **voyez à être à l'heure** see *ou* make sure that you are on time.

3 se ~ *vpr* **(a)** (*être visible*) [*tache etc*] to show. **cela se voit!** that's obvious! **(b) se** ~ **forcé de** to find o.s. forced to; **cela se voit tous les jours** it happens *ou* can be seen *ou* found every day; **il s'est vu interdire l'accès** he found himself *ou* he was refused admission.

voire [vwar] *adv* or even.

voirie [vwari] *nf* (*enlèvement des ordures*) refuse collection; (*entretien des routes*) highway maintenance.

voisin, e [vwazɛ̃, in] **1** *adj* **(a)** (*proche*) neighbouring; (*adjacent*) next. **les rues** ~**es** the neighbouring streets; **une maison** ~**e de l'église** a house next to *ou* adjoining the church. **(b)** *idées, espèces, cas* connected. ~ **de** akin to, related to; **dans un état** ~ **de la folie** in a state bordering on *ou* akin to madness. **2** *nm,f* neighbour. **nos** ~**s d'à-côté** our next-door neighbours, the people next door; **mon voisin de dortoir** the person in the next bed to mine (in the dormitory). ◆ **voisinage** *nm* **(a)** (*voisins*) neighbourhood. **être en bon** ~ **avec qn** to be on neighbourly terms with sb. **(b)** (*environs*) vicinity; (*proximité*) proximity, closeness. **les villages du** ~ the villages in the vicinity; **le** ~ **de la montagne** the proximity *ou* closeness of the mountains. ◆ **voisiner** (1) *vi*: ~ **avec qch** to be (placed) side by side with.

voiture [vwatyr] *nf* **(a)** (*automobile*) (motor)car. ~ **de sport** sportscar; ~ **de tourisme** saloon, sedan (*US*), private car. **(b)** (*wagon*) carriage, coach, car (*US*). **en** ~! all aboard! **(c)** (*attelée ou poussée*) (*pour marchandises*) cart; (*pour voyageurs*) carriage, coach. ~ **à bras** handcart; ~ **d'enfant** pram, perambulator, baby carriage (*US*).

voix [vwa] *nf* **(a)** voice. **à** ~ **basse/haute** in a low *ou* hushed/loud voice; **à haute et intelligible** ~ loud and clear; **rester sans** ~ to be speechless; [*chien*] **donner de la** ~ to bay, give tongue; **la** ~ **du sang** the call of the blood. **(b)** (*opinion*) voice; (*Pol: suffrage*) vote. **avoir** ~ **consultative** to have consultative powers *ou* a consultative voice; **donner sa** ~ **à qn** to vote for sb; **avoir** ~ **au chapitre** to have a say in the matter. **(c)** (*Mus*) voice. **chanter à 2/3** ~ to sing in 2/3 parts; **chanter d'une** ~ **juste** to sing in tune; **être en** ~ to be in good voice. **(d)** (*Ling*) voice.

vol[1] [vɔl] *nm* **(a)** (*gén*) flight. **il y a 8 heures de** ~ **entre** ... it's an 8-hour flight between ...; **condi-**

tions de ~ flying conditions; ~ à voile gliding. (b) un ~ de perdrix a covey ou flock of partridges; un ~ de moucherons a cloud of gnats. (c) (*locutions*) en (plein) ~ in (full) flight; prendre son ~ to take wing, fly off ou away; attraper au ~ autobus to leap onto as it moves off; *ballon* to catch as it flies past; *occasion* to leap at, seize; à ~ d'oiseau as the crow flies. ♦ voler¹ (1) *vi* (*lit, fig*) to fly. ♦ de ses propres ailes to fend for o.s.; ~ en éclats to fly into pieces; ~ au vent to fly in the wind, float on the wind; ~ vers qn/au secours de qn to fly to sb/to sb's assistance.

vol² [vɔl] *nm* theft. (*fig*) c'est du ~! it's daylight robbery!; ~ à l'étalage shoplifting; ~ à main armée armed robbery; ~ à la tire pickpocketing. ♦ voler² (1) *vt* (a) ~ qch à qn to steal sth from sb; se faire ~ ses bagages to have one's luggage stolen; (*fig*) il ne l'a pas volé! he asked for it! (b) ~ qn to rob sb; ~ les clients sur le poids to cheat customers over (the) weight, give customers short measure; on n'est pas volé* you get your money's worth all right*. ♦ voleur, -euse 1 *adj*: être ~ to be a thief. 2 *nm,f* (*malfaiteur*) thief; (*commerçant*) swindler. ~ de grand chemin highwayman; au ~! stop thief!

volage [vɔlaʒ] *adj* époux flighty, fickle.

volaille [vɔlaj] *nf*: une ~ a fowl; la ~ poultry. ♦ volailler *nm* poulterer.

volant¹ [vɔlɑ̃] *nm* (a) (*Aut*) steering wheel. prendre le ~ to take the wheel; un brusque coup de ~ a sharp turn of the wheel; as du ~ crack ou ace driver. (b) (*Tech*) (*régulateur*) flywheel; (*de commande*) (hand)wheel. (c) (*rideau, robe*) flounce. jupe à ~s flounced skirt. (d) (*Badminton*) shuttlecock.

volant², e [vɔlɑ̃, ɑ̃t] *adj* flying. (*Aviat*) le personnel ~ the flight ou flying staff.

volatil, e¹ [vɔlatil] *adj* (*Chim*) volatile. ♦ volatiliser (1) 1 *vt* (*Chim*) to volatilize. 2 se ~ *vpr* (*Chim*) to volatilize; (*fig*) to vanish (into thin air).

volatile² [vɔlatil] *nm* (*volaille*) fowl; (*oiseau*) bird.

vol-au-vent [vɔlɔvɑ̃] *nm inv* vol-au-vent.

volcan [vɔlkɑ̃] *nm* (*Géog*) volcano; (*personne*) spitfire; (*situation*) powder keg. ♦ volcanique *adj* (*lit, fig*) volcanic.

volée [vɔle] *nf* (a) ~ de moineaux flock ou flight of; enfants swarm of; flèches flight ou volley of; coups volley of; recevoir une bonne ~ to get a sound thrashing ou beating. (b) (Ftbl, Tennis) volley. de ~ on the volley. (c) ~ d'escalier flight of stairs. (d) jeter qch à la ~ to fling sth about; semer à la ~ to sow broadcast; à toute ~ gifler, lancer vigorously, with full force; les cloches sonnaient à toute ~ the bells were pealing out.

voler [vɔle] V vol¹, vol².

volet [vɔle] *nm* (a) (*persienne*) shutter; (*Aut: panneau articulé*) flap. (b) (*triptyque*) volet, wing; (*carte*) section; (*reportage*) part.

voleter [vɔlte] (4) *vi* to flutter about.

voleur, -euse [vɔlœʀ, øz] V vol².

volière [vɔljɛʀ] *nf* (*cage*) aviary. (*fig*) c'est une ~ it's a proper henhouse*.

volley-(ball) [vɔlebɔl] *nm* volleyball. ♦ volleyeur, -euse *nm,f* volleyball player.

volontaire [vɔlɔ̃tɛʀ] 1 *adj* (a) (*voulu*) (*gén*) voluntary; oubli intentional. (b) (*décidé*) personne self-willed; expression, menton determined. 2 *nmf* (*Mil, gén*) volunteer. ♦ volontairement *adv* (*de son plein gré*) voluntarily, of one's own free will; (*exprès*) intentionally, deliberately; (*d'une manière décidée*) determinedly.

volonté [vɔlɔ̃te] *nf* (a) (*intention*) wish, will. manifester sa ~ de faire qch to show one's intention of doing sth; respecter la ~ de qn to respect sb's wishes; la ~ nationale the will of the nation; ~ de puissance/de réussir will for power/to suc-

ceed. (b) bonne ~ goodwill, willingness; mauvaise ~ unwillingness; il y met de la mauvaise ~ he does it unwillingly ou grudgingly ou with a bad grace; avec la meilleure ~ du monde with the best will in the world. (c) (*énergie*) willpower, will. une ~ de fer will of iron; réussir à force de ~ to succeed through sheer willpower ou determination. (d) à ~ at will; servez-vous de pain à ~ take as much bread as you like; 'sucrer à ~' 'sweeten to taste'.

volontiers [vɔlɔ̃tje] *adv* (a) (*de bonne grâce*) with pleasure, gladly, willingly. voulez-vous dîner chez nous? – ~ would you like to eat with us? – I'd love to ou with pleasure. (b) (*naturellement*) readily. on croit ~ que ... people readily believe that ... .

volt [vɔlt] *nm* volt. ♦ voltage *nm* voltage.

volte-face [vɔltəfas] *nf inv* (a) (*lit*) faire ~ to turn round. (b) (*fig*) volte-face, about-turn.

voltige [vɔltiʒ] *nf* (*Équitation*) trick riding; (*Aviat*) aerobatics.

voltiger [vɔltiʒe] (3) *vi* to flutter about.

volubile [vɔlybil] *adj* voluble. ♦ volubilité *nf* volubility.

volubilis [vɔlybilis] *nm* convolvulus, morning glory.

volume [vɔlym] *nm* (*gén*) volume. [*gros objets*] faire du ~ to be bulky, take up space. ♦ volumineux, -euse *adj* voluminous, bulky.

volupté [vɔlypte] *nf* sensual ou voluptuous pleasure. ♦ voluptueusement *adv* voluptuously. ♦ voluptueux, -euse *adj* voluptuous.

volute [vɔlyt] *nf* (*Archit*) volute; [*fumée*] curl.

vomir [vɔmiʀ] (2) *vt* aliments to vomit, bring up; flammes, injures to spew out; (*fig: détester*) to loathe, abhor. avoir envie de ~ to want to be sick; (*fig*) c'est à ~ it's enough to make you sick. ♦ vomi *nm* vomit. ♦ vomissement *nm*: ~(s) vomiting.

vorace [vɔʀas] *adj* voracious. ♦ voracement *adv* voraciously. ♦ voracité *nf* voracity, voraciousness.

vos [vo] *adj poss* V votre.

voter [vɔte] (1) 1 *vi* to vote. 2 *vt* projet de loi to vote for; loi to pass; crédits to vote. ♦ votant, e *nm,f* voter. ♦ vote *nm* (a) (*action*) (*gén*) voting (*de* for); [*loi*] passing. (b) (*suffrage*) vote. ~ de confiance vote of confidence; ~ à main levée vote by a show of hands; ~ secret/par correspondance/par procuration secret/postal/proxy vote.

votre [vɔtʀ(ə)], *pl* vos [vo] *adj poss* your; V son¹, ton¹.

vôtre [votʀ(ə)] 1 *pron poss*: le ~, la ~, les ~s yours, your own; à la (bonne) ~! your (good) health!, cheers!* 2 *nmf* (a) j'espère que vous y mettrez du ~ I hope you'll pull your weight. (b) les ~s your family; (*péj*) vous et tous les ~s you and your ilk ou all those like you; nous pourrons être des ~s ce soir we shall be able to join you tonight; V sien. 3 *adj poss* yours; V sien.

vouer [vwe] (1) *vt* temps, argent to devote; amour, fidélité to vow; (*Rel*) to dedicate (à to). se ~ à une cause to dedicate o.s. ou devote o.s. to a cause; projet voué à l'échec plan doomed to ou destined for failure.

vouloir [vulwaʀ] (31) 1 *vt* (a) (*gén*) to want. je veux de vous une réponse I want an answer from you; [*vendeur*] j'en veux 10 F I want 10 francs for it; je veux que tu te laves les mains/que tes mains soient lavées I want you to wash your hands/your hands to be washed; que lui voulez-vous? what do you want with him?; qu'il le veuille ou non whether he likes ou wants it or not; il veut absolument venir he is absolutely set on coming, he is determined to come.

(b) (*sens affaibli: désirer*) voulez-vous à boire? would you like ou do you want a drink?; je voudrais/j'aurais voulu du pain I would like/I would have liked some bread; **je voudrais bien y aller** I'd love to go; **elle voulut se lever mais retomba** she tried to get up but fell back; **je voulais vous dire/lui écrire** I meant to tell you/to write to him; **ça va comme tu veux?*** is everything going all right *ou* O.K. (for you)?*; ~ **du bien à qn** to wish sb well; **je voudrais que vous voyiez sa tête!** I wish you could see his face!; **si tu veux** if you like; **s'il voulait, il pourrait être ministre** if he wanted (to), he could be a minister; **comme vous voulez** as you wish *ou* please.

(c) (*consentir*) **ils ne voulurent pas nous recevoir** they wouldn't see us, they weren't willing to see us; **le moteur ne veut pas partir** the engine won't start; **il joue bien quand il veut** he plays well when he wants to *ou* has a mind (to); **voudriez-vous avoir l'obligeance de** would you be so kind as to; **veuillez croire à toute ma sympathie** please accept my deepest sympathy; **voulez-vous me prêter ce livre?** will you lend me this book?; **voudriez-vous fermer la fenêtre?** would you mind closing the window?; **veux-tu (bien) te taire!** will you be quiet!; **veuillez quitter la pièce immédiatement** please leave the room at once; **je veux bien le faire/qu'il vienne** (*volontiers*) I'm happy *ou* I'll be happy to do it/for him to come; (*s'il le faut vraiment*) I don't mind doing it/if he comes; **moi je veux bien le croire mais ...** I'm quite willing *ou* prepared to believe him but ...; **moi je veux bien, mais ...** fair enough*, but ... .

(d) [*choses*] (*requérir*) to want, require. **ces plantes veulent de l'eau** these plants want *ou* need water; **l'usage veut que ...** custom requires that ...; **le hasard voulut que ...** chance decreed that ..., as fate would have it ... .

(e) (*s'attendre à*) to expect. **comment voulez-vous que je sache?** how do you expect me to know?, how should I know?; **et vous voudriez que nous acceptions?** and you expect us to agree?, you would have us agree?

(f) **en** ~ **à qn** to have sth against sb, have a grudge against sb; **en** ~ **à qn de qch** to hold sth against sb; **il m'en veut d'avoir fait cela** he holds a grudge against me for having done that; **ne m'en veuillez pas** don't hold it against me; **tu m'en veux pas?** no hard feelings?; **en** ~ **à qch** to be after sth; **il en veut à mon argent** he is after my money.

(g) ~ **dire** (*signifier*) to mean; **qu'est-ce que cela veut dire?** what does that mean?

(h) (*locutions*) **que voulez-vous (qu'on y fasse)!** what can we do?, it can't be helped!; **je veux être pendu si ...** I'll be hanged *ou* damned if ...; **sans le** ~ unintentionally, inadvertently; **tu l'as voulu** you asked for it; **tu l'auras voulu** it'll have been your own fault; **il y a eu des discours en veux-tu en voilà** there were speeches galore; **elle fait de lui ce qu'elle veut** she twists him round her little finger.

2 ~ **de** *vt indir*: ~ **de qn/qch** to want sb/sth; **on ne veut plus de lui au bureau** they don't want him *ou* won't have him in the office any more.

3 *nm* will. **bon** ~ goodwill; **mauvais** ~ ill will; **attendre le bon** ~ **de qn** to wait on sb's pleasure.
voulu, e [vuly] *adj* **(a)** (*requis*) required, requisite. **l'argent** ~ **la** required *ou* requisite money, the money required. **(b)** (*volontaire*) deliberate, intentional. **c'est** ~* it's done on purpose, it's intentional.
vous [vu] **1** *pron pers* **(a)** you. **si j'étais** ~ if I were you; **eux ont accepté,** ~ **pas** they accepted but you didn't *ou* but not you; ~ **parti** once you've gone; **qui l'a vu,** ~? who saw him?, (did) you? *ou* was it you?; **pourquoi ne le ferais-je pas:** ~ **l'avez bien fait,** ~! why shouldn't I do it – you did (it)!; ~ **tous qui m'écoutez** all of you listening to me; **cette maison est-elle à** ~? does this house belong to you?, is this yours? *ou* your own?; **vous ne**

pensez qu'à ~ you think only of yourself (*ou* yourselves). **(b)** (*dans comparaisons*) you. **il est aussi fort que** ~ he is as strong as you (are); **je vais faire comme** ~ I'll do the same as you (do).
(c) (*avec vpr*) ~ **êtes-~ bien amusé(s)?** did you have a good time?; **je crois que** ~ ~ **connaissez** I believe you know each other; **servez-~ donc** do help yourself (*ou* yourselves); **ne** ~ **disputez pas** don't fight. **2** *nm*: **le** ~ **the 'vous'. form;** **dire** ~ **à qn** to call sb 'vous'.
voûte [vut] *nf* (*Archit*) vault; (*porche*) archway. **la** ~ **céleste** the vault *ou* canopy of heaven; ~ **plantaire** arch of the foot. ♦ **voûter** (1) *vt* **(a)** (*Archit*) to arch, vault. **(b)** *personne, dos* to make stooped. **dos voûté** bent back; **il s'est voûté** he has become stooped.
vouvoyer [vuvwaje] (8) *vt*: ~ **qn** to address sb as 'vous'. ♦ **vouvoiement** *nm* addressing sb as 'vous'.
voyage [vwajaʒ] *nm* journey, trip; (*par mer*) voyage. (*action*) **le** ~, **les** ~**s** travelling; **il revient de** ~ he's just come back from a journey *ou* a trip; **il est en** ~ he's away; **au moment de partir en** ~ just as he was setting off on his journey *ou* travels; **frais/souvenirs de** ~ travel expenses/souvenirs; ~ **d'affaires** *etc* business *etc* trip; ~ **de noces** honeymoon; ~ **organisé** package tour *ou* holiday. ♦ **voyager** (3) *vi* to travel. **aimer** ~ to be fond of travelling; **cette malle a beaucoup voyagé** this trunk has travelled a great deal *ou* has done a lot of travelling. ♦ **voyageur, -euse 1** *adj* **tempérament** wayfaring. **2** *nm,f* traveller. ~ **de commerce** commercial traveller.
voyant, e [vwajã, ãt] **1** *adj* *couleurs* loud, gaudy, garish. **2** *nm* (*signal*) light. ~ **d'huile** oil warning light. **3** *nf*: ~**e** (*extra-lucide*) clairvoyant.
voyelle [vwajɛl] *nf* vowel.
voyeur, -euse [vwajœʀ, øz] *nm,f* (*péj*) peeping Tom, voyeur.
voyou [vwaju] **1** *nm* (*enfant*) rascal; (*adulte*) lout, hoodlum, hooligan. **2** *adj inv* *air* loutish.
vrac [vʀak] *adv*: **en** ~ (*sans emballage*) (*au détail*) loose; (*en gros*) in bulk; (*fig: en désordre*) in a jumble.
vrai, vraie [vʀɛ] **1** *adj* (*gén*) true; (*réel*) real; (*authentique*) genuine. **c'est dangereux, c'est** ~, **mais ...** it's dangerous, it's true *ou* certainly, but ...; **ce sont ses** ~**s cheveux** that's his real *ou* own hair; **un** ~ **Picasso** a real *ou* genuine Picasso; **son** ~ **nom est Charles** his real *ou* true name is Charles; **un** ~ **de** ~* the real thing, the genuine article; **c'est un** ~ **fou!** he's really mad!, he's downright mad!; **c'est une vraie mère pour moi** she's a real mother to me. **2** *nm*: **le** ~ the truth; **il y a du** ~ **dans ce qu'il dit** there's some truth in what he says; **être dans le** ~ to be right. **3** *adv*: **il dit** ~ he's right, what he says is right *ou* true; **à dire** ~, **à** ~ **dire** to tell (you) the truth, in (actual) fact; **pour de** ~* for real*; [*décor, perruque*] **faire** ~ to look real *ou* like the real thing. ♦ **vraiment** *adv* (*gén*) really. **nous voulons** ~ **la paix** we really (and truly) want peace; **il est** ~ **idiot** he's a real idiot.
vraisemblable [vʀɛsãblabl(ə)] *adj* *hypothèse* likely; *intrigue* plausible, convincing. **peu** ~ *histoire* improbable, unlikely; **il est** ~ **que** it's likely *ou* probable that. ♦ **vraisemblablement** *adv* in all likelihood *ou* probability, probably. ♦ **vraisemblance** *nf* [*hypothèse*] likelihood; [*situation romanesque*] plausibility. **selon toute** ~ in all likelihood *ou* probability.
vrille [vʀij] *nf* (*Tech*) gimlet; (*spirale*) spiral; (*Aviat*) (tail)spin. **escalier en** ~ spiral staircase.
vrombir [vʀɔ̃biʀ] (2) *vi* to hum. ♦ **vrombissement** *nm*: ~(s) humming.
vu, vue¹ [vy] **1** *adj* **(a)** (*: *compris*) **c'est** ~? all right?, got it?*, understood? **(b)** (*considéré*) **bien**

~ *personne* well thought of; *chose* good form; **mal** ~ *personne* poorly thought of; *chose* bad form. **2** *nm*: **au** ~ **et au su de tous** openly and publicly. **3** *prép* in view of. ~ **la situation** in view of *ou* considering the situation. **4** *conj* (*) ~ **que** in view of the fact that, seeing that.

vue² [vy] *nf* **(a)** (*sens*) (eye)sight. **il a la** ~ **basse** he is short-sighted. **(b)** (*regard*) **détourner la** ~ to look away; **s'offrir à la** ~ **de tous** to present o.s. for all to see; (*lit, fig*) **perdre de** ~ to lose sight of; **il lui en a mis plein la** ~* he dazzled him (*ou* her). **(c)** (*panorama*) view. **avec** ~ **imprenable** with an open *ou* unobstructed view *ou* outlook; **cette pièce a** ~ **sur la mer** this room looks out onto the sea. **(d)** (*spectacle*) sight. **la** ~ **du sang l'a fait s'évanouir** the sight of the blood made him faint; **à sa** ~ **elle s'est mise à rougir** when she saw him she began to blush. **(e)** (*image*) view; (*photo*) photograph, photo. **(f)** (*conception*) view. **c'est une** ~ **de l'esprit** that's a purely theoretical view; ~s (*opinion*) views; (*projet*) plans; (*sur qn ou ses biens*) designs (*sur* on). **(g)** (*locutions*) **je le connais de** ~ I know him by sight; **à** ~ *payable*

etc at sight; *atterrir* visually; *atterrissage* visual; **à** ~ **d'œil** *diminuer etc* before one's very eyes; **à** ~ **de nez*** roughly, at a rough guess; **en** ~ (*lit, fig: proche*) in sight; (*en évidence*) **(bien) en** ~ conspicuous; (*célèbre*) **très en** ~ very much in the public eye; **avoir un poste en** ~ to have one's sights on a job; **avoir un collaborateur en** ~ to have an associate in mind; **avoir en** ~ **de faire** to have it in mind to do, plan to do; **il a acheté une maison en** ~ **de son mariage** he has bought a house with his marriage in mind; **il a dit cela en** ~ **de le décourager** he said that with the idea of *ou* with a view to discouraging him.

vulgaire [vylgɛʀ] *adj* (*grossier*) vulgar, coarse; (*commun*) common. **de la** ~ **matière plastique** ordinary *ou* common or garden plastic. ◆ **vulgairement** *adv* vulgarly, coarsely. ◆ **vulgarisation** *nf* popularization. ◆ **vulgariser** (1) *vt* to popularize. ◆ **vulgarité** *nf* vulgarity, coarseness. **des** ~s vulgarities.

vulnérable [vylneʀabl(ə)] *adj* vulnerable. ◆ **vulnérabilité** *nf* vulnerability.

vulve [vylv(ə)] *nf* vulva.

WXYZ

W, w [dubləve] *nm* (*lettre*) W, w.
wagon [vagɔ̃] *nm* (*de marchandises*) truck, wagon, freight car (*US*); (*de voyageurs*) carriage, car (*US*); (*contenu*) truckload, wagonload. ~ à bestiaux cattle truck ~-citerne *nm*, *pl* ~s-~s tanker, tank wagon; ~ frigorifique refrigerated van; ~-lit *nm*, *pl* ~s-~s sleeping car, sleeper; ~-restaurant *nm*, *pl* ~s-~s restau-rant *ou* dining car. ♦ **wagonnet** *nm* small truck.
water-polo [waterpɔlo] *nm* water polo.
waters [water] *nmpl* toilet, lavatory.
watt [wat] *nm* watt.
week-end, *pl* ~-~s [wikɛnd] *nm* weekend. partir en ~ to go away for the weekend.
western [wɛstɛrn] *nm* western.
whisky, *pl* ~ies [wiski] *nm* whisky.

X, x [iks] *nm* (*lettre*) X, x. ça fait x temps que je ne l'ai pas vu* I haven't seen him for n months; plainte contre X action against person or persons unknown.

xénophobe [ksenɔfɔb] **1** *adj* xenophobic. **2** *nmf* xenophobe. ♦ **xénophobie** *nf* xenophobia.
xérès [gzerɛs] *nm* (*vin*) sherry.
xylophone [ksilɔfɔn] *nm* xylophone.

Y, y¹ [igrɛk] *nm* (*lettre*) Y, y.
y² [i] **1** *adv* there. restez-~ stay there; il avait une feuille de papier et il ~ dessinait un bateau he had a sheet of paper and he was drawing a ship on it; j'~ suis, j'~ reste here I am and here I stay. **2** *pron pers* it. elle s'~ connaît she knows all about it, she's an expert; il faudra vous ~ faire you'll just have to get used to it; je n'~ suis pour rien it is nothing to do with me.

yacht [jɔt] *nm* yacht.
yaourt [jaur(t)] *nm* yog(h)urt.
yeux [jø] *nmpl de* œil.
yoga [jɔga] *nm* yoga.
yoghourt [jɔgur(t)] *nm* = yaourt.
Yougoslavie [jugɔslavi] *nf* Yugoslavia. ♦ **yougoslave** *adj*, Y~ *nmf* Yugoslav(ian).
youyou [juju] *nm* dinghy.
yo-yo [jojo] *nm inv* yo-yo.

Z, z [zɛd] *nm* (*lettre*) Z, z.
zèbre [zɛbr(ə)] *nm* (*Zool*) zebra; (*: individu*) bloke*, guy*. courir comme un ~ to run like a hare *ou* the wind.
zébrer [zebre] (6) *vt* to stripe, streak (*de* with).
zébu [zeby] *nm* zebu.
zèle [zɛl] *nm* zeal. (*péj*) faire du ~ to be over-zealous, overdo it. ♦ **zélé, e** *adj* zealous.
zénith [zenit] *nm* (*lit, fig*) zenith.
zéro [zero] **1** *nm* (a) (*gén, Math*) zero, nought; (*dans un numéro de téléphone*) O. recommencer à ~ to start from scratch again, go back to square one; **3 degrés au-dessus de** ~ 3 degrees above freezing (point) *ou* above zero. (b) (*Ftbl*) nil; (*Tennis*) love. (c) (*Scol*) zero, nought. ~ **de con-duite** bad mark for behaviour *ou* conduct; (*fig*) mais en cuisine, ~ (pour la question)* but as far as cooking goes he's (*ou* she's) useless* *ou* a dead loss*. (d) (*: personne*) nonentity. **2** *adj*: ~ **heure** zero hour; il a fait ~ faute he didn't make any mistakes; ça m'a coûté ~ franc ~ centime* I got it for precisely *ou* exactly nothing.
zeste [zɛst(ə)] *nm*: ~ de citron piece of lemon peel.
zézayer [zezeje] (8) *vi* to lisp. ♦ **zézaiement** *nm* lisp.
zibeline [ziblin] *nf* sable.
zig* [zig] *nm*, **zigomar*** [zigɔmar] *nm*, **zigoto*** [zigɔto] *nm* bloke*, guy*.
zigouiller* [ziguje] (1) *vt* to do in*.
zigzag [zigzag] *nm* zigzag. route en ~ winding *ou* zigzagging road. ♦ **zigzaguer** (1) *vi* to zigzag (along).
zinc [zɛ̃g] *nm* (*métal*) zinc; (*: avion*) plane; (*: comptoir*) bar, counter.
zinzin* [zɛ̃zɛ̃] **1** *adj* cracked*, nuts*, barmy*. **2** *nm* what's-it*.
zizanie [zizani] *nf* ill-feeling, discord.
zizi* [zizi] *nm* willy*.
zodiaque [zɔdjak] *nm* zodiac.
zona [zona] *nm* shingles (*sg*).
zone [zon] *nf* zone, area. ~ **bleue** ≈ restricted parking zone *ou* area; ~ **dangereuse** danger zone; ~ **franche** free zone; ~ **franc** franc area; (*fig*) **de deuxième/troisième** ~ second-/third-rate; (*bidonville*) **la** ~ the slum belt.
zoo [zoo] *nm* zoo. ♦ **zoologie** *nf* zoology. ♦ **zoologique** *adj* zoological. ♦ **zoologiste** *nmf ou* **zoologue** *nmf* zoologist.
zoom [zum] *nm* (*objectif*) zoom lens; (*effet*) zoom.
zouave [zwav] *nm* Zouave, zouave. faire le ~* to play the fool, fool around.
zozoter [zɔzɔte] (1) *vi* to lisp.
zut* [zyt] *excl* (*c'est embêtant*) dash (it)!*; (*taistoi*) (do) shut up!*

A, a¹ [eɪ] *n* A, a *m*; (*Mus*) la *m*. **to know sth from A to Z** connaître qch de A à Z; (*houses*) **24a** le 24 bis; (*Aut*) **on the A4** ≃ sur la nationale 4. ◆ **A-1**, (*US*) **A number 1** *adj* champion*. ◆ **ABC** *n* abc *m*, alphabet *m*; **as easy as ABC** simple comme bonjour. ◆ **A-bomb** *n* bombe *f* atomique. ◆ **A-levels** *npl* ≃ baccalauréat *m*.

a² [eɪ, ə], **an** *indef art* un, une. ~ **tree** un arbre; **an apple** une pomme; **he smokes** ~ **pipe** il fume la pipe; ~ **third of the book** le tiers du livre; ~ **woman hates violence** les femmes détestent la violence; **she was** ~ **doctor** elle était médecin; **as** ~ **soldier** en tant que soldat; **my uncle,** ~ **sailor** mon oncle, qui est marin; **what** ~ **pleasure!** quel plaisir!; **I have heard of** ~ **Mr Martin** j'ai entendu parler d'un certain M. Martin; **they are of** ~ **size** ils sont de la même grandeur; **at** ~ **blow** d'un seul coup; **£4** ~ **person** 4 livres par personne; **3 francs** ~ **kilo** 3 F le kilo; **twice** ~ **month** deux fois par mois; **80 km an hour** 80 kilomètres-heure.

aback [ə'bæk] *adv*: **to be taken** ~ être interloqué (**by** par), en rester tout interdit.

abacus ['æbəkəs] *n* boulier *m* (compteur).

abandon [ə'bændən] **1** *vt* (*gen*) abandonner; *right* renoncer à; *lawsuit* se désister de. **to** ~ **ship** abandonner le navire. **2** *n*: **with** (*gay*) ~ avec (une belle) désinvolture. ◆ **abandoned** *adj* abandonné; (*dissolute*) débauché.

abase [ə'beɪs] *vt* abaisser; (*humiliate*) humilier. **to** ~ **o.s. so far as to do** s'abaisser jusqu'à faire.

abashed [ə'bæʃt] *adj* confus.

abate [ə'beɪt] *vi* [*storm, emotions, pain*] s'apaiser; [*flood, fever, noise*] baisser; [*pollution*] diminuer; [*wind*] se modérer. ◆ **abatement** *n* [*noise, pollution*] suppression *f*, réduction *f*.

abattoir ['æbətwɑːʳ] *n* abattoir *m*.

abbey ['æbɪ] *n* abbaye *f*.

abbot ['æbət] *n* abbé *m*, supérieur *m*.

abbreviate [ə'briːvɪeɪt] *vt* abréger. ◆ **abbreviation** *n* abréviation *f*.

abdicate ['æbdɪkeɪt] **1** *vt right* abdiquer; *responsibility, post* se démettre de. **to** ~ **the throne** abdiquer. **2** *vi* abdiquer. ◆ **abdication** *n* [*monarch*] abdication *f*.

abdomen ['æbdəmen] *n* abdomen *m*. ◆ **abdominal** [æb'dɒmɪnl] *adj* abdominal.

abduct [æb'dʌkt] *vt* enlever, kidnapper. ◆ **abduction** *n* enlèvement *m*. ◆ **abductor** *n* ravisseur *m*.

abed† [ə'bed] *adv* au lit. **to lie** ~ rester couché.

aberrant [ə'berənt] *adj* aberrant, anormal. ◆ **aberration** *n* aberration *f*.

abet [ə'bet] *vt encourager* (*sb in a crime* qn à commettre un crime).

abeyance [ə'beɪəns] *n* suspension *f* temporaire. **to be in** ~ rester en suspens.

abhor [əb'hɔːʳ] *vt* abhorrer, avoir en horreur. ◆ **abhorrence** *n* horreur *f* (*of* de). ◆ **abhorrent** *adj* odieux (*to* à).

abide [ə'baɪd] *vt* supporter, souffrir. **abide by** *vt fus rule, decision* se conformer à; *promise* rester fidèle à; *resolve* s'en tenir à. ◆ **abiding** *adj* éternel.

ability [ə'bɪlɪtɪ] *n* aptitude *f* (*to do* à faire), compétence *f* (*in* en; *to do* pour faire); (*skill*) talent *m*,

don *m*. **to the best of one's** ~ de son mieux; **a person of great** ~ une personne très douée; **a certain artistic** ~ un certain talent artistique.

abject ['æbdʒekt] *adj person, action* abject; *state* misérable; *apology* servile; *poverty* extrême. ◆ **abjectly** *adv* abjectement; avec servilité.

abjure [əb'dʒuəʳ] *vt* renoncer (publiquement) à.

ablaze [ə'bleɪz] *adj, adv*: **to be** ~ flamber; ~ **with anger** enflammé de; *light* resplendissant de.

able ['eɪbl] *adj* (*having means*) capable (*to do* de faire); (*clever*) capable, compétent; (*physically*) valide. **to be** ~ **to do** (*be capable of*) pouvoir faire; (*know how to*) savoir faire; ~ **to pay** en mesure de payer; **you are better** ~ **to do it** (*easier for you*) vous êtes mieux à même de le faire; (*better qualified*) vous êtes mieux désigné pour le faire; **I was** ~ **to catch the bus** j'ai réussi à attraper l'autobus. ◆ **able-bodied** *adj* robuste. ◆ **able(-bodied) seaman** *n* matelot breveté. ◆ **ably** *adv* habilement, de façon très compétente.

abnormal [æb'nɔːməl] *adj* anormal. ◆ **abnormality** *n* (*state*) caractère anormal; (*instance*: *gen, Bio, Psych*) anomalie *f*; (*Med*) malformation *f*. ◆ **abnormally** *adv formed* d'une manière anormale; *long, quiet etc* exceptionnellement.

aboard [ə'bɔːd] **1** *adv* (*Aviat, Naut*) à bord. **to go** ~ monter à bord; **to take** ~ embarquer; **all** ~! (*Rail*) en voiture!; (*Naut*) tout le monde à bord! **2** *prep* (*Aviat, Naut*) à bord de. ~ **the train** dans le train.

abode [ə'bəud] *n* demeure *f*; (*Jur*) domicile *m*.

abolish [ə'bɒlɪʃ] *vt death penalty, law* abolir; *practice, custom, ignorance* supprimer. ◆ **abolishment** *or* ◆ **abolition** *n* abolition *f*; suppression *f*.

abominable [ə'bɒmɪnəbl] *adj* abominable. ◆ **abominably** *adv* abominablement.

abominate [ə'bɒmɪneɪt] *vt* abominer, exécrer. ◆ **abomination** *n* abomination *f*.

aborigine [ˌæbə'rɪdʒɪnɪ] *n* aborigène *mf*. ◆ **aboriginal** *adj, n* aborigène (*mf*).

abort [ə'bɔːt] **1** *vi* (*Med, fig*) avorter; (*Mil, Space*) échouer. **2** *vt* (*Med, fig*) faire avorter; (*Mil, Space*) abandonner (pour raisons de sécurité). ◆ **abortion** *n* (*Med*) avortement *m*; **to have an** ~**ion** avorter; **to get an** ~**ion** se faire avorter. ◆ **abortionist** *n* avorteur *m*, -euse *f*. ◆ **abortive** *adj plan, invasion, coup* manqué, raté; *attempt* infructueux. ◆ **abortively** *adv* en vain.

abound [ə'baund] *vi* abonder (*in en*).

about [ə'baut] **1** *adv* (**a**) (*approximately*) vers, à peu près, environ. ~ **11 o'clock** vers 11 heures; **it's** ~ **11 o'clock** il est environ 11 heures; **it's** ~ **time to go** il est presque temps de partir; **there are** ~ **30** il y en a une trentaine; **she's** ~ **as old as you** elle est à peu près de votre âge; **I've had** ~ **enough!*** je commence à en avoir marre!* (**b**) (*here and there*) (*state*) çà et là, ici et là, de tous côtés. **shoes lying** ~ des chaussures dans tous les coins *or* traînant çà et là. (**c**) (*near*) près, par ici, par là. **there was nobody** ~ il n'y avait personne; **he's somewhere** ~ il est par ici quelque part; **there's a lot of flu** ~ il y a beaucoup de cas de grippe en ce moment. (**d**) (*all round*) autour. **to glance** ~ jeter un coup d'œil autour de soi. (**e**) (*opposite direc-*

tion) à l'envers. (*fig*) it's the other way ~ c'est tout le contraire; (*Mil*) ~ turn! demi-tour, marche!; (*Naut*) to go ~ virer de bord vent debout (*or* vent devant). (**f**) to be ~ to do être sur le point de faire, aller faire.

2 *prep* (**a**) (*concerning*) au sujet de, à propos de. **I heard nothing** ~ it je n'en ai pas entendu parler; **what is it** ~? de quoi s'agit-il?; **I know what it's all** ~ je sais de quoi il retourne; **to speak** ~ **sth** parler de qch; **how** ~* *or* **what** ~* **going to the pictures**? si on allait au cinéma? (**b**) (*near to*) vers, près de; (*somewhere in*) en, dans. ~ **here** par ici, près d'ici; ~ **the house** quelque part dans la maison; **to wander** ~ **the town/the streets** errer dans la ville/par les rues. (**c**) (*occupied with*) **what are you** ~? que faites-vous?; **while we're** ~ **it** pendant que nous y sommes; **mind what you're** ~! faites un peu attention!; **how does one go** ~ **it**? comment est-ce qu'on s'y prend? (**d**) (*with, on*) **I've got it** ~ me somewhere je l'ai quelque part sur moi; **there is something interesting** ~ **him** il y a un côté intéressant. (**e**) (*round*) ~ autour de.

♦ **about-face** *or* ♦ **about-turn 1** *n* (*Mil*) demi-tour *m*; (*fig*) volte-face *f*; **2** *vi* faire un demi-tour; faire volte-face.

above [ə'bʌv] **1** *adv* (**a**) (*overhead, higher up*) au-dessus, en haut. **from** ~ d'en haut; **the flat** ~ l'appartement au-dessus *or* du dessus; (*fig*) **a warning from** ~ un avertissement (venu) d'en haut. (**b**) (*more*) **boys of 6 and** ~ les garçons à partir de 6 ans. (**c**) (*earlier: in document etc*) ci-dessus, plus haut. **the address** ~ l'adresse ci-dessus. **2** *prep* (**a**) (*higher or better than*) au-dessus de. ~ **all** surtout. (**b**) (*more than*) plus de. **children** ~ **7 years of age** les enfants de plus de 7 ans *or* au-dessus de 7 ans; **over and** ~ **the cost of** ... en plus de ce que coûte ... . (**c**) (*beyond*) au-delà de. **to get** ~ **o.s.** avoir des idées de grandeur; ~ **one's means** au-delà de *or* au-dessus de ses moyens; **that is quite** ~ **me*** c'est trop compliqué pour moi; **he is** ~ **such behaviour** il est au-dessus d'une pareille conduite; **he's not** ~ **stealing** il irait jusqu'à voler; **he's not** ~ **playing with the children** il ne dédaigne pas de jouer avec les enfants. **3** *adj* (*in text*) ci-dessus mentionné.

♦ **aboveboard 1** *adj person* franc, loyal; *action, decision* loyal; **it's all quite** ~**board** (*not unfair*) c'est franc jeu; (*not illegal*) c'est régulier; **2** *adv* cartes sur table, ouvertement. ♦ **aboveground** *adv* au-dessus du sol, à la surface. ♦ **above-mentioned** *adj* ci-dessus mentionné. ♦ **above-named** *adj* susnommé.

abrasion [ə'breiʒən] *n* frottement *m*; (*Med*) écorchure *f*; (*Geol*) érosion *f*; (*Tech*) abrasion *f*. ♦ **abrasive** *adj substance* abrasif; *voice* caustique; *wit* corrosif.

abreast [ə'brest] *adv* de front. **3** ~ **3** de front; (*Naut*) **in line** ~ en ligne de front; ~ **of** (*at level of*) à la hauteur de; (*aware of*) au courant de; **to be** ~ **of the times** marcher avec son temps.

abridge [ə'bridʒ] *vt book, edition, speech* abréger; *interview* écourter; *text* réduire. ♦ **abridgement** *n* (*short version*) abrégé *m*.

abroad [ə'brɔːd] *adv* (**a**) (*in foreign land*) à l'étranger. **news from** ~ nouvelles de l'étranger. (**b**) (*far and wide*) au loin; (*in all directions*) de tous côtés, dans toutes les directions. **there is a rumour** ~ **that** ... le bruit circule que ... .

abrupt [ə'brʌpt] *adj person, conduct* brusque; *turn* soudain; *style, speech* heurté; *slope* raide. ♦ **abruptly** *adv turn, move* brusquement; *speak, behave* avec brusquerie; *rise* en pente raide. ♦ **abruptness** *n* (*person*) brusquerie *f*; (*departure*) soudaineté *f*; (*steepness*) raideur *f*.

abscess ['æbsis] *n* abcès *m*.

abscond [əb'skɒnd] *vi* s'enfuir (*from* de). ♦ **absconder** *n* évadé(e) *m(f)*. **to be an** ~**er** être en cavale*.

abseil ['æpsail] **1** *vi* descendre en rappel. **2** *n* rappel *m*.

absence ['æbsəns] *n* (**a**) absence *f*. (*Jur*) **sentenced in his** ~ condamné par contumace. (**b**) (*lack*) manque *m*, défaut *m*. **in the** ~ **of** information faute de renseignements.

absent ['æbsənt] **1** *adj* absent; (*absent-minded*) distrait. (*Mil*) ~ **without leave** absent sans permission. **2** [æb'sent] *vt*: **to** ~ **o.s.** s'absenter (*from* de). ♦ **absentee 1** *n* absent(e) *m(f)*; (*habitual*) absentéiste *mf*; **2** *adj* absentéiste. ♦ **absenteeism** *n* absentéisme *m*. ♦ **absently** *adv* distraitement. ♦ **absent-minded** *adj person* distrait; *air, manner* absent, distrait. ♦ **absent-mindedly** *adv* d'un air distrait *or* absent. ♦ **absent-mindedness** *n* distraction *f*, absence *f*.

absolute ['æbsəluːt] **1** *adj* (*gen*) absolu. **the divorce was made** ~ le jugement en divorce a été prononcé; **it's an** ~ **scandal** c'est un véritable scandale; ~ **idiot*** parfait crétin*; **it's an** ~ **fact that** ... c'est un fait indiscutable que ...; ~ **proof** preuve *f* irréfutable. **2** *n* absolu *m*. ♦ **absolutely** *adv* absolument.

absolution [,æbsə'luːʃən] *n* absolution *f*.

absolve [əb'zɒlv] *vt* (*from sin etc*) absoudre (*from, of* de); (*Jur*) acquitter (*of* de); (*from obligation, oath*) délier (*from* de).

absorb [əb'sɔːb] *vt* (*lit, fig*) absorber; *sound, shock* amortir. **to become** ~**ed in one's work/in a book** s'absorber dans son travail/dans la lecture d'un livre; **to be** ~**ed in a book** être plongé dans un livre; **to be completely** ~**ed in one's work** être tout entier à son travail. ♦ **absorbed** *adj* absorbé (*in* dans). ♦ **absorbency** *n* pouvoir absorbant; (*Chem, Phys*) absorptivité *f*. ♦ **absorbent** *adj* absorbant; (*US*) ~**ent cotton** coton *m* hydrophile. ♦ **absorbing** *adj book, film* captivant; *work* absorbant. ♦ **absorption** *n* absorption *f*.

abstain [əb'stein] *vi* s'abstenir (*from* de; *from doing* de faire); (*be teetotaller*) s'abstenir complètement des boissons alcoolisées. ♦ **abstainer** *n* ' (*Pol*) abstentionniste *mf*; (*teetotaller*) personne *f* qui ne boit pas d'alcool.

abstemious [əb'stiːmiəs] *adj* frugal. ♦ **abstemiousness** *n* frugalité *f*.

abstention [əb'stenʃən] *n* abstention *f* (*from* de).

abstinent ['æbstinənt] *adj* sobre, tempérant. ♦ **abstinence** *n* abstinence *f*.

abstract ['æbstrækt] **1** *adj* abstrait. **2** *n* (*summary*) résumé *m*; (*work of art*) œuvre abstraite. **in the** ~ dans l'abstrait. **3** [æb'strækt] *vt* (*remove*) retirer (*from* de); (*summarize*) résumer. ♦ **abstracted** *adj* préoccupé. ♦ **abstraction** *n* (*removing*) extraction *f*; (*abstract concept*) abstraction *f*.

abstruse [æb'struːs] *adj* abstrus.

absurd [əb'sɜːd] *adj, n* absurde (*m*). ♦ **absurdity** *n* absurdité *f*. ♦ **absurdly** *adv* absurdement.

abundant [ə'bʌndənt] *adj* abondant. **there is** ~ **proof that he is guilty** les preuves de sa culpabilité abondent. ♦ **abundance** *n* abondance *f*; **in abundance** en abondance. ♦ **abundantly** *adv supply etc* abondamment; *grow* à foison; *clear* tout à fait; **he made it** ~**ly clear to me that** ... il m'a bien fait comprendre que ... .

abuse [ə'bjuːz] **1** *vt privilege* abuser de; *person* (*insult*) injurier; (*ill-treat*) maltraiter. **2** [ə'bjuːs] *n* (*gen*) abus *m*; (*curses, insults*) insultes *fpl*, injures *fpl*. ♦ **abusive** *adj language* injurieux, offensant; *person* grossier.

abut [ə'bʌt] *vi*: **to** ~ **on** être contigu à.

abysmal [ə'bizməl] *adj ignorance* sans bornes; *mistake* énorme; *work* exécrable. ♦ **abysmally** *adv* abominablement, atrocement.

abyss [ə'bis] *n* abîme *m*, gouffre *m*.

acacia [ə'keiʃə] *n* acacia *m*.

academic [,ækə'demik] **1** *adj affairs, career* universitaire; *freedom* de l'enseignement;

(*scholarly*) *style, approach* intellectuel; (*theoretical*) théorique. ~ **year** année *f* universitaire; **that's quite** ~ c'est purement théorique; **it's** ~ **now** ça n'a plus d'importance. **2** *n* (*person*) universitaire *mf*.

academy [ə'kædəmɪ] *n* académie *f*; (*Scol etc*) école *f*, collège *m*. **the Royal A**~ l'Académie Royale (*de Londres*); **military** ~ école militaire. ◆ **academician** *n* académicien(ne) *m(f)*.

accede [æk'si:d] *vi:* **to** ~ **to a request** agréer une demande; **to** ~ **to the throne** monter sur le trône.

accelerate [æk'seləreɪt] **1** *vt movement* accélérer; *work* activer; *events* précipiter. **2** *vi* (*esp Aut*) accélérer. ◆ **acceleration** *n* accélération *f*. ◆ **accelerator** *n* accélérateur *m*.

accent ['æksənt] **1** *n* (*all senses*) accent *m*. **2** [æk'sent] *vt* accentuer. ◆ **accentuate** *vt* accentuer. ◆ **accentuation** *n* accentuation *f*.

accept [ək'sept] *vt* (*gen*) accepter; *goods* prendre livraison de. **I** ~ **that** ... je conviens que ... . ◆ **acceptable** *adj gift, suggestion* acceptable; **the money was most** ~**able** l'argent était vraiment le bienvenu. ◆ **acceptance** *n* acceptation *f*. ◆ **accepted** *adj fact, method, principle* reconnu; *idea* courant; *behaviour, pronunciation* admis; *sense, meaning* usuel.

access ['ækses] **1** *n* accès *m* (*to sth* à qch; *to sb* auprès de qn); (*Jur: in divorce*) droit *m* de visite. **2** *adj:* ~ **road** route *f* d'accès; (*to motorway*) bretelle *f* d'accès. ◆ **accessibility** *n* accessibilité *f*. ◆ **accessible** *adj* accessible (*to* à).

accession [æk'seʃən] *n* (*monarch*) avènement *m*.

accessory [æk'sesərɪ] **1** *adj* accessoire, auxiliaire. **2** *n* **(a)** (*Dress, Theat, Comm etc*) accessoire *m*. **toilet accessories** objets *mpl* de toilette. **(b)** (*Jur*) complice *mf* (*before the fact* par instigation; *after the fact* par assistance).

accident ['æksɪdənt] **1** *n* accident *m*. **by** ~ *injure etc* accidentellement; *meet etc* par hasard. **2** *adj statistics etc* des accidents; *insurance* contre les accidents. ~ **prevention** prévention *f* des accidents; (*Aut*) prévention routière. ◆ **accidental** *adj death* accidentel; *meeting* fortuit; *effect, benefit* accessoire. ◆ **accidentally** *adv meet etc* par hasard; *injure etc* accidentellement; **it was done quite** ~**ally** on ne l'a pas fait exprès. ◆ **accident-prone** *adj* prédisposé aux accidents.

acclaim [ə'kleɪm] **1** *vt* (*applaud*) acclamer; (*proclaim*) proclamer. **2** *n* acclamations *fpl*. ◆ **acclamation** *n* acclamation *f*.

acclimatize [ə'klaɪmətaɪz], (*US*) **acclimate** [ə'klaɪmət] **1** *vt* acclimater (*to* à); (*fig*) accoutumer (*to* à). **2** *vi* (*also* **become** ~**d**) s'acclimater; (*fig*) s'accoutumer. ◆ **acclimatization**, (*US*) **acclimation** *n* acclimatation *f*; (*fig*) accoutumance *f* (*to* à).

accommodate [ə'kɒmədeɪt] *vt* **(a)** (*lodge*) [*landlady, town council*] loger; [*car, house*] contenir; [*hotel*] recevoir. **(b)** (*supply*) fournir (*sb with sth* qch à qn). **to** ~ **sb with a loan** consentir un prêt à qn. **(c)** (*reconcile*) *differences* concilier; (*adapt*) *plans, wishes* adapter (*to* à). ◆ **accommodating** *adj* accommodant, obligeant.

accommodation [ə,kɒmə'deɪʃən] **1** *n* (*a*) (*also US* ~**s**) logement *m*. '~ (**to let**)' 'chambres *fpl* à louer'; **we have no** ~ **available** nous n'avons pas de place; **there is no** ~ **for children** on n'accepte pas les enfants. **(b)** (*compromise*) compromis *m*. **2** *adj:* ~ **address** *adresse utilisée pour la correspondance*; ~ **bureau** agence *f* de logement; ~ **officer** responsable *mf* de l'hébergement; (*US*) ~ **train** (train *m*) omnibus *m*.

accompany [ə'kʌmpənɪ] *vt* accompagner (*Mus: on* à). **accompanied by** accompagné de. ◆ **accompaniment** *n* accompagnement *m*. ◆ **accompanist** *n* accompagnateur *m*, -trice *f*.

accomplice [ə'kʌmplɪs] *n* complice *mf* (*in a crime* d'un crime).

accomplish [ə'kʌmplɪʃ] *vt* accomplir, exécuter; *task, mission* accomplir, achever; *desire* réaliser; *aim* arriver à; *journey* effectuer. ◆ **accomplished** *adj* accompli. ◆ **accomplishment** *n* (*achievement*) œuvre accomplie; (*skill*) talent *m*; (*completion*) réalisation *f*, accomplissement *m*.

accord [ə'kɔ:d] **1** *vt* accorder (*to* à). **2** *vi* s'accorder (*with* avec). **3** *n* **(a)** (*agreement*) consentement *m*, accord *m*. **of his own** ~ de lui-même, de son propre chef; **with one** ~ d'un commun accord. **(b)** (*treaty*) traité *m*. ◆ **accordance** *n* accord *m* (*with* avec); **in** ~**ance with** conformément à.

according [ə'kɔ:dɪŋ] *adv:* ~ **to** selon, suivant; **everything went** ~ **to plan** tout s'est passé comme prévu; ~ **to what he says** d'après ce qu'il dit; ~ **to him** selon lui. ◆ **accordingly** *adv* **(a)** (*and so*) en conséquence; **(b)** **to act** ~**ly** faire le nécessaire.

accordion [ə'kɔ:dɪən] *n* accordéon *m*. ◆ **accordionist** *n* accordéoniste *mf*.

accost [ə'kɒst] *vt* accoster.

account [ə'kaʊnt] **1** *n* **(a)** (*reckoning, bill*) compte *m*. **put it on my** ~ vous le mettrez sur mon compte; **in** ~ **with** en compte avec; **to** ~ **rendered** facture non payée; **on** ~ à compte; **to pay £50 on** ~ verser un acompte de 50 livres; (*Advertising*) **they have the Michelin** ~ ce sont eux qui détiennent la publicité de Michelin; **to keep the** ~**s** tenir la comptabilité *or* les comptes. **(b)** (*benefit*) profit *m*, avantage *m*. **to turn sth to** ~ mettre qch à profit. **(c)** (*report*) compte rendu *m*. **to give an** ~ **of** faire le compte rendu de; **to call sb to** ~ **for having done** demander des comptes à qn pour avoir tiré; **he gave a good** ~ **of himself** il s'en est bien tiré; **by all** ~**s** d'après l'opinion générale; **by her own** ~ d'après ce qu'elle dit. **(d)** (*phrases*) **of no** ~ sans importance; **to take sth into** ~ prendre qch en considération, tenir compte de qch; **on** ~ **of** à cause de; **on no** ~ en aucun cas, sous aucun prétexte; **on her** ~ à cause d'elle, pour elle. **2** *adj:* ~ **book** livre *m* de comptes; ~**s department** (service *m* de) comptabilité *f*. **3** *vt* estimer, juger. **to** ~ **o.s. lucky** s'estimer heureux.

account for *vt fus expenses* rendre compte de; *one's conduct* justifier; *circumstances* expliquer; (*Hunting etc: kill*) tuer. **there's no** ~**ing for tastes** chacun son goût; **everyone is** ~**ed for** on n'a oublié personne; (*after air crash etc*) **tous les passagers ont été retrouvés.**

◆ **accountable** *adj:* **to be** ~**able for sth** avoir à répondre de qch (*to sb devant* qn). ◆ **accountancy** *n* comptabilité *f*. ◆ **accountant** *n* comptable *mf*; ~**ant's office** agence *f* comptable. ◆ **accounting** *n* comptabilité *f*.

accoutrements [ə'ku:trəmənts], (*US*) **accouterments** [ə'ku:tərments] *npl* (*gen*) attirail *m*; (*Mil*) équipement *m*.

accredit [ə'kredɪt] *vt* accréditer (*to* auprès de).

accretion [ə'kri:ʃən] *n* accroissement *m*.

accrue [ə'kru:] *vi* (*money, advantages*) revenir (*to* à); [*interest*] courir.

accumulate [ə'kju:mjʊleɪt] **1** *vt* accumuler. **2** *vi* s'accumuler. ◆ **accumulation** *n* (*act*) accumulation *f*; (*heap of objects etc*) tas *m*. ◆ **accumulator** *n* accumulateur *m*.

accurate ['ækjʊrɪt] *adj figures, clock* exact; *report, story, shot* précis; *aim, judgment, assessment* juste; *memory, translation* fidèle. ◆ **accuracy** *n* exactitude *f*; précision *f*; justesse *f*; fidélité *f*. ◆ **accurately** *adv* exactement; avec précision; avec justesse; fidèlement.

accursed, accurst [ə'kɜ:st] *adj* (*liter*) (*damned*) maudit; (*hateful*) détesté, exécrable.

accusative [ə'kju:zətɪv] *adj, n* accusatif (*m*). **in the** ~ à l'accusatif.

accuse [ə'kju:z] *vt* accuser (*of* de; *of doing* de faire). ◆ **accusal** *or* ◆ **accusation** *n* accusation *f*. ◆ **accused** *n* accusé(e) *m(f)*. ◆ **accuser** *n*

accusateur *m*, -trice *f*. ♦ **accusing** *adj*
accusateur. ♦ **accusingly** *adv* d'une manière
accusatrice.
accustom [ə'kʌstəm] *vt* habituer, accoutumer (*to*
à, *to doing* à faire). ♦ **accustomed** *adj* (a) (*used*)
habitué, accoutumé (*to* à; *to do, to doing* à faire).
to become ~ed to s'habituer *or* s'accoutumer à; **I
am not** ~ed **to such treatment** je n'ai pas
l'habitude qu'on me traite (*subj*) de cette façon.
(b) (*usual*) *kindness etc* habituel, coutumier.
ace [eɪs] *n* as *m* (*also fig: of sportsman etc*). (*fig*) **to
keep an** ~ **up one's sleeve** avoir un atout dans sa
manche; (*fig*) **to play one's** ~ jouer sa meilleure
carte; **within an** ~ **of** à deux doigts de.
acerbity [ə'sɜːbɪtɪ] *n* âpreté *f*, aigreur *f*.
acetate ['æsɪteɪt] *n* acétate *m*.
acetic [ə'siːtɪk] *adj* acétique.
acetone ['æsɪtəʊn] *n* acétone *f*.
acetylene [ə'setɪliːn] 1 *n* acétylène *m*. 2 *adj*: ~
burner chalumeau *m* à acétylène; ~ **welding** soudure *f* autogène.
ache [eɪk] 1 *vi* faire mal, être douloureux. **my
head** ~s j'ai mal à la tête; **to be aching all over**
(*after exercise*) être courbaturé; (*from illness*)
avoir mal partout; **it makes my heart** ~ cela me
fend le cœur; (*fig*) **to be aching to do** mourir
d'envie de faire. 2 *n* douleur *f*, souffrance *f*.
stomach ~ mal *m* de ventre; **I've got stomach** ~
j'ai mal au ventre; **all his** ~s **and pains** toutes ses
douleurs. ♦ **aching** *adj* douloureux; *tooth, limb*
malade; **to have an aching heart** avoir le cœur
gros.
achieve [ə'tʃiːv] *vt* task accomplir, exécuter; *aim*
atteindre, arriver à; *success* obtenir; *fame* parvenir à. **I feel I've** ~d **sth** je crois que j'ai fait qch
d'utile. ♦ **achievement** *n* réussite *f*, exploit *m*.
acid ['æsɪd] 1 *n* acide *m*. 2 *adj* acide; (*fig*) *person*
revêche; *voice* aigre; *remark* mordant. (*fig*) ~
test épreuve décisive. ♦ **acidity** *n* acidité *f*.
acknowledge [ək'nɒlɪdʒ] *vt* (a) avouer, admettre
(*that* que); *child, error* reconnaître. **to** ~ **sb as
leader** reconnaître qn pour chef. (b) *greeting*
répondre à; (*also* ~ **receipt of**) *letter, parcel*
accuser réception de; *sb's action, services, help*
manifester sa gratitude pour; *source of quotation
etc* mentionner; *applause, cheers* saluer pour
répondre à. **I smiled at him but he didn't even** ~
me je lui ai souri mais il a fait comme s'il ne me
voyait pas. ♦ **acknowledged** *adj* reconnu.
♦ **acknowledgement** *n* [*money*] reçu *m*; [*letter*]
accusé *m* de réception; (*in preface etc*) remerciements *mpl*. **in** ~**ment of your help** en reconnaissance de votre aide.
acme ['ækmɪ] *n* point *m* culminant.
acne ['æknɪ] *n* acné *f*.
acorn ['eɪkɔːn] *n* (*Bot*) gland *m*.
acoustic [ə'kuːstɪk] *adj* acoustique. ♦ **acoustics** *n*
(*sg or pl*) acoustique *f*.
acquaint [ə'kweɪnt] *vt* (a) aviser (*sb with sth* qn de
qch), renseigner (*sb with sth* qn sur qch). **to** ~ **sb
with the situation** mettre qn au courant de la
situation; **to be** ~ed **with** *person, subject* connaître; *fact* savoir, être au courant de; **to become**
~ed **with** *person* faire la connaissance de; *facts*
prendre connaissance de. ♦ **acquaintance** *n*
connaissance *f*; **to make sb's** ~ance faire la
connaissance de qn; **to improve upon** ~ance
gagner à être connu; **old** ~ances de vieilles
connaissances; **she's an** ~ance **of mine** c'est une
de mes relations.
acquiesce [,ækwɪ'es] *vi* consentir, acquiescer (*in*
à). ♦ **acquiescence** *n* consentement *m*. ♦ **ac-
quiescent** *adj* consentant.
acquire [ə'kwaɪər] *vt* *knowledge, money, fame*
acquérir; *language* apprendre; *habit* prendre;
reputation se faire; *car, house* faire l'acquisition
de. **to** ~ **a taste for** prendre goût à. ♦ **acquired** *adj*
characteristic acquis; *taste* qui s'acquiert.

♦ **acquirement** *n* acquisition *f* (*of* de); (*skill*)
connaissance *f*.
acquisition [,ækwɪ'zɪʃən] *n* acquisition *f*.
♦ **acquisitive** *adj* (*for money*) âpre au gain;
(*greedy*) avide (*of* de). ♦ **acquisitiveness** *n*
instinct *m* de possession.
acquit [ə'kwɪt] *vt* (a) (*Jur*) acquitter (*of* de). (b) **to**
~ **o.s. well** bien s'en tirer. ♦ **acquittal** *n* acquittement *m*.
acre ['eɪkər] *n* = demi-hectare *m*. **a few** ~s **of land**
quelques hectares de terrain; (*fig*) ~s **of**• des
kilomètres et des kilomètres de.
acrid ['ækrɪd] *adj* smell âcre; *remark* acerbe.
Acrilan ['ækrɪlæn] *n* ® Acrilan *m* ®.
acrimonious [,ækrɪ'məʊnɪəs] *adj* acrimonieux.
♦ **acrimony** *n* acrimonie *f*.
acrobat ['ækrəbæt] *n* acrobate *mf*. ♦ **acrobatic** *adj*
acrobatique. ♦ **acrobatics** *npl* [*gymnast etc*]
acrobatie *f*; [*child etc*] acrobaties *fpl*.
acronym ['ækrənɪm] *n* sigle *m*.
across [ə'krɒs] 1 *prep* (a) (*from one side to other
of*) d'un côté à l'autre de. **bridge** ~ **the river** pont
sur le fleuve; **to walk** ~ **the road** traverser la
route. (b) (*on other side of*) de l'autre côté de. **the
shop** ~ **the road** le magasin d'en face, le magasin
de l'autre côté de la rue; **lands** ~ **the sea** terres
d'outre-mer. (c) (*crosswise over*) en travers de, à
travers. **to go** ~ **the fields** *or* ~ **country** aller à
travers champs; **plank** ~ **a door** planche en
travers d'une porte; ~ **his chest** sur la poitrine.
2 *adv*: **the river is 5 km** ~ le fleuve a 5 km de
large; **to help sb** ~ aider qn à traverser; (*fig*) **to
get sth** ~ **to sb**• faire comprendre qch à qn; ~
from en face de.
acrylic [ə'krɪlɪk] *adj* acrylique.
act [ækt] 1 *n* (a) (*deed*) acte *m*. **in the** ~ **of doing** en
train de faire; **caught in the** ~ pris en flagrant
délit; **A**~**s of the Apostles** Actes des Apôtres. (b)
(*Jur*: ~ **of Parliament**) loi *f*. (c) [*play*] acte *m*; (*in
circus etc*) numéro *m*. **he's just putting on an** ~ il
joue la comédie; **to get in on the** ~• (parvenir à)
participer aux opérations.
2 *vi* (a) (*gen*) agir. **to** ~ **like a fool** agir comme
un imbécile; [*drug*] **to** ~ **on sth** agir sur qch; **the
table** ~s **as a desk** la table sert de bureau; **he** ~s
as my assistant il me fait office d'assistant. (b)
(*Theat*) jouer. **have you ever** ~ed **before?** avez-
vous déjà fait du théâtre?; (*fig*) **she's only** ~ing
elle joue la comédie.
3 *vt* (*Theat*) *part* jouer. (*Theat, fig*) **to** ~ **the
part of** tenir le rôle de; (*fig*) **to** ~ **the fool**• faire
l'idiot(e).
act out *vt sep* *event* faire un récit mimé de; *fan-
tasies* vivre.
act up• *vi* [*person*] se conduire mal; [*car etc*]
faire des caprices.
act (up)on *vt fus* *advice* suivre, se conformer à;
order exécuter. **I** ~ed **(up)on your letter** j'ai fait
le nécessaire quand j'ai reçu votre lettre.
acting ['æktɪŋ] 1 *adj* suppléant, par intérim. 2 *n*:
his ~ **is very good** il joue très bien; **I like his** ~
j'aime son jeu; **he has done some** ~• il a fait du
théâtre (*or* du cinéma).
action ['ækʃən] 1 *n* (a) (*deed*) action *f*. **to put into** ~ *plan*
mettre à exécution; *principles, suggestion* mettre
en action; *machine* mettre en marche; **the time
has come for** ~ il est temps d'agir; **to take** ~ agir;
to go into ~ passer à l'action; **out of** ~ *machine
etc* en dérangement, détraqué; *person* hors de
combat; **to put out of** ~ *machine* mettre hors
d'usage, détraquer; *person* mettre hors de
combat. (b) (*deed*) acte *m*, action *f*. **to suit the** ~
to the word joindre le geste à la parole; ~**s speak
louder than words** les actes sont plus éloquents
que les paroles. (c) (*Jur*) procès *m*, action *f* en
justice. **to bring an** ~ **against sb** intenter une
action *or* un procès contre qn. (d) (*Tech*)
mécanisme *m*; [*clock etc*] mécanique *f*. (e) (*Mil*)

combat *m*, engagement *m*. **to go into ~** *[unit, person]* aller au combat; *[army]* engager le combat; **to see ~** combattre; **killed in ~** tué à l'ennemi. **2** *adj*: *(TV)* ~ **replay** répétition immédiate *(d'une séquence)*; ~ **stations!** à vos postes!
♦ **actionable** *adj (Jur)* donnant matière à procès.
activate ['æktɪveɪt] *vt* activer.
active ['æktɪv] *adj person, life, imagination* actif; *file, case* en cours; *volcano* en activité. **to take an ~ part in** prendre une part active à; **we're giving it ~ consideration** nous l'examinons sérieusement; *(Mil)* **on ~ service** en campagne; **on the ~ list** en activité; *(Gram)* **in the ~** à l'actif.
♦ **actively** *adv* activement. ♦ **activist** *n* activiste *mf*. ♦ **activity** *n (gen)* activité *f*; *[town, port]* mouvement *m*.
actor ['æktər] *n* acteur *m*. ♦ **actress** *n* actrice *f*.
actual ['æktjuəl] *adj figures, result* réel, véritable; *example* concret; *fact* positif. **in ~ fact** en fait; **his ~ words were ...** il a dit très exactement ... .
♦ **actuality** *n* réalité *f*. ♦ **actually** *adv* **(a)** *(in reality)* effectivement, véritablement, en fait; **the person ~ly in charge is ...** la personne véritablement responsable *or* responsable en fait, c'est ...; **~ly I don't know him** à vrai dire *or* en fait, je ne le connais pas; **what did he ~ly say?** qu'est-ce qu'il a dit exactement *or* au juste? **(b)** *(even)* même; **he ~ly beat her** il est même allé jusqu'à la battre.
actuary ['æktjuərɪ] *n* actuaire *mf*.
actuate ['æktjueɪt] *vt* faire agir. **~d by** animé de.
acumen ['ækjumen] *n* flair *m*. **business ~** sens *m* aigu des affaires.
acupuncture ['ækjupʌŋktʃər] *n* acupuncture *f*.
♦ **acupuncturist** *n* acupuncteur *m*.
acute [ə'kjuːt] *adj pain, accent, angle* aigu *(f* -guë); *remorse* intense; *shortage, situation* critique, grave; *person, mind* pénétrant, perspicace; *hearing* fin. ♦ **acutely** *adv* **(a)** *(intensely) suffer* vivement, intensément; **~ly aware that** profondément conscient du fait que; **(b)** *(shrewdly) observe* avec perspicacité.
ad* [æd] *n abbr of* **advertisement**.
Adam ['ædəm] *n* Adam *m*. **~'s apple** pomme *f* d'Adam; **I don't know him from ~*** je ne le connais ni d'Ève ni d'Adam.
adamant ['ædəmənt] *adj* inflexible.
adapt [ə'dæpt] **1** *vt* adapter *(to à, for pour)*. **2** *vi* s'adapter. ♦ **adaptability** *n* faculté *f* d'adaptation.
♦ **adaptable** *adj* adaptable; **he's very ~able** il s'adapte à tout. ♦ **adaptation** *n* adaptation *f (of* de, *to* à). ♦ **adapter** *or* **adaptor** *n (person)* adaptateur *m*, -trice *f*; *(device)* adaptateur *m*; *(Elec)* prise *f* multiple.
add [æd] *vt* **(a)** ajouter *(to* à, *that* que). **~ some more pepper** rajoutez un peu de poivre; **to ~ insult to injury** porter l'insulte à son comble; **~ed to which ...** ajoutez à cela que ... . **(b)** *(Math) figures* additionner; *column of figures* totaliser.
add in *vt sep* inclure, ajouter.
add to *vt fus* ajouter à, accroître.
add together *vt sep* additionner.
add up 1 *vi (fig)* **it all ~s up*** tout s'explique; **it doesn't ~ up*** il y a qch qui cloche*. **2** *vt sep figures* additionner; *column of figures* totaliser; *advantages, reasons* faire la somme de.
add up to *vt fus [figures]* s'élever à; *(* fig: mean)* signifier.
♦ **adding machine** *n* calculatrice *f*, machine *f* à calculer. ♦ **additive** *n* additif *m*.
adder ['ædər] *n* vipère *f*.
addict ['ædɪkt] *n* intoxiqué(e) *m(f)*. **heroin ~** héroïnomane *mf*; **he's an ~** il ne peut plus s'en passer; **he's a yoga ~*** c'est un fanatique du yoga.
♦ **addicted** *adj* adonné *(to* à); **to become ~ed to** s'adonner à; **he's ~ed to cigarettes** c'est un fumeur invétéré. ♦ **addiction** *n* penchant *m* très fort *(to* pour); *(Med)* dépendance *f (to* à).

♦ **addictive** *adj* qui crée une dépendance.
addition [ə'dɪʃən] *n (Math etc)* addition *f*; *(fact of adding)* adjonction *f*; *(increase)* augmentation *f (to* de); *(to tax, income, profit)* surcroît *m (to* de). **in ~** de plus; **in ~ to** en plus de; **there's been an ~ to the family** la famille s'est agrandie; **this is a welcome ~ to the series** ceci enrichit la série.
♦ **additional** *adj* additionnel; *(extra)* de plus, supplémentaire. ♦ **additionally** *adv* de plus, en sus.
address [ə'dres] **1** *n* **(a)** *[(US)* 'ædres] *(on letter etc)* adresse *f*. **(b)** *(talk)* discours *m*, allocution *f*. **2** *vt* **(a)** *(direct) letter, speech, writing* adresser *(to* à). **this is ~ed to you** *[letter etc]* ceci vous est adressé; *[words, comment]* ceci s'adresse à vous; **to ~ o.s. to sth** se mettre à qch. **(b)** *(speak to)* s'adresser à. **he ~ed the meeting** il a pris la parole *(devant l'assistance)*; **don't ~ me as 'Colonel'** ne m'appelez pas 'Colonel'. ♦ **addressee** *n* destinataire *mf*.
adenoids ['ædɪnɔɪdz] *npl* végétations *fpl* (adénoïdes). ♦ **adenoidal** *adj*: **in an adenoidal voice** en parlant du nez.
adept ['ædept] **1** *n* expert *m (in, at* en). **2** [ə'dept] *adj* expert *(in, at* à, en, dans; *at doing* à faire).
adequate ['ædɪkwɪt] *adj amount, supply, reward, description* suffisant *(for* pour, *to do* pour faire); *tool etc* adapté *(to* à); *essay, performance* satisfaisant; *person* compétent. ♦ **adequately** *adv warm* suffisamment; *do etc* convenablement.
adhere [əd'hɪər] *vi* adhérer *(to* à). **to ~ to** *party* adhérer à; *rule* obéir à; *promise* tenir; *resolve* persister dans. ♦ **adherence** *n* adhésion *f (to* à).
♦ **adherent** *n* adhérent(e) *m(f)*; *(Rel)* adepte *mf*.
♦ **adhesion** *n* adhérence *f*. ♦ **adhesive** *adj*, *n* adhésif *(m)*. **adhesive plaster** pansement adhésif; **adhesive tape** *(Med)* sparadrap *m*; *(stationery)* ruban adhésif.
adieu [ə'djuː] *n, excl* adieu *m*.
ad infinitum [ˌædɪnfɪ'naɪtəm] *adv* à l'infini.
adjacent [ə'dʒeɪsənt] *adj (gen)* voisin *(to* de); *(Math)* adjacent.
adjective ['ædʒektɪv] *n* adjectif *m*. ♦ **adjectival** *adj* adjectival.
adjoin [ə'dʒɔɪn] *vt* être contigu à. ♦ **adjoining** *adj* voisin.
adjourn [ə'dʒɜːn] **1** *vt* ajourner, reporter *(to, until* à; *for a month* à un mois); *(Jur) case* renvoyer *(to* à). **to ~ a meeting** *(break off)* suspendre la séance; *(close)* lever la séance. **2** *vi (break off)* suspendre la séance; *(close)* lever la séance; *[Parliament]* s'ajourner. **to ~ to the drawing room** passer au salon. ♦ **adjournment** *n* ajournement *m*; renvoi *m*; suspension *f*.
adjudicate [ə'dʒuːdɪkeɪt] *vt case, competition* juger; *claim* décider. ♦ **adjudication** *n* jugement *m*; décision *f*. ♦ **adjudicator** *n* juge *m*.
adjunct ['ædʒʌŋkt] *n* accessoire *m*.
adjust [ə'dʒʌst] **1** *vt wages, prices* ajuster *(to* à); *instrument, tool* régler; *tie, picture* arranger; *dress* rajuster. **2** *vi* s'adapter *(to* à). ♦ **adjustable** *adj* qui peut s'ajuster; *tool, fastening* réglable; **~able spanner** clef *f* à molette. ♦ **adjustment** *n [prices, wages etc]* rajustement *m*; *(Opt, Tech)* réglage *m*; *[person]* adaptation *f*.
ad lib [æd'lɪb] **1** *adv continue* à volonté. **there was food ~** il y avait à manger à discrétion. **2** *n* improvisation *f*. **3** *ad-lib adj* improvisé. **4** *ad-lib vti* improviser.
adman* ['ædmæn] *n* publicitaire *m*.
admass ['ædmæs] **1** *n* masses *fpl*. **2** *adj* de masse.
admin* ['ædmɪn] *n abbr of* **administration**.
administer [əd'mɪnɪstər] *vt (gen)* administrer *(to* à). **to ~ an oath to sb** faire prêter serment à qn.
♦ **administration** *n* administration *f*; *(Pol)* **under previous administrations** sous des gouvernements précédents. ♦ **administrative** *adj*

administratif. ♦ **administrator** n administrateur m, -trice f.

admiral ['ædmərəl] n amiral m (d'escadre). **A~ of the Fleet** amiral (à cinq étoiles). ♦ **Admiralty Board** n (Brit) ≃ ministère m de la Marine.

admire [əd'maɪə'] vt admirer. ♦ **admirable** ['ædmərəbl] adj admirable. ♦ **admirably** adv admirablement. ♦ **admiration** n admiration f (of, for pour). **to be the admiration of** faire l'admiration de. ♦ **admirer** n admirateur m, -trice f; (†: suitor) soupirant† m. ♦ **admiring** adj admiratif. ♦ **admiringly** adv avec admiration.

admissible [əd'mɪsəbl] adj plan acceptable; evidence recevable.

admission [əd'mɪʃən] n (a) (entry) admission f, entrée f (to à). ~ **free** entrée gratuite; **to gain** ~ **to** person trouver accès auprès de; place être admis dans. (b) (confession) aveu m. **by one's own** ~ de son propre aveu.

admit [əd'mɪt] vt (a) (let in) laisser entrer. **children not ~ted** entrée interdite aux enfants; **this ticket ~s 2** ce billet est valable pour 2 personnes. (b) (acknowledge) reconnaître, admettre (that que); crime reconnaître, admettre avoir commis; one's guilt reconnaître. **I must** ~ **that** ... je dois avouer or admettre que ...; **I was wrong I** ~ j'ai eu tort, j'en conviens.

admit of vt fus admettre, permettre.

admit to vt fus crime reconnaître avoir commis. **to** ~ **to having done** reconnaître avoir fait; **to** ~ **to a feeling of** avouer avoir un sentiment de.

♦ **admittance** n droit m d'entrée, admission f (to sth à qch); accès m (to sth à qch; to sb auprès de qn); **I gained** ~**tance** on m'a laissé entrer; **no** ~**tance except on business** accès interdit à toute personne étrangère au service. ♦ **admittedly** adv: ~**tedly this is true** je reconnais or il faut reconnaître que c'est vrai.

admonish [əd'mɒnɪʃ] vt (reprove) réprimander (for doing pour avoir fait; about, for pour, à propos de); (warn) avertir (against doing de ne pas faire); (exhort) exhorter (to do à faire). ♦ **admonition** n réprimande f; avertissement m.

ad nauseam [ˌæd'nɔːsɪæm] adv à satiété.

ado [ə'duː] n: **much** ~ **about nothing** beaucoup de bruit pour rien; **without more** ~ sans plus de cérémonies.

adolescent [ˌædəʊ'lesnt] adj, n adolescent(e) m(f). ♦ **adolescence** n adolescence f.

adopt [ə'dɒpt] vt child, method, (Pol) motion adopter; candidate, career choisir. ♦ **adopted** adj child adopté; country d'adoption; son, family adoptif. ♦ **adoption** n adoption f; choix m. ♦ **adoptive** adj parent, child adoptif; country d'adoption.

adore [ə'dɔː'] vt adorer. ♦ **adorable** adj adorable. ♦ **adoration** n adoration f. ♦ **adoringly** adv avec adoration.

adorn [ə'dɔːn] vt room orner; dress parer (with de). **to** ~ **o.s.** se parer. ♦ **adornment** n ornement m; parure f.

adrenalin(e) [ə'drenəlɪn] n adrénaline f. (fig) he felt the ~ **rising** il a senti son pouls s'emballer.

Adriatic (**Sea**) [ˌeɪdrɪ'ætɪk('siː)] n (mer f) Adriatique f.

adrift [ə'drɪft] adv, adj (Naut) à la dérive. **to turn** ~ boat abandonner à la dérive; (fig) person laisser se débrouiller tout seul; **to come** ~* [wire etc] se détacher; [plans] tomber à l'eau.

adroit [ə'drɔɪt] adj adroit. ♦ **adroitly** adv adroitement. ♦ **adroitness** n adresse f.

adulate ['ædjʊleɪt] vt aduler. ♦ **adulation** n adulation f.

adult ['ædʌlt] **1** n adulte mf. (Cine etc) ~**s only** interdit aux moins de 18 ans. **2** adj person, animal adulte; film, book, classes pour adultes. ~ **education** enseignement m post-scolaire.

adulterate [ə'dʌltəreɪt] vt frelater.

adultery [ə'dʌltərɪ] n adultère m. ♦ **adulterous** adj adultère.

advance [əd'vɑːns] **1** n (a) (gen, Mil) avance f. **to make** ~**s in technology** faire des progrès mpl en technologie; **to make** ~**s to sb** faire des avances à qn; **in** ~ prepare, thank, book à l'avance; decide, announce d'avance; **to be in** ~ **of one's time** être en avance sur son époque; **a week in** ~ une semaine à l'avance; **luggage in** ~ bagages enregistrés. (b) (sum of money) avance f (on sur). **2** adj payment anticipé; copy of speech etc distribué à l'avance. ~ **guard** avant-garde f; ~ **notice** préavis m; (Mil) ~ **party** pointe f d'avant-garde; ~ **post** poste avancé. **3** vt (gen) avancer; work faire avancer. **4** vi avancer, s'avancer (on sur, towards vers); [troops] se porter en avant; [work, civilization, mankind] progresser, faire des progrès. **he** ~**d upon me** il est venu vers or a marché sur moi. ♦ **advanced** adj ideas, age, child avancé; studies, class supérieur; work poussé; ~**d mathematics** hautes études fpl mathématiques. ♦ **advancement** n avancement m.

advantage [əd'vɑːntɪdʒ] n avantage m. **to have an** ~ **over sb** avoir un avantage sur qn; **to have the** ~ **of numbers** avoir l'avantage du nombre; **to take** ~ **of** occasion profiter de; person exploiter; **to turn sth to** ~ tourner qch à son avantage; **I find it to my** ~ j'y trouve mon compte; **it is to his** ~ **to do** it il a tout intérêt à le faire; **this dress shows her off to** ~ cette robe l'avantage. ♦ **advantageous** adj avantageux (to pour).

advent ['ædvənt] n avènement m. (Rel) A~ l'Avent m.

adventure [əd'ventʃə'] **1** n aventure f. **2** adj story, film d'aventures. ♦ **adventurer** n aventurier m. ♦ **adventuress** n aventurière f. ♦ **adventurous** adj aventureux.

adverb ['ædvɜːb] n adverbe m. ♦ **adverbial** adj adverbial.

adversary ['ædvəsərɪ] n adversaire mf.

adverse ['ædvɜːs] adj factor, report, circumstances défavorable; wind contraire. ♦ **adversity** n adversité f.

advert* ['ædvɜːt] n abbr of advertisement.

advertise ['ædvətaɪz] **1** vt (Comm etc) goods faire de la publicité or de la réclame pour. **I've seen that** ~**d on television** j'ai vu une publicité pour ça à la télévision; **to** ~ **a flat for sale** mettre une annonce pour vendre un appartement; **try not to** ~ **the fact that** ... essaie de ne pas trop laisser voir que ...; **don't** ~ **your ignorance!** inutile d'afficher votre ignorance! **2** vi (Comm) faire de la publicité or de la réclame. **it pays to** ~ la publicité paie; **to** ~ **for a flat** faire paraître une annonce pour trouver un appartement. ♦ **advertiser** n annonceur m (publicitaire). ♦ **advertising 1** n publicité f. **2** adj (gen) publicitaire; agency de publicité.

advertisement [əd'vɜːtɪsmənt] n (a) (Comm) réclame f, publicité f; (TV) spot m publicitaire. (Cine, Press, Rad, TV) ~**s** publicité; (TV) during the ~**s** pendant que passait la publicité; **he's not a good** ~ **for his school** il ne constitue pas une bonne réclame pour son école. (b) (private: in paper etc) annonce f. ~ **column** petites annonces; **to put an** ~ **in a paper** mettre une annonce dans un journal.

advice [əd'vaɪs] n avis m, conseils mpl; (Comm: notification) avis. **a piece of** ~ un avis, un conseil; **to seek** ~ **from sb** demander conseil à qn; **to take medical** ~ consulter un médecin; **to follow sb's** ~ suivre le(s) conseil(s) de qn.

advise [əd'vaɪz] vt (a) (give advice to) conseiller (sb on/about sth qn sur/à propos de qch). **to** ~ **sb to do** conseiller à qn de faire; **to** ~ **sb against sth** déconseiller qch à qn; **to** ~ **sb against doing** conseiller à qn de ne pas faire; **you would be well/ill** ~**d to do that** vous feriez bien de/vous auriez tort de faire cela. (b) (recommend) course *of action* recommander. **(c)** (*inform*) aviser (*sb of sth* qn de qch). ♦ **advisability** n opportunité f (*of de, of doing* de faire). ♦ **advisable** adj recommandé, conseillé; **I do not think it advisable for you to come** je ne vous conseille pas de venir. ♦ **advisedly** adv en toute connaissance de cause. ♦ **adviser** n conseiller m, -ère f. ♦ **advisory** adj consultatif; **in an advisory capacity** à titre consultatif.

advocate ['ædvəkɪt] **1** n **(a)** [*cause etc*] défenseur m, avocat(e) m(f). **to be an ~ of** être partisan de. **(b)** (*Scot Jur*) avocat m (plaidant). **2** ['ædvəkeɪt] vt recommander, préconiser.

Aegean (Sea) [iːˈdʒiːən('siː)] n mer f Égée.

aegis ['iːdʒɪs] n: **under the ~ of** sous l'égide f de.

aeons ['iːənz] npl éternités fpl.

aerate ['ɛəreɪt] vt *liquid* gazéifier; *blood* oxygéner; *room* aérer; *soil* retourner. **~d water** eau f gazeuse.

aerial ['ɛərɪəl] **1** adj aérien. **~ railway** téléphérique m. **2** n (*Telec etc*) antenne f.

aero... ['ɛərəʊ] pref aéro... . ♦ **aerobatics** npl acrobatie f aérienne. ♦ **aerodrome** n aérodrome m. ♦ **aerodynamic** adj aérodynamique. ♦ **aerodynamics** nsg aérodynamique f. ♦ **aero-engine** n aéromoteur m. ♦ **aeronaut** n aéronaute mf. ♦ **aeronautic(al)** adj aéronautique. ♦ **aeronautics** nsg aéronautique f. ♦ **aeroplane** n avion m. ♦ **aerosol 1** n (*system*) aérosol m; (*spray*) bombe f; **2** adj en bombe. ♦ **aerospace** adj: **~space industry** industrie aérospatiale.

aesthete ['iːsθiːt] n esthète mf. ♦ **aesthetic(al)** adj esthétique. ♦ **aesthetically** adv esthétiquement. ♦ **aestheticism** n esthétisme m. ♦ **aesthetics** nsg esthétique f.

afar [əˈfɑːr] adv au loin. **from ~** de loin.

affable ['æfəbl] adj affable. ♦ **affability** n affabilité f. ♦ **affably** adv avec affabilité.

affair [əˈfɛər] n (*gen*) affaire f; (*love ~*) liaison f (*with* avec). **the Suez ~** l'affaire de Suez; **this is not her ~** ce n'est pas son affaire, cela ne la regarde pas; **state of ~s** situation f; **~s of state** affaires d'État.

affect [əˈfekt] vt **(a)** *person* (*concern*) toucher; (*sadden*) affecter; *situation, belief, attitude* influer sur; *health, results, numbers* avoir un effet sur. **it does not ~ the way I do it** cela ne change rien à ma façon de le faire. **(b)** [*disease*] affecter; [*drug*] agir sur. **(c)** (*feign*) *ignorance, indifference* affecter. **(d)** (*have a liking for*) aimer, affectionner. ♦ **affectation** n affectation f. ♦ **affected** adj affecté. ♦ **affectedly** adv avec affectation.

affection [əˈfekʃən] n affection f (*for* pour). **I have a great ~ for her** j'ai beaucoup d'affection pour elle. ♦ **affectionate** adj affectueux; (*letter-ending*) **your ~ate daughter** votre fille affectionnée. ♦ **affectionately** adv affectueusement; **yours ~ately** (bien) affectueusement à vous.

affidavit [ˌæfɪˈdeɪvɪt] n (*Jur*) déclaration f par écrit sous serment. **to swear an ~ to the effect that** déclarer sous serment que.

affiliate [əˈfɪlieɪt] vt affilier (*to, with* à). **~d company** filiale f. ♦ **affiliation** n affiliation f.

affinity [əˈfɪnɪtɪ] n affinité f (*with, to* avec; *between* entre). [*people*] **there is a certain ~ between them** ils ont des affinités.

affirm [əˈfɜːm] vt affirmer (*that* que). ♦ **affirmation** n affirmation f. ♦ **affirmative** adj, n affirmatif (m); **in the ~ative** (*Gram*) à l'affirmatif; *answer* affirmativement. ♦ **affirmatively** adv affirmativement.

affix [əˈfɪks] **1** vt *seal, signature* apposer (*to* à); *stamp* coller (*to* à). **2** ['æfɪks] n affixe m.

afflict [əˈflɪkt] vt affliger. **~ed with** affligé de. ♦ **affliction** n affliction f.

affluent ['æfluənt] adj *person* riche; *society* d'abondance. ♦ **affluence** n (*wealth*) richesse f;

(*plenty*) abondance f.

afford [əˈfɔːd] vt **(a)** (*gen*) avoir les moyens (*to do* de faire); *object, care* s'offrir, se payer*. **he can't ~ (to make) a mistake** il ne peut pas se permettre (de faire) une erreur; **I can't ~ the time to do it** je n'ai pas le temps de le faire. **(b)** (*provide*) *opportunity* fournir; *pleasure* procurer.

afforestation [æˌfɒrɪsˈteɪʃən] n (re)boisement m.

affray [əˈfreɪ] n échauffourée f.

affront [əˈfrʌnt] **1** vt (*insult*) faire un affront à; (*face*) affronter. **2** n affront m.

afield [əˈfiːld] adv: **far ~** très loin; **further ~** plus loin.

afloat [əˈfləʊt] adv à flot (*also fig*); (*Naut: on board ship*) en mer. **to stay ~** [*ship*] rester à flot; [*person*] (*in water*) surnager; (*fig*) rester à flot.

afoot [əˈfʊt] adv: **there is sth ~** il se prépare qch; **there is a plan ~ to do** on envisage de faire.

afraid [əˈfreɪd] adj: **to be ~ of sb/sth** avoir peur de qn/qch, craindre qn/qch; **don't be ~** n'ayez pas peur, ne craignez rien; **I am ~ of hurting him** j'ai peur or je crains de lui faire mal; **I am ~ he will hurt me** je crains or j'ai peur qu'il (ne) me fasse mal; **I am ~ to go** je n'ose pas y aller, j'ai peur d'y aller; **he is not ~ of work** le travail ne lui fait pas peur; (*regret*) **I'm ~ I can't do it** je regrette or je suis désolé, mais je ne pourrai pas le faire; **I'm ~ that ...** je regrette de vous dire que ...; **I'm ~ not/so** hélas non/oui; **there are too many people, I'm ~** je regrette, mais il y a trop de monde.

afresh [əˈfreʃ] adv de nouveau. **to start ~** recommencer.

Africa ['æfrɪkə] n Afrique f. ♦ **African 1** n Africain(e) m(f); **2** adj (*gen*) africain; *elephant* d'Afrique.

Afrikaans [ˌæfrɪˈkɑːns] n afrikaans m. ♦ **Afrikaaner** n Afrikander mf.

afro* ['æfrəʊ] adj afro* inv.

Afro-Asian ['æfrəʊˈeɪʃən] adj afro-asiatique.

aft [ɑːft] adv (*Naut*) sur or à or vers l'arrière.

after ['ɑːftər] **1** prep **~ dinner** après le dîner; **the day ~ tomorrow** après-demain; **shortly ~ 10 o'clock** peu après 10 heures; **it was ~ 2 o'clock** il était plus de 2 heures; (*US*) **it was 20 ~ 3** il était 3 heures 20; **~ all** après tout; **~ hours*** après la fermeture; **~ seeing her** après l'avoir vue; **~ you** après vous; **~ you with the salt*** passez-moi le sel, s'il vous plaît; **to run ~ sb** courir après qn; **he shut the door ~ her** il a refermé la porte sur elle; **shut the door ~ you** fermez la porte (derrière vous); **day ~ day** jour après jour; **for kilometre ~ kilometre** sur des kilomètres et des kilomètres; **you tell me lie ~ lie** tu me racontes mensonge sur mensonge; **time ~ time** maintes et maintes fois; **they went out one ~ the other** ils sont sortis (*individually*) les uns après les autres or (*in a line*) à la file; (*according to*) **~ El Greco** d'après Le Gréco; **she takes ~ her mother** elle tient de sa mère; **to name a child ~ sb** donner à un enfant le nom de qn; **to be ~ sb/sth** chercher qn/qch; (*after loss, robbery etc*) rechercher qn/qch; **the police are ~ him** il est recherché par la police; **what are you ~?** (*want*) qu'est-ce que vous désirez?; (*thinking of*) où voulez-vous en venir?; (*nagging*) **she's always ~ her children*** elle est toujours après ses enfants*.

2 adv après, ensuite. **for years ~** pendant des années après cela; **soon ~** bientôt après; **the week ~** la semaine d'après, la semaine suivante.

3 conj après (que). **~ he had closed the door, she spoke** après qu'il eut fermé la porte, elle parla; **~ he had closed the door, he spoke** après avoir fermé la porte, il a parlé.

4 adj: **in ~life** or **~ years** plus tard (dans la vie).

5 npl (*dessert*) **~s*** dessert m.

♦ **afterbirth** n placenta m. ♦ **aftercare** n [*convalescent*] post-cure f; [*ex-prisoner*] surveillance f (après libération). ♦ **after-dinner** drink n digestif m. ♦ **after-dinner speaker** n orateur m (de fin de banquet). ♦ **after-effect** n [events etc] suite f, répercussion f; [treatment] réaction f; [illness] séquelle f; (Psych) after-effect m. ♦ **afterlife** n vie future. ♦ **after-lunch** adj: **to have an ~-lunch nap** faire la sieste. ♦ **aftermath** n suites fpl, séquelles fpl. ♦ **afternoon** n après-midi m or f; **in the ~noon** l'après-midi; **at 3 o'clock in the ~noon** à 3 heures de l'après-midi; **on Sunday ~noon(s)** le dimanche après-midi; **on the ~noon of December 2nd** l'après-midi du 2 décembre, le 2 décembre dans l'après-midi; **good ~noon!** (on meeting sb) bonjour!; (on leaving sb) au revoir!; 2 adj lecture, class, train, meeting (de) l'après-midi; **~noon performance** matinée f; **~noon tea** thé m (de cinq heures). ♦ **after-sales service** n service m après-vente. ♦ **after-shave** n lotion f après-rasage. ♦ **aftertaste** n arrière-goût m. ♦ **afterthought** n pensée f après coup; **I had an ~thought** cela m'est venu après coup; **I had ~thoughts about my decision** j'ai eu après coup des doutes sur ma décision; **added as an ~thought** ajouté après coup. ♦ **afterwards** adv après, plus tard, par la suite.

again [ə'gen] adv de nouveau, encore une fois, une fois de plus. **here we are ~!** nous revoilà!; **~ and ~, time and ~** maintes et maintes fois; **I've told you ~ and ~** je te l'ai dit et répété; **she is home ~?** elle est rentrée chez elle; **what's his name ~?** comment s'appelle-t-il déjà?; **to begin ~** recommencer; **I won't do it ~** je ne le ferai plus; **never ~** plus jamais; **never ~!** c'est bien la dernière fois!; (iro) **not ~!** encore! (iro); **as much ~** deux fois autant; **then ~, and ~** d'autre part, d'un autre côté; **it is not certain that** et d'ailleurs il n'est pas sûr que.

against [ə'genst] prep (a) (opposition etc) contre. **to be ~ capital punishment** être contre la peine de mort; **I'm ~ helping him at all** je ne suis pas d'avis qu'on l'aide (subj); **I've got nothing ~ him** je n'ai rien contre lui; **to be dead ~ sth** s'opposer absolument à qch; (Pol) **to run ~ sb** se présenter contre qn; **now we're up ~ it!** nous voici au pied du mur!, c'est maintenant qu'on va s'amuser!*; **~ my will** malgré moi; **to work ~ the clock** travailler contre la montre; **(as) ~** contre, en comparaison de; **~ that, it might be said ...** en revanche or par contre on pourrait dire ... . (b) (support, impact) contre. **to lean ~ a wall** s'appuyer contre un mur; **to hit one's head ~ the mantelpiece** se cogner la tête contre la cheminée; **the truck ran ~ a tree** le camion s'est jeté sur un arbre. (c) (in contrast to) sur. **the light ~ this contre-jour; the trees stood out ~ the sunset** les arbres se détachaient sur le couchant; **it shows up ~ the white background** cela ressort sur le fond blanc. (d) **tickets are available ~ this voucher** on peut obtenir des billets contre remise de ce bon.

age [eɪdʒ] 1 n (a) âge m. **what's her ~?, what ~ is she?** quel âge a-t-elle?; **he is 10 years of ~** il a 10 ans; **you don't look your ~** vous ne faites pas votre âge; **of an ~** du même âge; **to come of ~** atteindre sa majorité; **to be of ~** être majeur; **to be under ~** être mineur. (b) **I haven't seen him for ~s** il y a une éternité que je ne l'ai vu; **she stayed for ~s** elle est restée un temps fou. 2 vti vieillir. 3 adj: **the 40-50 ~ group** la tranche d'âge de 40 à 50 ans, les 40 à 50 ans; **~ limit** limite f d'âge. ♦ **aged** [eɪdʒd] 1 adj (a) âgé de; **a boy ~d 10** un garçon (âgé) de 10 ans; (b) ['eɪdʒɪd] (old) âgé, vieux; 2 npl: **the ~d** les personnes âgées; **the ~d and infirm** les gens âgés et infirmes. ♦ **ageing** 1 adj person vieillissant; hairstyle, dress qui fait paraître vieux; 2 n vieillissement m. ♦ **ageless** adj toujours jeune. ♦ **age-old** adj séculaire.

agency ['eɪdʒənsɪ] n (a) agence f. **tourist ~**

agence de tourisme. (b) **through the ~ of friends** par l'intermédiaire m d'amis, grâce à des amis. ♦ **agent** n (gen) agent m (of, for de); (dealer) the Citroën **~** le concessionnaire Citroën.

agenda [ə'dʒendə] n ordre m du jour. **on the ~** à l'ordre du jour.

agglomeration [ə,glɒmə'reɪʃən] n agglomération f.

aggravate ['ægrəveɪt] vt aggraver; (annoy) exaspérer, agacer. ♦ **aggravating** adj exaspérant, agaçant. ♦ **aggravation** n aggravation f; (annoyance) exaspération f, agacement m.

aggregate ['ægrɪgɪt] 1 n ensemble m, total m. **in the ~** dans l'ensemble. 2 adj global, total.

aggression [ə'greʃən] n agression f; (aggressiveness) agressivité f. ♦ **aggressive** adj agressif. ♦ **aggressively** adv d'une manière agressive, agressivement. ♦ **aggressiveness** n agressivité f. ♦ **aggressor** n agresseur m.

aggrieved [ə'griːvd] adj chagriné (at, by par).

aggro* ['ægrəʊ] n (abbr of aggression) (emotion) agressivité f; (physical violence) grabuge* m.

aghast [ə'gɑːst] adj atterré (at de).

agile ['ædʒaɪl] adj agile. ♦ **agility** n agilité f.

agitate ['ædʒɪteɪt] 1 vt agiter. 2 vi (Pol etc) mener une campagne (for en faveur de; against contre). ♦ **agitated** adj agité. ♦ **agitation** n agitation f; (campaign) campagne f (for pour; against contre). ♦ **agitator** n agitateur m, -trice f.

agnostic [æg'nɒstɪk] adj,n agnostique (mf). ♦ **agnosticism** n agnosticisme m.

ago [ə'gəʊ] adv: **a week ~** il y a huit jours; **how long ~?** il y a combien de temps?; **a little while ~** tout à l'heure; **as long ~ as 1950** déjà en 1950.

agog [ə'gɒg] adj: **to be (all) ~** il y a être en émoi; **to be ~ to do** brûler de faire; **~ for news** impatient d'avoir des nouvelles.

agonize ['ægənaɪz] vi avoir des doutes déchirants (over sur). ♦ **agonized** adj déchirant. ♦ **agonizing** adj situation angoissant; cry déchirant; **agonizing reappraisal** révision déchirante.

agony ['ægənɪ] 1 n (mental pain) angoisse f; (physical pain) douleur f atroce. **death ~** agonie f; **to suffer agonies, to be in ~** souffrir le martyre; **to be in an ~ of impatience** se mourir d'impatience. 2 adj: **~ column** courrier m du cœur.

agrarian [ə'greərɪən] adj agraire.

agree [ə'griː] 1 vt (a) (consent) consentir (to do à faire), accepter (to do de faire); (accept) statement, report accepter (la véracité de); (fix) price, date se mettre d'accord sur. (b) (admit) reconnaître, admettre (that que). (c) (come to agreement) convenir (to do de faire), se mettre d'accord (to do pour faire). **everyone ~s that we should stay** tout le monde s'accorde à reconnaître que nous devrions rester; **it was ~d** c'était convenu; **to ~ to differ** rester sur ses positions.

2 vi (a) (be in agreement) être d'accord (with avec), être du même avis (with que). **they all ~d in finding the play dull** tous ont été d'accord pour trouver la pièce ennuyeuse; **she ~s with me that it is unfair** elle trouve comme moi que c'est injuste; **I quite ~** je suis tout à fait d'accord; **I can't ~ with you there** je ne suis absolument pas d'accord avec vous sur ce point. (b) (come to terms) se mettre d'accord (with sb avec qn; about, on sth sur qch); (get on well) s'entendre (bien). (c) (consent) consentir (to sth à qch; to doing à faire). **to ~ to a proposal** accepter une proposition; **I ~ to your going** je consens à ce que vous y alliez. (d) [ideas, stories] concorder (with avec). (e) (Gram) s'accorder (with avec). (f) (suit the health of) réussir à. **onions don't ~ with me** les oignons ne me réussissent pas.

♦ **agreeable** adj (pleasant) person agréable; (willing) **to be ~able to (doing) sth** consentir volontiers à (faire) qch. ♦ **agreeably** adv agréablement. ♦ **agreed** adj (a) **to be ~d** être d'accord (*about* au sujet de; *on* sur); **(b)** *time, place, amount* convenu; it's all ~d c'est tout décidé; it's ~d that il est convenu que + *indic;* ~d! entendu!, d'accord! ♦ **agreement** *n* (*all senses*) accord *m;* to be in ~ment on être d'accord sur; to come to an ~ment parvenir à un accord; by mutual ~ment d'un commun accord; (*without quarrelling*) à l'amiable.

agriculture ['ægrɪkʌltʃəʳ] *n* agriculture *f.* Ministry of A~ ministère *m* de l'Agriculture. ♦ **agricultural** *adj* (*gen*) agricole; *engineer, expert* agronome; **agricultural college** école *f* d'agriculture. ♦ **agricultur(al)ist** *n* (*scientist*) agronome *mf;* (*farmer*) agriculteur *m.*

aground [ə'graʊnd] *adj* échoué. to run ~ s'échouer.

ahead [ə'hed] *adv* **(a)** (*in space*) en avant, devant. to draw ~ gagner de l'avant; **I'll go on** ~ moi, je vais en avant; (*lit, fig*) **to get** ~ prendre de l'avance. **(b)** (*in time*) *book, plan* à l'avance. ~ of time *decide, announce* d'avance; *arrive, be ready* avant l'heure, en avance; **2 hours** ~ of the next car en avance de 2 heures sur la voiture suivante; he's **2 hours** ~ of you il a 2 heures d'avance sur vous; (*fig*) ~ of one's time en avance sur son époque; to plan ~ faire des projets à l'avance; to think ~ penser à l'avenir.

ahoy [ə'hɔɪ] *excl* ohé! ship ~! ohé du navire!

aid [eɪd] **1** *n* **(a)** (*help*) aide *f.* with the ~ of *sb* avec l'aide de; *sth* à l'aide de; **in** ~ of the blind au profit des aveugles; (*fig*) what is the meeting in ~ of?* c'est dans quel but, cette réunion? **(b)** (*helper*) aide *mf,* assistant(e) *m(f);* (*apparatus*) aide *f,* moyen *m.* **audio-visual** ~s support audio-visuel, moyens audio-visuels. **2** *vt person* aider (*to do* à faire); *progress, recovery* contribuer à. (*Jur*) to ~ and abet sb être complice de qn.

aide [eɪd] *n* aide *mf.*

ailing ['eɪlɪŋ] *adj* souffrant. ♦ **ailment** *n* ennui *m* de santé.

aim [eɪm] **1** *n* **(a)** to miss one's ~ manquer son coup; to take ~ viser (*at sb/sth* qn/qch); his ~ is bad il vise mal. **(b)** (*purpose*) but *m.* with the ~ of doing dans le but de faire; her ~ is to do elle a pour but de faire. **2** *vt gun* braquer (*at* sur); *stone* lancer (*at* sur); *blow* décocher (*at* à); *remark* diriger (*at* contre). **3** *vi* viser. to ~ at sth viser qch; to ~ at doing *or* to do viser à faire, (*less formally*) avoir l'intention de faire. ♦ **aimless** *adj* sans but. ♦ **aimlessly** *adv wander* sans but; *stand around* sans trop savoir que faire; *chat, kick ball about* pour passer le temps.

air [ɛəʳ] **1** *n* **(a)** air *m.* to go out for a breath of (fresh) ~ sortir prendre l'air; by ~ par avion; to throw sth (up) into the ~ jeter qch en l'air; the balloon rose up into the ~ le ballon s'est élevé (dans les airs); (*fig*) there's sth in the ~ il se prépare qch; it's still all in the ~ ce ne sont encore que des projets en l'air; all her plans were up in the ~ (*vague*) tous ses projets étaient vagues; (*destroyed*) tous ses projets étaient tombés à l'eau; to be up in the ~ about* être (*angry*) en rogne* *or* (*excited*) très excité à l'idée de; **I can't live on** ~ je ne peux pas vivre de l'air du temps; to walk on ~ être aux anges. **(b)** (*Rad, TV*) on the ~ à l'antenne; you're on the ~ vous avez l'antenne; he's on the ~ every day il parle à la radio tous les jours; the station is on the ~ la station émet; the programme goes on the ~ every week l'émission passe (sur l'antenne) toutes les semaines; to go off the ~ quitter l'antenne. **(c)** (*manner*) air *m.* with an ~ of bewilderment d'un air perplexe; she has an ~ about her elle a de l'allure; to put on ~s se donner de grands airs; ~s and graces minauderies *fpl.* **(d)** (*Mus*) air *m.*
2 *vt linen, room, bed* aérer; *anger* exhaler; *opinion* faire connaître; *idea* mettre sur le tapis.
3 *adj bubble* d'air; *hole* d'aération; *cushion,*

mattress pneumatique; *pressure, current* atmosphérique; (*Mil*) *superiority, base* aérien. ~ **bed** matelas *m* pneumatique; ~ **brake** (*Aut*) frein *m* à air comprimé; (*Aviat*) aérofrein *m;* ~ **force** armée *f* de l'air; by ~ **freight** par voie aérienne; ~ **lane** couloir aérien; ~ **letter** lettre *f* par avion; ~ **pocket** trou *m* d'air; ~ **pump** compresseur *m;* ~ **show** (*Comm etc*) salon *m* de l'aéronautique; (*flying display*) meeting *m* d'aviation; ~ **terminal** aérogare *f;* ~ **traffic control** contrôle *m* de la navigation aérienne; ~ **traffic controller** contrôleur *m,* -euse *f* de la navigation aérienne. ♦ **airborne** *adj:* ~borne **troops** troupes aéroportées; the plane was ~borne l'avion avait décollé. ♦ **airbus** *n* airbus *m.* ♦ **air-conditioned** *adj* climatisé. ♦ **air-conditioner** *n* climatiseur *m.* ♦ **air-conditioning** *n* climatisation *f.* ♦ **air-cooled** *adj* à refroidissement par air. ♦ **aircraft** *n* (*pl inv*) avion *m.* ♦ **aircraft-carrier** *n* porte-avions *m inv.* ♦ **aircrew** *n* équipage *m* (*d'un avion*). ♦ **airdrome** *n* aérodrome *m.* ♦ **airdrop 1** *vt* parachuter; **2** *n* parachutage *m.* ♦ **airfield** *n* terrain *m* d'aviation. ♦ **airgun** *n* fusil *m* à air comprimé. ♦ **air-hostess** *n* hôtesse *f* de l'air. ♦ **airily** *adv* d'un ton dégagé, avec désinvolture. ♦ **airing** *n* [*linen*] aération *f;* to give an idea an ~ing mettre une idée sur le tapis. ♦ **airing cupboard** *n* placard-séchoir *m.* ♦ **airless** *adj room* privé d'air. ♦ **airlift 1** *n* pont aérien; **2** *vt* transporter par avion. ♦ **airline** *n* (*Aviat*) compagnie *f* d'aviation. ♦ **airliner** *n* avion *m* (de ligne). ♦ **airlock** *n* [*spacecraft, caisson etc*] sas *m;* (*in pipe*) bouchon *m* d'air. ♦ **airmail 1** *n:* by ~mail par avion; **2** *adj letter, edition* par avion; **3** *vt* expédier par avion. ♦ **airman** *n* aviateur *m;* (*in Air Force*) soldat *m* (de l'armée de l'air). ♦ **airplane** *n* avion *m.* ♦ **airport** *n* aéroport *m.* ♦ **air-raid** *n* attaque aérienne, raid aérien. ♦ **air-sea rescue** *n* sauvetage *m* en mer (*par hélicoptère etc*). ♦ **airship** *n* (ballon *m*) dirigeable *m.* ♦ **airsick** *adj:* to be ~sick avoir le mal de l'air. ♦ **airstrip** *n* piste *f* d'atterrissage. ♦ **airtight** *adj* hermétique, étanche (à l'air). ♦ **air-to-air** *adj* avion-avion *inv.* ♦ **air-to-ground** *or* ~ **air-to-surface** *adj* air-sol *inv.* ♦ **airway** *n* (*route*) voie aérienne; (*company*) compagnie *f* d'aviation. ♦ **airwoman** *n* aviatrice *f;* (*in Air Force*) auxiliaire *f* (de l'armée de l'air). ♦ **airworthiness** *n* navigabilité *f.* ♦ **airworthy** *adj* en état de navigation. ♦ **airy** *adj room* clair; *manner* désinvolte, dégagé; *promise* en l'air. ♦ **airy-fairy*** *adj* farfelu.

aisle [aɪl] *n* [*church*] nef latérale; (*between pews*) allée centrale; [*theatre*] allée *f;* [*train, coach*] couloir *m* (central).

ajar [ə'dʒɑːʳ] *adj* entrouvert.

akimbo [ə'kɪmbəʊ] *adj:* with arms ~ les poings sur les hanches.

akin [ə'kɪn] *adj:* ~ to qui tient de, qui ressemble à.

alabaster ['æləbɑːstəʳ] *n* albâtre *m.*

alacrity [ə'lækrɪtɪ] *n* empressement *m.*

alarm [ə'lɑːm] **1** *n* (*gen*) alarme *f;* (*clock*) réveil *m.* to raise the ~ donner l'alarme *or* l'alerte. **2** *vt person* alarmer; *animal, bird* effaroucher. to become ~ed prendre peur. **3** *adj bell, signal, call* d'alarme. ~ **clock** réveil *m,* réveille-matin *m inv.* ♦ **alarming** *adj* alarmant. ♦ **alarmingly** *adv* d'une manière alarmante. ♦ **alarmist** *adj, n* alarmiste (*mf*).

alas [ə'læs] *excl* hélas!

Albania [æl'beɪnɪə] *n* Albanie *f.*

albatross ['ælbətrɒs] *n* albatros *m.*

albino [æl'biːnəʊ] *n* albinos *mf.* ~ **rabbit** lapin *m* albinos.

album ['ælbəm] *n* album *m.* **photo/stamp** ~ album de photos/de timbres.

albumen, albumin ['ælbjʊmɪn] *n* albumen *m;* (*Physiol*) albumine *f.*

alchemy ['ælkımı] n alchimie f. ♦ **alchemist** n alchimiste m.
alcohol ['ælkəhɒl] n alcool m. ♦ **alcoholic 1** adj (gen) alcoolique; drink alcoolisé; **2** n alcoolique mf. ♦ **alcoholism** n alcoolisme m.
alcove ['ælkəuv] n alcóve f.
alder ['ɔːldər] n aulne m.
alderman ['ɔːldəmən] n ≈ conseiller m, -ère f municipal(e).
ale [eıl] n bière f, ale f.
alert [ə'lɜːt] **1** n alerte f. to give the ~ donner l'alerte; on the ~ person sur le qui-vive; troops en état d'alerte. **2** adj (watchful) vigilant; (acute) éveillé. **3** vt alerter (to sur). we are now ~ed to ... notre attention est maintenant éveillée sur ... . ♦ **alertness** n vigilance f; esprit éveillé.
alfalfa [æl'fælfə] n luzerne f.
alfresco [æl'freskəu] adj, adv en plein air.
algae ['ældʒiː] npl algues fpl.
algebra ['ældʒıbrə] n algèbre f.
Algeria [æl'dʒıərıə] n Algérie f. ♦ **Algiers** n Alger.
alias ['eılıæs] **1** adv alias. **2** n faux nom m.
alibi ['ælıbaı] n alibi m.
alien ['eılıən] **1** n (foreign) étranger m, -ère f; (non human) extra-terrestre mf. **2** adj étranger (to à); extra-terrestre. ♦ **alienate** vt aliéner; this has ~ated his friends ceci a aliéné ses amis; she has ~ated her friends elle s'est aliéné ses amis (by doing en faisant). ♦ **alienation** n aliénation f.
alight[1] [ə'laıt] vi [person] descendre (from de); [bird] se poser (on sur).
alight[2] [ə'laıt] adj, adv fire allumé; building en feu. to set sth ~ mettre le feu à qch.
align [ə'laın] **1** vt aligner (on, with sur). non-~ed non-aligné. **2** vi [persons] s'aligner; [object] être aligné. ♦ **alignment** n alignement m.
alike [ə'laık] **1** adj semblable. to be ~ se ressembler; it's all ~ to me cela m'est tout à fait égal. **2** adv dress, treat de la même façon. winter and summer ~ été comme hiver; they think ~ ils sont souvent du même avis.
alimentary [ˌælı'mentərı] adj alimentaire. ~ canal tube m digestif.
alimony ['ælımənı] n (Jur) pension f alimentaire.
alive [ə'laıv] adj (living) vivant, en vie. to bury sb ~ enterrer qn vivant; to burn ~ brûler vif; it's good to be ~ il fait bon vivre; no man ~ personne au monde; as well as anyone ~ aussi bien que n'importe qui; to keep ~ person maintenir en vie; tradition préserver; memory garder; to stay ~ rester en vie, survivre; to honour sensible à; danger conscient de; ~ and kicking* (living) bien en vie, (energy) plein de vie; look ~!* remuez-vous!; ~ with insects grouillant d'insectes.
alkali ['ælkəlaı] n base f. ♦ **alkaline** adj basique.
all [ɔːl] **1** adj tout. ~ the country tout le pays, le pays tout entier; ~ my life toute ma vie; ~ the others tous (or toutes) les autres; ~ you boys vous (tous) les garçons; ~ three tous les trois; ~ three men les trois hommes; ~ day toute la journée; ~ that tout cela; why me of ~ people? pourquoi moi?; with ~ (possible) care avec tout le soin possible.
2 pron (a) tout m. ~ is well tout va bien; that is ~ c'est tout; if that's ~ then it's not important s'il n'y a que cela, ce n'est pas important; and I don't know what ~* et je ne sais quoi encore; ~ of it was lost (le) tout a été perdu; he drank ~ of it il a tout bu, il l'a bu en entier; ~ of Paris Paris tout entier; that is ~ he said c'est tout ce qu'il a dit; ~ that is in the box tout ce qui est dans la boîte; bring it ~ apportez le tout. (b) (pl) tous mpl, toutes fpl. we ~ sat down nous nous sommes tous assis (or toutes assises); ~ of the boys came tous les garçons sont venus, les garçons sont tous venus; one and ~ tous sans exception; ~ who knew him tous ceux qui l'ont connu; the score was two ~ le score était (Tennis) deux partout or

(other sports) deux à deux. (c) (in phrases) if she comes at ~ si tant est qu'elle vienne; very rarely if at ~ très rarement (si tant est); I don't know at ~ je n'en sais rien; if there is any water at ~ si seulement il y a de l'eau; if at ~ possible dans la mesure du possible; not at ~ pas du tout; (after thanks) il n'y a pas de quoi; it was ~ I could do not to laugh c'est à peine or tout juste si j'ai pu m'empêcher de rire; it's not as bad as ~ that ce n'est pas si mal que ça; that's ~ very well but ... tout cela est bien beau mais ...; taking it ~ in ~ à tout prendre; she is ~ in ~ to him elle est tout pour lui; ~ but presque; he ~ but lost it il a bien failli le perdre; for ~ I know autant que je sache; for ~ his wealth he was unhappy malgré sa fortune il était malheureux; for ~ he may say quoi qu'il en dise; once and for ~ une fois pour toutes; most of ~ surtout.
3 adv (a) tout, tout à fait. ~ of a sudden tout à coup, soudain; ~ too soon it was time to go malheureusement il a bientôt fallu partir; dressed ~ in white habillé tout en blanc; ~ along the road tout le long de la route; I feared that ~ along je l'ai craint depuis le début; he won the race ~ the same il a néanmoins or tout de même gagné la course; it's ~ the same or ~ one to me cela m'est tout à fait égal; ~ over (everywhere) partout, d'un bout à l'autre; (finished) fini; to be ~ for sth* être tout à fait en faveur de qch; to be ~ there* avoir toute sa tête; she's not quite ~ there* il lui manque une case*; it is ~ up with him* il est fichu*; ~ the better! tant mieux!; ~ the more so since ... d'autant plus que ... . (b) ~ right (très) bien; (in approval, exasperation) ça va!*; (in agreement) entendu!, c'est ça!; it's ~ right ça va*, tout va bien; he's ~ right (doubtful) il n'est pas mal*; (approving) c'est un type bien*; (reassuring) il est très bien; (healthy) il va bien; (safe) il est sain et sauf; I'm ~ right Jack* moi en tout cas je suis peinard*; (comfortably off) we're ~ right for the rest of our lives nous sommes tranquilles pour le restant de nos jours.
4 n : my ~ tout ce que j'ai.
♦ **all-American** adj cent pour cent américain. ♦ **all-day** adj qui dure toute la journée. ♦ **all-embracing** adj compréhensif. ♦ **all-important** adj de la plus haute importance, capital. ♦ **all-in** adj (exhausted) éreinté; (inclusive) price net; cost tout compris; insurance policy tous risques inv; tariff inclusif. ♦ **all-night** adj: ~-night service permanence f de nuit. ♦ **all-out 1** adj effort maximum; **2** adv: to go ~-out aller à la limite de ses forces. ♦ **allover** adj (qui est) sur toute la surface. ♦ **all-powerful** adj tout-puissant. ♦ **all-purpose** adj qui répond à tous les besoins; knife, spanner universel. ♦ **all-round** adj sportsman complet; improvement général, sur toute la ligne. ♦ **all-rounder** n: to be a good ~-rounder être bon en tout. ♦ **allspice** n poivre m de la Jamaïque. ♦ **all-star** adj: (Theat) ~-star show plateau m de vedettes. ♦ **all-time** adj record sans précédent; an ~-time low un record de médiocrité. ♦ **all-weather** adj de toute saison, tous temps inv. ♦ **all-the-year-round** adj sport que l'on pratique toute l'année; resort ouvert toute l'année.
Allah ['ælə] n Allah m.
allay [ə'leı] vt (gen) apaiser. to ~ suspicion dissiper les soupçons.
allege [ə'ledʒ] vt alléguer, prétendre (that que). to ~ illness prétexter or alléguer une maladie; he is ~d to have said il aurait dit. ♦ **alleged** adj reason allégué; thief, author présumé. ♦ **allegedly** adv à ce que l'on prétend.
allegiance [ə'liːdʒəns] n allégeance f (to à).
allegory ['ælıgərı] n allégorie f. ♦ **allegoric(al)** adj allégorique.
allergy ['ælədʒı] n allergie f (to à). ♦ **allergic** adj allergique (to à).

alleviate [əˈliːvɪeɪt] *vt pain* soulager; *sorrow* adoucir; *thirst* apaiser.

alley [ˈælɪ] **1** *n* (*between buildings: also* ~way) ruelle *f*; (*in garden*) allée *f*. **this is right up my ~*** (*my speciality*) c'est tout à fait mon rayon; (*just what I wanted*) c'est tout à fait ce que j'espérais. **2** *adj*: ~ **cat** chat *m* de gouttière.

alliance [əˈlaɪəns] *n* alliance *f*.

allied [ˈælaɪd] *adj* (*gen, Pol*) allié (*to à, with* avec); (*Bio*) de la même famille *or* espèce. **history and ~ subjects** l'histoire et sujets apparentés.

alligator [ˈælɪgeɪtəʳ] *n* alligator *m*.

alliteration [əˌlɪtəˈreɪʃən] *n* allitération *f*.

allocate [ˈæləʊkeɪt] *vt money, task* allouer, attribuer (*to sb à* qn); *money* affecter (*to sth à* qch). ♦ **allocation** *n* allocation *f*.

allot [əˈlɒt] *vt* attribuer, assigner (*sth to sb* qch à qn). **in the time ~ted** dans le temps qui est assigné. ♦ **allotment** *n* parcelle *f* de terre (*louée pour la culture*).

allow [əˈlaʊ] *vt* (**a**) (*permit*) permettre (*sb sth* qch à qn; *sb to do* à qn de faire), autoriser (*sb to do* qn à faire); (*tolerate*) tolérer (*sb to do* que qn fasse). **she was not ~ed to do it** elle n'était pas autorisée à le faire; **to ~ sb in** *etc* permettre à qn d'entrer *etc*; **to ~ sth to happen** laisser se produire qch; **smoking/dogs not ~ed** interdit de fumer/aux chiens. (**b**) (*grant*) *money* accorder, allouer; (*Jur*) accorder. **to ~ sb a discount** consentir une remise à qn; ~ **an hour to cross the city** comptez une heure pour traverser la ville; ~ **5 cm for shrinkage** prévoyez 5 cm de plus pour le cas où le tissu rétrécirait. (**c**) (*concede*) admettre, reconnaître (*that* que); *claim* admettre. ~**ing that ... en** admettant que ... + *subj*.

allow for *vt fus* tenir compte de. ~**ing for the circumstances** compte tenu des circonstances; **to ~ for all possibilities** parer à toute éventualité.

allow of *vt fus* admettre, souffrir.

allowable [əˈlaʊəbl] *adj* permis, admissible; (*Tax*) **expenses** déductible.

allowance [əˈlaʊəns] *n* (**a**) (*money given to sb*) pension *f*, rente *f*; (*for lodgings, food etc*) indemnité *f*; (*Admin*) allocation *f*; (*from separated husband*) pension *f* alimentaire; (*salary*) appointements *mpl*; (*food*) ration *f*. **rent** ~ allocation de logement; **she has a dress** ~ (*from father*) elle reçoit une certaine somme pour ses vêtements; (*from employers*) elle touche une allocation vestimentaire. (**b**) (*Comm, Fin: discount*) réduction *f*, rabais *m*. **tax** ~**s** sommes *fpl* déductibles. (**c**) **you must learn to make ~s** tu dois apprendre à faire la part des choses; **to make ~(s) for** (*excuse*) *person, fault* se montrer indulgent envers; (*allow for*) *shrinkage etc* tenir compte de.

alloy [ˈælɔɪ] *n* alliage *m*.

allude [əˈluːd] *vi* faire allusion (*to à*).

allure [əˈljʊəʳ] **1** *vt* attirer. **2** *n* charme *m*, attrait *m*. ♦ **alluring** *adj* attrayant, séduisant.

allusion [əˈluːʒən] *n* allusion *f*.

alluvial [əˈluːvɪəl] *adj ground* alluvial; *deposit* alluvionnaire.

ally [əˈlaɪ] **1** *vt*: **to ~ o.s. with** s'allier avec. **2** [ˈælaɪ] *n* allié(e) *m(f)*.

almanac [ˈɔːlmənæk] *n* almanach *m*.

almighty [ɔːlˈmaɪtɪ] **1** *adj* tout-puissant. **A~ God** Dieu Tout-Puissant; **he is an ~ fool*** c'est un sacré* imbécile; **an ~ din*** un vacarme du diable. **2** *n*: **the A~** le Tout-Puissant.

almond [ˈɑːmənd] *n* amande *f*; (~ **tree**) amandier *m*. ♦ **almond-shaped** *adj* en amande.

almost [ˈɔːlməʊst] *adv* presque. **it is ~ midnight** il est presque *or* bientôt minuit; **he ~ fell** il a failli tomber.

alms [ɑːmz] *n* aumône *f*. **to give ~** faire l'aumône; ~ **box** tronc *m* pour les pauvres.

aloft [əˈlɒft] *adv* (**up** ~) en l'air; (*Naut*) dans la mâture.

alone [əˈləʊn] *adj, adv* seul. **all** ~ tout(e) seul(e); **leave them** ~ **together** laissez-les seuls ensemble; **he ~ could tell you** lui seul pourrait vous le dire; **we are not** ~ **in thinking** nous ne sommes pas les seuls à penser; **he lives on bread** ~ il ne vit que de pain; **to let** *or* **leave** ~ *person* laisser tranquille; *book etc* ne pas toucher à; *business, scheme* ne pas se mêler de; **he can't read, let** ~ **write** il ne sait pas lire, encore moins écrire.

along [əˈlɒŋ] **1** *adv*: **come ~!** venez donc!; (*remonstrating*) allons, allons!; **she'll be ~ tomorrow** elle viendra demain; **come ~ with me** venez avec moi; **bring your friend ~** amène ton camarade (avec toi); ~ **here** dans cette direction-ci, par ici; **get ~ with you!*** (*go away*) fiche le camp!*; (*you can't mean it*) allons donc!; **all ~** (*space*) d'un bout à l'autre; (*time*) depuis le début. **2** *prep* le long de. **to walk ~ the beach** se promener le long de la plage; **the trees ~ the road** les arbres qui sont au bord de la route; **somewhere ~ the way** quelque part en chemin; (*fig: at some time*) à un moment donné; ~ **the lines suggested** conformément à la ligne d'action proposée. ♦ **alongside 1** *prep* (*along*) le long de; (*beside*) à côté de; **to come ~side the quay** accoster le quai; **the railway runs ~side the beach** la ligne de chemin de fer longe la plage; **2** *adv* (*Naut*) bord à bord. **to come ~side** accoster.

aloof [əˈluːf] *adj* distant (*towards* à l'égard de). ♦ **aloofness** *n* réserve *f*, attitude *f* distante.

aloud [əˈlaʊd] *adv read* à haute voix; *think, wonder* tout haut.

alphabet [ˈælfəbet] *n* alphabet *m*. ♦ **alphabetic(al)** *adj* alphabétique. ♦ **alphabetically** *adv* par ordre alphabétique. ♦ **alphabetize** *vt* classer par ordre alphabétique.

Alps [ælps] *npl* Alpes *fpl*. ♦ **alpine** *adj* des Alpes, alpestre; **alpine hut** (chalet-)refuge *m*. ♦ **alpinism** *n* alpinisme *m*. ♦ **alpinist** *n* alpiniste *mf*.

already [ɔːlˈredɪ] *adv* déjà.

alright [ˈɔːlˈraɪt] = **all right**; V **all 3b**.

Alsatian [ælˈseɪʃən] *n* (*dog*) berger *m* allemand.

also [ˈɔːlsəʊ] *adv* (**a**) (*too*) aussi, également. **her cousin ~ came** son cousin aussi est venu *or* est venu également. (**b**) (*moreover*) de plus, en outre, également. ~ **I must explain** de plus *or* en outre, je dois expliquer, je dois également expliquer. ♦ **also-ran** *n* (*Horse-racing*) cheval non classé; (*: person*) perdant(e) *m(f)*.

altar [ˈɔːltəʳ] *n* autel *m*.

alter [ˈɔːltəʳ] **1** *vt* (**a**) (*gen*) changer, modifier; *plans* modifier; *painting, poem, speech etc* remanier; *garment* retoucher, (*stronger*) transformer. **to ~ one's attitude** changer d'attitude (*towards* envers); **that ~s the case** voilà qui change tout; **to ~ sth for the better/worse** changer qch en mieux/en mal. (**b**) (*falsify*) *date, evidence* falsifier; *text* altérer. **2** *vi* changer. ♦ **alteration** *n* (**a**) (*act of altering*) changement *m*, modification *f*, remaniement *m*, retouche *m*, transformation *f*; **timetable subject to ~ation** horaire sujet à des modifications; (**b**) (*to plan, rules etc*) modification *f*, changement *m* (*to, in* apporté à); (*to painting etc*) retouche *f*, (*major*) remaniement *m*; (*to garment*) retouche, (*major*) transformation *f*; (*Archit*) transformation (*to* apportée à); **they're having ~ations made to their house** ils font des travaux dans leur maison.

altercation [ˌɔːltəˈkeɪʃən] *n* altercation *f*.

alter ego [ˈæltərˈiːgəʊ] *n* alter ego *m*.

alternate [ɒlˈtɜːnɪt] **1** *adj* (*by turns*) alterné; (*every second*) tous les deux. **on ~ days** tous les deux jours, un jour sur deux; **they work on ~ days** ils travaillent un jour sur deux à tour de rôle. **2** [ˈɒltɜːneɪt] *vt* faire alterner; *crops* alterner. **3** *vi* alterner (*with* avec). ♦ **alternately** *adv* alternativement, tour à tour; ~**ly with** en alternance avec. ♦ **alternating** adj alternant; (Elec) alternatif.

alternative [ɒl'tɜ:nətɪv] **1** adj possibility, answer autre; (Philos) proposition alternatif; (Mil) position de repli; (Tech) de rechange. ~ **proposal** contre-proposition f; **the only** ~ **method** la seule autre méthode; ~ **theatre** anti-théâtre m; (Aut) ~ **route** itinéraire m de délestage. **2** n (choice) (between two) alternative f, choix m; (among several) choix; (solution) (only one) alternative, seule autre solution; (one of several) autre solution. **she had no** ~ **but to accept** elle n'avait pas d'autre solution que d'accepter; **there is no** ~ il n'y a pas le choix. ♦ **alternatively** adv comme alternative.

although [ɔ:l'ðəʊ] conj bien que + subj, quoique + subj. ~ **it's raining** bien qu'il pleuve, malgré la pluie; **even** ~ **he might agree to go** quand bien même il accepterait d'y aller.

altimeter ['æltɪmi:tər] n altimètre m.

altitude ['æltɪtju:d] n altitude f. **at these** ~s à cette altitude.

alto ['æltəʊ] n (female) contralto m; (male) hautecontre f; (instrument) alto m. ~ **saxophone** saxophone m alto.

altogether [ˌɔ:ltə'geðər] **1** adv **(a)** (wholly) entièrement, tout à fait, complètement. **it is** ~ **out of the question** il n'en est absolument pas question. **(b)** (on the whole) somme toute, tout compte fait. ~ **it wasn't very pleasant** somme toute ce n'était pas très agréable. **(c)** (with everything included) en tout. **what do I owe you** ~? je vous dois combien en tout?; **taken** ~ à tout prendre. **2** n (hum) **in the** ~**s** tout nu, à poils.

altruism ['æltrʊɪzəm] n altruisme m. ♦ **altruist** n altruiste mf. ♦ **altruistic** adj altruiste.

aluminium [ˌæljʊ'mɪnɪəm], (US) **aluminum** [ə'lu:mɪnəm] n aluminium m.

alveolar [æl'vɪələr] adj alvéolaire.

always ['ɔ:lweɪz] adv toujours. **as** ~ comme toujours; **for** ~ pour toujours; **office** ~ **open** bureau ouvert en permanence.

amalgam [ə'mælgəm] n amalgame m. ♦ **amalgamate 1** vt metals amalgamer; companies fusionner. **2** vi s'amalgamer; fusionner. ♦ **amalgamation** n amalgamation f; fusion f.

amanuensis [əˌmænjʊ'ensɪs] n, pl **-enses** secrétaire mf.

amass [ə'mæs] vt amasser.

amateur ['æmətər] **1** n amateur m. **2** adj painter, player, sport amateur inv; photography etc d'amateur; (pej) work d'amateur. ~ **dramatics** théâtre m amateur; ~ **status** statut m d'amateur. ♦ **amateurish** adj (pej) d'amateur.

amaze [ə'meɪz] vt stupéfier, ébahir. **to be** ~**d at** (seeing) sth être stupéfait or stupéfié de (voir) qch. ♦ **amazement** n stupéfaction f, ébahissement m. ♦ **amazing** adj stupéfiant, ahurissant; bargain, offer sensationnel. ♦ **amazingly** adv étonnamment; **amazingly enough, he ...** chose étonnante or par miracle, il ... .

Amazon ['æməzən] n (river) Amazone m; (woman) Amazone f.

ambassador [æm'bæsədər] n (lit, fig) ambassadeur m. **French** ~ ambassadeur de France; ~-**at-large** ambassadeur extraordinaire. ♦ **ambassadorial** adj d'ambassadeur. ♦ **ambassadress** n ambassadrice f.

amber ['æmbər] **1** n ambre m. **2** adj (colour) couleur d'ambre inv. (Aut) ~ **light** feu m orange. ♦ **ambergris** n ambre m gris.

ambidextrous [ˌæmbɪ'dekstrəs] adj ambidextre.

ambiguous [æm'bɪgjʊəs] adj phrase ambigu (f -uë); past équivoque. ♦ **ambiguity** n ambiguïté f. ♦ **ambiguously** adv de façon ambiguë.

ambition [æm'bɪʃən] n ambition f. **it is my** ~ **to do** mon ambition est de faire. ♦ **ambitious** adj ambitieux; **to be ambitious to do** ambitionner de

faire. ♦ **ambitiously** adv ambitieusement.

ambivalent [æm'bɪvələnt] adj ambivalent. ♦ **ambivalence** n ambivalence f.

amble ['æmbl] vi (horse) aller l'amble; (person) aller d'un pas tranquille or sans se presser.

ambulance ['æmbjʊləns] **1** n ambulance f. **2** adj: ~ **driver** ambulancier m, -ière f.

ambush ['æmbʊʃ] **1** n embuscade f, guet-apens m. **to lie in** ~ se tenir en embuscade; **to lie in** ~ **for sb** tendre une embuscade à qn. **2** vt tendre une embuscade à.

ameliorate [ə'mi:lɪəreɪt] **1** vt améliorer. **2** vi s'améliorer. ♦ **amelioration** n amélioration f.

amen ['ɑ:'men] excl amen.

amenable [ə'mi:nəbl] adj maniable, conciliant. ~ **to argument** prêt à se laisser convaincre; ~ **to kindness** sensible à la douceur; ~ **to reason** raisonnable; ~ **to treatment** guérissable.

amend [ə'mend] vt law, document amender; text, wording modifier; habits réformer. ♦ **amendment** n amendement m. ♦ **amends** npl: **to make** ~**s** (apologize) faire amende honorable; (by doing sth) se racheter; **to make** ~**s to sb for sth** (compensate) dédommager qn de qch.

amenity [ə'mi:nɪtɪ] **1** n (gen) agrément m. **amenities** [town etc] aménagements mpl (socio-culturels); (courtesies) politesses fpl. **2** adj: (Brit Med) ~ **bed** lit 'privé' (dans un hôpital).

America [ə'merɪkə] n Amérique f. ♦ **American 1** adj américain; ~**n English** anglais américain; ~**n Indian** Indien(ne) m(f) d'Amérique; **2** n Américain(e) m(f); (Ling) américain m. ♦ **americanism** n américanisme m. ♦ **americanize** vt américaniser.

amethyst ['æmɪθɪst] **1** n améthyste f. **2** adj (colour) violet d'améthyste inv.

amiable ['eɪmɪəbl] adj aimable. ♦ **amiability** n amabilité f (to, towards envers). ♦ **amiably** adv aimablement.

amicable ['æmɪkəbl] adj amical; (Jur) settlement à l'amiable. ♦ **amicably** adv amicalement; (Jur) l'amiable.

amid(st) [ə'mɪd(st)] prep parmi, au milieu de. ♦ **amidships** adv au milieu du navire.

amiss [ə'mɪs] **1** adv: **to take sth** ~ prendre qch de travers, s'offenser de qch; **nothing comes** ~ **to him** il tire parti de tout; **a little courtesy wouldn't come** ~ un peu de politesse ne ferait pas de mal. **2** adj: **there's sth** ~ il y a qch qui ne va pas; **to say sth** ~ dire qch mal à propos.

ammonia [ə'məʊnɪə] n (gas) ammoniac m; (liquid) ammoniaque f.

ammunition [ˌæmjʊ'nɪʃən] **1** n munitions fpl. **2** adj: ~ **belt** ceinturon m; ~ **dump** dépôt m de munitions.

amnesia [æm'ni:zɪə] n amnésie f.

amnesty ['æmnɪstɪ] **1** n amnistie f. **under an** ~ en vertu d'une amnistie. **2** vt amnistier.

amoeba [ə'mi:bə] n amibe f. ♦ **amoebic** adj amibien.

amok [ə'mɒk] adv = **amuck**.

among(st) [ə'mʌŋ(st)] prep entre, parmi. **this is** ~ **the things we must do** ceci fait partie des choses que nous avons à faire; ~ **yourselves** entre vous; ~ **other things** entre autres (choses); **to count sb** ~ **one's friends** compter qn parmi or au nombre de ses amis; ~ **friends** entre amis.

amoral [eɪ'mɒrəl] adj amoral.

amorous ['æmərəs] adj amoureux. ♦ **amorously** adv amoureusement.

amorphous [ə'mɔ:fəs] adj amorphe.

amount [ə'maʊnt] n **(a)** (total) montant m; (sum of money) somme f. **the** ~ **of a bill** le montant d'une facture; **there is a small** ~ **still to pay** il reste une petite somme à payer. **(b)** (quantity) quantité f. **an enormous** ~ **of, any** ~ **of** énormément de; **any** ~ **of time** tout le temps qu'il faut.

amount to vt fus [sums, debts] s'élever à; (fig) revenir à, représenter. **it** ~**s to the same thing** cela revient au même; **it** ~**s to stealing/a change in policy** cela revient à du vol/un changement de politique; **this** ~**s to very little** cela ne représente pas grand-chose; **he will never** ~ **to much** il ne fera jamais grand-chose.

amp(ère) ['æmp(εə^r)] n ampère m. **a 13-amp plug** une fiche de 13 ampères.

ampersand ['æmpəsænd] n esperluète f.

amphetamine [æm'fetəmi:n] n amphétamine f.

amphibian [æm'fɪbɪən] **1** adj amphibie. **2** n (Zool) amphibie m; (car/tank etc) voiture f/char m amphibie. ♦ **amphibious** adj amphibie.

amphitheatre, (US) **-ter** ['æmfɪˌθɪətə^r] n (gen) amphithéâtre m; (in mountains) cirque m.

ample ['æmpl] adj **(a)** (enough) money etc bien or largement assez à; reason, motive solide; means, resources gros. **there is** ~ **room for** il y a largement la place pour; (fig) **there is** ~ **room for improvement** il y a encore bien des progrès à faire; **to have** ~ **time** avoir largement le temps (to do de or pour faire). **(b)** (large) garment ample. ♦ **amply** adv amplement.

amplify ['æmplɪfaɪ] vt sound, story amplifier; statement, idea développer. ♦ **amplifier** n amplificateur m.

amputate ['æmpjʊteɪt] vt amputer. **to** ~ **sb's leg** amputer qn de la jambe. ♦ **amputation** n amputation f.

amuck [ə'mʌk] adv: **to run** ~ être pris d'un accès de folie meurtrière; [crowd] se déchaîner.

amuse [ə'mju:z] vt **(a)** (cause mirth to) amuser, divertir, faire rire. **it** ~**d us** cela nous a fait rire; **to be** ~**d at** or **by** s'amuser de; **he was not** ~**d** il n'a pas trouvé ça drôle. **(b)** (entertain) amuser, distraire. **to** ~ **o.s. with sth/by doing** s'amuser avec qch/à faire; **you'll have to** ~ **yourselves** il va vous falloir trouver de quoi vous distraire or vous occuper. ♦ **amusement 1** n **(a)** amusement m; **to my** ~**ment** à mon grand amusement; **look of** ~**ment** regard amusé; **to hide one's** ~**ment** dissimuler son envie de rire; **(b)** (diversion) distraction f, amusement m; **a town with plenty of** ~**ments** une ville qui offre beaucoup de distractions; **2** adj: ~**ment arcade** ≃ luna-park m; ~**ment park** parc m d'attractions. ♦ **amusing** adj amusant, drôle. ♦ **amusingly** adv d'une manière amusante.

an [æn, ən, n] indef art V a².

anachronism [ə'nækrənɪzəm] n anachronisme m. ♦ **anachronistic** adj anachronique.

anaemia [ə'ni:mɪə] n anémie f. ♦ **anaemic** adj anémique.

anaesthesia [ˌænɪs'θi:zɪə] n anesthésie f. ♦ **anaesthetic** [ˌænɪs'θetɪk] **1** n anesthésique m; **under the anaesthetic** sous anesthésie; **2** adj anesthésique. ♦ **anaesthetist** [æ'ni:sθɪtɪst] n anesthésiste mf. ♦ **anaesthetize** [æ'ni:sθɪtaɪz] vt anesthésier.

anagram ['ænəgræm] n anagramme f.

analgesia [ˌænæl'dʒi:zɪə] n analgésie f. ♦ **analgesic** adj, n analgésique (m).

analog, analogue ['ænəlɒg] n analogue m. ~ **computer** calculateur m analogique. ♦ **analogic(al)** adj analogique. ♦ **analogous** adj analogue (to, with à). ♦ **analogy** n analogie f.

analyse, (US) **analyze** ['ænəlaɪz] vt analyser, faire l'analyse de; (Psych) psychanalyser. ♦ **analysis** n, pl **analyses** analyse f; (Psych) psychanalyse f; **in the last** or **final analysis** en dernière analyse. ♦ **analyst** n (Psych) (psych)analyste mf. ♦ **analytic(al)** adj analytique.

anarchy ['ænəkɪ] n anarchie f. ♦ **anarchic(al)** adj anarchique. ♦ **anarchism** n anarchisme m. ♦ **anarchist** n anarchiste mf.

anathema [ə'næθɪmə] n anathème m. **it was** ~ **to**

him il l'avait en abomination.

anatomy [ə'nætəmɪ] n (Sci) anatomie f; [country etc] structure f. **he had spots all over his** ~ il avait des boutons partout. ♦ **anatomical** adj anatomique. ♦ **anatomist** n anatomiste mf.

ancestor ['ænsɪstə^r] n ancêtre m. ♦ **ancestral** adj ancestral; **ancestral home** château ancestral. ♦ **ancestry** n ascendance f; (ancestors collectively) ancêtres mpl.

anchor ['æŋkə^r] **1** n ancre f. **to be at** ~ être à l'ancre. **2** vt (Naut) mettre à l'ancre; (fig) ancrer. **3** vi (Naut) jeter l'ancre. **4** adj: ~ **man** (Rad, TV) présentateur-réalisateur m; (in team, organization) pilier m. ♦ **anchorage** n ancrage m.

anchovy ['æntʃəvɪ] n anchois m.

ancient ['eɪnʃənt] **1** adj **(a)** world, painting antique; custom, history ancien (after n); monument historique; rock très vieux. **in** ~ **days** dans les temps anciens; ~ **Rome** la Rome antique. **(b)** person très vieux; clothes, object antique, très vieux. **this is positively** ~ cela remonte à Mathusalem. **2** n: **the** ~**s** les anciens mpl.

ancillary [æn'sɪlərɪ] adj (gen) auxiliaire. ~ **to** subordonné à; ~ **workers** personnel m des services auxiliaires.

and [ænd, ənd, nd, ən] conj et. **his table** ~ **chair** sa table et sa chaise; ~? et alors?; **on Saturday** ~**/or Sunday** (Admin) samedi et/ou dimanche; (gen) samedi ou dimanche ou les deux; **three hundred** ~ **ten** trois cent dix; **two thousand** ~ **eight** deux mille huit; **two pounds** ~ **six pence** deux livres (et) six pence; **an hour** ~ **twenty minutes** une heure vingt (minutes); **five** ~ **three quarters** cinq trois quarts; **try** ~ **come** tâchez de venir; **for hours** ~ **hours** pendant des heures et des heures; **I rang** ~ **rang** j'ai sonné et resonné; **he talked** ~ **talked** il a parlé pendant des heures; ~ **so on,** ~ **so forth** et ainsi de suite; **uglier** ~ **uglier** de plus en plus laid; **eggs** ~ **bacon** œufs au bacon; **summer** ~ **winter (alike)** été comme hiver.

Andes ['ændiːz] n Andes fpl.

anecdote ['ænɪkdəʊt] n anecdote f.

anemia etc = **anaemia** etc.

anemone [ə'nemənɪ] n anémone f.

anesthesia etc = **anaesthesia** etc.

aneurism ['ænjʊrɪzəm] n anévrisme m.

anew [ə'nju:] adv de nouveau. **to begin** ~ recommencer.

angel ['eɪndʒəl] n ange m. **be an** ~ **and fetch me my gloves** apporte-moi mes gants, tu seras un ange. ♦ **angelic** adj angélique.

angelica [æn'dʒelɪkə] n angélique f.

angelus ['ændʒɪləs] n (prayer, bell) angélus m.

anger ['æŋgə^r] **1** n colère f. **in** ~ sous le coup de la colère. **2** vt mettre en colère.

angina [æn'dʒaɪnə] n angine f; [heart] angine de poitrine.

angle¹ ['æŋgl] **1** n (also Math) angle m. **at an** ~ **of** formant un angle de; **at an** ~ en biais (to par rapport à); **cut at an** ~ coupé en biseau; **to study a topic from every** ~ étudier un sujet sous tous les angles; **from the parents'** ~ du point de vue des parents; **let's have your** ~ **on it*** dites-nous votre point de vue là-dessus. **2** vt lamp diriger la lumière de (towards sur); (*) information, report présenter sous un certain angle. ♦ **Angle-poise** ® lamp n lampe f d'architecte.

angle² ['æŋgl] vi (lit) pêcher à la ligne. **to** ~ **for** trout pêcher; compliments chercher; **to** ~ **for an invitation** chercher à se faire inviter. ♦ **angler** n pêcheur m, -euse f (à la ligne). ♦ **angling** n pêche f (à la ligne).

Anglican ['æŋglɪkən] adj, n anglican(e) m(f). ♦ **Anglicanism** n anglicanisme m.

anglicism ['æŋglɪsɪzəm] n anglicisme m. ♦ **anglicist** n angliciste mf. ♦ **anglicize** vt angliciser.

Anglo- ['æŋgləʊ] pref anglo-. ~**-French** adj anglo-français; ~**-Catholic** adj des anglicans (proches du catholicisme); ~**-Saxon** adj, n anglo-saxon (m).

anglophile ['æŋgləʊfaɪl] adj, n anglophile (mf).

anglophobe ['æŋgləʊfəʊb] adj, n anglophobe (mf).

angora [æŋ'gɔːrə] 1 n angora m. 2 adj angora inv.

angry ['æŋgrɪ] adj person en colère (with sb contre qn, at sth à cause de qch, about sth à propos de qch); (annoyed) irrité, fâché (with sb contre qn, at sth de qch, about sth à cause de qch); look, reply irrité, plein de colère; (fig) sea mauvais; wound enflammé. **to get** ~ se fâcher, se mettre en colère; **to make sb** ~ mettre qn en colère; **he was** ~ **at being dismissed** il était furieux qu'on l'ait renvoyé; **you won't be** ~ **if I tell you?** vous n'allez pas vous fâcher si je vous le dis?; **an** ~ **mark on his forehead** une vilaine meurtrissure au front. ♦ **angrily** adv leave en colère; talk avec colère, avec emportement.

anguish ['æŋgwɪʃ] n angoisse f. ♦ **anguished** adj angoissé.

angular ['æŋgjʊlər] adj anguleux.

animal ['ænɪməl] 1 n animal m; (*pej: person) brute f. 2 adj (gen) animal. ~ **husbandry** élevage m; ~ **kingdom** règne animal; ~ **spirits** entrain m.

animate ['ænɪmɪt] 1 adj animé. 2 ['ænɪmeɪt] vt animer. ♦ **animated** adj animé; **to become** ~**d** s'animer; ~**d cartoon** dessin(s) animé(s). ♦ **animatedly** adv talk d'un ton animé, avec animation; behave avec entrain. ♦ **animation** n (gen, Cine) animation f; [person] entrain m. ♦ **animator** n (Cine) animateur m, -trice f.

animosity [,ænɪ'mɒsɪtɪ], **animus** ['ænɪməs] n animosité f (against, towards contre).

aniseed ['ænɪsiːd] 1 n graine f d'anis. 2 adj à l'anis.

ankle ['æŋkl] 1 n (Anat) cheville f. 2 adj: ~ **sock** socquette f; ~ **strap** bride f. ♦ **anklebone** n astragale m. ♦ **anklet** n bracelet m de cheville.

annals ['ænəlz] npl annales fpl.

annex [ə'neks] 1 vt annexer. 2 ['æneks] n (also **annexe**) annexe f. ♦ **annexation** n annexation f (of de).

annihilate [ə'naɪəleɪt] vt army, fleet anéantir; effect, argument annihiler. ♦ **annihilation** n anéantissement m.

anniversary [,ænɪ'vɜːsərɪ] 1 n anniversaire m (d'une date). 2 adj: ~ **dinner** dîner commémoratif.

Anno Domini ['ænəʊ'dɒmɪnaɪ] (abbr A.D.): **in 53** ~ **en 53 après Jésus-Christ** (abbr ap. J.-C.); **it's just** ~* c'est le poids des ans (hum).

annotate ['ænəʊteɪt] vt annoter. ♦ **annotation** n annotation f.

announce [ə'naʊns] vt (gen) annoncer. **to** ~ **the birth/death of sb** faire part de la naissance de/du décès de; **it is** ~**d from London** on apprend de Londres. ♦ **announcement** n (gen) annonce f; (esp Admin) avis m; [birth, marriage, death] avis; (privately inserted or circulated) faire-part m inv. ♦ **announcer** n (Rad, TV) (linking programmes) speaker(ine) m(f); (within a programme) présentateur m, -trice f.

annoy [ə'nɔɪ] vt (vex) agacer, ennuyer, contrarier; (deliberately irritate) agacer, énerver; (inconvenience) ennuyer. **to be/get** ~**ed with sb** être/se mettre en colère contre qn; **to be** ~**ed about or over sth** être contrarié par qch; **to be** ~**ed with sb about sth** être mécontent de qn à propos de qch; **to get** ~**ed with a machine** se mettre en colère or s'énerver contre une machine; **don't get** ~**ed!** ne vous fâchez pas!; **I am very** ~**ed that he hasn't come** je suis très ennuyé or contrarié qu'il ne soit pas venu. ♦ **annoyance** n (a) (irritation) contrariété f, mécontentement m; **with a look of** ~**ance** d'un air contrarié; **to his great** ~**ance** à son grand mécontentement; (b) (cause of ~ance) ennui m. ♦ **annoying** adj agaçant,

énervant; (stronger) ennuyeux, fâcheux. ♦ **annoyingly** adv d'une façon agaçante etc.

annual ['ænjʊəl] 1 adj annuel. ~ **general meeting** assemblée générale annuelle. 2 n (Bot) plante annuelle; (book) publication annuelle; (children's comic book) album m. ♦ **annually** adv annuellement, tous les ans; **£5** ~**ly 5 livres par an.**

annuity [ə'njuːɪtɪ] n (income) rente f; (for life) rente viagère; (investment) viager m.

annul [ə'nʌl] vt (gen) annuler; law abroger. ♦ **annulment** n annulation f; abrogation f.

Annunciation [ə,nʌnsɪ'eɪʃən] n Annonciation f.

anode ['ænəʊd] n anode f.

anodyne ['ænəʊdaɪn] adj (Med) analgésique; (fig) apaisant.

anoint [ə'nɔɪnt] vt oindre (with de). **to** ~ **sb king** sacrer qn.

anomalous [ə'nɒmələs] adj anormal. ♦ **anomaly** n anomalie f.

anon [ə'nɒn] adj abbr of **anonymous**.

anonymous [ə'nɒnɪməs] adj anonyme. **to remain** ~ garder l'anonymat. ♦ **anonymity** [ænə'nɪmɪtɪ] n anonymat m. ♦ **anonymously** adv anonymement.

anorak ['ænəræk] n anorak m.

anorexia [ænə'reksɪə] n anorexie f.

another [ə'nʌðər] 1 adj (a) (one more) un ... de plus, encore un. ~ **10** 10 de plus, encore 10; **not** ~ **minute!** pas une minute de plus!; **without** ~ **word** sans ajouter un mot; **and** ~ **thing**, ... et de plus, ... , et d'ailleurs, ... ; **in** ~ **20 years** dans 20 ans d'ici. (b) (similar) un autre, un second. **there is not** ~ **book like it** ce livre est unique dans son genre; ~ **Hitler** un second Hitler. (c) (different) un autre. **that's quite** ~ **matter** c'est une tout autre question. 2 pron (a) un(e) autre, encore un(e). **many** ~ bien d'autres. (b) **one** ~ = **each other;** V **each.**

answer ['ɑːnsər] 1 n (a) (reply) réponse f; (to prayer) exaucement m (to de). **there's no** ~ (gen) on ne répond pas; (Telec) ça ne répond pas; **in** ~ **to your letter** en réponse à votre lettre; **she's always got an** ~ elle a réponse à tout; (hum) **it's the** ~ **to a maiden's prayer*** c'est ce dont j'ai toujours rêvé; **the poor man's** ~ **to caviar** le caviar du pauvre. (b) (solution) solution f. **there is no easy** ~ c'est un problème difficile à résoudre. 2 vt (a) question répondre à; charge, argument réfuter. ~ **me** répondez-moi; **to** ~ **the bell** or **door** aller ouvrir. (b) description, need répondre à; prayer exaucer; problem résoudre. **it** ~**s the purpose** cela fait l'affaire. 3 vi répondre.

answer back vi répondre (avec impertinence) (to à).

answer for vt fus sb's safety etc répondre de; truth of sth garantir. **he has a lot to** ~ **for** il a bien des comptes à rendre.

answer to vt fus name, description répondre à. ♦ **answerable** adj (a) question susceptible de réponse; charge, argument réfutable; problem soluble; (b) (responsible) responsable (to sb devant qn, for sth de qch); **I am** ~**able to no one** je n'ai de comptes à rendre à personne.

ant [ænt] n fourmi f. ♦ **anteater** n fourmilier m. ♦ **anthill** n fourmilière f.

antagonize [æn'tægənaɪz] vt éveiller l'hostilité de, contrarier. **I don't want to** ~ **him** je ne veux pas le contrarier or me le mettre à dos. ♦ **antagonism** n antagonisme m (between entre), opposition f (to à). ♦ **antagonist** n antagoniste mf. ♦ **antagonistic** adj opposé (to sth à qch).

Antarctic [ænt'ɑːktɪk] 1 n Antarctique m. 2 adj antarctique. ~ **Circle/Ocean** cercle m/océan m Antarctique. ♦ **Antarctica** n Antarctique m.

ante... ['æntɪ] pref anté..., anti.... ♦ **antechamber** n antichambre f. ♦ **antedate** vt document antidater; event antérieur à. ♦ **antediluvian** adj antédiluvien. ♦ **antenatal** adj prénatal; ~**natal clinic** service m de consultation prénatale. ♦ **anteroom** n antichambre f.

antecedent [ˌæntɪˈsiːdənt] **1** adj antérieur (to à). **2** n antécédent m.

antelope [ˈæntɪləʊp] n antilope f.

antenna [ænˈtenə] n, pl -ae antenne f.

anterior [ænˈtɪərɪəʳ] adj antérieur (to à).

anthem [ˈænθəm] n motet m.

anthology [ænˈθɒlədʒɪ] n anthologie f. ♦ **anthologist** n anthologiste mf.

anthracite [ˈænθrəsaɪt] n anthracite m.

anthropoid [ˈænθrəʊpɔɪd] adj, n anthropoïde (m).

anthropology [ˌænθrəˈpɒlədʒɪ] n anthropologie f. ♦ **anthropological** adj anthropologique. ♦ **anthropologist** n anthropologiste mf.

anti... [ˈæntɪ] pref anti..., contre.... : **he's rather ~*** il est plutôt contre. ♦ **anti-aircraft** adj gun antiaérien. ♦ **antibiotic** adj, n antibiotique (m). ♦ **antibody** n anticorps m. ♦ **Antichrist** n Antéchrist m. ♦ **anticlerical** adj anticlérical. ♦ **anticlimax** n [style, thought] chute f (dans le trivial); **it was an ~climax** cela n'a pas répondu à l'attente; **what an ~climax!** quelle retombée! ♦ **anticlockwise** adv dans le sens inverse des aiguilles d'une montre. ♦ **anticyclone** n anticyclone m. ♦ **antidote** n antidote m (for, to à, contre). ♦ **antifreeze** n antigel m. ♦ **antigen** n antigène m. ♦ **antihistamine** n antihistaminique m. ♦ **antipodes** [ænˈtɪpədiːz] npl antipodes mpl. ♦ **anti-rust** adj antirouille inv. ♦ **anti-semitic** adj antisémite, antisémitique. ♦ **anti-semitism** n antisémitisme m. ♦ **antisepsis** n antisepsie f. ♦ **antiseptic** adj, n antiseptique (m). ♦ **anti-skid** adj antidérapant. ♦ **antislavery** adj antiesclavagiste. ♦ **antisocial** adj tendency, behaviour antisocial; **don't be ~social*** ne sois pas si sauvage. ♦ **anti-tank** adj antichar. ♦ **anti-theft** adj: **~-theft device** (Aut) antivol m; (gen) dispositif m antivol. ♦ **antithesis** n, pl -eses (direct opposite) opposé m, contraire m (to, of de); (contrast) antithèse f. ♦ **antivivisectionist** n adversaire mf de la vivisection.

antic [ˈæntɪk] n [child, animal] cabriole f; [clown] bouffonnerie f. (pej) **all his ~s** tout le cinéma* qu'il a fait.

anticipate [ænˈtɪsɪpeɪt] vt **(a)** (expect, foresee) prévoir, s'attendre à; question, attack prévoir. **we don't ~ any trouble** nous ne prévoyons pas d'ennuis; **I ~ that he will come** je m'attends à ce qu'il vienne; **I ~ seeing him tomorrow** je pense le voir demain; **as ~d** comme prévu. **(b)** (use etc before due time) pleasure savourer à l'avance; event, profits, income anticiper sur; grief, pain souffrir à l'avance; success escompter; wishes, objections, command, needs aller au-devant de. **they ~d Columbus' discovery of America** ils ont découvert l'Amérique avant Christophe Colomb. ♦ **anticipation** n: **in anticipation** par anticipation; (Comm) **thanking you in anticipation** avec mes remerciements anticipés; **in anticipation of** en prévision de; **with growing anticipation** avec une impatience grandissante.

antimony [ˈæntɪmənɪ] n antimoine m.

antipathetic [ˌæntɪpəˈθetɪk] adj antipathique (to à). ♦ **antipathy** [ænˈtɪpəθɪ] n antipathie f.

antiquarian [ˌæntɪˈkwɛərɪən] **1** adj d'antiquaire. **~ bookseller** libraire mf spécialisé(e) dans le livre ancien. **2** n amateur m d'antiquités; (Comm) antiquaire mf. ♦ **antiquary** n (Comm) antiquaire mf.

antiquated [ˈæntɪkweɪtɪd] adj vieillot; person vieux jeu inv; building vétuste.

antique [ænˈtiːk] **1** adj (very old) ancien; (pre-medieval) antique; (*: hum) antédiluvien*. **2** n (sculpture, ornament etc) objet m d'art (ancien); (furniture) meuble m ancien. **~ dealer** antiquaire mf; **~ shop** magasin m d'antiquités; **it's a genuine ~** c'est un objet (or un meuble) d'époque. ♦ **antiquity** n antiquité f.

antirrhinum [ˌæntɪˈraɪnəm] n gueule-de-loup f.

antler [ˈæntləʳ] n merrain m. **the ~s** les bois mpl.

antonym [ˈæntənɪm] n antonyme m.

anus [ˈeɪnəs] n anus m.

anvil [ˈænvɪl] n enclume f.

anxiety [æŋˈzaɪətɪ] n (anxiousness: also Psych) anxiété f. **deep ~** angoisse f; **this is a great ~ to me** ceci m'inquiète énormément; **in his ~ to be gone** dans son souci de partir au plus vite; **his biggest ~ was** son plus grand sujet d'inquiétude était; **~ to do** well grand désir m de réussir.

anxious [ˈæŋkʃəs] adj **(a)** (troubled) anxieux, (très) inquiet, angoissé. **to be over-~** être d'une anxiété maladive; **she is ~ about my health** mon état de santé la préoccupe or l'inquiète beaucoup. **(b)** (causing anxiety) news inquiétant, angoissant; moment d'anxiété. **(c)** (desirous) anxieux, impatient (for de). **~ to start** pressé or impatient de commencer; **he is ~ to see you** il tient beaucoup à vous voir; **I am ~ that he should do it** je tiens beaucoup à ce qu'il le fasse; **I am not very ~ to do it** j'ai peu envie de le faire. ♦ **anxiously** adv (with concern) avec inquiétude, anxieusement; (eagerly) avec impatience.

any [ˈenɪ] **1** adj **(a)** (neg etc) **I haven't ~ money/books** je n'ai pas d'argent/de livres; **without ~ difficulty** sans la moindre difficulté. **(b)** (interrog etc) **have you ~ butter?** avez-vous du beurre?; **can you see ~ birds?** voyez-vous des oiseaux?; **are there ~ others?** y en a-t-il d'autres?; **if you see ~ children** si vous voyez des enfants; **if you have ~ money** si vous avez de l'argent. **(c)** (no matter which) n'importe quel, quelconque; (each and every) tout. **take ~ two points** prenez deux points quelconques; **take ~ dress you like** prenez n'importe quelle robe; **come at ~ time** venez à n'importe quelle heure; **~ day now** d'un jour à l'autre; **at ~ hour of the day** à toute heure du jour; **~ amount or number of** n'importe quelle quantité de; (fig: a lot) beaucoup de; **~ person who** toute personne qui.

2 pron **(a)** **I haven't ~** je n'en ai pas; **I have hardly ~** left il ne m'en reste presque plus; **have you got ~?** en avez-vous? **(b)** **if ~ of you can sing** si quelqu'un parmi vous sait chanter; **few, if ~ ~** peu de gens, et peut-être même personne; **~ of those books will do** n'importe lequel de ces livres fera l'affaire.

3 adv: **I can't hear him ~ more** je ne l'entends plus; **not ~ further** pas plus loin; **not ~ longer** pas plus longtemps; **they didn't behave ~ too well** ils ne se sont pas tellement bien conduits; **are you feeling ~ better?** vous sentez-vous un peu mieux?; **do you want ~ more soup?** voulez-vous de la soupe?; **it didn't help them ~*** cela ne leur a pas servi à grand-chose.

anybody [ˈenɪbɒdɪ] pron **(a)** (neg etc) **I can't see ~** je ne vois personne; **there is hardly ~ there** il n'y a presque personne; **without ~ seeing him** sans que personne le voie. **(b)** (interrog etc) **quelqu'un. did ~ see you?** est-ce que quelqu'un t'a vu?; **~ want my sandwich?*** quelqu'un veut mon sandwich?* **(c)** (no matter who) **~ could tell you** n'importe qui pourrait vous le dire; **~ would have thought he had lost** on aurait pu croire qu'il avait perdu; **bring ~ you like** amenez qui vous voudrez; **~ who had heard him speak** quiconque l'a entendu parler; **~ with any sense would know that!** le premier venu saurait cela pourvu qu'il ait un minimum de bon sens!; **~ but Robert** n'importe qui d'autre que Robert; **~ else would have refused** un autre aurait refusé; **bring ~ else** you like amenez n'importe qui d'autre; **is there ~ else I can talk to?** est-ce qu'il y a quelqu'un d'autre à qui je puisse parler?; **work harder if you want to be ~** il faut travailler plus si vous voulez devenir quelqu'un; **he's not just ~** ce n'est pas n'importe qui.

anyhow [ˈenɪhaʊ] adv **(a)** (any way whatever)

n'importe comment. **do it ~ you like** faites-le comme vous voulez; **I couldn't get in ~** je n'avais aucun moyen d'entrer; **I finished my essay ~** j'ai bâclé* la fin de ma dissertation; **the books were all ~* on the floor** les livres étaient tous en désordre or en vrac or n'importe comment par terre. **(b)** (*in any case*) en tout cas, de toute façon, quand même. **whatever you say, they'll do it ~** vous pouvez dire ce que vous voulez, ils le feront de toute façon or quand même; **you can try ~** vous pouvez toujours essayer.

anyone ['enɪwʌn] *pron* = **anybody.**

anyplace* ['enɪpleɪs] *adv* (*US*) = **anywhere.**

anything ['enɪθɪŋ] *pron* (a) (*neg etc*) **we haven't seen ~** nous n'avons rien vu; **hardly ~** presque rien; **this is ~ but pleasant** ceci n'a vraiment rien d'agréable; (*reply to question*) **~ but!** pas du tout! **(b)** (*interrog etc*) **did you see ~?** avez-vous vu quelque chose?; **is there ~ in this idea?** peut-on tirer quoi que ce soit de cette idée?; **can ~ be done?** peut-on faire quelque chose?; **~ else?** c'est tout?; **is there ~ more tiring than ...** y a-t-il rien de plus fatigant que ...; **~ between 15 and 20 apple trees** quelque chose comme 15 ou 20 pommiers; **if ~ it's an improvement** ce serait plutôt une amélioration. **(c)** (*no matter what*) **say ~ (at all)** dites n'importe quoi; **take ~ you like** prenez ce que vous voudrez; **~ else would disappoint her** s'il en était autrement elle serait déçue; **I'll try ~ else** j'essaierai n'importe quoi d'autre; **I'd give ~ to know the secret** je donnerais n'importe quoi pour connaître le secret; (*intensive*) **he ran etc like ~*** il a drôlement* couru *etc.*

anyway ['enɪweɪ] *adv* = **anyhow (b).**

anywhere ['enɪwɛəʳ] *adv* (a) (*affirmative*) n'importe où, partout. **I'd live ~ in France** j'habiterais n'importe où en France; **put it down ~** pose-le n'importe où; **you can find that soap ~** ce savon se trouve partout; **go ~ you like** allez où vous voulez; **~ you go it's the same** où que vous alliez c'est la même chose; **~ else** partout ailleurs. **(b)** (*neg*) nulle part. **they didn't go ~** ils ne sont allés nulle part; **not ~ else** nulle part ailleurs; (*fig*) **it won't get you ~** cela ne vous mènera à rien. **(c)** (*interrog*) quelque part. **have you seen it ~?** l'avez-vous vu quelque part?

aorta [aɪ'ɔːtə] *n* aorte *f.*

apace [ə'peɪs] *adv* rapidement.

apart [ə'pɑːt] *adv* (a) (*separated*) **2 houses a long way ~** 2 maisons à une grande distance l'une de l'autre; **birthdays 2 days ~** anniversaires à 2 jours d'intervalle; **to stand with one's feet ~** se tenir les jambes écartées. **(b)** (*on one side*) à part, à l'écart. **to hold o.s. ~** se tenir à l'écart (*from* de); **~ from these difficulties** en dehors de or à part ces difficultés, ces difficultés mises à part; **~ from the fact that** outre que. **(c)** (*separately*) séparément. **they are living ~** ils sont séparés; **he lives ~ from his wife** il est séparé de sa femme; **to tell ~** distinguer l'un(e) de l'autre; **to keep ~** séparer; **to come ~** *[two objects]* se séparer, se détacher; *[small object]* se défaire; *[furniture]* se démonter; (*break*) s'en aller en morceaux; **to take ~** démonter; (*fig*) **they are in a class ~** ils sont tout à fait à part.

apartheid [ə'pɑːteɪt] *n* apartheid *m.*

apartment [ə'pɑːtmənt] *n* (a) (*Brit: room*) pièce *f.* **a 5-~ house** une maison de 5 pièces; **'~s' chambres** *fpl* à louer; **furnished ~(s)** meublé *m.*
   (b) (*US: flat*) appartement *m*, logement *m.* **~ building, ~ house** immeuble *m* (*de résidence*).

apathy ['æpəθɪ] *n* apathie *f*, indifférence *f.* ♦ **apathetic** *adj* apathique.

ape [eɪp] **1** *n* (grand) singe *m.* **2** *vt* singer.

aperient [ə'pɪərɪənt] *adj, n* laxatif (*m*).

aperitif [ə'perɪtɪv] *n* apéritif *m.*

aperture ['æpətʃjʊəʳ] *n* ouverture *f* (*also Phot*).

apex ['eɪpeks] *n* sommet *m.*

aphid ['eɪdɪd] *n* puceron *m* (des plantes).

aphis ['eɪfɪs] *n, pl* **aphides** ['eɪfɪdiːz] aphis *m.*

aphorism ['æfərɪzəm] *n* aphorisme *m.*

aphrodisiac [ˌæfrəʊ'dɪzɪæk] *n* aphrodisiaque *m.*

apiary ['eɪpɪərɪ] *n* rucher *m.*

apiece [ə'piːs] *adv* chacun(e).

aplomb [ə'plɒm] *n* sang-froid *m.*

Apocalypse [ə'pɒkəlɪps] *n* Apocalypse *f.* ♦ **apocalyptic** *adj* apocalyptique.

Apocrypha [ə'pɒkrɪfə] *npl* apocryphes *mpl.* ♦ **apocryphal** *adj* apocryphe.

apogee ['æpəʊdʒiː] *n* apogée *m.*

apolitical [ˌeɪpə'lɪtɪkəl] *adj* apolitique.

apologetic [ə,pɒlə'dʒetɪk] *adj* **smile** *etc* d'excuse. **she was very ~ for not coming/about her mistake** elle s'est beaucoup excusée de n'être pas venue/de son erreur. ♦ **apologetically** *adv* en s'excusant, pour s'excuser.

apologize [ə'pɒlədʒaɪz] *vi* s'excuser (*to sb for sth* de qch auprès de qn; *for having done* d'avoir fait). **to ~ profusely** se confondre en excuses.

apology [ə'pɒlədʒɪ] *n* (a) (*regrets*) excuses *fpl.* **to make an ~ for sth/for having done** faire ses excuses pour qch/pour avoir fait; **to send one's apologies** envoyer une lettre d'excuse; (*pej*) **it was an ~ for a bed** comme lit c'était plutôt minable*. **(b)** (*defence: for beliefs etc*) apologie *f* (*for* de).

apoplexy ['æpəpleksɪ] *n* apoplexie *f.* ♦ **apoplectic** *adj* apoplectique; **apoplectic fit** attaque *f* d'apoplexie.

apostle [ə'pɒsl] *n* apôtre *m.* **A~s' Creed** Credo *m.* ♦ **apostolic** *adj* apostolique.

apostrophe [ə'pɒstrəfɪ] *n* apostrophe *f.*

appal, (*US*) **appall** [ə'pɔːl] *vt* consterner; (*stronger*) épouvanter. ♦ **appalling** *adj* destruction épouvantable; *ignorance* consternant. ♦ **appallingly** *adv* épouvantablement.

apparatus [ˌæpə'reɪtəs] *n* (*for heating etc: also Anat*) appareil *m*; *[laboratory]* instruments *mpl*; *[gym]* appareils *mpl*; *[filming, camping etc]* équipement *m.*

apparent [ə'pærənt] *adj* (a) (*obvious*) évident, apparent, manifeste. **(b)** (*not real*) apparent. **his ~ weakness** son air de faiblesse. ♦ **apparently** *adv* apparemment.

apparition [ˌæpə'rɪʃən] *n* apparition *f.*

appeal [ə'piːl] **1** *vi* (a) (*request publicly*) lancer un appel (*on behalf of* en faveur de; *for sb* pour qn; *for sth* pour obtenir qch; *Fin*) **to ~ for funds** faire un appel de fonds; **he ~ed for silence** il a demandé le silence; (*Pol*) **to ~ to the country** en appeler au pays. **(b)** (*beg*) faire appel (*to sb's generosity* à la générosité de qn). **to ~ to sb for money/help** demander de l'argent/des secours à qn; **I ~ to you!** je vous en supplie! **(c)** (*Jur*) se pourvoir en appel. **to ~ to the supreme court** se pourvoir en cassation; **to ~ against judgment** appeler de; *decision* faire opposition à. **(d)** (*attract*) **to ~ to sb** plaire à; **it doesn't ~ to me** cela ne me dit rien*; **it ~s to the imagination** cela parle à l'imagination.
   2 *n* (a) (*public call*) appel *m.* (*Fin*) **~ for funds** appel de fonds; **he made a public ~ for the blind** il a lancé un appel au profit des aveugles. **(b)** (*by individual: for help etc*) appel *m* (*for* à); (*for money*) demande *f* (*for* de). **with a look of ~** d'un air suppliant. **(c)** (*Jur*) appel *m.* **acquitted on ~** acquitté en seconde instance; **A~ Court** cour *f* d'appel. **(d)** (*attraction*) *[person, object]* attrait *m*, charme *m*; *[plan, idea]* intérêt *m.*
   ♦ **appealing** *adj* (*moving*) émouvant; *look* pathétique; (*begging*) suppliant; (*attractive*) attirant. ♦ **appealingly** *adv* de façon émouvante; d'un air suppliant; (*charmingly*) avec beaucoup de charme.

appear [ə'pɪəʳ] *vi* (a) *[person, sun etc]* apparaître, se montrer; *[ghost, vision]* apparaître, se mani-

fester (*to sb* à qn); [*publication*] paraître. (*Theat*)
to ~ in 'Hamlet' jouer dans 'Hamlet'; to ~ as
Hamlet jouer Hamlet; to ~ on TV passer à la
télévision. (**b**) (*arrive*) arriver, se présenter. **he**
~ed from nowhere il est apparu comme par
miracle. (**c**) (*Jur etc*) comparaître (*before*
devant). **to ~ on a charge of** être jugé pour; **to ~**
for sb plaider pour qn. (**d**) (*physical aspect*)
paraître, avoir l'air. **they ~** (**to be**) **ill** ils ont l'air
malades. (**e**) (*on evidence*) paraître (*that* que +
indic). **so it ~s, so it would ~** à ce qu'il paraît; (*iro*)
on dirait! (**f**) (*by surmise*) sembler (*that* que *gen*
+ *subj*), sembler bien (*that* que + *indic*). **there ~s**
to be a mistake il semble qu'il y ait une erreur; **it**
~s he did say that il semble bien qu'il a dit cela; **it**
~s to me they are mistaken il me semble qu'ils
ont tort; **how does it ~ to you?** qu'en pensez-vous?
appearance [əˈpɪərəns] *n* (**a**) (*act*) apparition *f*;
(*arrival*) arrivée *f*; (*Jur*) comparution *f*; [*publication*] parution *f*. **to make a personal ~** apparaître
en personne; **to put in an ~** faire acte de présence; (*Theat*) **in order of ~** par ordre d'entrée en
scène. (**b**) (*look*) apparence *f*; [*house etc*] aspect
m. **his ~ worried us** la mine qu'il avait nous a
inquiétés; **~s are deceptive, you shouldn't go by**
~s il ne faut pas se fier aux apparences; **in order**
to keep up ~s pour sauver les apparences; **to all**
~s selon toute apparence.
appease [əˈpiːz] *vt* apaiser. ♦ **appeasement** *n*
apaisement *m*.
append [əˈpend] *vt document* joindre; *signature*
apposer. ♦ **appendage** *n* appendice *m*.
appendix [əˈpendɪks] *n, pl* **-ices** (**a**) (*Anat*)
appendice *m*. **to have one's ~ out** se faire opérer
de l'appendicite. (**b**) [*book*] appendice *m*; [*document*] annexe *f*. ♦ **append(ic)ectomy** *n*
appendicectomie *f*. ♦ **appendicitis** *n* appendicite
f.
appertain [ˌæpəˈteɪn] *vi* se rapporter (*to* à).
appetite [ˈæpɪtaɪt] *n* appétit *m*; (*fig*) goût *m* (*for*
pour). **to have a good ~** avoir bon appétit.
♦ **appetizer** *n* (*drink*) apéritif *m*; (*food*) amuse-
gueule* *m inv*. ♦ **appetizing** *adj* appétissant.
applaud [əˈplɔːd] *vt person, victory* applaudir;
decision, efforts approuver. ♦ **applause** *n*
applaudissements *mpl*.
apple [ˈæpl] **1** *n* pomme *f*; (~ **tree**) pommier *m*.
he's the ~ of my eye je tiens à lui comme à la
prunelle de mes yeux. **2** *adj*: ~ **blossom** fleur *f* de
pommier; ~ **core** trognon *m* de pomme; ~
orchard champ *m* de pommiers; ~ **pie** tourte *f*
aux pommes; **in ~-pie order** en ordre parfait; ~
sauce compote *f* de pommes.
apply [əˈplaɪ] **1** *vt paint, ointment, dressing* appliquer, mettre (*to* sur); *theory, rule, law* appliquer
(*to* à). **to ~ a match to sth** allumer qch avec une
allumette; **to ~ the brakes** actionner les freins; **to**
~ one's mind *or* **o.s. to (doing) sth** s'appliquer à
(faire) qch; **applied sciences** sciences appli-
quées. **2** *vi* s'adresser (*to sb for sth* à qn pour
obtenir qch). **~ at the office** adressez-vous au
bureau.
apply for *vt fus scholarship, money, assistance*
demander. **to ~ for a job** faire une demande
d'emploi (*to sb* auprès de qn); **to ~ for a divorce**
formuler une demande en divorce.
apply to *vt fus* s'appliquer à. **this does not ~ to**
you ceci ne s'applique pas à vous.
♦ **appliance** *n* appareil *m*; (*smaller*) dispositif *m*.
♦ **applicable** *adj* applicable (*to* à). ♦ **applicant** *n*
(*for job*) candidat(e) *m(f)* (*for* à); (*Admin: for
benefits etc*) demandeur *m*, -euse *f*. ♦ **application**
n (**a**) (*act of applying*) application *f* (*to* à);
(*request*) demande *f*; **application for a job**
demande d'emploi, candidature *f* à un poste; **on**
application sur demande; **details may be had on**
application to the secretary s'adresser au secrétaire pour tous renseignements; **application**

form formulaire *m* de demande; (**b**) (*diligence*)
application *f*, attention *f*. ♦ **applicator** *n*
applicateur *m*.
appliqué [æˈpliːkeɪ] **1** *vt* coudre (en application).
2 *n* (~ **work**) travail *m* d'application.
appoint [əˈpɔɪnt] *vt* nommer (*sb to a post* qn à un
emploi *or* poste); (*fix*) *date, place* fixer; (*ordain*)
prescrire (*that* que + *subj*). **at the ~ed time** à
l'heure dite *or* convenue; **to ~ sb manager**
nommer qn directeur; **to ~ a new secretary**
engager une nouvelle secrétaire; **a well-~ed**
house une maison bien aménagée.
appointment [əˈpɔɪntmənt] *n* (**a**) (*arrangement to
meet*) rendez-vous *m*. **to make an ~ with sb** prendre rendez-vous avec qn; **to keep an ~** aller à un
rendez-vous; **have you an ~?** avez-vous pris
rendez-vous?; **to meet sb by ~** rencontrer qn sur
rendez-vous. (**b**) (*act of appointing*) nomination *f*
(*to a post* à un emploi *or* poste); (*office assigned*)
emploi *m*, (*more impressive*) poste *m*. (*Comm*)
'**By ~ to Her Majesty the Queen**' 'fournisseur de
S.M. la Reine'; (*Press*) '**~s** (**vacant**)' 'offres *fpl*
d'emploi'; **~s bureau** agence *f* de placement.
apposite [ˈæpəzɪt] *adj* juste, pertinent.
♦ **apposition** *n* apposition *f*.
appraise [əˈpreɪz] *vt* évaluer, estimer.
♦ **appraisal** *n* évaluation *f*, estimation *f*.
appreciate [əˈpriːʃɪeɪt] **1** *vt* (**a**) (*be aware of*)
difficulty, fact, sb's attitude se rendre compte de,
être conscient de. **to ~ sth at its true value**
estimer qch à sa juste valeur; **yes, I ~ that** oui,
je m'en rends bien compte. (**b**) (*value*) *music,
person* apprécier; *honour* être sensible à; *sb's
help, work, kindness* être reconnaissant de. **he**
felt that nobody ~d him il ne se sentait pas
apprécié à sa juste valeur. **2** *vi* (*currency*)
monter; [*object, property*] prendre de la valeur.
♦ **appreciable** *adj* appréciable. ♦ **appreciably**
adv de façon appréciable. ♦ **appreciation** *n*
estimation *f*; (*gratitude*) reconnaissance *f*; (*Art
etc: critique*) critique *f*; (*Fin*) hausse *f*.
♦ **appreciative** *adj person* sensible (*of* à);
(*admiring*) admiratif; (*grateful*) reconnaissant;
comment élogieux; **an appreciative glance** un
regard connaisseur *or* admiratif.
apprehend [ˌæprɪˈhend] *vt* (*arrest*) appréhender,
arrêter; (*fear*) redouter, appréhender.
♦ **apprehension** *n* (*fear*) appréhension *f*; (*arrest*)
arrestation *f*. ♦ **apprehensive** *adj* plein
d'appréhension. ♦ **apprehensively** *adv* avec
appréhension.
apprentice [əˈprentɪs] **1** *n* apprenti(e) *m(f)*. ~
plumber, plumber's ~ apprenti plombier. **2** *vt*
mettre en apprentissage (*to sb* chez qn). **to be ~d**
to être en apprentissage chez. ♦ **apprenticeship**
n apprentissage *m*.
apprise [əˈpraɪz] *vt* informer (*sb of sth* qn de qch).
appro* [ˈæprəʊ] *n* (*Comm*) *abbr of* **approval**.
approach [əˈprəʊtʃ] **1** *vi* [*person, vehicle*] (s')ap-
procher; [*date, season, death, war*] approcher,
être proche. **2** *vt place* s'approcher de, s'avancer
vers; *topic* aborder; (*fig*) *perfection etc* atteindre
presque à. **it all depends on how one ~es it** tout
dépend de la façon dont on s'y prend; **to ~ sb**
about sth s'adresser à qn à propos de qch; **a man**
~ed me in the street un homme m'a abordé dans
la rue; **I saw him ~ing me** je l'ai vu qui venait vers
moi; **she is ~ing 30** elle approche de la trentaine;
it was ~ing midnight il était près de *or* presque
minuit.
3 *n* [*person, vehicle*] approche *f*. **at the ~ of** à
l'approche de; **his ~ to the problem** sa façon
d'aborder le problème; **a new ~ to teaching**
French une nouvelle façon d'enseigner le français; **to make ~es to sb** faire des avances à qn; **to**
make an ~ to sb faire une proposition à qn; **all the**
~es to the town tous les abords *mpl or* toutes les
approches de la ville; **the ~ to the top of the hill** le

chemin qui mène au sommet de la colline; **the station** ~ les abords de la gare.

4 *adj*: (*Aviat*) ~ **lights** balisage *m*; ~ **road** (*to city*) voie *f* de dégagement urbain; (*to motorway*) route *f* d'accès, bretelle *f*.

♦ **approchable** *adj* approchable. ♦ **approaching** *adj* date, *car* qui approche; *oncoming car* venant en sens inverse.

approbation [ˌæprəˈbeɪʃən] *n* approbation *f*. **a nod of** ~ un signe de tête approbateur.

appropriate [əˈprəuprɪɪt] **1** *adj moment, decision, ruling* opportun; *remark* opportun, juste; *word* juste, propre; *name* bien choisi; *authority, department* compétent. ~ **for** *or* **to** propre à, approprié à; **it would not be** ~ **for me to comment** ce n'est pas à moi de faire des commentaires; **he is the** ~ **person to ask** c'est à lui qu'il faut le demander. **2** [əˈprəuprɪeɪt] *vt* s'approprier.

♦ **appropriately** *adv speak, comment* pertinemment; *design* convenablement; *situated* au bon endroit; ~**ly named** au nom bien choisi.

♦ **appropriation** *n* (*act: also Jur*) appropriation *f*; (*funds assigned*) dotation *f*; (*US Pol*) crédit *m* budgétaire.

approve [əˈpruːv] *vt* (*gen*) approuver; *decision* ratifier; *request* agréer.

approve of *vt fus behaviour, idea* approuver, être partisan de; *person* avoir bonne opinion de. **she doesn't** ~ **of drinking** elle n'approuve pas qu'on boive; **he doesn't** ~ **of me** il désapprouve ma façon d'être; **we** ~ **of our new neighbours** nos nouveaux voisins nous plaisent.

♦ **approval** *n* approbation *f*, assentiment *m*; (*Comm*) **on approval** sous condition, à l'essai; **a nod of approval** un signe de tête approbateur; **has it got your approval?** l'approuvez-vous?

♦ **approving** *adj* approbateur. ♦ **approvingly** *adv* d'un air *or* d'un ton approbateur.

approximate [əˈprɒksɪmɪt] **1** *adj* approximatif. ~ **to** proche de. **2** [əˈprɒksɪmeɪt] *vi* s'approcher (*to* de). ♦ **approximately** *adv* approximativement.

♦ **approximation** *n* approximation *f*.

apricot [ˈeɪprɪkɒt] *n* abricot *m*; (~ *tree*) abricotier *m*.

April [ˈeɪprəl] **1** *n* avril *m*; *for phrases* V **September**. **2** *adj*: **to make an** ~ **fool of sb** faire un poisson d'avril à qn; ~ **Fools' Day** le premier avril; ~ **showers** = giboulées *fpl* de mars.

apron [ˈeɪprən] **1** *n* tablier *m*; (*Aviat*) aire *f* de stationnement. **2** *adj*: **tied to his mother's** ~ **strings** pendu aux jupes de sa mère; (*Theat*) ~ **stage** avant-scène *f*.

apropos [ˌæprəˈpəu] *adj, adv* à propos (*of* de).

apse [æps] *n* abside *f*.

apt [æpt] *adj* (**a**) *person* enclin, porté, disposé (*to do* à faire); *thing* susceptible (*to do* de faire). **one is** ~ **to believe that ...** on a tendance à croire que ...; **he's** ~ **to be out in the afternoons** il a tendance à ne pas être chez lui l'après-midi. (**b**) *comment, reply* approprié, juste; *pupil* doué. ♦ **aptitude** *n* aptitude *f* (*for* à), disposition *f* (*for* pour). ♦ **aptly** *adv* answer avec justesse; *behave* avec propos. ♦ **aptness** *n* à-propos *m*, justesse *f*.

aqualung [ˈækwəlʌŋ] *n* scaphandre *m* autonome.

aquamarine [ˌækwəməˈriːn] **1** *n* aigue-marine *f*. **2** *adj* (*colour*) bleu vert *inv*.

aquaplane [ˈækwəpleɪn] *vi* (*Sport*) faire de l'aquaplane; (*Aut*) faire de l'aquaplaning.

aquarium [əˈkwɛərɪəm] *n* aquarium *m*.

Aquarius [əˈkwɛərɪəs] *n* le Verseau.

aquatic [əˈkwætɪk] *adj animal, plant* aquatique; *sport* nautique.

aqueduct [ˈækwɪdʌkt] *n* aqueduc *m*.

aquiline [ˈækwɪlaɪn] *adj* aquilin.

Arab [ˈærəb] **1** *n* Arabe *mf*; (*horse*) (cheval *m*) arabe *m*. **2** *adj* arabe. ♦ **Arabia** *n* Arabie *f*. ♦ **Arabian** *adj* arabe; *desert, sea* d'Arabie; ~**ian Gulf** golfe *m* Arabique; **the** ~**ian Nights** les Mille

et Une Nuits. ♦ **Arabic 1** *n* arabe *m*; **2** *adj* arabe; ~**ic numerals** chiffres *mpl* arabes.

arable [ˈærəbl] *adj* arable.

arbitrary [ˈɑːbɪtrərɪ] *adj* arbitraire. ♦ **arbitrarily** *adv* arbitrairement.

arbitrate [ˈɑːbɪtreɪt] *vti* arbitrer. ♦ **arbitration 1** *n* arbitrage *m*; **to go to arbitration** recourir à l'arbitrage; **2** *adj*: **arbitration tribunal** instance *f* chargée d'arbitrer les conflits sociaux. ♦ **arbitrator** *n* arbitre *m* (*Ind, Jur*).

arc [ɑːk] **1** *n* arc *m*. **2** *adj*: ~ **light** lampe *f* à arc, (*Cine, TV*) sunlight *m*; ~ **welding** soudure *f* à l'arc voltaïque.

arcade [ɑːˈkeɪd] *n* (*arches*) arcade *f*; (*shopping precinct*) galerie *f* marchande.

arch¹ [ɑːtʃ] **1** *n* [*church etc*] arc *m*, voûte *f*; [*bridge etc*] arche *f*; [*eyebrows*] arcade *f*; [*foot*] voûte *f* plantaire. **2** *vt* arquer. ~**ed foot, back** cambré; *window* cintré. ♦ **archway** *n* voûte *f* (d'entrée), porche *m*.

arch² [ɑːtʃ] *adj* (*teasing*) coquin.

arch³ [ɑːtʃ] **1** *adj* (*chief*) hypocrite etc grand (*before n*). **an** ~ **villain** un scélérat achevé; **the** ~ **villain** le principal scélérat. **2** *pref* arch(i)... . ♦ **archangel** [ˈɑːkˌeɪndʒəl] *n* archange *m*. ♦ **archbishop** *n* archevêque *m*. ♦ **archduke** *n* archiduc *m*. ♦ **arch-enemy** *n* ennemi *m* par excellence. ♦ **arch-priest** *n* archiprêtre *m*.

archaeology [ˌɑːkɪˈɒlədʒɪ] *n* archéologie *f*. ♦ **archaeological** *adj* archéologique. ♦ **archaeologist** *n* archéologue *mf*.

archaic [ɑːˈkeɪɪk] *adj* archaïque. ♦ **archaism** *n* archaïsme *m*.

archeology etc (*US*) = **archaeology** etc.

archer [ˈɑːtʃər] *n* archer *m*. ♦ **archery** *n* tir *m* à l'arc.

archetype [ˈɑːkɪtaɪp] *n* archétype *m*. ♦ **archetypal** *adj* archétype.

archipelago [ˌɑːkɪˈpelɪɡəu] *n* archipel *m*.

architect [ˈɑːkɪtekt] *n* architecte *m*. ♦ **architectural** *adj* architectural. ♦ **architecture** *n* architecture *f*.

archives [ˈɑːkaɪvz] *npl* archives *fpl*. ♦ **archivist** *n* archiviste *mf*.

Arctic [ˈɑːktɪk] **1** *adj* arctique. (*fig: very cold*) a~ glacial; ~ **Circle/Ocean** cercle *m*/océan *m* Arctique. **2** *n*: **the** ~ l'Arctique *m*.

ardent [ˈɑːdənt] *adj* ardent; *admirer* fervent. ♦ **ardently** *adv* ardemment.

ardour, (*US*) **ardor** [ˈɑːdər] *n* ardeur *f*.

arduous [ˈɑːdjuəs] *adj* ardu. ♦ **arduously** *adv* laborieusement. ♦ **arduousness** *n* difficulté *f*.

area [ˈɛərɪə] **1** *n* (**a**) (*surface measure*) aire *f*, superficie *f*. **an** ~ **of 800 m²** une superficie de 800 m², 800 m² de superficie. (**b**) (*region*) région *f*; (*Mil, Pol*) territoire *m*, (*smaller*) secteur *m*, zone *f*; (*fig: of knowledge, enquiry*) domaine *m*, champ *m*. **the** ~**s of disagreement** les zones *fpl* de désaccord; (*fig*) **in this** ~ à ce propos; **dining/sleeping** ~ coin *m* salle-à-manger/chambre. **2** *adj*: ~ **manager** directeur régional; ~ **office** agence régionale.

arena [əˈriːnə] *n* arène *f*.

Argentina [ˌɑːdʒənˈtiːnə] *n* (*also* **the Argentine**) Argentine *f*. ♦ **Argentinian 1** *n* Argentin(e) *m(f)*; **2** *adj* argentin.

argue [ˈɑːɡjuː] **1** *vi* (**a**) (*dispute*) se disputer (*with sb* avec qn, *about sth* au sujet de qch). **don't** ~! pas de discussion! (**b**) (*reason*) argumenter (*about sur*; *against sb* contre qn). **he** ~**d against going** il a donné les raisons qu'il avait de ne pas vouloir y aller; **to** ~ **from sth** tirer argument de qch; **it** ~**s in favour of** c'est un argument en faveur de. **2** *vt* (**a**) **to** ~ **sb into/out of doing** persuader/dissuader qn de faire. (**b**) (*debate*) *case* discuter, débattre; (*maintain*) soutenir, affirmer (*that* que). **a well-**~**d case** un cas étayé de bons arguments; **to** ~ **the toss*** discuter le coup*. (c) (show evidence of) dénoter, indiquer. it ~s a certain lack of feeling cela dénote or indique une certaine insensibilité. ♦ **arguable** adj: it is arguable that on peut soutenir que. ♦ **arguably** adv: it is arguably ... on peut soutenir que c'est ... .

argument ['ɑːgjumənt] n (a) (debate) discussion f, débat m. one side of the ~ une seule version de l'affaire; for ~'s sake à titre d'exemple; it is open to ~ that on peut soutenir que. (b) (dispute) dispute f, discussion f. **to have an** ~ se disputer (with sb avec qn). (c) (reasons) argument m. his ~ is that ... il soutient que ... . ♦ **argumentative** adj raisonneur, ergoteur (pej).

argy-bargy* ['ɑːdʒɪ'bɑːdʒɪ] n discutailleries* fpl.

aria ['ɑːrɪə] n aria f.

arid ['ærɪd] adj aride. ♦ **aridity** n aridité f.

Aries ['ɛəriːz] n le Bélier.

aright [ə'raɪt] adv bien, correctement.

arise [ə'raɪz] pret **arose**, ptp **arisen** [ə'rɪzn] vi (a) [difficulty] survenir, surgir; [question] se présenter, se poser; [cry] s'élever; [occasion] se présenter. should the need ~ en cas de besoin. (b) (result) résulter, provenir (from de). (c) (†: rise) se lever.

aristocracy [ˌærɪs'tɒkrəsɪ] n aristocratie f. ♦ **aristocrat** ['ærɪstəkræt] n aristocrate mf. ♦ **aristocratic** [ˌærɪstə'krætɪk] adj aristocratique.

arithmetic [ə'rɪθmətɪk] n arithmétique f. ♦ **arithmetical** adj arithmétique.

ark [ɑːk] n arche f. **Noah's** ~ l'arche de Noé; (fig) it's out of the ~* ça date du déluge.

arm¹ [ɑːm] n (gen) bras m; [garment] manche f. in one's ~s dans ses bras; he had a coat over his ~ il avait un manteau sur le bras; take my ~ prenez mon bras; on her husband's ~ au bras de son mari; to put one's ~ round sb passer son bras autour des épaules de qn; ~ in ~ bras dessus bras dessous; within ~'s reach à portée de la main; at ~'s length à bout de bras; (fig) à distance; the (long) ~ of the law le bras de la loi; (fig) to have a long ~ avoir le bras long. ♦ **armband** n brassard m. ♦ **armchair 1** n fauteuil m; **2** adj: ~chair general etc général m etc en chambre. ♦ **armful** n brassée f. ♦ **armhole** n emmanchure f. ♦ **armlet** n brassard m. ♦ **armpit** n aisselle f. ♦ **armrest** n accoudoir m.

arm² [ɑːm] **1** n (a) (weapon) arme f. under ~s sous les armes; in ~s aux ~s! aux armes!; to be up in ~s against sb, the authorities être en rébellion ouverte contre; decision etc partir en guerre contre; she was up in ~s about it cela la mettait hors d'elle-même. (b) (Her) ~s armes fpl. **2** adj: ~s factory fabrique f d'armes; ~s manufacturer fabricant m d'armes; ~s race course f aux armements. **3** vt person, nation armer; missile munir d'une (tête d')ogive. **4** vi (s')armer (against contre). ♦ **armaments** npl armement m; ~aments race course f aux armements. ♦ **armed** adj (lit, fig) armé (with de); missile muni d'une (tête d')ogive; conflict, neutrality armé; ~ed to the teeth armé jusqu'aux dents; the ~ed forces les (forces) armées fpl; ~ed robbery vol m à main armée.

armistice ['ɑːmɪstɪs] n armistice m. (Brit) A~ Day le onze novembre.

armour, (US) **armor** ['ɑːmər] n (a) [knight] armure f. in full ~ armé de pied en cap. (b) (Mil: ~-plating) blindage m; (vehicles) blindés mpl; (forces) forces blindées. ♦ **armour-clad** or ♦ **armour-plated** adj blindé. ♦ **armoured car** n voiture blindée. ♦ **armour-piercing** adj shell, bullet perforant. ♦ **armour-plate** or ♦ **armour-plating** n (Mil) blindage m; (Naut) cuirasse f. ♦ **armoury** n dépôt m d'armes; (US: factory) fabrique f d'armes.

army ['ɑːmɪ] **1** n armée f (de terre); (fig) foule f, armée. to be in the ~ être dans l'armée, être militaire; to join the ~ s'engager; to go into the ~ [professional] devenir militaire m (de carrière); [conscript] partir au service. **2** adj life, nurse, uniform militaire. ~ corps corps m d'armée; ~ officer officier m (de l'armée de terre).

aroma [ə'rəumə] n arôme m. ♦ **aromatic** adj aromatique.

arose [ə'rəuz] pret of **arise**.

around [ə'raund] **1** adv (a) autour. all ~ tout autour, de tous côtés; for miles ~ sur un rayon de plusieurs kilomètres. (b) (nearby) dans les parages. he is somewhere ~ il est dans les parages; is he ~?* est-ce qu'il est là?; there's a lot of flu ~ il y a beaucoup de cas de grippe en ce moment; he's been ~* (travelled) il a pas mal roulé sa bosse*; (experienced) il n'est pas né d'hier. **2** prep (a) (round) autour de. ~ the fire autour du feu; to go ~ an obstacle contourner un obstacle; the country ~ the town les environs mpl or alentours mpl de la ville; ~ the corner après le coin. (b) (about) to wander ~ the city errer dans la ville; they are somewhere ~ the house ils sont quelque part dans la maison. (c) (approximately) environ, à peu près, vers. ~ 2 kilos environ or à peu près 2 kilos; ~ 10 o'clock/1890 vers 10 heures/1890.

arouse [ə'rauz] vt (a) (awaken) réveiller; (stir to action) pousser à agir. that ~d him to protest cela l'a poussé à protester. (b) (cause) suspicion, curiosity etc éveiller; contempt, anger provoquer.

arrange [ə'reɪndʒ] **1** vt (a) (order) room, clothing, hair, flowers arranger; (Mus) arranger (for pour); books, objects ranger, mettre en ordre. room ~d as a laboratory pièce aménagée en laboratoire. (b) (decide on) meeting arranger, organiser; date fixer; plans, programme arrêter, convenir de. it was ~d that il a été arrangé or décidé or convenu que; I have ~d for tonight j'ai qch de prévu pour ce soir; to ~ a marriage faire un mariage. **2** vi s'arranger (to do do pour faire; for sb to do pour que qn fasse; with sb about sth avec qn au sujet de qch). to ~ for sb's luggage to be sent up faire monter les bagages de qn; to ~ with sb to do s'entendre avec qn pour faire.

arrangement [ə'reɪndʒmənt] n (gen: also Mus) arrangement m; (plan) décision f, arrangement. larger sizes by ~ tailles supérieures sur demande; price by ~ prix m à débattre; by ~ with Covent Garden avec l'autorisation f de Covent Garden; to make ~s to do s'arranger pour faire; to make ~s for a holiday faire des préparatifs mpl pour les vacances; to make ~s for sth to be done prendre des mesures fpl or dispositions fpl pour faire faire qch.

array [ə'reɪ] **1** vt: ~ed in revêtu de. **2** n [objects] ensemble impressionnant; [people] assemblée f.

arrears [ə'rɪəz] npl arriéré m. rent in ~ (loyer) arriéré; to get into ~ s'arriérer; to be 3 months in ~ with the rent devoir 3 mois de loyer.

arrest [ə'rest] **1** vt (a) (police etc) arrêter. (b) growth etc (stop) arrêter; (hinder) entraver; (retard) retarder; disease enrayer. (Psych) ~ed development atrophie f de la personnalité. **2** n [police etc] arrestation f. under ~ en état d'arrestation; (Mil) aux arrêts; to put sb under ~ arrêter qn; (Mil) mettre qn aux arrêts; to make an ~ procéder à une arrestation. ♦ **arresting** adj (fig) frappant, saisissant.

arrival [ə'raɪvəl] n (a) (gen) arrivée f; (Comm) [goods in bulk] arrivage m. on ~ à l'arrivée. (b) (consignment) arrivage m. (person) the first ~ le premier arrivé; a new ~ un nouveau venu; (baby) un(e) nouveau-né(e).

arrive [ə'raɪv] vi arriver (at à); (succeed) arriver, réussir. to ~ on the scene arriver; the moment has ~d when we must go le moment est venu pour nous de partir.

arrive at *vt fus decision, solution* aboutir à, parvenir à; *perfection* atteindre. **to ~ at a price** *[one person]* fixer un prix; *[2 people]* se mettre d'accord sur un prix; **they finally ~d at the idea of doing** ils en sont finalement venus à l'idée de faire.

arrogant ['ærəgənt] *adj* arrogant. ♦ **arrogance** *n* arrogance *f*.

arrow ['ærəʊ] **1** *n* flèche *f*. **2** *vt route, direction* flécher; *item on list etc* cocher. ♦ **arrowhead** *n* pointe *f* de flèche.

arsenal ['ɑ:sɪnl] *n* arsenal *m*.

arsenic ['ɑ:snɪk] *n* arsenic *m*.

arson ['ɑ:sn] *n* incendie *m* volontaire. ♦ **arsonist** *n* incendiaire *mf*.

art [ɑ:t] **1** *n* art *m*. **~ for ~'s sake** l'art pour l'art; **to study ~** *(gen)* faire des études d'art; *(Univ)* faire les beaux-arts; **~s and crafts** artisanat *m*; *(Univ)* **Faculty of A~s** faculté *f* des Lettres; **he's doing A~s** il fait des lettres. **2** *adj*: **~ collection** collection *f* de tableaux (*or* d'objets d'art *etc*); **~ exhibition** exposition *f* (de peinture *or* de sculpture); **~ form** moyen *m* d'expression artistique; **~ gallery** *(museum)* musée *m* d'art; *(shop)* galerie *f* (de tableaux *or* d'art); **~ paper** papier couché; **~ school** école *f* des beaux-arts; *(Univ)* A~s **degree** licence *f* ès lettres; **~ student** étudiant(e) *m(f)* des *or* en beaux-arts; A~s **student** étudiant(e) *m(f)* en *or* de Lettres.
♦ **artful** *adj* rusé, astucieux; **he's an ~ful one**, c'est un petit malin; **~ful dodger** roublard(e) *m(f)*. ♦ **artfully** *adv (cunningly)* astucieusement; *(skilfully)* habilement. ♦ **artfulness** *n (cunning)* astuce *f*; *(skill)* habileté *f*. ♦ **artless** *adj* naturel. ♦ **artlessly** *adv* ingénument. ♦ **arty*** *adj person* qui a le genre artiste *or* bohème; *clothes* de style bohème; *decoration, style* (d'un art) apprêté. ♦ **art(s)y-craft(s)y*** *adj (pej) object, style* exagérément artisanal; *person* qui affiche un genre artiste *or* bohème.

artefact ['ɑ:tɪfækt] *n* objet *m* fabriqué.

artery ['ɑ:tərɪ] *n* artère *f* (*also fig: road*). ♦ **arterial** *adj (Anat)* artériel; **arterial road** route *f* à grande circulation. ♦ **arteriosclerosis** *n* artériosclérose *f*.

artesian [ɑ:'ti:zɪən] *adj*: **~ well** puits *m* artésien.

arthritis [ɑ:'θraɪtɪs] *n* arthrite *f*. ♦ **arthritic** *adj, n* arthritique (*mf*).

artichoke ['ɑ:tɪtʃəʊk] *n (globe ~)* artichaut *m*; *(Jerusalem ~)* topinambour *m*.

article ['ɑ:tɪkl] *n (Admin, Jur, Gram, Press etc)* article *m*; *(Comm)* article, marchandise *f*; *(object)* objet *m*. **~s of clothing** vêtements *mpl*; **~ of food** denrée *f*; **~s of value** objets de valeur.

articulate [ɑ:'tɪkjʊlɪt] **1** *adj speech* bien articulé; *person* qui s'exprime bien; *book* clair; *(Anat)* articulé. **2** [ɑ:'tɪkjʊleɪt] *vti* articuler. **~d lorry** semi-remorque *m*. ♦ **articulately** *adv* avec facilité. ♦ **articulation** *n* articulation *f*.

artifact ['ɑ:tɪfækt] *n* = **artefact**.

artifice ['ɑ:tɪfɪs] *n (stratagem)* artifice *m*; *(cunning)* adresse *f*.

artificial [ˌɑ:tɪ'fɪʃəl] *adj* artificiel (*also fig*). **~ teeth** fausses dents; **it was a very ~ situation** la situation manquait de naturel. ♦ **artificiality** *n* manque *m* de naturel. ♦ **artificially** *adv* artificiellement.

artillery [ɑ:'tɪlərɪ] *n* artillerie *f*.

artisan ['ɑ:tɪzæn] *n* artisan *m*.

artist ['ɑ:tɪst] *n* artiste *mf*. ♦ **artiste** *n (Cine, Theat, TV)* artiste *mf*. ♦ **artistic** *adj arrangement, activity, sense* artistique; *temperament* artiste; *person* qui a un sens artistique très développé. ♦ **artistically** *adv* artistiquement, avec art. ♦ **artistry** *n* art *m*, talent *m* artistique.

Aryan ['ɛərɪən] *adj* aryen.

as [æz, əz] **1** *conj* **(a)** *(when, while)* comme, alors que, tandis que, pendant que. **~ she was resting she heard it** tandis qu'elle *or* comme elle se reposait elle l'entendit; **I saw him ~ he came out** je l'ai vu *or* au moment où il sortait; **he got deafer ~ he got older** il devenait plus sourd à mesure qu'il vieillissait. **(b)** *(since, because)* comme, puisque. **(c)** *(in comparisons)* **as tall ~** aussi grand que; **not so** *or* **not as tall ~** pas aussi *or* pas si grand que; **as much ~** autant que; **twice as rich ~** deux fois plus riche que; **by day (as well) ~ by night** de jour comme de nuit. **(d)** *(concessive)* **big ~ the box is ...** si grande que soit la boîte ...; **try ~ he would, he couldn't do it** il a eu beau essayer, il n'y est pas arrivé. **(e)** *(manner)* comme. **do ~ you like** faites comme vous voudrez; **M ~ in Marcel** M comme Marcel; **~ usual** comme d'habitude; **~ often happens** comme il arrive souvent; **~ is her brother** comme son frère, ainsi que son frère, de même que son frère; **~ it were** pour ainsi dire; **~ it is, I can't come** les choses étant ce qu'elles sont, je ne peux pas venir; **leave it ~ it is** laisse ça tel quel. **(f)** *(in the capacity of)* comme, en tant que. **sold ~ a slave** vendu comme esclave; **~ a bachelor he ...** en tant que célibataire il ...; **Olivier ~ Hamlet** Olivier dans le rôle de Hamlet. **(g)** **to treat sb ~ a child** traiter qn comme un enfant *or* en enfant; **to acknowledge sb ~ leader** reconnaître qn pour chef; **such people ~ knew him** les gens qui le connaissaient; **such a book ~ you gave him** un livre comme celui que lui as donné; **the same day ~** le même jour que; **a man such ~ he** is un homme tel que lui; **~ if, ~ though** comme (si); **~ if he'd been drinking** comme s'il avait bu; **he rose ~ if to go out** il s'est levé comme pour sortir; **~ for, ~ to, ~ regards** quant à. **(h)** **so ~ to** + *infin* pour, de façon à, afin de + *infin*. **2** *adv* aussi, si. **~ tall as** aussi grand que; **not ~ tall as** pas si *or* pas aussi grand que.

asbestos [æz'bestɒs] *n* amiante *f*. **~ mat** plaque *f* d'amiante. ♦ **asbestosis** *n* asbestose *f*.

ascend [ə'send] **1** *vi* monter, *(esp Rel)* s'élever (*to* à, jusqu'à). **2** *vt ladder* monter à; *mountain* gravir, faire l'ascension de; *river* remonter; *staircase* monter; *throne* monter sur. ♦ **ascendancy** *n* ascendant *m* (*over* sur). ♦ **ascendant** *adj, n* ascendant (*m*). ♦ **ascension** *n* ascension *f*. ♦ **ascent** *n* ascension *f*, *(in rank)* montée *f*.

ascertain [ˌæsə'teɪn] *vt* s'assurer, vérifier (*that* que); *truth, what happened* établir; *sb's age, name, address etc* vérifier.

ascetic [ə'setɪk] **1** *adj* ascétique. **2** *n* ascète *mf*. ♦ **asceticism** *n* ascétisme *m*.

ascribe [ə'skraɪb] *vt virtue, work* attribuer (*to* à); *fault* imputer (*to* à).

aseptic [eɪ'septɪk] *adj* aseptique.

asexual [eɪ'seksjʊəl] *adj* asexué.

ash[1] [æʃ] *n (~ tree)* frêne *m*.

ash[2] [æʃ] **1** *n* cendre *f*. **~es to ~es, dust to dust** tu es poussière et tu retourneras en poussière. **2** *adj*: **~ blond(e)** blond cendré *inv*; A~ **Wednesday** mercredi *m* des Cendres. ♦ **ashcan** *n* boîte *f* à ordures, poubelle *f*. ♦ **ashen** *adj face* terreux. ♦ **ashtray** *n* cendrier *m*.

ashamed [ə'ʃeɪmd] *adj* honteux, confus. **to be** *or* **feel ~ (of o.s.)** avoir honte; **to be ~ of** avoir honte de; **I am ~ to say** à ma honte je dois dire.

ashore [ə'ʃɔ:r] *adv* à terre. **to go ~** descendre à terre; **to put sb ~** débarquer qn.

Asia ['eɪʒə] *n* Asie *f*. ♦ **Asian** *or* ♦ **Asiatic 1** *adj* asiatique; **2** *n* Asiatique *mf*.

aside [ə'saɪd] **1** *adv* de côté, à l'écart, à part. **to put sth ~** mettre qch de côté; **to take sb ~** prendre qn à part; **joking ~** plaisanterie *or* blague* à part; **~ from** à part. **2** *n (esp Theat)* aparté *m*. **in an ~** en aparté.

asinine ['æsɪnaɪn] *adj* stupide, idiot.

ask [ɑ:sk] **1** *vt* **(a)** *(inquire)* demander (*sb sth* qch

à qn). **to ~ sb about sth** interroger qn or poser des questions à qn au sujet de qch; **to ~ (sb) a question** poser une question (à qn); **~ him if he has seen her** demande-lui s'il l'a vue; **don't ~ me!*** allez savoir!*; **I ~ you!*** je vous demande un peu!* **(b)** (request) demander (sb to do à qn de faire; that sth be done que qch soit fait; sb for sth qch à qn). **to ~ sb a favour** demander une faveur à qn; **he ~ed to go on the picnic** il a demandé s'il pouvait se joindre au pique-nique; **that's ~ing a lot!** c'est beaucoup en demander!; (Comm) he is **~ing £50,000 for the house** il demande 50 000 livres or veut 50 000 livres pour la maison; **~ing price** prix m de départ. **(c)** (invite) inviter (sb to sth qn à qch; sb to do qn à faire). **to ~ sb in/out etc** inviter à entrer/sortir etc.
   2 vi demander. **to ~ about sth** s'informer de qch, se renseigner sur qch; **it's there for the ~ing** il suffit de le demander (pour l'obtenir).
ask after vt fus person demander des nouvelles de; sb's health s'informer de.
ask along vt sep inviter.
ask back vt sep (for a second visit) réinviter; (on reciprocal visit) rendre son invitation à.
ask for vt fus help, permission, money demander; person demander à voir. **he ~ed for his pen back** il a demandé qu'on lui rende son stylo; **they are ~ing for trouble*** ils cherchent les ennuis or les embêtements*; **she was ~ing for it!*** elle l'a bien cherché!*
askance [ə'skɑːns] adv: **to look ~ at** (sideways) regarder de côté; (suspiciously etc) person regarder d'un air soupçonneux; sb's hat/work etc regarder d'un œil désapprobateur; suggestion se formaliser de.
askew [ə'skjuː] adv de travers.
asleep [ə'sliːp] adj endormi. **to be ~** dormir, être endormi; **to be fast or sound ~** dormir profondément or à poings fermés; **my finger is ~** j'ai le doigt engourdi; **to fall ~** s'endormir.
asparagus [əs'pærəgəs] n (Bot) asperge f; (Culin) asperges. **~ fern** asparagus m; **~ tips** pointes fpl d'asperges.
aspect ['æspekt] n **(a)** (gen; also Gram) aspect m. **to study every ~ of a question** étudier une question sous tous ses aspects; **seen from this ~** vu sous cet angle. **(b)** [building etc] exposition f. **house with a southerly ~** maison exposée au midi.
asperity [æs'perɪtɪ] n rudesse f.
aspersion [əs'pɜːʃən] n calomnie f. **to cast ~s on sth/sb** dénigrer qch/qn.
asphalt ['æsfælt] **1** n asphalte m. **2** vt asphalter. **3** adj asphalté.
asphyxia [æs'fɪksɪə] n asphyxie f. ♦ **asphyxiate** **1** vt asphyxier; **2** vi s'asphyxier. ♦ **asphyxiation** n asphyxie f.
aspic ['æspɪk] n: **chicken in ~** aspic m de volaille.
aspidistra [æspɪ'dɪstrə] n aspidistra m.
aspirate ['æspərɪt] **1** n aspirée f. **2** adj aspiré.
aspire [əs'paɪər] vi aspirer (to sth à qch; to do à faire). **we can't ~ to that** nos prétentions ne vont pas jusque-là. ♦ **aspiration** n aspiration f. ♦ **aspiring** adj ambitieux.
aspirin ['æsprɪn] n aspirine f.
ass [æs] n (Zool) âne m; (fool) idiot(e) m(f), imbécile mf. **to make an ~ of o.s.** se rendre ridicule; **don't be an ~!** (action) ne fais pas l'imbécile!; (speech) ne dis pas de sottises!
assail [ə'seɪl] vt assaillir (with de). ♦ **assailant** n agresseur m.
assassin [ə'sæsɪn] n assassin m (Pol etc). ♦ **assassinate** vt assassiner. ♦ **assassination** n assassinat m.
assault [ə'sɔːlt] **1** n (Mil) assaut m (on de); (Jur) agression f. **the ~ on the man** l'agression dont l'homme a été victime; **~ and battery** coups mpl et blessures fpl. **2** vt (Jur) agresser; (sexually)

violenter; (Mil) donner l'assaut à. **3** adj: (Mil) **~ course** parcours m du combattant.
assemble [ə'sembl] **1** vt objects, ideas assembler; people rassembler; (Tech) machine monter. **2** vi s'assembler; se rassembler; se monter. ♦ **assemblage** n [things] collection f; [people] assemblée f. ♦ **assembly** **1** n **(a)** (meeting) assemblée f; (Scol) rassemblement m des élèves; **in open assembly** en séance publique; **the general assembly of the U.N.** l'assemblée générale de l'ONU; **(b)** (Tech) montage m; **the engine assembly** le bloc moteur; **2** adj: **assembly line** chaîne f de montage.
assent [ə'sent] **1** n assentiment m. **2** vi donner son assentiment (to à).
assert [ə'sɜːt] vt affirmer, soutenir (that que); one's innocence protester de; claim défendre; one's rights faire valoir. ♦ **assertion** n affirmation f, assertion f. ♦ **assertive** adj assuré.
assess [ə'ses] vt (gen) estimer, évaluer; payment, damages, tax déterminer le montant de; rateable property calculer la valeur imposable de; situation, time, amount évaluer; candidate juger (la valeur de). ♦ **assessment** n estimation f, évaluation f; détermination f (du montant); calcul m (de la valeur imposable); jugement m (of sur); (Scol, Univ) **continuous ~ment** contrôle m continu. ♦ **assessor** n [property] expert m; (US) **~or of taxes** contrôleur m des contributions directes.
asset ['æset] **1** n: **~s** (Fin) actif m; (gen) biens mpl; **~s and liabilities** actif et passif m; (fig) his greatest **~** son meilleur atout. **2** adj: **~-stripping** cannibalisation f (d'une compagnie).
assiduous [ə'sɪdjuəs] adj assidu. ♦ **assiduity** n assiduité f. ♦ **assiduously** adv assidûment.
assign [ə'saɪn] vt task, office, date assigner (to à); meaning attribuer (to à); employee affecter (to à); (Jur) property, right céder (to sb à qn). ♦ **assignation** n (appointment) rendez-vous m inv. ♦ **assignment** n (task) mission f.
assimilate [ə'sɪmɪleɪt] vt assimiler (to à). ♦ **assimilation** n assimilation f.
assist [ə'sɪst] **1** vt aider, assister (to do, in doing à faire). **to ~ sb in/out etc** aider qn à entrer/sortir etc; **~ed by** avec le concours de; (Travel) **~ed passage** billet m subventionné. **2** vi aider, prêter secours (in à). ♦ **assistance** n assistance f; **to come to sb's ~ance** venir à l'aide de qn; **can I be of ~ance?** puis-je vous aider? ♦ **assistant** **1** n aide mf, auxiliaire mf; (Scol, US Univ) assistant(e) m(f); **2** adj adjoint; **~ant librarian** bibliothécaire mf adjoint(e); (Scol) **~ant master or mistress** professeur m (de lycée etc); [primary school] instituteur m, -trice f.
assizes [ə'saɪzɪz] npl (Jur) assises fpl.
associate [ə'səʊʃɪɪt] **1** adj associé, allié. **2** n **(a)** associé(e) m(f), collègue mf; (accomplice) complice mf. **(b)** [a society] associé m; [learned body] (membre m) correspondant m. **3** [ə'səʊʃɪeɪt] vt associer (with avec). (in undertaking etc) **to be ~ed with sth** être associé à qch; **I should like to ~ myself with what has been said** je voudrais me faire l'écho de cette opinion; **I don't wish to be ~d with it** je préfère que mon nom ne soit pas mêlé à ceci. **4** vi: **to ~ with sb** fréquenter qn. ♦ **association** [ə,səʊsɪ'eɪʃən] **1** n (most senses) association f; **full of historic associations** riche en souvenirs historiques; **2** adj: association football football m (association).
assorted [ə'sɔːtɪd] adj assorti. **well-/ill-~** bien/mal assortis; **in ~ sizes** de différentes tailles. ♦ **assortment** n [objects] assortiment m; **this shop has a good assortment** ce magasin a un grand choix; **an assortment of people** des gens (très) divers.
assuage [ə'sweɪdʒ] vt calmer.
assume [ə'sjuːm] vt **(a)** (suppose) supposer, présumer, admettre. **let us ~ that** admettons or

supposons que + *subj*; **you resigned, I** ~ **vous avez démissionné, je suppose** *or* **présume; you are assuming a lot** vous faites bien des suppositions. **(b)** *(take) (gen)* prendre; *responsibility, burden, role* assumer; *title, right, authority* s'approprier; *name, air, attitude* adopter; *innocence, indifference* affecter un air de. **to** ~ **control of** prendre en main la direction de; **under an** ~**d name** sous un nom d'emprunt. ♦ **assumption** *n* **(a)** *(supposition)* supposition *f*, hypothèse *f*; **on the assumption that** en supposant que + *subj*; **to go on the assumption that** présumer que; **(b)** *[power etc]* appropriation *f*; *[indifference]* affectation *f*; *[Rel]* A~ Assomption *f*.

assure [əˈʃʊəʳ] *vt (all senses)* assurer *(sb of sth* qn de qch). ♦ **assurance** *n (all senses)* assurance *f*; **in the assurance that** avec l'assurance que; **you have my assurance that** je vous promets formellement que. ♦ **assuredly** *adv* assurément.

aster [ˈæstəʳ] *n* aster *m*.

asterisk [ˈæstərɪsk] *n* astérisque *m*.

astern [əˈstɜːn] *adv (Naut)* à *or* sur l'arrière.

asteroid [ˈæstərɔɪd] *n* astéroïde *m*.

asthma [ˈæsmə] *n* asthme *m*. ♦ **asthmatic** *adj* asthmatique.

astigmatism [æsˈtɪgmətɪzəm] *n* astigmatisme *m*. ♦ **astigmatic** *adj* astigmate.

astonish [əˈstɒnɪʃ] *vt* étonner; *(stronger)* ahurir. **you** ~ **me!** non! pas possible! ♦ **astonished** *adj* étonné; ahuri; **I am** ~**ed that** cela m'étonne *or* m'ahurit que + *subj*. ♦ **astonishing** *adj* étonnant; ahurissant. ♦ **astonishingly** *adv* incroyablement. ♦ **astonishment** *n* étonnement *m*; ahurissement *m*; **look of** ~**ment** regard stupéfait; **to my** ~**ment** à mon grand étonnement.

astound [əˈstaʊnd] *vt* stupéfier, abasourdir. ♦ **astounded** *adj* abasourdi, sidéré*. ♦ **astounding** *adj* stupéfiant, ahurissant.

astrakhan [ˌæstrəˈkæn] *n* astrakan *m*.

astray [əˈstreɪ] *adv*: **to go** ~ s'égarer; **to lead sb** ~ détourner qn du droit chemin.

astride [əˈstraɪd] **1** *adv* à califourchon, à cheval. **2** *prep* à califourchon *or* à cheval sur.

astringent [əsˈtrɪndʒənt] **1** *adj* astringent; *(fig)* dur. **2** *n* astringent *m*.

astrology [əsˈtrɒlədʒɪ] *n* astrologie *f*. ♦ **astrologer** *n* astrologue *m*. ♦ **astrological** *adj* astrologique.

astronaut [ˈæstrənɔːt] *n* astronaute *mf*.

astronomy [əsˈtrɒnəmɪ] *n* astronomie *f*. ♦ **astronomer** *n* astronome *m*. ♦ **astronomic(al)** *adj (lit, fig)* astronomique.

astrophysics [ˈæstrəʊˈfɪzɪks] *nsg* astrophysique *f*.

astute [əsˈtjuːt] *adj* fin, astucieux. ♦ **astutely** *adv* avec finesse, astucieusement. ♦ **astuteness** *n* finesse *f*, astuce *f*.

asylum [əˈsaɪləm] *n* asile *m*.

at [æt] *prep* **(a)** *(place)* à. ~ **the table** à la table; ~ **my brother's** chez mon frère; ~ **home** à la maison, chez soi; **to dry o.s.** ~ **the fire** se sécher devant le feu; **to stand** ~ **the window** se tenir à *or* devant la fenêtre. **(b)** *(time)* à. ~ **10 o'clock** à 10 heures; **3** ~ **a time** 3 par 3, 3 à la fois, *(stairs)* 3 à 3; ~ **a time like this** à un moment pareil; ~ **my time of life** à mon âge. **(c)** *(activity)* **to play** ~ **football** jouer au football; **while we are** ~ **it*** pendant que nous y sommes; **let me see you** ~ **it again!*** que je t'y reprenne!; **they are** ~ **it all day*** ils font ça toute la journée; **she was (on)** ~ **her husband to buy a new car*** elle a harcelé son mari pour qu'il achète *(subj)* une nouvelle voiture; **he's always (on)** ~ **me*** il est toujours après moi*; **good** ~ **languages** bon en langues; ~ **war** en guerre. **(d)** *(manner)* ~ **full speed** à toute allure; ~ **80 km/h** à 80 km/h; **he drove** ~ **80 km/h** il faisait du 80 (à l'heure). **(e)** *(cause)* **surprised** ~ étonné de; **annoyed** ~ contrarié par; **angry** ~ en colère contre. **(f)** *(rate, value, degree)* à, dans, en. **he sells them** ~ **2**

francs **a kilo** il les vend 2 F le kilo; **let's leave it** ~ **that** restons-en là!; ~ **a stroke** d'un seul coup; **he's only a teacher and a poor one** ~ **that** ce n'est qu'un professeur et encore assez piètre. ♦ **at-home** *n* réception *f (chez soi)*.

ate [et, *(US)* eɪt] *pret of* **eat**.

atheism [ˈeɪθɪɪzəm] *n* athéisme *m*. ♦ **atheist** *n* athée *mf*. ♦ **atheistic(al)** *adj* athée.

Athens [ˈæθɪnz] *n* Athènes *f*.

athlete [ˈæθliːt] *n (in competitions)* athlète *mf*. *(gen)* **he's a fine** ~ il est très sportif; *(Med)* ~**'s foot** mycose *f*. ♦ **athletic** [æθˈletɪk] *adj activity* athlétique; *meeting* sportif, d'athlétisme; *person (sporty)* sportif; *(muscular)* athlétique. ♦ **athletics** *nsg (Brit)* athlétisme *m*; *(US)* sport *m*.

Atlantic [ətˈlæntɪk] *adj winds, currents* de l'Atlantique. **the** ~ **(Ocean)** l'Atlantique *m*, l'océan *m* Atlantique; ~ **liner** translantique *m*.

atlas [ˈætləs] *n* atlas *m*.

atmosphere [ˈætməsfɪəʳ] *n* atmosphère *f*. ♦ **atmospheric** [ˌætməsˈferɪk] *adj* atmosphérique. ♦ **atmospherics** *nsg (Telec)* parasites *mpl*.

atom [ˈætəm] **1** *n* atome *m*. *(fig)* **smashed to** ~**s** réduit en miettes; **not an** ~ **of truth** pas un grain de vérité. **2** *adj*: ~ **bomb** n bombe *f* atomique. ♦ **atomic** *adj* atomique. ♦ **atomize** *vt* atomiser. ♦ **atomizer** *n* atomiseur *m*.

atone [əˈtəʊn] *vi*: **to** ~ **for** *sin* expier; *mistake* réparer. ♦ **atonement** *n* expiation *f (Rel)*; réparation *f*.

atrocious [əˈtrəʊʃəs] *adj* atroce. ♦ **atrociously** *adv* atrocement. ♦ **atrocity** [əˈtrɒsɪtɪ] *n* atrocité *f*.

atrophy [ˈætrəfɪ] **1** *n* atrophie *f*. **2** *vi* s'atrophier. **3** *vt* atrophier.

attach [əˈtætʃ] *vt (gen)* attacher *(to* à); *document* joindre *(to* à); *troops* affecter *(to* à); *employee* attacher *(to* à). **the** ~**ed letter** la lettre ci-jointe; **to** ~ **credence to** ajouter foi à; **to** ~ **o.s. to a group** se joindre à un groupe; *(fond of)* **to be** ~**ed to sb/sth** être attaché à qn/qch; **he's** ~**ed*** *(married etc)* il n'est pas libre. ♦ **attaché** [əˈtæʃeɪ] *n* attaché(e) *m(f)*; ~**é case** mallette *f*, attaché-case *m*. ♦ **attachment** *n (for tool etc: accessory)* accessoire *m*; *(affection)* attachement *m (to* à); *(temporary transfer)* stage *m (to* chez).

attack [əˈtæk] **1** *n* **(a)** *(gen, also Mil)* attaque *f (on* contre). **to return to the** ~ revenir à la charge; ~ **on sb's life** attentat *m* contre qn; **to leave o.s. open to** ~ prêter le flanc à la critique; **to be under** ~ *(Mil)* être attaqué *(from* par); *(fig)* être en butte aux attaques *(from* de). **(b)** *(Med)* crise *f*. ~ **of fever** accès *m* de fièvre; **an** ~ **of migraine** une migraine. **2** *vt person, enemy* attaquer; *task, problem* s'attaquer à; *(Chem) metal* attaquer. ♦ **attacker** *n* attaquant *m*, agresseur *m*.

attain [əˈteɪn] *vti* **(a)** *aim, rank, age* atteindre, parvenir à. **(b)** *(also* ~ **to)** *knowledge* acquérir; *happiness* atteindre à; *perfection etc* toucher à; *power, prosperity* parvenir à. ♦ **attainable** *adj* accessible *(by* à), à la portée *(by* de). ♦ **attainment** *n* réussite *f*, résultat *m* obtenu.

attempt [əˈtempt] **1** *vt* essayer, tenter *(to do* de faire); *task* entreprendre. ~**ed escape/murder** *etc* tentative *f* d'évasion/de meurtre *etc*; **to** ~ **suicide** tenter de se suicider. **2** *n* tentative *f (at sth* de qch), effort *m*; *(unsuccessful)* essai *m*. **first** ~ coup *m* d'essai; **to make an** ~ **at doing** essayer de faire; **to be successful at the first** ~ réussir du premier coup; **to make an** ~ **on the record** essayer de battre le record; **it was a good** ~ **on his part** il a vraiment essayé; ~ **on sb's life** attentat *m* contre qn.

attend [əˈtend] **1** *vt* **(a)** *meeting, lecture* assister à; *classes, course* suivre; *church, school* aller à. **the meeting was well** ~**ed** il y avait beaucoup de monde à la réunion. **(b)** *[lady-in-waiting]* accompagner; *[doctor]* soigner. **method** ~**ed by great risks** méthode qui comporte de grands risques.

2 vi (*pay attention*) faire attention (to à); (*be present*) être présent or là.
attend to vt fus *speech, lesson* écouter attentivement; *advice* prêter attention à; *business, customer* s'occuper de.
♦ **attendance** 1 n (*being present*) présence f; (*number of people present*) assistance f; **he was in ~ance on the queen** il escortait la reine; **to be in ~ance** être de service; (*Med*) ~**ance on a patient** visites fpl à un malade. 2 adj: (*Scol*) ~**ance officer** ≃ inspecteur m chargé de faire respecter l'obligation scolaire; ♦ **attendant** 1 n [*museum etc*] gardien(ne) m(f); (*servant*) serviteur m; **the prince and his ~ants** le prince et sa suite. 2 adj qui accompagne (qch); **old age and its ~ant ills** la vieillesse et les infirmités qui l'accompagnent.
attention [ə'tenʃən] 1 n attention f. **to pay ~ to** faire attention à; **to call (sb's) ~ to sth** attirer l'attention (de qn) sur qch; **it has come to my ~ that** je me suis aperçu que; **for the ~ of** à l'attention de; **it needs daily ~** il faut s'en occuper tous les jours; (*kindness*) ~**s** attentions fpl; (*Mil*) ~! garde-à-vous!; **to stand at/come to ~** être/se mettre au garde-à-vous; **to jump or spring to ~** se mettre vivement au garde-à-vous.
2 adj: **his ~ span is too short** il ne peut pas se concentrer assez longtemps.
♦ **attention-seeking** adj cherchant à se faire remarquer. ♦ **attentive** adj prévenant (to sb envers qn); soucieux (to sth de qch); *audience, spectator* attentif; **attentive to sb's advice** attentif aux conseils de qn. ♦ **attentively** adv attentivement. ♦ **attentiveness** n attention f.
attenuate [ə'tenjʊeɪt] vt atténuer.
attest [ə'test] vt attester. ♦ **attestation** n attestation f (that que).
attic ['ætɪk] n grenier m. ~ **room** mansarde f.
attire [ə'taɪər] 1 vt vêtir (in de). 2 n vêtements mpl.
attitude ['ætɪtjuːd] n attitude f (towards envers, à l'égard de). ~ **of mind** état m d'esprit; **if that's your ~** si c'est ainsi que vous le prenez.
♦ **attitudinize** vi se donner des attitudes.
attorney [ə'tɜːnɪ] n mandataire m; (*US: lawyer*) avoué m. **A~ General** (*Brit*) ≃ Procureur Général; (*US*) ≃ Ministre m de la Justice.
attract [ə'trækt] vt attirer. ♦ **attraction** n [*magnet*] attraction f; [*plan*] attrait m; [*person, place*] attraits, charmes mpl. ♦ **attractive** adj *person, manner* attrayant, attirant; *price, idea, offer* attrayant, intéressant. ♦ **attractively** adv d'une manière attrayante; ~**ively dressed woman** femme élégamment habillée.
attribute [ə'trɪbjuːt] 1 vt attribuer (to à). 2 ['ætrɪbjuːt] n attribut m; (*Gram*) épithète f.
♦ **attributable** adj attribuable (to à). ♦ **attribution** n attribution f. ♦ **attributive** 1 adj attributif; (*Gram*) qualificatif; 2 n attribut m; (*Gram*) épithète f.
attrition [ə'trɪʃən] n usure f (par frottement). **war of ~** guerre f d'usure.
attuned [ə'tjuːnd] adj: ~ **to** *person* habitué à; *methods, tastes* en accord avec.
aubergine ['əʊbəʒiːn] n aubergine f.
auburn ['ɔːbən] adj auburn inv.
auction ['ɔːkʃən] 1 n (vente f aux) enchères fpl. 2 vt vendre aux enchères. 3 adj: ~ **bridge** bridge m aux enchères; ~ **room** salle f des ventes; ~ **sale** (vente f aux) enchères fpl. ♦ **auctioneer** n commissaire-priseur m.
audacious [ɔː'deɪʃəs] adj audacieux. ♦ **audacity** n audace f.
audible ['ɔːdɪbl] adj *sound* audible, perceptible; *voice* distinct. **she was hardly ~** on l'entendait à peine; **there was ~ laughter** des rires se firent entendre.♦ **audibility** n audibilité f. ♦ **audibly** adv distinctement.

audience ['ɔːdɪəns] 1 n (a) (*Theat*) spectateurs mpl, public m; [*speaker*] auditoire m; (*Mus, Rad*) auditeurs mpl; (*TV*) téléspectateurs mpl. **the whole ~ applauded** toute la salle a applaudi; **those in the ~** les gens dans la salle. (b) (*formal interview*) audience f. 2 adj: ~ **participation** participation f de l'assistance (à ce qui se passe sur scène); (*Rad, TV*) ~ **rating** indice m d'audience; ~ **research** études fpl d'opinion.
audio-visual [,ɔːdɪəʊ'vɪzjʊəl] adj audio-visuel. ~ **aids** (support m) audio-visuel m.
audit ['ɔːdɪt] 1 n vérification f des comptes. 2 vt *accounts* vérifier; (*US Univ*) *lecture course* assister comme auditeur libre à. ♦ **auditor** n expert-comptable m, vérificateur m (de comptes).
audition [ɔː'dɪʃən] 1 n audition f. 2 vti auditionner (*for a part* pour un rôle).
auditorium [,ɔːdɪ'tɔːrɪəm] n salle f.
aught [ɔːt] n: **for ~ I know** (pour) autant que je sache; **for ~ I care** pour ce que cela me fait.
augment [ɔːg'ment] vti augmenter (by de).
♦ **augmentation** n augmentation f.
augur ['ɔːgər] 1 vi: ~ **well/ill** être de bon/de mauvais augure (for pour). 2 vt présager.
♦ **augury** n augure m.
August ['ɔːgəst] n août m; **for phrases V September.**
august [ɔː'gʌst] adj auguste.
auk [ɔːk] n pingouin m.
aunt [ɑːnt] n tante f. **yes ~** oui, ma tante; **A~ Sally** (*game*) jeu m de massacre; (*person*) tête f de Turc. ♦ **auntie***, **aunty***, n tata* f.
au pair ['əʊ'peə] 1 adj, adv au pair. 2 n jeune fille f au pair.
aura ['ɔːrə] n (*lit*) aura f; (*fig: of place*) atmosphère f. **he has an ~ of** il donne une impression de.
aurora borealis [ɔː'rɔːrəbɔːrɪ'eɪlɪs] n aurore f boréale.
auspices ['ɔːspɪsɪz] npl: **under the ~ of** sous les auspices mpl de. ♦ **auspicious** [ɔːs'pɪʃəs] adj *sign* de bon augure; *occasion* propice; *start* bon.
♦ **auspiciously** adv sous d'heureux auspices; *start* bien.
Aussie* ['ɒzɪ] = **Australian.**
austere [ɒs'tɪər] adj austère. ♦ **austerely** adv avec austérité. ♦ **austerity** n austérité f; **years of austerity** années fpl de restrictions.
Australasia [,ɔːstrə'leɪsjə] n Australasie f.
Australia [ɒs'treɪlɪə] n Australie f. ♦ **Australian** 1 n Australien(ne) m(f); 2 adj australien.
Austria ['ɒstrɪə] n Autriche f. ♦ **Austrian** 1 n Autrichien(ne) m(f); 2 adj autrichien.
authentic [ɔː'θentɪk] adj authentique.
♦ **authenticate** vt établir l'authenticité de.
♦ **authenticity** n authenticité f.
author ['ɔːθər] n auteur m. ♦ **authoress** n femme f auteur.
authority [ɔː'θɒrɪtɪ] n (*power*) autorité f; (*permission*) autorisation f. **I'm in ~ here** c'est moi qui commande ici; **to be in ~ over sb** avoir autorité sur qn; **those in ~** ceux qui nous gouvernent; **he did it without ~, he had no ~ to do it** il l'a fait sans autorisation; **he has no ~ to do it** il n'a pas le droit de le faire; **on her own ~** de sa propre autorité; **the proper authorities** les autorités compétentes; **the health authorities** les services mpl de la santé publique; [*person, book*] **to be an ~** faire autorité (on en matière de); **I have it on good ~ that ...** je sais de source sûre que ... . ♦ **authoritarian** adj autoritaire. ♦ **authoritative** adj *opinion, source* autorisé; *person* autoritaire; *treatise, edition* qui fait autorité. ♦ **authorization** n autorisation f (of, for pour; to do de faire). ♦ **authorize** vt autoriser (sb to do qn à faire); **the Authorized Version** la Bible de 1611.
autism ['ɔːtɪzəm] n autisme m. ♦ **autistic** adj autistique.

auto ['ɔːtəʊ] n (US) auto f. ♦ **autocade** n cortège m d'automobiles.
autobiography [ˌɔːtəʊbaɪ'ɒgrəfɪ] n autobiographie f. ♦ **autobiographic(al)** adj autobiographique.
autocrat ['ɔːtəʊkræt] n autocrate m. ♦ **autocratic** adj autocratique.
autocue ['ɔːtəʊkjuː] n autocue m or f.
autocycle ['ɔːtəʊsaɪkl] n cyclomoteur m; (bigger) vélomoteur m.
autograph ['ɔːtəgrɑːf] 1 n autographe m. 2 adj: ~ **album** album m d'autographes; ~ **hunter** collectionneur m, -euse f d'autographes. 3 vt dédicacer.
automat ['ɔːtəmæt] n cafétéria f à distributeurs automatiques.
automatic [ˌɔːtə'mætɪk] 1 adj automatique. on ~ **pilot** en pilotage automatique. 2 n (gun) automatique m; (car) voiture f (à transmission) automatique. ♦ **automatically** adv automatiquement. ♦ **automation** n automatisation f. ♦ **automaton** [ɔː'tɒmətən] n, pl -ta automate m.
automobile ['ɔːtəməbiːl] n automobile f, auto f.
automotive [ˌɔːtə'məʊtɪv] adj (Aut) (de l')automobile; (self-propelled) automoteur.
autonomy [ɔː'tɒnəmɪ] n autonomie f. ♦ **autonomous** adj autonome.
autopsy ['ɔːtɒpsɪ] n autopsie f.
autosuggestion ['ɔːtəʊsə'dʒestʃən] n autosuggestion f.
autumn ['ɔːtəm] 1 n automne m. in ~ en automne. 2 adj d'automne. ~ **leaves** feuilles mortes. ♦ **autumnal** adj d'automne.
auxiliary [ɔːg'zɪlɪərɪ] 1 adj auxiliaire. 2 n (person) auxiliaire mf; (verb) auxiliaire m.
avail [ə'veɪl] 1 vt: to ~ o.s. of opportunity profiter de; right user de; service utiliser. 2 n: to no ~ sans résultat; it is of no ~ cela ne sert à rien. ♦ **availability** n disponibilité f. ♦ **available** adj disponible; to make sth ~able to sb mettre qch à la disposition de qn; every ~able means tous les moyens possibles; he is not ~able just now il n'est pas libre en ce moment; he is not ~able for comment il se refuse à toute déclaration.
avalanche ['ævəlɑːnʃ] 1 n avalanche f. 2 adj precautions anti-avalanche inv; warning aux avalanches.
avant-garde ['ævɑ̃ːˈgɑːd] 1 n avant-garde f. 2 adj d'avant-garde.
avarice ['ævərɪs] n avarice f. ♦ **avaricious** adj avare.
avenge [ə'vendʒ] vt venger. to ~ o.s. on se venger de. ♦ **avenger** n vengeur m. ♦ **avenging** adj vengeur (f -geresse).
avenue ['ævənjuː] n avenue f; (fig) route f.
aver [ə'vɜːr] vt déclarer.
average ['ævərɪdʒ] 1 n moyenne f. on ~ en moyenne; above/below ~ au-dessus/en-dessous de la moyenne. 2 adj moyen. 3 vt (find the ~ of) établir or faire la moyenne de; (reach an ~ of) atteindre la moyenne de. we ~ 8 hours' work or our working hours ~ (out at) 8 per day nous travaillons en moyenne 8 heures par jour; the sales ~ 200 copies a month la vente moyenne est de 200 exemplaires par mois; (Aut) we ~d 50 the whole way nous avons fait (du) 50 de moyenne pendant tout le trajet.
averse [ə'vɜːs] adj opposé (to à). to be ~ to doing répugner à or (less formal) avoir horreur de faire; I am not ~ to an occasional drink je ne refuse pas un verre de temps en temps. ♦ **aversion** n aversion f, répugnance f. to take an aversion to se mettre à détester; my greatest or pet aversion ce que je déteste le plus.
avert [ə'vɜːt] vt danger, accident prévenir, éviter; blow, eyes, thoughts détourner (from de).
aviary ['eɪvɪərɪ] n volière f.
aviation [ˌeɪvɪ'eɪʃən] n aviation f. ♦ **fuel** kérosène

m; ~ **industry** aéronautique f. ♦ **aviator** n aviateur m, -trice f.
avid ['ævɪd] adj avide (for de). ♦ **avidity** n avidité f. ♦ **avidly** adv avidement.
avocado [ˌævə'kɑːdəʊ] n: ~ **(pear)** avocat m (fruit).
avoid [ə'vɔɪd] vt (gen) éviter (doing de faire). to ~ **tax** (legally) se soustraire à l'impôt; (illegally) frauder le fisc; ~ **being seen** évitez qu'on ne vous voie; to ~ sb's eye fuir le regard de qn; to ~ notice échapper aux regards; I can't ~ going now je ne peux plus me dispenser d'y aller; ~ **it like the plague** il faut fuir cela comme la peste. ♦ **avoidable** adj évitable. ♦ **avoidance** n: his ~ance of me le soin qu'il met à m'éviter; tax ~ance fraude f fiscale.
avoirdupois [ˌævədə'pɔɪz] n poids commercial; (*: overweight) embonpoint m.
avow [ə'vaʊ] vt avouer. he is an ~ed atheist il avoue être athée; ~ed enemy ennemi déclaré. ♦ **avowal** n aveu m. ♦ **avowedly** adv de son propre aveu.
await [ə'weɪt] vt attendre. long-~ed longtemps attendu.
awake [ə'weɪk] pret awoke or ~d, ptp awoken or ~d 1 vi s'éveiller, se réveiller. (fig) to ~ to sth prendre conscience de qch; to ~ to the fact that se rendre compte que. 2 vt person éveiller, réveiller; suspicion, hope, curiosity éveiller; memories réveiller. 3 adj (a) (not asleep) éveillé, réveillé. he was still ~ il ne s'était pas encore endormi; to lie ~ ne pas pouvoir dormir; to stay ~ all night (deliberately) veiller toute la nuit; (involuntarily) passer une nuit blanche; it kept me ~ cela m'a empêché de dormir. (b) (alert) en éveil, vigilant. to be ~ to avoir conscience de. ♦ **awaken** vti = awake. ♦ **awakening** 1 n réveil m; a rude ~ning un réveil brutal; 2 adj interest naissant.
award [ə'wɔːd] 1 vt prize etc décerner (to à); money attribuer (to à); dignity, honour conférer (to à); damages accorder (to à). 2 n prix m; (scholarship) bourse f.
aware [ə'wɛər] adj (a) (conscious) conscient (of de); (informed) au courant (of de). to become ~ of sth/that sth is happening prendre conscience or se rendre compte de qch/que qch se passe; to be ~ of/that être conscient de/que; I am quite ~ of it je m'en rends bien compte; as far as I am ~ autant que je sache; not that I am ~ of pas que je sache; to make sb ~ of sth rendre qn conscient de qch. (b) (knowledgeable) informé. politically ~ politisé; socially ~ au courant des problèmes sociaux. ♦ **awareness** n conscience f (of de).
awash [ə'wɒʃ] adj inondé (with de).
away [ə'weɪ] 1 adv (a) au loin, loin. ~ **from** loin de; far ~ au loin, très loin; the lake is 3 km ~ le lac est à 3 km de distance or à une distance de 3 km; ~ **back** (distance) très loin derrière; ~ **back in prehistoric times** dans les temps reculés de la préhistoire; ~ **back in 1600** il y a bien longtemps en 1600; ~ **back in the 40s** il y a longtemps déjà dans les années 40; ~ **over there** là-bas au loin, loin là-bas. (b) (absent) he's ~ **just now** il n'est pas là en ce moment; he is ~ **in London** il est (parti) à Londres; when I have to be ~ lorsque je dois m'absenter; she was ~ **before I could speak** elle était partie avant que j'aie pu parler; ~ **with you!** allez-vous-en! (c) (continuously) sans arrêt. to work ~ travailler sans arrêt. (d) (loss etc) to gamble ~ **one's money** perdre son argent au jeu; the snow has melted ~ la neige a fondu complètement. 2 adj (Sport) ~ **match** match m à l'extérieur.
awe [ɔː] 1 n crainte f révérentielle. to be in ~ of sb être intimidé par qn. 2 vt inspirer un respect mêlé de crainte à. ♦ **awed** adj respectueux et intimidé. ♦ **awe-inspiring** or ♦ **awesome** adj

impressionnant, imposant. ♦ **awe-struck** *adj* (*frightened*) frappé de terreur; (*astounded*) stupéfait.

awful ['ɔ:fəl] *adj* affreux, terrible; (*stronger*) épouvantable; (*imposing*) imposant. **an ~ lot of cars, dogs, people** un nombre incroyable de; *butter, flowers* une quantité incroyable de. ♦ **awfully** *adv* vraiment, très, terriblement; **thanks ~ly*** merci infiniment; **~ly sorry** vraiment désolé; **an ~ly big house** une très grande maison.

awhile [ə'waɪl] *adv* (pendant) quelque temps. **wait ~** attendez un peu.

awkward ['ɔ:kwəd] *adj* **(a)** *tool, shape* peu commode; *path* difficile; (*Aut*) *bend* difficile à négocier; *problem, task, question, situation* délicat; *silence* embarrassé. **at an ~ time** au mauvais moment; **an ~ moment** (*embarrassing*) un moment gênant; **he's an ~ customer*** c'est un type pas facile*; **it's a bit ~** (*inconvenient*) ce n'est pas très commode; (*annoying*) c'est un peu ennuyeux; **he's being ~ about it** il ne se montre pas très coopératif à ce sujet. **(b)** (*clumsy*) *person, movement* maladroit; *style* gauche. **the ~ age** l'âge ingrat. ♦ **awkwardly** *adv speak* d'un ton embarrassé; *behave, handle, move* maladroitement, peu élégamment; *place* à un endroit difficile; *express* gauchement. ♦ **awkwardness** *n*

[person, movement] maladresse *f*; *[situation etc]* côté *m* délicat; (*embarrassment*) embarras *m*.

awl [ɔ:l] *n* alêne *f*, poinçon *m*.

awning ['ɔ:nɪŋ] *n* (*Naut*) taud *m*; *[shop]* banne *f*; *[hotel door]* marquise *f*; *[tent]* auvent *m*.

awoke(n) [ə'wəʊk(ən)] *pret (ptp) of* **awake**.

awry [ə'raɪ] *adv* de travers. **to go ~** *[plan etc]* s'en aller à vau-l'eau; *[undertaking]* mal tourner.

ax (*US*), **axe** [æks] **1** *n* hache *f*. (*fig*) **I've no ~ to grind** ce n'est pas mon intérêt personnel que j'ai en vue; (*fig*) **when the ~ fell** quand le coup fut porté. **2** *vt* **to ~ expenditure** réduire les dépenses, faire *or* opérer des coupes sombres dans le budget; **to ~ sb** mettre qn à la porte (*pour raisons économiques*).

axiom ['æksɪəm] *n* axiome *m*. ♦ **axiomatic** *adj* axiomatique; (*clear*) évident.

axis ['æksɪs] *n, pl* **axes** axe *m* (*Geom etc*).

axle ['æksl] **1** *n [wheel]* axe *m*; (*Aut:* **~-tree**) essieu *m*. **front/rear ~** essieu avant/arrière. **2** *adj:* **~ grease** graisse *f* à essieux; **~ pin** clavette *f* d'essieu.

ay(e) [aɪ] **1** *particle* oui. **2** *n* oui *m*. (*in voting*) **the ~s and noes** les voix *fpl* pour et contre; **the ~s have it** les oui l'emportent.

azalea [ə'zeɪlɪə] *n* azalée *f*.

azure ['eɪʒəʳ] **1** *n* azur *m*. **2** *adj* d'azur.

B

B, b [biː] *n* B, b *m*; (*Mus*) si *m*. (*house numbers*) 24b le 24 ter.

babble ['bæbl] **1** *n* [*voices*] rumeur *f*; [*baby, stream*] gazouillement *m*. **2** *vi* (*indistinctly*) bredouiller; (*chatter*) bavarder; [*baby, stream*] gazouiller. **3** *vt* bredouiller. ♦ **babbling** *adj* babillard.

babe [beɪb] *n* bébé *m*, petit(e) enfant *m(f)*. ~ **in arms** enfant au berceau.

babel ['beɪbəl] *n* brouhaha *m*.

baboon [bə'buːn] *n* babouin *m*.

baby ['beɪbɪ] **1** *n* bébé *m*. ~ **of the family** benjamin(e) *m(f)*; **don't be such a** ~! ne fais pas l'enfant!; (*fig*) **he was left holding the** ~ tout lui est retombé dessus; (*fig*) **to throw out the** ~ **with the bathwater** jeter l'enfant avec l'eau du bain; **come on,** ~!* (*to woman*) viens ma belle!; (*to man*) viens mon gars!*; **the new system is his** ~ le nouveau système est son affaire. **2** *vt* (***) *person* dorloter. **3** *adj clothes etc* de bébé; *rabbit etc* bébé-. ~ **boy** petit garçon; ~ **girl** petite fille; (*US*) ~ **carriage** voiture *f* d'enfant; ~ **face** visage *m* poupin; ~ **grand** (**piano**) (piano *m*) demi-queue *m*; ~ **linen** layette *f*; ~ **scales** pèse-bébé *m*; ~ **talk** langage *m* de bébé. ♦ **baby-batterer** *n* bourreau *m* d'enfants. ♦ **baby-battering** *n* mauvais traitements infligés aux enfants. ♦ **babyhood** *n* petite enfance *f*. ♦ **babyish** *adj clothes* de bébé; *behaviour, speech* puéril. ♦ **baby-minder** *n* nourrice *f* (*gardant les enfants dont les mères travaillent*). ♦ **baby-sit** *vi* garder les bébés *or* les enfants. ♦ **baby-sitter** *n* baby-sitter *mf*. ♦ **babysitting** *n* baby-sitting *m*; **to go** ~-**sitting** faire du baby-sitting. ♦ **baby-walker** *n* trotte-bébé *m inv*.

baccalaureate [,bækə'lɔːrɪɪt] *n* (*US*) licence *f*.

baccara(t) ['bækəraː] *n* baccara *m*.

bachelor ['bætʃələ^r] *n, adj* célibataire (*m*). B~ **of Arts/of Science/of Law** licencié(e) *m(f)* ès lettres/ès sciences/en droit; ~ **flat** garçonnière *f*; ~ **girl** célibataire *f*.

bacillus [bə'sɪləs] *n, pl* -illi bacille *m*.

back [bæk] **1** *n* (**a**) [*person, animal, book*] dos *m*; [*chair*] dossier *m*. **to fall on one's** ~ tomber à la renverse; (*fig*) **behind his mother's** ~ derrière le dos de sa mère; (*lit, fig*) ~ **to** ~ dos à dos; **with one's** ~ **to the light** le dos à la lumière; **he had his** ~ **to the houses** il tournait le dos aux maisons; **he stood with his** ~ (**up**) **against the wall** il était adossé au mur; (*fig*) **to have one's** ~ **to the wall** être au pied du mur; **to put one's** ~ **into doing** mettre toute son énergie à faire; **to put sb's** ~ **up** braquer qn; **to get off sb's** ~ laisser qn en paix. (**b**) (*as opp to front*) (*gen*) dos *m*, derrière *m*; [*hand, hill, medal*] revers *m*; [*record*] deuxième face *f*; [*dress*] dos; [*head, house*] derrière; [*page, cheque*] verso *m*; [*material*] envers *m*. ~ **to front** (*sens*) devant derrière; **at the** ~ **of the book** à la fin du livre; **to have an idea at the** ~ **of one's mind** avoir une idée derrière la tête; **in the** ~ (**of a car**) à l'arrière (d'une voiture); **I know Paris like the** ~ **of my hand** je connais Paris comme ma poche. (**c**) (*furthest from front*) [*cupboard, garden, stage*] fond *m*. **at the very** ~ tout au fond; **at the** ~ **of beyond***** au diable vert***. (**d**) (*Ftbl etc*) arrière *m*.

2 *adj* (**a**) (*not front*) *seat, wheel* arrière *inv*; *door, garden* de derrière; (*Ling*) *vowel* pos-

térieur. (*fig*) **to enter through the** ~ **door** entrer par la petite porte; ~ **room** chambre *f* du fond; (*fig*) **the** ~**room boys***** ceux qui restent dans la coulisse; (*fig*) **to take a** ~ **seat***** passer au second plan; (*fig*) **he's a** ~**seat driver***** il est toujours à donner des conseils au conducteur; ~ **streets** (*lit*) petites rues; **he grew up in the** ~ **streets of Leeds** il a grandi dans les quartiers pauvres de Leeds; ~ **tooth** molaire *f*; ~ **number** [*magazine etc*] vieux numéro; (*fig*) **to be a** ~ **number***** ne plus être dans le coup. (**b**) (*overdue*) *taxes* arriéré. ~ **pay** rappel *m* de salaire *or* (*Mil*) de solde; ~ **rent** arriéré *m* de loyer.

3 *adv* (**a**) (*to the rear*) en arrière, à *or* vers l'arrière. (*stand*) ~! rangez-vous!, reculez!; **far** ~ loin derrière; **the house stands** ~ **from the road** la maison est en retrait par rapport à la route; ~ **and forth** en allant et venant; (*in mechanism*) un mouvement de va-et-vient. (**b**) (*in return*) **to give** ~ rendre. (**c**) (*again: often re-+ vb in French*) **to come** ~ revenir; **to be** ~ être de retour, être rentré; **he's not** ~ **yet** il n'est pas encore rentré *or* revenu; **he went to Paris and** ~ il a fait le voyage de Paris aller et retour; **to go there and** ~ faire l'aller et retour. (**d**) (*in time phrases*) **as far** ~ **as 1800** déjà en 1800; **a week** ~ il y a une semaine.

4 *vt* (**a**) (*support*) *wall, map* renforcer; *book* endosser; *picture* maroufler; (*fig*) *singer* accompagner; *person* soutenir; *candidate* pistonner***; (*finance*) *person, enterprise* financer; *bill* endosser. (**b**) (*bet on*) *horse* parier sur. **to** ~ **a horse each way** jouer un cheval gagnant et placé; **to** ~ **a loser** (*Sport, fig*) parier sur un perdant; (*Comm*) mal placer son argent. (**c**) (*reverse*) *horse, cart* faire reculer; *train* refouler. **he** ~**ed the car out** il a sorti la voiture en marche arrière; **to** ~ **the oars** culer.

5 *vi* [*person, animal*] reculer; [*vehicle*] faire marche arrière. **to** ~ **in/out** *etc* [*vehicle*] entrer/sortir *etc* en marche arrière; [*person*] entrer/sortir *etc* à reculons.

back away *vi* reculer (*from* devant).

back down *vi* (*fig*) se dégonfler***.

back on to *vt fus* [*house etc*] donner par derrière sur.

back out *vi* (*of duty*) se dérober (*of* à); (*of deal*) se dégager (*of* de).

back up 1 *vi* (*Aut*) faire marche arrière. **2** *vt sep* (*support*) soutenir; (*reverse*) *vehicle* faire reculer.

♦ **backache** *n* mal *m* de *or* aux reins. ♦ **backbencher** *n* membre *m* du Parlement sans portefeuille; **the** ~**benchers** le gros des députés. ♦ **backbiting** *n* médisance *f*. ♦ **backbone** *n* colonne vertébrale; [*fish*] arête centrale; **English to the** ~**bone** anglais jusqu'à la moelle (des os); **to be the** ~**bone of an organisation** être le pivot d'une organisation; **he's got no** ~**bone** c'est un mollusque. ♦ **back-breaking** *adj work* éreintant. ♦ **backchat***** *n* impertinence *f*. ♦ **backcloth** *n* toile *f* de fond. ♦ **backcomb** *vt* crêper. ♦ **backdate** *vt cheque etc* antidater; (*increase etc*) ~**dated to** avec rappel à compter de. ♦ **backdrop** *n* = **backcloth**. ♦ **backer** *n* (*supporter*) partisan *m*; [*play etc*] commanditaire *m*. ♦ **backfire** *vi* (*Aut*) avoir un raté (d'allumage);

[plan etc] échouer. ◆ **backgammon** *n* trictrac *m*.
◆ **background** *V below.* ◆ **backhand 1** *adj blow*
en revers; *writing* penché à gauche; *2 n (Tennis)*
revers *m*. ◆ **backhanded** *adj (fig) action* déloyal;
compliment équivoque. ◆ **backing** *n (gen, Fin,*
Pol) soutien *m; (Mus)* accompagnement *m; [pic-*
ture] marouflage *m*. ◆ **back-kitchen** *n* arrière-
cuisine *f*. ◆ **backlash** *n (fig)* réaction *f (*brutale*).*
◆ **backlog** *n [rent etc]* arriéré *m*; ~log of work
accumulation *f* de travail (en retard).
◆ **backpacking** n: to go ~packing faire de la randonnée (sac au dos). ◆ **backpedal** *vi* pédaler en
arrière; *(fig)* faire marche arrière *(fig)*. ◆ **back-
rest** *n* dossier *m*. ◆ **back-shop** *n* arrière-boutique
f. ◆ **backside** *n* arrière *m*; *(*: *buttocks)* postérieur* *m*. ◆ **backslapping*** *n* grandes
démonstrations d'amitié. ◆ **backslide** *vi* ne pas
tenir bon. ◆ **backspace** *vi (Typ)* rappeler le
chariot. ◆ **backstage** *adv, adj* dans les coulisses.
◆ **backstairs 1** *n* escalier *m* de service; *2 adj (fig)*
gossip, plot d'antichambre. ◆ **backstroke** *n*
(*Swim*) dos *m* crawlé. ◆ **back-to-back** *adj*: ~-to-
~ **houses** maisons adossées les unes aux autres.
◆ **backtrack** *vi* faire marche arrière
(fig). ◆ **backup 1** *n* appui *m*; *2 adj vehicle*
etc supplémentaire; *person* remplaçant.
◆ **backward** *V below*. ◆ **backwash** *n (lit, fig)*
remous *m (from* provoqué par*)*. ◆ **backwater** *n*
[river] bras mort; *(fig)* petit coin tranquille; *(pej)*
trou perdu *(pej)*. ◆ **backwoods** *npl* région (*fores-
tière*) inexploitée; *(pej) in the* ~woods en plein
bled*. ◆ **backyard** *n* arrière-cour *f*.
background ['bækgraʊnd] **1** *n* (a) *[picture,*
fabric] fond *m; [photograph]* arrière-plan *m;*
(*Theat*) arrière *m* du décor; *(fig)* arrière-plan. **in**
the ~ dans le fond, à l'arrière-plan; **on a blue** ~
sur fond bleu; **to keep sb in the** ~ tenir qn à
l'écart. **(b)** *(circumstances etc)* antécédents *mpl;*
(*Soc*) milieu *m* (socioculturel); *(Pol)* climat *m*
politique; *(basic knowledge)* éléments *mpl* de
base; *(experience)* formation *f*. **family** ~ milieu
familial; **what is his** ~? *(social)* de quel milieu
est-il?; *(professional)* qu'est-ce qu'il a comme
formation?; *(to case etc)* to fill in the ~ compléter
la documentation; **what is the** ~ **to these events?**
quel est le contexte de ces événements? **2** *adj*
music, noise de fond. ~ **reading** lectures
générales (autour du sujet).
backward ['bækwəd] **1** *adj look, step* en arrière;
(*retarded*) arriéré; *(reluctant)* lent, peu disposé
(*in doing* à faire). **2** *adv (also* ~s) look en arrière;
fall à la renverse. **to walk** ~ **and forwards** aller et
venir; **to walk** ~ marcher à reculons; **I know the**
poem ~* je sais le poème sur le bout des doigts; **I**
know this road ~* je connais cette route comme
ma poche. ◆ **backward-looking** *adj project*
rétrograde. ◆ **backwardness** *n (Med)* arriération
f mentale; *(Econ)* état *m* arriéré; *(reluctance,*
shyness) manque *m* d'empressement *(in doing* à
faire*)*.
bacon ['beɪkən] *n* bacon *m*. **fat** ~ lard *m*; ~ **and**
eggs œufs *mpl* au jambon; *(fig)* **to bring home the**
~* décrocher la timbale*. ◆ **bacon-slicer** *n*
coupe-jambon *m inv*.
bacteria [bæk'tɪərɪə] *npl of* **bacterium** bactéries
fpl. ◆ **bacterial** *adj* bactérien. ◆ **bacteriological**
adj bactériologique. ◆ **bacteriologist** *n* bactériologiste *mf*. ◆ **bacteriology** *n* bactériologie *f*.
bad [bæd] **1** *adj, comp* **worse,** *superl* **worst** *(gen)*
mauvais; *person* méchant; *child, dog* vilain; *tooth*
carié; *coin, money* faux; *mistake, accident,*
wound grave. ~ **language** gros mots; **he's a** ~ **lot*:
c'est un sale type*; **it was a** ~ **thing to do** ce n'était
pas bien de faire cela; **you** ~ **boy!** vilain!; **it is not**
so ~ ce n'est pas si mal; **too** ~! *(indignant)* c'est
un peu fort!; *(sympathetic)* quel dommage!; **it's**
too ~ **of you** ce n'est vraiment pas bien de votre
part; **how is he? – not so** ~ comment va-t-il? – pas

trop mal; ~ **for the health** mauvais pour la santé;
this is ~ **for you** cela ne vous vaut rien; *(Med)* **to**
feel ~ se sentir mal; **I feel very** ~ **about it*** ça
m'embête*; **from** ~ **to worse** de mal en pis; **business is** ~ les affaires vont mal; **she speaks** ~
English elle parle un mauvais anglais; **to go** ~
[food] se gâter; *[milk]* tourner; *[bread etc]* moisir;
[teeth] se carier; *(fig)* ~ **blood** animosité *f*; **it's a** ~
business *(sad)* c'est une triste affaire;
(unpleasant) c'est une mauvaise histoire; **a** ~
cold un gros rhume; **to come to a** ~ **end** mal finir;
~ **headache** violent mal *m* de tête; **her** ~ **leg** sa
jambe malade; *(Ling)* **in a** ~ **sense** dans un sens
péjoratif; **there is a** ~ **smell** ça sent mauvais; **it**
wouldn't be a ~ **thing (to do)** ce ne serait pas une
mauvaise idée (de faire); **to have a** ~ **time of it**
(poverty) manger de la vache enragée; *(pain)*
avoir très mal; *(trouble)* être dans une mauvaise
passe; **to be in a** ~ **way** *(in a fix)* être dans le
pétrin; *(very ill)* être très mal. **2** *n*: **the** ~ le
mauvais; **he's gone to the** ~* il a mal tourné.
3 *adv*: **he's got it** ~ *(hobby etc)* c'est une marotte
chez lui; *(person)* il l'a dans la peau*.
◆ **baddie*** *n* méchant *m*. ◆ **baddish** *adj* pas
fameux. ◆ **badly** *adv (worse, worst)* **(a)** mal; **he**
did ~ly ça a mal marché (pour lui); **things are**
going ~ly les choses vont mal; **he took it** ~ly il a
mal pris la chose; **to be** ~ly **off** être dans la gêne;
he is ~ly **off for space** il manque de place; **(b)**
(seriously) wound grièvement; ~ly **defeated**
battu à plate couture; **the** ~ly **disabled** les grands
invalides; **(c)** *(very much)* **to want sth** ~ly avoir
grande envie de qch; **I need it** ~ly j'en ai absolument besoin; **he** ~ly **needs a beating*** il a
sérieusement besoin d'une correction. ◆ **bad-
mannered** *adj* mal élevé. ◆ **badness** *n (wickedness)* méchanceté *f*. ◆ **bad-tempered** *adj*: **to be**
~-**tempered** avoir mauvais caractère; *(in bad*
temper) être de mauvaise humeur.
bade [bæd, beɪd] *pret of* **bid**.
badge [bædʒ] *n (gen, also Mil)* insigne *m; [an*
order, police] plaque *f*; *(sew-on, stick-on)* badge
m; (fig) signe *m* (distinctif). **his** ~ **of office** l'insigne de sa fonction.
badger ['bædʒər] **1** *n* blaireau *m (animal)*. **2** *vt*
harceler *(sb to do* qn pour qu'il fasse; *with* de).
badminton ['bædmɪntən] *n* badminton *m*.
baffle ['bæfl] *vt person* déconcerter; *pursuers*
semer*; *description* défier. ◆ **baffling** *adj*
déconcertant.
bag [bæg] **1** *n* sac *m*. ~**s** *(luggage)* bagages *mpl*,
valises *fpl*; ~**s of*** des masses de*; **paper** ~ sac en
papier; ~**s under the eyes*** poches *fpl* sous les
yeux; **with** ~ **and baggage** avec armes et bagages; **the whole** ~ **of tricks*** tout le bataclan*; *(fig)*
it's in the ~* c'est dans le sac*; *(pej)* **she's an old**
~* (*ugly*) c'est un vieux tableau*; *(grumpy)* c'est
une vieille teigne. **2** *vt* **(a)** *(Hunting)* tuer; *(*: *get,*
grab) empocher. **I** ~**s that!** c'est à moi! **(b)**
(~ **up**) *flour, goods* mettre en sac. **3** *vi [garment]*
goder. ◆ **bagful** *n* sac *m* plein. ◆ **baggy** *adj jacket*
flottant; *trousers* ample, *(pej)* trop ample.
◆ **bagpipes** *npl* cornemuse *f*. ◆ **bag-snatching** n:
to be accused of ~-**snatching** être accusé d'avoir
arraché son sac à qn.
baggage ['bægɪdʒ] **1** *n* bagages *mpl; (Mil)* équipement *m*. **2** *adj*: *(esp US)* ~ **car** fourgon *m*; ~
check bulletin *m* de consigne; ~ **handler**
bagagiste *m*; ~ **room** consigne *f*.
Bahamas [bə'hɑːməz] *npl*: **the** ~ les Bahamas *fpl*.
bail[1] ['beɪl] **1** *n (Jur)* caution *f*. **on** ~ sous caution; **to**
free or release sb on ~ mettre qn en liberté pro-
visoire sous caution; **to stand** ~ **for sb** se porter
garant de qn; **to ask for** ~ demander la mise en
liberté sous caution. **2** *vt* (~ **out**) *(Jur)* faire
mettre en liberté provisoire sous caution; *(fig)*
sortir d'affaire.
bail[2] ['beɪl] *vt* (~ **out**) *boat* écoper; *water* vider.

bailiff ['beilif] n (Jur) huissier m; [estate] régisseur m.

bait [beit] **1** n appât m; (fig) appât, leurre m. (lit, fig) **to swallow the** ~ mordre à l'hameçon. **2** vt hook, trap appâter; (torment) animal, person tourmenter.

baize [beiz] n serge f. ~ **door** porte matelassée.

bake [beik] **1** vt (Culin) faire cuire au four; etc cuire. **to** ~ **a cake** (make) faire un gâteau; (actually cook) faire cuire un gâteau; ~**d potatoes** pommes fpl de terre au four; ~**d beans** haricots blancs à la sauce tomate.
2 vi [bread, cakes] cuire (au four). **she** ~**s every Tuesday** elle fait du pain (or de la pâtisserie etc) tous les mardis.
♦ **baker** n boulanger m, -ère f; ~**r's shop** boulangerie f; ~**r's dozen** treize à la douzaine. ♦ **bakery** or ♦ **bakehouse** n boulangerie(-pâtisserie) f. ♦ **baking 1** n cuisson f; **the bread is our own baking** nous faisons le pain nous-mêmes. **2** adj: **baking dish** plat m allant au four; **baking powder** = levure alsacienne; **baking sheet** or **tray** plaque f à gâteau; **baking soda** bicarbonate m de soude; **baking-tin** [cakes] moule m (à gâteaux); [tarts] tourtière f; **it's baking (hot)!*** il fait une de ces chaleurs!

balaclava [,bælə'klɑːvə] n: ~ **(helmet)** passemontagne m.

balance ['bæləns] **1** n (a) (equilibrium) équilibre m; (scales) balance f. (fig) **to hang in the** ~ être en balance; **to hold the** ~ faire pencher la balance; **to keep/lose one's** ~ garder/perdre son équilibre; (lit, fig) **off** ~ mal équilibré; **to throw sb off** ~ (lit) faire perdre l'équilibre à qn; (fig) couper le souffle à qn; **the** ~ **of power** l'équilibre des forces; **to strike a** ~ trouver le juste milieu; **on** ~ tout compte fait; (Jur) **when the** ~ **of his mind was disturbed** alors qu'il n'était pas responsable de ses actes; **a nice** ~ **of humour and pathos** un délicat dosage d'humour et de pathétique. **(b)** (Comm, Fin) (equality) balance f; (difference) solde m; (remainder: of holidays etc) reste m. **credit** ~, ~ **in hand** solde créditeur; ~ **carried forward** solde reporté or à reporter; (Econ) ~ **of trade/payments** balance commerciale/des paiements; **sterling** ~**s** balances sterling; **(bank)** ~ état m de compte (bancaire).
2 adj: ~ **sheet** bilan m.
3 vt **(a)** tenir en équilibre; (fig: counterbalance) équilibrer, compenser. [2 objects] **they** ~ **each other** ils se font contrepoids. **(b)** (weigh up) balancer, peser; arguments, solutions comparer. **this must be** ~**d against that** il faut peser le pour et le contre. **(c)** account balancer; budget équilibrer. **to** ~ **the books** dresser le bilan; **to** ~ **the cash** faire la caisse.
4 vi [acrobat etc] se maintenir en équilibre; [scales, accounts] être en équilibre; (waver) balancer (between entre). **to** ~ **on one foot** se tenir en équilibre sur un pied.
♦ **balanced** adj person, diet équilibré; views judicieux. ♦ **balancing** adj: (fig) **to do a balancing act** jongler (fig).

balcony ['bælkəni] n balcon m; (Theat) fauteuils mpl de deuxième balcon.

bald [bɔːld] adj person chauve; tyre lisse; lie flagrant, non déguisé. ~ **patch** [person] (petite) tonsure f; [animal] place f dépourvue de poils; [carpet etc] coin m pelé; **a** ~ **statement** une simple exposition de faits. ♦ **bald-headed** adj chauve. ♦ **baldly** adv abruptement. ♦ **baldness** n [person] calvitie f; [tyre] état m lisse.

balderdash ['bɔːldədæʃ] n balivernes fpl.

bale¹ [beil] n balle f (de coton etc).

bale² [beil] vi: **to** ~ **out** (Aviat) sauter (en parachute).

Balearic [,bælɪ'ærɪk] adj: **the** ~ **Islands** les (îles fpl) Baléares fpl.

baleful ['beilful] adj sinistre. **to give sb/sth a** ~ **look** regarder qn/qch d'un œil torve. ♦ **balefully** adv sinistrement; look d'un œil torve.

balk [bɔːk] **1** vt person, plan contrecarrer. **2** vi [person] regimber (at contre); [horse] se dérober (at devant).

Balkan ['bɔːlkən] n: **the** ~**s** les Balkans mpl.

ball¹ [bɔːl] n **(a)** (gen) balle f; (inflated: Ftbl etc) ballon m; (Billiards) bille f, boule f; (Croquet) boule. **as round as a** ~ rond comme une boule; **cat curled up in a** ~ chat pelotonné (en boule); (fig) **to keep the** ~ **rolling** soutenir la conversation (or l'intérêt etc); **to start the** ~ **rolling*** faire démarrer une affaire (or une conversation etc); (fig) **the** ~ **is in your court** (c'est) à vous de jouer; **to be on the** ~* (competent) être à la hauteur; (alert) ouvrir l'œil et le bon*; ~ **of fire** globe m de feu; (fig) **he's a real** ~ **of fire*** il est débordant d'activité; ~ **of the foot** plante f du pied; ~ **and chain** boulet m. **(b)** [wool, string] pelote f, peloton m. **(c)** [meat, fish] boulette f; [potato] croquette f.
♦ **ball bearings** npl roulement m à billes.
♦ **ballcock** n robinet m à flotteur. ♦ **ball game** n (US) partie f de baseball. ♦ **ballpark** n (US) stade m de baseball. ♦ **ballpoint (pen)** n stylo m à bille.

ball² [bɔːl] n (dance) bal m. (fig) **to have a** ~* faire la bringue*. ♦ **ballroom** n salle f de bal; ~**room dancing** danse f (de salon).

ballad ['bæləd] n (Mus) romance f; (Literat) ballade f.

ballast ['bæləst] n (Naut etc) lest m.

ballerina [,bælə'riːnə] n ballerine f.

ballet ['bælei] **1** n ballet m. **2** adj: ~ **dancer** danseur m, -euse f de ballet.

ballistic [bə'lɪstɪk] adj balistique. ~ **missile** engin m balistique. ♦ **ballistics** nsg balistique f.

balloon [bə'luːn] **1** n ballon m. **to go up in a** ~ monter en ballon; (fig) **the** ~ **went up*** l'affaire a éclaté; **weather** ~ ballon-sonde m. **2** adj: ~ **glass** verre m ballon; ~ **tyre** pneu m ballon. **3** vi: **to go** ~**ing** faire une or des ascension(s) en ballon.
♦ **balloonist** n aéronaute mf.

ballot ['bælət] **1** n (Pol etc) scrutin m; (drawing lots) tirage m au sort. **first** ~ premier tour de scrutin. **2** vi (Pol etc) voter au scrutin secret; (draw lots) tirer au sort. **3** adj: ~ **box** urne f (électorale); ~ **paper** bulletin m de vote.

ballyhoo* [,bælɪ'huː] n balivernes fpl.

balm [bɑːm] n baume m. ♦ **balmy** adj (mild) doux; (*: silly) timbré*.

baloney* [bə'ləʊnɪ] n balivernes fpl.

balsa ['bɔːlsə] n: ~ **(wood)** balsa m.

Baltic ['bɔːltɪk] adj port de la Baltique; state balte. **the** ~ **(Sea)** la (mer) Baltique.

balustrade [,bæləs'treid] n balustrade f.

bamboo [bæm'buː] n bambou m.

bamboozle* [bæm'buːzl] vt (deceive) avoir*, embobiner*; (perplex) dérouter*.

ban [bæn] **1** n interdit m. **2** vt (gen) interdire (sth qch, sb from doing à qn de faire); person exclure (from de); (Rel) book etc mettre à l'index.

banal [bə'nɑːl] adj banal. ♦ **banality** n banalité f.

banana [bə'nɑːnə] **1** n banane f; (tree) bananier m. **2** adj: ~ **boat** bananier m (cargo); ~ **republic** république f bananière; ~ **skin** peau f de banane.

band¹ [bænd] n (gen) bande f; [cigar] bague f; [hat] ruban m; [gramophone record] plage f. **elastic** ~ élastique m.

band² [bænd] n **(a)** (group) bande f, troupe f. **(b)** (Mus) orchestre m; (Mil) fanfare f.
band together vi former une bande.
♦ **bandsman** n musicien m. ♦ **bandstand** n kiosque m (à musique). ♦ **bandwagon** n: (fig) **to climb on the** ~**wagon** prendre le train en marche*.

bandage ['bændɪdʒ] **1** n (strip) bande f; (dressing) bandage m, (of gauze) pansement m; [blindfolding] bandeau m. **2** vt (~ **up**) limb bander;

wound mettre un pansement *or* un bandage sur.
bandan(n)a [bæn'dænə] *n* foulard *m* (à pois).
bandit ['bændɪt] *n* bandit *m*. ◆ **banditry** *n* banditisme *m*.
bandolier [ˌbændə'lɪər] *n* cartouchière *f*.
bandy[1] ['bændɪ] *vt ball, reproaches* se renvoyer; *blows, jokes* échanger. **to ~ words** discuter. **to ~ sb's name about** parler de qn.
bandy about *vt sep story, report* faire circuler.
bandy[2] ['bændɪ] *adj leg* arqué; *(also* **~-legged)** *person* bancal; *horse* arqué.
bane [beɪn] *n*: **he's the ~ of my life*** il m'empoisonne la vie*. ◆ **baneful** *adj* funeste.
bang [bæŋ] **1** *n (noise) [gun, explosives]* détonation *f*, fracas *m*; *(Aviat)* bang *m* (supersonique); *[door]* claquement *m*; *(blow)* coup *m* (violent). **2** *excl* pan! **3** *adv* (*) **to go ~** éclater; **~ in the middle** en plein milieu; **his answer was ~ on** sa réponse est tombée pile; **~ on time** à l'heure pile; **~ went a £10 note!** et pan, voilà un billet de 10 livres fichu!* **4** *vt* frapper violemment. **to ~ one's fist on the table** frapper la table du poing; **to ~ one's head against sth** se cogner la tête contre qch; *(fig)* **you're ~ing your head against a brick wall** tu perds ton temps!; **to ~ the door** (faire) claquer la porte. **5** *vi [door]* claquer, battre; *[fireworks]* éclater; *[gun]* détoner. **to ~ on the door** donner de grands coups dans la porte; **to ~ into sth** heurter qch; **to ~ about** *or* **around** faire du bruit.
bang down *vt sep* poser brusquement; *lid* rabattre violemment. *(Telec)* **to ~ down the receiver** raccrocher brutalement.
bang together *vt sep objects* cogner l'un(e) contre l'autre. **I could have ~ed their heads together!*** j'en aurais pris un pour taper sur l'autre!
banger* ['bæŋər] *n* (a) *(sausage)* saucisse *f*. **~s and mash** saucisses à la purée. (b) *(old car)* (vieux) tacot* *m*.
Bangladesh ['bæŋɡlə'deʃ] *n* Bangladesh *m*.
bangle ['bæŋɡl] *n* bracelet *m*, *(rigid)* jonc *m*.
banish ['bænɪʃ] *vt person* exiler *(from* de; *to* en, à), bannir *(from* de); *cares* bannir. ◆ **banishment** *n* bannissement *m*, exil *m*.
banister ['bænɪstər] *n* = **bannister**.
banjo ['bændʒəʊ] *n* banjo *m*.
bank[1] [bæŋk] **1** *n* (a) *(mound) [earth, snow]* talus *m*; *(embankment)* remblai *m*; *(on road, racetrack)* bord relevé; *[sand, sea, river]* banc *m*. (b) *(edge) [river, lake]* bord *m*, rive *f*; *[canal]* bord. *[Paris]* **the Left B~** la Rive gauche. **2** *vt (~ up)** *road* relever *(dans un virage)*; *earth* amonceler; *fire* couvrir. **3** *vi (Aviat)* virer (sur l'aile).
bank[2] [bæŋk] *n [oars, switches]* rangée *f*.
bank[3] [bæŋk] **1** *n (Fin, Betting, Med)* banque *f*. **the B~ of France** la Banque de France; **it is as safe as the B~ of England** ça ne court aucun risque; **to break the ~** faire sauter la banque. **2** *adj:* **~ account** compte *m* en banque; **~ balance** état *m* de compte (bancaire); **~ book** livret *m* de banque; **~ card** carte *f* d'identité bancaire; **~ charges** frais *mpl* de banque; **~ clerk** employé(e) *m(f)* de banque; **~ holiday** jour férié; **~ note** billet *m* de banque; **~ rate** taux *m* d'escompte; **~ statement** relevé *m* de compte. **3** *vt* déposer en banque. **4** *vi*: **to ~ with Lloyds** avoir un compte à la Lloyds; **where do you ~?** quelle est votre banque?
bank (up)on *vt fus (fig)* compter sur.
◆ **banker** *n* banquier *m*; **~er's card** carte *f* d'identité bancaire; **~er's order** ordre *m* de virement bancaire *(pour paiements réguliers)*. ◆ **banking 1** *n*: **to study ~ing** faire des études bancaires; **he's in ~ing** il est banquier; **2** *adj*: **~ing hours** heures *fpl* d'ouverture des banques; **~ing house** banque *f*. ◆ **bankrupt 1** *adj* failli(e) *m(f)*; **2** *adj (Jur)* failli; *(*fig: penniless)* fauché*; **to go ~rupt** faire faillite; **to be ~rupt** être en faillite;

3 *vt* mettre en faillite; *(*: fig)* ruiner. ◆ **bankruptcy 1** *n* faillite *f*; **2** *adj:* **B~ruptcy Court** ≈ tribunal *m* de commerce; **~ruptcy proceedings** procédure *f* de faillite.
banner ['bænər] *n* bannière *f*. *(Press)* **~ headline** manchette *f*.
bannister ['bænɪstər] *n* rampe *f* (d'escalier). **to slide down the ~(s)** descendre sur la rampe.
banns [bænz] *npl* bans *mpl (de mariage)*. **to call the ~** publier les bans.
banquet ['bæŋkwɪt] *n* banquet *m*; *(fig: lavish meal)* festin *m*. ◆ **banquet(ing) hall** *n* salle *f* des banquets.
banshee ['bæn'ʃiː] *n* fée *f (aux cris funestes)*.
bantam ['bæntəm] *n* coq *m* nain, poule *f* naine.
banter ['bæntər] **1** *n* badinage *m*. **2** *vi* badiner.
◆ **bantering** *adj* badin.
baptize [bæp'taɪz] *vt* baptiser. ◆ **baptism** *n* baptême *m*. ◆ **baptismal** *adj* baptismal. ◆ **baptist** *n*, *adj (Rel)* **B~** baptiste *(mf)*.
bar[1] [bɑːr] **1** *n* (a) *(slab) [metal]* barre *f*; *[wood]* planche *f*; *[gold]* lingot *m*; *[chocolate]* tablette *f*. **~ of soap** savonnette *f*. (b) *(rod) [window, cage]* barreau *m*; *[grate, door, also Sport]* barre *f*. **behind ~s** sous les verrous; **to be a ~ to progress** faire obstacle au progrès. (c) *(Jur)* barreau *m*. **to be called** *or (US)* **admitted to the ~** s'inscrire au barreau; **the prisoner at the ~** l'accusé(e) *m(f)*. (d) *(in hotel etc)* bar *m*; *(at open-air shows etc)* buvette *f*; *(counter)* comptoir *m*. **to have a drink at the ~** prendre un verre au comptoir; *(Comm)* **stocking ~** rayon *m* des bas. (e) *(Mus)* mesure *f*. **the opening ~s** les premières mesures.
2 *vt* (a) *road* barrer; *door* mettre la barre à. **to ~ sb's way** barrer le passage à qn, couper la route à qn; *(lit, fig)* **to ~ the door against sb** barrer la porte à qn; **five-~red gate** barrière *f* à cinq barreaux. (b) *(exclude) person* exclure *(from* de); *action, thing* défendre.
◆ **barmaid** *n* serveuse *f (de bar)*. ◆ **barman** *or*
◆ **bartender** *n* barman *m*.
bar[2] [bɑːr] *prep* sauf. **~ none** sans exception.
barb [bɑːb] *n [fish hook]* barbillon *m*; *[arrow]* barbelure *f*; *[feather]* barbe *f*; *(fig) [wit etc]* trait *m*. ◆ **barbed** *adj arrow* barbelé; *words, wit* acéré; **~(ed) wire fil** *m* de fer barbelé; **~(ed)-wire fence** haie *f* barbelée.
Barbados [bɑː'beɪdɒs] *n* Barbade *f*.
barbarian [bɑː'bɛərɪən] *adj, n* barbare *(mf)*.
◆ **barbaric** *adj* barbare, de barbare.
◆ **barbarism** *n (Ling)* barbarisme *m*. ◆ **barbarity** *n* barbarie *f*. ◆ **barbarous** *adj* barbare. ◆ **barbarously** *adv* cruellement.
barbecue ['bɑːbɪkjuː] **1** *n* barbecue *m*. **2** *vt steak* griller au charbon de bois; *animal* rôtir tout entier. **3** *adj:* **~ sauce** sauce *f* barbecue.
barber ['bɑːbər] *n* coiffeur *m (pour hommes)*. **~'s pole** enseigne *f* de coiffeur.
barbiturate [bɑː'bɪtjʊrɪt] *n* barbiturique *m*. **~ poisoning** dose *f* excessive de barbituriques.
bard[1] [bɑːd] *n* barde *m*; *(poet)* poète *m*.
bard[2] [bɑːd] *vt (Culin)* barder.
bare [bɛər] **1** *adj (gen)* nu; *hill* pelé; *countryside, tree, style* dépouillé; *(Elec)* wire dénudé; *cupboard, room* vide; *wall* nu. **with his ~ hands** à mains nues; **~ patch** *[grass]* place pelée; *[carpet]* coin pelé; **with his head ~** tête nue; **to sleep on ~ boards** coucher sur la dure; **to lay ~** mettre à nu; **~ statement of facts** simple énoncé *m* des faits; **the ~ necessities/minimum** le strict nécessaire/minimum; **to earn a ~ living** gagner tout juste de quoi vivre; **~ majority** faible majorité *f*. **2** *vt* mettre à nu. **to ~ one's teeth** montrer les dents *(at* à); **to ~ one's head** se découvrir (la tête).
◆ **bareback** *adv* à cru. ◆ **barefaced** *adj* éhonté.
◆ **barefoot(ed)** *adv* nu-pieds; *adj* aux pieds nus.
◆ **bareheaded** *adv* nu-tête *inv*; *adj* nu-tête *inv*; *woman* en cheveux. ◆ **barelegged** *adj* aux

jambes nues. ♦ **barely** adv à peine. ♦ **bareness** n [person] nudité f; [room] dénuement m.

bargain ['bɑːgɪn] 1 n (a) (transaction) marché m, affaire f. to make a ~ conclure un marché (with avec); it's a ~!* c'est convenu!; a bad ~ une mauvaise affaire; (fig) into the ~ par-dessus le marché. (b) (good buy) occasion f. it's a (real) ~! c'est une véritable occasion! 2 adj offer, price avantageux. ~ basement coin m des (bonnes) affaires; ~ hunter chercheur m, -euse f d'occasions; ~ sale soldes mpl. 3 vi: to ~ with sb (haggle) marchander avec qn; (negotiate) négocier avec qn; (fig) I did not ~ for that je ne m'attendais pas à cela; I got more than I ~ed for j'ai eu du fil à retordre. ♦ **bargaining** 1 n marchandage m; 2 adj: that gives us more ~ing power ceci nous donne plus d'atouts dans les négociations.

barge [bɑːdʒ] 1 n (on river, canal) chaland m; (large) péniche f; (with sail) barge f; [admiral] vedette f; (ceremonial) barque f. 2 adj: I wouldn't touch it with a ~ pole* (revolting) je n'y toucherais pas avec des pincettes; (risky) je ne m'y frotterais pas. 3 vi: to ~ into a room faire irruption dans une pièce, entrer sans façons dans une pièce.

barge in vi (enter) faire irruption; (interrupt) interrompre; (interfere) se mêler de ce qui ne vous regarde pas.

♦ **bargee** or ♦ **bargeman** n batelier m, marinier m.

baritone ['bærɪtəʊn] 1 n baryton m. 2 adj de baryton.

barium ['beərɪəm] n: ~ meal sulfate m de baryum.

bark[1] [bɑːk] 1 n [tree] écorce f. to strip the ~ off a tree écorcer un arbre. 2 vt: to ~ one's shins s'écorcher les jambes.

bark[2] [bɑːk] 1 n [dog] aboiement m; [fox] glapissement m. the ~ of a gun un coup de canon; his ~ is worse than his bite il fait plus de bruit que de mal. 2 vi [dog] aboyer (at après); [fox] glapir; [gun] aboyer, tonner; (speak sharply) crier. (fig) to ~ up the wrong tree faire fausse route.

bark out vt sep order glapir.

♦ **barker** n [fairground] bonimenteur m.
♦ **barking** 1 n aboiements mpl; 2 adj: ~ing cough toux f sèche.

barley ['bɑːlɪ] 1 n orge f. 2 adj: ~ sugar sucre m d'orge; ~ water orgeat m.

barmy ['bɑːmɪ] adj timbré*.

barn [bɑːn] n grange f; (US) [horses] écurie f; [cattle] étable f; (huge house) énorme bâtisse f. ~ dance soirée f de danses paysannes. ♦ **barnyard** n basse-cour f; ~yard fowls volaille f.

barnacle ['bɑːnəkl] n anatife m.

barometer [bə'rɒmɪtər] n baromètre m.
♦ **barometric** adj barométrique.

baron ['bærən] n baron m; (fig) magnat m.
♦ **baroness** n baronne f. ♦ **baronet** n baronnet m.
♦ **baronial hall** n demeure f seigneuriale.

baroque [bə'rɒk] adj, n baroque (m).

barrack ['bærək] 1 n: ~s caserne f; in ~s à la caserne. 2 adj: ~ square cour f de caserne.
♦ **barrack room** 1 n chambrée f; 2 adj language de caserne; (fig) to be a ~-room lawyer se promener toujours avec le code sous le bras.

barracuda [,bærə'kjuːdə] n barracuda m.

barrage ['bærɑːʒ] 1 n (a) [river] barrage m. (b) (Mil) tir m de barrage; [questions] pluie f; [words] flot m. 2 adj: ~ balloon ballon m de barrage.

barrel ['bærəl] 1 n (a) [wine, beer] tonneau m; [cider] futaille f; [herring] caque f; [oil, tar] baril m. (b) [firearm, key] canon m; [fountain pen] corps m. to give sb both ~s* lâcher ses deux coups sur qn*. 2 adj: ~ organ orgue m de Barbarie.

barren ['bærən] adj stérile, (fig) aride.
♦ **barrenness** n stérilité f.

barricade [,bærɪ'keɪd] 1 n barricade f. 2 vt barricader.

barrier ['bærɪər] 1 n barrière f; (in station) portillon m (d'accès); (fig) obstacle m (to à). 2 adj: ~ cream crème f isolante.

barring ['bɑːrɪŋ] prep excepté, sauf.

barrister ['bærɪstər] n avocat m.

barrow[1] ['bærəʊ] n (wheel~) brouette f; (coster's) voiture f des quatre saisons; (Rail: luggage ~) diable m; (Min) wagonnet m. ♦ **barrow-boy** n marchand m des quatre saisons.

barrow[2] ['bærəʊ] n (Archeol) tumulus m.

barter ['bɑːtər] 1 n échange m, troc m. 2 vt échanger, troquer (for contre).

barter away vt sep rights vendre (for pour).

basalt ['bæsɔːlt] n basalte m.

base[1] [beɪs] 1 n (gen; also Mil) base f; [tree] pied m; (of paint: ~ coat) première couche f.
2 vt opinion baser (on sur); troops baser (at à). post ~d on London poste centré sur Londres; London-~d dont le centre d'opérations est Londres; I am ~d on Glasgow j'opère à partir de Glasgow.
♦ **baseball** n base-ball m. ♦ **baseless** adj sans fondement.

base[2] [beɪs] adj (a) (vile: gen) bas; behaviour, motive ignoble; metal vil. (b) (US) = **bass**[1].
♦ **basely** adv bassement; ignoblement. ♦ **baseness** n bassesse f.

basement ['beɪsmənt] n sous-sol m.

bash [bæʃ] 1 n coup m. the bumper has had a ~ le pare-choc est cabossé; I'll have a ~ (at it)* je vais essayer un coup*. 2 vt frapper, cogner. to ~ sb on the head assommer qn.

bash in vt sep door enfoncer; car cabosser; cover défoncer. to ~ sb's head in défoncer le crâne à qn*.

bash up vt sep car bousiller*; person tabasser*.

bashful ['bæʃfʊl] adj timide. ♦ **bashfully** adv timidement. ♦ **bashfulness** n timidité f.

basic ['beɪsɪk] 1 adj (fundamental) principle, problem, French fondamental; salary, vocabulary de base; (elementary) rules, precautions élémentaire. 2 n: the ~s l'essentiel m.
♦ **basically** adv au fond, essentiellement.

basil ['bæzl] n (Bot) basilic m.

basilica [bə'zɪlɪkə] n basilique f.

basin ['beɪsn] n (gen) cuvette f, bassine f; (for food) saladier m, (smaller) bol m; (wash~) cuvette, (plumbed in) lavabo m; (fountain) vasque f; [river] bassin m.

basis ['beɪsɪs] n, pl **bases** base f. on that ~ dans ces conditions; on the ~ of what you've told me par suite de ce que vous m'avez dit.

bask [bɑːsk] vi (in sun) se dorer (in à). to ~ in sb's favour jouir de la faveur de qn.

basket ['bɑːskɪt] 1 n (gen) corbeille f; (one-handled; also for bicycle etc) panier m. 2 adj: ~ chair chaise f en osier. ♦ **basketball** n basket(-ball) m. ♦ **basketwork** n vannerie f.

Basque [bæsk] 1 n Basque mf; (Ling) basque m. 2 adj basque. ~ Country Pays m basque.

bass[1] [beɪs] (Mus) 1 n basse f. 2 adj bas; clef de fa. ~ baritone basse chantante; ~ drum grosse caisse.

bass[2] [bæs] n (freshwater) perche f; (sea) bar m.

basset ['bæsɪt] n: ~ (hound) basset m.

bassoon [bə'suːn] n basson m.

bastard ['bɑːstəd] 1 n bâtard(e) m(f); (!pej) salaud! m. poor ~! pauvre type!*. 2 adj child bâtard; language abâtardi.

baste [beɪst] vt (Culin) arroser; (Sewing) bâtir.

bat[1] [bæt] n (Zool) chauve-souris f. (fig) to have ~s in the belfry* avoir une araignée au plafond*.

bat[2] [bæt] n (Baseball, Cricket) batte f; (Table Tennis) raquette f. (fig) off one's own ~ de sa propre initiative. 2 vi manier la batte.

bat[3] [bæt] vt: he didn't ~ an eyelid il n'a pas

sourcillé; **without** ~**ting an eyelid** sans sourciller.

batch [bætʃ] n *[loaves]* fournée f; *[people]* groupe m; *[letters]* paquet m; *[goods]* lot m.

bated ['beɪtəd] adj: **with** ~ **breath** en retenant son souffle.

bath [bɑːθ] 1 n, pl ~**s** [bɑːðz] (gen) bain m; (~tub) baignoire f. **to have a** ~ prendre un bain; **to give sb a** ~ donner un bain à qn; **room with** ~ chambre f avec salle de bains; ~**s** (washing) (établissement m de) bains-douches mpl; (swimming) piscine f. 2 vt donner un bain à. 3 vi prendre un bain. 4 adj *towel, sheet, salts* de bain. ♦ **bathchair** n fauteuil roulant. ♦ **bathmat** n tapis m de bain. ♦ **bathrobe** n peignoir m de bain. ♦ **bathroom** 1 n salle f de bains; 2 adj: ~**room cabinet** armoire f de toilette; ~**room scales** pèse-personne m. ♦ **bathtub** n baignoire f. ♦ **bathwater** n eau f du bain.

bathe [beɪð] 1 vt baigner; *wound* laver. ~**d in sweat** en nage; ~**d in light** baigné de lumière. 2 vi se baigner (*dans la mer* etc); (US) prendre un bain (*dans une baignoire*). 3 n: **to have a** ~ se baigner. ♦ **bather** n baigneur m, -euse f. ♦ **bathing** n 1 baignade f; 2 adj: *bathing beauty* belle baigneuse; **bathing cap** bonnet m de bain; **bathing costume** or **suit** or **trunks** maillot m (de bain).

baton ['bætən] n (Mil, Mus, French Police) bâton m; (Brit Police) matraque f; *[relay race]* témoin m. ~ **charge** charge f à la matraque.

bats*n* [bæts] adj toqué*, timbré*.

battalion [bə'tælɪən] n (Mil, fig) bataillon m.

batten[1] ['bætn] n (Carpentry) latte f.

batten[2] ['bætn] vi s'engraisser (*on sb* aux dépens de qn; *on sth* de qch).

batter ['bætə[r]] 1 n (Culin) (*for frying*) pâte f à frire; (*for pancakes*) pâte à crêpes. **fried fish in** ~ poisson frit (enrobé de pâte à frire). 2 vt battre; *baby* martyriser. 3 vi: **to** ~ **at the door** cogner à la porte à coups redoublés. ♦ **battered** adj *hat, car* cabossé; *face* meurtri; *furniture, house* délabré; ~**ed babies** enfants martyrs. ♦ **battering** adj: ~**ing ram** bélier m.

battery ['bætərɪ] 1 n (a) (*guns*) batterie f. (b) *[torch, radio]* pile f; *[vehicle]* accumulateurs mpl. (c) (*row of similar objects*) batterie f; *[questions etc]* pluie f. (d) (Agr) batterie f. 2 adj *radio* à piles; *farming* intensif; *hen* de batterie. (Elec) ~ **charger** chargeur m.

battle ['bætl] 1 n bataille f, combat m; (fig) lutte f, combat (*for sth* pour obtenir qch; *to do* pour faire). **killed in** ~ tué à l'ennemi; (fig) **to fight sb's** ~**s** se battre à la place de qn; **we are fighting the same** ~ nous nous battons pour la même cause; ~ **royal** bataille en règle; **that's half the** ~* c'est déjà pas mal*. 2 adj *cry* de guerre; *zone* de combat. ~ **dress** tenue f de campagne. 3 vi se battre, lutter (*for sth* pour obtenir qch; *to do* pour faire). ♦ **battle-axe*** n (*woman*) virago f. ♦ **battlefield** or ♦ **battleground** n champ m de bataille. ♦ **battlements** npl remparts mpl. ♦ **battle-scarred** adj marqué par les combats. ♦ **battleship** n cuirassé m.

bauble ['bɔːbl] n babiole f.

baulk [bɔːlk] = **balk**.

bauxite ['bɔːksaɪt] n bauxite f.

bawdy ['bɔːdɪ] adj paillard.

bawl [bɔːl] vt brailler (*at* contre).

bawl out*n* vt sep (*scold*) engueuler*n*.

bay[1] [beɪ] n (Geog: gen) baie f. **the B**~ **of Biscay** le golfe de Gascogne.

bay[2] [beɪ] n (~ *tree*) laurier(-sauce) m. ~ **leaf** feuille f de laurier.

bay[3] [beɪ] n (*for parking*) lieu m de stationnement (autorisé). ~ **window** fenêtre f en saillie.

bay[4] [beɪ] 1 n: **to be at** ~ être aux abois; **to keep**

sb/sth at ~ tenir qn/qch en échec. 2 vi *[dog]* aboyer (*at* à, après).

bay[5] [beɪ] adj *horse* bai.

bayonet ['beɪənɪt] 1 n baïonnette f. 2 vt passer à la baïonnette. 3 adj *charge* à la baïonnette.

bazaar [bə'zɑː[r]] n (*market; shop*) bazar m; (*sale of work*) vente f de charité.

bazooka [bə'zuːkə] n bazooka m.

be [biː] pret **was, were**, ptp **been** 1 *copulative vb* (a) être. **he is a soldier** il est soldat; **she is an Englishwoman** c'est une Anglaise, elle est anglaise; **who is that?** – **it's me!** qui est-ce? – c'est moi!; ~ **good** sois sage. (b) (*health*) aller. **how are you?** comment allez-vous?; **I am better** je vais mieux; **she is well** elle va bien. (c) (*age*) **how old is he?** quel âge a-t-il?; **he is 3** il a 3 ans; **I would take her to** ~ 40 je lui donnerais 40 ans. (d) (*cost*) coûter. **how much is it?** combien cela coûte-t-il?, ça fait combien?*; **it is 10 francs** cela coûte 10F. (e) (Math) faire. **2 and 2 are 4** 2 et 2 font 4.

2 *aux vb* (a) (+ *prp* = *continuous tense*) **what are you doing?** – **I am reading a book** qu'est-ce que vous faites? – je lis *or* je suis en train de lire un livre; **what have you been doing this week?** qu'avez-vous fait cette semaine?; **I have been waiting for you for an hour** je t'attends depuis une heure. (b) (+ *ptp* = *passive*) **he was killed** il a été tué, on l'a tué; **he is to** ~ **pitied** il est à plaindre; **the car is to** ~ **sold** la voiture doit être vendue; **peaches are sold by the kilo** les pêches se vendent au kilo. (c) (*in tag questions, short answers*) **he's always late, isn't he?** – **yes, he is** il est toujours en retard, n'est-ce pas? – oui, toujours; **it's all done, is it?** tout est fait, alors? (d) (+ *to* + *infin*) **he is to do it** il doit le faire; **they are to** ~ **married** ils vont se marier; **she was never to return** elle ne devait jamais revenir; **the telegram was to warn us** le télégramme était pour nous avertir; **I am not to speak to him** je ne dois pas lui parler, on m'a défendu de lui parler; **I wasn't to tell you** je ne devais pas vous le dire; **it is not to** ~ **opened** il est interdit de l'ouvrir. (e) (*modal 'were'*) **if we were in London** si nous étions à Londres; **if I were to tell him** et à supposer (même) que je lui dise; **if I were you** à votre place, si j'étais vous.

3 vi (a) être, exister. **to** ~ **or not to** ~ être ou ne pas être; **the best artist that ever was** le meilleur peintre qui ait jamais existé; **that may** ~ cela se peut; ~ **that as it may** quoi qu'il en soit; **how is it that ...?** comment se fait-il que + *indic or subj*; **let me** ~ laissez-moi tranquille; **the bride-/mother-to-be** la future mariée/maman. (b) **there is, there are** il y a, there once a **castle here** il y avait autrefois un château ici; **there will** ~ **dancing** on dansera; **there were three of us** nous étions trois; **there is no knowing ...** il est impossible de savoir ...; **let there** ~ **light** que la lumière soit. (c) (*presenting, pointing out*) **here is, here are** voici; **there is, there are** voilà; **there he was, sitting at the table** il était là, assis à la table. (d) (*come, go*: *esp in perfect tense*) aller, venir. **I have been to see my aunt** je suis allé voir ma tante; **I have already been to Paris** j'ai déjà été *or* je suis déjà allé à Paris; **he has been and gone** il est venu et reparti.

4 *impers vb* (a) (*time*) être. **it is morning** c'est le matin; **it is 6 o'clock** il est 6 heures; **it is the 14th June today** nous sommes *or* c'est aujourd'hui le 14 juin; **it is a long time since I saw you** il y a longtemps que je ne vous ai vu; **it is you who did it** c'est vous qui l'avez fait; **were it not that** si ce n'était que; **were it not for my friendship for him we** ... sans lui, nous ...; **as it were** pour ainsi dire. (b) (*weather* etc) faire. **it is fine/cold** il fait beau/froid; **it is windy** il fait du vent. ♦ **be-all** n: **the** ~**-all and end-all** le but suprême

(of de). ♦ being n (a) existence f; to come into ~ing [idea] prendre naissance; [society] être créé; to bring into ~ing faire naître; then in ~ing qui existait alors; (b) être m; human ~ings êtres humains; all my ~ing revolts at tout mon être se révolte à.

beach [biːtʃ] 1 n [sea] plage f; (shore) grève f; [lake] rivage m. 2 vt échouer. 3 adj: ~ ball ballon m de plage; ~ buggy buggy m; ~ umbrella parasol m. ♦ beachcomber n ramasseur m d'épaves. ♦ beachhead n tête f de pont. ♦ beachwear n tenue f de plage.

beacon ['biːkən] n (gen, fig) phare m; (Aviat, Naut) balise f; (on hills) feu m (d'alarme). Belisha ~ lampadaire m (indiquant un passage clouté).

bead [biːd] n (gen) perle f; [rosary] grain m; [dew] perle; [sweat] goutte f. (string of) ~s collier m. ♦ beady-eyed adj (glittering) aux yeux en boutons de bottines; (pej) aux yeux de fouine.

beak [biːk] n bec m; (ː: nose) nez m crochu.

beaker ['biːkər] n gobelet m; (Chem) vase m à bec.

beam [biːm] 1 n (a) (Archit) poutre f. (b) (Naut) on the port ~ à bâbord. (c) [light, sunlight] rayon m, trait m; [headlight, searchlight, etc] faisceau m (lumineux); (Phys) faisceau; (Aviat, Naut) chenal m de radio-guidage. (fig) to be on (the) ~* être sur la bonne voie; (fig) to be off (the) ~* dérailler*. (d) (smile) sourire m épanoui. 2 vi [sun] rayonner. she ~ed son visage s'est épanoui en un large sourire; she ~ed at me elle a levé vers moi un visage épanoui; face ~ing with joy visage rayonnant de joie. 3 vt (Rad, Telec) message transmettre par émission dirigée; programme diffuser (to à l'intention de). ♦ beam-ends npl: on one's ~-ends* dans la gêne.

bean [biːn] n haricot m; (green ~) haricot vert; (broad ~) fève f; [coffee] grain m. full of ~s* en pleine forme; he hasn't a ~*! il n'a pas le sou. ♦ beanshoots or ♦ beansprouts npl germes mpl de soja.

bear¹ [bɛər] pret bore, ptp borne 1 vt (a) (carry) burden, message, signature, name porter. to ~ away emporter; to ~ back rapporter; to ~ no relation to être sans rapport avec; he bore himself like a soldier (carried himself) il avait une allure militaire or de soldat; (conducted himself) il se comportait en soldat; it was borne in on me that ... il m'est apparu de plus en plus évident que ...; the love he bore her l'amour qu'il lui portait; to ~ sb ill-will or a grudge garder rancune à qn. (b) (support) weight supporter; comparison soutenir; responsibility assumer; (endure) supporter, tolérer. I cannot ~ that man je ne peux pas souffrir cet homme; she cannot ~ being laughed at elle ne supporte pas qu'on se moque (subj) d'elle. (c) (produce) child donner naissance à; crop produire; (Fin) interest rapporter. (lit, fig) to ~ fruit porter des fruits.

2 vi (a) to ~ right prendre à droite; ~ towards the church allez vers l'église; ~ north at the windmill prenez la direction nord au moulin. (b) [ice etc] porter, supporter. (c) [fruit tree etc] donner, produire. (d) to bring to ~ pressure exercer (on sth sur qch); gun pointer (on sur); energy consacrer (on à); to bring one's mind to ~ on sth porter son attention sur qch.

bear down vi [ship] venir (on sur); (fig) [person] foncer (on sur); (press) appuyer fermement, peser (on sur).

bear out vt sep suspicions confirmer; statement corroborer. to ~ sb out corroborer ce que qn dit.

bear up vi ne pas se laisser abattre, tenir le coup*. ~ up!* courage!; how are you? – ~ing up!* comment ça va? – on fait aller*.

bear with vt fus supporter patiemment. ~ with me je vous demande un peu de patience.

♦ bearable adj supportable, tolérable. ♦ bearer n [letter, coffin, title, cheque] porteur m, -euse

f; [passport] titulaire mf; (servant) serviteur m.

♦ bearing n (a) (posture) maintien m; noble ~ing maintien noble; (b) (relation) rapport m; to have a ~ing on avoir un rapport avec; (c) to take a compass ~ing prendre un relèvement au compas; to take a ship's ~ings faire le point; (fig) to get one's ~ings se repérer; (fig) to lose one's ~ings être désorienté; (d) (Tech) palier m, coussinet m.

bear² [bɛər] 1 n ours(e) m(f); (St Ex) baissier m. like a ~ with a sore head* d'une humeur massacrante; (Astron) the Great B~ la Grande Ourse. 2 adj: ~ cub ourson m; (fig) ~ garden pétaudière f.

beard [bɪəd] 1 n barbe f. to have a ~ porter la barbe; a man with a ~ un (homme) barbu. 2 vt braver. (fig) to ~ the lion in his den aller braver le lion dans sa tanière. ♦ bearded adj barbu; a ~ed man un barbu; the ~ed lady la femme à barbe. ♦ beardless adj imberbe.

beast [biːst] n bête f, animal m; (cruel person) brute f; (ː: disagreeable) chameau* m. the king of the ~s le roi des animaux; ~ of burden bête de somme; (Agr) ~s bétail m; [greedy person] to make a ~ of o.s. se goinfrer. ♦ beastly adj person, conduct brutal; language obscène; food, sight dégoûtant; (ː: less strong) weather, person infect*; child, trick, business sale (before n).

beat [biːt] (vb: pret beat, ptp beaten) 1 n (a) [heart, drums] battement m; (Mus) mesure f; [conductor] battement; (Jazz) rythme m. (Mus) strong ~ temps fort. (b) [policeman, sentry] ronde f. on the ~ faisant sa (etc) ronde.

2 adj (a) (ː: dead-~) éreinté, claqué*. (b) the ~* generation la génération beatnik.

3 vt (a) (strike) battre. to ~ sb with a stick donner des coups de bâton à qn; to ~ a drum battre du tambour; to ~ a retreat battre en retraite; ~ it!ɪ fiche le camp!*; to ~ one's breast se frapper la poitrine; to ~ time battre la mesure; off the ~en track hors des sentiers battus. (b) (defeat) battre, vaincre. to be ~en être vaincu; to ~ sb to the top of a hill arriver au sommet d'une colline avant qn; (fig) to ~ sb to it* devancer qn; to ~ sb hollow battre qn à plates coutures; coffee ~s tea any day* le café vaut tout le thé du monde; that ~s me, that's got me ~en or ~* ça me dépasse complètement; it ~s me how ... ça me dépasse que* + subj; that takes some ~ing!*, can you ~ it!* faut le faire!*

4 vi (a) (gen) battre. to ~ at the door cogner à la porte; he doesn't ~ about the bush il n'y va pas par quatre chemins; (Naut) to ~ (to windward) louvoyer au plus près.

beat back vt sep repousser.

beat down 1 vi [sun] taper*. the rain was ~ing down il pleuvait à torrents. 2 vt sep prices faire baisser; person faire baisser ses prix à. I ~ him down to £2 je l'ai fait descendre à 2 livres.

beat in vt sep door défoncer. to ~ sb's brains in défoncer le crâne à qn*.

beat off vt sep repousser.

beat out vt sep fire étouffer; metal marteler; rhythm marquer.

beat up vt sep eggs, cream battre; (assault) person passer à tabac; (find) recruits, customers racoler.

♦ beater n (carpet ~) tapette f; (egg whisk) fouet m; (rotary) batteur m. ♦ beating n (a) (whipping) correction f; to give/get a ~ing flanquer/recevoir une correction; (b) [drums, wings, heart] battement m; (c) (defeat) défaite f; the car takes a ~ing on that road* la voiture en voit de dures* sur cette route. ♦ beatnik n, adj beatnik (mf). ♦ beat-up* adj bousillé*.

beatify [biːˈætɪfaɪ] vt béatifier. ♦ beatific [ˌbiːəˈtɪfɪk] adj béatifique; smile béat.

beauty ['bjuːtɪ] 1 n beauté f. ~ is only skin-deep la

beauté n'est pas tout; ~ **is in the eye of the beholder** il n'y a pas de laides amours; **the ~ of it is that*** ... ce qui est formidable, c'est que*...; **she is no ~*** ce n'est pas une beauté; **B~ and the Beast** la Belle et la Bête; **isn't this car a ~!*** quelle merveille que cette voiture!

2 adj cream, preparations, salon de beauté. ~ **competition** or **contest** concours m de beauté; ~ **queen** reine f de beauté; **you need your ~ sleep** tu as besoin de bien dormir; ~ **specialist** esthéticien(ne) m(f); ~ **spot** (on skin) grain m de beauté; (in countryside) site m superbe; (in tourist guide etc) site m touristique; ~ **treatment** soins mpl de beauté.

♦ **beauteous** adj (liter) = **beautiful**. ♦ **beautician** n esthéticien(ne) m(f). ♦ **beautiful** adj (gen) weather, dinner magnifique. ♦ **beautifully** adv (very well) work, sew à la perfection; fit, adapt parfaitement; (pleasantly) hot, calm merveilleusement. ♦ **beautify** vt embellir.

beaver ['biːvəʳ] n castor m. **to work like a ~** travailler d'arrache-pied.

becalmed [bɪ'kɑːmd] adj encalminé.

became [bɪ'keɪm] pret of **become**.

because [bɪ'kɒz] conj (gen) parce que. **the more surprising** ~ d'autant plus surprenant que; ~ **he lied, he was punished** il a été puni pour avoir menti; ~ **of** à cause de, en raison de.

beck [bek] n: **to be at sb's ~ and call** être (constamment) à la disposition de qn; **to have sb at one's ~ and call** faire marcher qn au doigt et à l'œil.

beckon ['bekən] vti faire signe (to sb à qn; to do de faire). **he ~ed me in/over** etc il m'a fait signe d'entrer/d'approcher etc.

become. **to** ~ [bɪ'kʌm] pret **became**, ptp **become** **1** vi devenir. **to** ~ **famous** devenir célèbre; **to** ~ **a doctor** devenir or se faire médecin; **to** ~ **thin** maigrir; **to** ~ **accustomed to** s'accoutumer à. **2** impers vb: **what has** ~ **of him?** qu'est-il devenu? **3** vt: **it does not** ~ **him** cela ne lui sied pas. ♦ **becoming** adj behaviour bienséant; clothes seyant.

bed [bed] **1** n (a) (gen) lit m. **room with 2** ~**s** chambre f à 2 lits; **to go to** ~ se coucher; **to go to** ~ **with sb*** coucher avec qn*; **to get out of** ~ se lever; (fig) **to get out of** ~ **on the wrong side** se lever du pied gauche; **to put to** ~ person coucher; newspaper boucler; **to make the** ~ faire le lit; **to be in** ~ être couché; (through illness) garder le lit; **to give sb a** ~ **for the night** loger qn pour la nuit; **before** ~ avant de se coucher; ~ **of sickness** lit de douleur; '~ **and breakfast**' 'chambres'; **to book in for** ~ **and breakfast** prendre une chambre avec le petit déjeuner; **we stayed at** ~**-and-breakfast places** nous avons pris une chambre chez des particuliers; ~ **and board** le vivre et le couvert; **it's not a** ~ **of roses** ce n'est pas une partie de plaisir; ~ **of nails** lit à clous. **(b)** (layer) [coal, ore] gisement m; [clay] couche f; [coral, oysters] banc m; [mortar] bain m. **(c)** (bottom) [sea] fond m; [river] lit m. **(d)** [vegetables] planche f; (square) carré m; [flowers] parterre m; (strip) plate-bande f. **2** adj: ~ **bath** grande toilette f (d'un malade); ~ **jacket** liseuse f; ~ **linen** draps mpl de lit (et taies fpl d'oreillers).

bed down vi (aller) se coucher; (spend nights) coucher.

bed out vt sep plants repiquer.

♦ **bed-bug** n punaise f. ♦ **bedclothes** npl couvertures fpl et draps mpl (de lit). ♦ **bedcover** n couvre-lit m. ♦ **bedding** n literie f; (Mil etc) matériel m de couchage; [animals] litière f. ♦ **bedfellow** n: (fig) **they are queer** ~**fellows** ils font une drôle d'association*. ♦ **bedhead** n tête f de lit. ♦ **bedpan** n bassin m (hygiénique). ♦ **bedpost** n colonne f de lit. ♦ **bedridden** adj

---

alité, cloué au lit. ♦ **bedrock** n (Geol) soubassement m; (fig) base f. ♦ **bedroom** **1** n chambre f (à coucher); **2** adj: (Theat) ~**room farce** comédie f de boulevard; ~**room slipper** pantoufle f; ~**room suite** chambre f à coucher (mobilier). ♦ **bedsettee** n divan-lit m. ♦ **bedside** **1** n: **at his** ~**side** à son chevet; **2** adj book, lamp de chevet; ~**side rug** descente f de lit; [doctor] **he has a good** ~**side manner** il sait parler à ses malades. ♦ **bed-sitter** or ♦ **bed-sitting room** or ♦ **bedsit*** n chambre meublée. ♦ **bedsocks** npl chaussettes fpl (de lit). ♦ **bedsore** n escarre f. ♦ **bedspread** n dessus-de-lit m inv. ♦ **bedstead** n bois m de lit. ♦ **bedtime** **1** n: **it is** ~**time** il est l'heure d'aller se coucher; **his** ~**time is 7 o'clock** il se couche à 7 heures; **it's past your** ~**time** tu devrais être déjà couché; **2** adj: **to tell a child a** ~**time story** raconter une histoire à un enfant avant qu'il ne s'endorme. ♦ **bedwetting** n incontinence f nocturne.

bedeck [bɪ'dek] vt parer (with de).

bedevil [bɪ'devl] vt embrouiller. ~**led by** person accablé par; plan qui a souffert de.

bedlam ['bedləm] n ramdam* m, chahut* m.

bedraggled [bɪ'dræɡld] adj clothes, person débraillé; hair embroussaillé; (wet) trempé.

bee [biː] n (a) abeille f. **to have a** ~ **in one's bonnet*** avoir une idée fixe (about ce qui concerne); **like** ~**s round a honeypot** comme des mouches sur un pot de confiture. (b) **to have a sewing** ~ se réunir pour coudre. ♦ **beehive** n ruche f. ♦ **beekeeper** n apiculteur m, -trice f. ♦ **beeline** n: **to make a** ~**line for** filer droit sur. ♦ **beeswax** n cire f d'abeille.

beech [biːtʃ] n hêtre m. ♦ **beechnut** n faine f.

beef [biːf] **1** n (Culin) bœuf m. **roast** ~ rosbif m. **2** adj: ~ **cattle** bœufs mpl de boucherie; ~ **olive** paupiette f de bœuf; ~ **tea** bouillon m (de viande). **3** vi (‡: complain) râler* (about contre). ♦ **beefeater** n hallebardier m (de la Tour de Londres). ♦ **beefsteak** n bifteck m, steak m. ♦ **beefy*** adj costaud* f inv.

been [biːn] ptp of **be**.

beer [bɪəʳ] n bière f. **life's not all** ~ **and skittles** tout n'est pas qu'une partie de rigolade* en ce monde. **2** adj: ~ **bottle** canette f; ~ **can** boîte f de bière; ~ **glass** bock m, chope f.

beet [biːt] **1** n betterave f. **2** adj: **sugar** ~ betterave. ♦ **beetroot** n betterave f (potagère).

beetle ['biːtl] n (Zool) coléoptère m; (black ~) cafard m, blatte f; (scarab) scarabée m. **there's a huge** ~ **in the bath!** il y a un énorme cafard dans la baignoire! **2** vi (‡) **to** ~ **in/out** etc entrer/sortir etc en vitesse. ♦ **beetle-browed** adj aux sourcils broussailleux.

befall [bɪ'fɔːl] pret **befell**, ptp **befallen** **1** vi arriver, advenir. **2** vt arriver à.

befit [bɪ'fɪt] vt (impers) convenir à. **it ill** ~**s him** il lui sied mal (to do de faire). ♦ **befitting** adj convenable.

before [bɪ'fɔːʳ] **1** prep (a) (time, order, rank) avant. ~ **Christ** avant Jésus-Christ; **the year** ~ **last** il y a deux ans; **not** ~ **next week** pas avant la semaine prochaine; ~ **then** avant, auparavant; ~ **now** déjà; ~ **long** avant peu, d'ici peu; ~ **doing** avant de faire. **(b)** (place, position) devant. **he stood** ~ **me** il était là devant moi; **the question** ~ **us** la question qui nous occupe; **the task** ~ **him** la tâche qu'il a devant lui; **to appear** ~ **a judge** comparaître devant un juge. **(c)** (rather than) plutôt que. **to put death** ~ **dishonour** préférer la mort au déshonneur; **he would die** ~ **betraying** ... il mourrait plutôt que de trahir ... .

2 adv (time) avant, auparavant. **the day** ~ la veille; **the evening** ~ la veille au soir; **the week** ~ la semaine d'avant or précédente; **I have read it** ~ je l'ai déjà lu; **it has never happened** ~ cela n'est jamais arrivé jusqu'ici; **it had never happened** ~ cela n'était jamais arrivé jusqu'alors;

long ~ longtemps auparavant; **to continue as ~** faire comme par le passé. **(b)** (*place*) en avant, devant. **(c)** (*order*) avant. **that chapter and the one ~** ce chapitre et celui d'avant.

3 *conj* **(a)** (*time*) avant de + *infin*, avant que + ne + *subj*. **I did it ~ going out** je l'ai fait avant de sortir; **go and see him ~ he goes** allez le voir avant son départ *or* avant qu'il ne parte; **it will be 6 weeks ~ the boat returns** le bateau ne reviendra pas avant 6 semaines; **~ I forget** ... avant que je n'oublie (*subj*) ... . **(b)** (*rather than*) plutôt que de + *infin*. **he will die ~ he surrenders** il mourra plutôt que de se rendre.
♦ **beforehand** *adv* à l'avance.

befriend [bɪˈfrend] *vt* donner son amitié à.

befuddled [bɪˈfʌdld] *adj* (*confused*) embrouillé; (*tipsy*) éméché.

beg [beg] **1** *vt* **(a)** *money, food* mendier; *favour* solliciter. **to ~ sb's pardon** demander pardon à qn; **I ~ your pardon** (*apologizing*) je vous demande pardon; (*not having heard*) pardon?; **I ~ to state** that je me permets de faire remarquer que; **I ~ to differ** permettez-moi d'être d'un autre avis; **I ~ to inform you that** j'ai l'honneur de vous faire savoir que; **to ~ leave to do** solliciter l'autorisation de faire; **to ~ sb to do** supplier qn de faire; **I ~ you!** je vous en supplie! **(b) this ~s the question** c'est présumer la question résolue. **2** *vi* mendier. **to ~ for money** mendier; **to ~ for food** mendier de la nourriture; **to ~ for help** demander de l'aide; [*dog*] **to sit up and ~** faire le beau; **it's going ~ging*** personne n'en veut.

beg off* *vi* se faire excuser (*from* de).
♦ **beggar 1** *n* mendiant(e) *m(f)*; **~gars can't be choosers** nécessité fait loi; **~gar's opera** opéra *m* de quat' sous; **poor ~gar!*** pauvre diable!*; a **lucky ~gar** un veinard*; **a queer little ~gar*** un drôle de petit bonhomme; **2** *vt* (*fig: ruin*) ruiner; **to ~gar description** défier toute description.
♦ **beggarly** *adj amount, meal* piètre (*before n*); *wage* dérisoire. ♦ **beggar-my-neighbour** *n* bataille *f* (*Cartes*).

began [bɪˈgæn] *pret* of **begin**.

beget [bɪˈget] *pret* **begot**, *ptp* **begotten** *vt* engendrer.

begin [bɪˈgɪn] *pret* **began**, *ptp* **begun 1** *vt* commencer (*to do, doing* à faire, de faire), se mettre (*to do, doing* à faire); *work, song, bottle, book* commencer; *conversation* engager; *quarrel, rumour* faire naître; *reform, war, series of events* déclencher; *fashion* lancer; *custom, policy* inaugurer. **to ~ a journey** partir en voyage; **he began the day with a glass of milk** il a bu un verre de lait pour bien commencer la journée; **to ~ life as** débuter dans la vie comme; **that doesn't even ~ to compare with** ... c'est loin d'être comparable à ...; **it soon began to rain** il n'a pas tardé à pleuvoir; **to ~ again** recommencer (*to do* à faire).

2 *vi* commencer (*with* par; *by doing* par faire), s'y mettre; [*river*] prendre sa source; [*road*] partir (*at* de); [*political party, movement, custom*] commencer; naître. **to ~ at the beginning** commencer par le commencement; **it's ~ning rather well** cela s'annonce plutôt bien; **just where the hair ~s** à la naissance des cheveux; **before October ~s** avant le début d'octobre; **to ~ again** recommencer; [*classes*] reprendre; **~ning from Monday** à partir de lundi; **he began in the sales department** il a débuté dans le service des ventes; **he began as a Marxist** il a commencé par être marxiste; **he began with the intention of writing a thesis** au début son intention était d'écrire une thèse; **to ~ with, there were only 3 of them** d'abord, ils n'étaient que 3; **on a new page** prenez une nouvelle page; **to ~ on sth** commencer qch; **since the world began** depuis que le monde est monde.
♦ **beginner** *n* débutant(e) *m(f)*; **it's just ~ner's**

luck aux innocents les mains pleines.
♦ **beginning** *n* commencement *m*, début *m*; **to make a ~ning** commencer, débuter; **the ~ning of the academic year** la rentrée (universitaire *or* scolaire); **in the ~ning** au commencement, au début; **to start again at** *or* **from the ~ning** recommencer au commencement; **the ~ning of negotiations** l'ouverture *f* des négociations; **the ~ning of the end** le commencement de la fin; **the ~nings of science** les rudiments *mpl* de la science; **the shooting was the ~ning of the rebellion** la fusillade a été à l'origine de la révolte; **fascism had its ~nings** ... le fascisme prit naissance ...

begone [bɪˈgɒn] *excl* partez!

begonia [bɪˈgəʊnɪə] *n* bégonia *m*.

begot(ten) [bɪˈgɒt(n)] *pret* (*ptp*) of **beget**.

begrudge [bɪˈgrʌdʒ] *vt* = **grudge**.

beguile [bɪˈgaɪl] *vt* (*deceive*) tromper; (*entertain*) distraire; (*charm*) captiver. ♦ **beguiling** *adj* séduisant.

begun [bɪˈgʌn] *ptp* of **begin**.

behalf [bɪˈhɑːf] *n*: **on ~ of sb** *attend, accept* de la part de qn, pour qn; *plead* en faveur de qn; **he was worried on my ~** il s'inquiétait pour moi.

behave [bɪˈheɪv] *vi* (~ **o.s.**) (*conduct o.s.*) se conduire; (*conduct o.s. well*) bien se tenir; [*child*] être sage; [*machine*] marcher. **to ~ well towards sb** bien agir envers qn; **~ yourself!** tiens-toi bien!
♦ **behaviour**, (*US*) **behavior** *n* conduite *f*, comportement *m* (*to, towards* envers); [*machine*] fonctionnement *m*; **to be on one's best behaviour** se conduire de son mieux; [*child*] se montrer d'une sagesse exemplaire. ♦ **behavio(u)ral** *adj sciences, studies* behavioriste; *problem, pattern* de comportement. ♦ **behavio(u)rism** *n* behaviorisme *m*. ♦ **behavio(u)rist** *adj, n* behavioriste (*mf*).

behead [bɪˈhed] *vt* décapiter.

beheld [bɪˈheld] *pret, ptp* of **behold**.

behest [bɪˈhest] *n*: **at the ~ of** sur l'ordre de.

behind [bɪˈhaɪnd] **1** *adv* **come** derrière; *stay, look* en arrière. **to leave ~** laisser derrière soi; **to be ~ with sth** être en retard dans qch. **2** *prep* derrière. **from ~ the door** de derrière la porte; **walk close ~ me** suivez-moi de près; (*fig*) **to put sth ~ one** oublier qch, refuser de penser à qch; (*fig*) **what is ~ this?** qu'y a-t-il là-dessous?; **he is ~ the other pupils** il est en retard sur les autres élèves; **~ time** en retard; **~ the times** en retard sur son temps. **3** *n* (*: buttocks*) derrière *m*, postérieur* *m*. ♦ **behindhand** *adv, adj* en retard (*with* dans qch).

behold [bɪˈhəʊld] *pret, ptp* **beheld** *vt* voir, apercevoir. **~! voici!**

beholden [bɪˈhəʊldən] *adj* redevable (*to* à, *for* de).

behove [bɪˈhəʊv], (*US*) **behoove** [bɪˈhuːv] *impers vt* incomber (*sb to do* à qn de faire).

beige [beɪʒ] *adj, n* beige (*m*).

bejewelled, (*US*) **bejeweled** [bɪˈdʒuːəld] *adj* couvert de bijoux.

belabour, (*US*) **belabor** [bɪˈleɪbər] *vt* rouer de coups.

belated [bɪˈleɪtɪd] *adj* tardif.

belch [beltʃ] **1** *vi* faire un renvoi. **2** *vt* (~ **forth**) *smoke etc* vomir. **3** *n* renvoi *m*.

beleaguered [bɪˈliːgəd] *adj city* assiégé; *army* cerné.

belfry [ˈbelfrɪ] *n* beffroi *m*.

Belgium [ˈbeldʒəm] *n* Belgique *f*. ♦ **Belgian 1** *n* Belge *mf*; **2** *adj* belge.

belie [bɪˈlaɪ] *vt* démentir.

belief [bɪˈliːf] *n* **(a)** croyance *f* (*in* en, à). **~ in God/in ghosts** croyance en Dieu/aux revenants; **beyond ~** (*adj*) incroyable; **wealthy beyond ~** incroyablement riche. **(b)** conviction *f*. **in the ~ that** persuadé que; **it is my ~ that** je suis convaincu que; **to the best of my ~** autant que je sache.

believe [bɪ'liːv] **1** vt statement, evidence, person croire (that que). **I don't ~ a word of it** je n'en crois pas un mot; **don't you ~ it!** ne va pas croire ça!; **he could hardly ~ his eyes** il en croyait à peine ses yeux; **if he is to be ~d** à l'en croire; **I ~ I'm right** je crois avoir raison; **I don't ~ he will come** je ne crois pas qu'il viendra or qu'il vienne; **he is ~d to be ill** on le croit malade; **I don't ~ so/not** je crois que oui/non. **2** vi croire. **to ~ in God** croire en; ghosts, promises, antibiotics croire à; friend avoir confiance en; method être partisan de; **I don't ~ in borrowing** je ne suis pas d'avis qu'il faille faire des emprunts. ♦ **believable** adj croyable. ♦ **believer** n (Rel) croyant(e) m(f); (gen) **he is a great ~er in** il est très partisan de.
belittle [bɪ'lɪtl] vt déprécier.
bell [bel] n [church, school, cows] cloche f; (hand~) clochette f; [toys, cats etc] grelot m; [goats, sheep] clochette; [door] sonnette f; (electric, also telephone) sonnerie f; [cycle, typewriter] timbre m. **there's the ~!** on sonne!; (Naut) **eight ~s** 8 huit coups piqués. ♦ **bell-bottomed** adj: **~-bottomed trousers** pantalon m de marine. ♦ **bellboy** or ♦ **bellhop** n groom m. ♦ **bell-push** n bouton m de sonnette. ♦ **bell-ringer** n sonneur m. ♦ **bell-tent** n tente f conique. ♦ **bell-tower** n clocher m.
belladonna [,belə'dɒnə] n belladonne f.
belle [bel] n beauté f. **the ~ of the ball** la reine du bal.
bellicose ['belɪkəʊs] adj belliqueux.
belligerent [bɪ'lɪdʒərənt] adj, n belligérant(e) m(f). ♦ **belligerence** or ♦ **belligerency** n belligérance f.
bellow ['beləʊ] **1** vi [animals] mugir; [person] brailler, beugler* (with de). **2** vt (~ out) song, order brailler, beugler*. **3** n mugissement m; beuglement* m.
bellows ['beləʊz] npl [forge, organ] soufflerie f; [fire] soufflet m.
belly ['belɪ] **1** n ventre m. **2** vi (~ out) se gonfler. **3** adj: **~ button** nombril m; **~ dancer** danseuse orientale; **~ laugh** gros rire gras. ♦ **bellyache** n mal m de or au ventre; **2** vi (‡: complain) ronchonner*. ♦ **bellyflop** n (Swimming) plat-ventre m. ♦ **bellyful** n: **he had had a ~full** il en avait plein le dos*. ♦ **belly-landing*** n (Aviat) atterrissage m sur le ventre.
belong [bɪ'lɒŋ] vi appartenir (to à). **this book ~s to me** ce livre m'appartient, ce livre est à moi; **the lid ~s to this box** le couvercle va avec cette boîte; **to ~ to a society** faire partie or être membre d'une société; **to ~ to a town** [native] être originaire d'une ville; [inhabitant] habiter une ville; **to feel that one doesn't ~** se sentir étranger; **to ~ together** aller ensemble; **put it back where it ~s** remets-le à sa place. ♦ **belongings** npl affaires fpl, possessions fpl; **personal ~ings** objets personnels.
beloved [bɪ'lʌvɪd] adj, n bien-aimé(e) m(f).
below [bɪ'ləʊ] **1** prep (under) sous; (lower than) au-dessous de. **~ the bed** sous le lit; **on the bed and ~ it** sur le lit et en dessous; **skirt well ~ the knee** jupe bien au-dessous du genou; **~ average** au-dessous de la moyenne; **the Thames ~ Oxford** la Tamise en aval d'Oxford. **2** adv en bas, en dessous, plus bas; (Naut) en bas. **the tenants ~** les locataires du dessous; **they live 2 floors ~** ils habitent 2 étages en dessous; **voices from ~** des voix venant d'en bas; **the road ~** la route en contre-bas; (on earth) **here ~** ici-bas; (in hell) **down ~** en enfer; [documents] **see ~** voir ci-dessous.
belt [belt] **1** n (a) (gen) ceinture f; (Tech) courroie f; (corset) gaine f. (shoulder) **~** baudrier m; **that was below the ~** c'était un coup bas; **he's got 10 years' experience under his ~** il a 10 ans d'expérience à son acquis; (fig) **to tighten one's ~**

se serrer la ceinture; (Judo) **to be a Black B~** être ceinture noire. **(b)** (Geog) zone f; (Agr) région f. **industrial ~** zone industrielle; **the cotton ~** la région de culture du coton. **2** vt (thrash) administrer une correction à. **she ~ed him one in the eye‡** elle lui a flanqué un gnon‡ dans l'œil. **3** vi (‡: rush) **to ~ in/out/across etc** entrer/sortir/traverser etc à toutes jambes.
belt out* vt sep song chanter à pleins poumons.
belt up vi **(a)** (seat belts) attacher sa ceinture. **(b)** (‡: quiet) la boucler‡. **~ up!** boucle-la!‡
bemoan [bɪ'məʊn] vt pleurer, déplorer.
bemuse [bɪ'mjuːz] vt stupéfier, hébéter.
bench [bentʃ] n (gen, Parl) banc m; (in tiers) gradin m; (padded) banquette f; [workshop, factory] établi m. **to be on the B~** (permanent office) être juge (or magistrat); (when in court) siéger au tribunal.
bend [bend] (vb: pret, ptp bent) **1** n [river, tube, pipe] coude m; [arm, knee] pli m; [road] coude, virage m. **~s for 8 km** virages sur 8 km; [car] **to take a ~** prendre un virage; (fig) **round the ~‡** cinglé*; (Med) **the ~s*** la maladie des caissons. **2** vt **(a)** back, body, head, branch, rail courber; leg, arm plier; bow bander. **to ~ at right angles** couder; **to ~ out of shape** fausser; **to go down on ~ed knee** se mettre à genoux. **(b) to be bent on doing** vouloir absolument faire. **3** vi [person] se courber; [branch, instrument etc] être courbé; [river, road] faire un coude. **to ~ backward/forward** se pencher en arrière/en avant.
bend back vt sep replier, recourber.
bend down vi se courber.
bend over **1** vi se pencher. (fig) **to ~ over backwards to help sb*** se mettre en quatre pour aider qn. **2** vt sep replier.
beneath [bɪ'niːθ] **1** prep (under) sous; (lower than) au-dessous de. **~ the table** sous la table; **town ~ the castle** ville (située) au-dessous du château; **it is ~ my notice** cela ne me mérite pas mon attention; **it is ~ her to interfere** elle ne daignerait pas intervenir. **2** adv: **the flat ~** l'appartement au-dessous or du dessous.
benediction [,benɪ'dɪkʃən] n bénédiction f.
benefactor ['benɪfæktəʳ] n bienfaiteur m. ♦ **benefactress** n bienfaitrice f.
benefice ['benɪfɪs] n bénéfice m (Rel).
beneficent [bɪ'nefɪsənt] adj person bienfaisant; thing salutaire. ♦ **beneficence** n bienfaisance f.
beneficial [,benɪ'fɪʃəl] adj salutaire (to pour). **~ to the health** bon pour la santé. ♦ **beneficially** adv avantageusement.
beneficiary [,benɪ'fɪʃərɪ] n bénéficiaire mf.
benefit ['benɪfɪt] **1** n (a) (advantage) avantage m. **for the ~ of your health** dans l'intérêt de votre santé; **it is for his ~ that ...** c'est pour lui que ... ; **it is to your ~** c'est dans votre intérêt; **it wasn't (of) much ~ to me** cela ne m'a pas beaucoup aidé; **he's just crying for your ~*** il pleure pour se faire remarquer; **to give sb the ~ of the doubt** laisser à qn le bénéfice du doute; **the ~s of a good education** les bienfaits mpl or les avantages d'une bonne éducation. **(b)** (money) allocation f, prestation f. **unemployment ~** allocation de chômage. **2** vt faire du bien à, profiter à. **3** vi gagner (from, by doing à faire). **he will ~ from a holiday** des vacances lui feront du bien. **4** adj (Sport) **~ match** match m au profit d'un joueur.
Benelux ['benɪlʌks] adj: **the ~ countries** les pays mpl du Bénélux.
benevolent [bɪ'nevələnt] adj (kind) bienveillant (to envers); (charitable) bienfaisant, charitable (to envers); society de bienfaisance. ♦ **benevolence** n (kindness) bienveillance f; (generosity) bienfaisance f.
benign [bɪ'naɪn], **benignant** [bɪ'nɪgnənt] adj bienveillant; (Med) bénin.

bent¹ [bent] (*pret, ptp of* bend) *adj* wire, pipe tordu; (ː: *dishonest*) véreux; (ː: *homosexual*) homosexuel. ♦ **bentwood** *adj* hatstand en bois courbé; *chair* bistrot *inv*.

bent² [bent] *n* (*aptitude*) dispositions *fpl* (*for* pour); (*liking*) penchant *m* (*for* pour). **to follow one's ~** suivre son inclination *f*.

benumbed [bɪ'nʌmd] *adj* limb engourdi; *person* (*cold, fear*) transi; (*shock*) paralysé.

Benzedrine ['benzɪdriːn] *n* ® benzédrine *f*.

benzine ['benziːn] *n* benzine *f*.

bequeath [bɪ'kwiːð] *vt* léguer (*to* à). ♦ **bequest** *n* legs *m*.

berate [bɪ'reɪt] *vt* réprimander.

bereave [bɪ'riːv] *pret, ptp* **bereft** *vt* (*deprive*) priver (*of* de). ♦ **bereaved 1** *adj* endeuillé; **2** *n*: **the ~d** la famille du disparu. ♦ **bereavement** *n* deuil *m*; **owing to a recent ~**ment en raison d'un deuil récent.

beret ['bereɪ] *n* béret *m*.

Berlin [bɜː'lɪn] *n* Berlin. **East/West ~** Berlin Est/Ouest.

Bermuda [bɜː'mjuːdə] *n* Bermudes *fpl*. **~ shorts** bermuda *m*.

berry ['berɪ] *n* baie *f*.

berserk [bə'sɜːk] *adj* fou furieux (*f* folle furieuse). **to go ~** (*lit*) devenir fou furieux; (*fig: with anger*) se mettre en rage.

berth [bɜːθ] **1** *n* **(a)** (*in plane, train, ship*) couchette *f*. (*easy job*) **a soft ~ː** une bonne planqueː. **(b)** (*place for ship*) poste *m* d'amarrage. (*fig*) **to give sb a wide ~** éviter qn à tout prix. **2** *vi* s'amarrer. **3** *vt* amarrer.

beryl ['berɪl] *n* béryl *m*.

beseech [bɪ'siːtʃ] *pret, ptp* **besought** *vt* implorer (*sb to do* qn de faire). ♦ **beseeching** *adj* implorant. ♦ **beseechingly** *adv* d'un air implorant.

beset [bɪ'set] *pret, ptp* **beset** *vt* [*difficulties, doubts*] assaillir; [*temptations*] entourer. **enterprise ~ with difficulties** entreprise hérissée de difficultés. ♦ **besetting** *adj*: **his ~ting** sin son plus grand défaut.

beside [bɪ'saɪd] *prep* (*at the side of*) à côté de, auprès de; (*compared with*) à côté de, comparé à. **that's ~** the point cela n'a rien à voir avec la question; **it's quite ~ the point to suggest that ...** il est tout à fait inutile de suggérer que ...; **to be ~ o.s.** (*with anger*) être hors de soi; (*with excitement*) ne plus se posséder; **~ himself with joy** fou de joie.

besides [bɪ'saɪdz] **1** *adv* **(a)** (*in addition*) en outre, en plus. **many more ~** bien d'autres encore; **there is nothing ~** il n'y a rien de plus ou d'autre. **(b)** (*moreover*) d'ailleurs, du reste, en outre. **2** *prep* **(a)** (*in addition to*) en plus de. **others ~ ourselves** d'autres que nous; **there were 3 of us ~** Mary nous étions 3 sans compter Marie; **~ which ...** et par-dessus le marché ... . **(b)** (*except*) excepté, hormis, en dehors de. **no one ~ you** personne en dehors de vous, personne d'autre que vousː; **who ~ them** qui si ce n'est eux.

besiege [bɪ'siːdʒ] *vt* assiéger; (*fig*) assaillir.

besom ['biːzəm] *n* balai *m* de bouleau.

besotted [bɪ'sɒtɪd] *adj* (*drunk*) hébété (*with* de); (*infatuated*) entiché (*with* de).

besought [bɪ'sɔːt] *pret, ptp of* **beseech**.

bespatter [bɪ'spætər] *vt* éclabousser (*with* de).

bespectacled [bɪ'spektɪkld] *adj* à lunettes.

bespoke [bɪ'spəʊk] *adj* garment fait sur commande; *tailor* à façon.

best [best] **1** *adj* (*superl of* good) le meilleur, la meilleure. **the ~ pupil in the class** le meilleur élève de la classe; **the ~ thing about her is ...** ce qu'il y a de meilleur chez elle c'est ...; **the ~ thing to do is to wait** le mieux c'est d'attendre; **the ~ years of one's life** les plus belles années de sa vie; **in one's ~ clothes** vêtu de ses plus beaux vête-

ments; **may the ~ man win!** que le meilleur gagne!; **her ~ friend** sa meilleure amie; (*biggest*) **the ~ part of** la plus grande partie de; **for the ~ part of an hour** pendant près d'une heure; **~ man** (*at wedding*) garçon *m* d'honneur.

2 *n*: **to do one's ~** faire tout son possible (*to do* pour faire); **do the ~ you can** faites de votre mieux; **to get the ~ out of** tirer le maximum de; **to get the ~ of it** l'emporter; **he wants the ~ of both worlds** il veut tout avoir; **to make the ~ of sth** profiter au maximum de qch; **to make the ~ of a bad job** faire contre mauvaise fortune bon cœur; **the ~ of it is that ...** le plus beau de l'affaire c'est que ...; **it's all for the ~** c'est pour le mieux; **to the ~ of my knowledge/recollection** *etc* autant que je sache/que je me souvienne *etc*; **to look one's ~** être resplendissant; [*woman*] être en beauté; (*on form*) **to be at one's ~** être en pleine forme*; **that is Racine at his ~** voilà du meilleur Racine; **even at the ~ of times he's not very patient but ...** il n'est jamais particulièrement patient mais ...; **at ~** au mieux; **he can sing with the ~ of them** il sait chanter comme pas un*.

3 *adv* (*superl of* well) le mieux, le plus. **the ~ dressed** le mieux habillé; **the ~ loved** le plus aimé; **I like strawberries ~** je préfère les fraises; **as ~ I can** *or* could de mon mieux; **to think it ~ to do** croire qu'il vaudrait mieux faire; **do as you think ~** faites pour le mieux; **you know ~** c'est vous le mieux placé pour en décider; **you had ~ go** tu ferais mieux de t'en aller.

4 *vt* battre, l'emporter sur.

♦ **bestseller** *n* (*book, goods*) best-seller *m*; (*author*) auteur *m* à succès.

bestial ['bestɪəl] *adj* bestial. ♦ **bestiality** *n* bestialité *f*.

bestow [bɪ'stəʊ] *vt* (*gen*) accorder (*on* à); *title* conférer (*on* à).

bet [bet] *pret, ptp* **bet** *or* **betted 1** *vi* parier (*against* contre; *on* sur; *with* avec). **to ~ 10 to 1** parier (à) 10 contre 1; **to ~ on horses** parier *or* jouer aux courses; **to ~ on a horse** jouer un cheval. **2** *vt* (*fig*) **I ~ he'll come!*** je te parie qu'il viendra!; **you ~!*** tu parles!;* **~ you can't!*** chiche!*; **you can ~ your life that*** ... tu peux parier tout ce que tu veux que ... . **3** *n* pari *m* (*on* sur). ♦ **better¹** *or* ♦ **bettor** *n* parieur *m*, -euse *f*; (*at races*) turfiste *mf*. ♦ **betting 1** *n* paris *mpl*; **the ~ting was 2 to 1** la cote était 2 contre 1; (*fig*) **the ~ting is that ...** il y a des chances que ...; **2** *adj*: **~ting shop** ≃ bureau *m* de P.M.U.; **~ting slip** ≃ P.M.U. *m*.

betel ['biːtəl] *n* bétel *m*.

bethink [bɪ'θɪŋk] *pret, ptp* **bethought** *vt*: **to ~ o.s. of sth/to do/that ...** s'aviser de qch/de faire/que ... .

betimes [bɪ'taɪmz] *adv* (*early*) tôt; (*quickly*) promptement.

betoken [bɪ'təʊkən] *vt* être signe de.

betray [bɪ'treɪ] *vt* (*gen*) trahir; (*disclose*) *age, fears etc* révéler (*to* à), trahir. **to ~ sb to the police** livrer qn à la police; **his speech ~ed the fact that ...** on devinait à l'écouter que ... . ♦ **betrayal** *n* trahison *f*; **~al of trust** abus *m* de confiance.

betrothal [bɪ'trəʊðəl] *n* (*liter*) fiançailles *fpl* (*to* avec). ♦ **betrothed** *adj, n* fiancé(e) *m(f)*.

better² ['betər] **1** *adj* (*comp of* good) meilleur (*than* que). **she is ~ at dancing than at singing** elle danse mieux qu'elle ne chante; **he's a ~ man than his brother** il est mieux que son frère; (*hum*) **you're a ~ man than I am!** vous êtes plus doué que moi!*; **he's no ~ than a thief** c'est un voleur ni plus ni moins; **he's no ~ than he should be!** ce n'est pas l'honnêteté qui l'étouffe!*; (*Med*) **he is much ~** now il va bien mieux maintenant; **to get ~** (*gen*) s'améliorer; (*Med*) se remettre (*from* de); **~ and ~!** de mieux en mieux!; **that's ~!** voilà qui est mieux!; **it couldn't be ~** ça ne pourrait pas mieux tomber; **it would be ~ to stay at home** il vaudrait mieux rester à la maison; **a ~ class of** hotel un hôtel de catégorie supérieure; **his ~ nature** ses bons sentiments; **to go one ~ than sb** damer le pion à qn; **the ~ part of a year** près d'un an; **to hope for ~ things** espérer mieux.

2 adv (comp of **well**) mieux (than que). **he sings ~ than he dances** il chante mieux qu'il ne danse; **all the ~, so much the ~** tant mieux (for pour); **he was all the ~ for it** il s'en est trouvé mieux; **it would be all the ~ for a drop of paint** un petit coup de peinture ne lui ferait pas de mal; **they are ~ off than we are** (richer) ils ont plus d'argent que nous; (more fortunate) ils sont dans une meilleure position que nous; **he is ~ off at his sister's** il est mieux chez sa sœur; **I had ~ go** il faudrait que je m'en aille; **hadn't you ~ speak to him?** ne vaudrait-il pas mieux que tu lui parles (subj)?; **~ dressed** mieux habillé; **~ known** plus connu.

3 n: **a change for the ~** une amélioration, un changement en mieux; **for ~ or worse** pour le meilleur ou pour le pire; **to get the ~ of sb** triompher de qn; **one's ~s** ses supérieurs mpl.

4 vt sb's achievements dépasser; record, score améliorer. **to ~o.s.** améliorer sa condition.

between [bɪ'twi:n] **1** prep (gen) entre. **no one can come ~ us** personne ne peut nous séparer; **~ the wars** entre les deux guerres; **the ferry goes ~ Dover and Calais** le ferry fait la navette entre Douvres et Calais; **~ here and London** d'ici (à) Londres; **~ now and next week** d'ici la semaine prochaine; **the match ~ A and B** le match qui oppose A à B; **they have 5 oranges ~ them** ils ont 5 oranges en tout; **~ ourselves, he ...** entre nous, il ...; **the 2 boys managed to lift the box ~ them** à eux deux les garçons sont arrivés à soulever la caisse. **2** adv au milieu, dans l'intervalle. **few and far ~** très espacés, très rares; **rows of trees with grass in ~** des rangées d'arbres séparées par de l'herbe.

betwixt [bɪ'twɪkst] adv: **~ and between** entre les deux.

bevel ['bevəl] **1** n (**~ edge**) biseau m; (tool: **~ square**) fausse équerre f. **2** vt biseauter.

beverage ['bevərɪdʒ] n boisson f.

bevy ['bevɪ] n bande f, troupe f.

bewail [bɪ'weɪl] vt se lamenter sur.

beware [bɪ'weəʳ] vti: **to ~ (of)** prendre garde (sb/sth à qn/à qch); doing (de faire), se garder (doing de faire), se méfier (sth de qch); **~ of falling** prenez garde de tomber; **'~ of listening to him** gardez-vous de l'écouter; **'~ of the dog!'** 'attention, chien méchant'; **'~ of pickpockets!'** 'attention aux pickpockets!'; **'~ of imitations'** 'se méfier des contrefaçons'.

bewilder [bɪ'wɪldəʳ] vt dérouter; (stronger) confondre. **♦ bewildered** adj person dérouté, ahuri; look perplexe. **♦ bewildering** adj déroutant; (stronger) ahurissant. **♦ bewilderingly** adv d'une façon déroutante or ahurissante. **♦ bewilderment** n confusion f; (stronger) ahurissement m.

bewitch [bɪ'wɪtʃ] vt ensorceler; (fig) charmer. **♦ bewitching** adj charmant. **♦ bewitchingly** adv d'une façon séduisante; **~ingly beautiful** belle à ravir.

beyond [bɪ'jɒnd] **1** prep (in space) au-delà de, de l'autre côté de; (in time) plus de; (exceeding) au-dessus de; (except) sauf. **this work is quite ~ him** ce travail le dépasse complètement; **it's ~ me* why he hasn't left her** ça me dépasse* qu'il ne l'ait pas quittée; **~ my reach** hors de ma portée; **he is ~ caring** il ne s'en fait plus du tout; **that's ~ a joke** cela dépasse les bornes; **~ his means** au-dessus de ses moyens; **he gave her no answer ~ a grunt** il ne lui a répondu que par un grognement. **2** adv au-delà, plus loin, là-bas. **the room ~** la pièce d'après; **the lands ~** les terres lointaines.

bezique [bɪ'zi:k] n bésigue m.

bi... [baɪ] pref bi... . **♦ biannual** adj semestriel. **♦ bicentenary** adj, n bicentenaire (m). **♦ biennial** adj biennal. **♦ bifocals** npl verres mpl à double foyer. **♦ bilateral** adj bilatéral. **♦ bilingual** adj bilingue. **♦ bimonthly** adj bimensuel. **♦ biped** adj, n bipède (m). **♦ biplane** n biplan m. **♦ bisexual** adj (Bio) bisexué; (Psych) (sexuellement) ambivalent. **♦ biweekly** adj bihebdomadaire.

bias ['baɪəs] **1** n (a) (inclination) tendance f (towards à); (prejudice) préjugé m (towards pour; against contre). (b) (Sewing) **on the ~** dans le biais; **~ binding** biais m (ruban). **2** vt influencer, (pej) prévenir (towards en faveur de; against contre). **♦ bias(s)ed** adj partial; **to be ~(s)ed against** avoir un préjugé contre.

bib [bɪb] n [child] bavoir m; [apron] bavette f. **in her best ~ and tucker*** sur son trente et un.

Bible ['baɪbl] **1** n Bible f. **2** adj oath sur la Bible; story tiré de la Bible. **~ thumper*** évangéliste m de carrefour. **♦ biblical** ['bɪblɪkəl] adj biblique.

bibliography [,bɪblɪ'ɒgrəfɪ] n bibliographie f. **♦ bibliographer** n bibliographe mf. **♦ bibliographic(al)** adj bibliographique. **♦ bibliomaniac** n bibliomane mf.

bibulous ['bɪbjuləs] adj adonné à la boisson; look aviné; evening bien arrosé.

bicarbonate [baɪ'kɑːbənɪt] n: **~ of soda** bicarbonate m de soude.

biceps ['baɪseps] n biceps m.

bicker ['bɪkəʳ] vi se chamailler*. **♦ bickering** n chamailleries* fpl.

bicycle ['baɪsɪkl] **1** n bicyclette f, vélo m. **to ride a ~** faire de la bicyclette or du vélo. **2** adj bell, chain de bicyclette; pump à bicyclette; path cyclable; race cycliste. **~ rack** râtelier m à bicyclettes. **♦ shed** abri m à bicyclettes.

bid [bɪd] pret **bade** or **bid**, ptp **bidden** or **bid 1** vt (a) (command) ordonner (sb to do à qn de faire). (b) (say) dire. **to ~ sb good morning** dire bonjour à qn; **to ~ sb welcome** souhaiter la bienvenue à qn. (c) (offer) amount offrir; (at auction) faire une enchère de; (Cards) demander. **2** vi faire une offre or (at auction) enchère f; (Cards) **to ~ against sb** renchérir sur qn; **to ~ for power** viser le pouvoir; **to ~ fair to do** promettre de faire. **3** n (a) offre f; (at auction) enchère f; (Cards) demande f. **'no ~'** 'parole'. (b) (attempt) tentative f. **suicide ~** tentative de suicide; **to make a ~ for power/freedom** tenter de s'emparer du pouvoir/de s'évader. **♦ biddable** adj child docile; (Cards) suit demandable. **♦ bidder** n enchérisseur m, offrant m; **the highest ~der** le plus offrant. **♦ bidding** n (a) (at sale, also Cards) enchère(s) f(pl); **the ~ding is closed** l'enchère est faite; (b) **I did his ~ding** j'ai fait ce qu'il m'a dit.

bide [baɪd] vt: **to ~ one's time** attendre le bon moment.

bidet ['bi:deɪ] n bidet m.

bier [bɪəʳ] n bière f (pour enterrement).

biff* [bɪf] vt flanquer* un coup de poing à.

big [bɪg] **1** adj (in height, age) person, building, tree grand; (in bulk, amount) fruit, parcel, book, lie gros (f grosse). **my ~ brother** mon grand frère, mon frère aîné; (Aut) **~ end** tête f de bielle; **a ~ man** un homme grand et fort; (important) un grand homme, un homme marquant; (Pol) **the B~ Four** les quatre Grands; **~ game** gros gibier; **~ game hunter** chasseur m de gros gibier; **~ game hunting** chasse f au gros gibier; **~ toe** gros orteil; **~ top** (circus) cirque m; (main tent of it) grand chapiteau m; **to grow ~ or ~ger** grandir (or grossir); **to look ~** faire l'important; **~ noise*, ~ shot*** grosse légume*; **~ business** les grosses affaires; **to have ~ ideas** voir grand; **what's the ~ idea?*** ça ne va pas, non?*; **to do things in a ~ way** faire les choses en grand; **that's rather a ~ word**

c'est un bien grand mot; ~ **talk** beaux discours (*pej*); **he's too ~ for his boots** il a des prétentions; **he's got a ~ head*** il est crâneur*; **he's got a ~ mouth*** il ne sait pas se taire; **why can't you keep your ~ mouth shut!*** tu aurais mieux fait de la boucler!ᵗ; **to make the ~ time*** réussir; (*iro*) ~ **deal!*** tu parles!*; (*iro*) **that's ~ of you!*** quelle générosité! **2** *adv*: **to talk ~*** fanfaronner, se faire mousser*; **to go over ~ᵗ** avoir un succès monstre*; **his speech went down ~* with his audience** ses auditeurs ont été emballés* par son discours.
♦ **big-boned** *adj* fortement charpenté.
♦ **bighead*** *n* crâneur* *m*, -euse* *f*. ♦ **bigheaded*** *adj* crâneur*. ♦ **big-hearted** *adj* au grand cœur; **to be ~-hearted** avoir du cœur. ♦ **bigmouth*** *n* hâbleur *m*, -euse *f*. ♦ **big-sounding** *adj idea, plan etc* prometteur, faramineux*; *name* ronflant.
♦ **bigwigᵗ** *n* grosse légume* *f*.
bigamy ['bɪgəmɪ] *n* bigamie *f*. ♦ **bigamist** *n* bigame *mf*. ♦ **bigamous** *adj* bigame.
bigot ['bɪgət] *n* (*Rel*) bigot(e) *m(f)*; (*Pol etc*) fanatique *mf*. ♦ **bigoted** *adj* bigot; fanatique. ♦ **bigotry** *n* bigoterie *f*; fanatisme *m*.
bike [baɪk] **1** *n* (*) vélo *m*. **2** *vi* (ᵗ) aller à vélo.
bikini [bɪ'ki:nɪ] *n* bikini *m*.
bilberry ['bɪlbərɪ] *n* myrtille *f*.
bile [baɪl] *n* (*Anat*) bile *f*; (*anger*) mauvaise humeur. ~ **stone** calcul *m* biliaire.
bilge [bɪldʒ] *n* (*water*) eau *f* de cale; (*: *nonsense*) idioties *fpl*.
bilious ['bɪlɪəs] *adj* bilieux. ~ **attack** crise *f* de foie.
♦ **biliousness** *n* affection *f* hépatique.
bill¹ [bɪl] **1** *n* (**a**) (*account*) facture *f*; *[hotel, also gas etc]* note *f*; *[restaurant]* addition *f*. **have you paid the milk ~?** as-tu payé le lait?; **a pile of ~s in the post** une pile de factures dans le courrier; **may I have the ~ please** l'addition (*or* la note) s'il vous plaît. (**b**) ~ **of fare** menu *m*, carte *f* (du jour); ~ **of indictment** acte *m* d'accusation; ~ **of lading** connaissement *m*; ~ **of rights** déclaration *f* des droits; ~ **of exchange** lettre *f* de change; ~ **of sale** acte *m* de vente. (**c**) (*US: banknote*) billet *m* (de banque). **5-dollar ~** billet de 5 dollars. (**d**) (*Parl*) projet *m* de loi. (**e**) (*poster*) placard *m*; (*Theat etc*) affiche *f*. **to top the ~** être en tête d'affiche.
2 *vt* (**a**) *goods* facturer. **to ~ sb for sth** envoyer la facture de qch à qn. (**b**) **he is ~ed to play Hamlet** il est à l'affiche dans le rôle de Hamlet.
♦ **billboard** *n* panneau *m* d'affichage. ♦ **billfold** *n* portefeuille *m*. ♦ **billing¹** *n* (*Theat*) **to get top/second ~ing** figurer en tête d'affiche/en deuxième place à l'affiche. ♦ **billposter** *or* ♦ **billsticker** *n* colleur *m* d'affiches.
bill² [bɪl] **1** *n* *[bird]* bec *m*. **2** *vi*: **to ~ and coo** roucouler. ♦ **billing²** *n*: **~ing and cooing** roucoulements *mpl* (d'amoureux).
billet ['bɪlɪt] (*Mil*) **1** *n* cantonnement *m* (chez l'habitant). **2** *vt* cantonner (*on sb* chez qn).
billhook ['bɪlhuk] *n* serpette *f*.
billiard ['bɪljəd] **1** *n*: **~s** (jeu *m* de) billard *m*. **2** *adj*: ~ **ball/cue** boule *f*/queue *f* de billard; **~(s) saloon** (café-)billard *m*; ~ **table** (table *f* de) billard *m*.
billion ['bɪljən] *n* (*Brit*) billion *m*; (*US*) milliard *m*.
billow ['bɪləʊ] **1** *n* flot *m*. **2** *vi* *[sea]* se soulever; *[sail]* se gonfler; *[cloth]* onduler.
billy can ['bɪlɪkæn] *n* gamelle *f*.
billy goat ['bɪlɪgəʊt] *n* bouc *m*.
billy-ho* ['bɪlɪhəʊ] *n*: **like ~** *laugh* très fort; *run* très vite.
bin [bɪn] *n* *[coal, corn]* coffre *m*; *[bread]* boîte *f*, (*larger*) huche *f*; *[wine]* casier *m* (à bouteilles); (*dust~, rubbish ~*) boîte *f* à ordures, poubelle *f*.
binary ['baɪnərɪ] *adj* binaire.
bind [baɪnd] *pret, ptp* **bound 1** *vt* (**a**) (*fasten*) *thing* attacher; **2** *or* **more things** attacher, lier; *person, animal* lier, attacher (*to* à); *prisoner*

ligoter; (*Culin*) lier. **bound hand and foot** pieds et poings liés. (**b**) (*encircle*) entourer (*with* de); *artery* ligaturer; *wound* bander; *material, hem* border (*with* de); *book* relier (*in* en). (**c**) (*oblige*) obliger (*sb to do* qn à faire). **2** *vi* (**a**) *[agreement]* engager. (**b**) (ᵗ: *complain*) rouspéter*. **3** *n* (ᵗ: *nuisance*) scie* *f*.
bind over *vt sep* (*Jur*) mettre en liberté conditionnelle.
bind together *vt sep* *sticks* lier; (*fig*) *people* unir.
bind up *vt sep* *wound* bander. **to be totally bound up with** *person* se dévouer entièrement à; *work, hobby* se donner corps et âme à; **it's all bound up with whether ...** tout dépend si ... .
♦ **binder** *n* (*Agr*) lieuse *f*; (*for papers*) classeur *m*; (*Med etc*) bandage *m*. ♦ **binding 1** *n* *[book]* reliure *f*; *[skis]* fixation *f*; (*tape*) extra-fort *m*; **2** *adj rule* obligatoire; *agreement, promise* qui lie; **to be ~ing on sb** lier qn. ♦ **bindweed** *n* liseron *m*.
bingeᵗ [bɪndʒ] *n*: **to have a ~** faire la bombe*.
bingo ['bɪŋgəʊ] *n* loto *m* (*joué collectivement pour de l'argent*).
binoculars [bɪ'nɒkjʊləz] *npl* jumelles *fpl*.
biochemistry ['baɪəʊ'kemɪstrɪ] *n* biochimie *f*. ♦ **biochemical** *adj* biochimique. ♦ **biochemist** *n* biochimiste *mf*.
biodegradable ['baɪəʊdɪ'greɪdəbl] *adj* biodégradable.
biography [baɪ'ɒgrəfɪ] *n* biographie *f*. ♦ **biographer** *n* biographe *mf*. ♦ **biographic(al)** *adj* biographique.
biology [baɪ'ɒlədʒɪ] *n* biologie *f*. ♦ **biologist** *n* biologiste *mf*. ♦ **biological** *adj reason, warfare* biologique; *soap powder* aux enzymes.
biophysics [,baɪəʊ'fɪzɪks] *nsg* biophysique *f*. ♦ **biophysical** *adj* biophysique. ♦ **biophysicist** *n* biophysicien(ne) *m(f)*.
biopsy ['baɪɒpsɪ] *n* biopsie *f*.
birch [bɜ:tʃ] **1** *n* (*tree, wood*) bouleau *m*; (*for whipping*) verge *f*, fouet *m*. **2** *vt* fouetter. ♦ **birching** *n* peine *f* du fouet.
bird [bɜ:d] **1** *n* oiseau *m*; (*game*) pièce *f* de gibier (à plume); (*Culin*) volaille *f*; (ᵗ: *fellow*) type* *m*; (ᵗ: *girl*) nanaᵗ *f*. ~ **of passage/prey** oiseau de passage/proie; **~'s nest** nid *m* d'oiseau; **a ~ in the hand is worth two in the bush** un tiens vaut mieux que deux tu l'auras; **they're ~s of a feather** ils sont à mettre dans le même sac; **a little ~ told me*** mon petit doigt me l'a dit; **to give sb the ~ᵗ** envoyer paître qnᵗ; **that's strictly for the ~sᵗ** ça c'est bon pour les imbéciles. **2** *adj*: ~ **bath** vasque *f* pour les oiseaux; ~ **brains** tête *f* de linotte; ~ **cage** cage *f* à oiseaux; ~ **call** cri *m* d'oiseau; **to go ~ nesting** aller dénicher les oiseaux; ~ **sanctuary** réserve *f* d'oiseaux; **a ~'s eye view of Paris** Paris (vu) à vol d'oiseau; (*fig*) **~'s-eye view** vue *f* d'ensemble; ~ **watcher** ornithologue *mf* amateur; **to go ~ watching** aller observer les oiseaux.
Biro ['baɪərəʊ] *n* ® = (pointe *f*) Bic *m* ®.
birth [bɜ:θ] **1** *n* *[baby, idea etc]* naissance *f*; (*childbirth*) accouchement *m*. **during the ~** pendant l'accouchement; **to give ~ to** *[woman]* donner naissance à; *[animal]* mettre bas; **from ~**, **by ~** de naissance; **of good ~** de bonne famille. **2** *adj*: ~ **certificate** acte *m* de naissance; ~ **control** contrôle *m* des naissances; ~ **pill** pilule *f* (anti-conceptionnelle); ~ **rate** (taux *m* de) natalité *f*.
♦ **birthday 1** *n* anniversaire *m*; **2** *adj* *cake, card, present* d'anniversaire; **she is having a ~day party** on a organisé une petite fête pour son anniversaire; (*hum*) **in one's ~day suit*** dans le costume d'Adam (*or* d'Ève)*. ♦ **birthmark** *n* tache *f* de vin (*sur la peau*). ♦ **birthplace** *n* (*gen, Admin*) lieu *m* de naissance; (*house*) maison natale; (*fig: of civilisation etc*) berceau *m*.
♦ **birthright** *n* droit *m* acquis en naissant.

biscuit ['bɪskɪt] 1 n (Brit) petit gâteau sec, biscuit m; (US) petit pain au lait. **he takes the ~!ı** il est marrant!ı 2 adj (colour) biscuit inv.
bisect [baɪ'sekt] vt couper en deux (parties égales).
bishop ['bɪʃəp] n évêque m; (Chess) fou m.
♦ **bishopric** n évêché m.
bismuth ['bɪzməθ] n bismuth m.
bison ['baɪsn] n bison m.
bit[1] [bɪt] 1 pret of **bite**. 2 n (a) [horse] mors m. **to take the ~ between one's teeth** prendre le mors aux dents. (b) [tool] mèche f.
bit[2] [bɪt] 1 n [bread] morceau m; [paper, string] bout m; [book, talk etc]passage m. **a ~ of** (gen) un peu de; **a ~ of garden** un bout de jardin; **a tiny little ~** un tout petit peu; **a ~ of advice** un petit conseil; **a ~ of news** une nouvelle; **a ~ of luck** une chance; **he's got a ~ of money** put aside il a un peu d'argent en réserve; **the ~ of money he had left** le peu d'argent qui lui restait; **a ~/a little ~/a good ~ late** un peu/un petit peu/très en retard; **a good ~ bigger** bien or beaucoup plus grand; **I'm a ~ of a socialist*** je suis plutôt socialiste; **it was a ~ of a shock** ça nous a plutôt fait un choc; **not a ~ of it** pas du tout; **bring all your ~s and pieces** apporte toutes tes petites affaires; **in ~s and pieces** (broken) en morceaux, en miettes; (dismantled) en pièces détachées; (fig) plan, scheme en ruines; **to come to ~s** (break) s'en aller en morceaux; (dismantle) se démonter; (fig) **he went to ~s*** il a craqué*; **~ by ~** petit à petit; **to do one's ~** fournir sa part d'effort; **when it comes to the ~** en fin de compte; (of time) **after a good ~** après un bon bout de temps*; **wait a ~** attendez un instant; **to pay a good ~ for sth** payer qch assez cher. 2 adj (Theat) **~ part** petit rôle. ♦ **bitty*** adj décousu.
bitch [bɪtʃ] 1 n [dog] chienne f; [canines generally] femelle f; (ıpej: woman) garceı f. **terrier ~** terrier m femelle. 2 vi (ı: complain) râler* (about contre). ♦ **bitchyı** adj rosse*, vacheı.
bite [baɪt] (vb: pret bit, ptp bitten) 1 n [dog, snake etc] morsure f; [insect] piqûre f; (Fishing) touche f; (piece bitten off) bouchée f; (something to eat) morceau m. **in two ~s** en deux bouchées; **there's not a ~ to eat** il n'y a rien à manger; **come and have a ~** venez manger un morceau. 2 vt (gen) mordre; [insect] piquer. **to ~ one's nails** se ronger les ongles; **to ~ one's tongue/fingers** se mordre la langue/les doigts; **to ~ the dust** mordre la poussière; (fig) **to ~ the hand that feeds you** être d'une ingratitude monstrueuse; **once bitten twice shy** chat échaudé craint l'eau froide; **to be bitten with* the desire to do** mourir d'envie de faire; **what's biting you?** qu'est-ce que tu as à râler?*
3 vi (gen) mordre; [insect] piquer; [cogs] s'engrener. **to ~ into sth** [person] mordre (dans) qch; [acid] mordre sur qch.
bite off vt sep couper d'un coup de dents. **she bit off a piece of apple** elle a mordu dans la pomme; (fig) **he has bitten off more than he can chew** il a eu les yeux plus grands que le ventre; (fig) **to ~ sb's head off*** rembarrer qn (brutalement).
bite through vt fus lip mordre (de part en part); thread couper avec les dents.
♦ **biting** adj cold perçant; wind cinglant; wit, remarks mordant. ♦ **bitingly** adv speak d'un ton mordant.
bitter ['bɪtəʳ] 1 adj (a) taste amer, âpre. (fig) **it was a ~ pill to swallow** la pilule était amère; **~ lemon** Schweppes m ® au citron; **~ orange** (fruit) orange f amère. (b) weather glacial; winter rude. (c) person, reproach, tears amer; critic, criticism acerbe; fate, sorrow, suffering cruel; hatred acharné; opposition, protest violent; remorse cuisant. **to the ~ end** jusqu'au bout; **I feel very ~ about the whole business** toute cette histoire m'a rempli d'amertume. 2 n (Brit: beer) bière anglaise (pression). (drink) **~s** bitter m.

♦ **bitterly** adv speak, complain, weep amèrement; criticize, reproach âprement; oppose, resist avec acharnement; disappointed cruellement; jealous profondément; (Met) it was **~ly cold** il faisait un froid de loup. ♦ **bitterness** n amertume f. ♦ **bittersweet** adj aigre-doux.
bitumen ['bɪtjʊmɪn] n bitume m.
bivouac ['bɪvʊæk] 1 n bivouac m. 2 vi bivouaquer.
bizarre [bɪ'zɑːʳ] adj bizarre.
blab [blæb], **blabber** ['blæbə] 1 vi (tell secret) tout raconter; (chatter) jaser. 2 vt (~ out) aller raconter.
black [blæk] 1 adj (lit, fig) noir. **~ and blue** couvert de bleus; **~ art(s), ~ magic** magie noire; **~ beetle** cafard m; (Aviat) **~ box** boîte noire; the **B~ Country** le Pays Noir (de l'Angleterre); the **B~ Death** la peste noire; **~ eye** œil m au beurre noir; **to give sb a ~ eye** pocher l'œil à qn; **~ ice** verglas m; **B~ Maria*** panier m à salade*; **on the ~ market** au marché noir; **~ marketeer** profiteur m, -euse f; **~ mass** messe noire; the **B~ Prince** le Prince Noir; **~ pudding** boudin m; **B~ Sea** mer Noire; **~ sheep (of the family)** brebis galeuse (de la famille); (accident) **~ spot** point noir (Aut); '**~ tie**' (on invitation) 'smoking'; **~ man** Noir m; **~ woman** Noire f; the **~ Americans** les Américains noirs; '**~ is beautiful**' ≃ 'nous sommes fiers d'être noirs'; (fig) **~list** liste f noire (V below); **B~ Power** (movement) Black Power m; **it is as ~ as pitch** il fait noir comme dans un four; **his hands were ~** il avait les mains noires; (fig) **he looked as ~ as thunder** il avait l'air furibond; **you can scream till you're ~ in the face but ...** tu peux toujours t'égosiller, mais ...; **a ~ deed** un crime; **things are looking ~** les choses se présentent très mal; **a ~ day on the roads** une sombre journée sur les routes; **a ~ day for England** un jour bien triste or (stronger) un jour de deuil pour l'Angleterre; (during strike) **to declare a cargo ~** boycotter une cargaison; **~ goods** marchandises boycottées.
2 n (colour) noir m; (person) Noir(e) m(f); (darkness) obscurité f. **dressed in ~** habillé de noir; **there it is in ~ and white** c'est écrit noir sur blanc; **two ~s don't make a white** la faute de l'un n'excuse pas celle de l'autre; **to swear that ~ is white** (obstinate person) se refuser à l'évidence; [liar] mentir effrontément.
3 vt (gen) noircir; shoes cirer; (Ind) goods, firm boycotter. **to ~ sb's eye (for him)** pocher l'œil à qn.
black out 1 vi (Med) s'évanouir. 2 vt sep (in wartime) town, building faire la black-out dans; [power cut] plonger dans l'obscurité totale; (Theat) stage faire l'obscurité sur.
♦ **black-ball** 1 n vote m contraire; 2 vt blackbouler. ♦ **blackberry** 1 n mûre f; (bush) mûrier m; 2 vi: **to go ~berrying** aller cueillir des mûres. ♦ **blackbird** n merle m. ♦ **blackboard** n tableau m (noir). ♦ **blackcurrant** n cassis m. ♦ **blacken** vti noircir. ♦ **blackguard** ['blægɑːd] n fripouille f. ♦ **blackguardly** adj ignoble. ♦ **blackhead** n point noir (sur la peau). ♦ **black-hearted** adj mauvais. ♦ **blacking** n [shoes] cirage m (noir); [stoves] pâte f à noircir; [cargo etc] boycottage m. ♦ **blackish** adj tirant sur le noir, noirâtre (pej). ♦ **blackjack** n (flag) pavillon noir (des pirates); (weapon) matraque f; (Cards) vingt-et-un m. ♦ **blacklead** vt frotter à la mine de plomb. ♦ **blackleg** (Ind) 1 n jaune m; 2 vi briser la grève. ♦ **blacklist** vt person mettre sur la liste noire; book mettre à l'index. ♦ **blackmail** 1 n chantage m; 2 vt faire chanter; **to ~mail sb into doing** forcer qn par le chantage à faire. ♦ **blackmailer** n maître-chanteur m. ♦ **blackness** n [colour, substance] couleur noire, noirceur f; (darkness) obscurité f; (dirtiness) saleté f. ♦ **blackout** n [lights] panne f d'électricité; (during war) black-out m; (amnesia) trou m de mémoire; (fainting)

évanouissement *m.* ♦ **blackshirt** *n (Pol)* chemise noire *(fasciste).* ♦ **blacksmith** *n (shoes horses)* maréchal-ferrant *m; (forges iron)* forgeron *m.*

bladder ['blædər] *n* vessie *f; (Bot)* vésicule *f.*

blade [bleɪd] *n [knife, tool, weapon, razor]* lame *f; [chopper, guillotine]* couperet *m; [tongue, oar]* plat *m; [spade]* fer *m; [propeller]* pale *f; [windscreen wiper]* caoutchouc *m; [grass]* brin *m.*

blahs [blɑ:] *n* blablabla* *m.*

blame [bleɪm] **1** *vt* **(a)** *(fix responsibility on)* to ~ sb for sth, to ~ sth on sb* rejeter la responsabilité de qch sur qn, mettre qch sur le dos de qn*; I'm not to ~ ce n'est pas ma faute; **you have only yourself to ~** tu t'as bien cherché; **whom/what are we to ~ for this accident?** à qui/à quoi attribuer cet accident? **(b)** *(censure)* reprocher *(sb for doing* à qn de faire; *sb for sth* qch à qn), blâmer *(sb for doing* qn de faire; *sb for sth* qn de qch). to ~ o.s. for sth/for having done sc reprocher qch/d'avoir fait; **he was greatly to ~ for doing that** il a eu grand tort de faire cela. **2** *n* **(a)** *(responsibility)* responsabilité *f.* to put *or* lay the ~ **for sth on sb** rejeter la responsabilité de qch sur qn. **(b)** *(censure)* blâme *m.* ♦ **blamable** *adj* blâmable. ♦ **blameless** *adj* irréprochable. ♦ **blamelessly** *adv* d'une manière irréprochable. ♦ **blameworthy** *adj* blâmable.

blanch [blɑ:ntʃ] **1** *vt vegetables* blanchir; *almonds* monder. **2** *vi [person]* blêmir.

blancmange [blə'mɒnʒ] *n* blanc-manger *m.*

bland [blænd] *adj air, flavour* doux; *manner* affable. ♦ **blandly** *adv* avec affabilité.

blandishments ['blændɪʃmənts] *npl* flatteries *fpl.*

blank [blæŋk] **1** *adj paper, page* blanc; *map* muet; *cheque* en blanc; *cartridge* à blanc; *wall* aveugle; *silence, darkness* profond; *refusal, denial* absolu; *life etc* dépourvu d'intérêt, vide; *face, look (expressionless)* sans expression; *(puzzled)* déconcerté, dérouté. *(fig)* **to give sb a ~ cheque (to do)** donner à qn carte blanche (pour faire); ~ **space** blanc *m,* espace *m* vide; ~ **form** formulaire *m* (à remplir); *(on form)* **please leave ~** laisser en blanc s.v.p.; **a look of ~ astonishment** un regard ébahi; **his mind went ~** il a eu un passage à vide; ~ **verse** vers *mpl* blancs. **2** *n* **(a)** *(void)* blanc *m,* espace *m* vide. **she left several ~s in her answers** elle a laissé plusieurs de ses réponses en blanc; **my mind was a ~** j'avais la tête vide. **(b)** *(~ form)* formulaire *m,* fiche *f; [coin, medal, record]* flan *m. (fig)* **to draw a ~** faire chou blanc. ♦ **blankly** *adv say, announce* carrément; *look (expressionlessly)* sans expression; *(without understanding)* sans comprendre.

blanket ['blæŋkɪt] **1** *n* couverture *f; [snow etc]* couche *f; [fog]* nappe *f; [smoke]* nuage *m.* **2** *adj statement, condemnation etc* global. *[insurance policy]* **to give ~ cover** offrir tous risques.

blare [blɛər] **1** *n* vacarme *m.* **2** *vi [music, horn etc]* retentir; *[loud voice]* claironner; *[radio]* beugler. **3** *vt music* faire retentir.

blarney* ['blɑ:nɪ] *n* boniment* *m.*

blasé ['blɑ:zeɪ] *adj* blasé.

blaspheme [blæs'fi:m] *vti* blasphémer *(against* contre). ♦ **blasphemer** *n* blasphémateur *m,* -trice *f.* ♦ **blasphemous** ['blæsfɪməs] *adj person* blasphémateur; *words* blasphématoire. ♦ **blasphemously** *adv* avec impiété. ♦ **blasphemy** ['blæsfɪmɪ] *n* blasphème *m.*

blast [blɑ:st] **1** *n* **(a)** *(sound) [bomb, quarrying]* explosion *f; [space rocket]* grondement *m; [trumpets etc]* fanfare *f.* ~ **on the siren** coup *m* de sirène; **to blow a ~ on the bugle** donner un coup de clairon; **the radio was going at full** ~ la radio marchait à plein volume. **(b)** *(shock wave) [bomb, furnace etc]* souffle *m.* *(lit, fig)* **at full ~** à plein; ~ **of air/steam** jet *m* d'air/de vapeur; *(fig)* **the icy** ~ souffle glacé (du vent). **2** *adj:* ~ **furnace** haut

fourneau *m.* **3** *vt rocks* faire sauter; *[lightning]* foudroyer; *hopes, future* anéantir. **4** *excl* (*) la barbe!* ~ **him!** il est embêtant!*

blast off *vi [rocket etc]* être mis à feu. ♦ **blasted*** *adj* fichu* *(before n).* ♦ **blasting** *n (Tech)* minage *m;* '~**ing in progress**' 'attention, tir de mines'. ♦ **blast-off** *n (Space)* lancement *m.*

blatant ['bleɪtənt] *adj injustice, lie etc* criant, flagrant; *bully, social climber* éhonté; *coward, thief, liar* fieffé *(before n).* ♦ **blatantly** *adv* d'une manière flagrante.

blather ['blæðər] *vi* raconter des bêtises.

blaze¹ [bleɪz] **1** *n (fire)* feu *m, (fire)* flambée *f; (conflagration)* incendie *m; [gems, beauty etc]* éclat *m.* ~ **of light** torrent *m* de lumière; ~ **of colour** flamboiement *m* de couleur(s); **a** ~ **of anger** une explosion de colère; **go to** ~**s!** va te faire voir!*; **how the** ~**s!** comment diable!; **like** ~**s** comme un fou (*f* une folle). **2** *vi [fire]* flamber; *[sun, colour]* flamboyer; *[jewel, light]* resplendir; *[anger]* éclater. **blazing with colour** resplendissant de couleur.

blaze away *vi [soldiers, guns]* maintenir un feu nourri *(at* contre).

blaze up *vi [fire]* s'enflammer; *[person, anger]* éclater.

♦ **blazing** *adj* **(a)** *building etc* en feu, en flammes; *torch* enflammé; *sun* éclatant, ardent; *(fig) eyes* qui jette des éclairs; *jewel* étincelant; *colour* très vif; **(b)** (*: *angry)* furibard*; **(c)** *(fig) indiscretion, lie* flagrant.

blaze² [bleɪz] **1** *n (mark) [horse etc]* étoile *f; [tree]* marque *f.* **2** *vt:* to ~ **a trail** *(lit)* frayer un chemin; *(fig)* montrer la voie.

blazer ['bleɪzər] *n* blazer *m.*

bleach [bli:tʃ] **1** *n* décolorant *m; (liquid)* eau *f* oxygénée. **(household)** ~ eau de Javel. **2** *vt linen, bones etc* blanchir; *hair* décolorer. **to** ~ **one's hair** se décolorer (les cheveux).

bleach out *vt sep colour* enlever.

bleak [bli:k] *adj country, landscape* exposé au vent, désolé; *room* nu, austère; *weather, wind* froid; *existence* sombre; *prospect* lugubre; *smile* triste. **things look rather** ~ **for him** les choses se présentent plutôt mal pour lui. ♦ **bleakly** *adv look* sombrement; *speak* d'un ton morne. ♦ **bleakness** *n* aspect désolé; austérité *f;* froid *m;* aspect sombre; tristesse *f.*

bleary ['blɪərɪ] *adj eyes (from sleep, fatigue)* voilé; *(from illness)* chassieux; *(from tears)* larmoyant. ♦ **bleary-eyed** *adj* aux yeux voilés *etc.*

bleat [bli:t] **1** *vi* bêler *(:* complain) se plaindre *(about* de). **2** *n* bêlement *m.*

bleed [bli:d] *pret, ptp* **bled** [bled] **1** *vi* saigner. **his nose is** ~**ing** il saigne du nez; **he is** ~**ing to death** il perd tout son sang; *(iro)* **my heart** ~**s for you** tu me fends le cœur. **2** *vt* saigner. **to** ~ **sb white** saigner qn à blanc. ♦ **bleeding 1** *n* saignement *m; (more serious)* hémorragie *f.* **2** *adj wound* saignant; *person* qui saigne; *(fig) heart* brisé.

bleep [bli:p] **1** *n (Rad, TV)* top *m; [pocket call radio]* bip *m.* **2** *vi* émettre des signaux. **3** *vt* biper. ♦ **bleeper** *n* bip *m.*

blemish ['blemɪʃ] *n (in glass)* défaut *m; (on fruit, reputation)* tache *f.*

blench [blentʃ] *vi (flinch)* sursauter; *(turn pale)* blêmir. **without** ~**ing** sans broncher.

blend [blend] **1** *n (gen)* mélange *m; [qualities]* alliance *f.* **excellent** ~ **of tea** thé *m* d'excellente qualité; *[coffee]* **Brazilian** ~ café *m* du Brésil; '**our own** ~' 'mélange (spécial de la) maison'. **2** *vt (gen)* mélanger *(with* à, avec); *qualities* joindre *(with* à); *colours, styles* fondre. **3** *vi* *(* ~ **in)** *(gen)* se mélanger *(with* à, avec); *[voices, perfumes]* se confondre; *[styles]* se marier; *[ideas, political parties, races]* fusionner; *[colours] (shade in)* se fondre; *(go together)* aller bien ensemble.

♦ **blender** n (Tech) malaxeur m; (Culin) mixeur m.

bless [bles] pret, ptp **blessed** [blest] or **blest** vt bénir. God ~ the king! Dieu bénisse le roi!; I was never ~ed with children je n'ai jamais connu le bonheur d'avoir des enfants; (iro) she'll ~ you for this! elle va te bénir!; ~ you! vous êtes un ange!; (sneezing) à vos souhaits!; and Paul, ~ his heart, had no idea that ... et ce brave Paul dans son innocence ne savait pas que ...; ~ his little heart! qu'il est mignon!; ~ my soul!*, well I'm blest!* ça alors!* ♦ **blessed** ['blesɪd] adj (a) (Rel) (holy) béni, saint; (happy) bienheureux; B~ed Virgin Sainte Vierge; 3 adj aux yeux bandés; 4 adv les yeux ment; the B~ed Antony Bennet le bienheureux Antony Bennet. (b) (*) fichu* (before n), satané (before n); that ~ed child ce fichu* gosse; the whole ~ed day toute la sainte journée; every ~ed evening tous les soirs que le bon Dieu fait*. ♦ **blessing** n (a) (prayer) bénédiction f; with God's ~ing par la grâce de Dieu; the plan had his ~ing* il avait donné sa bénédiction à ce projet; (at meal) to ask a ~ing dire le bénédicité; (b) (benefit) bienfait m; the ~ings of civilization les bienfaits or les avantages mpl de la civilisation; what a ~ing that ... quelle chance que ... + subj; this rain has been a real ~ing* cette pluie a été une vraie bénédiction*; it was a ~ing in disguise c'était malgré les apparences un bien.

blew [blu:] pret of **blow**[1].

blight [blaɪt] 1 n [cereals, plants] rouille f, charbon m; [fruit trees] cloque f; (fig) fléau m. 2 vt plants rouiller; hopes anéantir; career, life, future gâcher.

blighter* ['blaɪtəʳ] n type* m, bonne femme. silly ~ imbécile mf; lucky ~! quel(le) veinard(e)*!; you ~! espèce de chameau!*

blimey: ['blaɪmɪ] excl mince alors!*

blind [blaɪnd] 1 adj person, obedience aveugle; corner, flying sans visibilité; passage sans issue; door, window faux. a ~ man/woman un/une aveugle; ~ man's buff colin-maillard m; a ~ boy un jeune aveugle; ~ in one eye borgne; as ~ as a bat myope comme une taupe*; it was approaching on his ~ side cela approchait dans son angle mort; ~ spot (Med) point m aveugle; (Aut, Aviat) angle m mort; (fig) that was his ~ spot sur ce point il refusait d'y voir clair; she was ~ to his faults elle ne voyait pas ses défauts; to turn a ~ eye to fermer les yeux sur; ~ alley impasse f; a ~-alley job une situation sans avenir; ~ date rendez-vous m avec qn qu'on ne connaît pas; not a ~ bit of use# qui ne sert strictement à rien.
2 vt aveugler; (fig) aveugler (to sur). the war-~ed les aveugles mpl de guerre.
3 n (a) the ~ les aveugles mpl; it's the ~ leading the ~ c'est comme l'aveugle qui conduit l'aveugle. (b) [window] store m. (c) (pretence) feinte f, masque m. (d) to go on a ~# (aller) se soûler la gueule#.
4 adv fly sans visibilité. ~ drunk# complètement rond*.
♦ **blindfold** 1 vt bander les yeux à or de; 2 n bandeau m; 3 adj aux yeux bandés; 4 adv les yeux bandés. ♦ **blinding** adj aveuglant. ♦ **blindly** adv aveuglément. ♦ **blindness** n cécité f; (fig) aveuglement m (to devant); ~ness to the truth refus m de voir la vérité.

blink [blɪŋk] 1 n clignotement m (des yeux). my telly's on the ~* ma télé est détraquée. 2 vi cligner des yeux; [light] vaciller. 3 vt: to ~ one's eyes cligner des yeux; to ~ back the tears refouler les larmes (d'un battement de paupières). ♦ **blinkers** npl œillères fpl. ♦ **blinking*** adj fichu* (before n); ~ing idiot espèce f d'idiot.

bliss [blɪs] n (Rel) béatitude f; (gen) félicité f. what

~!*, it's ~!* c'est merveilleux!, c'est divin! ♦ **blissful** adj (Rel, gen) bienheureux; (*) divin, merveilleux. ♦ **blissfully** adv smile d'un air béat; happy, unaware parfaitement.

blister ['blɪstəʳ] 1 n [skin] ampoule f; [paint] boursouflure f; [metal, skin] soufflure f; (# pej: person) plaie* f. 2 vi former une or des ampoule(s); [paint] se boursoufler. ♦ **blistering** adj heat, day étouffant; sun brûlant; attack cinglant. ♦ **blister-pack** n (Comm) plaquette f.

blithe [blaɪð] adj joyeux. ♦ **blithely** adv joyeusement.

blithering* ['blɪðərɪŋ] adj: ~ idiot espèce f d'idiot(e).

blitz [blɪts] 1 n (Mil) attaque f éclair inv; (Aviat) bombardement m (aérien). the B~ le Blitz; (fig) to have a ~ on sth s'attaquer à qch. 2 vt bombarder. ♦ **blitzkrieg** n guerre-éclair f.

blizzard ['blɪzəd] n tempête f de neige.

bloated ['bləʊtɪd] adj (gen) gonflé; face bouffi; stomach ballonné; (with pride etc) bouffi (with de).

bloater ['bləʊtəʳ] n (hareng m) bouffi m.

blob [blɒb] n (drop) grosse goutte f; (spot, stain) tache f.

bloc [blɒk] n bloc m (Pol). en ~ en bloc.

block [blɒk] 1 n (a) [stone] bloc m; [wood] bille f; [butcher, blacksmith, executioner] billot m; [chocolate] plaque f. (toys) ~s (jeu m de) cubes mpl. (b) [buildings] pâté m (de maisons). a ~ of flats, an apartment ~ un immeuble; to walk round the ~ faire le tour du pâté de maisons; (US) 3 ~s away 3 rues plus loin. (c) (obstruction) [traffic] embouteillage m, encombrement m; [pipe] obstruction f; [Med, Psych] blocage m. (d) (unit) [tickets] série f; [shares] tranche f; [seats] groupe m. (e) (Tech) ~ and tackle palan m. 2 adj: in ~ capitals or letters en majuscules fpl d'imprimerie. 3 vt (gen) bloquer; pipe etc boucher; (Ftbl) opponent gêner. to ~ sb's way barrer le chemin à qn.
block off vt sep part of road etc interdire; (accidentally) obstruer.
block out vt sep (a) (obscure) view boucher; (censor) passage caviarder. (b) (sketch roughly) scheme ébaucher.
block up vt sep gangway encombrer; pipe bloquer; window, entrance murer, condamner; hole boucher, bloquer.
♦ **blockade** 1 n blocus m; 2 vt bloquer. ♦ **blockage** n (gen) obstruction f; (Med, Psych) blocage m; (fig) bouchon m. ♦ **blockbuster*** n bombe f de gros calibre; (film, TV series) superproduction f; (argument) argument m massue inv. ♦ **blockhead*** n imbécile mf. ♦ **blockhouse** n blockhaus m.

bloke* ['bləʊk] n type* m.

blond(e) [blɒnd] adj, n blond(e) m(f).

blood [blʌd] 1 n sang m. till the ~ comes jusqu'au sang; it's like trying to get ~ out of a stone c'est comme si on parlait à un mur; bad ~ désaccord m; his ~ will be on your head vous aurez sa mort sur la conscience; my ~ was boiling je bouillais (de rage); his ~ is up il est très monté; he's out for ~* il cherche qn sur qui passer sa colère; she is out for his ~* elle veut sa peau*; his ~ ran cold son sang s'est figé or s'est glacé dans ses veines; ~ is thicker than water la voix du sang est la plus forte; it's in his ~ il a cela dans le sang; of Irish ~ de sang irlandais; (fig) new ~ sang nouveau.
2 adj temperature du sang; group, plasma, transfusion sanguin. ~ bank banque f du sang; ~ bath massacre m; ~ blister ampoule f de sang; ~ brother frère m de sang; ~ cell globule m (sanguin); ~ count numération f globulaire; ~ donor donneur m, -euse f de sang; ~ grouping recherche f du groupe sanguin; ~ heat température f du sang (37°); ~ lust soif f de sang; ~ money prix m du

sang; ~ **orange** (orange f) sanguine f; ~ **poisoning** empoisonnement m du sang; ~ **pressure** tension f (artérielle); **to have high/low** ~ **pressure** faire de l'hypertension/hypotension; **to take sb's** ~ **pressure** prendre la tension de qn; **his** ~ **pressure went up** sa tension a monté; (fig) il a failli avoir une attaque; ~ **relation** parent(e) m(f) par le sang; ~ **sports** sports mpl sanguinaires; ~ **test** analyse f du sang; ~ **vessel** vaisseau m sanguin.
♦ **blood-and-thunder** adj novel à sensation; a ~-and-thunder play or film un sombre mélodrame.
♦ **bloodcurdling** adj à vous figer le sang. ♦ **bloodhound** n limier m. ♦ **bloodless** adj complexion anémié; victory sans effusion de sang.
♦ **bloodlessly** adv sans effusion de sang.
♦ **bloodletting** n saignée f (Med). ♦ **blood-red** adj rouge sang inv. ♦ **bloodshed** n effusion f de sang. ♦ **bloodshot** adj injecté (de sang); **to become** ~**shot** s'injecter. ♦ **bloodstain** n tache f de sang. ♦ **bloodstained** adj taché de sang, ensanglanté. ♦ **bloodstock** n bêtes fpl de sang. ♦ **bloodstream** n sang m, système m sanguin. ♦ **bloodthirsty** adj sanguinaire.
bloody ['blʌdɪ] **1** adj (a) hands, weapon taché de sang, ensanglanté; battle sanglant; nose en sang. (b) (‡) foutu‡ (before n); (horrible) emmerdant‡. **2** adv (‡) vachement‡. **not** ~ **likely!** tu te fous de moi!‡ ♦ **bloody-minded‡** adj mauvais coucheur. ♦ **bloody-mindedness** n: **out of sheer** ~-**mindedness‡** (rien que) pour emmerder le monde‡.
bloom [bluːm] **1** n (a) (flower) fleur f. **in** ~ flower éclos; tree en fleurs; **in full** ~ flower épanoui; tree en pleine floraison. (b) (fruit, skin) velouté m. **2** vi (flower) (tree) fleurir; (person) être florissant. ~**ing with health** resplendissant de santé. ♦ **bloomer** n (a) (‡: mistake) gaffe f; (b) (Dress) ~**ers** culotte f bouffante. ♦ **blooming‡** adj fichu* (before n).
blossom ['blɒsəm] **1** n fleurs fpl; (one flower) fleur f. **a spray of** ~ une petite branche fleurie; **peach** ~ fleur de pêcher. **2** vi fleurir; (fig) s'épanouir. (fig to ~ (out) into devenir.
blot [blɒt] **1** n tache f. **a** ~ **on his character** une tache à sa réputation; **to be a** ~ **on the landscape** déparer le paysage. **2** vt (a) (spot with ink) tacher d'encre. (fig to ~ **one's copybook** faire un accroc à sa réputation. (b) (dry) ink, page sécher. **blot out** vt sep words rayer; memories effacer; (fog etc) view masquer; (destroy) city annihiler.
♦ **blotter** n buvard m; (desk pad) sous-main m inv; (US: record) registre m. ♦ **blotting paper** n (papier m) buvard m.
blotch [blɒtʃ] **1** n tache f. **2** vt tacher. ♦ **blotchy** adj face marbré; paint couvert de taches.
blotto ['blɒtəʊ] adj bourré‡, rond‡.
blouse [blaʊz] n chemisier m.
blow¹ [bləʊ] pret **blew**, ptp **blown** **1** vt (a) (wind) ship pousser; leaves chasser. **the wind blew the ship off course** le vent a fait dévier le navire; **the wind blew the door open** un coup de vent a ouvert la porte. (b) (fire) souffler sur; bellows faire marcher; egg vider. **to** ~ **one's nose** se moucher. (c) bubbles faire; glass souffler; kiss envoyer. (d) trumpet, horn jouer de, souffler dans. **to** ~ **a whistle** siffler; **to** ~ **one's own trumpet** chanter ses propres louanges. (e) fuse, safe faire sauter. **to** ~ **a gasket** griller un joint de culasse; **the whole plan has been** ~n sky-high tout le projet a sauté; **I blew £5 on a new hat*** j'ai claqué* 5 livres pour un nouveau chapeau. (f) (phrases) **to** ~ **one's top‡** piquer une colère*; **to** ~ **the gaff‡** vendre la mèche; **he realized he was** ~n‡ il a compris qu'il était brûlé‡; ~ **the expense!*** tant pis pour la dépense! well, **I'm** ~**ed!*** ça alors!*; ~ **it!*** la barbe!*, zut!*
2 vi (a) (wind, person, animal) souffler. **to** ~ **on one's fingers/one's soup** souffler dans ses

doigts/sur sa soupe; **it was** ~**ing** a gale le vent soufflait en tempête; **it's** ~**ing great guns*** il fait un vent à décorner les bœufs*; (fig) **to see which way the wind** ~**s** regarder de quel côté souffle le vent; **to** ~ **hot and cold** [person] souffler le chaud et le froid; [enthusiasm] avoir des hauts et des bas; **the door blew open** un coup de vent a ouvert la porte; **his hat blew out of the window** son chapeau s'est envolé par la fenêtre. (b) [trumpet] sonner; [whistle] retentir; [foghorn] mugir. when, **the whistle** ~**s** au coup de sifflet. (c) [fuse, light bulb] sauter; [tyre] éclater.
blow down **1** vi [tree etc] être abattu par le vent. **2** vt sep [person] abattre (en soufflant); [wind] faire tomber.
blow in **1** vi (*: arrive) débarquer*. **2** vt sep door, window enfoncer. **look what the wind's** ~**n in!*** regardez qui s'amène!*
blow off **1** vi [hat] s'envoler. **2** vt sep hat emporter. **that blew the lid off the whole business*** c'est cela qui a fait découvrir le pot aux roses; **to** ~ **off steam** lâcher de la vapeur; (*: fig) se défouler*.
blow out **1** vi [lamp] s'éteindre; [tyre] éclater; [fuse] sauter. **2** vt sep lamp éteindre; candle souffler; one's cheeks gonfler. **to** ~ **one's brains out** se brûler la cervelle.
blow over **1** vi [storm, dispute] passer. **2** vt sep tree renverser.
blow up **1** vi [bomb] exploser; (*: get angry) sauter au plafond; [wind] se lever; [storm] (gather) se préparer; (begin) éclater. **2** vt sep building faire sauter; tyre gonfler; photo agrandir; event exagérer; (‡: reprimand) passer un (bon) savon à*.
♦ **blower** n (loudspeaker) haut-parleur m; (telephone) téléphone m. ♦ **blowfly** n mouche f à viande. ♦ **blowhole** n évent m. ♦ **blowlamp** n lampe f à souder. ♦ **blow-out** n [tyre] éclatement m; (Elec) court-circuit m; (‡: feast) gueuleton m. ♦ **blowtorch** n lampe f à souder. ♦ **blow-up** n explosion f; (‡: quarrel) engueulade‡ f; (Phot*) agrandissement m. ♦ **blowy** adj éventé.
blow² [bləʊ] n (gen) coup m; (with fist) coup de poing. **to come to** ~**s** en venir aux mains; **at one** ~ du premier coup; **he gave me a** ~-**by-**~ **account** il ne m'a fait grâce d'aucun détail; **it was a terrible** ~ for him cela a été un coup terrible pour lui.
blowzy ['blaʊzɪ] adj hair mal peigné; woman débraillé.
blubber ['blʌbəʳ] **1** n [whale] blanc m de baleine. **2** vi (weep) pleurer comme un veau.
bludgeon ['blʌdʒən] **1** n matraque f. **2** vt matraquer. (fig) **he** ~**ed me into doing it** il m'a forcé la main (pour que je le fasse).
blue [bluː] **1** adj. **to** ~ **with cold** bleu de froid; **you may talk till you are** ~ **in the face*** tu peux toujours parler; ~ **baby** enfant bleu; ~ **blood** sang bleu; ~ **cheese** (fromage m) bleu m; ~ **jeans** blue-jean m; **once in a** ~ **moon*** tous les trente-six du mois; **like a** ~ **streak*** au triple galop; **to have a** ~ **fit‡** piquer une crise*; (fig) **to feel** ~* avoir le cafard*; **to be in a** ~ **funk*** avoir la frousse*. (b) (obscene) talk grivois; book, film porno* inv.
2 n (colour) bleu m. **the** ~ (sky) l'azur m; (sea) les flots mpl; **to come out of the** ~ être complètement inattendu; **to go off into the** ~ (into the sky) disparaître dans le ciel; (into the unknown) partir à l'aventure; (out of touch) disparaître de la circulation; **the** ~**s*** (depression) le cafard*; (Mus) the blues; (Univ) **he is a rugby** ~ il a représenté son université au rugby.
3 vt (*: squander) gaspiller, claquer‡.
♦ **bluebell** n jacinthe f des bois. ♦ **bluebird** n oiseau m bleu. ♦ **bluebottle** n mouche f bleue.
♦ **blue-eyed** adj aux yeux bleus; (fig) **the** ~-**eyed boy** le chouchou*. ♦ **blueprint** n (fig) plan m,

schéma *m* directeur (*for* de). ♦ **bluestocking** *n* bas-bleu *m*.

bluff[1] [blʌf] **1** *adj person* direct. **2** *n* (*headland*) falaise *f* avancée.

bluff[2] [blʌf] **1** *vti* bluffer*. **2** *n* bluff* *m*. **to call sb's ~** prouver que qn bluffe*. ♦ **bluffer** *n* bluffeur* *m*, -euse* *f*.

blunder ['blʌndər] **1** *n* gaffe *f*; (*error*) grosse faute. **2** *vi* (*make mistake*) faire une gaffe *or* une grosse faute. **to ~ in/out** *etc* entrer/sortir *etc* à l'aveuglette; **to ~ against** *or* **into sth** se cogner contre qch. ♦ **blunderer** *n* gaffeur *m*, -euse *f*. ♦ **blundering** *adj* maladroit.

blunt [blʌnt] **1** *adj* **(a)** *blade, knife, point, needle* émoussé; *pencil* mal taillé. (*Jur*) **with a ~ instrument** avec un instrument contondant. **(b)** (*outspoken*) *person, speech* carré, brusque (*slightly pej*); *fact* brutal. **he was very ~** il n'a pas mâché ses mots. **2** *vt blade, pencil etc* émousser; *palate, feelings* blaser. ♦ **bluntly** *adv speak* carrément. ♦ **bluntness** *n* état émoussé *etc*; (*outspokenness*) franc-parler *m*, brusquerie *f* (*slightly pej*).

blur [blɜːr] **1** *n* (*vague form*) masse *f* confuse, tache *f* floue; (*mist: on mirror etc*) buée *f*. **2** *vt shining surface* embuer, troubler; *inscription, view, outline* estomper. **eyes ~red with tears** yeux voilés de larmes. ♦ **blurred** *adj* (*TV, Phot etc*) flou.

blurb [blɜːb] *n* (*gen*) baratin* *m* publicitaire; (*on book jacket*) texte *m* de présentation *or* de couverture.

blurt [blɜːt] *vt* (~ **out**) *word* lâcher; *information* laisser échapper.

blush [blʌʃ] **1** *vi* rougir (*with* de). **I ~ for him** j'ai honte pour lui; **I ~ to say so** je rougis de le dire. **2** *n* rougeur *f*. **with a ~** en rougissant; **without a ~** sans rougir. ♦ **blushing** *adj* (*with shame*) le rouge au front; (*from embarrassment*) le rouge aux joues; *bride* rougissant.

bluster ['blʌstər] *vi* [*wind, storm*] faire rage; [*person*] (*rage*) tempêter, fulminer (*at sb* contre qn); (*boast*) fanfaronner. ♦ **blustering 1** *adj* fanfaron; **2** *n* fanfaronnades *fpl*. ♦ **blustery** *adj wind* qui souffle en rafales; *weather, day* à bourrasques.

boa ['bəuə] *n* boa *m*. **~ constrictor** boa constricteur *m*.

boar [bɔːr] *n* (*wild*) sanglier *m*; (*male pig*) verrat *m*. **~'s head** hure *f*. ♦ **boarhound** *n* vautre *m*.

board [bɔːd] **1** *n* **(a)** (*piece of wood*) planche *f*. (*Theat*) **the ~s** les planches, la scène; (*fig*) **above ~** tout ce qu'il y a de plus régulier; (*fig*) **across the ~** (*adv*) systématique; (*adj*) de portée générale. **(b)** (*meals*) pension *f*. **~ and lodging** (*chambre f avec*) pension; **full ~** pension complète. **(c)** (*group of officials*) conseil *m*, commission *f*. **~ of directors** conseil d'administration; **he has a seat on the ~** il siège au conseil d'administration; (*Brit*) **B~ of Trade** ministère *m* du Commerce; **medical ~** commission *f* médicale; (*Mil*) conseil de révision; **~ of inquiry** commission *f* d'enquête; **~ of examiners** jury *m* (d'examen). **(d)** (*Aviat, Naut*) **to go on ~** monter à bord (*a ship etc* d'un navire *etc*); **to take on ~** embarquer; (*fig*) prendre note de; **on ~ (ship)** à bord; **to go by the ~** [*plan, attempt*] échouer; [*business*] aller à vau-l'eau; [*principles, dreams*] être abandonné. **(e)** (*cardboard*) carton *m*; (*for games*) tableau *m*. **2** *adj*: **~ game** jeu *m* de société; **~ room** salle *f* de conférence; **~ walk** passage *m* en planches. **3** *vt* **(a)** *ship, plane* monter à bord de; *train, bus* monter dans; (*Naut*) (*in attack*) monter à l'abordage de, prendre à l'abordage; (*for inspection*) arraisonner. **(b)** (*lodge*) prendre en pension. **4** *vi*: **to ~ with sb** être en pension chez qn.

board out *vt sep person* mettre en pension (*with* chez).

board up *vt sep window* boucher, clouer des planches en travers de.

♦ **boarder** *n* pensionnaire *mf*. ♦ **boarding** *adj*: **~ing card** *or* **pass** carte *f* d'embarquement; **~ing house** pension *f* (de famille); **~ing school** pension *f*, pensionnat *m*; **to send a child to ~ing school** mettre un enfant en pension.

boast [bəust] **1** *n* fanfaronnade *f*. **it is their ~ that they succeeded** ils se vantent d'avoir réussi. **2** *vi* se vanter (*about, of* de). **3** *vt* (être fier de) posséder. ♦ **boaster** *n* vantard(e) *m(f)*. ♦ **boastful** *adj* vantard. ♦ **boastfully** *adv* en se vantant. ♦ **boasting** *n* vantardise *f*.

boat [bəut] **1** *n* (*gen*) bateau *m*; (*small, light*) embarcation *f*; (*ship*) navire *m*; (*rowing ~*) barque *f*, canot *m*; (*ship's ~*) canot, chaloupe *f*; (*sailing ~*) voilier *m*; (*barge*) péniche *f*. **to go by ~** prendre le bateau; **to cross by ~** traverser en bateau; (*fig*) **we're all in the same ~** nous sommes tous logés à la même enseigne. **2** *vi*: **to go ~ing** aller faire une partie de canot. **3** *adj*: **~ hook** gaffe *f*; **~ people** gens *mpl* de la mer (*réfugiés du Vietnam etc*); **~ race** course *f* d'aviron; **~ train** train qui assure la correspondance avec le ferry. ♦ **boatbuilder** *n* constructeur *m* de bateaux. ♦ **boatbuilding** *n* construction *f* de bateaux. ♦ **boater** *n* (*hat*) canotier *m*. ♦ **boathouse** *n* abri *m* à bateaux. ♦ **boating 1** *n* canotage *m*; **2** *adj* club, accident de canotage; *holiday, trip* en bateau. ♦ **boatload** *or* **boatful** *n* [*goods etc*] cargaison *f*; [*people*] plein bateau *m*. ♦ **boatswain** ['bəusn] *n* maître *m* d'équipage. ♦ **boatyard** *n* chantier *m* de construction de bateaux.

bob[1] [bob] **1** *vi* monter et descendre. **to ~ up and down** (*in the air*) pendiller; (*in water*) danser sur l'eau; **he ~bed* up again in London** il s'est repointé* à Londres. **2** *n* (*curtsy*) petite révérence *f*.

bob[2]*†* [bob] *n, pl inv* (*Brit*) shilling *m*.

bob[3] [bob] **1** *n* (*haircut*) coiffure courte; (*straight*) coiffure à la Jeanne d'Arc. **2** *vt* couper court.

bob[4] [bob] *n* (~**sled**, ~**sleigh**) bobsleigh *m*.

bobbin ['bobin] *n* (*gen*) bobine *f*; [*lace*] fuseau *m*.

bobby* ['bobi] *n* (*policeman*) flic* *m*.

bobs [bob] *n* type* *m*.

bode [bəud] *vi*: **to ~ well/ill** être de bon/mauvais augure (*for* pour).

bodice ['bodis] *n* corsage *m* (d'une robe).

bodkin ['bodkin] *n* grosse aiguille *f*.

body ['bodi] *n* **(a)** corps *m*. (*dead*) **~** cadavre *m*, corps; **just enough to keep ~ and soul together** juste assez pour subsister; **he's a pleasant little ~** c'est un gentil petit bonhomme; **~ of troops** corps de troupes; **the main ~ of the army** le gros de l'armée; **the great ~ of readers** la masse des lecteurs; **a large ~ of people** une masse de gens; **in a ~** en masse; **the ~ politic** le corps politique; **legislative ~** corps législatif; **a large ~ of water** une grande masse d'eau; (*Phys*) **heavenly ~** corps céleste. **(b)** [*car*] carrosserie *f*; [*plane*] fuselage *m*; [*ship*] coque *f*; [*speech, document*] fond *m*. **in the ~ of the hall** au centre de la salle. **(c)** [*wine, paper*] corps *m*. **to give one's hair ~** donner du volume à ses cheveux. ♦ **bodily 1** *adv carry* dans ses bras; *lift* à bras-le-corps; **2** *adj need, comfort* matériel; *pain* physique; **bodily harm** blessure *f*. ♦ **bodybuilder** *n* (*food*) aliment *m* énergétique. ♦ **body-building** *n* culturisme *m*. ♦ **bodyguard** *n* (*group*) gardes *mpl* du corps; (*person*) garde *m* du corps. ♦ **bodywork** *n* (*Aut*) carrosserie *f*.

boffin* ['bofin] *n* chercheur *m* (*scientifique*).

bog [bog] *n* marécage *m*; [*peat*] tourbière *f*; (*:* lavatory) W.-C. *mpl*.

bog down *vt sep*: **to get ~ged down** s'enliser (*in* dans).

♦ **boggy** *adj* marécageux, tourbeux.

bogey ['bəʊgɪ] n (frightening) épouvantail m, démon m; (bugbear) bête f noire. (fig) it is a ~ for them cela leur fait peur. ♦ **bogeyman** n croque-mitaine m.

boggle ['bɒgl] vi (be amazed) être ahuri (at par); (hesitate) hésiter (at à). the mind ~s! c'est ahurissant!; his mind ~d when he heard the news la nouvelle l'a plongé dans l'ahurissement.

bogus ['bəʊgəs] adj faux (before n), simulé.

bohemian [bəʊ'hiːmɪən] adj, n (gipsy) bohémien(ne) m(f); (artist, writer etc) bohème mf.

boil¹ [bɔɪl] n (Med) furoncle m.

boil² [bɔɪl] 1 vi (a) [water etc]bouillir. the kettle is ~ing l'eau bout (dans la bouilloire); to ~ fast/ gently bouillir à gros bouillons/à petits bouillons; to let the kettle ~ dry laisser s'évaporer complètement l'eau de la bouilloire. (b) [sea] bouillonner; [person] bouillir (with de). 2 vt water faire bouillir; food (faire) cuire à l'eau, (faire) bouillir. 3 n: on the ~ bouillant, qui bout; off the ~ qui ne bout plus.
boil away vi s'évaporer.
boil down 1 vi (fig) revenir (to à). 2 vt sep sauce etc faire réduire; text réduire.
boil over vi déborder.
boil up vi [milk]monter. they are ~ing up* for a row (or confrontation etc) le torchon brûle!
♦ **boiled** adj bacon, beef bouilli; ham cuit; egg à la coque; vegetables cuit à l'eau; potatoes à l'anglaise, à l'eau; sweet à sucer. ♦ **boiler** 1 n (gen) chaudière f; (for clothes) lessiveuse f; (pan) casserole f; 2 adj: ~er house bâtiment m des chaudières; ~er room salle f des chaudières; (Naut) chaufferie f; ~er suit bleu(s) m(pl) de travail. ♦ **boilermaker** n chaudronnier m. ♦ **boilermaking** n grosse chaudronnerie f. ♦ **boiling** adj water, oil bouillant; beef pour pot-au-feu; chicken à faire au pot; at ~ing point (lit) au point d'ébullition; (fig) à ébullition; it's ~ing (hot) il fait une chaleur terrible; I'm ~ing hot* je crève* de chaleur!; he is ~ing (with rage) il bout de colère.

boisterous ['bɔɪstərəs] adj sea, meeting houleux; wind violent; person, evening (gai et) bruyant. ♦ **boisterously** adv bruyamment.

bold [bəʊld] adj (a) (brave) person, action, look hardi, audacieux, intrépide. to grow ~ s'enhardir. (b) (impudent) hardi, effronté. to be ~ enough to do avoir l'audace de faire; as ~ as brass d'une impudence peu commune. (c) (Art, Literat: striking) hardi, vigoureux. to paint in ~ strokes avoir une touche puissante; ~ type caractères mpl gras. ♦ **boldly** adv hardiment, avec audace; effrontément; avec vigueur. ♦ **boldness** n hardiesse f, audace f; effronterie f; vigueur f.

bolero [(Mus) bə'lɛərəʊ, (Dress) 'bɒlərəʊ] n boléro m.

bollard ['bɒləd] n borne f.

boloney: [bə'ləʊnɪ] n idioties fpl.

Bolshevik ['bɒlʃəvɪk], **Bolshevist** ['bɒlʃəvɪst] 1 n Bolchevique mf. 2 adj bolchevique. ♦ **Bolshevism** n bolchevisme m. ♦ **bolshie*** adj (Pol) rouge; (gen) querelleur.

bolster ['bəʊlstər] 1 n traversin m. 2 vt (~ up) soutenir (with par).

bolt [bəʊlt] 1 n (a) [door, window]verrou m; [lock] pêne m; (for nut) boulon m; [cloth] rouleau m; (lightning) éclair m. (fig) a ~ from the blue un coup de tonnerre dans un ciel bleu. (b) (dash) he made a ~ for the door il a fait un bond vers la porte; to make a ~ for it* se sauver à toutes jambes. 2 adv: ~ upright droit comme un piquet. 3 vi (a) (run away) [horse] s'emballer; [person] se sauver. (b) (move quickly) se précipiter. to ~ in/out etc entrer/sortir etc comme un ouragan. 4 vt (a) food engouffrer. (b) door, window

verrouiller. ~ the door! mettez les verrous! (c) (Tech: ~ together) beams boulonner.

bomb [bɒm] 1 n bombe f. letter/parcel ~ lettre f/paquet m piégé(e); his party went like a ~* sa réception a été (un succès) du tonnerre*; this car goes like a ~* elle file, cette bagnole*; it cost a ~* cela a coûté les yeux de la tête. 2 adj: ~ crater entonnoir m; ~ disposal squad équipe f de désamorçage; ~ shelter abri m (anti-aérien); ~ site lieu m bombardé. 3 vt town bombarder.
bomb out vt sep house détruire par un bombardement. the family was ~ed out la famille a dû abandonner sa maison bombardée.
♦ **bomber** n (aircraft) bombardier m; (terrorist) plastiqueur m. ♦ **bombing** 1 n bombardement m; [terrorists] attentat m au plastic or à la bombe; 2 adj raid, plane de bombardement. ♦ **bomb-proof** adj blindé. ♦ **bombshell** n (Mil) obus m; (fig) to come like a ~shell faire l'effet d'une bombe; she's a real ~shell!* c'est une fille sensass!*

bombard [bɒm'baːd] vt bombarder (with de). ♦ **bombardment** n bombardement m.

bombast ['bɒmbæst] n (pej) grandiloquence f. ♦ **bombastic** adj grandiloquent. ♦ **bombastically** adv avec grandiloquence.

bona fide ['bəʊnə'faɪd] adj traveller véritable; offer sérieux. ♦ **bona fides** n bonne foi f.

bonanza [bə'nænzə] n (money etc) filon m, mine f d'or; (boon) aubaine f.

bond [bɒnd] 1 n (a) (agreement) engagement m. to enter into a ~ s'engager (to do à faire). (b) (link) lien(s) m(pl). ~s (chains) fers mpl, chaînes fpl; (fig: ties) liens. (c) (Fin) bon m, titre m. (d) (Comm) to put sth into ~ entreposer qch en douane. (e) (adhesion between surfaces) adhérence f. 2 vt bricks liaisonner; [strong glue] coller, souder. ~ed warehouse entrepôt m des douanes. ♦ **bondage** n esclavage m. ♦ **bondsman** n esclave m.

bone [bəʊn] 1 n (gen) os m; [fish] arête f; [corset] baleine f. chilled to the ~ glacé jusqu'à la moelle (des os); I feel it in my ~s j'en ai le pressentiment; ~ of contention pomme f de discorde; to have a ~ to pick with sb avoir un compte à régler avec qn; he made no ~s about saying what he thought il n'a pas hésité à dire ce qu'il pensait; there are no ~s broken il n'y a rien de cassé; (fig) il n'y a rien de grave; (made) of ~ en os. 2 adj buttons etc en os. ~ china porcelaine f tendre; ~ meal engrais m (de cendres d'os). 3 vt meat, fowl désosser; fish ôter les arêtes de.
bone up: vt sep, **bone up on:** vt fus potasser*. ♦ **boned** adj meat désossé; fish sans arêtes; corset baleiné. ♦ **bone-dry** adj absolument sec. ♦ **bonehead:** n crétin(e) m(f). ♦ **bone-idle*** or ♦ **bone-lazy*** adj fainéant. ♦ **bone-shaker*** n (car) vieille guimbarde f. ♦ **bony** adj tissue osseux; knee, person anguleux; fish plein d'arêtes; meat plein d'os.

bonfire ['bɒnfaɪər] n feu m (de joie); (for rubbish) feu (de jardin).

bonkers: ['bɒŋkəz] adj cinglé*.

bonnet ['bɒnɪt] n bonnet m; (Brit) [car] capot m.

bonny ['bɒnɪ] adj (esp Scot) joli.

bonus ['bəʊnəs] n prime f, gratification f. ~ of 500 francs 500 F de prime; (fig) as a ~ en prime; (Fin) ~ issue émission f d'actions gratuites.

boo [buː] 1 excl hou!, peuh! he wouldn't say ~ to a goose* il n'ose jamais ouvrir le bec*. 2 vt huer. to be ~ed off the stage sortir de scène sous les huées. 3 n: ~s (also ~ing) huées fpl.

boob: [buːb] 1 n (mistake) gaffe f; (breast) sein m, nichon: m. 2 vi gaffer.

booby ['buːbɪ] 1 n nigaud(e) m(f). 2 adj: ~ prize prix m de consolation (décerné au dernier); ~ trap traquenard m; (Mil) objet m piégé.

book [bʊk] 1 n livre m, bouquin* m; [Bible etc]

livre; (*exercise* ~) cahier *m*; (*libretto*) livret *m*;
[*samples etc*] album *m*; [*tickets etc*] carnet *m*;
[*matches*] pochette *f*. (account) ~s livre *m* de
comptes; **to keep the ~s** tenir la comptabilité; **to
be on the ~s of an organization** être inscrit à une
organisation; **to take one's name off the ~s**
donner sa démission; (*Betting*) **to make (a)** ~
inscrire les paris; **to bring sb to** ~ obliger qn à
rendre des comptes; **by the** ~ selon les règles; **to
go by the** ~, **to stick to the** ~ se conformer à la
règle; **to be in sb's good/bad** ~s être bien/mal vu
de qn; (*fig*) **in my** ~* à mon avis; **that's one for the
~!*** c'est à marquer d'une pierre blanche!
  2 *adj*: ~ **club** club *m* du livre; ~ **learning**
connaissances *fpl* livresques; ~ **lover** bibliophile
mf; ~ **post** tarif *m* imprimés *inv*; ~ **token** bon-
cadeau *m* (*négociable en librairie*).
  3 *vt* **(a)** *seat* louer; *room, sleeper* retenir,
réserver; *ticket* prendre. (*Theat*) **we're fully ~ed**
on joue à guichets fermés; **the hotel is fully ~ed**
l'hôtel est complet; **I'm ~ed for lunch*** je suis
pris à déjeuner; (*Rail*) **to** ~ **sb through to
Birmingham** assurer à qn une réservation
jusqu'à Birmingham. **(b)** (*Comm, Fin*) *order*
inscrire, enregistrer. **(c)** (*Police*) *driver etc*
donner un procès-verbal or P.-V.* à; (*Ftbl*) *player*
prendre le nom de. **to be ~ed for speeding**
attraper une contravention pour excès de vitesse.
book in 1 *vi* (*at hotel etc*) prendre une chambre.
2 *vt sep* réserver une chambre *etc* à.
book up *vt sep* retenir, réserver. **the tour** is ~ed
up on ne prend plus d'inscriptions pour l'excursion; **the hotel is ~ed up** l'hôtel est complet; **I'm
very ~ed up*** je suis très pris.
  ♦ **bookable** *adj seat etc* qu'on peut retenir; **all
seats ~able in advance** toutes les places peuvent
être retenues à l'avance; **seats ~able from 6th
June** location ouverte dès le 6 juin. ♦ **bookbinder**
n relieur *m*, -euse *f*. ♦ **bookcase** *n* bibliothèque *f*
(*meuble*). ♦ **bookends** *npl* presse-livres *m inv*.
♦ **bookie*** *n* bookmaker *m*. ♦ **booking 1** *n*
réservation *f*; **2** *adj*: ~**ing clerk** préposé(e) *m(f)*
aux réservations; ~**ing office** (bureau *m* de) location *f*. ♦ **bookish** *adj* qui aime les livres. ♦ **book-
keeper** *n* comptable *mf*. ♦ **book-keeping** *n*
comptabilité *f*. ♦ **booklet** *n* petit livre, brochure *f*.
♦ **bookmaker** *n* bookmaker *m*. ♦ **bookmark** *n*
signet *m*. ♦ **bookmobile** *n* (*US*) bibliothèque *f* circu-
culante. ♦ **bookplate** *n* ex-libris *m inv*.
♦ **bookrest** *n* support *m* à livres. ♦ **bookseller** *n*
libraire *mf*. ♦ **bookshelf** *n* rayon *m* (de bibliothèque). ♦ **bookshop** *n* librairie *f*. ♦ **bookstall**
n [*station etc*] kiosque *m* à journaux; [*secondhand* ~s] étalage *m* de bouquiniste. ♦ **bookstore**
n librairie *f*. ♦ **bookworm** *n* rat *m* de bibliothèque.
boom[1] [bu:m] *n* **(a)** (*across river etc*) barrage *m*.
(b) [*mast*] gui *m*; [*crane*] flèche *f*; [*microphone,
camera*] perche *f*.
boom[2] [bu:m] **1** *n* (*sound*) [*sea, waves, wind*]
mugissement *m*; [*guns, thunder, voices, storm*]
grondement *m*; [*organ*] ronflement *m*. **sonic** ~
bang *m* supersonique. **2** *vi* [*wind*] mugir;
[*thunder, sea, guns*] gronder; [*organ*] ronfler;
[*voice*] retentir; [*person*] tonitruer. **3** *vt* (~ **out**)
dire d'une voix tonitruante.
  ♦ **booming** *adj sound, noise* retentissant; *voice*
tonitruant.
boom[3] [bu:m] **1** *vi* [*trade*] être en expansion; [*business, sales*] être en plein essor; [*books, goods*] se
vendre comme des petits pains; [*prices*] être en
forte hausse.
  2 *n* [*business, prices, shares*] montée *f* en
flèche, forte hausse *f*; [*product*] popularité *f*;
[*sales*] progression *f*; (*Econ*: ~ **period**) boom *m*. ~
town ville *f* en plein développement.
boomerang ['bu:məræŋ] **1** *n* boomerang *m*. **2** *vi*
faire boomerang.
boon [bu:n] **1** *n* (*godsend*) bénédiction* *f*; (*good*

luck) aubaine *f*. **2** *adj*: ~ **companion** joyeux
compère.
boor [buəʳ] *n* rustre *m*. ♦ **boorish** *adj* rustre, grossier. ♦ **boorishly** *adv behave en* rustre; *speak*
grossièrement. ♦ **boorishness** *n* rudesse *f*,
manque *m* de savoir-vivre.
boost [bu:st] **1** *n*: **to give sb a** ~ **(up)** (*help him up*)
soulever qn par derrière *or* par en dessous; (*raise
his morale*) remonter le moral à qn; (*do publicity
for him*) faire de la réclame pour qn. **2** *vt* (*Elec*)
survolter; *engine* suralimenter; *spacecraft* propulser; *price* faire monter; *output, productivity*
accroître; *sales* augmenter; *product* promouvoir;
the economy donner du tonus à; *confidence etc*
renforcer. ♦ **booster** *n* (*Elec*) survolteur *m*;
(*Rad*) amplificateur *m*; (~*er rocket*) booster *m*;
(~*er shot,* ~*er dose*) (piqûre *f* de) rappel *m*.
boot[1] [bu:t] *n*: **to** ~ par-dessus le marché.
boot[2] [bu:t] **1** *n* **(a)** (*gen*) botte *f*; (*ankle* ~)
tillon *m*; [*soldier*] brodequin *m*; [*workman etc*]
grosse chaussure (montante). (*fig*) **the** ~ **is on the
other foot** les rôles sont renversés; **to give sb the
~:** flanquer* qn à la porte. **(b)** [*car*] coffre *m*.
2 *vt*: **to** ~ **sb out** flanquer* qn à la porte. ♦ **bootee**
n petit chausson. ♦ **bootlace** *n* lacet *m* (de chaussure). ♦ **bootleg*** **1** *vi* faire la contrebande de l'alcool; **2** *adj* de contrebande. ♦ **bootlegger** *n* bootlegger *m*. ♦ **bootlicker** *n* lèche-bottes* *mf inv*.
♦ **bootmaker** *n* bottier *m*. ♦ **bootpolish** *n* cirage
m. ♦ **bootstrap** *n*: **to pull o.s. up by one's (own)
~straps** s'élever à la force du poignet.
booth [bu:ð] *n* [*fair*] baraque *f* (foraine); [*language
lab, telephone etc*] cabine *f*; (*voting* ~) isoloir *m*.
booty ['bu:tɪ] *n* butin *m*.
booze* [bu:z] **1** *n* alcool *m* (*boissons*). **to buy some**
~ acheter à boire. **2** *vi* biberonner*. ♦ **boozer:** *n*
(*drunkard*) pochard(e)**:** *m(f)*; (*pub*) bistro* *m*.
♦ **booze-up:** *n* soûlographie* *f*. ♦ **boozy:** *adj
person* qui a la dalle en pente:; *evening* où l'on boit
beaucoup.
borage ['bɒrɪdʒ] *n* bourrache *f*.
borax ['bɔ:ræks] *n* borax *m*. ♦ **boracic** *adj*
borique.
Bordeaux [bɔ:'dəʊ] *n* (*wine*) bordeaux *m*.
border ['bɔ:dəʳ] **1** *n* **(a)** [*lake, carpet, dress*] bord
m; [*woods*] lisière *f*; [*picture*] bordure *f*; (*in
garden*) bordure. **(b)** (*frontier*) frontière *f*. **to
escape over the** ~ s'enfuir en passant la frontière; (*Brit*) **the B~s** la région frontière (*entre
l'Écosse et l'Angleterre*). **2** *adj*: ~ **dispute** différend *m* sur une question de frontière(s); ~ **incident** incident *m* de frontière; ~ **raid** incursion *f*;
~ **town** ville *f* frontière. **3** *vt* [*trees etc*] border.
border (up)on *vt fus* [*country*] être limitrophe
de; [*estate*] toucher; (*fig: come near to being*) être
voisin de, frôler.
  ♦ **borderer** *n* frontalier *m*, -ière *f*. ♦ **borderland**
n (*fig*) **on the ~land of** aux frontières de.
♦ **borderline** *n* ligne *f* de démarcation; ~**line case**
cas *m* limite.
bore[1] [bɔːʳ] **1** *vt hole, tunnel* percer; *well, rock*
forer. **to** ~ **one's way through** se frayer un
chemin en creusant à travers. **2** *n* [*tube, gun*]
calibre *m*. **a 12-~ shotgun** un fusil de (calibre) 12.
♦ **borehole** *n* trou *m* de sonde.
bore[2] [bɔːʳ] **1** *n* (*person*) raseur* *m*, -euse* *f*;
(*event, situation*) ennui *m*, corvée *f*. **2** *vt* ennuyer,
raser*. ♦ **bored** *adj person* qui s'ennuie; *look*
d'ennui; **to be ~d stiff** *or* **to death** *or* **to tears** s'ennuyer ferme *or* à mourir; **he was ~d with reading**
il en avait assez de lire. ♦ **boredom** *n* ennui *m*.
♦ **boring** *adj* ennuyeux, rasant*.
bore[3] [bɔːʳ] *pret of* **bear**[1].
bore[4] [bɔːʳ] *n* (*tidal wave*) mascaret *m*.
born [bɔːn] *adj* né. **to be** ~ naître; **to be** ~ **again**
renaître; **he was** ~ **in 1920** il est né *or* il naquit en
1920; **3 sons** ~ **to her** 3 fils nés d'elle; **every baby
~ into the world** tout enfant qui vient au monde; **a**

Parisian ~ **and bred** un vrai Parisien de Paris; **he wasn't ~ yesterday*** il n'est pas né de la dernière pluie; **in all my ~ days*** de toute ma vie; **poets are ~, not made** on naît poète, on ne le devient pas; **a ~ poet** un poète né; **~ fool** parfait idiot; **misfortunes ~ of war** malheurs dûs à la guerre; **Chicago-~** natif de Chicago, né à Chicago; **Australian-~** d'origine australienne.

borne [bɔːn] *ptp of* bear[1].

borough ['bʌrə] *n* municipalité *f*; (*in London*) ≈ arrondissement *m*; (*Brit Parl*) circonscription *f* électorale urbaine.

borrow ['bɒrəʊ] *vt* emprunter (*from* à). **a ~ed word** un mot d'emprunt; (*Math*) **~ 10** = j'ajoute 10. ♦ **borrower** *n* emprunteur *m*, -euse *f*. ♦ **borrowing** *n* emprunt *m*.

Borstal ['bɔːstl] *n* (*Brit*) maison *f* de redressement.

bosh* [bɒʃ] *n* blague(s)* *f(pl)*, bétises *fpl*.

bos'n ['bəʊsn] *n* = **bosun**.

bosom ['bʊzəm] *n* [*person*] poitrine *f*, seins *mpl*; [*dress*] corsage *m*; (*fig*) sein. **in the ~ of the family** au sein de la famille; **~ friend** ami(e) *m(f)* intime.

boss* [bɒs] **1** *n* patron(ne) *m(f)*, chef *m*; [*gang etc*] caïd: *m*. **2** *vt* mener.
boss about*, boss around* *vt sep* mener à la baguette, régenter.
♦ **bossy*** *adj* autoritaire.

boss-eyed [bɒs'aɪd] *adj* qui louche.

bosun ['bəʊsn] *n* maître *m* d'équipage.

botany ['bɒtənɪ] *n* botanique *f*. ♦ **botanic(al)** *adj* botanique. ♦ **botanist** *n* botaniste *mf*. ♦ **botanize** *vi* herboriser.

botch [bɒtʃ] *vt* (~ **up**) (*repair*) rafistoler*; (*bungle*) saboter, bousiller*.

both [bəʊθ] **1** *adj* les deux, l'un(e) et l'autre. **~ (the) books** ces deux livres sont à lui; **you can't have it ~ ways*** il faut choisir.
2 *pron* tous *or* toutes (les) deux, l'un(e) et l'autre. ~ (**of them**) **were there, they were ~ there** ils étaient là tous les deux; **~ of us agree** nous sommes d'accord tous les deux; **~ alike** l'un comme l'autre.
3 *adv*: ~ **this and that** non seulement ceci mais aussi cela, aussi bien ceci que cela; ~ **you and I saw him** nous l'avons vu nous et moi, vous et moi (nous) l'avons vu; ~ **Paul and I came** Paul et moi sommes venus tous les deux; **she was ~ laughing and crying** elle riait et pleurait à la fois.

bother ['bɒðər] **1** *vt* (*annoy*) ennuyer, embêter*; (*pester*) harceler; (*worry*) inquiéter, ennuyer. **don't ~ me!** laisse-moi tranquille!; **I'm sorry to ~ you** excusez-moi de vous déranger; **does it ~ you if I smoke?** ça vous dérange que je fume (*subj*) *or* si je fume?; **to ~ o.s.** *or* **one's head about sth** se tracasser au sujet de qch; **to get (all hot and) ~ed*** se mettre dans tous ses états (*about* au sujet de); **I can't be ~ed going out** *or* **to go out** je n'ai pas le courage de sortir; **his leg ~s him** sa jambe le fait pas mal* souffrir.
2 *vi* se donner la peine (*to do* de faire). **you needn't ~ to come** ce n'est pas la peine de venir; **don't ~ about me/about my lunch** ne vous occupez pas de moi/de mon déjeuner; **please don't ~** ce n'est pas la peine.
3 *n* ennui *m*, barbe* *f*. **what a ~ it all is!** quel ennui *or* quelle barbe* que tout cela!; (*excl*) ~! zut*, la barbe!*; **she's having a spot of ~** elle a des ennuis; **we had a bit of ~ with the car** on a eu un petit embêtement* avec la voiture.
♦ **botheration*** *excl* zut!* ♦ **bothersome** *adj* ennuyeux, embêtant*.

bottle ['bɒtl] **1** *n* bouteille *f*; (*small*) flacon *m*; (*wide-mouthed*) bocal *m*; (*of stone*) cruche *f*; (*for beer*) canette *f*; (*baby's ~*) biberon *m*. **wine ~** bouteille à vin; **~ of wine** bouteille de vin; **to take to the ~*** se mettre à boire. **2** *adj*: **~ party**

surprise-party *f* où chacun apporte une bouteille; ~ **rack** casier *m* à bouteilles. **3** *vt wine* mettre en bouteilles; *fruit* mettre en bocaux.
bottle up *vt sep feelings etc* refouler.
♦ **bottlebrush** *n* rince-bouteilles *m inv*. ♦ **bottled** *adj beer* en canette; *wine* en bouteilles; *fruit* en bocaux. ♦ **bottle-fed** *adj* nourri au biberon. ♦ **bottle-green** *adj* vert bouteille *inv*. ♦ **bottleneck** *n* [*road*] rétrécissement *m* de la chaussée; [*traffic*] bouchon *m*; [*production etc*] goulet *m* d'étranglement. ♦ **bottle-opener** *n* ouvre-bouteille(s) *m*.

bottom ['bɒtəm] **1** *n* [*box*] (*outside*) bas *m*, (*inside*) fond *m*; [*well, garden, sea*] fond; [*dress, heap, page*] bas *m*; [*tree, hill*] pied *m*; [*table*] bout *m*; [*chair*] siège *m*; [*ship*] carène *f*; (*buttocks*) derrière *m*; (*fig: origin*) base *f*, fondement *m*. **at the ~ of page 10** en *or* au bas de la page 10; **at the ~ of the hill** au pied *or* au bas de la colline; **the name at the ~ of the list** le nom en bas de la liste; **he's at the ~ of the list** il est en queue de liste; **to be ~ of the class** être le dernier de la classe; **~s up!*** cul sec!; **from the ~ of my heart** du fond de mon cœur; **at ~** au fond; **to knock the ~ out of an argument** démolir un argument; **the ~ fell out of his world*** son monde s'est effondré; (*fig*) **to be at the ~ of sth** être à l'origine de qch; **we can't get to the ~ of it** impossible de découvrir le fin fond de cette histoire.
2 *adj shelf* du bas, inférieur; *step, gear* premier; *part of garden etc* du fond. (*fig*) **her ~ drawer** son trousseau; ~ **half** [*box*] partie *f* inférieure; [*class, list*] deuxième moitié *f*.
♦ **bottomless** *adj* sans fond; *mystery* insondable; *supply* inépuisable. ♦ **bottommost** *adj* le plus bas.

botulism ['bɒtjʊlɪzəm] *n* botulisme *m*.

bouclé ['buːkleɪ] *adj* en bouclette.

bougainvill(a)ea [ˌbuːgənˈvɪlɪə] *n* bougainvillée *f*.

bough [baʊ] *n* rameau *m*, branche *f*.

bought [bɔːt] *pret, ptp of* **buy**.

boulder ['bəʊldər] *n* rocher *m* (rond), grosse pierre.

bounce [baʊns] **1** *vi* [*ball*] rebondir; [*child, car*] faire des bonds; (*) [*cheque*] être sans provision. [*person*] **to ~ in/out** *etc* entrer/sortir *etc* avec entrain. **2** *vt ball* faire rebondir; (*) *cheque* refuser; (:) *rowdy customer* vider:, flanquer* à la porte. **3** *n* [*ball*] rebond *m*. (*fig*) **he's got plenty of ~*** il est très dynamique.
♦ **bouncer:** *n* videur: *m*. ♦ **bouncing** *adj*: **bouncing baby** beau bébé *m* (florissant de santé). ♦ **bouncy** *adj ball, mattress* élastique; *hair* vigoureux; *person* dynamique.

bound[1] [baʊnd] **1** *n*: ~**s** limite(s) *f(pl)*, bornes *fpl*. **to know no ~s** être sans bornes; **to keep within ~s** rester dans la juste mesure; **within the ~s of possibility** dans les limites du possible; **out of ~s** dont l'accès est interdit; (*Scol*) défendu aux élèves. **2** *vt*: ~**ed by** borné *or* limité par.
♦ **boundless** *adj space* infini; *trust* illimité; *devotion* sans bornes.

bound[2] [baʊnd] **1** *n* bond *m*, saut *m*. **2** *vi* [*person, horse*] bondir, faire un bond *or* des bonds. **to ~ in/away** *etc* entrer/partir *etc* d'un bond; **the horse ~ed over the fence** le cheval a sauté la barrière (d'un bond).

bound[3] [baʊnd] (*pret, ptp of* bind) *adj* (**a**) *prisoner* lié, attaché. (**b**) *book* relié. (**c**) **I am ~ to confess** je suis forcé d'avouer; **you're ~ to do it** (*obliged to*) vous êtes tenu *or* obligé de le faire; (*sure to*) vous le ferez sûrement; **it was ~ to happen** cela devait arriver, c'était à prévoir. (**d**) (*destined*) **~ for** *person* en route pour; *parcel, train* à destination de; *ship, plane* en route pour, (*about to leave*) en partance pour; **where are you ~ for?** où allez-vous?; **Australia-~** à destination de l'Australie.
♦ **bounden** *adj duty* impérieux.

boundary ['baʊndərɪ] n limite f, frontière f; (Sport) limites fpl du terrain.
bounty ['baʊntɪ] n (generosity) générosité f; (gift) don m; (Mil) prime f. ♦ **bounteous** or ♦ **bountiful** adj harvest abondant; rain bienfaisant; person généreux.
bouquet ['bʊkeɪ] n bouquet m.
bourbon ['bɜːbən] n (whisky) bourbon m.
bourgeois ['bʊəʒwɑː] adj, n bourgeois(e) m(f). ♦ **bourgeoisie** n bourgeoisie f.
bout [baʊt] n (a) [fever, malaria etc] accès m; [rheumatism] crise f. a ~ of flu une grippe; he's had several ~s of illness il a été malade plusieurs fois; a ~ of work une période de travail intensif; drinking ~ beuverie f. (b) (Boxing, Wrestling) combat m; (Fencing) assaut m.
boutique [buː'tiːk] n boutique f (de mode etc).
bovine ['bəʊvaɪn] adj bovin.
bow[1] [bəʊ] 1 n (weapon) arc m; (Mus) archet m; [rainbow etc] arc; (knot) nœud m.
2 adj: ~ tie nœud m papillon; ~ window fenêtre f en saillie.
♦ **bow-legged** adj aux jambes arquées.
♦ **bowstring** n corde f.
bow[2] [baʊ] 1 n salut m. to make one's ~ (as a pianist etc) faire ses débuts (de pianiste etc); to take a ~ saluer. 2 vi (a) (in greeting) saluer, incliner la tête. to ~ to sb saluer qn; ~ing and scraping salamalecs mpl. (b) (~ down) [branch etc] fléchir, ployer; [person] se courber; (fig: submit) s'incliner (before, to devant; under sous).
3 vt back courber; head pencher. to ~ one's back courber le dos; to ~ one's knee fléchir le genou.
bow out vi (fig) tirer sa révérence.
bow[3] [baʊ] n [ship] ~(s) avant m, proue f. in the ~s à l'avant, en proue; on the port ~ par bâbord devant.
bowdlerize ['baʊdləraɪz] vt expurger.
bowels ['baʊəlz] npl intestins mpl. ~ of the earth entrailles fpl de la terre.
bowl[1] [bəʊl] n bol m, jatte f; (for water, washing up) cuvette f; (for fruit) coupe f; (for salad) saladier m; (for punch) bol; (for sugar) sucrier m; [spoon] creux m; [lamp] globe m; [lavatory, sink] cuvette.
bowl[2] [bəʊl] 1 n boule f. (game) ~s (Brit) (jeu m de) boules; (US: skittles) bowling m. 2 vi (a) to go ~ing jouer aux boules (or au bowling). (b) [person, car] to go ~ing down the street descendre la rue à bonne allure. 3 vt bowl, ball lancer; hoop faire rouler; (Cricket) ball servir; batsman (~ out) mettre hors jeu.
bowl down* vt sep renverser.
bowl over vt sep renverser. (fig) to be ~ed over by (surprise) rester stupéfait devant; (emotion) être bouleversé par.
♦ **bowler** n joueur m, -euse f de boules (or de bowling); (Cricket) lanceur m, -euse f (de la balle); (hat) (chapeau m) melon m. ♦ **bowling** 1 n (Brit) jeu m de boules; (US) bowling m; 2 adj: ~ing alley bowling m; ~ing green terrain m de boules (sur gazon); ~ing match concours m de boules (or de bowling).
box[1] [bɒks] 1 n (a) boîte f; (crate; also for cash) caisse f; (cardboard ~) carton m. (TV) on the ~* à la télé*. (b) (Theat) loge f; (Jur) [jury, press] banc m; [witness] barre f; [stable] box m. 2 adj: ~ calf box(-calf) m; ~ number numéro m d'annonce; ~ office bureau m de location; it's good ~ office cela fait recette; ~-office attraction or success spectacle m à (grand) succès; ~ room (cabinet m de) débarras m. 3 vt goods mettre en boîte or en caisse etc. (Naut) to ~ the compass réciter les aires du vent.
box in vt sep bath, sink encastrer. (fig) to feel ~ed in se sentir confiné or à l'étroit.
♦ **Boxing Day** n le lendemain de Noël.
box[2] [bɒks] 1 vi (Sport) faire de la boxe. 2 vt

(Sport) boxer avec. to ~ sb's ears gifler qn. 3 n: a ~ on the ear une gifle. ♦ **boxer** n (Sport) boxeur m; (dog) boxer m. ♦ **boxing** 1 n boxe f; 2 adj gloves, match de boxe; ~ing ring ring m.
box[3] [bɒks] n (~wood) buis m.
boy [bɔɪ] n garçon m. little ~ petit garçon, garçonnet m; English ~ petit or jeune Anglais m; come, my ~ viens ici, mon petit or mon grand; the Jones ~ le petit Jones; when I was a ~ quand j'étais petit or enfant; ~s will be ~s! les garçons, on ne les changera jamais!; he was as much a ~ as ever il était toujours aussi gamin; my dear ~ mon cher (ami); a night out with the ~s une sortie avec les copains*; (excl) ~!* bigre!* ♦ **boyfriend** n petit ami. ♦ **boyhood** n enfance f, adolescence f.
♦ **boyish** adj behaviour d'enfant, de garçon, (pej) puéril; smile, look gamin; girl garçonnier.
boycott ['bɔɪkɒt] 1 vt boycotter. 2 n boycottage m.
bra [brɑː] n soutien-gorge m.
brace [breɪs] 1 n (a) (gen) attache f; (Med) appareil m orthopédique; (dental) appareil (dentaire or orthodontique); (Constr) entretoise f. (Brit Dress) ~s bretelles fpl; ~ and bit vilebrequin m (à main). (b) (pl inv: pair) [animals etc] paire f. 2 vt (support) soutenir, consolider; beam armer. to ~ o.s. s'arc-bouter; (fig) rassembler ses forces (to do pour faire); ~ yourself for the news! tenez-vous bien que je vous raconte (subj) la nouvelle! ♦ **bracing** adj air, climate tonifiant; wind vivifiant.
bracelet ['breɪslɪt] n bracelet m.
bracken ['brækən] n fougère f.
bracket ['brækɪt] 1 n (a) (angled support) support m; (for shelf) tasseau m; (shelf itself) (petite) étagère f; (for lamp) fixation f. ~ lamp applique f. (b) (Typ) (round) parenthèse f; (square) crochet m; (Mus, Typ) brace ~ accolade f; in ~s entre parenthèses; the lower income ~ la tranche des petits revenus. 2 vt (Typ) mettre entre parenthèses etc; (fig: ~ together) names, persons mettre dans le même groupe; candidates etc mettre ex aequo. (Scol, Sport etc) ~ed first premiers ex aequo.
brackish ['brækɪʃ] adj saumâtre.
bradawl ['brædɔːl] n poinçon m (de menuisier).
brag [bræg] vti se vanter (about, of de; about or of doing de faire; that one has done d'avoir fait).
♦ **braggart** n vantard(e) m(f). ♦ **bragging** 1 n vantardise f; 2 adj vantard.
braid [breɪd] 1 vt hair tresser. 2 n (on dress) ganse f; (Mil) galon m; [hair] tresse f.
Braille [breɪl] n, adj braille (m) inv.
brain [breɪn] 1 n (Anat, fig) cerveau m. ~s (Anat, Culin) cervelle f; (fig) he's got that on the ~* il ne pense qu'à ça!*; his ~ reeled la tête lui a tourné; he's got ~s il est intelligent; he's the ~(s) of the family c'est le cerveau de la famille. 2 adj (Med) disease, operation cérébral. ~ drain émigration f des chercheurs (européens); ~s trust réunion-débat f; (US) ~ trust brain-trust m. 3 vt (*: knock out) assommer. ♦ **brain-child** n invention f personnelle. ♦ **brainless** adj sans cervelle, stupide. ♦ **brainstorm** n (Med) congestion cérébrale; (fig) idée f géniale. ♦ **brainstorming** n remue-méninges m (hum), brain-storming m. ♦ **brainwash** vt faire un lavage de cerveau à; (fig) he was ~washed into believing that ... on a réussi à lui faire croire que ... . ♦ **brainwashing** n lavage m de cerveau; [the public etc] bourrage m de crâne*. ♦ **brainwave** n idée f géniale. ♦ **brainwork** n travail m intellectuel. ♦ **brainy*** adj intelligent, doué.
braise [breɪz] vt (Culin) braiser.
brake[1] [breɪk] n (vehicle) break m.
brake[2] [breɪk] 1 n (Aut etc) frein m. (fig) to act as a ~ on mettre un frein à. 2 vi freiner. 3 adj pedal, drum, lining de frein. ~ fluid liquide m pour freins (hydrauliques); ~ light feu m rouge (des

freins), stop *m*. ◆ **braking 1** *n* freinage *m*; **2** *adj distance, power* de freinage.
bramble ['bræmbl] *n* (*thorny shrub*) roncier *m*; (*blackberry bush*) mûrier *m* sauvage; (*berry*) mûre *f* (sauvage).
bran [bræn] *n* son *m* (*de blé*). ◆ **mash** son mouillé.
branch [brɑːntʃ] **1** *n* (**a**) (*gen: lit, fig*) branche *f*; [*river*] bras *m*; [*mountain chain*] ramification *f*; [*road, pipe, railway*] embranchement *m*; (*Ling*) rameau *m*; (*Admin*) section *f*. (*Mil*) their ~ of the service leur arme *f*. (**b**) [*store, company, bank*] succursale *f*. **2** *adj* (*Rail*) ~ line ligne *f* secondaire; ~ office succursale *f* (locale). **3** *vi* se ramifier. the road ~es off the main road la route quitte la grand-route.
branch out *vi* [*businessman, company*] étendre ses activités (*into* à).
brand [brænd] **1** *n* (**a**) (*Comm: of goods*) marque *f*. (**b**) (*mark*) [*cattle, property*] marque *f*; [*prisoner*] flétrissure *f*. (**c**) (*burning wood*) tison *m*. **2** ~ed goods produits *mpl* de marque; (*fig: stigmatize*) to ~ sb a criminal flétrir qn du nom de criminel. **3** *adj*: ~ image image *f* de marque; ~ name (nom *m* de) marque *f*. ◆ **branding-iron** *n* fer *m* à marquer. ◆ **brand-new** *adj* flambant neuf (*f* flambant neuve).
brandish ['brændɪʃ] *vt* brandir.
brandy ['brændɪ] *n* cognac *m*. ~ and soda fine *f* à l'eau; plum ~ eau-de-vie *f* de prune.
brash [bræʃ] *adj* (*reckless*) impétueux; (*impudent*) effronté; (*tactless*) indiscret.
brass [brɑːs] **1** *n* (**a**) (*metal*) cuivre *m* (jaune); (ϟ: *money*) pognon ϟ *m*. (**b**) (*tablet*) plaque *f* (en cuivre); (*object/ornament*) objet *m*/ornement *m* en cuivre. to clean the ~ astiquer les cuivres; (*Mus*) the ~ les cuivres *mpl*; (*Mil*) the (top) ~* les huiles* *fpl*. **2** *adj ornament etc* en *or* de cuivre. ~ band fanfare *f*; it's not worth a ~ farthing* cela ne vaut pas un clou*; (*Mil*) ~ hat* huile* *f*; he's got a ~ neck* il a du toupet*; ~ plate plaque *f* de cuivre; ~ rubbing (*activity*) décalque *m* et frottement; (*object*) décalque; to get down to ~ tacks* en venir aux choses sérieuses. ◆ **brassware** *n* chaudronnerie *f* d'art. ◆ **brassy** *adj* cuivré.
brassière ['bræsɪər] *n* soutien-gorge *m*; (*strapless*) bustier *m*.
brat [bræt] *n* (*pej*) moutard* *m*, gosse* *mf*.
bravado [brə'vɑːdəʊ] *n* bravade *f*.
brave [breɪv] **1** *adj* courageux, brave. be ~! du courage!; be ~ and tell her prends ton courage à deux mains et va lui dire; (*iro*) it's a ~ new world! on n'arrête pas le progrès! **2** *vt* braver. to ~ it out ·faire face à la situation. ◆ **bravely** *adv* courageusement, bravement. ◆ **bravery** *n* courage *m*.
bravo ['brɑː'vəʊ] *excl, n* bravo (*m*).
bravura [brə'vʊərə] *n* bravoure *f*.
brawl [brɔːl] **1** *vi* se bagarrer*. **2** *n* rixe *f*, bagarre *f*. ◆ **brawling 1** *adj* bagarreur*; **2** *n* rixe *f*, bagarre *f*.
brawn [brɔːn] *n* muscle *m*; (*Culin*) fromage *m* de tête. ◆ **brawny** *adj arm* musculeux; *person* musclé.
bray [breɪ] **1** *n* braiement *m*. **2** *vi* braire.
brazen ['breɪzn] **1** *adj* (~-*faced*) effronté. **2** *vt*: to ~ it out payer d'effronterie. ◆ **brazenly** *adv* effrontément.
brazier ['breɪzɪər] *n* brasero *m*.
Brazil [brə'zɪl] *n* Brésil *m*. ~ nut noix *f* du Brésil. ◆ **Brazilian 1** *n* Brésilien(ne) *m(f)*; **2** *adj* brésilien, du Brésil.
breach [briːtʃ] **1** *n* (**a**) [*law, secrecy*] violation *f*; [*rules*] infraction *f* (*of* à); [*friendship, manners*] manquement *m* (*of* à). ~ of contract rupture *f* de contrat; ~ of the peace attentat *m* à l'ordre public; ~ of promise violation de promesse de mariage; ~ of trust abus *m* de confiance. (**b**)

(*gap: in wall etc*) brèche *f*; (*estrangement*) brouille *f* (*between* entre). **2** *vt wall* ouvrir une brèche dans; *enemy lines, defences* percer.
bread [bred] **1** *n* pain *m*; (ϟ: *money*) fric ϟ *m*. ~ and milk pain au lait; ~ and butter tartine *f* (beurrée *or* de beurre); (*fig*) it's his ~ and butter c'est son gagne-pain; he knows which side his ~ is buttered il sait où est son intérêt; to put sb on ~ and water mettre qn au pain et à l'eau; (*Rel*) the ~ and wine les (deux) espèces *fpl*. **2** *adj*: to be on the ~ line* être sans le sou; ~ sauce sauce *f* à la mie de pain. ◆ **bread-and-butter** letter *n* lettre *f* de remerciements (*pour hospitalité reçue*). ◆ **breadbasket** *n* corbeille *f* à pain. ◆ **breadbin** *n* boîte *f* à pain, (*larger*) huche *f* à pain. ◆ **breadboard** *n* planche *f* à pain. ◆ **breadcrumbs** *npl* miettes *fpl* de pain; (*Culin*) chapelure *f*; fried in ~crumbs pané. ◆ **breadfruit** *n* fruit *m* de l'arbre à pain. ◆ **breadknife** *n* couteau *m* à pain. ◆ **breadwinner** *n* soutien *m* (de famille).
breadth [bretθ] *n* largeur *f* (*also fig: of thought etc*). this field is 100 metres in ~ ce champ a 100 mètres de large. ◆ **breadthwise** *adv* dans la *or* en largeur.
break [breɪk] (*vb: pret* **broke**, *ptp* **broken**) **1** *n* (**a**) (*gen*) cassure *f*; [*relationship*] rupture *f*, brouille *f*; [*wall*] trouée *f*; [*line, conversation, transmission*] interruption *f*; [*journey*] arrêt *m*; (*Scol*) récréation *f*. to take a ~ (*few minutes*) s'arrêter cinq minutes; (*holiday*) prendre des vacances; (*change*) se changer les idées; 6 hours without a ~ 6 heures de suite; (*Elec*) ~ in circuit rupture *f* de circuit; a ~ in the clouds une éclaircie; a ~ in the weather un changement de temps; with a ~ in her voice d'une voix entrecoupée; at ~ of day au point du jour; to make a ~ for it* (*escape*) prendre la fuite; to have a good/bad ~* avoir une période de veine/de déveine*; give me a ~!* donnez-moi ma chance! (**b**) (*vehicle*) break *m*.
2 *vt* (**a**) (*gen*) casser; (*into small pieces*) briser; *stick* casser, rompre; *bone, limb* casser, fracturer; *skin* écorcher. to ~ one's leg/back se casser la jambe/la colonne vertébrale; (*fig*) to ~ the back of a task faire le plus dur d'une tâche; to ~ open *door* enfoncer; *packet* ouvrir; *lock, safe* fracturer; (*fig*) to ~ new ground faire œuvre de pionnier; to ~ cover [*animal*] débusquer; [*hunted person*] sortir à découvert; to ~ ranks rompre les rangs; (*Aviat*) to ~ the sound barrier franchir le mur du son; (*Sport etc*) to ~ a record battre un record; to ~ one's heart over sth avoir le cœur brisé par qch; to ~ sb's heart briser le cœur à *or* de qn; (*lit, fig*) to ~ the ice briser la glace. (**b**) *promise* manquer à; *vow* rompre; *treaty, law, the sabbath* violer; *commandment* désobéir à. to ~ faith with sb manquer de parole à qn; to ~ an appointment with sb faire faux bond à qn. (**c**) *health* détériorer; *strike, rebellion, courage, spirit* abattre, *horse* dresser. to ~ sb (*morally*) causer la perte de qn; (*financially*) ruiner qn; to ~ sb of a habit faire perdre une habitude à qn; (*Betting*) to ~ the bank faire sauter la banque. (**d**) *silence, spell, fast* rompre; *journey* interrompre; (*Elec*) couper. (**e**) *fall, blow* amortir. the wall ~s the force of the wind le mur coupe le vent. (**f**) *news* annoncer (*to* à). try to ~ it to her gently essayez de le lui annoncer avec ménagement.
3 *vi* (**a**) (*gen*) se casser, se briser; [*stick, rope*] se casser, se rompre; [*bone, limb*] se casser, se fracturer; [*wave*] déferler; [*clouds*] se dissiper; [*ranks*] se rompre; [*heart*] se briser. to ~ into little pieces se casser en mille morceaux; (*fig*) to ~ with a friend rompre avec un ami; to ~ even s'y retrouver; to ~ free *or* loose se libérer (*from* de). (**b**) [*dawn, day*] poindre; [*news, story, storm*] éclater. (**c**) [*health, weather*] se détériorer; [*heatwave etc*] toucher à sa fin; [*voice*] (*boy's*)

muer; (*in emotion*) se briser (*with* de). **he broke under torture** il a craqué sous la torture; **his spirit broke** son courage l'a abandonné.
break away 1 *vi* (*gen*) se détacher (*from* de); (*Ftbl, Racing*) s'échapper. **to ~ away from routine** sortir de la routine. **2** *vt sep* détacher (*from* de).
break down 1 *vi* [*vehicle, machine*] tomber en panne; [*health*] se détériorer; [*argument*] s'effondrer; [*resistance*] céder; [*negotiations, plan*] échouer; (*weep*) éclater en sanglots. **2** *vt sep* **(a)** (*demolish*) démolir; *door* enfoncer; *opposition* briser. **(b)** (*analyse: gen*) décomposer (*into* en); *accounts* détailler; (*Chem*) *substance* décomposer.
break in 1 *vi* **(a)** (*interrupt*) interrompre. **to ~ in on sb/sth** interrompre qn/qch. **(b)** [*burglar*] entrer par effraction. **2** *vt sep* **(a)** *door* enfoncer. **(b)** (*train*) *horse* dresser. **it will take you 6 months before you're broken in*** vous mettrez 6 mois à vous faire au métier.
break into *vt fus* *house* entrer par effraction dans; *safe, cashbox* forcer; *savings, new box* entamer. **he broke into a long explanation** il s'est lancé dans une longue explication; **to ~ into a trot** se mettre à trotter.
break off 1 *vi* **(a)** [*twig etc*] se détacher net. **(b)** (*stop*) s'arrêter (*doing* de faire). **to ~ off from work** interrompre le travail; **to ~ off with sb** rompre avec qn. **2** *vt sep* *piece of chocolate etc* casser, détacher; *engagement, negotiations* rompre; *habit* se défaire de; *work* interrompre.
break out *vi* **(a)** [*epidemic, fire, storm, war*] éclater. **to ~ out into a sweat** commencer à suer. **(b)** (*escape*) s'évader (*of* de).
break through 1 *vi* (*Mil*) faire une percée; [*sun*] percer (*through* les nuages). **2** *vt fus* *defences, obstacles, sb's reserve* percer; *crowd* se frayer un passage à travers; *sound barrier* franchir.
break up 1 *vi* [*ice*] craquer; [*road*] être défoncé; [*ship in storm*] se disloquer; [*partnership*] prendre fin; [*marriage*] se briser; [*health, weather*] se détériorer; [*clouds, crowd, group, meeting*] se disperser; [*friends*] se quitter; [*school, college*] entrer en vacances. **the schools ~ up tomorrow** les vacances (scolaires) commencent demain. **2** *vt sep* *object* mettre en morceaux; *house* démolir; *ground* ameublir; *road* défoncer; *coalition* briser; *empire* démembrer; *marriage* désunir; *crowd, meeting* disperser.
♦ **breakable 1** *adj* cassable, fragile; **2** *n*: **~ables** objets *mpl* fragiles. ♦ **breakage** *n* casse *f*, bris *m*; **to pay for ~ages** payer la casse. ♦ **breakaway 1** *n* [*group, movement*] rupture *f*; (*Sport*) échappée *f*; (*Boxing*) dégagement *m*; **2** *adj* *group, movement* séparatiste, dissident; *state* dissident.
♦ **breakdown 1** *n* [*machine, vehicle, electricity*] panne *f*; [*communications etc*] rupture *f*; [*railway system etc*] interruption *f* (subite) de service; (*in health*) délabrement *m*; (*mental*) dépression nerveuse; (*analysis*) analyse *f*; (*into categories etc*) décomposition *f* (*into* en); **2** *adj*: **~down gang/service** équipe *f*/service *m* de dépannage; **~down truck** dépanneuse *f*. ♦ **breaker** *n* **(a)** (*wave*) brisant *m*; **(b)** **to send to the ~er's ship** envoyer à la démolition; *car* envoyer à la casse. ♦ **breakfast** ['brekfəst] **1** *n* petit déjeuner *m*; **2** *vi* déjeuner (*off, on* de); **3** *adj*: **~fast cereals** céréales *fpl*, flocons *mpl* d'avoine (*or* de maïs *etc*); **~fast cup** déjeuner *m* (*tasse*); **~fast room** petite salle à manger. ♦ **break-in** *n* cambriolage *m*.
♦ **breaking 1** *n* [*cup, chair, seal*] bris *m*; [*bone, limb*] fracture *f*; [*promise*] manquement *m* (*of* à); [*treaty, law*] violation *f* (*of* de); [*commandment*] désobéissance *f* (*of* à); [*silence, spell*] rupture *f*; [*journey*] interruption *f* (*of* de); (*Jur*) **~ing and entering** effraction *f*; **2** *adj*: at **~ing point** *rope, political situation* au point de rupture; *person,*

sb's patience à bout. ♦ **breakneck** *adj*: at **~neck speed** à fond de train. ♦ **breakout** *n* évasion *f* (*de prison*). ♦ **breakthrough** *n* (*Mil*) percée *f*; [*research etc*] découverte *f* sensationnelle. ♦ **break-up** *n* [*ship*] bris *m*; [*ice, political party*] débâcle *f*; [*friendship*] rupture *f*; [*empire*] démembrement *m*. ♦ **breakwater** *n* brise-lames *m inv*.
bream [briːm] *n* brème *f*.
breast [brest] **1** *n* [*woman*] sein *m*; (*chest*) poitrine *f*; (*Culin*) [*chicken etc*] blanc *m*. **2** *vt* *hill* atteindre le sommet de. ♦ **breast-fed** *adj* nourri au sein. ♦ **breast-feed** *vt* allaiter. ♦ **breast-feeding** *n* allaitement *m* au sein. ♦ **breast-pocket** *n* poche *f* de poitrine. ♦ **breast-stroke** *n*: **to swim ~-stroke** nager la brasse.
breath [breθ] *n* haleine *f*, souffle *m*. **bad ~** mauvaise haleine; **to get one's ~ back** reprendre haleine; **out of ~** essoufflé, hors d'haleine; **to take a deep ~** respirer à fond; **to take sb's ~ away** couper le souffle à qn; **save your ~!** inutile de gaspiller ta salive!; **to be short of ~** avoir le souffle court; **under one's ~** tout bas; **in the same ~** dans la même seconde; **all in one ~** tout d'un trait; **with one's dying ~** en mourant; **there wasn't a ~ of air** *or* **wind** il n'y avait pas un souffle d'air; **to go out for a ~ of air** sortir prendre l'air.
♦ **breathalyse**, (*US*) **-ze** *vt* faire subir l'alcootest à. ♦ **breathalyser**, (*US*) **-zer** *n* alcootest *m*. ♦ **breathless** *adj* (*from exertion*) hors d'haleine; (*through illness*) qui a de la peine à respirer; (*with excitement*) le souffle coupé par l'émotion; *silence* ému. ♦ **breathlessly** *adv* en haletant; (*fig*) en grande hâte. ♦ **breathtaking** *adj* stupéfiant, à vous couper le souffle.
breathe [briːð] **1** *vi* respirer. **to ~ deeply** *or* **hard** (*after running*) souffler (fort); (*in illness*) respirer péniblement; **to ~ freely, to ~ again** (pouvoir) respirer; **she is still breathing** elle vit encore. **2** *vt* *air* respirer; *sigh* laisser échapper; *prayer* murmurer. **to ~ air into sth** insuffler de l'air dans qch; **don't ~ a word (about it)!** n'en dis rien à personne!
breathe in *vi, vt sep* aspirer, inspirer.
breathe out *vi, vt sep* expirer.
♦ **breather*** *n* moment *m* de répit; **to give sb a ~r** laisser souffler qn; **to go out for a ~r** sortir prendre l'air. ♦ **breathing 1** *n* respiration *f*; **heavy breathing** respiration bruyante; **2** *adj* *apparatus* respiratoire; **a breathing space** un moment de répit.
bred [bred] (*pret, ptp of* **breed**) *adj*: **well-/ill-~** bien/mal élevé.
breech [briːtʃ] *n* [*gun*] culasse *f*. **2** *adj*: **~ birth** accouchement *m* par le siège.
breeches ['brɪtʃɪz] *npl* (*riding ~*) culotte *f* (de cheval); (*knee ~*) haut-de-chausses *m*. **his wife wears the ~** c'est sa femme qui porte la culotte.
breed [briːd] *pret, ptp* **bred 1** *vt* *animals* élever, faire l'élevage de; *hate, suspicion* faire naître, engendrer. **to ~ sth in/out** faire acquérir/perdre qch (*par la sélection*). **2** *vi* se reproduire, se multiplier. **3** *n* race *f*, espèce *f*; (*fig*) espèce. ♦ **breeder** *n* **(a)** (*Phys*: **~er reactor**) générateur *m or* réacteur *m* nucléaire; (*b*) (*Agr etc: person*) éleveur *m*, -euse *f*. ♦ **breeding** *n* **(a)** (*Agr*) élevage *m*; (*reproduction*) reproduction *f*; **~ing season** saison *f* des accouplements; **(b)** (*good*) **~ing** (bonne) éducation *f*, savoir-vivre *m*.
breeze [briːz] **1** *n* (*wind*) brise *f*. **gentle ~** petite brise; **stiff ~** vent frais. **2** *vi*: **to ~ in/out** entrer/sortir (*jauntily*) d'un air dégagé *or* (*briskly*) en coup de vent. ♦ **breezily** *adv* (*jauntily*) d'un air dégagé; (*briskly*) brusquement; (*jovially*) jovialement. ♦ **breezy** *adj* *weather, day* frais; *corner, spot* éventé; *person* (*jaunty*) dégagé; (*brisk*) brusque; (*jovial*) jovial.
breeze-block ['briːzblɒk] *n* parpaing *m*.

Bren gun ['bren gʌn] n fusil m mitrailleur.
brethren ['breðrɪn] npl (Rel) pl of brother.
Breton ['bretən] 1 adj breton. 2 n Breton(ne)
m(f); (Ling) breton m.
brevity ['brevɪtɪ] n brièveté f; (conciseness)
concision f.
brew [bruː] 1 n décoction f. **witch's** ~ brouet m de
sorcière. 2 vt beer brasser; tea, scheme, mischief
préparer. 3 vi [brewer] brasser; [beer] fermenter; [tea] infuser; [storm] se préparer; [plot]
se tramer. **there's trouble** ~ing il y a de l'orage
dans l'air (fig); **sth's** ~ing il se trame qch.
brew up vi (a) (*: make tea) faire du thé. (b)
[storm, dispute] se préparer.
♦ **brewer** n brasseur m. ♦ **brewery** n brasserie f
(fabrique). ♦ **brewing** n brassage m.
briar ['braɪəʳ] n = **brier**.
bribe [braɪb] 1 n pot-de-vin m. **to take/offer a** ~
accepter/offrir un pot-de-vin (from sb de qn; to
à). 2 vt suborner, soudoyer; witness suborner. **to**
~ **sb to do sth** soudoyer qn pour qu'il fasse qch.
♦ **bribery** n corruption f.
brick [brɪk] n brique f; (toy) cube m (de construction). **you can't make** ~s **without straw** à l'impossible nul n'est tenu; **he came down on me like a ton
of** ~s* il m'a passé un de ces savons!*; **you might
as well talk to a** ~ **wall*** autant parler à un mur; **to
come up against a** ~ **wall** se heurter à un mur; **a** ~
of ice cream une glace pour plusieurs personnes;
he's a ~*! il est sympa*.
brick in, brick up vt sep murer.
♦ **brickbat** n (fig) critique f. ♦ **brick-built** adj en
brique(s). ♦ **bricklayer** n ouvrier-maçon m.
♦ **brick-red** adj (rouge) brique inv. ♦ **brickwork**
n briquetage m. ♦ **brickworks** npl briqueterie f.
bride [braɪd] n (future or jeune) mariée f. **the** ~
and groom les mariés. ♦ **bridal** adj feast de noce;
procession nuptial; veil, gown de mariée; suite
réservé aux jeunes mariés. ♦ **bridegroom** n
(futur or jeune) marié m. ♦ **bridesmaid** n
demoiselle f d'honneur.
bridge[1] [brɪdʒ] 1 n (gen) pont m (across sur);
(Naut) passerelle f (de commandement); [nose]
arête f; (Dentistry) bridge m. 2 vt river
construire un pont sur. (fig) **to** ~ **a gap** établir un
contact (between entre); (in knowledge) combler
une lacune (in dans); (in budget) combler un trou
(in dans). ♦ **bridge-building** n (fig) efforts mpl de
rapprochement. ♦ **bridgehead** n tête f de pont.
♦ **bridging** adj: **bridging loan** crédit m de relais.
bridge[2] [brɪdʒ] n (Cards) bridge m. ♦ **bridge-
player** n bridgeur m, -euse f.
bridle ['braɪdl] 1 n bride f. ~ **path** sentier m (pour
chevaux). 2 vt mettre la bride à. 3 vi (in anger)
regimber; (in scorn) lever le menton (de mépris).
brief [briːf] 1 adj life, meeting bref; interval,
period, stay court; speech bref, concis, laconique
(pej); account sommaire. **in** ~ **or to be** ~, **he
didn't come bref** or en deux mots, il n'est pas
venu. 2 n (a) (Jur) dossier m, affaire f. (fig) **I hold
no** ~ **for him** je ne prends pas sa défense; **to have
a watching** ~ **for** veiller (en justice) aux intérêts
de. (b) (Mil: instructions) briefing m; (gen)
instructions fpl. (c) (Dress) ~s slip m. 3 vt barrister confier une cause à; pilots, soldiers donner
des instructions à; person mettre au fait (on sth
de qch).
♦ **briefcase** n serviette f. ♦ **briefing** n briefing
m. ♦ **briefly** adv visit en coup de vent; reply
laconiquement; speak brièvement. ♦ **briefness** n
brièveté f; courte durée f; concision f, laconisme
m.
brier ['braɪəʳ] n (racine f de) bruyère f; (~ pipe)
pipe f de bruyère.
brigade [brɪ'geɪd] n brigade f. **one of the old** ~ un
vieux de la vieille*. ♦ **brigadier (general)** n
général m de brigade.
brigand ['brɪgənd] n brigand m.

bright [braɪt] adj (a) eyes, star, gem brillant;
light, fire vif; sunshine éclatant; day, weather,
room clair; colour vif, éclatant; metal poli. (Met)
to become ~(**er**) s'éclaircir; (Met) ~ **intervals**
éclaircies fpl; **the outlook is** ~**er** (Met) on prévoit
une amélioration (du temps); (fig) **l'avenir se présente mieux. (b)** (cheerful) person gai, animé;
face, expression gai, radieux; prospects, future
brillant, splendide. **as** ~ **as a button** gai comme un
pinson; ~ **and early** de bon matin; **to look on the** ~
side essayer d'être optimiste. **(c)** (intelligent)
person intelligent, doué; child éveillé. **he's a** ~
spark* il est vraiment futé.
♦ **brighten** 1 vt (~ **up**) metal faire reluire; colour
aviver; room, person égayer; prospects, situation
améliorer; 2 vi [weather, sky] se dégager; [eyes,
expression] s'éclairer; [person] s'animer; [pros-
pects, future] s'améliorer. ♦ **brightly** adv shine
avec éclat; behave gaiement; say avec animation;
the sun shone ~**ly** le soleil brillait d'un vif éclat.
♦ **brightness** n (gen) éclat m; [light] intensité f;
(intelligence) intelligence f.
brilliant ['brɪljənt] adj light éclatant; person, idea,
wit brillant. ♦ **brilliance** n éclat m; [person]
intelligence f supérieure. ♦ **brilliantly** adv shine
avec éclat; suggest etc brillamment.
brim [brɪm] n bord m.
brim over vi (lit, fig) déborder (with de).
♦ **brimful** adj plein à déborder; (fig) débordant
(with de).
brine [braɪn] n eau f salée; (Culin) saumure f.
bring [brɪŋ] pret, ptp **brought** vt object, news,
information apporter; person, animal, vehicle,
storm, consequences amener; evidence fournir.
to ~ **sb up/down etc** faire monter/faire descendre
etc qn (avec soi); **to** ~ **sth up/down** monter/des-
cendre qch; **it brought him a good income** cela lui
rapportait bien; (Jur) **to** ~ **an action against sb**
intenter un procès à qn; **to** ~ **luck** porter bonheur;
to ~ **tears to sb's eyes** faire venir les larmes aux
yeux de qn; **to** ~ **sth** (**up**)**on o.s.** s'attirer qch; **to** ~
sth to a close or **an end** mettre fin à qch; **to** ~ **sth to
light** mettre qch en lumière; **he brought him to
understand that ...** il l'a amené à comprendre
que ...; **I cannot** ~ **myself to speak to him** je ne
peux me résoudre à lui parler.
bring about vt sep (a) reforms, review amener;
provoquer; war, accident causer, provoquer. (b)
boat faire virer de bord.
bring along vt sep object apporter; person, car
amener.
bring back vt sep (a) person ramener; object
rapporter; spacecraft récupérer. (b) (call to
mind) rappeler (à la mémoire).
bring down vt sep kite etc ramener au sol; plane
faire atterrir; animal, bird, enemy plane
descendre; tree, opponent abattre; dictator,
government faire tomber; temperature, prices
faire baisser; swelling réduire. **the play brought
the house down*** la pièce a fait crouler la salle
sous les applaudissements.
bring forward vt sep person faire avancer;
chair etc avancer; witness produire; evidence
avancer; (advance time of) meeting avancer;
(Book-keeping) figure reporter.
bring in vt sep person faire entrer; chair rentrer;
police, troops faire intervenir; fashion lancer;
custom, legislation introduire; income, interest
rapporter; [jury] verdict rendre; (Parl) bill présenter.
bring off vt sep people from wreck sauver; plan,
aim réaliser; deal mener à bien; attack, hoax
réussir. **he didn't** ~ **it off** il n'a pas réussi son
coup.
bring on vt sep illness, quarrel provoquer,
causer; crops, flowers faire pousser; (Theat)
person amener; thing apporter sur la scène.
bring out vt sep person faire sortir; object

sortir; *meaning, colour* faire ressortir; *qualities* mettre en valeur; *book* publier, faire paraître; *new product* lancer.
bring round *vt sep person* amener; *object* apporter; *conversation* ramener (*to* sur); *unconscious person* ranimer; (*convert*) convertir (*to* à).
bring together *vt sep people* (*introduce*) faire se rencontrer; (*reconcile*) réconcilier.
bring up *vt sep person* faire monter; *object* monter; (*vomit*) vomir, rendre; (*mention*) *fact, problem* mentionner; *question* soulever; (*rear*) *child, animal* élever. well brought-up bien élevé; to ~ sb up short arrêter qn net; to ~ sb up before a court faire comparaître qn devant un tribunal.
♦ **bring-and-buy sale** *n* vente *f* de charité.
brink [brɪŋk] *n* bord *m*. on the ~ of (doing) sth à deux doigts de (faire) qch. ♦ **brinkmanship*** *n* stratégie *f* du bord de l'abîme.
brisk [brɪsk] *adj person, voice* vif, animé, (*abrupt*) brusque; *movement* vif, rapide; *attack* vigoureux; *trade, trading* actif; *air* frais. at a ~ pace d'un bon pas; business is ~ les affaires marchent (bien). ♦ **briskly** *adv move* vivement; *walk* d'un bon pas; *speak* brusquement; *act* sans tarder; *sell* très bien. ♦ **briskness** *n* vivacité *f*; animation *f*; brusquerie *f*; rapidité *f*; activité *f*; fraîcheur *f*.
bristle ['brɪsl] 1 *n* [*beard, brush, plant*] poil *m*; [*boar etc*] soie *f*. brush with nylon ~s brosse en nylon; pure ~ brush brosse pur sanglier *inv*. 2 *vi* [*animal, hair, person*] se hérisser (*at* à). bristling with *pins, difficulties* hérissé de; *policemen* grouillant de. ♦ **bristly** *adj chin* qui pique; *hair, beard* hérissé.
Britain ['brɪtən] *n*: (**Great**) ~ Grande-Bretagne *f*. ♦ **Briticism** *n* (*US*) anglicisme *m*. ♦ **British** 1 *adj economy, team* britannique, anglais; *ambassador* de Grande-Bretagne; the **British Commonwealth** le Commonwealth; (*US*) **British English** l'anglais d'Angleterre; **British Isles** îles *fpl* Britanniques; 2 *n*: the **British** les Britanniques *mpl*, les Anglais *mpl*. ♦ **Britisher** *or* ♦ **Briton** *n* Britannique *mf*, Anglais(e) *m(f)*.
Brittany ['brɪtənɪ] *n* Bretagne *f*.
brittle ['brɪtl] *adj* cassant, fragile.
broach [brəʊtʃ] *vt* entamer.
broad [brɔːd] *adj road, smile* large; *hint* transparent; *mind, ideas* large, libéral; *accent* prononcé. to grow ~(er) s'élargir; to make ~(er) élargir; ~ bean fève *f*; (*fig*) he's got a ~ back il a bon dos; the lake is 200 metres ~ le lac a 200 mètres de largeur *or* de large; (*fig*) it's as ~ as it is long c'est du pareil au même*; in ~ daylight au grand jour; the ~ outlines les grandes lignes; in the ~est sense au sens le plus large. ♦ **broadcast** V *below*. ♦ **broaden** (~ **out**) 1 *vt* élargir; 2 *vi* s'élargir. ♦ **broadly** *adv*: ~ly (speaking) en gros. ♦ **broad-minded** *adj* qui a les idées (très) larges. ♦ **broad-mindedness** *n* largeur *f* d'esprit. ♦ **broadness** *n* largeur *f*. ♦ **broadsheet** *n* placard *m*. ♦ **broad-shouldered** *adj* large d'épaules. ♦ **broadside** *n* (*Naut*) bordée *f*; (*fig*: *insults etc*) bordée d'injures *etc*; ~**side** on par le travers. ♦ **broadways** *or* ♦ **broadwise** *adv* en largeur.
broadcast ['brɔːdkɑːst] *pret, ptp* **broadcast** 1 *vt* (*Rad*) (radio)diffuser, émettre, (*TV*) téléviser, émettre. (*fig*) **don't ~ it!*** ne va pas le crier sur les toits! 2 *vi* [*station*] émettre; [*actor, interviewee*] participer à une émission; [*interviewer*] faire une émission. 3 *n* émission *f*. 4 *adj* (*Rad*) (radio)diffusé; (*TV*) télévisé. ♦ **broadcaster** *n* personnalité *f* de la radio *or* de la télévision. ♦ **broadcasting** *n* (*Rad*) radiodiffusion *f*; (*TV*) télévision *f*; (*broadcasts*) émissions *fpl*.
brocade [brəʊ'keɪd] *n* brocart *m*.
broccoli ['brɒkəlɪ] *n* brocoli *m*.
brochure ['brəʊʃjʊər] *n* (*Scol etc*) prospectus *m*; (*Tourism*) brochure *f*, dépliant *m*.

brogue [brəʊg] *n* (*shoe*) chaussure *f* de marche; (*accent*) accent *m* irlandais.
broil [brɔɪl] *vti* (*also fig*) griller.
broke [brəʊk] (*pret of* **break**) *adj* (*: *penniless*) à sec*, fauché*. to go ~* faire faillite.
broken ['brəʊkən] (*ptp of* **break**) *adj* (a) *window, rib* cassé; *neck, leg* fracturé, cassé; *heart, marriage* brisé; *promise* rompu, violé; *appointment* manqué. ~ **bones** fractures *fpl*; ~ **home** foyer brisé; he is a ~ **reed** on ne peut jamais compter sur lui; a spell of ~ **weather** un temps variable. (b) (*uneven*) *ground* accidenté; *road* défoncé; *surface* raboteux; *line* brisé; *coastline* dentelé. (c) (*interrupted*) *journey* interrompu; *sleep* (*disturbed*) interrompu; (*restless*) agité; *gestures* incohérent; *voice* brisé; *words* haché. to speak ~ **English** parler un mauvais anglais; ~ **nights** mauvaises nuits. (d) (*spoilt*) *health* délabré; *spirit* abattu. he is a ~ **man** il est brisé. ♦ **broken-down** *adj car* en panne; *machine* détraqué; *house* délabré, en ruines. ♦ **broken-hearted** *adj* au cœur brisé. ♦ **brokenly** *adv say* d'une voix entrecoupée; *sob* par à-coups.
broker ['brəʊkər] *n* courtier *m*.
bromide ['brəʊmaɪd] *n* bromure *m*; (*fig*) banalité *f* euphorisante.
bronchial ['brɒŋkɪəl] *adj infection* des bronches. ~ **tubes** bronches *fpl*.
bronchitis [brɒŋ'kaɪtɪs] *n* bronchite *f*.
bronze [brɒnz] 1 *n* bronze *m*. 2 *vi* se bronzer. 3 *vt skin* faire bronzer. 4 *adj* (*made of* ~) en bronze; (*colour*) bronze *inv*. **B**~ **Age** âge *m* du bronze. ♦ **bronzed** *adj* bronzé.
brooch [brəʊtʃ] *n* broche *f* (*bijou*).
brood [bruːd] 1 *n* nichée *f*. 2 *vi* [*storm, danger*] couver; [*person*] broyer du noir. [*person*] to ~ **on** *misfortune* remâcher; *plan* ruminer; the past ressasser. ♦ **broody** *adj person* distrait; (*depressed*) cafardeux*. ~ **hen** couveuse *f*.
brook[1] [brʊk] *n* (*stream*) ruisseau *m*.
brook[2] [brʊk] *vt* (*tolerate*) souffrir, admettre.
broom [brʊm] *n* (a) (*Bot*) genêt *m*. (b) (*brush*) balai *m*. (fig) this firm needs a new ~ cette compagnie a besoin de sang nouveau. ♦ **broomstick** *n* (manche *m* à) balai *m*.
broth [brɒθ] *n* bouillon *m* de viande et de légumes.
brothel ['brɒθl] *n* bordel* *m*.
brother ['brʌðər] 1 *n* (*gen, Rel*) frère *m*; (*in trade unions etc*) camarade *m*. 2 *adj*: **his** ~ **officers** ses compagnons *mpl* d'armes. ♦ **brotherhood** *n* fraternité *f*; (*association*) confrérie *f*. ♦ **brother-in-law** *n* beau-frère *m*. ♦ **brotherly** *adj* fraternel.
brought [brɔːt] *pret, ptp of* **bring**.
brow [braʊ] *n* (*forehead*) front *m*; (*arch above eye*) arcade *f* sourcilière; (*eyebrow*) sourcil *m*; [*hill*] sommet *m*; [*cliff*] bord *m*. ♦ **browbeat** (*pret* ~**beat**, *ptp* ~**beaten**) *vt* intimider, brusquer; to ~**beat sb into doing sth** forcer qn à faire qch par l'intimidation.
brown [braʊn] 1 *adj* (*gen*) brun; *hair* châtain; *shoes, material, leather* marron *inv*; (*tanned*) bronzé, bruni; (*dusky-skinned*) brun de peau. ~ **ale** bière brune; ~ **bread** pain bis; ~ **bear** ours brun; ~ **paper** papier *m* d'emballage; **in a** ~ **study** plongé dans ses pensées; ~ **sugar** cassonade *f*, sucre brun; to go ~ [*person*] brunir; [*leaves*] roussir; as ~ as a berry tout bronzé. 2 *n* brun *m*, marron *m*. 3 *vt* [*sun*] bronzer, brunir; (*Culin*) *meat, potatoes* faire dorer; *sauce* faire roussir. to be ~**ed off*** en avoir marre*. ♦ **brownie** *n* lutin *m*; **B**~**ie** (*Guide*) jeannette *f*. ♦ **brownish** *adj* qui tire sur le brun, brunâtre (*pej*). ♦ **brownout** *n* (*US Elec*) panne *f* partielle. ♦ **brownstone (house)** *n* (*US*) bâtiment *m* de grès brun.
browse [braʊz] *vi* [*animal*] brouter; [*person in bookshop*] feuilleter les livres; (*in other shops*) regarder.
bruise [bruːz] 1 *vt person* faire un bleu à; *fruit*

abîmer, taler; *lettuce* froisser. **to ~ one's foot** se faire un bleu au pied; **to be ~d all over** être couvert de bleus. **2** *n [person]* bleu *m*, ecchymose *f*; *[fruit]* talure *f*. **body covered with ~s** corps couvert d'ecchymoses. ♦ **bruiser** *n* malabar♦ *m*.

brunch [brʌntʃ] *n* (grand) petit déjeuner *m*.

brunt [brʌnt] *n*: **the ~** *[attack, blow]* le choc; *[argument, displeasure]* le poids; *[work, expense]* le (plus) gros; **he bore the ~ of it all** c'est lui qui a porté le poids de l'affaire.

brush [brʌʃ] **1** *n* **(a)** *(gen)* brosse *f*; *(paint~)* pinceau *m*, brosse; *(broom)* balai *m*; *(hearth ~ etc)* balayette *f*; *(scrubbing ~)* brosse (dure); *(shaving ~)* blaireau *m*. **hair/shoe ~** brosse à cheveux/à chaussures; **give your coat a ~** donne un coup de brosse à ton manteau. **(b)** *(light touch)* effleurement *m*. **~ with the law** ennuis *mpl* avec la police; *(quarrel)* **to have a ~ with sb** avoir un accrochage avec qn. **(c)** *(undergrowth)* broussailles *fpl*. **2** *vt* **(a)** *(gen)* balayer; *clothes, hair etc* brosser. **to ~ one's teeth** se laver les dents; **to ~ one's hair** se brosser les cheveux; **hair ~ed back** cheveux ramenés en arrière. **(b)** *(touch lightly)* effleurer; *the ground* raser. **(c)** *(Tex)* *wool* gratter. **~ed nylon** nylon gratté. **3** *vi*: **to ~ against sb/sth** effleurer *or* frôler qn/qch; **to ~ past sb/sth** frôler qn/qch en passant.

brush aside *vt sep (fig)* écarter.

brush away *vt sep mud, dust (on clothes)* brosser, *(on floor)* balayer; *tears* essuyer; *insects* chasser.

brush down *vt sep person, garment* donner un coup de brosse à; *horse* brosser.

brush off *vt sep mud, snow, fluff* enlever; *insect* balayer.

brush up *vt sep crumbs, dirt* ramasser avec une brosse *or* à la balayette; (*: *revise*) se remettre à, réviser.

♦ **brush-off♦** *n*: **to give sb the ~-off♦** envoyer promener* qn; **to get the ~-off♦** se faire envoyer promener*. ♦ **brush-stroke** *n* coup *m* de pinceau. ♦ **brushwood** *n* *(undergrowth)* broussailles *fpl*; *(cuttings)* brindilles *fpl*. ♦ **brushwork** *n* *(Art)* facture *f*.

brusque [bru:sk] *adj* brusque. ♦ **brusquely** *adv* avec brusquerie. ♦ **brusqueness** *n* brusquerie *f*.

Brussels ['brʌslz] *n* Bruxelles. **~ sprouts** choux *mpl* de Bruxelles.

brute [bru:t] **1** *n* *(animal)* brute *f*, bête *f*; *(person)* brute. **this machine is a ~!*** quelle vache que cette machine!♦ **2** *adj strength, passion* brutal; *matter* brut. **by (sheer) ~ force** par la force. ♦ **brutal** *adj* brutal, cruel. ♦ **brutality** *n* brutalité *f*. ♦ **brutally** *adv* brutalement. ♦ **brutish** *adj* *(animal-like)* bestial; *(unfeeling)* grossier.

bubble ['bʌbl] **1** *n* bulle *f*; *(in hot liquid)* bouillon *m*. **to blow ~s** faire des bulles; **soap ~** bulle de savon. **2** *adj*: **~ bath** bain moussant. **3** *vi [liquid]* bouillonner; *[champagne]* pétiller; *[gas]* barboter; *(gurgle)* faire glouglou, glouglouter. **to ~ out** sortir à gros bouillons; **to ~ up** monter en bouillonnant; *(lit, fig)* **to ~ over** déborder *(with* de). ♦ **bubble-car** *n* petite voiture *(à toit transparent)*. ♦ **bubble-gum** *n* chewing-gum *m* (qui fait des bulles).

bubonic [bju:'bɒnɪk] *adj* bubonique.

buccaneer [ˌbʌkə'nɪəʳ] *n* boucanier *m*.

buck [bʌk] **1** *n* **(a)** *(animal)* brute *f*, bête *f*; *(person)* mâle *m*. **(b)** *(US*)* dollar *m*. **(c)** **to pass the ~** refiler* la responsabilité aux autres. **(d)** *(Gymnastics)* cheval *m* d'arçons. **2** *adj rabbit* mâle. **3** *vi [horse]* lancer une ruade.

buck up♦ 1 *vi (hurry up)* se grouiller*; *(cheer up)* se secouer. **2** *vt sep* remonter le moral de.

♦ **bucked♦** *adj* tout content. ♦ **buckshot** *n* chevrotines *fpl*. ♦ **buckskin** *n* peau *f* de daim. ♦ **buck-toothed** *adj*: **to be ~-toothed** avoir des dents de lapin.

bucket ['bʌkɪt] **1** *n* *(gen)* seau *m*; *[dredger etc]*

godet *m*. **~ of water** seau d'eau; **chain of ~s** pompe *f* à chapelet; **to weep ~s*** pleurer toutes les larmes de son corps. **2** *vi*: **the rain is ~ing (down)♦** il pleut à seaux, il tombe des cordes*. **3** *adj*: **~ seat** (siège-)baquet *m*. ♦ **bucketful** *n* plein seau; **I've had a ~ful♦** j'en ai ras le bol♦ *(of* de).

buckle ['bʌkl] **1** *n* boucle *f*. **2** *vt* **(a)** *belt* boucler, attacher. **(b)** *wheel* voiler; *metal* gauchir. **3** *vi* **(a)** se boucler. **(b)** se voiler; gauchir.

buckle down♦ *vi* se coller au boulot*. **to ~ down to a job** s'atteler à un boulot*.

buckle on *vt sep armour* revêtir; *sword* ceindre.

buckram ['bʌkrəm] *n* bougran *m*.

buckshee♦ [bʌk'ʃiː] *adj, adv* gratis *(inv)*.

bud [bʌd] **1** *n [tree, plant]* bourgeon *m*; *[flower]* bouton *m*. **in ~** *tree* bourgeonnant; *flower* en bouton. **2** *vi [tree]* bourgeonner; *[flower]* être en bouton. ♦ **budding** *adj plant* bourgeonnant; *flower* en bouton; *poet etc* en herbe; *passion* naissant.

Buddha ['budə] *n* Bouddha *m*. ♦ **Buddhism** *n* bouddhisme *m*. ♦ **Buddhist 1** *n* Bouddhiste *mf*; **2** *adj monk* bouddhiste; *religion* bouddhique.

buddy♦ ['bʌdɪ] *n* *(US)* copain* *m*, copine* *f*.

budge [bʌdʒ] **1** *vi* bouger; *(fig)* changer d'avis. **2** *vt* faire bouger; *(fig)* faire changer d'avis.

budge over♦, **budge up♦** *vi* se pousser.

budgerigar ['bʌdʒərɪgɑːʳ] *n* perruche *f*.

budget ['bʌdʒɪt] **1** *n* budget *m*. **2** *adj (Comm)* **~ account** compte-crédit *m*; *(Parl)* **~ day** jour *m* de la présentation du budget; *(US Comm)* **~ plan** système *m* de crédit. **3** *vi* dresser un budget. **to ~ for sth** *(Econ)* porter qch au budget; *(gen)* inscrire qch à son budget. **4** *vt* budgétiser. ♦ **budgetary** *adj* budgétaire; **~ary year** exercice *m* budgétaire.

budgie♦ ['bʌdʒɪ] *n abbr of* **budgerigar**.

buff[1] [bʌf] **1** *n (for polishing)* polissoir *m*; *(colour)* (couleur *f)* chamois *m*. **in the ~♦** à poil♦. **2** *adj* **(~-coloured)** (couleur) chamois *inv*. **3** *vt metal* polir.

buff[2]♦ [bʌf] *n (enthusiast)* mordu(e)* *m(f)*. **film ~** mordu(e)* du cinéma.

buffalo ['bʌfələu] *n, pl* **~** *or* **~es** *(wild ox)* buffle *m*, bufflesse *f*; *(esp in US)* bison *m*.

buffer ['bʌfəʳ] **1** *n (gen, also Rail)* tampon *m*; *(US Aut)* pare-chocs *m inv*. **2** *adj*: **~ state** état *m* tampon.

buffet[1] ['bʌfɪt] **1** *n* gifle *f*. *(fig)* **the ~s of fate** les coups *mpl* du sort. **2** *vt [waves]* battre, ballotter; *[wind]* secouer. ♦ **buffeting 1** *n [wind, rain etc]* assaut *m*; **2** *adj wind* violent.

buffet[2] ['bufeɪ] **1** *n* buffet *m* *(repas)*. *(in menu)* **cold ~** viandes froides. **2** *adj* *(Rail)* **~ car** voiture-buffet *f*, buffet *m*; **~ lunch** lunch *m*; **~ supper** souper-buffet *m*.

buffoon [bə'fuːn] *n* bouffon *m*. ♦ **buffoonery** *n* bouffonneries *fpl*.

bug [bʌg] **1** *n* **(a)** punaise *f*; (*: *any insect)* insecte *m*, bestiole* *f*; (*: *germ)* microbe *m*. **the flu ~** le virus de la grippe. **(b)** (*: *microphone)* micro *m* (caché). **2** *vt* **(a)** (*) *phone* brancher sur table d'écoute; *room etc* poser des micros dans. **(b)** (♦: *annoy)* embêter*. ♦ **bugbear** *n* épouvantail *m*, cauchemar *m*. ♦ **bug-eyed♦** *adj* aux yeux à fleur de tête. ♦ **bugging♦** *adj*: **~ging device** appareil *m* d'écoute *(clandestine)*. ♦ **bug-ridden** *adj* infesté de punaises.

buggy ['bʌgɪ] *n (for beach)* buggy *m*; *(for moon)* jeep *f* lunaire; (*: *car)* bagnole♦ *f*; *(pram)* voiture *f* d'enfant.

bugle ['bjuːgl] *n* clairon *m*. **~ call** sonnerie *f* de clairon. ♦ **bugler** *n* (joueur *m* de) clairon *m*.

build [bɪld] *(vb: pret, ptp* **built**) **1** *n [person]* carrure *f*. **2** *vt house, town* bâtir, construire; *bridge, ship, machine* construire; *temple* bâtir, édifier; *nest* faire, bâtir; *theory, plan, empire* bâtir; *(Games) words* former. **the house is being built** la

maison se bâtit; to ~ sth into a wall encastrer qch dans un mur; [person] to be solidly built être puissamment charpenté; pine-built house maison en bois de pin; French-built ship navire de construction française.
build in vt sep wardrobe encastrer; safeguards intégrer (into à).
build on vt sep ajouter (to à).
build up 1 vi [pressure] s'accumuler; [interest] monter. **2** vt sep (a) (establish) reputation bâtir; business créer, monter; theory échafauder; (increase) production, forces accroître; pressure accumuler; tension, excitement faire monter. (b) (cover with masses) area, land urbaniser.
♦ **builder** n [houses etc] maçon m, (large-scale) entrepreneur m; [ships, machines] constructeur m; (fig) fondateur m, -trice f; ~er's labourer ouvrier-maçon m. ♦ **building 1** n bâtiment m, construction f; (imposing) édifice m; (habitation or offices) immeuble m; **2** adj: ~ing contractor entrepreneur m (de bâtiment); ~ing industry (industrie f du) bâtiment m; ~ing land terrain m à bâtir; ~ing materials matériaux mpl de construction; ~ing site chantier m (de construction); ~ing society ≃ société f d'investissement immobilier. ♦ **build-up** n [pressure, gas] accumulation f; (Mil) [troops] rassemblement m; [tension, excitement] montée f; (fig) to give sb/sth a good ~-up faire une bonne publicité pour qn/qch. ♦ **built-in** adj bookcase encastré; desire inné. ♦ **built-up** adj urbanisé; ~-up area agglomération f (urbaine).
bulb [bʌlb] n (a) (plant) bulbe m, oignon m. ~ of garlic tête f d'ail. (b) (Elec) ampoule f; [thermometer] cuvette f. ♦ **bulbous** adj bulbeux.
Bulgaria [bʌlˈgɛərɪə] n Bulgarie f.
bulge [bʌldʒ] **1** n [surface, metal] bombement m; [cheek] gonflement m; [plaster] bosse f; [tyre] hernie f; [pocket, jacket] renflement m; [numbers] augmentation f temporaire; [sales, birth rate] poussée f. the postwar ~ l'explosion f démographique de l'après-guerre. **2** vi (~ out) (swell) bomber; (stick out) faire saillie; [plaster] être bosselé; [pocket, sack, cheek] être gonflé (with de). ♦ **bulging** adj forehead, wall bombé; stomach, eyes protubérant; pockets, suitcase bourré (with de).
bulk [bʌlk] n (thing) grosseur f, grandeur f; [person] corpulence f. the ~ of [people, community] la plus grande partie de; [work] le plus gros de; in ~ (in large quantities) en gros; (not pre-packed) en vrac. ♦ **bulk-buying** n achat m en gros. ♦ **bulkiness** n [parcel, luggage] grosseur f; [person] corpulence f. ♦ **bulky** adj parcel, suitcase volumineux; book épais; person corpulent.
bull¹ [bul] **1** n (a) taureau m; (male of elephant etc) mâle m; (St Ex) haussier m. (fig) to take the ~ by the horns prendre le taureau par les cornes; like a ~ in a china shop comme un éléphant dans un magasin de porcelaine; it's like a red rag to a ~ ça lui (etc) fait monter la moutarde au nez; to go at it like a ~ at a gate foncer tête baissée. (b) (Mil sl) fourbissage m. **2** adj elephant etc mâle.
♦ **bulldog 1** n bouledogue m; **2** adj: ~dog clip pince f (à dessin). ♦ **bulldoze** vt passer au bulldozer; (fig) to ~doze sb into doing sth* employer les grands moyens pour faire faire qch à qn. ♦ **bulldozer** n bulldozer m. ♦ **bullfight** n course f de taureaux, corrida f. ♦ **bullfighter** n matador m, torero m. ♦ **bullfighting** n courses fpl de taureaux; (art) tauromachie f. ♦ **bullfinch** n bouvreuil m. ♦ **bullfrog** n grosse grenouille f d'Amérique. ♦ **bull-necked** adj au cou de taureau. ♦ **bullock** n bœuf m; (young) bouvillon m. ♦ **bullring** n arène f (pour courses de taureaux). ♦ **bull's-eye** n centre m (de la cible); to hit the ~'s-eye mettre dans le mille. ♦ **bullterrier** n bull-terrier m.

bull² [bul] n (Rel) bulle f.
bullet [ˈbulɪt] n balle f. ~ hole trou m d'une balle; ~ wound blessure f par balle. ♦ **bulletheaded** adj à (la) tête ronde. ♦ **bulletproof 1** adj garment etc pare-balles inv; car etc blindé; **2** vt blinder.
bulletin [ˈbulɪtɪn] n bulletin m.
bullion [ˈbuljən] n (gold) or m en lingot(s); (silver) argent m en lingot(s).
bully [ˈbulɪ] **1** n brute f. **2** vt persécuter, brutaliser, brimer. to ~ sb into doing sth contraindre qn par la menace à faire qch. ♦ **bullying 1** adj brutal; **2** n brimades fpl, brutalités fpl.
bully-beef [ˈbulɪˈbiːf] n corned-beef m.
bulrush [ˈbulrʌʃ] n jonc m.
bulwark [ˈbulwək] n rempart m.
bum [bʌm] **1** n (a) (*) (vagrant) clochard* m; (good-for-nothing) bon à rien m. (b) (‡: bottom) derrière m. **2** vi (~ about or around) fainéanter. **3** vt: to ~ a meal off sb* taper* qn d'un repas.
bumblebee [ˈbʌmblbiː] n (Zool) bourdon m.
bumf [bʌmf] n (*: forms etc) paperasses fpl; (‡: toilet paper) papier m de cabinets.
bump [bʌmp] **1** n (a) (blow) choc m, heurt m; (jolt) cahot m, secousse f; (Boat-racing) heurt. (b) (swelling etc: on road, car, head etc) bosse f. ~ of locality* sens m de l'orientation. **2** vt car, boat heurter. to ~ one's head se cogner la tête (against contre). **3** vi: to ~ along cahoter; to ~ into [vehicle] entrer en collision avec, rentrer dans*; [person] se cogner contre; (*: meet) rencontrer par hasard, tomber sur; the car ~ed up onto the pavement la voiture a grimpé sur le trottoir.
bump off‡ vt sep liquider*, supprimer.
♦ **bumper 1** n [car] pare-chocs m inv; **2** adj crop exceptionnel. ♦ **bumping** adj: ~ing cars autos fpl tamponneuses. ♦ **bumpy** adj road bosselé, inégal; we had a ~y flight/crossing nous avons été très secoués pendant le vol/la traversée.
bumptious [ˈbʌmpʃəs] adj suffisant, prétentieux.
bun [bʌn] n (Culin) petit pain au lait; [hair] chignon m. ♦ **bun-fight*** n thé m (servi pour un grand nombre de gens).
bunch [bʌntʃ] n [flowers] bouquet m; [bananas] régime m; [feathers] touffe f; [radishes, asparagus] botte f; [twigs] paquet m; [keys] trousseau m; [ribbons] nœud m, flot m; [people] groupe m, bande f. ~ of grapes grappe f de raisin; [hair] ~es couettes fpl; (fig) the pick or the best of the ~ le or la meilleur(e), les meilleur(e)s; the best of a bad ~* le or les moins médiocre(s); what a ~! quelle équipe!*
bunch together 1 vi se grouper. **2** vt sep grouper.
bundle [ˈbʌndl] **1** n [clothes, goods] paquet m, ballot m; [hay] botte f; [letters, papers] liasse f; [linen] paquet; [firewood] fagot m; [rods, sticks] poignée f, paquet. he is a ~ of nerves c'est un paquet de nerfs; a ~ of mischief un sac à malices; (money) to make a ~* faire son beurre*.
2 vt sep (a) (~ up) mettre en paquet; clothes faire un ballot de; papers mettre en liasse. (b) to ~ sth into a corner fourrer qch dans un coin; to ~ sb into the house pousser qn dans la maison sans cérémonie; he was ~d off to Australia on l'a expédié* en Australie.
bung [bʌŋ] **1** n bonde f. **2** vt (a) (~ up) pipe etc boucher, obstruer; ~ed up* nose bouché; person très enrhumé. (b) (‡: throw) envoyer*, jeter.
bungalow [ˈbʌŋgələu] n bungalow m, petit pavillon m. ♦ **bungaloid growth** n (hum, pej) extension f pavillonnaire.
bungle [ˈbʌŋgl] vt bousiller*, saboter. ♦ **bungler** n bousilleur* m, -euse* f. ♦ **bungling 1** adj maladroit; **2** n gâchis m.
bunion [ˈbʌnjən] n (Med) oignon m.
bunk [bʌŋk] n (a) (bed) couchette f. (b) to do a ~‡

mettre les voiles*. (c) (↕: *also* **bunkum**) blagues* *fpl*, balivernes *fpl*. ♦ **bunk-beds** *npl* lits *mpl* superposés. ♦ **bunk-up*** *n*: **to give sb a ~-up*** soulever qn par derrière *or* par en dessous.

bunker ['bʌŋkə^r] *n* [*coal*] coffre *m*, (*Naut*) soute *f* (à charbon); (*Mil*) blockhaus *m*; (*Golf*) bunker *m*.

bunny ['bʌnɪ] *n* (~ **rabbit**) Jeannot *m* lapin; (~ **girl**) hôtesse *f* (*du Club Playboy*).

Bunsen ['bʌnsn]: *n*: ~ **burner** bec *m* Bunsen.

bunting ['bʌntɪŋ] *n* [*flags etc*] drapeaux *mpl*, pavoisement *m*.

buoy [bɔɪ] *n* bouée *f*, balise *f* flottante.
buoy up *vt sep* maintenir à flot; (*fig*) soutenir.
♦ **buoyancy** *n* [*ship, object*] flottabilité *f*; [*liquid*] poussée *f*; (*lightheartedness*) entrain *m*; ~**ancy aid** gilet *m* de sauvetage. ♦ **buoyant** *adj ship, object* flottable; [*liquid*] dans lequel les objets flottent; [*person*] plein d'entrain; [*mood*] optimiste; [*step*] léger; (*Fin*) *market* ferme. ♦ **buoyantly** *adv walk, float* légèrement; *answer* avec entrain, avec optimisme.

bur [bɜː^r] *n* (a) (*Bot*) bardane *f*. (b) **to speak with a ~** grasseyer.

burble ['bɜːbl] *vi* [*stream*] murmurer; [*person*] marmonner.

burden ['bɜːdn] **1** *n* fardeau *m*, charge *f*; [*taxes, years*] poids *m*. **to be a ~** to être un fardeau pour; **to make sb's life a ~** rendre la vie intenable à qn; **the ~ of the expense** les frais *mpl* à charge; **the ~ of proof lies with him** la charge de la preuve lui incombe; **the ~ of their complaint** leur principal sujet de plainte. **2** *vt person* accabler (*with* de); *object, memory, essay* surcharger (*with* de). ♦ **burdensome** *adj* pénible.

bureau [bjuə'rəu] *n* (*writing desk*) secrétaire *m* (*bureau*); (*chest of drawers*) commode *f*; (*office*) bureau *m*; (*government department*) service *m* (gouvernemental). ♦ **bureaucracy** *n* bureaucratie *f*. ♦ **bureaucrat** *n* bureaucrate *mf*. ♦ **bureaucratic** *adj* bureaucratique.

burglar ['bɜːglə^r] **1** *n* cambrioleur *m*, -euse *f*. **2** *adj*: ~ **alarm** sonnerie *f* d'alarme. ♦ **burglarize** *vt* (*US*) cambrioler. ♦ **burglar-proof 1** *vt house* munir d'un dispositif d'alarme; **2** *adj lock* incrochetable. ♦ **burglary** *n* cambriolage *m*.
♦ **burgle** *vt* cambrioler.

Burgundy ['bɜːgəndɪ] *n* Bourgogne *f*. (*wine*) **b~** bourgogne *m*.

burial ['berɪəl] **1** *n* enterrement *m*. **2** *adj*: ~ **ground** cimetière *m*; ~ **place** lieu *m* de sépulture.

burlesque [bɜː'lesk] **1** *n* (*Literat*) burlesque *m*; (*Theat*) revue *f*; [*book, poem etc*] parodie *f*; [*society, way of life*] caricature *f*. **2** *vt* tourner en ridicule; (*parody*) parodier.

burly ['bɜːlɪ] *adj* de forte carrure. **a ~ policeman** un grand gaillard d'agent.

burn [bɜːn] (*vb*: *pret, ptp* **burned** *or* **burnt**) **1** *n* (*gen*) brûlure *f*; [*space rocket*] mise *f* à feu. **2** *vt* (*gen*) brûler; *town, building* incendier; *meat, toast* laisser brûler. ~**t to a cinder** carbonisé; **to be ~t to death** *or* ~**t alive** être brûlé vif; **to ~ one's fingers** se brûler les doigts; ~**t offering** holocauste *m*; ~**t orange** orange foncé *inv*; **money ~s a hole in my pocket** l'argent me fond dans les mains; (*fig*) **to ~ one's boats** brûler ses vaisseaux; **to ~ the candle at both ends** brûler la chandelle par les deux bouts. **3** *vi* (*gen*) brûler; [*wound*] cuire. **you left all the lights ~ing** vous avez laissé toutes les lumières allumées; **a ~ing question** une question brûlante; **he was ~ing for revenge** il brûlait du désir de se venger.

burn down 1 *vi* [*house etc*] brûler complètement; [*fire, candle*] baisser. **2** *vt sep building* incendier.

burn off *vt sep paint etc* brûler (au chalumeau).

burn out 1 *vi* [*fire, candle*] s'éteindre; [*light bulb*] griller. **2** *vt sep*: **to be ~t out** [*candle*] être mort; [*student*] être usé (à force de travail).

burn up 1 *vi* [*fire etc*] flamber, monter; [*rocket in atmosphere*] se désintégrer. **2** *vt sep rubbish* brûler. **~ed up with envy** dévoré d'envie.
♦ **burner** *n* [*cooker*] brûleur *m*; [*lamp, science lab*] bec *m* (de gaz). ♦ **burning 1** *adj town, forest* en flammes, incendié; *fire, candle* allumé; *coals, faith* ardent; *feeling* cuisant; *thirst, fever, question, topic* brûlant; *indignation* violent; *words* véhément; **the ~ing bush** le buisson ardent; **with a ~ing face** (*shame*) le rouge au front; (*embarrassment*) le rouge aux joues; **it's a ~ing* shame that ...** c'est un scandale que + *subj*; **2** *n* (*setting on fire*) incendie *m*; **there is a smell of ~ing** ça sent le brûlé *or* le roussi; **I could smell ~ing** je sentais une odeur de brûlé.

burnish ['bɜːnɪʃ] *vt* polir.

burp* [bɜːp] **1** *vi* faire un rot*. **2** *vt baby* faire faire son rot* à. **3** *n* rot* *m*.

burr [bɜː^r] *n* = **bur**.

burrow ['bʌrəu] **1** *n* terrier *m*. **2** *vi* [*rabbits*] creuser un terrier; [*dog*] creuser. [*person*] **to ~ under** (*in earth*) se creuser un chemin sous; (*under blanket etc*) se réfugier sous.

bursar ['bɜːsə^r] *n* [*small institution*] économe *mf*; [*large institution*] administrateur *m*, -trice *f*.
♦ **bursary** *n* bourse *f* (d'études).

burst [bɜːst] (*vb*: *pret, ptp* **burst**) **1** *n* [*shell, anger, indignation*] explosion *f*; [*laughter*] éclat *m*; [*affection, eloquence, enthusiasm*] élan *m*; [*activity*] vague *f*; [*applause*] salve *f*; [*flames*] jaillissement *m*. ~ **of rain** averse *f*; **to put on a ~ of speed** faire une pointe de vitesse; ~ **of gunfire** rafale *f* de tir.

2 *vi* (a) [*bomb, shell, boiler*] éclater; [*bubble, balloon, abscess*] crever; [*tyre*] (*blow out*) éclater; (*puncture*) crever. **to ~ open** [*door*] s'ouvrir violemment; [*container*] s'éventrer; [*sack etc*] **to be ~ing at the seams** être plein à crever (*with* de); **filled to ~ing point** rempli à craquer; **she's ~ing out of that dress** elle éclate de partout dans cette robe; **to be ~ing with health, joy** déborder de; *impatience* brûler de; *pride* éclater de; **I was ~ing* to tell you** je mourais d'envie de vous le dire. (b) (*rush*) **to ~ in/out etc** entrer/sortir *etc* en trombe; **he ~ into/out of the room** il s'est précipité dans/hors de la pièce; **to ~ into tears** fondre en larmes; **to ~ out laughing** éclater de rire; **to ~ out singing/crying** se mettre tout d'un coup à chanter/à pleurer; **to ~ into flames** prendre feu (soudain). **3** *vt balloon, bubble, tyre* crever; *bag* crever, (*by blowing*) faire éclater; *boiler* faire sauter. **to ~ open** *door* ouvrir violemment; *container* éventrer; **the river has ~ its banks** le fleuve a rompu ses digues; **to ~ a blood vessel** (se) rompre un vaisseau; (*fig*: *with anger etc*) en avoir une attaque*.

bury ['berɪ] *vt body, treasure, quarrel* enterrer; (*conceal*) enfouir; [*avalanche etc*] ensevelir; (*plunge*) *hands, knife* enfoncer, plonger (*in* dans). **he was buried at sea** son corps fut immergé en haute mer; (*fig*) **to ~ one's head in the sand** pratiquer la politique de l'autruche; (*fig*) **to ~ the hatchet** enterrer la hache de guerre; **to ~ one's face in one's hands** se couvrir la figure de ses mains; **village buried in the country** village enfoui en pleine campagne; **buried in thought** plongé dans une rêverie *or* dans ses pensées.

bus [bʌs] **1** *n* autobus *m*, bus* *m*; (*long-distance*) autocar *m*, car *m*. **2** *vi* (*) prendre l'autobus *or* le car. **3** *vt*: **to ~ children to school** transporter des enfants à l'école en car. **4** *adj driver, depot, service, ticket* d'autobus. **the house is on a ~ route** la maison est sur un trajet d'autobus; ~ **service** réseau *m or* service *m* d'autobus; ~ **shelter** abribus *m*; ~ **station** gare *f* d'autobus; [*coaches*] gare routière; ~ **stop** arrêt *m* d'autobus. ♦ **busload** *n* car entier (*of* de); **by the ~load, in ~loads** par

cars entiers. ♦ **busman** n (fig) **to take a ~man's
holiday** passer ses vacances à travailler; **the
~men's strike** la grève des employés des
autobus. ♦ **bussing** n ramassage m scolaire
(comme mesure de déségrégation).
bush [buʃ] n (shrub) buisson m; (thicket) taillis m,
fourré m. [Africa, Australia] **the ~** la brousse.
♦ **busheᵈ** adj (exhausted) crevé*, claqué*.
♦ **bushfighting** n guérilla f. ♦ **bushfire** n feu m
de brousse. ♦ **bush-telegraph*** n (fig) téléphone
m arabe. ♦ **bushy** adj touffu.
business ['bɪznɪs] **1** n (a) (commerce) affaires fpl.
to be in ~ être dans les affaires; **to be in the
grocery ~** être dans l'épicerie; **to be in ~** for o.s.
travailler pour son propre compte; **to set up in ~
as a butcher** s'établir boucher; **to do ~ with sb**
faire des affaires avec qn; **~ is ~** les affaires sont
les affaires; **on ~** pour affaires; (fig) **what's his
line of ~?*** qu'est-ce qu'il fait (dans la vie)?; **to
know one's ~** s'y connaître; **to get down to ~**
passer aux choses sérieuses; **now we're in ~!***
tout devient possible!; **he means ~*** il ne
plaisante pas; **to mix ~ with pleasure** joindre
l'utile à l'agréable; **our ~ has doubled** notre
chiffre d'affaires a doublé; **he gets a lot of ~ from
the Americans** il travaille beaucoup avec les
Américains.
(b) (commercial enterprise) commerce m. a
grocery ~ un commerce d'alimentation.
(c) (task, duty) affaire f. **it's all part of the day's
~** cela fait partie de la routine journalière; **to
make it one's ~ to do** se charger de faire; **that's
none of his ~** ce n'est pas son affaire, cela ne le
regarde pas; **it's your ~ to do it** c'est à vous de le
faire; **you've no ~ to do that** ce n'est pas à vous de
faire cela; **mind your own ~** mêlez-vous de vos
affaires or de ce qui vous regarde; **finding a flat is
quite a ~** c'est toute une affaire de trouver un
appartement; **she made a terrible ~ of helping
him** elle a fait toute une histoire* pour l'aider; **it's
a bad ~** c'est une sale affaire or histoire; **I am
tired of this protest ~** j'en ai assez de cette histoire de contestation; **there's some funny ~ going
on** il se passe qch de louche.
2 adj lunch, trip, meeting d'affaires; college,
studies commercial. **his ~ address** l'adresse f de
son bureau; **~ centre** centre m d'affaires; **the ~
end of a knife** le côté opérant d'un couteau; **~
expenses** frais généraux; **~ girl** jeune femme f
d'affaires; **~ manager** (Comm, Ind) directeur
commercial; (Cine, Sport, Theat) manager m; **to
have ~ sense** avoir du flair pour les affaires; **~
suit** complet m (veston).
♦ **businesslike** adj person, method pratique,
efficace; firm, transaction, manner sérieux; **this
is a very ~like knife!*** ça, c'est un couteau
sérieux!* ♦ **businessman** n homme m d'affaires.
♦ **businesswoman** n femme f d'affaires.
bust¹ [bʌst] n (Anat, Sculp) buste m. **~ measurement** tour m de poitrine.
bust²* [bʌst] **1** adj (broken) fichu*, cassé. (bankrupt) **to go ~** faire faillite. **2** vt (a) = **burst 3**. (b)
(break) casser.
bust upᵗ vt sep marriage, friendship briser, flanquer en l'air*.
♦ **bust-upᵗ** n engueuladeᵗ f; **to have a ~-upᵗ with
sb** s'engueuler: avec qn (et rompre).
bustle ['bʌsl] **1** vi: **to ~ about** s'affairer; **to ~
in/out** etc entrer/sortir etc d'un air affairé.
2 n remue-ménage m inv. ♦ **bustling** adj person
empressé, affairé; place bruyant.
busy ['bɪzɪ] **1** adj (a) (occupied) person occupé
(with sth à qch). **she's ~ cooking** elle est en train
de faire la cuisine; **he's ~ playing with the children** il est occupé à jouer avec les enfants; **~ at
his work** absorbé dans son travail. (b) person
(active) énergique; (having a lot to do) affairé;
day chargé; period de grande activité; place,

street, town animé. **as ~ as a bee** très occupé; **to
keep o.s. ~** trouver à s'occuper; **to get ~** s'y
mettre; **the shop is at its busiest in summer** c'est
en été qu'il y a le plus d'affluence dans le
magasin. (c) (Telec) line occupée. **~ signal** tonalité f occupé inv.
2 vt: **to ~ o.s.** s'occuper, s'appliquer (doing à
faire; with sth à qch).
♦ **busily** adv activement; (pej) avec trop de zèle;
to be busily engaged in (doing) sth être très
occupé à (faire) qch. ♦ **busybody** n mouche f du
coche.
but [bʌt] **1** conj (gen) mais. **never a week passes ~
she is ill** il ne se passe jamais une semaine qu'elle
ne soit malade; (fig) **it never rains ~ it pours** un
malheur n'arrive jamais seul.
2 adv seulement, ne ... que. **she's ~ a child** ce
n'est qu'une enfant; **I cannot ~ think that ...** je ne
peux m'empêcher de penser que ...; **you can ~ try**
vous pouvez toujours essayer.
3 prep sauf, excepté. **they've all gone ~ me** ils
sont tous partis sauf or excepté moi; **no one ~ him**
personne d'autre que lui; **anything ~ that** tout
mais pas ça; **there was nothing for it ~ to jump** il
n'y avait plus qu'à sauter; **the last house ~ one**
l'avant-dernière maison; **the next house ~ one** la
seconde maison à partir d'ici; **~ for you** sans
vous; **it was all ~*** c'était tout juste.
4 n: **no ~s about it!** il n'y a pas de mais (qui
tienne)!
butane ['bjuːteɪn] n butane m. **~ gas** gaz m butane,
butagaz m ®.
butcher ['bʊtʃəʳ] **1** n boucher m. **at the ~'s** chez le
boucher; **~'s shop** boucherie f; **~ meat** viande f
de boucherie. **2** vt animal tuer, abattre; person
massacrer.
butler ['bʌtləʳ] n maître m d'hôtel.
butt¹ [bʌt] n (barrel) (gros) tonneau m.
butt² [bʌt] n (end) bout m; [rifle] crosse f.
cigarette ~ mégot m.
butt³ [bʌt] n (Shooting) **the ~s** le champ de tir; **to
be a ~ for ridicule** être un objet de risée, être en
butte au ridicule; **the ~ of a practical joker** la victime d'un farceur.
butt⁴ [bʌt] **1** n coup m de tête; [goat etc] coup de
corne. **2** vt donner un coup de tête or de corne à.
butt in vi intervenir dans les affaires des autres;
(speaking) dire son mot. **I don't want to ~ in** je ne
veux pas m'immiscer dans la conversation.
butter ['bʌtəʳ] **1** n beurre m. **he looks as if ~
wouldn't melt in his mouth** on lui donnerait le bon
Dieu sans confession. **2** adj: **~ bean** (gros)
haricot blanc; **~ dish** beurrier m; **~ knife** couteau
m à beurre. **3** vt bread etc beurrer.
butter up* vt sep passer de la pommade à* (fig).
♦ **buttercup** n bouton m d'or. ♦ **butter-fingered**
adj: **he is ~-fingered** tout lui glisse des mains.
♦ **butterfingers** n maladroit(e) m(f); (excl)
~fingers! espèce d'empoté(e)!* ♦ **butterfly 1** n
papillon m; **to have ~flies in the stomach*** avoir
le trac; **2** adj net à papillons; **~fly nut** papillon m
(écrou); **~fly stroke** brasse f papillon inv.
♦ **buttermilk** n babeurre m. ♦ **butterscotch** n
caramel dur.
buttock ['bʌtək] n fesse f.
button ['bʌtn] **1** n bouton m. **chocolate ~s** pastilles fpl de chocolat. **2** vt (~ up) garment
boutonner. **3** vi se boutonner. **4** adj: **~ mushroom**
(petit) champignon m de couche. ♦ **button-down**
adj collar boutonné. ♦ **buttonhole 1** n boutonnière f; **to wear a ~hole** avoir une fleur à sa
boutonnière; **2** vt person accrocher*, attirer
l'attention de. ♦ **button-through** adj: **~-through
dress** robe f chemisier.
buttress ['bʌtrɪs] **1** n (Archit) contrefort m;
(flying ~) arc-boutant m. **2** vt arc-bouter; (fig)
étayer.
buxom ['bʌksəm] adj bien en chair.

buy [baɪ] *pret, ptp* **bought 1** *vt* acheter (*sth from sb* qch à qn; *sth for sb* qch pour *or* à qn); *petrol, tickets* prendre. **victory dearly bought** victoire chèrement payée; **he won't ~* that explanation** il n'avalera* jamais cette explication; **all right, I'll ~ it* die)** bon, je marche*; (*die*) **he's bought itı** il y est resté*. **2** *n*: **a good/bad ~*** une bonne/mauvaise affaire.
buy back *vt sep* racheter.
buy in *vt sep* s'approvisionner en.
buy off *vt sep person* acheter (pour s'en débarrasser).
buy out *vt sep business partner* désintéresser. (*Mil*) **to ~ o.s. out** se racheter.
buy up *vt sep* acheter tout ce qu'il y a de.
♦ **buyer** *n* acheteur *m*, -euse *f*; **~er's market** marché *m* acheteur; **house ~ers** acheteurs de propriétés. ♦ **buying** *n* achat *m*.
buzz [bʌz] **1** *n* bourdonnement *m*; (*Rad etc: extraneous noise*) friture *f*. (*Telec*) **to give sb a ~ *** passer un coup de fil* à qn. **2** *adj*: **~ saw** scie *f* mécanique. **3** *vi [insect, ears]* bourdonner. **my head is ~ing** j'ai des bourdonnements; (*fig*) **~ing with** bourdonnant de. **4** *vt* **(a)** *person* appeler (par interphone); (*: *telephone*) passer un coup de fil* à. **(b)** (*Aviat*) *plane, building* raser.
buzz offı *vi* ficher le camp*.
♦ **buzzer** *n* (*phone*) interphone *m*; (*hooter*) sirène *f*. ♦ **buzzing 1** *n* bourdonnement *m*; **2** *adj insect* bourdonnant; *sound* confus.
buzzard ['bʌzəd] *n* buse *f*.
by [baɪ] **1** *adv* près. **close** *or* **hard ~** tout près; **to go** *or* **pass ~** passer; **he'll be ~ any minute** il sera là dans un instant; **we'll get ~ on** on y arrivera; **to put** *or* **lay ~** mettre de côté; **~ and ~** bientôt, (un peu) plus tard; **~ and large** généralement.
2 *prep* **(a)** (*close to*) à côté de, près de. **~ the fire** près du feu; **the house ~ the church** la maison à côté de l'église; **~ the sea** au bord de la mer; **I've got it ~ me** je l'ai sous la main; **(all) ~ himself** (tout) seul.
(b) (*through, along*) par. **I went ~ Dover** j'y suis allé par Douvres; **he came in ~ the window** il est entré par la fenêtre; (*fig*) **~ the way, ~ the by(e)** à propos, au fait.
(c) (*past*) à côté de, devant. **I go ~ the church every day** je passe devant l'église tous les jours; **he went ~ me** il est passé à côté de moi.
(d) (*during*) **~ day** le jour, de jour; **~ night** la nuit, de nuit.
(e) (*not later than*) avant. **I'll be back ~ midnight** je rentrerai avant minuit *or* pas plus tard que minuit; **~ tomorrow I'll be in France** d'ici demain je serai en France; **~ the time I got there** lorsque je suis arrivé; **~ 30th September we had**
paid ... au 30 septembre nous avions payé ... ; **~ then I knew** à ce moment-là je savais déjà.
(f) (*amount*) à. **to sell ~ the metre/the kilo** vendre au mètre/au kilo; **~ the hour** à l'heure; **~ degrees** par degrés, graduellement; **one ~ one** un à un; **little ~ little** petit à petit, peu à peu.
(g) (*agent, cause*) par, de. **he was warned ~ his neighbour** il a été prévenu par son voisin; **killed ~ lightning** tué par la foudre; **a painting ~ Van Gogh** un tableau de Van Gogh; **surrounded ~ soldiers** entouré de soldats.
(h) (*method, means, manner*) par. **~ land and sea** par terre et par mer; **~ bus/car** en autobus/voiture; **~ rail** *or* **train** par le train, en train; **~ electric light** à la lumière électrique; **made ~ hand** fait à la main; **to lead ~ the hand** conduire par la main; **~ cheque** par chèque; **a daughter ~ his first wife** une fille de sa première femme.
(i) (*according to*) d'après, suivant, selon. **~ what he says** d'après *or* selon ce qu'il dit; **to judge ~ appearances** juger d'après les apparences; **~ my watch** à ma montre; **to call sth ~ its proper name** appeler qch de son vrai nom; **it's all right ~ me*** je n'ai rien contre*.
(j) (*measuring difference*) de. **broader ~ a metre** plus large d'un mètre; **it missed me ~ 10 centimetres** cela m'a manqué de 10 centimètres.
(k) (*Math, Measure*) **to divide ~** diviser par; **room 3 metres ~ 4** pièce de 3 mètres sur 4.
(l) (*points of compass*) **south ~ south-west** sud quart sud-ouest.
(m) (*in oaths*) par. **~ all I hold sacred** par tout ce que j'ai de plus sacré; **~ God!*** nom d'un chien!*
♦ **by-election** *n* élection (législative) partielle. ♦ **bygone 1** *adj*: **in ~gone days** jadis; **2** *n*: **let ~gones be ~gones** oublions le passé. ♦ **by-law** *n* arrêté *m* (municipal). ♦ **bypass 1** *n* **(a)** (*road*) route *f* de contournement *m*; **the Carlisle ~pass** la route qui contourne Carlisle; **(b)** (*Tech: pipe etc*) conduit *m* de dérivation; **(c)** (*Elec*) dérivation *f*; **2** *vt town, village* contourner, éviter; *pipe* éviter; *fluid, gas* amener (en dérivation); (*fig*) **he ~passed his foreman and went straight to the manager** il est allé trouver le directeur sans passer par le contremaître. ♦ **by-product** *n* (*Ind etc*) sous-produit *m*, dérivé *m*; (*fig*) conséquence *f* (secondaire). ♦ **by-road** *n* chemin *m* de traverse. ♦ **bystander** *n* spectateur *m*, -trice *f*. ♦ **byway** *n* chemin *m* (écarté). ♦ **byword** *n*: **his name was a ~word for meanness** son nom était devenu synonyme d'avarice.
bye* [baɪ] *excl* (*also* **bye-bye***) salut!* ♦ **bye-law** *n* = **by-law** (*V above*).

C

C, c [si:] n C, c m; (Mus) do m, ut m.
cab [kæb] 1 n (a) taxi m. by ~ en taxi. (b) [truck, engine] cabine f. 2 adj: ~ rank station f de taxis.
♦ **cabby*** or ♦ **cab-driver** or ♦ **cabman** n chauffeur m de taxi, taxi* m.
cabal [kə'bæl] n cabale f.
cabaret ['kæbəreɪ] n cabaret m.
cabbage ['kæbɪdʒ] 1 n chou m. she's just a ~* elle végète. 2 adj: ~ lettuce laitue f pommée.
cabin ['kæbɪn] 1 n (hut) cabane f, hutte f; (on ship) cabine f; (driver's ~) cabine. 2 adj: ~ boy mousse m; ~ cruiser yacht m de croisière (à moteur); ~ trunk malle-cabine f.
cabinet ['kæbɪnɪt] 1 n meuble m (de rangement); (glass-fronted) vitrine f; (filing ~) classeur m; (medicine ~) armoire f à pharmacie; (Parl) cabinet m. 2 adj (Parl) crisis, decision ministériel. ~ **minister** ministre m, membre m du cabinet. ♦ **cabinetmaker** n ébéniste m.
♦ **cabinetmaking** n ébénisterie f.
cable ['keɪbl] 1 n câble m. by ~ par câble. 2 vt câbler (to à). 3 adj: ~ **television** télédistribution f.
♦ **cablecar** n téléphérique m; (on rail) funiculaire m. ♦ **cablegram** n câblogramme m.
♦ **cable-laying** 1 n pose f de câbles; 2 adj: ~-laying ship câblier m. ♦ **cable-railway** n funiculaire m.
caboodle* [kə'bu:dl] n: the whole ~ tout le tremblement*.
cacao [kə'kɑ:əʊ] n cacao m.
cache [kæʃ] n (place) cachette f. a ~ of guns des fusils cachés.
cachet ['kæʃeɪ] n cachet m.
cackle ['kækl] 1 n [hen] caquet m; (laugh) gloussement m; (talking) caquetage m. 2 vi caqueter; glousser.
cacophony [kæ'kɒfənɪ] n cacophonie f.
cactus ['kæktəs] n, pl -ti [-taɪ] cactus m.
cadaver [kə'deɪvəʳ] n cadavre m. ♦ **cadaverous** adj cadavérique.
caddie ['kædɪ] n caddie m.
caddy ['kædɪ] n (tea ~) boîte f à thé.
cadence ['keɪdəns] n cadence f.
cadet [kə'det] n (Mil etc) élève m officier. ~ **force** peloton m de préparation militaire; ~ **school** école f militaire.
cadge [kædʒ] vt: to ~ 10 francs from sb taper* qn de 10 F; to ~ **lunch from sb** se faire inviter par qn; to ~ **a lift from sb** se faire emmener en voiture par qn; he's always cadging il est toujours à quémander. ♦ **cadger** n parasite m; (money) tapeur* m, -euse* f; (meals) pique-assiette mf inv.
cadre ['kædrɪ] n (Mil, fig) cadre m.
Caesarean, Caesarian [si:'zɛərɪən] adj, n (Med) ~ (**section**) césarienne f.
café ['kæfeɪ] n café(-restaurant) m; (snack bar) snack m. ♦ **cafeteria** n cafétéria f.
caffein(e) ['kæfi:n] n caféine f. ~-**free** décaféiné.
caftan ['kæftæn] n caftan m.
cage [keɪdʒ] 1 n (gen); [elevator] cabine f; (Min) cage. 2 adj: ~ **bird** oiseau m de volière. 3 vt (~ up) mettre en cage. ~**d bird** oiseau m en cage.
cagey* ['keɪdʒɪ] adj peu communicatif, dissimulé (pej). she is ~ **about** her age elle n'aime pas avouer son âge.

cahoots* [kə'hu:ts] npl: in ~ de mèche* (with avec).
cairn [kɛən] n cairn m. ♦ **cairngorm** n quartz m fumé.
Cairo ['kaɪərəʊ] n Le Caire.
cajole [kə'dʒəʊl] vt cajoler. to ~ sb into doing sth faire faire qch à qn à force de cajoleries.
♦ **cajolery** n cajolerie f.
cake [keɪk] 1 n (a) gâteau m; (small) pâtisserie f; (fruit ~) cake m; (sponge ~ etc) génoise f. it's selling like hot ~s* cela se vend comme des petits pains; it's a piece of ~* c'est du gâteau*. (b) [chocolate] tablette f; [wax, tobacco] pain m. ~ of soap savonnette f. 2 adj: ~ shop pâtisserie f (magasin). 3 vi [mud] durcir, faire croûte; [blood] se coaguler. ♦ **caked** adj blood coagulé; mud séché; clothes ~d with mud vêtements raidis par la boue.
calamity [kə'læmɪtɪ] n calamité f. ♦ **calamitous** adj catastrophique.
calcify ['kælsɪfaɪ] 1 vt calcifier. 2 vi se calcifier.
♦ **calcification** n calcification f.
calcium ['kælsɪəm] n calcium m.
calculate ['kælkjʊleɪt] 1 vt cost, numbers, dates calculer; distance évaluer; chances estimer. this was not ~d to reassure me cela n'était pas fait pour me rassurer. 2 vi calculer, faire des calculs. to ~ for sth prévoir qch. ♦ **calculable** adj calculable. ♦ **calculated** adj action, decision, insult délibéré; risk pris en toute connaissance de cause. ♦ **calculating** adj (scheming) calculateur; calculating machine machine f à calculer.
♦ **calculation** n calcul m. ♦ **calculator** n calculatrice f. ♦ **calculus** n calcul m.
calendar ['kæləndəʳ] 1 n calendrier m. university ~ = guide m de l'étudiant. 2 adj: ~ month mois m (de calendrier); ~ year année f civile.
calf¹ [kɑ:f] 1 n, pl calves (animal) veau m; (skin) veau; (for shoes, bags) box(-calf) m. cow in ~ vache pleine; elephant ~ éléphanteau m. 2 adj: ~ love amour m juvénile.
calf² [kɑ:f] n, pl calves (Anat) mollet m.
calibre, (US) **-ber** ['kælɪbəʳ] n (lit, fig) calibre m.
♦ **calibrate** vt calibrer. ♦ **calibration** n calibrage m.
calipers ['kælɪpəz] npl (Math) compas m; (legirons) appareil m orthopédique.
calisthenics [ˌkælɪs'θenɪks] nsg gymnastique f suédoise.
call [kɔ:l] 1 n (a) (shout) appel m, cri m; [bird] cri; [duty] appel m; (Theat) rappel m; (vocation) vocation f; (Bridge) annonce f. (telephone ~) coup m de téléphone, coup de fil*, communication f (Admin). within ~ à portée de (la) voix; a ~ for help un appel au secours; (Telec) to make a ~ téléphoner, passer un coup de fil*; I'd like a ~ at 7 a.m. j'aimerais qu'on me réveille (subj) à 7 heures; to be on ~ être de garde; the ~ of the unknown l'attrait m de l'inconnu; the ~ of the sea l'appel du large; there's not much ~ for these articles ces articles ne sont pas très demandés; repayable on ~/ at 3 months' remboursable sur demande/à 3 mois; I have many ~s on my time je suis très pris; I have many ~s on my purse j'ai beaucoup de dépenses; there is no ~ for you to worry vous n'avez pas besoin de

vous inquiéter; **there was no ~ to say that vous n'aviez aucune raison de dire cela. (b)** (*visit: also Med*) visite *f*. **to make a ~ on sb** rendre visite à qn, aller voir qn; **I have several ~s to make** j'ai plusieurs visites à faire; **port of ~** (port *m* d')escale *f*.

2 *adj:* **~ girl** call-girl *f*; (*Telec*) **~ sign,** (*US*) **letters** indicatif *m* (d'appel).

3 *vt* **(a)** (*gen*) appeler; (*Telec*) téléphoner à; (*waken*) réveiller; (*summon*) appeler, convoquer; *doctor, taxi* appeler, faire venir; (*Bridge*) annoncer, demander. **to ~ sb in/out** *etc* crier à qn d'entrer/de sortir *etc*; **~ me at eight** réveillez-moi à huit heures; (*Rad*) **London ~ing** ici Londres; **duty ~s** le devoir m'appelle; **to ~ a meeting** convoquer une assemblée; **to ~ sb as a witness** (*Jur*) avoir qn comme témoin. **(b)** (*give name to*) appeler. **what are you ~ed?** comment vous appelez-vous?; **he is ~ed after his father** on lui a donné le nom de son père; **he ~s himself a colonel** il se prétend colonel; **are you ~ing me a liar?** dites tout de suite que je suis un menteur; **he ~ed her a liar** il l'a traitée de menteuse; **would you ~ French a difficult language?** diriez-vous que le français est difficile?; **I ~ that a shame** j'estime que c'est une honte; **shall we ~ it £1?** disons 1 livre?; **let's ~ it a day!*** ça suffira (pour aujourd'hui)!*

4 *vi* **(a)** (*person*) appeler, crier; (*birds*) pousser un cri. **to ~** (*out*) **to sb** appeler qn, (*from afar*) héler qn. **(b)** (*visit:* **~ in**) passer. **he was out when I ~ed** il n'était pas là quand je suis passé chez lui; (*Naut*) **to ~** (**in**) **at Dover** faire escale à Douvres.

call aside *vt sep person* prendre à part.

call away *vt sep:* **to be ~ed away on business** être obligé de s'absenter pour affaires; **to be ~ed away from a meeting** devoir quitter une réunion (*pour affaires plus pressantes*).

call back *vi, vt sep* (*Telec*) rappeler.

call for *vt fus* **(a)** (*summon*) *person* appeler; *food, drink* demander; *courage* demander, exiger. **that was not ~ed for** ce n'était pas justifié. **(b)** (*collect*) *person, thing* passer prendre.

call in **1** *vi* = **call 4b**. **2** *vt sep* **(a)** *doctor* faire venir, appeler; *police* appeler. **he was ~ed in to arbitrate** on a fait appel à lui pour arbitrer. **(b)** *money, library books* faire rentrer; *banknotes* retirer de la circulation; *faulty machines etc* rappeler.

call off **1** *vi* se décommander. **2** *vt sep* **(a)** *appointment* annuler; *agreement, deal* résilier. **to ~ off a strike** annuler un ordre de grève. **(b)** *dog* rappeler.

call out **1** *vi* pousser un or des cri(s). **to ~ out for sth** demander qch à haute voix; **to ~ out to sb** héler qn. **2** *vt sep doctor, troops, fire brigade* appeler. **to ~ workers out (on strike)** donner la consigne de grève.

call round *vi* passer (*to see sb* voir qn).

call up *vt sep* **(a)** (*Mil*) appeler, mobiliser. **(b)** (*esp US: Telec*) téléphoner à. **(c)** *memories* évoquer.

call (up)on *vt fus* **(a)** *person* rendre visite à. **(b)** **to ~ (up)on sb to do** (*invite*) inviter qn à faire; (*demand*) sommer qn de faire; **I now ~ (up)on Mr Brown to speak** je laisse maintenant la parole à M. Brown.

♦ **callbox** *n* (*Brit*) cabine *f* (téléphonique); (*US*) téléphone *m* de police-secours. ♦ **callboy** *n* (*Theat*) avertisseur *m*. ♦ **caller** *n* (*visitor*) visiteur *m*, -euse *f*; (*Telec*) demandeur *m*, -euse *f*. ♦ **call-in** *n* (*US Rad*) programme *m* à ligne ouverte. ♦ **calling-card** *n* (*US*) carte *f* de visite. ♦ **call-up** **1** *n* (*Mil*) appel *m* (sous les drapeaux); **2** *adj:* **~-up papers** feuille *f* de route.

calligraphy [kə'lɪgrəfɪ] *n* calligraphie *f*.

callipers ['kælɪpəz] *npl* = **calipers**.

callisthenics [ˌkælɪs'θenɪks] *n* = **calisthenics**.

callous ['kæləs] *adj* dur, sans cœur. ♦ **callously** *adv act, speak* avec dureté; *decide, suggest* cyniquement. ♦ **callousness** *n* dureté *f*, manque *m* de cœur.

callow ['kæləʊ] *adj* inexpérimenté, novice.

calm [kɑːm] **1** *adj* calme, tranquille. **keep ~!** du calme!; **to grow ~** se calmer; **~ and collected** maître (*f* maîtresse) de soi. **2** *n* période *f* de calme or de tranquillité; (*after agitation*) accalmie *f*. **the ~ before the storm** le calme qui précède la tempête. **3** *vt* (**~ down**) calmer, apaiser.

calm down *vi* se calmer.

♦ **calmly** *adv* calmement, avec calme. ♦ **calmness** *n* calme *m*.

Calor ['kælər] *n* ® **~ gas** butane *m*, butagaz *m* ®.

calorie ['kælərɪ] *n* calorie *f*. **to be ~-conscious*** avoir la hantise des calories. ♦ **calorific** *adj* calorifique.

calumny ['kæləmnɪ] *n* calomnie *f*; (*Jur*) diffamation *f*.

calve [kɑːv] *vi* vêler.

calves [kɑːvz] *npl of* **calf**.

cam [kæm] *n* (*Tech*) came *f*. **~shaft** arbre *m* à cames.

camber ['kæmbər] **1** *n* [*road*] bombement *m*. **2** *vt* bomber.

came [keɪm] *pret of* **come**.

camel ['kæməl] **1** *n* chameau *m*. **2** *adj* (*colour*) (de couleur) fauve *inv*. ♦ **camel-hair** *adj brush* en poil de chameau.

camellia [kə'miːlɪə] *n* camélia *m*.

cameo ['kæmɪəʊ] *n* camée *m*.

camera ['kæmərə] *n* **(a)** appareil *m* (photographique), appareil-photo *m*; (*movie* **~**) caméra *f*. **(b)** (*Jur*) **in ~** à huis clos. ♦ **cameraman** *n* caméraman *m*, opérateur *m* de prise de vue. ♦ **camerawork** *n* prise *f* de vue.

camomile ['kæməʊmaɪl] *n* camomille *f*.

camouflage ['kæməflɑːʒ] **1** *n* camouflage *m*. **2** *vt* camoufler.

camp¹ [kæmp] **1** *n* camp *m*, (*less permanent*) campement *m*. **to go to ~** partir camper; (*fig*) **in the same ~** du même bord; **a foot in both ~s** un pied dans chaque camp.

2 *adj* (*fig*) **~ follower** sympathisant(e) *m(f)*; **~(ing) chair** chaise pliante (de camping); **~(ing) ground** or **site** (*commercialized*) camping *m*; (*clearing etc*) endroit *m* où camper; (*with tent on it*) camp *m*; **~(ing) stool** pliant *m*; **~(ing) stove** réchaud *m* de camping.

3 *vi* camper. **to go ~ing** (aller) faire du camping.

camp out *vi* camper (*also fig*).

♦ **camped** *n* lit *m* de camp. ♦ **camper** *n* campeur *m*, -euse *f*. ♦ **campfire** *n* feu *m* de camp. ♦ **camping** *n* camping *m* (*activité*).

camp²* [kæmp] **1** *adj* (*affected*) maniéré; (*over-dramatic*) cabotin; (*homosexual*) *man* (qui fait) pédé*; *manners, clothes* de pédé*; (*vulgar*) vulgaire. **2** *vt:* **to ~ it up** cabotiner.

campaign [kæm'peɪn] **1** *n* campagne *f*. **2** *vi* faire campagne (*also fig: for* pour, *against* contre). ♦ **campaigner** *n* (*Mil*) **old ~er** vétéran *m*; (*fig*) **a ~er for/against sth** un(e) militant(e) *m(f)* pour/contre qch.

camphor ['kæmfər] *n* camphre *m*. ♦ **camphorated** *adj* camphré.

campus ['kæmpəs] *n* campus *m*.

can¹ [kæn] *modal aux vb: neg* **cannot, can't;** *cond and pret* **could. (a)** (*am etc able to*) (je) peux *etc.* **he ~ lift the suitcase** il peut soulever la valise; **he will do what he ~** il fera ce qu'il pourra, il fera son possible; **he will help you all he ~** il vous aidera de son mieux; **he couldn't speak because he had a bad cold** il ne pouvait pas parler parce qu'il était très enrhumé; **he could have helped us** il aurait pu nous aider; **it could be true** cela pourrait être vrai; **you could be making a big mistake** tu es peut-être en train de faire une grosse erreur; **could you be hiding sth from us?** est-il possible que vous nous cachiez (*subj*) qch?; **he could have changed his mind** il aurait pu changer d'avis; **he could have forgotten** il a peut-être oublié; **you can't be serious!** vous ne parlez pas sérieusement!; **he can't have known about it** il est impossible qu'il l'ait su; **she can't be very clever** elle ne doit pas être très intelligente; **where can he be?** où peut-il bien être?; **as big as ~ or could be** aussi grand que possible; **it ~ be very cold here** il arrive qu'il fasse très froid ici.

(**b**) (*know how to*) (je) sais *etc*. **he ~ read and write** il sait lire et écrire; **he ~ speak Italian** il parle italien, il sait l'italien; **she could not swim** elle ne savait pas nager.

(**c**) (*not translated*) **I ~ see you** je vous vois; **they could hear him** ils l'entendaient; **~ you smell it?** tu le sens?

(**d**) (*have permission to*) (je) peux *etc*. **you ~ go** vous pouvez partir; **~ I have some milk? – yes, you ~** puis-je avoir du lait? – mais oui, bien sûr; **could I have a word with you?** est-ce que je pourrais vous parler un instant?; **I can't go out** je n'ai pas le droit de sortir.

can² [kæn] **1** *n* [*milk, oil, water*] bidon *m*; [*garbage*] boîte *f* à ordures, poubelle *f*; (*for foodstuffs*) boîte *f* (de conserve). **a ~ of fruit/beer** une boîte de fruits/bière. **2** *vt food* mettre en boîte(s) *or* en conserve. ◆ **canned** *adj fruit, salmon* en boîte, en conserve; (**: recorded*) *music* enregistré; (**: drunk*) rétamé‡, soûl; **~ned goods** conserves *fpl*. ◆ **cannery** *or* ◆ **canning factory** *n* conserverie *f* (*fabrique*). ◆ **canning industry** *n* conserverie *f* (*industrie*). ◆ **can-opener** *n* ouvre-boîtes *m inv*.

Canada ['kænədə] *n* Canada *m*. ◆ **Canadian 1** *adj* canadien; **2** *n* Canadien(ne) *m(f)*.
canal [kə'næl] *n* canal *m*.
canary [kə'nɛərɪ] **1** *n* (*bird*) canari *m*. **2** *adj*: **~ yellow** jaune canari *inv*.
cancel ['kænsəl] *vt agreement, contract* résilier; *order, arrangement, meeting, debt* annuler; *cheque* faire opposition à; *taxi, appointment, party* décommander, annuler; *decree, will* révoquer; *train* supprimer; *application* retirer; (*cross out*) barrer, biffer; *stamp* oblitérer; (*Math*) *figures* éliminer.
◆ **cancel out** *vt sep* (*Math*) *noughts* barrer; *amounts etc* annuler; (*fig*) neutraliser. **they ~ each other out** ils se neutralisent.
◆ **cancellation** *n* résiliation *f*; annulation *f*; révocation *f*; suppression *f*; retrait *m*; biffage *m*; oblitération *f*; (*Math*) élimination *f*; **~lations will not be accepted after ...** (*travel, hotel*) les réservations *or* (*Theat*) les locations ne peuvent être annulées après ...; **I have 2 ~lations for tomorrow** j'ai 2 personnes qui se sont décommandées pour demain.
cancer ['kænsər] **1** *n* cancer *m*; (*Astron, Geog*) **C~** Cancer *m*. **2** *adj*: **~ patient** cancéreux *m*, -euse *f*; **~ research** cancérologie *f*, (*in appeals*) la lutte contre le cancer; **~ specialist** cancérologue *mf*. ◆ **cancerous** *adj* cancéreux. ◆ **cancer-producing** *adj* cancérigène.
candelabra [ˌkændɪ'lɑːbrə] *n* candélabre *m*.
candid ['kændɪd] *adj* franc, sincère. ◆ **candidly** *adv* franchement, sincèrement. ◆ **candidness** *or* ◆ **candour**, (*US*) **-or** *n* franchise *f*, sincérité *f*.
candidate ['kændɪdeɪt] *n* candidat(e) *m(f)*. ◆ **candidacy** *or* ◆ **candidature** *n* candidature *f*.
candied ['kændɪd] *adj* confit. **~ peel** écorce confite.
candle ['kændl] **1** *n* [*wax*] bougie *f*; [*tallow*] chandelle *f*; (*in church*) cierge *m*. **the game is not worth the ~** le jeu n'en vaut pas la chandelle. **2** *adj*: **~ grease** suif *m*. ◆ **candlelight 1** *n*: **by ~light** à la lueur d'une bougie *etc*; **2** *adj*: **~light dinner** dîner *m* aux chandelles. ◆ **Candlemas** *n*

la Chandeleur. ◆ **candlestick** *n* (*flat*) bougeoir *m*; (*tall*) chandelier *m*. ◆ **candlewick** *n* chenille *f* (de coton).
candy ['kændɪ] *n* sucre *m* candi; (*US: sweets*) bonbon(s) *m(pl)*. ◆ **candy-floss** *n* barbe *f* à papa. ◆ **candy-striped** *adj* à rayures multicolores.
cane [keɪn] **1** *n* (*gen*) canne *f*; (*officer, rider*) badine *f*; (*for chairs, baskets*) rotin *m*, jonc *m*; (*for punishment*) trique *f*, (*Scol*) verge *f*. **2** *vt* donner des coups de trique à; (*Scol*) fouetter. **3** *adj*: **~ chair** chaise cannée; **~ sugar** sucre *m* de canne. ◆ **caning** *n*: **to get a caning** (*lit*) recevoir la trique *or* (*Scol*) le fouet; (**: fig*) se faire taper sur les doigts* (*fig*).
canine ['kænaɪn] **1** *adj* canin. **2** *n* (*tooth*) canine *f*.
canister ['kænɪstər] *n* boîte *f* (*en métal*).
cannabis ['kænəbɪs] *n* cannabis *m*.
cannibal ['kænɪbəl] *adj, n* cannibale (*mf*), anthropophage (*mf*). ◆ **cannibalism** *n* cannibalisme *m*, anthropophagie *f*. ◆ **cannibalize** *vt machine, car* démonter pour en réutiliser les pièces.
cannon ['kænən] **1** *n* canon *m*. **2** *adj*: **~ fodder** chair *f* à canon*. **3** *vi*: **to ~ into** *or* **against** *object* percuter; *person* se heurter contre. ◆ **cannonball** *n* boulet *m* de canon.
canoe [kə'nuː] **1** *n* canoë *m*; (*Sport*) kayac *m*. **2** *vi*: **to go ~ing** faire du canoë *or* du kayac. ◆ **canoeing** *n* (sport *m* du) canoë *m*. ◆ **canoeist** *n* canoëiste *mf*.
canon ['kænən] **1** *n* (*Mus, Rel, also gen: law etc*) canon *m*; (*cleric*) chanoine *m*. **2** *adj*: **~ law** droit *m* canon. ◆ **canonization** *n* canonisation *f*. ◆ **canonize** *vt* canoniser.
canoodle‡† [kə'nuːdl] *vi* se faire des mamours*.
canopy ['kænəpɪ] *n* [*bed*] baldaquin *m*; [*throne etc*] dais *m*.
cant¹ [kænt] *n* (*pej*) (*insincere talk*) paroles *fpl* hypocrites; (*clichés*) phrases toutes faites; (*jargon*) jargon *m*.
cant² [kænt] *vti* (*tilt*) pencher.
can't [kɑːnt] *abbr of* **cannot**; *V* **can¹**.
cantankerous [kæn'tæŋkərəs] *adj* (*ill-tempered*) acariâtre; (*aggressive*) hargneux.
canteen [kæn'tiːn] *n* (**a**) (*restaurant*) cantine *f*. (**b**) **a ~ of cutlery** une ménagère (*couverts de table*).
canter ['kæntər] **1** *n* petit galop. **2** *vi* aller au petit galop.
Canterbury ['kæntəbərɪ] *n* Cantorbéry. **~ bell** campanule *f*.
cantilever ['kæntɪliːvər] *n*: **~ bridge** pont *m* cantilever *inv*.
canton ['kænton] *n* canton *m*. ◆ **cantonal** *adj* cantonal.
canvas ['kænvəs] *n* toile *f*. **under ~** (*in a tent*) sous la tente; (*Naut*) sous voiles.
canvass ['kænvəs] **1** *vt* (**a**) (*Pol*) *district* faire du démarchage électoral dans; *person* solliciter le suffrage de; (*Comm*) *district* prospecter; (*gen*) *people, opinions* sonder (*about* à propos de). (**b**) *matter, question* examiner à fond. **2** *vi* (*Pol*) solliciter des suffrages; (*Comm*) (*door to door*) faire du démarchage. **to ~ for sb** (*Pol*) solliciter des voix pour qn; (*gen*) faire campagne pour qn. ◆ **canvasser** *n* (*Pol*) agent électoral (*qui sollicite les voix des électeurs*); (*Comm*) démarcheur *m*. ◆ **canvassing** *n* (*Pol*) démarchage électoral (*pour solliciter les suffrages*); (*when applying for job etc*) **no ~ing allowed** ≃ s'abstenir de toute démarche personnelle.
canyon ['kænjən] *n* cañon *m*, gorge *f*.
cap [kæp] **1** *n* (**a**) (*gen*) casquette *f*; [*baby, sailor*] bonnet *m*; [*officer*] képi *m*; [*soldier*] calot *m*. (*fig*) **~ in hand** chapeau bas, humblement; **if the ~ fits, put it on** qui se sent morveux qu'il se mouche; (*Sport*) **he's got his ~ for England** il a été sélectionné pour l'équipe d'Angleterre. (**b**) [*bottle*]

capsule f; *[fountain pen]* capuchon m; *[radiator, tyre-valve]* bouchon m. (c) *(for toy gun)* amorce f. **2** vt *bottle etc* couvrir d'une capsule *etc*; *sb's words* renchérir sur; *achievements* surpasser. he ~ped this story il a trouvé une histoire encore meilleure que celle-ci; to ~ it all* pour couronner le tout. ♦ capful n: one ~ful to 4 litres of water une capsule pleine pour 4 litres d'eau.

capable ['keɪpəbl] *adj person* capable *(of doing* de faire); *event, situation* susceptible *(of* de); *(competent)* capable. ♦ capability n capacité f *(to do, for doing* de faire); capabilities moyens mpl. ♦ capably *adv* habilement, avec compétence.

capacity [kə'pæsɪtɪ] 1 n (a) *(gen, Elec, Phys)* capacité f; *[factory]* moyens mpl de production. filled to ~ absolument plein; the hall has a seating ~ of 400 la salle a 400 places assises; *[machine, factory]* to work at full ~ produire à plein rendement. (b) *(ability)* aptitude f *(for sth à* qch; *for doing* à faire). capacities capacité(s) f(pl), moyens mpl. (c) *(legal power)* pouvoir légal *(to do* de faire); *(position)* qualité f. in my ~ as a doctor en ma qualité de médecin; in his official ~ dans l'exercice de ses fonctions; in an advisory ~ à titre consultatif; we must not employ him in any ~ whatsoever il ne faut pas l'employer à quelque titre que ce soit. **2** *adj*: there was ~ booking on jouait à guichets fermés; there was a ~ crowd il n'y avait plus une seule place (de) libre. ♦ capacious *adj* d'une grande capacité.

cape¹ [keɪp] n *(full length)* cape f; *(policeman's, cyclist's)* pèlerine f.

cape² [keɪp] n *(Geog)* cap m. *(in South Africa)* C~ Coloureds métis sud-africains; the C~ *(of Good Hope)* le cap de Bonne Espérance; C~ Town Le Cap.

caper¹ ['keɪpər] **1** vi (~ about) *[child]* gambader; *(fool around)* faire l'idiot. **2** n *(pej)* that was quite a ~* ça a été toute une histoire*.

caper² ['keɪpər] n *(Culin)* câpre f.

capillary [kə'pɪlərɪ] *adj, n* capillaire (m).

capital ['kæpɪtl] **1** *adj* (a) *(gen, also Jur)* capital. ~ offence crime capital; ~ punishment peine capitale; *(excl)* ~! excellent!; of ~ importance d'une importance capitale; ~ A A majuscule. (b) *(Fin)* ~ expenditure dépenses fpl en capital; ~ gains tax impôt m sur les plus-values; ~ goods biens mpl d'équipement; ~ reserves réserves fpl et provisions fpl; ~ sum capital m. **2** n (~ city) capitale f; (~ letter) majuscule f; *(Fin)* capital m. ~ invested mise f de fonds; *(fig)* to make ~ out of tirer parti or profit de. ♦ capitalism n capitalisme m. ♦ capitalist *adj, n* capitaliste (mf). ♦ capitalization n capitalisation f. ♦ capitalize **1** vt *property, plant* capitaliser; *company* constituer le capital social de *(par émission d'actions)*; *(Fin)* over-/under-~ized sur-/sous-capitalisé. **2** vi(fig) to ~ize on tirer parti de.

capitulate [kə'pɪtjʊleɪt] vi capituler. ♦ capitulation n capitulation f.

caprice [kə'priːs] n caprice m. ♦ capricious *adj* capricieux, fantasque. ♦ capriciously *adv* capricieusement.

Capricorn ['kæprɪkɔːn] n Capricorne m.

capsicum ['kæpsɪkəm] n *(sweet)* poivron m; *(hot)* piment m.

capsize [kæp'saɪz] **1** vi *[boat]* chavirer; *[object]* se renverser. **2** vt faire chavirer; renverser.

capstan ['kæpstən] n cabestan m.

capsule ['kæpsjuːl] n capsule f.

captain ['kæptɪn] **1** n capitaine m. ~ of industry capitaine d'industrie. **2** vt *team* être le capitaine de; *ship* commander; *(fig)* diriger.

caption ['kæpʃən] **1** n *(Press)* *(heading)* sous-titre m; *(under illustration)* légende f; *(Cine)* sous-titre. **2** vt mettre une légende à; sous-titrer.

captious ['kæpʃəs] *adj person* chicanier; *remark* critique.

captivate ['kæptɪveɪt] vt captiver. ♦ captivating *adj* captivant.

captive ['kæptɪv] **1** n captif m, -ive f. to take sb ~ faire qn prisonnier; to hold ~ garder en captivité. **2** *adj* captif. she had a ~ audience son auditoire était bien obligé de l'écouter. ♦ captivity n captivité f; in captivity en captivité.

capture ['kæptʃər] **1** vt *animal, soldier* capturer; *escapee* reprendre; *city* s'emparer de; *(fig)* *attention* captiver; *interest* gagner; *(Art)* rendre. **2** n *[town, treasure, escapee]* capture f. ♦ captor n *(unlawful)* ravisseur m; *(lawful)* personne f qui capture.

car [kɑːr] **1** n *(Aut)* voiture f, automobile f, auto f; *(US Rail)* wagon m, voiture; *(tramcar)* tramway m. **2** *adj*: ~ allowance indemnité f de déplacements (en voiture); ~ transporter *(Aut)* camion m or *(Rail)* wagon m pour transport d'automobiles; ~ wash *(place)* lave-auto m. ♦ car-ferry n ferry m. ♦ carhop n *(US)* serveur m, -euse f. ♦ car-park n parking m. ♦ carport n auvent m *(pour voiture)*. ♦ car-sick *adj*: to be ~-sick avoir le mal de la route. ♦ car-worker n *(Ind)* ouvrier m, -ière f de l'industrie automobile.

caramel ['kærəməl] n caramel m.

carat ['kærət] n carat m. 22 ~ gold or m à 22 carats.

caravan ['kærəvæn] n *(Aut)* caravane f; *[gipsy]* roulotte f; *(group: in desert etc)* caravane. ~ site camping m pour caravanes. ♦ caravanette n auto-camping f.

caraway ['kærəweɪ] n cumin m.

carbohydrate [,kɑːbəʊ'haɪdreɪt] n hydrate m de carbone. *(in diets etc)* ~s féculents mpl.

carbolic [kɑː'bɒlɪk] *adj*: ~ acid phénol m.

carbon ['kɑːbən] **1** n carbone m. **2** *adj*: ~ copy *[typing etc]* carbone m; *(fig)* réplique f; ~ dating datation f au carbone; ~ dioxide gaz m carbonique; ~ monoxide oxyde m de carbone; ~ paper (papier m) carbone m. ♦ carbonate n carbonate m. ♦ carbonic *adj* carbonique. ♦ carboniferous *adj* carbonifère. ♦ carbonization n carbonisation f. ♦ carbonize vt carboniser.

carborundum [,kɑːbə'rʌndəm] n carborundum m.

carboy ['kɑːbɔɪ] n bonbonne f.

carbuncle ['kɑːbʌŋkl] n *(jewel)* escarboucle f; *(Med)* furoncle m.

carburet(t)or [,kɑːbjʊ'retər] n carburateur m.

carcass ['kɑːkəs] n carcasse f.

carcinogen [kɑː'sɪnədʒen] n substance f cancérigène ♦ carcinogenic *adj* cancérigène.

carcinoma [,kɑːsɪ'nəʊmə] n carcinome m.

card [kɑːd] **1** n *(gen)* carte f; *(index* ~) fiche f; *(cardboard)* carton m. identity ~ carte d'identité; to play ~s jouer aux cartes; *(fig)* to play one's ~s well manœuvrer habilement; to put one's ~s on the table jouer cartes sur table; it's (quite) on the ~s that* ... il y a de grandes chances pour que ... + *subj*; *(Ind etc)* to get one's ~s être mis à la porte; *(Ind etc)* to ask for one's ~s quitter son travail. **2** *adj*: ~ game *(e.g. bridge etc)* jeu m de cartes; *(game of cards)* partie f de cartes. **3** vt *information* mettre sur fiches. ♦ cardboard **1** n carton m; **2** *adj* de or en carton; ~board box (boîte f en) carton m. ♦ card-carrying *adj*: ~-carrying member membre m, adhérent(e) m(f). ♦ card-index n fichier m. ♦ card-player n joueur m, -euse f de cartes. ♦ cardsharp(er) n tricheur m, -euse f *(professionnel)*. ♦ card-table n table f de jeu or à jouer. ♦ card-trick n tour m de cartes.

cardamom ['kɑːdəməm] n cardamome f.

cardiac ['kɑːdɪæk] *adj* cardiaque. ~ arrest arrêt m du cœur.

cardigan ['kɑːdɪgən] n cardigan m.

cardinal ['kɑːdɪnl] *adj, n* cardinal (m).

cardiology [ˌkɑːdɪˈɒlədʒɪ] n cardiologie f.
♦ **cardiological** adj cardiologique.
♦ **cardiologist** n cardiologue mf.

care [kɛəʳ] **1** n **(a)** (heed) attention f, soin m; (charge) charge f, garde f. **with the greatest ~** avec le plus grand soin; (on parcels) **'with ~'** 'fragile'; **take ~ not to catch cold** faites attention de or à ne pas prendre froid; **take ~** (fais) attention; (as good wishes) fais bien attention (à toi); **to take (great) ~ with sth** faire très attention à qch; **you should take more ~ with your work** vous devriez apporter plus d'attention à votre travail; **you should take more ~ of yourself** tu devrais faire plus attention (à ta santé); (Jur) **driving without due ~ and attention** conduite négligente; **he took ~ to explain why** ... il a pris soin d'expliquer pourquoi ...; **to take ~ of** s'occuper de; **to take good ~ of person** bien s'occuper de; object prendre grand soin de; (threateningly) **I'll take ~ of him!** je vais m'occuper de lui!; **he can take ~ of himself** il sait se débrouiller tout seul; **that can take ~ of itself** cela s'arrangera tout seul; **I leave or put it in your ~** je vous le confie; (on letters) **~ of** (abbr c/o) aux bons soins de; **he was left in his aunt's ~** on l'a laissé à la garde de sa tante; (Sociol) **children in ~** enfants retirés de la garde de leurs parents. **(b)** (anxiety) souci m. **he hasn't a ~ in the world** il n'a pas le moindre souci; **the ~s of State** les responsabilités fpl de l'État.
2 vi **(a)** se soucier (about de), s'intéresser (about à). **money is all he ~s about** il n'y a que l'argent qui l'intéresse (subj); **to ~ deeply about thing** être profondément concerné par; person être profondément attaché à; **not to ~ about se moquer de; he really ~s about this** c'est vraiment important pour lui; **I don't ~** ça m'est égal; **as if I ~d!** je m'en fiche!*; **what do I ~?** qu'est-ce que cela peut me faire?; **for all I ~** pour ce que cela me fait; **I couldn't ~ less** what people say je me fiche pas mal* de ce que les gens peuvent dire; **he doesn't ~ a damn*** il s'en fiche comme de l'an quarante*; **who ~s!** qu'est-ce que cela peut bien faire! **(b)** (like) vouloir, aimer. **would you ~ to sit down?** voulez-vous vous asseoir?; **I shouldn't ~ to meet him** je n'aimerais pas le rencontrer; **I don't much ~ for it** cela ne me dit pas grand-chose; **I don't ~ for him** il ne me plaît pas beaucoup; **would you ~ for a cup of tea?** voulez-vous (prendre) une tasse de thé?
care for vt fus invalid soigner; child s'occuper de. **well-~d for** invalid qu'on soigne bien; child dont on s'occupe bien; hands, hair soigné; garden bien entretenu; house bien tenu.
♦ **carefree** adj insouciant. ♦ **careful, careless** V below. ♦ **caretaker 1** n gardien(ne) m(f), concierge mf; **2** adj government intérimaire.
♦ **careworn** adj rongé par les soucis. ♦ **caring** adj parent aimant; teacher bienveillant; society humanitaire; **a child needs a caring environment** un enfant a besoin d'être entouré d'affection.
career [kəˈrɪəʳ] **1** n carrière f. **journalism is his ~** il fait carrière dans le journalisme; **he is making a ~ (for himself) in advertising** il est en train de faire carrière dans la publicité. **2** adj soldier, diplomat de carrière. **~ girl** jeune fille f qui veut faire une carrière; **~ guidance** orientation professionnelle; **~s officer** conseiller m, -ère f d'orientation professionnelle. **3** vi (~ along) aller à toute allure. ♦ **careerist** n carriériste mf.
careful [ˈkɛəfʊl] adj (painstaking) writer, worker consciencieux, soigneux; work soigné; (cautious) prudent, circonspect; (acting with care) soigneux. **to be ~** faire attention (of, with sth à qch; to do à faire); **(be) ~!** (fais) attention!; **be ~ not to let it fall** faites attention à ne pas le laisser tomber; **be ~ to shut the door** n'oubliez pas de fermer la porte; **be ~ what you do** faites attention à ce que vous faites; **be ~ (that) he doesn't hear you** faites attention à ce qu'il ne vous entende pas; **he was ~ to point out that** il a pris soin de faire remarquer que; **you can't be too ~** (gen) on n'est jamais trop prudent; (when double-checking sth) deux précautions valent mieux qu'une; **he is very ~ with (his) money** il regarde à la dépense.
♦ **carefully** adv (painstakingly) work, cut, choose soigneusement, avec soin; (cautiously) proceed, announce prudemment, avec précaution; reply avec circonspection; (fig) **we must go ~ly here** il faut nous montrer prudents là-dessus.
♦ **carefulness** n soin m, attention f.
careless [ˈkɛəlɪs] adj worker qui manque de soin; driver, driving négligent. **~ mistake** faute f d'inattention. ♦ **carelessly** adv (inattentively) négligemment, sans faire attention; (in carefree way) avec insouciance. ♦ **carelessness** n manque m de soin; négligence f; manque d'attention; (carefreeness) insouciance f.
caress [kəˈres] **1** n caresse f. **2** vt caresser.
cargo [ˈkɑːgəʊ] n cargaison f. **~ boat** cargo m.
Caribbean [ˌkærɪˈbɪən] adj, n: **the ~ (Sea)** la mer des Antilles or des Caraïbes.
caricature [ˈkærɪkətjʊəʳ] **1** n caricature f. **2** vt caricaturer. ♦ **caricaturist** n caricaturiste mf.
caries [ˈkɛəriːz] n carie f. ♦ **carious** adj carié.
carmine [ˈkɑːmaɪn] adj, n carmin (m).
carnage [ˈkɑːnɪdʒ] n carnage m.
carnal [ˈkɑːnl] adj (of the flesh) charnel; (sensual) sensuel; (sexual) sexuel.
carnation [kɑːˈneɪʃən] n œillet m.
carnival [ˈkɑːnɪvəl] n carnaval m.
carnivore [ˈkɑːnɪvɔːʳ] n carnivore m.
♦ **carnivorous** [kɑːˈnɪvərəs] adj carnivore.
carol [ˈkærəl] n: **(Christmas) ~** chant m de Noël.
carouse [kəˈraʊz] vi faire ribote*. ♦ **carousal** n beuverie f.
carp[1] [kɑːp] n (fish) carpe f.
carp[2] [kɑːp] vi critiquer sans cesse. **to ~ at sb/sth** critiquer sans cesse qn/qch. ♦ **carping 1** adj person, manner chicanier; criticism mesquin; voice malveillant; **2** n critique f (malveillante).
carpenter [ˈkɑːpɪntəʳ] n charpentier m; (joiner) menuisier m. ♦ **carpentry** n charpenterie f; menuiserie f.
carpet [ˈkɑːpɪt] **1** n tapis m; (fitted) moquette f. (fig) **to be on the ~*** [subject] être sur le tapis; [person scolded] être sur la sellette. **2** adj: **~ slippers** pantoufles fpl; **~ sweeper** (mechanical) balai m mécanique; (vacuum cleaner) aspirateur m. **3** vt floor recouvrir d'un tapis or d'une moquette; (*: scold) houspiller. ♦ **carpetbagger*** n profiteur m, -euse f. ♦ **carpeting** n moquette f.
carriage [ˈkærɪdʒ] n **(a)** (horse-drawn) voiture f (de maître), équipage m; (Rail) voiture, wagon m (de voyageurs). **(b)** (Comm: conveyance of goods) transport m. **~ free** franco de port; **~ paid** (en) port payé. **(c)** [person] (bearing) maintien m, port m.
carrier [ˈkærɪəʳ] n **(a)** (company) entreprise f de transports; (truck owner etc) transporteur m. **by ~** (Aut) par camion; (Rail) par chemin de fer. **(b)** (basket etc: on cycle etc) porte-bagages m inv; (~ bag) sac m (en plastique). **(c)** (Med) porteur m, -euse f. **(d)** (aircraft ~) porte-avions m inv; (troop ~) (plane) appareil m transporteur (de troupes); (ship) transport m. ♦ **carrier-bag** n sac m (en plastique). ♦ **carrier-pigeon** n pigeon m voyageur.
carrion [ˈkærɪən] n charogne f.
carrot [ˈkærət] n carotte f. ♦ **carroty** adj hair carotte inv, roux.
carry [ˈkærɪ] **1** vt **(a)** (gen) porter; goods, passengers transporter; identity card, cigarettes, money avoir (sur soi); umbrella, gun porter; message, news porter; [sea, river] emporter; [pillar] supporter, soutenir; [pipe] amener; [wire] conduire. **they carried the pipes under the street** ils ont fait

passer les tuyaux sous la rue; (*fig*) to ~ sth too far pousser qch trop loin; **she carries herself very well** elle se tient très droite; **he carries himself like a soldier** il a le port d'un militaire; to ~ in one's head retenir dans sa tête; (*Math*) **and** ~ **3** et je retiens 3; (*fig*) **to** ~ **coals to Newcastle** porter de l'eau à la rivière; **to** ~ **the can*** (devoir) payer les pots cassés; **he carries his life in his hands** il risque sa vie; **£5 won't** ~ **you far** on ne va pas loin avec 5 livres; **enough food to** ~ **us through the winter** assez de provisions pour nous durer tout l'hiver; **he can't** ~ **his liquor** l'alcool lui monte à la tête.

(b) *consequences* entraîner; (*Fin*) *interest* rapporter; *responsibility, pay* comporter. **it carries a penalty of** cela est passible d'une amende de.

(c) (*Comm*) *goods* stocker. **we don't** ~ **that article** nous ne faisons pas cet article.

(d) (*win*) gagner, remporter; *fortress* enlever; *motion* voter. **to** ~ **the day** l'emporter; (*Mil*) être vainqueur; **to** ~ **all before one** l'emporter sur tous les tableaux.

(e) [*newspaper etc*] *story, details* rapporter. **all the papers carried (the story of) the murder** tous les journaux ont parlé du meurtre.

2 *vi* [*voice, sound*] porter.

carry away *vt sep* emporter. (*fig*) **to get carried away by sth*** s'emballer* *or* s'enthousiasmer pour qch.

carry back *vt sep things* rapporter; *person* ramener; (*fig: remind*) reporter (*to* à).

carry forward *vt sep* reporter (*to* à).

carry off *vt sep* (*gen*) emporter, enlever; (*kidnap*) enlever; *prizes* remporter. **to** ~ **it off** (*succeed*) réussir (son coup).

carry on 1 *vi* continuer (*with sth* qch); (*: *make a scene*) faire des histoires*; (*: *have an affair*) avoir une liaison (*with sb* avec qn). **2** *vt sep* (*conduct*) *business, trade* diriger; *correspondence* entretenir; *conversation* soutenir; *negotiations* mener; (*continue*) continuer (*doing* à *or* de faire).

carry out *vt sep* (*lit*) emporter; (*fig*) *plan, order* exécuter; *idea* mettre à exécution; *one's duty, obligation* s'acquitter de; *experiment* se livrer à; *search, investigation, inquiry* mener; *reform* effectuer; *the law, regulations* appliquer; *promise* tenir.

carry over *vt sep* reporter (*to* à).

carry through *vt sep plan* mener à bonne fin. **his courage carried him through** son courage lui a permis de surmonter l'épreuve.

♦ **carryall** *n* fourre-tout *m inv* (*sac*). ♦ **carrycot** *n* porte-bébé *m*. ♦ **carryings-on** *npl* façons *fpl* de se conduire. ♦ **carry-on*** *n* histoires* *fpl*; **what a** ~**-on about nothing!*** que d'histoires* pour rien!
♦ **carry-out** *adj meal* à emporter.

cart [kɑːt] **1** *n* (*horse-drawn*) charrette *f*; (*tip* ~) tombereau *m*; (*hand* ~) voiture *f* à bras. (*fig*) **to put the** ~ **before the horse** mettre la charrue devant *or* avant les bœufs; (*fig*) **to be in the** ~* être dans le pétrin. **2** *vt* (*in truck*) transporter (*par camion*); (*: *carry*) *shopping, books* trimballer*. ♦ **carter** *n* camionneur *m*. ♦ **cart-horse** *n* cheval *m* de trait. ♦ **cartload** *n* charretée *f*; tombereau *m*; voiturée *f*. ♦ **cart-track** *n* chemin *m* rural. ♦ **cartwheel** *n*: **to turn a** ~**wheel** faire la roue (*en gymnastique etc*).

cartilage [ˈkɑːtɪlɪdʒ] *n* cartilage *m*.

cartography [kɑːˈtɒɡrəfɪ] *n* cartographie *f*.
♦ **cartographer** *n* cartographe *mf*.

carton [ˈkɑːtən] *n* [*yogurt, cream*] pot *m*; [*milk, squash*] carton *m*; [*ice cream*] boîte *f*; [*cigarettes*] cartouche *f*.

cartoon [kɑːˈtuːn] *n* [*newspaper etc*] dessin *m* (humoristique); (*Cine, TV*) dessin animé; (*Art: sketch*) carton *m*. ♦ **cartoonist** *n* [*newspaper etc*] caricaturiste *mf*; (*Cine, TV*) dessinateur *m*, -trice *f* de dessins animés.

cartridge [ˈkɑːtrɪdʒ] **1** *n* [*rifle, pen*] cartouche *f*; [*camera*] chargeur *m*. **2** *adj*: ~ **paper** papier *m* à cartouche, papier fort.

carve [kɑːv] *vt* tailler (*in, out of* dans); (*sculpt*) sculpter (*in, out of* dans); (*Culin*) découper. **to** ~ **one's initials** on graver ses initiales sur.

carve out *vt sep piece* découper (*from* dans); *land* prendre (*from* à); *statue, tool* tailler (*of* dans). **to** ~ **out a career for o.s.** se tailler une carrière.

carve up *vt sep meat* découper; (*fig*) *country* morceler; (*: *disfigure*) *person* amocher‡ (à coups de couteau); *sb's face* taillader. ♦ **carver** *or* ♦ **carving knife** *n* couteau *m* à découper.

cascade [kæsˈkeɪd] **1** *n* cascade *f*. **2** *vi* tomber en cascade.

cascara [kæsˈkɑːrə] *n* cascara sagrada *f*.

case¹ [keɪs] **1** *n* (a) (*gen, also Gram, Med, Soc*) cas *m*. **is it the** ~ **that ...?** est-il vrai que ...?; **that's not the** ~ ce n'est pas le cas; **if that's the** ~ en ce cas, dans ce cas-là; **put the** ~ **that** admettons que + *subj*; **as the** ~ **may be** selon le cas; **a clear** ~ **of lying** un exemple manifeste de mensonge; **in** ~ **he comes** au cas où il viendrait; **in** ~ **of** en cas de; (**just) in** ~ à tout hasard; **in any** ~ en tout cas; **in this** ~ dans *or* en ce cas; **in that** ~ dans ce cas-là; **in the** ~ **in point** en l'occurrence; **here is a** ~ **in point** en voici un bon exemple; **in nine** ~**s out of ten** neuf fois sur dix; **that alters the whole** ~ cela change tout; **he's a hard** ~ c'est un dur*; **she's a real** ~!* c'est un cas* *or* un numéro!*

(b) (*Jur*) affaire *f*, procès *m*. **to try a** ~ juger une affaire; **to win one's** ~ (*Jur*) gagner son procès; (*fig*) avoir gain de cause; **the** ~ **for the defendant** les arguments *mpl* en faveur de l'accusé; **there is no** ~ **against ...** il n'y a pas lieu de poursuites contre ...; **he's working on the Smith** ~ il s'occupe de l'affaire Smith.

(c) (*reasoning*) arguments *mpl*. **to make out a good** ~ **for sth** réunir *or* présenter de bons arguments en faveur de qch; **to make out a good** ~ **for doing** bien expliquer pourquoi il faudrait faire; **there is a strong** ~ **for/against ...** il y a beaucoup à dire en faveur de/contre ...; **a** ~ **of conscience** un cas de conscience; **to have a strong** ~ avoir de solides arguments.

2 *adj* (*Jur, Med, Soc*) ~ **file** dossier *m*; ~ **history** (*Soc*) évolution *f* du cas social; (*Med*) antécédents médicaux; **to have a heavy** ~ **load** avoir beaucoup de dossiers (sur les bras).
♦ **case-hardened** *adj* endurci. ♦ **casework** *n* (*Soc*) travail *m* avec des cas individuels. ♦ **caseworker** *n* = assistante *f* sociale, auxiliaire *mf* social(e).

case² [keɪs] *n* (*suitcase*) valise *f*; (*packing* ~, *crate*) caisse *f*; (*for lettuce etc*) cageot *m*; (*box*) boîte *f*; (*chest*) coffre *m*; (*for goods on display*) vitrine *f*; (*for jewels*) coffret *m*; (*for watch etc*) écrin *m*; (*for camera, violin etc*) étui *m*; (*covering*) enveloppe *f*; (*Tech*) boîte.

cash [kæʃ] **1** *n* (a) (*notes and coins*) argent *m*. **how much** ~ **is there in the till?** combien d'argent y a-t-il dans la caisse?; **paid in** ~ **and not by cheque** payé en espèces et non pas par chèque; **ready** ~ (argent *m*) liquide *m*; ~ **in hand** encaisse *f*. (b) (*immediate payment*) ~ **down** argent comptant; **to pay** ~ (**down**) payer comptant *or* cash*; **discount for** ~ escompte *m* au comptant; ~ **with order** payable à la commande; ~ **on delivery** paiement *m* à la livraison. (c) (*: *money in general*) argent *m*. **to be short of** ~ être à court (d'argent); **I've no** ~ je suis sans le rond*.

2 *adj terms, sale, transaction* au comptant; *payment, price* comptant *inv*; **en espèces.** ~ **flow** cash-flow *m*; ~ **offer** offre *f* d'achat avec paiement comptant; ~ **receipts** recettes *fpl* de caisse.

3 *vt cheque* encaisser; *banknote* changer. **to ~ sb a cheque** donner à qn de l'argent contre un chèque; *[bank]* payer un chèque à qn. **cash in** *vt sep* réaliser.
cash in on* *vt fus* tirer profit de.
♦ **cash-and-carry** *n* supermarché *m* de gros et demi-gros. ♦ **cashbook** *n* livre *m* de caisse. ♦ **cashbox** *n* caisse *f*. ♦ **cashdesk** *n* *[shop, restaurant]* caisse *f*; *[cinema, theatre]* guichet *m*. ♦ **cash-register** *n* caisse *f* (enregistreuse).
cashew [kæˈʃuː] *n* (~ **nut**) noix *f* de cajou.
cashier¹ [kæˈʃɪəʳ] *n* (*Fin etc*) caissier *m*, -ière *f*.
cashier² [kæˈʃɪəʳ] *vt officer* casser.
cashmere [kæʃˈmɪəʳ] *n* cachemire *m*.
casino [kəˈsiːnəʊ] *n* casino *m*.
cask [kɑːsk] *n* tonneau *m*, fût *m*.
casket [ˈkɑːskɪt] *n* (*gen*) coffret *m*; (*coffin*) cercueil *m*.
cassava [kəˈsɑːvə] *n* manioc *m*.
casserole [ˈkæsərəʊl] **1** *n* (*utensil*) cocotte *f*; (*food*) ragoût *m* (en cocotte). **2** *vt* faire cuire à la cocotte.
cassette [kæˈset] **1** *n* (*Sound Recording*) cassette *f*; (*Phot*) cartouche *f*. **2** *adj*: ~ **deck** platine *f* à cassettes; ~ **player** lecteur *m* de cassettes; ~ **recorder** magnétophone *m* à cassettes.
cassock [ˈkæsək] *n* soutane *f*.
cast [kɑːst] (*vb*: *pret, ptp* **cast**) **1** *n* (a) (*Fishing*) lancer *m*. (b) (*mould*) moule *m*; (*in plaster, metal etc*) moulage *m*; *[medallion etc]* empreinte *f*. (*Med*) **leg in a ~** jambe *f* dans le plâtre; ~ **of features** traits *mpl* (du visage); ~ **of mind** tournure *f* d'esprit. (c) (*Theat*) (*actors*) acteurs *mpl*; (*list on programme etc*) distribution *f*. (d) (*Med: squint*) strabisme *m*. **to have a ~ in one eye** loucher d'un œil.
2 *vt* (a) (*throw*) (*gen*) jeter; *net, fishing line, stone* lancer, jeter; *shadow, light* projeter; *horoscope* tirer; *doubt* émettre; *blame* rejeter. **to ~ a vote** voter; **to ~ one's eye(s) towards** porter ses regards du côté de. (b) (*shed*) se dépouiller de; *horseshoe* perdre. *[snake]* **to ~ its skin** muer. (c) (*Art, Tech*) *plaster, metal* couler; *statue* mouler. (d) (*Theat*) *play* distribuer les rôles de. **he was ~ as Hamlet** on lui a donné le rôle de Hamlet.
cast about, cast around *vi*: **to ~ about for sth** chercher qch.
cast away *vt sep* (*Naut*) **to be ~ away** être naufragé.
cast down *vt sep object* jeter par terre; *eyes* baisser. **to be ~ down** (*depressed*) être abattu.
cast off 1 *vi* (*Naut*) larguer les amarres; (*Knitting*) arrêter les mailles. **2** *vt sep* (*Naut*) larguer les amarres de; (*Knitting*) arrêter; *chains* se libérer de.
cast on (*Knitting*) **1** *vi* monter les mailles. **2** *vt sep* monter.
cast up *vt sep* (*reproach*) reprocher (*sth to sb* qch à qn).
♦ **castaway** *n* naufragé(e) *m(f)*. ♦ **casting** *adj*: **to have a ~ing vote** avoir voix prépondérante. ♦ **cast-iron 1** *n* fonte *f*. **2** *adj* **de** *or* **en** fonte; (*fig*) *case* solide. ♦ **cast-off clothes** *or* ♦ **cast-offs** *npl* vêtements *mpl* dont on ne veut plus, (*pej*) vieilles nippes* *fpl*.
castanets [ˌkæstəˈnets] *npl* castagnettes *fpl*.
caste [kɑːst] **1** *n* caste *f*. **2** *adj* **mark** de caste.
caster [ˈkɑːstəʳ] *n* (*wheel*) roulette *f*. ♦ **caster sugar** *n* sucre *m* en poudre.
castigate [ˈkæstɪgeɪt] *vt person* châtier; *book etc* critiquer sévèrement.
castle [ˈkɑːsl] **1** *n* château *m* (fort); (*Chess*) tour *f*. ~**s in the air** châteaux en Espagne. **2** *vi* (*Chess*) roquer.
castor¹ [ˈkɑːstəʳ] *n* = **caster**.
castor² [ˈkɑːstəʳ] *n*: ~ **oil** huile *f* de ricin.
castrate [kæsˈtreɪt] *vt* (*Anat*) châtrer; (*fig*) *text, film* expurger. ♦ **castration** *n* castration *f*.

casual [ˈkæʒjʊl] **1** *adj* (a) (*by chance*) *error* fortuit; *fall, spark* accidentel; *meeting* de hasard; *glance* jeté au hasard; *walk, stroll* sans but précis; *caller* venu par hasard; *remark* fait en passant. **a ~ acquaintance (of mine)** qn que je connais un peu; **a ~ (love) affair** une aventure; **to have ~ sex** faire l'amour au hasard d'une rencontre. (b) (*informal*) *person, manners* sans-gêne *inv*; *tone, voice* désinvolte; *clothes* sport *inv*. **to sound ~** parler avec désinvolture; **he was very ~ about it** il a pris tout ça avec beaucoup de désinvolture. (c) *work* intermittent; *worker* temporaire. ~ **conversation** conversation *f* à bâtons rompus; ~ **labourer** (*on building sites*) ouvrier *m* sans travail fixe; (*on a farm*) journalier *m*.
2 *n* (*shoes*) ~**s** chaussures *fpl* de sport.
♦ **casually** *adv* (*by chance*) par hasard, fortuitement; (*informally*) avec sans-gêne, avec désinvolture; *mention* en passant.
casualty [ˈkæʒjʊltɪ] **1** *n* (a) (*Mil*) (*dead*) mort(e) *m(f)*; (*wounded*) blessé(e) *m(f)*. **casualties** les morts *mpl* et blessés *mpl*; (*dead*) les pertes *fpl*. (b) (*accident victim*) victime *f*; (*accident*) accident *m*. **2** *adj*: ~ **list** (*Mil*) état *m* des pertes; (*Aviat, gen*) liste *f* des victimes; ~ **ward** salle *f* de traumatologie.
cat [kæt] *n* chat(te) *m(f)*; (*species*) félin *m*; (**pej: woman*) rosse* *f*. **to let the ~ out of the bag** vendre la mèche; **the ~'s out of the bag** ce n'est plus un secret maintenant; **to fight like ~ and dog** s'entendre comme chien et chat; **to be like a ~ on hot bricks** être sur les charbons ardents; **when the ~'s away the mice will play** quand le chat n'est pas là les souris dansent; **that set the ~ among the pigeons** ça a été le pavé dans la mare.
♦ **cat-and-mouse** *adj*: **to play a ~-and-mouse game with sb** jouer avec qn comme un chat avec une souris. ♦ **cat-burglar** *n* monte-en-l'air* *m inv*. ♦ **catcall** *n* (*Theat*) sifflet *m*. ♦ **catfish** *n* poisson-chat *m*. ♦ **catgut** *n* (*Mus, Sport*) boyau *m* (de chat); (*Med*) catgut *m*. ♦ **catlike 1** *adj* félin; **2** *adv* comme un chat. ♦ **catnap** *n*: **to take a ~nap** faire un (petit) somme. ♦ **cat-o'nine-tails** *n* martinet *m*. ♦ **cat's-eyes** *npl* (*Aut*) cataphotes *mpl*. ♦ **cat's-paw** *n* dupe *f* (*qui tire les marrons du feu*). ♦ **catsuit** *n* combinaison-pantalon *f*. ♦ **cattiness** *n* méchanceté *f*, rosserie* *f*. ♦ **catty** *adj* méchant, rosse*; ~**ty remark** rosserie* *f*; **to be ~ty about sb/sth** dire des rosseries* de qn/qch. ♦ **catwalk** *n* passerelle *f*.
cataclysm [ˈkætəklɪzəm] *n* cataclysme *m*.
catalogue, (*US*) **catalog** [ˈkætəlog] **1** *n* catalogue *m*. **2** *vt* cataloguer.
catalyst [ˈkætəlɪst] *n* catalyseur *m*.
catamaran [ˌkætəməˈræn] *n* catamaran *m*.
catapult [ˈkætəpʌlt] **1** *n* (*slingshot*) lance-pierres *m inv*; (*Aviat, Mil*) catapulte *f*. **2** *vt* catapulter.
cataract [ˈkætərækt] *n* (*Geog, Med*) cataracte *f*.
catarrh [kəˈtɑːʳ] *n* catarrhe *m*.
catastrophe [kəˈtæstrəfɪ] *n* catastrophe *f*. ♦ **catastrophic** [ˌkætəˈstrofɪk] *adj* catastrophique.
catch [kætʃ] (*vb*: *pret, ptp* **caught**) **1** *n* (*thing caught*) prise *f*, capture *f*; (*person caught*) capture *f*; (*Fishing*) pêche *f*, (*single fish*) prise; (*drawback*) attrape *f*, entourloupette* *f*. **where's the ~?** qu'est-ce qui se cache là-dessous?; **with a ~ in one's voice** d'une voix entrecoupée.
2 *adj*: ~ **question** colle* *f*.
3 *vt* (a) (*gen*) attraper; *fish, mice, thief* prendre, attraper. **to ~ sb by the arm** prendre *or* saisir qn par le bras; **you can usually ~ me (in) around noon*** en général on peut m'avoir* *or* me trouver vers midi; **to ~ sb doing sth** surprendre qn à faire qch; **if I ~ you at it again!** que je t'y reprenne!; **you won't ~ me doing that again** il n'y a pas de danger que je recommence (*subj*); **caught in the**

act pris en flagrant délit; **caught** in a storm pris dans un orage; **to get caught by sb** se laisser attraper par qn; **I must ~ the train** il ne faut pas que je manque le train; **he caught his train** il a eu son train; **to ~ the post** arriver à temps pour la levée; **to ~ one's foot in sth** se prendre le pied dans qch. (**b**) (*understand, hear*) saisir, comprendre. (**c**) (*flavour*) sentir; (*sound*) percevoir; *tune, disease* attraper; *attention* attirer. **to ~ a cold** attraper un rhume; **to ~ cold** prendre froid; **to ~ one's death** attraper la crève; **to ~ one's breath** retenir son souffle (un instant); **to ~ fire** prendre feu; **to ~ sight of** apercevoir; **you'll ~ it!*** tu vas prendre quelque chose!*
4 *vi [fire, wood, ice]* prendre. **her dress caught in the door/on a nail** sa robe s'est prise dans la porte/s'est accrochée à un clou.
catch at *vt fus object* (essayer d')attraper; *opportunity* sauter sur.
catch on *vi [fashion]* prendre; *[song]* marcher; (*understand*) comprendre (*to sth* qch).
catch out *vt sep* (*catch sb napping*) prendre en défaut; (*catch sb in the act*) prendre sur le fait. **to ~ sb out in a lie** surprendre qn en train de mentir.
catch up 1 *vi* (*gen*) se rattraper; (*with news*) se remettre au courant. **to ~ up on one's work** se mettre à jour dans son travail; **to ~ up with sb** rattraper qn. **2** *vt sep* (**a**) *person* rattraper. (**b**) (*pick up quickly*) ramasser vivement.
♦ **catch-22** *adj:* it's a **~-22*** situation il n'y a pas moyen de s'en sortir. ♦ **catch-as-catch-can** *n* catch *m*. ♦ **catching** *adj* contagieux. ♦ **catchment** *n:* **~ment area** *[hospital]* circonscription *f* hospitalière; *[school]* aire *f* de recrutement. ♦ **catch-phrase** *n* cliché *m*, scie *f*; (*striking phrase*) slogan *m* accrocheur. ♦ **catchword** *n* slogan *m*. ♦ **catchy** *adj:* **~y tune** air entraînant.
catechism ['kætɪkɪzəm] *n* catéchisme *m*. ♦ **catechist** *n* catéchiste *mf*. ♦ **catechize** *vt* catéchiser.
category ['kætɪgərɪ] *n* catégorie *f*. ♦ **categoric(al)** *adj* catégorique. ♦ **categorically** *adv* catégoriquement. ♦ **categorize** *vt* classer par catégories.
cater ['keɪtər] *vi* (*provide food*) préparer un *or* des repas (*for* pour). **to ~ for sb's needs** pourvoir à; **sb's tastes** satisfaire; **this magazine ~s for all ages** ce magazine s'adresse à tous les âges. ♦ **caterer** *n* fournisseur *m* (*en alimentation*). ♦ **catering 1** *n* (*providing supplies*) approvisionnement *m*; (*providing meals*) restauration *f*; **the ~ing was done by ... le buffet a été confié à ...; 2** *adj:* **~ing trade** restauration *f*.
caterpillar ['kætəpɪlər] **1** *n* (*Zool, Tech*) chenille *f*. **2** *adj vehicle* à chenilles. **~ tractor** autochenille *f*.
caterwaul ['kætəwɔːl] *vi* [*cat*] miauler; [*person*] brailler. ♦ **caterwauling** *n* miaulement *m*; braillements *mpl*.
cathedral [kə'θiːdrəl] *n* cathédrale *f*. **~ city** évêché *m*.
catheter ['kæθɪtər] *n* (*Med*) sonde *f* creuse.
cathode ['kæθəʊd] *n* cathode *f*. **~ ray tube** tube *m* cathodique.
catholic ['kæθəlɪk] **1** *adj* (**a**) (*Rel*) **C~** catholique; **the C~ Church** l'Église *f* catholique. (**b**) (*universal*) universel; (*broad-minded*) libéral. **~ tastes** goûts *mpl* éclectiques; **~ views** opinions libérales. **2** *n:* **C~** catholique *mf*. ♦ **Catholicism** *n* catholicisme *m*.
catkin ['kætkɪn] *n* (*Bot*) chaton *m*.
cattle ['kætl] **1** *collective* bétail *m*, bestiaux *mpl*. **herded like ~** parqués comme du bétail. **2** *adj:* **~ breeder** éleveur *m* (de bétail); '**~ crossing** 'passage *m* de troupeaux'; **~ shed** étable *f*; **~ show** concours *m* agricole; **~ truck** fourgon *m* à bestiaux. ♦ **cattleman** *n* bouvier *m*.

caucus ['kɔːkəs] *n* (*US: committee*) comité *m* électoral; (*pej*) coterie *f* politique.
caught [kɔːt] *pret, ptp of* **catch**.
cauldron ['kɔːldrən] *n* chaudron *m*.
cauliflower ['kɒlɪflaʊər] **1** *n* chou-fleur *m*. **2** *adj* (*Culin*) **~ cheese** chou-fleur *m* au gratin; (*fig*) **~ ear** oreille *f* en chou-fleur.
cause [kɔːz] **1** *n* cause *f*. **~ and effect** la cause et l'effet *m*; **the relation of ~ and effect** la relation de cause à effet; **to be the ~ of** être cause de; **she has no ~ to be angry** elle n'a aucune raison de se fâcher; **there's no ~ for anxiety** il n'y a pas de raison de s'inquiéter *or* pas de quoi s'inquiéter; **with ~** à juste titre; **without good ~** sans raison valable; **~ for complaint** sujet *m* de plainte; **in the ~ of justice** pour (la cause de) la justice; **it's all in a good ~*** c'est pour le bien de la communauté; **to plead sb's ~** plaider la cause de qn. **2** *vt* causer. **to ~ trouble to sb** (*problems*) créer des ennuis à qn; (*disturbance*) déranger qn; **to ~ sb to do sth** faire faire qch à qn; **to ~ sth to be done** faire faire qch. ♦ **causal** *adj* causal. ♦ **causality** *or* ♦ **causation** *n* causalité *f*. ♦ **causative** *adj* causatif.
causeway ['kɔːzweɪ] *n* chaussée *f*.
caustic ['kɔːstɪk] *adj* caustique.
cauterize ['kɔːtəraɪz] *vt* cautériser.
caution ['kɔːʃən] **1** *n* (*gen*) prudence *f*, circonspection *f*; (*warning*) avertissement *m*; (*rebuke*) réprimande *f*. (*Aut*) **proceed with ~** avancez lentement. **2** *vt* avertir. (*Police*) **to ~ sb** informer qn de ses droits; **to ~ sb against sth/against doing sth** déconseiller qch à qn/à qn de faire qch. ♦ **cautionary** *adj:* **~ary tale** récit *m* édifiant.
cautious ['kɔːʃəs] *adj* prudent, circonspect. **to be ~ about doing sth** longuement réfléchir avant de faire qch. ♦ **cautiously** *adv* prudemment, avec circonspection. ♦ **cautiousness** *n* prudence *f*, circonspection *f*.
cavalier [ˌkævə'lɪər] **1** *n* cavalier *m*; (*Hist*) royaliste *m*. **2** *adj* cavalier.
cavalry ['kævəlrɪ] *n* cavalerie *f*.
cave [keɪv] **1** *n* caverne *f*, grotte *f*. **2** *adj:* **~ painting** peinture *f* rupestre. **3** *vi:* **to go caving** faire de la spéléologie.
cave in *vi [floor, building]* s'effondrer; [*wall, beam*] céder; (*: yield*) se dégonfler*. ♦ **cave-in** *n* effondrement *m*. ♦ **caveman** *n* homme *m* des cavernes. ♦ **caving** *n* spéléologie *f*.
caveat ['kævɪæt] *n* avertissement *m*.
cavern ['kævən] *n* caverne *f*. ♦ **cavernous** *adj* *darkness* épais; *eyes* cave; *voice* caverneux; *yawn* profond.
caviar(e) ['kævɪɑːr] *n* caviar *m*.
cavil ['kævɪl] *vi* ergoter (*about, at* sur).
cavity ['kævɪtɪ] *n* cavité *f*. **~ wall insulation** isolation *f* des murs creux.
cavort* [kə'vɔːt] *vi* faire des gambades.
caw [kɔː] **1** *vi* croasser. **2** *n* croassement *m*.
cayenne ['keɪen] *n* (*pepper*) (poivre *m* de) cayenne *m*.
cease [siːs] **1** *vi* cesser, s'arrêter. **2** *vt* cesser, arrêter (*doing* de faire). **to ~ fire** cesser le feu. ♦ **ceasefire** *n* cessez-le-feu *m inv*. ♦ **ceaseless** *adj* incessant. ♦ **ceaselessly** *adv* sans cesse, sans arrêt.
cedar ['siːdər] *n* cèdre *m*.
cede [siːd] *vt* céder.
cedilla [sɪ'dɪlə] *n* cédille *f*.
ceiling ['siːlɪŋ] **1** *n* plafond *m*. **to hit the ~*** (*get angry*) piquer une crise*; [*prices*] crever le plafond.
2 *adj lamp, covering* de plafond; *price* plafond *inv*.
celebrate ['selɪbreɪt] *vt* (*gen*) célébrer; *event* fêter; *anniversary* commémorer; *mass* célébrer. **let's ~!*** il faut fêter ça!; (*with drink*) il faut arroser ça!* ♦ **celebrated** *adj* célèbre.

♦ **celebration** n (*occasion*) festivités *fpl*; (*act*) célébration *f*; **we must have a celebration** il faut fêter cela. ♦ **celebrity** n célébrité *f*.
celeriac [sə'leriæk] n céleri-(rave) *m*.
celery ['seləri] n céleri *m* (à côtes). **head/stick of** ~ pied *m*/côte *f* de céleri.
celestial [si'lestiəl] adj (*lit, fig*) céleste.
celibacy ['selibəsi] n célibat *m*. ♦ **celibate** adj, n célibataire (*mf*).
cell [sel] n (*gen*) cellule *f*; (*Elec*) élément *m* (*de pile*). ♦ **cellular** adj (*Anat, Bio*) cellulaire; **blanket** en cellular. ♦ **Celluloid** n ® celluloïd *m* ®.
cellar ['selər] n [*wine, coal*] cave *f*; [*food etc*] cellier *m*.
cello ['tʃeləu] n violoncelle *m*. ♦ **cellist** n violoncelliste *mf*.
cellophane ['seləfein] n ® cellophane *f* ®.
cellulose ['seljuləus] n cellulose *f*.
Celsius ['selsiəs] adj Celsius inv.
Celt [kelt, selt] n Celte *mf*. ♦ **Celtic** ['keltik, 'seltik] 1 adj celtique, celte; 2 n celtique *m*.
cement [sə'ment] 1 n ciment *m*. 2 vt cimenter. 3 adj: ~ **mixer** bétonnière *f*.
cemetery ['semitri] n cimetière *m*.
cenotaph ['senətɑːf] n cénotaphe *m*.
censor ['sensər] 1 n censeur *m*. 2 vt censurer. ♦ **censorship** n censure *f*.
censure ['senʃər] 1 vt blâmer. 2 n blâme *m*.
census ['sensəs] n recensement *m*.
cent [sent] n (a) **per** ~ pour cent. (b) (*money*) cent *m*. **not a** ~* pas un sou.
centenary [sen'tiːnəri] adj, n centenaire (*m*). ♦ **centenarian** adj, n centenaire (*mf*).
centennial [sen'teniəl] 1 adj (*100 years old*) centenaire; (*every 100 years*) séculaire. 2 n centenaire *m*.
center ['sentər] n (*US*) = **centre**.
centigrade ['sentigreid] adj centigrade.
centimetre, (*US*) -ter ['senti,miːtər] n centimètre *m*.
centipede ['sentipiːd] n mille-pattes *m* inv.
central ['sentrəl] 1 adj central. **C~ America/Europe** Amérique/Europe centrale; **C~ European** (habitant(e) *m(f)*) de l'Europe centrale; ~ **heating** chauffage central; (*Aut*) ~ **reservation** bande médiane. 2 n (*US*) central *m* téléphonique. ♦ **centralization** n centralisation *f*. ♦ **centralize** 1 vt centraliser; 2 vi se centraliser. ♦ **centrally** adv: ~**ly heated** doté du chauffage central.
centre, (*US*) -ter ['sentər] 1 n centre *m*. **in the** ~ au centre. 2 vt centrer. 3 vi tourner (*on autour de*). ♦ **centre-board** n dérive *f* (*d'un bateau*). ♦ **centre-fold** n double page *f* (détachable). ♦ **centre-forward** n avant-centre *m*. ♦ **centre-half** n demi-centre *m*.
centrifugal [sen'trifjugəl] adj centrifuge. ♦ **centrifuge** n centrifugeuse *f*.
century ['sentʃuri] n siècle *m*. **in the twentieth** ~ au vingtième siècle. ♦ **centuries-old** adj séculaire.
ceramic [si'ræmik] 1 adj art céramique; *vase* en céramique. 2 n: ~s céramique *f*.
cereal ['siəriəl] n (*plant*) céréale *f*: (*grain*) grain *m* (*de céréale*). **baby** ~ blédine *f* ⑬; **breakfast** ~ flocons *mpl* de céréales.
ceremony ['seriməni] n (*event*) cérémonie *f*; (*pomp*) cérémonies *fpl*, façons *fpl*. **to stand on** ~ faire des cérémonies or des façons; **without** ~ sans cérémonies. ♦ **ceremonial** 1 adj rite cérémoniel; *dress* de cérémonie; 2 n cérémonial *m*. ♦ **ceremonially** adv selon le cérémonial d'usage. ♦ **ceremonious** adj solennel; (*slightly pej*) cérémonieux. ♦ **ceremoniously** adv solennellement; (*slightly pej*) cérémonieusement.
certs [sɜːt] n: **it's a dead** ~ c'est sûr et certain*.
certain ['sɜːtən] adj (a) (*sure*) certain, sûr; *death, success* certain, inévitable; *remedy* infaillible. **he is** ~ **to go** il est certain qu'il ira; **that's for** ~* c'est

sûr et certain*; **I cannot say for** ~ **that** ... je ne peux pas affirmer que ...; **I don't know for** ~ je n'en suis pas sûr; **I am** ~ **he didn't do it** je suis certain qu'il n'a pas fait cela; **be** ~ **to go** allez-y sans faute, ne manquez pas d'y aller; **you can be** ~ **of success** vous êtes sûr de réussir; **to make** ~ **of sth/that** ... s'assurer de qch/que ... . (b) (*particular*) certain (*before n*). **a** ~ **gentleman** un certain monsieur. ♦ **certainly** adv certainement, sans aucun doute; ~**ly!** bien sûr!; ~**ly not!** certainement pas!; **I shall** ~**ly be there** j'y serai sans faute; **you may** ~**ly leave** vous pouvez partir, bien sûr. ♦ **certainty** n certitude *f*.
certify ['sɜːtifai] 1 vt certifier (*that* que). **certified as a true copy** certifié conforme; **to** ~ **sb (insane)** déclarer qn atteint d'aliénation mentale. (b) (*Comm*) *goods* garantir. (*US*) **to send by certified mail** = envoyer avec avis de réception. 2 vi: **to** ~ **to sth** attester qch. ♦ **certifiable** adj qu'on peut certifier; (*: mad*) bon à enfermer. ♦ **certificate** [sə'tifikit] n (*legal*) certificat *m*; (*academic*) diplôme *m*. ♦ **certificated** adj diplômé. ♦ **certification** n certification *f*.
certitude ['sɜːtitjuːd] n certitude *f*.
cervix ['sɜːviks] n col *m* de l'utérus. ♦ **cervical** adj: **cervical smear** frottis *m* vaginal.
cessation [se'seiʃən] n cessation *f*.
cesspit ['sespit] n fosse *f* à purin.
cesspool ['sespuːl] n fosse *f* d'aisance.
chafe [tʃeif] 1 vt (*rub*) frictionner; (*rub against*) frotter contre, gratter; (*wear through*) user (en frottant). (*from cold*) ~**d lips/hands** lèvres/mains gercées.
2 vi s'user; (*fig*) s'impatienter, s'irriter (*at, against* de).
chaff¹ [tʃɑːf] n [*grain*] balle *f*; (*cut straw*) menue paille *f*.
chaff² [tʃɑːf] vt (*tease*) taquiner.
chaffinch ['tʃæfintʃ] n pinson *m*.
chagrin ['ʃægrin] n vive déception, vif dépit. **much to my** ~ à mon vif dépit.
chain [tʃein] 1 n (a) (*gen*) chaîne *f*. **in** ~**s** enchaîné; [*lavatory*] **to pull the** ~ tirer la chasse (d'eau). (b) [*mountains, atoms, shops*] chaîne *f*; [*ideas*] enchaînement *m*; [*events*] série *f*, suite *f*. [*people*] **to make a** ~ faire la chaîne. 2 adj: ~ **letters** chaîne *f* (de lettres); ~ **mail** cotte *f* de mailles; ~ **reaction** réaction *f* en chaîne; ~ **smoke** fumer cigarette sur cigarette; ~ **smoker** fumeur *m*, -euse *f* invétéré(e); ~ **store** grand magasin (à succursales multiples). 3 vt enchaîner; *dog* mettre à l'attache.
chair [tʃɛər] 1 n (*gen*) chaise *f*; (*arm*~) fauteuil *m*; (*seat*) siège *m*; (*Univ*) chaire *f*; (*wheel*~) fauteuil roulant. **to take a** ~ s'asseoir; **dentist's** ~ fauteuil de dentiste; (*US: electric* ~) **to go to the** ~ passer à la chaise électrique; (*at meeting*) **to be in the** ~ présider; ~**!** ~**!** à l'ordre! 2 vt *meeting* présider; *hero* porter en triomphe. ♦ **chairlift** n télésiège *m*. ♦ **chairman** n président *m* (*d'un comité etc*). ♦ **chairmanship** n présidence *f*. ♦ **chairperson*** n président(e) *m(f)*.
chalet ['ʃælei] n (*gen*) chalet *m*; [*motel*] bungalow *m*.
chalice ['tʃælis] n calice *m*.
chalk [tʃɔːk] 1 n craie *f*. **a (piece of)** ~ une craie, un morceau de craie; **they're as different as** ~ **from cheese** c'est le jour et la nuit; **by a long** ~ de beaucoup, de loin; **not by a long** ~ loin de là. 2 vt écrire à la craie; *luggage* marquer à la craie. **chalk up** vt sep *achievement, victory* remporter; (*amount owed*) ~ **it up** mettez-le sur mon compte; **he** ~**ed it up to experience** il l'a mis au compte de l'expérience.
♦ **chalkpit** n carrière *f* de craie. ♦ **chalky** adj crayeux.
challenge ['tʃælindʒ] 1 n défi *m*; (*by sentry*) sommation *f*. **to put out a** ~ lancer un défi; **to take**

up the ~ reveler le défi; the ~ of new ideas la stimulation qu'offrent de nouvelles idées; the ~ of the 20th century le défi du 20e siècle; Smith's ~ for leadership la tentative qu'a faite Smith pour s'emparer du pouvoir; the job was a great ~ to him il a pris cette tâche comme une gageure. 2 vt défier (sb to do qn de faire); (Sport) inviter (sb to a game qn à faire une partie); statement mettre en question, contester; [sentry] faire une sommation à; juror, jury récuser. to ~ sb to a duel provoquer qn en duel; to ~ sb's authority to do contester à qn le droit de faire; to ~ the wisdom of a plan mettre en question la sagesse d'un projet. ◆ challenger n provocateur m, -trice f; (Sport) challenger m. ◆ challenging adj remark provocateur; look, tone de défi; book stimulant; this is a very challenging situation cette situation est une véritable gageure.

chamber ['tʃeɪmbəʳ] 1 n (hall) chambre f; (†: room) pièce f; (bed~) chambre. ~s [barrister, judge, magistrate] cabinet m; [solicitor] étude f; C~ of Commerce Chambre de commerce; (Parl) the Upper/Lower C~ la Chambre Haute/Basse; the C~ of Horrors la Chambre d'épouvante. 2 adj: ~ music musique f de chambre. ◆ chambermaid n femme f de chambre (dans un hôtel). ◆ chamberpot n pot m de chambre.
chamberlain ['tʃeɪmbəlɪn] n chambellan m.
chameleon [kə'mi:lɪən] n caméléon m.
chamois ['ʃæmwɑ:] n (a) (Zool) chamois m. (b) ['ʃæmɪ] (~ cloth) chamois m. ~ leather peau f de chamois.
champ [tʃæmp] vti mâchonner. to ~ at the bit ronger son frein.
champagne [ʃæm'peɪn] n champagne m.
champion ['tʃæmpjən] 1 n champion(ne) m(f). world ~ champion(ne) du monde; skiing ~ champion(ne) de ski. 2 adj sans rival, de première classe; show animal champion. ~ swimmer champion(ne) m(f) de natation. 3 vt défendre, soutenir. ◆ championship n (Sport) championnat m; [cause etc] défense f.
chance [tʃɑ:ns] 1 n (a) (luck) hasard m. by ~ par hasard; have you a pen by (any) ~? auriez-vous par hasard un stylo?; a game of ~ un jeu de hasard; he left nothing to ~ il n'a rien laissé au hasard. (b) (possibility) chances fpl, possibilité f. he hasn't much ~ of winning il n'a pas beaucoup de chances de gagner; the ~s are that il y a de grandes chances que + subj, il est très possible que + subj; the ~s are against that happening il y a peu de chances pour que cela arrive (subj); there is little ~ of his coming il est peu probable qu'il vienne; you'll have to take a ~ on his coming vous verrez bien s'il vient ou non; he's taking no ~s il ne veut prendre aucun risque. (c) (opportunity) occasion f, chance f. I had the ~ to go or of going j'ai eu l'occasion d'y aller; if there's a ~ of buying it s'il y a une possibilité d'achat; she was waiting for her ~ elle attendait son heure; now's your ~! vas-y!, saute sur l'occasion!; this is his big ~ c'est le grand moment pour lui; give him another ~ laisse-lui encore sa chance; he never had a ~ in life il n'a jamais eu sa chance dans la vie; give me a ~ to show you ... donnez-moi la possibilité de vous montrer ... .
2 adj error, remark fortuit; companion rencontré par hasard; discovery accidentel; meeting de hasard.
3 vt (happen) to ~ to do faire par hasard; (risk) to ~ doing prendre le risque de faire; to ~ it, to ~ one's arm* risquer le coup*.
chance upon vt fus person rencontrer par hasard; thing trouver par hasard.
◆ chancy* adj risqué.
chancel ['tʃɑ:nsəl] n chœur m (d'une église).
chancellor ['tʃɑ:nsələʳ] n chancelier m. C~ of the Exchequer Chancelier m de l'Échiquier.

chandelier [,ʃændə'lɪəʳ] n lustre m.
chandler ['tʃɑ:ndləʳ] n: ship's ~ shipchandler m, marchand m de fournitures pour bateaux.
change [tʃeɪndʒ] 1 n (a) changement m (from de, into en). a ~ for the better/worse un changement en mieux/en pire; ~ in the weather changement de temps; just for a ~ pour changer un peu; to have a ~ of heart changer d'avis; it makes a ~* ça change un peu; it will be a nice ~ cela nous fera un changement; the ~ of life le retour d'âge; ~ of address changement d'adresse; a ~ of clothes des vêtements de rechange; ~ of air or scene changement d'air; she likes ~ elle aime le changement or la variété.
(b) (money) monnaie f. small or loose ~ petite monnaie; can you give me ~ of £1? pouvez-vous me faire la monnaie d'une livre?; you don't get much ~ from a fiver il ne reste pas grand-chose d'un billet de cinq livres; (fig) you won't get much ~ out of him* tu perds ton temps avec lui.
2 vt (a) (by substitution) clothes, one's address, trains, one's name changer de. to ~ colour changer de couleur; to ~ hands changer de main; a sum of money ~d hands une somme d'argent a été échangée; to ~ the guard faire la relève de la garde; (Theat) to ~ the scene changer le décor; let's ~ the subject parlons d'autre chose; to ~ one's tune changer de ton; to ~ one's opinion or mind changer d'avis; to ~ gear changer de vitesse; (Aut) to ~ a wheel changer une roue.
(b) (exchange) échanger (sth for sth else qch contre qch d'autre). to ~ places (with sb) changer de place (avec qn); (fig) I wouldn't like to ~ places with you je n'aimerais pas être à votre place; to ~ ends (Tennis) changer de côté; (Ftbl etc) changer de camp; to ~ sides changer de camp.
(c) banknote, coin faire la monnaie de, changer; foreign currency changer, convertir (into en).
(d) (alter) changer, transformer (sth into sth else qch en qch d'autre). the witch ~d him into a cat la sorcière l'a changé en chat.
3 vi (a) (become different) changer (into en). you've ~d a lot tu as beaucoup changé; the prince ~d into a swan le prince s'est changé en cygne.
(b) (~ clothes) se changer. she ~d into an old skirt elle s'est changée et a mis une vieille jupe.
(c) (Rail etc) changer. all ~! tout le monde descend!
change down vi (Aut) rétrograder.
change over vi passer (from de, to à); [2 people, teams etc] faire l'échange.
change up vi (Aut) monter les vitesses.
◆ changeable adj person, character, colour changeant; weather variable. ◆ changeless adj rite immuable; character inaltérable.
◆ changeling n enfant mf changé(e) (substitué à un enfant volé). ◆ changeover n changement m (from de, to à); [guard] relève f. ◆ changing 1 adj wind variable; expression mobile; 2 n: the changing of the guard la relève de la garde.
◆ changing-room n vestiaire m.
channel ['tʃænl] 1 n (navigable passage) chenal m; (between land masses) bras m de mer; [irrigation] rigole f; (in street) caniveau m; (groove in surface) rainure f; (Archit) cannelure f; (TV) chaîne f. the (English) C~ la Manche; he directed the conversation into a new ~ il a fait prendre à la conversation une nouvelle direction; ~ of communication voie f de communication; to go through the usual ~s suivre la filière (habituelle). 2 adj (Geog) the C~ Isles or Islands les îles Anglo-Normandes; the C~ tunnel le tunnel sous la Manche. 3 vt canaliser (into dans, towards vers).
chant [tʃɑ:nt] 1 n (Mus) chant m; (Rel Mus) psalmodie f; [demonstrators, audience etc] chant

scandé. 2 *vt* (*gen*) chanter; (*recite*) réciter; (*speak rhythmically*) entonner sur l'air des lampions; (*Rel*) psalmodier; [*demonstrators etc*] scander. 3 *vi* chanter; psalmodier; scander des slogans.

chaos ['keɪɒs] *n* chaos *m*. ♦ **chaotic** *adj* chaotique.

chap¹ ['tʃæp] 1 *n* (*in skin*) gerçure *f*. 2 *vi* se gercer.

chap² ['tʃæp] *n* (*man*) homme *m*, type* *m*. **old ~ mon vieux***; **a nice ~** un chic type*; **poor little ~** pauvre petit.

chapel ['tʃæpəl] *n* chapelle *f*; (*nonconformist church*) église *f*, temple *m*.

chaperon(e) ['ʃæpərəʊn] 1 *n* chaperon *m*. 2 *vt* chaperonner.

chaplain ['tʃæplɪn] *n* (*gen*) aumônier *m*; (*to nobleman etc*) chapelain *m*.

chapter ['tʃæptə'] *n* chapitre *m*. **in ~ 4** au chapitre 4; **to quote ~ and verse** citer ses références; **a ~ of accidents** une succession de mésaventures.

char¹ [tʃɑː'] *vt* (*burn black*) carboniser.

char²* [tʃɑː'] 1 *n* (**~lady, ~woman**) femme *f* de ménage. 2 *vi* faire des ménages.

character ['kærɪktə'] 1 *n* (*most senses*) caractère *m*; (*Literat, Theat*) personnage *m*. **he has the same ~ as his brother** il a le même caractère que son frère; **it's very much in ~ (for him)** cela lui ressemble tout à fait; **it takes ~ to do ...** il faut avoir du caractère pour faire ...; **he's quite a ~** c'est un numéro*; **he's a queer ~** c'est un type* curieux; **of good ~** qui a une bonne réputation; **Gothic ~s** caractères gothiques. 2 *adj*: **~ actor/actress** acteur *m*/actrice *f* de genre; **~ comedy** comédie *f* de caractère; **~ part** rôle *m* de composition. ♦ **characteristic** *adj* caractéristique, typique; **with (his) ~istic enthusiasm** avec l'enthousiasme qui le caractérise; 2 *n* caractéristique *f*. ♦ **characteristically** *adv* d'une façon caractéristique, typiquement. ♦ **characterization** *n* caractérisation *f*; (*Theat*) représentation *f* des caractères; (*Literat*) peinture *f* des caractères. ♦ **characterize** *vt* caractériser. ♦ **characterless** *adj* sans caractère, fade.

charcoal ['tʃɑːkəʊl] 1 *n* charbon *m* de bois. 2 *adj sketch* au charbon; (*colour*) gris anthracite *inv*.

charge [tʃɑːdʒ] 1 *n* (a) (*Jur etc*) accusation *f*. **to bring a ~ against sb** porter plainte contre qn; **arrested on a ~ of murder** arrêté sous l'inculpation de meurtre. (b) (*Mil*) charge *f*, attaque *f*. (c) (*cost*) prix *m*. **to make a ~ for sth** faire payer qch; **is there a ~?** y a-t-il qch à payer?; **free of ~** gratuit; **at a ~ of ...** moyennant ...; **extra ~** supplément *m*; **~ for admission** droit *m* d'entrée; **~ for delivery** (frais *mpl* de) port *m*. (d) (*responsibility*) charge *f*, responsabilité *f*. **he took ~** il a assumé la responsabilité (*of* les fonctions *etc*); **who takes ~ when ...?** qui est-ce qui est responsable quand ...?; **to take ~ of** se charger de; **to be in ~ of** avoir la garde de; **in his ~** à sa garde; **to put sb in ~ of sb/sth** charger qn de la garde de qn/qch; **to leave sb in ~ of sb/sth** confier qn/qch à la garde de qn; **the man in ~** le responsable; **the nurse and her ~s** l'infirmière et ses malades. (e) [*firearm, battery etc*] charge *f*.
2 *adj*: **~ account** compte *m*.
3 *vt* (a) **to ~ sb with sth** (*Jur*) inculper qn de qch; (*gen*) accuser qn de qch. (b) (*Mil*) charger. (c) *customer* faire payer; *amount* prendre, demander (*for* pour); *commission* prélever. **I ~d him £2 for this table** je lui ai fait payer cette table 2 livres; **how much do you ~ for mending shoes?** combien prenez-vous pour réparer des chaussures? (d) (**~ up**) *amount owed* mettre sur le compte (*to sb* de qn). (e) *firearm, battery* charger. (f) (*command*) **to ~ sb to do** sommer qn de faire.
4 *vi* (a) (*rush*) **to ~ in/out** entrer/sortir en coup de vent; **to ~ up/down** grimper/descendre à toute

vitesse. (b) [*battery*] se recharger. ♦ **chargehand** *n* chef *m* d'équipe. ♦ **charger** *n* [*battery*] chargeur *m*; (*horse*) cheval *m* (de bataille).

chariot ['tʃærɪət] *n* char *m*.

charisma [kæ'rɪzmə] *n* charisme *m*, magnétisme *m*. ♦ **charismatic** *adj* charismatique, magnétique.

charity ['tʃærɪtɪ] *n* (a) charité *f*. **~ begins at home** charité bien ordonnée commence par soi-même; **to live on ~** vivre d'aumônes; **to collect for ~** faire une collecte pour une œuvre charitable. (b) (*charitable society*) œuvre *f* de bienfaisance. ♦ **charitable** *adj* charitable; *charitable institution* fondation *f* charitable. ♦ **charitably** *adv* charitablement.

charm [tʃɑːm] 1 *n* charme *m*. **it worked like a ~** ça a marché à merveille. 2 *adj*: **~ bracelet** bracelet *m* à breloques. 3 *vt* charmer. **to lead a ~ed life** être béni des dieux; **to ~ sth out of sb** obtenir qch de qn par le charme. ♦ **charmer** *n* charmeur *m*, -euse *f*. ♦ **charming** *adj* charmant. ♦ **charmingly** *adv* d'une façon charmante.

chart [tʃɑːt] 1 *n* (a) (*map*) carte *f* (marine). (b) (*graph etc*) graphique *m*, tableau *m*; (*Med*) courbe *f*. **temperature ~** feuille *f* or courbe *f* de température; (*pop*) **~s** hit-parade *m*. 2 *vt route* porter sur la carte; *sales, results* faire le graphique *or* la courbe de. **this graph ~s ...** ce graphique montre ... .

charter ['tʃɑːtə'] 1 *n* (a) (*document*) charte *f*; [*society, organization*] statuts *mpl*. (b) (*hiring*) [*plane, coach etc*] affrètement *m*. **on ~** sous contrat d'affrètement. 2 *adj*: **~ flight** (vol *m* en) charter *m*; **by ~ flight** en charter; **~ plane** charter *m*; **~ train** train affrété. 3 *vt plane etc* affréter. ♦ **chartered** *adj*: **~ed accountant** expert-comptable *m*; **~ed surveyor** expert *m* immobilier.

chary ['tʃɛərɪ] *adj* circonspect. **~ of praise** avare de compliments; **to be ~ of doing** hésiter à faire. ♦ **charily** *adv* avec circonspection.

chase [tʃeɪs] 1 *n* chasse *f*. **to give ~** to donner la chasse à; **in ~ of** à la poursuite de. 2 *vt* poursuivre, donner la chasse à. 3 *vi*: **to ~ up/down etc** monter/descendre *etc* au grand galop; **to ~ after sb** courir après qn.

chase away, chase off *vt sep* chasser, faire partir.

chase up *vt sep information* rechercher; *sth already asked for* réclamer. **to ~ sb up for sth** rappeler à qn de donner qch; **I'll ~ it or him up for you** je vais essayer d'activer les choses.

chasm ['kæzəm] *n* gouffre *m*, abîme *m*.

chassis ['ʃæsɪ] *n* châssis *m*.

chaste [tʃeɪst] *adj* chaste; *style* sobre. ♦ **chastely** *adv behave* chastement; *dress* avec sobriété. ♦ **chastity** *n* chasteté *f*.

chasten ['tʃeɪsn] *vt* (*punish*) châtier; (*subdue*) assagir. ♦ **chastening** *adj thought* qui fait réfléchir; **it had a very ~ing effect on him** cela l'a fait réfléchir *or* l'a assagi.

chastise [tʃæs'taɪz] *vt* (*punish*) châtier; (*beat*) battre, corriger. ♦ **chastisement** *n* châtiment *m*; correction *f*.

chat [tʃæt] 1 *n* causette *f*, petite conversation *f*. **to have a ~** bavarder, parler (*with, to* avec). 2 *adj* (*Rad/TV*) **~ show** entretien *m* (radiodiffusé/télévisé). 3 *vi* bavarder, causer (*with* avec). **chat up*** *vt sep girl* baratiner*. ♦ **chatty*** *adj person* bavard; *style* familier; *letter* plein de bavardages.

chatter ['tʃætə'] 1 *vi* [*people*] bavarder, causer; [*children, monkeys, birds*] jacasser. **his teeth were ~ing** il claquait des dents. 2 *n* bavardage *m*; jacassement *m*. ♦ **chatterbox** *n* moulin *m* à paroles, bavard(e) *m(f)*.

chauffeur ['ʃəʊfə'] *n* chauffeur *m* (de maître).

chauvinism [ˈʃəʊvɪnɪzəm] n chauvinisme m.
♦ **chauvinist** n chauvin(e) m(f).

cheap [tʃiːp] **1** adj bon marché inv, peu cher; tickets à prix réduit; fare réduit; money déprécié; (pej: poor quality) de mauvaise qualité; success, joke facile. **on the ~** à bon marché, pour pas cher; **it's ~ at the price** c'est bon marché à ce prix-là; (fig) **les choses auraient pu être pires; ~er** meilleur marché, moins cher; **it's ~er in the long run** cela revient moins cher à la longue; **this stuff is ~ and nasty** c'est de la camelote*; **his behaviour was very ~** il s'est très mal conduit; **to feel ~** avoir honte (about de). **2** adv bon marché; (cut-price) au rabais. ♦ **cheapen** vt baisser le prix de; (fig) déprécier; **to ~ o.s.** [woman] être facile; (gen) se déconsidérer. ♦ **cheaply** adv à bon marché, pour pas cher; **to get off ~ly** s'en tirer à bon compte. ♦ **cheapness** n bas prix m; (fig) médiocrité f.

cheat [tʃiːt] **1** vt tromper; (swindle) escroquer. **to ~ sb out of sth** escroquer qch à qn. **2** vi (at games) tricher; (defraud) frauder. **3** n tricheur m, -euse f; (crook) escroc m. ♦ **cheating 1** n tromperie f; escroquerie f; tricherie f; **2** adj tricheur.

check¹ [tʃek] n (US) = **cheque.**

check² [tʃek] **1** n (a) (setback) [movement] arrêt m brusque; [plans etc] empêchement m; (Mil) revers m. **to hold or keep in ~** tenir en échec; **to put a ~ on** mettre un frein à; **to act as a ~ upon** freiner. (b) (examination) [papers, passport, ticket] contrôle m; [luggage] vérification f; (mark) marque f de contrôle. **to keep a ~ on** surveiller. (c) (Chess) **in ~** en échec; (excl) ~! échec au roi! (d) (receipt) [left luggage] bulletin m de consigne; (Theat) contremarque f; (restaurant) addition f. **2** vt (a) (examine) figures, quality vérifier; tickets, passports contrôler. **to ~ a copy against the original** vérifier une copie sur l'original. (b) (stop) enemy arrêter; advance enrayer; (restrain) maîtriser. **to ~ o.s.** se contrôler. (c) (rebuke) réprimander.
    check in 1 vi (in hotel) (arrive) arriver; (register) remplir une fiche (d'hôtel); (Aviat) se présenter à l'enregistrement. **2** vt sep luggage enregistrer.
    check off vt sep pointer, cocher.
    check on vt fus vérifier.
    check out 1 vi (from hotel) régler sa note. **2** vt sep luggage retirer.
    check over vt sep examiner, vérifier.
    check up vi se renseigner, vérifier. **to ~ up on fact** vérifier; person se renseigner sur.
♦ **checker** n contrôleur m, -euse f; (US: in supermarket) caissier m, -ière f; (US: in cloakroom) préposé(e) m(f) au vestiaire. ♦ **check-in** adj: (Aviat) **your ~-in time is ...** présentez-vous à l'enregistrement des bagages à .... ♦ **checking** adj: (US) **~ing account** compte m courant. ♦ **checklist** n liste f de contrôle. ♦ **checkmate 1** n (Chess) échec et mat m; (fig) impasse f. **2** vt faire échec et mat à; (fig) coincer. ♦ **check-out** n (Comm) caisse f (dans un libre-service). ♦ **checkpoint** n contrôle m. ♦ **checkroom** n (US) vestiaire m. ♦ **checkup** n: (Med) **to go for or have a ~up** se faire faire un bilan de santé.

check³ [tʃek] n: **~s** (pattern) carreaux mpl, damier m. ♦ **checked** adj à carreaux. ♦ **checkerboard** n (US) damier m. ♦ **checkered** adj (US) = **chequered**. ♦ **checkers** npl (US) jeu m de dames.

cheddar [ˈtʃedər] n (fromage m de) cheddar m.

cheek [tʃiːk] n (a) joue f. **~ by jowl** côte à côte; **~ by jowl with** tout près de; **to dance ~ to ~** danser joue contre joue; **~bone** pommette f. (b) (*: impudence) toupet m, culot* m. **to have the ~ to do** avoir le toupet or le culot* de faire; **of all the ~!** quel culot!*, quel toupet! **2** vt être insolent avec. ♦ **cheekily** adv effrontément, avec

insolence. ♦ **cheekiness** n effronterie f, toupet m, culot* m. ♦ **cheeky** adj child effronté, insolent, culotté*; remark impertinent.

cheep [tʃiːp] **1** n [bird] piaulement m. **2** vi piauler.

cheer [tʃɪər] **1** n: **~s** acclamations fpl, hourras mpl; **to give three ~s for** acclamer; **three ~s for ...!** un ban pour ...!; **three ~s!** hourra!; (drinking) **~s!*** à la tienne!*, à la tienne!* **2** adj: **~ leader** meneur m (qui rythme les cris des supporters). **3** vt (a) (~ up) (gladden) égayer, dérider; (comfort) donner du courage à, remonter le moral à; room égayer. (b) (applaud) acclamer, applaudir. **4** vi applaudir, pousser des hourras.
    cheer on vt sep person, team encourager (par des cris etc).
    cheer up 1 vi prendre courage, prendre espoir. **~ up!** courage! **2** vt sep = **cheer 3a.**
♦ **cheerful** adj person, smile, conversation joyeux, gai; place, colour gai, riant; prospect attrayant; news réconfortant. ♦ **cheerfully** adv gaiement, joyeusement. ♦ **cheerfulness** n gaieté f. ♦ **cheerily** adv gaiement, joyeusement. ♦ **cheering 1** n acclamations fpl, hourras mpl; **2** adj news, sight réconfortant, qui remonte le moral. ♦ **cheerio*** excl (goodbye) au revoir!, salut!*; (your health) à la vôtre!*, à la tienne!* ♦ **cheerless** adj morne, triste. ♦ **cheery** adj gai, joyeux.

cheese [tʃiːz] **1** n fromage m. (for photograph) **'say ~'** un petit sourire'. **2** adj sandwich au fromage. ♦ **board** plateau m à or de fromage(s); **~ dip** = fondue f. ♦ **cheeseburger** n ~ croque-monsieur m. ♦ **cheesecake** n flan m au fromage blanc. ♦ **cheesecloth** n toile f à beurre. ♦ **cheesed** adj: **to be ~d off*** en avoir marre* (with de). ♦ **cheeseparing 1** n économies fpl de bouts de chandelles; **2** adj pingre.

cheetah [ˈtʃiːtə] n guépard m.

chef [ʃef] n chef m (de cuisine).

chemical [ˈkemɪkəl] **1** adj chimique. **2** n produit m chimique. ♦ **chemically** adv chimiquement.

chemist [ˈkemɪst] n (researcher etc) chimiste mf; (pharmacist) pharmacien(ne) m(f). **~'s shop** pharmacie f. ♦ **chemistry** n chimie f.

cheque [tʃek] n chèque m (for £10 de 10 livres). **bad ~** chèque sans provision; **~ book** carnet m de chèques; **~ card** carte f d'identité bancaire.

chequered [ˈtʃekəd] adj à carreaux, à damier; (fig) varié. **he had a ~ career** sa carrière a connu des hauts et des bas.

cherish [ˈtʃerɪʃ] vt person, memory chérir; feelings, opinion entretenir; hope, illusions caresser. ♦ **cherished** adj très cher.

cherry [ˈtʃerɪ] **1** n cerise f; (~ tree) cerisier m. **2** adj pie, tart aux cerises. **~ brandy** cherry-brandy m; **~ orchard** cerisaie f; **~ red** (rouge) cerise inv.

cherub [ˈtʃerəb] n chérubin m. ♦ **cherubic** adj angélique.

chervil [ˈtʃɜːvɪl] n cerfeuil m.

chess [tʃes] n échecs mpl. ♦ **chessboard** n échiquier m. ♦ **chessman** n pièce f (de jeu d'échecs). ♦ **chessplayer** n joueur m, -euse f d'échecs.

chest¹ [tʃest] n (box) coffre m, caisse f; (tea ~) caisse. **~ of drawers** commode f.

chest² [tʃest] **1** n (Anat) poitrine f. **to get something off one's ~*** déballer* ce qu'on a sur le cœur. **2** adj cold de poitrine; specialist des voies respiratoires. ♦ **chesty** adj person fragile de la poitrine; cough de poitrine.

chestnut [ˈtʃesnʌt] **1** n châtaigne f; (Culin) châtaigne, marron m; (~ tree) châtaignier m, marronnier m; (horse) alezan m; (old joke etc) vieille histoire rabâchée. **2** adj: **~ hair** cheveux châtains.

chew [tʃuː] vt mâcher, mastiquer. **to ~ tobacco** chiquer; **to ~ the cud** ruminer.

chew over vt sep facts, problem ruminer.

chew up vt sep mâchonner.
♦ **chewing** adj: ~**ing gum** chewing-gum m.
chic [ʃiːk] adj, n chic (m) inv.
chick [tʃɪk] **1** n (chicken) poussin m; (nestling) oisillon m. **come here** ~* viens ici mon petit poulet. **2** adj: ~ **pea** pois m chiche. ♦ **chickweed** n mouron m des oiseaux.
chicken ['tʃɪkɪn] **1** n poulet m; (very young) poussin m. **she's no** ~* elle n'est plus toute jeune. **2** adj: ~ **farmer** éleveur m de volailles; ~ **farming** élevage m de volailles; ~ **liver** foie(s) m(pl) de volaille. **chicken out*** vi se dégonfler*.
♦ **chicken-feed** n (fig) somme f dérisoire.
♦ **chicken-hearted** adj peureux. ♦ **chickenpox** n varicelle f. ♦ **chicken-wire** n grillage m.
chicory ['tʃɪkərɪ] n [coffee] chicorée f; (for salads) endive f.
chide [tʃaɪd] vt gronder.
chief [tʃiːf] **1** n (gen) chef m; (boss) patron m. **in** ~ principalement, surtout; ~ **of staff** chef d'état-major. **2** adj assistant, inspector principal, en chef. **C**~ **Constable** = Préfet m de police; ~ **priest** archiprêtre m. ♦ **chiefly** adv principalement, surtout. ♦ **chieftain** n chef m (de clan).
chiffon ['ʃɪfɒn] n mousseline f de soie.
chilblain ['tʃɪlbleɪn] n engelure f.
child [tʃaɪld] **1** n, pl **children** ['tʃɪldrən] enfant mf. **don't be such a** ~ ne fais pas l'enfant; **the** ~ **of his imagination** le produit de son imagination. **2** adj labour des enfants; psychology, psychiatry de l'enfant, infantile; psychologist, psychiatrist pour enfants. ~ **care** protection f de l'enfance; ~ **guidance centre** centre n psycho-pédagogique; ~ **minder** gardienne f d'enfants; ~ **prodigy** enfant mf prodige; **it's** ~**'s play** c'est un jeu d'enfant (to sb pour qn); ~ **welfare** protection f de l'enfance. ♦ **child-bearing** n: constant ~-bearing grossesses répétées; of ~-bearing age en âge d'avoir des enfants. ♦ **childbirth** n accouchement m; **in** ~**birth** en couches. ♦ **childhood** n enfance f; **in his** ~**hood he** ... tout enfant il ...; **to be in one's second** ~**hood** retomber en enfance.
♦ **childish** adj behaviour puéril (pej); ailment infantile; games d'enfants; **don't be so** ~**ish** ne fais pas l'enfant. ♦ **childishly** adv comme un enfant. ♦ **childishness** n puérilité f (pej).
♦ **childless** adj sans enfants. ♦ **childlike** adj d'enfant, innocent.
Chile ['tʃɪlɪ] n Chili m.
chill [tʃɪl] **1** n froid m; (fig) froideur f; (Med) refroidissement m. **there's a** ~ **in the air** il fait un peu froid; **to take the** ~ **off** wine chambrer; water dégourdir; room réchauffer un peu; (fig) **to cast a** ~ **over** jeter un froid sur; **a** ~ **down one's spine** un frisson; **to catch a** ~ prendre froid. **2** adj (assez) froid. **3** vt person donner froid à; wine, melon faire rafraîchir; meat frigorifier, réfrigérer; dessert mettre au frais. ~**ed to the bone or marrow** transi jusqu'aux os or jusqu'à la moelle; **to** ~ **sb's blood** glacer le sang de qn. ♦ **chill(i)ness** n (cold) froid m; (coolness) fraîcheur f; (fig) froideur f. ♦ **chilling** adj wind, look froid; thought qui donne le frisson. ♦ **chilly** adj person frileux; weather, wind froid; manner, look, smile glacé, froid; [person] **to feel** ~**y** avoir froid; **it's rather** ~**y** il fait frais.
chilli ['tʃɪlɪ] n piment m (rouge).
chime [tʃaɪm] **1** n carillon m. **2** vi [bells, voices] carillonner; [clock] sonner.
chime in vi [person] faire chorus.
chimney ['tʃɪmnɪ] **1** n cheminée f. **2** adj: ~ **breast** manteau m de (la) cheminée; ~ **corner** coin m du feu; ~ **pot** tuyau m de cheminée; ~ **stack** [factory] tuyau m de cheminée (d'usine); ~ **sweep** ramoneur m.
chimpanzee [ˌtʃɪmpænˈziː] n chimpanzé m.
chin [tʃɪn] n menton m. **keep your** ~ **up!*** courage!

China ['tʃaɪnə] n Chine f. ~ **tea** thé m de Chine.
♦ **Chinatown** n le quartier chinois (d'une ville).
♦ **Chinese** **1** adj chinois; **Chinese People's Republic** République f populaire de Chine; **2** n (person: pl inv) Chinois(e) m(f); (Ling) chinois m.
china ['tʃaɪnə] **1** n porcelaine f. **a piece of** ~ une porcelaine. **2** adj de or en porcelaine; **industry de** la porcelaine. ♦ **chinaware** n (objets mpl de) porcelaine f.
chink¹ [tʃɪŋk] n (slit) [wall] fente f; [door] entrebâillement m. (fig) **the** ~ **in the armour** le défaut de la cuirasse.
chink² [tʃɪŋk] **1** n (sound) tintement m. **2** vt faire tinter. **3** vi tinter.
chintz [tʃɪnts] n chintz m.
chip [tʃɪp] **1** n (a) (gen: piece) fragment m; [wood, glass, stone] éclat m; (Electronics) microplaquette f. **he's a** ~ **off the old block** c'est bien le fils de son père; **to have a** ~ **on one's shoulder** être aigri. **(b)** (Culin) ~s (Brit) frites fpl; (US) chips fpl. **(c)** (break) [stone, crockery] ébréchure f; [furniture] écornure f. **this cup has a** ~ cette tasse est ébréchée. **(d)** (Poker etc) jeton m. **he's had his** ~**s†** il est fichu*; **when the** ~**s are down*** dans les moments cruciaux. **2** vt (damage) cup, plate ébrécher; furniture, stone écorner; varnish, paint écailler; (cut deliberately) tailler. ~**ped potatoes** (pommes fpl de terre) frites fpl.
chip away, chip off 1 vi [paint etc] s'écailler. **2** vt sep paint etc enlever petit à petit.
chip in* vi (interrupt) dire son mot; (contribute) contribuer. **he** ~**ped in with 10 francs** il y est allé de (ses) 10 F*.
♦ **chipboard** n (US) carton m; (Brit) bois aggloméré. ♦ **chippings** npl gravillons mpl.
chiropody [kɪˈrɒpədɪ] n (science) podologie f; (treatment) soins mpl du pied. ♦ **chiropodist** n pédicure mf.
chirp [tʃɜːp], **chirrup** ['tʃɪrəp] **1** vi [birds] pépier; [crickets] chanter. **2** n pépiement m; chant m.
♦ **chirpy*** adj gai.
chisel ['tʃɪzl] **1** n (Tech) ciseau m; (for engraving) burin m. **2** vt ciseler; buriner. **finely** ~**led features** traits finement ciselés; **to** ~ **sb out of sth†** carotter* qch à qn.
chit¹ [tʃɪt] n: **she's a mere** ~ **of a girl** ce n'est qu'une gamine*.
chit² [tʃɪt] n note f, petit mot.
chitchat ['tʃɪttʃæt] n bavardage m.
chivalry ['ʃɪvəlrɪ] n **(a)** (Hist) chevalerie f. **(b)** (quality) générosité f, galanterie f.
♦ **chivalresque** adj chevaleresque. ♦ **chivalrous** adj (courteous) chevaleresque; (gallant) galant.
♦ **chivalrously** adv de façon chevaleresque; galamment.
chives [tʃaɪvz] npl ciboulette f.
chivvy* ['tʃɪvɪ] vt (~ **along**) pourchasser; (pester) harceler (sb into doing qn jusqu'à ce qu'il fasse).
chlorate ['klɔːreɪt] n chlorate m.
chloride ['klɔːraɪd] n chlorure m.
chlorine ['klɔːriːn] n chlore m. ♦ **chlorinate** vt water javelliser; (Chem) chlorurer.
chloroform ['klɒrəfɔːm] **1** n chloroforme m. **2** vt chloroformer.
chlorophyll ['klɒrəfɪl] n chlorophylle f.
choc-ice ['tʃɒkaɪs] n esquimau m (glace).
chock [tʃɒk] n cale f. ♦ **chock-a-block** or ♦ **chock-full** adj container plein à déborder (with, of de); room plein à craquer (with, of de).
chocolate ['tʃɒklɪt] **1** n chocolat m. **2** adj egg en chocolat; biscuit, éclair au chocolat; (colour) chocolat inv.
choice [tʃɔɪs] **1** n choix m. **a wide** ~ un grand choix; **to take one's** ~ faire son choix; **he had no** ~ il n'avait pas le choix; **he had no** ~ **but to obey** il ne pouvait qu'obéir; **it's Hobson's** ~ c'est à prendre ou à laisser; **from** ~ de préférence; **he did it from**

~ il a choisi de le faire; **this book would be my** ~ c'est ce livre que je choisirais. **2** adj goods, fruit de choix; word, phrase bien choisi.
choir ['kwaɪəʳ] n chœur m. **to sing in the** ~ faire partie du chœur. ♦ **choirboy** n jeune choriste m. ♦ **choirstall** n stalle f (du chœur).
choke [tʃəʊk] **1** vt person étrangler; fire, flower étouffer; (~ **up**) pipe, tube boucher. **street** ~**d with traffic** rue embouteillée. **2** vi étouffer, s'étrangler. **3** n (Aut) starter m.
choke back vt sep feelings, tears refouler; words contenir.
choke off* vt sep suggestions etc étouffer dans l'œuf; discussion empêcher; person envoyer promener*.
♦ **choker** n (scarf) foulard m; (necklace) collier m (de chien).
cholera ['kɒlərə] n choléra m.
cholesterol [kə'lestə,rɒl] n cholestérol m.
choose [tʃuːz] pret chose, ptp chosen **1** vt (a) (select) choisir; (elect) élire. (Rel) **the chosen (people)** les élus mpl; **there is nothing to** ~ **between them** ils se valent; **in a few well-chosen words** en quelques mots choisis. (b) décider, juger bon (to do de faire). **he chose not to speak** il a jugé bon de se taire, il a préféré se taire. **2** vi choisir. **as you** ~ comme vous voulez; **if you** ~ si cela vous dit; **he'll do it when he** ~**s** il le fera quand il voudra; **to** ~ **between** faire un choix entre; **there's not too much to** ~ **from** il n'y a pas tellement de choix. ♦ **choos(e)y*** adj difficile (à satisfaire); **I'm** ~**y about the people I go out with** je ne sors pas avec n'importe qui.
chop¹ [tʃɒp] **1** n (a) (Culin) côtelette f. **pork** ~ côtelette de porc. (b) (blow) coup m (de hache etc). **to get the** ~**ᶻ** se faire mettre à la porte. **2** vt wood couper; meat, vegetables hacher.
chop down vt sep tree abattre.
chop off vt sep trancher, couper. **they** ~**ped off his head** on lui a tranché la tête.
chop up vt sep wood couper en morceaux; (Culin) hacher menu.
♦ **chopper** n hachoir m; (Aviat*) hélico* m. ♦ **chopping** adj: ~**ping board** planche f à hacher; ~**ping knife** hachoir m (couteau). ♦ **chopsticks** npl baguettes fpl.
chop² [tʃɒp] vi: **to** ~ **and change** changer constamment d'avis. ♦ **choppy** adj lake clapoteux; sea un peu agité; wind variable.
chopsuey [tʃɒp'suːɪ] n ragoût m (à la chinoise).
choral ['kɔːrəl] adj choral. ~ **society** chorale f.
chord [kɔːd] n (gen) corde f; (Mus) accord m. (fig) **to touch the right** ~ toucher la corde sensible.
chore [tʃɔːʳ] n (everyday) travail m de routine; (unpleasant) corvée f. **the** ~**s** les travaux du ménage; **to do the** ~**s** faire le ménage.
choreography [,kɒrɪ'ɒgrəfɪ] n chorégraphie f. ♦ **choreographer** n chorégraphe mf.
chorister ['kɒrɪstəʳ] n (Rel) choriste mf.
chortle ['tʃɔːtl] **1** vi glousser, rire (about de). **2** n gloussement m.
chorus ['kɔːrəs] **1** n (a) (musical work, people) chœur m. **in** ~ en chœur; **she's in the** ~ (at concert) elle chante dans les chœurs; (Theat) elle fait partie de la troupe; **a** ~ **of objections** un concert de protestations. (b) (part of song) refrain m. **to join in the** ~ reprendre le refrain. **2** adj: ~ **girl** girl f. **3** vt song chanter or réciter en chœur. **'yes' they** ~**sed** 'oui' répondirent-ils en chœur.
chose [tʃəʊz], **chosen** ['tʃəʊzn] pret, ptp of **choose**.
chow [tʃaʊ] n chow-chow m.
chowder ['tʃaʊdəʳ] n bouillabaisse f américaine.
Christ [kraɪst] n (le) Christ, Jésus-Christ. **the** ~ **Child** l'enfant Jésus. ♦ **Christendom** n chrétienté f.
christen ['krɪsn] vt (Rel) baptiser; (gen: name) appeler; (nickname) surnommer. **he was** ~**ed**

Robert but everyone calls him Bob son nom de baptême est Robert mais tout le monde l'appelle Bob. ♦ **christening** n baptême m.
Christian ['krɪstɪən] **1** adj chrétien; (fig) charitable. ~ **name** prénom m, nom m de baptême; ~ **scientist** scientiste mf chrétien(ne). **2** n chrétien(ne) m(f). ♦ **Christianity** n christianisme m.
Christmas ['krɪsməs] **1** n Noël m. **at** ~ à Noël. **2** adj card, tree, present, cake de Noël. ~ **box** étrennes fpl; ~ **Day** le jour de Noël; ~ **Eve** la veille de Noël; ~ **party** fête f or arbre m de Noël; **I got it in my** ~ **stocking** = je l'ai trouvé sous l'arbre (de Noël); ~ **time** période f de Noël; **at** ~ **time** à Noël.
chromatic [krə'mætɪk] adj chromatique.
chrome [krəʊm] n chrome m.
chromium ['krəʊmɪəm] n acier m chromé. ♦ **chromium-plated** adj chromé.
chromosome ['krəʊməsəʊm] n chromosome m.
chronic ['krɒnɪk] adj disease, state chronique; liar, smoker etc invétéré; (*) weather, person épouvantable.
chronicle ['krɒnɪkl] **1** n chronique f. (fig) **a** ~ **of disasters** une succession de catastrophes. **2** vt faire la chronique de.
chronology [krə'nɒlədʒɪ] n chronologie f. ♦ **chronological** adj chronologique; **in chronological order** par ordre chronologique. ♦ **chronologically** adv chronologiquement.
chronometer [krə'nɒmɪtəʳ] n chronomètre m.
chrysalis ['krɪsəlɪs] n chrysalide f.
chrysanthemum [krɪ'sænθəməm] n chrysanthème m.
chubby ['tʃʌbɪ] adj potelé. ~**-cheeked** joufflu.
chuck¹ [tʃʌk] vt (a) (*: throw) lancer, jeter; (ɩ: ~ **in***, ~ **up***) job, girlfriend laisser tomber*. (b) **he** ~**ed her under the chin** il lui a pris le menton.
chuck away* vt sep (throw out) old clothes, books jeter, balancer*; (waste) money jeter par les fenêtres; opportunity laisser passer.
chuck out* vt sep useless article jeter, balancer*; person vider*, sortir*.
chuck² [tʃʌk] n (~ **steak**) morceau m dans le paleron.
chuckle ['tʃʌkl] **1** n gloussement m, petit rire m. **2** vi rire (over, at de), glousser.
chuffed* [tʃʌft] adj tout content (about de).
chug [tʃʌg] vi [machine] souffler; [train] faire teuf-teuf.
chug along vi [train] avancer en faisant teuf-teuf.
chum* [tʃʌm] n copain* m, copine* f. ♦ **chummy*** adj sociable; **she is very** ~**my with him** elle est très copine avec lui*.
chunk [tʃʌŋk] n (gen) gros morceau; [bread] quignon m. ♦ **chunky** adj person trapu; knitwear de grosse laine.
church [tʃɜːtʃ] n église f. **to go to** ~ aller à l'église f; **in** ~ à l'église; **in the** ~ dans l'église; **after** ~ après l'office; (for Catholics) après la messe; **the C~ of England** l'Église anglicane; **he has gone into the C~** il est entré dans les ordres. ♦ **churchgoer** n pratiquant(e) m(f). ♦ **churchhall** n salle f paroissiale. ♦ **churchyard** n cimetière m (autour d'une église).
churlish ['tʃɜːlɪʃ] adj (ill-mannered) grossier; (bad-tempered) hargneux, de mauvaise humeur. ♦ **churlishly** adv grossièrement; avec humeur. ♦ **churlishness** n grossièreté f; mauvaise humeur f.
churn [tʃɜːn] **1** n baratte f; (milk can) bidon m. **2** vt butter baratter; (~ **up**) water battre.
churn out vt sep objects, letters, books produire en série.
chute [ʃuːt] n (for coal etc) descente f; (Sport, for toboggans) piste f; (Brit: children's slide) toboggan m.
chutney ['tʃʌtnɪ] n condiment m (à base de fruits).

cicada [sɪˈkɑːdə] n cigale f.
cider [ˈsaɪdər] **1** n cidre m. **2** adj apple, press à cidre. ~ **vinegar** vinaigre m de cidre.
cigar [sɪˈgɑːr] **1** n cigare m. **2** adj box etc à cigares. ~ **case** étui m à cigares; ~ **lighter** allume-cigare m inv.
cigarette [ˌsɪgəˈret] **1** n cigarette f. **2** adj box, paper etc à cigarettes; ash de cigarette. ~ **case** porte-cigarettes m inv; ~ **end** mégot m; ~ **holder** fume-cigarette m inv; ~ **lighter** briquet m.
cinch [sɪntʃ] n: it's a ~¹ c'est du gâteau*.
cinder [ˈsɪndər] **1** n cendre f. burnt to a ~ (gen) réduit en cendres; food carbonisé. **2** adj: ~ **track** (piste f) cendrée f.
Cinderella [ˌsɪndəˈrelə] n Cendrillon f.
cinema [ˈsɪnəmə] n cinéma m. ◆ **cine-camera** n caméra f. ◆ **cine-film** n film m. ◆ **cine-projector** n projecteur m de cinéma.
cinnamon [ˈsɪnəmən] n cannelle f.
cipher [ˈsaɪfər] n (numeral code) chiffre m; (zero) zéro m. he's a mere ~ c'est un zéro; in ~ en chiffre, en code.
circle [ˈsɜːkl] **1** n (gen) cercle m; (Theat) balcon m. to stand in a ~ faire (un) cercle; an inner ~ of advisers un groupe de proches conseillers; in political ~s dans les milieux mpl politiques; to come full ~ revenir à son point de départ. **2** vt (surround) entourer; (move round) tourner autour de. **3** vi (~ about or around) [birds] décrire des cercles; [aircraft] tourner (en rond). ◆ **circular 1** adj circulaire; **2** n (letter) circulaire f; (as advertisement etc) prospectus m. ◆ **circularize** vt envoyer des circulaires or des prospectus à.
circuit [ˈsɜːkɪt] n (journey) tour m, circuit m; [judge, theatre company] tournée f; (group of cinemas etc) groupe m; (Elec, Sport) circuit. to make a ~ of faire le tour de; to make a ~ round faire un détour or un circuit autour de; (Jur) he is on the eastern ~ il fait la tournée de l'est. ◆ **circuit-breaker** n disjoncteur m. ◆ **circuitous** adj route, method indirect; means détourné. ◆ **circuitously** adv reach en faisant un détour; (fig) indirectement.
circulate [ˈsɜːkjʊleɪt] **1** vi circuler. **2** vt faire circuler. ◆ **circulation 1** n (gen) circulation f; [newspaper etc] tirage m; (Med) he has poor circulation il a une mauvaise circulation; (Fin) to put into circulation mettre en circulation; to withdraw from circulation retirer de la circulation; in circulation en circulation; he's now back in circulation* il est à nouveau dans le circuit*; **2** adj (Press) circulation manager directeur m du service de la diffusion.
circumcise [ˈsɜːkəmsaɪz] vt circoncire. ◆ **circumcision** n circoncision f.
circumference [səˈkʌmfərəns] n circonférence f.
circumflex [ˈsɜːkəmfleks] n accent m circonflexe.
circumlocution [ˌsɜːkəmləˈkjuːʃən] n circonlocution f.
circumnavigate [ˌsɜːkəmˈnævɪgeɪt] vt cape doubler; globe faire naviguer tout autour de. ◆ **circumnavigation** n circumnavigation f.
circumscribe [ˈsɜːkəmskraɪb] vt circonscrire; powers limiter.
circumspect [ˈsɜːkəmspekt] adj circonspect. ◆ **circumspection** n circonspection f. ◆ **circumspectly** adv avec circonspection.
circumstance [ˈsɜːkəmstəns] n circonstance f. in the present ~s dans les circonstances actuelles, vu l'état des choses; under no ~s en aucun cas; (financial) ~s situation financière; in easy/poor ~s dans l'aisance/la gêne. ◆ **circumstantial** adj report, statement circonstanciel; circumstantial evidence preuve indirecte. ◆ **circumstantiate** vt confirmer en donnant des détails sur.

circus [ˈsɜːkəs] n (animals etc) cirque m; (in town) rond-point m.
cirrhosis [sɪˈrəʊsɪs] n cirrhose f.
cissy* [ˈsɪsɪ] n = **sissy**.
cistern [ˈsɪstən] n citerne f; [WC] chasse f d'eau.
citadel [ˈsɪtədl] n citadelle f.
cite [saɪt] vt citer. to ~ as an example citer en exemple; (Jur) to ~ sb to appear citer qn. ◆ **citation** n citation f.
citizen [ˈsɪtɪzn] n citoyen(ne) m(f); [town] habitant(e) m(f). ◆ **citizenship** n citoyenneté f.
citrus [ˈsɪtrəs] n citrus mpl. ~ **fruits** agrumes mpl. ◆ **citric** adj citrique.
city [ˈsɪtɪ] **1** n (grande) ville f, cité f. [London] the C~ la Cité (de Londres); he's (something) in the C~* il est dans les affaires. **2** adj (Press) editor, page, news financier. ~ **centre** centre m (de la) ville; ~ **dweller** citadin(e) m(f); the ~ **fathers** les élus mpl locaux; ~ **planner** urbaniste mf; ~ **planning** urbanisme m; ~ **slicker*** bêcheur m, -euse f (venu de la ville).
civic [ˈsɪvɪk] adj rights, virtues civique; guard, authorities municipal. ~ **centre** centre administratif (municipal). ◆ **civics** n instruction f civique.
civil [ˈsɪvl] adj (a) law, war, marriage civil. the American C~ War la guerre de Sécession; ~ **commotion** émeute f; ~ **defence** défense passive; ~ **disobedience** résistance passive (à la loi); ~ **engineer** ingénieur m des travaux publics; ~ **engineering** travaux publics; ~ **liberties** libertés fpl civiques; ~ **rights movement** campagne f pour les droits mpl civiques; ~ **servant** fonctionnaire mf; ~ **service** fonction f publique, administration f. **(b).** (polite) civil, poli. ◆ **civilian** n, adj civil(e) m(f) (opposé à militaire). ◆ **civility** n civilité f. ◆ **civilization** n civilisation f. ◆ **civilize** vt civiliser. ◆ **civilized** adj civilisé; to become ~ized se civiliser. ◆ **civilly** adv poliment.
clad [klæd] adj habillé (in de).
claim [kleɪm] **1** vt property, prize, right revendiquer (from à); diplomatic immunity, damages réclamer (from à); attention demander, solliciter; (maintain) prétendre (that que). to ~ acquaintance with sb prétendre connaître qn. **2** n revendication f, réclamation f; (Insurance) demande f d'indemnité; (Min etc) concession f. to lay ~ to prétendre à; there are many ~s on my time mon temps est très pris; there are many ~s on my purse on fait beaucoup appel à ma bourse; that's a big ~ to make! la prétention est de taille!; his ~ that he acted legally son affirmation d'avoir agi d'une manière licite; (Insurance) the ~s were all paid les dommages ont été intégralement payés; (Ind) a ~ for an extra £5 per week une demande d'augmentation de 5 livres par semaine; expenses ~ note f de frais. his ~ to the throne son titre or droit à la couronne. **3** adj: ~ **form** (gen) formulaire m de demande; (for expenses) feuille f de note de frais. ◆ **claimant** n [throne] prétendant(e) m(f) (to à); [social benefits] demandeur m, -eresse f.
clairvoyant(e) [klɛəˈvɔɪənt] **1** n voyant(e) m(f). **2** adj doué de seconde vue. ◆ **clairvoyance** n voyance f.
clam [klæm] n grosse praire f. ~ **chowder** soupe f aux praires.
clam up* vi se taire. he ~med up on me il ne m'a plus dit un mot (là-dessus).
clamber [ˈklæmbər] vi grimper (avec difficulté). to ~ over a wall escalader un mur.
clammy [ˈklæmɪ] adj hand moite (et froid); wall suintant; climate humide.
clamour, (US) **-or** [ˈklæmər] **1** n (shouts) clameurs fpl, vociférations fpl; (demands) revendications bruyantes. **2** vi: to ~ for sth/sb réclamer qch/qn à grands cris. ◆ **clamorous** adj

crowd vociférant; *demand* impérieux.

clamp [klæmp] **1** *n* (*gen*) attache *f*; (*bigger*) crampon *m*; (*Med*) clamp *m*; (*Carpentry*) valet *m* d'établi; *[stone, china]* agrafe *f*; (*Elec*) serre-fils *m inv*. **2** *vt* fixer (*onto* à); *stones, china* agrafer.

clamp down on* *vt fus person* serrer la vis à*; *expenditure* mettre un frein à; *information* supprimer; *the press, opposition* bâillonner.

clan [klæn] *n* clan *m*. ♦ **clannish** *adj group* fermé; *person* qui a l'esprit de clique.

clandestine [klæn'destɪn] *adj* clandestin.

clang [klæŋ] **1** *n* son *m* or (*louder*) fracas *m* métallique. **2** *vi* émettre un son métallique. **the gate** ~**ed shut** la grille s'est refermée bruyamment. ♦ **clanger*** *n* gaffe *f*. ♦ **clangorous** *adj* noise métallique. ♦ **clangour**, (*US*) **-or** *n* fracas *m* métallique.

clank [klæŋk] **1** *n* cliquetis *m*. **2** *vi* cliqueter.

clap [klæp] **1** *n [hands]* battement *m*; (*action*) tape *f*; (*applause*) applaudissements *mpl*. **a** ~ **on the back** une tape dans le dos; **a** ~ **of thunder** un coup de tonnerre. **2** *vt* (**a**) frapper, taper; *dog* donner des tapes amicales à; (*applaud*) applaudir. **to** ~ **one's hands** battre des mains; **to** ~ **sb on the back** donner à qn une tape dans le dos; **he** ~**ped his hand over my mouth** il a mis sa main sur ma bouche. (**b**) mettre, jeter. **to** ~ **sb into prison** mettre qn en prison; **to** ~ **eyes on** voir. **3** *vi* applaudir.

clap on *vt sep one's hat* enfoncer sur sa tête. **to** ~ **on the brakes** freiner brusquement.

♦ **clapped-out*** *adj person, car* crevé*; *horse* fourbu. ♦ **clapping** *n* applaudissements *mpl*. ♦ **claptrap*** *n* boniment* *m*.

claret ['klærət] *n* bordeaux *m* (rouge).

clarify ['klærɪfaɪ] *vt* clarifier. ♦ **clarification** *n* clarification *f*.

clarinet [ˌklærɪ'net] *n* clarinette *f*. ♦ **clarinettist** *n* clarinettiste *mf*.

clarity ['klærɪtɪ] *n* clarté *f*, précision *f*.

clash [klæʃ] **1** *vi [metallic objects]* s'entrechoquer; *[cymbals]* résonner; *[armies]* se heurter; *[interests, personalities]* être incompatible (*with* avec); *[colours]* jurer (*with* avec); *[two events, invitations etc]* tomber en même temps (*or* le même jour etc). **they** ~ **over the question of ...** ils sont en désaccord total en ce qui concerne ...; **the dates** ~ les deux événements tombent le même jour. **2** *vt* metallic objects heurter bruyamment; *cymbals* faire résonner; (*Aut*) *gears* faire grincer. **3** *n* (*sound*) choc *m or* fracas *m* métallique; *[armies, weapons]* heurt *m*; (*between people, parties*) accrochage *m*; (*with police, troops*) échauffourée *f*; *[interests]* conflit *m*; *[colours]* discordance *f*; *[dates, events, invitations]* coïncidence *f* (fâcheuse). **a** ~ **with the police** une échauffourée avec la police; **a** ~ **of personalities** une incompatibilité de caractères.

clasp [klɑːsp] **1** *n* (*gen*) fermoir *m*; *[belt]* boucle *f*. **2** *adj*: ~ **knife** grand couteau *m* pliant. **3** *vt* étreindre, serrer; *sb's hand* serrer. **to** ~ **one's hands (together)** joindre les mains; **to** ~ **sb in one's arms** serrer qn dans ses bras.

class [klɑːs] **1** *n* (*gen*) classe *f*. ~ **of ship** type *m* de vaisseau; **they are just not in the same** ~ il n'y a pas de comparaison (possible) entre eux; **in a** ~ **by itself** hors concours; **a good** ~ (**of**) **hotel** un très bon hôtel; **first** ~ **honours in history** ≈ licence *f* d'histoire avec mention très bien; **to give/attend a** ~ faire/suivre un cours; **the French** ~ la classe *or* le cours de français; **an evening** ~ un cours du soir; (*US*) **the** ~ **of 1970** la promotion de 1970; **to have** ~ avoir de la classe. **2** *vt* classer, classifier. ~**ed as** classé comme. **3** *adj*: ~ **distinction** distinction sociale; ~ **war(fare)** lutte *f* des classes. ♦ **class-conscious** *adj* conscient des distinctions sociales; (*snobbish*) snob *inv*. ♦ **classmate** *n* camarade *mf* de classe.

♦ **classroom** *n* salle *f* de classe. ♦ **classy*** *adj object* chic *inv*; *person* ultra-chic *inv*.

classic ['klæsɪk] **1** *adj* classique. **it was** ~**!*** c'était le coup classique!* **2** *n* (*author, work*) classique *m*; (*Racing*) classique *f*. **to study** ~**s** étudier les humanités *fpl*; **a** ~ **of its kind** un classique du genre. ♦ **classical** *adj* classique; ~**al scholar** humaniste *mf*. ♦ **classicism** *n* classicisme *m*.

classify ['klæsɪfaɪ] *vt* classifier. **classified advertisement** petite annonce *f*; **classified information** renseignements *mpl* secrets. ♦ **classifiable** *adj* qu'on peut classifier. ♦ **classification** *n* classification *f*.

clatter ['klætəʳ] **1** *n* cliquetis *m*, (*louder*) fracas *m*. **the** ~ **of cutlery** le bruit de couverts entrechoqués. **2** *vi [keys, typewriter]* cliqueter; *[large falling object, cymbals]* résonner. **to** ~ **in/out** entrer/sortir bruyamment. **3** *vt* entrechoquer bruyamment.

clause [klɔːz] *n* (*Gram*) proposition *f*; *[contract, law, treaty]* clause *f*; *[will]* disposition *f*.

claustrophobia [ˌklɔːstrə'fəʊbɪə] *n* claustrophobie *f*. ♦ **claustrophobic** *adj person* claustrophobe; *feeling* de claustrophobie; *situation, atmosphere* claustrophobique.

claw [klɔː] **1** *n [cat, lion, small bird etc]* griffe *f*; *[bird of prey]* serre *f*; *[lobster etc]* pince *f*. **2** *vt* (*scratch*) griffer; (*rip*) déchirer avec ses griffes *or* ses serres; (*clutch*) agripper. ♦ **claw-hammer** *n* marteau *m* à pied-de-biche.

clay [kleɪ] **1** *n* argile *f*. **2** *adj*: ~ **pigeon shooting** tir *m* au pigeon; ~ **pipe** pipe *f* en terre.

clean [kliːn] **1** *adj* (*gen*) propre; *sheet of paper* blanc, neuf; *reputation, shape, line, cut, stroke* net; *joke, story* qui n'a rien de choquant; *contest, game* loyal. **to wipe sth** ~ essuyer qch; **keep it** ~ ne le salissez pas; (*fig*) pas d'inconvenances!; **as** ~ **as a new pin** propre comme un sou neuf; **to make a** ~ **breast of it** dire ce qu'on a sur la conscience; **to make a** ~ **sweep** faire table rase (*of* de); ~ **living** une vie saine; (*Jur*) **a** ~ **record** un casier judiciaire vierge; **a** ~ **driving licence** un permis de conduire où n'est portée aucune contravention; **the doctor gave him a** ~ **bill of health** le médecin l'a trouvé en parfait état de santé; **he's** ~***** (*carrying nothing incriminating*) il n'a rien sur lui; (*innocent*) il n'a rien fait.

2 *adv* complètement, tout à fait. **he got** ~ **away** il a décampé sans laisser de traces; **to cut** ~ **through sth** couper qch de part en part; **he jumped** ~ **over the fence** il a sauté la barrière sans la toucher; **the car went** ~ **through the hedge** la voiture est carrément passée à travers la haie; **to break off** ~ casser net; **to come** ~ **about sth** tout dire sur qch.

3 *n*: **to give sth a good** ~ bien nettoyer qch.

4 *vt* clothes, room nettoyer; *vegetables* laver; *blackboard* essuyer. **to** ~ **one's teeth** se brosser les dents; **to** ~ **one's nails** se nettoyer les ongles; **to** ~ **the windows** faire les vitres.

clean off *vt sep* (*from blackboard*) essuyer; (*from floor, wall*) enlever.

clean out *vt sep* nettoyer à fond; (*: *leave penniless etc*) ruiner, nettoyer*.

clean up 1 *vi* tout nettoyer; (*tidy*) remettre en ordre; (*: *make profit*) faire son beurre* (*on a deal* dans une affaire). **2** *vt sep room* nettoyer; (*fig*) *a town, television etc* épurer. **to** ~ **o.s. up** se laver, se débarbouiller.

♦ **clean-cut** *adj* bien délimité, net. ♦ **cleaner** *n* (*Comm*) teinturier *m*, -ière *f*; (*charwoman*) femme *f* de ménage; (*device*) appareil *m* de nettoyage; (*household* ~**er**) produit *m* d'entretien; (*stain-remover*) détachant *m*; **the** ~**er's shop** la teinturerie. ♦ **cleaning** *n* nettoyage *m*; (*housework*) ménage *m*; ~**ing fluid** détachant *m*; ~**ing woman** femme *f* de ménage. ♦ **clean-limbed** *adj* bien proportionné. ♦ **cleanliness** ['klenlɪnɪs] *n* (habitude f de la) propreté f. ♦ **clean-living** adj honnête. ♦ **cleanly** ['kliːnlɪ] 1 adv proprement, nettement; 2 ['klenlɪ] adj propre. ♦ **cleanness** n propreté f. ♦ **clean-out** n nettoyage m à fond. ♦ **clean-shaven** adj: to be ~-**shaven** n'avoir ni barbe ni moustache. ♦ **clean-up** n [room] nettoyage m; [person] débarbouillage m.

cleanse [klenz] vt nettoyer; ditch, drain etc curer; (fig) laver (of de); soul etc purifier. ♦ **cleanser** n (detergent) détergent m; (for complexion) démaquillant m. ♦ **cleansing** 1 adj: **cleansing cream** crème f démaquillante; **cleansing department** service m de voirie; 2 n nettoyage m.

clear [klɪər] 1 adj (a) piece of glass, plastic transparent; water, lake, stream limpide; sky, weather, complexion clair; photograph, outline net; honey liquide; majority, profit net. on a ~ **day** par temps clair; ~ **red** rouge vif; ~ **soup** bouillon m; he left with a ~ **conscience** il est parti la conscience tranquille. (b) sound clair; words distinct. **you're not very** ~ je ne vous entends pas bien. (c) explanation, account, style clair; reasoning, account, style clair; intelligence pénétrant; proof, sign, consequence, motive évident, clair. ~ **thinker** esprit m lucide; **I want to be quite** ~ **on this point** (understand clearly) je veux savoir exactement ce qu'il en est; (explain unambiguously) je veux bien me faire comprendre; a ~ **case of murder** un cas d'assassinat manifeste; to **make o.s.** ~ se faire bien comprendre; to **make it** ~ **to sb that** bien faire comprendre à qn que; **I wish to make it** ~ **that** je tiens à préciser que; as ~ **as day** clair comme le jour; **it is** ~ **to me that** il me paraît hors de doute que. (d) road, path libre; route sans obstacles. **all** ~! fin d'alerte!; **we had a** ~ **view** rien ne gênait la vue; **we were** ~ **of the town** nous étions hors de l'agglomération; ~ **of debts** libre de dettes; **three** ~ **days** trois jours entiers.

2 n: to send a message in ~ envoyer un message en clair; **in the** ~* (above suspicion) au-dessus de tout soupçon; (no longer suspected) blanchi de tout soupçon; (out of danger) hors de danger.

3 adv (a) loud and ~ très distinctement. (b) entièrement, complètement. **the thief got** ~ **away** le voleur a disparu sans laisser de traces. (c) ~ **of** à l'écart de, à distance de; **to keep** ~ **of sth/sb** éviter qch/qn; **to stand** ~ s'écarter; **stand** ~ **of the doors!** dégagez les portes!; **to get** ~ **of** (go away from) s'éloigner or s'écarter de; (rid o.s. of) se débarrasser de.

4 vt (a) liquid clarifier; blood dépurer; bowels purger; skin, account éclaircir. **to** ~ **the air** aérer; (fig) détendre l'atmosphère; **to** ~ **one's throat** s'éclaircir la voix; **to** ~ **one's head** se dégager le cerveau. (b) canal, path, road, railway line dégager, déblayer; pipe déboucher; land défricher. **to** ~ **the table** débarrasser la table; (fig) **to** ~ **the decks** tout déblayer; **to** ~ **sth of rubbish** déblayer qch; **to** ~ **the way for** faire place à; (fig) ouvrir la voie à; **to** ~ **a way through** ouvrir un passage à travers; **to** ~ **a room** (of people) faire évacuer une salle; (of things) débarrasser une salle; (Jur) **to** ~ **the court** faire évacuer la salle; (Ftbl) **to** ~ **the ball** dégager le ballon. (c) (find innocent etc) person disculper (of de). **to** ~ **o.s.** se disculper; **to** ~ **sb of suspicion** laver qn de tout soupçon; **you will have to be** ~**ed by our security department** il faudra que nos services de sécurité donnent (subj) le feu vert en ce qui vous concerne; **we've** ~**ed it with him** nous avons obtenu son accord. (d) hedge, fence franchir, sauter; obstacle, rocks éviter; harbour quitter. **he** ~**ed the gate by 10 cm** il a sauté la barrière avec 10 cm de marge; **raise the car till the wheel** ~**s the ground** soulevez la voiture jusqu'à ce que la roue ne touche (subj) plus le sol. (e)

cheque compenser; account, goods liquider; debt s'acquitter de; profit gagner net; (Customs) goods dédouaner; ship expédier; one's conscience décharger; doubts dissiper. (Comm) '**half price to** ~' 'solde à moitié prix pour liquider'; **I've** ~**ed £100 on this business** cette affaire m'a rapporté 100 livres net.

5 vi [weather] s'éclaircir; [sky] se dégager; [fog] se dissiper; [face, expression] s'éclairer.

clear away 1 vi [mist etc] se dissiper; (clear the table) desservir. 2 vt sep enlever.

clear off 1 vi (*) filer*, décamper. 2 vt sep things on desk enlever; debts s'acquitter de; stock, goods liquider.

clear out 1 vi (*) = **clear off** 1. 2 vt sep cupboard vider; room débarrasser; unwanted objects enlever. **he** ~**ed everyone out of the room** il a fait évacuer la pièce.

clear up 1 vi (tidy) ranger; [weather] se lever. 2 vt sep mystery, matter éclaircir; room, clothes ranger. **to** ~ **up the mess** (lit) tout nettoyer; (fig) tout arranger.

♦ **clearance** 1 n [road, path, land] déblaiement m; [room, court] évacuation f; [cupboard, passage] dégagement m; [accused] disculpation f; [litter, objects, rubbish] enlèvement m; [cheque] compensation f; (Customs) dédouanement m; (permission etc) autorisation f; **sent to the Foreign Office for** ~**ance** soumis au ministère des Affaires étrangères pour contrôle; (Aviat) ~**ance for takeoff** autorisation de décoller; 2 **metre** ~**ance** espace m de 2 mètres; 2 adj: ~**ance sale** soldes mpl. ♦ **clear-cut** adj net. ♦ **clear-headed** adj lucide, perspicace. ♦ **clearing** 1 n (in forest) clairière f; [liquid] clarification f; [bowels] purge f; [rubbish, objects] enlèvement m; [land] défrichement m; [pipe etc] débouchage m; [road] dégagement m; 2 adj: ~**ing bank** banque f (appartenant à une chambre de compensation); ~**ing house** (Banking) chambre f de compensation; (for documents etc) bureau m central. ♦ **clearly** adv (distinctly) see, state clairement; hear distinctement; understand bien; (obviously) manifestement. ♦ **clearness** n [air, glass] transparence f; [liquid] limpidité f; [sound, sight, print, thought etc] clarté f, netteté f. ♦ **clear-sighted** adj (fig) clairvoyant. ♦ **clearway** n route f à stationnement interdit.

cleave [kliːv] pret cleft or clove, ptp cleft or cloven vt fendre. **in a cleft stick** dans une impasse; **cleft palate** palais m fendu. ♦ **cleavage** n: a dress which showed her cleavage* une robe qui laissait voir la naissance des seins. ♦ **cleaver** n couperet m.

clef [klef] n (Mus) clef f.

cleft [kleft] n (in rock) crevasse f (V also cleave).

clematis ['klemətɪs] n clématite f.

clement ['klemənt] adj clément. ♦ **clemency** n clémence f.

clench [klentʃ] vt object serrer dans ses mains; fists, teeth serrer.

clergy ['klɜːdʒɪ] collective n clergé m. ♦ **clergyman** n ecclésiastique m.

clerical ['klerɪkəl] adj (a) (Rel) clérical; collar col m de pasteur. (b) (Comm etc) job d'employé; work, worker de bureau. ~ **error** erreur f d'écriture.

clerk [klɑːk, (US) klɜːrk] n employé(e) m(f) (de bureau, de commerce), commis m; (US: shop assistant) vendeur m, -euse f. **bank** ~ employé(e) de banque; (in hotel) **desk** ~ réceptionniste mf; (Jur) C~ **of the Court** greffier m (du tribunal); ~ **of works** conducteur m de travaux.

clever ['klevər] adj person intelligent; (smart) astucieux; book intelligemment écrit; play, film intelligemment fait; machine, invention, trick, explanation ingénieux; idea, joke, story astucieux; (skilful) habile (at doing à faire). **to be** ~ **at French** être fort en français; ~ **with one's**

hands adroit de ses mains; **he's very ~ with cars**
il s'y connaît en voitures; **he was too ~ for me** il
m'a eu*; ~ **Dick** petit malin m. ♦ **cleverly** adv
intelligemment; astucieusement; ingénieusement; habilement. ♦ **cleverness** n intelligence f;
astuce f; ingéniosité f; habileté f (at à).
clew [kluː] n (US) = **clue.**
click [klɪk] **1** n déclic m, petit bruit sec; [tongue]
claquement m; [wheel] cliquet m. **2** vi [lid, device]
faire un bruit sec; [heels, typewriter] cliqueter.
the door ~ed shut la porte s'est refermée avec un
déclic; (fig) **suddenly it ~ed*** j'ai compris tout à
coup. **3** vt: **to ~ one's heels** claquer des talons; **to
~ one's tongue** faire claquer sa langue.
♦ **clicking** n cliquetis m.
client [ˈklaɪənt] n client(e) m(f). ♦ **clientele** n
clientèle f.
cliff [klɪf] n [seashore] falaise f; [mountains]
escarpement m. ♦ **cliff-hanger*** n récit m (or
situation f etc) à suspense.
climate [ˈklaɪmɪt] n climat m. **the ~ of opinion** les
courants mpl de l'opinion. ♦ **climatic** adj
climatique. ♦ **climatology** n climatologie f.
climax [ˈklaɪmæks] n point m culminant; [career
etc] apogée m; (sexual) orgasme m. **to bring sth
to/to come to a ~** porter qch à/atteindre son point
culminant; **to work up to a ~** [story, events]
tendre vers son point culminant; [speaker]
amener le point culminant.
climb [klaɪm] **1** vt (~ **up**) stairs, steps, slope
monter; hill grimper; tree, ladder monter sur or
à; rope monter à; cliff, wall escalader; mountain
faire l'ascension de. **2** vi **(a)** (~ **up:** gen) monter;
[persons, plants] grimper; [road, sun] monter;
[aircraft, rocket] monter, prendre de l'altitude.
(b) to ~ down sth descendre de qch; **to ~ over sth**
escalader qch; **to ~ into an aircraft** monter à bord
d'un avion; **to ~ out of a hole** se hisser hors d'un
trou; (Sport) **to go ~ing** faire de l'alpinisme. **3** n
[hill] montée f, côte f; (Alpinism, Aviat) ascension
f.
climb down vi descendre; (fig) en rabattre.
♦ **climber** n grimpeur m, -euse f; (mountaineer)
alpiniste mf; (social etc ~er) arriviste mf; (plant)
plante f grimpante. ♦ **climbing** n (Sport)
alpinisme m.
clinch [klɪntʃ] **1** vt argument consolider, confirmer; bargain, deal conclure. **that ~es it**
comme ça c'est réglé. **2** n (embrace) in a ~s
enlacés.
cling [klɪŋ] pret, ptp **clung** vi **(a)** (hold tight) **to ~
to** rope, sb's hand se cramponner à; opinion maintenir envers et contre tout; belief se raccrocher à;
to ~ to one another (lovingly) se tenir étroitement
enlacés; (fearfully) se cramponner l'un à l'autre.
(b) (stick) coller (to à). ♦ **clingfilm** n scellofrais
m ®. ♦ **clinging** adj garment, person collant;
odour tenace.
clinic [ˈklɪnɪk] n (nursing home; teaching session)
clinique f; [G.P., hospital] service m de consultation. ♦ **clinical** adj (Med) clinique; thermometer
médical; (fig) attitude, approach objectif.
clink [klɪŋk] **1** vt faire tinter. **to ~ glasses with sb**
trinquer avec qn. **2** vi tinter. **3** n tintement m.
clip¹ [klɪp] n (paper) trombone m; (bulldog ~)
pince f à dessin; (for tube) collier m; (cartridge ~)
chargeur m; (brooch) clip m.
clip on vt sep brooch fixer (to sur); document
attacher.
clip together vt sep attacher.
clip² [klɪp] **1** vt **(a)** (cut: gen) couper; hedge
tailler; sheep, dog tondre; ticket poinçonner;
article from newspaper découper. (fig) **to ~ sb's
wings** rogner les ailes à qn; (fig) **in a ~ped voice**
en détachant bien les syllabes. **(b)** (*: hit) flanquer une taloche à*.
2 n (Cine) extrait m.
♦ **clipper** n (Aviat, Naut) clipper m. ♦ **clippers**

npl (for hair) tondeuse f; (for hedge) sécateur m;
(for nails) pince f à ongles. ♦ **clipping** n [news-
paper etc] coupure f de presse.
clique [kliːk] n clique f, coterie f. ♦ **cliquey** or
♦ **cliquish** adj qui a l'esprit de clique.
cloak [kləʊk] **1** n grande cape. **as a ~ for sth** pour
cacher qch. **2** vt (fig) masquer, cacher. **~ed with**
mystery empreint de mystère. ♦ **cloak-and-
dagger** adj clandestin, mystérieux. ♦ **cloakroom**
n [coats etc] vestiaire m; (W.C.) (public) toilettes
fpl; (in house) cabinets mpl; **~room ticket**
numéro m de vestiaire.
clock [klɒk] **1** n **(a)** (large) horloge f; (smaller)
pendule f. **by the church ~** à l'horloge or au
clocher de l'église; **2 hours by the ~** 2 heures
d'horloge; **round the ~** vingt-quatre heures d'affilée; **to work against the ~** travailler contre la
montre. **(b)** [taxi] compteur m. (Aut) **50,000 miles
on the ~** 50 000 milles au compteur. **2** vt runner
chronométrer. **he ~ed 4 minutes for the mile** il a
fait le mille en 4 minutes. **3** vi: **to ~ in or on**
pointer (à l'arrivée); **to ~ out or off** pointer (à la
sortie).
clock up vt sep work, distance faire.
♦ **clock-golf** n jeu m de l'horloge. ♦ **clockmaker**
n horloger m, -ère f. ♦ **clock-radio** n radio-réveil
m. ♦ **clock-tower** n clocher m. ♦ **clock-watcher**
n: **he's a terrible ~-watcher** il ne fait que guetter
l'heure de sortie. ♦ **clockwise** adv, adj dans le
sens des aiguilles d'une montre. ♦ **clockwork**
1 n: **to go like ~work** aller comme sur des
roulettes; **2** adj toy mécanique.
clog [klɒg] **1** n sabot m (chaussure). **2** vt (~ **up**)
pipe boucher; wheel, passage bloquer. **3** vi (~
up) se boucher.
cloister [ˈklɔɪstər] n cloître m. ♦ **cloistered** adj:
~ed life vie f monacale.
close¹ [kləʊs] **1** adj **(a)** (near) date, relative
proche; friend intime; resemblance exact, fidèle;
connection étroit; contact direct; encounter face
à face. **house ~ to the shops** maison près or
proche des magasins; **sit here ~ to me** asseyez-
vous ici près de moi; **~ to tears** au bord des
larmes; **at ~ quarters** tout près; **to have a ~ call***
or **shave*** l'échapper belle, y échapper de justesse; **that was ~!** on l'a échappé belle! **(b)** handwriting, rank, election, reasoning serré; grain fin;
account proche de la vérité; argument précis;
control, surveillance étroit; questioning,
investigation serré, minutieux; examination,
study attentif; silence impénétrable; (secretive) person
peu communicatif. **to keep a ~ watch on** surveiller de près; **~ combat** corps à corps m; **in ~
confinement** en détention surveillée; **she was
very ~ to her brother** (in age) son frère et elle
étaient d'âges très rapprochés; (in friendship)
elle était très proche de son frère. **(c)** (airless)
room mal aéré; weather lourd, étouffant. **it's very
~ in here** il n'y a pas d'air ici; **it's ~ today** il fait
lourd aujourd'hui. **(d)** (Sport) **~ season** chasse f
or pêche f fermée.
2 adv étroitement, de près. **to hold sb ~** serrer
qn dans ses bras; **~ by** tout près, tout proche; **~
by, ~ to, ~ up(on)** tout près de; **~ to the ground**
très bas, au ras du sol; **~ by us** tout à côté de nous;
~ at hand tout près; **he followed ~ behind me** il
me suivait de près; **~ together** serrés les uns
contre les autres; **to come ~r together** se rapprocher.
3 n [cathedral] enceinte f.
♦ **close-cropped** adj coupé ras. ♦ **close-fisted**
adj grippe-sou inv. ♦ **close-fitting** adj ajusté.
♦ **close-knit** adj (fig) très uni. ♦ **closely** adv
guard étroitement; grasp en serrant fort;
resemble beaucoup; watch, follow, study de près;
listen attentivement; connected étroitement;
they are ~ly related ils sont proches parents.

♦ **close-mouthed** adj taciturne. ♦ **closeness** n [weave] texture f serrée; [friendship] intimité f; [resemblance etc] fidélité f; [pursuers] proximité f; [weather, atmosphere] lourdeur f; [room] manque m d'air. ♦ **close-run** adj: ~-run race course très disputée. ♦ **close-set** adj eyes rapprochés. ♦ **close-shaven** adj rasé de près. ♦ **close-up** n gros plan m; in ~-up en gros plan.

close² [kləuz] 1 n (end) fin f. tò come to a ~ se terminer; to draw to a ~ tirer à sa fin; to bring sth to a ~ mettre fin à qch. 2 vt (a) (shut: gen) fermer; pipe, opening boucher; road barrer. ~d to traffic interdit à la circulation; the shop is ~d le magasin est fermé; the shop is ~d on Sundays le magasin ferme le dimanche; to ~ a gap between 2 objects réduire l'intervalle qui sépare 2 objets; to ~ ranks serrer les rangs. (b) (end) proceedings, discussion terminer, mettre fin à; account arrêter, clore; bargain conclure. to ~ the meeting lever la séance. 3 vi (a) [door, box, lid] fermer, se fermer; [museum, shop] fermer; [eyes] se fermer. the door ~d la porte s'est fermée; the door ~s badly la porte ferme mal; the shop ~s on Sundays le magasin ferme le dimanche; his fingers ~d around the pencil ses doigts se sont refermés sur le crayon; to ~ with sb se prendre corps à corps avec qn. (b) (end) [meeting etc] se terminer, prendre fin; [speaker etc] terminer. (St Ex) shares ~d at 120p les actions étaient cotées à 120 pence en clôture.

close down 1 vi [business, shop] fermer (définitivement); (Rad, TV) terminer les émissions. 2 vt sep fermer (définitivement).

close in 1 vi [hunters etc] se rapprocher; [evening, night] tomber; [darkness, fog] descendre. the days are closing in les jours raccourcissent; to ~ in on sb cerner qn. 2 vt sep area clôturer.

close up 1 vi [people in line etc] se rapprocher; [wound] se refermer. 2 vt sep house, shop fermer (complètement); pipe, opening boucher; wound refermer.

♦ **closed** adj door, eyes fermé; road barré; pipe, opening etc bouché; '~d' (gen) 'fermé'; (Theat) 'relâche'; maths are a ~d book to me je suis complètement rebelle aux maths; ~d-circuit television télévision f en circuit fermé; (Ind) ~d shop atelier m qui n'admet que des travailleurs syndiqués; ~d-shop policy exclusion f des travailleurs non syndiqués. ♦ **close-down** n [shop etc] fermeture f (définitive); (Rad, TV) fin f des émissions. ♦ **closing** 1 n (gen) fermeture f; [meeting] clôture f; 2 adj final, dernier; closing speech discours m de clôture; when is closing time? à quelle heure est-ce qu'on ferme?; (St Ex) closing price cours m en clôture. ♦ **closure** n fermeture f; (Parl) to move the closure demander la clôture.

closet ['klɒzɪt] 1 n (cupboard) armoire f, placard m; (for clothes) penderie f; (room) cabinet m; (W.C.) cabinets mpl. 2 vt: he was ~ed with his father for several hours son père et lui sont restés plusieurs heures enfermés à discuter.

clot [klɒt] 1 n caillot m; (*: fool) imbécile mf. a ~ on the brain/in the lung une embolie cérébrale/pulmonaire; a ~ in the leg une thrombose. 2 vti coaguler. ~ted cream crème f en grumeaux.

cloth [klɒθ] 1 n (a) (material) tissu m, étoffe f; [linen, cotton] toile f; [wool] drap m; (Bookbinding, Naut) toile f. (b) (tablecloth) nappe f; (duster) chiffon m; (dishcloth) torchon m. 2 adj: ~ cap casquette f (d'ouvrier).

clothe [kləuð] vt habiller, vêtir (in, with de). ♦ **clothes** 1 npl vêtements mpl; (bed~s) draps mpl et couvertures fpl; with one's ~s on tout habillé; with one's ~s off déshabillé, tout nu; to put on one's ~s s'habiller; to take off one's ~s se

déshabiller; 2 adj: ~s basket panier m à linge; ~s brush brosse f à habits; ~s hanger cintre m; ~s horse séchoir m à linge pliant; ~s line corde f à linge; ~s peg pince f à linge; ~s shop magasin m d'habillement; (US) ~s tree portemanteau m. ♦ **clothier** n (clothes seller) marchand m de confection; (cloth dealer, maker) drapier m. ♦ **clothing** n vêtements mpl; **an article of clothing** un vêtement; **clothing allowance** indemnité f vestimentaire.

cloud [klaud] 1 n (Met) nuage m; [smoke, dust etc] nuage; [insects, arrows etc] nuée f; [gas] nappe f. to have one's head in the ~s être dans les nuages; to be on ~ nine* être aux anges; (fig) under a ~ (under suspicion) en butte aux soupçons; (in disgrace) en disgrâce. 2 vt liquid rendre trouble; mirror embuer; mind obscurcir. ~ed sky ciel couvert; to ~ the issue brouiller les cartes (fig). 3 vi (~ over) [sky] se couvrir (de nuages); [face, expression] s'assombrir. ♦ **cloudburst** n déluge m de pluie. ♦ **cloud-cuckoo land** n: she lives in ~-cuckoo land elle plane complètement. ♦ **cloudiness** n [sky] aspect m nuageux; [liquid] aspect trouble; [mirror] buée f. ♦ **cloudless** adj sans nuages. ♦ **cloudy** adj sky couvert; liquid trouble; it was ~y le temps était couvert.

clout [klaut] 1 n coup m de poing (or de canne etc). 2 vt donner un coup de poing etc à.

clove¹ [kləuv] n clou m de girofle. oil of ~s essence f de girofle; ~ of garlic gousse f d'ail.

clove² [kləuv] pret of cleave.

cloven ['kləuvn] 1 ptp of cleave. 2 adj: ~ hoof [animal] sabot m fendu; [devil] pied m fourchu.

clover ['kləuvər] n trèfle m. to be in ~* être comme un coq en pâte; ~leaf (Bot) feuille f de trèfle; (road intersection) croisement m en trèfle.

clown [klaun] 1 n clown m. 2 vi (~ about, ~ around) faire le clown or le pitre. ♦ **clowning** n pitreries fpl.

cloy [klɔɪ] vi perdre son charme. ♦ **cloying** adj écœurant.

club [klʌb] 1 n (a) (weapon) matraque f; (golf ~) club m. (Cards) ~s trèfles mpl; the ace of ~s m de trèfle; one ~ un trèfle; he played a ~ il a joué trèfle. (b) (society) club m. tennis ~ club de tennis; (fig) join the ~!* tu n'es pas le seul! 2 adj: ~ member membre m du club; ~ sandwich sandwich m à deux étages. 3 vt person matraquer. to ~ sb with a rifle assommer qn d'un coup de crosse.

club together vi se cotiser (to buy pour acheter). ♦ **club-foot** n pied-bot m. ♦ **clubhouse** n pavillon m.

cluck [klʌk] 1 vi glousser. 2 n gloussement m.

clue [kluː] n (gen) indication f; (police etc) indice m; [crosswords] définition f. to find the ~ to sth découvrir la clef de qch; to have a ~ être sur une piste; (fig) I haven't a ~!* je n'en ai pas la moindre idée!

clue up* vt sep renseigner (on sur). he's very ~d up on politics il est très calé* en politique. ♦ **clueless*** adj qui n'a pas la moindre idée.

clump¹ [klʌmp] n [shrubs] massif m; [trees] bouquet m; [flowers, grass] touffe f.

clump² [klʌmp] 1 n (noise) bruit m de pas lourds. 2 vi (~ about) marcher d'un pas lourd.

clumsy ['klʌmzɪ] adj person, action, painting, forgery maladroit; tool etc peu pratique; shape, form lourd; (tactless) person, remark, apology, style gauche, maladroit. ♦ **clumsily** adv maladroitement; gauchement. ♦ **clumsiness** n maladresse f; caractère m peu pratique; gaucherie f.

clung [klʌŋ] pret, ptp of cling.

cluster ['klʌstər] 1 n [flowers, blossom, fruit] grappe f; [bananas] régime m; [trees] bouquet m; [persons, houses, islands] (petit) groupe; [stars]

amas *m*. 2 *vi [people]* se rassembler (*around* autour de); *[things]* former un groupe *etc* (*around* autour de).

clutch [klʌtʃ] **1** *n* **(a)** (*Aut*) embrayage *m*; (~ *pedal*) pédale *f* d'embrayage. **to let in the ~**, embrayer; **to let out the ~** débrayer; **~ plate** disque *m* d'embrayage. **(b) to fall into sb's ~es** tomber sous les griffes de qn. **2** *vt* (*grasp*) empoigner, saisir; (*hold tightly*) serrer fort; (*hold on to*) se cramponner à. **3** *vi*: **to ~ at** essayer de saisir; (*fig*) **to ~ at a straw** se raccrocher à n'importe quoi.

clutter ['klʌtər] **1** *n* désordre *m*, fouillis *m*. **in a ~** en désordre, en pagaille*. **2** *vt* (~ **up**) encombrer (*with* de).

co- [kəʊ] *pref* co-. ♦ **co-author** *n* co-auteur *m*. ♦ **co-driver** *n* (*in race*) copilote *m*; *[lorry]* deuxième chauffeur *m*. ♦ **coeducation** *n* éducation *f* mixte. ♦ **coeducational** *adj* mixte. ♦ **coexist** *vi* coexister (*with* avec). ♦ **coexistence** *n* coexistence *f*. ♦ **co-pilot** *n* copilote *m* (*Aviat*). ♦ **co-respondent** *n* co-défendeur *m*, -deresse *f* (d'un adultère). ♦ **co-star** *n* (*Cine*, *Theat*) partenaire *mf*. ♦ **co-worker** *n* collègue *mf* de travail.

coach [kəʊtʃ] **1** *n* **(a)** (*Rail*) voiture *f*, wagon *m*; (*motor* ~) car *m*, autocar *m*; (*horse-drawn*) carrosse *m*. **(b)** (*tutor*) répétiteur *m*, -trice *f*; (*Sport*) entraîneur *m*. **2** *vt* donner des leçons particulières à; (*Sport*) entraîner. **to ~ sb for an exam** préparer qn à un examen; **he had been ~ed in what to say** on lui avait fait répéter ce qu'il aurait à dire. **3** *adj*: ~ **trip** excursion *f* en car. ♦ **coachman** *n* cocher *m*. ♦ **coachwork** *n* carrosserie *f*.

coagulate [kəʊˈægjʊleɪt] **1** *vt* coaguler. **2** *vi* se coaguler. ♦ **coagulant** *n* coagulant *m*. ♦ **coagulation** *n* coagulation *f*.

coal [kəʊl] **1** *n* charbon *m*; (*Ind*) houille *f*. (*fig*) **on hot ~s** sur des charbons ardents. **2** *adj* **fire, dust** de charbon; **box, stove, cellar** à charbon; **industry** houiller. ~ **scuttle** seau *m* à charbon; ~ **shed** réserve *f* à charbon. ♦ **coal-black** *adj* noir comme du charbon. ♦ **coal-face** *n* front *m* de taille. ♦ **coalfield** *n* bassin *m* houiller. ♦ **coal-gas** *n* gaz *m* (de houille). ♦ **coalman** *or* **coal-merchant** *n* charbonnier *m*. ♦ **coalmine** *n* houillère *f*, mine *f* de charbon. ♦ **coalminer** *n* mineur *m*. ♦ **coalmining** *n* charbonnage *m*.

coalesce [ˌkəʊəˈles] *vi* se grouper.

coalition [ˌkəʊəˈlɪʃən] *n* coalition *f*.

coarse [kɔːs] *adj* **material, cloth, texture** grossier; **linen, salt, sand** gros; **sandpaper** à gros grain; **skin** rude; **food** fruste; **manners, language, joke** grossier; **laugh** gras; **accent** vulgaire. ~ **red wine** gros rouge *m*. ♦ **coarse-grained** *adj* à gros grain. ♦ **coarsely** *adv* grossièrement; grassement; vulgairement; ~**ly woven** de texture grossière. ♦ **coarsen 1** *vt* rendre grossier *or* vulgaire *etc*; **2** *vi* devenir rude *or* grossier *or* vulgaire *etc*. ♦ **coarseness** *n* caractère *m* grossier *or* rude; vulgarité *f*; grossièreté *f*.

coast [kəʊst] **1** *n* côte *f*; (~ *line*) littoral *m*. **the ~ is clear** la voie est libre. **2** *vi* (*Aut*, *Cycling*) avancer (*or* descendre) en roue libre. ♦ **coastal** *adj* côtier. ♦ **coaster** *n* (*Naut*) caboteur *m*; (*drip mat*) dessous *m* de verre. ♦ **coastguard 1** *n* garde *m* maritime; (*US*) douanier *m* garde-côte; **2** *adj*: ~**guard station** station *f* de garde-côtes; ~**guard vessel** garde-côte *m*.

coat [kəʊt] **1** *n* (*gen*) manteau *m*; *[animal]* pelage *m*, poil *m*; *[horse]* robe *f*; *[paint, tar etc]* couche *f*. ~ **of arms** armoiries *fpl*. **2** *vt* enduire, couvrir (*with* de); (*with egg*) dorer. **his tongue was ~ed** il avait la langue chargée. ♦ **coat-hanger** *n* cintre *m*. ♦ **coating** *n* couche *f*. ♦ **coatstand** *n* portemanteau *m*.

coax [kəʊks] *vt* enjôler. **to ~ sb into doing** amener qn à force de cajoleries à faire; **to ~ sth out of sb** obtenir qch de qn par des cajoleries. ♦ **coaxing** *n* cajolerie(s) *f(pl)*. ♦ **coaxingly** *adv* d'un ton câlin *or* enjôleur.

cobalt ['kəʊbɒlt] *n* cobalt *m*.

cobble ['kɒbl] *n* (~**stone**) pavé *m* rond. ♦ **cobbled** *adj*: ~**d street** rue pavée. ♦ **cobbler** ['kɒblər] *n* cordonnier *m*.

cobra ['kəʊbrə] *n* cobra *m*.

cobweb ['kɒbweb] *n* toile *f* d'araignée.

Coca-Cola [ˌkəʊkə ˈkəʊlə] *n* ® coca-cola *m* inv.

cocaine [kəˈkeɪn] *n* cocaïne *f*.

cochineal ['kɒtʃɪniːl] *n* (*Culin*) colorant *m* rouge.

cock [kɒk] **1** *n* coq *m*. **the ~ of the walk** le roi (*fig*). **2** *vt* **gun** armer. **to ~ one's ear** dresser les oreilles; (*fig*) dresser l'oreille; **to ~ a snook at** faire un pied de nez à; (*fig*) faire fi de. **3** *adj*: ~ **bird** (oiseau *m*) mâle *m*. ♦ **cock-a-doodle-doo** *n* cocorico *m*. ♦ **cock-a-hoop 1** *adj* fier comme Artaban; **2** *adv* d'un air de triomphe. ♦ **cock-and-bull** *adj*: ~**-and-bull story** histoire *f* à dormir debout. ♦ **cockcrow** *n*: **at** ~**crow** au premier chant du coq. ♦ **cocked** *adj*: **to knock sb into a** ~**ed hat*** battre qn à plate couture. ♦ **cockerel** *n* jeune coq *m*. ♦ **cock-eyed** *adj* (*:* *cross-eyed*) qui louche; (*:* *crooked*) de traviole*; (*:* *absurd*) absurde; (*ı:* *drunk*) soûl*. ♦ **cockfighting** *n* combats *mpl* de coqs. ♦ **cockiness** *n* outrecuidance *f*. ♦ **cockpit** *n* *[aircraft]* poste *m* de pilotage; *[racing car]* poste du pilote; (*fig*) arènes *fpl*. ♦ **cockroach** *n* cafard *m*. ♦ **cocksure** *adj* (trop) sûr de soi. ♦ **cocktail 1** *n* cocktail *m* (*boisson*); **fruit** ~**tail** salade *f* de fruits; **prawn** ~**tail** cocktail *m* de crevettes; **2** *adj*: ~**tail bar** bar *m* (*dans un hôtel*); ~**tail cabinet** bar *m* (*meuble*); ~**tail party** cocktail *m* (*réunion*). ♦ **cocky** *adj* trop sûr de soi, outrecuidant.

cockade [kɒˈkeɪd] *n* cocarde *f*.

cockatoo ['kɒkətuː] *n* cacatoès *m*.

cocker ['kɒkər] *n*: ~ (**spaniel**) cocker *m*.

cockle ['kɒkl] *n* (*Zool*) coque *f*. **it warmed the** ~**s of his heart** cela lui a réchauffé le cœur.

cockney ['kɒknɪ] **1** *n* (*Cockney*) mf (*personne née dans l'*East End *de Londres*); (*Ling*) cockney *m*. **2** *adj* cockney, londonien.

cocoa ['kəʊkəʊ] *n* cacao *m*.

coconut ['kəʊkənʌt] **1** *n* noix *f* de coco. **2** *adj*: ~ **matting** tapis *m* de fibre; ~ **palm** cocotier *m*; ~ **shy** jeu *m* de massacre.

cocoon [kəˈkuːn] *n* cocon *m*.

cod [kɒd] *n,pl* *inv* morue *f*; (*salted, dried*) morue. **the C~ War** la guerre de la morue. ♦ **cod-liver oil** *n* huile *f* de foie de morue.

coddle ['kɒdl] *vt* dorloter; (*Culin*) cuire à feu doux.

code [kəʊd] **1** *n* (*all senses*) code *m*. **in** ~ codé. **2** *vt* coder.
3 *adj*: ~ **letter** chiffre *m*; ~ **name** nom *m* codé; (*Tax*) ~ **number** = indice *m* des déductions fiscales. ♦ **codify** *vt* codifier. ♦ **coding** *n* *[message]* mise *f* en code; (*Computers*) codage *m*.

codeine ['kəʊdiːn] *n* codéine *f*.

codicil ['kɒdɪsɪl] *n* codicille *m*.

coefficient [ˌkəʊɪˈfɪʃənt] *n* coefficient *m*.

coerce [kəʊˈɜːs] *vt* contraindre (*sb into doing* qn à faire). ♦ **coercion** *n* contrainte *f*. ♦ **coercive** *adj* coercitif.

coffee ['kɒfɪ] **1** *n* café *m*. **a** ~ un café; **black** ~ café noir; **white** ~ café au lait; **one white** ~**, please!** un (café-)crème s'il vous plaît! **2** *adj*: ~ **bar** cafétéria *f*; ~ **bean** grain *m* de café; ~ **break** pause-café *f*; ~ **cup** tasse *f* à café, (*smaller; also measure*) tasse à moka; ~ **percolator** cafetière *f* (*à pression*); ~ **pot** cafetière *f*; ~ **spoon** cuiller *f* à moka; ~ **table** (petite) table *f* basse; **a** ~ **table book** un beau livre grand format.

coffer ['kɒfər] *n* coffre *m*.

coffin ['kɒfɪn] *n* cercueil *m*.

cog [kɒg] *n* dent *f* (*d'engrenage*). (*fig*) **a** ~ **in the wheel** un simple rouage dans la machine.

cogent ['kəʊdʒənt] *adj* (*compelling*) puissant; (*relevant*) pertinent. ♦ **cogency** *n* puissance *f*.
♦ **cogently** *adv* puissamment; pertinemment.
cogitate ['kɒdʒɪteɪt] *vti* méditer (*on* sur).
♦ **cogitation** *n* réflexion *f*.
cognac ['kɒnjæk] *n* cognac *m*.
cohabit [kəʊ'hæbɪt] *vi* cohabiter (*with* avec).
♦ **cohabitation** *n* cohabitation *f*.
coherent [kəʊ'hɪərənt] *adj person, words* cohérent; *account, speech* facile à suivre; *behaviour* logique. ♦ **coherence** *n* (*fig*) cohérence *f*.
♦ **coherently** *adv* d'une façon cohérente.
coil [kɔɪl] **1** *vt* enrouler. **2** *vi* [*rope*] s'enrouler; [*snake*] se lover. **3** *n* (*roll: gen*) rouleau *m*; (*one loop*) spire *f*; [*snake, smoke*] anneau *m*; [*hair at back of head*] chignon *m*. (*contraceptive*) the ~ le stérilet.
coin [kɔɪn] **1** *n* pièce *f* de monnaie. a 10p ~ une pièce de 10 pence. **2** *vt money* frapper; *word* inventer. (*fig*) he is ~ing money il fait des affaires d'or; (*hum*) to ~ a phrase si je peux m'exprimer ainsi. ♦ **coin-operated** *adj* automatique.
♦ **coin-op*** *n* laverie *f* automatique.
coincide [,kəʊɪn'saɪd] *vi* coïncider (*with* avec).
♦ **coincidence** *n* coïncidence *f*. ♦ **coincidental** *adj* de coïncidence.
coke [kəʊk] *n* coke *m*.
Coke [kəʊk] *n* ® coca *m* ®.
colander ['kʌləndər] *n* passoire *f*.
cold [kəʊld] **1** *adj* (*lit, fig*) froid. as ~ as ice (*gen*) glacé; *room* glacial; it's as ~ as charity il fait un froid de canard*; it's a ~ morning il fait froid ce matin; the tea's ~ le thé est froid; I am ~ j'ai froid; my feet are ~ j'ai froid aux pieds; (*fig*) to have ~ feet avoir la frousse*; to get ~ (*weather, room*) se refroidir; [*food*] refroidir; [*person*] commencer à avoir froid, (*catch a chill*) attraper froid; that's ~ comfort ce n'est pas tellement réconfortant; that leaves me ~* ça ne me fait ni chaud ni froid; in ~ blood de sang-froid; he was out ~* il était sans connaissance; ~ cream crème *f* de beauté; ~ sore herpès *m*; to put into ~ storage *food* mettre en chambre froide; *scheme* mettre en attente; ~ store entrepôt *m* frigorifique; the ~ war la guerre froide.
2 *n* (*Met etc*) froid *m*. I am beginning to feel the ~ je commence à avoir froid; I never feel the ~ je ne suis pas frileux; (*fig*) to be left out in the ~ rester en plan*. (*b*) (*Med*) rhume *m*. ~ in the head rhume de cerveau; a bad ~ un gros rhume; to have a ~ être enrhumé; to get a ~ s'enrhumer.
♦ **cold-blooded** *adj animal* à sang froid; *person* sans pitié. ♦ **cold-hearted** *adj* impitoyable.
♦ **coldly** *adv* avec froideur. ♦ **coldness** *n* froideur *f*. ♦ **cold-shoulder** *vt* se montrer froid envers.
coleslaw ['kəʊlslɔː] *n* salade *f* de chou cru.
colic ['kɒlɪk] *n* coliques *fpl*; (*diarrhoea*) colique *f*.
colitis [kɒ'laɪtɪs] *n* colite *f*.
collaborate [kə'læbəreɪt] *vi* collaborer (*with sb in sth* avec qn à qch). ♦ **collaboration** *n* collaboration *f* (*in* à). ♦ **collaborator** *n* collaborateur *m*, -trice *f*.
collapse [kə'læps] **1** *vi* [*person, building, roof, floor*] s'écrouler, s'effondrer; [*beam*] fléchir; [*government*] tomber; [*prices, defences, civilization, society*] s'effondrer; [*scheme*] s'écrouler; (*: *with laughter*) être plié en deux (de rire). he ~d at work il a eu un grave malaise à son travail. **2** *vt chair* plier; *paragraphs* comprimer. **3** *n* écroulement *m*; effondrement *m*; fléchissement *m*; [*lung etc*] collapsus *m*; [*government*] chute *f*.
♦ **collapsible** *adj* pliant.
collar ['kɒlər] **1** *n* col *m*; (*separate*) (*for men*) faux-col *m*; (*for women*) collerette *f*; [*dogs*] collier *m*; (*on pipe etc*) bague *f*. to get hold of sb by the ~ saisir qn au collet. **2** *vt* (*) *person* accrocher*, intercepter*; *book, object* faire main

basse sur. ♦ **collarbone** *n* clavicule *f*.
♦ **collarstud** *n* bouton *m* de col.
collate [kɒ'leɪt] *vt* collationner (*with* avec).
♦ **collation** *n* collation *f*.
collateral [kɒ'lætərəl] *adj* (*parallel*) parallèle; (*corresponding*) concomitant; (*Jur, Med*) collatéral; (*subordinate*) accessoire. (*Fin*) ~ (*security*) nantissement *m*.
colleague ['kɒliːg] *n* collègue *mf*.
collect [kə'lekt] **1** *vt* (**a**) (*assemble*) *valuables, wealth* accumuler; *facts, documents* rassembler, recueillir; *group of helpers* rassembler, réunir; *money, subscriptions* recueillir; *taxes, dues, fines* percevoir; *rents* encaisser. (*US*) ~ on delivery livraison *f* contre remboursement; the ~ed works of Milton les œuvres *fpl* complètes de Milton; (*fig*) to ~ one's thoughts se recueillir. (**b**) (*pick up*) *books etc* ramasser; [*bus or railway company*] *luggage etc* prendre à domicile; [*ticket collector*] ramasser. (*Post*) to ~ letters faire la levée du courrier; the rubbish is ~ed twice a week les ordures sont enlevées deux fois par semaine. (**c**) (*as hobby*) *stamps* collectionner. she ~s* poets elle collectionne* les poètes. (**d**) (*call for*) *person, books, one's mail* passer prendre. the bus ~s the children l'autobus ramasse les enfants.
2 *vi* (**a**) [*people*] se rassembler; [*things*] s'amasser; [*dust, water*] s'accumuler. (**b**) to ~ for the injured faire la quête pour les blessés.
3 *adv* (*US Telec*) to call ~ téléphoner en P.C.V.
♦ **collection** *n* (*information*) rassemblement *m*; [*taxes*] perception *f*; [*refuse*] enlèvement *m*; [*stamps etc*] collection *f*; [*miscellaneous objects*] amas *m*, ramassis *m* (*pej*); (*in church*) quête *f*; (*Post*) levée *f*. ♦ **collective** *adj* collectif; ~ive bargaining = convention *f* collective du travail. ♦ **collectively** *adv* collectivement.
♦ **collectivism** *n* collectivisme *m*. ♦ **collector** *n* [*taxes*] percepteur *m*; [*stamps etc*] collectionneur *m*, -euse *f*.
college ['kɒlɪdʒ] *n* (*gen*) collège *m*. ~ of agriculture institut *m* agronomique; ~ of art école *f* des beaux-arts; ~ of domestic science école d'enseignement ménager; ~ of education = école normale; ~ of music conservatoire *m* de musique; technical ~ collège technique; to go to ~ faire des études supérieures; C~ of Physicians/Surgeons Académie *f* de médecine/de chirurgie.
collide [kə'laɪd] *vi* entrer en collision, (*less violently*) se heurter. to ~ with entrer en collision avec, heurter. ♦ **collision** *n* collision *f*; to be on a collision course sur une route de collision.
collie ['kɒlɪ] *n* colley *m*.
collier ['kɒlɪər] *n* mineur *m*. ♦ **colliery** *n* mine *f* (de charbon), houillère *f*.
colloquial [kə'ləʊkwɪəl] *adj* familier, parlé.
♦ **colloquialism** *n* expression *f* familière.
♦ **colloquially** *adv* familièrement, dans la langue parlée.
collusion [kə'luːʒən] *n* collusion *f*. in ~ with de connivence avec.
colon ['kəʊlən] *n* (*Anat*) côlon *m*; (*Gram*) deux-points *m inv*.
colonel ['kɜːnl] *n* colonel *m*. C~ Smith le colonel Smith.
colony ['kɒlənɪ] *n* colonie *f*. ♦ **colonial** *adj* colonial; **Colonial Office** ministère *m* des Colonies. ♦ **colonialism** *n* colonialisme *m*. ♦ **colonialist** *adj*, *n* colonialiste (*mf*). ♦ **colonist** *n* colon *m*. ♦ **colonization** *n* colonisation *f*. ♦ **colonize** *vt* coloniser.
Colorado beetle [,kɒlə'rɑːdəʊ 'biːtl] *n* doryphore *m*.
colossus [kə'lɒsəs] *n*, colosse *m*. ♦ **colossal** *adj* colossal.
colour, (*US*) **-or** ['kʌlər] **1** *n* couleur *f*. what ~ is

it? de quelle couleur est-ce?; **to take the ~ out of sth** décolorer qch; (*fig*) let's see the ~ of your money* fais voir la couleur de ton fric*; **under (the)** ~ **of** sous prétexte de; **to change** ~ changer de couleur; **to lose (one's)** ~ pâlir; **to get one's** ~ **back** reprendre des couleurs; **he looks an unhealthy** ~ il a très mauvaise mine; **to have a high** ~ avoir le teint vif; **to paint sth in bright/dark ~s** (*lit*) peindre qch de couleurs vives/sombres; (*fig*) peindre qch sous de belles couleurs/sous des couleurs sombres; **to see sth in its true** ~ voir qch sous son vrai jour; (*gen, Mil, Naut*) ~s couleurs *fpl*; **to salute the** ~s saluer le drapeau; (*fig*) **he showed his true** ~s il s'est révélé tel qu'il est vraiment; **his** ~ **counted against him** sa couleur jouait contre lui; **it is not a question of** ~ ce n'est pas une question de race.

2 *adj film, slide, photograph* en couleur; *problem etc* racial. ♦ **bar** discrimination raciale; ~ **scheme** combinaison *f* de(s) couleurs; **to choose a** ~ **scheme** assortir les couleurs; (*Press*) ~ **supplement** supplément illustré; ~ **television** télévision *f* (en) couleur; ~ **television (set)** téléviseur *m* couleur *inv*.

3 *vt* (*gen: lit, fig*) colorer; (*paint*) peindre; (*crayon*) colorier; (*dye*) teindre; (*tint*) teinter. **to** ~ **sth red** colorer *etc* qch en rouge; **~ing book** album *m* à colorier.

4 *vi* [*person*] rougir.

♦ **coloration** *n* coloration *f*. ♦ **colorcast 1** *n* programme *m* (télévisé) en couleur; **2** *vt* téléviser en couleur. ♦ **colour-blind** *adj* daltonien. ♦ **colourblindness** *n* daltonisme *m*. ♦ **coloured 1** *adj* *liquid* coloré; *drawing* colorié; *pencil* de couleur; *photograph* en couleur; *person, race* de couleur; **a highly ~ed tale** un récit très coloré; **a straw-~ed hat** un chapeau couleur paille; **muddy-~ed** couleur de boue; **2** *n:* **~eds** personnes *fpl* de couleur; (*in South Africa*) métis *mpl*. ♦ **colourful** *adj* *dress, tale* coloré; *personality* pittoresque. ♦ **colouring** *n* coloration *f*; (*complexion*) teint *m*; **high ~ing** teint coloré. ♦ **colourless** *adj* incolore.

colt [kəult] *n* poulain *m*.

column ['kɒləm] *n* (*all senses*) colonne *f*. ♦ **columnist** *n* journaliste *mf* (*chargé(e) d'une rubrique régulière*).

coma ['kəumə] *n* coma *m*. **in a** ~ dans le coma. ♦ **comatose** *adj* comateux.

comb [kəum] **1** *n* peigne *m*. **to run a** ~ **through one's hair** se donner un coup de peigne. **2** *vt* (**a**) peigner. **to** ~ **one's hair** se peigner; **to** ~ **sb's hair** peigner qn. (**b**) (*search*) *area, town* ratisser; (~ **through**) *file* dépouiller.

combat ['kɒmbæt] **1** *n* combat *m*. **on** ~ **duty** en service commandé. **2** *vti* combattre (*for* pour, *with, against* contre). ♦ **combatant** *adj, n* combattant(e) *m(f)*.

combine [kəm'baɪn] **1** *vt* *projects, objectives* combiner (*with* avec); *qualities* allier (*with* à); *forces, efforts* unir. **to** ~ **business with pleasure** joindre l'utile à l'agréable; ~ **clock and radio** combiné *m* radio-réveil; **their ~d wealth** leurs richesses réunies; **a ~d effort** un effort conjugué; ~**d forces** forces alliées; ~**d operation** (*Mil*) opération *f* interarmes *inv*; (*by allies*) opération alliée; (*fig*) entreprise *f* faite en commun. **2** *vi* (*gen*) s'unir, s'associer; [*parties*] fusionner; [*workers*] se syndiquer; (*Chem*) se combiner; (*fig*) se liguer (*against* contre); [*events*] concourir (*to* à). **3** ['kɒmbaɪn] *n* association *f*; (*Comm, Fin*) trust *m*, cartel *m*; (*Jur*) corporation *f*; (~ **harvester**) moissonneuse-batteuse *f*. ♦ **combination 1** *n* (*gen*) combinaison *f*; [*events*] concours *m*; (*motorcycle*) combination side-car *m*; **2** *adj*: **combination lock** serrure *f* à combinaison.

combustion [kəm'bʌstʃən] *n* combustion *f*. ♦ **combustible** *adj* combustible.

come [kʌm] *pret* **came**, *ptp* **come** *vi* (**a**) (*gen*) venir; (*arrive*) venir, arriver; (*have its place*) venir, se trouver. ~ **with me** venez avec moi; ~ **and see me soon** venez me voir bientôt; **he has** ~ **to mend the television** il est venu réparer la télévision; **he has** ~ **from Edinburgh** il est venu d'Édimbourg; **he has just** ~ **from Edinburgh** il arrive d'Édimbourg; (*originate from*) **to** ~ **from** venir de; **he has** ~ **a long way** il est venu de loin; (*fig*) il a fait du chemin; **they were coming and going all day** ils n'ont fait qu'aller et venir toute la journée; (*TV*) **the picture** ~**s and goes** l'image saute; **the pain** ~**s and goes** la douleur est intermittente; **to** ~ **running** arriver en courant; **to** ~ **home** rentrer (chez soi *or* à la maison); **to** ~ **for sb/sth** venir chercher qn/qch, venir prendre qn/qch; **I'll** ~ **after you** je vous suis; **coming!** j'arrive!; (*excl*) ~, ~!, ~ **now!** voyons!; **they came to a town** ils sont arrivés à une ville, ils ont atteint une ville; **help came in time** les secours sont arrivés à temps; **it came into my head that** il m'est venu à l'esprit que; **it came as a shock to me** cela lui a fait un choc; **it came as a surprise to him** cela l'a (beaucoup) surpris; **when it** ~**s to mathematics** pour ce qui est des mathématiques; **when it** ~**s to choosing** quand il faut choisir; (*fig*) **he will never** ~ **to much** il ne sera *or* fera jamais grand-chose; **the time will** ~ **when** ... il viendra un temps où ...; **May** ~**s before June** mai vient avant *or* précède juin; **July** ~**s after June** juillet vient après *or* suit juin; **this passage** ~**s on page 10** ce passage se trouve à la page 10.

(**b**) (*happen*) arriver (*to* à), se produire. ~ **what may** quoi qu'il arrive (*subj*); **nothing came of it** il n'en est rien résulté; **that's what** ~**s of disobeying!** voilà ce que c'est que de désobéir!; **no good will** ~ **of it** il n'en sortira rien de bon; **how do you** ~ **to be so late?** comment se fait-il que vous soyez si en retard?

(**c**) (*be, become*) devenir, se trouver. **his dreams came true** ses rêves se sont réalisés; **the handle has** ~ **loose** le manche s'est desserré; **it** ~**s less expensive to shop in town** cela revient moins cher de faire ses achats en ville; **that** ~**s naturally to him** il est doué pour cela; **everything came right in the end** tout s'est arrangé à la fin; **this dress** ~**s in 3 sizes** cette robe existe en 3 tailles; **I have** ~ **to believe him** j'en suis venu à le croire; **he came to admit he was wrong** il a fini par reconnaître qu'il avait tort; **now I** ~ **to think of it** réflexion faite, quand j'y songe; (*liter*) **it came to pass that** il advint que (*liter*); **to** ~ **undone** se défaire; **to** ~ **apart** (*come off*) se détacher; (*come unstuck*) se décoller.

(**d**) (*phrases*) **the life to** ~ la vie future; **the years to** ~ les années à venir; **if it** ~**s to that, you shouldn't have done it either** à ce compte-là *or* à ce moment-là*, tu n'aurais pas dû le faire non plus; **I've known him for 3 years** ~ **January** cela fera 3 ans en janvier que je le connais; **she is coming* 6** elle va sur ses 6 ans; **she had it coming to her*** elle l'a *or* l'avait (bien) cherché; **to** ~ **between two people** (venir) se mettre entre deux personnes; **she's as clever as they** ~* elle est futée comme pas une*; **you could see that coming*** on voyait venir ça de loin; ~ **again?*** comment?, pardon?; **how** ~?* comment ça se fait?; **how** ~ **you can't find it?*** comment se fait-il que tu n'arrives (*subj*) pas à le trouver?

come about *vi* faire surface (*that* que + *subj*), arriver.

come across 1 *vi* (*gen*) traverser; (*be received*) faire de l'effet. **his speech came across very well/badly** son discours a fait beaucoup d'effet/n'a pas fait d'effet; **his true feelings came across** ses vrais sentiments se faisaient sentir. **2** *vt fus* (*find, meet*) tomber sur.

come along *vi* (**a**) ~ **along!** (*impatiently*) (allons *or* voyons,) dépêchez-vous!; (*in friendly tone*) (allez,) venez! **(b)** (*accompany*) venir. **(c)** (*progress*) faire des progrès. **how is your broken arm?** – it's coming along quite well comment va votre bras cassé? – il *or* ça se remet bien; **how are your lettuces/plans coming along?** où en sont vos laitues/vos projets?

come away *vi* (*leave*) partir, s'en aller; [*button etc*] se détacher, partir. **~ away from there!** sors de là!, écarte-toi de là!

come back *vi* revenir. **I asked her to ~ back with me** je lui ai demandé de me raccompagner; **to ~ back to what I was saying** pour en revenir à ce que je disais; **I'll ~ back to you on that one*** nous en reparlerons plus tard; **his name is coming back to me** son nom me revient (à la mémoire).

come by *vt fus* (*obtain*) *object* se procurer; *idea, opinion* se faire.

come down *vi* descendre (*from* de, *to* jusqu'à); [*buildings etc*] être démoli; [*prices*] baisser. **to ~ down in the world** descendre dans l'échelle sociale; **he came down on me like a ton of bricks*** il m'est tombé dessus à bras raccourcis; **to ~ down with flu** attraper une grippe.

come forward *vi* se présenter (*as* comme). **to ~ forward with** *help, money, suggestion* offrir; *answer* suggérer.

come in *vi* [*person*] entrer; [*trains etc*] arriver; [*tide*] monter; (*in race*) arriver. **where does your brother ~ in?** et ton frère là-dedans?; **he came in fourth** il est arrivé quatrième; **the socialists came in at the last election** les socialistes sont arrivés au pouvoir aux dernières élections; **he has £5,000 coming in every year** il touche 5000 livres chaque année; **to ~ in for** *criticism, reproach* être l'objet de, subir; *praise* recevoir; **to ~ into** (*inherit*) hériter de.

come off 1 *vi* **(a)** [*button*] se détacher; [*stains, marks*] partir. **(b)** [*event etc*] avoir lieu; [*plans etc*] se réaliser; [*attempts, experiments*] réussir. **(c)** (*acquit o.s.*) s'en tirer, s'en sortir. **he came off well by comparison with his brother** il s'en est très bien tiré en comparaison de son frère; **to ~ off best** gagner. **2** *vt fus*: **a button came off his coat** un bouton s'est détaché de son manteau; **he came off his bike** il est tombé de son vélo; **~ off it!*** et puis quoi encore?, vraiment?

come on 1 *vi* **(a)** (*follow*) suivre; (*continue to advance*) continuer d'avancer. **(b)** = **come along (a). (c)** = **come along (c). (d)** (*start*) [*illness*] se déclarer. **the rain came on** il s'est mis à pleuvoir; **I feel a cold coming on** je sens que je m'enrhume. **(e)** (*Theat*) [*actor*] entrer en scène. **'Hamlet' is coming on next week** on donne 'Hamlet' la semaine prochaine. **2** *vt fus* = **come upon.**

come out *vi* [*person, object, flowers, car, drawer*] sortir (*of* de); [*sun, stars*] paraître; [*spots, rash*] sortir; [*secret, news*] être divulgué; [*truth*] se faire jour; [*books, magazines, films*] paraître, sortir; [*qualities*] se manifester; [*stains*] s'en aller; [*dyes, colours*] (*run*) déteindre; (*fade*) se faner; [*Math*] [*problems*] se résoudre; [*division etc*] tomber juste. **to ~ out on strike** se mettre en grève; **the photo came out well** la photo est très bonne; **the total ~s out at 500** le total s'élève à 500; **he came out third in French** il s'est classé troisième en français; **to ~ out in a rash** avoir une poussée de boutons; **to ~ out for/against sth** se déclarer ouvertement pour/contre qch; **you never know what she's going to ~ out with next*** on ne sait jamais ce qu'elle va dire *or* sortir*.

come over 1 *vi* venir. **he came over to England for a few months** il est venu passer quelques mois en Angleterre; **he came over to our way of thinking** il s'est rangé à notre avis; **she came over faint** elle a failli s'évanouir; **his speech came over well** son discours a fait bonne impression. **2** *vt fus*: **a feeling of shyness came over her** la timi-

dité la saisit; **what's ~ over you?** qu'est-ce qui vous prend?

come round *vi* **(a)** faire le tour *or* un détour. **we had to ~ round by the farm** nous avons dû faire un détour par la ferme. **(b)** venir, passer. **do ~ round and see me one evening** passez me voir un de ces soirs. **(c)** (*recur regularly*) revenir périodiquement. **your birthday will soon ~ round again** ce sera bientôt à nouveau ton anniversaire. **(d)** (*change one's mind*) changer d'avis. **(e)** (*regain consciousness*) reprendre connaissance. **(f)** (*throw off bad mood etc*) **leave her alone, she'll soon ~ round** laissez-la tranquille, elle reviendra bientôt à d'autres sentiments.

come through 1 *vi* (*survive*) s'en tirer. (*Telec*) **the call came through** on a eu la communication. **2** *vt fus* (*survive*) *danger, war* se tirer indemne de; *illness* survivre à.

come to 1 *vi* = **come round (e). 2** *vt fus*: **how much does it ~ to?** cela fait combien?; **it ~s to much less per metre if you buy a lot** cela revient bien moins cher le mètre si vous en achetez beaucoup.

come together *vi* (*assemble*) se rassembler; (*meet*) se rencontrer.

come under *vt fus* *sb's influence, domination* tomber sous; *heading* être classé sous, se trouver sous.

come up *vi* **(a)** monter. **he came up to me with a smile** il m'a abordé en souriant. **(b)** [*accused*] comparaître (*before* devant); [*law suit*] être entendu (*before* par); [*matters for discussion, question*] être soulevé. **he came up against total opposition to his plans** il s'est heurté à une opposition radicale à ses projets; **to ~ up against sb** entrer en conflit avec qn. **(c)** **the water came up to his knees** l'eau lui venait *or* arrivait jusqu'aux genoux; **my son ~s up to my shoulder** mon fils m'arrive à l'épaule; **his work has not ~ up to our expectation** son travail n'a pas répondu à notre attente.

come up with *vt fus* *idea, plan* proposer, suggérer; *money, suggestion* offrir.

come upon *vt fus* (*find, meet*) *object, person* tomber sur.

♦ **comeback** *n* (*Theat etc*) rentrée *f*; (*reaction*) réaction *f*; (*response*) réplique *f*. ♦ **comedown*** *n*: **it was rather a ~down for him to have to work** c'était assez humiliant pour lui d'avoir à travailler. ♦ **comer** *n*: **open to all ~rs** ouvert à tous; **the first ~r** le premier venu. ♦ **come-hither*** *adj*: **a ~-hither look** un regard aguichant. ♦ **comeuppance*** [,kʌm'ʌpəns] *n*: **he got his ~uppance** il a échoué (*or* perdu *etc*) et il ne l'a pas volé. ♦ **coming 1** *n* arrivée *f*, venue *f*; **coming and going** va-et-vient *m*; **comings and goings** allées *fpl* et venues; **2** *adj* (*future*) à venir, futur; (*next*) prochain; (*promising*) qui promet, d'avenir; **a coming politician** un homme politique d'avenir.

comedy ['kɒmɪdɪ] *n* comédie *f*. **low ~** farce *f*. ♦ **comedian** *n* (acteur *m*) comique *m*. ♦ **comedienne** *n* actrice *f* comique.

comely ['kʌmlɪ] *adj* (*liter*) beau, gracieux. ♦ **comeliness** *n* beauté *f*, grâce *f*.

comet ['kɒmɪt] *n* comète *f*.

comfort ['kʌmfət] **1** *n* **(a)** confort *m*, bien-être *m*. **to live in ~** vivre dans l'aisance; **every modern ~** tout le confort moderne; **he likes his ~s** il aime ses aises. **(b)** (*consolation*) consolation *f*, réconfort *m*. **to take ~ from sth** trouver du réconfort *or* une consolation dans qch; **you are a great ~ to me** vous êtes pour moi d'un grand réconfort; **if it's any ~ to you** si ça peut te consoler; **it is a ~ to know that ...** il est consolant de savoir que ...; **to take ~ from the fact/the knowledge that** trouver rassurant le fait que/de savoir que; **the fighting was too close for (my) ~** les combats étaient trop près pour mon goût.

2 *adj:* (*US*) ~ **station** toilettes *fpl.*
3 *vt* consoler, soulager.

♦ **comfortable** *adj* armchair, bed, win, majority confortable; *temperature* agréable; *thought, idea, news* réconfortant; *income* très suffisant; **I am quite** ~**able here** je me trouve très bien ici; **to make o.s.** ~**able** se mettre à son aise; (*fig*) **I am not very** ~**able about it** cela m'inquiète un peu.
♦ **comfortably** *adv* confortablement; agréablement; *live* dans l'aisance; **they are** ~**ably off** ils sont à l'aise. ♦ **comforter** *n* (*person*) consolateur *m*, -trice *f* (*liter*); (*scarf*) cache-nez *m inv*; (*dummy-teat*) tétine *f*; (*quilt*) édredon *m.*
♦ **comforting** *adj* words, thoughts consolant; *news* soulageant; **it is** ~**ing to think that** ... il est réconfortant de penser que .... ♦ **comfortless** *adj room* sans confort; *prospect* désolant. ♦ **comfy*** *adj chair, room* confortable; **are you comfy?** êtes-vous bien?

comic ['kɒmɪk] **1** *adj* comique. ~ **opera** opéra *m* comique; ~ **relief** moment *m* de détente comique; ~ **verse** poésie *f* humoristique. **2** *n* (*person*) (acteur *m*) comique *m*, actrice *f* comique; (*magazine*) comic *m.* ~**s**, ~ **strip** bande dessinée.
♦ **comical** *adj* comique. ♦ **comically** *adv* comiquement.

comma ['kɒmə] *n* virgule *f.*

command [kə'mɑːnd] **1** *vt* ordonner, commander (*sb to do* à qn de faire; *that* que + *subj*); *army, ship* commander; *money, services, resources* disposer de; *respect etc* imposer. **that** ~**s a high price** cela se vend très cher. **2** *vi* commander. **3** *n* (*order*) ordre *m*; (*Mil*) commandement *m.* **at** *or* **by the** ~ **of** sur l'ordre de; **at the word of** ~ au commandement; **to be in** ~ être à la tête de; **to have/take** ~ **of** avoir/prendre le commandement de; **under the** ~ **of** sous le commandement *or* les ordres de; **who's in** ~ **here?** qui est-ce qui commande ici?; ~ **of the seas** maîtrise *f* des mers; **he has a** ~ **of 3 foreign languages** il possède 3 langues étrangères; **his** ~ **of English** sa maîtrise de l'anglais; **all the money at my** ~ tout l'argent à ma disposition. **4** *adj:* ~ **module** module *m* de commande; ~ **performance** = représentation *f* de gala (*à la requête du souverain*); ~ **post** poste *m* de commandement. ♦ **commandant** *n* commandant *m.* ♦ **commandeer** *vt* réquisitionner.
♦ **commander** *n* chef *m*; (*Mil*) commandant *m*; ~**er-in-chief** commandant *m* en chef.
♦ **commanding** *adj air* imposant; *look, voice, tone* impérieux; ~**ing officer** commandant *m*; **to be in a** ~**ing position** avoir une position dominante.
♦ **commandment** *n* commandement *m.*
♦ **commando** *n* commando *m.*

commemorate [kə'meməreɪt] *vt* commémorer.
♦ **commemoration** *n* commémoration *f.*
♦ **commemorative** *adj* commémoratif.

commence [kə'mens] *vti* commencer (*sth* qch; *to do, doing* à faire). ♦ **commencement** *n* commencement *m.*

commend [kə'mend] *vt* (*praise*) louer; (*recommend*) recommander; (*entrust*) confier (*to* à). **his scheme did not** ~ **itself to the public** son projet n'a pas été du goût du public; **his scheme has little to** ~ **it** son projet n'a pas grand-chose qui le fasse recommander. ♦ **commendable** *adj* louable; recommandable. ♦ **commendably** *adv:* **that was** ~**ably short** cela avait le mérite de la brièveté.
♦ **commendation** *n* louange *f*; recommandation *f.*

commensurate [kə'menʃərɪt] *adj:* ~ **with** proportionné à.

comment ['kɒment] **1** *n* (*spoken, written*) commentaire *m* (*bref*), remarque *f*; (*critical*) critique *f.* **he let it pass without** ~ il ne l'a pas relevé; **'no** ~**'** 'je n'ai rien à dire'. **2** *vt* remarquer (*that* que); *text* commenter. **3** *vi* faire des remarques (*on* sur). ♦ **commentary** *n* (*gen*) commentaire *m*; (*Sport*) reportage *m.* ♦ **commentate 1** *vi*

(*Rad, TV*) faire un reportage (*on* sur); **2** *vt* (*Rad, TV*) faire un reportage sur; *text* commenter.
♦ **commentator** *n* (*Rad, TV*) reporter *m.*

commerce ['kɒmɜːs] *n* (*Comm*) commerce *m*, affaires *fpl*; **Department of C**~ = ministère *m* du Commerce. ♦ **commercial 1** *adj* (*gen*) commercial; *world* du commerce; *value* marchand, commercial; *district* commerçant; **commercial college** école · *f* de commerce; **commercial traveller** représentant *m* de commerce; **commercial vehicle** véhicule *m* utilitaire; **2** *n* (*Rad, TV*) annonce *f* publicitaire, spot *m.*
♦ **commercialism** *n* mercantilisme *m*; (*on large scale*) affairisme *m.* ♦ **commercialization** *n* commercialisation *f.* ♦ **commercialize** *vt* commercialiser. ♦ **commercially** *adv* commercialement.

commiserate [kə'mɪzəreɪt] *vi* (*show commiseration for*) témoigner de la sympathie (*with* à); (*feel it*) éprouver de la commisération (*with* pour).
♦ **commiseration** *n* commisération *f.*

commissar ['kɒmɪsɑːr] *n* commissaire *m* du peuple. ♦ **commissariat** *n* commissariat *m.*

commission [kə'mɪʃən] **1** *n* (a) (*Comm*) commission *f.* **on a** ~ **basis** à la commission; **he gets 10%** ~ il reçoit une commission de 10%. (b) (*orders*) instructions *fpl*; (*to artist etc*) commande *f.* (c) (*Mil*) brevet *m.* **to get one's** ~ être nommé officier. (d) (*body of people*) commission *f*, comité *m.* ~ **of inquiry** commission d'enquête. (e) **out of** ~ *machine, lift etc* en panne, hors service. **2** *vt* (a) donner pouvoir à. **he was** ~**ed to inquire into** ... il a reçu mission de faire une enquête sur ...; **I have been** ~**ed to say** j'ai été chargé de dire. (b) *book, painting* commander. (c) (*Mil etc*) ~**ed officer** officier *m*; **he was** ~**ed in 1970** il a été nommé officier en 1970.
♦ **commissionaire** *n* commissionnaire *m* (*d'hôtel*). ♦ **commissioner** *n* membre *m* d'une commission, commissaire *m*; (*Police*) = préfet *m* (de police).

commit [kə'mɪt] *vt* (a) *crime etc* commettre. **to** ~ **suicide** se suicider. (b) (*consign*) remettre (*to* à, aux soins de). **to** ~ **sb to prison** faire incarcérer qn; **to** ~ **sb for trial** mettre qn en accusation; **to** ~ **to writing** coucher par écrit; **to** ~ **to memory** apprendre par cœur. (c) **to** ~ **o.s.** s'engager (*to* à); **a** ~**ted writer** un écrivain engagé; **to be** ~**ted to a policy** s'être engagé à poursuivre une politique.
♦ **commitment** *n* (*gen*) engagement *m*; (*obligation*) responsabilité(s) *f(pl)*; (*Fin*) engagement financier; (*Comm*) **'without** ~**ment'** 'sans obligation'; **teaching** ~**ments** (heures *fpl* d') enseignement *m.* ♦ **committal** *n* remise *f* (*to* à, aux soins de); (*to prison*) incarcération *f*; (*burial*) mise *f* en terre.

committee [kə'mɪtɪ] **1** *n* (*gen*) comité *m*, commission *f*; (*Parl*) commission *f.* **to be on a** ~ faire partie d'une commission *or* d'un comité; ~ **of inquiry** commission d'enquête. **2** *adj:* ~ **meeting** réunion *f* de comité *or* de commission; ~ **member** membre *m* d'un comité *or* d'une commission.

commodious [kə'məʊdɪəs] *adj* spacieux.

commodity [kə'mɒdɪtɪ] *n* produit *m*; (*food*) denrée *f.* **staple commodities** produits de base.

common ['kɒmən] **1** *adj* (a) (*affecting many*) interest, cause, language commun. **to make** ~ **cause with sb** faire cause commune avec qn; **by** ~ **consent** d'un commun accord; (*fig*) ~ **ground** terrain *m* d'entente; **it's** ~ **knowledge that** ... chacun sait que ...; ~ **land** terrain communal; ~ **lodging house** asile *m* de nuit; **the C**~ **Market** le Marché commun; ~ **wall** mur mitoyen. (b) (*usual, universal*) *method* commun, ordinaire; *sight* familier; *occurrence* fréquent; *belief* général; (*pej*) *accent, person* commun, vulgaire; (*Gram, Math*) commun. **it's quite** ~ c'est très courant; **it's a** ~ **experience** cela arrive à tout le monde; **it is only**

~ **courtesy to apologise** la politesse la plus élémentaire veut qu'on s'excuse (*subj*); (*pej*) **the** ~ **herd** la plèbe; ~ **honesty** la simple honnêteté; **the** ~ **man** l'homme du commun *or* du peuple; **the** ~ **people** le peuple; **in** ~ **parlance** dans le langage courant; **out of the** ~ **run** hors du commun; ~ **salt** sel *m* (ordinaire); ~ **or garden** ordinaire.

2 *n* **(a)** (*land*) terrain communal. **(b) in** ~ en commun (*with* avec); **they have nothing in** ~ ils n'ont rien de commun.

♦ **commoner** *n* roturier *m*, -ière *f*. ♦ **common-law** *adj*: ~**-law wife** épouse *f* de droit coutumier. ♦ **commonly** *adv* (*V above* 1b) communément; ordinairement; fréquemment; généralement; (*vulgarly*) d'une façon vulgaire ou commune. ♦ **commonness** *n* caractère *m* commun *or* ordinaire; fréquence *f*; généralité *f*; vulgarité *f*. ♦ **commonplace** **1** *adj* ordinaire; **2** *n* lieu *m* commun. ♦ **commonroom** *n* salle *f* commune; (*staffroom*) salle des professeurs. ♦ **commons** *npl* (*Parl*) **the C~s** les Communes *fpl*; (*gen*) **on short** ~**s** strictement rationné. ♦ **commonsense** **1** *n* sens *m* commun, bon sens; **2** *adj* sensé, plein de bon sens. ♦ **Commonwealth** *n*: **the C~wealth** le Commonwealth; (*Hist*) la république de Cromwell; **Minister of C~wealth Affairs** ministre *m* du Commonwealth.

commotion [kə'məuʃən] *n* agitation *f*, commotion *f*. **to make** *or* **cause a** ~ semer la perturbation.

commune [kə'mjuːn] **1** *vi* converser intimement (*with* avec). **to** ~ **with nature** communier avec la nature. **2** ['kɒmjuːn] *n* (*Admin*) commune *f*; (*community*) communauté *f*. **to live in a** ~ vivre en communauté. ♦ **communal** *adj* **facilities** commun; **life** collectif. ♦ **communally** *adv* en commun, collectivement.

communicate [kə'mjuːnɪkeɪt] **1** *vt* (*gen*) communiquer (*to* à); **illness** transmettre (*to* à). **2** *vi* communiquer, se mettre en rapport (*with* avec); [*rooms*] communiquer; (*Rel*) communier. ♦ **communicant** *n* (*Rel*) communiant(e) *m(f)*. ♦ **communication** **1** *n* communication *f*; **to be in communication with sb** être en contact *or* rapport avec qn; **to be in radio communication with sb** communiquer avec qn par radio; **there has been no communication between them** il n'y a eu aucun contact entre eux; **2** *adj* (*Rail*) **communication cord** sonnette *f* d'alarme; **communication satellites** satellites *mpl* de transmission. ♦ **communicative** *adj* communicatif. ♦ **communion** *n* (*gen*) communion *f*; **to take communion** recevoir la communion. ♦ **communiqué** *n* communiqué *m*.

communism ['kɒmjʊnɪzəm] *n* communisme *m*. ♦ **communist** *adj*, *n* communiste (*mf*). ♦ **communistic** *adj* communisant.

community [kə'mjuːnɪtɪ] **1** *n* communauté *f*. **the French** ~ **in Edinburgh** la colonie française d'Édimbourg; **the student** ~ les étudiants *mpl*, le monde étudiant. **2** *adj*: ~ **centre** foyer *m* socio-éducatif; (*US*) ~ **chest** fonds *m* commun; ~ **health centre** centre *m* médico-social; ~ **singing** chants *mpl* en chœur (*improvisés*); ~ **spirit** esprit *m* civique; ~ **worker** animateur *m*, -trice *f* socio-culturel(le).

commute [kə'mjuːt] **1** *vt* substituer (*into* à); (*Elec, Jur*) commuer (*into* en). **2** *vi* faire un trajet journalier, faire la navette (*between* entre; *from* de). ♦ **commuter** *n* banlieusard(e) *m(f)*; (*Brit*) **I work in London but I'm a** ~**r** je travaille à Londres mais je fais la navette; **the** ~**r belt** la grande banlieue.

compact [kəm'pækt] **1** *adj* compact, serré. **the house is very** ~ la maison n'a pas de place perdue. **2** ['kɒmpækt] *n* (*agreement*) contrat *m*, convention *f*; (*powder* ~) poudrier *m*. ♦ **compactly** *adv* **build, design** sans perte de place. ♦ **compactness** *n* [*room etc*] économie *f* d'espace.

companion [kəm'pænjən] **1** *n* compagnon *m*, compagne *f*; (*lady* ~) dame *f* de compagnie; (*one of*

pair of objects) pendant *m*; (*handbook*) manuel *m*. **2** *adj*: ~ **volume** volume *m* qui va de pair (*to* avec). ♦ **companionable** *adj* **person** sociable; **presence** sympathique. ♦ **companionship** *n* compagnie *f*. ♦ **companionway** *n* escalier *m* des cabines.

company ['kʌmpənɪ] *n* (*gen, also Mil*) compagnie *f*; (*Comm, Fin*) société *f*, compagnie; [*actors*] troupe *f*, compagnie. **to keep sb** ~ tenir compagnie à qn; **to part** ~ **with** se séparer de; **in** ~ **with** en compagnie de; **he is good** ~ on ne s'ennuie pas avec lui; **it's** ~ **for her** ça lui fait une compagnie; **we are expecting** ~ nous attendons des invités; **to be in good** ~ être en bonne compagnie; **to get into bad** ~ avoir de mauvaises fréquentations; **she is no fit** ~ **for your sister** ce n'est pas une fréquentation pour votre sœur; **Smith & C~** Smith et Compagnie; **shipping** ~ compagnie de navigation; ~ **car** voiture *f* de fonction; ~ **secretary** secrétaire *m* général (*d'une société*); **National Theatre C~** la troupe du Théâtre National; (*Naut*) **ship's** ~ équipage *m*.

compare [kəm'pɛə^r] **1** *vt* comparer (*with* à, avec; *to* à), mettre en comparaison (*with* avec). ~**d with** en comparaison de, par comparaison avec; (*fig*) **to** ~ **notes with sb** échanger ses impressions avec qn. **2** *vi* être comparable (*with* à). **how do the cars** ~ **for speed?** quelles sont les vitesses respectives des voitures?; **how do the prices** ~? est-ce que les prix sont comparables?; **he can't** ~ **with you** il n'y a pas de comparaison entre vous et lui. **3** *n*: **beyond** ~ (*adv*) incomparablement; (*adj*) sans pareil. ♦ **comparable** ['kɒmpərəbl] *adj* comparable (*with, to* à). ♦ **comparative** [kəm'pærətɪv] **1** *adj* **method** comparatif; **linguistics, literature** comparé; (*Gram*) comparatif; **cost, freedom, luxury** relatif; **he's a comparative stranger** je le connais relativement peu; **2** *n*: **in the comparative** au comparatif. ♦ **comparatively** *adv* relativement. ♦ **comparison** *n* comparaison *f*; **in comparison with** en comparaison de; **by comparison (with)** par comparaison (avec).

compartment [kəm'pɑːtmənt] *n* compartiment *m*. ♦ **compartmentalize** *vt* compartimenter.

compass ['kʌmpəs] *n* boussole *f*; (*Naut*) compas *m*; (*of powers, voice*) étendue *f*. **within the** ~ **of** dans les limites *fpl* de; (*Math*) ~**es** compas *m*.

compassion [kəm'pæʃən] *n* compassion *f*. ♦ **compassionate** *adj* **person** compatissant; **reasons, grounds** de convenance personnelle; **leave** exceptionnel.

compatible [kəm'pætɪbl] *adj* compatible (*with* avec). ♦ **compatibility** *n* compatibilité *f*.

compatriot [kəm'pætrɪət] *n* compatriote *mf*.

compel [kəm'pel] *vt* contraindre (*sb to do* qn à faire). **to be** ~**led to do** être contraint de faire; **to** ~ **obedience from sb** contraindre qn à obéir. ♦ **compelling** *adj* irrésistible. ♦ **compellingly** *adv* irrésistiblement.

compendium [kəm'pendɪəm] *n* (*summary*) abrégé *m*. (*Brit*) ~ **of games** boîte *f* de jeux.

compensate ['kɒmpənseɪt] **1** *vi*: **to** ~ **for sth** compenser qch; **then, to** ~ **for that, he ...** puis, pour compenser, il ...; **2** *vt* (*gen*) compenser (*sb for sth* qn de qch); (*financially*) dédommager (*sb for sth* qn de qch). ♦ **compensation** *n* compensation *f*; dédommagement *m*; **in compensation** en compensation (*for* de).

compère ['kɒmpɛə^r] **1** *n* animateur *m*, -trice *f*. **2** *vt* **show** animer.

compete [kəm'piːt] *vi* (*gen*) concourir (*for* pour, *to do* pour faire); (*vie*) rivaliser (*with* avec, *in* de); (*Comm*) faire concurrence (*with* à, *for* pour). **to** ~ **with one another** se faire concurrence.

competent ['kɒmpɪtənt] *adj* **person, court** compétent (*for* pour, *to do* pour faire). **a** ~ **knowledge of** une connaissance suffisante de. ♦ **competence** *or* ♦ **competency** *n* compétence *f* (*for* pour, *in* en).

♦ **competently** *adv* avec compétence.
competition [ˌkɒmpɪˈtɪʃən] *n* **(a)** compétition *f*, concurrence *f (for* pour); *(Comm)* concurrence. in ~ with en concurrence avec. **(b)** concours *m (for* pour); *(Sport)* compétition *f; (Aut)* course *f*. to go in for a ~ se présenter à un concours; beauty ~ concours de beauté; I won it in a newspaper ~ je l'ai gagné en faisant un concours dans le journal. ♦ **competitive** *adj entry, selection* par concours; *person* qui a l'esprit de compétition; *price* concurrentiel; *goods* à prix concurrentiel; **competitive examination** concours *m*. ♦ **competitor** *n* concurrent(e) *m(f)*.
compile [kəmˈpaɪl] *vt material* compiler; *dictionary* composer (par compilation); *list, catalogue* dresser. ♦ **compiler** *n* compilateur *m*, -trice *f*.
complacent [kəmˈpleɪsənt] *adj* satisfait de soi, suffisant. ♦ **complacence** or ♦ **complacency** *n* suffisance *f*. ♦ **complacently** *adv* avec suffisance.
complain [kəmˈpleɪn] *vi* se plaindre *(to sb* à qn; *of, about* de; *that* que). ♦ **complaint** *n (expression of discontent)* plainte *f; (reason for ~)* sujet *m* de plainte; *(Comm)* réclamation *f; (Jur)* plainte; *(Med)* maladie *f. (Comm)* to make a ~t faire une réclamation *(about* au sujet de).
complement [ˈkɒmplɪmənt] **1** *n (gen, Gram, Math)* complément *m; [staff etc]* effectif *m* complet. **2** [ˈkɒmplɪment] *vt* être le complément de. ♦ **complementary** *adj* complémentaire.
complete [kəmˈpliːt] **1** *adj* **(a)** *(total)* complet, total. ~ works œuvres *fpl* complètes; he's a ~ idiot* il est complètement idiot. **(b)** *(finished)* achevé, terminé. **2** *vt collection* compléter; *misfortune* mettre le comble à; *piece of work* achever, terminer; *form, questionnaire* remplir. and to ~ his happiness et pour comble de bonheur; **and just to ~ things** et pour couronner le tout. ♦ **completely** *adv* complètement. ♦ **completeness** *n* état complet. ♦ **completion** *n [work]* achèvement *m; [contract, sale]* exécution *f; near completion* près d'être achevé; on completion of contract à la signature du contrat.
complex [ˈkɒmpleks] **1** *adj (all senses)* complexe. **2** *n* **(a)** complexe *m*, ensemble *m*. **mining** ~ complexe minier; **housing** ~ (ensemble de) résidences *fpl, (high rise)* grand ensemble. **(b)** *(Psych)* complexe *m*. he's got a ~ about it il en fait un complexe. ♦ **complexity** *n* complexité *f*.
complexion [kəmˈplekʃən] *n [face]* teint *m. (fig)* that puts a new ~ on it ça change tout.
complicate [ˈkɒmplɪkeɪt] *vt* compliquer *(with* de; *by doing* en faisant). ♦ **complicated** *adj* compliqué. ♦ **complication** *n* complication *f*.
compliment [ˈkɒmplɪmənt] **1** *n* compliment *m*. to pay sb a ~ faire un compliment à qn; **give him my** ~s faites-lui mes compliments; **the** ~s of the season tous mes vœux; 'with the ~s of Mr X' 'avec les hommages *or* les bons compliments de Monsieur X'; ~s slip = papillon *m* (avec les bons compliments de l'expéditeur). **2** [ˈkɒmplɪment] *vt* faire des compliments à *(on* de, sur); féliciter *(on doing* d'avoir fait). ♦ **complimentary** *adj (praising)* flatteur; *(gratis)* à titre gracieux; *ticket* de faveur.
comply [kəmˈplaɪ] *vi*: to ~ with *rules* obéir à; *sb's wishes* se conformer à; *request* accéder à. ♦ **compliance** *n*: in compliance with conformément à. ♦ **compliant** *adj* accommodant.
component [kəmˈpəʊnənt] **1** *adj* constituant. **2** *n (Aut, Tech)* pièce *f*. ~s factory usine *f* de pièces détachées.
compose [kəmˈpəʊz] *vt* composer. to be ~d of se composer de; to ~ o.s. se calmer. ♦ **composed** *adj* calme, posé. ♦ **composedly** *adv* avec calme, posément. ♦ **composer** *n* compositeur *m*, -trice *f*. ♦ **composition 1** *n (gen)* composition *f; (Scol*

essay) rédaction *f; [sentence]* construction *f; [word]* composition; **2** *adj rubber* synthétique. ♦ **compositor** *n (Typ)* compositeur *m*, -trice *f*. ♦ **composure** *n* calme *m*, sang-froid *m*.
compos mentis [ˈkɒmpɒsˈmentɪs] *adj* sain d'esprit.
compost [ˈkɒmpɒst] *n* compost *m*.
compound [ˈkɒmpaʊnd] **1** *n (Chem)* composé; *(Gram)* mot *m* composé; *(Tech)* composé *f; (enclosed area)* enclos *m*, enceinte *f*. **2** *adj (Chem)* composé; *number, sentence* complexe; *tense, word, interest* composé; *fracture* compliqué. **3** [kəmˈpaʊnd] *vt mixture* composer *(of* de); *ingredients* combiner; *(fig) problem, difficulties* aggraver.
comprehend [ˌkɒmprɪˈhend] *vt* comprendre. ♦ **comprehensible** *adj* compréhensible. ♦ **comprehension** *n* compréhension *f; (Scol)* exercice *m* de compréhension; *(inclusion)* inclusion *f*. ♦ **comprehensive 1** *adj description, review* détaillé, complet; *knowledge* étendu; *rule* compréhensif; *measures* d'ensemble; *insurance* tous-risques *inv*; **2** *n*: **comprehensive (school)** = collège *m* d'enseignement secondaire, C.E.S. *m*.
compress [kəmˈpres] **1** *vt substance* comprimer; *facts* condenser. **2** *vi* se comprimer; se condenser. **3** [ˈkɒmpres] *n (Med)* compresse *f*. ♦ **compression** *n* compression *f*; condensation *f*. ♦ **compressor** *n* compresseur *m*.
comprise [kəmˈpraɪz] *vt* comprendre, englober.
compromise [ˈkɒmprəmaɪz] **1** *n* compromis *m*. **2** *vi* transiger *(over* sur), aboutir à un compromis. **3** *vt* compromettre. **4** *adj decision*, solution de compromis. ♦ **compromising** *adj* compromettant.
comptometer [kɒmpˈtɒmɪtəʳ] *n* ® machine *f* comptable. ~ **operator** mécanographe *mf*.
compulsion [kəmˈpʌlʃən] *n* contrainte *f*. under ~ sous la contrainte; **you are under no** ~ vous n'êtes nullement obligé. ♦ **compulsive** *adj reason, demand* coercitif; *desire, behaviour* compulsif; *smoker, liar* invétéré; **she's a compulsive talker** parler est un besoin chez elle. ♦ **compulsively** *adv drink, smoke, talk* d'une façon compulsive. ♦ **compulsorily** *adv* obligatoirement, de force. ♦ **compulsory** *adj education, military service* obligatoire; *loan* forcé; **compulsory purchase** expropriation *f* pour cause d'utilité publique; **compulsory retirement** mise *f* à la retraite d'office.
compunction [kəmˈpʌŋkʃən] *n* scrupule *m (about sth* à propos de qch; *about doing* à faire).
compute [kəmˈpjuːt] *vt* calculer. ♦ **computation** *n* calcul *m*. ♦ **computer** **1** *n* ordinateur *m*; he is in ~rs il est dans l'informatique; **2** *adj*: ~r **language** langage *m* de programmation; ~r **programmer** programmeur *m*, -euse *f*; ~r **programming** programmation *f*; ~r **science** informatique *f*; ~r **scientist** informaticien(ne) *m(f)*. ♦ **computerization** *n [facts, figures]* traitement *m* électronique; *[system, process]* automatisation *f* électronique. ♦ **computerize** *vt facts* informatiser; *system* automatiser.
comrade [ˈkɒmrɪd] *n* camarade *mf*. ♦ **comrade-in-arms** *n* compagnon *m* d'armes. ♦ **comradeship** *n* camaraderie *f*.
con* [kɒn] **1** *vt*: to ~ sb into doing amener qn à faire en le dupant; **I've been** ~ned je me suis fait avoir*. **2** *n*: it was all a big ~, c'était une vaste escroquerie *f*. **3** *adj*: ~ **man** escroc *m*; ~ **game** escroquerie *f*.
concave [ˈkɒnkeɪv] *adj* concave.
conceal [kənˈsiːl] *vt object* cacher, dissimuler *(from sb* pour que qn ne le voie pas *etc)*; *news, event* cacher *(from sb* à qn), garder secret; *emotions, thoughts* cacher *(from sb* à qn), dissimuler. ~ed **lighting** éclairage *m* indirect; *(Aut)* ~ed **turning** intersection *f* cachée. ♦ **concealment** *n*

dissimulation f; [facts] non-divulgation f; ⟨place of ~ment⟩ cachette f.
concede [kən'siːd] vt concéder. **to ~ victory** s'avouer vaincu.
conceit [kən'siːt] n vanité f, suffisance f. ♦ **conceited** adj vaniteux, suffisant. ♦ **conceitedly** adv avec vanité, avec suffisance.
conceive [kən'siːv] 1 vt child, idea concevoir. **I cannot ~ why** ... je ne comprends vraiment pas pourquoi ... . 2 vi: **to ~ of** concevoir. ♦ **conceivable** adj concevable; **it is conceivable that** il est concevable que + subj. ♦ **conceivably** adv: **she may conceivably be right** il est concevable qu'elle ait raison.
concentrate ['kɒnsəntreɪt] 1 vt (gen) concentrer (on sur); hopes reporter (on sur). 2 vi (a) [troops, people] se concentrer. (b) (think hard) se concentrer (on sur). **to ~ on doing** s'appliquer à faire; **I just can't ~!** je n'arrive pas à me concentrer!; **the terrorists ~d on the outlying farms** les terroristes ont concentré leurs attaques sur les fermes isolées; **~ on getting well** occupe-toi d'abord de ta santé; [speaker] **I shall ~ on the 16th century** je traiterai en particulier le 16e siècle. 3 adj, n (Chem) concentré (m). ♦ **concentration** n concentration f; **concentration camp** camp m de concentration.
concept ['kɒnsept] n concept m.
conception [kən'sepʃən] n conception f.
concern [kən'sɜːn] 1 vt (affect) concerner; (be the business of) être l'affaire de. **as ~s** en ce qui concerne; **that doesn't ~ you** cela ne vous regarde pas, ce n'est pas votre affaire; **'to whom it may ~'** = 'je soussigné(e) certifie que ...'; **as far as he is ~ed** en ce qui le concerne; **the persons ~ed** les intéressés; **the department ~ed** (under discussion) le service en question; (relevant) le service compétent; **to be ~ed in** avoir un intérêt dans; **to ~ o.s. with** s'occuper de; **we are ~ed only with facts** nous ne nous occupons que des faits; **to be ~ed by** or **for** or **about** or **at** s'inquiéter de, être inquiet de; **I am ~ed about him** je m'inquiète à son sujet; **I am ~ed to hear that** ... j'apprends avec inquiétude que ... .
2 n (a) **to have no ~ with** n'avoir rien à voir avec, être sans rapport avec; **it's no ~ of his, it's none of his ~** cela ne le regarde pas; **what ~ is it of yours?** en quoi est-ce que cela vous regarde? (b) (business ~) entreprise f, affaire f. **he has a ~ in the business** il a des intérêts dans l'affaire. (c) (anxiety) inquiétude f, souci m. **a look of ~** un regard inquiet.
♦ **concerned** adj (worried) inquiet, soucieux (for de) ♦ **concerning** prep en ce qui concerne, concernant.
concert ['kɒnsət] 1 n concert m. **in ~** à l'unisson. 2 adj ticket, pianist de concert. **~ performer** concertiste mf; **~ tour** tournée f de concerts. ♦ **concerted** adj action, effort concerté. ♦ **concertgoer** n habitué(e) m(f) des concerts. ♦ **concert-hall** n salle f de concert.
concertina [ˌkɒnsə'tiːnə] 1 n concertina m. 2 vi se télescoper.
concerto [kən'tʃɛətəʊ] n concerto m.
concession [kən'seʃən] n concession f. **price ~** réduction f. ♦ **concessionary** adj concessionnaire; ticket, fare à prix réduit.
conch [kɒntʃ] n conque f.
conciliate [kən'sɪlɪeɪt] vt person apaiser; opposing views concilier. ♦ **conciliation** n apaisement m; conciliation f; (Ind) **conciliation board** conseil m d'arbitrage. ♦ **conciliator** n conciliateur m, -trice f; (in negotiations) médiateur m, -trice f. ♦ **conciliatory** adj person, words, manner conciliant; spirit de conciliation; procedure conciliatoire.
concise [kən'saɪs] adj (short) concis; (shortened) abrégé. ♦ **concisely** adv avec concision.

♦ **conciseness** or ♦ **concision** n concision f.
conclude [kən'kluːd] 1 vt (all senses) conclure. **'to be ~d'** 'suite et fin au prochain numéro'. 2 vi [events] se terminer (with par, sur); [speaker] conclure. ♦ **concluding** adj final. ♦ **conclusion** n (all senses) conclusion f; **in conclusion** pour conclure, en conclusion; **to come to the conclusion that** conclure que; **to try conclusions with sb** se mesurer contre qn. ♦ **conclusive** adj concluant. ♦ **conclusively** adv de façon concluante.
concoct [kən'kɒkt] vt (Culin etc) confectionner; scheme, excuse fabriquer. ♦ **concoction** n (Culin etc) mélange m, mixture f (pej).
concord ['kɒŋkɔːd] n concorde f.
concourse ['kɒŋkɔːs] n (crowd) foule f; (place) lieu m de rassemblement; (US: in park) carrefour m; (US: in building, station) hall m; (US: street) boulevard m.
concrete ['kɒnkriːt] 1 adj (a) object, proof, advantage concret; proposal, offer précis. (b) building en béton. **~ mixer** bétonnière f. 2 n (a) (Constr) béton m. (b) **the ~ and the abstract** le concret et l'abstrait. 3 vt path bétonner.
concur [kən'kɜːʳ] vi (agree) être d'accord (with sb avec qn, in sth sur qch); [events] coïncider, arriver en même temps; (contribute) concourir (to à). ♦ **concurrent** adj simultané. ♦ **concurrently** adv simultanément.
concussed [kən'kʌst] adj commotionné. ♦ **concussion** n commotion f cérébrale.
condemn [kən'dem] vt person condamner (to à); building condamner; materials déclarer inutilisable. **to ~ to death** condamner à mort; **the ~ed man** le condamné; **the ~ed cell** la cellule des condamnés. ♦ **condemnation** n condamnation f.
condense [kən'dens] vt condenser. ♦ **condensation** n condensation f. ♦ **condenser** n condensateur m.
condescend [ˌkɒndɪ'send] vi daigner (to do faire). **to ~ to sb** se montrer condescendant envers qn. ♦ **condescending** adj condescendant. ♦ **condescendingly** adv avec condescendance. ♦ **condescension** n condescendance f.
condiment ['kɒndɪmənt] n condiment m.
condition [kən'dɪʃən] 1 n (all senses) condition f. **on ~ that** à condition que + fut indic or subj, à condition de + infin; **he made the ~ that no one should accompany him** il a stipulé que personne ne devait l'accompagner; **under** or **in the present ~s** dans les conditions actuelles; **working/living ~s** conditions de travail/de vie; **weather ~s** conditions météorologiques; **physical ~** condition or état m physique; **in ~** thing en bon état; person en forme; **it's out of ~** c'est en mauvais état; **he's out of ~** il n'est pas en forme; **she was not in a ~ or in any ~ to go out** elle n'était pas en état de sortir. 2 vt (all senses) conditionner (into doing à faire). ♦ **conditional** 1 adj conditionnel; **to be ~al (up)on** dépendre de; 2 n conditionnel m; **in the ~al** au conditionnel. ♦ **conditionally** adv conditionnellement.
condole [kən'dəʊl] vi offrir ses condoléances (with sb à qn). ♦ **condolences** npl condoléances fpl.
condom ['kɒndəm] n préservatif m.
condone [kən'dəʊn] vt (overlook) fermer les yeux sur; (forgive) pardonner.
conduce [kən'djuːs] vi: **to ~ to** conduire à. ♦ **conducive** adj: **to be conducive to** conduire à.
conduct ['kɒndʌkt] 1 n conduite f (towards envers). 2 [kən'dʌkt] vt person, group conduire, mener; heat conduire; business, orchestra diriger; enquiry conduire. **he ~ed me round the gardens** il m'a fait faire le tour des jardins; **~ed tour** (gen) voyage m organisé; [building] visite f guidée; **to ~ o.s.** se conduire, se comporter. ♦ **conduction** n conduction f. ♦ **conductivity** n

conductivité *f*. ♦ **conductor** *n* (*Mus*) chef *m* d'orchestre; *[bus]* receveur *m*; (*US Rail*) chef de train; *[heat etc]* conducteur *m*. ♦ **conductress** *n* receveuse *f*.

cone [kəʊn] *n* (*gen*) cône *m*; *[ice cream]* cornet *m*.

confab ['konfæb] *n* brin *m* de causette*.

confectioner [kən'fekʃənər] *n* (*sweetmaker*) confiseur *m*, -euse *f*; (*cakemaker*) pâtissier *m*, -ière *f*. ~'s (*shop*) confiserie *f* (-pâtisserie *f*); (*US*) ~'s **sugar** sucre *m* glace. ♦ **confectionery** *n* confiserie *f*; (*cakes etc*) pâtisserie *f*.

confederate [kən'fedərɪt] **1** *adj* confédéré. **2** *n* confédéré(e) *m(f)*; (*in criminal act*) complice *mf*. **3** [kən'fedəreɪt] *vt* confédérer. **4** *vi* se confédérer. ♦ **confederacy** *n* confédération *f*; (*US Hist*) **the Confederacy** les États *mpl* Confédérés. ♦ **confederation** *n* confédération *f*.

confer [kən'fɜːr] **1** *vt* conférer (*on* à). **2** *vi* conférer (*with sb* avec qn; *about sth* de qch). ♦ **conference** ['konfərəns] *n* (*meeting*) conférence *f*, réunion *f*, (*especially academic*) congrès *m*; **in** ~**ence** en conférence; **the** ~**ence decided** ... les participants à la conférence ont décidé ...; **2** *adj*: ~**ence table** table *f* de conférence; ~**ence member** congressiste *mf*.

confess [kən'fes] **1** *vt* avouer, confesser (*that* que); *mistake* reconnaître; (*Rel*) confesser. **2** *vi* avouer (*to sth* qch; *to doing* avoir fait); (*Rel*) se confesser. ♦ **confession** *n* aveu *m*, confession *f* (*of* de); (*Rel*) confession; (*Jur*) **a full** ~**ion** des aveux complets; (*Rel*) **to hear sb's** ~**ion** confesser qn; **to go to** ~**ion** aller se confesser; **to make one's** ~**ion** se confesser. ♦ **confessional** *n* confessionnal *m*. ♦ **confessor** *n* confesseur *m*.

confetti [kən'fetiː] *n* confettis *mpl*.

confide [kən'faɪd] **1** *vt* avouer en confidence (*that* que). **2** *vi*: **to** ~ **in sb** s'ouvrir à qn, se confier à qn; **to** ~ **in sb about sth** confier qch à qn; **to** ~ **in sb about what one is going to do** révéler à qn ce qu'on va faire. ♦ **confidant** *n* confident *m*. ♦ **confidante** *n* confidente *f*.

confidence ['konfɪdəns] **1** *n* (a) (*trust*) confiance *f* (*in* en). **to have every** ~ **in sb** avoir pleine confiance en qn; **I have every** ~ **that** je suis sûr *or* certain que; **motion of no** ~ motion *f* de censure. (b) (*self*-~) confiance *f* en soi, assurance *f*. (c) (*secret*) confidence *f*. **to take sb into one's** ~ faire des confidences à qn; **this is in strict** ~ c'est strictement confidentiel; **'write in** ~ **to X'** 'écrire à X: discrétion garantie'. **2** *adj*: ~ **trick** escroquerie *f*; ~ **trickster** escroc *m*. ♦ **confident** *adj* (*self*-~) sûr de soi, assuré; (*sure*) sûr, persuadé (*of* de; *of doing* de faire; *that* que). ♦ **confidential** *adj* *letter, remark, information* confidentiel; *servant* de confiance; *secretary* particulier. ♦ **confidentially** *adv* en confidence. ♦ **confidently** *adv* avec confiance.

confine [kən'faɪn] *vt* (a) (*imprison*) emprisonner; (*shut up*) enfermer (*in* dans). **to be** ~**d to the house** être obligé de rester chez soi; (*Mil*) ~**d to barracks** consigné. (b) (*limit*) limiter, borner. **to** ~ **o.s. to doing** se borner à faire; **the damage is** ~**d to the back of the car** seul l'arrière de la voiture est endommagé; **in a** ~**d space** dans un espace restreint. ♦ **confinement** *n* (*Med*) couches *fpl*; (*imprisonment*) emprisonnement *m*, réclusion *f* (*Jur*).

confirm [kən'fɜːm] *vt* (*gen, also Rel*) confirmer; *one's resolve* raffermir; *treaty, appointment* ratifier. ♦ **confirmation** *n* confirmation *f*; raffermissement *m*; ratification *f*. ♦ **confirmed** *adj* *smoker, habit, liar* invétéré; *bachelor* endurci; *admirer* fervent.

confiscate ['konfɪskeɪt] *vt* confisquer (*sth from sb* qch à qn). ♦ **confiscation** *n* confiscation *f*.

conflict ['konflɪkt] **1** *n* conflit *m*. **2** [kən'flɪkt] *vi* être *or* entrer en conflit (*with* avec); *[ideas]* s'opposer, se heurter (*with* à). **that** ~**s with**

what he told me ceci est en contradiction avec ce qu'il m'a raconté. ♦ **conflicting** *adj* *views* incompatible; *reports, evidence* contradictoire.

conform [kən'fɔːm] *vi* se conformer (*to, with* à). *[actions, sayings]* être en conformité (*to* avec). ♦ **conformist** *adj*, *n* conformiste (*mf*). ♦ **conformity** *n*: **in** ~**ity with** conformément à.

confound [kən'faʊnd] *vt* confondre. ~ **it!*** la barbe!*; ~ **him!*** qu'il aille au diable!

confront [kən'frʌnt] *vt* confronter (*sb with sb* qn avec qn); *enemy, danger* affronter. **to** ~ **sb with sth** présenter qch à qn; **problems which** ~ **us** problèmes auxquels nous devons faire face. ♦ **confrontation** *n* confrontation *f*.

confuse [kən'fjuːz] *vt* (a) (*throw into disorder*) *opponents* confondre; (*perplex*) déconcerter; (*embarrass*) confondre, embarrasser; (*mix up*) *persons, ideas* embrouiller. **you are just confusing me** tu m'embrouilles. (b) (*not distinguish between*) confondre (*with* avec). ♦ **confused** *adj* *person* (*muddled, embarrassed*) confus, (*perplexed*) déconcerté; *opponent* confondu; *mind, sounds, memories, ideas, situation* confus; **to get** ~**d** (*muddled up*) ne plus savoir où on en est; (*embarrassed*) se troubler. ♦ **confusedly** *adv* confusément. ♦ **confusing** *adj* déroutant. ♦ **confusion** *n* confusion *f*; **he was in a state of confusion** la confusion régnait dans son esprit.

congeal [kən'dʒiːl] *vi* *[spilt blood, paint]* sécher; *[spilt oil, gravy]* se figer.

congenial [kən'dʒiːnɪəl] *adj* sympathique, agréable.

congenital [kən'dʒenɪtl] *adj* congénital.

congested [kən'dʒestɪd] *adj* *town, countryside* surpeuplé; *street, corridors* encombré; *telephone lines* embouteillé; (*Med*) congestionné. ♦ **traffic** encombrements *mpl*. ♦ **congestion** *n* surpeuplement *m*; encombrement *m*; congestion *f*.

congratulate [kən'grætjʊleɪt] *vt* féliciter (*on* de, *on doing* de faire). ♦ **congratulations** *npl* félicitations *fpl* (*on* pour); **congratulations!** toutes mes félicitations!

congregate ['kɒŋgrɪgeɪt] *vi* se rassembler, s'assembler. ♦ **congregation** *n* [*worshippers*] assemblée *f* (des fidèles); *[cardinals etc]* congrégation *f*. ♦ **congregational** *adj*: **the Congregational Church** l'Église *f* congrégationaliste.

congress ['kɒŋgres] **1** *n* congrès *m*. (*US*) C~ le Congrès. **2** *adj*: ~ **member** congressiste *mf*. ♦ **Congressional** *adj* (*US*) du Congrès; C~**ional Record** Journal *m* Officiel du Congrès. ♦ **congressman** *or* **congresswoman** *n* (*US*) membre *m* du Congrès, = député *m*; C~**man J. Smith said that** ... Monsieur le Député J. Smith a dit que ... .

conic(al) ['kɒnɪk(əl)] *adj* conique.

conifer ['kɒnɪfər] *n* conifère *m*. ♦ **coniferous** *adj* *tree* conifère; *forest* de conifères.

conjecture [kən'dʒektʃər] **1** *vti* conjecturer. **2** *n* conjecture *f*. ♦ **conjectural** *adj* conjectural.

conjugal ['kɒndʒʊgəl] *adj* conjugal.

conjugate ['kɒndʒʊgeɪt] **1** *vt* conjuguer. **2** *vi* se conjuguer. ♦ **conjugation** *n* conjugaison *f*.

conjunction [kən'dʒʌŋkʃən] *n* conjonction *f*. **in** ~ **with** conjointement avec.

conjunctivitis [kən,dʒʌŋktɪ'vaɪtɪs] *n* conjonctivite *f*.

conjuncture [kən'dʒʌŋktʃər] *n* conjoncture *f*.

conjure ['kʌndʒər] **1** *vt* faire apparaître (*par la prestidigitation*). **2** *vi* faire des tours de passe-passe; (*juggle*) jongler (*with* avec). **a name to** ~ **with** un nom prestigieux.

conjure up *vt sep* *memories* évoquer. **to** ~ **up visions of** ... évoquer ... .

♦ **conjurer** *or* ♦ **conjuror** *n* prestidigitateur *m*, -trice *f*. ♦ **conjuring** *n* prestidigitation *f*; **conjuring trick** tour *m* de passe-passe.

conk• [kɒŋk] *vi* (~ **out**) tomber *or* rester en panne.
conker* ['kɒŋkə^r] *n* (*Brit*) marron *m*.
connect [kə'nekt] **1** *vt* (*gen*) relier, rattacher (*with, to* à); [*roads, rail link, airline*] relier (*with, to* à); (*Telec*) *caller* mettre en communication (*with* avec); *pipes, drains* raccorder (*to* à); (*install*) *cooker, telephone* brancher, raccorder. (*Telec*) **we are trying to** ~ **you** nous essayons d'obtenir votre communication; (*Elec*) **to** ~ **to the mains** brancher sur le secteur; **I always** ~ **Paris with springtime** j'associe toujours Paris au printemps; **he is** ~**ed with that firm** il a des rapports *or* des contacts avec cette firme; **it is not** ~**ed with the murder** cela n'a aucun rapport avec *or* n'a rien à voir avec le meurtre; **well** ~**ed de bonne famille. 2** *vi* se relier, se raccorder; [*trains*] assurer la correspondance (*with* avec). (*Aut*) ~**ing rod** bielle *f*. ♦ **connected** *adj languages, species* connexe; *events* lié; *rooms* communicants. ♦ **connection** *or* ♦ **connexion** *n* (*gen*) rapport *m* (*with* avec), lien *m* (*between* entre); (*Elec*) contact *m*; (*Telec*) communication *f*; (*Rail*) correspondance *f* (*with* avec); **this has no** ~**ion with ceci n'a aucun rapport avec; in this** ~**ion** à ce sujet; **in** ~**ion with** à propos de; **in another** ~**ion** dans un autre ordre d'idées; **to build up a** ~**ion with a firm** établir des relations d'affaires avec une firme; **we have no** ~**ion with any other firm** toute ressemblance avec une autre compagnie est purement fortuite; **they have some family** ~**ion** ils ont un lien de parenté; (*Rail*) **to miss one's** ~**ion** manquer la correspondance.
conning tower ['kɒnɪŋ ˌtaʊə^r] *n* [*submarine*] kiosque *m*; [*warship*] centre *m* opérationnel.
connive [kə'naɪv] *vi*: **to** ~ **at** (*pretend not to notice*) fermer les yeux sur; (*aid and abet*) être de connivence dans. ♦ **connivance** *n* connivence *f*.
connoisseur [ˌkɒnə'sɜː^r] *n* connaisseur *m*, -euse *f* (*of de, en*).
conquer ['kɒŋkə^r] *vt* (*lit*) *person, enemy* vaincre; *nation, country, castle* conquérir; (*fig*) *feelings, habits* surmonter. ♦ **conquering** *adj* victorieux. ♦ **conqueror** *n* conquérant *m*; (*fig*) vainqueur *m*. ♦ **conquest** *n* conquête *f*.
conscience ['kɒnʃəns] *n* conscience *f*. **to have a clear** ~ avoir la conscience tranquille; **to have sth on one's** ~ avoir qch sur la conscience; **in (all)** ~ en conscience; **for** ~' **sake** par acquit de conscience. ♦ **conscience-stricken** *adj* pris de remords. ♦ **conscientious** *adj person, work* consciencieux; **conscientious objector** objecteur *m* de conscience. ♦ **conscientiously** *adv* consciencieusement. ♦ **conscientiousness** *n* conscience *f*.
conscious ['kɒnʃəs] *adj* (a) conscient, ayant conscience (*of* de); *insult* délibéré; *guilt* ressenti clairement. **to be** ~ **of doing** avoir conscience de faire; **to become** ~ **of sth** prendre conscience de qch. (b) (*Med*) conscient. **to become** ~ revenir à soi, reprendre connaissance. ♦ **consciously** *adv* consciemment. ♦ **consciousness** *n* conscience *f* (*of* de); (*Med*) connaissance *f*; **to lose/regain** ~**ness** perdre/reprendre connaissance.
conscript [kən'skrɪpt] **1** *vt* recruter (*par conscription*). **2** ['kɒnskrɪpt] *n* conscrit *m*. ♦ **conscription** *n* conscription *f*.
consecrate ['kɒnsɪkreɪt] *vt* consacrer (*to* à). ♦ **consecration** *n* consécration *f*.
consecutive [kən'sekjʊtɪv] *adj* consécutif, de suite. ♦ **consecutively** *adv* consécutivement; (*Jur*) **... the sentences to be served** ~**ly ... avec cumul *m* de peines.
consensus [kən'sensəs] *n*: ~ **of opinion** opinion *f* générale, consensus *m* d'opinion.
consent [kən'sent] **1** *vi* consentir (*to sth* à qch, *to do* à faire). (*Jur*) ~**ing adults** adultes consentants. **2** *n* consentement *m*, assentiment *m*. **by common** ~ **de l'opinion de tous; by mutual** ~ (*general*

agreement) d'un commun accord; (*private arrangement*) à l'amiable; **divorce by (mutual)** ~ divorce *m* par consentement mutuel; **age of** ~ âge *m* nubile légal.
consequence ['kɒnsɪkwəns] *n* (*result*) conséquence *f*. **in** ~ par conséquent; **in** ~ **of which** par suite de quoi; **it's of no** ~ cela n'a aucune importance; **he's of no** ~ c'est un homme de peu d'importance. ♦ **consequent** *adj* résultant (*on* de). ♦ **consequently** *adv* par conséquent, en conséquence.
conserve [kən'sɜːv] *vt* conserver, préserver; *strength* ménager. ♦ **conservancy** *or* ♦ **conservation** *n* préservation *f*; [*nature*] défense *f* de l'environnement; (*Phys*) conservation *f*. ♦ **conservationist** *n* partisan *m* de la défense de l'environnement. ♦ **conservatism** *n* conservatisme *m*. ♦ **conservative 1** *adj* (*Pol*) conservateur; (*gen*) *assessment* modeste; *style, behaviour* traditionnel; **at a conservative estimate** au bas mot; **2** *n* conservateur *m*, -trice *f*. ♦ **conservatory** *n* (*greenhouse*) serre *f*; (*Mus etc*) conservatoire *m*.
consider [kən'sɪdə^r] *vt* (*gen*) considérer (*that* que); (*think about*) *problem, possibility* considérer, examiner; *question, matter, subject* réfléchir à; (*take into account*) *facts* prendre en considération; *person's feelings* avoir égard à; *cost, difficulties, dangers* tenir compte de. **I had not** ~**ed taking it with me** je n'avais pas envisagé de l'emporter; **all things** ~**ed tout bien considéré; it is my** ~**ed opinion that ...** après avoir mûrement réfléchi je pense que ...; **he is being** ~**ed for the post** on songe à lui pour le poste; **she** ~**s him very mean** elle le considère comme très avare, elle estime qu'il est très avare; ~ **yourself lucky*** estimez-vous heureux. ♦ **considering 1** *prep* étant donné, vu (*that* que); **2** *adj*: **he played very well,** ~**ing** tout compte fait, il a très bien joué.
considerable [kən'sɪdərəbl] *adj* considérable. **to a** ~ **extent** dans une large mesure; **we had** ~ **difficulty in finding you** nous avons eu beaucoup de mal à vous trouver. ♦ **considerably** *adv* considérablement.
considerate [kən'sɪdərɪt] *adj* prévenant (*towards* envers), plein d'égards (*towards* pour, envers). ♦ **considerately** *adv act* avec prévenance.
consideration [kənˌsɪdə'reɪʃən] *n* (*all senses*) considération *f*. **out of** ~ **for** par égard pour; **to show** ~ **for sb's feelings** ménager les susceptibilités de qn; **to take sth into** ~ prendre qch en considération, tenir compte de qch; **taking everything into** ~ tout bien considéré; **the matter is under** ~ l'affaire est à l'étude; **after due** ~ après mûre réflexion; **money is the first** ~ il faut considérer avant tout la question d'argent; **it's of no** ~ cela n'a aucune importance; **money is no** ~ l'argent n'entre pas en ligne de compte; **his age was an important** ~ son âge constituait un facteur important; **to do sth for a** ~ faire qch moyennant finance.
consign [kən'saɪn] *vt* (*send*) expédier; (*hand over*) remettre. ♦ **consignee** *n* consignataire *mf*. ♦ **consignment** *n* (*incoming*) arrivage *m*; (*outgoing*) envoi *m*.
consist [kən'sɪst] *vi* consister (*of* en; *in doing* à faire; *in sth* dans qch). ♦ **consistency** *n* consistance *f*; (*fig*) **to lack** ~**ency** manquer de logique *f*. ♦ **consistent** *adj person, behaviour* conséquent, logique; *argument* qui se tient; ~**ent with** compatible avec. ♦ **consistently** *adv argue* avec logique; *happen* régulièrement, sans exception; ~**ently with** conformément à.
console [kən'səʊl] *vt* consoler (*sb for sth* qn de qch). ♦ **consolation 1** *n* consolation *f*; **2** *adj*: **consolation prize** prix *m* de consolation. ♦ **consoling** *adj* consolant.

consolidate [kən'sɒlɪdeɪt] *vt* consolider.
♦ **consolidation** *n* consolidation *f.*
consonant ['kɒnsənənt] *n* consonne *f.*
consort ['kɒnsɔːt] **1** *n* époux *m*, épouse *f.* prince ~ prince *m* consort. **2** [kən'sɔːt] *vi:* to ~ **with sb** fréquenter qn.
consortium [kən'sɔːtɪəm] *n* consortium *m.*
conspicuous [kən'spɪkjuəs] *adj* person, behaviour, clothes voyant, qui attire la vue; poster qui attire les regards; bravery insigne; difference, fact notable, remarquable. a ~ lack of ... un manque manifeste de ...; **he was in a ~ position** il était bien en évidence; (fig) il occupait une situation très en vue; **to make o.s.** ~ se faire remarquer; **to be** ~ **by one's absence** briller par son absence. ♦ **conspicuously** *adv* behave d'une manière à se faire remarquer; angry visiblement.
conspire [kən'spaɪər] *vi* conspirer (against contre). to ~ **to do** [people] comploter pour faire; [events] conspirer à faire. ♦ **conspiracy** *n* conspiration *f,* conjuration *f.* ♦ **conspirator** *n* conspirateur *m,* -trice *f.*
constable ['kʌnstəbl] *n* (police ~) (in town) agent *m* de police, gardien *m* de la paix; (in country) gendarme *m.* ♦ **constabulary** *n* police *f*; gendarmerie *f.*
constant ['kɒnstənt] **1** *adj* quarrels, interruptions incessant, continuel; affection inaltérable, constant; friend fidèle. **2** *n* (Math, Phys) constante *f.* ♦ **constancy** *n* constance *f.* ♦ **constantly** *adv* constamment, sans cesse.
constellation [,kɒnstə'leɪʃən] *n* constellation *f.*
consternation [,kɒnstə'neɪʃən] *n* consternation *f.* filled with ~ frappé de consternation, consterné.
constipate [,kɒnstɪpeɪt] *vt* constiper.
♦ **constipated** *adj* constipé. ♦ **constipation** *n* constipation *f.*
constituency [kən'stɪtjuənsɪ] *n* (place) circonscription *f* électorale; (people) électeurs *mpl* (d'une circonscription). ~ **party** section *f* locale (du parti). ♦ **constituent 1** *adj* constituant; **2** *n* (element) élément constitutif; (Pol) électeur *m,* -trice *f* (dans une circonscription).
constitute ['kɒnstɪtjuːt] *vt* constituer. ♦ **constitution** *n* constitution *f.* ♦ **constitutional** **1** *adj* (Pol etc) constitutionnel; (Med) diathésique. **2** *n* (*) petite promenade *f.* ♦ **constitutionally** *adv* (Pol etc) constitutionnellement; (Med etc) par nature.
constrain [kən'streɪn] *vt* contraindre (sb to do qn à faire). **to be** ~**ed to do** être contraint de faire. ♦ **constrained** *adj* atmosphere de gêne; voice, manner contraint. ♦ **constraint** *n* contrainte *f.*
constrict [kən'strɪkt] *vt* (gen) resserrer; muscle etc serrer; movements gêner. ♦ **constricted** *adj* freedom restreint; point of view borné. ♦ **constriction** *n* resserrement *m*; constriction *f* (esp Med).
construct [kən'strʌkt] *vt* building, novel, play construire; theory, one's defence bâtir. ♦ **construction** *n* construction *f*; under ~ion en construction; **to put a wrong** ~ion **on sb's words** mal interpréter les paroles de qn. ♦ **constructive** *adj* constructif. ♦ **constructively** *adv* d'une manière constructive. ♦ **constructor** *n* constructeur *m,* -trice *f.*
construe [kən'struː] *vt* sentence analyser; Latin poem expliquer. **this was** ~**d as** ... on a interprété ceci comme signifiant ...
consul ['kɒnsəl] *n* consul *m.* ~ **general** consul général. ♦ **consular** *adj* consulaire; ~**ar section** service *m* consulaire. ♦ **consulate** *n* consulat *m.*
consult [kən'sʌlt] **1** *vt* consulter (about sur, au sujet de). **2** *vi* être en consultation (with avec). to ~ **together** se consulter. ♦ **consultant 1** *n* consultant *m,* expert-conseil *m* (to sb auprès de qn); (Med) médecin *m* consultant, spécialiste *m*; **2** *adj* consultant. ♦ **consultation** *n* consultation *f.*

♦ **consultative** *adj* consultatif. ♦ **consulting** *adj* engineer etc conseil (f inv); ~**ing hours** heures *fpl* de consultation; ~**ing room** cabinet *m* de consultation.
consume [kən'sjuːm] *vt* food, resources, fuel consommer; [fire] consumer. ~**d with grief** consumé de; desire brûlant de; jealousy rongé par. ♦ **consumer 1** *n* consommateur *m,* -trice *f*; [telephone, gas, electricity] abonné(e) *m(f)*; **2** *adj* protection, resistance du consommateur; ~**r durables** biens *mpl* de consommation durable; ~**r goods** biens *mpl* de consommation; Ministry of C~**r Protection** = Secrétariat *m* d'État à la Consommation; ~**r research** études *fpl* de marchés; ~**r society** société *f* de consommation. ♦ **consuming** *adj* passion dévorant, brûlant.
consummate [kən'sʌmɪt] *n* (**a**) consommé. **2** ['kɒnsʌmeɪt] *vt* consommer. ♦ **consummation** *n* consommation *f* (d'un mariage).
consumption [kən'sʌmpʃən] *n* (**a**) [food, fuel] consommation *f.* **not fit for human** ~ non-comestible; (pej) immangeable. (**b**) (†: tuberculosis) phtisie† *f.*
contact ['kɒntækt] **1** *n* (all senses) contact *m.* **to be in** ~ **with sb** être en contact avec qn; **we have had no** ~ **with him** nous sommes sans contact avec lui; **I seem to make no** ~ **with him** je n'arrive pas à communiquer avec lui; **he has some** ~**s in Paris** il a des relations *fpl* à Paris. **2** *vt* se mettre en contact or en rapport avec, contacter. **we'll** ~ **you soon** nous nous mettrons en rapport avec vous sous peu. **3** *adj:* ~ **lenses** verres *mpl* de contact.
contagion [kən'teɪdʒən] *n* contagion *f.* ♦ **contagious** *adj* contagieux.
contain [kən'teɪn] *vt* contenir. **he couldn't** ~ **himself for joy** il ne se sentait pas de joie. ♦ **container 1** *n* (goods transport) conteneur *m*; (jug, box etc) récipient *m*; **2** *adj* train, ship porteconteneurs inv; dock pour la manutention de conteneurs; terminal à conteneurs; transport par conteneurs. ♦ **containerization** *n* conteneurisation *f.* ♦ **containerize** *vt* conteneuriser.
contaminate [kən'tæmɪneɪt] *vt* contaminer. ♦ **contamination** *n* contamination *f.*
contemplate ['kɒntempleɪt] *vt* (look at) contempler; (consider) envisager (doing de faire). ♦ **contemplation** *n* contemplation *f.* ♦ **contemplative** *adj* contemplatif.
contemporary [kən'tempərərɪ] *adj, n* contemporain(e) *m(f)* (with de).
contempt [kən'tempt] *n* mépris *m.* **to hold in** ~ mépriser; **it's beneath** ~ c'est au-dessous de tout; ~ **of court** outrage *m* à la Cour. ♦ **contemptible** *adj* méprisable. ♦ **contemptuous** *adj* person dédaigneux (of de); manner méprisant; gesture de mépris. ♦ **contemptuously** *adv* avec mépris, dédaigneusement.
contend [kən'tend] **1** *vi:* to ~ **with sb for sth** disputer qch à qn; **to have sth to** ~ **with** devoir faire face à qch; **to have sb to** ~ **with** avoir affaire à qn; **he has a lot to** ~ **with** il a beaucoup de problèmes. **2** *vt* soutenir, prétendre (that que). ♦ **contender** *n* concurrent(e) *m(f)*; ~**er for** prétendant(e) *m(f)* à. ♦ **contention** *n* (dispute) dispute *f*; (assertion) assertion *f*; **bone of contention** pomme *f* de discorde. ♦ **contentious** *adj* person querelleur; issue contesté.
content[1] [kən'tent] **1** *adj* content, satisfait (with de). **to be** ~ **with** (accept) se contenter de; **he is quite** ~ **to stay** il ne demande pas mieux que de rester. **2** *n* contentement *m.* **3** *vt* contenter. **to** ~ **o.s. with doing** se contenter de faire. ♦ **contented** *adj* content (with de). ♦ **contentedly** *adv* avec contentement. ♦ **contentedness or** ~**contentment** *n* contentement *m.*
content[2] ['kɒntent] *n* [book, play] contenu *m*; [document, metal] teneur *f.* [box etc] ~**s** contenu; [book] '~**s**' 'table *f* des matières'; **oranges have a**

high vitamin C ~ les oranges sont riches en vitamine C; **gold** ~ teneur en or.

contest [kən'test] 1 *vt matter, result, will contester; election, seat* disputer. 2 ['kɒntest] *n* combat *m*, lutte *f*; (*Sport*) lutte; (*Boxing, Wrestling*) rencontre *f*; (*competition*) concours *m*. ◆ **contestant** *n* (*for prize*) concurrent(e) *m(f)*; (*in fight*) adversaire *mf*.

context ['kɒntekst] *n* contexte *m*. **in/out of** ~ dans le/sans contexte.

continent ['kɒntinənt] *n* continent *m*. (*Brit*) **the** C~ l'Europe continentale; **on the** C~ en Europe. ◆ **continental** *adj* (*gen*) continental; *drift* des continents; ~**al breakfast** café *m* ou thé *m* complet; ~**al quilt** couette *f*.

contingency [kən'tindʒənsı] 1 *n* événement *m* imprévu, éventualité *f*. **in a** ~ en cas d'imprévu. 2 *adj*: ~ **fund** caisse *f* de prévoyance; ~ **plans** plans *mpl* d'urgence. ◆ **contingent** 1 *adj* contingent; **to be contingent upon sth** dépendre de qch; 2 *n* contingent *m*.

continue [kən'tinju:] 1 *vt* (*gen*) continuer (*to do* à or de faire); *tradition, policy* maintenir; (*after interruption*) reprendre. [*serial*] **to be** ~**d** à suivre; **to be** ~**d on page 10** suite page 10; **to** ~ **one's way** continuer son chemin; (*after pause*) se remettre en marche; **'and so,' he** ~**d** 'et ainsi,' reprit-il *or* poursuivit-il. 2 *vi* (*gen*) continuer; (*after interruption*) reprendre. **the forest** ~**s to the sea** la forêt s'étend jusqu'à la mer; **to** ~ **in one's job** garder *or* conserver son poste; **he** ~**d with his voluntary work** il a poursuivi son travail bénévole; **she** ~**d as his secretary** elle est restée sa secrétaire. ◆ **continual** *adj* continuel. ◆ **continually** *adv* continuellement, sans cesse. ◆ **continuance** *n* (*duration*) durée *f*; (*continuation*) continuation *f*; (*continuity*) continuité *f*. ◆ **continuation** *n* continuation *f*; (*after interruption*) reprise *f*; [*serial story*] suite *f*. ◆ **continuity** *n* continuité *f*; **continuity girl** scripte *f*. ◆ **continuous** *adj* continu; (*Cine*) **continuous performance** spectacle *m* permanent. ◆ **continuously** *adv* (*uninterruptedly*) sans interruption; (*repeatedly*) continuellement, sans arrêt. ◆ **continuum** *n* continuum *m*.

contort [kən'tɔ:t] *vt features* tordre; *words, story* déformer. ◆ **contortion** *n* [*esp acrobat*] contorsion *f*; [*features*] convulsion *f*. ◆ **contortionist** *n* contorsionniste *mf*.

contour ['kɒntʊər] 1 *n* contour *m*. 2 *adj*: ~ **line** courbe *f* de niveau; ~ **map** carte *f* avec courbes de niveau.

contraband ['kɒntrəbænd] 1 *n* contrebande *f*. 2 *adj* de contrebande.

contraception [,kɒntrə'sepʃən] *n* contraception *f*. ◆ **contraceptive** *adj*, *n* contraceptif (*m*).

contract ['kɒntrækt] 1 *n* contrat *m*. **marriage** ~ contrat de mariage; **to enter into a** ~ **with sb for sth** passer un contrat avec qn pour qch; **to put work out to** ~ mettre du travail à l'entreprise; **by** ~ *par or* sur contrat; (*fig: by killer*) **there's a** ~ **out for him** sa tête a été mise à prix (*par un rival*). 2 *adj*: ~ **bridge** bridge *m* contrat; ~ **work** travail *m* à l'entreprise. 3 [kən'trækt] *vt* (**a**) *debts, illness, vices, alliance* contracter. **to** ~ **to do** s'engager (*par contrat*) à faire; **to** ~ **with sb to do** passer un contrat avec qn pour faire. (**b**) *muscles, metal* contracter; *face* crisper; *word, phrase* contracter (*to* en). 4 *vi* se contracter.
contract in *vi* s'engager (*par contrat*).
contract out *vi* se libérer, se dégager (*of* de). **to** ~ **out of a pension scheme** cesser de cotiser à une caisse de retraite.
◆ **contraction** *n* contraction *f*; (*word*) forme *f* contractée. ◆ **contractor** *n* entrepreneur *m*. ◆ **contractual** *adj* contractuel.

contradict [,kɒntrə'dikt] *vt* contredire. ◆ **contradiction** *n* contradiction *f*; **a** ~**ion in terms** une contradiction (dans les termes). ◆ **contradictory** *adj* contradictoire.

contralto [kən'træltəʊ] 1 *n* contralto *m*. 2 *adj* de contralto.

contraption* [kən'træpʃən] *n* machin* *m*, truc* *m*.

contrary ['kɒntrərı] 1 *adj* (**a**) (*gen*) contraire (*to* à). **in a** ~ **direction** en sens inverse *or* opposé; ~ **to nature** contre nature. (**b**) [kən'trɛərı] (*self-willed*) contrariant. 2 *adv* contrairement (*to* à). 3 *n* contraire *m*. **on the** ~ au contraire; **unless you hear to the** ~ sauf contrordre. ◆ **contrariness** *n* esprit *m* de contradiction. ◆ **contrariwise** *adv* (*on the contrary*) au contraire; (*in opposite direction*) en sens opposé.

contrast [kən'trɑ:st] 1 *vt* mettre en contraste, contraster (*with* avec). 2 *vi* contraster, faire contraste (*with* avec). 3 ['kɒntrɑ:st] *n* contraste *m* (*between* entre). **in** ~ par contraste (*to* avec). ◆ **contrasting** *adj* *opinions* opposé; *colours* contrasté.

contravene [,kɒntrə'vi:n] *vt* enfreindre. ◆ **contravention** *n* infraction *f* (*of* à).

contribute [kən'tribju:t] 1 *vt* (*gen*) contribuer; *specific sum* offrir, donner; (*Admin*) cotiser; *article to a newspaper* donner, envoyer. 2 *vi*: **to** ~ **to** *collection, charity, misunderstanding* contribuer à; *discussion* prendre part à, participer à; *newspaper* collaborer à; **to** ~ **to doing** contribuer à faire. ◆ **contribution** [,kɒntrı'bju:ʃən] *n* (*gen*) contribution *f*; (*Admin*) cotisation *f*; (*to publication*) article *m*. ◆ **contributor** *n* (*to publication*) collaborateur *m*, -trice *f*; (*money, goods*) donateur *m*, -trice *f*. ◆ **contributory** *adj cause* accessoire; **it was a contributory factor in ...** cela a contribué à ...; **contributory pension scheme** caisse *f* de retraite (à laquelle cotisent les employés).

contrite ['kɒntrait] *adj* contrit. ◆ **contrition** *n* contrition *f*.

contrive [kən'traiv] *vt plan, scheme* combiner, inventer. **to** ~ **a means of doing** trouver un moyen pour faire; **to** ~ **to do** s'arranger pour faire, trouver le moyen de faire; **can you** ~ **to be here at 3 o'clock?** est-ce que vous pouvez vous arranger pour être ici à 3 heures? ◆ **contrivance** *n* (*gen*) appareil *m*; (*device*) dispositif *m*. ◆ **contrived** *adj* forcé, qui manque de naturel.

control [kən'trəʊl] 1 *n* (**a**) (*gen*) contrôle *m* (*of* de); autorité *f* (*over* sur). **the** ~ **of** (*traffic*) la réglementation de; [*aircraft*] le contrôle de; [*pests*] la suppression de; [*disease, forest fires*] la lutte contre; [*the seas, the air*] la maîtrise de; **he has no** ~ **over his children** il n'a aucune autorité sur ses enfants; **to keep a dog under** ~ se faire obéir d'un chien; **to have a horse under** ~ maîtriser un cheval; **to lose** ~ **of** perdre le contrôle de; **to lose** ~ **of o.s.** perdre tout contrôle de soi; **to be in** ~ **of** être maître de; **to get a fire under** ~ maîtriser un incendie; **the situation is under** ~ on a la situation bien en main; **everything's under** ~* tout est en ordre; **his car went out of** ~ il a perdu le contrôle de sa voiture; **the children are quite out of** ~ les enfants sont déchaînés; **under French** ~ sous contrôle français; **circumstances beyond our** ~ circonstances indépendantes de notre volonté; **who is in** ~? qui *or* quel est le responsable?; (*Sport*) **his** ~ **of the ball is not very good** il ne contrôle pas très bien la balle; **price** ~**s** le contrôle des prix. (**b**) ~**s** [*train, car, ship, aircraft*] commandes *fpl*; [*radio, TV*] boutons *mpl* de commande; **to be at the** ~**s** être aux commandes; (*Rad, TV*) **volume** ~ (bouton *m* de) réglage *m* de volume. (**c**) (*Phys, Psych etc: standard of comparison*) cas *m* témoin.

2 *vt emotions* maîtriser; *animal, child* se faire obéir de; *vehicle, machine* manier *or* manœuvrer; *organization, business* diriger; *expenditure, traffic* régler; *prices, wages, immigration* contrôler; *disease* enrayer. **to** ~ **o.s.** se contrôler, se maîtriser; **she**

can't ~ **the children** elle n'a aucune autorité sur les enfants.

3 *adj (Med etc)* ~ **case/group** cas *m*/groupe *m* témoin; ~ **knob** bouton *m* de commande *or* de réglage; ~ **panel** *[aircraft, ship]* tableau *m* de bord; *[TV, computer]* pupitre *m* de commande; ~ **room** *(Naut)* poste *m* de commande; *(Mil)* salle *f* de commande; *(Rad, TV)* régie *f*; *(Aviat)* ~ **tower** tour *f* de contrôle.

♦ **controlled** *adj emotion* contenu; **he was very** ~**led** il se dominait très bien; ... **he said in a** ~**led voice** ... dit-il en se contrôlant; *(Econ)* ~**led economy** économie dirigée. ♦ **controller** *n* contrôleur *m*. ♦ **controlling** *adj factor* déterminant; ~**ling interest** participation *f* majoritaire.

controversy [kən'trɒvəsɪ] *n* controverse *f*. **there was a lot of** ~ **about it** ça a provoqué beaucoup de controverses. ♦ **controversial** *adj (thought-provoking) speech, action, decision* discutable, sujet à controverse; *(talked about) person, book, suggestion* discuté.

contusion [kən'tjuːʒən] *n* contusion *f*.

conundrum [kə'nʌndrəm] *n* énigme *f*.

conurbation [,kɒnɜː'beɪʃən] *n* conurbation *f*.

convalesce [,kɒnvə'les] *vi* se remettre *(d'une maladie)*. **to be convalescing** être en convalescence. ♦ **convalescence** *n* convalescence *f*. ♦ **convalescent** *adj, n* convalescent(e) *m(f)*; ~**nt home** maison *f* de convalescence *or* de repos.

convection [kən'vekʃən] *n* convection *f*. ♦ **convection heater** *or* ♦ **convector** *n* radiateur *m* à convection.

convene [kən'viːn] **1** *vt* convoquer. **2** *vi* s'assembler. ♦ **convener** *or* ♦ **convenor** *n* président(e) *m(f) (de commission etc)*. ♦ **convening** *adj:* convening country pays *m* hôte.

convenient [kən'viːnɪənt] *adj tool, device* commode; *time* qui convient; *place, position* bon; *event, occurrence* opportun. **if it is** ~ **to you** si vous n'y voyez pas d'inconvénient, si cela ne vous dérange pas; **will it be** ~ **for you to come tomorrow?** est-ce que cela vous arrange *or* vous convient de venir demain?; **is it** ~ **to see him now?** peut-on le voir tout de suite sans le déranger?; **it is not a very** ~ **time** le moment n'est pas très bien choisi; **the house is** ~ **for shops** la maison est bien située pour les magasins; **he put it down on a** ~ **chair** il l'a posé sur une chaise qui se trouvait à portée. ♦ **convenience** **1** *n* **(a)** *[plan, apartment]* commodité *f*; **for convenience' sake** par souci de commodité; *(Comm)* **at your earliest convenience** dans les meilleurs délais; **do it at your own convenience** faites-le quand cela vous conviendra; *[house]* **conveniences** commodités; **(b)** *(lavatory)* W.C. *mpl;* **2** *adj:* **convenience foods** aliments *mpl* à préparation rapide. ♦ **conveniently** *adv happen* fort à propos; *situated etc* bien; **very** ~**ly he arrived late** heureusement il est arrivé en retard.

convent ['kɒnvənt] **1** *n* couvent *m*. **to go into a** ~ entrer au couvent. **2** *adj:* ~ **school** couvent *m*.

convention [kən'venʃən] *n (meeting, agreement)* convention *f*; *(accepted behaviour)* usage *m*, convenances *fpl*. **there is a** ~ **that** l'usage veut que + *subj*. ♦ **conventional** *adj person, behaviour* conventionnel *(also slightly pej)*; *method* conventionnel, classique; *weapons* classique.

converge [kən'vɜːdʒ] *vi* converger *(on* sur*)*. ♦ **convergence** *n* convergence *f*. ♦ **convergent** *or* ♦ **converging** *adj* convergent.

conversant [kən'vɜːsənt] *adj:* **to be** ~ **with** *car, machinery* s'y connaître en; *language, science, laws* connaître; *facts* être au courant de.

conversation [,kɒnvə'seɪʃən] **1** *n* conversation *f*, entretien *m*. **in** ~ **with** en conversation avec; **what was your** ~ **about?** de quoi parliez-vous? **2** *adj:* **that was a** ~ **piece*** cela a fourni un grand sujet de conversation; **that was a** ~ **stopper*** cela

a arrêté net la conversation. ♦ **conversational** *adj voice, words* de la conversation; *person* qui a la conversation facile. ♦ **conversationalist** *n* causeur *m*, -euse *f*; **she's a great** ~**alist** elle brille dans la conversation. ♦ **conversationally** *adv speak* sur le ton de la conversation; **'nice day' she said** ~**ally** 'il fait beau' dit-elle du ton de quelqu'un qui cherche à entamer une conversation.

converse[1] [kən'vɜːs] *vi* converser. **to** ~ **with sb about sth** s'entretenir avec qn de qch.

converse[2] ['kɒnvɜːs] *adj, n* inverse *(m)*. ♦ **conversely** *adv* inversement.

convert ['kɒnvɜːt] **1** *n* converti(e) *m(f)*. **to become a** ~ **to** se convertir à. **2** [kən'vɜːt] *vt* convertir *(into* en, *to* à*)*; *(Rugby)* transformer; *house* aménager *(into* en*)*. ♦ **conversion 1** *n (gen)* conversion *f (to* à, *into* en*)*; *[house, room etc]* aménagement *m (into* en*)*; *(Rugby)* transformation *f*; **2** *adj:* **conversion table** table *f* de conversion. ♦ **converter** *n (Elec)* convertisseur *m*. ♦ **convertibility** *n* convertibilité *f*. ♦ **convertible 1** *adj* convertible; **2** *n* *(Aut)* décapotable *f*.

convex ['kɒn'veks] *adj* convexe.

convey [kən'veɪ] *vt goods, passengers* transporter; *[pipeline etc]* amener; *sound, order, thanks, congratulations* transmettre *(to* à*)*; *ideas* communiquer *(to* à*)*. **to** ~ **to sb that** ... faire comprendre à qn que ...; **words cannot** ~ ... les paroles ne peuvent traduire ...; **what does this music** ~ **to you?** qu'est-ce que cette musique évoque pour vous? ♦ **conveyance** *n [goods]* transport *m*; *(vehicle)* véhicule *m*. ♦ **conveyancing** *n* rédaction *f* d'actes translatifs. ♦ **conveyor** *n* transporteur *m*, convoyeur *m*; ~**or belt** tapis *m* roulant.

convict ['kɒnvɪkt] **1** *n* forçat *m*, bagnard *m*. **2** [kən'vɪkt] *vt* reconnaître coupable *(sb of a crime* qn d'un crime*)*. **a** ~**ed murderer** un homme reconnu coupable de meurtre. **3** *vi [jury]* rendre un verdict de culpabilité. ♦ **conviction** *n* **(a)** *(Jur)* condamnation *f*; **(b)** conviction *f*; **to carry** ~**ion** être convaincant.

convince [kən'vɪns] *vt* convaincre, persuader *(of* de*)*. **he** ~**d her that she should leave** il l'a persuadée de partir, il l'a convaincue qu'elle devait partir. ♦ **convincing** *adj speaker, argument* persuasif, convaincant; *victory* décisif. ♦ **convincingly** *adv speak* d'une façon convaincante; *win* de façon décisive.

convivial [kən'vɪvɪəl] *adj* joyeux.

convoke [kən'vəʊk] *vt* convoquer. ♦ **convocation** *n (act)* convocation *f*; *(assembly)* assemblée *f*.

convoluted ['kɒnvəluːtɪd] *adj shape* contourné; *argument* compliqué.

convolution [,kɒnvə'luːʃən] *n* circonvolution *f*.

convolvulus [kən'vɒlvjʊləs] *n* liseron *m*.

convoy ['kɒnvɔɪ] **1** *n* convoi *m*. **in** ~ en convoi. **2** *vt* convoyer.

convulse [kən'vʌls] *vt [earthquake, storm]* ébranler; *[war, riots]* bouleverser. **to be** ~**d with laughter** se tordre de rire; ~**d with pain** *etc* convulsé par la douleur *etc*. ♦ **convulsion** *n* convulsion *f*. ♦ **convulsive** *adj* convulsif.

coo [kuː] *vti [doves etc]* roucouler; *[baby]* gazouiller.

cook [kʊk] **1** *n* cuisinier *m*, -ière *f*. **she is a good** ~ elle fait bien la cuisine; **head** ~ **and bottle-washer*** *(in household)* bonne *f* à tout faire; *(elsewhere)* factotum *m*. **2** *vt* **(a)** *food* (faire) cuire. *(fig)* **to** ~ **sb's goose*** faire son affaire à qn. **(b)** *(*: falsify) figures* truquer. **to** ~ **the books*** truquer les comptes. **3** *vi [food]* cuire; *[person]* faire la cuisine. *(fig)* **what's** ~**ing?*** qu'est-ce qui se mijote?*

cook up* *vt sep excuse, story* inventer, fabriquer.

♦ **cookbook** *n* livre *m* de cuisine. ♦ **cooker** *n* cuisinière *f (fourneau)*. ♦ **cookery** *n* cuisine *f (activité)*; ~**ery book** livre *m* de cuisine.

♦ **cookhouse** n cuisine f (endroit). ♦ **cookie** n gâteau m sec. ♦ **cooking 1** n cuisine f (activité, nourriture); **2** adj utensils de cuisine; apples, chocolate à cuire; ~ing foil papier m d'aluminium; ~ing salt gros sel. ♦ **cookout** n repas m (cuit) en plein air.

cool [ku:l] **1** adj (gen) frais (f fraîche); drink rafraîchissant; soup, hot drink qui n'est plus chaud; dress léger; (calm) calme; (impertinent) effronté; (unfriendly etc) froid (towards envers). (Met) it is ~ il fait frais; it's turning ~er le temps se rafraîchit; to keep in a ~ place tenir au frais; I feel quite ~ now j'ai bien moins chaud maintenant; to keep ~ ne pas s'échauffer; (fig: calm) garder son sang-froid; keep ~! du calme!; play it ~!* pas de panique!*; she was as ~ as a cucumber elle n'avait pas chaud du tout; (fig) elle affichait un calme imperturbable; to be ~ towards sb traiter qn avec froideur; he's a ~ customer* il n'a pas froid aux yeux; that was very ~* of him quel toupet!*; he earns a ~* £10,000 a year il se fait la coquette somme de 10 000 livres par an.
2 n: in the ~ of the evening dans la fraîcheur du soir; to keep sth in the ~ tenir qch au frais; to keep/lose one's ~* garder/perdre son sang-froid or son calme.
3 vt air rafraîchir, (stronger) refroidir; food laisser refroidir. to ~ one's heels attendre, poireauter*; ~ it!* calme-toi!
4 vi [air, liquid] (from being warm) (se) rafraîchir, (from being hot) refroidir.
♦ **cool down 1** vi refroidir; [anger, person] se calmer; [critical situation] se détendre. **2** vt sep faire refroidir; (fig) calmer.
♦ **cool off** vi (lose enthusiasm) perdre son enthousiasme; (change one's affections) se refroidir (towards sb envers qn); (become less angry) se calmer.
♦ **cooler** n glacière f; (¹: prison) taule* f. ♦ **cooling** adj rafraîchissant; ~ing tower refroidisseur m; ~ing-off period période f de détente. ♦ **coolly** adv (calmly) de sang-froid, calmement; (unenthusiastically) avec froideur; (impertinently) sans la moindre gêne. ♦ **coolness** n fraîcheur f; froideur f; calme m; effronterie f.

coop [ku:p] n (hen ~) poulailler m, cage f à poules.
coop up vt sep person claquemurer; feelings refouler.

co-op ['kəʊɒp] n (abbr of cooperative) coop* f.

cooperate [kəʊ'ɒpəreɪt] vi coopérer (with sb avec qn; in sth à qch; to do pour faire). I hope he'll ~ j'espère qu'il va se montrer coopératif.
♦ **cooperation** n coopération f, concours m. ♦ **cooperative 1** adj coopératif; **2** n coopérative f.

coopt [kəʊ'ɒpt] vt coopter (onto à).

coordinate [kəʊ'ɔ:dɪnɪt] **1** n coordonnée f. **2** [kəʊ'ɔ:dɪneɪt] vt coordonner (with avec). ♦ **coordination** n coordination f. ♦ **coordinator** n coordinateur m, -trice f.

cop* [kɒp] **1** n (a) (policeman) flic* m. to play at ~s and robbers jouer aux gendarmes et aux voleurs. (b) it's not much ~* ça ne vaut pas grand-chose.
2 vt: to ~ it écoper*, être puni.
cop out vi se défiler*, se dérober.

cope [kəʊp] vi se débrouiller, s'en tirer. to ~ with task, person s'occuper de; situation faire face à; difficulties, problems (tackle) affronter, (solve) venir à bout de; they ~ with 500 applications a day 500 formulaires leur passent entre les mains chaque jour; can you ~? ça ira?, vous y arriverez?; leave it to me, I'll ~ laissez cela, je m'en charge or je me débrouillerai; he's coping pretty well il se débrouille très bien; she just can't ~ any more (overworked etc) elle ne s'en sort plus; (work too difficult) elle est complètement dépassée.

copious ['kəʊpɪəs] adj food copieux; amount, notes, harvest abondant.

copper ['kɒpə'] n (a) cuivre m; (money) petite pièce f. ~s la petite monnaie. (b) (*: policeman) flic* m. ♦ **copper-coloured** or ♦ **coppery** adj cuivré. ♦ **copperplate** adj: ~plate handwriting écriture moulée.

coppice ['kɒpɪs], **copse** [kɒps] n taillis m.

copulate ['kɒpjʊleɪt] vi copuler. ♦ **copulation** n copulation f. ♦ **copulative** adj copulatif.

copy ['kɒpɪ] **1** n (a) [painting, document] copie f; (Phot: print) épreuve f; [book, newspaper] exemplaire m. (b) (material: for advertisement) texte m (for de). (Press) it makes good ~ c'est un bon sujet d'article; he handed in his ~ il a remis son article m.
2 vt copier.
♦ **copier** n machine f à polycopier. ♦ **copybook** n cahier m. ♦ **copying** adj: ~ing ink encre f à copier. ♦ **copyright 1** n droits mpl d'auteur, copyright m; out of ~right dans le domaine public; **2** vt obtenir les droits exclusifs sur. ♦ **copywriter** n rédacteur m, -trice f publicitaire.

coral ['kɒrəl] **1** n corail m. **2** adj necklace, reef de corail; island coralien.

cord [kɔ:d] **1** n (a) [curtains, pyjamas etc] cordon m; [windows] corde f; [parcel etc] ficelle f; (Elec) cordon or fil m électrique. (b) (corduroy) velours m côtelé. ~s le pantalon m en velours côtelé.
2 adj: ~ carpet tapis m de corde.
♦ **corded** adj fabric côtelé.

cordial ['kɔ:dɪəl] adj, n cordial (m). ♦ **cordiality** n cordialité f. ♦ **cordially** adv cordialement.

cordon ['kɔ:dn] **1** n cordon m. **2** vt (~ off) crowd tenir à l'écart; area interdire l'accès à.

corduroy ['kɔ:dərɔɪ] n velours m côtelé.

core [kɔ:'] **1** n [fruit] trognon m; [earth, cable] noyau m; [nuclear reactor] cœur m; [problem etc] essentiel m. (fig) rotten to the ~ pourri jusqu'à l'os; English to the ~ anglais jusqu'à la moelle (des os).
2 vt fruit enlever le trognon de.
♦ **corer** n vide-pomme m.

coriander [ˌkɒrɪ'ændə'] n coriandre f.

cork [kɔ:k] **1** n (substance) liège m; (in bottle etc) bouchon m. to pull the ~ out of déboucher. **2** vt (~ up) bottle boucher. **3** adj: ~ oak chêne-liège m. ♦ **corked** adj wine qui sent le bouchon. ♦ **corkscrew** n tire-bouchon m.

corn¹ [kɔ:n] **1** n (gen) grain m; (Brit: wheat) blé m; (US: maize) maïs m. ~ on the cob épi m de maïs. **2** adj oil, cob de maïs. ♦ **cornfield** n (Brit) champ m de blé; (US) champ de maïs. ♦ **cornflakes** npl céréales fpl, cornflakes mpl. ♦ **cornflour** or ♦ **cornstarch** (US) n maïzena f®. ♦ **cornflower** n bleuet m.

corn² [kɔ:n] n (Med) cor m. to tread on sb's ~s toucher qn à l'endroit sensible; ~ plaster pansement m (pour cors).

cornea ['kɔ:nɪə] n cornée f.

corned beef [kɔ:nd 'bi:f] n corned-beef m.

cornelian [kɔ:'ni:lɪən] n cornaline f.

corner ['kɔ:nə'] **1** n (gen) coin m; (Aut) tournant m. (fig) to drive sb into a ~ coincer* qn; to be in a (tight) ~ être dans le pétrin; out of the ~ of one's eye du coin de l'œil; it's just round the ~ (lit) c'est juste après le coin; (fig: very near) c'est à deux pas d'ici; (in time) c'est pour demain; in odd ~s dans des recoins; in every ~ dans tous les coins et recoins; in every ~ of Europe dans toute l'Europe; in the four ~s of the earth aux quatre coins du monde; to make a ~ in wheat accaparer le marché du blé. **2** adj: ~ cupboard placard m de coin; the ~ house la maison du coin; (Rail) ~ seat (place f de) coin m; ~ shop boutique f du coin. **3** vt hunted animal etc acculer; (fig: catch to speak to etc) coincer*. to ~ the market accaparer le

marché. **4** vi (Aut) prendre un virage.
♦ **cornerstone** n (lit, fig) pierre f angulaire; (foundation stone) première pierre.
cornet ['kɔːnɪt] n **(a)** (Mus) cornet m (à pistons). ~ **player** cornettiste mf. **(b)** [sweets, ice cream] cornet m.
Cornwall ['kɔːnwəl] n Cornouailles f. ♦ **Cornish** adj de Cornouailles.
corny* ['kɔːnɪ] adj joke, story rebattu, banal.
corollary [kə'rɒlərɪ] n corollaire m.
coronary ['kɒrənərɪ] adj, n: ~ **(thrombosis)** infarctus m.
coronation [,kɒrə'neɪʃən] n couronnement m.
coroner ['kɒrənəʳ] n coroner m (officiel qui détermine les causes d'un décès).
corporal¹ ['kɔːpərəl] n (Mil) caporal-chef m.
corporal² ['kɔːpərəl] adj corporel. ~ **punishment** châtiment m corporel.
corporate ['kɔːpərɪt] adj action, ownership en commun; responsibility collectif. ~ **body** corps m constitué. ♦ **corporation** n [town] conseil m municipal; (Comm, Fin) société f commerciale.
corps [kɔːʳ] n corps m. ~ **de ballet** corps de ballet.
corpse [kɔːps] n cadavre m, corps m.
corpulence ['kɔːpjuləns] n corpulence f. ♦ **corpulent** adj corpulent.
corpus [kɔːpəs] n corpus m. **C~ Christi** la Fête-Dieu.
corpuscle ['kɔːpʌsl] n corpuscule m; [blood] globule m.
correct [kə'rekt] **1** adj answer, amount correct, exact, juste; temperature, time exact; forecast, estimate, dress, behaviour correct. **the predictions proved** ~ les prédictions se sont avérées justes; **you are** ~ vous avez raison; **it's the** ~ **thing** c'est ce qui se fait; **the** ~ **procedure** la procédure d'usage. **2** vt work, error, proofs corriger. **he** ~**ed me several times during the course of my speech** il m'a repris plusieurs fois pendant mon discours; **I stand** ~**ed** je reconnais mon erreur. ♦ **correction** n correction f. ♦ **correctly** adv correctement; d'une manière exacte; avec justesse. ♦ **correctness** n correction f; exactitude f; justesse f.
correlate ['kɒrɪleɪt] **1** vi être en corrélation (with avec). **2** vt mettre en corrélation (with avec). ♦ **correlation** n corrélation f.
correspond [,kɒrɪs'pɒnd] vi **(a)** (agree; be equivalent) correspondre (with, to à). **that does not** ~ **with what he said** cela ne correspond pas à ce qu'il a dit; **his job** ~**s roughly to mine** son poste est à peu près l'équivalent du mien. **(b)** (exchange letters) correspondre (with avec). **they** ~ **ils correspondent.** ♦ **correspondence 1** n correspondance f (between entre, with avec); **2** adj: ~**ence card** carte-lettre f; ~**ence column** courrier m (des lecteurs); ~**ence course** cours m par correspondance. ♦ **correspondent** n correspondant(e) m(f); (Press) **foreign/sports** ~**ent** correspondant étranger/sportif. ♦ **corresponding** adj (gen) correspondant; ~**ing to the original** conforme à l'original; **for a** ~**ing period** pendant une période analogue. ♦ **correspondingly** adv (as a result) en conséquence; (proportionately) proportionnellement.
corridor ['kɒrɪdɔːʳ] n couloir m, corridor m. ~ **train** train m à couloir.
corroborate [kə'rɒbəreɪt] vt corroborer. ♦ **corroboration** n corroboration f.
corrode [kə'rəud] **1** vt corroder. **2** vi se corroder. ♦ **corrosion** n corrosion f. ♦ **corrosive** adj, n corrosif (m).
corrugated ['kɒrəgeɪtɪd] adj ondulé. ~ **iron** tôle f ondulée.
corrupt [kə'rʌpt] **1** adj (evil) corrompu; (dishonest) vénal. ~ **practices** (dishonesty) tractations fpl malhonnêtes; (bribery etc) trafic m d'influence, malversations fpl. **2** vt corrompre.

♦ **corruption** n corruption f.
corset ['kɔːsɪt] n (Dress) corset m, (lightweight) gaine f; (Med) corset.
Corsica ['kɔːsɪkə] n Corse f.
cortisone ['kɔːtɪzəun] n cortisone f.
cosh [kɒʃ] **1** vt (*) taper sur. **2** n matraque f.
cosmetic [kɒz'metɪk] **1** adj surgery esthétique; preparation cosmétique. **2** n cosmétique m, produit m de beauté.
cosmic ['kɒzmɪk] adj cosmique.
cosmographer [kɒz'mɒgrəfəʳ] n cosmographe mf. ♦ **cosmography** n cosmographie f.
cosmology [kɒz'mɒlədʒɪ] n cosmologie f.
cosmonaut ['kɒzmənɔːt] n cosmonaute mf.
cosmopolitan [,kɒzmə'pɒlɪtən] adj, n cosmopolite (mf).
cosmos ['kɒzmɒs] n cosmos m.
cosset ['kɒsɪt] vt dorloter.
cost [kɒst] **1** vt **(a)** (pret, ptp cost) coûter. **how much or what does it** ~? combien est-ce que cela coûte or vaut?; **what will it** ~ **to have it repaired?** combien est-ce que cela coûtera de le faire réparer?; **it** ~ **him a lot of money** cela lui a coûté cher; **it** ~**s the earth*** cela coûte les yeux de la tête; **it** ~ **him a great effort/a lot of trouble** cela lui a coûté un gros effort/causé beaucoup d'ennuis; **it will** ~ **you a present** vous en serez quitte pour un cadeau; **politeness** ~**s very little** il ne coûte rien d'être poli; (fig) **whatever it** ~**s** coûte que coûte.
(b) (pret, ptp ~ed) articles for sale établir le prix de revient de; job etc évaluer le coût de. **the job was** ~**ed at £200** le devis pour ces travaux s'élevait à 200 livres.
2 n coût m. ~ **of living** coût de la vie; **to bear the** ~ **of** faire face aux frais mpl or aux dépenses fpl de; (fig) faire les frais de; (lit, fig) **at great** ~ à grands frais; **at** ~ **(price)** au prix coûtant; (Jur) **to be ordered to pay** ~**s** être condamné aux dépens mpl; (fig) **at all** ~**s, at any** ~ coûte que coûte, à tout prix; (fig) **whatever the** ~ quoi qu'il en coûte; **at the** ~ **of his life/health** au prix de sa vie/santé; (fig) **to my** ~ à mes dépens.
♦ **cost-effective** adj rentable. ♦ **costing** n estimation f du prix de revient; évaluation f du coût. ♦ **costliness** n (value) grande valeur; (high price) cherté f. ♦ **costly** adj furs, jewels de grande valeur; undertaking, trip coûteux; tastes dispendieux. ♦ **cost-of-living** adj: ~**-of-living allowance** indemnité f de vie chère; ~**-of-living index** index m du coût de la vie.
costermonger ['kɒstə,mʌŋgəʳ] n marchand(e) m(f) des quatre saisons.
costume ['kɒstjuːm] **1** n (gen) costume m; (lady's suit) tailleur m. **national** ~ costume national; (fancy dress) **in** ~ déguisé. **2** adj: ~ **ball** bal m masqué; ~ **jewellery** bijoux mpl fantaisie.
cosy ['kəuzɪ] **1** adj room douillet, confortable; atmosphere douillet. **we are very** ~ **here** nous sommes très bien ici; **it is** ~ **in here** il fait bon ici; **a** ~ **little corner** un petit coin intime. **2** n (tea ~) couvre-théière m; (egg ~) couvre-œuf m. ♦ **cosiness** n confort m.
cot [kɒt] n lit m d'enfant; (folding bed) lit m de camp.
cottage ['kɒtɪdʒ] **1** n petite maison (à la campagne), cottage m; (thatched) chaumière f; (in holiday village etc) villa f.
2 adj: ~ **cheese** fromage m blanc (maigre); ~ **hospital** petit hôpital m; ~ **industry** industrie f à domicile.
cotton ['kɒtn] **1** n (material) coton m; (sewing thread) fil m (de coton). **2** adj shirt, dress de coton. (US) ~ **candy** barbe f à papa; ~ **goods** cotonnades fpl; ~ **industry** industrie f cotonnière; ~ **mill** filature f de coton; ~ **wool** ouate f, coton m hydrophile.
cotton on* vi piger*. **to** ~ **on to sth** piger* qch.

couch [kaʊtʃ] **1** n (gen) divan m; (in doctor's surgery) lit m. **2** vt (express) formuler.

cougar ['ku:gə^r] n couguar m.

cough [kɒf] **1** n toux f. **to give a warning** ~ tousser en guise d'avertissement; **he has a bad** ~ il tousse beaucoup. **2** adj: ~ **drop** pastille f pour la toux; ~ **mixture** sirop m pour la toux. **3** vi tousser.

cough up vt sep cracher en toussant; (*: fig) money cracher*.

could [kʊd] pret, cond of **can**[1].

council ['kaʊnsl] **1** n conseil m. ~ **of war** conseil de guerre; **city** or **town** ~ conseil municipal; **the Security C**~ le Conseil de Sécurité. **2** adj: ~ **flat** or **house** ≃ habitation f à loyer modéré, H.L.M. m or f; ~ **housing** logements mpl sociaux; ~ **housing estate** quartier m de logements sociaux. ♦ **councillor** n conseiller m, -ère f.

counsel ['kaʊnsəl] **1** n (a) (pl inv: Jur) avocat(e) m(f). ~ **for the defence** avocat de la défense; ~ **for the prosecution** avocat du ministère public; **King's** or **Queen's C**~ avocat de la couronne. (b) (advice) conseil m. **to keep one's own** ~ garder ses opinions pour soi. **2** vt conseiller (sb to do à qn de faire); caution recommander. ♦ **counsellor** n (a) (Psych) conseiller m, -ère f; (b) (Ir, US: Jur) avocat(e) m(f).

count[1] [kaʊnt] **1** n (a) compte m; [votes at election] dépouillement m. **at the last** ~ la dernière fois qu'on a compté; **to be out for the** ~ (Boxing) être (mis) knock-out; (*: fig) être K.-O.*; **to keep** ~ **of** tenir le compte de; **you make me lose** ~ je ne sais plus où j'en suis. (b) (Jur) chef m d'accusation. **guilty on 3** ~s coupable à 3 chefs.

2 vt (a) (gen) compter; inhabitants, injured, causes compter, dénombrer; one's change etc compter, vérifier; (consider) estimer. **to** ~ **the votes** dépouiller le scrutin; **don't** ~ **your chickens before they're hatched** il ne faut pas vendre la peau de l'ours avant de l'avoir tué; (fig) **to** ~ **sheep** compter les moutons; **to** ~ **the cost** compter or calculer la dépense; (fig) faire le bilan; (fig, fig) **without** ~**ing the cost** sans compter; ~ **your blessings** estimez-vous heureux. (b) (include) not ~**ing the children** sans compter les enfants; ~**ing him** lui inclus or compris; **will you** ~ **it against me?** m'en tiendrez-vous rigueur?; **we must** ~ **ourselves fortunate** nous devons nous estimer heureux; **I** ~ **it an honour** je m'estime honoré (to do de faire; that que +subj).

3 vi compter. ~**ing from tonight** à compter de ce soir; ~**ing from the left** à partir de la gauche; **two children** ~ **as one adult** deux enfants comptent pour un adulte; **that doesn't** ~ ça ne compte pas; **that** ~**s against him** cela est un désavantage; **it** ~**s for very little** ça n'a pas beaucoup de valeur.

count in* vt sep compter. **you can** ~ **me in** je suis de la partie!

count out vt sep (a) (Boxing) **to be** ~**ed out** être mis knock-out. (b) money compter pièce par pièce; small objects compter. (c) **you can** ~ **me out of it*** ne comptez pas sur moi là-dedans.

count up vt sep faire le compte de, additionner.

count (up)on vt fus compter sur. **I'm** ~**ing (up)on you** je compte sur vous; **to** ~ **(up)on doing** compter faire.

♦ **countable** adj qui peut être compté; ~**able noun** substantif m distributif. ♦ **countdown** n compte m à rebours. ♦ **counting** adj: ~**ing house** comptabilité f (bureau). ♦ **countless** adj innombrable, sans nombre; **on** ~**less occasions** je ne sais combien de fois.

count[2] [kaʊnt] n (nobleman) comte m. ♦ **countess** n comtesse f.

countenance ['kaʊntɪnəns] **1** n mine f, figure f. **to keep one's** ~ rester impassible. **2** vt admettre (sth qch; sb's doing que qn fasse).

counter[1] ['kaʊntə^r] **1** n (a) (in shop, canteen) comptoir m; (position: in post office) guichet m. (fig) **to buy under the** ~ acheter clandestinement. (b) (disc) jeton m. (c) (Tech) compteur m. **Geiger** ~ compteur Geiger. **2** adj: ~ **hand** (in shop) vendeur m, -euse f; (in snack bar) serveur m, -euse f.

counter[2] ['kaʊntə^r] **1** adv: ~ **to** à l'encontre de. **2** vt plans contrecarrer; blow parer. **3** vi contre-attaquer, riposter; (Boxing etc) riposter (with par).

counter... ['kaʊntə^r] pref contre... . ♦ **counteract** vt neutraliser, contrebalancer. ♦ **counter-attack 1** n contre-attaque f; **2** vti contre-attaquer. ♦ **counter-attraction** n attraction f rivale. ♦ **counterbalance** vt faire contrepoids à. ♦ **counter-clockwise** adv en sens inverse des aiguilles d'une montre. ♦ **counter-espionage** or **counterintelligence** n contre-espionnage m. ♦ **counter-measure** n contre-mesure f. ♦ **counter-offensive** n contre-offensive f. ♦ **counterpart** n contrepartie f; [person] homologue mf. ♦ **counter-productive** adj inefficace. ♦ **Counter-Reformation** n Contre-Réforme f. ♦ **counter-revolution** n contre-révolution f. ♦ **countersign** vt contresigner. ♦ **countertenor** n (singer) haute-contre m; (voice) haute-contre f.

counterfeit ['kaʊntəfɪt] **1** adj, n faux (m). **2** vt contrefaire.

counterfoil ['kaʊntəfɔɪl] n talon m, souche f.

counterpane ['kaʊntəpeɪn] n dessus-de-lit m inv.

countersink ['kaʊntəsɪŋk] vt noyer (une vis).

country ['kʌntrɪ] **1** n (a) (gen) pays m; (native land) patrie f. (Pol) **to go to the** ~ appeler le pays aux urnes; **to die for one's** ~ mourir pour la patrie. (b) (as opposed to town) campagne f; (region) pays m, région f. **in the** ~ à la campagne; **there is some lovely** ~ **to the north** il y a de beaux paysages dans le nord; **mountainous** ~ une région montagneuse; (fig) **in unknown** ~ en terrain inconnu.

2 adj life, people de (la) campagne. (music) ~ **and western** country music f; ~ **bumpkin** culterreux* m; ~ **cottage** [weekenders] maison f de campagne; (fig) ~ **cousin** cousin(e) m(f) de province; ~ **dancing** danse f folklorique; ~ **dweller** campagnard(e) m(f); ~ **house** manoir m; ~ **life** vie f de la or à la campagne; ~ **road** petite route (de campagne); ~ **seat** château m.

♦ **countrified** adj rustique. ♦ **countryman** n: fellow ~**man** compatriote m, concitoyen m. ♦ **countryside** n campagne f. ♦ **country-wide** adj national.

county ['kaʊntɪ] **1** n comté m, ≃ département m. **2** adj: ~ **town** chef-lieu m.

coup [ku:] n beau coup m; (Pol) coup d'État.

couple ['kʌpl] n [animals, people] couple m. **a** ~ **of** deux; **a** ~ **of times** deux ou trois fois; **I did it in a** ~ **of hours** je l'ai fait en deux heures environ.

coupon ['ku:pɒn] n [newspaper, advertisements etc] coupon m (détachable); [cigarette packets etc] bon m, vignette f; (offering price reductions) bon de réduction; (rationing) ticket m; (Fin) coupon.

courage ['kʌrɪdʒ] n courage m. **I haven't the** ~ **to refuse** je n'ai pas le courage de refuser, je n'ose pas refuser; **to have the** ~ **of one's convictions** avoir le courage de ses opinions. ♦ **courageous** adj courageux. ♦ **courageously** adv courageusement.

courier ['kʊrɪə^r] n (messenger) courrier m; (tourist guide) guide m.

course[1] [kɔ:s] **1** n (a) (duration) [life, disease] cours m. **in the** ~ **of time** à la longue; **in the ordinary** ~ **of events** normalement, en temps normal or ordinaire; **in the** ~ **of conversation** au cours de la conversation; **in (the)** ~ **of construction** en cours de construction; **in the** ~ **of the next**

few months au cours des prochains mois; **in the ~ of the week** dans le courant de la semaine.

(b) *of* ~ bien sûr, naturellement; **(yes) of ~** (oui) bien sûr; **of ~ not!** (*answering; denying; disagreeing*) bien sûr que non!; (*refusing*) certainement pas!; **of ~ I won't do it** je ne vais évidemment pas faire ça.

(c) (*route*) [*river, planet*] cours *m*; [*ship*] route *f*. **to hold one's ~** poursuivre sa route; (*Naut*) **to set ~ for** mettre le cap sur; (*Naut*) **to change ~** changer de cap; **to go off ~** faire fausse route; **~ of action** ligne *f* de conduite; **we have no other ~ but to ...** nous n'avons d'autre moyen *or* ressource que de ...; **there are several ~s open to us** plusieurs partis s'offrent à nous; **the best ~ would be to leave** le mieux à faire serait de partir; **to let sth take its ~** laisser qch suivre son cours.

(d) (*Scol, Univ*) cours *m*. **to go to a French ~** suivre un cours *or* des cours de français; **a ~ of lectures on Proust** une série de conférences sur Proust; (*Med*) **~ of treatment** traitement *m*.

(e) (*Golf*) terrain *m* de golf; (*Horseracing*) champ *m* de courses.

(f) (*Culin*) plat *m*. **first ~** entrée *f*; **main ~** plat de résistance.

2 *vi* [*water etc*] couler à flots; [*tears*] ruisseler. **it sent the blood coursing through his veins** cela lui a fouetté le sang.

court [kɔ:t] **1** *n* **(a)** (*Jur*) cour *f*, tribunal *m*; (~ **room**) salle *f* du tribunal. **~ of appeal(s)** cour *f* d'appel; **~ of inquiry** commission *f* d'enquête; **to settle a case out of ~** arranger une affaire à l'amiable; **to rule out of ~** déclarer inadmissible; **to take sb to ~ over sth** poursuivre qn en justice à propos de qch; **he was brought before the ~s** il est passé en jugement. **(b)** [*monarch*] cour *f* (royale); (*Tennis*) court *m*; (~*yard*) cour *f* (*de maison etc*). **2** *adj*: **~ card** figure *f* (*de jeu de cartes*); **~ shoe** escarpin *m*. **3** *vt woman* faire la cour à; *danger, defeat* aller au-devant de. **4** *vi*: **they are ~ing*** ils sortent ensemble. ♦ **courthouse** *n* palais *m* de justice, tribunal *m*. ♦ **courtier** *n* courtisan *m*, dame *f* de la cour. ♦ **courting** *adj*: **a ~ing couple** un couple d'amoureux. ♦ **court-martial 1** *n, pl* **~s-martial** conseil *m* de guerre; **2** *vt* faire passer en conseil de guerre. ♦ **courtship** *n*: **during their ~ship** au temps où ils sortaient ensemble.

Courtelle [kɔ:'tel] *n* ® Courtelle *m* ®.

courteous ['kɜ:tɪəs] *adj* courtois (*towards* envers). ♦ **courteously** *adv* courtoisement. ♦ **courtesy** ['kɜ:tɪsɪ] **1** *n* courtoisie *f*, politesse *f*; **will you do me the courtesy of reading it?** auriez-vous l'obligeance de le lire?; **exchange of courtesies** échange *m* de politesses; **by courtesy of** avec la permission de, grâce à; **2** *adj visit* de politesse; (*free*) *coach etc* gratuit; **courtesy card** carte *f* de priorité (*dans les hôtels etc*); (*Aut*) **courtesy light** plafonnier *m*.

cousin ['kʌzn] *n* cousin(e) *m(f)*.

cove [kəʊv] *n* crique *f*.

covenant ['kʌvɪnənt] **1** *n* (*gen*) convention *f*; (*Fin*) obligation *f* contractuelle. **2** *vt* s'engager (*to do* à faire). **to ~ £10 per annum to a charity** s'engager par obligation contractuelle à verser 10 livres par an à une œuvre.

Coventry ['kɒvəntrɪ] *n*: **to send sb to ~** mettre qn en quarantaine (*fig*).

cover ['kʌvə^r] **1** *n* **(a)** [*saucepan, bowl, dish*] couvercle *m*; [*table*] nappe *f*; [*furniture, typewriter*] housse *f*; [*merchandise, vehicle etc*] bâche *f*; [*bed*] dessus-de-lit *m inv*; [*book*] couverture *f*; (*envelope*) enveloppe *f*; [*parcel*] emballage *m*. (*bedclothes*) **the ~s** les couvertures *fpl*; **to read a book from ~ to ~** lire un livre de la première à la dernière page; (*Comm*) **under separate ~** sous pli séparé. **(b)** (*shelter*) abri *m*; (*covering fire*) feu *m* de couverture. **the trees gave him ~** les arbres le cachaient; (*sheltered*) **les arbres l'abritaient;**

to take ~ (*hide*) se cacher; (*Mil*) s'embusquer; (*shelter*) s'abriter (*from* de); **under ~** à l'abri, à couvert; **under ~ of darkness** à la faveur de la nuit. **(c)** (*Fin, Insurance*) couverture *f*. (*Fin*) **without ~** à découvert; (*Insurance*) **full ~** garantie *f* tous risques; **fire ~** assurance-incendie *f*. **(d)** (*in espionage etc*) identité *f* d'emprunt. **(e)** (*at table*) couvert *m*.

2 *adj* [*restaurant*] **~ charge** couvert *m*; (*Insurance*) **~ note** = récépissé *m* (d'assurance).

3 *vt* **(a)** (*gen*) couvrir (*with* de). **~ed with confusion** couvert de confusion; **to ~ o.s. with glory** se couvrir de gloire. **(b)** (*hide*) *feelings, facts* dissimuler, cacher; *noise* couvrir. **(c)** (*protect*) *person, retreat* couvrir. (*Insurance*) **~ed against fire** assuré contre l'incendie; **he only said that to ~ himself** il n'a dit cela que pour se couvrir. **(d)** (*point gun at*) braquer un revolver sur. **to keep sb ~ed** tenir qn sous la menace du revolver; **I've got you ~ed!** ne bougez pas ou je tire! **(e)** (*Sport*) *opponent* marquer. **(f)** *distance* parcourir, couvrir. **to ~ a lot of ground** faire beaucoup de chemin; (*fig*) faire du bon travail. **(g)** (*be sufficient for*) couvrir; (*include*) englober, traiter. **his work ~s many fields** son travail englobe *or* embrasse plusieurs domaines; **the book ~s the subject thoroughly** le livre traite le sujet à fond; **in order to ~ all possibilities** pour parer à toute éventualité; **to ~ one's expenses** rentrer dans ses frais; **£5 will ~ everything** 5 livres payeront tout. **(h)** (*Press*) *event* assurer le reportage de.

cover over *vt sep* recouvrir.

cover up 1 *vi* (*warmly*) se couvrir. (*fig*) **to ~ up for sb** couvrir qn, protéger qn. **2** *vt sep child, object* recouvrir, envelopper (*with* de); (*hide*) *truth, facts* dissimuler, cacher. **to ~ up one's tracks** couvrir sa marche.

♦ **coverage** *n* (*Press, Rad, TV*) reportage *m*; **to give full ~age to an event** assurer la couverture complète d'un événement; **the match got nationwide ~age** (*Rad*) le reportage du match a été diffusé *or* (*TV*) le match a été retransmis sur l'ensemble du pays. ♦ **coveralls** *npl* bleus *mpl* de travail. ♦ **covergirl** *n* cover-girl *f*. ♦ **covering 1** *n* couverture *f*; (*of snow, dust etc*) couche *f*; **2** *adj letter* explicatif; (*Mil*) **fire** de couverture. ♦ **coverlet** *n* dessus-de-lit *m inv*. ♦ **cover-up** *n*: **the ~-up** les tentatives *fpl* faites pour étouffer l'affaire.

covert ['kʌvət] *adj* (*gen*) caché; *attack* indirect; *glance* dérobé.

covet ['kʌvɪt] *vt* convoiter. ♦ **covetous** *adj person* avide; *look* de convoitise. ♦ **covetously** *adv* avidement; avec convoitise. ♦ **covetousness** *n* avidité *f*; convoitise *f*.

cow[1] [kaʊ] **1** *n* vache *f*; (‡: *woman*) rosse* *f*, vache‡ *f*. (*fig*) **till the ~s come home*** jusqu'à la Trinité (*fig*); **to wait till the ~s come home*** attendre la semaine des quatre jeudis*. **2** *adj*: **~ elephant/buffalo** *etc* éléphant *m*/buffle *m etc* femelle. ♦ **cowboy** *or* ♦ **cowpuncher*** *n* cow-boy *m*; **to play ~boys and Indians** jouer aux cowboys. ♦ **cowherd** *or* ♦ **cowman** *n* vacher *m*, bouvier *m*. ♦ **cowhide** *n* (peau *f* de) vache *f*. ♦ **cowpox** *n* variole *f* de la vache. ♦ **cowshed** *n* étable *f*. ♦ **cowslip** *n* (*Bot*) coucou *m*.

cow[2] [kaʊ] *vt person* intimider. **a ~ed look** un air de chien battu.

coward ['kaʊəd] *n* lâche *mf*. ♦ **cowardice** *or* ♦ **cowardliness** *n* lâcheté *f*. ♦ **cowardly** *adj* lâche.

cower ['kaʊə^r] *vi* (~ **down**) se recroqueviller.

cowl [kaʊl] *n* capuchon *m*.

cowrie, cowry ['kaʊrɪ] *n* porcelaine *f* (*mollusque*).

cox [kɒks] **1** *n* barreur *m*. **2** *vti* barrer.

coy [kɔɪ] *adj person* qui fait le *or* la timide; *smile* de sainte nitouche (pej); (coquettish) woman qui fait la coquette. ♦ coyly adv avec une timidité feinte; avec coquetterie. ♦ coyness n timidité f feinte; coquetterie f.

cozy ['kəʊzi] (US) = **cosy.**

crab [kræb] n crabe m; (~ apple) pomme f sauvage. ♦ crabbed or ♦ crabby adj person grincheux.

crack [kræk] 1 n (a) (split, slit) fente f; (in glass, pottery, bone etc) fêlure f; (in wall) fente, lézarde f; (in ground, skin) crevasse f; (in paint) craquelure f. through the ~ in the door (slight opening) par l'entrebâillement de la porte; at the ~ of dawn au point du jour. (b) (noise) [twigs] craquement m; [whip] claquement m; [rifle, thunder] coup m. (c) (sharp blow) a ~ on the head un grand coup sur la tête; that was a ~* at your brother ça, c'était pour votre frère; that was a dirty ~* c'était vacheᵗ de dire ça; (try) to have a ~ at (doing) sth* essayer (de faire) qch.

2 adj sportsman de première classe. a ~ tennis player/skier un as du tennis/du ski; ~ shot excellent fusil m; (Mil, Police etc) tireur m d'élite.

3 vt (a) (pottery, glass, bone fêler; wall lézarder; ground crevasser; nut etc casser; (*) safe cambrioler; bottle déboucher. to ~ one's skull se fendre le crâne; to ~ sb over the head assommer qn. (b) whip faire claquer. to ~ one's finger joints faire craquer ses doigts; to ~ jokes* faire des astuces*. (c) code etc déchiffrer; case résoudre.

4 vi [pottery, glass] se fêler; [ground, skin] se crevasser; [wall] se lézarder; [whip] claquer; [dry wood] craquer. to get ~ing* s'y mettre, se mettre au boulot*.

crack down on vt fus person tomber à bras raccourcis sur; expenditure, sb's actions mettre le frein à.

crack up* 1 vi (a) ne pas tenir le coup, flancher*. (hum) I must be ~ing up! ça ne tourne plus rond chez moi!* (b) (US) [vehicle, plane] s'écraser. 2 vt sep: he's not all he's ~ed up to be* il n'est pas aussi sensationnel* qu'on le dit.

♦ crack-brained or ♦ cracked* or ♦ crackers* adj fou, cinglé*. ♦ cracker n (biscuit) craquelin m, cracker m; (firework) pétard m; (at parties etc) diablotin m. ♦ crackpot* n, adj fou m, folle f, tordu(e)* m(f). ♦ crack-up* n (gen) effondrement m; (mental) dépression f nerveuse; (US) accident m.

crackle ['krækl] 1 n [twigs burning] crépiter; [sth frying] grésiller. 2 n crépitement m; grésillement m; (on telephone etc) crépitement(s), friture* f; [china, porcelain etc] craquelure f. ♦ crackling n (sound) crépitement m; (Rad) friture* f; (Culin) couenne f rissolée (de rôti de porc).

cradle ['kreidl] 1 n berceau m; (Constr) pont m volant; [telephone] support m; (Med) arceau m. 2 vt child bercer; object tenir entre ses mains. ♦ cradle-snatcher* n personne f qui les prend au berceau*. ♦ cradlesong n berceuse f.

craft [krɑːft] n (a) (skill) art m, métier m; (job) métier. (b) (pl inv: boat) embarcation f. (c) (cunning) astuce f, ruse f (pej). ♦ craftsman n artisan m, homme m de métier. ♦ craftsmanship n connaissance f d'un métier; a superb piece of ~smanship un travail superbe.

crafty ['krɑːftɪ] adj malin, rusé (pej); gadget, action astucieux. he's a ~ one* c'est un malin. ♦ craftily adv astucieusement, avec ruse (pej). ♦ craftiness n astuce f, ruse f (pej).

crag [kræg] n rocher m escarpé. ♦ craggy adj rock escarpé; features taillé à la serpe.

cram [kræm] 1 vt (gen) fourrer (into dans), bourrer (with de); people, passengers faire entrer (into dans); pupil faire bachoter. we can ~ in another book nous pouvons encore y faire tenir un autre livre; to ~ food into one's mouth

enfourner* de la nourriture; we were all ~med into one room nous étions tous entassés dans une seule pièce; he ~med his hat (down) over his eyes il a enfoncé son chapeau sur ses yeux; head ~med with odd ideas tête farcie d'idées bizarres. 2 vi [people] s'entasser, s'empiler (into dans). to ~ for an exam bachoter. ♦ cram-full adj room, bus bondé; case bourré (of de).

cramp [kræmp] 1 n crampe f (in à). 2 vt gêner, entraver. to ~ sb's style enlever ses moyens à qn. ♦ cramped adj handwriting en pattes de mouche; posture inconfortable; space resserré; we were very ~ed on était à l'étroit.

cranberry ['krænbərɪ] n canneberge f. turkey with ~ sauce dinde f aux canneberges.

crane [krein] 1 n (bird) grue f. 2 adj: ~ driver grutier m. 3 vti: to ~ forward, to ~ one's neck tendre le cou.

crank [kræŋk] 1 n (a) (eccentric) excentrique mf. a religious ~ un fanatique religieux. (b) (Tech) manivelle f. 2 vt (~ up) car faire partir à la manivelle; cine-camera remonter; barrel organ tourner la manivelle de. ♦ crankcase n carter m. ♦ crankshaft n vilebrequin m. ♦ cranky adj (eccentric) excentrique, loufoque*; (bad-tempered) revêche.

craps [kræp] n merdeᵗ f.

crape [kreip] n = **crêpe.**

crash [kræʃ] 1 n (a) (noise) fracas m; [thunder] coup m. ~! patatras! (b) (accident) accident m. in a car ~ dans un accident de voiture. (c) [company, firm] faillite f; (St Ex) krach m. 2 vt car avoir une collision or un accident avec. he ~ed the car into a tree il a percuté un arbre; he ~ed the plane il s'est écrasé (au sol). 3 vi (a) [aeroplane] s'écraser au sol; [vehicle] s'écraser; [two vehicles] se percuter, se rentrer dedans*. to ~ into sth rentrer dans qch*, percuter qch; the plate ~ed to the ground l'assiette s'est fracassée par terre; the car ~ed through the gate la voiture a enfoncé la barrière. (b) [bank, firm] faire faillite; [stock market] s'effondrer. 4 adj: ~ course cours m intensif; ~ helmet casque m (protecteur); (Aviat) ~ landing atterrissage en catastrophe.

crash in, crash down vi [roof etc] s'effondrer (avec fracas).

crass [kræs] adj crasse.

crate [kreit] n (gen) caisse f; (for peaches etc) cageot m.

crater ['kreitər] n (gen) cratère m; [bomb, shell] entonnoir m.

crave [kreiv] vti (a) (~ for) drink, tobacco etc avoir un besoin maladif de; affection avoir soif de. (b) pardon implorer; permission solliciter. ♦ craving n besoin m maladif (for de); [affection] soif f (for de).

crawl [krɔːl] 1 n (a) (Aut) to go at a ~ avancer au pas. (b) (Swimming) crawl m. to do the ~ nager le crawl. 2 vi (a) (gen) ramper; [vehicles] avancer au pas; [child] se traîner à quatre pattes. to ~ in/out etc entrer/sortir etc en rampant or à quatre pattes; (fig) to ~ to sb s'aplatir devant qn; the fly ~ed up the wall/along the table la mouche a grimpé le long du mur/a avancé le long de la table; to make sb's skin ~ donner la chair de poule à qn; to ~ with vermin grouiller de vermine. ♦ crawler adj (Aut) ~er lane voie f pour véhicules lents.

crayfish ['kreifiʃ] n (freshwater) écrevisse f; (saltwater) langouste f.

crayon ['kreiɒn] n crayon m de couleur; (Art) pastel m.

craze [kreiz] 1 n engouement m (for pour), manie f (for de). it's all the ~* cela fait fureur. 2 vt rendre fou. ♦ crazed adj person affolé, fou; glaze, pottery craquelé. ♦ crazily adv follement. ♦ crazy adj (mad) fou (f folle), cinglé*; angle, slope incroyable; (*: enthusiastic) fou, fanaᵃ (f inv) (*about sb/sth* de qn/qch); **to go crazy** devenir fou; **crazy with anxiety** fou d'inquiétude; **it was a crazy idea** c'était une idée idiote; **you were crazy to do it** tu étais fou de faire ça; **I am not crazy about it** ça ne m'emballe* pas; **he's crazy about her** il l'aime à la folie; **crazy paving** dallage *m* irrégulier.

creak [kriːk] **1** *vi [door hinge]* grincer; *[shoes, floorboard]* craquer. **2** *n* grincement *m*; craquement *m*.
♦ **creaky** *adj* grinçant; qui craque.

cream [kriːm] **1** *n* (a) crème *f*. **single/double ~** crème fraîche liquide/épaisse; **to take the ~ off the milk** écrémer le lait; **the ~ of society** la crème de la société; **chocolate ~** chocolat *m* fourré; **~ of tartar** crème de tartre; **~ of tomato soup** crème de tomates. (b) (*face ~, shoe ~*) crème *f*. **2** *adj* (*~-coloured*) crème *inv*; (*made with ~*) à la crème. **~ cheese** fromage *m* frais; **to ~ jug** pot *m* à crème. **3** *vt* **butter** battre. **to ~ (together) sugar and butter** travailler le beurre en crème avec le sucre; **~ed potatoes** purée *f* de pommes de terre.

cream off *vt sep* **best talents, part of profits** prélever, écrémer.
♦ **creamery** *n* (*making cream*) laiterie *f*; (*shop*) crémerie *f*. ♦ **creamy** *adj* crémeux.

crease [kriːs] **1** *n* (*gen*) pli *m*; (*unwanted*) faux pli; (*on face*) ride *f*. **~-resistant** infroissable. **2** *vt* plisser. **3** *vi* se froisser, prendre un faux pli. **his face ~d with laughter** le rire a plissé son visage.

create [kriːˈeɪt] **1** *vt* (*gen*) créer; **new fashion** lancer; **impression, noise, din** faire; **problem, difficulty** créer, provoquer. **to ~ a sensation** faire sensation; **he was ~d baron** il a été fait baron. **2** *vi* (*ː fuss*) faire une scène *or* des histoires* (*about* au sujet de). ♦ **creation** *n* création *f*; **since the creation** depuis la création du monde. ♦ **creative** *adj* **mind, power** créateur; **person, activity** créatif. ♦ **creativity** *n* imagination *f* créatrice, créativité *f*. ♦ **creator** *n* créateur *m*, -trice *f*. ♦ **creature** [ˈkriːtʃər] **1** *n* (*gen*) créature *f*; **the creatures of the deep** les animaux *mpl* marins; **2** *adj*: **creature comforts** confort *m* matériel.

credentials [krɪˈdenʃəlz] *npl* (*identifying papers*) pièce *f* d'identité; *[diplomat]* lettres *fpl* de créance; (*references*) références *fpl*.

credible [ˈkredɪbl] *adj* (*gen*) plausible; **person** crédible; **witness** digne de foi. ♦ **credibility** **1** *n* crédibilité *f*; **2** *adj*: **credibility gap** manque *m* de crédibilité.

credit [ˈkredɪt] **1** *n* (a) (*Banking etc*) crédit *m*. **to give sb ~** faire crédit à qn; **on ~** à crédit; **you have £10 to your ~** vous avez un crédit de 10 livres. (b) **honneur** *m*. **to his ~ we must point out that ...** il faut faire remarquer à son honneur *or* à son crédit que ...; **he is a ~ to his family** il fait honneur à sa famille, il est l'honneur de sa famille; **to give sb ~ for (doing)** reconnaître que qn a fait qch; **I gave him ~ for more sense** je lui supposais plus de bon sens; **to take ~ for sth** s'attribuer le mérite de qch; **it does you ~** cela est tout à votre honneur, cela vous fait grand honneur; (*Cine*) **~s** générique *m*. (c) (*Scol*) unité *f* de valeur, U.V. *f*.
2 *vt* (a) (*believe*) croire, ajouter foi à. (b) **to be ~ed with having done** passer pour avoir fait; **I ~ed him with more sense** je lui supposais plus de bon sens; **it is ~ed with having magic powers on** lui attribue des pouvoirs magiques. (c) (*Banking*) **to ~ £5 to sb, to ~ sb with £5** créditer (le compte de) qn de 5 livres.
3 *adj* **limits, agency** de crédit. **~ balance** solde *m* créditeur; **~ card** carte *f* de crédit; **~ entry** inscription *f* au crédit; **~ facilities** facilités *fpl* de paiement; **on the ~ side** à l'actif; **~ squeeze** restrictions *fpl* de crédit; **~worthiness** solvabilité *f*.

♦ **creditable** *adj* honorable, estimable. ♦ **creditably** *adv* honorablement. ♦ **creditor** *n* créancier *m*, -ière *f*.

credulity [krɪˈdjuːlɪtɪ] *n* crédulité *f*. ♦ **credulous** *adj* crédule. ♦ **credulously** *adv* avec crédulité.

creed [kriːd] *n* credo *m*.

creek [kriːk] *n* crique *f*, anse *f*.

creep [kriːp] *pret, ptp* **crept** **1** *vi* (*gen*) ramper; (*move silently*) se glisser. **to ~ in** *[person]* entrer sans un bruit; *[error]* s'y glisser; **to ~ up on sb** *[person]* s'approcher de qn à pas de loup; *[old age etc]* prendre qn par surprise; **the traffic crept along** les voitures avançaient au pas; **a feeling of peace crept over me** un sentiment de paix me gagnait peu à peu; **it makes my flesh ~** cela me donne la chair de poule. **2** *n*: **it gives me the ~s*** cela me donne la chair de poule; **he's a ~ː** c'est un saligaud*. ♦ **creeper** *n* (*Bot*) plante rampante; (*US: rompers*) **~ers** barboteuse *f*. ♦ **creeping** *adj* **plant** grimpant, rampant; (*fig*) **person** lécheur; **~ing paralysis** paralysie progressive. ♦ **creepy** *adj* qui donne la chair de poule. ♦ **creepy-crawly*** *n* petite bestiole.

cremate [krɪˈmeɪt] *vt* incinérer (*un cadavre*).
♦ **cremation** *n* incinération *f*. ♦ **crematorium** *or* ♦ **crematory** *n* crématorium *m*.

creosote [ˈkrɪəsəʊt] **1** *n* créosote *f*. **2** *vt* créosoter.

crêpe [kreɪp] **1** *n* crêpe *m*. **2** *adj*: **~ bandage** bande *f* Velpeau ®; **~ paper** papier *m* crêpon; **~(-soled) shoes** chaussures *fpl* à semelles de crêpe.

crept [krept] *pret, ptp of* **creep.**

crescent [ˈkresnt] *n* (*gen*) croissant *m*; (*street*) rue *f* (*en arc de cercle*). **~ moon** croissant *m* de (la) lune.

cress [kres] *n* cresson *m*.

crest [krest] *n [bird, wave, mountain]* crête *f*; *[helmet]* cimier *m*; *[road]* haut *m* de côte. **family ~** armoiries *fpl* familiales; (*fig*) **he is on the ~ of the wave** tout lui réussit en ce moment. ♦ **crestfallen** *adj* **person** déçu, déconfit; **to look ~fallen** avoir l'oreille basse.

Crete [kriːt] *n* Crète *f*.

cretin [ˈkretɪn] *n* crétin(e) *m(f)*. ♦ **cretinous** *adj* crétin.

crevice [ˈkrevɪs] *n* fissure *f*, fente *f*.

crew¹ [kruː] **1** *n* (*Aviat, Naut*) équipage *m*; (*Cine, Rowing etc*) équipe *f*; (*group, gang*) bande *f*, équipe. (*pej*) **what a ~!*** quelle engeance! **2** *vi* (*Sailing*) **to ~ for sb** être l'équipier de qn. ♦ **crew-cut** *n*: **to have a ~-cut** avoir les cheveux en brosse. ♦ **crew-neck** *adj*: **~-neck sweater** pull-over *m* à col ras.

crew² [kruː] *pret of* **crow².**

crib [krɪb] **1** *n* (a) (*cot*) lit *m* d'enfant; (*Rel*) crèche *f*; (*manger*) mangeoire *f*. (b) (*plagiarism*) plagiat *m*; (*Scol*) traduction *f* (*utilisée illicitement*). **2** *vti* (*Scol*) copier.

crick [krɪk] **1** *n*: **~ in the neck** torticolis *m*; **~ in the back** tour *m* de reins. **2** *vt*: **to ~ one's neck** attraper un torticolis; **to ~ one's back** se faire un tour de reins.

cricket¹ [ˈkrɪkɪt] *n* (*insect*) grillon *m*.

cricket² [ˈkrɪkɪt] **1** *n* (*Sport*) cricket *m*. (*fig*) **that's not ~** ce n'est pas fair-play. **2** *adj* **ball, match** de cricket.

crime [kraɪm] *n* crime *m*. **minor ~** délit *m*; **wave vague** *f* **de crimes; ~ is on the increase/decrease** il y a un accroissement/une régression de la criminalité. ♦ **criminal** [ˈkrɪmɪnl] **1** *n* criminel(le) *m(f)*; **2** *adj* **action, motive, law** criminel; (*fig*) **it's criminal*** **to stay indoors today** c'est un crime de rester enfermé aujourd'hui; **the Criminal Investigation Department** la police judiciaire, la P.J.; **criminal lawyer** avocat *m* au criminel; **to take criminal proceedings against sb** poursuivre qn au pénal; **Criminal Records Office** identité *f* judiciaire. ♦ **criminologist** *n* criminologiste *mf*. ♦ **criminology** *n* criminologie *f*.

crimp [krɪmp] *vt hair* frisotter; *pastry* pincer.
Crimplene ['krɪmpliːn] *n* ® = crêpe *m* acrylique.
crimson ['krɪmzn] *adj, n* cramoisi (*m*).
cringe [krɪndʒ] *vi* avoir un mouvement de recul (*from* devant); (*fig*) ramper (*before* devant). **the very thought of it makes me** ~* rien qu'à y penser j'ai envie de rentrer sous terre. ♦ **cringing** *adj movement* craintif; *behaviour* servile.
crinkle ['krɪŋkl] *vt* froisser, chiffonner. ♦ **crinkly** *adj paper* gaufré; *hair* crêpelé.
cripple ['krɪpl] 1 *n* (*lame*) estropié(e) *m(f)*; (*disabled*) invalide *mf*; (*maimed*) mutilé(e) *m(f)*. 2 *vt* (a) estropier. ~**d with rheumatism** perclus de rhumatismes. (b) *ship, plane* désemparer; [*strikes etc*] *production, exports etc* paralyser. **crippling taxes** impôts *mpl* écrasants.
crisis ['kraɪsɪs] *n*, *pl* **crises** ['kraɪsiːz] crise *f*. **to come to a** ~ atteindre un point critique; **we've got a** ~ **on our hands** nous avons un problème urgent.
crisp [krɪsp] 1 *adj biscuit, bread* croustillant; *vegetables* croquant; *snow, paper* craquant; *linen* apprêté; (*weather*) vif, piquant; *reply, style* vif, tranchant (*pej*); *tone, voice* acerbe, cassant (*pej*). 2 *n* (*potato*) ~**s** (pommes) chips *fpl*; **packet of** ~**s** sachet *m* de chips. ♦ **crispbread** *n* pain *m* scandinave. ♦ **crisply** *adv say etc* d'un ton acerbe or cassant (*pej*).
criss-cross ['krɪskrɒs] 1 *adj lines* entrecroisés. **in a** ~ **pattern** en croisillons. 2 *n* entrecroisement *m*. 3 *vt* entrecroiser (*by* de). 4 *vi* s'entrecroiser.
criterion [kraɪ'tɪərɪən] *n*, *pl* **-ia** *or* **-s** critère *m*.
critic ['krɪtɪk] *n* [*books, painting, music, films etc*] critique *m*; (*faultfinder*) détracteur *m*, -trice *f*. **film** ~ critique de cinéma. ♦ **critical** *adj* (*all senses*) critique. **to be** ~**al of** critiquer, trouver à redire à. ♦ **critically** *adv* (*discriminatingly*) *judge, consider, discuss* en critique, d'un œil critique; (*adversely*) *review, report* sévèrement; ~**ally ill** gravement malade. ♦ **criticism** *n* critique *f*. ♦ **criticize** *vt* critiquer. ♦ **critique** [krɪ'tiːk] *n* critique *f*.
croak [krəʊk] 1 *vi* [*frog*] coasser; [*raven*] croasser; [*person*] parler d'une voix rauque. 2 *vt* dire d'une voix rauque. 3 *n* coassement *m*; croassement *m*.
crochet ['krəʊʃeɪ] 1 *n* travail *m* au crochet. ~ **hook** crochet *m*. 2 *vt* faire au crochet. 3 *vi* faire du crochet.
crock [krɒk] *n* (*pot*) cruche *f*; (***: *car*) guimbarde* *f*. (*broken pieces*) ~**s** débris *mpl* de faïence; **he's an old** ~* c'est un croulant*. ♦ **crockery** *n* (*earthenware*) poterie *f*; (*cups, saucers, plates*) vaisselle *f*.
crocodile ['krɒkədaɪl] *n* crocodile *m*. ~ **tears** larmes *fpl* de crocodile; **to walk in a** ~ aller deux par deux.
crocus ['krəʊkəs] *n* crocus *m*.
croft [krɒft] *n* petite ferme *f*. ♦ **crofter** *n* petit fermier *m*.
crone [krəʊn] *n* vieille bique *f* (*femme*).
crony ['krəʊnɪ] *n* copain* *m*, copine* *f*.
crook [krʊk] *n* (a) [*shepherd*] houlette *f*; [*bishop*] crosse *f*. (b) [*road, river*] angle *m*. (c) (***: *thief*) escroc *m*. 2 *vt finger* courber; *arm* plier. ♦ **crooked** ['krʊkɪd] *adj stick* courbé, tordu; *person* tout courbé; *path* tortueux; *smile* contraint; *method, action* malhonnête; **the picture is** ~**ed** le tableau est de travers. ♦ **crookedness** *n* courbure *f*; malhonnêteté *f*.
croon [kruːn] *vti* chantonner; [*crooner*] chanter. ♦ **crooner** *n* chanteur *n*, -euse *f* de charme.
crop [krɒp] 1 *n* (a) (*produce*) culture *f*; (*amount produced*) [*fruit, vegetables etc*] récolte *f*; [*cereals*] moisson *f*; [*problems, questions*] série *f*, tas* *m*. **the** ~**s** la récolte; **one of the basic** ~**s** l'une des cultures de base. (b) [*bird*] jabot *m*; [*whip*] manche *m*; (*riding* ~) cravache *f*. 2 *adj*: ~ **spraying** pulvérisation *f* des cultures; ~ **sprayer**

(*device*) pulvérisateur *m*; (*plane*) avion-pulvérisateur *m*. 3 *vt* (a) [*animals*] brouter. (b) *hair* tondre. ~**ped hair** cheveux coupés ras.
crop up *vi* [*questions, problems, subject*] se présenter. **sth's** ~**ped up** il s'est passé qch; **ready for anything that might** ~ **up** prêt à toute éventualité.
cropper* ['krɒpəʳ] *n* (*lit, fig*) **to come a** ~ se casser la figure*.
croquet ['krəʊkeɪ] *n* croquet *m*.
cross [krɒs] 1 *n* (a) croix *f*. **to sign with a** ~ signer d'une croix; **we each have our** ~ **to bear** chacun porte sa croix. (b) (*Bio, Zool*) hybride *m*. **it's a** ~ **between a novel and a poem** cela tient du roman et du poème. (c) **cut on the** ~ *material* coupé dans le biais; *skirt* en biais.
2 *adj* (a) (*angry*) de mauvaise humeur. **to be** ~ **with sb** être fâché contre qn; **it makes me** ~ **when** ... cela m'agace quand ...; **to get** ~ **with sb** se fâcher contre qn; **don't be** ~ **with me ne m'en veuillez pas; to be as** ~ **as a bear with a sore head** être d'une humeur massacrante; **they haven't had a** ~ **word** ils ne se sont pas disputés une seule fois. (b) (*diagonal*) transversal, diagonal.
3 *vt* (a) *room, street, sea, continent, line* traverser; *river, bridge* traverser, passer; *threshold, fence, ditch* franchir. **the bridge** ~**es the river** le pont enjambe la rivière; **it** ~**ed my mind that** ... il m'est venu à l'esprit que ...; **don't** ~ **your bridges before you come to them** chaque chose en son temps; (*fig*) **to** ~ **sb's path** se trouver sur le chemin de qn. (b) *letter T, cheque* barrer. **to** ~ **o.s.** se signer, faire le signe de (la) croix; ~ **my heart!*** = croix de bois croix de fer!* (c) *arms, legs* croiser. **to** ~ **swords with sb** croiser le fer avec qn; **keep your fingers** ~**ed for me*** fais une petite prière pour moi*, ça me portera bonheur; (*Telec*) **the lines are** ~**ed** les lignes sont embrouillées; **they've got their lines** ~**ed*** il y a un malentendu quelque part. (d) (*thwart*) *person, plans* contrecarrer. (e) *animals, plants* croiser (*with* avec).
4 *vi* (a) (~ *over*) traverser. **to** ~ **from one place to another** passer d'un endroit à un autre; **to** ~ **from Newhaven to Dieppe** faire la traversée de Newhaven à Dieppe. (b) [*roads, letters, people*] se croiser.
cross off, cross out *vt sep* barrer, rayer.
♦ **crossbar** *n* [*bicycle*] barre *f*. ♦ **crossbow** *n* arbalète *f*. ♦ **crossbreed** *n* hybride *m*. ♦ **cross-Channel** *adj*: ~**-Channel ferry** ferry *m* qui traverse la Manche. ♦ **cross-check** 1 *n* contre-épreuve *f*. 2 *vti* vérifier par contre-épreuve.
♦ **cross-country** *adj*: ~**-country race** cross-country *m*; ~**-country skiing** ski *m* de randonnée.
♦ **cross-examination** *n* contre-interrogatoire *m*. ♦ **cross-examine** *vt* (*Jur*) faire subir un contre-interrogatoire à; (*gen*) interroger (de façon serrée). ♦ **cross-eyed** *adj* qui louche. ♦ **crossfire** *n* feux *mpl* croisés. ♦ **crossing** *n* (*esp by sea*) traversée *f*; [*equator*] passage *m*; [*road junction*] croisement *m*, carrefour *m*; (*level* ~) passage à niveau; (*pedestrian* ~) passage *m* clouté; **school** ~**ing patrol** contractuel(le) *m(f)* (*qui fait traverser la rue aux enfants*); **cross at the** ~**ing** traversez sur le passage clouté or dans les clous*.
♦ **cross-legged** *adv* les jambes croisées. ♦ **crossly** *adv* avec humeur. ♦ **crosspatch*** *n* grincheux *m*, -euse *f*. ♦ **cross-purposes** *npl*: **to be at** ~**-purposes with sb** (*misunderstand*) comprendre qn de travers; (*disagree*) être en désaccord avec qn; **we were talking at** ~**-purposes** notre conversation tournait autour d'un quiproquo. ♦ **cross-question** *vt* faire subir un interrogatoire à. ♦ **cross-refer** *vt* renvoyer (*to* à). ♦ **cross-reference** *n* renvoi *m* (*to* à). ♦ **crossroads** *n* carrefour *m*. ♦ **cross-section** *n* (*Bio etc*) coupe *f* transversale; [*population etc*] échantillon *m*. ♦ **crosswalk** *n* (*US*) passage

m clouté. ♦ **crosswind** *n* vent *m* de travers.
♦ **crosswise** *adv* en travers, en croix.
♦ **crossword puzzle** *n* mots *mpl* croisés.
crotch [krɒtʃ] *n [body, tree]* fourche *f*; *[garment]* entre-jambes *m inv.*
crotchet ['krɒtʃit] *n* (Mus) noire *f*. ♦ **crotchety** *adj* grincheux.
crouch [krautʃ] *vi* (~ **down**) *[person, animal]* s'accroupir, se tapir; *(before springing)* se ramasser.
croup [kru:p] *n* (Med) croup *m.*
crow[1] [krəu] *n (bird)* corneille *f.* **as the** ~ **flies** à vol d'oiseau; *(US)* **to eat** ~* faire des excuses humiliantes; *(wrinkles)* ~'s **feet** pattes *fpl* d'oie *(rides)*; *(Naut)* ~'s **nest** nid *m* de pie. ♦ **crowbar** *n* pince *f* à levier.
crow[2] [krəu] *vi* (a) *pret* **crowed** *or* **crew**, *ptp* **crowed** *[cock]* chanter. (b) *pret, ptp* **crowed** *[baby]* gazouiller; *[victor]* chanter victoire *(over sb* sur qn). **he** ~**ed with delight** il poussait des cris de joie; **it's nothing to** ~ **about** il n'y a pas de quoi pavoiser.
crowd [kraud] **1** *n* foule *f*; *(disorderly)* cohue *f.* **in** ~**s** en foule, en masse; **a large** ~ une foule immense; **there was quite a** ~ il y avait beaucoup de monde; **how big was the** ~? est-ce qu'il y avait beaucoup de monde?; *(actors)* **the** ~ les figurants *mpl*; ~ **scene** scène *f* de foule; **that would pass in a** ~* ça peut passer si on n'y regarde pas de trop près; ~**s of books/people** des masses* de livres/de gens; *(fig)* **to follow the** ~ suivre la foule *or* le mouvement; **I don't like that** ~* **at all** je n'aime pas du tout cette bande; **he's one of our** ~* il fait partie de notre bande.
2 *vi*: **to** ~ **into** s'entasser dans; **to** ~ **together** se serrer; **to** ~ **round sth** s'attrouper pour voir qch; **to** ~ **round sb** se presser autour de qn; **to** ~ **down/in** *etc* descendre/entrer *etc* en foule.
3 *vt objects* entasser *(into* dans). **the houses are** ~**ed together** les maisons sont les unes sur les autres; ~**ed with** *people, facts, incidents* plein de, bourré de; *objects, furniture* encombré de; **to** ~ **on sail** mettre toutes voiles dehors.
crowd out *vt sep* empêcher d'entrer (faute de place).
♦ **crowded** *adj* *room, café, train, café* plein; *town, profession* encombré; *streets* plein (de monde); *day* chargé; **the shops are too** ~**ed** il y a trop de monde dans les magasins; *(Theat)* ~**ed house** salle *f* comble.
crown [kraun] **1** *n* (a) couronne *f.* *(Jur)* **the C~** la Couronne, ≃ le ministère public. (b) *[head]* sommet *m* de la tête; *[hat]* fond *m*; *[road]* milieu *m*; *[tooth]* couronne *f*; *[hill]* faîte *m.* **2** *adj (Jur)* C~ **court** = cour *f* d'assises; ~ **jewels** joyaux *mpl* de la couronne; ~ **prince** prince *m* héritier. **3** *vt (gen, Dentistry, fig)* couronner *(with* de); *[draughts]* damer; *(*: *hit)* flanquer* un coup sur la tête à. **he was** ~**ed king** il fut couronné roi; **to** ~ **it all*** it **began to snow** pour couronner le tout il s'est mis à neiger. ♦ **crowning** **1** *n* couronnement *m*; **2** *adj achievement, moment* suprême.
crucial ['kru:ʃəl] *adj* crucial.
crucifix ['kru:sifiks] *n* crucifix *m.* ♦ **crucifixion** *n* crucifixion *f.* ♦ **crucify** *vt* crucifier.
crude [kru:d] *adj materials* brut; *sugar* non raffiné; *drawing* qui manque de fini; *piece of work* mal fini, sommaire; *object, tool* grossier, rudimentaire; *light, colour* cru, vif; *person, behaviour* grossier; *manners* fruste. ~ **oil** pétrole *m* brut; **he made a** ~ **attempt at building** ... il a essayé tant bien que mal de construire ...; **a** ~ **word** une grossièreté. ♦ **crudely** *adv make, fashion* sommairement; *say, order, explain* grossièrement, brutalement; **to put it** ~**ly I think** he's **mad** pour dire les choses crûment je pense qu'il est fou. ♦ **crudeness** *or* ♦ **crudity** *n* état *m* brut, manque *m* de fini; caractère *m* rudimentaire; grossièreté *f.*

cruel ['kruəl] *adj* cruel *(to* envers). ♦ **cruelly** *adv* cruellement. ♦ **cruelty** *n* cruauté *f (to* envers); *(Jur)* sévices *mpl (to* sur); **mental** ~**ty** cruauté mentale.
cruet ['kru:it] *n* (~ **stand**) ≃ huilier *m*; (~ **set**) salière *f* et poivrier *m.*
cruise [kru:z] **1** *vi* (a) *[fleet, ship]* croiser; *[holidaymakers]* être en croisière. (b) *[cars]* **to** ~ **at 80 km/h** faire du 80 km/h sans effort; **we were cruising along when suddenly** ... nous roulions tranquillement quand tout à coup ...; *(Aut, Aviat)* **cruising speed** vitesse *f* de croisière. (c) *[taxi, patrol car]* marauder. **a cruising taxi** un taxi en maraude. **2** *n (Naut)* croisière *f.* **to go on** *or* **for a** ~ faire une croisière. ♦ **cruiser** *n* (Naut) croiseur *m.*
crumb [krʌm] *n* miette *f*; *(inside of loaf)* mie *f.* *(fig)* **a** ~ **of** *comfort* un brin de; *information* des miettes de; ~**s!** zut alors!*; **he's a** ~* c'est un pauvre type*. ♦ **crumble** **1** *vt bread* émietter; *earth* effriter; **2** *vi [bread]* s'émietter; *[buildings etc]* tomber en ruine; *[plaster, stones]* s'effriter; *[rock, ceiling]* s'ébouler; *[hopes etc]* s'effondrer. ♦ **crumbly** *adj* friable.
crummy ['krʌmi] *adj* minable.
crumple ['krʌmpl] **1** *vt* froisser; (~ **up**) chiffonner. **he** ~**d the paper into a ball** il a fait une boule de la feuille de papier. **2** *vi* se froisser; se chiffonner.
crunch [krʌntʃ] **1** *vt (with teeth)* croquer; *(underfoot)* écraser, faire craquer. **to** ~ **sth up** broyer qch. **2** *vi*: **he** ~**ed across the gravel** il a traversé en faisant craquer le gravier sous ses pas. **3** *n [broken glass, gravel]* craquement *m.* *(fig)* **when it comes to the** ~* dans une situation critique, au moment crucial.
♦ **crunchy** *adj* croquant.
crusade [kru:'seid] **1** *n* croisade *f.* **2** *vi (fig)* faire une croisade *(against* contre, *for* pour). ♦ **crusader** *n (Hist)* croisé *m*; *(fig)* champion *m (for* de), militant(e) *m(f) (against* contre).
crush [krʌʃ] **1** *n* (a) *(crowd)* cohue *f*, foule *f.* **there was a great** ~ **to get in** c'était la bousculade pour entrer. (b) **to have a** ~ **on sb*** avoir le béguin* pour qn. (c) **orange** ~ orange *f* pressée.
2 *adj*: ~ **barrier** barrière *f or* rampe *f* de sécurité.
3 *vt stones, old cars* broyer; *(crumple)* clothes froisser; *(fig)* enemy, revolution, opponent écraser; hope détruire; *(snub)* rabrouer. **to** ~ **to a pulp** réduire en pulpe; **to** ~ **clothes into a bag** fourrer des vêtements dans une valise; **we were very** ~**ed in the car** nous étions très tassés dans la voiture.
4 *vi [clothes]* se froisser. **to** ~ **round sb** se presser autour de qn; **they** ~**ed into the car** ils se sont entassés dans la voiture; **to** ~ **(one's way) into/through** *etc* se frayer un chemin dans/à travers *etc.*
crush out *vt sep juice etc* presser; *cigarette end, revolt* écraser.
♦ **crushing** *adj defeat* écrasant; *reply* percutant.
♦ **crush-resistant** *adj* infroissable.
crust [krʌst] *n* croûte *f.* **a** ~ **of ice** une couche de glace; *(Geol)* **the earth's** ~ la croûte terrestre. ♦ **crusty** *adj loaf* croustillant; *(*) *person* hargneux.
crustacean [krʌs'teiʃən] *n* crustacé *m.*
crutch [krʌtʃ] *n* (a) *(support)* soutien *m*; *(Med)* béquille *f.* **he gets about on** ~**es** il marche avec des béquilles. (b) = **crotch.**
crux [krʌks] *n (gen)* point *m* crucial; *[problem]* cœur *m.* **the** ~ **of the matter** le point capital dans l'affaire.
cry [krai] **1** *n* (a) cri *m.* **to give a** ~ pousser un cri; **he gave a** ~ **for help** il a appelé au secours; **'votes for women' was their** ~ leur slogan *m* était 'le vote pour les femmes'. (b) *(weep)* **she had a good**

~* elle a pleuré un bon coup*. 2 vt (a) s'écrier, crier. 'here I am' he cried 'me voici' s'écria-t-il; 'go away' he cried to me 'allez-vous-en' me cria-t-il. (b) to ~ o.s. to sleep s'endormir à force de pleurer; to ~ one's eyes out pleurer toutes les larmes de son corps. 3 vi (a) (weep) pleurer (about, over sur; for sth pour avoir qch; with rage etc de rage etc). to laugh till one cries rire aux larmes; I'll give him sth to ~ for!* je vais lui apprendre à pleurnicher!; it's no use ~ing over spilt milk ce qui est fait est fait. (b) (~ out) (inadvertently) pousser un cri; (deliberately) s'écrier. he cried out with pain il a poussé un cri de douleur; to ~ out for help appeler à l'aide; to ~ out for mercy implorer la pitié; that floor is just ~ing out to be washed* ce plancher a grandement besoin d'être lavé.

cry off* 1 vi (from meeting) se décommander; (from promise) se dédire. I'm ~ing off! je ne veux plus rien savoir! 2 vt fus arrangement, deal annuler; project ne plus se mêler à; meeting décommander.

♦ **crying** 1 adj child qui pleure; injustice criant, flagrant; need pressant, urgent; it's a ~ing shame c'est une honte; 2 n (shouts) cris mpl; (weeping) pleurs mpl.

crypt [krɪpt] n crypte f.

cryptic(al) ['krɪptɪk(əl)] adj (mysterious) énigmatique; (terse) laconique. ♦ **cryptically** adv énigmatiquement; laconiquement.

crystal ['krɪstl] 1 n (gen) cristal m; (watch glass) verre m de montre. 2 adj vase, lake de cristal. ~ **ball** boule f de cristal. ♦ **crystal-clear** adj clair comme le jour. ♦ **crystal-gazing** n prédictions fpl, prophéties fpl. ♦ **crystalline** adj cristallin. ♦ **crystallize** 1 vi se cristalliser; 2 vt cristalliser; ~lized **fruits** fruits mpl confits or candis. ♦ **crystallography** n cristallographie f.

cub [kʌb] n petit(e) m(f). wolf ~ louveteau m, jeune loup m. ~ **reporter** jeune reporter m; ~ **scout** louveteau m (scout).

Cuba ['kju:bə] n Cuba m. in ~ à Cuba.

cubbyhole ['kʌbɪhəul] n cagibi m; (Aut) vide-poches m inv.

cube [kju:b] 1 n cube m. ~ **root** racine f cubique; (Culin) to cut into ~s couper en dés. 2 vt (Math) cuber. ♦ **cubic** adj shape, volume cubique; yard, metre cube; **cubic capacity** volume m. ♦ **cubism** n cubisme m. ♦ **cubist** adj, n cubiste (mf).

cubicle ['kju:bɪkəl] n [hospital, dormitory] box m; [swimming baths] cabine f.

cuckoo ['kuku:] 1 n (Orn) coucou m. ~ **clock** coucou m (pendule). 2 adj (ɪ) toqué*, fou.

cucumber ['kju:kʌmbər] n concombre m.

cuddle ['kʌdl] 1 vt caresser; child câliner. 2 vi to ~ **down** se pelotonner; to ~ **up to sb** se pelotonner contre qn. ♦ **cuddly** adj child caressant; animal qui donne envie de le caresser; toy doux.

cudgel ['kʌdʒəl] 1 n gourdin m. to take up the ~s **on behalf of** prendre fait et cause pour. 2 vt: to ~ **one's brains** se creuser la cervelle.

cue [kju:] n (a) (Theat: verbal) réplique f (indiquant à un acteur qu'il doit parler); (sign: Theat, Mus etc) signal m. (Theat) to give sb his ~ donner la réplique à qn; (fig) to take one's ~ **from sb** emboîter le pas à qn (fig). (b) (Billiards) queue f de billard.

cue in vt sep (Rad, TV) donner le signal à; (Theat) donner la réplique à.

cuff [kʌf] 1 n (a) manchette f; (US: trouser turn-up) revers m de pantalon. ~ **link** bouton m de manchette; (fig) off the ~ impromptu. (b) (blow) gifle f. 2 vt (strike) gifler.

cul-de-sac ['kʌldə'sæk] n cul-de-sac m.

culinary ['kʌlɪnərɪ] adj culinaire.

cull [kʌl] 1 vt surplus objects etc trier (et jeter). 2 n tri m, sélection f. **seal** ~ abattage m sélectif des phoques.

culminate ['kʌlmɪneɪt] vi culminer. to ~ **in** finir or se terminer par; (be cause of) mener à; it ~d in his throwing her out pour finir il l'a mise à la porte. ♦ **culminating** adj culminant. ♦ **culmination** n [success, career] apogée m; [disturbance, quarrel] point m culminant.

culpable ['kʌlpəbl] adj coupable (of de).

culprit ['kʌlprɪt] n coupable mf.

cult [kʌlt] n (Rel, fig) culte m. to make a ~ of sth avoir le culte de qch; ~ **figure** objet m d'un culte, idole f.

cultivate ['kʌltɪveɪt] vt cultiver. ♦ **cultivable** adj ˜cultivable. ♦ **cultivated** adj land, person cultivé; voice distingué. ♦ **cultivation** n culture f. ♦ **cultivator** n (machine) cultivateur m; (power-driven) motoculteur m.

culture ['kʌltʃər] n (all senses) culture f. ♦ **cultural** adj culturel; (Agr) cultural. ♦ **cultured** adj person cultivé; voice distingué; pearl de culture.

cumbersome ['kʌmbəsəm] adj (bulky) encombrant; (heavy) pesant.

cumin ['kʌmɪn] n cumin m.

cumulative ['kju:mjulətɪv] adj cumulatif.

cunning ['kʌnɪŋ] 1 n astuce f, ruse f (pej). 2 adj malin, rusé (pej); (*: clever) astucieux. ♦ **cunningly** adv avec astuce, avec ruse; astucieusement.

cup [kʌp] 1 n tasse f; (Sport etc: prize) coupe f; [brassière] bonnet m (de soutien-gorge). ~ **of tea** tasse de thé; tea ~ tasse à thé; that's just his ~ of tea* c'est tout à fait à son goût; it isn't everyone's ~ of tea* ça ne plaît pas à tout le monde; champagne ~ ~ cup m au champagne. 2 vt one's hands mettre en coupe. to ~ one's hands round sth mettre ses mains autour de qch; to ~ one's hand round one's ear mettre sa main en cornet. ♦ **cup final** n (Ftbl) finale f de la coupe. ♦ **cupful** n tasse f (contenu). ♦ **cuppa*** n tasse f de thé. ♦ **cup-tie** n (Ftbl) match m de coupe.

cupboard ['kʌbəd] n (esp Brit) placard m. (Brit) ~ **love** amour m intéressé.

cupidity [kju:'pɪdɪtɪ] n cupidité f.

cur [kɜ:r] n sale chien m, sale cabot* m.

curate ['kjuərɪt] n vicaire m. it's like the ~'s egg il y a du bon et du mauvais.

curator [kjuə'reɪtər] n conservateur m (d'un musée etc).

curb [kɜ:b] 1 n (US) = **kerb**. 2 vt impatience, passion, tendency refréner; expenditure réduire.

curdle ['kɜ:dl] 1 vt cailler. 2 vi se cailler. it made my blood ~ cela m'a glacé le sang dans les veines.

curds [kɜ:dz] npl lait m caillé. ♦ **curd cheese** n fromage m blanc.

cure [kjuər] 1 vt (a) disease, patient guérir (of de); poverty, unfairness éliminer; injustice réparer; an evil remédier à. to be ~d (of) guérir (de); to ~ sb of a habit faire perdre une habitude à qn; to ~ o.s. of smoking se guérir de l'habitude de fumer. (b) meat, fish (salt) saler; (smoke) fumer; (dry) sécher; skins traiter.
2 n (remedy) remède m, cure f; (recovery) guérison f. to take a ~ faire une cure; beyond ~ person incurable; state, injustice, evil irrémédiable. ♦ **curable** adj guérissable, curable. ♦ **curative** adj curatif. ♦ **cure-all** n (lit, fig) panacée f.

curfew ['kɜ:fju:] n couvre-feu m.

curio ['kjuərɪəu] n bibelot m, curiosité f.

curiosity [,kjuərɪ'ɒsɪtɪ] n curiosité f (about de). ~ **killed the cat** la curiosité est toujours punie; ~ **shop** magasin m de curiosités. ♦ **curious** adj (inquisitive) curieux (about de, to know de savoir); (odd) curieux, bizarre. ♦ **curiously** adv (inquisitively) avec curiosité; (oddly) curieusement, singulièrement; **curiously enough, he** ... chose bizarre, il ... .

curl [kɜ:l] **1** n [hair] boucle f; (gen) courbe f; [smoke] volute f. **with a ~ of the lip** avec une moue méprisante. **2** vt hair (loosely) boucler; (tightly) friser. **she ~s her hair** elle frise (or boucle) ses cheveux; **he ~ed his lip in disdain** il a fait une moue méprisante. **3** vi [hair] boucler; friser. **it's enough to make your hair ~*** c'est à vous faire dresser les cheveux sur la tête.
   curl up vi (gen) s'enrouler; [paper] corner; [person] se pelotonner; (*: from shame etc) rentrer sous terre; [cat] se mettre en boule; [dog] se coucher en rond; [leaves, stale bread] se racornir; [smoke] monter en volutes. **he lay ~ed up on the floor** il était couché en boule par terre; **to ~ up with laughter** se tordre de rire.
   ♦ **curler** n rouleau m, bigoudi m. ♦ **curling tongs** npl fer m à friser. ♦ **curly** adj hair bouclé, (tightly) frisé; eyelashes recourbé; lettuce frisé; **~y-haired,~y-headed** aux cheveux bouclés (or frisés).
curlew ['kɜ:lu:] n courlis m.
currant ['kʌrənt] n groseille f; (bush) groseillier m; (dried fruit) raisin m sec or de Corinthe. **~ bun** petit pain m aux raisins.
currency ['kʌrənsɪ] n (a) monnaie f, devise f; (money) argent m. **the ~ is threatened** la monnaie est en danger; **foreign ~** devise or monnaie étrangère; **hard ~** devise forte; **paper ~** billets mpl. **(b)** [ideas etc] **to gain ~** se répandre, s'accréditer.
current ['kʌrənt] **1** adj opinion, phrase, price courant; fashion, tendency, popularity actuel; year, month, week en cours. **in ~ use** d'usage courant; (Bank) **~ account** compte m courant; **~ affairs** questions fpl d'actualité; **~ events** événements mpl actuels, actualité f; (Press) **~ issue** dernier numéro m; **his ~ job** le travail qu'il fait en ce moment; **her ~ boyfriend*** le petit ami du moment. **2** n [air, water] courant m (also Elec); [events, opinions] tendance f. (fig) **to go against the ~** aller à contre-courant. ♦ **currently** adv actuellement, en ce moment.
curriculum [kə'rɪkjʊləm] n programme m (d'études). **~ vitae** curriculum vitae m, C.V. m.
curry[1] ['kʌrɪ] n curry m. **beef ~** curry de bœuf; **~ powder** poudre f de curry.
curry[2] ['kʌrɪ] vt: **to ~ favour with sb** chercher à gagner la faveur de qn.
curse [kɜ:s] **1** n malédiction f; (swearword) juron m, imprécation f. **~s!*** zut!*; **the ~ of poverty** le fléau de la pauvreté; **it has been the ~ of my life** c'est un sort qui m'a poursuivi toute ma vie; (menstruation) **she has the ~*** elle a ses règles fpl; **the ~ of it is that** l'embêtant*, c'est que. **2** vt maudire. (fig) **to be ~d with** être affligé de. **3** vi jurer, sacrer. ♦ **cursed*** ['kɜ:sɪd] adj sacré*, maudit (both before n).
cursory ['kɜ:sərɪ] adj (superficial) superficiel; (hasty) hâtif. **to take a ~ glance at** jeter un coup d'œil à. ♦ **cursorily** adv superficiellement; à la hâte.
curt [kɜ:t] adj (gen) brusque, sec; voice cassant. **a ~ nod** un bref signe de tête. ♦ **curtly** adv sèchement; d'un ton cassant. ♦ **curtness** n brusquerie f, sécheresse f.
curtail [kɜ:'teɪl] vt (gen) écourter; wages, expenses réduire. ♦ **curtailment** n raccourcissement m; réduction f.
curtain ['kɜ:tn] **1** n rideau m. **to draw** or **pull the ~s** tirer les rideaux. **2** adj (Theat) **~ call** rappel m; **~ hook** crochet m de rideau; (Theat) **~ raiser** lever m de rideau (pièce); (fig) **~ ring** anneau m de rideau; **~ rod** tringle f à rideaux.
   curtain off vt sep room diviser par un rideau; bed, kitchen area cacher derrière un rideau.
curts(e)y ['kɜ:tsɪ] **1** n révérence f. **2** vi faire une révérence (to à).
curvaceous* [kɜ:'veɪʃəs] adj woman bien

balancée*, bien faite.
curve [kɜ:v] **1** n (gen) courbe f; [arch] voussure f; [beam] cambrure f. **~ in the road** tournant m, virage m; **a woman's ~s*** les rondeurs fpl d'une femme. **2** vt (gen) courber; arch, roof cintrer. **3** vi [surface, beam] se courber; [road, line etc] faire une courbe. **the river ~s round the town** la rivière fait un méandre autour de la ville. ♦ **curvature** n courbure f; (Med) déviation f; **curvature of the spine** déviation de la colonne vertébrale; **the curvature of space** la courbure de l'espace. ♦ **curved** adj line, space courbe.
cushion ['kʊʃən] **1** n coussin m. **2** vt seat rembourrer; shock, sb's fall amortir. **to ~ sb against sth** protéger qn contre qch. ♦ **cushy*** adj: **a cushy job** un petit travail tranquille; **to have a cushy time** se la couler douce*.
cuss* [kʌs] **1** n (oath) juron m. (person) **a queer ~** un drôle de type*. **2** vi jurer. ♦ **cussed*** ['kʌsɪd] adj têtu comme une mule*. ♦ **cussedness*** n esprit m de contradiction.
custard ['kʌstəd] **1** n (pouring) crème f anglaise; (set) crème renversée. **2** adj: **~ cream** (biscuit) biscuit m fourré; **~ powder** crème instantanée (en poudre); **~ tart** flan m.
custody ['kʌstədɪ] n (a) (Jur etc) garde f. **in safe ~** sous bonne garde; **in the ~ of** sous la garde de; (Jur) **she was given ~ of the children** elle a reçu la garde des enfants. **(b)** (imprisonment) emprisonnement m. **in ~** en captivité; (Jur) **to take sb into ~** mettre qn en détention préventive.
   ♦ **custodian** n (gen) gardien(ne) m(f); [museum] conservateur m, -trice f.
custom ['kʌstəm] **1** n (a) coutume f, usage m, habitude f. **social ~s** usages sociaux, coutumes sociales; **it was his ~ to rest each morning** il avait l'habitude or la coutume de se reposer chaque matin. **(b)** (Comm) **to get sb's ~** obtenir la clientèle de qn; **he has lost a lot of ~** il a perdu beaucoup de clients. **(c)** **the ~s** la douane; **to go through the ~s** passer la douane. **2** adj: **~s duty** droits mpl de douane; **~s house** or **post** (poste m or bureaux mpl de) douane f; **~s inspection** visite f douanière; **~s officer** douanier m; **~s service** service m des douanes. ♦ **customary** adj habituel, coutumier. ♦ **custom-built** adj fait sur commande. ♦ **customer** n client(e) m(f); **he's an awkward ~er*** il n'est pas commode; **ugly ~er*** sale type* m.
cut [kʌt] (vb: pret, ptp **cut**) **1** n (a) (stroke) coup m; [cards] coupe f; (mark, slit) coupure f; (notch) entaille f; (Med) incision f. **a deep ~ in the leg** une profonde coupure à la jambe; **the ~ and thrust of politics** les estocades fpl de la politique; **that was a ~ at me** c'était une pierre dans mon jardin; **he is a ~ above the others** il vaut mieux que les autres.
   (b) (reduction) réduction f, diminution f (in de). **power ~** coupure f de courant; **to take a ~ in salary** subir une réduction de salaire; **to make ~s in a book** faire des coupures dans un livre.
   (c) [meat] (piece) morceau m; (slice) tranche f; (*: share) **they all want a ~ in the profits*** ils veulent tous leur part du gâteau*.
   (d) [clothes] coupe f; [jewel] taille f. **I like the ~ of this coat** j'aime la coupe de ce manteau.
   2 adj flowers coupé; tobacco découpé. **~ glass** cristal m taillé; **~ prices** prix mpl réduits; **it was all ~ and dried** tout était déjà arrangé; **~ and dried opinions** opinions toutes faites.
   3 vt (a) (gen) couper; joint of meat, tobacco découper; (Med) abscess inciser; cards couper. **to ~ one's finger** se couper le doigt or au doigt; **to ~ sb's throat** couper la gorge à qn; (fig) **he is ~ting his own throat** il prépare sa propre ruine; **to ~ in half** couper en deux; **to ~ in pieces** couper en morceaux; army tailler en pièces; reputation

démolir; **to ~ open** ouvrir avec un couteau (*or* avec des ciseaux *etc*); **he ~ his arm open on a nail** il s'est ouvert le bras sur un clou; **to ~ sb free** délivrer qn en coupant ses liens; **it ~ me to the heart** cela m'a profondément blessé; **to ~ short** *story, proceedings* abréger; *visit* écourter; *speaker* couper la parole à; **to ~ a long story short, he came** bref *or* pour en finir, il est venu.

(b) (*shape*) *steps, jewel, key, glass* tailler; *channel* creuser; *figure, statue* sculpter (*out of* dans); (*engrave*) graver; *record* graver. **to ~ one's way through** s'ouvrir un chemin à travers; (*fig*) **to ~ one's coat according to one's cloth** vivre selon ses moyens.

(c) (*clip, trim*) *hedge, trees* tailler; *corn, hay* faucher; *lawn* tondre. **to ~ one's nails/hair** se couper les ongles/les cheveux; **to get one's hair ~** se faire couper les cheveux.

(d) (*: avoid*) *appointment* manquer exprès; *lecture, class* sécher*. **to ~ sb (dead)** faire semblant de ne pas voir qn.

(e) (*intersect*) couper.

(f) (*reduce*) *profits, wages, prices* réduire; *text, book, play* faire des coupures dans; *film* faire le montage de. (*Sport*) **he ~ 30 seconds off the record** il a amélioré le record de 30 secondes.

(g) (*phrases*) (*child*) **to ~ a tooth** percer une dent; **he is ~ting teeth** il fait ses dents; (*fig*) **to ~ one's teeth on sth** se faire les dents sur qch; **she ~s a fine figure** elle a beaucoup d'allure; **to ~ a dash** faire de l'effet; **to ~ it fine** compter un peu juste, ne pas (se) laisser de marge; **that ~s no ice with me** ça ne m'impressionne guère, ça me laisse froid; **to ~ the ground from under sb's feet** couper l'herbe sous le pied de qn; **to ~ one's losses** sauver ses meubles*; (*Aut*) **to ~ a corner** prendre un virage à la corde; (*fig*) **to ~ corners** prendre des raccourcis (*fig*); **to ~ the Gordian knot** trancher le nœud gordien; **~ the cackle!** assez bavardé comme ça!*

4 *vi* **(a)** (*person, knife*) couper, trancher. **he ~ into the cake** il a entamé le gâteau; **to ~ along the dotted line** découper suivant le pointillé; **that ~s both ways** c'est à double tranchant; **to ~ and run** filer*; **to ~ loose** couper les amarres (*from* avec); **this piece will ~ into 4** ce morceau peut se couper en 4.

(b) (*hurry*) **to ~ across country** couper à travers champs; **to ~ through the lane** couper par la ruelle; **to ~ along** s'en aller.

(c) (*Cine, TV*) **they ~ from the street to the shop scene** ils ont passé de la rue à la scène du magasin; **~! coupez!**

(d) (*Cards*) couper. **to ~ for deal** tirer pour la donne.

cut away *vt sep branch* élaguer; *unwanted part* enlever (en coupant).

cut back *vt sep plants* tailler; *production, expenditure* réduire.

cut down *vt sep* **(a)** *tree* couper; *corn* faucher; *enemy* abattre. **~ down by pneumonia** terrassé par la *or* une pneumonie. **(b)** (*reduce*) *expenses* réduire; *article, essay* couper. (*fig*) **to ~ sb down to size*** remettre qn à sa place.

cut down on *vt sep fus food* acheter moins de; *cigarettes* fumer moins de; *expenditure* réduire.

cut in 1 *vi* (*into conversation*) se mêler à la conversation; (*Aut*) se rabattre. (*Aut*) **to ~ in on sb** faire une queue de poisson à qn. **2** *vt sep:* **to ~ sb in on a deal*** faire entrer qn dans une transaction.

cut off *vt sep* **(a)** *piece of cloth, meat* couper (*from* dans); *limb* couper. **to ~ off sb's head** trancher la tête à qn; **to ~ off one's nose to spite one's face** agir contre son propre intérêt par dépit. **(b)** (*disconnect*) *telephone, car engine, gas, electricity* couper. **our water supply has been ~ off** on nous a coupé l'eau; (*Telec*) **we were ~ off** nous

avons été coupés. **(c)** (*isolate*) isoler (*sb from sth* qn de qch). **to ~ o.s. off from** rompre ses liens avec; **he feels very ~ off** il se sent très isolé; **to ~ off the enemy's retreat** couper la retraite à l'ennemi; **to ~ sb off with a shilling** déshériter qn.

cut out 1 *vi [engine]* caler.

2 *vt sep* **(a)** *picture, article* découper (*of, from* de); *statue, figure* tailler (*of* dans); *coat* couper (*of, from* dans). **to ~ out a path through the jungle** se frayer un chemin à travers la jungle; **to be ~ out for sth** être fait pour qch/pour faire; **he had his work ~ out for him** il avait du pain sur la planche; **you'll have your work ~ out to do that** vous aurez du mal à faire cela. **(b)** *rival* supplanter. **(c)** (*remove*) enlever, ôter; *unnecessary detail* élaguer. **~ it out!*** ça suffit!; **~ out the tears!*** arrête de pleurnicher! **(d)** (*give up*) *tobacco* supprimer. **to ~ out smoking** arrêter de fumer.

cut up 1 *vi:* **to ~ up rough*** se mettre en rogne* *or* en colère. **2** *vt sep* **(a)** *wood, food* couper; *meat* (*carve*) découper, (*chop up*) hacher; *enemy, army* tailler en pièces. **(b) to be ~ up about sth** (*hurt*) être affecté par qch; (*annoyed*) être très embêté par qch*.

♦ **cutback** *n* (*in expenditure, production, staff*) réduction *f*, diminution *f* (*in* de); (*Cine: flashback*) flashback *m*. ♦ **cutoff** *n* arrêt *m*; **~off switch** interrupteur *m*. ♦ **cut-price** *adj goods* au rabais; *shop* de rabais. ♦ **cutter** *n* **(a)** (*person*) [*clothes*] coupeur *m*, -euse *f*; [*stones*] tailleur *m*; [*films*] monteur *m*, -euse *f*; **(b)** (*tool*) coupoir *m*; **(c)** (*boat*) vedette *f*. ♦ **cut-throat 1** *n* assassin *m*; **2** *adj competition* acharné; *game* à trois; *razor* de coiffeur. ♦ **cutting 1** *n* **(a)** (*gen*) coupe *f*; [*diamond*] taille *f*; [*film*] montage *m*; **(b)** (*cleared way: for road, railway*) tranchée *f*; **(c)** (*press ~*) coupure *f*; **2** *adj knife* coupant, tranchant; *wind, cold* glacial; *rain* cinglant; *words, remark* cinglant, incisif; **the ~ting edge** le tranchant; (*Cine*) **~ting room** salle *f* de montage.

cute* [kjuːt] *adj* (*clever*) futé; (*attractive*) mignon.

cuticle ['kjuːtɪkl] *n [fingernail]* petites peaux *fpl*, envie *f*. **~ remover** repousse-peaux *m inv*.

cutlery ['kʌtlərɪ] *n* couverts *mpl*.

cutlet ['kʌtlɪt] *n* côtelette *f*; (*US: croquette*) croquette *f*.

cuttlefish ['kʌtlfɪʃ] *n* seiche *f*. ♦ **cuttlebone** *n* os *m* de seiche.

cyanide ['saɪənaɪd] *n* cyanure *m*.

cybernetics [ˌsaɪbə'netɪks] *n* cybernétique *f*.

cyclamen ['sɪkləmən] *n* cyclamen *m*.

cycle ['saɪkl] **1** *n* **(a)** *bicycle f*, vélo *m*. **racing ~** vélo de course. **(b)** [*poems, seasons etc*] cycle *m*.

2 *vi* faire de la bicyclette, faire du vélo. **he ~s to school** il va à l'école à bicyclette *or* en vélo.

3 *adj path* cyclable; *race* cycliste. **~ rack** râtelier *m* à bicyclettes; **~ shed** abri *m* à bicyclettes.

♦ **cycling 1** *n* cyclisme *m*; **2** *adj holiday* à bicyclette. **cycling clothes** tenue *f* cycliste. ♦ **cyclist** *n* cycliste *mf*.

cyclone ['saɪkləʊn] *n* cyclone *m*.

cyclostyle ['saɪkləstaɪl] *vt* polycopier (*avec des stencils*).

cygnet ['sɪgnɪt] *n* jeune cygne *m*.

cylinder ['sɪlɪndəʳ] **1** *n* (*gen*) cylindre *m*; [*typewriter*] rouleau *m*. **a 6-~ car** une 6-cylindres; **to fire on all 4 ~s** avoir les 4 cylindres qui donnent; (*fig*) fonctionner à pleins gaz*. **2** *adj:* **~ block** bloc-cylindres *m*; **~ head** culasse *f*. ♦ **cylindrical** *adj* cylindrique.

cymbal ['sɪmbəl] *n* cymbale *f*.

cynic ['sɪnɪk] *n* cynique *mf*. ♦ **cynical** *adj* cynique. ♦ **cynically** *adv* cyniquement, avec cynisme. ♦ **cynicism** *n* cynisme *m*.

cypress ['saɪprɪs] *n* cyprès *m*.

Cyprus ['saɪprəs] *n* Chypre *f*. **in** ~ à Chypre.
♦ **Cypriot 1** *adj* cypriote. **2** *n* Cypriote *mf*.
cyst [sɪst] *n* kyste *m*. ♦ **cystitis** *n* cystite *f*.
czar [zɑːʳ] *n* tsar *m*. ♦ **czarina** *n* tsarine *f*.

Czech [tʃek] **1** *adj* tchèque. **2** *n* Tchèque *mf*;
(*Ling*) tchèque *m*. ♦ **Czechoslovakia** *n*
Tchécoslovaquie *f*. ♦ **Czechoslovak(ian) 1** *adj*
tchécoslovaque; **2** *n* Tchécoslovaque *mf*.

D

D, d [di:] *n* D, d *m*; (*Mus*) ré *m*. **in 3-D** en relief; **D and C** dilatation *f* et curetage *m*; **D-day** le jour J.
dab¹ [dæb] **1** *n* (a) **a ~ of** un petit peu de; *[glue]* une goutte de; *[paint]* un petit coup de. (b) (*fingerprints*) ~**s** empreintes *fpl* digitales. **2** *vt* (*gen*) tamponner. **to ~ iodine** *etc* **on sth** appliquer de la teinture d'iode *etc* à petits coups sur qch.
dab² [dæb] *adj*: **to be a ~ hand** at sth/at doing être doué en qch/pour faire.
dabble ['dæbl] **1** *vt*: **to ~ one's hands in the water** barboter dans l'eau avec les mains. **2** *vi* se mêler un peu (*in* de). **to ~ in politics** donner dans la politique; **to ~ in stocks and shares** boursicoter.
dachshund ['dækshʊnd] *n* teckel *m*.
Dacron ['dækrɒn] *n* ® dacron *m*.
dad [dæd], **daddy** ['dædɪ] *n* papa *m*. ♦ **daddy-long-legs** *n*, *pl inv* (*Zool*) faucheux *m*.
dado ['deɪdəʊ] *n* plinthe *f*; *[pedestal]* dé *m*; *[wall]* lambris *m* d'appui.
daffodil ['dæfədɪl] *n* jonquille *f*. **~ yellow** (jaune) jonquille *inv*.
daft [dɑːft] *adj* stupide, idiot. **to be ~ about sb/sth** être fou de qn/qch.
dagger ['dægəʳ] *n* poignard *m*, dague *f*; (*Typ*) croix *f*. **to be at ~s drawn with sb** être à couteaux tirés avec qn; **to look ~s at sb** foudroyer qn du regard.
dago [deɪgəʊ] *n* métèque *mf*.
dahlia ['deɪlɪə] *n* dahlia *m*.
daily ['deɪlɪ] **1** *adj task, routine, walk, paper* quotidien; *consumption, output, wage* journalier; (*everyday*) de tous les jours. **our ~ bread** notre pain quotidien; **~ dozen** gymnastique *f* quotidienne; **the ~ grind** le train-train (quotidien). **2** *adv* quotidiennement, tous les jours. **3** *n* (**~ paper**) quotidien *m*; (**~ help**, **~ woman**) femme *f* de ménage.
dainty ['deɪntɪ] *adj food* de choix, délicat; *figure, person* menu; *handkerchief, blouse, gesture* délicat; *child* mignon; (*difficult to please*) difficile. ♦ **daintily** *adv eat, hold* délicatement; *walk* à petits pas élégants. ♦ **daintiness** *n* délicatesse *f*.
dairy ['dɛərɪ] **1** *n* (*on farm*) laiterie *f*; (*shop*) crémerie *f*. **2** *adj cow, farm, produce* laitier; *herd* de vaches laitières; *ice cream* fait à la crème. **~ butter** beurre *m* fermier; **~ farming** industrie *f* laitière. ♦ **dairymaid** *n* fille *f* de laiterie. ♦ **dairyman** *n* (*on farm etc*) employé *m* de laiterie; (*in shop*) crémier *m*.
daisy ['deɪzɪ] *n* pâquerette *f*; (*cultivated*) marguerite *f*. **~ chain** guirlande *f* de pâquerettes.
dale [deɪl] *n* vallée *f*.
dally ['dælɪ] *vi* (*dawdle*) lanterner (*over sth* dans or sur qch). **to ~ with an idea** caresser une idée.
dalmatian [dæl'meɪʃən] *n* (*dog*) dalmatien *m*.
dam¹ [dæm] **1** *n* (*wall*) barrage *m* (de retenue); (*water*) réservoir *m*. **2** *vt river* endiguer; *lake* construire un barrage sur; *flow of words, oaths* endiguer. **to ~ the waters of the Nile** construire un barrage pour contenir les eaux du Nil.
dam² [dæm] *n* (*animal*) mère *f*.
damage ['dæmɪdʒ] **1** *n* dommage(s) *m(pl)*; (*visible, eg to car*) dégâts *mpl*; (*to ship, cargo*) avaries *fpl*; (*fig*) préjudice *m*, tort *m*. **~ to property** dégâts matériels; **the bomb did a lot of ~** la bombe a causé des dommages importants or a fait

de gros dégâts; **there was a lot of ~ to the house** la maison a beaucoup souffert; **there's no ~ done** il n'y a pas de mal; **what's the ~?*** (*how much is it?*) cela se monte à combien?; (*Jur*) ~**s** dommages *mpl* et intérêts *mpl*; **liable for ~s** tenu des dommages et intérêts; **war ~** dommages de guerre.
　2 *vt furniture, crops, machine* endommager; *food, eyesight, health* abîmer; *good relations, reputation* nuire à, porter atteinte à; *cause* faire du tort à.
♦ **damaging** *adj* nuisible (*to* à); (*Jur*) préjudiciable.
dame [deɪm] *n* dame *f*; (*Theat*) vieille dame (*bouffonne jouée par un homme*); (*US*: ‡) fille *f*, nana‡ *f*.
damfool‡ ['dæm'fuːl] *adj* fichu* (*before n*).
dammit* ['dæmɪt] *excl* mince!* **as near as ~ à un poil*** près.
damn [dæm] **1** *excl* (‡) merde!‡ **2** *vt* (*Rel*) damner; *book, person* condamner; *plan* éreinter. **to ~ with faint praise** éreinter sous couleur d'éloge; **~ him!**‡ qu'il aille se faire fiche!*; **well I'll be ~ed!**‡ ça c'est trop fort!; **~ this machine!**‡ au diable cette machine! **3** *n* (‡) **I don't care a ~** je m'en fiche pas mal*; **it's not worth a ~** cela ne vaut pas un clou*. **4** *adj* (‡: *also* **dam'**, **~ed**) fichu*, sacré* (*before n*). **it is one ~ thing after another** quand ce n'est pas une chose, c'est l'autre. **5** *adv* (‡: *also* **dam'**, **~ed**) vachement‡, rudement*. **~ all** strictement rien, fichtre* rien. ♦ **damnable*** *adj* détestable. ♦ **damnably*** *adv* rudement*. ♦ **damnation 1** *n* (*Rel*) damnation *f*; **2** *excl* (‡) merde!‡ ♦ **damnedest**‡ *n*: **to do one's ~edest to help** faire l'impossible pour aider. ♦ **damning** *adj* accablant; **~ing criticism** éreintement *m*.
damp [dæmp] **1** *adj* (*gen*) humide; *skin* moite. **that was a ~ squib*** c'est tombé à plat (*fig*). **2** *n* humidité *f*; (*fire~*) grisou *m*. **3** *vt* *a cloth, ironing* humecter; *enthusiasm, courage* refroidir; (**~ down**) *fire* couvrir. **to ~ sb's spirits** décourager qn. ♦ **damp-course** *n* couche *f* isolante. ♦ **dampen** *vt* = **damp 3**. ♦ **damper** *or* (*US*) ♦ **dampener** *n [chimney]* registre *m*; (*fig*) **to put a ~er on*** jeter un froid sur. ♦ **dampness** *n* humidité *f*; moiteur *f*. ♦ **damp-proof** *adj* imperméable.
damson ['dæmzən] *n* prune *f* de Damas; (*tree*) prunier *m* de Damas.
dance [dɑːns] **1** *n* (a) (*movement*) danse *f*. **to lead sb a (pretty) ~** donner à qn du fil à retordre. (b) (*event*) bal *m*, soirée *f* dansante. **2** *vt waltz* danser. **to ~ attendance on sb** être aux petits soins pour qn. **3** *vi* danser. **he ~d with her** il l'a fait danser; **she ~d with him** elle a dansé avec lui; (*fig*) **to ~ in/out** *etc* entrer/sortir *etc* joyeusement; **to ~ about** gambader, sautiller. **4** *adj band, music* de danse. **~ hall** dancing *m*. ♦ **dancer** *n* danseur *m*, -euse *f*. ♦ **dancing 1** *n* danse *f*; **2** *adj master, school* de danse.
dandelion ['dændɪlaɪən] *n* pissenlit *m*.
dandruff ['dændrəf] *n* pellicules *fpl* (*du cuir chevelu*).
dandy ['dændɪ] **1** *n* dandy *m*. **2** *adj* (*) épatant*.
Dane [deɪn] *n* Danois(e) *m(f)*. ♦ **Danish 1** *adj* danois; **Danish blue cheese** bleu *m* du Danemark; **Danish pastry** feuilleté *m* fourré aux fruits *etc*; **2** *n* danois *m*.
danger ['deɪndʒəʳ] **1** *n* danger *m* (*to* pour). **in ~** en

danger; **he was in little** ~ il ne courait pas grand risque; **out of** ~ hors de danger; **in** ~ **of invasion** menacé d'invasion; **he was in** ~ **of losing his job** il risquait de perdre sa place; **there was no** ~ **that she would be recognized** elle ne courait aucun risque d'être reconnue; **a** ~ **of fire** un risque d'incendie; '~ **road up**' 'attention travaux'; '~ **keep out**' 'danger: défense d'entrer'. 2 *adj*: ~ **area,** ~ **zone** zone *f* dangereuse; *(Med)* **on the** ~ **list** dans un état critique; ~ **money** prime *f* de risque; ~ **point** cote *f* d'alerte; ~ **signal** signal *m* d'alarme.
♦ **dangerous** *adj (gen)* dangereux; *illness* grave.
♦ **dangerously** *adv (gen)* dangereusement; *ill* gravement; *wounded* grièvement.
dangle ['dæŋgl] 1 *vt object on string* balancer; *arm, leg* laisser pendre; *prospect, offer* faire miroiter *(before sb* aux yeux de qn). 2 *vi* pendre.
dank [dæŋk] *adj* humide et froid.
dapper ['dæpə^r] *adj* fringant.
dare [dɛə^r] 1 *vt* (a) oser *(do, to do* faire); *death* affronter, braver. ~ **you do it?** oserez-vous le faire?; **how** ~ **you!** comment osez-vous?, vous en avez du culot!*; **I** ~ **say he'll come** il viendra sans doute, j'imagine qu'il va venir; *(iro)* **I** ~ **say!** c'est bien possible! *(iro)*. (b) **to** ~ **sb to do** mettre qn au défi de faire; **I** ~ **you!** chiche!*
2 *n* défi *m*. **to do sth for a** ~ faire qch pour relever un défi.
♦ **daredevil** 1 *n* casse-cou *mf inv*; 2 *adj behaviour* de casse-cou *inv*; *adventure* fou.
♦ **daring** 1 *adj* audacieux, hardi; 2 *n* audace *f*, hardiesse *f*. ♦ **daringly** *adv* audacieusement, avec hardiesse.
dark [dɑːk] 1 *adj* (a) *room* sombre, obscur; *dungeon* noir, ténébreux. **it is** ~ il fait nuit *or* noir; **it is getting** ~ il commence à faire nuit; **the sky is getting** ~ le ciel s'assombrit; **the** ~ **side of the moon** la face cachée de la lune; *(Phot)* ~ **room** chambre *f* noire. (b) *colour* foncé, sombre; *complexion, hair, person* brun. ~ **blue** *etc* bleu *etc* foncé *inv*; ~ **brown hair** cheveux châtain foncé *inv*; ~ **glasses** lunettes *fpl* noires; ~ **chocolate** chocolat *m* à croquer. (c) *(sinister) plan* noir; *hint* sibyllin; *threat* sourd; *(gloomy) thoughts* sombre, triste. **to keep sth** ~ tenir qch secret; **keep it** ~! pas un mot!; **to look on the** ~ **side of things** voir tout en noir; *(fig)* **he's a** ~ **horse** c'est une quantité inconnue; **the D**~ **Ages** le haut moyen âge.
2 *n* obscurité *f*, noir *m*. **after/until** ~ après/jusqu'à la tombée de la nuit; **to be afraid of the** ~ avoir peur du noir; **I am quite in the** ~ **about it** j'ignore tout de cette histoire; **to leave sb in the** ~ **about sth** laisser qn dans l'ignorance sur qch; *(fig)* **to work in the** ~ travailler à l'aveuglette.
♦ **darken** 1 *vt room, landscape* obscurcir, assombrir; *sky, future* assombrir; *colour* foncer; 2 *vi* s'obscurcir; s'assombrir; foncer. ♦ **dark-eyed** *adj* aux yeux noirs. ♦ **darkly** *adv (gloomily)* tristement; *(sinisterly)* sinistrement. ♦ **darkness** *n* obscurité *f*; **in total** ~**ness** dans une complète obscurité; **the house was in** ~**ness** la maison était plongée dans l'obscurité. ♦ **dark-skinned** *adj person* brun (de peau); *race* de couleur.
darling ['dɑːlɪŋ] 1 *n* favori(te) *m(f)*, bien-aimé(e) *m(f)*. **the** ~ **of the people** l'idole *f* du peuple; **a mother's** ~ un chouchou*, une chouchoute*; **she's a little** ~ elle est adorable; **come here,** ~ viens, (mon) chéri; **be a** ~*... sois un ange ... .
2 *adj child* chéri, bien-aimé; *(*) house etc* ravissant, adorable.
darn [dɑːn] 1 *vt socks* repriser; *clothes etc* raccommoder. 2 *n* reprise *f*. 3 *excl* (*) *euph for* **damn**. ♦ **darning** 1 *n* reprise *f*, raccommodage *m*; *(things to be darned)* raccommodage *m*; 2 *adj needle, wool* à repriser.
dart [dɑːt] 1 *n* (a) fléchette *f*. ~**s** *(game)* fléchettes *fpl*; ~ **board** cible *f*. (b) *(Sewing)* pince

f. 2 *vi*: **to** ~ **in/out** *etc* entrer/sortir *etc* comme une flèche; **to** ~ **at sth** se précipiter sur qch. 3 *vt*: **to** ~ **a look at sth** jeter un regard sur qch.
dash [dæʃ] 1 *n* (a) **to make a** ~ se précipiter, se ruer, foncer* *(at* sur, *towards* vers); **he made a** ~ **for it** il s'est enfui; *(Sport)* **the 100 metre** ~ le sprint, le 100 mètres. (b) *(small amount)* petite quantité *f*; *[vinegar, flavouring]* goutte *f*; *[seasonings etc]* pointe *f*; *[colour]* tache *f*. **a** ~ **of soda** un peu d'eau de Seltz. (c) *(punctuation mark)* tiret *m*; *[Morse]* trait *m*. 2 *vt* (a) *(throw)* jeter violemment. **to** ~ **sth to pieces** casser qch en mille morceaux; **to** ~ **sth to the ground** jeter qch par terre; **to** ~ **one's head against** se cogner la tête contre. (b) *spirits* abattre; *person* démoraliser; *hopes* anéantir. 3 *vi* (a) *(rush)* **to** ~ **away/back** *etc* s'en aller/revenir *etc* à toute allure; **to** ~ **into a room** se précipiter dans une pièce; **I must** ~*! il faut que je file*. (b) *(crash) [waves]* se briser *(against* contre); *[car, bird, object]* se jeter *(against* contre). 4 *excl* (*) zut alors!*
dash off *vt sep letter etc* faire en vitesse; *drawing* dessiner en un tour de main.
♦ **dashboard** *n (Aut)* tableau *m* de bord.
♦ **dashing** *adj behaviour* plein d'allant; *appearance* fringant, qui a grande allure.
data ['deɪtə] 1 *npl* données *fpl*, information *f* brute. 2 *adj*: ~ **bank** banque *f* de données; ~ **processing** traitement *m* des données; ~ **processor** unité *f* de traitement des données.
date¹ [deɪt] *n* datte *f*; ~ **palm** dattier *m*.
date² [deɪt] 1 *n* (a) *(gen)* date *f*; *(on coin etc)* millésime *m*. ~ **of birth** date de naissance; **what is today's** ~? quelle est la date aujourd'hui?, nous sommes le combien aujourd'hui?; **what** ~ **is he coming on?** à quelle date vient-il?; **what is the** ~ **of this letter?** de quand est cette lettre?; **to** ~ **we have ...** jusqu'ici nous avons ...; **to be out of** ~ *[document]* ne plus être applicable; *[building, object]* être démodé; *[person]* retarder; **to be up to** ~ *[document]* être à jour; *[building, person]* être moderne; *(in one's work etc)* être à jour; **to bring up to** ~ *accounts, correspondence etc* mettre à jour; *method etc* moderniser; **to bring sb up to** ~ mettre qn au courant *(about sth* de qch). (b) (*: *appointment)* rendez-vous *m*, rancard* *m*; (*: *person)* petit(e) ami(e) *m(f)*. **to have/make a** ~ avoir/prendre rendez-vous.
2 *vt* (a) *document etc* dater; *(with machine)* composter. **letter** ~**d August 7th** lettre datée du 7 août; **a coin** ~**d 1390** une pièce au millésime de 1390. (b) *manuscripts, ruins etc* donner *or* assigner une date à, fixer la date de. **that** ~**s him** cela trahit son âge. (c) (*) *(go out with)* sortir avec; *(arrange meeting with)* prendre rendez-vous avec.
3 *vi* (a) **to** ~ **from** remonter à, dater de. (b) *(become old-fashioned)* dater. ♦ **dated** *adj* démodé, qui date. ♦ **dateless** *adj* qui ne date jamais. ♦ **date-line** *n* ligne *f* de changement de date. ♦ **date-stamp** 1 *n [library etc]* dateur *m*; *(postmark)* cachet *m* de la poste; 2 *vt library book* tamponner; *document* apposer le cachet de la date sur.
dative ['deɪtɪv] *adj*, *n* datif (*m*). **in the** ~ au datif.
daub [dɔːb] *vt* barbouiller *(with* de).
daughter ['dɔːtə^r] *n* fille *f*. ~**-in-law** belle-fille *f*, bru *f*.
daunt [dɔːnt] *vt* intimider, démonter. **nothing** ~**ed he ...** sans se démonter il ... . ♦ **daunting** *adj task, problem* décourageant; *person* intimidant.
♦ **dauntless** *adj person* intrépide, plein de courage; *courage* indomptable. ♦ **dauntlessly** *adv* avec intrépidité.
dawdle ['dɔːdl] *vi* flâner, traîner *(pej)*. **to** ~ **over one's work** traînasser sur son travail. ♦ **dawdler** *n* flâneur *m*, -euse *f*. ♦ **dawdling** 1 *adj* traînard; 2 *n* flânerie *f*.
dawn [dɔːn] 1 *n* aube *f*, point *m* du jour; *[civiliza-*

tion] aube; *[idea, hope]* naissance *f.* **at ~** à l'aube, au point du jour; **from ~ to dusk** du matin au soir; **~ chorus** concert *m* matinal des oiseaux. **2** *vi [day]* poindre, se lever; *[hope]* naître. **the day will ~ when** ... un jour viendra où ...; **an idea ~ed upon him** une idée lui est venue à l'esprit; **the truth ~ed upon him** il a commencé à entrevoir la vérité; **it suddenly ~ed on him that** ... il lui vint tout d'un coup à l'esprit que ... . ♦ **dawning** *adj* naissant, croissant.

day [deɪ] **1** *n* (a) *(24 hours)* jour *m.* **3 ~s ago** il y a 3 jours; **what ~ is it today?** quel jour sommes-nous aujourd'hui?; **what ~ of the month is it?** nous sommes le combien?; **the ~ that they ... le jour où** ils ...; **on that ~** ce jour-là; **on a ~ like this** un jour comme aujourd'hui; **twice a ~** deux fois par jour; **the ~ before yesterday** avant-hier *m;* **the ~ before/two ~s before her birthday** la veille/l'avant-veille de son anniversaire; **the ~ after, the following ~** le lendemain; **the ~ after tomorrow** après-demain; **this ~ week** d'aujourd'hui en huit; **2 years ago to the ~** il y a 2 ans jour pour jour; **any ~ now** d'un jour à l'autre; **every ~** tous les jours; **every other ~** tous les deux jours; **one of these ~s** un de ces jours, un jour ou l'autre; **~ by ~** jour après jour; **~ in ~ out** tous les jours que (le bon) Dieu fait; **for ~s on end** pendant des jours et des jours; **to live from ~ to ~** vivre au jour le jour; **the other ~** l'autre jour, il y a quelques jours; **to this ~** encore aujourd'hui; **he's fifty if he's a ~*** il a cinquante ans bien sonnés*; **the ~ of judgment** *or* **reckoning** le jour du jugement dernier; *(fig)* **the ~ of reckoning will come** un jour il faudra rendre des comptes.

 (b) *(daylight hours)* jour *m,* journée *f.* **during the ~** pendant la journée; **to work all ~** travailler toute la journée; **to travel by ~** voyager de jour; **to work ~ and night** travailler jour et nuit; **it's a fine ~** il fait beau aujourd'hui; **one summer's ~** un jour d'été; **on a wet ~** par une journée pluvieuse.

 (c) *(working hours)* journée *f.* **paid by the ~** payé à la journée; **it's all in the ~'s work** ça fait partie de la routine; **a ~ off** un jour de congé; **to work an 8-hour ~** faire une journée de 8 heures.

 (d) *(period)* époque *f,* temps *m.* **these ~s, in the present ~** à l'heure actuelle, de nos jours, actuellement; **in this ~ and age** par les temps qui courent; **in ~s to come** dans l'avenir, dans les jours à venir; **in his working ~s** à l'époque où il travaillait; **in his younger ~s** quand il était plus jeune; **in Napoleon's ~** à l'époque *or* du temps de Napoléon; **famous in her ~** célèbre à son époque; **in the good old ~s** dans le bon vieux temps; **the happiest ~s of my life** les jours les plus heureux de ma vie; **during the early ~s of the war** tout au début *or* pendant les premiers temps de la guerre; **that has had its ~** cela est passé de mode.

 2 *adj:* **~ bed** banquette-lit *f, (Scol)* **~ boy/girl** externe *m/f;* **~ nursery** crèche *f;* **~ release course** = cours professionnel *(de l'industrie etc)* à temps partiel; **~ return ticket** billet *m* d'aller et retour *(valable pour la journée);* **to go to ~ school** être externe *m/f;* **~ shift** *(workers)* équipe *f or* poste *m* de jour; **to be on ~ shift** être de jour; **~ trip** excursion *f* (d'une journée); **to go on a ~ trip to Calais** faire une excursion (d'une journée) à Calais; **~-tripper** excursionniste *mf.*

 ♦ **daybreak** *n:* **at ~break** au point du jour, à l'aube. ♦ **daydream** **1** *n* rêvasserie *f.* **2** *vi* rêvasser. ♦ **daylight** **1** *n:* **in the ~light** à la lumière du jour, au grand jour; **it is still ~light** il fait encore jour; **I begin to see ~light*** *(understand)* je commence à voir clair; *(see the end appear)* j'en aperçois la fin; **2** *adj attack* de jour; **it's ~light robbery*** c'est du vol caractérisé; **~light-saving time** l'heure *f* d'été. ♦ **daytime** **1** *n* jour *m,* journée *f;* **2** *adj* de jour. ♦ **day-to-day** *adj*

routine quotidien; *occurrence* journalier; **on a ~-to-~ basis** au jour le jour.

daze [deɪz] **1** *n:* **in a ~** = dazed. **2** *vt [drug]* hébéter; *[blow]* étourdir; *[news etc]* abasourdir. ♦ **dazed** *adj* hébété; tout étourdi; abasourdi.

dazzle ['dæzl] *vt* éblouir. ♦ **dazzling** *adj* éblouissant.

deacon ['diːkən] *n* diacre *m.* ♦ **deaconess** *n* diaconesse *f.*

dead [ded] **1** *adj person, animal, plant* mort; *march* funèbre; *matter* inanimé; *limb* engourdi; *fingers* gourd; *custom* tombé en désuétude; *fire, town, language* mort; *cigarette* éteint. **~ or alive** mort ou vif; *(lit, fig)* **and buried** mort et enterré; **to drop down ~** tomber mort; **stone ~** raide mort; **as ~ as a doornail** tout ce qu'il y a de plus mort; **to wait for a ~ man's shoes*** attendre que qn veuille bien mourir pour prendre sa place; **over my ~ body!*** pas question!*; **~ men tell no tales** les morts ne parlent pas; **he's a ~ duck*** c'est un homme fini; **he was ~ to the world*** il dormait comme une souche; *(Telec)* **the line is ~** on n'entend rien (sur la ligne); **~ calm** calme plat; **in the ~ centre** au beau milieu, en plein milieu; **it's a ~ certs** c'est sûr et certain*; **he's in ~ earnest** il ne plaisante pas; **the race was a ~ heat** ils sont arrivés ex aequo; **that is a ~ loss*** ça ne vaut rien; **to make a ~ set at*** *thing* s'acharner pour avoir; *person* chercher à mettre le grappin sur*; *(Naut)* **by ~ reckoning** à l'estime *f;* **~ season** morte-saison *f;* **~ silence** silence *m* de mort; **~ weight** poids *m* mort.

 2 *adv (completely) certain* absolument, complètement; *stop* net, pile. **~ ahead** tout droit; **~ broke*** fauché *(comme les blés)*;* **~ drunk*** ivre mort; **~ on time** juste à l'heure; **to be ~ set on doing*** vouloir faire à tout prix; **to be ~ set against sth*** s'opposer absolument à qch; *(order)* **~ slow** *(Aut)* allez au pas; *(Naut)* en avant lentement; **~ tired** éreinté, crevé*.

 3 *n* (a) **the ~** les morts *mpl.* (b) **at ~ of night** au plus profond de la nuit.

 ♦ **dead-and-alive** *adj town* triste, mort. ♦ **deadbeat*** *adj (tired)* crevé*. ♦ **deaden** *vt shock, blow* amortir; *feeling* émousser; *sound* assourdir; *pain* calmer; *nerve* endormir. ♦ **dead-end** *n* impasse *f;* **a ~-end job** un travail sans débouchés. ♦ **deadline** *n (Press etc)* dernière limite; **to work to a ~line** travailler en vue d'une date *or* d'une heure limite. ♦ **deadlock** *n* impasse *f.* ♦ **deadly 1** *adj (gen)* mortel; *aim* qui ne rate jamais; *weapon* meurtrier; *pallor* de mort; *(*: boring)* casse-pieds* *inv,* rasoir* *f inv;* **~ly nightshade** belladone *f;* **seven ~ly sins** sept péchés *mpl* capitaux; **in ~ly earnest** tout à fait sérieux; **2** *adv dull* mortellement, terriblement; *pale* comme la mort. ♦ **deadnettle** *n* ortie *f* blanche. ♦ **deadpan** *adj face* sans expression; *humour* pince-sans-rire *inv.* ♦ **deadwood** *n* bois *m* mort.

deaf [def] **1** *adj* sourd. **~ in one ear** sourd d'une oreille; **~ as a door post** sourd comme un pot*; **to be ~ to sth** rester sourd à qch; **to turn a ~ ear to sth** faire la sourde oreille à qch. **2** *n:* **the ~** les sourds *mpl.* ♦ **deaf-aid** *n* appareil *m* acoustique. ♦ **deaf-and-dumb** *adj* sourd-muet; *alphabet* des sourds-muets. ♦ **deafen** *vt* rendre sourd. ♦ **deafening** *adj* assourdissant. ♦ **deaf-mute** *n* sourd(e)-muet(te) *m(f).* ♦ **deafness** *n* surdité *f.*

deal¹ [diːl] *n* (bois *m* de) sapin *m,* bois blanc.

deal² [diːl] *(vb: pret, ptp dealt)* **1** *n* (a) **a (good or great) ~ of** beaucoup de, énormément de; **to have a great ~ to do** avoir beaucoup à faire; **a good ~ of the work** une bonne partie du travail; **that's saying a good ~** ce n'est pas peu dire; **there's a good ~ of truth in it** il y a beaucoup de vrai là-dedans; **to think a great ~ of sb** avoir beaucoup d'estime pour qn; **to mean a great ~ to sb** compter beaucoup pour qn; **a good ~ cleverer** beaucoup *or* nettement plus intelligent. (b) *(agreement, bargain)* marché *m*, affaire *f*; *(St Ex)* opération *f*, transaction *f*. **business** ~ affaire, marché; **to do a ~ with sb** *(Comm)* faire une affaire avec qn; *(gen)* conclure un marché avec qn; **we might do a ~?** on pourrait peut-être s'arranger?; **it's a ~!** d'accord!; *(Pol etc)* **a new** ~ un programme de réformes; **he got a very bad** ~ from them ils se sont très mal conduits envers lui. (c) *(Cards)* **donne** *f*. **it's your** ~ à vous de donner.

2 vt (a) *(~ out) cards* donner. (b) **to** ~ **sb a blow** porter *or* assener un coup à qn.

3 vi (a) *(Comm)* traiter, négocier *(with sb* avec qn). **I always** ~ **with that butcher** je vais *or* me fournis toujours chez ce boucher-là; **to** ~ **in wood** être dans le commerce du bois. (b) **to** ~ **with** *person, task* s'occuper de, se charger de; *problem* venir à bout de; *(Comm)* order régler; *[book, film etc]* traiter de, avoir pour sujet; **I'll** ~ **with him** je me charge de lui; **I'll** ~ **with you later!** tu vas avoir affaire à moi tout à l'heure!; **to know how to** ~ **with sb** savoir s'y prendre avec qn; **he's not very easy to** ~ **with** il n'est pas commode; **to have to** ~ **with sb** avoir affaire à qn; **to** ~ **well/badly by sb** agir bien/mal avec qn.

deal out vt sep gifts, money distribuer, partager *(between* entre). **to** ~ **out justice** rendre la justice.

♦ **dealer** *n (Comm)* marchand *m (in* de de), négociant *m (in* en); *(Cards)* donneur *m*.
♦ **dealings** npl *(gen)* relations fpl *(with sb* avec qn); *(Comm, St Ex)* transactions fpl *(in* en); *(trafficking)* trafic *m (in sth* de qch).

dean [di:n] *n* doyen *m*.

dear [dɪəʳ] **1** adj (a) *(loved)* cher; *(lovable)* adorable. **she is very** ~ **to me** elle m'est très chère; **a** ~ **friend of mine** un de mes amis les plus chers; **to hold sb/sth** ~ chérir qn/qch; **his** ~ **est wish** son plus cher désir; **a** ~ **little dress** une ravissante petite robe; *(in letter-writing)* ~ **Daddy** (mon) cher papa; ~ **Sir** Monsieur; ~ **Sirs** Messieurs; **Mr Smith** cher Monsieur; ~ **Mr and Mrs Smith** cher Monsieur, chère Madame. (b) *(expensive) prices, goods* cher, coûteux; *price* élevé; *shop* cher. **to get** ~ **er** augmenter.

2 excl: **oh** ~! *(surprise)* mon Dieu!, pas possible!; *(regret)* **oh mon Dieu!**

3 *n*: **my** ~ mon cher (ami); *(to child)* mon petit; **my** ~ **est** mon chéri, mon amour; **poor** ~ *(to child)* pauvre petit, pauvre chou*; *(to woman)* ma pauvre; **she is a** ~* c'est un amour; **give it to me, there's a** ~* sois gentil, donne-le-moi.

4 adv buy, pay, sell cher.

♦ **dearly** adv: **to love sb/sth** ~ly être très attaché à qn/qch; **I should** ~ly **like to live here** j'aimerais infiniment habiter ici; **to pay** ~ly **for sth** payer qch cher.

dearth [dɜːθ] *n [food, ideas]* disette *f*; *[money, resources, water]* pénurie *f*. **there is no** ~ **of young men** les jeunes gens ne manquent pas.

death [deθ] **1** *n* mort *f*, décès *m (Jur, Admin)*; *[plans, hopes]* effondrement *m*. **to be burnt to** ~ mourir carbonisé; **he drank himself to** ~ c'est la boisson qui l'a tué; **at** ~**'s door** à l'article de la mort; **to sentence sb to** ~ condamner qn à mort; **to put to** ~ mettre à mort; **a fight to the** ~ une lutte à mort; *(fig)* **to be in at the** ~ assister au dénouement; *(lit)* **it will be the** ~ **of him** cela va l'achever; *(fig)* **he will be the** ~ **of me** il me fera mourir; **to be bored to** ~* crever* d'ennui; **you look tired to** ~* tu as l'air crevé*; **I'm sick to** ~* or **tired to** ~*of **all this** j'en ai par-dessus la tête de tout ceci.

2 adj: ~ **cell** cellule *f* de condamné à mort; ~ **certificate** acte *m* de décès; ~ **duties** droits mpl de succession; ~ **march** marche *f* funèbre; ~ **mask** masque *m* mortuaire; ~ **penalty** peine *f* de mort; ~ **rate** (taux *m* de) mortalité *f*; ~ **rattle** râle

m d'agonie; ~ **sentence** arrêt *m* de mort; ~ **throes** affres fpl de la mort, agonie *f*; ~ **toll** chiffre *m* des morts; ~ **warrant** ordre *m* d'exécution; ~ **wish** désir *m* de mort.

♦ **deathbed** **1** *n* lit de mort; **2** adj repentance de la dernière heure. ♦ **death-blow** *n* coup *m* mortel or fatal. ♦ **deathless** adj immortel. ♦ **deathly** **1** adj appearance cadavérique; *silence* mortel, de mort; **2** adv: ~ly pale d'une pâleur mortelle.
♦ **death's-head** *n* tête *f* de mort. ♦ **deathtrap** *n* endroit *m (or véhicule m etc)* dangereux; **it's a real** ~**trap** c'est mortellement dangereux.

debar [dɪ'bɑːʳ] vt exclure *(from sth* de qch), interdire *(sb from doing* à qn de faire).

debase [dɪ'beɪs] vt *(Fin)* coinage déprécier; word, object dégrader; person avilir. **to** ~ **o.s. by doing** s'avilir en faisant. ♦ **debasement** *n* dépréciation *f*; dégradation *f*; avilissement *m*.

debate [dɪ'beɪt] **1** vt discuter, débattre. **2** vi discuter *(with* avec, about sur). **he was debating with himself whether to refuse** or not il se demandait s'il refuserait ou non. **3** *n* débat *m*, discussion *f*. **after much** ~ après un long débat. ♦ **debatable** adj discutable, contestable; **it is debatable whether** ... on est en droit de se demander si .... ♦ **debating society** *n* société *f* de conférences contradictoires.

debauch [dɪ'bɔːtʃ] vt person débaucher, corrompre; morals, taste corrompre. ♦ **debauched** adj débauché, corrompu. ♦ **debauchery** *n* débauche *f*.

debilitate [dɪ'bɪlɪteɪt] vt débiliter. ♦ **debility** *n* débilité *f*.

debit ['debɪt] **1** *n (Comm)* débit *m*. **2** adj account, balance débiteur. **on the** ~ **side** au débit; *(fig)* au passif. **3** vt: **to** ~ **sb's account with a sum, to** ~ **sb with a sum** porter une somme au débit de qn, débiter qn d'une somme.

debonair [,debə'nɛəʳ] adj jovial.

debrief [,di:'briːf] vt faire faire un compte rendu *(de fin de mission)* à; *(Mil)* faire faire un rapport à. *(Mil)* **to be** ~ed faire rapport. ♦ **debriefing** *n* compte rendu *m (de fin de mission)*; rapport *m*.

debris ['debriː] *n* débris mpl.

debt [det] *n (payment owed)* dette *f*, créance *f*. **bad** ~**s** créances irrécouvrables; ~ **of honour** dette d'honneur; **to be in** ~ avoir des dettes, être endetté; **I am £5 in** ~ je dois 5 livres; **to be out of sb's** ~ être quitte envers qn; **to get into** ~ faire des dettes, s'endetter; **to get out of** ~ s'acquitter de ses dettes; **to be out of** ~ n'avoir plus de dettes; **I am greatly in your** ~ **for sth/for having done** je vous suis très redevable de qch/d'avoir fait.
♦ **debt collector** *n* agent *m* de recouvrements.
♦ **debtor** *n* débiteur *m*, -trice *f*. ♦ **debt-ridden** adj criblé de dettes.

debunk* [,di:'bʌŋk] vt *(gen)* démythifier; person déboulonner*; claim démentir; institution discréditer.

decade ['dekeɪd] *n* décennie *f*.

decadence ['dekədəns] *n* décadence *f*.
♦ **decadent** adj décadent.

decamp* [dɪ'kæmp] vi décamper*.

decant [dɪ'kænt] vt wine décanter. ♦ **decanter** *n* carafe *f*.

decapitate [dɪ'kæpɪteɪt] vt décapiter.

decay [dɪ'keɪ] **1** vi *[work of art, stone]* s'altérer, se détériorer; *[food]* se gâter; *[flowers, vegetation, wood]* pourrir; *[tooth]* se carier; *[building]* se délabrer; *[radioactive nucleus]* se désintégrer; *[hopes]* s'enfuir; *[beauty]* se faner; *[civilization]* décliner; *[race, one's faculties]* s'affaiblir. **2** *n (gen)* pourriture *f*; *(Med)* carie *f*; *[building]* délabrement *m*; *(Phys)* désintégration *f*; *[hopes]* ruine *f*; *[civilization]* décadence *f*; *[race, faculties]* affaiblissement *m*. ♦ **decayed** adj tooth carié; wood pourri; food gâté; building délabré; *(Phys)* partiellement désintégré; health, civiliza-

tion en déclin. ♦ **decaying** *adj flesh* en pourriture; *food* en train de s'avarier; *tooth* qui se carie.

decease [dɪ'siːs] *n* décès *m*. ♦ **deceased 1** *adj* décédé; **2** *n* défunt(e) *m(f)*.

deceit [dɪ'siːt] *n* tromperie *f*. ♦ **deceitful** *adj person* faux, trompeur; *words, conduct* trompeur, mensonger. ♦ **deceitfully** *adv* avec duplicité, faussement. ♦ **deceitfulness** *n* fausseté *f*, duplicité *f*.

deceive [dɪ'siːv] *vt* tromper, abuser; *spouse, hopes* tromper. he ~d me into thinking that ... il m'a faussement fait croire que ...; I thought my eyes were deceiving me je n'en croyais pas mes yeux; to be ~d by appearances être trompé par les apparences; to ~ o.s. s'abuser. ♦ **deceiver** *n* trompeur *m*, -euse *f*, imposteur *m*.

December [dɪ'sembər] *n* décembre *m*; *for phrases* V **September**.

decent ['diːsənt] *adj* **(a)** (*respectable*) *person* convenable, bien* *inv*; *house, shoes* convenable; (*seemly*) *language, behaviour, dress* décent. **(b)** (*: pleasant*) *person* bon, brave (*before n*). it was ~ of him c'était chic* de sa part; to do the ~ thing* agir élégamment (*by sb* envers qn); quite a ~ flat un appartement qui n'est pas mal; a ~ meal un bon repas. ♦ **decency** *n* [*dress, conversation*] décence *f*; [*person*] pudeur *f*; **to have a sense of decency** avoir de la pudeur; **the decencies** les convenances *fpl*; **common decency** la simple politesse; **to have the decency to do sth** avoir la décence de faire qch. ♦ **decently** *adv dressed etc* convenablement; (*: well*) bien. **you can't** ~**ly ask him that** décemment vous ne pouvez pas lui demander cela.

decentralize [diː'sentrəlaɪz] *vt* décentraliser. ♦ **decentralization** *n* décentralisation *f*.

deception [dɪ'sepʃən] *n* (*deceiving*) tromperie *f*; (*deceitful act*) supercherie *f*. ♦ **deceptive** *adj* trompeur. ♦ **deceptively** *adv*: it looks deceptively near ça donne l'illusion d'être proche etc. ♦ **deceptiveness** *n* caractère *m* trompeur.

decibel ['desɪbel] *n* décibel *m*.

decide [dɪ'saɪd] **1** *vt* décider (*to do* de faire; *that* que; *sb to do* qn à faire), se décider (*to do* à faire); *question, quarrel* décider; *piece of business* régler; *difference of opinion* juger; *sb's fate, future* décider de. **2** *vi* se décider (*on, for* pour; *against* contre); to ~ **for/against sb** donner raison/tort à qn. ♦ **decided** *adj improvement* incontestable; *difference* marqué; *refusal* catégorique; *character, person, tone, look* résolu, décidé; *opinion* arrêté. ♦ **decidedly** *adv act, reply* avec décision; *lazy* incontestablement. ♦ **decider** *n* (*goal*) but *m* décisif; (*point*) point *m* décisif; (*factor*) facteur *m* décisif; (*game*) the ~r la belle. ♦ **deciding** *adj* décisif.

deciduous [dɪ'sɪdjuəs] *adj tree* à feuilles caduques.

decimal ['desɪməl] **1** *adj* (*gen*) décimal. **to three** ~ **places** à la troisième décimale; ~ **point** virgule *f* (*de fraction décimale*). **2** *n* décimale *f*. ~**s** le calcul décimal. ♦ **decimalization** *n* décimalisation *f*. ♦ **decimalize** *vt* décimaliser.

decimate ['desɪmeɪt] *vt* (*lit, fig*) décimer.

decipher [dɪ'saɪfər] *vt* déchiffrer. ♦ **decipherable** *adj* déchiffrable.

decision [dɪ'sɪʒən] *n* décision *f*; (*Jur*) arrêt *m*. to come to a ~ arriver à une décision, se décider. ♦ **decisive** *adj battle, victory, factor* décisif; *manner, answer* décidé, catégorique; *person* qui a de la décision. ♦ **decisively** *adv speak* d'un ton décidé; *act* d'une façon décidée. ♦ **decisiveness** *n* [*person*] décision *f*, fermeté *f*.

deck [dek] **1** *n* **(a)** [*ship*] pont *m*. **to go up on** ~ monter sur le pont; **below** ~ sous le pont, en bas; **top** ~, **upper** ~ [*bus*] impériale *f*; [*jumbo jet*] étage *m*. **(b)** [*record player etc*] platine *f*. **(c)** ~ **of cards** jeu *m* de cartes. **2** *vt* (~ **out**) orner (*with* de). ♦ **deckchair** *n* chaise *f* longue. ♦ **deck-hand** *n* matelot *m*.

declaim [dɪ'kleɪm] *vti* déclamer (*against* contre). ♦ **declamation** *n* déclamation *f*. ♦ **declamatory** *adj* déclamatoire.

declare [dɪ'klɛər] *vt* (*gen*) déclarer (*that* que); *results* proclamer. (*Customs*) **have you anything to** ~? avez-vous qch à déclarer?; **to** ~ **war** déclarer la guerre (*on* à); **to** ~ **o.s. for/against** se déclarer en faveur de/contre. ♦ **declaration** *n* déclaration *f*. ♦ **declared** *adj* déclaré, ouvert. ♦ **declaredly** *adv* ouvertement.

declassify [diː'klæsɪfaɪ] *vt* rendre accessible à tous.

declension [dɪ'klenʃən] *n* (*Gram*) déclinaison *f*.

decline [dɪ'klaɪn] **1** *n* (*gen*) déclin *m*. ~ **in price** baisse *f* de prix; **these cases are on the** ~ ces cas sont de moins en moins fréquents. **2** *vt* (*gen*) refuser (*to do* de faire); *invitation, honour, responsibility* décliner; (*Gram*) décliner. **3** *vi* [*health, influence*] décliner; [*empire*] tomber en décadence; [*prices, business*] être en baisse; (*Gram*) se décliner. **to** ~ **in importance** perdre de l'importance. ♦ **declining** *adj*: **in his declining years** au déclin de sa vie.

declutch ['diː'klʌtʃ] *vi* débrayer.

decode ['diː'kəud] *vt* décoder.

decoke ['diː'kəuk] **1** *vt* décalaminer. **2** *n* décalaminage *m*.

decompress [‚diːkəm'preʊz] **1** *vt* décomposer. **2** *vi* se décomposer. ♦ **decomposition** *n* décomposition *f*.

decompression [‚diːkəm'preʃən] **1** *n* décompression *f*. **2** *adj*: ~ **chamber** caisson *m* de décompression; ~ **sickness** maladie *f* des caissons.

decontaminate [‚diːkən'tæmɪneɪt] *vt* décontaminer. ♦ **decontamination** *n* décontamination *f*.

decontrol [‚diːkən'trəul] *vt prices* libérer des contrôles gouvernementaux; *butter* rendre le contrôle du prix de. ~**led road** route *f* non soumise à la limitation de vitesse.

decorate ['dekəreɪt] *vt* **(a)** orner, décorer (*with* de); *cake* décorer; (*paint etc*) *room* peindre (et tapisser). to ~ **with flags** pavoiser. **(b)** *soldier* décorer (*for gallantry* pour acte de bravoure). ♦ **decorating** *n*: (*painting and*) **decorating** décoration *f* intérieure; **they are doing some decorating** ils sont en train de refaire les peintures. ♦ **decoration** *n* (*state*) décor *m*; (*ornament, medal*) décoration *f*; **Christmas decorations** décorations de Noël. ♦ **decorative** *adj* décoratif. ♦ **decorator** *n* décorateur *m*, -trice *f*.

decorum [dɪ'kɔːrəm] *n* décorum *m*. **a breach of** ~ une inconvenance; **a sense of** ~ le sens des convenances. ♦ **decorous** ['dekərəs] *adj* comme il faut. ♦ **decorously** *adv* comme il faut.

decoy ['diːkɔɪ] **1** *n* (*person*) compère *m*. ~ **police** ~ policier en civil (*servant à attirer un criminel dans une souricière*). **2** [*also* dɪ'kɔɪ] *vt* attirer dans un piège.

decrease [diː'kriːs] **1** *vi* [*amount, numbers, supplies, birth rate, population*] diminuer, décroître; [*power, strength, intensity*] s'affaiblir, décroître; [*price, value, enthusiasm*] baisser; (*Knitting*) diminuer. **2** *vt* diminuer; affaiblir; baisser. **3** ['diːkriːs] *n* diminution *f* (*in* de); affaiblissement *m* (*in* de); baisse *f* (*in* de). ~ **in speed** ralentissement *m*; ~ **in strength** affaiblissement. ♦ **decreasing** *adj* décroissant; qui s'affaiblit; en baisse. ♦ **decreasingly** *adv* de moins en moins.

decree [dɪ'kriː] **1** *n* (*Jur, Rel*) décret *m*; [*tribunal*] jugement *m*; (*municipal*) arrêté *m*. **by royal** ~ par décret du roi; [*divorce*] ~ **absolute/nisi** jugement définitif/provisoire de divorce. **2** *vt* décréter, arrêter (*that* que + *indic*).

decrepit [dɪ'krepɪt] *adj structure, building*

délabré; (*) *person* décrépit. ♦ **decrepitude** *n*
délabrement *m*; décrépitude *f*.
decry [dɪˈkraɪ] *vt* décrier.
dedicate [ˈdedɪkeɪt] *vt* dédier (*to* à). **to ~ o.s.** *or*
one's life to sth/to doing se consacrer à qch/à
faire. ♦ **dedication** *n* (*in book*) dédicace *f*; (*devotion*) dévouement *m*.
deduce [dɪˈdjuːs] *vt* déduire, conclure (*from* de,
that que). ♦ **deduction**¹ *n* déduction *f*.
♦ **deductive** *adj* déductif.
deduct [dɪˈdʌkt] *vt amount* déduire (*from* de);
numbers soustraire (*from* de). **to ~ sth from the
price** faire une réduction sur le prix; **to ~ 5%
from the wages** faire une retenue de 5% sur les
salaires; **after ~ing 5%** déduction faite de 5%.
♦ **deductible** *adj* à déduire (*from* de); *expenses*
déductible. ♦ **deduction**² *n* déduction *f* (*from* de);
(*from wage*) retenue *f* (*from* sur).
deed [diːd] *n* (a) action *f*, acte *m*. **brave ~**
exploit *m*. **good ~** bonne action; **in ~ de fait, en
fait. (b)** (*Jur*) acte *m*. **~ of covenant** *or* **gift** (acte
de) donation *f*; **by ~ poll** par acte unilatéral.
deem [diːm] *vt* juger, estimer. **to ~ it prudent to
do** juger prudent de faire.
deep [diːp] 1 *adj* (a) *water, hole, wound* profond;
snow épais. **the pond was 4 metres ~** l'étang avait
4 mètres de profondeur; (*fig*) **to be in ~ water**
être dans de vilains draps; [*swimming pool*] **the ~
end** le grand bain; **to go off (at) the ~ end*
(*excited*) se mettre dans tous ses états; (*angry*) se
mettre en colère; (*fig*) **he was thrown in at the ~
end** ça a été le baptême du feu (pour lui); **he was
ankle-~** il avait l'eau lui arrivait aux chevilles.
(b) *shelf, cupboard* large, profond; *edge, border*
large, haut. **the spectators stood 10 ~** il y avait 10
rangs de spectateurs debout; **~ space** espace *m*
interstellaire. (c) *sound, voice, tones* grave;
(*Mus*) *note, voice* bas, grave. (d) *sorrow, relief,
colour, mystery, sleep* profond; *feeling* intense;
interest, concern vif; *writer, thinker* profond. **~
in thought/in a book** absorbé dans ses pensées/
dans un livre; **~ breathing (exercises)** exercices
mpl respiratoires; (*Ling*) **~ structure** structure *f*
profonde; **he's a ~ one*** il est plus malin qu'il n'en
a l'air.
2 *adv breathe, penetrate* profondément; *drink*
à longs traits. **don't go in too ~ if you can't swim**
ne va pas trop loin si tu ne sais pas nager; **~ into
the night** tard dans la nuit; **he's in it pretty ~*** il
s'est engagé très loin là-dedans, (*pej*) il est
dedans jusqu'au cou.
3 *n:* **the ~** (les grands fonds de) l'océan *m*.
♦ **deep-chested** *adj person* large de poitrine;
animal à large poitrail. ♦ **deepen** 1 *vt hole, darkness* approfondir; *sorrow, interest* augmenter;
sound rendre plus grave; *colour* foncer; 2 *vi*
devenir plus profond (*or* plus foncé *etc*); [*night,
mystery*] s'épaissir; [*voice*] se faire plus grave.
♦ **deepening** *adj* de plus en plus profond *etc*.
♦ **deep-freeze** 1 *n* (*also* **deepfreezer**) congélateur *m*; 2 *vt* surgeler. ♦ **deep-freezing** *n*
surgélation *f*. ♦ **deep-frozen** *adj* surgelé. ♦ **deep-fry** *vt* faire frire (en friteuse). ♦ **deeply** *adv dig,
cut* profondément; *drink* à longs traits; *consider*
profondément; (*very*) *grateful etc* infiniment;
moving, concerned extrêmement; *offended*
profondément; **to regret ~ly** regretter vivement;
to go ~ly into sth approfondir qch. ♦ **deep-rooted** *adj affection* profond; *prejudice* profondément enraciné; *habit* invétéré. ♦ **deep-sea** *adj
animal, plant* pélagique; *diver* sous-marin;
fisherman, fishing hauturier. ♦ **deep-seated** *adj
prejudice, dislike* profondément enraciné;
conviction fermement ancré; *cough* caverneux.
♦ **deep-set** *adj eyes* très enfoncé.
deer [dɪəʳ] *n, pl inv* cerf *m*, biche *f*; (*red ~*) cerf;
(*fallow ~*) daim *m*; (*roe ~*) chevreuil *m*. **certain
types of ~** certains types de cervidés *mpl.*

♦ **deerskin** *n* peau *f* de daim. ♦ **deer-stalking** *n*
chasse *f* au cerf à pied.
deface [dɪˈfeɪs] *vt monument, door* dégrader;
work of art mutiler; *poster, inscription* barbouiller; [*thing*] *countryside* mutiler.
defame [dɪˈfeɪm] *vt* diffamer. ♦ **defamation** *n*
diffamation *f*. ♦ **defamatory** *adj* diffamatoire.
default [dɪˈfɔːlt] 1 *n:* **in ~ of** à défaut de. **2** *vi* manquer à ses engagements. ♦ **defaulter** *n* délinquant(e) *m(f)*. ♦ **defaulting** *adj* défaillant.
defeat [dɪˈfiːt] 1 *n* [*army, team*] défaite *f*; [*project,
ambition*] échec *m*; [*legal case, appeal*] rejet *m*.
2 *vt opponent* vaincre; *army, team* battre; *hopes*
ruiner; *ambitions, plans, efforts* faire échouer;
(*Parl*) *party, group* mettre en minorité; *bill,
amendment* rejeter. **to ~ one's own ends** aller à
l'encontre du but que l'on s'est proposé; **that plan
will ~ its own ends** ce plan sera auto-destructeur.
♦ **defeatism** *n* défaitisme *m*. ♦ **defeatist** *adj*, *n*
défaitiste (*mf*).
defecate [ˈdefəkeɪt] *vi* déféquer.
defect [ˈdiːfekt] 1 *n* (*gen*) défaut *m*. **physical ~**
vice *m* *or* défaut de conformation; **mental ~**
anomalie *f* mentale; **moral ~** défaut. 2 [dɪˈfekt] *vi*
(*Pol*) faire défection. **to ~ from one country to
another** s'enfuir d'un pays dans un autre pour
raisons politiques; **to ~ to the enemy** passer à
l'ennemi. ♦ **defection** *n* (*Pol*) défection *f*.
♦ **defective** *adj machine* défectueux; *reasoning*
mauvais; (*Med*) déficient; (*Gram*) défectif; **to be
~ive in sth** manquer de qch. ♦ **defector** *n* transfuge *mf*.
defence [dɪˈfens] 1 *n* (*gen*) défense *f*, protection *f*;
[*action, belief*] justification *f*. **in ~ of** à la défense
de; **Ministry** *or* **Department of D~** ministère *m*
de la Défense nationale; (*Mil*) **~s** ouvrages *mpl*
défensifs; **the body's ~s against disease** la
défense de l'organisme contre la maladie; **as a ~
against** en guise de défense contre; **in his ~** à sa
décharge; (*Jur*) **witness for the ~** témoin *m* à
décharge; (*Jur*) **the case for the ~** la défense.
2 *adj* de défense. **the ~ forces** les forces *fpl*
défensives, la défense; **~ mechanism** (*Physiol*)
système *m* de défense; (*Psych*) défenses *fpl*.
♦ **defenceless** *adj* sans défense.
defend [dɪˈfend] *vt* (*gen*) défendre (*against*
contre); *action, decision, opinion* défendre, justifier. **to ~ o.s.** se défendre (*against* contre).
♦ **defendant** *n* (*Jur*) défendeur *m*, -eresse *f*; (*in
criminal case*) prévenu(e) *m(f)*, accusé(e) *m(f)*.
♦ **defender** *n* (*gen*) défenseur *m*; [*sport record,
title*] détenteur *m*, -trice *f*; **~er of the faith** défenseur de la foi. ♦ **defending** *adj* (*Sport*) **~ing
champion** champion(ne) *m(f)* en titre; (*Jur*) **~ing
counsel** avocat *m* de la défense.
defense [dɪˈfens] *n* (*US*) = **defence**.
defensive [dɪˈfensɪv] 1 *adj* défensif. 2 *n* défensive *f*. **on the ~** sur la défensive.
defer¹ [dɪˈfɜːʳ] *vt* (*gen*) différer, remettre à plus
tard (*doing* de faire); *meeting* reporter; *business*
renvoyer; **~red payment** paiement *m* par versements échelonnés; (*Mil*) **his call-up's been ~red**
il a été mis en sursis d'incorporation.
♦ **deferment** *n* report *m*; renvoi *m*.
defer² [dɪˈfɜːʳ] *vi* (*submit*) déférer (*to sb* à qn). **to
~ to sb's knowledge** s'en remettre aux connaissances de qn. ♦ **deference** *n* déférence *f*.
♦ **deferential** *adj person* plein de déférence; *tone*
de déférence. ♦ **deferentially** *adv* avec déférence.
defiance [dɪˈfaɪəns] *n* défi *m* (*of* à). **in ~ of** au
mépris de. ♦ **defiant** *adj attitude, tone* de défi;
reply provocant; *person* intraitable. ♦ **defiantly**
adv d'un air *or* ton de défi.
deficiency [dɪˈfɪʃənsɪ] *n* (a) [*goods*] manque *m*,
insuffisance *f*; [*vitamins etc*] carence *f*; (*of liver
etc*) déficience *f* (*of* de). (b) (*in character,
system*) imperfection *f* (*in dans*). (c) (*Fin*) déficit

m, découvert *m*. ♦ **deficient** *adj* insuffisant, faible (*in* en); **to be deficient in sth** manquer de qch.

deficit ['defɪsɪt] *n* (*Fin etc*) déficit *m*.

defile¹ ['diːfaɪl] **1** *n* (*procession; place*) défilé *m*. **2** [dɪ'faɪl] *vi* (*march in file*) défiler.

defile² [dɪ'faɪl] *vt* (*pollute*) souiller, salir. ♦ **defilement** *n* souillure *f*.

define [dɪ'faɪn] *vt* (**a**) *word, attitude, conditions, powers* définir. (**b**) (*outline*) **the tower was ~d against the sky** la tour se détachait sur le ciel. ♦ **definable** *adj* définissable. ♦ **definition** *n* (*gen*) définition *f*; (*Phot*) netteté *f*; (*TV*) définition *f*. ♦ **definitive** *adj* définitif. ♦ **definitively** *adv* définitivement.

definite ['defɪnɪt] *adj* (**a**) (*exact, clear*) *decision, agreement, plan* bien déterminé, précis; *stain, mark* très visible; *improvement* net, manifeste; *intention, order, sale* ferme. (**b**) (*certain*) certain, sûr; *manner, tone* assuré, positif. **it is ~ that** il est certain que + *indic*; **is it ~ that ...?** est-il certain que ...? + *subj*; **she was very ~ about it** elle a été catégorique *or* très nette sur la question. (**c**) (*Gram*) **~ article** article *m* défini; **past ~ tense** prétérit *m*. ♦ **definitely** *adv* (*certainly*) sans aucun doute, certainement; (*appreciably*) *better* nettement, manifestement; (*emphatically*) *state* catégoriquement; **~ly!** absolument!, bien sûr!; **she said very ~ly that** ... elle a déclaré catégoriquement que ....

deflate [diː'fleɪt] *vt tyre* dégonfler; *prices* faire baisser; (***) *person* rabattre le caquet à. ♦ **deflation** *n* (*Econ*) déflation *f*. ♦ **deflationary** *adj* (*Econ*) déflationniste.

deflect [dɪ'flekt] **1** *vt ball, projectile* faire dévier; *stream, person* détourner (*from* de). **2** *vi* dévier. ♦ **deflector** *n* déflecteur *m*.

defoliate [diː'fəʊlɪeɪt] *vt* défeuiller. ♦ **defoliant** *n* défoliant *m*. ♦ **defoliation** *n* défoliation *f*.

deforest [diː'fɒrɪst] *vt* déboiser.

deform [dɪ'fɔːm] *vt* déformer. ♦ **deformation** *n* déformation *f*. ♦ **deformed** *adj limb, body, person* difforme; *mind, structure* déformé. ♦ **deformity** *n* [*body*] difformité *f*; [*mind*] déformation *f*.

defraud [dɪ'frɔːd] *vt Customs, state* frauder; *person* escroquer. **to ~ sb of sth** escroquer qch à qn.

defray [dɪ'freɪ] *vt cost* couvrir. **to ~ sb's expenses** défrayer qn.

defrock [diː'frɒk] *vt* défroquer.

defrost [diː'frɒst] *vt refrigerator, windscreen* dégivrer; *meat, stuff* décongeler.

deft [deft] *adj* adroit, preste. ♦ **deftly** *adv* adroitement, prestement. ♦ **deftness** *n* adresse *f*.

defuse [diː'fjuːz] *vt* (*lit, fig*) désamorcer.

defy [dɪ'faɪ] *vt person, law, danger, death* braver, défier; *attack, description* défier; *efforts* résister à. **to ~ sb to do** défier qn de faire, mettre qn au défi de faire.

degenerate [dɪ'dʒenəreɪt] **1** *vi* dégénérer (*into* en). **2** [dɪ'dʒenərɪt] *adj, n* dégénéré(e) *m(f)*. ♦ **degeneracy** *or* ♦ **degeneration** *n* dégénérescence *f*.

degrade [dɪ'greɪd] *vt* dégrader. **he felt ~d** il se sentait dégradé; **I wouldn't ~ myself to do that** je n'irais pas m'avilir à faire cela. ♦ **degradation** *n* (*state*) déchéance *f*. ♦ **degrading** *adj* dégradant, avilissant.

degree [dɪ'griː] *n* (**a**) (*gen, Geog, Math*) degré *m*. **it was 35 ~s in the shade** il faisait 35 (degrés) à l'ombre. (**b**) **by ~s** par degrés, petit à petit; **to a ~** extrêmement; **to some ~, to a certain ~** jusqu'à un certain point, dans une certaine mesure; **to such a ~ that** à un tel point que; **a high ~ of error** un pourcentage élevé d'erreurs; **a considerable ~ of doubt remains** des doutes considérables subsistent; **third-~ burns** brûlures *fpl* au troisième degré. (**c**) (*Univ*) diplôme *m* (univer-

sitaire). **first ~** ≃ licence *f*; **higher ~** ≃ doctorat *m*; **a science ~** une licence de sciences; **to have a ~ in** avoir une licence de; **to get one's ~** avoir sa licence.

dehumanize [diː'hjuːmənaɪz] *vt* déshumaniser.

dehydrate [ˌdiː'haɪdreɪt] *vt* déshydrater. ♦ **dehydrated** *adj person, vegetables* déshydraté; *milk, eggs* en poudre. ♦ **dehydration** *n* déshydratation *f*.

de-ice ['diː'aɪs] *vt* dégivrer. ♦ **de-icer** *n* dégivreur *m*.

deify ['diːɪfaɪ] *vt* déifier. ♦ **deification** *n* déification *f*.

deign [deɪn] *vt* daigner (**to do** faire).

deity ['diːɪtɪ] *n* divinité *f*. **the D~** Dieu *m*.

dejected [dɪ'dʒektɪd] *adj* découragé. **to become ~** se décourager. ♦ **dejection** *n* découragement *m*.

delay [dɪ'leɪ] **1** *vt person* retarder, retenir; *train, plane, action, event* retarder; *traffic* ralentir, entraver; *payment* différer. **~ed-action bomb** bombe *f* à retardement; **to ~ doing sth** différer à faire qch. **2** *vi* s'attarder (*in doing* à faire). **don't ~!** dépêchez-vous! **3** *n* (*waiting*) délai *m*; (*stop*) arrêt *m*. **with as little ~ as possible** dans les plus brefs délais; **without ~** sans délai; **without further ~** sans plus tarder; **after 2 or 3 ~s** après 2 ou 3 arrêts; **there will be ~s to trains** on prévoit des retards *mpl* pour les trains; **there will be ~s to traffic** la circulation sera ralentie. ♦ **delaying** *adj* dilatoire.

delegate ['delɪgeɪt] **1** *vt* déléguer (**to sb** à qn; **to do** pour faire). **2** ['delɪgɪt] *n* délégué(e) *m(f)* (**to** à). ♦ **delegation** *n* délégation *f*.

delete [dɪ'liːt] *vt* (*gen*) effacer (*from* de); (*score out*) barrer, rayer (*from* de), effacer (*from* de). **'~ where inapplicable** 'rayer les mentions inutiles'. ♦ **deletion** *n* suppression *f*; (*thing deleted*) rature *f*.

deliberate [dɪ'lɪbərɪt] **1** *adj* (*intentional*) délibéré, voulu; (*cautious, thoughtful*) bien pesé, mûrement réfléchi; (*slow, purposeful*) *air, voice* décidé; *manner, walk* mesuré, posé. **2** [dɪ'lɪbəreɪt] *vi* délibérer (*upon* sur). **3** *vt* (*consider*) considérer, examiner; (*discuss*) délibérer sur. ♦ **deliberately** *adv* (*intentionally*) exprès, délibérément; (*slowly, purposefully*) posément. ♦ **deliberation** *n* (*gen*) délibération *f*; **after due deliberation** après mûre réflexion. ♦ **deliberative** *adj assembly* délibérant.

delicate ['delɪkɪt] *adj* délicat. ♦ **delicacy** *n* délicatesse *f*; (*tasty food*) mets *m* délicat. ♦ **delicately** *adv touch* délicatement; *act, express* avec délicatesse. ♦ **delicatessen** *n* (*shop*) épicerie *f* fine; (*food*) ≃ charcuterie *f*.

delicious [dɪ'lɪʃəs] *adj* délicieux.

delight [dɪ'laɪt] **1** *n* (**a**) (*joy*) grand plaisir *m*, joie *f*. **to my ~** à ma plus grande joie; **with great ~** watch, taste avec délices; *learn, wait* avec joie. (**b**) (*pleasant thing etc*) délice *m* (*f in pl*), charme *m*. **the ~s of life in the open** les charmes *or* les délices de la vie en plein air; **this book is a great ~** ce livre est vraiment merveilleux; **a ~ to the eyes** un plaisir pour les yeux; **he's a ~ to watch** il fait plaisir à voir. **2** *vt person* réjouir, enchanter. **3** *vi* prendre plaisir, se délecter (*in sth* à qch; *in doing* à faire). ♦ **delighted** *adj* ravi, enchanté (*with, at, by* de, par; **to do** de faire; **that** que + *subj*); **I shall be ~ed** avec grand plaisir. ♦ **delightful** *adj person* charmant; *character, smile* délicieux, charmant; *place, object* ravissant; **it's ~ful c'est merveilleux.** ♦ **delightfully** *adv* délicieusement.

delineate [dɪ'lɪnɪeɪt] *vt outline* esquisser; *character* décrire.

delinquent [dɪ'lɪŋkwənt] *adj, n* délinquant(e) *m(f)*. ♦ **delinquency** *n* délinquance *f*.

delirious [dɪ'lɪrɪəs] *adj* (*Med, fig*) délirant (*with* de). **to become ~** (*Med*) être pris de délire; (*fig*) entrer en délire; (*Med, fig*) **to be ~** délirer.

♦ **deliriously** *adv* (*Med*) en délire; (*fig*) frénétiquement; ~**ly happy** débordant de joie.
♦ **delirium** *n* délire *m*; **fit of delirium** accès *m* de délire; **delirium tremens** delirium *m* tremens.
deliver [dɪ'lɪvəʳ] *vt* (**a**) (*gen*) *message, object* remettre (*to sb* à qn); *[postman]* distribuer; *goods* livrer. **I will ~ the children to school tomorrow** j'emmènerai les enfants à l'école demain; **to ~ a child into sb's care** confier un enfant aux soins de qn; (*fig*) **he ~ed the goods** il a fait ce qu'on attendait de lui. (**b**) (*rescue*) délivrer, sauver (*sb from sth* qn de qch). ~ **us from evil** délivrez-nous du mal. (**c**) *speech, sermon* prononcer; *ultimatum* lancer; *blow* porter, asséner. (**d**) *baby* mettre au monde; *woman* (faire) accoucher.
♦ **deliverance** *n* délivrance *f.* ♦ **deliverer** *n* sauveur *m.* ♦ **delivery** 1 *n* [*goods, parcels*] livraison *f*; *[letters]* distribution *f*; (*Med*) accouchement *m*; *[speaker]* débit *m*; **to take ~y of** prendre livraison de; 2 *adj note, service, truck* de livraison; ~**y man** livreur *m*; (*Med*) ~**y room** salle *f* de travail.
delouse ['diː'laʊs] *vt* épouiller.
delta ['deltə] *n* delta *m.* ~**-winged** à ailes en delta.
delude [dɪ'luːd] *vt* tromper, duper (*with* de). **to ~ sb into thinking that** faire croire à qn que; **to ~ o.s.** se faire des illusions. ♦ **deluded** *adj*: **to be ~d under an illusion; the poor ~d boy said ...** dans son erreur le pauvre garçon dit ... . ♦ **delusion** *n* (*false belief*) illusion *f*; (*Psych*) fantasme *m.*
deluge ['deljuːdʒ] 1 *n* déluge *m.* **a ~ of protests** un déluge de protestations; **a ~ of letters** une avalanche de lettres. 2 *vt* (*lit, fig*) inonder (*with* de).
delve [delv] *vi* fouiller, creuser.
demagogue ['deməgɒg] *n* démagogue *m.*
demand [dɪ'mɑːnd] 1 *vt* (*gen*) exiger (*to do* de faire; *that* que + *subj*); *money, explanation, help, attention* exiger, réclamer (*from, of* de); *higher pay etc* revendiquer, réclamer. 2 *n* (**a**) [*person, situation etc*] exigence *f*; (*for better pay etc*) revendication *f*, réclamation *f*; (*for help, money*) demande *f*; (*Admin etc: letter*) avertissement *m*. **payable on ~** payable sur demande; **final ~ for payment** dernier avertissement d'avoir à payer; **to make great ~s on sb** exiger beaucoup de qn; *[child, work]* accaparer qn; **the ~s of the case** les nécessités *fpl* du cas. (**b**) (*Comm, Econ*) demande *f* (*for* pour). **to be in great ~** être très demandé; **the ~ for this product increases** ce produit est de plus en plus demandé; **there's no ~ for them** ils ne sont pas demandés. 3 *adj* (*Med*) ~ **feeding** alimentation *f* libre.
♦ **demanding** *adj person* exigeant; *work* astreignant; **physically ~ing** qui demande beaucoup de résistance physique.
demarcation [ˌdiːmɑː'keɪʃən] *n* démarcation *f.* ~ **line** ligne *f* de démarcation; ~ **dispute** conflit *m* d'attributions.
demean [dɪ'miːn] *vt*: **to ~ o.s.** s'abaisser (*to do* à à faire).
demeanour, (*US*) **-or** [dɪ'miːnəʳ] *n* attitude *f*; (*bearing*) maintien *m.*
demented [dɪ'mentɪd] *adj* dément, fou. ♦ **dementedly** *adv* comme un fou.
demerara [ˌdeməˈrɛərə] *n* (~ *sugar*) cassonade *f.*
demi... ['demɪ] *pref* demi-. ~**god** demi-dieu *m*; ~**tasse** (*cup*) tasse *f* (à moka); (*coffee*) (tasse de) café *m* noir.
demijohn ['demɪdʒɒn] *n* dame-jeanne *f.*
demilitarize ['diː'mɪlɪtəraɪz] *vt* démilitariser. ♦ **demilitarization** *n* démilitarisation *f.*
demise [dɪ'maɪz] *n* décès *m.*
demo ['deməʊ] *n* (*Brit abbr of* **demonstration**) manif* *f.*
demob* ['diː'mɒb] *abbr of* **demobilize, demobilization.**

demobilize [diː'məʊbɪlaɪz] *vt* démobiliser.
♦ **demobilization** *n* démobilisation *f.*
democracy [dɪ'mɒkrəsɪ] *n* démocratie *f.* **people's ~** démocratie populaire; **they are working towards ~** ils sont en train de se démocratiser. ♦ **democrat** *n* démocrate *mf.* ♦ **democratic** *adj institution, spirit* démocratique; (*believing in democracy*) démocrate; (*Pol*) *party* démocrate. ♦ **democratically** *adv* démocratiquement. ♦ **democratize** 1 *vt* démocratiser; 2 *vi* se démocratiser.
demography [dɪ'mɒgrəfɪ] *n* démographie *f.* ♦ **demographer** *n* démographe *mf.* ♦ **demographic** *adj* démographique.
demolish [dɪ'mɒlɪʃ] *vt* (*gen*) démolir; (***) *cake* liquider*. ♦ **demolisher** *n* démolisseur *m.* ♦ **demolition** 1 *n* démolition *f*; 2 *adj*: **demolition squad** équipe *f* de démolition; **demolition zone** zone *f* de démolition.
demon ['diːmən] *n* (*gen*) démon *m.* **to be a ~ for work** être un bourreau de travail. ♦ **demoniac(al)** [ˌdiːmə'naɪək(əl)] *adj* démoniaque.
demonstrate ['demənstreɪt] 1 *vt truth, need* démontrer; *system* expliquer, décrire; *appliance* faire une démonstration de. **to ~ how sth works** montrer le fonctionnement de qch, faire une démonstration de qch; **to ~ how to do sth** montrer comment faire. 2 *vi* (*Pol etc*) manifester, faire une manifestation (*for* pour, *against* contre).
♦ **demonstrable** *adj* démontrable. ♦ **demonstrably** *adv* manifestement. ♦ **demonstration** 1 *n* (*gen*) démonstration *f*; (*Pol etc*) manifestation *f*; **to hold a demonstration** manifester; 2 *adj car, model* de démonstration. ♦ **demonstrative** *adj* démonstratif. ♦ **demonstrator** *n* (*Comm*) démonstrateur *m*, -trice *f*; (*Univ*) chargé(e) *m(f)* de travaux pratiques; (*Pol*) manifestant(e) *m(f).*
demoralize [dɪ'mɒrəlaɪz] *vt* démoraliser. **to become ~d** perdre courage. ♦ **demoralization** *n* démoralisation *f.* ♦ **demoralizing** *adj* démoralisant.
demote [dɪ'məʊt] *vt* rétrograder. ♦ **demotion** *n* rétrogradation *f.*
demur [dɪ'mɜːʳ] 1 *vi* élever des objections (*at sth* contre qch). 2 *n*: **without ~** sans faire de difficultés.
demure [dɪ'mjʊəʳ] *adj* sage, modeste. ♦ **demurely** *adv* sagement, modestement. ♦ **demureness** *n* sagesse *f*, air *m* modeste.
den [den] *n [animal]* antre *m*; *[thieves]* repaire *m*; (**: room, study*) antre, turne* *f.* ~ **of iniquity** lieu *m* de perdition.
denationalize [diː'næʃnəlaɪz] *vt* dénationaliser.
♦ **denationalization** *n* dénationalisation *f.*
denial [dɪ'naɪəl] *n [rights, guilt, truth]* dénégation *f*; *[authority]* reniement *m.* ~ **of justice** déni *m* de justice; **to issue a ~** publier un démenti; **Peter's ~ of Christ** le reniement du Christ.
denigrate ['denɪgreɪt] *vt* dénigrer.
denim ['denɪm] 1 *n* toile *f* de jean, (*heavier*) treillis *m.* ~**s** (*npl*) (*trousers*) blue-jean *m*; (*overalls*) bleus *mpl* de travail. 2 *adj jacket, skirt* en toile de jean.
Denmark ['denmɑːk] *n* Danemark *m.*
denomination [dɪ,nɒmɪ'neɪʃən] *n* (*Rel*) confession *f* (*secte*); *[money]* valeur *f.*
denominator [dɪ'nɒmɪneɪtəʳ] *n* dénominateur *m.*
denote [dɪ'nəʊt] *vt* (*gen*) dénoter; *[word]* signifier.
denounce [dɪ'naʊns] *vt* (*gen*) dénoncer (*to* à). **to ~ sb as an impostor** accuser publiquement qn d'imposture.
dense [dens] *adj* (*gen*) dense; (**: stupid*) bête, bouché*. ♦ **densely** *adv*: ~**ly wooded** couvert de forêts épaisses; ~**ly populated** très peuplé. ♦ **density** *n* densité *f.*
dent [dent] 1 *n* (*in wood*) entaille *f*; (*in metal*) bosse *f*, bosselure *f*; (**: in savings*) trou *m.* **to have a ~ in the bumper** avoir le pare-choc bosselé *or*

cabossé. **2** *vt hat* cabosser; *car* bosseler, cabosser.

dental ['dentl] *adj* dentaire. ~ **surgeon** chirurgien *m* dentiste; ~ **technician** mécanicien *m* dentiste.

dentifrice ['dentɪfrɪs] *n* dentifrice *m*.

dentist ['dentɪst] *n* dentiste *mf*. ~'**s chair** fauteuil *m* de dentiste; ~'**s surgery** cabinet *m* de dentiste. ♦ **dentistry** *n*: **to study** ~**ry** faire l'école dentaire.

dentures ['dentʃəz] *npl* dentier *m*.

denude [dɪ'njuːd] *vt* dénuder.

denunciation [dɪˌnʌnsɪ'eɪʃən] *n* dénonciation *f*; (*in public*) accusation *f* publique.

deny [dɪ'naɪ] *vt* nier (*having done* avoir fait; *that* que + *indic or subj*); *fact, accusation* nier; *leader, religion* renier. **there is no** ~**ing it** c'est indéniable; **to** ~ **sb sth** refuser qch à qn; **to** ~ **o.s. cigarettes** se priver de cigarettes.

deodorant [diː'əʊdərənt] *adj, n* déodorant (*m*). ♦ **deodorize** *vt* déodoriser.

depart [dɪ'pɑːt] *vi* (*gen*) partir; (*from rule*) s'écarter (*from* de); (*from custom*) faire une entorse (*from* à). **to** ~ **from a city** quitter une ville, partir *or* s'en aller d'une ville. ♦ **departed 1** *adj* (*dead*) défunt; (*bygone*) *glory, happiness* passé; *friends* disparu; **2** *n, pl inv* défunt(e) *m(f)*. ♦ **departure 1** *n* (*gen*) départ *m*; (*from custom, principle, truth*)·entorse *f* (*from* à); (*Comm: new type of goods*) nouveauté *f*; **a** ~**ure from the norm** une exception à la règle; **it's a new** ~**ure in biochemistry** c'est une nouvelle voie qui s'ouvre en biochimie; **2** *adj* preparations, gate, time de départ; ~**ure indicator** horaire *m* des départs; ~**ure lounge** salle *f* de départ.

department [dɪ'pɑːtmənt] **1** *n* (*Admin*) département *m*; (*Ind*) service *m*; [*shop, store*] rayon *m*; [*smaller shop*] comptoir *m*; (*Scol, Univ*) section *f*; (*French Admin, Geog*) département *m*; (*fig: field of activity*) domaine *m*, rayon. **D**~ **of Employment** ≃ ministère *m* du Travail; (*US*) **D**~ **of State** Département d'État; **which government** ~? quel ministère?; (*Comm*) **the shoe** ~ **le rayon des chaussures**; **gardening is my wife's** ~* le jardinage, c'est le rayon de ma femme. **2** *adj*: ~ **store** grand magasin. ♦ **departmental** *adj* d'un *or* du département *or* ministère *or* service; d'une *or* de la section; [*France*] départemental; [*shop*] ~**al manager** chef *m* de rayon.

depend [dɪ'pend] *vi* dépendre (*on sb/sth* de qn/qch). **it all** ~**s** ça dépend; **it** ~**s on whether he will do it or not** ça dépend s'il veut le faire ou non; **it** ~**s what you mean** ça dépend de ce que vous voulez dire (*by* par); ~**ing on what happens tomorrow** ... selon ce qui se passera demain ... . **depend (up)on** *vt fus* compter sur. **I'm** ~**ing on you to tell me what he wants** je compte sur vous pour savoir ce qu'il veut; **I'm** ~**ing on you for moral support** je compte sur votre soutien; **you can** ~ (up)**on it** soyez-en sûr, je vous le garantis; **he** ~**s** (up)**on his father for money** il dépend de son père pour son argent. ♦ **dependability** *n* [*machine*] sécurité *f* de fonctionnement; [*person*] sérieux *m*; **his** ~**ability is well-known** tout le monde sait qu'on peut compter sur lui. ♦ **dependable** *adj person* sérieux, sur qui on peut compter; *mechanism* fiable; *vehicle* solide; *information* sûr. ♦ **dependant** *n* personne *f* à charge. ♦ **dependence** *n* dépendance *f* (*on* à l'égard de). ♦ **dependency** *n* dépendance *f*. ♦ **dependent 1** *adj* (*gen*) dépendant (*on* de); *child, relative* à charge; **to be** ~**ent on** dépendre de; **2** *n* personne *f* à charge.

depersonalize [diː'pɜːsənəlaɪz] *vt* dépersonnaliser.

depict [dɪ'pɪkt] *vt* (*in words*) dépeindre; (*in picture*) représenter.

depilatory [dɪ'pɪlətərɪ] *adj, n* dépilatoire (*m*).

deplenish [dɪ'plenɪʃ] *vt* dégarnir.

deplete [dɪ'pliːt] *vt* (*reduce*) réduire; (*exhaust*) épuiser. **our stock is very** ~**d** nos stocks sont très bas; **numbers were greatly** ~**d** les effectifs étaient très réduits. ♦ **depletion** *n* réduction *f*; épuisement *m*.

deplore [dɪ'plɔːʳ] *vt* déplorer, regretter vivement. **to** ~ **the fact that** déplorer le fait que + *indic*, regretter vivement que + *subj*. ♦ **deplorable** *adj* déplorable. ♦ **deplorably** *adv* déplorablement.

deploy [dɪ'plɔɪ] *vt* déployer. ♦ **deployment** *n* déploiement *m*.

deponent [dɪ'pəʊnənt] *adj, n* déponent (*m*).

depopulate [ˌdiː'pɒpjʊleɪt] *vt* dépeupler. ♦ **depopulation** *n* dépeuplement *m*; **rural depopulation** exode *m* rural.

deport [dɪ'pɔːt] *vt* expulser; (*Hist*) *convict* déporter. ♦ **deportation** *n* expulsion *f*; déportation *f*; (*Jur*) ~**ation order** arrêt *m* d'expulsion.

depose [dɪ'pəʊz] *vt king* déposer; *official destituer.* ♦ **deposition** *n* déposition *f*.

deposit [dɪ'pɒzɪt] **1** *vt* (*all senses*) déposer (*in or with the bank* à la banque; *sth with sb* qch chez qn). **2** *n* (*in bank*) dépôt *m*. **(b)** (*part payment*) arrhes *fpl*, acompte *m*; (*in hire purchase*) premier versement *m* comptant; (*in hiring goods, against damage etc*) caution *f*; (*on bottle etc*) consigne *f*. **to leave a £2** ~ **on a dress** verser 2 livres d'arrhes *or* d'acompte sur une robe; (*Pol*) **to lose one's** ~ perdre son cautionnement. **(c)** (*Chem, Geol etc*) dépôt *m*; [*mineral, oil*] gisement *m*. **to form a** ~ se déposer. **3** *adj*: ~ **account** compte *m* de dépôt; ~ **slip** bulletin *m* de versement. ♦ **depositor** *n* déposant(e) *m(f)*. ♦ **depository** *n* dépôt *m*.

depot ['depəʊ, (*US*) 'diːpəʊ] *n* dépôt *m*.

deprave [dɪ'preɪv] *vt* dépraver. ♦ **depraved** *adj* dépravé. ♦ **depravity** *n* dépravation *f*.

deprecate ['deprɪkeɪt] *vt* désapprouver. ♦ **deprecating** *adj* (*disapproving*) désapprobateur; (*apologetic*) humble; **a deprecating smile** un sourire d'excuse. ♦ **deprecatingly** *adv* d'un ton désapprobateur; d'un air de s'excuser.

depreciate [dɪ'priːʃɪeɪt] **1** *vt* déprécier. **2** *vi* se déprécier. ♦ **depreciation** *n* dépréciation *f*.

depredations [ˌdeprɪ'deɪʃənz] *npl* déprédations *fpl*.

depress [dɪ'pres] *vt person* déprimer; *trade* réduire; *the market, prices* faire baisser; (*press down*) *lever* abaisser. ♦ **depressant** *adj, n* dépresseur (*m*). ♦ **depressed** *adj industry, area* en déclin, touché par la crise; (*Fin*) *market, trade* en crise; *business* dans le marasme; *class, group* économiquement faible; *person* déprimé; **to feel** ~**ed** se sentir déprimé, avoir le cafard*; **to get** ~**ed** se décourager, se laisser abattre. ♦ **depressing** *adj* déprimant, décourageant; **I find it** ~**ing** ça me donne le cafard*. ♦ **depressingly** *adv* d'une manière déprimante *or* décourageante; ~**ingly monotonous** d'une monotonie déprimante. ♦ **depression** *n* (*gen, Econ, Med, Met etc*) dépression *f*; [*lever, key etc*] abaissement *m*; **the D**~**ion** la crise de 1929; **the economy was in a state of** ~**ion** l'économie était dans le marasme *or* en crise. ♦ **depressive** *adj, n* dépressif (*m*), -ive (*f*).

deprive [dɪ'praɪv] *vt* priver (*of* de). **to** ~ **o.s. of** se priver de; ~**d child/family** enfant/famille déshérité(e). ♦ **deprivation** *n* privation *f*; (*Psych*) carence *f* affective.

depth [depθ] **1** *n* (*gen*) profondeur *f*; [*shelf, cupboard*] profondeur, largeur *f*; [*snow*] épaisseur *f*; [*edge, border*] largeur, hauteur *f*; [*knowledge, relief*] profondeur; [*feeling, sorrow, colour*] intensité *f*. **at a** ~ **of 3 metres** à 3 mètres de profondeur, par 3 mètres de fond; (*lit, fig*) **to get out of one's** ~ perdre pied; (*fig*) **I am quite out of my** ~ je nage complètement*; **the** ~**s of the ocean** les profondeurs océaniques; **to study in** ~ étudier en profondeur; **to be in the** ~**s of despair** toucher le fond du désespoir; **I would never sink to such** ~s **as to do that** je ne tomberais jamais assez bas pour faire cela; **in the** ~ **of** *winter* au plus fort de; *night, forest* au plus profond de. **2** *adj:* ~ **charge** grenade *f* sous-marine; **in-**~ **interview** interview *f* en profondeur.

depute [dɪ'pjuːt] *vt power, authority* déléguer; *person* députer (*sb to do* qn pour faire). ♦ **deputation** *n* députation *f*.

deputy ['depjʊtɪ] **1** *n* (*second in command*) adjoint(e) *m(f)*; (*replacement*) suppléant(e) *m(f)*; remplaçant(e) *m(f)*; (*Pol*) député *m*. **2** *adj* adjoint. ~ **chairman** vice-président *m*; ~ **head** directeur *m* adjoint. ♦ **deputize** *vi* assurer l'intérim (*for sb* de qn).

derail [dɪ'reɪl] *vt* faire dérailler. ♦ **derailment** *n* déraillement *m*.

derange [dɪ'reɪndʒ] *vt plan* déranger; *machine* dérégler; (*Med*) déranger. ~**d** *person/mind* personne *f*/esprit *m* dérangé(e); **to be (mentally)** ~**d** avoir le cerveau dérangé.

derelict ['derɪlɪkt] *adj* (*abandoned*) abandonné; (*ruined*) en ruines. ♦ **dereliction** *n*: ~**ion of duty** négligence *f* (dans le service).

derestricted [ˌdiːrɪ'strɪktɪd] *adj* (*Aut*) sans limitation de vitesse.

deride [dɪ'raɪd] *vt* tourner en ridicule. ♦ **derision** *n* dérision *f*. ♦ **derisive** *adj smile, person* railleur; *amount, offer* dérisoire. ♦ **derisively** *adv* d'un ton railleur *or* de dérision. ♦ **derisory** *adj* dérisoire.

derive [dɪ'raɪv] **1** *vt profit, satisfaction* tirer (*from* de); *comfort, ideas* puiser (*from* dans); *name, origins* tenir (*from* de); *happiness* trouver (*from* dans).
2 *vi*: **to** ~ **from** (*also* **be** ~**d from**) dériver de; [*power, fortune*] provenir de; [*idea*] avoir sa source dans; **it all** ~**s from the fact that** tout cela tient au fait que. ♦ **derivation** *n* dérivation *f*. ♦ **derivative** *adj* (*Chem, Ling, Math*) dérivé; *literary work etc* peu original.

dermatitis [ˌdɜːmə'taɪtɪs] *n* dermatite *f*. ♦ **dermatologist** *n* dermatologue *mf*. ♦ **dermatology** *n* dermatologie *f*.

derogatory [dɪ'rɒɡətərɪ] *adj* désobligeant (*of, to* à).

derrick ['derɪk] *n* (*Naut*) mât *m* de charge; (*above oil well*) derrick *m*.

derv [dɜːv] *n* (*Brit*) gas-oil *m*.

descale [diː'skeɪl] *vt* détartrer.

descend [dɪ'send] **1** *vi* (*gen*) descendre (*from* de); [*property, customs, rights*] passer (*from* de, *to* à). (*Mil, fig*) **to** ~ **on** faire une descente sur; *sadness* ~**ed upon him** la tristesse l'a envahi; **in** ~**ing order of importance** par ordre d'importance décroissante; *visitors* ~**ed upon us** des gens sont arrivés chez nous sans crier gare; **to** ~ **to (doing)** *sth* s'abaisser à faire qch.
2 *vt stairs* descendre. **to be** ~**ed from sb** descendre de qn. ♦ **descendant** *n* descendant(e) *m(f)*. ♦ **descent** *n* (*gen*) descente *f* (*into* dans); (*fig: into crime etc*) chute *f*; (*ancestry*) origine *f*, famille *f*.

describe [dɪs'kraɪb] *vt* (**a**) *scene, person* décrire, faire la description de. ~ **what it is like** racontez *or* dites comment c'est; ~ **him for us** décrivez-le-nous; **he** ~**s himself as a doctor** il se dit *or* se prétend docteur.
(**b**) (*Math*) décrire. ♦ **description** *n* description *f*; (*Police*) signalement *m*; **beyond description** indescriptible; **vehicles of every description** véhicules de toutes sortes. ♦ **descriptive** *adj* descriptif.

descry [dɪs'kraɪ] *vt* discerner, distinguer.

desecrate ['desɪkreɪt] *vt* profaner. ♦ **desecration** *n* profanation *f*.

desegregate [ˌdiː'seɡrɪɡeɪt] *vt* abolir la ségrégation raciale dans. ~**d schools** écoles *fpl* où la ségrégation raciale n'est plus pratiquée. ♦ **desegregation** *n* déségrégation *f*.

desert[1] ['dezət] **1** *n* désert *m*. **2** *adj region, climate, animal, plant* désertique. ~ **boot** chaussure *f* montante; ~ **island** île *f* déserte.

desert[2] [dɪ'zɜːt] **1** *vt* (*gen*) déserter; *spouse, family, friend* abandonner. **his courage** ~**ed him** son courage l'a abandonné. **2** *vi* (*Mil*) déserter; (*from one's party*) faire défection. **to** ~ **to** passer du côté de. ♦ **deserted** *adj place* désert; *wife* abandonné. ♦ **deserter** *n* (*Mil*) déserteur *m*; (*to the enemy*) transfuge *m*. ♦ **desertion** *n* désertion *f*; abandon *m*; défection *f*.

deserts [dɪ'zɜːts] *npl*: **according to his** ~ selon ses mérites; **to get one's (just)** ~ recevoir ce que l'on mérite.

deserve [dɪ'zɜːv] *vt* mériter (*to do* de faire). **he** ~**s to be pitied** il mérite qu'on le plaigne, il est digne de pitié; **he got what he** ~**d** il n'a eu que ce qu'il méritait. ♦ **deservedly** *adv* à juste titre. ♦ **deserving** *adj person* méritant; *action, cause* méritoire; **she's a deserving case** c'est une personne méritante.

desiccate ['desɪkeɪt] *vt* dessécher. ~**d coconut** noix *f* de coco séchée.

design [dɪ'zaɪn] **1** *n* (**a**) (*intention*) dessein *m*, intention *f*. **by** ~ à dessein, exprès; **to have** ~**s on sb/sth** avoir des visées sur qn/qch. (**b**) (*plan drawn in detail*) plan *m*, dessin *m* (*of, for* de); (*preliminary sketch*) étude *f* (*for* de). **I like the** ~ **of this building/car/dress** *etc* j'aime ce type d'immeuble/de voiture/de robe *etc*; **the latest** ~ **in ...** le dernier modèle de ...; [*art student etc*] **to study** ~ étudier le stylisme; **industrial** ~ la création industrielle. (**c**) (*pattern: on pottery etc*) motif *m*, dessin *m* (*on* sur).
2 *vt* (**a**) (*think out*) *object, scheme* concevoir. **well-**~**ed** bien conçu; ~**ed as sth** conçu pour être qch; ~**ed to hold sth** fait pour contenir qch. (**b**) (*work out plans on paper for*) *object* dessiner; *scheme* élaborer. ♦ **designedly** *adv* à dessein, exprès. ♦ **designer** *n* [*machine, car*] concepteur *m*; [*furniture, household articles*] styliste *mf*; [*building*] architecte *m*; [*theatre sets*] décorateur *m*, -trice *f*. ♦ **designing** *adj* (*scheming*) intrigant.

designate ['dezɪɡneɪt] **1** *vt* désigner (*as* comme; *to do* pour faire).
2 ['dezɪɡnɪt] *adj* (*après le nom*) désigné. ♦ **designation** *n* désignation *f*.

desire [dɪ'zaɪər] **1** *n* désir *m* (*for* de; *to do* de faire). **I have no** ~ **to do it** je n'ai nullement envie de le faire.
2 *vt* (**a**) (*want*) désirer, vouloir (*sth* qch; *to do* faire; *that* que + *subj*). **his work leaves much to be** ~**d** son travail laisse beaucoup à désirer. (**b**) (*request*) prier (*sb to do* qn de faire). ♦ **desirability** *n* [*plan etc*] avantages *mpl*. ♦ **desirable** *adj* désirable; **it is desirable that** il est désirable *or* souhaitable que + *subj*; **'desirable residence'** 'belle propriété'. ♦ **desirous** *adj* désireux (*of* de).

desist [dɪ'zɪst] *vi* cesser (*from sth* qch; *from doing* de faire).

desk [desk] **1** *n* (*gen*) bureau *m*; [*pupil*] pupitre *m*; (*in shop, restaurant*) caisse *f*; (*in hotel, at airport*) réception *f*. (*Press*) **the news** ~ le service des informations. **2** *adj lamp, diary* de bureau. ~ **clerk** réceptionniste *mf*; ~ **job** travail *m* de bureau.

desolate ['desəlɪt] *adj place* désolé, désert; *outlook, future* sombre, morne; *person* (*grief-stricken*) au désespoir; (*friendless*) délaissé; *cry* de désespoir. ♦ **desolately** *adv* d'un air désolé (*or* sombre *etc*).

♦ **desolation** n désolation f; *[landscape]* aspect m désert.

despair [dɪs'pɛər] **1** n désespoir m *(about, at, over* au sujet de; *at having done* d'avoir fait). **in ~** désespéré; **to drive sb to ~** réduire qn au désespoir. **2** vi *(se)* désespérer. **don't ~!** ne *(te)* désespère pas!; **to ~ of (doing)** sth désespérer de (faire) qch; **his life was ~ed of** on désespérait de le sauver. ♦ **despairing** adj désespéré; (*) *situation* catastrophique. ♦ **despairingly** adv *say* d'un ton désespéré; *look* d'un air désespéré; *agree, answer* avec désespoir; *look for* désespérément.

despatch [dɪs'pætʃ] = **dispatch**.

desperate ['despərɪt] adj *(gen)* désespéré; *criminal* prêt à tout; (*: *very bad*) atroce*, abominable. **to feel ~** être désespéré; **to do something ~** commettre un acte de désespoir; **I am ~ for money** j'ai désespérément besoin d'argent. ♦ **desperately** adv *struggle, regret* désespérément; *say, look* avec désespoir; *cold, needy* terriblement; *ill* très gravement; **~ly in love** éperdument amoureux. ♦ **desperation** n désespoir m; **to be in desperation** être au désespoir; **to drive sb to desperation** pousser qn à bout; **in desperation she killed him** poussée à bout elle l'a tué; **in sheer desperation** en désespoir de cause.

despicable [dɪs'pɪkəbl] adj ignoble, méprisable. ♦ **despicably** adv d'une façon ignoble or méprisable.

despise [dɪs'paɪz] vt mépriser *(for sth* pour qch; *for doing* pour avoir fait). ♦ **despisingly** adv avec mépris.

despite [dɪs'paɪt] prep malgré, en dépit de.

despondency [dɪs'pɒndənsɪ] n découragement m, abattement m. ♦ **despondent** adj découragé, abattu *(about* par). ♦ **despondently** adv avec découragement.

despot ['despɒt] n despote m. ♦ **despotic** adj despotique. ♦ **despotically** adv despotiquement. ♦ **despotism** n despotisme m.

dessert [dɪ'zɜːt] **1** n dessert m. **2** adj: **~ plate** assiette f à dessert; **~ spoon** cuiller f à dessert.

destination [,destɪ'neɪʃən] n destination f.

destine ['destɪn] vt *person, object* destiner *(for* à; *to do* à faire). **~d for** *[train etc]* à destination de; *[writer etc]* destiné à. ♦ **destiny** ne destin m, destinée f, sort m.

destitute ['destɪtjuːt] adj indigent, sans ressources. **utterly ~** dans le dénuement le plus complet. ♦ **destitution** n dénuement m, indigence f.

destroy [dɪs'trɔɪ] vt *(gen)* détruire; *toy, gadget* démolir; *dangerous animal, injured horse* abattre; *cat, dog* faire piquer. **to ~ o.s.** se suicider; **the village was ~ed by a fire** un incendie a ravagé le village. ♦ **destroyer** n *(ship)* contre-torpilleur m; *(person)* destructeur m, -trice f. ♦ **destruct** vt détruire volontairement. ♦ **destructible** adj destructible. ♦ **destruction** n destruction f; *(from war, fire)* dégâts mpl, dommages mpl; **destruction by fire** destruction par un incendie or par le feu. ♦ **destructive** adj *person, criticism* destructeur; *(potentially so)* *power* destructif. ♦ **destructively** adv de façon destructrice. ♦ **destructiveness** n *(gen)* caractère or effet destructeur; *[child etc]* penchant destructeur. ♦ **destructor** n *(refuse ~)* incinérateur m (à ordures).

desultory ['desəltərɪ] adj *reading* sans suite; *attempt* peu soutenu; *firing, contact* irrégulier. **to have a ~ conversation** échanger des propos décousus.

detach [dɪ'tætʃ] vt détacher *(from* de). ♦ **detachable** adj détachable *(from* de); *collar, lining* amovible. ♦ **detached** adj *part, section* détaché; *opinion* objectif; *manner* détaché, indifférent; **~ed house** ≃ pavillon m. ♦ **detachment** n détachement m.

detail ['diːteɪl] **1** n **(a)** détail m. **in ~** en détail; **in great ~** dans les moindres détails; **his attention to ~** l'attention qu'il apporte au détail; **to go into ~s** entrer dans les détails. **(b)** *(Mil)* détachement m. **2** vt **(a)** *reasons, facts* exposer en détail; *story, event* raconter en détail; *items, objects* énumérer. **(b)** *(Mil)* *troops* détacher *(for* pour, *to do* pour faire). ♦ **detailed** adj détaillé.

detain [dɪ'teɪn] vt retenir; *(in prison)* détenir.

detect [dɪ'tekt] vt *culprit, secret* découvrir; *sadness* déceler; *object, movement, noise* distinguer; *mine, gas* détecter. ♦ **detectable** adj qu'on peut découvrir or discerner or détecter. ♦ **detection** n découverte f; détection f; **the ~ion of crime** la chasse aux criminels; **to escape ~ion** *[criminal]* échapper aux recherches; *[mistake]* passer inaperçu. ♦ **detective** n agent m de la sûreté, policier m en civil; *(private ~)* détective m *(privé)*; **~ive story** roman m policier. ♦ **detector** **1** n détecteur m; **2** adj *(TV)* **~or van** voiture f gonio.

detention [dɪ'tenʃən] n *[criminal, spy]* détention f; *(Mil)* arrêts mpl; *(Scol)* retenue f. *(Brit Jur)* **~ centre,** *(US)* **~ home** centre m de redressement.

deter [dɪ'tɜːr] vt *(prevent)* détourner *(from sth* de qch), dissuader *(from doing* de faire); *(discourage)* décourager *(from doing* de faire). **a weapon which ~s no one** une arme qui ne dissuade personne.

detergent [dɪ'tɜːdʒənt] adj, n détergent *(m)*.

deteriorate [dɪ'tɪərɪəreɪt] vi *(gen)* se détériorer; *[species, morals]* dégénérer; *[situation]* se dégrader; *[work]* devenir moins bon. ♦ **deterioration** n détérioration f; dégénération f; dégradation f.

determine [dɪ'tɜːmɪn] vt *(gen)* déterminer; *frontier* délimiter; *sb's character, future* décider de; *(resolve)* décider *(to do* de faire); *(cause to decide)* *person* décider *(to do* à faire). **determine (up)on** vt fus décider de, résoudre de *(doing* faire); *course of action* se résoudre à; *alternative* choisir. ♦ **determinable** adj déterminable. ♦ **determination** n détermination f *(to do* de faire). ♦ **determinative** adj déterminant; *(Gram)* déterminatif. ♦ **determined** adj décidé; **to be ~d to do/that** être déterminé or décidé à faire/à ce que + *subj.* ♦ **determiner** n déterminant m. ♦ **determining** adj déterminant.

deterrent [dɪ'terənt] n force f de dissuasion. **to act as a ~** exercer un effet de dissuasion.

detest [dɪ'test] vt détester, avoir horreur de *(doing* faire). ♦ **detestable** adj détestable. ♦ **detestably** adv détestablement. ♦ **detestation** n haine f.

dethrone [diː'θrəʊn] vt détrôner.

detonate ['detəneɪt] **1** vi détoner. **2** vt faire détoner. ♦ **detonation** n détonation f. ♦ **detonator** n détonateur m.

detour ['diːtuər] n *(gen)* détour m; *(for traffic)* déviation f. *[person, road]* **to make a ~** faire un détour.

detract [dɪ'trækt] vi: **to ~ from** *quality, pleasure, merit* diminuer; *reputation* porter atteinte à. ♦ **detractor** n détracteur m, -trice f.

detriment ['detrɪmənt] n détriment m, préjudice m. **to the ~ of** au détriment de; **without ~ to** sans porter préjudice à. ♦ **detrimental** adj nuisible; **to be ~al to** nuire à.

detritus [dɪ'traɪtəs] n *(Geol)* roches fpl détritiques; *(fig)* détritus m.

deuce [djuːs] n *(Cards etc)* deux m; *(Tennis)* égalité f.

devalue ['diː'væljuː] vt dévaluer. ♦ **devaluation** n dévaluation f.

devastate ['devəsteɪt] vt *place* dévaster, ravager; *opponent, opposition* anéantir; *(astound)* *person* foudroyer. ♦ **devastating** adj *wind, storm, power, passion* dévastateur; *news, grief, argument,* *effect* accablant; *wit, humour, charm, woman* irrésistible. ◆ **devastatingly** *adv beautiful, funny* irrésistiblement. ◆ **devastation** *n* dévastation *f*.

develop [dɪ'veləp] **1** *vt* **(a)** *(gen)* développer; *(change and improve) district etc* aménager *(as* en). **this ground is to be** ~**ed** on va bâtir sur ce terrain. **(b)** *habit, taste, cold* contracter; *tendency, talent* manifester. **2** *vi* [*person, region, plot*] se développer; [*illness, tendency, talent*] se manifester; [*feeling*] se former; (*Phot*) se développer; [*event, situation*] se produire. **to** ~ **into** devenir; **it later** ~**ed that ...** plus tard il est devenu évident que ... . ◆ **developer** *n* (*property* ~) promoteur *m* (de construction); (*Phot*) révélateur *m*. ◆ **developing 1** *adj crisis, storm* qui se prépare; *country* en voie de développement; *industry* en expansion; **2** *n* (*Phot*) développement *m*. ◆ **development 1** *n* (*gen*) développement *m* (*of sth* de qch); aménagement *m* (*of sth as* de qch en); (*in situation etc*) **a new** ~**ment** un fait nouveau; **to await** ~**ments** attendre la suite des événements; **2** *adj:* ~**ment area** zone *f* d'aménagement concerté; ~**ment company** société *f* d'exploitation.

deviate ['di:vɪeɪt] *vi* **(a)** (*from truth, former statement etc*) dévier, s'écarter (*from* de). **to** ~ **from the norm** s'écarter de la norme. **(b)** [*ship, plane, projectile*] dévier. ◆ **deviance** *n* déviance *f* (*from* de). ◆ **deviant 1** *adj behaviour* qui s'écarte de la norme; *development* anormal; *(sexually)* perverti; **2** *n* déviant(e) *m(f)*. ◆ **deviation** *n* déviation *f* (*from* de).

device [dɪ'vaɪs] *n* **(a)** (*mechanical*) appareil *m*, mécanisme *m* (*for* pour). **nuclear** ~ engin *m* nucléaire. **(b)** (*scheme*) formule *f* (*to do* pour faire). **to leave sb to his own** ~**s** laisser qn se débrouiller. **(c)** (*Her*) devise *f*.

devil ['devl] **1** *n* **(a)** *diable m.* **poor** ~!* pauvre diable!; **you little** ~!* petit monstre!; (*hum*) **be a** ~! laisse-toi tenter!; **between the** ~ **and the deep blue sea** entre Charybde et Scylla; **go to the** ~!* va te faire voir!*; **he is going to the** ~* il court à sa perte; **his work has gone to the** ~* son travail ne vaut plus rien; **talk of the** ~! quand on parle du loup on en voit la queue!; **to be the** ~**'s advocate** se faire l'avocat du diable; **to give the** ~ **his due ...** pour être honnête, il faut reconnaître que ...; **the luck of the** ~* une veine de pendu*. **(b)** (*: *also* dickens) **it's the** ~ **of a job to do ...** c'est un travail épouvantable de faire ... ; **he had the** ~ **of a job to find it** il a eu un mal fou à le trouver; **it's the** ~ **of a job to ...** c'est toute une affaire pour ...; **why the** ~ **...?** pourquoi diable ...?; **to work/run** *etc* **like the** ~ travailler/courir *etc* comme un fou; **to be in a** ~ **of a mess** être dans un sacré pétrin*; **there will be the** ~ **to pay** ça va faire du grabuge*. **2** *vt* (*Culin*) *kidneys* (faire) griller au poivre et à la moutarde.

◆ **devilish 1** *adj invention* diabolique; (*: *infuriating*) satané* (*before n*); **2** *adv difficult* diablement. ◆ **devilishly** *adv behave* diaboliquement; *difficult* diablement. ◆ **devilishness** *n* [*invention*] caractère *m* diabolique; [*behaviour*] méchanceté *f* diabolique. ◆ **devil-may-care** *adj* insouciant. ◆ **devilment** *n* (*mischief*) espièglerie *f*; (*spite*) malice *f*. ◆ **devilry** *or* ◆ **deviltry** (*US*) *n* (*daring*) témérité *f*; (*mischief*) espièglerie *f*, (*stronger*) malice *f*.

devious ['di:vɪəs] *adj route, means, method* détourné; *path, mind* tortueux. **he's very** ~ il n'est pas franc. ◆ **deviously** *adv act* d'une façon détournée. ◆ **deviousness** *n* [*person*] sournoiserie *f*; [*scheme, method*] complexités *fpl*.

devise [dɪ'vaɪz] *vt scheme, style* inventer, concevoir; *plot* tramer; *escape* combiner.

devoid [dɪ'vɔɪd] *adj:* ~ **of** dénué de, dépourvu de.

devolution [ˌdi:və'lu:ʃən] *n* (*Pol etc*) décentralisation *f*.

devolve [dɪ'vɒlv] *vi* [*work, responsibility*] retomber (*on* sur); [*property*] passer (*on* à).

devote [dɪ'vəʊt] *vt consacrer* (*to* à). **to** ~ **o.s. to a cause, study, hobby** se consacrer à; *pleasure* se livrer à. ◆ **devoted** *adj* (*gen*) dévoué; *admirer* fervent. ◆ **devotedly** *adv* avec dévouement. ◆ **devotee** *n* [*doctrine*] partisan *m*; [*religion*] adepte *mf*; [*sport, music, poetry*] passionné(e) *m(f)*. ◆ **devotion** *n* dévouement *m* (*to sth* à qch; *to sb* à *or* envers qn); (*Rel*) dévotion *f*. ◆ **devotional** *adj book* de dévotion.

devour [dɪ'vaʊər] *vt* dévorer. ◆ **devouring** *adj* dévorant.

devout [dɪ'vaʊt] *adj person* pieux, dévot; *prayer, hope* fervent. ◆ **devoutly** *adv pray* avec dévotion; *hope* bien vivement.

dew [dju:] *n* rosée *f*. ◆ **dewdrop** *n* goutte *f* de rosée. ◆ **dewy** *adj* humide de rosée. ◆ **dewy-eyed** *adj* (*tearful*) le regard brillant de larmes; (*innocent*) aux grands yeux ingénus.

dexterity [deks'terɪtɪ] *n* (*skill: physical, mental*) adresse *f*, dextérité *f* (*in doing* à faire). ◆ **dext(e)rous** *adj* adroit. ◆ **dext(e)rously** *adv* adroitement, avec dextérité.

diabetes [ˌdaɪə'bi:ti:z] *n* diabète *m*. ◆ **diabetic** *adj, n* diabétique (*mf*).

diabolic(al) [ˌdaɪə'bɒlɪk(əl)] *adj* (*lit*) diabolique; (*: *dreadful*) épouvantable. ◆ **diabolically** *adv* diaboliquement.

diacritic [ˌdaɪə'krɪtɪk] *adj, n* diacritique (*m*).

diadem ['daɪədem] *n* diadème *m*.

diaeresis [daɪ'erɪsɪs] *n* (*sign*) tréma *m*.

diagnose ['daɪəgnəʊz] *vt* diagnostiquer. **it was** ~**d as bronchitis** on a diagnostiqué une bronchite. ◆ **diagnosis** *n*, *pl* -**oses** diagnostic *m*. ◆ **diagnostician** *n* diagnostiqueur *m*.

diagonal [daɪ'ægənl] **1** *adj* diagonal. **2** *n* diagonale *f*. ◆ **diagonally** *adv cut, fold* en diagonale; *opposite* diagonalement; **to go** ~**ly across** traverser en diagonale; **ribbon worn** ~**ly across the chest** ruban porté en écharpe sur la poitrine.

diagram ['daɪəgræm] *n* schéma *m*, diagramme *m*; (*Math*) figure *f*.

dial ['daɪəl] **1** *n* cadran *m*. **2** *vt* (*Telec*) *number* faire. **you must** ~ **336-1295** il faut faire le 336-12-95; **to** ~ **999** = appeler Police Secours; **can I** ~ **London from here?** est-ce que d'ici je peux avoir Londres par l'automatique? ◆ **dialling** *adj:* ~**ling code** indicatif *m*; ~**ling tone** tonalité *f*.

dialect ['daɪəlekt] **1** *n* dialecte *m*. **local** ~ patois *m*. **2** *adj word* dialectal.

dialectic(s) [ˌdaɪə'lektɪk(s)] *nsg* dialectique *f*.

dialogue ['daɪəlɒg] *n* dialogue *m*.

dialysis [daɪ'ælɪsɪs] *n* dialyse *f*.

diameter [daɪ'æmɪtər] *n* diamètre *m*. **it is one metre in** ~ cela a un mètre de diamètre. ◆ **diametrical** *adj* diamétral. ◆ **diametrically** *adv* diamétralement.

diamond ['daɪəmənd] **1** *n* (*stone*) diamant *m*; (*Cards*) carreau *m*; (*Baseball*) terrain *m*. **the ace of** ~**s** l'as *m* de carreau; **he played a** ~ il a joué carreau. **2** *adj clip, ring* de diamant(s). ~ **jubilee** soixantième anniversaire *m* (*d'un événement*); ~ **merchant** diamantaire *m*; ~ **necklace** rivière *f* de diamants; ~ **wedding** noces *fpl* de diamant. ◆ **diamond-shaped** *adj* en losange.

diaper ['daɪəpər] *n* (*US*) couche *f* (*de bébé*).

diaphragm ['daɪəfræm] *n* diaphragme *m*.

diarrh(o)ea [ˌdaɪə'ri:ə] *n* diarrhée *f*.

diary ['daɪərɪ] *n* (*record*) journal *m* (intime); (*for engagements*) agenda *m*. **I've got it in my** ~ je l'ai noté sur mon agenda.

diatribe ['daɪətraɪb] *n* diatribe *f* (*against* contre).

dice [daɪs] **1** *n*, *pl inv* dé *m* (à jouer). **to play** ~ jouer aux dés. **2** *vi* (*fig*) **to** ~ **with death** jouer avec la mort. **3** *vt vegetables* couper en dés. ◆ **dicey*** *adj* risqué.

dichotomy [dɪ'kɒtəmɪ] *n* dichotomie *f*.

dickens* ['dɪkɪnz] n = devil (b).

Dictaphone ['dɪktəfəʊn] n ® dictaphone m ®. ~ **typist** dactylo f qui travaille au dictaphone.

dictate [dɪk'teɪt] 1 vt dicter (to à). his action was ~d by circumstances il a agi comme le lui dictaient les circonstances. 2 vi: to ~ to sb imposer sa volonté à qn. 3 ['dɪkteɪt] n: ~s préceptes mpl; [conscience] voix f. ♦ **dictation** n dictée f; to sb's dictation sous la dictée de qn; at dictation speed à une vitesse de dictée. ♦ **dictator** n dictateur m. ♦ **dictatorial** adj dictatorial. ♦ **dictatorially** adv dictatorialement, en dictateur. ♦ **dictatorship** n dictature f.

diction ['dɪkʃən] n diction f.

dictionary ['dɪkʃənrɪ] n dictionnaire m. French ~ dictionnaire de français.

dictum ['dɪktəm] n, pl dicta (maxim) maxime f; (pronouncement) affirmation f.

did [dɪd] pret of do[1].

didactic [dɪ'dæktɪk] adj didactique.

diddle* ['dɪdl] vt rouler*, escroquer. to ~ sb out of sth soutirer qch à qn.

die[1] [daɪ] n, pl dice dé m (à jouer). the ~ is cast le sort en est jeté.

die[2] [daɪ] vi (gen) mourir (of de); [engine, motor] s'arrêter. to be dying être à l'agonie or à la mort; to ~ a natural/violent death mourir de sa belle mort/de mort violente; he ~d a hero il est mort en héros; (fig) never say ~! il ne faut jamais désespérer; I nearly ~d* (laughing) j'ai failli mourir de rire; (fear) j'ai failli mourir de peur; (embarrassment) je voulais rentrer sous terre; to be dying to do* mourir d'envie de faire; I'm dying* for a coffee j'ai une envie folle d'un café; the secret ~d with him il a emporté le secret dans la tombe; bad habits ~ hard les mauvaises habitudes ont la vie dure.

die away vi [sound, voice] s'éteindre.

die down vi [plant] se flétrir; [emotion, protest, wind] se calmer; [fire] (in blazing building) diminuer; (in grate etc) baisser; [noise] diminuer.

die off vi mourir les uns après les autres.

die out vi disparaître.

♦ **diehard** 1 n réactionnaire mf; 2 adj intransigeant.

diesel ['di:zəl] 1 n diesel m. 2 adj: ~ engine (Aut) moteur m diesel; (Rail) motrice f; ~ fuel, ~ oil gas-oil m; ~ train autorail m.

diet ['daɪət] 1 n (a) (restricted food) régime m. milk ~ régime lacté; to go on a ~ se mettre au régime. (b) (customary food) alimentation f. to live on a ~ of se nourrir de. 2 vi suivre un régime. ♦ **dietary** adj de régime, diététique. ♦ **dietetic** adj diététique. ♦ **dietetics** nsg diététique f. ♦ **dietician** n diététicien(ne) m(f).

differ ['dɪfər] vi (be different) différer, être différent (from de); (disagree) ne pas être d'accord (from sb avec qn, on or about sth sur qch). I beg to ~ permettez-moi de ne pas partager cette opinion.

difference ['dɪfrəns] n différence f (in de, between entre). that makes a big ~ to me c'est très important pour moi, cela compte beaucoup pour moi; to make a ~ in sb/sth changer qn/qch; that makes all the ~ voilà qui change tout; what ~ does it make if ...? qu'est-ce que cela peut faire que ...? + subj; it makes no ~ cela ne change rien; it makes no ~ to me cela m'est égal; for all the ~ it makes pour ce que ça change; with this ~ that à ceci près que; a car with a ~ une voiture pas comme les autres*; ~ of opinion différence d'opinions; (quarrel) différend m.

different ['dɪfrənt] adj (a) différent (from de), autre. he wore a ~ tie each day il portait chaque jour une cravate différente; go and put on a ~ tie va mettre une autre cravate; I feel a ~ person je me sens tout autre; (rested etc) j'ai l'impression d'avoir fait peau neuve; let's do sth ~ faisons qch

de nouveau; quite a ~ way of doing une tout autre manière de faire; that's quite a ~ matter c'est tout autre chose; she's quite a ~ from what you think elle n'est pas du tout ce que vous croyez; he wants to be ~ il veut se singulariser. (b) (various) différent, divers, plusieurs. ~ people noticed it plusieurs personnes l'ont remarqué. ♦ **differential** 1 adj différentiel; 2 n (Math) différentielle f; (Econ) écart m salarial; (Aut) différentiel m. ♦ **differentiate** 1 vt différencier (from de); 2 vi faire la différence (between entre). ♦ **differentiation** n différenciation f. ♦ **differently** adv différemment, d'une manière différente (from de), autrement (from que); he thinks ~ly sa façon de penser n'est pas la même; (doesn't agree) il n'est pas de cet avis.

difficult ['dɪfɪkəlt] adj difficile. ~ to get on with difficile à vivre; it is ~ to know il est difficile de savoir; it's ~ to deny that ... on ne peut guère nier que ... + indic or subj; I find it ~ to believe il m'est difficile de croire, j'ai de la peine à croire (that que); the ~ thing is to begin le plus difficile or dur c'est de commencer. ♦ **difficulty** n difficulté f; she has ~y in walking elle marche avec difficulté, elle a de la difficulté or du mal à marcher; a slight ~y in breathing un peu de gêne f dans la respiration; there was some ~y in finding him on a eu du mal à le trouver; the ~y is to choose le difficile, c'est de choisir; to make ~ies for sb créer des difficultés à qn; to get into ~ies se trouver en difficulté; to get o.s. into ~y se créer des ennuis; I am in ~y j'ai des difficultés, j'ai des problèmes mpl; to be in (financial) ~ies avoir des ennuis mpl d'argent; he was in ~y over the rent il était en difficulté pour son loyer; he was working under great ~ies il travaillait dans des conditions très difficiles; I can see no ~y in what you suggest je ne vois aucun obstacle à ce que vous suggérez; he's having ~y or ~ies with ... il a des ennuis or des problèmes avec ... .

diffident ['dɪfɪdənt] adj person qui manque d'assurance; smile embarrassé. to be ~ about doing hésiter à faire. ♦ **diffidence** n manque m d'assurance. ♦ **diffidently** adv avec timidité.

diffuse [dɪ'fju:z] vt diffuser. ~d lighting éclairage m indirect. 2 [dɪ'fju:s] adj diffus.

dig [dɪg] (vb: pret, ptp dug) 1 n (a) to give sb a ~ in the ribs donner un coup de coude dans les côtes de qn; (*: sly remark) to have a ~ at sb donner un coup de patte or de griffe à qn; that's a ~ at Paul c'est une pierre dans le jardin de Paul. (b) (Archeol) fouilles fpl. to go on a ~ aller faire des fouilles. 2 vt (a) (gen) creuser; (with spade) bêcher; potatoes arracher. (b) (thrust) enfoncer (sth into sth qch dans qch). (c) (‡) that guy! vise un peu le type!*; I ~ that! ça me botte!*; he really ~s jazz il est vraiment fou de jazz; I don't ~ that ça me laisse froid. 3 vi [dog, pig] fouiller; [person] creuser (into dans); (Tech) fouiller; (Archeol) faire des fouilles. to ~ for minerals (creuser pour) extraire du minerai; to ~ into one's pockets/the past fouiller dans ses poches/le passé.

dig in 1 vi (Mil) se retrancher; (*: eat) attaquer* un repas (or un plat etc). ~ in!* allez-y, mangez! 2 vt sep compost etc enterrer; blade, knife enfoncer. (fig) to ~ one's heels in se buter.

dig out vt sep déterrer. to ~ sb out of the snow sortir qn de la neige (à coups de pelles); where did he ~ out* that old hat? où a-t-il déniché ce vieux chapeau?

dig up vt sep weeds, vegetables arracher; treasure, body déterrer; earth retourner; garden piocher; (*: find) fact, idea dénicher.

♦ **digger** n (machine) pelleteuse f. ♦ **diggings** npl (Archeol) fouilles fpl.

digest [daɪ'dʒest] 1 vti (lit, fig) digérer. it is not easily ~ed ça se digère mal. 2 ['daɪdʒest] n (summary) sommaire m; (magazine) digest m.

♦ **digestible** adj facile à digérer. ♦ **digestion** n digestion f. ♦ **digestive** adj digestif; ~ive (biscuit) sablé m.

digit ['dɪdʒɪt] n (Math) chiffre m; (finger) doigt m. ♦ **digital** adj clock à affichage numérique; computer numérique.

dignify ['dɪgnɪfaɪ] vt donner de la dignité à. ♦ **dignified** adj digne; he is very dignified il a beaucoup de dignité; that is not very dignified cela manque de dignité. ♦ **dignitary** n dignitaire m. ♦ **dignity** n dignité f.

digress [daɪ'gres] vi s'écarter (from de), faire une digression. ♦ **digression** n digression f.

digs* [dɪgz] npl: to be in ~ avoir une chambre chez un particulier; I took him back to his ~ je l'ai ramené chez lui.

dilapidated [dɪ'læpɪdeɪtɪd] adj house délabré; clothes dépenaillé; book déchiré. ♦ **dilapidation** n [buildings] délabrement m.

dilate [daɪ'leɪt] 1 vt dilater. 2 vi se dilater. ♦ **dilation** n dilatation f.

dilatory ['dɪlətərɪ] adj person lent; action, policy dilatoire. ♦ **dilatoriness** n lenteur f (in doing à faire).

dilemma [daɪ'lemə] n dilemme m. on the horns of a ~ pris dans un dilemme.

diligent ['dɪlɪdʒənt] adj student, work appliqué, assidu; person, search laborieux. ♦ **diligence** n zèle m, assiduité f. ♦ **diligently** adv avec application or assiduité.

dill [dɪl] n aneth m.

dillydally ['dɪlɪdælɪ] vi lanterner, lambiner*. no ~ing! ne traînez pas!

dilute [daɪ'luːt] vt (gen, also fig) diluer; sauce, colour délayer. ♦ **dilution** n dilution f.

dim [dɪm] 1 adj light, sight, lamp faible; room, forest etc sombre, obscur; colour, metal terne, sans éclat; (*: stupid) stupide, borné. to take a ~ view of sb* avoir une piètre opinion de qn; she took a ~ view of his selling the car* elle n'a pas du tout apprécié qu'il ait vendu la voiture.

2 vt light baisser; lamp mettre en veilleuse; colours, metals, beauty, glory ternir; sound affaiblir; memory, outline effacer; mind, senses troubler. (Theat) to ~ the lights baisser les lumières; (US Aut) to ~ the headlights se mettre en code.

3 vi [light, sight] baisser; [metal, beauty, glory] se ternir; [colours] devenir terne; [outlines, memory] s'effacer.

♦ **dimly** adv shine, light faiblement; see, recollect vaguement. ♦ **dimmer** n (Elec) interrupteur m à gradation de lumière; (US Aut) ~mers phares mpl code inv; (parking lights) feux mpl de position. ♦ **dimness** n faiblesse f; obscurité f; imprécision f; stupidité f. ♦ **dim-sighted** adj à la vue faible. ♦ **dimwit*** n crétin(e) m(f). ♦ **dim-witted*** adj idiot.

dime [daɪm] n (Can, US) pièce f de dix cents. they're a ~ a dozen* il y en a à la pelle; ~ store = prisunic m.

dimension [daɪ'menʃən] n (gen) dimension f; [problem, epidemic etc] étendue f. ♦ **dimensional** adj: two-~al à deux dimensions.

diminish [dɪ'mɪnɪʃ] vti diminuer. ♦ **diminished** adj (gen) diminué; workforce, staff, value réduit; (Jur) responsibility atténué. ♦ **diminishing** adj amount, importance, speed qui diminue; value, price qui baisse; law of ~ing returns loi f des rendements décroissants. ♦ **diminutive** 1 adj tout petit, minuscule; (Gram) diminutif; 2 n diminutif m.

dimple ['dɪmpl] n fossette f (on à); [water] ride f.

din [dɪn] 1 n (from people) vacarme m, tapage m; (from battle) fracas m; (from factory, traffic) vacarme; (esp in classroom) chahut m. to kick up* a ~ faire un boucan monstre*, (esp Scol) chahuter. 2 vt: to ~ into sb that ... répéter sans

cesse à qn que ... .

dine [daɪn] vi dîner (off, on de). to ~ out dîner en ville. ♦ **diner** n (person) dîneur m, -euse f; (Rail) wagon-restaurant m; (eating place) petit restaurant m. ♦ **dining** adj: dining car wagon-restaurant m; dining hall réfectoire m; dining room salle f à manger.

dinghy ['dɪŋgɪ] n youyou m; (rubber ~) canot m pneumatique; (sailing ~) dériveur m.

dingy ['dɪndʒɪ] adj minable, miteux. ♦ **dinginess** n aspect minable or miteux.

dinner ['dɪnər] 1 n dîner m; (lunch) déjeuner m; (for dog, cat) pâtée f. we're having people to ~ nous avons du monde à dîner; we had a good ~ nous avons bien dîné; to go out to ~ (restaurant) dîner dehors or en ville; (at friends') dîner chez des amis. 2 adj: ~ jacket smoking m; to give a ~ party avoir du monde à dîner, donner un dîner; ~ plate (grande) assiette f; ~ service service m de table; at ~ time à l'heure f du dîner.

dinosaur ['daɪnəsɔːr] n dinosaure m.

dint [dɪnt] n: by ~ of (doing) sth à force de (faire) qch.

diocese ['daɪəsɪs] n diocèse m. ♦ **diocesan** [daɪ'ɒsɪsən] adj diocésain.

dip [dɪp] 1 vt (into liquid) tremper, plonger (into dans); (into bag etc) plonger; sheep laver. to ~ the headlights se mettre en code. 2 vi (a) [ground, road] descendre; [temperature, prices, sun] baisser; [boat, raft] tanguer. (b) to ~ into pocket, savings puiser dans; book feuilleter. 3 n (a) (*: in sea etc) baignade f. to have a (quick) ~ prendre un bain rapide. (b) (for cleaning animals) bain m parasiticide. (c) (in ground) déclivité f. (d) (cheese ~) fondue f au fromage. ♦ **dipper** n (ladle) louche f; (at fairground) montagnes fpl russes; (Aut: for headlamps) basculeur m (de phares); (Astron) the Big D~per la Grande Ourse. ♦ **dipstick** or ♦ **diprod** (US) n (Aut) jauge f (de niveau d'huile).

diphtheria [dɪf'θɪərɪə] n diphtérie f.

diphthong ['dɪfθɒŋ] n diphtongue f.

diploma [dɪ'pləʊmə] n diplôme m. to have a ~ in être diplômé de or en.

diplomacy [dɪ'pləʊməsɪ] n (Pol, fig) diplomatie f. ♦ **diplomat** ['dɪpləmæt] or ♦ **diplomatist** [dɪ'pləʊ-] n (Pol, fig) diplomate mf. ♦ **diplomatic** [dɪplə'mæ-] adj corps, immunity, service diplomatique; (tactful) person diplomate; action, answer diplomatique; diplomatic bag or (US) pouch valise f diplomatique; to be diplomatic in dealing with sth s'occuper de qch en usant de diplomatie. ♦ **diplomatically** adv diplomatiquement.

dipsomania [ˌdɪpsəʊ'meɪnɪə] n dipsomanie f. ♦ **dipsomaniac** n dipsomane mf.

dire ['daɪər] adj event terrible, affreux; poverty extrême; prediction sinistre; necessity dur (before n). in ~ straits dans une situation désespérée.

direct [daɪ'rekt] 1 adj (gen) direct; refusal, denial catégorique; danger immédiat; (Gram) object, speech direct. to be a ~ descendant of sb descendre de qn en ligne directe; (Elec) ~ current courant m continu; ~ grant school = lycée m privé (subventionné); keep away from ~ heat éviter l'exposition directe à la chaleur; to make a ~ hit porter un coup au but; [bomb, projectile] toucher son objectif.

2 vt (a) (address etc) remark, letter adresser (to à); torch diriger (on sur); efforts orienter (towards vers); steps diriger (towards vers); attention attirer (to sur). can you ~ me to the town hall? pourriez-vous m'indiquer le chemin de la mairie? (b) (control) sb's work, conduct, business diriger; movements guider; (Theat) play mettre en scène; (Cine, Rad, TV) film, programme réaliser; group of actors diriger.

(c) (*instruct*) charger (*sb to do* qn de faire), ordonner (*sb to do* à qn de faire).
3 *adv* go *etc* directement.
♦ **directive** *n* directive *f*. ♦ **directly 1** *adv* go, involve, return, write directement; *descended* en droite ligne; *speak* sans détours, franchement; (*completely*) *opposite* exactement; *opposed* diamétralement, directement; (*immediately*) tout de suite, immédiatement; **2** *conj* aussitôt que, dès que; **he'll come** ~**ly he's ready** il viendra dès qu'il sera prêt. ♦ **directness** *n* (*frankness*) franchise *f*.

direction [dɪ'rekʃən] **1** *n* **(a)** (*way*) direction *f*, sens *m*; (*fig*) direction, voie *f*. **in every** ~ **dans** toutes les directions, en tous sens; (*fig*) **it's a step in the right** ~ voilà un pas dans la bonne direction; **in the opposite** ~ en sens inverse; **in the** ~ **of** dans la direction de, en direction de; **a sense of** ~ le sens de l'orientation. **(b)** (*management*) direction *f*; (*Theat*) mise *f* en scène; (*Cine, Rad, TV*) réalisation *f*. **(c)** (*instruction*) indication *f*, instruction *f*. ~**s for use** mode *m* d'emploi; **stage** ~**s** indications scéniques. **2** *adj*: ~ **finder** radiogoniomètre *m*. ♦ **directional** *adj* directionnel.

director [dɪ'rektər] *n* (*gen, Comm etc*) directeur *m*, -trice *f*; (*Theat*) metteur *m* en scène; (*Cine, Rad, TV*) réalisateur *m*, -trice *f*. ~ **general** directeur général; ~ **of music** chef *m* de musique; **D**~ **of Public Prosecutions** ≃ procureur *m* général.
♦ **directory 1** *n* [*addresses*] répertoire *m* (d'adresses); (*street* ~) guide *m* des rues; (*Telec*) annuaire *m* (des téléphones); (*Comm*) annuaire du commerce; **2** *adj* (*Telec*) ~**y inquiries** (service *m* des) renseignements *mpl*.

dirge [dɜːdʒ] *n* chant *m* funèbre.

dirt [dɜːt] **1** *n* (*on skin, clothes, objects*) saleté *f*, crasse *f*; (*earth*) terre *f*; (*mud*) boue *f*; (*excrement*) crotte *f*; (*Ind*) impuretés *fpl*; (*on machine, in engine*) encrassement *m*. **dog** ~ crotte de chien; **to treat sb like** ~* traiter qn comme un chien; **to spread the** ~* about sb calomnier qn; **what's the** ~ **on...?*** qu'est-ce qu'on raconte sur ...? **2** *adj*: ~ **track** (*gen*) piste *f*; (*Sport*) cendrée *f*.
♦ **dirt-cheap** *adj, adv* très bon marché (*inv*).

dirty ['dɜːtɪ] **1** *adj* **(a)** (*gen*) sale, crasseux; *job* salissant; *machine, plug* encrassé; *cut, wound* infecté. **to get** ~ se salir; **to get sth** ~ salir qch; **that coat gets** ~ **very easily** ce manteau est très salissant. **(b)** (*lewd*) *story, thought* sale, cochon*; *remark* ordurier. **to have a** ~ **mind** avoir l'esprit mal tourné; ~ **old man** vieux cochon* *m*; ~ **word** mot *m* grossier; (*fig*) **it's a** ~ **word*** these days ce mot est tabou de nos jours. **(c)** (*unpleasant*) *weather, business, trick* sale (*before n*). ~ **crack*** vacherie *f*; **to give sb a** ~ **look** regarder qn d'un sale œil; ~ **money** argent mal acquis; **he's a** ~ **rat*** c'est un sale type*; **he left the** ~ **work for me** il m'a laissé le plus embêtant du boulot*.
2 *vt* salir.
♦ **dirtily** *adv* eat, live salement; (*meanly*) *behave* bassement. ♦ **dirtiness** *n* saleté *f*. ♦ **dirty-faced** *adj* à la figure sale. ♦ **dirty-minded** *adj* à l'esprit mal tourné.

disable [dɪs'eɪbl] *vt* [*illness, accident, injury*] rendre infirme, (*stronger*) rendre impotent; *tank, gun* mettre hors d'action; *ship* (*gen*) mettre hors d'état, (*by enemy action*) mettre hors de combat; (*Jur: disqualify*) rendre inhabile (*from doing* à faire). ♦ **disability** *n* (*state*) incapacité *f* (*for* à); (*handicap*) infirmité *f*; (*disadvantage*) désavantage *m*; **disability allowance** pension *f* d'invalidité. ♦ **disabled 1** *adj* infirme; (*Admin: unable to work*) invalide; (*through illness, old age*) impotent; ~**d ex-servicemen** invalides *mpl* de guerre; **2** *n*: **the** ~**d** les invalides *mpl*. ♦ **disablement** *n* invalidité *f*; ~**ment pension** pension *f* d'invalidité.

disadvantage [,dɪsəd'vɑːntɪdʒ] **1** *n* désavantage *m*. **to be at a** ~ être dans une position désavantageuse; **you've got me at a** ~ vous avez l'avantage sur moi; **it would be to your** ~ cela vous ferait du tort. **2** *vt* désavantager.
♦ **disadvantaged** *adj child, minority* déshérité.
♦ **disadvantageous** *adj* désavantageux (*to* à).

disagree [,dɪsə'griː] *vi* ne pas être d'accord, être en désaccord (*with sb/sth* avec qn/qch; *over* sur); (*quarrel*) se disputer (*with sb* avec qn; *over* à propos de); [*reports, figures*] ne pas concorder (*with* avec). **I** ~ je ne suis pas de cet avis, je ne suis pas d'accord; **to** ~ **with the suggestion** être contre la suggestion; **she** ~**s with everything he has done** elle se trouve en désaccord avec tout ce qu'il a fait; [*climate, food*] **to** ~ **with sb** ne pas convenir à qn; **mutton** ~**s with him** il ne digère pas le mouton. ♦ **disagreeable** *adj* (*gen*) désagréable; *person* désagréable, désobligeant (*towards* envers). ♦ **disagreeableness** *n* [*work, experience*] nature *f* désagréable; [*person*] manières *fpl* désagréables. ♦ **disagreeably** *adv* désagréablement. ♦ **disagreement** *n* désaccord *m*; **to have a** ~**ment with sb** se disputer avec qn (*about* à propos de).

disallow ['dɪsə'laʊ] *vt* rejeter.

disappear [,dɪsə'pɪər] *vi* disparaître. **he** ~**ed from sight** on l'a perdu de vue; **the ship** ~**ed over the horizon** le navire a disparu à l'horizon; **to do a** ~**ing trick*** s'éclipser*; **to make sth** ~ faire disparaître qch; [*conjurer*] escamoter qch.
♦ **disappearance** *n* disparition *f*.

disappoint [,dɪsə'pɔɪnt] *vt* décevoir, désappointer; (*after promising*) manquer de parole à; *hope* décevoir. ♦ **disappointed** *adj person* déçu, désappointé; *hope, ambition* déçu; *plan* contrecarré; **I'm very** ~**ed with you** vous m'avez beaucoup déçu *or* désappointé. ♦ **disappointing** *adj* décevant. ♦ **disappointment** *n* déception *f*.

disapprove [,dɪsə'pruːv] *vi* désapprouver (*of sb/sth* qn/qch; *of sb's doing* que qn fasse). **your mother would** ~ ta mère ne trouverait pas ça bien; **he entirely** ~**s of drink** il est tout à fait contre la boisson. ♦ **disapproval** *n* désapprobation *f*. ♦ **disapproving** *adj* désapprobateur. ♦ **disapprovingly** *adv* avec désapprobation.

disarm [dɪs'ɑːm] *vti* désarmer. ♦ **disarmament** *n* désarmement *m*; ~**ament talks** conférence *f* sur le désarmement. ♦ **disarming** *adj smile* désarmant. ♦ **disarmingly** *adv* d'une manière désarmante.

disarrange ['dɪsə'reɪndʒ] *vt* mettre en désordre.

disarray [,dɪsə'reɪ] *n*: **in** (*complete*) ~ *troops* en déroute; *party, movement* en plein désarroi; *thoughts* très confus; *clothes* en désordre.

disaster [dɪ'zɑːstər] **1** *n* (*gen, also fig*) désastre *m*, catastrophe *f*; (*air* ~, *sea* ~ *etc*) catastrophe. **doomed to** ~ voué à la catastrophe; **her hair was a** ~* sa coiffure était une catastrophe*. **2** *adj*: ~ **area** région *f* sinistrée; ~ **fund** collecte *f* au profit des victimes. ♦ **disastrous** *adj* désastreux, catastrophique. ♦ **disastrously** *adv* désastreusement, catastrophiquement.

disband [dɪs'bænd] **1** *vt* disperser. **2** *vi* se disperser.

disbelieve ['dɪsbə'liːv] *vt person* ne pas croire; *news etc* ne pas croire à. ♦ **disbelief** *n* incrédulité *f*; **in disbelief** avec incrédulité. ♦ **disbelieving** *adj* incrédule.

disc [dɪsk] **1** *n* (*gen*) disque *m*; (*identity* ~) plaque *f* d'identité. **2** *adj brakes* à disque. ~ **jockey** animateur *m*, -trice *f* (de variétés), disc-jockey *m*.

discard [dɪs'kɑːd] *vt* (*gen*) se débarrasser de; *idea, plan* abandonner; *part of spacecraft* larguer; (*Cards*) se défausser de.

discern [dɪ'sɜːn] *vt* discerner. ♦ **discernible** *adj object* visible; *likeness, fault* perceptible.

♦ **discerning** adj person, look perspicace; taste délicat. ♦ **discernment** n discernement m.

discharge [dɪs'tʃɑːdʒ] 1 vt ship, cargo décharger; liquid déverser; (Elec) décharger; employee congédier; soldier rendre à la vie civile, (for health reasons) réformer; prisoner libérer; jury congédier; accused relaxer; bankrupt réhabiliter; debt acquitter; obligation, duty remplir; patient renvoyer (guéri) de l'hôpital; gun faire partir. to ~ pus suppurer. 2 vi [wound] suinter. 3 ['dɪstʃɑːdʒ] n (Elec) décharge f; (pus etc) suppuration f; (vaginal) pertes fpl (blanches); [employee, patient] renvoi m; [prisoner] libération f. he got his ~ il a été congédié or libéré etc.

disciple [dɪ'saɪpl] n disciple m.

discipline ['dɪsɪplɪn] 1 n discipline f. 2 vt (control) discipliner; (punish) punir. ♦ **disciplinarian** n personne f stricte en matière de discipline. ♦ **disciplinary** adj disciplinaire.

disclaim [dɪs'kleɪm] vt désavouer. ♦ **disclaimer** n démenti m. to issue a ~er publier un démenti.

disclose [dɪs'kləʊz] vt secret, news divulguer; révéler; intentions révéler; contents exposer. ♦ **disclosure** n révélation f.

disco* ['dɪskəʊ] n disco m.

discolour, (US) -or [dɪs'kʌləʳ] 1 vt décolorer; white object jaunir. 2 vi se décolorer; jaunir. ♦ **discoloration** n décoloration f; jaunissement m.

discomfiture [dɪs'kʌmfɪtʃəʳ] n embarras m.

discomfort [dɪs'kʌmfət] n gêne f. I feel some ~ from it but not real pain ça me gêne mais ça ne me fait pas vraiment mal; this ~ will pass cette gêne va passer.

disconcert [ˌdɪskən'sɜːt] vt déconcerter. ♦ **disconcerting** adj déconcertant, déroutant. ♦ **disconcertingly** adv d'une manière déconcertante.

disconnect ['dɪskə'nekt] vt (gen) détacher; pipe, radio, television débrancher; gas, electricity, water supply, telephone couper. (Telec: in mid-conversation) we've been ~ed nous avons été coupés. ♦ **disconnected** adj speech, thought sans suite; facts sans rapport.

disconsolate [dɪs'kɒnsəlɪt] adj inconsolable. ♦ **disconsolately** adv inconsolablement.

discontent ['dɪskən'tent] n mécontentement m; (Pol) malaise m social. cause of ~ grief m. ♦ **discontented** adj mécontent (with, about de).

discontinue ['dɪskən'tɪnjuː] vt cesser, interrompre; series interrompre; story interrompre la publication de. (Comm) ~d line série f qui ne se fait plus; (notice) 'fin de série'. ♦ **discontinuous** adj discontinu.

discord ['dɪskɔːd] n discorde f; (Mus) dissonance f. ♦ **discordant** adj discordant; dissonant.

discotheque ['dɪskəʊtek] n discothèque f (dancing).

discount ['dɪskaʊnt] 1 n escompte m; (on article) remise f, rabais m. to give a ~ faire une remise (on sur); to buy at a ~ acheter au rabais; ~ for cash escompte au comptant; (fig) to be at a ~ être mal coté. 2 [dɪs'kaʊnt] vt fact, remark ne pas tenir compte de. 3 adj: ~ store magasin m de demi-gros.

discourage [dɪs'kʌrɪdʒ] vt (a) (dishearten) décourager, abattre. to become ~d se laisser décourager. (b) (advise against) décourager, dissuader (sb from sth/from doing qn de qch/de faire); suggestion déconseiller; offer of friendship repousser. ♦ **discouragement** n (act) désapprobation f (of de); (depression) découragement m. ♦ **discouraging** adj décourageant, démoralisant.

discourteous [dɪs'kɜːtɪəs] adj peu courtois (towards envers, avec). ♦ **discourteously** adv d'une manière peu courtoise. ♦ **discourtesy** n manque m de courtoisie.

discover [dɪs'kʌvəʳ] vt (gen) découvrir; mistake, loss s'apercevoir de; (after search) house, book dénicher. to ~ that (realize) s'apercevoir que; (learn) apprendre que. ♦ **discoverer** n: the ~er of penicillin celui qui le premier a découvert la pénicilline. ♦ **discovery** n (act) découverte f; (happy find) trouvaille f.

discredit [dɪs'kredɪt] 1 vt discréditer. 2 n discrédit m. ♦ **discreditable** adj peu honorable.

discreet [dɪs'kriːt] adj discret. ♦ **discreetly** adv discrètement. ♦ **discretion** [dɪs'kreʃən] n discrétion f; use your own discretion faites comme bon vous semblera; the age of discretion l'âge de raison. ♦ **discretionary** adj powers discrétionnaire.

discrepancy [dɪs'krepənsɪ] n contradiction f, divergence f (between entre). there is a slight ~ between the explanations les explications divergent légèrement.

discrete [dɪs'kriːt] adj discret (distinct).

discriminate [dɪs'krɪmɪneɪt] 1 vi distinguer, faire un choix (between entre); (unfairly) établir une discrimination (against contre; in favour of en faveur de). 2 vt distinguer (from de). ♦ **discriminating** adj judgment, mind judicieux; taste fin; tariff, tax différentiel; he's not very discriminating il n'a aucun discernement. ♦ **discrimination** n (judgment) discernement m; (bias) discrimination f (against contre, in favour of en faveur de).

discus ['dɪskəs] n disque m. ~ thrower lanceur m de disque.

discuss [dɪs'kʌs] vt (examine in detail) problem, project, price discuter; (talk about) topic, personality discuter de. we were ~ing him nous parlions or discutions de lui; I ~ed it with him j'en ai discuté avec lui. ♦ **discussion** n discussion f (of sur); under ~ion en discussion.

disdain [dɪs'deɪn] 1 vt dédaigner (to do de faire). 2 n dédain m. ♦ **disdainful** adj dédaigneux. ♦ **disdainfully** adv dédaigneusement.

disease [dɪ'ziːz] n maladie f. ♦ **diseased** adj malade.

disembark [ˌdɪsɪm'bɑːk] vti débarquer. ♦ **disembarkation** n débarquement m.

disembodied [ˌdɪsɪm'bɒdɪd] adj désincarné.

disenchanted ['dɪsɪn'tʃɑːntɪd] adj désenchanté. ♦ **disenchantment** n désenchantement m.

disengage [ˌdɪsɪn'geɪdʒ] vt (gen) dégager (from de); machine débrayer. to ~ the clutch débrayer. ♦ **disengaged** adj libre, inoccupé; (Tech) débrayé. ♦ **disengagement** n (Pol) désengagement m.

disentangle ['dɪsɪn'tæŋgl] vt (gen) démêler; plot dénouer. to ~ o.s. from se dépêtrer de.

disfavour, (US) -or [dɪs'feɪvəʳ] 1 n défaveur f (with sb auprès de qn). to fall into ~ tomber en défaveur. 2 vt désapprouver.

disfigure [dɪs'fɪgəʳ] vt défigurer. ♦ **disfigured** adj défiguré (by par). ♦ **disfigurement** n défigurement m.

disgorge [dɪs'gɔːdʒ] vt dégorger.

disgrace [dɪs'greɪs] 1 n (dishonour) honte f, déshonneur m; (disfavour) disgrâce f. there is no ~ in doing il n'y a aucune honte à faire; to be in ~ [politician etc] être en disgrâce; [child, dog] être en pénitence; it's a ~ c'est une honte; it is a ~ to the country cela déshonore le pays. 2 vt family etc faire honte à; name, country déshonorer. he ~d himself by drinking too much il s'est très mal conduit en buvant trop; [officer, politician] to be ~d être disgracié. ♦ **disgraceful** adj honteux, scandaleux. ♦ **disgracefully** adv act honteusement, scandaleusement; ~fully badly paid scandaleusement mal payé.

disgruntled [dɪs'grʌntld] adj person mécontent (about, with à cause de); expression maussade.

disguise [dɪs'gaɪz] **1** *vt* (*gen*) déguiser (*as* en); *building, vehicle, ship* camoufler (*as* en). **to ~ o.s. as a woman** se déguiser en femme; **there is no disguising the fact that** ... on ne peut pas se dissimuler que .... **2** *n* déguisement *m*. **in ~** déguisé.

disgust [dɪs'gʌst] **1** *n* dégoût *m* (*for, at* pour). **he left in ~** il est parti dégoûté; **to my ~** he refused j'ai trouvé dégoûtant qu'il refuse (*subj*). **2** *vt* dégoûter. ◆ **disgusted** *adj* dégoûté (*at* de, par). ◆ **disgustedly** *adv* avec dégoût; ... **he said ~edly** ... dit-il, dégoûté. ◆ **disgusting** *adj* (*gen*) dégoûtant; *behaviour* révoltant; *smell* nauséabond; **what a ~ing mess!** c'est dégoûtant! ◆ **disgustingly** *adv* d'une manière dégoûtante; **~ingly dirty** d'une saleté dégoûtante.

dish [dɪʃ] **1** *n* plat *m*; (*in laboratory etc*) récipient *m*; (*Phot*) cuvette *f*; (*food*) plat, mets *m*. **vegetable ~** plat à légumes; **the ~es** la vaisselle; **to do the ~es** faire la vaisselle. **2** *vt food* verser dans un plat; (**†**) *sb's chances, hopes* flanquer par terre*. **dish out** *vt sep* distribuer. **dish up** *vt sep meal* servir; (***) *facts, statistics* sortir tout un tas de*.

◆ **dishcloth** *n* (*for washing*) lavette *f*; (*for drying*) torchon *m* à vaisselle. ◆ **dished wheel** *n* roue *f* désaxée. ◆ **dishmop** *n* lavette *f*. ◆ **dishpan** *n* bassine *f* (à vaisselle). ◆ **dishrack** *n* égouttoir *m* (à vaisselle). ◆ **dishtowel** *n* torchon *m* (à vaisselle). ◆ **dishwasher** *n* (*machine*) lave-vaisselle *m inv*; (*person: in restaurant*) plongeur *m*, -euse *f*. ◆ **dishwater** *n* eau *f* de vaisselle. ◆ **dishy‡** *adj person* excitant, sexy*.

dishearten [dɪs'hɑːtn] *vt* décourager. **to get ~ed** se décourager. ◆ **disheartening** *adj* décourageant.

dishevelled [dɪ'ʃevəld] *adj person, hair* échevelé; *clothes* en désordre.

dishonest [dɪs'ɒnɪst] *adj* (*gen*) malhonnête; (*untruthful*) *person* menteur; *reply* mensonger. **to be ~ with sb** manquer de franchise envers qn. ◆ **dishonestly** *adv act* malhonnêtement; *say* en mentant. ◆ **dishonesty** *n* malhonnêteté *f*.

dishonour, (*US*) **-or** [dɪs'ɒnər] **1** *n* déshonneur *m*. **2** *vt* déshonorer; *cheque* refuser d'honorer. ◆ **dishono(u)rable** *adj* peu honorable.

disillusion [ˌdɪsɪ'luːʒən] **1** *vt* désillusionner. **to grow ~ed** perdre ses illusions. **2** *n* désillusion *f*.

disincentive [ˌdɪsɪn'sentɪv] *n* effet *m* décourageant. **to be a ~ to sth** décourager qch.

disinclination [ˌdɪsɪnklɪ'neɪʃən] *n* manque *m* d'enthousiasme (*to do à* faire). ◆ **disinclined** *adj* peu disposé, peu enclin (*for à, to do à* faire).

disinfect [ˌdɪsɪn'fekt] *vt* désinfecter. ◆ **disinfectant** *adj, n* désinfectant (*m*). ◆ **disinfection** *n* désinfection *f*.

disingenuous [ˌdɪsɪn'dʒenjʊəs] *adj* déloyal, peu sincère.

disinherit [ˌdɪsɪn'herɪt] *vt* déshériter.

disintegrate [dɪs'ɪntɪgreɪt] **1** *vi* se désintégrer. **2** *vt* désintégrer. ◆ **disintegration** *n* désintégration *f*.

disinterested [dɪs'ɪntrɪstɪd] *adj* (*impartial*) désintéressé; (*uninterested*) indifférent. ◆ **disinterestedness** *n* désintéressement *m*; indifférence *f*.

disjointed [dɪs'dʒɔɪntɪd] *adj* décousu.

disjunctive [dɪs'dʒʌŋktɪv] *adj* disjonctif.

disk [dɪsk] = **disc**.

dislike [dɪs'laɪk] **1** *vt* ne pas aimer (*doing* faire). **I don't ~ it** cela ne me déplaît pas; **I ~ her** je la trouve antipathique, elle ne me plaît pas; **I ~ this intensely** j'ai cela en horreur. **2** *n*: **his ~ of** ... le fait qu'il n'aime pas ...; **one's likes and ~s** ce que l'on aime et ce que l'on n'aime pas; **to take a ~ to sb/sth** prendre qn/qch en grippe.

dislocate [ˈdɪsləʊkeɪt] *vt* (*Med*) se disloquer; (*fall etc*) disloquer; (*fig*) *traffic, business* désorganiser; *plans* bouleverser. **he ~d his shoulder** il s'est disloqué l'épaule. ◆ **dislocation** *n* dislocation *f*; désorganisation *f*; bouleversement *m*.

dislodge [dɪs'lɒdʒ] *vt stone* déplacer; *cap, screw, nut* débloquer; *enemy* déloger; *person* faire bouger (*from* de).

disloyal [dɪs'lɔɪəl] *adj* déloyal (*to* à, envers). ◆ **disloyally** *adv* déloyalement. ◆ **disloyalty** *n* déloyauté *f*.

dismal [ˈdɪzməl] *adj prospects, person* sombre, morne; *weather* morne; *failure* lamentable. ◆ **dismally** *adv say* d'un air sombre; *fail* lamentablement.

dismantle [dɪs'mæntl] *vt* démonter.

dismay [dɪs'meɪ] **1** *n* consternation *f*. **in ~** d'un air consterné. **2** *vt* consterner.

dismember [dɪs'membər] *vt* démembrer.

dismiss [dɪs'mɪs] *vt* (**a**) *employee* licencier, congédier; *official, officer* destituer; *class, visitors* congédier; *troops* faire rompre les rangs à. (*Mil*) **~!** rompez (les rangs)!; (*Scol*) **class ~!** partez! (**b**) *thought, suggestion, possibility* écarter; *request* rejeter. (**c**) (*Jur*) *accused* relaxer; *appeal* rejeter; *jury* congédier. **to ~ a case** rendre une fin de non-recevoir; **to ~ a charge** rendre un non-lieu. ◆ **dismissal** *n* licenciement *m*; destitution *f*; congédiement *m*; rejet *m*; **he made a gesture of ~al** d'un geste il les a congédiés.

dismount [dɪs'maʊnt] **1** *vi* descendre (*from* de), mettre pied à terre. **2** *vt* démonter.

disobey [ˈdɪsəˈbeɪ] *vt person* désobéir à; *rule* enfreindre. ◆ **disobedience** *n* désobéissance *f* (*to* à). ◆ **disobedient** *adj* désobéissant (*to* à).

disobliging [ˌdɪsə'blaɪdʒɪŋ] *adj* désobligeant.

disorder [dɪs'ɔːdər] *n* [*room, plans etc*] désordre *m*, confusion *f*; (*Pol etc: rioting*) désordres *mpl*; (*Med*) troubles *mpl*. **in ~** en désordre; (*Mil*) en déroute. ◆ **disordered** *adj room* en désordre; *imagination, existence* désordonné; (*Med*) *stomach, mind* malade. ◆ **disorderly** *adj room* en désordre; *flight, mind, crowd, behaviour, life* désordonné; *meeting* tumultueux; (*Jur*) **~ly conduct** conduite *f* contraire aux bonnes mœurs.

disorganize [dɪs'ɔːgənaɪz] *vt* désorganiser. **she's very ~d*** elle est très désorganisée. ◆ **disorganization** *n* désorganisation *f*.

disorientate [dɪs'ɔːrɪənteɪt] *vt* désorienter.

disown [dɪs'əʊn] *vt* renier.

disparage [dɪs'pærɪdʒ] *vt person, thing* dénigrer. ◆ **disparagement** *n* dénigrement *m*. ◆ **disparaging** *adj* désobligeant (*to* pour); **to be disparaging about** des remarques désobligeantes sur. ◆ **disparagingly** *adv* de façon désobligeante.

disparate [ˈdɪspərɪt] *adj* disparate. ◆ **disparity** *n* disparité *f*.

dispassionate [dɪs'pæʃənɪt] *adj* (*unemotional*) calme; (*unbiased*) impartial. ◆ **dispassionately** *adv* avec calme; impartialement.

dispatch [dɪs'pætʃ] **1** *vt* (**a**) (*send*) *letter, goods* expédier; *messenger* dépêcher; *troops* faire partir. (**b**) (*finish off*) *job* expédier; *animal* tuer. **2** *n* (**a**) (*sending*) expédition *f*. (**b**) (*report: Mil, Press etc*) dépêche *f*. (*Mil*) **mentioned in ~es** cité à l'ordre du jour. (**c**) (*promptness*) promptitude *f*. **3** *adj*: **~ box** (*in Parliament*) ≃ tribune *f*; (*case*) valise officielle (*à documents*); **~ case** serviette *f*, porte-documents *m inv*; **~ rider** estafette *f*.

dispel [dɪs'pel] *vt* dissiper, chasser.

dispense [dɪs'pens] *vt* (**a**) *food* distribuer; *justice, sacrament* administrer; *hospitality* accorder; *medicine, prescription* préparer. **dispensing chemist** (*person*) pharmacien(ne) *m(f)*; (*shop*) pharmacie *f*. (**b**) (*exempt*) dispenser (*sb from sth/from doing* qn de qch/de faire). **dispense with** *vt fus* (*do without*) se passer de; (*make unnecessary*) rendre superflu. ◆ **dispensable** *adj* dont on peut se passer. ◆ **dispensary** *n* (*in hospital*) pharmacie *f*; (*in*

chemist's) officine *f*; (*clinic*) dispensaire *m*.
♦ **dispensation** *n* (*Jur, Rel*) dispense *f* (*from* de).
♦ **dispenser** *n* (*person*) pharmacien(ne) *m(f)*; (*device*) distributeur *m*.
disperse [dɪs'pɜːs] **1** *vt* (*gen*) disperser; *sorrow* dissiper; *knowledge* disséminer. **2** *vi* se disperser; se dissiper; se disséminer. ♦ **dispersal** *or*
♦ **dispersion** *n* dispersion *f*.
dispirited [dɪs'pɪrɪtɪd] *adj* découragé, abattu.
♦ **dispiritedly** *adv* avec découragement.
displace [dɪs'pleɪs] *vt* (*move out of place*) *refugees, official* déplacer; (*replace*) remplacer.
~**d person** personne déplacée. ♦ **displacement** *n* déplacement *m*; remplacement *m*; (*Psych*) ~**ment activity** déplacement *m*.
display [dɪs'pleɪ] **1** *vt* (*gen*) montrer; (*ostentatiously*) faire parade de; *courage, ignorance* faire preuve de; *notice, results* afficher; *goods* exposer; (*Press*, *Typ*) mettre en vedette; (*Computers, Electronics*) visualiser. **2** *n* (*act*) exposition *f*, déploiement *m*; (*ostentatious*) étalage *m*; [*paintings*] exposition; (*Comm*) étalage *m*; (*Computers, Electronics*) visuel *m*; [*courage, ignorance*] manifestation *f*; [*force etc*] déploiement *m*. **on** ~ exposé; *military* ~ parade *f* militaire; **air** ~ fête *f* aéronautique. **3** *adj goods* d'étalage. ~ **cabinet**, ~ **case** vitrine *f*(*meuble*); ~ **window** vitrine *f* (*de magasin*).
displease [dɪs'pliːz] *vt* déplaire à, mécontenter. ~**d with** mécontent de. ♦ **displeasing** *adj* déplaisant (*to* pour, à). ♦ **displeasure** [dɪs'pleʒəʳ] *n* mécontentement *m*.
dispose [dɪs'pəʊz] *vt* (**a**) (*arrange*) *papers, ornaments, troops* disposer; *forces* déployer. (**b**) (*make willing*) disposer (*sb to* do qn à faire).
dispose of *vt fus* (**a**) (*get rid of*) se débarrasser de; (*by selling*) écouler; *one's property, money* disposer de; *rubbish* (*remove*) enlever, (*destroy*) détruire; *bomb* désamorcer; *meal, question* expédier; (*kill*) liquider*. (**b**) (*control*) *time, money* disposer de. ♦ **disposable** *adj* (*available*) disponible; (*not reusable*) à jeter; *nappy* de cellulose; **disposable wrapping** emballage *m* perdu. ♦ **disposal** *n* [*rubbish*] enlèvement *m*, destruction *f*; [*bomb*] désamorçage *m*; [*property*] disposition *f*; **at sb's disposal** à la disposition de qn; (*waste*) **disposal unit** broyeur *m* (d'ordures). ♦ **disposed** *adj* disposé (*to do* à faire); **well** ~**d towards sb** bien disposé envers qn. ♦ **disposer** *n* (*waste* ~) broyeur *m* (d'ordures). ♦ **disposition** *n* (*temperament*) naturel *m*, tempérament *m*; (*readiness*) inclination *f*(*to do* à faire); (*arrangement*) disposition *f*.
dispossess [ˌdɪspə'zes] *vt* déposséder (*of* de).
disproportionate [ˌdɪsprə'pɔːʃnɪt] *adj* disproportionné (*to* à, avec). ♦ **disproportionately** *adv*: ~**ly large** *etc* d'une grandeur *etc* disproportionnée.
disprove [dɪs'pruːv] *vt* établir la fausseté de.
dispute [dɪs'pjuːt] **1** *n* (**a**) discussion *f*. **beyond** ~ incontestable; **without** ~ sans contredit; **there is some** ~ **about** on n'est pas d'accord sur; **in** *or* **under** ~ *matter* en discussion; *territory, facts, figures* contesté; (*Jur*) en litige. (**b**) (*quarrel*) dispute *f*; (*argument*) discussion *f*, débat *m*; (*Jur*) litige *m*; (*Ind, Pol*) conflit *m*. **industrial** ~ conflit social; **wages** ~ conflit salarial. **2** *vt* contester. **I do not** ~ **the fact that ...** je ne conteste pas (le fait) que ... + *subj*. ♦ **disputable** *adj* discutable, contestable. ♦ **disputably** *adv* de manière contestable. ♦ **disputed** *adj* contesté.
disqualify [dɪs'kwɒlɪfaɪ] *vt* rendre inapte (*from sth* à qch, *from doing* à faire); (*Sport*) disqualifier. **to** ~ **sb from driving** retirer à qn le permis de conduire (*for sth* pour qch). ♦ **disqualification** *n* disqualification *f* (*also Sport*), exclusion *f* (*from* de); (*from driving*) retrait *m* du permis (de conduire).
disquieting [dɪs'kwaɪətɪŋ] *adj* inquiétant.

disregard [ˌdɪsrɪ'gɑːd] **1** *vt* (*gen*) ne tenir aucun compte de; *feelings* faire peu de cas de; *authority, rules, duty* passer outre à. **2** *n* [*difficulty, comments, feelings, money*] indifférence *f* (*for* à); [*danger*] mépris *m* (*for* de); [*safety*] négligence *f* (*for* en ce qui concerne); [*rule, law*] non-observation *f* (*for* de).
disrepair [ˌdɪsrɪ'peəʳ] *n* mauvais état. **in a state of** ~ *building* délabré; *road* en mauvais état; **to fall into** ~ [*building*] se délabrer; [*road*] se dégrader.
disrepute [ˌdɪsrɪ'pjuːt] *n* discrédit *m*, déshonneur *m*. **to fall into** ~ tomber en discrédit. ♦ **disreputable** [dɪs'repjʊtəbl] *adj person* peu recommandable; *behaviour* honteux; *clothes* miteux; *area* mal famé.
disrespect [ˌdɪsrɪs'pekt] *n* manque *m* de respect. ♦ **disrespectful** *adj* irrespectueux (*towards*, *to* envers); **to be** ~**ful** to manquer de respect envers.
disrupt [dɪs'rʌpt] *vt peace, relations, train service* perturber; *conversation, communications* interrompre; *plans* déranger. ♦ **disruption** *n* perturbation *f*; interruption *f*; dérangement *m*. ♦ **disruptive** *adj* perturbateur; (*Elec*) disruptif.
dissatisfaction [ˈdɪsˌsætɪs'fækʃən] *n* mécontentement *m* (*at*, *with* devant, provoqué par). ♦ **dissatisfied** *adj* mécontent (*with* de).
dissect [dɪ'sekt] *vt* disséquer. ♦ **dissection** *n* dissection *f*.
dissemble [dɪ'sembl] *vti* dissimuler.
disseminate [dɪ'semɪneɪt] *vt* disséminer. ~**d sclerosis** sclérose *f* en plaques.
dissension [dɪ'senʃən] *n* dissension *f*. ♦ **dissent** **1** *vi* différer (*from* de); (*Rel*) être dissident; **2** *n* dissentiment *m*; (*Rel*) dissidence *f*. ♦ **dissenter** *n* dissident(e) *m(f)*.
dissertation [ˌdɪsə'teɪʃən] *n* mémoire *m* (*on* sur).
disservice [dɪs'sɜːvɪs] *n* mauvais service *m*. **to do sb a** ~ rendre un mauvais service à qn; [*appearance etc*] constituer un handicap pour qn.
dissidence ['dɪsɪdəns] *n* dissidence *f*. ♦ **dissident** *adj*, *n* dissident(e) *m(f)*.
dissimilar [dɪ'sɪmɪləʳ] *adj* différent (*to* de). ♦ **dissimilarity** *n* différence *f* (*between* entre).
dissimulate [dɪ'sɪmjʊleɪt] *vti* dissimuler. ♦ **dissimulation** *n* dissimulation *f*.
dissipate ['dɪsɪpeɪt] *vt* (*gen*) dissiper; *energy, efforts* gaspiller. ♦ **dissipated** *adj life, behaviour* déréglé; *person* débauché, dissipé. ♦ **dissipation** *n* dissipation *f*.
dissociate [dɪ'səʊʃɪeɪt] *vt* dissocier (*from* de). ♦ **dissociation** *n* dissociation *f*.
dissolute ['dɪsəluːt] *adj person* débauché; *way of life* dissolu.
dissolution [ˌdɪsə'luːʃən] *n* dissolution *f*.
dissolve [dɪ'zɒlv] **1** *vt* (*gen*) dissoudre; [*person*] *substance* faire dissoudre. **2** *vi* se dissoudre; (*Cine*) se fondre. **to** ~ **into thin air** s'en aller en fumée; **to** ~ **into tears** fondre en larmes.
dissuade [dɪ'sweɪd] *vt* dissuader (*sb from doing* qn de faire). ♦ **dissuasion** *n* dissuasion *f*. ♦ **dissuasive** *adj voice, person* qui cherche à dissuader; *powers* de dissuasion.
distance ['dɪstəns] **1** *n* distance *f* (*between* entre). **the** ~ **between the houses** la distance qui sépare les maisons; **the** ~ **between the eyes/rails** *etc* l'écartement *m* des yeux/des rails etc; **at a** ~ à quelque distance; **at a** ~ **of 2 metres** à une distance de 2 mètres; **what** ~ **is it from here to London?** nous sommes à combien de Londres?; **it's a good** ~ c'est assez loin; **in the** ~ au loin, dans le lointain; **from a** ~ de loin; **it's within walking** ~ on peut y aller à pied; **a short** ~ **away** à une faible distance; **it's no** ~* c'est tout près; **at a** ~ **of 400 years** à 400 ans d'écart; **at this** ~ **in time** après un tel intervalle de temps; **to keep sb at a** ~ tenir qn à distance; **to keep one's** ~ garder ses distances.

2 *adj*: ~ **race/runner** épreuve *f*/coureur *m* de fond.

♦ **distant** *adj* (*gen*) éloigné; *recollection, country* lointain; (*reserved*) distant, froid; **we had a distant view of the church** nous avons vu l'église de loin; **the school is 2 km distant from the church** l'école est à une distance de 2 km de l'église; **in the distant future/past** dans un avenir/un passé lointain. ♦ **distantly** *adv resemble* vaguement, un peu; *smile, say* froidement, d'une manière distante; **distantly related** d'une parenté éloignée.

distaste ['dɪs'teɪst] *n* répugnance *f* (*for* pour).

♦ **distasteful** *adj* déplaisant (*to* à).

distemper[1] [dɪs'tempəʳ] 1 *n* (*paint*) détrempe *f*, badigeon *m*. 2 *vt* badigeonner.

distemper[2] [dɪs'tempəʳ] *n* [*dogs*] maladie *f* des jeunes chiens *or* de Carré.

distend [dɪs'tend] 1 *vt* distendre. 2 *vi* se distendre.

distil(l) [dɪs'tɪl] *vt* distiller. ♦ **distiller** *n* distillateur *m*. ♦ **distillery** *n* distillerie *f*.

distinct [dɪs'tɪŋkt] *adj* (**a**) (*clear*) *landmark, voice, memory* distinct, clair; *promise, offer* précis; *preference, likeness, increase, progress* net (*before* n), marqué. (**b**) (*different*) distinct, différent (*from* de). **as ~ from** par opposition à. ♦ **distinction** *n* (*gen*) distinction *f*; (*Scol*) **he got a ~ion in French** il a été reçu en français avec mention *f* très bien. ♦ **distinctive** *adj* distinctif. ♦ **distinctly** *adv speak, hear, see* distinctement, clairement; *promise* sans équivoque; *stipulate* expressément; *better* incontestablement; *cool, friendly* vraiment.

distinguish [dɪs'tɪŋgwɪʃ] 1 *vt* (**a**) (*discern*) *landmark* distinguer, apercevoir; *change* discerner. (**b**) (*make different*) distinguer (*from* de); (*characterize*) caractériser. **to ~ o.s.** se distinguer (*as* en tant que). 2 *vi* distinguer (*between* entre). ♦ **distinguishable** *adj* (*discernible*) visible, perceptible; **easily ~able from each other** faciles à distinguer l'un de l'autre. ♦ **distinguished** *adj* distingué. ♦ **distinguishing** *adj* distinctif; **~ing mark** (*on passport*) signe *m* particulier.

distort [dɪs'tɔːt] *vt* (*gen*) déformer; *judgment* fausser. **a ~ed impression** une idée fausse; **he gave us a ~ed version of the events** il a dénaturé les événements en les racontant. ♦ **distortion** *n* (*gen*) distorsion *f*; [*facts*] déformation *f*.

distract [dɪs'trækt] *vt* distraire (*from* de). ♦ **distracted** *adj* éperdu, égaré; **she was quite ~ed** elle était dans tous ses états. ♦ **distractedly** *adv behave, run* comme un fou; *love, weep* éperdument. ♦ **distracting** *adj* qui empêche de se concentrer, (*pej*) gênant. ♦ **distraction** *n* interruption *f*; **to love to ~ion** aimer à la folie; **to drive sb to ~ion** rendre qn fou.

distraught [dɪs'trɔːt] *adj* éperdu (*with* de), égaré.

distress [dɪs'tres] 1 *n* (**a**) peine *f*, (*stronger*) douleur *f*. **to be in great ~** être bouleversé. (**b**) (*poverty*) détresse *f*, misère *f*. (**c**) (*danger*) péril *m*, détresse *f*. **in ~** *ship* en perdition; *plane* en détresse; **comrades in ~** compagnons *mpl* d'infortune. 2 *vt* affliger, peiner. 3 *adj signal* de détresse. ♦ **distressed** *adj* affligé, peiné (*by* par, de); **very ~ed** bouleversé; **~ed area** zone *f* sinistrée. ♦ **distressing** *adj* pénible, affligeant.

distribute [dɪs'trɪbjuːt] *vt leaflets, prizes* distribuer; *money, load, weight* répartir. ♦ **distribution** *n* distribution *f*; répartition *f*. ♦ **distributive** *adj* distributif; **the distributive trades** le secteur de la distribution. ♦ **distributor** *n* (**a**) (*Comm: agent for goods*) concessionnaire *mf*; [*films*] distributeur *m*; (**b**) (*Aut, Tech*) distributeur *m*.

district ['dɪstrɪkt] 1 *n* (*of a country*) région *f*; (*in town*) quartier *m*, arrondissement *m* (*Admin*). 2 *adj manager etc* régional. (*US*) ~ **attorney** ≈

procureur *m* de la République; (*US*) ~ **court** cour *f* fédérale; ~ **nurse** infirmière *f* visiteuse.

distrust [dɪs'trʌst] 1 *vt* se méfier de. 2 *n* méfiance *f* (*of* à l'égard de). ♦ **distrustful** *adj* méfiant (*of* de).

disturb [dɪs'tɜːb] *vt* (*inconvenience*) déranger; (*worry*) troubler, inquiéter; *silence, sleep, water* troubler; *atmosphere* perturber; *papers* déranger. **sorry to ~ you** excusez-moi de vous déranger; **'please do not ~'** 'prière de ne pas déranger'. ♦ **disturbance** *n* (*political, social*) troubles *mpl*, émeute *f*; (*in house, street*) tapage *m*; **to cause a ~ance** faire du tapage. ♦ **disturbed** *adj* troublé (*at, by* par); (*Psych*) perturbé. ♦ **disturbing** *adj* (*alarming*) inquiétant, troublant; (*disquieting*) gênant.

disuse ['dɪs'juːs] *n* désuétude *f*. **to fall into ~** tomber en désuétude. ♦ **disused** ['dɪs'juːzd] *adj* désaffecté, abandonné.

ditch [dɪtʃ] 1 *n* (*gen*) fossé *m*; (*for irrigation*) rigole *f*. 2 *vt* (*: get rid of*) *person* se débarrasser de, laisser tomber*; *car etc* abandonner.

dither* ['dɪðəʳ] 1 *n*: **to be in a ~** être dans tous ses états. 2 *vi* hésiter. **to ~ over a decision** se tâter pour prendre une décision.

ditto ['dɪtəʊ] *adv* idem.

divan [dɪ'væn] 1 *n* divan *m*. 2 *adj*: ~ **bed** divan-lit *m*.

dive [daɪv] 1 *n* [*swimmer, goalkeeper*] plongeon *m*; [*submarine, deep-sea diver*] plongée *f*; [*aircraft*] piqué *m*. 2 *vi* (*gen: often* ~ **in**) plonger; [*aircraft*] descendre en piqué. **he ~d in head first** il a piqué une tête dans l'eau; **to ~ for pearls** pêcher des perles; **he ~d under the table** il s'est jeté sous la table; (*rush*) **to ~ in/out*** *etc* entrer/sortir *etc* tête baissée; **he ~d* for the exit** il a foncé tête baissée vers la sortie; **the goalie ~d for the ball** le gardien de but a plongé pour bloquer le ballon. ♦ **dive-bomb** *vt* bombarder en piqué. ♦ **dive-bombing** *n* bombardement *m* en piqué. ♦ **diver** *n* plongeur *m*; (*in suit*) scaphandrier *m*. ♦ **diving** *adj*: **diving bell** cloche *f* à plongeur; **diving board** plongeoir *m*; **diving suit** scaphandre *m*.

diverge [daɪ'vɜːdʒ] *vi* diverger. ♦ **divergence** *n* divergence *f*. ♦ **divergent** *adj* divergent.

diverse [daɪ'vɜːs] *adj* divers, différent. ♦ **diversification** *n* diversification *f*. ♦ **diversify** *vt* diversifier. ♦ **diversity** *n* diversité *f*.

diversion [daɪ'vɜːʃən] *n* (**a**) (*traffic*) déviation *f*; [*stream*] dérivation *f*. (**b**) (*amusement*) distraction *f*, diversion *f*. (**c**) (*distraction*) diversion *f*. **to create a ~** (*Mil*) opérer une diversion; (*gen*) faire diversion. ♦ **diversionary** *adj* destiné à faire diversion.

divert [daɪ'vɜːt] *vt stream, conversation, attention, eyes* détourner; *train, plane, ship* dérouter; *traffic* dévier; *blow* écarter; (*amuse*) divertir, distraire, amuser. ♦ **diverting** *adj* divertissant.

divest [daɪ'vest] *vt* dépouiller (*of* de).

divide [dɪ'vaɪd] 1 *vt* (*gen*) diviser (*into* en; *between, among* entre); (~ **out**) répartir, distribuer (*among* entre); (~ **off**) séparer (*from* de). **she ~s her time between** elle partage son temps entre; **to ~ 36 by 6** diviser 36 par 6; **policy of ~ and rule** politique *f* consistant à diviser pour régner. 2 *vi* [*river*] se diviser; [*road*] bifurquer; (~ **up**) se diviser (*into* en); [*Math*] être divisible (*by* par). (*Parl*) **the House ~d** la Chambre a procédé au vote. ♦ **divided** *adj* (*lit*) divisé; (*Bot*) découpé; (*fig*) *people* divisés (*about, on* sur); *opinions etc* partagés (*on* sur); *couple, country* désuni; **I feel ~d in my own mind about this** je me sens indécis à cet égard; (*US*) ~**d highway** route *f* à chaussées séparées *or* à quatre voies; ~**d skirt** jupe-culotte *f*. ♦ **dividing** *adj fence* mitoyen; *line* de démarcation.

dividend ['dɪvɪdend] *n* dividende *m*.

divine[1] [dɪ'vaɪn] *adj* divin. ♦ **divinely** *adv* divine-

ment. ♦ **divinity** n divinité f; (Univ) théologie f.
divine² [dɪ'vaɪn] vt the future prédire; sb's intentions deviner; water, metal découvrir par la radiesthésie. ♦ **diviner** n radiesthésiste mf.
♦ **divining rod** n baguette f de sourcier.
division [dɪ'vɪʒən] n (gen) division f (into en, between, among entre). ~ of labour division du travail; (Parl) to call a ~ passer au vote.
♦ **divisible** adj divisible (by par). ♦ **divisive** [dɪ'vaɪsɪv] adj qui sème le désaccord. ♦ **divisor** n diviseur m.
divorce [dɪ'vɔːs] 1 n divorce m (from d'avec). 2 vt divorcer avec or d'avec; (fig) séparer (from de). 3 vi divorcer. 4 adj: ~ court ≃ tribunal m de grande instance; to start ~ proceedings demander le divorce. ♦ **divorced** adj (Jur) divorcé (from d'avec); (fig) séparé (from de).
♦ **divorcee** n divorcé(e) m(f).
divulge [daɪ'vʌldʒ] vt divulguer, révéler.
dizzy ['dɪzɪ] adj person pris de vertige; (heedless) étourdi; height, speed, rise in price vertigineux. it makes me ~ cela me donne le vertige. ♦ **dizzily** adv walk avec un sentiment de vertige; rise, fall, spin vertigineusement. ♦ **dizziness** n vertiges mpl; an attack of dizziness un étourdissement.
do¹ [duː] 3rd person sg pres does, pret did, ptp done. 1 aux vb: ~ you understand? (est-ce que) vous comprenez?; I don't understand je ne comprends pas; didn't you speak? n'avez-vous pas parlé?; DO come! venez donc, je vous en prie!; DO tell him that ... dites-lui bien que ...; but I DO like it! mais si, je l'aime!; he DID say it bien sûr qu'il l'a dit; so you DO know them! alors c'est vrai que vous les connaissez!; I DO wish I could come with you je voudrais tant pouvoir vous accompagner; you speak better than I ~ vous parlez mieux que moi; she says she will go but she never does elle dit qu'elle ira, mais elle n'y va jamais; so ~ I moi aussi; neither ~ I moi non plus; they said he would go and so he did on a dit qu'il s'en irait et c'est bien ce qu'il a fait; you know him, don't you? vous le connaissez, n'est-ce pas?; you know him, ~ you? alors vous le connaissez?; you DO agree, don't you? vous êtes bien d'accord, n'est-ce pas?; she said that, did she? elle a vraiment dit ça?; she said that, didn't she? elle a bien dit ça, n'est-ce pas?; I like them, don't you? je les aime, pas vous?; ~ they really? vraiment?; may I come in? – ~! puis-je entrer? – bien sûr!; who broke the mirror? – I did qui est-ce qui a cassé le miroir? – c'est moi.
2 vt (a) (gen) faire. what are you ~ing now? qu'est-ce que tu fais?; what are you ~ing these days? qu'est-ce que tu deviens?; what do you ~ for a living? que faites-vous dans la vie?; I've got plenty to ~ j'ai beaucoup à faire; I shall ~ nothing of the sort je n'en ferai rien; don't ~ too much! n'en faites pas trop!; he does nothing but complain il ne fait que se plaindre; what shall we ~ for money? comment allons-nous faire pour trouver de l'argent?; what have you done with my gloves? qu'avez-vous fait de mes gants?; what am I to ~ with you? qu'est-ce que je vais bien pouvoir faire de toi?; he didn't know what to ~ with himself all day il ne savait pas quoi faire (de sa peau*) toute la journée; I shan't know what to ~ with all my free time je ne saurai pas quoi faire de mon temps libre; I could ~ with a cup of tea je prendrais bien une tasse de thé; I can't ~ with whining children je ne peux pas supporter les enfants qui pleurnichent; to ~ without sth se passer de qch.
(b) (accomplish, produce etc) letter, copy, crossword, sum faire. I'll ~ all I can je ferai tout mon possible; what's to be done? que faire?; what can I ~ for you? en quoi puis-je vous aider?; what do you want me to ~ about it? qu'est-ce que vous voulez que j'y fasse?; to ~ sth again refaire qch; it's all got to be done again tout est à refaire;

~ something for me, will you? rends-moi (un) service, veux-tu?; what's done cannot be undone ce qui est fait est fait; that's just not done!, that's not the done thing* cela ne se fait pas!; well done! bravo!, très bien!; that's done it!* (dismay) il ne manquait plus que ça!; (satisfaction) ça y est!; to ~ 6 years in jail faire 6 ans de prison; (Scol etc) to ~ Milton/German faire Milton/de l'allemand; to ~ the flowers arranger les fleurs (dans les vases); to ~ one's hair se coiffer; to ~ one's nails se faire les ongles; this room needs ~ing cette pièce est à faire; it's been badly done by on s'est très mal conduit à son égard; they ~ you very well at that restaurant on mange rudement* bien à ce restaurant; she does her lodgers proud elle dorlote ses pensionnaires; to ~ o.s. well ne se priver de rien.
(c) (finished) the work's done le travail est fait; the soap is done il ne reste plus de savon; I haven't done* telling you je n'ai pas fini de vous dire; done! entendu!; to get done with sth en finir avec qch; to be done for* être fichu*; to be done in* (exhausted) être éreinté.
(d) (visit) city, museum visiter, faire*.
(e) (Aut etc) the car was ~ing 100 la voiture roulait à 100 à l'heure or faisait du 100 à l'heure; we've done 200 km nous avons fait or parcouru 200 km.
(f) (suit) aller à; (be sufficient for) suffire à. that will ~ me nicely (what I want) cela fera très bien mon affaire; (enough) cela me suffit.
(g) (play rôle of) faire, jouer le rôle de; (pretend to be) faire; (mimic) imiter. she does the worried mother very convincingly elle joue à la mère inquiète avec beaucoup de conviction.
(h) (cheat) avoir*, refaire*. you've been done! on vous a eu* or refait!*; to ~ sb out of £10 refaire* qn de 10 livres; to ~ sb out of a job prendre à qn son travail.
(i) (cook) faire; (prepare) faire, préparer. to ~ the cooking faire la cuisine; how do you like your steak done? comment aimez-vous votre bifteck?; steak well done bifteck bien cuit; done to a turn à point.
3 vi (a) (gen: act etc) faire, agir. ~ as your friends ~ faites comme vos amis; he did well to take advice il a bien fait de demander des conseils; she was up and ~ing at 6 o'clock elle était à l'ouvrage dès 6 heures du matin.
(b) (fare) aller, marcher, être. how do you ~? (greeting: gen) comment allez-vous?; (on being introduced) enchanté de faire votre connaissance; how are you ~ing?* comment ça va?; his business is ~ing well ses affaires vont or marchent bien.
(c) (finish) finir, terminer. I've done c'est fini; I've done with all that je ne veux plus rien avoir à faire avec tout ça; have you done with that book? vous n'avez plus besoin de ce livre?
(d) (suit) aller bien, convenir. that will never ~! ça ne peut pas aller!; this room will ~ cette chambre ira bien or fera l'affaire; will it ~ if I come back at 8? ça va si je reviens à 8 heures?; it doesn't ~ to tell him ... ce n'est pas la chose à faire que de lui dire ...; this coat will ~ for a cover ce manteau servira de couverture; to make ~ s'arranger, se débrouiller (with avec); to make ~ and mend faire des économies de bouts de chandelle.
(e) (be sufficient) suffire (for pour). that will ~! ça suffit!, assez!
(f) (phrases) there's nothing ~ing* in this town il n'y a rien d'intéressant dans cette ville; £5? – nothing ~ing!* 5 livres? – rien à faire!* or pas question!; it has to ~ with ... cela concerne ...; money has a lot to ~ with it c'est surtout une question d'argent; what has that got to ~ with it? qu'est-ce que cela a à voir?; that's got a lot to ~ with it! cela y est pour beaucoup!; that has

nothing to ~ with the problem cela n'a rien à voir avec le problème; **that has nothing to ~ with you!** cela ne vous regarde pas!; **I won't have anything to ~ with it** je ne veux pas m'en mêler; **to have to ~ with sb** avoir affaire à qn.

4 n (*) **(a)** *(party)* soirée f; *(ceremony)* fête f. **(b)** **it's a poor ~** c'est plutôt minable; **the ~s and don'ts** ce qu'il faut faire ou ne pas faire.

do away with vt fus *(abolish; kill)* supprimer.

do in vt sep *(kill)* supprimer.

do out vt sep *room* faire or nettoyer (à fond).

do up vt sep **(a)** *buttons* boutonner; *zip* fermer; *dress, shoes* attacher; *parcel* faire. **books done up in paper** des livres emballés dans du papier. **(b)** *(renovate)* *house, room* remettre à neuf, refaire; *old dress etc* rafraîchir. **to ~ o.s. up** se faire beau.

♦ **do-gooder*** n pilier m de bonnes œuvres.
♦ **doing** n: **this is your ~ing** c'est vous qui avez fait cela; **that takes some ~ing** il faut le faire!*
♦ **doings** n *(pl: deeds)* faits mpl et gestes mpl; *(sg: thingummy)* machin* m, truc* m. ♦ **do-it-yourself** adj *shop* de bricolage; **~-it-yourself enthusiast** bricoleur m, -euse f; **the ~-it-yourself craze** la passion du bricolage.

do² [dəʊ] n *(Mus)* do m, ut m.

docile ['dəʊsaɪl] adj docile. ♦ **docility** n docilité f.

dock¹ [dɒk] **1** n dock m. (fig) **my car is in ~*** ma voiture est en réparation. **2** vt mettre à quai. **3** vi *[ship]* arriver à quai; *[two spacecraft]* s'amarrer. **the ship has ~ed** le bateau est à quai. ♦ **docker** n docker m. ♦ **docking** n *(Space)* amarrage m. ♦ **dockyard** n chantier naval.

dock² [dɒk] n *(Jur)* banc m des accusés.

dock³ [dɒk] vt *tail* couper; (fig) *wages* faire une retenue sur. **to ~ 50p off sb's wages** retenir 50 pence sur le salaire de qn.

dock⁴ [dɒk] n *(Bot)* patience f.

docket ['dɒkɪt] **1** n *(on document, parcel)* étiquette f *(indiquant le contenu)*; *(Customs certificate)* récépissé m de douane. **2** vt *contents* résumer; *information etc* consigner sommairement; *packet, document* étiqueter.

doctor ['dɒktər] **1** n **(a)** *(Med)* docteur m, médecin m. **D~ Smith** le docteur Smith; **yes ~** oui docteur; **she is a ~** elle est médecin or docteur; **a woman ~** une femme docteur, une femme médecin; (fig) **it's just what the ~ ordered*** c'est exactement ce qu'il me fallait. **(b)** *(Univ)* **D~** of *Law/of Science etc* docteur m en droit/ès sciences etc; **D~** of **Philosophy** *(abbr PhD)* docteur ès lettres. **2** vt **(a)** *sick person* soigner. **(b)** (*: *castrate*) châtrer (*un animal*). **(c)** *(tamper with)* *wine* frelater; *food* altérer; *text, document* arranger. ♦ **doctorate** n doctorat m *(in science* ès sciences; *in geography* en géographie).

doctrine ['dɒktrɪn] n doctrine f. ♦ **doctrinaire** adj doctrinaire. ♦ **doctrinal** [dɒk'traɪnl] adj doctrinal.

document ['dɒkjʊmənt] **1** n document m. **~s relating to a case** dossier m d'une affaire. **2** ['dɒkjʊment] vt documenter. **3** adj: **~ case** porte-documents m inv. ♦ **documentary** adj, n documentaire (m). ♦ **documentation** n documentation f.

dodder ['dɒdər] vi ne pas tenir sur ses jambes.
♦ **dodderer** n vieux *(or vieille)* gaga* m(f).
♦ **doddering** adj gâteux.

dodge [dɒdʒ] **1** n (*: *trick, scheme*) truc* m. **2** vt *blow, question, difficulty* esquiver; *pursuer* échapper à; *tax* éviter de payer; *work, duty* se dérober à; *acquaintance* éviter. **he ~d the issue** il est volontairement passé à côté de la question. **3** vi *(Boxing, Ftbl)* faire une esquive. **to ~ out of the way** s'esquiver; **to ~ behind a tree** disparaître derrière un arbre; **to ~ through the traffic** se faufiler entre les voitures; **to ~ about** aller et venir, remuer.

♦ **dodgems** npl autos fpl tamponneuses.

♦ **dodgy*** adj épineux, douteux; **in a very dodgy situation** dans une mauvaise passe.

doe [dəʊ] n *(deer)* biche f; *(rabbit)* lapine f.
♦ **doeskin** n peau f de daim.

dog [dɒg] **1** n chien(ne) m(f); *[fox etc]* mâle m. **to lead a ~'s life** mener une vie de chien; *(Sport)* **the ~s*** les courses fpl de lévriers; *(fig)* **to go to the ~s*** *[person]* gâcher sa vie; *[institution, business]* aller à vau-l'eau; **he is being a ~ in the manger** il fait l'empêcheur de tourner en rond; **he hasn't a ~'s chance*** il n'a pas la moindre chance de réussir; **give a ~ a bad name and hang him** qui veut noyer son chien l'accuse de la rage; **lucky ~*** veinard(e)* m(f); **dirty ~*** sale type* m. **2** adj *breed, show* canin; *collar* de chien; *food, biscuit* pour chien; **~ licence** permis m de posséder un chien. **3** vt suivre (de près). **he ~s my footsteps** il ne me lâche pas d'une semelle; **~ged by ill fortune** poursuivi par la malchance.
♦ **dog-eared** adj écorné. ♦ **dogged** adj *person* tenace; *courage* opiniâtre. ♦ **doggedly** adv avec ténacité or opiniâtreté. ♦ **doggo*** adv: **to lie ~** go rester tranquille dans son coin. ♦ **doghouse** n: **he is in the ~house*** il n'est pas en odeur de sainteté.
♦ **dogleg** n *(in road etc)* coude m, virage m.
♦ **doglike** adj de chien. ♦ **dog-paddle** vi nager en chien. ♦ **dogsbody*** n factotum m, bonne f à tout faire. ♦ **dog-tired*** adj claqué*, éreinté.

doggerel ['dɒgərəl] n vers mpl de mirliton.

dogma ['dɒgmə] n dogme m. ♦ **dogmatic** adj *person, attitude* dogmatique *(about* sur); *tone* autoritaire. ♦ **dogmatically** adv d'un ton autoritaire.

doh [dəʊ] n *(Mus)* = **do²**.

doldrums ['dɒldrəmz] npl (fig) **to be in the ~** *[person]* avoir le cafard*; *[business]* être dans le marasme.

dole [dəʊl] n indemnité f de chômage. **on the ~** au chômage.

dole out vt sep distribuer au compte-gouttes.

doleful ['dəʊlfʊl] adj lugubre, morne. ♦ **dolefully** adv d'une manière lugubre or morne.

doll [dɒl] n **(a)** poupée f. **to play with ~s** jouer à la poupée; **~'s house/pram** maison f/voiture f de poupée. **(b)** (‡: *esp US: girl*) nana‡ f, pépée‡ f; *(pretty girl)* poupée f.

doll up* vt sep: **to ~ o.s. up** se faire (tout) beau*.

dollar ['dɒlər] **1** n dollar m. **2** adj: **~ area** zone f dollar; **~ bill** billet m d'un dollar.

dollop* ['dɒləp] n *[butter etc]* bon morceau m; *[cream, jam]* bonne cuillerée f.

dolphin ['dɒlfɪn] n *(Zool)* dauphin m.

dolt [dəʊlt] n idiot(e) m(f). ♦ **doltish** adj gourde*, cruche*.

domain [dəʊ'meɪn] n domaine m.

dome [dəʊm] n dôme m. ♦ **domed** adj *forehead* bombé; *building* à dôme.

Domesday Book ['du:mzdeɪ,bʊk] n Domesday Book m *(recueil cadastral établi par Guillaume le Conquérant)*.

domestic [də'mestɪk] **1** adj *duty, happiness* familial, de famille; *(Econ, Pol)* *policy, affairs, flights* intérieur; *animal* domestique. **everything of a ~ nature** tout ce qui se rapporte au ménage; **~ chores** ménage m; **~ science** arts ménagers; **~ science college** école f d'art ménager; **~ science teaching** enseignement m ménager; **~ servants** employé(e)s m(f)pl de maison; **she was in ~ service** elle était domestique. **2** n domestique mf.
♦ **domesticate** vt *animal* domestiquer.
♦ **domesticated** adj *person* qui aime son intérieur; *animal* domestiqué; **she's very ~ated** elle est très femme d'intérieur. ♦ **domesticity** n *(home life)* vie f de famille.

domicile ['dɒmɪsaɪl] n domicile m. ♦ **domiciled** adj domicilié *(at* à). ♦ **domiciliary** adj domiciliaire.

dominate ['dɒmɪneɪt] vti dominer. ♦ **dominance** n

(gen, Pol) preuominance f; (Genetics, Psych) dominance f. ♦ **dominant 1** adj (gen) dominant; (overbearing) dominateur; (Mus) de dominante; **2** n (Mus) dominante f. ♦ **domination** n domination f.

domineer [ˌdɒmɪˈnɪəʳ] vi se montrer autoritaire (over avec). ♦ **domineering** adj dominateur, autoritaire.

dominion [dəˈmɪnɪən] n **(a)** (power) domination f, empire m (over sur). **(b)** (territory) territoire m, possessions fpl; (Brit Pol) dominion m.

domino [ˈdɒmɪnəʊ] n, pl **-es** domino m. ~**es** (sg: game) (jeu m de) dominos mpl.

don¹ [dɒn] n ≃ professeur d'université.

don² [dɒn] vt garment revêtir, mettre.

donate [dəʊˈneɪt] vt faire don de. ♦ **donation** n (act) donation f; (gift) don m.

done [dʌn] ptp of do¹.

donkey [ˈdɒŋkɪ] **1** n âne(sse) m(f); (*: fool) imbécile mf. she hasn't been here for ~'s years* il y a une éternité qu'elle n'est pas venue ici. **2** adj: the ~ work le gros du travail.

donor [ˈdəʊnəʳ] n (gen) donateur m, -trice f; (Med) donneur m, -euse f.

donut [ˈdəʊnʌt] n (US) beignet m.

doodle [ˈduːdl] vi griffonner (distraitement).

doom [duːm] **1** n (ruin) ruine f; (fate) sort m. **2** vt condamner (to à). ♦ ~**ed to failure** voué à l'échec. ♦ **doomed** adj thing voué à l'échec; person perdu d'avance. ♦ **doomsday** n (fig) till ~**sday** jusqu'à la fin des temps.

door [dɔːʳ] n (gen) porte f; [railway carriage, car] portière f. he shut the ~ in my face il m'a fermé la porte au nez; 'pay at the ~' 'billets à l'entrée'; **2** ~**s down the street** 2 portes plus loin; out of ~**s** (au-)dehors. ♦ **doorbell** n sonnette f; there's the ~**bell**! on sonne à la porte! ♦ **door-handle** or ♦ **doorknob** n poignée f de porte (or de portière). ♦ **doorkeeper** or ♦ **doorman** n [hotel] portier m; [block of flats] concierge m. ♦ **door-knocker** n heurtoir m. ♦ **doormat** n paillasson m (d'entrée); (*: person) chiffe f molle. ♦ **doorstep** n pas m de porte; at my ~**step** à ma porte. ♦ **door-to-door** adj salesman à domicile; ~**-to-**~ selling porte à porte m inv. ♦ **doorway** n porte f; in the ~**way** dans l'embrasure f de la porte.

dope [dəʊp] **1** n **(a)** (*: drugs) drogue f; (for athlete, horse) dopant m. to take ~ se droguer, se doper. **(b)** (information) tuyaux* mpl, renseignements mpl. to give sb the ~**s** tuyauter* qn. **(c)** (*: stupid person) andouille‡ f, idiot(e) m(f). **2** vt horse, person doper; food mettre une drogue or un dopant dans. ♦ **dope-peddler*** n or ♦ **dope-pusher*** n revendeur m, -euse f de drogue. ♦ **dope-test*** n contrôle m anti-doping inv. ♦ **dopey*** adj (drugged) drogué; (sleepy) à moitié endormi; (stupid) abruti*.

dormant [ˈdɔːmənt] adj energy en veilleuse; (Bio, Bot) dormant; volcano en sommeil; rule inappliqué. to lie ~ rester en sommeil etc.

dormer window [ˈdɔːməˈwɪndəʊ] n lucarne f.

dormitory [ˈdɔːmɪtrɪ] **1** n dortoir m. **2** adj suburb, town dortoir f inv.

Dormobile [ˈdɔːməbiːl] n ® auto-camping f.

dormouse [ˈdɔːmaʊs] n, pl **-mice** loir m.

dose [dəʊs] **1** n **(a)** (Pharm) dose f. give him a ~ of medicine donne-lui son médicament; (fig) to give sb a ~ of his own medicine rendre à qn la monnaie de sa pièce; in small ~**s** à faible dose; (*: fig) à petites doses. **(b)** (bout of illness) attaque f (of de). a ~ of flu une bonne grippe*. **2** vt person administrer un médicament à. she's always dosing herself elle se bourre de médicaments. ♦ **dosage** n (on medicine bottle) posologie f.

doss [dɒs] vi: to ~ **down*** loger quelque part. ♦ **doss-house** n asile m (de nuit).

dossier [ˈdɒsɪeɪ] n dossier m.

dot [dɒt] **1** n (gen) point m; (on material) pois m.

(Morse) ~**s and dashes** points et traits mpl; (in punctuation) ~**s** points de suspension; (fig) on the ~* à l'heure pile*. **2** vt (fig) to ~ one's i's and cross one's t's mettre les points sur les i; field ~**ted with flowers** champ parsemé de fleurs; cars ~**ted along the route** des voitures échelonnées sur le parcours; ~**ted line** ligne pointillée; to tear along the ~**ted line** détacher suivant le pointillé; to sign on the ~**ted line** signer sur la ligne pointillée; (fig) accepter. ♦ **dotty‡** adj toqué*, fou (about de).

dote [dəʊt] vi: to ~ **on** sb/sth aimer qn/qch à la folie; her doting father son père qui l'adore. ♦ **dotage** n: in one's dotage gâteux.

double [ˈdʌbl] **1** adj (gen) double; door à deux battants; room pour deux personnes; bed de deux personnes. ~ **seven five four** (7754) deux fois sept cinq quatre, (telephone number) soixante-dix-sept cinquante-quatre; spelt with a ~ 'p' écrit avec deux 'p'; (Aut) ~ **bend** virage m en S; ~ **consonant** consonne f double; ~ **chin** double menton m; with a ~ **meaning** à double sens; ~ **saucepan** casserole f à double fond; (Typ) in ~ **spacing** à double interligne; a ~ **whisky** un double whisky; to lead a ~ **life** mener une double vie; to play a ~ **game** jouer un double jeu; to earn ~ **time** être payé double; to do a ~ **take*** y regarder à deux fois.

2 adv (twice) deux fois; (twofold) fold, bend en deux; see **double**. I've got ~ **what you've got** j'en ai deux fois plus que toi, j'ai le double de ce que tu as.

3 n **(a)** (twice sth) double m. (Tennis) **mixed/ladies'** ~**s** double m mixte/dames; ~ **or quits** quitte ou double; (running) at the ~ au pas de course. **(b)** (exactly similar thing) réplique f; (person) sosie m; (Cine: stand-in) doublure f.

4 vt (multiply by two) doubler; (fold: ~ over) plier en deux, replier. (Theat) to ~ **the parts of** jouer les deux rôles de; to ~ **sb's part** être la doublure de qn.

5 vi [prices etc] doubler; (Cards) contrer. (Bridge) I ~! contre!; (Theat) he ~**d as** ... il jouait aussi le rôle de ... .

double back 1 vi revenir sur ses pas; [road] faire un brusque crochet. **2** vt sep replier.

double up vi **(a)** (bend: also ~ **over**) se plier, se courber. to ~ **up with laughter/pain** être plié en deux de rire/de douleur. **(b)** (share room) partager une chambre (with avec).

♦ **double-barrelled** adj gun à deux coups; surname à rallonges*. ♦ **double bass** n contrebasse f. ♦ **double-breasted** adj croisé (veston). ♦ **double-cross*** vt trahir, doubler*. ♦ **double-dealer** n fourbe m. ♦ **double-dealing 1** n double jeu m, duplicité f; **2** adj faux (comme un jeton*). ♦ **double-decker** n (bus) autobus m à impériale; (sandwich) sandwich m à deux garnitures superposées. ♦ **double-declutch** vi faire un double débrayage. ♦ **double-dutch** n charabia* m. ♦ **double entendre** [ˌduːblɒnˈtɒndrə] n ambiguïté f. ♦ **double-glaze** vt: to ~**-glaze a window** poser une double fenêtre. ♦ **double-glazing** n: to put in ~**-glazing** faire installer les doubles fenêtres. ♦ **double-jointed** adj désarticulé. ♦ **double-knitting** adj wool sport inv. ♦ **double-lock** vt fermer à double tour. ♦ **double-park** vi stationner en double file. ♦ **double-quick** adv run etc au pas de course; do, finish en vitesse. ♦ **double-talk** n (pej) paroles fpl trompeuses. ♦ **doubly** adv (gen) doublement, deux fois plus; to be doubly careful redoubler de prudence.

doubt [daʊt] **1** n doute m. to be in ~ [person] être dans le doute (about au sujet de); [sb's honesty etc] être en doute; there is room for ~ il est permis de douter; to cast ~(s) on jeter le doute sur; there is some ~ about on ne sait pas très bien si + indic; to have one's ~s about sth avoir des

doutes sur qch; **I have my ~s about whether** je
doute que + *subj*; **I have no ~(s) about it** je n'en
doute pas; **there is no ~ that** il n'y a pas de doute
que + *indic*; **no ~** sans doute; **no ~ he will come**
sans doute qu'il viendra; **without (a) ~** sans
aucun doute; **beyond ~** (*adj*) indubitable; (*adv*)
indubitablement; **if in ~** en cas de doute.

2 *vt* **(a)** *person, sb's honesty, statement* douter
de. **I ~ it very much** j'en doute fort; **I ~ed my own
eyes** je n'en croyais pas mes yeux; **~ing Thomas**
Thomas *m* l'incrédule.

(b) douter (*whether, if* que + *subj*). **I don't ~
that he will come** je ne doute pas qu'il vienne; **she
didn't ~ that he would come** elle ne doutait pas
qu'il viendrait; **I ~ he won't come now** je crains
qu'il ne vienne pas maintenant.

♦ **doubter** *n* incrédule *mf*. ♦ **doubtful** *adj* (*undecided*) *person, look* indécis, peu convaincu; *question* douteux, discutable; *result* indécis;
(*questionable*) *person, affair* suspect, louche;
taste douteux; **to be ~ful about sb/sth** avoir des
doutes sur qn/qch; **to be ~ful about doing** hésiter
à faire; **I'm a bit ~ful** je n'en suis pas sûr; **it is
~ful whether** *or* **that** il est douteux que + *subj*.
♦ **doubtfully** *adv* (*unconvincedly*) d'un air de
doute; (*hesitatingly*) d'une façon indécise.
♦ **doubtfulness** *n* (*hesitation*) indécision *f*;
(*uncertainty*) incertitude *f*; (*suspicious quality*)
caractère *m* louche. ♦ **doubtless** *adv* très
probablement.

douche [duːʃ] **1** *n* (*shower bath*) douche *f*; (*Med:
internal*) lavage *m* interne. (*fig*) **it was like a cold
~** cela a été une douche froide. **2** *vt* doucher.

dough [dəʊ] *n* **(a)** pâte *f*. **bread ~** pâte à pain. **(b)**
(ː: *money*) fric‡ *m*, argent *m*. ♦ **doughnut** *n*
beignet *m*. ♦ **doughy** *adj* *consistency* pâteux;
bread mal cuit.

dour [dʊər] *adj* (*hard*) austère; (*stubborn*) buté.

douse [daʊs] *vt* (*drench*) tremper; *flames*
éteindre.

dove [dʌv] *n* colombe *f* (*also Pol*). ♦ **dovecote** *n*
colombier *m*. ♦ **dove-grey** *adj* gris perle *inv*.
♦ **dovetail 1** *vt* *plans etc* faire concorder, raccorder; **2** *vi* [*piece of wood*] se raccorder (*into* à);
[*plans*] concorder.

Dover [ˈdəʊvər] *n* Douvres.

dowager [ˈdaʊədʒər] *n* douairière *f*.

dowdy [ˈdaʊdɪ] *adj* sans chic. ♦ **dowdiness** *n*
manque *m* de chic.

down[1] [daʊn] **1** *adv* **(a)** *move* en bas, vers le bas;
(*to ground*) à terre, par terre. (*to dog*) **~!** couché!;
~ with traitors! à bas les traîtres!; **to come** *or* **go
~** descendre; **to fall ~** tomber; **~ and ~** de plus
en plus bas; **to run ~** descendre en courant; **he
came ~ from London yesterday** il est arrivé de
Londres hier; **we're going ~ to the sea tomorrow**
demain nous allons à la mer; (*Univ*) **he came ~
from Oxford in 1973** il est sorti d'Oxford en 1973;
from 1700 ~ to the present depuis 1700 jusqu'à
nos jours; **from the biggest ~ to the smallest** du
plus grand jusqu'au plus petit.

(b) *stay* en bas. **~ there** en bas (là-bas); **~ here**
ici, en bas; **~ under** aux Antipodes (*Australie
etc*); **don't hit a man when he is ~** ne frappez pas
un homme à terre; **the sun is ~** le soleil est
couché; **the blinds were ~** les stores étaient
baissés; **Paul isn't ~ yet** Paul n'est pas encore
descendu; **I've been ~ with flu** j'ai été au lit avec
une grippe; **I'm feeling rather ~**[*] j'ai un peu le
cafard[*]; **the tyre is ~** le pneu est dégonflé; **his
temperature is ~** sa température a baissé; **I'm £2
~ on what I expected** j'ai 2 livres de moins que je
ne pensais; **I've got it ~ in my diary** je l'ai inscrit
sur mon agenda; **did you get ~ what he said?** est-
ce que vous avez noté ce qu'il a dit?; **let's get it ~
on paper** mettons-le par écrit; **to be ~ for the next
race** être inscrit dans la course suivante; **to be ~
on sb**[*] avoir une dent contre qn; **I am ~ on**

my luck je n'ai pas de chance.

2 *prep* **roll** du haut en bas de; **drip** le long de. **he
ran his finger ~ the list** il a parcouru la liste du
doigt; **he went ~ the hill** il a descendu la colline;
he's ~ the hill il est en bas de la côte; **~ the street**
(*from us*) plus bas *or* plus loin (que nous) dans la
rue; **he was walking ~ the street** il descendait la
rue; **he has gone ~ town** il est allé *or* descendu en
ville; **looking ~ this street, you can see ...** si vous
regardez le long de cette rue, vous verrez ...; **~
the ages** au cours des siècles.

3 *n*: **to have a ~ on sb**[*] avoir une dent contre qn.

4 *vt* *opponent* terrasser, abattre; *enemy plane*
descendre[*]. **to ~ tools** (*stop work*) cesser le
travail; (*strike*) se mettre en grève; **he ~ed[*] a
glass of beer** il a vidé un verre de bière.

5 *adj* *train, platform* en provenance de Londres. (*fig*) **on the ~ grade** sur le déclin; **~ payment** acompte *m*.

♦ **down-and-out 1** *adj* (*Boxing*) hors de combat;
(*destitute*) sur le pavé; **2** *n* (*tramp*) clochard *m*;
(*penniless*) sans-le-sou *m*. ♦ **down-at-heel** *adj*
person, appearance miteux; *shoes* éculé.
♦ **downcast** *adj* (*discouraged*) abattu,
démoralisé; *eyes* baissé. ♦ **downfall** *n* chute *f*,
ruine *f*. ♦ **downgrade** *vt* *person* rétrograder;
thing déclasser. ♦ **downhearted** *adj* découragé;
don't be ~hearted ne te laisse pas décourager!
♦ **downhill** *adv*: **to go ~hill** [*road*] descendre;
[*car*] descendre la pente; (*fig*) [*person*] être sur le
déclin; [*business etc*] péricliter. ♦ **down-in-the-
mouth** *adj* abattu, démoralisé. ♦ **downpour** *n*
pluie *f* torrentielle. ♦ **downright 1** *adj* *person*
franc, direct; *refusal* catégorique; *lie* effronté;
rudeness flagrant; **it's a ~right lie to say ...** c'est
mentir effrontément que de dire ...; **2** *adv* *rude*
carrément; *refuse* catégoriquement; **impossible**
purement et simplement. ♦ **downstage** *adv* sur *or*
vers le devant de la scène (*from* par rapport à).

♦ **downstairs 1** *adj* (*on the ground floor*) du rez-
de-chaussée; (*on the floor underneath*) de l'étage
au-dessous; (*below*) d'en bas; **2** *adv* au rez-de-
chaussée; à l'étage inférieur; en bas; **to come** *or*
go ~stairs descendre (l'escalier). ♦ **downstream**
adv en aval. ♦ **down-to-earth** *adj* terre-à-terre
inv. ♦ **downtown 1** *adv* en ville; **2** *adj*: **~town
Chicago** le centre de Chicago. ♦ **downtrodden** *adj*
opprimé, tyrannisé. ♦ **downward 1** *adj* *movement, pull* vers le bas; *road* qui descend en pente;
glance baissé; *trend* à la baisse; **2** *adv* (*also
~wards*) *go, look* vers le bas, en bas; *face*
~ward(s) *person* face contre terre; *object* face en
dessous; **from the 10th century ~ward(s)** à partir
du 10e siècle; **from the king ~ward(s)** depuis le
roi (jusqu'au plus humble). ♦ **downwind** *adv* sous
le vent (*of, from* par rapport à).

down[2] [daʊn] *n* [*bird, person, plant*] duvet *m*;
[*fruit*] peau *f* (veloutée). ♦ **downie** *n* (*quilt*)
couette *f*. ♦ **downy** *adj* *skin, leaf* duveté; *softness*
duveteux; *peach* velouté.

down[3] [daʊn] *n* (*hill*) colline *f* (*herbeuse*).

dowry [ˈdaʊrɪ] *n* dot *f*.

dowse [daʊz] *vi* faire de la radiesthésie (*for* pour
trouver). ♦ **dowser** *n* radiesthésiste *mf*.
♦ **dowsing rod** *n* baguette *f* (de sourcier).

doze [dəʊz] **1** *n* somme *m*. **2** *vi* sommeiller, faire
un petit somme. **to ~ off** être assoupi; **to ~
off** s'assoupir. ♦ **dozy** *adj* (*sleepy*) somnolent; (ː:
stupid) pas très dégourdi.

dozen [ˈdʌzn] *n* douzaine *f*. **a ~ shirts** une douzaine
de chemises; **a round ~** une bonne douzaine; **half-
a-~** une demi-douzaine; **20p a ~** 20 pence la
douzaine; **~s of times** des dizaines *or* douzaines
de fois; **~s of people** des dizaines de gens.

drab [dræb] *adj* terne. ♦ **drabness** *n* caractère *m*
or aspect *m* terne.

drachm [dræm] *n* **(a)** (*Measure, Pharm*) drachme
f. **(b)** = **drachma**.

drachma ['drækmə] *n, pl* -s *or* **drachmae** (*coin*) drachme *f.*

draconian [drə'kəʊnɪən] *adj* draconien.

draft [drɑ:ft] **1** *n* (**a**) (*outline*) [*letter*] brouillon *m*; [*novel*] ébauche *f.* (**b**) (*for money*) traite *f.* (**c**) (*Mil: group*) détachement *m*; (*US Mil: conscript intake*) contingent *m.* (**d**) (*US*) = **draught. 2** *adj letter, essay* au brouillon; *version* préliminaire. (*US Mil*) ~ **board** conseil *m* de révision; ~ **dodger** insoumis *m.* **3** *vt* (**a**) (~ **out**) *letter* faire le brouillon de; *speech* écrire, préparer; *bill, contract* rédiger; *plan, diagram* esquisser. (**b**) (*US Mil*) *conscript* appeler (sous les drapeaux). (*esp Mil*) to ~ **sb to a post/to do sth** détacher *or* désigner qn à un poste/pour faire qch.

drag [dræg] **1** *n* (**a**) (*for dredging etc*) drague *f*; (*cluster of hooks*) araignée *f*; (~*net*) drège *f.* (**b**) (*Aviat, Naut: resistance*) résistance *f.* (*nuisance*) **what a ~!*** quelle barbe!* (**c**) (‡: *clothing*) travesti *m.* **in** ~ en travesti. **2** *adj* (*Theat*) ~ **show** spectacle *m* de travestis. **3** *vi* (*gen*) traîner (à terre); [*anchor*] chasser. **4** *vt* (**a**) *object* traîner, tirer; *person* traîner, entraîner. **to ~ one's feet** traîner les pieds; (*fig*) traîner (exprès); **to ~ the truth from sb** arracher la vérité à qn. (**b**) *river* draguer (*for* à la recherche de).

drag about 1 *vi* traîner. **2** *vt sep* traîner, trimbaler*. **to ~ o.s. about** (**in pain** *etc*) se traîner péniblement (sous l'effet de la douleur *etc*).

drag along *vt sep person* entraîner (à contrecœur); *toy etc* tirer. **to ~ o.s. along** se traîner.

drag away *vt sep* arracher (*from* à), emmener de force (*from* de).

drag down *vt sep* entraîner (en bas); [*illness*] affaiblir. (*fig*) **to ~ sb down to one's own level** rabaisser qn à son niveau.

drag in *vt sep subject* tenir à placer.

drag on *vi* [*meeting, conversation*] s'éterniser.

dragon ['drægən] *n* dragon *m.* ♦ **dragonfly** *n* libellule *f.*

dragoon [drə'gu:n] **1** *n* (*Mil*) dragon *m.* **2** *vt*: **to ~ sb into doing** contraindre qn à faire.

drain [dreɪn] **1** *n* (**a**) (*in town*) égout *m*; (*in house*) canalisation *f* sanitaire, tuyau *m* d'écoulement; (*on washing machine etc*) tuyau d'écoulement; (*Agr, Med*) drain *m*; (~ *cover*) (*in street*) bouche *f* d'égout; (*beside house*) puisard *m.* **open ~** canal *m or* égout à ciel ouvert; (*fig*) **to throw one's money down the ~** jeter son argent par les fenêtres; **all his hopes have gone down the ~*** voilà tous ses espoirs à l'eau*. (**b**) (*on resources, manpower*) perte *f* (*on* en); (*on strength*) épuisement *m* (*on* de). **it has been a great ~ on her** cela l'a complètement épuisée. **2** *vt land, marshes* assécher; *vegetables* égoutter; *mine, wound* drainer; *reservoir, boiler* vider; *glass* vider complètement; *wine in glass* boire jusqu'à la dernière goutte. **to ~ a country of resources** saigner un pays. **3** *vi* [*liquid, stream*] s'écouler (*into* dans); [*vegetables, dishes*] s'égoutter.

drain away, drain off 1 *vi* [*liquid*] s'écouler; [*strength*] s'épuiser. **2** *vt sep liquid* faire couler. ♦ **drainage 1** *n* (*act of draining*) assèchement *m*, drainage *m*; (*system*) système *m* de fossés (*land*) *or* d'égouts (*town etc*); **2** *adj* (*Geog*) ~**age basin** bassin *m* hydrographique; (*Med*) ~**age tube** drain *m.* ♦ **drainer** *n* égouttoir *m.* ♦ **drain(ing) board** *n* égouttoir *m*, paillasse *f.* ♦ **drainpipe** *n* tuyau *m* d'écoulement *or* de drainage.

drake [dreɪk] *n* canard *m* (mâle).

drama ['drɑ:mə] **1** *n* (*gen*) drame *m*; (*dramatic art*) théâtre *m.* **English ~** le théâtre anglais. **2** *adj*: ~ **critic** critique *m* dramatique. ♦ **dramatic** *adj art, criticism* dramatique; *news, situation, event* dramatique; *effect, entry* théâtral; *change* spectaculaire. ♦ **dramatically** *adv* d'une manière dramatique *or* théâtrale *or* spectaculaire. ♦ **dramatics** *npl* art *m*

dramatique; (*: fig*) comédie *f* (*fig*). ♦ **dramatis personae** *npl* personnages *mpl* (*d'une pièce etc*). ♦ **dramatist** *n* auteur *m* dramatique. ♦ **dramatization** *n* adaptation *f* pour la scène *etc.* ♦ **dramatize** *vt* (*gen*) dramatiser; (*adapt*) *novel etc* adapter pour la scène *or* (*Cine*) pour l'écran *or* (*TV*) pour la télévision; *episodes from sb's life* présenter sous forme de sketch.

drank [dræŋk] *pret of* **drink.**

drape [dreɪp] **1** *vt* (*gen*) draper (*with* de); *room, altar* tendre (*with* de). **2** *n*: ~**s** tentures *fpl*; (*US*) rideaux *mpl.* ♦ **draper** *n* marchand(e) *m(f)* de nouveautés. ♦ **drapery** *n* (*material*) draperie *f*, étoffes *fpl*; (*hangings*) tentures *fpl*; (*shop*) magasin *m* de nouveautés.

drastic ['dræstɪk] *adj remedy* énergique; *effect, change* radical; *measures* énergique, draconien; *price reduction* massif. ♦ **drastically** *adv* radicalement.

drat* [dræt] *excl* zut!* ♦ **dratted*** *adj* sacré* (*before n*).

draught [drɑ:ft] **1** *n* (**a**) *courant m d'air*; (*for fire*) tirage *m*; (*Naut*) tirant *m* d'eau. (*fig*) **to feel the ~** devoir se serrer la ceinture. (**b**) [*medicine*] breuvage *m.* **a ~ of cider** un coup de cidre; **to drink in long ~s** boire à longs traits. (**c**) (*game of*) ~**s** (jeu *m* de) dames *fpl.* **2** *adj animal* de trait; *beer* à la pression. ~ **excluder** bourrelet *m* (*de porte etc*). ♦ **draughtboard** *n* damier *m.* ♦ **draughtiness** *n* courants *mpl* d'air. ♦ **draughtproof 1** *adj* calfeutré; **2** *vt* calfeutrer. ♦ **draughtsman** *n* (*Art*) dessinateur *m*, -trice *f*; (*in drawing office*) dessinateur, -trice industriel(le). ♦ **draughtsmanship** *n* [*artist*] talent *m* de dessinateur; (*in industry*) art *m* du dessin industriel. ♦ **draughty** *adj room* plein de courants d'air; *street corner* exposé à tous les vents.

draw [drɔ:] (*vb: pret* **drew**, *ptp* **drawn**) **1** *n* (**a**) (*lottery*) tombola *f*; (*act of* ~**ing**) tirage *m* au sort. (**b**) (*game*) match *m* nul, partie *f* nulle. **the match ended in a ~** ils ont fini par faire match nul. (**c**) (*attraction*) attraction *f.* **Dirk Bogarde was the big ~** Dirk Bogarde était la grande attraction. (**d**) **to be quick on the ~** avoir la détente rapide; (*fig*) avoir la repartie facile.

2 *vt* (**a**) (*pull*) *object, bolt, curtains, cart, train* tirer; *caravan, trailer* remorquer. **to ~ a bow** tirer à l'arc; **to ~ one's hand over one's eyes** se passer la main sur les yeux; **I drew her arm through mine** j'ai passé son bras sous le mien; **to ~ one's finger along a surface** passer le doigt sur une surface; **to ~ one's hat over one's eyes** baisser son chapeau sur ses yeux; (*aim*) **to ~ a bead on sth** viser qch.

(**b**) (*extract*) (*from pocket, bag, tap, pump*) tirer (*from* de); (*from well*) puiser (*from* dans); *sword* dégainer; *teeth* arracher; *cork, money from bank* retirer (*from* de); *cheque* tirer (*on* sur); *salary* toucher; (*Culin*) *fowl* vider. (*fig*) **to ~ sb's teeth** mettre qn hors d'état de nuire; **he drew a gun on me** il a tiré un pistolet et l'a braqué sur moi; **to ~ a bath** faire couler un bain; **the stone drew blood** la pierre l'a fait saigner; **that remark drew blood** cette remarque a porté; **to ~** (**a**) **breath** aspirer; (*fig*) souffler; **to ~ comfort from** puiser une consolation dans; **to ~ a smile from sb** faire sourire qn.

(**c**) (*attract etc*) *attention, customer, crowd* attirer. **to feel ~n towards sb** se sentir attiré par qn; **to ~ sb into a plan** entraîner qn dans un projet; **he refuses to be ~n** il refuse de réagir.

(**d**) (*sketch etc*) *picture* dessiner; *plan, line, circle* tracer; *portrait* faire; *map* (*Geog*) dresser, (*Scol*) dessiner; *situation* faire un tableau de; *character* dépeindre. (*fig*) **I ~ the line at (doing)** that je n'irai pas jusqu'à (faire) cela; **it's hard to know where to ~ the line** il n'est pas facile de savoir où fixer les limites.

(e) (*establish*) *conclusion* tirer (*from* de); *comparison, parallel, distinction* établir (*between* entre).

(f) to ~ a match/game faire match nul/partie nulle.

3 *vi* **(a)** (*move*) se diriger (*towards* vers). to ~ to one side, to ~ apart s'écarter; the train drew into the station le train est entré en gare; the car drew over towards ... la voiture a dévié vers ...; he drew ahead of the other runners il s'est détaché des autres coureurs; they drew level ils sont arrivés à la hauteur l'un de l'autre; to ~ near (to) s'approcher (de); *[time, event]* approcher (de); to ~ to an end tirer à *or* toucher à sa fin.

(b) (*Cards*) tirer (*for* pour); *[chimney, pipe]* tirer; *[pump]* aspirer; *[tea]* infuser. to ~ on one's savings tirer sur ses économies.

(c) (*be equal*) *[two teams]* faire match nul; (*in exams, competitions*) être ex æquo *inv*. to ~ for second place remporter la deuxième place ex æquo.

(d) (*Art*) dessiner.

draw along *vt sep cart* tirer, traîner; (*fig*) *person* entraîner.

draw aside 1 *vi [people]* s'écarter. **2** *vt sep person* tirer à l'écart; *object* écarter.

draw away 1 *vi* (*go away*) s'éloigner (*from* de); (*move ahead*) prendre de l'avance (*from* sur). **2** *vt sep person* éloigner, emmener; *object* retirer, ôter.

draw back 1 *vi* se reculer (*from* de); (*fig*) reculer (*at, before, from* devant). **2** *vt sep person* faire reculer; *object, hand* retirer.

draw in 1 *vi* **(a)** (*Aut*) s'arrêter. **(b)** the days are ~ing in les jours raccourcissent. **2** *vt sep air* aspirer; (*pull back in*) *claws etc* rentrer; *reins* tirer sur; *crowds* attirer.

draw off *vt sep gloves, garment* retirer; *pint of beer* tirer; (*Med*) *blood* prendre.

draw on 1 *vi [time]* s'avancer. **2** *vt sep garment* enfiler; *shoes* mettre.

draw out 1 *vi*: the days are ~ing out les jours rallongent. **2** *vt sep* **(a)** (*bring out*) *handkerchief, purse* sortir (*from* de); *money from bank* retirer (*from* de); *secret, plan* soutirer (*from* à). try and ~ him out essayez de le faire parler. **(b)** (*stretch*) *wire* étirer; *speech, meeting* faire tirer en longueur; *meal* prolonger.

draw up 1 *vi [car etc]* s'arrêter. **2** *vt sep* **(a)** *chair* approcher; *troops* aligner. to ~ o.s. up (to one's full height) se redresser (fièrement). **(b)** *contract, agreement, list* dresser; *scheme* formuler, établir.

♦ **drawback** *n* inconvénient *m*, désavantage *m* (*to* à). ♦ **drawbridge** *n* pont-levis *m*. ♦ **drawer** *n* **(a)** [drɔːʳ] *[furniture]* tiroir *m*; **(b)** ['drɔːʳ] *[cheque etc]* tireur *m*. ♦ **drawing 1** *n* dessin *m*; to study ~ing étudier le dessin; **pencil** ~ing dessin au crayon; **rough** ~ing ébauche *f*; **2** *adj*: ~ing **board** planche *f* à dessin; (*fig*) the scheme is still on the ~ing board le projet est encore à l'étude; ~ing office bureau *m* de dessin industriel; ~ing pin punaise *f* (*à papier*); ~ing room salon *m*. ♦ **drawn** *adj* **(a)** (*haggard*) *features* tiré, crispé (*with pain* par la douleur); to look ~n avoir les traits tirés; **(b)** (*equal*) *game, match* nul; *battle* indécis. ♦ **draw-sheet** *n* alaise *f*. ♦ **drawstring** *n* cordon *m*.

drawl [drɔːl] **1** *vi* parler d'une voix traînante. **2** *vt* dire d'une voix traînante. **3** *n* voix traînante. **an American** ~ un accent américain.

dread [dred] **1** *vt* redouter (*doing* de faire; *that* que ... ne + *subj*). **2** *n* terreur *f*, effroi *m*, épouvante *f*. **3** *adj* (*liter*) redoutable. ♦ **dreadful** *adj crime, sight, suffering* épouvantable, atroce; *weapon, foe* redoutable; (*: less strong*) *weather* affreux, atroce; *child* insupportable; it's a ~ful thing but ... c'est terrible, mais ...; I feel ~ful! (*ill*) je ne me sens pas bien du tout!; (*ashamed*) j'ai vraiment honte! ♦ **dreadfully** *adv* terriblement, horriblement; ~fully sorry absolument désolé.

dream [driːm] (*vb: pret, ptp dreamed or dreamt*) **1** *n* rêve *m*. to have a ~ about sth faire un rêve sur qch, rêver de qch; to have ~s of doing rêver de faire; I've had a bad ~ j'ai fait un mauvais rêve *or* un cauchemar; it was like a ~ come true c'était comme dans un rêve; **sweet** ~s! fais de beaux rêves!; life is but a ~ la vie n'est qu'un songe; she goes around in a ~* elle est dans les nuages, elle rêvasse; the house of his ~s la maison de ses rêves; **idle** ~s rêvasseries *fpl*; **rich beyond his wildest** ~s plus riche qu'il n'aurait jamais pu rêver de l'être; isn't he a ~?* n'est-ce pas qu'il est adorable?

2 *adj*: a ~ house une maison de rêve; his ~ house la maison de ses rêves; he lives in a ~ world il plane complètement.

3 *vi* rêver (*about, of* de; *about or of doing* qu'on a fait). I'm sorry, I was ~ing excusez-moi, j'étais dans la lune *or* je rêvais. **(b)** (*imagine*) songer, penser (*of* à; *of doing* à faire). I shouldn't ~ of telling her! jamais il ne me viendrait à l'idée de lui dire cela!; I shouldn't ~ of it! jamais de la vie!, pas question!

4 *vt* **(a)** (*in sleep*) rêver (*that* que). to ~ a dream faire un rêve. **(b)** (*imagine*) imaginer. I didn't ~ that ... je n'ai jamais imaginé un instant que ... . **dream up*** *vt sep idea* imaginer.

♦ **dreamer** *n* rêveur *m*, -euse *f*; (*politically*) utopiste *mf*. ♦ **dreamily** *adv* d'un air rêveur, rêveusement. ♦ **dreamland** *n* pays *m* des rêves. ♦ **dreamy** *adj* (*gen*) rêveur; *music* langoureux; (*: adorable*) ravissant.

dreary ['drɪərɪ] *adj weather, landscape* morne; *life, work* monotone; *speech, person* ennuyeux. ♦ **dreariness** *n* caractère *m* morne *or* ennuyeux; monotonie *f*.

dredge[1] [dredʒ] **1** *n* drague *f*. **2** *vti* draguer (*for* pour trouver). **dredge up** *vt sep* draguer; *unpleasant facts* déterrer. ♦ **dredger** *n* dragueur *m*. ♦ **dredging** *n* dragage *m*.

dredge[2] [dredʒ] *vt sugar* saupoudrer (*with* de; *over* sur).

dregs [dregz] *npl* lie *f* (*also fig*).

drench [drentʃ] *vt* tremper, mouiller. to get ~ed to the skin se faire tremper jusqu'aux os. ♦ **drenching** *adj rain* battant.

Dresden ['drezdən] *n* (~ **china**) porcelaine *f* de Saxe. a piece of ~ un saxe.

dress [dres] **1** *n* (*gown*) robe *f*; (*clothing*) tenue *f*. in eastern ~ en tenue orientale. **2** *adj shirt* de soirée; *uniform* de cérémonie. (*Theat*) ~ circle premier balcon *m*; ~ designer styliste *mf*(*mode*), (*famous*) couturier *m*; ~ designing stylisme *m*; ~ length (*of material*) hauteur *f* (de robe); ~ rehearsal répétition *f* générale. **3** *vt* **(a)** habiller; (*Theat*) *play* costumer. to ~ o.s. s'habiller; well-~ed bien habillé; ~ed for the country/for tennis en tenue de sport/de tennis; ~ed in black habillé de *or* en noir; ~ed to kills sur son trente et un. **(b)** *salad* assaisonner (*d'une vinaigrette etc*); *food for table* apprêter, accommoder; *chicken, crab* préparer; *skins, material* apprêter; *wound* panser. to ~ sb's wound faire le pansement de qn; to ~ sb's hair coiffer qn. **4** *vi* s'habiller (*in black etc* de *or* en noir *etc*).

dress up 1 *vi* (*smart clothes*) s'habiller, se mettre en grande toilette; (*fancy dress*) se déguiser (*as* en). **2** *vt sep* déguiser (*as* en).

♦ **dresser** *n* **(a)** (*Theat*) habilleur *m*, -euse *f*; (*window* ~) étalagiste *mf*; **(b)** (*sideboard*) vais-

selier m; **(c)** (US: dressing table) coiffeuse f.
♦ **dressing 1** n habillement m; (Med) pansement
m; (Culin) assaisonnement m; **oil and vinegar**
~**ing** vinaigrette f; **2** adj: ~**ing case** trousse f de
toilette; **to give sb a** ~**ing down*** passer un savon
à qn*; ~**ing gown** robe f de chambre; [bather,
boxer etc] peignoir m; ~**ing room** (in house)
dressing-room m; (Theat) loge f (d'acteur); ~**ing
table** coiffeuse f, (table f de) toilette f.
♦ **dressmaker** n couturière f. ♦ **dressmaking** n
couture f. ♦ **dressy*** adj person chic inv, élégant;
party habillé; clothes qui fait habillé.
drew [dru:] pret of **draw**.
dribble ['drɪbl] **1** vi [liquids] tomber goutté à
goutte; [person] baver; (Sport) dribbler. [people]
to ~ **back/in** etc revenir/entrer etc par petits
groupes. **2** vt **(a)** (Sport) dribbler. **(b) he** ~**d his
milk all down his chin** son lait lui dégoulinait le
long du menton.
driblet ['drɪblɪt] n [liquid] gouttelette f. **in** ~s
goutte à goutte; (fig) petit à petit.
dribs and drabs ['drɪbzən'dræbz] npl: **in** ~ (gen)
petit à petit; arrive par petits groupes; pay, give
au compte-gouttes.
dried [draɪd] (pret, ptp of **dry**) adj fruit, beans sec;
vegetables, flowers séché; eggs, milk en poudre.
drier ['draɪəʳ] n = **dryer**.
drift [drɪft] **1** vi (gen) dériver; (in wind, current)
être emporté; [snow, sand etc] s'amonceler;
[person, nation] aller à la dérive; [events] tendre
(towards vers). **to** ~ **downstream** descendre le
courant à la dérive; [person] **to** ~ **away/out** etc
s'en aller/sortir etc d'une allure nonchalante; **he
was** ~**ing aimlessly about** il flânait (sans but); **to
let things** ~ laisser les choses aller à la dérive; **he
~ed into marriage il s'est retrouvé marié. **2** n **(a)**
[snow, leaves] amoncellement m. **(b)** (deviation
from course) dérive f; (gist: of questions etc)
portée f, sens m (général); (direction: of
conversation, events) tournure f. **continental** ~
dérive des continents. **3** adj: ~ **ice** glaces fpl en
dérive. ♦ **drifter** n personne f qui se laisse aller.
♦ **driftwood** n bois m flotté.
drill¹ [drɪl] **1** n (cutting part) mèche f, (complete
tool) perceuse f; [dentist] roulette f; (in mine,
quarry) foreuse f; (pneumatic ~) marteau-
piqueur m; (for oil well) trépan m. **electric (hand)**
~ perceuse électrique. **2** vt wood etc forer,
percer; tooth fraiser; oil well forer. **3** vi effectuer
des forages (for pour trouver). ♦ **drilling 1** n forages mpl; **2** adj: ~**ing rig** derrick m; (at sea)
plate-forme f; ~**ing ship** navire m de forage.
drill² [drɪl] **1** n (exercises) exercice(s) m(pl). (fig)
what's the ~?* quelle est la marche à suivre? **2** vt
soldiers faire faire l'exercice à; pupils (in
grammar etc) faire faire des exercices à. **to** ~
good manners into a child dresser un enfant à
bien se tenir; **I** ~**ed it into him that** ... je lui ai bien
fait entrer dans la tête que ... . **3** vi faire l'exercice.
drill³ [drɪl] n (Tex) coutil m, treillis m.
drily ['draɪlɪ] adv (coldly) sèchement; (with dry
humour) d'un air pince-sans-rire.
drink [drɪŋk] (vb: pret drank, ptp drunk) **1** n **(a)**
(liquid to ~) boisson f. **there's food and** ~ **in the
kitchen** il y a de quoi boire et manger à la cuisine;
may I have a ~? est-ce que je pourrais boire qch?;
to give sb a ~ donner à boire à qn. **(b)** (alcoholic)
a ~ un verre; (before meal) un apéritif; (after
meal) un digestif; **let's have a** ~ on va prendre or
boire un verre; **I need a** ~ il me faut à boire; **to ask
friends in for** ~**s** inviter des amis à venir prendre
un verre; **to stand a round of** ~**s** payer une
tournée. **(c)** (alcoholic liquor) la boisson, l'alcool
m. **to be under the influence of** ~, **to be the worse
for** ~ être en état d'ébriété; **to take to** ~ s'adonner
à la boisson; **to smell of** ~ sentir l'alcool; **to drive
sb to** ~ pousser qn à la boisson.

2 adj: **the** ~ **problem** le problème de l'alcoolisme; **to have a** ~ **problem** boire (trop).
3 vt (gen) boire, prendre; soup manger. **would
you like sth to** ~? voulez-vous boire qch?; **to** ~
sb's health boire à la santé de qn; **he** ~**s all his
wages** il boit tout ce qu'il gagne; **to** ~ **sb under the
table** faire rouler qn sous la table.
4 vi boire. '**don't** ~ **and drive**' 'attention, au volant l'alcool tue'; **to** ~ **like a fish*** boire comme un
trou*; **to** ~ **to sb** boire à qn.
drink in vt sep [plants, soil] boire; [person] fresh
air respirer, humer; story avaler*. (fig) **the children were** ~**ing it all in** les enfants n'en perdaient
pas une miette* (fig).
drink up 1 vi boire, vider son verre. ~ **up** finis
ton vin (or ton café etc). **2** vt sep boire (jusqu'au
bout), finir.

♦ **drinkable** adj (not poisonous) potable; (palatable) buvable. ♦ **drinker** n buveur m, -euse f;
he's a heavy ~**er** il boit sec. ♦ **drinking 1** n
(drunkenness) alcoolisme m; **2** adj: ~**ing bout**
beuverie f; ~**ing fountain** (in street) fontaine
f publique; (in toilets etc) jet m d'eau potable;
~**ing song** chanson f à boire; ~**ing water** eau f
potable.
drip [drɪp] **1** vi [water, sweat, rain] tomber goutte
à goutte; [tap] couler, goutter; [walls] suinter;
[cheese, washing] s'égoutter; [hair, trees etc] dégoutter (with de). **to be** ~**ping with sweat** ruisseler de sueur; **hands** ~**ping with blood** mains
dégoulinantes de sang; ~**ping wet*** trempé. **2** vt
liquid faire tomber goutte à goutte. **you're** ~**ping
paint all over the floor** tu mets de la peinture
partout. **3** n **(a)** (drop) goutte f; (*: spineless
person) lavette* f, mollasson m. **(b)** (Med)
(liquid) perfusion f; (device) goutte-à-goutte m
inv. **to be on a** ~ être sous perfusion.

♦ **drip-dry** adj shirt qui ne nécessite aucun
repassage; (on label) 'ne pas repasser'. ♦ **drip-
feed** vt (Med) alimenter par perfusion. ♦ **drip-
mat** n dessous-de-verre m inv. ♦ **dripping 1** n
(Culin) graisse f (de rôti); **2** adj tap qui goutte;
washing, coat trempé.
drive [draɪv] (vb: pret drove, ptp driven) **1** n **(a)**
(Aut: journey) promenade f or trajet m en voiture.
to go for a ~ faire une promenade en voiture; **it's
one hour's** ~ **from London** c'est à une heure de
voiture de Londres. **(b)** (private road) allée f. **(c)**
(energy) dynamisme m, énergie f; (Psych etc)
besoin m, instinct m. **sex** ~ pulsions fpl sexuelles.
(d) (Pol etc) campagne f, propagande f; (Mil)
poussée f. **a** ~ **to boost sales** une promotion systématique de vente; **output** ~ effort m de production. **(e)** (Tech) transmission f. (Aut) **front-wheel**
~ traction f avant; **rear-wheel** ~ propulsion f
arrière; **left-hand** ~ conduite f à gauche.

2 vt **(a)** people, animals chasser (devant soi);
(Hunting) game rabattre; clouds, leaves chasser.
to ~ **sb out of the country** chasser qn du pays;
(fig) **to** ~ **sb into a corner** mettre qn au pied du
mur; **the gale drove the ship off course** la tempête
a fait dériver le navire; (fig) **to** ~ **sb hard** surcharger qn de travail; **to** ~ **sb mad** rendre qn fou;
to ~ **sb to despair** réduire qn au désespoir; **to** ~
sb (to do) sth pousser qn à (faire) qch; **I was driven
to it** j'y ai été poussé malgré moi, j'y ai été contraint. **(b)** cart, car, train conduire; racing car
piloter; passenger conduire (en voiture). **he** ~**s a
taxi** (for a living) il est chauffeur de taxi; **he** ~**s a
Peugeot** il a une Peugeot; (Aut) **to** ~ **sb back** etc
ramener etc qn en voiture. **(c)** (operate) machine
actionner, commander. (Rail) **steam-driven
engine** locomotive f à vapeur; **machine driven by
electricity** machine fonctionnant à l'électricité.
(d) nail, stake enfoncer; rivet poser; (Golf,
Tennis) driver; tunnel, well percer. (fig) **to** ~ **a
point home** réussir à faire comprendre un argument; **to** ~ **sth out of sb's head** faire complète-

ment oublier qch à qn; to ~ **a bargain** conclure un marché.

3 *vi* (a) (*Aut*) conduire, aller en voiture. to ~ **away/back** *etc* partir/revenir *etc* en voiture; **can you** ~? savez-vous conduire?; to ~ **at 50 km/h** rouler à 50 km/h; to ~ **on the right** rouler à droite; **by train? – no, we drove** par le train? – non, en voiture; **we have been driving all day** nous avons fait de la route toute la journée; to ~ **over sth** écraser qch. (b) (*fig*) **what are you driving at?** où voulez-vous en venir?

drive away, drive off *vt sep* chasser.

drive back *vt sep* person, army faire reculer.

drive in *vt sep* nail, idea enfoncer.

drive on 1 *vi* poursuivre *or* (*after stopping*) reprendre sa route. **2** *vt sep* pousser (*to* à, *to do* à faire).

drive out *vt sep* chasser.

drive up *vi* [*car*] arriver; [*person*] arriver (en voiture).

♦ **drive-in** *adj, n* drive-in (*m*). ♦ **driver** *n* [*car, train*] conducteur *m*, -trice *f*; [*taxi, truck, bus*] chauffeur *m*, conducteur, -trice; [*racing car*] pilote *m*; **car** ~**rs** automobilistes *mpl*; **to be a good** ~**r** conduire bien; (*US*) ~**r's license** permis *m* de conduire; **to be in the** ~**r's** *or* **driving seat** être au volant; (*fig*) être aux commandes. ♦ **driveshaft** *n* (*Aut*) arbre *m* de transmission. ♦ **driveway** *n* allée *f*. ♦ **driving 1** *n* (*Aut*) conduite *f*; **his driving is awful** il conduit très mal; **2** *adj* (a) *necessity* impérieux, pressant; *force* agissant; *rain* battant; (b) (*Aut*) *lesson* de conduite; **driving instructor** moniteur *m*, -trice *f* d'auto-école; **driving licence** permis *m* de conduire; **driving mirror** rétroviseur *m*; **driving school** auto-école *f*; **to fail/pass one's driving test** être refusé à/avoir son permis.

drivel ['drɪvl] *n* sornettes *fpl*, imbécillités *fpl*.

drizzle ['drɪzl] **1** *n* bruine *f*. **2** *vi* bruiner. ♦ **drizzly** *adj* de bruine.

dromedary ['drɒmɪdərɪ] *n* dromadaire *m*.

drone [drəʊn] **1** *vi* [*bee*] bourdonner; [*engine, aircraft*] ronronner, (*louder*) vrombir; (*speak*: ~ **away**, ~ **on**) parler d'une façon monotone. **2** *n* (a) (*sound*) bourdonnement *m*; ronronnement *m*, (*louder*) vrombissement *m*; (*speech*) débit *m* monotone. (b) (*bee*) abeille *f* mâle; (*idler*) fainéant(e) *m(f)*.

drool [druːl] *vi* baver; (*: *talk*) radoter (*about* au sujet de). (*fig*) to ~ **over sth*** baver d'admiration *or* s'extasier devant qch.

droop [druːp] *vi* [*body*] s'affaisser; [*shoulders*] tomber; [*head*] pencher; [*eyelids*] s'abaisser; [*flowers*] commencer à se faner; [*feathers, one's hand*] retomber. **his spirits** ~**ed** il a été pris de découragement; **the heat made him** ~ il était accablé par la chaleur.

drop [drɒp] **1** *n* (a) goutte *f*. ~ **by** ~ goutte à goutte; (*fig*) a ~ **in the ocean** une goutte d'eau dans la mer; **he's had a** ~ **too much*** il a un verre dans le nez. (b) (*fall*: *gen*) baisse *f* (*in* de). (*Elec*) ~ **in voltage** chute *f* de tension; (*fig*) **at the** ~ **of a hat** sans hésitation. (c) (*abyss*) précipice *m*; (*fall*) chute *f*; (*distance of fall*) hauteur *f*; (*parachute jump*) saut *m* (en parachute); [*supplies, arms*] parachutage *m*; [*gallows*] trappe *f*. **sheer** ~ descente *f* à pic.

2 *vt* (a) (*gen*) laisser tomber; (*release, let go*) lâcher; *bomb* lancer, larguer; *liquid* laisser tomber goutte à goutte; *stitch* sauter; *hem* ressortir; *eyes, voice, price* baisser; (*from car*) *person, thing* déposer; (*from boat*) *cargo, passengers* débarquer. to ~ **a letter in the postbox** mettre une lettre à la boîte; to ~ **by parachute** parachuter; to ~ **anchor** jeter l'ancre; (*fig*) to ~ **a brick*** faire une gaffe; to ~ **a curtsy** faire une révérence. (b) *remark, clue* laisser échapper. to ~ **a hint about sth** suggérer qch; to ~ **a word in**

sb's ear glisser un mot à l'oreille de qn. (c) *letter, card* envoyer, écrire (*to* à). to ~ **sb a line** écrire un (petit) mot à qn. (d) (*omit*) omettre; (*intentionally*) *thing* supprimer, *person* écarter (*from* de). to ~ **one's h's** = avoir un accent vulgaire. (e) (*abandon*) *habit, idea, plan* renoncer à; *work, discussion, conversation* abandonner; *friend, boyfriend* lâcher, laisser tomber. **let's** ~ **the subject** n'en parlons plus de cela; ~ **it!*** laisse tomber!* (f) (*lose*) *money, game* perdre.

3 *vi* (a) [*object*] tomber, retomber; [*liquids*] tomber goutte à goutte; [*person*] se laisser tomber, (*collapse*) s'écrouler. **I'm ready to** ~* je tombe de fatigue, je ne tiens plus debout; ~ **dead!*** va te faire voir!* (b) [*wind*] tomber; [*temperature, voice, price*] baisser; [*numbers, attendance*] diminuer, tomber. (c) (*end*) [*conversation, correspondence*] en rester là.

drop back, drop behind *vi* rester en arrière; (*in work etc*) prendre du retard.

drop down *vi* tomber.

drop in *vi*: to ~ **on sb** passer chez qn.

drop off 1 *vi* (a) (*fall asleep*) s'endormir; (*doze*) faire un petit somme. (b) [*leaves*] tomber; [*sales, interest*] diminuer. **2** *vt sep* (*from car etc*) déposer, laisser.

drop out *vi* [*contents etc*] tomber; (*fig*) se retirer (*of* de); (*from society*) s'évader de la société (de consommation); (*from college etc*) abandonner. ♦ **drop-leaf table** *n* table *f* anglaise. ♦ **droplet** *n* gouttelette *f*. ♦ **drop-off** *n* (*in sales etc*) diminution *f*. ♦ **dropout** *n* (*from society*) marginal(e) *m(f)*; (*from college etc*) étudiant(e) *m(f)* qui abandonne ses études. ♦ **dropper** *n* (*Med*) compte-gouttes *m inv*. ♦ **droppings** *npl* [*birds*] fiente *f*; [*animals, flies*] crottes *fpl*.

dross [drɒs] *n* (*fig*) rebut *m*.

drought [draʊt] *n* sécheresse *f*.

drove [drəʊv] (*pret of* drive) *n*: ~**s of people** des foules *fpl* de gens; **in** ~**s** en foule.

drown [draʊn] **1** *vt* (*gen*: *lit, fig*) noyer; *land* inonder. **to be like a** ~**ed rat*** être trempé jusqu'aux os. **2** *vi* se noyer. ♦ **drowning 1** *adj* qui se noie (*or* noyait *etc*); **2** *n* (*death*) noyade *f*.

drowse [draʊz] *vi* être à moitié endormi. ♦ **drowsily** *adv* d'un air endormi. ♦ **drowsiness** *n* somnolence *f*. ♦ **drowsy** *adj* person, smile, look somnolent; *afternoon, atmosphere* soporifique; **to grow drowsy** s'assoupir; **to feel drowsy** avoir envie de dormir.

drudge [drʌdʒ] *n* bête *f* de somme (*fig*). **the household** ~ la bonne à tout faire (*fig*). ♦ **drudgery** *n* corvées *fpl*, travail fastidieux; **it's sheer** ~**ry** c'est d'un fastidieux!

drug [drʌg] **1** *n* drogue *f*, stupéfiant *m*; (*Med, Pharm*) médicament *m*; (*fig*) drogue. **he's on** ~**s** (*gen*) il se drogue; (*Med*) il est sous médication; (*fig*) **a** ~ **on the market** une marchandise invendable. **2** *adj*: ~ **addict** drogué(e) *m(f)*, toxicomane *mf*; ~ **addiction** toxicomanie *f*; ~ **peddler** *or* **pusher** revendeur *m*, -euse *f* de drogue; ~ **runner** trafiquant(e) *m(f)* de drogue; ~ **running** *or* **traffic** trafic *m* de la drogue *or* des stupéfiants. **3** *vt* *person* droguer (*also* Med); *food, wine etc* mêler un narcotique à. **to be in a** ~**ged sleep** dormir sous l'effet d'un narcotique; ~**ged with sleep** abruti de sommeil.

♦ **druggist** *n* (*Brit*) pharmacien(ne) *m(f)*; (*US*) droguiste-épicier *m*, -ière *f*. ♦ **drugstore** *n* (*US*) drugstore *m*. ♦ **drug-taker** *n* consommateur *m*, -trice *f* de drogue. ♦ **drug-taking** *n* usage *m* de la drogue.

drum [drʌm] **1** *n* (a) (*Mus*) tambour *m*. **the big** ~ la grosse caisse; (*Mil Mus, Jazz*) **the** ~**s** la batterie. (b) (*for oil*) bidon *m*; (*cylinder, also machine part*) tambour *m*; (*Computers*) tambour magnétique; (*box of figs, sweets*) caisse *f*. **2** *vi* (*Mus*) battre le tambour; [*person, fingers*] tam-

bouriner (*with* de, avec; *on* sur). **the noise was
~ming in my ears** le bruit me tambourinait aux
oreilles. **3** *vt:* **to ~ one's feet on the floor** tambouriner des pieds sur le plancher; **to ~ sth into
sb** enfoncer qch dans le crâne de qn.
drum out *vt sep* expulser (à grand bruit) (*of* de).
drum up *vt sep enthusiasm, support* susciter;
supporters battre le rappel de; *customers*
racoler.
♦ **drummer** *n* tambour *m*; (*Jazz*) batteur *m*;
~mer boy petit tambour. ♦ **drumstick** *n* baguette
f de tambour; [*chicken*] pilon *m*.
drunk [drʌŋk] (*ptp of* drink) **1** *adj* ivre, soûl*; (*fig*)
enivré (*with* de, par). **to get ~** s'enivrer, se
soûler* (*on* de); (*Jur*) **~ and disorderly** ≃ en état
d'ivresse publique; **as ~ as a lord** soûl comme une
grive*. **2** *n* (*) ivrogne *m*, homme *or* femme
soûl(e)*. ♦ **drunkard** *n* ivrogne *m*, alcoolique *mf*.
♦ **drunken** *adj* (*habitually*) ivrogne; (*intoxicated*) ivre, soûl*; *orgy, quarrel* d'ivrogne; *fury*
d'ivrogne; *voice* aviné; **~ en driving** conduite *f* en
état d'ivresse. ♦ **drunkenly** *adv* (*gen*) comme un
ivrogne; *sing* d'une voix avinée; *walk* en titubant.
♦ **drunkenness** *n* (*state*) ivresse *f*; (*problem,
habit*) ivrognerie *f*. ♦ **drunkometer** *n* (*US*)
alcootest *m*.
dry [draɪ] **1** *adj* **(a)** (*gen*) sec (*f* sèche); *day* sans
pluie; *riverbed, well* à sec; *battery* à piles sèches;
bread sec; *toast etc* sans beurre. **on ~ land** sur la
terre ferme; **as ~ as a bone** tout sec; **to keep sth ~**
tenir qch au sec; **'to be kept ~'** 'craint l'humidité';
~ dock cale *f* sèche; (*Comm*) **~ goods** tissus *mpl*,
mercerie *f*; **~ ice** neige *f* carbonique; **~ rot**
pourriture *f* sèche (*du bois*); (*fig*) **~ run** essai *m*;
~ ski slope piste *f* de ski artificielle; **the river ran
~** la rivière s'est asséchée; **his mouth was ~ with
fear** la peur lui desséchait la bouche; (*thirsty*) **to
be ~*** avoir le gosier sec*.
  (b) *humour* pince-sans-rire *inv*; (*dull*) *lecture,
subject* aride. **as ~ as dust** ennuyeux comme la
pluie. **2** *vt* (*gen*) sécher; *clothes* faire sécher. **to ~
one's eyes** sécher ses larmes; **to ~ the dishes**
essuyer la vaisselle; **to ~ o.s.** s'essuyer, se
sécher.
  3 *vi* sécher.
dry off 1 *vi* sécher.
dry out 1 *vi* sécher; [*alcoholic*] se désintoxiquer.
2 *vt sep* sécher; désintoxiquer.
dry up *vi* **(a)** [*stream, well*] se dessécher; [*moisture*] s'évaporer; [*source of supply*] se tarir. **(b)**
(*dry the dishes*) essuyer la vaisselle. **(c)** (*: *fall
silent*) se taire; [*actor*] sécher*.
♦ **dry-clean** *vt* nettoyer à sec; **to have sth ~-
cleaned** donner qch à nettoyer. ♦ **dry-cleaner** *n*
teinturier *m*. ♦ **dry-cleaning** *n* nettoyage *m* à sec.
♦ **dryer** *n* (*gen*) séchoir *m*; (*at hairdresser's*)
under the **~er** sous le casque. ♦ **dry-eyed** *adj*: **to
be ~-eyed** avoir les yeux secs. ♦ **drying** *adj*:
~ing cupboard *or* **room** séchoir *m*; **to do the
~ing-up** essuyer la vaisselle; **~ing-up cloth** torchon *m*. ♦ **dryness** *n* sécheresse *f*. ♦ **drysalter** *n*
marchand *m* de couleurs.
dual ['djuəl] *adj* double, à deux. **~ carriageway**
route *f* à chaussées séparées; **~ controls** double
commande *f*; **~ national** binational(e) *m(f)*; **~
nationality** double nationalité *f*; **~ personality**
dédoublement *m* de la personnalité. ♦ **dual-
control** *adj* à double commande. ♦ **dualism** *or*
♦ **duality** *n* dualisme *m*. ♦ **dual-purpose** *adj* à
double usage.
dub [dʌb] *vt* **(a)** **to ~ sb 'Ginger'** qualifier qn de
'Poil de Carotte'. **(b)** (*Cine*) doubler (*dialogue*).
♦ **dubbing** *n* (*Cine*) doublage *m*.
dubious ['djuːbɪəs] *adj* (*gen*) douteux; *person* qui
doute, incertain (*of* de); *look, smile* de doute. **he
was ~ about whether** il se demandait si; **I'm very
~ about it** j'en doute fort. ♦ **dubiety** *n* doute *m*,
incertitude *f*. ♦ **dubiously** *adv* avec doute.

duchess ['dʌtʃɪs] *n* duchesse *f*.
duchy ['dʌtʃɪ] *n* duché *m*.
duck [dʌk] **1** *n* canard *m*; (*female*) cane *f*; (*Mil:
vehicle*) véhicule *m* amphibie. **wild ~** canard
sauvage; **to play at ~s and drakes** faire des
ricochets (sur l'eau); **he took to it like a ~ to water**
c'était comme s'il l'avait fait toute sa vie.
2 *vi* (**~ down**) se baisser vivement; (*in fight etc*)
esquiver un coup; (*under water*) plonger subitement. **3** *vt* (*also* **give sb a ducking**) plonger dans
l'eau; (*as a joke*) faire faire le plongeon à; (*head
only*) faire boire la tasse à*. ♦ **duckboard** *n* caillebotis *m*. ♦ **duck-egg blue** *adj* bleu-vert (pâle)
inv. ♦ **duckling** *n* caneton *m*. ♦ **duckpond** *n* mare
f aux canards.
duct [dʌkt] *n* conduite *f*; (*Anat*) conduit *m*.
ductile ['dʌktaɪl] *adj metal* ductile; *person* maniable, malléable, docile.
ductless ['dʌktlɪs] *adj*: **~ gland** glande *f* endo-
crine.
dud [dʌd] **1** *adj shell, bomb* qui a raté; *object, tool*
mal fichu*; *note, coin* faux; *cheque* sans provision; *person* nul. **2** *n* (*person*) nullard(e)* *m(f)*.
this coin is a ~ cette pièce est fausse; **this watch
is a ~** cette montre ne marche pas.
dudgeon ['dʌdʒən] *n*: **in high ~** offensé dans sa
dignité, furieux.
due [djuː] **1** *adj* **(a)** (*owing*) *sum, money* dû (*f* due).
our thanks are ~ to him nous aimerions le remer-
cier; **to fall ~** venir à échéance; **~ on the 8th**
payable le 8; **when is the rent ~?** quand faut-il
payer le loyer?; **I am ~ 6 days' leave** on me doit 6
jours de permission; **he is ~ for a rise** il doit
recevoir *or* en principe il va recevoir une
augmentation; **the train is ~ at midday** le train
doit arriver à midi; **I am ~ there tomorrow** je dois
être là-bas demain. **(b)** (*proper*) **after ~
consideration** après mûre réflexion; **in ~ course**
(*when the time is ripe*) en temps utile; (*in the long
run*) à la longue; **with all ~ respect, I believe ...**
sans vouloir vous contredire, je crois ... . **(c)** **~ to**
(*caused by*) dû à, attribuable à; (*because of*) à
cause de; (*thanks to*) grâce à; **what's it ~ to?** comment cela se fait-il?
  2 *adv:* **to go ~ west** aller droit vers l'ouest; **to
face ~ north** être au nord; **~ east** de plein est par
rapport à.
  3 *n* **(a)** **to give sb his ~** rendre justice à qn; **to
give him his ~, he did try hard** il faut (être juste
et) reconnaître qu'il a quand même fait tout son
possible. **(b)** (*fees*) **~s** [*club etc*] cotisation *f*;
[*harbour*] droits *mpl*.
duel ['djuəl] **1** *n* duel *m*. **~ to the death** duel à mort.
2 *vi* se battre en duel (*with* contre, avec).
duet [djuː'et] *n* duo *m*. **to sing/play a ~** chanter/
jouer en duo; **violin ~** duo de violon; **piano ~**
morceau *m* à quatre mains.
duffel, duffle ['dʌfəl] *adj:* **~ bag** sac *m* de
paquetage; **~ coat** duffel-coat *m*.
dug [dʌg] *pret, ptp of* dig. ♦ **dugout** *n* (*Mil*)
tranchée-abri *f*; (*canoe*) pirogue *f*.
duke [djuːk] *n* duc *m*.
dull [dʌl] **1** *adj* **(a)** *sight, hearing* faible; (*slow-
witted*) *person, mind* borné, obtus; *pupil* peu
doué; (*boring*) *book, evening* ennuyeux; *style,
person* terne. **deadly ~*** assommant*, mortel*; **as
~ as ditchwater** ennuyeux comme la pluie. **(b)**
(*not bright*) *colour, eyes, mirror, metal* terne;
sound, pain sourd; *weather, sky* couvert, maussade; *trade, business* lent; *person, mood* déprimé,
las. **a ~ day** un jour maussade. **2** *vt senses, pleasure, blade* émousser; *mind* engourdir; *pain,
impression, memory* atténuer; *sound* assourdir;
colour, mirror, metal ternir. ♦ **dullard** *n* lour-
daud(e) *m(f)*. ♦ **dullness** *n* (*slow-wittedness*)
lourdeur *f* d'esprit; (*boredom*) caractère
ennuyeux; **the ~ness of the weather** le temps
couvert. ♦ **dully** *adv* (*depressedly*) *behave, walk*

lourdement; *answer, listen* avec lassitude; *(boringly) talk, write* d'une manière ennuyeuse.

duly ['dju:lɪ] *adv (properly)* comme il faut, ainsi qu'il convient; *(Jur etc)* dûment; *(on time)* en temps voulu; *(in effect)* en effet. **everybody was ~ shocked** tout le monde a bien entendu été choqué.

dumb [dʌm] *adj* **(a)** muet; *(with surprise etc)* muet, abasourdi *(with, from* de). **a ~ person** un(e) muet(te); **~ animals** les animaux *mpl*; **our ~ friends** nos amis les bêtes *fpl*; **to be struck ~** rester muet; **in ~ show** en pantomime. **(b)** (ı: *stupid)* bête. **a ~ blonde** une blonde évaporée; **to act ~** faire l'innocent. ♦ **dumbbell** *n (Sport)* haltère *m*. ♦ **dumbfound** *vt* abasourdir. ♦ **dumbfounded** *adj* abasourdi. ♦ **dumbness** *n (Med)* mutisme *m*; (ı: *stupidity)* bêtise *f*.

dummy ['dʌmɪ] **1** *n (Comm: sham object)* factice *m*; *[book]* maquette *f*; *(model)* mannequin *m*; *[ventriloquist]* pantin *m*; *(Fin etc: person)* prête-nom *m*; *(Bridge)* mort *m*; *(baby's teat)* tétine *f*. **2** *adj* faux, factice. **~ run** *(Aviat)* attaque *f* simulée; *(Comm, Ind)* essai *m*.

dump [dʌmp] **1** *n (pile of rubbish)* tas *m* d'ordures; *(place)* décharge *f* publique; *(Mil)* dépôt *m*; (*: *unpleasant place)* trou *m*, (*: *house, hotel)* baraque* *f*. **to be down in the ~s*** avoir le cafard*. **2** *vt* **(a)** *(get rid of) rubbish* déposer, jeter; *(Comm) goods* écouler à bas prix; (*) *person* plaquer*; (*) *thing* se débarrasser de. **(b)** *(put down) package* déposer; *sand, bricks* décharger, déverser; (*) *passenger* déposer. **~ your bag on the table** plante ton sac sur la table. ♦ **dumper** *or* ♦ **dump truck** *n* tombereau *m* automoteur. ♦ **dumping** *n [load, rubbish]* décharge *f*; *(Ecol: in sea etc)* déversement *m* (de produits nocifs); *(Comm)* dumping *m*. ♦ **dumpy** *adj* courtaud, boulot.

dumpling ['dʌmplɪŋ] *n (savoury)* boulette *f* (de pâte). **apple ~** ≃ chausson *m* aux pommes.

dun [dʌn] *vt* harceler *(pour lui faire payer ses dettes)*.

dunce [dʌns] *n (Scol)* âne *m*, cancre* *m (at* en).

dune [dju:n] *n* dune *f*.

dung [dʌŋ] *n (gen)* crotte *f*; *[cattle]* bouse *f*; *(manure)* fumier *m*. ♦ **dunghill** *n* (tas *m* de) fumier *m*.

dungarees [ˌdʌŋɡə'ri:z] *npl [workman]* bleu *m* (de travail); *[child, woman]* salopette *f*.

dungeon ['dʌndʒən] *n* cachot *m* (souterrain).

dunk [dʌŋk] *vt:* **to ~ one's bread in one's coffee** *etc* faire trempette.

Dunkirk [dʌn'kɜ:k] *n* Dunkerque *f*.

duodenal [ˌdju:əʊ'di:nl] *adj ulcer* du duodénum.

dupe [dju:p] **1** *vt* duper, tromper. **to ~ sb into doing sth** amener qn à faire qch en le dupant. **2** *n* dupe *f*.

duplex ['dju:pleks] *adj, n* duplex (*m*).

duplicate ['dju:plɪkeɪt] **1** *vt (gen)* faire un double de; *(on machine) document* polycopier; *action etc* répéter exactement. **that is duplicating work already done** cela fait double emploi avec ce qu'on a déjà fait. **2** ['dju:plɪkɪt] *n* double *m*. **in ~** en deux exemplaires. **3** ['dju:plɪkɪt] *adj copy* en double; *coach* supplémentaire. **a ~ key** un double de la clef. ♦ **duplication** *n [efforts, work]* répétition *f*, reproduction *f*. ♦ **duplicator** *or* ♦ **duplicating machine** *n* duplicateur *m*.

duplicity [dju:'plɪsɪtɪ] *n* duplicité *f*, fausseté *f*.

durable ['djʊərəbl] **1** *adj material* solide, résistant; *friendship* durable. **2** *n (Comm)* **~s** biens *mpl* de consommation durables. ♦ **durability** *n* solidité *f*, résistance *f*; durabilité *f*.

duration [djʊə'reɪʃən] *n (gen)* durée *f*. **for the ~ of the war** jusqu'à la fin de la guerre.

duress [djʊə'res] *n:* **under ~** sous la contrainte.

during ['djʊərɪŋ] *prep* pendant, durant; *(in the course of)* au cours de.

dusk [dʌsk] *n (twilight)* crépuscule *m*; *(gloom)* (semi-) obscurité *f*. **at ~** au crépuscule; **in the ~** dans la semi-obscurité. ♦ **dusky** *adj complexion* foncé; *person* au teint foncé.

dust [dʌst] **1** *n* poussière *f*. **thick ~** une épaisse couche de poussière; **I've got a speck of ~ in my eye** j'ai une poussière dans l'œil. **2** *adj cloud* de poussière. *(Geog)* **~ bowl** désert *m* de poussière; **~ cover** *(of book: also* **~ jacket)** jaquette *f (d'un livre)*; *(of furniture, also* **~ sheet)** housse *f* de protection; **~ storm** tourbillon *m* de poussière. **3** *vt (a) furniture* épousseter; *room* essuyer la poussière dans. **(b)** *(sprinkle)* saupoudrer *(with* de). ♦ **dustbin** *n* poubelle *f*, boîte *f* à ordures. ♦ **dustcart** *n* tombereau *m* aux ordures. ♦ **duster** *n* chiffon *m (à poussière, à effacer)*. ♦ **dustheap** *n* poubelle *f*. ♦ **dusting** *adj:* **~ing powder** talc *m*. ♦ **dustman** *n* éboueur *m*. ♦ **dustpan** *n* pelle *f* à poussière. ♦ **dust-up*** *n:* **to have a ~-up with sb*** avoir un accrochage* avec qn. ♦ **dusty** *adj* poussiéreux; **to get ~y** se couvrir de poussière; **not so ~y*** pas mal; **to get a ~y answer*** en être pour ses frais.

Dutch [dʌtʃ] **1** *adj* hollandais, néerlandais, des Pays-Bas. **~ cheese** hollande *m*; *(fig)* **~ auction** enchères *fpl* au rabais; **~ courage** courage *m* puisé dans la bouteille; **~ elm disease** champignon *m* parasite de l'orme; **to go ~** partager les frais. **2** *n (Ling)* hollandais *m*, néerlandais *m*. **the ~** les Hollandais *mpl*, les Néerlandais *mpl*; *(fig)* **it's all ~ to me*** c'est du chinois pour moi. ♦ **Dutchman** *n* Hollandais *m*. ♦ **Dutchwoman** *n* Hollandaise *f*.

duty ['dju:tɪ] **1** *n* **(a)** *(moral, legal)* devoir *m (to do* de faire; *to, by sb* envers qn). **I feel (in) ~ bound to say that** ... il est de mon devoir de faire remarquer que ...; *[employee, official etc]* **duties** fonctions *fpl*; **on ~** *(Mil)* de service; *(Med)* de garde; *(Admin, Scol)* de jour, de service; **to be off ~** *(gen)* être libre; *(Mil)* avoir quartier libre; **to go on/off ~** *(gen)* prendre/quitter le service *(or* la garde*)*; **to do ~ for sb** remplacer qn; **the box does ~ for a table** la boîte fait fonction de table. **(b)** *(tax)* droit *m*, taxe *f (indirecte)*. **to pay ~ on** payer un droit *or* une taxe sur. **2** *adj visit etc* de politesse. **~ officer** *(Mil etc)* officier *m* de service; *(Admin)* officiel *m* de service; **~ rota** tableau *m* de service. ♦ **dutiable** *adj (Customs)* soumis à des droits de douane. ♦ **dutiful** *adj child* respectueux; *husband* plein d'égards; *employee* consciencieux. ♦ **dutifully** *adv obey* respectueusement; *work* consciencieusement. ♦ **duty-free** *adj goods etc* exempté de douane; *shop* hors-taxe.

duvet ['du:veɪ] *n* couette *f (édredon)*. **~ cover** housse *f* de couette.

dwarf [dwɔ:f] **1** *adj, n* nain(e) *m(f)*. **2** *vt [skyscraper, person]* rapetisser, écraser; *[achievement]* éclipser.

dwell [dwel] *pret, ptp* **dwelt** *vi (liter)* demeurer.

dwell (up)on *vt fus (think about)* s'arrêter sur; *(talk about)* s'étendre sur; *(emphasize)* appuyer sur. **don't let's ~ upon it** passons là-dessus. ♦ **dweller** *n* habitant(e) *m(f)*; **town ~er** citadin(e) *m(f)*. ♦ **dwelling 1** *n* habitation *f*; **2** *adj:* **~ing house** maison *f* d'habitation.

dwindle ['dwɪndl] *vi* diminuer (peu à peu). ♦ **dwindling** *adj interest, strength* décroissant; *resources* en diminution.

dye [daɪ] **1** *n* teinture *f*, colorant *m*. **hair ~** teinture pour les cheveux; **fast ~** grand teint. **2** *vt* teindre. **to ~ sth red** teindre qch en rouge; **to ~ one's hair** se teindre les cheveux. ♦ **dyed-in-the-wool** *adj* bon teint *inv (fig)*. ♦ **dyeing** *n* teinture *f*. ♦ **dyer** *n:* **~r's and cleaner's** teinturier *m*. ♦ **dyestuffs** *npl* matières *fpl* colorantes. ♦ **dyeworks** *npl* teinturerie *f*.

dying ['daɪɪŋ] **1** *adj* mourant; *custom etc* en train de disparaître. **to my ~ day** jusqu'à ma dernière

heure. **2** *n* (*death*) mort *f*; (*just before death*) agonie *f*. the ~ les mourants *mpl*.
dyke [daɪk] *n* **(a)** digue *f*; (*causeway*) levée *f*. **(b)** (ː *lesbian*) gouine† *f*.
dynamic [daɪ'næmɪk] *adj* dynamique. ◆ **dynamics** *nsg* dynamique *f*. ◆ **dynamism** *n* dynamisme *m*.
dynamite ['daɪnəmaɪt] **1** *n* dynamite *f*. he's ~!* c'est de la dynamite!*; that business is ~* c'est

une affaire explosive. **2** *vt* dynamiter.
dynamo ['daɪnəməʊ] *n* dynamo *f*.
dynasty ['dɪnəstɪ] *n* dynastie *f*. ◆ **dynastic** *adj* dynastique.
dysentery ['dɪsɪntrɪ] *n* dysenterie *f*.
dyslexia [dɪs'leksɪə] *n* dyslexie *f*. ◆ **dyslexic** *adj, n* dyslexique (*mf*).
dyspepsia [dɪs'pepsɪə] *n* dyspepsie *f*.
dystrophy ['dɪstrəfɪ] *n* dystrophie *f*.

E

E, e [iː] *n* E, e *m*; *(Mus)* mi *m*.

each [iːtʃ] **1** *adj* chaque. ~ **day** chaque jour, tous les jours; ~ **one of us** chacun(e) de *or* d'entre nous. **2** *pron* **(a)** chacun(e) *m(f)*. ~ **of the boys** chacun des garçons; ~ **of us** chacun(e) de *or* d'entre nous; **a little of** ~ **please** un peu de chaque s'il vous plaît; **we gave them one apple** ~ nous leur avons donné une pomme chacun; **they are £2** ~ ils coûtent 2 livres chacun *or* pièce. **(b)** ~ **other** l'un(e) l'autre *m(f)*; **they love** ~ **other** ils s'aiment; **they write to** ~ **other** ils s'écrivent; **they were sorry for** ~ **other** ils avaient pitié l'un de l'autre; **you must help** ~ **other** vous devez vous aider les uns les autres; **separated from** ~ **other** séparés l'un de l'autre.

eager [ˈiːgəʳ] *adj* *(keen)* désireux, avide *(for* de, *to do* de faire); *(impatient)* impatient *(to do* de faire); *scholar, supporter, desire* passionné; *search, glance* avide. **to be** ~ **for** *(gen)* désirer vivement; *happiness* rechercher avidement; *knowledge, affection* être avide de; *power, vengeance, pleasure* être assoiffé de; **to be** ~ **to do** *(keen)* désirer vivement faire; *(impatient)* être impatient de faire; ~ **beaver*** bourreau *m* de travail. ♦ **eagerly** *adv* avidement; avec impatience; passionnément. ♦ **eagerness** *n* vif désir *m* *(to do* de faire, *for* de); impatience *f* *(to do* de faire).

eagle [ˈiːgl] *n* aigle *mf* *(gen m)*. ♦ **eagle-eyed** *adj* qui a des yeux d'aigle.

ear¹ [ɪəʳ] **1** *n* oreille *f*. **to keep one's ~s open** ouvrir l'oreille; **to keep one's** ~ **to the ground** être aux écoutes; **to be all** ~**s*** être tout oreilles; **your ~s must have been burning** les oreilles ont dû vous tinter; **it goes in one** ~ **and out of the other** cela lui *etc* entre par une oreille et lui *etc* sort par l'autre; **to be up to the ~s in work** avoir du travail par-dessus la tête; *(Mus)* **to have a good** ~ avoir de l'oreille; **to play by** ~ jouer à l'oreille; *(fig)* **I'll play it by** ~ je déciderai quoi faire le moment venu. **2** *adj* *operation* à l'oreille. *(Med)* ~, **nose and throat department** service *m* d'oto-rhino-laryngologie; ~, **nose and throat specialist** oto-rhino-laryngologiste *mf*; ~ **wax** cérumen *m*. ♦ **earache** *n* mal *m* d'oreille(s); **to have ~ache** avoir mal à l'oreille *or* aux oreilles. ♦ **eardrum** *n* tympan *m* *(de l'oreille)*. ♦ **earmark** *vt object, seat* réserver *(for* à); *funds, person* assigner, destiner *(for* à). ♦ **earphone** *n* *(Rad, Telec etc)* écouteur *m*; **to listen on ~phones** écouter au casque. ♦ **earplugs** *npl* *(for sleeping)* boules *fpl* Quiès ®. ♦ **earring** *n* boucle *f* d'oreille. ♦ **earshot** *n*: **out of** ~**shot** hors de portée de voix; **within** ~**shot** à portée de voix. ♦ **ear-splitting** *adj* *sound, scream* strident; *din* fracassant. ♦ **earwig** *n* perce-oreille *m*.

ear² [ɪəʳ] *n* *[grain, plant]* épi *m*.

earl [ɜːl] *n* comte *m*.

early [ˈɜːlɪ] **1** *adj* *man, Church* primitif; *apple, plant* précoce; *death* prématuré. **it's still** ~ il est encore tôt, il n'est pas tard; **you're** ~! vous arrivez de bonne heure!; **his** ~ **arrival** son arrivée de bonne heure, le fait qu'il arrive *(or est arrivé etc)* de bonne heure; **an** ~ **train** un train tôt le matin; **the** ~ **train** le premier train; **an** ~ **text** un texte très ancien; **to be an** ~ **riser** être matinal;

to keep ~ **hours** se coucher tôt; ~ **to bed,** ~ **to rise** tôt couché, tôt levé; ~ **warning system** dispositif *m* de première alerte; *(Comm)* **it's** ~ **closing day** les magasins ferment l'après-midi; **it is too** ~ **yet to say** il est trop tôt pour dire; **she left 10 minutes** ~ elle est partie 10 minutes plus tôt; **fruit** *or* **vegetables** primeurs *fpl*; **at an** ~ **hour** de bonne heure, très tôt; **it was** ~ **in the morning** c'était tôt le matin; **in the** ~ **morning** de bon matin; **in the** ~ **afternoon/spring** au début de l'après-midi/du printemps; **she's in her** ~ **forties** elle a juste dépassé la quarantaine; **from an** ~ **age** dès l'enfance; **his** ~ **youth** sa première jeunesse; **his** ~ **life** sa jeunesse; **the** ~ **Victorians** les Victoriens *mpl* du début du règne; **an** ~ **Victorian table** une table du début de l'époque victorienne; **at the earliest possible moment** le plus tôt possible; *(Comm)* **at your earliest convenience** dans les meilleurs délais; *(Comm)* **to promise** ~ **delivery** promettre une livraison rapide.

2 *adv* de bonne heure, tôt. **too** ~ trop tôt; **as** ~ **as possible** le plus tôt possible; **she left 10 minutes** ~ elle est partie 10 minutes plus tôt; **10 minutes earlier** 10 minutes plus tôt; **not earlier than Thursday** pas avant jeudi; **earlier on** précédemment, plus tôt; **book** ~ réservez longtemps à l'avance; ~ **in the morning** de bon matin; ~ **in the year** au début de l'année.

earn [ɜːn] *vt money* gagner; *salary* toucher; *interest* rapporter; *praise, rest* mériter. **to** ~ **one's living** gagner sa vie; **~ed income** revenus *mpl* salariaux. ♦ **earnings** *npl [person]* salaire *m*; *[business]* bénéfices *mpl*.

earnest [ˈɜːnɪst] **1** *adj* sérieux, consciencieux; *(sincere)* sincère; *prayer* fervent; *desire, request* pressant. **2** *n*: **in** ~ *(with determination)* sérieusement; *(without joking)* sans rire. **I am in** ~ je ne plaisante pas; **it is snowing in** ~ il neige pour de bon. ♦ **earnestly** *adv speak* avec sérieux; *work* consciencieusement; *beseech* instamment; *pray* avec ferveur. ♦ **earnestness** *n [person]* sérieux *m*; *[effort]* ardeur *f*; *[demand]* véhémence *f*.

earth [ɜːθ] **1** *n* **(a)** *(the world)* terre *f*, monde *m*. **(the) E~** la Terre; **on** ~ sur terre; **to the ends of the** ~ au bout du monde; **where/why on** ~ ...? mais où/pourquoi ...?; **nothing on** ~ rien au monde; **to promise sb the** ~**!** promettre la lune à qn; **it must have cost the** ~**!*** ça a dû coûter les yeux de la tête! **(b)** *(ground)* terre *f*, sol *m*; *(soil)* terre; *(Elec)* masse *f*. **to fall to** ~ tomber à terre. **(c)** *[fox, badger etc]* terrier *m*, tanière *f*. **to run sth/sb to** ~ dépister qch/qn. **2** *adj*: ~ **tremor** secousse *f* sismique. **3** *vt* *(Elec)* *apparatus* mettre à la masse. ♦ **earthen** *adj* de terre, en terre. ♦ **earthenware 1** *n* faïence *f*; **2** *adj* en faïence. ♦ **earthly** *adj* terrestre; **there is no ~ly reason to think** il n'y a pas la moindre raison de croire; **it's no ~ly use** ça ne sert absolument à rien. ♦ **earthquake** *n* tremblement *m* de terre. ♦ **earth-shaking** *adj* *(fig)* stupéfiant. ♦ **earthward(s)** *adv* vers la terre. ♦ **earthwork** *n* *(Constr)* terrassement *m*; *(Mil)* ouvrage *m* de terre. ♦ **earthworm** *n* ver *m* de terre. ♦ **earthy** *adj taste, smell* terreux; *person* terre-à-terre *inv*; *humour* truculent.

ease [iːz] **1** *n* **(a)** *(mental)* tranquillité *f*; *(physical)* bien-être *m*. **at** ~ à l'aise; *(Mil)* au repos; **to put sb**

at his ~ mettre qn à l'aise; **to put sb's mind at ~** tranquilliser qn; **ill at ~** mal à l'aise; **to take one's ~ prendre ses aises; a life of ~** une vie facile. (b) (lack of difficulty) aisance f, facilité f. **with ~** sans difficulté. **2** vt pain soulager; mind calmer, tranquilliser; strap relâcher; (alter) coat donner plus d'ampleur à; pressure, tension diminuer; speed ralentir. **to ~ a key into a lock** introduire doucement or délicatement une clef dans une serrure; **to ~ in the clutch** embrayer en douceur; **he ~d himself through the gap in the fence** il s'est glissé par le trou de la barrière. **3** vi (~ **off**) (slow down) ralentir; (work less hard) se relâcher; [situation] se détendre; [pressure, traffic] diminuer; [work, business] devenir plus calme; [pain] se calmer; [demand] baisser. **the situation has ~d** une détente s'est produite.
ease up vi se détendre. ~ **up a bit!** vas-y plus doucement!
easel ['iːzl] n chevalet m.
east [iːst] **1** n est m. (Pol) **the E~** les pays mpl de l'Est; **the mysterious E~** l'Orient m mystérieux; **to the ~ of** à l'est de; **in the ~ of** dans l'est de; **the wind is in the ~/is from the ~** le vent est à l'est/ vient de l'est; **to live in the ~** habiter dans l'Est. **2** adj side est inv; wind d'est; coast, door est inv, oriental. (in London) **the E~ End** les quartiers mpl de l'est de Londres (quartiers pauvres); **E~ Africa** l'Afrique f orientale. **3** adv travel en direction de l'est, vers l'est. ~ **of the border** à l'est de la frontière; **to go due ~** aller droit vers l'est. ♦ **eastbound** adj traffic, vehicles en direction de l'est; carriageway est inv. ♦ **easterly** adj wind d'est; situation, aspect à l'est; **in an ~erly direction** en direction de l'est. ♦ **eastern** adj region est inv, de l'est; coast est inv, oriental; wall, side exposé à l'est; **E~ern France** l'Est m de la France; (Pol) **the E~ern bloc** les pays mpl de l'Est; (US) **E~ern Standard Time** l'heure f normale de l'Est. ♦ **easterner** n homme m or femme f de l'Est. ♦ **easternmost** adj le plus à l'Est. ♦ **eastward 1** adj à l'est; **2** adv (also ~**wards**) vers l'est.
Easter ['iːstər] **1** n Pâques msg or fpl. **at ~** à Pâques; **Happy ~!** joyeuses Pâques!; ~ **is** celebrated between ... Pâques est célébré entre ... . **2** adj egg, Monday de Pâques; holidays, week pascal, de Pâques. ~ **Day** le jour de Pâques.
easy ['iːzɪ] **1** adj (a) (not difficult) facile. **it is ~ to see that** ... on voit bien que ...; **it is ~ for him to do that** il lui est facile de faire cela; **easier said than done!** c'est vite dit!; **you've got an ~ time of it** tu as une vie sans problèmes; **it's ~ money** c'est comme si on était payé à ne rien faire; **within ~ reach of** à distance commode de; **in ~ stages** travel par petites étapes; learn par degrés; **he is ~ to work with** il est agréable dans le travail; ~ **to get on with** facile à vivre; **I'm ~*** ça m'est égal; **he came in an ~ first** il est arrivé bon premier. (b) (relaxed) manners, style aisé; life tranquille; pace modéré; conditions favorable; relationship cordial. **to feel ~ in one's mind** être tout à fait tranquille; ~ **chair** fauteuil m (rembourré); **in ~ circumstances** dans l'aisance; (Comm) **on ~ terms** avec facilités fpl de paiement.
2 adv: **to take things or it ~** ne pas se fatiguer; **take it ~!** (calm down) ne vous en faites pas!; (relax) ne vous fatiguez pas!; (go slow) ne vous pressez pas!; **go ~ with the sugar** vas-y doucement avec le sucre; **to go ~ with sb** ne pas être trop dur envers qn; ~ **does it!** allez-y doucement!; (Mil) **stand ~!** repos!
♦ **easily** adv enter, succeed facilement, sans difficulté; answer, agree, say tranquillement; (unquestionably) sans aucun doute, de loin; **that's easily 4 km** cela fait facilement 4 km; **he may easily change his mind** il pourrait bien changer d'avis. ♦ **easiness** n facilité f, aisance f.

♦ **easy-going** adj accommodant; attitude complaisant.
eat [iːt] pret ate, ptp eaten **1** vt food manger. **to ~ (one's) lunch** déjeuner; **to ~ a meal** prendre un repas; **to have nothing to ~** n'avoir rien à manger; **to ~ one's fill** manger à sa faim; **to ~ one's words** ravaler ses paroles; **I'll ~ my hat if ...*** je veux bien être pendu si ...; **he won't ~ you*** il ne va pas te manger; **what's ~ing you?*** qu'est-ce qui ne va pas? **2** vi manger. **we ~ at 8** nous dînons à 20 heures; **to ~ like a horse** manger comme quatre; **he is ~ing us out of house and home*** son appétit va nous mettre à la rue; (fig) **I've got him ~ing out of my hand** il fait tout ce que je lui dis.
eat away vt sep [sea] éroder; [acid, mice] ronger.
eat into vt fus [acid, insects] ronger; savings entamer.
eat out 1 vi aller au restaurant. **2** vt sep: **to ~ one's heart out** se ronger d'inquiétude.
eat up vt sep meal etc f finir. ~**en up with envy** dévoré d'envie; **it ~s up the electricity** cela consomme beaucoup d'électricité.
♦ **eatable 1** adj (fit to eat) mangeable; (edible) comestible; **2** npl: ~**ables*** comestibles mpl. ♦ **eater** n: **a big ~** er un gros mangeur. ♦ **eatery** n café-restaurant m. ♦ **eating** adj apple à couteau; (US) ~**ing hall** réfectoire m; ~**ing place** restaurant m.
eaves [iːvz] npl avant-toit m. ♦ **eavesdrop** vi écouter en cachette (on sth qch). ♦ **eavesdropper** n oreille f indiscrète.
ebb [eb] **1** n [tide] reflux m. ~ **and flow** le flux et le reflux; **to be at a low ~** [person, spirits] être bien bas; [business] aller mal. **2** adj: ~ **tide** marée f descendante. **3** vi (a) [tide] descendre. **to ~ and flow** monter et baisser. (b) (~ **away**) [enthusiasm etc] décliner.
ebony ['ebənɪ] n ébène f.
ebullient [ɪ'bʌlɪənt] adj exubérant. ♦ **ebullience** n exubérance f.
eccentric [ɪk'sentrɪk] adj, n excentrique (mf). ♦ **eccentrically** adv avec excentricité. ♦ **eccentricity** n excentricité f.
ecclesiastic [ɪˌkliːzɪ'æstɪk] n ecclésiastique m. ♦ **ecclesiastical** adj ecclésiastique.
echo ['ekəʊ] **1** n écho m. **to cheer to the ~** applaudir à tout rompre. **2** vt [hills etc] répercuter; [person] sb's words répéter. **3** vi [sound] se répercuter; [place] faire écho. **to ~ with music** retentir de musique. **4** adj (Rad) ~ **chamber** chambre f sonore. ♦ **echo-sounder** n sondeur m (à ultra-sons).
eclectic [ɪ'klektɪk] adj, n éclectique (mf). ♦ **eclecticism** n éclectisme m.
eclipse [ɪ'klɪps] **1** n éclipse f. **2** vt éclipser.
ecology [ɪ'kɒlədʒɪ] n écologie f. ♦ **ecological** adj écologique. ♦ **ecologist** n écologiste mf.
economy [ɪ'kɒnəmɪ] **1** n (all senses) économie f (in de). **2** adj: ~ **class** classe f touriste; **to have an ~ drive** (s'efforcer de) faire des économies; ~ **pack/size** paquet m/taille f économique. ♦ **economic** adj (a) development, geography, factor économique; **the economic system of a country** l'économie f d'un pays; (b) (profitable) business, rent, price rentable; **it isn't an economic proposition**, **it doesn't make economic sense** cela n'est pas intéressant (financièrement). ♦ **economical** adj person économe; method, appliance, speed économique. ♦ **economically** adv économiquement; **to use sth economically** économiser qch. ♦ **economics** n (sg: science) économie f politique; **the economics** (npl) of the situation le côté économique de la situation. ♦ **economist** n économiste mf. ♦ **economize 1** vi économiser (on sur), faire des économies; **2** vt
ecstasy ['ekstəsɪ] n extase f. **to be in ecstasies over** object s'extasier sur; person être en extase

devant. ♦ **ecstatic** *adj* extasié. ♦ **ecstatically** *adv* avec extase.

Ecuador ['ekwədɔːr] *n* Équateur *m*.

ecumenical [,iːkjuˈmenɪkəl] *adj* œcuménique.

eczema ['eksɪmə] *n* eczéma *m*.

eddy ['edɪ] **1** *n* tourbillon *m*. **2** *vi [air, smoke, leaves]* tourbillonner; *[people]* tournoyer; *[water]* faire des tourbillons.

edge [edʒ] **1** *n (gen)* bord *m*; *[forest]* lisière *f*; *[town]* abords *mpl*; *[coin]* tranche *f*; *[cube, brick]* arête *f*; *(distance round* ~ *)* pourtour *m*; *[knife, razor]* tranchant *m*, fil *m*. **a book with gilt** ~**s** un livre doré sur tranches; **the trees at the** ~ **of the road** les arbres en bordure de la route; **on the** ~ **of disaster** au bord du désastre; **to take the** ~ **off knife, sensation** émousser; *appetite* calmer; **it sets my teeth on** ~ cela m'agace les dents; **he is on** ~ il est énervé; *(fig)* **to have the** ~ **on sb/sth** être légèrement supérieur à qn/qch. **2** *vt (put a border on)* border *(with* de); *(sharpen)* aiguiser. **to** ~ **one's chair nearer the door** rapprocher sa chaise tout doucement de la porte. **3** *vi:* **to** ~ **through/into** *etc* se glisser à travers/dans *etc*; **to** ~ **forward** avancer petit à petit. ♦ **edgeways** *or* ♦ **edgewise** *adv* de côté; **I couldn't get a word in** ~**ways*** je n'ai pas réussi à placer un mot. ♦ **edginess** *n* nervosité *f*, énervement *m*. ♦ **edging 1** *n* bordure *f*; *[ribbon, silk]* liseré *m*; **2** *adj:* **edging shears** cisaille *f* de jardinier. ♦ **edgy** *adj* énervé.

edible ['edɪbl] *adj (not poisonous)* comestible; *(fit to eat)* mangeable.

edict ['iːdɪkt] *n (Hist)* édit *m*; *(Jur, Pol)* décret *m*.

edifice ['edɪfɪs] *n* édifice *m*.

edify ['edɪfaɪ] *vt* édifier. ♦ **edification** *n* édification *f*.

Edinburgh ['edɪnbərə] *n* Édimbourg.

edit ['edɪt] *vt newspaper* être le rédacteur *(or* la rédactrice) en chef de; *magazine, review* diriger; *article, tape* mettre au point, *(cut)* couper; *series of texts* diriger la publication de; *text, author* éditer; *dictionary* rédiger; *(Rad, TV) programme* réaliser; *film* monter. ♦ **edition** *n* édition *f*. ♦ **editor** *n [daily newspaper]* rédacteur *m*, -trice *f* en chef; *[magazine, review]* directeur *m*, -trice *f*; *[series]* directeur, -trice de la publication; *[text]* éditeur *m*, -trice *f*; *[dictionary]* rédacteur, -trice; *[Rad, TV programme]* réalisateur *m*, -trice *f*; *(Press)* **political** ~**or** rédacteur, -trice politique. ♦ **editorial 1** *adj* de la rédaction; ~**orial staff** rédaction *f*; **2** *n* éditorial *m*.

educate ['edjʊkeɪt] *vt pupil* instruire, donner de l'instruction à; *the public* éduquer; *mind, tastes* former; *(bring up) family, children* élever. **to** ~ **sb to believe that** ... enseigner à qn que ...; **he is being** ~**d in Paris** il fait ses études à Paris. ♦ **educable** *adj* éducable. ♦ **educated** *adj person* instruit, cultivé; *handwriting* distingué; *voice* cultivé; **well-**~**d** qui a reçu une bonne éducation. ♦ **educative** *adj* éducatif. ♦ **educator** *n* éducateur *m*, -trice *f*.

education [,edjʊˈkeɪʃən] *n* éducation *f*; *(teaching)* enseignement *m*, instruction *f*; *(studies)* études *fpl*; *(training)* formation *f*; *(knowledge)* culture *f*; *(Univ etc: subject)* pédagogie *f*. **Ministry of E**~ ministère *m* de l'Éducation nationale; **primary/secondary** ~ enseignement primaire/ secondaire; **he had a good** ~ il a reçu une bonne éducation; **physical/political** ~ éducation physique/politique; **his** ~ **was interrupted** ses études ont été interrompues; **literary/professional** ~ formation littéraire/professionnelle; **diploma in** ~ diplôme *m* de pédagogie. ♦ **educational** *adj methods* pédagogique; *establishment, institution* d'enseignement; *system* d'éducation; *supplies* scolaire; *film, games, visit* éducatif; *role, function* éducateur; *experience, event* instructif; ~**al psychology** psychopédagogie *f*.

♦ **education(al)ist** *n* pédagogue *mf*. ♦ **educationally** *adv (as regards '* **teaching** *methods)* du point de vue pédagogique; *(as regards education, schooling)* sous l'angle scolaire; **it is** ~**ally wrong** il est faux d'un point de vue pédagogique; ~**ally subnormal** sous-performant (du point de vue scolaire); ~**ally deprived children** enfants sous-scolarisés.

Edwardian [ed'wɔːdɪən] *adj (Brit) lady, architect, society* de l'époque du roi Édouard VII; *clothes, manners, design* dans le style 1900. **the** ~ **era** ≃ la Belle Époque.

eel [iːl] *n* anguille *f*.

eerie, eery ['ɪərɪ] *adj* sinistre, qui donne le frisson.

efface [ɪˈfeɪs] *vt* effacer.

effect [ɪˈfekt] **1** *n* **(a)** *(result)* effet *m (on* sur), conséquence *f; [wind, chemical, drug]* action *f (on* sur); *(Phys)* effet. **to have an** ~ **on** produire un effet sur; *[wind etc]* agir sur; **to have no** ~ ne produire aucun effet; **it will have the** ~ **of preventing** cela aura pour effet *or* conséquence d'empêcher; **the** ~ **of all this is that** ... il résulte de tout ceci que ...; **to no** ~ en vain; **to such good** ~ **that** si bien que; **to put into** ~ *project* mettre à exécution; *regulation* mettre en vigueur; **to take** ~ *[drug]* agir; *[law]* entrer en vigueur; **in** ~ en fait, en réalité. **(b)** *(impression)* effet *m*. **stage** ~**s** effets scéniques; **sound** ~**s** bruitage *m*; **to make an** ~ faire de l'effet; **he said it for** ~ il l'a dit pour faire de l'effet; **his letter is to the** ~ **that** ... sa lettre nous apprend que ...; **a letter to that** ~ une lettre dans ce sens; **orders to the** ~ **that** ordres suivant lesquels; **or words to that** ~ ou qch d'analogue. **(c)** *(property)* ~**s** biens *mpl*. **2** *vt reform, reduction, payment, sale* effectuer; *cure* obtenir; *improvement* apporter; *transformation* opérer; *saving* réaliser; *reconciliation, reunion* amener. **to** ~ **an entry** entrer de force. ♦ **effective** *adj* **(a)** *(efficient)* *cure, measures, system* efficace; *word, remark, argument* qui porte; *(impressive)* frappant, qui fait de l'effet; **to become** ~**ive** *[regulation]* entrer en vigueur; *[ticket]* être valide; **(b)** *(actual) aid, contribution* effectif; **the** ~**ive head of the family** le chef réel de la famille. ♦ **effectively** *adv (efficiently)* efficacement; *(usefully)* utilement; *(strikingly)* d'une manière frappante; *(in reality)* effectivement. ♦ **effectiveness** *n (efficiency)* efficacité *f*; *(striking quality)* effet frappant. ♦ **effectual** *adj* efficace. ♦ **effectually** *adv* efficacement. ♦ **effectuate** *vt* effectuer.

effeminate [ɪˈfemɪnɪt] *adj* efféminé. ♦ **effeminacy** *n* caractère *m* efféminé.

effervesce [,efəˈves] *vi [liquids]* être en effervescence; *[drinks]* mousser; *[person]* être tout excité. ♦ **effervescence** *n* effervescence *f*. ♦ **effervescent** *adj liquid, tablet* effervescent; *drink* gazeux; *person* plein d'entrain.

efficacious [,efɪˈkeɪʃəs] *adj* efficace. ♦ **efficacy** ['efɪkəsɪ] *n* efficacité *f*.

efficient [ɪˈfɪʃənt] *adj person* capable, compétent; *method, system, organization* efficace; *machine* qui fonctionne bien. ♦ **efficiency** *n* capacité *f*, compétence *f*; efficacité *f*; bon fonctionnement *m*. ♦ **efficiently** *adv* avec compétence; efficacement; *[machine]* **to work** ~**ly** bien fonctionner.

effluent ['efluənt] *adj, n* effluent *(m)*.

effort ['efət] *n* effort *m*. **to make an** ~ **to do** faire un effort pour faire, s'efforcer de faire; **to make every** ~ **to do** faire tout son possible pour faire; **he made no** ~ **to be polite** il ne s'est pas donné la peine d'être poli; **it's not worth the** ~ cela ne vaut pas la peine; **it's an awful** ~ **to get up!** il en faut du courage pour se lever!; **what do you think of his latest** ~?* qu'est-ce que tu penses de ce qu'il vient de faire?; **a first** ~ un coup d'essai, une tentative; **that's a good** ~* ça n'est pas mal réussi;

it's a pretty poor ~* ça n'est pas une réussite. ♦ **effortless** *adj success* facile; *movement* aisé. ♦ **effortlessly** *adv* sans effort, facilement.

effrontery [ɪ'frʌntərɪ] *n* effronterie *f*.

effusive [ɪ'fjuːsɪv] *adj person* expansif; *welcome* chaleureux; *thanks, apologies* sans fin. ♦ **effusion** *n* effusion *f*. ♦ **effusively** *adv* avec effusion.

eft [eft] *n* (*Zool*) triton *m* crêté.

egalitarian [ɪˌgælɪ'teərɪən] **1** *n* égalitariste *mf*. **2** *adj person* égalitariste; *principle* égalitaire. ♦ **egalitarianism** *n* égalitarisme *m*.

egg [eg] **1** *n* œuf *m*. **~s and bacon** œufs au bacon; (*fig*) **to put all one's ~s in one basket** mettre tous ses œufs dans le même panier; (*fig*) **to have ~ on one's face*** avoir l'air plutôt ridicule. **2** *adj*: **~ white/yolk** blanc *m*/jaune *m* d'œuf; **~ custard** ≃ crème *f* renversée. **3** *vt* (**~ on**) inciter (*to do* à faire). ♦ **eggbeater** *n* (*rotary*) batteur *m* (à œufs); (*whisk*) fouet *m* (à œufs). ♦ **eggcup** *n* coquetier *m*. ♦ **eggflip** *or* ♦ **eggnog** *n* flip *m*. ♦ **eggheads** *n* intellectuel(le) *m(f)*, cérébral(e) *m(f)*. ♦ **eggplant** *n* aubergine *f*. ♦ **egg-shaped** *adj* ovoïde. ♦ **eggshell 1** *n* coquille *f* (d'œuf); **2** *adj paint* presque mat. ♦ **egg-timer** *n* (*sand*) sablier *m*; (*automatic*) minuteur *m*.

ego ['iːgəʊ] **1** *n* (*Psych*) **the ~** le moi, l'ego *m*. **2** *adj*: **~ trip** fête *f* pour soi. ♦ **egocentric(al)** *adj* égocentrique. ♦ **egomania** *n* manie *f* égocentrique. ♦ **ego(t)ism** *n* égotisme *m*. ♦ **ego(t)ist** *n* égotiste *mf*. ♦ **ego(t)istic(al)** *adj* égotiste.

Egypt ['iːdʒɪpt] *n* Égypte *f*. ♦ **Egyptian 1** *adj* égyptien; **2** *n* Égyptien(ne) *m(f)*.

eiderdown ['aɪdədaʊn] *n* édredon *m*.

eight [eɪt] *adj, n* huit (*m*) *inv*. **he's had one over the ~*** il a un verre dans le nez*; *for phrases V* **six**. ♦ **eighteen** *adj, n* dix-huit (*m*) *inv*. ♦ **eighteenth 1** *adj* dix-huitième; **2** *n* dix-huitième *mf*; (*fraction*) dix-huitième *m*. ♦ **eighth 1** *adj* huitième; **2** *n* huitième *mf*; (*fraction*) huitième *m*. ♦ **eightieth 1** *adj* quatre-vingtième; **2** *n* quatre-vingtième *mf*; (*fraction*) quatre-vingtième *m*. ♦ **eighty** *adj, n* quatre-vingts (*m*) *inv*; **~y books** quatre-vingts livres; **~y-one** quatre-vingt-un; **~y-first** quatre-vingt-unième; **page ~y** page quatre-vingt.

Eire ['eərə] *n* République *f* d'Irlande, Irlande *f* du Sud.

either ['aɪðə'] **1** *adj* (**a**) (*one or other*) l'un ou l'autre, n'importe lequel (des deux). **~ day** would suit me l'un ou l'autre jour me conviendrait; **I don't like ~ girl** je n'aime ni l'une ni l'autre de ces filles. (**b**) (*each*) chaque. **in ~ hand** dans chaque main; **on ~ side of the street** des deux côtés *or* de chaque côté de la rue; **on ~ side lay fields** de part et d'autre s'étendaient des champs. **2** *pron* l'un(e) ou l'autre, n'importe lequel (or laquelle) (des deux). **which bus will you take?** – **~** quel bus prendrez-vous? – l'un ou l'autre *or* n'importe lequel (des deux); **I don't believe ~ of them** je ne les crois ni l'un ni l'autre; **give it to ~ of them** donnez-le soit à l'un soit à l'autre; **if ~ is attacked the other helps her** si l'une des deux est attaquée l'autre l'aide. **3** *adv* non plus. **he can't act ~** il ne sait pas jouer non plus; **no, I haven't ~** moi non plus. **4** *conj*: **~ ... or** ou (bien) ... ou (bien), soit ... soit; (*after neg*) ni ... ni; **~ he or his sister** soit lui soit sa sœur, ou (bien) lui ou (bien) sa sœur; **I have never been ~ to Paris or to Rome** je ne suis jamais allé ni à Paris ni à Rome.

ejaculate [ɪ'dʒækjʊleɪt] *vti* (*cry out*) s'exclamer; (*Physiol*) éjaculer. ♦ **ejaculation** *n* exclamation *f*; éjaculation *f*.

eject [ɪ'dʒekt] *vt* (*Aviat, Tech etc*) éjecter; *tenant, trouble-maker* expulser, vider*; *trespasser* chasser. ♦ **ejection** *n* éjection *f*; expulsion *f*. ♦ **ejector** *n* éjecteur *m*; **~or seat** siège *m* éjectable.

eke [iːk] *vt*: **to ~ out** (*by adding*) augmenter (*by*

doing en faisant); (*by saving*) faire durer.

elaborate [ɪ'læbərɪt] **1** *adj* (*complicated*) complexe, compliqué; (*careful*) minutieux; *joke, meal, style, clothes* recherché; *work of art* travaillé. **with ~ care** très soigneusement, minutieusement. **2** [ɪ'læbəreɪt] *vt* élaborer. **3** *vi* donner des détails (*on* sur). ♦ **elaborately** *adv* de façon compliquée; *prepare, plan* minutieusement; *dress, write* avec recherche.

elapse [ɪ'læps] *vi* s'écouler, (se) passer.

elastic [ɪ'læstɪk] **1** *adj* élastique. **~ band** élastique *m*; **~ stockings** bas *mpl* à varices. **2** *n* élastique *m*. ♦ **elasticity** *n* élasticité *f*.

elate [ɪ'leɪt] *vt* transporter. ♦ **elated** *adj* transporté (de joie). ♦ **elation** *n* allégresse *f*.

elbow ['elbəʊ] **1** *n* coude *m*. **to lean one's ~s on** s'accouder à, être accoudé à; **at his ~** à ses côtés; **out at the ~s** *garment* percé aux coudes; *person* déguenillé. **2** *adj*: **to use a bit of ~ grease*** mettre de l'huile de coude*; **to have enough ~ room** avoir de la place pour se retourner; (*fig*) avoir les coudées franches. **3** *vt*: **to ~ sb aside** écarter qn du coude; **to ~ (one's way) through the crowd** se frayer un passage à travers la foule (en jouant des coudes).

elder¹ ['eldə'] *n* (*Bot*) sureau *m*. ♦ **elderberry** *n* baie *f* de sureau; **~berry wine** vin *m* de sureau.

elder² ['eldə'] **1** *adj* aîné (*de deux*). **my ~ sister** ma sœur aînée; **~ statesman** homme *m* politique chevronné. **2** *n* aîné(e) *m(f)*. (*tribe*) **~s** anciens *mpl*; **one's ~s and betters** ses aînés. ♦ **elderly** *adj* assez âgé. ♦ **eldest** *adj* aîné (*de plusieurs*); **their eldest child** l'aîné(e) de leurs enfants; **my eldest brother** l'aîné de mes frères.

elect [ɪ'lekt] **1** *vt* (*by vote*) élire (*to* à); (*more informally*) nommer (*to* à); (*choose*) choisir (*to do* de faire). **he was ~ed chairman** il a été élu président. **2** *adj* futur. **the president ~** le futur président. **3** *npl*: **the ~** les élus *mpl*. ♦ **election 1** *n* élection *f*; **to hold an ~ion** procéder à une élection; **2** *adj* *campaign, speech, agent* électoral; *day, results* du scrutin. ♦ **electioneer** *vi* mener une campagne électorale. ♦ **elector** *n* électeur *m*, -trice *f*. ♦ **electoral** *adj* électoral; **~oral district** circonscription *f* électorale; **~oral roll** liste *f* électorale. ♦ **electorate** *n* électorat *m*.

electric [ɪ'lektrɪk] *adj* électrique. **~ blanket** couverture *f* chauffante; **~ chair** chaise *f* électrique; **~ fire** radiateur *m* électrique; **~ light** lumière *f* électrique; **~ shock** décharge *f* électrique; **to get an ~ shock** recevoir une décharge électrique; (*Med*) **~ shock treatment*** électrochocs *mpl*; **~ storm** orage *m* magnétique; (*fig*) **the atmosphere was ~** il y avait de l'électricité dans l'air*. ♦ **electrical** *adj* électrique; **~al engineer** ingénieur *m* électricien; **~al engineering** électrotechnique *f*; **~al failure** panne *f* d'électricité. ♦ **electrician** *n* électricien *m*. ♦ **electricity** *n* électricité *f*; **to switch off/on the ~ity** couper/rétablir le courant; **~ity board** office *m* régional de l'électricité. ♦ **electrification** *n* électrification *f*. ♦ **electrify** *vt* (*Rail*) électrifier; (*charge with ~ity*) électriser; (*fig*) *audience* électriser. ♦ **electrifying** *adj* électrisant.

electro... [ɪ'lektrəʊ] *pref* électro... . ♦ **electrocardiogram** *n* électrocardiogramme *m*. ♦ **electrocardiograph** *n* électrocardiographe *m*. ♦ **electrochemical** *adj* électrochimique. ♦ **electrochemistry** *n* électrochimie *f*. ♦ **electroconvulsive** *adj*: **to give sb ~convulsive therapy** traiter qn par électrochocs. ♦ **electrocute** *vt* électrocuter. ♦ **electrocution** *n* électrocution *f*. ♦ **electrodynamics** *nsg* électrodynamique *f*. ♦ **electroencephalogram** *n* électro-encéphalogramme *m*. ♦ **electroencephalograph** *n* électro-encéphalographie *f*. ♦ **electrolysis**

[ˌɪlek'trɒlɪsɪs] n électrolyse f. ◆ **electromagnetic** adj électromagnétique. ◆ **electroplated** adj: ~plated silver ruolz m. ◆ **electroshock** treatment n (Med) électrochocs mpl.

electrode [ɪ'lektrəud] n électrode f.

electron [ɪ'lektrɒn] 1 n électron m. 2 adj microscope etc électronique. ~ **gun** canon m à électrons. ◆ **electronic** adj (gen) électronique; ~ic surveillance utilisation f d'appareils d'écoute. ◆ **electronics** nsg électronique f.

elegant ['elɪɡənt] adj élégant. ◆ **elegance** n élégance f. ◆ **elegantly** adv élégamment, avec élégance.

elegy ['elɪdʒɪ] n élégie f.

element ['elɪmənt] n (gen) élément m; [heater, kettle] résistance f. an ~ of danger/truth une part de danger/de vérité; the ~ of chance le facteur chance; to be in one's ~ être dans son élément; (Rel) the E~s les Espèces fpl. ◆ **elemental** adj élémentaire; (basic) essentiel. ◆ **elementary** (gen) élémentaire; school, education primaire; ~ary science les rudiments mpl de la science.

elephant ['elɪfənt] n éléphant m. ◆ **elephantine** adj éléphantesque.

elevate ['elɪveɪt] vt object élever (also fig, Rel). ◆ **elevated** adj position élevé; railway aérien; rank éminent; style soutenu; thoughts noble. ◆ **elevating** adj (fig) exaltant. ◆ **elevation** n (gen) élévation f; (altitude) altitude f; (Archit) front elevation façade f; sectional elevation coupe f verticale. ◆ **elevator** n élévateur m; (US: lift) ascenseur m; (hoist) monte-charge m inv.

eleven [ɪ'levn] adj, n onze (m) inv. (Scol) the ~ plus ≃ l'examen m d'entrée en sixième; (Sport) the first ~ le onze, la première équipe; for phrases V six. ◆ **elevenses*** npl pause-café f. ◆ **eleventh** 1 adj onzième; (fig) at the ~th hour à la onzième heure; 2 n onzième mf; (fraction) onzième m.

elf [elf] n, pl elves lutin m.

elicit [ɪ'lɪsɪt] vt truth, secret arracher (from sb à qn), découvrir; facts of a case tirer au clair, (from sb) obtenir (from de); admission, reply, explanation obtenir (from de).

eligible ['elɪdʒəbl] adj (for membership, office) éligible (for à); (for job) admissible (for à). to be ~ for pension avoir droit à; promotion avoir les conditions requises pour obtenir; an ~ young man un beau parti. ◆ **eligibility** n éligibilité f; admissibilité f.

eliminate [ɪ'lɪmɪneɪt] vt (gen) éliminer (from de); possibility exclure; bad language, detail supprimer; (kill) supprimer. ◆ **elimination** n élimination f; by the process of elimination en procédant par élimination.

elision [ɪ'lɪʒən] n élision f.

élite [eɪ'liːt] n élite f. ◆ **elitism** n élitisme m. ◆ **elitist** adj élitiste.

elixir [ɪ'lɪksər] n élixir m.

Elizabethan [ɪˌlɪzə'biːθən] adj élisabéthain.

elliptic(al) [ɪ'lɪptɪk(əl)] adj elliptique.

elm [elm] n orme m.

elocution [ˌelə'kjuːʃən] n élocution f.

elongate ['iːlɒŋɡeɪt] vt allonger. ◆ **elongation** n allongement m; (Med) élongation f.

elope [ɪ'ləup] vi [couple] s'enfuir. to ~ with sb [woman] se laisser enlever par qn; [man] enlever qn. ◆ **elopement** n fugue f (amoureuse).

eloquent ['eləkwənt] adj (gen) éloquent; words entraînant; silence qui en dit long. ◆ **eloquence** n éloquence f. ◆ **eloquently** adv avec éloquence.

else [els] adv autre, d'autre, de plus. anybody ~ would have done it tout autre or n'importe qui d'autre l'aurait fait; is there anybody ~ there? y a-t-il qn d'autre?; I'd prefer anything ~ je préférerais n'importe quoi d'autre; have you anything ~ to say? avez-vous encore qch à dire?; anything ~ sir? [shop assistant] et avec ça*, mon-

sieur?; nothing ~, thank you plus rien, merci; anywhere ~ nobody would have noticed, but ... n'importe où ailleurs personne ne s'en serait aperçu, mais ...; can you do it anywhere ~? pouvez-vous le faire ailleurs?; how ~ can I do it? comment est-ce que je peux le faire autrement?; nobody ~, no one ~ personne d'autre; nothing ~ rien d'autre; nowhere ~ nulle part ailleurs; sb ~ qn d'autre; sth ~ autre chose, qch d'autre; somewhere ~ ailleurs, autre part; who ~? qui encore?; what ~ could I do? que pouvais-je faire d'autre?; and much ~ et bien d'autres choses (encore); there is little ~ to be done il n'y a pas grand-chose d'autre à faire; or ~ ou bien, sinon, autrement; do it or ~ go away faites-le, ou bien allez-vous-en; do it or ~!* faites-le sinon ...! ◆ **elsewhere** adv ailleurs.

elucidate [ɪ'luːsɪdeɪt] vt élucider. ◆ **elucidation** n élucidation f.

elude [ɪ'luːd] vt enemy, pursuit, arrest échapper à; the law, question éluder; sb's gaze, police, responsibility se dérober à; blow esquiver, éviter. the name ~s me le nom m'échappe; success ~d him le succès restait hors de sa portée. ◆ **elusive** adj enemy, prey, thoughts insaisissable; word, happiness, success qui échappe; glance, personality fuyant; answer évasif; (gen) she's very elusive il est impossible de la coincer.

emaciated [ɪ'meɪsɪeɪtɪd] adj person, face émacié; limb décharné. to become ~ s'émacier, se décharner. ◆ **emaciation** n émaciation f.

emanate ['eməneɪt] vi émaner (from de). ◆ **emanation** n émanation f.

emancipate [ɪ'mænsɪpeɪt] vt women émanciper; slaves affranchir; (fig) émanciper, affranchir (from de). ◆ **emancipation** n émancipation f; affranchissement m.

embalm [ɪm'bɑːm] vt embaumer.

embankment [ɪm'bæŋkmənt] n [path, railway] talus m, remblai m; [canal, dam] digue f. (fig) to sleep on the E~ ≃ coucher sous les ponts.

embargo [ɪm'bɑːɡəu] n (Comm, Naut: prohibition) embargo m; (fig) interdiction f. to put an ~ on mettre l'embargo sur; (fig) interdire.

embark [ɪm'bɑːk] 1 vt embarquer. 2 vi (Aviat, Naut) s'embarquer (on à bord de, sur). to ~ on journey commencer; business, undertaking, explanation se lancer dans; discussion entamer. ◆ **embarkation** 1 n [passengers] embarquement m; [cargo] chargement m; 2 adj: ~ation card carte f d'embarquement.

embarrass [ɪm'bærəs] vt embarrasser, gêner. I feel ~ed about it j'en suis gêné, cela m'embarrasse; to be financially ~ed avoir des embarras mpl d'argent. ◆ **embarrassing** adj embarrassant, gênant; to get out of an ~ing situation se tirer d'embarras. ◆ **embarrassment** n embarras m, gêne f (at devant); to be an ~ment to sb embarrasser qn.

embassy ['embəsɪ] n ambassade f. the French E~ l'ambassade de France.

embed [ɪm'bed] vt (in wood) enfoncer; (in cement, stone) sceller; jewel enchâsser; (Ling) enchâsser.

embellish [ɪm'belɪʃ] vt (gen) embellir (with de); manuscript, tale enjoliver (with de); truth broder sur. ◆ **embellishment** n enjolivement m.

embers ['embəz] npl braise f. the dying ~ les tisons mpl.

embezzle [ɪm'bezl] vt détourner (des fonds). ◆ **embezzlement** n détournement m de fonds. ◆ **embezzler** n escroc m.

embitter [ɪm'bɪtər] vt person aigrir; relations, disputes envenimer.

emblem ['embləm] n emblème m.

embody [ɪm'bɒdɪ] vt spirit, quality incarner; one's thoughts, theories exprimer (in dans, en); [machine] features réunir. ◆ **embodiment** n incarnation *f;* **he is the embodiment of kindness** c'est la bonté incarnée.

embolism ['embəlizəm] *n* embolie *f.*

emboss [ɪm'bɒs] *vt metal* travailler en relief; *leather, cloth* gaufrer. ♦ **embossed** *adj wallpaper* gaufré; *writing paper* à en-tête en relief.

embrace [ɪm'breɪs] **1** *vt person* embrasser, étreindre; *religion, cause, theme, period* embrasser. **2** *vi* s'étreindre, s'embrasser. **3** *n* étreinte *f.*

embrocation [,embrəʊ'keɪʃən] *n* embrocation *f.*

embroider [ɪm'brɔɪdər] *vt* broder; *facts, truth* broder sur. ♦ **embroidery 1** *n* broderie *f;* **2** *adj silk* à broder.

embroiled [ɪm'brɔɪld] *adj:* ~ **in** entraîné dans; **to get (o.s.)** ~ **in** se laisser entraîner dans.

embryo ['embrɪəʊ] *n* embryon *m.* **in** ~ en germe. ♦ **embryonic** *adj* embryonnaire; *(fig)* en germe.

emend [ɪ'mend] *vt* corriger (*un texte*). ♦ **emendation** *n* correction *f.*

emerald ['emərəld] **1** *n (stone)* émeraude *f;* (*colour*) émeraude *m.* **2** *adj necklace* d'émeraudes; ~ **green)** émeraude *inv.*

emerge [ɪ'mɜːdʒ] *vi (gen)* apparaître, surgir *(from* de, *from behind* de derrière); *(from water)* émerger, surgir *(from* de); *[truth, facts]* émerger *(from* de), apparaître; *[difficulties]* surgir, s'élever; *[new nation, theory, school of thought]* naître. **it** ~**s** that il ressort que, il apparaît que. ♦ **emergence** *n* apparition *f;* naissance *f.* ♦ **emergent** *adj:* ~**nt nations** pays *mpl* en voie de développement.

emergency [ɪ'mɜːdʒənsɪ] **1** *n* cas *m* urgent. **in an** ~ en cas d'urgence *or* d'imprévu; **prepared for any** ~ prêt à toute éventualité; **in this** ~ dans cette situation critique; **to declare a state of** ~ déclarer l'état d'urgence. **2** *adj measures, operation, repair* d'urgence; *brake, airstrip* de secours; *powers* extraordinaire; *rations* de réserve; *(improvised) mast* de fortune. *(Med)* **an** ~ **case** une urgence; ~ **exit** sortie *f* de secours; *(Mil)* ~ **force** force *f* d'intervention; *(Aviat)* ~ **landing** atterrissage forcé; *(Med)* ~ **service** service *m* des urgences; ~ **ward** salle *f* des urgences.

emery ['emərɪ] **1** *n* émeri *m.* **2** *adj:* ~ **cloth/paper** toile *f*/papier *m* d'émeri.

emetic [ɪ'metɪk] *adj,* *n* émétique (*m*).

emigrate ['emɪɡreɪt] *vi* émigrer. ♦ **emigrant** *n* émigrant(e) *m(f);* (*established*) émigré(e) *m(f).* ♦ **emigration** *n* émigration *f.*

eminent ['emɪnənt] *adj (gen)* éminent; *person* éminent, très distingué. ♦ **eminence** *n* distinction *f;* **to win eminence** acquérir un grand renom; **Your Eminence** Votre Éminence *f.* ♦ **eminently** *adv suited* éminemment; *respectable* parfaitement; *fair* admirablement.

emir [e'mɪər] *n* émir *m.* ♦ **emirate** *n* émirat *m.*

emit [ɪ'mɪt] *vt (gen)* dégager, émettre; *sparks* jeter; *light, electromagnetic waves, banknotes, sound* émettre; *cry* laisser échapper. ♦ **emission** *n* dégagement *m,* émission *f.*

emolument [ɪ'mɒljumənt] *n* émoluments *mpl.*

emotion [ɪ'məʊʃən] *n* **(a)** émotion *f.* **full of** ~ ému. **(b)** *(jealousy, love etc)* sentiment *m.* ♦ **emotional** *adj shock, disturbance* émotif; *reaction, state* émotionnel; *moment* d'émotion profonde; *story, writing* qui fait appel aux sentiments; *person* facilement ému; **he was being very** ~**al about it** il prenait cela très à cœur. ♦ **emotionalism** *n* sensiblerie *f (pej).* ♦ **emotionally** *adv speak* avec émotion; ~**ally deprived** privé d'affection; **he is** ~**ally involved** ses sentiments sont en cause. ♦ **emotive** *adj* émotif.

empathy ['empəθɪ] *n* communauté *f* d'âme.

emperor ['empərər] *n* empereur *m.*

emphasis ['emfəsɪs] *n (in word, phrase)* accentuation *f,* accent *m* d'intensité; *(fig)* accent. **to speak with** ~ parler sur un ton d'insistance; *(fig)* **the** ~ **is on sport** on accorde une importance particulière au sport. ♦ **emphasize** *vt word, fact, point* appuyer sur, insister sur; *[garment etc] sb's height etc* accentuer; **I must emphasize that** ... je dois souligner le fait que .... ♦ **emphatic** *adj tone, manner, person* énergique; *denial, speech, condemnation* catégorique, énergique. ♦ **emphatically** *adv speak* énergiquement; *deny, refuse* catégoriquement; **yes, emphatically!** oui, absolument!; **I must say this emphatically** sur ce point je suis formel.

empire ['empaɪər] **1** *n* empire *m.* **2** *adj:* **E**~ *costume, furniture* Empire *inv.* ♦ **empire-builder** *n* bâtisseur *m* d'empires. ♦ **empire-build** *vi:* **he is** ~**-building** il joue les bâtisseurs d'empire.

empiric(al) [em'pɪrɪk(əl)] *adj* empirique. ♦ **empiricism** *n* empirisme *m.* ♦ **empiricist** *adj,* *n* empiriste (*mf*).

employ [ɪm'plɔɪ] **1** *vt* employer *(as* comme; *to do* pour faire; *in doing* à faire). **to be** ~**ed in doing** être occupé à faire. **2** *n:* **in the** ~ **of** employé par; *domestic staff* au service de. ♦ **employee** *n* employé(e) *m(f).* ♦ **employer** *n (gen)* patron(ne) *m(f); (Admin)* employeur *m,* -euse *f; (Ind: collectively)* ~**ers** le patronat; ~**ers' federation/ contribution** fédération/cotisation patronale. ♦ **employment 1** *n* emploi *m; (a job)* emploi, travail *m;* **full** ~**ment** le plein emploi; **to take up** ~**ment** prendre un emploi; **without** ~**ment** sans emploi, au chômage; **to find** ~**ment** trouver un emploi *or* du travail; **in sb's** ~**ment** employé par qn; *domestic staff* au service de qn; **conditions/ place of** ~**ment** conditions *fpl*/lieu *m* de travail; **Ministry of E**~**ment** ministère *m* de l'Emploi. **2** *adj:* ~**ment agency** agence *f* de placement; ~**ment exchange** bourse *f* du travail.

empower [ɪm'paʊər] *vt* autoriser *(sb to do* qn à faire).

empress ['emprɪs] *n* impératrice *f.*

empty ['emptɪ] **1** *adj (gen)* vide; *house, room* inoccupé, vide; *post, job* vacant; *words* creux; *promise* vain; *threat* vain. **on an** ~ **stomach** à jeun. **2** *npl:* **empties** bouteilles *fpl (or* boîtes *fpl etc)* vides. **3** *vt (gen)* vider; *(~out) pocket* vider; *bricks, books* sortir *(of, from* de; *into* dans); *liquid* vider *(from* de), verser *(from* de; *into* dans). **4** *vi [water]* se déverser; *[river]* se jeter *(into* dans); *[building, container]* se vider. ♦ **emptiness** *n* vide *m; [pleasures etc]* vanité *f;* **the emptiness of life** le vide de l'existence. ♦ **empty-handed** *adj:* **to be** ~**-handed** avoir les mains vides; **to arrive** ~**-handed** arriver les mains vides. ♦ **empty-headed** *adj* sot.

emu ['iːmjuː] *n* émeu *m.*

emulate ['emjʊleɪt] *vt (essayer d')*égaler.

emulsify [ɪ'mʌlsɪfaɪ] *vt* émulsionner. ♦ **emulsion 1** *n* émulsion *f;* **2** *adj paint* mat.

enable [ɪ'neɪbl] *vt:* **to** ~ **sb to do** permettre à qn de faire, donner à qn *(opportunity)* la possibilité *or (means)* le moyen de faire.

enact [ɪ'nækt] *vt* **(a)** *(Jur) (make into law)* promulguer; *(decree)* décréter. **(b)** *(perform)* play représenter. *(fig)* **the drama which was** ~**ed** le drame qui s'est déroulé.

enamel [ɪ'næməl] **1** *n (gen)* émail *m.* **nail** ~ vernis *m* à ongles. **2** *vt* émailler. **3** *adj* en émail. ~ **paint** ripolin *m* ®. ♦ **enamelled** *adj* en émail. ♦ **enamelware** *n* articles *mpl* en métal émaillé.

enamoured, *(US)* **-ored** [ɪ'næməd] *adj:* **to be** ~ **of** aimer beaucoup.

encampment [ɪn'kæmpmənt] *n* campement *m.*

encapsulate [ɪn'kæpsjʊleɪt] *vt (fig)* renfermer, résumer.

encase [ɪn'keɪs] *vt (contain)* enfermer *(in* dans); *(cover)* recouvrir *(in* de).

encephalitis [,ensefə'laɪtɪs] *n* encéphalite *f.*

enchant [ɪn'tʃɑːnt] *vt* enchanter, charmer.

♦ **enchanter** *n* enchanteur *m.* ♦ **enchanting** *adj* enchanteur, charmant. ♦ **enchantingly** *adv smile, dance* d'une façon ravissante; *~ingly beautiful* belle à ravir. ♦ **enchantment** *n* enchantement *m.* ♦ **enchantress** *n* enchanteresse *f.*

encircle [ɪnˈsɜːkl] *vt* (*gen*) entourer; [*people*] encercler, entourer. ♦ **encircling** *adj:* encircling movement manœuvre *f* d'encerclement.

enclose [ɪnˈkləʊz] *vt* (**a**) (*fence in*) clôturer; (*surround*) entourer (*with* de). (**b**) (*with letter etc*) joindre (*in, with* à). *letter enclosing a receipt* lettre contenant un reçu; *please find ~d* veuillez trouver ci-joint. ♦ **enclosed** *adj space* clos; (*Rel*) *order* cloîtré; (*in letter*) *cheque etc* ci-joint. ♦ **enclosure** *n* (*act*) clôture *f;* (*piece of land*) enceinte *f;* (*at racecourse*) pesage *m;* (*document ~d*) pièce *f* jointe.

encompass [ɪnˈkʌmpəs] *vt* (*include*) inclure.

encore [ɒŋˈkɔːʳ] **1** *excl* bis! **2** [ˈɒŋkɔːʳ] *n* bis *m.* *to give an ~* jouer (*or* chanter *etc*) un bis.

encounter [ɪnˈkaʊntəʳ] **1** *vt person* rencontrer (à l'improviste); *enemy, difficulties* affronter, rencontrer; *danger* rencontrer; *opposition* se heurter à; *enemy fire* essuyer. **2** *n* rencontre *f.*

encourage [ɪnˈkʌrɪdʒ] *vt* encourager (*sb to do* qn à faire). ♦ **encouragement** *n* encouragement *m.* ♦ **encouraging** *adj* encourageant. ♦ **encouragingly** *adv* d'une manière encourageante.

encroach [ɪnˈkrəʊtʃ] *vi* (*on sb's land, time, rights*) empiéter (*on* sur). *the sea is ~ing on the land* la mer gagne du terrain.

encrusted [ɪnˈkrʌstəd] *adj:* ~ *with earth etc* encroûté de; *jewels* incrusté de.

encumber [ɪnˈkʌmbəʳ] *vt* encombrer (*with* de). ♦ **encumbrance** *n* (*thing*) chose *f* gênante.

encyclical [ɪnˈsɪklɪkəl] *adj, n* encyclique (*f*).

encyclop∘a)edia [ɪnˌsaɪkləʊˈpiːdɪə] *n* encyclopédie *f.* ♦ **encyclop(a)edic** *adj* encyclopédique.

end [end] **1** *n* (**a**) (*farthest part: gen*) bout *m.* *the southern ~ of the town* l'extrémité *f* sud de la ville; *the fourth from the ~* le quatrième avant la fin; *from ~ to ~* d'un bout à l'autre; *on ~* debout (*V also* 1b); *to stand a box etc on ~* mettre une caisse *etc* debout; *his hair stood on ~* ses cheveux se dressèrent sur sa tête; *~ to ~* bout à bout; (*Sport*) *to change ~s* changer de côté; (*fig*) *to make* (*both*) *~s meet* joindre les deux bouts; *to keep one's ~ up** se défendre assez bien.

(**b**) (*conclusion*) fin *f.* *the ~ of the world* la fin du monde; *it's not the ~ of the world!** ce n'est pas une catastrophe!; *it succeeded in the ~* cela a réussi à la fin *or* finalement; *he got used to it in the ~* il a fini par s'y habituer; *at the ~ of the day* à la fin de la journée; (*fig*) en fin de compte; *at the ~ of three weeks* au bout de trois semaines; *that was the ~ of my watch* ma montre était fichue*; *that was the ~ of that!* on n'en a plus reparlé; *there is no ~ to it* all cela n'en finit plus; *to be at an ~* [*action*] être terminé; [*time, period*] être écoulé; [*supplies*] être épuisé; [*patience*] être à bout; *at the ~ of one's patience/strength* à bout de patience/forces; *to bring to an ~ speech, writing* achever; *work* terminer; *relations* mettre fin à; *to come to an ~* prendre fin, se terminer; *to get to the ~ of supplies, food* finir; *work, essay* venir à bout de; *holiday* arriver à la fin de; *to come to a bad ~* mal finir; *we shall never hear the ~ of it* on n'a pas fini d'en entendre parler; *no ~** of une masse* de, énormément de; *no ~** (*adv*) énormément; *that's the* (*bitter*) *~!** il ne manquait plus que ça!, c'est la fin de tout!; *he's the ~!** il est insupportable!; *for two hours on ~* deux heures de suite; *for days on ~* pendant des jours et des jours.

(**c**) (*remnant*) [*rope, candle*] bout *m;* [*loaf, meat*] reste *m,* restant *m.* *cigarette ~* mégot *m.*

(**d**) (*purpose*) but *m,* fin *f.* *with this ~ in view* dans ce but, à cette fin; *an ~ in itself* une fin en soi; *to no ~* en vain; *the ~ justifies the means* la fin justifie les moyens.

2 *adj house* dernier (*before n*); *result* final, définitif. *~ product* (*Comm, Ind*) produit fini; (*fig*) résultat *m.*

3 *vt work* finir, achever; *period of service* accomplir; *speech, writing* conclure (*with* avec, par); *broadcast, series* terminer (*with* par); *speculation, rumour, quarrel, war* mettre fin à. *that was the lie to ~ all lies!** comme mensonge on ne fait pas mieux!*

4 *vi* finir, se terminer (*in* par), s'achever. *the winter is ~ing* l'hiver tire à sa fin; *word ~ing in* an *s*/*in* -re mot se terminant par un *s*/en -re; *it ~ed in failure* ça s'est soldé par un échec.

end up *vi* (**a**) finir, se terminer (*in* en, par); [*road*] aboutir (*in* à). (**b**) (*finally arrive at*) se retrouver (*in* à, en); (*finally become*) finir par devenir.

♦ **ending** *n* (*gen*) fin *f;* (*outcome*) issue *f;* [*speech etc*] conclusion *f;* (*Ling*) terminaison *f;* *story with a happy ~ing* histoire qui finit bien. ♦ **endless** *adj road, wait* interminable, sans fin; (*Tech*) *belt* sans fin; *times, attempts* innombrable; *discussion, argument* continuel, incessant; *patience* infini; *resources, supplies* inépuisable; *possibilities* illimité; *this job is ~less* on n'en voit pas la fin. ♦ **endlessly** *adv stretch out* interminablement, à perte de vue; *chatter, argue* continuellement; *repeat* sans cesse; *~lessly willing* d'une bonne volonté à toute épreuve. ♦ **endpapers** *npl* (*Typ*) gardes *fpl.* ♦ **endways** *or* **endwise** *adv* (*~ways on*) en long; (*~ to ~*) bout à bout.

endanger [ɪnˈdeɪndʒəʳ] *vt life, interests* mettre en danger; *future, chances, health* compromettre.

endear [ɪnˈdɪəʳ] *vt* faire aimer (*to* de). *what ~s him to me is* ... ce qui me plaît en lui c'est ... . ♦ **endearing** *adj smile* engageant; *personality* attachant; *characteristic* (qui rend) sympathique. ♦ **endearingly** *adv* de façon engageante *or* sympathique. ♦ **endearments** *npl* (*words*) paroles *fpl* affectueuses; (*acts*) marques *fpl* d'affection.

endeavour [ɪnˈdevəʳ] **1** *n* effort *m,* tentative *f* (*to do* pour faire). *to make an ~ to do* essayer *or* s'efforcer de faire; *to make every ~ to go* faire tout son possible pour y aller. **2** *vi* essayer, s'efforcer (*to do* de faire), (*stronger*) s'appliquer (*to do* à faire).

endemic [enˈdemɪk] *adj* endémique.

endive [ˈendaɪv] *n* (*curly*) chicorée *f;* (*smooth, flat*) endive *f.*

endorse [ɪnˈdɔːs] *vt* (*sign*) *document, cheque* endosser; (*guarantee*) *bill* avaliser; (*approve*) *claim* appuyer; *opinion* souscrire à; *action, decision* approuver. (*Aut*) *he has had his licence ~d* il a eu une contravention portée à son permis de conduire. ♦ **endorsement** *n* (*on cheque*) endos *m;* (*approval*) approbation *f;* (*on driving licence*) contravention portée à un permis de conduire.

endow [ɪnˈdaʊ] *vt institution, church* doter (*with* de); *hospital bed, prize, chair* fonder. *~ed with brains etc* doté d'intelligence *etc.* ♦ **endowment** **1** *n* dotation *f;* fondation *f.* **2** *adj: ~ment assurance* assurance *f* à capital différé.

endure [ɪnˈdjʊəʳ] **1** *vt* (*gen*) supporter (*doing* de faire); *pain* supporter, endurer. *she can't ~ teasing* elle ne peut pas supporter *or* souffrir qu'on la taquine (*subj*). **2** *vi* [*building, peace, friendship*] durer; [*book, memory*] rester. ♦ **endurable** *adj* supportable. ♦ **endurance** **1** *n* endurance *f,* résistance *f;* *he has come to the end of his endurance* il n'en peut plus; *beyond endurance* intolérable; *tried beyond endurance* excédé. **2** *adj:* endurance *test* (*gen*) épreuve *f* de résistance; (*Aut*) épreuve d'endurance. ♦ **enduring** *adj* durable.

enema ['enɪmə] n (Med) lavement m.
enemy ['enəmɪ] 1 n (gen) ennemi(e) m(f), adversaire mf; (Mil) ennemi m. to make an ~ of sb (se) faire un ennemi de qn; he is his own worst ~ il est son pire ennemi. 2 adj tanks, forces, tribes ennemi; morale, strategy de l'ennemi. ~ action une attaque ennemie; killed by ~ action tombé à l'ennemi; ~ alien ressortissant(e) m(f) d'un pays ennemi. ♦ enemy-occupied adj occupé par l'ennemi.
energy ['enədʒɪ] 1 n énergie f. Ministry of E~ ministère m de l'Énergie; to save ~ faire des économies d'énergie; with all one's ~ de toutes ses forces; to put all one's ~ into (doing) sth se consacrer tout entier à faire qch; I haven't the ~ to go back je n'ai pas l'énergie or le courage de retourner; don't waste your ~ ne te donne pas du mal pour rien. 2 adj crisis énergétique, de l'énergie. ♦ energetic adj (gen) énergique; I've had a very energetic day je me suis beaucoup dépensé aujourd'hui; do you feel energetic enough to come for a walk? est-ce que tu as assez d'énergie pour faire une promenade? ♦ energetically adv move, behave énergiquement, avec énergie; speak avec force. ♦ energize vt donner de l'énergie à; (Elec) alimenter (en courant). ♦ energy-giving adj énergétique.
enervate ['enɜːveɪt] vt affaiblir. ♦ enervating adj débilitant.
enforce [ɪn'fɔːs] vt decision, policy appliquer; law faire respecter; discipline imposer. to ~ obedience se faire obéir. ♦ enforced adj forcé, obligé.
enfranchise [ɪn'fræntʃaɪz] vt (give vote to) accorder le droit de vote à, admettre au suffrage; (set free) affranchir. ♦ enfranchisement n admission f au suffrage; affranchissement m.
engage [ɪn'geɪdʒ] 1 vt servant engager; workers embaucher; lawyer prendre; sb's attention, interest retenir; (Mil) the enemy attaquer; (Tech) engager. to ~ sb in conversation lier conversation avec qn; (Aut) to ~ a gear engager une vitesse; to ~ gear mettre en prise; to ~ the clutch embrayer. 2 vi [person] s'engager (to do à faire); [wheels] s'engrener. to ~ in politics se lancer dans; controversy s'embarquer dans; to ~ in a discussion/conversation entrer en discussion/conversation (with avec).
♦ engaged adj (a) (gen) person, seat, phone number etc occupé; to be ~d in doing être occupé à faire; to be ~d on sth s'occuper de qch; (Telec) the ~d signal la tonalité occupé inv; (b) (betrothed) fiancé (to à, avec); to get ~d se fiancer (to à, avec). ♦ engagement 1 n (a) (appointment) rendez-vous m inv; previous ~ment engagement m antérieur; I have an ~ment je ne suis pas libre; (b) [actor etc] engagement m; (c) (betrothal) fiançailles fpl; to break off one's ~ment rompre ses fiançailles; (d) (undertaking) engagement m; to give an ~ment to do sth s'engager à faire qch; (e) (Mil) combat m, engagement m; 2 adj: ~ment book agenda m; ~ment ring bague f de fiançailles. ♦ engaging adj smile engageant; personality attirant.
engender [ɪn'dʒendər] vt engendrer (fig).
engine ['endʒɪn] 1 n (Tech) machine f, moteur m; [ship] machine; (Rail) locomotive f; (Aut, Aviat) moteur. (Rail) facing/with your back to the ~ dans le sens de/le sens contraire à la marche. 2 adj (Rail) ~ driver mécanicien m; (Naut) ~ room salle f des machines; (Aut) ~ unit bloc-moteur m. ♦ -engined adj ending: twin-~d à deux moteurs. ♦ engineer 1 n (gen) ingénieur m; (Rail, Naut) mécanicien m; (tradesman) technicien m; (for domestic appliances etc) dépanneur m; (Mil) the E~rs le génie; the TV ~er came le dépanneur est venu pour la télé*; 2 vt scheme manigancer. ♦ engineering 1 n engineering m,

ingénierie f; to study ~ering faire des études d'ingénieur; 2 adj: ~ering factory or works atelier m de construction mécanique; ~ering industries industries fpl d'équipement.
England ['ɪŋglənd] n Angleterre f. ♦ English 1 adj anglais; king d'Angleterre; the English Channel la Manche; 2 n (Ling) anglais m; (people) the English les Anglais mpl; the King's or Queen's English l'anglais correct; in plain or simple English ≈ en bon français. ♦ Englishman n Anglais m. ♦ English-speaker n anglophone mf. ♦ English-speaking adj qui parle anglais; nation etc anglophone. ♦ Englishwoman n Anglaise f.
engrave [ɪn'greɪv] vt graver. ♦ engraver n graveur m. ♦ engraving n gravure f.
engrossed [ɪn'grəust] adj: ~ in work absorbé par; reading, thoughts plongé dans. ♦ engrossing adj absorbant.
engulf [ɪn'gʌlf] vt engouffrer.
enhance [ɪn'hɑːns] vt attraction, beauty mettre en valeur; position, chances améliorer; prestige, reputation, powers accroître.
enigma [ɪ'nɪgmə] n énigme f. ♦ enigmatic adj énigmatique. ♦ enigmatically adv d'une manière énigmatique.
enjoin [ɪn'dʒɔɪn] vt prescrire (sb to do à qn de faire); silence, obedience imposer (on à); discretion recommander (on à).
enjoy [ɪn'dʒɔɪ] vt (a) (gen) aimer (doing faire), trouver agréable (doing de faire); meal, wine apprécier, trouver bon. I ~ed doing it cela m'a fait plaisir de le faire; to ~ life profiter de la vie; to ~ a weekend passer un bon weekend; did you ~ the concert? est-ce que le concert vous a plu?; to ~ one's dinner bien manger or dîner; to ~ o.s. (bien) s'amuser; did you ~ yourself in Paris? est-ce que tu t'es bien amusé à Paris?; she always ~s herself in the country elle se plaît toujours à la campagne. (b) (benefit from) income, health jouir de. ♦ enjoyable adj visit agréable; meal excellent. ♦ enjoyment n plaisir m; to get ~ment from (doing) sth trouver du plaisir à (faire) qch.
enlarge [ɪn'lɑːdʒ] 1 vt (gen, also Phot) agrandir; (fig) empire, circle of friends étendre. 2 vi (grow bigger) s'agrandir; s'étendre. (b) to ~ (up)on s'étendre sur. ♦ enlarged adj edition augmenté; majority accru; (Med) organ hypertrophié; pore dilaté. ♦ enlargement n (gen; Phot) agrandissement m. ♦ enlarger n (Phot) agrandisseur m.
enlighten [ɪn'laɪtn] vt éclairer (sb on sth qn sur qch). ♦ enlightened adj éclairé; in this ~ed age à notre époque éclairée. ♦ enlightening adj révélateur (about au sujet de). ♦ enlightenment n (explanations) éclaircissements mpl (on sur); the Age of E~ment le Siècle des lumières.
enlist [ɪn'lɪst] 1 vi (Mil etc) s'engager (in dans). (US Mil) ~ed man simple soldat m. 2 vt supporters recruter; sb's support s'assurer.
enliven [ɪn'laɪvn] vt animer.
enmeshed [ɪn'meʃt] adj: to get ~ in s'empêtrer dans.
enmity ['enmɪtɪ] n inimitié f, hostilité f.
enormous [ɪ'nɔːməs] adj (gen) énorme; patience immense; strength prodigieux; stature colossal. an ~ quantity of énorméidcet de; an ~ number of things une masse* de; people une foule de. ♦ enormously adv (+ vb or ptp) énormément; (+ adj) extrêmement; it has changed ~ly cela a énormément changé; an ~ly funny story une histoire extrêmement drôle.
enough [ɪ'nʌf] 1 adj, n assez (de). ~ money/books assez d'argent/de livres; ~ to eat assez à manger; he earns ~ to live on il gagne de quoi vivre; I've had ~! j'en ai marre!*; I've had ~ of (doing) this j'en ai assez de (faire) cela; you can never have ~ of this music on ne se lasse jamais de cette musique; it was ~ to show that ... cela a suffi à

prouver que ...; **that's ~** cela suffit; **it's ~ to drive you mad** c'est à vous rendre fou; **more than ~ wine** un peu trop de vin; **more than ~ for all** largement (assez) *or* plus qu'assez pour tous; **~'s ~!** ça suffit comme ça!
2 *adv* assez, suffisamment. **old ~ to go alone** suffisamment *or* assez grand pour y aller tout seul; **I was fool ~ *or* ~ of a fool to believe him** j'ai été assez bête pour le croire; **he knows well ~** il sait très bien; **he writes well ~** il écrit assez bien, il n'écrit pas mal; **oddly ~, I ...** chose curieuse *or* c'est curieux, je ... .
enquire [ɪn'kwaɪəʳ] *etc* = **inquire** *etc*.
enrage [ɪn'reɪdʒ] *vt* mettre en rage.
enrapture [ɪn'ræptʃəʳ] *vt* enchanter.
enrich [ɪn'rɪtʃ] *vt* (*gen*) enrichir; *soil* fertiliser. ♦ **enrichment** *n* enrichissement *m*; fertilisation *f*.
enrol, (*US*) **enroll** [ɪn'rəʊl] **1** *vt* (*gen*) inscrire; *workers* embaucher; *soldiers* enrôler. **2** *vi* s'inscrire (*in* à; *for* pour); se faire embaucher (*as* comme); s'enrôler (*in* dans).
ensconce [ɪn'skɒns] *vt*: **to ~ o.s.** bien s'installer; **~d** bien installé.
ensign *n* (a) ['ensən] (*flag*) drapeau *m*, pavillon *m* (*Naut*). (*Brit*) **red/white ~** pavillon de la marine marchande/de la marine de guerre. (b) ['ensaɪn] (*US Naut*) enseigne *m* de vaisseau.
enslave [ɪn'sleɪv] *vt* asservir.
ensue [ɪn'sju:] *vi* s'ensuivre (*from* de). ♦ **ensuing** *adj* *event, chaos* qui s'ensuit; *year, day* suivant.
ensure [ɪn'ʃʊəʳ] *vt* assurer (*that* que).
entail [ɪn'teɪl] *vt* *expense, work, delay* occasionner; *disadvantages, risk, difficulty* comporter; *suffering, hardship* entraîner. **it ~ed buying a car** cela nécessitait l'achat d'une voiture.
entangled [ɪn'tæŋgld] *adj thread etc* emmêlé; (*fig*) empêtré.
enter ['entəʳ] **1** *vt* (a) (*go into*) *house etc* entrer dans; *vehicle* monter dans; *path, road* s'engager dans; *profession, the army etc* entrer dans; *university* s'inscrire à. **to ~ the Church** se faire prêtre; **the thought never ~ed my head** cette pensée ne m'est jamais venue à l'esprit. (b) (*write down*) *amount, name, fact, order* (*on list etc*) inscrire, (*in notebook*) noter; *item in ledger* porter (*in* sur); *pupil, candidate, show dog* présenter (*for* à); *racehorse, runner* inscrire (*for, in* dans). (*Comm*) **~ these purchases to me** mettez ces achats à mon compte; **to ~ a protest** élever une protestation. **2** *vi* (a) entrer. (*Theat*) **~ Macbeth** entre Macbeth. (b) (*for race, exam etc*) s'inscrire (*for* pour).
enter into *vt fus* (a) *explanation, apology* se lancer dans; *correspondence, conversation* entrer en; *plot* prendre part à; *negotiations* entamer; *alliance* conclure. (b) *sb's plans, calculations* entrer dans. **her money doesn't ~ into it at all** son argent n'y est pour rien.
enteritis [ˌentə'raɪtɪs] *n* entérite *f*.
enterprise ['entəpraɪz] *n* (a) (*undertaking, company*) entreprise *f*. (b) (*initiative*) esprit *m* d'initiative. ♦ **enterprising** *adj person* plein d'initiative, entreprenant; *venture* audacieux; **that was enterprising of you!** vous avez fait preuve d'initiative! ♦ **enterprisingly** *adv*: **to do sth enterprisingly** faire qch de sa propre initiative.
entertain [ˌentə'teɪn] *vt* (a) *audience* amuser, divertir; *guests* distraire. **to ~ sb to dinner** offrir un dîner à qn; (*at home*) recevoir qn à dîner; **they ~ a lot** ils reçoivent beaucoup. (b) *thought* méditer; *intention, doubt* nourrir; *proposal* accueillir favorablement. ♦ **entertainer** *n* artiste *mf* (de music-hall *etc*); **a well-known radio ~er** un(e) artiste bien connu(e) à la radio. ♦ **entertaining 1** *adj* amusant, divertissant; **2** *n*: **she does a lot of**

~ing elle reçoit beaucoup. ♦ **entertainingly** *adv* d'une façon amusante. ♦ **entertainment 1** *n* (a) (*amusement*) [*audience*] amusement *m*; [*guests*] divertissement *m*; **for your ~ment we ... pour vous distraire nous ...; for my own ~ment** pour mon divertissement personnel; (b) (*performance*) spectacle *m*; **musical ~ment** soirée *f* musicale; **2** *adj*: **~ment allowance** frais *mpl* de représentation; **the ~ment world** le monde du spectacle.
enthral(l) [ɪn'θrɔ:l] *vt* [*book etc*] captiver, passionner; [*beauty*] ensorceler. ♦ **enthralling** *adj* passionnant; ensorcelant.
enthusiasm [ɪn'θu:zɪæzəm] *n* enthousiasme *m* (*for* pour). ♦ **enthuse** *vi*: **to ~ over** parler avec beaucoup d'enthousiasme de.
enthusiast [ɪn'θu:zɪæst] *n* enthousiaste *mf*. **jazz etc ~** passionné(e) *m(f)* de jazz *etc*; **a Vivaldi ~** un(e) fervent(e) de Vivaldi. ♦ **enthusiastic** *adj* (*gen*) enthousiaste; *swimmer etc* passionné; **I'm not very ~ic about it** ça ne me dit pas grandchose; **to make sb ~ic** enthousiasmer qn; **to grow ~ic over** s'enthousiasmer pour. ♦ **enthusiastically** *adv* avec enthousiasme.
entice [ɪn'taɪs] *vt* attirer (*towards* vers); entraîner (*away from somewhere* à l'écart d'un endroit); éloigner (*sb away from sb* qn de qn); (*with food, prospects*) allécher. **to ~ sb to do** entraîner qn à faire. ♦ **enticing** *adj* alléchant.
entire [ɪn'taɪəʳ] *adj* (a) (*whole*) entier, tout. **the ~ week** la semaine entière, toute la semaine. (b) (*complete*) entier, complet; (*unreserved*) entier (*before n*), total. **the ~ house** la maison (tout) entière; **my ~ confidence** mon entière confiance, ma confiance totale. ♦ **entirely** *adv* entièrement, tout à fait; *change* du tout au tout. ♦ **entirety** *n*: **in its ~ty** en (son) entier, intégralement.
entitle [ɪn'taɪtl] *vt* (a) *book* intituler. (b) **to ~ sb to sth** donner droit à qch à qn; **to ~ sb to do** donner à qn le droit de faire; **to be ~d to sth** avoir droit à qch; **to be ~d to do** (*by position, qualifications*) avoir qualité pour faire; (*by rules*) avoir le droit de faire; **he is quite ~d to believe that ...** (*gen*) il a 'le droit de penser que ...; (*has good reason*) il a tout lieu de croire que ... .
entity ['entɪtɪ] *n* entité *f*.
entomology [ˌentə'mɒlədʒɪ] *n* entomologie *f*. ♦ **entomological** *adj* entomologique. ♦ **entomologist** *n* entomologiste *mf*.
entrails ['entreɪlz] *npl* entrailles *fpl*.
entrance[1] [ɪn'trɑ:ns] *vt* transporter, ravir. ♦ **entranced** *adj* en extase. ♦ **entrancing** *adj* enchanteur. ♦ **entrancingly** *adv dance, sing* à ravir; *smile* d'une façon ravissante; **entrancingly beautiful** belle à ravir.
entrance[2] ['entrəns] **1** *n* (*act of entering; way in*) entrée *f* (*into* dans, *to* de); (*right to enter*) admission *f*. **to make an ~** faire son entrée; **'no ~'** 'défense d'entrer'; **to gain ~ to** (réussir à) entrer dans; (*to university etc*) être admis à *or* dans. **2** *adj card, ticket, examination* d'entrée. **~ fee** droit *m* d'inscription. ♦ **entrant** *n* (*to profession*) débutant(e) *m(f)* (*to* dans, en); (*in race, competition*) concurrent(e) *m(f)*; (*in exam*) candidat(e) *m(f)*.
entreat [ɪn'tri:t] *vt* supplier, implorer (*sb to do* qn de faire). **I ~ you** je vous en supplie. ♦ **entreaty** *n* prière *f*, supplication *f*; **at his earnest ~y** sur ses vives instances; **a look of ~y** un regard suppliant.
entrenched [ɪn'trentʃt] *adj*: **firmly ~** (*Mil*) solidement retranché; (*fig*) indélogeable.
entrust [ɪn'trʌst] *vt* confier (*sth to sb, sb with sth* qch à qn).
entry ['entrɪ] **1** *n* (a) = **entrance**[2] 1. (b) (*item*) [*list*] inscription *f*; [*account book, ledger*] écriture *f*; [*dictionary, ship's log*] entrée *f*; [*encyclopedia*] article *m*. (*Book-keeping*) **single/double ~** comptabilité *f* en partie simple/double; **there are**

only 3 entries (*for race, competition*) il n'y a que 3 concurrents *mpl*; (*for exam*) il n'y a que 3 candidats *mpl*. **2** *adj*: ~ **form** feuille *f* d'inscription; ~ **permit** visa *m* d'entrée.

entwine [ɪn'twaɪn] *vt* (*twist together*) entrelacer; (*twist around*) enlacer (*with* de).

enumerate [ɪ'nju:məreɪt] *vt* énumérer.
♦ **enumeration** *n* énumération *f*.

enunciate [ɪ'nʌnsɪeɪt] *vt sound, word* articuler; *principle, theory* énoncer. ♦ **enunciation** *n* articulation *f*; énonciation *f*.

enuresis [ˌenjʊ'ri:sɪs] *n* énurésie *f*. ♦ **enuretic** *adj* énurétique.

envelop [ɪn'veləp] *vt* envelopper (*in a blanket* dans une couverture; *in clouds/mystery* de nuages/mystère).

envelope ['envələʊp] *n* enveloppe *f*. **to put a letter in an** ~ mettre une lettre sous enveloppe; **in a sealed** ~ sous pli cacheté; **in the same** ~ sous le même pli.

enviable ['envɪəbl] *adj* enviable.

envious ['envɪəs] *adj* envieux. **to be** ~ **of sth** être envieux de qch; **to be** ~ **of sb** envier qn.
♦ **enviously** *adv* avec envie.

environment [ɪn'vaɪərənmənt] *n* (*gen*) milieu *m*; (*Admin, Pol*) environnement *m*. (*fig*) **hostile** ~ climat *m* d'hostilité, ambiance *f* hostile; **his normal** ~ son cadre *or* son milieu normal; **Ministry of the E**~ ministère *m* de l'Environnement.
♦ **environmental** *adj conditions, changes* écologique, du milieu; *influence* exercé par le milieu *or* l'environnement; ~**al studies** l'écologie *f*. ♦ **environmentalist** *n* environnementaliste *mf*.

envisage [ɪn'vɪzɪdʒ] *vt* (*foresee*) prévoir; (*imagine*) envisager.

envoy ['envɔɪ] *n* (*gen*) envoyé(e) *m(f)*; (*diplomat*) ministre *m* plénipotentiaire.

envy ['envɪ] **1** *n* envie *f*. **it was the** ~ **of everyone** cela faisait l'envie de tout le monde. **2** *vt* envier (*sb sth* qch à qn).

enzyme ['enzaɪm] *n* enzyme *f*.

eons ['i:ɒnz] *npl* = **aeons**.

ephemeral [ɪ'femərəl] *adj* éphémère.

epic ['epɪk] **1** *adj* épique. **2** *n* épopée *f*. **an** ~ **of the screen** un film à grand spectacle.

epicentre ['epɪsentə'] *n* épicentre *m*.

epicure ['epɪkjʊə'] *n* gourmet *m*. ♦ **epicurean** *adj* épicurien.

epidemic [ˌepɪ'demɪk] **1** *n* épidémie *f*. **2** *adj* épidémique.

epiglottis [ˌepɪ'glɒtɪs] *n* épiglotte *f*.

epigram ['epɪgræm] *n* épigramme *f*.

epigraph ['epɪgrɑ:f] *n* épigraphe *f*.

epilepsy ['epɪlepsɪ] *n* épilepsie *f*. ♦ **epileptic 1** *adj* épileptique; **epileptic fit** crise *f* d'épilepsie; **2** *n* épileptique *mf*.

epilogue ['epɪlɒg] *n* épilogue *m*.

Epiphany [ɪ'pɪfənɪ] *n* Épiphanie *f*, fête *f* des Rois.

episcopal [ɪ'pɪskəpəl] *adj* épiscopal.
♦ **Episcopalian 1** *adj* épiscopal (*de l'Église épiscopale*). **2** *n* membre *m* de l'Église épiscopale.

episode ['epɪsəʊd] *n* épisode *m*.

epistemology [ɪˌpɪstə'mɒlədʒɪ] *n* épistémologie *f*.

epistle [ɪ'pɪsl] *n* épître *f*.

epitaph ['epɪtɑ:f] *n* épitaphe *f*.

epithet ['epɪθet] *n* épithète *f*.

epitome [ɪ'pɪtəmɪ] *n* modèle *m or* type *m* même.
♦ **epitomize** *vt* incarner, personnifier.

epoch ['i:pɒk] *n* époque *f*. ♦ **epoch-making** *adj* qui fait époque, qui fait date.

equable ['ekwəbl] *adj* égal, constant. **he is very** ~ il a un tempérament très égal. ♦ **equably** *adv* tranquillement.

equal ['i:kwəl] **1** *adj* égal (*to* à). ~ **in number** égal en nombre; **to be** ~ **to sth** égaler qch; ~ **pay for** ~ **work** à travail égal salaire égal; **other things being** ~ toutes choses égales d'ailleurs; **an** ~ **sum of money** une même somme d'argent; **with** ~

indifference avec la même indifférence; **to talk to sb on** ~ **terms** parler à qn d'égal à égal; **on an** ~ **footing** sur un pied d'égalité (*with* avec); **to be** ~ **to the task** être à la hauteur de la tâche; **she did not feel** ~ **to going out** elle ne se sentait pas capable de sortir; ~**(s) sign** signe *m* d'égalité. **2** *n* égal(e) *m(f)*. **to treat sb as an** ~ traiter qn d'égal à égal; **she has no** ~ elle n'a pas sa pareille. **3** *vt* égaler (*in* en). **there is nothing to** ~ **it** il n'y a rien de comparable. ♦ **equality** *n* égalité *f*. ♦ **equalize** *vti* égaliser. ♦ **equalizer** *n* (*Sport*) but *m or* point *m* égalisateur. ♦ **equally** *adv guilty, clever* également; *divide* en parts *or* parties égales; **it would be** ~**ly wrong to suggest** il serait tout aussi faux de suggérer.

equanimity [ˌekwə'nɪmɪtɪ] *n* sérénité *f*.

equate [ɪ'kweɪt] *vt* (*identify*) assimiler (*with* à); (*compare*) mettre sur le même pied (*with* que); (*make equal*) égaler. ♦ **equation** *n* (*Math*) équation *f*.

equator [ɪ'kweɪtə'] *n* équateur *m* (terrestre). **at the** ~ sous l'équateur. ♦ **equatorial** *adj* équatorial.

equestrian [ɪ'kwestrɪən] *adj* équestre.

equidistant ['i:kwɪ'dɪstənt] *adj* équidistant (*from* de).

equilibrium [ˌi:kwɪ'lɪbrɪəm] *n* équilibre *m*.

equine ['ekwaɪn] *adj* chevalin.

equinox ['i:kwɪnɒks] *n* équinoxe *m*.

equip [ɪ'kwɪp] *vt* équiper (*with* de). **to** ~ **a room as a laboratory** aménager une pièce en laboratoire; **to** ~ **a ship with radar** installer le radar sur un bateau; **to be well** ~**ped** être bien monté *or* pourvu en; (*fig*) **he is well** ~**ped for the job** il a les qualités nécessaires pour ce travail.
♦ **equipment** *n* (*gen*) équipement *m*; (*for laboratory, office, lifesaving, camping etc*) matériel *m*; **electrical** ~**ment** appareillage *m* électrique.

equity ['ekwɪtɪ] *n* équité *f*. (*St Ex*) **equities** actions *fpl* (cotées en bourse). ♦ **equitable** *adj* équitable.
♦ **equitably** *adv* équitablement.

equivalent [ɪ'kwɪvələnt] *adj*, *n* équivalent (*m*) (*to* à; *in* en). ♦ **equivalence** *n* équivalence *f*.

equivocate [ɪ'kwɪvəkeɪt] *vi* user d'équivoques.
♦ **equivocal** *adj* équivoque. ♦ **equivocally** *adv* d'une manière équivoque. ♦ **equivocation** *n* paroles *fpl* équivoques.

era ['ɪərə] *n* (*Geol, Hist*) ère *f*; (*gen*) époque *f*.

eradicate [ɪ'rædɪkeɪt] *vt* (*gen*) supprimer; *superstition* mettre fin à; *weeds* détruire.

erase [ɪ'reɪz] *vt* (*gen*) effacer; (*with rubber*) gommer. ♦ **eraser** *n* (*rubber*) gomme *f*; (*liquid: for typing*) liquide *m* correcteur. ♦ **erasure** *n* rature *f*.

erect [ɪ'rekt] **1** *adj* (*straight*) bien droit; (*standing*) debout. **with head** ~ la tête haute. **2** *vt temple, statue* ériger; *wall, flats, factory* construire; *machinery, traffic signs* installer; *scaffolding, furniture* monter; *altar, tent, mast, barricade* dresser; *theory, obstacles* édifier.
♦ **erection** *n* érection *f* (*also Physiol*); construction *f*; installation *f*; montage *m*; dressage *m*; édification *f*.

erode [ɪ'rəʊd] *vt* (*gen*) éroder; [*acid*] corroder; (*fig*) ronger. ♦ **erosion** *n* érosion *f*; corrosion *f*.
♦ **erosive** *adj* érosif; corrosif.

erotic [ɪ'rɒtɪk] *adj* érotique. ♦ **eroticism** *n* érotisme *m*.

err [ɜ:'] *vi* (*be mistaken*) se tromper; (*sin*) pécher. **to** ~ **on the side of caution** pécher par excès de prudence. ♦ **erratum** *n*, *pl* -**ata** erratum *m*.
♦ **erroneous** *adj* erroné. ♦ **erroneously** *adv* erronément. ♦ **error** *n* erreur *f* (*of, in* de); **it would be an** ~**or to** ... on aurait tort de ...; **compass** ~**or variation** *f* du compas; **typing/spelling** ~**or** faute *f* de frappe/d'orthographe; ~**ors and omissions excepted** sauf erreur ou omission; **in** ~**or**

par erreur; **to see the ~or of one's ways** revenir de ses erreurs.
errand ['erənd] n commission f, course f. **to go on or run ~s** faire des commissions or des courses; **~ of mercy** mission f de charité; **~ boy** garçon m de courses.
erratic [ɪ'rætɪk] adj person capricieux; record, results, performance irrégulier; mood changeant; (Geol, Med) erratique. **his driving is ~** il conduit de façon déconcertante. ♦ **erratically** adv capricieusement; irrégulièrement; de façon déconcertante.
ersatz ['ɛəzæts] **1** n ersatz m. **2** adj: **~ coffee** de l'ersatz de café.
erudite ['erʊdaɪt] adj person, work érudit, savant; word savant. ♦ **erudition** n érudition f.
erupt [ɪ'rʌpt] vi [volcano] entrer en éruption; [spots] sortir; [anger] exploser; [war, fighting, quarrel] éclater. **he ~ed into the room** il a fait irruption dans la pièce.
♦ **erupting** adj volcano en éruption. ♦ **eruption** n [volcano, spots] éruption f; [anger, violence] explosion f, accès m.
escalate ['eskəleɪt] **1** vi [fighting, bombing, violence] s'intensifier; [costs] monter en flèche. **the war is escalating** c'est l'escalade militaire; **prices are escalating** c'est l'escalade des prix. **2** vt intensifier; faire monter en flèche ♦ **escalation** n intensification f; montée f en flèche, escalade f. ♦ **escalator** n escalier m roulant, escalator m.
escape [ɪs'keɪp] **1** vi (gen) échapper (from sb à qn), s'échapper (from somewhere de quelque part), s'enfuir (to another place dans un autre endroit); [prisoner] s'évader (from de); [water, gas] s'échapper, (accidentally) fuir. **an ~d prisoner** un évadé; (fig) **he ~d with a few scratches** il s'en est tiré avec quelques égratignures; **to ~ with a fright** en être quitte pour la peur; **to ~ from o.s.** se fuir.
2 vt pursuit, danger, death échapper à; consequences, punishment se soustraire à. **he narrowly ~d being run over** il a failli être écrasé; **nothing ~s him** rien ne lui échappe; **to ~ notice** passer inaperçu; **it had not ~d her notice that ...** elle n'avait pas été sans s'apercevoir que ... .
3 n [person, animal] fuite f; [prisoner] évasion f; [water, gas] fuite f; [steam, gas in machine] échappement m. **to plan an ~** combiner un plan d'évasion; **to have a lucky ~** l'échapper belle.
4 adj valve, pipe d'échappement; plan, route d'évasion; device de secours. **~ clause** échappatoire f; **~ hatch** sas m de secours; (Space) **~ velocity** vitesse f de libération.
♦ **escapade** n (misdeed) fredaine f; (adventure) équipée f. ♦ **escapee** n évadé(e) m(f). ♦ **escapism** n désir m d'évasion (de la réalité); **it's sheer escapism!** c'est simplement s'évader du réel! ♦ **escapist 1** n personne f qui se complaît dans l'évasion. **2** adj d'évasion. ♦ **escapologist** n virtuose m de l'évasion.
escarpment [ɪs'kɑːpmənt] n escarpement m.
escort ['eskɔːt] **1** n (Mil, Naut etc) escorte f; (male companion) cavalier m. **2** adj duty, vessel d'escorte. **~ agency** bureau m d'hôtesses (et de cavaliers). **3** [ɪs'kɔːt] vt (Mil, Naut, gen) escorter. **to ~ sb in** (Mil, Police) faire entrer qn sous escorte; (gen: accompany) faire entrer qn.
Eskimo ['eskɪməʊ] **1** n Esquimau(de) m(f); (Ling) esquimau m. **2** adj esquimau.
esoteric [ˌesəʊ'terɪk] adj ésotérique.
especial [ɪs'peʃəl] adj particulier, spécial.
♦ **especially** adv (particularly) particulièrement; (expressly) exprès; **more ~ly as** d'autant plus que; **~ly as it's so late** d'autant plus qu'il est si tard; **why me ~ly?** pourquoi moi en particulier?; **I came ~ly to see you** je suis venu exprès pour vous voir.

Esperanto [ˌespə'ræntəʊ] **1** n espéranto m. **2** adj en espéranto. ♦ **Esperantist** n espérantiste mf.
espionage [ˌespɪə'nɑːʒ] n espionnage m.
espouse [ɪs'paʊz] vt épouser (fig).
espresso [es'presəʊ] n (café m) express m. **~ bar** ≃ cafétéria f.
esquire [ɪs'kwaɪər] n: **B. Smith E~** Monsieur B. Smith.
essay ['eseɪ] n (Literat) essai m (on sur); (Scol) rédaction f (on sur); (Univ) dissertation f (on sur). ♦ **essayist** n essayiste mf.
essence ['esəns] n essence f; (Culin) extrait m. **in ~** essentiellement; **the ~ of what was said** l'essentiel m de ce qui a été dit; **speed is of the ~** la vitesse est essentielle; **the ~ of stupidity*** le comble de la stupidité; **~ of violets** essence de violette; **meat ~** extrait de viande. ♦ **essential 1** adj essentiel (to à); **it is essential that ...** il est indispensable or essentiel que ... **+ subj; 2** n qualité f (or objet m etc) indispensable; **the essentials** (necessities) l'essentiel m; (rudiments) les éléments mpl. ♦ **essentially** adv essentiellement.
establish [ɪs'tæblɪʃ] vt (a) (set up) government, society, tribunal constituer; state, business, post créer; factory monter; laws, custom, sb's reputation, list, relations établir; power, authority affermir; peace, order faire régner. **to ~ one's reputation** se faire une réputation de. **(b)** (prove) fact, identity, rights, innocence établir; necessity, guilt prouver. ♦ **established** adj (gen) établi; fact acquis; government au pouvoir; **well-~ed business** maison f solide; **the ~ed Church** la religion d'État. ♦ **establishment** n (institution etc) établissement m; (Admin, Mil, Naut etc: personnel) effectifs mpl; teaching **~ment** établissement d'enseignement; **the E~ment** les pouvoirs mpl établis, l'establishment m; **the values of the E~ment** les valeurs traditionnelles; **against the E~ment** anticonformiste; **he has joined the E~ment** il s'est rangé; **the literary E~ment** ceux qui font la loi dans le monde littéraire.
estate [ɪs'teɪt] **1** n (a) (land) propriété f, domaine m. country **~** terres fpl; housing **~** lotissement m, cité f. **(b)** (Jur: on death) succession f. **he left a large ~** il a laissé une grosse fortune. **2** adj: **~ agency** agence f immobilière; **~ agent** agent m immobilier; **~ car** break m; **~ duty** droits mpl de succession.
esteem [ɪs'tiːm] **1** vt (think highly of) person estimer; quality apprécier; (consider) estimer, considérer. **I ~ it an honour to do** je considère comme un honneur de faire.
2 n estime f. **he went up in my ~** il a monté dans mon estime.
♦ **estimable** ['estɪməbl] adj estimable.
esthete ['iːsθiːt] etc = **aesthete** etc.
estimate ['estɪmɪt] **1** n évaluation f; (Comm: for work to be done) devis m. **give me an ~ of what your trip will cost** donnez-moi un état estimatif du coût de votre voyage; **this price is only a rough ~** ce prix n'est que très approximatif; **at a rough ~** approximativement; **at the lowest ~** au bas mot; (Admin, Pol) **the ~s** le budget. **2** ['estɪmeɪt] vt (all senses) estimer (that que). ♦ **estimation** n **(a)** jugement m, opinion f; **in my estimation** à mon avis, selon moi; **(b)** (esteem) estime f; **he went up in my estimation** il a monté dans mon estime.
estranged [ɪs'treɪndʒd] adj: **to become ~** se brouiller (from avec); **the ~ couple** les époux désunis. ♦ **estrangement** n brouille f (from avec).
estrogen ['iːstrəʊdʒən] n (US) = **oestrogen**.
estuary ['estjʊərɪ] n estuaire m.
etch [etʃ] vti graver à l'eau forte. ♦ **etching** n gravure f à l'eau forte.
eternal [ɪ'tɜːnl] adj (gen) éternel; (pej) complaints etc continuel, perpétuel. (fig) **the ~ triangle** ≃ le ménage à trois. ♦ **eternally** adv éternelle-

ment; continuellement. ♦ **eternity** n éternité f (also fig).

ether ['i:θə^r] n éther m. ♦ **ethereal** [ɪ'θɪərɪəl] adj éthéré.

ethic ['eθɪk] n morale f, éthique f. **the work** ~ l'attitude f moraliste envers le travail. ♦ **ethical** adj moral, éthique; **not** ~al contraire à la morale. ♦ **ethics** n (sg: study) éthique f; (pl: system, principles) morale f.

ethnic ['eθnɪk] adj ethnique.

ethnology [eθ'nɒlədʒɪ] n ethnologie f. ♦ **ethnologist** n ethnologue mf.

ethos ['i:θɒs] n génie m. (d'un peuple, d'une culture).

etiquette ['etɪket] n étiquette f, convenances fpl. **diplomatic** ~ protocole m; **court** ~ cérémonial m de cour; **that isn't** ~ c'est contraire aux convenances, cela ne se fait pas.

etymology [,etɪ'mɒlədʒɪ] n étymologie f. ♦ **etymological** adj étymologique. ♦ **etymologically** adv étymologiquement.

eucalyptus [,ju:kə'lɪptəs] n eucalyptus m.

Eucharist ['ju:kərɪst] n Eucharistie f.

eugenics [ju:'dʒenɪks] nsg eugénique f.

eulogy ['ju:lədʒɪ] n panégyrique m. ♦ **eulogize** vt faire le panégyrique de.

eunuch ['ju:nək] n eunuque m.

euphemism ['ju:fəmɪzəm] n euphémisme m. ♦ **euphemistic** adj euphémique. ♦ **euphemistically** adv par euphémisme.

euphonic [ju:'fɒnɪk] adj euphonique.

euphonium [ju:'fəunɪəm] n saxhorn m.

euphoria [ju:'fɔ:rɪə] n euphorie f. ♦ **euphoric** adj euphorique.

Eurasia [juə'reɪʃə] n Eurasie f. ♦ **Eurasian 1** adj population eurasien; continent eurasiatique; **2** n Eurasien(ne) m(f).

euro... ['juərəu] pref euro... . ♦ **eurocrat** n eurocrate mf. ♦ **eurodollar** n eurodollar m. ♦ **euromarket** or ♦ **euromart** n Communauté f Économique Européenne. ♦ **eurosize** n (Comm) modèle m E1. ♦ **Eurovision** n (TV) Eurovision f.

Europe ['juərəp] n Europe f. (Pol) **to go into** ~, **to join** ~ entrer dans le Marché commun. ♦ **European 1** adj européen; **the** ~**an Economic Community** (abbr **EEC**) la Communauté Économique Européenne (abbr **CEE** f); (US: in hotel) ~**an plan** chambre f sans petit déjeuner; **2** n Européen(ne) m(f).

euthanasia [,ju:θə'neɪzɪə] n euthanasie f.

evacuate [ɪ'vækjueɪt] vt (all senses) évacuer. ♦ **evacuation** n évacuation f. ♦ **evacuee** n évacué(e) m(f).

evade [ɪ'veɪd] vt blow, obligation, difficulty éviter, esquiver; pursuers, punishment échapper à; sb's gaze éviter; question éluder; law tourner. **to** ~ **military service** se dérober à ses obligations militaires; **to** ~ **taxation/customs duty** frauder le fisc/la douane.

evaluate [ɪ'væljueɪt] vt évaluer (at à). ♦ **evaluation** n évaluation f.

evangelical [,i:væn'dʒelɪkəl] adj, n évangélique (mf). ♦ **evangelist** n évangéliste m. ♦ **evangelize 1** vt prêcher l'Évangile à; **2** vi prêcher l'Évangile.

evaporate [ɪ'væpəreɪt] **1** vt faire évaporer. ~**d milk** lait concentré. **2** vi s'évaporer; [hopes, fear] s'évanouir. ♦ **evaporation** n évaporation f.

evasion [ɪ'veɪʒən] n [prisoner] fuite f; (excuse) faux-fuyant m. ♦ **evasive** adj évasif; **to take evasive action** (Mil) se replier; (gen) prendre la tangente. ♦ **evasively** adv évasivement.

eve [i:v] n veille f.

even ['i:vən] **1** adj **(a)** (smooth) surface uni, plat. **to make** ~ égaliser, aplanir. **(b)** (regular) progress régulier; breathing, temper égal. **(c)** (equal) quantities, values égal. **they are an** ~ **match** (Sport) la partie est égale; (fig) ils sont bien assortis; **to get** ~ **with sb** se venger de qn; **I**

will get ~ **with you for that** je vous revaudrai ça; **I'll give you** ~ **money that** ... il y a une chance sur deux que ... + subj. **(d)** number, date pair. **2** adv **(a)** même. ~ **in the holidays** même pendant les vacances; **I have** ~ **forgotten his name** j'ai oublié jusqu'à son nom, j'ai même oublié son nom; ~ **if** même si + indic; ~ **though** quand (bien) même + cond, alors même que + cond; **if he** ~ **made an effort** si encore or si au moins il faisait un effort; ~ **so** quand même, pourtant. **(b)** (+ comp adj or adv) encore. ~ **better** encore mieux. **(c)** (+ neg) même, seulement. **without** ~ **saying goodbye** sans même or sans seulement dire au revoir; **he can't** ~ **swim** il ne sait même pas nager. **even out 1** vi s'égaliser. **2** vt sep égaliser. **even up** vt sep égaliser. **that will** ~ **things up** cela rétablira l'équilibre; (financially) cela compensera.

♦ **evenly** adv spread, paint etc de façon égale; breathe, space régulièrement; divide également. ♦ **even-tempered** adj d'humeur égale.

evening ['i:vnɪŋ] **1** n soir m; (length of time) soirée f. **in the** ~ le soir; **let's have an** ~ **out** nous devrions sortir (un soir); **6 o'clock in the** ~ 6 heures du soir; **on the** ~ **of the 29th** le 29 au soir; **the warm summer** ~**s** les chaudes soirées d'été; **all** ~ toute la soirée; **to spend one's** ~ **reading** passer sa soirée à lire. **2** adj paper, prayers, service du soir. ~ **class** cours m du soir; **in** ~ **dress** man en tenue de soirée; woman en robe du soir; ~ **performance** (représentation f en) soirée f; ~ **star** étoile f du berger.

evensong ['i:vənsɒŋ] n ≃ vêpres fpl.

event [ɪ'vent] n **(a)** événement m. **course of** ~**s** suite f des événements; **in the course of** ~**s** par là suite; **in the normal course of** ~**s** normalement; **after the** ~ après coup; **in the** ~ **of death** en cas de décès; **in the unlikely** ~ **that** ... s'il arrivait par hasard que ... + subj; **in the** ~ en fait; **in that** ~ dans ce cas; **in any** ~, **at all** ~**s** en tout cas, de toute façon; **in either** ~ dans l'un ou l'autre cas. **(b)** (Sport) épreuve f; (Racing) course f. **field** ~**s** épreuves d'athlétisme (à l'exception des épreuves de vitesse); **track** ~**s** épreuves de vitesse. ♦ **eventful** adj (busy etc) mouvementé; (momentous) mémorable.

eventual [ɪ'ventʃuəl] adj (resulting) qui s'ensuit; (probably resulting) éventuel. **it resulted in the** ~ **disappearance of** ... cela a abouti finalement à la disparition de ... . ♦ **eventuality** n éventualité f. ♦ **eventually** adv finalement, en fin de compte; à la longue; **he** ~**ly did it** il a fini par le faire.

ever ['evə^r] adv **(a)** jamais. **nothing** ~ **happens** il ne se passe jamais rien; **if you** ~ **see her** si jamais vous la voyez; **do you** ~ **see her?** est-ce qu'il vous arrive de la voir?; **have you** ~ **seen her?** l'avez-vous jamais or déjà vue?; **I haven't** ~ **seen her** je ne l'ai pas jamais vue; **seldom if** ~ **pour ainsi** dire jamais; **now if** ~ **is the moment to** ... c'est le moment ou jamais de ...; **he's a liar if** ~ **there was** one c'est un menteur ou je ne m'y connais pas; **more beautiful than** ~ plus beau que jamais; **the coldest night** ~ la nuit la plus froide qu'on ait jamais connue.

(b) (at all times) toujours, sans cesse. ~ **ready** toujours prêt; ~ **increasing anxiety** inquiétude qui va croissant; **they lived happily** ~ **after** ils vécurent (toujours) heureux; ~ **since I was a boy** depuis mon enfance; **for** ~ à jamais, pour toujours; **they are for** ~ **quarrelling** ils ne font que se disputer, ils se disputent sans cesse or continuellement; (in letters) **yours** ~ bien amicalement à vous.

(c) (intensive) **as quickly as** ~ **you can** aussi vite que vous le pourrez; **the first** ~ le tout premier; ~ **so slightly drunk** tant soit peu ivre; ~ **so pretty** vraiment joli; **thank you** ~ **so much** merci mille fois; **as if I** ~ **would!** comme si je ferais ça,

moi!; **what ~ shall we do?** qu'est-ce que nous allons bien faire?; **why ~ not?** mais enfin, pourquoi pas?; **did you ~!*** ça par exemple!
♦ **evergreen** *adj, n* (arbre *m or* plante *f*) à feuilles persistantes. ♦ **everlasting** *adj* éternel. ♦ **everlastingly** *adv* éternellement. ♦ **evermore** *adv:* **for ~more** à tout jamais.
every ['evrɪ] *adj* chaque, tout; tous les. **~ shop in the town** tous les magasins de la ville; **not ~ child has the same advantages** les enfants n'ont pas tous les mêmes avantages; **not ~ child has the advantages you have** tous les enfants n'ont pas les avantages que tu as; **I have ~ confidence in him** j'ai entièrement confiance en lui; **we wish you ~ success** nous vous souhaitons très bonne chance; **~ (single) one of them** chacun d'eux; **~ one had brought sth** chacun d'entre eux avait or ils avaient tous apporté qch; **from ~ country** de tous (les) pays; **of ~ sort** de toute sorte; **of ~ age** de tout âge; **~ fifth day, ~ five days** tous les cinq jours; **~ second** *or* **other child** un enfant sur deux; **~ quarter of an hour** tous les quarts d'heure; **~ other Wednesday** un mercredi sur deux; **~ few days** tous les deux ou trois jours; **his ~ action** chacune de ses actions; **his ~ wish** son moindre désir; **~ bit of the wall** le mur tout entier; **~ bit as clever as** tout aussi doué que; **~ now and then, ~ now and again, ~ so often** de temps en temps, de temps à autre; **~ time that** chaque fois que; **~ single time** chaque fois sans exception; **~ one of us is afraid of sth** nous craignons tous qch, tous tant que nous sommes nous craignons qch; **~ man for himself** chacun pour soi; (*excl*) sauve qui peut!
♦ **everybody** *pron* tout le monde, chacun; **~body has finished** tout le monde a fini; **~body has his** *or* **their* own ideas about it** chacun a ses (propres) idées là-dessus; **~body else** tous les autres.
♦ **everyday** *adj coat* de tous les jours; *occurrence* banal; *use, experience* ordinaire; **words in ~day** use mots d'usage courant; **it was not an ~day event** c'était un événement hors du commun.
♦ **everyone** *pron* = **everybody.** ♦ **everyplace** *adv* (*US*) = **everywhere.** ♦ **everything** *n* tout; **~thing is ready** tout est prêt; **~thing you have** tout ce que vous avez; **stamina is ~thing** l'essentiel c'est d'avoir de la résistance. ♦ **everywhere** *adv* (*gen*) partout; **~where you go you meet** ... où qu'on aille on rencontre ... .
evict [ɪ'vɪkt] *vt* expulser (*from* de). ♦ **eviction** *n* expulsion *f*; **eviction notice** avis *m* d'expulsion.
evidence ['evɪdəns] *n* (*data*) preuves *fpl*; (*testimony*) témoignage *m* (*of sb* de qn). **the ~ of the senses** le témoignage des sens; **to give ~** témoigner (*for/against sb* en faveur de/contre qn); **to turn King's** *or* **Queen's ~** *or* (*US*) **state's ~** témoigner contre ses complices; **to show ~ of** témoignage de; **to be in ~** être en évidence; **he was nowhere in ~** il n'y avait pas trace de lui.
♦ **evident** *adj* évident, manifeste; **it was evident from the way he walked** cela se voyait à sa démarche; **it is evident from his speech that** ... il ressort de son discours que ... . ♦ **evidently** *adv* (*obviously*) évidemment, manifestement; (*apparently*) à ce qu'il paraît; **he was evidently frightened** il était évident qu'il avait peur; **they are evidently going to change the rule** il paraît qu'ils vont changer le règlement.
evil ['iːvl] **1** *adj deed, person, example, reputation* mauvais; *influence* néfaste; *doctrine, spirit* malfaisant; *hour, course of action, consequence* funeste. **the ~ eye** le mauvais œil. **2** *n mal m.* **the lesser ~** le moindre mal; **the ~s of drink** les conséquences *fpl* funestes de la boisson; **one of the great ~s of our time** un des grands fléaux de notre temps. ♦ **evildoer** *n* scélérat(e) *m(f).* ♦ **evilly** *adv* avec malveillance. ♦ **evil-minded** *adj* malveillant.

evince [ɪ'vɪns] *vt* manifester.
evoke [ɪ'vəʊk] *vt memories* évoquer; *admiration* susciter. ♦ **evocation** *n* évocation *f.* ♦ **evocative** *adj* évocateur.
evolve [ɪ'vɒlv] **1** *vt system, theory, plan* élaborer. **2** *vi* (*system, plan*) se développer; (*idea, science*) évoluer; (*species*) se développer (*from* à partir de), évoluer. ♦ **evolution** *n* évolution *f* (*from* à partir de).
ewe [juː] *n* brebis *f.*
ex- [eks] *pref* (**a**) (*former*) ex-. **~president** ancien président, ex-président; **~husband** ex-mari *m*; **~serviceman** ancien combattant. (**b**) (*out of*) ex-. (*Telec*) **his number is ~directory, he has an ~directory number** son numéro ne figure pas à l'annuaire; (*Comm, Ind*) **price ~ works** prix *m* départ usine; **~ officio** (*adj, adv*) ex officio.
exacerbate [eks'æsəbeɪt] *vt pain etc* exacerber; *situation* aggraver; *person* exaspérer.
exact [ɪg'zækt] **1** *adj* (*accurate*) *description, time, measurements, forecast* exact, juste; *copy* exact; (*precise*) *number, value* exact, précis; *meaning, time, place, instructions* précis; *instrument* de précision. **these were his ~ words** voilà textuellement ce qu'il a dit; **he's 44 to be ~** il a très exactement 44 ans; **to be ~ it was 4 o'clock** il était 4 heures, plus exactement; **can you be more ~?** pouvez-vous préciser un peu? **2** *vt* exiger (*from* de). ♦ **exacting** *adj person* exigeant; *profession, task, activity, work* astreignant. ♦ **exactitude** *n* exactitude *f.* ♦ **exactly** *adv answer, work, describe* avec précision; *obey, resemble, know* exactement; **~ly the same thing** exactement *or* précisément la même chose; **that's ~ly what I thought** c'est exactement *or* précisément ce que je pensais; **it is 3 o'clock ~ly** il est 3 heures juste(s). ♦ **exactness** *n* exactitude *f*; justesse *f*; précision *f.*
exaggerate [ɪg'zædʒəreɪt] *vt* (*overstate*) exagérer; (*in one's own mind*) s'exagérer; (*emphasize*) accentuer. **the dress ~d her paleness** la robe accentuait sa pâleur; **he ~s the importance of the task** il s'exagère l'importance de la tâche. ♦ **exaggerated** *adj* exagéré; **to have an ~d opinion of o.s.** avoir trop bonne opinion de soi-même. ♦ **exaggeration** *n* exagération *f.*
exalted [ɪg'zɔːltɪd] *adj* (*high*) *position* élevé; *person* haut placé; (*elated*) exalté.
examine [ɪg'zæmɪn] *vt* (**a**) (*gen, Med*) examiner; *machine* inspecter; *passport* contrôler; (*Customs*) *luggage* fouiller. (**b**) *pupil, candidate* examiner (*in* en); (*orally*) interroger (*on* sur); *witness, suspect, accused* interroger. ♦ **examination** *n* (*gen*) examen *m*; (*machine, premises*) inspection *f*; (*passports*) contrôle *m*; (*Customs*) fouille *f*; (*Scol etc: abbr* **exam**) examen; (*one paper*) épreuve *f*; **on examination** après examen. ♦ **examiner** *n* examinateur *m*, -trice *f* (*in* de).
example [ɪg'zɑːmpl] *n* exemple *m.* **for ~** par exemple; **to set a good ~** donner l'exemple; **to take sb as an ~** prendre exemple sur qn; **to make an ~ of sb** faire un exemple en punissant qn; **to punish sb as an ~ to others** punir qn pour l'exemple; **to quote sth as an ~** citer qch en exemple.
exasperate [ɪg'zɑːspəreɪt] *vt* exaspérer. ♦ **exasperated** *adj* exaspéré (*at sth* de qch; *with sb* par qn); **to become ~d** s'exaspérer. ♦ **exasperating** *adj* exaspérant. ♦ **exasperatingly** *adv* d'une manière exaspérante; **exasperatingly slow** d'une lenteur exaspérante. ♦ **exasperation** *n* exaspération *f.*
excavate ['ekskəveɪt] **1** *vt ground* creuser; (*Archeol*) fouiller; *remains* déterrer. **2** *vi* (*Archeol*) faire des fouilles. ♦ **excavation** *n* (*gen*) creusement *m*; (*Archeol*) fouilles *fpl.* ♦ **excavator** *n* (*machine*) excavatrice *f.*
exceed [ɪk'siːd] *vt* (*gen*) dépasser (*in* en, *by* de);

powers, instructions outrepasser. **to ~ the speed limit** dépasser la vitesse permise. ♦ **exceedingly** *adv* extrêmement, infiniment.

excel [ɪk'sel] 1 *vi* briller (*at, in* en), exceller (*at or in doing* à faire). 2 *vt* surpasser. **to ~ o.s.** se surpasser. ♦ **excellence** *n* excellence *f.* ♦ **Excellency** *n*: **His E~lency** Son Excellence *f.* ♦ **excellent** *adj* excellent, parfait. ♦ **excellently** *adv* admirablement, parfaitement.

except [ɪk'sept] 1 *prep* sauf, excepté. **~ for** à part, **à l'exception de; ~ that/if/when** *etc* sauf que/si/quand *etc*; **what can they do ~ wait?** que peuvent-ils faire sinon attendre?
 2 *vt* excepter (*from* de), faire exception de. **present company ~ed** exception faite des personnes présentes; **always ~ing** ... à l'exception bien entendu de ... . ♦ **excepting** *prep* = **except 1.** ♦ **exception** *n* exception *f* (*to* à); **without ~ion** sans exception; **with the ~ion of** à l'exception de, exception faite de; **to take ~ion to** (*demur*) désapprouver; (*be offended*) s'offenser de; **to make an ~ion** faire une exception (*to sth* à qch, *for sb/sth* pour qn/qch); **the ~ion proves the rule** l'exception confirme la règle; **with this ~ion** à cette exception près, à ceci près. ♦ **exceptional** *adj* exceptionnel. ♦ **exceptionally** *adv* exceptionnellement.

excerpt [eks3ːpt] *n* extrait *m.*

excess [ɪk'ses] 1 *n* excès *m.* **to ~** à l'excès; **to carry to ~** pousser à l'excès; **in ~ of** dépassant; **the ~ of imports over exports** l'excédent *m* des importations sur les exportations. 2 *adj profit, weight, production* excédentaire. **~ fare** supplément *m*; **~ luggage** excédent *m* de bagages. ♦ **excessive** *adj* excessif; **~ive drinking** abus *m* de la boisson. ♦ **excessively** *adv* (*to excess*) *eat, drink, spend* avec excès; *optimistic* par trop; *proud* démesurément; (*extremely*) extrêmement, infiniment.

exchange [ɪks'tʃeɪndʒ] 1 *vt* (*gen*) échanger (*for* contre); *houses, cars, jobs* faire un échange de. 2 *n* (a) échange *m.* **in ~** en échange (*for* de); **to lose on the ~** perdre au change. (b) (*Fin*) change *m.* (c) (*telephone ~*) central *m.* **labour ~** bourse *f* du travail. 3 *adj*: **~ control** contrôle *m* des changes; **~ rate** taux *m* de change. ♦ **exchangeable** *adj* échangeable (*for* contre).

exchequer [ɪks'tʃekər] *n* (*Brit Parl*) Échiquier *m*; (*treasury*) trésorerie *f*; (*funds*) fonds *mpl.*

excise ['eksaɪz] *n* taxe *f* (*on* sur); **the E~** la Régie; **~ duties** ≃ contributions *fpl* indirectes.

excite [ɪk'saɪt] *vt person* (*gen*) exciter, (*rouse enthusiasm in*) passionner; *emotion* provoquer (*in sb* chez qn). **to ~ enthusiasm/interest in sb** enthousiasmer/intéresser qn. ♦ **excitable** *adj person* excitable, nerveux; *temperament* nerveux. ♦ **excited** *adj* (*gen*) excité; *laughter* énervé; *voice* animé; **to get ~d** s'exciter (*about* au sujet de); **don't get ~d!** ne t'énerve pas! ♦ **excitedly** *adv behave, speak* avec agitation; *laugh* d'excitation. ♦ **excitement** *n* excitation *f*; (*exhilaration*) exaltation *f*; **the ~ment of the departure/elections** la fièvre du départ/des élections; **the book caused great ~ment** le livre a fait sensation; **he likes ~ment** il aime les émotions *fpl* fortes *or* l'aventure *f.* ♦ **exciting** *adj events, story, film* passionnant; *account* saisissant; *holiday, experience* excitant.

exclaim [ɪks'kleɪm] 1 *vi* s'exclamer. **to ~ at sth** se récrier devant qch. 2 *vt* s'écrier. ♦ **exclamation** 1 *n* exclamation *f*; 2 *adj*: **exclamation mark** *or* **point** point *m* d'exclamation.

exclude [ɪks'kluːd] *vt* (*gen*) exclure (*from* de); (*from list*) écarter (*from* de). **he was ~d from taking part** il n'a pas eu le droit de participer. ♦ **exclusion** *n* exclusion *f* (*of, from* de).

exclusive [ɪks'kluːsɪv] *adj* (a) (*excluding others*) *group, gathering* sélect; *club, society* fermé;

person, friendship, interest, occupation exclusif. (b) (*owned by one person, one firm*) *information, design, report* exclusif. **the ~ rights for** l'exclusivité *f* de; **an interview ~ to** ... une interview accordée exclusivement à ... . (c) (*not including*) **from 15th to 20th ~** du 15 au 20 exclusivement; **~ of** non compris; **the price is ~ of transport charges** le prix ne comprend pas les frais de transport. ♦ **exclusively** *adv* exclusivement.

excommunicate [ˌekskə'mjuːnɪkeɪt] *vt* excommunier. ♦ **excommunication** *n* excommunication *f.*

excrement ['ekskrɪmənt] *n* excrément *m.*

excrescence [ɪks'kresns] *n* excroissance *f.*

excrete [ɪks'kriːt] *vt* excréter. ♦ **excreta** *npl* excrétions *fpl.*

excruciating [ɪks'kruːʃɪeɪtɪŋ] *adj pain* atroce; *suffering* déchirant; *noise* insupportable; (*: unpleasant*) épouvantable, atroce. ♦ **excruciatingly** *adv* atrocement, affreusement; **~ly funny*** désopilant.

exculpate ['ekskʌlpeɪt] *vt person* disculper (*from* de).

excursion [ɪks'kɜːʃən] 1 *n* excursion *f*; (*in car, on cycle*) randonnée *f*; (*fig: digression*) digression *f.* 2 *adj*: **~ ticket** billet *m* d'excursion; **~ train** train spécial (*pour excursions*).

excuse [ɪks'kjuːz] 1 *vt* (a) (*justify, pardon*) excuser (*sb for having done* qn d'avoir fait). **to ~ o.s.** s'excuser (*for de, for doing* de faire), présenter ses excuses; **if you will ~ the expression** passez-moi l'expression; **and now if you will ~ me,** ... maintenant, si vous permettez, ...; **~ me!** excusez-moi! (b) (*exempt*) exempter (*sb from sth* qn de qch), dispenser (*sb from sth* qn de qch, *sb from doing* qn de faire), excuser. (*to children*) **you are ~d** vous pouvez vous en aller; **to ask to be ~d** se faire excuser.
 2 [ɪks'kjuːs] *n* (a) (*reason, justification*) excuse *f.* **that is no ~ for his leaving so abruptly** cela ne l'excuse pas d'être parti si brusquement. (b) (*pretext*) excuse *f*, prétexte *m.* **he is only making ~s** il cherche tout simplement des prétextes; **to make an ~ for sth/for doing** trouver une excuse à qch/pour faire; **he gave the bad weather as his ~ for not coming** il a prétexté le mauvais temps pour ne pas venir. ♦ **excusable** *adj* excusable, pardonnable.

execrate ['eksɪkreɪt] *vt* exécrer. ♦ **execrable** *adj* exécrable. ♦ **execrably** *adv* exécrablement. ♦ **execration** *n* exécration *f.*

execute ['eksɪkjuːt] *vt* (a) (*put to death*) exécuter. (b) (*carry out*) (*gen*) exécuter; *work of art* réaliser; *purpose, sb's wishes, duties, task* accomplir. ♦ **execution** *n* exécution *f*; **in the execution of his duties** dans l'exercice de ses fonctions. ♦ **executioner** *n* bourreau *m.* ♦ **executive** [ɪg'zekjutɪv] 1 *adj powers, committee* exécutif; *job* de cadre; *director, secretary* général; *offices* de la direction; *post, car, plane* de directeur; *unemployment* des cadres; 2 *n* (*power*) (pouvoir *m*) exécutif *m*; (*person*) cadre *m*; (*group of managers*) bureau *m.* ♦ **executor** *n* [ɪg'zekjutər] exécuteur *m*, -trice *f* testamentaire.

exemplary [ɪg'zemplərɪ] *adj* (*gen*) exemplaire; *pupil etc* modèle.

exemplify [ɪg'zemplɪfaɪ] *vt* (*illustrate*) exemplifier; (*be example of*) servir d'exemple de.

exempt [ɪg'zempt] 1 *adj* exempt (*from* de). 2 *vt* exempter (*from sth* de qch), dispenser (*from doing* de faire). ♦ **exemption** *n* exemption *f* (*from* de), dispense *f.*

exercise ['eksəsaɪz] 1 *n* (*all senses*) exercice *m.* **in the ~ of his duties** dans l'exercice de ses fonctions; **physical ~** exercice physique; (*physical*) **~s** la gymnastique; **to take ~** prendre de l'exercice; **a grammar ~** un exercice de grammaire; **NATO ~s** manœuvres *fpl* de l'OTAN. 2 *vt limb,* rights, *influence* exercer; *(use)* tact, restraint faire preuve de; (*) dog etc promener. the problem which is exercising my mind le problème qui me préoccupe. 3 vi prendre de l'exercice. ♦ **exercise-book** n *(for writing)* cahier m.

exert [ɪg'zɜːt] vt *(gen)* exercer; *force* employer. to ~ o.s. *(physically)* se dépenser; *(take trouble)* se donner du mal; *(iro)* don't ~ yourself! ne vous fatiguez pas! ♦ **exertion** n effort m; by his own ~ions par ses propres moyens mpl; the day's ~ions les fatigues fpl de la journée; it doesn't require much ~ion cela n'exige pas un grand effort.

exeunt ['eksɪʌnt] vi *(Theat)* ils sortent.

exhale [eks'heɪl] vti *(Physiol)* expirer.

exhaust [ɪg'zɔːst] 1 vt *(all senses)* épuiser. 2 n (~ system) échappement m; (~ pipe) pot m d'échappement; (~ fumes) gaz m d'échappement. ♦ **exhausted** adj épuisé; I'm ~ed je n'en peux plus; my patience is ~ed ma patience est à bout. ♦ **exhausting** adj épuisant. ♦ **exhaustion** n épuisement m. ♦ **exhaustive** adj *account, report* complet; *study, description, list* exhaustif; *inquiry, inspection* minutieux. ♦ **exhaustively** adv *search, study* à fond; *list, describe* exhaustivement.

exhibit [ɪg'zɪbɪt] 1 vt *painting, handicrafts* exposer; *merchandise* exposer, étaler; *document, identity card* présenter; *courage, skill, ingenuity* faire preuve de. 2 n *(in exhibition)* objet m exposé; *(Jur)* pièce f à conviction. ♦ **exhibition** n *[paintings etc]* exposition f; *[articles for sale]* étalage m; the Van Gogh ~ion l'exposition Van Gogh; *(fig)* to make an ~ion of o.s. se donner en spectacle. ♦ **exhibitionism** n exhibitionnisme m. ♦ **exhibitionist** adj, n exhibitionniste *(mf).* ♦ **exhibitor** n exposant(e) m(f).

exhilarate [ɪg'zɪləreɪt] vt *[sea air etc]* vivifier; *[music, wine, good company]* stimuler. ♦ **exhilarated** adj stimulé. ♦ **exhilarating** adj vivifiant; stimulant. ♦ **exhilaration** n joie f, allégresse f.

exhort [ɪg'zɔːt] vt exhorter *(to à, to do à faire).* ♦ **exhortation** n exhortation f *(to à).*

exhume [eks'hjuːm] vt exhumer. ♦ **exhumation** n exhumation f.

exile ['eksaɪl] 1 n *(person)* exilé(e) m(f); *(condition)* exil m. in(to) ~ en exil. 2 vt exiler *(from* de).

exist [ɪg'zɪst] vi **(a)** *(be)* exister. everything that ~s tout ce qui existe or est; doubt still ~s le doute subsiste. **(b)** *(live)* vivre *(on* de), subsister. we cannot ~ without water nous ne pouvons pas vivre or subsister sans eau; she ~s on very little elle vit de très peu. ♦ **existence** n existence f; to be in ~ence exister; to come into ~ence être créé; the only one in ~ence le seul qui existe *(subj).* ♦ **existent** adj existant. ♦ **existential** adj existentiel. ♦ **existentialism** n existentialisme m. ♦ **existentialist** adj, n existentialiste *(mf).* ♦ **existing** adj *law* existant; *regime* actuel.

exit ['eksɪt] 1 n sortie f. 2 vi *(Theat)* il sort. 3 adj: ~ permit/visa permis m/visa m de sortie.

exodus ['eksədəs] n exode m. *(Bible)* E~ l'Exode; *(fig)* there was a general ~ beaucoup de gens sont partis.

exonerate [ɪg'zɒnəreɪt] vt disculper *(from* de), innocenter. ♦ **exoneration** n disculpation f.

exorbitant [ɪg'zɔːbɪtənt] adj *price* exorbitant; *demands* exorbitant, démesuré. ♦ **exorbitantly** adv démesurément.

exorcize ['eksɔːsaɪz] vt exorciser. ♦ **exorcism** n exorcisme m. ♦ **exorcist** n exorciste m.

exotic [ɪg'zɒtɪk] adj exotique. ♦ **exoticism** n exotisme m.

expand [ɪks'pænd] 1 vt *gas, metal, lungs* dilater; *business, ideas, notes, muscles* développer;

production augmenter; *horizons, study* élargir; *influence, knowledge* étendre. ~ed polystyrene polystyrène m expansé. 2 vi se dilater; se développer; augmenter; s'élargir; s'étendre. the market is ~ing les débouchés se multiplient. ♦ **expanding** adj *industry* en pleine expansion; *universe* en expansion; *bracelet* extensible.

expanse [ɪks'pæns] n étendue f. ♦ **expansion** n *[gas]* dilatation f; *[business]* agrandissement m; *[trade, subject, idea]* développement m; *[production]* augmentation f; *(territorial, economic, colonial)* expansion f. ♦ **expansionism** n expansionnisme m. ♦ **expansive** adj expansif, communicatif; in an expansive mood en veine d'épanchements. ♦ **expansively** adv *(in detail)* avec abondance; *(warmly)* avec chaleur; to smile expansively arborer un large sourire; to gesture expansively faire de grands gestes.

expatiate [ɪks'peɪʃɪeɪt] vi discourir *(upon* sur).

expatriate [eks'pætrɪeɪt] adj, n expatrié(e) m(f).

expect [ɪks'pekt] vt **(a)** *(anticipate)* s'attendre à; *(with confidence)* escompter; *(count on)* compter sur; *(hope for)* espérer. to ~ to do penser or compter or espérer faire, s'attendre à faire; that was to be ~ed c'était à prévoir, il fallait s'y attendre; I ~ed as much je m'y attendais; I know what to ~ je sais à quoi m'attendre; I did not ~ that from him je n'attendais pas cela de lui; to ~ that s'attendre à ce que + subj, escompter que + indic; it is ~ed that il est vraisemblable que + indic, il y a des chances pour que + subj; it is not as heavy as I ~ed ce n'est pas aussi lourd que je le croyais; as ~ed comme prévu. **(b)** *(suppose)* penser, supposer. I ~ so je crois que oui; yes, I ~ it is oui, je m'en doute. **(c)** *(demand)* exiger, attendre *(sth from sb* qch de qn), demander *(sth from sb* qch à qn). to ~ sb to do sth exiger or demander que qn fasse qch; you can't ~ too much from him on ne peut pas trop exiger de lui; I ~ you to tidy your own room tu es censé ranger ta chambre toi-même; what do you ~ me to do about it? que voulez-vous que j'y fasse?; England ~s that ... l'Angleterre compte que + fut indic. **(d)** *(await)* attendre. I am ~ing them for dinner je les attends à dîner; we'll ~ you when we see you* on ne t'attend pas à une heure précise; she is ~ing a baby, she is ~ing* elle attend un bébé.

♦ **expectancy** n attente f; with eager ~ancy avec une vive impatience; look of ~ancy regard plein d'espoir. ♦ **expectant** adj *person, crowd* qui attend qch; *attitude* d'expectative; *look* de qn qui attend qch; ~ant mother femme f enceinte. ♦ **expectantly** adv *look, listen* avec l'air d'attendre qch; *wait* avec espoir. ♦ **expectation** n attente f; in ~ation of dans l'attente de, en prévision de; ~ation of life espérance f de vie; contrary to all ~ation contre toute attente; to come up to sb's ~ations répondre à l'attente or aux espérances de qn; beyond ~ation au-delà de mes etc espérances.

expedient [ɪks'piːdɪənt] 1 adj *(convenient)* indiqué, opportun; *(politic)* politique, opportun. it would be ~ to change the rule il serait opportun de changer le règlement. 2 n expédient m. ♦ **expedience** or ♦ **expediency** n *(self-interest)* opportunisme m; *(advisability)* opportunité f.

expedite ['ekspɪdaɪt] vt *preparations, process* accélérer; *legal or official matters* activer, hâter; *business, deal* pousser; *task* expédier. ♦ **expedition** n expédition f. ♦ **expeditionary** adj expéditionnaire. ♦ **expeditious** adj expéditif. ♦ **expeditiously** adv promptement.

expel [ɪks'pel] vt *(gen)* expulser *(from* de); *(from school)* renvoyer; *enemy* chasser.

expend [ɪks'pend] vt *time, energy* consacrer *(on à; on doing* à faire); *money* dépenser *(on* pour; on *doing* à faire); *(use up)* épuiser. ♦ **expendable** adj *equipment* non-réutilisable; *troops* sacrifiable;

(*of little value*) *person, object* facile à remplacer. ♦ **expenditure** *n* dépenses *fpl*; **an item of** ~**iture** une dépense.
expense [ɪks'pens] **1** *n* dépense *f*, frais *mpl*. **at my** ~ à mes frais; (*fig*) à mes dépens; **at great** ~ à grands frais; **to go to the** ~ **of buying a car** faire la dépense d'une voiture; **to go to great** ~ faire beaucoup de frais (*to do* pour faire); **to go to some** ~ faire des frais; **regardless of** ~ sans regarder à la dépense; **to put sb to** ~ causer des dépenses à qn; **to meet the** ~ **of sth** faire face aux frais de qch; ~**s** frais; **after all** ~**s have been paid** tous frais payés. **2** *adj*: ~ **account** frais *mpl* de représentation; **to go on sb's** ~ **account** passer sur la note de frais de qn. ♦ **expensive** *adj* cher; (*costly*) coûteux; *tastes* de luxe; *journey* onéreux; **to be expensive** coûter cher *inv*, valoir cher *inv*. ♦ **expensively** *adv entertain* à grands frais; *dress* de façon coûteuse. ♦ **expensiveness** *n* cherté *f*.
experience [ɪks'pɪərɪəns] **1** *n* (a) (*knowledge etc*) expérience *f* (*of* de). **I know by** ~ je le sais par expérience; **from my own** *or* **personal** ~ d'après mon expérience personnelle; **I know from bitter** ~ **that ...** j'ai appris à mes dépens que ...; **he has no** ~ **of** *grief/of* **living in the country** il ne sait pas ce que c'est que le vrai chagrin/que de vivre à la campagne; **the greatest disaster in the** ~ **of this nation** le plus grand désastre que cette nation ait connu. (b) (*practice, skill*) pratique *f*, expérience *f*. **practical** ~ pratique; *business/teaching/driving* ~ expérience des affaires/de l'enseignement/du volant; **have you any previous** ~? avez-vous déjà fait ce genre de travail?; **I've no** ~ **of doing that** je n'ai jamais fait cela. (c) (*event* ~*d*) expérience *f*, aventure *f*, sensation *f*. **I had a pleasant/frightening** ~ il m'est arrivé une chose *or* une aventure agréable/effrayante; **she's had some terrible** ~**al** elle en a vu de dures*; **it wasn't an** ~ **I would care to repeat** ça n'est pas une aventure que je tiens à recommencer; **unfortunate** ~ mésaventure *f*.
2 *vt misfortune, hardship* connaître; *setbacks, losses* essuyer; *conditions* vivre dans; *ill treatment* subir; *difficulties* rencontrer; *sensation, terror, remorse* éprouver; *emotion* ressentir. **he has never** ~**d it** il n'en a jamais fait l'expérience, cela ne lui est jamais arrivé; **he** ~**s some difficulty in speaking** il éprouve de la difficulté à parler. ♦ **experienced** *adj* (*gen*) expérimenté, qui a de l'expérience (*in* en, en matière de); *eye, ear* exercé.
experiment [ɪks'perɪmənt] **1** *n* expérience *f* (*also Chem etc*). **as an** ~ à titre d'essai *or* d'expérience. **2** [ɪks'perɪment] *vi* (*gen, fig*) faire une expérience. **to** ~ **with a new vaccine** expérimenter un nouveau vaccin; **to** ~ **on guinea pigs** faire des expériences sur des cobayes. ♦ **experimental** *adj* (*gen*) expérimental; *evidence* confirmé par l'expérience; *cinema, period* d'essai; **at the** ~**al stage** au stade expérimental; **this system is merely** ~**al** ce système est encore à l'essai; ~**al chemist** chimiste *mf* de laboratoire. ♦ **experimentally** *adv prove etc* expérimentalement; *arrange, organize* à titre expérimental. ♦ **experimentation** *n* expérimentation *f*.
expert ['eksp3:t] **1** *n* spécialiste *mf* (*on, at sth* de qch); (*qualified*) expert *m* (*at sth* en qch; *at doing* à faire). **he is an** ~ **on wines** il est grand connaisseur en vins; **he is an** ~ **on the subject** c'est un expert en la matière. **2** *adj person* expert (*in sth* en qch; *in the art of* dans l'art de; *at, in doing* à faire); *knowledge, advice, evidence* d'expert; (*Jur*) *witness* expert. **he is** ~ il s'y connaît; **with an** ~ **eye** *judge* en expert; *look at* d'un œil connaisseur; **with an** ~ **touch** avec beaucoup d'habileté. ♦ **expertise** *n* compétence *f* (*in* en), adresse *f* (*in* à). ♦ **expertly** *adv* de façon ex-

perte, adroitement.
expire [ɪks'paɪər] *vi* [*document*] expirer; [*period, time limit*] arriver à terme; (*die*) expirer. ♦ **expiration** *or* ♦ **expiry** *n* expiration *f*.
explain [ɪks'pleɪn] *vt* (*gen*) expliquer; *mystery* éclaircir; *reasons, points of view* exposer. **to** ~ **o.s.** s'expliquer.
explain away *vt sep* trouver une explication convaincante de.
♦ **explainable** *adj* explicable; **that is easily** ~**able** cela s'explique facilement. ♦ **explanation** *n* explication *f*; éclaircissement *m*; **to find an explanation for sth** trouver l'explication de qch; **has he something to say in explanation of his conduct?** est-ce qu'il peut fournir une explication de sa conduite?; **what have you to say in explanation?** qu'avez-vous à dire pour votre justification? ♦ **explanatory** *adj* explicatif.
expletive [ɪks'pli:tɪv] *n* (*oath*) juron *m*.
explicit [ɪks'plɪsɪt] *adj intention, statement* explicite; *denial* catégorique. ♦ **explicitly** *adv* explicitement; catégoriquement.
explode [ɪks'pləud] **1** *vi* exploser. **to** ~ **with laughter** éclater de rire. **2** *vt* faire exploser; (*fig*) *theory, rumour* montrer la fausseté de. ♦ **explosion** *n* explosion *f*; (*noise of explosion*) détonation *f*. ♦ **explosive 1** *adj gas, matter* explosible; *mixture* détonant; *weapons, force, situation, temper* explosif; **2** *n* explosif *m*.
exploit ['eksplɔɪt] **1** *n* prouesse *f*; (*heroic*) exploit *m*. ~**s** aventures *fpl*. **2** [ɪks'plɔɪt] *vt* exploiter. ♦ **exploitation** *n* exploitation *f*.
explore [ɪks'plɔ:r] *vt* (*gen*) explorer; (*Med*) sonder. **to go exploring** partir en exploration; **to** ~ **the ground** sonder le terrain; **to** ~ **every avenue** examiner toutes les possibilités. ♦ **exploration** *n* exploration *f*. ♦ **exploratory** *adj* expédition d'exploration; *step, discussion* préparatoire; (*Med*) **exploratory operation** sondage *m*. ♦ **explorer** *n* explorateur *m*, -trice *f*.
exponent [ɪks'pəunənt] *n* [*ideas*] interprète *m*; [*literary movement etc*] représentant(e) *m(f)*.
export [ɪks'pɔ:t] **1** *vt* exporter (*to* vers). **2** ['ekspɔ:t] *n* exportation *f*. **for** ~ **only** réservé à l'exportation. **3** ['ekspɔ:t] *adj goods, permit* d'exportation. ~ **drive** campagne *f* pour encourager l'exportation; ~ **duty** droit *m* de sortie; ~ **reject** article *m* impropre à l'exportation. ♦ **exportation** *n* exportation *f*. ♦ **exporter** *n* exportateur *m*; (*country*) pays *m* exportateur.
expose [ɪks'pəuz] *vt* (*gen, also Phot*) exposer (*to* à); (*uncover*) découvrir; *wire, nerve* mettre à nu; (*display*) *goods, pictures* exposer; *one's ignorance* afficher; (*unmask, reveal*) *vice* mettre à nu; *scandal, plot* révéler, dévoiler; *secret* éventer; *person* dénoncer. **to be** ~**d to view** s'offrir à la vue; **digging has** ~**d the remains of a temple** les fouilles ont mis au jour les restes d'un temple; **to** ~ **o.s.** s'exposer à. ♦ **exposed** *adj country* (*gen*) battu par les vents; (*Mil*) découvert; (*Tech*) *part* apparent; *wire* à nu; (*fig*) **he is in a very** ~**d position** il est très exposé.
♦ **exposition** *n* exposition *f*. ♦ **exposure 1** *n* exposition *f* (*to* à); révélation *f*, dénonciation *f*; (*Phot*) pose *f*; **to threaten sb with exposure** menacer qn d'un scandale; **to die of exposure** mourir de froid; **2** *adj* (*Phot*) **exposure meter** posemètre *m*.
expostulate [ɪks'pɒstjuleɪt] **1** *vt* protester. **2** *vi*: **to** ~ **with sb about sth** faire des remontrances à qn au sujet de qch. ♦ **expostulation** *n* protestation *f*; remontrances *fpl*.
expound [ɪks'paund] *vt theory, text* expliquer; *one's views* exposer.
express [ɪks'pres] **1** *vt* (a) (*gen*) exprimer; *a truth, proposition* énoncer; *wish* formuler. **to** ~ **o.s.** s'exprimer. (b) (*send*) *letter, parcel* expédier par exprès. **2** *adj* (a) *instructions* exprès, formel;

intention explicite. **with the ~ purpose of** dans le seul but de. **(b)** *(fast) letter, delivery* exprès *inv*; *coach etc* express *inv*. **~ train** rapide *m*; *(esp US)* **~ way** voie *f* express. **3** *adv* très rapidement; *post* par exprès. **4** *n (train)* rapide *m*. ♦ **expression** *n (gen)* expression *f*; *(phrase etc)* expression, tournure *f*; **set ~ion** expression consacrée. ♦ **expressionism** *n* expressionnisme *m*. ♦ **expressionist** *adj*, *n* expressionniste *(mf)*. ♦ **expressive** *adj language*, *face*, *hands* expressif; *gestures*, *silence* éloquent; *look*, *smile* significatif. ♦ **expressively** *adv* d'une manière expressive. ♦ **expressly** *adv* expressément.

expulsion [ɪksˈpʌlʃən] *n* expulsion *f*; *(Scol etc)* renvoi *m*. **~ order** arrêté *m* d'expulsion.

expurgate [ˈekspɜːgeɪt] *vt* expurger.

exquisite [ɪksˈkwɪzɪt] *adj (gen)* exquis; *sensibility* raffiné; *sense of humour* subtil; *satisfaction*, *pleasure* vif *(f* vive); *pain* aigu *(f* -guë). ♦ **exquisitely** *adv (gen)* d'une façon exquise; *(extremely)* extrêmement; **~ly beautiful** d'une beauté exquise.

extant [eksˈtænt] *adj* qui existe encore. **a few examples are still ~** quelques exemples subsistent.

extempore [ɪksˈtempərɪ] *adv*, *adj* impromptu. ♦ **extemporize** *vti* improviser.

extend [ɪksˈtend] **1** *vt* **(a)** *(stretch out) arm* étendre; *one's hand* tendre *(to sb* à qn); *(offer) help* apporter; *hospitality*, *friendship* offrir; *thanks*, *condolences*, *congratulations* présenter; *welcome* souhaiter; *invitation* faire, lancer. **(b)** *(prolong) street*, *line*, *visit* prolonger *(by*, *for* de); *(enlarge) house*, *property* agrandir; *research* pousser plus loin; *powers*, *limits*, *business* étendre; *knowledge* accroître; *frontiers* reculer; *vocabulary* enrichir; *(make demands on) worker*, *pupil* faire donner son maximum à. **~ed credit** un long crédit; **an ~ed play record** un disque double (durée).

2 *vi [wall*, *estate]* s'étendre *(to*, *as far as* jusqu'à); *[meeting*, *visit]* se prolonger *(over* pendant; *for* durant). ♦ **extension 1** *n* extension *f*; prolongation *f*; agrandissement *m*; *(to road*, *line)* prolongement *m*; *(for table*, *wire*, *electric flex)* rallonge *f*; *(to holidays*, *leave)* prolongation; *(telephone) [private house]* appareil *m* supplémentaire; *[office]* poste *m*; **extension 21** poste 21; **to have an extension built on to the house** faire agrandir la maison; **come and see our extension** venez voir nos agrandissements *mpl*; **2** *adj*: **university extension courses** cours *mpl* publics du soir (organisés par l'Université); **extension ladder** échelle *f* coulissante. ♦ **extensive** *adj estate*, *forest*, *knowledge* vaste, étendu; *study*, *research* approfondi; *investments*, *alterations* considérable; *plans*, *reforms*, *business* de grande envergure; *use* répandu. ♦ **extensively** *adv use*, *travel* beaucoup.

extent [ɪksˈtent] *n [estate*, *knowledge*, *activities*, *power]* étendue *f*; *[road etc]* longueur *f*; *[damage*, *commitments*, *losses]* importance *f*; *(degree)* mesure *f*, degré *m*. **to open to its fullest ~** ouvrir entièrement; **to what ~** dans quelle mesure; **to a certain ~** jusqu'à un certain point, dans une certaine mesure; **to a large ~** en grande partie; **to a small ~** dans une faible mesure; **to such an ~ that** à tel point que; **to the ~ of doing** au point de faire.

extenuating [ɪkˈstenjueɪtɪŋ] *adj* atténuant.

exterior [ɪksˈtɪərɪər] **1** *adj* extérieur *(to* à). **~ decoration** peintures *fpl* d'extérieur; **paint for ~ use** peinture *f* pour bâtiment. **2** *n* extérieur *m*. **on the ~** à l'extérieur.

exterminate [ɪksˈtɜːmɪneɪt] *vt pests*, *group of people* exterminer; *beliefs*, *ideas* supprimer. ♦ **extermination** *n* extermination *f*.

external [eksˈtɜːnl] **1** *adj surface* externe,

extérieur; wall extérieur; *influences* du dehors; *factor*, *trade* extérieur. *(Pharm)* **for ~ use only** pour usage externe; **~ examiner** examinateur *m* venu de l'extérieur *(d'une autre université)*. **2** *n*: **the ~s** l'extérieur *m*, les apparences *fpl*. ♦ **externally** *adv* extérieurement.

extinct [ɪksˈtɪŋkt] *adj (gen)* éteint; *race*, *species* disparu. ♦ **extinction** *n* extinction *f*.

extinguish [ɪksˈtɪŋgwɪʃ] *vt (lit*, *fig)* éteindre. ♦ **extinguisher** *n* extincteur *m*.

extol [ɪksˈtəʊl] *vt* louer avec enthousiasme.

extort [ɪksˈtɔːt] *vt money*, *signature* extorquer *(from* à); *promise*, *confession*, *secret* arracher *(from* à). ♦ **extortion** *n* extorsion *f*. ♦ **extortionate** *adj* exorbitant.

extra [ˈekstrə] **1** *adj (more)* de plus, supplémentaire; *(spare)* en trop. **an ~ chair** une chaise de plus *or* supplémentaire; **~ money** de l'argent de plus; **the ~ money/chair** l'argent/la chaise supplémentaire; **the chair is ~** *(spare)* la chaise est en trop; *(costs more)* la chaise est en supplément; *(Ftbl)* **after ~ time** après prolongation *f*; **I have had ~ work** j'ai eu plus de travail que d'habitude; **there will be no ~ charge** on ne vous comptera pas de supplément; **take ~ care!** faites particulièrement attention!; **~ pay** supplément *m* de salaire *(for* de); **for ~ safety** pour plus de sécurité; **postage ~** frais *mpl* de port en sus; **I bought a few ~ tins** j'ai acheté quelques boîtes de réserve.

2 *adv* plus que d'habitude, particulièrement. **~ kind** plus gentil que d'habitude.

3 *n (perk)* à-côté *m*; *(luxury)* agrément *m*; *(in restaurant: ~ dish)* supplément *m*; *(Cine*, *Theat: actor)* figurant(e) *m(f)*. **singing and piano are ~s** les leçons de chant et de piano ne sont pas comprises.

♦ **extrafine** *adj* extra-fin. ♦ **extra-smart** *adj* ultra-chic* *inv*. ♦ **extra-strong** *adj person* extrêmement fort; *material* extra-solide.

extract [ɪksˈtrækt] **1** *vt (gen)* extraire *(from* de); *tooth* arracher *(from* à); *(fig) confession*, *permission*, *promise* arracher *(from* à); *information*, *meaning*, *moral* tirer *(from* de); *money* soutirer *(from* à). **2** [ˈekstrækt] *n* extrait *m*. ♦ **extraction** *n* extraction *f (also Dentistry)*; *(descent)* origine *f*. ♦ **extractor** *adj*: **~or fan** ventilateur *m*.

extracurricular [ˈekstrəkəˈrɪkjʊlər] *adj* en dehors du programme *(Scol)*.

extradite [ˈekstrədaɪt] *vt* extrader. ♦ **extradition** *n* extradition *f*.

extramarital [ˈekstrəˈmærɪtl] *adj* en dehors du mariage.

extramural [ˈekstrəˈmjʊərəl] *adj course* hors faculté; *lecture* public.

extraordinary [ɪksˈtrɔːdnrɪ] *adj (gen)* extraordinaire; *quality* exceptionnel; *action*, *speech*, *behaviour* étonnant, surprenant; *insults*, *violence* inouï. **an ~ meeting of the shareholders** une assemblée extraordinaire des actionnaires; **I find it ~ that he hasn't replied** je trouve extraordinaire *or* inouï qu'il n'ait pas répondu; **there's nothing ~ about that** cela n'a rien d'étonnant; **it's ~ to think that ...** il semble incroyable que ... **+ subj**; **the ~ fact is that he succeeded** ce qu'il y a d'étonnant c'est qu'il a *or* ait réussi. ♦ **extraordinarily** *adv* extraordinairement.

extrasensory [ˈekstrəˈsensərɪ] *adj*: **~ perception** perception extra-sensorielle.

extraspecial [ˈekstrəˈspeʃəl] *adj (gen)* exceptionnel; *care* tout particulier; *occasion* grand.

extravagance [ɪksˈtrævəgəns] *n (excessive spending)* prodigalité *f*; *(wastefulness)* gaspillage *m*; *(thing bought)* folie *f*. **that hat was a great ~** ce chapeau était une vraie folie. ♦ **extravagant** *adj (wasteful) person* dépensier, prodigue; *taste* dispendieux; *(exaggerated) (gen)* extravagant; *opinions*, *praise*, *claims* exagéré; *prices* exor-

bitant. ♦ **extravagantly** adv (lavishly) avec
prodigalité; (flamboyantly) d'une façon
extravagante; **to use sth extravagantly** gaspiller
qch. ♦ **extravaganza** n fantaisie f.

extreme [ɪks'triːm] **1** adj (exceptional, exaggerated) extrême; (furthest) extrême (before n). **in
~ danger** en très grand danger; (Pol) **the ~ right**
l'extrême droite f; **at the ~ end of the path** à
l'extrémité du chemin; **how ~!** c'est un peu
poussé! **2** n extrême m. **in the ~** à l'extrême, au
plus haut degré; **to go to ~s** pousser les choses à
l'extrême. ♦ **extremely** adv extrêmement.
♦ **extremist 1** adj opinion extrême; person
extrémiste; party d'extrémistes; **2** n extrémiste
mf. ♦ **extremity** [ɪks'tremɪtɪ] n (gen) extrémité f;
[despair, happiness] extrême degré m.

extricate ['ekstrɪkeɪt] vt object dégager (from de).
(fig) **to ~ o.s.** se tirer (from de).

extrovert ['ekstrəʊvɜːt] **1** adj extraverti. **2** n
extraverti(e) m(f).

exuberance [ɪg'zuːbərəns] n exubérance f.
♦ **exuberant** adj exubérant. ♦ **exuberantly** adv
avec exubérance.

exude [ɪg'zjuːd] vti (lit) exsuder. (fig) **he ~d
charm** le charme lui sortait par tous les pores.

exult [ɪg'zʌlt] vi (rejoice) se réjouir (in de; over de,
à propos de), exulter; (triumph) jubiler.
♦ **exultant** adj expression, shout de triomphe;
[person] **to be ~ant** jubiler. ♦ **exultantly** adv
triomphalement. ♦ **exultation** n exultation f.

eye [aɪ] **1** n œil m (pl yeux). **girl with blue ~s, blue-
~d girl** fille aux yeux bleus; **to have brown ~s**
avoir les yeux bruns; **with tears in her ~s** les
larmes aux yeux; **with one's ~s closed** les yeux
fermés; **to have the sun in one's ~s** avoir le soleil
dans les yeux; **before my very ~s** sous mes yeux;
as far as the ~ can see à perte de vue; **in the ~s of**
aux yeux de; **to look at a question through the ~s
of an economist** envisager une question du point
de vue de l'économiste; **under the ~ of** sous l'œil
de; **with my own ~s** de mes propres yeux; **with an
~ to the future** en prévision de l'avenir; **with an ~
to buying** en vue d'acheter; **that's one in the ~ for
him*** c'est bien fait pour lui; **to be all ~s** être tout

yeux; **to be up to the** or **one's ~s in work** être dans
le travail jusqu'au cou; **to shut one's ~s to sb's
shortcomings** fermer les yeux sur; evidence se
refuser à; dangers, truth se dissimuler; **his ~ fell
on ...** son regard est tombé sur ...; **to get one's ~ in**
ajuster son coup d'œil; **to have one's ~ on sth/sb**
avoir qch/qn en vue; **to have an ~ to the main
chance** ne jamais perdre de vue ses propres
intérêts; **to have an ~ for sth** savoir reconnaître
qch; **to keep one's ~ on the ball** fixer la balle; **to
keep an ~ on sth/sb** surveiller qch/qn; **to keep an
~ on things*** avoir l'œil (à tout); **to keep one's ~s
open** être vigilant, ouvrir l'œil; **to keep one's ~s
open for sth** essayer de trouver qch; **he couldn't
keep his ~s open*** il dormait debout; (fig) **with
one's ~s wide open** en connaissance de cause; **to
look sb straight in the ~** regarder qn dans les
yeux; **to make ~s at*** faire de l'œil à*; **to see ~ to
~ with sb** partager le point de vue de qn; **I've
never set ~s on him** je ne l'ai jamais vu de ma vie;
he didn't take his ~s off her il ne l'a pas quittée
des yeux; **he never uses his ~s** il ne sait pas voir;
use your ~s tu es aveugle?

2 vt regarder. **he was ~ing the girls** il reluquait
les filles.

♦ **eyeball** n globe m oculaire. ♦ **eyebath** n œillère
f (pour bains d'œil). ♦ **eyebrow 1** n sourcil m;
2 adj: **~brow pencil** crayon m à sourcils; **~brow
tweezers** pince f à épiler. ♦ **eye-catching** adj
dress, colour qui tire l'œil; publicity, poster
accrocheur. ♦ **eyedrops** npl gouttes fpl pour les
yeux. ♦ **eyeful** n: **he got an ~ful of mud** il a reçu
de la boue plein les yeux; **she's quite an ~ful*** on
se rince l'œil à la regarder*. ♦ **eyelash** n cil m.
♦ **eyelet** n œillet m (dans du tissu etc). ♦ **eye-
level** adj à hauteur des yeux; **~-level grill** gril m
surélevé. ♦ **eyelid** n paupière f. ♦ **eyeliner** n eyeliner m. ♦ **eye-opener** n révélation f. ♦ **eyeshade**
n visière f. ♦ **eyeshadow** n fard m à paupières.
♦ **eyesight** n vue f. ♦ **eyestrain** n: **to have
~strain** avoir la vue fatiguée. ♦ **eye-tooth** n
canine f supérieure. ♦ **eyewash*** n (fig) fadaises
fpl. ♦ **eyewitness** n témoin m oculaire.

eyrie ['ɪərɪ] n aire f (d'aigle).

F

F, f [ef] n F, f m or f; (Mus) fa m.
fa [fɑ:] n (Mus) fa m.
fable ['feɪbl] n fable f. ♦ **fabled** adj légendaire.
fabric ['fæbrɪk] n (cloth) tissu m, étoffe f; [building, system, society] structure f. ♦ **fabricate** vt fabriquer. ♦ **fabrication** n fabrication f.
fabulous ['fæbjʊləs] adj (gen) fabuleux; (*: wonderful) formidable*, sensationnel*. a ~ price* un prix fou.
façade [fə'sɑ:d] n façade f.
face [feɪs] **1** n visage m, figure f; (expression) mine f; [building] façade f; [clock] cadran m; [cliff] paroi f; [coin] côté m; [the earth] surface f; [document] recto m; [playing card] face f, dessous m. ~ **down(wards)** person face contre terre; card face en dessous; ~ **up(wards)** person sur le dos; card retourné; **to turn sth ~ up** retourner qch à l'endroit; (Med) **injuries to the ~** blessures fpl à la face; **you can shout till you're black in the ~**, he ... tu auras beau t'exténuer à crier, il ...; **to change the ~ of a town** changer le visage d'une ville; **he vanished off the ~ of the earth** il a complètement disparu de la circulation; **I've got a good memory for ~s** je suis physionomiste; **he laughed in my ~** il m'a ri au nez; **he won't show his ~ here again** il ne se montrera plus ici; **he told him so to his ~** il le lui a dit tout cru; **in the ~ of the enemy** face à; threat, danger devant; difficulty en dépit de; **to set one's ~ against sth** se dresser contre qch; **to set one's ~ against doing** se refuser à faire; **to put a bold or brave ~ on things** faire bon visage; **to lose ~** perdre la face; **to save (one's) ~** sauver la face; **to make or pull ~s** faire des grimaces (at à); **to make a (disapproving) ~** faire une moue de désapprobation; **on the ~ of it** à première vue; **to have the ~ to do*** avoir le toupet* de faire.
2 adj: ~ **card** figure f; ~ **cream** crème f pour le visage; ~ **cloth or flannel** gant m de toilette; **to have a ~ lift** se faire faire un lifting; ~ **pack** masque m de beauté; ~ **powder** poudre f de riz; ~ **value** [coin] valeur f nominale; [stamp, card] valeur f; (fig) **to take sb or sth at ~ value** se laisser tromper par les apparences.
3 vt **(a)** (also **be facing**) person être en face de; wall etc être face à; [building] (be opposite) être en face de; (look towards) donner sur. **problem facing me** problème devant lequel je me trouve; **facing one another** en face l'un de l'autre; **the picture facing page 16** l'illustration en regard de la page 16; **to be ~d with** possibility, prospect se trouver devant; danger, defeat être menacé par; **to be ~d with the prospect of doing** risquer d'avoir à faire; ~**d with the prospect of ...** devant la perspective de ... . **(b)** (confront) enemy, danger faire face à. **I can't ~ him** (ashamed) je n'ose pas le regarder en face; (angry) je n'ai pas le courage de le voir; **to ~ the music** braver l'orage; **to ~ facts** regarder les choses en face; **to ~ the fact that** ... admettre que ...; **I can't ~ doing** it je n'ai pas le courage de le faire.
4 vi [person] **to ~/be facing this way** se tourner/être tourné de ce côté; (fig) **to ~ both ways** ménager la chèvre et le chou; [house] **facing north** orienté au nord; **facing towards the sea** face à la mer.
face up to vt fus danger, difficulty faire face à. **to ~ up to the fact that** admettre que.
♦ **faceless** adj anonyme. ♦ **face-saving** adj qui sauve la face. ♦ **face-to-face 1** adv face à face; **2** adj: ~**-to-~ discussion** face à face m inv. ♦ **facial 1** adj facial; **2** n soin m du visage. ♦ **facing** n (Constr) revêtement m; (Sewing) revers m.
facet ['fæsɪt] n facette f.
facetious [fə'si:ʃəs] adj person facétieux; remark bouffon. ♦ **facetiously** adv facétieusement.
facility [fə'sɪlɪtɪ] n facilité f (in, for doing pour faire). **facilities** (educational, leisure) équipements mpl; (transport, production) moyens mpl; (in harbour, airport) installations fpl; **there are no facilities for it** ce n'est pas équipé pour cela. ♦ **facilitate** vt faciliter.
facsimile [fæk'sɪmɪlɪ] n fac-similé m.
fact [fækt] n fait m. **it is a ~ that** il est de fait que + indic; **is it a ~ that** est-il vrai que + subj (often * indic); **to know (it) for a ~ that** savoir de source sûre que; **the ~s of life** (sex etc) les choses fpl de la vie; (fig) les réalités fpl de la vie; ~ **and fiction** le réel et l'imaginaire; **story founded on ~** histoire basée sur des faits; **in (point of) ~, as a matter of ~** en fait; **the ~ of the matter is that** ... le fait est que ... .
♦ **fact-finding** adj: ~**-finding committee** commission f d'enquête; **they were on a ~-finding mission to the war front** ils étaient partis enquêter au front. ♦ **factual** adj report, description basé sur les faits; error de fait. ♦ **factually** adv en se tenant aux faits.
faction ['fækʃən] n faction f.
factor ['fæktər] n facteur m. **safety ~** facteur de sécurité; **human ~** élément m humain.
factory ['fæktərɪ] **1** n usine f, (gen smaller) fabrique f; [arms, china, tobacco] manufacture f; (fig) usine. **shoe ~** usine or fabrique de chaussures. **2** adj work, worker, chimney d'usine; inspector du travail. ~ **farming** élevage m industriel; ~ **ship** navire-usine m.
factotum [fæk'təʊtəm] n factotum m.
faculty ['fækəltɪ] n faculté f.
fad [fæd] n (habit) marotte f; (fashion) folie f (for de).
♦ **faddy** adj person qui a des marottes; distaste capricieux.
fade [feɪd] **1** vi [flower] se faner; [colour, material] passer; (~ **away**) [daylight, one's faculties] baisser; [memory, vision] s'effacer; [hopes, smile] s'évanouir; [sound] s'affaiblir; [person] dépérir. **the castle ~d from sight** le château disparut aux regards.
2 vt: **to ~ in/out** (Cine, TV) faire apparaître/disparaître en fondu; (Rad) monter/couper par un fondu sonore.
faeces ['fi:si:z] npl fèces fpl.
fag [fæg] **1** n (*: nasty work) corvée f; (*: cigarette) sèche* f; (Brit Scol) petit m (élève au service d'un grand). **2** adj: ~ **end** (remainder) restant m, reste m; (*) [cigarette] mégot* m. **3** vt (~ **out**) éreinter.
fag(g)ot ['fægət] n fagot m.
fah [fɑ:] n (Mus) fa m.

Fahrenheit ['færənhaɪt] *adj* Fahrenheit *inv*.
fail [feɪl] **1** *vi* (a) (*gen*) échouer; [*candidate*]
échouer, être collé* (*in an exam* à un examen; *in
Latin* en latin); [*play, show*] être un four; [*bank,
business*] faire faillite. **to ~ to do** ne pas réussir à
faire; **to ~ by 5 votes** échouer à 5 voix près; **to ~
in one's duty** manquer à son devoir. (b) [*faculty*]
baisser; [*person, voice*] s'affaiblir; [*light*] baisser;
[*crops*] être perdu; [*power, electricity, water
supply*] manquer; [*engine*] tomber en panne;
[*brakes*] lâcher.
2 *vt* (a) *examination* échouer à, être collé* à;
subject échouer en; *candidate* refuser, coller*.
(b) [*person*] [*person*] décevoir, laisser tomber*;
[*memory etc*] trahir. **don't ~ me!** ne me laissez
pas tomber!*, je compte sur vous!; **his heart ~ed
him** le cœur lui a manqué; **words ~ me!** les mots
me manquent! (c) (*omit*) manquer, négliger (*to
do* de faire). **to ~ to appear** (*Jur*) faire défaut;
(*gen*) ne pas se montrer; **I ~ to see why** je ne vois
pas pourquoi.
3 *n* (*in exam*) échec *m*. **without ~ come, do** sans
faute; *happen, befall* immanquablement.
♦ **failing 1** *n* défaut *m*; **2** *prep* à défaut de; **~ing
this** à défaut. ♦ **failsafe** *adj* à sûreté intégrée.
♦ **failure** *n* (*gen*) échec *m* (*in an exam* à un
examen; *in Latin* en latin); [*bank, business*]
faillite *f*; [*electricity, engine*] panne *f*; [*crops*]
perte *f*; (*unsuccessful person*) raté(e) *m(f)*; **a total
~ure** un fiasco; **his ~ure to convince them** son
impuissance *f* à les convaincre; **he's a ~ure as a
writer** il ne vaut rien comme écrivain.
faint [feɪnt] **1** *adj breeze, smell, sound, hope, trace*
léger, faible; *colour* pâle; *voice, breathing* faible;
idea, smile vague. **I haven't the ~est idea** je n'en
ai pas la moindre idée; **to make a ~ attempt** at
doing essayer sans conviction de faire; **to grow
~(er)** s'affaiblir; (*Med*) **to feel ~** être pris d'un
malaise; **~ with hunger** défaillant de faim. **2** *n*
évanouissement *m*. **3** *vi* s'évanouir (*from* de). **to
be ~ing** défaillir (*from* de). ♦ **fainthearted** *adj*
craintif, timide. ♦ **faintly** *adv* (*gen*) faiblement;
write, mark légèrement; *disappointed* légèrement; *smiling, reminiscent* vaguement. (b)
♦ **faintness** *n* faiblesse *f*; légèreté *f*.
fair¹ [fɛəʳ] *n* (*gen*) foire *f*; (*fun ~*) fête *f* foraine.
(*Comm*) **Book F~** Foire du livre. ♦ **fairground** *n*
champ *m* de foire.
fair² [fɛəʳ] **1** *adj* (a) *person, decision* juste (*to sb*
vis-à-vis de qn), équitable; *deal, exchange* équitable; *fight, competition, match* loyal; *profit,
comment* justifié, mérité; *sample* représentatif.
it's not ~ ce n'est pas juste; **to be ~ (to him), he ...**
rendons-lui cette justice, il ...; **as is only ~** ce
n'est que justice; **~ enough!** d'accord!, c'est bien
normal!; **to give sb a ~ deal** agir équitablement
envers qn; **he was ~ game for the critics** c'était
une proie rêvée pour les critiques; **by ~ means or
foul** par tous les moyens; **~ play** fair-play *m*; **his
~ share of** sa part de; **~ shares for all** à chacun
son dû; **~ and square** tout à fait honnête; **through
~ and foul** à travers toutes les épreuves. (b)
work, result passable, assez bon. (c) (*quite large*)
sum considérable; *number* respectable; *speed*
bon. **he is in a ~ way to doing** il y a de bonnes
chances pour qu'il fasse; **a ~ amount*** pas mal (*of*
de). (d) (*light-coloured*) *hair, person* blond;
complexion, skin clair. (e) (*fine*) *wind* propice,
favorable; *weather, promises, words* beau. **it's set
~** le temps est au beau fixe; **the ~ sex** le beau
sexe; **~ copy** (*rewritten*) copie *f* au propre;
(*model answer etc*) corrigé *m*.
2 *adv*: **to play ~** jouer franc jeu; **to act ~ and
square** agir loyalement; **the branch struck him ~
and square in the face** la branche l'a frappé en
plein (milieu du) visage.
♦ **fair-haired** *adj* blond. ♦ **fairly** *adv* (a) (*justly*)
treat équitablement; *obtain* honnêtement; **~ly

and squarely = fair and square**; *V* **fair²** 2; (b)
(*reasonably*) assez; **I'm ~ly sure that** ... je suis
presque sûr que ...; (c) (*utterly*) absolument; **he
was ~ly beside himself with rage** il était absolument hors de lui. ♦ **fair-minded** *adj* impartial.
♦ **fairness** *n* (a) [*hair*] blondeur *f*; [*skin*] blancheur *f*; (b) *justice f*, honnêteté *f*; [*decision, judgment*] équité *f*; **in all ~ness** en toute justice; **in
~ness to him** pour être juste envers lui. ♦ **fair-
sized** *adj* assez grand. ♦ **fair-skinned** *adj* à la
peau claire.
fairy ['fɛərɪ] **1** *n* fée *f*; (:: *homosexual*) pédé† *m*.
2 *adj helper, gift* magique; *child, dance* des fées.
~ footsteps pas légers de danseuse (*iro*); **~
godmother** marraine *f* gâteau *inv*; **~ lights** guirlande *f* électrique; **~ queen** reine *f* des fées; **~
tale** conte *m* de fées; (*untruth*) conte à dormir
debout.
♦ **fairyland** *n* royaume *m* des fées.
faith [feɪθ] **1** *n* (*all senses*) foi *f*. **F~, Hope and
Charity** la foi, l'espérance et la charité; **~ in God**
la foi en Dieu; **to have ~ in sb** avoir confiance en
qn; **to put one's ~ in** mettre tous ses espoirs en; **to
keep ~ with sb** tenir ses promesses envers qn; **in
all good ~** en toute bonne foi; **in bad ~** de
mauvaise foi. **2** *adj*: **~ healer** guérisseur *m*, -euse
f (*mystique*); **~ healing** guérison *f* par la foi.
♦ **faithful 1** *adj* fidèle (*to* à); **2** *n* **the ~ful** (*Chris-
tians*) les fidèles *mpl*; (*Muslims*) les croyants
mpl. ♦ **faithfully** *adv* fidèlement; **to promise
~fully** that donner sa parole que; **yours ~fully**
veuillez agréer, Monsieur (*or* Madame *etc*) mes
salutations distinguées. ♦ **faithfulness** *n* fidélité
f (*to* à). ♦ **faithless** *adj* perfide. ♦ **faithlessness** *n*
perfidie *f*.
fake [feɪk] **1** *n* (*object etc*) objet *m etc* truqué;
(*picture*) faux *m*. **he's a ~** il n'est pas ce qu'il prétend être. **2** *adj* (*picture*) **to be ~** être un (*or*
des) faux. (b) (*also faked*) *accounts, interview*
truqué. **3** *vt* faire un faux de; truquer. **to ~ illness**
faire semblant d'être malade. **4** *vi* faire semblant.
falcon ['fɔːlkən] *n* faucon *m*.
fall [fɔːl] (*vb: pret fell, ptp fallen*) **1** *n* (a) (*gen*)
chute *f*; (*in price, temperature*) baisse *f* (*in* de);
(*more drastic*) chute. (*fig*) **to be riding for a ~**
courir à l'échec; **the ~ of the Bastille** la prise de la
Bastille; **~ of earth** éboulement *m* de terre; **~ of
rock** chute de pierres; **a heavy ~ of snow** de
fortes chutes de neige; (*waterfall*) **~s** chute
d'eau; **the Niagara F~s** les chutes du Niagara.
(b) (*US: autumn*) automne *m*. **in the ~** en
automne.
2 *vi* (a) (*gen*) tomber (*into* dans; *out of, off* de);
[*temperature, price, level, voice, wind*] tomber;
(*less drastically*) baisser; [*building*] s'écrouler. **to
~ flat** [*person*] tomber à plat ventre; [*event etc*]
ne pas répondre à l'attente; [*scheme*] faire long
feu; [*joke*] tomber à plat; **to ~ to or on one's knees**
tomber à genoux; **to ~ on one's feet** retomber sur
ses pieds; **to ~ over a chair** tomber en butant
contre une chaise; **he was ~ing over himself to be
polite*** il se mettait en quatre pour être poli; **they
were ~ing over each other to get it*** ils se bat-
taient pour l'avoir; **to let sth ~** laisser tomber
qch; **to let ~ that** laisser entendre que; **his face
fell** son visage s'est assombri; **the students ~ into
3 categories** les étudiants se divisent en 3
catégories; **the responsibility ~s on you** la
responsabilité retombe sur vous; **Christmas Day
~s on a Sunday** Noël tombe un dimanche; **he fell
to wondering if** ... il s'est mis à se demander si ...;
it ~s to me to say il m'appartient de dire; **to ~
short of expectations** ne pas répondre à; *perfection* ne pas atteindre.
(b) (*become etc*) **to ~ asleep** s'endormir; **to ~
into bad habits** prendre de mauvaises habitudes;
to ~ into conversation with sb entrer en
conversation avec qn; (*fig*) **to ~ from grace**

tomber en disgráce; **to ~ due** venir à échéance; **to ~ heir to sth** hériter de qch; **to ~ ill** or **sick** tomber malade; (*lit, fig*) **to ~ into line** s'aligner; (*fig*) **to ~ into line with sb** se ranger à l'avis de qn; **to ~ in love** tomber amoureux (*with* de); **to ~ for*** *person* tomber amoureux de; *idea* s'enthousiasmer pour; (*be taken in by*) se laisser prendre à; **to ~ silent** se taire.

fall about* *vi* (*fig: laugh*) se tordre (de rire).

fall apart *vi* tomber en morceaux; (*fig*) se désagréger.

fall away *vi* [*ground*] descendre en pente; [*plaster*] s'écailler; [*supporters*] déserter.

fall back *vi* (*retreat*) reculer. **to ~ back on sth** avoir recours à qch; **sth to ~ back on** qch en réserve.

fall behind *vi* rester en arrière; (*in race*) se laisser distancer. **to ~ behind with** *work* prendre du retard dans; *rent* être en retard pour.

fall down *vi* (*gen*) tomber; [*building*] s'effondrer; (*fail*) échouer, rater son coup. **to ~ down on the job** ne pas être à la hauteur.

fall in *vi* (*into water*) tomber (dans l'eau); [*building*] s'affaisser; [*troops*] former les rangs. **fall in** *vt fus* (*meet*) *person* rencontrer; (*agree to*) *proposal, sb's view* accepter. **this fell in very well with our plans** ceci a cadré avec nos projets.

fall off *vi* (*lit*) tomber; [*supporters*] déserter; [*numbers*] diminuer; [*interest*] tomber.

fall out *vi* (*quarrel*) se brouiller (*with* avec); (*Mil*) rompre les rangs. **everything fell out as we had hoped** tout s'est passé comme nous l'avions espéré.

fall over *vi* tomber (par terre); *V* **fall 2**.

fall through *vi* [*plans etc*] échouer.

fall (up)on *vt fus* se jeter sur; (*Mil*) *enemy* fondre sur.

♦ **fallen 1** *adj* tombé; (*morally*) perdu; *angel, woman* déchu; ~**en leaf** feuille morte; ~**en arches** affaissement *m* de la voûte plantaire; **2** *n* (*Mil*) the ~**en** ceux qui sont tombés au champ d'honneur. ♦ **falling** *adj*: ~**ing star** étoile *f* filante. ♦ **fall(ing)-off** *n* réduction *f* (*in* de). ♦ **fallout 1** *n* retombées *fpl*; **2** *adj*: ~**out shelter** abri *m* antiatomique.

fallacy ['fæləsɪ] *n* (*false belief*) erreur *f*; (*false reasoning*) faux raisonnement *m*. ♦ **fallacious** *adj* trompeur.

fallible ['fælɪbl] *adj* faillible. ♦ **fallibility** *n* faillibilité *f*.

fallopian [fə'ləʊpɪən] *adj*: ~ **tube** trompe *f* utérine.

fallow ['fæləʊ] *adj*: **to lie** ~ être en jachère.

false [fɔːls] *adj* (*all senses*) faux (*f* fausse) (*before n*). ~ **alarm** fausse alerte; **a ~ step** un faux pas; ~ **start** faux départ *m*; **under** ~ **pretences** (*Jur*) par des moyens frauduleux; (*by lying*) sous des prétextes fallacieux; **with a ~ bottom** à double fond; ~ **teeth** fausses dents *fpl*. ♦ **false-hearted** *adj* fourbe. ♦ **falsehood** *n* (*lie*) mensonge *m*; **truth and** ~**hood** le vrai et le faux. ♦ **falsely** *adv declare* faussement; *accuse* à tort. ♦ **falseness** *or* ♦ **falsity** *n* fausseté *f*. ♦ **falsification** *n* falsification *f*. ♦ **falsify** *vt document* falsifier; *evidence* maquiller; *accounts, figures* truquer.

falsetto [fɔːl'setəʊ] **1** *n* fausset *m*. **2** *adj* de fausset.

falter ['fɔːltər] **1** *vi* (*voice, speaker*) hésiter; (*waver*) vaciller; [*steps*] chanceler; [*courage*] faiblir. **2** *vt words* bredouiller.

fame [feɪm] *n* renommée *f*, gloire *f*. **his ~ as a writer** sa renommée d'écrivain; **he wanted ~** il était avide de gloire; **M. Mitchell of 'Gone with the Wind'** ~ M. Mitchell connue pour son livre 'Autant en emporte le vent'. ♦ **famed** *adj* célèbre (*for* pour).

familiar [fə'mɪljər] *adj* (*gen*) familier; *complaint, event, protest* habituel. **a ~ figure in the town** un personnage bien connu dans la ville; **a ~ feeling** une sensation bien connue; **his face is ~** sa tête me dit quelque chose*; (*fig*) **to be on ~ ground** être sur son terrain; **to be ~ with sth** bien connaître qch; **to make o.s. ~ with** se familiariser avec; (*pej*) **he got much too ~** il s'est permis des familiarités (*with* avec).

♦ **familiarity** *n* [*sight etc*] caractère *m* familier; (*with customs etc*) familiarité *f* (*with* avec); **familiarities** familiarités *fpl*. ♦ **familiarize** *vt* familiariser (*sb with sth* qn avec qch); **to ~ize o.s. with** se familiariser avec. ♦ **familiarly** *adv* familièrement.

family ['fæmɪlɪ] **1** *n* (*all senses*) famille *f*. **has he any ~?** (*relatives*) a-t-il de la famille?; (*children*) a-t-il des enfants?; **it runs in the ~** cela tient de famille; **he's one of the ~** il fait partie de la famille. **2** *adj jewels, likeness, name, life* de famille; *friend* de la famille. (*Admin*) ~ **allowance** allocations *fpl* familiales; ~ **doctor** médecin *m* de famille; ~ **man** bon père *m* de famille; ~ **planning clinic** centre *m* de planning familial; ~ **tree** arbre *m* généalogique.

famine ['fæmɪn] *n* famine *f*.

famished ['fæmɪʃt] *adj* affamé. **I'm absolutely ~*** je meurs de faim.

famous ['feɪməs] *adj* célèbre, (bien) connu (*for* pour). (*iro*) ~ **last words!*** on verra bien!; (*iro*) **that's his ~ motorbike!** voilà sa fameuse moto! ♦ **famously*** *adv* fameusement*, rudement bien*.

fan¹ [fæn] **1** *n* éventail *m*; (*mechanical*) ventilateur *m*. **2** *adj* (*Aut*) ~ **belt** courroie *f* de ventilateur; ~ **heater** radiateur *m* soufflant; ~ **light** imposte *f* (*semi-circulaire*). **3** *vt person* éventer; *fire, quarrel* attiser. (*fig*) **to ~ the flames** jeter de l'huile sur le feu.

fan out *vi* [*troops, searchers*] se déployer (en éventail).

fan² [fæn] **1** *n* enthousiaste *mf*; (*Sport*) supporter *m*; [*pop star etc*] fan *mf*, admirateur *m*, -trice *f*. **he is a jazz/bridge/sports/football** *etc* ~ c'est un mordu* du jazz/bridge/sport/football *etc*; **I'm definitely not one of his ~s** je suis loin d'être un de ses admirateurs. **2** *adj*: ~ **club** club *m* de fans; **his ~ mail** les lettres *fpl* de ses admirateurs.

fanatic [fə'nætɪk] *n* fanatique *mf*. ♦ **fanatic(al)** *adj* fanatique. ♦ **fanaticism** *n* fanatisme *m*.

fancy ['fænsɪ] **1** *n* (*whim*) caprice *m*, fantaisie *f*. **a passing ~** un caprice passager, une lubie; **when the ~ takes him** quand cela lui plaît; **he took a ~ to go swimming** il a eu tout à coup envie d'aller se baigner; **to take a ~ to** *person* se prendre d'affection pour; *thing* prendre goût à, se mettre à aimer; **it caught the public's ~** le public l'a tout de suite aimé; **the realm of ~** le domaine de l'imaginaire.

2 *vt* (**a**) (*imagine*) se figurer, s'imaginer; (*rather think*) croire. **I rather ~ he's gone out** je crois bien qu'il est sorti; ~ **that!*** tiens!; ~ **seeing you here!*** je ne m'imaginais pas vous voir ici! (**b**) (*want*) avoir envie de; (*like*) aimer. **do you ~ going for a walk?** as-tu envie d'aller faire une promenade?; **I don't ~ the idea** cette idée ne me dit rien*; **he fancies himself*** il ne se prend pas pour rien*; **he fancies himself as an actor*** il se prend pour une moitié d'acteur*; **he fancies her*** il la trouve attirante.

3 *adj hat, buttons, pattern* fantaisie *inv*; (*pej*) *cure* fantaisiste; *price* exorbitant; (*US: extra good*) de qualité supérieure. ~ **cakes** pâtisseries *fpl*; **it was all very** ~ c'était très recherché; **with his ~ house and his ~ car** ... avec sa belle maison et sa voiture grand luxe ...; ~ **dress** déguisement *m*; **in** ~ **dress** déguisé; ~**-dress ball** bal *m* masqué; ~ **goods** nouveautés *fpl*; (*pej*) ~ **woman** bonne amie.

♦ **fancied** *adj* imaginaire. ♦ **-fancier** *n ending in cpds, e.g.* dog-**fancier** amateur *m* de chiens. ♦ **fanciful** *adj person* capricieux; *ideas* fantasque; *story, account* imaginaire.
fanfare ['fænfɛə^r] *n* fanfare *f (air)*.
fang [fæŋ] *n (gen)* croc *m*; *[snake]* crochet *m*.
fantastic [fæn'tæstɪk] *adj (gen)* fantastique; *idea* invraisemblable; (*: *excellent*) sensationnel*, fantastique. ♦ **fantastically** *adv* fantastiquement, extraordinairement.
fantasy ['fæntəzɪ] *n (gen)* fantaisie *f*; (*idea, wish*) idée *f* fantasque; (*Psych etc*) fantasme *m*. ♦ **fantasize** *vi (Psych etc)* faire des fantasmes.
far [fɑ:^r] *comp* farther *or* further, *superl* farthest *or* furthest **1** *adv* loin. how ~ is it to ...? combien y a-t-il jusqu'à ...?; is it ~? est-ce loin?; is it ~ to **London**? c'est loin pour aller à Londres?; not ~ from here pas loin d'ici; how ~ are you going? jusqu'où allez-vous?; *(fig)* how ~ have you got with your plans? où en êtes-vous de vos projets?; to go ~ aller loin; I would even go so ~ as to say that ... je dirais même que ...; that's going too ~ cela dépasse les bornes; now you're going too ~ alors là vous exagérez; he has gone too ~ to back out now il est trop engagé pour reculer maintenant; he was ~ gone *(ill)* il était bien bas; *(drunk)* il était bien parti*; so ~ jusqu'à présent; so ~ and no further jusque-là mais pas plus loin; so ~ so good jusqu'ici ça va; ~ be it from me to say loin de moi l'idée de dire; as ~ as the town jusqu'à la ville; we didn't go as *or* so ~ as the others nous ne sommes pas allés aussi loin que les autres; as *or* so ~ as I know pour autant que je sache; as ~ as I can dans la mesure du possible; as ~ as the eye can see à perte de vue; as ~ as that goes pour ce qui est de cela; as ~ as I'm concerned en ce qui me concerne; as ~ back as I can remember d'aussi loin que je m'en souvienne; as ~ back as 1945 déjà en 1945; ~ and away the best de très loin le meilleur; ~ and wide, ~ and near partout; ~ above loin au-dessus (de); *(fig)* de loin supérieur (à); ~ away, ~ off au loin; ~ away in the distance dans le lointain; he wasn't ~ off il n'était pas loin; his birthday is not ~ off c'est bientôt son anniversaire; ~ beyond bien au-delà (de); ~ from loin de *(doing faire)*; ~ from it! loin de là!; ~ into très avant dans; ~ out at sea au *(grand)* large; our calculations are ~ out nous avons fait une énorme erreur de calcul; by ~ de loin, beaucoup; this is ~ better ceci est beaucoup or bien mieux.
2 *adj country* lointain, éloigné. the F~ East l'Extrême-Orient *m*; the F~ North le Grand Nord; the F~ West le Far West; it's a ~ cry from ... on est loin de ...; on the ~ side of de l'autre côté de; at the ~ end of à l'autre bout de; *(Pol)* the ~ left l'extrême-gauche *f*.
♦ **faraway** *adj country, voice* lointain; *village* éloigné; *look* perdu dans le vague; *memory* flou. ♦ **far-distant** *adj* lointain. ♦ **far-fetched** *adj idea, scheme* bizarre; *explanation* tiré par les cheveux. ♦ **far-flung** *adj* vaste. ♦ **far-off** *adj* lointain, éloigné. ♦ **far-reaching** *adj* d'une grande portée. ♦ **far-sighted** *adj person* clairvoyant; *decision, measure* fait (*or* pris *etc*) avec clairvoyance.
farce [fɑ:s] *n (Theat, fig)* farce *f*. the whole thing's a ~! tout ça, c'est vraiment grotesque. ♦ **farcical** *adj* grotesque, ridicule.
fare [fɛə^r] **1** *n (a) (charge) (on bus, in underground)* prix *m* du ticket; *(on boat, plane, train)* prix du billet; *(in taxi)* prix de la course. ~s, please! les places, s'il vous plaît!; ~s are going up les transports *mpl* vont augmenter; let me pay your ~ laissez-moi payer pour vous; I haven't got the ~ je n'ai pas assez d'argent pour le billet. *(b) (passenger)* voyageur *m*, -euse *f*; *[taxi]* client(e) *m(f)*. *(c) (food)* nourriture *f*. hospital ~ régime *m*

d'hôpital. **2** *adj [bus]* ~ **stage** section *f*. **3** *vi*: how did you ~? comment cela s'est-il passé?
♦ **farewell 1** *n, excl* adieu *m*; to bid ~ well to faire ses adieux à; **2** *adj dinner etc* d'adieu.
farm [fɑ:m] **1** *n (Agr)* ferme *f*; *(fish ~ etc)* centre *m* d'élevage. to work on a ~ travailler dans une ferme. **2** *adj*: ~ **labourer**, ~ **worker** ouvrier *m*, -ère *f* agricole; ~ **produce** produits *mpl* de ferme. **3** *vt* cultiver. **4** *vi* être fermier.
farm out *vt sep work* céder en sous-traitance; (*: *hum) children* parquer* *(on sb* chez qn).
♦ **farmer** *n* fermier *m*; ~**er's wife** fermière *f*. ♦ **farmhand** *n* valet *m or* fille *f* de ferme. ♦ **farmhouse** *n (maison f* de) ferme *f*. ♦ **farming 1** *n* agriculture *f*; mink ~ing élevage *m* du vison; **2** *adj*: ~ing **communities** collectivités *fpl* rurales; ~ing **methods** méthodes *fpl* d'agriculture. ♦ **farmland** *n* terres *fpl* cultivées. ♦ **farmstead** *n* ferme *f*. ♦ **farmyard** *n* cour *f* de ferme.
farrier ['færɪə^r] *n* maréchal-ferrant *m*.
farts [fɑ:t] **1** *n* pet *m*. **2** *vi* péter⁵.
farther ['fɑ:ðə^r] *comp of* far **1** *adv* plus loin. how much ~ is it? c'est encore à combien?; it is ~ than I thought c'est plus loin que je ne pensais; have you got much ~ to go? est-ce que vous avez encore loin à aller?; I got no ~ with him je ne suis arrivé à rien de plus avec lui; nothing could be ~ from the truth rien n'est plus éloigné de la vérité; to get ~ and ~ away s'éloigner de plus en plus; ~ back plus (loin) en arrière; move ~ back reculezvous; ~ back than 1940 avant 1940; ~ away, ~ off plus éloigné, plus loin; ~ on, ~ forward plus en avant, plus loin; *(fig)* plus avancé. **2** *adj* plus éloigné, plus lointain. the ~ end of the room l'autre bout de la salle.
farthest ['fɑ:ðɪst] *superl of* far **1** *adj* le plus lointain, le plus éloigné. the ~ way la route la plus longue. **2** *adv* le plus loin.
fascinate ['fæsɪneɪt] *vt* fasciner. ♦ **fascinated** *adj* fasciné *(by* par). ♦ **fascinating** *adj* fascinant. ♦ **fascination** *n* fascination *f*.
fascism ['fæʃɪzəm] *n* fascisme *m*. ♦ **fascist** *adj, n* fasciste *(mf)*.
fashion ['fæʃən] **1** *n (a) (manner)* façon *f*, manière *f*. in a queer ~ d'une manière *or* façon bizarre; after a ~ finish, manage tant bien que mal; *cook, paint* si l'on peut dire; in the French ~ à la française; in his own ~ à sa manière *or* façon. *(b) (latest style)* mode *f*, vogue *f*. in ~ à la mode, en vogue; in the latest ~ à la dernière mode; out of ~ démodé; to set the ~ for lancer la mode de; it is the ~ to say il est bien porté de dire; it's no longer the ~ ça ne se fait plus. *(c) (habit)* coutume *f*, habitude *f*. **2** *vt carving* façonner; *model* fabriquer; *dress* confectionner. **3** *adj editor, magazine* de mode. ~ **designer** modéliste *mf*, (*grander*) couturier *m*; ~ **house** maison *f* de couture; ~ **model** mannequin *m (personne)*; ~ **parade**, ~ **show** présentation *f* de collections. ♦ **fashionable** *adj dress, subject* à la mode; *district, shop, hotel* chic *inv*. ♦ **fashionably** *adv* à la mode.
fast[1] [fɑ:st] **1** *adj (a) (speedy)* rapide. *(Aut)* the ~ **lane** ≃ la voie la plus à gauche; ~ **train** rapide *m*; he's a ~ **thinker** il a l'esprit vif; he's a ~ **worker** il va vite en besogne; to pull a ~ one on sb* rouler qn*. *(b) [clock etc]* to be ~ avancer; my watch is 5 minutes ~ ma montre avance de 5 minutes. *(c) (dissipated)* woman de mœurs légères; *life* dissolu. one of the ~ set un viveur. *(d) (firm)* rope, knot solide; *grip* tenace; *colour* grand teint *inv*; *friend* sûr. to make a boat ~ amarrer un bateau. **2** *adv (a) (quickly)* vite, rapidement. he ran off as ~ as his legs could carry him il s'est sauvé à toutes jambes; how ~ can you type? à quelle vitesse pouvez-vous taper?; not so ~! doucement!; he'll do it ~ enough if ... il ne se fera pas prier si ... . *(b) (firmly, se-*

curely) *tied* solidement. ~ **asleep** profondément endormi.

fast² [fɑːst] **1** *vi* (*not eat*) jeûner. **2** *n* jeûne *m*.

fasten ['fɑːsn] **1** *vt* (*gen*) attacher (*to* à); (*with nail*) clouer (*to* à); *box*, *door* fermer (solidement); *seat belt*, *dress* attacher; *responsibility* attribuer (*on sb* à qn). **to** ~ **the blame on sb** rejeter la faute sur le dos de qn. **2** *vi* (*gen*) se fermer; [*dress*] s'attacher.

fasten down *vt sep blind*, *flap* fixer en place; *envelope* coller.

fasten on *vt sep* fixer (en place).

fasten (up)on *vt fus excuse* saisir; *idea* se mettre en tête.

♦ **fastener** *or* ♦ **fastening** *n* attache *f*; [*box*, *door*, *garment*] fermeture *f*; [*bag*, *necklace*, *book*] fermoir *m*.

fastidious [fæs'tɪdɪəs] *adj person* difficile (à contenter); (*about cleanliness etc*) exigeant (*about* en ce qui concerne).

fat [fæt] **1** *n* (*Anat*) graisse *f*; (*on meat*) gras *m*; (*for cooking*) matière *f* grasse. **to fry in deep** ~ faire cuire à la grande friture; **the** ~**'s in the fire** le feu est aux poudres; **to live off the** ~ **of the land** vivre grassement.

2 *adj person*, *limb* gros (*f* grosse), gras (*f* grasse); *face* joufflu; *cheeks* gros; *meat*, *bacon* gras; *volume*, *cheque*, *salary* gros; **to get** ~ grossir, engraisser; (*fig*) **he grew** ~ **on the profits** il s'est engraissé avec les bénéfices; **a** ~ **lot of good that did!*** ça a bien avancé les choses! (*iro*); **a** ~ **lot he knows about it!*** comme s'il en savait quelque chose!

♦ **fathead*** *n* imbécile *mf*, cruche* *f*. ♦ **fatness** *n* embonpoint *m*. ♦ **fatten** *vt* (~ **up**) (*gen*) engraisser; *geese* gaver. ♦ **fattening** *adj food* qui fait grossir. ♦ **fatty** *adj food* gras; *tissue* adipeux.

fatal ['feɪtl] *adj* (*causing death*) *injury*, *disease etc* mortel; *consequences* fatal; (*disastrous*) *mistake*, *day*, *event* fatal; *influence* néfaste; *consequences* désastreux; (*fateful*) *words*, *decision* fatidique. **it was absolutely** ~ **to mention that** c'était une grave erreur que de parler de cela. ♦ **fatalism** *n* fatalisme *m*. ♦ **fatalist** *n* fataliste *mf*. ♦ **fatalistic** *adj* fataliste. ♦ **fatality** *n* mort *m*. ♦ **fatally** *adv wounded* mortellement; ~**ly ill** condamné, perdu.

fate [feɪt] *n* (**a**) (*force*) destin *m*, sort *m*. **what** ~ **has in store for us** ce que le destin nous réserve. (**b**) (*one's lot*) sort *m*. **to leave sb to his** ~ abandonner qn à son sort. ♦ **fated** *adj* destiné (*to do* à faire); *friendship*, *person* voué au malheur. ♦ **fateful** *adj words* fatidique; *day*, *event*, *moment* fatal.

father ['fɑːðə ᵣ] *n* (*all senses*) père *m*. (*Rel*) **Our F**~ Notre Père; **from** ~ **to son** de père en fils; **there was the** ~ **and mother of a row*** il y a eu une dispute à tout casser*; **F**~ **Bennet** le (révérend) père Bennet, l'abbé Bennet; **yes, F**~ oui, mon père; **F**~ **Christmas** le père Noël; **F**~**'s Day** la Fête des Pères; ~ **confessor** directeur *m* de conscience; **Old F**~ **Time** le Temps.

♦ **father-figure** *n* personne *f* qui joue le rôle du père. ♦ **fatherhood** *n* paternité *f*. ♦ **father-in-law** *n* beau-père *m*. ♦ **fatherland** *n* patrie *f*. ♦ **fatherless** *adj* orphelin de père. ♦ **fatherly** *adj* paternel.

fathom ['fæðəm] **1** *n* (*Naut*) brasse *f* (= 1,83m). **2** *vt* (*fig*: ~ **out**) sonder. **I just can't** ~ **it out** je n'y comprends absolument rien.

fatigue [fə'tiːg] **1** *n* fatigue *f*, épuisement *m*; (*Mil*) corvée *f*. **metal** ~ fatigue du métal. **2** *vt* fatiguer.

fatuous ['fætjuəs] *adj* stupide. ♦ **fatuity** *or* ♦ **fatuousness** *n* stupidité *f*.

faucet ['fɔːsɪt] *n* (*US*) robinet *m*.

fault [fɔːlt] **1** *n* (**a**) (*gen*) défaut *m*; (*Tech*) défaut, anomalie *f*; (*mistake*) erreur *f*; (*Tennis*) faute *f*; (*Geol*) faille *f*. **to find** ~ **with** *thing* trouver à

redire à; *person* critiquer; **I have no** ~ **to find with him** je n'ai rien à lui reprocher; **generous to a** ~ généreux à l'excès; **to be at** ~ être fautif; **my memory was at** ~ ma mémoire m'a trompé *or* m'a fait défaut. (**b**) (*responsibility*) faute *f*. **whose** ~ **is it?** qui est fautif?; **whose** ~ **is it if we're late?** à qui la faute si nous sommes en retard?; **it's not my** ~ ce n'est pas de ma faute. **2** *vt*: **to** ~ **sth/sb** trouver des défauts dans qch/chez qn. ♦ **faultfind** *vi* critiquer. ♦ **faultfinder** *n* mécontent(e) *m(f)*. ♦ **faultfinding 1** *adj* grincheux; **2** *n* critiques *fpl*. ♦ **faultless** *adj person*, *behaviour* irréprochable; *work*, *English* impeccable. ♦ **faulty** *adj* défectueux.

fauna ['fɔːnə] *n* faune *f*.

favour, (*US*) **-or** ['feɪvə ᵣ] **1** *n* (**a**) (*act*) service *m*. **to do sb a** ~ rendre (un) service à qn; **to ask a** ~ **of sb** demander un service à qn; **as a** ~ **to Paul** pour rendre service à Paul; **do me a** ~ **and ... sois gentil et ...** . (**b**) (*approval*) faveur *f*. **to be in** ~ [*person*] être en faveur; [*style*] être à la mode; **to be in** ~ **with sb** être bien vu de qn, être en faveur auprès de qn; **to find** ~ **with sb** [*person*] s'attirer les bonnes grâces de qn; [*suggestion*] gagner l'approbation de qn. (**c**) (*advantage*) faveur *f*. **to decide in sb's** ~ donner gain de cause à qn; **in** ~ **of sb** en faveur de qn; **that's a point in his** ~ c'est un bon point pour lui. (**d**) **to be in** ~ **of sth** être partisan de qch; **I'm not in** ~ **of doing** that je ne suis pas d'avis de faire cela. (**e**) (*partiality*) faveur *f*. **to show** ~ **to sb** montrer un *or* des préjugé(s) en faveur de qn.

2 *vt* (*approve*) *political party*, *scheme*, *suggestion* être partisan de; *undertaking* favoriser; (*prefer*) *person* préférer; *candidate*, *pupil* montrer une préférence pour; *team*, *horse* être pour. **he** ~**ed us with a visit** il a eu l'amabilité de nous rendre visite.

♦ **favo(u)rable** *adj* (*gen*) favorable (*to* à); *weather*, *wind* propice (*for*, *to* à). ♦ **favo(u)rably** *adv receive*, *impress* favorablement; *consider* d'un œil favorable; *disposed* bien. ♦ **favo(u)red** *adj* favorisé; **the** ~**ed few** les élus; **ill-**~**ed** disgracieux. ♦ **favo(u)rite 1** *n* favori(te) *m(f)*; **that song is a great** ~**ite of mine** cette chanson est une de mes préférées; **he sang a lot of old** ~**ites** il a chanté beaucoup de vieux succès; **2** *adj* favori (*f* -ite), préféré. ♦ **favo(u)ritism** *n* favoritisme *m*.

fawn¹ [fɔːn] **1** *n* faon *m*. **2** *adj* (*colour*) fauve.

fawn² [fɔːn] *vi*: **to** ~ **(up)on sb** [*dog*] faire fête à qn; [*person*] flatter qn servilement. ♦ **fawning** *adj* flagorneur.

fear [fɪə ᵣ] **1** *n* (*fright*) crainte *f*, peur *f*; (*awe*) crainte, respect *m*. **grave** ~**s have arisen for ...** on est dans la plus vive inquiétude en ce qui concerne ...; **there are** ~**s that ...** on craint fort que ... + *ne* + *subj*; **have no** ~ ne craignez rien; **without** ~ **nor favour** impartialement; **to live in** ~ **of sth** vivre dans la peur; **to go in** ~ **of one's life/of being discovered** craindre pour sa vie/ d'être découvert; **in** ~ **and trembling** en tremblant de peur; **for** ~ **of waking him** de peur de le réveiller; **for** ~ **(that)** de peur que + *ne* + *subj*; ~ **of heights** vertige *m*; **to put the** ~ **of God into sb*** faire une peur bleue à qn; **there's not much** ~ **of his coming** il est peu probable qu'il vienne, il ne risque guère de venir; **there's no** ~ **of that!** ça ne risque pas d'arriver!; **no** ~!* pas de danger!*

2 *vt* craindre, avoir peur de; *God* craindre. **to** ~ **the worst** craindre le pire; **to** ~ **that** avoir peur que + *ne* + *subj*, craindre que + *ne* + *subj*.

3 *vi* trembler (*for* pour).

♦ **fearful** *adj* (*frightening*) *spectacle*, *noise* effrayant, affreux; *accident* épouvantable; (*bad*) *weather* affreux; (*timid*) craintif; **it's a** ~**ful nuisance** c'est empoisonnant*. ♦ **fearfully** *adv* (*timidly*) craintivement; (*very*) affreusement, terriblement. ♦ **fearfulness** *n* crainte *f*,

appréhension *f*. ♦ **fearless** *adj* intrépide.
♦ **fearlessly** *adv* intrépidement. ♦ **fearlessness**
n intrépidité *f*. ♦ **fearsome** *adj* opponent redoutable; *apparition* effroyable.

feasible ['fiːzəbl] *adj* (*practicable*) *plan, suggestion* faisable, possible; (*likely*) *story, theory*
plausible, vraisemblable. ♦ **feasibility** **1** *n*
possibilité *f* (*of doing* de faire); **2** *adj*: feasibility
study [*scheme etc*] étude *f* des possibilités;
[*machine etc*] étude des faisabilités.

feast [fiːst] **1** *n* festin *m*; (*Rel*) fête *f*. ~ **day** (jour
m de) fête. **2** *vi* festoyer. **to** ~ **on sth** se régaler de
qch. **3** *vt*: **to** ~ **one's eyes on** se délecter à
regarder.

feat [fiːt] *n* exploit *m*, prouesse *f*. ~ **of architecture** *etc* triomphe *m or* réussite *f* de l'architecture
etc; **that was quite a** ~ cela a été un exploit.

feather ['feðər] **1** *n* plume *f*. (*fig*) **to make the** ~**s**
fly mettre le feu aux poudres; **that's a** ~ **in his cap**
c'est une réussite dont il peut être fier; **you could**
have knocked me over with a ~ les bras m'en sont
tombés. **2** *vt*: **to** ~ **one's nest** faire sa pelote, s'enrichir. **3** *adj mattress etc* de plumes; *headdress* à
plumes. ~ **duster** plumeau *m*. ♦ **feather-bed 1** *n*
lit *m* de plumes; **2** *vt* protéger. ♦ **featherbrained**
adj écervelé. ♦ **featherweight** *adj, n* (*Boxing*)
poids (*m*) plume *inv*.

feature ['fiːtʃər] **1** *n* (**a**) (*part of the face*) trait *m*
(du visage). (**b**) (*countryside, building*)
caractéristique *f*; [*person*] (*physical*) trait *m*;
(*mental etc*) caractéristique. (**c**) (*Comm etc*)
spécialité *f*. (**d**) (~ *film*) grand film, long métrage; (*Press: column*) chronique *f*. (*Press*) ~
article article *m* de fond; **it is a regular** ~ **in** ...
cela paraît régulièrement dans ... . **2** *vt* (*give*
prominence to) *person, event* mettre en vedette;
[*film*] avoir pour vedette; *name, news* faire
figurer; (*depict*) représenter. **3** *vi* (*Cine*) figurer
(*in* dans). (*gen*) **this** ~**d prominently in** ... ceci a
été un trait frappant dans ... . ♦ **featureless** *adj*
anonyme.

February ['februəri] *n* février *m*; *for phrases V*
September.

feckless ['feklɪs] *adj* inepte.

fed [fed] *pret, ptp of* **feed**. ♦ **fed up** *adj*: **to be** ~
up* en avoir assez, en avoir marre* (*doing of*
faire).

federal ['fedərəl] *adj* fédéral.

federate ['fedəreit] **1** *vi* se fédérer. **2** ['fedərit] *adj*
fédéré. ♦ **federation** *n* fédération *f*.

fee [fiː] *n* (*gen*) prix *m* (*for* de); [*professional*
person] honoraires *mpl*; [*artist etc*] cachet *m*;
[*private tutor*] appointements *mpl*. (*Univ etc*) tuition ~ frais *mpl* de scolarité; **registration** ~
droits *mpl* d'inscription; **membership** ~ montant
m de la cotisation; (*Ftbl*) (*transfer*) ~ prix *m* (de
transfert); (*gen*) **what's his** ~? combien prend-
il?; **on payment of a small** ~ contre une somme
modique. ♦ **fee-paying** *adj*: ~**-paying school**
établissement *m* (d'enseignement) privé.

feeble ['fiːbl] *adj* (*gen*) faible; *attempt, excuse*
piètre; *joke* piteux. **she's such a** ~ **sort of person**
c'est une fille si molle. ♦ **feeble-minded** *adj*
imbécile. ♦ **feeble-mindedness** *n* imbécillité *f*.
♦ **feebleness** *n* faiblesse *f*. ♦ **feebly** *adv stagger,*
smile faiblement; *say, explain* piteusement.

feed [fiːd] (*vb: pret, ptp* fed) **1** *n* (*food*) nourriture
f; (*portion of food*) ration *f*; [*baby*] (*breast-*~)
tétée *f*; (*bottle*) biberon *m*. **we had a good** ~* on a
bien mangé. **2** *vt* (**a**) (*provide food for*) nourrir;
(*give food to*) *child, animal, bird* donner à manger
à; *army etc* ravitailler; *baby* (*breastfed*) allaiter;
(*bottle-fed*) donner le biberon à. **to** ~ **sth to sb**
donner qch à manger à qn. (**b**) *fire, machine,*
reservoir alimenter. (*fig*) **to** ~ **the flames** jeter de
l'huile sur le feu; **to** ~ **the parking meter** rajouter
une pièce dans le parcmètre; **to** ~ **sth into a**
machine introduire qch dans une machine; **to** ~

data into a computer alimenter un ordinateur en
données. **3** *vi* [*animal*] manger, se nourrir; [*baby*]
manger, (*at breast*) téter. **to** ~ **on** se nourrir de.
♦ **feed back** *vt sep results* donner (en retour).
♦ **feed in** *vt sep tape, wire* introduire (*to* dans).
♦ **feed up** *vt sep animal* engraisser; *geese* gaver;
person faire manger davantage.
♦ **feedback** *n* (*Elec*) réaction *f*; (*gen*) feed-back
m, réactions *fpl*. ♦ **feeder** *n* (*bib*) bavoir *m*.
♦ **feeding 1** *n* alimentation *f*; **2** *adj*: ~**ing bottle**
biberon *m*; ~(**ing**) **stuffs** nourriture *f* (pour
animaux).

feel [fiːl] (*vb: pret, ptp* felt) **1** *n* (*sense of touch*)
toucher *m*; (*sensation*) sensation *f*. **at the** ~ **of** au
contact de; **to know sth by the** ~ **of it** reconnaître
qch au toucher; **I don't like the** ~ **of that** je n'aime
pas cette sensation; (*fig*) ça ne me dit rien de bon;
let me have a ~!* laisse-moi toucher!; **you have**
to get the ~ **of a new car** il faut se faire à une
nouvelle voiture.
   2 *vt* (*touch*) palper, tâter. **to** ~ **sb's pulse**
tâter le pouls à qn; ~ **the envelope and see if**
there's anything in it palpez l'enveloppe pour voir
s'il y a qch dedans; **to** ~ **one's way** avancer à
tâtons (*towards* pour trouver); (*fig*) **I'm still** ~**ing**
my way around j'essaie de m'y retrouver.
   (**b**) (*be aware of*) *blow, caress, pain* sentir;
sympathy, grief éprouver, ressentir. **I can** ~ **sth**
pricking me je sens qch qui me pique; **to** ~ **the**
heat/cold craindre la chaleur/le froid; **he felt it**
move il l'a senti bouger; **he felt a great sense of**
relief il a éprouvé *or* ressenti un grand soulagement; **the effects will be felt later** les effets se
feront sentir plus tard; **he** ~**s his position very**
much il est très conscient de la difficulté de sa
situation; **she felt the loss of her father greatly**
elle a été très affectée par la mort de son père.
   (**c**) (*think*) avoir l'impression, estimer. **I** ~ **that**
he ought to go je considère *or* j'estime qu'il
devrait y aller; **I** ~ **it in my bones that** ... qch m'en
moi me dit que ...; **he felt it necessary to point out**
... il a jugé nécessaire de faire remarquer ...; **if**
you ~ **strongly about it** si cela vous semble
important; **what do you** ~ **about this idea?** que
pensez-vous de cette idée?
   3 *vi* (**a**) (*physical state*) se sentir. **to** ~
cold/hungry/sleepy avoir froid/faim/sommeil; **to**
~ **ill** se sentir malade; **I** ~ **much better** je me sens
beaucoup mieux; **he doesn't** ~ **quite himself** il ne
se sent pas tout à fait dans son assiette; **I felt as if**
I was going to faint j'avais l'impression que j'allais m'évanouir.
   (**b**) (*mental state*) être. **I** ~ **sure that** ... je suis
sûr que ...; **I** ~ **very bad about leaving you here**
cela m'ennuie beaucoup de vous laisser ici; **how**
do you ~ **about him?** que pensez-vous de lui?; **how**
do you ~ **about going for a walk?** est-ce que cela
vous dit d'aller vous promener?; **I** ~ **as if there's**
nothing we can do j'ai l'impression que nous ne
pouvons rien faire; **what does it** ~ **like to do that?**
quel effet cela vous fait-il de faire cela?; **to** ~ **like**
(*doing*) **sth** avoir envie de (faire) qch; **I don't** ~
like it je n'en ai pas envie; **I** ~ **for you!** comme je
vous comprends!
   (**c**) [*objects*] **to** ~ **hard** être dur au toucher; **the**
house ~**s damp** la maison donne l'impression
d'être humide; **the box** ~**s as if it has been**
mended au toucher on dirait que la boîte a été
réparée; **it felt like flying** on se serait cru en train
de voler; **it** ~**s like rain** on dirait qu'il va pleuvoir.
   (**d**) (*grope*: ~ **about**, ~ **around**) (*in dark*)
tâtonner; (*in pocket, drawer*) fouiller (*for sth*
pour trouver qch).
♦ **feeler** *n* [*insect*] antenne *f*; [*octopus etc*] tentacule *m*; (*fig*) **to put out** ~**ers** tâter le terrain (*to*
discover pour découvrir).

feeling ['fiːlɪŋ] *n* (**a**) (*physical*) sensation *f*. **I've**
lost all ~ **in my right arm** j'ai perdu toute sensa-

tion dans le bras droit; **a cold ~** une sensation de froid. **(b)** (*impression*) sentiment *m*. **a ~ of isolation** un sentiment d'isolement; **I've a funny ~ she will succeed** j'ai comme l'impression qu'elle va réussir; **there was a general ~ that ...** le sentiment général a été que ... . **(c)** (*emotions*) **~s** sentiments *mpl*, sensibilité *f*; **you can imagine my ~s** tu t'imagines ce que je ressens; **~s ran high about it** cela a déchaîné les passions; **his ~s were hurt** on l'avait froissé. **(d)** (*sensitivity*) émotion *f*, sensibilité *f*; (*compassion*) sympathie *f*. **a woman of great ~** une femme très sensible; **with ~ sing** avec sentiment; **speak** avec émotion; **he doesn't show much ~ for her** il ne fait pas preuve de beaucoup de sympathie pour elle; **ill** *or* **bad ~** hostilité *f*.
♦ **feelingly** *adv* avec émotion.
feet [fiːt] *npl of* **foot**.
feign [feɪn] *vt surprise* feindre; *madness* simuler. **to ~ illness** faire semblant d'être malade. ♦ **feint** **1** *n* feinte *f*; **2** *vi* feinter.
felicitous [fɪˈlɪsɪtəs] *adj* heureux. ♦ **felicity** *n* félicité *f*.
feline [ˈfiːlaɪn] *adj*, *n* félin(e) *m(f)*.
fell¹ [fel] *pret of* **fall**.
fell² [fel] *vt tree* abattre.
fell³ [fel] *n* (*Brit*) (*mountain*) montagne *f*. (*moorland*) **the ~s** la lande.
fellow [ˈfeləʊ] **1** *n* **(a)** homme *m*, type* *m*, garçon *m*. **a nice ~** un brave garçon, un brave type*; **an old ~** un vieux; **some poor ~** un pauvre malheureux; **poor little ~** pauvre petit bonhomme; **my dear ~** mon cher; **this journalist ~** ce journaliste. **(b)** [*association, society etc*] membre *m*, associé *m*; (*Univ*) ≃ professeur *m* (*attaché à un collège*). **(c)** (*comrade*) camarade *m*, compagnon *m*; (*equal, peer*) semblable *m*. **~s in misfortune** compagnons d'infortune.
2 *adj*: **~ citizen** concitoyen(ne) *m(f)*; **~ countryman/-woman** compatriote *mf*; **~ creature** semblable *mf*; **~ feeling** sympathie *f*; **~ men** semblables *mpl*; **~ traveller** (*lit*) compagnon *m* de voyage; (*Pol*: *with communists*) communisant(e) *m(f)*; (*gen*) sympathisant(e) *m(f)*; **~ worker** (*in office*) collègue *mf*; (*in factory*) camarade *mf* de travail.
♦ **fellowship** *n* (*comradeship*) camaraderie *f*; (*Rel etc*) communion *f*; (*organization*) association *f*; (*Rel*) confrérie *f*.
felon [ˈfelən] *n* (*Jur*) criminel(le) *m(f)*. ♦ **felonious** *adj* criminel. ♦ **felony** *n* crime *m*.
felt¹ [felt] *pret*, *ptp of* **feel**.
felt² [felt] **1** *n* feutre *m*. **2** *adj* de feutre. **a ~ hat** un feutre. **~-tip** (**pen**) *n* feutre *m* (*crayon*).
female [ˈfiːmeɪl] **1** *adj animal*, *plant* (*also Tech*) femelle; *subject*, *slave* du sexe féminin; *company*, *vote* des femmes; *sex*, *character*, *quality* féminin. **~ students** étudiantes *fpl*; **~ labour** main-d'œuvre *f* féminine; (*Theat*) **~ impersonator** travesti *m*. **2** *n* (*person*) femme *f*, fille *f*; (*animal*, *plant*) femelle *f*. (*pej*) **there was a ~ there who ...*** il y avait là une espèce de bonne femme qui ...* (*pej*).
feminine [ˈfemɪnɪn] **1** *adj* féminin. **2** *n* (*Gram*) féminin *m*. **in the ~** au féminin. ♦ **femininity** *n* féminité *f*. ♦ **feminism** *n* féminisme *m*. ♦ **feminist** *n* féministe *mf*.
fen [fen] *n* marais *m*, marécage *m*.
fence [fens] **1** *n* **(a)** barrière *f*, palissade *f*; (*Racing*) obstacle *m*; (*round machine*) barrière. (*fig*) **to sit on the ~** ménager la chèvre et le chou. **(b)** (‡: *of stolen goods*) receleur *m*. **2** *vt* (**~ in**) *land* clôturer. **~d in by restrictions** entravé par des restrictions. **3** *vi* (*Sport*) faire de l'escrime.
♦ **fencer** *n* escrimeur *m*, -euse *f*. ♦ **fencing 1** *n* **(a)** (*Sport*) escrime *f*; **(b)** (*material*) matériaux *mpl* pour clôture; **2** *adj*: **fencing match** assaut *m* d'escrime.

fend [fend] *vi*: **to ~ for o.s.** se débrouiller (*tout seul*).
fend off *vt sep blow* parer; *attack* détourner; *attacker* repousser; *awkward question* éluder.
♦ **fender** *n* [*fire*] garde-feu *m inv*; (*US Aut*) pare-chocs *m inv*; (*US Rail*) chasse-pierres *m inv*.
fennel [ˈfenl] *n* fenouil *m*.
ferment [fəˈment] **1** *vi* fermenter. **2** *vt* faire fermenter. **3** [ˈfɜːment] *n* ferment *m*. (*fig*) **in a ~** en effervescence. ♦ **fermentation** *n* fermentation *f*.
fern [fɜːn] *n* fougère *f*.
ferocious [fəˈrəʊʃəs] *adj* féroce. ♦ **ferociously** *adv* férocement. ♦ **ferocity** *n* férocité *f*.
ferret [ˈferɪt] **1** *n* furet *m*. **2** *vi* (**~ about, ~ around**) fureter.
ferret out *vt sep* dénicher.
ferroconcrete [ˈferəʊˈkɒnkriːt] *n* béton *m* armé.
ferrous [ˈferəs] *adj* ferreux.
ferry [ˈferɪ] *n* **(a)** (**~ boat**) (*small: for people, cars*) bac *m*; (*larger: for people, cars, trains*) ferry(-boat) *m*. **~man** passeur *m*. **(b)** (*place*) passage *m*. **2** *vt* (**~ across, ~ over**) faire passer; (*fig*) *people* emmener, conduire; *things* porter.
fertile [ˈfɜːtaɪl] *adj* (*gen*) fertile; *creature*, *plant* fertile, fécond. ♦ **fertility 1** *n* fertilité *f*; fécondité *f*; **2** *adj* de fertilité. **fertility drug** médicament *m* contre la stérilité. ♦ **fertilization** *n* fertilisation *f*. ♦ **fertilize** *vt* fertiliser; féconder. ♦ **fertilizer** *n* engrais *m*.
fervent [ˈfɜːvənt], **fervid** [ˈfɜːvɪd] *adj* fervent. ♦ **fervour**, (*US*) **-or** *n* ferveur *f*.
fester [ˈfestər] *vi* (*Med*) suppurer; [*anger*] couver.
festival [ˈfestɪvəl] *n* (*Rel etc*) fête *f*; (*Mus etc*) festival *m*. ♦ **festive** *adj* de fête; **the festive season** la période des fêtes; **in a festive mood** en veine de réjouissances. ♦ **festivity** *n* fête *f*, réjouissances *fpl*.
festoon [fesˈtuːn] *vt* festonner (**with** de).
fetch [fetʃ] *vt* **(a)** (*go and get*) *person*, *thing* aller chercher; (*bring*) *person* amener; *thing* apporter. **to ~ and carry for sb** faire la bonne pour qn; (*to dog*) **~ it!** rapporte! **(b)** (*sell for*) *money* rapporter; *price* atteindre.
fetch in *vt sep person* faire rentrer; *thing* rentrer.
fetch out *vt sep person* faire sortir; *thing* sortir.
fetch up 1 *vi* se retrouver (*at* à; *in* dans). **2** *vt sep object* monter; *person* faire monter; (*vomit*) vomir.
fetching [ˈfetʃɪŋ] *adj* charmant.
fête [feɪt] **1** *n* fête *f*. **2** *vt* fêter.
fetid [ˈfetɪd] *adj* fétide, puant.
fetish [ˈfiːtɪʃ] *n* fétiche *m* (*objet de culte*); (*Psych*) objet *m* de la fétichisation. (*fig*) **she makes a ~ of ...** elle est obsédée par ... . ♦ **fetishist** *n* fétichiste *mf*.
fetter [ˈfetər] **1** *vt person* enchaîner; *horse*, *slave* (*also fig*) entraver. **2** *npl*: **~s** chaînes *fpl*; entraves *fpl*.
fettle [ˈfetl] *n*: **in fine ~** en pleine forme.
fetus [ˈfiːtəs] *n* (*US*) = **foetus**.
feud [fjuːd] **1** *n* querelle *f*. **family ~s** querelles de famille. **2** *vi* se quereller. **to ~ with sb** être l'ennemi juré de qn.
feudal [ˈfjuːdl] *adj* féodal. ♦ **feudalism** *n* féodalité *f*.
fever [ˈfiːvər] *n* fièvre *f*. **a bout of ~** un accès de fièvre; **high ~** forte fièvre; **the gambling ~** le démon du jeu; **a ~ of impatience** une impatience fébrile; **it reached ~ pitch** c'était à son comble. ♦ **feverish** *adj* fiévreux. ♦ **feverishly** *adv* fiévreusement.
few [fjuː] *adj*, *pron* **(a)** (*not many*) peu (de). **~ books** peu de livres; **~ of them** peu d'entre eux; **~ come to see him** peu de gens viennent le voir; **he is one of the ~ people who ...** c'est l'une des rares personnes qui ... + *indic or subj*; **in the past ~ days** ces derniers jours; **the next ~ days** les quel-

ques jours qui viennent; **with ~ exceptions** à de rares exceptions près; **every ~ days** tous les deux ou trois jours; **they are ~ and far between** ils sont rares; **we are very ~** nous sommes peu nombreux; **the remaining ~ minutes** les quelques minutes qui restent; **the ~ who ...** les rares personnes qui ...; (*the minority*) la minorité qui ...; **I have as ~ books as you** j'ai aussi peu de livres que vous; **I have as ~ as you** j'en ai aussi peu que vous; **how ~ there are!** qu'il y en a peu!; **how ~ they are!** qu'ils sont peu nombreux!; **so ~** si peu (de); **too ~** trop peu (de); **there were 3 too ~** il en manquait 3.

(b) (*some, several*) a **~** quelques(-uns *or* -unes); **a ~ books** quelques livres; **a ~ more** quelques-un(e)s de plus; **quite a ~ books** pas mal* de livres; **quite a ~ (people)** believed him un bon nombre de gens *or* pas mal* de gens l'ont cru; **a ~ of these people** quelques-uns de ces gens; **a ~ of us** quelques-un(e)s d'entre nous; **a good ~ of** bon nombre de; **a ~ more days** encore quelques jours.

♦ **fewer** *adj, pron, comp of* few moins (de); **we have sold ~er this year** nous en avons moins vendu cette année; **he has ~er books than you** il a moins de livres que vous; **we are ~er than ...** nous sommes moins nombreux que ...; **no ~er than 37** pas moins de 37; **few came and ~er stayed** peu sont venus et encore moins sont restés. ♦ **fewest** *adj, pron, superl of* few le moins (de); **~est in number** le moins nombreux.

fiancé(e) [fɪ'ɑ̃ŋseɪ] *n* fiancé(e) *m(f).*

fiasco [fɪ'æskəʊ] *n* fiasco *m.*

fib* [fɪb] 1 *n* blague* *f,* mensonge *m.* 2 *vi* raconter des blagues*, mentir. ♦ **fibber*** *n* menteur *m,* -euse *f.*

fibre, (*US*) **-er** [ˈfaɪbər] *n* fibre *f.* ♦ **fibreboard** *n* panneau *m* fibreux. ♦ **fibreglass** *n* fibre *f* de verre. ♦ **fibroid** *n* (*Med*) fibrome *m.* ♦ **fibrositis** *n* cellulite *f.* ♦ **fibrous** *adj* fibreux.

fickle [ˈfɪkl] *adj* inconstant, volage.

fiction [ˈfɪkʃən] *n* **(a)** (*Literat*) (*works of*) **~** romans *mpl;* **light ~** romans faciles à lire. **(b)** (*sth made up*) fiction *f.* **legal ~** fiction légale. **(c)** (*the unreal*) le faux. ♦ **fictional** *or* **fictitious** *adj* fictif.

fiddle [ˈfɪdl] 1 *n* **(a)** violon *m.* **(b)** (*: cheating*) truc* *m,* combine* *f.* **it was a ~** c'était une combine*; **tax ~** fraude *f* fiscale. 2 *vi* **(a)** (*Mus*) jouer du violon. **(b)** stop fiddling! tiens-toi donc tranquille!; **to ~ with a pencil** tripoter un crayon. 3 *vt* (*) accounts, expenses claim truquer.

fiddle about, fiddle around *vi* s'occuper vaguement, bricoler. **we just ~d about yesterday** on n'a rien fait de spécial hier.

♦ **fiddler** *n* violoneux* *m;* (*: cheat*) combinard* *m.* ♦ **fiddlesticks*** *excl* quelle blague!* ♦ **fiddling 1** *adj* insignifiant; 2 *n* (*: cheating etc*) combines* *fpl.* ♦ **fiddly** *adj task* délicat (et agaçant); *object* embêtant* à manier.

fidelity [fɪ'delɪtɪ] *n* fidélité *f.*

fidget [ˈfɪdʒɪt] 1 *vi* (**~ about, ~ around**) remuer (continuellement). **stop ~ing!** reste donc tranquille!; **to ~ with sth** tripoter qch. 2 *n:* **to be a ~** ne jamais se tenir tranquille. ♦ **fidgety** *adj* remuant, agité.

field [fiːld] 1 *n* (*gen*) champ *m;* (*Miner*) gisement *m;* (*Aviat, Sport*) terrain *m;* (*sphere of activity*) domaine *m.* (*fig*) **a year's trial in the ~** un an d'essais sur le terrain; (*Comm*) **to be first in the ~ with sth** être le premier à lancer qch; **~ of battle** champ de bataille; (*Mil*) **to die in the ~** tomber au champ d'honneur; (*Sport*) **to take the ~** entrer en jeu; **it's outside my ~** ce n'est pas de mon domaine; **his particular ~** sa spécialité; **~ of vision** champ de vision. 2 *vt* (*Sport*) ball attraper; *team* faire jouer. 3 *adj* (*fig*) **~ day** grande occasion; **they had a ~ day*** cela a été une bonne journée pour eux; **~ glasses** jumelles *fpl;* **~ gun**

canon *m* de campagne; **~ hospital** antenne *f* chirurgicale; **~ marshal** maréchal *m;* **~ mouse** mulot *m;* **~ sports** activités *fpl* de plein air (*chasse, pêche*). ♦ **field-test 1** *vt* soumettre aux essais sur le terrain; 2 *n* essai *m* sur le terrain. ♦ **fieldwork** *n* (*Archeol, Geol etc*) recherches *fpl* sur le terrain; (*Sociol etc*) travail *m* avec des cas sociaux.

fiend [fiːnd] *n* démon *m.* **that child's a real ~*** cet enfant est un petit monstre; **tennis ~** mordu(e)* *m(f)* du tennis. ♦ **fiendish** *adj cruelty, smile, delight, plan* diabolique; (*: unpleasant*) abominable; **I had a ~ish time*** doing ... j'ai eu un mal fou à faire ... . ♦ **fiendishly** *adv* diaboliquement; (*) difficult etc abominablement.

fierce [fɪəs] *adj* (*gen*) féroce; *desire* ardent; *attack, wind, speech* violent; *hatred* implacable; *heat* intense; *competition, fighting, opponent, partisan* acharné. ♦ **fiercely** *adv* férocement; violemment; avec acharnement. ♦ **fierceness** *n* férocité *f;* violence *f;* implacabilité *f;* intensité *f.*

fiery [ˈfaɪərɪ] *adj* (*lit*) ardent; *sky* rougeoyant; *person, speech* fougueux; *temper* violent. ♦ **fiery-tempered** *adj* irascible.

fifteen [fɪf'tiːn] *adj, n* quinze (*m*) *inv.* **about ~ books** une quinzaine de livres; **about ~** une quinzaine; (*Rugby*) **the French ~** le quinze de France; *for other phrases V* **six**. ♦ **fifteenth** *adj, n* quinzième (*mf*); (*fraction*) quinzième *m.*

fifth [fɪfθ] *adj, n* cinquième (*mf*); (*fraction*) cinquième *m.* **~ column** cinquième colonne *f; for other phrases V* **sixth**.

fifty [ˈfɪftɪ] *adj, n* cinquante (*m*) *inv.* **about ~ books** une cinquantaine de livres; **about ~** une cinquantaine; **to go ~-~ with sb** partager moitié-moitié avec qn; **we have a ~-~ chance of success** nous avons une chance sur deux de réussir; *for other phrases V* **sixty**. ♦ **fiftieth** *adj, n* cinquantième (*mf*); (*fraction*) cinquantième *m.*

fig [fɪg] *n* figue *f;* (**~ tree**) figuier *m.* **~ leaf** feuille *f* de figuier; (*on statue etc*) feuille de vigne.

fight [faɪt] (*vb: pret, ptp* fought) 1 *n* (*between persons*) bagarre* *f;* (*Mil*) combat *m,* bataille *f;* (*Boxing*) combat *m;* (*against disease, poverty etc*) lutte *f* (*against* contre); (*quarrel*) dispute *f.* **he put up a good ~** il s'est bien défendu; **there was no ~ left in him** il n'avait plus envie de lutter.

2 *vi* [*person, animal*] se battre (*with* avec; *against* contre); [*troops, countries*] se battre, combattre (*against* contre); (*fig*) lutter (*for* pour; *against* contre); (*quarrel*) se disputer (*with* avec). **the dogs were ~ing over a bone** les chiens se disputaient un os; **to ~ shy of (doing) sth** tout faire pour éviter (de faire) qch; **to ~ against sleep** lutter contre le sommeil; **to ~ for one's life** lutter pour la vie.

3 *vt person, army* se battre avec *or* contre; *fire, disease, decision, legislation* lutter contre. **to ~ a battle** livrer bataille; **to ~ a losing battle against sth** se battre en pure perte contre qch; **to ~ a duel** se battre en duel; (*Jur*) **to ~ a case** défendre une cause; **to ~ one's way through the crowd** se frayer un passage à travers la foule.

fight back 1 *vi* (*in fight*) rendre les coups; (*Mil; also in argument*) se défendre; (*after illness*) réagir; (*Sport*) se reprendre. **2** *vt sep tears* refouler; *despair* lutter contre; *doubts* vaincre. **fight down** *vt sep anxiety, doubts* vaincre; *desire* réprimer.

fight off *vt sep* (*Mil*) *attack* repousser; *disease, sleep* lutter contre.

fight out *vt sep:* **to ~ it out** se bagarrer* (pour régler qch).

♦ **fighter 1** *n* combattant *m;* (*Boxing*) boxeur *m;* (*fig*) lutteur *m;* (*plane*) avion *m* de chasse; 2 *adj:* **~er pilot** pilote *m* de chasse. ♦ **fighter-bomber** *n* chasseur bombardier *m.* ♦ **fighting 1** *n* (*Mil*) combat *m;* (*in streets etc*) échauffourées *fpl;* (*in* classroom, pub) bagarres fpl; 2 adj person combatif; troops de combat; ~ing spirit cran* m; a ~ing chance une assez bonne chance; (Mil) ~ing forces forces fpl armées; ~ing line front m; ~ing strength effectif m mobilisable.

figment ['fɪgmənt] n: a ~ of the imagination une pure invention.

figure ['fɪgəʳ] 1 n (a) chiffre m. in round ~s en chiffres ronds; he's good at ~s il est doué pour le calcul; a mistake in the ~s une erreur de calcul; to reach three ~s atteindre la centaine; a 3-~ number un nombre ou un numéro de 3 chiffres; he earns well over five ~s il gagne bien plus de dix mille livres. (b) (drawing) figure f. a ~ of eight un huit. (c) (human form) I saw a ~ approach j'ai vu une forme or une silhouette s'approcher de moi; she has a good ~ elle est bien faite; remember your ~! pense à ta ligne!; to lose one's ~ s'épaissir; a fine ~ of a woman une belle femme. (d) (person) figure f, personnage m. a ~ of fun un guignol. (e) (Literat) figure f. (fig) it's just a ~ of speech ce n'est qu'une façon de parler. 2 vt (imagine) penser, s'imaginer; (guess) penser, supposer. 3 vi (a) (appear) figurer (on a list sur une liste); (in play etc) jouer un rôle. (b) (*: make sense) that ~s ça s'explique.

figure on vt fus (US) compter sur. I ~d on his coming je comptais qu'il viendrait.

figure out vt sep (understand) arriver à comprendre; (calculate) calculer. I can't ~ it out ça me dépasse*.

♦ **figurative** adj language, meaning figuré; (Art) figuratif.

filament ['fɪləmənt] n filament m.

filch [fɪltʃ] vt voler, chiper*.

file¹ [faɪl] 1 n (tool) lime f. 2 vt (~ away, ~ down) limer. to ~ one's nails se limer les ongles.

♦ **filings** npl limaille f.

file² [faɪl] 1 n (folder) dossier m; (with hinges) classeur m; (for drawings: also in filing drawers) carton m; (papers) dossier (on sb/sth sur qn/qch); (Computers) fichier m. to put a document on the ~ joindre une pièce au dossier. 2 adj (US) ~ clerk documentaliste mf. 3 vt notes classer; (into ~) joindre au dossier; (Jur) claim, petition déposer. to ~ a suit against sb intenter un procès à qn.

♦ **filing** 1 n: to do the filing s'occuper du classement; 2 adj: filing cabinet classeur m (meuble); **filing clerk** documentaliste mf.

file³ [faɪl] 1 n file f. in Indian ~ en file indienne; in single ~ en file. 2 vi marcher en file. to ~ in/out etc entrer/sortir en file; the soldiers ~d past the general les soldats ont défilé devant le général; they ~d past the ticket collector ils sont passés un à un devant le poinçonneur.

filial ['fɪlɪəl] adj filial.

filibuster ['fɪlɪbʌstəʳ] n (US Pol) obstructionniste mf; (pirate) flibustier m.

filigree ['fɪlɪgriː] 1 n filigrane m (en métal etc). 2 adj en filigrane.

fill [fɪl] 1 vt (gen) remplir (with de); teeth plomber; need répondre à. smoke ~ed the room la pièce s'est remplie de fumée; the wind ~ed the sails le vent a gonflé les voiles; ~ed with admiration rempli de; anger, despair en proie à; to ~ a vacancy [employer] pourvoir à un emploi; [employee] prendre un poste vacant; the position is already ~ed le poste déjà pris; that ~s the bill cela fait l'affaire. 2 vi (~ up) se remplir (with de). 3 n: to eat one's ~ manger à sa faim; to drink one's ~ boire tout son content; I've had my ~ of listening to her j'en ai assez de l'écouter.

fill in 1 vi: to ~ in for sb remplacer qn (temporairement). 2 vt sep (a) form, questionnaire remplir; account, report compléter. to ~ sb in on sth* mettre qn au courant de qch. (b) hole boucher; door murer; gaps combler; outline remplir.

fill out 1 vi [sails etc] gonfler; [person] forcir. 2 vt sep form remplir.

fill up 1 vi (Aut) faire le plein d'essence; V also fill 2. 2 vt sep container, form remplir; hole boucher. (Aut) ~ her up!* faites le plein!

♦ **filler** n (funnel) entonnoir m; (for cracks in wood etc) mastic m. ♦ **filling** 1 n (in tooth) plombage m; (Culin) garniture f; 2 adj food substantiel; ~ing station station-service f.

fillet ['fɪlɪt] 1 n filet m. ~ steak tournedos m. 2 vt meat désosser; fish découper en filets. ~ed sole filets mpl de sole.

fillip ['fɪlɪp] n coup m de fouet (fig).

filly ['fɪlɪ] n pouliche f.

film [fɪlm] 1 n (Phot) pellicule f; (Cine) film m; (for wrapping food) scellofrais m ®. to go to the ~s aller au cinéma; the ~ is on at ... le film passe à ...; a ~ of dust une fine couche de poussière. 2 vt filmer. 3 adj: ~ camera caméra f; ~ fan cinéphile mf; ~ library cinémathèque f; ~ rights droits mpl d'adaptation (cinématographique); ~ script scénario m; ~ star vedette f (de cinéma), star f; ~ studio studio m (de cinéma). ♦ **filmstrip** n film m fixe. ♦ **filmy** adj léger, vaporeux.

filter ['fɪltəʳ] 1 n filtre m. 2 adj (Aut) ~ lane = voie f de droite; (Aut) ~ light flèche f; ~ paper papier m filtre. 3 vt liquids filtrer; air purifier. 4 vi (Aut) to ~ to the left tourner à la flèche; [people] to ~ back etc revenir etc par petits groupes (espacés); the news began to ~ in or through on a commencé petit à petit à avoir des nouvelles.

♦ **filter-tipped** adj à bout filtre.

filth [fɪlθ] n (lit) saleté f, crasse f; (excrement) ordure f; (fig) saletés fpl. it's sheer ~ c'est plein de saletés or de grossièretés. ♦ **filthy** adj (gen) sale, crasseux; habit dégoûtant; language ordurier; (*) weather etc abominable; she's got a ~y mind elle a l'esprit mal tourné.

fin [fɪn] n [fish, whale] nageoire f; [shark] aileron m; [aircraft] empennage m; [radiator etc] ailette f; [frogman] palme f.

final ['faɪnl] 1 adj (last) dernier; (conclusive) définitif. (Fin) ~ instalment versement m libératoire; the umpire's decision is ~ la décision de l'arbitre est sans appel; and that's ~! un point c'est tout! 2 n (Sport) finale f. (Univ) the ~s les examens mpl de dernière année.

♦ **finale** [fɪˈnɑːlɪ] n finale m; (fig) the grand ~e l'apothéose f. ♦ **finalist** n finaliste mf. ♦ **finality** n irrévocabilité f; with an air of ~ity avec fermeté. ♦ **finalization** n dernière mise f au point; confirmation f définitive. ♦ **finalize** vt text, report, arrangements, plans mettre au point les derniers détails de; preparations mettre la dernière main à; decision confirmer de façon définitive; date fixer de façon définitive. ♦ **finally** adv (lastly) enfin, pour terminer; (eventually) enfin, finalement; (once and for all) définitivement.

finance [faɪˈnæns] 1 n finance f. Ministry of F~ ministère m des Finances. 2 vt (supply money for) financer; (obtain money for) trouver des fonds pour. 3 adj company, news, page financier.

♦ **financial** adj (gen) financier; year budgétaire. ♦ **financier** n financier m.

finch [fɪntʃ] n fringillidé m (pinson, bouvreuil, gros-bec etc).

find [faɪnd] pret, ptp **found** 1 vt (a) (gen) trouver; sth or sb lost retrouver; cure découvrir. he found himself in Paris il s'est retrouvé à Paris; I'll ~ my way about all right je trouverai très bien mon chemin; it found its way into my handbag ça s'est retrouvé dans mon sac; it found its way into his essay ça s'est glissé dans sa dissertation; we left everything as we found it nous avons tout laissé tel quel; to ~ that s'apercevoir que, constater que; I ~ her very pleasant je la trouve très agréable; he ~s it difficult to ... il a du mal à

...; he ~s it impossible to leave il ne peut se résoudre à partir; he ~s it impossible to walk il lui est impossible de marcher; you won't ~ it easy vous ne le trouverez pas facile; to ~ some difficulty in doing éprouver une certaine difficulté à faire; (fig) to ~ one's feet s'adapter; (Jur) to ~ sb guilty prononcer qn coupable; the court found that ... le tribunal a conclu que ... . (b) (supply) fournir; (obtain) obtenir, trouver. wages all found or (US) and found salaire logé et nourri; go and ~ me a needle va me chercher une aiguille; there are no more to be found il n'en reste plus.
   2 vi (Jur) se prononcer (for en faveur de; against contre).
   3 n trouvaille f.
find out 1 vi: to ~ out about sth (enquire) se renseigner sur qch; (discover) découvrir qch, apprendre qch. **2** vt sep (gen) découvrir (that que); answer trouver. to ~ sb out démasquer qn.
   ♦ **findings** npl conclusions fpl.
fine¹ [faɪn] **1** n amende f, contravention f (esp Aut). I got a ~ for ... j'ai attrapé une contravention pour ... . **2** vt condamner à une amende, donner une contravention à. to be ~d recevoir une amende or une contravention (£10 de 10 livres; for sth pour qch; for doing pour avoir fait).
fine² [faɪn] **1** adj (a) (not coarse) (gen) fin; metal pur; workmanship, feelings, taste délicat; distinction subtil. not to put too ~ a point on it ... bref, ...; he's got it down to a ~ art il le fait à la perfection; ~ art, the ~ arts les beaux arts mpl. (b) clothes, future, weather beau (f belle); musician etc excellent. it's ~ this afternoon il fait beau cet après-midi; (fig) one ~ day un beau jour; a ~ lady une grande dame; (excl) ~! entendu!; (iro) a ~ thing!* c'est du beau!; (iro) you're a ~ one to talk! c'est bien à toi de le dire! **2** adv (a) (excellently) très bien. you're doing ~! tu te débrouilles bien!, ça va!; **I'm feeling** ~ je me sens très bien. (b) (finely) finement, fin; cut, chop menu. (fig) you've cut it a bit ~ vous avez calculé un peu juste.
fine down 1 vi (get thinner) s'affiner. **2** vt sep (reduce) réduire; (simplify) simplifier.
   ♦ **finely** adv written admirablement; dressed magnifiquement; adjust délicatement; chop menu, fin. ♦ **fineness** n finesse f; pureté f; délicatesse f; subtilité f. ♦ **finery** n parure f; in all her ~ry ses plus beaux atours.
finesse [fɪ'nes] n finesse f; (Cards) impasse f.
finger ['fɪŋgəʳ] **1** n doigt m. index ~ index m; little ~ petit doigt; middle ~ médius m; ring ~ annulaire m; between ~ and thumb entre le pouce et l'index; to put one's ~ on mettre le doigt sur; to keep one's ~s crossed dire une petite prière (fig) (for sb pour qn); his ~s are all thumbs il est très maladroit de ses mains; she can twist him round her little ~ elle le mène par le bout du nez; he has a ~ in the pie il y est pour quelque chose; he wouldn't lift a ~ to help me il ne lèverait pas le petit doigt pour m'aider; to pull one's ~ out♦ faire un effort.
   2 vt toucher, (pej) tripoter; keyboard, keys toucher; (feel) money, silk palper.
   3 adj: ~ board touche f (de violon etc); ~ bowl rince-doigts m inv; ~mark trace f de doigt.
   ♦ **fingernail** n ongle m (de la main). ♦ **fingerprint 1** n empreinte f digitale; **2** vt object relever les empreintes digitales sur; person prendre les empreintes digitales de; **3** adj: ~print expert expert m en dactyloscopie.
   ♦ **fingerstall** n doigtier m. ♦ **fingertip** n bout m du doigt; he has the whole matter at his ~tips il connaît l'affaire sur le bout du doigt; a machine with ~tip control une machine d'un maniement (très) léger.
finicky ['fɪnɪkɪ] adj person difficile (about sth

pour qch), pointilleux; work, job qui demande de la patience.
finish ['fɪnɪʃ] **1** n (a) (end) fin f; (Sport) arrivée f. (fig) to be in at the ~ assister au dénouement (d'une affaire); to fight to the ~ se battre jusqu'au bout. (b) (appearance etc) finitions fpl. it's a solid car but the ~ is not good la voiture est solide mais les finitions sont mal faites; paint with a matt ~ peinture f mate; table with an oak ~ table (stained) teintée or (veneered) plaquée chêne.
   2 vt (end) (gen) finir (doing de faire); work finir, terminer, achever; (use up) supplies, cake finir, terminer. ~ your soup finis or mange ta soupe; to put the ~ing touch to sth mettre la dernière main à qch; that last mile nearly ~ed me* ces derniers quinze cents mètres ont failli m'achever.
   3 vi (gen) finir; [book, film, game, meeting] finir, s'achever, se terminer; [holiday, contract] prendre fin. the meeting was ~ing la réunion tirait à sa fin; he ~ed by saying that ... il a terminé en disant que ...; (Sport) to ~ first arriver premier; (Sport) ~ing line ligne f d'arrivée. I've ~ed with the paper je n'ai plus besoin du journal; I've ~ed with politics j'en ai fini avec la politique; she's ~ed with him elle a rompu avec lui.
finish off 1 vi terminer, finir. **2** vt sep work terminer, achever; food, meal terminer, finir; (kill) achever.
finish up 1 vi: it ~ed up as ... ça a fini par être ...; he ~ed up in Rome il s'est retrouvé à Rome. **2** vt sep food, supplies finir.
   ♦ **finished** adj product fini; performance accompli; (done for) fichu*; (*: tired) à plat*.
finite ['faɪnaɪt] adj (a) fini, limité. a ~ number un nombre fini. (b) (Gram) mood, verb fini.
Finland ['fɪnlənd] n Finlande f. ♦ **Finn** n Finlandais(e) m(f); (Finnish speaker) Finnois(e) m(f). ♦ **Finnish 1** adj finlandais; finnois; **2** n finnois m.
fir [fɜːʳ] n sapin m. ~ cone pomme f de pin.
fire ['faɪəʳ] **1** n (a) (gen, also fig) feu m; (house-~ etc) incendie m. house on ~ maison f en feu or en flammes; the chimney was on ~ il y avait un feu de cheminée; (fig) he's playing with ~ il joue avec le feu; forest ~ incendie de forêt; to insure o.s. against ~ s'assurer contre l'incendie; to set ~ to sth mettre le feu à qch; in front of a roaring ~ devant une belle flambée. (b) (Mil) feu m. to open ~ ouvrir le feu, faire feu; ~! feu!; to come under ~ (Mil) essuyer le feu de l'ennemi; (fig: be criticized) être vivement critiqué.
   2 adj: ~ alarm avertisseur m d'incendie; ~ brigade, (US) ~ department (sapeurs-)pompiers mpl; ~ door porte f anti-incendie; ~ drill répétition f des consignes d'incendie; ~ engine (vehicle) voiture f de pompiers; (apparatus) pompe f à incendie; ~ escape (staircase) escalier m de secours; (ladder) échelle f d'incendie; ~ exit sortie f de secours; ~ extinguisher extincteur m (d'incendie); ~ hazard or risk danger m d'incendie; ~ insurance assurance- incendie f; ~ irons garniture f de foyer; ~ prevention mesures fpl de sécurité contre l'incendie; ~ regulations consignes fpl en cas d'incendie; ~ station caserne f de pompiers.
   3 vt gun (set ~ to) mettre le feu à; imagination etc enflammer; pottery cuire. (b) gun décharger; rocket, shot, salute tirer (at sur). to ~ a gun at sb tirer (un coup de fusil) sur qn; to ~ questions at sb bombarder qn de questions. (c) (*: dismiss) renvoyer, flanquer à la porte*. you're ~d! vous êtes renvoyé!
   4 vi (shoot) tirer, faire feu (at sur). (fig) ~ ahead!*, ~ away!* vas-y, raconte!
   ♦ **firearm** n arme f à feu. ♦ **fireball** n (meteor) bolide m; (lightning, nuclear) boule f de feu; (fig) personne f très dynamique. ♦ **firebrand** n

brandon *m*; (*mischief-maker*) brandon de discorde. ♦ **firebreak** *n* pare-feu *m inv.* ♦ **firebug*** *n* pyromane *mf.* ♦ **firecracker** *n* pétard *m.* ♦ **firedogs** *npl* chenets *mpl.* ♦ **fireguard** *n* garde-feu *m inv.* ♦ **firelight** *n*: by ~**light** à la lueur du feu. ♦ **firelighter** *n* allume-feu *m inv.* ♦ **fireman** *n* (sapeur-)pompier *m.* ♦ **fireplace** *n* cheminée *f*, foyer *m.* ♦ **fireproof** *adj material, door* ignifugé; *dish* allant au feu. ♦ **fire-raiser** *n* pyromane *mf.* ♦ **fireside** *n*: by the ~**side** au coin *m* du feu; ~**side chair** fauteuil *m* club. ♦ **firewood** *n* bois *m* de chauffage. ♦ **firework** *n* feu *m* d'artifice; ~**works** (display) feu d'artifice. ♦ **firing** 1 *n* [*guns*] tir *m*; 2 *adj*: firing line ligne *f* de tir; firing squad peloton *m* d'exécution.

firm[1] [fɜːm] *n* (*Comm*) compagnie *f*, firme *f*.
firm[2] [fɜːm] *adj* (*gen*) ferme; *faith, friendship* solide; *character, look* résolu. (*fig*) I'm on ~ ground je suis sur mon terrain; as ~ as a rock ferme comme le *or* un roc; to be ~ with sb être ferme avec qn; to stand ~ tenir bon. ♦ **firmly** *adv* (*gen*) fermement; *speak* avec fermeté. ♦ **firmness** *n* fermeté *f*; solidité *f*; résolution *f*.

first [fɜːst] 1 *adj* premier. the ~ of May le premier mai; the twenty-~ time la vingt et unième fois; Charles the F~ Charles Premier, Charles Ier; in the ~ place d'abord, en premier lieu; ~ thing in the morning dès le matin; (*on waking*) dès le réveil; ~ thing tomorrow dès demain matin; ~ things first! les choses importantes d'abord!; to give ~ aid donner les secours *mpl* d'urgence; (*fig*) he didn't even get to ~ base* il n'a même pas franchi le premier obstacle; ~ cousin cousin(e) *m(f)* germain(e); ~ edition première édition *f*, (*valuable*) édition originale; on the ~ floor (*Brit*) au premier (étage); (*US*) au rez-de-chaussée; (*Scol*) ~ form ≈ sixième *f*; ~ name prénom *m*; (*Theat etc*) ~ night première *f*; (*Jur*) ~ offender délinquant *m* primaire; ~ performance (*Cine, Theat*) première *f*; (*Mus*) première *f* audition.
2 *adv* (a) (*gen*) d'abord. ~ A then B d'abord A ensuite B, premièrement A deuxièmement B; ~ of all tout d'abord; ~ and foremost en tout premier lieu; ~ come ~ served les premiers arrivés seront les premiers servis; ladies ~! les dames d'abord!; he arrived ~ il est arrivé le premier; he came ~ in the exam il a été reçu premier à l'examen; he says ~ one thing and then another il dit tantôt ceci, tantôt cela; ~ and last avant tout; I must finish this ~ il faut que je termine (*subj*) ceci d'abord. (b) (*for the ~ time*) pour la première fois. when did you ~ meet him? quand est-ce que vous l'avez rencontré pour la première fois? (c) (*in preference*) plutôt. I'd die ~! plutôt mourir!
3 *n* (a) premier *m*, -ière *f*. they were the ~ to come ils sont arrivés les premiers. (b) at ~ d'abord, au commencement, au début; from ~ to last du début jusqu'à la fin; from the ~ dès le début. (c) (~ *gear*) première *f* (vitesse). in ~ en première.
♦ **first-aid** *adj*: ~-**aid** classes cours *mpl* de secourisme; ~-**aid kit** trousse *f* de pharmacie; ~-**aid post** poste *m* de secours. ♦ **first-class** 1 *adj* (*Rail etc*) de première (classe); (*excellent*) excellent, de première classe; ~-**class mail** courrier *m* tarif normal; ~-**class honours degree** ≈ licence *f* avec mention très bien; 2 *adv travel* en première (classe). ♦ **first-day** *adj* (*Post*) ~-**day cover** émission *f* du premier jour. ♦ **first-generation** *adj*: he's a ~-**generation American** il n'est américain que depuis une génération. ♦ **first-hand** *adj*, *adv* de première main. ♦ **firstly** *adv* premièrement. ♦ **first-named** *n* premier *m*, -ière *f*. ♦ **first-rate** *adj* excellent, formidable*.

fiscal ['fɪskəl] *adj* fiscal; *year* budgétaire.
fish [fɪʃ] 1 *n, pl* ~ *or* ~**es** poisson *m.* ~ **and chips**

du poisson frit avec des frites; (*fig*) I've got other ~ to fry j'ai d'autres chats à fouetter; (*fig*) it's neither ~ nor fowl nor good red herring ce n'est ni chair ni poisson; he's like a ~ out of water il est complètement dépaysé; he's a queer ~!* c'est un drôle de numéro!* 2 *adj*: ~ **farm** centre *m* de pisciculture; ~ **knife** couteau *m* à poisson; ~ **paste** pâte *f* d'anchois (*or* de homard *etc*); ~ **shop** poissonnerie *f*; ~ **slice** pelle *f* à poisson; ~ **tank** aquarium *m.* 3 *vi* pêcher. to go ~**ing** aller à la pêche; to go salmon ~**ing** aller à la pêche au saumon; to ~ **for trout** pêcher la truite; to ~ **for compliments** chercher; *information* tâcher d'obtenir. 4 *vt trout, salmon* pêcher; *river, pool* pêcher dans. they ~**ed a cat out of the well** ils ont repêché un chat du puits; he ~**ed a handkerchief out of his pocket** il a extirpé un mouchoir de sa poche.
fish out, fish up *vt sep* (*from water*) repêcher; (*from box, drawer etc*) sortir, extirper (*from* de). ♦ **fish-and-chip shop** *n* débit *m* de fritures. ♦ **fishbone** *n* arête *f* (de poisson). ♦ **fishbowl** *n* bocal *m* à poissons. ♦ **fishcake** *n* croquette *f* de poisson. ♦ **fisherman** *n* pêcheur *m*; he's a keen ~**erman** il aime beaucoup la pêche. ♦ **fishery** *n* pêcherie *f*. ♦ **fish-fingers** *npl* (*US*: fish-sticks) bâtonnets *mpl* de poisson. ♦ **fish-hook** *n* hameçon *m.* ♦ **fishing** 1 *n* pêche *f*; 2 *adj*: ~**ing boat** bateau *m* de pêche; ~**ing fleet** flottille *f* de pêche; ~**ing grounds** pêches *fpl*; ~**ing line** ligne *f* de pêche; ~**ing net** (*on* ~**ing boat**) filet *m* (de pêche); [*angler*] épuisette *f*; ~**ing port** port *m* de pêche; ~**ing rod** canne *f* à pêche; ~**ing tackle** attirail *m* de pêche. ♦ **fishmonger** *n* poissonnier *m*, -ière *f*. ♦ **fishpond** *n* étang *m* à poissons. ♦ **fish-sticks** = **fish-fingers**. ♦ **fishwife** *n*: she talks like a ~**wife** elle a un langage de poissarde. ♦ **fishy** *adj smell* de poisson; (*: suspect*) suspect, louche.
fission ['fɪʃən] *n* fission *f*.
fissure ['fɪʃər] *n* fissure *f*.
fist [fɪst] *n* poing *m.* he shook his ~ at me il m'a menacé du poing. ♦ **fistful** *n* poignée *f.* ♦ **fisticuffs** *npl* coups *mpl* de poing.
fit[1] [fɪt] 1 *adj* (*suitable, suited*) *person* capable (*for* de); *time, occasion* propice; (*worthy*) digne (*for* de); (*right and proper*) convenable, correct. ~ **to eat** (*palatable*) mangeable; (*not poisonous*) comestible; (*qualified etc*) to be ~ **for a job** avoir la compétence nécessaire pour faire un travail; (*after illness*) ~ **for duty** en état de reprendre le travail; he's not ~ **to drive** il n'est pas capable de *or* pas en état de conduire; I'm not ~ **to be seen** je ne suis pas présentable; ~ **to wear** mettable; ~ **for habitation** habitable; to see *or* think ~ **to do** trouver *or* juger bon de faire; as I think ~ comme bon me semblera; he's not ~ **company for my son** ce n'est pas une compagnie pour mon fils; she goes on until she's ~ **to drop*** elle continue jusqu'à ce qu'elle tombe (*subj*) de fatigue. (b) (*in health*) en bonne santé, en pleine forme. to be as ~ **as a fiddle** se porter comme un charme.
2 *n*: your dress is a very good ~ votre robe est tout à fait à votre taille; it's rather a tight ~ c'est un peu juste.
3 *vt* (a) [*clothes etc*] aller à. this coat ~**s you well** ce manteau est bien à votre taille; the key doesn't ~ **the lock** la clef ne va pas dans la serrure; it ~**s me like a glove** cela me va comme un gant. (b) (*match*) *description* répondre à. it doesn't ~ **the facts** cela ne concorde pas avec les faits; the punishment should ~ **the crime** la punition doit être proportionnée à l'offense. (c) (*gen*) mettre, fixer (*on sth* sur qch); *garment* ajuster (*on sb* sur qn). to ~ **a key in the lock** engager une clef dans la serrure; to ~ **2 things together** ajuster 2 objets; to have a new window ~**ted** faire poser une nouvelle fenêtre; car ~**ted with a radio** voiture équipée d'une radio; he has

been ~ted with a new hearing aid on lui a mis un nouvel appareil auditif. **(d)** *(make ~)* préparer *(sb for sth* qn à qch; *sb to do* qn à faire).

4 *vi [clothes]* aller, être bien ajusté; *[key, machine, part]* entrer, aller; *[facts etc]* cadrer, correspondre *(with sth* avec qch). **if the description** ~**s, he must be the thief** si la description est la bonne, ce doit être lui le voleur; **it all** ~**s now!** tout s'éclaire!

fit in 1 *vi* **(a)** *[fact]* s'accorder *(with* avec). **(b)** *[remark]* être en harmonie *(with* avec). **he left the firm because he didn't** ~ **in** il a quitté la compagnie parce qu'il n'arrivait pas à s'intégrer. **2** *vt sep object* faire entrer; *(fig) appointment, visitor* prendre, caser*; *plans* adapter *(with* à), faire concorder *(with* avec).

fit on *vt sep* fixer, poser.

fit out *vt sep (gen)* équiper; *ship* armer.

fit up *vt sep* pourvoir *(with* de).

♦ **fitment** *n* **(a)** *(built-in furniture)* meuble *m* encastré; *[kitchen]* élément *m* (de cuisine); **the table is a** ~**ment** la table est encastrée; **(b)** *(for vacuum cleaner, mixer etc)* accessoire *m*; **the light** ~**ment** l'appareil *m* d'éclairage. ♦ **fitness** *n* **(a)** *(health)* santé *f or* forme *f* (physique); **(b)** *(suitability) [remark]* à-propos *m*; *[person]* aptitudes *fpl* (for pour). ♦ **fitted** *adj garment* ajusté; ~ted **carpet** moquette *f*; ~ted **sheet** draphousse *m*; **to be** ~ted **to (do)** sth être apte à (faire) qch. ♦ **fitter** *n (Dress)* essayeur *m*, -euse *f*; *(Tech)* monteur *m*; *[carpet etc]* poseur *m*. ♦ **fitting 1** *adj* approprié *(to* à); ~ting **room** salon *m* d'essayage; **2** *n (Dress)* essayage *m*; *(in house etc)* ~tings, installations *fpl*; **furniture and** ~tings mobilier *m* et installations. ♦ **fittingly** *adv dress* de façon appropriée; *say* avec à-propos; *happen* à propos.

fit² [fɪt] *n* **(a)** *(Med)* accès *m*, attaque *f*. ~ **of coughing** quinte *f* de toux. **(b)** *(outburst: of anger etc)* mouvement *m*, accès *m*. ~ **of crying** crise *f* de larmes; **to have** *or* **throw** a ~ avoir *or* piquer* une crise; **to be in** ~s *(of laughter)*, **to get a** ~ **of the giggles** avoir le fou rire; ~**s of enthusiasm** des accès d'enthousiasme; **in** ~s **and starts** par à-coups. ♦ **fitful** *adj showers* intermittent; *sleep* agité. ♦ **fitfully** *adv move, work* par à-coups; *sleep* de façon intermittente.

five [faɪv] *adj*, *n* cinq (*m*) *inv*; *for phrases V* **six**. ♦ **five-and-ten-cent store** *n* bazar *m*. ♦ **fivefold 1** *adj* quintuple; **2** *adv* au quintuple. ♦ **fiver*** *n* billet *m* de cinq livres *or* (*US*) de cinq dollars. ♦ **five-star** *adj*: ~-**star restaurant** ≈ restaurant *m* (à) trois étoiles. ♦ **five-year** *adj*: ~-**year plan** plan *m* quinquennal.

fix [fɪks] **1** *vt* **(a)** *(with nails etc)* fixer; *(with ropes etc)* attacher; *(drive in)* enfoncer; *attention* fixer *(on* sur); *hopes* mettre *(on sth* en qch); *blame* mettre *(on sb* sur le dos de qn; *on sth* sur qch); *(Phot)* fixer. **to** ~ **one's eyes on** fixer du regard; **to** ~ **sth in one's mind** graver qch dans son esprit. **(b)** *(arrange, decide) details, plans* décider; *time, price, limit* fixer. **on the date** ~**ed** à la date convenue. **(c)** *(deal with)* arranger; *(mend)* réparer. **I'll** ~ **it all** je vais tout arranger; **I'll** ~ **it with the police before ...** il s'est arrangé avec la police avant de ...; **I'll soon** ~ **him*** je vais lui régler son compte; **to** ~ **one's hair*** se passer un coup de peigne; **can I** ~ **you a drink?** puis-je vous offrir un verre?; **I'll go and** ~ **us sth to eat** je vais vite nous faire qch à manger. **(d)** (*: *bribe etc)* *person* acheter; *match, election, trial* truquer.

2 *n* **(a)** (*) ennui *m*, embêtement* *m*. **to be in a** ~ être dans le pétrin; **what a** ~! nous voilà dans le pétrin! **(b)** *(Drugs sl)* piqûre *f*. **(c)** *(Aviat, Naut)* position *f*. **to take a** ~ on déterminer la position de.

fix on 1 *vt fus* choisir. **2** *vt sep lid* fixer, attacher.

fix up 1 *vi* s'arranger *(to do* pour faire). **2** *vt sep*

arranger. **let's** ~ **it all up now** décidons de suite des détails; **to** ~ **sb up with sth** obtenir qch pour qn; **we** ~**ed them up for one night** nous leur avons trouvé à coucher pour une nuit.

♦ **fixation** *n (fig)* obsession *f*; **to have a** ~**ation about** être obsédé par. ♦ **fixative** *n* fixatif *m*. ♦ **fixed** *adj (gen)* fixe; *smile* figé; *determination* inébranlable; **of no** ~**ed abode** sans domicile fixe; ~**ed menu** menu *m* à prix fixe; **how are we** ~**ed for time?*** on a combien de temps?; **how are you** ~**ed for tonight?** qu'est-ce que vous faites ce soir? ♦ **fixedly** *adv* fixement. ♦ **fixture** *n* **(a)** *(in building etc)* ~**tures** installations *fpl*; **sold with** ~**tures and fittings** vendu avec toutes les installations; *(fig)* **she's a** ~**ture*** elle fait partie du mobilier *f*; **(b)** *(Sport)* match *m* (prévu); ~**ture list** calendrier *m*.

fizz [fɪz] *vi [champagne etc]* pétiller; *[steam etc]* siffler.

fizz up *vi* mousser.

♦ **fizzy** *adj soft drink* gazeux; *wine* mousseux.

fizzle ['fɪzl] *vi* pétiller.

fizzle out *vi [firework]* rater; *[event, enterprise, plan]* ne rien donner; *[book]* se terminer en queue de poisson; *[enthusiasm, interest]* tomber.

flabbergast* ['flæbəgɑ:st] *vt* sidérer*.

flabby ['flæbɪ] *adj* flasque.

flag¹ [flæg] **1** *n* drapeau *m*; *(Naut)* pavillon *m*; *(for charity)* insigne *m* *(d'une œuvre charitable).* ~ **of convenience** pavillon de complaisance; *(fig)* **to go down with** ~**s flying** mener la lutte jusqu'au bout; *(fig)* **to keep the** ~ **flying** maintenir une implantation. **2** *vt* pavoiser; *(~ down)* faire signe (de s'arrêter) à. **3** *adj*: ~ **day** journée *f* de vente d'insignes *(in aid of* pour). ♦ **flagpole** *or* ♦ **flagstaff** *n* mât *m*. ♦ **flagship** *n* vaisseau *m* amiral.

flag² [flæg] *vi [plants etc]* dépérir; *[athlete, walker, health]* s'affaiblir; *[worker, zeal, courage etc]* se relâcher; *[conversation]* languir; *[interest]* faiblir; *[enthusiasm]* tomber.

flag³ [flæg] *n (~stone)* dalle *f*.

flagon ['flægən] *n* grande bouteille *f*.

flagrant ['fleɪgrənt] *adj* flagrant.

flair [flɛər] *n* flair *m*. **to have a** ~ **for** avoir du flair pour.

flake [fleɪk] **1** *n [snow, cereal etc]* flocon *m*; *[metal etc]* paillette *f*. **2** *vi* (~ **off**) *[stone, plaster etc]* s'effriter; *[paint]* s'écailler; *[skin]* peler. **3** *vt* (~ **off**) écailler.

flake out* *vi (faint)* tourner de l'œil*; *(fall asleep)* s'endormir tout d'une masse.

flamboyant [flæm'bɔɪənt] *adj* flamboyant *(also Archit)*; *person* haut en couleur.

flame [fleɪm] **1** *n* flamme *f*. **in** ~**s** en flammes, en feu; **to go up in** ~**s** s'enflammer brusquement. **2** *vi [fire]* flamber; *[passion]* brûler. **her cheeks** ~**d** ses joues se sont empourprées.

flame up *vi [fire]* flamber; *[anger, angry person]* exploser.

♦ **flamethrower** *n* lance-flammes *m* *inv*. ♦ **flaming** *adj* ardent*; (*: *furious)* furibard*; (**:** *annoying)* fichu* *(before n)*.

flamingo [flə'mɪŋgəʊ] *n*, *pl* ~**s** *or* ~**es** flamant *m* (rose).

flammable ['flæməbl] *adj* inflammable.

flan [flæn] *n* tarte *f*.

Flanders ['flɑ:ndəz] *n* Flandre(s) *f(pl)*.

flank [flæŋk] **1** *n (gen)* flanc *m*; *(Culin)* flanchet *m*. **2** *vt* flanquer. ~**ed by 2 policemen** flanqué de 2 gendarmes.

flannel ['flænl] *n* flanelle *f*; *(face* ~*)* gant *m* de toilette. ♦ **flannelette** *n* pilou *m*.

flap [flæp] **1** *n [pocket, envelope]* rabat *m*; *[counter]* abattant *m*; (*: *panic)* panique *f*. **to be in a** ~ être dans tous ses états. **2** *vi [wings, shutters]* battre; *[sails, garment]* claquer; (*: *be panicky)* paniquer*. **3** *vt*: **to** ~ **its wings** battre des ailes.

flare [flɛər] **1** *n* feu *m*, signal *m* (lumineux); *(Mil)*

fusée *f* éclairante; (*Aviat: for target*) bombe *f*
éclairante; (*for runway*) balise *f*.
2 *adj* (*Aviat*) ~ **path** piste *f* balisée.
3 *vi [match]* s'enflammer; *[candle]* briller;
[sunspot] brûler.
flare up *vi [fire]* s'embraser; *[person, political
situation]* exploser; *[anger, fighting]* éclater.
♦ **flared** *adj skirt* évasé. ♦ **flare-up** *n [fire]*
flambée *f* (soudaine); *[war, quarrel, fighting]*
intensification *f* soudaine; (*outburst of rage*)
crise *f* de colère; (*sudden dispute*) altercation *f*.
flash [flæʃ] **1** *n* (a) *[flame, jewels]* éclat *m*. ~ **of
lightning** éclair *m*; **in a** ~ en un clin d'œil, tout
d'un coup; **a** ~ **in the pan** un feu de paille (*fig*); ~
of inspiration éclair de génie. (b) (*news* ~) flash
m (d'information). (c) (*Phot*) flash *m*. **2** *vi
[jewels]* étinceler; *[light]* clignoter; *[eyes]* lancer
des éclairs. *[person, vehicle]* **to** ~ **past** *etc* passer
etc comme un éclair; **the thought** ~**ed through his
mind that** ... un instant, il a pensé que .... **3** *vt* (a)
light projeter; *torch* diriger (*on* sur). **she** ~**ed him
a look of contempt** elle lui a jeté un regard de
mépris; (*Aut*) **to** ~ **one's headlights** faire un appel
de phares (*at sb* à qn). (b) (*flaunt*) étaler. **don't** ~
all that money around n'étale pas tout cet argent
comme ça. **4** *adj*: ~ **bulb** ampoule *f* de flash; ~
cube cube-flash *m*; ~ **gun** flash *m*; ~ **point**
(*Chem*) point *m* d'ignition; (*fig*) point critique.
♦ **flashback** *n* (*Cine*) flashback *m inv*. ♦ **flasher**
n (*device*) clignotant *m*. ♦ **flashing** *adj*: ~**ing
light** (*or indicator etc*) clignotant *m*. ♦ **flashlight**
n (*Phot*) flash *m*; (*torch*) lampe *f* de poche.
♦ **flashy** *adj person, taste* tapageur; *jewellery,
car, colour* tape-à-l'œil *inv*.
flask [flɑːsk] *n* (*Pharm*) fiole *f*; (*bottle*) bouteille *f*;
(*for pocket*) flasque *f*; (*vacuum* ~) bouteille *f*
Thermos ®.
flat[1] [flæt] **1** *adj* (a) (*gen*) plat; *tyre* à plat; (*Sport*)
race de plat. **as** ~ **as a pancake*** *tyre* plat comme
une galette; *surface, countryside* tout plat; **a** ~
dish un plat creux; ~ **nose** nez épaté; **to have** ~
feet avoir les pieds plats; **he was lying** ~ **on the
floor** il était étendu à plat par terre; **lay the book**
~ pose le livre à plat; ~ **fish** poisson plat; ~
racing, ~ **season** plat *m*; **in a** ~ **spin*** dans tous ses
états. (b) *taste, style* monotone, plat; *joke, story*
qui tombe à plat; *experience* plutôt décevant; *battery* à plat; *beer etc* éventé; (*not shiny*) colour
mat. **I was feeling rather** ~ je me sentais sans
ressort. (c) (*Mus*) *voice* faux. **B** ~ si *m* bémol. (d)
refusal, denial net, catégorique. **and that's** ~!* un
point c'est tout!* (e) (*fixed*) fixe. ~ **rate of pay**
salaire *m* fixe; ~ **rate** taux *m* fixe.
2 *adv say, tell, refuse* carrément; *sing* faux. ~
broke† fauché (comme les blés)*; **in 10 seconds** ~
en 10 secondes pile*; **to go** ~ **out** *[runner]* donner
son maximum; *[person running in street]* courir
comme un dératé*; *[car]* rouler à sa vitesse de
pointe; **to be** ~ **out** travailler d'arrache-
pied; **to be** ~ **out** (*lying*) être étendu de tout son
long; (*: *exhausted*) être à plat*; (*: *asleep*)
dormir; (*: ‡: *drunk*) être rétamé‡.
3 *n [hand, blade]* plat *m*; (*Mus*) bémol *m*; (*US
Aut*) pneu *m* crevé.
♦ **flat-bottomed** *adj* à fond plat. ♦ **flat-chested**
adj qui n'a pas de poitrine. ♦ **flatfooted** *adj* aux
pieds plats. ♦ **flatiron** *n* fer *m* à repasser. ♦ **flatly**
adv deny, refuse catégoriquement; *say* tout net.
♦ **flatness** *n* égalité *f*, aspect *m* plat; (*dullness*)
monotonie *f*. ♦ **flatten** *vt path, road* aplanir;
metal aplatir; *town, building* raser; *[wind, storm
etc]* crops coucher; **to** ~**ten o.s. against** s'aplatir
contre. ♦ **flatten out 1** *vi [countryside, road]*
s'aplanir; *[aircraft]* se redresser; **2** *vt sep path*
aplanir; *metal* aplatir; *map etc* ouvrir à plat.
flat[2] [flæt] *n* (*Brit*) appartement *m*. ♦ **flat-hunting:
to go** ~**-hunting** chercher un appartement.
♦ **flatlet** *n* studio *m*. ♦ **flatmate** *n*: **my** ~**mate** la

fille (*or* le garçon *etc*) avec qui je partage mon
appartement.
flatter ['flætə[r]] *vt* flatter. ♦ **flatterer** *n* flatteur *m*,
-euse *f*. ♦ **flattering** *adj person, remark* flatteur;
clothes, photograph qui avantage. ♦ **flatteringly**
adv flatteusement. ♦ **flattery** *n* flatterie *f*.
flatulence ['flætjuləns] *n* flatulence *f*.
flaunt [flɔːnt] *vt* étaler, afficher.
flautist ['flɔːtɪst] *n* flûtiste *mf*.
flavour, (*US*) **-or** ['fleɪvə[r]] **1** *n* goût *m*, saveur *f*;
[ice cream] parfum *m*. **the** ~ **of Paris** in the twenties l'atmosphère *f* du Paris des années vingt. **2** *vt*
donner du goût à; (*with fruit, spirits*) parfumer
(*with* à). **pineapple-**~**ed** (parfumé) à l'ananas.
♦ **flavo(u)ring** *n* (*in sauce etc*) assaisonnement
m; (*in cake etc*) parfum *m*; **vanilla** ~**ing** essence *f*
de vanille.
flaw [flɔː] *n* (*gen*) défaut *m*; (*in contract, procedure etc*) vice *m* de forme; (*in arrangements,
plans*) inconvénient *m*. ♦ **flawed** *adj* imparfait.
♦ **flawless** *adj* parfait.
flax [flæks] *n* lin *m*. ♦ **flaxen-haired** *adj* aux
cheveux de lin.
flay [fleɪ] *vt* (*skin*) écorcher; (*beat*) rosser;
(*criticize*) éreinter.
flea [fliː] *n* puce *f*. ~ **market** marché *m* aux puces;
to send sb off with a ~ **in his ear*** envoyer pro-
mener* qn. ♦ **fleabite** *n* piqûre *f* de puce; (*fig*) vétille *f*. ♦ **flea-pit*** *n* ciné* *m* miteux.
fleck [flek] **1** *n [colour]* moucheture *f*; *[sunlight]*
petite tache *f*; *[dust]* particule *f*. **2** *vt*: **blue** ~**ed
with white** bleu moucheté de blanc; **hair** ~**ed with
grey** cheveux *mpl* poivre et sel.
fled [fled] *pret, ptp of* **flee**.
fledged [fledʒd] *adj* (*fig*) **fully-**~ *doctor,
architect* diplômé; **a fully-**~ **British citizen** un
citoyen britannique à part entière. ♦ **fledg(e)ling**
n oiselet *m*.
flee [fliː] *pret, ptp* **fled 1** *vi* fuir (*before* devant),
s'enfuir (*from* de), se réfugier (*to* auprès de). **they
fled** ils se sont enfuis, ils se sont sauvés. **2** *vt town,
country* s'enfuir de; *temptation, danger* fuir.
fleece [fliːs] **1** *n* toison *f*. **2** *vt* (*rob*) voler; (*overcharge*) estamper*. ♦ **fleece-lined** *adj* doublé de
mouton. ♦ **fleecy** *adj clouds* floconneux; *blanket*
laineux.
fleet[1] [fliːt] *n* flotte *f*. (*fig*) **a** ~ **of vehicles** un parc
automobile; (*Brit*) **F**~ **Air Arm** aéronavale *f*.
fleet[2] [fliːt] *adj* (~**-footed**) au pied léger.
fleeting ['fliːtɪŋ] *adj time, memory* fugitif; *beauty,
pleasure* éphémère; *moment, visit* bref.
Fleming ['flemɪŋ] *n* Flamand(e) *m(f)*. ♦ **Flemish
1** *adj* flamand; **2** *n* (*Ling*) flamand *m*; **the Flemish**
les Flamands *mpl*.
flesh [fleʃ] *n* chair *f*. ~ **wound** blessure *f* super-
ficielle; **to make sb's** ~ **creep** donner la chair de
poule à qn; **I'm only** ~ **and blood** je ne suis qu'un
homme (*or* une femme) comme les autres; **my
own** ~ **and blood** les miens *mpl*; **it is more than** ~
and blood can stand c'est plus que la nature
humaine ne peut endurer; **in the** ~ en chair et en
os; **to demand one's pound of** ~ exiger son dû.
♦ **fleshy** *adj* charnu.
flew [fluː] *pret of* **fly**[2].
flex [fleks] **1** *vt body, knees* fléchir; *muscle* faire
jouer. **2** *n [lamp, iron]* fil *m*; *[telephone]* cordon *m*.
♦ **flexible** *adj* flexible; ~**ible working hours**
heures *fpl* de travail élastiques. ♦ **flexibility** *n*
flexibilité *f*. ♦ **flextime** *n* les horaires *mpl* libres.
flick [flɪk] **1** *n* (a) (*with tail, duster*) petit coup;
(*with finger*) chiquenaude *f*; (*with wrist*) petit
mouvement (rapide). (b) **the** ~**s**‡ le ciné*. **2** *adj*:
~ **knife** couteau *m* à cran d'arrêt. **3** *vt* donner un
petit coup à.
flick off *vt sep dust, ash* enlever d'une chiquenaude.
flick through *vt fus book* feuilleter.
flicker ['flɪkə[r]] **1** *vi [flames, light]* danser; (*before*

going out) vaciller; *[needle on dial]* osciller; *[eyelids]* battre. 2 *n* danse *f*; vacillement *m*. **in the ~ of an eyelid** en un clin d'œil; **without a ~** sans sourciller; **a ~ of hope** une lueur d'espoir. ◆ **flickering** *adj* dansant; vacillant; battant.

flier ['flaɪə*ʳ*] *n* aviateur *m*, -trice *f*.

flight[1] [flaɪt] 1 *n* (*gen*) vol *m*; *[ball]* trajectoire *f*. **in ~** en plein vol; **~ number 776 from/to Madrid** le vol numéro 776 en provenance/à destination de Madrid; **did you have a good ~?** vous avez fait bon voyage?; **a ~ of fancy** une envolée de l'imagination; **in the top ~ of scientists** parmi les scientifiques les plus marquants; **a top-~ firm** une compagnie de pointe; **~ of stairs** escalier *m*; **to climb 3 ~s** monter 3 étages; **he lives three ~s up** il habite au troisième. 2 *adj* (*Aviat*) **~ deck** poste *m* de pilotage; **~ path** trajectoire *f* (de vol); **~ recorder** enregistreur *m* de vol.

flight[2] [flaɪt] *n* (*act of fleeing*) fuite *f*. **to put to ~** mettre en fuite; **to take (to) ~** prendre la fuite.

flighty ['flaɪtɪ] *adj* frivole. /

flimsy ['flɪmzɪ] 1 *adj dress* trop léger; *cloth, paper* mince; *house* peu solide; *excuse, reasoning* pauvre. 2 *n* papier *m* pelure *inv*. ◆ **flimsily** *adv*: **flimsily built** peu solide.

flinch [flɪntʃ] *vi* tressaillir. **to ~ from sth** reculer devant qch; **without ~ing** sans broncher.

fling [flɪŋ] (*vb: pret, ptp* **flung**) 1 *n* (*throw*) lancer *m*. (*fig*) **to have one's ~** se payer du bon temps; **to go on a ~** aller faire la foire*; (*in shops*) faire des folies; (*attempt*) **to have a ~ at doing** essayer de faire. 2 *vt stone etc* jeter, lancer (*at sb* à qn; *at sth* sur *or* contre qch); *remark, accusation* lancer (*at sb* à qn). **to ~ sb into jail** jeter qn en prison; **to ~ the window open** ouvrir toute grande la fenêtre; **to ~ one's arms round sb's neck** se jeter au cou de qn; **to ~ on/off one's coat** enfiler/enlever son manteau d'un geste brusque; **to ~ o.s. into a job** se lancer à corps perdu dans un travail. 3 *vi*: **to ~ off/out** *etc* partir/sortir *etc* brusquement.

fling away *vt sep* (*throw out*) jeter; (*waste*) gaspiller.

fling out *vt sep person* mettre à la porte; *unwanted object* jeter.

fling up *vt sep* jeter en l'air. **to ~ one's arms up** lever les bras au ciel; **he flung up his head** il a brusquement relevé la tête.

flint [flɪnt] *n* (*gen*) silex *m*; (*for spark, lighter*) pierre *f* (à briquet).

flip [flɪp] 1 *adj*: **the ~ side of a record** l'autre face *f* d'un disque. 2 *vt* donner une chiquenaude à. **he ~ped the letter over to me** il m'a passé la lettre d'une chiquenaude.

flip off *vt sep* faire tomber.

flip through *vt fus book* feuilleter.

◆ **flip-flops** *npl* (*sandals*) tongs *fpl* ®.

flippant ['flɪpənt] *adj* désinvolte, irrévérencieux. ◆ **flippancy** *n* désinvolture *f*, irrévérence *f*. ◆ **flippantly** *adv* avec désinvolture.

flipper ['flɪpə*ʳ*] *n* (*seal etc*) nageoire *f*. *[swimmer]* **~s** palmes *fpl*.

flipping* ['flɪpɪŋ] *adj* fichu* (*before n*).

flirt [flɜːt] 1 *vi* flirter (*with* avec). **to ~ with an idea** caresser une idée. 2 *n*: **he's a great ~** il est très flirteur. ◆ **flirtation** *n* flirt *m*. ◆ **flirtatious** *adj* flirteur.

flit [flɪt] 1 *vi* *[bats, butterflies etc]* voltiger. **the idea ~ted through his head** l'idée lui a traversé l'esprit; **she ~ted in and out** elle n'a fait qu'entrer et sortir. 2 *n*: **to do a moonlight ~** déménager à la cloche de bois.

float [fləʊt] 1 *n* (*Fishing, Plumbing*) flotteur *m*; (*cork*) bouchon *m*; *[seaplane etc]* flotteur *m*; (*vehicle in a parade*) char *m*. 2 *vi* (*gen*) flotter; *[ship]* être à flot; *[bather]* faire la planche; *[vision etc]* planer. **to ~ down the river** descendre la rivière. 3 *vt boat* faire flotter; (*refloat*) remettre à flot; *currency* laisser flotter; *company* fonder; *share*

issue émettre; *loan* lancer.

float away *vi* partir à la dérive.

float off 1 *vi* *[wreck etc]* se déséchouer. 2 *vt sep* déséchouer.

◆ **floating** *adj dock, rib, vote, currency* flottant; *population* instable; *assets* circulant; **~ing voter** électeur *m*, -trice *f* indécis(e).

flock [flɒk] 1 *n* *[animals, geese]* troupeau *m*; *[birds]* vol *m*; *[people]* foule *f*; (*Rel*) ouailles *fpl*. 2 *vi* affluer. **to ~ in/out** *etc* entrer/sortir *etc* en foule; **to ~ round sb** s'attrouper autour de qn.

floe [fləʊ] *n* banquise *f*.

flog [flɒg] *vt* (**a**) flageller. **to ~ an idea to death*** rabâcher une idée; (*fig*) **to ~ a dead horse** perdre sa peine et son temps. (**b**) (**ı**: *sell*) vendre. ◆ **flogging** *n* flagellation *f*; (*Jur*) fouet *m* (*sanction*).

flood [flʌd] 1 *n* inondation *f*; *[river]* crue *f*; *[light]* torrent *m*; *[tears, letters]* déluge *m*; (*Bible*) déluge. **~ tide** marée *f* montante. 2 *vt* (*gen; fig*) inonder (*with* de); *carburettor* noyer. **to ~ the market** inonder le marché (*with* de). 3 *vi* *[river]* déborder; *[people]* affluer. **the crowd ~ed into the streets** la foule a envahi les rues.

flood in *vi* *[sunshine]* entrer à flots; *[people]* entrer en foule.

flood out *vt sep house* inonder. **the villagers were ~ed out** les inondations ont forcé les villageois à évacuer leurs maisons.

◆ **floodgate** *n* (*fig*) **to open the ~gates** ouvrir les vannes (*to* à). ◆ **flooding** *n* inondations *fpl*. ◆ **floodlight** 1 *vt pret, ptp* **floodlit** *buildings* illuminer; *match* éclairer (aux projecteurs); (*fig*) mettre en lumière; 2 *n* (*device*) projecteur *m*; (*light*) lumière *f* (des projecteurs); **to play a match under ~lights** jouer un match en nocturne. ◆ **floodlighting** *n* illumination *f*; éclairage *m*; **let's go and see the ~lighting** allons voir les illuminations. ◆ **floodlit** *adj* illuminé; en nocturne.

floor [flɔː*ʳ*] 1 *n* (**a**) (*gen*) sol *m*; (*~boards*) plancher *m*; (*for dance*) piste *f* (de danse). **stone/tiled ~** sol dallé/carrelé; **on the ~** par terre, sur le sol; **a question from the ~ of the house** une question de l'auditoire; **sea ~** fond *m* de la mer. (**b**) (*storey*) étage *m*. **on the first ~** (*Brit*) au premier étage; (*US*) au rez-de-chaussée. 2 *vt* (*knock down*) terrasser; (*baffle*) couper le sifflet à*. **he was completely ~ed by this** il n'a rien trouvé à répondre. 3 *adj*: **~ covering** revêtement *m* de sol; **~ polish** cire *f*; **~ polisher** cireuse *f*; **~ show attractions** *fpl* (*dans un cabaret etc*). ◆ **floorboard** *n* planche *f* (*de plancher*). ◆ **floorcloth** *n* serpillière *f*. ◆ **floorwalker** *n* chef *m* de rayon.

flop [flɒp] 1 *vi* (**a**) (*drop etc*) s'effondrer, s'affaler (*on* sur; *into* dans). (**b**) (*play*) faire un four; *[scheme etc]* être un fiasco. 2 *n* (*) *[business venture, scheme]* fiasco *m*. **he was a terrible ~** il s'est payé un échec monumental*.

flora ['flɔːrə] *n* flore *f*.

floral ['flɔːrəl] *adj* floral. **~ tribute** fleurs *fpl* et couronnes *fpl*.

florid ['flɒrɪd] *adj person, complexion* rougeaud; *literary style, architecture* tarabiscoté.

florist ['flɒrɪst] *n* fleuriste *mf*.

flounce [flaʊns] *vi*: **to ~ in/out** *etc* entrer/sortir *etc* dans un mouvement d'humeur (*or* d'indignation *etc*).

flounder[1] ['flaʊndə*ʳ*] *n* (*fish*) flet *m*.

flounder[2] ['flaʊndə*ʳ*] *vi* patauger (péniblement), (*more violently*) se débattre. (*fig*) **he ~ed through the rest of the speech** il a fini le discours en bredouillant.

flour ['flaʊə*ʳ*] 1 *n* farine *f*. **~ mill** minoterie *f*.

flourish ['flʌrɪʃ] 1 *vi* *[plants etc]* bien venir; *[business etc]* prospérer; *[writer, artist etc]* avoir du succès; *[literature, the arts, painting]* être en plein essor; *[person]* être en pleine forme. 2 *vt*

stick, book etc brandir. **3** n (gen) fioriture f;
(under signature) parafe m. he took the lid off
with a ~ il a enlevé le couvercle avec un grand
moulinet du bras; a ~ of trumpets une fanfare.
♦ **flourishing** adj business, plant florissant;
person d'une santé florissante.

flout [flaʊt] vt orders, advice passer outre à;
conventions, society se moquer de.

flow [fləʊ] **1** vi (gen) couler; [electric current,
blood in veins] circuler; [hair etc] flotter; (fig:
result) découler, résulter (from de). [people] to ~
in/out entrer/sortir en foule; [liquid] to ~ out of
s'écouler de, sortir de; the money keeps ~ing in
l'argent rentre bien; to ~ past sth passer devant
qch; to ~ back refluer; the water ~ed over the
fields l'eau s'est répandue dans les champs; the
river ~s into the sea le fleuve se jette dans la
mer; tears were ~ing down her cheeks les larmes
coulaient sur ses joues. **2** n [tide] flux m; [river]
courant m; [electric current, blood in veins]
circulation f; [blood from wound] écoulement m;
[orders, replies, words] flot m; [music] déroulement m. **3** adj: ~ chart, ~ sheet organigramme
m. ♦ **flowing** adj movement gracieux; dress, hair
flottant; style coulant.

flower ['flaʊəʳ] **1** n fleur f. in ~ en fleurs. **2** vi
fleurir. to be ~ing être en fleurs. **3** adj: ~ arrangement (art) art m du bouquet; (exhibit)
composition f florale; ~ bed parterre m; ~
garden jardin m d'agrément; ~ shop boutique f
de fleuriste; at the ~ shop chez le or la fleuriste;
~ show floralies fpl, (smaller) exposition f de
fleurs. ♦ **flowered** adj cloth etc à fleurs.
♦ **flowering 1** n floraison f; **2** adj (in ~) en fleurs;
(which ~s) shrub etc à fleurs. ♦ **flowerpot** n pot
m (à fleurs). ♦ **flower-seller** n bouquetière f.
♦ **flowery** adj meadow fleuri; material à fleurs;
style, essay, speech fleuri.

flown {fləʊn] ptp of **fly**².

flu [flu:] n grippe f.

fluctuate [flʌktjʊeɪt] vi [prices etc] fluctuer;
[person] varier (between entre). ♦ **fluctuation** n
fluctuation f; variation f.

flue [flu:] n conduit m (de cheminée). ~ brush
hérisson m (de ramoneur).

fluent ['flu:ənt] adj style coulant. to be a ~
speaker avoir la parole facile; he is ~ in Italian il
parle couramment l'italien. ♦ **fluency** n facilité f,
aisance f; his fluency l'aisance avec laquelle il
s'exprime (in en). ♦ **fluently** adv speak a language couramment; speak, write avec facilité.

fluff [flʌf] **1** n (on birds, young animals) duvet m;
(from material) peluche f; (dust on floors)
moutons mpl (de poussière). **2** vt (also ~ out)
feathers ébouriffer; pillows, hair faire bouffer.
(b) (*: do badly) lines in play etc rater. ♦ **fluffy**
adj bird duveteux; hair bouffant; toy en peluche;
material pelucheux.

fluid ['flu:ɪd] **1** adj fluide. ~ ounce mesure de
capacité (= 0,028L); my plans are still fairly ~ je
n'ai pas encore de plans très fixes. **2** n fluide m
(also Chem), liquide m. (as diet) he's on ~s only il
ne peut prendre que des liquides. ♦ **fluidity** n
fluidité f.

fluke [flu:k] n coup m de chance. by a (sheer) ~
par un hasard extraordinaire.

flummox* ['flʌməks] vt couper le sifflet à*.

flung [flʌŋ] pret, ptp of **fling**.

fluorescent [flʊəˈresnt] adj lighting fluorescent.
~ strip tube m fluorescent.

fluoride ['flʊəraɪd] n fluor m. ~ toothpaste dentifrice m au fluor. ♦ **fluoridation** n traitement m au
fluor.

flurry ['flʌrɪ] n rafale f; (fig) agitation f; [activity,
excitement] accès m. ♦ **flurried** adj: to get flurried s'affoler (at pour).

flush¹ [flʌʃ] **1** n **(a)** (in sky) lueur f rouge; [blood]
flux m; (blush) rougeur f. (Med) hot ~es bouffées

fpl de chaleur. **(b)** [beauty, health, youth] éclat m;
[joy] élan m; [excitement] accès m. in the first ~
of victory dans l'ivresse f de la victoire. **2** vi
rougir (with de). **3** vt nettoyer à grande eau. to ~
the lavatory tirer la chasse (d'eau).
flush away vt sep (down sink/drain) faire partir
par l'évier/par l'égout; (down lavatory) faire
partir (en tirant la chasse d'eau).
♦ **flushed** adj (tout) rouge; they were ~ed with
success le succès leur tournait la tête.

flush² [flʌʃ] **1** adj **(a)** au même niveau (with que),
au or à ras (with de). ~ with the ground à ras de
terre; a door ~ with the wall une porte dans
l'alignement du mur; ~ against contre. **(b)** to
be ~ (with money)* être en fonds. **2** vt: to ~ a door
rendre une porte plane.

flush³ [flʌʃ] vt (~ out) game, birds lever; (fig)
person forcer à se montrer.

fluster ['flʌstəʳ] vt énerver, troubler. to get ~ed
s'énerver.

flute [flu:t] n (Mus) flûte f. ♦ **flutist** n (US)
flûtiste mf.

flutter ['flʌtəʳ] **1** vi [flag, ribbon] flotter; [bird,
moth] voleter; [wings] battre; [leaf] tomber en
tourbillonnant; [person] aller et venir dans une
grande agitation; [heart] palpiter; [pulse] battre
(faiblement). **2** vt fan, paper jouer de. to ~ one's
eyelashes battre de cils (at sb dans la direction
de qn). **3** n (nervousness) agitation f. in a ~ tout
troublé; (gamble) to have a ~* parier une petite
somme (on sur).

flux [flʌks] n: to be in a state of ~ changer sans
arrêt.

fly¹ [flaɪ] **1** n mouche f. they died like flies ils
mouraient comme des mouches; he wouldn't hurt
a ~ il ne ferait pas de mal à une mouche; (fig) he's
the ~ in the ointment le gros obstacle, c'est lui;
there are no flies on him* il n'est pas né d'hier.
2 adj: ~ fishing pêche f à la mouche; ~ paper
papier m tue-mouches; ~ swat(ter) tapette f;
(Boxing) ~ weight poids m mouche. ♦ **fly-blown**
adj défraîchi.

fly² [flaɪ] pret flew, ptp flown **1** vi **(a)** (gen) voler;
[air passenger] voyager en avion; [flag] flotter. to
~ over London survoler Londres; the planes flew
past or over at 3 p.m. les avions sont passés à 15
heures; to ~ across or over the Channel [bird,
plane, person] survoler la Manche; [passenger]
traverser la Manche en avion; we flew in from
Rome nous sommes venus de Rome par avion; to
~ away or off s'envoler; (fig) he is ~ing high il
voit grand; (fig) to find that the bird has flown
trouver l'oiseau envolé.
(b) [time] passer vite; [car, people] filer*.
[person] to ~ in etc entrer etc à toute vitesse; I
must ~! il faut que je me sauve!; to ~ to sb's
assistance voler au secours de qn; to ~ into a
rage, to ~ off the handle s'emporter; to let ~ at sb
(in angry words) s'en prendre violemment à qn;
(shoot) tirer sur qn; to let ~ a stone jeter une
pierre; to ~ at sb/at sb's throat sauter sur qn/à la
gorge de qn; the door flew open la porte s'est
ouverte brusquement.
(c) (flee) fuir (before devant), s'enfuir (from
de), se réfugier (to auprès de). ~ for your life!
fuyez!
2 vt **(a)** aircraft piloter; person emmener par
avion; goods transporter par avion; standard,
admiral's flag etc arborer. to ~ the French flag
battre pavillon français; to ~ a kite faire voler un
cerf-volant; (fig) lancer un ballon d'essai (fig); to
~ the Atlantic traverser l'Atlantique (en avion);
we will ~ you to Italy for £80 nous vous offrons le
voyage d'Italie par avion pour 80 livres.
(b) to ~ the country s'enfuir du pays.
3 n: flies (on trousers) braguette f; (Theat) cin-
tres mpl.
♦ **flying 1** n (action) vol m; (activity) aviation f;

he likes ~ing il aime l'avion; 2 *adj fish, machine, saucer, doctor* volant; **to take a ~ing jump** sauter avec élan; (*Sport*) **~ing start** départ *m* lancé; (*fig*) **to get off to a ~ing start** prendre un excellent départ; **~ing visit** visite *f* éclair *inv*; **~ing ambulance** avion *m* (*or* hélicoptère *m*) sanitaire; **~ing boat** hydravion *m*; **~ing buttress** arc-boutant *m*; (*Police*) **F~ing Squad** brigade *f* volante de la police judiciaire; **~ing time** heures *fpl* de vol.
♦ **flyleaf** *n* page *f* de garde. ♦ **flyover** *n* (*Aut*) toboggan *m*; (*Aviat: also* **flypast**) défilé *m* aérien. ♦ **flysheet** *n* feuille *f* volante. ♦ **flywheel** *n* volant *m* (*Tech*).

foal [fəul] *n* poulain *m*.

foam [fəum] **1** *n* (*gen*) mousse *f*; [*sea, animal*] écume *f*. **2** *adj*: ~ **bath** bain *m* moussant; ~ **plastic** mousse *f* de plastique; ~ **rubber** caoutchouc *m* mousse. **3** *vi* [*sea*] écumer; [*soapy water*] mousser. **to ~ at the mouth** (*lit*) écumer; (*fig*) écumer de rage. ♦ **foam-backed** *adj carpet* à sous-couche de mousse.

fob [fɔb] *vt*: **to ~ sth off on sb** refiler* qch à qn; **to ~ sb off with promises** se débarrasser de qn par de belles promesses.

fo'c's'le [fəuksəl] *n* gaillard *m* d'avant.

focus ['fəukəs] **1** *n, pl* **~es** *or* **foci** (*gen*) foyer *m*; [*interest*] centre *m*. (*Phot*) **in ~** au point; (*fig*) **the ~ of attention** le point de mire (*fig*). **2** *vt instrument, camera* régler (*on* sur), mettre au point; *light* faire converger (*on* sur); *one's efforts, attention* concentrer (*on* sur). **to ~ one's eyes on sth** fixer ses yeux sur qch. **3** *vi* [*light, rays*] converger (*on* sur); [*eyes, person*] accommoder. **to ~ on sth** fixer son regard sur qch; (*Phot*) faire le réglage sur qch. ♦ **focal** *adj* focal; **focal point** foyer *m*; (*fig*) point *m* de mire.

fodder ['fɔdə'] *n* fourrage *m*.

foe [fəu] *n* adversaire *mf*.

foetus ['fiːtəs] *n* fœtus *m*. ♦ **foetal** *adj* fœtal.

fog [fɔg] **1** *n* brouillard *m*. (*fig*) **to be in a ~** ne plus savoir où l'on en est. **2** *vt person* embrouiller; (*Phot*) voiler. **to ~ the issue** embrouiller la question. **3** *adj*: ~ **bank** banc *m* de brume; ~ **signal** (*Naut*) signal *m* de brume; (*Rail*) pétard *m*. ♦ **fogbound** *adj* bloqué par le brouillard. ♦ **foggy** *adj weather* brumeux; *day* de brouillard; *ideas* confus; **it's ~gy** il fait du brouillard; **I haven't the ~giest** (*idea or notion*)!* pas la moindre idée! ♦ **foghorn** *n* sirène *f* de brume; **a voice like a ~horn** une voix tonitruante. ♦ **foglamp** *or* ♦ **foglight** *n* phare *m* antibrouillard.

fogey* ['fəugɪ] *n*: **old ~** vieille baderne* *f*.

foible ['fɔɪbl] *n* petite manie *f*.

foil¹ [fɔɪl] *n* (*metal sheet*) feuille *f* de métal; (*cooking or kitchen* ~) papier *m* d'aluminium, alu* *m*; (*Fencing*) fleuret *m*. **to act as a ~ to sb/sth** mettre qn/qch en valeur.

foil² [fɔɪl] *vt plans, attempts* déjouer.

foist [fɔɪst] *vt*: **to ~ sth off on sb** refiler* qch à qn; **to ~ o.s. on to sb** s'imposer à qn *or* (*as guest*) chez qn.

fold [fəuld] **1** *n* pli *m*. (*Geol*) **~s** plissement *m*. **2** *vt* (*gen*) plier. **to ~ one's arms** croiser les bras. **3** *vi* [*chair, table*] se (re)plier; (*: fail*) [*newspaper*] cesser de paraître; [*business*] fermer; [*play*] quitter l'affiche.

fold away 1 *vi* [*table, bed*] se (re)plier. **2** *vt sep clothes etc* plier et ranger.

fold back *vt sep* rabattre.

fold over *vt sep* replier.

fold up 1 *vi* (*: fail*) faire fiasco. **2** *vt sep paper etc* plier, replier.

♦ **foldaway** *adj bed etc* pliant. ♦ **folder** *n* (*file*) chemise *f*; (*with hinges*) classeur *m*; (*for drawings*) carton *m*; (*papers*) dossier *m*; (*leaflet*) dépliant *m*. ♦ **folding** *adj bed etc* pliant; *door* en accordéon; **~ing seat** pliant; (*Aut, Theat*) strapontin *m*.

...**fold** [fəuld] *suf*: **twenty~** (*adj*) par vingt; (*adv*) vingt fois.

foliage ['fəulɪɪdʒ] *n* feuillage *m*.

folio ['fəulɪəu] *n* (*sheet*) folio *m*; (*volume*) in-folio *m*.

folk [fəuk] **1** *npl* (*also* **~s**) gens *mpl* (*adj f if before n*). **good ~(s)** de braves gens, de bonnes gens; **old ~(s)** les vieux *mpl*, les vieilles gens; **hullo ~s!*** bonjour tout le monde!*; **what will ~(s) think?** qu'est-ce qu'on va penser?; (*pl: relatives*) **my ~s*** ma famille. **2** *adj dance, tale* folklorique. ~ **music** (*gen*) musique *f* folklorique; (*contemporary*) folk *m*; ~ **singer** (*gen*) chanteur *m*, -euse *f* de chansons folkloriques *or* (*contemporary*) de folk; ~ **song** chanson *f* folklorique, (*modern*) chanson folk *inv*. ♦ **folklore** *n* folklore *m*. ♦ **folksy*** *adj story, humour* populaire; *person* bon enfant *inv*.

follow ['fɔləu] **1** *vt* (*gen*) suivre; *suspect* filer; *serial, strip cartoon* lire (régulièrement); *football team* être supporter de; *career* poursuivre. **we're being ~ed** on nous suit; **to have sb ~ed** faire filer qn; **a bodyguard ~ed the president** un garde du corps accompagnait le président; **~ed by** suivi de; **he ~ed his father into the business** il est entré dans l'affaire sur les traces de son père; **to ~ sb's advice** suivre les conseils de qn; **to ~ suit** (*Cards*) fournir (*in clubs etc* à trèfle *etc*); (*fig*) en faire autant; **I don't quite ~ (you)** je ne vous suis pas tout à fait.
2 *vi* (**a**) (*come after*) suivre. **to ~ right behind sb, to ~ hard on sb's heels** être sur les talons de qn; (*fig*) **to ~ in sb's footsteps** marcher sur les traces de qn; **as ~s** comme suit; **his argument was as ~s** son raisonnement était le suivant; **what is there to ~?** qu'est-ce qu'il y a après? (**b**) (*result*) s'ensuivre (*that* que), découler (*from* de). **that doesn't ~** pas forcément. (**c**) (*understand*) suivre, comprendre.

follow about, follow around *vt sep* suivre (partout).

follow on *vi* (*come after*) suivre; (*result*) découler (*from* de).

follow out, follow through *vt sep idea, plan* poursuivre jusqu'au bout.

follow up 1 *vi* (*Ftbl etc*) suivre l'action. **2** *vt sep* (**a**) (*benefit from*) *advantage, success* tirer parti de; *offer* donner suite à. (**b**) (*not lose track of*) *person, case* suivre. (**c**) (*reinforce*) *victory* asseoir; *remark* faire suivre (*with* de). **they ~ed up the broadcast with another equally good one** ils ont donné à cette émission une suite qui a été tout aussi excellente.

♦ **follower** *n* partisan *m*; **the ~ers of fashion** ceux qui s'intéressent à la mode. ♦ **following 1** *adj* suivant; **the ~ing day** le jour suivant, le lendemain; **~ing wind** vent *m* arrière; **2** *n* (*supporters*) partisans *mpl*; **a large ~ing** de nombreux partisans; **he said the ~ing** il a dit ceci; (*in documents etc*) **see the ~ing** voir ce qui suit; **3** *prep*: **~ing your letter/our meeting** comme suite à votre lettre/notre entretien. ♦ **follow-through** *n* (*to a project*) suite *f*, continuation *f*. ♦ **follow-up 1** *n* suite *f* (*to* de); **2** *adj*: **~-up letter** rappel *m*; (*Med*) **~-up care** soins *mpl* post-hospitaliers; **~-up survey** étude *f* complémentaire; **~-up visit** visite *f* de contrôle.

folly ['fɔlɪ] *n* folie *f*.

foment [fəu'ment] *vt* fomenter. ♦ **fomentation** *n* fomentation *f*.

fond [fɔnd] *adj* (**a**) **to be ~ of** aimer beaucoup. (**b**) (*loving*) *husband, friend* affectueux; *parent* (*trop*) bon; *look* tendre; *hope, ambition* cher; (*foolish*) *hope, ambition* naïf. ♦ **fondly** *adv* affectueusement; tendrement; naïvement; **he ~ly believed that ...** il avait la naïveté de croire que ... . ♦ **fondness** *n* (*for things*) prédilection *f* (*for* pour); (*for people*) affection *f* (*for* pour).

fondle ['fondl] *vt* caresser.

font [font] *n* **(a)** (*Rel*) fonts *mpl* baptismaux. **(b)** (*US Typ*) fonte *f*.

food [fu:d] **1** *n* nourriture *f*; [*dogs*] pâtée *f*; [*plants*] engrais *m*. **there was no ~ in the house** il n'y avait rien à manger dans la maison; **to give sb ~** donner à manger à qn; **~s aliments** *mpl*; **to be off one's ~*** avoir perdu l'appétit; **the ~ is very good here** on mange très bien ici; **he likes plain ~** il aime la cuisine simple; **it gave me ~ for thought** cela m'a donné à penser *or* à réfléchir. **2** *adj* rationing, *chain* alimentaire. **~ parcel** colis *m* de vivres; **~ poisoning** intoxication *f* alimentaire; **~ processor** robot *m* ménager; **~ supplies** vivres *mpl*; **~ value** valeur *f* nutritive. ♦ **foodstuffs** *npl* denrées *fpl* alimentaires.

fool [fu:l] **1** *n* imbécile *mf*, idiot(e) *m(f)*. **don't be a ~!** ne fais pas l'idiot(e)!; **some ~ of a doctor** un imbécile de médecin; **he was a ~ not to accept** il a été idiot *or* stupide de ne pas accepter; **to play the ~** faire l'imbécile; **he's nobody's ~** il n'est pas né d'hier; **more ~ you!*** tu n'avais qu'à ne pas faire l'idiot!; **he made a ~ of himself** il s'est rendu ridicule; **to make a ~ of sb** ridiculiser qn, faire marcher qn; **I went on a ~'s errand** j'y suis allé pour rien; **to live in a ~'s paradise** planer (*fig*).

2 *vi* (*~ about*) faire l'imbécile *or* l'idiot(e). **I was only ~ing** je plaisantais.

3 *vt* duper.

fool about, fool around *vi* (*waste time*) perdre son temps; (*play the fool*) faire l'idiot(e) *or* l'imbécile (*with* avec).

♦ **foolery** *n* sottises *fpl*, bêtises *fpl*. ♦ **foolhardiness** *n* témérité *f*. ♦ **foolhardy** *adj* téméraire. ♦ **foolish** *adj* idiot, bête; **that was very ~ish of you** ça n'a pas été très malin de votre part, (*more formally*) vous avez vraiment été imprudent; **to make sb look ~ish** rendre qn ridicule. ♦ **foolishly** *adv* sottement, bêtement; **and ~ishly I believed him** et je l'ai cru comme un(e) imbécile. ♦ **foolishness** *n* bêtise *f*. ♦ **foolproof** *adj* *method* infaillible; *machinery* indétraquable.

foolscap ['fu:lskæp] *n* = papier *m* pot.

foot [fut] **1** *n*, *pl* **feet** (*gen*) pied *m*; [*dog, cat, bird*] patte *f*; [*table*] (bas) bout *m*; [*page, stairs*] bas *m*; (*measure*) pied (= *30 cm environ*); (*Mil*) infanterie *f*. **to be on one's feet** être debout; (*fig: after illness*) être remis sur pied; **to jump to one's feet** sauter sur ses pieds; **to go on ~** aller à pied; **to get** *or* **to rise to one's feet** se mettre debout; **it brought him to his feet** à cela, il s'est levé d'un bond; (*fig*) **to put** *or* **set sb on his feet again** (*healthwise*) remettre qn sur pied; **to keep one's feet** garder l'équilibre; **it's very wet under ~** c'est très mouillé par terre; **to trample sb/sth under ~** piétiner qn/qch; (*fig*) **to put sb's feet venir dans les jambes de qn; to put one's ~ down** (*be firm*) faire acte d'autorité; (*stop sth*) y mettre le holà; (*Aut*: accelerate*) appuyer sur le champignon*; **to put one's ~ in it*** gaffer; **to put one's best ~ forward** (*hurry*) se dépêcher; (*do one's best*) faire de son mieux; **he didn't put a ~ wrong** il n'a pas commis la moindre erreur; **to get off on the right/wrong ~** bien/mal commencer; **to get a ~ in the door** établir un premier contact; **to put one's feet up*** (s'étendre pour) se reposer un peu; **he's got one ~ in the grave*** il a un pied dans la tombe; **I've never set ~ there** je n'y ai jamais mis les pieds; **at the ~ of the page** au *or* en bas de la page; **~ soldier** fantassin *m*.

2 *vt*: **to ~ the bill*** payer (la note).

♦ **foot-and-mouth disease** *n* fièvre *f* aphteuse. ♦ **football 1** (*sport*) football *m*; (*ball*) ballon *m* (de football); **2** *adj* ground, match, team de football; season du football; **~ball coupon** fiche *f* de pari (sur les matchs de football); **~ball hooliganism** vandalisme *m* (*lors d'un match de football*); **~ball league** championnat *m* de foot-

ball; **F~ball League** = Fédération française de football; **to do the ~ball pools** parier sur les matchs de football; (*Rail*) **~ball special** train *m* de supporters (*d'une équipe de football*). ♦ **footballer** *n* joueur *m* de football. ♦ **footbrake** *n* frein *m* à pied. ♦ **footbridge** *n* passerelle *f*. ♦ **-footed** *adj* ending in cpds: **light-~ed** au pied léger. ♦ **footgear*** *n* chaussures *fpl*. ♦ **foothills** *npl* contreforts *mpl*. ♦ **foothold** *n* prise *f* (de pied); **to gain a ~hold** prendre pied; (*fig*) se faire une place. ♦ **footing** *n* prise *f* (de pied); (*fig*) position *f*; **to miss one's ~ing** perdre pied *or* l'équilibre; **to be on a friendly ~ing with sb** avoir des relations d'amitié avec qn; **on an equal ~ing** sur un pied d'égalité; **on a war ~ing** sur le pied de guerre; **to put sth on an official ~ing** rendre qch officiel. ♦ **footlights** *npl* (*Theat*) rampe *f*. ♦ **footloose** *adj*: **~loose and fancy-free** libre comme l'air. ♦ **footman** *n* valet *m* de pied. ♦ **footmark** *n* empreinte *f* (de pied). ♦ **footnote** *n* note *f* en bas de la page; (*fig*) post-scriptum *m*. ♦ **footpath** *n* sentier *m*; (*by highway*) chemin *m*. ♦ **footplate 1** *n* (*Rail*) plate-forme *f* (*d'une locomotive*); **2** *adj*: **~plate workers** *npl* agents *mpl* de conduite. ♦ **footprint** *n* = **footmark**. ♦ **footpump** *n* pompe *f* à pied. ♦ **footsore** *adj*: **to be ~sore** avoir mal aux pieds. ♦ **footstep** *n* (bruit *m* de) pas *m*. ♦ **footstool** *n* tabouret *m*. ♦ **footwear** *n* chaussures *fpl*.

footle* ['fu:tl] *vi*: **to ~ about** perdre son temps à des futilités. ♦ **footling** *adj* futile.

for [fɔːʳ] **1** *prep* **(a)** (*indicating intention, destination*) pour. **is this ~ me?** c'est pour moi?; **votes ~ women!** le droit de vote pour les femmes!; **it's time ~ dinner** c'est l'heure du dîner; **a job ~ next week** un travail à faire la semaine prochaine; **she's the wife ~ me** c'est la femme qu'il me faut; **a liking ~ work** le goût du travail; **a gift ~ languages** un don pour les langues; **he's got a genius ~ saying the wrong thing** il a le don de dire ce qu'il ne faut pas; **he left ~ Italy** il est parti pour l'Italie; **trains ~ Paris** trains *mpl* en direction de *or* à destination de Paris; **the train ~ Paris** le train pour *or* de Paris; **he swam ~ the shore** il a nagé dans la direction du rivage *or* vers le rivage; **to make ~ home** prendre la direction de la maison.

(b) (*indicating purpose*) **what ~?** pourquoi?; **what did you do that ~?** pourquoi avezvous fait cela?; **what's this knife ~?** à quoi sert ce couteau?; **it's not ~ cutting wood** ça n'est pas fait pour couper du bois; **it's been used ~ a hammer** ça a servi de marteau; **a room ~ studying in** une pièce réservée à l'étude; **a bag ~ carrying books** un sac pour porter des livres; **we went there ~ our holidays** nous y sommes allés pour les vacances; **he does it ~ pleasure** il le fait pour son plaisir; **to get ready ~ a journey** se préparer pour un voyage; **fit ~ nothing** bon à rien; **a campaign ~ ...** une campagne pour ... .

(c) (*representing*) **D ~ Daniel** D comme Daniel; (*Parl*) **member ~ Brighton** député *m* de Brighton; **agent ~ Ford cars** concessionnaire *mf* Ford; **I'll see her ~ you** je la verrai à ta place; **what is G.B. ~?** qu'est-ce que G.B. veut dire?

(d) (*in exchange ~*) **I'll give you this book ~ that one** je vous échange ce livre-ci contre celui-là; **to pay 5 francs ~ a ticket** payer 5 F le billet; **I sold it ~ £2** je l'ai vendu 2 livres; **he'll do it ~ £5** il le fera pour 5 livres; **there is one French passenger ~ every 10 English** sur 11 passagers il y a un Français et 10 Anglais; **what's (the) German ~ 'dog'?** comment est-ce qu'on dit 'chien' en allemand?

(e) (*in favour of*) pour. **~ or against** pour ou contre; **I'm all ~ helping him** je suis tout à fait partisan de l'aider; **I'm all ~ it*** je suis tout à fait pour*.

(f) *(because of)* pour, en raison de. ~ **this reason** pour cette raison; ~ **fear of being left behind** de peur d'être oublié; **famous** ~ **its church** célèbre pour son église; **to shout** ~ **joy** hurler de joie; **to go to prison** ~ **theft/**~ **stealing** aller en prison pour vol/pour avoir volé; ~ **my sake** pour moi; **to choose sb** ~ **his ability** choisir qn en raison de sa compétence; **if it weren't** ~ **him, but** ~ **him** sans lui.

(g) *(considering; with regard to)* pour. **anxious** ~ **sb** inquiet pour qn; ~ **my part** pour ma part; **as** ~ **him** quant à lui; **it is warm** ~ **January** il fait bon pour janvier; **he's tall** ~ **his age** il est grand pour son âge.

(h) *(in spite of)* ~ **all his wealth** malgré toute sa richesse, tout riche qu'il soit; ~ **all that** malgré tout, néanmoins.

(i) *(in time)* **I have been/had been waiting** ~ **2 hours** j'attends/j'attendais depuis 2 heures; **I am off** ~ **a few days** je pars pour quelques jours; **I shall be away** ~ **a month** je serai absent (pendant) un mois; **he won't be back** ~ **a week** il ne sera pas de retour avant huit jours; **that's enough** ~ **the moment** cela suffit pour le moment; **he went away** ~ **two weeks** il est parti (pendant) quinze jours; **I have not seen her** ~ **2 years** voilà 2 ans *or* cela fait 2 ans que je ne l'ai vue.

(j) *(distance)* pendant. **a road lined with trees** ~ **3 km** une route bordée d'arbres pendant *or* sur 3 km; **we drove** ~ **50 km** nous avons conduit pendant 50 km; **nothing to be seen** ~ **miles** rien à voir pendant des kilomètres.

(k) *(with infin phrases)* pour que + *subj.* ~ **this to be possible** pour que cela puisse être; **it's easy** ~ **him to do it** il lui est facile de le faire; **I brought it** ~ **you to see** je te l'ai apporté pour que vous le voyiez *(subj)*; **it's not** ~ **me to say** ce n'est pas à moi de le dire; **it would be best** ~ **you to go away** le mieux serait que vous vous en alliez *(subj)*; **there is still time** ~ **him to come** il a encore le temps d'arriver; **their one hope is** ~ **him to return** leur seul espoir est qu'il revienne.

(l) *(phrases)* **now** ~ **it!** allons-y!; **you're** ~ **it!*** qu'est-ce que tu vas prendre!*; **oh** ~ **a cup of tea!** je donnerais n'importe quoi pour une tasse de thé!

2 *conj* car.

forage ['fɒrɪdʒ] *vi* fourrager *(for* pour trouver).

forbad(e) [fə'bæd] *pret of* forbid.

forbear [fɔː'bɛəʳ] *pret* forbore, *ptp* forborne *vi* s'abstenir *(from doing, to do* de faire).
♦ **forbearance** *n* patience *f.*

forbid [fə'bɪd] *pret* forbad(e), *ptp* forbidden *vt* défendre, interdire *(sb to do* à qn de faire). **to** ~ **sb alcohol** interdire l'alcool à qn; **employees are** ~**den to do this** il est interdit *or* défendu aux employés de faire cela; **"smoking strictly** ~**den"** "défense absolue de fumer"; **God** ~**!*** pourvu que non!, j'espère bien que non! ♦ **forbidding** *adj building, cliff, cloud* menaçant; *person, look* sévère.

forbore [fɔː'bɔːʳ], **forborne** [fɔː'bɔːn] *pret, ptp of* **forbear.**

force [fɔːs] **1** *n* **(a)** *(gen)* force *f.* ~ **of gravity** pesanteur *f;* **by sheer** ~ de vive force; **by** ~ **of** à force de; **by** ~ **of habit** par la force de l'habitude; ~ **of a blow** violence *f* d'un coup; **to resort to** ~ avoir recours à la force; **I can see the** ~ **of that** je comprends la force que cela peut avoir; **to come into** ~ entrer en vigueur; **the police were there in** ~ la police était là en force; **he is a powerful** ~ **in the party** il exerce une influence puissante dans le parti; **there are several** ~**s at work** plusieurs influences se font sentir. **(b)** *(body of men)* force *f.* *(Mil)* **the** ~**s** les forces armées; *(Mil)* **allied** ~**s** armées alliées; **police** ~ forces de police, la police; *(Comm)* **our sales** ~ (l'effectif *m* de) nos représentants *mpl* de commerce.

2 *vt* **(a)** *(constrain)* contraindre, forcer *(sb to do* qn à faire). **to be** ~**d to do** être contraint *or* forcé de faire. **(b)** *(impose)* conditions, obedience imposer *(on sb* à qn). **to** ~ **o.s. on sb** s'imposer à qn. **(c)** *(push, thrust)* pousser. **to** ~ **books into a box** fourrer des livres dans une caisse; **to** ~ **one's way into** entrer *or* pénétrer de force dans; **to** ~ **one's way through** se frayer un passage à travers; **to** ~ **a bill through Parliament** forcer la Chambre à voter une loi; **we** ~**d the secret out of him** nous lui avons arraché le secret. **(d)** *(break open)* **lock** etc forcer. **to** ~ **sb's hand** forcer la main à qn. **(e)** *smile, answer* forcer. **to** ~ **the pace** forcer l'allure *or* le pas.

force back *vt sep enemy, crowd* faire reculer. ~ **back one's tears** refouler ses larmes.

force down *vt sep aircraft* forcer à atterrir. **to** ~ **food down** se forcer à manger.

force out *vt sep* faire sortir (de force); *cork* sortir en forçant. **he** ~**d out a reply** il s'est forcé à répondre.

♦ **forced** *adj* forcé. ♦ **force-feed** *(pret, ptp* -fed) *vt* nourrir de force. ♦ **forceful** *adj person* énergique; *argument* vigoureux; *influence* puissant. ♦ **forcefully** *adv* avec force, avec vigueur. ♦ **forcible** *adj (done by* ~) de *or* par force; *(powerful)* language, style, argument vigoureux; *personality* puissant. ♦ **forcibly** *adv (by* ~) take, feed de force; *(vigorously)* speak, object avec véhémence. ♦ **forcing** *adj (Bridge)* **forcing bid** annonce *f* de forcing.

forceps ['fɔːseps] *npl* forceps *m.*

ford [fɔːd] **1** *n* gué *m.* **2** *vt* passer à gué. ♦ **fordable** *adj* guéable.

fore [fɔːʳ] **1** *adj* antérieur. **2** *n* avant *m.* **to come to the** ~ *[person]* se mettre en évidence; *[evidence, fact]* être révélé; **he was well to the** ~ il a été très en évidence. **3** *excl (Golf)* gare!, attention! ♦ **forearm** *n* avant-bras *m inv.* ♦ **foreboding** *n* pressentiment *m;* **to have a** ~**boding that** avoir le pressentiment que. ♦ **forecast** *pret, ptp* forecast **1** *vt (also Met)* prévoir; **2** *n* prévision *f;* *(Betting)* pronostic *m;* sales ~**cast** prévisions de vente; **weather** ~**cast** bulletin *m* météorologique, météo* *f.* ♦ **forecourt** *n* avant-cour *f.* ♦ **forefathers** *npl* aïeux *mpl.* ♦ **forefinger** *n* index *m.* ♦ **forefoot** *n [horse, cow* etc*]* pied *m* antérieur; *[cat, dog]* patte *f* antérieure. ♦ **forefront** *n:* **in the** ~**front of** au premier rang de. ♦ **foregather** *vi* se réunir. ♦ **forego** *pret* -went, *ptp* -gone *vt* renoncer à; **it was a** ~**gone conclusion** c'était prévu d'avance. ♦ **foregoing** *adj* précédent; **the** ~**going** ce qui précède. ♦ **foreground** *n* premier plan; **in the** ~**ground** au premier plan. ♦ **forehead** *n* front *m.* ♦ **foreland** *n* cap *m.* ♦ **foreleg** *n [horse, cow]* jambe antérieure; *[dog, cat]* patte *f* de devant. ♦ **foreman** *n, pl* ~**men** contremaître *m.* ♦ **foremost 1** *adj* le plus en vue; **2** *adv:* **first and** ~**most** tout d'abord. ♦ **forename** *n* prénom *m.* ♦ **forenoon** *n* matinée *f.* ♦ **foreplay** *n* travaux *mpl* d'approche* *(stimulation érotique).* ♦ **forerunner** *n* précurseur *m.* ♦ **foresee** *pret* -saw, *ptp* -seen *vt* prévoir, présager. ♦ **foreseeable** *adj* prévisible. ♦ **foreshadow** *vt* laisser prévoir. ♦ **foreshore** *n (beach)* plage *f.* ♦ **foresight** *n* prévoyance *f.* ♦ **forestall** *vt competitor* devancer; *desire, eventuality, objection* anticiper. ♦ **foretaste** *n* avant-goût *m.* ♦ **foretell** *pret, ptp* -told *vt* prédire. ♦ **forethought** *n* prévoyance *f.* ♦ **forewarn** *vt* avertir; ~**warned is** ~**armed** un homme averti en vaut deux. ♦ **foreword** *n* avant-propos *m inv.*

foreign ['fɒrən] *adj language, visitor* étranger; *politics, trade* extérieur; *produce, aid* de l'étranger; *travel, correspondent* à l'étranger. **F**~ **Ministry,** *(Brit)* **F**~ **Office** ministère *m* des Affaires étrangères; ~ **agent** agent *m* étranger; ~ **currency** devises *fpl* étrangères; ~ **exchange**

market marché *m* des changes; F~ Legion
Légion *f* (étrangère); ~ relations relations *fpl*
avec l'étranger *or* l'extérieur; that is quite ~ to
him cela lui est (complètement) étranger; (*Med*)
~ body corps *m* étranger. ♦ foreigner *n* étranger
m, -ère *f*.

forensic [fəˈrensɪk] *adj medicine* légal; *evidence*,
laboratory médico-légal; *expert* en médecine
légale.

forest [ˈfɒrɪst] *n* forêt *f*. ♦ forester *n* forestier *m*.
♦ forestry *n* sylviculture *f*; the F~ry Commission = les Eaux et Forêts *fpl*.

forever [fərˈevəʳ] *adv* (*incessantly*) toujours;
(*US: for always*) pour toujours.

forfeit [ˈfɔːfɪt] 1 *vt* perdre. 2 *n* (*in game*) gage *m*.
(*game*) ~s gage *m*.

forgave [fəˈgeɪv] *pret of* forgive.

forge [fɔːdʒ] 1 *vt* (a) (*counterfeit*) *signature*,
banknote contrefaire; *document, picture* faire un
faux de. (b) *metal, friendship, plan* forger. 2 *vi*:
to ~ ahead pousser de l'avant. 3 *n* forge *f*.
♦ forger *n* faussaire *mf*. ♦ forgery *n* (*action*)
contrefaçon *f* (frauduleuse); (*thing* ~d) faux *m*.

forget [fəˈget] *pret* -got, *ptp* -gotten 1 *vt* oublier
(*to do* de faire; *that* que). to ~ how to do ne plus
savoir faire, oublier comment faire; never-to-be-
forgotten inoubliable; she never ~s a face elle a
la mémoire des visages; he quite forgot himself il
s'est tout à fait oublié; let's ~ it! passons
l'éponge!; ~ it* (*when thanked*) de rien*; (*let's
drop the subject*) ça n'a aucune importance;
(*when irritated*) tant pis. 2 *vi* oublier. I forgot all
about it je l'ai complètement oublié; ~ about it!
n'y pensez plus! ♦ forgetful *adj* (*absent-minded*)
distrait; (*careless*) étourdi; he is very ~ful il a
très mauvaise mémoire; ~ful of oublieux de.
♦ forgetfulness *n* manque *m* de mémoire; étourderie *f*. ♦ forget-me-not *n* myosotis *m*.

forgive [fəˈgɪv] *pret* forgave, *ptp* forgiven *vt
person, mistake* pardonner (*sb for sth* qch à qn; *sb
for doing* à qn de faire). ♦ forgivable *adj*
pardonnable. ♦ forgiveness *n* (*pardon*) pardon
m; (*compassion*) indulgence *f*. ♦ forgiving *adj*
indulgent.

forgot(ten) [fəˈgɒt(n)] *pret* (*ptp*) *of* forget.

fork [fɔːk] 1 *n* fourchette *f*; (*Agr*) fourche *f*;
[*roads*] embranchement *m*. take the right ~
prenez à droite à l'embranchement. 2 *vi* [*roads*]
bifurquer. ~ left for Oxford prenez à gauche
pour Oxford.

fork out‡ 1 *vi* casquer*, payer. 2 *vt sep money*
allonger‡, sortir.
♦ forked *adj* fourchu; *lightning* en zigzags.
♦ fork-lift truck *n* chariot *m* élévateur.

forlorn [fəˈlɔːn] *adj person* triste, malheureux;
house abandonné; *attempt* désespéré. a ~ hope
un mince espoir.

form [fɔːm] 1 *n* (a) (*gen*) forme *f*. a different ~ of
life une autre forme *or* un autre genre de vie; the
various ~s of energy les différentes formes *or*
espèces d'énergie; as a ~ of apology une sorte d'excuse; in the ~ of sous forme de; it will take the ~
of ... cela consistera en ...; the same thing in a new
~ la même chose sous un aspect nouveau; it took
various ~s cela s'est manifesté de différentes
façons; ~ and content la forme et le fond; to take
~ prendre forme; it lacks ~ il n'y a aucun ordre
là-dedans; as a matter of ~ pour la forme; it's bad
~ cela ne se fait pas; another ~ of words une
autre tournure; the correct ~ of address for a
bishop la manière correcte de s'adresser à un
évêque; what's the ~?* quelle est la marche à
suivre?; on ~ en forme; in great ~, on top ~ en
pleine forme. (b) (*document*) formulaire
m; (*for cheque, telegram*) formule *f*; (*for tax*)
feuille *f*. printed ~ imprimé *m*. (c) (*bench*) banc
m. (d) (*Scol*) classe *f*. in the sixth ~ = en première.

2 *adj*: ~ master, ~ mistress professeur *m* de
classe.

3 *vt shape, character, government* former; *sentence* construire; *habit* contracter; *plan* arrêter;
impression, idea avoir; (*constitute*) *council,
Cabinet* composer, constituer. he ~ed it out of a
piece of wood il l'a façonné *or* fabriqué dans un
morceau de bois; he ~ed it into a ball il l'a roulé
en boule; to ~ an opinion se faire une opinion; to
~ part of faire partie de; those who ~ the group
les gens qui font partie du groupe; (*Mil*) to ~
fours se mettre par quatre; ~ a line/queue/circle
mettez-vous en ligne/file/cercle.

4 *vi* se former (*into* en). ~ up behind your
teacher mettez-vous en ligne derrière votre
professeur.
♦ format *n* format *m*. ♦ formation 1 *n* formation
f; 2 *adj*: ~ation flying vol *m* en formation.
♦ formative *adj* formateur.

formal [ˈfɔːməl] . *ij person* compassé, formaliste
(*pej*); *manner, style* compassé; *language* soigné;
function, announcement officiel; *dance, dinner*
grand; (*official*) *acceptance, surrender* en bonne
et due forme; (*specific*) *denial, instructions*
formel; (*in form only*) *agreement* de forme. he is
very ~ il est très à cheval sur les convenances;
don't be so ~ pas tant de cérémonies, s'il vous
plaît; ~ gardens jardins *mpl* à la française; ~
dress tenue *f* de cérémonie; (*evening dress*) tenue
de soirée; she has no ~ training in teaching elle
n'a reçu aucune formation pédagogique.
♦ formalism *n* formalisme *m*. ♦ formalist *adj, n*
formaliste (*mf*). ♦ formality *n* (*convention*)
formalité *f*; (*stiffness*) raideur *f*; (*ceremonious-
ness*) cérémonie *f*; a mere ~ity une simple
formalité. ♦ formalize *vt* formaliser. ♦ formally
adv (*ceremoniously*) cérémonieusement; (*officially*) officiellement; to be ~ly invited recevoir
une invitation officielle; ~ly dressed en tenue de
cérémonie (*or* de soirée).

former [ˈfɔːməʳ] 1 *adj* (a) (*previous*) ancien
(*before n*), précédent; (*time*) antérieur. the ~ mayor
l'ancien maire, le maire précédent; a ~ mayor un
ancien maire; my ~ husband mon ex-mari; in ~
days autrefois; he was very unlike his ~ self il ne
se ressemblait plus du tout. (b) (*as opp to latter*)
premier. 2 *pron* celui-là, celle-là. the ~ ... the
latter celui-là ... celui-ci. ♦ formerly *adv*
autrefois.

Formica [fɔːˈmaɪkə] *n* ® Formica *m* ®.

formidable [ˈfɔːmɪdəbl] *adj* (*gen*) terrible;
person, opposition redoutable.

formula [ˈfɔːmjʊlə] *n, pl* ~s *or* ~ae formule *f*;
(*US: for baby's feed*) lait *m* en poudre (*pour
biberon*). ♦ formulate *vt* formuler. ♦ formulation *n* formulation *f*.

fornicate [ˈfɔːnɪkeɪt] *vi* forniquer. ♦ fornication *n*
fornication *f*.

forsake [fəˈseɪk] *pret* forsook, *ptp* forsaken *vt
person* abandonner; *place* quitter; *habit* renoncer
à. my willpower ~s me la volonté me fait défaut;
an old ~n farmhouse une vieille ferme aban-
donnée.

forsythia [fɔːˈsaɪθɪə] *n* forsythia *m*.

fort [fɔːt] *n* (*Mil*) fort *m*.

forte [ˈfɔːtɪ, (*US*) fɔːt] *n*: his ~ son fort.

forth [fɔːθ] *adv* en avant. to set ~ se mettre en
route; to go back and ~ between aller et venir
entre; and so ~ et ainsi de suite. ♦ forthcoming
adj book qui va paraître; *film* qui va sortir; *play*
qui va débuter; *event* à venir, futur; his ~coming
film son prochain film; if help is ~coming si on
nous *etc* aide; if funds are ~coming si on nous *etc*
donne de l'argent; he wasn't ~coming about it il
s'est montré peu disposé à en parler. ♦ forthright
adj answer, person franc. ♦ forthwith *adv* sur-le-
champ.

fortify [ˈfɔːtɪfaɪ] *vt* fortifier (*against* contre). have

a drink to ~ you* prenez un verre pour vous remonter. ♦ **fortification** n fortification f.

fortitude ['fɔːtɪtjuːd] n force f d'âme.

fortnight ['fɔːtnaɪt] n quinze jours mpl, quinzaine f. **a ~'s holiday** quinze jours de vacances; **a ~ tomorrow** demain en quinze. ♦ **fortnightly 1** adj bimensuel; **2** adv tous les quinze jours.

fortress ['fɔːtrɪs] n (prison) forteresse f; (mediaeval castle) château m fort.

fortuitous [fɔː'tjuːɪtəs] adj fortuit. ♦ **fortuitously** adv fortuitement.

fortune ['fɔːtʃən] n (a) (chance) chance f, fortune f. **the ~s of war** le sort des armes; **by good ~** par chance; **to tell sb's ~** dire la bonne aventure à qn. (b) (riches) fortune f. **to make a ~** faire fortune; **to come into a ~** hériter d'une fortune; **to seek one's ~** aller chercher fortune; **a small ~*** un argent fou*. ♦ **fortunate** adj person heureux; circumstances, meeting, event propice; [person] **to be fortunate** avoir de la chance; **we were fortunate enough to meet him** nous avons eu la chance de le rencontrer. ♦ **fortune-teller** n diseur m, -euse f de bonne aventure. ♦ **fortune-telling** n pratique f de dire la bonne aventure.

forty ['fɔːtɪ] adj, n quarante (m) inv. **about ~ books** une quarantaine de livres; **to have ~ winks*** faire un petit somme; for other phrases V **sixty**. ♦ **fortieth** adj, n quarantième (mf); (fraction) quarantième m.

forward ['fɔːwəd] **1** adv (also **forwards**) en avant. **to go ~** avancer; **to go straight ~** aller droit devant soi; **~!, ~ march!** en avant, marche!; **from this time ~** désormais; **he went backward(s) and ~(s) between** il allait et venait entre. **2** adj movement en avant; (Aut) gears avant inv; planning à long terme; prices, buying à terme; season, child précoce; (pert) effronté. **I am ~ with my work** je suis en avance dans mon travail; **this seat is too far ~** cette banquette est trop en avant; **~ line** (Mil) première ligne f; (Sport) ligne des avants. **3** n (Sport) avant m. **4** vt goods expédier; (send on) letter, parcel faire suivre. **please ~** faire suivre S.V.P. ♦ **forwarding address** n: **he left no ~ing address** il est parti sans laisser d'adresse. ♦ **forward-looking** adj tourné vers les possibilités de l'avenir. ♦ **forwardness** n [child] précocité f; (pertness) effronterie f.

fossil ['fɒsl] **1** n fossile m. **2** adj insect fossilisé; fuel fossile. ♦ **fossilized** adj fossilisé.

foster ['fɒstər] **1** vt child élever (sans obligation d'adoption); friendship, development favoriser; idea, hope entretenir. **2** adj child (officially arranged) adoptif; (where wet-nursed) nourricier, de lait; father, parents, family adoptif, nourricier; brother, sister adoptif, de lait. **~ home** famille f adoptive, famille nourricière; **~ mother** mère f adoptive, nourrice f.

fought [fɔːt] pret, ptp of **fight**.

foul [faʊl] **1** adj food, meal, taste infect; place immonde; smell, breath fétide; water croupi; air vicié; weather, temper sale (before n); calumny, behaviour vil; language ordurier; (unfair) déloyal; blow en traître. **~ play** (Sport) jeu m irrégulier; (fig) qch de louche; (Police etc) un acte criminel; **to fall ~ of sb** se mettre qn à dos. **2** n (Sport) coup m irrégulier; (Boxing) coup bas; (Ftbl) faute f. **3** vt (pollute) air polluer; (clog) pipe etc obstruer; (collide with) ship entrer en collision avec; fishing line embrouiller; propeller s'emmêler dans. **the dog ~ed the path** le chien a fait des saletés sur le chemin. **4** vi [rope] s'emmêler.

foul up* vt sep relationship gâcher.

♦ **foul-mouthed** adj au langage ordurier. ♦ **foulsmelling** adj fétide.

found¹ [faʊnd] pret, ptp of **find**. ♦ **foundling** n enfant m(f) trouvé(e).

found² [faʊnd] vt (gen) fonder; belief fonder (on sur); suspicions baser (on sur); **~ed on fact** basé sur des faits réels. ♦ **foundation** n fondation f; (fig) base f; **to lay the ~ations of** (lit) poser les fondations de; (fig) poser les bases de; **to lay the ~ation stone** poser la première pierre; **rumour entirely without ~ation** rumeur dénuée de tout fondement. ♦ **foundation cream** n fond m de teint. ♦ **foundation stone** n pierre commémorative. ♦ **founder¹** n fondateur m, -trice f. ♦ **founding** adj (US) **~ing fathers** pères mpl fondateurs (qui élaborèrent la Constitution Fédérale).

founder² ['faʊndər] vi [ship] sombrer; [horse] s'embourber; [plans, hopes etc] s'écrouler.

foundry ['faʊndrɪ] n fonderie f.

fount [faʊnt] n (spring) source f; (Typ) fonte f.

fountain ['faʊntɪn] **1** n fontaine f. **drinking ~** jet m d'eau potable. **2** adj: **~ pen** stylo m (à encre).

four [fɔːr] **1** adj quatre inv. **to the ~ corners of the earth** aux quatre coins du monde; **it's in ~ figures** c'est dans les milliers. **2** n quatre m inv. **on all ~s** à quatre pattes; **will you make up a ~ for bridge?** voulez-vous faire le quatrième au bridge?; for other phrases V **six**.

♦ **four-door** adj (Aut) à quatre portes. ♦ **fourfold 1** adj quadruple; **2** adv au quadruple. ♦ **fourfooted** adj à quatre pattes. ♦ **four-leaf(ed) clover** n trèfle m à quatre feuilles. ♦ **four-letter word** n gros mot m, ~ mot de cinq lettres. ♦ **fourposter** n lit m à colonnes. ♦ **fourscore** adj, n quatre-vingts. ♦ **foursome** n (game) partie f à quatre; **we went in a ~** some nous y sommes allés à quatre. ♦ **foursquare** adj (square) carré; (firm) ferme; (forthright) franc. ♦ **fourteen** adj, n quatorze (m) inv. ♦ **fourteenth** adj, n quatorzième (mf); (fraction) quatorzième m. ♦ **fourth** adj, n quatrième (mf); (fraction) quart m; **~th finger** annulaire m. ♦ **fourthly** adv quatrièmement. ♦ **four-wheel** adj (Aut) **with ~-wheel drive** à quatre roues motrices.

fowl [faʊl] n volaille f. **~ pest** peste f aviaire.

fox [fɒks] **1** n renard m. (fig) **a sly ~** un fin renard. **2** vt (puzzle) rendre perplexe; (deceive) berner. **3** adj: **~ cub** renardeau m; **~ terrier** fox-terrier m. ♦ **foxglove** n digitale f (pourprée). ♦ **foxhunt(ing)** n chasse f au renard. ♦ **foxy** adj rusé, finaud.

foyer ['fɔɪeɪ] n foyer m (de théâtre etc).

fraction ['frækʃən] n fraction f. **a ~ of a second** une fraction de seconde. ♦ **fractionally** adv un tout petit peu.

fractious ['frækʃəs] adj grincheux.

fracture ['fræktʃər] **1** n fracture f. **2** vt fracturer. **to ~ one's leg** se fracturer la jambe. **3** vi se fracturer.

fragile ['frædʒaɪl] adj fragile. ♦ **fragility** n fragilité f.

fragment ['frægmənt] **1** n fragment m. **~s of conversation** bribes fpl de conversation. **2** [fræg'ment] vt fragmenter. **3** vi se fragmenter. ♦ **fragmentary** or ♦ **fragmented** adj fragmentaire.

fragrance ['freɪgrəns] n parfum m. ♦ **fragrant** adj parfumé; memory doux.

frail [freɪl] adj person frêle, faible; health, happiness, hope fragile. ♦ **frailty** n faiblesse f; fragilité f.

frame [freɪm] **1** n [person, animal] corps m, charpente f; [building] charpente f; [ship] carcasse f; [car, window] châssis m; [cycle, picture, racket] cadre m; [door] encadrement m; [spectacles] monture f; (in garden) châssis m; (Cine) image f. **~ of mind** humeur f; **~ of reference** système m de référence. **2** adj: **~ house** maison f à charpente de bois; **~ rucksack** sac m à dos à armature. **3** vt (a) picture encadrer. (fig) **~d in** encadré par. (b) (construct) idea, plan formuler;

plot combiner; *sentence* construire. **(c) to ~ sb*, to have sb ~d** monter un coup contre qn (*pour faire porter l'accusation contre* lui); **to be ~d** être victime d'un coup monté. ◆ **frame-up↓** *n* coup *m* monté. ◆ **framework** *n* (*V* **frame 1**) charpente *f*; carcasse *f*; châssis *m*; encadrement *m*; [*society, novel*] structure *f*; (*fig*) **in the ~work of** dans le cadre de.

franc [fræŋk] *n* franc *m*.

France [frɑ:ns] *n* France *f*. **in ~** en France.

franchise ['fræntʃaɪz] *n* **(a)** (*Pol*) droit *m* de vote. **(b)** (*US Comm*) autorisation *f*.

Franco- ['fræŋkəʊ] *pref* franco-. ◆ **Franco-British** *adj* franco-britannique. ◆ **francophile** *adj, n* francophile (*mf*). ◆ **francophobe** *adj, n* francophobe (*mf*).

frank[1] [fræŋk] *adj* franc (*f* franche). ◆ **frankly** *adv* franchement. ◆ **frankness** *n* franchise *f*.

frank[2] [fræŋk] *vt letter* affranchir. **~ing machine** machine *f* à affranchir.

frankfurter ['fræŋk,fɜ:tər] *n* (*Culin*) saucisse *f* de Francfort.

frantic ['fræntɪk] *adj activity, cry* frénétique; *need, desire* effréné; *person* hors de soi, dans tous ses états. **~ with** fou (*or* folle *f*) de; **it drives her ~** cela la rend folle. ◆ **frantically** *adv wave* frénétiquement; *rush* comme un fou (*or* une folle).

fraternal [frə'tɜ:nl] *adj* fraternel. ◆ **fraternity** *n* fraternité *f*; (*US Univ*) (*society*) confrérie *f*. ◆ **fraternization** *n* fraternisation *f*. ◆ **fraternize** *vi* fraterniser (*with* avec).

fraud [frɔ:d] *n* (*act*) supercherie *f*; (*financial*) escroquerie *f*; (*Jur*) fraude *f*; (*person*) imposteur *m*; (*object*) attrape-nigaud *m*. **he's a ~** c'est un imposteur, (*less serious*) il joue la comédie*; **it's a ~!** c'est de la frime!* ◆ **fraudulence** *n* caractère *m* frauduleux. ◆ **fraudulent** *adj* frauduleux; **~ulent conversion** malversation *f*.

fraught [frɔ:t] *adj* (*tense*) *situation* tendu. **~ with** *danger* plein de; *hatred, menace* chargé de; **the whole business is a bit ~*** tout ça c'est un peu risqué*.

fray[1] [freɪ] *n*: **the ~** le combat; (*lit, fig*) **ready for the ~** prêt à se battre.

fray[2] [freɪ] **1** *vt cloth, garment* effilocher; *cuff, trousers* effranger; *rope* user. **tempers were getting ~ed** tout le monde commençait à s'énerver; **my nerves are quite ~ed** je suis à bout de nerfs. **2** *vi* s'effilocher; s'effranger; s'user.

frazzle* ['fræzl] *n*: **worn to a ~** éreinté, crevé*.

freak [fri:k] **1** *n* (*person or animal*) phénomène *m*. **~ of nature** accident *m* de la nature; **~ of fortune** caprice *m* de la fortune; **he won by a ~** il a gagné grâce à un hasard extraordinaire; **a health food ~*** un(e) fana* des aliments naturels. **2** *adj storm, weather* anormal; *error* bizarre; *victory* inattendu; (‡) *culture, clothes* hippie *f inv*.

freak out‡ *vi* (*abandon convention*) se défouler*; (*get high on drugs*) se défoncer‡; (*drop out of society*) devenir marginal. ◆ **freakish** *adj weather* anormal; *error, idea* bizarre.

freckle ['frekl] *n* tache *f* de rousseur. ◆ **freckled** *adj* plein de taches de rousseur.

free [fri:] **1** *adj* **(a)** (*at liberty*) libre (*to do* de faire). **to get ~** se libérer; **to set ~** libérer; **he left one end of the string ~** il a laissé un bout de la ficelle flotter libre; **~ from** *or* **of** sans; **to be ~ of** *sb* être débarrassé de qn; **~ of charge** (*adj*) gratuit, (*adv*) gratuitement; **~ of tax, tax ~** hors taxe; **to be a ~ agent** avoir toute liberté d'action; **~ and easy** décontracté; **~ church** église *f* non-conformiste; **~ enterprise** libre entreprise *f*; **in ~ fall** en chute libre; **~ fight** mêlée *f* générale; **to give sb a ~ hand** donner carte blanche à qn (*to do* pour faire); (*Sport*) **~ kick** coup *m* franc; (*Ind*) **~ labour** main-d'œuvre *f* non syndiquée; **~ love**

amour m libre; **to give ~ rein to** donner libre cours à; **~ speech** liberté *f* de parole; **~ trade** libre-échange *m*; **~ verse** vers *m* libre; **~ will** libre arbitre *m*; **of his own ~ will** de son propre gré.

(b) (*costing nothing*) *object, ticket* gratuit. **~ on board** franco à bord; (*Comm*) **~ sample** échantillon gratuit; **~ gift** prime *f*.

(c) (*not occupied*) *room, seat, hour, person* libre. **there are 2 ~ rooms** il reste 2 chambres de libre; **I wasn't able to get ~ earlier** je n'ai pas pu me libérer plus tôt; (*lit, fig*) **to have one's hands ~** avoir les mains libres.

(d) (*lavish*) **to be ~ with one's money** dépenser son argent sans compter; **you're very ~ with your advice** pour donner des conseils vous êtes un peu là*; **he makes ~ with all my things** il ne se gêne pas pour se servir de mes affaires; **feel ~!*** je t'en prie!, sers-toi!

2 *adv* (*for nothing*) *get, send* gratuitement.

3 *vt* (*gen*) libérer; *trapped person, animal* dégager; *tangle* débrouiller; (*unblock*) *pipe* déboucher; (*rescue*) sauver (*from* de); (*from burden*) débarrasser (*from* de); (*from tax*) exonérer (*from* de); (*from anxiety*) libérer, délivrer (*from* de). (*lit, fig*) **to ~ o.s. from** se débarrasser de, se libérer de.

◆ **freedom 1** *n* liberté *f*; **~dom of the press/of speech/of worship** liberté de la presse/de la parole/du culte; **~dom of the seas** franchise *f* des mers; **~dom from care/responsibility** le fait d'être dégagé de tout souci/de toute responsabilité; **to give sb the ~dom of a city** nommer qn citoyen d'honneur d'une ville; **he gave me the ~dom of his house** il m'a permis de me servir comme je voulais de sa maison; **2** *adj*: **~dom fighter** guérillero *m*, partisan *m*. ◆ **free-for-all** *n* mêlée *f* générale. ◆ **freehand** *adj, adv* à main levée. ◆ **freehold** *adv* en propriété libre. ◆ **freelance 1** *adj* indépendant; **2** *vi* [*journalist, designer etc*] faire du journalisme/du dessin etc indépendant. ◆ **freely** *adv give* libéralement; *spend, grow* avec luxuriance; *speak* franchement; *act* librement. ◆ **freeman** *n*: **~man of a city** citoyen(ne) *m(f)* d'honneur d'une ville. ◆ **freemason** *n* franc-maçon *m*. ◆ **freemasonry** *n* franc-maçonnerie *f*. ◆ **free-range** *adj*: **~-range eggs/poultry** œufs *mpl*/poulets *mpl* de ferme. ◆ **freestyle** *adj*: **~style swimming** nage *f* libre. ◆ **freethinker** *n* libre-penseur *m*, -euse *f*. ◆ **freethinking 1** *adj* libre-penseur; **2** *n* libre pensée *f*. ◆ **freeway** *n* (*US*) autoroute *f* (*sans péage*). ◆ **freewheel** *vi* [*cyclist*] être en roue libre; [*motorist*] rouler au point mort. ◆ **free-will** *adj gift, offering* volontaire.

freesia ['fri:zɪə] *n* freesia *m*.

freeze [fri:z] *pret* froze, *ptp* frozen **1** *vi* (*gen*) geler; (*Culin*) se congeler; (*fig*) se figer. (*Met*) **to ~ hard** geler dur; **I'm freezing** je suis gelé; **my hands are freezing** j'ai les mains gelées; **to ~ to death** mourir de froid; **the lake froze** le lac a gelé; **the lake has frozen** le lac est gelé; **he froze (in his tracks)** il est resté figé sur place; **~!** pas un geste!; **to ~ on to sb*** se cramponner à qn. **2** *vt water etc* geler; *food* congeler; (*industrially*) surgeler; (*Econ*) *assets* geler; *prices, wages* bloquer. **she froze him with a look** elle lui a lancé un regard qui l'a glacé sur place. **3** *vt* (*Met*) gel *m*; [*credits*] gel; [*prices, wages*] blocage *m*.

freeze over *vi* [*lakes, rivers*] geler; (*Aut*) [*windscreen etc*] givrer.

freeze up 1 *vi* **(a)** = **freeze over**. **(b)** [*pipes*] geler. **2** *vt sep*: **to be frozen up** être gelé. ◆ **freeze-dry** *vt* lyophiliser. ◆ **freezer** *n* (*domestic*) congélateur *m*; (*industrial*) surgélateur *m*; (*part of fridge*) freezer *m*. ◆ **freeze-up** *n* (*Met*) gel *m*. ◆ **freezing** *adj* *weather, look* glacial; **freezing fog** brouillard *m* givrant; **below freezing point** au-dessous de zéro (centigrade).

freight ['freɪt] **1** *n* (*goods*) fret *m*, cargaison *f*; (*transport*) transport *m*; (*charge*) fret.
  2 *vt goods* transporter.
  3 *adj* (*Rail*) car, train, yard de marchandises. ~ **plane** avion *m* de fret.
  ♦ **freighter** *n* (*Naut*) cargo *m*; (*Aviat*) avion *m* de fret.

French [frentʃ] **1** *adj* français; *lesson, teacher, dictionary* de français; *king, embassy* de France. ~ **bean** haricot *m* vert; ~ **Canadian** (*adj*) canadien français; (*n*) Canadien(ne) français(e) *m(f)*; (*Ling*) français *m* canadien; ~ **chalk** craie *f* de tailleur; ~ **door** porte-fenêtre *f*; (*Culin*) ~ **dressing** vinaigrette *f*; ~ **fried potatoes**, ~ **fries** frites *fpl*; (*Mus*) ~ **horn** cor *m* d'harmonie; **to take** ~ **leave** filer à l'anglaise*; ~ **loaf** baguette *f* (*de pain*); ~ **pastry** pâtisserie *f*; ~ **window** porte-fenêtre *f*. **2** *n* (*Ling*) français *m*. **the** ~ les Français *mpl*.
  ♦ **Frenchman** *n* Français *m*. ♦ **French-speaking** *adj* qui parle français; *nation etc* francophone.
  ♦ **Frenchwoman** *n* Française *f*.

frenzy ['frenzɪ] *n* frénésie *f*. ~ **of delight** transport *m* de joie. ♦ **frenzied** *adj* forcené; *joy, shouts* frénétique; *efforts* désespéré.

frequent ['friːkwənt] **1** *adj* fréquent. **it's quite** ~ cela arrive souvent; **a** ~ **visitor to our house** un habitué de la maison. **2** [frɪ'kwent] *vt* fréquenter.
  ♦ **frequency 1** *n* fréquence *f*; **2** *adj* (*Statistics*) *distribution* des fréquences; (*Electronics*) *modulation, band* de fréquence. ♦ **frequently** *adv* fréquemment, souvent.

fresco ['freskəʊ] *n* fresque *f*.

fresh [freʃ] **1** *adj* (*gen: not stale*) frais (*f* fraîche); (*additional, different*) *supplies, horse, sheet of paper* nouveau (*f* nouvelle); *clothes* de rechange; (*lively*) *person* plein d'entrain; *horse* fringant; (*cheeky*) trop libre (*with sb* envers qn). **milk** ~ **from the cow** lait fraîchement trait; ~ **butter** (*not stale*) beurre frais; (*unsalted*) beurre sans sel; **bread** ~ **from the oven** pain tout frais; (*fig*) **to break** ~ **ground** faire qch d'entièrement nouveau; **to make a** ~ **start** prendre un nouveau départ; ~ **water** (*not salt*) eau douce; **it is still** ~ **in my memory** j'en ai encore le souvenir tout frais; **to go out for a breath of** ~ **air** sortir prendre l'air; **let's have some** ~ **air!** un peu d'air!; (*Met*) **it is getting** ~ **il** commence à faire frais; **she was as** ~ **as a daisy** elle était fraîche comme une rose; **don't get** ~ **with me!** pas d'impertinences!
  2 *adv*: ~ **from Scotland** nouvellement *or* fraîchement arrivé d'Écosse.
  ♦ **fresh-air** *adj*: ~-**air fiend*** mordu(e)* *m(f)* du grand air. ♦ **freshen** *vi* [*wind, air*] fraîchir. ♦ **freshen up 1** *vi* (*wash etc*) faire un brin de toilette; **2** *vt sep* faire un brin de toilette à; **that will** ~**en you up** cela vous requinquera*. ♦ **fresher** *or* ♦ **freshman** *n* étudiant(e) *m(f)* de première année. ♦ **freshly** *adv* nouvellement, récemment. ♦ **freshness** *n* fraîcheur *f*. ♦ **freshwater** *adj*: ~**water fish** poisson *m* d'eau douce.

fret [fret] **1** *vi* s'agiter; [*baby*] pleurer. **don't** ~! ne t'en fais pas!; **the child is** ~**ting for its mother** le petit pleure parce qu'il veut sa mère. **2** *n*: **to be in a** ~* se faire du mauvais sang.
  ♦ **fretful** *adj person* agité, énervé; *baby, child* grognon. ♦ **fretfully** *adv* avec agitation, avec énervement. ♦ **fretfulness** *n* irritabilité *f*.

fretsaw ['fretsɔː] *n* scie *f* à découper.

Freudian ['frɔɪdɪən] *adj* freudien. ~ **slip** lapsus *m*.

friar ['fraɪəʳ] *n* frère *m* (*Rel*).

friction ['frɪkʃən] *n* friction *f*. (*US*) ~ **tape** chatterton *m*.

Friday ['fraɪdɪ] *n* vendredi *m*; *for phrases V* Saturday.

fridge [frɪdʒ] *n* frigo* *m*, frigidaire *m* ®.

fried [fraɪd] *pret, ptp of* fry².

friend [frend] *n* ami(e) *m(f)*; (*schoolmate, workmate etc*) camarade *mf*, copain* *m*, copine* *f*. **a** ~ **of mine** un de mes amis; ~**s of ours** des amis (à nous); **her best** ~ sa meilleure amie; **to make/be** ~**s with sb** devenir/être ami avec qn; (*after quarrel*) **to make** ~**s** faire la paix; **he made a** ~ **of him** il en a fait son ami; **he makes** ~**s easily** il se fait facilement des amis; **let's be** ~**s again** on fait la paix?; **we're just good** ~**s** nous sommes simplement bons amis; **we're all** ~**s here** nous sommes entre amis; (*fig*) **to have** ~**s at court** avoir des amis influents; (*Rel*) **Society of F**~**s** Quakers *mpl*. ♦ **friendliness** *n* attitude *f* amicale.
  ♦ **friendly** *adj* (*gen*) amical; *child, dog, act* gentil; *advice* d'ami; **people here are so** ~**ly** les gens sont si gentils ici; **I am quite** ~**ly with her** je suis assez ami(e) avec elle; **on** ~**ly terms with** en termes amicaux avec; (*Sport*) ~**ly match** match *m* amical. ♦ **friendship** *n* amitié *f*.

frieze [friːz] *n* (*Archit*) frise *f*.

frigate ['frɪgɪt] *n* frégate *f* (*Naut*).

fright [fraɪt] *n* peur *f*. **to take** ~ s'effrayer (*at* de); **to get or have a** ~ avoir peur; **to give sb a** ~ faire peur à qn; **she looks a** ~ elle est à faire peur.
  ♦ **frightful** *adj* (*gen*) affreux; *results, weather* épouvantable, effroyable. ♦ **frightfully** *adv late, ugly, hot* affreusement; *kind, pretty* terriblement; **I am** ~**fully sorry** je suis absolument désolé. ♦ **frightfulness** *n* [*crime etc*] atrocité *f*.

frighten ['fraɪtn] *vt* faire peur à, effrayer. **it nearly** ~**ed him out of his wits** cela lui a fait une peur bleue; **to** ~ **sb into doing sth** faire faire qch à qn par intimidation; **he was** ~**ed into doing it** il l'a fait sous le coup de la peur; **to be** ~**ed of (doing) sth** avoir peur de (faire) qch; **to be** ~**ed to death** avoir une peur bleue.

frighten away, frighten off *vt sep birds* effaroucher; *children etc* chasser (en leur faisant peur).
  ♦ **frightened** *adj* effrayé; **don't be** ~**ed** n'ayez pas peur. ♦ **frightening** *adj* effrayant. ♦ **frighteningly** *adv* épouvantablement.

frigid ['frɪdʒɪd] *adj* (*Geog, Met*) glacial; *manner, welcome* froid; *woman* frigide. ♦ **frigidity** *n* froideur *f*; frigidité *f*.

frill [frɪl] *n* volant *m*, (*smaller*) ruche *f*; (*Culin*) papillote *f*. (*fig*) **without any** ~**s** tout simple. ♦ **frilly** *adj dress* à fanfreluches; (*fig*) *speech* à fioritures.

fringe [frɪndʒ] **1** *n* [*rug, shawl, hair*] frange *f*; [*forest*] bord *m*, lisière *f*; [*crowd*] derniers rangs *mpl*. (*fig*) **on the** ~ **of society** en marge de la société; **the outer** ~**s** la périphérie. **2** *vt shawl etc* franger (*with* de). (*fig*) **road** ~**d with trees** route bordée d'arbres. **3** *adj group, theatre* marginal. ~ **benefits** avantages *mpl* divers.

frisk [frɪsk] **1** *vi* gambader. **2** *vt criminal, suspect* fouiller. ♦ **frisky** *adj* vif, fringant.

fritter¹ ['frɪtəʳ] *vt* (~ **away**) gaspiller.

fritter² ['frɪtəʳ] *n* (*Culin*) beignet *m*.

frivolous ['frɪvələs] *adj* frivole. ♦ **frivolity** *n* frivolité *f*.

frizzle ['frɪzl] *vi* grésiller. ♦ **frizzled (up)** *adj food* calciné. ♦ **frizzly** *or* ♦ **frizzy** *adj hair* crépelé.

fro [frəʊ] *adv*: **to and** ~ de long en large; **to go to and** ~ **between** faire la navette entre; **journeys to and** ~ **between London and Edinburgh** allers *mpl* et retours *mpl* entre Londres et Édimbourg.

frock [frɒk] *n* robe *f*; [*monk*] froc *m*.

frog [frɒg] *n* grenouille *f*. (*fig*) **to have a** ~ **in one's throat** avoir un chat dans la gorge. ♦ **frogman** *n* homme-grenouille *m*. ♦ **frog-march** *vt*: **to** ~-**march sb in/out** *etc* amener/sortir *etc* qn de force.

frolic ['frɒlɪk] *vi* (~ **about**) folâtrer.

from [frɒm] *prep* **(a)** (*place: starting point*) de. ~ **house to house** de maison en maison; **to jump ~ a wall** sauter d'un mur; ~ **London to Paris** de Londres à Paris; **where are you ~?** d'où êtes-vous or venez-vous?; ~ **above** d'en haut; ~ **above the clouds** d'au-dessus des nuages; ~ **afar** de loin; **she was looking at him ~ over the wall** elle le regardait depuis l'autre côté du mur; ~ **under the table** de dessous la table. **(b)** (*time: starting point*) (à partir) de, dès. **(as)** ~ **the 14th July** à partir du 14 juillet; ~ **that day onwards** à partir de ce jour-là; ~ **his childhood** dès son enfance. **(c)** (*distance*) de. **the house is 10 km ~ the coast** la maison est à 10 km de la côte. **(d)** (*origin*) de, de la part de. **a letter ~ my mother** une lettre de ma mère; **tell him ~ me** dites-lui de ma part; **an invitation ~ the Smiths** une invitation (de la part) des Smith; **film ~ the novel by ...** film d'après le roman de ... . **(e)** (*with prices, numbers*) à partir de, depuis. **wine ~ 6 francs a bottle** vins à partir de 6 F la bouteille; **dresses ~ 150 francs** robes à partir de or depuis 150 F; ~ **10 to 15 people** de 10 à 15 personnes. **(f)** (*source*) **to drink ~ a brook/a glass/straight ~ the bottle** boire à un ruisseau/dans un verre/à même la bouteille; **he took it ~ the cupboard** il l'a pris dans le placard; **take the knife ~ this child!** prenez le couteau à cet enfant!; **he took/stole it ~ them** il le leur a pris/volé; **to pick sb ~ the crowd** choisir qn dans la foule; **a quotation ~ Racine** une citation tirée de Racine; **to speak ~ notes** parler avec des notes; ~ **your point of view** de votre point de vue. **(g)** (*change*) de. ~ **bad to worse** de mal en pis; **price increase ~ 1 F to 1.50 F** augmentation de prix de 1 F à 1,50 F. **(h)** (*cause, motive*) **to act ~ conviction** agir par conviction; **to die ~ fatigue** mourir de fatigue; ~ **what I heard** d'après ce que j'ai entendu; ~ **what I can see** à ce que je vois; ~ **the look of things** à en juger par les apparences; ~ **the way he talks you would think that ...** à l'entendre on penserait que ... .

front [frʌnt] **1** *n* **(a)** (*gen*) devant *m*, avant *m*; [*class*] premier rang *m*; [*building*] façade *f*, devant; [*boat, train, car*] avant; [*garment*] devant; [*book*] début *m*. **in ~ be, walk, put** devant; **send, move on** en avant; **in ~ of the table** devant la table; (*in car*) **in the ~** à l'avant; (*Sport*) **to be in ~** mener; **to sit in the ~ of the train/bus** s'asseoir en tête du train/à l'avant de l'autobus; **the ~ of the cupboard** (*door*) la porte du placard; (*forepart*) le devant du placard; (*fig*) **to put on a bold ~** faire bonne contenance; **it's all just a ~** tout ça n'est que façade. **(b)** (*gen, Met, Mil, Pol*) front *m*. **at the ~** au front; **on all ~s** de tous côtés; **popular ~** front populaire. **(c)** (*sea*) ~ (*beach*) plage *f*; (*prom*) front *m* de mer. **along** or **on the ~** sur le front de mer.

2 *adj* **garden, tooth** de devant; **wheel** avant *inv*; **row, page** premier. ~ **door** [*house*] porte d'entrée; [*car*] portière *f* avant; **the ~ end** l'avant *m*; (*Parl*) ~ **bench** banc *m* des ministres ou celui des membres du cabinet fantôme; (*Mil*) ~ **line(s)** front *m*; **it's merely a ~ organization** cette organisation n'est qu'une couverture; (*Press*) **on the ~ page** en première page, à la une*; (*fig*) **in the ~ rank** parmi les premiers; ~ **room** pièce *f* de devant; (*lounge*) salon *m*; (*fig*) **a ~ runner for the party leadership** un des favoris pour être leader du parti; **to have a ~ seat** (*lit*) avoir une place au premier rang; (*fig*) être aux premières loges.

3 *vi:* **to ~ on** to donner sur.

4 *vt:* **house ~ed with stone** maison *f* avec façade en pierre.

♦ **frontage** *n* façade *f*. ♦ **frontal** *adj* (*gen*) frontal; *attack* de front; *nude* de face. ♦ **front-page** *adj:* ~-**page news** gros titres *mpl*; **it was** ~-**page news** cela a été à la une* des journaux. ♦ **frontwards** *adv* en avant, vers l'avant. ♦ **front-wheel** *adj:*

~-**wheel drive** traction *f* avant; ~-**wheel drive car** traction avant.

frontier ['frʌntiəʳ] **1** *n* frontière *f*. **2** *adj* **town, zone, part** frontière *inv*; *incident* de frontière.

frontispiece ['frʌntispiːs] *n* frontispice *m*.

frost [frɒst] **1** *n* gel *m*; (*hoar-*) givre *m*. **late ~s** gelées *fpl* tardives; **10° of ~** 10° au-dessous de zéro. **2** *vt* (*freeze*) geler; (*US: ice*) *cake* glacer.
♦ **frostbite** *n* gelure *f*; **to get ~bite in one's hands** avoir les mains qui gèlent. ♦ **frostbitten** *adj* gelé.
♦ **frostbound** *adj* gelé. ♦ **frosted** *adj* *window, windscreen* givré; *nail varnish* nacré; (*opaque*) *glass* dépoli. ♦ **frosting** *n* (*US: icing*) glaçage *m*. ♦ **frosty** *adj* (*gen: also fig*) glacial; *window* couvert de givre; **it is going to be ~y** il va geler.

froth [frɒθ] **1** *n* mousse *f*. **2** *vi* mousser. **the dog was ~ing at the mouth** le chien avait de l'écume à la gueule.
♦ **frothy** *adj* *water, beer* mousseux; *sea* écumeux; *lace, nightdress* vaporeux; *play, entertainment* léger.

frown [fraʊn] **1** *n* froncement *m* (de sourcils). **2** *vi* froncer les sourcils. **to ~ at sth/sb** regarder qch/qn en fronçant les sourcils; (*fig: also* ~ **on sb/sth**) désapprouver qch/qn.

frowsy, frowzy ['fraʊzɪ] *adj* *room* qui sent le renfermé; *person, clothes* négligé.

froze [frəʊz] *pret of* **freeze.**

frozen ['frəʊzn] (*ptp of* **freeze**) *adj* gelé; *food* congelé. **I am ~** je suis gelé; **my hands are ~** j'ai les mains gelées; **to be ~ stiff** être gelé jusqu'aux os; ~ **food** aliments *mpl* congelés; (*industrially* ~) aliments surgelés.

frugal ['fruːgəl] *adj* *person* économe (**with** de); *meal* frugal. ♦ **frugality** *n* frugalité *f*. ♦ **frugally** *adv give out* parcimonieusement; *live* simplement.

fruit [fruːt] **1** *n* fruit *m*. **may I have some ~?** puis-je avoir un fruit?; **more ~ is eaten nowadays** on mange actuellement plus de fruits; ~ **is good for you** les fruits sont bons pour la santé; (*lit, fig*) **to bear ~** porter fruit; **the ~ of hard work** le fruit d'un long travail. **2** *adj* **basket** à fruits; *salad de* fruits; **tree** fruitier. ~ **cake** cake *m*; ~ **cup** boisson *f* aux fruits (*parfois alcoolisée*); ~ **dish** (*for dessert*) coupelle *f* à fruits, (*large*) coupe *f* à fruits, (*for holding*) corbeille *f* à fruits; ~ **farm** exploitation *f* or entreprise *f* fruitière; ~ **farming** arboriculture *f* (fruitière); ~ **machine** machine *f* à sous.

♦ **fruiterer** *n* fruitier *m*, -ière *f*; ~**er's shop** fruiterie *f*. ♦ **fruitful** *adj* fécond; (*fig*) fructueux.
♦ **fruitfully** *adv* (*fig*) fructueusement, avec profit. ♦ **fruitfulness** *n* fécondité *f*; caractère *m* fructueux. ♦ **fruition** [fruːˈɪʃən] *n:* **to bring to** ~**ion** réaliser; **to come to** ~**ion** se réaliser.
♦ **fruitless** *adj* stérile (*fig*). ♦ **fruity** *adj* *flavour* fruité; *voice* bien timbré.

frump [frʌmp] *n* bonne femme *f* fagotée.
♦ **frumpish** *adj* fagoté.

frustrate [frʌsˈtreɪt] *vt hopes* tromper; *attempts, plans, plot* faire échouer; *person* décevoir.
♦ **frustrated** *adj* *person* frustré; *effort* vain; **he feels very ~d in his present job** il se sent très insatisfait dans son poste actuel. ♦ **frustrating** *adj* déprimant, irritant. ♦ **frustration** *n* (*emotion*) frustration *f*; (*sth frustrating etc*) déception *f*.

fry¹ [fraɪ] *n:* **the small ~** (*unimportant people*) le menu fretin; (*children*) les gosses* *mpl*.

fry² [fraɪ] *pret, ptp* **fried 1** *vt* (faire) frire. **to ~ eggs** faire des œufs *mpl* sur le plat; **fried eggs** œufs sur le plat; **fried fish** poisson *m* frit.
2 *vi* frire.
♦ **frying** *n:* **a smell of ~ing** une odeur de friture; ~**ing pan** poêle *f* (à frire); **to jump out of the ~ing pan into the fire** tomber de Charybde en Scylla.

fuchsia ['fjuːʃə] *n* fuchsia *m*.

fuddled ['fʌdld] *adj ideas* confus; *person (muddled)* désorienté; *(tipsy)* éméché.
fudge [fʌdʒ] **1** *n (Culin)* fondant *m*. **2** *vt*: to ~ an issue esquiver un problème.
fuel ['fjuəl] **1** *n (gen)* combustible *m*; *(for engine)* carburant *m*. *(fig)* to add ~ to the flames jeter de l'huile sur le feu; the statistics gave him ~ for further attacks on ... les statistiques sont venues alimenter ses attaques contre .... **2** *vt furnace etc* alimenter; *ships, aircraft etc* ravitailler en carburant. **3** *vi* se ravitailler en combustible *or* en carburant. *(Aviat etc)* a ~ling stop une escale technique. **4** *adj*: ~ oil mazout *m*, fuel *m*; ~ pump pompe *f* d'alimentation; ~ tank réservoir *m* à carburant; *[ship]* soute *f* à mazout.
fugitive ['fju:dʒɪtɪv] *adj, n* fugitif *(m)*, -ive *(f)*.
fulfil, *(US)* **-ll** [fʊl'fɪl] *vt task, prophecy* accomplir; *order* exécuter; *condition* remplir; *plan, ambition* réaliser; *desire, hope* répondre à; *prayer* exaucer; *promise* tenir; *one's duties* s'acquitter de. to feel ~led se réaliser dans la vie. ♦ **fulfilling** *adj work etc* profondément satisfaisant. ♦ **fulfil(l)ment** *n [duty, desire]* accomplissement *m*; *[prayer, wish]* exaucement *m*; *[conditions, plans]* réalisation *f*; *(satisfied feeling)* contentement *m*.
full [fʊl] **1** *adj* **(a)** *(gen)* plein *(of* de); *room, theatre* comble, plein; *hotel, bus, train* complet; *day, programme* chargé. ~ to overflowing plein à déborder; a ~ life une vie bien remplie; his heart was ~ il avait le cœur gros; *(Theat)* to play to a ~ house jouer à bureaux fermés; we are ~ (up) for July nous sommes complets pour juillet; you'll work better on a ~ stomach tu travailleras mieux après avoir mangé; *(not hungry)* I am ~ up!* j'ai trop mangé!; ~ of life débordant d'entrain; ~ of oneself/of one's own importance imbu de soi-même/de sa propre importance; the papers were ~ of the murder les journaux ne parlaient que du meurtre.
(b) *(complete) moon, employment* plein *(before n)*. the ~ particulars tous les détails; ~ information des renseignements complets; **2** hours 2 bonnes heures; to go (at) ~ blast* *[car etc]* aller à toute pompe*; *[radio, television]* marcher à plein; in ~ bloom épanoui; to pay ~ fare payer plein tarif; to fall ~ length tomber de tout son long; ~ member membre *m* à part entière; ~ name nom et prénom(s) *mpl*; at ~ speed à toute vitesse; ~ speed ahead!, ~ steam ahead! en avant toute!; *(Gram)* ~ stop point *m*; I'm not going, ~ stop!* je n'y vais pas, un point c'est tout!; working at the factory came to a ~ stop ça a été l'arrêt complet du travail à l'usine; battalion at ~ strength bataillon au grand complet; party in ~ swing soirée qui bat son plein; in ~ uniform en grande tenue.
(c) *lips* charnu; *face* plein, rond; *figure* rondelet; *skirt etc* large. **2** *adv*: ~ well fort bien; ~ in the face *hit* en plein visage; *look* droit dans les yeux; to go ~ out aller à toute vitesse. **3** *n*: in ~ *write sth* en toutes lettres; *publish* intégralement; he paid in ~ il a tout payé; to the ~ *justify* complètement; *use* au maximum. ♦ **fullback** *n (Sport)* arrière *m*. ♦ **full-blooded** *adj (vigorous) person* vigoureux; *(of unmixed race)* de race pure. ♦ **full-blown** *adj flower* épanoui. ♦ **full-bodied** *adj wine* qui a du corps. ♦ **full-dress** *adj clothes* de cérémonie; *debate* dans les règles. ♦ **full-grown** *adj* adulte. ♦ **full-length** *adj portrait* en pied; *film* (de) long métrage. ♦ **fullness** *n*: in the ~ness of time *(eventually)* avec le temps; *(at predestined time)* en temps et lieu. ♦ **full-scale** *adj drawing, replica* grandeur nature *inv*; *search, retreat* de grande envergure; ~-scale fighting une bataille rangée. ♦ **full-sized** *adj* grandeur nature *inv*. ♦ **full-time**

1 *n (Sport)* fin *f* de match; **2** *adj, adv* à plein temps; it's a ~-time job looking after those children il faut s'occuper de ces enfants 24 heures sur 24. ♦ **fully** *adv (completely)* satisfied entièrement; *understand* très bien; *justify* complètement; *use* au maximum; *(at least)* au moins, bien. ♦ **fully-fashioned** *adj* entièrement diminué.
fulminate ['fʌlmɪneɪt] *vi* fulminer *(against* contre).
fulsome ['fʊlsəm] *adj praise* exagéré; *manner* plein d'effusions.
fumble ['fʌmbl] *vi* (~ about, ~ around) *(in the dark)* tâtonner; *(in one's pockets)* fouiller *(for sth* pour trouver qch). to ~ with sth tripoter qch maladroitement.
fume [fju:m] **1** *vi* fumer; *(*: *be furious)* être en rage. **2** *n*: ~s *(gen)* exhalaisons *fpl*, vapeurs *fpl*; *(from factory)* fumées *fpl*.
fumigate ['fju:mɪgeɪt] *vt* désinfecter par fumigation.
fun [fʌn] **1** *n*: to have (good *or* great) ~ bien s'amuser; to be (good *or* great) ~ être très amusant; what ~! ce que c'est amusant!; for ~, in ~ pour rire; to do sth for the ~ of it faire qch pour s'amuser; to spoil sb's ~ empêcher qn de s'amuser; to spoil the ~ jouer les trouble-fête; to have ~ and games with sth bien s'amuser avec qch; *(fig: trouble)* en voir de toutes les couleurs* avec qch; there'll be ~ and games over this decision* cette décision va faire du potin*; to make ~ of or poke ~ at sb/sth se moquer de qn/qch. **2** *adj* (:) marrant*, rigolo*. ♦ **funfair** *n* fête *f* foraine. ♦ **fun-loving** *adj* aimant s'amuser.
function ['fʌŋkʃən] **1** *n* **(a)** *(gen)* fonction *f*. in his ~ as judge en sa qualité de juge. **(b)** *(meeting)* réunion *f*; *(reception)* réception *f*; *(official ceremony)* cérémonie *f* publique. **2** *vi* fonctionner. to ~ as faire fonction de. ♦ **functional** *adj* fonctionnel. ♦ **functionary** *n* fonctionnaire *mf*.
fund [fʌnd] *n* caisse *f*, fonds *m*. to start a ~ lancer une souscription; ~s fonds *mpl*; in ~s en fonds; *(Banking)* no ~s défaut *m* de provision; *(fig)* a ~ of beaucoup de. ♦ **fundraise** *vi* obtenir des contributions bénévoles *(for* pour).
fundamental [,fʌndə'mentl] **1** *adj* fondamental. **2** *n*: the ~s les principes *mpl* essentiels; to get down to (the) ~s en venir à l'essentiel. ♦ **fundamentalism** *n* fondamentalisme *m*. ♦ **fundamentalist** *n, adj* fondamentaliste *(mf)*. ♦ **fundamentally** *adv* fondamentalement.
funeral ['fju:nərəl] **1** *n* enterrement *m*; *(in announcement etc)* obsèques *fpl*, *(grander)* funérailles *fpl*. my uncle's ~ l'enterrement de mon oncle; Churchill's ~ les funérailles de Churchill; that's your ~!* tant pis pour toi! **2** *adj march, oration, service* funèbre. ~ director entrepreneur *m* des pompes funèbres; ~ home, ~ parlour dépôt *m* mortuaire; ~ procession cortège *m* funèbre, *(in car)* convoi *m* mortuaire. ♦ **funereal** [fju:'nɪərɪəl] *adj* funèbre, lugubre.
fungus ['fʌŋgəs] *n, pl* **-gi** *(Bot)* champignon *m*; *(mould)* moisissure *f*; *(Med)* fongus *m*.
funicular [fju:'nɪkjʊləʳ] *adj, n* funiculaire *(m)*.
funk* [fʌŋk] **1** *n*: to be in a blue ~ avoir la frousse*. **2** *vt*: he ~ed *(doing)* it il s'est dégonflé*.
funnel ['fʌnl] *n (for pouring through)* entonnoir *m*; *[ship, engine etc]* cheminée *f*.
funny ['fʌnɪ] **1** *adj* **(a)** *(comic)* drôle, amusant. ~ story histoire *f* drôle; he was always trying to be ~ il cherchait toujours à faire le malin; it's not ~ ça n'a rien de drôle. **(b)** *(strange)* curieux, bizarre. a ~ idea une drôle d'idée; he is ~ that way* il est comme ça; the meat tastes ~ la viande a un drôle de goût; there's sth ~ or some ~ business* going on il se passe des choses de louche; I feel ~ je me suis senti tout chose*; it gave me a ~ feeling ça m'a fait tout drôle; ~! c'est drôle, c'est

curieux; ~ **bone*** petit juif* _m._ **2** _n_ (_Press_) the
funnies‡ les bandes dessinées.
 ♦ **funnily** _adv_ (_amusingly_) drôlement;
(_strangely_) curieusement, bizarrement; **funnily
enough,** ... chose curieuse, ...
fur [fɜ:ʳ] **1** _n_ **(a)** _[animal]_ poil _m,_ fourrure _f._ it will
make the ~ **fly** cela va faire du grabuge*; **she was
dressed in** ~s elle portait de la fourrure. **(b)** (_in
kettle etc_) tartre _m._ **2** _adj:_ ~ **coat** manteau _m_ de
fourrure. ♦ **furred** _adj_ tongue chargé. ♦ **furrier**
_n_ fourreur _m._ ♦ **furry** _adj_ animal à poil; _toy_ en
peluche.
furbish [ˈfɜ:bɪʃ] _vt_ (_polish_) fourbir; (_smarten_)
remettre à neuf.
furious [ˈfjʊərɪəs] _adj person_ furieux (_with sb_
contre qn; _at having done_ d'avoir fait); _storm, sea_
déchaîné; _struggle_ acharné; _speed_ fou. to get ~ se
mettre en rage (_with sb_ contre qn); **the fun was
fast and** ~ la fête battait son plein. ♦ **furiously**
adv furieusement; avec acharnement; à une
allure folle.
furled [fɜ:ld] _adj flag_ en berne.
furlough [ˈfɜ:ləʊ] _n_ permission _f,_ congé _m._
furnace [ˈfɜ:nɪs] _n_ (_Ind_) fourneau _m;_ (_for central
heating etc_) chaudière _f;_ (_fig: hot place_) fournaise _f._
furnish [ˈfɜ:nɪʃ] _vt_ **(a)** _house_ meubler (_with_ de).
~ed flat _or_ apartment appartement _m_ meublé; in
~ed rooms en meublé. **(b)** (_supply_) object,
information _etc_ fournir, donner; _person_ pourvoir
(_with sth_ de qch). ♦ **furnishing** _n:_ ~ings mobilier
_m;_ **with** ~**ings and fittings** avec objets mobiliers
divers; ~ing fabrics tissus _mpl_ d'ameublement.
furniture [ˈfɜ:nɪtʃəʳ] **1** _n_ meubles _mpl._ **a piece of**
~ un meuble; **dining-room** ~ des meubles _or_ du
mobilier de salle à manger. **2** _adj:_ ~ **polish**
encaustique _f;_ ~ **remover** déménageur _m;_ ~ **shop**
magasin _m_ d'ameublement; ~ **van** camion _m_ de
déménagement.
furore [fjʊəˈrɔ:rɪ] _n_ (_protests_) scandale _m;_
(_enthusiasm_) débordement _m_ d'enthousiasme.
furrow [ˈfʌrəʊ] **1** _n_ (_Agr_) sillon _m;_ (_in garden etc_)
rayon _m;_ (_on brow_) ride _f._ **2** _vt_ earth sillonner;
face, brow rider.
further [ˈfɜ:ðəʳ] _comp of_ far **1** _adv_ **(a)** = **farther
1.** **(b)** (_more_) davantage, plus. **without troubling
any** ~ sans se tracasser davantage; **I got no** ~
with him je ne suis arrivé à rien de plus avec lui;
we heard nothing ~ **from him** nous n'avons plus
rien reçu de lui; **and** ~ **I believe** ... et de plus je
crois ...; (_Comm_) ~ **to** par suite à. **2** _adj_ **(a)** =
farther 2. **(b)** (_additional_) supplémentaire, autre.
~ **education** enseignement _m_ post-scolaire; **college of** ~ **education** centre _m_ d'enseignement
post-scolaire; **until** ~ **notice** jusqu'à nouvel
ordre; **upon** ~ **consideration** après plus ample
réflexion; **awaiting** ~ **details** en attendant de plus
amples détails; **one or two** ~ **details** un ou deux
autres points. **3** _vt_ interests, cause servir, favoriser. ♦ **furtherance** _n_ avancement _m;_ **in** ~**ance
of sth** pour servir qch. ♦ **furthermore** _adv_ en

outre, de plus. ♦ **furthermost** _adj_ le plus éloigné.
furthest [ˈfɜ:ðɪst] = **farthest.**
furtive [ˈfɜ:tɪv] _adj action, look_ furtif; _person_
sournois. ♦ **furtively** _adv_ furtivement.
fury [ˈfjʊərɪ] _n_ [_person_] fureur _f;_ [_storm, wind,
struggle_] violence _f._ **to be in a** ~ être en furie _or_
rage; **to fly into a** ~ se mettre dans une rage folle;
like ~* comme un fou (_or_ une folle).
furze [fɜ:z] _n_ ajoncs _mpl._
fuse [fju:z] **1** _vt_ **(a)** (_unite_) metal fondre; (_fig_)
fusionner. **(b)** (_Elec_) **to** ~ **the television** (_or_ the
iron _or_ the lights _etc_) faire sauter les plombs. **2** _vi_
(a) [_metals_] fondre; (_fig:_ ~ _together_) fusionner.
(b) (_Elec_) **the television** (_or_ the lights _etc_) ~**d** les
plombs ont sauté. **3** _n_ **(a)** (_Elec: wire_) plomb _m,_
fusible _m._ **to blow a** ~ faire sauter un plomb _or_ un
fusible; **there's been a** ~ **somewhere** il y a un
plomb de sauté quelque part. **(b)** [_bomb etc_] détonateur _m;_ (_Min_) cordeau _m._ **4** _adj:_ ~ **box** boîte _f_ à
fusibles; ~ **wire** fusible _m._ ♦ **fused** _adj:_ ~**d plug**
prise _f_ avec fusible incorporé. ♦ **fusion** _n_ fusion _f._
fuselage [ˈfju:zəlɑ:ʒ] _n_ fuselage _m._
fusilier [ˌfju:zɪˈlɪəʳ] _n_ fusilier _m._
fuss [fʌs] **1** _n_ histoires* _fpl._ **a lot of** ~ **about** very
little beaucoup de bruit pour pas grand-chose; **to
make a** ~ faire un tas d'histoires* (_about or over
sth_ pour qch); **she was right to make a** ~ elle a eu
raison de protester; **what a** ~ **to get a passport!**
que d'histoires* pour obtenir un passeport!; **to
make a** ~ **of sb** être aux petits soins pour qn. **2** _vi_
(_excitedly_) s'agiter; (_busily_) faire l'affairé(e);
(_worriedly_) se tracasser. **to** ~ **over sb** être aux
petits soins pour qn.
fuss about, fuss around _vi_ faire l'affairé.
 ♦ **fusspot*** _n_ personne _f_ qui fait des histoires
pour rien. ♦ **fussy** _adj person_ tatillon; _dress, style_
tarabiscoté; **she's very** ~**y about what she eats**
elle est très tatillonne sur ce qu'elle mange; **I'm
not** ~**y*** (_don't mind_) ça m'est égal.
fusty [ˈfʌstɪ] _adj smell_ de renfermé; _room_ qui sent
le renfermé.
futile [ˈfju:taɪl] _adj remark_ futile, vain; _attempt_
vain. ♦ **futility** _n_ futilité _f._
future [ˈfju:tʃəʳ] **1** _n_ **(a)** avenir _m._ **in (the)** ~ à
l'avenir; **in the near** ~ dans un proche avenir;
there is a real ~ **in this firm** cette firme offre de
réelles possibilités d'avenir; **there's no** ~ **in it***
[job etc] cela n'a aucun avenir; (_fig: no good doing
that_) ça ne servira à rien. **(b)** (_Gram_) futur _m._ in
the ~ au futur. **2** _adj_ life, events futur (_before n_), à
venir; _husband_ futur. **at some** ~ **date** à une date
ultérieure; (_Gram_) ~ **perfect** futur _m_ antérieur;
the ~ **tense** le futur. ♦ **futuristic** _adj_ futuriste.
 ♦ **futurologist** _n_ futurologue _mf._ ♦ **futurology** _n_
futurologie _f._
fuze [fju:z] (_US_) = **fuse.**
fuzz [fʌz] _n_ (_frizzy hair_) cheveux _mpl_ crépus; (_on
face_) excroissance _f_ (_hum_); (_light growth_) duvet
_m._ (_collective: police_) **the** ~**‡** les flics‡ _mpl._
 ♦ **fuzzy** _adj_ hair crépu; (_Phot_) flou; _ideas_ confus;
person désorienté; (*: _tipsy_) pompette*.

G

G, g [dʒiː] n G, g m; (Mus) sol m; (gravity) g m. (Med) **G.P.** = **general practitioner,** V general. ♦ **G-string** n (garment) cache-sexe m inv.

gabardine [ˌgæbə'diːn] n gabardine f.

gabble ['gæbl] 1 vi (indistinctly) bredouiller; (unintelligibly) baragouiner*. to ~ on about sth parler avec volubilité de qch. 2 vt bredouiller.

gable ['geɪbl] n pignon m.

gad [gæd] vi: to ~ about vadrouiller*.

gadget ['gædʒɪt] n gadget m; (*: thingummy) petit truc* m. ♦ **gadgetry** n tous les gadgets mpl.

Gaelic ['geɪlɪk] adj, n gaélique (m).

gaff [gæf] n (Fishing) gaffe f.

gaffe [gæf] n gaffe f, bévue f.

gaffer ['gæfə'] n (old man) vieux m; (foreman) contremaître m; (boss) patron m.

gag [gæg] 1 n (a) (in mouth) bâillon m. (b) (joke) plaisanterie f. it's a ~ to raise funds c'est un truc* comique pour ramasser de l'argent. 2 vt (silence) bâillonner. 3 vi (*: joke) plaisanter; (*: retch) avoir des haut-le-cœur.

gage [geɪdʒ] (US) = **gauge.**

gaiety ['geɪtɪ] n gaieté f.

gaily ['geɪlɪ] adv behave, speak gaiement; decorate de façon gaie. ♦ **gaily-coloured** adj aux couleurs vives.

gain [geɪn] 1 n (Comm, Fin) (profit) bénéfice m; (winning) gain m; (fig) avantage m; (increase) augmentation f; (in wealth) accroissement m (in de); (knowledge etc) acquisition f (in de); (St Ex) hausse f. to do sth for ~ faire qch pour le profit; his loss is our ~ là où il perd nous gagnons.

2 vt (gen) gagner; experience acquérir; objective atteindre; liberty conquérir; friends se faire; supporters s'attirer. to ~ ground gagner du terrain; to ~ popularity gagner en popularité; what have you ~ed by doing it? qu'est-ce que tu as gagné à faire cela? (b) (increase) (St Ex) these shares have ~ed 3 points ces valeurs ont enregistré une hausse de 3 points; to ~ speed/ weight prendre de la vitesse/du poids; she's ~ed 3 kg elle a pris 3 kg; my watch has ~ed 5 minutes ma montre a pris 5 minutes d'avance; to ~ the upper hand prendre le dessus.

3 vi gagner (in en, by à); [watch] avancer; [runners] prendre de l'avance (on sur). ♦ **gainful** adj occupation etc rémunérateur; employment rémunéré.

gainsay [ˌgeɪn'seɪ] pret, ptp gainsaid vt person contredire; fact nier; argument réfuter. there's no ~ing it c'est indéniable.

gait [geɪt] n démarche f, façon f de marcher.

gaiter ['geɪtə'] n guêtre f.

gala ['gɑːlə] n fête f, gala m; (sports) grand concours m. ~ **occasion** grande occasion f.

galaxy ['gæləksɪ] n galaxie f.

gale [geɪl] 1 n coup m de vent. it was blowing a ~ le vent soufflait très fort; there's a ~ blowing in through that window c'est une véritable bourrasque qui entre par cette fenêtre; ~s of laughter grands éclats mpl de rire. 2 adj: ~ **force winds** coups mpl de vent; ~ **warning** avis m de coups de vent.

gall¹ [gɔːl] n bile f; (bitterness) fiel m; (*: impertinence) culot* m. ♦ **gall-bladder** n vésicule f biliaire. ♦ **gallstone** calcul m biliaire.

gall² [gɔːl] vt (irritate) irriter, exaspérer. ♦ **galling** adj (irritating) irritant; (humiliating) humiliant.

gallant ['gælənt] adj (a) (brave) brave, vaillant. (b) [gə'lænt] (attentive to women) galant. ♦ **gallantly** adv bravement; [gə'læntlɪ] galamment. ♦ **gallantry** n bravoure f.

galleon ['gælɪən] n galion m.

gallery ['gælərɪ] n (gen) galerie f; (for spectators, reporters) tribune f; (Theat) dernier balcon m; (art: private) galerie; (state-owned) musée m. (fig) to play to the ~ poser or parler pour la galerie.

galley ['gælɪ] n (a) (ship) galère f; (ship's kitchen) coquerie f. ~ **slave** galérien m. (b) (Typ) galée f. ~ (proof) placard m.

Gallic ['gælɪk] adj (of Gaul) gaulois; (French) français; charm etc latin. ♦ **gallicism** n gallicisme m.

gallivant [ˌgælɪ'vænt] vi (~ about, ~ around) courir le guilledou*.

gallon ['gælən] n gallon m (Brit = 4,546 litres, US = 3,785 litres).

gallop ['gæləp] 1 n galop m. to go for a ~ faire un temps de galop; at full ~ [horse] au grand galop; [rider] à bride abattue. 2 vi [horse, rider] galoper. (lit, fig) to ~ away/back etc partir/revenir etc au galop. ♦ **galloping** adj horse au galop; inflation, pneumonia galopant.

gallows ['gæləʊz] npl gibet m, potence f.

galore [gə'lɔːr] adv en abondance, à gogo*.

galvanize ['gælvənaɪz] vt galvaniser. (fig) to ~ sb into action galvaniser qn. ♦ **galvanic** adj (Elec) galvanique; effect galvanisant. ♦ **galvanization** n galvanisation f.

gambit ['gæmbɪt] n (Chess) gambit m; (fig) manœuvre f.

gamble ['gæmbl] 1 n entreprise f risquée. life's a ~ la vie est un jeu de hasard; it's a pure ~ c'est affaire de chance; the ~ **paid off** ça a payé de prendre ce risque*. 2 vi jouer (on sur, with avec). to ~ **on the stock exchange** jouer à la Bourse; (fig) to ~ on compter sur, (less sure) miser sur.

gamble away vt sep money etc perdre au jeu. ♦ **gambler** n joueur m, -euse f. ♦ **gambling** 1 n jeu m; his gambling sa passion du jeu; 2 adj debts de jeu; losses au jeu; **gambling den,** **gambling house** maison f de jeu, tripot m (pej).

gambol ['gæmbəl] vi gambader. to ~ away etc partir en gambadant.

game¹ [geɪm] 1 n (a) (gen) jeu m; [football, cricket etc] match m; [tennis, billiards, chess] partie f. ~ **of cards** partie de cartes; **card** ~ jeu de cartes (belote, bridge etc); to have a ~ of faire une partie de, jouer un match de; (Scol) ~s sport m, plein air m; to be good at ~s être sportif; that's ~ (Tennis) ça fait jeu; (Bridge) ça fait la manche; (Tennis) ~, **set and match** jeu, set et match; he's off his ~ il n'est pas en forme; to put sb off his ~ troubler qn; this isn't a ~! c'est sérieux!; (fig) it's a **profitable** ~ c'est une entreprise rentable; the ~ **is up** tout est fichu*; to play sb's ~ entrer dans le jeu de qn; **two can play at that** ~ à bon chat bon rat; **what's the** ~?* qu'est-ce qui se passe?; **I wonder what his** ~ **is** je me demande ce qu'il mijote*; **to beat sb at his own ~** battre qn sur son propre terrain; **how long have you been in this ~?*** ça fait combien de temps que vous faites ça?; **the ~ isn't worth the candle** le jeu n'en vaut pas la chandelle; **to make a ~ of** se moquer de. **(b)** (*Culin, Hunting*) gibier *m*. **big ~** gros gibier.

  2 *adj*: **~ birds** gibier *m* à plume; **~ laws** réglementation *f* de la chasse; **~ reserve** réserve *f* de gros gibier; **~s master**, **~s mistress** professeur *m* d'éducation physique; **~ warden** (*on reserve*) gardien *m*.

  3 *vi* jouer, parier.

  ♦ **gamekeeper** *n* garde-chasse *m*. ♦ **gamesmanship** *n*: **to be good at ~smanship** être rusé; **it's a piece of ~smanship** c'est un truc* pour gagner.

game² [geɪm] *adj* courageux, brave. **to be ~** avoir du cran*; **to be ~ for sth** *or* **to do sth** se sentir de taille à faire qch; **are you ~?** tu t'en sens capable?; **~ for anything** prêt à tout.

game³ [geɪm] *adj* (*lame*) *arm*, *leg* estropié. **to have a ~ leg** être estropié.

gamma ['gæmə] *n* gamma *m*. **~ rays** rayons *mpl* gamma.

gammon ['gæmən] *n* (*ham*) jambon *m* fumé.

gamut ['gæmət] *n* gamme *f*. **to run the ~ of** passer par toute la gamme de.

gang [gæŋ] *n* [*workmen*] équipe *f*; [*criminals*] bande *f*, gang *m*; [*youths*, *friends etc*] bande; [*prisoners*] convoi *m*.

gang together*, **gang up*** *vi* se mettre à plusieurs (*to do* pour faire). **to ~ up on** *or* **against sb** se mettre à plusieurs contre qn.

  ♦ **gangland*** *n* le milieu. ♦ **gangplank** *n* passerelle *f*. ♦ **gangster** *n* gangster *m*. ♦ **gangway** *n* (*gen*) passage *m*; (*Naut*) passerelle *f*; (*in bus etc*) couloir *m*; (*in theatre*) allée *f*, (*excl*) **~way!** dégagez!

gangling ['gæŋglɪŋ] *adj* dégingandé.

ganglion ['gæŋglɪən] *n*, *pl* **ganglia** ganglion *m*.

gangrene ['gæŋgri:n] *n* gangrène *f*. ♦ **gangrenous** *adj* gangreneux. **to go ~** se gangrener.

gannet ['gænɪt] *n* (*Orn*) fou *m*.

gantry ['gæntrɪ] *n* (*gen*) portique *m*; (*Space*) tour *f* de lancement.

gaol [dʒeɪl] (*Brit*) = **jail.**

gap [gæp] *n* (*gen*) trou *m*; (*in wall, hedge*) trou, ouverture *f*; (*in print, text*) blanc *m*; (*between floorboards, curtains, teeth*) interstice *m*; (*mountain pass*) trouée *f*; (*fig*) vide *m*; (*in education*) lacune *f*; (*in time*) intervalle *m*; (*in conversation, narrative*) interruption *f*, vide. **to stop up** *or* **fill in a ~** boucher un trou, combler un vide; **a ~ in his memory** un trou de mémoire; **he left a ~ which will be hard to fill** il a laissé un vide qu'il sera difficile de combler; **to close the ~ between two points of view** rapprocher deux points de vue; **to close the ~ in the balance of payments** supprimer le déficit dans la balance des paiements.

gape [geɪp] *vi* **(a)** [*person, seam*] bâiller; [*chasm etc*] être béant. **(b)** (*stare*) rester bouche bée (*at* devant). **to ~ at sb/sth** regarder qn/qch bouche bée. ♦ **gaping** *adj* *hole, chasm, wound* béant; *seam* qui bâille; *person* bouche bée *inv*.

garage ['gærɑ:ʒ] **1** *n* garage *m*. **2** *vt* mettre au garage. **3** *adj*: **~ mechanic** mécanicien *m*; **~ proprietor** garagiste *m*.

garb [gɑ:b] *n* costume *m*.

garbage ['gɑ:bɪdʒ] **1** *n* ordures *fpl*, détritus *mpl*; (*in kitchen*) déchets *mpl*; (*fig*) rebut *m*. **2** *adj*: **~ can** boîte *f* à ordures; **~ collector**, **~ man** éboueur *m*; **~ disposal unit** broyeur *m* d'ordures; **~ truck** benne *f* des boueurs.

garble ['gɑ:bl] *vt story* raconter de travers; *quotation* déformer; *facts* dénaturer; *instructions* embrouiller. ♦ **garbled** *adj account, instructions* embrouillé; *text* altéré; *words, speech* incompréhensible.

garden ['gɑ:dn] **1** *n* jardin *m*. **the G~ of Eden** le jardin d'Éden; **~s** (*private*) parc *m*; (*public*) jardin public; (*fig*) **to lead sb up the ~** (*path*)* mener qn en bateau*; (*fig*) **everything in the ~'s lovely** tout va pour le mieux. **2** *vi* faire du jardinage. **3** *adj*: **~ centre** pépinière *f*; **~ city** cité-jardin *f*; **~ hose** tuyau *m* d'arrosage; **~ tools** outils *mpl* de jardinage; **~ party** garden-party *f*; **~ produce** produits *mpl* maraîchers; **~ seat** banc *m* de jardin; **~ shears** cisaille *f* de jardinier; **just over the ~ wall from us** juste à côté de chez nous.

  ♦ **gardener** *n* jardinier *m*, -ière *f*. ♦ **gardening** *n* jardinage *m*.

gardenia [gɑ:'di:nɪə] *n* gardénia *m*.

gargle ['gɑ:gl] *vi* se gargariser.

gargoyle ['gɑ:gɔɪl] *n* gargouille *f*.

garish ['gɛərɪʃ] *adj* (*gen*) voyant, criard; *light* cru.

garland ['gɑ:lənd] *n* guirlande *f*.

garlic ['gɑ:lɪk] **1** *n* ail *m*. **2** *adj*: **~ salt** sel *m* d'ail; **~ sausage** saucisson *m* à l'ail. ♦ **garlicky** *adj flavour, smell* d'ail; *sauce* à l'ail; *food* aillé; *breath* qui sent l'ail.

garment ['gɑ:mənt] *n* vêtement *m*.

garnet ['gɑ:nɪt] *n* grenat *m*.

garnish ['gɑ:nɪʃ] **1** *vt* garnir (*with* de). **2** *n* garniture *f*.

garret ['gærət] *n* mansarde *f*.

garrison ['gærɪsən] **1** *n* garnison *f*. **2** *vt* placer une garnison dans; (*troops*) être en garnison dans. **3** *adj town, troops, duty* de garnison.

garrulous ['gærʊləs] *adj* loquace. ♦ **garrulity** *n* loquacité *f*. ♦ **garrulously** *adv* avec volubilité.

garter ['gɑ:tə^r] **1** *n* **(a)** (*gen*) jarretière *f*; (*for men's socks*) fixe-chaussette *m*. **(b)** (*US: from belt*) jarretelle *f*. **2** *adj* (*US*) **~ belt** porte-jarretelles *m inv*.

gas [gæs] **1** *n* **(a)** (*gen*) gaz *m inv*; (*anaesthetic*) anesthésique *m*. **Calor ~** ® = butane *m*; **to cook by** *or* **with ~** faire la cuisine au gaz; **to turn on/off the ~** allumer/fermer le gaz; (*Med etc*) **I had ~** j'ai eu une anesthésie au masque. **(b)** (*US: gasoline*) essence *f*.

  2 *vt* asphyxier; (*Mil*) gazer. **to ~ o.s.** s'asphyxier.

  3 *vi* (ǂ) (*talk*) parler; (*chat*) bavarder.

  4 *adj industry* du gaz; *engine, oven, pipe* à gaz; *lighting, heating* au gaz. **~ bracket** applique *f* à gaz; **~ burner**, **~ jet** brûleur *m* à gaz; **~ chamber** chambre *f* à gaz; **~ cooker** cuisinière *f* à gaz; (*portable*) réchaud *m* à gaz; **~ fire** appareil *m* de chauffage à gaz; **to light the ~ fire** allumer le gaz; **~ fitter** ajusteur-gazier *m*; **~ heater** appareil *m* de chauffage à gaz; (*for heating water*) chauffe-eau *m inv* (à gaz); **~ lighter** (*for cooker etc*) allume-gaz *m inv*; (*for cigarettes*) briquet *m* à gaz; **~ main** canalisation *f* de gaz; **~ meter** compteur *m* à gaz; **~ oil** gas-oil *m*; **~ pipeline** gazoduc *m*; **~ ring** (*part of cooker*) brûleur *m*; (*small stove*) réchaud *m* à gaz; (*US*) **~ station** station-service *f*; **~ stove** (*portable*) réchaud *m* à gaz; (*larger*) cuisinière *f* à gaz; (*US*) **~ tank** réservoir *m* à essence; **~ tap** (*on pipe*) robinet *m* à gaz; (*on cooker*) bouton *m* (de cuisinière à gaz); **~ turbine** turbine *f* à gaz; **~ worker** gazier *m*.

  ♦ **gaseous** *adj* gazeux. ♦ **gas-fired** *adj* chauffé au gaz; **~-fired central heating** chauffage central au gaz. ♦ **gaslight** *n*: **by ~light** à la lumière du gaz. ♦ **gaslit** *adj* éclairé au gaz. ♦ **gasman*** *n*: **the ~man** l'employé *m* du gaz. ♦ **gasmask** *n* masque *m* à gaz. ♦ **gasoline** *n* (*US*) essence *f*. ♦ **gasometer** *n* gazomètre *m*. ♦ **gassy** *adj* gazeux. ♦ **gasworks** *npl* usine *f* à gaz.

gash [gæʃ] **1** *n* (*in flesh*) entaille *f*; (*on face*) balafre *f*; (*in fabric*) grande déchirure *f*. **2** *vt* entailler; balafrer; déchirer. **3** *adj* (ǂ) de trop, en surplus. **if that box is ~** si vous n'avez plus besoin de cette boîte.

gasket ['gæskɪt] *n* [*piston*] garniture *f* de piston;

[joint] joint *m* d'étanchéité; *[cylinder head]* joint de culasse.

gasp [gɑːsp] **1** *n* halètement *m*. to give a ~ of surprise/fear *etc* avoir le souffle coupé par la surprise/la peur *etc*; to be at one's last ~ (*lit*) être à l'agonie; (*: *fig*) n'en pouvoir plus. **2** *vi* (*choke*) haleter; (*from astonishment*) avoir le souffle coupé. (*lit, fig*) to make sb ~ couper le souffle à qn; to ~ for breath *or* air haleter, suffoquer. **3** *vt*: 'no!' she ~ed 'pas possible!' souffla-t-elle.

gasp out *vt sep plea* dire dans un souffle; *word* souffler.

gastric ['gæstrɪk] *adj* gastrique; *flu* gastrointestinal; *ulcer* de l'estomac.

♦ **gastritis** *n* gastrite *f*. ♦ **gastroenteritis** *n* gastro-entérite *f*.

gastronome ['gæstrənəʊm] *n* gastronome *mf*.

♦ **gastronomic** *adj* gastronomique. ♦ **gastronomy** *n* gastronomie *f*.

gate [geɪt] *n* **(a)** *[castle, town]* porte *f*; *[field, level crossing]* barrière *f*; *[garden]* porte, portail *m*; *(of iron)* grille *f* (d'entrée); *(into courtyard etc)* porte cochère; *(Rail: in Underground)* portillon *m*; *[lock, sluice]* vanne *f*; *[sports ground]* entrée *f*. (at airport) ~ 5 porte 5. **(b)** *(Sport)* (*attendance*) spectateurs *mpl*; (~ *money*) recette *f*, entrées *fpl*.

♦ **gatecrash*** **1** *vi* (*not paying*) resquiller; **2** *vt party* s'introduire sans invitation dans; *match etc* assister sans payer à. ♦ **gatecrasher*** *n* (at party etc) intrus(e) *m(f)*; (at match etc) resquilleur* *m*, -euse* *f*. ♦ **gate-leg(ged)** *adj*: ~-leg(ged) table table *f* anglaise. ♦ **gatepost** *n* montant *m* (de porte); (*fig*) between you, me and the ~post* soit dit entre nous. ♦ **gateway** *n* (to a place) porte *f* (to de); (to success) porte ouverte (to à).

gather ['gæðər] **1** *vt* **(a)** (~ together) *people* rassembler; *objects* rassembler, ramasser. **(b)** (~ up, ~ in) *crops* récolter; *flowers* cueillir; *sticks, mushrooms, papers* ramasser; *taxes etc* percevoir; *contributions, information* recueillir; *skirt, hair etc* ramasser; (*Sewing*) *material* froncer; *dust* ramasser; *energies* rassembler. to ~ one's thoughts se ressaisir; to ~ speed prendre de la vitesse; *[feeling, movement]* to ~ strength se renforcer; he ~ed his cloak around him il a resserré sa cape contre lui; to ~ one's brows froncer les sourcils. **(c)** (*infer*) déduire, conclure (*from sth* de qch; *that* que); croire comprendre (*from sb* d'après ce que dit qn; *from a newspaper* d'après ce que dit le journal; *that* que). as you will have ~ed comme vous avez dû le deviner.

2 *vi* (*collect*) *[people]* (~ together) se rassembler; *[crowd]* se former; *[troops etc]* s'amasser; *[objects, dust]* s'accumuler, s'amasser; *[clouds]* s'amonceler; *[storm]* se préparer.

gather round *vi* s'approcher.

♦ **gathering** **1** *n* assemblée *f*, réunion *f*; family ~ing réunion de famille; **2** *adj force, speed* croissant; *storm* qui se prépare.

gaudy ['gɔːdɪ] *adj* voyant, criard.

gauge [geɪdʒ] **1** *n* (*size: of pipe, gun etc*) calibre *m*; (*Rail*) écartement *m*; (*instrument*) jauge *f*, indicateur *m*. fuel/petrol/oil ~ jauge de carburant/d'essence/du niveau d'huile; pressure ~ manomètre *m*; tyre ~ indicateur de pression des pneus; wheel ~ écartement des essieux; it was a ~ of public feeling cela a permis de jauger le sentiment du public. **2** *vt nut, screw, gun* calibrer; *temperature* mesurer; *oil* jauger; *wind* mesurer la vitesse de; *distance, sb's capabilities* jauger; *course of events* prévoir. he was trying to ~ how far he should move it il essayait d'évaluer de combien il devait le déplacer; to ~ the right moment calculer le bon moment.

gaunt [gɔːnt] *adj* (*very thin*) émacié; (*grim*) lugubre.

gauntlet ['gɔːntlɪt] *n* gant *m* (à crispin); *[armour]* gantelet *m*. he had to run the ~ through the crowd

il a dû foncer à travers une foule hostile.

gauze [gɔːz] *n* gaze *f*.

gave [geɪv] *pret of* **give**.

gavel ['gævl] *n* marteau *m* (*de commissaire-priseur etc*).

gay [geɪ] **1** *adj* **(a)** (*gen*) gai; *company, occasion* joyeux; *laughter* enjoué. to become ~(er) s'égayer; with ~ abandon avec une belle désinvolture; to have a ~ time prendre du bon temps. **(b)** (*: *homosexual*) homosexuel. **2** *n* homosexuel(le) *m(f)*.

gaze [geɪz] **1** *n* regard *m* (fixe). **2** *vi* regarder. to ~ into space regarder dans le vide; to ~ at sth regarder (fixement) qch.

gazette [gə'zet] *n* (*official publication*) journal *m* officiel; (*newspaper*) gazette *f*. ♦ **gazetteer** *n* index *m* (géographique).

gazump* [gə'zʌmp] *vi* (*Brit*) revenir sur une promesse de vente pour accepter un prix plus élevé.

gear [gɪər] **1** *n* **(a)** (*equipment*) (*gen*) équipement *m*, matériel *m*; (*belongings*) affaires* *fpl*, effets *mpl* (personnels); (*clothing*) vêtements *mpl*; (‡: *modern*) fringues‡ *fpl* à la mode. fishing *etc* ~ matériel *or* équipement de pêche *etc*. **(b)** (*apparatus*) mécanisme *m*, dispositif *m*. safety ~ mécanisme de sécurité. **(c)** (*Tech*) engrenage *m*; (*Aut*) (*mechanism*) embrayage *m*; (*speed*) vitesse *f*. in ~ en prise; not in ~ au point mort; he put the car into ~ il a mis la voiture en prise; the car slipped out of ~ la vitesse a sauté; to change *or* (*US*) to shift ~ changer de vitesse; first *or* bottom *or* low ~ première vitesse; in second ~ en seconde; to change into third ~ passer en troisième (vitesse); production has moved into top ~ la production a atteint sa vitesse maxima.

2 *vt* adapter (*to* à). they were not ~ed to cope with that ils n'étaient pas préparés pour cela.

gear up* *vt sep*: to ~ o.s. se préparer (*for* pour); we're ~ed up to do it nous sommes tout prêts à le faire.

♦ **gearbox** *n* (*Aut*) boîte *f* de vitesses. ♦ **gearlever** *or* ♦ **gearshift** (*US*) *n* levier *m* de vitesse. ♦ **gearwheel** *n [bicycle]* pignon *m*.

geese [giːs] *npl of* **goose**.

gel [dʒel] **1** *n* (*Chem*) colloïde *m*; (*gen*) gelée *f*. **2** *vi* *[jelly etc]* prendre; *[plan etc]* prendre tournure.

♦ **gelatin(e)** *n* gélatine *f*.

gelding ['geldɪŋ] *n* hongre *m*.

gelignite ['dʒelɪgnaɪt] *n* gélignite *f*.

gem [dʒem] **1** *n* gemme *f*, pierre *f* précieuse. (*house, helper*) a ~ une vraie merveille. the ~ of the collection le joyau de la collection; her aunt's a real ~* sa tante est un chou*; I must read you this ~* il faut que je te lise cette perle.

♦ **gemstone** *n* pierre *f* gemme *inv*.

Gemini ['dʒemɪnaɪ] *npl* (*Astron*) les Gémeaux *mpl*.

gen* [dʒen] (*Brit*) *n* coordonnées* *fpl* (*on* de), renseignements *mpl* (*on* sur). what's the ~ on this? qu'est-ce qu'on sait là-dessus?

gen up‡ *vt sep*: to ~ sb up on sth donner à qn les coordonnées* de qch.

gender ['dʒendər] *n* (*Gram*) genre *m*.

gene [dʒiːn] *n* gène *m*.

genealogy [ˌdʒiːnɪ'ælədʒɪ] *n* généalogie *f*.

♦ **genealogical** *adj* généalogique. ♦ **genealogist** *n* généalogiste *mf*.

general ['dʒenərəl] **1** *adj* (*gen*) général; (*not in detail*) *view, plan, inquiry* d'ensemble. as a ~ rule en règle générale; in ~ use d'usage courant; in the ~ direction of grosso modo* dans la direction de; the ~ public le grand public; the ~ reader le lecteur moyen; this type of behaviour is pretty ~ ce genre de comportement est assez répandu; the rain has been fairly ~ il a plu un peu partout; to give sb a ~ idea of sth donner à qn un aperçu d'ensemble sur qch; I've got the ~ idea je vois la question; (*US: Post*) ~ delivery poste *f* restante; ~ election élections

législatives; (Mil) ~ **headquarters** quartier m général; ~ **holiday** jour m férié; ~ **hospital** centre m hospitalier; ~ **knowledge** culture f générale; ~ **manager** directeur m général; G~ **Post Office** (building) poste f centrale; (Med) to be in ~ **practice** faire de la médecine générale; ~ **practitioner** (abbr G.P.) (médecin m) généraliste m; go to your G.P. allez voir votre médecin traitant; ~ **secretary** secrétaire général; ~ **shop** magasin m qui vend de tout; (Mil etc) ~ **staff** état-major m; ~ **store** grand magasin m. 2 n (a) général m. in ~ en général. (b) (Mil) général m.
♦ **generality** n (gen pl) généralité f.
♦ **generalization** n généralisation f. ♦ **generalize** vti généraliser. ♦ **generally** adv (usually) généralement, en général; (for the most part) dans l'ensemble; ~ly **speaking** en général.
♦ **general-purpose** adj tool, dictionary universel.
generate ['dʒenəreɪt] 1 vt children, hope, fear engendrer; electricity, heat produire; (Ling) générer. ♦ **generating** adj: generating station centrale f électrique; generating unit groupe m électrogène. ♦ **generation** n génération f; the younger generation la jeune génération; the generation gap le conflit des générations.
♦ **generative** adj (Ling) génératif. ♦ **generator** n (Elec) groupe m électrogène.
generic [dʒɪ'nerɪk] adj générique.
generous ['dʒenərəs] adj (gen) généreux (with de); supply abondant; meal copieux; spoonful bon; size ample. ♦ **generosity** n générosité f.
♦ **generously** give etc généreusement; say avec générosité; pardon, reprieve avec magnanimité.
genesis ['dʒenɪsɪs] n genèse f.
genetic [dʒɪ'netɪk] adj génétique. ~ **code** code m génétique; ~ **engineering** sélection f eugénique.
♦ **geneticist** n généticien(ne) m(f). ♦ **genetics** nsg génétique f.
Geneva [dʒɪ'niːvə] n Genève. Lake ~ le lac Léman.
genial ['dʒiːnɪəl] adj person, smile, voice cordial; climate doux; warmth réconfortant.
♦ **geniality** n cordialité f. ♦ **genially** adv cordialement.
genie ['dʒiːnɪ] n, pl genii (Myth) génie m.
genital ['dʒenɪtl] 1 adj génital. 2 npl: ~s organes mpl génitaux.
genitive ['dʒenɪtɪv] adj, n génitif (m). in the ~ au génitif.
genius ['dʒiːnɪəs] n génie m. to have a ~ for (doing) sth avoir le génie de (faire) qch.
genocide ['dʒenəʊsaɪd] n génocide m.
gent [dʒent] n (abbr of gentleman) (Comm) homme m, (*: man) monsieur m. (cloakroom) the ~s* les toilettes fpl (pour hommes).
genteel [dʒen'tiːl] adj (pej) qui se veut distingué.
♦ **gentility** n prétention f à la distinction.
gentle ['dʒentl] adj person, animal, voice, disposition doux (f douce); rebuke gentil; exercise, heat modéré; slope doux; breeze, sound, touch léger; progress mesuré; hint, reminder discret.
♦ **gentleness** n douceur f. ♦ **gently** adv (gen) doucement; say, smile, rebuke gentiment; gently does it! doucement!; to go gently with sth y aller doucement avec qch.
gentleman ['dʒentlmən] 1 n, pl gentlemen monsieur m; (man of breeding) homme m bien élevé, gentleman m; (at court etc) gentilhomme m. gentlemen! messieurs!; a perfect ~ un vrai gentleman; ~'s agreement accord m reposant sur l'honneur. 2 adj: ~ farmer gentleman-farmer m. ♦ **gentlemanly** adj bien élevé; voice, appearance distingué.
gentry ['dʒentrɪ] n petite noblesse f.
genuflect ['dʒenjʊflekt] vi faire une génuflexion.
genuine ['dʒenjʊɪn] adj (a) (authentic) wool, silver, jewel etc véritable; manuscript, antique,

coin authentique; (Comm) goods garanti d'origine. I'll only buy the ~ article (of furniture etc) je n'achète que de l'authentique; (of jewellery, cheeses etc) je n'achète que du vrai. (b) (sincere) laughter franc (f franche); person, tears, emotion, belief sincère; simplicity vrai. (Comm) ~ buyer acheteur sérieux. ♦ **genuinely** adv prove, originate authentiquement; believe sincèrement; sorry, surprised, unable vraiment.
genus ['dʒenəs] n, pl genera (Bio) genre m.
geography [dʒɪ'ɒgrəfɪ] n (gen) géographie f. I don't know the ~ of the district je ne connais pas la topographie de la région. ♦ **geographer** n géographe mf. ♦ **geographic(al)** adj géographique.
geology [dʒɪ'ɒlədʒɪ] n géologie f. ♦ **geological** adj géologique. ♦ **geologist** n géologue mf.
geometry [dʒɪ'ɒmɪtrɪ] n géométrie f.
♦ **geometric(al)** adj géométrique.
geophysics [ˌdʒiːəʊ'fɪzɪks] nsg géophysique f.
Georgian ['dʒɔːdʒɪən] adj du temps des rois George I-IV (1714-1830).
geranium [dʒɪ'reɪnɪəm] n géranium m.
geriatric [ˌdʒerɪ'ætrɪk] adj gériatrique. ~ **medicine** gériatrie f; ~ **nursing** soins mpl aux vieillards; ~ **social work** aide f sociale aux vieillards. ♦ **geriatrics** nsg gériatrie f.
germ [dʒɜːm] 1 n (Bio, also fig) germe m; (Med) microbe m. 2 adj: ~ **warfare** guerre f bactériologique. ♦ **germ-free** adj stérilisé.
♦ **germicidal** adj antiseptique. ♦ **germicide** n antiseptique m. ♦ **germinate** 1 vi germer; 2 vt faire germer. ♦ **germination** n germination f.
♦ **germ-killer** n antiseptique m.
Germany ['dʒɜːmənɪ] n Allemagne f. East/West ~ Allemagne de l'Est/de l'Ouest. ♦ **German** 1 adj allemand; **East-/West-German** est-/ouest-allemand; German measles rubéole f; German sheep dog berger m allemand; 2 n Allemand(e) m(f); (Ling) allemand m. ♦ **Germanic** adj germanique.
gerontology [ˌdʒerɒn'tɒlədʒɪ] n gérontologie f.
♦ **gerontologist** n gérontologue mf.
gerund ['dʒerənd] n gérondif m.
gestalt [gə'ʃtɑːlt] n gestalt f. ~ **psychology** gestaltisme m.
gestate [dʒes'teɪt] vi être en gestation.
♦ **gestation** n gestation f.
gesticulate [dʒes'tɪkjʊleɪt] vi gesticuler.
gesture ['dʒestʃəʳ] 1 n (lit, fig) geste m. they did it as a ~ of support ils l'ont fait pour manifester leur soutien. 2 vi: to ~ to sb to do faire signe à qn de faire.
get [get] pret, ptp got, (US) ptp gotten 1 vt (a) (obtain) avoir, trouver; (through effort) se procurer, obtenir; permission, result obtenir (from de); (buy) acheter; (Rad) station, (Telec) person, number avoir; (Scol) marks obtenir, avoir. to ~ sth to eat (find food) trouver de quoi manger; (eat) manger qch; where did you ~ that hat? où as-tu trouvé ce chapeau?; I don't ~ much from his lectures je ne tire pas grand-chose de ses cours; to ~ sth for sb trouver qch pour or à qn; (fig) we'll never ~ anything out of him nous ne tirerons jamais rien de lui.
(b) (acquire) power, wealth acquérir; ideas, reputation se faire; salary recevoir, toucher; help recevoir; prize gagner; fame connaître. (of collection, set) I've still 3 to ~ il m'en manque encore 3; it got him fame etc cela a valu la célébrité etc.
(c) (receive) letter, present recevoir, avoir; surprise avoir; wound, punishment, shock recevoir. I didn't ~ much for it je ne l'ai pas vendu cher; to ~ 2 years in prison attraper* 2 ans de prison; he ~s it from his mother il le tient de sa mère; this room ~s all the sun cette pièce reçoit tout le soleil.

(**d**) (*catch*) *ball, disease* attraper; *quarry, person* attraper, prendre; (*hit*) *target etc* atteindre, avoir; (*seize*) prendre, saisir. to ~ sb **round the neck/by the throat** saisir *or* prendre qn au cou/à la gorge; **to ~ sb by the arm** attraper *or* saisir qn par le bras; *[pain]* it ~s me here cela me prend ici; **got you at last!** enfin je te tiens!; **we'll ~ them yet!** on les aura!; **he'll ~ you for that!*** qu'est-ce que tu vas prendre!*; **he's got it bad (for her)*** il en pince sérieusement pour elle*; **the bullet got him in the arm** il a pris la balle dans le bras.

(**e**) (*fetch*) *person, doctor* aller chercher, faire venir; *object* chercher, apporter. (go and) ~ my **books** allez chercher mes livres; **can I ~ you a drink?** voulez-vous boire qch?

(**f**) (*have, possess*) to have got avoir, posséder; **I've got toothache** j'ai mal aux dents; **I have got 3 sisters** j'ai 3 sœurs; **how many have you got?** combien en avez-vous?

(**g**) (*causative etc*) to ~ sb to do sth faire faire qch à qn, obtenir que qn fasse qch; **to ~ sth done** faire faire qch; **to ~ one's hair cut** se faire couper les cheveux; **I got him to cut my hair** je me suis fait couper les cheveux par lui; **he knows how to ~ things done!** il sait faire activer les choses!; **she got her arm broken** elle a eu le bras cassé; **to ~ sth ready** préparer qch; **to ~ sb drunk** soûler qn; **to ~ one's hands dirty** se salir les mains; **to ~ sb into trouble** attirer des ennuis à qn; **we got him on to the subject of the war** nous l'avons amené à parler de la guerre.

(**h**) (*put, take*) faire parvenir. **they got him home somehow** ils l'ont ramené tant bien que mal; **how can we ~ it home?** comment faire pour le rapporter à la maison?; **to ~ sth to sb** faire parvenir qch à qn; **I'll never ~ the car through here** je n'arriverai jamais à faire passer la voiture par ici; **to ~ sth past the customs** passer qch à la douane; **he got the blood off his hand** il a fait disparaître le sang de sa main; **where does that ~ us?** où est-ce que ça nous mène?

(**i**) (*understand*) comprendre, saisir. ~ **it?*** tu saisis?*; **I've got it!** j'y suis!; **I don't ~ it*** je ne comprends pas, je n'y suis pas du tout; **I didn't ~ your name** je n'ai pas saisi votre nom; (*to secretary etc*) **did you ~ that last sentence?** avez-vous pris la dernière phrase?

(**j**) (*: annoy*) mettre en rogne*.

(**k**) (*: thrill*) **that ~s me** ça me fait qch, (*stronger*) ça m'emballe*.

2 *vi* (**a**) (*go*) aller, se rendre (*to* à, *from* de); (*arrive*) arriver (*at* à). **how do you ~ there?** comment fait-on pour y aller?; **how did that box ~ here?** comment se fait-il que cette boîte se trouve ici?; (*fig*) **he'll ~ there** il arrivera; (*fig*) **now we're ~ting somewhere!*** enfin on avance!; (*fig*) **you won't ~ anywhere if you behave like that** tu n'arriveras à rien en te conduisant comme ça; **we won't ~ anywhere with him** nous n'arriverons à rien *or* nous perdons notre temps avec lui; **where did you ~ to?** où êtes-vous allé?; (*in book, work etc*) **where have you got to?** où en êtes-vous?; **where can he have got to?** où est-il passé?; **I got as far as speaking to him** j'ai réussi à lui parler.

(**b**) (*become, be*) devenir, se faire. **to ~ old** devenir vieux, vieillir; **to ~ killed** se faire tuer; **it's ~ting late** il se fait tard; **how do people ~ like that?*** comment peut-on en arriver là?; **to ~ with it*** se mettre à la mode *or* dans le vent*; (*excl*) ~ **with it!*** sois un peu dans le vent!*; **to ~ to know sb** (*begin*) commencer à connaître qn; (*know better*) arriver à mieux connaître qn; (*meet*) faire la connaissance de qn; **to ~ to like sb** se mettre à aimer qn.

(**c**) (*begin*) se mettre à. **to ~ going** commencer, s'y mettre; **I got talking to him** je me suis mis à parler avec lui.

(**d**) (*be allowed to*) **she never ~s to drive the car** on ne la laisse jamais conduire la voiture.

3 (*modal aux usage*) **you've got to come** il faut absolument que vous veniez; **I haven't got to leave** je ne suis pas obligé de partir; **have you got to go and see her?** est-ce que vous êtes obligé d'aller la voir?; *V also* **have 2.**

get about, **get around** *vi* (**a**) (*move around*) se déplacer. (*after illness*) **he's ~ting about again** il est de nouveau sur pied. (**b**) *[news]* se répandre. **it has got about that ...** le bruit court que ... .

get above *vt fus*: **to ~ above o.s.** se prendre pour plus important qu'on n'est.

get across 1 *vi* traverser; (*fig*) *[play]* passer la rampe; *[meaning, message]* passer*. **he didn't ~ across to the audience** il n'a pas réussi à établir la communication avec le public. **2** *vt sep road* traverser; *person* faire traverser; (*fig*) *play, song* faire passer la rampe à. (*fig*) **to ~ sth across to sb** faire comprendre qch à qn. **3** *vt fus* (*annoy*) **to ~ across sb** faire mal voir de qn.

get along *vi* (**a**) (*go*) s'en aller. ~ **along with you!*** (*go away*) va-t'en!; (*stop joking*) ça va, hein!* (**b**) (*manage*) se débrouiller (*without* sans); (*progress*) *[work]* avancer; *[pupil]* faire des progrès. **how is he ~ting along?** (*in health*) comment va-t-il?; (*in studies etc*) comment est-ce qu'il se débrouille? (**c**) (*be on good terms*) s'entendre bien (*with* sb avec qn).

get at *vt fus* (**a**) (*reach*) *place* parvenir à; *object on shelf* atteindre; *person* accéder jusqu'à; *facts, truth* découvrir. **not easy to ~ at** *house* difficile d'accès; *person* d'un abord peu facile; **let me ~ at him!*** que je l'attrape! (**b**) (*fig*) **what are you ~ting at?** où voulez-vous en venir?; **who are you ~ting at?** à qui voulez-vous faire allusion?; **I feel got at*** je me sens visé; **she's always ~ting at her brother** elle est toujours après son frère*. (**c**) (*: bribe*) acheter, suborner. (**d**) (*start work on*) *task, essay* se mettre à. **I want to ~ at the redecorating** je veux commencer à refaire les peintures.

get away 1 *vi* (**a**) (*leave*) s'en aller, partir; *[vehicle]* partir, démarrer. **to ~ away from** *place, work* quitter; **I couldn't ~ away any sooner** je n'ai pas pu me libérer plus tôt; ~ **away (with you)!*** va-t'en!; (*stop joking*) ça va, hein!* (**b**) (*escape*) s'échapper (*from* de). **to ~ away from sb/one's environment** échapper à qn/à son environnement; **to ~ away from it all** partir se reposer loin de tout; **the thief got away with the money** le voleur est parti avec l'argent; **he got away with an apology** il en a été quitte pour une simple excuse; **you'll never ~ away with that!** on ne te laissera pas passer ça!*; **he'd ~ away with murder*** il tuerait père et mère qu'on lui pardonnerait; (*fig*) **there's no ~ting away from it** le fait est là, on ne peut rien y changer. **2** *vt sep* (**a**) faire partir. **you must ~ her away to the country** il faut que vous l'emmeniez à la campagne. (**b**) **to ~ sth away from sb** arracher qch à qn.

get back 1 *vi* (**a**) (*return*) revenir, retourner. **to ~ back (home)** rentrer chez soi; **to ~ back to bed** se recoucher; **to ~ back to work** (*after pause*) se remettre au travail; (*after illness, holiday*) retourner au travail; **to ~ back to why** revenons à la question de savoir pourquoi. (**b**) (*move back*) reculer. ~ **back!** reculez! **2** *vt sep* (**a**) (*recover*) *sth lent* se faire rendre; *sth lost* retrouver; *possessions* recouvrer; *strength* reprendre. (**b**) (*replace*) remettre, replacer. (**c**) (*return*) *object* renvoyer; *person* raccompagner.

get back at* *vt fus* (*retaliate against*) rendre la monnaie de sa pièce à.

get by *vi* (**a**) (*pass*) passer. **this work just ~s by** ce travail est tout juste passable. (**b**) (*manage*) se débrouiller (*with, on* avec). **he'll ~ by** il s'en sortira*.

get down 1 *vi* descendre (*from, off* de). ~ **down**! descends!, (*lie down*) couche-toi! **2**. *vt sep* (**a**) *book, plate, child* descendre (*off* de); *hat, picture* décrocher. (**b**) (*swallow*) avaler. (**c**) (*make note of*) noter. (**d**) (*: depress*) déprimer. **he ~s me down** il me fiche le cafard*; **don't let it ~ you down**! ne vous laissez pas abattre!

get down to *vt fus*: **to ~ down to (doing) sth** se mettre à (faire) qch; **to ~ down to work** se mettre au travail; **let's ~ down to the facts** venons-en aux faits; (*fig*) **when you ~ down to it there's ...** à bien regarder les faits il y a ... .

get in 1 *vi* (**a**) (*enter*) (réussir à) entrer; (*reach home*) rentrer; [*sunshine, air, water*] pénétrer. **to ~ in between ...** se glisser entre... . (**b**) [*train, bus, plane*] arriver. (**c**) (*Parl*) [*member*] être élu; [*party*] accéder au pouvoir. **2** *vt sep* (**a**) *thing, harvest* rentrer; *person* faire entrer; *taxes* recouvrer. (**b**) (*plant*) planter. (**c**) (*buy, obtain*) *groceries, coal* acheter, faire rentrer. **to ~ in supplies** faire des provisions. (**d**) (*summon*) *police etc* faire venir. (**e**) (*insert*) glisser. **to ~ a word in edgeways** glisser *or* placer un mot.

get into *vt fus* (**a**) *house, park* entrer dans, pénétrer dans; *car, train* monter dans; *club, school* être accepté dans. (*fig*) **how did I ~ into all this?** comment me suis-je fourré dans un pareil pétrin? (**b**) *clothes* mettre.

get in with *vt fus* (*gain favour of*) se faire bien voir de; (*become friendly with*) se mettre à fréquenter.

get off 1 *vi* (**a**) (*from vehicle*) descendre. (*fig*) **to tell sb where to ~ off*** envoyer qn sur les roses*. (**b**) (*depart*) partir; [*car*] démarrer; [*plane*] décoller. **to ~ off to a good start** prendre un bon départ; **to ~ off to sleep** s'endormir. (**c**) (*escape*) s'en tirer. **to ~ off lightly** s'en tirer à bon compte; **to ~ off with a fine** en être quitte pour une amende. (**d**) (*leave work*) s'en aller; (*have free time*) se libérer. **2** *vt sep* (**a**) (*remove*) *clothes, stains* enlever. (**b**) (*despatch*) *mail, child* to school expédier. **to ~ sb off to work** faire partir qn au travail; **to ~ sb off to sleep** endormir qn. (**c**) (*save from punishment*) tirer d'affaire. (**d**) (*learn*) apprendre (*by heart* par cœur). (**e**) *boat* renflouer; *crew, passengers* débarquer. **3** *vt fus* (**a**) *bus, cycle, horse* descendre de; *chair* se lever de; *subject* s'éloigner de. (**b**) (*: avoid etc*) se faire dispenser de (*sth* de qch; *doing* de faire). **to ~ off work** se libérer.

get off with *vt fus*: **he got off with a blonde** il a eu la touche* avec une blonde.

get on 1 *vi* (**a**) (*on bus etc*) monter. (**b**) (*make progress*) faire des progrès. **how are you ~ting on?** comment ça marche?*; **to be ~ting on (in years)** se faire vieux; **he's ~ting on for forty** il frise la quarantaine; **time is ~ting on** il se fait tard; **~ting on for 500** près de 500. (**c**) (*succeed*) réussir, faire son chemin (*in life etc* dans la vie etc). (**d**) (*continue*) continuer (*with sth* qch). **~ on with it!** allez, au travail!; **this will do to be ~ting on with** ça ira pour le moment. (**e**) (*agree*) bien s'entendre (*with sb* avec qn). **2** *vt sep clothes, lid* mettre. **3** *vt fus horse, bicycle* monter sur; *bus, train* monter dans.

get on to *vt fus* (**a**) = **get on 3**. (**b**) (*recognize*) *truth, person responsible* découvrir. (**c**) (*nag*) être après*. (**d**) (*get in touch with*) se mettre en rapport avec; (*speak to*) parler à; (*Telec*) téléphoner à.

get out 1 *vi* (**a**) sortir (*of* de); (*from vehicle*) descendre (*of* de). (*fig*) **to ~ out of habit** perdre; *obligation* se dérober à; *duty* se soustraire à; *difficulty* se tirer de. (**c**) [*news etc*] se répandre; [*secret*] être éventé. **2** *vt sep object* sortir; *person* faire sortir (*of* de); *plug, stain* enlever; *tooth, nail* arracher; (*fig*) *words* prononcer; *book* sortir; (*prepare*)

scheme préparer; *list* dresser; (*solve*) *problem, puzzle* venir à bout de.

get over 1 *vi* traverser; [*message, meaning*] passer*.

2 *vt fus* (**a**) (*cross*) *river, road* traverser; *fence* passer par-dessus. (**b**) (*recover from*) *illness, loss* se remettre de; *surprise* revenir de; *lost lover* oublier. **I can't ~ over the fact that ...** je n'en reviens pas que ... + *subj*; **you'll ~ over it!** tu n'en mourras pas! (**c**) (*overcome*) *obstacle* surmonter; *objections, difficulties* venir à bout de.

3 *vt sep* (**a**) *person, vehicle* faire passer. (**b**) (*swallow*) avaler. (**c**) (*have done with*) en finir avec. **let's ~ it over (with)** finissons-en. (**d**) (*Theat*) *play* faire passer la rampe à; *song etc* faire accepter; (*gen: communicate*) faire comprendre (*to sb* à qn; *that* que).

get round 1 *vi* (**a**) = **get about**. (**b**) **to ~ round to doing sth** arriver à faire qch, trouver le temps de faire qch; **if I ~ round to it** si j'y arrive. **2** *vt fus obstacle* contourner; *difficulty, regulation* tourner. **he knows how to ~ round her** il sait la prendre; **she got round him in the end** elle a fini par l'entortiller*.

get through 1 *vi* (**a**) [*message, news*] parvenir (*to* à); [*signal, candidate*] être reçu; [*motion, bill*] passer. [*football team etc*] **to ~ through to the third round** se classer pour le troisième tour; **to ~ through to sb** (*Telec*) avoir qn, obtenir la communication avec qn; (*contact*) contacter qn; (*fig: communicate with*) se faire comprendre de qn. (**b**) (*finish*) terminer, finir. **to ~ through with sth*** en finir avec qch.

2 *vt fus* (**a**) *hole, window* passer par; *hedge* passer à travers; *crowd* se frayer un chemin à travers; *enemy lines* franchir. (**b**) (*finish*) *task, book, supplies* venir à bout de. **he got through a lot of work** il a abattu de la besogne; **how can I ~ through the week without you?** comment vais-je pouvoir vivre une semaine sans toi? (**c**) (*consume, use*) *food, supplies* consommer. **we ~ through 10 bottles/£50 a week** il nous faut 10 bouteilles/50 livres par semaine.

3 *vt sep* (**a**) *person, object* faire passer; *message* faire parvenir (*to* à). **I can't ~ it through to him that ...** je n'arrive pas à lui faire comprendre que ... . (**b**) *law, motion* faire adopter; (*exam*) **he got them through** ils ont été reçus grâce à lui.

get together 1 *vi* se rassembler, se réunir. **let's ~ together on Thursday** on se retrouve jeudi; **you'd better ~ together with him** vous feriez bien de le consulter. **2** *vt sep* rassembler.

get under 1 *vi* (*pass underneath*) passer par-dessous. **2** *vt fus fence, rope* passer sous.

get up 1 *vi* (**a**) (*rise*) se lever (*from* de). **~ up out of bed!** sors du lit! (**b**) (*on horse*) monter. **2** *vt fus tree, ladder* monter à; *hill* gravir. **3** *vt sep* (**a**) *person* (*on to ladder etc*) faire monter; (*from chair, bed*) faire lever; (*wake*) réveiller; *thing* monter; *sail* hisser. (**b**) (*organize*) *play, plot* monter; *story* fabriquer; *petition* organiser. (**c**) (*prepare, arrange*) *article for sale* préparer. **to ~ o.s. up as** se déguiser en; **beautifully got up** *person* très bien habillé; *book* très bien présenté. (**d**) (*study*) *history etc* travailler, bûcher*; *speech, lecture* préparer.

get up to *vt fus* (*catch up with*) rattraper; (*reach*) arriver à. **I've got up to page 17** j'en suis à la page 17; **to ~ up to mischief** faire des bêtises; **you never know what he'll ~ up to next** on ne sait jamais ce qu'il va encore inventer.

♦ **get-at-able*** *adj* accessible. ♦ **getaway 1** *n* [*criminals*] fuite *f*; **to make a ~away** filer; **2** *adj*: **a ~away car** une voiture pour filer. ♦ **get-together** *n* (petite) réunion *f*. ♦ **getup*** *n* (*clothing*) mise *f*, tenue *f*; (*presentation*) présentation *f*. ♦ **get-well card** *n* carte *f* de vœux de bon rétablissement.

geyser ['giːzə^r] n geyser m; (water-heater) chauffe-bain m inv.

ghastly ['gɑːstlɪ] adj (pale) blême, livide; (horrible) horrible, affreux.

gherkin ['gɜːkɪn] n (Culin) cornichon m.

ghost [gəʊst] 1 n fantôme m, revenant m. (fig) the ~ of a smile un pâle sourire; the ~ of a chance l'ombre f d'une chance. 2 vt sb else's book etc écrire. 3 adj film, story de revenants; ship, train fantôme; town mort. ♦ **ghostly** adj spectral, fantomatique.

ghoul [guːl] n goule f, vampire m. (fig) he's a ~ il est morbide. ♦ **ghoulish** adj morbide.

giant ['dʒaɪənt] 1 n géant m. 2 adj tree, packet géant; strides de géant; amount, task gigantesque.

gibber ['dʒɪbə^r] vi baragouiner*; (with rage) bégayer. ♦ **gibberish** n charabia* m, baragouin* m.

gibe [dʒaɪb] 1 vi (a) to ~ at sb railler qn. (b) [boat] virer lof pour lof. 2 n raillerie f.

giblets ['dʒɪblɪts] npl abattis mpl (de volaille).

Gibraltar [dʒɪ'brɔːltə^r] n Gibraltar m.

giddy ['gɪdɪ] adj (dizzy) pris de vertige; height vertigineux; (heedless) écervelé; (not serious) léger. I feel ~ la tête me tourne; to go ~ être pris de vertige; to make sb ~ donner le vertige à qn. ♦ **giddiness** n (Med) vertige m; a bout of giddiness un vertige.

gift [gɪft] 1 n (a) cadeau m; (Comm) prime f. it was a ~ on me l'a offert; (*: fig: easy) c'était du gâteau*; I wouldn't have it as a ~ on m'en ferait cadeau que je n'en voudrais pas; to make sb a ~ of sth faire don or cadeau de qch à qn. (b) (talent) don m. to have the ~ of the gab* avoir la langue bien pendue. 2 vt (esp Jur) donner. (fig) to be ~ed with patience etc être doué de patience etc. 3 adj (Comm) ~ coupon or voucher bon-prime m; ~ token chèque-cadeau m. ♦ **gifted** adj doué (for pour, with de); the ~ed child l'enfant surdoué. ♦ **giftwrap** vt: to ~wrap a package faire un paquet-cadeau. ♦ **gift-wrapping** n emballage-cadeau m.

gig* [gɪg] n (Theat etc) gig f.

gigantic [dʒaɪ'gæntɪk] adj gigantesque.

giggle ['gɪgl] 1 vi rire (sottement), avoir le fou rire. 2 n petit rire sot. to have/get the ~s avoir/attraper le fou rire. ♦ **giggly** adj qui pouffe de rire.

gild [gɪld] vt dorer. to ~ the lily renchérir sur la perfection.

gill[1] [gɪl] n [mushroom] lamelle f. [fish] ~s ouïes fpl. (fig) green around the ~s* vert (de peur etc).

gill[2] [dʒɪl] n = 0,142 litre.

gilt [gɪlt] (ptp of gild) 1 adj doré. 2 n dorure f. to take the ~ off the gingerbread gâter le plaisir. ♦ **gilt-edged** adj: ~-edged securities valeurs fpl de tout repos.

gimlet ['gɪmlɪt] n vrille f.

gimmick ['gɪmɪk] n truc* m, astuce f. advertising/sales ~ truc* publicitaire/promotionnel; he put on an accent as a ~ il a pris un accent pour l'effet. ♦ **gimmickry** n trucs* mpl. ♦ **gimmicky** adj photography à trucs*; presentation à astuces.

gin [dʒɪn] n gin m. ~ and tonic gin-tonic m.

ginger ['dʒɪndʒə^r] 1 n gingembre m. (nickname) G~ Poil de Carotte. 2 adj hair roux, rouquin*; biscuit etc au gingembre. ~ ale or beer boisson f gazeuse au gingembre; (esp Pol) ~ group groupe m de pression.

ginger up* vt sep person secouer; event mettre de l'entrain dans.

♦ **gingerbread** n pain m d'épice. ♦ **gingerly** adv avec précaution. ♦ **gingernut** or ♦ **gingersnap** n gâteau m sec au gingembre.

gingham ['gɪŋəm] n (Tex) vichy m.

gipsy ['dʒɪpsɪ] 1 n (gen) bohémien(ne) m(f); (Spanish) gitan(e) m(f); (Central European) Tsigane r. ╵; (pej) romanichel(le) m(f). 2 adj (gen)

de bohémien, de gitan; music des gitans, tsigane.

giraffe [dʒɪ'rɑːf] n girafe f. baby ~ girafeau m.

girder ['gɜːdə^r] n poutre f.

girdle ['gɜːdl] n (belt) ceinture f; (corset) gaine f.

girl [gɜːl] 1 n (jeune or petite) fille f. a little ~ une petite fille, une fillette; an English ~ une jeune or petite Anglaise; poor little ~ pauvre petite; the Smith ~s les filles des Smith; ~s' school école f or lycée m de filles; yes, old ~* oui, ma vieille*; the old ~* next door la vieille d'à côté. 2 adj: ~ Friday aide f de bureau; ~ scout éclaireuse f, guide f.

♦ **girlfriend** n [boy] petite amie f; [girl] amie f, copine* f. ♦ **girlhood** n enfance f, jeunesse f. ♦ **girlie** adj magazine déshabillé. ♦ **girlish** adj (of woman) de jeune fille; (of man, boy) efféminé.

giro ['dʒaɪrəʊ] n: bank ~ system système m de virement bancaire; National G~ ≃ Comptes Chèques Postaux, C.C.P. mpl.

girth [gɜːθ] n [tree] circonférence f; [waist etc] tour m (de taille etc). his (great) ~ sa corpulence.

gist [dʒɪst] n (gen) essentiel m. give me the ~ of what he said mettez-moi au courant de ce qu'il a dit, en deux mots.

give [gɪv] pret gave; ptp given 1 vt (a) (gen) donner (to à); (as gift) faire cadeau or don de, offrir (to à); honour, title conférer (to à); help, support prêter (to à); food, hospitality, meal offrir (to à); (dedicate) one's life, fortune, consacrer (to à); message remettre (to à); description, particulars donner, fournir (to à); pain, pleasure occasionner (to à); punishment infliger (to à). one must ~ and take il faut faire des concessions; ~ or take a few minutes à quelques minutes près; he gave as good as he got il a rendu coup pour coup; to ~ sb sth to eat/drink donner à manger/boire à qn; can you ~ him sth to do? pouvez-vous lui trouver qch à faire?; you've ~n me your cold tu m'as passé ton rhume; (Telec) ~ me Moordown 231 passez-moi le 231 à Moordown; I'll ~ him something to cry about!* je lui apprendrai à pleurer!; I don't ~ a damn* je m'en fiche*; the judge gave him 5 years le juge l'a condamné à 5 ans de prison; (in age) I can ~ him 10 years il est de 10 ans mon cadet; how long do you ~ that marriage? combien de temps crois-tu que ce mariage tiendra?; [creditor] I can't ~ you any longer je ne peux plus vous accorder de délai; (agreeing) I'll ~ you that je vous accorde cela; ~ me time laissez-moi du temps; ~ me Mozart every time!* pour moi, rien ne vaut Mozart; to ~ sb to understand that donner à entendre à qn que; to ~ sb to believe sth faire croire qch à qn; ~ him my love faites-lui mes amitiés; what will you ~ me for it? combien m'en donnez-vous?; what did you ~ for it? combien l'avez-vous payé?; I'd ~ anything to know te je donnerais n'importe quoi pour savoir.

(b) (perform etc) jump, gesture faire; answer, lecture, party, performance donner; sigh, cry, laugh pousser. to ~ sb a look lancer un regard à qn; ~ us a song chantez-nous qch.

(c) (produce, supply) donner, rendre; sound rendre; (Math etc) result donner. this lamp ~s a poor light cette lampe éclaire mal; 5 times 4 ~s 20 5 fois 4 font 20; it ~s a total of 100 cela fait 100 en tout.

(d) to ~ way [building, ceiling, ground] s'affaisser; [plaster] s'effriter; [cable, rope, ladder etc] casser; [legs] fléchir; [health] s'altérer; (yield) [person] céder (to sb devant qn; to a demand à une revendication; under sous); (agree) consentir; (make room for) céder la place (to à); (Aut) céder la priorité (to à); [troops] battre en retraite. (Aut) '~ way' 'cédez la priorité'.

2 vi [road, beam etc] céder (to à; under sous); [cloth, elastic etc] prêter.

give away vt sep (a) money, goods donner;

prizes distribuer; *bride* conduire à l'autel. **(b)** *(betray) names, details* révéler; *person* trahir. **to ~ o.s.** away se trahir; **don't ~ anything away** ne dis rien; **to ~ the game** *or* **show away*** vendre la mèche*.

give back *vt sep* **(gen)** rendre (*to* à); *property* restituer (*to* à); *echo, image* renvoyer.

give in 1 *vi (yield)* renoncer, abandonner. **to ~ in to sb** céder à qn; **I ~ in!** je renonce!; *(in guessing)* je donne ma langue au chat!* **2** *vt sep parcel, document* remettre; *essay* rendre; *one's name* donner.

give off *vt sep heat, smell* émettre; *gas* dégager.

give on to *vt fus [door, window]* donner sur.

give out 1 *vi [supplies]* s'épuiser; *[car, engine]* tomber en panne. **my patience is giving out** ma patience est à bout; **my patience gave out** la patience m'a manqué. **2** *vt sep* **(a)** *(distribute) books, food etc* distribuer. **(b)** *(announce) news* annoncer; *list etc* faire connaître.

give over 1 *vt sep (devote)* consacrer (*to* à); *(transfer)* affecter (*to* à). **building ~n over to offices** bâtiment affecté à des bureaux. **2** *vt fus* (*: *stop*) cesser *(doing* de faire). **~ over!** arrête!

give up 1 *vi* abandonner, renoncer. **don't ~ up!** tenez bon!; **I ~ up** je renonce; *(in guessing)* je donne ma langue au chat*. **2** *vt sep* **(a)** *(devote)* consacrer (*to* à). **to ~ o.s. up to sth** se livrer à qch. **(b)** *(renounce)* renoncer *(doing* à faire); *friends, interests, habit, idea* abandonner; *seat, place* céder; *job* quitter; *appointment* démissionner de; *business* se retirer de; *subscription* cesser. **he'll never ~ her up** il n'acceptera jamais qu'elle le quitte *(subj)*; **I gave it up as a bad job** j'ai laissé tomber*. **(c)** *(hand over) prisoner* livrer (*to* à); *authority* se démettre de; *keys of city etc* rendre. **to ~ o.s. up** se livrer *(to the police* à la police), se rendre. **(d)** *(abandon hope for) patient* condamner; *(expected) visitor* ne plus espérer voir; *problem, riddle* renoncer à résoudre. **to ~ sb up for lost** considérer qn comme perdu.

♦ **give-and-take** *n* concessions *fpl* mutuelles. ♦ **giveaway 1** *n* révélation *f* involontaire; *(Comm: free gift)* prime *f*; **2** *adj fact, expression* révélateur; *price* dérisoire. ♦ **given** *adj time, size* donné, déterminé; **~n name** prénom *m*; **to be ~n to (doing) sth** être enclin à (faire) qch; **~n that he is ...** supposé qu'il soit ... . ♦ **giver** *n* donateur *m* -trice *f*.

glacé ['glæseɪ] *adj fruit* confit.

glacial ['gleɪsɪəl] *adj* glacial; *(Geol)* glaciaire.

glacier ['glæsɪəᵣ] *n* glacier *m*.

glad [glæd] *adj person* content, heureux *(of, about* de; *to do* de faire; *that* que + *subj)*; *news* heureux; *occasion* joyeux. **I am ~ about it** cela me fait plaisir, j'en suis bien content, j'en suis ravi; **he's only too ~ to do it** il ne demande pas mieux que de le faire. ♦ **gladden** *vt person* rendre heureux; *heart, occasion* réjouir. ♦ **gladly** *adv (joyfully)* avec joie; *(willingly)* avec plaisir, volontiers. ♦ **gladness** *n* joie *f*.

glade [gleɪd] *n* clairière *f*.

gladiolus [ˌglædɪ'əʊləs] *n, pl* **-oli** [-əʊlaɪ] glaïeul *m*.

glamour ['glæməᵣ] *n [person]* séductions *fpl*, fascination *f*; *[occasion]* éclat *m*; *[situation]* prestige *m*. **to lend ~ to sth** prêter de l'éclat à qch; **~ boy*** beau gars* *m*; **~ girl*** pin-up* *f inv*. ♦ **glamorize** *vt place, event* présenter sous des couleurs séduisantes. ♦ **glamorous** *adj spectacle, life* brillant; *production* à grand spectacle; *dress, photo* splendide; *person* séduisant, fascinant; *job* prestigieux.

glance [glɑːns] **1** *n coup m* d'œil, regard *m*. **at a ~** d'un coup d'œil; **at first ~** à première vue; **without a backward ~** sans se retourner; *(fig)* sans plus de cérémonies. **2** *vi* **(a)** *(look)* jeter un coup d'œil *(at* sur, à), lancer un regard *(at* à). **to ~ away** détourner le regard; **he ~d over the paper** il

a jeté un coup d'œil sur le journal. **(b)** **to ~ off sth** dévier sur qch; **to ~ off** dévier. ♦ **glancing** *adj blow* oblique.

gland [glænd] *n* glande *f*. ♦ **glandular** *adj* glandulaire; **~ular fever** mononucléose *f* infectieuse.

glare [glɛəᵣ] **1** *vi* **(a)** lancer un regard furieux *(at* à). **(b)** *[sun, lights]* briller d'un éclat éblouissant. **2** *n* **(a)** regard furieux. **(b)** *[light]* éclat éblouissant; *(Aut)* éblouissement *m*; *[publicity]* feux *mpl*.

♦ **glaring** *adj light* éblouissant; *sun* aveuglant; *colour* criard; *fact, mistake* qui crève les yeux; *injustice, error* flagrant.

glass [glɑːs] **1** *n (substance; tumbler)* verre *m*; *(~ware)* verrerie *f*; *(mirror)* glace *f*; *(magnifying ~)* loupe *f*; *(telescope)* longue-vue *f*; *(barometer)* baromètre *m*. **pane of ~** vitre *f*; **window ~** verre à vitre; **a ~ of wine** un verre de vin; **a wine ~** un verre à vin; **grown under ~** cultivé sous verre; **displayed under ~** exposé en vitrine; **~es** *(spectacles)* lunettes *fpl*; *(binoculars)* jumelles *fpl*. **2** *adj bottle, ornament* de verre, en verre; *slipper, eye* de verre; *industry* du verre; *door* vitré. **~ case** vitrine *f*; **to keep sth in a ~ case** garder qch sous verre; **~ fibre** fibre *f* de verre; **~ wool** laine *f* de verre. ♦ **glasscloth** *n* essuie-verres *m inv*. ♦ **glasscutter** *n (tool)* diamant *m*. ♦ **glassful** *n* (plein) verre *m*. ♦ **glasshouse** *n (for plants)* serre *f*. ♦ **glasspaper** *n* papier *m* de verre. ♦ **glassware** *n* verrerie *f*. ♦ **glassworks** *n* verrerie *f* (fabrique). ♦ **glassy** *adj substance, eye, look* vitreux; *surface, sea* uni (comme un miroir).

glaucoma [glɔː'kəʊmə] *n* glaucome *m*.

glaze [gleɪz] **1** *vt door, window* vitrer; *picture* mettre sous verre; *pottery, tiles* vernisser; *cake, meat* glacer. **2** *n* vernis *m*; glaçage *m*. ♦ **glazed** *adj door* vitré; *pottery* vernissé; *paper, photograph* brillant; *eyes* vitreux. ♦ **glazier** *n* vitrier *m*.

gleam [gliːm] **1** *n* lueur *f* *(also fig)*; *[metal]* reflet *m*; *[water]* miroitement *m*. **2** *vi* **(gen)** luire; *[metal, shoes etc]* reluire; *[water]* miroiter. ♦ **gleaming** *adj* **(gen)** brillant; *(clean)* reluisant.

glean [gliːn] *vti (lit, fig)* glaner.

glee [gliː] *n* joie *f*. **~ club** chorale *f*. ♦ **gleeful** *adj* joyeux, jubilant. ♦ **gleefully** *adv* joyeusement.

glen [glen] *n* vallon *m*.

glib [glɪb] *adj excuse, lie* désinvolte; *person* qui a la parole facile. ♦ **glibly** *adv speak* avec aisance; *reply* sans hésiter; **make excuses, lie** avec désinvolture.

glide [glaɪd] *vi* **(a)** *[door, drawer]* glisser (en douceur). **to ~ in etc** *[waiter, car etc]* entrer etc silencieusement; *[woman]* entrer etc avec grâce. **(b)** *[birds, aircraft]* planer. ♦ **glider** *n (Aviat)* planeur *m*; *(US: swing)* balançoire *f*. ♦ **gliding** *n (Aviat)* vol *m* plané.

glimmer ['glɪməᵣ] **1** *vi* **(gen)** luire faiblement; *[water]* miroiter. **2** *n* faible lueur *f* *(also fig)*; *[water]* miroitement *m*.

glimpse [glɪmps] **1** *n* vision *f* momentanée *(of* de); *[truth etc]* aperçu *m*. **2** *vt (also catch a ~ of)* entrevoir.

glint [glɪnt] **1** *n [light]* trait *m* de lumière; *[metal]* reflet *m*. **2** *vi* luire, briller.

glisten ['glɪsn] *vi [water]* miroiter; *[wet surface]* luire; *[metal object]* briller; *[eyes]* être brillant *(with* de).

glitter ['glɪtəᵣ] **1** *vi* **(gen)** scintiller; *[eyes]* briller (de haine or de convoitise etc). **2** *n* scintillement *m*; *(fig)* éclat *m*. ♦ **glittering** *adj* scintillant, brillant; *(fig)* resplendissant.

gloat [gləʊt] *vi* exulter, jubiler*; *(maliciously)* se réjouir avec malveillance (*over, upon* de). **to ~ over money, possessions** jubiler* à la vue or à l'idée de; *beaten enemy* triompher de; *success* savourer.

globe [gləʊb] n globe m. (Geog) **all over the ~** sur toute la surface du globe. ♦ **global** adj (world-wide) mondial; (comprehensive) global. ♦ **globe-trotter** n globe-trotter m. ♦ **globe-trotting** n voyages mpl à travers le monde.

globule ['glɒbjuːl] n globule m; [water etc] gouttelette f.

gloom [gluːm] n (darkness) ténèbres fpl; (melancholy) tristesse f. **to cast a ~ over** event jeter une ombre sur; person attrister. ♦ **gloomily** adv tristement, d'un air triste or lugubre. ♦ **gloomy** adj person, voice, place triste, morne, (stronger) lugubre; prospects, day, thoughts, weather sombre; **he took a ~y view of** everything il voyait tout en noir; **to feel ~y** avoir des idées noires.

glory ['glɔːrɪ] 1 n gloire f (also Rel); (magnificence) splendeur f. **Rome at the height of its ~** Rome à l'apogée de sa gloire; **there she was in all her ~*** elle était là dans toute sa splendeur; **she was in her ~*** elle était tout à fait à son affaire; **~ be!*** Seigneur!; **the city's greatest ~** le principal titre de gloire de la ville. 2 vi: **to ~ in sth** être très fier (proud) or très heureux (glad) de qch. 3 adj: **~ hole*** capharnaüm* m. ♦ **glorify** vt God rendre gloire à; person exalter; **it was nothing but a glorified ...** ce n'était guère que ... . ♦ **glorious** adj martyr glorieux; person illustre; victory éclatant; clothes, view, weather etc magnifique; **glorious deed** action f d'éclat.

gloss¹ [glɒs] 1 n (shine) lustre m, brillant m. 2 adj paint laqué; paper glacé. **~ finish** brillant m, (Phot) glaçage m. ♦ **glossy** adj fur, material lustré; paper glacé; paint laqué; hair, metal brillant; leaves vernissé; magazine de luxe.

gloss² [glɒs] 1 n (interpretation) paraphrase f. 2 vi: **to ~ over sth** (play down) glisser sur qch; (hide) dissimuler qch. ♦ **glossary** n glossaire m.

glove [glʌv] 1 n gant m. (fig) **the ~s are off** j'y vais (or il y va etc) sans prendre de gants. 2 adj: (Aut) **~ compartment** boîte f à gants; **~ puppet** marionnette f (à gaine).

glow [gləʊ] 1 vi [fire, metal, sky] rougeoyer; [cigarette end, lamp] luire; [colour, jewel] rutiler; [complexion, eyes] être en feu; (fig) brûler (with de). **it makes your body ~** cela vous fouette le sang. 2 n [coal, metal] rougeoiement m, incandescence f; [sun, complexion, colour] éclat m; [lamp] lueur f; [passion] feu m; [enthusiasm] élan m. ♦ **glowing** adj (V glow 1) rougeoyant; luisant; rutilant; rayonnant; person (with health) florissant (de santé); (with pleasure) radieux; words chaleureux; description enthousiaste; (fig) **to paint sth in ~ing colours** présenter qch en rose. ♦ **glow-worm** n ver m luisant.

glower ['glaʊəʳ] vi: **to ~ at** sb/sth lancer à qn/qch des regards noirs. ♦ **glowering** adj look noir; person à l'air mauvais.

glucose ['gluːkəʊs] n glucose m.

glue [gluː] 1 n colle f, glu f. 2 vt coller (to, on à). **to ~ sth together** recoller qch; **to keep one's eyes ~d to** sb/sth* ne pas se détacher les yeux de qn/qch; **he stood there ~d to the spot*** il était là comme s'il avait pris racine; **he was ~d to television*** il est resté cloué devant la télévision.

glum [glʌm] adj triste, (stronger) lugubre. ♦ **glumly** adv walk d'un air triste; answer d'un ton triste; look d'un regard morne.

glut [glʌt] n surabondance f, surplus m.

glutton ['glʌtn] n glouton(ne) m(f). **a ~ for work** un bourreau de travail; **a ~ for punishment** un(e) masochiste (fig). ♦ **gluttony** n gloutonnerie f.

glycerin(e) [ˌglɪsəˈriːn] n glycérine f.

gnarled [nɑːld] adj noueux.

gnash [næʃ] vt: **to ~ one's teeth** grincer des dents.

gnat [næt] n moucheron m.

gnaw [nɔː] 1 vi ronger. **to ~ through** couper à force de ronger. 2 vt ronger. ♦ **gnawing** adj remorse, anxiety, hunger tenaillant; pain harcelant.

gnome [nəʊm] n gnome m.

go [gəʊ] pret went, ptp gone 1 vi (a) (gen) aller (to à, en; from de). **to ~ on a journey** faire un or partir en voyage; **to ~ up/down** monter/descendre; **to ~ swimming** (in general) faire de la natation; (on one occasion) (aller) nager; **to ~ looking for sth** aller or partir à la recherche de qch; **we can talk as we ~** nous pouvons parler en chemin; **~ after him!** poursuivez-le!; **there he ~es!** le voilà!; **there he ~es again!** (fig: he's at it again) le voilà qui recommence!; **here ~es!*** allez, on y va!; **who ~es there?** qui va là?; **you ~ first** passe devant; **you ~ next** à toi après; **~ and shut the door** va fermer la porte; **she went and broke a cup** elle a trouvé le moyen de casser une tasse; **to ~ or be ~ing to do** aller faire; **to be just ~ing to do** être sur le point de faire; **the child went to his mother** l'enfant est allé vers sa mère; **to ~ to the doctor** aller voir le médecin; **to ~ to sb for sth** aller demander qch à qn; **the train ~es at 90 km/h** le train fait du or roule à 90 km/h; **we had gone only 3 km** nous n'avions fait que 3 km; **I wouldn't ~ as far as to say that** je n'irais pas jusqu'à dire cela. **that's ~ing too far!** c'est un peu poussé!; **you've gone too far!** tu exagères!

(b) (depart) partir, s'en aller; [train] partir; (disappear) disparaître; [time] passer; [money] disparaître, filer; [strength] manquer; [hearing, sight etc] baisser; [health] se détériorer. **his mind is ~ing** il n'a plus toute sa tête; **the coffee has all gone** il n'y a plus de café; **my voice has gone** je n'ai plus de voix; **he is gone** (dead) il n'est plus; **we must be ~ing** il faut partir; **gone with the wind** autant en emporte le vent; (Sport) **~! partez!**; (fig) **from the word ~** dès le départ; (US) **it's ~ing on 3** il va être 3 heures; **it's just gone 3 o'clock** il vient de sonner 3 heures; **it was gone 4** il était plus de 4 heures; **to let ~ or leave ~** lâcher prise; **to let ~ or leave ~ of sth/sb** lâcher qch/qn; **to let o.s. ~** se laisser aller; **they have let their garden ~** ils ont laissé leur jardin à l'abandon; **I've let my music ~** je n'ai pas travaillé ma musique; **we'll let it ~ at that** ça ira comme ça; **he/it will have to ~** il va falloir se débarrasser de lui/se passer de cela; **'X must ~!'** 'à bas X!'; **it was ~ing cheap** cela se vendait à bas prix; **~ing, ~ing, gone!** une fois, deux fois, adjugé!; (fig) **7 down and 3 to ~** 7 de faits, il n'en reste plus que 3; (pregnant) **6 months gone*** enceinte de 6 mois.

(c) (start up) démarrer; (function) marcher, fonctionner. **it ~es on petrol** ça marche or fonctionne à l'essence; [machine] **to be ~ing** être en marche; **to set or get ~ing machine** mettre en marche; work, business mettre en train; **to keep ~ing** [person] se maintenir en activité; [business] se maintenir à flot; [machine] continuer à marcher; **to keep the fire ~ing** entretenir le feu; **she needs it to keep her ~ing** elle en a besoin pour tenir le coup; **to keep sb ~ing in money** etc donner à qn ce qu'il lui faut d'argent etc; **to make the party ~** animer la soirée; **to get things ~ing** faire démarrer les choses; **to make things ~** faire marcher les choses; **to get ~ing on or with sth** se mettre à faire qch, s'attaquer à qch; **once he gets ~ing ...** une fois lancé ... .

(d) (progress) aller, marcher. **the evening went very well** la soirée s'est très bien passée; **the project was ~ing well** le projet était en bonne voie; **how's it ~ing?** comment ça va?*; **how does the story ~?** comment c'est* cette histoire?; **the tune ~es like this** voici l'air; **let's wait and see how things ~** attendons de voir ce qui va se passer; **as things ~** dans l'état actuel des choses; **all will ~ well** tout ira bien; **all went well for him** tout a bien marché (pour lui).

(e) (be, become) devenir, se faire. [person] **to ~**

unpunished s'en tirer sans châtiment; to ~ hungry avoir faim; to ~ red rougir; the constituency went Labour la circonscription est passée aux travaillistes.

(f) (be accepted) the story ~es that ... le bruit court que ...; anything ~es* tout est permis; that ~es without saying cela va sans dire; what he says ~es c'est lui qui commande; that ~es for me too (applies to me) cela s'applique à moi aussi; (I agree) je suis aussi de cet avis.

(g) (break etc) [rope] céder; [fuse, lamp] sauter; [material] s'user. the skirt went at the seams la jupe a craqué aux coutures; this jacket has gone at the elbows cette veste est percée aux coudes; there ~es another button! voilà encore un bouton de sauté!

(h) (extend) aller, s'étendre. the garden ~es as far as the river le jardin va or s'étend jusqu'à la rivière; as far as that ~es pour ce qui est de cela; this book is good, as far as it ~es c'est un bon livre, compte tenu de ses limites; he's not bad, as boys ~ il n'est pas trop mal, pour un garçon; it's a fairly good garage as garages ~ comme garage ça peut aller; money does not ~ very far l'argent ne va pas loin.

(i) (be contained) aller. it won't ~ into my case je ne peux pas le mettre dans ma valise; 4 into 12 ~es 3 times 12 divisé par 4 égale 3; 2 won't ~ exactly into 11 11 n'est pas exactement divisible par 2; 4 into 3 won't ~ 3 divisé par 4 n'y va pas; the books ~ in that cupboard les livres se mettent or vont dans ce placard-là.

(j) [prize, reward] aller, être donné (to à); [inheritance] passer (to à).

(k) (be available) are there any jobs ~ing? est-ce qu'on peut trouver du travail?; is there any coffee ~ing? est-ce qu'il y a du café?; I'll have what's ~ing je prendrai de ce qu'il y a.

(l) (contribute) contribuer (to à). that will ~ to make him happy cela contribuera à le rendre heureux; the qualities that ~ to make a great man les qualités qui font un grand homme; the money will ~ towards on mettra l'argent de côté pour.

(m) (make sound or movement) faire; [bell, clock] sonner. ~ like that with your foot faites comme ça du pied; to ~ bang faire 'pan'; he went 'psst' 'psst' fit-il.

2 vt: to ~ it alone (gen) se débrouiller tout seul; (Pol etc) faire cavalier seul; to ~ one better faire (or dire) mieux (than sb que qn); (Cards) he went 3 spades il a annoncé 3 piques.

3 n, pl ~es (a) (energy) énergie f, dynamisme m. he is always on the ~ il ne s'arrête jamais; to keep sb on the ~ ne pas laisser souffler qn; he has 2 books on the ~ il a 2 livres en train; it's all ~!* ça n'arrête pas!

(b) (attempt) coup m, essai m. to have a ~ essayer (at (doing) sth de faire qch); to have another ~ essayer une nouvelle fois; at one ~ d'un seul coup; (in games) it's your ~ c'est à toi.

(c) (success) to make a ~ of sth réussir qch; no ~!* rien à faire!

4 adj (fig) all systems are ~* tout est O.K.

go about 1 vi (a) (circuler; [rumour] run about with friends fréquenter; boyfriend etc sortir avec. (b) (Naut) virer de bord.

2 vt fus (a) (set to work at) task se mettre à. he knows how to ~ about it il sait s'y prendre; how does one ~ about getting seats? comment fait-on pour avoir des places? (b) (be occupied with) business s'occuper de. to ~ about one's normal work vaquer à ses occupations habituelles.

go across vi, vt fus traverser.

go after vt fus job, prize essayer d'avoir.

go against vt fus (a) (prove hostile to) [luck, events etc] être contraire à; [appearance, evidence] nuire à; [decision] être défavorable à. (b) (oppose) public opinion aller à l'encontre de; sb's

wishes aller contre. it ~es against my conscience ma conscience s'y oppose.

go ahead vi: ~ ahead! allez-y!; to ~ ahead with a scheme mettre un projet à exécution; they went ahead with it ils l'ont fait.

go along vi aller, avancer. I'll tell you as we ~ along je vous le dirai en chemin; to ~ along with sb (lit) accompagner qn; (fig) être d'accord avec qn; I check as I ~ along je vérifie au fur et à mesure.

go around vi = go about 1 a.

go at vt fus (attack) person attaquer; (undertake) task s'attaquer à.

go away vi s'en aller, partir.

go back vi (a) (return) revenir, retourner. to ~ back to a subject revenir sur un sujet; to ~ back to the beginning recommencer. (b) (retreat) reculer. (c) [memory, family] remonter (to à). (d) (revert) revenir (to à). (e) (extend) [garden etc] s'étendre (to jusqu'à). the cave ~es back 300 metres la grotte a 300 mètres de profondeur.

go back on vt fus decision, promise revenir sur; friend laisser tomber.

go before vi aller au devant de. (fig) all that has gone before tout ce qui s'est passé avant.

go below vi (Naut) descendre dans l'entrepont.

go by 1 vi [person, period of time] passer. we've let the opportunity ~ by nous avons laissé échapper l'occasion; as time ~es by à mesure que le temps passe. **2** vt fus appearances juger d'après; instructions suivre. that's nothing to ~ by ça ne prouve rien; I ~ by what I'm told je me fonde sur ce qu'on me dit; the only thing we've got to ~ by la seule chose sur laquelle nous puissions nous baser.

go down vi (a) (descend) descendre; (fall) [person] tomber; [building] s'écrouler; (sink) [ship, person] couler; [sun, moon] se coucher. ~ down to the bottom of the page continuez jusqu'au bas de la page; to ~ down to posterity passer à la postérité; to ~ down with flu attraper la grippe; (swallowed) it went down the wrong way j'ai (or il a etc) avalé de travers; (fig) that won't ~ down with me ça ne prend pas avec moi; his speech didn't ~ down well son discours a été très mal reçu. (b) (drop etc) [wind, floods, temperature, curtain] tomber; [tide] descendre; [balloon, tyre, swelling] se dégonfler; [standards, price] baisser. to ~ down in value perdre de sa valeur; this neighbourhood has gone down ce quartier n'est plus ce qu'il était. (c) (be defeated, fail) être battu (to par); (Bridge) chuter; (fail examination) échouer (in en).

go for vt fus (a) (attack) person s'élancer sur; (verbally) s'en prendre à; (in newspaper) attaquer. (to dog) ~ for him! mors-le! (b) (*: admire) person, object adorer*. I don't ~ much for that ça ne me dit pas grand-chose. (c) (strive for) essayer d'avoir; (choose) choisir.

go forward vi [person, vehicle] avancer. to let a suggestion ~ forward transmettre une proposition.

go in vi (enter) entrer, rentrer; [troops] attaquer; [sun, moon] se cacher (behind derrière). what time does the theatre ~ in? à quelle heure commence la pièce?

go in for vt fus (a) examination se présenter à; appointment poser sa candidature à; competition, race prendre part à. (b) sport, hobby, politics faire; style, principle, cause adopter; lectures suivre; profession se consacrer à. we don't ~ in for that sort of thing nous n'aimons pas beaucoup ce genre de chose; he's ~ing in for science il va se spécialiser dans les sciences.

go into vt fus (a) (join, take up) entrer à or dans. (b) (embark on) explanation se lancer dans. let's not ~ into that now laissons cela pour le moment; to ~ into fits of laughter être pris de fou rire.

(c) (*investigate*) *question, problem* examiner, étudier.

go in with *vt fus* se joindre à (*in* dans; *to do* pour faire); (*to buy sth*) se cotiser avec.

go off 1 *vi* (a) (*leave*) partir, s'en aller; (*Theat*) quitter la scène. **to ~ off with sth** emporter qch; **to ~ off with sb** partir avec qn. (b) *[alarm clock]* sonner; *[gun]* partir. **the gun didn't ~ off** le coup n'est pas parti; **the pistol went off in his hand** le pistolet lui est parti dans la main. (c) (*stop*) *[light, heating etc]* s'éteindre. (d) (*spoil*) *[meat, fish etc]* se gâter; *[milk]* tourner; *[sportsman]* perdre de sa forme; *[woman]* perdre de sa beauté. (e) *[feeling, effect]* passer. (f) (*go to sleep*) s'endormir. (g) *[event]* se passer. **the evening went off very well** la soirée s'est très bien passée.

2 *vt fus food etc* perdre le goût de. **I've gone off Dickens** je n'ai plus envie de lire Dickens.

go on 1 *vi* (a) *[lid]* aller. **these shoes won't ~ on** je n'entre pas dans ces chaussures. (b) (*proceed*) poursuivre son chemin. **to ~ on to another matter** passer à une autre question; **he went on to say that ...** il a dit ensuite que ... . (c) (*continue*) continuer (*with sth qch; doing de or* à faire). **~ on trying! essaie encore!; ~ on (with you)!** allons donc!; **you have enough to be ~ing on with** tu as de quoi faire* pour le moment; **he ~es on and on about it** il ne finit pas d'en parler. (d) (*happen*) se passer; *[game, argument]* être en train; (*last*) durer. **while this was ~ing on** au même moment; **what's ~ing on here?** qu'est-ce qui se passe ici? (e) (*pass*) *[time, years]* passer. **as the years went on he ...** avec le passage des années, il ... . (f) (*behave*) se conduire. (g) (*Theat*) entrer en scène; (*Sport*) *[substitute]* entrer en jeu. (h) (*progress*) *[patient]* se porter; *[life, affairs]* continuer. 2 *vt fus (judge by)* se fonder sur. **what have you to ~ on?** sur quoi vous fondez-vous?; **we don't have much to ~ on** nous ne pouvons pas nous fonder sur grand-chose.

go on at *vt fus* (*nag*) s'en prendre (continuellement) à.

go on for *vt fus*: **to be ~ing on for** approcher de; **it's ~ing on for 5 o'clock** il est presque 5 heures.

go out *vi* (*leave*) sortir; (*depart*) partir (*to* pour, à); *[tide]* descendre; *[sea]* se retirer; *[fashion]* se démoder; *[custom]* disparaître; *[fire, light]* s'éteindre; (*Cards etc*) terminer; *[pamphlet, circular]* être distribué (*to* à). **to ~ out of a room** quitter une pièce; **to ~ out riding** faire une sortie à cheval; **to ~ out for a meal** manger en ville (*or* chez des amis); **he ~es out a lot** il sort beaucoup; **she doesn't ~ out with him any more** elle ne sort plus avec lui; **to ~ out to work** travailler au dehors.

go over 1 *vi* (a) (*cross*) **to ~ over to America** aller aux États-Unis; (*fig*) **his speech went over well** son discours a été très bien reçu. (b) (*change allegiance*) passer (*to* à). **to ~ over to the enemy** passer à l'ennemi. (c) (*be overturned*) *[vehicle, boat]* se retourner. 2 *vt fus* (a) (*examine*) *accounts, report* vérifier; *house* visiter; *[doctor]* *patient* examiner. (b) (*rehearse, review*) *lesson, rôle* revoir; *facts etc* récapituler; *events* retracer; *sb's faults, evidence* passer au crible. **to ~ over sth in one's mind** repasser qch dans son esprit; **let's ~ over it again** reprenons les faits; (c) (*touch up*) retoucher.

go round *vi* (a) *[wheel etc]* tourner. **my head is ~ing round** j'ai la tête qui tourne. (b) (*make a detour*) faire un détour (*by* par). (c) **to ~ round to sb's house/to see sb** passer chez qn/voir qn. (d) (*be sufficient*) suffire (pour tout le monde). **enough food to ~ round** assez de nourriture pour tout le monde. (e) (*circulate*) *[rumour etc]* circuler.

go through 1 *vi* *[law, bill]* être voté; *[business*

deal] être conclu. 2 *vt fus* (a) (*suffer*) subir. **we've all gone through it** nous avons tous passé par là. (b) (*examine*) *list, book* éplucher; *mail* dépouiller; *subject* examiner à fond; *clothes, wardrobe* trier; *one's pockets* fouiller dans; (*Customs*) fouiller. **to ~ through sb's pockets** faire les poches à qn*. (c) (*use up*) *money* dépenser; *a fortune* engloutir; (*wear out*) *garment, shoes* user. **it has already gone through 13 editions** il y en a déjà eu 13 éditions. (d) (*perform*) *lesson* réciter; *formalities* remplir; *programme, entertainment* exécuter; *course of study* suivre; *apprenticeship* faire.

go through with *vt fus* (*complete*) *plan, crime, undertaking* exécuter. **she couldn't ~ through with it** elle n'a pas pu aller jusqu'au bout.

go together *vi* (*gen*) aller bien ensemble; *[events, conditions]* aller de pair.

go under *vi* (*sink*) *[ship, person]* couler; (*fail*) *[person]* être vaincu; *[business etc]* couler.

go up 1 *vi* (a) (*rise*) *[price, value, temperature]* monter, être en hausse; *[curtain]* se lever. **to ~ up in price** augmenter. (b) (*ascend*) monter; (*to bed*) monter se coucher. (c) (*explode*) exploser. 2 *vt fus hill* monter.

go with *vt fus* (a) (*accompany*) *[circumstances, event, conditions]* aller de pair avec. **the house ~es with the job** le logement va avec le poste; **to ~ with the crowd** suivre la foule. (b) (*suit*) *[colours]* s'assortir avec; *[furnishings]* être assorti à; *[behaviour, opinions]* s'accorder avec. (c) (*: also ~* steady with) sortir avec.

go without 1 *vi* s'en passer. 2 *vt fus* se passer de.

♦ **go-ahead** 1 *adj* dynamique; 2 *n*: **to give sb the ~-ahead** donner à qn le feu vert (*for* pour; *to do* pour faire). ♦ **go-between** *n* intermédiaire *mf*. ♦ **go-by*** *n*: **to give sb/sth the ~-by*** laisser tomber qn/qch. ♦ **go-getter** *n* arriviste *mf*. ♦ **going** 1 *n* (*pace*) **that was good ~ing** ça a été rapide; **it was slow ~ing** on n'avançait pas; (*conditions*) **it's rough ~ing** (*walking*) on marche mal; (*Aut etc*) la route est mauvaise; **while the ~ing was good** au bon moment; 2 *adj* **price** actuel; **a ~ing concern** une affaire qui marche. ♦ **going-over** *n* *[accounts, patient]* examen *m*; (*fig: beating -up*) passage *m* à tabac*. ♦ **goings-on*** *npl* *[behaviour]* activités *fpl*. ♦ **go-kart** *n* kart *m*. ♦ **go-slow** (*strike*) *n* grève *f* perlée.

goad *[gəʊd]* *vt* (*lit, fig*) aiguillonner. **to ~ sb into doing sth** talonner qn jusqu'à ce qu'il fasse.

goal *[gəʊl]* *n* but *m*, objectif *m*; (*Sport*) but. **to play in ~** être gardien de but; **to win by 3 ~s to 2** gagner par 3 buts à 2. ♦ **goalie** *n* goal* *m*. ♦ **goalkeeper** *n* gardien *m* de but. ♦ **goal-kick** *n* coup *m* de pied de but. ♦ **goalmouth** *n*: **in the ~mouth** juste devant les poteaux. ♦ **goal-post** *n* poteau *m* de but.

goat *[gəʊt]* *n* chèvre *f*; (*he-~*) bouc *m*. **to act the ~*** faire l'andouille*; **he/it gets my ~*** il/ça me tape sur les nerfs*.

gobble *['gɒbl]* *vt* (*~ down, ~ up*) engloutir. ♦ **gobbledegook*** *n* charabia* *m*.

goblet *['gɒblɪt]* *n* coupe *f*; (*modern*) verre *m* à pied.

goblin *['gɒblɪn]* *n* lutin *m*.

god *[gɒd]* *n* dieu *m* (*also fig*). **G~** Dieu *m*; **G~ save the Queen** que Dieu bénisse la reine; **for G~'s sake!** ‡ nom d'un chien!*; **(my) G~!**‡ bon Dieu!‡; **G~ knows*** Dieu seul le sait; **G~ forbid!*** Dieu m'en garde!; **G~ willing** s'il plaît à Dieu; (*Theat*) **the ~s*** le poulailler*. ♦ **godchild** *n* filleul(e) *m(f)*. ♦ **goddamn(ed)‡** *adj* foutu‡ (*before n*). ♦ **goddaughter** *n* filleule *f*. ♦ **goddess** *n* déesse *f*. ♦ **godfather** *n* parrain *m*. ♦ **godfearing** *adj* très croyant. ♦ **godforsaken** *adj* *place* perdu; *existence* misérable. ♦ **godhead** *n* divinité *f*. ♦ **godless** *adj* impie. ♦ **godlike** *adj* divin. ♦ **godly** *adj* pieux. ♦ **godmother** *n* marraine *f*. ♦ **godparents** *npl*: **his ~parents** son par-

rain et sa marraine. ♦ **godsend** n bénédiction f,
don m du ciel (to pour). ♦ **godson** n filleul m.
goggle ['gɒgl] 1 vi rouler de gros yeux ronds. to ~
at sb/sth regarder qn/qch en roulant de gros yeux
ronds. 2 npl: ~s (gen) lunettes protectrices;
[skindiver] lunettes de plongée.
gold [gəʊld] 1 n or m. in ~ en or; heart of ~ cœur
m d'or. 2 adj watch, tooth en or; coin, cloth,
reserves, mine d'or; (~ -coloured) or inv. ~ braid
galon m d'or; ~ dust poudre f d'or; ~ leaf or m en
feuille; ~ plate vaisselle f d'or; ~ rush ruée f vers
l'or; ~ standard étalon-or m. ♦ **gold-digger*** n
aventurière f. ♦ **golden** adj hair doré; jewellery,
voice d'or, en or; era idéal; afternoon merveilleux; opportunity magnifique; remedy
souverain; rule, age d'or; ~en eagle aigle m
royal; (fig) ~en handshake gratification f de fin
de service; ~en jubilee fête f du cinquantième
anniversaire; the ~en mean le juste milieu; (Bot)
~en rod gerbe f d'or; ~en syrup mélasse f raffinée; ~en wedding (anniversary) noces fpl d'or.
♦ **goldfinch** n chardonneret m. ♦ **goldfish** n
poisson m rouge; ~fish bowl bocal m (à poissons).
♦ **gold-plated** adj plaqué or. ♦ **goldsmith** n
orfèvre m.
golf [gɒlf] 1 n golf m. 2 vi: to go ~ing jouer au
golf. 3 adj: ~ ball balle f de golf; ~ club (stick,
place) club m de golf; ~ course terrain m de golf
m. ♦ **golfer** n joueur m, -euse f de golf.
gone [gɒn] ptp of go. ♦ **goner** n: to be a ~r être
fichu* or foutu*.
gong [gɒŋ] n gong m.
gonorrhoea [,gɒnə'rɪə] n blennorragie f.
goo* [gu:] n matière f gluante; (sentimentality)
sentimentalité f mièvre. ♦ **gooey*** adj substance
gluant; cake qui colle aux dents; (fig) sentimental.
good [gʊd] 1 adj, comp better, superl best (a)
(gen) bon (f bonne); (well-behaved) child, animal
sage; (kind) bon, gentil. a ~ man un homme bien,
un brave homme, (holy) un saint homme; he's a ~
man il est bon; to lead a ~ life mener une vie ver-
tueuse; as ~ as gold sage comme une image; be
~! sois sage!; be ~ to him soyez gentil avec lui;
that's very ~ of you vous êtes bien aimable or
gentil; would you be ~ enough to tell me seriez-
vous assez aimable pour me dire; G~ Friday
Vendredi saint; ~ sort* brave type* m or fille f; ~
old Charles!* ce bon vieux Charles!; my ~ friend
mon cher ami; my ~ man mon brave; very ~, sir!
très bien, monsieur!; to do ~ works faire de
bonnes œuvres; a ~ dress une robe de qualité;
her ~ dress sa robe bien; nothing was too ~ for
rien n'était trop beau pour; (in shop) I want sth ~
je veux qch de bien; that's not ~ enough c'est
déplorable; that's ~ enough for me cela me suffit; ~ for you! bravo!; ~! très bien!; (joke, story)
that's a ~ one! elle est bien bonne celle-là!; (iro) à
d'autres!*; he's as ~ as you il vaut autant que
vous; it's as ~ a way as any other c'est une façon
comme une autre; he was as ~ as his word il a
tenu sa promesse.
(b) (beneficial) bon (for pour). it's ~ for you ça
te fait du bien; (fig) if you know what's ~ for you
si tu as le moindre bon sens; the shock was ~ for
him le choc lui a été salutaire; to drink more than
is ~ for one boire plus qu'on ne le devrait; [food]
to stay ~ (bien) se conserver.
(c) (efficient, competent) bon (at en). ~ at
French bon or fort en français; she's ~ with children elle sait s'y prendre avec les enfants; he's ~
at telling stories il sait bien raconter les histoires;
he's not ~ enough to do it alone il ne s'y connaît
pas assez pour le faire tout seul; he's too ~ for
that il mérite mieux que cela.
(d) (agreeable) bon; visit, holiday bon, agréable; weather, day beau (f belle); news bon,
heureux. we had a ~ time nous nous sommes bien

amusés; I've had a ~ life j'ai eu une belle vie; too
~ to be true trop beau pour être vrai; it's ~ to be
alive il fait bon vivre; it's ~ to be here cela fait
plaisir d'être ici; I feel ~ je me sens bien; I don't
feel too ~ about that* (worried) cela m'inquiète
un peu; (ashamed) j'en ai un peu honte; Robert
sends his ~ wishes Robert envoie ses amitiés;
with every ~ wish, with all ~ wishes tous mes
meilleurs vœux.
(e) (in greetings) ~ afternoon (early) bonjour,
(later, on leaving) bonsoir; ~ evening bonsoir; ~
morning bonjour; ~bye, ~night V below.
(f) (handsome) appearance beau, joli. ~ looks
beauté f; you look ~ in that, that looks ~ on you ça
vous va bien; she's got a ~ figure elle est bien
faite; ~ legs jambes bien faites.
(g) (favourable) terms, contract, deal avantageux; offer favorable, bon; omen, chance,
opportunity bon; marriage beau; address chic inv.
you've never had it so ~!* vous n'avez jamais eu
la vie si belle!; he's on to a ~ thing* il a trouvé un
filon*; to make a ~ thing out of sth* tirer bon
parti de qch; it would be a ~ thing to ask him il
serait bon de lui demander; it's a ~ thing I was
there heureusement que j'étais là; that's a ~
thing! tant mieux!; this is as ~ a time as any to do
it autant le faire maintenant.
(h) (reliable, valid) car, tools, machinery bon,
sûr; cheque bon; reason, excuse bon, valable.
ticket ~ for 3 months billet bon or valable 3 mois;
he's ~ for another 20 years yet il en a encore bien
pour 20 ans.
(i) (considerable, not less than) mile, hour etc
bon. a ~ deal (of), a ~ many beaucoup (de); a ~
way un bon bout de chemin; a ~ while assez longtemps; a ~ 8 kilometres 8 bons kilomètres; that
was a ~ 10 years ago il y a bien 10 ans de cela; a ~
thrashing une bonne correction; to give sth a ~
clean* nettoyer qch à fond.
(j) (phrases) as ~ as pour ainsi dire, pratiquement; as ~ as new comme neuf; she as ~ as told
me that ... elle m'a dit à peu de chose près que ...;
it's as ~ as saying that ... autant dire que ...; it was
as ~ as a play! c'était une vraie comédie!; to
make ~ (vi) (succeed) faire son chemin; [ex-
criminal etc] se refaire une vie; (vt) deficit combler; deficiency, losses compenser; expenses
rembourser; injustice, damage réparer; promise
tenir; escape réussir.
2 adv bien. a ~ strong stick un bâton bien
solide; a ~ long walk une bonne promenade; we
had a ~ long talk nous avons discuté bien
longuement; ~ and hot bien chaud.
3 n a) (virtue) bien m. to do ~ faire du bien;
she's up to no ~* elle prépare quelque mauvais
coup; there's some ~ in him il a du bon; for ~ or
bad que ce soit un bien ou un mal; he'll come to no
~ il finira mal.
(b) (people) only the ~ die young seuls les bons
mpl meurent jeunes.
(c) (advantage, profit) bien m, avantage m. the
common ~ l'intérêt m commun; for your own ~
pour votre bien; for the ~ of his health pour sa
santé; that will do you ~ cela vous fera du bien;
what ~ will that do you? ça t'avancera à quoi?;
what's the ~? à quoi bon?; what's the ~ of hurrying? à quoi bon se presser?; a (fat) lot of ~ that
will do you!* tu seras bien avancé!; much ~ may
it do you! grand bien vous fasse!; we were £5 to
the ~ cela nous a fait 5 livres de gagnées; that's
all to the ~! tant mieux!; it's no ~ ça ne sert à
rien; that's no ~ cela ne va pas; that won't be
much ~ cela ne servira pas à grand-chose; if that
is any ~ to you si ça peut vous être utile; it's no ~
saying that ce n'est pas la peine de dire cela.
(d) (adv phrase) for ~ pour de bon; for ~ and
all une fois pour toutes.
♦ **goodbye** excl au revoir. ♦ **good-for-nothing**

adj, n propre à rien (*mf*). ♦ **good-hearted** *adj* qui a bon cœur. ♦ **good-humoured** *adj* bon enfant *inv*. ♦ **good-humouredly** *adv* avec bonhomie. ♦ **good-looker*** *n* beau garçon *m*, jolie fille *f*. ♦ **good-looking** *adj* beau, bien *inv*. ♦ **goodly** *adj* († *or liter*) *appearance* beau; *size* grand; *number* considérable. ♦ **good-natured** *adj person* facile à vivre; *smile, laughter* bon enfant *inv*. ♦ **goodness** *n [person]* bonté *f*; *[thing]* (bonne) qualité *f*; (my) ~ness!*, ~ness gracious!* Seigneur!; ~ness knows* Dieu sait; for ~ness' sake* par pitié. ♦ **goodnight** *excl* bonsoir, bonne nuit. ♦ **goods** *npl* marchandises *fpl*, articles *mpl*; leather/knitted ~s articles de cuir/en tricot; all his ~s and chattels tous ses biens et effets *mpl*; ~s train train *m* de marchandises; ~s yard dépôt *m* de marchandises. ♦ **good-tempered** *adj person* qui a bon caractère; *smile, look* aimable. ♦ **good-time girl*** *n* fille *f* qui ne pense qu'à s'amuser. ♦ **goodwill** *n* bonne volonté; to gain sb's ~will se faire bien voir de qn; (*Pol*) ~will mission mission *f* de conciliation; (*Comm*) the ~will goes with the business les incorporels *mpl* sont vendus avec le fonds de commerce. ♦ **goody*** 1 *excl* chic!*; 2 *n* (*Cine*) the ~ies and the baddies* les bons *mpl* et les méchants *mpl*; (*Culin*) ~ies* friandises *fpl*. ♦ **goody-goody*** *n* modèle *m* de vertu (*iro*).

goose [guːs] *n,pl* **geese** oie *f*. the ~ that lays the golden eggs la poule aux œufs d'or; don't be such a ~* ne sois pas si dinde*. ♦ **gooseberry** *n* groseille *f* à maquereau; (~berry bush) groseillier *m*. ♦ **gooseflesh** *n or* ♦ **goosepimples** *npl or* ♦ **goosebumps** *npl* la chair de poule. ♦ **goosestep** *vi* faire le pas de l'oie.

gore [gɔːʳ] *vt [bull etc]* blesser d'un coup de corne.

gorge [gɔːdʒ] 1 *n* (*Anat, Geog*) gorge *f*. it makes my ~ rise cela me soulève le cœur. 2 *vt*: to ~ o.s. se gorger (on de).

gorgeous ['gɔːdʒəs] *adj* magnifique, splendide; (*) *holiday etc* sensationnel*, formidable*. we had a ~ time* on a passé un moment sensationnel*.

gorilla [gəˈrɪlə] *n* gorille *m*.

gormless* ['gɔːmlɪs] *adj* bête.

gorse [gɔːs] *n* ajoncs *mpl*. ~ bush ajonc *m*.

gory ['gɔːrɪ] *adj wound, battle etc* sanglant; *person* ensanglanté. all the ~ details tous les détails les plus horribles.

gosh* [gɒʃ] *excl* ça alors!*

gospel ['gɒspəl] *n* évangile *m*. it's the ~ truth* c'est parole d'évangile.

gossip ['gɒsɪp] 1 *n* (a) (*chatter*) commérages *mpl*, potins *mpl*; (*in newspaper*) échos *mpl*. a piece of ~ un ragot; we had a good old ~ nous nous sommes raconté tous les potins. (b) (*person*) commère *f*. he's a real ~ c'est une vraie commère. 2 *vi* bavarder; (*maliciously*) potiner, faire des commérages (*about* sur). 3 *adj* (*Press*) ~ column échos *mpl*; ~ columnist *or* writer échotier *m*, -ière *f*. ♦ **gossiping** 1 *adj* bavard, cancanier (*pej*); 2 *n* bavardage *m*, commérage *m* (*pej*).

got [gɒt], (*US*) **gotten** ['gɒtn] *pret, ptp of* get.

Gothic ['gɒθɪk] *adj, n* gothique (*m*).

gouge [gaʊdʒ] *vt* (~ out) (*with gouge*) gouger; (*with knife etc*) évider.

goulash ['guːlæʃ] *n* goulache *f*.

gourd [gʊəd] *n* gourde *f*.

gourmand ['gʊəmənd] *n* gourmand(e) *m(f)*.

gourmet ['gʊəmeɪ] *n* gourmet *m*.

gout [gaʊt] *n* (*Med*) goutte *f*.

govern ['gʌvən] 1 *vt country* gouverner; *province, city, business* administrer; *emotions etc* maîtriser; (*Tech*) régler; (*influence*) *events, speed* déterminer; (*Gram*) gouverner. 2 *vi* (*Pol*) gouverner. ♦ **governess** *n* gouvernante *f*. ♦ **governing** *adj* (*Pol etc*) gouvernant; *belief etc* dominant; ~ing body conseil *m* d'administration.

♦ **government** 1 *n* gouvernement *m*; (*the State*) l'État *m*; local ~ment administration *f* locale; 2 *adj policy, decision, department* gouvernemental; *responsibility, loan, spending* de l'État, public. ♦ **governmental** *adj* gouvernemental. ♦ **governor** *n* [*state, bank*] gouverneur *m*; [*prison*] directeur *m*, -trice *f*; [*school, institution etc*] administrateur *m*, -trice *f*.

gown [gaʊn] *n* robe *f*; (*Jur, Univ*) toge *f*.

grab [græb] 1 *n* (a) to make a ~ for *or* at sth faire un geste vif pour saisir qch. (b) (*Tech*) benne *f* preneuse. 2 *vt object, opportunity* saisir; *land* saisir/ de; *power* prendre. to ~ sth from sb arracher qch à qn.

grace [greɪs] *n* grâce *f*. by the ~ of God par la grâce de Dieu; (*fig hum*) to fall from ~ tomber en disgrâce; to say ~ (*before meals*) dire le bénédicité; (*after meals*) dire les grâces; to be in sb's good ~s être bien vu de qn; to do sth with good/bad ~ faire qch de bonne/mauvaise grâce; he had the ~ to apologize il a eu la bonne grâce de s'excuser; his saving ~ ce qui le rachète; a day's ~ un jour de grâce *or* de répit; His G~ (*archbishop*) Monseigneur l'Archevéque; (*duke*) Monsieur le duc. ♦ **graceful** *adj* (*gen*) gracieux; *apology* élégant. ♦ **gracefully** *adv* (*gen*) gracieusement; *apologize* avec élégance. ♦ **gracefulness** *n* grâce *f*.

gracious ['greɪʃəs] *adj person, smile* gracieux, bienveillant (*to* envers); *action* courtois; *God* miséricordieux (*to* envers); *house, gardens* d'une élégance raffinée. ~ living vie élégante; (*good*) ~!* juste ciel! ♦ **graciously** *adv smile, consent* gracieusement; *agree* avec bonne grâce; *live* élégamment. ♦ **graciousness** *n* bienveillance *f* (*towards* envers).

gradate [grəˈdeɪt] 1 *vt* graduer. 2 *vi* être gradué. ♦ **gradation** *n* gradation *f*.

grade [greɪd] 1 *n* (a) (*in hierarchy*) catégorie *f*; (*on scale*) échelon *m*, grade *m*; (*Mil: rank*) rang *m*; (*of steel, butter, goods etc*) qualité *f*; (*size: of eggs, anthracite nuts etc*) calibre *m*; (*US: level*) niveau *m*. the lowest ~ of skilled worker la catégorie la plus basse des ouvriers qualifiés; ~ B milk lait *m* de qualité B; high-~ de première qualité; (*fig*) to make the ~ avoir les qualités requises. (b) (*US*) (*class*) classe *f*; (*mark*) note *f*. (c) (*slope*) rampe *f*, pente *f*. 2 *adj* (*US*) ~ crossing passage *m* à niveau; (*US*) ~ school école *f* primaire. 3 *vt* (a) (*sort into groups: gen*) classer; (*by size*) *apples etc* calibrer. exercises ~d according to difficulty exercices classés selon leur degré de difficulté. (b) (*make progressively easier, darker etc*) *exercises, colours etc* graduer. (c) (*US Scol: mark*) noter.

gradient ['greɪdɪənt] *n* rampe *f*, inclinaison *f*. a ~ of one in ten une inclinaison de dix pour cent.

gradual ['grædjʊəl] *adj change* graduel, progressif; *slope* doux. ♦ **gradually** *adv* graduellement, petit à petit.

graduate ['grædjʊeɪt] 1 *vt* (a) *jug* graduer (*in* en; *according to* selon). (b) (*US Scol, Univ*) conférer un diplôme à. 2 *vi* (a) (*Univ*) = obtenir sa licence (*or* son diplôme etc); (*US Scol*) = obtenir son baccalauréat. he ~d as an architect etc il a eu son diplôme d'architecte etc. (b) [*colours etc*] se changer graduellement (*into* en). 3 ['grædjʊɪt] (*Univ*) = licencié(e) *m(f)*, diplomé(e) *m(f)*. 4 ['grædjʊɪt] *adj* (*Univ*) = licencié, diplômé. ~ course = études *fpl* de troisième cycle. ♦ **graduation** *n* (*Univ, also US Scol: ceremony*) remise *f* des diplômes etc.

graffiti [grəˈfiːtɪ] *npl* graffiti *mpl*.

graft [grɑːft] 1 *n* (a) (*Agr, Med*) greffe *f*. they did a kidney/skin ~ on him on lui a greffé un rein/fait une greffe de la peau. (b) (*bribery etc*) corruption *f*. 2 *vt* greffer (*on* sur).

grain [greɪn] **1** n **(a)** (cereals in gen) grain m, céréale f; (wheat) blé m. **(b)** (single ~: of wheat, salt, sense) grain m. **(c)** (in leather; also Phot) grain m; (in wood, meat) fibre f; (in stone) veine f. **with/against the** ~ dans le sens de/en travers de la fibre (or de la veine etc); **it goes against the** ~ **for him to apologize** cela va à l'encontre de sa nature de s'excuser; **I'll do it, but it goes against the** ~ je le ferai, mais pas de bon cœur. **2** adj exports, prices, alcohol de grain. (US) ~ **elevator** silo m à céréales.

gram(me) [græm] n gramme m.

grammar ['græmər] **1** n grammaire f. **that is bad** ~ cela n'est pas grammatical. **2** adj: ~ **school** (Brit) ≃ lycée m; (US) ≃ cours m moyen. ♦ **grammarian** n grammairien(ne) m(f). ♦ **grammatical** adj grammatical. ♦ **grammatically** adv grammaticalement.

gramophone ['græməfəʊn] **1** n phonographe m. **2** adj needle de phonographe. ~ **record** disque m.

granary ['grænərɪ] n grenier m (à blé etc).

grand [grænd] **1** adj (gen) grand; person magnifique, splendide; character grand, noble; style, scenery, house grandiose, splendide; job, post important; chorus, concert grand; (excellent) magnifique, formidable*. ~ **duke** grand duc; ~ **jury** jury m d'accusation; ~ **opera** grand opéra; ~ **piano** piano m à queue; ~ **staircase** escalier m d'honneur; ~ **total** résultat final; **a** ~ **tour** le tour complet; **the** ~ **old man of** ... le patriarche de ... ; **we had a** ~ **time** nous nous sommes formidablement* amusés. **2** n (US†) mille dollars mpl. ♦ **grandchild** n petit(e)-enfant m(f), petit-fils m, petite-fille f. ♦ **grandchildren** npl petits-enfants mpl. ♦ **grand(d)ad*** or ♦ **grand(pa)pa*** n grandpapa* m. ♦ **granddaughter** n petite-fille f. ♦ **grandeur** n grandeur f, splendeur f. ♦ **grandfather** n grand-père m; ~**father clock** = horloge f de parquet. ♦ **grand(ma)ma*** n grandmaman* f. ♦ **grandmother** n grand-mère f. ♦ **grandparents** npl grands-parents mpl. ♦ **grandson** n petit-fils m. ♦ **grandstand** n (Sport) tribune f; (fig) **to have a** ~**stand view** être aux premières loges (of sth pour voir qch).

grandiose ['grændɪəʊz] adj grandiose.

granite ['grænɪt] n granit m.

granny* ['grænɪ] n grand-maman* f; (~ **knot**) nœud m de vache.

grant [grɑːnt] **1** vt (gen) accorder; prayer exaucer; request accéder à; (admit) admettre, reconnaître (that que). ~**ed that this is true** en admettant que ce soit vrai; **I** ~ **you that** je vous l'accorde; ~**ed!** d'accord!; **he takes her for** ~**ed** il la considère comme faisant partie du décor; **to take details/sb's agreement etc for** ~**ed** considérer les détails/l'accord de qn etc comme convenu(s) or certain(s); **you take too much for** ~**ed** vous prenez vos désirs pour des réalités. **2** n (subsidy) subvention f; (scholarship) bourse f. **he is on a** ~ **of £900** il a une bourse de 900 livres. ♦ **grant-aided** adj subventionné par l'État.

granule ['grænjuːl] n granule m. ♦ **granular** adj granuleux. ♦ **granulated sugar** n sucre m semoule.

grape [greɪp] **1** n (grain m de) raisin m. ~**s** du raisin, des raisins; **to harvest the** ~**s** vendanger. **2** adj juice de raisin. ~ **harvest** vendange f. ♦ **grapefruit** n pamplemousse m. ♦ **grapevine** n (fig) **I hear on the** ~**vine that** ... j'ai appris par le téléphone arabe que ... .

graph [grɑːf] n graphique m. ~ **paper** ≃ papier m millimétré. ♦ **graphic** adj (gen) graphique; description vivant. ♦ **graphics** n (sg: art of drawing) art m graphique; (pl: process) procédés mpl graphiques; (pl: sketches) représentations fpl graphiques; (TV etc) ~**ics by** ... art graphique (de) ... .

graphology [græˈfɒlədʒɪ] n graphologie f.

♦ **graphologist** n graphologue mf.

grapple ['græpl] vi: **to** ~ **with** person se bagarrer* avec; problem essayer de résoudre; difficult subject essayer de comprendre.

grasp [grɑːsp] **1** vt **(a)** (seize) object saisir; power, opportunity, territory s'emparer de. (fig) **to** ~ **the nettle** aborder de front la difficulté. **(b)** (understand) saisir, comprendre. **2** n: **a strong** ~ une forte poigne; **to lose one's** ~ **on** or **of sth** lâcher qch; (lit, fig) **within one's** ~ à portée de la main; (fig) **in one's** ~ en son pouvoir; (fig) **within everyone's** ~ à la portée de chacun; **a good** ~ **of mathematics** une solide connaissance des mathématiques; **it is beyond my** ~ cela me dépasse. ♦ **grasping** adj cupide.

grass [grɑːs] **1** n **(a)** herbe f; (lawn) gazon m; (grazing) herbage m. **'keep off the** ~**'** 'défense de marcher sur le gazon'; (fig) **to let the** ~ **grow under one's feet** laisser traîner les choses; **to put out to** ~ horse mettre au vert; (fig) person mettre au repos; (Agr) **under** ~ en pré; (Tennis) **on** ~ sur gazon; (Bot) ~**es** graminées fpl. **(b)** (Drugs sl: marijuana) herbe f (sl). **(c)** (Prison sl: informer) mouchard* m. **2** adj tennis court en gazon; ~ **cutter** grosse tondeuse f à gazon; (fig) ~ **roots** (n) base f, (adj) candidate, movement populaire, de la masse; ~ **snake** couleuvre f; (US) ~ **widow** divorcée f. **3** vi (Prison sl) moucharder*. **to** ~ **on sb** vendre qn. ♦ **grasshopper** n sauterelle f. ♦ **grassland** n herbages mpl. ♦ **grassy** adj herbeux.

grate¹ [greɪt] n (metal part) grille f de foyer; (fireplace) foyer m. ♦ **grating¹** n grille f.

grate² [greɪt] **1** vt **(a)** cheese, carrot etc râper. **(b)** metallic object, chalk faire grincer. **to** ~ **one's teeth** grincer des dents. **2** vi grincer (on sur). **to** ~ **on the ears** écorcher les oreilles; **it** ~**d on his nerves** cela lui tapait sur les nerfs*. ♦ **grater** n râpe f; cheese ~**r** râpe à fromage. ♦ **grating²** adj sound grinçant; voice discordant; (annoying) énervant.

grateful ['greɪtfʊl] adj reconnaissant (to à; towards envers; for de); letter plein de reconnaissance; (fig) warmth réconfortant. **I am most** ~ **to you** je vous suis très reconnaissant; **I should be** ~ **if you would come** je vous serais reconnaissant de venir; **with** ~ **thanks** avec mes plus sincères remerciements. ♦ **gratefully** adv avec reconnaissance.

gratify ['grætɪfaɪ] vt person faire plaisir à, être agréable à; desire etc satisfaire. ♦ **gratification** n satisfaction f. ♦ **gratified** adj content; **I was gratified to hear** ... j'ai appris avec grand plaisir ... . ♦ **gratifying** adj (gen) agréable; attentions etc flatteur.

gratis ['grætɪs] adv, adj gratis inv.

gratitude ['grætɪtjuːd] n reconnaissance f, gratitude f (towards envers; for de).

gratuitous [grəˈtjuːɪtəs] adj gratuit. ♦ **gratuitously** adv gratuitement. ♦ **gratuity** n (Mil etc) prime f de démobilisation; (tip) gratification f.

grave¹ [greɪv] **1** n tombe f, (more elaborate) tombeau m. **someone is walking over my** ~* j'ai eu un frisson. ♦ **gravedigger** n fossoyeur m. ♦ **gravestone** n pierre f tombale. ♦ **graveyard** n cimetière m.

grave² [greɪv] adj **(a)** (serious: gen) grave, sérieux; symptoms grave, inquiétant. **(b)** [grɑːv] (Ling) accent grave. ♦ **gravely** adv gravement, sérieusement; ill gravement; wounded grièvement; displeased extrêmement. ♦ **graveness** n gravité f.

gravel ['grævəl] **1** n gravier m, (finer) gravillon m. **2** adj: ~ **path** chemin m de gravier; ~ **pit** carrière f de cailloux.

gravity ['grævɪtɪ] n **(a)** (Phys) pesanteur f. **the law of** ~ la loi de la pesanteur; ~ **feed** alimentation f par gravité. **(b)** (*seriousness*) gravité *f*, sérieux *m*. ♦ **gravitate** *vi* (*fig*) être attiré (*towards* vers). ♦ **gravitation** *n* gravitation *f*. ♦ **gravitational** *adj* de gravitation.

gravy ['greɪvɪ] *n* jus *m* de viande. ~ **boat** saucière *f*.

gray [greɪ] = **grey**.

graze[1] [greɪz] **1** *vi* brouter, paître. **2** *vt grass, cattle* paître; *field* pâturer (dans).

graze[2] [greɪz] **1** *vt* (*touch lightly*) frôler, effleurer; (*scrape*) *skin, hand etc* érafler. **to** ~ **one's knees** s'érafler les genoux. **2** *n* éraflure *f*.

grease [griːs] **1** *n* (*gen*) graisse *f*; (*Aut, Tech*) lubrifiant *m*, graisse; (*dirt*) crasse *f*. **to get the** ~ **out of sth** dégraisser qch. **2** *vt* graisser. **like** ~**d lightning*** en quatrième vitesse*. ♦ **grease-gun** *n* (pistolet *m*) graisseur *m*. ♦ **greasepaint** *n* fard *m* gras; **stick of** ~**paint** crayon *m* gras. ♦ **greaseproof paper** *n* papier *m* sulfurisé. ♦ **grease-stained** *adj* graisseux. ♦ **greasiness** *n* graisse *f*; [*road etc*] surface *f* glissante. ♦ **greasy** *adj* (*gen*) graisseux; *hair, food, ointment* gras; (*slippery*) *surface, road etc* glissant; *clothes, collar* sale, crasseux; (*fig*) a **greasy character** un personnage fuyant.

great [greɪt] **1** *adj* (*gen*) grand; *heat, pain* fort, intense; *determination, will-power* fort; (*: *excellent*) *holiday, results etc* magnifique, sensationnel*. **Alexander the G**~ Alexandre le Grand; **G**~ **Britain** Grande-Bretagne *f*; **the G**~**er London** le grand Londres; **the G**~ **War** la Grande Guerre; **a** ~ **man** un grand homme; **the** ~ **masters** les grands maîtres; **a** ~ **deal (of)**, **a** ~ **many** beaucoup (de); **to reach a** ~ **age** parvenir à un âge avancé; ~ **big** énorme; **he has a** ~ **future** il a beaucoup d'avenir; **at a** ~ **pace** à vive allure; **a** ~ **while ago** il y a bien longtemps; **you look** ~! tu as de l'allure!; **you were** ~* tu as été magnifique!*; **it was** ~* c'était formidable* *or* terrible*; **we had a** ~ **time** nous nous sommes rudement* bien amusés; **he's a** ~ **angler** (*keen*) il est passionné de pêche; (*expert*) c'est un pêcheur émérite; **he's** ~* **at football** il est doué pour le football; **he's a** ~ **one* for cathedrals** il adore visiter les cathédrales; **he's a** ~ **one* for criticizing others** il ne rate pas une occasion de critiquer les autres; **he's** ~* **on jazz** il s'y connaît à fond le jazz; ~ **Scott!**;* grands dieux!; (*excl*) ~! formidable!

2 *n*: **the** ~ **les grands** *mpl*. ♦ **great-aunt** *n* grand-tante *f*. ♦ **greatcoat** *n* pardessus *m*; (*Mil*) capote *f*. ♦ **great-grandchild** *n* arrière-petit(e)-enfant *m(f)*. ♦ **great-granddaughter** *n* arrière-petite-fille *f*. ♦ **great-grandfather** *n* arrière-grand-père *m*. ♦ **great-grandmother** *n* arrière-grand-mère *f*. ♦ **great-grandson** *n* arrière-petit-fils *m*. ♦ **great-grand-grandfather** *n* arrière-arrière-grand-père *m*. ♦ **great-hearted** *adj* au grand cœur. ♦ **greatly** *adv* (*gen*) *love* beaucoup; *loved* très; *superior, prefer* de beaucoup; *improve, increase, contribute* considérablement; **you're** ~**ly mistaken** vous vous trompez grandement; **it is** ~**ly to be feared** il est fort à craindre. ♦ **great-nephew** *n* petit-neveu *m*. ♦ **greatness** *n* grandeur *f*. ♦ **great-niece** *n* petite-nièce *f*. ♦ **great-uncle** *n* grand-oncle *m*.

Greece [griːs] *n* Grèce *f*. ♦ **Greek 1** *adj* grec (*f* grecque); **Greek Orthodox Church** Église *f* orthodoxe grecque; **2** *n* Grec(que) *m(f)*; (*Ling*) grec *m*; **ancient/modern Greek** grec classique/moderne; (*fig*) **that's (all) Greek to me*** tout ça c'est de l'hébreu pour moi*.

greed [griːd] *n*, **greediness** ['griːdɪnɪs] *n* (*gen*) avidité *f*; (*for food*) gloutonnerie *f*. ♦ **greedily** *adv* avidement; *eat* gloutonnement; *drink* avec avidité; *eye food, lick lips* d'un air vorace. ♦ **greedy** *adj* avide (*for* de), cupide; (*for food*) vorace, glouton; **don't be** ~**y!** (*gen*) n'en demande

pas tant!; (*at table*) ne sois pas si gourmand!

green [griːn] **1** *adj* (*colour*) vert; *corn* en herbe; *bacon* non fumé; *memory* vivace; (*inexperienced*) inexpérimenté; (*naïve*) naïf. ~ **bean** haricot *m* vert; (*Planning*) ~ **belt** zone *f* de verdure; (*fig*) **he's got** ~ **fingers** *or* **a** ~ **thumb** il a un don pour faire pousser les plantes; (*Aut*; *fig*) ~ **light** feu *m* vert; ~ **peas** petits pois *mpl*; ~ **pepper** poivron *m* vert; (*Econ*) **the** ~ **pound** la livre verte; (*Theat*) ~ **room** foyer *m* des artistes; ~ **salad** salade *f* (*plat*); ~ **vegetables** légumes *mpl* verts; **to turn** ~ verdir; ~ **with envy** vert de jalousie; **to make sb** ~ **with envy** faire pâlir qn de jalousie; (*fig*) **I'm not as** ~ **as I look!*** je ne suis pas si naïf que j'en ai l'air!

2 *n* (*colour*) vert *m*; (*grass*) pelouse *f*, gazon *m*. **village** ~ ≃ **place** *f* (du village) (*gazonnée*); (*Culin*) ~**s** légumes *mpl* verts. ♦ **greenback** *n* (*US*) billet *m* (de banque). ♦ **greenery** *n* verdure *f*. ♦ **greenfinch** *n* verdier *m*. ♦ **greenfly** *n* puceron *m* (des plantes). ♦ **greengage** *n* reine-claude *f*. ♦ **greengrocer** *n* marchand(e) *m(f)* de légumes; ~**grocer's (shop)** fruiterie *f*. ♦ **greenhouse** *n* serre *f*. ♦ **greenish** *adj* verdâtre. ♦ **greenness** *n* vert *m*; [*countryside etc*] verdure *f*; [*wood, fruit etc*] verdeur *f*. ♦ **greenstick fracture** *n* fracture *f* incomplète. ♦ **greenstuff** *n* verdure *f*.

Greenland ['griːnlənd] *n* Groënland *m*.

Greenwich ['grɪnɪdʒ] *n*: ~ **(mean) time** heure *f* de Greenwich.

greet [griːt] *vt person* accueillir (*with songs etc* avec des chansons etc), saluer; *announcement* accueillir. **he** ~**ed me with the news that ...** il m'a accueilli en m'apprenant que ... . ♦ **greeting** *n* salut *m*, salutation *f*; (*welcome*) accueil *m*; ~**ings** compliments *mpl*, salutations; **Xmas** ~**ings** vœux *mpl* de Noël; ~**ing(s) card** carte *f* de vœux; **my mother sends you her** ~**ings** ma mère vous envoie son bon souvenir.

gregarious [grɪ'geərɪəs] *adj animal, instinct* grégaire; *person* sociable.

grenade [grɪ'neɪd] *n* (*Mil*) grenade *f*.

grew [gruː] *pret of* **grow**.

grey [greɪ] **1** *adj gris*; *hair* gris, grisonnant; *complexion* blême; *outlook, prospect* morne. **to go** ~ (*from fear etc*) blêmir; [*hair*] grisonner; ~ **skies** ciel gris *or* morne; **a** ~ **day** un jour gris; (*fig*) **un jour triste**; (*fig*) ~ **matter*** matière *f* grise, cervelle* *f*; (*fig*) **a** ~ **area** une zone d'incertitude (*between* entre). **2** *n* (*colour*) gris *m*; (*horse*) cheval gris. **3** *vi* [*hair*] grisonner. ♦ **greybeard** *n* vieil homme. ♦ **grey-haired** *adj* aux cheveux gris. ♦ **greyhound** *n* lévrier *m*. ♦ **greyish** *adj* grisâtre; *hair, beard* grisonnant.

grid [grɪd] *n* (*gen*) grille *f*; (*Culin*: *utensil*) gril *m*; (*Aut*: *on roof*) galerie *f*; (*Elec*: *system*) réseau *m*. (*Elec*) **the national** ~ le réseau électrique national. ♦ **grid(iron)** *n* (*utensil*) gril *m*; (*US Sport*) terrain *m* de football.

griddle ['grɪdl] *n* plaque *f* en fonte (*pour cuire*).

grief [griːf] *n* chagrin *m*, douleur *f*. **to come to** ~ (*gen*) avoir des ennuis; [*vehicle, rider, driver*] avoir un accident; [*plan, marriage etc*] tourner mal; **good** ~!* grands dieux! ♦ **grief-stricken** *adj* accablé de douleur.

grieve [griːv] **1** *vt* peiner, chagriner, (*stronger*) désoler. **it** ~**s us to see** nous sommes peinés de voir. **2** *vi* avoir de la peine *or* du chagrin (*at, about, over* à cause de), (*stronger*) se désoler (*at, about, over* de). **to** ~ **for sb/sth** pleurer qn/qch. ♦ **grievance** *n* (*ground for complaint*) grief *m* (*against* contre); (*complaint*) doléance *f*; (*Ind*) différend *m*, conflit *m*; **to have a grievance against sb** en vouloir à qn. ♦ **grievous** *adj pain, loss, blow* cruel; *injury, fault, wrongs* grave; *crime, offence* odieux; *news* pénible; (*Jur*) **grievous bodily harm** coups *mpl* et blessures *fpl*.

♦ **grievously** *adv* cruellement; gravement; *wounded* grièvement.
grill [grɪl] **1** *n* **(a)** *(cooking utensil)* gril *m*; *(food)* grillade *f*; *(~ room)* grill *m*. **under the ~** au gril.
(b) *(also* **grille)** *(grating)* grille *f*; *(Aut: radiator* **~)** calandre *f*.
2 *vt* **(a)** faire griller. **~ed fish** poisson grillé.
(b) *(*: *interrogate)* faire subir un interrogatoire serré à, cuisiner*.
3 *vi* griller. **it's ~ing in here*** on grille ici*.
grim [grɪm] *adj (gen)* sinistre; *landscape, building* lugubre; *joke* macabre; *smile* sardonique; *face* sévère; *reality, necessity* dur *(before n)*; *truth* brutal; *(*: *unpleasant)* désagréable. **with ~ determination** avec une volonté inflexible; **to hold on to sth like ~ death** rester cramponné à qch de toutes ses forces; **life is rather ~*** la vie n'est pas drôle; **she's feeling pretty ~*** *(ill)* elle ne se sent pas bien du tout; *(depressed)* elle n'a pas le moral*. ♦ **grimly** *adv frown, look* d'un air mécontent; *continue, hold on* inexorablement; *fight, struggle* avec acharnement; *pledge* d'un air résolu.
grimace [grɪ'meɪs] **1** *n* grimace *f*. **2** *vi (from disgust etc)* faire la grimace; *(for fun)* faire des grimaces.
grime [graɪm] *n* crasse *f*, saleté *f*. ♦ **grimy** *adj* crasseux, sale.
grin [grɪn] **1** *vi* sourire; *(broadly)* avoir un grand sourire. **we must just ~ and bear it** il faut le prendre avec le sourire. **2** *n* (grand) sourire *m*.
grind [graɪnd] *(vb: pret, ptp* **ground)** **1** *n* (*) boulot* *m* pénible. **the daily ~** le boulot* quotidien; **I find maths a dreadful ~** pour moi les maths sont une vraie corvée. **2** *vt corn, coffee etc* moudre; *(crush)* écraser; *gems, lens* polir; *knife, blade* aiguiser (à la meule); *handle, pepper mill* tourner; *barrel organ* jouer de. **to ~ one's teeth** grincer des dents. **3** *vi* grincer. **to ~ to a halt** *[vehicle]* s'arrêter dans un grincement de freins; *[process, production]* s'arrêter progressivement.
grind down *vt sep substance* pulvériser; *(fig: oppress)* écraser.
grind up *vt sep* pulvériser.
♦ **grinder** *n (apparatus)* broyeur *m*; *(in kitchen)* moulin *m*; *(for knives)* affûteuse *f*. ♦ **grinding 1** *n (sound)* grincement *m*; **2** *adj poverty* accablant.
grip [grɪp] **1** *n* **(a)** *(handclasp)* poigne *f*; *(hold)* prise *f*, étreinte *f*. **to hold sth in a vice-like ~** tenir qch comme un étau; *(fig)* **to get a ~ on o.s.***, **to keep a ~ on o.s.** se contrôler; **to lose one's ~** lâcher prise; (*: *grow less efficient etc)* baisser*; **he lost his ~ on the rope** il a lâché la corde; **the tyres lost their ~ on the icy road** les pneus ont perdu leur adhérence sur la chaussée gelée; **he has a good ~ of his subject** il possède bien son sujet; **to come or get to ~s with** *person* en venir aux prises avec; *problem, situation* s'attaquer à; **in the ~ of winter/a strike** paralysé par l'hiver/par une grève. **(b)** *(suitcase)* valise *f*; *(bag)* sac *m* (de voyage). **2** *vt (grasp)* saisir; *(hold)* serrer, tenir serré; *[fear etc]* saisir; *[film, story]* empoigner. **to ~ the road** *[tyres]* adhérer à la chaussée; *[car]* coller à la route. **3** *vi [wheels]* adhérer; *[vice, brakes]* mordre; *[anchor]* crocher. ♦ **gripping** *adj story, play* passionnant.
gripe [graɪp] **1** *n (Med)* coliques *fpl*. **2** *vt (*: *anger)* mettre en boule*. **3** *vi (*: *grumble)* rouspéter* *(at* contre). ♦ **griping 1** *adj pain* lancinant; **2** *n (*: *grumbling)* rouspétance* *f*.
grisly [grɪzlɪ] *adj* macabre.
gristle [grɪsl] *n* tendons *mpl (dans la viande cuite)*. ♦ **gristly** *adj meat* tendineux.
grit [grɪt] **1** *n (sand)* sable *m*; *(gravel)* gravillon *m*; *(for fowl)* gravier *m*; (*: *courage)* cran* *m*. **a piece of ~ in the eye** une poussière dans l'œil; **he's got ~*** il a du cran*; *(US)* **~s** gruau *m* de maïs. **2** *vt* **(a) to ~ one's teeth** serrer les dents. **(b)** *road*

sabler. ♦ **gritty** *adj path etc* couvert de gravier; *fruit* graveleux.
grizzle [grɪzl] *vi (whine)* pleurnicher.
grizzled [grɪzld] *adj* grisonnant.
grizzly [grɪzlɪ] *n (~ bear)* ours *m* gris.
groan [grəʊn] **1** *n (of pain etc)* gémissement *m*; *(of disapproval, dismay)* grognement *m*. **2** *vi* gémir *(with* de); *grogner*; *[planks etc]* gémir.
grocer [grəʊsər] *n* épicier *m*. **at the ~'s (shop)** à l'épicerie, chez l'épicier. ♦ **grocery** *n (shop)* épicerie *f*; **~ies** *(goods)* provisions *fpl*.
groggy* [grɒgɪ] *adj (weak)* faible; *(unsteady, also from blow etc)* groggy*.
grogram [grɒgrəm] *n* gros-grain *m*.
groin [grɔɪn] *n* aine *f*.
groom [gruːm] **1** *n (for horses)* valet *m* d'écurie; *(bridegroom)* (futur *or* jeune) marié *m*. **2** *vt horse* panser. **the animal was ~ing itself** l'animal faisait sa toilette; **well-~ed** *person* très soigné; *(fig)* **to ~ sb for a post** former qn pour un poste.
groove [gruːv] *n (for sliding door etc)* rainure *f*; *(in column, screw)* cannelure *f*; *(in record)* sillon *m*; *(in penknife blade)* onglet *m*. **in the ~*** *(up-to-date)* dans le vent*; **he's in a ~*** il est pris dans la routine.
grope [grəʊp] *vi (~ about, ~ around)* tâtonner, aller à l'aveuglette. **to ~ for sth** chercher qch à tâtons; **to ~ for words** chercher ses mots; **to ~ (one's way) in** *etc* entrer *etc* à tâtons.
gross [grəʊs] **1** *adj* **(a)** *(coarse)* grossier; *(fat)* obèse; *injustice* flagrant; *abuse* choquant; *negligence* grave; *ignorance* crasse. **(b)** *weight, income* brut. **~ national product** revenu *m* national brut. **2** *n* **(a)** **in ~** *(wholesale)* en gros; *(fig)* en général. **(b)** *(pl inv: twelve dozen)* grosse *f*. **3** *vt (Comm etc)* faire une recette brute de. ♦ **grossly** *adv exaggerate etc* énormément; *unfair* extrêmement.
grotesque [grəʊ'tesk] *adj* grotesque.
grotto [grɒtəʊ] *n* grotte *f*.
grotty* [grɒtɪ] *adj room, food* minable*, affreux. **he was feeling ~** il ne se sentait pas bien.
grouch* [graʊtʃ] *vi* rouspéter*. ♦ **grouchy*** *adj* maussade.
ground[1] [graʊnd] **1** *n* **(a)** terre *f*, sol *m*; *(US Elec)* masse *f*. **(down) on the ~** par terre, sur le sol; **above ~** en surface *(du sol)*; **to fall to the ~** tomber à *or* par terre; **to get off the ~** *[plane]* décoller; *[scheme etc]* démarrer*. **(b)** *(soil)* sol *m*, terre *f*, terrain *m*. **stony ~** sol *or* terrain caillouteux. **(c)** *(area, piece of land)* terrain *m*, *(larger)* domaine *m*, terres *fpl*; *(territory)* territoire *m*; **hilly ~** pays *m* vallonné; **on French ~** en territoire français; **to hold** *or* **stand one's ~** ne pas lâcher pied; *(fig)* **to change** *or* **shift one's ~** changer son fusil d'épaule; **to gain ~** *(Mil)* gagner du terrain; *[idea etc]* faire son chemin; *(Mil, fig)* **to lose ~** perdre du terrain; *(fig)* **on dangerous ~** sur un terrain glissant; *(fig)* **to go over the same ~** reprendre les mêmes points; *(fig)* **on his own ~** sur son propre terrain; **football ~** terrain de football; *[gardens etc]* **~s** parc *m*. **(d)** *(reason)* **~s** raison *f*; **on medical ~s** pour (des) raisons médicales; **~s for divorce** motifs *mpl* de divorce; **on what ~s?** à quel titre?; **on the ~(s) of** pour raison de. **(e)** *(coffee)* **~s** marc *m* (de café).
2 *vt* **(a)** *plane, pilot* interdire de voler à; *(keep on ~)* retenir au sol. **(b)** *(US Elec)* mettre une prise de terre à.
3 *adj attack, control, staff* au sol. *(Aviat)* **~ crew** équipe *f* au sol; **~ floor** rez-de-chaussée *m*; *(Mil)* **~ forces** armée *f* de terre; **~ frost** gelée *f* blanche; **at ~ level** au ras du sol; *(US Elec)* **~ wire** fil *m* neutre.
♦ **grounding** *n* **(a)** *[plane]* interdiction *f* de vol; **(b)** *(in education)* connaissances *fpl* fondamentales, base *f*; **a good ~ing in French** une base

'solide en français. ♦ **groundless** adj fear etc sans fondement. ♦ **groundnut 1** n arachide f; **2** adj oil d'arachide. ♦ **groundsheet** n tapis m de sol. ♦ **groundsman** or ♦ **groundkeeper** n gardien m de stade. ♦ **groundspeed** n (Aviat) vitesse-sol f. ♦ **groundswell** n lame f de fond. ♦ **ground-to-air** adj sol-air inv. ♦ **ground-to-ground** adj sol-sol inv. ♦ **groundwork** n [undertaking] base f, travail m préparatoire; [novel, play etc] plan m.

ground² [graund] (pret, ptp of grind) adj coffee etc moulu.

group [gru:p] **1** n (gen) groupe m; (literary etc) cercle m. in ~s par groupes. **2** adj: ~ **dynamics** dynamique f de groupe(s); (Med) ~ **practice** cabinet m collectif; (Psych) ~ **therapy** psychothérapie f de groupe. **3** vi [people] se grouper. **4** vt (~ **together**) grouper.

grouse¹ [graus] n, pl inv (Orn) grouse f.

grouse²[*] [graus] **1** vi (grumble) râler* (at, about contre). **2** n grief m.

grovel ['grɒvl] vi être à plat ventre (to, before devant). ♦ **grovelling** adj rampant.

grow [grəu] pret grew, ptp grown **1** vi [plant, hair] pousser; [person, animal, friendship] grandir; [numbers, amount] augmenter; [club, group] s'agrandir; [love, influence, knowledge] augmenter, s'accroître. to ~ into a man devenir un homme; **we have ~n away from each other** nous nous sommes éloignés l'un de l'autre avec les années; to ~ **to** like finir par aimer; to ~ **big/grey** grandir; to ~ **angry** se fâcher. **2** vt plants cultiver, faire pousser; one's hair etc laisser pousser.

grow in vi [hair] repousser.

grow into vt fus clothes devenir assez grand pour mettre; habit acquérir (avec le temps).

grow on vt fus [habit etc] s'imposer petit à petit à. his paintings ~ **on one** plus on voit ses tableaux plus on les apprécie.

grow out of vt fus clothes devenir trop grand pour mettre; habit perdre (avec le temps).

grow up vi (a) devenir adulte. when I ~ **up** quand je serai grand; ~ **up!** ne sois pas si enfant! (b) [friendship, custom] naître.

♦ **grower** n cultivateur m, -trice f. ♦ **growing** adj plant qui pousse; child qui grandit; amount, friendship, feeling grandissant; group qui s'agrandit; opinion de plus en plus répandu; to **have a ~ing desire to do sth** avoir de plus en plus envie de faire qch; **fast-~ing** plant à croissance rapide; conviction, group croissant; ~ **ing pains** (Med) douleurs fpl de croissance; [business, project] difficultés fpl de croissance. ♦ **grown** adj (fully ~n) adulte; **he's a ~n man** il est adulte. ♦ **grown-up 1** n grande personne f; **2** adj de grande personne; **she's very ~n-up** elle fait très grande personne. ♦ **growth 1** n (a) (gen) croissance f; [numbers, amount etc] augmentation f (in de); **the ~th of interest in ...** l'intérêt croissant pour ...; **a 5 days' ~th** of beard une barbe de 5 jours; **a new ~th of hair** une nouvelle poussée de cheveux. (b) (Med) grosseur f (on à); **2** adj market, industry etc en (pleine) expansion.

growl [graul] **1** vi grogner (at contre); [thunder] gronder. **2** vt grogner. **3** n grognement m.

groyne [grɔin] n brise-lames m inv.

grub [grʌb] **1** n (a) (larva) larve f. (b) (*: food) bouffe* f. **2** vi (~ **about**, ~ **around**) fouiller (in, among dans; for pour trouver).

grubby ['grʌbi] adj sale. ♦ **grubbiness** n saleté f.

grudge [grʌdʒ] **1** vt: to ~ **sb sth** en vouloir à qn de qch; she ~s **paying £2** cela lui fait mal au cœur de payer 2 livres; **it's not the money I ~ but the time** ce n'est pas sur la dépense mais sur le temps que je rechigne. **2** n rancune f. to **bear a ~ against sb** en vouloir à qn, garder rancune à qn (for de). ♦ **grudging** adj person mesquin, peu généreux; contribution parcimonieux; gift, praise etc

accordé à contrecœur; admiration réticent. ♦ **grudgingly** adv de mauvaise grâce.

gruelling ['gruəliŋ] adj exténuant.

gruesome ['gru:səm] adj horrible, épouvantable.

gruff [grʌf] adj bourru. ♦ **gruffly** adv d'un ton bourru.

grumble ['grʌmbl] **1** vi grogner, ronchonner* (at, about contre), se plaindre (about, at de). **2** npl (also **grumblings**) ~s lamentations fpl; **without a ~** sans murmurer.

grumpy ['grʌmpi] adj maussade, grincheux. ♦ **grumpily** adv d'une façon maussade.

grunt [grʌnt] **1** vti grogner. **2** n grognement m. to **give a ~** pousser un grognement; (in reply) répondre par un grognement.

guarantee [,gærən'ti:] **1** n garantie f (against contre). **there is a year's ~** on this watch cette montre a une garantie d'un an; **'money-back ~ with all items'** 'remboursement garanti sur tous articles'; **there's no ~ that it will happen** il n'est pas garanti que cela arrivera; **there's no ~ that it actually happened** il n'est pas certain que cela soit arrivé. **2** adj: ~ **form** garantie f (fiche). **3** vt goods etc garantir (against contre; for 2 years pendant 2 ans); behaviour, loan se porter garant de. **I ~ that he will do it** je garantis or certifie qu'il le fera; **I can't ~ that he will come** je ne peux pas certifier qu'il viendra; **I can't ~ that he did it** je ne peux pas certifier qu'il l'ait fait. ♦ **guarantor** n garant(e) m(f).

guard [gɑ:d] **1** n (a) (gen, also Mil, Boxing etc) garde f. to **go on/come off ~** prendre/finir son tour de garde; to **be on ~** être de garde; to **keep or stand ~** monter la garde; to **keep or stand ~ on** sb/sth **V 3** below; **he was taken under ~** ... il a été emmené sous escorte à ...; to **keep sb under ~** garder qn sous surveillance; to **put a ~ on** sb/sth faire surveiller qn/qch; to **be on one's ~** se tenir sur ses gardes (against contre); to **put sb on his ~** mettre qn en garde (against contre); to **catch sb off his ~** prendre qn au dépourvu. (b) (Mil etc: squad) garde f; (one man) garde m. ~ **of honour** garde f d'honneur; (on either side) haie f d'honneur; **one of the old ~** un vieux de la vieille*; (Mil) **the G~s** les régiments mpl de la garde royale. (c) (Brit Rail) chef m de train. (Brit Rail) ~**'s van** fourgon m du chef de train. (d) (on machine) dispositif m de sûreté; (fire ~) garde-feu m inv.

2 adj: ~ **dog** chien m de garde; (Mil) **on ~ duty** de garde.

3 vt (defend) défendre (against contre); (protect) protéger (from contre); (also **keep** or **stand ~ on**) treasure, president garder; prisoner, suspect car surveiller.

guard against vt fus infection etc se protéger contre; anger, reaction se tenir sur ses gardes contre. to ~ **against doing** se garder de faire; to ~ **against sth happening** empêcher que qch ne se produise.

♦ **guarded** adj remark, tone etc circonspect. ♦ **guardedly** adv avec circonspection. ♦ **guardhouse** n (Mil) corps m de garde; (for prisoners) salle f de police. ♦ **guardian** n (gen) gardien(ne) m(f); [child] tuteur m, -trice f; **~ian angel** ange m gardien. ♦ **guardrail** n barrière f de sécurité. ♦ **guardroom** n (Mil) corps m de garde. ♦ **guardsman** n (Brit Mil) garde m (de la garde royale); (US) soldat m de la garde nationale.

guava ['gwɑ:və] n goyave f.

gudgeon ['gʌdʒən] n (fish) goujon m; (Tech) tourillon m.

Guernsey ['gɜ:nzi] n Guernesey m or f.

guerrilla [gə'rilə] **1** n guérillero m. **2** adj tactics de guérilla; strike sauvage. ♦ ~ **group** guérilla f (troupe); ~ **war(fare)** guérilla f (guerre).

guess [ges] **1** n supposition f, conjecture f. to **have or make a ~** essayer de deviner (at sth qch), (*more formally*) hasarder une conjecture; **have a ~!** essaie de deviner!; **that was a good ~ but ...** c'était une bonne intuition mais ...; **it was just a lucky ~** j'ai deviné juste, c'est tout; **at a (rough) ~** à vue de nez, grosso modo; **my ~ is that he refused** d'après moi il aura refusé; **your ~ is as good as mine!*** je n'en sais pas plus que toi!; **it's anyone's ~*** who will win impossible de prévoir qui va gagner; **by ~ and by God*** Dieu sait comment. **2** *vt* **(a)** *answer, sb's age, name etc* deviner; *height, numbers etc* estimer, évaluer. **I ~ed him to be about 20** j'estimais qu'il avait à peu près 20 ans; **~ how heavy he is** devine combien il pèse; **I ~ed as much** je m'en doutais; **~ who!*** devine qui c'est! **(b)** (*surmise*) supposer (*that* que); (*US: believe*) croire, penser. **I ~ so** probablement; **I ~ not** je ne crois pas. **3** *vi* deviner. **to ~ right** deviner juste; **to ~ wrong** tomber à côté*; **to keep sb ~ing** laisser qn dans le doute; **to ~ at = guess 2a.** ◆ **guesswork** *n*: **it was sheer ~work** ce n'étaient que des conjectures *fpl*; **by ~work** en devinant, par flair.

guest [gest] **1** *n* (*at home*) invité(e) *m(f)*, hôte *mf*; (*at table*) convive *mf*; (*in hotel*) client(e) *m(f)*; (*in boarding house*) pensionnaire *mf*. **~ of honour** invité(e) d'honneur; **be my ~!*** fais comme chez toi!* **2** *adj* (*Theat*) *artist, speaker etc* invité; *list* des invités. **~ room** chambre *f* d'amis. ◆ **guest house** *n* pension *f* de famille.

guffaw [gʌˈfɔː] **1** *vi* rire bruyamment. **2** *n* gros rire *m*.

guide [gaɪd] **1** *n* **(a)** (*gen*) guide *m*; (*fig*) indication *f*. **let reason be your ~** il faut vous laisser guider par la raison; **this figure is only a ~** ce chiffre n'est qu'une indication; **as a rough ~** en gros, à peu près. **(b)** (*~book*) guide *m* (*to* de); (*instructions*) manuel *m*. **beginner's ~ to sailing** manuel d'initiation à la voile. **(c)** (*girl ~*) éclaireuse *f*, guide *f*. **2** *vt*: **to be ~d by** se laisser guider par. **3** *adj*: **~ dog** chien *m* d'aveugle. ◆ **guidance 1** *n* **(a)** conseils *mpl* (*about* quant à); **for your guidance** à titre d'information; **(b)** *[rocket etc]* guidage *m*. **2** *adj* system de guidage. ◆ **guided** *adj* *missile etc* téléguidé; **~d tour** visite *f* guidée. ◆ **guidelines** *npl* lignes *fpl* directrices. ◆ **guiding** *adj* *principle* directeur; **guiding star** guide *m*; **he needs a guiding hand** il faut l'aider de temps en temps.

guild [gɪld] *n* (*gen*) association *f*; (*Hist*) guilde *f*.

guile [gaɪl] *n* (*deceit*) fourberie *f*; (*cunning*) ruse *f*. ◆ **guileless** *adj* franc (*f* franche), sincère.

guillotine [ˌgɪləˈtiːn] **1** *n* guillotine *f*; (*for papercutting*) massicot *m*; (*Parl*) limite *f* de temps. **2** *vt* guillotiner; massicoter.

guilt [gɪlt] *n* culpabilité *f*. **tormented by ~** torturé par un sentiment de culpabilité; (*Psych*) **~ feelings** sentiments *mpl* de culpabilité (*about sth* quant à qch; *about sb* vis-à-vis de qn). ◆ **guiltless** *adj* innocent (*of* de). ◆ **guilty** *adj* coupable (*of* de); **~y person** *or* **party** coupable *mf*; **to plead ~y/not ~y** plaider coupable/non coupable; **verdict of ~y/not ~y** verdict *m* de culpabilité/d'acquittement; **I have been ~y of that myself** j'ai moi-même commis la même erreur; **I feel very ~y about not writing to her** je suis plein de remords de ne pas lui avoir écrit.

guinea-pig [ˈgɪnɪpɪg] *n* cochon *m* d'Inde. (*fig*) **to be a ~** servir de cobaye *m* (*for sth* pour qch).

guitar [gɪˈtɑːʳ] *n* guitare *f*. ◆ **guitarist** *n* guitariste *mf*.

gulf [gʌlf] *n* (*lit, fig*) gouffre *m*; (*in ocean*) golfe *m*. **the Persian G~** le golfe Persique; **G~ Stream** Gulf Stream *m*.

gull [gʌl] *n* mouette *f*, goéland *m*.

gullet [ˈgʌlɪt] *n* gosier *m*.

gullible [ˈgʌlɪbl] *adj* crédule. ◆ **gullibility** *n* crédulité *f*.

gully [ˈgʌlɪ] *n* ravine *f*.

gulp [gʌlp] **1** *n*: **to swallow sth at one ~** avaler qch d'un seul coup; **'yes' he replied with a ~** 'oui' répondit-il la gorge serrée; **he took a ~ of milk** il a avalé une gorgée de lait. **2** *vt* (**~ down**) *food* avaler à grosses bouchées; *drink* avaler à pleine gorge. **3** *vi* essayer d'avaler. **he ~ed** (*from emotion etc*) sa gorge s'est serrée.

gum¹ [gʌm] *n* (*Anat*) gencive *f*. ◆ **gumboil** *n* fluxion *f* dentaire.

gum² [gʌm] **1** *n* (*glue*) gomme *f*, colle *f*; (*for chewing*) chewing-gum *m*; (*sweet: fruit ~*) boule *f* de gomme. **by ~!*** nom d'un chien!*; (*fig*) **to be up a ~ tree** être dans le lac* (*fig*). **2** *vt* (*put ~ on*) (**~ down**) coller. **~med label** étiquette *f* gommée. **gum down** *vt sep* coller (et fermer). **gum up** *vt sep* (*spoil*) abîmer, bousiller*. ◆ **gumboots** *npl* bottes *fpl* de caoutchouc.

gumption* [ˈgʌmpʃən] *n* jugeote* *f*, bon sens *m*.

gun [gʌn] **1** *n* (*small*) pistolet *m*, revolver *m*; (*rifle*) fusil *m*; (*cannon*) canon *m*. **he's got a ~!** il est armé!; **he was carrying a ~** il avait une arme (à feu); **to draw a ~ on sb** braquer une arme sur qn; **a 21-~ salute** une salve de 21 coups de canon; (*Mil*) **the ~s** les canons, l'artillerie *f*; **the big ~s** (*Mil*) les gros canons; (*: people*) les grosses légumes*; **to be going great ~s** *[business]* marcher à pleins gaz*; *[person]* être en pleine forme; **paint ~** pistolet *m* à peinture. **2** *adj* (*Mil*) **~ crew** peloton *m* de pièce; **~ dog** chien *m* de chasse; **~ licence** permis *m* de port d'armes. **3** *vt* (**a**) (**~ down**) abattre. **(b)** (*Aut*) **to ~ the engine** faire ronfler le moteur. **4** *vi* (*fig*) **to be ~ning for sb*** chercher qn, essayer d'avoir qn. ◆ **gunboat** *n* canonnière *f*. ◆ **gunfight** *n* échange *m* de coups de feu. ◆ **gunfire** *n* (*rifles etc*) fusillade *f*; (*cannons*) tir *m* d'artillerie. ◆ **gunman** *n* bandit *m* armé; (*Pol etc*) terroriste *m*. ◆ **gunner** *n* artilleur *m*. ◆ **gunnery 1** *n* (*science etc*) tir *m* au canon; (*guns*) artillerie *f*; **2** *adj* *officer* de tir. ◆ **gunpoint** *n*: **at ~point** *hold sb* sous son pistolet, au bout de son fusil; *do sth, force sb* sous la menace du pistolet. ◆ **gunpowder** *n* poudre *f* à canon. ◆ **gunrunner** *n* trafiquant *m* d'armes. ◆ **gunrunning** *n* trafic *m* d'armes. ◆ **gunshot 1** *n* (*sound*) coup *m* de feu; **2** *adj*: **~shot wound** blessure *f* de balle. ◆ **gunsmith** *n* armurier *m*.

gurgle [ˈgɜːgl] **1** *n* *[water]* glouglou *m*; *[stream]* murmure *m*; *[laughter]* gloussement *m*; *[baby]* gazouillis *m*. **2** *vi* glouglouter; murmurer; glousser; gazouiller.

guru [ˈguːruː] *n* gourou *m*.

gush [gʌʃ] **1** *n* flot *m*. **2** *vi* **(a)** (**~ out**) jaillir. *[water]* **to ~ in** etc entrer etc en bouillonnant. **(b)** *[person]* se répandre en compliments (*over* sur; *about* à propos de). ◆ **gushing** *adj* *water etc* bouillonnant; *person* trop démonstratif.

gust [gʌst] *n* *[wind]* coup *m* de vent, rafale *f*; *[smoke]* bouffée *f*; *[rage etc]* accès *m*. **~ of rain** averse *f*; **a ~ of laughter** un grand éclat de rire.

gusto [ˈgʌstəʊ] *n* enthousiasme *m*. **with ~** *say* vivement; *eat* avec grand appétit.

gut [gʌt] **1** *n* (*Anat*) boyau *m*, intestin *m*; (*Med: for stitching*) catgut *m*; (*Mus etc*) corde *f* de boyau. **~s** (*Anat*) boyaux *mpl*; (*:fig: courage*) cran* *m*; **he's got ~s!** je ne peux pas le sentir*. **2** *vt* (*Culin*) vider. **fire ~ted the house** le feu n'a laissé que les quatre murs de la maison. **3** *adj*: **~ feeling** sentiment *m* instinctif; **~ reaction** réaction *f* viscérale. ◆ **gutless*** *adj* qui manque de cran*. ◆ **gutsy*** *adj* qui a du punch.

gutter [ˈgʌtəʳ] **1** *n* *[roof]* gouttière *f*; *[road]* caniveau *m*. (*fig*) **language of the ~** langage *m* de corps de garde; **to rise from the ~** sortir du ruisseau (*fig*). **2** *vi* *[candle]* couler; *[flame]* vaciller. **3** *adj*: **~ press** la presse à scandale. ◆ **guttersnipe** *n* gamin(e) *m(f)* des rues.

guttural [ˈgʌtərəl] *adj* guttural.

guy[1] [gaɪ] 1 n (*) type* m, individu m. **nice** ~ type bien*; **smart** or **wise** ~ malin m; **tough** ~ dur* m. 2 vt person tourner en ridicule; (*Theat*) part travestir.

guy[2] [gaɪ] n (~-**rope**) corde f de tente.

guzzle ['gʌzl] 1 vi s'empiffrer*. 2 vt food bâfrer*; drink siffler*.

gym [dʒɪm] 1 n (*gymnastics*) gym* f; (*gymnasium*) gymnase m; (*Scol*) salle f de gym*. 2 adj: ~ **shoes** (chaussures fpl de) tennis fpl.

gymnasium [dʒɪm'neɪzɪəm] n gymnase m. ♦ **gymnast** n gymnaste mf. ♦ **gymnastic** adj gymnastique. ♦ **gymnastics** n (sg: art) gymnastique f; (pl: activity) to do **gymnastics** faire de la gymnastique.

gynaecology, (*US*) **gyne-** [ˌgaɪnɪ'kɒlədʒɪ] n gynécologie f. ♦ **gyn(a)ecological** adj gynécologique. ♦ **gyn(a)ecologist** n gynécologue mf.

gypsy ['dʒɪpsɪ] = **gipsy**.

gyrate [ˌdʒaɪə'reɪt] vi décrire des girations. ♦ **gyration** n giration f.

gyro ... ['dʒaɪərəʊ] pref gyro ... . ♦ **gyrocompass** n gyrocompas m. ♦ **gyroscope** n gyroscope m. ♦ **gyrostabilizer** n gyrostabilisateur m.

H

H, h [eɪtʃ] *n* H, h *m or f.* **aspirate/silent h** h aspiré/muet. ◆ **H-bomb** *n* bombe *f* H.

haberdasher ['hæbədæʃəᵣ] *n* (*Brit*) mercier *m*, -ière *f*; (*US*) chemisier *m*, -ière *f*. ◆ **haberdashery** *n* mercerie *f*; chemiserie *f*.

habit ['hæbɪt] *n* (a) (*custom*) habitude *f*, coutume *f.* **to be in the ~** *or* **to make a ~** *or* **to have a ~ of doing** avoir l'habitude *or* la manie (*slightly pej*) de faire; **I don't make a ~ of it** je le fais rarement, je ne le fais pas souvent; **don't make a ~ of it!** et ne recommence pas!; **to get** *or* **fall into bad ~s** prendre *or* contracter de mauvaises habitudes; **to get into/out of the ~ of doing** prendre/ perdre l'habitude de faire; **to get sb into the ~ of doing** habituer qn à faire; **from (sheer) ~** par (pure) habitude. (b) (*costume*) habit *m.* ◆ **habit-forming** *adj* qui crée une accoutumance.

habitable ['hæbɪtəbl] *adj* habitable. ◆ **habitat** *n* habitat *m.* ◆ **habitation** *n* habitation *f*; **fit for habitation** habitable.

habitual [hə'bɪtjuəl] *adj* (*gen*) habituel; *liar, drinker etc* invétéré. ◆ **habitually** *adv* habituellement, d'habitude. ◆ **habituate** *vt* habituer (*to* à).

hack¹ [hæk] *vt* (a) (*cut*): **~ up** hacher, tailler. **to ~ sth to pieces** tailler qch en pièces. (b) (*strike*) frapper; (*kick*) donner des coups de pied à.

hack down *vt sep* abattre (à coups de couteau etc).

◆ **hacking¹** *adj*: **~ing cough** toux *f* sèche (et opiniâtre). ◆ **hacksaw** *n* scie *f* à métaux.

hack² [hæk] *n* **1** (a) (*worn-out horse*) haridelle *f*; (*ride*) promenade *f* à cheval. **to go for a ~** (aller) se promener à cheval. (b) (**~ writer**) nègre *m* (*écrivain*). **he was just a (literary) ~** il ne faisait que de la littérature alimentaire. **2** *vi*: **to go ~ing** (aller) se promener à cheval. ◆ **hacking²** *adj*: **~ing jacket** veste *f* de cheval. ◆ **hackwork** *n* travail *m* de nègre. ◆ **hack-writing** *n* écrits *mpl* alimentaires.

hackney ['hæknɪ] *adj*: **~ carriage** voiture *f* de louage.

◆ **hackneyed** *adj subject* rebattu; *phrase* galvaudé; **~ed expression** cliché *m.*

had [hæd] *pret, ptp of* have.

haddock ['hædək] *n* églefin *m*. **smoked ~** haddock *m.*

haem(a)..., (*US*) **hem(a)...** ['hiːm(ə)] *pref* hém(a)... . ◆ **h(a)ematology** *n* hématologie *f.* ◆ **h(a)emoglobin** *n* hémoglobine *f.* ◆ **h(a)emophilia** *n* hémophilie *f.* ◆ **h(a)emophiliac** *adj, n* hémophile (*mf*). ◆ **h(a)emorrhage** *n* hémorragie *f.* ◆ **h(a)emorrhoids** *npl* hémorroïdes *fpl.*

hag [hæg] *n* (*ugly*) vieille sorcière *f*; (*: nasty*) chameau* *m.* ◆ **hag-ridden** *adj* tourmenté.

haggard ['hægəd] *adj face* hâve, émacié; *look* hagard, égaré.

haggle ['hægl] *vi* marchander. **to ~ about** *or* **over sth** chicaner sur qch. ◆ **haggling** *n* marchandage *m.*

Hague [heɪg] *n*: **The ~** La Haye.

hail¹ [heɪl] **1** *n* grêle *f* (*also fig: of missiles etc*). **2** *vi* grêler. ◆ **hailstone** *n* grêlon *m.* ◆ **hailstorm** *n* averse *f* de grêle.

hail² [heɪl] **1** *vt* (a) (*acknowledge*) acclamer (*as* comme); (*greet*) saluer. (*excl*) **~!** je vous salue!; **the H~** Mary l'Avé Maria *m.* (b) *ship, taxi,*

person héler. **2** *vi* (*Naut*) être en provenance (*from* de); (*person*) être originaire (*from* de). **where do you ~ from?** d'où êtes-vous? **3** *n* appel *m.* **within ~** à portée de voix. ◆ **hail-fellow-well-met** *adj* liant, exubérant.

hair [hɛəᵣ] **1** *n* (a) [*person*] cheveux *mpl*; (*on body*) poils *mpl*; [*animal*] pelage *m.* **he has black ~** il a les cheveux noirs; **a man with long ~, a long-~ed man** un homme aux cheveux longs; **a fine head of ~** une belle chevelure; **to wash one's ~** se laver les cheveux *or* la tête; **to do one's ~** se coiffer; **she always does my ~** very well elle me coiffe toujours très bien; **her ~ is always very nice** elle est toujours très bien coiffée; **to have one's ~ done** se faire coiffer; **to get one's ~ cut** se faire couper les cheveux; **to make sb's ~ stand on end** faire dresser les cheveux sur la tête à qn; (*fig*) **to let one's ~ down*** se défouler*; **keep your ~ on!*** du calme!; **he gets in my ~*** il me tape sur les nerfs*. (b) (*single ~*) [*head*] cheveu *m*; [*body, animal*] poil *m.* **not a ~ of his head was harmed** on ne lui a pas touché un cheveu; **it was hanging by a ~** cela ne tenait qu'à un cheveu; **to remove unwanted ~ from one's legs** *etc* s'épiler les jambes etc; **he's got him by the short ~s*** il lui tient le couteau sur la gorge; **try a ~ of the dog that bit you*** reprends un petit verre pour faire passer ta gueule de bois*.

2 *adj* (a) *sofa, mattress etc* de crin. (b) (*~ appointment*) rendez-vous *m* chez le coiffeur; **~ clippers** (*npl*) tondeuse *f*; **~ cream** brillantine *f*; **~ lacquer** laque *f*; **~ oil** huile *f* capillaire; **~ remover** crème *f* épilatoire; **~ restorer** régénérateur *m* des cheveux; **~ roller** rouleau *m*; **~ set** mise *f* en plis; **~ spray** laque *f* (en bombe *etc*); **a can of ~ spray** une bombe de laque; **~ style** coiffure *f* (*arrangement des cheveux*); **~ stylist** coiffeur *m*, -euse *f.*

◆ **hairband** *n* bandeau *m.* ◆ **hairbreadth** *or* ◆ **hairsbreadth** *n*: **by a ~breadth** de justesse; **he was within a ~breadth of doing** il a failli faire. ◆ **hairbrush** *n* brosse *f* à cheveux. ◆ **haircut** *n*: **to have** *or* **get a ~cut** se faire couper les cheveux; **I like your ~cut** j'aime ta coupe de cheveux. ◆ **hairdo*** *n* coiffure *f.* ◆ **hairdresser** *n* coiffeur *m*, -euse *f*; **~dresser's (shop** *or* **salon)** salon *m* de coiffure. ◆ **hairdressing** *n* coiffure *f* (*métier*). ◆ **hair-drier** *n* séchoir *m* à cheveux. ◆ **hair-grip** *n* pince *f* à cheveux. ◆ **hairline 1** *n* naissance *f* des cheveux; **he has a receding ~line** son front se dégarnit; **2** *adj*: **~line fracture** fêlure *f*; **~line crack légère** fêlure. ◆ **hairnet** *n* résille *f.* ◆ **hairpiece** *n* postiche *m.* ◆ **hairpin 1** *n* épingle *f* à cheveux; **2** *adj*: **~pin bend** virage *m* en épingle à cheveux. ◆ **hair-raising** *adj* à vous faire dresser les cheveux sur la tête. ◆ **hair-splitting 1** *n* ergotage *m*, chicanerie *f*; **2** *adj* ergoteur, chicanier. ◆ **hairy** *adj body, animal* velu, poilu; *scalp* chevelu; *person* hirsute; (*Bot*) velu; (*: frightening*) à vous faire dresser les cheveux sur la tête.

hake [heɪk] *n* colin *m.*

hale [heɪl] *adj*: **~ and hearty** en pleine santé.

half [hɑːf] *pl* **halves 1** *n* (a) moitié *f*; demi(e) *m(f).* **to cut/break in ~** couper/casser en deux; **one ~ of the apple** une *or* la moitié de la pomme; **to take ~**

of prendre la moitié de; **two halves make a whole** deux demis font un tout; **he doesn't do things by halves** il ne fait pas les choses à moitié; **to go halves in sth with sb** se mettre de moitié avec qn pour qch; **bigger by ~** moitié plus grand; **too clever by ~** un peu trop malin; **and that's not the ~ of it!*** et ce n'est pas le mieux!; *(fig)* **to see how the other ~ lives*** aller voir comment vivent les autres; *[rail ticket]* **outward/return ~** billet *m* aller/retour. **(b)** *(Sport)* *(player)* demi *m*; *(part of match)* mi-temps *f*; *(Scol: term)* semestre *m*.

2 *adj* demi. **a ~ cup**, **~ a cup** une demi-tasse; **two and a ~ hours** deux heures et demie; **two and a ~ kilos** deux kilos et demi; *(fig)* **in ~ a second*** en moins de rien; **to listen with ~ an ear** n'écouter que d'une oreille; **I don't like ~ measures** je n'aime pas faire les choses à moitié.

3 *adv* **(a)** à moitié, à demi. **~ asleep/full/done** à moitié endormi/plein/fait; **~ dressed/open** à demi vêtu/ouvert; **~ French ~ English** mi-français mi-anglais; **~ laughing ~ crying** moitié riant moitié pleurant; **he ~ rose to his feet** il s'est levé à demi; **I ~ think** je serais tenté de penser; **I ~ suspect that ...** je soupçonne presque que ...; **I'm ~ afraid that** j'ai un peu peur que +ne +*subj*; **not ~* rich** drôlement* riche; **she didn't ~* like it** ça lui a drôlement* plu; **not ~!*** et comment!*; **it is ~ past three** il est trois heures et demie. **(b)** **~ as big as** moitié moins grand que; **~ as big again** moitié plus grand; **~ as much as** moitié moins que; **~ as much again** moitié plus.

♦ **half-and-half** *adv* moitié-moitié. ♦ **half-back** *n* *(Sport)* demi *m*. ♦ **half-baked** *adj* *(fig)* à la manque*. ♦ **half-brother** *n* demi-frère *m*. ♦ **half-caste** *adj, n* métis(se) *m(f)*. ♦ **half-circle** *n* demi-cercle *m*. ♦ **half-dead** *adj* à moitié mort *(with* de). ♦ **half-dozen** *or* ♦ **half-a-dozen** *n* demi-douzaine *f*. ♦ **half-fare 1** *n* demi-tarif *m*; **2** *adv* à demi-tarif. ♦ **half-fill** *vt* remplir à moitié. ♦ **half-hearted** *adj* *manner, person* tiède; *attempt* sans conviction; *welcome* peu enthousiaste. ♦ **half-heartedly** *adv* avec tiédeur; sans conviction; sans enthousiasme. ♦ **half-holiday** *n* demi-journée *f* de congé. ♦ **half-hour** *or* ♦ **half-an-hour** *n* demi-heure *f*. ♦ **half-hourly** *adv, adj* toutes les demi-heures. ♦ **half-light** *n* demi-jour *m*. ♦ **half-mast** *n*: **at ~-mast** en berne. ♦ **half-moon** *n* demi-lune *f*; *(on fingernail)* lunule *f*. ♦ **half-open 1** *adj* entrouvert; **2** *vt* entrouvrir. ♦ **half-pay** *n*: **on ~-pay** à demi-salaire; *(Mil)* en demi-solde. ♦ **halfpenny** ['heɪpnɪ] *n* demi-penny *m*; **he hasn't got a ~penny** il n'a pas le sou. ♦ **half-price** *n*: **at ~-price** à moitié prix; **the goods were reduced to ~-price** le prix des articles était réduit de moitié; **children admitted at ~-price** les enfants paient demi-tarif. ♦ **half-seas over*** *adj* dans les vignes du Seigneur. ♦ **half-sister** *n* demi-sœur *f*. ♦ **half-term (holiday)** *n* congé *m* de demi-trimestre. ♦ **half-time 1** *n* *(Sport, Ind)* mi-temps *f*; **2** *adv, adj* à mi-temps. ♦ **halfway** *adv, adj* à mi-chemin *(to* de; *between* entre); **~way up** *or* **down** (the hill) à mi-côte, à mi-pente; **we're ~way there** nous n'avons plus que la moitié du chemin à faire; **to meet sb ~way** aller à la rencontre de qn; *(fig)* couper la poire en deux; **~way through sth** à la moitié de qch. ♦ **half-wit** *n* idiot(e) *m(f)*. ♦ **half-witted** *adj* idiot. ♦ **half-yearly 1** *adj* semestriel; **2** *adv* tous les six mois.

halibut ['hælɪbət] *n* flétan *m*.

halitosis [,hælɪ'təʊsɪs] *n* mauvaise haleine.

hall [hɔːl] **1** *n* **(a)** *(public room)* (grande) salle *f*. **(b)** *(mansion)* manoir *m*. *(Univ)* **~/~s of residence** pavillon *m*/cité *f* universitaire. **(c)** *(entrance way)* entrée *f*, hall *m*; *(corridor)* couloir *m*. **2** *adj*: **~ porter** concierge *mf*. ♦ **hallmark** *n* poinçon *m*; *(fig)* marque *f*. ♦ **hallstand** *n* *or* ♦ **hall-tree** *(US)* *n* portemanteau *m*. ♦ **hallway** *n* vestibule *m*; *(corridor)* couloir *m*.

hallo [hə'ləʊ] *excl* *(in greeting)* bonjour!; *(Telec)* allô!; *(to attract attention)* hé!; *(in surprise)* tiens!

Hallowe'en ['hæləʊ'iːn] *n* veille *f* de la Toussaint.

hallucination [hə,luːsɪ'neɪʃən] *n* hallucination *f*.

halo ['heɪləʊ] *n* auréole *f*; *(Astron)* halo *m*.

halt [hɔːlt] **1** *n* halte *f*, arrêt *m*. **5 minutes' ~** 5 minutes d'arrêt; **to come to a ~** s'arrêter; **to call a ~** *(order a stop)* commander halte; *(stop)* faire halte; *(fig)* **to call a ~ to sth** mettre fin à qch. **2** *vi* s'arrêter. **~! halte!** **3** *vt* *vehicle* faire arrêter; *process* interrompre. ♦ **halting** *adj* hésitant. ♦ **haltingly** *adv* de façon hésitante.

halter ['hɔːltər] *n* licou *m*.

halve [hɑːv] *vt* *apple etc* partager en deux (moitiés égales); *expense, time* réduire de moitié.

halves [hɑːvz] *npl of* **half**.

ham [hæm] **1** *n* **(a)** jambon *m*. **~ and eggs** œufs *mpl* au jambon. **(b)** *(Theat*: *pej)* cabotin(e)* *m(f)*; *(Rad*)* radio-amateur *m*. **2** *adj* *sandwich* au jambon. **3** *vti* *(Theat*: *also* **~ it up)** forcer son rôle. ♦ **ham-fisted** *or* ♦ **ham-handed** *adj* maladroit. ♦ **hamstring** *vt* *(fig)* couper ses moyens à.

hamburger ['hæm,bɜːgər] *n* hamburger *m*.

hamlet ['hæmlɪt] *n* hameau *m*.

hammer ['hæmər] **1** *n* marteau *m*. **the ~ and sickle** la faucille et le marteau; **to go at sth ~ and tongs** faire qch avec acharnement; **to come under the ~** être mis aux enchères. **2** *vt* marteler; *(*: *defeat)* battre à plate couture; *(criticize severely)* *film etc* éreinter. **to ~ a nail into a plank** enfoncer un clou dans une planche (à coups de marteau); **to ~ into shape** *metal* façonner au marteau; *plan* mettre au point; **to ~ an idea into sb's head** faire entrer de force une idée dans la tête de qn. **3** *vi* *(lit)* frapper (au marteau). *(fig)* **he was ~ing at the door** il frappait à la porte à coups redoublés. ♦ **hammer down** *vt sep* *nail* enfoncer; *plank* fixer. ♦ **hammer out** *vt sep* *plan, agreement* élaborer (avec difficulté).

hammock ['hæmək] *n* hamac *m*.

hamper[1] ['hæmpər] *n* *(basket)* panier *m* d'osier.

hamper[2] ['hæmpər] *vt* *(hinder)* gêner.

hamster ['hæmstər] *n* hamster *m*.

hand [hænd] **1** *n* **(a)** main *f*. **on (one's) ~s and knees** à quatre pattes; **to have in one's ~** *book* tenir à la main; *money* avoir dans la main; *victory* tenir entre ses mains; **give me your ~** donne-moi la main; **to take sb's ~** prendre la main de qn; **by the ~** par la main; **with** *or* **in both ~s** à deux mains; **~s up!** *(at gunpoint)* haut les mains!; *(in school etc)* levez la main!; **~s off!** bas les pattes!*; **~s off the sweets!** ne touche pas aux bonbons!; **~s off our village** laissez notre village tranquille; *(lit)* **~ over ~** *or* **fist** main sur main; *(fig)* **he's making money ~ over fist** il fait des affaires d'or; **good with his ~s** adroit de ses mains.

(b) *(phrases)* **at ~** *object* à portée de la main; *money, information* disponible; *summer, date* tout proche; **at first ~** de première main; **by ~** à la main; **from ~ to ~** de main en main; **to live from ~ to mouth** vivre au jour le jour; **pistol in ~** pistolet *m* au poing; **to put in(to) sb's ~s** remettre entre les mains de qn; **in good ~s** en bonnes mains; **I have this matter in ~** je suis en train de m'occuper de cette affaire; **he had £6,000 in ~** il avait 6 000 livres de disponibles; **cash in ~** encaissé *f*; **the matter in ~** l'affaire en question; **he had the situation well in ~** il avait la situation bien en main; **she took the child in ~** elle a pris l'enfant en main; **to keep o.s. well in ~** se contrôler; **work in ~** travail *m* en cours; **to have sth on one's ~s** avoir qch sur les bras; **on the right/left ~** du côté droit/gauche; **on my right ~** à ma droite; **on every ~**, **on all ~s** de tous côtés; **on the one ~ ... on the other ~** d'une part ... d'autre part; **to get sth off one's ~s** se débarrasser de qch; **it/she was off his ~s** il n'avait plus à s'en occuper/à s'occuper d'elle; **out of** ~ *condemn* sans jugement; *execute* sommairement; **to get out of** ~ devenir impossible; **to** ~ **under the sign** sous la main; **they are** ~ **in glove** ils s'entendent comme larrons en foire; ~ **in glove with** de mèche avec; **he never does a** ~'**s turn** il ne remue pas le petit doigt; **to eat out of sb's** ~ manger dans la main de qn; *(fig)* marcher au doigt et à l'œil; **to get one's** ~ **in** se faire la main; **to keep one's** ~'**s off sth** s'empêcher de toucher à qch; **to have one's** ~**s full** avoir fort à faire *(with* avec); **to have a** ~ **in** *piece of work, decision* être pour qch dans; *crime, plot* être mêlé à; **she had a** ~ **in it** elle y était pour qch; **I will have no** ~ **in it** je ne veux rien avoir à faire là-dedans; **to take a** ~ **in** *(doing)* sth contribuer à (faire) qch; **to give sb a** ~ donner un coup de main à qn *(to do* pour faire); **to get/have the upper** ~ **of** sb prendre/avoir le dessus sur qn; **to put** *or* **set one's** ~ **to** sth entreprendre qch; **empty-**~**ed** les mains vides; **to win sth** ~**s down** gagner qch haut la main; **to be waited on** ~ **and foot** se faire servir comme un prince; *[horse]* 13 ~**s high** de 13 paumes.

   (c) *(worker)* travailleur *m*, -euse *f* manuel(le), ouvrier *m*, -ière *f*. ~**s** *(Ind etc)* main-d'œuvre *f*; *(Naut)* hommes *mpl*; **all** ~**s on deck** tout le monde sur le pont; *(Naut)* **lost with all** ~**s** perdu corps et biens; **he's a great** ~ **at** *(doing)* **that** il est vraiment doué pour (faire) cela; **he's an old** ~ **at it** il n'en est pas à son coup d'essai.

   (d) *[clock etc]* aiguille *f*.

   (e) *(Cards)* main *f*; *(game etc)* partie *f*. **I've got a good** ~ j'ai une belle main; **we played a** ~ **of bridge** nous avons fait une partie de bridge.

   2 *adj* **cream etc** pour les mains.

   3 *vt* passer, donner *(to* à). *(fig)* **you've got to** ~ **it to him*** c'est une justice à lui rendre; **it was** ~**ed to him on a plate*** ça lui a été apporté sur un plateau.

hand back *vt sep* rendre *(to* à).

hand down *vt sep* **object** passer *(de haut en bas)*; **heirloom, tradition** transmettre *(to* à).

hand in *vt sep* remettre *(to* à).

hand on *vt sep* transmettre *(to* à).

hand out *vt sep* distribuer.

hand over *vt sep* **object** remettre *(to* à); *prisoner* livrer *(to* à); **powers** *(transfer)* transmettre *(to* à), *(surrender)* céder *(to* à); **property, business** céder.

hand round *vt sep* **bottles, papers** faire circuler; **cakes** faire passer, *[hostess]* offrir.

hand up *vt sep* passer *(de bas en haut)*.

♦ **handbag** *n* sac *m* à main. ♦ **handball** *n* handball *m*. ♦ **handbasin** *n* lavabo *m*. ♦ **handbell** *n* sonnette *f*. ♦ **handbill** *n* prospectus *m*. ♦ **handbook** *n* *(instructions)* manuel *m*; *[tourist]* guide *m*; *[museum]* livret *m*. ♦ **handbrake** *n* frein *m* à main. ♦ **handclasp** *n* poignée *f* de main. ♦ **handcuff 1** *n* menotte *f*; **2** *vt* passer les menottes à; **to be** ~**cuffed** avoir les menottes aux poignets. ♦ **handful** *n* poignée *f*; **in** ~**fuls** à *or* par poignées; *(fig)* **the children are a** ~**ful*** les enfants ne me laissent pas une minute de répit. ♦ **hand grenade** *n* grenade *f* (à main). ♦ **handicraft** *n* *(work)* artisanat *m*; *(skill)* habileté *f* manuelle; **exhibition of** ~**icrafts** exposition *f* d'objets artisanaux. ♦ **hand-in-hand** *adv* la main dans la main; *(fig)* ensemble; *(fig)* **to go** ~-**in**-~ **with** aller de pair avec. ♦ **handiwork** *n* ouvrage *m*; *(fig)* œuvre *f*. ♦ **handkerchief** ['hæŋkətʃɪf] *n* mouchoir *m*. ♦ **hand-knitted** *adj* tricoté à la main. ♦ **hand-luggage** *n* bagages *mpl* à main. ♦ **handmade** *adj* fait à la main. ♦ **hand-me-downs*** *npl* vêtements *mpl* d'occasion. ♦ **handout** *n* *(leaflet)* prospectus *m*; *(at meeting)* documentation *f*; *(press release)* communiqué *m*; *(money)* aumône *f*. ♦ **hand-picked** *adj* trié sur le volet. ♦ **handrail** *n* *[stairs etc]* rampe *f*; *[bridge,*

quay] garde-fou *m*. ♦ **handsaw** *n* scie *f* à main. ♦ **handshake** *n* poignée *f* de main. ♦ **handspring** *n* saut *m* de mains. ♦ **handstand** *n*: **to do a** ~**stand** faire l'arbre droit. ♦ **hand-to-hand 1** *adv* corps à corps; **2** *adj*: ~-**to**-~ **fighting** corps à corps *m*. ♦ **handwork** *n* = **handiwork**. ♦ **hand-woven** *adj* tissé à la main. ♦ **handwriting** *n* écriture *f*. ♦ **handwritten** *adj* manuscrit, écrit à la main.

handicap ['hændɪkæp] **1** *n* handicap *m*. **his appearance is a great** ~ son aspect physique le handicape beaucoup. **2** *vt* handicaper. ♦ **handicapped 1** *adj* handicapé; **mentally/physically** ~**ped** handicapé mentalement/physiquement; **2** *npl*: **the** ~**ped** les handicapés *mpl*; **the mentally/physically** ~**ped** les handicapés mentaux/physiques.

handle ['hændl] **1** *n* *[basket, bucket]* anse *f*; *[broom, spade, knife]* manche *m*; *[door, drawer, suitcase, tap]* poignée *f*; *[saucepan]* queue *f*; *[pump, stretcher, wheelbarrow]* bras *m*. *[car]* *(starting)* ~ manivelle *f*.

   2 *vt* **(a)** *(wield)* **bow, weapon** manier; *(shift etc: esp Ind)* manipuler; *(touch)* **goods etc** toucher à; *(Sport)* **ball** toucher de la main. '~ **with care**' 'fragile'. **(b)** *(fig)* **ship, car** manœuvrer; **person, animal** manier, s'y prendre avec. **he knows how to** ~ **a gun/his son** il sait se servir d'un pistolet/s'y prendre avec son fils; **he** ~**d the situation very well** il a très bien conduit l'affaire; **I'll** ~ **this** je m'en charge; **we don't** ~ **that type of product** nous ne faisons pas ce genre de produit; **we don't** ~ **that type of business** nous ne nous occupons pas de ce type d'affaires; **Orly** ~**s 5 million passengers a year** 5 millions de passagers passent par Orly chaque année; **can the port** ~ **big ships?** le port peut-il recevoir les gros bateaux? ♦ **handlebars** *npl* guidon *m*. ♦ **handler** *n* *(dog* ~*)* dresseur *m*, -euse *f* (de chiens). ♦ **handling** *n* *[ship]* manœuvre *f*; *[car]* maniement *m*; *[goods, objects]* *(Ind)* manutention *f*; *(fingering)* maniement; **his handling of the matter** la façon dont il a traité l'affaire; *[person, object]* **to get some rough handling** se faire malmener.

handsome ['hænsəm] *adj* *(good-looking)* beau; **conduct, compliment, gift** généreux; **apology** honorable; **amount, fortune, profit** considérable. ♦ **handsomely** *adv* *(elegantly)* **construct** avec élégance; *(generously)* **contribute** généreusement; **apologize** avec bonne grâce; **behave** élégamment.

handy ['hændɪ] *adj* **(a)** *person* adroit (de ses mains). **to be** ~ **with sth** savoir se servir de qch. **(b)** *(at hand)* **tool** sous la main, prêt; **place** commode; *(nearby)* **shops etc** accessible. **(c)** *(convenient)* **tool, method** pratique; *(fig)* **that's** ~! ça tombe bien!; **that would come in very** ~ cela tomberait bien. ♦ **handyman** *n* *(servant)* homme *m* à tout faire; *(do-it-yourself)* bricoleur *m*.

hang [hæŋ] *pret, ptp* **hung 1** *vt* **(a)** *(suspend)* **lamp** suspendre *(on* à); **curtains, hat, picture** accrocher *(on* à); **door** monter; **clothes** pendre *(on, from* à); **wallpaper** poser; **dangling object** laisser pendre. **to** ~ **one's head** baisser la tête; **trees hung with lights** arbres chargés de lumières; **room hung with paintings** pièce aux murs couverts de tableaux; **to** ~ **fire** *[guns]* faire long feu; *[plans etc]* traîner (en longueur). **(b)** *(pret, ptp* **hanged)** **criminal** pendre *(for* pour).

   2 *vi* **(a)** *[rope, dangling object]* pendre, être accroché *or* suspendu *(on, from* à); *[drapery]* pendre, tomber; *[hair]* tomber; *[picture]* être accroché *(on* à); *[criminal etc]* être pendu. **he'll** ~ **for it** cela lui vaudra la corde; **to** ~ **out of the window** *[person]* se pencher par la fenêtre; *[thing]* pendre à la fenêtre; *(fig)* **to** ~ **by a hair** ne tenir qu'à un cheveu. **(b)** *[fog, threat]* planer, peser *(over* sur); *[hawk]* être comme suspendu.

3 n: **to get the** ~* **of doing sth** attraper le coup* pour faire qch.
hang about, hang around 1 vi [loiterer] traîner. **to keep sb** ~**ing about** faire attendre qn. **2** vt fus person coller à; place hanter.
hang back vi (in walking etc) hésiter à aller de l'avant; (fig) être réticent (from doing pour faire).
hang down vi, vt sep pendre.
hang on vi **(a)** (*: wait) attendre. ~ **on!** attendez!; (on phone) ne quittez pas! **(b)** (hold out) tenir bon, résister. **(c) to** ~ **on to sth*** (keep hold of) ne pas lâcher qch; (keep) garder qch. **2** vt fus (depend on) dépendre de.
hang out 1 vi (gen) pendre; (*: live) percher*, habiter; (*: resist) tenir bon. **2** vt sep streamer suspendre (dehors); washing étendre (dehors); flag arborer.
hang together vi [argument, details] se tenir; [story] tenir debout; [statements] concorder.
hang up 1 vi (Telec: also ~ **up on sb**) raccrocher. **2** vt sep accrocher (on à, sur). (fig) **he's hung up about it*** il en fait tout un complexe.
♦ **handdog** expression n air m de chien battu.
♦ **hanger** n (clothes ~) cintre m. ♦ **hanger-on** n parasite m (personne). ♦ **hang-glider** n aile f volante. ♦ **hang-gliding** n: **to go** ~-**gliding** faire du vol libre. ♦ **hanging 1** n (execution) pendaison f; **2** adj bridge suspendu; lamp, light pendant.
♦ **hangman** n bourreau m. ♦ **hangover** n: **to have a** ~**over** avoir une or la gueule de bois*; a ~**over from the previous administration** un reliquat de l'administration précédente. ♦ **hang-up*** n complexe m (about or on or to concerne).
hangar ['hæŋəʳ] n (Aviat) hangar m.
hank [hæŋk] n [wool etc] écheveau m.
hanker ['hæŋkəʳ] vi: **to** ~ **or** have a ~**ing for or after** avoir envie de.
hankie* ['hæŋkɪ] n abbr of **handkerchief.**
hanky-panky ['hæŋkɪ'pæŋkɪ] n entourloupette* f. **there's some** ~ **going on** il y a une entourloupette* là-dessous.
ha'penny ['heɪpnɪ] n = **halfpenny.**
haphazard [,hæp'hæzəd] adj (fait) au hasard; arrangement fortuit. ♦ **haphazardly** adv au hasard.
happen ['hæpən] vi arriver, se passer, se produire. **sth** ~**ed** il est arrivé or il s'est passé qch; **what's** ~**ed?** qu'est-ce qui s'est passé or est arrivé?; **as if nothing had** ~**ed** comme si de rien n'était; **whatever** ~s quoi qu'il arrive; **don't let it** ~ **again!** et que ça ne se reproduise pas!; **these things** ~ ce sont des choses qui arrivent; **what has** ~**ed to him?** (befallen) qu'est-ce qui lui est arrivé?; (become of) qu'est-ce qu'il est devenu?; **a funny thing** ~**ed to me this morning** il m'est arrivé qch de bizarre ce matin; **how does it** ~ **that?** comment se fait-il que? + subj; **it might** ~ **that** il pourrait se faire que + subj; **it so** ~s **that I'm going there** il se trouve que j'y vais justement; **do you** ~ **to have a pen?** aurais-tu par hasard un stylo?; **if he does** ~ **to see her** s'il lui arrive de la voir. ♦ **happening** n événement m; (Theat) happening m.
♦ **happenstance*** n (US) événement m fortuit.
happy ['hæpɪ] adj heureux (to do de faire). **I'm not** ~ **about the plan** je ne suis pas très heureux de ce projet; **I'm not** ~ **about leaving him alone** je ne suis pas tranquille de le laisser seul; **I'll be quite** ~ **to do it** je le ferai volontiers; **she was quite** ~ **to stay there** cela ne l'ennuyait pas de rester là; **I'm** ~ **here reading** je suis très bien ici à lire; **it has a** ~ **ending** cela se termine bien; **the** ~ **few** les rares privilégiés mpl; ~ **birthday!** bon or joyeux anniversaire!; ~ **Christmas!** joyeux Noël!; ~ **New Year!** bonne année!; **a** ~ **thought** une heureuse inspiration; **a** ~ **medium** un moyen terme. ♦ **happily** adv (contentedly) play, walk, talk tranquillement; say, smile joyeusement; (fortunately) heureusement; (felicitously) word,

choose avec bonheur; **to live happily** vivre heureux; **they lived happily (for) ever after** après cela ils vécurent toujours heureux. ♦ **happiness** n bonheur m. ♦ **happy-go-lucky** adj person insouciant; arrangement fait au petit bonheur.
harangue [hə'ræŋ] **1** vt haranguer (about à propos de). **he** ~**d her into doing it** il n'a eu de cesse qu'elle ne le fasse. **2** n harangue f.
harass ['hærəs] vt (harry) troops, the enemy etc harceler; (worry) tracasser, (stronger) harceler.
♦ **harassed** adj tracassé, harcelé.
harbour, (US) -**or** ['hɑːbəʳ] **1** n port m. **2** adj: ~ **master** capitaine m de port. **3** vt refugee héberger, abriter; criminal receler; suspicions, fear entretenir. **to** ~ **a grudge against sb** garder rancune à qn.
hard [hɑːd] **1** adj **(a)** substance dur; mud, snow durci; muscle ferme. ~ **hat** casque m, (riding hat) bombe f; **to grow** ~ durcir; **a** ~ **nut to crack** (problem etc) un gros problème; (person) un(e) dur(e) à cuire*; **he is as** ~ **as nails** (physically) c'est un paquet de muscles; (mentally) il est dur. **(b)** (difficult) problem, examination difficile; task pénible, dur. ~ **to understand** difficile or dur à comprendre; **I find it** ~ **to explain** j'ai du mal à l'expliquer; **I find it** ~ **to believe that ...** j'ai du mal à croire que ...+ subj; ~ **to please** exigeant, difficile; ~ **to get on with** difficile à vivre; **that is** ~ **to beat** on peut difficilement faire mieux; ~ **of hearing** dur d'oreille. **(c)** (severe) dur, sévère (on, to avec); towards envers); heart dur, impitoyable. **he's a** ~ **man** il est dur, c'est un homme impitoyable; **to grow** ~ s'endurcir; ~ **sell** promotion f de vente agressive. **(d)** (harsh) life dur, difficile; words, work dur; climate, winter rude; fall mauvais; rule, decision, treatment sévère; (tough) battle, fight acharné; match âprement disputé; study assidu; worker dur à la tâche. **it's** ~ **work!** c'est dur!; **he drives a** ~ **bargain** il ne fait pas de cadeaux (fig); **a** ~ **blow** un coup dur, un rude coup; (Brit) ~ **luck!**, ~ **lines!*** pas de veine!*; **it's** ~ **luck on him*** il n'a pas de veine*; ~ **liquor** boisson f fortement alcoolisée; ~ **drinker** gros buveur m; **a** ~ **core of offenders** un noyau irréductible de délinquants; (Pol) **the** ~ **core of the party** les inconditionnels mpl parmi les membres du parti; **the** ~ **facts** la réalité brutale; ~ **feeling** amertume f; **no** ~ **feelings!** sans rancune!; ~ **frost** forte gelée f; **it was** ~ **going** ça a été dur*; (Jur) ~ **labour** travaux mpl forcés; **she had a** ~ **time of** il elle a traversé des moments difficiles; **you'll have a** ~ **time of it persuading ...** vous allez avoir du mal à persuader ...; **these are** ~ **times** les temps sont durs. **(e)** (fig) light, line, colour, drug dur; water calcaire; (Fin) market ferme. ~ **cash** espèces fpl; ~ **news** de l'information f sérieuse.
2 adv pull fort; hit dur, fort; fall down durement; run à toutes jambes; work sérieusement; study d'arrache-pied; drink beaucoup. **as** ~ **as one can** de toutes ses forces; **it's raining** ~ il pleut à verse; **it's snowing** ~ il neige dru; **it's freezing** ~ il gèle dur; **frozen** ~ lake profondément gelé; **ground** durci par le gel; **to hold on** ~ tenir bon or ferme; **to look** ~ **at** person dévisager; thing regarder de près; **to try** ~ faire un gros effort; **to be** ~ **hit** être sérieusement touché; ~ **at it*** attelé à la tâche; ~ **by** tout près; **to follow** ~ **upon sb's heels** suivre qn de très près; **to be** ~ **put to it to do** avoir beaucoup de mal à faire; ~ **pressed** (for time) débordé; (for money) à court; **she took it pretty** ~ elle a été très affectée; ~ **done by*** traité injustement.
♦ **hard-and-fast** adj inflexible; rule absolu.
♦ **hardback** n livre m cartonné. ♦ **hard-bitten** adj dur à cuire*. ♦ **hardboard** n Isorel m ®.
♦ **hard-boiled** adj egg dur; (fig) person dur à cuire*. ♦ **hard-core** adj support, opposition

inconditionnel; *pornography* dur. ♦ **hard-earned** *adj money* durement gagné; *holiday* bien mérité. ♦ **harden 1** *vt* (*gen*) durcir; *person* endurcir; to ~**en one's heart** s'endurcir; **2** *vi* [*substances*] durcir; [*voice*] se faire dur; [*prices*] être en hausse; [*market*] s'affermir. ♦ **hardened** *adj* durci; *criminal* endurci; *sinner* invétéré; **I'm** ~**ened to it** j'ai l'habitude. ♦ **hardening** *n* durcissement *m*. ♦ **hard-fought** *adj* âprement disputé. ♦ **hard-headed** *adj* réaliste. ♦ **hard-hearted** *adj* impitoyable, au cœur dur. ♦ **hard-liner** *n* inconditionnel(le) *m(f)*. ♦ **hardly** *adv* (a) (*scarcely*) à peine, ne ... guère; **he can** ~**ly write** il sait à peine écrire; **it's** ~**ly his business if** ... ce n'est guère son affaire si ...; **you'll** ~**ly believe it** vous aurez de la peine à le croire; **I need** ~**ly point out that** je n'ai pas besoin de faire remarquer que; **I** ~**ly know** je n'en sais trop rien; ~**ly any-one/anywhere/ever** presque personne/nulle part/jamais; ~**ly!** (*not at all*) certainement pas!; (*not exactly*) pas précisément!; (b) (*harshly*) durement, sévèrement. ♦ **hardness** *n* dureté *f*, fermeté *f*, difficulté *f*, sévérité *f*. ♦ **hardship** *n* épreuves *fpl*; (*suffering*) souffrance *f*; **there's a certain amount of** ~**ship** il y aura assez dur; **a life of** ~**ship** une vie pleine d'épreuves; **it's no great** ~**ship to go and see her** ce n'est tout de même pas une épreuve d'aller la voir; ~**ships** épreuves *fpl*, privations *fpl*. ♦ **hard-up*** *adj* fauché*. ♦ **hardware** *n* **1** (*Comm*) quincaillerie *f*; (*Mil, Police etc*) matériel *m*; (*Computers, Space*) hardware *m*. **2** *adj*: ~**ware dealer** quincailler *m*; ~**ware shop** quincaillerie *f*; (*Computers*) ~**ware specialist** technicien(ne) *m(f)* du hardware. ♦ **hard-wearing** *adj* solide, résistant. ♦ **hardwood** *n* bois *m* dur. ♦ **hard-working** *adj* travailleur.

hardy ['hɑːdɪ] *adj* (*strong*) robuste; (*bold*) hardi; *plant* résistant (au gel); *tree* de plein vent. ♦ **hardihood** *n* hardiesse *f*. ♦ **hardiness** *n* force *f*, vigueur *f*.

hare [hɛəʳ] **1** *n* lièvre *m*. **2** *vi*: to ~ **in*** *etc* entrer *etc* en trombe. ♦ **harebell** *n* campanule *f*. ♦ **hare-brained** *adj person* écervelé; *plan* insensé. ♦ **hare-coursing** *n* chasse *f* au lièvre. ♦ **harelip** *n* bec-de-lièvre *m*.

haricot ['hærɪkəʊ] *n*: ~ **(bean)** haricot *m* blanc.

hark [hɑːk] *excl* écoutez!
  hark back *vi* revenir (*to* sur).

harm [hɑːm] **1** *n* (*gen*) mal *m*; (*to reputation, interests*) tort *m*. **to do so** ~ faire du mal *or* du tort à qn; **no** ~ **done** il n'y a pas de mal; **he means no** ~ il n'a pas de mauvaises intentions; **he meant no** ~ **by what he said** il n'a pas dit méchamment; **he doesn't mean us any** ~ il ne nous veut pas de mal; **you will come to no** ~ il ne t'arrivera rien; **I don't see any** ~ **in it** je n'y vois aucun mal; **there's no** ~ **in it** cela ne peut pas faire de mal; **there's no** ~ **in doing that** il n'y a pas de mal à faire cela; **out of** ~**'s way** en sûreté. **2** *vt person* faire du mal *or* du tort à; *crops* endommager; *object* abîmer; *reputation* salir; *interests, a cause* causer du tort à. ♦ **harmful** *adj* nuisible (*to* à). ♦ **harmless** *adj animal, joke* inoffensif; *person* sans méchanceté; *action, game* innocent; *suggestion, conversation* anodin.

harmony ['hɑːmənɪ] *n* harmonie *f*. ♦ **harmonica** *n* harmonica *m*. ♦ **harmonics** *n* (*Mus: sg: science*) harmonie *f*; (*pl: overtones*) harmoniques *mpl*. ♦ **harmonious** *adj* harmonieux. ♦ **harmonium** *n* harmonium *m*. ♦ **harmonize 1** *vt* harmoniser; **2** *vi* (*Mus*) chanter en harmonie; [*colours etc*] s'harmoniser (*with* avec); [*person, facts*] s'accorder (*with* avec).

harness ['hɑːnɪs] **1** *n* harnais *m*. (*fig*) **to get back into** ~ reprendre le collier; (*fig*) **to die in** ~ mourir à la tâche. **2** *vt horse* harnacher; (*to carriage*) atteler (*to* à); (*fig*) *resources etc* exploiter.

harp [hɑːp] **1** *n* harpe *f*. **2** *vi*: to ~ **on (about)** sth* rabâcher qch, revenir toujours sur qch.

harpoon [hɑːˈpuːn] **1** *n* harpon *m*. **2** *vt* harponner.

harpsichord ['hɑːpsɪkɔːd] *n* clavecin *m*.

harrow ['hærəʊ] *n* herse *f*. ♦ **harrowing** *adj story* poignant; *cry* déchirant.

harsh [hɑːʃ] *adj* (a) *punishment, person* dur (*with sb* avec *or* envers qn), sévère; *words, tone* cassant, dur; *fate* cruel; *climate* rigoureux. (b) (*discordant etc*) *sound* discordant; *voice, colour* criard; *contrast* heurté; *taste* âpre. ♦ **harshly** *adv reply* (*gen*) durement; *treat* sévèrement. ♦ **harshness** *n* dureté *f*, sévérité *f*; cruauté *f*; discordance *f* or heurté; âpreté *f*.

harum-scarum ['hɛərəm'skɛərəm] *adj, n* écervelé(e) *m(f)*.

harvest ['hɑːvɪst] **1** *n* (*gen*) moisson *f*; [*fruit*] récolte *f*; [*grapes*] vendange *f*. **2** *vt* moissonner (*also fig*); récolter; vendanger. **3** *vi* faire la moisson. **4** *adj*: ~ **festival** fête *f* de la moisson; ~ **moon** pleine lune (de l'équinoxe d'automne); **at** ~ **time** à la moisson. ♦ **harvester** *n* (*person*) moissonneur *m*, -euse *f*; (*machine*) moissonneuse *f*.

has [hæz] *V* **have**. ♦ **has-been*** *n* (*person*) homme *m* fini, femme *f* finie; (*object*) vieillerie *f*.

hash [hæʃ] *n* (*Culin*) hachis *m*; (**fig*) gâchis *m*. **to make a** ~* **of** sth saboter qch; **a** ~**(-up) of** old ideas un réchauffé de vieilles idées.

hashish ['hæʃɪʃ] *n* hachisch *m*.

hassle* ['hæsl] *n* (*squabble*) bagarre* *f*; (*fuss, trouble*) histoire* *f* (*to do* pour faire).

haste [heɪst] *n* hâte *f*. **in** ~ à la hâte; **in great** ~ en toute hâte; **to make** ~ se hâter (*to do* de faire). ♦ **hasten** ['heɪsn] *vi* (*gen*) se hâter (*to do* de faire); **I** ~**n to add** ... je m'empresse d'ajouter ...; **to** ~**n away** *etc* partir *etc* à la hâte. ♦ **hastily** *adv* (*speedily*) à la hâte; (*too speedily*) précipitamment; (*without thinking*) trop hâtivement; **he suggested hastily** il s'est empressé de suggérer. ♦ **hasty** *adj departure, marriage* précipité; *visit, glance, meal* hâtif; *sketch* fait à la hâte; *action, decision, words* irréfléchi; **don't be so hasty!** ne va pas si vite!

hat [hæt] **1** *n* chapeau *m*. ~ **in hand** (*lit*) chapeau bas; (*fig*) obséquieusement; (*fig*) **to take off one's** ~ **to** tirer son chapeau à; **to keep sth under one's** ~* garder qch pour soi; **to talk through one's** ~* dire n'importe quoi; (*fig*) **to pass round the** ~ **for** sb faire la quête pour qn; **that's old** ~!* c'est vieux tout ça! **2** *adj*: **to get a** ~ **trick** réussir trois coups (*or* gagner trois matchs etc) consécutifs. ♦ **hatcheck girl** *n* (*US*) dame *f* du vestiaire.

hatch¹ [hætʃ] **1** *vt chick, egg* faire éclore; *plot* ourdir, tramer; *plan* couver. **2** *vi* (~ **out**) [*chick, egg*] éclore.

hatch² [hætʃ] *n* (a) (*Naut*: ~**way**) écoutille *f*. (*drinks*) **down the** ~!* à la bonne vôtre! (b) (*service* ~) passe-plats *m inv*. ♦ **hatchback** *n* (*Aut*) (*two-door*) coupé *m or* (*four-door*) berline *f* avec hayon arrière.

hatchet ['hætʃɪt] **1** *n* hachette *f*. **2** *adj*: ~ **man*** (*killer*) tueur *m* (à gages); (*fig*) homme *m* de main. ♦ **hatchet-faced** *adj* au visage en lame de couteau.

hate [heɪt] **1** *vt person* haïr, (*weaker*) détester; *thing* détester, avoir horreur de. **to** ~ **to do** *or* **doing** détester faire, avoir horreur de faire; **he** ~**s to be** *or* **being ordered about** il a horreur qu'on lui donne (*subj*) des ordres; **I** ~ **to say so** cela m'ennuie beaucoup de devoir le dire; **I should** ~ **to keep you waiting** je ne voudrais surtout pas vous faire attendre; **I should** ~ **him to think** ... je ne voudrais surtout pas qu'il pense (*subj*) ... . **2** *n* (*hatred*) haine *f*. **pet** ~* bête *f* noire. ♦ **hateful** *adj* haïssable, détestable. ♦ **hatred** *n* haine *f*.

haughty ['hɔːtɪ] *adj* hautain, arrogant. ♦ **haughtily** *adv* avec hauteur, avec arrogance.

♦ **haughtiness** *n* hauteur *f*, arrogance *f*.

haul [hɔ:l] **1** *n* **(a)** *(Aut etc: journey)* voyage *m*. *(lit, fig)* **it's a long ~** la route est longue. **(b)** *[fishermen]* prise *f*; *[thieves]* butin *m*. **they made a good ~ of jewels** ils ont eu un beau butin en bijoux; *(fig)* **a good ~* of presents** une bonne récolte de cadeaux.

2 *vt* **(a)** *(pull)* traîner, tirer. *(fig)* **to ~ sb over the coals** passer un savon* à qn. **(b)** *(transport by truck)* camionner.

haul down *vt sep flag, sail* amener; *(gen) object* descendre *(en tirant)*.

haul in, haul out *vt sep (from water) line, catch* amener; *drowning man* tirer (de l'eau).

haul up *vt sep flag, sail* hisser; *(gen) object* monter *(en tirant)*.

♦ **haulage** *n (road transport)* transport *m* routier.

♦ **haulage contractor** *or* ♦ **haulier** *n* entrepreneur *m* de transports (routiers).

haunch [hɔ:ntʃ] *n* hanche *f*; *(Culin)* cuissot *m*. **squatting on his ~es** *person* accroupi; *dog* assis (sur son derrière).

haunt [hɔ:nt] **1** *vt (lit, fig)* hanter. **2** *n [criminals]* repaire *m*. **one of his favourite ~s** un des lieux où on le trouve souvent. ♦ **haunted** *adj house* hanté; *expression* égaré; *face* hagard. ♦ **haunting 1** *adj* obsédant; **2** *n* apparition *f*.

have [hæv] *pret, ptp* **had 1** *aux vb* avoir; être. **to ~ been** avoir été; **to ~ eaten** avoir mangé; **to ~ gone** être allé; **to ~ got up** s'être levé; **I ~ just seen him** je viens de le voir; **I had just seen him** je venais de le voir; **I've just come from London** j'arrive à l'instant de Londres; **you've seen her, ~n't you?** vous l'avez vue, n'est-ce pas?; **you ~n't seen her, ~ you?** vous ne l'avez pas vue, je suppose?; **you ~n't seen her – yes I ~!** vous ne l'avez pas vue – si!; **you've made a mistake – no I ~n't!** vous vous êtes trompé – mais non!; **you've dropped your book – so I ~!** vous avez laissé tomber votre livre – en effet!; **~ you been there? if you ~/~n't ...** y êtes-vous allé? si oui/non ...; **~ got V 2 and 3 below.**

2 *modal aux vb (be obliged)* **I ~ (got) to speak to you at once** je dois vous parler *or* il faut que je vous parle *(subj)* immédiatement; **I ~n't got to do it, I don't ~ to do it** je ne suis pas obligé de le faire; **do you ~ to make such a noise?** tu ne pourrais pas faire un peu moins de bruit?; **you didn't ~ to tell her!** tu n'avais pas besoin de le lui dire!; **~n't you got to write to your mother?** est-ce que tu ne dois pas écrire à ta mère?; **if you go through Dijon you ~n't got to or you don't ~ to go to Lyons** si vous passez par Dijon vous n'avez pas besoin d'aller à Lyon; **you ~n't (got) to say a word about it!*** tu ne dois pas en dire un mot!; *(US)* **it's got to be or it has to be the biggest** c'est sûrement le plus grand.

3 *vt* **(a)** *(possess)* avoir, posséder. **she has (got) blue eyes** elle a les yeux bleus; **all I ~ (got)** tout ce que je possède; **I ~n't (got) any more** je n'en ai plus; **I've got an idea** j'ai une idée; **I ~ (got) no German** je ne parle pas un mot d'allemand.

(b) *meals etc* avoir, prendre. **he has had lunch** il a déjeuné; **to ~ tea with sb** prendre le thé avec qn; **what will you ~?** – I'll **~ an egg** qu'est-ce que vous voulez? – je prendrai un œuf; **he had eggs for breakfast** il a mangé des œufs au petit déjeuner; **I ~ had some more** j'en ai repris; **he had a cigarette** il a fumé une cigarette.

(c) *(receive, obtain, take)* avoir, recevoir. **I had a telegram from him** j'ai reçu un télégramme de lui; **to ~ a child** avoir un enfant; **I ~ it from my sister that ...** je tiens de ma sœur que ...; **I must ~ more time** il me faut davantage de temps; **I must ~ them by this afternoon** il me les faut pour cet après-midi; **which one will you ~?** lequel voulez-vous?; **let me ~ your address** donnez-moi votre adresse; **I shall let you ~ it for 10 francs** je vous le laisse pour 10 F; **there are no newspapers to be had** on ne trouve pas de journaux.

(d) *(hold)* tenir. **he had (got) me by the throat/the hair** il me tenait à la gorge/par les cheveux; **I ~ (got) him where I want him!*** je le tiens (à ma merci)!

(e) *(maintain, allow)* **he will ~ it that Paul is guilty** il soutient que Paul est coupable; **he won't ~ it that Paul is guilty** il n'admet pas que Paul soit coupable; **rumour has it that ...** le bruit court que ...; **as gossip has it** selon les racontars; **I won't ~ this nonsense/him hurt** je ne tolérerai pas cette absurdité/qu'on lui fasse du mal.

(f) *(causative etc)* **to ~ one's hair cut** se faire couper les cheveux; **I had my luggage brought up** j'ai fait monter mes bagages; **~ it mended** faites-le réparer; **I had him clean the car** je lui ai fait nettoyer la voiture; **what would you ~ me say?** que voulez-vous que je dise?; **he had his car stolen** on lui a volé sa voiture.

(g) *(phrases)* **I had better go** je devrais partir; **you'd better not tell him that!** tu ferais mieux de ne pas lui dire ça!; **I had as soon not see him** j'aimerais autant ne pas le voir; **I had rather do it myself** j'aimerais mieux *or* je préférerais le faire moi-même; **to ~ a walk** faire une promenade; **to ~ a good time** bien s'amuser; **to ~ a pleasant evening** passer une bonne soirée; **he has (got) flu** il a la grippe; **I've (got) a headache** j'ai mal à la tête; **I've (got) £6 left** il me reste 6 livres; **to ~ (got) sth to do/to read** *etc* avoir qch à faire/à lire *etc*; **I ~ (got) nothing to do with it** je n'y suis pour rien; **there you ~ me!** ça je n'en sais rien!; **I ~ it!** j'y suis!, ça y est, j'ai trouvé!; **you've been had*** tu t'es fait avoir*; **he's had it!*** il est fichu!*; **I'm not having any*** ça ne prend pas*.

4 *n:* **the ~s and the ~-nots** les riches *mpl* et les pauvres *mpl*; **the ~-nots** les déshérités *mpl*.

have in *vt sep* **(a)** *sb waiting outside* faire entrer; *doctor, employee* faire venir. **we had him in for the evening** il est venu passer la soirée chez nous. **(b)** **to ~ it in for sb*** avoir une dent contre qn.

have on *vt sep* **(a)** *(be dressed)* **he had (got) nothing on** il était tout nu. **(b)** *(be busy)* **I've got so much on this week that ...** j'ai tant à faire cette semaine que ...; **I ~ got nothing on (for) this evening** je ne suis pas pris ce soir. **(c)** *(trick)* **to ~ sb on*** faire marcher* qn.

have out *vt sep:* **to ~ a tooth out** se faire arracher une dent; **to ~ it out with sb** s'expliquer avec qn.

have up *vt sep person* faire venir; *(from below)* faire monter. **he was had up by the headmaster** il a été appelé chez le proviseur; **to be had up by the police** être arrêté *(for doing* pour avoir fait).

haven ['heɪvn] *n (fig)* havre *m*, abri *m*.

haversack ['hævəsæk] *n* musette *f*.

havoc ['hævək] *n* ravages *mpl*. **to wreak ~ in** ravager; *(fig)* **to play ~ with** désorganiser complètement.

haw [hɔ:] *n (Bot)* cenelle *f*.

hawk [hɔ:k] *n* faucon *m (also Pol fig)*. **to have eyes like a ~** avoir des yeux de lynx.

hawker ['hɔ:kər] *n (street)* colporteur *m*; *(door-to-door)* démarcheur *m*.

hawthorn ['hɔ:θɔ:n] *n* aubépine *f*.

hay [heɪ] **1** *n* foin *m*. *(fig)* **to make ~ while the sun shines** profiter de l'occasion. **2** *adj:* **~ fever** rhume *m* des foins. ♦ **haycock** *n* meulon *m* (de foin). ♦ **haymaker** *n* faneur *m*, -euse *f*. ♦ **haymaking** *n* fenaison *f*. ♦ **hayrick** *or* ♦ **haystack** *n* meule *f* de foin. ♦ **haywire*** *adj:* **to go ~wire** *[person]* perdre la tête; *[plans etc]* mal tourner; *[equipment etc]* se détraquer.

hazard ['hæzəd] **1** *n (chance)* hasard *m*, chance *f*; *(risk)* risque *m*, *(stronger)* danger *m*. **natural/professional ~** risque naturel/du métier; **a nasty ~ for pedestrians** un danger pour les piétons. **2** *vt life, reputation, attempt* risquer; *remark, forecast* hasarder. **to ~ a guess** risquer

une hypothèse; 'I could do it' she ~ed 'moi je pourrais le faire' se risqua-t-elle à dire. ♦ **hazardous** adj hasardeux.
haze [heɪz] n brume f; [smoke etc] vapeur f. (fig) to be in a ~ être dans le brouillard. ♦ **hazy** adj day, weather brumeux; outline, photograph flou; idea vague; to be hazy about sth avoir une idée très vague de qch.
hazel ['heɪzl] 1 n noisetier m. 2 adj (colour) (couleur) noisette inv. ♦ **hazelnut** n noisette f.
he [hiː] pers pron (a) (unstressed) il. ~ has come il est venu; here ~ is le voici; ~ is a doctor il est médecin, c'est un médecin. (b) (stressed) lui. younger than ~ plus jeune que lui; HE didn't do it ce n'est pas lui qui l'a fait. (c) (+rel pron) celui. ~ who can celui qui peut. (d) it's a ~* (animal) c'est un mâle; (baby) c'est un garçon. ♦ **he-bear** etc n ours m etc mâle. ♦ **he-man*** n (vrai) mâle m.
head [hed] 1 n (a) tête f. ~ of hair chevelure f; covered etc from ~ to foot couvert etc de la tête aux pieds; ~ down (upside down) la tête en bas; (looking down) la tête baissée; ~ downwards la tête en bas; ~ first, ~ foremost la tête la première; my ~ aches, I've got a bad ~ j'ai mal à la tête; to hit sb on the ~ frapper qn à la tête; to stand on one's ~ faire le poirier; I could do it standing on my ~* c'est bête comme chou*; (fig) he stands ~ and shoulders above everybody else il surpasse tout le monde; she is a ~ taller than her sister elle dépasse sa sœur d'une tête; [horse] to win by a (short) ~ gagner d'une (courte) tête; ~ over ears in debt dans les dettes jusqu'au cou; to turn or go ~ over heels (accidentally) faire la culbute; (on purpose) faire une galipette; ~ over heels in love with sb éperdument amoureux de; (fig) to keep one's ~ above water se maintenir à flot; he was talking his ~ off* il n'arrêtait pas de parler; to sing/shout one's ~ off* chanter/crier à tue-tête; I'm saying that off the top of my ~* je dis ça sans savoir exactement; to give a horse its ~/sb his ~ lâcher la bride à un cheval/à qn; on your ~ be it! à vos risques et périls!; 10 francs a ~ 10 F par tête.
(b) (mind, intellect) tête f. to get sth into one's ~ se mettre qch dans la tête; to take it into one's ~ to do se mettre en tête de faire; it didn't enter his ~ that/to do il ne lui est pas venu pas à l'idée que/de faire; you never know what's going on in his ~ on ne sait jamais ce qui lui passe par la tête; what put that idea into his ~? qu'est-ce qui lui a mis cette idée-là dans la tête?; I can't get it out of my ~ je ne peux pas me sortir ça de la tête; it's gone right out of my ~ ça m'est tout à fait sorti de la tête; that tune has been running through my ~ all day cet air m'a trotté par la tête toute la journée; he has a good ~ for mathematics il a des dispositions fpl pour les mathématiques; he has a good ~ for heights il n'a jamais le vertige; he has a good business ~ il a le sens des affaires; he has a good ~ (on his shoulders) il a de la tête; he's got his ~ screwed on right* il a la tête sur les épaules; two ~s are better than one deux avis valent mieux qu'un; we put our ~s together nous nous sommes consultés; I can't do it in my ~ je ne peux pas faire ça de tête; he gave orders over my ~ il a donné des ordres sans me consulter; it's quite above my ~ cela me dépasse complètement; to keep one's ~ garder son sang-froid; to lose one's ~ perdre la tête; it went to his ~ cela lui est monté à la tête; he has gone or he is off his ~* il a perdu la boule*; weak or soft* in the ~ faible or simple d'esprit.
(c) [flower, lettuce, nail, hammer, abscess] tête f; [arrow] pointe f; [celery] pied m; [bed] chevet m; [tape recorder] tête magnétique; [page, staircase] haut m; [river] source f; [beer] mousse f; [lake, pier] extrémité f. ~ of steam pression f; at the ~ of (in charge of) à la tête de; (in front row of, at top

of) en tête de; at the ~ of the queue en tête de file, au début de la queue; at the ~ of the table au haut bout de la table; to come to a ~ [abscess etc] mûrir; [situation etc] devenir critique; to bring things to a ~ précipiter une crise.
(d) (leader) [family, business etc] chef m. (Scol) the ~ le directeur, la directrice; ~ of department [business firm] chef de service; [shop] chef de rayon; [school, college etc] chef de section; (Pol) ~ of state chef d'État.
(e) (title) titre m; (subject ~ing) (in newspaper) rubrique f; (in essay, speech, article) tête f de chapitre. this comes under the ~ of ceci se classe sous la rubrique de.
(f) [coin] face f. to toss ~s or tails jouer à pile ou face; ~s or tails? pile ou face?; ~s I win! face je gagne!; he called ~s il a annoncé 'face'; I can't make ~ nor tail of what he's saying je ne comprends rien à ce qu'il dit.
2 adj (a) typist, assistant etc principal. ~ clerk chef m de bureau; ~ gardener jardinier m en chef; ~ office bureau m or siège m central; ~ waiter maître m d'hôtel. (b) ~ cold rhume m de cerveau; to have a ~ start avoir une grosse avance (over, on sur).
3 vt (a) procession, list, poll être en tête de; group of people être à la tête de. (b) (direct) he ~ed the car towards town il a pris la direction de la ville. (c) (entitle) intituler. ~ed writing paper papier m à en-tête. (d) (Ftbl) to ~ the ball faire une tête.
4 vi se diriger. to ~ for [person, car etc] se diriger vers; [ship] mettre le cap sur; he ~ed up the hill il s'est mis à monter la colline; he was ~ing home il était sur le chemin du retour; he's ~ing for a disappointment il va vers une déception; he's ~ing for a fall il court à un échec.
head off 1 vi partir (for away; towards vers). he ~ed off on to the subject of ... il est passé à la question de ... . 2 vt sep enemy forcer à se rabattre; person (lit) détourner de son chemin; (fig) détourner (from de); questions parer.
♦ **headache** n mal m de tête, (worse) migraine f; to have a ~ache avoir mal à la tête, avoir la migraine; (fig) that's his ~ache c'est son problème à lui; the whole business was a ~ache from beginning to end nous n'avons connu que des ennuis avec cette affaire. ♦ **headband** n bandeau m. ♦ **headdress** n (feathers etc) coiffure f; (lace) coiffe f. ♦ **header*** n (dive, fall) plongeon m; (Ftbl) (coup m de) tête f; to take a ~er into the water piquer une tête dans l'eau. ♦ **headgear** n couvre-chef m; I have ~gear je n'ai rien à me mettre sur la tête. ♦ **heading** n (gen) titre m; (subject title) rubrique f; (chapter ~ing) tête f de chapitre; (printed: on document etc) en-tête m; essay divided into several ~ings dissertation divisée en plusieurs têtes de chapitre. ♦ **headlamp** or ♦ **headlight** n (Aut) phare m. ♦ **headland** n promontoire m. ♦ **headline** 1 n [newspaper] manchette f, gros titre m; (TV) grand titre m; in the ~lines in the papers c'est en gros titre or en manchette dans les journaux; to hit the ~lines* faire les gros titres; 2 vt mettre en manchette. ♦ **headlong** 1 adv fall la tête la première; run, rush à toute allure; 2 adj fall etc la tête la première; ~long flight débandade f; a ~long dash for une ruée générale vers. ♦ **headman** n chef m. ♦ **headmaster** n [school] directeur m; [lycée] proviseur m. ♦ **headmistress** n directrice f. ♦ **head-on** 1 adj collision de plein fouet; confrontation en face à face; 2 adv collide de plein fouet; meet face à face. ♦ **headphones** npl casque m (à écouteurs). ♦ **headquarters** n (gen, Comm) siège m central; (Mil) quartier m général. ♦ **headrest** n appui-tête m. ♦ **headroom** n: there is not enough ~room le toit n'est pas assez haut. ♦ **headscarf** or

♦ **headsquare** n foulard m. ♦ **headstand** n: to do a ~**stand** faire le poirier. ♦ **headstone** n [grave] pierre f tombale. ♦ **headstrong** adj (obstinate) têtu; (rash) impétueux. ♦ **headway** n: to make ~**way** (gen) faire des progrès (with avec); [ship] faire route. ♦ **headwind** n vent m contraire. ♦ **heady** adj wine, perfume capiteux; success, pleasure grisant.

heal [hiːl] 1 vi (~ over, ~ up) [wound] se cicatriser. 2 vt (gen) person guérir (of de); wound cicatriser; differences régler; troubles apaiser. ♦ **healer** n guérisseur m, -euse f. ♦ **healing** 1 n guérison f; 2 adj ointment cicatrisant; hands de guérisseur.

health [helθ] 1 n santé f. in good/bad ~ en bonne/mauvaise santé; mental ~ santé mentale; Ministry of H~ ministère m de la Santé publique; to drink (to) sb's ~ boire à la santé de qn; your ~!, good ~! à votre santé! 2 adj: ~ centre ≃ centre m médico-social; ~ foods aliments mpl naturels; ~ food magasin m diététique; ~ hazard or risk risque m pour la santé; ~ insurance assurance f maladie; the H~ Service ≃ la Sécurité sociale; I got my specs on the H~ Service* la Sécurité sociale m'a remboursé mes lunettes; H~ Service doctor/nursing home médecin/clinique conventionné(e); ~ visitor ≃ infirmière f visiteuse. ♦ **healthful** or ♦ **health-giving** adj air salubre; exercise etc salutaire. ♦ **healthily** adv sainement. ♦ **healthy** adj person, animal, plant en bonne santé; climate, air salubre; food, skin, surroundings sain; appetite robuste; exercise salutaire; (fig) economy, interest, attitude sain; respect, doubts salutaire; to make sth ~y or healthier assainir qch.

heap [hiːp] 1 n tas m, monceau m. ~s of* money, books, jobs, people des tas* de, des masses* de; we've got ~s* of time nous avons largement le temps. 2 vt (~ up) entasser, empiler (on sth sur qch). to ~ gifts/praises etc on sb couvrir qn de cadeaux/d'éloges etc; (fig) to ~ coals of fire on sb rendre le bien pour le mal à qn; she ~ed (up) her plate with cakes elle a empilé des gâteaux sur son assiette; (Culin) ~ed spoonful grosse cuillerée.

hear [hɪəʳ] pret, ptp heard [hɜːd] 1 vt (a) entendre. I can't ~ you je ne vous entends pas; I heard him say je l'ai entendu dire; I heard sb come in j'ai entendu qn entrer; he was heard to say on l'a entendu dire; to make o.s. heard se faire entendre; he likes to ~ himself talk il aime s'écouter parler; to ~ him (talk), you'd think he was ... à l'entendre, vous le prendriez pour ... . (b) (learn) entendre dire (that que); news, facts apprendre. have you heard the rumour that ...? avez-vous entendu dire que ...?; I ~ you've been ill il paraît que vous avez été malade; I have heard it said that j'ai entendu dire que; I've heard tell of j'ai entendu parler de; have you heard the one about the Scotsman who ... tu connais l'histoire de l'Écossais qui ... . (c) (listen to) lecture etc assister à; mass, law case entendre. to ~ a child's lessons faire répéter ses leçons à un enfant; (excl) ~, ~! bravo!

2 vi (gen) entendre; (get news) recevoir or avoir des nouvelles (from sb de qn). I ~ about him from his mother j'ai de ses nouvelles par sa mère; I've never heard of him je ne le connais pas; everyone has heard of him tout le monde a entendu parler de lui; he was never heard of again on n'a jamais plus entendu parler de lui; that's the first I've heard of it! c'est la première fois que j'entends parler de ça!; I won't ~ of you going there je ne veux absolument pas que tu y ailles; I wouldn't ~ of it! pas question!

hear out vt sep écouter jusqu'au bout.

♦ **hearer** n auditeur m, -trice f. ♦ **hearing** 1 n (a) (sense) ouïe f; to have good ~ing avoir l'oreille fine; within ~ing (distance) à portée de voix; in

my ~ing en ma présence; (b) [witness, evidence] audition f; give him a ~ing! laissez-le parler!, écoutez ce qu'il a à dire!; he was refused a ~ing on a refusé de l'entendre; (c) (meeting: of committee etc) séance f; 2 adj person qui entend (bien); ~ing aid appareil m acoustique. ♦ **hearsay** 1 n ouï-dire m inv; from ~say par ouï-dire; it's only ~say ce ne sont que des rumeurs; 2 adj report, account fondé sur des ouï-dire; evidence sur la foi d'un tiers.

hearse [hɜːs] n corbillard m.

heart [hɑːt] 1 n (a) cœur m (also fig). to have a weak ~ être cardiaque; at ~ au fond; a man after my own ~ un homme selon mon cœur; he knew in his ~ il savait vraiment; in his ~ (of ~s) he thought ... en son for intérieur il pensait ...; with all my ~ de tout mon cœur; from (the bottom of) one's ~ du fond du cœur; to take sth to ~ prendre qch à cœur; I hadn't the ~ to tell him je n'ai pas eu le courage or le cœur de lui dire; have a ~!* pitié!*; to eat/sleep to one's ~'s content manger/ dormir tout son content; it did my ~ good to see them cela m'a réchauffé le cœur de les voir; ~ and soul corps et âme; his ~ isn't in his work il n'a pas le cœur à l'ouvrage; to lose/take ~ perdre/ prendre courage; to be in good ~ avoir bon moral; a ~ of gold/stone un cœur d'or/de pierre; his ~ is in the right place il a bon cœur; to lose one's ~ to sb tomber amoureux de qn; it is close to his ~ cela lui tient à cœur; to set one's ~ on (doing) sth vouloir à tout prix (faire) qch; to wear one's ~ on one's sleeve laisser voir ses sentiments; his ~ was in his boots il avait la mort dans l'âme; my ~ sank j'ai eu un coup au cœur; she had her ~ in her mouth son cœur battait la chamade; to learn/know by ~ apprendre/savoir par cœur; in the ~ of winter/the forest au cœur de l'hiver/de la forêt; the ~ of the matter le fond du problème; in the ~ of the country en pleine campagne.

(b) (Cards) ~s cœur m; queen of ~s dame f de cœur; have you any ~s? avez-vous du cœur?; he played a ~ il a joué cœur.

2 adj disease of cœur; surgery du cœur. ~ attack crise f cardiaque; (Med) ~ case cardiaque mf; ~ complaint maladie f de cœur; to have a ~ condition être cardiaque; ~ failure arrêt m du cœur; ~ surgeon chirurgien m cardiologue; ~ transplant greffe f du cœur; ~ trouble troubles mpl cardiaques.

♦ **heartache** n chagrin m. ♦ **heartbeat** n battement m de cœur. ♦ **heartbreak** n immense chagrin m. ♦ **heartbreaking** adj déchirant. ♦ **heartbroken** adj: to be ~broken avoir un immense chagrin, (stronger) avoir le cœur brisé; [child] avoir un gros chagrin. ♦ **heartburn** n (Med) brûlures fpl d'estomac. ♦ **heartburning** n (ill feeling) rancœur f; (regret) regrets mpl. ♦ **hearten** vt encourager. ♦ **heartening** adj encourageant. ♦ **heartfelt** adj sincère. ♦ **heartily** adv say, welcome chaleureusement; laugh, work de tout son cœur; eat avec appétit; agree absolument; glad, tired extrêmement. ♦ **heartless** adj person sans cœur; treatment cruel. ♦ **heartlessness** n manque m de cœur; cruauté f. ♦ **heart-lung machine** n cœur-poumon m (artificiel). ♦ **heartrending** adj déchirant, qui fend le cœur. ♦ **heart-searching** n: after much ~-searching he ... après s'être longuement interrogé, il ... . ♦ **heart-throb*** n idole f. ♦ **heart-to-heart** 1 adj, adv à cœur ouvert; 2 n: to have a ~-to-~* parler à cœur ouvert. ♦ **heartwarming** adj qui réchauffe le cœur. ♦ **hearty** adj welcome, approval chaleureux; laugh franc; meal copieux; (healthy) vigoureux, (cheerful) jovial; to have a ~y dislike of sth détester qch de tout son cœur.

hearth [hɑːθ] n foyer m. ~ rug devant m de foyer.

heat [hiːt] 1 n (a) (gen, Phys) chaleur f; [fire,

flames, sun] ardeur *f;* **I can't stand** ~ je ne supporte pas la chaleur; *(Culin)* **at low** ~ à feu doux; *(Culin)* **lower the** ~ réduire la chaleur; **in the** ~ **of** *day, afternoon* au plus chaud de; *battle, argument* dans le feu de; *departure etc* dans l'agitation de; **in the** ~ **of the moment** dans le feu de l'action; **to speak with some** ~ parler avec feu; **in** *or* **on** ~ *animal* en chaleur; **we had no** ~ **all day** nous avons été sans chauffage toute la journée; *(fig)* **to put the** ~ **on sb*** faire pression sur qn. **(b)** *(Sport)* éliminatoire *f.*

2 *adj:* ~ **exhaustion** épuisement *m* dû à la chaleur; ~ **haze** brume *f* de chaleur; ~ **loss** perte *f* calorifique; *(Med)* ~ **rash** irritation *f* (due à la chaleur); *(Med)* ~ **treatment** thermothérapie *f.*

3 *vt* (~ **up)** chauffer; *(reheat)* réchauffer.

4 *vi* (~ **up)** *[liquids etc]* chauffer; *[room]* se réchauffer.

♦ **heated** *adj (lit)* chauffé; *(fig) argument* passionné; *words* vif; *person* échauffé; **to grow** ~**ed** s'échauffer. ♦ **heatedly** *adv* avec passion. ♦ **heater** *n* appareil *m* de chauffage. ♦ **heating** *n* chauffage *m.* ♦ **heatproof** *or* ♦ **heat-resistant** *adj material* résistant à la chaleur; *dish* allant au four. ♦ **heatstroke** *n (Med)* coup *m* de chaleur. ♦ **heatwave** *n* vague *f* de chaleur.

heath [hi:θ] *n (moorland)* lande *f; (plant)* bruyère *f.*

heathen ['hi:ðən] *adj,* *n* païen(ne) *m(f).* ♦ **heathenish** *adj (pej)* de païen.

heather ['heðər] *n* bruyère *f.*

heave [hi:v] **1** *vt (lift)* lever *or (pull)* tirer *or (drag)* traîner avec effort; *(throw)* lancer. **to** ~ **a sigh** pousser un (gros) soupir. **2** *vi* **(a)** *(pant)* haleter; *(retch)* avoir des haut-le-cœur; *(vomit)* vomir; *[sea, chest, stomach]* se soulever. **(b)** *(pret, ptp* **hove)** *[ship]* **to** ~ **in(to) sight** poindre (à l'horizon), paraître; **to** ~ **to** se mettre en panne.

heaven ['hevn] *n* ciel *m,* paradis *m.* **to go to** ~ aller au ciel *or* au paradis; **in** ~ au ciel, au paradis; **in the seventh** ~ au septième ciel; ~ **forbid!*** surtout pas!; ~ **knows what/when*** Dieu sait quoi/ quand; ~ **knows!*** Dieu seul le sait!; **(good)** ~**s!*** Seigneur!; **for** ~**'s sake*** *(pleading)* pour l'amour du ciel*; *(protesting)* zut alors!*; **it was** ~* c'était divin; ~ **on earth** paradis sur terre; **the** ` ~**s opened** le ciel s'est mis à déverser des trombes d'eau. ♦ **heavenly** *adj* céleste; *(delightful)* divin. ♦ **heaven-sent** *adj* providentiel.

heavy ['hevɪ] **1** *adj (gen, also fig)* lourd *(with* de); *crop* abondant; *loss, sigh, sea, rain* gros *(before n); fog, features, underlining* épais; *eyes* battu; *day* chargé; *blow* violent; *book, film* indigeste; *humour, irony* peu subtil; *population, traffic* dense; *silence* pesant; *sky* couvert; *task* pénible. ~ **vehicle** poids lourd *m;* ~ **luggage** gros bagages *mpl;* **to make heavier** alourdir; **how** ~ **are you?** combien pesez-vous?; **to be a** ~ **drinker/smoker** *etc* boire/fumer *etc* beaucoup; **to be a** ~ **sleeper** avoir le sommeil profond; **the car is** ~ **on petrol** la voiture consomme beaucoup; ~ **fighting** combats *mpl* acharnés; ~ **gunfire** feu *m* nourri; **there were** ~ **casualties** il y a eu de nombreuses victimes *fpl; (Med)* ~ **cold** gros rhume *m; (fig)* **it's** ~ **going** ça n'avance pas; **with a** ~ **heart** le cœur gros; *(fig)* **he made** ~ **weather of doing it** il a fait toute une histoire* pour le faire; **the** ~ **work** le gros travail; *(Ind etc)* ~ **workers** travailleurs *mpl* de force.

2 *adv weigh, lie* lourd.

♦ **heavily** *adv load, tax, walk* lourdement; *underline* fortement; *sleep, sigh* profondément; *breathe* bruyamment; *move* avec difficulté; *lean* de tout son poids; *say* d'une voix accablée; *rain, snow* très fort; *drink, smoke* beaucoup; **to lose heavily** *[team]* se faire écraser; *[gambler]* perdre gros. ♦ **heavily-built** *adj* solidement bâti. ♦ **heavily-laden** *adj* (très) lourdement

chargé. ♦ **heaviness** *n* pesanteur *f,* poids *m.* ♦ **heavy-duty** *adj* très résistant. ♦ **heavy-handed** *adj (clumsy)* maladroit; *(harsh)* dur. ♦ **heavy-hearted** *adj:* **to be** ~**-hearted** avoir le cœur gros. ♦ **heavyweight** **1** *n (Boxing)* poids lourd; **(*:** *influential person)* personne *f* de poids; **2** *adj (Boxing)* poids lourd *inv; cloth* lourd.

Hebrew ['hi:bru:] **1** *adj* hébreu *(m only),* hébraïque. **2** *n* Hébreu *m; (Ling)* hébreu *m.*

Hebrides ['hebrɪdi:z] *n* Hébrides *fpl.*

heckle ['hekl] *vti (shout)* chahuter *(pour troubler l'orateur); (interrupt)* interrompre bruyamment. ♦ **heckler** *n* interrupteur *m,* -trice *f.* ♦ **heckling** *n* chahut *m;* interpellations *fpl.*

hectic ['hektɪk] *adj life, day (busy)* très bousculé, *(eventful)* très mouvementé; *traffic* terrible; *journey* très mouvementé. **I've had a** ~ **rush** ça a vraiment été une course folle.

hector ['hektər] *vt* rudoyer. ♦ **hectoring** *adj* autoritaire.

hedge [hedʒ] **1** *n* haie *f.* **beech** ~ haie *f* de hêtres. **2** *vi (in answering)* répondre évasivement; *(in explaining etc)* expliquer *etc* avec des détours. **3** *vt:* ~**d with difficulties** entouré de difficultés; **to** ~ **one's bet** se couvrir *(fig).* ♦ **hedgehog** *n* hérisson *m.* ♦ **hedgehop** *vi (Aviat)* voler en rasemottes. ♦ **hedgerow** *n* haie *f.*

hedonism ['hi:dənɪzəm] *n* hédonisme *m.* ♦ **hedonist** *adj, n* hédoniste *(mf).*

heebie-jeebies* ['hi:bɪ'dʒi:bɪz] *npl:* **to have the** ~ *(shaking)* avoir la tremblote*; *(fright, nerves)* avoir la frousse*; **it gives me the** ~ *(revulsion)* ça me donne la chair de poule; *(fright)* ça me donne la frousse*.

heed [hi:d] **1** *vt* faire attention à, tenir compte de. **2** *n:* **to take** ~ **of, to pay** ~ **to** faire attention à, tenir compte de. ♦ **heedless** *adj (not thinking)* étourdi; *(not caring)* insouciant; ~**less of** sans se soucier de. ♦ **heedlessly** *adv* étourdiment; avec insouciance.

heel¹ [hi:l] **1** *n* **(a)** *[foot]* talon *m.* **at** *or* **on sb's** ~**s** sur les talons de qn; **to take to one's** ~**s** prendre ses jambes à son cou; **to turn on one's** ~ tourner les talons; *(to dog)* ~**!** au pied!; **to come to** ~ venir au pied; *(fig)* **to bring sb to** ~ rappeler qn à l'ordre. **(b)** **(*:** *unpleasant person)* chameau* *m.* **2** *vt ball* talonner. *(fig)* **well-**~**ed*** plein de sous*.

heel² [hi:l] *vi* (~ **over)** *[ship]* giter; *[truck, structure]* pencher dangereusement.

hefty* ['heftɪ] *adj person* costaud*; *parcel* lourd; *part, piece, price* gros *(before n).*

heifer ['hefər] *n* génisse *f.*

height [haɪt] *n* **(a)** *[building]* hauteur *f; [person]* taille *f; [mountain, plane]* altitude *f.* **what** ~ **are you?** combien mesurez-vous?; **he is 1 metre 80 in** ~ il fait 1 m 80; *of average* ~ de taille moyenne; **he drew himself up to his full** ~ il s'est dressé de toute sa hauteur; **a building 40 metres in** ~ un bâtiment de 40 mètres de haut; ~ **above sea level** altitude au-dessus du niveau de la mer; *(high ground)* **the** ~**s** les sommets *mpl.* **(b)** *[success]* apogée *m; [absurdity, ill manners]* comble *m.* **at the** ~ **of storm, battle etc** au cœur de; **at the** ~ **of his power** au summum de sa puissance; **at the** ~ **of summer/the season** en plein été/pleine saison; **the** ~ **of fashion** la toute dernière mode; **to be at its** ~ *[fair, party]* battre son plein; *[excitement etc]* être à son maximum. ♦ **heighten** *vt (gen)* intensifier; *flavour* relever.

heir [ɛər] *n* héritier *m (to de).* ~ **apparent** héritier présomptif. ♦ **heiress** *n* héritière *f.* ♦ **heirloom** *n* héritage *m; (picture/jewel etc)* **a family** ~**loom** un tableau/bijou *etc* de famille.

held [held] *pret, ptp of* **hold.**

helicopter ['helɪkɒptər] **1** *n* hélicoptère *m.* **2** *adj patrol, rescue* en hélicoptère; *pilot* d'hélicoptère. ♦ **heliport** *n* héliport *m.*

helium ['hi:lɪəm] *n* hélium *m.*

hell [hel] *n* enfer *m*. in ~ en enfer; **all ~ was let loose** ça a été infernal; **come ~ or high water** quoi qu'il arrive; **to go ~ for leather** aller à un train d'enfer; **a ~ of a noise*** un boucan du diable*; **a ~ of a lot of*** tout un tas de; **we had a ~ of a time*** (*bad*) ça n'a pas été marrant*; (*good*) ça a été du tonnerre*; **to run** *etc* **like ~*** courir *etc* comme un fou; **to give sb ~*** (*make his life a misery*) faire mener une vie infernale à qn; (*scold*) passer une engueulade* à qn; **oh ~!*** flûte!*; **to ~ with it!*** la barbe!*; **go to ~!*** va te faire voir!*; **what the ~ does he want?*** qu'est-ce qu'il peut bien vouloir?; **why/where** *etc* **the ~*** ... mais bon sang*, pourquoi/où est-ce que ... . ♦ **hellbent*** *adj* acharné (*on doing* à faire). ♦ **hellish** *adj* diabolique; (*: unpleasant*) infernal. ♦ **hellishly*** *adv* vachement*.

hello [hə'ləʊ] *excl* = **hallo.**

helm [helm] *n* (*Naut*) barre *f*. **to be at the ~** (*also fig*) tenir la barre. ♦ **helmsman** *n* timonier *m*.

helmet ['helmɪt] *n* casque *m*.

help [help] **1** (**a**) aide *f*, secours *m*. (*excl*) ~! au secours!, (*in dismay*) mon Dieu!; **thanks for your ~** merci de votre aide; **with the ~ of person** avec l'aide de; **tool** *etc* **à l'aide de**; **to shout for ~** appeler au secours *or* à l'aide; **to go to sb's ~** aller au secours de qn; **to be of ~** to sb rendre service à qn; **he's a great ~ to me** il m'aide beaucoup; **she has no ~ in the house** elle n'a pas de femme de ménage; **we need more ~ in the shop** il nous faut davantage de personnel au magasin; **he's beyond ~** on ne peut plus rien pour lui; **there's no ~ for it** il n'y a rien à faire. (**b**) (*servant*) domestique *mf*; (*charwoman*) femme *f* de ménage; (*in shop etc*) employé(e) *m(f)*.

2 *vt* (**a**) aider (*sb to do* qn à faire; *sb with sth* qn à faire qch). **to ~ sb with his luggage** aider qn à porter ses bagages; **he got his brother to ~ him** il s'est fait aider par son frère; **that doesn't ~ much** cela ne sert pas à grand-chose; **that won't ~ you** cela ne vous servira à rien; **so ~ me God!** je le jure devant Dieu!; **this money will ~ to save the church** cet argent contribuera à sauver l'église; (*in shops etc*) **can I ~ you?** vous désirez?; **he is ~ing the police with their inquiries** il est en train de répondre aux questions de la police; **to ~ sb across/down** *etc* aider qn à traverser/à descendre *etc*; **to ~ sb on/off with his coat** aider qn à mettre/à enlever son manteau. (**b**) servir. **she ~ed him to potatoes** elle l'a servi de pommes de terre; ~ **yourself** servez-vous (*to de*); **he's ~ed himself to my pencil*** il m'a piqué* mon crayon. (**c**) **I couldn't ~ laughing** je n'ai pas pu m'empêcher de rire; **it can't be ~ed** tant pis!, on n'y peut rien!; **I can't ~ it if** ... je n'y peux rien si ...; **not if I can ~ it!** sûrement pas!; **he won't come if I can ~ it** je vais faire tout mon possible pour l'empêcher de venir; **he can't ~ being stupid** ce n'est pas de sa faute s'il est idiot; **don't say more than you can ~** n'en dites pas plus qu'il ne faut.

help out 1 *vi* aider, donner un coup de main. **2** *vt sep*: **would £5 ~ you out?** est-ce que 5 livres pourraient vous être utiles?

♦ **helper** *n* aide *mf*, assistant(e) *m(f)*. ♦ **helpful** *adj person* (*willing*) obligeant, (*useful*) qui est d'un grand secours; *book, gadget, advice* utile. ♦ **helpfully** *adv* avec obligeance. ♦ **helpfulness** *n* obligeance *f*. ♦ **helping 1** *n* portion *f*; **to take a second ~ing of sth** reprendre de qch; **I've had three ~ings** j'en ai repris deux fois; **2** *adj*: **to lend a ~ing hand** donner un coup de main (*to* à). ♦ **helpless** *adj* (*mentally, morally*) impuissant, (*physically*) impotent, (*powerless*) sans ressource; **she is a ~less invalid** elle est complètement impotente; ~**less with laughter** malade de rire. ♦ **helplessly** *adv struggle* en vain; *try, agree* désespérément; *lie, remain* sans pouvoir bouger; *say* d'un ton d'impuissance; **to**

laugh ~lessly être pris d'un fou rire. ♦ **helplessness** *n* impuissance *f*; impotence *f*.

helter-skelter ['heltə'skeltə'] **1** *adv* à la débandade. **2** *n* (*rush*) débandade *f*; (*in fairground*) toboggan *m*.

hem [hem] **1** *n* (*part doubled over*) ourlet *m*; (*edge*) bord *m*. **I've let the ~ down on my skirt** j'ai rallongé ma jupe.
2 *vt* ourler.

hem in *vt sep* (*physically*) cerner; [*rules etc*] entraver. **I feel ~med in** ça m'oppresse.

hem(a) ... ['hi:m(ə)] *pref* (*esp US*) = **hæm(a)** ... .

hemisphere ['hemɪsfɪə'] *n* hémisphère *m*. **the northern/southern ~** l'hémisphère nord/sud.

hemlock ['hemlɒk] *n* ciguë *f*.

hemp [hemp] *n* chanvre *m*.

hen [hen] **1** *n* poule *f*; (*female bird*) femelle *f*. **2** *adj*: ~ **bird** oiseau *m* femelle; ~ **party*** réunion *f* de femmes *or* filles. ♦ **henhouse** *n* poulailler *m*. ♦ **henpecked** *adj* dominé par sa femme.

hence [hens] *adv* (*therefore*) d'où, de là; (*from now on*) d'ici. ♦ **henceforth** *or* ♦ **henceforward** *adv* dorénavant, désormais.

henchman ['hentʃmən] *n* acolyte *m* (*pej*).

henna ['henə] *n* henné *m*.

hepatitis [,hepə'taɪtɪs] *n* hépatite *f*.

her [hɜː'] **1** *pers pron* (**a**) (*direct*) (*unstressed*) la; (*before vowel*) l'; (*stressed*) elle. **I see ~** je la vois; **I have seen ~** je l'ai vue; **I have never seen HER** elle, je ne l'ai jamais vue. (**b**) (*indirect*) lui. **I give ~ the book** je lui donne le livre; **I'm speaking to ~** je lui parle. (**c**) (*after prep etc*) elle. **I am thinking of ~** je pense à elle; **without ~** sans elle; **if I were ~** si j'étais elle; **it's ~** c'est elle; **younger than ~** plus jeune qu'elle. **2** *poss adj* son, sa, ses. ~ **book** son livre; ~ **table** sa table; ~ **friend** son ami(e); ~ **clothes** ses vêtements.

♦ **hers** *poss pron* le sien, la sienne, les siens, les siennes; **this book is ~s** ce livre est à elle, ce livre est le sien; **a friend of ~s** un de ses amis (à elle); **is this poem ~s?** ce poème est-il d'elle?; (*pej*) **that car of ~s** sa fichue* voiture. ♦ **herself** *pers pron* (*reflexive: direct and indirect*) se; (*emphatic*) elle-même; (*after prep*) elle; **she has hurt ~self** elle s'est blessée; **she said to ~self** elle s'est dit; **she told me ~self** elle me l'a dit elle-même; **she kept 3 for ~self** elle s'en est réservé 3; **he asked her for a photo of ~self** il lui a demandé une photo d'elle; (*all*) **by ~self** toute seule; **she is not ~self** elle n'est pas dans son état normal.

herald ['herəld] **1** *n* héraut *m*. **2** *vt* annoncer. ♦ **heraldic** [he'rældɪk] *adj* héraldique. ♦ **heraldry** ['herəldrɪ] *n* héraldique *f*.

herb [hɜːb] **1** *n* herbe *f*. (*Culin*) ~**s** fines herbes. **2** *adj*: ~ **garden** jardin *m* d'herbes aromatiques. ♦ **herbaceous** *adj* herbacé; ~**aceous border** bordure *f* de plantes herbacées. ♦ **herbal 1** *adj* d'herbes; **2** *n* herbier *m*. ♦ **herbalist** *n* herboriste *mf*. ♦ **herbivorous** *adj* herbivore.

herd [hɜːd] **1** *n* (*lit, fig*) troupeau *m*. **2** *adj*: ~ **instinct** instinct *m* grégaire. **3** *vt* diriger. **herd together 1** *vi* s'attrouper. **2** *vt sep* rassembler en troupeau.

here [hɪə'] **1** *adv* (**a**) (*place*) ici. **come ~** venez ici; (*at roll call*) ~! présent!; ~ **I am** me voici; ~ **is my brother** voici mon frère; ~ **are the others** voici les autres; (*bringing sth*) ~ **we are!** voici!; (*giving sth*) ~ **you are!** tenez!; ~ **come my friends** voici mes amis qui arrivent; **he's ~ at last** il est enfin arrivé; **spring is ~** c'est le printemps; **my sister ~ says** ... ma sœur que voici dit ...; **this man ~ saw it** cet homme-ci l'a vu; ~'**s to you!** à la vôtre!; ~'**s to your success!** à votre succès!; **about** *or* **around ~** par ici; **put it in ~** mettez-le ici; **come in ~** please **par ici si il vous plaît; **over ~** ici; **it's cold up ~** il fait froid ici; **up to** *or* **down to ~** jusqu'ici; **from ~ to there** d'ici jusqu'à là-bas; **it's 10 km from ~ to Paris** il y a 10 km d'ici à Paris; **Mr Smith**

is not ~ just now M. Smith n'est pas là or ici en ce moment; **are you there? – yes I'm ~** vous êtes là? – oui je suis là; **~ and there** par-ci par-là; **~, there and everywhere** un peu partout; (fig) **it's neither ~ nor there** tout cela n'a aucune importance; **~ goes!*** allons-y!; **~ and now** en ce moment précis; **the ~ and now** le présent; **~ below** ici-bas; **~ lies** ci-gît. **(b)** (time) alors, à ce moment-là.
2 excl tenez!; (protesting) écoutez!
♦ **hereabouts** adv près d'ici. ♦ **hereafter 1** adv après; **2** n au-delà m. ♦ **hereby** adv par la présente. ♦ **hereupon** adv là-dessus. ♦ **herewith** adv: **I am sending you ~with** je vous envoie ci-joint or sous ce pli.
heredity [hɪ'redɪtɪ] n hérédité f. ♦ **hereditary** adj héréditaire.
heresy ['herəsɪ] n hérésie f. **an act of ~** une hérésie. ♦ **heretic** n hérétique mf. ♦ **heretical** [hɪ'retɪkəl] adj hérétique.
heritage ['herɪtɪdʒ] n patrimoine m.
hermetic [hɜː'metɪk] adj hermétique. ♦ **hermetically** adv hermétiquement; **~ally sealed** fermé hermétiquement.
hermit ['hɜːmɪt] n ermite m.
hernia ['hɜːnɪə] n hernie f.
hero ['hɪərəʊ] n héros m. ♦ **heroic** [hɪ'rəʊɪk] adj héroïque. ♦ **heroically** adv héroïquement. ♦ **heroics** npl (pej) (words) grandiloquence f; (deeds) comédie* f. ♦ **heroine** ['herəʊɪn] n héroïne f (femme). ♦ **heroism** ['herəʊɪzəm] n héroïsme m. ♦ **hero-worship 1** n culte m; **2** vt avoir un culte pour.
heroin ['herəʊɪn] n héroïne f (drogue). **~ addict** héroïnomane mf.
heron ['herən] n héron m.
herpes ['hɜːpiːz] n herpès m.
herring ['herɪŋ] n hareng m. ♦ **herringbone (pattern)** n chevrons mpl.
hesitate ['hezɪteɪt] vi hésiter (over, about, at sur, devant; to do à faire). ♦ **hesitancy** n hésitation f. ♦ **hesitant** adj hésitant; **to be hesitant about doing** hésiter à faire. ♦ **hesitantly** adv avec hésitation; speak, suggest d'une voix hésitante. ♦ **hesitation** n hésitation f; **I have no hesitation in saying** je n'hésite pas à dire.
hessian ['hesɪən] n toile f de jute.
heterogeneous ['hetərəʊ'dʒiːnɪəs] adj hétérogène.
heterosexual ['hetərəʊ'seksjʊəl] adj, n hétérosexuel(le) m(f).
het up* ['het'ʌp] adj agité (about par).
hew [hjuː] pret hewed, ptp hewn or hewed vt stone tailler; wood couper; coal abattre. **to ~ sth out of wood** etc tailler qch dans du bois etc.
hex [heks] **1** n sort m. **2** vt jeter un sort sur.
hexagon ['heksəgən] n hexagone m. ♦ **hexagonal** [heks'ægənəl] adj hexagonal.
heyday ['heɪdeɪ] n [thing] âge m d'or. **in his ~** à l'apogée de sa gloire.
hi* [haɪ] excl hé!; (*: greeting) salut!*
hiatus [haɪ'eɪtəs] n lacune f.
hibernate ['haɪbəneɪt] vi hiberner. ♦ **hibernation** n hibernation f.
hiccough, hiccup ['hɪkʌp] **1** n hoquet m. **to have ~s** avoir le hoquet. **2** vi hoqueter.
hide¹ [haɪd] pret hid, ptp hidden **1** vt (gen) cacher (from sb à qn); feelings dissimuler (from sb à qn). **to ~ one's face** se cacher le visage; **hidden from sight** dérobé aux regards, caché; (fig) **to ~ one's light under a bushel** cacher ses talents. **2** vi (~ away, ~ out) se cacher (from sb de qn). (fig) **he's hiding behind his boss** il se réfugie derrière son patron. ♦ **hide-and-(go-)seek** n cache-cache m. ♦ **hideaway** or **hideout** n cachette f. ♦ **hiding¹ 1** n: **to be in hiding** se tenir caché; **to go into hiding** se cacher; **2** adj: **hiding place** cachette f.
hide² [haɪd] **1** n (skin) peau f; (leather) cuir m. **2** adj chair etc de cuir. ♦ **hidebound** adj borné.

hideous ['hɪdɪəs] adj sight, person hideux; crime atroce; disappointment terrible. ♦ **hideously** adv hideusement; atrocement; terriblement.
hiding² ['haɪdɪŋ] n correction f, raclée f. **to give sb a good ~** donner une bonne correction à qn.
hierarchy ['haɪərɑːkɪ] n hiérarchie f.
hieroglyph ['haɪərəglɪf], **hieroglyphic** [ˌhaɪərə'glɪfɪk] n hiéroglyphe m.
hi-fi ['haɪ'faɪ] (abbr of high fidelity) **1** n (a) hi-fi f inv, haute fidélité inv. (b) (gramophone/radio) chaîne f/radio f hi-fi inv. **2** adj hi-fi inv. **~ equipment** or **system** chaîne f (hi-fi).
higgledy-piggledy* ['hɪgldɪ'pɪgldɪ] adv pêle-mêle.
high [haɪ] **1** adj (a) (gen) haut. **building 40 metres ~** bâtiment de 40 mètres de haut, bâtiment qui a or fait 40 mètres de haut; **how ~ is that tower?** quelle est la hauteur de cette tour?; **when he was so ~*** quand il était grand comme ça; **~ cheekbones** pommettes saillantes; (Sport) **~ jump** saut m en hauteur; **he's for the ~ jump*** il est bon pour une engueulade‡; **~ chair** chaise f haute (d'enfant); (fig) **on one's ~ horse** sur ses grands chevaux; **at ~ tide** or **water** à marée haute.
(b) frequency, latitude, tension, pressure, official haut (before n); speed, value, respect grand (before n); fever fort (before n); complexion, colour vif; polish brillant; wind violent; salary, number, rent, price élevé; sound, voice aigu; (Mus) note haut; character, ideal noble; (Culin) game, meat faisandé; butter rance; (‡: intoxicated) parti*. **~ on drugs/hashish** défoncé‡ par la drogue/au hachisch; **in the ~est degree** au plus haut degré; **to buy sth at a ~ price** acheter qch cher; (lit, fig) **to pay a ~ price for sth** payer qch cher; **to have a ~ old time*** s'amuser follement; **~ altar** maître-autel m; **H~ Church** Haute Église f; **H~ Mass** grand-messe f; **~ priest** grand prêtre m; (fig) **to leave sb ~ and dry** laisser qn en plan*; **to be ~ and mighty*** se donner de grands airs; (Mil) **~ command** haut commandement m; **~ commissioner** haut commissaire m; (Jur) **~ court** cour f suprême; **~ explosive** explosif m puissant; **to have ~ jinks*** se payer du bon temps*; **~ life** grande vie f; **~ noon** plein midi; **~ school** (Brit) lycée m; (US) collège m d'enseignement secondaire; **on the ~ seas** en haute mer; **~ society** haute société f; **~ spirits** entrain m; **the ~ spot** [evening, show] le clou; [visit, holiday] le grand moment; **to hit the ~ spots*** faire la noce* (dans un night-club etc); (lit, fig) **to play for ~ stakes** jouer gros jeu; **~ street** [village] grand-rue f; [town] rue principale; **in ~ summer** au cœur de l'été; **~ table** table f d'honneur; (Univ) table des professeurs; **~ tea** goûter m dînatoire; **~ treason** haute trahison f.
2 adv rise, float, be, aim haut; fly etc à haute altitude. **~ up** en haut; **~er up** plus haut; **~er and ~er** de plus en plus haut; **~ above our heads** bien au-dessus de nos têtes; **to go as ~ as 200 francs** monter jusqu'à 200 F; **to hunt ~ and low** chercher partout; **to hold one's head up ~** avoir la tête haute; (fig) **to fly ~** voir grand, viser haut.
3 n (a) **on ~** en haut. (b) (record) **a new ~** un nouveau record.
♦ **highball** n whisky m à l'eau (avec de la glace).
♦ **highbrow 1** n intellectuel(le) m(f); **2** adj interests intellectuel; music pour intellectuels.
♦ **high-class** adj hotel, food de premier ordre; neighbourhood, flat, publicity (de) grand standing; person du grand monde. ♦ **higher 1** adj supérieur (than à); **2** adv plus haut. ♦ **high-fidelity** adj haute fidélité inv. ♦ **high-flier** n ambitieux m, -euse f; (gifted) doué(e) m(f). ♦ **high-flown** adj ampoulé. ♦ **high-flying** adj aircraft volant à haute altitude; person ambitieux. ♦ **high-frequency** adj de or à haute fréquence.

♦ **high-grade** *adj* de haute qualité. ♦ **high-handed** *adj* tyrannique. ♦ **high-handedly** *adv* très autoritairement. ♦ **high-heeled** *adj* à hauts talons. ♦ **highjack** *etc* = **hijack** *etc*. ♦ **highlands** *npl* régions *fpl* montagneuses. ♦ **high-level** *adj* talks à très haut niveau. ♦ **highlight** 1 *n* (*Art*) rehaut *m*; (*in hair*) reflet *m*; (*fig: evening etc*) clou *m*; [*match etc*] instant *m* le plus marquant; 2 *vt* mettre en lumière. ♦ **highly** *adv* pleased, interesting extrêmement; recommended chaudement; pay très bien; season fortement; ~ly coloured object haut en couleur; description etc exagéré; ~ly strung nerveux; to speak/think ~ly of dire/penser beaucoup de bien de. ♦ **high-minded** *adj* person de caractère élevé; ambition noble. ♦ **high-necked** *adj* à col haut. ♦ **highness** *n*: Your H~ness Votre Altesse *f*. ♦ **high-pitched** *adj* aigu. ♦ **high-powered** *adj* car très puissant; person très important. ♦ **high-pressure** *adj* à haute pression; (*Met*) de hautes pressions; (*fig*) salesman de choc*. ♦ **high-priced** *adj* coûteux, cher. ♦ **high-principled** *adj* qui a des principes élevés. ♦ **high-ranking** official *n* haut fonctionnaire *m*. ♦ **high-rise** block *n* tour *f* (d'habitation). ♦ **highroad** *n* grand-route *f*. ♦ **high-sounding** *adj* sonore, grandiloquent (*pej*). ♦ **high-speed** *adj* ultra-rapide; lens à obturation ultra-rapide. ♦ **high-spirited** *adj* person plein d'entrain; horse fougueux. ♦ **high-up** 1 *adj* person, post haut placé; 2 *n* (*) grosse légume* *f*. ♦ **highway** *n* grande route *f*; public ~way, the king's or queen's ~way la voie publique; through the ~ways and byways of Sussex par tous les chemins du Sussex; the ~way code le code de la route. ♦ **highwayman** *n* bandit *m* de grand chemin.

hijack ['haɪdʒæk] 1 *vt* détourner (*par la force*). 2 *n* détournement *m*. ♦ **hijacker** *n* [*plane*] pirate *m* (de l'air); [*coach, train, truck*] gangster *m*. ♦ **hijacking** *n* détournement *m*.

hike [haɪk] 1 *n* excursion *f* à pied; (*Mil, Sport*) marche *f* à pied. to go on or for a ~ faire une excursion à pied. 2 *vi* aller à pied (*to* à). to go hiking faire des excursions. ♦ **hiker** *n* excursionniste *mf* (*à pied*).

hilarious [hɪ'lɛərɪəs] *adj* (*merry*) hilare; (*funny*) désopilant. ♦ **hilarity** *n* hilarité *f*.

hill [hɪl] *n* colline *f*; (*slope*) côte *f*, pente *f*. up ~ and down dale par monts et par vaux; as old as the ~s vieux comme les chemins; this car is not good on ~s cette voiture ne grimpe pas bien. ♦ **hillbilly** music *n* musique *f* folk inv. ♦ **hillock** *n* petite colline. ♦ **hillside** *n* coteau *m*; on the ~side à flanc de coteau. ♦ **hilltop** *n*: on the ~top en haut de la colline. ♦ **hilly** *adj* accidenté.

hilt [hɪlt] *n* [*sword*] poignée *f*, garde *f*. up to the ~ be in trouble, debt, involved jusqu'au cou; back sb quoiqu'il arrive; mortgage au maximum.

him [hɪm] *pers pron* (**a**) (*direct*) (*unstressed*) le; (*before vowel*) l'; (*stressed*) lui. **I see** ~ je le vois; **I have seen** ~ je l'ai vu; **I've never seen** HIM lui, je ne l'ai jamais vu. (**b**) (*indirect*) lui. **I give** ~ **the book** je lui donne le livre; **I'm speaking to** ~ je lui parle. (**c**) (*after prep etc*) lui. **I am thinking of** ~ je pense à lui; **without** ~ sans lui; **if I were** ~ si j'étais lui; **it's** ~ c'est lui; **younger than** ~ plus jeune que lui. ♦ **himself** *pers pron* (*reflexive: direct and indirect*) se; (*emphatic*) lui-même; (*after prep*) lui. **he has hurt** ~**self** il s'est blessé; **he said to** ~**self** il s'est dit; **he told me** ~**self** il me l'a dit lui-même; **he kept 3 for** ~**self** il s'en est réservé 3; **she asked him for a photo of** ~**self** elle lui a demandé une photo de lui; (**all**) **by** ~**self** tout seul; **he is not** ~**self** il n'est pas dans son état normal.

hind [haɪnd] *adj*: ~ **legs**, ~ **feet** pattes *fpl* de derrière; **she would talk the** ~ **legs off a donkey*** c'est un vrai moulin à paroles*. ♦ **hindquarters**

npl arrière-train *m*. ♦ **hindsight** *n*: **with the benefit of** ~**sight** rétrospectivement.

hinder ['hɪndər] *vt* (*obstruct*) gêner; (*delay*) retarder; (*prevent*) empêcher (*sb from doing* qn de faire). ♦ **hindrance** *n*: **to be a hindrance to sb/sth** gêner qn/qch.

Hindu ['hɪn'duː] 1 *adj* hindou. 2 *n* Hindou(e) *m(f)*. ♦ **Hinduism** *n* hindouisme *m*.

hinge [hɪndʒ] 1 *n* [*door*] gond *m*; [*box, stamp*] charnière *f*. **the door came off its** ~**s** la porte est sortie de ses gonds. 2 *vi* (*fig*) dépendre (*on* de). ♦ **hinged** *adj* lid à charnières; counter flap relevable.

hint [hɪnt] 1 *n* allusion *f*, insinuation *f* (*pej*). **to drop a** ~ faire une allusion (*that* que); **he dropped me a** ~ **that** il m'a fait comprendre que; **gentle/broad** ~ allusion discrète/à peine voilée; **he knows how to take a** ~ il comprend à demi-mot; **I can take a** ~ (ça va) j'ai compris; (*in guessing etc*) **give me a** ~ donne-moi une indication; **he gave no** ~ **of his feelings** il n'a donné aucune indication sur ce qu'il ressentait; ~ **s for travellers/on maintenance** conseils *mpl* aux voyageurs/d'entretien; **a** ~ **of garlic** un soupçon d'ail; **there was not the slightest** ~ **of a dispute** il n'y a pas eu l'ombre d'une dispute; **a** ~ **of sadness** un je ne sais quoi de mélancolique. 2 *vt* insinuer, laisser comprendre (*that* que). **he** ~**ed to me that** il m'a laissé comprendre que. 3 *vi*: **to** ~ **at sth** faire (une) allusion à qch; **what are you** ~**ing at?** qu'est-ce que vous voulez dire par là?

hip[1] [hɪp] 1 *n* (*Anat*) hanche *f*. **with one's hands on one's** ~**s** les mains sur les hanches; **to break one's** ~ se casser le col du fémur. 2 *adj*: ~ **bath** bain *m* de siège. ~ **flask** flacon *m* plat (pour la poche), flasque *f*; ~ **joint** articulation *f* iliaque; ~ **pocket** poche *f* revolver; ~ **size** tour *m* de hanches. ♦ **hipbone** *n* os *m* iliaque. ♦ **hipsters** *npl* pantalon *m* taille basse.

hip[2] [hɪp] *n* (*Bot*) gratte-cul *m*.

hippie* ['hɪpɪ] *adj*, *n* hippie (*mf*).

hippopotamus [,hɪpə'pɒtəməs] *n*, *pl* **-mi** [-maɪ] hippopotame *m*.

hire ['haɪər] 1 *n* location *f*; (*price*) prix *m* de la location. **for** ~ à louer; (*on taxi*) 'libre'; **on** ~ en location. 2 *adj*: ~ **purchase** achat *m* à crédit; **on** ~ **purchase** à crédit. 3 *vt* **a**) thing louer; person engager. ~**d man** ouvrier *m* payé à l'heure; ~**d car** voiture *f* louée. (**b**) (~ **out**) donner en location.

his [hɪz] 1 *poss adj* son, sa, ses. ~ **book** son livre; ~ **table** sa table; ~ **friend** son ami(e); ~ **clothes** ses vêtements. 2 *poss pron* le sien, la sienne, les siens, les siennes. **this book is** ~ ce livre est à lui; **a friend of** ~ un de ses amis (à lui); **is this poem** ~? ce poème est-il de lui?; (*pej*) **that car of** ~ sa fichue* voiture.

hiss [hɪs] 1 *vti* siffler. 2 *n* sifflement *m*; (*Theat etc*) sifflet *m*.

history ['hɪstərɪ] *n* histoire *f*. **to make** ~, **to go down in** ~ [*person*] entrer dans l'histoire (*for* pour); [*event, play, decision*] être historique; **he has a** ~ **of psychiatric disorders** il a dans son passé des désordres psychiatriques; **medical** ~ passé *m* médical. ♦ **historian** *n* historien(ne) *m(f)*. ♦ **historic(al)** *adj* historique.

histrionic [,hɪstrɪ'ɒnɪk] *adj* (*pej*) de cabotin; (*gen*) théâtral; talent dramatique. ♦ **histrionics** *npl* (*pej*) airs *mpl* dramatiques.

hit [hɪt] (*vb: pret, ptp* **hit**) 1 *n* (**a**) (*stroke, blow*) coup *m*; (*Baseball/Tennis etc*) coup de batte/raquette *etc*. (*fig*) **that's a** ~ **at me** c'est moi qui suis visé. (**b**) (*swipe or go: to miss*) coup *m* réussi, beau coup. 3 ~**s and 3 misses** 3 succès *mpl* et 3 échecs; **direct** ~ coup dans le mille. (**c**) (*song/book/film etc*) chanson *f*/livre *m*/film *m* à succès. **to make a** ~ **of sth** réussir (pleinement) qch; **to make a** ~ **with sb*** faire une grosse impression sur qn; **to be**

a big ~ avoir un énorme succès.
2 *adj song, show* à succès. ~ **parade** hit parade
m.

3 *vt* (a) (*strike*) frapper; (*knock against*)
heurter, cogner; (*collide with*) heurter, entrer en
collision avec; (*reach*) atteindre; (*hurt, annoy*)
affecter, toucher. he ~ me! il m'a frappé!; his
father used to ~ him son père le battait; to ~ sb a
blow porter un coup à qn; (*fig*) to ~ a man when
he's down frapper un homme à terre; to ~ one's
head against sth se cogner *or* se heurter la tête
contre qch; his head ~ the pavement sa tête a
donné contre le trottoir; (*fig*) it ~s you in the eye
cela saute aux yeux; he ~ the nail with a hammer
il a tapé sur le clou avec un marteau; (*fig*) to ~ the
nail on the head mettre dans le mille, y être; (*fig*)
to ~ the mark atteindre son but; (*fig*) that ~
home! le coup a porté!; to be ~ by a stone/bullet/
bomb recevoir une pierre/une balle/une bombe;
[*plane*] to be ~ être touché; (*fig*) to be ~ by a
strike/price rise être touché par une grève/
hausse des prix; (*realization*) then it ~ me* alors
j'ai réalisé* d'un seul coup!; you've ~ it!* ça y
est*, tu as trouvé!; [*news, story*] to ~ the papers *or*
the front page être à la une* des journaux; to ~
the bottle* picoler*; (*fig*) to ~ the ceiling* sortir
de ses gonds; to ~ the hay* se coucher; to ~ the
road* *or* the trail* mettre les voiles*. (b) (*find*)
trouver, tomber sur; *problems, difficulties*
rencontrer; (*: *arrive at*) *town etc* débarquer à *or*
dans. at last we ~ the right road nous sommes
tombés enfin sur la bonne route.

4 *vi* (*collide*) se heurter, se cogner (*against* à,
contre).

hit back 1 *vi* (*fig*) riposter. to ~ back at sb
riposter, répondre à qn. **2** *vt sep*: to ~ sb back
rendre son coup à qn.

hit off *vt sep likeness* saisir. he ~ him off beautifully il l'a imité à la perfection; to ~ it off with sb
bien s'entendre avec qn.

hit out at *vt fus* décocher un coup à; (*fig*) attaquer.

hit (up)on *vt fus* tomber sur, trouver.

♦ **hit-and-run driver** *n* chauffard* *m* (coupable
du délit de fuite). ♦ **hit-and-run raid** *n* raid *m*
éclair *inv*. ♦ **hit-or-miss 1** *adv* au petit bonheur;
2 *adj work* fait au petit bonheur; *attitude* désinvolte.

hitch [hɪtʃ] **1** *n* anicroche *f* (*in* dans). without a ~
sans anicroche; **technical** ~ incident *m* technique. **2** *vt* (a) (~ up) *trousers* remonter (d'une
saccade). (b) (*fasten*) *animal* attacher (*to* à); *carriages,
horses* atteler (*to* à). to get ~ed* se marier. (c) (*)
to ~ a lift to Paris faire du stop* jusqu'à Paris; I
~ed a lift to Paris with my father je me suis fait
emmener en voiture jusqu'à Paris par mon père.
3 *vi* (*) ~ **hitch-hike**. ♦ **hitch-hike** vi faire du
stop* *or* de l'auto-stop (*to* jusqu'à). ♦ **hitch-hiker**
n auto-stoppeur *m*, -euse *f*. ♦ **hitch-hiking** *n* auto-
stop *m*.

hither [ˈhɪðər] *adv* (†) ici. (*not* †) ~ **and thither** çà et
là.

hive [haɪv] *n* ruche *f*. a ~ of industry une vraie
ruche.

hive off* 1 *vi* se séparer (*from* de). **2** *vt sep*
séparer (*from* de).

hoard [hɔːd] **1** *n* réserves *fpl*, provision *f*; (*treasure*) trésor *m*. a ~ of food des provisions, des
réserves; a squirrel's ~ of nuts les réserves *or*
provisions de noisettes d'un écureuil; a ~ of
money un trésor, un magot; ~s* of things un tas*
de choses. **2** *vt* (~ up) *food etc* amasser, mettre en
réserve; *money* amasser.

hoarding [ˈhɔːdɪŋ] *n* (*fence*) palissade *f*; (*for
advertisements*) panneau *m* d'affichage.

hoarfrost [ˈhɔːˈfrɒst] *n* givre *m*.

hoarse [hɔːs] *adj* enroué. ♦ **hoarsely** *adv* d'une
voix enrouée. ♦ **hoarseness** *n* enrouement *m*.

hoary [ˈhɔːrɪ] *adj hair* blanc neigeux *inv*; *person*
chenu, (*fig*) vénérable; *joke* éculé.

hoax [həʊks] **1** *n* canular *m*. **2** *vt* faire un canular
à. we were ~ed on nous a eus*.

hobble [ˈhɒbl] *vi* clopiner. to ~ in/out *etc* entrer/
sortir *etc* en clopinant.

hobby [ˈhɒbɪ] *n* passe-temps *inv* favori, hobby *m*.
♦ **hobby-horse** *n* (*fig*) dada *m*; he's off on his ~-
horse le voilà reparti (sur son dada).

hobnob [ˈhɒbnɒb] *vi* frayer (*with* avec).

hobo [ˈhəʊbəʊ] *n* (*US*) vagabond *m*.

hock¹ [hɒk] *n [animal, beef]* jarret *m*.

hock² [hɒk] *n* (*wine*) vin *m* du Rhin.

hockey [ˈhɒkɪ] *n* hockey *m*.

hocus-pocus [ˈhəʊkəsˈpəʊkəs] *n* (*trickery*) supercherie *f*; (*talk*) charabia* *m*.

hoe [həʊ] **1** *n* houe *f*, binette *f*. **2** *vt ground* biner;
plants sarcler.

hog [hɒg] **1** *n* cochon *m*, porc *m*. he's a greedy ~
c'est un vrai goinfre*; (*fig*) to go the whole ~ aller
jusqu'au bout. **2** *vt* (*) *food* se goinfrer* de; (*take
selfishly*) *best chair etc* accaparer. don't ~ all the
sweets ne garde pas tous les bonbons pour toi.

hoi polloi [ˌhɔɪpəˈlɔɪ] *n* gens *mpl* du commun.

hoist [hɔɪst] **1** *vt* hisser. **2** *n* appareil *m* de levage;
(*for goods*) monte-charge *m inv*.

hold [həʊld] (*vb: pret, ptp* held) **1** *n* (a) prise *f*. to
catch *or* get ~ of saisir, s'emparer de; (*fig: contact*) to get ~ of sb contacter *or* joindre qn; he
caught ~ of her arm il lui a saisi le bras; (*fig*) can
you get ~ of a piece of wire? est-ce que tu peux
trouver un morceau de fil de fer?; to get (a) ~ of
o.s. se contrôler; to have ~ of tenir; I've got a
firm ~ on the rope je tiens bien la corde; to keep
~ of *object* ne pas lâcher; *idea* s'accrocher à; (*fig*)
to have a ~ over sb avoir prise sur qn; (*fig*) no ~s
barred* tous les coups sont permis.
(b) (*Naut*) cale *f*.

2 *vt* (a) (*gen*) tenir; (*contain*) contenir; (*fig*)
audience tenir; *sb's interest, attention* retenir;
opinion avoir. to ~ in one's hand *book* tenir à la
main; *coin* tenir dans la main; they were ~ing
hands ils se tenaient par la main; he held my arm
il me tenait le bras; to ~ sb tight (*in embrace*)
serrer qn très fort; (*to prevent fall etc*) bien tenir
qn; the bottle ~s one litre la bouteille contient un
litre; the room ~s 20 people 20 personnes peuvent tenir dans la salle; the ladder won't ~ you
l'échelle ne supportera pas ton poids; the nails ~
the carpet in place les clous maintiennent la
moquette en place; to ~ o.s. upright/ready se
tenir droit/prêt; to ~ one's head high porter la
tête haute; (*fig*) he was left ~ing the baby* tout
est retombé sur sa tête; to ~ one's breath retenir
son souffle; to ~ one's tongue se taire; to ~ one's
own [*invalid*] se maintenir; (*in conversation etc*)
se débrouiller; (*Telec*) to ~ the line attendre; ~
the line! ne quittez pas!; this car ~s the road well
cette voiture tient bien la route; what the future
~s ce que l'avenir nous réserve.

(b) *meeting, election, conversation etc* tenir;
examination organiser; *check, count* faire. the
exhibition is always held here l'exposition a toujours lieu ici; (*Rel*) to ~ a service célébrer un
office; [*employer*] to ~ an interview recevoir des
candidats.

(c) (*believe*) considérer, maintenir (*that* que).
to ~ in high esteem tenir en haute estime; to ~ sb
responsible for sth considérer qn responsable de
qch; all that he ~s dear tout ce qui lui est cher.

(d) (*restrain*) *person* retenir; (*keep*) *object,
money* garder. to ~ a train empêcher un train de
partir; to ~ the letter until ... n'envoyez pas la lettre
avant que ... + *subj*; the police held him for 2 days
la police l'a gardé (à vue) pendant 2 jours; there's
no ~ing him il n'y a pas moyen de le retenir; ~ it!*
arrêtez!, minute!*

(e) (*possess*) avoir, posséder; (*Mil*) tenir

(*against* contre); *post, position* avoir, occuper; *ticket, permit, shares* avoir, détenir; (*Sport*) *record* détenir. (*Parl*) to ~ **office** avoir *or* tenir un portefeuille; (*fig*) to ~ **the fort** monter la garde; (*fig*) to ~ **the stage** tenir le devant de la scène. **3** *vi* [*rope, nail etc*] tenir, être solide; [*weather*] se maintenir; [*statement, promise*] (*also* ~ **good**) être valable. to ~ **firm** *or* **tight** *or* **fast** tenir bon *or* ferme.

hold back 1 *vi* (*fig*) se retenir (*from sth* de qch; *from doing* de faire). **2** *vt sep* (**a**) *fears, emotions* maîtriser; *crowd* contenir. to ~ **sb back from doing** retenir qn de faire. (**b**) (*not disclose*) *facts, name* ne pas donner. he was ~ing **sth back from me** il me cachait qch.

hold down *vt sep* (**a**) (*keep on ground*) maintenir à terre; (*keep in place*) maintenir en place. to ~ **one's head down** tenir la tête baissée. (**b**) *job* (*have*) avoir, occuper; (*keep*) garder.

hold forth *vi* pérorer (*on* sur).

hold in *vt sep* retenir; *stomach* rentrer. (*fig*) to ~ **o.s. in** se retenir.

hold off 1 *vi* (*fig*) **the rain has held off so far** jusqu'ici il n'a pas plu. **2** *vt sep enemy* tenir à distance; (*fig*) *visitor etc* faire patienter.

hold on 1 *vi* (*endure*) tenir bon, tenir le coup; (*wait*) attendre. ~ **on!** attendez!; (*Telec*) ne quittez pas! **2** *vt sep lid etc* tenir en place.

hold on to *vt fus* (*cling to*) *rope, branch* se cramponner à; *hope, idea* se raccrocher à; (*keep*) *object, money* garder; *used clothes etc* conserver. ~ **on to this for me** tiens-moi ça.

hold out 1 *vi* (**a**) [*supplies etc*] durer. (**b**) (*endure*) tenir bon, tenir le coup. to ~ **out against** *enemy, attacks* tenir bon devant; *change, progress, threats* résister à; **they are** ~ing **out for more pay** ils tiennent bon pour avoir une augmentation; **you've been** ~ing **out on me!*** tu m'as caché qch! **2** *vt sep* tendre, offrir (*sth to sb* qch à qn); *one's arms* ouvrir; (*fig*) *hope* offrir.

hold over *vt sep meeting etc* remettre (*until* à).

hold together 1 *vi* [*objects*] tenir (ensemble); [*people*] rester unis. **2** *vt sep objects* maintenir (ensemble); *a group* maintenir l'union de.

hold up 1 *vi* [*building*] tenir debout. **2** *vt sep* (**a**) (*raise*) lever, élever. ~ **up your hand** levez la main; to ~ **sth up to the light** élever qch à la lumière. (**b**) (*support*) *roof etc* soutenir. (**c**) (*stop*) arrêter; (*delay*) *traffic* retarder; *person* retenir. (**d**) [*robber*] *bank, shop* faire un hold-up dans; *coach, person* attaquer (à main armée).

hold with* *vt fus*: **she doesn't** ~ **with people smoking** elle désapprouve que l'on fume (*subj*).
♦ **holdall** *n* fourre-tout *m inv*. ♦ **holder** *n* (**a**) [*ticket, card, record, title, stocks*] détenteur *m*, -trice *f*; [*passport, post*] titulaire *mf*; (**b**) (*object*) support *m*; **pen** ~**er** porte-plume *m inv*. ♦ **holding** *n* (*farm*) propriété *f*, ferme *f*; (*Fin*) ~**ings** (*lands*) avoirs *mpl* fonciers, (*stocks*) intérêts *mpl* (*Fin*). ~**ing company** holding *m inv*. ♦ **hold-up** *n* (*robbery*) hold-up *m inv*, attaque *f* à main armée; (*delay*) retard *m*; (*in traffic*) bouchon *m*.

hole [həʊl] *n* (**a**) (*gen*) trou *m*; [*rabbit, fox*] terrier *m*; (*in defences, dam*) brèche *f*; (*in argument etc*) faille *f*. **to wear a** ~ **in** a garment trouer un vêtement; [*sock etc*] **to go into** ~s se trouer; (*fig*) **it made a** ~ **in his savings** cela a fait un trou dans ses économies; **to be in a (nasty)** ~* avoir des ennuis, être dans l'embarras; **he got me out of a** ~* il m'a tiré d'embarras*. (**b**) (*pej) (*town*) bled* *m*; (*room, house*) bouge *m*.

hole up *vi* [*animal, wanted man*] se terrer.
♦ **hole-and-corner** *adj* (*furtive*) furtif; (*underhand*) fait en douce*. ♦ **hole-in-the-heart** *n* (*Med*) communication *f* interventriculaire. ♦ **holey** *adj* plein de trous.

holiday ['hɒlɪdɪ] **1** *n* (*vacation*) vacances *fpl*; (*day* off) jour *m* de congé. **on** ~ en vacances, en congé; **to take a month's** ~ prendre un mois de vacances; ~**s with pay** congés *mpl* payés; **school** ~**s** vacances scolaires. **2** *vi* passer ses vacances. **3** *adj camp, clothes, atmosphere* de vacances; *mood etc* gai, joyeux. ~ **resort** villégiature *f*; ~ **season** saison *f* des vacances; ~ **spirit** esprit *m* de vacances; ~ **traffic** circulation *f* des départs (*or* des rentrées) de vacances. ♦ **holiday-maker** *n* vacancier *m*, -ière *f*; (*in summer*) estivant(e) *m(f)*.

Holland ['hɒlənd] *n* Hollande *f*.

holler* ['hɒləʳ] **1** *n* braillement *m*. **2** *vti* brailler.

hollow ['hɒləʊ] **1** *adj* (*gen*) creux; *eyes* cave; *sound* (*from box etc*) creux, (*from cave etc*) caverneux; *voice* caverneux; *sympathy, victory* faux; *promise* vain. **to give a** ~ **laugh** rire jaune. **2** *n* [*back, hand, tree*] creux *m*; (*in ground*) dénivellation *f*; (*valley*) cuvette *f*. **3** *vt* (~ **out**) creuser. ♦ **hollow-cheeked** *adj* aux joues creuses. ♦ **hollow-eyed** *adj* aux yeux caves.

holly ['hɒlɪ] *n* houx *m*. ~ **bush** buisson *m* de houx.

hollyhock ['hɒlɪhɒk] *n* rose *f* trémière.

holocaust ['hɒləkɔːst] *n* holocauste *m*.

holster ['həʊlstəʳ] *n* étui *m* de revolver.

holy ['həʊlɪ] **1** *adj place, life, poverty* saint (*after n*); *person, oil, Bible, Communion, Trinity* saint (*before n*); *bread, water* bénit; *ground* sacré. the H~ **Father** le Saint-Père; **the** H~ **Ghost** *or* **Spirit** le Saint-Esprit; **the** H~ **Land** la Terre Sainte; ~ **orders** ordres *mpl* (majeurs); H~ **Week** la Semaine Sainte; **he's a** ~ **terror*** c'est un vrai démon. **2** *n*: **the** ~ **of holies** le Saint des Saints. ♦ **holiness** *n* sainteté *f*; **His Holiness** Sa Sainteté.

homage ['hɒmɪdʒ] *n* hommage *m*. **to pay** ~ **to** rendre hommage à.

home [həʊm] **1** *n* (**a**) maison *f*; (*Bot, Zool*) habitat *m*. **he left** ~ **in 1978** il a quitté la maison en 1978; **he was glad to see his** ~ **again** il était content de revoir sa maison; **it is quite near my** ~ c'est tout près de chez moi; **my** ~ **is in London** (*live there*) j'habite Londres; (*was born there*) je suis de Londres; ~ **for me is Edinburgh** c'est à Édimbourg que j'ai mes racines; **for some years he made his** ~ **in France** pendant quelques années il a habité en France; **refugees who made their** ~ **in Britain** les réfugiés qui se sont installés en Grande-Bretagne; **he is far from** ~ il est loin de chez lui; **there's no place like** ~ on n'est vraiment bien que chez soi; **to have a** ~ **of one's own** avoir un foyer *or* un chez-soi; **to give sb a** ~ recueillir qn chez soi; **she made a** ~ **for her brothers** elle a fait un (vrai) foyer pour ses frères; **it's a** ~ **from** ~ c'est un second chez-soi; **she has a lovely** ~ elle a un joli intérieur; **he comes from a good** ~ il a une famille comme il faut; 'good ~ **wanted for kitten**' 'cherche foyer accueillant pour chaton'; **a broken** ~ un foyer désuni; **safety in the** ~ prudence à la maison; **at** ~ chez soi, à la maison; (*Ftbl*) Celtic **are playing Rangers at** ~ le Celtic reçoit les Rangers; (*fig*) **Mrs Smith is not at** ~ **to anyone** Mme Smith ne reçoit personne; **to feel at** ~ se sentir à l'aise (*with sb/sth* avec qn/qch); **to make o.s. at** ~ faire comme chez soi.

(**b**) pays *m* natal, patrie *f*. **at** ~ **and abroad** chez nous et à l'étranger; (*fig*) **let us consider sth nearer** ~ considérons qch qui nous intéresse plus directement.

(**c**) (*institution*) maison *f*, institution *f*. **children's** ~ maison pour enfants.

2 *adv* (**a**) chez soi, à la maison. **to go** *or* **get** ~ rentrer (chez soi *or* à la maison); **I'll be** ~ **at 5 o'clock** je rentrerai à 5 heures; **on the journey** ~ sur le chemin du retour; **to see sb** ~ accompagner qn jusque chez lui; **I must write** ~ il faut que j'écrive à la maison; **it's nothing to write** ~ **about*** ça ne casse rien*; (*fig*) ~ **and dry** sauvé.

(**b**) (*from abroad*) **he came** ~ il est rentré de

l'étranger; **to send sb ~** rapatrier qn; **to go** *or*
return ~ rentrer dans son pays.

(c) (*right in etc*) *hammer, drive* à fond. (*fig*) **to
bring sth ~ to sb** faire comprendre qch à qn; **the
situation was brought ~ to him when** la situation
lui est apparue pleinement quand.

3 *adj atmosphere, life* de famille, familial; *troubles* de famille, domestique; *comforts* du foyer;
cooking familial; *[doctor etc] visit* à domicile;
(*Econ, Pol etc*) du pays, national; *policy, market,
sales etc* intérieur; (*Sport*) *team etc* qui reçoit;
match joué à domicile. **~ address** domicile *m*
(permanent); (*as opp to business address*) adresse *f* personnelle; **the ~ country** le vieux pays; **~
economics** économie *f* domestique; (*Pol etc*) **on
the ~ front** à l'intérieur; **~ help** aide *f* ménagère;
~ leave congé *m* de longue durée; **~ news** (*gen*)
nouvelles *fpl* de chez soi; (*Pol*) nouvelles de l'intérieur; (*Brit*) **H~ Office** ≃ ministère *m* de
l'Intérieur; (*Naut*) **~ port** port *m* d'attache; **~
rule** autonomie *f*; (*Brit*) **H~ Secretary** ≃ ministre
m de l'Intérieur; (*fig*) **to be in the ~ straight** voir
la lumière au bout du tunnel; **my ~ town** (*place of
birth*) ma ville natale; (*where I grew up*) la ville où
j'ai grandi; **~ truths** vérités *fpl* bien senties.

4 *vi [pigeons]* revenir au colombier.

home in on, home on to *vt fus* se diriger
(automatiquement) vers *or* sur.

♦ **home-baked** *or* **-brewed** *or* **-cooked etc** *adj* fait
à la maison. ♦ **homecoming** *n* retour *m* au foyer
(*or* au pays). ♦ **home-grown** *adj* (*not foreign*) du
pays; (*from own garden*) du jardin. ♦ **homeland** *n*
patrie *f*. ♦ **homeless 1** *adj* sans abri; **2** *npl*: **the
~less** les sans-abri *mpl*. ♦ **homelike** *adj* accueillant, confortable. ♦ **home-lover** *n* casanier *m*,
-ière *f*. ♦ **home-loving** *adj* casanier. ♦ **homely**
adj **(a)** *food, person* simple; *atmosphere* confortable; **(b)** (*US*: *plain*) laid. ♦ **home-made** *adj* fait
à la maison. ♦ **homesick** *adj* nostalgique; **to be
~sick** voir la nostalgie (*for sth* de qch); (*abroad*)
avoir le mal du pays. ♦ **homesickness** *n* nostalgie
f (*for* de), mal *m* du pays. ♦ **homespun** *adj* (*fig*)
simple. ♦ **homestead** *n* (*house etc*) propriété *f*;
(*farm*) ferme *f*. ♦ **homeward 1** *adj* du retour;
~ward journey retour *m*; **2** *adv* (*also* **~wards**)
vers la maison; **~ward bound** sur le chemin du
retour. ♦ **homework** *n* devoirs *mpl* (à la maison).

♦ **homing** *adj* **homing missile** à tête chercheuse; **homing
pigeon** pigeon voyageur.

homicide ['hɒmɪsaɪd] *n* homicide *m*. ♦ **homicidal**
adj homicide.

homoeopath, (US) homeopath ['həʊmɪəʊpæθ] *n*
homéopathe *mf*.

♦ **hom(o)eopathic** *adj medicine, methods*
homéopathique; *doctor* homéopathe. ♦ **hom(o)eopathy** *n* homéopathie *f*.

homogeneity [ˌhɒmədʒɪˈniːɪtɪ] *n* homogénéité *f*.
♦ **homogeneous** [ˌhɒməˈdʒiːnɪəs] *adj* homogène.
♦ **homogenize** [həˈmɒdʒənaɪz] *vt* homogénéiser.

homonym ['hɒmənɪm] *n* homonyme *m*.

homosexual ['hɒməʊˈseksjʊəl] *adj, n* homo-
sexuel(le) *m(f)*. ♦ **homosexuality** *n* homosexualité *f*.

hone [həʊn] *vt* aiguiser.

honest ['ɒnɪst] *adj person, action* honnête; *opinion*
sincère; *face* franc; *means, method* légitime;
money, profit honnêtement acquis. **the ~ truth** la
pure vérité; **tell me your ~ opinion of it** dites-moi
sincèrement ce que vous en pensez; **to be ~ with
you, I don't like it** à vous dire la vérité, je n'aime
pas ça; **be ~!** parle franchement!; (*be objective*)
sois objectif!; **you've not been ~ with me** tu n'as
pas été franc avec moi; **an ~ day's work** une
bonne journée de travail; **~ to goodness!*** ça
alors! ♦ **honestly** *adv act, behave* honnêtement;
~ly, I don't care franchement, ça m'est égal; **I
didn't do it, ~ly!** je ne l'ai pas fait, je vous le jure!;
~ly? c'est vrai?; (*exasperated*) **~ly!** ça alors!

honesty *n* **(a)** honnêteté *f*; **in all ~y** en toute
sincérité; **(b)** (*Bot*) monnaie-du-pape *f*.

honey ['hʌnɪ] *n* miel *m*. **clear/thick ~** miel
liquide/solide; **yes, ~*** oui, chéri(e); **she's a ~***
elle est adorable. ♦ **honeybee** *n* abeille *f*.
♦ **honeycomb 1** *n* rayon *m* de miel; (*Tex*) nid *m*
d'abeille; (*Metal*) soufflure *f*; **2** *adj pattern* en nid
d'abeille; **2** *vt* (*fig*) cribler (*with* de). ♦ **honeyed**
adj words mielleux. ♦ **honeymoon 1** *n* lune *f* de
miel; **2** *vi* passer sa lune de miel; **3** *adj*: **the
~moon couple** les nouveaux mariés *mpl*.
♦ **honeysuckle** *n* chèvrefeuille *m*.

honk [hɒŋk] *vi [car]* klaxonner; *[geese]* cacarder.

honor *etc* (*US*) = **honour** *etc*.

honorary ['ɒnərərɪ] *adj person* honoraire; *duties*
honorifique. **~ degree** grade *m* honoris causa.

honour, (US) -or ['ɒnər] **1** *n* honneur *m*. **in ~ of** en
l'honneur de; **on my ~!** parole d'honneur!; **to put
sb on his ~ to do** engager qn sur l'honneur à faire;
to be (in) ~ bound to do être tenu par l'honneur de
faire; **to have the ~ to do** *or* **of doing** avoir l'honneur de faire; **Your H~** Votre Honneur; **to do the
~s** faire les présentations (*entre invités*); (*Univ*)
he got first-/second-class ~s in English ≃ il a eu
sa licence d'anglais avec mention très bien/men-
tion bien. **2** *vt* honorer (*with* de). ♦ **hono(u)rable**
adj honorable. ♦ **hono(u)rably** *adv* honorablement.

hooch* [huːtʃ] *n* gnôle* *f*.

hood [hʊd] *n* (*gen*) capuchon *m*; (*Ku Klux Klan
type*) cagoule *f*; (*rain-~*) capuche *f*; (*Brit Aut*)
capote *f*; (*US Aut*) capot *m*; *[pram]* capote *f*; (*over
cooker etc*) hotte *f*. ♦ **hooded** *adj* encapuchonné; *prisoner, gunman*
au visage couvert. ♦ **hoodlum** *n* (*US*) voyou *m*.
♦ **hoodwink** *vt* tromper.

hooey* ['huːɪ] *n* blagues* *fpl*.

hoof [huːf] *n, pl* **~s** *or* **hooves** sabot *m* (*d'animal*).

hoo-ha* ['huː.hɑː] *n* (*noise*) brouhaha *m*; (*excitement*) animation *f*; (*pej: publicity*) baratin* *m*.
there was a great ~ about it on en a fait tout un
plat*.

hook [hʊk] **1** *n* (*gen*) crochet *m*; (*for coats*) patère
f; (*on dress*) agrafe *f*; (*Fishing*) hameçon *m*; (*Agr*)
faucille *f*; (*Boxing*) crochet. (*Sewing*) **~s and eyes**
agrafes; (*fig*) **he swallowed it ~, line and sinker***
il a gobé tout ce qu'on lui a raconté; **by ~ or by
crook** par tous les moyens; **to get sb off the ~***
tirer qn d'affaire. **2** *vt* accrocher (*to* à); (*Fishing*)
prendre; *dress* agrafer. **she finally ~ed him*** elle
a fini par lui passer la corde au cou.

hook on 1 *vi* s'accrocher (*to* à). **2** *vt sep*
accrocher (*to* à).

hook up *vt sep dress etc* agrafer; (*: *TV etc*) faire
un duplex entre.

♦ **hooked** *adj* (*hook-shaped*) recourbé; (*having
hooks*) muni de crochets; (*fig*) **he's ~ed* on it** il ne
peut plus s'en passer; **to get ~ed* on drugs** se
droguer; **to get ~ed* on jazz** devenir enragé* de
jazz; **he's really ~ed* on her** il en est fou. ♦ **hook-
nosed** *adj* au nez recourbé. ♦ **hook-up*** *n* (*TV etc*)
relais *m* temporaire. ♦ **hooky*** *n*: **to play ~y***
sécher les cours.

hooligan ['huːlɪgən] *n* voyou *m*. ♦ **hooliganism** *n*
vandalisme *m*.

hoop [huːp] *n [barrel]* cercle *m*; (*toy; in circus; for
skirt*) cerceau *m*; (*Croquet*) arceau *m*. (*fig*) **they
put him through the ~*** ils l'ont mis sur la sellette.
♦ **hoopla** *n* jeu *m* d'anneaux.

hoot [huːt] **1** *vi [owl]* hululer; (*Aut*) klaxonner;
[siren] mugir; *[train]* siffler; (*jeer*) huer; (*with
laughter*) s'esclaffer. **2** *n* hululement *m*; coup *m*
de klaxon; mugissement *m*; sifflement *m*; huée *f*.
I don't care a ~* je m'en fiche* éperdument; **it
was a ~*** c'était tordant* *or* marrant*. ♦ **hooter** *n*
[*factory*] sirène *f*; (*Aut*) klaxon *m*.

hoover* ['huːvər] ® **1** *n* aspirateur *m*. **2** *vt* passer
l'aspirateur sur *or* dans.

hop[1] [hɒp] **1** n (gen) saut m; [bird] sautillement m; (*: dance) sauterie f; (Aviat) étape f. (fig) **to catch sb on the ~** prendre qn au dépourvu. **2** vi sauter; (on one foot) sauter à cloche-pied; [bird] sautiller. he **~ped over to the window** il est allé à cloche-pied jusqu'à la fenêtre; (in car etc) **~ in!** montez!; **to ~ off**, **to ~ it*** ficher le camp*. ♦ **hopscotch** n marelle f.

hop[2] [hɒp] n (also **~s**) houblon m. ♦ **hopfield** n houblonnière f. ♦ **hop-picker** n cueilleur m, -euse f de houblon.

hope [hǝʊp] **1** n espoir m. **past or beyond (all) ~** sans espoir; **to live in ~** vivre d'espoir; **in the ~ of (doing) sth** dans l'espoir de (faire) qch; **to have ~s of doing** avoir l'espoir de faire; **I haven't much ~ of succeeding** je n'ai pas beaucoup d'espoir de réussir; **there is no ~ of that** on ne peut pas y compter; **with high ~s** avec l'espoir de faire de grandes choses; **to raise sb's ~s** donner de l'espoir à qn; **you're my last ~!** tu es mon dernier espoir; what a **~!***, some **~!*** tu parles!'
2 vti espérer (that que; to do faire). **to ~ for success** espérer avoir du succès; **don't ~ for too much** n'en attendez pas trop; **to ~ for the best** être optimiste; **to ~ against hope** espérer en dépit de tout, **hoping to hear from you** dans l'espoir d'avoir de vos nouvelles; **I ~ so/not** j'espère que oui/non.

♦ **hopeful 1** adj person plein d'espoir; situation qui promet; response, sign encourageant; future qui se présente bien; **we are ~ful about the results** nous attendons avec confiance les résultats; **I am ~ful that** ... j'ai bon espoir que ...; **I'm not too ~ful** je n'ai pas tellement d'espoir. **2** n: a **young ~ful** un jeune loup (fig). ♦ **hopefully** adv **(a)** speak, smile avec optimisme; develop, progress d'une façon encourageante; **(b)** (esp US) **~fully*** it won't rain on espère qu'il ne va pas pleuvoir. ♦ **hopeless** adj person, situation, outlook désespéré; task impossible; (*: bad) work qui ne vaut rien; liar, drunkard etc invétéré, incorrigible; **it's ~less!** c'est désespérant; **he's a ~less*** teacher il est nul comme professeur; **I'm ~less* at maths** je suis nul en maths; **he's ~less*** c'est un cas désespéré. ♦ **hopelessly** adv act sans espoir; speak avec désespoir; lost etc complètement; in love éperdument.

horde [hɔːd] n foule f, horde f (pej).

horizon [hǝ'raɪzn] n horizon m (also fig). **on the ~** à l'horizon. ♦ **horizontal 1** adj horizontal; **2** n horizontale f. ♦ **horizontally** adv horizontalement.

hormone ['hɔːmǝʊn] n hormone f.

horn [hɔːn] n (gen) corne f; (Mus) cor m; (Aut) klaxon m; (Naut) sirène f. **to draw in one's ~s** (back down) diminuer d'ardeur; (spend less) restreindre son train de vie. ♦ **horn-rimmed spectacles** npl lunettes fpl à monture d'écaille. ♦ **horny** adj hands calleux.

hornet ['hɔːnɪt] n frelon m.

horoscope ['hɒrǝskǝʊp] n horoscope m.

horrible ['hɒrɪbl] adj sight, murder horrible; holiday, weather etc affreux, atroce. ♦ **horribly** adv horriblement; affreusement.

horrid ['hɒrɪd] adj person méchant; thing affreux.

horrify ['hɒrɪfaɪ] vt horrifier. ♦ **horrific** adj horrible. ♦ **horrifying** adj horrifiant.

horror ['hɒrǝ'] **1** n horreur f. **to have a ~ of (doing) sth** avoir horreur de (faire) qch; **that child is a ~*** cet enfant est un petit monstre; **that gives me the ~s*** cela me donne le frisson. **2** adj film, comic d'épouvante. ♦ **horror-stricken** adj glacé d'horreur.

horse [hɔːs] **1** n cheval m; (Gymnastics) cheval m d'arçons. (fig) **straight from the ~'s mouth** de source sûre. **2** adj race de chevaux; meat de cheval. **~ brass** médaillon m de cuivre (d'une martingale); **~ chestnut** marron m (d'Inde);

(tree) marronnier m (d'Inde); (Cine, TV) **~ opera*** western m; **~ show or trials** concours m hippique. ♦ **horseback** n: **on ~back** à cheval. ♦ **horse-box** n (Aut) fourgon m à chevaux. ♦ **horse-dealer** n maquignon m. ♦ **horse-drawn** adj à chevaux. ♦ **horseflesh** n (horses) chevaux mpl; (Culin) viande f de cheval. ♦ **horsefly** n taon m. ♦ **horsehair** n crin m (de cheval). ♦ **horse-laugh** n gros rire m. ♦ **horseman** n cavalier m. ♦ **horsemanship** n (activity) équitation f; (skill) talent m de cavalier. ♦ **horseplay** n jeux mpl brutaux. ♦ **horsepower** n puissance f (en chevaux). ♦ **horse-racing** n courses fpl de chevaux. ♦ **horseradish** n raifort m. ♦ **horse-sense*** n gros bon sens m. ♦ **horseshoe 1** n fer m à cheval; **2** adj en fer à cheval. ♦ **horse-trader** n (lit, fig) maquignon m. ♦ **horse-trading** n maquignonnage m. ♦ **horsewhip** vt cravacher. ♦ **horsey*** adj person féru de cheval; appearance chevalin.

horticulture ['hɔːtɪkʌltʃǝ'] n horticulture f. ♦ **horticultural** adj horticole. ♦ **horticulturist** n horticulteur m, -trice f.

hose [hǝʊz] **1** n **(a)** (also **~pipe**) tuyau m. **(b)** (pl: stockings) bas mpl. **2** vt (in garden) arroser au jet; [firemen] arroser à la lance. **to ~ sth down** or **out** laver qch au jet.

♦ **hosiery** n bonneterie f.

hospice ['hɒspɪs] n hospice m.

hospitable [hɒs'pɪtǝbl] adj hospitalier. ♦ **hospitably** adv avec hospitalité. ♦ **hospitality** [ˌhɒspɪ'tælɪtɪ] n hospitalité f.

hospital ['hɒspɪtl] **1** n hôpital m. **in ~** à l'hôpital. **2** adj treatment, staff hospitalier; bed etc d'hôpital. **~ case** patient m hospitalisé; **the ~ doctors** les médecins mpl des hôpitaux; **the ~ facilities** or **service** le service hospitalier. ♦ **hospitalize** vt hospitaliser.

host[1] [hǝʊst] **1** n hôte m. **2** adj plant, animal hôte; town etc qui reçoit. ♦ **hostess** n hôtesse f; (in night club) entraîneuse f.

host[2] [hǝʊst] n [people] foule f; [reasons] tas* m.

host[3] [hǝʊst] n (Rel) hostie f.

hostage ['hɒstɪdʒ] n otage m. **to take sb ~** prendre qn comme otage.

hostel ['hɒstǝl] **1** n (gen) foyer m. (youth) **~ auberge** f de jeunesse. **2** vi: **to go (youth) ~ling** passer ses vacances dans des auberges de jeunesse.

♦ **hosteller** n ajiste mf.

hostile ['hɒstaɪl] adj hostile (to à). ♦ **hostility** n hostilité f.

hot [hɒt] **1** adj **(a)** (gen) chaud; sun brûlant. **to be ~** [person] avoir (très or trop) chaud; [thing] être (très) chaud; (Met) faire (très) chaud; **this room is ~** il fait (très or trop) chaud dans cette pièce; **to get ~** [person] s'échauffer; (in guessing) brûler; [thing] chauffer; (Met) commencer à faire chaud; **~ spring** source f chaude; **in the ~ weather** pendant les chaleurs; **I can't drink ~ things** je ne supporte pas le chaud; (fig) **in the ~ seat** sur la sellette; (Med) **~ flush** bouffée f de chaleur; (fig) **to be in/get into ~ water** être/se mettre dans le pétrin; **to be ~ and bothered** (perspiring) être en nage; (flustered) être dans tous ses états (about au sujet de); **to be/get ~ under the collar*** être/se mettre dans tous ses états (about au sujet de); (fig) **~ air*** blablabla* m; (Culin) **~ dog** hot-dog m; (Telec) **~ line** téléphone m rouge (to avec); (fig) **~ potato*** sujet m brûlant; **he dropped the idea like a ~ potato*** il a laissé tomber comme si ça lui brûlait les doigts; (fig) **~ spot*** (trouble area) point m or coin m névralgique; (night club) boîte f (de nuit); **to be ~ stuff*** être sensationnel*.

(b) curry, spices etc fort; news, report tout frais; struggle, dispute acharné; temperament, supporter passionné. **~ jazz** hot m; **he's got a ~ temper** il est très colérique; (Pol) **a ~ war*** une guerre ouverte; ~ **favourite** grand favori *m*; ~ **tip** tuyau *m* sûr; **news ~ from the press** informations de dernière minute; **to make things ~ for sb*** mener la vie dure à qn; **not so ~*** pas formidable*; **he's pretty ~* at maths** il a la bosse* des maths; **he's pretty ~* at football** il est très calé en football; *(stolen)* **it's ~s** ça a été volé.

   2 *adv*: **to be ~ on the trail** être sur la bonne piste; **~ on sb's trail** sur les talons de qn; **he went at it ~ and strong** il n'y est pas allé de main morte*; **to give it to sb ~ and strong*** sonner les cloches à qn*.

hot up* 1 *vi [food etc]* se réchauffer; *[situation, party]* chauffer*. **2** *vt sep food* réchauffer; *evening* mettre de l'animation dans; *music* faire balancer*; *car engine* gonfler*. **a ~ted-up Mini** une Mini au moteur gonflé.
  ♦ **hot-air balloon** *n* ballon *m* (*Aviat*). ♦ **hotbed** *n* foyer *m* (*de vice etc*). ♦ **hot-blooded** *adj* passionné. ♦ **hotfoot 1** *adv* à toute vitesse; **2** *vt*: to **~foot it*** galoper. ♦ **hothead** *n* tête *f* brûlée. ♦ **hotheaded** *adj* impétueux. ♦ **hothouse** *n* serre *f* (chaude). ♦ **hotly** *adv* passionnément, violemment. ♦ **hotplate** *n* plaque *f* chauffante. ♦ **hotpot** *n* ragoût *m*. ♦ **hotrod*** *n* (*Aut*) voiture *f* gonflée*. ♦ **hot-tempered** *adj* colérique. ♦ **hot-water bottle** *n* bouillotte *f*.
hotchpotch ['hɔtʃpɔtʃ] *n* fatras *m*.
hotel [həʊ'tel] **1** *n* hôtel *m*. **2** *adj prices, porter, room* d'hôtel. **the ~ industry** l'industrie hôtelière; **he's looking for ~ work** il cherche un travail dans l'hôtellerie; **~ workers** le personnel hôtelier.
  ♦ **hotelier** *or* ♦ **hotelkeeper** *n* hôtelier *m*, -ière *f*.
hound [haʊnd] **1** *n* chien *m* courant. **the ~s** la meute; **to ride to ~s** chasser à courre. **2** *vt debtor etc* traquer (*for sth* pour obtenir qch). **to ~ sb out of town** chasser qn hors de la ville; **to ~ sb down** (traquer et) capturer qn.
hour ['aʊə'] **1** *n* heure *f*. **~ by ~** heure par heure; **80 km an ~** 80 km à l'heure; **to pay sb by the ~** payer qn à l'heure; **she is paid £2 an ~** elle est payée 2 livres (de) l'heure; *(lit, fig)* **she's been waiting for ~s** elle attend depuis des heures; **on the ~** toutes les heures à l'heure juste; **his ~ has come** son heure est venue; **in the early** *or* **small ~s (of the morning)** au petit matin; **at all ~s (of the day and night)** à toute heure (du jour et de la nuit); **at this ~** à cette heure-ci; *(fig)* **at this late ~** à ce stade avancé; **in the ~ of danger** à l'heure du danger; **to keep regular ~s** avoir une vie réglée; **to work long ~s** avoir une journée très longue; **after ~s** après l'heure de fermeture; **out of ~s** en dehors des heures d'ouverture. **2** *adj [watch etc]* **~ hand** petite aiguille *f*. ♦ **hourglass** *n* sablier *m*.
  ♦ **hourly 1** *adj (every hour) bus service etc* toutes les heures; *(per hour) rate* horaire; *(incessant) fear* constant; **2** *adv* toutes les heures; *(fig)* continuellement; **~ly paid workers** ouvriers payés à l'heure.
house [haʊs] **1** *n* **(a)** maison *f*. **at** *or* **to my ~** chez moi; *(fig)* **they got on like a ~ on fire** ils s'entendaient comme larrons en foire; **the children were playing at ~(s)** les enfants jouaient à papa et maman; **~ of cards** château *m* de cartes; **she looks after the ~ herself** c'est elle qui s'occupe de son ménage; **she needs more help in the ~** il faudrait qu'elle soit plus aidée à la maison; **to keep ~** tenir la maison (*for sb* de qn); *(fig)* **to put one's ~ in order** mettre de l'ordre dans ses affaires. **(b)** *(Parl)* **the H~** la Chambre; **H~ of Commons/of Lords** Chambre des communes/des lords; *(US)* **H~ of Representatives** Chambre des députés; **the H~s of Parliament** le Palais de Westminster. **(c)** *(Theat etc)* salle *f*, spectateurs *mpl*. **in the front of the ~** parmi les spectateurs; **a full** *or* **good ~** une salle pleine; **to play to full ~s** jouer à guichets fermés; '**~ full**' 'complet'; **the second ~** la deuxième séance; *(fig)* **to bring the ~ down**

faire crouler la salle sous les applaudissements. **(d)** *(Comm, Rel etc)* maison *f*. **the H~ of Windsor** la maison des Windsors; **banking ~** établissement *m* bancaire; **business ~** maison de commerce; **publishing ~** maison d'édition; *(fig: free)* **on the ~** aux frais de la maison.
   2 *adj prices, sale* immobilier.
   3 [haʊz] *vt [person, town council etc]* loger; *[building]* abriter. **the freezer is ~d in the basement** on garde le congélateur au sous-sol.
  ♦ **house agent** *n* agent *m* immobilier. ♦ **house arrest** *n*: **to put sb under ~ arrest** assigner qn à domicile. ♦ **houseboat** *n* péniche *f* (aménagée). ♦ **housebound 1** *adj* confiné chez soi; **2** *npl*: **the ~bound** les personnes isolées. ♦ **housebreaking** *n* cambriolage *m*. ♦ **housebroken** *adj animal* propre. ♦ **housecleaning** *n* ménage *m*. ♦ **housecoat** *n* peignoir *m*. ♦ **housefather/mother** *n* responsable *m/f* (de groupe) (*dans une institution*). ♦ **housefly** *n* mouche *f* (commune). ♦ **houseful** *n*: **a ~ful of people** une pleine maisonnée de gens. ♦ **houseguest** *n* invité(e) *m(f)*. ♦ **household 1** *n (persons)* (gens *mpl* de la) maison *f*; (*Admin, Econ etc*) ménage *m*; **there were 7 people in his ~hold** sa maison était composée de 7 personnes; **2** *adj accounts, expenses, equipment* de *or* du ménage; **~hold ammonia** ammoniaque *f*; **~hold linen** linge *m* de maison; *(fig)* **it's a ~hold word** c'est un mot que tout le monde connaît. ♦ **householder** *n* occupant(e) *m(f)*; *(head of house)* chef *m* de famille. ♦ **househunt** *vi* chercher un appartement *or* une maison. ♦ **housekeeper** *n* (*in sb else's house*) gouvernante *f*; *(in institution)* économe *f*; **his wife is a good ~keeper** sa femme est bonne ménagère. ♦ **housekeeping 1** *n (work)* ménage *m*; **2** *adj*: **~keeping money** argent *m* du ménage. ♦ **housemaid** *n* bonne *f*. ♦ **house-painter** *n* peintre *m* en bâtiments. ♦ **house-party** *n* partie *f* de campagne. ♦ **house physician** *n* ≈ interne *mf* en médecine. ♦ **house-proud** *adj* très méticuleux. ♦ **houseroom** *n*: **I wouldn't give it ~room** je n'en voudrais pas chez moi. ♦ **house surgeon** *n* ≈ interne *mf* en chirurgie. ♦ **house-to-house 1** *adv* porte à porte *inv*; **2** *adj*: **to make a ~-to-~ search for sb** aller de porte en porte à la recherche de qn. ♦ **housetop** *n*: **to proclaim sth from the ~tops** crier qch sur les toits. ♦ **house-trained** *adj animal* propre. ♦ **housewarming** *n*: **to give a ~warming (party)** pendre la crémaillère. ♦ **housewife** *n*, *pl* **~wives** ménagère *f*; *(as opposed to career woman)* femme *f* au foyer. ♦ **housewifely** *adj* de ménagère. ♦ **housework** *n* (travaux *mpl* de) ménage *m*; **to do the ~work** faire le ménage.
housing ['haʊzɪŋ] **1** *n* logement *m*. **Ministry of H~** ministère *m* du Logement. **2** *adj shortage, crisis* du logement. **housing estate** *or* **scheme** *or* **project** cité *f*, lotissement *m*.
hove [həʊv] *pret, ptp* of **heave**.
hovel ['hɒvəl] *n* taudis *m*.
hover ['hɒvə'] *vi (gen)* planer (*above* au-dessus de); *[insect, small bird]* voltiger; *[person]* (**~ about**, **~ around**) rôder; *[smile]* errer. **he was ~ing between life and death** il restait suspendu entre la vie et la mort. ♦ **hovercraft** *n* aéroglisseur *m*. ♦ **hoverport** *n* hoverport *m*.
how [haʊ] **1** *adv* **(a)** *(gen)* comment. **~ did you come?** comment êtes-vous venu?; **~ are you?** comment allez-vous?; **~ do you do?** *(greeting)* bonjour; *(on being introduced)* (enchanté) Monsieur *(etc)*; **to learn ~ to do sth** apprendre à faire qch; **I know ~ to do it** je sais le faire; **~ was the play?** comment avez-vous trouvé la pièce?; **~ is it that ...?** comment se fait-il que ...? + *subj*; **~ come?** comment ça se fait?*; **~ come you aren't going out?*** comment ça se fait que tu ne sors pas?*; **~ about going for a walk?** si on allait se

promener?; and ~!* et comment!* **(b)** que,
comme. ~ **big he is!** comme or qu'il est grand!, ce
qu'il est grand!; ~ **splendid!** c'est merveilleux!;
~ **very kind of you!** c'est très aimable à vous; ~
long is the boat? quelle est la longueur du
bateau?; ~ **tall is he?** combien mesure-t-il?; ~ **old
is he?** quel âge a-t-il?; ~ **soon can you come?**
quand pouvez-vous venir?; ~ **much,** ~ **many**
combien; ~ **many days?** combien de jours? **(c)**
(that) que. **she told me** ~ **she had seen the child
lying on the ground** elle m'a raconté qu'elle avait
vu l'enfant couché par terre. **2** *n:* **the** ~ **and the
why of it** le comment et le pourquoi de cela.

♦ **however 1** *adv:* ~**ever you may do it, it will
never be right** de quelque manière que vous le
fassiez, ce ne sera jamais bien fait; ~**ever that
may be** quoi qu'il en soit; ~**ever tall he may be** *or*
is quelque *or* si grand qu'il soit; ~**ever little** si peu
que ce soit; ~**ever did you do it?*** comment avez-
vous bien pu faire ça?; **2** *conj* pourtant, cependant, toutefois, néanmoins.

howl [haʊl] **1** *vi* *[person, animal]* hurler *(with pain
etc* de douleur etc); *(cry)* pleurer; *[wind]* mugir.
to ~ **with laughter** rire aux éclats. **2** *vt* hurler. **3** *n*
hurlement *m*; mugissement *m*. ♦ **howler*** *n* gaffe
f; **schoolboy** ~**er** perle *f* d'écolier. ♦ **howling** *adj*
(lit) hurlant; **a** ~**ing gale** une violente tempête;
~**ing success** succès *m* fou*.

hub [hʌb] *n* moyeu *m*; *(fig)* pivot *m*. *(Aut)* ~ **cap**
enjoliveur *m*.

hubbub [ˈhʌbʌb] *n* brouhaha *m*.

huddle [ˈhʌdl] **1** *n* petit groupe *m* (compact). **to go
into a** ~* se réunir en petit comité *(fig).* **2** *vi* se
blottir (les uns contre les autres).

huddle down *vi (crouch)* se recroqueviller;
(snuggle) se blottir.

huddle together *vi (for warmth)* se blottir les
uns contre les autres; *(for discussion)* se réunir
en petit groupe.

♦ **huddled** *adj (under blanket etc)* blotti, pelotonné; ~**d over his books** penché sur ses livres.

hue[1] [hjuː] *n:* **to raise a** ~ **and cry** crier haro
(against sur).

hue[2] [hjuː] *n (colour)* teinte *f*, nuance *f*.

huff* [hʌf] *n:* **in a** ~ froissé; **to take the** ~**, to get
into a** ~ prendre la mouche. ♦ **huffily*** *adv* **leave**
avec humeur; *say* d'un ton froissé. ♦ **huffiness*** *n*
mauvaise humeur *f*. ♦ **huffy*** *adj* froissé.

hug [hʌg] **1** *vt* serrer dans ses bras, étreindre;
[bear, gorilla] écraser entre ses bras; *[car etc]
coast, kerb* serrer. **2** *n* étreinte *f*.

huge [hjuːdʒ] *adj object, sum of money, helping*
énorme; *house* immense, vaste; *man* énorme,
gigantesque; *success* fou. ♦ **hugely** *adv* énormément; *(very)* extrêmement. ♦ **hugeness** *n*
immensité *f*.

hulk [hʌlk] *n (ship)* épave *f*; *(vehicle, building etc)*
carcasse *f*. **big** ~ **of a man** malabar* *m*. ♦ **hulking**
adj lourdaud.

hull [hʌl] *n* coque *f*.

hullabaloo* [ˌhʌlabəˈluː] *n (noise)* raffut* *m*;
(fuss) histoire* *f*.

hullo [hʌˈləʊ] *excl* = **hallo.**

hum [hʌm] **1** *vi [insect, wire]* bourdonner;
[person] fredonner; *[aeroplane, engine]* vrombir;
[wireless etc] ronfler. *(fig)* **to make things** ~*
mener les choses rondement; **things began to** ~*
les choses ont commencé à s'animer. **2** *vt tune*
fredonner. **3** *n* bourdonnement *m*; vrombissement *m*; ronflement *m*. ♦ **hummingbird** *n* colibri
m.

human [ˈhjuːmən] **1** *adj* humain. ~ **being** être *m*
humain; ~ **nature** nature *f* humaine; **it's only** ~
nature to want revenge c'est humain de chercher
à se venger; **he's only** ~ il n'est pas un saint. **2** *n*
être *m* humain. ♦ **humane** *adj person* plein
d'humanité; *method* humain. ♦ **humanely** *adv*
avec humanité. ♦ **humanism** *n* humanisme *m*.

♦ **humanist** *n* humaniste *mf*. ♦ **humanitarian** *adj*,
n humanitaire *(mf)*. ♦ **humanity** *n* humanité *f*.
♦ **humanize** *vt* humaniser. ♦ **humanly** *adv*
humainement. ♦ **humanoid** *adj*, *n* humanoïde
(mf).

humble [ˈhʌmbl] **1** *adj* humble. **of** ~ **origin**
d'origine modeste; **in my** ~ **opinion** à mon humble
avis; **to eat** ~ **pie** faire des excuses humiliantes.
2 *vt* humilier. ♦ **humbly** *adv* humblement.

humbug [ˈhʌmbʌg] *n (person)* fumiste* *mf*;
(behaviour, talk) fumisterie* *f*.

humdinger [ˈhʌmdɪŋəʳ] *n* qn *or* qch de sen-
sationnel*. **it's a** ~**!** c'est sensass!**!**

humdrum [ˈhʌmdrʌm] *adj* monotone.

humid [ˈhjuːmɪd] *adj* humide. ♦ **humidifier** *n*
humidificateur *m*. ♦ **humidity** *n* humidité *f*.

humiliate [hjuːˈmɪlɪeɪt] *vt* humilier.
♦ **humiliating** *adj* humiliant. ♦ **humiliation** *n*
humiliation *f*.

humility [hjuːˈmɪlɪtɪ] *n* humilité *f*.

humour, *(US)* **-or** [ˈhjuːməʳ] **1** *n* **(a)** *(sense of fun)*
humour *m*. **he has no sense of** ~ il n'a pas le sens
de l'humour. **(b)** *(temper)* humeur *f*. **to be in a
good/bad** ~ être de bonne/mauvaise humeur; **he
is in no** ~ **for working** il n'est pas d'humeur à
travailler. **2** *vt person* faire plaisir à; *sb's wishes*
se prêter à. ♦ **humorist** *n* humoriste *mf*.
♦ **humorous** *adj book, story, writer* humoristique; *person, remark, tone* plein d'humour.
♦ **humorously** *adv* avec humour. ♦ **humo(u)rless**
adj qui manque d'humour. ♦ **humo(u)rlessly** *adv*
sans humour.

hump [hʌmp] **1** *n* bosse *f*. *(fig)* **we're over the** ~* **le
plus difficile est fait; he's got the** ~**!** il a le
cafard*. **2** *vt back, shoulders* voûter; *(*: carry)*
porter. ♦ **humpbacked** *adj person* bossu; *bridge*
en dos d'âne.

humus [ˈhjuːməs] *n* humus *m*.

hunch [hʌntʃ] **1** *vt (*~ **up)** *back, shoulders* voûter.
~**ed up over his books** courbé sur ses livres. **2** *n*
(a) *(hunk)* gros morceau *m*. **(b)** *(*: premonition)*
intuition *f*. **to have a** ~ **that** avoir idée que, soupçonner que; **you should follow your** ~ il faut
suivre ton intuition; **it's only a** ~ ce n'est qu'une
idée. ♦ **hunchback** *n* bossu(e) *m(f).*
♦ **hunchbacked** *adj* bossu.

hundred [ˈhʌndrɪd] *adj*, *n* cent *(m)*. **a** ~
books/chairs cent livres/chaises; **two** ~ **chairs**
deux cents chaises; **about a** ~ **books** une centaine
de livres; **about a** ~ une centaine; ~**s of** des centaines de; **a** ~ **and one** cent un; **the** ~ **and first** le
or la cent unième; **it was a** ~ **per cent successful**
cela a réussi à cent pour cent; **to live to be a** ~
devenir centenaire; **they came in (their)** ~**s** ils
sont venus par centaines. ♦ **hundredth 1** *adj* centième; **2** *n* centième *mf*; *(fraction)* centième *m*.
♦ **hundredweight** *(Brit, Can)* = *50,7* kg, *(US)* =
45,3 kg.

hung [hʌŋ] *pret*, *ptp of* **hang.**

Hungary [ˈhʌŋgərɪ] *n* Hongrie *f*.

hunger [ˈhʌŋgəʳ] **1** *n (lit, fig)* faim *f (for* de). **2** *adj:*
~ **strike** grève *f* de la faim. **3** *vi* avoir faim *(for*
de).

hungry [ˈhʌŋgrɪ] *adj:* **to be** *or* **feel** ~ avoir faim; **to
be very** ~ avoir très faim, être affamé; **to make
sb** ~ donner faim à qn; **to go** ~ *(starve)* souffrir
de la faim; *(miss a meal)* se passer de manger;
you look ~ tu as l'air d'avoir faim; *(fig)* ~ **for**
avide de. ♦ **hungrily** *adv* avidement.

hunk [hʌŋk] *n* gros morceau *m*.

hunt [hʌnt] **1** *n (gen)* chasse *f*; *(for sth or sb missing)* recherche *f (for* de); *(huntsmen)* chasseurs
mpl. **tiger** ~ chasse au tigre; **the** ~ **for the murderer** la chasse au meurtrier; **I've had a** ~ **for my
gloves** j'ai cherché mes gants partout. **2** *vt
(Sport)* chasser, faire la chasse à; *(pursue)* poursuivre; *(seek)* chercher. **we** ~**ed the town for that**
nous avons fait* toute la ville pour trouver ça;

I've ~ed my desk for it j'ai retourné tout mon bureau pour le trouver. 3 *vi* (*Sport*) chasser. **to go ~ing** aller à la chasse; **to ~ for** *game* chasser; *object, facts* rechercher (partout); **he** ~ed **in his pocket for his pen** il a fouillé dans sa poche pour trouver son stylo.
hunt down *vt sep animal* forcer; *person* traquer; *object, quotation* dénicher.
hunt up *vt sep* rechercher.
♦ **hunter** *n* (*Sport*) chasseur *m*; (*gen*) poursuivant *m*; (*horse*) cheval *m* de chasse. ♦ **hunting** 1 *n* (*Sport*) chasse *f* (à courre); **fox-~ing** chasse au renard; 2 *adj*: ~**ing lodge** pavillon *m* de chasse. ♦ **huntsman** *n* chasseur *m*.
hurdle ['hɜːdl] *n* (*for fences*) claie *f*; (*Sport*) haie *f*; (*fig*) obstacle *m*. (*Sport*) **the 100-metre ~s** le 100 mètres haies.
hurl [hɜːl] *vt stone* jeter *or* lancer (avec violence) (*at* contre); *abuse etc* lancer (*at* à). **they were ~ed to the ground by the blast** ils ont été précipités à terre par le souffle de l'explosion; **to ~ o.s.** se jeter; **to ~ o.s. at sb/sth** se ruer sur qn/qch; (*fig*) **to be ~ed into** être précipité dans.
hurrah [hʊ'rɑː] *n*, **hurray** [hʊ'reɪ] *n* hourra *m*. **hip, hip, ~!** hip, hip, hip, hourra!; ~ **for Richard Thomas!** vive Richard Thomas!
hurricane ['hʌrɪkən] *n* ouragan *m*. ~ **lamp** lampe-tempête *f*.
hurry ['hʌrɪ] 1 *n* (*haste*) hâte *f*; (*eagerness*) empressement *m*. **to be in a ~** être pressé; **to be in a ~ to do** avoir hâte de faire; **done in a ~** fait à la hâte; **I won't do that again in a ~!*** je ne suis pas près de recommencer!; **are you in a ~ for this?** vous le voulez très vite?; **what's the ~?** qu'est-ce qui presse?; **there's no ~** rien ne presse; **there's no ~ for it** ça ne presse pas.
2 *vi* se dépêcher, se presser (*to do* de faire). **do ~** dépêchez-vous; **don't ~ over that essay** prenez votre temps pour faire cette dissertation; **to ~ over a meal** manger rapidement; **to ~ in/out etc** entrer/sortir etc à la hâte *or* précipitamment; **he hurried after her** il a couru pour la rattraper.
3 *vt person* faire presser, faire se dépêcher; *piece of work* presser. **don't ~ your meal** ne mangez pas trop vite; **I don't want to ~ you** je ne veux pas vous bousculer; **you can't ~ him,** he won't be hurried vous ne le ferez pas se dépêcher; **it can't be hurried** cela exige d'être fait sans hâte; **to ~ sb in/out etc** faire entrer/sortir etc qn à la hâte; **they hurried him to a doctor** ils l'ont emmené d'urgence chez un médecin; **troops were hurried to the spot** des troupes ont été envoyées d'urgence sur place.
hurry along 1 *vi* marcher d'un pas pressé. ~ **along!** pressons un peu! 2 *vt sep* = **hurry up 2**.
hurry back *vi* se presser de revenir (*or* de retourner).
hurry on *vi* continuer à la hâte. **they hurried on to the next question** ils sont vite passés à la question suivante. 2 *vt sep* = **hurry up 2**.
hurry up 1 *vi* se dépêcher, se presser. ~ **up!** dépêchez-vous! 2 *vt sep person* faire se dépêcher; *work* activer.
♦ **hurried** *adj steps, departure* précipité; *remark* dit à la hâte; *reading, work* fait à la hâte; **to have a hurried meal** manger à la hâte. ♦ **hurriedly** *adv* précipitamment, à la hâte.
hurt [hɜːt] *pret, ptp* **hurt** 1 *vt* (a) (*physically*) faire mal à, blesser. **to ~ o.s.** se faire mal, se blesser; **to ~ one's arm** se blesser au bras; **I hope I haven't ~ you** j'espère que je ne vous ai pas fait mal?; **where does it ~ you?** où avez-vous mal?; **to get ~** se faire mal. (b) (*mentally etc*) faire de la peine à. **sb is bound to get ~** il y a toujours qn qui écope*; **what ~ most was ...** ce qui faisait le plus mal c'était ...; **to ~ sb's feelings** froisser *or* blesser qn; **his feelings were ~** cela l'a froissé. (c) *thing, material* abîmer, endommager; *reputation, trade* nuire à.

it wouldn't ~ the grass to water it ça ne ferait pas de mal au gazon d'être arrosé.
2 *vi* faire mal. **that ~s** ça fait mal; **my arm ~s** mon bras me fait mal; **where does it ~?** où avez-vous mal?; **it won't ~ for being left** il n'y aura pas de mal à laisser cela de côté.
3 *n* (*physical*) mal *m*, blessure *f*. (*fig*) **the real ~ lay in** ce qui lui (*etc*) faisait vraiment mal c'était.
4 *adj* blessé; (*offended*) froissé, blessé.
♦ **hurtful** *adj* (*harmful*) nuisible (*to* à); *remark etc* blessant.
hurtle ['hɜːtl] *vi*: **to ~ along** etc avancer etc à toute vitesse *or* allure.
husband ['hʌzbənd] 1 *n* mari *m*; (*spouse*) époux *m*. **they were living as ~ and wife** ils vivaient maritalement. 2 *vt* ménager.
hush [hʌʃ] 1 *n* silence *m*, calme *m*. ~! chut!, silence! 2 *adj*: **to pay sb ~ money*** acheter le silence de qn. 3 *vt* (*silence*) faire taire; (*soothe*) calmer.
hush up *vt sep scandal* étouffer; *fact* cacher; *person* faire taire.
♦ **hushed** *adj voice, conversation* étouffé; *silence* grand, profond. ♦ **hush-hush*** *adj* (ultra-)secret.
husk [hʌsk] *n* [*grain*] balle *f*; [*nut*] écale *f*.
husky ['hʌskɪ] *adj* (a) (*hoarse*) *person* enroué; *voice* rauque; *singer's voice* voilé. (b) (*burly*) costaud* *f inv*. ♦ **huskily** *adv* d'une voix rauque; d'une voix voilée. ♦ **huskiness** *n* enrouement *m*.
hustle ['hʌsl] 1 *vt*: **to ~ sb in/out etc** (*push*) pousser *or* (*hurry*) bousculer qn pour le faire entrer/sortir etc; **to ~ things along** faire activer les choses. 2 *vi*: **to ~ in/out etc** entrer/sortir etc à la hâte. 3 *n*: ~ **and bustle** tourbillon *m* (d'activité).
hut [hʌt] *n* hutte *f*; (*shed*) cabane *f*; (*Mil*) baraquement *m*; (*in mountains*) refuge *m*.
hutch [hʌtʃ] *n* clapier *m*.
hyacinth ['haɪəsɪnθ] *n* jacinthe *f*.
hybrid ['haɪbrɪd] *adj, n* hybride (*m*).
hydrangea [haɪ'dreɪndʒə] *n* hortensia *m*.
hydrant ['haɪdrənt] *n* prise *f* d'eau. **fire ~** bouche *f* d'incendie.
hydraulic [haɪ'drɒlɪk] *adj* hydraulique. ♦ **hydraulics** *nsg* hydraulique *f*.
hydr(o)... ['haɪdr(əʊ)] *pref* hydr(o) ... . ♦ **hydrochloric** *adj* chlorhydrique. ♦ **hydroelectric** *adj* hydro-électrique. ♦ **hydrofoil** *n* hydrofoil *m*. ♦ **hydrophobia** *n* hydrophobie *f*. ♦ **hydroplane** *n* hydroglisseur *m*.
hydrogen ['haɪdrɪdʒən] *n* hydrogène *m*. ~ **bomb** bombe *f* à hydrogène; ~ **peroxide** eau *f* oxygénée.
hyena [haɪ'iːnə] *n* hyène *f*.
hygiene ['haɪdʒiːn] *n* hygiène *f*. ♦ **hygienic** *adj* hygiénique.
hymn [hɪm] *n* hymne *m*, cantique *m*. ♦ **hymnal** *n* ['hɪmnəl] livre *m* de cantiques.
hyper... ['haɪpər] *pref* hyper... . ♦ **hypercritical** *adj* hypercritique. ♦ **hypermarket** *n* hypermarché *m*. ♦ **hypersensitive** *adj* hypersensible. ♦ **hypertension** *n* hypertension *f*.
hyphen ['haɪfən] *n* trait *m* d'union. ♦ **hyphenate** *vt* mettre un trait d'union à; ~**ated word** mot *m* à trait d'union.
hypnosis [hɪp'nəʊsɪs] *n* hypnose *f*. **under ~** en état d'hypnose. ♦ **hypnotic** *adj* hypnotique. ♦ **hypnotism** *n* hypnotisme *m*. ♦ **hypnotist** *n* hypnotiseur *m*, -euse *f*. ♦ **hypnotize** *vt* hypnotiser; **to hypnotize sb into doing sth** faire faire qch à qn sous hypnose.
hypochondria [ˌhaɪpəʊ'kɒndrɪə] *n* hypocondrie *f*. ♦ **hypochondriac** 1 *adj* hypocondriaque; 2 *n* malade *mf* imaginaire.
hypocrisy [hɪ'pɒkrɪsɪ] *n* hypocrisie *f*. ♦ **hypocrite** *n* hypocrite *mf*. ♦ **hypocritical** *adj* hypocrite. ♦ **hypocritically** *adv* hypocritement.
hypodermic [ˌhaɪpə'dɜːmɪk] 1 *adj* hypodermique. 2 *n* seringue *f* hypodermique.

hypothermia [ˌhaɪpəʊˈθɜːmɪə] *n* hypothermie *f*.
hypothesis [haɪˈpɒθɪsɪs] *n, pl* **-eses** hypothèse *f*.
♦ **hypothetic(al)** *adj* hypothétique. ♦ **hypothetically** *adv* hypothétiquement.
hysterectomy [ˌhɪstəˈrektəmɪ] *n* hystérectomie *f*.
hysteria [hɪsˈtɪərɪə] *n* (*Psych*) hystérie *f*; (*gen*) crise *f* de nerfs. ♦ **hysterical** *adj* (*Psych*) hystérique; (*gen*) *person* surexcité; *laugh, sobs* con-vulsif; **to become hysterical** avoir une violente crise de nerfs. ♦ **hysterically** *adv* (*Psych*) hystériquement; (*gen*) *laugh* convulsivement; *shout, argue* comme un(e) hystérique. ♦ **hysterics** *npl* violente crise *f* de nerfs; (*: laughter*) fou rire *m*; **to have hysterics** avoir une violente crise de nerfs; (*laughing*) attraper un fou rire.

I

I¹, i [aɪ] *n* (*letter*) I, i *m*.

I² [aɪ] *pers pron* (*unstressed*) je, (*before vowel*) j'; (*stressed*) moi. **he and ~ are going to sing** lui et moi allons chanter; **I'LL do it** c'est moi qui vais le faire; **it's ~** c'est moi.

ice [aɪs] **1** *n* (**a**) glace *f*; (*on road*) verglas *m*. **my hands are like ~** j'ai les mains glacées; (*fig*) **to be on thin ~** s'aventurer en terrain glissant; (*fig*) **to put sth on ~** mettre qch en attente; **'Cinderella on ~'** 'Cendrillon, spectacle sur glace'. (**b**) (*~ cream*) glace *f*. **raspberry ~** glace à la framboise.

2 *adj*: **~ age** période *f* glaciaire; **~ axe** piolet *m*; **~ bucket** seau *m* à glace; **~ cube** glaçon *m* (*cube*); **~ floe** banquise *f*; **~ hockey** hockey *m* sur glace; **~ rink** patinoire *f*; **~ show** spectacle *m* sur glace.

3 *vt* **cake** glacer.

4 *vi*: **to ~ over** *or* **up** [*wings, windscreen*] givrer; [*river*] geler.

♦ **iceberg** *n* iceberg *m*. ♦ **icebox** *n* (*US: refrigerator*) frigidaire *m* ®; (*Brit: part of refrigerator*) freezer *m*; (*insulated box*) glacière *f* (*also fig: of room etc*). ♦ **icebreaker** *n* (*Naut*) brise-glaces *m inv*. ♦ **ice-cold** *adj* drink, hands glacé; room, manners, person glacial. ♦ **ice cream** *n* glace *f*. ♦ **ice-cream soda** *n* ice-cream soda *m*. ♦ **iced** *adj* tea, coffee glacé; martini avec des glaçons; champagne frappé; melon rafraîchi. ♦ **ice(d) lolly** *n* glace *f* (sur bâtonnet). ♦ **ice-skate** *vi* patiner (sur glace). ♦ **ice-skating** *n* patinage *m* (sur glace). ♦ **ice-tray** *n* bac *m* à glaçons. ♦ **icily** *adv* d'un air (or d'un ton) glacial. ♦ **icing** *n* (*Culin*) glaçage *m*; **icing sugar** sucre *m* glace; **chocolate icing** glaçage au chocolat. ♦ **icy** *adj* (**a**) (*~ cold*) wind, weather, stare glacial; ground, hands glacé; (**b**) road verglacé.

Iceland ['aɪslənd] *n* Islande *f*.

icicle ['aɪsɪkl] *n* glaçon *m* (naturel).

icon ['aɪkɒn] *n* icône *f*.

id [ɪd] *n* (*Psych*) ça *m*.

idea [aɪ'dɪə] *n* idée *f*. **brilliant ~** idée géniale; **good ~!** bonne idée!; **I can't bear the ~ (of it)** je n'ose pas y penser; **it might not be a bad ~ to wait** ce ne serait pas une mauvaise idée d'attendre; **the ~ is to sell the car to him** il s'agit de lui vendre la voiture; **it wasn't my ~!** ce n'est pas moi qui en ai eu l'idée!; **where did you get that ~?** où est-ce que tu as pris cette idée-là?; **what gave you the ~ that ...?** qu'est-ce qui t'a fait penser que ...?; **don't get any ~s!** ce n'est pas la peine de t'imaginer des choses!*; **to put ~s into sb's head** mettre des idées dans la tête de qn; **according to his ~** selon sa façon de penser; **if that's your ~ of fun** si c'est ça que tu appelles t'amuser; **I've got some ~ of physics** j'ai quelques notions de physique; **I haven't the least or slightest or foggiest*** je n'en ai pas la moindre idée; **I have an ~ that ...** j'ai idée or j'ai dans l'idée que ...; **I had no ~ that ...** j'ignorais absolument que ...; **can you give me a rough or general ~ of how many you want?** pouvez-vous m'indiquer en gros combien vous en voulez?; **you're getting the ~!*** tu y es!; **I've got the general ~*** je vois à peu près (ce dont il s'agit); **that's the ~!*** c'est ça!; **what's the big ~?*** qu'est-ce que c'est que cette histoire?

ideal [aɪ'dɪəl] *adj, n* idéal (*m*). ♦ **idealism** *n* idéalisme *m*. ♦ **idealist** *adj, n* idéaliste (*mf*).

♦ **idealistic** *adj* idéaliste. ♦ **idealize** *vt* idéaliser. ♦ **ideally** *adv* suited idéalement; placed, equipped, shaped d'une manière idéale; **~ly the house should have ...** l'idéal serait que la maison ait ... .

identical [aɪ'dentɪkəl] *adj* identique (*to* à); twins vrais. ♦ **identically** *adv* identiquement.

identify [aɪ'dentɪfaɪ] **1** *vt* identifier (*as* comme étant; *with* avec, à). **2** *vi* s'identifier (*with* avec, à). ♦ **identification** **1** *n* identification *f*; (*document*) pièce *f* d'identité; **2** *adj* mark d'identification; papers, tag d'identité. ♦ **identikit** *n* portrait-robot *m*. ♦ **identity 1** *n* identité *f*; **a case of mistaken identity** une erreur d'identité; **2** *adj* card, disc, papers d'identité; **identity parade** séance *f* d'identification (d'un suspect).

ideology [,aɪdɪ'ɒlədʒɪ] *n* idéologie *f*. ♦ **ideological** *adj* idéologique.

idiom ['ɪdɪəm] *n* (*phrase*) expression *f* idiomatique; (*language*) idiome *m*. ♦ **idiomatic** *adj* idiomatique. ♦ **idiomatically** *adv* de façon idiomatique.

idiosyncrasy [,ɪdɪə'sɪŋkrəsɪ] *n* particularité *f*. ♦ **idiosyncratic** *adj* particulier, caractéristique.

idiot ['ɪdɪət] *n* idiot(e) *m(f)*, imbécile *mf*. ♦ **idiocy** *n* idiotie *f*. ♦ **idiotic** *adj* idiot, bête, stupide. ♦ **idiotically** *adv* say, do bêtement, stupidement; behave en idiot or en imbécile.

idle ['aɪdl] **1** *adj* (**a**) (*doing nothing*) oisif, désœuvré; (*unemployed*) en chômage; (*lazy*) paresseux; life oisif; machine au repos. **the ~ rich** l'élite oisive; **in my ~ moments** à mes moments de loisir; (*Ind*) **to make sb ~** réduire qn au chômage; **the whole factory stood ~** l'usine entière était arrêtée. (**b**) speculation, question, threat oiseux, vain; promises, words en l'air; fears sans fondement; pleasures futile. **out of ~ curiosity** par curiosité pure et simple; **it is ~ to hope that ...** il est inutile d'espérer que ... . **2** *vi* (**a**) (*~ about*, *~ around*) paresser. (**b**) [*engine*] tourner au ralenti. ♦ **idleness** *n* oisiveté *f*, désœuvrement *m*; chômage *m*; paresse *f*. ♦ **idler** *n* oisif *m*, -ive *f*, désœuvré(e) *m(f)*; paresseux *m*, -euse *f*. ♦ **idly** *adv* (*without working*) sans travailler; (*lazily*) paresseusement; say, suggest négligemment.

idol ['aɪdl] *n* idole *f*. ♦ **idolize** *vt* idolâtrer.

idyll ['ɪdɪl] *n* idylle *f*. ♦ **idyllic** *adj* idyllique.

if [ɪf] **1** *conj* (**a**) si. **I'll go ~ you come with me** j'irai si tu m'accompagnes; **~ I were you** si j'étais vous; **even ~ I knew** même si je le savais; **~ I'm not mistaken** si je ne me trompe, à moins que je ne me trompe (*subj*); **~ only I'd known!** si seulement j'avais su!; **~ necessary** s'il le faut, au besoin; **~ anything, this one is bigger** c'est plutôt celui-ci qui est le plus grand; **~ so** s'il en est ainsi; **~ not** sinon; **~ only for a moment** ne serait-ce que pour un instant; **~ it isn't Smith!** par exemple! Smith!; **~ I know HER, she'll refuse** telle que je la connais, elle refusera. (**b**) (*whenever*) si. **~ I asked him he helped me** si je le lui demandais il m'aidait. (**c**) (*although, admitting that*) (*even*) **~ it takes me all day** même si cela doit or quand bien même cela devrait me prendre toute la journée; **nice weather, ~ rather cold** temps agréable, bien qu'un peu froid; **even ~ it is a good film it's rather**

long c'est un bon film bien qu'il soit un peu long.
(d) (*whether*) si. **do you know ~ they have gone?**
savez-vous s'ils sont partis? **(e) as ~** comme (si).
he acts as ~ he were rich il se conduit comme s'il
était riche; **as ~ by chance** comme par hasard.

2 *n*: **~s and buts** les si *mpl* et les mais *mpl*; **it's a
big ~** c'est un grand point d'interrogation.

igloo ['ɪgluː] *n* igloo *m*.

ignite [ɪg'naɪt] **1** *vt* mettre le feu à. **2** *vi* prendre
feu. ♦ **ignition 1** *n* (*gen*) ignition *f*; (*Aut*)
allumage *m*; **to switch on the ignition** mettre le
contact; **2** *adj*: **ignition key** clef *f* de contact; **ignition switch** contact *m*.

ignoble [ɪg'nəʊbl] *adj* ignoble.

ignominious [ˌɪgnə'mɪnɪəs] *adj* ignominieux.
♦ **ignominiously** *adv* ignominieusement.
♦ **ignominy** *n* ignominie *f*.

ignoramus [ˌɪgnə'reɪməs] *n* ignare *mf*.

ignorance ['ɪgnərəns] *n* ignorance *f* (*of a fact* d'un
fait; *of geography etc* en matière de géographie
etc). **to be in ~ of** sth ignorer qch; **to keep sb in ~
of** sth laisser ignorer qch à qn; **~ of the law is no
excuse** nul n'est censé ignorer la loi; **don't show
your ~!** ce n'est pas la peine d'étaler ton ignorance! ♦ **ignorant** *adj person* ignorant (*of* de);
words qui trahit l'ignorance; **to be ignorant of** sth
ignorer qch. ♦ **ignorantly** *adv* par ignorance.

ignore [ɪg'nɔːʳ] *vt remark, objection, awkward
fact* ne tenir aucun compte de; *sb's behaviour*
faire semblant de ne pas s'apercevoir de; *person*
faire semblant de ne pas reconnaître; *invitation,
letter* ne pas répondre à; *rule, prohibition* ne pas
respecter; *facts* méconnaître. **I shall ~ your
impertinence** je ne relèverai pas votre impertinence; **we cannot ~ this behaviour any longer**
nous ne pouvons plus fermer les yeux sur ces
agissements.

ill [ɪl] **1** *adj*, *comp* **worse**, *superl* **worst** (**a**) (*sick*)
malade, (*less serious*) souffrant. **to be ~** être
malade *or* souffrant; **to fall** *or* **be taken ~** tomber
malade; **he's seriously ~ in hospital** il est à l'hôpital dans un état grave; **~ with anxiety** malade
d'inquiétude. (**b**) (*bad*) *deed, health, omen*
mauvais (*before n*). **~ effects** conséquences *fpl*
désastreuses; **~ feeling** ressentiment *m*; **no ~
feeling!** sans rancune!; **~ humour**, *or* **temper**
mauvaise humeur *f*; **~ luck** malchance *f*; **~
nature** méchanceté *f*; **~ will** malveillance *f*; **I
bear him no ~** will je ne lui en veux pas; **it's an ~
wind that blows nobody any good** à quelque chose
malheur est bon.

2 *n* mal *m*. **to speak ~ of** dire du mal de; (*misfortunes*) **~s** malheurs *mpl*.

3 *adv nourished, prepared etc* mal. **he can ~
afford to do it** il peut difficilement se permettre
de le faire; **to go ~ with sb** aller mal pour qn.
♦ **ill-advised** *adj decision, remark* peu judicieux
(*V also* **advise**). ♦ **ill-bred** *adj* mal élevé. ♦ **ill-
considered** *adj* irréfléchi. ♦ **ill-fated** *adj person*
infortuné; *day* néfaste; *action, effort*
malheureux. ♦ **ill-favoured** *adj* laid. ♦ **ill-gotten
gains** *npl* biens *mpl* mal acquis. ♦ **ill-humoured**
adj maussade. ♦ **ill-informed** *adj person* mal
renseigné; *essay, speech* plein d'inexactitudes.
♦ **ill-judged** *adj* peu judicieux. ♦ **ill-mannered**
adj person mal élevé; *behaviour* impoli. ♦ **ill-
natured** *adj* désagréable. ♦ **illness** *n* maladie *f*; **to
have a long ~ness** faire une longue maladie.
♦ **ill-tempered** *adj* (*habitually*) qui a mauvais
caractère, (*on one occasion*) de mauvaise
humeur. ♦ **ill-timed** *adj* inopportun, intempestif.
♦ **ill-treat** *or* ♦ **ill-use** *vt* maltraiter. ♦ **illtreatment** *n* mauvais traitements *mpl*.

illegal [ɪ'liːgəl] *adj* illégal. ♦ **illegality** *n* illégalité
f. ♦ **illegally** *adv* illégalement.

illegible [ɪ'ledʒəbl] *adj* illisible. ♦ **illegibly** *adv*
illisiblement.

illegitimate [ˌɪlɪ'dʒɪtɪmɪt] *adj action, child*

illégitime; *conclusion* injustifié. ♦ **illegitimacy** *n*
illégitimité *f*. ♦ **illegitimately** *adv* illégitime-
ment.

illicit [ɪ'lɪsɪt] *adj* illicite. ♦ **illicitly** *adv* illicitement.

illiterate [ɪ'lɪtərɪt] **1** *adj person* illettré, analphabète; *letter, sentence* plein de fautes. **2** *n* illet-
tré(e) *m(f)*, analphabète *mf*. ♦ **illiteracy** *n* analphabétisme *m*.

illogical [ɪ'lodʒɪkəl] *adj* illogique. ♦ **illogicality** *n*
illogisme *m*. ♦ **illogically** *adv* illogiquement.

illuminate [ɪ'luːmɪneɪt] *vt* (*gen, also fig*) éclairer;
(*for special occasion or effect*) *building etc*
illuminer; *manuscript* enluminer. **~d sign**
enseigne *f* lumineuse. ♦ **illuminating** *adj*
éclairant. ♦ **illumination** *n* éclairage *m*; illumination *f*; **illuminations** illuminations *fpl*.

illusion [ɪ'luːʒən] *n* illusion *f*. **to be under the ~
that** avoir l'illusion que + *indic*; **to have no ~s** ne
se faire aucune illusion (*about* sur). ♦ **illusive** *or*
♦ **illusory** *adj* illusoire.

illustrate ['ɪləstreɪt] *vt* (*lit, fig*) illustrer. **~d paper**
or **journal** illustré *m*. ♦ **illustration** *n* illustration
f; (*fig*) **by way of illustration** à titre d'exemple.
♦ **illustrative** *adj* explicatif. ♦ **illustrator** *n* illustrateur *m*, -trice *f*.

illustrious [ɪ'lʌstrɪəs] *adj* illustre. ♦ **illustriously**
adv glorieusement.

image ['ɪmɪdʒ] *n* (*gen*) image *f*; (*reflection*)
réflexion *f*. (*fig*) **he is the ~ of his father** c'est tout
le portrait de son père; **I had a sudden (mental) ~
of her** soudain je l'ai vue en imagination; **they had
quite the wrong ~ of him** ils se faisaient une idée
tout à fait fausse de lui; [*politician, town etc*]
(*public*) **~** image de marque (*fig*); **he's got the
wrong ~ for that** son image de marque ne
convient guère à cela. ♦ **imagery** *n* images *fpl*.

imagine [ɪ'mædʒɪn] *vt* (**a**) (*picture to o.s.*)
(s')imaginer. **~ that you were at school** imagine
que tu sois à l'école!; **I can't ~ myself at 60** je ne
m'imagine pas du tout à 60 ans; **just ~!** tu
(t')imagines!; **I can ~!** je m'en doute!; **you can ~
how I felt!** imaginez-vous ce que j'ai pu
ressentir!; **you can ~ how pleased I was!** vous
pensez si j'étais content!; **you can't ~ how difficult it is** vous ne pouvez pas vous imaginer *or*
vous figurer combien c'est difficile; **he's always
imagining things** il se fait des idées. (**b**) (*suppose,
believe*) imaginer, supposer (*that* que). **don't ~
that I can help you** n'allez pas croire *or* vous
imaginer que je puisse vous aider; **I didn't ~ he
would come** je ne me doutais pas qu'il viendrait.
♦ **imaginable** *adj* imaginable; **the quietest
person imaginable** la personne la plus silencieuse
qu'on puisse imaginer. ♦ **imaginary** *adj*
imaginaire. ♦ **imagination** *n* imagination *f*; **to
have a vivid imagination** avoir l'imagination fertile; **he's got imagination** il a de l'imagination; **she
lets her imagination run away with her** elle se
laisse emporter par son imagination; **in imagination** en imagination; **it is all (your) imagination!**
vous vous faites des idées!; **use your imagination!** aie donc un peu d'imagination!
♦ **imaginative** *adj* plein d'imagination.

imbalance [ɪm'bæləns] *n* déséquilibre *m*.

imbecile ['ɪmbəsiːl] *adj*, *n* imbécile (*mf*). **you ~!**
espèce d'imbécile! ♦ **imbecility** *n* imbécillité *f*.

imbibe [ɪm'baɪb] *vt* (*drink*) boire; (*absorb: also
fig*) absorber.

imitate ['ɪmɪteɪt] *vt* imiter. ♦ **imitation 1** *n* imitation *f*; **in imitation of** à l'imitation de; **2** *adj jewellery etc* faux; *precious stone* artificiel; **imitation
leather/marble** etc imitation *f* cuir/marbre etc.
♦ **imitative** *adj* imitatif. ♦ **imitator** *n* imitateur
m, -trice *f*.

immaculate [ɪ'mækjʊlɪt] *adj* (*gen*) impeccable;
behaviour irréprochable. **the I~ Conception**
l'Immaculée Conception *f*. ♦ **immaculately** *adv*

dress avec un soin impeccable; *behave* de façon irréprochable.

immaterial [,imə'tɪərɪəl] *adj* peu important. **it is ~ whether** il importe peu que + *subj;* **that's quite ~** la question n'est pas là; **that is quite ~ to me** cela m'est indifférent.

immature [,imə'tjʊər] *adj fruit* qui n'est pas mûr; *animal, tree* jeune; *person* qui manque de maturité. ◆ **immaturity** *n* manque *m* de maturité.

immeasurable [ı'meʒərəbl] *adj* (*lit*) incommensurable; (*fig*) infini. ◆ **immeasurably** *adv* (*fig*) infiniment.

immediate [ı'miːdɪət] *adj* (*gen*) immédiat; *knowledge* immédiat, direct; *measures, need* immédiat, urgent. **to take ~ action** agir immédiatement (*to do* pour faire); **in the ~ future** dans un avenir immédiat; **my ~ object** mon premier but; **the ~ area** les environs immédiats. ◆ **immediacy** *n* caractère *m* immédiat. ◆ **immediately 1** *adv* (*at once*) immédiatement, tout de suite; (*directly*) *affect, concern* directement; **~ly after** aussitôt après; **2** *conj* (*gen*) dès que; **~ly I returned** dès mon retour.

immense [ı'mens] *adj* immense. ◆ **immensely** *adv rich* immensément, extrêmement; *enjoy o.s.* énormément. ◆ **immensity** *n* immensité *f*.

immerse [ı'mɜːs] *vt* plonger (*in* dans), immerger. **~d in one's work** plongé dans son travail. ◆ **immersion 1** *n* immersion *f*; **2** *adj:* **immersion heater** chauffe-eau *m inv* électrique.

immigrant ['imigrant] *adj, n* (*newly arrived*) immigrant(e) *m(f);* (*established*) immigré(e) *m(f).* ◆ **immigrate** *vi* immigrer. ◆ **immigration** *n* immigration *f;* **immigration authorities** service *m* de l'immigration.

imminent ['iminənt] *adj* imminent. ◆ **imminence** *n* imminence *f*.

immobile [ı'məʊbaıl] *adj* immobile. ◆ **immobility** *n* immobilité *f*. ◆ **immobilize** *vt* immobiliser.

immoderate [ı'mɒdərıt] *adj* immodéré. ◆ **immoderately** *adv* immodérément.

immodest [ı'mɒdıst] *adj* (*indecent*) immodeste; (*bumptious*) présomptueux.

immoral [ı'mɒrəl] *adj* immoral. ◆ **immorality** *n* immoralité *f*.

immortal [ı'mɔːtl] *adj, n* immortel(le) *m(f).* ◆ **immortality** *n* immortalité *f*. ◆ **immortalize** *vt* immortaliser.

immovable [ı'muːvəbl] *adj object* fixe; *courage* inébranlable; *person* insensible.

immune [ı'mjuːn] *adj* immunisé (*from, to, against* contre). ◆ **immunity** *n* immunité *f*. ◆ **immunization** *n* immunisation *f*. ◆ **immunize** *vt* immuniser (*against* contre).

immutable [ı'mjuːtəbl] *adj* immuable. ◆ **immutably** *adv* immuablement.

imp [ımp] *n* diablotin *m;* (*child*) petit(e) espiègle *m(f).*

impact ['impækt] *n* (*lit, fig*) impact *m* (*on* sur). **to make an ~ on sb** faire une forte impression sur qn.

impair [ım'pɛər] *vt abilities, faculties* diminuer; *negotiations, relations* porter atteinte à; *health* détériorer; *sight, hearing* affaiblir.

impart [ım'pɑːt] *vt* (*make known*) *news, knowledge* communiquer; (*bestow*) transmettre.

impartial [ım'pɑːʃəl] *adj* impartial. ◆ **impartiality** *n* impartialité *f*. ◆ **impartially** *adv* impartialement.

impassable [ım'pɑːsəbl] *adj barrier, river* infranchissable; *road* impraticable.

impassioned [ım'pæʃnd] *adj* passionné.

impassive [ım'pæsıv] *adj* impassible. ◆ **impassively** *adv* impassiblement.

impatient [ım'peıʃənt] *adj* **(a)** impatient (*to do* de faire). **to grow ~** s'impatienter. **(b)** intolérant (*of sth* à l'égard de qch; *with sb* vis-à-vis de qn). ◆ **impatience** *n* impatience *f* (*to do* de faire);

intolérance *f* (*with sb* vis-à-vis de qn). ◆ **impatiently** *adv* avec impatience.

impeach [ım'piːtʃ] *vt public official* mettre en accusation; *sb's character* attaquer; *motives, honesty* mettre en doute.

impeccable [ım'pekəbl] *adj* impeccable. ◆ **impeccably** *adv* impeccablement.

impecunious [,ımpı'kjuːnıəs] *adj* impécunieux.

impede [ım'piːd] *vt* gêner, entraver.

impediment [ım'pedımənt] *n* obstacle *m*. **speech ~** défaut *m* d'élocution.

impel [ım'pel] *vt* (*compel*) obliger, forcer (*to do* à faire); (*drive forward*) pousser.

impending [ım'pendıŋ] *adj birth, arrival* imminent, prochain (*after n*); *danger, storm* imminent, menaçant.

impenetrable [ım'penıtrəbl] *adj* impénétrable.

impenitent [ım'penıtənt] *adj* impénitent. ◆ **impenitently** *adv* sans repentir.

imperative [ım'perətıv] **1** *adj need, voice, manner* impérieux; *order* impératif; (*Gram*) impératif. **silence is ~** le silence s'impose; **it is ~ that** il faut absolument que + *subj.* **2** *n* impératif *m.* **in the ~** à l'impératif.

imperceptible [,ımpə'septəbl] *adj* imperceptible. ◆ **imperceptibly** *adv* imperceptiblement.

imperfect [ım'pɜːfıkt] **1** *adj reasoning* imparfait; *car, machine* défectueux; (*Gram*) imparfait. **2** *n* imparfait *m.* **in the ~** à l'imparfait. ◆ **imperfection** *n* imperfection *f*. ◆ **imperfectly** *adv* imparfaitement.

imperial [ım'pıərıəl] *adj* (*gen*) impérial; (*lordly*) *splendour* majestueux; *gesture* impérieux; (*Brit*) *weight, measure* légal. ◆ **imperialism** *n* impérialisme *m.* ◆ **imperialist** *adj, n* impérialiste *(mf).* ◆ **imperially** *adv* impérieusement.

imperil [ım'perıl] *vt* mettre en péril.

imperious [ım'pıərıəs] *adj* impérieux. ◆ **imperiously** *adv* impérieusement.

impermanent [ım'pɜːmənənt] *adj* éphémère.

impermeable [ım'pɜːmıəbl] *adj* imperméable.

impersonal [ım'pɜːsnl] *adj* impersonnel. ◆ **impersonally** *adv* impersonnellement.

impersonate [ım'pɜːsəneıt] *vt* (*gen*) se faire passer pour; (*Theat*) imiter. ◆ **impersonation** *n* (*Theat*) imitation *f*. ◆ **impersonator** *n* (*Theat*) imitateur *m,* -trice *f*.

impertinent [ım'pɜːtınənt] *adj* impertinent (*to sb* envers qn). ◆ **impertinence** *n* impertinence *f*. ◆ **impertinently** *adv* avec impertinence.

imperturbable [,ımpə'tɜːbəbl] *adj* imperturbable.

impervious [ım'pɜːvıəs] *adj* imperméable; (*fig*) sourd (*to* à).

impetigo [,ımpı'taıgəʊ] *n* impétigo *m*.

impetuous [ım'petjʊəs] *adj* impétueux. ◆ **impetuosity** *n* impétuosité *f*. ◆ **impetuously** *adv* avec impétuosité.

impetus ['impɪtəs] *n* [*object*] force *f* d'impulsion; [*runner*] élan *m;* (*fig*) impulsion *f*.

impiety [ım'paıətı] *n* impiété *f*.

impinge [ım'pındʒ] *vi:* **to ~ on sb/sth** (*gen*) affecter qn/qch; **it suddenly ~d on him** il en a brusquement pris conscience; **to ~ on sb's rights** empiéter sur les droits de qn.

impious ['impɪəs] *adj* impie.

implacable [ım'plækəbl] *adj* implacable (*towards* envers). ◆ **implacably** *adv* implacablement.

implant [ım'plɑːnt] *vt* implanter (*in* dans).

implausible [ım'plɔːzəbl] *adj* peu plausible.

implement ['implımənt] **1** *n* outil *m,* instrument *m;* (*fig*) instrument. **~s** matériel *m,* outils; (*for cooking*) ustensiles *mpl.* **2** ['implıment] *vt contract, decision* exécuter; *promise* accomplir; *law* appliquer; *plan* réaliser; *ideas* mettre en pratique.

implicate ['implıkeıt] *vt* impliquer, compromettre (*in* dans). ◆ **implication**[1] *n* implication *f*.

implication² [ˌɪmplɪˈkeɪʃən] n (V **imply**) insinuation f, implication f; **by implication** implicitement; **I know only from implication** je ne sais que d'après ce qui a été insinué; **the full implications of his words** la portée de ses paroles; **we shall have to study all the implications** il nous faudra étudier toutes les conséquences possibles.

implicit [ɪmˈplɪsɪt] adj (a) (implied) threat, acceptance implicite (in dans). (b) (unquestioning) belief, faith absolu; obedience aveugle. ♦ **implicitly** adv (a) implicitement. (b) absolument; aveuglément.

implore [ɪmˈplɔːʳ] vt implorer, supplier (sb to do qn de faire); sb's help etc implorer. ♦ **imploring** adj suppliant. ♦ **imploringly** adv d'un air or d'un ton suppliant.

imply [ɪmˈplaɪ] vt (a) [person] laisser entendre; (insinuate) insinuer (pej). **it is implied that ...** il faut sous-entendre que ... . (b) [fact, event] suggérer, impliquer. ♦ **implied** adj sous-entendu.

impolite [ˌɪmpəˈlaɪt] adj impoli (to, towards envers). ♦ **impolitely** adv impoliment. ♦ **impoliteness** n impolitesse f.

imponderable [ɪmˈpɒndərəbl] adj, n impondérable (m).

import [ˈɪmpɔːt] 1 n (a) (Comm) importation f. (b) (meaning: gen) sens m; [document] teneur f. (c) (importance) importance f. 2 adj duty, licence, surcharge d'importation. 3 [ɪmˈpɔːt] vt importer. ♦ **importation** n importation f. ♦ **importer** n importateur m.

important [ɪmˈpɔːtənt] adj important (to sth pour qch; to sb à qn). **it is ~ that** il est important que +subj; **that's not ~** ça n'a pas d'importance; **he was trying to look ~** il se donnait des airs importants. ♦ **importance** n importance f; **to be of importance** avoir de l'importance; **it is of the highest importance that ...** il est de la plus haute importance que ... +subj; **of no importance** sans importance; **full of his own importance** plein de lui-même. ♦ **importantly** adv (pej) say etc d'un air important; **but, more ~ly, ...** mais, ce qui est plus important, ...

importune [ˌɪmpɔːˈtjuːn] vt [questioner etc] importuner; [creditor] harceler; [prostitute etc] racoler. ♦ **importunate** adj importun. ♦ **importuning** n (Jur) racolage m.

impose [ɪmˈpəʊz] 1 vt task, conditions imposer (on à); sanctions, fine infliger (on à); tax mettre (on sur). **to ~ o.s. on sb** s'imposer à qn. 2 vi: **to ~ on sb** abuser de la gentillesse de qn. ♦ **imposing** adj imposant, impressionnant. ♦ **imposition** n imposition f; **it's rather an imposition on her** c'est abuser de sa gentillesse.

impossible [ɪmˈpɒsəbl] 1 adj impossible. **it is ~ for him to leave** il lui est impossible de partir; **he made it ~ for me to accept** il m'a mis dans l'impossibilité d'accepter; **it is/is not ~ that** il est/n'est pas impossible que +subj. 2 n: **the ~** l'impossible m. ♦ **impossibility** n impossibilité f (of sth de qch; of doing de faire). ♦ **impossibly** adv behave de façon impossible; late etc épouvantablement; stubborn incroyablement; **if, impossibly, he were to succeed** si, par impossible, il réussissait; **impossibly difficult** d'une difficulté insurmontable.

impostor [ɪmˈpɒstəʳ] n imposteur m. ♦ **imposture** n imposture f.

impotent [ˈɪmpətənt] adj (gen; also sexual) impuissant; (Med gen) impotent. ♦ **impotence** n impuissance f; impotence f.

impound [ɪmˈpaʊnd] vt confisquer.

impoverished [ɪmˈpɒvərɪʃt] adj appauvri. ♦ **impoverishment** n appauvrissement m.

impracticable [ɪmˈpræktɪkəbl] adj impraticable. ♦ **impracticability** n impraticabilité f.

impractical [ɪmˈpræktɪkəl] adj person qui manque d'esprit pratique; plan, idea peu réaliste,

pas pratique. ♦ **impracticality** n manque m de réalisme.

imprecise [ˌɪmprɪˈsaɪs] adj imprécis.

impregnable [ɪmˈpregnəbl] adj (Mil) imprenable; (fig) position inattaquable, irréfutable.

impregnate [ˈɪmpregneɪt] vt (fertilize) féconder; (saturate: also fig) imprégner (with de).

impresario [ˌɪmpreˈsɑːrɪəʊ] n impresario m.

impress [ɪmˈpres] vt (a) person impressionner. **how did he ~ you?** quelle impression vous a-t-il faite?; **he ~ed me favourably** il m'a fait une bonne impression; **I am not ~ed** ça ne m'impressionne pas. (b) seal, imprint imprimer (on sur). (fig) **to ~ sth on sb** faire bien comprendre qch à qn; **to ~ on sb that** faire bien comprendre à qn que. ♦ **impression** n impression f; **to make an ~ion** faire de l'effet (on sb à qn); **the water made no ~ion on the stains** l'eau n'a fait aucun effet sur les taches; **I am under the ~ion that ...** j'ai l'impression que ...; **that wasn't my ~ion!** ce n'est pas l'impression que j'ai eue! ♦ **impressionable** adj impressionnable; age où l'on est impressionnable. ♦ **impressionism** n impressionnisme m. ♦ **impressionist** adj, n impressionniste (mf). ♦ **impressionistic** adj impressionniste. ♦ **impressive** adj impressionnant. ♦ **impressively** adv de façon impressionnante.

imprint [ɪmˈprɪnt] 1 vt imprimer (on sur). 2 [ˈɪmprɪnt] n empreinte f. **published under the Collins ~** édité chez Collins.

imprison [ɪmˈprɪzn] vt emprisonner; [judge] condamner à la prison. **he had been ~ed for 3 months when ...** il avait été en prison 3 mois quand ... . ♦ **imprisonment** n (action, state) emprisonnement m; **one month's ~ment** un mois de prison.

improbable [ɪmˈprɒbəbl] adj event improbable; story, excuse invraisemblable. **it is ~ that** il est improbable que +subj. ♦ **improbability** n improbabilité f; invraisemblance f.

impromptu [ɪmˈprɒmptjuː] adv, adj, n impromptu (m).

improper [ɪmˈprɒpəʳ] adj (unsuitable) déplacé; (indecent) indécent; (dishonest) malhonnête; (wrong) incorrect. ♦ **improperly** adv d'une manière déplacée; indécemment; malhonnêtement; incorrectement. ♦ **impropriety** n inconvenance f.

improve [ɪmˈpruːv] 1 vt (gen) améliorer; physique développer; machine, invention améliorer, perfectionner; site embellir; soil, land amender. **to ~ sb's looks** embellir qn; **that should ~ his chances of success** ceci devrait lui donner de meilleures chances de réussir; **to ~ one's mind** se cultiver; **to ~ one's French** se perfectionner en français; **to ~ the occasion** tirer parti de l'occasion. 2 vi s'améliorer; se développer; être amélioré, être perfectionné; s'amender. **to ~ on acquaintance** gagner à être connu; **the invalid is improving** l'état du malade s'améliore; **his maths have ~d** il a fait des progrès en maths; **business is improving** les affaires reprennent; **things are improving** les choses vont mieux; **to ~ on sth** faire mieux que qch; **to ~ on sb's offer** enchérir sur qn. ♦ **improvement** n amélioration f; développement m; perfectionnement m; embellissement m; amendement m; **there's been quite an ~ment** il y a du mieux; **to show some ~ment in French** faire quelques progrès en français; **this model is an ~ment on the previous one** ce modèle marque un progrès sur le précédent; **there is room for ~ment** cela pourrait être mieux; **to carry out ~ments to sth** apporter des améliorations à qch; **~ment grant** subvention f pour l'amélioration de l'habitat. ♦ **improving** adj book etc édifiant.

improvident [ɪmˈprɒvɪdənt] adj imprévoyant.

improvise [ˈɪmprəvaɪz] vti improviser.

♦ **improvisation** *n* improvisation *f.*
imprudent [ɪm'pruːdənt] *adj* imprudent.
♦ **imprudence** *n* imprudence *f.* ♦ **imprudently**
adv imprudemment.
impudent ['ɪmpjʊdənt] *adj* impudent. ♦ **impu-**
dence *n* impudence *f.* ♦ **impudently** *adv* impu-
demment.
impulse ['ɪmpʌls] 1 *n* impulsion *f.* rash ~ coup *m*
de tête; **on a sudden** ~ **he** ... pris d'une impulsion
soudaine il ...; **to act on (an)** ~ agir par impulsion.
2 *adj:* ~ **buying** tendance *f* à faire des achats sur
un coup de tête.
♦ **impulsion** *n* impulsion *f.* ♦ **impulsive** *adj*
movement, action impulsif; *temperament*
primesautier; *remark* irréfléchi. ♦ **impulsively**
adv par impulsion. ♦ **impulsiveness** *n* caractère
m impulsif.
impunity [ɪm'pjuːnɪtɪ] *n:* **with** ~ impunément.
impure [ɪm'pjʊər] *adj* impur. ♦ **impurity** *n* impureté *f.*
impute [ɪm'pjuːt] *vt* imputer (*to* à). ♦ **imputation** *n*
imputation *f.*
in [ɪn] 1 *prep* (a) (*place*) dans, en, à. ~ **the garden**
dans le *or* au jardin; ~ **the country** à la campagne;
~ **town** en ville; ~ **here** ici; ~ **there** là-dedans; ~
school à l'école; ~ **the school** dans l'école; ~ **a**
friend's house chez un ami; ~ **London** à Londres;
~ **Yorkshire** dans le Yorkshire; ~ **Provence** en
Provence; ~ **France** en France; ~ **Denmark** au
Danemark; ~ **the United States** aux États-Unis;
~ **the army** dans l'armée; **he's** ~ **the motor trade**
il travaille dans l'industrie automobile.
(b) (*people, works*) chez, en, dans. we find it ~
Dickens nous le trouvons chez *or* dans Dickens;
rare ~ **a child of that age** rare chez un enfant de
cet âge; **he has got it** ~ **him** to succeed il est capable de réussir; **they've got a great leader** ~ **him**
ils ont en lui un excellent dirigeant.
(c) (*time: during*) ~ **1989** en 1989; ~ **the sixties**
dans les années soixante; ~ **the reign of** sous le
règne de; ~ **June** en juin, au mois de juin; ~
spring au printemps; ~ **summer/autumn/winter**
en été/automne/hiver; ~ **the morning** le matin,
dans la matinée; ~ **the mornings** le matin; ~ **the**
daytime pendant la journée; ~ **the evening** le
soir, pendant la soirée; ~ **the night** la nuit, pendant la nuit; 3 o'clock ~ **the afternoon** 3 heures de
l'après-midi; ~ **those days** à cette époque-là; ~
these days de nos jours; **I haven't seen him** ~
years cela fait des années que je ne l'ai pas vu.
(d) (*time: in the space of*) en. **I did it** ~ **2 hours**
je l'ai fait en 2 heures, j'ai mis 2 heures à le faire.
(e) (*time: at the end of*) dans, au bout de. ~ **a**
moment dans une minute; **he will arrive** ~ **a week**
il arrivera dans une semaine; **he returned** ~ **a**
week il est rentré au bout d'une semaine.
(f) (*manner etc*) ~ **a loud voice** d'une voix
forte; ~ **a soft voice** à voix basse; ~ **a whisper** en
chuchotant; ~ **ink** à l'encre; ~ **pencil** au crayon;
~ **French** en français; ~ **writing** par écrit; **to**
paint ~ **oils** peindre à l'huile; **to stand** ~ **a row**
être en ligne; ~ **large/small quantities** en
grande/petite quantité; ~ **some measure** dans
une certaine mesure; ~ **part** en partie; ~ **hun-**
dreds par centaines; **dressed** ~ **white** habillé en
or vêtu de blanc; ~ **slippers** en pantoufles; **you**
look nice ~ **that dress** tu es jolie avec cette robe.
(g) (*material*) en. ~ **silk** en soie; ~ **marble** en
marbre.
(h) (*circumstances*) ~ **the rain** sous la pluie; ~
the sun au soleil; ~ **the shade** à l'ombre; ~ **dark-**
ness dans l'obscurité; ~ **the moonlight** au clair de
lune; ~ **all weathers** par tous les temps.
(i) (*state, condition*) ~ **good health** en bonne
santé; ~ **tears** en larmes; ~ **despair** au désespoir;
to be ~ **a rage** être en rage; ~ **good repair** en bon
état; **to live** ~ **luxury** vivre dans le luxe; ~ **private**
en privé; ~ **secret** en secret.

(j) (*ratio*) **one man** ~ **ten** un homme sur dix;
once ~ **a hundred years** une fois tous les cent ans;
a day ~ **a thousand** un jour entre mille; **15 pence**
~ **the pound** 15 pence par livre sterling.
(k) (*in respect of*) **blind** ~ **the left eye** aveugle
de l'œil gauche; **poor** ~ **maths** faible en maths; **10**
metres ~ **height by 30** ~ **length** 10 mètres de haut
sur 30 de long; 5 ~ **number** au nombre de 5; ~
that, he resembles **his father** en cela, il ressemble
à son père.
(l) (*after superlative*) de. **the best pupil** ~ **the**
class le meilleur élève de la classe.
(m) ~ **that there are 5 of them** étant donné qu'il
y en a 5; ~ **so** *or* **as far as** dans la mesure où; ~ **all**
en tout.
2 *adv:* **to be** ~ (*at home, office etc*) être là; [*fire*]
brûler encore; [*train*] être arrivé; [*harvest*] être
rentré; (*in season*) [*fruit etc*] être en saison; (*in*
fashion) [*colour, style*] être à la mode; (*in power*)
[*political party*] être au pouvoir; [*candidate*] être
élu. **there is nobody** ~ il n'y a personne (à la
maison); **we were asked** ~ on nous a invités à
entrer; (*Pol*) **to put sb** ~ porter qn au pouvoir; ~
between (*space*) entre, au milieu; (*time*) entre-
temps; **we are** ~ **for trouble** nous allons avoir des
ennuis; **he's** ~ **for it!*** il va en prendre pour son
grade!*; **you don't know what you're** ~ **for!*** tu ne
sais pas ce qui t'attend!; **are you** ~ **for the race?**
est-ce que tu es inscrit pour la course?; **he's** ~ **for**
the job of ... il est candidat au poste de ...; **to have**
it ~ **for sb*** avoir une dent contre qn; **to be** ~ **on a**
plan/secret être au courant d'un plan/d'un secret;
to be (well) ~ **with sb** être bien avec qn; **day** ~
day out jour après jour.
3 *adj:* '~' **tray** corbeille *f* du courrier du jour;
it's the ~* **thing to do that** c'est très dans le vent*
de faire ça; **an** ~* **joke** une plaisanterie qui n'est
comprise que des initiés.
4 *n:* **the** ~s **and outs** les tenants et les aboutissants *mpl.*
♦ **in-between 1** *n:* **the** ~**-betweens** ceux qui sont
entre les deux; 2 *adj:* **it's** ~**-between** c'est entre
les deux; ~**-between times** dans les intervalles.
♦ **in-fighting** *n* (*fig: within group etc*) querelles
fpl internes. ♦ **in-flight** *adj* en vol. ♦ **in-group** *n*
noyau *m* (fermé). ♦ **in-laws*** *npl* (*parents-in-*
law) beaux-parents *mpl*; (*others*) belle-famille *f.*
♦ **in-patient** *n* malade *mf* hospitalisé(e). ♦ **in-**
service training *n* stage *m* de formation
professionnelle continue.
inability [ˌɪnə'bɪlɪtɪ] *n* incapacité *f* (*to do* de faire),
impuissance *f* (*to do* à faire).
inaccessible [ˌɪnæk'sesəbl] *adj* inaccessible (*to* à).
♦ **inaccessibility** *n* inaccessibilité *f.*
inaccurate [ɪn'ækjʊrɪt] *adj* (*gen*) inexact; *word,*
expression impropre; *story, report, translation*
manquant de précision. ♦ **inaccuracy** *n* inexactitude *f*; impropriété *f*; manque *m* de précision.
♦ **inaccurately** *adv* avec inexactitude, inexactement; *multiply* incorrectement.
inactive [ɪn'æktɪv] *adj* *person* inactif; *life* peu
actif; *volcano* qui n'est pas en activité. ♦ **inaction**
n inaction *f.* ♦ **inactivity** *n* inactivité *f.*
inadequate [ɪn'ædɪkwɪt] *adj* (*gen*) insuffisant;
piece of work médiocre; *person* incompétent,
inadéquat; (*Psych*) mal adapté (sur le plan socio-
affectif). **he felt totally** ~ il ne se sentait absolument pas à la hauteur. ♦ **inadequacy** *n* insuffisance *f*; médiocrité *f*; incompétence *f*; (*Psych*)
inadaptation *f* socio-affective. ♦ **inadequately**
adv insuffisamment.
inadmissible [ˌɪnəd'mɪsəbl] *adj* inadmissible;
(*Jur*) *evidence* irrecevable.
inadvertent [ˌɪnəd'vɜːtənt] *adj* fait (*or* dit *etc*) par
inadvertance *or* par mégarde. ♦ **inadvertently**
adv par inadvertance, par mégarde.
inadvisable [ˌɪnəd'vaɪzəbl] *adj* peu sage, à déconseiller. **it is** ~ **to** ... il est déconseillé de ... + *infin.*

♦ **inadvisability** n inopportunité f (of doing de faire).
inane [ɪ'neɪn] adj inepte, stupide. ♦ **inanity** n ineptie f.
inanimate [ɪn'ænɪmɪt] adj inanimé.
inapplicable [ɪn'æplɪkəbl] adj inapplicable (to à).
inappropriate [ˌɪnə'prəʊprɪɪt] adj (gen) inopportun; word impropre; name mal choisi.
♦ **inappropriately** adv inopportunément; improprement.
inarticulate [ˌɪnɑː'tɪkjulɪt] adj person qui s'exprime avec difficulté; speech indistinct; (Anat, Bot) inarticulé. ~ **with anger** bafouillant de colère.
inartistic [ˌɪnɑː'tɪstɪk] adj work peu artistique; person dépourvu de sens artistique.
♦ **inartistically** adv de façon peu artistique.
inattention [ˌɪnə'tenʃən] n manque m d'attention (to accordée à). ♦ **inattentive** adj (not paying attention) inattentif; (neglectful) peu attentionné (towards sb envers qn). ♦ **inattentively** adv sans prêter attention.
inaudible [ɪn'ɔːdəbl] adj inaudible. **he was** ~ on ne l'entendait pas. ♦ **inaudibly** adv de manière inaudible.
inaugurate [ɪ'nɔːgjʊreɪt] vt (gen) inaugurer; person investir de ses fonctions. ♦ **inaugural** adj inaugural; (Univ) inaugural lecture leçon f inaugurale. ♦ **inauguration** n inauguration f; investiture f.
inauspicious [ˌɪnɔːs'pɪʃəs] adj beginning, sign de mauvais augure; occasion peu propice; circumstances malencontreux. ♦ **inauspiciously** adv d'une façon peu propice; malencontreusement.
inborn [ˌɪn'bɔːn] adj, **inbred** [ˌɪn'bred] adj inné.
incalculable [ɪn'kælkjʊləbl] adj incalculable.
incandescent [ˌɪnkæn'desnt] adj incandescent.
♦ **incandescence** n incandescence f.
incantation [ˌɪnkæn'teɪʃən] n incantation f.
incapable [ɪn'keɪpəbl] adj incapable (of doing de faire). ♦ **incapability** n incapacité f (of doing de faire).
incapacity [ˌɪnkə'pæsɪtɪ] n incapacité f (to do de faire). ♦ **incapacitate** vt rendre incapable (for work etc de travailler etc).
incarcerate [ɪn'kɑːsəreɪt] vt incarcérer.
incarnate [ɪn'kɑːnɪt] adj incarné. ♦ **incarnation** n incarnation f.
incautious [ɪn'kɔːʃəs] adj imprudent.
incendiary [ɪn'sendɪərɪ] 1 adj incendiaire. 2 n (bomb) engin m incendiaire.
incense[1] [ɪn'sens] vt mettre en fureur. ♦ **incensed** adj outré (at, by de).
incense[2] ['ɪnsens] n encens m.
incentive [ɪn'sentɪv] 1 n objectif m. **there is no** ~ **to hard work** il n'y a rien qui incite (subj) à travailler dur; **he has no** ~ **to do it** il n'a rien qui l'incite (subj) à le faire; **it gave me an** ~ cela m'a encouragé. 2 adj: ~ **bonus** prime f d'encouragement.
inception [ɪn'sepʃən] n commencement m.
incertitude [ɪn'sɜːtɪtjuːd] n incertitude f.
incessant [ɪn'sesnt] adj incessant. ♦ **incessantly** adv sans cesse, incessamment.
incest ['ɪnsest] n inceste m. ♦ **incestuous** adj incestueux.
inch [ɪntʃ] 1 n pouce m (= 2,54 cm). **a few** ~**es** ≈ quelques centimètres; **not an** ~ **of** ≈ pas un centimètre de; **every** ~ **of the** ... tout le (or toute la) ...; **he wouldn't budge an** ~ il n'a pas voulu (lit) bouger or (fig) céder d'un pouce; **he's every** ~ **a soldier** c'est un vrai soldat; **within an** ~ **of** (doing) sth à deux doigts de (faire) qch; ~ **by** ~ petit à petit. 2 vi: **to** ~ **(one's way) forward/out etc** avancer/sortir etc petit à petit. ♦ **inchtape** n centimètre m (de couturière).
incidence ['ɪnsɪdəns] n fréquence f, taux m. **the**

high ~ **of** le taux élevé de; **the low** ~ **of** la faible fréquence de.
incident ['ɪnsɪdənt] 1 n (gen) incident m; (in book, play etc) épisode m. 2 adj (Police etc) ~ **room** salle f d'opérations. ♦ **incidental** [ˌɪnsɪ'dentl] 1 adj (accompanying) accessoire; (secondary) d'importance secondaire; (unplanned) accidentel; ~**al expenses** faux frais mpl; ~**al music** musique f d'accompagnement; 2 n: ~**als** (expenses) frais mpl accessoires. ♦ **incidentally** adv happen etc accidentellement; (by the way) à propos, entre parenthèses.
incinerate [ɪn'sɪnəreɪt] vt incinérer. ♦ **incineration** n incinération f. ♦ **incinerator** n incinérateur m.
incipient [ɪn'sɪpɪənt] adj naissant, qui commence.
incise [ɪn'saɪz] vt inciser; (Art) graver. ♦ **incision** n incision f. ♦ **incisive** adj (trenchant) incisif; (acute) pénétrant. ♦ **incisively** adv d'une façon incisive or pénétrante. ♦ **incisor** n incisive f.
incite [ɪn'saɪt] vt pousser, inciter (sb to sth qn à qch; sb to do qn à faire). ♦ **incitement** n incitation f.
incivility [ˌɪnsɪ'vɪlɪtɪ] n incivilité f.
inclement [ɪn'klemənt] adj inclément.
incline [ɪn'klaɪn] 1 vt (lean) incliner, pencher. ~**d plane** plan m incliné; **to** ~ **sb to do** incliner qn or rendre qn enclin à faire; [person] **to be** ~**d to do** incliner à faire; **he is** ~**d to be lazy** il inclure à or il est enclin à la paresse; **it's** ~**d to break** cela se casse facilement; **he's that way** ~**d** il a tendance à être comme ça; **if you feel** ~**d** si le cœur vous en dit; **well** ~**d towards sb** bien disposé à l'égard de qn. 2 vi (a) (slope) s'incliner. (b) [colour, beliefs etc] tendre (towards vers). **to** ~ **to an opinion etc** pencher pour une opinion etc. 3 ['ɪnklaɪn] n inclinaison f. ♦ **inclination** n (all senses) inclination f; **my inclination is to leave** j'incline à partir; **I have no inclination to help him** je n'ai aucune envie de l'aider.
include [ɪn'kluːd] vt inclure, comprendre. **it is not** ~**d** (on list) cela n'est pas inclus; (in bill) ce n'est pas compris or inclus; **everything** ~**d** tout compris; **does that** ~ **me?** est-ce que cela s'applique aussi à moi?; **the invitation** ~**s everybody** l'invitation s'adresse à tout le monde; **the children** ~**d** y compris les enfants. ♦ **including** prep y compris, compris, inclus; **including the kitchen** la cuisine comprise, y compris la cuisine; **including the service charge** service compris; **not including tax** taxe non comprise; **up to and including 4th May** jusqu'au 4 mai inclus. ♦ **inclusion** n inclusion f. ♦ **inclusive** adj charge, sum global; **from 1st to 6th May inclusive** du 1er au 6 mai inclus; **to be inclusive of** inclure, comprendre. ♦ **inclusively** adv inclusivement.
incognito [ɪn'kɒgnɪtəʊ] 1 adv incognito. 2 adj: **remain** ~ garder l'incognito.
incoherent [ˌɪnkəʊ'hɪərənt] adj incohérent. ♦ **incoherence** n incohérence f. ♦ **incoherently** adv d'une façon incohérente.
incombustible [ˌɪnkəm'bʌstəbl] adj incombustible.
income ['ɪnkʌm] 1 n (gen) revenu m. **private** ~ rentes fpl; **to live beyond/within one's** ~ dépasser/ne pas dépasser son revenu. 2 adj: **the lowest** ~ **group** les économiquement faibles mpl; **the middle/upper** ~ **group** la classe à revenus moyens/élevés; ~**s policy** politique f des revenus; ~ **tax** impôt m sur le revenu; ~ **tax return** déclaration f d'impôts.
incomer ['ɪn,kʌmər] n arrivant(e) m(f). ♦ **incoming** adj crowd qui entre; tide montant; tenant, mayor nouveau (before n).
incommunicado [ˌɪnkəmjʊnɪ'kɑːdəʊ] adj tenu au secret.
incomparable [ɪn'kɒmpərəbl] adj incomparable. ♦ **incomparably** adv incomparablement.

incompatible [ˌɪnkəm'pætəbl] *adj* incompatible.
♦ **incompatibility** *n* incompatibilité *f*; (*in divorce*) incompatibilité d'humeur.

incompetent [ɪn'kɒmpɪtənt] *adj* incompétent.
♦ **incompetence** *or* ♦ **incompetency** *n* incompétence *f*.

incomplete [ˌɪnkəm'pliːt] *adj* incomplet.
♦ **incompletely** *adv* incomplètement.

incomprehensible [ɪn,kɒmprɪ'hensəbl] *adj* incompréhensible. ♦ **incomprehensibly** *adv* de manière incompréhensible.

inconceivable [ˌɪnkən'siːvəbl] *adj* inconcevable.
♦ **inconceivably** *adv*: inconceivably stupid d'une stupidité inconcevable.

inconclusive [ˌɪnkən'kluːsɪv] *adj* result, discussion peu concluant; *evidence, argument* peu convaincant; *action* sans résultat concluant; *fighting* indécis. ♦ **inconclusively** *adv* d'une manière peu concluante *or* peu convaincante; sans résultat concluant.

incongruous [ɪn'kɒŋgruəs] *adj* (*out of place*) *remark, act* incongru, déplacé; (*absurd*) absurde, grotesque. ♦ **incongruity** [ˌɪnkɒŋ'gruːɪtɪ] *n* incongruité *f*; absurdité *f*.

inconsequent [ɪn'kɒnsɪkwənt] *adj* inconséquent.
♦ **inconsequential** (**a**) (*illogical*) inconséquent. (**b**) (*unimportant*) sans conséquence.

inconsiderable [ˌɪnkən'sɪdərəbl] *adj* insignifiant.

inconsiderate [ˌɪnkən'sɪdərɪt] *adj* person qui manque d'égards; *action, reply* inconsidéré. you were very ~ tu as agi sans aucun égard.

inconsistent [ˌɪnkən'sɪstənt] *adj* speech, person inconsistant. ~ **with** incompatible avec.
♦ **inconsistency** *n* inconsistance *f*.

inconsolable [ˌɪnkən'səuləbl] *adj* inconsolable.

inconspicuous [ˌɪnkən'spɪkjuəs] *adj* qui passe inaperçu, qui ne se fait pas remarquer. **to make oneself** ~ essayer de passer inaperçu.
♦ **inconspicuously** *adv* behave, move sans se faire remarquer; *dress* de façon discrète.

inconstant [ɪn'kɒnstənt] *adj* inconstant.
♦ **inconstancy** *n* inconstance *f*.

incontestable [ˌɪnkən'testəbl] *adj* incontestable.

incontinent [ɪn'kɒntɪnənt] *adj* incontinent.
♦ **incontinence** *n* incontinence *f*.

incontrovertible [ɪn,kɒntrə'vɜːtəbl] *adj* fact indéniable; *argument, explanation* irréfutable; *sign, proof* irrécusable.

inconvenient [ˌɪnkən'viːnɪənt] *adj* time, place mal choisi; *house, equipment* incommode, peu pratique; *visitor* gênant, importun. if it is not ~ si cela ne vous dérange pas; it is most ~ c'est très gênant. ♦ **inconvenience** 1 *n* (*annoying thing*) inconvénient *m*; to put sb to great inconvenience causer beaucoup de dérangement à qn; he went to a great deal of inconvenience to help me il s'est donné beaucoup de mal pour m'aider; 2 *vt* déranger, incommoder, (*stronger*) gêner.
♦ **inconveniently** *adv* design incommodément; *happen, arrive* à contretemps.

incorporate [ɪn'kɔːpəreɪt] *vt* (*put in*) incorporer (*into* dans; (*Culin*) *into* à); (*include, contain*) contenir; (*Comm, Jur*) se constituer en société unique avec. ~d company société *f* (*enregistrée*).

incorrect [ˌɪnkə'rekt] *adj* wording, calculation, dress, behaviour incorrect; *statement, opinion, report, time, text* inexact. he is ~ in stating that ... il se trompe quand il affirme que ... ; it would be ~ to say il serait inexact de dire. ♦ **incorrectly** *adv* incorrectement; inexactement.

incorrigible [ɪn'kɒrɪdʒəbl] *adj* incorrigible.

incorruptible [ˌɪnkə'rʌptəbl] *adj* incorruptible.

increase [ɪn'kriːs] 1 *vi* augmenter; [*demand, strength, supply, population, speed*] augmenter, s'accroître; [*joy, rage, effort, pain*] augmenter, s'intensifier; [*sorrow, surprise, possessions, trade*] s'accroître, augmenter; [*noise, pride*] grandir; [*business firm, institution*] s'agrandir, se

développer. to ~ in volume/weight prendre du volume/poids; to ~ in width s'élargir; to ~ in height [*person*] grandir; [*tree*] pousser. 2 *vt* augmenter; accroître; intensifier; agrandir; développer. to ~ (**one's**) **speed** accélérer. 3 ['ɪnkriːs] *n* augmentation *f* (*in, of* de); accroissement *m*; intensification *f*; agrandissement *m*; développement *m*. there has been an ~ in police activity la police a redoublé d'activité; an ~ in pay une hausse de salaire, une augmentation; to be on the ~ = to ~, V 1. ♦ **increasing** *adj* croissant. ♦ **increasingly** *adv* de plus en plus.

incredible [ɪn'kredəbl] *adj* incroyable.
♦ **incredibly** *adv* incroyablement.

incredulous [ɪn'kredjʊləs] *adj* incrédule.
♦ **incredulity** *n* incrédulité *f*. ♦ **incredulously** *adv* d'un air *or* d'un ton incrédule.

increment ['ɪnkrɪmənt] *n* augmentation *f*.

incriminate [ɪn'krɪmɪneɪt] *vt* incriminer, compromettre. ♦ **incriminating** *adj* compromettant; (*Jur: exhibits etc*) incriminating evidence pièces *fpl* à conviction.

incubate ['ɪnkjubeɪt] 1 *vt* eggs, scheme couver; *disease* incuber. 2 *vi* couver; être en incubation.
♦ **incubation** 1 *n* incubation *f*; 2 *adj* d'incubation.
♦ **incubator** *n* [*chicks, eggs, infants*] couveuse *f*; [*bacteria, cultures*] incubateur *m*; in an incubator en couveuse.

inculcate ['ɪnkʌlkeɪt] *vt* inculquer (*sth into sb* qch à qn).

incumbent [ɪn'kʌmbənt] 1 *adj*: to be ~ upon sb to do sth incomber à qn de faire qch. 2 *n* (*Rel etc*) titulaire *m*. ♦ **incumbency** *n* charge *f* (*Rel*).

incur [ɪn'kɜːr] *vt* anger, blame s'attirer, encourir; *risk* courir; *obligation, debts* contracter; *loss* subir; *expenses* encourir.

incurable [ɪn'kjʊərəbl] *adj, n* incurable (*mf*).
♦ **incurably** *adv* incurablement.

incurious [ɪn'kjʊərɪəs] *adj* sans curiosité.

incursion [ɪn'kɜːʃən] *n* incursion *f*.

indebted [ɪn'detɪd] *adj* redevable (*to sb for sth* à qn de qch; *to sb for doing* à qn d'avoir fait).

indecent [ɪn'diːsnt] *adj* (*offensive*) indécent; (*unseemly*) inconvenant. (*Jur*) ~ **assault** attentat *m* à la pudeur (*on* sur); ~ **exposure** outrage *m* public à la pudeur. ♦ **indecency** *n* indécence *f*; inconvenance *f*; (*Jur*) outrage *m* public à la pudeur. ♦ **indecently** *adv* indécemment; de façon inconvenante.

indecipherable [ˌɪndɪ'saɪfərəbl] *adj* indéchiffrable.

indecisive [ˌɪndɪ'saɪsɪv] *adj* (*gen*) indécis; *discussion, argument* peu concluant. ♦ **indecision** *n* indécision *f*. ♦ **indecisively** *adv* de façon indécise.

indecorous [ɪn'dekərəs] *adj* peu convenable.

indeed [ɪn'diːd] *adv* en effet, vraiment. and ~ he did so et en effet il l'a bien fait; I feel, ~ I know ... je sens, et même je sais ... ; I may ~ come il se peut effectivement que je vienne; yes ~! mais certainement, (mais) bien sûr!; ~? vraiment?, c'est vrai?; very pleased ~ extrêmement content, vraiment très content; very grateful ~ infiniment reconnaissant; thank you very much ~ merci mille fois.

indefatigable [ˌɪndɪ'fætɪgəbl] *adj* infatigable.
♦ **indefatigably** *adv* infatigablement.

indefensible [ˌɪndɪ'fensəbl] *adj* (*gen*) indéfendable; *crime* injustifiable.

indefinable [ˌɪndɪ'faɪnəbl] *adj* indéfinissable.

indefinite [ɪn'defɪnɪt] *adj* intentions, doubts, feelings incertain, indéfini, vague; *answer* vague; *outline* indistinct; *size, number, duration* indéterminé; *period* indéfini, indéterminé; *plan* mal défini, peu précis; (*Gram*) indéfini. ♦ **indefinitely** *adv* wait etc indéfiniment; postponed ~ly remis à une date indéterminée.

indelible [ɪn'deləbl] *adj* indélébile; (*fig*) ineffa-

çable. ♦ **indelibly** *adv* de façon indélébile;
ineffaçablement.
indelicate [ɪn'delɪkɪt] *adj* (*gen*) indélicat; (*tactless*) indiscret. ♦ **indelicacy** *n* indélicatesse *f*;
manque *m* de discrétion.
indemnify [ɪn'demnɪfaɪ] *vt* (*compensate*) indemniser, dédommager (*for* de); (*safeguard*) garantir
(*against* contre). ♦ **indemnity** *n* indemnité *f*;
garantie *f*.
indent [ɪn'dent] **1** *vt border* denteler; (*Typ*) mettre
en retrait. **2** *vi* (*Comm*) to ~ **for sth** commander
qch (*on sb* à qn). **3** ['ɪndent] *n* (*Comm*) commande
f. ♦ **indentation** *n* (*hollow impression*) empreinte
f (en creux). ♦ **indented** *adj border* dentelé; *coast*
échancré; (*Typ*) en retrait. ♦ **indentures** *npl*
contrat *m* d'apprentissage.
independent [ˌɪndɪ'pendənt] **1** *adj* indépendant
(*of* de); (*unrelated*) *reports* émanant de sources
différentes. (*Pol*) I ~ non-inscrit; **an** ~ **thinker** un
penseur original; **to ask for an** ~ **opinion**
demander l'avis d'un tiers. **2** *n* (*Pol*) I~ non-inscrit *m*, non-affilié *m*. ♦ **independence 1** *n*
indépendance *f* (*from* par rapport à); **the country**
got its independence le pays est devenu indépendant; **2** *adj* (*US*) **Independence Day** fête *f* de
l'Indépendance américaine (*le 4 juillet*). ♦ **independently** *adv* de façon indépendante; ~**ly of**
indépendamment de.
indescribable [ˌɪndɪs'kraɪbəbl] *adj* indescriptible.
♦ **indescribably** *adv* indescriptiblement.
indestructible [ˌɪndɪs'trʌktəbl] *adj* indestructible.
indeterminate [ˌɪndɪ'tɜːmɪnɪt] *adj* indéterminé.
index ['ɪndeks] **1** *n* (**a**) (*pl* ~es) (*in book etc*) index
m; (*in library etc*) catalogue *m* (alphabétique).
(*Rel*) **to put a book on the** I~ mettre un livre à
l'Index. (**b**) (*pl* **indices**) indice *m*. **cost-of-living**
~ indice du coût de la vie; (*fig*) **it is an** ~ **of how**
much ... c'est un signe révélateur qui permet de
se rendre compte combien ... . **2** *adj*: ~ **card** fiche
f; ~ **finger** index *m*. **3** *vt book* faire l'index
de; *library books, information* cataloguer
(alphabétiquement); *item, article* classer (*under*
sous, à). ♦ **index-linked** *adj* indexé.
India ['ɪndɪə] *n* Inde *f*. ♦ **Indian 1** *n* Indien(ne)
m(f); **2** *adj* indien, de l'Inde; (*Brit Hist*) des Indes;
elephant d'Asie; *ink* de Chine; *tea* indien;
(*American*) ~**n** indien, des Indiens (d'Amérique);
~**n Ocean** océan *m* Indien; (*fig*) ~**n summer** été *m*
de la Saint-Martin. ♦ **indiarubber** *n* (*substance*)
caoutchouc *m*; (*eraser*) gomme *f* (à effacer).
indicate ['ɪndɪkeɪt] *vt* (*gen*) indiquer (*that* que);
intentions manifester. (*Aut*) **he was indicating**
left il avait mis son clignotant gauche.
♦ **indication** *n* indication *f*; **there is every indica-**
tion that tout porte à croire que + *indic*; **there is**
no indication that rien ne porte à croire que
+ *subj*; **it is some indication of** cela permet de se
rendre compte de. ♦ **indicative** *adj*, *n* indicatif
(*m*); **in the indicative** à l'indicatif. ♦ **indicator** *n*
(*gen*) indicateur *m*; (*needle on scale etc*) aiguille
f; (*Aut*) clignotant *m*; (*plan*) **town indicator** table *f*
d'orientation; (*Rail*) **arrival indicator** tableau *m*
des arrivées.
indict [ɪn'daɪt] *vt* accuser (*for, on a charge of* de).
♦ **indictable** *adj*: ~**able offence** délit pénal.
♦ **indictment** *n* mise *f* en accusation (*for, of*
de).
Indies ['ɪndɪz] *npl* Indes *fpl*. **East** ~ Indes orientales; **West** ~ Antilles *fpl*.
indifferent [ɪn'dɪfrənt] *adj* indifférent (*to* à);
(*mediocre*) médiocre, quelconque. ♦ **indiffer-**
ence *n* indifférence *f* (*to* à; *towards* envers);
médiocrité *f*. ♦ **indifferently** *adv* indifféremment; médiocrement.
indigenous [ɪn'dɪdʒɪnəs] *adj* indigène (*to* de).
indigestion [ˌɪndɪ'dʒestʃən] *n*: **to have** ~ (*acute*)

avoir une indigestion; (*chronic*) avoir une
mauvaise digestion.
♦ **indigestible** *adj* indigeste.
indignant [ɪn'dɪgnənt] *adj* indigné (*about* à propos
de; *at sth* de *or* devant qch; *with sb* contre qn).
to grow ~ s'indigner; **to make sb** ~ indigner
qn. ♦ **indignantly** *adv* avec indignation.
♦ **indignation** *n* indignation *f*; **indignation**
meeting* réunion *f* de protestation.
indignity [ɪn'dɪgnɪtɪ] *n* indignité *f*.
indigo ['ɪndɪgəu] **1** *n* indigo *m*. **2** *adj* indigo *inv*.
indirect [ˌɪndɪ'rekt] *adj* (*gen*) indirect; *route,*
means etc détourné. ♦ **indirectly** *adv* indirectement.
indiscreet [ˌɪndɪs'kriːt] *adj* indiscret. ♦ **indis-**
creetly *adv* indiscrètement. ♦ **indiscretion** *n*
indiscrétion *f*.
indiscriminate [ˌɪndɪs'krɪmɪnɪt] *adj* *punishment,*
blows distribué au hasard; *killings* commis au
hasard; *person* manquant de discernement;
admiration aveugle. ♦ **indiscriminately** *adv*
choose, kill au hasard; *watch TV* sans aucun sens
critique; *accept, admire* aveuglément.
indispensable [ˌɪndɪs'pensəbl] *adj* indispensable
(*to* à). **you're not** ~! on peut se passer de toi!
indisposed [ˌɪndɪs'pəuzd] *adj* (*unwell*) indisposé,
souffrant; (*disinclined*) peu disposé (*to do* à
faire). ♦ **indisposition** *n* indisposition *f*.
indisputable [ˌɪndɪs'pjuːtəbl] *adj* incontestable.
♦ **indisputably** *adv* incontestablement.
indistinct [ˌɪndɪs'tɪŋkt] *adj object, voice, words*
indistinct; *memory* vague; *noise* confus. (*on tele-*
phone) **you're very** ~ je ne vous entends pas bien.
♦ **indistinctly** *adv* indistinctement.
indistinguishable [ˌɪndɪs'tɪŋgwɪʃəbl] *adj* indifférenciable (*from* de); (*slight*) imperceptible.
individual [ˌɪndɪ'vɪdjuəl] **1** *adj* (*separate*) *portion,*
attention individuel; (*characteristic*) *style*
original, particulier. **2** *n* individu *m*.
♦ **individualism** *n* individualisme *m*. ♦ **individual-**
ist *n* individualiste *mf*. ♦ **individualistic** *adj*
individualiste. ♦ **individuality** *n* individualité *f*.
♦ **individually** *adv* individuellement.
indivisible [ˌɪndɪ'vɪzəbl] *adj* indivisible.
Indo- ['ɪndəu] *pref* indo-. ♦ **Indo-China** *n*
Indochine *f*. ♦ **Indo-European** *adj*, *n* indo-européen (*m*).
indoctrinate [ɪn'dɒktrɪneɪt] *vt* endoctriner. **to** ~
sb with sth inculquer qch à qn. ♦ **indoctrination** *n*
endoctrinement *m*.
indolent ['ɪndələnt] *adj* indolent. ♦ **indolence** *n*
indolence *f*. ♦ **indolently** *adv* indolemment.
indomitable [ɪn'dɒmɪtəbl] *adj* indomptable.
Indonesia [ˌɪndəu'niːzɪə] *n* Indonésie *f*.
indoor ['ɪndɔːʳ] *adj shoes, film scene, photography*
d'intérieur; *aerial* intérieur; *plant* d'appartement; *swimming pool, tennis court* couvert;
hobby, game, job, pratiqué en intérieur; *athletics*
en salle. ♦ **indoors** *adv* (*in building*) à l'intérieur;
(*at home*) à la maison; (*under cover*) à l'abri; **to go**
~**s** entrer, rentrer.
indubitable [ɪn'djuːbɪtəbl] *adj* indubitable.
♦ **indubitably** *adv* indubitablement.
induce [ɪn'djuːs] *vt* (*gen*) persuader (*sb to do* qn de
faire); *reaction, sleep* provoquer (*in sb* chez qn).
(*Med*) **to** ~ **labour** déclencher l'accouchement
(*artificiellement*). ♦ **inducement** *n* (*gen*)
encouragement *m* (*to do* à faire); (*pej: bribe*) pot-de-vin *m*; **there is an** ~**ment/no** ~**ment to work**
hard il y a qch qui incite (*indic*)/il n'y a rien qui
incite (*subj*) à travailler dur; **as an added** ~**ment**
we are ... **offering** ... comme avantage *m*
supplémentaire nous offrons ...; **he received £100**
as an ~**ment** il a reçu 100 livres à titre de
gratification *f*.
induct [ɪn'dʌkt] *vt clergyman, president* installer.
♦ **induction** *n* installation *f*; (*Elec, Philos*) induction *f*; ~**ion course** stage *m* préparatoire.

indulge [ɪn'dʌldʒ] **1** vt person (spoil) gâter; (give way to) céder à; sb's wishes se prêter à; one's own desires satisfaire; one's own laziness se laisser aller à. to ~ o.s. se passer tous ses caprices. **2** vi: to ~ in emotion etc s'adonner à; to ~ in a cigarette se permettre une cigarette; to ~ in sth to excess abuser de qch.
indulgent [ɪn'dʌldʒənt] adj indulgent (to envers). ♦ **indulgence** n indulgence f (also Rel); his little indulgences les petites faiblesses fpl qu'il se permet. ♦ **indulgently** adv avec indulgence.
industry ['ɪndəstrɪ] n **(a)** industrie f. **tourist** ~ tourisme m, industrie touristique; **Department of** I~ ministère m de l'Industrie. **(b)** (industriousness) assiduité f (au travail). ♦ **industrial** adj (gen) industriel; worker de l'industrie; disease professionnel; accident, medicine du travail; dispute ouvrier; **industrial action** action f revendicative; **industrial estate** or (US) **park** zone f industrielle; **industrial rehabilitation** réadaptation f fonctionnelle; **industrial unrest** agitation f ouvrière. ♦ **industrialism** n industrialisme m. ♦ **industrialist** n industriel m. ♦ **industrialization** n industrialisation f. ♦ **industrialize** vt industrialiser. ♦ **industrious** adj industrieux. ♦ **industriously** adv industrieusement. ♦ **industriousness** n assiduité f (au travail).
inedible [ɪn'edɪbl] adj (not to be eaten) non comestible; (not fit to be eaten) immangeable.
ineffective [,ɪnɪ'fektɪv] adj, **ineffectual** [,ɪnɪ'fektjuəl] adj remedy, measures inefficace; attempt vain (before n); person incompétent. ♦ **ineffectively** or ♦ **ineffectually** adv use inefficacement; try vainement.
inefficient [,ɪnɪ'fɪʃənt] adj (gen) inefficace; person incompétent; use mauvais. ♦ **inefficiency** n inefficacité f; [person] incompétence f. ♦ **inefficiently** adv inefficacement; sans compétence; work ~ly done travail mal exécuté.
inelegant [ɪn'elɪgənt] adj inélégant. ♦ **inelegantly** adv inélégamment.
ineligible [ɪn'elɪdʒəbl] adj candidate inéligible. to be ~ for sth/to do ne pas avoir droit à qch/le droit de faire.
inept [ɪ'nept] adj inepte, stupide. ♦ **ineptitude** n ineptie f, stupidité f.
inequality [,ɪnɪ'kwɒlɪtɪ] n inégalité f.
ineradicable [,ɪnɪ'rædɪkəbl] adj indéracinable.
inert [ɪ'nɜːt] adj inerte. ♦ **inertia** n inertie f; (Aut) ~ia reel belts ceintures fpl de sécurité à enrouleurs.
inescapable [,ɪnɪs'keɪpəbl] adj inéluctable.
inestimable [ɪn'estɪməbl] adj inestimable.
inevitable [ɪn'evɪtəbl] adj (gen) inévitable; consequence, result inévitable, fatal. it was ~ that she should discover ... elle devait inévitablement or fatalement découvrir ...; (hum) his ~ camera son inévitable appareil-photo. ♦ **inevitability** n caractère m inévitable. ♦ **inevitably** adv inévitablement, fatalement.
inexact [,ɪnɪg'zækt] adj inexact. ♦ **inexactly** adv inexactement.
inexcusable [,ɪnɪks'kjuːzəbl] adj inexcusable. ♦ **inexcusably** adv inexcusablement.
inexhaustible [,ɪnɪg'zɔːstəbl] adj inépuisable.
inexorable [ɪn'eksərəbl] adj inexorable. ♦ **inexorably** adv inexorablement.
inexpensive [,ɪnɪks'pensɪv] adj bon marché inv, peu coûteux. ♦ **inexpensively** adv buy à bon marché; live à peu de frais.
inexperience [,ɪnɪks'pɪərɪəns] n inexpérience f. ♦ **inexperienced** adj inexpérimenté; to be ~d in avoir peu d'expérience en.
inexpert [ɪn'ekspɜːt] adj maladroit (in en). ♦ **inexpertly** adv maladroitement.
inexplicable [,ɪnɪks'plɪkəbl] adj inexplicable. ♦ **inexplicably** adv inexplicablement.

inexpressible [,ɪnɪks'presəbl] adj inexprimable.
inextricable [,ɪnɪks'trɪkəbl] adj inextricable. ♦ **inextricably** adv inextricablement.
infallible [ɪn'fæləbl] adj infaillible. ♦ **infallibility** n infaillibilité f. ♦ **infallibly** adv infailliblement.
infamous ['ɪnfəməs] adj infâme.
infant ['ɪnfənt] **1** n (baby) bébé m; (young child) tout(e) petit(e) enfant m(f); (Jur) mineur(e) m(f); (Brit Scol) petit(e) m(f) (de 5 à 7 ans). **2** adj disease, mortality infantile. (Brit) ~ school = classes fpl préparatoires. ♦ **infancy** n toute petite enfance f, bas âge m; (Jur) minorité f; (fig) still in its infancy encore à ses débuts. ♦ **infanticide** n infanticide m. ♦ **infantile** adj infantile.
infantry ['ɪnfəntrɪ] n infanterie f. ♦ **infantryman** n fantassin m.
infatuated [ɪn'fætjueɪtəd] adj: ~ with person entiché de; idea etc engoué de; to become ~ with s'enticher de, s'engouer pour; he was ~d il avait la tête tournée. ♦ **infatuation** n entichement m; engouement m (with pour).
infect [ɪn'fekt] vt (Med) infecter; (fig) person corrompre. to ~ sb with a disease/one's enthusiasm communiquer une maladie/son enthousiasme à qn; ~ed with leprosy atteint de la lèpre. ♦ **infected** adj infecté. ♦ **infection** n infection f; to have a slight ~ion être légèrement souffrant. ♦ **infectious** adj disease infectieux; person contagieux; laughter contagieux.
infer [ɪn'fɜːʳ] vt déduire, inférer (from de; that que). ♦ **inference** ['ɪnfərəns] n déduction f, inférence f; by ~ence par déduction.
inferior [ɪn'fɪərɪəʳ] **1** adj inférieur (to à); work, goods de qualité inférieure. he makes me feel ~ il me donne un sentiment d'infériorité. **2** n inférieur(e) m(f); (in rank) subordonné(e) m(f). ♦ **inferiority** n infériorité f (to par rapport à); ~ity complex complexe m d'infériorité.
infernal [ɪn'fɜːnl] adj infernal. ♦ **infernally** adv abominablement.
inferno [ɪn'fɜːnəu] n enfer m (fig).
infertile [ɪn'fɜːtaɪl] adj infertile; person stérile. ♦ **infertility** n infertilité f; stérilité f.
infest [ɪn'fest] vt infester (with de). ♦ **infestation** n infestation f.
infidelity [,ɪnfɪ'delɪtɪ] n infidélité f; (Jur: in divorce) adultère m.
infiltrate ['ɪnfɪltreɪt] **1** vi s'infiltrer (into dans). **2** vt enemy lines s'infiltrer dans; group noyauter; (put in) troops faire s'infiltrer (into dans). ♦ **infiltration** n infiltration f; noyautage m.
infinite ['ɪnfɪnɪt] adj, n infini (m). ♦ **infinitely** adv infiniment. ♦ **infiniteness** n infinitude f. ♦ **infinitesimal** adj infinitésimal. ♦ **infinitive** n infinitif m; in the infinitive à l'infinitif. ♦ **infinitude** n infinité f. ♦ **infinity** n (as opp to time and space) infini m; (infinite quantity etc) infinité f (of de); (infiniteness) infinitude f; (Math) infini m; to infinity à l'infini.
infirm [ɪn'fɜːm] adj infirme. ♦ **infirmary** n hôpital m. ♦ **infirmity** n infirmité f.
inflame [ɪn'fleɪm] vt (Med) enflammer; (fig) attiser. ♦ **inflammable** adj inflammable. ♦ **inflammation** n inflammation f. ♦ **inflammatory** adj speech etc incendiaire.
inflate [ɪn'fleɪt] vt tyre gonfler (with de); prices faire monter; bill, account grossir. ♦ **inflatable** adj pneumatique. ♦ **inflated** adj tyre etc gonflé; lung dilaté; value, prices exagéré; an ~d sense of une idée exagérée de. ♦ **inflation** n (Econ) inflation f. ♦ **inflationary** adj inflationniste.
inflect [ɪn'flekt] **1** vt (Ling) modifier la désinence de; voice moduler. **2** vi (Ling) prendre une désinence. ♦ **inflection** or ♦ **inflexion** n (Ling: affix) désinence f; [voice] inflexion f.
inflexible [ɪn'fleksəbl] adj object rigide; person, attitude inflexible, rigide. ♦ **inflexibility** n rigidité f; inflexibilité f.

inflict [ɪn'flɪkt] vt infliger (on à). to ~ o.s. on sb imposer sa compagnie à qn.

influence ['ɪnfluəns] 1 n influence f (on sur). under the ~ of person sous l'influence de; drugs sous l'effet m de; (Jur) driving under the ~ of drink conduite f en état d'ivresse; he was a bit under the ~* il avait bu un coup de trop*; to use one's ~ with sb to get sth user de son influence auprès de qn pour obtenir qch; to be a good ~ on sb exercer une bonne influence sur qn. 2 vt (gen) influencer; attitude, decision influencer, influer sur. to be ~d by (gen) se laisser influencer par; [artist, writer] être influencé par; easily ~d très influençable.
♦ **influential** adj influent; to be influential avoir de l'influence; influential friends amis mpl haut placés.

influenza [ˌɪnflu'enzə] n grippe f.

influx ['ɪnflʌks] n [people] afflux m, flot m; [new ideas, attitudes] flot, flux m.

inform [ɪn'fɔːm] 1 vt informer, avertir (of de), renseigner (about sur); police avertir. to ~ sb of sth informer or avertir qn de qch, faire part de qch à qn; keep me ~ed tenez-moi au courant (of de).
2 vi: to ~ against sb dénoncer qn.
♦ **informant** n informateur m, -trice f; (Ling: native ~ant) informant(e) m(f). ♦ **information** 1 n renseignements mpl, information(s) f(pl); a piece of ~ation un renseignement, une information; to get ~ation about se renseigner sur; more ~ation des renseignements plus complets, des informations plus complètes; until more ~ation is available jusqu'à plus ample informé; his ~ation on the subject is astonishing ses connaissances fpl en la matière sont stupéfiantes; for your ~ation, he je dois vous prévenir qu'il; for your ~ation à titre d'information; 2 adj bureau de renseignements; content informationnel; theory de l'information; ~ation processing informatique f; ~ation retrieval retrouve f de l'information. ♦ **informative** adj book, meeting instructif; he's not very ~ative about it il n'en dit pas grand-chose. ♦ **informed** adj person informé, renseigné (about sur); opinion bien informé; guess bien fondé. ♦ **informer** n dénonciateur m, -trice f; police ~er indicateur m, -trice f (de police); to turn ~er dénoncer ses complices.

informal [ɪn'fɔːməl] adj tone, manner, style simple, familier; language de la conversation; person simple, qui ne fait pas de façons; announcement, acceptance, arrangement officieux; instructions, invitation, meeting dénué de caractère officiel; welcome, visit, discussion dénué de formalité; dance, dinner entre amis. 'dress ~' 'tenue de ville'; we had an ~ talk about it nous en avons discuté entre nous; it will be quite ~ ce sera sans cérémonie or en toute simplicité. ♦ **informality** n [person, manner] simplicité f; [visit, welcome etc] simplicité, absence f de formalité; [arrangement, agreement etc] caractère m officieux; [meeting] absence f de cérémonie. ♦ **informally** adv invite sans cérémonie; arrange, agree, meet officieusement; behave, speak, dress de façon toute simple.

infra dig* ['ɪnfrə'dɪg] adj au-dessous de sa (or ma etc) dignité.

infrared [ˌɪnfrə'red] adj infrarouge.

infrastructure ['ɪnfrəˌstrʌktʃər] n infrastructure f.

infrequent [ɪn'friːkwənt] adj peu fréquent, rare. ♦ **infrequency** n rareté f. ♦ **infrequently** adv rarement.

infringe [ɪn'frɪndʒ] 1 vt contrevenir à. 2 vi: to ~ on empiéter sur. ♦ **infringement** n infraction f (of à).

infuriate [ɪn'fjuərɪeɪt] vt rendre furieux, exaspérer. ♦ **infuriating** adj exaspérant.

♦ **infuriatingly** adv de façon exaspérante; infuriatingly slow d'une lenteur exaspérante.

infuse [ɪn'fjuːz] vt infuser (into dans); tea, herbs faire infuser; (fig) insuffler (into à). ♦ **infusion** n infusion f.

ingenious [ɪn'dʒiːnɪəs] adj ingénieux. ♦ **ingeniously** adv ingénieusement. ♦ **ingenuity** n ingéniosité f.

ingenuous [ɪn'dʒenjuəs] adj ingénu. ♦ **ingenuousness** n ingénuité f.

inglorious [ɪn'glɔːrɪəs] adj defeat etc déshonorant.

ingot ['ɪŋgət] n lingot m.

ingrained [ɪn'greɪnd] adj habit invétéré; prejudice enraciné; hatred tenace. ~ dirt crasse f; ~ with dirt encrassé.

ingratiate [ɪn'greɪʃɪeɪt] vt: to ~ o.s. with sb s'insinuer dans les bonnes grâces de qn. ♦ **ingratiating** adj insinuant, doucereux.

ingratitude [ɪn'grætɪtjuːd] n ingratitude f.

ingredient [ɪn'griːdɪənt] n (Culin etc) ingrédient m; [character, success etc] élément m.

ingrowing [ˌɪn'grəʊɪŋ], (US) **ingrown** [ˌɪn'grəʊn] adj incarné.

inhabit [ɪn'hæbɪt] vt town, country habiter; house habiter (dans). ♦ **inhabitable** adj habitable. ♦ **inhabitant** n habitant(e) m(f). ♦ **inhabited** adj habité.

inhale [ɪn'heɪl] 1 vt vapour, gas etc inhaler; [smoker] avaler; perfume aspirer. 2 vi [smoker] avaler la fumée. ♦ **inhalant** n inhalant m. ♦ **inhalation** n inhalation f. ♦ **inhaler** or **inhalator** n inhalateur m.

inherent [ɪn'hɪərənt] adj inhérent (in, to à). ♦ **inherently** adv difficult etc en soi; curious, lazy fondamentalement.

inherit [ɪn'herɪt] vt hériter (de); title succéder à; qualities, characteristics tenir (from sb de qn). to ~ a house hériter (d')une maison; to ~ a house from sb hériter une maison de qn. ♦ **inheritance** n (gen) héritage m; our national ~ance notre patrimoine m national.

inhibit [ɪn'hɪbɪt] vt. [person] impulse, desire dominer, maîtriser; (Psych) inhiber; [situation, sb's presence] entraver, gêner. to ~ sb from doing empêcher qn de faire. ♦ **inhibited** adj refoulé*; (Psych) qui a beaucoup d'inhibitions. ♦ **inhibiting** adj gênant; (Psych) inhibiteur. ♦ **inhibition** n inhibition f.

inhospitable [ˌɪnhɒs'pɪtəbl] adj inhospitalier.

inhuman [ɪn'hjuːmən] adj inhumain. ♦ **inhumanity** n inhumanité f.

inimical [ɪ'nɪmɪkəl] adj (hostile) hostile (to à).

inimitable [ɪ'nɪmɪtəbl] adj inimitable. ♦ **inimitably** adv d'une façon inimitable.

iniquitous [ɪ'nɪkwɪtəs] adj inique. ♦ **iniquitously** adv iniquement. ♦ **iniquity** n iniquité f.

initial [ɪ'nɪʃəl] 1 adj initial, premier. in the ~ stages au début, au commencement. 2 n initiale f. ~s initiales fpl; (as signature) parafe m. 3 vt parafer. ♦ **initially** adv initialement.

initiate [ɪ'nɪʃɪeɪt] 1 vt (a) reform promouvoir; negotiations amorcer; enterprise se lancer dans; scheme, programme instaurer; fashion lancer. (Jur) to ~ proceedings against sb intenter une action à qn. (b) (Rel etc) person initier (into a secret à un secret). to ~ sb into a society admettre qn au sein d'une société secrète. 2 [ɪ'nɪʃɪɪt] adj, n initié(e) m(f). ♦ **initiation** 1 n initiation f; admission f. 2 adj rite d'initiation. ♦ **initiative** n initiative f; to take the initiative prendre l'initiative (in doing sth de faire qch); on one's own initiative de sa propre initiative; he's got initiative il a de l'initiative. ♦ **initiator** n [plan etc] auteur m.

inject [ɪn'dʒekt] vt injecter (sth into sth qch dans qch); (fig) insuffler (into à). to ~ sb with sth faire une piqûre or une injection de qch à qn.

♦ **injection** n injection f; (Med) injection, piqûre f.

injudicious [ˌɪndʒʊ'dɪʃəs] adj peu judicieux. ♦ **injudiciously** adv peu judicieusement.

injunction [ɪn'dʒʌŋkʃ ən] n (gen) ordre m; (court order) ordonnance f (to do de faire). to give sb strict ~s to do enjoindre formellement à qn de faire.

injure ['ɪndʒər] vt (a) (Med) blesser. to ~ one's leg se blesser à la jambe. (b) (wrong, damage) person, interests, reputation nuire·à; (offend) blesser, offenser. to ~ sb's feelings offenser qn.

♦ **injured** 1 adj (Med) blessé; (in accident) accidenté; (offended) offensé; (Jur) the ~d party la partie lésée; 2 npl: the ~d les blessés mpl.
♦ **injurious** adj nuisible (to à). ♦ **injury** n (Med) blessure f; (wrong) (to person) tort m; (to reputation) atteinte f; (Ftbl) **injury time** arrêts mpl de jeu.

injustice [ɪn'dʒʌstɪs] n injustice f. to do sb an ~ être injuste envers qn.

ink [ɪŋk] 1 n encre f. in ~ à l'encre. 2 adj bottle d'encre; eraser à encre. 3 vt encrer. to ~ sth in repasser qch à l'encre. ♦ **inkpad** n tampon m encreur. ♦ **inkpot** or ♦ **inkwell** n encrier m.
♦ **inky** adj book, hand taché d'encre; pad encré; darkness etc noir comme de l'encre.

inkling ['ɪŋklɪŋ] n petite idée f, soupçon m. I had no ~ that ... je n'avais pas la moindre idée que ...; there was no ~ of the disaster rien ne laissait présager le désastre.

inlaid ['ɪn'leɪd] adj (gen) incrusté (with de); box, table marqueté. ~ floor parquet m.

inland ['ɪnlænd] 1 adj (a) sea, town intérieur; navigation fluvial. (b) (domestic) mail, trade intérieur. the ~ waterways canaux mpl et rivières fpl. (b) (domestic) mail, trade intérieur. the ~ revenue le fisc. 2 [ɪn'lænd] adv à l'intérieur. to go ~ pénétrer dans les terres.

inlet ['ɪnlet] 1 n (a) [sea] bras m de mer; [river] bras de rivière. (b) (Tech) arrivée f; [ventilator] prise f (d'air). 2 adj pipe d'arrivée.

inmate ['ɪnmeɪt] n [prison] détenu(e) m(f); [asylum] interné(e) m(f); [hospital] malade mf.

inmost ['ɪnməʊst] adj part le plus profond; thoughts, feelings le plus secret. one's ~ being le fin fond de son être; in one's ~ heart dans le fond de son cœur.

inn [ɪn] n (small, wayside) auberge f; (larger, wayside) hostellerie f; (in town) hôtel m; (†: tavern) cabaret† m. ♦ **innkeeper** n aubergiste mf; hôtelier m, -ière f.

innards* ['ɪnədz] npl entrailles fpl.

innate [ɪ'neɪt] adj inné, naturel.

inner ['ɪnər] adj room, court intérieur, de dedans; ear interne; shoe sole intérieur; emotions, thoughts intime, secret, profond; life intérieur. an ~ circle within the society un petit cercle fermé à l'intérieur de la société; ~ city centre m d'une zone urbaine; ~ city schools établissements mpl scolaires situés dans le centre de la zone urbaine; ~ harbour arrière-port m; [tyre] ~ tube chambre f à air. ♦ **innermost** = inmost.

innings ['ɪnɪŋz] n (Cricket) tour m de batte. (fig) I've had a good ~ j'ai bien profité de l'existence (or de la situation etc).

innocent ['ɪnəsnt] 1 adj innocent (of de). as ~ as a newborn babe innocent comme l'enfant qui vient de naître; to put on an ~ air faire l'innocent; ~ of any desire to ... dénué de tout désir de ... . 2 n innocent(e) mf. ♦ **innocence** n innocence f.
♦ **innocently** adv innocemment.

innocuous [ɪ'nɒkjʊəs] adj inoffensif.

innovate ['ɪnəʊveɪt] vti innover. ♦ **innovation** n innovation f (in en matière de); to make innovations in apporter des innovations à. ♦ **innovator** n innovateur m, -trice f.

innuendo [ˌɪnjʊ'endəʊ] n insinuation f malveillante.

innumerable [ɪ'njuːmərəbl] adj innombrable, sans nombre. I've told you ~ times je te l'ai dit cent fois.

inoculate [ɪ'nɒkjʊleɪt] vt inoculer (against contre; sb with sth qch à qn). ♦ **inoculation** n inoculation f.

inoffensive [ˌɪnə'fensɪv] adj inoffensif.

inoperable [ɪn'ɒpərəbl] adj inopérable.

inoperative [ɪn'ɒpərətɪv] adj inopérant.

inopportune [ɪn'ɒpətjuːn] adj (gen) inopportun; remark déplacé. ♦ **inopportunely** adv inopportunément.

inordinate [ɪ'nɔːdɪnɪt] adj sum of money, price exorbitant; size démesuré; quantity, demands excessif; passion immodéré. an ~ amount of énormément de. ♦ **inordinately** adv démesurément; excessivement; immodérément.

inorganic [ˌɪnɔː'gænɪk] adj inorganique.

input ['ɪnpʊt] n (Elec) énergie f, puissance f; [computer] données fpl.

inquest ['ɪnkwest] n enquête f (criminelle).

inquire [ɪn'kwaɪər] 1 vi s'informer (about, after de), se renseigner (about sur). to ~ for sb demander qn; to ~ into subject faire des recherches sur; possibilities se renseigner sur; (Admin, Jur) faire une enquête sur; truth of sth vérifier; '~ at the information desk' 's'adresser aux renseignements'. 2 vt demander (sth from sb qch à qn). he ~d how to get to the theatre il a demandé le chemin du théâtre; he ~d what she wanted il a demandé ce qu'elle voulait. ♦ **inquiring** adj attitude, mind curieux; look interrogateur.
♦ **inquiringly** adv avec curiosité; d'un air interrogateur.

inquiry [ɪn'kwaɪərɪ] 1 n (a) (from individual) demande f de renseignements. to make inquiries about sb/sth se renseigner sur qn/qch (of sb auprès de qn); on ~ he found that ... renseignements pris, il a découvert que ...; 'all inquiries to ...' 'pour tous renseignements s'adresser à ...'; (sign) 'Inquiries' 'Renseignements'. (b) (Admin, Jur) enquête f. committee of ~ commission f d'enquête; to hold an ~ into parler or faire une enquête sur; a fruitful line of ~ une bonne direction dans laquelle pousser les recherches; the police are making inquiries la police enquête. 2 adj: ~ desk, ~ office bureau m de renseignements.

inquisition [ˌɪnkwɪ'zɪʃən] n investigation f. (Rel) the I~ l'Inquisition f. ♦ **inquisitive** adj (trop) curieux. ♦ **inquisitively** adv (trop) curieusement. ♦ **inquisitiveness** n curiosité f (indiscrète).

inroad ['ɪnrəʊd] n (Mil) incursion f (into en, dans). (fig) to make ~s into entamer.

insane [ɪn'seɪn] 1 adj (Med) aliéné; (gen) person fou; desire insensé; project démentiel. to become ~ perdre la raison; to drive sb ~ rendre qn fou. 2 npl (Med) the ~ les aliénés mpl. ♦ **insanely** adv laugh comme un fou (or une folle); behave de façon insensée; jealous follement. ♦ **insanity** n (Med) aliénation f mentale; (gen) folie f, démence f.

insanitary [ɪn'sænɪtərɪ] adj insalubre.

insatiable [ɪn'seɪʃəbl] adj insatiable.

inscribe [ɪn'skraɪb] vt (write) inscrire (in dans); (engrave) graver (on sur); (dedicate) dédicacer (to à). watch ~d with his name montre gravée à son nom. ♦ **inscription** n inscription f; dédicace f.

inscrutable [ɪn'skruːtəbl] adj impénétrable (fig).

insect ['ɪnsekt] 1 n insecte m. 2 adj bite d'insecte; powder, spray insecticide. ~ eater insectivore m; ~ repellent crème f (or bombe f etc) anti-insecte inv. ♦ **insecticide** n insecticide m.

insecure [ˌɪnsɪ'kjʊər] adj nail, rope, padlock peu solide, qui tient mal; structure, ladder branlant; lock peu sûr; door qui ferme mal; career, future incertain; (worried) person anxieux; (Psych etc) insécurisé. ♦ **insecurity** n insécurité f.

insemination [ɪnˌsemɪ'neɪʃən] n insémination f.
insensible [ɪn'sensəbl] adj (gen) insensible (of à); (unconscious) sans connaissance. ♦ **insensibility** n insensibilité f. ♦ **insensibly** adv insensiblement.
insensitive [ɪn'sensɪtɪv] adj insensible (to à). ♦ **insensitivity** n insensibilité f.
inseparable [ɪn'sepərəbl] adj inséparable (from de). ♦ **inseparably** adv inséparablement.
insert [ɪn'sɜːt] 1 vt insérer. 2 ['ɪnsɜːt] n (gen) insertion f; (page) encart m. ♦ **insertion** n insertion f.
inshore ['ɪn'ʃɔːr] 1 adj (gen) côtier; wind de mer. 2 adv fish près de la côte; move vers la côte.
inside ['ɪn'saɪd] 1 adv (a) dedans, au dedans, à l'intérieur. ~ **and outside** au dedans et au dehors; **come ~!** entrez (donc)!; **it is warmer ~** il fait plus chaud à l'intérieur or dedans. **(b)** (: in jail) en taule₁.
   2 prep **(a)** (of place) à l'intérieur de, dans. ~ **the house** à l'intérieur (de la maison). **(b)** (of time) en moins de. ~ **10 minutes** en moins de 10 minutes; **he was well ~ the record time** il avait largement battu le record.
   3 n **(a)** intérieur m. **on the ~** au dedans, à l'intérieur; **on the ~ of the pavement** sur le trottoir du côté maisons; (fig) **I see the firm from the ~** je vois la compagnie de l'intérieur. **(b) your coat is ~ out** ton manteau est à l'envers; **the wind blew the umbrella ~ out** le vent a retourné le parapluie; **I turned the bag ~ out** j'ai retourné le sac entièrement; **to know ~ out** subject connaître à fond; district connaître comme sa poche. **(c)** (*: stomach) ventre m, intestins mpl.
   4 adj **(a)** intérieur. ~ **leg measurement** hauteur f de l'entrejambes; **to get ~ information** obtenir des renseignements mpl à la source; **'the ~ story of the plot'** le complot raconté par les participants'; (of theft etc) **an ~ job*** un coup monté de l'intérieur. **(b)** (Aut) wheel, headlight etc (Brit) gauche; (US, Europe etc) droit. **the ~ lane** (Brit) la voie de gauche; (US, Europe etc) la voie de droite; (Sport) **to be on the ~ track** tenir la corde.
   ♦ **inside-forward** n intérieur m. ♦ **inside-left/-right** n intérieur m gauche/droit.
insidious [ɪn'sɪdɪəs] adj insidieux. ♦ **insidiously** adv insidieusement.
insight ['ɪnsaɪt] n (discernment) pénétration f, perspicacité f. **I gained an ~ into** ... cela m'a permis de comprendre ... .
insignia [ɪn'sɪgnɪə] npl insignes mpl.
insignificant [ˌɪnsɪg'nɪfɪkənt] adj insignifiant. ♦ **insignificance** n insignifiance f.
insincere [ˌɪnsɪn'sɪər] adj peu sincère. ♦ **insincerity** n manque m de sincérité.
insinuate [ɪn'sɪnjʊeɪt] vt insinuer (into dans; sth to sb qch à qn; that que). ♦ **insinuation** n insinuation f.
insipid [ɪn'sɪpɪd] adj insipide, fade.
insist [ɪn'sɪst] 1 vi insister (on doing pour faire). **he ~ed on my waiting for him** il a tenu à ce que or insisté pour que je l'attende; **to ~ on silence** exiger le silence; **if you ~** si vous insistez, si vous y tenez; **he ~s on the justice of his claim** il affirme or soutient que sa revendication est juste. 2 vt (a) insister. **I ~ that you let me help** j'insiste pour que tu me permettes d'aider. **(b)** affirmer, soutenir. **he ~s that he has seen her before** il affirme or soutient qu'il l'a déjà vue. ♦ **insistence** n insistance f; **at his ~ence** parce qu'il a insisté. ♦ **insistent** adj insistant, pressant. ♦ **insistently** adv avec insistance.
insolent ['ɪnsələnt] adj insolent (to envers). ♦ **insolence** n insolence f. ♦ **insolently** adv insolemment.
insoluble [ɪn'sɒljʊbl] adj insoluble.
insolvent [ɪn'sɒlvənt] adj insolvable; (bankrupt)

en faillite. ♦ **insolvency** n insolvabilité f.
insomnia [ɪn'sɒmnɪə] n insomnie f. ♦ **insomniac** adj, n insomniaque (mf).
inspect [ɪn'spekt] vt (gen) inspecter; document, object examiner; (Customs) luggage visiter; ticket contrôler; troops etc (check) inspecter, (review) passer en revue. ♦ **inspection** 1 n inspection f; examen m; visite f; contrôle m; revue f; 2 adj (Aut) ~ion pit fosse f à réparations. ♦ **inspector** n [schools, police etc] inspecteur m, -trice f; (on bus, train) contrôleur m, -euse f.
inspire [ɪn'spaɪər] vt inspirer (sth in sb, sb with sth qch à qn). **he was ~d by her beauty to write** ... inspiré par sa beauté il a écrit ...; **what ~d you to offer to help?** qu'est-ce qui vous a donné l'idée de proposer votre aide?; **an ~d idea** une inspiration. ♦ **inspiration** n inspiration f; **to be an inspiration to sb** être une source d'inspiration pour qn. ♦ **inspired** adj book, poet inspiré; moment d'inspiration. ♦ **inspiring** adj book, poem qui suscite l'inspiration; **it isn't inspiring** ça n'a rien d'inspirant.
instability [ˌɪnstə'bɪlɪtɪ] n instabilité f.
install [ɪn'stɔːl] vt installer. ♦ **installation** n installation f. ♦ **instalment** or (US) ♦ **installment** 1 n [payment] versement m partiel, acompte m; [story, serial] épisode m; [book] fascicule m, livraison f; **to pay an ~ment** verser un acompte, faire un versement partiel; **by ~ments** en plusieurs versements, par acomptes; 2 adj: ~ment plan système m de crédit; **to buy on the ~ment plan** acheter à tempérament.
instance ['ɪnstəns] 1 n exemple m, cas m. **for ~** par exemple; **in the present ~** dans le cas présent; **in many ~s** dans bien des cas; **in the first ~** en premier lieu; **as an ~ of** comme exemple de. 2 vt (cite) donner en exemple; (exemplify) illustrer.
instant ['ɪnstənt] 1 adj obedience, relief immédiat, instantané; coffee soluble; potatoes déshydraté; food à préparation rapide; soup en poudre. **your letter of the 10th inst(ant)** votre lettre du 10 courant. 2 n instant m, moment m. **come here this ~** viens ici tout de suite or immédiatement; **in an ~** (+past tense) en un instant; (+future tense) dans un instant; **the ~ he heard the news** dès qu'il a appris la nouvelle. ♦ **instantaneous** adj instantané. ♦ **instantaneously** adv instantanément. ♦ **instantly** adv immédiatement, tout de suite.
instead [ɪn'sted] adv au lieu de cela. **do that ~** faites plutôt cela; **if he isn't going, I shall go ~** s'il n'y va pas, j'irai à sa place; **I went to the pictures ~** au lieu de cela je suis allé au cinéma; ~ **of (doing)** au lieu de (faire) qch; ~ **of sb** à la place de qn; ~ **of him** à sa place; **this is ~ of a present** ceci tient lieu de cadeau.
instep ['ɪnstep] n (Anat) cou-de-pied m; [shoe] cambrure f.
instigate ['ɪnstɪgeɪt] vt inciter (sb to do qn à faire); rebellion etc fomenter. ♦ **instigation** n: **at his instigation** à son instigation.
instil [ɪn'stɪl] vt courage etc insuffler (into sb à qn); knowledge, principles inculquer (into sb à qn); idea, fact faire comprendre (into sb à qn). **to ~ into sb that** faire pénétrer dans l'esprit de qn que.
instinct ['ɪnstɪŋkt] n instinct m. **by ~** d'instinct; **business ~** l'instinct des affaires. ♦ **instinctive** adj instinctif. ♦ **instinctively** adv instinctivement.
institute ['ɪnstɪtjuːt] 1 vt system, rules instituer, établir; post, organization fonder, créer; (Jur etc) inquiry ouvrir; proceedings entamer (against sb contre qn). 2 n institut m.
institution [ˌɪnstɪ'tjuːʃən] n (a) (organization, school etc) établissement m; (mental hospital) hôpital m psychiatrique. **he has been in ~s all his adult life** il a passé toute sa vie d'adulte dans des

collectivités. **(b)** (*custom etc*) institution *f*. **it is too much of an ~ to abolish** c'est une telle institution qu'il serait impossible de le supprimer. ♦ **institutional** *adj reform etc* institutionnel; (*fig pej*) *food* d'internat; *furniture* d'hospice; **~al life** la vie réglementée d'un établissement (*social, médical ou pédagogique*). ♦ **institutionalized** *adj* marqué par la vie en collectivité.

instruct [ɪn'strʌkt] *vt* **(a)** (*teach*) instruire. **to ~ sb in sth** instruire qn en qch, enseigner qch à qn; **to ~ sb in how to do sth** enseigner à qn comment faire qch. **(b)** (*order: also Jur*) donner des instructions à. **to ~ sb to do** ordonner à qn de faire. ♦ **instruction** 1 *n* instruction *f*; **~ions** (*Mil*) consigne *f*; (*Pharm, Tech*) indications *fpl*; '**~ions for use**' 'mode *m* d'emploi'; (*Comm, Tech*) **the ~ions are on the back of the box** le mode d'emploi est indiqué au dos de la boîte; **he gave me ~ions not to leave until** ... il m'a donné des instructions selon lesquelles je ne devais pas partir avant ...; **to give ~ions** donner des instructions (*for sb to do* pour que qn fasse); **driving ~ion** leçons *fpl* de conduite; 2 *adj*: **~ion book** manuel *m* d'entretien. ♦ **instructive** *adj* instructif. ♦ **instructor** *n* (*gen*) professeur *m*; (*Mil*) instructeur *m*; (*Ski*) moniteur *m*; **driving ~or** moniteur *m* d'auto-école. ♦ **instructress** *n* (*gen*) professeur *m* (*femme*); (*Ski*) monitrice *f*.

instrument ['ɪnstrʊmənt] 1 *n* instrument *m*. 2 *adj flying* aux instruments (de bord). **~ board or panel** tableau *m* de bord. ♦ **instrumental** *adj* **(a) to be ~al in (doing) sth** contribuer à (faire) qch; **(b)** (*Mus*) instrumental. ♦ **instrumentalist** *n* instrumentiste *mf*.

insubordinate [ˌɪnsə'bɔːdənɪt] *adj* insubordonné. ♦ **insubordination** *n* insubordination *f*.

insufferable [ɪn'sʌfərəbl] *adj* insupportable. ♦ **insufferably** *adv* insupportablement.

insufficient [ˌɪnsə'fɪʃənt] *adj* insuffisant. ♦ **insufficiently** *adv* insuffisamment.

insular ['ɪnsjʊləʳ] *adj climate* insulaire; (*fig pej*) *outlook* borné; *person* aux vues étroites.

insulate ['ɪnsjʊleɪt] *vt* (*gen, also Elec*) isoler; (*against sound*) insonoriser; *water tank* calorifuger; *person* (*separate*) séparer (*from* de); (*protect*) protéger (*against* de). ♦ **insulated** *adj* isolant. ♦ **insulating** *adj*: **insulating material** isolant *m*; **insulating tape** chatterton *m*. ♦ **insulation** *n* isolation *f*; insonorisation *f*; calorifugeage *m*; (*material*) isolant *m*. ♦ **insulator** *n* (*device*) isolateur *m*; (*material*) isolant *m*.

insulin ['ɪnsjʊlɪn] 1 *n* insuline *f*. 2 *adj treatment* à l'insuline; *injection* d'insuline; *shock* insulinique.

insult [ɪn'sʌlt] 1 *vt* insulter. 2 ['ɪnsʌlt] *n* insulte *f*. **to hurl ~s at sb** injurier qn. ♦ **insulting** *adj* insultant, injurieux; **~ing language** paroles *fpl* injurieuses or insultantes. ♦ **insultingly** *adv* d'une voix or d'une manière insultante.

insuperable [ɪn'suːpərəbl] *adj* insurmontable.

insure [ɪn'ʃʊəʳ] *vt* **(a)** *car, house* assurer (*against* contre). **to ~ o.s.** or **one's life** prendre une assurance-vie; **the ~d** l'assuré(e) *m(f)*; (*fig*) **we ~d (ourselves) against possible disappointment** nous avons paré aux déceptions possibles; **in order to ~ against any delay** ... pour nous (*or else etc*) garantir contre les délais ... **(b)** (*make sure*) s'assurer (*that* que + *subj*); (*make sure of*) *success* assurer. **this will ~ that you** ... grâce à ceci vous êtes assuré de .... ♦ **insurance** 1 *n* assurance *f*; **to take out (an) insurance against** s'assurer contre; **it's an insurance against inflation** cela protège de l'inflation; 2 *adj agent, company* d'assurances; *certificate, policy, premium* d'assurance; **insurance scheme** régime *m* d'assurances; (*Admin*) **insurance stamp** timbre *m* de contribution à la Sécurité sociale.

insurgent [ɪn'sɜːdʒənt] *adj, n* insurgé(e) *m(f)*.

insurmountable [ˌɪnsə'maʊntəbl] *adj* insurmontable.

insurrection [ˌɪnsə'rekʃən] *n* insurrection *f*.

intact [ɪn'tækt] *adj* intact.

intake ['ɪnteɪk] 1 *n* **(a)** [*water*] adduction *f*; [*gas, air, steam*] admission *f*. **(b)** (*Scol, Univ*) admissions *fpl*; (*Mil*) contingent *m*. **(c)** [*protein, liquid etc*] consommation *f*. **food ~** [*animals*] ration *f* alimentaire; [*person*] consommation de nourriture. 2 *adj*: **~ class** cours *m* préparatoire.

intangible [ɪn'tændʒəbl] 1 *adj* intangible. 2 *n* impondérable *m*.

integral ['ɪntɪgrəl] *adj* **(a)** *part* intégrant, constituant. **to be an ~ part of** faire partie intégrante de. **(b)** (*whole*) *payment* intégral. **(c) ~ calculus** calcul *m* intégral.

integrate ['ɪntɪgreɪt] 1 *vt* (*gen*) intégrer, incorporer (*in, into* dans). 2 *vi* **(a)** (*US: racially*) [*school, neighbourhood etc*] pratiquer la déségrégation raciale. **(b)** [*person, religious or ethnic group etc*] s'intégrer (*into* dans). ♦ **integrated** *adj personality* bien intégré; (*US*) *school* où se pratique la déségrégation raciale. ♦ **integration** *n* (*gen*) intégration *f*; **racial integration** déségrégation *f* raciale.

integrity [ɪn'tegrɪtɪ] *n* intégrité *f*. **man of ~** homme *m* intègre.

intellect ['ɪntɪlekt] *n* intellect *m*, intelligence *f*; (*person*) intelligence *f*, esprit *m*. ♦ **intellectual** *adj, n* intellectuel(le) *m(f)*. ♦ **intellectually** *adv* intellectuellement.

intelligence [ɪn'telɪdʒəns] 1 *n* (*cleverness*) intelligence *f*; (*information*) informations *fpl*. **Military I~** service *m* de renseignements de l'armée de Terre; **he's in I~** il est dans les services de renseignements. 2 *adj agent, officer, service* de renseignements. **~ quotient** quotient *m* intellectuel; **~ test** test *m* d'aptitude intellectuelle. ♦ **intelligent** *adj* intelligent. ♦ **intelligently** *adv* intelligemment. ♦ **intelligentsia** *n* intelligentsia *f*.

intelligible [ɪn'telɪdʒəbl] *adj* intelligible. ♦ **intelligibility** *n* intelligibilité *f*. ♦ **intelligibly** *adv* intelligiblement.

intemperate [ɪn'tempərɪt] *adj climate* sévère; *haste* excessif; *person* immodéré.

intend [ɪn'tend] *vt* avoir l'intention, se proposer (*to do, doing* de faire), penser (*to do* faire); *gift, remark etc* destiner (*for* à). **I ~ him to go with me** j'ai l'intention qu'il m'accompagne (*subj*); **I fully ~ to punish him** j'ai la ferme intention de le punir; **this scheme is ~ed to help** ... ce projet est destiné à aider ...; **I ~ it as a present for Robert** c'est un cadeau que je destine à Robert; **I ~ed it as a compliment** dans mon esprit cela voulait être un compliment; **he ~ed no harm** il l'a fait sans mauvaise intention; **did you ~ that?** est-ce que vous avez fait cela exprès? ♦ **intended** *adj* (*deliberate*) *insult etc* intentionnel; (*planned*) *journey* projeté; *effect* voulu.

intense [ɪn'tens] *adj* (*gen*) intense; *enthusiasm, interest* énorme, vif; *person, tone* véhément; *expression* (*interested*) concentré, (*fervent*) exalté. ♦ **intensely** *adv live, look* intensément; *moved* profondément; *cold* extrêmement. ♦ **intensify** 1 *vt* intensifier; 2 *vi* s'intensifier. ♦ **intensity** *n* intensité *f*; véhémence *f*. ♦ **intensive** *adj* (*gen*) intensif; (*Med*) **intensive care unit** service *m* de réanimation; **in intensive care** en réanimation. ♦ **intensively** *adv* intensivement.

intent [ɪn'tent] 1 *n* intention *f*, dessein *m*. **to all ~s and purposes** en fait, pratiquement; **with good ~** dans une bonne intention; **with criminal ~** dans un but délictueux. 2 *adj* absorbé. **~ stare** regard *m* fixe; **~ on his work** absorbé par son travail; **~ on leaving** bien décidé à partir; **he was so ~ on doing it that he forgot** ... dans sa préoccupation de le faire, il a oublié ... . ♦ **intently** adv avec une vive attention.

intention [ɪn'tenʃən] n intention f. **to have the ~ of doing** avoir l'intention de faire; **to have no ~ of doing** n'avoir aucune intention de faire; **with the ~ of doing** dans l'intention de faire. ♦ **intentional** adj intentionnel, voulu; **it wasn't ~al** ce n'était pas fait exprès. ♦ **intentionally** adv (gen) intentionnellement; do, say exprès.

inter [ɪn'tɜːʳ] vt enterrer. ♦ **interment** n enterrement m.

inter... ['ɪntəʳ] pref inter... . ♦ **inter-city** adj: **~-city link** or **train** ligne f interurbaine. ♦ **inter-schools** adj interscolaire. ♦ **inter-war** adj: **the ~-war period** l'entre-deux-guerres m.

interact [ˌɪntərˈækt] vi avoir une action réciproque. ♦ **interaction** n interaction f.

intercede [ˌɪntəˈsiːd] vi intercéder (with auprès de; for pour, en faveur de).

intercept [ˌɪntəˈsept] vt (Mil etc) ship, message, messenger intercepter; (gen) person arrêter au passage. ♦ **interception** n interception f.

intercession [ˌɪntəˈseʃən] n intercession f.

interchange ['ɪntətʃeɪndʒ] 1 n [motorway] échangeur m. 2 [ˌɪntəˈtʃeɪndʒ] vt (exchange) letters, ideas échanger (with sb avec qn); (alternate) faire alterner (with avec); (change positions of) changer de place. ♦ **interchangeable** adj interchangeable.

intercom* ['ɪntəkɒm] n interphone m.

intercontinental ['ɪntəˌkɒntɪ'nentl] adj intercontinental.

intercourse ['ɪntəkɔːs] n (a) relations fpl, rapports mpl. (b) (sexual) ~ rapports mpl (sexuels); **to have ~** avoir des rapports (with qn).

interdenominational ['ɪntədɪˌnɒmɪ'neɪʃənl] adj interconfessionnel.

interdepartmental ['ɪntəˌdiːpɑːt'mentl] adj (within firm) entre services; (within ministry) entre départements.

interdependent [ˌɪntədɪ'pendənt] adj interdépendant.

interest ['ɪntrɪst] 1 n (a) intérêt m. **to take an ~ in** s'intéresser à; **to show an ~ in** manifester de l'intérêt pour; **to be of ~ to sb** intéresser qn; **of little ~** présentant peu d'intérêt; **I'm doing it for ~'s sake** je le fais parce que cela m'intéresse; **my main ~ is reading** ce qui m'intéresse le plus c'est la lecture. (b) (advantage) intérêt m, avantage m, profit m. **it is in your ~ to do so** il est dans votre intérêt d'agir ainsi; **you have an ~ in doing so** vous avez intérêt à agir ainsi; **to act in sb's ~(s)** agir dans l'intérêt de qn; **in the ~ of peace** dans l'intérêt de la paix. (c) (share, concern) intérêts mpl. **I have an ~ in a hairdressing business** j'ai des intérêts dans un salon de coiffure; British ~s in Africa les intérêts britanniques en Afrique; **shipping ~s** les intérêts maritimes. (d) (Fin) intérêt(s) m(pl). **simple/compound ~** intérêts simples/composés; **~ on an investment** intérêts d'un placement; **at an ~ of 10%** à un taux d'intérêt de 10%.

2 adj: **~ rate** taux m d'intérêt.

3 vt intéresser. **to be** or **become ~ed in** s'intéresser à; **I am ~ed in going** ça m'intéresse d'y aller; **can I ~ you in contributing to ...?** est-ce que cela vous intéresserait de contribuer à ...? ♦ **interested** adj person intéressé; look, attitude d'intérêt; **the ~ed parties** les intéressés mpl. ♦ **interesting** adj intéressant. ♦ **interestingly** adv speak de façon intéressante; **~ingly enough I ...** ce qui est très intéressant, c'est que je ... .

interfere [ˌɪntəˈfɪəʳ] vi s'ingérer (in dans), se mêler des affaires des autres. **stop interfering!** ne vous mêlez pas de mes (or leurs etc) affaires!; **he's always interfering** se mêle toujours de tout; [circumstances etc] **to ~ with sb's plans** contrecarrer les projets de qn; **he never allows his hobbies to ~ with his work** il ne laisse jamais ses distractions empiéter sur son travail. ♦ **interference** n ingérence f (in dans); (Rad) parasites mpl. ♦ **interfering** adj importun, qui se mêle toujours des affaires des autres.

interim ['ɪntərɪm] 1 n intérim m. 2 adj government, arrangements provisoire; post, holder of post, dividend intérimaire.

interior [ɪn'tɪərɪəʳ] 1 adj (gen) intérieur. **~ decoration/decorator** décoration f/décorateur m, -trice f d'intérieurs. 2 n intérieur m. **Ministry of the I~** ministère m de l'Intérieur.

interject [ˌɪntə'dʒekt] vt placer. **'yes' he ~ed 'oui'** réussit-il à placer. ♦ **interjection** n interjection f.

interloper ['ɪntələʊpəʳ] n intrus(e) m(f).

interlude ['ɪntəluːd] n intervalle m; (Theat) intermède m. **musical ~** interlude m.

intermarry ['ɪntə'mærɪ] vi: **they do not ~** ils ne se marient pas entre eux; **they do not ~ with their neighbours** ils ne se marient pas avec leurs voisins.

intermediary [ˌɪntə'miːdɪərɪ] adj, n intermédiaire (mf).

intermediate [ˌɪntə'miːdɪət] adj (gen) intermédiaire; (Scol etc) moyen.

interminable [ɪn'tɜːmɪnəbl] adj interminable.

intermission [ˌɪntə'mɪʃən] n (in work, session) interruption f; (in hostilities) trêve f; (Cine, Theat) entracte m; (Med) intermission f.

intermittent [ˌɪntə'mɪtənt] adj intermittent. ♦ **intermittently** adv par intermittence.

intern [ɪn'tɜːn] 1 vt (Pol etc) interner (pour raisons de sécurité). 2 ['ɪntɜːn] n (US Med) interne mf. ♦ **internee** n (Pol) interné(e) m(f). ♦ **internment** n internement m.

internal [ɪn'tɜːnl] adj (Med, Tech) interne; (Ind, Pol) dispute, reorganization intérieur, interne; evidence intrinsèque; belief, conviction intime. **~ combustion engine** moteur m à combustion interne or à explosion; **~ injuries** lésions fpl internes; (Pol) **~ quarrels** querelles intestines; (US) **~ revenue** fisc m. ♦ **internally** adv intérieurement.

international [ˌɪntə'næʃnəl] 1 adj international. 2 n (match, player) international m. ♦ **internationally** adv internationalement, dans le monde entier.

internist [ɪn'tɜːnɪst] n (US Med) ≃ spécialiste mf des maladies organiques.

interplay ['ɪntəpleɪ] n effet m réciproque.

interpolate [ɪn'tɜːpəleɪt] vt interpoler. ♦ **interpolation** n interpolation f.

interpose [ˌɪntə'pəʊz] vt intercaler.

interpret [ɪn'tɜːprɪt] vti interpréter. ♦ **interpretation** n interprétation f. ♦ **interpreter** n interprète mf.

interrelated [ˌɪntərɪ'leɪtəd] adj en corrélation.

interrogate [ɪn'terəgeɪt] vt (gen) interroger; (Police) soumettre à un interrogatoire. ♦ **interrogation** 1 n interrogation f; intérrogatoire m; 2 adj **interrogation mark** point m d'interrogation. ♦ **interrogative** 1 adj interrogateur; (Ling) interrogatif; 2 n: **in the interrogative** à l'interrogatif m. ♦ **interrogatively** adv d'un air interrogateur; (Ling) interrogativement. ♦ **interrogator** n interrogateur m, -trice f.

interrupt [ˌɪntə'rʌpt] vt interrompre. ♦ **interruption** n interruption f.

intersect [ˌɪntə'sekt] 1 vt couper; (Math) intersecter. 2 vi [lines, wires, roads etc] s'entrecouper; (Math) s'intersecter. ♦ **intersection** n (crossroads) croisement m; (Math) intersection f.

interspersed [ˌɪntə'spɜːsd] adj: **~ with ...** avec, de temps en temps, ...

interval ['ɪntəvəl] n intervalle m; (Scol) récréation f; (Sport) mi-temps f; (Theat) entracte m;

(Mus) intervalle. **at ~s** par intervalles; **at frequent/regular ~s** à intervalles rapprochés/réguliers; **there was an ~ for discussion** il y eut une pause pour la discussion; *(Met)* **bright ~s** belles éclaircies *fpl.*

intervene [ˌɪntəˈviːn] *vi [person]* intervenir *(in* dans); *[event, circumstances etc]* survenir, intervenir; *[time, years]* s'écouler *(between* entre). ♦ **intervening** *adj* event survenu; *period* intermédiaire; *years* qui s'écoulent entre-temps. ♦ **intervention** *n* intervention *f.*

interview [ˈɪntəvjuː] **1** *n (gen)* entrevue *f;* *(Press, Rad, TV)* interview *f.* **to call** *or* **invite sb to an ~** convoquer qn; **I had an ~ with the manager** j'ai eu une entrevue avec le directeur; **the ~s will be held next week** les entrevues auront lieu la semaine prochaine.
2 *vt (a) (for job etc)* avoir une entrevue avec. **he is being ~ed on Monday** on le convoque pour lundi. **(b)** *(Press, Rad, TV)* interviewer. ♦ **interviewer** *n (Press, Rad, TV)* interviewer *m;* *(in market research, opinion poll)* enquêteur *m,* -euse *f; (for job etc)* **the ~er asked me ...** la personne qui me faisait passer mon entrevue m'a demandé ...

intestine [ɪnˈtestɪn] *n* intestin *m.*

intimate [ˈɪntɪmɪt] **1** *adj (gen)* intime; *knowledge, analysis* approfondi. **they became ~** ils sont devenus amis intimes; *(sexually)* ils ont eu des rapports intimes. **2** *n* intime *mf.* **3** [ˈɪntɪmeɪt] *vt (make known officially)* annoncer, faire connaître *(that* que); *(indirectly)* laisser entendre. ♦ **intimacy** *n (a)* intimité *f.* **(b)** *(sexual)* rapports *mpl* intimes *or* sexuels. **(c)** intimacies familiarités *fpl.* ♦ **intimately** *adv* know, talk intimement; *connected* étroitement; **~ly involved in sth** mêlé de près à qch. ♦ **intimation** *n (gen)* annonce *f; [death]* avis *m; (hint, sign)* indication *f.*

intimidate [ɪnˈtɪmɪdeɪt] *vt* intimider. ♦ **intimidation** *n* intimidation *f.*

into [ˈɪntu] *prep* dans; en. **to come** *or* **go ~ a room** entrer dans une pièce; **to go ~ town** aller en ville; **to get ~ a car** monter dans une voiture *or* en voiture; **he helped her ~ the car** il l'a aidée à monter en voiture; **to change traveller's cheques ~ francs** changer des chèques de voyage contre des francs; **far ~ the night** très avant dans la nuit; **4 ~ 12 goes 3 times** 12 divisé par 4 donne 3; **the children are ~ everything*** les enfants touchent à tout; *(fig)* **she's ~s health foods etc** elle donne à fond* dans les aliments naturels etc.

intolerable [ɪnˈtɒlərəbl] *adj* intolérable *(that que* + *subj).* ♦ **intolerably** *adv* intolérablement. ♦ **intolerance** *n* intolérance *f.* ♦ **intolerant** *adj* intolérant *(of de; (Med) of* à). ♦ **intolerantly** *adv* avec intolérance.

intonation [ˌɪntəʊˈneɪʃən] *n (Ling)* intonation *f.*

intoxicate [ɪnˈtɒksɪkeɪt] *vt (lit, fig)* enivrer. ♦ **intoxicated** *adj (lit)* ivre; *(Jur)* en état d'ivresse; *(fig)* ivre *(with* de), grisé *(with* par). ♦ **intoxication** *n* ivresse *f.*

intra- [ˈɪntrə] *pref* intra... . ♦ **intramuscular** *adj* intramusculaire. ♦ **intravenous** *adj* intraveineux.

intractable [ɪnˈtræktəbl] *adj child* intraitable; *problem* insoluble; *illness* opiniâtre.

intransigence [ɪnˈtrænsɪdʒəns] *n* intransigeance *f.* ♦ **intransigent** *adj,* *n* intransigeant(e) *m(f).*

intransitive [ɪnˈtrænsɪtɪv] *adj,* *n (Gram)* intransitif *(m).*

intrepid [ɪnˈtrepɪd] *adj* intrépide.

intricate [ˈɪntrɪkɪt] *adj plot, problem* complexe; *mechanism, pattern, style* compliqué. ♦ **intricacy** *n* complexité *f;* complication *f.* ♦ **intricately** *adv* de façon complexe *or* compliquée.

intrigue [ɪnˈtriːg] **1** *vt* intriguer. **2** *vi* intriguer *(with sb* avec qn; *to do* pour faire). **3** *n* intrigue *f.*

♦ **intriguer** *n* intrigant(e) *m(f).* ♦ **intriguing 1** *adj* fascinant; **2** *n* intrigues *fpl.*

intrinsic [ɪnˈtrɪnsɪk] *adj* intrinsèque. ♦ **intrinsically** *adv* intrinsèquement.

introduce [ˌɪntrəˈdjuːs] *vt (a) (bring in)* reform, innovation introduire; *subject, question* amener, présenter; *practice* faire adopter, introduire; *(Rad, TV)* programme présenter; *(Parl)* bill déposer. **to ~ sb into a firm** faire entrer qn dans une compagnie. **(b)** *(make acquainted)* présenter *(to sb* à qn). **he ~d me to the delights of skiing** il m'a initié aux plaisirs du ski; **I was ~d to Shakespeare too young** on m'a fait connaître Shakespeare quand j'étais trop jeune; **who ~d them?** qui les a présentés l'un à l'autre?; **may I ~ Mr Martin?** puis-je (me permettre de) vous présenter M. Martin? **(c)** *(insert)* key *etc* introduire *(into* dans). ♦ **introduction** *n (gen)* introduction *f (into* dans; *to* à); présentation *f (of sb to sb* de qn à qn); **my introduction to life in London** mon premier contact avec la vie londonienne; **letter of introduction** lettre *f* de recommandation *(to sb* auprès de qn). ♦ **introductory** *adj* remarks, words préliminaire, d'introduction; *(Comm)* offer de lancement.

introspective [ˌɪntrəʊˈspektɪv] *adj* introspectif. ♦ **introspection** *n* introspection *f.*

introvert [ˈɪntrəʊvɜːt] *adj,* *n* introverti(e) *m(f).* ♦ **introversion** *n* introversion *f.*

intrude [ɪnˈtruːd] *vi [person]* être importun, s'imposer; *[feeling, emotion]* se manifester. **to ~ on** person s'imposer à; *conversation* s'immiscer dans; **am I intruding?** est-ce que je vous gêne? ♦ **intruder** *n* intrus(e) *m(f).* ♦ **intrusion** *n* intrusion *f (into* dans), imposition *f (on* à). ♦ **intrusive** *adj* importun, gênant; *(Ling)* **the intrusive 'r'** le 'r' rajouté en anglais en liaison abusive.

intuition [ˌɪntjuːˈɪʃən] *n* intuition *f.* ♦ **intuitive** *adj* intuitif. ♦ **intuitively** *adv* intuitivement.

inundate [ˈɪnʌndeɪt] *vt (lit, fig)* inonder *(with* de). **~d with work** débordé (de travail); **~d with visits** inondé de visiteurs.

inure [ɪnˈjʊər] *vt* habituer, aguerrir *(to* à).

invade [ɪnˈveɪd] *vt (Mil, gen, fig)* envahir; *privacy* violer; *sb's rights* empiéter sur. ♦ **invader** *n* envahisseur *m,* -euse *f.* ♦ **invading** *adj* army, troops d'invasion.

invalid¹ [ˈɪnvəlɪd] **1** *n (sick person)* malade *mf;* *(with disability)* invalide *mf,* infirme *mf.* **2** *adj (ill)* malade; *(with disability)* invalide, infirme; *car* d'infirme; **~ chair** fauteuil *m* d'infirme.
invalid out *vt sep (Mil)* réformer (pour blessures *or* raisons de santé).

invalid² [ɪnˈvælɪd] *adj* non valide, non valable.

invalidate [ɪnˈvælɪdeɪt] *vt (gen)* invalider; *will* rendre nul et sans effet; *contract etc* vicier.

invaluable [ɪnˈvæljʊəbl] *adj* inestimable, inappréciable.

invariable [ɪnˈvɛərɪəbl] *adj* invariable. ♦ **invariably** *adv* invariablement.

invasion [ɪnˈveɪʒən] *n* invasion *f.* **it is an ~ of his privacy** c'est une incursion dans sa vie privée.

invective [ɪnˈvektɪv] *n* invective *f.* **stream of ~** flot *m* d'invectives.

inveigh [ɪnˈveɪ] *vi* fulminer *(against* contre).

inveigle [ɪnˈviːgl] *vt* entraîner (par la ruse *etc*) *(into sth* dans qch; *into doing* à faire).

invent [ɪnˈvent] *vt (lit, fig)* inventer. ♦ **invention** *n* invention *f.* ♦ **inventive** *adj* inventif. ♦ **inventiveness** *n* esprit inventif. ♦ **inventor** *n* inventeur *m,* -trice *f.*

inventory [ˈɪnvəntrɪ] *n* inventaire *m.*

inverse [ˈɪnˈvɜːs] *adj* inverse. **in ~ proportion** *or* **ratio** en raison inverse *(to de).* ♦ **inversely** *adv* inversement. ♦ **inversion** *n* inversion *f; (Mus)* renversement *m; [values, roles etc]* renversement.

invert [ɪnˈvɜːt] **1** *vt (gen)* inverser, intervertir;

cup, object retourner; *process* renverser. in ~ed commas entre guillemets *mpl*. 2 ['ɪnvɜːt] *n* inverti(e) *m(f)*.

invertebrate [ɪn'vɜːtɪbrɪt] *adj, n* invertébré (*m*).

invest [ɪn'vest] 1 *vt capital, funds* investir (*in* dans); *money* placer (*in* dans, en); *time* consacrer (*in* à); (*endow*) revêtir, investir (*sb with sth* qn de qch). 2 *vi* placer son argent (*in* en). I've ~ed in a new car* je me suis payé* une nouvelle voiture. ♦ **investiture** *n* investiture *f*. ♦ **investment** 1 *n* investissement *m*, placement *m*; 2 *adj bank etc* d'investissement. ♦ **investor** *n* (*gen*) investisseur *m*; (*in a company*) actionnaire *mf*.

investigate [ɪn'vestɪgeɪt] *vt question, possibilities* étudier; *motive, reason* scruter; *crime* enquêter sur. ♦ **investigation** *n* [*researcher*] investigation *f*; [*policeman etc*] enquête *f*; **the matter under investigation** la question à l'étude. ♦ **investigator** *n* investigateur *m*, -trice *f*; (*Police*) enquêteur *m*; **private investigator** détective *m*.

inveterate [ɪn'vetərɪt] *adj* invétéré.

invidious [ɪn'vɪdɪəs] *adj* (*gen*) injuste; *comparison* blessant.

invigilate [ɪn'vɪdʒɪleɪt] 1 *vi* être de surveillance (*at* à). 2 *vt examination* surveiller. ♦ **invigilator** *n* surveillant(e) *m(f)* (*à un examen*).

invigorate [ɪn'vɪgəreɪt] *vt* [*drink, food, thought*] fortifier; [*fresh air, snack*] revigorer; [*climate, air, exercise*] donner du tonus à. ♦ **invigorating** *adj* vivifiant, tonifiant; *speech* stimulant.

invincible [ɪn'vɪnsəbl] *adj* invincible.

invisible [ɪn'vɪzəbl] *adj* (*gen*) invisible; *ink* sympathique. ~ **mending** stoppage *m*. ♦ **invisibility** *n* invisibilité *f*. ♦ **invisibly** *adv* invisiblement.

invite [ɪn'vaɪt] *vt person* inviter (*to do* à faire); *opinions, subscriptions etc* demander; *doubts, ridicule* appeler; *discussion* inviter à; *trouble, defeat* chercher. **to ~ sb to dinner** inviter qn à dîner; **to ~ sb in/up/etc** inviter qn à entrer/monter etc.

invite out *vt sep* inviter (à sortir). I've been ~d out to dinner j'ai été invité à dîner.

invite over *vt sep* inviter (à venir). they often ~ us over for a drink ils nous invitent souvent à venir prendre un verre chez eux. ♦ **invitation** *n* invitation *f*; **at sb's invitation** à *or* sur l'invitation de qn; **by invitation only** sur invitation seulement; **it is an invitation to burglars** c'est une invite aux cambrioleurs. ♦ **inviting** *adj appearance, goods* attrayant; *gesture* encourageant; *meal, odour* appétissant. ♦ **invitingly** *adv describe* d'une manière attrayante; *speak* d'un ton encourageant.

invoice ['ɪnvɔɪs] 1 *n* facture *f*. 2 *vt* facturer. 3 *adj*: ~ **clerk** facturier *m*, -ière *f*.

invoke [ɪn'vəʊk] *vt* invoquer.

involuntary [ɪn'vɒləntərɪ] *adj* involontaire. ♦ **involuntarily** *adv* involontairement.

involve [ɪn'vɒlv] *vt* (**a**) (*gen*) mêler (*in* à), entraîner (*in* dans); (*implicate, associate*) impliquer (*in* dans). **to be ~d in a quarrel** être mêlé à une querelle; **we would prefer not to ~ Robert** nous préférerions ne pas mêler Robert à l'affaire *or* ne pas impliquer Robert; **to ~ sb in expense** entraîner qn à faire des frais; **how did you come to be ~d?** comment vous êtes-vous trouvé impliqué?; **he was so ~d in politics that** ... il était tellement engagé dans la politique que ...; **the police became ~d** la police est intervenue; **a question of principle is ~d** c'est une question de principe qui est en jeu; **the factors ~d** les facteurs en jeu; **the person ~d** la personne en question; **to feel personally ~d** se sentir concerné; **we are all ~d** nous sommes tous concernés; **to get ~d with sb** (*gen*) se trouver mêlé aux affaires de qn; (*socially*) se trouver lié intimement à qn; (*fall in love with*) tomber amoureux de qn. (**b**) (*entail*)

expense, trouble entraîner. **the job ~s living in the country** le poste nécessite qu'on réside (*subj*) à la campagne; **there's a good deal of work ~d** cela nécessite un gros travail. ♦ **involved** *adj* compliqué. ♦ **involvement** *n* (**a**) rôle *m* (*in* dans), participation *f* (*in* à); **we don't know the extent of his ~ment** nous ne savons pas dans quelle mesure il est impliqué; **his ~ment in politics** son engagement *m* dans la politique; (**b**) (*difficulty*) difficulté *f*; **financial ~ments** difficultés financières; (**c**) [*style etc*] complications *fpl*.

invulnerable [ɪn'vʌlnərəbl] *adj* invulnérable. ♦ **invulnerability** *n* invulnérabilité *f*.

inward ['ɪnwəd] 1 *adj movements* vers l'intérieur; *happiness, peace* intérieur; *thoughts, conviction* intime. 2 *adv* (*also* ~s) vers l'intérieur. ♦ **inwardly** *adv* (**a**) (*in the inside*) à l'intérieur; (**b**) (*secretly*) *feel, think, know* en son (*or* mon etc) for intérieur.

iodine ['aɪədiːn] *n* iode *m*; (*Med*) teinture *f* d'iode.

ion ['aɪən] *n* ion *m*.

iota [aɪ'əʊtə] *n* iota *m*; [*truth*] brin *m*; [*sense*] grain *m*.

IOU [,aɪəʊ'juː] *n* (*abbr of* I owe you) reconnaissance *f* de dette (*for* pour).

Iran [ɪ'rɑːn] *n* Iran *m*.

Iraq [ɪ'rɑːk] *n* Irak *m*.

irascible [ɪ'ræsɪbl] *adj* irascible. ♦ **irascibility** *n* irascibilité *f*. ♦ **irascibly** *adv* irasciblement.

irate [aɪ'reɪt] *adj* furieux.

Ireland ['aɪələnd] *n* Irlande *f*. **Northern ~** Irlande du Nord; **Republic of ~** République *f* d'Irlande. ♦ **Irish** 1 *adj* irlandais; **Irish Sea** mer *f* d'Irlande; 2 *n* (**a**) **the Irish** les Irlandais *mpl*; (**b**) (*Ling*) irlandais *m*. ♦ **Irishman** *n* Irlandais *m*. ♦ **Irishwoman** *n* Irlandaise *f*.

iris ['aɪərɪs] *n* (*Anat, Bot*) iris *m*.

irksome ['ɜːksəm] *adj* ennuyeux.

iron ['aɪən] 1 *n* (*metal*) fer *m*; (*for laundry*) fer (à repasser). **scrap ~** ferraille *f*; **to strike while the ~ is hot** battre le fer pendant qu'il est chaud; **electric ~** fer électrique; (*fig*) **to have too many ~s in the fire** mener trop d'affaires de front; **I've got a lot of ~s in the fire** j'ai des quantités d'affaires en train; (*fetters*) **~s** fers *mpl*. 2 *adj tool, bridge* de *or* en fer; (*fig*) *determination, will, constitution* de fer. **the I~ Age** l'âge *m* de fer; **the ~ and steel industry** l'industrie *f* sidérurgique; (*Pol*) **~ curtain** rideau *m* de fer; **an ~ fist** *or* **hand in a velvet glove** une main de fer dans un gant de velours; **~ foundry** fonderie *f* de fonte; (*Med*) **~ lung** poumon *m* d'acier; **~ ore** minerai *m* de fer; **~ rations** vivres *mpl* de réserve. 3 *vt clothes etc* repasser. 4 *vi* [*clothes etc*] se repasser.

iron out *vt sep creases* faire disparaître au fer; *difficulties* aplanir; *problems* faire disparaître. ♦ **ironing** *n* repassage *m*; 2 *adj*: **~ing board** planche *f* à repasser. ♦ **ironmonger** *n* quincaillier *m*. ♦ **ironmongery** *n* quincaillerie *f*. ♦ **ironworks** *n* usine *f* sidérurgique.

irony ['aɪərənɪ] *n* ironie *f*. **the ~ of it is that** ... ce qu'il y a d'ironique là-dedans c'est que ... . ♦ **ironic(al)** *adj* ironique. ♦ **ironically** *adv* ironiquement.

irradiate [ɪ'reɪdɪeɪt] *vt* (*illuminate*) illuminer; (*Phys*) irradier. ♦ **irradiation** *n* illumination *f*; irradiation *f*.

irrational [ɪ'ræʃənl] *adj person* qui n'est pas rationnel; *belief* déraisonnable; *behaviour* irrationnel. **she had become quite ~ about it** elle n'était plus du tout capable d'y penser rationnellement. ♦ **irrationally** *adv* déraisonnablement; irrationnellement.

irreconcilable [ɪ,rekən'saɪləbl] *adj enemies* irréconciliable; *hatred* implacable; *belief* inconciliable (*with* avec).

irredeemable [,ɪrɪ'diːməbl] *adj person* incorrigible; *error* irréparable; *disaster* irrémédiable.

irrefutable 229 ivy

irrefutable [,ırı'fju:təbl] *adj* irréfutable.
irregular [ı'regjulər] *adj (gen)* irrégulier; *surface* inégal. ♦ **irregularity** *n* irrégularité *f*.
irrelevant [ı'reləvənt] *adj factor, detail* sans rapport; *question, remark* hors de propos. that's ~ cela n'a rien à voir avec la question. ♦ **irrelevance** *n* manque *m* de rapport, manque d'à-propos (*to* avec).
irreligious [,ırı'lıdʒəs] *adj* irréligieux.
irreparable [ı'rəpərəbl] *adj* irréparable. ♦ **irreparably** *adv* irréparablement.
irreplaceable [,ırı'pleısəbl] *adj* irremplaçable.
irrepressible [,ırı'presəbl] *adj laughter etc* irrépressible, irrésistible. she's quite ~ elle est d'une vitalité débordante; (*of child*) c'est un vrai petit diable.
irreproachable [,ırı'prəutfəbl] *adj* irréprochable.
irresistible [,ırı'zıstəbl] *adj* irrésistible. ♦ **irresistibly** *adv* irrésistiblement.
irresolute [ı'rezəlu:t] *adj* irrésolu, indécis.
irrespective [,ırı'spektıv] *adj*: ~ of sth sans tenir compte de qch; ~ of whether it's useful or not que ce soit utile ou non.
irresponsible [,ırıs'ponsəbl] *adj* irréfléchi.
irretrievable [,ırı'tri:vəbl] *adj loss, damage* irréparable; *object* introuvable.
irreverent [ı'revərənt] *adj* irrévérencieux. ♦ **irreverence** *n* irrévérence *f*. ♦ **irreverently** *adv* irrévérencieusement.
irrevocable [ı'revəkəbl] *adj* irrévocable. ♦ **irrevocably** *adv* irrévocablement.
irrigate ['ırıgeıt] *vt* irriguer. ♦ **irrigation** *n* irrigation *f*.
irritable ['ırıtəbl] *adj (cross)* irritable; (*irascible*) irascible. ♦ **irritability** *n* irritabilité *f*; irascibilité *f*. ♦ **irritably** *adv behave, nod* avec humeur; *speak* d'un ton irrité.
irritate ['ırıteıt] *vt (gen, Med)* irriter. ♦ **irritant** *adj, n* irritant (*m*). ♦ **irritating** *adj* irritant. ♦ **irritation** *n* irritation *f*.
irruption [ı'rʌpfən] *n* irruption *f*.
Islam ['ızla:m] *n* Islam *m*. ♦ **Islamic** *adj* islamique.
island ['aılənd] 1 *n* (**a**) île *f*. (**b**) (*traffic or street* ~) refuge *m* (*pour piétons*). 2 *adj people, community* insulaire. ♦ **islander** *n* insulaire *mf*.
isle [aıl] *n* (*liter*) île *f*. ♦ **islet** *n* îlot *m*.
isolate ['aısəuleıt] *vt* isoler (*from* de). ♦ **isolated** *adj* isolé. ♦ **isolation** 1 *n* (*action*) isolation *f*; (*state*) isolement *m*; 2 *adj hospital* d'isolement; *ward* des contagieux. ♦ **isolationism** *n* isolationnisme *m*. ♦ **isolationist** *adj, n* isolationniste (*mf*).
isotope ['aısəutəup] *adj, n* isotope (*m*).
Israel ['ızreıl] *n* Israël *m*. ♦ **Israeli** 1 *adj* israélien; 2 *n* Israélien(ne) *m(f)*.
issue ['ıfu:] 1 *n* (**a**) (*matter, question*) question *f*, problème *m*. he raised several new ~s il a soulevé plusieurs points nouveaux; the ~ is whether ... la question consiste à savoir si ...; to confuse *or* obscure the ~ brouiller les cartes; to face the ~ regarder le problème en face; to force the ~ forcer une décision; to avoid the ~ prendre la tangente; to make an ~ of sth faire un problème de qch; I don't want to make an ~ of it je ne veux pas trop insister là-dessus; the factors at ~ les facteurs en jeu; the point at ~ le point controversé; to be at ~ être en cause; to take ~ with sb engager une controverse avec qn; I must take ~ with you on this je ne permets de ne pas partager votre avis là-dessus. (**b**) (*outcome*) résultat *m*, issue *f*. (**c**) (*act*) [*goods, tickets*] distribution *f*; [*passport, document*] délivrance *f*; [*banknote, cheque, shares, stamp*] émission *f*; [*warrant, writ, summons*] lancement *m*. these coins are a new ~ ces pièces viennent d'être émises. (**d**) (*copy*) [*newspaper, magazine*] numéro *m*. back ~ vieux numéro. (**e**) (*offspring*) descendance *f*.
2 *vt book* publier; *order* donner; *goods, tickets*

distribuer; *passport, document* délivrer; *banknote, cheque, shares, stamps* émettre; *proclamation* faire; *warrant, warning, writ* lancer. to ~ a statement faire une déclaration; to ~ sth to sb, to ~ sb with sth fournir qch à qn.
isthmus ['ısməs] *n* isthme *m*.
it [ıt] *pron* (**a**) (*specific*) (*nominative*) il, elle; (*accusative*) le, la; (*before vowel*) l'; (*dative*) lui. where is the book? – ~'s on the table où est le livre? – il est sur la table; my machine is old but ~ works ma machine est vieille mais elle marche; here's the pencil – give ~ to me voici le crayon – donne-le-moi; if you can find the watch give ~ to him si tu trouves la montre donne-la-lui; of ~, from ~, about ~, for ~, out of ~ etc en; he's afraid of ~ il en a peur; he didn't speak to me about ~ il ne m'en a pas parlé; (*following French verbs with 'de'*) I doubt ~ j'en doute; in ~, to ~, at ~ etc y; (*meeting etc*) he'll be at ~ il y sera; (*following French verbs with 'à'*) taste ~! goûtez-y!; above ~, over ~ (au-)dessus; below ~, beneath ~, under ~ (au-)dessous, (en-)dessous.
(**b**) (*impersonal*) (*nominative*) il, ce, cela, ça; (*accusative*) le; (*dative*) y. ~ is raining il pleut; ~ frightens me cela *or* ça m'effraie; ~'s pleasant here c'est agréable ici; I've done it je l'ai fait; I've thought about it j'y ai pensé; ~'s Wednesday 16th October nous sommes le mercredi 16 octobre; ~'s 3 o'clock il est 3 heures; who is ~? qui est-ce?; ~'s me c'est moi; what is ~? qu'est-ce que c'est?; that's ~! (*approval, agreement*) c'est ça!; (*achievement, dismay*) ça y est!; ~'s difficult to understand c'est difficile à comprendre; ~'s difficult to understand why il est difficile de comprendre pourquoi; I considered ~ pointless to protest j'ai jugé (qu'il était) inutile de protester; ~ was your father who phoned c'est ton père qui a téléphoné.
(**c**) (*in games*) you're ~! c'est toi le chat!
♦ its 1 *poss adj* son, sa, ses; 2 *poss pron* le sien, la sienne; les siens, les siennes. ♦ **it's** = it is, it has.
♦ **itself** *pron* (*emphatic*) lui-même *m*, elle-même *f*; (*reflexive*) se; in the theatre ~self dans le théâtre même; the door closes by ~self la porte se ferme automatiquement *or* toute seule.
italic [ı'tælık] 1 *adj* (*Typ*) italique. 2 *npl*: ~s italique *m*. in ~s en italiques.
Italy ['ıtəlı] *n* Italie *f*. ♦ **Italian** [ı'tæljən] 1 *adj* italien, d'Italie; 2 *n* (**a**) Italien(ne) *m(f)*; (**b**) (*Ling*) italien *m*.
itch [ıtf] 1 *n* démangeaison *f*. (*fig*) I've got an ~* to travel l'envie de voyager me démange. 2 *vi* [*person*] éprouver des démangeaisons. his legs ~ ses jambes lui démangent; (*fig*) to be ~ing* to do sth avoir une envie qui vous démange de faire qch; I am ~ing to tell him the news la langue me démange de lui annoncer la nouvelle. ♦ **itching** *adj*: ~ing powder poil mà gratter. ♦ **itchy** *adj* qui démange; I've got an ~y back j'ai le dos qui me démange; (*fig*) he's got ~y feet* il a la bougeotte*; (*fig*) he's got ~y fingers* il est chapardeur*.
item ['aıtəm] *n* (*on agenda, at meeting*) question *f*; (*in programme*) numéro *m*; (*in catalogue, newspaper, shopping list; also Comm*) article *m*; (*Jur: in contract*) article; (*Book-keeping*) poste *m*. ~s on the agenda questions à l'ordre du jour; (*Rad, TV*) the main ~ in the news la grosse nouvelle, le fait du jour; an important ~ in our policy un point important de notre politique. ♦ **itemize** *vt* spécifier.
itinerary [aı'tınərərı] *n* itinéraire *m*. ♦ **itinerant** *adj preacher* itinérant; *actors etc* ambulant.
ivory ['aıvərı] 1 *n* ivoire *m*. 2 *adj statue, figure* en ivoire, d'ivoire; (*also* ~-coloured) ivoire *inv*. (*fig*) ~ tower tour *f* d'ivoire.
ivy ['aıvı] *n* lierre *m*. (*US*) I~ League (*n*) ensemble des grandes universités du nord-est.

J

J, j [dʒeɪ] *n* J, j *m.*

jab [dʒæb] **1** *vti* enfoncer, planter (*into* dans). **to ~ (at) sth with sth, to ~ sth into sth** enfoncer qch dans qch, planter qch dans *or* sur qch. **2** *n* coup *m* (*donné avec un objet pointu*); (*: injection*) piqûre *f.*

jabber ['dʒæbər] **1** *vt* bafouiller, bredouiller. **2** *vi* (*~ away*) (*chatter*) jacasser; (*talk unintelligibly*) baragouiner*.

jack [dʒæk] *n* (*Aut*) cric *m*; (*Bowling*) cochonnet *m*; (*Cards*) valet *m.* **before you could say J~ Robinson*** en moins de temps qu'il n'en faut pour le dire; **~ tar** matelot *m*; **every man ~** chacun.
jack in *vt sep* plaquer:.
jack up *vt sep car* soulever avec un cric; (*: raise*) *prices* faire grimper. **~ed up** *car* sur le cric.
♦ **jackass** *n* (*lit, fig*) âne *m.* ♦ **jackboots** *npl* bottes *fpl* à l'écuyère. ♦ **jackdaw** *n* choucas *m.*
♦ **jack-in-office*** *n* gratte-papier *m inv* (qui joue à l'important). ♦ **jack-in-the-box** *n* diable *m* (à ressort). ♦ **jack-knife 1** *n* couteau *m* de poche; **2** *vi*: **the lorry ~-knifed** la remorque (du camion) s'est mise en travers. ♦ **jack-of-all-trades** *n* bricoleur *m.* ♦ **jackpot** *n*: **to hit the ~pot** [*person*] gagner le gros lot; [*song, disc*] faire un malheur*.
jackal ['dʒækɔːl] *n* chacal *m.*
jacket ['dʒækɪt] *n* [*man*] veston *m*; [*woman*] veste *f*; [*child*] paletot *m*; [*book*] couverture *f.* **potatoes baked in their ~s** pommes de terre au four.
Jacobean [ˌdʒækə'biːən] *adj* de l'époque de Jacques Ier (*1603–1625*).
jade [dʒeɪd] **1** *n* jade *m.* **2** *adj* (*colour*) jade *inv.* **~-green** vert jade *inv.*
jaded ['dʒeɪdɪd] *adj person* las (*with* de), blasé; *palate* blasé.
jagged ['dʒægɪd] *adj* irrégulier, déchiqueté.
jaguar ['dʒægjuər] *n* jaguar *m.*
jail [dʒeɪl] **1** *n* prison *f.* **in ~** en prison; **to be in ~ for 5 years** faire 5 ans de prison; **to send sb to ~/to ~ for 5 years** condamner qn à la prison/à 5 ans de prison. **2** *vt* mettre en prison (*for murder etc* pour meurtre etc). **~ed for life** condamné à perpétuité.
♦ **jailbird** *n* récidiviste *mf.* ♦ **jailbreak** *n* évasion *f* (de prison). ♦ **jailbreaker** *n* évadé(e) *m(f).*
♦ **jailer** *n* geôlier *m*, -ière *f.*
jam¹ [dʒæm] **1** *n* **(a)** (*people*) foule *f*, cohue *f*; [*logs, vehicles etc*] embouteillage *m.* **(b) to get into a ~*** se mettre dans le pétrin; **to get sb out of a ~*** tirer qn du pétrin. **2** *vt* **(a)** (*cram*) (*into box, drawer, suitcase*) enfoncer, tasser (*into* dans); (*into room, vehicle*) entasser (*into* dans); *hat* enfoncer (*on* sur); (*wedge*) coincer (*between* entre). **he ~med his finger in the door** il s'est coincé le doigt dans la porte. **(b)** (*block*) *brake* bloquer; *door* coincer; *gun, machine* enrayer; (*Rad*) *station, broadcast* brouiller; (*Telec*) *line* encombrer; [*crowd, cars etc*] *street, corridor* encombrer, embouteiller. **street ~med with cars** rue embouteillée; **street ~med with people** rue noire de monde. **3** *vi* **(a)** [*crowd*] s'entasser (*into* dans). **(b)** (*V 2 b above*) se bloquer; se coincer; s'enrayer.
jam in *vt sep* (*into box etc*) serrer; *car, person* coincer.
jam on *vt sep hat* enfoncer. (*Aut*) **to ~ on the brakes** freiner à mort*.

jam-full *or* ♦ **jam-packed** *adj vehicle, place* plein à craquer; *container* plein à ras bord. ♦ **jamming** *n* (*Rad*) brouillage *m.*
jam² [dʒæm] **1** *n* confiture *f.* **cherry ~** confiture de cerises; (*fig*) **you want ~ on it!*** et quoi encore! **2** *adj tart* à la confiture. (*Mus*) **~ session** séance *f* de jazz improvisé. ♦ **jamjar** *or* ♦ **jampot** *n* pot *m* à confitures.
Jamaica [dʒə'meɪkə] *n* Jamaïque *f.* **in ~** à la Jamaïque.
jamb [dʒæm] *n* montant *m* (*de porte etc*).
jamboree [ˌdʒæmbə'riː] *n* festivités *fpl.*
jangle ['dʒæŋgl] **1** *vi* [*bells*] retentir; [*bracelets, chains*] cliqueter. **2** *vt* faire retentir; faire cliqueter. ♦ **jangled** *adj nerves* en pelote.
♦ **jangling** *adj bells* discordant; *chains* cliquetant.
janitor ['dʒænɪtər] *n* concierge *m.*
January ['dʒænjʊərɪ] *n* janvier *m*; *for phrases V* September.
Japan [dʒə'pæn] *n* Japon *m.* ♦ **Japanese 1** *adj* japonais; **2** *n* (*person: pl inv*) Japonais(e) *m(f)*; (*Ling*) japonais *m.*
japonica [dʒə'pɒnɪkə] *n* cognassier *m* du Japon.
jar¹ [dʒɑːʳ] **1** *n* (*jolt: lit, fig*) secousse *f*, choc *m.* **2** *vi* (*vibrate*) vibrer, trembler; (*be wrong*) [*note*] détonner; [*colours*] jurer (*with* avec); [*ideas, opinions*] ne pas s'accorder (*with* avec). **to ~ on sb's nerves** porter sur les nerfs à qn; **to ~ on sb's ears** écorcher les oreilles à qn. **3** *vt structure* ébranler; *person* heurter; (*fig*) secouer. **you ~red my elbow** tu m'as cogné le coude. ♦ **jarring** *adj sound* discordant; (*fig*) **to strike a ~ring note** être plutôt choquant.
jar² [dʒɑːʳ] *n* (*of earthenware*) pot *m*, jarre *f*; (*for jam etc*) pot; (*for pickles etc*) bocal *m.*
jargon ['dʒɑːgən] *n* jargon *m.*
jasmine ['dʒæzmɪn] *n* jasmin *m.*
jaundice ['dʒɔːndɪs] *n* jaunisse *f.* ♦ **jaundiced** *adj* (*bitter*) amer; (*critical*) désapprobateur; **to have a ~d view of things** voir les choses en noir; **to give sb a ~d look** jeter un regard noir à qn.
jaunt [dʒɔːnt] *n* balade* *f.* **to go for a ~** aller se balader*.
jaunty ['dʒɔːntɪ] *adj* (*sprightly*) enjoué, vif; (*carefree*) désinvolte; (*swaggering*) crâneur*.
♦ **jauntily** *adv* d'un pas vif; de façon désinvolte; d'un air crâneur*.
javelin ['dʒævlɪn] **1** *n* javelot *m.* **2** *adj* (*Sport*) **~ throwing** lancement *m* du javelot.
jaw [dʒɔː] *n* mâchoire *f.* **the ~s of death** l'étreinte *f* de la mort; **the ~s of hell** les portes *fpl* de l'enfer. ♦ **jawbone** *n* maxillaire *m.*
jay [dʒeɪ] *n* geai *m.* ♦ **jaywalker** *n* piéton *m* indiscipliné.
jazz [dʒæz] **1** *n* (*Mus*) jazz *m.* (*fig*) **he gave them a lot of ~*** about his marvellous job il leur a fait tout un baratin* sur sa magnifique situation; **... and all that ~*** ... et tout le bataclan*. **2** *adj band, music* de jazz.
jazz up *vt sep* **(a)** (*Mus*) (*play*) jouer en jazz; (*arrange*) adapter pour le jazz. **(b)** (:) *party* mettre de l'entrain dans; *old dress etc* égayer.
jealous ['dʒeləs] *adj* jaloux (*of* de). ♦ **jealously** *adv* (*enviously*) jalousement; (*watchfully*) d'un œil jaloux. ♦ **jealousy** *n* jalousie *f.*

jeans [dʒiːnz] *npl* blue-jean *m*, jean *m*.
jeep [dʒiːp] *n* jeep *f*.
jeer [dʒɪəʳ] **1** *vi [individual]* railler; *[crowd]* huer. **to ~ at sb** railler qn. **2** *vt* huer. **3** *n* raillerie *f*; huée *f*. ◆ **jeering 1** *adj* railleur; **2** *n* railleries *fpl*; huées *fpl*.
Jehovah [dʒɪˈhəʊvə] *n* Jéhovah *m*.
jell [dʒel] *vi [jelly etc]* épaissir, prendre; (*) *[plan etc]* prendre tournure. ◆ **jello** *n* ® *(US)* gelée *f*. ◆ **jelly** *n* gelée *f*. ◆ **jellyfish** *n* méduse *f*.
jemmy [ˈdʒemɪ] *n* pince-monseigneur *f*.
jeopardy [ˈdʒepədɪ] *n* danger *m*, péril *m*. **in ~ life** en danger; *happiness* menacé, en péril; *business* en mauvaise posture. ◆ **jeopardize** *vt* mettre en danger, compromettre.
jerk [dʒɜːk] **1** *n* (*gen*) secousse *f*; (*mechanical*) à-coup *m*; (*Med*) crispation nerveuse; (‡*pej: person*) pauvre type* *m*. **2** *vt* (*pull*) tirer brusquement; (*shake*) donner une secousse à. **he ~ed the book out of my hand** d'une secousse il m'a fait lâcher le livre. **3** *vi [person, muscle]* se crisper. ◆ **jerkily** *adv move* par à-coups; *speak* d'une voix saccadée. ◆ **jerky** *adj motion* saccadé; (*fig*) *style* heurté.
jerkin [ˈdʒɜːkɪn] *n* blouson *m*; (*Hist*) justaucorps *m*.
jerry-building [ˈdʒerɪˌbɪldɪŋ] *n* construction *f* bon marché. ◆ **jerry-built** *adj* en carton-pâte (*fig*).
jerry-can [ˈdʒerɪˌkæn] *n* jerrycan *m*.
Jersey [ˈdʒɜːzɪ] *n* Jersey *f*. ◆ **jersey** *n* (*garment*) tricot *m*; (*material*) jersey *m*.
jest [dʒest] **1** *n* plaisanterie *f*. **in ~** pour rire. **2** *vi* plaisanter. ◆ **jester** *n* bouffon *m*.
Jesuit [ˈdʒezjʊɪt] *n* Jésuite *m*.
Jesus [ˈdʒiːzəs] *n* Jésus *m*. **~ Christ** Jésus-Christ.
jet[1] [dʒet] **1** *n [liquids, gas]* jet *m*; (*~ plane*) avion *m* à réaction, jet *m*; (*nozzle*) brûleur *m*; (*Aut*) gicleur *m*. **2** *adj* (*Aviat*) *travel* en jet; *engine, fighter* à réaction; *propulsion* par réaction. **~ fuel** kérosène *m*; **to have ~ lag** (*troubles mpl* dûs au) décalage *m* horaire; **to have ~ lag** souffrir du décalage horaire; **the ~ set*** le monde des playboys. ◆ **jet-propelled** *adj* à réaction.
jet[2] [dʒet] *n* jais *m*. **~-black** noir comme jais.
jettison [ˈdʒetɪsn] *vt* (*gen*) *burden* se délester de; (*Naut*) jeter par-dessus bord; (*Aviat*) *bombs* larguer; *hopes* abandonner.
jetty [ˈdʒetɪ] *n* (*breakwater*) jetée *f*, digue *f*; (*landing pier*) embarcadère *m*.
Jew [dʒuː] *n* Juif *m*. **~'s harp** guimbarde *f*. ◆ **Jewess** *n* Juive *f*. ◆ **Jewish** *adj* juif. ◆ **Jewry** *n* les Juifs *mpl*.
jewel [ˈdʒuːəl] *n* bijou *m*, joyau *m*; (*in watch*) rubis *m*; (*fig*) bijou *m*. ◆ **jewel-case** *n* coffret *m* à bijoux. ◆ **jewelled**, *(US)* **jeweled** *adj* orné de bijoux. ◆ **jewel(l)er** *n* bijoutier *m*, joaillier *m*; **~ler's** **(shop)** bijouterie *f*, joaillerie *f*. ◆ **jewel(l)ery** *n* bijoux *mpl*, joyaux *mpl*; **a piece of ~lery** un bijou.
jib [dʒɪb] **1** *n* (*Naut*) foc *m*; (*crane*) flèche *f*. **2** *vi* [*person*] regimber (*at sth* devant qch), se refuser (*at doing* à faire); [*horse*] regimber.
jibe [dʒaɪb] = **gibe**.
jiffy* [ˈdʒɪfɪ] *n*: **wait a ~** attends une seconde; **in a ~** en moins de deux*.
jig [dʒɪg] *n* (*dance*) gigue *f*; (*Tech*) calibre *m*. ◆ **jigsaw** (*puzzle*) *n* puzzle *m*.
jilt [dʒɪlt] *vt* laisser tomber* *[un(e) fiancé(e)]*.
jingle [ˈdʒɪŋgl] **1** *n [keys etc]* tintement *m*. **advertising ~** couplet *m* publicitaire. **2** *vi* tinter. **3** *vt* faire tinter.
jinx* [dʒɪŋks] *n* porte-poisse* *m* *inv*. **there's a ~ on ...** on a jeté un sort à ... .
jitters* [ˈdʒɪtəz] *npl* frousse* *f*. **to have the ~** avoir la frousse*. ◆ **jittery*** *adj* froussard*.
jiujitsu [dʒuːˈdʒɪtsuː] *n* jiu-jitsu *m*.
job [dʒɒb] **1** *n* **(a)** (*piece of work*) travail *m*, boulot* *m*. **I have a little ~ for you** j'ai un petit

travail pour vous; **he has made a good/bad ~ of it** il a fait du bon/du sale boulot*; **he's done a good ~ of work** il a fait du bon travail; **this new airliner is a lovely ~*** ce nouvel avion c'est vraiment du beau travail*. **(b)** (*post, situation*) travail *m*, emploi *m*, boulot* *m*. **he found a ~ as a librarian** il a trouvé un poste de bibliothécaire; **to look for a ~** chercher du travail or un emploi; **to be out of a ~** être au chômage; **he has a very good ~** il a une belle situation; **~s for the boys*** des planques *fpl* pour les petits copains*. **(c)** (*duty*) travail *m*, boulot* *m*. **he's only doing his ~** il ne fait que son boulot*; **he knows his ~** il connaît son affaire; **that's not his ~** ce n'est pas à lui de faire ça; **I had the ~ of telling them** c'est moi qui ai été obligé de le leur dire. **(d)** **it's a good ~ that** ... c'est heureux que + *subj*; **a good ~ too!** à la bonne heure!; **it's a bad ~** c'est une sale affaire; **to give sth/sb up as a bad ~** renoncer à qch/qn en désespoir de cause; **this is just the ~*** c'est exactement ce qu'il faut; **to have a ~ to do sth** or **doing sth** avoir du mal à faire qch; **it's been quite a ~ finding it** ça a été toute une affaire pour le trouver; **a put-up ~*** un coup monté; **remember that bank ~?*** tu te rappelles le coup de la banque?

2 *adj* **(a)** (*Ind*) **~ analysis** analyse *f* des tâches; **~ centre** agence *f* pour l'emploi; **~ creation** création *f* d'emplois nouveaux; **~ evaluation** qualification *f* du travail; **~ hunting** chasse *f* à l'emploi; **~ satisfaction** satisfaction *f* au travail. **(b)** **~ lot** lot *m* d'articles divers. ◆ **jobber** *n* (*St Ex*) intermédiaire *m* qui traite directement avec l'agent de change. ◆ **jobbing** *adj gardener* à la journée; *workman* à la tâche. ◆ **jobless 1** *adj* sans travail, au chômage; **2** *npl*: **the ~less** les chômeurs *mpl*.
Job's comforter [ˈdʒəʊbzˈkʌmfətəʳ] *n* piètre consolateur *m*, -trice *f*.
jockey [ˈdʒɒkɪ] **1** *n* jockey *m*. **2** *vi*: **to ~ about** se bousculer; **to ~ for position** manœuvrer pour se placer avantageusement. **3** *vt*: **to ~ sb into doing** manœuvrer qn pour qu'il fasse.
jockstrap [ˈdʒɒkstræp] *n* suspensoir *m*.
jocular [ˈdʒɒkjʊləʳ] *adj* jovial; (*joking*) badin.
jodhpurs [ˈdʒɒdpəːz] *npl* jodhpurs *mpl*.
jog [dʒɒg] **1** *n* **(a)** (*nudge*) légère poussée *f*; (*with elbow*) coup *m* de coude. **(b)** (*~-trot*) petit trot. **2** *vt sb's elbow* pousser; *sb's memory* rafraîchir. **(fig) to ~ sb into action** secouer qn. **3** *vi* (*Sport*) faire du jogging.
jog along *vi [vehicle]* aller son petit bonhomme de chemin; (*bumpily*) aller en bringuebalant; (*fig*) [*person*] aller cahin-caha*; [*piece of work*] aller tant bien que mal.
◆ **jogging** *n* (*Sport*) jogging *m*.
joggle [ˈdʒɒgl] *vt* secouer.
join [dʒɔɪn] **1** *vt* **(a)** (*~ together*) (*gen*) joindre, unir; (*link*) relier (*to* à); *broken halves* raccorder; *batteries* connecter. **to ~ battle** engager le combat (*with* avec); **to ~ hands** se donner la main; (*Mil, fig*) **to ~ forces** unir leurs forces; (*fig*) **to ~ forces** (*with sb*) **to do** s'unir (à qn) pour faire. **(b)** *club* devenir membre de; *political party* adhérer à; *university* entrer à; *procession* se joindre à; *army* s'engager dans; *one's regiment, ship* rejoindre; *religious order, business firm* entrer dans; *queue* prendre. **(c)** *person* rejoindre, retrouver. **Paul ~s me in wishing you** ... Paul se joint à moi pour vous souhaiter ...; **will you ~ us?** (*come with us*) voulez-vous venir avec nous?; (*be one of us*) voulez-vous être des nôtres?; (*in club, restaurant etc*) voulez-vous vous joindre à nous?; **will you ~ me in a drink?** vous prendrez un verre avec moi? **(d)** *[river, road]* rejoindre. **2** *vi* (*~ together*; *V* 1a) se joindre, s'unir (*with* à); *[lines]* se rencontrer; *[roads, rivers]* se rejoindre; *[club member]* devenir membre. **3** *n* (*in mended*

crockery etc) ligne *f* de raccord; (*seam*) couture *f*.
join in 1 *vi* participer. (*in singing etc*) ~ **in**! chantez *etc* avec nous! **2** *vt fus game, activity, conversation* prendre part à; *protest, shouts* joindre sa voix à; *thanks, wishes* s'associer à.
join on 1 *vi* (*in queue*) prendre son rang dans la queue; *[links, parts of structure]* se joindre (*to* à). **2** *vt sep* fixer; (*by tying*) attacher.
join up 1 *vi* (*Mil*) s'engager. **2** *vt sep* (*gen*) joindre; *wires etc* connecter.
♦ **joiner** *n* menuisier *m*. ♦ **joinery** *n* menuiserie *f*.

joint [dʒɔɪnt] **1** *n* (a) (*Anat*) articulation *f*. **out of** ~ **shoulder** déboîté; *wrist* luxé; (*fig*) de travers; **to put out of** ~ **one's shoulder** se déboîter; *one's wrist* se luxer. (b) (*Carpentry*) jointure *f*; articulation *f*. (c) (*Culin*) rôti *m*. **a cut off the** ~ une tranche de rôti. (d) (‡: *place*) boîte* *f*. (e) (*Drugs sl: reefer*) joint *m* (*sl*). **2** *adj decision, account* commun; *committee* mixte; *consultations* bilatéral; *effort* commun. ~ **author** coauteur *m*; ~ **ownership** copropriété *f*; ~ **responsibility** coresponsabilité *f*. **3** *vt* (*Culin*) découper (aux jointures). ♦ **jointed** *adj doll etc* articulé; *tent pole etc* démontable. ♦ **jointly** *adv* en commun, conjointement. ♦ **joint-stock company** *n* société *f* par actions.

joist [dʒɔɪst] *n* solive *f*.

joke [dʒəʊk] **1** *n* (a) plaisanterie *f*, blague* *f*. **for a** ~ pour rire; **to make a** ~ **about** plaisanter sur; **he can't take a** ~ il ne comprend pas la plaisanterie; **it's no** ~ ce n'est pas drôle (*doing* de faire); **what a** ~! ce que c'est drôle!; **it's beyond a** ~* ça cesse d'être drôle; **the** ~ **is that** ... le plus drôle c'est que ...; **he is the** ~ **of the village** il est la risée du village. (b) (*practical* ~) tour *m*. **to play a** ~ **on sb** jouer un tour à qn. **2** *vi* plaisanter, blaguer*. **you're joking**! vous voulez rire!, sans blague!*; **I was only joking** ce n'était qu'une plaisanterie; **to** ~ **about sth** plaisanter sur qch; (*mock*) se moquer de qch. ♦ **joker** *n* blagueur* *m*, -euse* *f*; (‡: *person*) type* *m*; (*Cards*) joker *m*. ♦ **joking 1** *adj tone* de plaisanterie; **2** *n* plaisanteries *fpl*, blagues* *fpl*. ♦ **jokingly** *adv* en plaisantant; **it was jokingly called a luxury hotel** on l'avait baptisé, avec le plus grand sérieux, hôtel de luxe.

jolly [dʒɒlɪ] **1** *adj* (*merry*) enjoué, jovial; (*: pleasant*) agréable, amusant. **2** *adv* (*) drôlement*, rudement*. **you are** ~ **lucky** tu as une drôle de veine*; **you** ~ **well will go**! pas question que tu n'y ailles pas! ♦ **jollification*** *n* réjouissances *fpl*. ♦ **jollity** *n* joyeuse humeur *f*.

jolt [dʒəʊlt] **1** *vi* [*vehicle*] cahoter. **to** ~ **along** avancer en cahotant. **2** *vt* (*lit, fig*) secouer, cahoter. (*fig*) **to** ~ **sb into action** secouer qn, inciter qn à agir. **3** *n* (*jerk*) secousse *f*, à-coup *m*; (*fig*) choc *m*. **it gave me a** ~ ça m'a fait un coup*.

Jordan [dʒɔːdn] *n* (*country*) Jordanie *f*; (*river*) Jourdain *m*.

joss stick [dʒɒsstɪk] *n* bâton *m* d'encens.

jostle [dʒɒsl] **1** *vi* se bousculer. **he** ~**d against me** il m'a bousculé; **to** ~ **for sth** jouer des coudes pour obtenir qch. **2** *vt* bousculer.

jot [dʒɒt] **1** *n* brin *m*, iota *m*. **not a** ~ **of truth** pas un grain de vérité. **2** *vt* (~ **down**) *details* noter; *notes* prendre. ♦ **jotter** *n* (*book*) cahier *m* (de brouillon); (*pad*) bloc-notes *m*. ♦ **jottings** *npl* notes *fpl*.

journal [dʒɜːnl] *n* (*periodical*) revue *f*; (*newspaper*) journal *m*; (*Naut*) livre *m* de bord; (*Comm*) livre de comptes; (*Jur*) compte rendu *m*; (*diary*) journal *m*. ♦ **journalese** *n* jargon *m* journalistique. ♦ **journalism** *n* journalisme *m*. ♦ **journalist** *n* journaliste *mf*. ♦ **journalistic** *adj* journalistique.

journey [dʒɜːnɪ] **1** *n* (*travelling, trip*) voyage *m*; (*distance covered*) trajet *m*. **a 2 days'** ~ un

voyage de 2 jours; **a 10 mile** ~ un trajet de 10 miles; **to go on a** ~ partir en voyage; **to reach one's** ~**'s end** arriver à destination; **the** ~ **from home to office** le trajet de la maison au bureau; **the return** ~ le (voyage de) retour; **the** ~ **there and back** le voyage *or* trajet aller et retour; **a car** ~ un voyage en voiture; **a long bus** ~ un long trajet en autobus. **2** *vi* voyager.

jovial [dʒəʊvɪəl] *adj* jovial. ♦ **joviality** *n* jovialité *f*.

joy [dʒɔɪ] *n* (a) joie *f*. **to my great** ~ à ma grande joie; (*iro*) **I wish you** ~ **of it**! je vous souhaite du plaisir! (b) (*gen pl*) ~**s** plaisirs *mpl*; **it's a** ~ **to hear him** c'est un vrai plaisir de l'entendre. ♦ **joyful** *adj* joyeux. ♦ **joyfully** *adv* joyeusement. ♦ **joyous** *adj* (*liter*) joyeux. ♦ **joyride** *n* **to go for a** ~**ride** faire une virée* en voiture (*parfois volée*). ♦ **joystick** *n* manche *m* à balai (*Aviat*).

jubilant [dʒuːbɪlənt] *adj* débordant de joie. [*person*] **to be** ~ jubiler. ♦ **jubilation** *n* (a) (*emotion*) allégresse *f*, jubilation *f*; (b) (*celebration*) réjouissance(s) *f(pl)*.

jubilee [dʒuːbɪliː] *n* jubilé *m*.

judge [dʒʌdʒ] **1** *n* juge *m*. **to be a good** ~ **of** *character* savoir juger; *wine* s'y connaître en. **2** *vt* juger. **to** ~ **it necessary to do** juger *or* estimer nécessaire de faire; **he** ~**d the moment well** il a bien su choisir son moment (*to do* pour faire). **3** *vi* juger. **to** ~ **for oneself** juger par soi-même; **as far as one can** ~ autant qu'on puisse en juger; **judging by** *or* **from** à en juger par *or* d'après. ♦ **judg(e)ment** *n* jugement *m*; **to pass** ~**ment** prononcer un jugement (*on* sur); (*fig*) **to give one's** ~**ment** donner son avis (*on* sur).

judicial [dʒuːdɪʃl] *adj* (a) (*Jur*) *power, proceedings, inquiry* judiciaire; *murder* juridique. (b) (*critical*) *mind, faculty* critique.

judiciary [dʒuːdɪʃɪərɪ] *n* magistrature *f*.

judicious [dʒuːdɪʃəs] *adj* judicieux. ♦ **judiciously** *adv* judicieusement.

judo [dʒuːdəʊ] *n* judo *m*.

jug [dʒʌg] *n* (a) (*for milk etc*) pot *m*; (*of earthenware*) cruche *f*. (b) (*prison*) in ~‡ en taule‡ *f*. ♦ **jugged** *adj*: ~**ged hare** civet *m* de lièvre.

juggernaut [dʒʌgənɔːt] *n* (*Aut*) mastodonte *m*.

juggle [dʒʌgl] **1** *vi* jongler (*with* avec). **2** *vt* jongler avec. ♦ **juggler** *n* jongleur *m*, -euse *f*; (*conjurer*) prestidigitateur *m*, -trice *f*.

jugular [dʒʌgjʊləʳ] *adj* (*Anat*) jugulaire.

juice [dʒuːs] *n* [*fruit, meat*] jus *m* (*also fig: petrol etc*). (*Physiol*) ~**s** sucs *mpl*. ♦ **juicer** *n* (*US*) centrifugeuse *f*. ♦ **juiciness** *n* juteux *m*. ♦ **juicy** *adj fruit* juteux; *meat* moelleux; *story* savoureux.

jujitsu [dʒuːdʒɪtsuː] *n* jiu-jitsu *m*.

jukebox [dʒuːkbɒks] *n* juke-box *m*.

July [dʒuːlaɪ] *n* juillet *m*; *for phrases V* **September**.

jumble [dʒʌmbl] **1** *vt* (~ **up**) *objects* mélanger; *facts, details* brouiller, embrouiller. ~**d up** (*up*) pêle-mêle. **2** *n* (a) mélange *m*, fouillis *m*. (b) (*at* ~ *sale*) bric-à-brac *m*. **3** *adj*: ~ **sale** vente *f* de charité (d'objets d'occasion).

jumbo [dʒʌmbəʊ] **1** *n* (*) éléphant *m*. **2** *adj*: ~ **jet** jumbo-jet *m*.

jump [dʒʌmp] **1** *n* (a) (*leap*) saut *m*; (*of fear*) sursaut *m*. **to give a** ~ faire un saut, sauter; (*nervously*) sursauter; **at one** ~ d'un (seul) bond; **the** ~ **in prices** la hausse brutale des prix. (b) (*show-jumping*) saut *m*; (*fence*) obstacle *m*.
2 *vi* (*leap*) sauter, bondir; (*nervously*) sursauter; [*prices*] faire un bond, monter en flèche. **to** ~ **up and down** sautiller; **to** ~ **in/out** *etc* entrer/ sortir *etc* d'un bond; **to** ~ **off sth** sauter de qch; **to** ~ **on(to) a bus** sauter dans un autobus; **to** ~ **on(to) a bicycle** sauter sur un vélo; **to** ~ **in**! (*into vehicle*) montez vite!; (*into swimming pool*) sautez!; (*onto truck, bus*) ~ **on**! montez vite!; **to** ~ **out of bed** sauter (à bas) du lit; **to** ~ **out of the window** sauter

par la fenêtre; to ~ **out of a car** sauter d'une voiture; (*from car etc*) ~ **out!** sortez *or* descendez vite!; ~ **to it!*** et que ça saute!*; (*fig*) to ~ **at sth** sauter sur qch; (*fig*) to ~ **on sb*** prendre qn à partie; to ~ **to a conclusion** conclure hâtivement; **you mustn't** ~ **to conclusions** il ne faut pas tirer des conclusions trop hâtives; to ~ **down sb's throat*** rabrouer qn; it **almost made him** ~ **out of his skin*** ça l'a fait sauter au plafond*.

3 *vt* ditch etc sauter, franchir (d'un bond); *horse* faire sauter. *[train]* to ~ **the rails** dérailler; to ~ **the points** dérailler à l'aiguillage;*[pickup]* to ~ **a groove** sauter; (*Jur*) to ~ **bail** ne pas comparaître; (*fig*) to ~ **the gun*** agir prématurément; (*Aut*) to ~ **the lights** passer au rouge; to ~ **the queue** resquiller; to ~ **ship** déserter le navire; to ~ **sb•** rouler qn*.

jump about, jump around *vi* sautiller.
jump down *vi* descendre (d'un bond).
jump up *vi* se lever d'un bond. (*to fallen child*) ~ **up now!** lève-toi!

♦ **jumped-up*** *adj* (*pushing*) parvenu; (*conceited*) prétentieux. ♦ **jumper** *n* pull(over) *m*. ♦ **jumpy*** *adj person* nerveux.

junction ['dʒʌŋkʃən] *n* (**a**) (*meeting place*) *[pipes]* raccordement *m*; *[roads]* bifurcation *f*; *[rivers]* confluent *m*; *[railway lines]* embranchement *m*. (**b**) (*crossroads*) carrefour *m*; (*station*) gare *f* de jonction.

juncture ['dʒʌŋktʃər] *n* (*joining place*) point *m* de jonction; (*state of affairs*) conjoncture *f*. **at this** ~ à ce moment-là.

June [dʒuːn] *n* juin *m*; *for phrases V* **September**.

jungle ['dʒʌŋgl] **1** *n* jungle *f*. **2** *adj animal* de la jungle; *warfare* de jungle.

junior ['dʒuːnɪər] **1** *adj* (*younger*) (plus) jeune, cadet; (*Sport*) ≈ cadet; *employee, officer, job* subalterne. **John Smith J~** John Smith fils *or* junior; (*Brit*) ~ **school** école *f* primaire (*de 8 à 11 ans*), cours moyen; (*Comm*) ~ **miss** fillette *f* (*de 11 à 14 ans*); (*US*) ~ **high school** collège *m* d'enseignement secondaire (*de 12 à 15 ans*); ~ **executive** jeune cadre *m*; (*Parl*) **J~ Minister** ≈ secrétaire *m* d'État; ~ **partner** associé(-adjoint) *m*. **2** *n* cadet(te) *m(f)*; (*Brit Scol*) petit(e) élève *m(f)* (*de 8 à 11 ans*).

juniper ['dʒuːnɪpər] *n* genévrier *m*. ~ **berries** du genièvre.

junk[1] [dʒʌŋk] **1** *n* (*rubbish*) bric-à-brac *m inv*; (*metal*) ferraille *f*; (*: *bad quality goods*) camelote* *f*; (‡: *nonsense*) âneries *fpl*; (*Drugs sl*) came *f* (*sl*).

2 *adj*: ~ **heap**, ~ **yard** dépotoir *m*.
♦ **junkie** *n* (*Drugs sl*) drogué(e) *m(f)*. ♦ **junkshop** *n* boutique *f* de brocanteur.

junk[2] [dʒʌŋk] *n* (*boat*) jonque *f*.

junket ['dʒʌŋkɪt] *n* (**a**) (*Culin*) lait *m* caillé. (**b**) (*also junketing*) (*merrymaking*) bombance *f*; (*: *trip at public expense*) voyage *m* aux frais de la princesse*.

junta ['dʒʌntə] *n* junte *f*.

Jupiter ['dʒuːpɪtər] *n* (*Myth*) Jupiter *m*; (*Astron*) Jupiter *f*.

jurisdiction [,dʒʊərɪs'dɪkʃən] *n* juridiction *f*. **it comes within our** ~ c'est de notre compétence.

jury ['dʒʊərɪ] **1** *n* (*Jur*) jury *m*, jurés *mpl*; *[exhibition etc]* jury *m*. **to be on the** ~ faire partie du jury. **2** *adj*: ~ **box** banc *m* des jurés. ♦ **juror** *n* juré *m*; **woman juror** femme *f* juré. ♦ **juryman** *n* juré *m*.

just[1] [dʒʌst] *adv* (**a**) (*exactly*) juste, exactement. **it's** ~ **on 9** il est tout juste 9 heures; **it cost** ~ **on 50 francs** cela a coûté tout juste 50 F; ~ **what did he say?** qu'est-ce qu'il a dit exactement *or* au juste?; (*fig*) **come** ~ **as you are** venez comme vous êtes; ~ **as I thought, you** ... c'est bien ce que je pensais, tu ...; ~ **as you wish** comme vous voulez; ~ **at that moment** à ce moment-là; ~ **when everything is**

going so well! juste quand tout va si bien!; **that's** ~ **it!**, **that's** ~ **the point!** justement!; **that's** ~ **Robert, always late** c'est bien Robert, toujours en retard; ~ **so!** exactement!; **everything was** ~ **so*** tout était bien en ordre.

(**b**) (*at this or that moment*) juste. **we're** ~ **off** nous partons; (**I'm**) ~ **coming!** j'arrive!; **we're** ~ **about to start** nous sommes sur le point de commencer; **to have** ~ **done** venir de faire; ~ **this minute**, ~ **this instant** à l'instant.

(**c**) (*almost not*) juste, de justesse. **we (only)** ~ **caught the train** c'est tout juste si nous avons eu le train; **we only** ~ **missed the train** nous avons manqué le train de très peu; **you're** ~ **in time** vous arrivez juste à temps; **I have only** ~ **enough money** j'ai tout juste assez d'argent; **he passed the exam but only** ~ il a été reçu à l'examen mais de justesse.

(**d**) (*with expressions of place*) juste. ~ **here** juste ici; ~ **over there/here** juste là/ici; ~ **by the church** juste à côté de l'église.

(**e**) (*almost*) ~ **about** à peu près, presque. **I've had** ~ **about enough!*** j'en ai par-dessus la tête!*

(**f**) (*in comparison*) ~ **as** tout aussi; **you sing** ~ **as well as I do** vous chantez tout aussi bien que moi.

(**g**) (+*imper*) donc, un peu. ~ **taste this!** goûte un peu à ça!*; ~ **look at that!** regarde-moi ça!*; ~ **shut up!*** veux-tu te taire!; ~ **let me get my hands on him!*** que je l'attrape (*subj*) un peu!"

(**h**) (*slightly, immediately*) (un) peu, juste. ~ **over/under £10** un peu plus/moins de 10 livres; ~ **after 9 o'clock he came in** peu après 9 heures il est entré; **it's** ~ **after 9 o'clock** il est un peu plus de 9 heures; ~ **after he came** juste après son arrivée; ~ **before it rained** juste avant la pluie; **that's** ~ **over the kilo** cela fait tout juste un peu plus du kilo; **it's** ~ **to the left** c'est juste à gauche.

(**i**) (*only*) juste. ~ **a moment please** un instant s'il vous plaît; **he's** ~ **a lad** ce n'est qu'un gamin; **don't go yet, it's** ~ **9 o'clock** ne partez pas encore, il n'est que 9 heures; **I've come** ~ **to see you** je suis venu exprès pour te voir; **he did it** ~ **for a laugh*** il l'a fait histoire de rire; ~ **a line to let you know that** ... juste un petit mot pour vous dire que ... .

(**j**) (*simply*) (tout) simplement, seulement. **I** ~ **told him to go away** je lui ai tout simplement dit de s'en aller; **you should** ~ **send it back** vous n'avez qu'à le renvoyer; **I would** ~ **like to say this** je voudrais seulement *or* simplement dire ceci; **I** ~ **can't imagine what's happened to him** je ne peux vraiment pas m'imaginer *or* je n'arrive pas à imaginer ce qui lui est arrivé; **we shall** ~ **drop in on him** nous ne ferons que passer chez lui; **it's** ~ **one of those things*** c'est la vie.

(**k**) (*emphatic*) absolument, tout simplement. **it's** ~ **fine!** c'est parfait!; **did you enjoy it? – did we** ~**!*** *or* **I should** ~ **say we did!*** cela vous a plu? – et comment!*

(**l**) (*phrases*) **it's** ~ **as well** it's insured heureusement que c'est assuré; **it would be** ~ **as well if he took it** il ferait aussi bien de le prendre; **I'm busy** ~ **now** je suis occupé pour l'instant; **I saw him** ~ **now** je l'ai vu tout à l'heure; **not** ~ **yet** pas tout de suite; **I'm taking my umbrella,** ~ **in case** je prends mon parapluie on ne sait jamais *or* à tout hasard; ~ **the same*, you** ... tout de même, tu ...; **I'd** ~ **as soon you kept quiet about it** j'aimerais autant que vous n'en disiez rien à personne.

just[2] [dʒʌst] *adj* (*fair: gen*) juste (*to, towards* envers, avec). **it is only** ~ **to point out that** ... ce n'est que justice de faire remarquer que ... .
♦ **justice** *n* (**a**) (*Jur*) justice *f*; **to bring sb to** ~**ice** amener qn devant les tribunaux; (*US*) **Department of Justice** ministère *m* de la Justice; (**b**) (*fairness*) équité *f*; **in** ~**ice to him he** ..., **to do him**

~ice he ... pour être juste envers lui il ...; **this photo doesn't do him** ~ice cette photo ne l'avantage pas; **she never does herself** ~ice elle ne se montre jamais à sa juste valeur; **to do** ~ice to a meal faire honneur à un repas; **(c)** *(judge)* juge *m*; *(Brit)* **Justice of the Peace** juge de paix. ♦ **justly** *adv* avec raison, tout à fait justement. ♦ **justness** *n [cause]* justice *f*; *[decision etc]* justesse *f*.

justify ['dʒʌstɪfaɪ] *vt (gen)* justifier; *decision* prouver le bien-fondé de. **to be justified in doing être** en droit de faire; **am I justified in thinking ...?** est-ce que j'ai raison de penser ...?

♦ **justifiable** *adj* justifiable. ♦ **justifiably** *adv* légitimement, avec raison. ♦ **justification** *n* justification *f (of* de, *for* à, pour).

jut [dʒʌt] *vi* (~ **out**) *(gen)* faire saillie; *[hidden object]* dépasser; *[cliff]* avancer. **to ~ (out) over sth** surplomber qch.

jute [dʒuːt] *n* jute *m*.

juvenile ['dʒuːvənaɪl] *adj* juvénile; *(pej)* puéril; *books, court* pour enfants. ~ **delinquency** délinquance *f* juvénile; ~ **delinquent** jeune délinquant(e) *m(f)*.

juxtaposition [ˌdʒʌkstəpə'zɪʃən] *n* juxtaposition *f*. **to be in** ~ se juxtaposer.

K

K, k [keɪ] *n* K, k *m*.
kaftan ['kæftæn] *n* kaftan *m*.
kail, kale [keɪl] *n* chou *m* frisé.
kaleidoscope [kə'laɪdəskəʊp] *n* kaléidoscope *m*.
kangaroo [ˌkæŋgə'ruː] *n* kangourou *m*.
kaolin ['keɪəlɪn] *n* kaolin *m*.
kapok ['keɪpɒk] *n* kapok *m*.
kaputt [kə'pʊt] *adj* fichu*, kaputt *inv*.
karate [kə'rɑːtɪ] *n* karaté *m*.
kart [kɑːt] **1** *n* kart *m*. **2** *vi*: **to go** ~**ing** faire du
karting.
kayak ['kaɪæk] *n* kayak *m*.
kebab [kə'bæb] *n* kébab *m*, brochette *f*.
kedgeree [ˌkedʒə'riː] *n* ≃ pilaf *m* de poisson.
keel [kiːl] *n* (*Naut*) quille *f*. **on an even** ~ (*Naut*)
dans ses lignes, à égal tirant d'eau; (*fig*) stable, en
équilibre.
♦ **keel over** *vi* (*Naut*) chavirer; [*person*] tomber
dans les pommes*, s'évanouir.
keen [kiːn] *adj* (a) *blade, appetite* aiguisé; *point*
aigu; *wind, cold* piquant; *air, interest* vif;
pleasure, desire, feeling intense; *eye* perçant;
hearing, ear fin; *price, competition* serré; *intelli-*
gence, judgment pénétrant. **to be as** ~ **as mus-**
tard déborder d'enthousiasme; **a** ~ **footballer** un
passionné du football; **a very** ~ **socialist** un
socialiste passionné; **to be** ~ **on** *music* avoir la
passion de; *idea, suggestion* être enthousiasmé
par; *person* avoir un béguin pour; **to grow** ~ **on**
sth/sb se passionner pour qch/qn; **I'm not too** ~ **on**
him il ne me plaît pas beaucoup; **he's very** ~ **on**
Mozart/football *etc* c'est un passionné de
Mozart/du football *etc*; **he's not** ~ **on her coming**
il ne tient pas tellement à ce qu'elle vienne; **to be**
~ **to do** tenir absolument à faire. ♦ **keenly** *adv*
(a) (*acutely*) *interest, feel* vivement; *desire*
ardemment; *observe* astucieusement; *look* d'un
regard pénétrant; **(b)** (*enthusiastically*) avec
enthousiasme. ♦ **keenness** *n* enthousiasme *m*.
keep [kiːp] *pret, ptp* **kept 1** *vt* **(a)** (*gen*) garder.
you must ~ **the receipt** il faut garder le reçu *or*
conserver le reçu; **they** ~ **themselves to them-**
selves [*group*] ils font bande à part; [*couple*] ils se
tiennent à l'écart; **to** ~ **sth clean** tenir *or* garder
qch propre; **to** ~ **o.s. clean** être toujours propre;
exercise will ~ **you fit** l'exercice physique vous
maintiendra en forme; **the garden was well kept**
le jardin était bien entretenu; **he kept them**
working *or* **at it** il les a forcés à continuer de
travailler; **to** ~ **sb waiting** faire attendre qn; **she**
kept him to his promise elle l'a forcé à tenir sa
promesse; **to** ~ **a piece of news from sb** cacher
une nouvelle à qn; ~ **it to yourself**, ~ **it under**
your hat* garde-le pour toi. **(b)** (*put aside*)
garder, mettre de côté. **I've kept some for him** je
lui en ai gardé; **I'm** ~**ing some sugar just in case**
j'ai du sucre en réserve à tout hasard; ~ **it some-**
where safe mettez-le en lieu sûr; **you must** ~ **it in**
a cold place il faut le garder *or* le conserver au
froid. **(c)** (*detain*) garder, retenir. **to** ~ **sb in**
prison garder qn en prison; **what kept you?**
qu'est-ce qui vous a retenu? **(d)** (*own, have*) *shop,*
hotel, servants avoir; (*Comm: stock*) vendre,
avoir. (*Agr*) *animals* élever. **(e)** *accounts, diary*
tenir. **to** ~ **a note of** noter. **(f)** (*support*) *family*

faire vivre. **I earn enough to** ~ **myself** je gagne
assez pour vivre; **to** ~ **sb in food/clothing** nour-
rir/habiller qn. **(g)** (*restrain*) **to** ~ **sb from doing**
empêcher qn de faire; ~ **him from school** ne l'envoyez pas à l'école. **(h)** (*fulfil*) *promise* tenir; *law,*
rule, Lent observer; *treaty* respecter; *vow* rester
fidèle à; *obligations* remplir; *feast day* célébrer;
sb's birthday fêter. **to** ~ **an appointment** se
rendre à un rendez-vous.
2 *vi* **(a)** (*continue*) continuer, suivre; (*remain*)
rester, se tenir. ~ **on this road until ...** suivez cette
route jusqu'à ...; **to** ~ **(to the) left/right** garder sa
gauche/droite; (*Aut*) tenir sa gauche/droite; **to** ~
straight on continuer tout droit; **to** ~ **to** *promise*
tenir; *subject* ne pas s'écarter de; *text* serrer; **to** ~
doing continuer à faire, ne pas cesser de faire;
she ~**s talking** elle n'arrête pas de parler; **I** ~
hoping that ... j'espère toujours que ...; ~ **going!**
allez-y!; ~ **smiling!** gardez le sourire!; **to** ~ **fit** se
maintenir en forme; **he** ~**s in good health** il est
toujours en bonne santé; **to** ~ **still** rester *or* se
tenir tranquille; ~ **at it!** continuez!; **she** ~**s at him**
all the time elle le harcèle, elle est toujours après
lui; '~ **off the grass'** 'défense de marcher sur les
pelouses'; **to** ~ **from doing** s'abstenir *or* se retenir
de faire; **to** ~ **in with sb*** rester en bons termes
avec qn, (*for one's own purposes*) cultiver qn; **to**
~ **to one's room/bed** garder la chambre/le lit;
they ~ **to themselves** [*group*] ils font bande à
part; [*couple*] ils se tiennent à l'écart. **(b)** (*in*
health) aller. **how are you** ~**ing?** comment allez-
vous?; **she's not** ~**ing very well** elle ne va pas très
bien; **he's** ~**ing better** il va mieux. **(c)** [*food etc*]
se garder, se conserver. **apples that** ~ **all winter**
des pommes qui se gardent *or* se conservent tout
l'hiver; **this business can** ~* cette affaire peut
attendre.
3 *n* **(a)** (*food etc*) **to earn one's** ~ gagner sa vie;
I got £15 a week and my ~ j'ai gagné 15 livres par
semaine logé et nourri; **he's not worth his** ~ il ne
vaut pas ce qu'on dépense pour l'entretenir. **(b)**
(*Archit*) donjon *m*. **(c) for** ~**s*** pour de bon.
keep away 1 *vi* (*lit*) ne pas s'approcher (*from*
de). (*fig*) **to** ~ **away from drink** s'abstenir de
boire, ne pas boire. **2** *vt sep person* empêcher de
s'approcher (*from* de).
keep back 1 *vi* rester en arrière, ne pas
approcher. **2** *vt sep* **(a)** (*withhold*) *part of wages*
etc retenir. **(b)** (*conceal*) *facts, names* ne pas
dire, ne pas révéler; *secrets* taire. **(c)** (*make late*)
retarder. **(d)** *crowd* empêcher de s'approcher.
keep down 1 *vi* rester assis (*or* allongé *etc*). **2** *vt*
sep **(a)** (*control*) *revolt, one's anger* réprimer,
contenir; *dog* retenir, maîtriser. **you can't** ~ **a**
good man down un homme de valeur reprendra
toujours le dessus. **(b)** *spending* restreindre, limiter; *prices* empêcher de monter. **(c)** (*Scol*)
pupil faire redoubler une classe à. **(d) the sick**
man can't ~ **anything down** le malade ne garde
rien.
keep in *vt sep* **(a)** *anger, feelings* contenir,
réprimer. **(b)** *person* empêcher de sortir; (*Scol*)
pupil garder en retenue; *stomach, elbows*
rentrer.
keep off 1 *vi* [*person*] rester à l'écart; ~ **off!** n'approchez pas!; **if the rain** ~**s off** s'il ne pleut pas.

2 *vt sep dog, person* empêcher de s'approcher. ~ **your hands off!** ne touchez pas!
keep on 1 *vi* continuer (*to do* à faire), ne pas arrêter (*to do* de faire). **don't** ~ **on so!** arrête!; **she does** ~ **on about ...** elle n'arrête pas de parler de ...; ~ **on past the church till ...** continuez après l'église jusqu'à ...; **if you** ~ **on as you're doing now** si tu continues comme ça; **to** ~ **on at sb** harceler qn. **2** *vt sep* garder.
keep out 1 *vi* rester en dehors. '~ **out**' 'défense d'entrer'; **to** ~ **out of danger** rester à l'abri du danger; **to** ~ **out of a quarrel** ne pas se mêler à une dispute; ~ **out of this!** mêlez-vous de ce qui vous regarde! **2** *vt sep person, dog* empêcher d'entrer. **to** ~ **out the cold** protéger du froid.
keep together 1 *vi [people]* rester ensemble. **2** *vt sep* garder ensemble.
keep up 1 *vi* **(a)** (*continue*) continuer; *[prices]* se maintenir. **(b) to** ~ **up with sb** (*in race, walk etc*) aller aussi vite que qn; (*in work, achievement*) se maintenir au niveau de qn; (*in comprehension*) suivre qn; (*fig*) **to** ~ **up with the Joneses** ne pas se trouver en reste avec les voisins. **(c)** (*stay friends with*) **to** ~ **up with sb** rester en relations avec qn. **2** *vt sep* **(a)** (*gen*) continuer, ne pas abandonner; *correspondence* entretenir; *subscription, custom* maintenir; *one's French etc* entretenir. ~ **it up!** continuez! **(b)** (*maintain*) *house, paintwork, road* entretenir.
♦ **keeper** *n* (*gen*) gardien(ne) *m(f)*; (*in museum etc*) conservateur *m*, -trice *f*; (*game~*) gardechasse *m*. ♦ **keep-fit** *adj*: ~**-fit classes** cours *mpl* de culture physique; ~**-fit exercises** culture *f* physique. ♦ **keeping** *n* **(a)** (*care*) garde *f*; **to put in sb's** ~**ing** confier à qn; **(b) to be in** ~**ing with** s'accorder avec; **in** ~**ing with** en accord avec. ♦ **keepsake** *n* souvenir *m* (*objet*).
keg [keg] *n* tonnelet *m*; *[fish]* caque *f*. ~ **beer** bière *f* en tonnelet.
kelp [kelp] *n* varech *m*.
ken [ken] *n*: **that is beyond my** ~ cela dépasse mes connaissances.
kennel ['kenl] *n [dog]* niche *f*; *[hound]* chenil *m*. **to put a dog in** ~**s** mettre un chien en chenil.
kept [kept] *pret, ptp* of **keep**.
kerb [kɜːb] *n* (*Brit*) bord *m* du trottoir. **along the** ~ le long du trottoir.
kernel ['kɜːnl] *n* amande *f* (*de noyau*).
kerosene ['kerəsiːn] **1** *n* kérosène *m*. **2** *adj* à pétrole.
kestrel ['kestrəl] *n* crécerelle *f*.
ketchup ['ketʃəp] *n* ketchup *m*.
kettle ['ketl] *n* bouilloire *f*. **the** ~**'s boiling** l'eau bout; **I'll just put the** ~ **on** je vais mettre l'eau à chauffer.
key [kiː] **1** *n* **(a)** (*gen*) clef *f* or clé *f*; *[clockwork toy etc]* remontoir *m*; *[textbook]* (*answers*) solutions *fpl*; (*translation*) traduction *f*; *[mystery etc]* clef (*to* de). **to turn the** ~ donner un tour de clef. **(b)** *[piano, typewriter etc]* touche *f*; *[wind instrument]* clef *f*. **(c)** (*Mus*) ton *m*. **to be in/off** être/n'être pas dans le ton; **to sing in/off** ~ chanter juste/faux; **in the** ~ **of C** en do. **2** *adj* **(a)** (*vital*) clef or clé (*f inv*). ~ **industry** industrie *f* clef; ~ **jobs** postes *mpl* clefs; ~ **man** pivot *m* (*fig*). **(b)** (*Mus*) ~ **signature** armature *f*. ♦ **keyboard** *n* clavier *m*. ♦ **keyhole** *n*: **through the** ~**hole** par le trou de la serrure. ♦ **keynote 1** *n* (*Mus*) tonique *f*; *[speech etc]* note *f* dominante; **2** *adj* (*Pol etc*) ~**note speech** discours-programme *m*. ♦ **keyring** *n* porte-clefs *m inv*. ♦ **keystone** *n* clef *f* de voûte.
khaki ['kɑːkɪ] *adj* kaki *inv*.
kibbutz [kɪ'buts] *n, pl* -**im** kibboutz *m*.
kibosh ['kaɪbɒʃ] *n*: **to put the** ~ **on** mettre le holà à.
kick [kɪk] **1** *n* **(a)** coup *m* de pied. **to give sth a** ~ donner un coup de pied à or dans qch; **to take a** ~

at lancer un coup de pied à; **to give sb a** ~ **in the pants*** botter* le derrière à or de qn; (*fig*) **it was a** ~ **in the teeth*** for her cela a été pour elle une gifle en pleine figure; (*fig*) **he gets a** ~ **out of it*** il trouve ça stimulant, (*pej*) il y prend un malin plaisir; **he did it for** ~**s*** il l'a fait pour le plaisir. **(b)** *[gun]* recul *m*; *[starting handle]* retour *m*. **2** *vi* donner or lancer un coup de pied; *[baby]* gigoter*; *[horse etc]* ruer; *[gun]* reculer. **to** ~ **at** lancer un coup de pied à; (*fig: object to*) se rebiffer* contre; (*fig*) **to** ~ **over the traces** ruer dans les brancards. **3** *vt [person]* donner un coup de pied à or dans; *[horse etc]* lancer une ruade à. **to** ~ **sb downstairs** faire descendre qn à coups de pied dans le derrière; **to** ~ **sth away** repousser qch du pied; **to** ~ **a goal** marquer un but; (*fig*) **to** ~ **the bucket*** casser sa pipe*, mourir; **I could have** ~**ed myself*** je me serais flanqué* des coups; (*fig*) **to** ~ **one's heels** poireauter*.
kick about, kick around 1 *vi* (1) *[objects, person]* traîner. **2** *vt sep*: **to** ~ **a ball about** s'amuser avec un ballon.
kick back 1 *vi [engine]* avoir un retour de manivelle. **2** *vt sep ball etc* renvoyer (du pied).
kick down *vt sep door* démolir à coups de pied.
kick in *vt sep door* enfoncer à coups de pied. (*fig*) **to** ~ **sb's teeth in*** casser la figure* à qn.
kick off *vi* (*Ftbl*) donner le coup d'envoi; (*) *[meeting etc]* démarrer*.
kick out 1 *vi [horse]* ruer; *[person]* envoyer de grands coups de pied (*at* à). **2** *vt sep* (*fig) mettre à la porte.
kick up *vt sep* (*fig*) **to** ~ **up a row*** or **a din*** faire du tapage; **to** ~ **up a fuss*** faire toute une histoire.
♦ **kick-off** *n* (*Ftbl etc, also fig**) coup *m* d'envoi. ♦ **kick-stand** *n* béquille *f* (*de moto*). ♦ **kick-start(er)** *n* démarreur *m* au pied.
kid [kɪd] **1** *n* (*goat, leather*) chevreau *m*; (*: *child*) gosse* *mf*. **2** *adj* **(a)** (*) *brother etc* petit. **(b)** *gloves etc* de chevreau. (*fig*) **to handle with** ~ **gloves** *person* prendre des gants avec*; *subject* traiter avec précaution. **3** *vt* (*) **to** ~ **sb (on)** faire marcher qn*; **no** ~**ding!** sans blague!*; **don't** ~ **yourself!** ne te fais pas d'illusions!; **he was** ~**ding on that he was hurt** il essayait de faire croire qu'il était blessé. **4** *vi* (*: ~ **on**) raconter des blagues*. **I was only** ~**ding (on)** j'ai dit ça pour rigoler*.
♦ **kiddy*** *n* gosse* *mf*, mioche* *mf*.
kidnap ['kɪdnæp] *vt* kidnapper, enlever. ♦ **kidnapper** *n* kidnappeur *m*, enleveur *m*, -euse *f*, ravisseur *m*, -euse *f*. ♦ **kidnapping** *n* enlèvement *m*, rapt *m*.
kidney ['kɪdnɪ] **1** *n* (*Anat*) rein *m*; (*Culin*) rognon *m*. (*fig*) **of the same** ~ du même acabit. **2** *adj disease etc* rénal; *transplant* du rein. **to be on a** ~ **machine** être sous rein artificiel; ~ **stone** calcul *m* du rein. ♦ **kidney-bean** *n* haricot *m* rouge. ♦ **kidney-shaped** *adj* en forme de haricot.
kill [kɪl] **1** *n* (*at bullfight, hunt*) mise *f* à mort. (*fig*) **to be in at the** ~ assister au coup de grâce. **2** *vt* **(a)** (*gen*) tuer; *murder* assassiner; *[huntsman, slaughterer]* abattre. **to be** ~**ed in action** tomber au champ d'honneur; (*fig*) **to** ~ **two birds with one stone** faire d'une pierre deux coups; **it was** ~ **or cure** c'était un remède de cheval; (*iro*) **don't** ~ **yourself!*** surtout ne te surmène pas!; **this heat is** ~**ing me*** cette chaleur me tue; **my feet are** ~**ing me*** j'ai affreusement mal aux pieds; **she was** ~**ing herself (laughing)*** elle était pliée en deux de rire. **(b)** (*fig*) *proposal, attempt* faire échouer; *paragraph etc* supprimer; *story* interdire la publication de; *rumour* mettre fin à; *feeling, hope* détruire; *flavour, smell* tuer; *sound* amortir; *engine, motor* arrêter; (*) *bottle* liquider*. **to** ~ **time** tuer le temps.
kill off *vt sep* exterminer; (*fig*) éliminer.
♦ **killer** *n* tueur *m*, -euse *f*; *[murderer]* assassin *m*, meurtrier *m*, -ière *f*; (*lit*) **that's a** ~**er** cela tue; **2** *adj disease* qui tue; *instinct* qui pousse à tuer;

(fig) **he's got the ~er instinct** il sait se montrer impitoyable; **~er whale** épaulard *m*. ♦ **killing 1** *n* *[person]* massacre *m*; *[people, group]* tuerie *f*, massacre *m*; *(during disturbances etc)* **there were 3 ~ings** 3 personnes ont été tuées; *(Fin)* **to make a ~ing** réussir un beau coup (de filet); **2** *adj* **blow, disease** meurtrier; *(*: *exhausting)* **work** tuant; *(*: *funny)* tordant*. ♦ **killjoy** *n* rabat-joie *m inv*.

kiln [kɪln] *n* four *m* *(de potier)*.

kilo ['kiːləʊ] *n* kilo *m*. ♦ **kilogram(me)** *n* kilogramme *m*. ♦ **kilometre, (US) kilometer** ['kɪlə,miːtəʳ, kɪ'lɒmɪtəʳ] *n* kilomètre *m*. ♦ **kilowatt** *n* kilowatt *m*.

kilt [kɪlt] *n* kilt *m*. ♦ **kilted** *adj* en kilt.

kilter* ['kɪltəʳ] *n*: **out of ~** détraqué.

kin [kɪn] *n* parents *mpl*, famille *f*. **his next of ~** son parent le plus proche. ♦ **kinsman** *n* parent *m*. ♦ **kinswoman** *n* parente *f*.

kind [kaɪnd] **1** *n* **(a)** *(type: gen)* genre *m*, espèce *f*, sorte *f*; *(make: of car, coffee etc)* marque *f*. **what ~ do you want?** vous en *(or* le *or* la *etc)* voulez de quelle sorte?; **what ~ of car is it?** quelle marque de voiture est-ce?; **what ~ of dog is he?** qu'est-ce que c'est comme (race de) chien?; **what ~ of man is he?** quel genre d'homme est-ce?; **he is not the ~ of man to refuse** ce n'est pas le genre d'homme à refuser; **he's not that ~ of person** ce n'est pas son genre; **he's the ~ that will cheat** il est du genre à tricher; **I know his ~!** je connais les gens de son espèce; **that's the ~ of person I am** c'est comme ça que je suis; **what ~ of people does he think we are?** pour qui nous prend-il?; **what ~ of an answer do you call that?** vous appelez ça une réponse?; **and all that ~ of thing** et autres choses du même genre, et tout ça*; **you know the ~ of thing I mean** vous voyez ce que je veux dire; **it's my ~ of film** c'est le genre de film que j'aime; **sth of the ~** qch de ce genre(-là); **nothing of the ~!** absolument pas!; *(pej)* **it was beef of a ~** c'était qch qui pouvait passer pour du bœuf; **a ~ of** une sorte *or* espèce de, un genre de; **I was ~ of* frightened that** j'avais comme peur* que + ne + *subj*; **I ~ of* thought that he would come** j'avais un peu l'idée qu'il viendrait; **he was ~ of* worried-looking** il avait l'air un peu inquiet. **(b)** *(race, species)* genre *m*, espèce *f*. **they're two of a ~** ils se ressemblent; **it's the only one of its ~** c'est unique en son genre. **(c)** **to pay/payment in ~** payer/paiement *m* en nature; *(fig)* **I shall repay you in ~** *(after good deed)* je vous le rendrai; *(after bad deed)* je vous rendrai la monnaie de votre pièce.

2 *adj* **person** gentil *(to sb* avec qn), bon *(to sb* envers qn), aimable. **would you be ~ enough to open the door?** voulez-vous être assez aimable *or* gentil pour ouvrir la porte?; **he was ~ enough to say** il a eu la gentillesse *or* l'amabilité de dire; **it was very ~ of you to help me** vous avez été bien aimable de m'aider; **that's very ~ of you** c'est très aimable *or* gentil de votre part; **that wasn't a very ~ thing to say** ce n'était pas très gentil de dire cela.

♦ **kind-hearted** *adj* bon, qui a bon cœur. ♦ **kind-heartedness** *n* bonté *f*, bon cœur. ♦ **kindliness** *n* bienveillance *f*, bonté *f*. ♦ **kindly 1** *adv* **(a) speak, act** avec bonté, avec gentillesse; **(b) will you ~ly shut the door** voulez-vous avoir la bonté de fermer la porte; **(c) I don't take ~ly to his doing that** je n'aime pas du tout qu'il fasse cela; **she didn't take it ~ly when ...** elle ne l'a pas bien pris quand ...; **2** *adj* **person, advice** bienveillant; *voice* plein de bonté; *letter* gentil; *treatment* plein de gentillesse. ♦ **kindness** *n* bonté *f* *(towards* pour), gentillesse *f* *(towards* envers); *(kind act)* gentillesse *f*, service *m*; **out of the ~ness of his heart** par bonté d'âme; **to do sb a ~ness** rendre service à qn; **it would be a ~ness to tell him so** ce serait lui rendre service que de le lui dire.

kindergarten ['kɪndə,gɑːtn] *n* jardin *m* d'enfants.

kindle ['kɪndl] *vt* *fire* allumer; *wood, emotion* enflammer. ♦ **kindling** *n* petit bois *m*.

kindred ['kɪndrɪd] **1** *n* parents *mpl*, famille *f*. **2** *adj* **languages, tribes** apparenté. **~ spirits** âmes *fpl* sœurs; **to have a ~ feeling for sb** sympathiser avec qn.

king [kɪŋ] *n* roi *m* *(also Cards, Chess)*; *(Draughts)* dame *f*. **K~ David** le roi David; **an oil ~** un roi *or* un magnat du pétrole. ♦ **kingdom** *n* royaume *m*; *(Bot, Zool)* règne *m*; **the K~dom of Heaven** le royaume des cieux; **till ~dom come*** jusqu'à la fin des siècles. ♦ **kingfisher** *n* martin-pêcheur *m*. ♦ **kingly** *adj* royal, de roi. ♦ **kingpin** *n* *(lit, fig)* cheville *f* ouvrière. ♦ **king-size(d)** *adj* *(Comm)* **cigarette** long; *packet* géant; *(gen)* **object, headache** de première grandeur.

kink [kɪŋk] **1** *n* *(in rope etc)* entortillement *m*; *(fig)* aberration *f*. **2** *vi* s'entortiller. ♦ **kinky*** *adj* **hair** crépu; *person* bizarre, *(unpleasantly so)* malade *(fig pej)*, *(sexually)* qui a des goûts spéciaux; *idea, dress, fashion* bizarre.

kiosk ['kiːɒsk] *n* *(gen)* kiosque *m*; *(Brit: telephone ~)* cabine *f* téléphonique.

kipper ['kɪpəʳ] *n* hareng *m* fumé et salé, kipper *m*.

kirk [kɜːk] *n* *(Scot)* église *f*.

kiss [kɪs] **1** *n* baiser *m*. *(Med)* **~ of life** bouche à bouche *m*; *(fig)* **~ of death** coup *m* fatal; *(in letter)* **love and ~es** bons baisers *mpl*. **2** *vt* embrasser, donner un baiser à. **to ~ sb's cheek** embrasser qn sur la joue; **to ~ sb's hand** baiser la main de qn; **to ~ sb good night** embrasser qn en lui souhaitant bonne nuit. **3** *vi* s'embrasser.

kit [kɪt] *n* **(a)** *(equipment: gen)* matériel *m*, équipement *m*; *(Mil)* fourniment *m*; *(tools)* outils *mpl*; *(luggage)* bagages *mpl*; *(belongings)* affaires *fpl*. **fishing ~** matériel *or* équipement de pêche; **got your football ~?** tu as tes affaires de football? **(b)** *(set of items)* trousse *f*. **repair/tool ~** trousse de réparations/à outils; **first-aid ~** trousse de premiers secours. **(c)** *(parts for assembly)* kit *m*. **sold in ~ form** vendu en kit; **model aeroplane ~** maquette *f* d'avion à assembler.

kit out, kit up *vt sep* équiper *(with* de).

♦ **kitbag** *n* sac *m* *(de sportif, de marin etc)*.

kitchen ['kɪtʃɪn] **1** *n* cuisine *f* *(pièce)*. **2** *adj* **table, salt etc** de cuisine. **~ cabinet** buffet *m* de cuisine; **~ foil** papier *m* d'aluminium; **~ garden** potager *m*; **~ sink** évier *m*; **everything but the ~ sink*** tout sauf les murs; **~-sink* drama** théâtre *m* naturaliste; **~ soap** savon *m* de Marseille; **~ unit** élément *m* de cuisine. ♦ **kitchenette** *n* kitchenette *f*. ♦ **kitchenmaid** *n* fille *f* de cuisine. ♦ **kitchenware** *n* *(dishes)* vaisselle *f* *(de cuisine)*; *(equipment)* ustensiles *mpl* de cuisine.

kite [kaɪt] *n* *(bird)* milan *m*; *(toy)* cerf-volant *m*.

kith [kɪθ] *n*: **~ and kin** amis *mpl* et parents *mpl*.

kitsch [kɪtʃ] *adj, n* kitsch *(m)* inv.

kitten ['kɪtn] *n* chaton *m*, petit chat *m*. *(fig)* **to have ~s** piquer une crise*.

kitty ['kɪtɪ] *n* **(a)** *(Cards, also fig)* cagnotte *f*. **(b)** *(*: *cat)* minet* *m*.

kiwi ['kiːwiː] *n* kiwi *m*.

kleptomania [,kleptəʊ'meɪnɪə] *n* kleptomanie *f*. ♦ **kleptomaniac** *adj, n* kleptomane *(mf)*.

knack [næk] *n* tour *m* de main. **to learn the ~ of doing** attraper le tour de main pour faire; **to have the ~ of doing** avoir le chic pour faire.

knapsack ['næpsæk] *n* sac *m* à dos, havresac *m*.

knave [neɪv] *n* filou *m*; *(Cards)* valet *m*.

knead [niːd] *vt* **dough etc** pétrir; **muscles** masser.

knee [niː] *n* genou *m*. **on one's ~s** à genoux; **to go (down) on one's ~s** s'agenouiller, se mettre à genoux *(to sb* devant qn)*. ♦ **kneecap** *n* rotule *f*. ♦ **knee-deep** *adj*: **the water was ~-deep** l'eau arrivait aux genoux. ♦ **knee-high** *adj* à hauteur de genou. ♦ **kneepad** *n* genouillère *f*.

kneel [ni:l] *pret, ptp* **knelt** *vi* (~ **down**) s'agenouiller, se mettre à genoux.

knell [nel] *n* glas *m*. **to toll the** ~ sonner le glas.

knew [nju:] *pret of* **know**.

knickers ['nɪkəz] *npl* slip *m* (*de femme*).

knick-knack ['nɪknæk] *n* bibelot *m*.

knife [naɪf] **1** *n*, *pl* **knives** (*gen*) couteau *m*; (*pocket* ~) canif *m*. ~, **fork and spoon** couvert *m*; (*fig*) **he's got his** ~ **into me*** il a une dent contre moi; (*fig*) **it's war to the** ~ **between them** ils sont à couteaux tirés. **2** *vt person* donner un coup de couteau à; (*kill*) tuer à coups de couteau. **3** *adj box* à couteaux. (*fig*) **on a** ~ **edge** *person* sur des charbons ardents; *result* qui ne tient qu'à un fil. ♦ **knife-grinder** *n* rémouleur *m*. ♦ **knife-sharpener** *n* aiguisoir *m*.

knight [naɪt] **1** *n* chevalier *m*; (*Chess*) cavalier *m*. **2** *vt* (*Brit*) **he was** ~**ed for services to industry** il a été fait chevalier pour services rendus dans l'industrie. ♦ **knighthood** *n*: **to receive a** ~**hood** recevoir le titre de chevalier.

knit [nɪt] *pret, ptp* **knitted** *or* **knit 1** *vt* tricoter; (*fig*: ~ **together**) lier. **to** ~ **one's brows** froncer les sourcils. **2** *vi* tricoter; [*bone etc*] se souder. ♦ **knitted** *adj* en tricot. ♦ **knitting 1** *n* tricot *m*; **2** *adj* **needle, wool, machine** à tricoter. ♦ **knitwear** *n* tricots *mpl*.

knob [nɒb] *n* (*gen*) bouton *m* (*de porte, de radio etc*); [*cane etc*] pommeau *m*. ~ **of butter** noix *f* de beurre. ♦ **knob(b)ly** *adj* noueux.

knock [nɒk] **1** *n* (*blow*) coup *m*; (*in engine etc*) cognement *m*. **there was a** ~ **at the door** on a frappé (à la porte); **I heard a** ~ j'ai entendu frapper; ~, ~! toc, toc, toc!; **I'll give you a** ~ **at 7 o'clock** je viendrai taper à la porte à 7 heures; **he got a** ~ **on the head** il a reçu un coup sur la tête; (*criticism*) ~**s*** critiques *fpl*; (*fig*) **to take a** ~ en prendre un coup.
   2 *vt* (*a*) (*hit, strike*) frapper. **to** ~ **a nail into a plank** planter *or* enfoncer un clou dans une planche; **he** ~**ed the ball into the hedge** il a envoyé la balle dans la haie; **to** ~ **holes in sth** faire des trous dans qch; **to** ~ **the bottom out of box** défoncer; *argument* démolir; **to** ~ **sb on the head** frapper qn sur la tête, (*stun*) assommer qn; **to** ~ **sb to the ground** jeter qn à terre; **to** ~ **sb unconscious** assommer qn; **she** ~**ed the knife out of his hand** elle lui a fait tomber le couteau des mains; **to** ~ **a glass off a table** faire tomber un verre d'une table; **to** ~ **spots off sb*** battre qn à plates coutures; (*astonish*) **to** ~ **sb sideways*** ébahir qn; **to** ~ **some sense into sb** ramener qn à la raison. (*b*) (*collide with*) heurter. **to** ~ **one's head on** *or* **against** se cogner la tête contre; **he** ~**ed his foot against a stone** il a donné du pied contre une pierre. (*c*) (‡: *denigrate*) dire du mal de; (*in advertising*) faire de la contre-publicité à.
   3 *vi* (*a*) (*strike*) frapper, cogner (*at* à). **he** ~**ed on the table** il a frappé la table, il a cogné sur la table; **his knees were** ~**ing** il tremblait de peur. (*b*) (*bump*) **to** ~ **into** se cogner *or* se heurter contre, heurter; (*: *meet*) tomber sur; **to** ~ **about the world** vagabonder de par le monde. (*c*) [*car engine etc*] cogner.

knock about, knock around 1 *vi* (*travel*) vagabonder; [*sailor*] bourlinguer. **2** *vt sep* (*ill-treat*) maltraiter, malmener.

knock back *vt sep* (*a*) (*: *drink*) s'envoyer*, avaler. (*b*) (‡: *cost*) **it** ~**ed me back £20** ça a fait un trou de 20 livres dans mes finances. (*c*) (*fig: *shock*) sonner*, ahurir.

knock down *vt sep* (*a*) *object* renverser; *building etc* démolir; *tree* abattre; *door* enfoncer; *person* jeter à terre; (*Aut*) *pedestrian* renverser; *gatepost* faire tomber. **you could have** ~**ed me down with a feather!** les bras m'en sont tombés! (*b*) *price* baisser, abaisser. (*c*) *lot at auction* adjuger (*to sb* à qn).

knock in *vt sep nail* enfoncer.

knock off 1 *vi* (*: *stop work*) s'arrêter (de travailler); [*striker*] débrayer*. **2** *vt sep* (*a*) *vase from shelf etc* faire tomber. (*fig*) **to** ~ **off £10** baisser le prix de 10 livres. (*b*) (*: *do quickly*) *piece of work* expédier; (‡: *steal*) piquer‡, voler; (‡: *stop*) arrêter (*doing* de faire).

knock out *vt sep* (*a*) *nail etc* faire sortir (*of* de); *one's pipe* débourrer. (*b*) (*stun*) assommer; (*Boxing*) mettre knock-out; (*: *shock*) sonner*. (*c*) (*from competition etc*) éliminer (*of* de).

knock over *vt sep* (*gen*) renverser; (*Aut*) *pedestrian* renverser; *gatepost* faire tomber.

knock together 1 *vi* [*glasses, knees*] s'entrechoquer. **2** *vt sep* (*a*) *two objects* cogner l'un contre l'autre. (*b*) (*make hurriedly*) bricoler à la hâte.

knock up *vt sep* (*a*) *lever* faire lever d'un coup; *sb's arm* faire voler en l'air. (*b*) (*Brit: waken*) réveiller (en frappant à la porte). (*c*) (*make hurriedly*) *meal* préparer en vitesse; *shed* construire à la va-vite; *furniture, toy* fabriquer en un rien de temps. (*d*) (*Brit*: exhaust*) *person* éreinter. (*e*) (*Brit*: make ill*) rendre malade. (‡: *make pregnant*) faire un gosse à*.

♦ **knockdown** *adj* (*a*) *price* imbattable; (*b*) *table, shed* démontable. ♦ **knocker** *n* (*door-* ~) marteau *m* (de porte). ♦ **knocking** *n* coups *mpl*; (*in engine*) cognement *m*; **I can hear** ~**ing** j'entends frapper; (*Aut*) **il y a qch qui cogne.** ♦ **knocking-off time*** *n* heure *f* de la sortie. ♦ **knock-kneed** *adj*, ♦ **knock-knees** *npl*: **to be** ~**-kneed, to have** ~**-knees** avoir les genoux cagneux. ♦ **knockout 1** *n* (*a*) (*Boxing etc*) knock-out *m*; (*fig: success*) **to be a** ~**out*** être sensationnel*; (*b*) (*Sport*) compétition *f* (avec épreuves éliminatoires); **2** *adj:* ~**out drops*** soporifique *m*. ♦ **knock-up** *n* (*Tennis*) **to have a** ~**-up** faire des balles.

knoll [nəʊl] *n* tertre *m*.

knot [nɒt] **1** *n* (*a*) nœud *m*. **to tie a** ~ faire un nœud. (*b*) (*Naut*) nœud *m*. **to make 20** ~**s** filer 20 nœuds. **2** *vt rope* faire un nœud à, nouer. **to** ~ **together** nouer. ♦ **knotty** *adj wood, hand* noueux; *problem* épineux.

know [nəʊ] *pret* **knew**, *ptp* **known 1** *vt* (*a*) *facts, a language, dates, results* savoir (*that* que; *why* pourquoi). **to** ~ **a lot about sth** en savoir long sur; **I don't** ~ **much about** je ne sais pas grand-chose sur; **to get to** ~ **sth** apprendre qch; **to** ~ **how to do sth** savoir faire qch; **he** ~**s all the answers** il s'y connaît, (*pej*) c'est un je-sais-tout*; **to** ~ **the difference between** connaître la différence entre; **to** ~ **one's mind** savoir ce qu'on veut; **he** ~**s what he's talking about** il sait de quoi il parle, il connaît son sujet; **you** ~ **what I mean** ... tu vois ce que je veux dire ...; **that's worth** ~**ing** c'est bon à savoir; **for all I** ~ (autant) que je sache; **not that I** ~ (of) pas que je sache; **there's no** ~**ing what he'll do** impossible de savoir ce qu'il va faire; **what do you** ~!* eh bien!, ça alors!; **not if I** ~ **it!*** c'est ce qu'on va voir!; **she** ~**s all about sewing** elle s'y connaît *or* elle est très forte en couture; **that's all you** ~!* c'est ce que tu crois!; **I** ~ **nothing about it** je n'en sais rien, je ne suis pas au courant; **it soon became** ~**n that** ... on a bientôt appris que ...; **it is well** ~**n that** ... tout le monde sait que ...; **to make sth** ~**n to sb** faire savoir qch à qn; **he is** ~**n to have been there** on sait qu'il y a été; **I've** ~**n such things to happen** j'ai déjà vu cela se produire.
   (*b*) (*be acquainted with*) *person, place, book, subject, plan, route* connaître. **to** ~ **sb by sight/by name** connaître qn de vue/de nom; **I don't** ~ **her to speak to** je ne la connais pas assez pour lui parler; **to get to** ~ **sb** *V* **get 2b**; **to make o.s.** ~**n to sb** se présenter à qn; **he is** ~**n as** ... on le connaît sous le nom de ... .
   (*c*) (*recognize*) reconnaître (*sb by his voice* qn à sa voix). **I knew him at once** je l'ai reconnu tout de suite; **he** ~**s a good horse when he sees one** il

sait reconnaître un bon cheval; **I wouldn't ~ it from a screwdriver** je ne sais pas le reconnaître d'un tournevis; **he doesn't ~ one end of a hammer from the other** c'est à peine s'il sait ce que c'est qu'un marteau; **you wouldn't ~ him from his brother** on le prendrait pour son frère.

2 *vi* savoir. **as far as I ~** à ma connaissance; **how should I ~?** comment voulez-vous que je le sache?; **there's no ~ing** on ne peut pas savoir; **Mummy ~s best!** maman a toujours raison!; **you ~ best** tu sais ce que tu dis; **to ~ about** *or* **of sth** savoir qch, connaître qch, avoir entendu parler de qch; **she ~s about cats** elle s'y connaît en (matière de) chats; **do you ~ about Paul?** tu es au courant pour Paul?*; **there were 5 'don't ~s'** il y avait 5 'sans opinion'; **to ~ better than to do** ne pas avoir la stupidité de faire; **you ought to have ~n better** tu aurais dû réfléchir; **they don't ~ any better** ils ne savent pas ce qu'ils font; **he says he didn't do it but I ~ better** il dit que ce n'est pas lui mais je ne suis pas assez stupide pour le croire; **to ~ of** connaître, avoir entendu parler de.

3 *n*: **to be in the ~*** être au courant.

♦ **knowable** *adj* connaissable. ♦ **know-all*** *n* je-sais-tout *mf*. ♦ **know-how*** *n* technique *f*, compétence *f*. ♦ **knowing** *adj* (*shrewd*) fin, malin; (*wise*) sage; *look, smile* entendu. ♦ **knowingly** *adv* (*consciously*) sciemment; (*in ~ing way*) *look, smile* d'un air entendu. ♦ **known** *adj thief etc* connu; *expert* reconnu; *fact* établi.

knowledge ['nɒlɪdʒ] *n* **(a)** (*understanding, awareness*) connaissance *f*. **to have no ~ of** ne pas savoir, ignorer; **to (the best of) my ~** à ma connaissance; **without his ~** à son insu; **to bring sth to sb's ~** signaler qch à qn; **it has come to my ~ that ...** j'ai appris que ...; **it's common** *or* **public ~ that ...** chacun sait que ... . **(b)** (*learning, facts learnt*) connaissances *fpl*, savoir *m*. **my ~ of English** mes connaissances d'anglais; **he has a working ~ of Japanese** il possède les éléments *mpl* de base du japonais; **he has a thorough ~ of geography** il possède la géographie à fond. ♦ **knowledgeable** *adj person* bien informé; *report* bien documenté.

knuckle ['nʌkl] *n* articulation *f* du doigt. **knuckle under*** *vi* céder.

♦ **knuckleduster** *n* coup-de-poing *m* américain.

koala [kəʊˈɑːlə] ͵*n* (**~ bear**) koala *m*.

Koran [kɒˈrɑːn] *n* Coran *m*.

kosher [ˈkəʊʃər] *adj* kascher *inv*.

kowtow [ˈkaʊˈtaʊ] *vi* se prosterner (*to sb* devant qn).

kudos* [ˈkjuːdɒs] *n* gloire *f*, lauriers *mpl*.

L

L, l [el] *n* L, l *m or f*. (*Aut*) **L-plate** plaque *f* d'apprenti conducteur.
lab* [læb] *n* (*abbr of* **laboratory**) labo* *m*.
label ['leɪbl] **1** *n* étiquette *f*. **record on the Deltaphone** ~ disque sorti chez Deltaphone. **2** *vt* coller une *or* des étiquette(s) sur; (*Comm*) *goods for sale* étiqueter; (*fig*) *person* étiqueter (*as* comme). **the bottle was not** ~**led** il n'y avait pas d'étiquette sur la bouteille; **it was** ~**led poison** il y avait marqué poison.
laboratory [lə'bɒrətəri, (*US*) 'læbrə,tɔːri] **1** *n* laboratoire *m*. **2** *adj assistant, equipment* de laboratoire.
labour, (*US*) **labor** ['leɪbər] **1** *n* (a) (*hard work; task*) travail *m*. ~ **of love** travail fait par plaisir. (b) (*Ind: workers*) main-d'œuvre *f*, ouvriers *mpl*. **Ministry** *or* (*US*) **Department of L**~ ministère *m* du Travail. (c) (*Pol*) L~ les travaillistes *mpl*; **he votes L**~ il vote travailliste. (d) (*Med*) travail *m*. **in** ~ en travail.
 2 *adj* (*Ind*) *dispute, trouble* ouvrier; *relations* ouvriers-patronat *inv*; (*Brit Pol*) L~ *leader, party* travailliste. ~ **camp** camp *m* de travaux forcés; **L**~ **Day** fête *f* du Travail; **L**~ **Exchange** ≃ Agence *f* nationale pour l'emploi; (*Ind*) ~ **force** (*numbers*) effectifs *mpl* en ouvriers; (*personnel*) main-d'œuvre *f*; (*US*) ~ **laws** législation *f* du travail; (*Med*) ~ **pains** douleurs *fpl* de l'accouchement; (*US*) ~ **union** syndicat *m*.
 3 *vi* (*with effort*) travailler dur (*at* à; *to do* pour faire); (*with difficulty*) peiner (*at* sur; *to do* pour faire); [*engine, motor*] peiner; [*ship*] fatiguer. **to** ~ **under a delusion** être victime d'une illusion; **to** ~ **up a hill** [*person*] monter péniblement une côte; [*car*] peiner dans une montée.
 4 *vt*: **I won't** ~ **the point** je n'insisterai pas lourdement sur ce point. ◆ **laborious** *adj* laborieux. ◆ **laboriously** *adv* laborieusement. ◆ **labo(u)red** *adj style* laborieux; *breathing* pénible. ◆ **labo(u)rer** *n* (*gen*) ouvrier *m*; (*on roads, building sites*) manœuvre *m*. ◆ **labo(u)r-intensive** *adj* qui nécessite l'emploi de beaucoup de main-d'œuvre. ◆ **labo(u)rite** *n* (*Pol*) travailliste *mf*. ◆ **labo(u)r-saving** *adj* qui allège le travail; (*in household*) ~-**saving device** appareil *m* ménager.
laburnum [lə'bɜːnəm] *n* cytise *m*.
labyrinth ['læbɪrɪnθ] *n* labyrinthe *m*.
lace [leɪs] **1** *n* (a) (*Tex*) dentelle *f*. (b) [*shoe etc*] lacet *m*. **2** *adj collar, curtains* de *or* en dentelle. **3** *vt* (a) (~ **up**) *shoe* lacer. (b) *drink* arroser (*with* de), corser. ◆ **lacemaker** *n* dentellière *f*. ◆ **lacemaking** *n* fabrication *f* de la dentelle. ◆ **lace-up shoes** *npl* chaussures *fpl* à lacets. ◆ **lacy** *adj* qui ressemble à la dentelle; **the frost made a lacy pattern** il y avait une dentelle de givre.
lacerate ['læsəreɪt] *vt* lacérer; (*fig*) fendre le cœur de. ◆ **laceration** *n* (*Med*) déchirure *f*.
lack [læk] **1** *n* manque *m*. **for** ~ **of** faute de. **2** *vt* manquer de. **3** *vi*: **to be** ~**ing** manquer, faire défaut; **to be** ~**ing in, to** ~ **for** manquer de. ◆ **lackadaisical** *adj* nonchalant. ◆ **lacking*** *adj* (*stupid*) simplet, débile*. ◆ **lacklustre,** (*US*) **-ter** *adj* terne.
lackey ['lækɪ] *n* laquais *m*.

laconic [lə'kɒnɪk] *adj* laconique. ◆ **laconically** *adv* laconiquement.
lacquer ['lækər] **1** *n* (*substance*) laque *f*; (*object*) laque *m*. **2** *vt wood* laquer; *hair* mettre de la laque sur.
lad [læd] *n* garçon *m*, gars* *m*. **he's only a** ~ ce n'est qu'un gamin*; **to have a drink with the** ~**s*** boire un pot avec les copains*; **come on** ~**s!** allez les gars!*; **he's a bit of a** ~***** il est un peu noceur*.
ladder ['lædər] **1** *n* échelle *f*. (*lit, fig*) **at the top of the** ~ au sommet de l'échelle; **to have a** ~ **in one's stocking** avoir un bas filé. **2** *vti* filer. ◆ **ladderproof** *adj* indémaillable.
laden ['leɪdn] *adj* chargé (*with* de). **fully** ~ *truck, ship* en pleine charge.
la-di-da* ['lɑːdɪ'dɑː] *adj person* bêcheur*; *voice* maniéré.
ladle ['leɪdl] **1** *n* louche *f*. **2** *vt* (~ **out**) servir (à la louche); (*fig) *money, advice* prodiguer à foison.
lady ['leɪdɪ] *n* dame *f*. **the** ~ **of the house** la maîtresse de maison; **Ladies and Gentlemen!** Mesdames, (Mesdemoiselles,) Messieurs!; **good morning, ladies and gentlemen** bonjour mesdames, bonjour mesdemoiselles, bonjour messieurs; **young** ~ (*married*) jeune femme *f*; (*unmarried*) jeune fille *f*; **this is the** ~**/the young** ~ **who ...** voilà la dame/la demoiselle qui ...; **ladies' hairdresser** coiffeur *m*, -euse *f* pour dames; ~**'s umbrella** parapluie *m* de dame; **he's a ladies' man** il plaît aux femmes; (*Rel*) **Our L**~ Notre-Dame *f*; **Ladies** (*public lavatory*) Dames; **where is the Ladies?*** où sont les toilettes?; **L**~ **Smith** lady Smith; ~**'s maid** femme *f* de chambre (*d'une dame*). **2** *adj*: L~ **Day** la fête de l'Annonciation; ~ **doctor** femme *f* médecin; ~ **friend*** petite amie; **L**~ **Mayoress** femme *f* (*or* fille *f etc*) du Lord Mayor. ◆ **ladybird** *or* ◆ **ladybug** *n* coccinelle *f*. ◆ **lady-in-waiting** *n* dame *f* d'honneur. ◆ **ladykiller** *n* don Juan *m*. ◆ **ladylike** *adj person* bien élevé, distingué; *manners* distingué. ◆ **lady-love** *n* bien-aimée *f*. ◆ **ladyship** *n*: **Her/Your L**~**ship** Madame *f* (la comtesse *etc*).
lag¹ [læg] **1** *n*: (*time*) ~ retard *m*; (*between two events*) décalage *m*. **2** *vi*: **to** ~ **behind sb** traîner derrière qn; (*in achievements*) avoir du retard sur qn (*in sth* dans qch).
lag² [læg] *vt pipes* calorifuger. ◆ **lagging** *n* (*material*) calorifuge *m*.
lag³ [læg] *n*: **old** ~***** récidiviste *mf*.
lager ['lɑːgər] *n* ≃ bière *f* blonde.
lagoon [lə'guːn] *n* lagune *f*; (*coral*) lagon *m*.
lah [lɑː] *n* (*Mus*) la *m*.
laid [leɪd] *pret, ptp of* **lay¹**.
lain [leɪn] *ptp of* **lie¹**.
lair [lɛər] *n* repaire *m*.
laity ['leɪtɪ] *collective n*: **the** ~ les laïcs *mpl*.
lake [leɪk] *n* lac *m*.
lama ['lɑːmə] *n* lama *m* (*Rel*).
lamb [læm] **1** *n* (*Culin, Zool*) agneau *m*. **poor** ~!* le (*or* la) pauvre!; **he took it like a** ~ il n'a pas protesté. **2** *adj*: ~ **chop** côtelette *f* d'agneau. ◆ **lambing** *n* agnelage *m*. ◆ **lambswool** *n* laine *f* d'agneau.
lame [leɪm] **1** *adj animal, person, argument* boiteux; *excuse* faible, piètre. **to be** ~ boiter (*in one leg* d'une jambe); ~ **duck** canard *m* boiteux.

2 *vt* estropier. ♦ **lamely** *adv say etc* maladroitement. ♦ **lameness** *n* (*Med*) claudication *f*.
lament [lə'ment] **1** *n* lamentation *f*. **2** *vt* se lamenter sur. (*late*) ~ed regretté (*before n*). **3** *vi* se lamenter (*for, over sur*). ♦ **lamentable** *adj* lamentable, déplorable. ♦ **lamentably** *adv* lamentablement. ♦ **lamentation** *n* lamentation *f*.
laminated ['læmɪneɪtɪd] *adj metal* laminé; *windscreen* en verre feuilleté; *book-jacket* plastifié.
lamp [læmp] **1** *n* (*light*) lampe *f*; (*Aut*) feu *m*; (*bulb*) ampoule *f*. **2** *adj*: ~ **standard** lampadaire *m* (*dans la rue*). ♦ **lamplight** *n*: **by** ~**light** à la lumière de la lampe. ♦ **lamppost** *n* réverbère *m*. ♦ **lampshade** *n* abat-jour *m inv*. ♦ **lampstand** *n* pied *m* de lampe.
lance [lɑːns] **1** *n* (*weapon*) lance *f*; (*Med*) lancette *f*. **2** *vt* (*Med*) ouvrir. ♦ **lancet** *n* (*Med*) lancette *f*.
land [lænd] **1** *n* (**a**) (*gen*) terre *f*. *dry* ~ terre ferme; **on** ~ à terre; **to go by** ~ voyager par voie de terre; **over** ~ **and sea** sur terre et sur mer; **we sighted** ~ nous sommes arrivés en vue d'une terre; (*fig*) **to see how the** ~ **lies** tâter le terrain; **to live off the** ~ vivre de la terre; **to work on the** ~ travailler la terre; **he bought** ~ **in Devon** il a acheté une terre dans le Devon; **my** ~ mes terres, (*smaller*) mon terrain. (**b**) (*country, nation*) pays *m*. **throughout the** ~ dans tout le pays; ~ **of milk and honey** pays de cocagne; **to be in the** ~ **of the living** être encore de ce monde. **2** *adj breeze* de terre; *defences, forces* terrestre; *law, policy, reform* agraire; *tax* foncier. **3** *vt cargo* décharger; *passengers* débarquer; *aircraft* poser; *fish* prendre; *blow* infliger (*on sb* à qn); (*: obtain*) décrocher; *contract* décrocher*. **to** ~ **sb in trouble*** attirer des ennuis à qn; **to** ~ **sb in debt*** mettre qn dans les dettes; **to be** ~**ed with sth*** (*left with*) avoir qch sur les bras; (*forced to take on*) devoir se coltiner qch*. **4** *vi* (**a**) [*aircraft etc*] atterrir, se poser; (*on sea*) amerrir; (*on ship's deck*) apponter; [*air traveller*] atterrir; (*from boat*) débarquer. (**b**) (*after fall, jump etc*) [*person, object, bomb*] tomber. (*lit, fig*) **to** ~ **on one's feet** retomber sur ses pieds.
land up* *vi* finir par se retrouver.
♦ **landed** *adj* foncier; ~**ed gentry** aristocratie terrienne. ♦ **landfall** *n*: **to make** ~**fall** accoster. ♦ **landing 1** *n* (**a**) [*aircraft etc*] atterrissage *m*; (*on sea*) amerrissage *m*; (*from ship; also Mil*) débarquement *m*; (**b**) (*between stairs*) palier *m*; (*floor*) étage *m*; **2** *adj*: ~**ing card** carte *f* de débarquement; (*Aviat*) ~**ing gear** train *m* d'atterrissage; (*Fishing*) ~**ing net** épuisette *f*; (*Naut*) ~**ing party** détachement *m* de débarquement; ~**ing stage** débarcadère *m*; (*Aviat*) ~**ing strip** piste *f* d'atterrissage. ♦ **landlady** *n* [*flat etc*] logeuse *f*; [*boarding house etc*] patronne *f*. ♦ **landlocked** *adj* sans accès à la mer. ♦ **landlord** *n* [*flat etc*] propriétaire *m*, logeur *m*; [*pub, boarding house*] patron *m*. ♦ **landlubber*** *n* terrien(ne) *m(f)*. ♦ **landmark** *n* point *m* de repère; (*fig*) **to be a** ~**mark** in faire date dans. ♦ **landmine** *n* (*Mil*) mine *f* terrestre. ♦ **landowner** *n* propriétaire foncier. ♦ **landscape 1** *n* paysage *m*; **2** *vt garden* dessiner; *dirty place etc* aménager; **3** *adj gardener, gardening* paysagiste; ~**scape painter** paysagiste *m*. ♦ **landscaping** *n* aménagements *mpl* paysagers. ♦ **landslide 1** *n* (*lit: also* ~**slip**) glissement *m* de terrain; (*Pol*) raz-de-marée *m* électoral; **2** *adj* (*Pol etc*) *victory* écrasant. ♦ **land-worker** *n* ouvrier *m*, -ière *f* agricole.
lane [leɪn] *n* (**a**) (*in country*) chemin *m*; (*in town*) ruelle *f*. (**b**) (*Aut*) (*part of road*) voie *f*; (*line of traffic*) file *f*. 'keep in ~' 'ne changez pas de file'; 'get into ~' 'mettez-vous sur la bonne file; **3-**~ **road** route *f* à 3 voies; **I'm in the wrong** ~ je suis dans la mauvaise file. (**c**) (*for aircraft, ships, run-*

ners, swimmers) couloir *m*. **air/shipping** ~ couloir aérien/de navigation.
language ['læŋgwɪdʒ] **1** *n* (*gen*) langue *f*; (*means of communication; way of expressing things*) langage *m*. **the French** ~ la langue française; **modern** ~**s** langues vivantes; **he studies** ~**s** il fait des langues; **the origin of** ~ l'origine du langage; **speaking is one aspect of** ~ la parole est l'un des aspects du langage; **scientific/legal** ~ langage scientifique/juridique; (*fig*) **they do not speak the same** ~ ils ne parlent pas le même langage; **express it in your own** ~ exprimez cela en votre propre langage; **the** ~ **of official documents** le langage des documents officiels; **bad** ~ gros mots *mpl*; **watch your** ~! surveille ton langage! **2** *adj studies* de langue(s). ~ **laboratory** laboratoire *m* de langues.
languid ['læŋgwɪd] *adj* languissant. ♦ **languidly** *adv* languissamment.
languish ['læŋgwɪʃ] *vi* se languir (*for, over* après). ♦ **languishing** *adj* languissant.
languor ['læŋgər] *n* langueur *f*. ♦ **languorous** *adj* langoureux.
lank [læŋk] *adj hair* raide et terne.
lanky ['læŋkɪ] *adj* grand et maigre.
lanolin ['lænəʊlɪn] *n* lanoline *f*.
lantern ['læntən] **1** *n* lanterne *f*. **2** *adj*: ~ **slide** plaque *f* de lanterne magique. ♦ **lantern-jawed** *adj* aux joues creuses.
lap¹ [læp] *n* genoux *mpl*. (*fig*) **in the** ~ **of the gods** entre les mains des dieux; **in the** ~ **of luxury** dans le plus grand luxe. ♦ **lapdog** *n* petit chien *m* d'appartement.
lap² [læp] *n* (*Sport*) tour *m* de piste. **to run a** ~ faire un tour de piste; **on the 10th** ~ au 10e tour; ~ **of honour** tour d'honneur; (*fig*) **we're on the last** ~ on a fait le plus gros.
lap³ [læp] **1** *vt milk* laper. **2** *vi* [*waves*] clapoter.
lap up *vt sep milk etc* laper; (*:fig*) *compliments* boire comme du petit-lait*.
lapel [lə'pel] *n* revers *m* (*de veston etc*).
Lapland ['læplænd] *n* Laponie *f*.
lapse [læps] **1** *n* (**a**) (*fault*) faute *f* légère, défaillance *f*; (*in behaviour, from diet*) écart *m*. ~ **of memory** trou *m* de mémoire; **a** ~ **into bad habits** un retour à de mauvaises habitudes. (**b**) (*passage of time*) intervalle *m*. **a** ~ **of time** un laps de temps. **2** *vi* (**a**) (*err*) faire une *or* des erreur(s) passagère(s). (**b**) (*fall gradually*) tomber, retomber (*into* dans). **to** ~ **into silence** se taire; **to** ~ **into unconsciousness** (re)perdre connaissance. (**c**) [*act, law*] devenir caduc (*f* -uque); [*contract*] expirer; [*ticket, passport, insurance policy*] se périmer; [*subscription*] prendre fin. ♦ **lapsed** *adj contract, law* caduc; *ticket, passport* périmé; *Catholic etc* qui n'est plus pratiquant.
lapwing ['læpwɪŋ] *n* vanneau *m*.
larceny ['lɑːsənɪ] *n* (*Jur*) vol *m* simple.
larch [lɑːtʃ] *n* mélèze *m*.
lard [lɑːd] *n* saindoux *m*.
larder ['lɑːdər] *n* garde-manger *m inv*.
large [lɑːdʒ] **1** *adj* (*gen*) grand; *garden, room* grand, vaste; *person, animal, slice, hand, sum, loss* gros (*f* grosse); *amount* grand, important; *family, population* nombreux; *meal* copieux. **a** ~ **number of them** beaucoup d'entre eux; **to grow** ~**(r)** grandir, s'agrandir, grossir; **to make** ~**r** agrandir. **2** *n*: **at** ~ (*at liberty*) en liberté; (*as a whole*) en général, dans son ensemble; (*at random*) au hasard. **3** *adv*: **by and** ~ généralement. ♦ **large-hearted** *adj* au grand cœur.
♦ **largely** *adv* (*to a great extent*) en grande mesure *or* partie; (*principally*) pour la plupart, surtout; (*in general*) en général. ♦ **largeness** *n* grandeur *f*; grosseur *f*; importance *f*. ♦ **large-scale** *adj drawing, map* à grande échelle; *business activities, reforms, relations* sur une grande

échelle; *powers* étendu. ♦ **large-size(d)** *adj* grand.

lark[1] [lɑːk] *n* alouette *f*. ♦ **larkspur** *n* pied *m* d'alouette.

lark[2*] [lɑːk] *n* (*joke etc*) blague* *f*. **for a ~** pour rigoler*; **what a ~!** quelle rigolade!*
  lark about*, **lark around*** *vi* faire le petit fou (*f* la petite folle)*.

larva ['lɑːvə] *n, pl* **-ae** ['lɑːviː] larve *f* (*Zool*).

larynx ['lærɪŋks] *n* larynx *m*. ♦ **laryngitis** *n* laryngite *f*.

lascivious [lə'sɪvɪəs] *adj* lascif. ♦ **lasciviously** *adv* lascivement.

laser ['leɪzə[r]] *n* laser *m*. **~ beam** rayon *m* laser *inv*.

lash [læʃ] **1** *n* (a) (*thong*) lanière *f*; (*blow*) coup *m* de fouet. (b) (*eye~*) cil *m*. **2** *vt* (a) (*whip*) fouetter violemment; (*flog*) flageller. (*fig*) **to ~ o.s. into a fury** s'emporter violemment; **the rain was ~ing (against) the windows** la pluie cinglait les carreaux; **to ~ its tail** fouetter l'air de sa queue. (b) (*fasten*) attacher (*to* à); (**~ down**) *cargo* arrimer. **3** *vi*: **to ~ against** cingler.
  lash down 1 *vi [rain]* tomber avec violence. **2** *vt sep cargo* arrimer.
  lash out 1 *vi* (a) **to ~ out at sb** envoyer de violents coups de poing à qn; (*verbally*) se répandre en invectives contre qn. (b) (**: spend*) les lâcher*, beaucoup dépenser. **2** *vt sep* (*) *money* lâcher*.

♦ **lashings** *npl*: **~ings of*** énormément de*.

lass [læs] *n* (*esp Scot*) jeune fille *f*.

lassitude ['læsɪtjuːd] *n* lassitude *f*.

lasso [læ'suː] **1** *n* lasso *m*. **2** *vt* prendre au lasso.

last[1] [lɑːst] **1** *adj* (a) (*in series*) dernier (*before n*). **the ~ 10 pages** les 10 dernières pages; **~ but one, second ~** avant-dernier; **it's the ~ round but 3** il n'y a plus que 3 rounds après celui-ci. (b) (*past, most recent*) dernier (*usually after n*). **~ night** (*evening*) hier soir; (*night*) cette nuit, la nuit dernière; **~ week/year** *etc* la semaine/l'année *etc* dernière; **~ Monday** lundi dernier; **for the ~ few days** ces derniers jours; **for the ~ 2 years** depuis 2 ans; **the day before ~** avant-hier *m*; **the night before ~** avant-hier soir; **the week before ~** l'avant-dernière semaine; (the) **~ time I saw him** la dernière fois que je l'ai vu; **~ thing at night** juste avant de se coucher; **I'm down to my ~ pound note** il ne me reste plus qu'une seule livre; **he's the ~ person to ask** c'est la dernière personne à qui demander.
  2 *adv* (a) (*at the end*) *do, arrive etc* en dernier. (b) (*most recently*) la dernière fois. **when I ~ saw him** la dernière fois que je l'ai vu. (c) (*finally*) finalement, pour terminer.
  3 *n* (a) dernier *m*, -ière *f*. **this is the ~ of the pears** voici la dernière poire (*or* les dernières poires); **the ~ of the cider** le reste du cidre; **the ~ but one** l'avant-dernier *m*, -ière *f*; **I'd be the ~ to criticize, but ...** j'ai horreur de critiquer, mais ... . (b) (*phrases*) **at (long) ~** enfin; **to the ~** jusqu'au bout; **that was the ~ I saw of him** c'est la dernière fois que je l'ai vu; **we shall never hear the ~ of this** on n'a pas fini d'en entendre parler; **I shall be glad to see the ~ of this/of him** je serai content de voir tout ceci terminé/de le voir partir.

♦ **last-ditch** *adj* ultime. ♦ **lastly** *adv* pour terminer, en dernier lieu. ♦ **last-minute** *adj* de dernière minute.

last[2] [lɑːst] **1** *vi* (*pain, film, resources etc*) durer; (**~ out**) [*person*] tenir (le coup); [*money*] suffire. **too good to ~** trop beau pour durer; **no one ~s long in this job** personne ne tient longtemps dans ce poste; **he/it didn't ~ long** il/cela n'a pas fait long feu*. **2** *vt* durer. **he won't ~ the winter (out)** il ne passera pas l'hiver. **it will ~ you 3 years/a lifetime** cela vous durera *or* vous fera 3 ans/ jusqu'à la fin de vos jours. ♦ **lasting** *adj*

(*gen*) durable; **to his ~ing shame** à sa plus grande honte.

latch [lætʃ] *n* loquet *m*. **the door is on the ~** la porte n'est pas fermée à clef.
  latch on to* *vt fus* (a) *person* s'accrocher à. (b) (*understand*) saisir.

♦ **latchkey** *n* clef *f* (de la porte d'entrée).

late [leɪt] **1** *adj* (a) (*not on time*) *person, train* en retard. **your essay is ~** vous rendez votre dissertation en retard; **the ~ arrival of the flight** le retard du vol; **to make sb ~** mettre qn en retard; **I'm ~** je suis en retard; **I'm ~ for work** je ne serai pas au travail à l'heure; **I was ~ for work** je suis arrivé au travail en retard; **I'm 2 hours ~** j'ai 2 heures de retard; **I'm 2 hours ~ for work** j'arriverai au travail avec 2 heures de retard; **I was 2 hours ~ for work** je suis arrivé au travail avec 2 heures de retard; **to be ~ in arriving** arriver en retard; **to be ~ with payments** avoir des paiements en retard. (b) (*last or nearly last*) *edition, symphony* dernier (*before n*). **to keep ~ hours** se coucher tard; **at this ~ hour** à cette heure tardive; **at this ~ stage** à ce stade avancé; **Easter is ~** Pâques est tard; **in ~ October** vers la fin d'octobre; **he is in his ~ sixties** il approche des soixante-dix ans; **of ~** récemment, dernièrement. (c) (*former*) ancien (*before n*). **the ~ Prime Minister** l'ancien Premier ministre. (d) (*dead*) **the ~ Mr Jones** feu M. Jones; **our ~ colleague** notre regretté collègue.
  2 *adv* (a) (*not on time*) *arrive etc* en retard. **he arrived 10 minutes ~** il est arrivé 10 minutes en retard *or* avec 10 minutes de retard; **better ~ than never** mieux vaut tard que jamais. (b) (*far into day etc*) *get up etc* tard. **to work ~ at the office** rester tard au bureau pour travailler; **it's getting ~** il se fait tard; **~ at night** tard le soir; **~ into the night** tard dans la nuit; **~ in 1960** vers la fin de 1960, fin 1960. (c) (*recently*) **as ~ as 1950** en 1950 encore.

♦ **latecomer** *n* retardataire *mf*. ♦ **lately** *adv* dernièrement, récemment; **till ~ly** jusqu'à ces derniers temps. ♦ **lateness** *n* [*person, vehicle*] retard *m*. ♦ **later 1** *adj date, meeting* ultérieur; *edition* postérieur; *stage, point* plus avancé; **a ~r train** un train plus tard; **the ~r train** le deuxième train; **2** *adv* (a) (*not on time*) plus en retard; (b) **2 weeks ~r** 2 semaines plus tard; **~r on** plus tard; **no ~r than** pas plus tard que; **not ~r than Monday** lundi au plus tard; **see you ~r!*** à tout à l'heure!

♦ **latest 1** *adj* (*gen*) dernier (*before n*); *date* dernier, limite; **2** *adv*: **the ~st you may come** l'heure limite à laquelle vous pouvez arriver; **when is the ~st you can come?** quand pouvez-vous venir, au plus tard?; **by noon at the ~st** à midi au plus tard; **3** *n* (*: *news*) **have you heard the ~st?** tu connais la dernière?*; **what's the ~st on ...?** qu'y a-t-il de nouveau sur ...?; (*Rad, TV*) **for the ~st on the riots** pour les dernières informations sur les émeutes; (*joke*) **have you heard his ~st?** tu connais sa dernière?*

latent ['leɪtənt] *adj* latent.

lateral ['lætərəl] *adj* latéral.

latex ['leɪteks] *n* latex *m*.

lath [læθ] *n, pl* **~s** [lɑːðz] latte *f*.

lathe [leɪð] *n* (*Tech*) tour *m*.

lather ['lɑːðə[r]] **1** *n* [*soap*] mousse *f* (de savon). (*sweating*) **in a ~ horse** couvert d'écume; *person* en nage. **2** *vt* *one's face etc* savonner. **3** *vi* [*soap*] mousser.

Latin ['lætɪn] **1** *adj* latin. **~-American** latino-américain, d'Amérique latine. **2** *n* (*Ling*) latin *m*.

latitude ['lætɪtjuːd] *n* (a) (*Geog*) latitude *f*. **at a ~ of 48° north** à 48° de latitude Nord. (b) (*freedom*) latitude *f*.

latrine [lə'triːn] *n* latrines *fpl*.

latter ['lætə[r]] **1** *adj* (a) (*second*) deuxième, dernier (*before n*). **the ~ proposition** cette dernière

or la deuxième proposition. **(b)** (*later*) dernier (*before n*), deuxième. **the** ~ **half** la deuxième moitié; **in the** ~ **part of the century** vers la fin du siècle. **2** *n*: **of the two the** ~ **is ...** des deux celui-ci (*f* celle-ci) est ... .
♦ **latter-day** *adj* d'aujourd'hui. ♦ **latterly** *adv* (*recently*) dernièrement, récemment; (*towards the end*) sur le tard.
lattice ['lætɪs] **1** *n* treillis *m*; (*fence*) treillage *m*. **2** *adj* **window** treillissé.
laudable ['lɔ:dəbl] *adj* louable.
laudatory ['lɔ:dətərɪ] *adj* élogieux.
laugh [lɑ:f] **1** *n* rire *m*; (*brief*) éclat *m* de rire. **with a** ~ en riant; **to have the** ~ **over sb** l'emporter finalement sur qn; **to have a good** ~ **at** bien rire de; **that got a** ~ cela a fait rire; **if you want a** ~ si tu veux t'amuser; **what a** ~!* quelle rigolade!*; **just for a** ~ histoire de rire*; **he's always good for a** ~* il nous fera toujours bien rire.
2 *vi* **rire** (*at, about, over* de). (*fig*) **to** ~ **at danger** se rire du danger; **there's nothing to** ~ **about** *or* **at** il n'y a pas de quoi rire; **he** ~**ed to himself** il a ri en lui-même; **he** ~**ed until he cried** il riait aux larmes; **he (nearly) split his sides** ~**ing** il se tordait de rire; **to** ~ **in sb's face** rire au nez de qn; **he'll soon be** ~**ing on the other side of his face** il n'aura bientôt plus envie de rire; (*fig*) **to** ~ **up one's sleeve** rire sous cape; **it's all right for him, he's** ~**ing*** lui il s'en fiche*, il est tranquille.
3 *vt*: **to** ~ **a jolly laugh** avoir un rire jovial; **to** ~ **sb to scorn** tourner qn en dérision; **they** ~**ed him out of it** ils se sont moqués de lui jusqu'à ce qu'il y renonce; **to be** ~**ing one's head off*** rire comme un fou.
laugh off *vt sep* **accusation** écarter d'une plaisanterie. **you can't** ~ **this one off** cette fois tu ne t'en tireras pas par la plaisanterie.
♦ **laughable** *adj* **suggestion** ridicule; **amount** dérisoire. ♦ **laughing** *adj* riant, rieur; **this is no** ~**ing matter** il n'y a pas de quoi rire; ~**ing gas** gaz *m* hilarant. ♦ **laughingly** *adv* say *etc* en riant; **it is** ~**ingly called ...** on l'appelle par plaisanterie ... .
♦ **laughing stock** *n* risée *f*; **to make a** ~**ing stock of o.s.** se couvrir de ridicule. ♦ **laughter** *n* rires *mpl*; **to roar with** ~**ter** rire aux éclats.
launch [lɔ:ntʃ] **1** *n* (*motor* ~) vedette *f*; (*pleasure boat*) bateau *m* de plaisance; (*boat carried by warship*) chaloupe *f*. **2** *vt* (*gen; also fig*) lancer; **shore lifeboat** faire sortir; **ship's boat** mettre à la mer. **3** *vi* (*fig*) se lancer (*into, on* dans).
launch out *vi* se lancer (*into, on* dans).
♦ **launcher** *n* lanceur *m*. ♦ **launching** *n* lancement *m*; [*shore lifeboat*] sortie *f*; [*ship's boat*] mise *f* à la mer; **2** *adj*: ~**ing pad/site** rampe *f*/aire *f* de lancement.
launder ['lɔ:ndər] *vt* blanchir. ♦ **launderette** *or* ♦ **Laundromat** (*US*) *n* laverie *f* automatique (*à libre-service*). ♦ **laundry** **1** *n* (*place*) blanchisserie *f*; (*clothes*) linge *m*; **to do the laundry** faire la lessive; **2** *adj* **list** de blanchissage; **mark** de la blanchisserie; **basket** à linge.
laurel ['lɔrəl] *n* laurier *m*. **to rest on one's** ~**s** reposer sur ses lauriers.
lava ['lɑ:və] *n* lave *f*.
lavatory ['lævətrɪ] **1** *n* toilettes *fpl*, W.-C. *mpl*, cabinets *mpl*. **2** *adj*: ~ **paper** papier *m* hygiénique; ~ **seat** siège *m* des W.-C.
lavender ['lævɪndər] **1** *n* lavande *f*. **2** *adj* (*colour*) lavande *inv*. ~ **bag/water** sachet *m*/eau *f* de lavande.
lavish ['lævɪʃ] **1** *adj* **(a)** *person* prodigue (*with* de). **(b)** **expenditure** très considérable; **amount** gigantesque; **meal** plantureux; **helping, hospitality** généreux; **flat, surroundings** somptueux. **to bestow** ~ **praise on sb** se répandre en éloges sur qn. **2** *vt* prodiguer (*sth on sb* qch à qn). ♦ **lavishly** *adv* **spend** sans compter; **give** généreusement; **furnish** somptueusement. ♦ **lavishness** *n*

[*surroundings etc*] luxe *m*; (*prodigality*) prodigalité *f*.
law [lɔ:] **1** *n* **(a)** (*gen*) loi *f*. **against the** ~ contraire à la loi; **the** ~ **of the land** la législation *or* les lois du pays; ~**s of nature** lois de la nature; ~ **and order** l'ordre *m* public; **forces of** ~ **and order** forces *fpl* de l'ordre; **by** ~ conformément à la loi; **by** *or* **under French** ~ selon la loi française; **above the** ~ au-dessus des lois; **to have the** ~ **on one's side** avoir la loi pour soi; **to keep within the** ~ rester dans la légalité; **there's no** ~ **against it** ce n'est pas interdit; **to take the** ~ **into one's own hands** faire justice soi-même; **he's a** ~ **unto himself** il ne connaît d'autre loi que la sienne; **his word is** ~ sa parole fait loi; **court of** ~ cour *f* de justice, tribunal *m*; **to go to** ~ recourir à la justice; **to take to** ~ **case** porter devant les tribunaux; *person* faire un procès à; **here's the** ~ **arriving!*** voilà les flics!* **(b)** (*science, profession*) droit *m*. **to study** ~ faire son *or* du droit; (*Univ*) **Faculty of L**~ faculté *f* de Droit; **civil/criminal** ~ le droit civil/criminel.
2 *adj*: ~ **court** cour *f* de justice, tribunal *m*; (*Univ*) ~ **school** faculté *f* de Droit; ~ **student** étudiant(e) *m(f)* en droit.
♦ **law-abiding** *adj* respectueux des lois.
♦ **lawbreaker** *n* personne *f* qui transgresse la loi.
♦ **lawful** *adj* légal. ♦ **lawfully** *adv* légalement.
♦ **lawgiver** *n* ♦ **lawmaker** *n* législateur *m*, -trice *f*. ♦ **lawless** *adj country* sans loi; *person* qui n'a foi ni loi. ♦ **lawsuit** *n* procès *m*; **to bring a** ~**suit against sb** intenter un procès à qn. ♦ **lawyer** *n* (*gen*) homme *m* de loi, juriste *m*; (*for sales, wills etc*) notaire *m*; (*for litigation*) avocat *m*; **I put the matter in the hands of my** ~**yer** j'ai mis l'affaire entre les mains de mon avocat.
lawn[1] [lɔ:n] **1** *n* pelouse *f*. **2** *adj*: ~ **tennis** (*gen*) tennis *m*; (*on grass*) tennis sur gazon.
lawn[2] [lɔ:n] *n* (*Tex*) linon *m*.
lax [læks] *adj* **conduct** relâché; *person* négligent. ♦ **laxity** *or* ♦ **laxness** *n* relâchement *m*; négligence *f*.
laxative ['læksətɪv] *adj, n* laxatif (*m*).
lay[1] [leɪ] *pret, ptp* **laid 1** *vt* (a) (*put, place, set*) mettre, poser; (*stretch out*) **blanket** *etc* étendre (*over, on* sur); **tablecloth** mettre; **bricks, carpet, cable, pipe** poser; **road** faire; [*bird*] **egg** pondre; **tax** mettre (*on* sur); **burden** imposer (*on sb* à qn). (*euph: buried*) **to be laid to rest** être enterré; **I wish I could** ~ **my hands on ...** si seulement je pouvais mettre la main sur ...; **to** ~ **a hand on sb** porter la main sur qn; **I didn't** ~ **a finger on him** je ne l'ai même pas touché; **the scene is laid in Paris** l'action se passe à Paris; **he was laid low with flu** la grippe l'obligeait à garder le lit; **to** ~ **sb open to criticism** *etc* exposer qn à la critique *etc*. **(b)** (*prepare*) **fire** préparer; **snare, trap** tendre (*for* à); **plans** former. **to** ~ **the table** mettre le couvert; **to** ~ **the table for 5** mettre 5 couverts. **(c)** (*wager*) **money** parier, miser (*on* sur). **to** ~ **a bet** parier (*on* sur). **(d)** (*register*) **accusation** porter; (*Police*) **information** donner. (*Jur*) **to** ~ **a matter before the court** saisir le tribunal d'une affaire; **he laid his case before the commission** il a porté son cas devant la commission; **to** ~ **the facts before sb** exposer les faits à qn; **they laid their plan before him** ils lui ont soumis leur projet. **(e)** (*suppress*) **ghost** exorciser; **doubt, fear** dissiper; **dust** faire tomber. **2** *vi* [*bird etc*] pondre.
lay alongside *vi, vi sep* (*Naut*) accoster.
lay aside, lay by *vt sep* mettre de côté.
lay down *vt sep* **(a)** **parcel, burden** poser, déposer; **one's arms** déposer; **one's cards** étaler; **wine** mettre en cave. **to** ~ **down one's life for sb** sacrifier sa vie pour qn. **(b)** **rule, policy** établir; **condition, price** imposer, fixer. **he laid it down that ...** il a stipulé que ...; (*fig*) **to** ~ **down the law** faire la loi (*to sb about sth* à qn sur qch).

lay in vt sep goods, reserves amasser. **I must ~ in some fruit** il faut que je m'approvisionne en fruits.
lay into* vt fus (attack physically) foncer sur; (verbally) prendre à partie; (scold) passer un savon à*.
lay off 1 vt sep workers licencier, débaucher. **2** vi (*: stop) arrêter. **3** vt fus (*) ~ **off it!** arrête!; **~ off him!** fiché-lui la paix!*
lay on vt sep (a) tax mettre. (b) (Brit: provide) water, gas installer; facilities, entertainment fournir. **a house with water laid on** une maison qui a l'eau courante; **I'll have a car laid on for you** je tiendrai une voiture à votre disposition; **everything will be laid on** il y aura tout ce qu'il faut. (c) varnish, paint étaler. (fig) **he laid it on thick*** (flattered) il a passé de la pommade*; (exaggerated) il y est allé un peu fort*.
lay out vt sep (a) (plan, design) garden dessiner; house concevoir le plan de; essay faire le plan de; (Typ) faire la mise en page de. **well-laid-out flat** appartement bien conçu. (b) (get ready) clothes sortir, préparer; goods for sale disposer. **to ~ out a body** faire la toilette d'un mort. (c) (spend) money dépenser (on pour). (d) (knock out) mettre knock-out.
lay over vi (US) faire une halte.
lay up vt sep (a) store, provisions amasser. **to ~ up trouble for o.s.** se préparer des ennuis. (b) car remiser; ship désarmer. **he is laid up with flu** il est au lit avec la grippe; **you'll ~ yourself up** tu vas te retrouver au lit.
♦ **layabout*** n fainéant(e) m(f). ♦ **lay-by** n (Aut) petite aire f de stationnement (sur bas-côté).
♦ **lay-off** n (Ind) licenciement m, débauchage m.
♦ **layout** n [building, town] disposition f; [essay] plan m; [advertisement, newspaper article etc] mise f en page. ♦ **layover** n (US) halte f.
lay² [leɪ] pret of **lie¹**.
lay³ [leɪ] adj missionary, education laïque; brother, sister convers; (fig) opinion etc des profanes. (fig) **to the ~ mind** pour le profane.
♦ **layman** n (Rel) laïc m; (fig) profane m.
layer ['leɪəʳ] n couche f.
laze [leɪz] vi (~ about, ~ around) paresser, traînasser (pej). ♦ **lazily** adv paresseusement.
♦ **laziness** n paresse f, fainéantise f (pej). ♦ **lazy** adj person paresseux, fainéant (pej); smile paresseux; afternoon de paresse. ♦ **lazybones*** n fainéant(e) m(f).
lead¹ [liːd] (vb: pret, ptp **led**) **1** n (a) **to be in the ~** (in match) mener; (in race, league) être en tête; **to take the ~** (in race) prendre la tête; (in match) mener; **to have a 3-point ~** avoir 3 points d'avance; **to take the ~ in doing sth** être le premier à faire qch; **thanks to his ~** grâce à son initiative; **to follow sb's ~** suivre l'exemple de qn; **to give sb a ~** [inventor etc] montrer le chemin à qn (fig); [clue etc] mettre qn sur la voie; **the police have a ~** la police tient une piste; (Cards) **whose ~ is it?** à qui est-ce de jouer? (b) (Theat) **to play the ~** tenir le rôle principal; **male/female ~** premier rôle masculin/féminin. (c) (leash) laisse f. **on a ~** tenu en laisse. (d) (Elec) fil m; (extension ~) rallonge f. (e) (Press: ~ story) article m de tête.
2 vt (a) (conduct) mener, conduire (to à); [street] mener. **to ~ sb in/across etc** faire entrer/traverser etc qn; **to ~ sb into a room** faire entrer qn dans une pièce; (fig) **he is easily led** il est très influençable; (lit, fig) **to ~ the way** montrer le chemin; **he led the way to the garage** il nous (or les etc) a menés jusqu'au garage; **he led the party to victory** il a mené le parti à la victoire. (b) (be ~er of) procession (in charge) être à la tête de, (at head) être en tête de; government, team être à la tête de, diriger; expedition être à la tête de, mener; (Ftbl etc) league être en tête de; orchestra

(Brit) être le premier violon de; (US) diriger. (Sport, fig) **to ~ the field** venir or être en tête; **this country ~s the world in textiles** ce pays est au premier rang mondial pour les textiles. (c) (Cards) jouer. (d) life, existence mener. (fig) **to ~ sb a dance** faire la vie à qn*. (e) (induce, bring) amener (sb to do qn à faire). **I am led to the conclusion that ...** je suis amené à conclure que ... .
3 vi (a) (in match) mener (by 4 goals to 3 par 4 buts à 3); (in race) être en tête. **to ~ by half a length/3 points** avoir une demi-longueur/3 points d'avance. (b) (go ahead) aller devant. **you ~, I'll follow** passez devant, je vous suis. (c) (Cards) jouer. (d) [street, corridor, door] mener (to, into à). **the streets that ~ off the square** les rues qui partent de la place. (e) (result in) **to ~ to war** conduire à; sb's arrest aboutir à; confusion créer; change, improvement amener, causer; **this led to their resigning** ceci les a amenés à démissionner; **one thing led to another and we ...** une chose en amenant une autre, nous ... .
lead away vt sep emmener.
lead back vt sep ramener.
lead off 1 vi (begin) commencer. **2** vt sep emmener.
lead on 1 vi: **~ on!** allez-y, je vous suis! **2** vt sep (a) (tease) taquiner, faire marcher*; (fool) avoir*; (raise hopes of) donner de faux espoirs à. (b) (induce) amener (sb to do qn à faire).
lead up vi [road, stair] conduire (to à). **what's all this ~ing up to?** où est-ce qu'on veut en venir avec tout ça?
♦ **leader** n (a) [expedition, gang, tribe] chef m; [club] dirigeant(e) m(f); (guide) guide m; [riot, strike] meneur m, -euse f; (Mil) commandant m; (Pol) dirigeant(e), leader m; (Brit Parl) **L~er of the House** chef de la majorité ministérielle à la Chambre; **he's a born ~er** il est né pour commander; **the ~er of the orchestra** (Brit) le premier violon; (US) le chef d'orchestre; **one of the ~ers in the scientific field** une des sommités du monde scientifique; (b) (in race) coureur m de tête; (horse) cheval m de tête; (in league) leader m; (c) (Press) (Brit) éditorial m; (US) article m de tête. ♦ **leadership** n (a) direction f; **under his ~ership** sous sa direction; **qualities of ~ership** qualités fpl de chef; (b) (Pol: ~ers) dirigeants mpl. ♦ **leader-writer** n éditorialiste mf. ♦ **lead-in** n introduction f, entrée f en matière. ♦ **leading** adj horse, car (in procession) de tête, (in race) en tête; (chief) person, member, politician de (tout) premier plan, principal; part prépondérant, de premier plan; theme, idea principal; **one of the ~ing writers** un des écrivains les plus importants; **one of the ~ing figures of the twenties** un personnage marquant des années vingt; (Press) **~ing article** (Brit) éditorial m; (US) article m de tête; **the ~ing lady/man** (Cine) la vedette féminine/masculine; (Theat) l'acteur/l'actrice principal(e); (fig) **~ing light** personnalité f de premier plan; **~ing question** (Jur) question f tendancieuse; (gen) question insidieuse.
lead² [led] **1** n (metal) plomb m; (black ~) mine f de plomb; [pencil] mine; [fishing line] plomb; (for sounding) plomb (de sonde). (window) **~s** plombures fpl. **2** adj object de or en plomb; paint à base de plomb. **~ pencil** crayon m à mine de plomb; **~ poisoning** saturnisme m. ♦ **leaded** adj window à tout petits carreaux. ♦ **leaden** adj colour, sky de plomb; (heavy) pesant; silence de mort; atmosphere chargé. ♦ **lead-free** adj (garanti) sans plomb.
leaf [liːf] pl **leaves 1** n (a) [plant] feuille f. **in ~** en feuilles. (b) [book] feuillet m, page f. (fig) **you should take a ~ out of his book** vous devriez prendre exemple sur lui; (fig) **to turn over a new ~** changer de conduite. (c) [table] rabat m. **2** vi:

to ~ **through a book** feuilleter un livre. ♦ **leaflet**
n prospectus m; (Pol, Rel) tract m; (instruction
sheet) mode m d'emploi. ♦ **leafy** adj feuillu.
league [li:g] n (a) ligue f. to **form a ~ against** se
liguer contre; **in ~ with** en coalition avec. (b)
(Ftbl etc) championnat m.
leak [li:k] 1 n (gen; also of information) fuite f; (in
boat) voie f d'eau. **to spring a ~** [boat] commencer à faire eau; [bucket, pipe] se mettre à
fuir; **security ~** fuite concernant la sécurité. 2 vi
(a) [container, roof etc] fuir; [ship] faire eau;
[shoes] prendre l'eau. (b) (~ **out**) [liquid] fuir,
s'échapper; [secret, news] être divulgué. **it ~ed**
(through) on to the carpet cela a filtré jusque sur
le tapis. 3 vt liquid répandre; (fig) information
divulguer (to à). ♦ **leakage** n (leak) fuite f;
(amount lost) perte f. ♦ **leaky** adj container qui
fuit; roof qui a une fuite; boat qui fait eau.
lean[1] [li:n] pret, ptp **leaned** or **leant** [lent] 1 vi (a)
[wall, construction etc] pencher. (Pol) **to ~**
towards the left pencher vers la gauche. (b)
(rest) [person] s'appuyer (against contre, à; on
sur). [person, ladder, cycle] **to be ~ing** être
appuyé (against contre, à); **to ~ on sb** (lit, fig: for
support) s'appuyer sur qn; (*: put pressure on)
faire pression sur qn. 2 vt ladder, cycle appuyer
(against contre). **to ~ one's head on sb's shoulder**
reposer sa tête sur l'épaule de qn.
lean back vi se pencher en arrière; (in armchair)
se laisser aller en arrière. **to ~ back against**
s'adosser contre or à.
lean forward vi se pencher en avant.
lean out vi se pencher au dehors. **to ~ out of the**
window se pencher par la fenêtre.
lean over vi [person] se pencher (forward) en
avant or (sideways) sur le côté; [object, tree] pencher, être penché. (fig) **to ~ over backwards to**
help sb* se mettre en quatre pour aider qn.
♦ **leaning** 1 n tendance f (towards à); 2 adj
penché. ♦ **lean-to** 1 n appentis m; 2 adj en
appentis.
lean[2] [li:n] 1 adj maigre. **we had a ~ time** on a
mangé de la vache enragée. 2 n [meat] maigre m.
♦ **leanness** n maigreur f.
leap [li:p] (vb: pret, ptp **leaped** or **leapt** [lept]) 1 n
saut m, bond m. **at one ~** d'un bond; **by ~s and**
bounds à pas de géant; (fig) **a ~ in the dark** un saut
dans l'inconnu; (fig) **a great ~ forward** un bond
en avant. 2 adj: **~ year** année f bissextile.
3 vi sauter, bondir. **to ~ out/in** etc sortir/entrer
etc d'un bond; **he leapt into the car** il a sauté dans
la voiture; **to ~ over a ditch** franchir un fossé
d'un bond; **he leapt for joy** il bondit de joie; **to ~ at**
an offer sauter sur une offre. 4 vt stream, hedge
sauter (par-dessus), franchir d'un bond.
leap up vi (off ground) sauter en l'air; (to one's
feet) se lever d'un bond; [flame] jaillir; [prices,
etc] faire un bond.
♦ **leapfrog** 1 n saute-mouton m; 2 vi: **to ~frog**
over sb/sth sauter par-dessus qn/qch à saute-
mouton.
learn [lɜːn] pret, ptp **learned** or **learnt** 1 vt
apprendre. **to ~ (how) to do sth** apprendre à faire
qch; (fig) **he's ~t his lesson** cela lui a servi de
leçon, il ne recommencera pas de sitôt; **I was**
sorry to ~ that ... j'ai appris avec regret que ... ;
that'll ~ you!* ça t'apprendra!* 2 vi apprendre. **to**
~ about sth (Scol etc) étudier qch; (hear of)
apprendre qch; **to ~ from experience** apprendre
par l'expérience; **to ~ from one's mistakes** tirer
la leçon de ses erreurs; (iro) **he'll ~!** un jour il
comprendra!
learn off vt sep apprendre par cœur.
learn up vt sep (gen) apprendre; school subject
travailler.
♦ **learned** ['lɜːnɪd] adj (gen) savant; profession
intellectuel; (Brit Jur) **my ~ed friend** mon éminent confrère. ♦ **learner** n débutant(e) m(f); **to be**

a **quick ~er** apprendre vite. ♦ **learning** n érudition f, savoir m.
lease [li:s] 1 n (Jur: contract, duration) bail m.
long ~ bail à long terme; (fig) **to give sb a new ~**
of life redonner de la vigueur à qn; **to take on a**
new ~ of life retrouver une nouvelle jeunesse.
2 vt [tenant, owner] louer à bail. ♦ **leasehold** 1 n
bail m; 2 adj loué à bail.
leash [li:ʃ] n laisse f. **on a ~** en laisse.
least [li:st] superl of **little**[2] 1 adj (smallest amount
of) le moins de; (smallest) le or la moindre, le or la
plus petit(e). **the ~ money** le moins d'argent; **the**
~ thing upsets her la moindre chose or la plus
petite chose la contrarie; **that's the ~ of our wor-**
ries c'est le cadet de nos soucis. 2 pron **le moins**.
it's the ~ I can do c'est la moindre des choses; **to**
say the ~ (of it)! c'est le moins qu'on puisse dire!;
~ said soonest mended moins on en dit et mieux
ça vaut; **at ~ £5** au moins 5 livres; **at ~ as much as**
au moins autant que; **you could at ~ have told me!**
tu aurais pu au moins me le dire!; **I can at ~ try** je
peux toujours essayer; ... **at ~ that's what he says**
... du moins c'est ce qu'il dit; **at the very ~** au
moins, au minimum; **not in the ~** pas du tout.
3 adv **le moins**. **the ~ expensive car** la voiture
la moins chère; **she is ~ able to afford it** c'est elle
qui peut le moins se l'offrir; **~ of all him** surtout
pas lui.
♦ **leastways*** or ♦ **leastwise*** adv du moins, ou
plutôt.
leather ['leðər] 1 n cuir m; (wash ~) peau f de
chamois. 2 adj of or en cuir. **~ goods** articles mpl
en cuir, (handbags etc) maroquinerie f.
♦ **leatherette** n similicuir m. ♦ **leathering** n: **to**
give sb a ~ing* tanner le cuir à qn*. ♦ **leathery**
adj meat, substance coriace; skin parcheminé.
leave [li:v] (vb: pret, ptp **left**) 1 n (a) (consent)
permission f. **without so much as a by-your-~***
sans même demander la permission; **to ask ~**
from sb to do demander à qn la permission de
faire. (b) (holiday) congé m; (Mil) permission f.
on ~ en congé, en permission; **on ~ of absence** en
congé exceptionnel, (Mil) en permission
spéciale. (c) **to take (one's) ~ of sb** prendre
congé de qn; **have you taken ~ of your senses?**
avez-vous perdu la tête?
2 vt (a) (go away from) town quitter, partir de,
(permanently) quitter; room, building sortir de,
quitter; prison, hospital sortir de; person, job
quitter. **to ~ school** terminer ses études (secondaires); **he left home in 1979** il est parti de la
maison en 1979; **I left home at 6 o'clock** je suis
sorti de chez moi à 6 heures; **he has left this**
address il n'habite plus à cette adresse; **to ~ the**
room (to lavatory) sortir (euph); **to ~ the table** se
lever de table; **to ~ the track** dérailler; **the car**
left the road la voiture a quitté la route. (b)
(deposit, put) laisser (with sb à qn); (forget)
laisser, oublier. **to ~ sb a tip** laisser un pourboire
à qn; **she left him her house** elle lui a laissé or
légué sa maison. (c) (allow to remain) laisser. **to**
~ the door open laisser la porte ouverte; **~ it**
where it is laisse-le là où il est; **some things are**
better left unsaid il vaut mieux passer certaines
choses sous silence; **let's ~ it at that** tenons-nous-
en là; **I'll ~ it to you to decide** je te laisse décider;
I'll ~ it to you je m'en remets à vous; **~ it to me!** je
m'en charge!; **I'll ~ you to it*** je vous laisse (continuer); **he was left a widower** il est devenu veuf;
to ~ sb in peace or **to himself** laisser qn tranquille; **left to himself, he** ... tout seul or laissé à lui-
même, il ...; **take it or ~ it** c'est à prendre ou à
laisser; **3 from 6 ~s 3** 3 ôté de 6, il reste 3. (d) **to be**
left (over) rester; **what's left?** qu'est-ce qui
reste?; **there'll be none left** il n'en restera pas;
how many are (there) left? combien est-ce qu'il
en reste?; **I've no money left** il ne me reste plus
d'argent; **there are 3 cakes left** il reste 3 gâteaux;

have you (got) any left? est-ce qu'il vous en reste?; V also **left**[1].
3 vi partir, s'en aller (for pour).
leave about, leave around vt sep clothes etc laisser traîner.
leave behind vt sep person, object laisser; opponent in race distancer; fellow students dépasser.
leave in vt sep laisser.
leave off 1 vi (*: stop) s'arrêter. **2** vt sep (a) (*: stop) cesser, arrêter (doing de faire). **(b)** lid, clothes ne pas mettre; gas, heating, tap laisser fermé; light laisser éteint.
leave on vt sep lid, clothes ne pas enlever; gas, heating, tap laisser ouvert; light laisser allumé.
leave out vt sep **(a)** (omit) (accidentally) oublier; (deliberately) exclure; (in reading etc) sauter. **he was feeling left out** il avait l'impression de ne pas être dans le coup. **(b)** food, note laisser (for sb à qn); (not put back) books, toys laisser sorti, ne pas ranger.
leave over vt sep **(a)** to be left over rester; V leave **2d**. **(b)** (postpone) remettre (à plus tard).
♦ **leavetaking** n adieux mpl. ♦ **leaving** n départ m. ♦ **leavings** npl restes mpl.
leaven ['levn] **1** n levain m. **2** vt faire lever.
Lebanon ['lebənən] n Liban m.
lecherous ['letʃərəs] adj lubrique.
lectern ['lektən] n lutrin m.
lecture ['lektʃər] **1** n **(a)** conférence f; (Univ etc: part of series) cours m (magistral). **to give a ~** faire une conférence or un cours (on sur). **(b)** (reproof) sermon m. **to give or read sb a ~** sermonner qn. **2** vi faire une conférence or un cours (to à; on sur). (Univ) **he ~s in law** il est professeur de droit; **he's lecturing at the moment** il fait (son) cours en ce moment. **3** vt (reprove) sermonner (sb on sth/for having done qn pour qch/pour avoir fait). **4** adj notes de cours. **~ course** cours m; **~ hall** amphithéâtre m; **~ room** salle f de conférences. ♦ **lecturer** n **(a)** (speaker) conférencier m, -ière f. **(b)** (Brit Univ) ≃ maître assistant m, maître m de conférences; **assistant ~r** ≃ assistant(e) m(f); **senior ~r** ≃ chargé(e) m(f) d'enseignement.
led [led] pret, ptp of **lead**[1].
ledge [ledʒ] n (on wall) rebord m, saillie f; (window ~) rebord (de la fenêtre); (on mountain) saillie.
ledger ['ledʒər] n grand livre m (Comptabilité).
lee [liː] **1** n côté m sous le vent. **in the ~ of** à l'abri de. **2** adj sous le vent. ♦ **leeward 1** adj, adv sous le vent; **2** n côté m sous le vent; **to ~ward** sous le vent. ♦ **leeway** n (Naut) dérive f; (fig) **that gives him a certain ~way** cela lui donne une certaine liberté d'action; **a lot of ~way to make up** beaucoup de retard à rattraper.
leech [liːtʃ] n sangsue f.
leek [liːk] n poireau m.
leer [liər] **1** vi lorgner. **to ~ at sb** lorgner qn. **2** n (evil) regard m mauvais; (lustful) regard concupiscent.
left[1] [left] pret, ptp of **leave**. ♦ **left-luggage** n bagages mpl en consigne; (office) consigne f. ♦ **left-luggage locker** n casier m à consigne automatique. ♦ **left-overs** npl restes mpl.
left[2] [left] **1** adj (not right) gauche. **2** adv à gauche. **3** n **(a)** gauche f. **on your ~** à or sur votre gauche; **on the ~, be, stand, see** sur la gauche, à gauche; **drive** à gauche; **the door on the ~** la porte de gauche; **the street on the ~** la rue à gauche; (Aut) **to keep to the ~** tenir sa gauche; **to the ~** vers la gauche; (Pol) **the L~** la gauche. **(b)** (Boxing: punch) gauche m. ♦ **left-hand** adj door, page de gauche; **~-hand drive** conduite f à gauche; **on the ~-hand side** à gauche. ♦ **left-handed** adj person gaucher; screw fileté à gauche; scissors pour gaucher; (fig) compliment ambigu. ♦ **left-hander** n (person) gaucher m, -ère f. ♦ **leftist** adj

(Pol) de gauche. ♦ **left-wing** adj newspaper, view de gauche; **he's ~-wing** il est à gauche.
leg [leg] **1** n [person, horse] jambe f; [other animal, bird, insect] patte f; (Culin) [lamb] gigot m; [pork, chicken, frog] cuisse f; [table etc] pied m; [trousers, stocking etc] jambe; (stage) [journey] étape f; (in relay) relais m. **my ~s won't carry me any further!** je ne tiens plus sur mes jambes!; **to be on one's last ~s** [person, company] être à bout de ressources; [machine etc] être sur le point de rendre l'âme*; **to give sb a ~ up** faire la courte échelle à qn; (*fig) donner un coup de pouce à qn; **he hasn't got a ~ to stand on** il n'a aucun argument valable; (fig) **to pull sb's ~** (*hoax) faire marcher qn*; (tease) taquiner qn. **2** adj muscle de la jambe. **~ bone** tibia m. **3** vt: to ~ it* aller à pied, faire le chemin à pied. ♦ **-legged** adj ending: **four-~ged** à quatre pattes; **bare-~ged** aux jambes nues. ♦ **leggings** npl jambières fpl; (for baby) culotte f (longue). ♦ **leg-pull*** n canular m. ♦ **leg-pulling*** n (hoaxes) canulars mpl; (teasing) taquineries fpl. ♦ **leg-room** n place f pour les jambes. ♦ **leg-warmers** npl jambières fpl.
legacy ['legəsi] n (Jur, also fig) legs m. **to leave a ~ to sb** faire un legs à qn.
legal ['liːgəl] adj **(a)** (lawful) act, status, right légal; requirements légitime. **~ currency** monnaie légale; **it's not ~ currency** cela n'a pas cours; **~ document** titre m authentique. **(b)** (concerning the law) error, advice judiciaire; affairs, question juridique. **to take ~ action against** intenter un procès à or contre; **to take ~ advice** consulter un homme de loi; **~ adviser** conseiller m, -ère f juridique; (Brit) **~ aid** assistance f judiciaire; **~ costs** frais mpl de justice; **~ department** service m du contentieux; **a ~ offence** une infraction à la loi; **~ proceedings** procès m, poursuites fpl; **the ~ profession** les hommes mpl de loi. ♦ **legality** n légalité f. ♦ **legalization** n légalisation f. ♦ **legalize** vt légaliser. ♦ **legally** adv légalement; **to be ~ly binding** lier.
legation [lɪ'geɪʃən] n légation f.
legend ['ledʒənd] n légende f. ♦ **legendary** adj légendaire.
legible ['ledʒəbl] adj lisible. ♦ **legibility** n lisibilité f. ♦ **legibly** adv lisiblement.
legion ['liːdʒən] n légion f. ♦ **legionary 1** n légionnaire m; **2** adj de la légion.
legionnaire [ˌliːdʒə'neər] n légionnaire m.
legislate ['ledʒɪsleɪt] vi faire des lois, légiférer. ♦ **legislation** n législation f; **to introduce legislation** faire des lois; **a piece of legislation** une loi. ♦ **legislative** adj législatif. ♦ **legislator** n législateur m, -trice f. ♦ **legislature** n corps m législatif.
legitimate [lɪ'dʒɪtɪmɪt] adj (Jur etc) légitime; argument, cause, excuse bon, valable; complaint légitime; reasoning, conclusion logique. **the ~ theatre** le théâtre littéraire. ♦ **legitimacy** n légitimité f. ♦ **legitimately** adv: **one might ~ly think** on serait en droit de penser. ♦ **legitimize** vt légitimer.
leisure ['leʒər] **1** n loisir m, temps m libre. (hum) **a lady of ~** une rentière (fig hum); **a life of ~** une vie pleine de loisirs; **do it at your ~** faites-le quand vous en aurez le temps; **think about it at ~** réfléchissez-y à tête reposée. **2** adj: **in my ~ moments** à mes moments de loisir; **~ time** loisir m, temps m libre. ♦ **leisured** adj qui a beaucoup de loisirs; classes oisif. ♦ **leisurely** adj pace, movement lent, tranquille; person placide; journey, stroll fait sans se presser; occupation peu fatigant; **in a ~ly way** walk sans se presser; work sans faire de gros efforts.
lemon ['lemən] **1** n (fruit, colour) citron m; (tree) citronnier m. **2** adj (colour) citron inv. **~ cheese or curd** ≃ crème f de citron; **~ drink or squash** citronnade f; (fresh lemon) citron pressé; **~ juice**

jus *m* de citron; ~ **sole** limande-sole *f*; ~ **squeezer**
presse-citron *m inv*; ~ **tea** thé *m* au citron; ~
yellow jaune citron *inv*. ◆ **lemonade** *n* limonade *f*;
(*still*) citronnade *f*.
lemur ['li:mər] *n* maki *m*.
lend [lend] *pret, ptp* **lent** *vt* (*gen*) prêter (*to sb à*
qn); (*fig*) *importance, one's name* prêter (*to à*);
mystery, dignity, authority conférer (*to à*). **to** ~
an ear écouter, prêter l'oreille; **to** ~ **o.s. to sth** se
prêter à qch. ◆ **lender** *n* prêteur *m*, -euse *f*.
◆ **lending** 1 *n* prêt *m*; 2 *adj* **library** de prêt.
length [leŋθ] *n* (**a**) (*gen*) longueur *f*; (*duration*)
durée *f*. **it was 6 metres in** ~ cela avait 6 mètres
de long; **what is the** ~ **of the field?** quelle est la
longueur du champ?; **along the whole** ~ **of** sur
toute la longueur de; **what** ~ **of cloth did you buy?**
quel métrage de tissu as-tu acheté?; (*fig*) **over the**
~ **and breadth of England** dans toute l'Angleterre; **to fall full** ~ tomber de tout son long;
what ~ **is the film?** combien dure le film?; ~ **of**
life durée de vie; ~ **of time** temps *m*; (*Admin*) ~
of service ancienneté *f*; **4,000 words in** ~ de 4 000
mots; **at** ~ (*at last*) enfin, à la fin; **at** (**great**) ~ (*in*
many words) fort longuement; (*in detail*) dans le
détail; **to go to the** ~ **of doing** aller jusqu'à faire;
to go to great ~**s to do** se donner beaucoup de mal
pour faire; **to go to any** ~**(s) to do** ne reculer
devant rien pour faire; **to win by a** ~ gagner d'une
longueur; **he was 3 car** ~**s behind me** il était à 3
longueurs de voiture derrière moi. (**b**) (*section:*
gen) morceau *m*, bout *m*; [*wallpaper*] lé *m*; [*dress*
material] métrage *m*, hauteur *f*; [*tubing, track*]
tronçon *m*. **skirt** ~ hauteur de jupe.
◆ **lengthen** 1 *vt object* rallonger; *visit, life* prolonger; *vowel* allonger; 2 *vi* rallonger; se prolonger; s'allonger; [*days, nights*] rallonger.
◆ **lengthily** *adv* longuement. ◆ **lengthways** or
◆ **lengthwise** 1 *adv* dans le sens de la longueur; 2
adj en longueur. ◆ **lengthy** *adj* (très) long;
(*tedious*) interminable.
lenient ['li:nɪənt] *adj judge, parent* indulgent (*to*
envers, pour); *government* clément (*to* envers).
◆ **lenience** or ◆ **leniency** *n* indulgence *f*; clémence *f*. ◆ **leniently** *adv* avec indulgence; avec
clémence.
lens [lenz] 1 *n* (*for magnifying*) lentille *f*; [*camera*]
objectif *m*; [*spectacles*] verre *m*; [*eye*] cristallin
m. 2 *adj*: ~ **holder** porte-objectif *m inv*; ~ **hood**
parasoleil *m*.
lent [lent] *pret, ptp* of **lend**.
Lent [lent] *n* Carême *m*. **I gave it up for** ~ j'y ai
renoncé pour le Carême.
lentil ['lentl] *n* lentille *f*. ~ **soup** soupe *f* aux len-
tilles.
Leo ['li:əʊ] *n* (*Astron*) le Lion.
leopard ['lepəd] *n* léopard *m*. **the** ~ **cannot change**
its spots on ne peut pas changer sa nature.
◆ **leopardess** *n* léopard *m* femelle.
leotard ['li:ətɑːd] *n* collant *m* (*de danseur etc*).
leper ['lepər] *n* lépreux *m*, -euse *f* (*also fig*). ~
colony léproserie *f*. ◆ **leprosy** *n* lèpre *f*.
◆ **leprous** *adj* lépreux.
lesbian ['lezbɪən] 1 *adj* lesbien. 2 *n* lesbienne *f*.
◆ **lesbianism** *n* lesbianisme *m*.
lesion ['li:ʒən] *n* (*Med*) lésion *f*.
less [les] *comp* of **little**² 1 *adj, pron* moins (de). ~
butter moins de beurre; **I have** ~ **than you** j'en ai
moins que vous; **even** ~ encore moins; **much** ~
milk beaucoup moins de lait; **a little** ~ **cream** un
peu moins de crème; ~ **and** ~ de moins en moins;
~ **than that** moins que cela; **it costs** ~ **than** cela
coûte moins cher que; ~ **than half the audience**
moins de la moitié de l'assistance; **he couldn't**
have done ~ il n'aurait pas pu faire moins; **of** ~
importance de moins d'importance; **I have** ~
time for reading j'ai moins de temps pour lire; **it**
is ~ **than perfect** on ne peut pas dire que ce soit
parfait; ~ **than a month/a kilo** moins d'un

mois/d'un kilo; ~ **than you think** moins que vous
ne croyez; **can't you let me have it for** ~? vous ne
pouvez pas me le laisser à moins?; **no** ~ **a person**
than rien moins que; **he's bought a car, no** ~** il
s'est payé une voiture, s'il vous plaît*; **no** ~ **than 4**
months' holiday au moins 4 mois de vacances; **the**
~ **said about it the better** mieux vaut ne pas en
parler; **the** ~ **you buy the** ~ **you spend** moins vous
achetez moins vous dépensez; **he's nothing** ~
than a thief il n'est rien moins qu'un voleur;
nothing ~ **than a bomb would move them** il faudrait au moins une bombe pour les faire bouger;
it's nothing ~ **than disgraceful** le moins qu'on
puisse dire, c'est que c'est une honte.
2 *adv* moins. **you must eat** ~ vous devez moins
manger; **to grow** ~ diminuer; ~ **and** ~ de moins
en moins; ~ **often** moins souvent; ~ **expensive**
than you think moins cher que vous ne croyez; **the**
~ **you say about it the better** le moins vous en parlerez et mieux ça vaudra; **he was none the** ~
pleased to see me il n'en était pas moins content
de me voir.
3 *prep* moins. ~ **10%** moins 10%.
◆ **lessen** 1 *vt* (*gen*) diminuer; *cost* réduire;
anxiety, pain, effect, shock atténuer; (*Pol*) *ten-*
sion relâcher; 2 *vi* diminuer; s'atténuer; se
relâcher. ◆ **lessening** *n* diminution *f*. ◆ **lesser** *adj*
moindre; **to a** ~**er degree** or **extent** à un moindre
degré; **the** ~**er of** le or la moindre de.
...less [lɪs] *adj ending*: **hatless** sans chapeau; **child-**
less sans enfants.
lessee [le'si:] *n* preneur *m*, -euse *f* (à bail).
lesson ['lesn] *n* leçon *f* (*also fig*). **a French** ~ une
leçon de français; **to take/give** ~**s** prendre/
donner des leçons de; **we have** ~**s from 9 to mid-**
day nous avons classe *or* cours de 9 heures à midi;
let that be a ~ **to you!** que cela vous serve de
leçon!
lest [lest] *conj* de peur *or* de crainte de + *infin*, de
peur *or* de crainte que (+ne) + *subj*.
let [let] *pret, ptp* **let** *vt* (**a**) *laisser* (*sb do* qn faire),
permettre (*sb do* à qn de faire, que qn fasse). **he**
wouldn't ~ **us** il n'a pas voulu, il ne nous a pas
permis; **to** ~ **sb into the house/into a secret** faire
entrer qn dans la maison/dans un secret; **to** ~
sb/sth past or **through** laisser passer qn/qch; (*fig*)
to ~ **sb off (doing) sth** dispenser qn de (faire) qch;
don't ~ **me forget** rappelle-moi; **don't** ~ **the fire**
go out ne laisse pas s'éteindre le feu; ~ **me have a**
look laissez-moi regarder, faites voir; **when can**
you ~ **me have it?** quand est-ce que je pourrai
l'avoir?; ~ **him have it** donnez-le-lui; ~ **him be!**
laisse-le tranquille!; **just you** ~ **me catch you**
stealing again* que je t'y prenne encore à voler!;
~ **myself be persuaded** je me suis laissé convaincre; **to** ~ **a window into a wall** percer une
fenêtre dans un mur; ~ **alone** (*used as conj*) V
alone. (**b**) (*in verb forms*) ~ **us** *or* ~**'s go** allons;
~**'s sit down** asseyons-nous; ~ **me think** laissez-
moi réfléchir; **don't** ~ **me keep you** que je ne vous
retienne pas; ~ **him come himself** qu'il vienne
lui-même; ~ **that be a warning to you** que cela
vous serve d'avertissement; **just** ~ **them try!**
qu'ils essaient (*subj*) un peu!; ~ **x equal 2** soit x
égal à 2. (**c**) (*hire out*) *house etc* louer, mettre en
location. '**to** ~' à louer'.
let away *vt sep* (*allow to leave*) laisser partir.
(*fig*) **you can't** ~ **him away with that!** tu ne peux
pas le laisser s'en tirer comme ça!
let down *vt sep* (**a**) *window* baisser; *dress* rallonger; *hem* lâcher; *tyre* dégonfler; (*on rope etc*)
person, object descendre. (*fig*) **he** ~ **me down**
gently il n'a pas été trop sévère avec moi. (**b**)
(*fail*) **to** ~ **sb down** (*gen*) décevoir qn; [*car, watch*]
jouer des tours à qn; **don't** ~ **us down** nous
comptons sur vous; **the weather** ~ **us down** le
beau temps n'a pas été de la partie.
let in 1 *vi* [*shoes, tent*] prendre l'eau; [*roof*]

laisser entrer la pluie. **2** *vt sep person, cat* faire entrer, laisser entrer; *light, rain* laisser entrer. **can you ~ him in?** pouvez-vous lui ouvrir?; **he ~ himself in with a key** il est entré avec une clef; *(fig)* **to ~ sb in for (doing) sth** entraîner qn à (faire) qch; **you don't know what you're ~ting yourself in for** tu ne sais pas à quoi tu t'engages; **to ~ sb in on sth** mettre qn au courant de qch. **let off** *vt sep* **(a)** *(explode etc) bomb* faire éclater; *firework, firearm* faire partir. **(b)** *(release) gas etc* dégager, lâcher. **(c)** *(allow to leave) pupils etc* laisser partir. **if you don't want to do it, I'll ~ you off** si tu ne veux pas le faire, je t'en dispense. **(d)** *(not punish)* ne pas punir, faire grâce à. **he ~ me off with a warning** il m'a seulement donné un avertissement; **to ~ sb off lightly** laisser qn s'en tirer à bon compte. **(e)** *rooms etc* louer.
let on* **1** *vi (acknowledge)* dire. **I won't ~ on** je ne dirai rien, je garderai ça pour moi. **2** *vt sep (acknowledge)* dire, aller raconter *(that* que); *(pretend)* prétendre, raconter *(that* que).
let out *vt sep* **(a)** *person, cat* faire *or* laisser sortir; *prisoner* relâcher; *sheep, cattle* faire sortir *(of* de); *caged bird* lâcher; *water* vider; *fire, candle* laisser s'éteindre; *secret, news* laisser échapper, révéler. **I'll ~ you out** je vais vous ouvrir la porte; **to ~ o.s. out** sortir; **can you ~ yourself out?** vous m'excuserez de ne pas vous reconduire?; **to ~ the air out of a tyre** dégonfler un pneu; **his alibi ~s him out** son alibi le met hors de cause. **(b)** *shout, cry* laisser échapper; *laugh* avoir. **(c)** *dress* élargir; *seam* lâcher; *belt* desserrer. **(d)** *house etc* louer.
let up **1** *vi [rain]* diminuer; *[cold weather]* s'adoucir; *[worker, talker]* s'arrêter (un moment). **2** *vt sep (allow to rise)* **to ~ sb up** permettre à qn de se lever.
♦ **let-down*** *n* déception *f*. ♦ **letting** *n [house etc]* location *f*. ♦ **let-up*** *n (decrease)* diminution *f*; *(stop)* arrêt *m*; *(respite)* répit *m*.
lethal ['li:θəl] *adj poison, blow* mortel; *effect* fatal; *weapon* meurtrier. **this coffee's ~!*** ce café est atroce!*
lethargy ['leθədʒɪ] *n* léthargie *f*. ♦ **lethargic** [le'θɑ:dʒɪk] *adj* léthargique.
letter ['letər] **1** *n* **(a)** *(of alphabet)* lettre *f*. **the ~ L** la lettre L; **in ~s** en lettres; **he's got a lot of ~s after his name*** il a des tas* de diplômes *(or de décorations etc)*; *(fig)* **the ~ of the law** la lettre de la loi; **to follow sth to the ~** suivre qch à la lettre. **(b)** *(written communication)* lettre *f*. **were there any ~s for me?** y avait-il du courrier *or* des lettres pour moi?; **he was invited by ~** il a reçu une invitation écrite; **~ of introduction** lettre de recommandation. **(c)** *(learning)* **man of ~s** homme *m* de lettres. **2** *vt (put ~ on)* inscrire des lettres sur; *(engrave)* graver (des lettres sur).
♦ **letter-bomb** *n* lettre *f* piégée. ♦ **letterbox** *n* boîte *f* à lettres. ♦ **letter-card** *n* carte-lettre *f*. ♦ **letterhead** *n* en-tête *m*. ♦ **lettering** *n (engraving)* gravure *f*; *(letters)* caractères *mpl*. ♦ **letter-opener** *n* coupe-papier *m inv*. ♦ **letter-paper** *n* papier *m* à lettres. ♦ **letter-perfect** *adj*: **to be ~-perfect** il sait savoir qch sur le bout du doigt. ♦ **letterpress** *n (method)* typographie *f*; *(text)* texte *m* imprimé. ♦ **letter-writer** *n* correspondant(e) *m(f)*.
lettuce ['letɪs] *n* laitue *f*; *(Culin)* laitue, salade *f*.
leuk(a)emia [lu:'ki:mɪə] *n* leucémie *f*.
level ['levl] **1** *n* **(a)** niveau *m*. **at roof ~** au niveau du toit; **to find one's own ~** trouver son niveau; **he came down to their ~** il s'est mis à leur niveau; **it is on a ~ with** *(lit)* c'est du niveau de, c'est à la hauteur de; *(fig)* ça vaut bien; **top-~ talks** conférence *f* au sommet; **at departmental/ministerial ~** à l'échelon départemental/ministériel. **(b)** *(Aut, Rail)* palier *m*. **speed on the ~** vitesse *f* en

palier; *(fig)* **is this on the ~?*** est-ce qu'il joue franc jeu? **(c)** *(spirit ~)* niveau *m* à bulle d'air. **(d)** *(flat place)* terrain *m* plat.
2 *adj* **(a)** *(flat) surface, ground* plat, uni; *tray* horizontal. *(Brit Rail)* **~ crossing** passage *m* à niveau; **a ~ spoonful** une cuillerée rase; **to do one's ~ best*** faire tout son possible *(to do* pour faire). **(b)** *(equal) contestants* à égalité. **to be ~ with** *(in race)* être à la même hauteur que; *(in league)* être à égalité avec; *(in studies, achievements)* être au même niveau que; *(in salary, rank)* être au même échelon que; **to draw ~ with** arriver à la même hauteur *etc* que; **~ with the ground** au niveau du sol. **(c)** *(steady) voice, tones* calme, assuré; *judgment* sain. **to keep a ~ head** garder tout son sang-froid.
3 *vt* **(a)** *(make level) site, ground* niveler, aplanir; *quantities* répartir également; *(demolish) building, town* raser. **(b)** *(aim) blow* allonger *(at sb* à qn); *gun* braquer *(at sb* sur qn); *accusation* lancer *(at sb* contre qn).
4 *vi* **(a)** *(~ off) [curve on graph, prices etc]* se stabiliser; *[aircraft]* amorcer le vol en palier. **(b)** *(US)* **to ~ with sb*** être franc avec qn.
♦ **level-headed** *adj* équilibré. ♦ **levelling** *adj effect, process* de nivellement.
lever ['li:vər] **1** *n (lit, fig)* levier *m*. **2** *vt*: **to ~ sth out/up** extraire/soulever qch au moyen d'un levier. ♦ **leverage** *n* force *f* (de levier); *(fig: influence)* influence *f (on or with* sb sur qn).
levity ['levɪtɪ] *n* manque *m* de sérieux.
levy ['levɪ] **1** *n (act, amount)* taxation *f*; *(tax)* impôt *m*, taxe *f*. **2** *vt* **(a)** *(impose) tax* prélever, mettre *(on sth* sur qch); *fine* imposer *(on sb* à qn). **(b)** *(collect) contributions* percevoir.
lewd [lu:d] *adj* lubrique. ♦ **lewdness** *n* lubricité *f*.
lexical ['leksɪkəl] *adj* lexical.
lexicography [,leksɪ'kɒgrəfɪ] *n* lexicographie *f*. ♦ **lexicographer** *n* lexicographe *mf*.
lexicology [,leksɪ'kɒlədʒɪ] *n* lexicologie *f*. ♦ **lexicologist** *n* lexicologue *mf*.
lexicon ['leksɪkən] *n* lexique *m*.
liable ['laɪəbl] *adj* **(a)** *(likely)* **it's ~ to explode** cela risque d'exploser; **he's ~ to refuse** il est possible qu'il refuse *(subj)*; **we are ~ to get shot at** on risque de se faire tirer dessus; **it's ~ to be hot** il se peut qu'il fasse très chaud. **(b)** *(to illness, tax)* sujet *(to* à); *(to fine)* passible *(to* de). **~ for military service** astreint au service militaire. **(c)** *(responsible)* (civilement) responsable *(for* de). ♦ **liability** *n (for accident etc)* responsabilité *f (for* de); *(handicap)* handicap *m*; *(person)* poids *m* mort; **liabilities** *(debts)* engagements *mpl*; *(Bookkeeping)* passif *m*.
liaison [li:'eɪzɒn] **1** *n* liaison *f*. **2** *adj committee, officer* de liaison.
liar ['laɪər] *n* menteur *m*, -euse *f*.
libs [lɪb] *n abbr of* liberation.
libel ['laɪbəl] **1** *n* diffamation *f* (par écrit). **2** *adj laws* contre la diffamation. **~ proceedings** *or* **suit** procès *m* en diffamation. **3** *vt (Jur)* diffamer (par écrit); *(gen)* calomnier, médire de. ♦ **libellous**, *(US)* **libelous** *adj* diffamatoire.
liberal ['lɪbərəl] **1** *adj (all senses)* libéral *(with* de). **2** *n (Pol)* **L~** libéral(e) *m(f)*. ♦ **liberalism** *n* libéralisme *m*. ♦ **liberality** *n (broad-mindedness)* libéralisme *m*; *(generosity)* libéralité *f*. ♦ **liberally** *adv* libéralement.
liberate ['lɪbəreɪt] *vt* libérer. ♦ **liberation** *n* libération *f*. ♦ **liberator** *n* libérateur *m*, -trice *f*.
liberty ['lɪbətɪ] *n* liberté *f*. **at ~** *(not detained)* en liberté; *(not busy)* libre; **at ~ to choose** libre de choisir; **~ of the press** liberté de la presse; **to take liberties** se permettre des libertés *(with* avec); **to take the ~ of doing** se permettre de faire.
libido [lɪ'bi:dəʊ] *n* libido *f*.
Libra ['li:brə] *n (Astron)* la Balance.
library ['laɪbrərɪ] **1** *n* bibliothèque *f*. **2** *adj book* de

bibliothèque. ~ **ticket** carte *f* de lecteur.
♦ **librarian** *n* bibliothécaire *mf*. ♦ **librarianship**
n bibliothéconomie *f*.
libretto [lɪ'bretəʊ] *n* libretto *m*, livret *m*.
♦ **librettist** *n* librettiste *mf*.
Libya ['lɪbɪə] *n* Libye *f*.
lice [laɪs] *npl of* louse.
licence ['laɪsəns] **1** *n* **(a)** (*permit*) autorisation *f*,
permis *m*; (*for manufacturing, trading*) licence *f*;
(*Aut*) (*for driver*) permis; (*for car*) vignette *f*; (*for
radio, TV set*) redevance *f*. **driving/export** ~
permis de conduire/d'exporter; **pilot's** ~ brevet
m de pilote; **married by special** ~ marié avec dispense de bans; **to manufacture under** ~ fabriquer sous licence. **(b)** (*freedom*) liberté *f*. **poetic**
~ licence *f* poétique. **2** *adj* (*car*) ~ **plate/number**
plaque *f*/numéro *m* minéralogique *or* d'immatriculation. ♦ **licentious** *adj* licencieux.
license ['laɪsəns] **1** *n* (*US*) = **licence**. **2** *vt* **(a)** (*give
licence to*) donner une licence à; *car [licensing
authority]*délivrer la vignette de, *[owner]*acheter
la vignette de *or* pour. **to be** ~**d to sell tobacco**
détenir une licence de bureau de tabac; **on** ~**d
premises** dans un établissement ayant une
licence de débit de boissons. **(b)** (*allow*) autoriser
(*sb to do* qn à faire). ♦ **licensee** *n [pub]*patron(ne)
m(f).
lick [lɪk] **1** *n* **(a)** (*permit*) coup *m* de langue. **to give o.s. a** ~
and a promise* faire un petit brin de toilette; **a** ~
of paint un petit coup de peinture. **(b)** (*speed*) **at
full** ~***** en quatrième vitesse*. **2** *vt* **(a)** (*gen*)
lécher. **to** ~ **one's lips** se lécher les lèvres; (*fig*) se
frotter les mains (*fig*); **to** ~ **sth clean/off** *etc*
nettoyer/enlever *etc* qch à coups de langue; (*fig*)
to ~ **sb's boots** jouer les lèche-bottes* envers qn;
(*fig*) **to** ~ **one's wounds** panser ses blessures (*fig*).
(b) (*) (*defeat*) battre à plates coutures; (*outdo*)
battre; (*thrash*) rosser. ♦ **licking*** *n* (*whipping*)
rossée* *f*; (*defeat*) déculottée‡ *f*.
lid [lɪd] *n* (*gen*) couvercle *m*; (*eye*~) paupière *f*.
(*fig*) **to take the** ~ **off sth** étaler qch au grand jour;
that puts the ~ **on it!** ça, c'est un comble!
lido ['liːdəʊ] *n* (*resort*) complexe *m* balnéaire;
(*swimming pool*) piscine *f* (*en plein air*).
lie¹ [laɪ] *pret* lay, *ptp* lain *vi* **(a)** *[person etc]* (~
down) s'allonger, s'étendre, se coucher; (*be
lying*) être allongé *or* étendu *or* couché; *[dead
body] (at funeral etc)* reposer; (*in grave etc*) être
enterré. **he was lying on the floor** (*unable to
move*) il était étendu *or* il gisait par terre; **she lay
in bed until 10 o'clock** elle est restée au lit jusqu'à
10 heures; **she was lying in bed reading** elle lisait
au lit; **he lay dead** il était étendu mort; **he was
lying still** il s'était étendu immobile; ~ **still!** ne
bouge pas!; **his body was lying on the ground** son
corps gisait sur le sol; (*on tombstone*) **here** ~**s** ci-
gît; (*fig*) **to** ~ **low** ne pas se faire remarquer;
(*hide*) se cacher.
(b) (*be*) (*object*) être; *[place, road]* se trouver,
être; *[land, sea etc]* s'étendre; (*remain*) rester,
être. **the book lay on the table** le livre était sur la
table; **the book lay unopened all day** le livre est
resté fermé toute la journée; **to** ~ **at anchor** être à
l'ancre; **the snow lay thick on the ground** il y avait
une épaisse couche de neige sur le sol; **the snow
will not** ~ la neige ne tiendra pas; **to** ~ **heavy on**
peser sur; **the valley lay before us** la vallée
s'étendait devant nous; **the years that** ~ **before us**
les années qui sont devant nous; **the difference**
~**s in the fact that ...** la différence vient de ce que
...; **the real remedy** ~**s in ...** le vrai remède se
trouve dans ... .
lie about, lie around *vi [clothes, books]* traîner;
[person] traînasser*.
lie back *vi* se renverser (en arrière). (*fig*) ~ **back
and enjoy yourself!** laisse-toi donc vivre!
lie down *vi* s'allonger, s'étendre. **to be lying
down** être allongé; (*to dog*) ~ **down!** couché!; (*fig*)

to take sth lying down accepter qch sans protester.
lie in *vi* (*stay in bed*) faire la grasse matinée.
lie up *vi* (*stay in bed*) garder le lit; (*hide*) se
cacher.
♦ **lie-down*** *n*: **to have a** ~**-down** s'allonger,
s'étendre. ♦ **lie-in*** *n*: **to have a** ~**-in** faire la
grasse matinée.
lie² [laɪ] (*vb: pret, ptp* lied) **1** *n* mensonge *m*. **to tell**
~**s** mentir, dire des mensonges; **to give the** ~ **to**
démentir. **2** *vi* mentir. **3** *vt*: **to** ~ **one's way out of**
it essayer de s'en sortir par des mensonges. **4** *adj*:
~ **detector** détecteur *m* de mensonges.
lieu [luː] *n*: **in** ~ **of** au lieu de.
lieutenant [lef'tenənt, (*US*) luː'tenənt] *n* (*in army*)
lieutenant *m*; (*in navy*) [lə'tenənt, (*US*) luː'tenənt]
lieutenant de vaisseau; (*fig*) second *m*.
♦ **lieutenant colonel** *n* lieutenant-colonel *m*.
♦ **lieutenant general** *n* général *m* de corps
d'armée.
life [laɪf] *pl* **lives 1** *n* **(a)** (*gen*) vie *f*. **animal and
plant** ~ vie animale et végétale; **bird** ~ les
oiseaux *mpl*; **insect** ~ les insectes *mpl*; **a matter
of** ~ **and death** une question de vie ou de mort; **to
bring sb back to** ~ ranimer qn; **to come to** ~
[person] reprendre conscience; *[town etc]*
s'éveiller (*fig*).
(b) (*existence*) vie *f*; *[car, government, battery
etc]* durée *f*. **he lived in France all his** ~ il a vécu
toute sa vie en France; **for the rest of his** ~ pour le
restant de ses jours; **to be sent to prison for** ~, **to
get** ~***** être condamné à la prison à vie; **he's doing**
~***** il tire une condamnation à perpétuité; **it will
last you all your** ~ cela vous durera toute votre
vie; **never in all my** ~ jamais de ma vie; **in later** ~
plus tard (dans la vie); **late in** ~ sur le tard; ~ **isn't
worth living** la vie ne vaut pas la peine d'être
vécue; **tired of** ~ las de vivre; **to take one's** (*own*)
~ se donner la mort; **to take one's** ~ **in one's
hands** jouer sa vie; **town** ~ la vie à la ville; **it's a
good** ~ c'est la belle vie; **to lead a quiet** ~ mener
une vie tranquille; **portrait taken from** ~ portrait
d'après nature; **it was Paul to the** ~ c'était Paul
tout craché*; **I couldn't for the** ~ **of me*** je ne
pouvais absolument pas; **how's** ~?* comment ça
va?*; **that's** ~! c'est la vie!; **this is the** ~!* voilà
comment je comprends la vie!; **not on your** ~!*
jamais de la vie!
(c) (*liveliness*) vie *f*. **full of** ~ plein de vie; **he's
the** ~ **and soul of the party** c'est un boute-en-
train; **it put new** ~ **into me** ça m'a fait revivre;
there isn't much ~ **in our village** notre village est
plutôt mort.
2 *adj*: ~ **cycle** cycle *m* de (la) vie; ~ **expectancy**
espérance *f* de vie; **the** ~ **force** la force vitale; ~
imprisonment prison *f* à vie; ~ **insurance**
assurance-vie *f*; ~ **peer/peerage** pair *m*/pairie *f* à
vie; ~ **raft** radeau *m* de sauvetage; ~ **sentence**
condamnation *f* à perpétuité; ~ **span** durée *f or*
espérance *f* de vie; ~ **story** biographie *f*; ~ **style**
style *m* de vie.
♦ **life-and-death** *adj*: ~**-and-death struggle** lutte
f désespérée. ♦ **lifebelt** *n* bouée *f* de sauvetage.
♦ **lifeblood** *n* élément *m* vital. ♦ **lifeboat** *n*
(*shore*) canot *m* de sauvetage; (*from ship*)
chaloupe *f* de sauvetage. ♦ **lifebuoy** *n* bouée *f* de
sauvetage. ♦ **life-giving** *adj* vivifiant.
♦ **lifeguard** *n* (*on beach*) surveillant *m* de plage
or de baignade. ♦ **life-jacket** *or* ♦ **life-vest** *n* gilet
m de sauvetage. ♦ **lifeless** *adj* body, matter
inanimé; (*fig*) style sans vigueur. ♦ **lifelessness**
n (*fig*) manque *m* de vigueur. ♦ **lifelike** *adj* qui
semble vivant *or* vrai. ♦ **lifeline** *n* (*on ship*) main *f*
courante; (*for diver*) corde *f* de sécurité; (*fig*) **it
was his** ~**line** c'était vital pour lui. ♦ **lifelong** *adj*
ambition de toute ma (*or* sa *etc*) vie; friend,
friendship de toujours; task de toute une
vie. ♦ **life-saver** *n* (*person*) surveillant(e)

m(f) de baignade; *(fig) that money was a ~-saver* cet argent m'a (*or* lui a *etc*) sauvé la vie. ♦ **life-saving** 1 *n (rescuing)* sauvetage *m; (first aid)* secourisme *m;* 2 *adj* de sauvetage. ♦ **life-sized** *adj* grandeur nature *inv.* ♦ **lifetime** *n* vie *f;* not in my ~time pas de mon vivant; once in a ~time une fois dans la vie; the work of a ~time l'œuvre de toute une vie; it seemed a ~time cela a semblé une éternité. ♦ **lifework** *n* œuvre *f* de toute une (*or* ma *etc*) vie.

lift [lɪft] 1 *n* (a) *(Brit) (elevator)* ascenseur *m; (for goods)* monte-charge *m inv.* (b) can I give you a ~? est-ce que je peux vous déposer quelque part?; I gave him a ~ to Paris je l'ai emmené (en voiture) jusqu'à Paris; he was hoping for a ~ il espérait être pris en stop. (c) *to give sb/sth a ~ up* soulever qn/qch; *(fig)* to give sb a ~ remonter le moral à *or* de qn.
2 *vt (gen)* lever, soulever; *(fig) restrictions* supprimer, abolir; *ban, blockade, siege* lever; (*: steal*) chiper*; *quotation, idea* prendre, voler *(from sb* à qn). to ~ sth into the air lever qch en l'air; to ~ sb/sth onto a table soulever qn/qch pour le poser sur une table; to ~ sb over a wall faire passer qn par-dessus un mur; he didn't ~ a finger to help il n'a pas levé le petit doigt pour aider.
3 *vi [lid etc]* se soulever; *[fog]* se lever.
lift down *vt sep* descendre *(from* de).
lift off 1 *vi (Space)* décoller. 2 *vt sep lid* enlever; *child* descendre.
lift out *vt sep object* sortir; *troops* évacuer par avion (*or* hélicoptère).
lift up 1 *vi [drawbridge etc]* se soulever. 2 *vt sep object, person* soulever; *one's eyes, head* lever.
♦ **liftboy** *or* ♦ **liftman** *n (Brit)* liftier *m.* ♦ **lift-off** *n (Space)* décollage *m.*
light[1] [laɪt] (*vb:* pret, ptp lit *or* lighted) 1 *n* (a) *(gen)* lumière *f.* electric ~ éclairage *m or* lumière électrique; to put on the ~ allumer; to put off the ~ éteindre; by the ~ of à la lumière de; at first ~ au point du jour; the ~ was beginning to fail le jour commençait à baisser; she was sitting with her back to the ~ elle tournait le dos à la lumière; to stand sth in the ~ mettre qch à la lumière; you're holding it against the ~ vous le tenez à contre-jour; you're in my ~ tu me fais de l'ombre; the ~ isn't good enough il n'y a pas assez de lumière; *(Art, Phot)* ~ and shade les clairs *mpl* et les ombres *fpl; (fig: understand)* to see the ~* comprendre. (b) *(fig)* to bring to ~ mettre en lumière, révéler; to come to ~ être découvert; to throw some ~ on sth éclaircir qch; it revealed him in a new ~ cela l'a montré sous un jour nouveau; in the ~ of what you say tenant compte de ce que vous dites. (c) *(single)* lumière *f; (Aut) (gen)* feu *m, (headlamp)* phare *m; [cycle]* feu. there were ~s on in the room il y avait de la lumière dans la pièce; ~s out extinction *f* des feux; the *(traffic)* ~s were at red le feu était (au) rouge; *(fig)* according to his ~s d'après ce qu'il comprend. (d) *(for cigarette etc)* have you got a ~? avez-vous du feu?; to put a ~ to sth, to set ~ to sth mettre le feu à qch.
2 *adj* (a) *evening, room* clair. while it's ~ pendant qu'il fait jour. (b) *hair* blond; *colour, complexion, skin* clair. ~ green vert clair *inv.* (c) ~ bulb ampoule *f,* lampe *f; (Phot)* ~ meter photomètre *m;* ~ wave onde *f* lumineuse.
3 *vt* (a) *candle, cigarette, gas* allumer; *match* frotter. he lit the fire il a allumé le feu; he lit a fire il a fait du feu. (b) *room* éclairer. lit by electricity éclairé à l'électricité; this will ~ your way ceci vous éclairera le chemin.
4 *vi [match]* s'allumer; *[coal, wood]* prendre (feu).
light up 1 *vi [lamp]* s'allumer; *[eyes, face]* s'éclairer; (*: smoke*) allumer une cigarette (*or* une pipe *etc*). 2 *vt sep [lighting, sun] room*

éclairer.
♦ **light-coloured** *adj* clair, de couleur claire.
♦ **lighten**[1] 1 *vt darkness, face* éclairer; *colour, hair* éclaircir; 2 *vi* s'éclairer; s'éclaircir.
♦ **lighter** 1 *n (cigarette ~)* briquet *m;* 2 *adj:* ~er fuel gaz *m* à briquet. ♦ **light-haired** *adj* blond.
♦ **lighthouse** *n* phare *m (sur la côte etc).*
♦ **lighting** 1 *n (Elec etc)* éclairage *m; (Theat)* éclairages; 2 *adj:* ~ing engineer éclairagiste *m;* ~ing-up time heure *f* de l'éclairage des véhicules. ♦ **lightness**[1] *n (brightness)* clarté *f.*
♦ **lightship** *n* bateau-phare *m.* ♦ **light-year** *n* année-lumière *f.*
light[2] [laɪt] 1 *adj (gen: lit, fig)* léger; *rain* fin. as ~ as a feather léger comme une plume; to be ~ on one's feet avoir le pas léger; to be a ~ sleeper avoir le sommeil léger; ~ ale bière *f* blonde légère; ~ opera opérette *f;* ~ reading lecture *f* distrayante; ~ verse poésie *f* légère; with a ~ heart le cœur léger; 'woman wanted for ~ work' 'on demande employée de maison pour travaux légers'; to make ~ work of sth faire qch sans difficulté; to make ~ of sth prendre qch à la légère.
2 *adv travel* avec peu de bagages. 3 *npl (meat)* ~s mou *m (abats).* ♦ **lighten**[2] *vt* alléger. ♦ **light-fingered** *adj* chapardeur. ♦ **light-headed** *adj (dizzy, foolish)* étourdi; *(excited)* exalté. ♦ **light-hearted** *adj person* gai; *laugh, atmosphere* joyeux, gai; *discussion* enjoué. ♦ **lightly** *adv (gen)* légèrement; to sleep ~ly avoir le sommeil léger; to get off ~ly s'en tirer à bon compte.
♦ **lightness**[2] *n (in weight)* légèreté *f.*
♦ **lightweight** *adj (lit, fig)* léger.
lightning ['laɪtnɪŋ] 1 *n* éclair *m,* foudre *f.* we saw ~ nous avons vu un éclair *or* des éclairs; a lot of ~ beaucoup d'éclairs; a flash of ~ un éclair; struck by ~ frappé par la foudre; like ~* avec la vitesse de l'éclair.
2 *adj attack* foudroyant; *strike* surprise *inv; visit* éclair *inv.* ~ conductor, (*US*) ~ rod paratonnerre *m.*
like[1] [laɪk] 1 *adj* semblable, du même genre. to be as ~ as two peas se ressembler comme deux gouttes d'eau.
2 *prep* (a) comme, en. he behaved ~ a fool il s'est conduit comme un imbécile *or* en imbécile; it wasn't ~ that at all ce n'était pas du tout comme ça; it was ~ this, I'd just got home ... voilà, je venais de rentrer ... . (b) *(resembling)* comme, pareil à. to be ~ sb/sth ressembler à qn/qch; a house ~ mine une maison pareille à *or* comme la mienne; an idiot ~ you un imbécile comme vous; ~ father, ~ son tel père, tel fils; I found one ~ it j'en ai trouvé un pareil; I never saw anything ~ it! je n'ai jamais rien vu de pareil!; that's just ~ him! c'est bien de lui!; it's not ~ him to be late ça n'est pas son genre d'être en retard; sth ~ that qch comme ça*; I was thinking of giving her sth ~ a necklace je pensais lui offrir un collier ou qch dans ce genre-là; that's sth ~ a steak!* voilà ce que j'appelle un bifteck!; that's more ~ it! voilà qui est mieux!; that's nothing ~ it! ça n'est pas du tout ça!; there's nothing ~ real silk rien ne vaut la soie véritable; what's he ~? comment est-il?; what's the film ~? comment as-tu trouvé le film?; what's the weather ~? quel temps fait-il? (c) *(such as)* comme, tel que, par exemple. the basic necessities of life, ~ food and drink les éléments indispensables à la vie, tels que *or* comme la nourriture et la boisson.
3 *adv:* it's nothing ~ as good as ... c'est loin d'être aussi bon que ... ; more ~ 30 than 25 plutôt 30 que 25; ~ enough, as ~ as not, very ~ probablement.
4 *conj* (*: as*) comme. he did it ~ I did il l'a fait comme moi.
5 *n:* did you ever see the ~ of it? a-t-on jamais vu chose pareille?; oranges, lemons and the ~ or

and such ~ des oranges, des citrons et autres fruits de ce genre; **the ~ of which we'll never see again** comme on n'en reverra plus jamais; his ~ son pareil; **the ~s of him*** des gens comme lui.
♦ **like-minded** *adj* de même opinion. ♦ **liken** *vt* comparer (**to** à). ♦ **likeness** *n* (**a**) (*resemblance*) ressemblance *f* (**to** avec; **between** entre); **a family ~ness** un air de famille marqué; **it is a good ~ness** c'est très ressemblant; (**b**) (*appearance*) forme *f*; **in the ~ness of** sous la forme de.
♦ **likewise** *adv* (*similarly*) de même; (*also*) aussi; (*moreover*) de plus; **to do ~wise** en faire autant.

like² [laɪk] **1** *vt* (**a**) *person, thing, activity* aimer (bien). **I ~ him** (*of relative, friend*) je l'aime bien; (*of acquaintance, colleague etc*) il me plaît; **I ~ that hat** j'aime bien ce chapeau, ce chapeau me plaît; **which do you ~ best?** lequel préfères-tu?; **this plant doesn't ~ sunlight** cette plante ne se plaît pas à la lumière du soleil; **to ~ doing** *or* **to do sth** aimer (bien) faire qch; **I ~ people to be punctual** j'aime (bien) que les gens soient à l'heure; (*iro*) **well, I ~ that!*** ah ça, par exemple!; **how do you ~ him?** comment le trouvez-vous?; **how do you ~ it here?** vous vous plaisez ici?; **whether he ~s it or not** que cela lui plaise ou non.
(**b**) (*want*) aimer (bien), vouloir (**to do** faire, **sb to do** que qn fasse). **I should ~ to go home** j'aimerais (bien) *or* je voudrais (bien) rentrer chez moi; **I didn't ~ to disturb you** je ne voulais pas vous déranger; **I thought of asking him but I didn't ~ to** j'ai bien pensé à le lui demander mais je n'ai pas osé; **would you ~ a drink?** voulez-vous boire qch?; **I would ~ you to speak to him** je voudrais que tu lui parles (*subj*); **how would you ~ to go to Paris?** est-ce que cela te plairait d'aller à Paris?; **I can do it when I ~** je peux le faire quand je veux; **whenever you ~** quand vous voudrez; **you can do as you ~** vous pouvez faire comme vous voulez; **if you ~** si vous voulez; **she can do what she ~s with him** elle fait tout ce qu'elle veut de lui.
2 *n*: **~s** goûts *mpl*, préférences *fpl*; **all my ~s and dislikes** tout ce que j'aime et tout ce que je n'aime pas.
♦ **likeable** *adj* sympathique, agréable. ♦ **liking** *n* (*for person*) sympathie *f* (**for** pour); (*for thing*) goût *m* (**for** pour); **to take a liking to sb** se prendre d'amitié pour qn; **to take a liking to (doing) sth** se mettre à aimer (faire) qch; **to have a liking for sb/sth** aimer bien qn/qch; **to your liking** à votre goût.

likely ['laɪklɪ] **1** *adj* (**a**) *happening, outcome* probable; *explanation, excuse* plausible. **which is the likeliest time to find him at home?** à quelle heure a-t-on le plus de chances de le trouver chez lui?; **a ~ place for mushrooms** un bon endroit pour les champignons; **the likeliest place** le meilleur endroit; (*iro*) **a ~ story!** comme si j'allais croire ça!; **the most ~ candidates** les candidats qui ont le plus de chances de réussir; **it is ~ that** il est probable que + *fut indic*, il y a des chances pour que + *subj*; **it is not ~ that** il est peu probable que + *subj*, il y a peu de chances que + *subj*; **it is very ~ that** il y a de grandes chances que + *subj*; **it's hardly ~ that** il n'est guère probable que + *subj*; **is it ~ that he would forget?** risque-t-il d'oublier?; (**b**) (*liable*) **to be ~ to do** avoir des chances de faire, risquer de faire; **she is ~ to arrive at any time** elle va probablement arriver *or* elle risque d'arriver d'une minute à l'autre; **she is not ~ to come** il est peu probable *or* il y a peu de chances qu'elle vienne; **the man most ~ to succeed** l'homme qui a le plus de chances de réussir.
2 *adv* probablement. **very** *or* **most ~** très probablement; **as ~ as not** sûrement, probablement; **are you going? – not ~!** tu y vas? – pas de danger!*; **I expect he'll let me off with a warning** – (*iro*) **not ~!** je pense qu'il me laissera m'en tirer

avec un avertissement – tu crois ça!
♦ **likelihood** *n* probabilité *f*, chance *f*; **there is little likelihood of his coming** *or* **that he will come** il y a peu de chances *or* il est peu probable qu'il vienne; **there is a strong likelihood of his coming** *or* **that he will come** il y a de fortes chances qu'il vienne, il est très probable qu'il viendra; **there is no likelihood of that** cela ne risque pas d'arriver; **in all likelihood** selon toute probabilité.

lilac ['laɪlək] **1** *n* lilas *m*. **2** *adj* (*colour*) lilas *inv*.
lilt [lɪlt] *n* [*song*] rythme *m*; [*voice*] cadence *f*.
lily ['lɪlɪ] *n* lis *m*. **~ of the valley** muguet *m*.
limb [lɪm] *n* (*gen*) membre *m*; [*tree*] grosse branche *f*. **to tear ~ from ~** mettre en pièces; (*fig*) **out on a ~** (*isolated*) isolé; (*vulnerable*) dans une situation délicate.
limber ['lɪmbəʳ] *adj* souple.
limber up *vi* (*Sport etc*) faire des exercices d'assouplissement.
lime¹ [laɪm] *n* (*Chem*) chaux *f*. ♦ **limestone** *n* pierre *f* à chaux.
lime² [laɪm] *n* (*fruit*) citron *m* vert.
lime³ [laɪm] *n* (*tree*) tilleul *m*.
limelight ['laɪmlaɪt] *n*: **in the ~** (*Theat*) sous les feux de la rampe; (*fig*) en vedette.
limerick ['lɪmərɪk] *n* petit poème *m* humoristique.
limit ['lɪmɪt] **1** *n* (*gen*) limite *f*; (*restriction on amount, number etc*) limitation *f*. **it is true within ~s** c'est vrai dans une certaine limite *or* mesure; **weight/speed ~** limitation de poids/de vitesse; (*US*) **off ~s** d'accès interdit; **there is a ~ to my patience** ma patience a des limites *or* des bornes; **there are ~s!*** il y a une limite à tout!; **there is no ~ on the amount** la quantité n'est pas limitée; **there is a ~ to what one can do** il y a une limite à ce qu'on peut faire; **that's the ~!*** ça dépasse les bornes!
2 *vt* limiter (**to** à). **to ~ o.s. to (doing) sth** borner à (faire) qch; **to ~ o.s. to 10 cigarettes** se limiter à 10 cigarettes; **that plant is ~ed to Spain** cette plante ne se trouve qu'en Espagne; **our reorganization plans are ~ed to Africa** nos projets de réorganisation se limitent à l'Afrique.
♦ **limitation** *n* limitation *f*, restriction *f*; **he has/knows his ~ations** il a/connaît ses limites.
♦ **limited** *adj* (*gen*) restreint, limité; *edition* à tirage limité; (*pej*) *intelligence, person* borné; **to a ~ed extent** jusqu'à un certain point; **we are ~ed in what we can do** nous sommes limités dans ce que nous pouvons faire; **Smith and Sons L~ed** (*abbr Ltd*) ≃ Smith et fils, Société anonyme (*abbr* S.A.); **~ed** (*liability*) **company** société *f* à responsabilité limitée. ♦ **limitless** *adj* illimité.
limp¹ [lɪmp] *adj* (*gen*) mou (*f* molle); *person* ramolli; *flesh, skin, body* flasque; *dress, hat* avachi. [*book*] **~ cover(s)** reliure *f* souple; **let your arm go ~** décontractez votre bras. ♦ **limply** *adv* mollement. ♦ **limpness** *n* mollesse *f*.
limp² [lɪmp] **1** *vi* boiter. **to ~ in/out** *etc* entrer/sortir *etc* en boitant; **the plane ~ed home** l'avion a regagné sa base tant bien que mal. **2** *n* claudication *f*. **to have a ~** boiter.
limpet ['lɪmpɪt] *n* patelle *f*. **to stick to sth like a ~** s'accrocher à qch comme une moule au rocher.
limpid ['lɪmpɪd] *adj* (*lit, fig*) limpide.
line¹ [laɪn] **1** *n* (**a**) (*mark: gen*) ligne *f*; (*pen stroke*) trait *m*; (*wrinkle*) ride *f*; (*boundary*) frontière *f*. **to draw a ~ under sth** tirer un trait sous qch; **to put a ~ through sth** barrer qch; (*descent*) **in direct ~ from** en droite ligne de; **he comes from a long ~ of artists** il vient d'une longue lignée d'artistes; (*Bridge*) **above/below the ~** en points d'honneur/de marche.
(**b**) (*rope*) corde *f*; (*wire*) fil *m*; (*Elec, Fishing, Telec*) ligne *f*; (*diver's; clothes ~*) corde. **a ~ of washing** du linge étendu sur une corde; (*Telec*) **the ~'s gone dead** (*cut off*) on nous a coupés; (*no*

dialling tone) il n'y a plus de tonalité; **Mr Smith is on the ~** (c'est) M. Smith au téléphone; **he's on the ~ to the manager** il téléphone au directeur.

(c) *(print, writing)* ligne *f; [poem]* vers *m;* (*: *letter)* mot *m. (fig)* **to read between the ~s** lire entre les lignes; *(in dictation)* **new ~** à la ligne; **one of the best ~s in 'Hamlet'** l'un des meilleurs vers de 'Hamlet'; *(Theat)* **to learn one's ~s** apprendre son texte; **drop me a ~** envoyez-moi un mot.

(d) *(row) [trees, parked cars]* rangée *f; [traffic etc]* file *f; [hills]* chaîne *f; [people] (side by side)* rang *m,* rangée; *(behind one another)* file; *(esp US: queue)* queue *f. (US)* **to stand in ~** faire la queue; **they were standing in a ~** ils étaient alignés; **he got into ~** *(beside others)* il s'est mis dans le rang; *(behind others)* il s'est mis dans la file; *(fig)* **to bring sb into ~** mettre qn au pas; *(fig)* **to come** *or* **fall into ~** se conformer *(with sth* à qch), être d'accord *(with sb* avec qn); *(fig)* **he stepped out of ~** il a refusé de se conformer; *(fig)* **all along the ~** sur toute la ligne.

(e) *(direction)* ligne *f,* direction *f.* **~ of fire** ligne de tir; **right in the ~ of fire** en plein champ de tir; **to take the ~ of least resistance** choisir la solution de facilité; **in the ~ of duty** dans l'exercice de ses fonctions; **~ of attack** *(Mil)* plan *m* d'attaque; *(fig)* plan d'action; **~ of research** ligne de recherches; **what's your ~ of business?** que faites-vous (dans la vie)?; **it's not my ~** *(not my speciality)* ce n'est pas dans mes cordes; *(not to my taste)* ce n'est pas mon genre; **to take a strong ~** adopter une attitude ferme sur; **in ~ with** en accord avec, conforme à; **he's in ~ for the job** on pense à lui pour le poste; **we are all thinking along the same ~s** nous pensons tous de la même façon; **your essay is more** *or* **less along the same ~s** votre dissertation suit plus ou moins le même plan; **sth along those ~s** qch dans ce genre-là; **on the right ~s** sur la bonne voie.

(f) (*) *(information)* renseignement *m (on sth* sur qch); *(clue)* tuyau* *m (on sth* pour qch). **we've got a ~ on where he's gone to** nous croyons savoir où il est allé.

(g) *(shipping company)* compagnie *f; (route)* ligne *f; (Rail: also Underground)* ligne; *(track)* voie *f.* **the Brighton ~** la ligne de Brighton; **the ~ was blocked** la voie était bloquée.

(h) *(Mil)* ligne *f. (Mil, fig)* **in the front ~** en première ligne; **behind the enemy ~s** derrière les lignes ennemies; **~ of battle** ligne de combat.

(i) *(Comm)* article *m.* **a new ~** une nouveauté.

2 *adj:* **~ drawing** dessin *m* (au trait).

3 *vt paper* régler.

line up 1 *vi (stand in row)* s'aligner; *(in queue)* faire la queue. **2** *vt sep people, objects* aligner. **we must ~ up a chairman** il faut que nous trouvions *(subj)* un président; **have you got sb ~d up?** avez-vous qn en vue?; **I wonder what he's got ~d up for us** je me demande ce qu'il nous prépare.

♦ **lined**[1] *adj paper* réglé; *face* ridé. ♦ **linesman** *n (Tennis)* juge de ligne; *(Ftbl)* juge de touche. ♦ **line-up** *n (row: of people etc)* file *f; (Ftbl etc)* (composition *f* de l')équipe *f; (Pol: of powers, countries)* front *m.*

line[2] [laɪn] *vt clothes* doubler *(with* de); *(Tech)* revêtir. *(fig)* **to ~ one's pockets** se garnir *or* se remplir les poches; **streets ~d with trees/people** rues bordées d'arbres/d'une haie de spectateurs; **crowds ~d the route** une foule faisait la haie tout le long du parcours; **walls ~d with books** murs couverts de livres. ♦ **lined**[2] *adj* doublé. ♦ **lining** *n* doublure *f; (Tech)* revêtement *m; [brakes]* garniture *f.*

linen ['lɪnɪn] **1** *n (material)* (toile *f* de) lin *m; (sheets, tablecloths, underwear)* linge *m.* **dirty ~** linge sale. **2** *adj sheet* de fil; *suit, thread* de lin; *cupboard* à linge. **~ basket** panier *m* à linge.

liner ['laɪnəʳ] *n* **(a)** *(ship)* paquebot *m* (de grande ligne); *(plane)* avion *m* (de ligne). **(b)** **dustbin ~** sac *m* à poubelle.

ling[1] [lɪŋ] *n (Bot)* brande *f.*

ling[2] [lɪŋ] *n (sea fish)* morue *f* longue; *(freshwater fish)* lotte *f* de rivière.

linger ['lɪŋgəʳ] *vi [person] (wait)* s'attarder; *(take one's time)* prendre son temps; *(dawdle)* traîner; *[smell, pain, tradition, memory]* persister; *[doubt]* subsister. **after the accident he ~ed (on) for several months** après l'accident il a traîné quelques mois avant de mourir; **he always ~s behind everyone else** il est toujours à la traîne; **to ~ over a meal** manger sans se presser; **to ~ on a subject** s'attarder sur un sujet. ♦ **lingering** *adj look* insistant; *doubt* qui subsiste (encore); *hope* faible; *death* lent.

lingerie ['lænʒəriː] *n* lingerie *f.*

lingo* ['lɪŋgəʊ] *n (pej) (foreign language etc)* baragouin *m; (jargon)* jargon *m* (pej).

lingua franca ['lɪŋgwə'fræŋkə] *n* sabir *m.*

linguist ['lɪŋgwɪst] *n* linguiste *mf.* **I'm no ~** je ne suis pas doué pour les langues. ♦ **linguistic** *adj* linguistique. ♦ **linguistics 1** *nsg* linguistique *f;* **2** *adj (gen)* de linguistique; *student* en linguistique.

liniment ['lɪnɪmənt] *n* liniment *m.*

link [lɪŋk] **1** *n [chain]* maillon *m; (connection)* lien *m.* **rail ~** liaison *f* ferroviaire; **there must be a ~ between ...** il doit y avoir un lien *or* un rapport entre ...; **he broke off all ~s with them** il a cessé toutes relations avec eux. **2** *vt* **(a)** *(connect)* relier; *(fig)* lier. **~ed by rail** relié par chemin de fer; *(fig)* **closely ~ed** to étroitement lié à. **(b)** *(join:* **~ together)** lier. **to ~ arms** se donner le bras.

link up 1 *vi [persons, roads]* se rejoindre; *[firms, organizations etc]* s'associer; *[spacecraft]* opérer l'arrimage. **to ~ up with sb** rejoindre qn. **2** *vt sep (Rad, Telec, TV)* assurer la liaison entre.

♦ **link-up** *n (gen)* lien *m; (Rad, TV: connection)* liaison *f; (Rad, TV: programme)* émission *f* duplex; *(Space)* jonction *f.*

linoleum [lɪ'nəʊlɪəm] *n* linoléum *m,* lino *m.*

linseed ['lɪnsiːd] *n:* **~ oil** huile *f* de lin.

lint [lɪnt] *n* **(a)** *(Med)* tissu *m* ouaté. **piece of ~** compresse *f.* **(b)** *(US: fluff)* peluches *fpl.*

lintel ['lɪntl] *n* linteau *m.*

lion ['laɪən] *n* **1** lion *m; (fig: person)* célébrité *f.* *(fig)* **to take the ~'s share** se tailler la part du lion; *(fig)* **to put one's head in the ~'s mouth** se jeter dans la gueule du loup. **2** *adj:* **~ cub** lionceau *m.* ♦ **lioness** *n* lionne *f.* ♦ **lion-hearted** *adj* d'un courage de lion. ♦ **lionize** *vt* fêter comme une célébrité. ♦ **lion-tamer** *n* dompteur *m,* -euse *f* de lions.

lip [lɪp] **1** *n (Anat)* lèvre *f; [jug]* bec *m; [cup]* rebord *m; [crater, wound]* bord *m; (*: insolence)* culot* *m.* **2** *adj:* **he pays ~ service to socialism but ...** il prétend être socialiste mais ...; **that was merely ~ service on his part** il ne l'a dit que pour la forme. ♦ **lipread** *vti* lire sur les lèvres. ♦ **lip-reading** *n* lecture *f* sur les lèvres. ♦ **lipstick** *n* rouge *m* à lèvres.

liquefy ['lɪkwɪfaɪ] **1** *vt* liquéfier. **2** *vi* se liquéfier. ♦ **liquefaction** *n* liquéfaction *f.*

liqueur [lɪ'kjʊəʳ] *n* liqueur *f.*

liquid ['lɪkwɪd] **1** *adj substance, diet* liquide; *container* pour les liquides; *eyes, voice* limpide. *(Pharm)* **~ paraffin** huile *f* de paraffine; *(Fin)* **~ assets** liquidités *fpl.* **2** *n (fluid)* liquide *m.* ♦ **liquidate** *vt* liquider. ♦ **liquidation** *n* liquidation *f;* **to go into ~ation** déposer son bilan. ♦ **liquidize** *vt* liquéfier; *(Culin)* passer au mixeur. ♦ **liquidizer** *n (Culin)* mixeur *m.*

liquor ['lɪkəʳ] *n (alcohol)* spiritueux *m; (Culin)* liquide *m. (US)* **~ store** marchand *m* de vins et spiritueux.

liquorice ['lɪkərɪs] n (plant) réglisse f; (sweet) réglisse m.

lisp [lɪsp] 1 vi zézayer. 2 vt dire en zézayant. 3 n zézaiement m. **with a** ~ en zézayant.

list¹ [lɪst] 1 n liste f; (Comm) catalogue m. **at the top/bottom of the** ~ en tête/en fin de liste. 2 adj: ~ **price** prix m de catalogue. 3 vt (make ~ of) faire or dresser la liste de; (enumerate) énumérer; (classify) classer. **your name isn't** ~ed votre nom n'est pas inscrit (sur la liste); ~ed **building** monument m classé.

list² [lɪst] vi [ship] gîter (20° de 20°).

listen ['lɪsn] vi écouter. **to** ~ **to sb/sth** écouter qn/qch; (Rad) **to** ~ **in** être à l'écoute; **to** ~ **for sth** essayer d'entendre qch; **to** ~ **to reason** entendre raison. ♦ **listener** n (to speaker, radio etc) auditeur m, -trice f; **she's a good** ~**er** elle sait écouter (avec patience et sympathie).

listless ['lɪstlɪs] adj (gen) indolent, sans énergie; (uninterested) indifférent. ♦ **listlessly** adv avec indolence, sans énergie; avec indifférence. ♦ **listlessness** n indolence f, manque m d'énergie; indifférence f.

lit [lɪt] pret, ptp of **light¹**.

litany ['lɪtənɪ] n litanie f.

liter ['liːtər] n (US) = litre.

literacy ['lɪtərəsɪ] 1 n fait m de savoir lire et écrire. 2 adj: ~ **campaign** campagne f d'alphabétisation.

literal ['lɪtərəl] adj translation littéral; interpretation au pied de la lettre; meaning littéral, propre; person (also ~**-minded**) prosaïque. ♦ **literally** adv (gen) littéralement; interpret au pied de la lettre.

literary ['lɪtərərɪ] adj (gen) littéraire. **a** ~ **man** un homme de lettres.

literate ['lɪtərɪt] adj qui sait lire et écrire.

literature ['lɪtərɪtʃər] n littérature f; (brochures etc) documentation f.

lithe [laɪð] adj person agile; body souple.

lithograph ['lɪθəʊgrɑːf] n lithographie f (estampe). ♦ **lithographer** n lithographe mf. ♦ **lithography** n lithographie f (procédé).

litigation [ˌlɪtɪˈgeɪʃən] n litige m.

litmus ['lɪtməs] n: ~ **paper** papier m de tournesol.

litre ['liːtər] n litre m.

litter ['lɪtər] 1 n (a) (rubbish) détritus mpl, (dirtier) ordures fpl; (papers) vieux papiers mpl. **to leave** ~ jeter des détritus or des papiers; **a** ~ **of books** un fouillis de livres. (b) [puppies etc] portée f. (c) (bed) litière f. 2 vt [person] countryside laisser des détritus dans; (rubbish, papers) street, floor etc joncher; desk couvrir. **there were books** ~ed **about the room** il y avait des livres qui traînaient dans toute la pièce. ♦ **litter-basket** or ♦ **litter-bin** n boîte f à ordures. ♦ **litterbug** or ♦ **litter-lout** n personne qui jette des détritus dans la rue etc.

little¹ ['lɪtl] adj (gen) petit; stick, piece of string petit, court; period, holiday, visit court, petit; voice, noise petit, faible; smell, léger; (small-scale) shopkeeper petit. ~ **finger** petit doigt; **a tiny** ~ **baby** un tout petit bébé; **poor** ~ **thing!** pauvre petit(e)! ♦ **littleness** n petitesse f.

little² ['lɪtl] comp less, superl least 1 adj, pron peu (de). ~ **money** peu d'argent; **he reads** ~ il lit peu, il ne lit guère; **he did** ~ **to help** il n'a pas fait grand-chose pour aider; **he did very** ~ il a fait très peu de chose; **there was** ~ **one could do** il n'y avait pas grand-chose à faire; **that has very** ~ **to do with it!** ça n'a pas grand-chose à voir (avec ça)!; ~ **or nothing** rien ou presque rien; **to make** ~ **of sth** (belittle) rabaisser qch; (fail to understand) ne pas comprendre grand-chose à qch; **as** ~ **as possible** le moins possible; **you could pay as** ~ **as 20 francs for that** vous pourriez ne payer que 20 F pour cela; **very** ~ très peu (de); **so** ~ si peu (de); **too** ~ trop peu (de); **a** ~ un peu (de); **the** ~ **le**

peu (de); **a** ~ **milk** un peu de lait; **give me a** ~ donne-m'en un peu; ~ **by** ~ petit à petit, peu à peu; **what** ~ **I could** le peu que j'ai pu; **for a** ~ (time or while) un petit moment.

2 adv (a) (slightly) **a** ~ un peu; **a** ~ **big** un peu grand; **he was not a** ~ **surprised** il n'a pas été peu surpris; **a** ~ **more/less cream** un peu plus/moins de crème; **a** ~ **more** encore un peu. (b) (not much) **it's** ~ **better** ça n'est guère mieux; ~ **more than a month ago** il y a à peine plus d'un mois; ~ **did he know that ...** il était bien loin de se douter que ...; ~ **do you know!** si seulement vous saviez!; ~**-known** peu connu; **I like him as** ~ **as you do** je ne l'aime guère plus que vous; **as** ~ **as before** aussi peu qu'auparavant. (c) (rarely) happen rarement, peu souvent.

liturgy ['lɪtədʒɪ] n liturgie f.

live¹ [lɪv] 1 vi (a) (exist) vivre. **he was still living when ...** il était encore en vie quand ... ; **as long as I** ~ tant que je vivrai; **to** ~ **to be 90** vivre jusqu'à 90 ans; **she'll never** ~ **to see it** elle ne vivra pas assez longtemps pour le voir; **she has only 6 months to** ~ il ne lui reste plus que 6 mois à vivre; **long** ~ **the King!** vive le roi!; **the doctor said she would** ~ le docteur a dit qu'elle s'en sortirait; (iro) **you'll** ~!* tu n'en mourras pas!; **she has** ~d **through two wars** elle a vu deux guerres; **the difficult years he has** ~d **through** les années difficiles qu'il a vécues; **he can't** ~ **through the winter** il ne passera pas l'hiver; **to** ~ **well** or **like a lord** vivre sur un grand pied; **they** ~d **happily ever after** après cela ils vécurent toujours heureux; (in fairy tales) ils furent heureux et ils eurent beaucoup d'enfants; **to** ~ **by journalism** gagner sa vie comme journaliste; **she** ~s **for her children/for the day when ...** elle ne vit que pour ses enfants/pour le jour où ... ; **I've got nothing left to** ~ **for** je n'ai plus de raison de vivre; **you must learn to** ~ **with it** il faut que tu t'y fasses; **he will have to** ~ **with that awful memory** il lui faudra vivre avec cet horrible souvenir; ~ **and let** ~ il faut se montrer tolérant; (we) ~ **and learn** on apprend à tout âge. (b) (reside) vivre, habiter. **to** ~ **in London** habiter à) or vivre à Londres; **to** ~ **in a flat** habiter un appartement; **where do you** ~? où habitez-vous?; **she** ~s **in the rue de la Paix** elle habite rue de la Paix; **this house isn't fit to** ~ **in** cette maison n'est pas habitable; **he's not an easy person to** ~ **with** il n'est pas facile à vivre; **he** ~s **with his mother** il vit or habite avec sa mère; (in her house) il vit chez sa mère; **he's living with Anne** (as man and wife) il vit avec Anne.

2 vt: **to** ~ **a healthy life** mener une vie saine; **to** ~ **a life of luxury** vivre dans le luxe; **to** ~ **one's faith** vivre pleinement sa foi; (Theat, fig) **to** ~ **the part** entrer dans la peau du personnage.

live down vt sep disgrace faire oublier (avec le temps).

live in vi [servant] être logé et nourri; [student, doctor] être interne.

live off vt fus rice etc vivre de; one's parents vivre aux dépens de. **to** ~ **off the land** vivre du pays.

live on 1 vi survivre. 2 vt fus rice, one's salary vivre de. **you can't** ~ **on air** on ne vit pas de l'air du temps; **to** ~ **on £3,000 a year** vivre avec 3 000 livres par an; **just enough to** ~ **on** juste de quoi vivre; **what has he** ~ **on?** de quoi est-ce qu'il vit?

live out vi [servant] ne pas être logé; [student, doctor] être externe.

live together vi vivre ensemble.

live up vt sep: **to** ~ **it up** (in luxury) mener la grand vie; (have fun) mener une vie de bâton de chaise.

live up to vt fus one's principles vivre en accord avec; one's promises être fidèle à; sb's hopes, a challenge se montrer à la hauteur de; praise, reputation se montrer digne de. **it didn't** ~ **up to**

expectations cela n'a pas été ce qu'on avait espéré.

♦ **livable** adj climate, life supportable; house habitable; **he is not livable-with*** il est invivable*.

♦ **livelihood** n moyens mpl d'existence, gagne-pain m inv; **their principal ~lihood is ...** ils vivent de .... ♦ **livelong** adj: **all the ~long day** toute la journée.

live² [laɪv] **1** adj (a) person etc (alive) vivant, (lively) dynamique; issue, problem brûlant; broadcast en direct. **~ bait** vif m (appât); **a real ~ spaceman** un astronaute en chair et en os; **performed before a ~ audience** joué en public. **(b)** coal ardent; **ammunition, shell, cartridge de combat, (unexploded)** non explosé. (Elec) **that's ~!** c'est branché!; **~ rail** rail m conducteur; **~ wire** fil m sous tension; (fig) **he's a ~ wire*** il a un dynamisme fou; **the drier was ~** le séchoir était mal isolé (et dangereux). **2** adv broadcast en direct. ♦ **livestock** n bétail m.

lively ['laɪvlɪ] adj person, character, party, discussion plein d'entrain, animé; imagination, interest, colour, speed vif; description, account, style vivant; expression, example, argument frappant, vigoureux; campaign vigoureux; tune entraînant, gai; evening, week mouvementée. **things are getting ~** ça commence à s'animer; (pej) **ça commence à barder***. ♦ **liveliness** n entrain m; animation f; vivacité f; vigueur f; gaieté f. ♦ **liven up 1** vt sep person, room égayer; evening, discussion etc animer; **2** vi s'animer.

liver ['lɪvə^r] **1** n foie m. **2** adj disease, pâté de foie; sausage au pâté de foie. ♦ **liverish*** adj (bilious) qui a mal au foie.

livery ['lɪvərɪ] **1** n livrée f. **2** adj: **~ stable** écurie f (de louage etc).

livid ['lɪvɪd] adj (a) (in colour) complexion livide; sky de plomb. **(b)** (furious) furieux, furibond.

living ['lɪvɪŋ] **1** adj (a) (alive: gen) vivant; person vivant, en vie. **~ or dead** mort ou vif; **the greatest ~ pianist** le plus grand pianiste actuellement vivant; **there wasn't a ~ soul** il n'y avait pas âme qui vive; **a ~ skeleton** un cadavre ambulant; **within ~ memory** de mémoire d'homme. **(b)** conditions de vie. **~ quarters** logement m; **~ room** salle f de séjour; **~ space** espace m vital; **~ standards** niveau m de vie; **a ~ wage** un salaire permettant de vivre décemment. **2** n vie f. **to earn or make a ~** gagner sa vie; **to work for a ~** travailler pour vivre; **gracious ~** vie élégante; (pl: people) **the ~** les vivants mpl.

lizard ['lɪzəd] **1** n lézard m. **2** adj bag etc en lézard.

llama ['lɑːmə] n lama m (Zool).

load [ləʊd] **1** n (a) (gen, Constr, Elec, Tech) charge f; [lorry] chargement m; [ship] cargaison f; (weight, pressure) poids m; (fig) (burden) fardeau m, charge; (mental strain) poids. **to take a ~ off sb's mind** débarrasser qn de ce qui lui pèse (fig); **that's a ~ off my mind!** quel soulagement! **(b)** (fig) **a ~ of*, ~s of*** des tas de*, énormément de, des masses de*; **we've got ~s of time*** on a largement le temps.

2 vt (gen: often ~ down or up) charger (with de). **she was ~ed (down) with shopping** elle pliait sous le poids de ses achats; **pockets ~ed with sweets** poches bourrées de bonbons; **to ~ sb (down) with gifts** couvrir qn de cadeaux; **~ed with cares/sorrow** accablé de soucis/chagrin; [ship etc] **to ~ coal** etc charger du charbon etc.

3 vi (~ up) [lorry] prendre un chargement; [ship] embarquer une cargaison; [camera, gun] se charger.

♦ **loaded** adj (a) (gen) chargé; dice pipé; cane plombé; word, question insidieux; (fig) **the dice were ~ed against him** les cartes étaient truquées à son désavantage; (‡: rich) plein de fric‡. ♦ **loader** n chargeur m. ♦ **loading 1** n chargement m; **2** adj: **~ing bay** aire f de chargement.

loaf¹ [ləʊf] n, pl loaves (a) (~ of bread) pain m. **half a ~ is better than no bread** mieux vaut peu que pas du tout. **(b)** sugar ~ pain m de sucre.

loaf² [ləʊf] vi (~ about or ~ around) traînasser.

loam [ləʊm] n terreau m.

loan [ləʊn] **1** n (lent) prêt m; (borrowed) emprunt m. **on ~** object prêté (from par; to à); employee détaché (from de; to à); library book sorti; **I have it on ~** je l'ai emprunté; **to ask for the ~ of sth** demander à emprunter qch; **to give sb the ~ of sth** prêter qch à qn. **2** vt prêter (to à). **3** adj capital, word d'emprunt.

loath [ləʊθ] adj: **to be ~ to do** ne pas être disposé à faire, (stronger) répugner à faire.

loathe [ləʊð] vt détester (doing faire; sb's doing que qn fasse). ♦ **loathing** n dégoût m. ♦ **loathsome** adj détestable, répugnant.

lobby ['lɒbɪ] **1** n (a) vestibule m. **(b)** (Parl) (for public) ≃ salle f des pas perdus; (division ~) vestibule m (où l'on vote); (pressure group) groupe m de pression, lobby m. **2** adj: **~ correspondent** journaliste mf parlementaire. **3** vt (Pol) faire pression sur. **4** vi (Pol) faire pression (for sth pour obtenir qch).

lobe [ləʊb] n lobe m.

lobster ['lɒbstə^r] n homard m. **~ pot** casier m à homards.

local ['ləʊkəl] **1** adj (gen) local; shops, library du or de quartier; wine, speciality du pays, local; pain localisé. (Telec) **a ~ call** une communication urbaine; **what is the ~ situation?** quelle est la situation (here) ici? or (there) là-bas?; **he's a ~ man** il est du pays or du coin*; **the ~ doctor** le médecin du quartier (or du village etc); **~ colour** couleur f locale; **~ authority** (n) autorité f locale; (adj) des autorités locales; **~ education authority** ≃ office m régional de l'enseignement; **~ government** administration f locale; **~ government elections** élections fpl municipales; **~ government officer or official** administrateur m local, ≃ fonctionnaire mf. **2** n (a) (*: person) personne f du pays. **the ~s** les gens mpl du pays. **(b)** (Brit*: pub) café m du coin. ♦ **locality** n (neighbourhood) environs mpl; (district) région f; (place, position) lieu m, endroit m. ♦ **localize** vt localiser. ♦ **locally** adv (in certain areas; not centrally) localement; (nearby) dans les environs; (near here) par ici; (out there) là-bas; showers **~ly** temps localement pluvieux; **~ly appointed staff** personnel recruté localement.

locate [ləʊˈkeɪt] vt (a) (find) place, person, object repérer, trouver; noise, leak, cause localiser. **(b)** (situate) factory, school etc situer. **to be ~d** être situé, se trouver. ♦ **location** n emplacement m; (Cine) **on location** en extérieur.

loch [lɒx] n (Scot) lac m, loch m.

lock¹ [lɒk] **1** n (a) (gen) serrure f; (on steering wheel) antivol m. **under ~ and key** possessions sous clef; prisoner sous les verrous; (fig) **~, stock and barrel** en bloc. **(b)** [canal] écluse f. **(c)** (Aut: turning) rayon m de braquage. **2** vt door, suitcase, safe fermer à clef; person enfermer (in dans); mechanism bloquer. **behind ~ed doors** à huis clos; **~ed in her arms** serré dans ses bras; **~ed in a close embrace** unis dans une étreinte passionnée; **~ed in combat** aux prises. **3** vi [door] fermer à clef; [wheel, steering wheel] se bloquer. (Space) **to ~ on to sth** s'arrimer à qch.

lock away vt sep object mettre sous clef; criminal mettre sous les verrous; mental patient etc enfermer.

lock in vt sep enfermer (à l'intérieur).

lock out vt sep (deliberately) mettre à la porte; (by mistake) enfermer dehors; (Ind) workers lock-outer. **to ~ o.s. out** fermer la voiture en laissant les clefs à l'intérieur.

lock up 1 vi tout fermer (à clef). **2** vt sep object

mettre sous clef; *house* fermer (à clef); *criminal* mettre sous les verrous; *mental patient etc* enfermer; *funds* bloquer (*in* dans). ♦ **locker** *n* casier *m*, petit placard. ♦ **lockjaw** *n* tétanos *m*. ♦ **lock-keeper** *n* éclusier *m*, -ière *f*. ♦ **lockout** *n* (*Ind*) lock-out *m inv*. ♦ **locksmith** *n* serrurier *m*. ♦ **lock-up** *n* (*garage*) box *m*; (*shop*) boutique *f* (*sans logement*); (*prison*) prison *f*; (*cell*) cellule *f* (provisoire).

lock² [lɒk] *n* [*hair*] mèche *f*. ~s chevelure *f*.

locket ['lɒkɪt] *n* médaillon *m* (bijou).

locomotion [,ləʊkə'məʊʃən] *n* locomotion *f*. ♦ **locomotive 1** *n* (*Rail*) locomotive *f*; **2** *adj* locomotif.

locum ['ləʊkəm] *n* remplaçant(e) *m(f)* (*de médecin etc*).

locust ['ləʊkəst] *n* sauterelle *f*.

lodge [lɒdʒ] **1** *n* (*house*) pavillon *m* de gardien; (*porter's rooms*) loge *f*; (*Freemasonry*) loge. **2** *vt person, bullet* loger; *money* déposer; *statement, report* présenter (*with sb* à qn). (*Jur*) to ~ an appeal se pourvoir en cassation. **3** *vi* [*person*]être logé (*with* chez); [*bullet*] se loger. ♦ **lodger** *n* (*room only*) locataire *mf*; (*with meals*) pensionnaire *mf*; **to take** (**in**) ~rs louer des chambres; (*with meals*) prendre des pensionnaires.

lodging ['lɒdʒɪŋ] **1** *n* (**a**) (*accommodation*) logement *m*. **they gave us a night's** ~ ils nous ont logés une nuit. (**b**) ~s (*room*) chambre *f*; (*flatlet*) logement *m*; **he's in** ~s il vit en meublé; **to look for** ~s chercher une chambre meublée (*or* un logement meublé); (*with meals*) chercher à prendre pension. **2** *adj*: ~ **house** pension *f*.

loft [lɒft] *n* grenier *m*.

lofty ['lɒftɪ] *adj mountain* très haut; *feelings, aims* élevé; (*haughty*) hautain. ♦ **loftily** *adv* avec hauteur.

log¹ [lɒg] **1** *n* (**a**) (*tree trunk*) rondin *m*; (*for fire*) bûche *f*. **he lay like a** ~ il ne bougeait pas plus qu'une souche. (**b**) (~*book*) (*Naut*) livre *m* de bord; (*Aviat*) carnet *m* de vol; [*lorry driver etc*] carnet de route; (*gen*) registre *m*. **2** *adj*: ~ **cabin** cabane *f* en rondins; ~ **fire** feu *m* de bois. **3** *vt* (**a**) (*record*) (*gen*) noter, consigner; (*Naut*) inscrire au livre de bord; (*Aviat*) inscrire sur le carnet de vol. (**b**) (~ **up**) *distance, speed etc* faire. **to** ~ **50 mph** faire 80 km/h. ♦ **logbook** *n* (*Aut*) carte *f* grise (*V also* **log¹ 1b**).

log² [lɒg] *n* (*abbr of* **logarithm**) log* *m*.

logarithm ['lɒgərɪθəm] *n* logarithme *m*.

loggerheads ['lɒgəhedz] *npl*: **at** ~ en désaccord complet (*with* avec).

logic ['lɒdʒɪk] *n* logique *f*. ♦ **logical** *adj* logique. ♦ **logically** *adv* logiquement. ♦ **logician** *n* logicien(ne) *m(f)*. ♦ **logistics** *n* logistique *f*.

loin [lɔɪn] **1** *n* (**a**) ~s reins *mpl*. (**b**) (*Culin*) (*gen*) filet *m*; [*veal, venison*] longe *f*; [*beef*] aloyau *m*. **2** *adj*: ~ **chop** côte *f* première; ~ **cloth** pagne *m*.

loiter ['lɔɪtə*r*] *vi* traîner; (*Police etc*) traîner d'une manière suspecte.

loll [lɒl] *vi* [*head, tongue*] pendre.
loll about, loll around *vi* fainéanter.
loll back *vi* [*person*] se prélasser.

lollipop ['lɒlɪpɒp] *n* sucette *f* (*bonbon*).

lolly ['lɒlɪ] *n* (**a**) = **lollipop**. (**b**) (‡: *money*) fric‡ *m*.

London ['lʌndən] **1** *n* Londres *m*. **2** *adj* (*gen*) londonien; *people* de Londres. ♦ **Londoner** *n* Londonien(ne) *m(f)*.

lone [ləʊn] *adj person* solitaire; *village, house* isolé; (*unique*) unique. (*fig*) **to play a** ~ **hand** mener une action solitaire; (*fig*) ~ **wolf** solitaire *mf*.

lonely ['ləʊnlɪ], **lonesome** ['ləʊnsəm] *adj* (*gen*) solitaire; *person* seul, solitaire. **to feel** ~ se sentir seul; **a small** ~ **figure** une petite silhouette seule *or* solitaire; ~ **hearts' club** club *m* de rencontres (pour personnes seules). ♦ **loneliness** *or*

♦ **lonesomeness** *n* [*person, life*] solitude *f*; [*house, road*] (*position*) isolement *m*; (*atmosphere*) solitude.

long¹ [lɒŋ] **1** *adj* (**a**) (*in size*) long (*f* longue). **how** ~ **is the field?** quelle est la longueur du champ?; **10 metres** ~ (long) de 10 mètres; **to get** ~**er** rallonger; **to pull a** ~ **face** faire une grimace; ~ **division** division écrite complète; (*Sport*) ~ **jump** saut *m* en longueur; (*fig*) **it's a** ~ **shot** *or* **chance** c'est très risqué; (*Rad*) **on the** ~ **wave** sur (les) grandes ondes. (**b**) (*in time*) long. **6 months** ~ qui dure 6 mois, de 6 mois; **a** ~ **time** longtemps; **at** ~ **last** enfin; **he wasn't** ~ **in coming** il n'a pas mis longtemps pour venir; **how** ~ **are the holidays?** les vacances durent combien de temps?; **to take a** ~ **look** at regarder longuement; (*fig*) regarder bien en face; **a** ~ **drink of water** une grande gorgée d'eau; **a** ~ **drink** un long drink; (*fig*) **in the** ~ **run** à la longue, en fin de compte; **it will be a** ~ **job** cela demandera du temps; **to have a** ~ **memory** avoir de la mémoire; **to be** ~ **on sth*** être doué pour qch, avoir beaucoup de qch.

2 *adv* (**a**) depuis longtemps. **it has** ~ **been used in industry** c'est employé depuis longtemps dans l'industrie; ~**-awaited** (si) longtemps attendu. (**b**) (*a* ~ *time*) longtemps. ~ **ago** il y a longtemps; **how** ~ **ago?** il y a combien de temps?; **as** ~ **ago as 1930** déjà en 1930; ~ **before** longtemps avant (que + *subj*); ~ **before now** il y a longtemps; **not** ~ **before** peu de temps avant (que + *subj*); ~ **since** **dead** mort depuis longtemps; **how** ~ **is it since you saw him?** cela fait combien de temps que tu ne l'as pas vu?; **have you been waiting** ~? il y a longtemps que vous attendez?; **I only had** ~ **enough to buy a paper** je n'ai eu que le temps d'acheter un journal; **wait a little** ~**er** attendez encore un peu; **will you be** ~? tu en as pour longtemps?; **don't be** ~ dépêche-toi; **how** ~? combien de temps?; **as** ~ **as I live** tant que je vivrai; **before** ~ (+*future*) dans peu de temps; (+*past*) peu de temps après; **for** ~ pour longtemps; **at (the)** ~**est** au plus. (**c**) **all night** ~ toute la nuit; **so** ~ **as, as** ~ **as** pourvu que + *subj*; **so** ~!* à bientôt!, salut!*; **he is no** ~**er living there** il n'habite plus là.

3 *n*: **the** ~ **and the short of it is that ...** le fin mot de l'histoire, c'est que ... .

♦ **long-distance** *adj race, runner* de fond; (*Telec*) **call** interurbain; *flight* sur long parcours. ♦ **long-drawn-out** *adj* qui traîne, interminable. ♦ **long-forgotten** *adj* oublié depuis longtemps. ♦ **long-haired** *adj person* aux cheveux longs; *animal* à longs poils. ♦ **longhand** *adj* en écriture normale. ♦ **long johns*** *npl* caleçon *m* long. ♦ **long-legged** *adj person, horse* aux jambes longues; *other animal* à longues pattes. ♦ **long-lived** *adj* d'une grande longévité. ♦ **long-lost** *adj* perdu depuis longtemps. ♦ **long-playing** *adj*: ~**-playing record** 33 tours *m inv*. ♦ **long-range** *adj gun* à longue portée; *plane* (*Mil*) à grand rayon d'action, (*civil*) long-courrier; *weather forecast* à long terme. ♦ **longshoreman** *n* débardeur *m*. ♦ **long-sighted** *adj* (*lit*) hypermétrope; (*in old age*) presbyte; (*fig*) *person* prévoyant, qui voit loin; *decision* pris avec prévoyance. ♦ **long-sleeved** *adj* à manches longues. ♦ **long-standing** *adj* de longue date. ♦ **long-suffering** *adj* très patient. ♦ **long-term** *adj* à long terme. ♦ **longways** *adv* en longueur, en long; ~**ways** *or* dans le sens de la longueur. ♦ **long-winded** *adj person* intarissable; *speech* interminable.

long² [lɒŋ] *vi* avoir très envie (*to do* de faire; *for sth* de qch; *for sb to do* que qn fasse); **to** ~ **for sb** se languir de qn. ♦ **longing 1** *n* (*urge*) désir *m* (*to do* de faire; *for sth* de qch; *for sb* de voir qn); (*nostalgia*) nostalgie *f*; (*for food*) envie *f*; **2** *adj look* plein de désir *or* de nostalgie *or* d'envie. ♦ **longingly** *adv* avec désir *or* nostalgie.

longitude ['lɒŋgɪtjuːd] *n* longitude *f*.

loo* [luː] *n* (*Brit*) cabinets *mpl*, petit coin* *m*. **in the ~** au petit coin*, aux cabinets.

look [luk] **1** *n* (a) regard *m*, coup *m* d'œil. **to have** *or* **take a ~ at sth** regarder qch, jeter un coup d'œil à qch; (*in order to repair it etc*) s'occuper de qch; **to take a good ~ at sth** (bien) examiner qch; **to take a good ~ at sb** (bien) observer qn; **let me have a ~** faites voir; **to have a ~ round the house** faire un tour dans la maison; **I just want to have a ~ round** (*in town*) je veux simplement faire un tour; (*in shop*) je ne fais que regarder; (*in house etc*) je veux simplement jeter un coup d'œil; **with a nasty ~ in his eye** avec un regard méchant; **we got some very odd ~s** les gens nous regardaient d'un drôle d'air; **if ~s could kill* I'd be dead** il (*or* elle *etc*) m'a fusillé *or* foudroyé du regard; **to have a ~ for sth** chercher qch.

(b) (*appearance etc*) air *m*, allure *f*. **she has a ~ of her mother about her** elle a qch de sa mère; **there was a sad ~ about him** il avait l'air plutôt triste; **I like the ~ of her** je lui trouve l'air sympathique; **I don't like the ~ of him** je n'aime pas son allure *or* son air; **I don't like the ~ of this** ça ne me plaît pas du tout; **you can't go by ~s** on ne peut pas se fier aux apparences; **by the ~ of him** à le voir; **by the ~(s) of it, by the ~(s) of things*** de toute apparence; **(good) ~s** beauté *f*; **she has kept her ~s** elle est restée belle; (*Fashion*) **the leather ~** la mode du cuir.

2 *vi* (a) (*see, glance*) regarder. **to ~ at** *person, object* regarder; *situation, problem* considérer; **just ~ at you!** regarde de quoi tu as l'air!; **to ~ at him you would never think that ...** à le voir on ne penserait jamais que ...; **it isn't much to ~ at** ça ne paie pas de mine; **that's one way of ~ing at it** c'est une façon de voir les choses; **I wouldn't ~ at the job** je n'accepterais ce poste pour rien au monde; **will you ~ at the carburettor?** pourriez-vous vérifier le carburateur?; **I'll ~ at it tomorrow** je m'en occuperai demain; **to ~ for sth/sb** chercher qch/qn; **to ~ into** *complaint, matter, possibility* examiner; **I shall ~ into it** je vais me renseigner là-dessus; **I ~ on him as ...** je le considère comme ...; **~ and see if ...** regarde voir si ...; **let me ~** laisse-moi voir; **~ who's here!** regarde qui est là!; **~ here, ...** écoutez, ...; (*protesting*) **~ here!** enfin voyons!; **to ~ the other way** regarder ailleurs; (*fig*) fermer les yeux (*fig*); **~ before you leap** il ne faut pas se lancer à l'aveuglette; **to ~ ahead** (*in front*) regarder devant soi; (*to future*) considérer l'avenir; **to ~ down the list** parcourir la liste; **she ~ed into his eyes** elle a plongé son regard dans le sien; **the house ~s on to the main street** la maison donne sur la grand-rue; **you should have ~ed more carefully** tu aurais dû chercher plus soigneusement *or* mieux regarder.

(b) sembler, avoir l'air. **she ~s (as if she's) tired** elle semble *or* elle a l'air fatiguée; **how pretty you ~!** que vous êtes jolie!; **you ~ or you're ~ing well** vous avez bonne mine; **he doesn't ~ himself, he doesn't ~ very great*** il n'a pas l'air bien; **he ~s about 40/1** metre 80 il a l'air d'avoir 40 ans/de faire 1 metre 80; **she ~s her age** elle fait son âge; **she's tired and she ~s it** elle est fatiguée et ça se voit; **you must ~ your best** il faut que tu sois à ton avantage; **they made me ~ a fool** *or* **foolish** ils m'ont fait paraître ridicule; (*fig*) **to make sb ~ small** rabaisser qn; (*fig*) **it made me ~ small** j'ai eu l'air fin!* (*iro*) (*fig*) **he just does it to ~ big** il fait cela uniquement pour se donner de l'importance; **ugly-~ing** laid; (*fig*) **to ~ the part** avoir le physique de l'emploi; **don't ~ like that!** ne faites pas cette tête-là!; **try to ~ as if you're glad to see them** essaie d'avoir l'air content de les voir; **~ sharp about it!*** dépêche-toi!; **he ~s good in uniform** l'uniforme lui va bien; **it makes her ~ old** cela la vieillit; **how did she ~?** (*health*) est-ce

qu'elle avait bonne mine?; (*on hearing news etc*) quelle tête faisait-elle?; **how do I ~?** est-ce que ça va?; **that ~s good** [*food*] ça a l'air bon; [*picture etc*] ça fait très bien; [*plan, book*] ça a l'air intéressant; **it ~s good on paper** c'est très bien en théorie; **it doesn't ~ right** il y a qch qui ne va pas; **it ~s all right to me** je trouve que ça va; **how does it ~ to you?** ça va à votre avis?; **it ~s promising** c'est prometteur; **it will ~ bad** cela fera mauvais effet.

(c) **it ~s as if it's going to snow** on dirait qu'il va neiger; **it ~s as if he isn't coming** il n'a pas l'air de venir; **it ~s to me as if he isn't coming** j'ai l'impression qu'il ne va pas venir; **what does it/he ~ like?** comment est-ce/est-il?; **he ~s like his brother** il ressemble à son frère; **he ~s like a soldier** il a l'air d'un soldat; **it ~s like salt** ça a l'air d'être du sel; **it ~s like rain** on dirait qu'il va pleuvoir; **it certainly ~s like it** c'est bien probable; **the evening ~ed like being interesting** la soirée promettait d'être intéressante.

3 *vt* regarder. **she ~ed him full in the face/ straight in the eye** elle l'a regardé bien en face/ droit dans les yeux; **to ~ sb up and down** regarder qn de haut en bas; **to ~ where you're going!** regarde où tu vas!

look about, look around *vi* regarder autour de soi. **to ~ about for sth** chercher qch des yeux.

look after *vt fus* (*gen*) s'occuper de; *possessions* faire attention à; *one's car* entretenir; *one's interests* protéger. **she doesn't ~ after herself very well** elle néglige sa santé; **~ after yourself!** fais bien attention à toi!*; **she's old enough to ~ after herself** elle est assez grande pour se défendre* toute seule; (*take responsibility for*) **to ~ after sth for sb** garder qch pour qn.

look away *vi* détourner les yeux (*from* de).

look back *vi* regarder derrière soi; (*remember*) regarder en arrière. **to ~ back at sth/sb** se retourner pour regarder qch/qn; **to ~ back on sth** revoir en esprit, penser à; **we can ~ back on 20 years of ...** nous avons derrière nous 20 ans de ...; **after that he never ~ed back*** après, ça n'a fait qu'aller de mieux en mieux.

look down *vi* baisser les yeux; (*from height*) regarder en bas. **to ~ down at sb/sth** regarder qn/qch d'en haut; (*fig*) **to ~ down on sb/sth** mépriser qn/qch.

look forward to *vt fus* attendre avec impatience. **I'm ~ing forward to seeing you** j'attends avec impatience le plaisir de vous voir; (*in letter*) **~ing forward to hearing from you** en espérant avoir bientôt une lettre de vous, dans l'attente de votre réponse; **are you ~ing forward to it?** est-ce que vous êtes content à cette perspective?; **I'm so ~ing forward to it** je m'en réjouis à l'avance.

look in *vi* (a) (*~ inside*) regarder à l'intérieur; (*visit*) passer. **to ~ in on sb** passer voir qn; **the doctor will ~ in again** le docteur repassera. (b) (**: watch television*) regarder la télévision.

look on *vi* regarder. **he wrote the letter while I ~ed on** il a écrit la lettre tandis que je le regardais faire.

look out 1 *vi* (a) (*outside*) regarder dehors. **to ~ out of the window** regarder par la fenêtre; (*fig*) **to ~ out for sb** (*seek*) chercher qn; (*watch for*) guetter qn. (b) (*take care*) faire attention, prendre garde. **~ out!** attention!; **~ out for ice on the road** (faites) attention au verglas, méfiez-vous du verglas. **2** *vt sep* chercher et trouver. **I shall ~ out some old magazines** je vais essayer de trouver quelques vieux magazines.

look over *vt sep* *essay* jeter un coup d'œil à; *book* parcourir; *town, building* visiter; *person (quickly)* jeter un coup d'œil à; (*slowly*) regarder de la tête aux pieds.

look round 1 *vi* (a) regarder (autour de soi); (*in shop*) regarder. **to ~ round for sth** chercher qch.

(b) (~ *back*) regarder derrière soi. **to ~ round to see sth** se retourner pour voir qch; **don't ~ round!** ne vous retournez pas! **2** *vt fus town, factory* visiter, faire le tour de.

look through *vt fus papers, book* examiner, *(briefly)* parcourir; *(revise)* revoir.

look to *vt fus (look after) children* s'occuper de; *(rely on)* compter sur. **I ~ to you for help** je compte sur votre aide; **I always ~ to my mother for advice** quand j'ai besoin d'un conseil je me tourne vers ma mère.

look up 1 *vi* **(a)** regarder en haut; *(from reading etc)* lever les yeux. *(fig)* **to ~ up to sb** respecter qn. **(b)** *(improve) [prospects]* s'améliorer; *[business]* reprendre; *[weather]* se lever; *[shares, sales]* remonter. **things are ~ing up** ça a l'air d'aller mieux *(for sb* pour qn). **2** *vt sep* **(a)** *(visit) person* passer voir. **(b)** *(in dictionary)* chercher *(in* dans). **3** *vt fus reference book* consulter.

♦ **looker-on** *n* spectateur *m*, -trice *f*. ♦ **look-in★** *n*: **they didn't have or get a ~-in** ils n'ont jamais eu la moindre chance. ♦ **looking-glass** *n* miroir *m*. ♦ **look-out 1** *n* **(a) to keep a ~-out, to be on the ~-out** guetter *(for sb/sth* qn/qch); **to be on the ~-out for danger** être sur ses gardes à cause d'un danger éventuel; **(b)** *(observer) (gen)* guetteur *m*; *(Mil)* homme *m* de guet; *(Naut)* homme de veille; **(c)** *(~-out post) (gen, Mil)* poste *m* de guet; *(Naut)* vigie *f*; **(d) it's a poor ~-out for ...** ça s'annonce mal pour ...; **that's your ~-out!** cela vous regarde!, c'est votre affaire!; **2** *adj* **tower d'observation.**

loom¹ [luːm] *vi* (~ *up) [building, mountain]* apparaître indistinctement; *[figure, ship]* surgir; *[disaster]* menacer; *[event]* paraître imminent.

loom² [luːm] *n (Tex)* métier *m* à tisser.

loop [luːp] **1** *n (gen)* boucle *f (de ficelle etc)*; *(Elec)* circuit *m* fermé; *(by motorway etc)* bretelle *f*; *(curtain fastener)* embrasse *f*; *(contraceptive)* stérilet *m*. **2** *vt string etc* faire une boucle à. **to ~ a rope round a post** passer une corde autour d'un poteau; *(Aviat)* **to ~ the loop** boucler la boucle; **to ~ back a curtain** relever un rideau avec une embrasse. ♦ **loophole** *n (in argument, regulations)* point *m* faible; **to find a ~hole** trouver une échappatoire.

loose [luːs] **1** *adj* **(a)** *knot, shoelace* qui se défait; *screw* desserré; *brick, tooth* qui branle; *page from book* détaché; *hair* dénoué; *animal etc* en liberté. **to be working ~** se défaire, se desserrer, branler, se détacher, se dénouer; *[animal etc]* **to get ~** s'échapper; **to let or set or turn ~** lâcher; **a ~ sheet of paper** une feuille volante; *[horse]* **~ box** fourgon *m* à chevaux; *(on roadway)* **~ chippings** gravillons *mpl*; *(Elec)* **~ connection** mauvais contact *m*; *[furniture]* **~ covers** housses *fpl*; **~ end of a rope** bout *m* pendant d'une corde; **to be at a ~ end** ne pas trop savoir quoi faire; *(fig)* **to tie up ~ ends** régler les détails qui restent. **(b)** *(not packed)* biscuits, carrots etc en vrac; *butter, cheese* au poids. **just put them ~ into the basket** mettez-les à même dans le panier. **(c)** *coat, dress (not close-fitting)* vague, ample; *(not tight enough)* lâche, large; *skin* flasque; *collar* lâche. **(d)** *soil* meuble; *(fig) association, link* vague; *discipline, style* relâché; *reasoning, thinking* confus, imprécis; *translation* assez libre. **a ~ weave** un tissu lâche; **~ bowels** intestins relâchés. **(e)** *(pej) woman* facile; *morals* relâché. **~ living** vie *f* dissolue.

2 *vt* **(a)** *(undo)* défaire; *(untie)* délier; *screw etc* desserrer; *(free) animal* lâcher; *prisoner* relâcher. **to ~ a boat (from its moorings)** larguer les amarres; **they ~d the dogs on him** ils ont lâché les chiens après lui. **(b)** *(~ off) gun* décharger *(on or at sb* sur qn); *arrow* tirer *(on or at sb* sur qn); *abuse* lâcher *(on sb* sur qn).

♦ **loose-fitting** *adj* ample. ♦ **loose-leaf(ed)** *adj* à

feuilles volantes. ♦ **loose-limbed** *adj* agile.
♦ **loosely** *adv attach, tie, hold* sans serrer; *be fixed, weave* lâchement; *associate* vaguement; *translate* assez librement; *use word* de façon plutôt impropre. ♦ **loosen 1** *vt (slacken) screw, belt, knot* desserrer; *rope, one's grip* relâcher; *(untie)* défaire; *tongue* délier; *soil* rendre meuble; *bowels* relâcher; **2** *vi [fastening]* se défaire; *[screw]* se desserrer; *[knot] (slacken)* se desserrer; *(come undone)* se défaire; *[rope]* se détendre; **to ~n up** *(limber up)* faire des exercices d'assouplissement; *(be less shy)* se dégeler. ♦ **looseness** *n [knot]* desserrement *m*; *[screw, tooth]* jeu *m*; *[rope]* relâchement *m*; *[clothes]* ampleur *f*; *[translation]* imprécision *f*; *[behaviour]* relâchement *m*.

loot [luːt] **1** *n* butin *m*. **2** *vt* piller. **3** *vi*: **to go ~ing** se livrer au pillage. ♦ **looter** *n* pillard *m*. ♦ **looting** *n* pillage *m*.

lop [lɒp] *vt tree* tailler; *branch* couper.
lop off *vt sep* couper.
♦ **lop-eared** *adj* aux oreilles pendantes. ♦ **lop-sided** *adj (not straight)* de travers; *(asymmetric)* disproportionné.

lope [ləup] *vi*: **to ~ along/in etc** avancer/entrer *etc* en bondissant.

loquacious [ləˈkweiʃəs] *adj* loquace. ♦ **loquacity** *n* loquacité *f*.

lord [lɔːd] **1** *n* seigneur *m*. **~ of the manor** châtelain *m*; **~ and master** seigneur et maître; **L~ (John) Smith** lord (John) Smith; **the House of L~s** la Chambre des Lords; **my L~** Monsieur le baron *(or* comte *etc)*; *(to judge)* Monsieur le Juge; *(to bishop)* Monseigneur; *(Rel)* **Our L~** Notre Seigneur; **the L~'s supper** la sainte Cène; **the L~'s prayer** le Notre-Père; **good L~!★** Seigneur!; **oh L~!★** zut!! **2** *vt*: **to ~ it over sb★** traiter qn de haut. ♦ **lordliness** *n* noblesse *f*; *(pej)* hauteur *f*. ♦ **lordly** *adj (dignified)* noble, de grand seigneur; *(arrogant)* hautain. ♦ **lordship** *n* autorité *f (over* sur); **Your L~ship** Monsieur le comte *(or* le baron *etc)*; *(to judge)* Monsieur le Juge; *(to bishop)* Monseigneur.

lore [lɔːʳ] *n* traditions *fpl*. **bird/wood etc ~** connaissance *f* des oiseaux/de la vie dans les forêts *etc*.

lorry [ˈlɒrɪ] *(Brit)* **1** *n* camion *m*. **2** *adj*: **~ driver** camionneur *m*; *(long-distance)* routier *m*; **~ load** chargement *m*.

lose [luːz] *pret, ptp* **lost 1** *vt* **(a)** *(gen)* perdre. **he got lost il s'est perdu or égaré; the key got lost** on a perdu *or* égaré la clef; **get lost!★** fiche le camp!★; **I lost my father when I was 10** j'ai perdu mon père à l'âge de 10 ans; **you've nothing to ~** tu n'as rien à perdre, tu ne risques rien *(by doing* à faire); **to ~ one's life** périr, perdre la vie; **100 men or lives were lost** 100 hommes ont péri, on a perdu 100 hommes; **20 lives were lost** 20 personnes ont péri; **there were no lives lost** il n'y a eu aucun mort *or* aucune victime; **to be lost at sea** périr en mer; **I lost his last sentence** je n'ai pas entendu sa dernière phrase; **to ~ one's breath** perdre haleine; **to have lost one's breath** être hors d'haleine, *(Aut)* **he's lost his licence** on lui a retiré son permis de conduire; **to ~ one's way** perdre son chemin, se perdre; **we mustn't ~ any time** il ne faut pas perdre de temps; **to ~ no time in doing sth** faire qch au plus vite; **there's not a minute to ~** il n'y a pas une minute à perdre; **he managed to ~ the detective who was following him** il a réussi à semer le détective qui le suivait; *(after explanation etc)* **you've lost me there★** je ne vous suis plus. **(b)** *(cause loss of)* faire perdre. **that will ~ you your job** cela va vous faire perdre votre place. **(c)** *[clock etc]* **to ~ 10 minutes a day** retarder de 10 minutes par jour.

2 *vi* **(a)** *[player, team]* perdre. **to ~ to sb** se faire battre par qn; **they lost 6-1** ils ont perdu *or* ils se sont fait battre 6-1; (*fig*) **he lost (out) on the deal** il a été perdant dans l'affaire; **you can't ~*** tu ne risques rien; (*fig*) **it ~s in translation** cela perd à la traduction. **(b)** *[watch, clock]* retarder.

♦ **loser** *n* perdant(e) *m(f)*; **good/bad ~r** bon/ mauvais joueur, bonne/mauvaise joueuse; **to come off the ~r** être perdant; **he's a born ~r** il n'a jamais de veine*. ♦ **losing** *adj team, number* perdant; *business, concern* mauvais; **on a losing streak*** en période de déveine*; (*fig*) **a losing battle** une bataille perdue d'avance.

loss [lɒs] *n* **(a)** perte *f*. **without ~ of life** sans qu'il y ait de victimes; (*Mil*) **heavy ~es** pertes sévères; **to sell at a ~** vendre à perte; **he's no great ~*** ce n'est pas une grosse perte. **(b) to be at a ~** être perplexe; **at a ~ to explain** incapable d'expliquer; **we are at a ~ to know** nous ne savons absolument pas; **to be at a ~ for words** chercher ses mots.

lost [lɒst] (*pret, ptp of* **lose**) *adj cause, opportunity* perdu; (*fig*) (*bewildered*) perdu, désorienté; (*uncomprehending*) perdu, perplexe; (*absorbed*) perdu (*in* dans), absorbé (*in* par). **several ~ children** plusieurs enfants qui s'étaient perdus; **a ~ soul** une âme en peine; **the ~ sheep** la brebis égarée; **to make up for ~ time** rattraper le temps perdu; **~ property**, (*US*) **~ and found** objets *mpl* trouvés; **~ property office**, **~-and-found department** bureau *m* des objets trouvés; **he looked quite ~** il avait l'air complètement désorienté; **to give sb/sth up for ~** considérer qn/qch comme perdu; **my advice/the remark was ~ on him** il n'a pas écouté mes conseils/pas compris la remarque; **~ in thought** perdu dans ses pensées.

lot [lɒt] *n* **(a)** (*destiny*) sort *m*. **the common ~** le sort commun; **it was not his ~ to make a fortune** il n'était pas destiné à faire fortune; **it fell to my ~ to do it** il m'est revenu de le faire; **to throw in one's ~ with sb** partager le sort de qn. **(b)** (*random selection*) **by ~** par tirage au sort; **to draw ~s (for sth)** tirer (qch) au sort. **(c)** (*at auctions; also batch: of people, goods*) lot *m*. **he's a bad ~*** il ne vaut pas cher*. **(d)** (*land*) lot *m* (de terrain), parcelle *f*. **building ~** lotissement *m*; **parking ~** parking *m*. **(e) the ~** (*everything*) (le) tout; (*everyone*) tous *mpl*, toutes *fpl*; **that's the ~** c'est tout; **take the ~** prends tout ce qu'il y a, prends le tout; **the ~ of you** vous tous; **the whole ~ of them** went off ils sont tous partis. **(f)** (*large amount*) beaucoup. **a ~ of, ~s of** beaucoup de; **what a ~ of people!** que de monde! *or* de gens!; **what a ~!** quelle quantité!; **there wasn't a ~** we could do nous ne pouvions pas faire grand-chose; **I'd give a ~ to know ...** je donnerais cher pour savoir ...; **quite a ~ of** pas mal de; **such a ~ of** tellement de, tant de; **an awful ~ of*** énormément* de; **a ~ better** beaucoup *or* bien mieux; **we don't go out a ~** nous ne sortons pas beaucoup *or* pas souvent; **thanks a ~!*** merci beaucoup!; (*iro*) **a ~ or a fat lot you care!*** comme si ça te faisait qch!

lotion ['ləʊʃən] *n* lotion *f*.

lottery ['lɒtərɪ] *n* loterie *f*.

loud [laʊd] **1** *adj voice* fort, sonore; *laugh* grand, bruyant; *noise, cry* sonore, grand; *music* bruyant; *thunder* fracassant; *applause* vif (*f* vive); *protests* vigoureux; *behaviour* tapageur; *colour, clothes* voyant. **the radio is too ~** la radio joue trop fort; (*Mus*) **~ pedal** pédale *f* forte. **2** *adv speak etc* fort, haut. **out ~** tout haut. ♦ **loudhailer** *n* (*Brit*) mégaphone *m*. ♦ **loudly** *adv shout, speak* fort; *proclaim* vigoureusement; *knock, laugh* bruyamment. ♦ **loud-mouthed** *adj* braillard, fort en gueule*. ♦ **loudness** *n* [*voice, music etc*] force *f*; [*applause*] bruit *m*; [*protests*] vigueur *f*. ♦ **loudspeaker** *n* haut-parleur *m*; [*stereo*] baffle *m*.

lounge [laʊndʒ] **1** *n* salon *m* (*d'une maison, d'un hôtel etc*). **2** *adj*: **~ suit** complet(-veston) *m*; (*on*

invitation) 'tenue de ville'. **3** *vi* (*on bed etc*) se prélasser; (*in chair*) être vautré; (*stroll*) flâner; (*also ~ about: idle*) paresser, être oisif. ♦ **lounger** *n* (*sun-bed*) lit *m* de plage.

louse [laʊs] *n, pl* **lice** (*insect*) pou *m*; (‡: *person*) salaud‡ *m*. **louse up‡** *vt sep deal, event* bousiller*. ♦ **lousy** *adj* (*lit*) pouilleux; (‡: *terrible*) infect; **he's a lousy teacher** il est nul comme prof*; **a lousy trick** un tour de cochon*; **I feel lousy** je suis mal fichu*.

lout [laʊt] *n* rustre *m*. ♦ **loutish** *adj* de rustre.

love [lʌv] **1** *n* **(a)** amour *m* (*of* de, pour; *for* pour). **to be/fall in ~** être/tomber amoureux (*with* de); **they are in ~** ils s'aiment; **~ at first sight** le coup de foudre; **to make ~** faire l'amour (*with* avec; *to* à); **there's no ~ lost between them** ils ne peuvent pas se sentir*; **for the ~ of God** pour l'amour de Dieu; (*: *indignantly: also* **for the ~ of Mike***) pour l'amour du Ciel; **to marry for ~** faire un mariage d'amour; **for ~ of** par amour pour; **not for ~ nor money** do pour rien au monde; **sell à** aucun prix; **give her my ~** dis-lui bien des choses de ma part, (*stronger*) embrasse-la pour moi; **he sends you his ~** il t'envoie bien des choses; (*stronger*) il t'embrasse; (*in letter*) **~ from Jim** affectueusement, Jim, (*stronger*) bons baisers, Jim; **yes (my) ~** oui mon amour; **the theatre was her great ~** le théâtre était sa grande passion; **he studies history for the ~ of it** il étudie l'histoire pour son plaisir. **(b)** (*Tennis etc*) rien *m*, zéro *m*. **~ 30** rien à 30, zéro 30.

2 *vt* **(a)** *spouse, child* aimer; *relative, friend* aimer (beaucoup). **he didn't just like her, he** LOVED **her** il ne l'aimait pas d'amitié, mais d'amour; **she ~d him dearly** elle l'aimait tendrement. **(b)** *food, activity, place* aimer (beaucoup), (*stronger*) adorer. **to ~ to do** *or* **doing sth** aimer (beaucoup) *or* adorer faire qch; **I'd ~ to come** je serais ravi de venir; **I'd ~ to!** cela me ferait très plaisir!

3 *adj letter, song, story, scene* d'amour. **~ affair** liaison *f* (amoureuse); **how's your ~ life these days?*** comment vont les amours?; **~ match** mariage *m* d'amour.

♦ **lovable** *adj person* très sympathique; *child, animal* adorable. ♦ **loveless** *adj* sans amour. ♦ **lovemaking** *n* amour *m* (*acte sexuel*). ♦ **lover** *n* **(a)** *amant m*; (*romantic*) amoureux *m*; **~rs' vows** promesses *fpl* d'amoureux; **they are ~rs** ils ont une liaison; **(b)** *theatre* **~r** amateur *m* de théâtre; **a ~r of Brahms** un(e) fervent(e) de Brahms. ♦ **lovesick** *adj* qui languit d'amour. ♦ **lovey-dovey*** *adj* (*hum*) (trop) tendre. ♦ **loving** *adj* (*gen*) affectueux; (*tender*) tendre; *wife, son* aimant; **money-loving** qui aime l'argent. ♦ **lovingly** *adv* affectueusement; tendrement; (*stronger*) avec amour.

lovely ['lʌvlɪ] *adj* (*pretty: gen*) (très) joli, ravissant; *baby* mignon, joli; (*pleasant: gen*) charmant; *meal, evening, party, voice* très agréable; *night, sunshine, weather* beau; *holiday* excellent; *idea, suggestion* merveilleux; *smell, food* bon. **we had a ~ time** nous nous sommes bien amusés; **it's been ~ seeing you** j'ai été vraiment content de vous voir; **~ and cool etc** délicieusement frais *etc.* ♦ **loveliness** *n* beauté *f*, charme *m*.

low¹ [ləʊ] **1** *adj* (*gen*) bas (*f* basse); *density, groan, income, intelligence* faible; *murmur* étouffé; *stock, supply* presque épuisé; *speed* petit, faible; *standard* bas, faible; *quality* inférieur; *person* (*feeble*) faible, affaibli; (*depressed*) déprimé; (*Bio, Zool: primitive*) inférieur; (*pej*) *taste* mauvais; *café etc* de bas étage; (*shameful*) *behaviour* ignoble. [*person, object, sum*] **to be ~ down** être (bien) bas *inv*; **~er down the hill** plus bas sur la colline; **the L~ Countries** les Pays-Bas; **fog on ~ ground** brouillard *m* à basse altitude;

town on ~ ground ville bâtie dans une dépression; **at ~ tide** *or* **water** à marée basse; **in a ~ voice** à voix basse; *(of radio etc)* **it's a bit** ~ ça n'est pas assez fort, c'est trop bas; *(Cards)* **a ~ diamond** un petit carreau; *(Aut)* **in ~ gear** en première ou seconde vitesse; *(Culin)* **at a ~ heat** à feu doux; **to become** *or* **get** ~**er** baisser; **L~ Church** Basse Église *(Anglicane)*; ~ **flying** vols *mpl* à basse altitude; **L~ Latin** bas latin; **L~ Sunday** dimanche *m* de Quasimodo; ~**er deck, jaw** inférieur; *(Typ)* ~**er case** bas *m* de casse; ~**er middle class** *(n)* petite bourgeoisie; *(adj)* petit bourgeois; **the** ~**er classes** *(socially)* les classes inférieures *mpl*; *(Parl)* **the L~er House** la Chambre basse; **the** ~**er paid** la tranche inférieure des salariés *or* du salariat; **they were** ~ **on water** ils étaient à court d'eau; **I'm** ~ **on funds** je suis à court (d'argent); **to be in** ~ **spirits, to feel** ~ être déprimé, ne pas avoir le moral*; ~ **forms of life** les formes de vie inférieures *or* les moins évoluées; **the** ~**est of the** ~ le dernier des derniers; **a** ~ **trick** un sale tour*.
   2 *adv* aim, sing bas; *(of plane)* à basse altitude; **bow, fall, sink** bien bas. *(Elec)* **to turn sth down** ~ baisser qch; **supplies are running** ~ les provisions baissent; *(Cards)* **to play** ~ jouer une basse carte.
   3 *n* **(a)** *(Met)* dépression *f*. **(b)** *(low point)* niveau bas, point bas. **to reach a new** ~ atteindre son niveau le plus bas.
   ♦ **lowbrow 1** *n* personne *f* sans prétentions intellectuelles; **2** *adj* sans prétentions intellectuelles. ♦ **low-budget** *adj* bon marché *inv*. ♦ **low-calorie** *adj* à basses calories. ♦ **low-cost** *adj* bon marché *inv*; ~-**cost housing** habitations *fpl* à loyer modéré, H.L.M. *mpl*. ♦ **low-cut** *adj* décolleté. ♦ **low-down 1** *adj* *(mean)* méprisable; *(spiteful)* mesquin; **2** *n:* **to give sb the** ~-**down on*** mettre qn au courant de. ♦ **lower 1** *vt* *(gen)* baisser; **sail, flag** abaisser; **boat, lifeboat** mettre à la mer; **sb/sth on a rope** descendre; **sb's resistance** diminuer; **to** ~**er one's guard** *(Boxing)* baisser sa garde; *(fig)* ne plus être sur ses gardes; **to** ~**er sb's morale** démoraliser qn; ~**er your voice!** (parle) moins fort!; **to** ~**er o.s. to do sth** s'abaisser à faire qch; **2** *vi* *(lit)* baisser. ♦ **lower-class** *adj* de la classe inférieure. ♦ **lowering**[1] **1** *n* [window, flag, temperature] abaissement *m*; [boat] mise *f* à la mer; [price, pressure] baisse *f*; **2** *adj* abaissant, dégradant. ♦ **low-flying** *adj* volant à basse altitude. ♦ **low-grade** *adj* de qualité *or* de catégorie inférieure. ♦ **low-heeled** *adj* à talons plats. ♦ **low-key** *adj* modéré; **operation** très discret; **to keep sth** ~-**key** faire qch avec modération. ♦ **lowland** *n* plaine *f*; **the L~lands of Scotland** les Basses-Terres *fpl* d'Écosse. ♦ **low-level** *adj* bas; *(fig)* **job** subalterne. ♦ **lowliness** *n* humilité *f*. ♦ **lowly** *adj* *(humble)* humble; *(low-born)* d'origine modeste. ♦ **low-lying** *adj* à basse altitude. ♦ **low-necked** *adj* décolleté. ♦ **lowness** *n* [in height] manque *m* de hauteur; [price, wages] modicité *f*; [temperature] peu *m* d'élévation. ♦ **low-paid** *adj* mal payé; **the** ~-**paid workers** les petits salaires. ♦ **low-priced** *adj* à bas prix, bon marché *inv*. ♦ **low-profile** *adj* = low-key. ♦ **low-rise** *adj* *(Archit)* de hauteur limitée, bas. ♦ **low-spirited** *adj* déprimé, démoralisé.

low[2] ['ləʊ] *vi* [cattle] meugler. ♦ **lowing** *n* meuglement *m*.

lowering[2] ['laʊərɪŋ] *adj* sombre, menaçant.

loyal ['lɔɪəl] *adj* loyal (*to sb* envers qn), fidèle (*to sb* à qn); *(Brit)* **the** ~ **toast** le toast porté au souverain.
   ♦ **loyalist** *adj, n* loyaliste (*mf*). ♦ **loyally** *adv* fidèlement, loyalement. ♦ **loyalty** *n* loyauté *f*, fidélité *f*.

lozenge ['lɒzɪndʒ] *n* *(Med)* pastille *f*; *(Her, Math)* losange *m*.

lubricate ['lu:brɪkeɪt] *vt* lubrifier; *(Aut)* graisser. **lubricating oil** huile *f* (de graissage). ♦ **lubricant** *adj, n* lubrifiant (*m*). ♦ **lubrication** *n* lubrification *f*; *(Aut)* graissage *m*. ♦ **lubricator** *n* graisseur *m*.

lucid ['lu:sɪd] *adj* lucide. ♦ **lucidity** *n* lucidité *f*. ♦ **lucidly** *adv* lucidement.

luck [lʌk] *n* **(a)** *(chance, fortune)* chance *f*, hasard *m*. **good** ~ (bonne) chance, veine* *f*; **bad** ~ malchance *f*, déveine* *f*; **to bring sb good/bad** ~ porter bonheur/malheur à qn; **good** ~! bonne chance!; **bad** *or* **hard** ~! pas de chance!; **better** ~ **next time!** ça ira mieux la prochaine fois!; **yes, worse** ~ oui, malheureusement; *(fig)* **it's the** ~ **of the draw** c'est une question de chance; **it's good/bad** ~ **to see a black cat** cela porte bonheur/malheur de voir un chat noir; **to be down on one's** ~ être dans une mauvaise passe. **(b)** *(good fortune)* (bonne) chance *f*, veine* *f*. **you're in** ~, **your** ~**'s in** tu as de la chance *or* de la veine*; **that's a bit of** ~! quelle chance!, quelle veine!*; **he had the** ~ **to meet her in the street** il a eu la chance de la rencontrer dans la rue; **no such** ~!* ç'aurait été trop beau!; **with any** ~ ... avec un peu de chance ...; *(iro)* **and the best of** ~!* je vous (*or* leur *etc*) souhaite bien du plaisir!* *(iro)*; **he's got the** ~ **of the devil*** il a une veine de pendu*. ♦ **luckily** *adv* heureusement, par bonheur. ♦ **luckless** *adj* **person** malchanceux; **action** malencontreux. ♦ **lucky** *adj* **person** qui a de la chance; **day** de chance, de veine*; **shot, guess, coincidence** heureux; **horseshoe, charm** porte-bonheur *inv*; **you are** ~**y to be alive** tu as de la chance de t'en sortir vivant; **he was** ~**y enough to get a seat** il a eu la chance *or* la veine* de trouver une place; **you** ~**y thing!** veinard(e)!*; **it was** ~ **for him that** ... heureusement pour lui que ...; **how** ~**y!** quelle chance!; **to have a** ~**y break** avoir un coup de veine*; ~**y dip** pêche *f* miraculeuse; *(fig)* loterie *f*.

lucrative ['lu:krətɪv] *adj* lucratif.

ludicrous ['lu:dɪkrəs] *adj* ridicule. ♦ **ludicrously** *adv* ridiculement.

ludo ['lu:dəʊ] *n* jeu *m* des petits chevaux.

lug [lʌg] *vt* traîner, tirer.

luggage ['lʌgɪdʒ] **1** *n* bagages *mpl*. ~ **in advance** bagages non accompagnés. **2** *adj* (*Brit Aut*) ~ **boot** coffre *m*; ~ **label** étiquette *f* à bagages; ~ **rack** *(Rail)* porte-bagages *m inv*, filet *m*; *(Aut)* galerie *f*; ~ **van** fourgon *m* (à bagages).

lugubrious [lu:'gu:brɪəs] *adj* lugubre. ♦ **lugubriously** *adv* lugubrement.

lukewarm ['lu:kwɔ:m] *adj* tiède.

lull [lʌl] **1** *n* *(gen)* arrêt *m*; [storm] accalmie *f*; *(in work etc)* moment *m* de calme. **2** *vt* apaiser, calmer. **to** ~ **a child to sleep** endormir un enfant en le berçant *etc*; *(fig)* **to be** ~**ed into a false sense of security** s'endormir dans une fausse sécurité. ♦ **lullaby** *n* berceuse *f*.

lumbago [lʌm'beɪgəʊ] *n* lumbago *m*.

lumber[1] ['lʌmbə'] **1** *n* *(wood)* bois *m* de charpente; *(junk)* bric-à-brac *m inv*. **2** *vt* **(a)** **room** encombrer. **(b)** *(US Forestry)* **(fell)** abattre; *(saw up)* débiter. **(c)** *(Brit*: **burden)** **to** ~ **sb with sth** coller* qch à qn. ♦ **lumberjack** *n* bûcheron *m*. ♦ **lumber-jacket** *n* blouson *m*. ♦ **lumber room** *n* débarras *m*. ♦ **lumber yard** *n* chantier *m* de scierie.

lumber[2] ['lʌmbə'] *vi* (~ **about**, ~ **along**) *(gen)* marcher pesamment; [vehicle] rouler pesamment. ♦ **lumbering** *adj* lourd, pesant.

luminous ['lu:mɪnəs] *adj* lumineux.

lump[1] [lʌmp] **1** *n* *(gen)* morceau *m*, *(larger)* gros morceau; *(clay, earth)* motte *f*; *(in sauce etc)* grumeau *m*; *(*pej*: person)* lourdaud(e) *m(f)*; *(Med)* grosseur *f* (*on* à). *(fig)* **to have a** ~ **in one's throat** avoir la gorge serrée. **2** *adj:* ~ **sugar** sucre

m en morceaux; ~ **sum** somme *f* globale *or* for-faitaire; *(payment)* paiement *m* unique.
lump together *vt sep (gen)* réunir; *(fig) people, cases* mettre dans la même catégorie.
♦ **lumpy** *adj gravy* grumeleux; *bed* défoncé.
lump²* [lʌmp] *vt (endure)* you'll just have to ~ it il faut bien que tu acceptes *(subj)* sans rien dire.
lunacy ['luːnəsɪ] *n* aliénation *f* mentale, folie *f*; *(fig)* folie. **that's sheer** ~! c'est de la pure folie!
♦ **lunatic** **1** *n (Med)* fou *m*, folle *f*; *(Jur)* dément(e) *m(f)*; *(fig)* fou, folle; **2** *adj person* fou (*f* folle), dément; *idea, action (crazy)* absurde, *(stupid)* idiot; **lunatic asylum** asile *m* d'aliénés; **the lunatic fringe** les enragés* *mpl*.
lunar ['luːnəʳ] *adj (gen)* lunaire; *eclipse* de la lune.
~ **landing** alunissage *m*.
lunch [lʌntʃ] **1** *n* déjeuner *m*. **to have** ~ déjeuner; **come to** *or* **for** ~ **on Sunday** venez déjeuner dimanche. **2** *vi* déjeuner *(on, off* de). **3** *vt* offrir un déjeuner à. **4** *adj*: ~ **break** heure *f* du déjeuner; **his** ~ **hour** l'heure *f* de son déjeuner. ♦ **lunchtime** *n* heure *f* de *or* du déjeuner.
luncheon ['lʌntʃən] **1** *n* déjeuner *m*. **2** *adj*: ~ **meat** ≃ mortadelle *f*; ~ **voucher** ticket-restaurant *m*.
lung [lʌŋ] **1** *n* poumon *m*. *(fig)* **at the top of one's** ~**s** à pleins poumons.
2 *adj disease* pulmonaire. ~ **cancer** cancer *m* du poumon.
lunge [lʌndʒ] **1** *n* brusque mouvement *m* en avant.
2 *vi* (~ **forward**) faire un mouvement brusque en avant; **to** ~ **at sb** envoyer un coup à qn.
lurch¹ [lɜːtʃ] **1** *n [car, ship]* embardée *f*. **2** *vi [person]* tituber; *[car, ship]* faire une embardée. *[person]* **to** ~ **in** *etc* entrer *etc* en titubant.
lurch² [lɜːtʃ] *n*: **to leave sb in the** ~ faire faux bond à qn.
lure [ljʊəʳ] **1** *n (charm: of sea etc)* attrait *m*; *(false attraction)* leurre *m*. **2** *vt* attirer (par la ruse). **to** ~ **sb into a trap** attirer qn dans un piège; **to** ~ **sb in** *etc* persuader qn par la ruse d'entrer *etc*.

lurid ['ljʊərɪd] *adj* **(a)** *details* atroce; *account, tale (gruesome)* terrifiant; *(sensational)* à sensation; *description* saisissant. **(b)** *colour* criard; *sky, sunset* empourpré.
lurk [lɜːk] *vi [person] (hide)* se cacher, se tapir; *(creep about)* rôder; *[danger]* menacer; *[doubt]* persister. ♦ **lurking** *adj fear etc* vague.
luscious ['lʌʃəs] *adj* succulent.
lush [lʌʃ] *adj vegetation* luxuriant; *pasture* riche; (*) *house etc* luxueux.
lust [lʌst] *n (gen)* désir *m (sexuel)*; *(for power etc)* soif *f (for* de).
lustre, *(US)* **luster** ['lʌstəʳ] *n* lustre *m*.
lusty ['lʌstɪ] *adj* vigoureux.
lute [luːt] *n* luth *m*.
Luxembourg ['lʌksəmbɜːg] *n* Luxembourg *m*.
luxuriant [lʌgˈzjʊərɪənt] *adj (gen)* luxuriant; *beard* exubérant; *soil* riche. ♦ **luxuriance** *n* luxuriance *f*; exubérance *f*; richesse *f*. ♦ **luxuriate** *vi* s'abandonner avec délices *(in* à).
luxury ['lʌkʃərɪ] **1** *n* luxe *m*. **it's quite a** ~ **for me to do that** c'est du luxe pour moi que de faire ça. **2** *adj goods* de luxe; *flat, hotel* de grand luxe. ♦ **luxurious** *adj hotel, surroundings* luxueux, somptueux; *tastes* de luxe. ♦ **luxuriously** *adv furnish* luxueusement; *live* dans le luxe; *yawn, stretch* voluptueusement.
lying ['laɪɪŋ] **1** *n* mensonge(s) *m(pl)*. **2** *adj person* menteur; *statement, story* mensonger, faux *(f* fausse).
lymphatic [lɪmˈfætɪk] *adj* lymphatique.
lynch [lɪntʃ] *vt (lit, fig)* lyncher. ♦ **lynching** *n* lynchage *m*.
lynx [lɪŋks] *n* lynx *m inv*.
lyre ['laɪəʳ] *n* lyre *f*. ~**bird** oiseau-lyre *m*.
lyric ['lɪrɪk] **1** *n (poem)* poème *m* lyrique. *(words of song)* ~**s** paroles *fpl*. **2** *adj poem, poet* lyrique. ♦ **lyrical** *adj* lyrique *(also fig)*. ♦ **lyrically** *adv* avec lyrisme. ♦ **lyricism** *n* lyrisme *m*. ♦ **lyric-writer** *n* parolier *m*, -ière *f*.

M

M, m [em] *n* (*letter*) M, m *m or f.* (*abbr of motorway*) on the M6 = sur l'A6.
ma'am [mæm] *n abbr of* **madam (a).**
mac* [mæk] *n* (*Brit:* **mackintosh**) imper* *m.*
macadam [mə'kædəm] *n* macadam *m.*
♦ **macadamize** *vt* macadamiser.
macaroni [ˌmækə'rəʊnɪ] *n* macaroni *m.* ~ **cheese** macaroni au gratin.
macaroon [ˌmækə'ruːn] *n* macaron *m.*
macaw [mə'kɔː] *n* ara *m.*
mace¹ [meɪs] *n* (*spice*) macis *m.*
mace² [meɪs] *n* (*weapon*) massue *f*; (*ceremonial*) masse *f.* ~**bearer** massier *m.*
macerate ['mæsəreɪt] *vti* macérer.
Mach [mæk] *n*: at ~ 2 à Mach 2.
machete [mə'tʃeɪtɪ] *n* machette *f.*
machine [mə'ʃiːn] 1 *n* (*gen, also fig*) machine *f*; (*plane*) appareil *m.* **adding** *etc* ~ machine à calculer *etc*; **the** ~ **of government** la machine politique; (*US Pol*) **the democratic** ~ la machine administrative du parti démocrate. 2 *vt* (*Tech*) usiner; (*Sewing*) piquer à la machine.
♦ **machine-gun 1** *n* mitrailleuse *f*; 2 *vt* mitrailler.
♦ **machine-gunner** *n* mitrailleur *m.* ♦ **machine-made** *adj* fait à la machine. ♦ **machine operator** *n* machiniste *mf*; (*on sewing, knitting machines*) mécanicien(ne) *m(f).* ♦ **machinery** *n* (*machines*) machines *fpl*; (*parts*) mécanisme *m*, rouages *mpl*; **a piece of** ~**ry** un mécanisme; **the** ~**ry of government** les rouages de l'État. ♦ **machine-shop** *n* atelier *m* d'usinage. ♦ **machine-stitch** *vt* piquer à la machine. ♦ **machine-tool** *n* machine-outil *f.*
♦ **machinist** = **machine operator.**
machismo [mæ'kɪzməʊ] *n* machisme *m.*
mackerel ['mækrəl] *n, pl inv* maquereau *m.*
mackintosh ['mækɪntɒʃ] *n* imperméable *m.*
mad [mæd] *adj* **person** fou (*f* folle), cinglé*; **bull** furieux; **dog** enragé; (*rash*) **person** fou; **hope, plan** insensé; **race, gallop** effréné; (*: *angry*) furieux (*at, with* sb contre qn). **to go** ~ devenir fou; **to drive sb** ~ (*gen*) rendre qn fou; (*exasperate*) exaspérer qn; (*anger*) mettre qn en fureur; **as** ~ **as a hatter** *or* **a March hare** complètement fou; **stark raving** *or* **staring** ~ fou à lier; ~ **with grief** fou de douleur; **you're** ~ **to think of it!** tu es fou d'y songer!; **are you** ~? ça ne va pas?* (*iro*); (*adv phrase*) **like** ~* comme un fou (*or* une folle); **I'm in a** ~ **rush** c'est une vraie course contre la montre; **to get** ~ **at sb*** s'emporter contre qn; **hopping** *or* **spitting** ~* fou furieux; ~ (**keen**)* **about** *or* **on** fou de, mordu de*; **I'm not** ~ **about it*** ça ne m'emballe pas*.
♦ **madden** *vt* rendre fou; (*infuriate*) exaspérer. ♦ **maddening** *adj* exaspérant. ♦ **maddeningly** *adv* à un degré exaspérant, à vous rendre fou; ~**ingly slow** d'une lenteur exaspérante.
♦ **madhouse** *n* maison *f* de fous. ♦ **madly** *adv* **behave** comme un fou; *interest, excite* follement; *love sb* à la folie; ~**ly keen on** fou *or* passionné de; **I** ~**ly offered to help her** j'ai eu la folie de lui offrir mon aide. ♦ **madman** *n* fou *m*, aliéné *m.*
♦ **madness** *n* folie *f.* ♦ **madwoman** *n* folle *f*, aliénée *f.*
madam [mædəm] *n* (**a**) madame *f*; (*unmarried*) mademoiselle *f.* (*in letters*) Dear M~ Madame (*or* Mademoiselle); M~ Chairman Madame la Pré

sidente. (**b**) **a little** ~ une petite pimbêche.
made [meɪd] *pret, ptp of* **make.** ♦ **made-to-measure** *adj* fait sur mesure. ♦ **made-to-order** *adj* fait sur commande. ♦ **made-up** *adj* **story** inventé, factice; (*pej*) faux (*f* fausse); **face, person** maquillé; **eyes, nails** fait.
Madeira [mə'dɪərə] *n* (*Geog*) Madère *f*; (*wine*) madère *m.*
Madonna [mə'dɒnə] *n* madone *f.*
mafia ['mæfɪə] *n* maffia *f.*
magazine [ˌmægə'ziːn] *n* (*Press: abbr* **mag***) revue *f*, magazine *m*; (*Rad, TV:* ~ **programme**) magazine; (*Mil: store*) magasin *m*; (*part of gun etc*) magasin.
maggot ['mægət] *n* ver *m*, asticot *m.* ♦ **maggoty** *adj* véreux.
magic ['mædʒɪk] 1 *n* magie *f.* **like** ~ comme par enchantement. 2 *adj* magique; (*fig*) merveilleux; **beauty** enchanteur (*f* -teresse). ~ **lantern** lanterne *f* magique; ~ **spell** sortilège *m*; **to say the** ~ **word** prononcer la formule magique. ♦ **magical** *adj* magique. ♦ **magically** *adv* magiquement.
♦ **magician** [mə'dʒɪʃən] *n* magicien(ne) *m(f)*; (*Theat etc*) illusionniste *mf.*
magistrate ['mædʒɪstreɪt] *n* magistrat *m.*
magnanimous [mæg'nænɪməs] *adj* magnanime.
♦ **magnanimity** *n* magnanimité *f.*
♦ **magnanimously** *adv* magnanimement.
magnate ['mægneɪt] *n* magnat *m.* **industrial** ~ magnat de l'industrie.
magnesia [mæg'niːʃə] *n* magnésie *f.*
magnesium [mæg'niːzɪəm] *n* magnésium *m.*
magnet ['mægnɪt] *n* aimant *m.* ♦ **magnetic** *adj* magnétique. ♦ **magnetically** *adv* magnétiquement. ♦ **magnetism** *n* magnétisme *m.*
♦ **magnetize** *vt* magnétiser. ♦ **magneto** *n* magnéto *f.*
magnificent [mæg'nɪfɪsənt] *adj* magnifique, splendide; (*sumptuous*) somptueux. ♦ **magnificence** *n* magnificence *f*, splendeur *f*; somptuosité *f.* ♦ **magnificently** *adv* magnifiquement.
magnify ['mægnɪfaɪ] *vt* **image** grossir; **sound** amplifier; **incident** *etc* exagérer. ~**ing glass** loupe *f.* ♦ **magnification** *n* grossissement *m*; amplification *f.*
magnitude ['mægnɪtjuːd] *n* (*gen*) grandeur *f*; (*Astron*) magnitude *f.*
magnolia [mæg'nəʊlɪə] *n* magnolia *m.*
magnum ['mægnəm] *n* magnum *m.*
magpie ['mægpaɪ] *n* pie *f.*
mahogany [mə'hɒgənɪ] 1 *n* acajou *m.* 2 *adj* (*made of* ~) en acajou; (~-*coloured*) acajou *inv.*
Mahomet [mə'hɒmɪt] *n* Mahomet *m.*
♦ **Mahometan 1** *adj* mahométan; 2 *n* Mahométan(e) *m(f).*
maid [meɪd] *n* (**a**) (*servant*) bonne *f.* (**b**) (*pej*) old ~ vieille fille; (*Hist*) the M~ (*of Orleans*) la Pucelle (d'Orléans). ♦ **maid-of-all-work** *n* bonne *f* à tout faire. ♦ **maid-of-honour** *n* demoiselle *f* d'honneur.
maiden ['meɪdn] 1 *n* (*liter*) jeune fille *f.* 2 *adj* (**a**) ~ **aunt** tante *f* célibataire; ~ **lady** demoiselle *f*; ~ **name** nom *m* de jeune fille. (**b**) **flight, voyage** premier (*before n*), inaugural. (*Parl*) ~ **speech** premier discours (*d'un député etc*). ♦ **maidenhair**

(fern) n capillaire m (Bot).

mail [meɪl] **1** n poste f; (letters) courrier m. **by ~** par la poste; **here's your ~** voici votre courrier. **2** vt poster. **3** adj (US Rail) **~ car** wagon-poste m; (US) **~ carrier** facteur m, préposé(e) m(f); **~ clerk** préposé(e) m(f) au courrier; **~ train** train-poste m; (Brit) **~ van** (Aut) voiture f or fourgon m des postes; (Rail) wagon-poste m. ♦ **mailbag** n sac postal. ♦ **mailbox** n (US) boîte f aux lettres. ♦ **mailing** adj: **~ing list** liste f d'adresses. ♦ **mailman** n (US) facteur m, préposé m. ♦ **mail-order 1** n vente m or achat m par correspondance; **2** adj: **~-order firm** maison f de vente par correspondance.

maim [meɪm] vt estropier, mutiler.

main [meɪn] **1** adj feature, objective principal, essentiel; door, deck, shop principal; pipe, beam maître (f maîtresse). **the ~ body of the army/the crowd** le gros de l'armée/de la foule; **one of his ~ ideas** l'une de ses idées principales; **my ~ idea was ...** mon idée directrice était ...; **the ~ thing is to ...** l'essentiel est de ...; **the ~ thing to remember is ...** ce qu'il ne faut surtout pas oublier c'est ...; (Aut etc) **~ bearing** palier m; (Culin) **~ course** plat m de résistance; (Rail) **~ line** grande ligne f; **a ~ road** une grande route, une route à grande circulation; **the ~ road** la grand-route; **~ street** grand-rue f, rue principale.

2 n (a) (principal pipe, wire) canalisation f or conduite f maîtresse. **electricity ~** conducteur principal; **gas ~** (in street) conduite principale; (house) conduite de gaz; **~ (sewer)** égout m collecteur; **water ~** (in street or house) conduite d'eau de la ville; **water from the ~s** eau f de la conduite; (Elec) **connected to the ~s** branché sur le secteur; **it works by battery or from the ~s** cela marche sur piles ou sur le secteur; **to turn off at the ~(s)** couper au compteur. (b) **in the ~** dans l'ensemble.

♦ **mainland** n continent m (opposé à une île); **the ~land of Greece** la Grèce continentale. ♦ **mainly** adv principalement; (especially) surtout. ♦ **mainmast** n grand mât m. ♦ **mainsail** n grand-voile f. ♦ **mainspring** n [clock etc] ressort m principal; (fig) mobile m principal. ♦ **mainstay** n (fig) pilier m, soutien m.

maintain [meɪn'teɪn] vt (a) (continue: gen) maintenir; silence garder; radio silence maintenir; friendship, correspondence entretenir; attitude, advantage conserver; cause, rights, one's strength soutenir. **the improvement is ~ed** l'amélioration se maintient. (b) (support) army, family entretenir. (c) (keep in repair) road, building, machine entretenir. (d) (assert) soutenir (that que).

♦ **maintenance 1** n (gen) maintien m; [army, family, road] entretien m; (after divorce) pension f alimentaire; **2** adj crew, costs d'entretien; **maintenance allowance** or **grant** [student] bourse f (d'études); [worker away from home] indemnité f pour frais de déplacement; (Jur) **maintenance order** obligation f alimentaire.

maisonette [ˌmeɪzə'net] n duplex m.

maize [meɪz] n maïs m.

majesty ['mædʒɪstɪ] n majesté f. **His M~ the King** Sa Majesté le Roi.

♦ **majestic** adj majestueux. ♦ **majestically** adv majestueusement.

major ['meɪdʒəʳ] **1** adj majeur. (Mus) **~ key** ton m majeur; **in the ~ key** en majeur; **the ~ part** la majeure partie; **for the ~ part** en grande partie; **~ road** route f à priorité; (Cards) **~ suit** majeure f. **2** n (a) (Mil) commandant m. (b) (Jur) majeur(e) m(f). (c) (US Univ) matière f principale. **3** vi (US Univ) se spécialiser (in en). ♦ **major-general** n général m de division. ♦ **majority 1** n (all senses) majorité f; **to be in the ~ity** être en majorité; **elected by a ~ity of 9** élu avec une

majorité de 9 voix; **the ~ity of people** la plupart des gens; **2** adj government, verdict majoritaire.

Majorca [mə'jɔːkə] n Majorque f. **in ~** à Majorque. •

make [meɪk] pret, ptp **made 1** vt (a) (gen) faire; (Comm) faire, fabriquer; building construire; points, score marquer. **God made Man** Dieu a créé l'homme; **made in France** fabriqué en France; (on label) 'made in France'; **made of gold** en or; (fig) **to show what one is made of** donner sa mesure; **as clever as they ~ 'em*** malin comme pas un*; **this business has made him** cette affaire a fait son succès; **that film made her** ce film l'a consacrée; **he was made for life** son avenir était assuré; **to ~ or break sb** assurer ou briser la carrière de qn; **that made my day!*** ça a transformé ma journée!

(b) (cause to be) faire; (+adj) rendre. **to ~ sb sad** rendre qn triste; **to ~ o.s. ill** etc se rendre malade etc; **to ~ o.s. understood** se faire comprendre; **to ~ yellow** jaunir; **to ~ sb king** faire qn roi; **he made him his assistant** il en a fait son assistant; **to ~ sth into sth else** transformer qch en qch d'autre; **let's ~ it £3** si on disait 3 livres.

(c) (force) faire; (stronger) obliger, forcer. **to ~ sb do sth** faire faire qch à qn, obliger or forcer qn à faire qch; **to ~ sb wait** faire attendre qn; **I don't know what ~s him do it** je ne sais pas ce qui le pousse à le faire; **you can't ~ me!** tu ne peux pas m'y forcer!; **to ~ believe** faire semblant (that one is d'être); **to ~ do with sth/sb** (be satisfied) s'arranger de qch/qn; (manage) se débrouiller avec qch/qn; (fig) **to ~ do and mend** se débrouiller avec ce qu'on a.

(d) (earn etc) money [person] gagner, [business deal etc] rapporter; profits faire. **he made £500 on it**, **it made him £500** cela lui a rapporté 500 livres.

(e) (equal; constitute) faire. **2 and 2 ~ 4** 2 et 2 font 4; **that ~s 20** ça fait 20; (in shop etc) **how much does that ~?** combien ça fait?; **these books ~ a set** ces livres forment une collection; **it ~s pleasant reading** c'est agréable à lire; **they ~ a handsome pair** ils forment un beau couple; **he made a good husband** il s'est montré bon mari; **she made him a good wife** elle a été une bonne épouse pour lui; **he'll ~ a good footballer** il fera un bon joueur de football.

(f) (reach) destination arriver à; (catch) train etc attraper, avoir. **will we ~ (it to) Paris before lunch?** est-ce que nous arriverons à Paris avant le déjeuner?; **to ~ port** arriver au port; **he made (it into) the first team** il a réussi à être sélectionné dans la première équipe; **to ~ it** (arrive) arriver; (achieve sth) parvenir à qch; (succeed) réussir, y arriver; **can you ~ it by 3 o'clock?** est-ce que tu peux y être pour 3 heures?; (Naut) **to ~ 10 knots** filer 10 nœuds.

(g) (reckon; believe) **what time do you ~ it?** quelle heure as-tu?; **I ~ it 100 km from here to Paris** selon moi or d'après moi il y a 100 km d'ici à Paris; **what do you ~ of him/of it?** qu'est-ce que tu penses de lui/tu en penses?; **I can't ~ anything of it** je n'y comprends rien.

(h) (cards) **cards** battre; **trick** faire.

2 vi (a) **to ~ as if to** faire mine de faire.

(b) (go) aller, se diriger (for, towards vers); [ship] faire route (for pour). **they made after him** ils se sont mis à sa poursuite; **to ~ for home** rentrer, prendre le chemin du retour; (fig) **to ~ for sth** (result in) tendre à qch; (contribute to) contribuer à qch; (conduce to) être favorable à qch.

3 n (a) (Comm) (brand) marque f; (manufacture) fabrication f. **French ~ of car** marque française de voiture; **these are our own ~** ceux-ci sont fabriqués par nous. (b) **he's on the ~*** il veut réussir à tout prix.

make away vi = **make off**.
make away with vt fus (kill) supprimer, tuer.
make off vi se sauver, filer*. **to ~ off with sth** filer avec qch.
make out 1 vi (*: get on) se débrouiller. **2** vt sep (a) (draw up) list, account faire, dresser; cheque, bill, will faire. (b) (distinguish) object, person distinguer; (decipher) handwriting déchiffrer; (understand) sb's motives comprendre. **I can't ~ it out at all** je n'y comprends rien; **how do you ~ that out?** qu'est-ce qui vous fait penser cela? (c) (claim) prétendre (that que); (imply) faire paraître. **it ~s her out to be naïve** cela la fait passer pour naïve.
make over vt sep (a) (assign) money, land céder (to à). (b) (remake) garment refaire.
make up 1 vi (a) (~ friends again) se réconcilier. (b) (apply cosmetics) se maquiller. **2** vt sep (a) (invent) story inventer. (b) (put together) packet, parcel, list, bed faire; medicine, solution préparer; prescription exécuter. **to ~ sth up into a bundle** faire un paquet de qch. (c) (complete etc) loss, deficit combler; quantity, total compléter; lost time rattraper; lost ground regagner. **he made it up to £100** il a complété les 100 livres; **to ~ it up to sb for sth** compenser qn pour qch. (d) (settle) dispute mettre fin à. **to ~ it up** se réconcilier; **let's ~ it up** faisons la paix. (e) (cosmetics) maquiller. (f) (form) a whole etc former. **group made up of** groupe fait or formé or composé de.
make up for vt fus loss, injury compenser; lost time rattraper; trouble caused se faire pardonner; mistake se rattraper pour.
make up on vt fus (catch up with) rattraper.
make up to* vt fus (curry favour with) essayer de se faire bien voir par.
♦ **make-believe** n: **the land of ~-believe** le pays des chimères; **it's just ~-believe** c'est pour faire semblant; (pej: story) c'est de l'invention pure. ♦ **maker** n (Comm) fabricant m; (Rel) **our M~** le Créateur. ♦ **makeshift 1** n expédient m; **2** adj de fortune. ♦ **make-up 1** n (a) (nature etc) [object, group etc] constitution f; [person] caractère m; (b) (cosmetics) maquillage m; **2** adj: **~-up artist** maquilleur m, -euse f; **~-up bag** trousse f de maquillage; **~-up remover** démaquillant m. ♦ **making** n (a) (Comm, gen) fabrication f; [dress, food] confection f; **in the making** en formation; **still in the making** encore en cours de développement; **history in the making** l'histoire en train de se faire; **war in the making** la guerre qui se prépare; **troubles of his own making** des ennuis de sa propre faute; **it was the making of him/her** cela en a fait un homme/une femme; (b) **the makings of a library** ce qu'il faut pour faire une bibliothèque; **he has the makings of a footballer** il a l'étoffe d'un joueur de football.
maladjusted [ˌmæləˈdʒʌstɪd] adj (Psych) inadapté.
maladroit [ˌmæləˈdrɔɪt] adj maladroit.
malady [ˈmælədɪ] n maladie f, mal m.
malaria [məˈlɛərɪə] n malaria f.
male [meɪl] **1** adj (gen) mâle; sex masculin; clothes d'homme. **~ chauvinist pig** sale phallocrate* m. **2** n mâle m.
malevolent [məˈlevələnt] adj malveillant. ♦ **malevolence** n malveillance f. ♦ **malevolently** adv avec malveillance.
malformation [ˌmælfɔːˈmeɪʃən] n malformation f.
malfunction [ˌmælˈfʌŋkʃən] **1** n mauvais fonctionnement m. **2** vi mal fonctionner.
malice [ˈmælɪs] n méchanceté f; (stronger) malveillance f. **to bear sb ~** vouloir du mal à qn; (Jur) **~ aforethought** préméditation f. ♦ **malicious** adj méchant; malveillant; (Jur) damage causé avec intention de nuire.

♦ **maliciously** adv avec méchanceté; avec malveillance.
malign [məˈlaɪn] **1** adj pernicieux, nuisible. **2** vt calomnier.
♦ **malignancy** [məˈlɪgnənsɪ] n [look, intention] malveillance f; [action, effect] malfaisance f; (Med) malignité f. ♦ **malignant** adj malveillant; malfaisant; (Med) malin (f -igne).
malinger [məˈlɪŋgəʳ] vi faire le (or la) malade. ♦ **malingerer** n faux (or fausse) malade m(f).
mallard [ˈmæləd] n canard m sauvage.
malleable [ˈmælɪəbl] adj malléable.
mallet [ˈmælɪt] n (all senses) maillet m.
malnutrition [ˌmælnjuˈtrɪʃən] n sous-alimentation f.
malt [mɔːlt] **1** n malt m. **2** adj vinegar de malt. **~ed milk** lait malté; **~ whisky** whisky m pur malt.
Malta [ˈmɔːltə] n Malte f. **in ~** à Malte.
maltreat [ˌmælˈtriːt] vt maltraiter. ♦ **maltreatment** ˌ mauvais traitement m.
mam(m)a [məˈmɑː] n maman f.
mammal [ˈmæməl] n mammifère m.
mammoth [ˈmæməθ] **1** n mammouth m. **2** adj monstre.
man [mæn] **1** n **1** n (gen) homme m; (servant) valet m; (in factory etc) ouvrier m; (in office, shop etc) employé m; (Mil) homme (de troupe), soldat m; (Naut) homme (d'équipage), matelot m; (Sport: player) joueur m; (husband) homme, type* m; (Chess) pièce f; (Draughts) pion m. **an old ~** un vieillard; **a blind ~** un aveugle; **that ~ Smith** ce Smith; **as one ~** comme un seul homme; **they're communists to a ~** ils sont tous communistes sans exception; **to the last ~** jusqu'au dernier; **every ~ jack of them** tous autant qu'ils sont; **~ and wife** mari et femme; **to live as ~ and wife** vivre maritalement; **he was ~ enough to apologize** il a eu le courage de s'excuser; **he's a Leeds ~** il est or vient de Leeds; **he's not the ~ to fail** il n'est pas homme à échouer; **the ~ for the job** l'homme qu'il faut pour ce travail; **a medical ~** un docteur; **the ~ in the street** l'homme de la rue; **~ of the world** homme d'expérience; **~ about town** homme du monde; **the ice-cream ~** le marchand de glaces; (humanity) **M~** l'homme; **men say that ...** on dit que ...; **any ~ would have ...** n'importe qui aurait ...; **hurry up, ~!*** (to friend etc) dépêche-toi mon vieux!*; **my little ~** mon grand; **good ~!** bravo!
2 vt ship, fortress, boats, pumps armer; guns servir. **the ship was ~ned by Chinese** l'équipage était composé de Chinois; **the telephone is ~ned 12 hours a day** il y a une permanence au téléphone 12 heures par jour.
♦ **man-eating** adj animal mangeur d'hommes; tribe etc anthropophage. ♦ **manful** adj vaillant. ♦ **manfully** adv vaillamment. ♦ **manhandle** vt (treat roughly) malmener; (move by hand) goods etc manutentionner. ♦ **manhole** n regard m (d'égout); **~hole cover** plaque f d'égout. ♦ **manhood** n (a) (age, state) âge m d'homme; **during his early ~hood** quand il était jeune homme; (b) (manliness) virilité f; (c) (collect n) **Scotland's ~hood** tous les hommes d'Écosse. ♦ **man-hour** n (Ind) heure f de main-d'œuvre. ♦ **manhunt** n chasse f à l'homme. ♦ **mankind** n l'homme m, le genre humain. ♦ **manlike** adj form, figure à l'aspect humain; qualities humain. ♦ **manliness** n virilité f. ♦ **manly** adj viril. ♦ **man-made** adj fibre synthétique; lake artificiel. ♦ **mannish** adj masculin, hommasse (pej). ♦ **manpower** n (gen, Ind) main-d'œuvre f; (Mil) effectifs mpl. ♦ **manservant** n valet m de chambre. ♦ **man-sized** adj (fig) grand, de taille. ♦ **manslaughter** n (Jur) homicide m involontaire. ♦ **man-to-man** adj, adv d'homme à homme. ♦ **mantrap** n piège m à hommes.
manacle [ˈmænəkl] n menotte f (de prisonnier).

manage ['mænɪdʒ] **1** vt **(a)** (direct: gen, Comm) gérer; institution, organization diriger; farm exploiter; (pej) election etc truquer. **(b)** (deal with) boat, vehicle manœuvrer; tool manier; animal, person savoir s'y prendre avec. you ~d the situation very well tu t'en es très bien tiré. **(c)** (succeed, contrive) réussir, arriver (to do à faire). how did you ~ not to spill it? comment astu fait pour ne pas le renverser?; (iro) he ~d to annoy them il a trouvé le moyen de les mécontenter; **I can't ~ it** je ne peux pas; **I can ~ 10 francs** je peux y mettre 10 F; **can you ~ the suitcases?** pouvez-vous porter les valises?; **can you ~ 8 o'clock?** 8 heures, ça vous convient? **2** vi **(a)** (succeed) can you ~? tu y arrives?; I can ~ ça va; to ~ without sth/sb se passer de qch/qn. **(b)** (financially) se débrouiller (on avec).
♦ **manageable** adj vehicle, boat facile à manœuvrer; person, animal docile; size, proportions maniable; hair souple. ♦ **management 1** n (a) (act: V manage 1a) gestion f; direction f; exploitation f; 'under new ~ment' 'changement de direction'; **(b)** (people) [business, firm] cadres mpl, direction f; [hotel, shop, theatre] direction; ~ment and workers les cadres et les ouvriers; **2** adj committee de direction; ~ment consultant conseiller m de gestion; ~ment trainee cadre m stagiaire. ♦ **manager** n (gen) directeur m; [restaurant, shop] gérant m; [farm] exploitant m; [actor, singer, boxer etc] manager m; sales ~r directeur commercial. ♦ **manageress** n [hotel, shop] gérante f; [theatre] directrice f. ♦ **managerial** adj directorial; the ~rial class les cadres mpl. ♦ **managing** adj **(a)** managing director directeur général, ≃ P.-D.G. m; **(b)** (bossy) autoritaire.
mandarin ['mændərɪn] n **(a)** (person) mandarin m. **(b)** ~ (orange) mandarine f.
mandate ['mændeɪt] n mandat m (to do de faire). ♦ **mandatory** adj obligatoire.
mandolin(e) ['mændəlɪn] n mandoline f.
mane [meɪn] n crinière f.
maneuver [mə'nu:vər] etc (US) = **manœuvre** etc.
manganese [ˌmæŋgə'ni:z] n manganèse m.
mange [meɪndʒ] n gale f.
manger ['meɪndʒər] n mangeoire f; (Rel) crèche f.
mangle[1] ['mæŋgl] **1** n (wringer) essoreuse f (à rouleaux). **2** vt essorer.
mangle[2] ['mæŋgl] vt (mutilate) object, body déchirer; text mutiler; quotation, message estropier.
mango ['mæŋgəʊ] n (fruit) mangue f; (tree) manguier m. ~ **chutney** condiment m à la mangue.
mania ['meɪnɪə] n manie f. persecution ~ manie de la persécution; to have a ~ for (doing) sth* avoir la manie de (faire) qch. ♦ **maniac** **1** n (Psych) maniaque mf; (*: fig) fou m (folle f) à lier; **football** ~c* mordu* m du football; **2** adj maniaque; fou. ♦ **manic** adj (Psych) maniaque; **manic depression** cyclothymie f. ♦ **manic-depressive** adj, n cyclothymique (mf).
manicure ['mænɪˌkjʊər] **1** n soin m des mains. **2** vt nails (se) faire. ♦ **manicurist** n manucure mf.
manifest ['mænɪfest] **1** adj manifeste. **2** vt manifester. **3** n manifeste m (Aviat, Naut). ♦ **manifestation** n manifestation f. ♦ **manifestly** adv manifestement. ♦ **manifesto** n manifeste m (Pol etc).
manifold ['mænɪfəʊld] **1** adj (varied) divers; (numerous) multiple; wisdom infini. **2** n (Aut etc) exhaust ~ tubulure f d'échappement.
manipulate [mə'nɪpjʊleɪt] vt tool etc manipuler; vehicle, person manœuvrer; (pej) facts, figures tripoter*. to ~ a situation faire son jeu des circonstances. ♦ **manipulation** n manipulation f; manœuvre f; (pej) tripotage* m.
manna ['mænə] n manne f.

mannequin ['mænɪkɪn] n mannequin m.
manner ['mænər] n **(a)** (mode, way) manière f, façon f. the ~ **in which he did it** la manière or façon dont il l'a fait; **in such a ~ that** de telle sorte que + indic (actual result) or + subj (intended result); **in this** ~ de cette manière or façon; **in a** ~ **of speaking** pour ainsi dire; **it's a** ~ **of speaking** c'est une façon de parler; ~ **of payment** mode m de paiement; **(as) to the** ~ **born** comme s'il (or elle etc) avait cela dans le sang. **(b)** (attitude) attitude f (to sb envers qn), comportement m. **(c)** (social) ~s manières fpl; **it's good/bad** ~s cela se fait/ne se fait pas (to do de faire); **road** ~s politesse f au volant; **comedy of** ~s comédie f de mœurs. **(d)** (type) sorte f, genre m. **all** ~ **of** toutes sortes de. ♦ **mannered** adj maniéré. ♦ **mannerism** n **(a)** (habit) trait m particulier; (pej) tic m; **(b)** (Art etc) maniérisme m. ♦ **mannerly** adj poli, bien élevé.
man(n)ikin ['mænɪkɪn] n **(a)** (dwarf etc) nabot m. **(b)** (dummy) mannequin m (objet).
manœuvre [mə'nu:vər] **1** n manœuvre f. (Mil etc) **on** ~s en manœuvres. **2** vt (all senses) manœuvrer (sth into position qch pour le mettre en position; sb into doing qn pour qu'il fasse). to ~ sth through etc faire traverser etc qch en manœuvrant. **3** vi manœuvrer. ♦ **manœuvrability** n manœuvrabilité f. ♦ **manœuvrable** adj facile à manœuvrer.
manor ['mænər] n (~ house) manoir m.
mansion ['mænʃən] n (in town) hôtel m particulier; (in country) château m, manoir m.
mantel ['mæntl] n (~piece, ~shelf) (tablette f de) cheminée f.
mantle ['mæntl] n (†: garment) cape f; [gas lamp] manchon m. ~ **of snow** manteau m de neige.
manual ['mænjʊəl] **1** adj manuel. ~ **worker** travailleur manuel. **2** n (book) manuel m; [organ] clavier m. ♦ **manually** adv à la main.
manufacture [ˌmænjʊ'fæktʃər] **1** n (gen) fabrication f; [clothes] confection f. **2** vt fabriquer (also fig); confectionner. ~d **goods** produits manufacturés; **manufacturing industries** industries fpl de fabrication. ♦ **manufacturer** n fabricant m.
manure [mə'njʊər] **1** n fumier m; (artificial) engrais m. **liquid** ~ purin m. **2** adj: ~ **heap** tas m de fumier. **3** vt fumer; répandre des engrais sur.
manuscript ['mænjʊskrɪpt] adj, n manuscrit (m).
Manx [mæŋks] **1** adj de l'île de Man. **2** n (Ling) mannois m.
many ['menɪ] adj, pron: comp **more**, superl **most** **(a)** beaucoup (de), un grand nombre (de). ~ **books** beaucoup de livres, un grand nombre de livres, de nombreux livres; **very** ~ un très grand nombre (de); ~ **of them/of those books** un grand nombre d'entre eux/de ces livres; **a good** ~ **of** un bon nombre de; ~ **came** beaucoup sont venus; ~ **times** bien des fois; ~ **years** bien des années, longtemps; ~ **of kinds** de toutes sortes; **a good or great** ~ **things** pas mal de choses*; **in** ~ **cases** dans bien des cas; ~ **a man would be ...** il y en a plus d'un qui serait ...; ~ **happy returns (of the day)!** bon or joyeux anniversaire!
(b) (in phrases) as ~ as autant que; as ~ **books** as autant de livres que; as ~ **as 100 people** jusqu'à 100 personnes; **how** ~? combien?; **how** ~ **people?** combien de gens?; **how** ~ **there are!** qu'ils sont nombreux!; **however** ~ **books** you have quel que soit le nombre de livres que vous ayez; **so** ~ tant (that que); **so** ~ **dresses** tant de robes; **ever so** ~ **times** je ne sais combien de fois; **too** ~ trop; **too** ~ **cakes** trop de gâteaux; **3 too** ~ 3 de trop; (fig) **he's had one too** ~* il a bu un coup de trop; **there are too** ~ **of you** vous êtes trop nombreux.
♦ **many-coloured** adj multicolore. ♦ **many-sided** adj object qui a de nombreux côtés; (fig) person aux intérêts (or talents) variés; problem complexe.

map 265 **market**

map [mæp] **1** n (gen) carte f; [town, railway] plan
m. (fig) **this will put Moordown on the ~** cela fera
connaître Moordown; (fig) **wiped off the ~** rasé;
(fig) **off the ~*** à l'autre bout du monde, perdu.
2 vt faire la carte or le plan de; route tracer.
 map out vt sep route tracer; book établir les
grandes lignes de; one's time, career organiser.
♦ **mapmaker** n cartographe m. ♦ **mapmaking** n
cartographie f. ♦ **mapping pen** n plume f à dessin.
maple ['meɪpl] **1** n érable m. **2** adj d'érable.
mar [mɑːʳ] vt gâter. **to make** or **~ sth** faire la fortune ou la ruine de qch.
maraschino [,mærəs'kiːnəʊ] n marasquin m.
marathon ['mærəθən] **1** n marathon m. **2** adj
meeting etc marathon inv; (Sport) runner du
marathon.
maraud [mə'rɔːd] vi marauder. **to go ~ing** aller à
la maraude. ♦ **marauder** n maraudeur m, -euse f.
♦ **marauding** adj maraudeur.
marble ['mɑːbl] **1** n (a) (substance, sculpture etc)
marbre m. (b) (toy) bille f. **to play ~s** jouer aux
billes. **2** adj staircase de or en marbre; industry
marbrier. **~ quarry** marbrière f.
March [mɑːtʃ] n mars m; for phrases V September.
march [mɑːtʃ] **1** n (all senses) marche f. **on the ~**
en marche; **quick/slow ~** marche rapide/lente; **a
day's ~** une journée de marche. **2** vi (Mil etc)
marcher au pas. **to ~ into battle** marcher au
combat; **to ~ past** défiler; **to ~ past sb** défiler
devant qn; **~! marche!; to ~ in** etc (Mil) entrer
etc (au pas); (gen) entrer etc (briskly) d'un pas
énergique or (angrily) d'un air furieux; **he ~ed up
to me** il s'est approché de moi d'un air décidé; **to
~ up and down the room** faire les cent pas dans la
pièce. **3** vt (Mil) faire marcher (au pas). (gen) **to
~ sb** in etc faire entrer etc qn tambour battant; **to
~ sb off to prison** embarquer qn en prison*.
♦ **marching** adj song de route; **~ing orders**
feuille f de route; (fig) **to give sb his ~ing orders***
flanquer* qn à la porte. ♦ **march-past** n défilé m
(Mil etc).
marchioness ['mɑːʃənɪs] n marquise f (title).
mare [mɛəʳ] n jument f.
margarine [,mɑːdʒə'riːn] n (abbr **marge***) margarine f.
margin ['mɑːdʒɪn] n (gen, also fig) marge f; [wood]
lisière f. **notes in the ~** notes en marge; **do not
write in the ~** n'écrivez pas dans la marge; (fig)
to win by a wide/narrow ~ gagner de loin/de peu;
elected by a narrow ~ élu avec peu de voix de
majorité. ♦ **marginal** adj (gen) marginal; ability
très moyen; importance secondaire; case limite;
existence précaire; land de faible rendement;
(Parl) **~al seat** siège m disputé. ♦ **marginally**
adv très légèrement.
marguerite [,mɑːgə'riːt] n marguerite f.
marigold ['mærɪɡəʊld] n (Bot) souci m.
marijuana [,mærɪ'hwɑːnə] n marijuana f.
marina [mə'riːnə] n marina f.
marinade [,mærɪ'neɪd] n marinade f. ♦ **marinate**
vt mariner.
marine [mə'riːn] **1** adj plant, animal, life marin;
products de mer; forces, insurance maritime. **~
engineering** génie m maritime. **2** n (a) mercan-
tile or merchant **~** marine f marchande. (b) (Mil)
fusilier m marin; (US) marine m (américain).
(fig) **tell that to the ~s!*** à d'autres! ♦ **mariner**
['mærɪnəʳ] n (liter) marin m; **~r's compass** boussole f.
marionette [,mærɪə'net] n marionnette f.
marital ['mærɪtl] adj problems matrimonial;
happiness, relations conjugal. (Admin) **~ status**
situation f de famille.
maritime ['mærɪtaɪm] adj maritime.
marjoram ['mɑːdʒərəm] n marjolaine f.
mark¹ [mɑːk] n (currency) mark m.
mark² [mɑːk] **1** n (a) (gen) marque f. **to make a ~**

on marquer; **the ~s of his shoes in ...** l'empreinte f
de ses souliers dans ...; **without a ~ on his body**
sans trace f de coups sur le corps; (fig) **to make
one's ~ as** se faire un nom en tant que; **to leave
one's ~ on** sth laisser son empreinte sur qch; **the
~ of a good teacher** le signe d'un bon professeur;
the ~ of genius la marque du génie; **as a ~ of my
gratitude** en témoignage de ma gratitude;
punctuation ~ signe m de ponctuation; **finger ~**
trace f de doigt. (b) (Scol) note f. **good/bad ~** bon-
ne/mauvaise note (in en); **to fail by 2 ~s** échouer à
2 points; (fig) **I give him full ~s for helping** je lui
donne un bon point pour son aide; **there are no ~s
for guessing his name** il n'y a pas besoin d'être un
génie pour savoir de qui on parle. (c) (Sport etc:
target) but m, cible f. (fig) **to hit the ~** mettre le
doigt dessus*; (fig) **to miss** or **be wide of the ~**
être loin de la vérité. (d) (Sport) ligne f de départ.
on your ~s! get set! go! à vos marques! prêts!
partez!; (lit, fig) **to get off the ~** démarrer; (fig) **to
be quick off the ~** ne pas perdre de temps (in
doing pour faire); **up to the ~** (in health) en
forme; (in efficiency etc) person à la hauteur;
work satisfaisant; **to come up to the ~** répondre à
l'attente. (e) (Tech) M~ série f; Concorde M~ 1
Concorde première série.
2 vt (a) (make a ~ on) marquer; (stain) tacher,
marquer. (b) (indicate) price, score marquer;
change, improvement indiquer. **X ~s the spot**
l'endroit est marqué d'une croix; **in order to ~ the
occasion** pour marquer l'occasion; **to ~ time**
(Mil) marquer le pas; (fig) faire du sur-place; (by
choice: before doing sth) attendre son heure. (c)
exam corriger. **to ~ sth right/wrong** marquer qch
juste/faux. (d) (note) noter; (Sport) opposing
player marquer. **~ my words** écoutez-moi bien.
3 vi: **this material ~s easily** tout marque ce
tissu; **this material will not ~** rien ne se voit sur
ce tissu.
 mark down vt sep (a) (write down) inscrire,
noter. (b) (reduce) price baisser; goods démarquer. (c) (single out) désigner (for pour).
 mark off vt sep (a) (separate) séparer, distinguer (from de). (b) (tick off) names cocher.
 mark out vt sep (a) zone etc délimiter; field
borner; tennis court tracer les lignes de. (b)
(single out) désigner (for pour). **it ~ed him out
from the others** cela le distinguait des autres.
 mark up vt sep (a) (write up) price, score marquer. (b) (increase) price augmenter; goods
majorer le prix de. **to be ~ed up** augmenter.
♦ **marked** adj difference, accent, bias marqué;
improvement, increase sensible; **a ~ed man** un
homme marqué. ♦ **markedly** adv d'une
façon marquée; improve sensiblement.
♦ **marker** n (person) marqueur m; (stake) jalon
m; (book ~) signet m; (tool) marquoir m; (pen)
marker m. ♦ **marking 1** n (a) (Scol) correction f
(de copies); (b) (on animal etc) marques fpl; (on
road) signalisation f horizontale; **2** adj: **~ing ink**
encre f à marquer. ♦ **marksman** n tireur m
d'élite. ♦ **marksmanship** n adresse f au tir.
♦ **mark-up** n (profit) marge f bénéficiaire;
(increase) hausse f.
market ['mɑːkɪt] **1** n marché m. **to go to ~** aller au
marché; **the wholesale ~** le marché de gros; **cattle ~** marché or foire f aux bestiaux; **the ~ in
sugar** le marché du sucre; (St Ex) **the ~ is rising**
les cours mpl sont en hausse; **to have a good ~ for**
sth avoir une grosse demande pour qch; **there is a
ready ~ for small cars** les petites voitures se
vendent bien; **this appeals to the French ~** cela se
vend bien en France; **to be in the ~ for** sth être
acheteur de qch; **on the ~** sur le marché; **on the
open ~** en vente libre. **2** adj day, analysis de
marché; square, trends du marché; value, price
marchand. **~ garden** jardin m maraîcher; **~
gardener** maraîcher m, -ère f; **~ gardening** cul-

ture *f* maraîchère; (*St Ex*) ~ **prices** cours *m* du marché; ~ **research** étude *f* de marché (*in* de). **3** *vt* (*sell*) vendre; (*launch*) lancer sur le marché; (*find outlet for*) trouver un débouché pour. ♦ **marketable** *adj* vendable. ♦ **marketing** *n* marketing *m*.

marmalade ['mɑːməleɪd] *n* confiture *f* d'orange. ~ **orange** orange *f* amère.

marmoset ['mɑːməʊzet] *n* ouistiti *m*.

marmot ['mɑːmət] *n* marmotte *f*.

maroon[1] [mə'ruːn] *adj* (*colour*) bordeaux *inv*.

maroon[2] [mə'ruːn] *vt*: ~ed (*on island*) abandonné; (*by sea, traffic, strike etc*) bloqué (*by* par).

marquee [mɑː'kiː] *n* grande tente *f*.

marquess, marquis ['mɑːkwɪs] *n* marquis *m*.

marriage ['mærɪdʒ] **1** *n* mariage *m*. **by** ~ par alliance. **2** *adj* bed conjugal; *vows* de mariage. ~ **bureau** agence *f* matrimoniale; ~ **certificate** extrait *m* d'acte de mariage; ~ **guidance** counsellor conseiller *m*, -ère *f* conjugal(e); ~ **licence** = certificat *m* de publication des bans. ♦ **marriageable** *adj*: of ~**able age** en âge de se marier.

marrow ['mærəʊ] *n* (**a**) [*bone*] moelle *f*. ~**bone** os *m* à moelle; **chilled to the** ~ gelé jusqu'à la moelle des os. (**b**) (*vegetable*) courge *f*. **baby** ~ courgette *f*.

marry ['mærɪ] **1** *vt* (*take in marriage*) épouser, se marier avec; [*priest, parent*] marier. **will you** ~ **me?** voulez-vous m'épouser?; **to get** or **be married** se marier. **2** *vi* se marier. **to** ~ **into a family** s'allier à une famille par le mariage; **to** ~ **beneath** o.s. se mésallier; **to** ~ **again** se remarier. ♦ **married** *adj person* marié; *name* de femme mariée; *life, love* conjugal; (*Mil*) **married quarters** appartements *mpl* pour familles.

Mars [mɑːz] *n* (*Astron*) Mars *f*; (*Myth*) Mars *m*.

marsh [mɑːʃ] *n* (*also* ~*land*) marais *m*, marécage *m*. ♦ **marshmallow** *n* guimauve *f*. ♦ **marsh marigold** *n* souci *m* d'eau. ♦ **marshy** *adj* marécageux.

marshal ['mɑːʃəl] **1** *n* (*Mil etc*) maréchal *m*; (*at demonstration, meeting etc*) membre *m* du service d'ordre. **2** *vt troops* rassembler; *crowd* faire entrer *etc* en bon ordre; *wagons* trier; (*fig*) *facts, one's wits* rassembler. ♦ **marshalling yard** *n* gare *f* de triage.

marsupial [mɑː'suːpɪəl] *adj, n* marsupial (*m*).

marten ['mɑːtɪn] *n* martre *f*.

martial ['mɑːʃəl] *adj* martial. ~ **law** loi martiale.

Martian ['mɑːʃɪən] *n* Martien(ne) *m(f)*.

martin ['mɑːtɪn] *n* (*house* ~) hirondelle *f* (de fenêtre).

martinet [ˌmɑːtɪ'net] *n*: **to be a** ~ être impitoyable en matière de discipline.

martyr ['mɑːtər] *n* martyr(e) *m(f)*. **he is a** ~ **to** migraine ses migraines lui font souffrir le martyre. ♦ **martyrdom** *n* martyre *m*.

marvel ['mɑːvəl] **1** *n* [*nature, patience*] merveille *f*; [*science, skill*] prodige *m*. **it will be a** ~ **if** ... ce sera (un) miracle si ...; **it's a** ~ **to me how** ... je ne sais vraiment pas comment ...; **it's a** ~ **to me that** cela me paraît un miracle que + *subj*, je n'en reviens pas que + *subj*; **it's a** ~ **that** c'est un miracle que + *subj*. **2** *vi* s'émerveiller, s'étonner (*at* de; *that* de ce que + *indic or subj*). ♦ **marvellous**, (*US*) **marvelous** *adj* merveilleux. ♦ **marvel(l)ously** *adv* merveilleusement.

Marxism ['mɑːksɪzəm] *n* marxisme *m*. ♦ **Marxist** *adj, n* marxiste (*mf*).

marzipan [ˌmɑːzɪ'pæn] *n* pâte *f* d'amandes.

mascara [mæs'kɑːrə] *n* mascara *m*.

mascot ['mæskət] *n* mascotte *f*.

masculine ['mæskjʊlɪn] *adj, n* masculin (*m*). ♦ **masculinity** *n* masculinité *f*.

mash [mæʃ] **1** *n* (*also* ~ed potatoes) purée *f* (de pommes de terre). **2** *vt* (~ up) (*Culin*) faire une purée de; (*gen, Tech*) écraser.

mask [mɑːsk] **1** *n* masque *m*. **2** *vt* masquer. ♦ **masking tape** *n* papier-cache *m* adhésif.

masochism ['mæsəʊkɪzəm] *n* masochisme *m*. ♦ **masochist** *n* masochiste *mf*. ♦ **masochistic** *adj* masochiste.

mason ['meɪsn] *n* maçon *m*; (*free*~) franc-maçon *m*. ♦ **masonic** [mə'sɒnɪk] *adj* franc-maçonnique. ♦ **masonry** *n* maçonnerie *f*; franc-maçonnerie *f*.

masquerade [ˌmæskə'reɪd] **1** *n* mascarade *f*. **2** *vi*: **to** ~ **as** se faire passer pour.

mass[1] [mæs] **1** *n* masse *f*. **in the** ~ dans l'ensemble; **he was a** ~ **of bruises** il était couvert de bleus; ~es **of** * des masses de*, des tas de*; (*people*) **the** ~**(es)** la masse, les masses populaires; **Shakespeare for the** ~**es** Shakespeare à l'usage des masses. **2** *adj culture* de masse; *psychology, education* des masses; *resignations* en masse; *demonstration* en masse, massif; *funeral, protest, hysteria* collectif. ~ **grave** fosse *f* commune; ~ **media** mass-media *mpl*; ~ **meeting** (*of everyone concerned*) réunion *f* générale; (*huge*) grand rassemblement *m*; ~ **murders** tueries *fpl*. **3** *vt troops etc* masser. **4** *vi* [*people*] se masser; [*clouds*] s'amonceler. ♦ **mass-produce** *vt* fabriquer en série. ♦ **mass production** *n* production *f* or fabrication *f* en série.

mass[2] [mæs] *n* (*Rel*) messe *f*. **to say** ~ dire la messe; **to go to** ~ aller à la messe.

massacre ['mæsəkər] **1** *n* massacre *m*. **2** *vt* massacrer.

massage ['mæsɑːʒ] **1** *n* massage *m*. **2** *vt* masser. ♦ **masseur** *n* masseur *m*. ♦ **masseuse** *n* masseuse *f*.

massive ['mæsɪv] *adj* massif.

mast [mɑːst] *n* [*ship, flag*] mât *m*; [*radio*] pylône *m*. **to sail before the** ~ servir comme simple matelot.

master ['mɑːstər] **1** *n* (**a**) (*gen*) maître *m*. **the** ~ **of the house** le maître de maison; ~ **in one's own house** maître chez soi; **I am the** ~ **now** c'est moi qui commande maintenant; (*fig*) **he has met his** ~ il a trouvé son maître; **to be** ~ **of the situation** être maître de la situation; ~ **of ceremonies** maître des cérémonies; (*Univ*) **M**~ **of Arts/Science etc** titulaire *mf* d'une maîtrise ès lettres/sciences *etc*; **a** ~'s **degree** une maîtrise. (**b**) (*teacher*) professeur *m*. **music** ~ professeur de musique. (**c**) [*ship*] capitaine *m*; [*liner*] (capitaine) commandant *m*; [*fishing boat*] patron *m*. (**d**) **M**~ **John Smith** Monsieur John Smith (*jeune garçon*).

2 *adj beam, card* maître (*f* maîtresse); *control, switch, bedroom* principal. ~ **baker/butcher etc** maître boulanger/boucher *etc*; ~ **builder** entrepreneur *m* (de bâtiments); ~ **class** cours *m* de grand maître; ~ **hand** (*skill*) main *f* de maître; **to be a** ~ **hand at (doing) sth** être maître dans l'art de (faire) qch; ~ **key** passe-partout *m inv*; ~ **mariner** (*foreign-going*) = capitaine *m* au long cours; (*home trade*) = capitaine de la marine marchande; ~ **plan** stratégie *f* d'ensemble; **the** ~ **race** la race supérieure; ~ **stroke** coup *m* de maître.

3 *vt* (**a**) *person, animal, emotion* maîtriser; *difficulty* venir à bout de. (**b**) (*understand*) *theory* saisir; (*learn*) *language, skill* apprendre. **to have** ~ed sth posséder qch à fond; **he'll never** ~ **the violin** il ne saura jamais bien jouer du violon. ♦ **masterful** *adj* dominateur, autoritaire. ♦ **masterfully** *adv act, decide* en maître, avec autorité; *speak, announce* sur un ton d'autorité. ♦ **masterly** *adj* magistral; **in a** ~**ly way** magistralement. ♦ **mastermind** **1** *n* (*genius*) intelligence *f* supérieure; [*plan, crime etc*] cerveau *m*. **2** *vt operation etc* diriger, organiser. ♦ **masterpiece** *n* chef-d'œuvre *m*. ♦ **mastery** *n* [*subject, musical instrument*] connaissance *f* approfondie (*of* de); (*skill*) maîtrise *f*; (*of the seas* *etc*) maîtrise; (*over opponent etc*) supériorité *f* (*over sur*).

masticate ['mæstɪkeɪt] *vti* mastiquer.

mastiff ['mæstɪf] *n* mastiff *m*.

mastoid ['mæstɔɪd] **1** *adj* mastoïde. **2** *n* (*) mastoïdite *f*. ♦ **mastoiditis** *n* mastoïdite *f*.

masturbate ['mæstəbeɪt] *vi* se masturber. ♦ **masturbation** *n* masturbation *f*.

mat [mæt] *n* (a) (*on floor*) (petit) tapis *m*; (*of straw etc*) natte *f*; (*at door*) paillasson *m*. (b) (*on table etc*) (*heat-resistant*) dessous-de-plat *m inv*; (*decorative*) set *m* (de table); (*embroidered linen*) napperon *m*. ♦ **matted** *adj* hair emmêlé; *sweater* feutré. ♦ **matting** *n* tapis *m* de corde *etc*.

match[1] [mætʃ] *n* allumette *f*. **box/book of** ~es boîte *f*/pochette *f* d'allumettes; **to put a** ~ **to** mettre le feu à. ♦ **matchbox** *n* boîte *f* à allumettes. ♦ **matchwood** *n*: **to smash to** ~**wood** réduire en miettes.

match[2] **1** *n* (a) (*Sport*) match *m*; (*game*) partie *f*. **to play a** ~ **against sb** disputer un match contre qn; ~ **abandoned** match suspendu. (b) (*equal*) égal(e) *m(f)*. **to meet one's** ~ trouver à qui parler (*in sb* avec qn); **he's a** ~ **for anybody** il est de taille à faire face à n'importe qui; **he was more than a** ~ **for Paul** Paul n'était pas à sa mesure. (c) [*colours etc*] **to be a good** ~ aller bien ensemble. (d) (*marriage*) mariage *m*. **2** *vt* (a) (*equal:* ~ **up to**) [*person*] égaler; [*piece of work*] égaler, valoir. **it didn't** ~ **our hopes** cela a déçu nos espérances. (b) [*clothes, colours etc*] aller bien avec. **his looks** ~ **his character** son physique s'accorde avec sa personnalité. (c) (*find similar to:* ~ **up**) cups *etc* assortir. **can you** ~ (**up**) **this material?** avez-vous du tissu assorti à celui-ci?; **to** ~ **sb against sb** opposer qn à qn; **they are well** ~**ed** [*opponents*] ils sont de force égale; [*married couple etc*] ils sont bien assortis. **3** *vi* [*colours, materials*] être bien assortis. **with a** ~**ing skirt** avec une jupe assortie. ♦ **matchless** *adj* sans égal. ♦ **matchmake** *vi*: **she's always matchmaking** elle veut toujours marier les gens. ♦ **matchmaker** *n* marieur *m*, -euse *f*.

mate[1] [meɪt] **1** *n* (a) (*at work*) camarade *mf* (de travail); (*: friend*) copain* *m*, copine* *f*. **hey,** ~**!**◦ eh mon vieux!* **(b)** (*assistant*) aide *mf*. **plumber's** ~ aide-plombier *m*. (c) (*animal*) mâle *m*, femelle *f*. (d) (*Merchant Navy*) ≃ second *m*. **2** *vt* accoupler (*with* à). **3** *vi* s'accoupler (*with* à, avec). ♦ **mating** *n* accouplement *m*; **2** *adj* call du mâle; *season* des amours.

mate[2] [meɪt] (*Chess*) **1** *n* mat *m*. **2** *vt* mettre échec et mat.

material [mə'tɪərɪəl] **1** *adj* (a) *success, object, needs* matériel. (b) (*important*) essentiel; (*relevant*) qui importe (*to* à); (*Jur*) *fact, evidence* pertinent; *witness* direct. **2** *n* (a) (*substance*) matière *f*; (*cloth etc*) tissu *m*, étoffe *f*. **dress** ~ tissu pour robes; (*fig*) **he is officer** ~ il a l'étoffe d'un officier. (b) (*equipment etc*) ~**s** fournitures *fpl*; **building** ~**s** matériaux *mpl* de construction; **have you got any writing** ~**s?** avez-vous de quoi écrire? (c) (*for book, lecture*) matériaux *mpl*, documentation *f*. ~ **for a TV programme** des matériaux pour une émission télévisée; **this is the kind of** ~ **he needs** c'est le genre de documentation dont il a besoin. ♦ **materialism** *n* matérialisme *m*. ♦ **materialist** *adj, n* matérialiste (*mf*). ♦ **materialistic** *adj* matérialiste. ♦ **materialize** *vi* (*gen*) se matérialiser; [*idea*] prendre forme; **at last the bus** ~**ized*** le bus est enfin arrivé. ♦ **materially** *adv* (V **1** *above*) matériellement; essentiellement.

maternity [mə'tɜːnɪtɪ] **1** *n* maternité *f*. **2** *adj* *clothes* de grossesse. ~ **benefit** ≈ allocation *f* de maternité; ~ **home** *or* **hospital** maternité *f*; ~ **ward** (service *m* de) maternité *f*. ♦ **maternal** *adj* maternel.

mathematics [ˌmæθə'mætɪks] *n* (*abbr* **maths***, (US) **math***) mathématiques *fpl*, math(s)* *fpl*. ♦ **mathematical** *adj* *process etc* mathématique; **I'm not mathematical** je n'ai pas le sens des mathématiques. ♦ **mathematically** *adv* mathématiquement. ♦ **mathematician** *n* mathématicien(ne) *m(f)*.

matinée ['mætɪneɪ] *n* matinée *f* (*Theat*).

matriarch ['meɪtrɪɑːk] *n* femme *f* chef de famille. ♦ **matriarchal** *adj* matriarcal. ♦ **matriarchy** *n* matriarcat *m*.

matricide ['meɪtrɪsaɪd] *n* matricide *m*.

matriculate [mə'trɪkjuleɪt] *vi* s'inscrire. ♦ **matriculation** *n* inscription *f*.

matrimony ['mætrɪmənɪ] *n* mariage *m*. ♦ **matrimonial** *adj* matrimonial.

matrix ['meɪtrɪks] *n* matrice *f*.

matron ['meɪtrən] *n* (*gen*) matrone *f*; [*hospital*] infirmière *f* en chef; (*in school*) infirmière; [*old people's home etc*] directrice *f*. ♦ **matronly** *adj* *person* très digne, matrone (*pej*). ♦ **matron-of-honour** *n* dame *f* d'honneur.

matt [mæt] *adj* mat.

matter ['mætəʳ] **1** *n* (a) (*physical substance: gen, Philos, Phys etc*) matière *f*; (*Med: pus*) pus *m*. **colouring** ~ substance *f* colorante; **reading** ~ de quoi lire; **advertising** ~ publicité *f*. (b) (*content*) fond *m*. ~ **and form** le fond et la forme. (c) (*affair, concern*) affaire *f*, question *f*. **the** ~ **in hand** l'affaire en question; **business** ~**s** (questions d')affaires *fpl*; **there's the** ~ **of my expenses** il y a la question de mes frais; **that's quite another** ~ ça, c'est une autre affaire; **that will only make** ~**s worse** cela ne fera qu'aggraver la situation; **in this** ~ à cet égard; **the** ~ **is closed** l'affaire est close; **a** ~ **of great concern to us** une source de profonde inquiétude pour nous; **it's not a laughing** ~ il n'y a pas de quoi rire; **there's the small** ~ **of that £200** il y a la petite question des 200 livres; **it will be no easy** ~ cela ne sera pas facile; **in the** ~ **of** en ce qui concerne; **as** ~**s stand** dans l'état actuel des choses; **for that** ~ d'ailleurs; **as a** ~ **of course** tout naturellement; **as a** ~ **of fact** en réalité, en fait; **in a** ~ **of 10 minutes** en l'affaire de 10 minutes. (d) (*importance*) **no** ~**!** peu importe!; **no** ~ **how** par n'importe quel moyen; **no** ~ **when** he comes quelle que soit l'heure (*or* la date) de son arrivée; **no** ~ **how big it is** si grand qu'il soit; **no** ~ **what he says** quoi qu'il dise; **no** ~ **where/who** où/qui que ce soit. (e) (*difficulty, problem*) **what's the** ~**?** qu'est-ce qu'il y a?; **what's the** ~ **with him?** qu'est-ce qu'il a?; **what's the** ~ **with my hat?** qu'est-ce qu'il a, mon chapeau?*; **what's the** ~ **with trying to help him?** quelle objection y a-t-il à ce qu'on l'aide (*subj*)?; **there's sth the** ~ **with my arm** j'ai qch au bras; **there's sth the** ~ **with the engine** il y a qch qui ne va pas dans le moteur; **as if nothing was the** ~ comme si de rien n'était; **nothing's the** ~* il n'y a rien; **there's nothing the** ~ **with me!** moi, je vais tout à fait bien!; **there's nothing the** ~ **with that idea** il n'y a rien à redire à cette idée.

2 *vi* importer (*to* à). **the place doesn't** ~ l'endroit n'a pas d'importance; **it doesn't** ~ cela ne fait rien (*whether* si); **it doesn't** ~ **who/where** *etc* peu importe qui/où *etc*; **what does it** ~ (**to you**)? qu'est-ce que cela peut bien (vous) faire?; **why should it** ~ **to me?** pourquoi est-ce que cela me ferait qch? ♦ **matter-of-fact** *adj* *tone, voice* neutre; *style* prosaïque; *attitude, person* terre à terre; *assessment, account* qui se limite aux faits; **in a very matter-of-fact way** sans avoir l'air de rien.

mat(t)ins ['mætɪnz] *n* matines *fpl*.

mattress ['mætrɪs] *n* matelas *m*.

mature [mə'tjuəʳ] **1** *adj* mûr. **he's much more** ~ il a beaucoup mûri. **2** *vi* (*person*) mûrir; [*wine, cheese*] se faire. ♦ **maturity** *n* maturité *f*.

maudlin

268

mean

maudlin ['mɔːdlɪn] *adj* larmoyant.
maul [mɔːl] *vt [tiger etc]* lacérer, *(to death)* déchiqueter; *[person]* malmener *(also fig)*.
Maundy ['mɔːndɪ] *n*: ~ **Thursday** le jeudi saint.
mausoleum [ˌmɔːsəˈlɪəm] *n* mausolée *m*.
mauve [məʊv] *adj* mauve.
maverick ['mævərɪk] *n* dissident(e) *m(f)*, franc-tireur *m* *(fig)*.
mawkish ['mɔːkɪʃ] *adj* d'une sentimentalité excessive.
maxi⁴ ['mæksɪ] *n*: ~ **single record** disque *m* double durée.
maxim ['mæksɪm] *n* maxime *f*.
maximum ['mæksɪməm] **1** *n*, *pl* **-ima** maximum *m*. **2** *adj* maximum *(f inv* or *maxima)*. ~ **prices** prix *mpl* maximums *or* maxima; *(Aut etc)* ~ **speed** *(highest permitted)* vitesse *f* limite *or* maximum; *(highest possible)* vitesse maximale; ~ **temperatures** températures maximales. ◆ **maximize** *vt* porter au maximum.
may¹ [meɪ] *modal aux vb (pret and cond* **might)** **(a)** *(possibility)* **he** ~ **arrive** il va peut-être arriver, il peut arriver; **he might arrive** il pourrait arriver; **you** ~ **be making a big mistake** tu fais peut-être une grosse erreur; **I might have left it behind** je l'ai peut-être bien oublié; **you might have killed me!** tu aurais pu me tuer!; **as soon as** ~ **be** aussitôt que possible; **be that as it** ~ quoi qu'il en soit; **one might well ask whether ...** on est en droit de demander si ...; **what might your name be?** comment vous appelez-vous? **(b)** *(permission)* ~ **I have a word with you?** – **you** ~ puis-je vous parler un instant? – oui, bien sûr; **might I see it?** est-ce que je pourrais le voir?; **might I suggest that ...?** puis-je me permettre de suggérer que ...?; ~ **I sit here?** vous permettez que je m'assoie ici?; ~ **I?** vous permettez?; **if I** ~ **say so** si je puis me permettre; **he said I might leave** il a dit que je pouvais partir. **(c)** *(suggestion: 'might' only)* **you might try writing to him** tu pourrais toujours lui écrire; **you might have told me that!** tu aurais (tout de même) pu me le dire! **(d)** *(phrases)* **one might as well say £5** autant dire 5 livres; **I** ~ **or might as well tell you all about it** je ferais aussi bien de tout vous dire; **you may or might as well leave now** as **wait** vous feriez aussi bien de partir tout de suite plutôt que d'attendre; **they might just as well not have gone** ils auraient tout aussi bien pu ne pas y aller; **she blushed, as well she might!** elle a rougi, et pour cause!; ~ **God bless you!** que Dieu vous bénisse!
may² [meɪ] **1** *n* **(a)** *(month)* **M**~ mai *m*; *for phrases V* **September. (b)** *(hawthorn)* aubépine *f*. **2** *adj*: **M**~ **Day** le Premier Mai *(fête du Travail)*. ◆ **mayday** *n (Aviat, Naut)* S.O.S. *m*. ◆ **mayfly** *n* éphémère *m*. ◆ **maypole** *n* = arbre de mai.
maybe ['meɪbiː] *adv* peut-être. ~ **he'll be there** peut-être sera-t-il là, peut-être qu'il sera là, il sera peut-être là.
mayonnaise [ˌmeɪəˈneɪz] *n* mayonnaise *f*.
mayor [mɛəʳ] *n* maire *m*. **Lord M**~ *titre du maire des principales villes*. ◆ **mayoress** *n* femme *f* du maire.
maze [meɪz] *n* labyrinthe *m*, dédale *m*.
me [miː] *pers pron* **(a)** *(direct) (unstressed)* me; *(before vowel)* m'; *(stressed)* moi. **he can see** ~ il me voit; **he saw** ~ il m'a vu; **you saw ME!** vous m'avez vu, moi! **(b)** *(indirect)* me, moi; *(before vowel)* m'. **he gave** ~ **the book** il me donna *or* m'a donné le livre; **give it to** ~ donnez-le-moi; **he was speaking to** ~ il me parlait. **(c)** *(after prep etc)* moi. **without** ~ sans moi; **it's** ~ c'est moi; **smaller than** ~ plus petit que moi; **poor (little)** ~!⁴ pauvre de moi!; **dear** ~!⁴ mon Dieu!
meadow ['medəʊ] *n* pré *m*, prairie *f*. ◆ **meadowsweet** *n* reine *f* des prés.
meagre, *(US)* **-ger** ['miːgəʳ] *adj* maigre *(before n)*.

meal¹ [miːl] **1** *n* repas *m*. **to have a** ~ manger; **to have a good** ~ bien manger; **that was a lovely** ~! nous avons très bien déjeuné *(or* dîné); *(fig)* **to make a** ~ **of sth⁴** faire toute une histoire de qch⁴. **2** *adj*: ~ **ticket** *(lit)* ticket-repas *m*; *(*fig*: job, person etc)* gagne-pain *m inv*. ◆ **mealtime** *n* heure *f* du repas; **at** ~**times** aux heures des repas.
meal² [miːl] *n (flour etc)* farine *f (d'avoine etc)*. ◆ **mealies** *npl* maïs *m*. ◆ **mealy** *adj* farineux. ◆ **mealy-mouthed** *adj* mielleux.
mean¹ [miːn] *pret, ptp* **meant** [ment] *vt* **(a)** vouloir dire, signifier; *(imply)* vouloir dire. **'homely'** ~**s something different in America** 'homely' a un sens différent en Amérique; **what do you** ~ **by that?** que voulez-vous dire par là?; **you don't really** ~ **that** vous ne parlez pas sérieusement; **I always** ~ **what I say** je pense toujours ce que je dis; **the name** ~**s nothing to me** ce nom ne me dit rien; **the play didn't** ~ **a thing to her** la pièce n'avait aucun sens pour elle; **this** ~**s war** c'est la guerre à coup sûr; **it will** ~ **a lot of expense** cela entraînera beaucoup de dépenses; **catching the train** ~**s getting up early** pour avoir ce train il faut se lever tôt; **a pound** ~**s a lot to him** une livre représente une grosse somme pour lui; **holidays don't** ~ **much to me** les vacances comptent peu pour moi; **don't I** ~ **anything to you at all?** je ne suis donc rien pour toi? **(b)** *(intend)* avoir l'intention *(to do* de faire), compter, vouloir *(to do* faire); *[gift etc]* destiner *(for* à); *[remark]* adresser *(for* à). **I didn't** ~ **to break it** je n'ai pas fait exprès de le casser; **I** ~ **to succeed** j'ai bien l'intention de réussir; **I** ~ **you or** *(US)* **I** ~ **for you to leave** je veux que vous partiez *(subj)*; **he said it as if he meant it** il a dit cela sans avoir l'air de plaisanter; **I meant it as a joke** j'ai dit *(or* fait) cela pour rire; **to be meant to do** être censé faire; **she** ~**s well** elle est pleine de bonnes intentions; **he** ~**s trouble** il cherche la bagarre; **it** ~**s trouble** ça nous annonce des ennuis; **do you** ~ **me?** *(are you speaking to me)* c'est à moi que vous parlez?; *(about me)* c'est de moi que vous parlez? ◆ **meaning 1** *n [word]* sens *m*; *[phrase, action]* signification *f*; **with a double** ~**ing** à double sens; **literal** ~**ing** sens propre *or* littéral; **what is the** ~**ing of this word?** que signifie ce mot?; *(in anger etc)* **what is the** ~**ing of this?** qu'est-ce que cela signifie?; **you haven't got my** ~**ing** vous m'avez mal compris; **2** *adj* significatif, éloquent. ◆ **meaningful** *adj* significatif, éloquent. ◆ **meaningless** *adj word, action* dénué de sens; *waste, suffering* insensé.
mean² [miːn] **1** *n* **(a)** *(middle term)* milieu *m*; *(Math)* moyenne *f*. **the golden** *or* **happy** ~ le juste milieu. **(b)** *(way)* ~**s** moyen *m*; **to find the** ~**s to do** *or* **of doing** trouver le moyen de faire; **to find a** ~**s of doing** trouver moyen de faire; **there's no** ~**s of getting in** il n'y a pas moyen d'y entrer; **the** ~**s to an end** le moyen d'arriver à ses fins; **by** ~**s of tool etc** au moyen de; *person* par l'entremise de; **hard work etc** à force de; **come in by all** ~**s!** je vous en prie, entrez!; **by all manner of** ~**s** par tous les moyens; **by any (manner of)** ~**s** n'importe comment; **by no** ~**s** nullement, pas du tout; **by some** ~**s or other** d'une façon ou d'une autre; **by this** ~**s** de cette façon. **(c)** *(wealth etc)* ~**s** moyens *mpl*; **to live within/beyond one's** ~**s** vivre selon ses moyens/au-dessus de ses moyens; **private** ~**s** fortune *f* personnelle; **slender** ~**s** ressources *fpl* très modestes. **2** *adj distance, temperature* moyen. ◆ **means test** *n* enquête *f* financière sur les ressources *(d'une personne qui demande une aide pécuniaire)*. ◆ **meantime** *or* ◆ **meanwhile** *adv (also in the* ~**time** *or* ~**while)** en attendant, pendant ce temps.
mean³ [miːn] *adj* **(a)** *(stingy)* avare *(with* de), radin⁴. **(b)** *(unkind)* mesquin, méchant. **a** ~ **trick**

un sale tour; **you ~ thing!*** chameau!*; **you were ~ to me** tu n'as vraiment pas été chic* avec moi; **to feel ~ about sth*** avoir un peu honte de qch. **(c)** (*US**: *vicious*) *animal etc* méchant; *person* salaud*. **(d)** (*poor*) *appearance* misérable. **the ~est citizen** le dernier des citoyens. ♦ **meanness** *n* avarice *f*; mesquinerie *f*, méchanceté *f*; aspect *m* misérable.

meander [mɪˈændəʳ] **1** *vi* [*river*] faire des méandres. [*person*] **to ~ in** *etc* entrer *etc* sans se presser. **2** *n* méandre *m*.

measles [ˈmiːzlz] *n* rougeole *f*.

measly* [ˈmiːzlɪ] *adj* misérable (*before n*), minable.

measure [ˈmeʒəʳ] **1** *n* **(a)** (*gen*) mesure *f*; (*tape ~ etc*) mètre *m*. **to give good** *or* **full ~** faire bonne mesure; (*fig*) **for good ~** pour faire bonne mesure; **made to ~** fait sur mesure; **a pint ~** une mesure d'un demi-litre; (*fig*) **I've got his ~** je sais ce qu'il vaut; **happiness beyond ~** bonheur sans bornes; **a ~ of success** un certain succès; **in some/large ~** dans une certaine/large mesure. **(b)** (*step*) mesure *f*. **strong/drastic ~s** mesures énergiques/draconiennes. **2** *vt* mesurer (*also fig*). **to ~ off** *or* **out** *or* **up** mesurer; **to be ~d for a dress** faire prendre ses mesures pour une robe; **what does it ~?** quelles sont ses dimensions?; **the carpet ~s 3 metres by 2 metres across** le tapis fait *or* mesure 3 mètres sur 2 mètres de large; (*fall*) **to ~ one's length** tomber de tout son long. **3** *vi*: **to ~ up to** être à la hauteur de.
♦ **measured** *adj* (*gen*) mesuré; (*Sport etc*) **over a ~d kilometre** sur un kilomètre exactement. ♦ **measureless** *adj* incommensurable. ♦ **measurements** *npl* mesures *fpl*. ♦ **measuring** *adj*: **measuring jug** pot *m* gradué; **measuring rod** règle *f*; **measuring tape** mètre *m* à ruban.

meat [miːt] **1** *n* viande *f*. **~ and drink** de quoi manger et boire; (*fig*) **this is ~ and drink to them** c'est une aubaine pour eux; **one man's ~ is another man's poison** ce qui guérit l'un tue l'autre; **there's not much ~ in his book** son livre n'a pas beaucoup de substance. **2** *adj*: **~ diet** régime *m* carné; **~ extract** concentré *m* de viande; **~ pie** pâté *m* en croûte. ♦ **meatball** *n* boulette *f* de viande. ♦ **meat-eater** *n* (*animal*) carnivore *m*; **he's a big ~-eater** c'est un gros mangeur de viande. ♦ **meat-eating** *adj* carnivore. ♦ **meaty** *adj flavour* de viande; (*fig*) *book* étoffé.

Mecca [ˈmekə] *n* la Mecque. (*fig*) **a ~ for tourists** un haut lieu du tourisme.

mechanic [mɪˈkænɪk] *n* mécanicien *m*. **motor ~** mécanicien garagiste *or* auto. ♦ **mechanical** *adj* (*lit*) mécanique; (*fig*) *action, reply* machinal, automatique; **~al engineer** ingénieur *m* mécanicien; **~al engineering** (*science*) mécanique *f*; (*industry*) construction *f* mécanique. ♦ **mechanically** *adv* mécaniquement; (*fig*) machinalement. ♦ **mechanics** *n* **(a)** (*sg: science*) mécanique *f*; **(b)** (*pl*) (*lit*) mécanisme *m*; (*fig*) **the ~s of running an office** le processus de la gestion d'un bureau. ♦ **mechanism** *n* mécanisme *m*. ♦ **mechanistic** *adj* mécaniste. ♦ **mechanization** *n* mécanisation *f*. ♦ **mechanize** *vt process, industry* mécaniser; *army, troops* motoriser.

medal [ˈmedl] *n* médaille *f*. **swimming ~** médaille de natation. ♦ **medallion** *n* médaillon *m*. ♦ **medallist**, (*US*) **medalist** *n* médaillé(e) *m(f)*; **gold/silver ~(l)ist** médaillé d'or/d'argent.

meddle [ˈmedl] *vi* **(a)** (*interfere*) se mêler (*in* de). **stop meddling!** cesse de te mêler de ce qui ne te regarde pas! **(b)** (*tamper*) toucher (*with* à). ♦ **meddler** *n* (*busybody*) mouche *f* du coche; (*touching things*) touche-à-tout *m inv*. ♦ **meddlesome** *or* ♦ **meddling** *adj* (*interfering*) qui fourre son nez partout; (*touching*) qui touche à tout.

media [ˈmiːdɪə] **1** *npl of* **medium** (*souvent employé au sg*) (*gen*: *Press, Rad, TV*) media *mpl*. (*journalists*) **the ~ were waiting for him at the airport*** les journalistes et les photographes l'attendaient à l'aéroport. **2** *adj*: **~ man** (*Press, Rad, TV*) reporter *m*; (*Publicity*) agent *m* publicitaire.

mediaeval [ˌmedɪˈiːvəl] *adj* médiéval, du moyen âge; *streets, charm* moyenâgeux (*also pej*).

mediate [ˈmiːdɪeɪt] **1** *vi* servir d'intermédiaire (*between* entre; *in* dans). **2** *vt settlement* obtenir par médiation. ♦ **mediating** *adj* médiateur. ♦ **mediation** *n* médiation *f*. ♦ **mediator** *n* médiateur *m*, -trice *f*.

medical [ˈmedɪkəl] *adj* (*gen*) médical; *studies, faculty* de médecine; *student* en médecine. **~ board** commission *f* médicale; (*Mil*) conseil *m* de révision; **~ examination** examen *m* médical; (*at work etc*) visite *f* médicale; **~ officer** (*Ind*) médecin *m* du travail; (*Mil*) médecin-major *m* (*or* -colonel *etc*); [*town, country*] directeur *m* de la santé publique; **~ practitioner** généraliste *mf*; **the ~ profession** (*doctors etc*) le corps médical. ♦ **medically** *adv* médicalement; **to be ~ly examined** subir un examen médical.

Medicare [ˈmedɪkɛəʳ] *n* (*US*) assistance *f* médicale aux personnes âgées.

medicated [ˈmedɪkeɪtɪd] *adj* médical, traitant. ♦ **medication** *n* médication *f*.

medicine [ˈmedsɪn, ˈmedɪsɪn] **1** *n* **(a)** (*science*) médecine *f*. **to study ~** faire des études de médecine; **Doctor of M~** docteur *m* en médecine. **(b)** (*drug etc*) médicament *m*. **to take one's ~** prendre son médicament; (*fig*) avaler la pilule; (*fig*) **to give sb a taste of his own ~** rendre à qn la monnaie de sa pièce. **2** *adj*: **~ box** *or* **chest** pharmacie *f* (portative); **~ cabinet** *or* **chest** *or* **cupboard** armoire *f* à pharmacie; **~ man** sorcier *m*. ♦ **medicinal** [meˈdɪsɪnl] *adj* médicinal.

medieval [ˌmedɪˈiːvəl] = **mediaeval**.

mediocre [ˌmiːdɪˈəʊkəʳ] *adj* médiocre. ♦ **mediocrity** *n* médiocrité *f*.

meditate [ˈmedɪteɪt] *vti* méditer (*sth* qch; *doing* de faire; *on, about* sur). ♦ **meditation** *n* méditation *f*. ♦ **meditative** *adj* méditatif. ♦ **meditatively** *adv* d'un air méditatif.

Mediterranean [ˌmedɪtəˈreɪnɪən] *adj* méditerranéen. **the ~ (Sea)** la (mer) Méditerranée.

medium [ˈmiːdɪəm] **1** *n, pl* **media (a)** (*gen*) milieu *m*; (*Phys etc*) véhicule *m*; (*fig*) moyen *m*, intermédiaire *m*, voie *f*. (*fig*) **through the ~ of the press** par voie de presse; **advertising ~** organe *m* de publicité; **artist's ~** moyens *mpl* d'expression d'un artiste; **television is the best ~ for this** c'est la télévision qui rend cela le mieux. **(b) the happy ~** le juste milieu. **(c)** (*pl* **-s**: *Spiritualism*) médium *m*. **2** *adj* moyen. (*Rad*) **on the ~ wavelength** sur les ondes moyennes. ♦ **medium-dry** *adj wine* demi-sec. ♦ **medium-sized** *adj* de grandeur *or* de taille moyenne.

medley [ˈmedlɪ] *n* mélange *m*; (*Mus*) pot-pourri *m*.

meek [miːk] *adj* doux, humble. **~ and mild** doux comme un agneau. ♦ **meekly** *adv* avec douceur, humblement. ♦ **meekness** *n* douceur *f*, humilité *f*.

meet [miːt] *pret, ptp* **met 1** *vt* **(a)** (*gen*) rencontrer; *sb coming in opposite direction* croiser; (*by arrangement*) retrouver, rejoindre; (*go to ~*) aller *or* venir chercher. **to arrange to ~ sb at 3 o'clock** donner rendez-vous à qn pour 3 heures; **I am being met on doit venir me chercher** *or* **m'attendre; the car will ~ the train** la voiture sera là à l'arrivée du train; **he went out to ~ them** il est allé à leur rencontre. **(b)** (*get to know*) rencontrer, faire la connaissance de. **~ Mr Jones** je vous présente M. Jones; **pleased to ~ you** enchanté (de faire votre connaissance). **(c)** (*encounter*) *team, obstacle* rencontrer; (*face*) *enemy, danger* affronter; (*in duel*) se battre avec. **to ~ one's**

death *or* **end** trouver la mort. **(d)** *(satisfy etc)* **expenses, bill** faire face à; **deficit** combler; **demand** satisfaire à; **need** répondre à; **charge, objection** réfuter. **this will ~ the case** ceci fera l'affaire. **(e) it met his ears** cela a frappé ses oreilles; **the sight which met my eye(s)** le spectacle qui s'est offert à mes yeux; **I dared not ~ her eye** je n'osais pas la regarder en face; **there's more to this than ~s the eye** c'est moins simple que cela n'en a l'air.

2 *vi* **(a)** *[people]* *(by chance)* se rencontrer; *(by arrangement)* se retrouver, se rejoindre; *(more than once)* se voir; *(get to know each other)* se rencontrer, faire connaissance. **to ~ again** se revoir; **until we ~ again!** à la prochaine fois!; **have you met before?** vous vous connaissez déjà?; **they arranged to ~ at 10 o'clock** ils se sont donné rendez-vous pour 10 heures. **(b)** *[committee, Parliament]* se réunir. **the class ~s in the art room** le cours a lieu dans la salle de dessin. **(c)** *[armies, teams, rivers]* se rencontrer.

3 *n* *(Hunting)* rendez-vous *m* (de chasse); *(US Sport etc)* meeting *m*.

meet up *vi* *(by chance)* se rencontrer; *(by arrangement)* se retrouver. **to ~ up with sb** rencontrer *or* retrouver qn.

meet with *vt fus* **(a)** *difficulties, resistance* rencontrer; *refusal, losses, storm* essuyer; *welcome* recevoir. **he met with an accident** il lui est arrivé un accident; **we met with kindness** on nous a traités avec gentillesse. **(b)** *(esp US)* = **meet 1 a.**
♦ **meeting 1** *n* **(a)** *[group of people, club, political party]* réunion *f*, *(formal)* assemblée *f*; *(business ~)* séance *f* *or* réunion de travail; *(Pol, Sport: rally)* meeting *m*; **to call a ~ing of shareholders** convoquer les actionnaires; **to call a ~ing to discuss sth** convoquer une réunion (*or* une assemblée *etc*) pour débattre qch; **he's in a ~ing** il est en conférence; **(b)** *(between individuals)* rencontre *f*; *(arranged)* rendez-vous *m*, *(formal)* entrevue *f*; **(c)** *(Quakers)* culte *m*; **2** *adj*: **~ing place** lieu *m* de réunion.

mega... ['megə] *pref* méga... . ♦ **megacycle** *n* mégacycle *m*. ♦ **megalith** *n* mégalithe *m*. ♦ **megaton** *n* mégatonne *f*.
♦ **megalomania** [ˌmegələʊˈmeɪnɪə] *n* mégalomanie *f*. ♦ **megalomaniac** *adj*, *n* mégalomane (*mf*).
megaphone ['megəfəʊn] *n* porte-voix *m inv*.
melamine ['meləmiːn] *n* mélamine *f*.
melancholy ['melənkəlɪ] *n* mélancolie *f*. **2** *adj person* mélancolique; *thing* triste. ♦ **melancholia** *n* mélancolie *f* (*Med*). ♦ **melancholic** *adj* mélancolique. ♦ **melancholically** *adv* mélancoliquement.
mellow ['meləʊ] **1** *adj fruit* bien mûr; *wine, voice* moelleux; *colour, light* velouté; *building* patiné; *person* mûri (et tranquille). **to grow ~** mûrir, s'adoucir. **2** *vi* mûrir; devenir moelleux; se velouter; se patiner; *[person, character]* s'adoucir. **3** *vt*: **the years have ~ed him** il s'est adouci avec les années.
melodrama ['meləʊˌdrɑːmə] *n* mélodrame *m*. ♦ **melodramatic** *adj* mélodramatique. ♦ **melodramatically** *adv* d'un air mélodramatique.
melody ['melədɪ] *n* mélodie *f*. ♦ **melodious** *adj* mélodieux. ♦ **melodiously** *adv* mélodieusement.
melon ['melən] *n* melon *m*.
melt [melt] **1** *vi* **(a)** *(gen)* fondre. **to ~ in the mouth** fondre dans la bouche; *(fig)* **she looks as if butter wouldn't ~ in her mouth** on lui donnerait le bon Dieu sans confession*; *(be too hot)* **to be ~ing** être en nage. **(b)** *[colours, sounds]* se fondre *(into* dans*)*; *[anger]* tomber; *[resolution, determination]* fléchir. **to ~ into tears** fondre en larmes; **he ~ed into the crowd** il s'est fondu dans la foule. **2** *vt* *(gen)* fondre; *sb's heart* attendrir.
melt away *vi [ice, savings]* fondre; *[anger, fog]* se

dissiper; *[confidence]* disparaître; *[crowd]* se disperser; *[person]* se volatiliser.
melt down *vt sep* fondre; *scrap* remettre à la fonte.
♦ **melting 1** *adj snow* fondant; *voice, look* attendri; *words* attendrissant; **~ing point** *m* de fusion; *(fig)* **a ~ing pot of many nationalities** le creuset de bien des nationalités; **it's back in the ~ing pot** c'est remis en question; **it's still all in the ~ing pot** c'est encore au stade des discussions; **2** *n* *[snow]* fonte *f*; *[metal]* fusion *f*.
member ['membə] **1** *n* *(gen)* membre *m*; *[club, party]* adhérent(e) *m(f)* *(of* à*)*, membre *(of* de*)*. *(notice)* **'~s only'** 'réservé aux adhérents'; **they treated her like a ~ of the family** ils l'ont traitée comme si elle faisait partie de la famille; **M~ of Parliament** ≃ député *m* *(for* de*)*; **~ of the public** simple particulier *m* *(f* -ère*)*; **a ~ of the staff** *(gen)* un(e) employé(e); *(Scol, Univ)* **a ~ of staff** un professeur. **2** *adj*: **~ nations** les États *mpl* membres. ♦ **membership 1** *n* *(gen)* adhésion *f* *(of* à*)*; **a ~ship of over 800** plus de 800 membres; **2** *adj card* d'adhérent, de membre; **~ship fee** cotisation *f*.
membrane ['membreɪn] *n* membrane *f*.
memento [məˈmentəʊ] *n* souvenir *m* *(objet etc)*. **as a ~ of** en souvenir de.
memo ['meməʊ] *n* *(abbr of* **memorandum)** note *f* (de service). ♦ **memo pad** *n* bloc-notes *m*.
memoir ['memwɑː] *n* mémoire *m* *(on* sur*)*; *(biography)* notice *f* biographique. **~s** *(autobiographical)* mémoires; *[learned society]* actes *mpl*.
memory ['memərɪ] *n* **(a)** *(faculty)* mémoire *f*. **to have a good/bad ~** avoir bonne/mauvaise mémoire; **a ~ for faces** la mémoire des visages; **from ~** de mémoire; **loss of ~** perte *f* de mémoire; *(Med)* amnésie *f*. **(b)** *(recollection)* souvenir *m*. **childhood memories** souvenirs d'enfance; **in ~ of** en souvenir de; **sacred to the ~ of** à la mémoire de; **of blessed ~** de glorieuse mémoire. ♦ **memorable** *adj* mémorable. ♦ **memorandum** *n, pl* **-anda** *(gen)* mémorandum *m*; *(informal letter etc)* note *f* (de service). ♦ **memorial 1** *adj* commémoratif; *(US)* **Memorial Day** le jour des morts au champ d'honneur; **2** *n* monument *m* *(to* à*)*; **war memorial** monument *m* aux morts; **this scholarship is a memorial to ...** cette bourse est en mémoire de ... . ♦ **memorize** *vt facts, figures* retenir; *poem* apprendre par cœur.
men [men] *npl of* **man.** ♦ **menfolk*** *npl* hommes *mpl*. ♦ **menswear** *n (Comm) (clothing)* habillement *m* masculin; *(dept)* rayon *m* hommes.
menace ['menɪs] **1** *n* menace *f*; *(fig: sth or sb annoying)* plaie* *f*. **a public ~** un danger public. **2** *vt* menacer. ♦ **menacing** *adj* menaçant. ♦ **menacingly** *adv* d'un air *or* d'un ton menaçant.
mend [mend] **1** *vt clothes* raccommoder; *other object* réparer; *mistake etc* corriger, rectifier. **to ~ matters** arranger les choses; **to ~ one's ways** *or* **manners** s'amender. **2** *vi* *(darn etc)* faire le raccommodage. **3** *n*: **to be on the ~** *(gen)* s'améliorer; *[invalid]* aller mieux. ♦ **mending** *n* *(act)* raccommodage *m*; *(clothes)* vêtements *mpl* à raccommoder.
menial ['miːnɪəl] *adj person* servile; *task* inférieur; *position* subalterne.
meningitis [ˌmenɪnˈdʒaɪtɪs] *n* méningite *f*.
menopause ['menəʊpɔːz] *n* ménopause *f*. ♦ **menopausal** *adj symptom* dû à la ménopause; *woman* à la ménopause.
menstruate ['menstrʊeɪt] *vi* avoir ses règles. ♦ **menstruation** *n* menstruation *f*.
mental ['mentl] *adj* *(gen)* mental; *ability, process* mental, intellectuel; *calculation* mental, de tête; *prayer* intérieur; *treatment* psychiatrique; *(*: *mad)* timbré*. **~ arithmetic** calcul *m* mental; **~ defective** débile *mf* mental(e); **~ deficiency** débi-

lité *f* mentale; ~ **home** *or* **hospital** *or* **institution** hôpital *m* psychiatrique; ~ **illness** maladie mentale; ~ **patient** malade *mf* mental(e); ~ **powers** facultés *fpl* intellectuelles; ~ **strain** (*tension*) tension *f* nerveuse; (*overwork*) surmenage *m* intellectuel; **he made a** ~ **note to do it** il a pris note mentalement de le faire; ~ **reservations** doutes *mpl* (*about* sur).
♦ **mentality** *n* mentalité *f*. ♦ **mentally** *adv calculate* mentalement; ~**ly defective** mentalement déficient; ~**ly handicapped** handicapé mental; **she is** ~**ly handicapped** c'est une handicapée mentale; ~**ly ill** atteint de maladie mentale; ~**ly retarded** (mentalement) arriéré.

menthol ['menθɒl] **1** *n* menthol *m*. **2** *adj* mentholé.
mention ['menʃən] **1** *vt* (*gen*) mentionner (*sth to sb* qch à qn; *that* que); (*quote*) *figures, names, dates* citer. **I'll** ~ **it to him** je lui en toucherai un mot, je le lui signalerai; **to** ~ **sb in one's will** coucher qn sur son testament; **he didn't** ~ **the accident** il n'a pas parlé de *or* fait mention de l'accident; **just** ~ **my name** dites que c'est de ma part; **too numerous to** ~ trop nombreux pour qu'on les mentionne (*subj*); **don't** ~ **it!** il n'y a pas de quoi!; **I need hardly** ~ **that ...** il va sans dire que ...; **not to** ~, **without** ~**ing** sans compter; **it is not worth** ~**ing** cela ne vaut pas la peine d'en parler; **nothing worth** ~**ing** pour ainsi dire rien. **2** *n* (*gen*) mention *f*. **it got a** ~*** in the news** on en a parlé aux informations.
menu ['menju:] *n* menu *m*; (*printed*) menu, carte *f*.
mercenary ['mɜːsɪnərɪ] *adj*, *n* mercenaire (*m*).
merchandise ['mɜːtʃəndaɪz] *n* marchandises *fpl*.
♦ **merchandizing** *n* merchandising *m*.
merchant ['mɜːtʃənt] **1** *n* (*trader*) négociant *m*; (*shopkeeper*) commerçant *m*. **wine** ~ marchand *m* de vins, (*large-scale*) négociant en vins. **2** *adj* **bank, ship** de commerce. (*US*) ~ **marine**, (*Brit*) ~ **navy** marine marchande; ~ **seaman** marin *m* de la marine marchande.
mercury ['mɜːkjʊrɪ] *n* mercure *m*. **M**~ (*Astron*) Mercure *f*; (*Myth*) Mercure *m*.
mercy ['mɜːsɪ] **1** *n* pitié *f*, indulgence *f*; (*Rel*) miséricorde *f*. **without** ~ sans pitié; **for** ~**'s sake** par pitié; **no** ~ **was shown to them** on les a traités sans merci; **to have** ~ **on** avoir pitié de; **to beg for** ~ demander grâce; **to show** ~ **towards** *or* **to sb** montrer de l'indulgence pour *or* envers qn; **to throw o.s. on sb's** ~ s'en remettre à la merci de qn; **at the** ~ **of** à la merci de; **to leave to the tender** ~ **of** abandonner aux bons soins de (*iro*); **thankful for small mercies** reconnaissant du peu qui s'offre; **it's a** ~ **that** heureusement que + *indic*. **2** *adj*: ~ **killing** euthanasie *f*. ♦ **merciful** *adj* miséricordieux (*to* pour); **a merciful release** une véritable délivrance. ♦ **mercifully** *adv* miséricordieusement; (*: *fortunately*) par bonheur. ♦ **merciless** *adj* impitoyable.
♦ **mercilessly** *adv* impitoyablement.
mere [mɪəʳ] *adj formality* simple; *thought etc* seul (*before n*); *chance, spite, coincidence* pur (*before n*). **he's a** ~ **child** ce n'est qu'un enfant; **a** ~ **clerk** un simple employé de bureau; **the** ~ **sight of him** sa seule vue; **a** ~ **nothing** une vétille. ♦ **merely** *adv want, say* simplement, seulement; **he** ~**ly nodded** il se contenta de faire un signe de tête; **I did it** ~**ly to please her** je ne l'ai fait que pour lui faire plaisir; **it's** ~**ly a formality** ce n'est qu'une formalité.
merge [mɜːdʒ] **1** *vi* [*colours, shapes, sounds*] se mêler (*into, with* à); [*roads*] se rejoindre (*with* avec); [*river*] confluer (*with* avec); [*states*] s'unir (*with* à); [*companies*] fusionner (*with* avec). **2** *vt* (*Comm, Fin*) fusionner.
♦ **merger** *n* fusion *f*.
meringue [məˈræŋ] *n* meringue *f*.
merino [məˈriːnəʊ] *n* mérinos *m*.
merit ['merɪt] **1** *n* mérite *m*. **to decide a case on its**

~**s** décider d'un cas en toute objectivité; **they went into the** ~**s of the new plan** ils ont discuté le pour et le contre du nouveau projet. **2** *adj*: ~ **list** tableau *m* d'honneur. **3** *vt* mériter.
♦ **meritocracy** *n* méritocratie *f*.
mermaid ['mɜːmeɪd] *n* sirène *f* (*Myth*).
merry ['merɪ] *adj* joyeux, gai; (*: *tipsy*) éméché. **M**~ **Christmas** Joyeux Noël; **M**~ **England** l'Angleterre du bon vieux temps. ♦ **merrily** *adv* joyeusement, gaiement. ♦ **merriment** *n* gaieté *f*, joie *f*; (*laughter*) hilarité *f*. ♦ **merry-go-round** *n* (*in fairground*) manège *m* (*de foire etc*); (*fig*) tourbillon *m*. ♦ **merrymaker** *n* fêtard *m*.
♦ **merrymaking** *n* réjouissances *fpl*.
mesh [meʃ] **1** *n* (**a**) *[net etc]* maille *f*. **netting with 5-cm** ~ filet *m* à mailles de 5 cm; **the** ~ **of lies/of intrigue** le réseau de mensonges/d'intrigues. (**b**) (*fabric*) tissu *m* à mailles. **nylon** ~ tulle *m* de nylon; **wire** ~ grillage *m*. (**c**) *[gears etc]* engrenage *m*. **in** ~ en prise. **2** *adj* **stockings** (*net*) filet *inv*; (*non-run*) indémaillable. ~ **bag** filet *m* (à provisions). **3** *vi [wheels]* s'engrener; *[plans]* concorder.
mesmerize ['mezməraɪz] *vt* hypnotiser; *[snake]* fasciner. (*fig*) **I was** ~**d** je ne pouvais pas détourner mon regard.
mess [mes] **1** *n* (**a**) (*confusion of objects*) désordre *m*, fouillis *m*; (*dirt*) saleté *f*; (*muddle*) gâchis *m*. **to make a** ~ faire du désordre (*or* mettre de la saleté) partout; **the cat has made a** ~ le chat a fait des saletés; **get this** ~ **cleared up!** (*tidy*) range *or* (*clean*) nettoie tout ça!; *[object, room]* **to be (in) a** ~ être en désordre (*or* très sale); **to be (in) a terrible** ~ être dans un état épouvantable; **you look a** ~ tu n'es pas présentable; **to make a** ~ **of** (*dirty*) salir; (*tear*) déchirer; (*wreck*) saccager; *essay, career, one's life* gâcher; **to make a** ~ **of things*** tout bousiller*, tout gâcher; *[person]* **to be/get** (o.s.) **in a** ~***** être/se mettre dans de beaux draps; **to get sb/get o.s. out of a** ~ sortir qn/se sortir d'un mauvais pas. (**b**) (*Mil*) mess *m*; (*Naut*) carré *m*. **2** *vt* salir, souiller. **3** *vi* manger (*with* avec).
mess about*, **mess around*** **1** *vi* (*in water, mud*) patauger; (*waste time*) perdre son temps; (*dawdle*) lambiner*; (*hang about*) traîner. **what were you doing?** – **just** ~**ing about** que faisais-tu? – **rien de particulier**; **to** ~ **about** *or* **around with** *object* tripoter; *person* s'amuser avec; (*sexually*) peloter*. **2** *vt sep person* embêter*; *arrangements* chambouler*.
mess up *vt sep clothes* salir; *room* mettre en désordre; *hair* ébouriffer; *situation, plans, life etc* gâcher.
♦ **mess-up*** *n* gâchis *m*. ♦ **messy** *adj* (*dirty*) sale; (*untidy*) *room* en désordre; *piece of work* pas assez soigné; *text, page* sale; *job* salissant; *situation* compliqué.
message ['mesɪdʒ] *n* message *m*. **telephone** ~ message téléphonique; **to leave a** ~ laisser un mot (*for sb* à qn); **would you give him this** ~? voudriez-vous lui faire cette commission?; (*fig*) **to get the** ~***** comprendre, piger*. ♦ **messenger 1** *n* messager *m*, -ère *f*; (*in office etc*) coursier *m*; **2** *adj*: **messenger boy** garçon *m* de courses.
Messiah [mɪˈsaɪə] *n* Messie *m*.
Messrs ['mesəz] *npl* messieurs *mpl* (*abbr* MM.).
met¹ [met] *pret, ptp of* **meet**.
met² [met] *adj* (*abbr of* **meteorological**) **the M**~ **Office** ≈ l'O.N.M. *m*; ~ **report** bulletin *m* de la météo*.
metabolism [meˈtæbəlɪzəm] *n* métabolisme *m*.
metal ['metl] **1** *n* métal *m*. **road** ~ empierrement *m*. **2** *adj or* de métal. ~ **polish** produit *m* d'entretien (pour métaux). **3** *vt road* empierrer.
♦ **metallic** *adj* métallique. ♦ **metallurgist** *n* métallurgiste *m*. ♦ **metallurgy** *n* métallurgie *f*.

♦ **metalwork** n (*articles*) ferronnerie f; (*craft*) travail m des métaux. ♦ **metalworker** n (*Ind*) ouvrier m métallurgiste.

metamorphosis [ˌmetəˈmɔːfəsɪs] n métamorphose f. ♦ **metamorphose** vi se métamorphoser (*into* en).

metaphor [ˈmetəfəʳ] n métaphore f. ♦ **metaphorical** adj métaphorique.

metaphysics [ˌmetəˈfɪzɪks] nsg métaphysique f. ♦ **metaphysical** adj métaphysique.

mete [miːt] vt: to ~ **out** *punishment* infliger; *reward* décerner; *justice* rendre.

meteor [ˈmiːtɪəʳ] n météore m. ♦ **meteoric** adj météorique; (*fig*) fulgurant; ~**ic rise** montée f en flèche. ♦ **meteorite** n météorite m or f.

meteorology [ˌmiːtɪəˈrɒlədʒɪ] n météorologie f. ♦ **meteorological** adj météorologique. ♦ **meteorologist** n météorologue mf.

meter [ˈmiːtəʳ] 1 n (a) (*gen*) compteur m; (*parking* ~) parcmètre m. **electricity/gas/water** ~ compteur d'électricité/à gaz/à eau. (b) (*US*) = metre. 2 adj (*US Aut*) ~ **maid** contractuelle f; ~ **reader** releveur m de compteurs.

methane [ˈmiːθeɪn] n méthane m.

method [ˈmeθəd] n (a) (*gen*) méthode f. there's ~ **in his madness** sa folie ne manque pas d'une certaine logique. (b) (*manner*) méthode f, façon f. his ~ **of working** sa méthode de travail, sa façon de travailler. ♦ **methodical** adj méthodique. ♦ **Methodism** n méthodisme m. ♦ **Methodist** adj, n méthodiste (mf). ♦ **methodology** n méthodologie f.

meths* [meθs] n abbr of methylated spirit(s).

methyl [ˈmeθɪl] n méthyle m. ♦ **methylated spirit(s)** n alcool m à brûler.

meticulous [mɪˈtɪkjʊləs] adj méticuleux. ♦ **meticulously** adv méticuleusement.

métier [ˈmeɪtɪeɪ] n (*trade etc*) métier m; (*one's particular work etc*) partie f, rayon* m; (*strong point*) point m fort.

metre [ˈmiːtəʳ] n (*all senses*) mètre m. ♦ **metric** adj métrique; to go metric* adopter le système métrique. ♦ **metrication** n conversion f au système métrique.

metronome [ˈmetrənəʊm] n métronome m.

metropolis [mɪˈtrɒpəlɪs] n métropole f (*ville*). ♦ **metropolitan** adj métropolitain.

mettle [ˈmetl] n fougue f. on one's ~ prêt à donner le meilleur de soi-même; to show one's ~ montrer ce dont on est capable.

mew [mjuː] 1 n miaulement m. 2 vi miauler.

mews [mjuːz] (*Brit*) n sg or pl ruelle f. ~ **flat** petit appartement m assez chic.

Mexico [ˈmeksɪkəʊ] n Mexique m. ~ **City** Mexico. ♦ **Mexican** 1 adj mexicain; 2 n Mexicain(e) m(f).

mezzanine [ˈmezəniːn] n mezzanine f.

mezzo-soprano [ˌmetsəʊsəˈprɑːnəʊ] n (*voice*) mezzo-soprano m; (*singer*) mezzo(-soprano) f.

mi [miː] n (*Mus*) mi m.

miaow [miːˈaʊ] 1 n miaou m. 2 vi miauler.

mica [ˈmaɪkə] n mica m.

mice [maɪs] npl of mouse.

Michaelmas [ˈmɪklməs] 1 n la Saint-Michel. 2 adj: ~ **daisy** aster m d'automne.

mickey* [ˈmɪkɪ] n: to take the ~ **out of sb** se payer la tête de qn*.

micro... [ˈmaɪkrəʊ] pref micro-. ♦ **microbiology** n microbiologie f. ♦ **microchip** n microplaquette f. ♦ **microcircuit** n microcircuit m. ♦ **microdot** n micro-image-point m. ♦ **microelectronics** nsg micro-électronique f. ♦ **microfilm** 1 n microfilm m; 2 vt microfilmer. ♦ **microgroove** n microsillon m. ♦ **micromesh** adj stockings super-fin. ♦ **micro-organism** n micro-organisme m. ♦ **microprocessor** n microprocesseur m. ♦ **microreader** n microlecteur m. ♦ **microwave** n micro-onde f.

microbe [ˈmaɪkrəʊb] n microbe m.

microcosm [ˈmaɪkrəʊkɒzəm] n microcosme m.

microphone [ˈmaɪkrəfəʊn] n microphone m.

microscope [ˈmaɪkrəskəʊp] n microscope m. **under the** ~ au microscope. ♦ **microscopic** adj microscopique.

mid [mɪd] adj: in ~ **May** à la mi-mai, au milieu de mai; in ~ **morning** au milieu de la matinée; in ~ **air** (*lit*) en plein ciel; (*fig*) leave sth etc en suspens; in ~ **course** à mi-course; in ~ **Atlantic** au milieu de l'Atlantique; ~**-Victorian** du milieu de l'époque victorienne. ♦ **midday** 1 n midi m; at ~**day** à midi; 2 adj sun de midi. ♦ **midland** 1 n: the Midlands les comtés mpl du centre de l'Angleterre; 2 adj du centre (du pays); region central. ♦ **midnight** 1 n minuit m; at ~**night** à minuit; 2 adj de minuit; to burn the ~**night** oil travailler (or lire etc) fort avant dans la nuit. ♦ **midriff** n (*diaphragm*) diaphragme m; (*stomach*) estomac m. ♦ **midshipman** n midshipman m. ♦ **midst** n: in the ~**st of** (*in the middle of*) au milieu de; (*surrounded by*) entouré de; (*among*) parmi; (*during*) pendant; in our ~**st** parmi nous. ♦ **midstream** n: in ~**stream** au milieu du courant. ♦ **midsummer** 1 n (*height of summer*) milieu m de l'été; (*solstice*) solstice m d'été; at ~**summer** à la Saint-Jean; 2 adj de plein été; **Midsummer Day** la Saint-Jean. ♦ **midterm** n (*holiday*) = vacances fpl de la Toussaint (or de février or de Pentecôte). ♦ **midway** adj, adv à mi-chemin. ♦ **midweek** 1 adv vers le or au milieu de la semaine; 2 adj de milieu de semaine. ♦ **Midwest** n (*US*) Midwest m. ♦ **midwinter** 1 n (*heart of winter*) milieu m de l'hiver; (*solstice*) solstice m d'hiver; in ~**winter** en plein hiver; 2 adj de plein hiver.

middle [ˈmɪdl] 1 adj chair, period etc du milieu; size, quality moyen. (*fig*) to take the ~ **course** choisir le moyen terme; during his ~ **age** quand il n'était déjà plus jeune; he fears ~ **age** il a peur de la cinquantaine; the M~ **Ages** le moyen âge; (*Mus*) ~ **C** do m en dessous du la du diapason; the ~ **classes** les classes moyennes, la bourgeoisie; in the ~ **distance** (*Art etc*) au second plan; (*gen*) à mi-distance; M~ **East** Moyen-Orient m; ~ **finger** médius m, majeur m; ~ **name** deuxième nom m; ~ **school** = (*Brit Admin*) cours m moyen; (*US*) M~ **West** Middle West m. 2 n (a) milieu m. in the ~ **of** au milieu de; right in the ~ au beau milieu; it's in the ~ **of nowhere*** c'est en plein bled*; a village in the ~ **of nowhere*** un petit trou perdu*; I was in the ~ **of my work** j'étais en plein travail; I'm in the ~ **of reading** it je suis justement en train de le lire. (b) (*: waist*) taille f. ♦ **middle-aged** adj d'un certain âge. ♦ **middle-class** adj bourgeois, des classes moyennes. ♦ **middleman** n intermédiaire m. ♦ **middle-of-the-road** adj modéré. ♦ **middle-sized** adj tree, building de grandeur moyenne; parcel de grosseur moyenne; person de taille moyenne. ♦ **middleweight** n poids m moyen. ♦ **middling** adj moyen.

midge [mɪdʒ] n moucheron m.

midget [ˈmɪdʒɪt] 1 n nain(e) m(f). 2 adj minuscule.

midwife [ˈmɪdwaɪf] n sage-femme f. ♦ **midwifery** [ˈmɪdwɪfərɪ] n obstétrique f.

might[1] [maɪt] modal aux vb V may[1]. ♦ **might-have-been** n (*thing*) ce qui aurait pu être; (*person*) raté(e) m(f).

might[2] [maɪt] n force(s) f(pl). with ~ **and main**, with all one's ~ de toutes ses forces.

mighty [ˈmaɪtɪ] 1 adj (*gen*) puissant; achievement formidable; ocean vaste; (*: very big*) row, rage sacré* (*before* n). 2 adv (*:*) rudement*.

migraine [ˈmiːgreɪn] n migraine f.

migrate [maɪˈgreɪt] vi émigrer. ♦ **migrant** 1 adj bird migrateur; worker migrant; 2 n (*Agr*) saisonnier m. ♦ **migration** n migration f.

mike* [maɪk] n (*microphone*) micro m.

mild [maɪld] adj (*gen*) doux (f douce); reproach,

punishment, beer, sedative léger; *exercise, effect* modéré; *sauce* peu épicé; *curry* pas trop fort; *illness* bénin. it's ~ **today** il fait doux aujourd'hui; **a ~ form of polio** la poliomyélite sous une forme bénigne. ♦ **mildly** *adv* (*gently*) doucement; (*slightly*) légèrement; **to put it ~ly*** ... pour ne pas dire plus ...; **that's putting it ~ly*** c'est le moins qu'on puisse dire. ♦ **mildness** *n* douceur *f*; légèreté *f*.

mildew ['mɪldjuː] *n* (*gen*) moisissure *f*; (*on plants*) rouille *f*; (*on vine*) mildiou *m*. ♦ **mildewed** *adj* moisi; piqué de rouille; mildiousé.

mile [maɪl] *n* mile *m* or mille *m* (= *1 609,33 m*). **20 ~s per gallon** ≈ 14 litres aux cent; **~s and ~s** ≈ des kilomètres et des kilomètres; (*fig*) **not a hundred ~s from here** sans aller chercher bien loin; **~s away** à cent lieues d'ici (*or* de là); **you could see it a ~ off** ça se voyait d'une lieue; **~s* bigger than** bien plus grand que. ♦ **mileage 1** *n* (*Aut etc*) (*distance covered*) ≈ kilométrage *m*; (*distance per gallon etc*) ≈ consommation *f* aux cent; **the car had a low ~age** ≈ la voiture avait peu de kilomètres; **2** *adj*: **~age allowance** ≈ indemnité *f* kilométrique. ♦ **mil(e)ometer** *n* ≈ compteur *m* kilométrique. ♦ **milepost** *or* ♦ **milestone** *n* borne *f* (milliaire), ≈ borne kilométrique; (*in career etc*) jalon *m* (*fig*).

milieu ['miːljɜː] *n* milieu *m* (social).

militant ['mɪlɪtənt] *adj*, *n* militant(e) *m(f)*. ♦ **militarism** *n* militarisme *m*. ♦ **militarist(ic)** *adj* militariste. ♦ **military 1** *adj* (*gen*) militaire; *service* militaire, national; **2** *npl*: **the military** l'armée *f*. ♦ **militate** *vi* militer (*against* contre). ♦ **militia** *collective n* milices *fpl*.

milk [mɪlk] **1** *n* lait *m*. **coconut ~ of magnesia** lait de magnésie; **a land flowing with ~ and honey** un pays de cocagne; (*hum*) **he came home with the ~*** il est rentré à l'aube. **2** *vt* **cow** traire; (*fig*) *person* exploiter; *strength* saper. **3** *adj* *product* laitier; *chocolate* au lait; *diet* lacté; *tooth* de lait. **~ bar** milk-bar *m*; **~ churn** bidon *m* à lait; **~ float** voiture *f* de laitier; **~ jug** pot *m* à lait; **~ powder** lait en poudre; **~ pudding** entremets *m* au lait; **~ shake** milk-shake *m*. ♦ **milk-and-water** *adj* insipide. ♦ **milking 1** *n* traite *f*; **2** *adj*: **~ing machine** trayeuse *f* (mécanique). ♦ **milkman** *n* laitier *m*. ♦ **milksop*** *n* chiffe *f* molle* (*fig*). ♦ **milky** *adj* *diet, product* lacté; *coffee, tea* au lait; *drink* à base de lait; (*fig*: *in colour etc*) laiteux; **M~y Way** voie *f* lactée.

mill [mɪl] **1** *n* (**a**) (*gen*) moulin *m*; (*Ind*: *for grain*) minoterie *f*. **wind~** moulin à vent; **pepper-~** moulin à poivre; (*fig*) **to go through the ~** en voir de dures*; **to put sb through the ~** en faire voir de dures à qn*. (**b**) (*factory*) usine *f*, fabrique *f*. **steel ~** aciérie *f*; **paper ~** usine *f* de papeterie; **cotton ~** filature *f* de coton. **2** *adj* (**a**) ~ **race** bief *m* de moulin; ~ **stream** courant *m* du bief; ~ **wheel** roue *f* d'un moulin. (**b**) ~ **girl** ouvrière *f* des filatures; ~ **owner** industriel *m* du textile. **3** *vt* *flour, coffee, pepper* moudre; *screw, nut* moleter. [*coin*] **~ed edge** crénelage *m*. **4** *vi* (~ **about** *or* **around**) [*crowd etc*] grouiller. ♦ **miller** *n* meunier *m*; (*Ind*: *large-scale*) minotier *m*. ♦ **millhand** *or* ♦ **millworker** *n* ouvrier *m* des filatures. ♦ **milling** *adj* *crowd* grouillant. ♦ **millpond** *n*: **sea like a ~pond** mer *f* d'huile. ♦ **millstone** *n* meule *f*; (*fig*) **a ~stone round his neck** un boulet qu'il traîne avec lui.

millennium [mɪ'lenɪəm] *n* millénaire *m*; (*Rel, also fig*) millénium *m*.

millet ['mɪlɪt] *n* millet *m*.

milli... ['mɪlɪ] *pref* milli.... ♦ **millibar** *n* millibar *m*. ♦ **milligram(me)** *n* milligramme *m*. ♦ **millimetre, (US) millimeter** *n* millimètre *m*.

milliner ['mɪlɪnə*r*] *n* modiste *f*. ♦ **millinery** *n* modes *fpl* (*chapeaux*).

million ['mɪljən] *n* million *m*. **a ~ men** un million

d'hommes; **he's one in a ~*** c'est la crème des hommes; (*fig*) **~s of*** des milliers de; **thanks a ~!*** merci mille fois!; (*US*) **to feel like a ~ dollars*** se sentir dans une forme époustouflante*. ♦ **millionaire** *n* millionnaire *m*, ≈ milliardaire *m*. ♦ **millionth** *adj*, *n* millionième (*mf*); (*fraction*) millionième *m*.

millipede ['mɪlɪpiːd] *n* mille-pattes *m inv*.

mime [maɪm] **1** *n* (*Theat*) (*skill, classical play*) mime *m*; (*modern play*) mimodrame *m*; (*fig*: *gestures etc*) mimique *f*. **2** *vti* mimer.

mimic ['mɪmɪk] **1** *n* imitateur *m*, -trice *f*. **2** *vt* imiter. ♦ **mimicry** *n* imitation *f*.

mimosa [mɪ'məʊzə] *n* mimosa *m*.

mince [mɪns] **1** *n* (*Culin*) bifteck *m* haché. **2** *adj*: ~ **pie** tarte *f* aux fruits secs. **3** *vt* (*Culin*: ~ **up**) hacher. (*fig*) **to ~ matters** *or* **one's words** mâcher ses mots. **4** *vi* (*in talking*) parler du bout des lèvres; (*in walking*) marcher à petits pas maniérés. ♦ **mincemeat** *n* hachis *m* de fruits secs; (*fig*) **to make ~meat of** pulvériser (*fig*). ♦ **mincer** *n* hachoir *m* (*appareil*). ♦ **mincing** *adj* affecté, minaudier.

mind [maɪnd] **1** *n* (**a**) (*gen*) esprit *m*; (*sanity*) raison *f*; (*memory*) mémoire *f*; (*opinion*) avis *m*. **in one's ~'s eye** en imagination; **his ~ is going** il n'a plus tout à fait sa tête; **his ~ went blank** ça a été le vide complet dans sa tête; **I'm not clear in my own ~ about it** je ne sais pas qu'en penser moi-même; **to be easy in one's ~** avoir l'esprit tranquille; **one of the great ~s of the century** un des grands cerveaux du siècle; **it was a case of ~ over matter** c'était la victoire de l'esprit sur la matière; **to be out of one's ~** ne plus avoir toute sa raison *or* sa tête; **you must be out of your ~!*** tu as perdu la tête!; **he went out of his ~** il a perdu la tête. (**b**) (*phrases*) **with one ~** comme un seul homme; **of one ~** du même avis; **to be in two ~s about (doing) sth** se tâter pour ce qui est de (faire) qch; **I was of the same ~ as my brother** j'étais du même avis que mon frère, je partageais l'opinion de mon frère; **to my ~** à mon avis; **nothing is further from my ~ than doing that** loin de moi la pensée de faire cela; **ecology-~ed** très sensibilisé sur l'écologie; **an industrially-~ed nation** une nation orientée vers l'industrie; **to bear** *or* **keep sth in ~** (*take account of*) tenir compte de qch; (*remember*) penser à qch, ne pas oublier qch; **to bring** *or* **call to ~** rappeler; **you must get it into your ~ that ...** tu dois te mettre dans la tête que ...; **I can't get it out of my ~** je ne peux m'empêcher d'y penser; **to give one's ~ to sth, to keep one's ~ on sth** se concentrer sur qch; **to give sb a piece of one's ~*** dire ses quatre vérités à qn; **it went right** *or* **clean* out of my ~** cela m'est complètement sorti de la tête*; **if you have a ~ to si vous le voulez vraiment; **to have (it) in ~ to do** avoir dans l'idée de faire; **I've a good ~ to do it*** j'ai bien envie de le faire; **I've half a ~ to do it*** j'ai presque envie de le faire; **to have in ~ thing** avoir en vue; **to have sth on one's ~** avoir l'esprit préoccupé de qch; **what's on your ~?** qu'est-ce qui vous préoccupe?; **to know one's own ~** savoir ce que l'on veut; **to let one's ~ run on sth** se laisser aller à penser à qch; **to let one's ~ wander** laisser flotter son attention; **to make up one's ~ about sth/to do** prendre une décision à propos de qch/la décision de faire; **that puts me in ~ of ...** cela me rappelle ...; **to put sth out of one's ~** oublier qch; **to put** *or* **set one's ~ to sth** s'appliquer à qch; **to set one's ~ on (doing) sth** vouloir fermement (faire) qch; **to set sb's ~ at rest** rassurer qn; **this will take her ~ off it** cela lui changera les idées; **the noise takes my ~ off my work** le bruit m'empêche de me concentrer sur mon travail.

2 *vt* (**a**) (*pay attention to*) faire attention à; (*beware of*) prendre garde à. **never ~!** (*don't*

worry) ne t'en fais pas!; (*it makes no odds*) ça ne fait rien!; (*iro*) don't ~ me!* ne vous gênez surtout pas pour moi!* (*iro*); never ~ the expense! tant pis pour le prix!; ~ your language! surveille ton langage!; ~ what you're doing! attention à ce que tu fais!; ~ the step! attention à la marche!; ~ you don't fall prenez garde de ne pas tomber; ~ you tell her n'oublie pas de le lui dire; ~ you*, I ... remarquez, je ... . (b) (*object to*) do you ~ if I take this book? – I don't ~ cela ne vous ennuie pas que je prenne ce livre? – je vous en prie!; which? – I don't ~ lequel? – ça m'est égal; if you don't ~ si cela ne vous fait rien; did she ~ (it) when he got married?; I don't ~ going with you je veux bien vous accompagner; I don't ~ the cold le froid ne me gêne pas; would you ~ doing that? cela vous ennuierait de faire cela?, (*abruptly*) je vous prie de faire cela; do you ~ the noise? le bruit vous gêne-t-il?; I don't ~ what people say je me moque du qu'en-dira-t-on; I wouldn't ~ a cup of coffee je prendrais bien une tasse de café. (c) (*take charge of*) *children, animals, shop* garder.
mind out* *vi* faire attention. ~ out! attention! ♦ **mind-bending*** *adj* renversant. ♦ **mind-blowing*** *adj* hallucinant. ♦ **mind-boggling*** *adj* ahurissant. ♦ **minded** *adj* disposé (*to do* à faire). ♦ **minder** *n* (*of child etc*) gardienne *f*. ♦ **mindful** *adj*: ~ful of attentif à. ♦ **mindless** *adj* stupide, idiot. ♦ **mindreader** *n*: he's a ~reader! il lit dans la pensée des gens!
mine[1] [maɪn] *poss pron* le mien, la mienne, les mien(ne)s. this pencil is ~ ce crayon est le mien *or* à moi; a friend of ~ un de mes amis.
mine[2] [maɪn] 1 *n* (a) (*Min*) mine *f*. coal ~ mine de charbon; to go down the ~s travailler à la mine; (*fig*) a ~ of information une véritable mine de renseignements. (b) (*Mil, Naut etc*) mine *f*. to lay a ~ poser une mine. 2 *vt* (a) (*Min*) *coal, ore* extraire. (b) (*Mil etc*) *sea* miner. 3 *vi* exploiter un gisement. to ~ for coal exploiter une mine (de charbon). 4 *adj*: ~ detector détecteur *m* de mines; ~ disposal déminage *m*. ♦ **minefield** *n* champ *m* de mines. ♦ **minelayer** *n* mouilleur *m* de mines. ♦ **minelaying** *n* mouillage *m* de mines. ♦ **miner** *n* mineur *m*. ♦ **mineshaft** *n* puits *m* de mine. ♦ **minesweeper** *n* dragueur *m* de mines. ♦ **mine-sweeping** *n* dragage *m* de mines. ♦ **mining** 1 *n* (a) (*Min*) exploitation *f* minière. (b) (*Mil, Naut*) mouillage *m* de mines. 2 *adj area, village, industry* minier; *engineer* des mines; *family* de mineurs.
mineral ['mɪnərəl] 1 *n* minéral *m*. (*soft drinks*) ~s boissons *fpl* gazeuses. 2 *adj* minéral. ~ water (*natural*) eau *f* minérale; (*soft drink*) boisson *f* gazeuse. ♦ **mineralogist** *n* minéralogiste *mf*. ♦ **mineralogy** *n* minéralogie *f*.
mingle ['mɪŋgl] 1 *vt* mêler (*with* à). 2 *vi* (*gen*) se mêler (*with* à); (*consort*) frayer (*with* avec).
mingy* ['mɪndʒɪ] *adj person* radin*; *share* misérable.
mini ['mɪnɪ] 1 *n* (*fashion*) mini *m*; (~*skirt*) mini(-jupe) *f*; (*car*) mini *f*®. 2 *pref* mini-. he's a kind of ~-dictator c'est une sorte de mini-dictateur. ♦ **minibus** *n* minibus *m*. ♦ **minicab** *n* minitaxi *m*. ♦ **minimarket** *or* ♦ **minimart** *n* minilibre-service *m*.
miniature ['mɪnɪtʃər] 1 *n* miniature *f*. in ~ en miniature. 2 *adj* (*gen*) (en) miniature; (*tiny*) minuscule; *camera* de petit format; *poodle* nain; *railway* miniature; *submarine* de poche. ~ bottle mini-bouteille *f*; ~ model maquette *f*. ♦ **miniaturize** *vt* miniaturiser.
minimum ['mɪnɪməm] 1 *n* minimum *m*. to reduce to a ~ réduire au minimum; to keep sth to a ~ limiter qch autant que possible. 2 *adj* minimum (*f inv or* -ima). ~ wage salaire *m* minimum garanti,

≃ SMIC* *m*. ♦ **minimal** *adj* minimal. ♦ **minimize** *vt* minimiser.
minister ['mɪnɪstər] 1 *n* (*gen*) ministre *m*; (*Rel*) pasteur *m*. M~ of State ≃ secrétaire *m* d'État; M~ of Health ministre de la Santé publique. 2 *vi*: to ~ to needs pourvoir à; *person* donner ses soins à. ♦ **ministerial** *adj decision, crisis* ministériel; *benches* des ministres. ♦ **ministrations** *npl* soins *mpl*. ♦ **ministry** *n* (a) (*Pol etc*) ministère *m*; Ministry of Health ministère de la Santé publique; (b) (*Rel*) the ministry le (saint) ministère; to go into the ministry devenir pasteur.
mink [mɪŋk] 1 *n* vison *m*. 2 *adj* de vison.
minnow ['mɪnəʊ] *n* vairon *m*; (*any small fish*) fretin *m*; (*fig: person*) menu fretin *m*.
minor ['maɪnər] 1 *adj* (*gen, Jur, Mus etc*) mineur; *detail, role, expenses, repairs* petit; *importance, interest* secondaire. (*Mus*) G ~ sol mineur; (*Mus*) ~ key ton *m* mineur; in the ~ key en mineur; ~ offence ≃ contravention *f* de simple police; (*Med*) ~ operation opération bénigne; (*Cards*) ~ suit (*couleur f*) mineure *f*. 2 *n* (a) (*Jur*) mineur(e) *m(f)*. (b) (*US Univ*) matière *f* secondaire. ♦ **minority** [maɪ'nɒrɪtɪ] 1 *n* minorité *f*; in the ~ity en minorité; 2 *adj* (*gen*) minoritaire; *report* soumis par un groupe minoritaire.
Minorca [mɪ'nɔːkə] *n* Minorque *f*. in ~ à Minorque.
minstrel ['mɪnstrəl] *n* ménestrel *m*.
mint[1] [mɪnt] 1 *n* (hôtel *m* de la) Monnaie *f*; (*fig: big sum*) des sommes *fpl* folles. to make a ~ of money faire des affaires d'or. 2 *adj*: in ~ condition à l'état de neuf. 3 *vt coins* battre; *gold* monnayer (*into* pour obtenir); (*fig*) *word* inventer. (*fig*) he ~s money il fait des affaires d'or.
mint[2] [mɪnt] 1 *n* (*plant*) menthe *f*; (*sweet*) bonbon *m* à la menthe. 2 *adj* à la menthe. ~ sauce menthe *f* au vinaigre.
minus ['maɪnəs] 1 *prep* (*Math etc*) moins; (*: without*) sans. 2 *adj*: ~ quantity (*Math*) quantité *f* négative; (*: fig*) quantité négligeable; ~ sign moins *m*.
minute[1] ['mɪnɪt] 1 *n* (a) (*of time*) minute *f*. it is 20 ~s past 2 il est 2 heures 20 (minutes); at 4 o'clock to the ~ à 4 heures pile; we got the train without a ~ to spare une minute de plus et nous manquions le train; I'll do it in a ~ je le ferai dans une minute; the ~ he comes dès qu'il arrivera; do it this ~! fais-le à la minute!; he went out this ~ il vient tout juste de sortir; any ~ now d'une minute à l'autre; I shan't be a ~ j'en ai pour deux secondes; it won't take five ~s ce sera fait en un rien de temps; wait a ~ attendez une minute *or* un instant; (*indignantly*) minute!; up to the ~ *equipment* dernier modèle *inv*; *fashion* dernier cri *inv*; *news* de dernière heure. (b) (*Geog, Math*) minute *f*. (c) (*memorandum*) note *f*. [*meeting*] ~s procès-verbal *m*; to take the ~s rédiger le procès-verbal. 2 *adj* (a) ~ hand grande aiguille *f*; ~ steak entrecôte *f* minute. (b) ~ book registre *m* des délibérations. 3 *vt fact, detail* prendre note de.
minute[2] [maɪ'njuːt] *adj* (*gen*) minuscule; *change, differences* infime; *examination, description* minutieux. in ~ detail dans les moindres détails. ♦ **minutely** *adv examine etc* minutieusement; *change* très peu; ~ly resembling ... avait très vaguement l'apparence de ... . ♦ **minutiae** *npl* menus détails *mpl*.
miracle ['mɪrəkl] 1 *n* miracle *m* (*also fig*). by a *or* some ~ par miracle; it is a ~ that c'est miracle que + *subj*; it will be a ~ if ce sera un miracle si. 2 *adj*: ~ cure *or* drug remède-miracle *m*; ~ play miracle *m* (*Theat*). ♦ **miraculous** *adj* miraculeux. ♦ **miraculously** *adv* miraculeusement.
mirage ['mɪrɑːʒ] *n* mirage *m*.
mirror ['mɪrər] 1 *n* (*gen*) miroir *m*, glace *f*; (*Aut*) rétroviseur *m*. hand ~ glace à main; pocket ~ miroir de poche. 2 *adj* ~ image image *f* in-

vertie. **3** vt refléter. **to be ~ed in** se refléter dans.
mirth [mɜːθ] n hilarité f, rires mpl.
misadventure [ˌmɪsəd'ventʃər] n mésaventure f, (less serious) contretemps m. (Jur) **death by ~** mort f accidentelle.
misanthropy [mɪ'zænθrəpɪ] n misanthropie f. ♦ **misanthropic** adj person misanthrope; mood misanthropique. ♦ **misanthropist** n misanthrope mf.
misapply ['mɪsə'plaɪ] vt (gen) mal employer; funds détourner.
misapprehension ['mɪs,æprɪ'henʃən] n malentendu m, méprise f. **he's (labouring) under a ~** il se trompe.
misappropriate ['mɪsə'prəuprɪeɪt] vt détourner. ♦ **misappropriation** n détournement m.
misbehave ['mɪsbɪ'heɪv] vi (gen) se conduire mal; [child] ne pas être sage. ♦ **misbehaviour**, (US) **misbehavior** n mauvaise conduite f.
miscalculate ['mɪs'kælkjuleɪt] **1** vt mal calculer. **2** vi (fig) se tromper. ♦ **miscalculation** n erreur f de calcul.
miscarry [ˌmɪs'kærɪ] vi (a) [plan] échouer, avorter. (b) (Med) faire une fausse couche. ♦ **miscarriage** n (a) [plan] échec m; **miscarriage of justice** erreur f judiciaire; (b) (Med) fausse couche.
miscast ['mɪs'kɑːst] adj: **he was ~** on n'aurait jamais dû lui donner ce rôle.
miscellaneous [ˌmɪsɪ'leɪnɪəs] adj divers. **~ expenses** frais mpl divers. ♦ **miscellany** [mɪ'selənɪ] n [objects etc] collection f; (Literat) recueil m; (Rad, TV) sélection f.
mischance [ˌmɪs'tʃɑːns] n: **by (a) ~** par malheur.
mischief ['mɪstʃɪf] n (a) (roguishness) espièglerie f; (naughtiness) fpl; (maliciousness) méchanceté f. **he's up to (some) ~** [child] il prépare une sottise; [adult] (in fun) il prépare une farce quelconque; (from malice) il médite un mauvais coup; **to get into ~** faire des sottises; **to keep sb out of ~** empêcher qn de faire des sottises; **full of ~** espiègle; **bubbling over with ~** pétillant de malice; **to make ~** créer des ennuis (for sb à qn); **to make ~ between** semer la discorde entre; **to do o.s. a ~** se faire mal. (b) (*: child) polisson(ne) m(f). ♦ **mischief-maker** n semeur m, -euse f de discorde; (esp gossip) mauvaise langue f. ♦ **mischievous** adj (playful, naughty) espiègle; (harmful) malveillant. ♦ **mischievously** adv par espièglerie; avec malveillance. ♦ **mischievousness** n (roguishness) espièglerie f; (naughtiness) polissonnerie f; (maliciousness) méchanceté f.
misconception ['mɪskən'sepʃən] n (wrong idea/opinion) idée/opinion f fausse; (misunderstanding) malentendu m.
misconduct [ˌmɪs'kɒndʌkt] n inconduite f; (sexual) adultère m.
misconstrue ['mɪskən'struː] vt mal interpréter. ♦ **misconstruction** n fausse interprétation f.
miscount ['mɪs'kaʊnt] **1** n (gen) mécompte m; (during election) erreur f dans le compte. **2** vti mal compter.
misdeal ['mɪs'diːl] (vb: pret, ptp -dealt [-delt]) (Cards) **1** n maldonne f. **2** vi faire maldonne.
misdeed ['mɪs'diːd] n méfait m.
misdemeanour, (US) **-nor** [ˌmɪsdɪ'miːnər] n incartade f; (Jur) infraction f.
misdirect ['mɪsdɪ'rekt] vt letter etc mal adresser; person mal renseigner; operation mener mal; (Jur) jury mal instruire.
miser ['maɪzər] n avare mf. ♦ **miserliness** n avarice f. ♦ **miserly** adj avare.
miserable ['mɪzərəbl] adj (a) (unhappy) malheureux, triste; (deplorable) sight, failure pitoyable, lamentable. **to feel ~** avoir le cafard*; (physically) être mal fichu*; **to make sb ~** (depress) déprimer qn; (hurt) peiner qn; **don't**

look so ~! ne fais pas cette tête d'enterrement! (b) (filthy, wretched) misérable, minable. (c) (*: unpleasant) weather etc maussade, (stronger) sale* (before n). (d) (contemptible) meal, gift piteux; amount, offer dérisoire; salary de misère. **a ~ 50 francs** la misérable somme de 50 F. ♦ **miserably** adv smile, answer pitoyablement; fail lamentablement; live, pay misérablement.
misery ['mɪzərɪ] n (unhappiness) tristesse f; (suffering) souffrances fpl; (wretchedness) misère f. **a life of ~** une vie de misère; **to make sb's life a ~** rendre qn (constamment) malheureux; **to put an animal out of its ~** achever un animal; **put him out of his ~*** and tell him abrégez son supplice et dites-le-lui; **what a ~ you are!** ce que tu peux être grincheux!
misfire [mɪs'faɪər] vi [gun, plan] faire long feu; [joke] foirer*; [car engine] avoir des ratés.
misfit ['mɪsfɪt] n (person) inadapté(e) m(f).
misfortune [mɪs'fɔːtʃən] n (single event) malheur m; (bad luck) malchance f. **it is his ~ that he is deaf, he has the ~ to be deaf** pour son malheur il est sourd; **that's YOUR ~!** tant pis pour toi!
misgiving [mɪs'gɪvɪŋ] n appréhension f. **not without ~(s)** non sans appréhension; **to have ~s about** avoir des doutes mpl quant à.
misgovern ['mɪs'gʌvən] vti mal gouverner.
misguided ['mɪs'gaɪdɪd] adj person abusé; attempt malencontreux; decision, action peu judicieux. ♦ **misguidedly** adv malencontreusement; peu judicieusement.
mishandle ['mɪs'hændl] vt object manipuler sans précaution; person s'y prendre mal avec; problem traiter mal. **he ~d the whole situation** il a été tout à fait maladroit.
mishap ['mɪshæp] n mésaventure f. **without ~** sans encombre.
mishear ['mɪs'hɪər] pret, ptp **-heard** [-hɜːd] vt mal entendre.
mishmash* ['mɪʃmæʃ] n méli-mélo* m.
misinform ['mɪsɪn'fɔːm] vt mal renseigner.
misinterpret ['mɪsɪn'tɜːprɪt] vt mal interpréter. ♦ **misinterpretation** n interprétation f erronée (of de); (in translation) contresens m; **open to ~ation** qui prête à contresens.
misjudge ['mɪs'dʒʌdʒ] vt amount, time mal évaluer; (underestimate) sous-estimer; person se méprendre sur le compte de.
mislay [ˌmɪs'leɪ] pret, ptp **mislaid** vt égarer.
mislead [ˌmɪs'liːd] pret, ptp **misled** vt tromper. ♦ **misleading** adj trompeur.
mismanage ['mɪs'mænɪdʒ] vt mal administrer. ♦ **mismanagement** n mauvaise administration f.
misname ['mɪs'neɪm] vt mal nommer.
misnomer ['mɪs'nəumər] n nom m impropre.
misogynist [mɪ'sɒdʒɪnɪst] n misogyne mf.
misplace ['mɪs'pleɪs] vt word, trust mal placer; (lose) égarer.
misprint ['mɪsprɪnt] n faute f d'impression, coquille f.
mispronounce ['mɪsprə'naʊns] vt prononcer de travers. ♦ **mispronunciation** n faute(s) f(pl) de prononciation.
misquote ['mɪs'kwəʊt] vt citer inexactement. **he was ~d as having said ...** on lui a incorrectement fait dire que ... . ♦ **misquotation** n citation f inexacte.
misread ['mɪs'riːd] pret, ptp **misread** ['mɪs'red] vt mal lire; (misinterpret) mal interpréter.
misrepresent ['mɪs,reprɪ'zent] vt facts dénaturer; person donner une impression incorrecte de.
miss¹ [mɪs] **1** n (shot etc) coup m manqué ou raté. (lit, fig) **that was a near ~** il s'en est fallu de peu ou d'un cheveu; (fig) **to have a near ~** l'échapper belle; **to give sth a ~*** ne pas faire qch; (concert etc) ne pas aller à qch; **I'll give the wine a ~** je me passerai de vin; **give it a ~!*** arrête!

2 vt (a) (gen) train, target, deadline etc manquer, rater; thing looked out for, solution ne pas trouver; remark (not hear) ne pas entendre, (not understand) ne pas comprendre; (omit) meal, page, day sauter; class manquer, (deliberately) sécher*. it just ~ed me ça m'a manqué de justesse; the plane just ~ed the tower l'avion a failli toucher la tour; (iro) you haven't ~ed much! vous n'avez pas manqué grand-chose!; (fig) to ~ the boat* or the bus* manquer le coche*; to ~ one's footing glisser; she doesn't ~ a trick* rien ne lui échappe; to ~ one's way perdre son chemin; you can't ~ our house vous trouverez tout de suite notre maison; don't ~ the Louvre ne manquez pas d'aller au Louvre; we shall ~ Bourges nous ne verrons pas Bourges; you're ~ing the point vous n'y êtes pas. (b) (avoid) accident, bad weather échapper à. he narrowly ~ed being killed il a manqué se faire tuer. (c) (long for) person regretter l'absence de. I do ~ Paris/him Paris/il me manque beaucoup; we ~ you very much tu nous manques beaucoup, nous regrettons beaucoup ton absence; he won't be ~ed personne ne le regrettera. (d) (notice loss of) money, valuables remarquer l'absence or la disparition de. I suddenly ~ed my wallet tout d'un coup je me suis aperçu que je n'avais plus mon portefeuille; I shan't ~ it ça ne me fera pas défaut.

3 vi (a) [shot, person] manquer, rater. you can't ~! vous ne pouvez pas ne pas réussir!; he never ~es il ne manque jamais son coup. (b) to be ~ing avoir disparu; there is one plate ~ing il manque une assiette; one of our aircraft is ~ing un de nos avions n'est pas rentré.

miss out vt sep (accidentally) sauter, oublier; (on purpose) course at meal ne pas prendre; name on list, person omettre; word, line of verse, page sauter; lecture, museum ne pas aller à.

miss out on* vt fus opportunity, bargain laisser passer, louper*. he ~ed out on the deal il n'a pas obtenu tout ce qu'il aurait pu de l'affaire.

♦ **missing** adj person absent, disparu; (Mil) disparu; object (lost) perdu, (left out) manquant; word qui manque; (Police etc) ~ing person personne f absente; the ~ing students les étudiants dont on est sans nouvelles; (fig) the ~ing link le chaînon manquant; (Mil) reported ~ing porté disparu.

miss² [mɪs] n mademoiselle f. M~ Smith Mademoiselle Smith, Mlle Smith; (in letter) Dear M~ Smith Chère Mademoiselle; yes M~ Smith oui mademoiselle; M~ France 1982 Miss France 1982; the modern ~ la jeune fille moderne.

missal ['mɪsəl] n missel m.

misshapen ['mɪs'ʃeɪpən] adj difforme.

missile ['mɪsaɪl] 1 n (gen) projectile m; (Mil) missile m. 2 adj: ~ base base f de missiles; ~ launcher lance-missiles m inv.

mission ['mɪʃən] n (all senses) mission f. trade ~ mission de commerce; on a ~ to sb en mission auprès de qn; his ~ in life is to help others il s'est donné pour mission d'aider autrui. ♦ **missionary** 1 n missionnaire mf; 2 adj de missionnaire(s).

misspell ['mɪs'spel] pret, ptp misspelt vt mal orthographier. ♦ **misspelling** n faute f d'orthographe.

mist [mɪst] 1 n brume f; (on glass) buée f; [perfume] nuage m; [ignorance, tears] voile m. lost in the ~s of time perdu dans la nuit des temps. 2 vi (~ over, ~ up) [scene, landscape] se couvrir de brume; [mirror, eyes] s'embuer. ♦ **misty** adj weather brumeux; mirror, eyes embué; outline, recollection flou.

mistake [mɪs'teɪk] (vb: pret mistook, ptp mistaken) 1 n erreur f, faute f; (misunderstanding) méprise f. to make a ~ in a dictation/problem faire une faute dans une dictée/une erreur dans un problème; I made a ~ about the book/about

him je me suis trompé sur le livre/sur son compte; I made a ~ about or over the road to take/about or over the dates je me suis trompé de route/de dates; make no ~ about it ne vous y trompez pas; you're making a big ~ tu fais une grave erreur; to make the ~ of doing avoir le tort de faire; by ~ par erreur, (carelessly) par mégarde; there must be some ~ il doit y avoir erreur; there must be no ~ about it qu'on ne s'y trompe pas; he's wrong and no ~ décidément il a tort; my ~! c'est une faute de ma part! 2 vt meaning mal comprendre; intentions se méprendre sur; time, road se tromper de; sb's voice ne pas reconnaître. to ~ A for B prendre A pour B. ♦ **mistaken** adj idea, opinion, conclusion erroné; generosity mal placé; in the ~n belief that ... croyant à tort que ...; [person] to be ~n se tromper (about sur); if I'm not ~n si je ne me trompe. ♦ **mistakenly** adv par erreur, (carelessly) par mégarde.

mistime ['mɪs'taɪm] vt (do etc at unsuitable time) faire etc à contretemps.

mistletoe ['mɪsltəʊ] n gui m.

mistranslate ['mɪstrænz'leɪt] vt mal traduire. ♦ **mistranslation** n contresens m.

mistress ['mɪstrɪs] n (gen) maîtresse f; (teacher) professeur m. English ~ professeur d'anglais.

mistrust ['mɪs'trʌst] 1 n méfiance f (of à l'égard de). 2 vt person, motives se méfier de; one's own abilities douter de. ♦ **mistrustful** adj méfiant. ♦ **mistrustfully** adv avec méfiance.

misunderstand ['mɪsʌndə'stænd] pret, ptp -stood vt mal comprendre. ♦ **misunderstanding** n méprise f; (disagreement) malentendu m. ♦ **misunderstood** adj person incompris.

misuse ['mɪs'juːz] 1 vt power, authority abuser de; word, tool employer incorrectement; money, resources, energies, one's time mal employer; funds détourner. 2 ['mɪs'juːs] n abus m; emploi m incorrect; mauvais emploi; détournement m.

mite [maɪt] n (a) (small amount) (good sense etc) grain m; [truth] parcelle f. a ~ of consolation une toute petite consolation; the widow's ~ le denier de la veuve. (b) (small child) petit(e) m(f). poor little ~ le pauvre petit. (c) (Zool) mite f. cheese ~ mite de fromage.

mitigate ['mɪtɪɡeɪt] vt atténuer. **mitigating circumstances** circonstances fpl atténuantes. ♦ **mitigation** n atténuation f.

mitre, (US) **miter** ['maɪtər] n (Rel) mitre f; (Carpentry) onglet m.

mitt [mɪt] n (also mitten) (cut-off fingers) mitaine f; (no separate fingers) moufle f; (Baseball) gant m.

mix [mɪks] 1 n mélange f. cake ~ préparation f pour gâteau. 2 vt liquids, ingredients, colours mélanger (with avec); small objects mêler, mélanger (with à); metals allier; cement, mortar malaxer; cake, sauce, cocktails préparer; salad retourner. to ~ to a smooth paste battre pour obtenir une pâte homogène; to ~ business with pleasure combiner les affaires et le plaisir; to ~ one's metaphors faire des métaphores incohérentes. 3 vi se mélanger; se mêler; s'allier. he ~es with all kinds of people il fréquente toutes sortes de gens; he doesn't ~ well il est peu sociable; they just don't ~ [patterns] ils ne vont pas ensemble; [people] ils n'ont rien en commun.

mix in vt sep eggs etc incorporer (with à).

mix together vt sep mélanger.

mix up vt sep (a) (prepare) drink, medicine mélanger, préparer. (b) (in disorder) documents, garments mêler, mélanger. (c) (confuse) two objects, two people confondre (with avec). (d) to be/get ~ed up in an affair être/se trouver mêlé à une affaire; don't get ~ed up in it! restez à l'écart!; he has got ~ed up with a lot of criminals il s'est mis à fréquenter des malfaiteurs. (e) (*muddle*) *person* embrouiller. **to be ~ed up** [*person*] être déboussolé*; [*account, facts*] être embrouillé; **I am all ~ed up about it** je ne sais plus où j'en suis.

♦ **mixed** *adj* *marriage, school, economy* mixte; *biscuits, nuts* assortis; *weather* variable; *metaphor* incohérent; *motives* complexe; *feelings* contradictoires; *reception* mitigé; (*fig*) **it's a ~ed bag*** il y a un peu de tout; **it's a ~ed blessing** c'est une bonne chose qui a son mauvais côté; **man/woman of ~ed blood** un/une sang-mêlé; **in ~ed company** en présence d'hommes et de femmes; (*Tennis*) **~ed doubles** double *m* mixte; **~ed farming** polyculture *f*. ♦ **mixed-up** *adj* *person* déboussolé*; *account* embrouillé. ♦ **mixer** *n* **(a)** (*Culin*) mixeur *m*; [*mortar etc*] malaxeur *m*; [*industrial liquids*] agitateur *m*; *cement* ~er bétonnière *f*; **(b) he's a good ~er** il est très sociable *or* liant. ♦ **mixing** 1 *n* (*V* **mix** 2) mélange *m*; alliage *m*; malaxage *m*; préparation *f*; 2 *adj*: **~ing bowl** jatte *f*. ♦ **mixture** *n* mélange *m*; (*Med*) préparation *f*, mixture *f*; (*fig*) **it's just the ~ture as before** il n'y a rien de nouveau. ♦ **mix-up** *n* confusion *f* (*over* en ce qui concerne).

moan [məʊn] 1 *n* (*gen*) gémissement *m*; (*: complaint*) plainte *f*. 2 *vi* (*gen*) gémir; (*: complain*) se plaindre, rouspéter*. 3 *vt* dire en gémissant.

moat [məʊt] *n* fossés *mpl*.

mob [mɒb] 1 *n* [*people*] foule *f*, masse *f*; (*disorderly*) cohue *f*; (*rioting*) émeutiers *mpl*; (*pej*) populace *f*; [*criminals, bandits etc*] gang *m*; (*: group*) bande *f*. 2 *adj*: **~ rule** la loi de la populace. 3 *vt* *person* assaillir; *place* assiéger.

mobile [məʊbaɪl] 1 *adj* mobile. (*fig*) **I'm not ~ this week*** je ne suis pas motorisé* cette semaine; **~ canteen** (*cuisine*) roulante *f*; **~ home** grande caravane *f* (*utilisée comme domicile*); (*Rad, TV*) **~ studio** car *m* de reportage.

2 *n* (*Art*) mobile *m*.

♦ **mobility** *n* mobilité *f*. ♦ **mobilization** *n* mobilisation *f*. ♦ **mobilize** *vti* mobiliser.

mock [mɒk] 1 *vt* (*ridicule*) ridiculiser; (*scoff at*) se moquer de. 2 *vi* se moquer (*at* de). 3 *adj* *leather etc* imitation *inv* (*before n*), faux (*before n*); *anger* feint. **a ~ battle/trial** un simulacre de bataille/de procès; **~ exam** examen blanc; **~ turtle soup** consommé *m* à la tête de veau.

mock up *vt sep* faire la maquette de.

♦ **mocker** *n* moqueur *m*, -euse *f*. ♦ **mockery** *n* (*gen*) moquerie *f*; (*of justice etc*) parodie *f*; **to make a ~ery of** tourner en dérision. ♦ **mocking** 1 *n* moquerie *f*; 2 *adj* moqueur; (*malicious*) narquois. ♦ **mockingbird** *n* moqueur *m* (*oiseau*). ♦ **mockingly** *adv* d'un ton *or* d'un air moqueur. ♦ **mock-up** *n* maquette *f*.

mod* [mɒd] (*abbr of* **modern**) 1 *adj*: **~ cons** V **modern** 1. 2 *n*: **~s and rockers** = blousons *mpl* noirs.

mode [məʊd] *n* (*gen*) mode *m*; (*Fashion*) mode *f*. ♦ **modal** *adj* modal.

model [mɒdl] 1 *n* (*gen, also fig*) modèle *m*; (*small-scale*) modèle réduit; (*Archit, Tech, Town Planning etc*) maquette *f*; (*artist's ~*) modèle (*fashion ~*) mannequin *m*. **to take sb/sth as one's ~** prendre modèle sur qn/qch; (*Comm*) **a 1978 ~** un modèle 1978; (*Aut*) **sports ~** modèle sport; **factory ~** modèle de fabrique; **male ~** mannequin masculin. 2 *adj* (*gen*) *prison, school, behaviour* modèle; (*small-scale*) *plane, car* modèle réduit *inv*; *railway, village* en miniature. 3 *vt* (*gen*) modeler (*in* en; *on* sur); *garment* présenter. **to model o.s. on sb** prendre modèle sur qn. 4 *vi* (*Art etc*) poser (*for* pour); (*Fashion*) être mannequin (*for sb* chez qn).

♦ **modelling,** (*US*) **modeling** 1 *n* (*Sculp etc*) modelage *m*; 2 *adj*: **~(l)ing clay** pâte *f* à modeler.

moderate [mɒdərɪt] 1 *adj* (*gen*) modéré; *climate* tempéré; *language, terms* mesuré; *result* pas-

sable. 2 *n* (*esp Pol*) modéré(e) *m(f)*. 3 [mɒdəreɪt] *vt* modérer. 4 *vi* se modérer. ♦ **moderately** *adv* *act* avec modération; *successful* modérément; *pleased* plus ou moins; **~ly priced** d'un prix raisonnable. ♦ **moderation** *n* modération *f*; **in moderation** *eat, drink* modérément; **it's all right in moderation** ça ne fait pas de mal à petites doses.

modern [mɒdən] 1 *adj* moderne. **all ~ conveniences** (*abbr* **mod cons**) tout le confort (moderne); **~ languages** langues *fpl* vivantes. 2 *n* (*person*) moderne *mf*. ♦ **modernity** *n* modernité *f*. ♦ **modernization** *n* modernisation *f*. ♦ **modernize** *vt* moderniser.

modest [mɒdɪst] *adj* (*all senses*) modeste. **to be ~ about sth** ne pas se faire gloire de. ♦ **modestly** *adv* modestement. ♦ **modesty** *n* modestie *f*; **with all due ~y** en toute modestie.

modicum [mɒdɪkəm] *n*: **a ~ of** un minimum de.

modify [mɒdɪfaɪ] *vt* (*change*) modifier (*also* *Gram*); (*make less strong*) *demands* modérer. ♦ **modification** *n* modification *f* (*to, in* à). ♦ **modifier** *n* modificateur *m*; (*Gram*) modificatif *m*.

modulate [mɒdjʊleɪt] *vt* moduler. ♦ **modulation** *n* modulation *f*.

module [mɒdjuːl] *n* module *m*.

mogul [məʊɡəl] *n* grand manitou *m*.

mohair [məʊhɛər] *n* mohair *m*. 2 *adj* en *or* de mohair.

Mohammed [məʊhæmed] *n* Mahomet *m*. ♦ **Mohammedan** 1 *adj* mahométan; 2 *n* Mahométan(e) *m(f)*.

moist [mɔɪst] *adj* *hand, atmosphere* moite; *climate, wind, surface, eyes* humide; *cake* moelleux. ♦ **moisten** *vt* mouiller légèrement; **to ~en one's lips** s'humecter les lèvres. ♦ **moistness** *n* moiteur *f*; humidité *f*. ♦ **moisture** *n* (*gen*) humidité *f*; (*on glass etc*) buée *f*. ♦ **moisturize** *vt* *air, atmosphere* humidifier; *skin* hydrater. ♦ **moisturizer** *n* (*for skin*) lait *m* hydratant.

molar [məʊlər] *adj*, *n* molaire (*f*).

molasses [məʊlæsɪz] *n* mélasse *f*.

mold [məʊld] *etc* (*US*) = **mould** *etc*.

mole¹ [məʊl] *n* taupe *f* (*also fig: spy*). ♦ **molehill** *n* taupinière *f*. ♦ **moleskin** *n* (*peau f de*) taupe *f*; (*Tex*) velours *m* de coton.

mole² [məʊl] *n* (*on skin*) grain *m* de beauté.

molecule [mɒlɪkjuːl] *n* molécule *f*.

molest [məʊlest] *vt* (*trouble*) importuner; (*harm*) molester; (*Jur*: *sexually*) attenter à la pudeur de.

mollify [mɒlɪfaɪ] *vt* apaiser, calmer.

mollusc, (*US*) **mollusk** [mɒləsk] *n* mollusque *m*.

mollycoddle [mɒlɪkɒdl] *vt* chouchouter*.

molten [məʊltən] *adj* en fusion.

mom* [mɒm] *n* (*US*) maman *f*.

moment [məʊmənt] *n* **(a)** moment *m*, instant *m*. **man of the ~** homme *m* du moment; **the ~ of truth** la minute de vérité; **just a ~!, one ~!, half a ~!*** un instant!; (*objecting to sth*) minute!; **I shan't be a ~** j'en ai pour un instant; **~ ago** il y a un instant; **the ~ he arrives** dès qu'il arrivera; **I've just this ~ heard of it** je viens de l'apprendre à l'instant (même); **it won't take a ~** c'est l'affaire d'un instant; **at the (present) ~, at this ~ in time** en ce moment; **at any ~** d'un moment *or* instant à l'autre; **at the right/last ~** au bon/dernier moment; **for a ~** un instant *or* a ~! jamais de la vie!; **from the ~ I saw him** dès l'instant où je l'ai vu; **I'll come in a ~** j'arrive dans un instant; **it was all over in a ~** ce fut vite passé en un instant; **I have my** (*or* **he has his** *etc*) **~s*** il m'arrive (*or* il lui arrive *etc*) de faire des étincelles*. **(b)** (*importance*) importance *f*. ♦ **momentarily** *adv* momentanément. ♦ **momentary** *adj* momentané. ♦ **momentous** *adj* très important. ♦ **momentum** *n* (*Phys etc*) moment *m*; (*fig*) élan *m*, vitesse *f* (acquise); **to gather ~um** [*vehicle*] prendre de la vitesse; *[protests, campaign etc]* gagner du terrain; *(lit, fig)* **to lose** ~**um** être en perte de vitesse.

Monaco ['mɒnəkəʊ] *n* Monaco *m*.

monarch ['mɒnək] *n* monarque *m*. ◆ **monarchism** *n* monarchisme *m*. ◆ **monarchist** *adj, n* monarchiste *(mf)*. ◆ **monarchy** *n* monarchie *f*.

monastery ['mɒnəstərɪ] *n* monastère *m*. ◆ **monastic** *adj* monastique. ◆ **monasticism** *n* monachisme *m*.

Monday ['mʌndɪ] *n* lundi *m; for phrases V* **Saturday.**

monetary ['mʌnɪtərɪ] *adj* monétaire. ◆ **monetarism** *n* politique *f* monétaire.

money ['mʌnɪ] 1 *n* argent *m*. **French** ~ argent français; **paper** ~ papier-monnaie *m;* ~ **for jam*** *or* **for old rope*** de l'argent vite gagné; **to make** ~ *[person]* gagner de l'argent; *[business etc]* rapporter; **how did he make his** ~? comment est-ce qu'il a fait fortune?; **he's earning good** ~ il gagne bien sa vie; **I paid good** ~ **for it** ça m'a coûté de l'argent; **he's earning big** ~ il gagne gros; **that's big** ~ c'est une grosse somme; **when do I get my** ~? quand est-ce que j'aurai mon argent?; **to get one's** ~**'s worth** en avoir pour son argent; **to get one's** ~ **back** être remboursé; **to put** ~ **into sth** placer son argent dans qch; **is there** ~ **in it**? est-ce qu'il y a qch à gagner?; **it's a bargain for the** ~ à ce prix-là, c'est une occasion; *(fig)* **for my** ~ à mon avis; **he's made of** ~***, he has pots of** ~*** il roule sur l'or*; **he's got** ~ **to burn** il a de l'argent à ne savoir qu'en faire; **we're in the** ~!* nous roulons sur l'or*; ~ **doesn't grow on trees** l'argent ne se trouve pas sous le pas d'un cheval. 2 *adj* **difficulties, questions** d'argent, financier. ~ **order** mandat *m*. ◆ **moneybox** *n* tirelire *f*. ◆ **moneyed** *adj* riche. ◆ **moneygrubbing** 1 *n* rapacité *f;* 2 *adj* rapace. ◆ **moneylender** *n* prêteur *m* sur gages. ◆ **moneylending** *n* prêt *m* à intérêt. ◆ **moneymaker** *n* affaire *f* lucrative. ◆ **moneymaking** 1 *n* acquisition *f* d'argent; 2 *adj* qui rapporte.

mongol ['mɒŋgəl] *n (Med)* mongolien(ne) *m(f)*.

mongoose ['mɒŋguːs] *n* mangouste *f*.

mongrel ['mʌŋgrəl] *n* (chien *m*) bâtard *m*.

monitor ['mɒnɪtər] 1 *n (Rad: person)* rédacteur *m*, -trice *f* d'un service d'écoute; *(Med, Tech, TV: device)* moniteur *m; (Scol)* ~ chef *m* de classe. 2 *vt (Rad) broadcast* être à l'écoute de; *machine, system* contrôler (les performances de); *progress* contrôler; *discussion, group* assister à (à titre de conseiller).

monk [mʌŋk] *n* moine *m*, religieux *m*. ◆ **monkish** *adj* de moine.

monkey ['mʌŋkɪ] 1 *n* singe *m*. **female** ~ guenon *f; (child)* **little** ~ petit(e) polisson(ne) *m(f)*. 2 *adj:* ~ **business*** *or* **tricks*** *(dishonest)* qch de louche; *(mischievous)* singeries *fpl;* **no** ~ **business now!*** pas de blagues!*; ~ **nut** cacahuète *f; (tree)* ~ **puzzle** araucaria *m;* ~ **wrench** clef *f* anglaise *or* à molette.

monkey about*, monkey around* *vi (waste time)* perdre son temps; *(play the fool)* faire l'imbécile. **to** ~ **with sth** tripoter qch.

mono ['mɒnəʊ] 1 *adj (abbr of* **monophonic***)* mono* *inv.* 2 *n:* **in** ~ en monophonie. 3 *pref* mono... .

monochrome ['mɒnəkrəʊm] *n* camaïeu *m*.

monocle ['mɒnəkl] *n* monocle *m*.

monogamy [mɒ'nɒgəmɪ] *n* monogamie *f*. ◆ **monogamous** *adj* monogame.

monogram ['mɒnəgræm] *n* monogramme *m*.

monograph ['mɒnəgrɑːf] *n* monographie *f*.

monolith ['mɒnəʊlɪθ] *n* monolithe *m*.

monologue ['mɒnəlɒg] *n* monologue *m*.

monomania [,mɒnəʊ'meɪnɪə] *n* monomanie *f*. ◆ **monomaniac** *n* monomane *mf*.

monoplane ['mɒnəʊpleɪn] *n* monoplan *m*.

monopoly [mə'nɒpəlɪ] *n* monopole *m (of,* **in** de). ◆ **monopolize** *vt* monopoliser.

monorail ['mɒnəʊreɪl] *n* monorail *m*.

monosyllable ['mɒnə'sɪləbl] *n* monosyllabe *m*. ◆ **monosyllabic** ['mɒnəʊsɪ'læbɪk] *adj word* monosyllabe; *reply* monosyllabique.

monotone ['mɒnətəʊn] *n:* **in a** ~ sur un ton monocorde. ◆ **monotonous** [mə'nɒtənəs] *adj* monotone. ◆ **monotony** *n* monotonie *f*.

monsoon [mɒn'suːn] *n* mousson *f*.

monster ['mɒnstər] *n, adj* monstre *(m)*. ◆ **monstrosity** *n* monstruosité *f*. ◆ **monstrous** *adj (huge)* colossal; *(dreadful)* monstrueux. ◆ **monstrously** *adv* monstrueusement.

month [mʌnθ] *n* mois *m*. **in the** ~ **of May** au mois de mai, en mai; **paid by the** ~ payé au mois; **every** ~ **happen** tous les mois; **pay** mensuellement; **which day of the** ~ **is it?** le combien sommes-nous?; **he'll never do it in a** ~ **of Sundays*** il le fera la semaine des quatre jeudis*. ◆ **monthly** 1 *adj (gen)* mensuel; *ticket* valable pour un mois; ~**ly instalment** *or* **payment** mensualité *f;* 2 *n (Press)* revue *f* mensuelle. 3 *adv pay* mensuellement; *happen* tous les mois.

monument ['mɒnjʊmənt] *n* monument *m (to* à). ◆ **monumental** *adj* monumental; ~**al mason** marbrier *m*.

moo [muː] 1 *n* meuglement *m*. 2 *vi* meugler.

mooch [muːtʃ] *vi:* **to** ~ **about** *or* **around** traînasser; **to** ~ **in** *etc* entrer *etc* en traînant.

mood [muːd] 1 *n (gen)* humeur *f; (Gram, Mus)* mode *m*. **in a good/bad** ~ de bonne/mauvaise humeur; **in an ugly** ~ *(angry)* d'une humeur massacrante; *(threatening)* menaçant; **I'm in the** ~ **for dancing** j'ai envie de danser; **I'm in no** ~ **to listen to him** je ne suis pas d'humeur à l'écouter; **when he's in the** ~ quand ça lui chante*; **I'm not in the** ~ ça ne me dit rien; **he's in one of his** ~**s** il est encore mal luné*; **she has** ~**s** elle a des sautes *fpl* d'humeur; **the** ~ **of the meeting** l'état *m* d'esprit de l'assemblée. 2 *adj:* ~ **music** musique *f* d'ambiance. ◆ **moodily** *adv (bad-temperedly)* d'un air *etc* maussade; *(gloomily)* d'un air morose. ◆ **moodiness** *n (V* **moody***)* humeur *f* changeante *or* maussade. ◆ **moody** *adj (variable)* d'humeur changeante; *(sulky)* maussade.

moon [muːn] 1 *n* lune *f*. **full/new** ~ pleine/nouvelle lune; **there was no** ~ c'était une nuit sans lune; **there was a** ~ il y avait clair de lune; **by the light of the** ~ à la clarté de la lune; **the man in the** ~ l'homme (que l'on voit) dans la lune; *(fig)* **to ask** *or* **cry for the** ~ demander la lune; **to be over the** ~* être ravi *(about* de). 2 *adj:* ~ **landing** alunissage *m;* ~ **shot** tir *m* lunaire.

moon about, moon around *vi* musarder en rêvassant.

◆ **moonbeam** *n* rayon *m* de lune. ◆ **moonlight** 1 *n* clair *m* de lune; **by** ~**light** au clair de (la) lune; 2 *adj walk* au clair de lune; *night* de lune; *(fig)* **to do a** ~**light flit** déménager à la cloche de bois; 3 *vi* (*: work*) travailler au noir. ◆ **moonlighting*** *n* travail *m* noir. ◆ **moonlit** *adj* éclairé par la lune; ~**lit night** nuit *f* de lune. ◆ **moonrise** *n* lever *m* de (la) lune. ◆ **moonshine*** *n (nonsense)* balivernes *fpl*. ◆ **moonstone** *n* pierre *f* de lune. ◆ **moonstruck** *adj* dans la lune *(fig)*.

moor[1] [mʊər] *n* lande *f*. ◆ **moorhen** *n* poule *f* d'eau. ◆ **moorland** *n* lande *f*.

moor[2] [mʊər] 1 *vt ship* amarrer. 2 *vi* mouiller. ◆ **mooring** *n (place)* mouillage *m;* **at her** ~**ings** sur ses amarres *fpl*.

moose [muːs] *n (Zool)* élan *m; (Canada)* orignal *m*.

moot [muːt] 1 *adj:* **it's a** ~ **point** c'est discutable. 2 *vt:* **it has been** ~**ed that** on a suggéré que.

mop [mɒp] 1 *n (for floor)* balai *m* laveur; *(for dishes)* lavette *f* (à vaisselle). ~ **of hair** tignasse *f;* ~ **of curls** toison *f* bouclée. 2 *vt floor, surface* essuyer. **to** ~ **one's brow** s'éponger le front.

mop up vt sep liquid éponger; surface essuyer; (Mil) remnants éliminer.

♦ **mopping-up operations** npl (Mil) nettoyage m.

mope [məʊp] vi se morfondre (about en pensant à). **to ~ about** or **around** passer son temps à se morfondre.

moped ['məʊped] n cyclomoteur m.

moral ['mɒrəl] **1** adj moral. **to have a ~ obligation to do** être dans l'obligation morale de faire; **~ support** soutien m moral; **~ philosophy** la morale, l'éthique f; **to raise ~ standards** relever les mœurs.

2 n (a) [story] morale f. **to point the ~** faire ressortir la morale. (b) [person, act, attitude] **~s** moralité f.

♦ **morale** [mɒ'rɑːl] n moral m; **to raise sb's ~e** remonter le moral à qn. ♦ **moralist** n moraliste mf. ♦ **morality** n moralité f. ♦ **moralize** vi moraliser (about sur). ♦ **moralizing 1** adj moralisateur; **2** n leçons fpl de morale. ♦ **morally** adv act moralement; **~ly wrong** immoral.

morass [mə'ræs] n marécage m. (fig) a ~ of problems/paperwork des problèmes/des papiers à n'en plus finir.

morbid ['mɔːbɪd] adj (gen) morbide; fear maladif.

♦ **morbidly** adv imagine d'une façon morbide; obsessed, curious morbidement.

more [mɔːʳ] comp of many, much **1** adj, pron (greater in number etc) plus (de), davantage (de); (additional) encore (de); (other) d'autres. **~ money/books than** plus d'argent/de livres que; **he's got ~ than you** il en a plus que toi; **~ people than we expected** plus de gens que prévu or que nous ne l'escomptions; **many came but ~ stayed away** beaucoup de gens sont venus mais davantage or un plus grand nombre se sont abstenus; **many ~, a lot ~** beaucoup plus (de); **a few ~ books** encore quelques livres, quelques livres de plus; **a little ~** un peu plus (de); **some ~ meat** encore de la viande, un peu plus de viande; **there's no ~ meat** il n'y a plus de viande; **is there (any) ~ wine?** y a-t-il encore du vin?; **has she any ~ children?** a-t-elle d'autres enfants?; **no ~ shouting!** arrêtez de crier!; **I've got no ~, I haven't any ~** je n'en ai plus, il ne m'en reste plus; **he can't afford ~ than a small house** il ne peut se payer qu'une petite maison; **have you heard any ~ about him?** avez-vous d'autres nouvelles de lui?; **one pound is ~ than 50p** une livre est plus que 50 pence; **~ than a kilo** plus d'un kilo; **~ than enough** plus que suffisant; **I've got ~ like these** j'en ai d'autres comme ça; (fig) **you couldn't ask for ~** on ne peut guère en demander plus; **the ~ the merrier** plus on est de fous, plus on rit; **and what's ~ ...** et qui plus est ...; **nothing ~** rien de plus; **sth ~** qch d'autre or de plus.

2 adv (gen) plus; exercise, sleep plus (than que), davantage. **~ difficult** plus difficile; **~ easily** plus facilement; **~ and ~** de plus en plus; **he's no ~ a duke than I am** il n'est pas plus duc que moi; **~ or less** plus ou moins; **neither ~ nor less** ni plus ni moins (than que); **it will ~ than cover the cost** cela couvrira largement les frais; **no ~ can** (or do etc) I ni moi non plus; **the ~ I think of it the ~ ashamed I feel** plus j'y pense, plus j'ai honte; **the ~ fool you to go!** tu es d'autant plus idiot d'y aller!; **(all) the ~ so as ...** d'autant plus que ...; **no ~, not any ~** ne ... plus; **I won't do it any ~** je ne le ferai plus; **once ~** une fois de plus, encore une fois.

moreover [mɔː'rəʊvəʳ] adv (further) de plus, en outre; (besides) d'ailleurs, du reste.

morgue [mɔːg] n morgue f.

moribund ['mɒrɪbʌnd] adj moribond.

morning ['mɔːnɪŋ] **1** n (date, part of day) matin m; (expressing duration) matinée f. **good ~** (hallo) bonjour; (goodbye) au revoir; **in the ~** le matin, dans la matinée; (tomorrow) demain matin; **I work in the ~(s)** je travaille le matin; **a ~'s work** une matinée de travail; **I have a ~ off every week** j'ai une matinée de libre par semaine; **all (the) ~** toute la matinée; **on the ~ of January 23rd** le 23 janvier au matin; **what a beautiful ~!** quelle belle matinée!; **7 o'clock in the ~** 7 heures du matin; **this ~** ce matin; **yesterday ~** hier matin; **one summer ~** par un matin d'été. **2** adj walk, swim matinal, du matin; paper du matin. **~ dress** habit m; **~ prayer** or **service** office m du matin; **~ sickness** nausées fpl matinales.

Morocco [mə'rɒkəʊ] n Maroc m.

moron ['mɔːrɒn] n (gen) idiot(e) m(f), crétin(e) m(f); (Med†) faible mf d'esprit. ♦ **moronic** [mə'rɒnɪk] adj crétin.

morose [mə'rəʊs] adj morose. ♦ **morosely** adv d'un air etc morose.

morphia ['mɔːfɪə], **morphine** ['mɔːfiːn] n morphine f. **~ addict** morphinomane mf.

morphology [mɔː'fɒlədʒɪ] n morphologie f.

Morse [mɔːs] **1** n (~ code) morse m. **2** adj alphabet morse; signals en morse.

morsel ['mɔːsl] n (petit) morceau m; [food] bouchée f.

mortal ['mɔːtl] **1** adj (gen) mortel; combat à mort. **2** n mortel(le) m(f). ♦ **mortality** n mortalité f. ♦ **mortally** adv mortellement.

mortar ['mɔːtəʳ] n mortier m.

mortgage ['mɔːgɪdʒ] **1** n (in house buying) emprunt-logement m; (second loan) hypothèque f. **to take out a ~** obtenir un emprunt-logement (on, for pour), prendre une hypothèque; **to pay off a ~** rembourser un emprunt-logement, purger une hypothèque. **2** vt hypothéquer (also fig).

mortice, mortise ['mɔːtɪs] n mortaise f. **~ lock** serrure f encastrée.

mortician [mɔː'tɪʃən] n entrepreneur m de pompes funèbres.

mortify ['mɔːtɪfaɪ] vt mortifier. ♦ **mortification** n mortification f (also Rel), humiliation f. ♦ **mortifying** adj mortifiant.

mortuary ['mɔːtjʊərɪ] n morgue f.

mosaic [məʊ'zeɪk] n, adj mosaïque (f).

Moslem ['mɒzləm] = **Muslim.**

mosque [mɒsk] n mosquée f.

mosquito [mɒs'kiːtəʊ] n moustique m. **~ net** moustiquaire f.

moss [mɒs] n mousse f (Bot). ♦ **mossy** adj moussu.

most [məʊst] superl of many, much **1** adj, pron (a) (gen) le plus (de), la plus grande quantité (de), le plus grand nombre (de). **(the) ~ money/records** le plus d'argent/de disques; **who has got (the) ~?** qui en a le plus?; **at (the) ~** au maximum, tout au plus; **to make the ~ of one's time** bien employer; respite, opportunity, sunshine, sb's absence profiter au maximum de; talents, money tirer le meilleur parti de; resources utiliser au mieux; **make the ~ of it!** profitez-en bien! (b) (largest part) la plus grande partie (de); (greatest number) la majorité (de), la plupart (de). **~ (of the) people/books etc** la plupart or la majorité des gens/des livres etc; **~ of the money** la plus grande partie de l'argent, presque tout l'argent; **~ of it** presque tout; **~ of them** la plupart d'entre eux; **~ of the day** la plus grande partie de la journée; **~ of the time** la plupart du temps; **for the ~ part** pour la plupart, en général; **in ~ cases** dans la plupart des cas.

2 adv (a) work etc le plus. **the ~ intelligent** le plus intelligent (of, in de); **~ easily** le plus facilement. (b) (very) bien, très. **~ likely** très probablement.

♦ **mostly** adv (chiefly) surtout; (almost all) pour la plupart; (most often) le plus souvent, la plupart du temps.

motel [məʊ'tel] n motel m.

moth [mɒθ] n papillon m de nuit; (in clothes) mite

f. ♦ **mothball** n boule f de naphtaline. ♦ **moth-
eaten** adj mangé aux mites. ♦ **mothproof** 1 adj
traité à l'antimite; 2 vt traiter à l'antimite.
mother ['mʌðəʳ] 1 n mère f. ~'s help aide f
familiale; M~'s Day la fête des Mères; M~
Nature Dame Nature f; M~ Superior Mère
supérieure. 2 vt (fig) être une vraie mère pour.
3 adj: ~ country mère patrie f; ~ love amour
maternel; ~ tongue langue f maternelle.
♦ **mothercraft** n puériculture f. ♦ **motherhood** n
maternité f. ♦ **mother-in-law** n belle-mère f.
♦ **motherland** n patrie f. ♦ **motherly** adj
maternel. ♦ **mother-of-pearl** n nacre f (de perle).
♦ **mother-to-be** n future maman f.
motion ['məʊʃən] 1 n (a) (gen) mouvement m,
marche f. to set in ~ machine, vehicle mettre en
marche; process etc mettre en branle; (fig) to go
through the ~s of doing sth (mechanically) faire
qch machinalement; (insincerely) faire semblant
de faire qch. (b) (at meeting etc) motion f; (Parl)
proposition f. (c) (bowel ~) selles fpl. 2 adj: ~
picture film m; ~-picture industry (industrie f
du) cinéma m; ~ sickness mal m de la route (or de
mer etc). 3 vti: to ~ (to) sb to do faire signe à qn
de faire. ♦ **motionless** adj immobile.
motive ['məʊtɪv] n (gen) motif m; (Jur) mobile m
(for, of de). from the best ~s avec les meilleures
intentions, avec les motifs les plus louables; his ~
for saying that la raison pour laquelle il a dit cela.
♦ **motivate** vt act, decision motiver; person
pousser (to do à faire). ♦ **motivation** n motivation
f.
motley ['mɒtlɪ] adj (mixed) hétéroclite; (many-
coloured) bariolé.
motocross ['məʊtəkrɒs] n motocross m.
motor ['məʊtəʳ] 1 n (engine) moteur m; (car) voiture f, auto(mobile) f. 2 adj (a) muscle moteur.
(b) (Aut) industry de l'automobile; accident de
voiture, d'auto. ~ mechanic mécanicien m
garagiste; ~ scooter scooter m; ~ mower tondeuse f (à gazon) à moteur; the M~ Show le Salon
de l'Automobile; ~ vehicle véhicule m
automobile. 3 vi: to go ~ing faire de l'auto.
♦ **motorbike*** n moto* f. ♦ **motorboat** n canot m
automobile. ♦ **motorcade** n (US) cortège m
d'automobiles. ♦ **motorcar** n auto(mobile) f,
voiture f. ♦ **motorcycle** n motocyclette f.
♦ **motorcycling** n motocyclisme m.
♦ **motorcyclist** n motocycliste mf. ♦ **motoring**
1 n conduite f automobile; 2 adj accident de voiture; holiday en voiture; the ~ing public les
automobilistes mpl. ♦ **motorist** n automobiliste
mf. ♦ **motorization** n motorisation f. ♦ **motorize**
vt motoriser. ♦ **motorman** n (US) conducteur m
(d'un train etc électrique). ♦ **motor-racing** n
course f automobile. ♦ **motorway** n autoroute f.
mottled ['mɒtld] adj tacheté; complexion brouillé.
motto ['mɒtəʊ] n devise f.
mould¹ [məʊld] 1 n (Art, Culin, Tech etc) moule
m. 2 vt clay mouler; figure modeler (in, out of en);
(fig) character, opinion former. ♦ **moulding** n
(Archit etc) moulure f.
mould² [məʊld] n (fungus) moisissure f.
♦ **moulder** vi [cheese] moisir; [building] tomber
en poussière. ♦ **mouldy** adj moisi; (*fig:
unpleasant) minable*; to go ~y moisir; to smell
~y sentir le moisi.
moult, (US) molt [məʊlt] vi [snake, bird] muer;
[dog, cat] perdre ses poils.
mound [maʊnd] n (a) (earth) tertre m; (Archeol)
tertre artificiel; (burial ~) tumulus m. (b) (pile)
tas m.
mount¹ [maʊnt] n (liter) mont m, montagne f. M~
Everest le mont Everest.
mount² [maʊnt] 1 n (a) (horse) monture f. (b)
(support) [machine] support m; [lens, specimen]
monture f; [transparency] cadre m (en carton
etc). 2 vt (a) (gen) monter sur; (climb) hill, stairs

monter. (b) machine, picture, jewel monter (on,
in sur). (c) play, demonstration, plot monter.
(Mil) to ~ guard monter la garde (on sur; over
auprès de). 3 vi [prices etc] monter. it all ~s up
tout cela finit par chiffrer. ♦ **mounted** adj monté,
à cheval.
mountain ['maʊntɪn] 1 n montagne f. to go to/live
in the ~s aller à/habiter la montagne; to make a ~
out of a molehill se faire une montagne d'un rien;
(Econ) butter ~ montagne de beurre; a ~ of work
un travail fou. 2 adj tribe, people montagnard;
animal, plant de(s) montagne(s); air de la montagne; path, scenery, shoes, chalet de montagne.
~ cat or lion puma m; ~ range chaîne f de montagnes. ♦ **mountaineer** 1 n alpiniste mf; 2 vi faire
de l'alpinisme. ♦ **mountaineering** n alpinisme m.
♦ **mountainous** adj country montagneux; (fig)
gigantesque. ♦ **mountainside** n: to go up/down
the ~side monter/descendre le flanc de la montagne.
mourn [mɔːn] 1 vi pleurer. to ~ for sb pleurer (la
mort de) qn. 2 vt pleurer.
♦ **mourner** n: the ~ers le cortège funèbre.
♦ **mournful** adj person mélancolique, triste;
thing lugubre. ♦ **mournfully** adv mélancoliquement; lugubrement. ♦ **mournfulness** n tristesse
f; aspect m lugubre. ♦ **mourning** n deuil m;
(clothes) vêtements mpl de deuil; in ~ing en
deuil (for sb de qn.).
mouse [maʊs] n, pl mice souris f. ♦ **mousehole** n
trou m de souris. ♦ **mousetrap** n souricière f.
♦ **mousy** adj person timide, effacé; hair châtain
clair inv (sans éclat).
mousse [muːs] n mousse f (Culin).
moustache [məsˈtɑːʃ] n moustache(s) f(pl). man
with a ~ homme à moustache.
mouth [maʊθ] 1 n [person] bouche f; [dog, cat, lion
etc] gueule f; [river] embouchure f; [bag] ouverture f; [hole, cave, harbour etc] entrée f; [volcano,
gun] bouche f. with one's ~ wide open bouche
bée; he kept his ~ shut about it il n'en a parlé à
personne; shut your ~!* ferme-la!*; you've got a
big ~!* tu ne pouvais pas la fermer!*; it makes my
~ water cela me fait venir l'eau à la bouche.
2 [maʊð] vt prononcer tout bas; (silently) faire
semblant de prononcer. ♦ **mouthful** n [food]
bouchée f; [drink] gorgée f. ♦ **mouth organ** n harmonica m. ♦ **mouthpiece** n [musical instrument]
bec m; [telephone] microphone m; (spokesman)
porte-parole m inv. ♦ **mouth-to-mouth**
(resuscitation) n bouche à bouche m inv.
♦ **mouthwash** n eau f dentifrice; (for gargling)
gargarisme m. ♦ **mouth-watering** adj appétissant.
move [muːv] 1 n (a) mouvement m. to be on the ~
être en marche; to be always on the ~ [gipsies
etc] se déplacer continuellement; [military personnel etc] être toujours en déplacement; [child,
animal] ne jamais rester en place; (*: be busy) ne
jamais arrêter; to make a ~ (leave) partir; (act)
agir; he made a ~ towards the door il a esquissé
un mouvement vers la porte; get a ~ on!* remue-
toi!* (b) (change of house) déménagement m;
(change of job) changement m d'emploi. it's time
he had a ~ il a besoin de changer d'horizon. (c)
(Chess, Draughts etc: turn) tour m; (fig) manœuvre f. knight's ~ marche f du cavalier; a silly
~ (in game) un coup stupide; (fig) une manœuvre
stupide; it's your ~ c'est à vous de jouer; (fig) he
knows every ~ in the game il connaît toutes les
astuces; (fig) one false ~ and ... un faux pas et ...;
his first ~ after the election son premier acte
après son élection; what's the next ~? et maintenant qu'est-ce qu'on fait?; to make the first ~
faire les premiers pas; there was a ~ to defeat the
proposal il y a eu une tentative pour faire échec à
la proposition.
2 vt (a) (change position of) object changer de

place, déplacer; *limbs* remuer; *troops, animals* transporter; *chessman* jouer; *employee (to another town)* muter *(to* à); *(to another job)* affecter *(to* à). ~ **your chair nearer the fire** approchez votre chaise du feu; **they ~d the crowd off the grass** ils ont fait partir la foule de sur la pelouse; **to ~ house** déménager; **to ~ one's job** changer d'emploi; **his firm want to ~ him** son entreprise veut l'envoyer ailleurs; **to ~ heaven and earth to do sth** remuer ciel et terre pour faire qch; **he didn't ~ a muscle** *(flinch)* il n'a pas bronché; **the wind ~s the leaves** le vent agite les feuilles. **(b)** *(fig)* inciter *(sb to do* qn à faire). **I am ~d to ask** je suis incité à demander; **if the spirit ~s me** si le cœur m'en dit. **(c) this did not ~ him** ceci n'a pas réussi à l'ébranler *or (emotionally)* l'émouvoir; **she's easily ~d** elle s'émeut facilement; **to ~ sb to tears** émouvoir qn jusqu'aux larmes; **to ~ to anger** mettre en colère; **to ~ to pity** attendrir. **(d)** *resolution etc* proposer *(that* que +*subj).*

3 *vi* **(a)** *(stir)* bouger; *(go)* aller, se déplacer; *[clouds]* passer. *[vehicle]* **to be moving** être en marche; **don't ~!** ne bougez pas!; **he ~d slowly towards the door** il s'est dirigé lentement vers la porte; **let's ~ into the garden** passons dans le jardin; **she ~s well** elle a une démarche aisée; **they ~d across the lawn** ils ont traversé la pelouse; **keep moving** *(to keep warm etc)* ne restez pas sans bouger; *(pass along etc)* circulez; **he ~d into another class** il est passé dans une autre classe; **to ~ freely** *[piece of machinery]* jouer librement; *[people, cars]* circuler aisément; *[traffic]* être fluide; **to keep the traffic moving** assurer la circulation ininterrompue des véhicules; **you can't ~ for books** on ne peut plus se retourner tellement il y a de livres; *(depart)* **it's time we were moving** il est temps que nous partions *(subj)*; **things are moving at last!** enfin ça avance!; **he got things moving** avec lui ça a bien démarré. **(b)** *(~ house)* déménager. **to ~ to the country** aller habiter la campagne. **(c)** *(act)* agir. **the government won't ~ until ...** le gouvernement ne fera rien tant que ...; **to ~ first** prendre l'initiative. **(d)** *(in games) [player]* jouer; *[chesspiece]* marcher. **it's your turn to ~** c'est votre tour de jouer.

move about, move around **1** *vi (fidget)* remuer; *(walk about)* se déplacer; *(travel)* voyager. **2** *vt sep* déplacer.

move along **1** *vi (gen)* avancer; *(on bench etc)* se pousser. **2** *vt sep* faire avancer.

move away **1** *vi (gen)* s'éloigner *(from* de); *(move house)* déménager. **2** *vt sep* éloigner *(from* de).

move back **1** *vi (gen)* reculer; *(to original position)* retourner, revenir. **2** *vt sep crowd* faire reculer; *troops* replier; *object* reculer; *(to original position) person* faire revenir or retourner; *object* remettre.

move down **1** *vi* descendre. **2** *vt sep person* faire descendre; *object* descendre.

move forward **1** *vi (gen)* avancer; *[troops]* se porter en avant. **2** *vt sep person, vehicle* faire avancer; *troops* porter en avant; *object* avancer.

move in **1** *vi* **(a)** *[police etc]* avancer (on sur), intervenir. **(b)** *(to a house)* emménager, s'installer; *(*fig: try for control)* essayer de se tailler une place. **2** *vt sep person* faire entrer; *furniture etc* rentrer; *(on removal day)* installer.

move off **1** *vi (gen)* partir; *[car]* démarrer. **2** *vt sep object* enlever.

move on **1** *vi [person, vehicle]* avancer; *(after stopping)* se remettre en route; *(fig: in story etc)* passer *(to* à). **2** *vt sep crowd* faire circuler; *hands of clock* avancer.

move out **1** *vi* déménager *(of* de). **2** *vt sep person, animal* faire sortir; *troops* retirer; *object* sortir, *(on removal day)* déménager.

move over **1** *vi* se pousser. **2** *vt sep* pousser.

move up **1** *vi (gen)* monter; *[employee]* avoir de l'avancement; *(Sport: in league)* avancer. **2** *vt sep person* faire monter; *object* monter; *(promote) employee* donner de l'avancement à.

♦ **movable** *adj* mobile. ♦ **movement** *n (gen)* mouvement *m*; ~**ments** *[suspect]* allées et venues *fpl.* ♦ **movie*** **1** *n* film *m (de cinéma)*; **to go to the movies** aller au cinéma *or* au ciné*; **2** *adj industry* du cinéma; **movie camera** caméra *f.* ♦ **moviegoer** *n* amateur *m* de cinéma. ♦ **movie house** *n (salle f de)* cinéma *m.* ♦ **movieland** *n* le (monde du) cinéma. ♦ **moving** *adj* **(a)** *vehicle* en marche; *object, crowd* en mouvement; *pavement, staircase* roulant; *power* moteur; *machine-part* mobile; **the moving spirit in the whole affair** l'âme *f* de toute l'affaire; **(b)** *(touching) sight* émouvant. ♦ **movingly** ¨ *adv* d'une manière émouvante.

mow [məʊ] *pret* **-ed**, *ptp* **-ed** *or* **-n** *vt corn* faucher; *lawn* tondre. **to ~ sb down** faucher qn. ♦ **mower** *n (Agr)* faucheuse *f; (lawn ~)* tondeuse *f* (à gazon).

Mr ['mɪstər] *n* monsieur *m.* ~ **Smith** Monsieur Smith, M. Smith; **yes ~ Smith** oui monsieur; ~ **Chairman** monsieur le président.

Mrs ['mɪsɪz] *n* madame *f.* ~ **Smith** Madame Smith, Mme Smith; **yes, ~ Smith** oui, madame.

Ms [mɪz, məz] *n* titre évitant la distinction entre *madame et mademoiselle.*

much [mʌtʃ] *comp* **more**, *superl* **most** **1** *adj, pron* **(a)** beaucoup (de); ~ **money** beaucoup d'argent; **have you got ~?** est-ce que vous en avez beaucoup?; **does it cost ~?** est-ce que ça coûte cher?; ~ **of the town** une bonne partie de la ville; **he hadn't ~ to say** il n'avait pas grand-chose à dire; **we don't see ~ of each other** nous ne nous voyons pas souvent; **it isn't up to ~*** ça ne vaut pas grand-chose; **he's not ~ to look at** il ne paie pas de mine; **he is not ~ of a writer** il n'est pas extraordinaire comme écrivain; **it wasn't ~ of an evening** ce n'était pas une très bonne soirée; **I don't think ~ of that** à mon avis ça ne vaut pas grand-chose; **there wasn't ~ in it** *(in choice)* c'était kif-kif*; *(in race etc)* il a gagné de justesse; **to make ~ of sb/sth** faire grand cas de qn/qch; **I couldn't make ~ of what he was saying** je n'ai pas bien compris ce qu'il disait; **they're ~ of a muchness** c'est blanc bonnet et bonnet blanc; *(fig)* **it's a bit ~!*** c'est un peu fort! **(b)** *(phrases)* **as ~ as** autant que; **as ~ time as** autant de temps que; **as ~ again** encore autant; **twice as ~** deux fois autant *or* plus (de); **as ~ as he can do to** stand up c'est tout juste s'il peut se lever; **you could pay as ~ as 20 francs** vous pourriez payer jusqu'à 20 F; **as ~ as to say** comme pour dire; **how ~?** combien (de)?; **however ~ you protest, he ...** vous avez beau protester, il ...; **so ~** tant (de); **so ~ that** tellement or tant que ...; **without so ~ as a word** sans même dire un mot; **so ~ for that!** *(resignedly)* tant pis!; *(and now for the next)* et d'une!*; **so ~ for his promises** voilà ce que valaient ses promesses; **this or that ~ bread** ça de pain; **I know this ~** je sais tout au moins ceci; **this ~ is true** il y a ceci de vrai; **I've eaten too ~** j'ai trop mangé; **that's too ~, that's a bit ~** c'est trop; *(fig)* c'est trop fort; **this work is too ~ for me** ce travail est trop fatigant pour moi.

2 *adv* beaucoup. **thank you very ~** merci beaucoup, merci bien; **it doesn't ~ matter** cela n'a pas beaucoup d'importance; ~ **bigger** beaucoup plus grand; ~ **the cleverest** de beaucoup le or de loin le plus intelligent; **as ~ as** autant que; **as ~ as** ever toujours autant; **I don't like it as ~ as all that** je ne l'aime pas tant que ça; **not so ~ a question of money as of staff** pas tant un problème d'argent que de personnel; **so ~** tant; ~ **so that** tellement or tant que; **so ~ so that** à tel point que; **too ~** trop; **I don't know him, ~ less his father** lui, je ne le connais pas, et son père encore moins; (*very or pretty*) ~ the same presque le même (*as* que); ~ **as I would like to go** bien que je désire (*subj*) beaucoup y aller; ~ **to my amazement** à ma grande stupéfaction.

mucilage ['mjuːsɪlɪdʒ] *n* mucilage *m*.

muck [mʌk] *n* (*manure*) fumier *m*; (*mud*) boue *f*; (*dirt*) saletés *fpl*; (*fig: scandal*) cochonneries *fpl*. **dog ~** crotte *f* de chien.

muck about*, **muck around*** 1 *vi* (*aimlessly*) traîner, perdre son temps; (*play the fool*) faire l'imbécile. **to ~ about with sth** tripoter qch. 2 *vt sep* **person** créer des complications à.

muck out *vt sep* **stable** nettoyer.

muck up* *vt sep* (*ruin*) **plans, life** gâcher; **car, machine** bousiller*; (*dirty*) **room, clothes** salir.
♦ **muckiness** *n* saleté *f*. ♦ **muckraking** *n* déterrement *m* de scandales. ♦ **muck-up*** *n* gâchis *m*.
♦ **mucky** *adj* (*muddy*) boueux; (*filthy*) sale.

mucus ['mjuːkəs] *n* mucus *m*.

mud [mʌd] 1 *n* (*gen*) boue *f*; (*in river, sea*) vase *f*. **stuck in the ~** embourbé; (*fig*) **to throw ~ at sb** couvrir qn de boue; **my name is ~* here** je suis très mal vu ici. 2 *adj* (*Aut*) ~ **flap** pare-boue *m inv*; ~ **flat** laisse *f* de vase; ~ **hut** hutte *f* de terre; ~ **pie** pâté *m* (de terre). ♦ **mudbank** *n* banc *m* de vase. ♦ **muddy** *adj* **road, water** boueux; **clothes, hands** couvert de boue; **liquid** trouble; **complexion** terreux. ♦ **mudguard** *n* garde-boue *m inv*. ♦ **mudpack** *n* masque *m* de beauté.

muddle ['mʌdl] 1 *n* (*disorder*) désordre *m*, pagaille *f*; (*perplexity, mix-up*) confusion *f*. **to be in a ~** [*room, books*] être en désordre; [*person*] ne plus s'y retrouver (*over sth* dans qch); [*ideas*] être embrouillé *or* confus; [*plans, arrangements*] être confus; **to get into a ~** (*confused*) s'embrouiller (*over* dans); **there's been a ~ over the seats** il y a eu confusion en ce qui concerne les places. 2 *vt* (~ **up**) confondre (*A with* B A avec B); **person, story, details** embrouiller. **to get ~d (up)** s'embrouiller; **to be ~d (up)** être embrouillé.

muddle along, **muddle on** *vi* continuer tant bien que mal.

muddle through *vi* s'en sortir tant bien que mal.
♦ **muddle-headed** *adj* **person** brouillon; **plan** confus. ♦ **muddler** *n* esprit *m* brouillon (*personne*). ♦ **muddle-up** *n* confusion *f*.

muff [mʌf] 1 *n* manchon *m*. 2 *vt*: **to ~ it*** rater son coup.

muffle ['mʌfl] *vt* (a) **sound** assourdir. (b) (~ **up**: **wrap up**) emmitoufler. ♦ **muffled** *adj* **sound, voice** sourd. ♦ **muffler** *n* (*scarf*) cache-nez *m inv*; (*US Aut*) silencieux *m*.

mufti ['mʌftɪ] *n*: **in ~** en civil.

mug [mʌg] 1 *n* (a) chope *f*; (*of metal*) gobelet *m*. (b) (ː: *fool*) nigaud(e) *m(f)*, andouille* *f*. **what a ~!** quelle andouille*!; **it's a ~'s game*** on se fait toujours avoir*. 2 *vt* (*assault*) agresser.

mug up* *vt sep* bûcher*, étudier.
♦ **mugger** *n* agresseur *m*. ♦ **mugging** *n* agression *f*.

muggy ['mʌgɪ] *adj* **room** qui sent le renfermé; **climate** mou. **it's ~** il fait lourd.

mulatto [mjuː'lætəʊ] *n* mulâtre(sse) *m(f)*.

mulberry ['mʌlbərɪ] *n* mûre *f*; (*tree*) mûrier *m*.

mule [mjuːl] *n* mulet *m*; (*female*) mule *f*. **stubborn as a ~** têtu comme une mule. ♦ **mulish** *adj* têtu.

mull [mʌl] *vt* **wine** chauffer et épicer. ~**ed wine** vin *m* chaud.

mull over *vt sep* ruminer (*fig*).

mullet ['mʌlɪt] *n*: **grey ~** mulet *m*; **red ~** rouget *m*.

mulligatawny [ˌmʌlɪgə'tɔːnɪ] *n* potage *m* au curry.

multi... ['mʌltɪ] *pref* multi.... ♦ **multicoloured** *adj* multicolore. ♦ **multimillionaire** *n* = multimilliardaire *mf*. ♦ **multinational** 1 *adj* multinational; 2 *n* multinationale *f*. ♦ **multipurpose** *adj* multiusages *inv*. ♦ **multiracial** *adj* multiracial.

♦ **multistorey(ed)** *adj* à étages.

multiple ['mʌltɪpl] 1 *n* multiple *m*. 2 *adj* multiple. ~ **sclerosis** sclérose *f* en plaques; ~ **store** grand magasin *m* à succursales multiples. ♦ **multiple-choice** *adj* à choix multiples. ♦ **multiplication** *n* multiplication *f*. ♦ **multiply** 1 *vt* multiplier (*by* par); 2 *vi* se multiplier.

multitude ['mʌltɪtjuːd] *n* multitude *f*.

mum¹* [mʌm] *n* (*mother*) maman *f*.

mum² [mʌm] *adj*: **to keep ~** (*about sth*) ne pas souffler mot (de qch); ~**'s the word!** motus!

mumble ['mʌmbl] *vti* marmotter.

mumbo jumbo [ˌmʌmbəʊ'dʒʌmbəʊ] *n* charabia* *m*.

mummy¹ ['mʌmɪ] *n* (*embalmed*) momie *f*. ♦ **mummify** *vt* momifier.

mummy²* ['mʌmɪ] *n* (*mother*) maman *f*. ~**'s boy** fils *m* à sa mère.

mumps [mʌmps] *nsg* oreillons *mpl*.

munch [mʌntʃ] *vti* mastiquer.

mundane [ˌmʌn'deɪn] *adj* (*humdrum*) banal; (*worldly*) de ce monde.

municipal [mjuː'nɪsɪpəl] *adj* municipal. ♦ **municipality** *n* municipalité *f*.

munificence [mjuː'nɪfɪsns] *n* munificence *f*. ♦ **munificent** *adj* munificent.

munitions [mjuː'nɪʃənz] 1 *npl* munitions *fpl*. 2 *adj*: ~ **dump** entrepôt *m* de munitions.

mural ['mjʊərəl] 1 *adj* mural. 2 *n* peinture *f* murale.

murder ['mɜːdəʳ] 1 *n* meurtre *m*; (*premeditated*) assassinat *m*. (*fig*) **he was shouting blue ~*** il criait comme un putois; **they get away with ~*** ils peuvent faire n'importe quoi impunément; **it's ~*** c'est infernal; **the roads were ~*** les routes étaient un cauchemar. 2 *adj*: ~ **case** (*Jur*) procès *m* en homicide; (*Police*) affaire *f* d'homicide; ~ **trial** = procès capital; **the ~ weapon** l'arme *f* du meurtre. 3 *vt* **person** assassiner; (*: *fig*) **song** massacrer. **the ~ed man** la victime. ♦ **murderer** *n* meurtrier *m*, assassin *m*. ♦ **murderess** *n* meurtrière *f*. ♦ **murderous** *adj* meurtrier.

murky ['mɜːkɪ] *adj* (*gen*) obscur; **darkness** épais; **water, sb's past** trouble.

murmur ['mɜːməʳ] 1 *n* murmure *m*; [*bees, traffic, voices*] bourdonnement *m*. **without a ~** sans murmure; (*Med*) **a heart ~** un souffle au cœur. 2 *vti* murmurer; bourdonner.

muscle ['mʌsl] *n* muscle *m*.

muscle in* *vi* intervenir. **to ~ in on** essayer de s'imposer dans.
♦ **muscular** *adj* **person, arm** musclé; **tissue, disease** musculaire; **muscular dystrophy** dystrophie *f* musculaire.

muse [mjuːz] 1 *vi* songer (*on, about, over* à). 2 *n* muse *f*. ♦ **musing** 1 *adj* songeur; 2 *n* songerie *f*.

museum [mjuː'zɪəm] *n* musée *m*.

mushroom ['mʌʃrʊm] 1 *n* champignon *m* (*comestible*). 2 *adj* **soup, omelette** aux champignons; **flavour** de champignons; (*colour*) beige rosé *inv*; (*fig*) **town** champignon *inv*; **growth** soudain. ~ **cloud** champignon *m* atomique. 3 *vi* (a) (*grow*) pousser comme un champignon. (b) **to go ~ing** aller aux champignons.

mushy ['mʌʃɪ] *adj* **food** en bouillie; **fruit** blet. ~ **peas** purée *f* de pois.

music ['mjuːzɪk] 1 *n* musique *f*. **to set to ~** mettre en musique; (*fig*) **it was ~ to his ears** c'était doux à son oreille. 2 *adj* **teacher, lesson** de musique; **critic** musical. ~ **case** porte-musique *m inv*; ~ **centre** chaîne *f* compacte stéréo; ~ **festival** festival *m*; ~ **hall** music-hall *m*; ~ **lover** mélomane *mf*. ♦ **musical** 1 *adj* (*gen*) musical; **person, family** musicien; ~**al box** boîte *f* à musique; ~**al instrument** instrument *m* de musique; 2 *n* (*Cine, Theat*) comédie *f* musicale. ♦ **musically** *adv* musicalement. ♦ **musician** *n* musicien(ne) *m(f)*. ♦ **musicianship** *n* sens *m* de la musique.

♦ **musicologist** *n* musicologue *mf*. ♦ **musicology** *n* musicologie *f*.

musk [mʌsk] *n* musc *m*. ♦ **muskrat** *n* rat *m* musqué.

musket ['mʌskɪt] *n* mousquet *m*.

Muslim ['muslɪm] *adj, n* musulman(e) *m(f)*.

muslin ['mʌzlɪn] *n* mousseline *f* (*Tex*).

musquash ['mʌskwɒʃ] *n* rat *m* musqué.

mussel ['mʌsl] *n* moule *f*.

must [mʌst] **1** *modal aux vb* **(a)** (*obligation*) you ~ **leave** vous devez partir, il faut que vous partiez (*subj*); (*on notice*) **'the windows ~ not be opened'** 'défense d'ouvrir les fenêtres'; **you ~n't touch it** il ne faut pas *or* tu ne dois pas y toucher; **sit down if you ~** asseyez-vous si c'est indispensable; **I ~ say** franchement; (*iro*) ça alors!* **(b)** (*certainty*) he ~ **be wrong** il doit se tromper, il se trompe certainement; **is he mad?** – **he ~ be!** est-ce qu'il est fou? – sûrement!; **I ~ have made a mistake** j'ai dû me tromper.

2 *n*: **this book is a ~*** c'est un livre qu'il faut absolument avoir *or* lire; **a car is a ~*** une voiture est absolument indispensable.

mustache ['mʌstæʃ] (*US*) = **moustache**.

mustard ['mʌstəd] *n* (*Bot, Culin*) moutarde *f*. ~ **pot** moutardier *m*.

muster ['mʌstər] **1** *n* (*gathering*) assemblée *f*; (*Mil, Naut:* ~ **roll**) rassemblement *m*; (*roll-call*) appel *m*. (*fig*) **to pass** ~ être acceptable. **2** *vt* number, sum, helpers réunir; (~ **up**) strength, energy rassembler. **he ~ed (up) the courage to say so** il a pris son courage à deux mains pour le dire; **I couldn't ~ (up) enough energy to protest** je n'ai pas eu l'énergie de protester. **3** *vi* [people] se réunir, se rassembler.

musty ['mʌstɪ] *adj* taste, smell de moisi; room qui sent le moisi; ideas vieux jeu *inv*. **to grow** ~ moisir; **to smell** ~ avoir une odeur de moisi. ♦ **mustiness** *n* moisi *m*.

mutate [mju:'teɪt] *vi* subir une mutation. ♦ **mutant** *adj, n* mutant (*m*). ♦ **mutation** *n* mutation *f*.

mute [mju:t] **1** *adj* muet. **2** *n* (*Med*) muet(te) *m(f)*; (*Mus*) sourdine *f*. ♦ **muted** *adj* voice, sound assourdi; colour sourd; (*Mus*) en sourdine; criticism, protest voilé.

mutilate ['mju:tɪleɪt] *vt* mutiler. ♦ **mutilation** *n* mutilation *f*.

mutiny ['mju:tɪnɪ] **1** *n* mutinerie *f*; (*fig*) révolte *f*. **2** *vi* se mutiner; se révolter. ♦ **mutineer** *n* mutiné *m*, mutin *m*. ♦ **mutinous** *adj* mutiné; (*fig*) attitude, look rebelle.

mutter ['mʌtər] **1** *n* marmonnement *m*; (*grumbling*) grommellement *m*. **2** *vt* marmonner. **3** *vi* marmonner; (*grumble*) grommeler; [*thunder*] gronder.

mutton ['mʌtn] *n* mouton *m* (*Culin*). **leg of** ~ gigot *m*.

mutual ['mju:tjuəl] *adj* affection, help mutuel; (*common*) friend, cousin commun. **the feeling is** ~ c'est réciproque. ♦ **mutually** *adv* mutuellement.

Muzak ['mju:zæk] *n* ® musique *f* enregistrée.

muzzle ['mʌzl] **1** *n* [dog, fox etc] museau *m*; [gun] bouche *f*; (*anti-biting device: also fig*) muselière *f*. **2** *vt* museler (*also fig*).

muzzy ['mʌzɪ] *adj* ideas confus; outline flou. **this cold makes me feel** ~ ce rhume m'abrutit.

my [maɪ] *poss adj* mon, ma, mes. ~ **book** mon livre; ~ **table** ma table; ~ **friend** mon ami(e); ~ **clothes** mes vêtements; **I've broken** ~ **leg** je me suis cassé la jambe. ♦ **myself** *pers pron* (*reflexive: direct and indirect*) me; (*emphatic*) moi-même; (*after prep*) moi; **I've hurt** ~**self** je me suis blessé; **all by** ~**self** tout seul; **I'm not** ~**self** je ne suis pas dans mon état normal.

myopic [maɪ'ɒpɪk] *adj* myope.

myrtle ['mɜ:tl] *n* myrte *m*.

mystery ['mɪstərɪ] **1** *n* mystère *m*; (*book:* ~ **story**) roman *m* à suspense. **there's no** ~ **about it** ça n'a rien de mystérieux; **it's a** ~ **to me how ...** je n'arrive pas à comprendre comment ...; **to make a great** ~ **of sth** faire grand mystère de qch. **2** *adj* ship, man mystérieux. ♦ **mysterious** *adj* mystérieux. ♦ **mysteriously** *adv* mystérieusement. ♦ **mystification** *n* (*act*) mystification *f*; (*feeling*) perplexité *f*. ♦ **mystify** *vt* mystifier; (*accidentally*) rendre perplexe.

mystic ['mɪstɪk] *adj*, *n* mystique (*mf*). ♦ **mystical** *adj* mystique. ♦ **mysticism** *n* mysticisme *m*. ♦ **mystique** *n* mystique *f*.

myth [mɪθ] *n* mythe *m*. ♦ **mythical** *adj* mythique. ♦ **mythological** *adj* mythologique. ♦ **mythology** *n* mythologie *f*.

myxomatosis [ˌmɪksəuməˈtəusɪs] *n* myxomatose *f*.

N

N, n [en] *n* (*letter*) N, n *m.* **to the nth power** *or* **degree** à la puissance n; **for the nth time*** pour la énième fois.

nab* [næb] *vt wrongdoer* pincer*, attraper; *sb to speak to* coincer*.

nadir ['neɪdɪəʳ] *n* (*Astron*) nadir *m*; (*fig*) point *m* le plus bas.

nag¹ [næg] *n* canasson* *m*, mauvais cheval *m.*

nag² [næg] **1** *vti* (~ **at**) être toujours après*; [*doubt etc*] harceler; [*conscience*] travailler. **to ~ sb to do/into doing** harceler qn pour qu'il fasse/ jusqu'à ce qu'il fasse. **2** *n*: **he's a dreadful ~*** (*scolding*) il n'arrête pas de faire des remarques; (*pestering*) il n'arrête pas de nous (*or* le *etc*) harceler. ♦ **nagging 1** *adj person* qui n'arrête pas de faire des remarques; *pain, doubt* tenace; **2** *n* remarques *fpl* continuelles, criailleries *fpl.*

nail [neɪl] **1** *n* (*Anat*) ongle *m*; (*Tech*) clou *m.* (*fig*) **to pay on the ~** payer rubis sur l'ongle. **2** *adj*: ~ **polish** *or* **varnish** vernis *m* à ongles; ~ **polish remover** dissolvant *m*; ~ **scissors** ciseaux *mpl* à ongles. **3** *vt* clouer; (*fig*) *wrongdoer* pincer*, attraper; *lie* démasquer; *rumour* démentir. **to ~ the lid on a crate** clouer le couvercle d'une caisse; (*fig*) **to be ~ed to the spot** rester cloué sur place; ~**ed shoes** chaussures cloutées.

nail down *vt sep lid* clouer; (*fig*) *hesitating person* obtenir une décision de.

nail up *vt sep picture etc* fixer par des clous; *door, window* condamner (*en clouant*); *box, crate* clouer.

♦ **nailbiting** *n* habitude *f* de se ronger les ongles. ♦ **nailbrush** *n* brosse *f* à ongles. ♦ **nailfile** *n* lime *f* à ongles.

naïve [naɪ'iːv] *adj* naïf. ♦ **naïvely** *adv* naïvement. ♦ **naïveté** *or* ♦ **naïvety** *n* naïveté *f.*

naked ['neɪkɪd] *adj person* (tout) nu; *flame, sword* nu; *facts* brut; *truth* tout nu. **to the ~ eye** à l'œil nu. ♦ **nakedness** *n* nudité *f.*

namby-pamby* ['næmbɪ'pæmbɪ] **1** *n* gnangnan* *mf.* **2** *adj* gnangnan* *inv.*

name [neɪm] **1** *n* nom *m*; (*reputation*) réputation *f.* **what's your ~?** comment vous appelez-vous? **my ~ is Robert** je m'appelle Robert; **to take sb's ~ and address** prendre les nom et adresse de qn; (*Ftbl etc*) **to have one's ~ taken** recevoir un avertissement; **by the ~ of Smith** du nom de Smith; **by** *or* **under another ~** sous un autre nom; **to go by** *or* **under the ~ of** se faire appeler; **I know him only by ~** je ne le connais que de nom; **he knows them all by ~** il les connaît tous par leur nom; **in ~ only** (*adv*) *reign, exist* de nom seulement; (*adj*) *marriage etc* nominal; **to refer to sb by ~** désigner qn par son nom; **naming** *or* **mentioning no ~s** pour ne nommer personne; **to put one's ~ down for** *job* poser sa candidature à; *competition, class* s'inscrire à; *car, ticket etc* faire une demande pour avoir; **to call sb ~s** traiter qn de tous les noms; **in God's ~** au nom de Dieu; **in the king's ~** de par le roi; **I haven't a penny to my ~*** je n'ai pas le sou; **one of the big ~s in show business** un des grands noms du monde du spectacle; **he has a ~ for honesty** il a la réputation d'être honnête; **to protect one's (good) ~** protéger sa réputation; **to get a bad ~** se faire une mauvaise réputation; **it made his ~** cela l'a rendu célèbre; **to make one's ~** se faire un nom (*as* en tant que).

2 *vt* (**a**) *child, puppy* appeler; *ship* baptiser; *star, new product* donner un nom à. **a person ~d Smith** un(e) nommé(e) Smith; **to ~ a child after sb** donner à un enfant le nom de qn. (**b**) (*give ~ of; designate*) nommer; (*fix*) *date, price* fixer. **he was ~d as chairman/as the thief/as a witness** il a été nommé président/désigné comme étant le voleur/cité comme témoin; **my collaborators are ~d in the preface** mes collaborateurs sont mentionnés dans l'avant-propos; (*wedding*) **to ~ the day** fixer la date du mariage; **you ~ it, they have it*** tout ce que vous pouvez imaginer, ils l'ont!

♦ **name day** *n* fête *f* (*d'une personne*). ♦ **namedropping** *n*: **there was a lot of ~-dropping*** in his speech son discours était truffé de noms de gens en vue. ♦ **nameless** *adj person* (*unknown*) sans nom; (*anonymous*) anonyme; *fear* indéfinissable; **a certain person who shall be ~less** une certaine personne que je ne nommerai pas. ♦ **namely** *adv* à savoir, c'est-à-dire. ♦ **name part** *n* (*Theat*) rôle *m* titulaire. ♦ **nameplate** *n* (*on door etc*) plaque *f*; (*on goods*) plaque du fabricant. ♦ **namesake** *n* homonyme *m* (*personne*).

nanny ['nænɪ] *n* nurse *f.* ♦ **nanny-goat** *n* chèvre *f.*

nap [næp] **1** *n* (*sleep*) petit somme *m.* **afternoon ~** sieste *f*; **to have** *or* **take a ~** faire un petit somme (*or* la sieste).

2 *vi* sommeiller. (*fig*) **to catch sb ~ping** prendre qn au dépourvu (*unawares*) *or* en défaut (*in error etc*).

napalm ['neɪpɑːm] **1** *n* napalm *m.* **2** *adj bomb, bombing* au napalm.

nape [neɪp] *n* nuque *f.*

napkin ['næpkɪn] *n* (**a**) (*table ~*) serviette *f* (de table). ~ **ring** rond *m* de serviette. (**b**) (*Brit: also* **nappy**) couche *f* (de bébé).

narcissus [nɑː'sɪsəs] *n, pl* **-issi** narcisse *m.* ♦ **narcissistic** *adj* narcissique.

narcotic [nɑː'kɒtɪk] *adj, n* narcotique (*m*).

narrate [nə'reɪt] *vt* raconter. ♦ **narration** *n* narration *f.* ♦ **narrative** **1** *n* récit *m*; **2** *adj* narratif. ♦ **narrator** *n* narrateur *m*, -trice *f.*

narrow ['nærəʊ] **1** *adj* (*gen*) étroit; *garment* étriqué; *outlook, mind* étroit, borné; *person* aux vues étroites; *meaning* restreint; *scrutiny* serré; *means, resources, income, existence* limité; *majority* faible; *advantage* petit; *victory* remporté de justesse. **to have a ~ escape** s'en tirer de justesse, l'échapper belle. **2** *vi* [*road, valley*] se rétrécir; [*majority*] s'amenuiser. **his eyes ~ed** il a plissé les yeux; **to ~ down to** [*search, choice*] se limiter à; [*problem, question*] se ramener à. **3** *vt* (~ **down**) *road* rétrécir; *meaning* restreindre; *choice* restreindre. (*fig*) **to ~ the field (down)** restreindre le champ; **with ~ed eyes** en plissant les yeux (*de méfiance etc*).

♦ **narrowly** *adv* (**a**) (*by a small margin*) *miss etc* de justesse; **he ~ly escaped being killed** il a bien failli être tué; (**b**) (*strictly*) *interpret rules etc* strictement; (**c**) (*closely*) *examine* de près, minutieusement. ♦ **narrow-minded** *adj person* aux vues étroites; *ideas, outlook* étroit. ♦ **narrow-mindedness** *n* étroitesse *f* d'esprit. ♦ **narrowness** *n* étroitesse *f.*

nasal ['neɪzəl] adj (Anat, Ling) nasal; accent nasillard. **to speak in a ~ voice** parler du nez. ♦ **nasalize** vt nasaliser.

nasturtium [nəs'tɜ:ʃəm] n capucine f.

nasty ['nɑ:stɪ] adj person, temper désagréable (to envers, avec), (stronger) mauvais; moment, experience désagréable, (stronger) pénible; taste, smell, trick mauvais; cold, weather, accident, job sale (before n); remark méchant; wound, bend in road dangereux; (obscene) book, film obscène. **to taste/smell ~** avoir un mauvais goût/une mauvaise odeur; **a ~ piece of work*** (action) un sale coup*; (person) un sale type*, une sale bonne femme; **he had a ~ time of it** (short spell) il a passé un mauvais quart d'heure; (longer period) il a passé de mauvais moments; (fig) **what a ~ mess!** quel gâchis épouvantable!; **to have a ~ mind** avoir l'esprit mal tourné; **to have a ~ look in one's eye** avoir l'œil mauvais; **events took a ~ turn** la situation a très mal tourné. ♦ **nastily** adv (unpleasantly) désagréablement; (spitefully) méchamment. ♦ **nastiness** n caractère m désagréable; méchanceté f.

nation ['neɪʃən] n (gen) nation f. **people of all ~s** des gens de toutes les nationalités. ♦ **national** **1** adj national; ~al anthem hymne m national; ~al debt dette f publique; ~al dress costume m national; (Brit) N~al Health Service, N~al Insurance ≈ Sécurité f sociale; ~al holiday fête f nationale; (Mil) ~al service service m militaire; (Brit) N~al Trust ≈ Caisse f Nationale des Monuments Historiques et des Sites; **on a ~al scale** à l'échelon national; ~al strike of miners grève f des mineurs touchant l'ensemble du pays; (Press) **the ~al and local papers** la grande presse et la presse locale; **2** n (person) ressortissant(e) m(f). ♦ **nationalism** n nationalisme m. ♦ **nationalist** adj, n nationaliste (mf). ♦ **nationality** n nationalité f. ♦ **nationalization** n nationalisation f. ♦ **nationalize** vt nationaliser. ♦ **nationally** adv consider, matter du point de vue national; broadcast dans le pays tout entier; be known, be felt, apply dans tout le pays. ♦ **nation-wide** adj strike, protest touchant l'ensemble du pays; **there was a ~-wide search for them** on les recherchait à travers tout le pays.

native ['neɪtɪv] **1** adj (a) country, town natal; language maternel. **~ land** pays m natal, patrie f. (b) (innate) ability inné. (c) (indigenous) plant, animal indigène; product, resources naturel, du pays. **~ to** originaire de; French **~ speaker** personne f dont la langue maternelle est le français. (d) (of the ~s) customs, costume, matters, rights du pays; labour, quarter indigène. **2** n autochtone mf; (esp of colony) indigène mf. **a ~ of France** un(e) Français(e) de naissance; **she speaks French like a ~** elle parle français comme si c'était sa langue maternelle; [person, animal, plant] **to be a ~ of** être originaire de. ♦ **nativity** n nativité f; **nativity play** mystère m de la Nativité.

natter* ['nætər] **1** vi bavarder. **2** n causette* f.

natty* ['nætɪ] adj (neat) chic inv; (handy) astucieux.

natural ['nætʃrəl] **1** adj (gen) naturel. **it is ~ for you to think** or **that you should think** il est naturel or normal que vous pensiez (subj); ~ childbirth accouchement m sans douleur; (Jur) death from ~ causes mort f naturelle; **to die a ~ death** mourir de sa belle mort; ~ philosophy physique f; (Mus) **B** ~ si m bécarre; **he's a ~ painter** c'est un peintre né. **2** n (a) (Mus: sign) bécarre m. (b) **he's a ~!*** il est comme un poisson dans l'eau! ♦ **naturalism** n naturalisme m. ♦ **naturalist** adj, n naturaliste (mf). ♦ **naturalization** n naturalisation f. ♦ **naturalize** vt: **to be ~ized** se faire naturaliser. ♦ **naturally** adv (a) (of course; as is normal) naturellement; ~**ly not!** bien sûr que

non!; (b) (by nature) de nature; ~**ly** lazy paresseux de nature; **her hair is ~ly curly** elle frise naturellement; **it comes ~ly to him** to do this il fait cela tout naturellement; (c) (unaffectedly) behave avec naturel, sans affectation. ♦ **nature** ['neɪtʃər] **1** n (a) nature f. **the laws of ~** les lois fpl de la nature; **to paint from ~** peindre d'après nature; **against ~** contre nature. (b) (character etc) nature f, naturel m. **by ~** de nature; **good ~** bon caractère; **he has a nice ~** il a un naturel or un caractère facile; **it is not in his ~** to lie il n'est pas dans sa nature de mentir; jealous-~**d** jaloux de nature, d'un naturel jaloux. (c) (essential quality; type) nature f. **it is in the ~** of things c'est dans la nature des choses; **in the ~ of this case it is clear that** vu la nature de ce cas il est clair que; **things of this ~** les choses de cette nature or de ce genre; **sth in the ~ of an apology** une sorte d'excuse. **2** adj: ~ conservancy protection f de la nature; ~ cure naturisme m (Med); ~ lover amoureux m, -euse f de la nature; ~ reserve réserve naturelle; ~ study histoire naturelle; (Scol) sciences naturelles; ~ trail circuit forestier éducatif. ♦ **naturism** n naturisme m, nudisme m. ♦ **naturist** n naturiste mf, nudiste mf.

naught [nɔ:t] n (a) (Math) zéro m. ~**s and crosses** ≈ (jeu m du) morpion m. (b) († or liter: nothing) rien m.

naughty ['nɔ:tɪ] adj child etc vilain, pas sage; joke, story grivois. ~ **word** vilain mot. ♦ **naughtily** adv say avec malice; behave naughtily être vilain. ♦ **naughtiness** n mauvaise conduite f; **a piece of naughtiness** une désobéissance.

nausea ['nɔ:sɪə] n nausée f; (fig) écœurement m. ♦ **nauseate** vt (Med, fig) écœurer. ♦ **nauseating** adj écœurant. ♦ **nauseatingly** adv d'une façon écœurante.

nautical ['nɔ:tɪkəl] adj nautique.

naval ['neɪvəl] adj battle, strength, base, college naval; affairs, matters de la marine; officer de marine; hospital, barracks, stores maritime. ~ **architect** ingénieur m des constructions navales; ~ **aviation** aéronavale f; ~ **forces** marine f de guerre; **one of the ~ powers** l'une des puissances maritimes.

nave [neɪv] n (church) nef f.

navel ['neɪvəl] n nombril m. ~ **orange** orange f navel.

navigate ['nævɪgeɪt] **1** vi naviguer. **2** vt ship diriger; seas naviguer sur. ♦ **navigable** adj river navigable. ♦ **navigation** n navigation f. ♦ **navigator** n navigateur m.

navvy ['nævɪ] n (Brit) terrassier m.

navy ['neɪvɪ] **1** n marine f (de guerre). (Brit) Royal N~ marine nationale; merchant ~ marine marchande; (US) Department of the N~ ministère m de la Marine. **2** adj (~-blue) bleu marine inv.

Nazi ['nɑ:tsɪ] **1** n Nazi(e) m(f). **2** adj nazi. ♦ **Nazism** m nazisme m.

near [nɪər] **1** adv (a) près (to de). ~ **at hand** object tout près; event tout proche; place dans le voisinage; **to draw** or **come ~** s'approcher (to de); [Christmas, exams] approcher; **to come ~er** s'approcher davantage; **to come ~ to doing** faillir faire; **to bring sth ~er** rapprocher qch; ~ **to where** près de l'endroit où; ~ **to tears** au bord des larmes. (b) (nearly) nowhere ~ full loin d'être plein; **as ~ as I can judge** autant que je puisse juger; **that's ~ enough*** ça pourra aller; 60 people, ~ **enough*** 60 personnes, à peu près; **as ~ as dammit*** ou c'est tout comme*.

2 prep près de. ~ **here/there** près d'ici/de là; **he was standing ~ the table** il se tenait près de or auprès de la table; **don't come ~ me** ne vous approchez pas de moi; ~ **the end of the book** vers la fin du livre; **her birthday is ~ mine** son anniversaire est proche du mien; **he won't go ~* anything illegal** il ne se risquera jamais à faire quoi que ce soit d'illégal; ~ **tears** au bord des larmes; ~ **death** sur le point de mourir; **the sun was** ~ **setting** le soleil était près de se coucher; **he was very** ~ **refusing** il était sur le point de refuser; **the same thing or** ~ **it** la même chose ou presque *or* ou à peu près; **it's as** ~ **snowing as makes no difference** il neige ou peu s'en faut; **nobody comes anywhere** ~ **him at swimming** personne ne lui arrive à la cheville en natation; *(fig)* **that's** ~**er it** voilà qui est mieux.

3 *adj* **(a)** *(close: gen)* proche. **these glasses make things look** ~**er** ces lunettes rapprochent les objets; **the N~ East** le Proche-Orient; *(Math)* **to the** ~**est decimal place** à la plus proche décimale près; **to the** ~**est pound** à une livre près; **the** ~**est way** la route la plus directe; **in the** ~ **future** dans un proche avenir. **(b)** *relative, relationship* proche; *friend, friendship* intime; *guess* près de la vérité; *resemblance* assez exact; *portrait* ressemblant; *race, contest, result* serré. **my** ~**est and dearest*** mes proches *mpl*; **the** ~**est equivalent** ce qui s'en rapproche le plus; *(fig)* **that was a** ~ **thing*** il s'en est fallu de peu; **that's the** ~**est thing to a compliment** c'est presque un compliment.

4 *vt place* approcher de; *event, date* être près de. **to be** ~**ing one's goal** toucher au but; **my book is** ~**ing completion** mon livre est presque achevé.

♦ **nearby 1** *adv* près, tout près; **2** *adj* proche, avoisinant. ♦ **nearly** *adv (gen)* presque; **he** ~**ly laughed** il a failli rire; **she was** ~**ly crying** elle était sur le point de pleurer; **not** ~**ly** loin de; **she is not** ~**ly so old as you** elle est loin d'être aussi âgée que vous; **that's not** ~**ly enough** c'est loin d'être suffisant. ♦ **nearness** *n* proximité *f*. ♦ **nearside** *n (Aut) (in Britain)* côté *m* gauche; *(in France, US etc)* côté droit. ♦ **near-sighted** *adj* myope. ♦ **near-sightedness** *n* myopie *f*.

neat [ni:t] *adj* **(a)** *(gen)* net *(f* nette), soigné; *room, handwriting* net; *work* soigné; *desk* bien rangé; *ankles, legs* fin; *phrase, style, solution* élégant; *plan* habile. ~ **as a new pin** propre comme un sou neuf; **he is a** ~ **worker** il est soigneux dans son travail; **she has a** ~ **figure** elle est bien faite; **a** ~ **little car** une jolie petite voiture; **to make a** ~ **job of sth** bien faire qch. **(b)** *(undiluted) spirits* pur, sec. **I'll take it** ~ je le prendrai sec.

♦ **neaten** *vt dress* ajuster; *desk* ranger. ♦ **neatly** *adv* **(a)** *(tidily) fold, wrap, dress* avec soin; *write* proprement; **(b)** *(skilfully) avoid, manage* habilement; ~**ly put** joliment dit. ♦ **neatness** *n (tidiness)* netteté *f*; *(skilfulness)* habileté *f*, adresse *f*.

nebula ['nebjʊlə] *n, pl* -ae nébuleuse *f*. ♦ **nebulous** *adj (Astron)* nébuleux; *(fig)* nébuleux, vague, flou.

necessary ['nesɪsərɪ] **1** *adj (gen)* nécessaire *(to, for* à); *result* inévitable. **it is** ~ **to do** il faut faire, il est nécessaire de faire; **it is** ~ **for him to be there** il faut qu'il soit là, il est nécessaire qu'il soit là; **it is** ~ **that ...** il faut que ... + *subj*, il est nécessaire que ... + *subj*; **if** ~ s'il le faut; **to do what is** ~ faire le nécessaire *(for* pour); **to make it** ~ **for sb to do** mettre qn dans la nécessité de faire; **more than is** ~ plus qu'il n'en faut; **to do no more than is** ~ ne faire que le nécessaire; **all the** ~ **qualifications** toutes les qualités requises *(for* pour). **2** *n*: **to do the** ~***** faire le nécessaire.

♦ **necessarily** *adv (gen)* nécessairement, forcément; *lead to, result in* inévitablement. ♦ **necessitate** *vt* nécessiter. ♦ **necessity** *n (gen)* nécessité *f (of doing, to do* de faire); **from** *or* **out of necessity** par nécessité; **of necessity** nécessairement; **case of absolute necessity** cas *m* de force majeure; **there is no necessity for you to do that** vous n'avez pas besoin de faire cela; **in case of necessity** en cas de besoin; **is there any necessity?** est-

ce nécessaire?; **the bare necessities of life** les choses *fpl* nécessaires à la vie; **it's a necessity** c'est une chose indispensable.

neck [nek] **1** *n* **(a)** cou *m*; *[horse, garment]* encolure *f*; *[bottle, vase]* col *m*. **to have a sore** ~ avoir mal au cou; **to fling one's arms round sb's** ~ se jeter au cou de qn; **to be** ~ **and** ~ être à égalité; **to be up to one's** ~ **in work** avoir du travail par-dessus la tête; **up to one's** ~ **in a crime** totalement impliqué dans un crime; **he got it in the** ~***** il en a pris pour son grade*; **to stick one's** ~ **out*** se mouiller‡, prendre des risques; **I don't want him round my** ~***** je ne veux pas l'avoir sur le dos; **it's** ~ **or nothing*** il faut jouer le tout pour le tout; **in your** ~ **of the woods*** dans vos parages; ~ **of mutton** collet *m* de mouton; *(Culin)* **best end of** ~ côtelettes *fpl* premières; *[dress]* **high** ~ col *m* montant; **square** ~ encolure *f* carrée; **dress with a low** ~, **low-**~**ed dress** robe décolletée; **shirt with a 38 cm** ~ chemise qui fait 38 cm d'encolure. **(b)** *(Brit‡: impertinence)* culot* *m*. **2** *vi* (*) se peloter*. **to** ~ **with sb*** peloter* qn.

♦ **necking*** *n* pelotage* *m*. ♦ **necklace** *n* collier *m*; *(long)* sautoir *m*; **pearl** ~**lace** collier de perles. ♦ **neckline** *n* encolure *f*. ♦ **necktie** *n* cravate *f*.

nectar ['nektər] *n* nectar *m*.

nectarine ['nektərɪn] *n* brugnon *m*.

need [ni:d] **1** *n* besoin *m*. **if** ~ **be** si besoin est, s'il le faut; **there's no** ~ **to hurry** on n'a pas besoin de se presser; **no need to tell him** pas besoin de lui dire; **there's no** ~ **for you to come** vous n'êtes pas obligé de venir; **there is much** ~ **of food** il y a un grand besoin de vivres; **to have** ~ **of, to be in** ~ **of** avoir besoin de; **to be badly** *or* **greatly in** ~ **of** avoir grand besoin de; **to be in** ~ être dans le besoin; **in times of** ~ aux heures *fpl* difficiles; **to supply sb's** ~**s** subvenir aux besoins de qn; **his** ~**s are few** il a peu de besoins; **the greatest** ~**s of industry** ce dont l'industrie a le plus besoin.

2 *pret, ptp* **needed** *vt (gen)* avoir besoin de. **I** ~ **money** j'ai besoin d'argent, il me faut de l'argent; **I** ~ **it** j'en ai besoin, il me faut; **all that you** ~ tout ce qu'il vous faut; **it's just what I** ~**ed** c'est tout à fait ce qu'il me fallait; **a visa is** ~**ed** il faut un visa; **a much-**~**ed holiday** des vacances dont on a *(or* j'ai *etc)* grand besoin; **it** *or* **he doesn't** ~ **me to tell him** il n'a pas besoin que je le lui dise; **she** ~**s watching** *or* **to be watched** elle a besoin d'être surveillée; **he** ~**s to have everything explained to him** il faut tout lui expliquer; **you only** ~**ed to ask** tu n'avais qu'à demander; **this book** ~**s careful reading** ce livre doit être lu attentivement; **the situation** ~**s detailed consideration** la situation doit être considérée *or* exige qu'on la considère *(subj)* dans le détail.

3 *modal auxiliary vb* (ne s'emploie qu'à la forme interrogative, négative et avec 'hardly', 'scarcely' etc) ~ **he go?** a-t-il besoin *or* est-il obligé d'y aller?, faut-il qu'il y aille?, est-ce qu'il doit vraiment y aller?; **you** ~**n't wait** vous n'avez pas besoin *or* vous n'êtes pas obligé d'attendre; **you** ~**n't bother/have bothered to write** ce n'est/n'était pas la peine d'écrire; ~ **we go into all this now?** faut-il discuter de tout cela maintenant?; **I** ~ **hardly say that ...** je n'ai guère besoin de dire que ...; **no one** ~ **go** *or* ~**s to go hungry** personne n'est condamné à avoir faim; ~ **that be true?** est-ce nécessairement vrai?; **it** ~ **not follow that ...** il ne s'ensuit pas nécessairement que ... + *subj*.

♦ **needful** **1** *adj* nécessaire; **2** *n*: **to do the** ~**ful*** faire ce qu'il faut. ♦ **neediness** *n* dénuement *m*, nécessité *f*. ♦ **needless** *adj* inutile; ~**less to say** il began to rain inutile de dire que la pluie s'est mise à tomber. ♦ **needlessly** *adv* inutilement. ♦ **needs** *adv* (ne s'emploie qu'avec 'must') **I must** ~**s leave** il me faut absolument partir; **if** ~**s must** s'il le faut absolument. ♦ **needy** adj nécessiteux; **in ~y circumstances** dans le besoin.

needle ['niːdl] 1 n (gen) aiguille f; [record-player] saphir m. **knitting ~** aiguille à tricoter; (fig) **to look for a ~ in a haystack** chercher une aiguille dans une botte de foin. 2 vt (*) (annoy) agacer; (sting) piquer au vif; (nag) harceler. **she was ~d* into replying** touchée au vif elle a répondu.
♦ **needle-case** n porte-aiguilles m inv.
♦ **needlecord** n velours m mille-raies.
♦ **needlepoint** n tapisserie f à l'aiguille.
♦ **needlework** n (gen) travaux mpl d'aiguille; (Scol: subject) couture f; (work) ouvrage m.

ne'er [nɛəʳ] adv (liter) = never. ♦ **ne'er-do-well** n propre mf à rien.

negative ['negətɪv] 1 adj négatif. 2 n (a) (answer) réponse f négative. **in the ~** (adj) être négatif; (adv) answer négativement. (b) (Gram) négation f. **put into the ~** mettez à la forme négative. (c) (Phot, Elec) négatif m. ♦ **negation** n négation f. ♦ **negatively** adv négativement.

neglect [nɪ'glekt] 1 vt (gen) négliger (to do de faire); animal, invalid ne pas s'occuper de, négliger; one's wife, one's friends délaisser, négliger; garden, house, car, machinery ne pas s'occuper de; rule, law, advice ne tenir aucun compte de; business, work, hobby se désintéresser de, négliger; opportunity laisser échapper, négliger; promise, duty, obligation manquer à.
2 n (gen) manque m de soins (of sb envers qn); [duty, obligation] manquement m (of à); [work] manque d'intérêt (of pour). **~ of one's appearance** manque de soins apportés à son apparence; **his ~ of his car** etc le fait qu'il ne s'occupe pas de sa voiture etc; **in a state of ~** mal tenu; **it happened through ~** c'est dû à la négligence.
♦ **neglected** adj appearance négligé, peu soigné; person abandonné, délaissé; house, garden mal tenu. ♦ **neglectful** adj négligent; **to be ~ful of** sb/sth négliger qn/qch. ♦ **neglectfully** adv avec négligence.

negligence ['neglɪdʒəns] n négligence f.
♦ **negligent** adj négligent. ♦ **negligently** adv (a) (offhandedly) négligemment; (b) (carelessly) omit par négligence; behave avec négligence.
♦ **negligible** adj négligeable.

negotiate [nɪ'gəʊʃɪeɪt] 1 vt (a) sale, loan, bill négocier. (b) obstacle, hill franchir; river (sail on) naviguer, (cross) franchir; bend in road prendre; difficulty surmonter. 2 vi négocier (with sb for sth avec qn pour obtenir qch). ♦ **negotiable** adj (a) (Fin) négociable; (b) obstacle franchissable; river navigable; road praticable.
♦ **negotiation** n négociation f. ♦ **negotiator** n négociateur m, -trice f.

Negro ['niːgrəʊ] 1 adj noir. 2 n Noir m. ♦ **Negress** n Noire f. ♦ **negroid** adj négroïde.

neigh [neɪ] 1 vi hennir. 2 n hennissement m.

neighbour, (US) **-bor** ['neɪbəʳ] n voisin(e) m(f); (Bible etc) prochain(e) m(f). ♦ **neighbo(u)rhood** 1 n (gen) voisinage m; **all the children of the ~hood** tous les enfants du voisinage or du quartier; **it's not a nice ~hood** ce n'est pas un quartier bien; **in the ~hood of the church** aux alentours or dans le voisinage de l'église; **in the ~hood of the crime** dans les parages mpl du crime; **in the ~hood of £100** dans les 100 livres; 2 adj chemist etc du or de quartier. ♦ **neighbo(u)ring** adj avoisinant, voisin. ♦ **neighbo(u)rly** adj person bon voisin, obligeant; feelings, action de bon voisin; relations de bon voisinage.

neither ['naɪðəʳ] 1 adv ni. **~ ... nor ...** ni ... ni ... (+ ne before vb); **~ you nor I know** ni vous ni moi ne le savons; **he can ~ read nor write** il ne sait ni lire ni écrire; (fig) **that's ~ here nor there** cela n'a rien à voir. 2 conj: **if you don't go, ~ shall I** si tu n'y vas pas, je n'irai pas non plus; **~ am I** (or do I etc) moi non plus, ni moi. 3 adj: **~ story is true** ni

l'une ni l'autre des deux histoires n'est vraie; **in ~ case** ni dans un cas ni dans l'autre. 4 pron ni l'un(e) ni l'autre (+ ne before vb). **~ of them knows** ni l'un ni l'autre ne le sait, ils ne le savent ni l'un ni l'autre.

neo... ['niːəʊ] pref néo-. **~classical** néo-classique; **~fascist** (adj, n) néo-fasciste (mf); **~nazi** (adj, n) néo-nazi(e) m(f).

neolithic [,niːəʊ'lɪθɪk] adj néolithique.

neologism [nɪ'ɒlədʒɪzəm] n néologisme m.

neon ['niːɒn] 1 n (gaz m) néon m. 2 adj au néon. **~ sign** enseigne f au néon.

nephew ['nevjuː, 'nefjuː] n neveu m.

nephritis [ne'fraɪtɪs] n néphrite f.

nerve [nɜːv] 1 n (a) nerf m; (Bot) nervure f. her **~s are bad** elle est très nerveuse; (before performance) **to have an attack of ~s** avoir le trac*; **it's only ~s** c'est de la nervosité; **to be a bundle of ~s** être un paquet de nerfs; **he was in a state of ~s,** his **~s were on edge** il était sur les nerfs; **he gets on my ~s** il me tape sur les nerfs*; **to have ~s of steel** avoir les nerfs solides; **war of ~s** guerre f des nerfs.
(b) (courage) courage m; (calm) sang-froid m; (self-confidence) assurance f, confiance f en soi(-même); (*: cheek) culot* m. **to keep/lose one's ~** conserver/perdre son sang-froid; **he lost his ~,** his **~ failed him** il n'a jamais retrouvé sa confiance en lui-même; **I haven't the ~ to do that** je n'ai pas le courage or (cheek) le culot* de faire ça; **you've got a ~!*** tu as du culot!*
2 vt: **to ~ sb to do** donner à qn le courage de faire; **to ~ o.s. to do** s'armer de courage pour faire.
3 adj cell nerveux; **gas** neuroplégique. **~ centre** (Anat) centre m nerveux; (fig) centre d'opérations; **~ specialist** neurologue mf.
♦ **nerve-racking** adj exaspérant. ♦ **nerviness*** n (Brit) nervosité f; (US) culot* m. ♦ **nervy*** adj (a) (Brit: tense) énervé; (b) (US: cheeky) qui a du culot*.

nervous ['nɜːvəs] adj (Anat, Med) nerveux; (tense) nerveux; (apprehensive) inquiet; (self-conscious) intimidé. **to have a ~ breakdown** faire une dépression nerveuse; **~ energy** vitalité f; **~ exhaustion** fatigue f nerveuse, (serious) surmenage m mental; **in a ~ state** très agité; **to feel ~** se sentir mal à l'aise; (before performance etc) avoir le trac*; **he makes me ~** (fearful) il m'intimide; (tense) il m'énerve; (unsure of myself) il me fait perdre mes moyens; **I'm rather ~ about** diving j'ai un peu peur de plonger; **he's a ~ wreck*** il est à bout de nerfs. ♦ **nervously** adv (tensely) nerveusement; (apprehensively) avec inquiétude. ♦ **nervousness** n nervosité f; (apprehension) inquiétude f; (before performance) trac* m.

nest [nest] 1 n nid m. 2 vi faire son nid. 3 adj (fig) **~ egg** pécule m.

nestle ['nesl] vi [person] se blottir (up to, against contre); [house etc] se nicher. **to ~ down in bed** se pelotonner dans son lit; **a house nestling among the trees** une maison nichée parmi les arbres.

nestling ['nestlɪŋ, 'neslɪŋ] n oisillon m.

net¹ [net] 1 n (a) (gen) filet m. **hair ~** résille f. (b) (Tex) voile m. 2 vt fish, game prendre au filet. 3 adj: **~ curtains** voilage m. ♦ **netball** n netball m. ♦ **netting** n (nets) filets mpl; (mesh) mailles fpl; (Tex) voile m (pour rideaux); (wire ~ting) treillis m (métallique). ♦ **network** n (gen, Elec, TV etc) réseau m; (fig) [streets, veins] lacis m; [spies, salesmen] réseau.

net², nett [net] adj price, weight net. **the price is £15 ~** le prix est de 15 livres net.

Netherlands ['neðələndz] npl Pays-Bas mpl.

nettle ['netl] 1 n ortie f. (fig) **to grasp the ~** prendre le taureau par les cornes. 2 vt agacer. **he was ~d into replying** agacé, il a répondu. 3 adj: **~**

sting piqûre *f* d'ortie. ♦ **nettlerash** *n* urticaire *f*.
neuralgia [njuə'rældʒə] *n* névralgie *f*.
neuritis [njuə'raɪtɪs] *n* névrite *f*.
neuro... ['njuərəu] *pref* neuro..., névro.... .
♦ **neurosurgeon** *n* neurochirurgien(ne) *m(f)*.
♦ **neurosurgery** *n* neurochirurgie *f*.
neurology [njuə'rɒlədʒɪ] *n* neurologie *f*.
♦ **neurological** *adj* neurologique. ♦ **neurologist**
n neurologue *mf*.
neurosis [njuə'rəusɪs] *n*, *pl* -oses névrose *f*.
♦ **neurotic** [*adj person* névrosé; *disease* névrotique; (*fig*) **she's getting quite neurotic about
it** elle en fait une véritable maladie, ça devient
une obsession chez elle; 2 *n* névrosé(e) *m(f)*.
neuter ['nju:tər] 1 *adj* neutre. 2 *n* (*Gram*) neutre
m. **in the** ~ au neutre. 3 *vt cat etc* châtrer.
neutral ['nju:trəl] 1 *adj* neutre. 2 *n* (*Aut*) point *m*
mort. **in** ~ au point mort. ♦ **neutralist** *adj, n* neutraliste (*mf*). ♦ **neutrality** *n* neutralité *f*.
♦ **neutralize** *vt* neutraliser.
neutron ['nju:trɒn] *n* neutron *m*. ~ **bomb** bombe *f*
à neutrons.
never ['nevər] *adv* ne ... jamais. **I** ~ **eat** je n'en
mange jamais; **I have** ~ **seen him** je ne l'ai jamais
vu; ~ **before had there been such a disaster**
jamais on n'avait connu tel désastre; ~ **again!**
plus jamais!; **I have** ~ **yet been able to** je n'ai
encore jamais pu; **that will** ~ **do!** c'est inadmissible!; **he** ~ **said a word** il n'a pas dit le moindre
mot; **you've** ~ **left it behind!** ne me dites pas que
vous l'avez oublié!; ~! ça n'est pas vrai!; **well I** ~
(did)!* ça par exemple!; ~ **mind** ça ne fait rien.
♦ **never-ending** *adj* sans fin. ♦ **never-never** 1 *n*:
to buy on the ~-~* acheter à crédit;
2 *adj*: ~-~ **land** pays *m* de cocagne.
♦ **nevertheless** *adv* néanmoins, (et) pourtant,
quand même. ♦ **never-to-be-forgotten** *adj*
inoubliable, qu'on n'oubliera jamais.
new [nju:] *adj* nouveau (*usually before n: before
vowel* nouvel, *f* nouvelle); (*brand-new*) neuf (*f*
neuve); (*different*) nouveau, autre; *bread, milk,
cheese* frais; *wine* nouveau. **I've got a** ~ **car**
(*different*) j'ai une nouvelle *or* une autre voiture;
(*brand-new*) j'ai une voiture neuve; **he has
written a** ~ **book** il a écrit un nouveau livre; ~
potatoes pommes de terre nouvelles; **the** ~ **moon**
la nouvelle lune; **N**~ **Testament** Nouveau Testament; **the N**~ **World** le Nouveau Monde; **dressed
in** ~ **clothes** habillé de neuf; **as good as** ~ comme
neuf, à l'état de neuf; **this idea is not** ~ ce n'est
pas une idée nouvelle *or* neuve; **the** ~ **nations** les
pays neufs; **a** ~ **town** une ville nouvelle; **this sort
of work is** ~ **to me** ce genre de travail est qch de
nouveau pour moi; **I'm** ~ **to this kind of work** je
n'ai jamais fait ce genre de travail; **he's** ~ **to the
trade** il est nouveau dans le métier; **he's quite** ~
to the town il est tout nouvellement arrivé dans la
ville; ~ **recruit** nouvelle recrue *f*, bleu* *m*; **the**
~ **students** *or* **pupils** les nouveaux *mpl*, les
nouvelles *fpl*; **the** ~ **diplomacy** la diplomatie
moderne; **the** ~ **rich** les nouveaux riches *mpl*;
bring me a ~ **glass** apportez-moi un autre verre;
that's a ~ **one on me!*** on en apprend tous les
jours!; **what's** ~?** quoi de neuf?
♦ **newborn** *adj* nouveau-né(e) *m(f)*. ♦ **newcomer**
n nouveau venu *m*, nouvelle venue *f*. ♦ **new-
fangled** *adj* nouveau genre *inv*. ♦ **new-laid** *adj*
egg tout frais. ♦ **new-look** *adj* new-look *inv*.
♦ **newly** *adv* nouvellement, récemment; ~**ly
made** neuf. ♦ **newly-weds** *npl* jeunes mariés *mpl*.
♦ **newness** *n [fashion, ideas etc]* nouveauté *f*;
[clothes etc] état *m* de neuf. ♦ **New Year** 1 *n*
nouvel an *m*, nouvelle année *f*; **to bring in** *or* **see in
the N**~ **Year** faire le réveillon (de la Saint-
Sylvestre *or* du jour de l'an); **Happy N**~ **Year!**
bonne année!; **to wish sb a happy N**~ **Year**
souhaiter une *or* la bonne année à qn; **N**~ **Year's
Day** jour *m* *or* premier *m* de l'an; **N**~ **Year's Eve**

la Saint-Sylvestre. 2 *adj resolution* de nouvel an.
♦ **New Zealand** 1 *n* Nouvelle-Zélande *f*; 2 *adj*
néo-zélandais. ♦ **New Zealander** *n* Néo-
Zélandais(e) *m(f)*.
news [nju:z] 1 *n* (a) nouvelles *fpl*. **a piece** *or* **an
item of** ~ (*gen*) une nouvelle; (*Press*) une
information; **have you heard the** ~? vous connaissez la nouvelle?; **have you heard the** ~ **about
Paul?** vous savez ce qui est arrivé à Paul?; **have
you any** ~ **of him?** avez-vous de ses nouvelles?;
what's your ~? quoi de neuf?; **is there any** ~? qu'y
a-t-il du nouveau?; **I've got** ~ **for you!** j'ai du
nouveau à vous annoncer!; **this is** ~ **to me!** première nouvelle!; **good** ~ bonnes nouvelles;
when the ~ **broke** quand on a su la nouvelle; **to
make** ~ faire parler de soi; (*fig*) **he's in the** ~
again le voilà qui refait parler de lui. (b) (*Press,
Rad, TV*) informations *fpl*; (*Cine, TV*) actualités
fpl. **financial/sporting** *etc* ~ chronique *f*
financière/sportive *etc*.
2 *adj*: ~ **agency** agence *f* de presse; ~ **bulletin**
(*Rad*) bulletin *m* d'informations; (*TV*) actualités
fpl télévisées; ~ **editor** rédacteur *m*; ~ **flash**
flash *m* d'information; ~ **headlines** titres *mpl* de
l'actualité; ~ **photographer** reporter *m*
photographe; ~ **pictures** reportage *m*
photographique; ~ **stand** kiosque *m* (à journaux); ~ **theatre**
cinéma *m* d'actualités; **to have** ~ **value** présenter
un intérêt pour le public.
♦ **newsagent** (*Brit*) *or* ♦ **newsdealer** (*US*) *n* mar-
chand(e) *m(f)* de journaux. ♦ **newsboy** *n* vendeur
m de journaux. ♦ **newscast** *n* (*Rad*) bulletin *m*
d')informations *fpl*; (*TV*) actualités *fpl* (télévisées). ♦ **newscaster** *n* présentateur *m*, -trice *f*.
♦ **newsletter** *n* bulletin *n* (*de société, de compagnie etc*). ♦ **newsman** *n* journaliste *m*.
♦ **newspaper** *n* journal *m*; ~**paper office**
bureaux *mpl* de la rédaction. ♦ **newspaperman** *n*
journaliste *m*. ♦ **newsprint** *n* papier *m* journal.
♦ **newsreader** *n* présentateur *m*, -trice *f*.
♦ **newsreel** *n* actualités *fpl* filmées. ♦ **newsroom**
n (*Press*) salle *f* de rédaction; (*Rad, TV*) studio *m*.
♦ **newsworthy** *adj* qui présente un intérêt pour le
public. ♦ **newsy*** *adj* plein de nouvelles.
newt [nju:t] *n* triton *m*.
next [nekst] 1 *adj* (*immediately adjoining*) *house,
room, street* d'à côté, voisin; (*immediately following*) *bus-stop, turning* (*in future*) prochain, (*in
past*) suivant; *page, case* suivant. **get off at the** ~
stop descendez au prochain arrêt; **he got off at
the** ~ **stop** il est descendu à l'arrêt suivant; ~
week la semaine prochaine; **the** ~ **week** la
semaine suivante *or* d'après; **this time** ~ **week**
d'ici huit jours; **the** ~ **day** le lendemain, le jour
suivant; **I will finish this in the** ~ **5 days** je finirai
ceci dans les 5 jours qui viennent; **the** ~ **morning**
le lendemain matin; **(the)** ~ **time I see him** la
prochaine fois que je le verrai; **the** ~ **time I saw
him** la première fois que je l'ai revu; **the** ~
moment l'instant d'après; **from one moment to
the** ~ **d'un moment à l'autre**; **the year after** ~
dans deux ans; **who's** ~? à qui le tour?; **you're** ~
c'est votre tour, c'est à vous; **I was** ~ **to speak** ce
fut ensuite à mon tour de parler; **the very** ~
person I see la première personne que je verrai;
the ~ **thing to do** (*firstly*) la première chose à
faire; (*next after this*) ce qu'il faut faire ensuite;
the ~ **size** la taille au-dessus.
2 *adv* ensuite, après. ~ **we had lunch** ensuite *or*
après nous avons déjeuné; **what shall we do** ~?
qu'allons-nous faire maintenant?; **when** ~ **you
come to see us** la prochaine fois que vous viendrez nous voir; **when I** ~ **saw him** quand je l'ai
revu (la fois suivante); **what** ~? et puis quoi
encore?; **the** ~ **best thing would be** à défaut le
mieux serait; **who's the** ~ **tallest?** qui est le plus
grand après?; ~ **to** (*beside*) auprès de, à côté de;

(*almost*) presque; **wool ~ to the skin** de la laine à même la peau; **the ~ to last** l'avant-dernier; **~ to nothing** presque rien; **I got it for ~ to nothing** je l'ai payé trois fois rien.
3 *prep* (*Brit: beside*) à côté de, auprès de.
4 *n* prochain(e) *m(f)*. **the ~ to speak is Paul** c'est Paul qui parle ensuite; **to be continued in our ~** suite au prochain numéro.
♦ **next door 1** *n* la maison d'à côté; **from ~ door** d'à côté; **2** *adv*: **~ door to us** à côté de chez nous; **the boy ~ door** le garçon d'à côté; **3** *adj*: **~-door house** maison *f* d'à côté; **~-door neighbour** voisin(e) *m(f)* d'à côté.
nib [nɪb] *n* [*pen*] (bec *m* de) plume *f*.
nibble ['nɪbl] *vti* grignoter; [*sheep, goats etc*] brouter; [*fish*] toucher. (*fig*) **to ~ (at) an offer** se montrer tenté par une offre.
nice [naɪs] *adj* (a) (*gen: pleasant*) agréable; *person* gentil, sympathique; *meal, smell, taste* bon, agréable; (*pretty*) joli. **how ~ you look!** vous êtes vraiment bien!; **be ~ to him** soyez gentil *or* aimable avec lui; **they had a ~ time** ils se sont bien amusés; **how ~ of you to ...** comme c'est gentil *or* aimable à vous de ...; **it's ~ here** on est bien ici; (*fig: iro*) **you're in a ~ mess** vous voilà dans de beaux draps; (*iro*) **that's a ~ way to talk!** c'est du joli ce que vous dites là!; **~ and warm** bien chaud; **~ and easy** très facile; **he gets ~ long holidays** ce qui est bien c'est qu'il a de longues vacances. (b) (*respectable, refined*) convenable, comme il faut. **they are not very ~ people** ce ne sont pas des gens très convenables *or* très comme il faut *or* très bien; **that's not very ~** ce n'est pas très convenable, ce n'est pas beau*. (c) (*hard to please*) *person* difficile (*about* pour); (*subtle*) *distinction* délicat, subtil. ♦ **nice-looking** *adj* joli, beau. ♦ **nicely** *adv* (*kindly*) gentiment; (*pleasantly*) agréablement; (*prettily*) joliment; (*well*) bien; (*carefully*) minutieusement; (*exactly*) exactement; **that will do ~ly** cela fera très bien l'affaire. ♦ **niceness** *n* [*person*] gentillesse *f*; [*place, thing*] caractère *m* agréable. ♦ **nicety** *n* [*judgment*] précision *f*; **to a ~ty** à la perfection; **~ties** finesses *fpl*.
niche [niːʃ] *n* (*Archit*) niche *f*. (*fig*) **to find one's ~** trouver sa voie.
nick [nɪk] **1** *n* (a) (*in blade, dish*) ébréchure *f*; (*on skin, in wood*) entaille *f*. (*fig*) **in the ~ of time** juste à temps. (b) (ː: *prison*) taule‡ *f*. **in the ~** en taule‡. (c) **in good ~‡** en bonne condition. **2** *vt* (a) ébrécher; entailler. (b) (ː: *arrest*) pincer*, arrêter. **to get ~ed‡** se faire pincer*. (c) (ː: *steal*) piquer‡, voler. (d) (*US*) **how much did they ~ you for that suit?‡** tu t'es fait avoir* de combien pour ce costume?
nickel ['nɪkl] *n* (*metal*) nickel *m*; (*Can, US: coin*) pièce *f* de cinq cents. ♦ **nickel-plated** *adj* nickelé.
nickname ['nɪkneɪm] **1** *n* surnom *m*; (*humorous; malicious*) sobriquet *m*. **2** *vt*: **to ~ sb** sb surnommer qn qch; donner à qn le sobriquet de qch.
nicotine ['nɪkətiːn] **1** *n* nicotine *f*. **2** *adj*: **~ poisoning** nicotinisme *m*. ♦ **nicotine-stained** *adj* jauni de nicotine.
niece [niːs] *n* nièce *f*.
nifty‡ ['nɪftɪ] *adj* *car, jacket* très chic *inv*; *tool, gadget* astucieux; *blow, action* habile. **that was a ~ piece of work** ça a été vite fait.
niggardly ['nɪgədlɪ] *adj* *person* pingre; *amount, portion* mesquin.
niggle ['nɪgl] **1** *vi* se montrer tatillon. **2** *vt* (*gen*) agacer; [*conscience*] travailler. ♦ **niggling 1** *adj* *person* tatillon; *details* insignifiant; *doubt, pain* persistant; **2** *n* chicanerie *f*.
night [naɪt] **1** *n* nuit *f*. **at ~**, **in the ~** la nuit; **by ~**, **in the ~** de nuit; **last ~** la nuit dernière, cette nuit; (*evening*) hier soir; **tomorrow ~** demain soir; **the ~ before** la veille au soir; **the ~ before last** avant-hier soir; **in the ~**, **during the ~** pendant la nuit;

Monday ~ lundi soir, la nuit de lundi à mardi; **6 o'clock at ~** 6 heures du soir; **to spend the ~** passer la nuit; **to have a good/bad ~** bien/mal dormir; **~ and day** nuit et jour; **to sit up all ~ talking** passer la nuit entière à bavarder; **to have a ~ out** sortir le soir; **the maid's ~ out** le soir de sortie de la bonne; **let's make a ~ of it** il est trop tôt pour aller se coucher; **he's working ~s** il est de nuit; **I've had too many late ~s** je me suis couché tard trop souvent; **a ~'s sleep** une bonne nuit de sommeil; **a ~'s lodging** un toit pour la nuit; **~ is falling** le soir tombe; (*Theat*) **the last 3 ~s of** les 3 dernières représentations de; **Mozart ~** soirée *f* Mozart. **2** *adj* *clothes, work, flight, nurse* de nuit. (*fig*) **~ owl** couche-tard *mf*; **~ porter** gardien *m* de nuit; **~ school** cours *mpl* du soir; **~ storage heater/heating** radiateur *m*/chauffage *m* par accumulation; **~ watchman** veilleur *m or* gardien *m* de nuit. ♦ **nightcap** *n* bonnet *m* de nuit; (*drink*) **would you like a ~cap?** voulez-vous boire qch avant de vous coucher? ♦ **nightclub** *n* boîte *f* de nuit. ♦ **nightdress** *or* ♦ **nightgown** *or* ♦ **nightie*** *n* chemise *f* de nuit (*de femme*). ♦ **nightfall** *n*: **at ~fall** à la nuit tombante. ♦ **nightingale** *n* rossignol *m*. ♦ **nightlife** *n* vie *f* nocturne. ♦ **nightlight** *n* (*child's*) veilleuse *f*. ♦ **nightly 1** *adj* de tous les soirs, de toutes les nuits; **2** *adv* tous les soirs, chaque nuit; **twice ~ly** deux fois par soir *or* nuit. ♦ **nightmare** *n* cauchemar *m*. ♦ **nightmarish** *adj* de cauchemar. ♦ **nightshade** *n*: **deadly ~shade** belladone *f*. ♦ **nightshift** *n* (*workers*) équipe *f* de nuit; (*work*) poste *m* de nuit; **on ~shift** de nuit. ♦ **nightshirt** *n* chemise *f* de nuit (*d'homme*). ♦ **night-time** *n* nuit *f*; **at ~time** la nuit; **in the ~time** pendant la nuit. ♦ **nightwear** *n* vêtements *mpl* de nuit.
nil [nɪl] *n* rien *m*; (*in form-filling*) néant *m*; (*Sport*) zéro *m*.
nimble ['nɪmbl] *adj* *person, fingers* agile; *old person* alerte; *mind* vif, prompt. ♦ **nimble-fingered/-footed** *adj* aux doigts/pieds agiles. ♦ **nimbleness** *n* agilité *f*; vivacité *f*. ♦ **nimble-witted** *adj* à l'esprit vif. ♦ **nimbly** *adv* agilement.
nincompoop* ['nɪŋkəmpuːp] *n* idiot(e) *m(f)*, gourde* *f*.
nine [naɪn] **1** *adj* neuf *inv*. **~ times out of ten** neuf fois sur dix; (*fig*) **he's got ~ lives** il a l'âme chevillée au corps; **a ~ days' wonder** la merveille d'un jour; **a ~-hole golf course** un parcours de neuf trous. **2** *n* neuf *m inv*. **dressed up to the ~s** sur son trente et un; *for other phrases V* **six**. ♦ **ninepins** *npl* (jeu *m* de) quilles *fpl*; **to go down like ~pins** tomber comme des mouches. ♦ **nineteen** *adj* dix-neuf *inv*; **2** *n* dix-neuf *m inv*; **to talk ~teen to the dozen*** être un vrai moulin à paroles. ♦ **nineteenth** *adj*, *n* dix-neuvième (*mf*); (*fraction*) dix-neuvième *m*. ♦ **ninetieth** *adj*, *n* quatre-vingt-dixième (*mf*); (*fraction*) quatre-vingt-dixième *m*. ♦ **ninety** *adj*, *n* quatre-vingt-dix (*m*) *inv*; **to be in one's ~ties** avoir plus de quatre-vingt-dix ans. ♦ **ninth** *adj*, *n* neuvième (*mf*); (*fraction*) neuvième *m*.
nip¹ [nɪp] **1** *n* (*pinch*) pinçon *m*; (*bite*) morsure *f*. **there's a ~ in the air** l'air est piquant. **2** *vt* (*pinch*) pincer; (*bite*) donner un (petit) coup de dent à; [*cold*] *face etc* piquer; *plants* brûler. (*fig*) **to ~ in the bud** écraser dans l'œuf. **3** *vi*: **to ~* up/out** *etc* monter/sortir *etc* en courant; **he ~ped into the café** il a fait un saut au café; **I've just ~ped in for a minute** je ne fais qu'entrer et sortir. ♦ **nippy*** *adj* (a) (*spry*) alerte, preste; **be ~py about it!** fais vite!; (b) *wind* piquant, coupant; **it's ~py** l'air est piquant; (*fig*) *flavour* fort, piquant.
nip² [nɪp] *n* (*drink*) goutte *f*, petit verre *m*.
nipple ['nɪpl] *n* (*Anat*) bout *m* de sein; [*baby's bottle*] tétine *f*.
nit [nɪt] *n* (a) [*louse*] lente *f*. (b) (ː: *fool*) crétin(e)* *m(f)*. ♦ **nit-pick*** *vi* couper les cheveux en quatre.

♦ **nitty-gritty*** n: **to get down to the ~ty-gritty** en venir aux choses sérieuses. ♦ **nitwit*** n nigaud(e)* m(f).

nitrogen ['naɪtrədʒən] n azote m. ♦ **nitric** adj nitrique, azotique. ♦ **nitroglycerin(e)** n nitroglycérine f. ♦ **nitrous** adj nitreux, azoteux.

no [nəʊ] **1** particle, n non (m inv). **I won't take ~ for an answer** il n'est pas question de me dire non.

2 adj (not any) pas de, aucun, nul (f nulle) (all used with 'ne'). **she had ~ coat** elle n'avait pas de manteau; **I have ~ idea** je n'ai aucune idée; **I have ~ more money** je n'ai plus d'argent; **~ two men would agree** il n'y a pas deux hommes qui seraient d'accord; **~ other man** nul autre, personne d'autre; **~ sensible man** aucun homme de bon sens; **it's of ~ interest** c'est sans intérêt; **~ go!*** pas moyen!; **~ two are alike** il n'y en a pas deux qui se ressemblent; **he's ~ friend of mine** il n'est pas de mes amis; **he's ~ genius** il n'a rien d'un génie; **this is ~ place for children** ce n'est pas un endroit pour les enfants; **it's ~ small matter** ce n'est pas une petite affaire; **there's ~ such thing** cela n'existe pas; **~ smoking** défense de fumer; **~ parking** stationnement m interdit; **~ surrender!** on ne se rend pas!; **there's ~ saying what he'll do** il est impossible de dire ce qu'il fera; **there's ~ pleasing him** quoi qu'on fasse il n'est jamais satisfait.

3 adv: **I can go ~ farther** je ne peux pas aller plus loin; **I can bear it ~ longer** or **~ more** je ne peux plus le supporter; **~ less than 4** pas moins de 4; **she came herself, ~ less!** elle est venue en personne, voyez-vous ça! (iro).

♦ **nobody** V below. ♦ **no-claim(s) bonus** n bonification f pour non-sinistre. ♦ **no-go area** n zone f interdite (à la police et à l'armée). ♦ **no-good*** adj, n propre (mf) à rien. ♦ **nohow*** adv en aucune façon. ♦ **no-man's-land** n no man's land m. ♦ **no one** = nobody 1. ♦ **nothing** V below. ♦ **noway(s)** or ♦ **nowise** adv en aucune façon. ♦ **nowhere** adv nulle part (+ ne before vb); **he went ~where** il n'est allé nulle part; **~where in Europe** nulle part en Europe; **it's ~where you know** ce n'est pas un endroit que tu connais; **~where else** nulle part ailleurs; **~where to be found** introuvable; **she is ~where to be seen** on ne la voit nulle part; **they appeared from ~where** ils sont apparus comme par miracle; (fig) **that will get you ~where** ça ne te servira à rien; **we're getting ~where*** ça ne nous mène strictement à rien; **~where near** loin de, être aussi clever as he is** elle est loin d'être aussi intelligente que lui; **you're ~where near it!** tu n'y es pas du tout!

nobble* ['nɒbl] vt (Brit) (a) (bribe) person acheter, soudoyer. (b) (Racing) horse, dog droguer (pour l'empêcher de gagner). (c) (catch) wrongdoer pincer*, arrêter; sb to speak to coincer.

noble ['nəʊbl] **1** adj (gen) noble; (*: unselfish) magnanime. **2** n noble m. ♦ **nobility** n noblesse f. ♦ **nobleman** noble m. ♦ **nobly** adv (aristocratically) noblement; (magnificently) proportioned majestueusement; (*: selflessly) généreusement.

nobody ['nəʊbədɪ] **1** pron personne, nul (+ ne before vb). **I saw ~** je n'ai vu personne; **~ knows** personne or nul ne le sait; **who saw him? – ~** qui l'a vu? – personne. **2** n: **he's a ~** c'est un rien du tout; **when he was ~** alors qu'il était encore inconnu.

nocturnal [nɒk'tɜːnl] adj nocturne.

nod [nɒd] **1** n signe m de la tête. **to give sb a ~** faire un signe de (la) tête à qn; (answering yes) faire signe que oui à qn.

2 vi (a) (also **~ one's head**) faire un signe de la tête; (as sign of assent) faire signe que oui, faire un signe de tête affirmatif. **to ~ to sb** faire un signe de tête à qn; (in greeting)

saluer qn d'un signe de tête; **he ~ded to me to go** de la tête il m'a fait signe de m'en aller; **we have a ~ding acquaintance** nous nous connaissons vaguement. (b) (doze) somnoler. (c) [flowers etc] se balancer.

nod off vi s'endormir.

node [nəʊd] n nœud m.

noise [nɔɪz] n (sound) bruit m; (din) bruit, tapage m; (Rad, TV) parasites mpl; (Telec) friture f. **I heard a small ~** j'ai entendu un petit bruit; **~s in the ears** bourdonnements mpl d'oreilles; **a hammering ~** un martèlement; **the ~ of the traffic** le bruit or le vacarme de la circulation; **I hate ~** j'ai horreur du bruit; (lit, fig) **to make a ~** faire du bruit or du tapage; (fig) **she made ~s* about wanting to go home** elle a marmonné qu'elle voulait rentrer; (person) **a big ~*** une huile*.

♦ **noiseless** adj silencieux. ♦ **noiselessly** adv sans bruit, silencieusement. ♦ **noisily** adv bruyamment. ♦ **noisy** adj (gen) bruyant; (boisterous) bruyant, tapageur; **to be noisy** faire du bruit or du tapage.

nomad ['nəʊmæd] n nomade mf. ♦ **nomadic** adj nomade.

nom de plume ['nɒmdə'pluːm] n (Literat) pseudonyme m.

nominal ['nɒmɪnl] adj (gen) nominal; rule de nom seulement; rent insignifiant. ♦ **nominally** adv nominalement.

nominate ['nɒmɪneɪt] vt (appoint) nommer (sb to a post qn à un poste), désigner; (propose) proposer, présenter (sb for sth qn comme candidat à qch). ♦ **nomination** n nomination f (to à), proposition f de candidat. ♦ **nominative** adj, n. (Gram) nominatif (m). ♦ **nominee** n personne f nommée, candidat(e) m(f) agréé(e).

non- [nɒn] pref non-. ♦ **non-aggression** n non-agression f. ♦ **non-alcoholic** adj non alcoolisé, sans alcool. ♦ **non-aligned** adj non-aligné. ♦ **non-arrival** n non-arrivée f. ♦ **non-believer** n incroyant(e) m(f). ♦ **non-Catholic** adj, n non-catholique (mf). ♦ **non-combatant** adj, n non-combattant (m). ♦ **non-combustible** adj non-combustible. ♦ **non-commissioned officer** n sous-officier m. ♦ **nonconformist** adj, n non-conformiste (mf). ♦ **non-contributory** adj sans cotisations. ♦ **non-cooperation** n refus m de coopération. ♦ **non-essentials** npl accessoires mpl. ♦ **non-event** n: **the meeting was a ~-event*** la réunion n'a jamais démarré. ♦ **non-existence** n non-existence f. ♦ **non-existent** adj inexistant. ♦ **non-fiction** n littérature f non-romanesque. ♦ **non-greasy** adj qui ne graisse pas. ♦ **non-inflammable** adj ininflammable. ♦ **non-interference** n non-intervention f. ♦ **non-intervention** n non-intervention f. ♦ **non-iron** adj qui ne nécessite aucun repassage. ♦ **non-member** n personne f étrangère (au club etc); **open to ~-members** ouvert au public. ♦ **non-party** adj vote, decision indépendant (de tout parti politique). ♦ **non-payment** n non-paiement m. ♦ **non-poisonous** adj snake non venimeux; plant non-vénéneux; mixture non toxique. ♦ **non-professional** adj, n amateur (mf). ♦ **non-profitmaking** or ♦ **non-profit** (US) adj sans but lucratif. ♦ **non-resident 1** adj person non résidant; **2** n non-résident(e) m(f); (in hotel) client(e) m(f) de passage. ♦ **non-returnable** adj non consigné. ♦ **non-run** adj indémaillable. ♦ **non sequitur** n: **it's a ~ sequitur** c'est illogique. ♦ **non-shrink** adj irrétrécissable. ♦ **non-skid** adj antidérapant. ♦ **non-smoker** n non-fumeur m, personne f qui ne fume pas. ♦ **non-starter** n (fig) **to be a ~-starter*** ne rien valoir. ♦ **non-stick** adj saucepan qui n'attache pas, Téfal inv ®. ♦ **non-stop 1** adj (gen) sans arrêt; train, flight direct; **2** adv talk sans arrêt; (Aviat) sans escale. ♦ **non-taxable** adj non-imposable. ♦ **non-union**

adj *workers, labour* non syndiqué. ♦ **non-violence** *n* non-violence *f*. ♦ **non-violent** *adj* non-violent. ♦ **non-white 1** *n* personne *f* de couleur; **2** *adj* de couleur.

nonchalant ['nɒnʃələnt] *adj* nonchalant. ♦ **nonchalance** *n* nonchalance *f*. ♦ **nonchalantly** *adv* nonchalamment.

noncommittal ['nɒnkə'mɪtl] *adj person* réservé; *statement* qui n'engage à rien; *answer* diplomatique.

nondescript ['nɒndɪskrɪpt] *adj colour* indéfinissable; *person* quelconque.

none [nʌn] **1** *pron* **(a)** *(thing)* aucun(e) *m(f)* (+ ne *before vb*); *(form-filling)* néant *m*. ~ **of the books** aucun livre, aucun des livres; ~ **of this** rien de ceci; ~ **of that!** pas de ça!; **he would have** ~ **of it** il ne voulait rien savoir; ~ **at all** rien, pas du tout, *(not a single one)* pas un(e) seul(e); ~ **of this money** pas un centime de cet argent; ~ **of this milk** pas une goutte de ce lait; **there's** ~ **left** il n'en reste plus. **(b)** *(person)* personne, aucun(e) *m(f)* (+ *ne*). ~ **of them** aucun d'entre eux; ~ **but you can do it** vous seul êtes capable de le faire; **I know,** ~ **better, that** ... je sais mieux que personne que ...; **their guest was** ~ **other than** ... leur invité n'était autre que ... .
　2 *adv*: **he's** ~ **the worse for it** il ne s'en porte pas plus mal; **I'm** ~ **the worse for having eaten it** je ne me ressens pas de l'avoir mangé; **I like him** ~ **the worse for it** je ne l'en aime pas moins pour cela; **he was** ~ **the wiser** il n'était pas plus avancé; **it's** ~ **too warm** il ne fait pas tellement chaud; **and** ~ **too soon either!** et ce n'est pas trop tôt!
　♦ **nonetheless = nevertheless.**

nonentity [nɒ'nentɪtɪ] *n* personne *f* insignifiante, nullité *f*.

nonplus ['nɒn'plʌs] *vt* déconcerter, dérouter.

nonsense ['nɒnsəns] **1** *n* absurdités *fpl*, sottises *fpl*, idioties *fpl*. **to talk** ~ dire *or* débiter des absurdités; **that's a piece of** ~! c'est une absurdité *or* sottise *or* idiotie!; ~! ne dis pas de sottises *or* d'idioties!; **it is** ~ **to say** il est absurde *or* idiot de dire; **he will stand no** ~ il ne se laissera pas faire *(from par; about* en ce qui concerne*)*; no ~! pas d'histoires!*; **there's no** ~ **about him** c'est un homme très carré; **to make (a)** ~ **of sth** rendre qch complètement ridicule. **2** *adj*: ~ **verse** vers *mpl* amphigouriques.
　♦ **nonsensical** *adj* absurde.

noodles ['nuːdlz] *npl* nouilles *fpl*.

nook [nʊk] *n* coin *m*. ~**s and crannies** coins et recoins.

noon [nuːn] *n* midi *m*. **at** ~ à midi.

noose [nuːs] *n* nœud *m* coulant; *(as trap)* collet *m*; *[cowboy]* lasso *m*; *[hangman]* corde *f*. *(fig)* **to put one's head in the** ~ se jeter dans la gueule du loup.

nor [nɔːʳ] *conj* **(a)** *(following 'neither')* ni. **neither you** ... **I can do it** ni vous ni moi (nous) ne pouvons le faire; **she neither eats** ~ **drinks** elle ne mange ni ne boit. **(b)** (= *and not*) **I don't know,** ~ **do I care** je ne sais pas et d'ailleurs je m'en moque; ~ **do I** *(or can I etc)* ni moi non plus.

norm [nɔːm] *n* norme *f*. ♦ **normal 1** *adj* normal; **it was quite** ~**al for him to object** il était tout à fait normal *or* naturel qu'il fasse des objections; **it's quite a** ~**al thing for children to fight** c'est une chose très normale que les enfants se battent *(subj)*; **2** *n* normale *f*; **below** ~**al** au-dessous de la normale. ♦ **normalcy** *or* ♦ **normality** *n* normalité *f*. ♦ **normalize** *vt* normaliser, régulariser. ♦ **normally** *adv* normalement.

Norman ['nɔːmən] **1** *adj* normand; *(Archit)* roman. **2** *n* Normand(e) *m(f)*. ♦ **Normandy** *n* Normandie *f*.

Norse [nɔːs] *n* *(Ling)* norrois *m*.

north [nɔːθ] **1** *n* nord *m*. *(to the)* ~ **of** au nord de; *[wind]* **to veer to the** ~, **to go into the** ~ tourner au nord; **the wind is in the** ~ le vent est au nord; **to**

live in the ~ habiter dans le nord; **in the** ~ **of** dans le nord de; *(US Hist)* **the N**~ les États *mpl* du nord.
　2 *adj (gen)* nord *inv*; *coast, door* nord, septentrional; *wind* du nord. **in the N**~ **Atlantic** dans l'Atlantique *m* Nord; **N**~ **Africa** Afrique *f* du Nord; **N**~ **African** *(adj)* nord-africain; *(n)* Nord-Africain(e) *m(f)*; **N**~ **America** Amérique *f* du Nord; **N**~ **American** *(adj)* nord-américain; *(n)* Nord-Américain(e) *m(f)*; **N**~ **Sea** mer *f* du Nord; **N**~ **Sea oil** pétrole *m* de la mer du Nord; ~ **Star** étoile *f* polaire.
　3 *adv* au nord, vers le nord. **the town lies** ~ **of the border** la ville est située au nord de la frontière; **we drove** ~ **for 100 km** nous avons roulé pendant 100 km en direction du nord; **to sail due** ~ aller droit vers le nord, avoir le cap au nord *(Naut)*.
　♦ **northbound** *adj traffic* en direction du nord; *carriageway* nord *inv*. ♦ **north-country** *adj* du Nord (de l'Angleterre). ♦ **north-east 1** *adj*, *n* nord-est *(m) inv*; **2** *adv* vers le nord-est. ♦ **north-eastern** *adj* nord-est *inv*. ♦ **northerly** *adj wind* du nord; *situation, aspect* au nord; **in a** ~**erly direction** vers le nord. ♦ **northern** *adj region* nord *inv*, du nord; *wall, side* exposé au nord; *coast* nord, septentrional; **in** ~**ern Spain** dans le nord de l'Espagne; ~**ern lights** aurore *f* boréale. ♦ **northerner** *n* homme *m* *or* femme *f* du Nord; *(US Hist)* Nordiste *mf*. ♦ **northernmost** *adj* le plus au nord. ♦ **north-north-east 1** *adj*, *n* nord-nord-est *(m) inv*; **2** *adv* vers le nord-nord-est. ♦ **northward 1** *adj* au nord; **2** *adv* *(also* ~**wards)** vers le nord. ♦ **north-west 1** *adj*, *n* nord-ouest *(m) inv*; **2** *adv* vers le nord-ouest. ♦ **north-western** *adj* nord-ouest *inv*.

Norway ['nɔːweɪ] *n* Norvège *f*. ♦ **Norwegian 1** *adj* norvégien; **2** *n* Norvégien(ne) *m(f)*; *(Ling)* norvégien *m*.

nose [nəʊz] **1** *n* nez *m*. **his** ~ **was bleeding** il saignait du nez; **to speak through one's** ~ parler du nez; **red-**~**d** au nez rouge; *(fig)* **right under his** ~ juste sous ton nez; **his** ~ **is out of joint** il est dépité; **to lead sb by the** ~ mener qn par le bout du nez; **to look down one's** ~ **at sb/sth** faire le nez à qn/devant qch; **to turn up one's** ~ faire le dégoûté *(at* devant*)*; **to keep one's** ~ **to the grindstone** travailler sans répit; **to poke** *or* **stick one's** ~ **into sth** mettre son nez dans qch; **to have a (good)** ~ **for** ... avoir du flair pour ...; **a line of cars** ~ **to tail** une file de voitures pare-choc contre pare-choc. **2** *adj*: ~ **drops** gouttes *fpl* pour le nez.
　nose about, nose around *vi* fouiller, fureter.
　nose out *vt sep [dog]* flairer; *(fig) secret* découvrir; *person* dénicher.
　♦ **nosebag** *n* musette *f* mangeoire. ♦ **nosebleed** *n* saignement *m* de nez; **to have a** ~**bleed** saigner du nez. ♦ **nose-dive** *(Aviat)* **1** *n* piqué *m*; **2** *vi* descendre en piqué. ♦ **nosegay** *n* petit bouquet *m*. ♦ **nos(e)y*** *adj* curieux; **don't be so** ~**y** mêlez-vous de ce qui vous regarde!; **N**~**y Parker** fouinard(e)* *m(f)*.

nostalgia [nɒs'tældʒɪə] *n* nostalgie *f*. ♦ **nostalgic** *adj* nostalgique.

nostril ['nɒstrəl] *n* narine *f*; *[horse]* naseau *m*.

not [nɒt] *adv* ne ... pas. **he is** ~ **here** il n'est pas ici; **he hasn't come** il n'est pas venu; **he won't stay** il ne restera pas; **he told me** ~ **to come** il m'a dit de ne pas venir; ~ **to mention** ... pour ne pas parler de ...; **I hope** ~ j'espère que non; **whether he comes or** ~ qu'il vienne ou non; ~ **at all** pas du tout, *(after thanks)* il n'y a pas de quoi; ~ **in the least** pas du tout, nullement; ~ **that I know of** pas que je sache; **why** ~? pourquoi pas?; ~ **a few** ... bien des ...; ~ **without reason** et pour cause; ~ **I!** moi pas!, pas moi!; ~ **one** book pas un livre; ~ **yet** pas encore; ~ **guilty** non coupable.

notable ['nəʊtəbl] **1** *adj (gen)* notable. **it is** ~ **that**

... il est remarquable que ... + *subj.* 2 *n* notable *m*.

♦ **notably** *adv* (*in particular*) notamment; (*outstandingly*) notablement.

notary ['nǝʊtǝrɪ] *n* (~ *public*) notaire *m*.

notation [nǝʊ'teɪʃǝn] *n* notation *f*.

notch [nɒtʃ] 1 *n* (*in wood, stick*) encoche *f*; (*in belt*) cran *m*; (*in wheel, saw, board*) dent *f*; (*in blade*) ébréchure *f*; (*Sewing*) cran. 2 *vt* stick etc encocher; *blade* ébrécher; *seam* cranter.

notch up *vt sep* score etc marquer.

note [nǝʊt] 1 *n* (a) (*gen, Diplomacy, Liter etc*) note *f*. to take *or* make a ~ of sth prendre note de qch; (*fig*) I must make a ~ to buy some more il faut que je me souvienne d'en racheter; to take *or* make ~s prendre des notes; lecture ~s notes de cours. (b) (*informal letter*) mot *m*. (to *secretary*) take a ~ to Mr ... je vais vous dicter un mot pour M. ...; just a quick ~ to tell you ... un petit mot à la hâte pour vous dire ... . (c) (*Mus*) note *f*; [*piano*] touche *f*; [*bird*] note. to play (*or* sing) a false ~ faire une fausse note; (*fig*) his speech struck the right/wrong ~ son discours était bien dans la note/n'était pas dans la note; with a ~ of anxiety in his voice avec une note d'anxiété dans la voix; a ~ of desperation un accent de désespoir; a ~ of warning un avertissement discret. (d) (*Comm, Banking*) billet *m*. bank ~ billet de banque; onepound ~ billet d'une livre. (e) (*of person*) of ~ éminent, de marque; nothing of ~ rien d'important. (f) (*notice*) to take ~ of prendre note de; worthy of ~ digne d'attention.

2 *vt* (*take ~ of*) noter (*that* que), prendre note de; (*notice*) remarquer, constater; (~ *down*) noter, inscrire.

♦ **notebook** *n* carnet *m*; (*Scol*) cahier *m*; [*stenographer*] bloc-notes *m*. ♦ **note-case** *n* portefeuille *m*. ♦ **noted** *adj* (bien) connu (*for* pour), célèbre. ♦ **notepad** *n* bloc-notes *m*. ♦ **notepaper** *n* papier *m* à lettres. ♦ **noteworthy** *adj* notable.

nothing ['nʌθɪŋ] 1 *n* rien *m* (+ *ne before vb*); (*numeral*) zéro *m*. I saw ~ je n'ai rien vu; ~ happened il ne s'est rien passé; to eat ~ ne rien manger; ~ to eat rien à manger; there is ~ that pleases him il n'y a rien qui lui plaise; ~ new rien de nouveau; ~ on earth rien au monde; you look like ~ on earth* tu as l'air de je ne sais quoi; as if ~ had happened comme si de rien n'était; fit for ~ propre à rien; to say ~ of ... sans parler de ...; I can do ~ about it je n'y peux rien; he is ~ if not polite il est avant tout poli; for ~ (*in vain*) en vain; (*without payment*) gratuitement; (*for no reason*) sans raison; (*hum*) I'm not Scottish for ~* je ne suis pas écossais pour rien; it's ~ ce n'est rien; that is ~ (*easy for you*) pour vous ce n'est rien; (*not your business*) cela ne vous regarde pas; she means ~ to him elle n'est rien pour lui; it's ~ to me whether he comes or not il m'est indifférent qu'il vienne ou non; she is ~ to *or* ~ compared with her sister elle ne vaut pas sa sœur; I can make ~ of it je n'y comprends rien; to have ~ on (*be naked*) être nu; I have ~ on for this evening je n'ai rien de prévu ce soir; there's ~ in it (*not interesting*) c'est sans intérêt; (*not true*) ce n'est absolument pas vrai; (*almost the same*) c'est du pareil au même*; there's ~ in it for us nous n'avons rien à y gagner; there's ~ to it* c'est facile comme tout*; there's ~ like exercise for keeping one fit il n'y a rien de tel que l'exercice pour garder la forme; to come to ~ ne rien donner; ~ much pas grand-chose; ~ but rien que; he does ~ but eat il ne fait que manger; I get ~ but complaints je n'entends que des plaintes; there's ~ for it but to go il ne nous reste qu'à partir; ~ less than rien moins que; ~ more rien de plus; ~ else (*no other thing*) rien d'autre; (*nothing further*) rien de plus; there's ~ else for it c'est inévitable; that has ~ to do with us nous n'avons rien à voir là-dedans; I've got ~ to do with it je n'y

suis pour rien; have ~ to do with it! ne vous en mêlez pas!; that has ~ to do with it cela n'a rien à voir; there is ~ to laugh at il n'y a pas de quoi rire; I have ~ against him je n'ai rien contre lui; there was ~ doing* at the club il ne se passait rien d'intéressant au club; ~ doing!* rien à faire!; it's a mere ~ compared with ça n'est rien en comparison de; he's just a ~ c'est une nullité.

2 *adv* nullement, pas du tout. it was ~ like as big as c'était loin d'être aussi grand que.

♦ **nothingness** *n* néant *m*.

notice ['nǝʊtɪs] 1 *n* (a) (*warning*) avis *m*, notification *f*; (*period*) délai *m*. advance *or* previous ~ préavis *m*; a week's ~ une semaine de préavis; to give ~ to (to *tenant*) donner congé à; (to *landlord etc*) donner un préavis de départ à; to give sb ~ (*Admin etc: inform*) aviser qn (*to do* de faire; *that* que); (*sack*) (*employee*) licencier qn, (*servant etc*) congédier qn; to give ~ (*professional or office worker*) donner sa démission; [*servant*] donner ses huit jours; to give ~ of sth annoncer qch; to give sb ~ of sth prévenir qn de qch; give me a week's ~ if you want to do ... prévenez-moi une semaine à l'avance si vous voulez faire ...; until further ~ jusqu'à nouvel ordre; at very short ~ leave dans les plus brefs délais; *inform* très peu de temps à l'avance; at a moment's ~ sur-le-champ; at 3 days' ~ dans un délai de 3 jours.

(b) (*announcement*) avis *m*, annonce *f*; (*poster*) affiche *f*; (*sign*) pancarte *f*. public ~ avis au public; to put a ~ in the paper mettre une annonce *or* un entrefilet dans le journal; (*Press*) death etc ~ annonce de décès etc.

(c) (*review: play*) compte rendu *m*, critique *f*.

(d) to take ~ of sb/sth tenir compte de qn/qch, faire attention à qn/qch; to take no ~ of sb/sth ne tenir aucun compte de qn/qch, ne pas faire attention à qn/qch; take no ~! ne faites pas attention!; it has attracted a lot of ~ cela a suscité un grand intérêt; it escaped his ~ that ... il n'a pas remarqué que ...; to avoid ~ passer inaperçu; it came to his ~ that ... il s'est aperçu que ...; it has been brought to my ~ that ... il a été porté à ma connaissance que ...; beneath my ~ indigne de mon attention.

2 *vt* (*perceive*) remarquer, s'apercevoir de; (*heed*) faire attention à. I ~d a tear in his coat j'ai remarqué un accroc dans son manteau; when he ~d me quand il s'est aperçu que j'étais là; I'm afraid I didn't ~ malheureusement je n'ai pas remarqué; I ~ you have a new dress je vois que vous avez une nouvelle robe.

3 *adj*: ~ board panneau *m* d'affichage.

♦ **noticeable** *adj* (*perceptible*) perceptible; (*obvious*) évident, net; it isn't really ~able ça ne se voit pas vraiment. ♦ **noticeably** *adv* perceptiblement; nettement.

notify ['nǝʊtɪfaɪ] *vt*: to ~ sth to sb signaler *or* notifier qch à qn; to ~ sb of sth aviser qn de qch.

♦ **notification** *n* annonce *f*, notification *f*; (*announcement*) annonce; (to *authorities*) déclaration *f*.

notion ['nǝʊʃǝn] *n* (a) idée *f*. he somehow got hold of the ~ that she ... il s'est mis en tête l'idée qu'elle ...; according to his ~ selon sa façon de penser; if that's your ~ of fun ... si c'est ça que tu appelles t'amuser ...; I've got some ~ of physics j'ai quelques notions de physique; to have no ~ of time ne pas avoir la notion du temps; I haven't the least *or* slightest *or* foggiest* ~ je n'en ai pas la moindre idée; I have a ~ that j'ai dans l'idée que; I had no ~ that j'ignorais absolument que; can you give me a rough ~ of how many? pouvez-vous m'indiquer en gros combien? (b) (*US: ribbons etc*) ~s mercerie *f* (*articles*).

notorious [nǝʊ'tɔːrɪǝs] *adj* event, act d'une triste notoriété; *crime* notoire, célèbre; *person, case* tristement célèbre; *liar, thief, criminal* notoire; *place* mal famé. ~ **for his dishonesty** d'une malhonnêteté notoire; **it is ~ that** ... il est de notoriété publique que ... . ♦ **notoriety** *n* notoriété *f*. ♦ **notoriously** *adv* notoirement.

notwithstanding [ˌnɒtwɪθ'stændɪŋ] **1** *prep* malgré, en dépit de. **2** *adv* néanmoins, malgré tout. **3** *conj*: ~ **that** quoique + *subj*, bien que + *subj*.

nought [nɔːt] *n* = **naught**.

noun [naʊn] *n* nom *m*, substantif *m*.

nourish ['nʌrɪʃ] *vt* nourrir (*with* de). ♦ **nourishing** *adj* nourrissant. ♦ **nourishment** *n* nourriture *f*, aliments *mpl*; **to take** ~**ment** s'alimenter.

novel ['nɒvəl] **1** *n* (*Literat*) roman *m*. **2** *adj* nouveau (*after n*), original. ♦ **novelette** *n* nouvelle *f*; (*love story*) roman *m* à l'eau de rose. ♦ **novelist** *n* romancier *m*, -ière *f*. ♦ **novelty** *n* nouveauté *f*; (*idea, thing*) innovation *f*; (*Comm*) article *m* de nouveauté.

November [nəʊ'vembər] *n* novembre *m*; *for phrases V* **September**.

novice ['nɒvɪs] *n* novice *mf* (*at* en).

now [naʊ] **1** *adv* (a) (*gen*) maintenant; (*these days*) actuellement, en ce moment; (*at that time*) alors. **right** ~ en ce moment, à l'instant même; ~ **is the time to do it** c'est le moment de le faire; ~ **is the best time to go** c'est maintenant le meilleur moment pour y aller; **I saw him come in just** ~ je l'ai vu arriver à l'instant; **they won't be long** ~ ils ne vont plus tarder; **here and** ~ sur-le-champ; ~ **and again, (every)** ~ **and then** de temps en temps, par moments; **it's** ~ **or never!** c'est le moment ou jamais!

(b) (*with prep*) **you should have done that before** ~ vous auriez dû l'avoir déjà fait; **long before** ~ il y a longtemps déjà; **between** ~ **and next Tuesday** d'ici (à) mardi prochain; **they should have arrived by** ~ ils devraient être déjà arrivés; **haven't you finished by** ~? vous n'avez toujours pas fini?; **that will do for** ~ ça ira pour le moment; **from** ~ **on(wards)** à partir de maintenant; **in 3 weeks from** ~ d'ici (à) 3 semaines; **from** ~ **until then** d'ici là; **until** ~, **up to** ~ jusqu'à présent; ~ **here,** ~ **there** tantôt par ici, tantôt par là; ~ (**then**)! bon!, alors!, (*remonstrating*) allons!; **well,** ~! eh bien!; ~, **they had been looking for him** or, ils l'avaient cherché.

2 *conj* ~ (**that**) maintenant que, à présent que. ♦ **nowadays** *adv* aujourd'hui, actuellement.

nowt [naʊt] *n* (*Brit dial*) = **nothing**.

noxious ['nɒkʃəs] *adj* nocif.

nozzle ['nɒzl] *n* (*hose, flamethrower*) ajutage *m*; [*syringe*] canule *f*; [*bellows*] bec *m*; [*vacuum cleaner*] suceur *m*; (*for icing*) douille *f*.

nuclear ['njuːklɪər] *adj* (*gen*) nucléaire. ~ **physicist** physicien(ne) *m(f)* atomiste; ~ **physics** physique *f* nucléaire; ~ **scientist** (savant *m*) atomiste *m*. ♦ **nuclear-powered** *adj* nucléaire.

nucleus ['njuːklɪəs] *n, pl* **-ei** (*Astron, Phys*) noyau *m*; (*Bio*) nucléus *m*; (*fig*) éléments *mpl* de base.

nude [njuːd] **1** *adj* nu. **2** *n* (*Art*) nu *m*. **in the** ~ nu. ♦ **nudism** *n* nudisme *m*. ♦ **nudist** *adj, n* nudiste (*mf*); **nudist camp** camp *m* de nudistes. ♦ **nudity** *n* nudité *f*.

nudge [nʌdʒ] **1** *vt* pousser du coude. **2** *n* coup *m* de coude.

nugget ['nʌgɪt] *n* pépite *f*.

nuisance ['njuːsns] *n* (*thing, event*) ennui *m*, embêtement* *m*; (*person*) peste *f*, fléau *m*. **it's a** ~ c'est ennuyeux *or* embêtant* (*that* que + *subj*; *doing* de devoir faire); **it/he is a** ~ ça/il m'embête*; **what a** ~! quelle barbe!*; **you're being a** ~ tu nous embêtes*; **to make a** ~ **of o.s.** embêter le monde*; **a public** ~* une calamité publique*.

null [nʌl] *adj* (*Jur*) ~ **and void** nul et non avenu. ♦ **nullify** *vt* infirmer, invalider. ♦ **nullity** *n* nullité *f*.

numb [nʌm] *adj* engourdi (*with* par); (*fig*) paralysé (*with* fright *etc* par la peur *etc*). ♦ **numbness** *n* engourdissement *m*.

number ['nʌmbər] **1** *n* (a) (*Math*) nombre *m*, chiffre *m*; (*gen, Gram etc*) nombre. **even/odd** ~ nombre pair/impair; **in round** ~**s** en chiffres ronds. (b) (*quantity, amount*) nombre *m*, quantité *f*. **a** ~ **of people** un certain nombre de gens, plusieurs personnes; **a large** ~ **of people**, *mistakes, cases* un grand nombre de; *things* une grande quantité de; **on a** ~ **of occasions** à plusieurs occasions; **a fair** ~ un assez grand nombre; **in equal** ~**s** en nombre égal; ~**s being equal** à nombre égal; **10 in** ~ au nombre de 10; **in small/large** ~**s** en petit/grand nombre; **times without** ~ à maintes reprises; **any** ~ **can play** le nombre de joueurs est illimité; **the power of** ~**s** le pouvoir du nombre; **by force of** ~**s, by sheer** ~**s** par la force du nombre; **one of their** ~ un d'entre eux. (c) [*house, page etc*] numéro *m*. (*Telec*) **wrong** ~ faux numéro; **at** ~ **4** au (numéro) 4; **reference** ~ numéro de référence; (*Aut, Mil*) **registration** ~ numéro d'immatriculation; (*fig*) **I've got his** ~!* je le connais, lui!; **his** ~**'s up*** il est fichu*; **the** ~ **one** there c'est lui qui dirige tout là-dedans; **he's my** ~ **two*** il est mon second. (d) [*goods, clothes, car*] modèle *m*; [*newspaper*] numéro *m*. **the January** ~ le numéro de janvier. (e) [*music hall, circus*] numéro *m*; [*pianist, dance band*] morceau *m*; [*singer*] chanson *f*; [*dancer*] danse *f*.

2 *adj*: (*Aut*) ~ **plate** plaque *f* d'immatriculation *or* minéralogique.

3 *vt* (a) (*give a number to*) numéroter. **they are not** ~**ed** ils n'ont pas de numéro; (*fig*) **his days were** ~**ed** ses jours étaient comptés. (b) (*include, amount to*) compter (*among* parmi).

4 *vi* (~ **off**) se numéroter (*from* en partant de). ♦ **numbering** *n* [*houses etc*] numérotage *m*. ♦ **numberless** *adj* innombrable, sans nombre.

numeral ['njuːmərəl] *n* chiffre *m*, nombre *m*.

numerate ['njuːmərɪt] *adj*: **to be** ~ savoir compter. ♦ **numeracy** *n* notions *fpl* de calcul.

numerical [njuː'merɪkəl] *adj* numérique. **in** ~ **order** dans l'ordre numérique. ♦ **numerically** *adv* numériquement.

numerous ['njuːmərəs] *adj* nombreux.

numismatics [ˌnjuːmɪz'mætɪks] *nsg* numismatique *f*. ♦ **numismatist** *n* numismate *mf*.

nun [nʌn] *n* religieuse *f*, bonne sœur* *f*.

nuptial ['nʌpʃəl] *adj* nuptial.

nurse [nɜːs] **1** *n* (a) infirmière *f*. (b) (*children's* ~) nurse *f*, bonne *f* d'enfants. **2** *vt* (*Med*) soigner; (*suckle*) allaiter; (*cradle in arms*) bercer (dans ses bras); *hope, wrath* nourrir; *horse, car engine* ménager. **she** ~**d him back to health** il a guéri grâce à ses soins; **to** ~ **a constituency** soigner les électeurs. ♦ **nursemaid** *n* bonne *f* d'enfants. ♦ **nursing 1** *adj* (a) *mother* qui allaite; (b) [*hospital*] **the nursing staff** le personnel soignant *or* infirmier; **nursing auxiliary** aide *f* soignante; **nursing home** clinique *f*; **nursing studies** études *fpl* d'infirmière; **2** *n* (*care of invalids*) soins *mpl*; (*profession of nurse*) profession *f* d'infirmière; **she's going in for nursing** elle va être infirmière.

nursery ['nɜːsərɪ] **1** *n* (*room*) nursery *f*, chambre *f* d'enfants; (*institution*) pouponnière *f*; (*Agr*) pépinière *f*. **2** *adj*: ~ **education** enseignement *m* de la maternelle; ~ **rhyme** comptine *f*; ~ **school** (*state-run*) école *f* maternelle; (*private*) jardin *m* d'enfants; (*Ski*) ~ **slopes** pentes *fpl* pour débutants. ♦ **nurseryman** *n* pépiniériste *m*.

nut [nʌt] **1** *n* (a) (*Bot*) *terme générique pour fruits à écale* (*no generic term in French*). **a bag of mixed** ~**s** un sachet de noisettes, cacahuètes, amandes *etc* panachées; ~**s and raisins** mendiants *mpl*; (*fig*) **he's a tough** ~ c'est un dur à cuire*; **a hard ~ to crack** (*problem*) un problème difficile à résoudre; **he can't paint for ~s‡** il peint comme un pied‡. **(b)** (*Tech*) écrou *m*. **(c)** (‡: *mad person, also* nutcase‡) fou *m*, folle *f*, cinglé(e)* *m(f)*. **2** *excl*: **~s!*** des clous!‡ **3** *adj chocolate* aux amandes (*or* noisettes *etc*). ◆ **nutcracker(s)** *npl* casse-noix *m inv*, casse-noisettes *m inv*. ◆ **nuthouse‡** *n* maison *f* de fous. ◆ **nutmeg** *n* (*nut*) (noix *f*) muscade *f*; (*tree*) muscadier *m*. ◆ **nuts‡** *adj* dingue‡, fou (*about* de); **to go ~s*** perdre la boule‡. ◆ **nutshell** *n* coquille *f* de noix *or* noisette *etc*; (*fig*) (**to put**) **in a ~shell** (résumer) en un mot. ◆ **nutty** *adj* **(a)** *chocolate etc* aux noisettes (*etc*);

flavour au goût de noisette *etc*; **(b)** (‡: *mad*) = **nuts.**

nutrient ['njuːtrɪənt] **1** *adj* nutritif. **2** *n* élément *m* nutritif. ◆ **nutrition** *n* nutrition *f*, alimentation *f*. ◆ **nutritional** *adj* alimentaire. ◆ **nutritious** *or* ◆ **nutritive** *adj* nutritif.

nuzzle ['nʌzl] *vi*: **to ~ up/into** fourrer son nez contre/dans.

nylon ['naɪlon] **1** *n* nylon *m*. **2** *adj* de *or* en nylon. **~ stockings, ~s** bas *mpl* nylon.

nymph [nɪmf] *n* nymphe *f*.

nymphomania [ˌnɪmfəʊˈmeɪnɪə] *n* nymphomanie *f*. ◆ **nymphomaniac** *adj*, *n* nymphomane (*f*).

O

O, o [əʊ] *n* (*letter*) O, o *m*; (*number: Telec etc*) zéro *m*.
oaf [əʊf] *n* (*awkward*) balourd(e)* *m(f)*; (*bad-mannered*) mufle *m*. ♦ **oafish** *adj person* mufle; *behaviour* de mufle.
oak [əʊk] **1** *n* chêne *m*. **2** *adj* (*made of* ~) de *or* en chêne. ~ **apple** galle *f* du chêne. ♦ **oakwood** *n* (*forest*) bois *m* de chênes.
oakum ['əʊkəm] *n* étoupe *f*.
oar [ɔːr] *n* aviron *m*, rame *f*. (*fig*) **he always puts his** ~ **in** il faut toujours qu'il y mette son grain de sel. ♦ **oarlock** *n* tolet *m*. ♦ **oarsman** *n* rameur *m*; (*Naut, also Sport*) nageur *m*.
oasis [əʊ'eɪsɪs] *n*, *pl* **oases** oasis *f*.
oat [əʊt] **1** *n*: ~**s** avoine *f*. ♦ **oatcake** *n* biscuit *m* d'avoine. ♦ **oatmeal 1** *n* flocons *mpl* d'avoine; **2** *adj* (*colour*) beige.
oath [əʊθ] *n* (**a**) (*Jur etc*) serment *m*. **to take the** ~ prêter serment; **to swear an** ~ *or* **on one's** ~ jurer (*to do* de faire; *that* que); **on** *or* **under** ~ sous serment; *witness* assermenté; **to put sb on** ~ faire prêter serment à qn; **to put sb on** *or* **under** ~ **to do sth** faire promettre à qn sous serment de faire qch; **on my** ~! je vous le jure! (**b**) (*bad language*) juron *m*.
obdurate ['ɒbdjʊrɪt] *adj* (*stubborn*) obstiné; (*unyielding*) inflexible; (*unrepentant*) impénitent. ♦ **obduracy** *n* obstination *f*; inflexibilité *f*; impénitence *f*.
obedient [ə'biːdɪənt] *adj* obéissant (*to sb* envers qn; *to sth* à qch). ♦ **obedience** *n* obéissance *f* (*to* à); (*Rel*) obédience *f* (*to* à); **in obedience to sth** conformément à qch. ♦ **obediently** *adv* docilement; *smile* d'un air soumis.
obelisk ['ɒbɪlɪsk] *n* obélisque *m*.
obese [əʊ'biːs] *adj* obèse. ♦ **obesity** *n* obésité *f*.
obey [ə'beɪ] **1** *vt* (*gen*) obéir à; *instructions* se conformer à. **the machine** ~**s the controls** la machine répond aux commandes. **2** *vi* obéir.
obituary [ə'bɪtjʊərɪ] *n*: ~ (*notice*) nécrologie *f*; ~ **column** nécrologie (*rubrique*).
object ['ɒbdʒɪkt] **1** *n* (**a**) (*gen*) objet *m*. (*pej*) **what an** ~ **she looks!*** de quoi est-ce qu'elle a l'air!* (**b**) (*Gram*) complément *m* (d'objet). (**c**) (*aim*) but *m*, objectif *m*. **with this** ~ **in view** *or* **in mind** dans ce but, à cette fin; **with the** ~ **of doing** dans le but de faire; **what** ~ **is there in doing that?** à quoi bon faire cela?; **'distance no** ~**' 'toutes distances'**.
2 *adj*: (*fig*) ~ **lesson** démonstration *f* (*in* de).
3 [əb'dʒekt] *vi* élever une objection (*to* contre), trouver à redire. **I** ~! je proteste! (*to* contre); **if you don't** ~ si vous n'y voyez pas d'objection; **he didn't** ~ **when** ... il n'a élevé aucune objection quand ...; **he** ~**s to her behaviour/her drinking** il désapprouve sa conduite/qu'elle boive; **do you** ~ **to my smoking?** est-ce que cela vous gêne si je fume?; **I don't** ~ **to helping you** je veux bien vous aider; **to** ~ **to sb** soulever des objections contre qn; **I wouldn't** ~ **to a bite to eat*** je mangerais bien un morceau.
4 [əb'dʒekt] *vt* objecter (*that* que).
♦ **objection** *n* objection *f*; (*drawback*) inconvénient *m*, obstacle *m*; **to have an** ~**ion to** = **to object to** (*V 3 above*); **to make** *or* **raise an** ~**ion** soulever *or* élever une objection (*to* contre). ♦ **objectionable** *adj person, behaviour, smell*

extrêmement désagréable; *remark, language* choquant. ♦ **objective 1** *adj* (**a**) (*impartial*) objectif (*about* en ce qui concerne); (**b**) (*Gram*) *case* accusatif; *pronoun* complément d'objet; **2** *n* objectif *m*; (*Gram*) accusatif *m*. ♦ **objectively** *adv* objectivement. ♦ **objectivity** *n* objectivité *f*.
♦ **objector** *n*: **the** ~**ors to** ... ceux qui s'opposent à ... .
obligation [ˌɒblɪ'geɪʃən] *n* obligation *f*. **to be/put sb under an** ~ **to do** être/mettre qn dans l'obligation de faire; **I'm under no** ~ **to do it** rien ne m'oblige à le faire; **'without** ~**'** 'sans engagement'; **to meet/ fail to meet one's** ~**s** satisfaire à/manquer à ses obligations; **to be under an** ~ **to sb for sth** devoir de la reconnaissance à qn pour qch. ♦ **obligatory** [ɒ'blɪgətərɪ] *adj* obligatoire; (*imposed by custom*) de rigueur; **to make it obligatory for sb to do** imposer à qn l'obligation de faire.
oblige [ə'blaɪdʒ] *vt* (**a**) (*compel*) obliger (*sb to do* qn à faire). **to be** ~**d to do** être obligé de faire, devoir faire. (**b**) (*do a favour to*) rendre service à, obliger. **anything to** ~!* toujours prêt à rendre service!; **to be** ~**d to sb for sth** être reconnaissant à qn de qch; **I am much** ~**d to you** je vous remercie infiniment. ♦ **obliging** *adj* obligeant; **it is very obliging of them** c'est très aimable de leur part. ♦ **obligingly** *adv* obligeamment, aimablement; **the books which you obligingly gave me** les livres que vous avez eu l'obligeance *or* l'amabilité de me donner.
oblique [ə'bliːk] **1** *adj* (*gen*) oblique; *allusion, route, method* indirect. **2** *n* (*Typ*) oblique *f*. ♦ **obliquely** *adv* obliquement; (*fig*) indirectement.
obliterate [ə'blɪtəreɪt] *vt* (*gen*) effacer; *stamp* oblitérer. ♦ **obliteration** *n* effacement *m*; oblitération *f*.
oblivion [ə'blɪvɪən] *n* oubli *m*. ♦ **oblivious** *adj* (*forgetful*) oublieux (*to, of* de); (*unaware*) inconscient (*to, of* de).
oblong ['ɒblɒŋ] **1** *adj* oblong. ~ **dish** plat *m* rectangulaire. **2** *n* rectangle *m*.
obnoxious [əb'nɒkʃəs] *adj person, behaviour* odieux; *smell* infect.
oboe ['əʊbəʊ] *n* hautbois *m*.
obscene [əb'siːn] *adj* obscène. ♦ **obscenely** *adv* d'une manière obscène. ♦ **obscenity** *n* obscénité *f*.
obscure [əb'skjʊər] **1** *adj* (*gen*) obscur; *feeling, memory* vague. **2** *vt* (*darken*) obscurcir; (*hide*) *sun, view* cacher; *argument, idea* embrouiller. **to** ~ **the issue** embrouiller la question. ♦ **obscurely** *adv* obscurément. ♦ **obscurity** *n* obscurité *f*.
obsequies ['ɒbsɪkwɪz] *npl* obsèques *fpl*.
obsequious [əb'siːkwɪəs] *adj* obséquieux (*to* devant). ♦ **obsequiously** *adv* obséquieusement.
observance [əb'zɜːvəns] *n* (**a**) (*act of observing*) [*rule*] observation *f*; [*rite, custom, Sabbath*] observance *f*. (**b**) (*custom etc*) observance *f*. **religious** ~**s** observances religieuses. ♦ **observant** *adj* observateur.
observation [ˌɒbzə'veɪʃən] **1** *n* (**a**) (*gen, Med*) observation *f*; (*Police, Mil etc*) surveillance *f*. **to keep under** ~ *patient* garder en observation; *suspect, place* surveiller; **powers of** ~ facultés *fpl* d'observation. (**b**) (*remark*) observation *f*,

remarque *f.* **2** *adj balloon, post* d'observation. (*US Rail*) ~ **car** voiture *f* panoramique; ~ **tower** mirador *m*. ♦ **observatory** *n* observatoire *m*.

observe [əb'zɜːv] *vt* (a) (*obey, note, study*) observer; *anniversary* célébrer. (b) (*remark*) faire remarquer, faire observer (*that* que). ♦ **observer** *n* observateur *m*, -trice *f*.

obsess [əb'ses] *vt* obséder, hanter. ♦ **obsession** *n* (*gen*) obsession *f* (*with* de); (*of sth unpleasant*) hantise *f* (*with* de); *sport is an* ~ion *with him* le sport c'est son idée fixe, le sport tient de l'obsession chez lui; *his* ~ion *with her* la manière dont elle l'obsède; *his* ~ion *with death* son obsession *or* sa hantise de la mort. ♦ **obsessive** *adj* obsessionnel. ♦ **obsessively** *adv* d'une manière obsédante; (*Psych*) obsessionnellement.

obsolete ['ɒbsəliːt] *adj attitude, idea, process* dépassé, démodé; *passport, ticket* périmé; *goods, machine* vieux; *law* caduc; *word* obsolète, vieilli; (*Bio*) atrophié. **to become** ~ tomber en désuétude. ♦ **obsolescence** *n* [*goods, words*] vieillissement *m*; [*machinery*] obsolescence *f*; **planned** *or* **built-in obsolescence** obsolescence calculée. ♦ **obsolescent** *adj machinery* obsolescent; *word* vieilli; *goods* vieux.

obstacle ['ɒbstəkl] **1** *n* obstacle *m*. **to be an** ~ **to, to put an** ~ **in the way of** faire obstacle à. **2** *aaj race* d'obstacles.

obstetrics [ɒb'stetrɪks] *nsg* obstétrique *f*. ♦ **obstetric(al)** *adj techniques etc* obstétrical; *clinic* obstétrique. ♦ **obstetrician** *n* médecin *m* accoucheur.

obstinate ['ɒbstɪnɪt] *adj* (*gen*) obstiné (*in doing* à faire; *about* sur); *pain, illness* persistant; *fever* rebelle. **as** ~ **as a mule** têtu comme une mule. ♦ **obstinacy** *n* obstination *f* (*in doing* à faire). ♦ **obstinately** *adv* obstinément; **he tried** ~ly **to do** it il s'est obstiné à le faire.

obstreperous [əb'strepərəs] *adj* (*noisy*) tapageur; (*unruly*) chahuteur; (*rebellious*) rouspéteur*. ♦ **obstreperously** *adv* tapageusement; en rouspétant*.

obstruct [əb'strʌkt] *vt* (*block*) *road* encombrer (*with* de), boucher (*with* avec); *pipe, view* boucher (*with* avec, *by* par); *artery* obstruer; *traffic* bloquer; (*hinder*) entraver; (*Sport*) faire obstruction à. ♦ **obstruction** *n* (*sth which obstructs*) obstacle *m*; (*to pipe*) bouchon *m*; (*to artery*) caillot *m*; (*in road etc*) **to cause an** ~ion (*gen*) encombrer la voie publique; (*Aut*) bloquer la circulation. ♦ **obstructionist** *adj* obstructionniste. ♦ **obstructive** *adj* obstructionniste; **you're being** ~ive vous ne pensez qu'à mettre des bâtons dans les roues.

obtain [əb'teɪn] *vt* (*gen*) obtenir; *goods* se procurer; (*for sb else*) procurer (*for sb* à qn). (*Comm*) **it may be** ~ed **from** ... on peut se le procurer chez ... . ♦ **obtainable** *adj*: **where is that** ~able? où peut-on se le procurer?

obtrude [əb'truːd] **1** *vt* imposer (*on* à). **2** *vi* s'imposer. ♦ **obtrusion** *n* intrusion *f*. ♦ **obtrusive** *adj person* importun; *opinions* ostentatoire; *smell* pénétrant; *building etc* trop en évidence. ♦ **obtrusively** *adv* importunément.

obtuse [əb'tjuːs] *adj* obtus. ♦ **obtuseness** *n* stupidité *f*.

obverse ['ɒbvɜːs] *n* [*coin*] face *f*; [*statement*] contrepartie *f*.

obviate ['ɒbvɪeɪt] *vt* obvier à.

obvious ['ɒbvɪəs] *adj* évident, manifeste. **it's** ~ **that** il est évident *or* manifeste que, il est de toute évidence que; **the** ~ **thing to do is to leave** la chose à faire c'est évidemment de partir; **that's the** ~ **one** c'est bien évidemment celui-là; ~ **statement** truisme *m*; **we must not be too** ~ **about it** il va falloir ne pas trop montrer notre jeu. ♦ **obviously** *adv* évidemment, manifestement; **he was** ~ly **not drunk** il était évident qu'il n'était pas ivre; **he was**

not ~ly **drunk** il n'était pas visiblement ivre; ~ly! bien sûr!, évidemment!

occasion [ə'keɪʒən] **1** *n* (**a**) occasion *f*, circonstance *f*. **on the** ~ **of** à l'occasion de; **on the first** ~ **that** ... la première fois que ...; **on that** ~ à cette occasion, cette fois-là; **on several** ~s à plusieurs occasions; **on rare** ~s en de rares occasions; **on great** ~s dans les grandes occasions; **on** ~ à l'occasion; **should the** ~ **arise** le cas échéant; **this would be a good** ~ **to try it out** c'est l'occasion tout indiquée pour l'essayer; **to rise to the** ~ se montrer à la hauteur de la situation; **there was no** ~ **for it** ce n'était pas nécessaire; **you had no** ~ **to say that** vous n'aviez aucune raison de dire cela; **I had** ~ **to say** j'ai eu l'occasion de dire. (**b**) (*event*) événement *m*. **a big** ~ un grand événement; **it was quite an** ~ cela n'a pas été un petit événement.

2 *vt* occasionner, causer. ♦ **occasional** *adj event* qui a lieu de temps en temps; *visits* espacés; *rain, showers* intermittent; **we have an** ~al *visitor* il nous arrive d'avoir qn de temps en temps; **they had passed an** ~al car ils avaient croisé quelques rares voitures; ~al **table** guéridon *m*. ♦ **occasionally** *adv* de temps en temps, quelquefois; **very** ~ally très peu souvent.

occident ['ɒksɪdənt] *n* (*liter*) occident *m*. ♦ **occidental** *adj* occidental.

occult [ɒ'kʌlt] **1** *adj* occulte. **2** *n* surnaturel *m*.

occupant ['ɒkjupənt] *n* (*gen*) occupant(e) *m(f)*; (*tenant*) locataire *mf*; [*job, post*] titulaire *mf*.

occupation [ˌɒkju'peɪʃən] **1** *n* (**a**) (*gen, Mil*) occupation *f*. **house ready for** ~ maison prête à être habitée; **in** ~ installé; **army of** ~ armée *f* d'occupation; **under military** ~ sous occupation militaire. (**b**) (*trade*) métier *m*; (*profession*) profession *f*; (*work*) emploi *m*, travail *m*; (*activity, pastime*) occupation *f*. **he is a plumber by** ~ il est plombier de son métier. **2** *adj troops* d'occupation. ♦ **occupational** *adj disease* du travail; *hazard* du métier; ~al **therapist** ergothérapeute *mf*; ~al **therapy** ergothérapie *f*.

occupy ['ɒkjupaɪ] *vt* occuper. **occupied in** *or* **with doing** occupé à faire; **to** ~ **o.s.** *or* **one's time** s'occuper (*with* *or* *by doing* à faire); **to keep one's mind occupied** s'occuper l'esprit. ♦ **occupier** *n* (*gen*) occupant(e) *m(f)*; (*tenant*) locataire *mf*.

occur [ə'kɜːʳ] *vi* (**a**) (*event*) avoir lieu, arriver; [*word, error, plant, disease*] se rencontrer, se trouver; [*difficulty, opportunity*] se présenter; [*change*] s'opérer. **don't let it** ~ **again!** que cela ne se reproduise plus!; **if a vacancy** ~s en cas de poste vacant; **should the case** ~ le cas échéant. (**b**) **it** ~s **to me that** ... il me vient à l'esprit que ...; **it didn't** ~ **to him to refuse** il n'a pas eu l'idée de refuser; **an idea** ~red **to me** une idée m'est venue; **it** ~red **to me that we could** ... j'ai pensé *or* je me suis dit que nous pourrions ... . ♦ **occurrence** *n* événement *m*; **an everyday** ~rence un fait journalier; **this is a common** ~rence ceci arrive souvent.

ocean ['əʊʃən] **1** *n* océan *m*. ~s **of** * énormément de. **2** *adj climate, region* océanique; *cruise* sur l'océan. ~ **bed** fond *m* sous-marin. ♦ **ocean-going** *adj* de haute mer. ♦ **oceanic** [ˌəʊʃɪ'ænɪk] *adj* océanique. ♦ **oceanography** *n* océanographie *f*.

ocelot ['əʊsɪlɒt] *n* ocelot *m*.

ochre, (*US*) **ocher** ['əʊkəʳ] *n* ocre *f*.

o'clock [ə'klɒk] *adv*: **it is one** ~ il est une heure; **what** ~ **is it?** quelle heure est-il?; **at 5** ~ **à 5** heures; **at twelve** ~ (*midday*) à midi; (*midnight*) à minuit.

octagon ['ɒktəgən] *n* octogone *m*. ♦ **octagonal** *adj* octogonal.

octane ['ɒkteɪn] *n* octane *m*. **high-**~ **petrol** carburant *m* à indice d'octane élevé.

octave ['ɒktɪv] *n* (*Mus, Rel*) octave *f*; (*Poetry*) huitain *m*.

octavo [ɒkˈteɪvəʊ] n in-octavo m.

octet [ɒkˈtet] n octuor m.

October [ɒkˈtəʊbəʳ] n octobre m; for phrases V September.

octogenarian [ˌɒktəʊdʒɪˈnɛərɪən] adj, n octogénaire (mf).

octopus [ˈɒktəpəs] n pieuvre f.

oculist [ˈɒkjʊlɪst] n oculiste mf.

odd [ɒd] adj (a) (strange) bizarre, étrange, curieux. how ~ that ... comme c'est curieux que + subj; what an ~ thing for him to do! c'est curieux or bizarre qu'il ait fait cela!; he says some very ~ things il dit de drôles de choses. (b) (Math) number impair. (c) (extra, left over) qui reste(nt); (from pair) shoe, sock déparié; (from set) dépareillé. £5 and some ~ pennies 5 livres et quelques pennies; a few ~ hats deux ou trois chapeaux; to be the ~ one over être en surnombre; the ~ man out, the ~ one out l'exception f; 60-~ 60 et quelques. (d) (occasional) in ~ moments he ... à ses moments perdus il ...; at ~ times de temps en temps; any ~ piece of wood un morceau de bois quelconque; ~ jobs menus travaux mpl; to do ~ jobs about the house (gen) faire de menus travaux domestiques; (do-it-yourself) bricoler dans la maison; I've got one or two ~ jobs for you to do j'ai deux ou trois choses à te faire faire; he has written the ~ article il a écrit un ou deux articles; I get the ~ letter from him de temps en temps je reçois une lettre de lui. ♦ **oddball** adj, n excentrique (mf). ♦ **oddity** n (a) (also oddness) étrangeté f, bizarrerie f; (b) (person/thing etc) personne f/chose f etc étrange or bizarre. ♦ **odd-job man** n homme m à tout faire. ♦ **oddly** adv bizarrement, curieusement; ~ly enough she was at home chose curieuse elle était chez elle; she was ~ly attractive elle avait un charme insolite. ♦ **oddment** n (Comm) fin f de série; [cloth] coupon m.

odds [ɒdz] 1 npl (a) (Betting) cote f (of 5 to 1 de 5 contre 1). short/long ~ faible/forte cote; (fig) the ~ are against his coming/that he will come il y a peu de chances/de fortes chances qu'il vienne; to fight against heavy ~ lutter contre des forces supérieures; he succeeded against all the ~ il a réussi alors que tout était contre lui; by all the ~ d'après ce que l'on sait; it makes no ~ cela n'a pas d'importance, ça m'est égal; what's the ~?* qu'est-ce que ça peut bien faire? (b) to be at ~ être en désaccord (with sb over sth avec qn sur qch). (c) ~ and ends (gen) des petites choses qui restent; [cloth] bouts mpl; [food] restes mpl.

ode [əʊd] n ode f (to à, on sur).

odious [ˈəʊdɪəs] adj odieux. ♦ **odium** n réprobation f générale.

odour, (US) **odor** [ˈəʊdəʳ] n odeur f. (fig) to be in good/bad ~ with sb être bien/mal vu de qn. ♦ **odo(u)rless** adj inodore.

odyssey [ˈɒdɪsɪ] n odyssée f.

oecology [ɪˈkɒlədʒɪ] etc = ecology etc.

oestrogen [ˈiːstrəʊdʒən] n œstrogène m.

of [ɒv, əv] prep (a) (gen) de. the wife ~ the doctor la femme du médecin; a friend ~ ours un de nos amis; that funny nose ~ hers son drôle de nez; there were 6 ~ us nous étions 6; he asked the six ~ us to lunch il nous a invités tous les six à déjeuner; ~ the ten only one was ... sur les dix un seul était ...; he is not one ~ us il n'est pas des nôtres; the 2nd ~ June le 2 juin; today ~ all days ce jour entre tous; (US) a quarter ~ 6 6 heures moins le quart; girl ~ 10 petite fille de 10 ans; question ~ no importance question sans importance; town ~ narrow streets ville aux rues étroites; that idiot ~ a doctor cet imbécile de docteur; it was horrid ~ him to say so c'était méchant de sa part (que) de dire cela. (b) (concerning) de. what do you think ~ him? que pensez-vous de lui?; what ~ it? et alors? (c) (origin, cause) de. ~

---

noble birth de naissance noble; **to die ~ hunger** mourir de faim; **dress (made) ~ wool** robe en or de laine.

off [ɒf] 1 adv (a) (distance) 5 km ~ à 5 km; my holiday is a week ~ je serai en vacances dans une semaine; (Theat) voices ~ voix fpl dans les coulisses. (b) (departure) to be ~ partir, s'en aller; ~ you go! va-t'en!, sauve-toi!*; (Sport) they're ~! et les voilà partis!; where are you ~ to? où allez-vous?; we're ~ to France today nous partons pour la France aujourd'hui; he's ~ fishing (going) il va à la pêche; (gone) il est à la pêche. (c) (absence) he's ~ on Tuesdays il n'est pas là le mardi; she's ~ at 4 o'clock elle est libre à 4 heures; to take a day ~ prendre un jour de congé; I've got this afternoon ~ j'ai congé cet après-midi; to be ~ sick être absent pour cause de maladie; he's been ~ for 3 weeks cela fait 3 semaines qu'il est absent. (d) (removal) he had his coat ~ il avait enlevé son manteau; with his hat ~ sans chapeau; ~ with those socks! enlève tes chaussettes!; the lid was ~ on avait enlevé le couvercle; the handle is ~ la poignée s'est détachée; there are 2 buttons ~ il manque 2 boutons; I'll give you 5% ~ je vais vous faire une remise de 5%. (e) (not functioning) to be ~ [brakes] être desserré; [machine, television, light] être éteint; [engine, gas at main, electricity, water] être coupé; [tap, gas-tap] être fermé. (f) the play is ~ (cancelled) la pièce est annulée; (no longer running) la pièce a quitté l'affiche; their engagement is ~ ils ont rompu leurs fiançailles; (in restaurant) the cutlets are ~ il n'y a plus de côtelettes. (g) (stale etc) to be ~ [meat] être mauvais or avancé; [milk] être tourné; [butter] être rance; (fig) that's a bit ~!* c'est un peu exagéré!* (h) (phrases) ~ and on, on and ~ de temps à autre; right ~*, straight ~* tout de suite.

2 prep (a) (gen) de. he fell/jumped ~ the wall il est tombé/a sauté du mur; he took the book ~ the table il a pris le livre sur la table; there are buttons ~ my coat il manque des boutons à mon manteau; the lid was ~ the tin on avait ôté le couvercle de la boîte; they eat ~ chipped plates ils mangent dans des assiettes ébréchées; they dined ~ a chicken ils ont dîné d'un poulet; a slice ~ the cake une tranche du gâteau; sth ~ the price une remise (sur le prix). (b) (distant from) éloigné de. (Naut) ~ Portland Bill au large de Portland Bill; a yard ~ me à un mètre de moi; height ~ the ground hauteur f à partir du sol; street (leading) ~ the square rue qui part de la place; house ~ the main road maison à l'écart de la grand-route; I'm ~ or I've gone ~ sausages* je n'aime plus les saucisses.

3 adj: he was having an ~ day* il n'était pas en forme ce jour-là.

♦ **offbeat** adj (fig) excentrique, original. ♦ **off-centre** adj décentré; construction en porte-à-faux. ♦ **off-chance** n: on the ~-chance à tout hasard; on the ~-chance of seeing her or that I could see her au cas où je pourrais la voir. ♦ **off-colour** adj person mal fichu*. ♦ **offhand** 1 adj (also offhanded) (casual) désinvolte, sans-gêne inv; (curt) brusque; 2 adv: I can't say ~hand je ne peux pas vous le dire à l'improviste or comme ça*. ♦ **offhandedly** adv avec désinvolture, avec sans-gêne; avec brusquerie. ♦ **offhandedness** n désinvolture f, sans-gêne m; brusquerie f. ♦ **offing** n: in the ~ing en perspective. ♦ **off-key** adj, adv (Mus) faux. ♦ **off-licence** n (Brit) magasin m de vins et de spiritueux. ♦ **off-limits** adj (US Mil) interdit (au personnel militaire). ♦ **off-load** vt goods, passengers débarquer; task passer (onto sb à qn). ♦ **off-peak** adj hours creux; traffic aux heures creuses; tariff réduit; ticket bénéficiant du tarif réduit; heating par accumulation. ♦ **off-putting*** adj task

rebutant; *food* peu ragoûtant; *person, manner, welcome* peu engageant. ♦ **off-season** *n* morte saison *f*. ♦ **offset** (*vb: pret, ptp* **offset**) 1 *n* (*Typ*) ~**set** printing offset *m*; 2 *vt* compenser.
♦ **offshoot** *n* (*Bot*) rejeton *m*; [*organization*] ramification *f*; [*discussion, action etc*] conséquence *f*. ♦ **offshore** *adj* *breeze* de terre; *island* proche du littoral; *waters, fishing* côtier.
♦ **offside** 1 *n* (*Aut*) (*in Britain*) côté *m* droit; (*in France, US etc*) côté gauche; 2 *adj* de droite; de gauche; (*Sport*) hors jeu. ♦ **offspring** *n* (*pl inv*) progéniture *f*. ♦ **offstage** *adj, adv* dans les coulisses. ♦ **off-white** *adj* blanc cassé *inv*.

offal ['ɒfəl] *n* abats *mpl*.

offence, (*US*) **offense** [ə'fens] *n* (a) (*Jur*) délit *m* (*against* contre); (*Rel etc*) offense *f*. (*Jur etc*) it is an ~ to do that il est contraire à la loi de faire cela; *capital* ~ *crime m* capital. (b) to give ~ to sb offenser qn; to take ~ se vexer, s'offenser (*at* de).

offend [ə'fend] 1 *vt* *person* blesser, offenser; *ears, eyes, reason* choquer. to be ~ed (**at**) se vexer (de), s'offenser (de). 2 *vi*: to ~ against *law, rule* enfreindre; *good taste, common sense* être une insulte à. ♦ **offender** *n* (*lawbreaker*) délinquant(e) *m(f)*; (*against traffic regulations etc*) contrevenant(e) *m(f)*; (*Jur*) **first** ~**er** délinquant(e) primaire. ♦ **offending** *adj* *word, object* incriminé. ♦ **offensive** 1 *adj* (a) (*shocking*) offensant, choquant; (*disgusting*) repoussant; (*insulting*) injurieux; **to be offensive to sb** insulter qn; (b) *tactics, weapon* offensif; 2 *n* (*Mil*) offensive *f*; **to be on the offensive** avoir pris l'offensive. ♦ **offensively** *adv* *behave* d'une manière offensante *or* choquante; *say* d'une manière injurieuse.

offer ['ɒfər] 1 *n* (*gen*) offre *f* (*of* de; *for* pour; *to do* de faire). ~ **of marriage** demande *f* en mariage; to **make sb an** ~ **for sth** faire une offre à qn pour qch; (*in advertisement*) **£5 or nearest** ~ 5 livres ou au plus offrant; (*Comm*) **on** ~ en promotion. 2 *vt* *job, gift, prayers, apology, opportunity* offrir (*to* à); *help, object, money* proposer (*to* à); *remark, opinion* émettre. **to** ~ **to do** offrir *or* proposer de faire. ♦ **offering** *n* offrande *f*. ♦ **offertory** *n* (*part of service*) offertoire *m*; (*collection*) quête *f*.

office ['ɒfɪs] 1 *n* (a) (*place*) bureau *m*; [*lawyer*] étude *f*; [*doctor*] cabinet *m*. **our London** ~ notre bureau *or* notre section *f* de Londres; [*house etc*] **'usual** ~**s'** 'cuisine, sanitaires'. (b) (*function*) fonction *f*; (*duty*) fonctions, devoir *m*. **to be in** ~, **to hold** ~ [*mayor, chairman*] être en fonctions; [*minister*] avoir un portefeuille; [*political party*] être au pouvoir; **public** ~ fonctions officielles; **through his good** ~**s** par ses bons offices *mpl*; **through the** ~**s of** par l'entremise de. (c) (*Rel*) office *m*. 2 *adj* *staff, furniture, work* de bureau. [*club, society*] ~ **bearer** membre *m* du comité directeur; ~ **block** immeuble *m* de bureaux; ~ **boy** garçon *m* de bureau; ~ **hours** heures *fpl* de bureau. ♦ **office-worker** *n* employé(e) *m(f)* de bureau.

officer ['ɒfɪsər] *n* (a) (*Aviat, Mil, Naut*) officier *m*. ~**s' mess** mess *m*. (b) [*local government*] fonctionnaire *m*; [*organization, club*] membre *m* du comité directeur. **police** ~ agent *m* (de police).

official [ə'fɪʃəl] 1 *adj* (*gen*) officiel; *language, style* administratif; *uniform* réglementaire. 2 *n* (*gen, Sport etc*) officiel *m*; [*civil service, local government*] fonctionnaire *mf*; [*railways, post office etc*] employé(e) *m(f)*. ♦ **officialdom** *n* bureaucratie *f*. ♦ **officialese** *n* jargon *m* administratif. ♦ **officially** *adv* officiellement. ♦ **officiate** *vi* (*Rel*) officier; (*gen*) to officiate as remplir les fonctions de.

officious [ə'fɪʃəs] *adj* trop empressé. ♦ **officiously** *adv* avec un empressement

excessif. ♦ **officiousness** *n* excès *m* d'empressement.

often ['ɒfən] *adv* souvent, fréquemment. **as** ~ **as not, more** ~ **than not** le plus souvent; **every so** ~ (*in time*) de temps en temps; (*in spacing, distance etc*) çà et là; **once too** ~ une fois de trop; **it cannot be said too** ~ **that** ... on ne répétera jamais assez que ...; **how** ~ **have you seen her?** combien de fois l'avez-vous vue?; **how** ~ **do the boats leave?** les bateaux partent tous les combien?

ogle ['əʊgl] *vt* lorgner*.

ogre ['əʊgər] *n* ogre *m*.

oh [əʊ] *excl* oh!; (*cry of pain*) aïe!

oil [ɔɪl] 1 *n* (a) (*Geol, Comm, Ind etc*) pétrole *m*. (*fig*) **to pour** ~ **on troubled waters** ramener le calme. (b) (*Art, Aut, Culin etc*) huile *f*. **fried in** ~ frit à l'huile; ~ **and vinegar** (*dressing*) vinaigrette *f*; **painted in** ~**s** peint à l'huile.
2 *vt* graisser, lubrifier. (*fig*) **to** ~ **the wheels** mettre de l'huile dans les rouages.
3 *adj* *industry, shares* pétrolier; *magnate etc* du pétrole; *lamp, stove* à pétrole; (*Aut*) **level, pressure** d'huile; (*Aut*) ~ **filter** filtre *m* à huile; ~ **gauge** jauge *f* de niveau d'huile; (*Art*) ~ **paint** couleur *f* à l'huile; ~ **painting** peinture *f* à l'huile; **she's no** ~ **painting*** ce n'est vraiment pas une beauté; ~ **pollution** pollution *f* aux hydrocarbures; ~ **rig** (*land*) derrick *m*; (*sea*) plate-forme *f* pétrolière; ~ **slick** nappe *f* de pétrole, (*on beach*) marée *f* noire; ~ **storage tank** (*for central heating*) cuve *f* à mazout; ~ **tanker** (*ship*) pétrolier *m*; (*truck*) camion-citerne *m* (à pétrole); ~ **well** puits *m* de pétrole.
♦ **oil-burning** *adj* *lamp* à pétrole; *stove* (*paraffin*) à pétrole, (*fuel oil*) à mazout. ♦ **oilcan** *n* (*for lubricating*) burette *f* à huile; (*for storage*) bidon *m* à huile. ♦ **oilcloth** *n* toile *f* cirée. ♦ **oilfield** *n* gisement *m* *or* champ *m* pétrolifère. ♦ **oil-fired** *adj* *boiler* à mazout; *central heating* au mazout. ♦ **oiliness** *n* (*V* **oily** below) aspect *m* huileux *or* graisseux *or* (*Culin*) gras; onction *f*. ♦ **oilskins** *npl* ciré *m*. ♦ **oily** *adj* *liquid, consistency* huileux; *stain* d'huile; *rag, clothes, hands* graisseux; *cooking, food* gras; (*fig pej*) *manners, tone* onctueux.

ointment ['ɔɪntmənt] *n* onguent *m*, pommade *f*.

O.K.* ['əʊ'keɪ] (*vb: pret, ptp* **O.K.'d**) 1 *excl* d'accord!, O.K.! (*don't fuss*) ~, ~! ça va, ça va! 2 *adj* (*good*) très bien; (*not bad*) pas mal. **is it** ~ **with you if I come too?** ça ne vous ennuie pas que je vous accompagne? (*subj*); **I'm coming too,** ~? je viens aussi, d'accord?; **I'm** ~ ça va; **the car is** ~ la voiture est (*undamaged*) intacte *or* (*repaired etc*) en bon état; **everything's** ~ tout va bien. 3 *vt* approuver.

okapi [əʊ'kɑːpɪ] *n* okapi *m*.

old [əʊld] 1 *adj* (a) (*gen*) vieux (*before vowel etc* vieil, *f* vieille). **an** ~ **man** un vieil homme, un vieillard; (*pej*) **he's a real** ~ **woman** il a des manies de petite vieille; ~ **people,** ~ **folk** personnes *fpl* âgées, vieux *mpl*; ~ **people's home,** ~ **folks' home** hospice *m* de vieillards, (*private*) maison *f* de retraite; ~ **for his years** mûr pour son âge; **to grow** *or* **get** ~(**er**) vieillir, se faire vieux; **in his** ~ **age** sur ses vieux jours; **the** ~ **country** la mère patrie; **Old English** vieil anglais; ~ **maid** vieille fille *f*; (*Art*) ~ **master** (*artist*) grand peintre *m*; (*painting*) tableau *m* de maître; **the Old World** l'ancien monde *m*; **an** ~ **chair** une vieille chaise, (*valuable*) une chaise ancienne; ~ **wine** vin *m* vieux; **that's an** ~ **one!** ce n'est pas nouveau!; **as** ~ **as the hills** vieux comme les chemins; **the** ~ **part of** Nice le vieux Nice; ~ **friends** de vieux amis; **any** ~ **how/where*** *etc* n'importe comment/où *etc*; **any** ~ **thing*** n'importe quoi; **we had a great** ~ **time*** on s'est vraiment bien amusé; (*fig*) **it's the same** ~ **story*** c'est toujours la même histoire; ~ **Paul here*** ce bon vieux Paul; **a good** ~

dog un brave chien; **you ~ scoundrel!** sacré vieux!*; **I say, ~ man** *or* **~ fellow** dites donc mon vieux*.

(b) how ~ are you? quel âge avez-vous?; **he is 10 years ~** il a 10 ans; **at 10 years ~** à (l'âge de) 10 ans; **a 6-year-~ boy** un garçon de 6 ans; **~ enough to dress himself** assez grand pour s'habiller tout seul; **~ enough to vote** en âge de voter; **you're ~ enough to know better!** à ton âge tu devrais avoir plus de bon sens!; **too ~ for that sort of work** trop âgé pour ce genre de travail; (*to child*) **when you're ~er** quand tu seras plus grand; **if I were ~er** si j'étais plus âgé; **if I were 10 years ~er** si j'avais 10 ans de plus; **~er than you** plus âgé que toi; **he's 6 years ~er than you** il a 6 ans de plus que toi; **~er brother** frère aîné; **the ~er generation** la génération antérieure.

(c) (*former*) *school, mayor, home* ancien (*before n*). **~ boy** ancien élève; **in the ~ days** dans le temps, autrefois; **the good ~ days** le bon vieux temps; **this is the ~ way of doing it** on s'y prenait comme cela autrefois; **~ soldier** vétéran *m*.

2 *n* **(a) the ~** les vieux *mpl*, les vieillards *mpl*, les vieilles gens *mpl*.

(b) (**in days**) **of ~** autrefois, jadis; **the men of ~** les hommes de jadis; **I know him of ~** je le connais depuis longtemps.

♦ **old-age** *adj*: **~-age pension** pension *f* vieillesse (*de la Sécurité sociale*); **~-age pensioner** retraité(e) *m(f)*. ♦ **olden** *adj*: **in ~en times** *or* **days** jadis. ♦ **old-established** *adj* ancien (*after n*). ♦ **old-fashioned** *adj* (*old*) d'autrefois; (*out-of-date*) démodé; *person, attitude* vieux jeu *inv*; (*fig*) **to give sb/sth an ~-fashioned look*** regarder qn/qch de travers. ♦ **old-style** *adj* à l'ancienne (mode). ♦ **old-time** *adj* du temps jadis; *dancing* d'autrefois. ♦ **old-timer*** *n* vieillard *m*, ancien *m*. ♦ **old wives' tale** *n* conte *m* de bonne femme. ♦ **old-womanish** *adj* qui a des manies de petite vieille. ♦ **old-world** *adj place* très vieux et pittoresque; *charm, style* d'autrefois.

oleaginous [ˌəʊlɪˈædʒɪnəs] *adj* oléagineux.

oleander [ˌəʊlɪˈændəʳ] *n* laurier-rose *m*.

oligarchy [ˈɒlɪɡɑːkɪ] *n* oligarchie *f*.

olive [ˈɒlɪv] **1** *n* olive *f*; (**~ tree**) olivier *m*. (*fig*) to hold out the **~ branch** se présenter le rameau d'olivier à la main. **2** *adj* **(a)** *skin* olivâtre. **~ oil** huile *f* d'olive. **(b)** (*also* **olive-green**) vert olive *inv*.

Olympic [əʊˈlɪmpɪk] *adj* olympique. **~ Games, ~s** Jeux *mpl* olympiques.

ombudsman [ˈɒmbʊdzmən] *n* médiateur *m* (*Admin*).

omelet(te) [ˈɒmlɪt] *n* omelette *f*.

omen [ˈəʊmən] *n* présage *m*, augure *m*. **it is a good ~ that ...** il est de bon augure que ... + *subj*. ♦ **ominous** *adj event* de mauvais augure; *look, cloud, voice* menaçant; *sound, sign* alarmant. ♦ **ominously** *adv* d'une façon menaçante *or* alarmante; **he was ominously silent** son silence ne présageait rien de bon.

omit [əʊˈmɪt] *vt* (*accidentally*) omettre (*to do* de faire); (*deliberately*) omettre, négliger (*to do* de faire). ♦ **omission** *n* omission *f*.

omni... [ˈɒmnɪ] *pref* omni ... .

omnibus [ˈɒmnɪbəs] *n* (†: *bus*) omnibus† *m*; (*book*) recueil *m*.

omnipotent [ɒmˈnɪpətənt] *adj* omnipotent. ♦ **omnipotence** *n* omnipotence *f*.

omnivorous [ɒmˈnɪvərəs] *adj* omnivore; *reader* insatiable.

on [ɒn] **1** *prep* **(a)** (*position, direction*) sur, à. **~ the table** sur la table; **with a coat ~ his arm** un manteau sur le bras; **with a ring ~ her finger** une bague au doigt; **the ring ~ her finger** la bague qu'elle avait au doigt; **I have no money ~ me** je n'ai pas d'argent sur moi; **he turned his**

back ~ us il nous a tourné le dos; **~ the right** à droite; **~ the blackboard/ceiling** au tableau/ plafond; **he hung his hat ~ the nail** il a suspendu son chapeau au clou; **house ~ the main road** maison sur la grand-route. **(b)** (*fig*) **~ the/his** violin au/sur son violon; **with Louis Armstrong ~ the trumpet** avec Louis Armstrong à la trompette; **he swore it ~ the Bible** il l'a juré sur la Bible; **an attack ~ the government** une attaque contre le gouvernement; **it works ~ oil** cela marche au mazout; **~ the radio** à la radio; **~ the BBC** (*TV*) sur la B.B.C.; (*Rad*) à la B.B.C.; (*Rad*) **~ France-Inter** sur France-Inter; **I'm ~ £6,000 a year** je gagne 6 000 livres par an; **a student ~ a grant** un boursier; **he's ~ a course** il suit un cours; **to be ~ the team/committee** faire partie de l'équipe/du comité; **to be ~ pills** prendre des pilules; **to be ~ drugs** se droguer; **he's ~ heroin** il se drogue à l'héroïne; **I'm back ~ cigarettes** je me suis remis à fumer; **we're ~ irregular verbs** nous en sommes aux verbes irréguliers; **let's have a drink ~ it** on va boire un coup* pour fêter ça; **prices are up ~ last year's** les prix sont en hausse par rapport à ceux de l'année dernière; **this round's ~ me** c'est ma tournée; **have it ~ me** je vous le paie; **~ the train/plane** *etc* dans le train/ l'avion *etc*.

(c) (*time*) **~ Sunday** dimanche; **~ Sundays** le dimanche; **~ December 1st** le 1er décembre; **~ the evening of December 3rd** le 3 décembre au soir; **~ or about the 20th** vers le 20; **~ and after the 20th** à partir du 20; **~ Easter Day** le jour de Pâques; **it's just ~ 5 o'clock** il va être 5 heures; **~ my arrival** à mon arrivée; **~ my refusal to go away** lorsque j'ai refusé de partir; **~ hearing this** en entendant cela.

(d) (*about, concerning*) sur, de. **he lectures ~ Dante** il fait un cours sur Dante; **a book ~ grammar** un livre de grammaire; **an essay ~ ...** une dissertation sur ...; **he spoke ~ oil** il a parlé du pétrole; **have you heard him ~ V.A.T.?** vous l'avez entendu parler de la T.V.A.?; **Jones ~ Marx** ce que Jones a écrit sur Marx; **I'm ~ a new project** je travaille à un nouveau projet; **away ~ an errand** parti faire une course; **while we're ~ the subject** puisque nous en parlons.

2 *adv* **(a)** (*covering*) **he had his coat ~** il avait mis son manteau; **~ with your pyjamas!** allez, mets ton pyjama!; **she had nothing ~** elle était toute nue; **what had he got ~?** qu'est-ce qu'il portait?; **the lid is ~** le couvercle est mis.

(b) (*forward*) **from that time ~** à partir de ce moment-là; **it's getting ~ for 2 o'clock** il n'est pas loin de 2 heures; **well ~ in May** bien avant dans le mois de mai; **it was well ~ into May** mai était déjà bien avancé.

(c) (*continuation*) **go ~ with your work** continuez votre travail; **and so ~** et ainsi de suite; **they talked ~ and ~** ils ont parlé sans discontinuer *or* sans arrêt.

(d) (*functioning etc*) **to be ~** [*machine, engine*] être en marche; [*light*] être allumé; [*TV, radio*] être allumé; marcher; [*tap*] être ouvert; [*brake*] être serré; [*meeting, programme etc*] être en cours; **while the meeting was ~** pendant la réunion; **the show is ~ already** le spectacle a déjà commencé; **the play is still ~** la pièce est encore à l'affiche; **what's ~ at the cinema?** qu'est-ce qu'on donne au cinéma?; (*Rad, TV*) **what's ~?** qu'y a-t-il à la radio/à la télé?; (*Rad, TV*) **X is ~ tonight** il y a X ce soir; **you're ~ now!** c'est à vous maintenant!

(e) (*phrases*) **we are going out, are you ~?*** nous sortons, vous venez?; **you're ~!*** tope là!; **it's not ~*** (*refusing*) pas question!; (*not done*) cela ne se fait pas; **he is always ~ at me*** il est toujours après moi*; **to get ~ to sb** se mettre en rapport avec qn (*about sth* à propos de qch); **I'm ~ to something** je

suis sur une piste intéressante; **the police are** ~
to him la police est sur sa piste; **she's** ~ **to the fact
that ...** elle sait que ... .
♦ **oncoming** *adj car* venant en sens inverse.
♦ **onlooker** *n* spectateur *m*, -trice *f*. ♦ **onrush** *n*
[*people*] ruée *f*; [*water*] torrent *m*. ♦ **onset** *n*
(*start*) début *m*; (*approach*) approche *f*.
♦ **onshore** *adj wind* de mer. ♦ **onslaught** *n*
attaque *f*. ♦ **onto** *prep* = **on to.** ♦ **onward 1** *adv*
(*also* **onwards**) en avant; **from this time**
~**ward(s)** désormais; **from today** ~**ward(s)** à
partir d'aujourd'hui; **2** *adj* en avant.
once [wʌns] **1** *adv* (**a**) (*on one occasion*) une fois.
~ **only** une seule fois; ~ **before** une fois déjà; ~
when I was young un jour quand j'étais jeune; ~
again, ~ **more** encore une fois; ~ **and for all** une
fois pour toutes; ~ **a week** une fois par semaine;
~ **in a while,** ~ **in a way** de temps en temps; **more
than** ~ plus d'une fois; ~ **or twice** une fois ou
deux; **for** ~ pour une fois; **just this** ~ juste pour
cette fois-ci; **not** ~, **never** ~ pas une seule fois; **if**
~ **you ...** si jamais vous ...; ~ **a journalist always a
journalist** qui a été journaliste le reste toute sa
vie. (**b**) (*formerly*) jadis, autrefois. ~ **upon a time
there was** il y avait une fois, il était une fois; ~
powerful jadis *or* autrefois puissant. (**c**) **at** ~
(*immediately*) tout de suite; (*simultaneously*) à la
fois; **all at** ~ (*suddenly*) tout à coup, soudain.
2 *conj* une fois que. ~ **she'd seen him she ...** une
fois qu'elle l'eut vu *or* après l'avoir vu ... .
♦ **once-over*** *n*: **to give sth the** ~**-over** vérifier
qch très rapidement.
one [wʌn] **1** *adj* (**a**) un(e). ~ **hundred and twenty**
cent vingt; **twenty-**~ **apples** vingt et une
pommes; **that's** ~ **way of doing it** c'est une façon
de le faire; **she is** ~ (**year old**) elle a un an; **it's** ~
o'clock il est une heure; **for** ~ **thing ...** d'abord ...;
with ~ **voice** d'une seule voix; ~ **day** un jour; ~
Sunday morning un dimanche matin; ~ **hot
summer afternoon** par un chaud après-midi
d'été. (**b**) (*sole*) un(e) seul(e). **there is** ~ **man who**
il y a un seul homme qui + *subj*; **the** ~ **man who** le
seul qui + *subj*; ~ **and only** seul et unique. (**c**)
(*same*) (le) même. **in the** ~ **car** dans la même voiture; ~ **and the same person** une seule et même
personne; ~ **and the same thing** exactement la
même chose.
2 *n* un(e) *m(f)*. **twenty-**~ vingt et un(e); ~ **hundred and** ~ cent un(e); **there are three** ~**s in her
phone number** il y a trois uns dans son numéro de
téléphone; ~ **of them** (*people*) l'un d'eux, l'une
d'elles; (*things*) (l')un, (l')une; **chapter** ~ chapitre
un; **I for** ~ **don't believe it** pour ma part je ne le
crois pas; **who doesn't agree? – I for** ~! sauf moi je
pas d'accord? – moi pour commencer!; ~ **by** ~ un
à un; **in** ~**s and twos** *arrive* par petits groupes;
get, send quelques-uns à la fois; ~ **after the other**
l'un après l'autre; ~ **and all** tous sans exception;
it's all ~ c'est tout un; **it's all** ~ **to me** cela m'est
égal; **to be** ~ **up*** avoir l'avantage (*on sb* sur qn);
to go ~ **better than sb** faire mieux que qn.
3 *pron* (**a**) (*indefinite*) un(e) *m(f)*. **would you
like** ~? en voulez-vous un?; **have you got** ~? en
avez-vous un?; **the question is** ~ **of money** c'est
une question d'argent; ~ **of my best friends** un de
mes meilleurs amis; **he's** ~ **of us** il est des nôtres;
you can't have ~ **without the other** on ne peut
avoir l'un sans l'autre. (**b**) (*specific*) **this** ~ celui-
ci, celle-ci; **that** ~ celui-là, celle-là; **the** ~ **who** *or*
that *or* **which** celui qui, celle qui; **the** ~ **on the
floor** celui *or* celle qui est par terre; **he's the** ~
with brown hair c'est celui qui a les cheveux
bruns; **which** ~? lequel?, laquelle?; **I want the red**
~ je veux le rouge; **you've taken the wrong** ~
vous n'avez pas pris le bon; **that's a difficult** ~! ça
c'est difficile!; **the little** ~**s** les petits; **my dearest**
~ mon chéri, ma chérie; **he's a clever** ~ c'est un
malin; **for** ~ **who claims to know the language, he**

... pour quelqu'un qui prétend connaître la langue,
il ...; **he's not** ~ **to do that sort of thing** il n'est pas
de ceux qui font cela; **he's a great** ~*** for chess**
c'est un mordu* des échecs. (**c**) ~ **another** = **each
other;** *V* **each 2b.** (**d**) (*impersonal*) (*subject*) on;
(*object*) vous. ~ **must remember** on doit *or* il faut
se souvenir; **it tires** ~ **too much** cela vous fatigue
trop; ~ **likes to see** ~**'s friends happy** on aime que
ses amis soient heureux.
♦ **one-armed** *adj* manchot; ~**-armed bandit***
machine *f* à sous (*jeu*). ♦ **one-eyed** *adj* borgne.
♦ **one-horse town*** *n* bled* *m*, trou* *m*. ♦ **one-
legged** *adj* unijambiste. ♦ **one-man** *adj* *job* fait *or*
à faire par un seul homme; *business* que fait marcher un seul homme; *exhibition etc* consacré à un
seul artiste; *woman etc* qui n'aime qu'un seul
homme; (*Mus: person*) ~**-man band** homme-
orchestre *m*; (*fig*) **it's a** ~**-man band*** un seul
homme fait marcher toute l'affaire; (*variety*) ~**-
man show** one-man show *m*. ♦ **one-night stand** *n*
(*Theat*) représentation *f* unique. ♦ **one-off*** *or*
♦ **one-shot*** (*US*) *adj* rarissime, exceptionnel.
♦ **one-one** *adj* (*US*) univoque. ♦ **one-room(ed)**
adj d'une pièce. ♦ **oneself** *pron* se, soi-même;
(*after prep*) soi(-même); (*emphatic*) soi-même;
to hurt ~**self** se blesser; **to dress** ~**self** s'habiller;
to speak to ~**self** se parler à soi-même; **to be sure
of** ~**self** être sûr de soi; **one must do it** ~**self** il
faut le faire soi-même; (**all**) **by** ~**self** (tout) seul.
♦ **one-sided** *adj decision* unilatéral; *contest,
game* inégal; *judgment, account* partial; *contract*
inéquitable. ♦ **one-time** *adj* ancien (*before n*).
♦ **one-to-one** *adj* univoque. ♦ **one-track** *adj*: **to
have a** ~**-track mind*** n'avoir qu'une idée en tête.
♦ **one-upmanship*** *n* (*hum*) art *m* de faire mieux
que les autres. ♦ **one-way** *adj street* à sens
unique; *traffic* en sens unique; *ticket* simple;
emotion etc non partagé.
onerous [ˈɒnərəs] *adj task* pénible; *responsibility*
lourd.
onion [ˈʌnjən] **1** *n* oignon *m*. **2** *adj soup* à l'oignon;
skin d'oignon; *stew* aux oignons. ♦ **onion-shaped**
adj bulbeux.
only [ˈəʊnlɪ] **1** *adj* seul. **the** ~ **book that remains** le
seul livre qui reste (*subj*); ~ **child** enfant *mf*
unique; **you're the** ~ **one to think of that** vous êtes
le seul à y avoir pensé; **it's the** ~ **one left** c'est le
seul qui reste (*subj*); **the** ~ **thing is that it's too
late** seulement il est trop tard; **that's the** ~ **way to
do it** c'est la seule façon de le faire.
2 *adv* seulement, simplement, ne ... (plus) que.
~ **Paul can wait** il n'y a que Paul qui puisse
attendre; **he can** ~ **wait** il ne peut qu'attendre; **I
can** ~ **say that ...** tout ce que je peux dire c'est que
...; **it's** ~ **that I thought ...** simplement, je pensais
...; **I will** ~ **say that ...** je dirai simplement que ...; **it
will** ~ **take a minute** ça ne prendra qu'une
minute; **I'm** ~ **the secretary** je ne suis que le secrétaire; **a ticket for one person** ~ un billet pour
une seule personne; **'ladies** ~**'** 'réservé aux
dames'; **I** ~ **looked at it** je n'ai fait que le
regarder; **you've** ~ **to ask** vous n'avez qu'à
demander; ~ **to think of it** rien que d'y penser; **it's**
~ **too true** ce n'est que trop vrai; **not** ~ **A but also**
B non seulement A mais aussi B; ~ **yesterday** pas
plus tard qu'hier; **he has** ~ **just arrived** il vient
tout juste d'arriver; **I caught the train but** ~ **just**
j'ai eu le train mais de justesse; **if** ~ si seulement.
3 *conj* seulement, mais. **I would buy it,** ~ **it's too
dear** je l'achèterais bien, seulement *or* mais il est
trop cher.
onomatopoeia [ˌɒnəʊmætəʊˈpiːə] *n* onomatopée *f*.
onus [ˈəʊnəs] *n* (*no pl*) **the** ~ **is on him** c'est sa
responsabilité (*to do* de faire).
onyx [ˈɒnɪks] *n* onyx *m*.
ooze [uːz] **1** *n* vase *f*. **2** *vi* [*water, pus, walls*]
suinter; [*resin, gum*] exsuder. **3** *vt*: **his wounds**
~**d pus** le pus suintait de ses blessures; (*fig pej*)

she was oozing charm le charme lui sortait par tous les pores.
ooze away *vi: his strength etc* was oozing away ses forces *etc* l'abandonnaient.
opal ['əupəl] *n* opale *f*.
opaque [əʊ'peɪk] *adj* opaque.
open ['əupən] **1** *adj* **(a)** *(gen)* ouvert. **wide ~** grand ouvert; **half-~, slightly ~** entrouvert; **to welcome with ~ arms** *person* accueillir à bras ouverts; *news* accueillir avec joie; **our grocer is ~ on Mondays** notre épicier ouvre *or* est ouvert le lundi; *(fig)* **to keep ~ house** tenir table ouverte; *(Brit)* **~ day** journée *f* du public.

    (b) *(fig) boat, letter, cheque, city* ouvert; *river (not obstructed)* ouvert à la navigation, *(not frozen)* non gelé; *road, corridor* dégagé; *pipe* ouvert, non bouché; *car* décapoté; *sewer* à ciel ouvert; *prison* à régime libéral; *(Med) bowels* relâché; *pores* dilaté. **road ~ to traffic** route ouverte à la circulation; **the way to Paris lay ~** la route de Paris était libre; **the ~ road** la grand-route; **the ~ air** le plein air; **in the ~ air** *(gen)* en plein air; *sleep* à la belle étoile; **in ~ country** en rase campagne; **patch of ~ ground** *(between trees)* clairière *f*, *(in town)* terrain *m* vague; **the ~ sea** la haute mer, **le** large; **~ space** espace *m* libre; **~ to the elements/to attack** exposé aux éléments/à l'attaque; **~ sandwich** canapé *m* (froid); **~ to persuasion** ouvert à la persuasion; **I'm ~ to advice** je me laisserais volontiers conseiller; **I'm ~ to correction, but ...** dites-moi si je me trompe, mais ...; **~ to improvement** que l'on peut améliorer; **it is ~ to doubt whether ...** on peut douter que ... + *subj*.

    (c) *market, meeting, trial* public; *competition, scholarship* ouvert à tous. **the course is not ~ to schoolchildren** ce cours n'est pas ouvert aux lycéens; **several choices were ~ to them** plusieurs choix s'offraient à eux; **this post is still ~** ce poste est encore vacant; *(Jur)* **in ~ court** en audience publique; *(Sport)* **~ season** saison *f* de la chasse; **the O~ University** = le Centre de Télé-enseignement universitaire.

    (d) *(frank, not hidden) person, face* ouvert, franc; *enemy* déclaré; *admiration, envy* manifeste; *attempt* non dissimulé; *scandal* public. **in ~ revolt** en rébellion ouverte *(against* contre); **it's an ~ secret that** ce n'est un secret pour personne que.

    (e) *(undecided) question* non résolu, non tranché. **the race was still wide ~** l'issue de la course était encore indécise; **it's an ~ question whether ...** on ne sait pas si ...; **to leave ~ matter** laisser en suspens; *date* ne pas préciser; **to have an ~ mind on sth** ne pas avoir formé d'opinion sur qch; *(Jur)* **~ verdict** *(not stating cause of death)* verdict *m* de décès avec causes indéterminées; *(where guilty party unknown)* verdict sans désignation de coupable; **~ ticket** billet *m* open.

    2 *n:* **out in the ~** *(out of doors)* dehors, en plein air; *sleep* à la belle étoile; *(in the country)* au grand air; **to come out into the ~** *(lit)* sortir au grand jour; *(fig) [secret, plans]* se faire jour; *[person]* parler franchement *(about* de); **to bring out into the ~** divulguer.

    3 *vt (gen: lit, fig)* ouvrir; *bowels* relâcher; *pores* dilater; *legs* écarter; *hole* percer; *conversation, negotiations* engager. **to ~ wide** ouvrir tout grand; **to ~ slightly** entrouvrir; **to ~ again** rouvrir; *(lit, fig)* **he didn't ~ his mouth** il n'a pas ouvert la bouche; **to ~ Parliament** ouvrir la session parlementaire; *(Mil)* **to ~ fire** ouvrir le feu *(on* sur).

    4 *vi* **(a)** *(gen)* s'ouvrir; *[shop, museum, bank etc]* ouvrir. **this door never ~s** cette porte n'ouvre jamais; **the door ~ed** la porte s'est ouverte; **to ~ slightly** s'entrouvrir; **to ~ again** se rouvrir; *[door, room]* **to ~ on** *or* **into** donner sur.

(b) *(begin) [class, debate, meeting, play, book]* s'ouvrir, commencer *(with* par); *[speaker]* commencer *(with* par); *(Bridge)* ouvrir *(with* de). *(Theat)* **the play ~s next week** la première a lieu la semaine prochaine.
open out 1 *vi [flower, person]* s'ouvrir; *[passage, tunnel, street]* s'élargir. **to ~ out on to** déboucher sur. **2** *vt sep* ouvrir.
open up 1 *vi* **(a)** *[flower, shop, career, opportunity]* s'ouvrir *(fig: to* sb à qn; *about* sth de qch). **(b)** *(start shooting)* ouvrir le feu. **2** *vt sep (gen)* ouvrir; *jungle* rendre accessible; *blocked road* dégager; *prospects, possibility* découvrir, révéler; *horizons, career* ouvrir.

    ♦ **open-air** *adj games, activities* de plein air; *swimming pool, market, meeting* en plein air; *theatre* de verdure. ♦ **open-and-shut case** *n* cas *m* incontestable. ♦ **opencast mining** *n* exploitation *f* à ciel ouvert. ♦ **open-ended** *or* ♦ **open-end** *(US) adj tube* à deux ouvertures; *discussion, meeting* sans limite de durée; *offer* flexible. ♦ **opener** *n (for bottles)* ouvre-bouteilles *m inv*; *(for tins)* ouvre-boîtes *m inv*; *(Theat: act)* lever *m* de rideau. ♦ **open-handed** *adj* généreux. ♦ **open-hearted** *adj* franc, sincère. ♦ **open-heart surgery** *n* chirurgie *f* à cœur ouvert. ♦ **opening 1** *n* **(a)** *(gen)* ouverture *f; (in wall)* brèche *f; (in trees, forest, clouds)* trouée *f; (in roof)* percée *f;* **(b)** *(beginning)* ouverture *f;* **(c)** *(opportunity)* occasion *f (to do* de faire); *(trade outlet)* débouché *m (for* pour); *(job)* poste *m* vacant; *(work)* travail *m;* **to give one's opponent an ~ing** prêter le flanc à son adversaire; **2** *adj ceremony, speech* d'inauguration; *remark* préliminaire; *(St Ex) price* d'ouverture; *(Theat)* **~ing night** première *f; (Brit)* **~ing time** l'heure *f* d'ouverture *(des pubs)*. ♦ **openly** *adv (frankly)* ouvertement; *(publicly)* publiquement. ♦ **open-minded** *adj* à l'esprit ouvert. ♦ **open-mouthed** *adj, adv* bouche bée. ♦ **open-necked** *adj* à col ouvert, échancré. ♦ **openness** *n (candour)* franchise *f*. ♦ **open-plan** *adj house, office* sans cloisons.
opera ['ɒpərə] **1** *n* opéra *m*. **2** *adj:* **~ glasses** jumelles *fpl* de théâtre; **~ house** (théâtre *m* de l')opéra *m;* **~ singer** chanteur *m*, -euse *f* d'opéra. ♦ **opera-goer** *or* ♦ **opera-lover** *n* amateur *m* d'opéra. ♦ **operatic** *adj* d'opéra. ♦ **operetta** *n* opérette *f*.
operate ['ɒpəreɪt] **1** *vi (gen)* opérer; *(Med)* opérer *(on* sb *for* sth de qch); *[drug, propaganda]* opérer *(on* sur); *[machine, vehicle]* marcher, fonctionner *(by electricity etc* à l'électricité etc); *[system, sb's mind]* fonctionner; *[factors]* jouer *(to produce* pour produire). **he was ~d on for appendicitis** il a été opéré de l'appendicite; **to ~ on sb's eyes** opérer qn des yeux.

    2 *vt* **(a)** *[person] machine, telephone, brakes etc* faire marcher, faire fonctionner; *[switch]* actionner. **a machine ~d by electricity** une machine qui marche à l'électricité.

    (b) *business, factory* diriger; *coalmine, oil well* exploiter; *system, changes* opérer; *swindle* réaliser.

    ♦ **operable** *adj* opérable. ♦ **operating** *adj* **(a)** *(Comm) costs* opérationnel; **(b)** *(Med)* **table** d'opération; **operating theatre** salle *f* d'opération. ♦ **operation** *n* **(a)** *(gen, Med, Mil etc)* opération *f;* **to have an operation** se faire opérer; **a lung operation** une opération au poumon; **to perform an operation on sb** opérer qn; **(b)** *(act of operating)* **to be in operation** *[machine]* être en service; *[business etc]* fonctionner; *[mine etc]* être en exploitation; *[law, system]* être en vigueur; **to come into operation** entrer en service *(or* en vigueur *etc)*; **to put into operation** mettre en service *etc*. ♦ **operational** *adj* opérationnel. ♦ **operative 1** *adj law, measure, system* en vigueur; **the operative word** le mot clef; **2** *n*

ophthalmia 302 order

(*worker*) ouvrier *m*, -ière *f*; (*machine operator*) opérateur *m*, -trice *f*; **the steel operatives** la main-d'œuvre des aciéries. ♦ **operator** *n* (*gen*) opérateur *m*, -trice *f*; (*telephones*) téléphoniste *mf*; **radio operator** radio *m*; **tour operator** organisateur *m*, -trice *f* de voyages.

ophthalmia [ɒfˈθælmɪə] *n* ophtalmie *f*. ♦ **ophthalmic** *adj* **surgeon** ophtalmologique.

opiate [ˈəʊpɪɪt] *n* opiat *m*.

opinion [əˈpɪnjən] **1** *n* (*point of view*) opinion *f*, avis *m*; [*lawyer, doctor*] avis; (*belief*) opinion. **in my ~** à mon avis, d'après moi; **in the ~ of** d'après, selon; **public ~** l'opinion publique; **it's a matter of ~ whether** ... c'est une affaire d'opinion pour ce qui est de savoir si ...; **I'm of your ~** je suis de votre avis or opinion; **to be of the ~ that** être d'avis que, estimer que; **political ~s** opinions politiques; **to have a high/low ~ of** avoir/ne pas avoir bonne opinion de; **what is your ~ of this book?** que pensez-vous de ce livre?; (*Med*) **to take a second ~** prendre l'avis d'un autre médecin. **2** *adj*: **~ poll** sondage *m* d'opinion. ♦ **opinionated** *adj* dogmatique.

opium [ˈəʊpɪəm] *n* opium *m*. **~ addict** opiomane *mf*.

opossum [əˈpɒsəm] *n* opossum *m*.

opponent [əˈpəʊnənt] *n* (*gen*) adversaire *mf*; (*in discussion, debate*) antagoniste *mf*. **he has always been an ~ of** ... il a toujours été contre ... .

opportune [ˈɒpətjuːn] *adj* opportun. ♦ **opportunely** *adv* opportunément. ♦ **opportuneness** *n* opportunité *f*. ♦ **opportunism** *n* opportunisme *m*. ♦ **opportunist** *adj, n* opportuniste (*mf*).

opportunity [ˌɒpəˈtjuːnɪtɪ] *n* occasion *f*. **to have the** *or* **an ~ to do** *or* **of doing** avoir l'occasion de faire; **to take the ~ of doing** *or* **to do** profiter de l'occasion pour faire; **at the earliest ~** à la première occasion; **when the ~ occurs** à l'occasion; **if you get the ~** si vous en avez l'occasion; **equality of ~** égalité *f* de chances; **to make the most of one's opportunities** profiter pleinement de ses chances; **this job offers great opportunities** ce poste offre des perspectives *fpl* d'avenir.

oppose [əˈpəʊz] *vt* (*gen*) s'opposer à; *motion, resolution* (*Pol*) faire opposition à, (*in debate*) parler contre. **he ~s our coming** il s'oppose à ce que nous venions (*subj*). ♦ **opposed** *adj* opposé, hostile (*to* à); **I'm ~d to your doing that** je m'oppose à ce que vous fassiez cela; **as ~d to** par opposition à; **as ~d to that,** ... par contre, ... ♦ **opposing** *adj army* opposé.

opposite [ˈɒpəzɪt] **1** *adj house etc* d'en face; *side, end, direction, point of view* opposé. **'see map on ~ page'** 'voir plan ci-contre'; **the ~ sex** l'autre sexe *m*; **his ~ number** son homologue *mf*. **2** *adv* (d')en face. **the house ~** la maison d'en face; **the house is directly ~** la maison est directement en face. **3** *prep* en face de. **~ one another** en vis-à-vis; **they live ~ us** ils habitent en face de chez nous; (*Theat etc*) **to play ~ sb** partager la vedette avec qn. **4** *n* contraire *m*, opposé *m*. **quite the ~!** au contraire!; **he told me just the ~** il m'a dit le contraire.

opposition [ˌɒpəˈzɪʃən] **1** *n* opposition *f* (*to* à). **in ~ to** en opposition avec; (*Pol*) **the ~** l'opposition; **the party in ~** le parti de l'opposition; (*Pol*) **to be in ~** être dans l'opposition; **the ~*** (*Sport, Pol*) l'adversaire *m*; (*Comm*) la concurrence; **they put up considerable ~** ils opposèrent une vive résistance. **2** *adj* (*Pol*) de l'opposition.

oppress [əˈpres] *vt* (*Mil, Pol etc*) opprimer; [*anxiety, heat etc*] oppresser. ♦ **oppression** *n* oppression *f*. ♦ **oppressive** *adj* (*Mil, Pol etc*) oppressif; *anxiety, heat* accablant; *weather* lourd. ♦ **oppressively** *adv* (*Mil, Pol etc*) tyranniquement; **it was ~ively hot** il faisait une

chaleur accablante. ♦ **oppressor** *n* oppresseur *m*.

opprobrium [əˈprəʊbrɪəm] *n* opprobre *m*.

opt [ɒpt] *vi*: **to ~ for sth** opter pour qch (*also Jur*); **to ~ to do** choisir de faire. **opt in*** *vi* choisir de participer (*to* à). **opt out*** *vi* choisir de ne pas participer (*of* à), se récuser. **to ~ out of doing** choisir de ne pas faire.

optical [ˈɒptɪkəl] *adj glass, lens* optique; *instrument, illusion* d'optique. ♦ **optician** *n* opticien(ne) *m(f)*. ♦ **optics** *nsg* optique *f*.

optimism [ˈɒptɪmɪzəm] *n* optimisme *m*. ♦ **optimist** *n* optimiste *mf*. ♦ **optimistic** *adj* optimiste. ♦ **optimistically** *adv* avec optimisme.

optimum [ˈɒptɪməm] *adj* optimum.

option [ˈɒpʃən] *n* option *f* (*on* sur); (*Scol*) matière *f* à option. (*Jur*) **6 months with the ~ of a fine** 6 mois avec substitution d'amende; **I have no ~** je n'ai pas le choix; **he had no ~ but to come** il n'a pas pu faire autrement que de venir; **you have the ~ of remaining here** vous pouvez rester ici si vous voulez; (*fig*) **he kept his ~s open** il n'a pas voulu s'engager. ♦ **optional** *adj* (*gen, Scol etc*) facultatif; (*Comm*) **~al extras** accessoires *mpl* en option.

opulent [ˈɒpjʊlənt] *adj* opulent. ♦ **opulence** *n* opulence *f*. ♦ **opulently** *adv* avec opulence.

or [ɔːʳ] *conj* ou; (*with neg*) ni. **~ else** ou bien; **do it ~ else!*** fais-le, sinon!*; **without tears ~ sighs** sans larmes ni soupirs; **he could not read ~ write** il ne savait ni lire ni écrire; **an hour ~ so** environ une heure.

oracle [ˈɒrəkl] *n* oracle *m*.

oral [ˈɔːrəl] **1** *adj* oral. **2** *n* oral *m*, épreuve *f* orale. ♦ **orally** *adv* oralement; (*Pharm*) par voie orale.

orange [ˈɒrɪndʒ] **1** *n* (*fruit*) orange *f*; (**~-tree**) oranger *m*; (*colour*) orange *m*. **2** *adj* (*colour*) orange *inv*; *drink, flavour* d'orange; *liqueur* à l'orange. **~ blossom** fleur(s) *f(pl)* d'oranger; **~ marmalade** confiture *f* d'oranges; **~ stick** bâtonnet *m* (*pour manucure etc*). ♦ **orangeade** *n* orangeade *f*.

orang-outang [ɔːˌræŋuːˈtæŋ], **orang-utan** [ɔːˌræŋuːˈtæn] *n* orang-outang *m*.

oration [ɔːˈreɪʃən] *n* discours *m* solennel. **funeral ~** oraison *f* funèbre. ♦ **orator** [ˈɒrətəʳ] *n* orateur *m*, -trice *f*. ♦ **oratorical** *adj* oratoire. ♦ **oratorio** *n* oratorio *m*. ♦ **oratory** *n* (*art*) art *m* oratoire; (*what is said*) éloquence *f*; **piece of oratory** discours *m*.

orbit [ˈɔːbɪt] **1** *n* orbite *f*. **in(to) ~** en orbite (*around* autour de); (*fig*) **that doesn't come within my ~** ceci n'est pas de mon domaine; **the American ~** la sphère d'influence américaine. **2** *vti* orbiter.

orchard [ˈɔːtʃəd] *n* verger *m*. **apple ~** verger de pommiers.

orchestra [ˈɔːkɪstrə] *n* orchestre *m*. ♦ **orchestral** [ɔːˈkestrəl] *adj music* orchestral; *concert* symphonique. ♦ **orchestrate** *vt* orchestrer. ♦ **orchestration** *n* orchestration *f*.

orchid [ˈɔːkɪd] *n* orchidée *f*. **wild ~** orchis *m*.

ordain [ɔːˈdeɪn] *vt* (**a**) décréter (*that* que). (*fig*) **it was ~ed that** le destin a voulu que + *subj*. (**b**) (*Rel*) ordonner (*sb priest* qn prêtre).

ordeal [ɔːˈdiːl] *n* (*terrible*) épreuve *f*. **it was a real ~ for him** cela le mettait au supplice.

order [ˈɔːdəʳ] **1** *n* (**a**) (*sequence*) ordre *m*. **word ~** ordre des mots; **what ~ should these cards be in?** dans quel ordre ces cartes devraient-elles être?; **in ~ of merit/appearance** par ordre de mérite/d'entrée en scène; **the cards were out of ~** les cartes n'étaient pas en ordre; **to put in(to) ~** mettre en ordre; **in the ~ of things** dans l'ordre des choses; **the old ~ is changing** l'ancien état de choses change. (**b**) (*good ~*) ordre *m*. **in ~ room etc** en ordre; *passport, documents* en règle; **to put in ~** mettre en ordre; (*US*) **in short ~** tout de suite; **out of ~,** not in working *or* running **~** *machine* en panne, détraqué; (*Telec*) **line** en

dérangement; **to be in running** or **working** ~ marcher bien. (c) **in** ~ **to** do pour faire, afin de faire; **in** ~ **that** afin que + subj, pour que + subj. (d) (correct procedure) ordre m. (Parl) ~, ~! à l'ordre!; **to call sb to** ~ rappeler qn à l'ordre; **on a point of** ~ sur une question de procédure; **is it in** ~ **to** do that? est-il permis de faire cela?; **his request is quite in** ~ sa demande est tout à fait normale. (e) (peace, control) ordre m. **to keep** ~ [police etc]maintenir l'ordre; [teacher] faire régner la discipline; **to keep sb in** ~ tenir qn. (f) (Bio) ordre m; (social class) classe f. (fig) of a **high** ~ **de** premier ordre; **of the** ~ **of** 500 de l'ordre de 500; **Benedictine O**~ ordre des bénédictins; (holy) ~**s** ordres mpl (majeurs); **to be in/take** ~**s** être/entrer dans les ordres. (g) (command) ordre m, consigne f (Mil). **to give sb** ~**s to do sth** ordonner à qn de faire qch; **I don't take** ~**s from you!** je ne suis pas à vos ordres!; **on the** ~**s of** sur l'ordre de; **by** ~ **of** par ordre de; **to be under** ~**s to do sth** avoir reçu l'ordre de faire; (fig) **strikes were the** ~ **of the day** les grèves étaient à l'ordre du jour; (Jur) ~ **of the Court** injonction f de la cour; **deportation** ~ arrêté m d'expulsion. (h) (Comm) commande f. **made to** ~ fait sur commande; **to place an** ~ **with sb** (for sth) passer une commande (de qch) à qn; **they are on** ~ ils sont commandés; (Comm, fig) **to** ~ sur commande; **to view** permis m de visiter; **money** ~ mandat m; (Banking) **to the** ~ **of** à l'ordre de.
2 adj: ~ **book** carnet m de commandes; ~ **form** bon m de commande.
3 vt (a) (command) ordonner (sb to do à qn de faire; that que + subj). he was ~**ed** to be quiet on lui a ordonné de se taire; **to** ~ **sb in/up** etc ordonner à qn d'entrer/de monter etc. (b) goods, meal commander; taxi faire venir. (c) (put in ~) one's affairs etc régler.
4 vi (in restaurant etc) passer sa commande.
order about, order around vt sep commander.
♦ **orderliness** n (habitudes fpl d')ordre m.
♦ **orderly 1** adj room en ordre; mind méthodique; life réglé; person qui a de l'ordre; crowd discipliné; **in an** ~**ly way** avec ordre; **2** n (Mil) planton m; (Med) garçon m de salle; ~**ly room** salle f de rapport.
ordinal ['ɔːdɪnl] adj, n ordinal (m).
ordinance ['ɔːdɪnəns] n ordonnance f (Admin).
ordinary ['ɔːdnrɪ] **1** adj (a) (usual) ordinaire (also pej), habituel. **in the** ~ **way** en temps normal; **for all** ~ **purposes** pour l'usage courant. (b) (average) intelligence, reader etc moyen. **just an** ~ **fellow** un homme comme les autres. **2** n: **out of the** ~ qui sort de l'ordinaire. ♦ **ordinarily** adv ordinairement.
ordination [,ɔːdɪ'neɪʃən] n ordination f.
ordnance ['ɔːdnəns] (Mil) **1** n artillerie f. **2** adj: **O**~ **Corps** Service m du matériel; (Brit) **O**~ **Survey map** ≃ carte f d'État-Major.
ore [ɔːʳ] n minerai m. **iron** ~ minerai de fer.
oregano [,ɒrɪ'gɑːnəʊ] n origan m.
organ ['ɔːgən] **1** n (Anat, also fig, Press etc) organe m; (Mus) orgue m, orgues fpl. **2** adj: ~ **grinder** joueur m, -euse f d'orgue de Barbarie; ~ **loft** tribune f d'orgue. ♦ **organic** adj (gen, Bio etc) organique; part fondamental; being organisé; ~**ic whole** tout m systématique. ♦ **organically** adv organiquement; (basically) foncièrement. ♦ **organism** n organisme m (Bio). ♦ **organist** n organiste mf.
organize ['ɔːgənaɪz] vt organiser. **to get** ~**d** s'organiser. ♦ **organization** n (a) organisation f; charitable organization œuvre f charitable; (b) organisation f; his work lacks organization son travail manque d'organisation. ♦ **organized** adj organisé; ~**d labour** main-d'œuvre syndiquée. ♦ **organizer** n organisateur m, -trice f. ♦ **organizing** adj committee chargé de

l'organisation; (bossy) autoritaire.
orgasm ['ɔːgæzəm] n orgasme m.
orgy ['ɔːdʒɪ] n (lit, fig) orgie f.
orient ['ɔːrɪənt] n orient m. ♦ **oriental 1** adj oriental; **2** n: **O**~ Oriental(e) m(f). ♦ **orientate** vt orienter. ♦ **orientation** n orientation f. ♦ **orienteering** n (Sport) exercice m d'orientation sur le terrain.
origami [,ɒrɪ'gɑːmɪ] n (art m du) pliage m.
origin ['ɒrɪdʒɪn] n origine f. ♦ **original 1** adj (a) (first) sin, inhabitant, purpose, meaning originel; (b) (not copied etc) painting, idea, writer original; (unconventional) character, person original, excentrique; **2** n [painting etc] original m; **to read Dante in the** ~**al** lire Dante dans l'original. ♦ **originality** n originalité f. ♦ **originally** adv (a) (in the beginning) à l'origine; (at first) originellement; (b) (not copying) originalement. ♦ **originate** **1** vt [person] être l'auteur de; [event, effect] donner naissance à; **2** vi [person] être originaire (from de); [stream, custom] prendre naissance (in dans); [goods] provenir (from de); [suggestion, idea] émaner (from de). ♦ **originator** n auteur m.
Orkneys ['ɔːknɪz] npl Orcades fpl.
orlon ['ɔːlɒn] ® **1** n orlon m ®. **2** adj en orlon.
ornament ['ɔːnəmənt] **1** n (gen) ornement m; (object) bibelot m. **2** vt style, dress orner (with de); room, building, ceiling ornementer (with de). ♦ **ornamental** adj (gen) ornemental; garden, lake d'agrément. ♦ **ornamentation** n ornementation f.
ornate [ɔː'neɪt] adj très orné.
ornithology [,ɔːnɪ'θɒlədʒɪ] n ornithologie f. ♦ **ornithological** adj ornithologique. ♦ **ornithologist** n ornithologue mf.
orphan ['ɔːfən] **1** adj, n orphelin(e) m(f). **2** vt: **to be** ~**ed** devenir orphelin(e). ♦ **orphanage** n orphelinat m.
orthodontics [,ɔːθəʊ'dɒntɪks] nsg orthodontie f.
orthodox ['ɔːθədɒks] adj orthodoxe. ♦ **orthodoxy** n orthodoxie f.
orthography [ɔː'θɒgrəfɪ] n orthographe f.
orthopaedic, (US) **orthopedic** [,ɔːθəʊ'piːdɪk] adj surgery etc orthopédique. ~ **surgeon** chirurgien(ne) m(f) orthopédiste. ♦ **orthop(a)edics** nsg orthopédie f. ♦ **orthop(a)edist** n orthopédiste mf.
oscillate ['ɒsɪleɪt] **1** vi osciller. **2** vt faire osciller. ♦ **oscillation** n oscillation f.
osprey ['ɒspreɪ] n orfraie f.
ossify ['ɒsɪfaɪ] vi s'ossifier. ♦ **ossification** n ossification f.
ostensible [ɒs'tensəbl] adj prétendu, apparent. ♦ **ostensibly** adv: he was ostensibly a student il était soi-disant étudiant; he went out, ostensibly to telephone il est sorti sous prétexte de téléphoner.
ostentatious [,ɒsten'teɪʃəs] adj surroundings, person prétentieux; dislike, attempt exagéré, ostentatoire. ♦ **ostentation** n ostentation f. ♦ **ostentatiously** adv avec ostentation.
osteo... ['ɒstɪəʊ] pref ostéo... . ♦ **osteoarthritis** n ostéoarthrite f. ♦ **osteopath** n ostéopathe mf. ♦ **osteopathy** n ostéopathie f.
ostracize ['ɒstrəsaɪz] vt frapper d'ostracisme. ♦ **ostracism** n ostracisme m.
ostrich ['ɒstrɪtʃ] n autruche f.
other ['ʌðəʳ] **1** adj autre. **the** ~ **one** l'autre mf; **the** ~ **5** les 5 autres; ~ **people have done it** d'autres l'ont fait; ~ **people's property** la propriété d'autrui; **the** ~ **day** l'autre jour; **some** ~ **day** un autre jour; ~ **than** autre que; **someone or** ~ **said** je ne sais qui a dit; **some writer or** ~ je ne sais quel écrivain; **some fool or** ~ un idiot quelconque.
2 pron autre mf. **some** ~**s** d'autres; **several** ~**s** plusieurs autres; **one after the** ~ l'un après l'autre; **some ...** ~**s ...** les uns ... les autres ...; **one or** ~ **of them will come** il y en aura bien un qui

viendra; **that man of all** ~s cet homme entre tous; **you and no** ~ vous et personne d'autre; **no** ~ **than** nul autre que.
3 adv autrement (than que). **I couldn't do** ~ **than come** je ne pouvais faire autrement que de venir; **no one** ~ **than** nul autre que.
♦ **otherwise 1** adv (in another way) autrement; (in other respects) autrement, à part cela; **it cannot be** ~wise il ne peut en être autrement; **he was** ~wise **engaged** il était occupé à autre chose; **except where** ~wise **stated** sauf indication contraire; **should it be** ~wise dans le cas contraire; **an** ~wise **excellent essay** une dissertation par ailleurs excellente; **2** conj autrement, sinon.
otter ['ɒtər] n loutre f.
ouch [aʊtʃ] excl aïe!
ought[1] [ɔːt] pret ought modal aux vb **I** ~ **to do** it je devrais le faire, il faudrait que je le fasse; **I** ~ **to have done** it j'aurais dû le faire; **he thought he** ~ **to tell you** il a pensé qu'il devait vous le dire; **if they behave as they** ~ s'ils se conduisent comme ils le doivent.
ought[2] [ɔːt] n = aught.
ounce [aʊns] n once f (= 28,35 grammes).
our ['aʊər] poss adj notre, pl nos. ♦ **ours** poss pron le nôtre, la nôtre, les nôtres; **this car is** ~s cette voiture est à nous or nous appartient or est la nôtre; **a friend of** ~s un de nos amis (à nous), un ami à nous*. ♦ **ourselves** pers pron (reflexive: direct and indirect) nous; (emphatic) nous-mêmes; (after prep) nous; **we've hurt** ~selves nous nous sommes blessés; **we said to** ~selves nous nous sommes dit, on s'est dit*; **we saw it** ~selves nous l'avons vu nous-mêmes; **we were talking amongst** ~selves nous discutions entre nous; **(all) by** ~selves tout seuls, toutes seules.
oust [aʊst] vt évincer (from de), supplanter (sb as qn comme).
out [aʊt] **1** adv **(a)** (outside; not here etc) dehors. **he's** ~ **in the garden** il est dans le jardin; **Paul is** ~ Paul est sorti or n'est pas là; **he's** ~ **fishing** il est parti à la pêche; **to be** ~ **and about again** être de nouveau sur pied; **you should be** ~ **and about!** ne restez donc pas enfermé!; **to go** ou **get** ~ sortir; **to lunch** ~ déjeuner dehors; **to have a day** ~ sortir pour la journée; **it's her evening** ~ c'est sa soirée de sortie; **let's have a night** ~ si on sortait?; ~ **there** là-bas; ~ **here** ici; **when he was** ~ **in Iran** lorsqu'il était en Iran; **the voyage** ~ **l'aller** m; **the boat was 10 km** ~ le bateau était à 10 km du rivage; **5 days** ~ **from Liverpool** à 5 jours de Liverpool; (Sport) **the ball is** ~ le ballon est sorti; (Tennis) '~!' 'dehors!'; ~ **loud** tout haut; ~ **with it!** vas-y, parle!
(b) (fig) **to be** ~ [person] (unconscious) être sans connaissance; (out of game etc) être éliminé; (on strike) être en grève; (out of fashion) être démodé; (have appeared etc) [roses etc] être épanoui; [trees] être vert, (in blossom) être en fleurs; [stars] briller; [moon, sun] être levé; [secret, news] être révélé; [book] être publié; [tide] être bas; (extinguished) [light, fire, gas] être éteint; **the socialists are** ~ les socialistes ne sont plus au pouvoir; **before the month was** ~ avant la fin du mois; (wrong) **he was** ~ **in his calculations**, **his calculations were** ~ il s'est trompé dans ses calculs (by 20 cm de 20 cm); **you're not far** ~ tu ne te trompes pas de beaucoup; **my watch is 10 minutes** ~ ma montre (fast) avance or (slow) retarde de 10 minutes; (want) **to be** ~ **for sth/to do** vouloir à tout prix qch/faire; **they were** ~ **to get him** ils avaient résolu sa perte; **to be all** ~* être éreinté; **the car was going all** ~ or **flat** ~ la voiture fonçait à toute vitesse; (unequivocally) **right** ~, **straight** ~ franchement; **it's the best car** ~* c'est la meilleure voiture qu'il y ait; ~ **and away the youngest** de loin le plus jeune.
2 out of prep **(a)** (outside) en dehors de, hors

de. **to go** or **come** ~ **of the room** sortir de la pièce; **let's get** ~ **of here!** ne restons pas ici!, partons!; ~ **of the window** par la fenêtre; ~ **of the way!** écartez-vous!; **you're well** ~ **of it** c'est aussi bien que vous ne soyez pas dans le coup*; **to feel** ~ **of it** ne pas se sentir dans le coup*. **(b)** (cause, motive) par. ~ **of curiosity** par curiosité. **(c)** (origin, source) de; dans. **one chapter** ~ **of a novel** un chapitre d'un roman; **a box made** ~ **of onyx** une boîte en onyx; **he made the table** ~ **of a crate** il a fait la table avec une caisse; **carved** ~ **of wood** sculpté dans le bois; **to eat/drink** ~ **of sth** manger/boire dans qch; **to take sth** ~ **of a drawer** prendre qch dans un tiroir; **he copied the poem** ~ **of a book** il a copié le poème dans un livre; **it was like sth** ~ **of a nightmare** on aurait dit un cauchemar. **(d)** (from among) sur. **in 9 cases** ~ **of 10** dans 9 cas sur 10; **one** ~ **of 5 smokers** un fumeur sur 5. **(e)** (without) sans. **to be** ~ **of money** être sans argent, ne plus avoir d'argent.
♦ **out-and-out** adj fool, liar, crook fieffé; revolutionary, believer à tout crin; defeat, victory total. ♦ **outback** n (Austr) intérieur m du pays. ♦ **outbid** pret - bid, ptp -**bidden** vt enchérir sur. ♦ **outboard** adj, n hors-bord (m) inv. ♦ **outbreak** n [war, fighting, disease, epidemic etc] début m; [violence, spots] éruption f; [emotion, anger, fever] accès m; [demonstrations] vague f; **at the** ~**break of war** lorsque la guerre a éclaté. ♦ **outbuildings** npl dépendances fpl. ♦ **outburst** n explosion f; (angry ~) crise f de colère. ♦ **outcast** n proscrit(e) m(f); (socially) paria m. ♦ **outcome** n issue f, résultat m. ♦ **outcrop** n (Geol) affleurement m. ♦ **outcry** n protestations fpl; **to raise an** ~**cry about sth** ameuter l'opinion sur qch. ♦ **outdated** adj (gen) démodé; word, custom vieilli. ♦ **outdistance** vt distancer. ♦ **outdo** pret **outdid**, ptp **outdone** vt l'emporter sur (sb in sth qn en qch); **he was not to be** ~**done** il refusait de s'avouer vaincu. ♦ **outdoor** adj activity, games de plein air; swimming pool à ciel ouvert; clothes chaud, imperméable; life au grand air. ♦ **outdoors 1** adv stay, play dehors; live au grand air; sleep à la belle étoile; **2** n: **the great** ~**doors** le grand air. ♦ **outer** adj door, wrapping extérieur; garments de dessus; space cosmique; **the** ~**er suburbs** la grande banlieue. ♦ **outermost** adj le plus à l'extérieur. ♦ **outfit** etc V below. ♦ **outgoing** adj tenant, president sortant; train, boat, plane, mail en partance; tide descendant; (fig) person, personality ouvert. ♦ **outgoings** npl dépenses fpl. ♦ **outgrow** pret **outgrew**, ptp **outgrown** vt clothes devenir trop grand pour; hobby ne plus s'intéresser à (in grandissant); habit perdre en prenant de l'âge. ♦ **outhouse** n appentis m. ♦ **outing** n sortie f, excursion f. ♦ **outlandish** adj exotique; (pej) bizarre. ♦ **outlast** vt survivre à. ♦ **outlaw 1** n hors-la-loi m inv; **2** vt person mettre hors la loi; conduct proscrire. ♦ **outlay** n frais mpl, dépenses fpl. ♦ **outlet 1** n (for water etc) sortie f; (US Elec) prise f de courant; [lake] déversoir m; [river, stream] embouchure f; [tunnel] sortie; (for manufactured goods, talents etc) débouché m; (for energy, emotions) exutoire m (for à); **2** adj pipe, valve d'échappement. ♦ **outline** V below. ♦ **outlive** vt survivre à (by de). ♦ **outlook** n (view) vue f (on, over sur); (fig: prospect) perspective f (d'avenir); (point of view) attitude f (on à l'égard de), point m de vue (on sur); **the** ~**look for June is wet** on annonce de la pluie pour juin; **the** ~**look is rather rosy*** les choses s'annoncent assez bien (for pour). ♦ **outlying** adj (peripheral) périphérique; (remote) écarté. ♦ **outmoded** = outdated. ♦ **outnumber** vt surpasser en nombre. ♦ **out-of-date** adj passport, ticket périmé; custom désuet; clothes, theory, concept démodé; word vieilli. ♦ **out-of-doors** adv = outdoors 1.

♦ **out-of-pocket expenses** *npl* débours *mpl*.
♦ **out-of-the-way** *adj place* écarté, perdu; (*unusual*) insolite. ♦ **outpace** *vt* distancer.
♦ **outpatient** *n* malade *mf* en consultation externe; ~**patients department** service *m* (hospitalier) de consultation externe. ♦ **outpost** *n* avant-poste *m*. ♦ **output** *n* (*gen*) production *f*; [*land, machine, factory worker*] rendement *m*; (*Computers*) sortie *f*; (*Elec*) puissance *f* fournie.
♦ **outrage** *V below*. ♦ **outrider** *n* motocycliste *m*, motard* *m* (*d'une escorte*). ♦ **outright** 1 *adv kill* sur le coup; *win, own* complètement; *buy* comptant; *reject, refuse, deny* catégoriquement; (*forthrightly*) *say* carrément; 2 *adj win* complet, total; *selfishness* pur; *denial etc* catégorique; *supporter* inconditionnel; *winner* incontesté.
♦ **outrun** *pret* -**ran**, *ptp* -**run** *vt* distancer.
♦ **outset** *n* début *m*. ♦ **outshine** *pret, ptp* -**shone** *vt* éclipser. ♦ **outside** *V below*. ♦ **outsize** *adj* (*gen*) énorme; *clothes* grande taille *inv*; *shop* spécialisé dans les grandes tailles. ♦ **outskirts** *npl* [*town*] faubourgs *mpl*, banlieue *f*; [*forest*] lisière *f*. ♦ **outspoken** *adj* franc. ♦ **outspokenly** *adv* franchement, carrément. ♦ **outspokenness** *n* franchise *f*. ♦ **outstanding** *adj* (**a**) (*exceptional*) remarquable, exceptionnel; *detail, event* marquant; *feature* dominant; (**b**) (*unfinished etc*) *business* en suspens; *account, debt* impayé; *interest* à échoir; *problem* non résolu; **the work is still** ~**standing** ce travail reste à faire.
♦ **outstandingly** *adv* remarquablement, exceptionnellement. ♦ **outstay** *vt*: to ~**stay sb** rester plus longtemps que qn; to ~**stay one's welcome** abuser de l'hospitalité de qn.
♦ **outstretched** *adj body, leg* étendu; *arm* tendu; *wings* déployé. ♦ **outstrip** *vt* devancer.
♦ **outward** 1 *adv* (*also* ~**wards**) vers l'extérieur; (*Naut*) ~**ward bound** en partance (*for* pour, *from* de); 2 *adj movement* vers l'extérieur; *ship, freight* en partance; *appearance etc* extérieur; ~**ward journey** aller *m*; **with an** ~**ward show of pleasure** en faisant mine d'être ravi. ♦ **outwardly** *adv* extérieurement, du dehors; (*apparently*) en apparence. ♦ **outweigh** *vt* l'emporter sur.
♦ **outwit** *vt* se montrer plus malin que.
♦ **outworn** *adj clothes* usé; *custom, doctrine, idea* périmé.

outfit ['aʊtfɪt] *n* (**a**) (*clothes and equipment*) équipement *m*; (*tools*) matériel *m*. **a Red Indian** ~ une panoplie d'Indien; **puncture repair** ~ **trousse** *f* de réparation (de pneus). (**b**) (*set of clothes*) tenue *f*. **skiing** ~ tenue *f* de ski. (**c**) (*: *organization etc*) équipe* *f*. **he's not in our** ~ il n'est pas un des nôtres.
♦ **outfitter** *n*: **gents'** ~**ter** spécialiste *mf* de confection pour hommes; **sports** ~**ter's** maison *f* d'articles de sport.
outline ['aʊtlaɪn] 1 *n* [*object*] contour *m*; [*building, tree, face*] profil *m*; [*shorthand*] sténogramme *m*; (*résumé*) esquisse *f*. (*main features*) ~**s** grandes lignes *fpl*; **rough** ~ **of an article** canevas *m* d'un article; **to give the broad** ~**s of sth** esquisser qch à grands traits.
2 *vt theory, plan, idea* exposer les grandes lignes de; *book, event* faire un bref compte rendu de; *facts, details* passer brièvement en revue; *situation* donner un aperçu de.
outrage ['aʊtreɪdʒ] 1 *n* (*act*) atrocité *f*; (*during riot etc*) acte *m* de violence; (*emotion*) intense indignation *f*. **it's an** ~ **against humanity** c'est un crime contre l'humanité; **an** ~ **against justice** un outrage à la justice; **bomb** ~ attentat *m* à la bombe; **it's an** ~! c'est un scandale! 2 *vt* [aʊt'reɪdʒ] *sb's feelings* outrager. **to be** ~**d by sth** trouver qch monstrueux. ♦ **outrageous** *adj crime, suffering, action* atroce, monstrueux; *remark* outrageant; *sense of humour* scabreux; *price* exorbitant; *hat, fashion* extravagant; **it's**

~**ous that** ... il est scandaleux que ... + *subj*.
♦ **outrageously** *adv suffer* atrocement; *behave, speak, lie* outrageusement; *dress* de manière grotesque; *expensive* atrocement.
outside [,aʊt'saɪd] 1 *adv* (au) dehors, à l'extérieur. **go and play** ~ va jouer dehors; **the box was clean** ~ la boîte était propre à l'extérieur; **to go** ~ sortir.
2 *prep* (**a**) (*lit*) à l'extérieur de, hors de. ~ **the house** dehors, à l'extérieur de la maison, hors de la maison; ~ **the door** à la porte; **don't go** ~ **the garden** ne sors pas du jardin; ~ **the harbour** au large du port. (**b**) (*fig*) en dehors de. ~ **the festival proper** en dehors du vrai festival; **it's** ~ **the normal range** ceci sort de la gamme normale.
3 *n* extérieur *m* (*also fig*), dehors *m*. ~ **in** = **inside out** (*V inside*); (*fig*) **judging from the** ~ **à** en juger par les apparences; **he passed the car on the** ~ il a doublé la voiture (*Brit*) sur la droite *or* (*US, Europe etc*) sur la gauche; **at the very** ~ tout au plus, au maximum.
4 *adj* extérieur (*also fig*); (*maximum*) maximum. (*in plane etc*) **an** ~ **seat** une place côté couloir; (*Aut*) **the** ~ **lane** (*Brit*) la voie de droite; (*US, Europe etc*) la voie de gauche; (*Rad, TV*) ~ **broadcast** émission *f* réalisée à l'extérieur; **to get an** ~ **opinion** demander l'avis d'une personne indépendante; (*fig*) **an** ~ **chance** une très faible chance.
♦ **outside-left/-right** *n* ailier *m* gauche/droit.
♦ **outsider** *n* (*stranger*) étranger *m*, -ère *f*; (*horse or person unlikely to win*) outsider *m*.
oval ['əʊvəl] *adj, n* ovale (*m*).
ovary ['əʊvərɪ] *n* ovaire *m*.
ovation [əʊ'veɪʃən] *n* ovation *f*.
oven ['ʌvn] 1 *n* four *m*. (*Culin*) **in the** ~ au four; **in a hot/cool** ~ à four chaud/doux; **it is like an** ~ c'est une fournaise. 2 *adj*: ~ **glove** gant *m* isolant.
♦ **ovenproof** *adj* allant au four. ♦ **oven-ready** *adj* prêt à cuire. ♦ **ovenware** *n* plats *mpl* allant au four.
over ['əʊvə^r] 1 *adv* (**a**) (*above*) (par-)dessus. **children of 8 and** ~ enfants à partir de 8 ans. (**b**) (*across*) ~ **here** ici; ~ **there** là-bas; **he has gone** ~ **to Belgium** il est parti en Belgique; **they're** ~ **from Canada** ils arrivent du Canada; **he drove us** ~ **to the other side of** town il nous a conduits de l'autre côté de la ville; (*Telec etc*) ~ **to you!** à vous!; **he went** ~ **to his mother's** il est passé chez sa mère; **let's ask Paul** ~ si on invitait Paul à venir nous voir?; **I'll be** ~ **at 7 o'clock** je passerai à 7 heures; **they were** ~ **for the day** ils sont venus passer la journée; (*fig*) **he went** ~ **to the enemy** il est passé à l'ennemi; (*fig*) **I've gone** ~ **to a new brand of coffee** j'ai changé de marque de café; ~ **against the wall** là-bas contre le mur. (**c**) **all** ~ partout; **the world** ~ dans le monde entier; **covered all** ~ **with dust** tout couvert de poussière; **embroidered all** ~ tout brodé; **he was trembling all** ~ il tremblait de tous ses membres; (*fig*) **that's him all** ~! c'est bien de lui! (**d**) (*down etc*) **he hit her and** ~ **she went** il l'a frappée et elle a basculé; **he turned the watch** ~ **and** ~ il a retourné la montre dans tous les sens. (**e**) (*again*) **encore** (une fois). ~ **and** ~ (*again*) à maintes reprises; **5 times** ~ 5 fois de suite; **start all** ~ **again** recommencer au début. (**f**) (*finished*) fini. **the rain is** ~ la pluie s'est arrêtée; **the danger was** ~ le danger était passé; **it was just** ~ cela venait de finir *or* de se terminer; ~ **and done with** tout à fait fini. (**g**) (*too*) trop, très. **she's not** ~ **strong** elle n'est pas trop *or* tellement solide. (**h**) (*remaining*) en plus. **if there is any meat (left)** ~ s'il reste de la viande; **there are 3** ~ il en reste 3; **6 metres and a bit** ~ un peu plus de 6 mètres.
2 *prep* (**a**) (*on top of*) sur, par-dessus. **he spread the blanket** ~ **the bed** il a étendu la couverture sur le lit; **I spilled coffee** ~ **it** j'ai renversé du café

dessus; **she put on a cardigan ~ her blouse** elle a mis un gilet par-dessus son corsage. **(b)** (*above*) au-dessus de. **a lamp ~ the table** une lampe au-dessus de la table. **(c)** (*across*) par-dessus; de l'autre côté de. **the house ~ the road** la maison d'en face; **there is a café ~ the road** il y a un café en face; **the bridge ~ the river** le pont qui traverse la rivière; **it's just ~ the river** c'est juste de l'autre côté de la rivière; **tourists from ~ the Atlantic** touristes *mpl* d'outre-Atlantique; **to look ~ the wall/sb's shoulder** regarder par-dessus le mur/l'épaule de qn; **to jump ~ a wall** sauter un mur; **~ the border** au-delà de la frontière. **(d)** (*fig*) (*during*) au cours de, pendant; (*near*) près de. **~ Friday** jusqu'à vendredi soir; **~ a period of** sur une période de; **sitting ~ the fire** assis tout près du feu; **~ a cup of coffee** (tout) en buvant une tasse de café; **~ the phone** au téléphone; **~ the radio** à la radio; **how long will you be ~ it?** combien de temps cela te prendra-t-il?; **what came ~ you?** qu'est-ce qui t'a pris?; **they fell out ~ money** ils se sont brouillés pour une question d'argent; **an increase ~** une augmentation par rapport à; **~ and above what ...** sans compter ce que ...; **but ~ and above that ...** mais en outre *or* par-dessus le marché ... . **(e)** (*everywhere in*) **all ~ France** partout en France; **all ~ the world** dans le monde entier. **(f)** (*more than*) plus de, au-dessus de. **~ 3 hours** plus de 3 heures; **she is ~ sixty** elle a plus de soixante ans; **women ~ 21** les femmes (âgées) de plus de 21 ans; **all numbers ~ 20** tous les chiffres au-dessus de 20.

3 *pref* e.g. **overabundant** surabondant; **overcautious** trop prudent, prudent à l'excès; **overcautiousness** excès *m* de prudence.

♦ **overact** vi exagérer son rôle. ♦ **overactive** *adj* trop actif. ♦ **overall 1** *adv* **survey** en général; **measure, decorate** d'un bout à l'autre; **2** *adj* **study, survey** d'ensemble; **width, length** total; (*Aut*) **~all measurements** encombrement *m*; **3** *n* blouse *f* (*de travail*); (*Ind etc*) **~s** bleus *mpl* (de travail). ♦ **overanxious** *adj* trop anxieux. ♦ **overawe** *vt* impressionner. ♦ **overbalance 1** vi basculer; **2** *vt* faire basculer. ♦ **overbearing** *adj* autoritaire. ♦ **overboard** *adv* par-dessus bord; **man ~board!** un homme à la mer!; (*fig*) **to go ~board for sth** s'emballer* pour qch. ♦ **overburden** *vt* surcharger (**with** de). ♦ **overcast** *adj* couvert. ♦ **overcharge 1** *vt* (**a**) **to ~charge sb for sth** faire payer qch trop cher à qn; **(b)** (*Elec*) surcharger; **2** vi demander un prix excessif. ♦ **overcoat** *n* manteau *m*; [*soldier*] capote *f*; [*sailor*] caban *m*. ♦ **overcome** *pret* **~came,** *ptp* **~come** *vt* **enemy, opposition** triompher de; **temptation, obstacle** surmonter; **one's rage etc** maîtriser; **we shall ~come!** nous vaincrons!; **to be ~come by** succomber à; **~come with fear** paralysé par la peur; **she was quite ~come** elle était saisie. ♦ **overconfidence** *n* suffisance *f*, présomption *f*. ♦ **overconfident** *adj* suffisant, présomptueux. ♦ **overcook** *vt* faire trop cuire. ♦ **overcrowded** *adj* **room, bus** bondé; **house, town** surpeuplé; **class** surchargé. ♦ **overcrowding** *n* (*in housing, town*) surpeuplement *m*; (*in classroom*) effectifs *mpl* surchargés; (*in bus etc*) encombrement *m*. ♦ **overdo** *pret* **~did,** *ptp* **~done** *vt* (*exaggerate*) exagérer; (*overcook*) faire trop cuire; **don't ~do the smoking** ne fume pas trop; **to ~do it, to ~do things** (*exaggerate*) exagérer; (*work etc too hard*) s'éreinter, se surmener. ♦ **overdone** *adj* exagéré; (*overcooked*) trop cuit. ♦ **overdose** *n* surdose *f*; **to take an ~dose** prendre une surdose de sédatifs (*or* barbituriques *etc*). ♦ **overdraft** *n* (*Fin*) découvert *m*; **I've got an ~draft** mon compte est à découvert. ♦ **overdraw** *pret* **~drew,** *ptp* **~drawn** *vt* (*Fin*) mettre à découvert. ♦ **overdrawn** *adj* à découvert. ♦ **overdress 1** *n* robe-chasuble *f*; **2** vi

s'habiller avec trop de recherche. ♦ **overdrive** *n* (*Aut*) (vitesse *f*) surmultipliée *f*. ♦ **overdue** *adj* **train, bus** en retard; **reform** qui tarde (à être réalisé); **acknowledgement, apology** tardif; **account** impayé; **the plane is 20 minutes ~due** l'avion a 20 minutes de retard; **that change is long ~due** ce changement se fait attendre depuis longtemps. ♦ **overeat** *pret* **~ate,** *ptp* **~eaten** vi trop manger. ♦ **overeating** *n* excès *mpl* de table. ♦ **overestimate** *vt* surestimer. ♦ **overexcited** *adj* surexcité. ♦ **overexert** *vt*: **to ~exert o.s.** se surmener. ♦ **overexertion** *n* surmenage *m*. ♦ **overexpose** *vt* surexposer. ♦ **overfeed** *pret,* *ptp* **~fed** *vt* suralimenter. ♦ **overfeeding** *n* suralimentation *f*. ♦ **overflow 1** *n* (*outlet*) trop-plein *m*; [*reservoir etc*] déversoir *m*; (*excess people, objects*) excédent *m*; **2** *vt* déborder de; **3** vi déborder (**with** de); **to fill/full to ~flowing** remplir/plein à ras bords; **4** *adj* **pipe** d'écoulement. ♦ **overfly** *pret* **~flew,** *ptp* **~flown** *vt* survoler. ♦ **overgrown** *adj* **path** envahi par l'herbe; **~grown with** recouvert de. ♦ **overhang** *pret,* *ptp* **~hung 1** *vt* surplomber; **2** *n* surplomb *m*. ♦ **overhanging** *adj* en surplomb. ♦ **overhaul 1** *n* [*vehicle, machine*] révision *f*; [*ship*] radoub *m*; **2** *vt* (**a**) (*check*) réviser; radouber; **(b)** (*catch up with*) rattraper. ♦ **overhead 1** *adv* au-dessus; (*in the sky*) dans le ciel; **2** *adj* **cables, railway** aérien; **lighting** vertical; **3** *n* (*US*) **~head,** (*Brit*) **~heads** frais *mpl* généraux. ♦ **overhear** *pret, ptp* **~heard** *vt* entendre (*souvent par hasard*). ♦ **overheat 1** *vt* surchauffer; **2** vi [*engine*] chauffer. ♦ **overheated** *adj* **room** surchauffé; **brakes, engine** qui chauffe. ♦ **overjoyed** *adj* ravi, enchanté (**at, by** de; **to do de** faire; **that** que +*subj*). ♦ **overkill** *n* (*Mil*) (capacité *f* de) surextermination *f*. ♦ **overladen** *adj* surchargé. ♦ **overland** *adj, adv* par voie de terre. ♦ **overlap 1** *n* chevauchement *m*; **2** vi se chevaucher. ♦ **overlay 1** *vt* recouvrir (**with** de); **2** *n* revêtement *m*. ♦ **overleaf** *adv* au verso. ♦ **overload 1** *n* surcharge *f*; **2** *vt* **circuit, truck** surcharger (**with** de); **engine** surmener. ♦ **overlook** *vt* (**a**) [*house etc*] donner sur; **our garden is not ~looked** les voisins n'ont pas vue sur notre jardin; **(b)** (*miss*) oublier; **(c)** (*ignore*) fermer les yeux sur. ♦ **overlord** *n* (*gen*) chef *m* suprême; (*Hist*) suzerain *m*. ♦ **overmuch 1** *adv* trop; **2** *adj* trop de. ♦ **overnight 1** *adv* (*during the night*) (pendant) la nuit; (*until next day*) jusqu'à demain *or* au lendemain; (*suddenly*) du jour au lendemain; **2** *adj* **stay** d'une nuit; **journey** de nuit; (*fig*) **change** soudain; **~night bag** nécessaire *m* de voyage. ♦ **overpass** *n* (*Aut*) pont *m* autoroutier. ♦ **overpay** *pret, ptp* **~paid** *vt* trop payer; **he was ~paid by £5** on lui a payé 5 livres de trop. ♦ **overpayment** *n* surpaye *f*. ♦ **overpopulated** *adj* surpeuplé. ♦ **overpopulation** *n* surpopulation *f* (*in* dans). ♦ **overpower** *vt* (*subdue physically*) maîtriser; (*defeat*) vaincre; (*fig*) accabler. ♦ **overpowering** *adj* **strength, desire** irrésistible; **smell, heat** suffocant. ♦ **overrate** *vt* surestimer, faire trop grand cas de. ♦ **overrated** *adj* surfait. ♦ **overreach** *vt*: **to ~reach o.s.** vouloir trop entreprendre. ♦ **overreact** vi réagir avec excès. ♦ **override** *pret* **~rode,** *ptp* **~ridden** *vt law* fouler aux pieds; **decision** annuler; **objections, order, wishes** passer outre à; **person** passer outre aux opinions; **this fact ~rides all others** ce fait l'emporte sur tous les autres. ♦ **overriding** *adj* **importance** primordial; **factor, item** prépondérant. ♦ **overrule** *vt* **judgment, decision** annuler; **claim, objection** rejeter; **he was ~ruled by the chairman** la décision du président a prévalu contre lui. ♦ **overrun** *pret* **~ran,** *ptp* **~run 1** *vt* [*rats, weeds*] envahir; [*troops*] occuper; **2** vi [*programme*] dépasser l'heure prévue (**by** de). ♦ **overseas 1** *adv* outre-mer; (*abroad*) à l'étranger; 2 *adj colony, market* d'outre-mer; *trade* extérieur; *visitor* (venu) d'outre-mer, étranger; *aid* aux pays étrangers; **Ministry of O~seas Development** ≃ ministère *m* de la Coopération. ♦ **oversee** *pret* ~**saw**, *ptp* ~**seen** *vt* surveiller. ♦ **overseer** *n* (*foreman*) contremaître *m*; *[prisoners, slaves]* surveillant *m*. ♦ **overshadow** *vt* *[clouds]* obscurcir; (*fig*) éclipser. ♦ **overshoot** *pret, ptp* ~**shot** *vt* dépasser. ♦ **oversight** *n* omission *f*, oubli *m*; **by** *or* **through an** ~**sight** par inadvertance. ♦ **oversimplification** *n* simplification *f* excessive. ♦ **oversimplify** *vt* simplifier à l'extrême. ♦ **oversize(d)** *adj* (*gen*) trop grand; *class* surchargé; *family* trop nombreux. ♦ **oversleep** *pret, ptp* ~**slept** *vi* dormir trop longtemps. ♦ **overspend** *pret, ptp* ~**spent** *vt* dépenser au-dessus *or* au-delà de. ♦ **overspill** *n* excédent *m* de population; **an** ~**spill town** une ville-satellite. ♦ **overstep** *vt* outrepasser; **to** ~**step the mark** dépasser la mesure. ♦ **overtake** *pret* ~**took**, *ptp* ~**taken** *vt* (*catch up*) rattraper; (*pass*) *car* doubler; *competitor* dépasser; *[storm, night]* surprendre; *[fate]* frapper; ~**taken by events** dépassé par les événements. ♦ **overtax** *vt* (*Fin*) surimposer; (*fig*) *sb's strength, patience* abuser de; *person* surmener. ♦ **overthrow** *pret* ~**threw**, *ptp* ~**thrown** 1 *vt enemy, country* vaincre (définitivement); *dictator, government* renverser; 2 *n* défaite *f*; renversement *m*. ♦ **overtime** *n* (*work, pay*) heures *fpl* supplémentaires; **to work** ~**time** faire des heures supplémentaires; (*fig*) mettre les bouchées doubles (*to do* pour faire). ♦ **overtone** *n [hostility, anger]* accent *m*; **political** ~**tones** sous-entendus *mpl* politiques. ♦ **overturn** 1 *vt* (*gen*) renverser; *boat* faire chavirer; 2 *vi* se renverser; *[car, plane, railway coach]* se retourner; *[boat]* chavirer. ♦ **overuse** *vt* abuser de. ♦ **overvalue** *vt* surestimer. ♦ **overweight** *adj*: **to be** ~**weight** *[person]* être trop gros; *[suitcase etc]* être en excès du poids réglementaire; **to be 5 kilos** ~**weight** peser 5 kilos de trop. ♦ **overwhelm** *vt [flood, avalanche]* engloutir; *[beauty etc]* bouleverser; *enemy, opponent* écraser; *[emotions, misfortunes, shame]* accabler; *[praise, kindness]* rendre confus; **to** ~**whelm sb with questions** accabler qn de questions; ~**whelmed by his kindness** tout confus de sa bonté; ~**whelmed** (*happy*) au comble de la joie; (*sad*) accablé (par la douleur); ~**whelmed with work/offers** débordé de travail/submergé d'offres. ♦ **overwhelming** *adj victory, majority, defeat* écrasant; *desire, power, pressure* irrésistible; *misfortune, sorrow, heat* accablant; *welcome* extrêmement chaleureux. ♦ **overwhelmingly** *adv win, defeat* d'une manière écrasante; *vote, accept* en masse. ♦ **overwork** 1 *n* surmenage *m*; 2 *vt* surmener; 3 *vi* se surmener. ♦ **overwrought** *adj* excédé. **overt** [əʊˈvɜːt] *adj* déclaré, non déguisé. ♦ **overtly** *adv* ouvertement.

ovulate [ˈɒvjʊleɪt] *vi* produire des ovules. ♦ **ovulation** *n* ovulation *f*. ♦ **ovum** *n, pl* **ova** ovule *m*.

owe [əʊ] *vt* (*gen*) devoir (*to* à). **to** ~ **sb a grudge** garder rancune à qn (*for* de); **you** ~ **it to yourself to make a success of it** vous vous devez de réussir. ♦ **owing** 1 *adj* dû; **the amount owing on ...** ce qui reste dû sur ...; **the money still owing to me** la somme qu'on me doit encore; 2 **owing to** *prep* par suite de, en raison de.

owl [aʊl] *n* hibou *m*. ♦ **owlish** *adj* de hibou. ♦ **owlishly** *adv* comme un hibou.

own [əʊn] 1 *adj* propre (*before n*). **his (very)** ~ **car** sa propre voiture, sa voiture à lui; **with my** ~ **eyes** de mes propres yeux; **it's all my** ~ **work!** c'est moi qui ai tout fait moi-même!; **he does his** ~ **cooking** il fait sa cuisine lui-même; **the house has its** ~ **garage** la maison a son garage particulier; **my** ~ **one** mon chéri, ma chérie.

2 *pron* (a) **that's my** ~ c'est à moi, c'est le mien; **those are his** ~ ceux-là sont à lui, ceux-là sont les siens; **my time is my** ~ je suis libre de mon temps; **it's all my** ~ c'est tout à moi; **a charm all its** ~ *or* **of its** ~ un charme qui lui est propre; **for reasons of his** ~ pour des raisons personnelles; **a copy of your** ~ votre propre exemplaire; **a house of your very** ~ une maison bien à vous *or* à vous tout seul; **I have money of my** ~ j'ai de l'argent à moi. (b) (*phrases*) (**all**) **on one's** ~ tout seul; **to see sb on his** ~ voir qn seul à seul; (*fig*) **you're on your** ~ **now!** à toi de jouer!; **he's got nothing to call his** ~ il n'a rien à lui; **to come into one's** ~ réaliser sa destinée; **to get one's** ~ **back** prendre sa revanche (*on sb for sth* sur qn de qch).

3 *vt* (a) (*possess*) *object, vehicle* posséder; *house, newspaper, company* être le (*or* la) propriétaire de. **who** ~**s this?** à qui est-ce que cela appartient?; **he looks as if he** ~**s the place*** on dirait qu'il est chez lui. (b) (*acknowledge*) avouer, reconnaître (*that* que).

4 *vi*: **to** ~ **to** *mistake* reconnaître avoir commis; *debts* reconnaître avoir. **he** ~**ed to having done it** il a avoué l'avoir fait.

own up *vi* avouer. **to** ~ **up to (doing) sth** admettre (avoir fait) qch.

♦ **owner** *n* propriétaire *mf*; **who is the** ~**er of this book?** à qui appartient ce livre?; **all dog** ~**ers** tous ceux qui ont un chien. ♦ **owner-driver** *n* conducteur *m* propriétaire. ♦ **owner-occupied** *adj* occupé par son propriétaire. ♦ **owner-occupier** *n* occupant *m* propriétaire. ♦ **ownership** *n* possession *f*; (*Comm*) **'under new** ~**ership'** 'changement de propriétaire'.

ox [ɒks] *n, pl* **oxen** bœuf *m*. ♦ **oxcart** *n* char *m* à bœufs. ♦ **ox-eye daisy** *n* marguerite *f*. ♦ **oxtail soup** *n* soupe *f* à la queue de bœuf.

oxide [ˈɒksaɪd] *n* oxyde *m*. ♦ **oxidize** 1 *vt* oxyder; 2 *vi* s'oxyder.

oxyacetylene [ˈɒksɪəˈsetɪliːn] *adj*: ~ **burner** chalumeau *m* oxyacétylénique.

oxygen [ˈɒksɪdʒən] 1 *n* oxygène *m*. 2 *adj cylinder* d'oxygène; *mask, tent* à oxygène.

oyster [ˈɔɪstəʳ] *n* huître *f*. **the world is his** ~ le monde est à lui; ~ **bed** banc *m* d'huîtres. ~ **shell** coquille *f* d'huître.

ozone [ˈəʊzəʊn] *n* ozone *m*.

P

P, p [piː] *n* **(a)** *(letter)* P, p *m*. **to mind one's Ps and Qs*** se surveiller. **(b) 1 p** un (nouveau) penny; **2 p** deux (nouveaux) pence.

pa* [pɑː] *n* papa *m*.

pace [peɪs] **1** *n* **(a)** *(measure)* pas *m*. **20 ~s away** à 20 pas; *(fig)* **to put sb through his ~s** mettre qn à l'épreuve. **(b)** *(speed)* pas *m*, allure *f*. **at a good ~** d'un bon pas, à vive allure; **at a slow ~** à pas lents, à petite allure; **at a walking ~** au pas; **to set the ~** *(Sport)* donner l'allure; *(fig)* donner le ton; **to keep ~ with** aller à la même allure que, *(fig)* marcher de pair avec. **2** *vi*: **to ~ up and down** faire les cent pas. **3** *vt* **(a)** *room, street* arpenter. **to ~ sth out** mesurer qch au pas. **(b)** *(Sport)* *runner* régler l'allure de. ♦ **pacemaker** *n* *(Med)* stimulateur *m* cardiaque.

pacify ['pæsɪfaɪ] *vt* *person, fears* apaiser; *country, creditors* pacifier. ♦ **pacific** *adj* pacifique; **the Pacific (Ocean)** le Pacifique, l'océan *m* Pacifique. ♦ **pacification** *n* apaisement *m*; pacification *f*. ♦ **pacifier** *n* *(dummy-teat)* tétine *f*; *(person)* pacificateur *m*, -trice *f*. ♦ **pacifism** *n* pacifisme *m*. ♦ **pacifist** *adj*, *n* pacifiste *(mf)*.

pack [pæk] **1** *n* **(a)** *[goods, cotton]* balle *f*; *[pedlar]* ballot *m*; *[~ animal]* bât *m*; *(Mil)* sac *m* (d'ordonnance); *(Comm)* paquet *m*. *(US)* **~ of cigarettes** paquet de cigarettes. **(b)** *(group)* *[hounds]* meute *f*; *[wolves, thieves]* bande *f*. **~ of lies** tissu *m* de mensonges. **(c)** *[cards]* jeu *m*. **(d)** *(Rugby)* pack *m*. **(e)** *(Med)* **cold/wet ~** enveloppement *m* froid/humide.

2 *vt* **(a)** *(put into box etc)* *objects, goods* emballer. *(Comm)* **~ed in dozens** en paquets de douze; *(fig)* **lunch repas froid**; **~ed in straw** enveloppé dans de la paille. **(b)** *(fill)* *box, suitcase* remplir *(with* de*)*; *room, vehicle, memory* bourrer *(with* de*)*. **to ~ one's case** faire sa valise; **to ~ one's bags** faire ses bagages *or* ses valises, *(fig)* plier bagage. **(c)** *(crush together)* *earth, objects* tasser *(into* dans*)*; *people* entasser *(into* dans*)*. **~ed like sardines** serrés comme des sardines.

3 *vi* **(a)** *(do one's luggage)* faire sa valise *or* ses bagages. **(b)** *[people]* se presser, s'entasser *(into* dans*)*.

pack away *vt sep* ranger.
pack in: 1 *vi* *(break down)* *[car, watch etc]* tomber en panne. **2** *vt sep* *(stop)* laisser tomber*.
pack off* *vt sep* envoyer promener*. **to ~ sb off** to expédier* qn à.
pack up 1 *vi* **(a)** *(do one's luggage)* faire sa valise. **(b)** (*) *(give up)* plier bagage; *[watch, machine]* tomber en panne. **2** *vt sep* **(a)** *clothes, belongings* mettre dans une valise; *object, book* emballer. **(b)** (**: *give up)** *work, school* laisser tomber*.

♦ **package 1** *n* *(parcel)* paquet *m*, colis *m*; **2** *adj* *tour, holiday* organisé; **~age deal** marché *m* global; **3** *vt* *(Comm)* emballer. ♦ **packaging** *n* *(materials)* emballage *m*. ♦ **packed** *adj* *room, vehicle* bondé. ♦ **packer** *n* *(person)* emballeur *m*, -euse *f*; *(device)* emballeuse *f*. ♦ **packet** *n* *(gen)* paquet *m*; *[needles, sweets]* sachet *m*; **to cost a ~et*** coûter les yeux de la tête. ♦ **packhorse** *n* cheval *m* de charge. ♦ **packing 1** *n* **(a) to do one's ~ing** faire sa valise; **(b)** *(material)* emballage *m*; **2** *adj*: **~ing case** caisse *f* d'emballage.

---

pact [pækt] *n* pacte *m*, traité *m*.

pad [pæd] **1** *n* **(a)** *(to prevent friction, damage)* coussinet *m*; *(Tech)* tampon *m* (amortisseur); *(Ftbl)* protège-cheville *m inv*; *(Hockey etc)* jambière *f*; *(for inking)* tampon encreur. **(b)** *(writing* **~)** bloc *m* (de papier à lettres); *(note* **~)** bloc-notes *m*. **(c)** *[rabbit]* patte *f*; *[cat, dog]* coussin *m* charnu. **(d)** *(launching* **~)** rampe *f* (de lancement). **(e)** (*****: *sanitary towel)* serviette *f* hygiénique. **2** *vi*: **to ~ along/up etc** marcher/ monter *etc* à pas feutrés. **3** *vt* *cushion, clothing, shoulders* rembourrer; *furniture, door* capitonner; *(~ out)* *speech* délayer. **~ded cell** cabanon *m*. ♦ **padding** *n* rembourrage *m*; *(in book etc)* délayage *m*.

paddle ['pædl] **1** *n* **(a)** pagaie *f*. **2** *adj*: **~ steamer** bateau *m* à roues; **paddling pool** bassin *m* pour enfants; *(for garden)* petite piscine *f* (démontable). **3** *vt*: **to ~ a canoe** pagayer. **4** *vi* **(a)** *(walk)* barboter. **(b)** *(in canoe)* pagayer. **to ~ up/down the river** remonter/descendre la rivière en pagayant.

paddock ['pædək] *n* enclos *m* *(pour chevaux)*; *(Racing)* paddock *m*.

paddy ['pædɪ] *n*: **~ field** rizière *f*.

padlock ['pædlɒk] **1** *n* *[door, chain]* cadenas *m*; *[cycle]* antivol *m*. **2** *vt* cadenasser; mettre un antivol à.

padre ['pɑːdrɪ] *n* *(Mil, Naut etc)* aumônier *m*.

paediatric, *(US)* **pediatric** [ˌpiːdɪˈætrɪk] *adj* *department* de pédiatrie; *illness, medicine, surgery* infantile. ♦ **p(a)ediatrician** *n* pédiatre *mf*. ♦ **p(a)ediatrics** *nsg* pédiatrie *f*.

pagan ['peɪgən] *adj, n* *(lit, fig)* païen(ne) *m(f)*.

page¹ [peɪdʒ] *n* page *f*. **on ~ 10** (à la) page 10; **continued on ~ 20** suite page 20.

page² [peɪdʒ] **1** *n* *(also* **~ boy)** *(in hotel)* groom *m*; *(at court)* page *m*. **2** *vt* *client* faire appeler; *[page boy]* appeler.

pageant ['pædʒənt] *n* spectacle *m* historique. ♦ **pageantry** *n* apparat *m*.

paid [peɪd] *(pret, ptp of* pay*)* *adj* *gunman etc* à gages. ♦ **paid-up** *adj* *member* qui a payé sa cotisation.

pail [peɪl] *n* seau *m*.

pain [peɪn] **1** *n* **(a)** *(physical)* douleur *f*; *(mental)* peine *f*, *(stronger)* douleur. **to be in (great) ~** souffrir (beaucoup); **to cause ~ to** *(physically)* faire mal à; *(mentally)* faire de la peine à; **I have a ~ in my shoulder** j'ai mal à l'épaule; **to give sb a ~ in the neck*** enquiquiner qn*; **he's a ~ (in the neck)*** il est casse-pieds*. **(b)** *(trouble)* **~s** peine *f*; **to take ~s to do sth** faire qch très soigneusement; **to take ~s over sth** se donner beaucoup de mal pour qch; **to spare no ~s** ne pas ménager ses efforts *(to do* pour faire*)*. **(c)** **on ~ of death** sous peine de mort. **2** *vt* faire de la peine à, faire souffrir. ♦ **pained** *adj* peiné. ♦ **painful** *adj* *wound* douloureux; *sight, task, duty* pénible; **my hand is ~ful** j'ai mal à la main; **it is ~ful to see her** elle fait peine à voir. ♦ **painfully** *adv* *throb* douloureusement; *walk* péniblement; (*) *thin* terriblement*; **it was ~fully clear that ...** il n'était que trop évident que ... . ♦ **painkiller** *n* calmant *m*. ♦ **painless** *adj* *operation* indolore; *extraction, childbirth* sans douleur; *(fig)* *experience* bénin;

exam pas trop méchant*. ♦ **painlessly** *adv* sans douleur. ♦ **painstaking** *adj work* soigné; *person* appliqué, soigneux. ♦ **painstakingly** *adv* avec soin.

paint [peɪnt] **1** *n* peinture *f*. ~s couleurs *fpl*; box of ~s boîte *f* de couleurs. **2** *vt* (*gen*, *Art*) peindre; (*Med*) badigeonner. to ~ a wall red peindre un mur en rouge; to ~ one's nails se vernir les ongles; (*fig*) to ~ the town red faire la bringue*. **3** *vi* peindre. ♦ **paintbox** *n* boîte *f* de couleurs. ♦ **paintbrush** *n* pinceau *m*. ♦ **painter**[1] *n* (*Art*) peintre *m*; *portrait* ~er portraitiste *mf*; ~er and decorator peintre décorateur. ♦ **painting** *n* (a) (*activity*) (*Art*) peinture *f*; (b) (*picture*) tableau *m*, toile *f*. ♦ **paintpot** *n* pot *m* de peinture. ♦ **paint-remover** *n* décapant *m* (pour peinture). ♦ **paint-spray** *n* pulvérisateur *m* (de peinture). ♦ **paint-stripper** *n* (*chemical*) décapant *m*; (*tool*) racloir *m*. ♦ **paintwork** *n* peintures *fpl*.

painter[2] ['peɪntər] *n* (*Naut*) amarre *f*.

pair [peər] *n* paire *f*; (*man and wife*) couple *m*. a ~ of trousers un pantalon; a ~ of scissors une paire de ciseaux; in ~s à or par deux; the happy ~ l'heureux couple. **pair off** *vi* (*people*) s'arranger deux par deux.

pajamas [pə'dʒɑːməz] *npl* (*US*) pyjama *m*.

Pakistan [ˌpɑːkɪs'tɑːn] *n* Pakistan *m*. ♦ **Pakistani 1** *adj* pakistanais; **2** *n* Pakistanais(e) *m(f)*.

pal* [pæl] *n* copain* *m*, copine* *f*.

palace ['pælɪs] *n* palais *m* (*bâtiment*).

palate ['pælɪt] *n* (*Anat*, *fig*) palais *m*. ♦ **palatable** *adj food* agréable au goût; *fact etc* acceptable.

palatial [pə'leɪʃəl] *adj* grandiose, magnifique.

palaver* [pə'lɑːvər] *n* (*talk*) palabres *fpl*; (*fuss*) histoires* *fpl*, affaire *f*.

pale [peɪl] **1** *adj face*, *person* (*naturally*) pâle, (*from sickness*, *fear*) blême; *colour* pâle. to grow ~ pâlir; ~ blue eyes yeux *mpl* bleu pâle. **2** *vi* (*person*) pâlir, devenir blême. to ~ into insignificance perdre toute importance (*beside* comparé à). ♦ **paleness** *n* pâleur *f*.

Palestine ['pælɪstaɪn] *n* Palestine *f*. ♦ **Palestinian 1** *adj* palestinien; **2** *n* Palestinien(ne) *m(f)*.

palette ['pælɪt] *n* palette *f*.

paling ['peɪlɪŋ] *n* (*fence*) palissade *f*.

pall[1] [pɔːl] *vi* perdre son charme (*on sb* pour qn). it never ~s on you on ne s'en lasse jamais.

pall[2] [pɔːl] *n* drap *m* mortuaire; (*smoke*) voile *m*.

palliate ['pælɪeɪt] *vt* pallier. ♦ **palliative** *adj*, *n* palliatif (*m*).

pallid ['pælɪd] *adj* blême, blafard. ♦ **pallor** *n* pâleur *f*.

palm[1] [pɑːm] **1** *n* (*hand*) paume *f*. (*fig*) to have sb in the ~ of one's hand faire de qn ce qu'on veut; (*fig*) to grease sb's ~ graisser la patte* à qn. **2** *vt* escamoter. **palm off** *vt sep* refiler* (*on*, *onto* à). ♦ **palmist** *n* chiromancien(ne) *m(f)*. ♦ **palmistry** *n* chiromancie *f*.

palm[2] [pɑːm] **1** *n* (*tree*) palmier *m*; (*branch*) palme *f*; (*Rel*) rameau *m*. **2** *adj*: P~ Sunday dimanche *m* des Rameaux.

palpable ['pælpəbl] *adj* palpable; *error* manifeste. ♦ **palpably** *adv* manifestement.

palpitate ['pælpɪteɪt] *vi* palpiter. ♦ **palpitation** *n* palpitation *f*.

paltry ['pɔːltrɪ] *adj* dérisoire.

pamper ['pæmpər] *vt* dorloter, choyer.

pamphlet ['pæmflɪt] *n* brochure *f*.

pan[1] [pæn] **1** *n* (a) (*Culin*) casserole *f*, poêlon *m*. frying ~ poêle *f*; roasting ~ plat *m* à rôtir. (b) (*scales*) plateau *m*; (*lavatory*) cuvette *f*. **2** *adj*: ~ scrubber tampon *m* à récurer. **3** *vt* (*: criticize harshly*) *film*, *book* éreinter.
pan out *vi* tourner, se passer; (*turn out well*) réussir.

pan[2] [pæn] *vti*: to ~ (the camera) panoramiquer.

pan... [pæn] *pref* pan... . ♦ **Pan-African** *adj* panafricain. ♦ **Pan-American** *adj* panaméricain. ♦ **Pan-Asian** *adj* panasiatique.

pancake ['pænkeɪk] **1** *n* crêpe *f*. as flat as a ~ plat comme une galette. **2** *adj*: P~ Tuesday Mardi gras.

panchromatic [ˌpænkrəʊ'mætɪk] *adj* panchromatique.

pancreas ['pæŋkrɪəs] *n* pancréas *m*.

panda ['pændə] *n* panda *m*. ~ car ≃ voiture *f* pie inv (*de la police*).

pandemonium [ˌpændɪ'məʊnɪəm] *n* tohu-bohu *m*.

pander ['pændər] *vi*: to ~ to *person* se prêter aux exigences de; *whims* se plier à; *tastes* flatter bassement.

pane [peɪn] *n* vitre *f*, carreau *m*.

panel ['pænl] **1** *n* (a) (*door*, *wall*) panneau *m*; (*ceiling*) caisson *m*; (*dress*) pan *m*. ~ instrument ~ tableau *m* de bord. (b) (*Jur*, *Admin etc*) (*jury*) jury *m*; (*Rad*, *TV etc*) (*gen*) invités *mpl*; (*for game*) jury *m*. (*Brit*) to be on a doctor's ~ être inscrit sur le registre d'un médecin conventionné. **2** *adj*: ~ discussion réunion-débat *f*; (*Rad/TV*) ~ game jeu *m* radiophonique/télévisé. **3** *vt* lambrisser. ~led door porte *f* à panneaux; oak-~led lambrissé de chêne. ♦ **panelling**, (*US*) **paneling** *n* panneaux *mpl*, lambris *m*. ♦ **panellist**, (*US*) **panelist** *n* (*Rad*, *TV*) invité(e) *m(f)*; membre *m* d'un jury.

pang [pæŋ] *n* (*gen*) pincement *m* de cœur. ~s (*death*) affres *fpl*; (*conscience*) remords *mpl*; he saw her go without a ~ il l'a vue partir sans regret; to feel the ~s of hunger ressentir des tiraillements d'estomac.

panic ['pænɪk] **1** *n* panique *f*, affolement *m*. to throw into a ~ *crowd* semer la panique dans; *person* affoler, paniquer*; to get into a ~ s'affoler, paniquer*. **2** *adj fear* panique; *decision* de panique. it was ~ stations* ça a été la panique générale*. **3** *vi* s'affoler, être pris de panique. don't ~!* pas d'affolement! ♦ **panicky** *adj report*, *newspaper* alarmiste; *decision*, *action* de panique; *person* paniquard*. ♦ **panic-stricken** *adj* affolé.

pannier ['pænɪər] *n* (*gen*) panier *m*; (*motorcycle etc*) sacoche *f*.

panorama [ˌpænə'rɑːmə] *n* panorama *m*. ♦ **panoramic** *adj* panoramique.

pansy ['pænzɪ] *n* (*Bot*) pensée *f*; (*: pej*) tante* *f*.

pant [pænt] **1** *vi* haleter. to ~ for breath chercher à reprendre son souffle; he ~ed up the hill il a grimpé la colline en haletant. **2** *vt* dire en haletant.

pantechnicon [pæn'teknɪkən] *n* grand camion *m* de déménagement.

pantheism ['pænθiːɪzəm] *n* panthéisme *m*.

panther ['pænθər] *n* panthère *f*.

pantomime ['pæntəmaɪm] *n* (*Xmas show*: *Brit*) spectacle *m* de Noël (*tiré d'un conte de fée*); (*mime*) pantomime *f*; (*pej*: *fuss*) comédie *f* (*fig pej*). in ~ en mimant.

pantry ['pæntrɪ] *n* garde-manger *m inv*.

pants [pænts] *npl* (*underwear*) slip *m*; (*trousers*) pantalon *m*. to catch sb with his ~ down* prendre qn au dépourvu.

papacy ['peɪpəsɪ] *n* papauté *f*. ♦ **papal** *adj* papal; *bull*, *legate* du Pape.

paper ['peɪpər] **1** *n* (a) papier *m*. a piece of ~ (*odd bit*) un bout de papier; (*sheet*) une feuille de papier; (*document etc*) un papier; identity ~s papiers d'identité; old ~ paperasses *fpl*; to put sth down on ~ mettre qch par écrit; it's a good plan on ~ c'est un bon plan sur le papier. (b) (*newspaper*) journal *m*. to write for the ~s faire du journalisme; in the ~ dans le journal. (c) (*exam questions*) épreuve *f* (écrite); (*written answers*) copie *f*. (d) (*scholarly work*) article *m*;

(*at seminar*) exposé *m*; (*at conference*) communication *f*.

2 *adj doll, towel, handkerchief, napkin* en papier, de papier; *plates, cups* en carton; *industry* du papier; *profit etc* théorique. ~ **bag** sac *m* en papier, (*small*) pochette *f*; ~ **chase** rallye-papier *m*; ~ **clip** trombone *m*; ~ **knife** coupe-papier *m inv*; ~ **mill** (usine *f* de) papeterie *f*; ~ **money** papier-monnaie *m*; ~ **shop*** marchand *m* de journaux; ~ **work** paperasserie *f* (*pej*).

3 *vt room* tapisser. (*fig*) to ~ **over the cracks** replâtrer* la situation. ♦ **paperback 1** *n* livre *m* de poche; **2** *adj* de poche. ♦ **paperboy** *n* (*delivering*) livreur *m* de journaux; (*selling*) vendeur *m* de journaux. ♦ **paperweight** *n* presse-papiers *m inv*.

paprika ['pæprɪkə] *n* paprika *m*.

par [pɑː^r] *n*: to be on a ~ with aller de pair avec; to feel below ~ ne pas se sentir en forme.

parable ['pærəbl] *n* parabole *f*.

parachute ['pærəʃuːt] **1** *n* parachute *m*. **2** *adj jump* en parachute; *regiment* de parachutistes. ~ **drop**, ~ **landing** parachutage *m*. **3** *vi* descendre en parachute. **4** *vt* parachuter. ♦ **parachutist** *n* parachutiste *mf*.

parade [pə'reɪd] **1** *n* (*procession*) défilé *m*; (*ceremony*) parade *f*, revue *f*. to ' ♪ on ~ défiler; ~ **ground** terrain *m* de manœuvres; **fashion** ~ présentation *f* de collections; **mannequin** ~ défilé *m* de mannequins. **2** *vt one's wealth* faire étalage de. **3** *vi* défiler. (*fig*) to ~* **about** or **around** se balader*.

paradise ['pærədaɪs] *n* paradis *m*. **bird of** ~ oiseau *m* de paradis.

paradox ['pærədɒks] *n* paradoxe *m*. ♦ **paradoxical** *adj* paradoxal. ♦ **paradoxically** *adv* paradoxalement.

paraffin ['pærəfɪn] **1** *n* (*Chem*) paraffine *f*; (*fuel*) pétrole *m*. **liquid** ~ huile *f* de paraffine. **2** *adj lamp* à pétrole.

paragon ['pærəgən] *n* modèle *m* (de vertu).

paragraph ['pærəgrɑːf] *n* (a) paragraphe *m*, alinéa *m*. 'new ~' 'à la ligne'; to **begin a new** ~ aller à la ligne. (b) (*newspaper item*) entrefilet *m*.

parallel ['pærəlel] **1** *adj* parallèle (*with, to* à). to **run** ~ to être parallèle à. **2** *n* (*Geog*) parallèle *m*; (*Math*) (ligne *f*) parallèle *f*. (*fig*) to **draw a** ~ **between** établir un parallèle entre. ♦ **parallelogram** *n* parallélogramme *m*.

paralysis [pə'rælɪsɪs] *n* paralysie *f*. ♦ **paralytic** [ˌpærə'lɪtɪk] *adj* (*Med*) paralytique; (ₜ: *drunk*) ivre mort. ♦ **paralyze** ['pærəlaɪz] *vt* (*Med, fig*) paralyser; **his arm is paralyzed** il est paralysé du bras; **paralyzed with fear** paralysé de peur.

paramilitary [ˌpærə'mɪlɪtərɪ] *adj* paramilitaire.

paramount ['pærəmaʊnt] *adj chief* souverain; *importance* suprême (*before n*).

paranoia [ˌpærə'nɔɪə] *n* paranoïa *f*. ♦ **paranoiac** *adj*, *n* paranoïaque (*mf*). ♦ **paranoid** *adj* paranoïde.

parapet ['pærəpɪt] *n* parapet *m*.

paraphernalia [ˌpærəfə'neɪlɪə] *npl* attirail *m*.

paraphrase ['pærəfreɪz] **1** *n* paraphrase *f*. **2** *vt* paraphraser.

paraplegia [ˌpærə'pliːdʒə] *n* paraplégie *f*. ♦ **paraplegic** *adj*, *n* paraplégique (*mf*).

parasite ['pærəsaɪt] *n* parasite *m*. ♦ **parasitic(al)** *adj* parasite (*on* de).

parasol [ˌpærə'sɒl] *n* ombrelle *f*; (*over table etc*) parasol *m*.

paratrooper ['pærətruːpə^r] *n* parachutiste *m* (*Mil*). ♦ **paratroops** *npl* parachutistes *mpl*.

parboil ['pɑːbɔɪl] *vt* faire bouillir à demi.

parcel ['pɑːsl] **1** *n* colis *m*, paquet *m*; (*land*) parcelle *f*; (*shares*) paquet *m*. (*lies, liars etc*) **tas*** *m*. **2** *adj*: ~ **bomb** paquet *m* piégé; ~ **office** bureau *m* de messageries; **by** ~ **post** par colis postal. **3** *vt*

(~ **up**) empaqueter.

parcel out *vt sep* distribuer; (*share*) partager; *land* lotir.

parched [pɑːtʃt] *adj crops, land* desséché, brûlé. [*person*] **to be** ~ mourir de soif.

parchment ['pɑːtʃmənt] *n* parchemin *m*.

pardon ['pɑːdn] **1** *n* pardon *m*; (*Rel*) indulgence *f*; (*Jur: free* ~) grâce *f*. **general** ~ amnistie *f*. **2** *vt* pardonner (*sb for sth* qch à qn; *sb for doing* à qn d'avoir fait); (*Jur*) gracier; amnistier. **3** *excl* (*apologizing*) pardon!; (*not hearing*) comment? ♦ **pardonable** *adj* pardonnable. ♦ **pardonably** *adv* de façon bien pardonnable.

pare [pɛə^r] *vt fruit* peler; *nails* rogner; (~ **down**) *expenses* réduire.

parent ['pɛərənt] **1** *n* père *m* ou mère *f*. **his** ~**s** ses parents *mpl*. **2** *adj*: the ~ **animals** (*or* **birds** *etc*) les parents *mpl*; (*Comm, Fin*) ~ **company** maison *f* mère. ♦ **parentage** *n* naissance *f*, origine *f*; **of unknown** ~**age** de parents inconnus. ♦ **parental** [pə'rentl] *adj* parental. ♦ **parenthood** *n* paternité *f* *or* maternité *f*. ♦ **parent-teacher association** *n* association *f* des parents d'élèves et des professeurs.

parenthesis [pə'renθɪsɪs] *n, pl* -**eses** parenthèse *f*. **in** ~ entre parenthèses. ♦ **parenthetic(al)** *adj* entre parenthèses. ♦ **parenthetically** *adv* entre parenthèses.

Paris ['pærɪs] *n* Paris. ♦ **Parisian 1** *adj* parisien; **2** *n* Parisien(ne) *m(f)*.

parish ['pærɪʃ] **1** *n* (*Rel*) paroisse *f*; (*civil*) commune *f*. **2** *adj church* paroissial; *hall* paroissial, municipal. ♦ **parishioner** *n* paroissien(ne) *m(f)*.

parity ['pærɪtɪ] *n* parité *f*.

park [pɑːk] **1** *n* (*gen*) parc *m*; (*public*) jardin *m* public, parc. **2** *adj*: ~ **keeper** gardien *m* de parc. **3** *vt* garer, parquer. **4** *vi* se garer, stationner (*Admin*). **I've** ~**ed** *or* **I'm** ~**ed by the church** je suis garé près de l'église. ♦ **parking 1** *n* stationnement *m*; '~**ing**' 'stationnement autorisé'; **'no** ~**ing'** 'stationnement interdit'; ~**ing is difficult** il est difficile de trouver à se garer; **2** *adj*: ~**ing attendant** gardien *m* de parking; ~**ing bay** lieu *m* de stationnement (autorisé); ~**ing lights** feux *mpl* de position; ~**ing lot** parking *m*; ~**ing meter** parcmètre *m*; ~**ing place** (*marked out*) créneau *m* de stationnement; **I couldn't find a** ~**ing place** je n'ai pas pu trouver à me garer; ~**ing ticket** P.-V.* *m*, procès-verbal *m*. ♦ **parkway** *n* (*US*) avenue *f*.

parka ['pɑːkə] *n* parka *m*.

parliament ['pɑːləmənt] *n* parlement *m*. **to go into** **P**~ se faire élire député; **member of P**~ ≃ député *m* (*for* de); **V house**. ♦ **parliamentarian** *adj*, *n* parlementaire (*mf*). ♦ **parliamentary** *adj* (*gen*) parlementaire; *election* législatif; (*Brit*) **P**~**ary Secretary** ≃ chef *m* de Cabinet (*to* de).

parlour, (*US*) **parlor** ['pɑːlə^r] **1** *n* (petit) salon *m*. **2** *adj*: ~ **game** jeu *m* de société.

parmesan [ˌpɑːmɪ'zæn] *n* parmesan *m*.

parochial [pə'rəʊkɪəl] *adj* (*Rel*) paroissial; (*fig pej*) de clocher.

parody ['pærədɪ] **1** *n* parodie *f*. **2** *vt* parodier.

parole [pə'rəʊl] **1** *n*: **on** ~ (*Mil*) sur parole; (*Jur*) en liberté conditionnelle. **2** *vt* mettre en liberté conditionnelle.

paroxysm ['pærəksɪzəm] *n* (*Med*) paroxysme *m*; [*grief, pain*] paroxysme; [*anger*] accès *m*; [*delight*] transport *m*; [*tears, laughter*] crise *f*.

parquet ['pɑːkeɪ] *n*, (~ **flooring**) parquet *m*.

parrot ['pærət] *n* perroquet *m*. ~ **fashion** (*adv phr*) comme un perroquet.

parry ['pærɪ] *vt blow* parer; *question* éluder.

parsimony ['pɑːsɪmənɪ] *n* parcimonie *f*. ♦ **parsimonious** *adj* parcimonieux. ♦ **parsimoniously** *adv* parcimonieusement.

parsley ['pɑːslɪ] *n* persil *m*. ~ **sauce** sauce *f* persillée.

parsnip ['pɑːsnɪp] n panais m.

parson ['pɑːsn] n (C of E etc) pasteur m; (gen) ecclésiastique m. (Culin) ~'s nose croupion m. ♦ **parsonage** n presbytère m.

part [pɑːt] **1** n (a) (section etc: gen) partie f; (Tech) pièce f. spare ~ pièce détachée; in ~(s) en partie; for the most ~ dans l'ensemble; to be ~ (and parcel) of faire partie (intégrante) de; the hundredth ~ le centième; a man of ~s un homme très doué; the funny ~ of it is that ... le plus drôle dans l'histoire c'est que ...; in ~ two of the book dans la deuxième partie du livre; four-~ serial feuilleton m à quatre épisodes; (Culin) three ~s water to one ~ milk trois mesures d'eau pour une mesure de lait; [verb] principal ~s temps mpl principaux; what ~ of speech is it? à quelle catégorie grammaticale est-ce que cela appartient?; the violin ~ la partie de violon; two-~ song chant m à deux voix; in these ~s dans cette région; in this ~ of the world par ici; in foreign ~s à l'étranger. (b) (share: also Theat etc) rôle m. he had a large ~ in the organization of ... il a joué un grand rôle dans l'organisation de ...; she had some ~ in it elle y était pour qch; to take ~ in participer à; I want no ~ in it je ne veux pas m'en mêler. (c) (side) parti m; (behalf) part f. to take sb's ~ prendre parti pour qn; for my ~ pour ma part, quant à moi; on the ~ of de la part de; to take sth in good ~ prendre qch du bon côté.

2 adj: ~ exchange reprise f en compte; to take sth in ~ exchange reprendre qch en compte; ~ owner copropriétaire mf; ~ payment règlement m partiel; ~ song chant m à plusieurs voix.

3 adv en partie. ~ French en partie français.

4 vt (a) crowd ouvrir un passage dans; boxers, fighters séparer. they were ~ed during the war la guerre les a séparés. (b) to ~ one's hair se faire une raie; his hair was ~ed at the side il portait une raie sur le côté. (c) to ~ company with (leave) fausser compagnie à; (disagree with) ne plus être d'accord avec.

5 vi [crowd] s'ouvrir; [boxers etc] se séparer; [friends] se quitter; [rope] se rompre. to ~ from se séparer de; to ~ with money débourser; possessions se défaire de.

♦ **parting** n séparation f; [waters] partage m; [hair] raie f; (lit, fig) the ~ing of the ways la croisée des chemins; **2** adj gift, words d'adieu; (fig) ~ing shot flèche f du Parthe. ♦ **partly** adv en partie. ♦ **part-time** adj, adv à temps partiel; (half-time) à mi-temps. ♦ **part-timer** n employé(e) m(f) à temps partiel.

partake [pɑː'teɪk] pret **partook**, ptp **partaken** vi: to ~ of meal prendre.

partial ['pɑːʃəl] adj (a) (in part) partiel. (b) (biased) partial (towards envers), injuste. (*: like) to be ~ to avoir un faible pour. ♦ **partiality** n (bias) partialité f (for pour; towards envers); (liking) penchant m (for pour). ♦ **partially** adv (a) (partly) en partie. (b) (with bias) avec partialité.

participate [pɑː'tɪsɪpeɪt] vi participer (in à). ♦ **participant** n participant(e) m(f) (in à). ♦ **participation** n participation f (in à).

participle ['pɑːtɪsɪpl] n participe m. past/present ~ participe passé/présent.

particle ['pɑːtɪkl] n (gen, Ling, Phys) particule f; [dust, truth, sense] grain m.

particular [pə'tɪkjʊləʳ] **1** adj (a) (distinct, special) particulier; (personal) personnel. in this ~ case dans ce cas particulier; for no ~ reason sans raison précise; that ~ brand cette marque-là (et non pas une autre); her ~ choice/type of humour son choix/humour personnel; her ~ bed son lit à elle; nothing ~ rien de particulier or de spécial; he took ~ care over it il y a mis un soin particulier; to pay ~ attention to sth faire bien attention à qch; a ~ friend of his un de ses meilleurs

amis. (b) (fussy etc) méticuleux, difficile. she is ~ about whom she goes out with elle ne sort pas avec n'importe qui; ~ about his food difficile pour la nourriture; I'm not ~ cela m'est égal.

2 n (a) in ~ en particulier; nothing in ~ rien en or de particulier. (b) (detail) in every ~ en tout point; he is wrong in one ~ il se trompe sur un point; ~s (information) détails mpl, renseignements mpl; (description) description f, [person] signalement m; (name, address) nom m et adresse f; full ~s tous les renseignements; for further ~s apply to ... pour plus amples renseignements s'adresser à ... .

♦ **particularity** n particularité f. ♦ **particularize** vt spécifier, préciser. ♦ **particularly** adv (in ~) en particulier, spécialement; (notably) notamment, particulièrement; (very carefully) méticuleusement.

partisan [,pɑːtɪ'zæn] n partisan m.

partition [pɑː'tɪʃən] **1** n (a) cloison f. glass ~ cloison vitrée. (b) (dividing) [country] partition f; [lands] morcellement m. **2** vt country partager; lands morceler; (~ off) room cloisonner.

partitive ['pɑːtɪtɪv] adj, n partitif (m).

partner ['pɑːtnəʳ] n (Comm, Jur, Med etc) associé(e) m(f); (Sport) partenaire mf; (co-driver) coéquipier m, -ière f; (Dancing) cavalier m, -ière f; (in marriage) époux m, épouse f. senior/junior ~ associé principal/adjoint; ~s in crime complices mpl dans le crime. ♦ **partnership** n association f; to be in ~ship être en association (with avec), être associé (with à); to go into ~ship s'associer (with avec); to take sb into ~ship prendre qn comme associé.

partridge ['pɑːtrɪdʒ] n perdrix f; (Culin) perdreau m.

party ['pɑːtɪ] **1** n (a) (Pol etc) parti m. (b) (group) [travellers] groupe m; [workmen] équipe f; (Mil) détachement m. (c) (Jur etc) partie f. third ~ tierce personne f, tiers m; innocent ~ innocent(e) m(f); to be a ~ to être mêlé à; (Jur) être complice de. (d) (celebration) réception f. to give a ~ inviter des amis, donner une surprise-partie, (more formally) donner une soirée, recevoir; birthday ~ fête f d'anniversaire; dinner ~ dîner m; evening ~ soirée f; private ~ réunion f intime; tea ~ thé m. **2** adj politics, leader de parti, du parti; disputes de partis. ~ dress robe f habillée; ~ line (Pol) ligne f du parti; (Telec) ligne commune à deux abonnés; (Rad, TV) ~ political broadcast émission réservée à un parti politique, ≃ 'tribune f libre'; ~ political question question f qui relève de la ligne du parti; ~ spirit (Pol) esprit m de parti; (*: gaiety) entrain m; ~ wall mur m mitoyen.

pass [pɑːs] **1** n (a) (permit) [journalist, worker etc] laissez-passer m inv; (Rail etc) carte f d'abonnement; (Theat) billet m de faveur; (Naut) lettre f de mer; (safe conduct) sauf-conduit m. (b) (in mountains) col m, défilé m. (c) (in exam) moyenne f. to get a ~ in history avoir la moyenne en histoire. (d) this is a pretty ~! voilà à quoi on en est arrivé!; things have reached such a ~ that ... les choses se sont arrivées à un tel point que ... . (e) (Ftbl etc) passe f. (fig) to make a ~* at a woman faire du plat* à une femme.

2 adj: ~ degree licence f libre.

3 vi (a) (come, go) passer (through par); [procession] défiler; (Aut: overtake) doubler. to ~ down the street descendre la rue; to ~ into oblivion tomber dans l'oubli; to ~ out of sight disparaître; letters ~ed between them ils ont échangé des lettres. (b) (be accepted) [coins] avoir cours; [behaviour] convenir, être acceptable; [project] passer. to ~ under the name of être connu sous le nom de; what ~es for a hat these days ce qui de nos jours passe pour un chapeau; **he tried to ~ for a doctor** il a essayé de se faire passer pour un docteur; **she would ~ for 20** on lui donnerait 20 ans; **will this do? – oh it'll ~** est-ce que ceci convient? – oh, ça peut aller; **he let it ~** il l'a laissé passer; **he couldn't let it ~** il ne pouvait pas laisser passer ça comme ça; **the estate ~ed to my brother** la propriété est revenue à mon frère. **(c)** *[time, afternoon etc]* passer. **how time ~es!** que le temps passe vite! **(d)** *(~ away)* *[memory, opportunity]* s'effacer, disparaître; *[pain]* passer. **(e)** *(in exam)* être reçu *(in* en*)*. **(f)** *(take place)* se passer, avoir lieu. **all that ~ed between them** tout ce qui s'est passé entre eux; *(liter)* **it came to ~ that** il advint que. **(g)** *(Cards)* passer; *(Ftbl etc)* faire une passe.

 4 *vt* **(a)** *(go past)* *building* passer devant; *person* croiser, rencontrer; *barrier, frontier, customs* passer; *(overtake)* *(gen, Sport)* dépasser; *(Aut)* doubler. **when you have ~ed the town hall** quand vous serez passé devant *or* quand vous aurez dépassé la mairie; **to ~ comprehension** dépasser l'entendement; **to ~ belief** être incroyable; **the film ~ed the censors** le film a reçu le visa de la censure. **(b)** *exam* être reçu à, réussir; *candidate* recevoir; *(Parl)* *bill* voter. **the censors have/haven't ~ed the film** le film a été autorisé/interdit par la censure; *(Scol, Univ)* **they didn't ~ him** ils l'ont refusé; **the doctor ~ed him fit for work** le docteur l'a déclaré en état de reprendre le travail; *(Typ)* **to ~ the proofs (for press)** donner le bon à tirer. **(c)** *time* passer. **to ~ the evening reading** passer la soirée à lire. **(d)** *(hand over)* *(faire)* passer; *(move)* passer; *(Sport)* *ball* passer; *forged money, stolen goods* écouler. **~ me the box** passez-moi la boîte; **the telegram was ~ed round the room** on a fait passer le télégramme dans la salle; **to ~ sth down the line** faire passer qch (de main en main); **to ~ a rope through a ring** passer une corde dans un anneau; **to ~ blood** avoir du sang dans les urines; **to ~ a stone** évacuer un calcul; **to ~ water** uriner. **(e)** *(utter)* *comment* faire; *opinion* émettre. **to ~ remarks about** faire des observations sur; **to ~ judgment** prononcer un jugement *(on* sur*)*; *(Jur)* **to ~ sentence** prononcer une condamnation *(on sb* contre qn*)*.

pass along 1 *vi* passer. **2** *vt sep* faire passer.
pass away *vi (die)* mourir, s'éteindre; *[memory etc]* disparaître.
pass back *vt sep* rendre.
pass by 1 *vi* passer (à côté); *[procession]* défiler. **2** *vt sep* négliger, ignorer. **life has ~ed me by** je n'ai pas vraiment vécu.
pass down *vt sep* *[inheritance etc]* être transmis *(to* à*)*. **2** *vt sep* transmettre.
pass off 1 *vi* **(a)** *[faintness etc]* passer. **(b)** *[event]* se passer. **everything ~ed off smoothly** tout s'est passé sans accroc. **2** *vt sep* **(a)** faire passer. **to ~ o.s. off as** se faire passer pour. **(b)** **to ~ sth off on sb** repasser qch à qn.
pass on 1 *vi* **(a)** *(die)* s'éteindre, mourir. **(b)** *(continue one's way)* passer son chemin. **to ~ on to a new subject** passer à un nouveau sujet. **2** *vt sep* *(hand on)* *object* faire passer *(to* à*)*; *old clothes* repasser *(to sb* à qn*)*; *news* faire circuler; *message* transmettre. **you've ~ed your cold on to me** tu m'as passé ton rhume.
pass out 1 *vi* **(a)** *(faint)* s'évanouir; *(from drink)* tomber ivre mort. **(b)** *(US)* **to ~ out of high school** terminer ses études secondaires. **2** *vt sep leaflets etc* distribuer.
pass over *vt sep*: **to ~ over Paul in favour of Robert** préférer Robert à Paul.
pass round *vt sep* *bottle* faire passer; *sweets, leaflets* distribuer. *(fig)* **to ~ round the hat** faire la quête.
pass through 1 *vi* passer. **2** *vt fus* *hardships* subir, endurer; *town, country* traverser.

pass up *vt sep* *(lit)* passer; *(*: *forego)* *opportunity* laisser passer.
♦ **passable** *adj* **(a)** *(tolerable)* passable; **(b)** *road* praticable; *river* franchissable. ♦ **passably** *adv* passablement, assez. ♦ **passage** *n* **(a)** *(passing)* passage *m*; *[bill, law]* adoption *f*; **with the ~age of time** avec le temps; **(b)** *(Naut)* traversée *f*; **(c)** *(way through)* passage *m*; *(corridor)* couloir *m*; **(d)** *[music, text]* passage *m*. ♦ **passageway** *n* passage *m*. ♦ **passbook** *n* livret *m* *(bancaire)*. ♦ **passer-by** *n* passant(e) *m(f)*. ♦ **passing 1** *adj person, car* qui passe; *remark* en passant; *happiness, guest* passager; *desire* fugitif; **2** *n* *(Aut)* dépassement *m*; *(death)* mort *f*; **with the ~ing of time** avec le temps. ♦ **passing-out parade** *n* défilé *m* de promotion. ♦ **passkey** *n* passe-partout *m* *inv*. ♦ **passmark** *n* moyenne *f*. ♦ **Passover** *n* Pâque *f* des Juifs. ♦ **passport** *n* passeport *m*; *(fig)* **~port to** clef *f* de. ♦ **password** *n* mot *m* de passe.
passé ['pæseɪ] *adj* vieux jeu *inv*.
passenger ['pæsɪndʒə^r] **1** *n* *(in train)* voyageur *m*, -euse *f*; *(in boat, plane, car)* passager *m*, -ère *f*; *(fig pej)* poids *m* mort. **2** *adj coach, train* de voyageurs; *(Aviat)* **list** des passagers. *(Aut)* **~ seat** siège *m* du passager.
passion ['pæʃən] **1** *n* passion *f*; *(anger)* emportement *m*. **to have a ~ for music** avoir la passion de la musique; **to be in a ~** être furieux. **2** *adj (Rel)* **P~ play/Sunday** *etc* mystère *m*/dimanche *m* *etc* de la Passion. ♦ **passionate** *adj (gen)* passionné; *speech* véhément. ♦ **passionately** *adv* passionnément; **to be ~ately fond of** adorer. ♦ **passionflower** *n* passiflore *f*.
passive ['pæsɪv] **1** *adj (all senses)* passif. **2** *n* passif *m*. **in the ~** au passif. ♦ **passively** *adv* passivement; *(Gram)* au passif. ♦ **passiveness** *or* ♦ **passivity** *n* passivité *f*.
past [pɑːst] **1** *n* passé *m*. **in the ~** autrefois, dans le passé; *(Gram)* au passé; **it's a thing of the ~** cela n'existe plus, c'est fini.

 2 *adj* passé. **for some time ~** depuis quelque temps; **in times ~** autrefois; **the ~ week** la semaine dernière *or* passée; **the ~ few days** ces derniers jours; **all that is ~** tout cela c'est du passé; **~ president** ancien président; **to be a ~ master at doing sth** avoir l'art de faire qch; *(Gram)* **in the ~ tense** au passé.

 3 *prep* **(a)** *(in time)* plus de. **it is ~ 11 o'clock** il est plus de 11 heures, il est 11 heures passées; *(Brit)* **half ~ 3** 3 heures et demie; **quarter ~ 3** 3 heures et quart; **at 20 ~ 3** à 3 heures 20; *(Brit)* **the train goes at 5 ~*** le train part à 5*; **she is ~ 60** elle a plus de 60 ans, elle a 60 ans passés. **(b)** *(beyond)* plus loin que. **just ~ the post office** un peu plus loin que la poste, juste après la poste. **(c)** *(in front of)* devant. **he goes ~ the house** il passe devant la maison. **(d)** *(beyond limits of)* au-delà de. **~ endurance** insupportable; **~ all belief** incroyable; **I'm ~ caring** je ne m'en fais plus; **he is ~ work** il n'est plus en état de travailler; **he's a bit ~ it*** il n'est plus dans la course*; **that cake is ~ its best** ce gâteau n'est plus si bon; **I wouldn't put it ~ her to have done it** cela ne m'étonnerait pas d'elle qu'elle l'ait fait.

 4 *adv* auprès, devant. **to go** *or* **walk ~** passer.
pasta ['pæstə] *n* *(Culin)* pâtes *fpl*.
paste [peɪst] **1** *n* **(a)** *(gen, also Culin)* pâte *f*; *[meat etc]* pâté *m*. **almond ~** pâte d'amandes; **liver ~** pâté de foie; **tomato ~** concentré *m* de tomate; **tooth ~** dentifrice *m*. **(b)** *(glue)* colle *f* (de pâte). **2** *adj jewellery* en strass. **3** *vt* coller; *wallpaper* enduire de colle.
paste up *vt sep notice, list* afficher.
♦ **pasteboard** *n* carton *m*. ♦ **pasting** *n* *(thrashing)* rossée* *f*; **to give sb a pasting** flanquer une rossée à qn*. ♦ **pasty** ['peɪstɪ] **1** *adj* pâteux; *(pej)* *face, complexion* terreux; **2** ['pæstɪ] *n* *(Culin)* petit pâté *m*.

pastel ['pæstəl] **1** n pastel m. **2** adj pastel inv.
pasteurize ['pæstəraɪz] vt pasteuriser.
pastille ['pæstɪl] n pastille f.
pastime ['pɑːstaɪm] n passe-temps m inv.
pastor ['pɑːstəʳ] n pasteur m.
pastry ['peɪstrɪ] n (a) pâte f. (b) (cake) pâtisserie f. ♦ **pastrycase** n croûte f. ♦ **pastrycook** n pâtissier m, -ière f.
pasture ['pɑːstʃəʳ] n pâturage m.
pat[1] [pæt] **1** vt tapoter; animal caresser. **2** n (a) petite tape f; (on animal) caresse f. **to o.s. a ~ on the back** s'applaudir. (b) ~ of butter noix f de beurre.
pat[2] [pæt] **1** adv: **to answer** ~ avoir une réponse toute prête. **2** adj answer, explanation tout prêt.
patch [pætʃ] **1** n (a) (for clothes) pièce f; (for tube, airbed) rustine f; (over eye) bandeau m. **he isn't a ~ on his brother*** il n'arrive pas à la cheville de son frère. (b) (small area) [colour] tache f; [sky] morceau m; [land] parcelle f; [vegetables] carré m; [ice] plaque f; [mist] nappe f; [water] flaque f. (fig) **to strike a bad** ~ être dans la déveine*; **bad ~es** moments mpl difficiles. **2** vt clothes rapiécer; tyre réparer.
patch up vt sep clothes rapiécer; machine rafistoler*; (*) marriage replâtrer*. **to** ~ **up a quarrel** se raccommoder.
♦ **patchwork** n patchwork m. ♦ **patchy** adj inégal.
patent ['peɪtənt] **1** adj (a) (obvious) manifeste, patent. (b) invention breveté. ~ **medicine** spécialité f pharmaceutique; ~ **leather** cuir m verni. **2** n brevet m d'invention. **3** vt faire breveter. ♦ **patently** adv manifestement.
paternity [pə'tɜːnɪtɪ] n paternité f. (Jur) ~ **order** reconnaissance f de paternité judiciaire.
♦ **paternal** adj paternel. ♦ **paternalist(ic)** adj paternaliste. ♦ **paternally** adv paternellement.
path [pɑːθ] n (a) (gen) sentier m, chemin m; (in garden) allée f; (fig) sentier. (b) [river] cours m; [sun] route f; [missile, planet] trajectoire f.
♦ **pathway** n sentier m.
pathetic [pə'θetɪk] adj (gen) pitoyable (also fig pej); attempt désespéré. **it was** ~ **to see it** cela faisait peine à voir. ♦ **pathetically** adv pitoyablement; ~ally **thin** d'une maigreur pitoyable; **she was** ~ally **glad** son plaisir vous serrait le cœur.
pathology [pə'θɒlədʒɪ] n pathologie f.
♦ **pathological** adj pathologique. ♦ **pathologist** n pathologiste mf.
pathos ['peɪθɒs] n pathétique m.
patience ['peɪʃəns] n (a) patience f. **to have** ~ être patient, (on one occasion) prendre patience, patienter; **to lose** ~ s'impatienter (with sb contre qn); **I have no** ~ **with these people** ces gens m'exaspèrent. (b) (Cards) réussite f. **to play** ~ faire des réussites. ♦ **patient 1** adj patient; **2** n (Med) patient(e) m(f); (in hospital) malade mf. ♦ **patiently** adv patiemment.
patriarch ['peɪtrɪɑːk] n patriarche m.
patriot ['peɪtrɪət] n patriote mf. ♦ **patriotic** adj deed, speech patriotique; person patriote.
♦ **patriotically** adv patriotiquement.
♦ **patriotism** n patriotisme m.
patrol [pə'trəʊl] **1** n patrouille f. **to be on** ~ être de patrouille. **2** adj vehicle de patrouille. ~ **car** voiture f de police; ~ **leader** chef m de patrouille; (US) ~ **wagon** voiture f cellulaire. **3** vt district patrouiller dans. **4** vi patrouiller. (fig) **to** ~ **up and down** faire les cent pas. ♦ **patrolman** n (a) (US) agent m de police; (b) (Aut) agent m de la sécurité routière.
patron ['peɪtrən] n (a) [artist] protecteur m, -trice f; [a charity] patron(ne) m(f). ~ **saint** saint(e) patron(ne) m(f). (b) [hotel, shop] client(e) m(f); [theatre] habitué(e) m(f). ♦ **patronage** n [artist etc] patronage m. ♦ **patronize** vt (a) (pej) traiter avec condescendance; (b) shop donner sa clien-

tèle à; cinema fréquenter. ♦ **patronizingly** adv d'un air condescendant.
patter[1] ['pætəʳ] n (talk) baratin* m.
patter[2] ['pætəʳ] **1** n [rain etc] crépitement m. **a** ~ **of footsteps** un petit bruit de pas pressés. **2** vi [footsteps, person] trottiner; [rain, hail] crépiter (on contre).
pattern ['pætən] **1** n (a) (design: on wallpaper etc) dessin(s) m(pl), motif m. (b) (Sewing etc: paper ~) patron m; (fig) modèle m. **it followed the usual** ~ cela s'est passé selon la formule habituelle; **behaviour** ~s **of teenagers** les types mpl de comportement chez les adolescents. (c) (sample of material etc) échantillon m. **2** adj: ~ **book** [material, wallpaper etc] album m d'échantillons; (Sewing) catalogue m or album m de modes. **3** vt modeler (on sur). ♦ **patterned** adj à motifs.
paunch [pɔːntʃ] n panse f.
pauper ['pɔːpəʳ] n indigent(e) m(f).
pause [pɔːz] **1** n (gen) pause f, arrêt m; (Mus) repos m. **a** ~ **in the conversation** un petit silence. **2** vi (stop) faire une pause, s'arrêter un instant; (hesitate) hésiter; (linger) s'arrêter (on sur). **to** ~ **for breath** s'arrêter pour reprendre haleine.
pave [peɪv] vt paver. ~d **with gold** pavé d'or; (fig) **to** ~ **the way** préparer le chemin (for pour). ♦ **pavement** n (a) (Brit) trottoir m; (b) (US) chaussée f. ♦ **paving** n (stones) pavés mpl; (flagstones) dalles fpl; (tiles) carreaux mpl. ♦ **paving stone** n pavé m.
pavilion [pə'vɪlɪən] n pavillon m.
paw [pɔː] **1** n patte f. **2** vt (a) [animal] donner un coup de patte à. [horse] **to** ~ **the ground** piaffer. (b) (sexually) **to** ~ **sb*** tripoter* qn.
pawn[1] [pɔːn] n (Chess) pion m. (fig) **to be sb's** ~ se laisser manœuvrer par qn.
pawn[2] [pɔːn] **1** vt mettre en gage. **2** n: **in** ~ **en gage**. ♦ **pawnbroker** n prêteur m, -euse f sur gages. ♦ **pawnshop** n bureau m de prêteur sur gages.
pay [peɪ] (vb: pret, ptp **paid**) **1** n (gen) salaire m; [manual worker] paie f or paye f; (Mil, Naut) solde f, paie. **in the** ~ **of** à la solde de; **the** ~'s **not very good** ce n'est pas très bien payé; **holidays with** ~ congés mpl payés.
2 adj: ~ **day** jour m de paie; ~ **desk** caisse f; ~ **increase** or **rise** augmentation f de salaire; ~ **packet**, (US) ~ **envelope** enveloppe f de paie; (fig) paie f; ~ **phone**, (US) ~ **station** cabine f téléphonique; ~ **TV** télé-banque f.
3 vt (a) money, person payer (to do à faire; for doing pour faire); tradesman, bill, fee payer, régler; deposit verser; debt régler; loan rembourser; interest rapporter; dividend distribuer. **to** ~ **sb £10** payer 10 livres à qn; **he paid them for the book** il leur a payé le livre; **he paid me £2 for the ticket** il m'a payé le billet 2 livres; **he paid £2 for the ticket** il a payé le billet 2 livres; **he paid a lot for his suit** il a payé son costume très cher; **we're not paid for that** on n'est pas payé pour cela; **that's what you're paid for** c'est pour cela qu'on vous paie; **they** ~ **good wages** ils paient bien; **I get paid on Fridays** je touche ma paie le vendredi; **to** ~ **money into an account** verser de l'argent à un compte; (fig) **to** ~ **the penalty** subir les conséquences; **to** ~ **the price of** payer le prix de; **this paid dividends** ceci a porté ses fruits; **it's** ~ing **its way** ça couvre ses frais; **he likes to** ~ **his way** il aime payer sa part; **to put paid to** plans mettre par terre; person régler son compte à; **it will** ~ **you to be nice to him** vous gagnerez à or vous avez intérêt à être aimable avec lui; **it won't** ~ **him to tell the truth** il ne gagnera rien à dire la vérité. (b) attention, compliments faire; homage rendre; V **visit**.
4 vi payer. (lit, fig) **to** ~ **for sth** payer qch; (fig) **he paid dearly for it** il l'a payé cher (fig); **we'll have to** ~ **through the nose for it*** cela va nous

coûter les yeux de la tête*; '~ **as you earn' system** (P.A.Y.E.) système *m* fiscal de prélèvement à la source; **does it ~**? est-ce que ça paie?, c'est rentable?; **this business doesn't ~** cette affaire n'est pas rentable; **it ~s to advertise** la publicité rapporte; **it doesn't ~ to tell lies** cela ne sert à rien de mentir; **crime doesn't ~** le crime ne paie pas.
pay back *vt sep* (a) *stolen money* restituer; *loan, person* rembourser. **to ~ sb back sth** rembourser qch à qn. (b) *(get even with)* **to ~ sb back for doing sth** faire payer à qn qch qu'il a fait; **I'll ~ you back for that!** je vous le revaudrai!
pay down *vt sep* *(as deposit)* verser un acompte de.
pay in *vt sep* *(at bank etc)* verser *(to* à).
pay off 1 *vi* *[trick, scheme]* être payant; *[decision]* être valable; *[patience]* être récompensé. **2** *vt sep* (a) *debts* régler; *creditor* rembourser. **to ~ off a grudge** régler un vieux compte. (b) *(discharge)* *worker, staff* licencier; *servant* congédier; *crew* débarquer.
pay out 1 *vt sep* (a) *rope* laisser filer. (b) *money (spend)* dépenser; *[cashier etc]* payer. (c) = **pay back (b)**.
pay up 1 *vi* payer. **2** *vt sep amount* payer; *debts* régler.

♦ **payable** *adj* payable *(in* dans; *over* en); **to make a cheque ~able to sb** faire un chèque à l'ordre de qn. ♦ **payee** *n* bénéficiaire *mf*. ♦ **paying** *adj business, scheme* rentable; **~ing guest** pensionnaire *mf*, hôte *m* payant. ♦ **pay-in slip** *n* *(Banking)* bordereau *m* de versement. ♦ **paymaster** *n* *(Mil)* trésorier *m*. ♦ **payment** *n* *(gen)* paiement *m*; *[deposit, cheque]* versement *m*; *[bill, fee]* règlement *m*; *[debt, loan]* remboursement *m*; *(reward)* récompense *f*; **on ~ment of £50** moyennant la somme de 50 livres; **in ~ment for goods** en règlement de; *sum owed* en remboursement de; *work, help* en paiement de; *sb's trouble, efforts* en récompense de; **method of ~ment** mode *m* de règlement; **without ~ment** à titre gracieux; **~ment in full** règlement complet; **~ment by instalments** paiement à tempérament; **in monthly ~ments of £10** payable en versements de 10 livres par mois. ♦ **payoff*** *n* remboursement *m*; *(reward)* récompense *f*; *(outcome)* résultat *m* final; *(climax)* comble *m*. ♦ **payroll** *n* *(list)* registre *m* du personnel; *(money)* paie *f* (de tout le personnel); *(employees)* personnel *m*; **to be on a firm's ~roll** être employé par une société. ♦ **payslip** *n* feuille *f* ou bulletin *m* de paie.
pea [piː] **1** *n* pois *m*. **(green) ~s** (petits) pois; *(fig)* **they are as like as two ~s** ils se ressemblent comme deux gouttes d'eau. **2** *adj:* **~ soup** soupe *f* aux pois. ♦ **peagreen** *adj* vert pomme *inv*. ♦ **peashooter** *n* sarbacane *f*.
peace [piːs] **1** *n* *(not war)* paix *f*; *(calm)* paix, tranquillité *f*. **at** *or* **in ~** en paix; **at ~ with** en paix avec; **to make ~** faire la paix; *(fig)* **to make one's ~ with** se réconcilier avec; **~ of mind** tranquillité d'esprit; **to disturb sb's ~ of mind** troubler l'esprit de qn; **leave him in ~**, **give him some ~** laisse-le tranquille, fiche-lui la paix*; **anything for ~ and quiet** n'importe quoi pour avoir la paix; *(Jur)* **to disturb the ~** troubler l'ordre public; **to keep the ~** *[citizen]* ne pas troubler l'ordre public; *[police]* veiller à l'ordre public; *(fig: stop disagreement)* maintenir la paix.
2 *adj:* **~ conference** conférence *f* pour la paix; *(fig)* **~ offering** cadeau *m* de réconciliation; **~ talks** pourparlers *mpl* de paix; **~ treaty** traité *m* de paix.
♦ **peaceable** *adj* *(calm)* paisible; *(~-loving)* pacifique. ♦ **peaceably** *adv* paisiblement; pacifiquement. ♦ **peaceful** *adj reign, period, person* paisible; *life, place, sleep* paisible, tranquille; *meeting* calme; *demonstration* non-violent; *coexistence* pacifique; **the ~ful uses of**

atomic energy l'utilisation pacifique de l'énergie nucléaire. ♦ **peacefully** *adv demonstrate, reign* paisiblement; *work, lie, sleep* paisiblement, tranquillement. ♦ **peacefulness** *n* paix *f*, tranquillité *f*. ♦ **peace-keeping** *adj force* de maintien de la paix; *operation, policy* de pacification. ♦ **peace-loving** *adj* pacifique. ♦ **peacemaker** *n* pacificateur *m*,-trice *f*. ♦ **peacetime** *n*: **in ~time** en temps de paix.
peach [piːtʃ] **1** *n* pêche *f*; *(tree)* pêcher *m*. **2** *adj* *(colour)* pêche *inv*.
peacock ['piːkɒk] *n* paon *m*. **~ blue** bleu paon *inv*. ♦ **peahen** *n* paonne *f*.
peak [piːk] **1** *n* *[mountain]* cime *f*, sommet *m*; *(mountain itself)* pic *m*; *[roof etc]* faîte *m*; *[cap]* visière *f*; *(on graph)* sommet; *(fig)* *[career, power]* apogée *m*. **at its ~** *fame, career, empire* à son apogée; *demand, traffic* à son maximum; *business* à son point culminant; *discontent* à son comble. **2** *adj* *demand, production* maximum; *hours* d'affluence; *period* de pointe; *traffic* aux heures d'affluence. ♦ **peaky*** *adj* fatigué, qui n'a pas l'air très en forme*.
peal [piːl] **1** *n* *[thunder]* coup *m*. **~ of bells** carillon *m*; **~ of laughter** éclat *m* de rire. **2** *vi* (**~ out**) *[bells]* carillonner; *[thunder]* gronder; *[organ]* retentir; *[laughter]* éclater. **3** *vt bells* sonner (à toute volée).
peanut ['piːnʌt] **1** *n* *(nut)* cacahuète *f*; *(plant)* arachide *f*. *(fig)* **it's just ~s*** c'est une bagatelle. **2** *adj:* **~ butter** beurre *m* de cacahuètes; **~ oil** huile *f* d'arachide.
pear [pɛəʳ] *n* poire *f*; *(tree)* poirier *m*. ♦ **pear-shaped** *adj* en forme de poire.
pearl [pɜːl] **1** *n* perle *f*. **mother of ~** nacre *f*; **real/cultured ~s** perles fines/de culture; *(fig)* **~s of wisdom** trésors *mpl* de sagesse; *(fig)* **to cast ~s before swine** jeter des perles aux pourceaux. **2** *adj* **necklace** de perles; **button** de nacre. **~ barley** orge *m* perlé; **~ diver** pêcheur *m*, -euse *f* de perles. ♦ **pearly** *adj* nacré; *(hum)* **the P~y Gates** les portes *fpl* du Paradis.
peasant ['pezənt] *adj*, *n* paysan(ne) *m(f)*.
peat [piːt] *n* tourbe *f*. ♦ **peaty** *adj* tourbeux.
pebble ['pebl] *n* caillou *m*; *(on beach)* galet *m*. *(fig)* **he's not the only ~ on the beach** il n'y a pas que lui. ♦ **pebbledash** *n* crépi *m* moucheté. ♦ **pebbly** *adj road* caillouteux; *beach* de galets.
pecan [pɪ'kæn] *n* pacane *f*; *(tree)* pacanier *m*.
peck [pek] **1** *n* coup *m* de bec; *(hasty kiss)* bise* *f*. **2** *vt object, ground* becqueter; *food* picorer; *person, attacker* donner un coup de bec à; *hole* faire à coups de bec. **3** *vi* *[bird]* **to ~ at** picorer; *[person]* **to ~ at one's food** manger du bout des dents. ♦ **pecking order** *n* hiérarchie *f*. ♦ **peckish*** *adj:* **to be ~ish** avoir un peu faim.
peculiar [pɪ'kjuːlɪəʳ] *adj* (a) *(particular)* importance, qualities particulier. **its (own) ~ dialect** son dialecte particulier, son propre dialecte; **~ to** particulier à, propre à. (b) *(odd)* bizarre, curieux, étrange. ♦ **peculiarity** *n* (a) *(distinctive feature)* particularité *f*. (b) *(oddity)* bizarrerie *f*. ♦ **peculiarly** *adv* (b) *(specially)* particulièrement; *(oddly)* étrangement.
pecuniary [pɪ'kjuːnɪərɪ] *adj* pécuniaire. **~ difficulties** ennuis *mpl* d'argent.
pedagogic(al) [‚pedə'gɒdʒɪk(əl)] *adj* pédagogique.
pedal ['pedl] **1** *n* pédale *f*. **2** *vi* pédaler. **he ~led through the town** il a traversé la ville (à bicyclette). ♦ **pedalbin** *n* poubelle *f* à pédale. ♦ **pedalboat** *n* pédalo *m*. ♦ **pedalcar** *n* voiture *f* à pédales.
pedant ['pedənt] *n* pédant(e) *m(f)*. ♦ **pedantic** *adj* pédant. ♦ **pedantically** *adv* avec pédantisme. ♦ **pedantry** *n* pédantisme *m*.
peddle ['pedl] *vt goods, gossip* colporter; *drugs* faire le trafic de. ♦ **peddler** *or* ♦ **pedlar** *n* *(door to*

door) colporteur *m*; (*in street*) camelot *m*; [*drugs*] revendeur *m*, -euse *f*.

pederast ['pedəræst] *n* pédéraste *m*. ♦ **pederasty** *n* pédérastie *f*.

pedestal ['pedistl] *n* piédestal *m* (*also fig*).

pedestrian [pɪ'destrɪən] 1 *n* piéton *m*. 2 *adj* (a) (*fig*) prosaïque, plat. (b) ~ **crossing** passage *m* pour piétons, passage clouté; ~ **precinct** zone *f* piétonnière.

pediatric *etc* (*US*) = **paediatric** *etc*.

pedicure ['pedɪkjʊər] *n* soins *mpl* des pieds.

pedigree ['pedɪgriː] 1 *n* [*animal*] pedigree *m*; [*person*] (*lineage*) ascendance *f*, lignée *f*; (*family tree*) arbre *m* généalogique. 2 *adj* animal de (pure) race.

pedometer [pɪ'dɒmɪtər] *n* podomètre *m*.

pees [piː] *vi* faire pipi*, pisser*.

peek [piːk] *n, vi*: **to** (**take a**) ~ **at** jeter un coup d'œil (furtif) à *or* sur.

peel [piːl] 1 *n* [*apple, potato*] épluchure *f*; [*orange*] écorce *f*; (*Culin, also in drink*) zeste *m*. **candied** ~ écorce confite. 2 *vt fruit, potato* éplucher; *stick* écorcer; *shrimps* décortiquer. **to keep one's eyes** ~**ed** ouvrir l'œil* (*for* pour trouver). 3 *vi* [*paint*] s'écailler; [*skin*] peler.

peel away 1 *vi* [*skin*] peler; [*paint*] s'écailler; [*wallpaper*] se décoller. 2 *vt sep rind* peler; *film, covering* décoller.

peel back *vt sep film, covering* décoller.

peel off 1 *vi* (a) = **peel away** 1. (b) [*plane*] s'écarter de la formation. 2 *vt sep* (a) = **peel away** 2. (b) *clothes* enlever.
♦ **peeler** *n* (couteau-)éplucheur *m*. ♦ **peeling** 1 *adj wallpaper* qui se décolle; 2 *npl*: ~**ings** épluchures *fpl*.

peep [piːp] 1 *n* (*petit*) coup *m* d'œil. **to have** *or* **take a** ~ **at** sth jeter un (petit) coup d'œil à *or* sur qch. 2 *vi* jeter un (petit) coup d'œil (*at* à, sur; *into* dans; *over* par-dessus). **he was** ~**ing at us from** ... il nous regardait furtivement *or* à la dérobée de ... .
♦ **peephole** *n* trou *m* (pour épier). ♦ **Peeping Tom** *n* voyeur *m*.

peer[1] [pɪər] *vi*: **to** ~ **at** regarder.

peer[2] [pɪər] *n* pair *m*. ♦ **peerage** *n* pairie *f*; **to be given a** ~**age** être anobli. ♦ **peeress** *n* pairesse *f*.
♦ **peerless** *adj* sans pareil.

peevish ['piːvɪʃ] *adj* maussade; *child* de mauvaise humeur. ♦ **peeved** *adj* fâché, en rogne*.
♦ **peevishly** *adv* maussadement; avec (mauvaise) humeur.

peewit ['piːwɪt] *n* vanneau *m*.

peg [peg] 1 *n* (*wooden*) cheville *f*; (*metal*) fiche *f*; (*for coat, hat*) patère *f*; (*tent* ~) piquet *m*; (*clothes* ~) pince *f* à linge. **I bought this off the** ~ c'est du prêt-à-porter, j'ai acheté ça tout fait; **to take sb down a** ~ (**or two**) rabattre le caquet à qn; (*fig*) **a** ~ **to hang a complaint on** un prétexte pour se plaindre. 2 *vt* (*Tech*) cheviller; *prices, wages* stabiliser. **to** ~ **clothes** (**out**) **on the line** étendre du linge sur la corde (à l'aide de pinces).

peg down *vt sep tent* fixer avec des piquets. (*fig*) **to** ~ **sb down to doing** réussir à décider qn à faire.

peg outs *vi* (*die*) claquer*, mourir.

pejorative [pɪ'dʒɒrɪtɪv] *adj* péjoratif.

pekin(g)ese [ˌpiːkɪ'niːz] *n* pékinois *m* (*chien*).

pelargonium [ˌpelə'gəʊnɪəm] *n* pélargonium *m*.

pelican ['pelɪkən] *n* pélican *m*.

pellet ['pelɪt] *n* [*paper, bread*] boulette *f*; (*for gun*) plomb *m*; (*Med*) pilule *f*; [*chemicals*] pastille *f*.

pelmet ['pelmɪt] *n* (*wooden*) lambrequin *m*; (*cloth*) cantonnière *f*.

pelota [pɪ'lɒtə] *n* pelote *f* basque.

pelt [pelt] 1 *vt* bombarder, cribler (*with* de). 2 *vi* (a) **the rain is** *or* **it's** ~**ing** (**down**)* il tombe des cordes*; ~**ing rain** pluie *f* battante. (b) (*: run*) **to** ~ **across** *etc* traverser *etc* à fond de train.

pelvis ['pelvɪs] *n* bassin *m*, pelvis *m*.

pen[1] [pen] 1 *n* plume *f*; (*ball-point*) stylo *m* à bille;

(*felt-tip*) feutre *m*; (*fountain* ~) stylo. **to put** ~ **to paper** écrire; **to put one's** ~ **through** sth barrer qch. 2 *adj*: ~ **name** pseudonyme *m* (littéraire); ~ **nib** bec *m* de plume. 3 *vt letter* écrire; *article* rédiger. ♦ **pen-and-ink drawing** *n* dessin *m* à la plume. ♦ **penfriend** *n* correspondant(e) *m(f)*.
♦ **penknife** *n* canif *m*.

pen[2] [pen] 1 *n* [*animals*] parc *m*, enclos *m*; (*play* ~) parc (d'enfant). 2 *vt* (~ **in**, ~ **up**) *animals* parquer; *people* enfermer.

penal ['piːnl] *adj law, clause, code* pénal; *offence* punissable; *colony* pénitentiaire. (*Jur*) ~ **servitude** travaux *mpl* forcés. ♦ **penalize** *vt* (a) (*punish; also Sport*) pénaliser (*for* pour); (b) (*handicap*) handicaper; **the strike** ~**izes those who** ... la grève touche les gens qui ... .

penalty ['penltɪ] 1 *n* (*punishment: gen*) pénalité *f* (*for* pour); (*Sport*) pénalisation *f*; (*Ftbl etc*) penalty *m*. **on** ~ **of** sous peine de; **the** ~ **for not doing this is** ... si on ne fait pas cela la pénalité est ...; (*fig*) **to pay the** ~ subir les conséquences; (*in games*) **a 5-point** ~ **for** une pénalisation de 5 points pour.
    2 *adj* (*Ftbl*) ~ **area** surface *f* de réparation; ~ **goal** but *m* sur pénalité; ~ **kick** coup *m* de pied de pénalité.

penance ['penəns] *n* pénitence *f*. **to do** ~ **for** faire pénitence pour.

pence [pens] *npl* of **penny**.

pencil ['pensl] 1 *n* crayon *m*. **in** ~ au crayon. 2 *adj note, drawing, mark* au crayon. 3 *vt* écrire au crayon, crayonner. ♦ **pencil-case** *n* trousse *f* (d'écolier). ♦ **pencil-sharpener** *n* taille-crayon *m*.

pending ['pendɪŋ] 1 *adj business, question* pendant, en suspens; (*Jur*) *case* pendant, en instance. 2 *prep* (*until*) en attendant.

pendulum ['pendjʊləm] *n* (*gen*) pendule *m*; [*clock*] balancier *m*.

penetrate ['penɪtreɪt] *vti* (*also* ~ **into**) pénétrer (dans); [*bullet, knife*] pénétrer; [*sound*] pénétrer dans; [*person, vehicle*] *forest* pénétrer dans; *enemy territory* pénétrer en; *business firm, political party* s'infiltrer dans; *plans, mystery* pénétrer. **to** ~ **through** traverser. ♦ **penetrable** *adj* pénétrable. ♦ **penetrating** *adj* pénétrant.
♦ **penetratingly** *adv* avec pénétration.
♦ **penetration** *n* pénétration *f*.

penguin ['peŋgwɪn] *n* pingouin *m*; (*in Antarctic*) manchot *m*.

penicillin [ˌpenɪ'sɪlɪn] *n* pénicilline *f*.

peninsula [pɪ'nɪnsjʊlə] *n* péninsule *f*.

penis ['piːnɪs] *n* pénis *m*.

penitent ['penɪtənt] *adj* pénitent. ♦ **penitence** *n* pénitence *f*. ♦ **penitentiary** *n* (*US*) prison *f*.
♦ **penitently** *adv* d'un air contrit.

penny ['penɪ] *n, pl* **pence** (*valeur*), **pennies** (*pièces*) penny *m*. **one old/new** ~ un ancien/un nouveau penny; (*fig*) **he is not a** ~ **the wiser** il n'est pas plus avancé*; **he hasn't a** ~ **to his name** il n'a pas le sou; **a** ~ **for your thoughts!** à quoi pensez-vous?; **the** ~ **has dropped!*** il a (*or* j'ai *etc*) enfin pigé!s; (*fig*) **he keeps turning up like a bad** ~ pas moyen de se débarrasser de lui; **in for a** ~ **in for a pound** (au point où on en est) autant faire les choses jusqu'au bout. ♦ **penniless** *adj* sans le sou.

pension ['penʃən] 1 *n* (*state payment*) pension *f*; (*from company etc*) retraite *f*; (*to servant etc*) pension. **old age** ~ pension vieillesse (de la Sécurité sociale); **retirement** ~ (pension de) retraite. 2 *adj*: ~ **fund** fonds *m* vieillesse; ~ **scheme** caisse *f* de retraite.

pension off *vt sep* mettre à la retraite.
♦ **pensionable** *adj post* qui donne droit à une pension; *age* de la retraite. ♦ **pensioner** *n* retraité(e) *m(f)*.

pensive ['pensɪv] *adj* pensif, songeur.
♦ **pensively** *adv* pensivement.

pentagon ['pentəgən] *n* pentagone *m*.
♦ **pentagonal** *adj* pentagonal.
pentathlon [pen'tæθlən] *n* pentathlon *m*.
Pentecost ['pentɪkɒst] *n* la Pentecôte.
penthouse ['penthaʊs] *n* (~ flat *or* apartment) appartement *m* de grand standing (*construit sur le toit d'un immeuble*).
pent-up ['pent'ʌp] *adj emotions, energy* refoulé; *person* tendu.
penultimate [pɪ'nʌltɪmɪt] *adj*, *n* pénultième (*mf*).
penury ['penjʊrɪ] *n* indigence *f*. ♦ **penurious** *adj* indigent.
peony (rose) ['pɪənɪ('rəʊz)] *n* pivoine *f*.
people ['piːpl] **1** *n* (a) (*pl: persons*) gens *mpl* (*adj fem if before n*), personnes *fpl*. old ~ les personnes âgées, les vieilles gens, les vieux *mpl*; young ~ les jeunes gens *mpl*, les jeunes *mpl*; clever ~ les gens intelligents; a lot of ~ beaucoup de gens *or* de monde; what a lot of ~! que de monde!; several ~ said ... plusieurs personnes ont dit ...; how many ~? combien de personnes?; several English ~ plusieurs Anglais; what do you ~ think? qu'est-ce que vous en pensez, vous autres? (b) (*pl: in general*) on, les gens. ~ say ... on dit ..., les gens disent ...; don't tell ~ that il ne faut pas dire ça aux gens. (c) (*pl: inhabitants*) [*a country*] peuple *m*; [*district, town*] habitants *mpl*. country ~ les gens de la campagne, les populations rurales; town ~ les habitants des villes, les citadins *mpl*; the French ~ les Français, le peuple français. (d) (*pl*) (*Pol: citizens*) peuple *m*; (*general public*) public *m*. government by the ~ gouvernement *m* par le peuple; the king and his ~ le roi et son peuple; the ~ at large le grand public; man of the ~ homme *m* du peuple. (e) (*sg: nation etc*) peuple *m*, nation *f*. (f) (*pl: family*) famille *f*, parents *mpl*. I am writing to my ~* j'écris à ma famille. **2** *vt* peupler (*with de*).
pep* [pep] **1** *n* entrain *m*, dynamisme *m*. **2** *adj*: ~ pill excitant *m*; ~ talk petit laïus* *m* d'encouragement.
pep up* *vt sep person* ragaillardir; *party, conversation* animer; *drink, plot* corser.
pepper ['pepər] **1** *n* (a) (*spice*) poivre *m*. white/black ~ poivre blanc/gris. (b) (*vegetable*) poivron *m*. red/green ~ poivron rouge/vert. **2** *vt* poivrer. ♦ **pepper-and-salt** *adj* poivre et sel *inv*. ♦ **peppercorn** *n* grain *m* de poivre. ♦ **peppermint 1** *n* (*sweet*) pastille *f* de menthe; **2** *adj* à la menthe. ♦ **pepperpot** *n* poivrière *f*. ♦ **peppery** *adj* food poivré; *person* irascible.
peptic ['peptɪk] *adj*: ~ ulcer ulcère *m* à l'estomac.
per [pɜːr] *prep* par. ~ annum par an; ~ capita par personne; ~ cent pour cent; ~ day par jour; ~ head par tête, par personne; **100 km ~ hour** 100 km à l'heure; **she is paid 15 francs ~ hour** on la paie 15 F (de) l'heure; **3 francs ~ kilo** 3 F le kilo; **4 hours ~ person** 4 heures par personne. ♦ **percentage** *n* pourcentage *m*.
perceive [pə'siːv] *vt sound, meaning* percevoir; (*notice*) remarquer (*that* que); *object, person* apercevoir, remarquer. ♦ **perceptible** *adj* perceptible. ♦ **perceptibly** *adv* sensiblement. ♦ **perception** *n* perception *f*. ♦ **perceptive** *adj analysis, person* pénétrant, perspicace.
perch[1] [pɜːtʃ] *n* (*fish*) perche *f*.
perch[2] [pɜːtʃ] **1** *n* perchoir *m*. **2** *vi* [*bird, person*] se percher. **3** *vt* percher, jucher.
percolate ['pɜːkəleɪt] **1** *vt coffee* passer. ~d coffee café fait dans une cafetière à pression. **2** *vi* passer (*through* par); [*news*] filtrer. ♦ **percolator** *n* cafetière *f* à pression.
percussion [pə'kʌʃən] **1** *n* percussion *f*. **2** *adj* (*Mus*) *instrument* à *or* de percussion.
peregrine ['perɪgrɪn] *adj*: ~ falcon faucon *m* pèlerin.
peremptory [pə'remptərɪ] *adj* péremptoire.

♦ **peremptorily** *adv* péremptoirement.
perennial [pə'renɪəl] **1** *adj* (*gen*) perpétuel; *plant* vivace. **2** *n* plante *f* vivace. ♦ **perennially** *adv* perpétuellement.
perfect ['pɜːfɪkt] **1** *adj* (a) (*gen*) parfait. the ~ moment to speak to him about it le moment idéal pour lui en parler; (*Mus*) ~ pitch l'oreille *f* absolue; (*Gram*) ~ tense parfait *m*. (b) (*emphatic*) *idiot etc* véritable. he's a ~ stranger to me je ne le connais absolument pas. **2** *n* (*Gram*) parfait *m*. in the ~ au parfait. **3** [pə'fekt] *vt work* achever, parfaire; *technique* mettre au point. to ~ one's French parfaire ses connaissances de français. ♦ **perfection** *n* perfection *f*. ♦ **perfectionist** *adj*, *n* perfectionniste (*mf*). ♦ **perfectly** *adv* parfaitement.
perfidy ['pɜːfɪdɪ] *n* perfidie *f*. ♦ **perfidious** *adj* perfide. ♦ **perfidiously** *adv* perfidement.
perforate ['pɜːfəreɪt] *vt* perforer. ~d line pointillé *m*. ♦ **perforation** *n* perforation *f*.
perform [pə'fɔːm] **1** *vt* (a) *task* exécuter, accomplir; *function* remplir; *duty, miracle* accomplir; *rite* célébrer. to ~ an operation (*gen*) exécuter une opération; (*Med*) pratiquer une opération. (b) (*Theat etc*) *play, ballet, opera* donner; *symphony* jouer; *solo, acrobatics* exécuter. **2** *vi* (a) [*company etc*] donner une *or* des représentation(s); [*actor*] jouer; [*singer*] chanter; [*dancer*] danser; [*acrobat, trained animal*] exécuter un *or* des numéro(s). to ~ on the violin jouer du violon; ~ing seals *etc* phoques *etc* savants. (b) [*machine, vehicle*] marcher, fonctionner. ♦ **performance** *n* (a) (*presentation*) [*play, opera, ballet, circus*] représentation *f*; [*film, concert*] séance *f*; (*fig: fuss*) what a ~ance! quelle affaire!, quelle histoire!*; (b) [*actor, musician, dancer etc*] interprétation *f*; [*acrobat*] numéro *m*; [*racehorse, athlete, team etc*] performance *f*; (c) [*machine*] fonctionnement *m*; [*vehicle*] performance *f*. ♦ **performer** *n* artiste *mf*.
perfume ['pɜːfjuːm] **1** *n* parfum *m*. **2** [pə'fjuːm] *vt* parfumer. ♦ **perfumery** *n* parfumerie *f*.
perfunctory [pə'fʌŋktərɪ] *adj* négligent, pour la forme. ♦ **perfunctorily** *adv bow, greet, perform* négligemment; *answer, agree* sans conviction.
perhaps [pə'hæps, præps] *adv* peut-être. ~ so/not peut-être que oui/que non; ~ he will come peut-être viendra-t-il, il viendra peut-être, peut-être qu'il viendra.
peril ['perɪl] *n* péril *m*, danger *m*. in ~ of en danger de; at your ~ à vos risques et périls. ♦ **perilous** *adj* périlleux. ♦ **perilously** *adv* périlleusement; they were ~ously near disaster ils frôlaient la catastrophe.
perimeter [pə'rɪmɪtər] *n* périmètre *m*.
period ['pɪərɪəd] **1** *n* (a) (*length of time*) période *f*; (*stage: in career, development etc*) époque *f*, moment *m*. the classical ~ la période classique; furniture of the ~ meubles de l'époque; the post-war ~ (la période de) l'après-guerre *m*; at that ~ in *or* of his life à cette époque *or* à ce moment de sa vie; the holiday ~ la période des vacances; (*Met*) rainy ~s périodes de pluie; in the ~ of a year en l'espace d'une année; within a 3-month ~ dans un délai de 3 mois. (b) (*Scol*) cours *m*, leçon *f*. (c) (*full stop*) point *m*. (d) (*menstruation*) règles *fpl*. **2** *adj costume* de l'époque; *furniture* d'époque. (*fig*) ~ piece curiosité *f*. ♦ **periodic** *adj* périodique. ♦ **periodical** *adj*, *n* périodique (*m*). ♦ **periodically** *adv* périodiquement.
peripatetic [,perɪpə'tetɪk] *adj* ambulant; *teacher* qui dessert plusieurs établissements.
periphery [pə'rɪfərɪ] *n* périphérie *f*. ♦ **peripheral** *adj* périphérique.
periscope ['perɪskəʊp] *n* périscope *m*.
perish ['perɪʃ] *vi* (*die*) périr, mourir; [*rubber, foods etc*] se détériorer. ♦ **perishable 1** *adj*

périssable; **2** n: ~**ables** denrées fpl périssables. ♦ **perished*** adj frigorifié*. ♦ **perishing** adj: it's ~**ing*** il fait très froid.

peritonitis [,perɪtə'naɪtɪs] n péritonite f.

periwinkle ['perɪ,wɪŋkl] n (Bot) pervenche f; (Zool) bigorneau m.

perjure ['pɜːdʒəʳ] vt: to ~ o.s. se parjurer; (Jur) faire un faux serment; (Jur) ~**d evidence** faux serment. ♦ **perjury** n parjure m; (Jur) faux serment; **to commit perjury** se parjurer; (Jur) faire un faux serment.

perk [pɜːk] **1** vi: to ~ **up** (cheer up) se ragaillardir; (show interest) s'animer. **2** vt ragaillardir. (lit, fig) to ~ **one's ears up** dresser l'oreille. ♦ **perkily** adv (gaily) d'un air guilleret; (in lively manner) avec entrain; (cheekily) avec effronterie. ♦ **perky** adj guilleret; plein d'entrain; effronté. **perks*** [pɜːks] npl petits bénéfices mpl.

perm [pɜːm] **1** n (abbr of permanent wave) permanente f. **2** vt: to ~ **sb's hair** faire une permanente à qn; **to have one's hair** ~**ed** se faire faire une permanente.

permanent ['pɜːmənənt] adj (gen) permanent. I'm not ~ **here** je ne suis pas ici à titre définitif; ~ **address** adresse f fixe; (Brit) P~ **Under-secretary** ≃ secrétaire m général (de ministère); ~ **wave** permanente f; (Rail) ~ **way** voie f ferrée. ♦ **permanence** n permanence f. ♦ **permanency** n (job) emploi m permanent. ♦ **permanently** adv remain en permanence, de façon permanente; appoint à titre définitif.

permeate ['pɜːmɪeɪt] **1** vt filtrer à travers; (fig) se répandre dans or parmi. (lit, fig) ~**d with** imprégné de. **2** vi s'infiltrer; (fig) se répandre.

permission [pə'mɪʃən] n permission f; (official) autorisation f. **to give sb** ~ **to do** permettre à qn de faire, autoriser qn à faire. ♦ **permissible** adj action permis (to do de faire); attitude etc acceptable (to do de faire). ♦ **permissive** adj person (trop) tolérant; morals, law laxiste; society de tolérance.

permit ['pɜːmɪt] **1** n (gen) autorisation f (écrite); (for specific activity) permis m; (entrance pass) laissez-passer m inv; (for goods at Customs) passavant m. **building/fishing/residence** ~ permis de construire/de pêche/de séjour. **2** [pə'mɪt] vt permettre (sb to do à qn de faire); (more formally) autoriser (sb to do qn à faire). **he was** ~**ted to ...** on lui a permis de ..., on l'a autorisé à ...; **to** ~ **sth to happen** permettre que qch se produise, laisser qch se produire. **3** [pə'mɪt] vi: to ~ **of sth** permettre qch.

pernicious [pə'nɪʃəs] adj nuisible; (Med) pernicieux. ♦ **pernickety*** [pə'nɪkɪtɪ] adj difficile (about pour), pointilleux; job minutieux.

peroxide [pə'rɒksaɪd] n peroxyde m.

perpendicular [,pɜːpən'dɪkjʊləʳ] **1** adj (gen) perpendiculaire (to à); cliff, slope à pic. **2** n perpendiculaire f. ♦ **perpendicularly** adv perpendiculairement.

perpetrate ['pɜːpɪtreɪt] vt (gen) faire; crime perpétrer. ♦ **perpetrator** n auteur m (d'un crime).

perpetual [pə'petjʊəl] adj (gen) perpétuel. **he's a** ~ **nuisance** il ne cesse d'enquiquiner* le monde. ♦ **perpetually** adv perpétuellement. ♦ **perpetuate** vt perpétuer. ♦ **perpetuity** n: **in perpetuity** à perpétuité.

perplex [pə'pleks] vt rendre perplexe. I **was** ~**ed by** it cela m'a rendu perplexe. ♦ **perplexed** adj perplexe. ♦ **perplexedly** adv d'un air perplexe. ♦ **perplexing** adj embarrassant, confus. ♦ **perplexity** n embarras m, perplexité f.

perquisite ['pɜːkwɪzɪt] n à-côté m.

persecute ['pɜːsɪkjuːt] vt persécuter (for pour). ♦ **persecution** n persécution f; **persecution mania** folie f de la persécution. ♦ **persecutor** n persécuteur m, -trice f.

persevere [,pɜːsɪ'vɪəʳ] vi persévérer (in sth dans qch), persister (in sth dans qch; at doing sth à faire qch). ♦ **perseverance** n persévérance f, ténacité f. ♦ **persevering** adj persévérant.

Persia ['pɜːʃə] n Perse f. ♦ **Persian 1** adj (Hist) perse; (modern) persan; carpet de Perse; ~ **Gulf** golfe m Persique; **2** n Persan(e) m(f); (Hist) Perse mf; (Ling) persan m.

persist [pə'sɪst] vi persister (in sth dans qch; in doing à faire). ♦ **persistence** n persistance f. ♦ **persistent** adj (persevering) persévérant; (obstinate) obstiné; smell, pain, cough persistant; warnings, noise continuel; (Jur) ~**ent offender** multi-récidiviste mf. ♦ **persistently** adv (consistently) constamment; (obstinately) obstinément.

person ['pɜːsn] n personne f. **in** ~ en personne; **in the** ~ **of** dans or en la personne de; (Telec) a ~ **to** ~ **call** une communication avec préavis; **he had a knife on his** ~ il avait un couteau sur lui; (Gram) **in the first** ~ **singular** à la première personne du singulier. ♦ **personable** adj qui présente bien. ♦ **personage** n personnage m.

personal ['pɜːsnl] adj (gen, also Gram) personnel; liberty, rights etc individuel; habits, hygiene intime; application fait en personne; remark, question indiscret. ~ **assistant** secrétaire mf particulier (-ière); I **have no** ~ **knowledge of** this personnellement je ne sais rien à ce sujet; **a letter marked** '~' une lettre marquée 'personnel'; **the argument grew** ~ la discussion a pris un tour personnel; **don't let's get** ~! abstenons-nous de remarques désobligeantes!; **his** ~ **appearance** son apparence personnelle; **to make a** ~ **appearance** apparaître en personne; (Brit Telec) ~ **call** (person-to-person) communication f avec préavis; (private) communication privée; (Press) ~ **column** annonces fpl personnelles; **as a** ~ **favour to him** pour lui rendre service; ~ **friend** ami(e) m(f) intime; **his** ~ **life** sa vie privée; **to give sth the** ~ **touch** ajouter une note personnelle à qch.

♦ **personality** n (gen) personnalité f; (celebrity) personnalité, personnage m connu; **a television** ~**ity** une vedette de la télévision; **let's keep** ~**ities out of this** abstenons-nous de remarques désobligeantes. ♦ **personally** adv (in person) en personne; (for my part) personnellement, pour ma part; ~**ly responsible** personnellement responsable; **don't take it** ~**ly!** ne croyez pas que vous soyez personnellement visé!; I **like him** ~**ly but not as an employer** je l'aime en tant que personne mais pas en tant que patron. ♦ **personify** [pɜː'sɒnɪfaɪ] vt personnifier. ♦ **personification** n personnification f.

personnel [,pɜːsə'nel] **1** n personnel m. **2** adj: ~ **department** service m du personnel; ~ **management** direction f du personnel; ~ **manager** chef m du personnel; ~ **officer** responsable mf du personnel.

perspective [pə'spektɪv] n (gen, Archit, Art, Surv) perspective f. (fig) **let's get this into** ~ ne perdons pas le sens des proportions.

perspex ['pɜːspeks] n ® plexiglas m ®.

perspicacious [,pɜːspɪ'keɪʃəs] adj person perspicace; analysis pénétrant. ♦ **perspicacity** n perspicacité f.

perspire [pəs'paɪəʳ] vi transpirer. ♦ **perspiration** n transpiration f; **bathed in perspiration** en nage.

persuade [pə'sweɪd] vt persuader (sb of sth qn de qch; sb that qn que; sb to do qn de faire). **they** ~**d me not to** on m'en a dissuadé. ♦ **persuasion** n (gen) persuasion f; (Rel) religion f, confession f. ♦ **persuasive** adj person persuasif; argument convaincant. ♦ **persuasively** adv d'une manière persuasive. ♦ **persuasiveness** n pouvoir m de persuasion.

pert [pɜːt] adj coquin, hardi. ♦ **pertly** adv co-

quinement, hardiment. ♦ **pertness** *n* hardiesse *f*.
pertinacious [ˌpɜːtɪˈneɪʃəs] *adj* entêté.
♦ **pertinaciously** *adv* avec entêtement.
♦ **pertinacity** *n* entêtement *m*.
pertinent [ˈpɜːtɪnənt] *adj* pertinent. ~ **to** qui a rapport à. ♦ **pertinently** *adv* pertinemment.
perturb [pəˈtɜːb] *vt* perturber. **I was** ~**ed to hear that ...** j'ai appris avec inquiétude que ... .
♦ **perturbation** *n* perturbation *f*. ♦ **perturbing** *adj* troublant, inquiétant.
Peru [pəˈruː] *n* Pérou *m*.
peruse [pəˈruːz] *vt* lire. ♦ **perusal** *n* lecture *f*.
pervade [pɜːˈveɪd] *vt [smell]* se répandre dans; *[influence, ideas]* pénétrer dans; *[gloom]* envahir; *[feeling, atmosphere]* se retrouver partout dans.
♦ **pervasive** *adj* smell, ideas pénétrant; gloom envahissant; *influence* qui se fait sentir un peu partout.
perverse [pəˈvɜːs] *adj* (*wicked*) mauvais, pervers; (*contrary*) contrariant; *desire* pervers.
♦ **perversely** *adv* (*wickedly*) par pure méchanceté, avec perversité; (*contrarily*) par esprit de contradiction. ♦ **perversion** *n* (*gen, Med, Psych*) perversion *f*; *[justice, truth]* travestissement *m*.
♦ **perversity** *or* ♦ **perverseness** *n* (*wickedness*) méchanceté *f*, perversité *f*; (*contrariness*) caractère *m* contrariant, esprit *m* de contradiction.
♦ **pervert** **1** *vt* pervertir; **2** [ˈpɜːvɜːt] *n* perverti(e) *m(f)* sexuel(le).
pessary [ˈpesərɪ] *n* pessaire *m*.
pessimism [ˈpesɪmɪzəm] *n* pessimisme *m*.
♦ **pessimist** *n* pessimiste *mf*. ♦ **pessimistic** *adj* pessimiste (*about* au sujet de, sur).
♦ **pessimistically** *adv* avec pessimisme.
pest [pest] **1** *n* (*insect/animal*) insecte *m*/animal *m* nuisible; (*person*) casse-pieds* *mf inv*. **it's a** ~ **having to go** quelle barbe* d'avoir à y aller. **2** *adj:* ~ **control officer** agent *m* préposé à la lutte antiparasitaire. ♦ **pesticide** *n* pesticide *m*.
♦ **pestilence** *n* peste *f*. ♦ **pestilent** *or* ♦ **pestilential** *adj* (*exasperating*) sacré* (*before n*).
pester [ˈpestər] *vt* harceler (*sb to do* qn pour qu'il fasse; *sb with questions* qn de questions), casser les pieds à*. **she has been** ~**ing me for an answer** elle n'arrête pas de me réclamer une réponse; **stop** ~**ing me** fiche-moi la paix* (*about* avec).
pestle [ˈpesl] *n* pilon *m*.
pet [pet] **1** *n* (**a**) (*animal*) animal *m* familier. **he hasn't got any** ~**s** il n'a pas d'animaux chez lui; **she keeps a goldfish as a** ~ en fait d'animal elle a un poisson rouge; '**no** ~**s allowed**' 'les animaux sont interdits'. (**b**) (*: favourite*) chouchou(te)* *m(f)*. **be a** ~* sois un chou*; **come here** ~* viens ici mon chou*. **2** *adj* (**a**) lion, snake apprivoisé. **he's got a** ~ **rabbit** il a un lapin; ~ **shop** boutique *f* d'animaux. (**b**) (*fig*) ~ **aversion*** bête *f* noire; ~ **name** petit nom *m* (d'amitié); ~ **subject** marotte *f*, dada* *m*. **3** *vt* (*indulge*) chouchouter*; (*fondle*) câliner. **4** *vi* (*: sexually*) se peloter*.
♦ **petting** *n* pelotage* *m*.
petal [ˈpetl] *n* pétale *m*.
peter [ˈpiːtər] *vi:* **to** ~ **out** *[supplies]* s'épuiser; *[stream, conversation]* tarir; *[plans]* tomber à l'eau; *[book]* tourner court; *[fire]* mourir; *[road]* se perdre.
petite [pəˈtiːt] *adj* menu (*dit d'une femme*).
petition [pəˈtɪʃən] **1** *n* (*list of signatures*) pétition *f* (*for* en faveur de; *against* contre); (*prayer*) prière *f*; (*request, also Jur*) requête *f*. **2** *vt person* adresser une pétition à (*for sth* pour demander qch). **3** *vi* (*Jur*) **to** ~ **for divorce** faire une demande en divorce.
petrify [ˈpetrɪfaɪ] *vt* pétrifier; (*fig*) pétrifier de peur. ♦ **petrified** *adj* pétrifié; pétrifié de peur.
petrol [ˈpetrəl] (*Brit*) **1** *n* essence *f*. **high-octane** ~ supercarburant *m*; **to be heavy on** ~ consommer beaucoup; **we've run out of** ~ nous sommes en

panne d'essence. **2** *adj engine* à essence; *rationing* d'essence. ~ **can** bidon *m* à essence; ~ **cap** bouchon *m* de réservoir (d'essence); ~ **gauge** jauge *f* d'essence; ~ **pump** (*at garage*) pompe *f* d'essence; ~ **station** station-service *f*; ~ **tank** réservoir *m* (d'essence).
♦ **petroleum** *n* pétrole *m*; ~**eum jelly** vaseline *f*.
petticoat [ˈpetɪkəʊt] *n* (*skirt*) jupon *m*; (*slip*) combinaison *f*.
petty [ˈpetɪ] *adj farmer, official* petit; (*trivial*) detail, complaint insignifiant, sans importance; (*petty-minded*) mesquin. ~ **cash** caisse *f* de dépenses courantes; (*Naut*) ~ **officer** second maître *m*. ♦ **pettifogging** *adj details* insignifiant; *objections* chicanier. ♦ **pettily** *adv* avec mesquinerie. ♦ **pettiness** *n* insignifiance *f*; mesquinerie *f*.
petulant [ˈpetjʊlənt] *adj* irritable. ♦ **petulance** *n* irritabilité *f*. ♦ **petulantly** *adv* avec mauvaise humeur.
pew [pjuː] *n* banc *m* (d'église). **take a** ~**!** assieds-toi.
pewter [ˈpjuːtər] *n* étain *m*.
phantom [ˈfæntəm] *n*, *adj* fantôme (*m*).
pharmacy [ˈfɑːməsɪ] *n* pharmacie *f*. ♦ **pharmaceutical** *adj* pharmaceutique. ♦ **pharmacist** *n* pharmacien(ne) *m(f)*. ♦ **pharmacology** *n* pharmacologie *f*.
phase [feɪz] **1** *n* (*gen*) phase *f*. **it's just a** ~ **he's going through** ce n'est qu'une période difficile, ça lui passera. **2** *vt operation* faire progressivement; *execution of plan* procéder par étapes à. **a** ~**d withdrawal of troops** un retrait progressif des troupes.
phase in *vt sep* introduire progressivement.
phase out *vt sep machinery* retirer progressivement; *jobs* supprimer graduellement.
pheasant [ˈfeznt] *n* faisan *m*.
phenobarbitone [ˈfiːnəʊˈbɑːbɪtəʊn] *n* phénobarbital *m*.
phenomenon [fɪˈnɒmɪnən] *n*, *pl* -ena phénomène *m*.
♦ **phenomenal** *adj* phénoménal. ♦ **phenomenally** *adv* phénoménalement.
philander [fɪˈlændər] *vi* courir après les femmes.
♦ **philanderer** *n* coureur *m* (de jupons).
philanthropy [fɪˈlænθrəpɪ] *n* philanthropie *f*.
♦ **philanthropic** *adj* philanthropique. ♦ **philanthropist** *n* philanthrope *mf*.
philately [fɪˈlætəlɪ] *n* philatélie *f*. ♦ **philatelist** *n* philatéliste *mf*.
philharmonic [ˌfɪlɑːˈmɒnɪk] *adj* philharmonique.
philology [fɪˈlɒlədʒɪ] *n* philologie *f*. ♦ **philological** *adj* philologique. ♦ **philologist** *n* philologue *mf*.
philosophy [fɪˈlɒsəfɪ] *n* philosophie *f*. **his** ~ **of life** sa philosophie, sa conception de la vie.
♦ **philosopher** *n* philosophe *mf*. ♦ **philosophic(al)** *adj* philosophique; (*fig: resigned*) philosophe, résigné. ♦ **philosophically** *adv* philosophiquement. ♦ **philosophize** *vi* philosopher (*about, on* sur).
phlebitis [flɪˈbaɪtɪs] *n* phlébite *f*.
phlegm [flem] *n* flegme *m*. ♦ **phlegmatic** [flegˈmætɪk] *adj* flegmatique. ♦ **phlegmatically** *adv* flegmatiquement.
phobia [ˈfəʊbɪə] *n* phobie *f*.
phone [fəʊn] *n*, *vti abbr of* **telephone**. ♦ **phone-in** (*programme*) *n* programme *m* à ligne ouverte.
phoneme [ˈfəʊniːm] *n* phonème *m*.
phonetic [fəʊˈnetɪk] *adj* phonétique. ♦ **phonetician** *n* phonéticien(ne) *m(f)*. ♦ **phonetics** *nsg* phonétique *f*.
phoney* [ˈfəʊnɪ] **1** *adj name* faux; *jewels* en toc*; *emotion* factice, simulé; *firm, company* bidon* *inv*. **he's** ~ c'est un fumiste; **it sounds** ~ cela a l'air d'être de la blague*. **2** *n* (*person*) fumiste* *mf*.
phonograph [ˈfəʊnəgrɑːf] *n* électrophone *m*.

phonology [fəʊ'nɒlədʒɪ] *n* phonologie *f*.
♦ **phonological** *adj* phonologique.
phosphate ['fɒsfeɪt] *n* phosphate *m*.
phosphorus ['fɒsfərəs] *n* phosphore *m*.
♦ **phosphorescence** *n* phosphorescence *f*.
♦ **phosphorescent** *adj* phosphorescent.
photo ['fəʊtəʊ] **1** *n* (*abbr of* **photograph**) photo *f*.
2 *pref* photo ... . ♦ **photocopier** *n* photocopieur *m*.
♦ **photocopy 1** *n* photocopie *f*; **2** *vt* photocopier.
♦ **photocopying** *n* photocopie *f*. ♦ **photo finish** *n*
photo-finish *f*. ♦ **photogenic** *adj* photogénique.
♦ **photograph 1** *n* photographie *f*; **to take a**
~**(graph) of sb/sth** prendre une photo de qn/qch,
prendre qn/qch en photo; **in or on this** ~**(graph)**
sur cette photo; **2** *adj*: ~**(graph) album** album *m*
de photos; **3** *vt* photographier, prendre en photo.
♦ **photographer** [fə'tɒɡrəfər] *n* photographe *mf*;
newspaper ~**grapher** reporter *m* photographe;
street ~**grapher** photostoppeur *m*; **he's a keen**
~**grapher** il est passionné de
photo. ♦ **photographic** *adj* photographique.
♦ **photographically** *adv* photographiquement.
♦ **photography** [fə'tɒɡrəfɪ] *n* photographie *f*.
♦ **photostat** = **photocopy**.
phrase [freɪz] **1** *n* (**a**) (*saying*) expression *f*;
(*Gram*) locution *f*. (*Ling*) **verb** ~ syntagme *m*
verbal. (**b**) (*Mus*) phrase *f*.
2 *vt* (**a**) *thought* exprimer; *letter* rédiger. (**b**)
(*Mus*) phraser.
♦ **phrasal verb** *n* verbe *m* à postposition.
♦ **phrasebook** *n* recueil *m* d'expressions.
♦ **phraseology** [ˌfreɪzɪ'ɒlədʒɪ] *n* phraséologie *f*.
♦ **phrasing** *n* (*Mus*) phrasé *m*.
physical ['fɪzɪkəl] *adj* (*gen*) physique; *world*,
object matériel. ~ **examination** examen médical;
~ **exercises**, ~ **training**, (*Brit*) ~ **jerks*** gymnastique *f*; **it's a** ~ **impossibility for him to do it** il lui
est matériellement impossible de le faire.
♦ **physically** *adv* physiquement; **he is** ~**ly handicapped** c'est un handicapé physique. ♦ **physician**
n médecin *m*. ♦ **physicist** *n* physicien(ne) *m(f)*.
♦ **physics** *nsg* physique *f*.
physiognomy [ˌfɪzɪ'ɒnəmɪ] *n* physionomie *f*.
physiology [ˌfɪzɪ'ɒlədʒɪ] *n* physiologie *f*.
♦ **physiological** *adj* physiologique. ♦ **physiologist** *n* physiologiste *mf*.
physiotherapy [ˌfɪzɪə'θerəpɪ] *n* kinésithérapie *f*.
♦ **physiotherapist** *n* kinésithérapeute *mf*.
physique [fɪ'ziːk] *n* (*health etc*) constitution *f*;
(*appearance*) physique *m*.
piano ['pjɑːnəʊ] **1** *n* piano *m*. **grand** ~ piano à
queue. ~ **lesson**, **teacher** de piano. ~ **duet**
morceau *m* pour quatre mains; ~ **stool** tabouret
m; ~ **tuner** accordeur *m* (de piano). ♦ **pianist** *n*
pianiste *mf*. ♦ **piano accordion** *n* accordéon *m* à
clavier. ♦ **pianola** *n* ® piano *m* mécanique.
pick [pɪk] **1** *n* (**a**) (~**axe**) pioche *f*, pic *m*. (**b**)
(*choice*) choix *m*. **to take one's** ~ faire son choix;
the ~ **of the bunch** le meilleur de tous. **2** *vt* (**a**)
(*choose*) choisir; (*Sport*) **sides** former, sélectionner. **to** ~ **a winner** choisir le gagnant, (*fig*)
tirer le bon numéro (*in sb* avec qn); **to** ~ **one's
way through** avancer avec précaution à travers;
to ~ **a quarrel** chercher querelle (*with* à); **to** ~ **a
fight** chercher la bagarre* (*with* avec). (**b**)
(*gather*) *fruit*, *flower* cueillir. (**c**) *spot*, *scab*
gratter. **to** ~ **one's nose** se mettre les doigts dans
le nez; **to** ~ **the bones of a chicken** sucer les os
d'un poulet; **to** ~ **one's teeth** se curer les dents;
(*fig*) **to** ~ **holes in** relever les défauts de; **to** ~ **sb's
brains** faire appel aux lumières de qn; **to** ~ **a lock**
crocheter une serrure; **to** ~ **pockets** pratiquer le
vol à la tire; **I've had my pocket** ~**ed** on m'a fait
les poches. **3** *vi*: **to** ~ **and choose** prendre son
temps pour choisir; **to** ~ **at one's food** manger du
bout des dents; **don't** ~ **at that spot** ne gratte pas
ce bouton.
pick off *vt sep* (**a**) *paint* gratter; *flower*, *leaf*

cueillir. (**b**) (*shoot*) abattre (*après avoir visé
soigneusement*).
pick on *vt fus* (**a**) (*: *harass*) harceler, être toujours sur le dos de*. (**b**) (*single out*) choisir,
désigner; (*for punishment*) s'en prendre à.
pick out *vt sep* (**a**) (*choose*) choisir. (**b**) (*distinguish*) *object*, *acquaintance*, *place etc* distinguer; (*in identification parade*) identifier; (*on
photo*) reconnaître. (**c**) *tune on piano* retrouver.
pick over *vt sep fruit*, *goods* trier, examiner.
pick up **1** *vi* (**a**) (*improve*: *gen*) s'améliorer;
[*prices*, *wages*] remonter; [*invalid*] se rétablir;
[*trade*] reprendre. (**b**) (*: *continue*) continuer,
reprendre. **we** ~**ed up where we'd left off** nous
avons repris le travail (*etc*) où nous l'avions
laissé. **2** *vt sep* (**a**) (*lift*) *sth dropped* ramasser; *sb
fallen* relever; *child*, *dog* prendre dans ses
bras; *telephone* décrocher; (*rescue*) *survivors*
recueillir, (*from sea*) repêcher; (*arrest*) arrêter;
(*fig*) *points*, *marks* gagner; *sb's error* relever. **to**
~ **up speed** prendre de la vitesse; (*fig*) **we** ~**ed up
a rabbit in the headlights** nous avons aperçu un
lapin dans la lumière des phares; **the cameras/
lights** ~**ed him up** il est entré dans le champ des
caméras/lumières; **to** ~ **sb up for having made a
mistake** reprendre qn pour une faute; (*fig*) **to** ~
up the bill* payer, casquer*. (**b**) (*collect*) *object*,
goods, *passenger* passer prendre. (*fig*) **he** ~**ed up
a girl at the cinema** il a ramassé une fille au
cinéma. (**c**) (*acquire*) découvrir; *sale bargain*
tomber sur, trouver; *accent*, *habit* prendre;
information avoir; (*learn*) apprendre. **you'll soon**
~ **it up again** vous vous y remettrez vite. (**d**)
(*Rad*, *Telec*) *station*, *message* capter.
♦ **pickaback** *n*: **to give sb a** ~**aback** porter qn sur
son dos. ♦ **pickaxe** *n* pic *m*, pioche *f*. ♦ **picked** *adj*
(*hand-*~**ed**) *objects* sélectionné; *men* trié sur le
volet. ♦ **picker** *n*: *apple-*~**er** cueilleur *m*, *-euse f*
de pommes. ♦ **pickings** *npl* gratte* *f*. ♦ **pick-me-
up*** *n* remontant *m*. ♦ **pickpocket** *n* pickpocket
m. ♦ **pickup** *n* (**a**) [*record-player*] pick-up *m inv*,
lecteur *m*; (**b**) (*truck*) pick-up *m inv*; (**c**) (*:
casual lover) partenaire *mf* de rencontre.
picket ['pɪkɪt] **1** *n* (*gen*) piquet *m*; (*Ind*) piquet de
grève; (*Mil*) (*sentry*) sentinelle *f*; (*group*)
détachement *m* (de soldats). **2** *adj* (*Ind*) **to be on**
~ **duty** faire partie d'un piquet de grève; ~ **line**
cordon *m* de piquet de grève. **3** *vt* [*strikers*]
mettre un piquet de grève aux portes de; [*demonstrators*] former un cordon devant.
pickle ['pɪkl] **1** *n*: ~(**s**) **pickles** *mpl*; (*fig*) **to be in a
(pretty)** ~***** être dans le pétrin. **2** *vt* conserver
dans du vinaigre.
picnic ['pɪknɪk] (*vb: pret*, *ptp* **picnicked**) **1** *n* pique-
nique *m*. (*fig*) **it's no** ~***** ça n'est pas une partie de
plaisir*; ~ **basket** panier *m* à pique-nique. **2** *vi*
pique-niquer, faire un pique-nique. ♦ **picnicker**
n pique-niqueur *m*, *-euse f*.
pictorial [pɪk'tɔːrɪəl] **1** *adj magazine* illustré;
record en images; *masterpiece* de peinture. **2** *n*
illustré *m*. ♦ **pictorially** *adv* au moyen d'images.
picture ['pɪktʃər] **1** *n* (**a**) (*gen*) image *f*; (*illustration*) image, illustration *f*; (*painting*) tableau *m*;
(*portrait*) portrait *m*. **I took a** ~ **of him** j'ai pris
une photo de lui; (*TV*) **we have the sound but no** ~
nous avons le son mais pas l'image; **to paint a** ~
faire un tableau; **to draw a** ~ faire un dessin; **to
paint/draw a** ~ **of sth** peindre/dessiner qch; (*fig*)
the garden is a ~ **in June** le jardin est ravissant en
juin; **he looks the** ~ **of health** il respire la santé;
(*fig*) **the other side of the** ~ le revers de la
médaille; **his face was a** ~**!*** si vous aviez vu sa
tête!* (**b**) (*Cine*) **film** *m*. **they made a** ~ **about it** on
en a fait un film; **to go to the** ~**s** aller au cinéma.
(**c**) (*description*) tableau *m*, image *f*; (*mental
image*) image. **to give sb a** ~ **of sth** décrire qch à
qn; **he painted a black** ~ **of ...** il nous a peint un
sombre tableau de ...; **I have a clear** ~ **of him**

(*remembering*) je le revois clairement; (*imagining*) je me le représente très bien; **the general** ~ le tableau général de la situation; **do you get the** ~?* tu vois le tableau?*; **to put sb in the** ~ mettre qn au courant. **2** *adj*: ~ **book** livre *m* d'images; ~ **frame** cadre *m*; ~ **gallery** (*public*) musée *m* (de peinture); (*private*) galerie *f* (de peinture); ~ **postcard** carte *f* postale (illustrée); ~ **window** fenêtre *f* panoramique. **3** *vt* se représenter; (*remembering*) revoir. ♦ **picturegoer** *n* amateur *m* de cinéma. ♦ **picturesque** *adj* pittoresque.

pie [paɪ] *n* [*fruit, fish, meat with gravy etc*] tourte *f*; [*compact filling*] pâté *m* en croûte. **apple** ~ tourte aux pommes; **pork** ~ pâté de porc en croûte. ♦ **piecrust** *n* croûte *f* de pâté. ♦ **pie dish** *n* terrine *f*. ♦ **pie-eyed⁕** *adj* parti*, soûl.

piebald ['paɪbɔːld] *adj* pie *inv*.

piece [piːs] *n* (*gen*) morceau *m*; (*smaller*) bout *m*; [*ribbon, string*] bout *f*; (*Comm, Ind, Chess, jigsaw*) pièce *f*; (*Draughts*) pion *m*. **a** ~ **of land** (*for agriculture*) une parcelle de terre; (*for building*) un lotissement; **a** ~ **of advice** un conseil; **a** ~ **of carelessness** de la négligence; **by a** ~ **of luck** par un coup de chance; **a** ~ **of music** un morceau de musique; **piano** ~ morceau pour piano; **a** ~ **of poetry** un poème; **a good** ~ **of work** du bon travail; **a** ~ **out of 'Ivanhoe'** un passage d''Ivanhoé'; **made in one** ~ fait d'une seule pièce; **in one** ~ *object* intact; (*person*) indemne, entier*; **a 5-franc** ~ une pièce de 5 F; **a 30-~ tea set** un service à thé de 30 pièces; (*Mus*) **10-~ band** orchestre de 10 exécutants; **3** ~**s of luggage** 3 valises *fpl* (*or* sacs *mpl etc*); ~ **by** ~ pièce à pièce, morceau par morceau; **in** ~**s** (*broken*) en morceaux; (*not yet assembled*) en pièces détachées; **to come to** ~**s** (*break*) partir en morceaux; (*dismantle*) se démonter; **to take sth to** ~**s** démonter qch; **to go to** ~**s⁕** (*collapse*) s'effondrer; (*lose one's grip*) lâcher pied (*fig*); **to cut sth to** ~**s** couper qch en morceaux *or* pièces; **to smash sth to** ~**s** briser qch en mille morceaux.

piece together *vt sep broken object, facts* rassembler; *jigsaw* assembler; *events* reconstituer.

♦ **piecemeal 1** *adv* petit à petit; **2** *adj* (*gen*) fait (*or* raconté *etc*) petit à petit; *essay, argument* qui manque de rigueur. ♦ **piecework** *n* travail *m* à la pièce. ♦ **pieceworker** *n* ouvrier *m*, -ière *f* payé(e) à la pièce.

pier [pɪər] *n* (*with amusements etc*) jetée *f* (*promenade*); (*landing stage*) embarcadère *m*.

pierce [pɪəs] *vt* (*gen*) percer; [*cold, wind, arrow, bullet*] transpercer. **to have one's ears** ~**d** se faire percer les oreilles. ♦ **piercing** *adj* *sound, voice, look* perçant; *cold, wind* glacial.

piety ['paɪətɪ] *n* piété *f*.

pig [pɪg] **1** *n* cochon *m*, porc *m*. (*fig*) **to buy a** ~ **in a poke** acheter chat en poche; **to make a** ~ **of o.s.** manger comme un goinfre; **you** ~!* (*mean*) espèce de chameau!*; (*dirty*) espèce de cochon!*; (*greedy*) espèce de goinfre! **2** *adj breeding, industry* porcin. ♦ **piggery** *n* porcherie *f*. ♦ **piggyback** = **pickaback**. ♦ **pigheaded** *adj* entêté. ♦ **pigheadedly** *adv* avec entêtement. ♦ **pigheadedness** *n* entêtement *m*. ♦ **piglet** *n* petit cochon *m*. ♦ **pigman** *n* porcher *m*. ♦ **pigskin 1** *n* peau *f* de porc; **2** *adj* en peau de porc. ♦ **pigsty** *n* porcherie *f*. ♦ **pigtail** *n* [*hair*] natte *f*.

pigeon ['pɪdʒən] *n* pigeon *m* (*also Culin*). **wood-** ~ ramier *m*; (*fig*) **that's your** ~* c'est toi que ça regarde, c'est tes oignons*. ♦ **pigeon-fancier** *n* colombophile *mf*. ♦ **pigeonhole 1** *n* casier *m*; **2** *vt* classer (*as* comme). ♦ **pigeon-loft** *n* pigeonnier *m*. ♦ **pigeon-toed** *adj*: **to be** ~**-toed** avoir les pieds tournés en dedans.

pigment ['pɪgmənt] *n* pigment *m*. ♦ **pigmentation** *n* pigmentation *f*.

pike [paɪk] *n* (*fish*) brochet *m*.

pilchard ['pɪltʃəd] *n* pilchard *m*.

pile¹ [paɪl] *n* (*Constr etc*) pieu *m* de fondation; (*in water*) pilotis *m*; [*bridge*] pile *f*.

pile² [paɪl] **1** *n* (a) (*heap*) pile *f*, (*less tidy*) tas *m*. **in a** ~ en pile, en tas; **atomic** ~ pile atomique; (*fig*) **to make one's** ~* faire fortune; ~**s of⁕**, **a** ~ **of⁕** *butter, honey* des masses de*; *cars, flowers* un tas de*. **(b)** (*Med*) ~**s** hémorroïdes *fpl*. **2** *vt* (*stack*) empiler; (*heap*) entasser. ~**d** (**high**) **with books** couvert de piles de livres; **I** ~**d⁕ the children into the car** j'ai entassé les enfants dans la voiture. **3** *vi* (*⁕*) [*people*] s'entasser, s'empiler (*into* dans). **to** ~ **in⁕** s'entasser, s'empiler; **to** ~ **on/off⁕** *etc* monter/descendre *etc* en se bousculant.

pile on *vt sep*: **to** ~ **it on⁕** exagérer, en rajouter; **to** ~ **on the agony⁕** dramatiser, faire du mélo*.

pile up 1 *vi* [*snow etc*] s'amonceler; [*reasons, proof, work, business*] s'accumuler. **2** *vt sep* (a) *objects* (*stack*) empiler; (*heap*) entasser; *evidence, reasons* accumuler. **(b)** (*⁕: crash*) *car* bousiller*.

♦ **pile-up⁕** *n* (*Aut*) carambolage *m*.

pile³ [paɪl] *n* [*cloth, carpet*] poils *mpl*.

pilfer ['pɪlfər] **1** *vt* chaparder*. **2** *vi* se livrer au chapardage*. ♦ **pilferer** *n* chapardeur* *m*, -euse* *f*. ♦ **pilfering** *n* chapardage* *m*.

pilgrim ['pɪlgrɪm] *n* pèlerin *m*. ♦ **pilgrimage** *n* pèlerinage *m*; **to go on a** ~**age** faire un pèlerinage.

pill [pɪl] *n* pilule *f*. (*fig*) **to sweeten the** ~ dorer la pilule (*for sb* à qn); **to be on the** ~ prendre la pilule.

pillage ['pɪlɪdʒ] **1** *n* pillage *m*. **2** *vt* piller. **3** *vi* se livrer au pillage.

pillar ['pɪlər] *n* (*gen*) pilier *m*; [*fire, smoke*] colonne *f*. **he was pushed around from** ~ **to post** on se le renvoyait de l'un à l'autre; ~ **of salt** statue *f* de sel; ~ **of the Church** pilier de l'Église; **he was a** ~ **of strength** il a vraiment été d'un grand soutien. ♦ **pillar-box** *n* (*Brit*) boîte *f* aux *or* à lettres; ~-**box red** rouge sang *inv*.

pillion ['pɪljən] **1** *n* siège *m* arrière (*d'une moto etc*). ~ **passenger** passager *m* de derrière. **2** *adv*: **to ride** ~ monter derrière.

pillow ['pɪləʊ] *n* oreiller *m*. ♦ **pillowcase** *or* ♦ **pillowslip** *n* taie *f* d'oreiller.

pilot ['paɪlət] **1** *n* pilote *m*. **2** *adj*: ~ **scheme** projet *m* d'essai, projet-pilote *m*; ~ **film** film-pilote *m*; ~ **light** veilleuse *f* (*de cuisinière etc*). **3** *vt* (*Aviat, Naut*) piloter; (*gen: guide*) guider, diriger.

pimento [pɪ'mentəʊ] *n* piment *m*.

pimp [pɪmp] *n* souteneur *m*.

pimple ['pɪmpl] *n* bouton *m* (*Med*). ♦ **pimply** *adj* boutonneux.

pin [pɪn] **1** *n* (a) (*gen*) épingle *f*; (*safety* ~) épingle de sûreté *or* de nourrice; (*drawing* ~) punaise *f*. **as neat as a new** ~ **room** impeccable; *person* tiré à quatre épingles; **you could have heard a** ~ **drop** on aurait entendu voler une mouche; **to have** ~**s and needles** avoir des fourmis (*in* dans); **for two** ~**s⁕ I'd smack his face** pour un peu je le giflerais. **(b)** [*machine, device, hand-grenade*] goupille *f*; (*Elec*) fiche *f*; (*Med: in limb*) broche *f*; (*Bowling*) quille *f*. (*Elec*) **3-**~ **plug** prise *f* à 3 fiches. **2** *adj*: ~ **money** argent *m* de poche. **3** *vt* (*gen*) épingler (*to* à; *onto* sur); *papers* attacher avec une épingle (*or* une punaise *etc*); (*Tech*) goupiller. **to** ~ **sb's arms to his sides** lier les bras de qn contre son corps; **to** ~ **sb against a wall** clouer qn à un mur; **to** ~ **one's hopes on sth** mettre tous ses espoirs dans qch; **to** ~ **a crime on sb⁕** mettre un crime sur le dos de qn.

pin down *vt sep* fixer (avec une épingle *etc*); [*fallen tree*] *person* coincer; (*Mil*) *troops* bloquer. (*fig*) **to** ~ **sb down to a promise** obliger qn à tenir sa promesse; **I can't** ~ **him down** je n'arrive pas à le coincer* (*fig*); **to** ~ **sb down to doing** décider qn à faire; **there's sth wrong but I can't** ~ **it down** il y a

a qch qui ne va pas mais je n'arrive pas à mettre le doigt dessus.
pin on vt sep épingler.
pin up vt sep notice afficher; hem épingler; hair relever avec des épingles.
♦ **pinball** n flipper m. ♦ **pincushion** n pelote f à épingles. ♦ **pinpoint** vt place localiser avec précision; problem mettre le doigt sur.
♦ **pinprick** n piqûre f d'épingle; (fig: annoyance) coup m d'épingle. ♦ **pinstripe** suit n costume m rayé. ♦ **pinup** (girl)* n pin-up f inv.
pinafore ['pɪnəfɔːr] n (apron) tablier m; (overall) blouse f (de travail). ~ **dress** robe-chasuble f.
pincers ['pɪnsəz] npl tenailles fpl.
pinch [pɪntʃ] 1 n (a) (action) pincement m; (mark) pinçon m. **to give sb a** ~ pincer qn; (fig) **to feel the** ~ commencer à être serré or à être à court; (fig) **at a** ~, (US) **in a** ~ à la rigueur; **when it comes to the** ~ au moment critique. (b) [salt] pincée f; [snuff] prise f. (fig) **to take sth with a** ~ **of salt** ne pas prendre qch pour argent comptant. 2 vt (a) (gen) pincer; [shoes] serrer; bud épincer.
(b) (*: steal) piquer*, voler (from sb à qn). (c) (:: arrest) pincer*, arrêter. 3 vi [shoe] serrer. (fig) **to** ~ **and scrape** économiser sur tout. ♦ **pinched** adj (a) (drawn) qui a les traits tirés; ~ed with cold transi de froid; (b) ~ed for money à court d'argent; ~ed for space à l'étroit.
pine[1] [paɪn] 1 n (~ tree) pin m. 2 adj: ~ **kernel** or **nut** pigne f; ~ **needle** aiguille f de pin. ♦ **pinecone** n pomme f de pin. ♦ **pinewood** n (grove) pinède f; (material) (bois m de) pin m.
pine[2] [paɪn] vi: **to** ~ **for sth** désirer ardemment; sb s'ennuyer de; **to** ~ **away** languir.
pineapple ['paɪnæpl] n ananas m.
ping [pɪŋ] 1 n bruit m métallique; [bell, clock] tintement m. 2 vi faire un bruit métallique; tinter. ♦ **ping-pong** n ping-pong m.
pinion ['pɪnjən] n (Tech) pignon m.
pink[1] [pɪŋk] 1 n (a) (colour) rose m. (fig) **to be in the** ~* se porter comme un charme. (b) (Bot) mignardise f. 2 adj (gen) rose; (Pol) gauchisant. **to turn** ~ [thing] rosir; [person] rougir. ♦ **pinkish** adj rosâtre, rosé.
pink[2] [pɪŋk] vt (Sewing) denteler. ♦ **pinking shears** npl ciseaux mpl à denteler.
pinkie* ['pɪŋkɪ] n petit doigt m.
pinnacle ['pɪnəkl] n (Archit) pinacle m; [mountain] cime f; (fig) apogée m.
pint [paɪnt] n pinte f, ≈ demi-litre m (Brit = 0,57 litre; US = 0,47 litre). **a** ~ **of beer** ≈ un demi (de bière). ♦ **pinta*** n abbr of pint of milk. ♦ **pint-size(d)** adj tout petit.
pioneer [ˌpaɪə'nɪər] 1 n pionnier m. 2 vt: **to** ~ **sth** être l'un des premiers à faire qch. 3 adj research etc complètement nouveau.
pious ['paɪəs] adj pieux; (iro) hope légitime.
♦ **piously** adv pieusement.
pip [pɪp] 1 n [fruit] pépin m; [card, dice] point m; (Radar) spot m; (Brit Mil*: on uniform) ≈ galon m. (Telec: sound) ~s bip-bip m; (fig) **he gives me the** ~s* il me hérisse le poil*. 2 vt: **to be** ~**ped at the post*** se faire coiffer au poteau.
pipe [paɪp] 1 n (a) (tube) tube m; (for water, gas) tuyau m, conduite f. (b) (Mus: instrument) pipeau m; [organ] tuyau m. (bag)~s cornemuse f.
(c) pipe f. **he smokes a** ~ il fume la pipe; ~ **of peace** calumet m de la paix; **put that in your** ~ **and smoke it!*** si ça ne te plaît pas c'est le même prix!*
2 adj tobacco à pipe. ~ **cleaner** cure-pipe m; ~ **dream** château m en Espagne (fig). 3 vt (a) oil, water (by ~ line) transporter (or amener etc) par tuyau or conduite etc; (through tube, hose etc) verser (into dans). **to** ~ **icing on a cake** décorer un gâteau de fondant (à la douille); ~**d music** musique f de fond enregistrée. (b) (Naut) **to** ~ **sb aboard** etc saluer l'arrivée etc de qn (au son du sifflet). (c) (Sewing) passepoiler

(with de). (d) (say) dire d'une voix flûtée.
pipe down* vi mettre la sourdine*, se taire.
pipe up* vi se faire entendre.
♦ **pipeline** n (gen) pipe-line m; [oil] oléoduc m; [natural gas] gazoduc m; (fig) it's in the ~ line ça va venir, on s'en occupe. ♦ **piper** n (bagpiper) cornemuseur m. ♦ **piping** 1 n (pipes) tuyauterie f; (Sewing) passepoil m; 2 adj voice flûté; 3 adv: **piping hot** tout bouillant.
pippin ['pɪpɪn] n (pomme f) reinette f.
piquant ['piːkənt] adj piquant. ♦ **piquancy** n (flavour) goût m piquant; [story] piquant m.
pique [piːk] 1 vt dépiter. 2 n dépit m.
pirate ['paɪərɪt] 1 n pirate m; (Comm: gen) contrefacteur m; (in publishing) démarqueur m. 2 adj ship de pirates; radio pirate. 3 vt book publier en édition pirate; product contrefaire; invention, idea s'approprier. ♦ **piracy** n piraterie f. ♦ **pirated** adj (Comm) contrefait; edition pirate.
Pisces ['paɪsiːz] n (Astron) les Poissons mpl.
piss: [pɪs] vi pisser:.
pistachio [pɪs'tɑːʃɪəʊ] n pistache f.
pistol ['pɪstl] 1 n pistolet m. 2 adj: **at** ~ **point** sous la menace du pistolet; ~ **shot** coup m de pistolet.
piston ['pɪstən] 1 n piston m (lit). 2 adj engine à pistons. ~ **ring** segment m (de pistons); ~ **rod** tige f de piston.
pit[1] [pɪt] 1 n (a) (large hole) trou m; (on moon etc) cratère m; (coal ~) mine f, puits m de mine; (as game trap, in garage etc) fosse f; (quarry) carrière f; (in motor racing) stand m. **chalk** ~ carrière à chaux; **he works in the** ~s il travaille à la mine; **in the** ~ **of his stomach/back** au creux de l'estomac/des reins. (b) (Brit Theat) (fauteuils mpl d')orchestre m.
2 adj: ~ **pony** cheval m de mine; ~ **worker** mineur m de fond.
3 vt (a) opposer (sb against sb qn à qn). **to** ~ **o.s.** or one's wits against sb se mesurer avec qn. (b) (mark) metal piqueter; skin grêler.
♦ **pithead** n (Min) carreau m de la mine.
pit[2] [pɪt] 1 n (fruit-stone) noyau m. 2 vt dénoyauter.
pitapat ['pɪtə'pæt] adv: **to go** ~ [feet] trottiner; [heart] palpiter; [rain] crépiter.
pitch[1] [pɪtʃ] 1 n (a) (degree) degré m, point m; [voice] hauteur f; (Mus) ton m, diapason m. (fig) **at its (highest)** ~ à son comble; **things have reached such a** ~ **that** ... les choses en sont arrivées à un point tel que ... . (b) (Sport) terrain m. **football** etc ~ terrain de football etc.
2 vt (a) (throw) ball lancer; object jeter, lancer. (b) (Mus) note donner. **to** ~ **the voice higher/lower** hausser/baisser le ton de la voix; **this song is** ~**ed too low** cette chanson est dans un ton trop bas; **the speech must be** ~**ed at the right level for the audience** le ton du discours doit être adapté au public. (c) (set up) tent dresser; camp établir.
3 vi (fall) tomber; (be jerked) être projeté. **the ship** ~**ed (and tossed)** le navire tanguait.
pitch in* vi s'attaquer au boulot*.
pitch into* vt fus (attack, abuse) tomber sur; (start) meal, work s'attaquer à.
♦ **pitched** adj: ~**ed battle** (Mil) bataille f rangée; (fig) véritable bataille. ♦ **pitchfork** 1 n fourche f à foin; 2 vt: **to be** ~**forked into doing sth** être forcé de faire qch immédiatement.
pitch[2] [pɪtʃ] n (tar) poix f. ♦ **pitch-black** adj (a) noir comme poix; (b) (also pitch-dark) it's ~-black or ~-dark il fait noir comme dans son four.
♦ **pitchpine** n pitchpin m.
pitcher ['pɪtʃər] n cruche f; (bigger) broc m.
pitfall ['pɪtfɔːl] n piège m.
pith [pɪθ] n [bone, plant] moelle f; [orange] peau f blanche; (fig: essence) essence f. ♦ **pithy** adj (forceful) vigoureux; (terse) concis; (pointed) piquant.

pittance ['pɪtəns] n somme f dérisoire; (income) maigre revenu m; (wage) salaire m de misère.

pity ['pɪtɪ] 1 n (a) pitié f, compassion f. for ~'s sake de grâce; to have/take ~ on sb avoir/prendre pitié de qn; to feel ~ for sb avoir pitié de qn. (b) (misfortune) dommage m. it is a (great) ~ c'est (bien) dommage; it's a ~ that il est dommage que +subj; what a ~! quel dommage!; (the) more's the ~! c'est d'autant plus dommage!; the ~ of it is that ... le plus malheureux c'est que ... . 2 vt plaindre, avoir pitié de. ♦ piteous adj pitoyable.
♦ piteously adv pitoyablement. ♦ pitiable adj hovel, situation pitoyable; appearance, attempt piteux. ♦ pitiful adj pitoyable; (pej) efforts, cowardice lamentable. ♦ pitifully adv (gen) pitoyablement; thin etc à faire pitié; (pej) lamentablement. ♦ pitiless adj impitoyable.
♦ pitilessly adv impitoyablement. ♦ pitying adj compatissant. ♦ pityingly adv avec pitié.

pivot ['pɪvət] 1 n (Mil, Tech, fig) pivot m. 2 vt faire pivoter. 3 vi (Tech) pivoter; [person] tourner.

placard ['plækɑːd] 1 n affiche f, placard m. 2 vt wall placarder; announcement afficher.

placate [plə'keɪt] vt calmer, apaiser.

place [pleɪs] 1 n (a) (gen) endroit m, (more formally) lieu m. to take ~ avoir lieu; this is the ~ c'est ici, voici l'endroit; (US) no ~* not any ~* (ne ...) nulle part; (US) some ~* quelque part; this is no ~ for children cela n'est pas un endroit convenable pour des enfants; this isn't the ~ to start an argument nous ne pouvons pas commencer à discuter ici; from ~ to ~ d'un endroit à l'autre, de lieu en lieu; he went from ~ to ~ looking for her il l'a cherchée de ville en ville (etc); all over the ~ partout; to find/lose one's ~ in a book trouver/perdre sa page dans un livre; to keep/lose one's ~ in the queue garder/perdre sa place dans la queue; to laugh at the right ~ rire au bon endroit or moment; to go ~s* (travel) voyager; (make good) faire son chemin; (make progress) obtenir des résultats; ~ of amusement/birth/work lieu de distractions/de naissance/de travail; ~ of worship lieu de culte; the time and ~ of the crime l'heure et le lieu du crime; it's a small ~ (village) c'est un petit village; (house) c'est une petite maison; the town is such a big ~ now that ... la ville s'est tellement agrandie or étendue que ...; he needs a bigger ~ il lui faut qch de plus grand; at Paul's ~* chez Paul. (b) (in street names etc) Washington P~ rue de Washington; market ~ place f du marché. (c) (seat) place f; (at table) place, couvert m. (d) (position, situation etc) place f; [star, planet] position f. in ~ of à la place de, au lieu de; to take the ~ of sb/sth remplacer qn/qch; out of ~ object, remark déplacé; I feel rather out of ~ je ne me sens pas à ma place; in his (or its etc) ~ à sa place; (fig) to put sb in his ~ remettre qn à sa place; (if I were) in your ~ ... (si j'étais) à votre place ...; it's not your ~ to criticize ce n'est pas à vous de critiquer; to give ~ to céder la place à. (e) (job, vacancy) place f, poste m; (in school etc) place. I have got a ~ on the sociology course j'ai été admis à faire sociologie. (f) (in series, rank) in the first ~ en premier lieu, premièrement; in the second ~ en second lieu, deuxièmement; in the next ~ ensuite; in the last ~ enfin; to 5 decimal ~s jusqu'à la 5e décimale; he took second ~ in the race il a été second dans la course; (Ftbl etc) the team was in third ~ l'équipe était placée troisième; he took second ~ in history/in the history exam il a été deuxième en histoire/à l'examen d'histoire; people in high ~s les gens haut placés.
2 adj: ~ card carte f marque-place; ~ mat set m (de table); ~ name nom m de lieu; ~ setting couvert m.
3 vt (a) (put: gen) placer, mettre. she ~d the matter in the hands of her solicitor elle a remis

l'affaire entre les mains de son avocat. (b) (situate) placer, situer. awkwardly ~d shop, house mal situé or placé; (fig) person dans une situation assez délicate; well ~d to decide bien placé pour décider. (c) (in exam, race) placer. he was ~d first in French/in the race il s'est placé premier en français/dans la course. (d) (find ~ for) object, goods, employee, money placer; (Comm) order passer (with sb à qn); bet placer (with sb chez qn); contract passer (with sb avec qn). to ~ a book with a publisher faire accepter un livre par un éditeur. (e) (remember; identify) person se rappeler; face reconnaître; accent situer.
♦ placement n (Fin) placement m; (during studies) stage m. ♦ placing n [money, funds] placement m; [ball, players] position f.

placid ['plæsɪd] adj placide, calme. ♦ placidity n placidité f. ♦ placidly adv avec placidité.

plagiarism ['pleɪdʒərɪzəm] n plagiat m.
♦ plagiarist n plagiaire mf. ♦ plagiarize vt plagier.

plague [pleɪg] 1 n (Med) peste f; (fig) (nuisance) fléau m; (person) plaie f. to avoid like the ~ fuir comme la peste. 2 vt tourmenter, harceler. to ~ sb with questions harceler qn de questions.

plaice [pleɪs] n plie f.

plaid [plæd] n tissu m écossais.

plain [pleɪn] 1 adj (a) (obvious) clair, évident (that que); path etc clairement tracé or marqué. it must be ~ to everyone that ... il est clair pour tout le monde que ...; as ~ as a pikestaff or as the nose on your face* clair comme le jour; a ~ case of jealousy un cas manifeste or évident de jalousie; he made his feelings ~ il n'a pas caché ce qu'il ressentait; to make sth ~ to sb faire comprendre qch à qn. (b) (unambiguous) statement, meaning clair; answer direct, sans ambages; person franc. ~ talk propos mpl sans équivoque; to be a ~ speaker, to like ~ speaking aimer la franchise; to use ~ language appeler les choses par leur nom; in ~ words, in ~ English très clairement; ~ dealings procédés mpl honnêtes; the ~ truth of the matter is (that) ... à dire vrai ...; do I make myself ~? est-ce que je me fais bien comprendre? (c) (utter) (tout) pur. it's ~ madness c'est pure folie, c'est de la folie toute pure. (d) (simple, unadorned) dress, food simple; (in one colour) fabric uni. (unlined) ~ paper papier uni; I'm a ~ man je suis un homme tout simple; they used to be called ~ Smith ils s'appelaient Smith tout court; (Knitting) ~ stitch maille f à l'endroit; in ~ clothes (not uniform) en civil; ~ chocolate chocolat m à croquer; to send under ~ cover envoyer sous pli discret. (e) (not pretty) quelconque, ordinaire (pej).
2 adv (a) (unambiguously) franchement, carrément. I can't put it ~er than this je ne peux pas m'exprimer plus clairement que cela. (b) (in truth) tout bonnement. she's just ~ shy elle est tout bonnement timide.
3 n plaine f.
♦ plain-clothes policeman n policier m en civil. ♦ plainly adv (obviously) clairement, manifestement; (unambiguously) speak carrément, sans détours; remember, see, explain clairement; (simply) dress simplement. ♦ plainness n (simplicity) simplicité f; (lack of beauty) manque m de beauté. ♦ plainsong n plain-chant m. ♦ plain-spoken adj qui a son franc-parler.

plaintiff ['pleɪntɪf] n (Jur) plaignant(e) m(f).

plaintive ['pleɪntɪv] adj voice plaintif.
♦ plaintively adv plaintivement.

plait [plæt] 1 n natte f. 2 vt natter.

plan [plæn] 1 n (a) (drawing, map) plan m. (b) (project) plan m, projet m. ~ of campaign plan de campagne; five-year ~ plan quinquennal; development ~ projet de développement; to draw up a ~ dresser un plan; **everything is going according to** ~ tout se passe comme prévu; **to make** ~**s** faire des projets; **to change one's** ~**s** prendre d'autres dispositions; **the best** ~ **would be to leave** le mieux serait de partir; **the** ~ **is to come back here** notre idée est de revenir ici; **have you got any** ~**s for tonight?** est-ce que vous avez prévu qch pour ce soir?

2 *vt* (a) *house, estate, garden etc* dresser les plans de; *programme, holiday, journey, campaign, attack* organiser; *research, industry, economy* planifier; *crime* combiner; *essay* faire le plan de. **well-**~**ned house** maison bien conçue; **that wasn't** ~**ned** cela n'était pas prévu; **as** ~**ned** comme prévu; **to** ~ **one's family** pratiquer le contrôle des naissances dans son foyer; ~**ned parenthood** contrôle des naissances. (b) *(have in mind)* visit, holiday projeter. **to** ~ **to do** avoir l'intention de faire.

3 *vi* faire des projets *(for sth* pour qch). *(fig: expect)* **we didn't** ~ **for so many visitors** nous n'avions pas prévu tant de visiteurs.

♦ **planner** *n (Econ)* planificateur *m,* -trice *f;* **town** ~**ner** urbaniste *mf.* ♦ **planning** 1 *n (gen)* organisation *f; (Econ)* planification *f;* 2 *adj:* ~**ning committee** service *m* de planning; ~**ning permission** permis *m* de construire.

plane[1] [pleɪn] *n (abbr of aeroplane, airplane)* avion *m.*

plane[2] [pleɪn] 1 *n (tool)* rabot *m.* 2 *vt* raboter.

plane[3] [pleɪn] *n (tree)* platane *m.*

plane[4] [pleɪn] *n (Art, Math etc)* plan *m.*

plane[5] [pleɪn] *vi [bird, glider, boat]* planer; *[car]* faire de l'aquaplanage.

planet ['plænɪt] *n* planète *f.* ♦ **planetarium** *n* planétarium *m.*

plank [plæŋk] *n* planche *f.*

plankton ['plæŋktən] *n* plancton *m.*

plant [plɑ:nt] 1 *n* (a) *(Bot)* plante *f.* (b) *(machinery etc)* matériel *m,* équipement *m; (fixed)* installation *f; (buildings)* bâtiments *mpl; (factory)* usine *f.* 2 *adj:* **the** ~ **kingdom** le règne végétal; ~ **life** flore *f;* ~ **pot** pot *m* (de fleurs). 3 *vt* seeds, flag, object, kiss planter; *field* planter *(with* en); *colonists etc* établir; *idea* implanter *(in sb's head* dans la tête de qn). *(fig)* **to** ~*** a revolver on sb** cacher un revolver sur qn (pour le faire incriminer).

plant out *vt sep seedlings* repiquer.

♦ **plantation** *n* plantation *f.* ♦ **planter** *n* planteur *m.*

plaque [plæk] *n* plaque *f.*

plaster ['plɑ:stə[r]] 1 *n* (a) *(Constr)* plâtre *m.* (b) *(Med: for broken bones)* plâtre *m.* ~ **of Paris** plâtre de moulage; **he had his leg in** ~ il avait la jambe dans le plâtre; **sticking** ~ sparadrap *m;* **a (piece of)** ~ un pansement adhésif. 2 *adj mould etc* de *or* en plâtre. ~ **cast** *(Med)* plâtre *m; (Sculp)* moule *m* (en plâtre). 3 *vt* plâtrer; *(fig: cover)* couvrir *(with* de). **to** ~ **mud on sth** couvrir qch de boue; ~**ed with** couvert de. ♦ **plasterboard** *n* carreau *m* de plâtre. ♦ **plastered*** *adj (drunk)* beurré*, soûl. ♦ **plasterer** *n* plâtrier *m.*

plastic ['plæstɪk] 1 *n* matière *f* plastique, plastique *m.* ~**s** matières plastiques. 2 *adj object* en *or* de (matière) plastique; *art, substance* plastique. ~ **explosive** plastic *m;* ~**(s) industry** industrie *f* plastique; ~ **surgeon** spécialiste *mf* de chirurgie esthétique; ~ **surgery** chirurgie *f* esthétique.

♦ **plasticine** *n ®* pâte *f* à modeler.

plate [pleɪt] 1 *n* (a) assiette *f; (platter)* plat *m; (for church collection)* plateau *m* de quête. *(fig)* **he was handed it on a** ~ on lui a apporté ça sur un plateau d'argent; *(fig)* **to have a lot on one's** ~***** avoir un travail fou. (b) *gold/silver* ~ *(objects)* vaisselle *f* d'or/d'argent; *(electroplated metal)* métal doré/argenté. (c) *(Phot, Tech, also on door, battery)* plaque *f; (Aut: number* ~) plaque

d'immatriculation; *(on. cooker: hot* ~) plaque chauffante; *(book illustration)* gravure *f; (dental* ~) dentier *m.* 2 *vt (with metal)* plaquer; *(with gold/silver etc)* dorer/argenter *etc.* ♦ **plateful** *n* assiettée *f,* assiette *f.* ♦ **plate-glass** 1 *n* verre *m* à vitre très épais; 2 *adj:* ~**-glass window** baie *f* vitrée. ♦ **platelayer** *n (Rail)* poseur *m* de rails. ♦ **plate-rack** *n* égouttoir *m.* ♦ **plate-warmer** *n* chauffe-assiettes *m inv.*

plateau ['plætəu] *n* plateau *m (Geog).*

platform ['plætfɔ:m] 1 *n (on bus, scales, in scaffolding etc)* plate-forme *f; (for band, in hall)* estrade *f; (Rail)* quai *m.* **he was on the** ~ **at the meeting** il était sur l'estrade *or* il était à la tribune lors de la réunion. 2 *adj:* **the** ~ **party** la tribune; ~ **scales** (balance *f* à) bascule *f;* ~ **soles** semelles *fpl* compensées; ~ **ticket** billet *m* de quai.

platinum ['plætɪnəm] *n* platine *m.* ~ **blond(e)** *(adj)* platiné.

platitude ['plætɪtjuːd] *n* platitude *f.*

platonic [plə'tɒnɪk] *adj* platonique.

platoon [plə'tuːn] *n (Mil)* section *f.*

platter ['plætə[r]] *n* plat *m.*

plausible ['plɔːzəbl] *adj argument* plausible; *person* convaincant. ♦ **plausibility** *n* plausibilité *f.* ♦ **plausibly** *adv* plausiblement.

play [pleɪ] 1 *n* (a) *(amusement)* jeu *m.* **the children were at** ~ **les enfants jouaient** *or* s'amusaient; **to say sth in** ~ dire qch par jeu; **a** ~ **on words** un jeu de mots; *(Sport)* **there was some good** ~ **in the second half** il y a eu du beau jeu à la deuxième mi-temps; **in/out of** ~ **ball** en/hors jeu; ~ **starts at 11 o'clock** le match commence à 11 heures; *(fig)* **to make a** ~ **for sth** tout faire pour avoir qch; **to bring** *or* **call sth into** ~ faire entrer qch en jeu; **to make great** ~ **with sth** faire grand cas de qch. (b) *(Tech etc)* jeu *m.* **too much** ~ **in the clutch** trop de jeu dans l'embrayage; *(fig)* **to give full** *or* **free** ~ **to** donner libre cours à. (c) *(Theat)* pièce *f* (de théâtre). **to go to (see) a** ~ aller au théâtre; **radio** ~ pièce radiophonique; **television** ~ dramatique *f.*

2 *vt* (a) *game, cards* jouer à; *card, chesspiece* jouer; *opponent, opposing team* jouer contre; *match* disputer *(against* avec). **England will be** ~**ing Smith in the team** l'Angleterre a sélectionné Smith pour l'équipe; **the match will be** ~**ed on Saturday** le match aura lieu samedi; **to** ~ **the game, to** ~ **fair** *(Sport etc)* jouer franc jeu; *(fig)* jouer le jeu; **don't** ~ **games with me!** ne vous moquez pas de moi!; **to** ~ **soldiers** jouer aux soldats; **he** ~**ed the ball into the net** il a mis la balle dans le filet; *(fig)* **to** ~ **ball*** coopérer *(with sb* avec qn); *(Cards)* **to** ~ **hearts** jouer cœur; **to** ~ **one's ace** jouer son as, *(fig)* jouer sa carte maîtresse; *(fig)* **to** ~ **one's cards well** *or* **right** bien jouer son jeu; **to** ~ **a fish** fatiguer un poisson; *(St Ex)* **to** ~ **the market** jouer à la Bourse; *(fig)* **to** ~ **the field*** jouer sur plusieurs tableaux; *(fig)* **to** ~ **it cool*** garder son sang-froid; **to** ~ **a joke** *or* **trick on sb** jouer un tour à qn. (b) *(Theat etc)* jouer. **let's** ~ **it for laughs*** jouons-le en farce; *(lit, fig)* **to** ~ **one's part well** bien jouer; *(fig)* **he was only** ~**ing a part** il jouait la comédie; *(fig)* **to** ~ **a part in sth** contribuer à qch; *(fig)* **he** ~**ed no part in it** il n'y était pour rien; **to** ~ **the fool** faire l'imbécile. (c) *(Mus etc)* instrument jouer de; *note, tune, concerto* jouer; *record* passer; *radio* faire marcher. **they were** ~**ing Beethoven** ils jouaient du Beethoven. (d) *hose, searchlight* diriger *(on* sur).

3 *vi* (a) *(gen)* jouer; *[lambs etc]* folâtrer; *[light, fountain]* jouer *(on* sur). **to** ~ **at chess** jouer aux échecs; **to** ~ **with sth** jouer avec qch, *(fiddle with it)* tripoter qch; **he just** ~**s at being a soldier** il ne prend pas au sérieux son métier de soldat; **to** ~ **at soldiers** jouer aux soldats; **to** ~ **for money/ matches** jouer de l'argent/des allumettes; *(lit, fig)* **to** ~ **for high stakes** jouer gros jeu; *(fig)* **to** ~ **with**

fire jouer avec le feu; (fig) to ~ for time essayer de gagner du temps; to ~ hard to get* se faire désirer; to ~ fast and loose with sb traiter qn à la légère; to ~ into sb's hands faire le jeu de qn; he's just ~ing with you il vous fait marcher; to ~ with an idea caresser une idée. (b) (Mus) jouer; [radio] marcher. to ~ on the piano jouer du piano. (c) (Theat etc) jouer. (fig) to ~ dead faire le mort.

play about, play around vi [children etc] jouer, s'amuser. to ~ about or around with sth (fiddle with it) tripoter qch.

play along 1 vi (fig) to ~ along with sb entrer dans le jeu de qn. 2 vt sep (fig) to ~ sb along tenir qn en haleine.

play back vt sep tape (ré)écouter, repasser.

play down vt sep (fig) minimiser.

play off vt sep (a) (fig) to ~ off A against B monter A contre B (pour en tirer profit). (b) (Sport) to ~ a match off jouer la belle.

play on vt fus sb's credulity, good nature jouer sur. to ~ on sb's nerves agacer qn.

play out vt sep: to be ~ed out* [person] être éreinté*; [argument] être périmé.

play over, play through vt sep music jouer.

play up 1 vi (a) (*: give trouble) [engine, child] faire des siennes. his leg is ~ing up sa jambe le tracasse. (b) (curry favour with) to ~ up to sb chercher à se faire bien voir de qn. 2 vt sep: his leg is ~ing him up sa jambe le tracasse; that boy ~s his father up ce garçon en fait voir à son père.

♦ **playact** vi jouer la comédie (fig). ♦ **playacting** n comédie f (fig). ♦ **play-back** n réécoute f. ♦ **playbill** n affiche f (de théâtre). ♦ **playboy** n playboy m. ♦ **player** n (a) (Sport) joueur m, -euse f; football ~er joueur de football; (b) (Theat) acteur m, -trice f; (c) (Mus) musicien(ne) m(f); flute ~er joueur m, -euse f de flûte. ♦ **playful** adj espiègle. ♦ **playfully** adv espièglerie. ♦ **playfulness** n espièglerie f. ♦ **playgoer** n amateur m de théâtre. ♦ **playground** n cour f de récréation. ♦ **playgroup** or ♦ **playschool** n ≃ garderie f. ♦ **playhouse** n (Theat) théâtre m; (for children) maison f (pliante). ♦ **playing** 1 n: some fine ~ing (Sport) du beau jeu; (Mus) des passages bien joués; 2 adj: ~ing card carte f à jouer; ~ing field terrain m de jeu or de sport. ♦ **playmate** or ♦ **playfellow** n petit(e) camarade m(f). ♦ **play-off** n (Sport) belle f. ♦ **playpen** n parc m (pour petits enfants). ♦ **play-reading** n lecture f d'une pièce (de théâtre). ♦ **playroom** n salle f de jeux (pour enfants). ♦ **plaything** n (lit, fig) jouet m. ♦ **playtime** n (Scol) récréation f. ♦ **playwright** n auteur m dramatique.

plea [pli:] n (a) (excuse) excuse f; (claim) allégation f; (entreaty) appel m (for à). (b) (Jur) (statement) argument m; (defence) défense f. to put forward a ~ of self-defence plaider la légitime défense.

plead [pli:d] pret, ptp pleaded or (*: esp US) pled 1 vi (a) to ~ with sb to do supplier or implorer qn de faire; to ~ for sth (beg for) implorer qch; (make speech in favour of) plaider pour qch; he ~ed for help il a imploré or supplié qu'on l'aide (subj). (b) (Jur) plaider (for pour, in favour de; against contre). to ~ guilty/not guilty plaider coupable/non coupable. 2 vt (a) (Jur etc: argue) plaider. (Jur) to ~ sb's case, (fig) to ~ sb's cause plaider la cause de qn. (b) (give as excuse) ignorance etc alléguer, invoquer; (Jur) insanity etc plaider. ♦ **pleading** 1 n prières fpl (for sb en faveur de qn); 2 adj suppliant. ♦ **pleadingly** adv d'un air suppliant.

pleasant [plcznt] adj (gen) agréable; person (attractive) sympathique, charmant; (polite) aimable. to have a ~ time passer un bon moment; it's very ~ here on est bien ici. ♦ **pleasantly** adv (gen) agréablement; behave, smile, answer

aimablement. ♦ **pleasantness** n [person, manner] amabilité f; [place, house] charme m. ♦ **pleasantry** n (joke) plaisanterie f; (polite remarks) ~ries propos mpl aimables.

please [pli:z] 1 vi (a) (also if you ~) s'il vous plaît, s'il te plaît. yes ~ oui s'il vous plaît; come in ~ entrez, je vous prie, (more formally) veuillez entrer; (notice) ~ do not smoke prière de ne pas fumer; ~ do! je vous en prie!, mais bien sûr!; ~ don't! ne faites pas ça s'il vous plaît! (b) (think fit) do as you ~! faites comme vous voulez or comme bon vous semble; as you ~! comme vous voulez!; as many as you ~ autant qu'il vous plaira. (c) [gift etc] plaire, faire plaisir. our aim is to ~ nous ne cherchons qu'à satisfaire; anxious to ~ désireux de plaire.

2 vt (a) (give pleasure to) plaire à, faire plaisir à; (satisfy) satisfaire, contenter. I did it just to ~ you je ne fais que pour te faire plaisir; that will ~ him ça va lui faire plaisir, il va être content; easy/hard to ~ facile/difficile à satisfaire; there's no pleasing him il n'y a jamais moyen de le contenter or de le satisfaire. (b) to ~ o.s. faire comme on veut; ~ yourself! comme vous voulez!; you must ~ yourself whether ... c'est à vous de décider si ... .

♦ **pleased** adj content (with de; to do de faire; that que + subj); as ~d as Punch heureux comme tout; ~d to meet you!* enchanté!; we are ~d to inform you that ... nous avons le plaisir de vous informer que ... . ♦ **pleasing** adj personality sympathique; sight, news qui fait plaisir, agréable. ♦ **pleasingly** adv agréablement.

pleasure [pleʒər] 1 n (a) plaisir m. with ~ avec plaisir, volontiers; it's a ~! je vous en prie!; it's a ~ to see you quel plaisir de vous voir!; it gave me much ~ to hear that ... cela m'a fait grand plaisir d'apprendre que ...; to find/take great ~ in (doing) sth trouver/prendre beaucoup de plaisir à (faire) qch; a life of ~ une vie de plaisirs. (b) at ~ à volonté; at your ~ à votre gré; (Comm) we await your ~ nous attendons votre plaisir. 2 adj: ~ boat bateau m de plaisance; ~ cruise croisière f. ♦ **pleasurable** adj (très) agréable. ♦ **pleasurably** adv (très) agréablement.

pleat [pli:t] 1 n pli m. 2 vt plisser.

plebeian [plɪˈbiːən] adj, n plébéien(ne) m(f).

plebiscite [ˈplebɪsɪt] n plébiscite m. to hold a ~ faire un plébiscite.

pledge [pledʒ] 1 n (a) (security, token) gage m. (b) (promise) engagement m (to do de faire); (agreement) pacte m. to be under a ~ of secrecy avoir promis de garder le secret; (fig) to sign the ~ faire vœu de tempérance. 2 vt (a) (pawn) mettre en gage. (b) (promise) promettre (sth qch; to do de faire); (vow) faire vœu (to do de faire). to ~ sb to secrecy faire promettre le secret à qn. (c) (toast) boire à la santé de.

plenary [ˈpliːnərɪ] adj power absolu; assembly plénier. in ~ session en séance plénière.

plenipotentiary [ˌplenɪpəˈtenʃərɪ] adj plénipotentiaire.

plenty [ˈplentɪ] n (a) abondance f. in ~ grow en abondance; live dans l'abondance; land of ~ pays m de cocagne. (b) ~ of (lots of) beaucoup de; (enough) bien assez de; I've got ~ j'en ai bien assez; he's got ~ of friends il a beaucoup d'amis; 10 is ~ 10 suffisent (largement or amplement); that's ~ ça suffit (amplement). ♦ **plenteous** or ♦ **plentiful** adj harvest, food abondant; meal, amount copieux; eggs are plentiful il y a une abondance d'œufs.

pleurisy [ˈplʊərɪsɪ] n pleurésie f.

pliable [ˈplaɪəbl] adj substance flexible; person docile. ♦ **pliability** n flexibilité f; docilité f.

pliers [ˈplaɪəz] npl: (pair of) ~ pince(s) f(pl), tenailles fpl.

plight [plaɪt] n triste situation f. the country's

economic ~ les difficultés *fpl* économiques du pays.

plimsoll ['plɪmsəl] *n* (*Brit*) (chaussure *f* de) tennis *f*.

plinth [plɪnθ] *n* plinthe *f*.

plod [plɒd] *vi:* to ~ **in/out** *etc* entrer/sortir *etc* d'un pas lent *or* lourd; (*fig*) **we must** ~ **on** il faut persévérer; (*fig*) **he was** ~**ding through his maths** il faisait méthodiquement son devoir de maths. ◆ **plodder** *n* bûcheur* *m*, -euse* *f*. ◆ **plodding** *adj* **step** pesant; **worker** bûcheur*.

plonk [plɒŋk] **1** *n* (*: *cheap wine*) vin *m* ordinaire. **2** *adv:* ~ **in the middle of** au beau milieu de. **3** *vt* (~ **down**) poser (bruyamment). **to** ~ **o.s. down** se laisser tomber.

plop [plɒp] **1** *n* plouf *m*. **2** *vi* [*stone*] faire plouf; [*raindrops*] faire flic flac.

plosive ['pləʊsɪv] (*Ling*) **1** *adj* explosif. **2** *n* consonne *f* explosive.

plot [plɒt] **1** *n* (a) (*ground*) terrain *m*, lotissement *m*. ~ **of grass** gazon *m*; **building** ~ terrain à bâtir; **the vegetable** ~ le carré des légumes. (b) (*conspiracy*) complot *m* (*against* contre; *to do* pour faire). (c) (*Literat, Theat*) intrigue *f*. (*fig*) **the** ~ **thickens** l'affaire se corse. **2** *vt* (a) (~ **out**) **course, route** déterminer; **graph, curve** tracer point par point; **boundary, piece of land** relever. (*Naut*) **to** ~ **one's position on the map** pointer sa carte. (b) (*conspire*) **sb's death** *etc* comploter (*to do* de faire). ◆ **plotter** *n* conspirateur *m*, -trice *f*. ◆ **plotting** *n* complots *mpl*.

plough [plaʊ] **1** *n* charrue *f*. **2** *vt* **field** labourer; **furrow** creuser. **3** *vi* (a) (*Agr*) labourer. (b) (*fig*) **to** ~ (**one's way**) **through the mud** avancer péniblement dans la boue; **the car** ~**ed through the fence** la voiture a défoncé la barrière; **to** ~ **through a book** lire un livre méthodiquement.

plough back *vt sep* **profits** réinvestir (*into* dans).

plough up *vt sep* **field** labourer. ◆ **ploughing** *n* labour *m*; [*field etc*] labourage *m*; (*fig*) **the** ~**ing back of profits** le réinvestissement des bénéfices. ◆ **ploughman** *n* laboureur *m*; ~**man's (lunch)** = sandwich *m* (*au fromage*).

plover ['plʌvər] *n* pluvier *m*.

plow [plaʊ] (*US*) = **plough**.

ploy* [plɔɪ] *n* stratagème *m* (*to do* pour faire).

pluck [plʌk] **1** *n* (*courage*) courage *m*, cran* *m*. **2** *vt* **fruit, flower** cueillir; (*Mus*) **strings** pincer; **guitar** pincer les cordes de; (*Culin*) **bird** plumer. **to** ~ **one's eyebrows** s'épiler les sourcils. **3** *vi:* **to** ~ **at sb's sleeve** tirer qn doucement par la manche.

pluck off, pluck out *vt sep* **feathers** arracher; (*gen*) enlever.

pluck up *vt sep:* **he** ~**ed up (the) courage to tell her** il a pris son courage à deux mains et le lui a dit. ◆ **pluckily** *adv* avec cran*, courageusement. ◆ **plucky** *adj* courageux, qui a du cran*.

plug [plʌg] **1** *n* (a) [*bath, basin, barrel*] bonde *f*; (*to stop a leak*) tampon *m*; (*stopper*) bouchon *m*; [*volcano*] culot *m*. (*in lavatory*) **to pull the** ~ tirer la chasse d'eau. (b) (*Elec*) prise *f* (de courant); [*switchboard*] fiche *f*; (*Aut: sparking* ~) bougie *f*. (c) (*: *publicity*) publicité *f* (indirecte). **to give sth/sb a** ~* donner un coup de pouce (publicitaire) à qch/qn. **2** *vt* (a) (~ **up**) **hole, jar** boucher; **leak** colmater; **tooth** obturer (*with* avec). (b) (*: *publicize*) faire de la publicité pour.

plug away* *vi* travailler méthodiquement (*at sth* pour faire qch). **he was** ~**ging away at his maths** il bûchait* ses maths.

plug in (*Elec*) **1** *vi* se brancher. **2** *vt sep* brancher. ◆ **plughole** *n* vidange *f*; **it went down the** ~**hole** c'est tombé dans le trou (du lavabo *etc*).

plum [plʌm] **1** *n* prune *f*; (*tree*) prunier *m*. (*choice thing*) **the** *or* **a** ~* le meilleur. **2** *adj* (a)

(~-*coloured*) lie de vin *inv*. (b) (*: *best*) **the** ~ **job** le meilleur travail; **a** ~ **job** un boulot* en or. ◆ **plum pudding** *n* (plum-)pudding *m*.

plumb [plʌm] **1** *n* plomb *m*. **2** *adj* vertical, d'aplomb. **3** *adv* en plein. ~ **in the middle of** en plein milieu de. **4** *vt* (a) sonder. **to** ~ **the depths** (*lit*) sonder les profondeurs; (*fig*) toucher le fond du désespoir. (b) **to** ~ **in a machine** faire le raccordement d'une machine. ◆ **plumber** *n* plombier *m*. ◆ **plumbing** *n* plomberie *f*. ◆ **plumbline** *n* fil *m* à plomb; (*Naut*) sonde *f*.

plume [pluːm] *n* plumet *m*, (*larger*) panache *m* (*also of smoke*).

plummet ['plʌmɪt] *vi* [*aircraft, bird*] descendre à pic; [*temperature, prices, sales*] baisser brusquement; [*spirits, morale*] tomber à zéro.

plump[1] [plʌmp] **1** *adj* **person** rondelet; **child, hand, arm** potelé; **cheek, face, cushion** rebondi; **chicken** dodu. **2** *vt* (~ **up**) **pillow** tapoter. ◆ **plumpness** *n* [*person*] rondeur *f*.

plump[2] [plʌmp] **1** *vt* (~ **down**) flanquer*. **2** *adv* en plein, exactement. ~ **in the middle of** en plein milieu de.

plump down *vi* (*also* ~ **o.s. down**) s'affaler.

plump for *vt fus* se décider pour.

plunder ['plʌndər] **1** *n* (*act*) pillage *m*; (*loot*) butin *m*. **2** *vt* piller. ◆ **plunderer** *n* pillard *m*. ◆ **plundering** **1** *n* pillage *m*; **2** *adj* pillard.

plunge [plʌndʒ] **1** *n* (*gen*) plongeon *m*; (*steep fall*) chute *f*; (*rash investment*) spéculation *f* hasardeuse (*on* sur). (*fig*) **to take the** ~ se jeter à l'eau, sauter le pas. **2** *vt* plonger (*into* dans). **3** *vi* (a) (*dive: gen*) plonger (*into* dans; *from* de); [*ship*] piquer de l'avant; (*fig*) [*person*] se lancer (*into* dans). (b) (*fall: gen*) [*person*] tomber (*from* de). **the plane** ~**d to the ground/into the sea** l'avion s'est écrasé au sol/abîmé dans la mer. (c) (*rush*) **to** ~ **in/out** *etc* entrer/sortir *etc* précipitamment. ◆ **plunger** *n* (*for blocked pipe*) ventouse *f*.

pluperfect ['pluː'pɜːfɪkt] *n* plus-que-parfait *m*.

plural ['plʊərəl] **1** *adj* **form** pluriel, du pluriel; **verb, noun** au pluriel. **2** *n* (*Gram*) pluriel *m*. **in the** ~ au pluriel.

plus [plʌs] **1** *prep* plus. **2** *adj* (*Elec, Math*) positif. (*fig*) **a** ~ **factor** un atout; **10-**~ **hours** plus de 10 heures. **3** *n* (*Math*) (signe *m*) plus *m*; (*fig: advantage*) atout *m*.

plush [plʌʃ] **1** *n* (*Tex*) peluche *f*. **2** *adj* (*) **hotel** *etc* somptueux.

Pluto ['pluːtəʊ] *n* (*Astron*) Pluton *f*; (*Myth*) Pluton *m*.

plutocracy [ˌpluːˈtɒkrəsɪ] *n* ploutocratie *f*. ◆ **plutocrat** *n* ploutocrate *m*.

plutonium [pluːˈtəʊnɪəm] *n* plutonium *m*.

ply[1] [plaɪ] *n:* **three-**~ **wool** laine *f* trois fils. ◆ **plywood** *n* contre-plaqué *m*.

ply[2] [plaɪ] **1** *vt* **needle, tool, oar** manier; **river** naviguer sur. **to** ~ **one's trade** exercer son métier (*as* de); **to** ~ **sb with questions** presser qn de questions; **he plied them with drink** il ne cessait de remplir leur verre. **2** *vi:* **to** ~ **between** faire la navette entre; **to** ~ **for hire** faire un service de taxi.

pneumatic [njuːˈmætɪk] *adj* pneumatique. ~ **drill** marteau-piqueur *m*.

pneumonia [njuːˈməʊnɪə] *n* (*Med*) pneumonie *f*.

poach[1] [pəʊtʃ] *vt* (*Culin*) pocher. ~**ed eggs** œufs *mpl* pochés. ◆ **poacher**[1] *n* pocheuse *f*.

poach[2] [pəʊtʃ] *vti* braconner. **to** ~ **for salmon** braconner du saumon; (*fig*) **to** ~ **on sb's preserves** braconner sur les terres de qn. ◆ **poacher**[2] *n* braconnier *m*. ◆ **poaching** *n* braconnage *m*.

pocket ['pɒkɪt] **1** *n* poche *f*. **with his hands in his** ~**s** les mains dans les poches; **to go through sb's** ~**s** faire les poches à qn; **to put one's hand in one's** ~ débourser; **it put £100 in his** ~ cela lui a rapporté 100 livres; **to have sb/sth in one's** ~

avoir qn/qch dans sa poche; **to line one's ~s** se remplir les poches; **to be out of** ~ en être de sa poche; **I was £5 in/out of** ~ j'avais fait un bénéfice/essuyé une perte de 5 livres; **air** ~ trou *m* d'air; ~ **of gas/resistance** poche de gaz/de résistance. **2** *adj flask, calculator, edition* de poche. **3** *vt* empocher *(also fig: gain, steal)*; *(fig) one's pride* mettre dans sa poche. ♦ **pocketbook** *n (wallet)* portefeuille *m*; *(notebook)* calepin *m*; *(US: book)* livre *m* de poche; *(US: handbag)* sac *m* à main. ♦ **pocketful** *n* poche *f* pleine. ♦ **pocket-handkerchief 1** *n* mouchoir *m* de poche; **2** *adj* grand comme un mouchoir de poche. ♦ **pocket-knife** *n* canif *m*. ♦ **pocket-money** *n* argent *m* de poche. ♦ **pocket-size(d)** *adj (fig)* tout petit.

pock-marked ['pɒkmɑːkt] *adj face* grêlé; *surface* criblé de petits trous.

pod [pɒd] *n [bean, pea etc]* cosse *f*.

podgy* ['pɒdʒɪ] *adj* rondelet.

podiatry [pɒ'diːətrɪ] *n (US)* soins *mpl* du pied. ♦ **podiatrist** *n* pédicure *mf*.

poem ['pəʊɪm] *n* poème *m*. ♦ **poet** *n* poète *m*. ♦ **poetess** *n* poétesse *f*. ♦ **poetic** *adj* poétique; **poetic justice** bonne justice *f*. ♦ **poetically** *adv* poétiquement. ♦ **poetry** *n* poésie *f*; **to write poetry** écrire des poèmes. ♦ **poetry-reading** *n* lecture *f* de poèmes.

poignant ['pɔɪnjənt] *adj* poignant. ♦ **poignancy** *n* caractère *m* poignant. ♦ **poignantly** *adv* d'une manière poignante.

point [pɔɪnt] **1** *n* **(a)** *[pencil, knife etc]* pointe *f*; *(Geog)* pointe, cap *m*. **with a sharp** ~ très pointu; *(fig)* **not to put too fine a** ~ **on it** pour dire les choses comme elles sont; **star with 5 ~s** étoile à 5 branches *fpl*; *(Ballet)* **to be on ~s** faire des pointes; **at the** ~ **of a sword/revolver** à la pointe de l'épée/sous la menace du revolver.
(b) *(dot: gen)* point *m*; *(decimal* ~*)* virgule *f* (décimale). **3** ~ **6 (3.6)** 3 virgule 6 (3,6); *(Geom)* ~ **A** le point A.
(c) *(on scale, in space, in time)* point *m*. **from that** ~ **onwards** *(in space)* à partir de là; *(in time)* à partir de ce moment-là; **at this** *or* **that** ~ *(in space)* à cet endroit-là; *(in time)* à ce moment-là; **at this** ~ **in time** en ce moment; ~ **of the compass** aire *f* de vent; **from all ~s (of the compass)** de tous côtés; **the train stops at Slough, and all ~s west** le train s'arrête à Slough et dans toutes les gares à l'ouest de Slough; ~ **of departure/entry** point de départ/d'arrivée; **from that** ~ **of view** de ce point de vue; **at that** ~ **in the road** à cet endroit de la route; *(Brit Elec)* **wall** *or* **power** ~ prise *f* de courant *(femelle)*; **boiling/freezing** ~ point d'ébullition/de congélation; **full to bursting** ~ plein à craquer; **to be on the** ~ **of doing** être sur le point de faire; **the** ~ **of no return** le point de non-retour; *(fig)* **up to a** ~ jusqu'à un certain point; **when it comes to the** ~ en fin de compte; **when it came to the** ~ **of paying** quand le moment de payer est arrivé; **severe to the** ~ **of cruelty** sévère au point d'être cruel.
(d) *(counting unit: Scol, Sport, St Ex, Typ; also on scale)* point *m*; *(on thermometer)* degré *m*. *(Boxing)* **on ~s** aux points; **to go up 2** ~ **s** augmenter de 2 points.
(e) *(subject, item)* point *m*. **the** ~ **at issue** la question qui nous *(or* les etc*)* concerne; ~ **of interest** point intéressant; **just as a** ~ **of interest, did you ...?** à titre d'information, est-ce que vous ...?; **12-** ~ **plan** plan *m* en 12 points; **a** ~ **of detail/law/honour etc** un point de détail/de droit/d'honneur etc; **on a** ~ **of principle** sur une question de principe; **in** ~ **of fact** en fait, à vrai dire; ~ **by** ~ point par point; **to make a** ~ faire une remarque; **to make the** ~ **that** faire remarquer que; **you've made your** ~! vous avez dit ce que vous aviez à dire!; **I take your** ~ je vois où vous voulez en venir; ~ **taken!, you have a** ~ **there!** c'est juste!;

to win one's ~ avoir gain de cause; **he gave me a few ~s on what to do** il m'a donné quelques conseils sur ce que je devais faire.
(f) *(important part, main idea etc) [argument etc]* point *m* essentiel; *[joke etc]* astuce *f*; *(meaning, purpose)* intérêt *m*, sens *m*; *(relevance)* pertinence *f*. **there's no** ~ **in waiting** cela ne sert à rien d'attendre; **what's the** ~ **of** *or* **in waiting?** à quoi bon attendre?; **I don't see any** ~ **in doing that** je ne vois aucun intérêt à faire cela; **the** ~ **is that ...** le fait est que ..., c'est que ...; **the whole** ~ **was ...** tout l'intérêt était ...; **that's the (whole)** ~! justement!; **that's not the** ~ il ne s'agit pas de cela; **beside the** ~ à côté de la question; **off the** ~ hors de propos; **very much to the** ~ très pertinent; **the** ~ **of this story is that ...** là où je veux en venir avec cette histoire, c'est que ...; **a long story that seemed to have no** ~ **at all** une longue histoire qui ne rimait à rien; **I missed the** ~ **of that joke** je n'ai pas compris l'astuce; **you've missed the whole** ~! vous n'avez rien compris!; **to see** *or* **get the** ~ comprendre, saisir; **to come to the** ~ en venir au fait; **let's get back to the** ~ revenons à ce qui nous préoccupe; **to keep** *or* **stick to the** ~ rester dans le sujet; **to make a** ~ **of doing** ne pas manquer de faire.
(g) *(characteristic)* **good ~s** qualités *fpl*; **bad ~s** défauts *mpl*; **his strong** ~ son fort; **he has his ~s** il a à certaines qualités; **the ~s to look for when buying ...** les détails *mpl* qu'il faut prendre en considération lors de l'achat de ... .
(h) *(Rail)* **~s** aiguilles *fpl*.
2 *adj (Police etc)* **to be on** ~ **duty** diriger la circulation.
3 *vt* **(a)** *(direct) telescope, hosepipe etc* pointer, diriger *(on sur)*; *gun* braquer *(at sur)*. **he ~ed his finger at me** il m'a montré du doigt. **(b)** *(mark, show)* montrer, indiquer. *(fig)* **it ~s the way to ...** cela montre la voie pour ...; *(fig)* **to ~ the moral** souligner la morale. **(c)** *(Constr) wall* jointoyer *(with* de).
4 *vi* **(a)** **to ~ at sth/sb** montrer qch/qn du doigt; *(fig)* **I want to ~ to one** *or* **two facts** je veux attirer votre attention sur un ou deux faits; **all the evidence ~s to him** *or* **to his guilt** tous les témoignages l'accusent; **it all ~s to the fact that ...** tout laisse à penser que ...; **everything ~s that way** tout nous amène à cette conclusion. **(b)** *[signpost]* indiquer la direction *(towards* de); *[gun]* être braqué *(at* sur); *[vehicle etc]* être tourné *(towards* vers). *[needle, clock-hand]* **to be ~ing to sth** indiquer qch.

point out *vt sep* **(a)** *(show)* montrer, indiquer *(to sb* à qn). **(b)** *(mention)* faire remarquer *(that* que). **to ~ sth out to sb** signaler qch à qn; **I should ~ out that ...** je dois vous dire que ... .

point up *vt sep* mettre en évidence.

♦ **point-blank 1** *adj shot* à bout portant; *refusal* catégorique; *request* de but en blanc; **at ~-blank range** à bout portant; **2** *adv* à bout portant; catégoriquement; de but en blanc. ♦ **point-by-point** *adj account etc* méthodique. ♦ **pointed** *adj (gen)* pointu; *beard* en pointe; *arch* en ogive; *remark* lourd de sens. ♦ **pointedly** *adv reply* d'une manière significative; *say* d'un ton plein de sous-entendus. ♦ **pointer** *n* **(a)** *(stick)* baguette *f*; *(on scale) (indicator)* index *m*, *(needle)* aiguille *f*; *(clue, indication)* indice *m (to* de); *(piece of advice)* conseil *m (on* sur); *(fig)* **this is a ~er to ...** ceci laisse entrevoir ...; **(b)** *(dog)* chien *m* d'arrêt. ♦ **pointing** *n (Constr)* jointoiement *m*. ♦ **pointless** *adj attempt, task, suffering* inutile, vain; *existence* dénué de sens; *murder* gratuit; *explanation, joke, story* qui ne rime à rien; **it is ~less to complain** il ne sert à rien de se plaindre. ♦ **pointlessly** *adv try, work, suffer* inutilement; *kill* sans raison. ♦ **pointlessness** *n [task]* inutilité *f*; *[murder]* gratuité *f*.

poise [pɔɪz] **1** n (balance) équilibre m; (carriage) maintien m; (self-confidence) assurance f; (grace) grâce f. **2** vt (balance) mettre en équilibre; (hold balanced) tenir en équilibre. **to be** ~**d** (balanced) être en équilibre; (held, hanging, hovering) être suspendu (en l'air); ~**d ready to attack** tout prêt à attaquer; (fig) ~**d on the brink of success** au bord de la réussite.

poison ['pɔɪzn] **1** n (lit, fig) poison m; [snake] venin m. **to take** ~ s'empoisonner; **to die of** ~ mourir empoisonné; **they hate each other like** ~ ils ne peuvent pas se sentir*. **2** adj gas toxique. ~ **ivy** sumac m vénéneux. **3** vt (gen) empoisonner. **it's** ~**ing his system** ça lui empoisonne l'intoxique; **to** ~ **sb's mind** (corrupt) corrompre qn; (instil doubts) faire douter qn (against sb de qn). ◆ **poisoner** n empoisonneur m, -euse f (lit). ◆ **poisoning** n (V **poison 3**) empoisonnement m; intoxication f; **to die of** ~**ing** mourir empoisonné; **arsenic** ~**ing** empoisonnement m à l'arsenic. ◆ **poisonous** adj snake venimeux; plant vénéneux; gas, fumes, substance toxique; (fig) rumours, doctrine pernicieux; (*) person ignoble; (*) coffee etc infect.

poke [pəʊk] **1** n (push) poussée f; (jab) petit coup m (de coude etc); (US*: punch) coup de poing. **I got a** ~ **in the eye from his umbrella** j'ai reçu son parapluie dans l'œil. **2** vt (with elbow, finger, stick etc) donner un coup de coude (or avec le doigt or de canne) à; (US*: punch) donner un coup de poing à; (thrust) stick, finger etc enfoncer (into dans; through à travers); rag etc fourrer (into dans); fire tisonner. **he** ~**d me with his umbrella** il m'a donné un petit coup de parapluie; **he** ~**d his finger in her eye** il lui a mis le doigt dans l'œil; **he** ~**d me in the ribs** il m'a enfoncé son coude (or son doigt etc) dans les côtes; **to** ~ **one's head out of the window** passer la tête par la fenêtre; (fig) **to** ~ **one's nose into sth*** fourrer le nez dans qch. **3** vi (a) (~ **out**) sortir, dépasser (from, through de). (b) **to** ~ **about or around in sth** fourrager or fouiner (pej) dans qch. ◆ **poker¹** n tisonnier m. ◆ **pokerwork** n pyrogravure f.

poker² ['pəʊkə^r] n (Cards) poker m. ◆ **poker-faced** adj au visage impassible.

poky ['pəʊkɪ] adj (pej) exigu et sombre.

Poland ['pəʊlənd] n Pologne f. ◆ **Pole** n Polonais(e) m(f). ◆ **Polish 1** adj polonais; **2** n (Ling) polonais m.

polar ['pəʊlə^r] adj (Elec, Geog) polaire. ~ **bear** ours m blanc. ◆ **polarity** n polarité f. ◆ **polarization** n polarisation f. ◆ **polarize** vt (lit, fig) polariser.

pole¹ [pəʊl] **1** n (gen) perche f; (telegraph ~; in fences etc) poteau m; (flag ~; tent ~) mât m; (curtain ~) tringle f; (rod; also for vaulting, punting) perche. (fig) **up the** ~* (mad) qui déraille*; (mistaken) qui se fiche dedans*. **2** adj: ~ **vault(ing)** saut m à la perche. ◆ **poleax(e)** vt person terrasser.

pole² [pəʊl] **1** n (Elec, Geog) pôle m. **North/South P**~ pôle Nord/Sud; **from** ~ **to** ~ d'un pôle à l'autre; (fig) **they are** ~**s apart** ils sont aux antipodes (l'un de l'autre). **2** adj: ~ **star** étoile f polaire.

polemic [pɒ'lemɪk] n polémique f.

police [pə'liːs] **1** n (organization) ≈ police f (gen in towns), gendarmerie f (throughout France). **the** ~ la police, les gendarmes mpl; **to join the** ~ entrer dans la police; **river/railway** ~ police fluviale/des chemins de fer; **the** ~ **are on his track** la police est sur sa piste. **2** adj escort, vehicle, protection, inquiry de la police or de la gendarmerie. ~ **car** voiture f de police or de la gendarmerie; (Brit) ~ **constable** ≈ agent m de police, gendarme m; ~ **dog** chien policier; **the** ~ **force** la police, les gendarmes mpl; ~ **inspector** ≈ inspecteur m de police; ~ **officer** agent m (de police), gendarme m; **to have a** ~ **record** avoir un casier judiciaire; ~ **state** état m policier; ~ **station** commissariat m de police, gendarmerie f; ~ **superintendent** commissaire m de police. **3** vt [vigilantes, volunteers etc] district, road, football match etc faire la police dans (or à, sur etc); (Mil) frontier, territory contrôler; (fig) agreements, controls veiller à l'application de; prices etc contrôler. ◆ **policeman** n agent m (de police), gendarme m. ◆ **policewoman** n femme-agent f.

policy¹ ['pɒlɪsɪ] **1** n (gen) politique f. **the government's policies** la politique du gouvernement; **what is company** ~? quelle est la ligne suivie par la compagnie?; **to follow a** ~ **of doing sth** faire qch systématiquement; **it's a matter of** ~ c'est une question de principe; **it has always been our** ~ **to do** that nous avons toujours eu pour règle de faire cela; **it would be good/bad** ~ **to do** that ce serait une bonne/mauvaise politique que de faire cela; **it would not be** ~ **to refuse** il ne serait pas politique de re..ser. **2** adj decision, matter, statement de principe; discussion de politique générale.

policy² ['pɒlɪsɪ] n (Insurance) police f (d'assurance). **to take out a** ~ souscrire à une police d'assurance; ~ **holder** assuré(e) m(f).

polio ['pəʊlɪəʊ] n polio f. ~ **victim** polio mf.

poliomyelitis ['pəʊlɪəʊmaɪə'laɪtɪs] n poliomyélite f.

polish ['pɒlɪʃ] **1** n (a) (for shoes) cirage m; (for floor, furniture) cire f; (for nails) vernis m (à ongles). **metal** ~ produit m d'entretien pour les métaux; **to give sth a** ~, **to put a** ~ **on sth** faire briller qch; **my shoes need a** ~ mes chaussures ont besoin d'être cirées. (b) (fig) [person] raffinement m; [style, work, performance] élégance f. **2** vt (~ **up**) stones, glass polir; shoes, floor, furniture cirer; car, pans, metal astiquer; one's French etc perfectionner.

polish off vt sep food, drink finir; work, correspondence expédier.

◆ **polished** adj surface, stone, glass poli; floor, shoes ciré; silver, ornaments brillant; (fig) person qui a de l'éducation; manners raffiné; style poli; performer accompli; performance impeccable. ◆ **polisher** n (machine) polissoir m; (for floors) cireuse f.

polite [pə'laɪt] adj poli (to sb avec qn). **be** ~ **about his car!** ne dis pas de mal de sa voiture!; **in** ~ **society** dans la bonne société. ◆ **politely** adv poliment. ◆ **politeness** n politesse f.

politic ['pɒlɪtɪk] adj politique, diplomatique. ◆ **political** adj politique; **to ask for** ~**al asylum** demander le droit d'asile politique. ◆ **politically** adv politiquement. ◆ **politician** n homme m politique, femme f politique, politicien(ne) m(f) (pej). ◆ **politics** nsg (gen) politique f; (Univ: study) sciences fpl politiques; **to talk** ~**s** parler politique; **to go into** ~**s** se lancer dans la politique.

poll [pəʊl] **1** n (a) (general vote) vote m; (at election) scrutin m; (election) élection f. **to take a** ~ **on sth** procéder à un vote sur qch; **to go to the** ~**s** aller aux urnes; **a defeat at the** ~**s** une défaite aux élections; **there was an 84% turnout at the** ~**s** la participation électorale était de 84%; **he got 20% of the** ~ il a obtenu 20% des suffrages exprimés. (b) (survey) sondage m. **opinion** ~ sondage d'opinion; **to take a** ~ sonder l'opinion (of de); **the Gallup** ~ le sondage Gallup. **2** vt votes obtenir; people sonder l'opinion de. ◆ **polling 1** n élections fpl; **2** adj day des élections; ~**ing booth** isoloir m; ~**ing station** bureau m de vote.

pollen ['pɒlən] n pollen m. ◆ **pollinate** vt féconder.

pollute [pə'luːt] vt polluer; (fig) contaminer. ◆ **pollution** n pollution f; contamination f.

polo ['pəʊləʊ] n polo m. ◆ **polonecked** adj à col roulé.

poltergeist ['pɔːltəgaɪst] n esprit m frappeur.

poly... ['pɒlɪ] pref poly... . ◆ **polyandry** n poly-

andrie f. ♦ **polyanthus** n primevère f (multiflore).
♦ **polyester** n polyester m. ♦ **polyethylene** n
(US) polyéthylène m. ♦ **polygamy** n polygamie f.
♦ **polyglot** adj, n polyglotte (mf). ♦ **polygon** n
polygone m. ♦ **polygonal** adj polygonal.
♦ **polymer** n polymère m. ♦ **polyphonic** adj
polyphonique. ♦ **polyphony** n polyphonie f.
♦ **polystyrene** n polystyrène m; ~**styrene**
cement colle f polystyrène; ~**styrene chips** billes
fpl de polystyrène. ♦ **polysyllabic** adj polysyllabe. ♦ **polysyllable** n polysyllabe m. ♦ **poly-**
technic n (Brit) = IUT m, Institut m Universitaire
de Technologie. ♦ **polythene** n (Brit)
polyéthylène m; ~**thene bag** sac m en plastique.
♦ **polyurethane** n polyuréthane m.
polyp ['pɒlɪp] n polype m.
pomegranate ['pɒmə,grænɪt] n grenade f (fruit).
pommy⁕ ['pɒmɪ] (Australia pej) **1** n Anglais(e)
m(f). **2** adj anglais.
pomp [pɒmp] n pompe f, faste m. ~ **and circum-**
stance grand apparat m.
pompous ['pɒmpəs] adj (pej) pompeux. ♦ **pom-**
posity n manières fpl pompeuses. ♦ **pompously**
adv pompeusement.
poncho ['pɒntʃəʊ] n poncho m.
pond [pɒnd] n étang m; (stagnant) mare f; (artificial) bassin m.
ponder ['pɒndər] **1** vt considérer, réfléchir à or
sur. **2** vi réfléchir (over, on à, sur).
ponderous ['pɒndərəs] adj (gen) pesant; style,
joke lourd. ♦ **ponderously** adv pesamment.
pong⁕ [pɒŋ] **1** n puanteur f. **2** vi puer.
pontiff ['pɒntɪf] n pontife m; (pope) souverain
pontife m. ♦ **pontifical** adj pontifical.
♦ **pontificate** vi pontifier (about au sujet de, sur).
pontoon [pɒn'tuːn] n ponton m; (Cards) vingt-et-
un m.
pony ['pəʊnɪ] **1** n poney m. **2** adj: hair in a ~**tail**
cheveux mpl en queue de cheval. ♦ **pony trek-**
king n: **to go** ~ **trekking** faire une randonnée f à
cheval.
poodle ['puːdl] n caniche m.
poof⁕ [puf] n (pej) tante⁕ f, tapette⁕ f.
pooh-pooh [puː'puː] vt faire fi de.
pool [puːl] **1** n (a) [water, rain] flaque f; [blood]
mare f; [light] rond m; (pond) étang m; (artificial)
bassin m; (in river) plan m d'eau; (water hole)
point m d'eau; (swimming ~) piscine f. (b)
(money: gen, also Cards) cagnotte f; (common
supply: gen) fonds m commun (of de); [cars] parc
m; [ideas, experience, ability] réservoir m;
[advisers, experts] équipe f; (Comm, Econ:
consortium) pool m. **typing** ~ pool de dactylos.
(c) **to win sth on the** (football) ~**s** gagner qch en
pariant sur les matchs de football. (d) (US: billiards) billard m américain. **2** vt money,
resources, objects mettre en commun; knowledge, efforts unir. ♦ **poolroom** n salle f de billard.
poor [pʊər] **1** adj (gen) pauvre; (inferior)
médiocre; light, sight faible; effort insuffisant;
memory, health mauvais; soil pauvre; loser etc
mauvais. as ~ **as a church mouse** pauvre comme
Job; **to become** ~**er** s'appauvrir; (lacking) ~ **in**
pauvre en; ~ **things⁕, they look cold** les pauvres,
ils ont l'air d'avoir froid; **you** ~ **thing!⁕ mon**
pauvre!, ma pauvre!; **it's a** ~ **thing when ...** c'est
malheureux que ... +subj; **it was a** ~ **evening** la
soirée n'était pas une réussite; **to be** ~ **at** (doing)
sth ne pas être doué pour (faire) qch; **he is a** ~
traveller il supporte mal les voyages. **2** n: **the** ~
les pauvres mpl. ♦ **poorly 1** adj souffrant; **2** adv
live, dress pauvrement; work, write, explain
médiocrement; lit, paid mal. ♦ **poorness** n
pauvreté f; médiocrité f.
pop¹ [pɒp] **1** n (a) [cork etc] pan m. ~! pan!; **to go**
~ faire pan. (b) (⁕: drink) boisson f gazeuse. **2** vt
(a) balloon crever; cork, press stud faire sauter.
(b) (put: gen) mettre. **to** ~ **one's head round the**

door passer brusquement la tête par la porte;
(fig) **to** ~ **the question** faire sa demande (en
mariage). **3** vi (a) [balloon] crever; [cork, press
stud etc] sauter; [corn] éclater; [ears] se
déboucher. **his eyes were** ~**ping out of his head**
les yeux lui sortaient de la tête. (b) (go) **to** ~ **over**
(or round or across or out) faire un saut (to à etc);
he ~**ped into a café** il est entré en vitesse dans un
café.
pop in vi entrer en passant.
pop off vi (leave) partir; (⁕: die) claquer⁕,
mourir.
pop up vi [person] surgir.
♦ **popcorn** n pop-corn m. ♦ **popeyed** adj aux
yeux écarquillés. ♦ **popgun** n pistolet m à
bouchon. ♦ **popper** n (press stud) pression f.
pop² [pɒp] (abbr of popular) **1** adj song, singer, art
pop inv. **2** n (musique f) pop m. **it's top of the** ~**s**
c'est en tête du hit-parade.
pop³⁕ [pɒp] n (esp US) papa m.
pope [pəʊp] n pape m. **P**~ **Paul** le pape Paul.
♦ **popery** n papisme m. ♦ **popish** adj papiste.
poplar ['pɒplər] n peuplier m.
poplin ['pɒplɪn] n popeline f.
poppet⁕ ['pɒpɪt] n: **yes,** ~ oui, mon petit chou;
she's a ~ c'est un amour.
poppy ['pɒpɪ] **1** n pavot m; (growing wild)
coquelicot m. **2** adj: **P**~ **Day** anniversaire m de
l'armistice; ~ **seed** graine f de pavot.
♦ **poppycock⁕** n balivernes fpl.
populace ['pɒpjʊlɪs] n peuple m, foule f.
popular ['pɒpjʊlər] adj (a) (well-liked) populaire;
(fashionable) à la mode. **he is** ~ **with his col-**
leagues ses collègues l'aiment beaucoup; **he is** ~
with the girls il a du succès auprès des filles; **I'm**
not very ~ **with the boss⁕** je ne suis pas très bien
vu du patron. (b) (for, by the people: gen, Pol)
populaire; lecture, journal de vulgarisation. **by** ~
request à la demande générale. ♦ **popularity** n
popularité f (with auprès de; among parmi).
♦ **popularize** vt music, fashion, product rendre
populaire; science, ideas vulgariser. ♦ **popular-**
izer n vulgarisateur m, -trice f. ♦ **popularly** adv
communément.
populate ['pɒpjʊleɪt] vt peupler. ♦ **population 1** n
population f; **2** adj increase, explosion démographique.
porcelain ['pɔːsəlɪn] n porcelaine f. **a piece of** ~
une porcelaine.
porch [pɔːtʃ] n porche m. **sun** ~ véranda f.
porcupine ['pɔːkjʊpaɪn] n porc-épic m.
pore¹ [pɔːr] n (Anat) pore m.
pore² [pɔːr] vi: **to** ~ **over** book être absorbé dans;
letter, map étudier de près; problem méditer
longuement.
pork [pɔːk] (Culin) **1** n porc m. **2** adj chop etc de
porc. ~ **butcher** = charcutier m; ~ **pie** = pâté m
en croûte.
pornography [pɔː'nɒgrəfɪ] n pornographie f.
♦ **porn⁕** n porno⁕ m or f; **soft/hard porn** pornographie douce/dure; **porn shop** boutique f pornographique. ♦ **pornographic** adj pornographique.
porous ['pɔːrəs] adj poreux, perméable.
porpoise ['pɔːpəs] n marsouin m (Zool).
porridge ['pɒrɪdʒ] n porridge m. ~ **oats** flocons
mpl d'avoine.
port¹ [pɔːt] **1** n port m. ~ **of call** (port d')escale f;
naval/fishing ~ port militaire/de pêche; **to come**
into ~ entrer dans le port; **to leave** ~ appareiller;
(fig) **any** ~ **in a storm** nécessité n'a pas de loi.
2 adj facilities, authorities portuaires.
port² [pɔːt] (Naut: left) **1** n bâbord m. **2** adj de
bâbord.
port³ [pɔːt] n (wine) porto m.
portable ['pɔːtəbl] **1** adj portatif. **2** n modèle m
portatif.
porter ['pɔːtər] n (for luggage) porteur m; (US: on
train) employé(e) m(f) des wagons-lits; (door-

keeper) concierge *mf*; *[public building]* gardien(ne) *m(f)*. ◆ **porterhouse (steak)** *n* ≃ chateaubriand *m*.
portfolio [pɔːtˈfəʊlɪəʊ] *n* portefeuille *m* (*Admin*).
porthole [ˈpɔːthəʊl] *n* hublot *m*.
portion [ˈpɔːʃən] *n* (*gen*) portion *f*; *[train, ticket etc]* partie *f*.
portly [ˈpɔːtlɪ] *adj* corpulent.
portmanteau [pɔːtˈmæntəʊ] *n* grosse valise *f*. ~ **word** mot-valise *m*.
portrait [ˈpɔːtrɪt] **1** *n* portrait *m*. **2** *adj* gallery de portraits. ~ **painter** portraitiste *mf*. ◆ **portray** [pɔːˈtreɪ] *vt* *[painter]* peindre, faire le portrait de; *[painting]* représenter; he portrayed him as ... *[painter]* il l'a peint sous les traits de ...; *[writer, actor]* il en a fait ... .
Portugal [ˈpɔːtjʊgəl] *n* Portugal *m*. ◆ **Portuguese 1** *adj* portugais; **2** *n* (*person: pl inv*) Portugais(e) *m(f)*; (*language*) portugais *m*.
pose [pəʊz] **1** *n* pose *f*. to strike a ~ poser (pour la galerie); it's only a ~ c'est de la pose. **2** *vi* (*Art etc*) poser (*for* pour; *as* en); (*fig: attitudinize*) poser. to ~ **as a doctor** se faire passer pour un docteur. **3** *vt* (**a**) *artist's model* faire prendre une pose à; *person* faire poser. (**b**) *problem, question* poser; *difficulties* créer. ◆ **poser** *n* question *f* difficile. ◆ **poseur** *n* poseur *m*, -euse *f*.
posh* [pɒʃ] **1** *adj* (*gen*) chic *inv*; *accent* distingué. **2** *adv*: to talk ~ parler comme les gens bien.
posh up*: *vt sep house* embellir; (*clean up*) briquer; *child* pomponner, bichonner. to ~ **o.s. up** se pomponner; he was all ~ed up il était sur son trente et un, il était bien sapé*.
posit [ˈpɒzɪt] *vt* énoncer, poser en principe.
position [pəˈzɪʃən] **1** *n* (*gen*) position *f*; *[house, shop, town, gun]* emplacement *m*; (*circumstances, also job*) situation *f*. in(to) ~ en place, en position; to change the ~ of sth changer qch de place; to take up (one's) ~ prendre position; (*Sport*) what ~ do you play in? à quelle place jouez-vous?; (*lit, fig*) to jockey or manoeuvre for ~ manœuvrer pour se placer avantageusement; in a horizontal ~ en position horizontale; in an uncomfortable ~ dans une position incommode; he finished in 3rd ~ il est arrivé en 3e position *or* place; his ~ in the government son poste *or* sa fonction dans le gouvernement; a ~ of trust un poste de confiance; to be in a ~ to do sth être en mesure de faire qch; to be in a good ~ to do sth être bien placé pour faire qch; put yourself in my ~ mettez-vous à ma place; a man in his ~ un homme dans sa situation; the economic ~ la situation économique, la conjoncture; in an awkward ~ dans une situation délicate; you must make your ~ clear vous devez dire franchement quelle est votre position (*on* sur).
2 *vt* (**a**) (*adjust angle of*) *light etc* mettre en position. (**b**) (*put in place: gen*) placer; *army, ship* mettre en position. to ~ **o.s.** se mettre, se placer.
positive [ˈpɒzɪtɪv] *adj* (**a**) (*gen*) positif; (*affirmative*) affirmatif; (*constructive*) *help* concret; *attitude, criticism* positif. (**b**) (*definite*) *order* formel; *fact, proof* indéniable; *change, increase, improvement* réel, tangible; *contribution* effectif. it's a ~ miracle* c'est un vrai miracle; he's a ~ genius* c'est un véritable génie. (**c**) (*certain*) *person* sûr, certain (*about, on, of* de); tone assuré. I'm quite ~ j'en suis sûr *or* certain. ◆ **positively** *adv* (*indisputably*) indéniablement; (*categorically*) formellement; (*affirmatively*) affirmativement; (*with certainty*) de façon certaine; (*emphatically*) positivement; (*absolutely*) complètement; to think ~ly penser de façon constructive.
possess [pəˈzes] *vt* posséder. like one ~ed comme un possédé; what can have ~ed him to say that? qu'est-ce qui l'a pris de dire ça? ◆ **possession** *n* possession *f*; in ~ion of en possession de; to have in one's ~ion avoir en sa possession; to get ~ion of acquérir, obtenir, (*improperly*) s'emparer de; to come into sb's ~ion tomber en la possession de qn; the information in my ~ion ces renseignements dont je dispose; to take ~ion of prendre possession de, (*improperly*) s'approprier, (*confiscate*) confisquer; (*Jur*) to be in ~ion occuper les lieux; a house with vacant ~ion une maison avec jouissance immédiate. ◆ **possessive 1** *adj* possessif (*with sb* à l'égard de qn); to be ~ive about sth ne pas vouloir partager qch; an over-~ive mother une mère abusive; **2** *n* (*Gram*) possessif *m*; in the ~ive au possessif. ◆ **possessively** *adv* d'une façon possessive. ◆ **possessiveness** *n* possessivité *f*. ◆ **possessor** *n* possesseur *m*; the proud ~or of l'heureux propriétaire de.
possibility [ˌpɒsəˈbɪlɪtɪ] *n* (*gen*) possibilité *f*. some ~/not much ~ of success quelques chances/peu de chances de succès; there is some/no ~ that il est/n'est pas possible que +*subj*; it's a distinct ~ c'est bien possible; he is a ~ for the job c'est un candidat possible; the job has real possibilities c'est un emploi qui offre toutes sortes de possibilités; (*of idea etc*) it's got possibilities c'est à voir.
possible [ˈpɒsəbl] **1** *adj* possible. it is ~ that il se peut que +*subj*, il est possible que +*subj*; it's ~ to do so il est possible de le faire; it is ~ for him to leave il lui est possible de partir; if ~ si possible; as far as ~ dans la mesure du possible; as much as ~ autant que possible; he did as much as ~ il a fait tout ce qu'il pouvait; the best ~ result le meilleur résultat possible; one ~ result un résultat possible *or* éventuel; what ~ interest can you have in it? qu'est-ce qui peut bien vous intéresser là-dedans?; a ~ candidate un candidat possible *or* acceptable. **2** *n*: a list of ~s* for the job une liste de personnes susceptibles d'être retenues pour ce poste; he's a ~* for the match c'est un joueur possible pour le match. ◆ **possibly** *adv* (**a**) (*with 'can' etc*) as often as I possibly can aussi souvent qu'il m'est matériellement possible de le faire; all he possibly can *or* could do tout son possible (*to help etc* pour aider etc); if I possibly can si cela m'est possible; I cannot possibly come il m'est absolument impossible de venir; (**b**) (*perhaps*) peut-être.
post¹ [pəʊst] **1** *n* (*gen*) poteau *m*; (*door* etc) montant *m*. (*Sport*) starting/winning ~ poteau de départ/d'arrivée; to be beaten at the ~ être battu sur le poteau. **2** *vt* (**a**) (~ up) *notice, list* afficher. (**b**) (*announce*) annoncer. (*Mil etc*) to ~ sth/sb missing porter qch/qn disparu. ◆ **poster** *n* affiche *f*; (*decorative*) poster *m*; ~er paint gouache *f*.
post² [pəʊst] **1** *n* (**a**) (*Mil, gen*) poste *m*. at one's ~ à son poste; (*bugle call*) last ~ extinction *f* des feux, (*at funerals*) sonnerie *f* aux morts. (**b**) (*trading* ~) comptoir *m*. (**c**) (*job*) poste *m*. a ~ as a manager un poste de directeur. **2** *vt* (**a**) *sentry, guard* poster. (**b**) (*send*) *person* affecter (*to* à).
post³ [pəʊst] **1** *n* poste *f*; (*letters*) courrier *m*. by ~ par la poste; by return of ~ par retour du courrier; first-/second-class ~ ≃ tarif *m* normal/réduit; to put sth in the ~ poster qch; it's in the ~ c'est déjà posté; it went first ~ this morning c'est parti ce matin par le premier courrier; to catch/miss the ~ avoir/manquer la levée; take this to the ~ portez ceci à la poste; has the ~ come yet? est-ce que le courrier est arrivé?; (*cost*) ~ and packing frais *mpl* de port et d'emballage; Ministry of P~s and Telecommunications ministère *m* des Postes et Télécommunications. **2** *vt* (**a**) (*send*) envoyer par la poste; (*put in mailbox*) mettre à la poste, poster. to ~ sth on faire suivre qch. (**b**) (*fig*) to keep sb ~ed tenir qn au courant. ◆ **postage** *n* tarifs *mpl* postaux (*to* pour);

(*in account*) '~**age: £2**' 'frais *mpl* de port: 2 livres'; ~**age due 20p** surtaxe *f* 20 pence. ◆ **postal** *adj district, code, charges* postal; *application* par la poste; *vote* par correspondance; ~**al order** mandat *m* (postal) (*for 10 francs* de 10 F); ~**al worker** employé(e) *m(f)* des postes. ◆ **postbag** *n* sac *m* postal. ◆ **postbox** *n* boîte *f* aux lettres. ◆ **postcard** *n* carte *f* postale. ◆ **poste restante** *n* poste *f* restante. ◆ **post-free** *adv* franco de port. ◆ **posthaste** *adv* le plus vite possible. ◆ **postmark 1** *n* cachet *m* de la poste; letter with a French ~**mark** lettre timbrée de France; **2** *vt* tamponner, timbrer; it is ~**marked Paris** il y a 'Paris' sur le cachet. ◆ **postmaster** *n* receveur *m* des postes; (*Brit*) P~**master General** ministre *m* des Postes et Télécommunications. ◆ **post-mistress** *n* receveuse *f* des postes. ◆ **post office 1** *n* (*place*) (bureau *m* de) poste *f*; (*organization*) service *m* des postes; he works in the ~ office il est employé des postes; the main ~ office la grande poste; **2** *adj*: P~ **Office Box** (*abbr* P.O. Box) 24 boîte *f* postale no. 24 (*abbr* B.P. 24); (*US*) P~ **Office Department** ministère *m* des Postes et Télécommunications; P~ **Office Savings Bank** ≃ Caisse *f* d'Épargne.

post- [pəʊst] *pref* post-. ~**-1950** (*adj*) postérieur à 1950; (*adv*) après 1950. ◆ **postdate** *vt* postdater. ◆ **postgraduate 1** *adj studies, grant* ≃ de troisième cycle (universitaire); *diploma* décerné après la licence; **2** *n* ≃ étudiant(e) *m(f)* de 3ᵉ cycle. ◆ **post-impressionism** *n* post-impressionnisme *m*. ◆ **post-mortem** *n* autopsie *f* (*on* de). ◆ **postnatal** *adj* post-natal. ◆ **postwar** *adj* de l'après-guerre; the ~**war period** l'après-guerre *m*.

posterior [pɒsˈtɪərɪəʳ] *adj* postérieur (*to* à). ◆ **posterity** *n* postérité *f*.

posthumous ['pɒstjʊməs] *adj* posthume. ◆ **posthumously** *adv* (*gen*) après sa (*etc*) mort; *award* à titre posthume.

postpone [pəʊstˈpəʊn] *vt* remettre (*for* de, *until* à); renvoyer (à plus tard). ◆ **postponement** *n* renvoi *m* (à plus tard).

postscript ['pəʊsskrɪpt] *n* post-scriptum *m inv*.

postulate ['pɒstjʊleɪt] *vt* poser comme principe; (*Philos*) postuler.

posture ['pɒstʃəʳ] **1** *n* posture *f*. **2** *vi* (*pej*) poser.

posy ['pəʊzɪ] *n* petit bouquet *m* (de fleurs).

pot [pɒt] **1** *n* (**a**) (*for flowers, jam etc*) pot *m*; (*piece of pottery*) poterie *f*; (*for cooking*) marmite *f*; (*saucepan*) casserole *f*; (*tea*~) théière *f*; (*coffee* ~) cafetière *f*; (*chamber*~) pot (de chambre). jam ~ pot à confiture; ~ of jam pot de confiture; ~s and pans casseroles; (*fig*) ~s of* des tas* de; to have ~s of money* avoir un argent fou*; to go to ~* [*person*] se laisser complètement aller; [*business*] aller à la dérive; [*plans*] aller à vau-l'eau. (**b**) (*: marijuana*) marie-jeanne* *f*. **2** *adj*: ~ **roast** rôti *m* braisé. **3** *vt* (**a**) *plant, jam* mettre en pot. ~**ted meat** ≃ rillettes *fpl* de viande; ~**ted plant** plante *f* en pot; (*fig*) a ~**ted version of** un abrégé de. (**b**) (*: shoot*) *pheasant etc* descendre*. (**c**) (*:*) *baby* mettre sur le pot. **4** *vi* (**a**) (*make pottery*) faire de la poterie. (**b**) (*shoot*) to ~ **at sth** tirer qch. ◆ **potbellied** *adj* (*from over-eating*) bedonnant*; (*from malnutrition*) au ventre ballonné. ◆ **potbound** *adj plant* (trop) à l'étroit dans son pot. ◆ **potherbs** *npl* herbes *fpl* potagères. ◆ **pothole** *n* (*in road*) fondrière *f*; (*underground*) caverne *f*, (*larger*) gouffre *m*. ◆ **potholer** *n* spéléologue *mf*. ◆ **potholing** *n* spéléologie *f*; to go ~**holing** faire de la spéléologie. ◆ **potluck** *n*: to take ~**luck** (*for food*) manger à la fortune du pot; (*for other things*) courir le risque. ◆ **pot-scourer** *or* ◆ **pot-scrubber** *n* tampon *m* à récurer. ◆ **potsherd** *n* tesson *m* (de poterie). ◆ **potshot** *n*: to take a ~**shot at sth** tirer qch à vue de nez.

potash ['pɒtæʃ] *n* potasse *f*.

potassium [pəˈtæsɪəm] *n* potassium *m*.

potato [pəˈteɪtəʊ] *pl* ~**es 1** *n* pomme *f* de terre. **sweet** ~ patate *f* douce. **2** *adj field, salad* de pommes de terre. (*US*) ~ **chips**, (*Brit*) ~ **crisps** pommes *fpl* chips. ◆ **potato-peeler** *n* épluche-légumes *m inv*.

potent ['pəʊtənt] *adj* (*gen*) puissant; *drink* fort. ◆ **potency** *n* puissance *f*; [*drink*] forte teneur *f* en alcool.

potential [pəʊˈtenʃəl] **1** *adj* (*gen*) potentiel; *sales, uses* possible, éventuel. a ~ **prime minister** un premier ministre en puissance. **2** *n* (*Elec, Math, Mil etc*) potentiel *m*; (*fig: possibilities*) potentialités *fpl*. to have great ~ être très prometteur; he hasn't yet realized his full ~ il n'a pas encore donné toute sa mesure. ◆ **potentially** *adv* potentiellement.

potpourri [pəʊˈpʊrɪ] *n* [*flowers*] fleurs *fpl* séchées; (*fig, Mus*) pot-pourri *m*.

potter¹ ['pɒtəʳ] *vi* mener sa petite vie tranquille, bricoler*. to ~ (about) round the house faire des petits travaux dans la maison; to ~ round the shops faire les magasins sans se presser.

potter² ['pɒtəʳ] *n* potier *f*. ~**'s wheel** tour *m* de potier. ◆ **pottery 1** *n* (*craft, place*) poterie *f*; (*objects*) poteries; **a piece of** ~**y** une poterie; **2** *adj jug, dish* de ou en terre.

potty¹* ['pɒtɪ] *n* pot *m* (de bébé). ◆ **potty-trained** *adj* propre.

potty²* ['pɒtɪ] *adj person* toqué* (*about* de); *idea* farfelu.

pouch [paʊtʃ] *n* petit sac *m*; (*for money*) bourse *f*; (*for tobacco*) blague *f*; (*US Diplomacy*) valise *f* (diplomatique); (*Anat, Zool*) poche *f*.

pouf(fe) [puːf] *n* (**a**) (*seat*) pouf *m*. (**b**) (*:*) = **poof.**

poultice ['pəʊltɪs] *n* cataplasme *m*.

poultry ['pəʊltrɪ] **1** *n* volaille *f*, volailles. **2** *adj*: ~ **dealer** marchand *m* de volailles; ~ **farm** élevage *m* de volailles; ~ **farmer** éleveur *m*, -euse *f* de volailles; ~ **farming** élevage *m* de volailles. ◆ **poulterer** *n* marchand *m* de volailles.

pounce [paʊns] **1** *n* bond *m*, attaque *f* subite. **2** *vi* bondir, sauter (*on* sur). (*fig*) to ~ **on** *object* se précipiter sur; *suggestion* sauter sur.

pound¹ [paʊnd] *n* (**a**) (*weight*) livre *f* (= 453,6 grammes). **sold by the** ~ vendu à la livre; **80p a** ~ 80 pence la livre. (**b**) (*money*) livre *f*. ~ **sterling** livre sterling (*inv*); ~ **note** billet *m* d'une livre.

pound² [paʊnd] **1** *vt drugs, spices, nuts* piler; *meat* attendrir; *dough* battre; *earth, paving slabs* pilonner; *rocks* concasser; [*guns, bombs*] pilonner; [*sea*] battre sans arrêt contre; [*person*] *door etc* marteler; *typewriter, piano* taper sur; *person* bourrer de coups. to ~ **sth to a pulp** réduire qch en bouillie. **2** *vi* (**a**) [*heart*] battre fort; [*drums*] battre; [*sea, waves*] battre (*on, against* contre). [*person*] to ~ **on** *door* marteler; *table* frapper (du poing) sur; *piano etc* taper sur. (**b**) to ~ **in** *etc* entrer *etc* (*heavily*) en martelant le plancher *or* (*at a run*) en courant bruyamment. ◆ **pounding** *n*: to take a ~**ing** [*boat*] être battu par les vagues; [*bombed etc city*] être pilonné; [*team*] se faire battre à plate couture.

pound³ [paʊnd] *n* (*for dogs, cars*) fourrière *f*.

pour [pɔːʳ] **1** *vt liquid* verser. to ~ **water away** *or* **off** vider de l'eau; he ~**ed me a drink** il m'a versé *or* servi à boire; (*fig*) to ~ **money into a scheme** investir énormément d'argent dans un projet. **2** *vi* (**a**) [*water, blood etc*] ruisseler (*from* de). to **come** ~**ing in** [*water, sunshine*] entrer à flots; [*letters*] arriver en avalanche; [*people, cars*] arriver en masse; **smoke was** ~**ing from the chimney** des nuages de fumée s'échappaient de la cheminée; (*fig*) **goods are** ~**ing out of the factories** les usines déversent des quantités de marchandises. (**b**) it is ~**ing (with rain)** il pleut à torrents.

pour out *vt sep drinks* verser, servir (*for sb* à qn);

dregs, unwanted liquid vider; *(fig) anger, emotion* donner libre cours à; *troubles* épancher; *complaint* déverser; *story* raconter d'un seul jet. ♦ **pouring** *adj sauce etc* liquide; *rain* torrentiel; ~**ing wet day** une journée de pluie torrentielle.

pout [paʊt] 1 *n* moue *f*. 2 *vi* faire la moue.

poverty ['pɒvətɪ] *n (gen)* pauvreté *f*. **to live in** ~ vivre dans le besoin; **extreme** ~ misère *f*; ~ **of resources** manque *m* de ressources. ♦ **poverty-stricken** *adj person, family* dans la misère; *district, conditions* misérable; *(hum: hard up)* fauché*.

powder ['paʊdəʳ] 1 *n* poudre *f*. 2 *adj*: ~ **compact** poudrier *m*; ~ **puff** houppette *f*; ~ **room** toilettes *fpl* (pour dames). 3 *vt* **(a)** *chalk, rocks* pulvériser. ~**ed milk** lait *m* en poudre; *(US)* ~**ed sugar** sucre *m* glace. **(b)** *face, body* poudrer. **to** ~ **one's nose** se mettre de la poudre; *(*fig: go to lavatory)* ≃ se refaire une beauté. ♦ **powdery** *adj substance, snow* poudreux; *surface* couvert de poudre.

power ['paʊəʳ] 1 *n* **(a)** *(ability, capacity)* pouvoir *m*, capacité *f*; *(faculty)* faculté *f*. **it is not within my** ~ **to help you** il n'est pas en mon pouvoir de vous aider; **he did everything in his** ~ **to help us** il a fait tout ce qui était en son pouvoir pour nous aider; **mental** ~**s** facultés mentales; **the** ~ **of movement** la faculté de se mouvoir; **he lost the** ~ **of speech** il a perdu la parole; ~**s of persuasion** pouvoir de persuasion; ~**s of resistance** capacité de résistance; ~**s of imagination** faculté d'imagination.

(b) *(force) [person, blow, sun, explosion]* puissance *f*, force *f*; *[engine, telescope etc]* puissance; *(energy)* énergie *f*. **it works by nuclear** ~ ça fonctionne à l'énergie nucléaire; *(Elec)* **they cut off the** ~ ils ont coupé le courant; *(Elec)* **consumption of** ~ consommation *f* d'électricité; **engines at half** ~ moteurs à mi-régime; **the ship returned under her own** ~ le navire est rentré par ses propres moyens; **sea/air** ~ puissance navale/aérienne.

(c) *(authority)* pouvoir *m (also Pol)*, autorité *f*. **student** ~ le pouvoir des étudiants; **that is beyond my** ~**(s)** ceci ne relève pas de ma compétence; **at the height of his** ~ à l'apogée de son pouvoir; **the** ~ **of veto** le droit de veto; *(Jur)* **the** ~ **of attorney** la procuration; *(Pol)* **in** ~ au pouvoir; **to come to** ~ accéder au pouvoir; **to have** ~ **over sb** avoir autorité sur qn; **to have sb in one's** ~ avoir qn en son pouvoir; **to fall into sb's** ~ tomber au pouvoir de qn; **they are the real** ~ ce sont eux qui détiennent le pouvoir réel; *(fig)* **the** ~ **behind the throne** celui (*or* celle) qui tire les ficelles; **a** ~ **in the land** un homme très puissant; **the** ~**s of darkness/evil** les forces *fpl* des ténèbres/du mal; **the** ~**s that be** les autorités constituées; **the world** ~**s** les puissances mondiales; **it did me a** ~ **of good*** ça m'a fait un bien immense.

(d) *(Math)* puissance *f*. **5 to the** ~ **of 3** 5 puissance 3.

2 *adj* **(a)** *saw, loom, lathe* mécanique. **(b)** *(Elec) cable* électrique; *line* à haute tension. ~ **cut** coupure *f* de courant; ~ **point** prise *f* de courant; ~ **station** centrale *f* (électrique *or* nucléaire). **(c)** *(fig)* **they are engaged in** ~ **politics** ils manœuvrent pour s'assurer une place prépondérante; ~ **structure** répartition *f* des pouvoirs.

3 *vt* faire fonctionner; *(propel)* propulser. ~**ed by nuclear energy, nuclear-**~**ed** qui fonctionne à l'énergie nucléaire; ~**ed by jet engines** propulsé par des moteurs à réaction.

♦ **power-assisted** *adj* assisté. ♦ **powerboat** *n* hors-bord *m inv*. ♦ **power-driven** *adj* à moteur; *(Elec)* électrique. ♦ **powerful** *adj* puissant. ♦ **powerfully** *adv hit, strike* avec force; *affect* fortement; *write etc* puissamment; **to be** ~**fully built** avoir une carrure puissante. ♦ **powerhouse** *n (Elec)* centrale *f* électrique; *(fig)* personne *f etc*

très dynamique; **a** ~**house of new ideas** une mine d'idées nouvelles. ♦ **powerless** *adj* impuissant *(to do* à faire). ♦ **powerlessly** *adv* impuissamment. ♦ **power-sharing** *n (Pol)* partage *m* du pouvoir.

practicable ['præktɪkəbl] *adj* praticable. ♦ **practicability** *n [road, path]* praticabilité *f*; *[scheme, suggestion]* possibilité *f* de réalisation.

practical ['præktɪkəl] *adj (gen)* pratique. ~ **joke** farce *f*; **for all** ~ **purposes** en réalité; **he's very** ~ il a beaucoup de sens pratique. ♦ **practicality** *n [person]* sens *m* pratique; *[scheme, suggestion]* aspect *m* pratique; ~**ities** détails *mpl* pratiques. ♦ **practically** *adv (in a practical way)* d'une manière pratique; *say, suggest* d'une manière pragmatique; *(in practice)* dans la pratique; *(almost)* pratiquement.

practice ['præktɪs] 1 *n* **(a)** *(habits, usage)* pratique *f*, usage *m*. **to make a** ~ **of doing** avoir l'habitude de faire; **it's common** ~ c'est courant. **(b)** *(exercise, training)* entraînement *m*; *(rehearsal)* répétition *f*. **target** ~ exercices *mpl* de tir; **he does 6 hours' piano** ~ **a day** il fait 6 heures de piano par jour; **out of** ~ rouillé *(fig)*; ~ **makes perfect** c'est en forgeant qu'on devient forgeron. **(c)** *(as opp to theory)* pratique *f*. **in(to)** ~ en pratique. **(d)** *[doctor, lawyer]* **to be in** ~ exercer; **to go into** ~ **as a doctor** s'établir docteur; **he has a large** ~ il a un cabinet important. 2 *adj flight, run* d'entraînement. 3 *vti (US)* = **practise**.

practise ['præktɪs] 1 *vt* **(a)** *(put into practice)* charity, one's religion* pratiquer; *method* employer. **to** ~ **medicine/law** exercer la profession de médecin/d'avocat; **to** ~ **what one preaches** mettre en pratique ce que l'on prêche. **(b)** *(exercise)* s'entraîner, s'exercer *(doing* à faire); *sport* s'entraîner à; *violin etc* s'exercer à; *song, recitation* travailler; *(Mus)* scales faire. **I'm practising my German on him** je m'exerce à parler allemand avec lui.

2 *vi* **(a)** *(Mus)* s'exercer; *(Sport)* s'entraîner; *[beginner]* faire des exercices. **he** ~**s for 2 hours every day** il fait 2 heures d'entraînement (*or* d'exercices) par jour. **(b)** *[doctor, lawyer]* exercer.

♦ **practised**, *(US)* **practiced** *adj teacher, nurse, soldier* expérimenté; *eye, ear* exercé; *movement* expert. ♦ **practising**, *(US)* **practicing** *adj doctor* exerçant; *lawyer* en exercice; *Catholic, Buddhist* pratiquant; *homosexual etc* actif. ♦ **practitioner** *n (of an art)* praticien *m*, -ienne *f*; *(Med)* médecin *m*.

pragmatic [præg'mætɪk] *adj* pragmatique.

prairie ['preərɪ] *n* plaine *f* (herbeuse). *(US)* **the** ~**(s)** la Grande Prairie.

praise [preɪz] 1 *n* éloge *m*. **in** ~ **of** à la louange de; **to speak** (*or* **write** *etc*) **in** ~ **of sb/sth** faire l'éloge de qn/qch; **I have nothing but** ~ **for what he has done** je ne peux que le louer de ce qu'il a fait; **a hymn of** ~ un cantique; ~ **be to God!** Dieu soit loué!; ~ **be!*** Dieu merci! 2 *vt* louer *(sb for sth/for doing* qn de qch/d'avoir fait). **to** ~ **sb to the skies** porter qn aux nues. ♦ **praiseworthy** *adj* digne d'éloges.

pram [præm] *n (Brit)* voiture *f* d'enfant.

prance [prɑːns] *vi [horse, dancer etc]* caracoler. **to** ~ **in/out** *etc* entrer/sortir *etc (arrogantly)* en se pavanant *or (gaily)* gaiement.

prank [præŋk] *n (escapade)* frasque *f*; *(joke)* farce *f*, tour *m*. **a childish** ~ une gaminerie; **to play a** ~ **on sb** jouer un tour à qn.

prattle ['prætl] *vi* babiller; *[several people]* papoter.

prawn [prɔːn] *n* crevette *f* rose, bouquet *m*. ~ **cocktail** salade *f* de crevettes.

pray [preɪ] 1 *vi* prier *(for sb* pour qn). **they** ~**ed to God to help them** ils prièrent Dieu de les secourir; **he** ~**ed for forgiveness/to die** il pria Dieu de lui

pardonner/de le laisser mourir; we're ~ing for
fine weather nous faisons des prières pour qu'il
fasse beau; he's past ~ing for* c'est un cas désespéré. 2 vt prier (sb to do qn de faire; that que +
subj). ♦ prayer 1 n prière f; to say one's ~ers
faire sa prière; (as service) ~ers office m; 2 adj:
~er book livre m de messe; the P~er Book le
rituel de l'Église anglicane; ~er mat tapis m de
prière; ~er meeting service m religieux non-
conformiste.

pre- [priː] pref pré-. ~-1950 (adj) antérieur à 1950,
d'avant 1950; (adv) avant 1950. ♦ prearrange vt
fixer à l'avance. ♦ precool vt refroidir d'avance.
♦ pre-establish vt préétablir.

preach [priːtʃ] 1 vi prêcher. to ~ to sb prêcher qn;
(fig) to ~ to the converted prêcher un converti.
2 vt (gen) prêcher; sermon faire. ♦ preacher n
prédicateur m; (US: clergyman) pasteur m.

preamble ['priːæmbl] n préambule m.

precarious [prɪ'kɛərɪəs] adj précaire. ♦ precariously adv précairement.

precast ['priː'kɑːst] adj: ~ concrete béton m pré-
coulé.

precaution [prɪ'kɔːʃən] n précaution f (against
contre). as a ~ par précaution; to take ~s prendre ses précautions; to take the ~ of doing prendre la précaution de faire. ♦ precautionary adj
measure de précaution.

precede [prɪ'siːd] vt (in space, time) précéder; (in
rank) avoir la préséance sur. ♦ precedence
['presɪdəns] n (in rank) préséance f; (in importance) priorité f; to take precedence over person
avoir la préséance sur; event, problem, need
avoir la priorité sur. ♦ precedent n précédent m;
to form or create a precedent constituer un
précédent. ♦ preceding adj précédent.

precept ['priːsept] n précepte m.

precinct ['priːsɪŋkt] n (a) (round cathedral etc)
enceinte f. (neighbourhood) ~s alentours mpl;
(fig) within the ~s of dans les limites de. (b) (US:
Police, Pol) circonscription f.

precious ['preʃəs] 1 adj précieux. ~ stone pierre f
précieuse; (my) ~! mon trésor!; (iro) your ~ son*
ton fils chéri (iro). 2 adv (*) ~ few, ~ little très
peu.

precipice ['presɪpɪs] n à-pic m inv. to fall over a ~
tomber dans un précipice.

precipitate [prɪ'sɪpɪteɪt] 1 vt (gen, Chem) précipiter; (Met) condenser. 2 adj hâtif. ♦ precipi-
tately adv précipitamment.

precipitous [prɪ'sɪpɪtəs] adj (a) slope escarpé, à
pic. (b) (hasty) hâtif. ♦ precipitously adv à pic.

précis ['preɪsiː] n résumé m.

precise [prɪ'saɪs] adj (a) (gen) précis; measurement, meaning, account exact, précis. there were
8 to be ~ il y en avait 8 pour être exact or précis;
that ~ book ce livre même; at that ~ moment à ce
moment précis. (b) (meticulous) movement
précis; person, manner minutieux; (pej: over-~)
pointilleux. in that ~ voice of hers de sa façon de
parler si nette. ♦ precisely adv explain avec
précision; (exactly) précisément; at 10 o'clock
~ly à 10 heures précises; what ~ly does he do for
a living? que fait-il au juste pour gagner sa vie?
♦ precision 1 n précision f; exactitude f; minutie
f; 2 adj instrument, bombing de précision.

preclude [prɪ'kluːd] vt doubt écarter; misunderstanding prévenir; possibility exclure. to be ~d
from doing être dans l'impossibilité de faire; that
~s his leaving cela m met dans l'impossibilité de
partir.

precocious [prɪ'kəʊʃəs] adj précoce. ♦ precociously adv précocement. ♦ precociousness or
♦ precocity n précocité f.

preconceived ['priːkən'siːvd] adj préconçu.
♦ preconception n préconception f.

precondition ['priːkən'dɪʃən] n condition f
requise.

precook [priː'kuk] vt précuire.

precursor [priː'kɜːsər] n (person, thing) précurseur m; (event) signe m avant-coureur.

predate ['priː'deɪt] vt (put earlier date on) antidater; (come before in time) précéder.

predator ['predətər] n prédateur m. ♦ predatory
adj animal etc prédateur; habits de prédateur;
person rapace; armies pillard; look vorace.

predecease [priːdɪ'siːs] vt prédécéder.

predecessor ['priːdɪsesər] n prédécesseur m.

predestine [priː'destɪn] vt prédestiner (to à; to do
à faire). ♦ predestination n prédestination f.

predetermine ['priːdɪ'tɜːmɪn] vt déterminer
d'avance; (Philos, Rel) prédéterminer.

predicament [prɪ'dɪkəmənt] n situation f difficile
or fâcheuse. I'm in a real ~ (puzzled) je ne sais
vraiment pas que faire; (in a fix) me voilà dans de
beaux draps.

predicative [prɪ'dɪkətɪv] adj (Gram) attribut inv.
♦ predicatively adv en tant qu'attribut.

predict [prɪ'dɪkt] vt prédire. ♦ predictable adj
prévisible. ♦ predictably adv behave etc d'une
manière prévisible; ~ably, he did not appear
comme on pouvait le prévoir, il ne s'est pas
montré. ♦ prediction n prédiction f.

predilection [ˌpriːdɪ'lekʃən] n prédilection f (for
pour).

predispose ['priːdɪs'pəʊz] vt prédisposer (to sth à
qch; to do à faire). ♦ predisposition n prédisposition f.

predominate [prɪ'dɒmɪneɪt] vi prédominer (over
sur). ♦ predominance n prédominance f.
♦ predominant adj prédominant. ♦ predomi-
nantly adv surtout.

pre-eminent [priː'emɪnənt] adj prééminent.
♦ pre-eminence n prééminence f. ♦ pre-
eminently adv avant tout.

preen [priːn] vt feathers lisser. (fig) to ~ o.s. (before
mirror etc) se pomponner; (be proud) s'enorgueillir (on de).

prefabricate [ˌpriː'fæbrɪkeɪt] vt préfabriquer.
♦ prefab* n maison etc préfabriquée.

preface ['prefɪs] n (to book) préface f; (to speech)
introduction f.

prefect ['priːfekt] n (French Admin) préfet m;
(Brit Scol) élève des grandes classes chargé(e) de
la discipline. ♦ prefecture n préfecture f.

prefer [prɪ'fɜːr] vt (a) préférer, aimer mieux
(doing, to do faire). to ~ A to B préférer A à B,
aimer mieux A que B; I ~ taking the train to going
by car je préfère prendre le train que d'aller en
voiture; I ~ you to leave je préfère que vous partiez (subj); I much ~ je préfère de beaucoup. (b)
(Jur) charge porter; action intenter; complaint
déposer. ♦ preferable ['prefərəbl] adj préférable
(to sth à qch). ♦ preferably adv de préférence.
♦ preference n (liking) préférence f (for pour);
(priority) priorité f (over sur); in ~ence to sth/to
doing plutôt que qch/que de faire; 2 adj: ~ence
shares actions fpl privilégiées. ♦ preferential
adj préférentiel.

prefix ['priːfɪks] 1 n préfixe m. 2 vt préfixer.

pregnant ['pregnənt] adj woman enceinte;
animal pleine; (fig) silence lourd de sens. 3
months ~ enceinte de 3 mois; (fig) ~ with gros de.
♦ pregnancy n [woman] grossesse f.

prehistory ['priː'hɪstərɪ] n préhistoire f.
♦ prehistoric adj préhistorique.

prejudge ['priː'dʒʌdʒ] vt question préjuger de;
person juger d'avance.

prejudice ['predʒʊdɪs] 1 n (a) préjugé m; (collective n) préjugés. racial ~ préjugés raciaux; to
have a ~ against avoir un préjugé contre. (b)
(Jur) préjudice m. without ~ sans préjudice (to
de). 2 vt (a) person prévenir (against contre). (b)
(also Jur) claim, chance porter préjudice à.
♦ prejudiced adj person plein de préjugés; idea
préconçu; to be ~d against/in favour of avoir un

préjugé contre/en faveur de. ♦ **prejudicial** *adj*
préjudiciable (*to* à).
prelate ['prelɪt] *n* prélat *m*.
preliminary [prɪ'lɪmɪnərɪ] *adj*, *n* préliminaire
(*m*).
prelude ['prelju:d] *n* prélude *m* (*to* de).
premarital ['pri:'mærɪtl] *adj* avant le mariage.
premature ['premətʊər] *adj* (*gen*) prématuré.
you are a little ~ vous anticipez un peu.
♦ **prematurely** *adv* (*gen*) prématurément; *be*
born avant terme.
premeditate [pri:'medɪteɪt] *vt* préméditer.
♦ **premeditation** *n* préméditation *f*.
premenstrual ['pri:'menstruəl] *adj*: ~ **tension**
syndrome *m* prémenstruel.
premier ['premɪər] **1** *adj* premier, primordial. **2** *n*
(*Pol*) Premier ministre *m*.
première ['premɪeər] *n* première *f* (*Theat*).
premise ['premɪs] *n* (**a**) (*hypothesis*) prémisse *f*.
(**b**) (*property*) ~s locaux *mpl*; **business** ~s
locaux commerciaux; **on/off the** ~s sur les/hors
des lieux; **to see sb off the** ~s escorter qn jusqu'à
sa sortie des lieux.
premium ['pri:mɪəm] **1** *n* prime *f*. **to be at a** ~
faire prime; **to put a** ~ **on** [*person*] faire grand cas
de; [*situation, event*] donner beaucoup d'importance à.
2 *adj*: ~ **bond** bon *m* à lots.
premonition [,pri:mə'nɪʃən] *n* pressentiment *m*.
prenatal ['pri:'neɪtl] *adj* prénatal.
preoccupy [pri:'ɒkjʊpaɪ] *vt* préoccuper. ♦ **pre-**
occupation *n* (*gen*) préoccupation *f*; **his**
preoccupation with money son obsession *f* de l'argent.
prep* [prep] (*Scol*) *abbr of* **preparation, pre-**
paratory.
prepack(age) ['pri:'pæk(ɪdʒ)] *vt* (*Comm*) précon-
ditionner.
prepaid ['pri:'peɪd] *adj* payé d'avance; *reply, car-*
riage payé.
prepare [prɪ'pɛər] **1** *vt* préparer (*sth for sb* qch à
qn; *sth for sth* qch pour qch; *sb for a shock/exam/*
piece of news qn à un choc/un examen/une
nouvelle; *sb for an operation* qn pour une opération). **to** ~ **the way/ground for sth** préparer la
voie/le terrain pour qch.
2 *vi*: **to** ~ **for** (*make arrangements*) *journey,*
sb's arrival, event faire des préparatifs pour; (~
o.s. for) *flood, meeting* se préparer pour; *war* se
préparer à; *examination* préparer; **to** ~ **to do sth**
se préparer à faire qch.
♦ **preparation** *n* (**a**) préparation *f*; **preparations**
préparatifs *mpl* (*for* de); **in preparation** en
préparation; **in preparation for** en vue de. (**b**)
(*Scol*) devoirs *mpl*. ♦ **preparatory** *adj work* préparatoire; *measure, step* préliminaire; **pre-**
paratory school (*Brit*) école *f* primaire privée;
(*US*) lycée *m* privé; **preparatory to sth/to doing**
avant qch/de faire. ♦ **prepared** *adj person, army,*
country prêt; *statement, answer* préparé à
l'avance; (*Culin*) *sauce, soup* tout prêt; **be** ~**d for**
bad news préparez-vous à une mauvaise
nouvelle; **I am** ~**d for anything** (*can cope*) j'ai
tout prévu; (*won't be surprised*) je m'attends à
tout; **to be** ~**d to do sth** être prêt à faire qch.
♦ **preparedness** *n* état *m* de préparation.
preponderance [prɪ'pɒndərəns] *n* prépondérance *f*. ♦ **preponderant** *adj* prépondérant.
♦ **preponderantly** *adv* surtout.
preposition ['prepə'zɪʃən] *n* préposition *f*.
prepossessing [,pri:pə'zesɪŋ] *adj appearance*
avenant. **he is very** ~ il fait très bonne impression; **a very** ~ **young man** un jeune homme très
bien*.
preposterous [prɪ'pɒstərəs] *adj* ridicule.
♦ **preposterously** *adv* ridiculement.
prerecord ['pri:rɪ'kɔ:d] *vt song, programme*
enregistrer à l'avance. **a** ~**ed broadcast** une

émission en différé.
prerequisite ['pri:'rekwɪzɪt] *n* condition *f* préalable.
prerogative [prɪ'rɒgətɪv] *n* prérogative *f*.
Presbyterian [,prezbɪ'tɪərɪən] *adj*, *n* presby-
térien(ne) *m(f)*.
preschool ['pri:'sku:l] *adj years* préscolaire; *child*
d'âge préscolaire. ~ **playgroup** = garderie *f*.
prescribe [prɪs'kraɪb] *vt* (*gen, Med*) prescrire (*sth*
for sb qch pour qn). ♦ **prescribed** *adj* (*gen, Jur,*
Med) prescrit; ~**d books** œuvres *fpl* inscrites au
programme. ♦ **prescription 1** *n* (*Med*) ordonnance *f*; **to make out a prescription for sb** faire
une ordonnance pour qn; **to make up** *or* (*US*) **fill a**
prescription exécuter une ordonnance; **it's on**
prescription only on ne peut l'obtenir que sur
ordonnance; **2** *adj* (*Brit Med*) **prescription**
charges *somme f fixe à payer lors de l'exécution*
de l'ordonnance.
present ['preznt] **1** *adj* (**a**) (*there; in existence*)
présent. **to be** ~ **at sth** être présent à qch, assister
à qch; **who was** ~? qui était là?; **is there a doctor**
~? y a-t-il un docteur ici? (**b**) (*existing now: also*
Gram) *year, circumstances* présent. **her** ~ **hus-**
band son mari actuel; **at the** ~ **day** *or* **time**
actuellement, à présent; (*Gram*) ~ **perfect** passé
m composé.
2 *n* (**a**) (~ *time*) présent *m*. **up to the** ~ jusqu'à
présent; **for the** ~ pour le moment; **at** ~ actuellement, à présent, en ce moment; **as things are at** ~
au point où en sont les choses; (*Gram*) **in the** ~ au
présent. (**b**) (*gift*) cadeau *m*. **she gave me the**
book as a ~ elle m'a offert le livre; **to make sb a** ~
of sth faire cadeau de qch à qn.
3 [prɪ'zent] *vt* (**a**) (*hand over etc: gen*) présenter
(*to* à); *proof, evidence* fournir; (*Jur etc*) *case*
exposer. **to** ~ **sb with sth**, **to** ~ **sth to sb** (*give as*
gift) offrir qch à qn, faire cadeau de qch à qn;
(*hand over*) *prize, medal* remettre qch à qn; **we**
were ~**ed with a fait accompli** nous nous sommes
trouvés devant un fait accompli; (*Mil*) **to** ~ **arms**
présenter les armes; **to** ~ **o.s. at the desk/for an**
interview se présenter au bureau/à une entrevue.
(**b**) (*offer*) *problem, difficulties, features* présenter; *opportunity* donner. **it** ~**ed an easy target**
cela offrait une cible facile. (**c**) *play, concert*
donner; *film,* (*Rad, TV*) *play, programme* donner,
passer; (*act as presenter of*) présenter. (**d**)
(*introduce*) présenter (*sb to sb* qn à qn). **may I** ~
...? permettez-moi de vous présenter ... .
♦ **presence** *n* présence *f*; ~ **of mind** présence d'esprit; **in the presence of** en présence de;
he certainly made his presence felt* il n'est vraiment pas passé inaperçu. ♦ **presentable**
[prɪ'zentəbl] *adj* présentable. ♦ **presentation**
[,prezən'teɪʃən] *n* (**a**) (*gen*) présentation *f*; **on**
~**ation of ticket** *etc* sur présentation de; (**b**) (*gift*)
cadeau *m*; (*ceremony*) = vin *m* d'honneur; **who**
made the ~**ation?** qui a remis le cadeau (*or* la
médaille *etc*)? ♦ **present-day** *adj* actuel,
d'aujourd'hui. ♦ **presenter** [prɪ'zentər] *n* (*Rad,*
TV) présentateur *m*, -trice *f*. ♦ **presently** *adv* (*in*
a little while) tout à l'heure; (*esp US: now*) à
présent.
presentiment [prɪ'zentɪmənt] *n* pressentiment *m*.
preserve [prɪ'zɜ:v] **1** *vt* (**a**) (*keep, maintain*)
building, traditions conserver; *leather, wood*
entretenir; *memory, dignity, sense of humour,*
reputation, silence garder; *peace* maintenir.
well-~**d** en bon état de conservation, (*hum*)
person bien conservé (pour son âge). (**b**) (*from*
harm etc) préserver (*from* de). ~ **me from that!***
le ciel m'en préserve! (**c**) (*Culin*) *fruit etc* conserver, mettre en conserve. ~**d** en conserve.
2 *npl*: ~**s** (*jam*) confiture *f*; (*bottled fruit/vegeta-*
bles) fruits *mpl*/légumes *mpl* en conserve.
♦ **preservation** *n* conservation *f*; (*from harm*)
préservation *f*; **to put a preservation order on a**

building classer un édifice. ♦ **preservative** *n* (*Culin*) agent *m* de conservation.

preshrunk ['priː'ʃrʌŋk] *adj* irrétrécissable.

preside [prɪ'zaɪd] *vi* présider. **to ~ at** *or* **over sth** présider qch.

president ['prezɪdənt] *n* (*Pol etc*) président *m*; (*US Comm*) président-directeur général, P.D.G. *m*.
♦ **presidency** *n* présidence *f*. ♦ **presidential** *adj* présidentiel.

press [pres] **1** *n* (*apparatus, machine: gen*) presse *f*; (*for wine, olives, cheese etc*) pressoir *m*; (*newspapers collectively*) presse. **in the ~** (*being printed*) sous presse; (*in the papers*) dans la presse; **to go to ~** être mis sous presse; **the national ~** la grande presse; **a member of the ~** un(e) journaliste; **to get a good/bad ~** avoir bonne/mauvaise presse.

2 *adj* campaign, card, agency etc de presse. **~ agent** agent *m* de publicité; **~ box**, (*Parl*) **~ gallery** tribune *f* de la presse; **~ conference** conférence *f* de presse; **~ cutting** coupure *f* de presse; **~-cutting agency** argus *m* de la presse; **~ photographer** reporter *m* photographe; **~ release** communiqué *m* de presse; **~ report** reportage *m*.

3 *vt* **(a)** (*push*) *button, switch, trigger* appuyer sur; (*squeeze etc*) *grapes, lemons, flowers, sb's hand* presser. **he ~ed them together** il les a pressés les uns contre les autres; **he ~ed his nose against the window** il a collé son nez à la fenêtre; **he ~ed her to him** il l'a serrée contre lui. **(b)** *clothes etc* repasser, donner un coup de fer à. **(c)** (*fig*) *attack, advantage* pousser; *claim, demand* renouveler; *opponent* presser; [*creditor*] poursuivre. **to ~ sb for an answer** presser qn de répondre; **to ~ a gift on sb** presser qn d'accepter un cadeau; **to ~ sb to do sth** presser qn de faire qch; **to ~ sb into doing sth** forcer qn à faire qch; **we were ~ed into service** nous avons été obligés d'offrir nos services; (*Jur*) **to ~ charges against sb** engager des poursuites contre qn; **I shan't ~ the point** je n'insisterai pas.

4 *vi* [*person*] appuyer (*on* sur); [*weight, burden*] faire pression (*on* sur); [*debts, troubles*] peser (*on sb* à qn). **time ~es!** le temps presse!; (*fig*) **to ~ for sth/for sth to be done** faire pression pour obtenir qch/pour que qch soit fait; **he ~ed through the crowd** il s'est frayé un chemin dans la foule; **they ~ed round his car** ils se pressaient autour de sa voiture.

press down 1 *vi* appuyer (*on* sur). **2** *vt sep* appuyer sur.

press on *vi* (*in work, journey etc*) continuer. (*fig*) **to ~ on with sth** continuer (à faire) qch.
♦ **press-button** *n* bouton(-pression) *m*. ♦ **pressed** *adj* (*very busy*) débordé (de travail); **to be ~ed for sth** être à court de qch, manquer de qch. ♦ **press-gang** *vt*: **to ~-gang sb into doing sth** forcer la main à qn pour qu'il fasse qch. ♦ **pressing 1** *adj* business, problem urgent; danger, invitation pressant; **he was very ~ing** il a beaucoup insisté; **2** *n* [*clothes*] repassage *m*. ♦ **pressman** *n* journaliste *m*. ♦ **press stud** *n* pression *f*. ♦ **press-up** *n* traction *f*.

pressure ['preʃər] **1** *n* pression *f*. **water ~** pression de l'eau; **a ~ of 2 kg to the square cm** une pression de 2 kg par cm²; **blood ~** pression artérielle; **high-/low-~** (*adj*: *Tech*) à pression haute/basse; (*Tech*) **at full ~** à pression maxima; **because of parental ~** à cause de la pression des parents; **to put ~ on sth/sb** faire pression sur qch/qn (*to do* pour qu'il fasse); **they're putting the ~ on now** ils nous (*etc*) talonnent maintenant; **under ~ from his staff** sous la pression de son personnel; **to use ~ to obtain sth** user de contrainte pour obtenir qch; **the ~ of these events la tension créée par ces événements; **~ of work pre-vented him from going** il n'a pas pu y

aller parce qu'il avait trop de travail; **he is under a lot of ~** il est sous pression. **2** *adj* spacesuit, cabin pressurisé. **~ group** groupe *m* de pression.

3 *vt*: **to ~* sb to do** faire pression sur qn pour qu'il fasse; **to ~ sb* into doing** forcer qn à faire.
♦ **pressure cooker** *n* cocotte-minute *f* ®.
♦ **pressure gauge** *n* manomètre *m*. ♦ **pressurization** *n* pressurisation *f*. ♦ **pressurize** *vt* **(a)** cabin, spacesuit pressuriser; **(b)** (* fig) = phrase 3.

prestige [pres'tiːʒ] *n* prestige *m*. ♦ **prestigious** *adj* prestigieux.

presume [prɪ'zjuːm] **1** *vt* (*suppose*) présumer (*that* que); (*take liberty*) se permettre (*to do* de faire). **2** *vi* prendre des libertés. **to ~ (up)on** abuser de. ♦ **presumably** *adv*: **you are presumably his son** je suppose *or* présume que vous êtes son fils. ♦ **presumption** *n* **(a)** (*supposition*) présomption *f*; **there is a strong presumption that** tout laisse à présumer que; **(b)** (*claim*) (*presumptuousness*) présomption *f*, audace *f*. ♦ **presumptuous** *adj* présomptueux. ♦ **presumptuously** *adv* présomptueusement.

presuppose [ˌpriːsə'pəʊz] *vt* présupposer.
♦ **presupposition** *n* présupposition *f*.

pretence, (*US*) **pretense** [prɪ'tens] *n* (*pretext*) prétexte *m*; (*claim*) prétention *f*; (*affectation*) prétention. **under** *or* **on the ~ of (doing) sth** sous prétexte de (faire) qch; **to make a ~ of doing** semblant de faire; **it's all (a) ~** tout cela est pure comédie; **his ~ of sympathy** sa feinte sympathie.

pretend [prɪ'tend] **1** *vt* **(a)** (*feign*) faire semblant (*to do* de faire; *that* que); *ignorance, illness* feindre. **let's ~ we're soldiers** jouons aux soldats; (*pej*) **he was ~ing to be a doctor** il se faisait passer pour un docteur. **(b)** (*claim*) prétendre (*that* que; *to do* de faire). **2** *vi* (*feign*) faire semblant. **I was only ~ing!** je plaisantais!; **let's stop ~ing!** assez joué la comédie! **3** *adj* (*) *money, house etc* pour rire*.
♦ **pretended** *adj* prétendu. ♦ **pretender** *n* prétendant(e) *m(f)* (*to the throne* au trône). ♦ **pretension** *n* prétention *f* (*to* à). ♦ **pretentious** *adj* prétentieux. ♦ **pretentiously** *adv* prétentieusement. ♦ **pretentiousness** *n* prétention *f*.

preterite ['pretərɪt] *n* prétérit *m*, passé *m* simple.

pretext ['priːtekst] *n* prétexte *m* (*to do* pour faire). **under** *or* **on the ~ of (doing) sth** sous prétexte de (faire) qch.

pretty ['prɪtɪ] **1** *adj* (*gen*) joli (*before n*). **as ~ as a picture** *person* joli à croquer; *garden etc* ravissant; **it wasn't a ~ sight** ce n'était pas beau à voir; (*to parrot*) **~ polly!** bonjour Jacquot!; **it will cost a ~ penny** cela coûtera une jolie somme. **2** *adv* **(a)** **~ well** (*not badly*) pas mal; (*also ~ nearly*: *almost*) presque, pratiquement; **~ much the same thing** pratiquement la même chose.
♦ **prettily** *adv* joliment. ♦ **pretty-pretty*** *adj* un peu trop joli.

pretzel ['pretsl] *n* bretzel *m*.

prevail [prɪ'veɪl] *vi* **(a)** (*win*) prévaloir (*against* contre; *over* sur). **(b)** (*be in force etc*) [*conditions, attitude, fashion, wind*] prédominer; [*style*] être en vogue. **the situation which now ~s** la situation actuelle. **(c)** **to ~ (up)on sb to do** persuader qn de faire. ♦ **prevailing** *adj wind* dominant; *belief, attitude* courant; *conditions, situation, customs, fashion* actuel; *style* en vogue.

prevalent ['prevələnt] *adj belief, attitude* courant; *conditions, situation, customs, fashion* actuel; *illness* répandu; *style* en vogue. **it is very ~** cela se voit partout. ♦ **prevalence** *n* [*illness, belief, attitude*] fréquence *f*; [*conditions, situation, customs*] caractère *m* généralisé; [*style*] vogue *f*.

prevaricate [prɪ'værɪkeɪt] *vi* user de faux-fuyants. ♦ **prevarication** *n* faux-fuyant(s) *m(pl)*.

prevent [prɪ'vent] *vt* (*gen*) empêcher (*sb from*

doing, sb's doing qn de faire); *illness* prévenir; *accident, fire, war* éviter. ♦ **preventable** *adj* évitable. ♦ **preventative** *adj* préventif. ♦ **prevention** n prévention f; **Society for the P~ion of Cruelty to ...** Société Protectrice des ... . ♦ **preventive** *adj* préventif.

preview ['priːvjuː] n *[film, exhibition]* avant-première f. *(fig)* **to give sb a ~ of sth** donner à qn un aperçu de qch.

previous ['priːvɪəs] **1** *adj* précédent, antérieur. **the ~ letter** la lettre précédente; **a ~ letter** une lettre précédente or antérieure; **the ~ evening** la veille au soir; **in a ~ life** dans une vie antérieure; **~ to** antérieur à; **have you made any ~ applications?** avez-vous déjà fait des demandes?; **I have a ~ engagement** je suis déjà pris; *(Comm)* **~ experience** expérience préalable; *(Jur)* **to have no ~ convictions** avoir un casier judiciaire vierge; **he has 3 ~ convictions** il a déjà 3 condamnations. **2** *adv*: **~ to** avant. ♦ **previously** *adv (before)* précédemment, auparavant; *(in the past)* dans le temps; *(already)* déjà.

prewar ['priːˈwɔːʳ] *adj* d'avant-guerre.

prey [preɪ] **1** n *(lit, fig)* proie f. **bird of ~** oiseau m de proie; *(fig)* **to be a ~ to** être en proie à *(fig)*; **to fall a ~ to** être la victime de. **2** *vi*: **to ~ on** *[animal etc]* faire sa proie de; *[person]* s'attaquer à; *[fear, anxiety]* ronger, miner; **sth is ~ing on her mind** il y a qch qui la travaille*.

price [praɪs] **1** n *(gen, also fig)* prix m; *(estimate)* devis m; *(Betting)* cote f; *(St Ex)* cours m. **to go up in ~** augmenter; **to go down in ~** baisser; **what is the ~ of this book?** combien coûte or vaut ce livre?; **to put a ~ on sth** fixer le prix de qch, *(estimate value)* évaluer qch; *(fig)* **he puts a high ~ on it** il attache beaucoup de valeur à; *(liter)* **beyond ~** sans prix; **we pay top ~s for gold** nous achetons l'or au prix fort; **high~d** coûteux, cher; **he got a good ~ for it** il l'a vendu cher; *(fig)* **to pay a high ~ for sth** payer qch chèrement; *(fig)* **it's a small ~ to pay for it** c'est consentir un bien petit sacrifice pour l'avoir; **every man has his ~** tout homme est corruptible à condition d'y mettre le prix; **I wouldn't do it at any ~** je ne le ferais à aucun prix; **peace at any ~** la paix à tout prix; *(fig)* **not at any ~!** pour rien au monde!; *(fig)* **at what a ~!** à quel prix!; **he'll do it for a ~** il le fera si on y met le prix; *(St Ex)* **market ~** cours m du marché; **to put a ~ on sb's head** mettre à prix la tête de qn; *(fig)* **what ~* all his promises now?** que valent toutes ses promesses maintenant?

2 *adj* **control, index, war, reduction, rise** des prix. **~ cut** réduction f, rabais m; **~ cutting** réductions fpl de prix; **~ fixing** *(by government)* contrôle m des prix; *(pej: by firms: also ~ rigging)* alignement m des prix; **~ freeze** blocage m des prix; **to put a ~ limit on sth** fixer le prix maximum de qch; **~ list** tarif m; **~ range** gamme f des prix; **within my ~ range** dans mes prix; **~s and incomes policy** politique f des prix et des revenus; **~ tag** or **ticket** étiquette f.

3 *vt (fix ~ of)* fixer le prix de; *(mark ~ on)* marquer le prix de; *(ask ~ of)* demander le prix de; *(fig: estimate value of)* évaluer. **it is ~d at £10** ça coûte 10 livres; **to ~ sth down/up** baisser/augmenter le prix de qch; **to ~ one's goods out of the market** perdre un marché à vouloir demander des prix trop élevés.

♦ **priceless** *adj (gen)* inestimable, sans prix; (*: *amusing*) impayable*. ♦ **pricey*** *adj* coûteux, cher.

prick [prɪk] **1** n *(act, sensation, mark)* piqûre f. *(fig)* **~s of conscience** aiguillons mpl de la conscience. **2** *vt* **(a)** *(gen)* piquer; *balloon, blister* crever. **she ~ed her finger** elle s'est piqué le doigt *(with* avec); **to ~ a hole in sth** faire un trou d'épingle *(etc)* dans qch; *(fig)* **his conscience ~ed him** il n'avait pas la conscience tranquille. **(b)** to

~ (up) one's ears *[animal]* dresser les oreilles; *[person] (fig)* dresser l'oreille. **3** *vi (gen)* piquer. **my eyes are ~ing** les yeux me cuisent.

prick out *vt sep seedlings* repiquer.

pricking ['prɪkɪŋ] n picotement m, sensation cuisante. *(fig)* **~s of conscience** remords m(pl).

prickle ['prɪkl] **1** n **(a)** *[plant]* épine f; *[hedgehog etc]* piquant m. **(b)** *(sensation)* picotement m. **2** *vt* piquer. **3** *vi* picoter. ♦ **prickly** *adj plant* épineux; *animal* armé de piquants; *beard* qui pique; *(fig)* *person* irritable; *subject* épineux. **prickly heat** fièvre f miliaire; **prickly pear** figue f de Barbarie.

pride [praɪd] **1** n **(a)** *(self-respect)* amour-propre m; *(satisfaction)* fierté f; *(arrogance)* orgueil m. **his ~ was hurt** il était blessé dans son amour-propre; **he has too much ~ to ask for help** il est trop fier pour demander de l'aide; **she has no ~** elle n'a pas d'amour-propre; *false* ~ vanité f; **it is a great source of ~ to her** elle en est très fière; **her ~ in her family** la fierté qu'elle tire de sa famille; **he spoke of them with ~** il a parlé d'eux avec fierté; **to take (a) ~ in** *children, achievements* être très fier de; *house, car etc* prendre grand soin de; **to take (a) ~ in doing** mettre sa fierté à faire; **to have ~ of place** avoir la place d'honneur; **she is her father's ~ and joy** elle est la fierté de son père. **(b)** *[lions]* troupe f.

2 *vt*: **to ~ o.s. on (doing) sth** être fier de (faire) qch.

priest [priːst] n *(gen)* prêtre m; *(Catholic parish ~)* curé m. ♦ **priestess** n prêtresse f. ♦ **priesthood** n: **to enter the ~hood** se faire prêtre. ♦ **priestly** *adj* sacerdotal.

prig [prɪg] n pharisien(ne) m(f). **what a ~ she is!** ce qu'elle peut se prendre au sérieux!; **don't be such a ~!** ne fais pas le petit saint! *(or* la petite sainte!) ♦ **priggish** *adj* suffisant. ♦ **priggishness** n suffisance f.

prim [prɪm] *adj (prudish: also ~ and proper)* collet monté inv, guindé; *(demure)* person, dress très convenable; *manner, smile, look* guindé; *house, garden* trop coquet. ♦ **primly** *adv* d'une manière guindée; *(demurely)* d'un petit air sage. ♦ **primness** n *[person]* air m collet monté; *façons fpl* très convenables.

prima facie ['praɪməˈfeɪʃɪ] **1** *adv* à première vue. **2** *adj* légitime (à première vue). **to have a ~ case** *(Jur)* avoir une affaire recevable; *(gen)* avoir raison à première vue.

primal ['praɪməl] *adj* primordial.

primary ['praɪmərɪ] **1** *adj* **(a)** *(gen: first)* primaire. **~ education/school** enseignement m/école f primaire; **~ (school)teacher** instituteur m, -trice f. **(b)** *(basic)* principal; *colour* fondamental; *importance* primordial; *meaning of word* primitif. **2** n *(US Pol)* primaire f. ♦ **primarily** *adv (chiefly)* principalement; *(originally)* primitivement.

primate ['praɪmɪt] n **(a)** *(Rel)* primat m. **(b)** ['praɪmeɪt] *(Zool)* primate m.

prime [praɪm] **1** *adj* **(a)** *(chief, principal)* cause, reason principal, primordial; *factor, importance* primordial; *advantage* de premier ordre. **P~ Minister** Premier ministre m. **(b)** *(excellent)* meat de premier choix; *quality* premier *(before* n). **in ~ condition** en parfaite condition; **a ~ example of** un excellent exemple de. **(c)** *(Math)* premier. **2** n: **in the ~ of life, in one's ~** dans la fleur de l'âge; *[empire, civilisation etc]* **in its ~** à son apogée; **he is past his ~** il est sur le retour*. **3** *vt gun, pump* amorcer; *surface for painting* apprêter; *(fig: instruct)* person mettre au courant. **they ~d him about what he should say** ils lui ont bien fait répéter ce qu'il avait à dire; **she arrived well ~d** elle est arrivée tout à fait préparée. ♦ **primer** n *(textbook)* livre m élémentaire; *(paint)* apprêt m.

primeval [praɪ'miːvəl] *adj* primordial; *forest* vierge.

primitive ['prɪmɪtɪv] *adj, n* primitif (*m*).

primordial [praɪ'mɔːdɪəl] *adj* primordial.

primrose ['prɪmrəʊz] **1** *n* primevère *f* (jaune). **2** *adj* (~ **yellow**) primevère *inv*.

primula ['prɪmjʊlə] *n* primevère *f*.

prince [prɪns] *n* prince *m*. **P~ Charles** le prince Charles; **the P~ of Wales** le prince de Galles; **~ consort/regent** prince consort/régent. ♦ **princely** *adj* princier. ♦ **princess** *n* princesse *f*.

principal ['prɪnsɪpəl] **1** *adj* (*gen*) principal. **the ~ horn in the orchestra** le premier cor dans l'orchestre; **~ parts of a verb** temps *mpl* primitifs d'un verbe. **2** *n* (**a**) *[school, institution etc]* directeur *m*, -trice *f*; (*in orchestra*) chef *m* de pupitre; (*Theat*) vedette *f*. (**b**) (*Fin*) **~ and interest** principal *m* or capital *m* et intérêts. ♦ **principality** *n* principauté *f*. ♦ **principally** *adv* principalement.

principle ['prɪnsəpl] *n* principe *m*. **to go back to first ~s** remonter jusqu'au principe; **in ~** en principe; **on ~, as a matter of ~** par principe; **I make it a ~ never to do that, it's against my ~s** to do that j'ai pour principe de ne jamais faire cela; **that would be totally against my ~s** cela irait à l'encontre de tous mes principes; **a man of ~(s)** un homme qui a des principes; **on the same ~** sur or selon le même principe.

print [prɪnt] **1** *n* (**a**) (*mark*) *[foot, tyre etc]* empreinte *f*. **finger~** empreinte digitale; **a thumb ~** l'empreinte d'un pouce; (*Police etc*) **to take sb's ~s** prendre les empreintes de qn. (**b**) (*Typ*) (*actual letters*) caractères *mpl*; (*~ed material*) texte *m* imprimé. **in small/large ~** en petits/gros caractères; **the book is out of ~/in ~** le livre est épuisé/disponible; **he wants to see himself in ~** il veut se faire imprimer. (**c**) (*Art*) gravure *f*; (*Phot*) épreuve *f*; (*Tex*) imprimé *m*; (*~ed dress*) robe *f* imprimée. (*Phot*) **to make a ~ from a negative** tirer une épreuve d'un cliché.

2 *adj dress etc* (en) imprimé.

3 *vt* (*Typ, Tex, fig*) imprimer; (*Phot*) tirer; (*write in block letters*) écrire en caractères d'imprimerie. **~ed in England** imprimé en Angleterre; **it is being ~ed** c'est sous presse; **he has had several books ~ed** il a publié plusieurs livres; (*fig*) **~ed in sb's memory** gravé dans la mémoire.

4 *vi [machine]* imprimer. (*Phot*) **this negative won't ~** ce cliché ne donnera rien.

print out *vt sep* (*Computers*) imprimer.
♦ **printable** *adj* imprimable; (*hum*) **it's just not ~able** on ne peut vraiment pas le répéter. ♦ **printed** *adj* (*gen*) imprimé; *writing paper* à entête; **~ed matter** or **papers** imprimés *mpl*; **the ~ed word** la chose imprimée. ♦ **printer** *n* imprimeur *m*; **~er's error** faute *f* d'impression, coquille *f*; **~er's ink** encre *f* d'imprimerie. ♦ **printing** **1** *n* impression *f*; (*Phot*) tirage *m*; (*block writing*) écriture *f*, en caractères d'imprimerie. **2** *adj*: **~ing press** presse *f* typographique; **~ing works** imprimerie *f* (*atelier*).

prior¹ ['praɪə^r] **1** *adj* antérieur (*to* à). **without ~ notice** sans préavis; **to have a ~ claim to sth** avoir droit à qch par priorité. **2** *adv*: **~ to** antérieurement à, avant. ♦ **priority** *n* priorité *f*; **to have** or **take ~ity over** avoir la priorité sur; **to give first** or **top ~ity to sth** donner la priorité absolue à qch; **you must get your ~ities right** vous devez décider de ce qui compte le plus pour vous.

prior² ['praɪə^r] *n* (*Rel*) prieur *m*. ♦ **prioress** *n* prieure *f*. ♦ **priory** *n* prieuré *m*.

prise [praɪz] *vt* (*Brit*) **to ~ open a box** ouvrir une boîte en faisant levier, forcer une boîte; **to ~ the lid off a box** forcer le couvercle d'une boîte.

prism ['prɪzəm] *n* prisme *m*. ♦ **prismatic** *adj* prismatique.

prison ['prɪzn] **1** *n* prison *f*. **in ~** en prison; **to be/put sb in ~** être/mettre qn en prison; **to send sb to ~** condamner qn à la prison; **to send sb to ~ for 5 years** condamner qn à 5 ans de prison; **he was in ~ for 5 years** il a fait 5 ans de prison. **2** *adj food, conditions* dans or les prison(s), pénitentiaire; *system, colony* pénitentiaire. **~ camp** camp *m* de prisonniers; **~ officer** gardien(ne) *m(f)* or surveillant(e) *m(f)* de prison. ♦ **prisoner** *n* détenu(e) *m(f)*, prisonnier *m*, -ière *f*; (*Mil, fig*) prisonnier, -ière; **~er of war** prisonnier de guerre; (*Jur*) **~er at the bar** accusé(e) *m(f)*, inculpé(e) *m(f)*; **the enemy took him ~er** il a été fait prisonnier par l'ennemi.

privacy ['prɪvəsɪ] *n* intimité *f*, solitude *f*. **his desire for ~** son désir d'être seul, *[public figure etc]* son désir de préserver sa vie privée; **there is no ~ in these flats** on ne peut avoir aucune vie privée dans ces appartements; **he told me in strictest ~** il me l'a dit dans le plus grand secret; **in the ~ of his own home** dans l'intimité *f* de son foyer.

private ['praɪvɪt] **1** *adj* (**a**) (*not public*) *conversation, meeting, land, road* privé; (*confidential*) *letter* confidentiel, de caractère privé; *agreement* officieux; *funeral* qui a lieu dans l'intimité. '**~**' (*on door etc*) 'privé'; (*on envelope*) 'personnel'; (*Admin, Jur*) **~ hearing** audience *f* à huis clos; **I have ~ information that ...** je sais de source privée que ...; **in (his) ~ life** dans sa vie privée; **he's a very ~ person** il aime être seul; (*Theat etc*) **~ performance** représentation *f* privée; **~ place** coin *m* retiré; **~ soldier** (*simple*) soldat *m*; (*Art etc*) **~ view** vernissage *m*.

(**b**) (*for one person*) *house, car, lesson, secretary* particulier; (*personal*) *bank account, advantage, joke, reasons* personnel. **a ~ income, ~ means** une fortune personnelle; **it is my ~ opinion that ...** pour ma part je pense que ...; (*Anat*) **~ parts** parties *fpl* génitales; **~ pupil** élève *mf* en leçons particulières; **~ teacher, ~ tutor** (*for full education*) précepteur *m*, institutrice *f*; (*for one subject*) répétiteur *m*, -trice *f* (*for* en); **~ tuition** leçons *fpl* particulières.

(**c**) (*not official or state-controlled etc*) *company, institution, army, school* privé; *doctor, nursing home* privé, non conventionné. (*Econ*) **~ enterprise** entreprise *f* privée; (*Econ, Ind*) **the ~ sector** le secteur privé; (*esp Brit Med*) **to be a ~ patient** ≃ ne pas être remboursé par la Sécurité sociale; **to be in ~ practice** ≃ être médecin non conventionné; (*esp Brit Med*) **~ treatment** ≃ traitement *m* non remboursé par la Sécurité sociale; **~ detective, ~ investigator, ~ eye*** détective *m* privé; **a ~ citizen** un simple citoyen; (*Parl*) **~ member** simple député *m*.

2 *n* (**a**) (*Mil*) (*simple*) soldat *m*. (**b**) **in ~** = **privately** *a* and **b**.
♦ **privately** *adv* (**a**) (*secretly, personally*) dans son for intérieur; (**b**) (*not publicly*) en privé; (**c**) (*unofficially*) *write, apply* à titre personnel.

privation [praɪ'veɪʃən] *n* privation *f*.

privet ['prɪvɪt] *n* troène *m*. **~ hedge** haie *f* de troènes.

privilege ['prɪvɪlɪdʒ] **1** *n* privilège *m*; (*Parl etc*) prérogative *f*. **to have the ~ of doing** avoir le privilège de faire; **I hate ~** je déteste les privilèges. **2** *vt* (*passive only*) **to be ~d to do** avoir le privilège de faire. ♦ **privileged** *adj* (*gen*) privilégié; *information* confidentiel; **a ~d few** quelques privilégiés; *mpl*; **the ~d few** la minorité privilégiée.

privy ['prɪvɪ] **1** *adj*: **P~ Council/Councillor** conseil *m*/conseiller *m* privé. **2** *n* cabinets *mpl*, W.-C. *mpl*.

prize¹ [praɪz] **1** *n* (*gen*) prix *m*; (*in lottery*) lot *m*. **to win first ~** (*Scol etc*) remporter le premier prix (*in* de); (*in lottery*) gagner le gros lot; **the Nobel P~** le prix Nobel. **2** *adj novel, entry* primé. **a ~ sheep** un mouton primé; **his ~ sheep** son meilleur mouton; **a ~ example of** un parfait exemple de; **a ~ idiot*** un(e) idiot(e) de premier ordre; **~ draw** tombola f; **~ fighter** boxeur m professionnel; **~ fighting** boxe f professionnelle; **~ list** palmarès m; **~ money** argent m du prix; (*Boxing*) **~ ring** ring m. 3 vt faire grand cas de, priser. **~d possession** bien m très précieux. ♦ **prize-giving** n (*Scol etc*) distribution f des prix. ♦ **prizewinner** n (*Scol, gen*) lauréat(e) m(f); (*in lottery*) gagnant(e) m(f). ♦ **prizewinning** adj essay, novel, entry etc primé; ticket gagnant.

prize² [praɪz] vt = **prise**.

pro¹ [prəʊ] 1 pref (*in favour of*) pro...; **~-French** profrançais; **he was ~-Hitler** il était partisan d'Hitler. 2 n: **the ~s and the cons** le pour et le contre.

pro²* [prəʊ] n (*abbr of professional*) pro mf.

probable ['prɒbəbl] adj (a) (*likely*) reason, success probable. **it is ~ that** il est probable que +indic; **it is hardly ~ that** il est peu probable que + subj. (b) (*credible*) explanation etc vraisemblable. ♦ **probability** n probabilité f; **in all probability** selon toute probabilité. ♦ **probably** adv probablement, selon toute probabilité.

probate ['prəʊbɪt] n (*Jur*) homologation f (d'un testament).

probation [prə'beɪʃən] 1 n: **to be on ~** (*Jur*) = être en sursis avec mise à l'épreuve, [*minors*] être en liberté surveillée; (*gen: in employment etc*) être engagé à l'essai; (*Rel*) être novice; (*Jur*) **to put sb on ~** mettre qn en sursis avec mise à l'épreuve etc. 2 adj (*Jur*) **~ officer** agent m de probation; (*for minors*) = délégué(e) m(f) à la liberté surveillée. ♦ **probationary** adj (*gen*) d'essai. ♦ **probationer** n (*gen*) employé(e) m(f) engagé(e) à l'essai; (*Rel*) novice mf.

probe [prəʊb] 1 n (*gen, Med, Space*) sonde f; (*investigation*) enquête f (*into* sur), investigation f (*into* de). 2 vt hole, crack explorer, examiner; (*Med*) sonder; (*Space*) explorer; (*also ~ into*) sb's subconscious, past sonder, explorer; causes, crime, mystery chercher à éclaircir. ♦ **probing** adj question, study pénétrant; interrogation serré; look inquisiteur.

probity ['prəʊbɪtɪ] n probité f.

problem ['prɒbləm] 1 n problème m (*also Math*). **the housing ~** le problème du logement; **he is a great ~ to his mother** il pose de gros problèmes à sa mère; **we've got ~s with the car** nous avons des ennuis mpl avec la voiture; **drink ~s** des tendances fpl à l'alcoolisme; **it's not my ~** ça ne me concerne pas; **that's no ~ to him** ça ne lui pose pas de problème; **that's no ~!** pas de problème!; **what's the ~?** qu'est-ce qui ne va pas?; **I had no ~ in getting the money** je n'ai eu aucun mal à obtenir l'argent. 2 adj child caractériel; family inadapté; novel, play à thèse. (*Press*) **~ page** courrier m du cœur. ♦ **problematic(al)** adj problématique; **it is ~atical whether ...** il n'est pas du tout certain que ... + subj.

procedure [prə'siːdʒər] n procédure f. **the correct ~ is to do la** procédure normale, c'est de faire; **what's the ~?*** comment doit-on procéder?, qu'est-ce qu'il faut faire?

proceed [prə'siːd] vi (*go*) aller, avancer; (*continue*) continuer. **you must ~ cautiously** il faut avancer or (*fig: act*) procéder avec prudence; **let us ~ to the next item** passons à la question suivante; **I am not sure how to ~** je ne sais pas très bien comment m'y prendre; **to ~ to do sth** se mettre à faire qch; **to ~ with sth** continuer or poursuivre qch; **it is all ~ing according to plan** tout se passe or se déroule ainsi que prévu; (*originate*) **to ~ from** provenir de; (*Jur*) **to ~ against sb** engager des poursuites contre qn. ♦ **proceeding** n (*course of action*) façon f or manière f d'agir. ♦ **proceedings** npl (*ceremony*) cérémonie f; (*meeting*) séance f; (*discussions*) débats mpl;

(*records: of learned society*) actes mpl; (*measures*) mesures fpl; (*Jur: legal ~ings*) procès m; **to take ~ings** (*gen*) prendre des mesures (*in order to do* pour faire); (*Jur*) intenter un procès (*against sb* à qn). ♦ **proceeds** ['prəʊsiːdz] npl produit m, somme f recueillie.

process¹ ['prəʊses] 1 n (a) (*operation*) processus m. **the ~ of growing up** le processus de la croissance; **a natural/chemical ~** un processus naturel/chimique; **it's a slow or long ~** (*Chem etc*) c'est un processus lent; (*fig*) ça prend du temps; **he supervised the whole ~** il a supervisé l'opération f du début à la fin; **in the ~ of cleaning the picture, they ...** pendant qu'ils nettoyaient le tableau ils ...; **to be in ~** être en cours (*of sth* de qch); **in (the) ~ of doing** en train de faire qch. (b) (*specific method*) procédé m, méthode f. **the Bessemer ~** le procédé Bessemer; **a ~ for doing sth** un procédé or une méthode pour faire qch. (c) (*Jur*) (*action*) procès m; (*summons*) citation f. 2 vt (*Ind*) raw materials, food, computer data traiter; (*Phot*) film développer; (*Admin etc*) an application, papers s'occuper de. **~ed cheese** fromage m fondu. ♦ **processing** n traitement m; développement m; food **~ing** préparation f des aliments; data **~ing** informatique f.

process² [prə'ses] vi (*go in procession*) défiler; (*Rel*) aller en procession. ♦ **procession** n [*people, cars*] défilé m; (*Rel*) procession f.

proclaim [prə'kleɪm] vt (*gen*) proclamer (*that* que; sb king etc qn roi etc); peace, one's love déclarer; edict promulguer; (*fig: show*) révéler. ♦ **proclamation** n proclamation f.

procrastinate [prəʊ'kræstɪneɪt] vi faire traîner les choses. ♦ **procrastination** n procrastination f.

procreate ['prəʊkrɪeɪt] vt procréer. ♦ **procreation** n procréation f.

procure [prə'kjʊər] 1 vt (*for o.s.*) se procurer, obtenir; (*for sb else*) obtenir; (*Jur*) prostitute etc procurer. **to ~ sth for sb, to ~ sb sth** procurer qch à qn, faire obtenir qch à qn. 2 vi (*Jur*) faire du proxénétisme. ♦ **procurer** n (*Jur*) proxénète m. ♦ **procuring** n (*goods, objects*) obtention f; (*Jur*) proxénétisme m.

prod [prɒd] 1 n (*push*) poussée f; (*jab*) (petit) coup m (*de canne, avec le doigt etc*). **to give sb a ~** pousser qn doucement (du doigt or avec la pointe d'un bâton etc); (*fig*) pousser or stimuler qn. 2 vt pousser doucement (du doigt or avec la pointe d'un bâton etc). **he ~ded the map with his finger** il a planté son doigt sur la carte; **to ~ sb into doing sth** pousser qn à faire qch; (*fig*) **he needs ~ding** il a besoin d'être stimulé.

prodigal ['prɒdɪgəl] adj prodigue.

prodigy ['prɒdɪdʒɪ] n prodige m, merveille f. **child ~** enfant mf prodige. ♦ **prodigious** adj prodigieux. ♦ **prodigiously** adv prodigieusement.

produce [prə'djuːs] 1 vt (a) (*make: gen*) produire; magazine éditer; book (*write*) écrire, (*publish*) publier; (*Fin*) interest, profit rapporter; (*give birth to*) donner naissance à. **he has ~d a new pop record** il a sorti un nouveau disque pop; **oil-producing countries** pays mpl producteurs de pétrole. (b) (*bring, show*) gift, documents, gun sortir (*from* de), produire; witness produire; proof fournir. **I can't ~ £100!** je ne peux pas trouver 100 livres! (c) (*cause: gen*) provoquer, causer; results, impression produire, donner; pleasure, interest susciter; (*Elec*) current engendrer; spark faire jaillir. (d) (*Theat*) mettre en scène; (*Cine*) produire; (*Rad*) play mettre en ondes; (*Rad, TV*) programme réaliser; (*TV*) play, film mettre en scène. 2 ['prɒdjuːs] n produit(s) m(pl) (*d'alimentation*). ♦ **producer** n (*V produce 1a and 1d*) producteur *m*, -trice *f*; metteur *m* en scène; metteur en ondes; réalisateur *m*.

product ['prɒdʌkt] *n* produit *m*; (*fig*) résultat *m*. ♦ **production 1** *n* (**a**) (*Ind*) production *f*; **to put sth into ~ion** entreprendre la production de qch; **to take sth out of ~ion** retirer qch de la production; **the factory is in full ~ion** l'usine tourne à plein rendement; **car ~ion has risen** la production automobile a augmenté; (**b**) (*showing*) présentation *f*; **on ~ion of this ticket** sur présentation de ce billet; (**c**) (*V* **produce 1d**) mise *f* en scène; production *f*; mise *f* en ondes; réalisation *f*; (**d**) (*work produced*) (*Theat*) pièce *f*; (*Cine, Rad, TV*) production *f*; **2** *adj* (*Ind*) **~ion line** chaîne *f* de fabrication; **~ion manager** directeur *m* de la production. ♦ **productive** *adj land, imagination* fertile; *meeting, work* fructueux; *employment, labour* productif; (*Ling*) productif; **I've had a very ~ive day** j'ai bien travaillé aujourd'hui. ♦ **productivity 1** *n* (*Econ, Ind*) productivité *f*; **2** *adj fall, increase* de productivité; **~ivity agreement** accord *m* de productivité; **~ivity bonus** prime *f* à la productivité.

profane [prə'feɪn] **1** *adj* (*secular*) profane; (*pej*) *language etc* impie. **2** *vt* profaner. ♦ **profanity** *n* (*oath*) juron *m*.

profess [prə'fes] *vt* (*gen*) professer. **he ~ed himself satisfied** il s'est déclaré satisfait; **I don't ~ to be an expert** je ne prétends pas être expert en la matière. ♦ **professed** *adj atheist etc* déclaré; (*Rel*) *monk, nun* profès (*f* -esse).

profession [prə'feʃən] *n* (*all senses: gen*) profession *f*. **the ~s** les professions libérales; **by ~ de** son (*or* mon *etc*) métier; **the medical ~** (*calling*) la profession de médecin; (*doctors collectively*) les médecins *mpl*; **~ of faith** profession de foi. ♦ **professional 1** *adj* (*gen*) professionnel; *diplomat, soldier* de carrière; *play, piece of work* de haute qualité; **~al people** les membres *mpl* des professions libérales; **to take ~al advice** (*medical/legal*) consulter un médecin/un avocat; (*on practical problem*) consulter un professionnel; (*Sport*) **to turn ~al** passer professionnel; **to have a very ~al attitude to sth** prendre qch très au sérieux; **it is well up to ~al standards** c'est d'un niveau de professionnel; **2** *n* (*all senses*) professionnel(le) *m(f)*. ♦ **professionally** *adv* (*gen*) professionnellement; (*Sport*) *play en* professionnel; **I never met him ~ally** je n'ai jamais eu de rapports de travail avec lui; **~ally qualified** diplômé; **have you ever sung ~ally?** avez-vous jamais été chanteur professionnel?

professor [prə'fesə'] *n* (*Univ: Brit, US*) professeur *m* (titulaire d'une chaire); (*US: teacher*) professeur *m*. ♦ **professorial** *adj* professoral.

proffer ['prɒfə'] *vt object, hand* tendre; *remark* faire; *thanks, apologies* présenter.

proficient [prə'fɪʃənt] *adj* très compétent (*in en*). ♦ **proficiency** *n* grande compétence *f*.

profile ['prəʊfaɪl] *n* (*gen*) profil *m*; (*fig*) [*person*] portrait *m*; [*situation etc*] esquisse *f*. **in ~ de** profil; (*fig*) **to keep a low ~** essayer de ne pas trop se faire remarquer.

profit ['prɒfɪt] **1** *n* (*Comm*) profit *m*, bénéfice *m*; (*fig*) profit. **~ and loss** profits et pertes; **gross/net ~** bénéfice brut/net; **to make a ~** faire un bénéfice (*of de; on sur*); **to sell sth at a ~** vendre qch à profit; **to yield a ~** rapporter un bénéfice. **2** *adj*: **~ margin** marge *f* bénéficiaire. **3** *vi*: **to ~ by** *or* **from sth** tirer profit de qch. ♦ **profitability** *n* rentabilité *f*. ♦ **profitable** *adj* (*Comm etc*) rentable; (*fig*) *scheme, agreement* avantageux; *meeting, visit* profitable. ♦ **profitably** *adv sell* à profit; *deal* avec profit; (*fig*) avec profit, avec fruit. ♦ **profiteer** (*pej*) **1** *n* profiteur *m* (*pej*); **2** *vi* faire des bénéfices excessifs. ♦ **profitless** *adj* sans profit. ♦ **profit-making** *adj* à but lucratif; **non-~-making** à but

non lucratif. ♦ **profit-sharing** *n* participation *f* aux bénéfices.

profligate ['prɒflɪgɪt] *adj* (*debauched*) débauché; (*extravagant*) extrêmement prodigue. ♦ **profligacy** *n* débauche *f*; extrême prodigalité *f*.

profound [prə'faʊnd] *adj* profond. ♦ **profoundly** *adv* profondément. ♦ **profundity** *n* profondeur *f*.

profuse [prə'fjuːs] *adj vegetation, bleeding* abondant; *thanks, praise, apologies* profus. ♦ **profusely** *adv bleed, sweat* abondamment; *thank, praise* avec effusion; **to apologize ~ly** se confondre en excuses. ♦ **profusion** *n* profusion *f*; **in profusion** à profusion.

progeny ['prɒdʒɪnɪ] *n* progéniture *f*. ♦ **progenitor** *n* (*lit*) ancêtre *m*; (*fig*) auteur *m*.

prognosis [prɒg'nəʊsɪs] *n, pl* **-oses** pronostic *m*. ♦ **prognosticate** *vt* pronostiquer. ♦ **prognostication** *n* pronostic *m*.

programme, (*US*) **program** ['prəʊgræm] **1** *n* (*most senses*) programme *m*; (*Rad, TV: broadcast*) émission *f* (*on sur; about* au sujet de); (*Rad: station*) poste *m*; (*TV: station*) chaîne *f*; [*course etc*] emploi *m* du temps. (*fig*) **what's the ~ for today?*** qu'est-ce qu'on fait aujourd'hui?; **on the ~ au** programme; **on the other ~** (*TV*) sur l'autre chaîne; (*Rad*) sur l'autre poste. **2** *adj* (*Rad, TV*) **~ editor** éditorialiste *mf*; (*Theat*) **~ seller** vendeur *m*, -euse *f* de programmes. **3** *vt* (*gen, Tech, fig*) programmer (*to do* pour faire). **the meeting was ~d to start at 7** le début de la réunion était prévu pour 19 heures. ♦ **programmer** *n* (*computer ~*) programmeur *m*, -euse *f*; (*device*) programmateur *m*. ♦ **programming** *n* programmation *f*.

progress ['prəʊgres] **1** *n* (*gen*) progrès *m*(*pl*). **in the name of ~** au nom du progrès; **to make ~** (*gen*) faire des progrès; (*walk etc forward*) avancer; **the patient is making ~** l'état *m* (de santé) du malade s'améliore; **to ~ of events** le cours des événements; **the meeting is in ~** la réunion est en cours.

2 *adj*: **~ report** (*Med*) bulletin *m* de santé; (*Admin etc*) compte rendu *m* des travaux; (*Scol*) bulletin scolaire.

3 *vi* [prə'gres] (*lit,fig*) aller, avancer (*towards* vers); [*student etc*] faire des progrès; [*patient*] aller mieux; [*investigations, studies etc*] progresser. **as the game ~ed** à mesure que la partie se déroulait. ♦ **progression** *n* progression *f*. ♦ **progressive 1** *adj* (*gradually increasing*) *disease, improvement* progressif; (*forward-looking*) *idea, party, person* progressiste; *age* de progrès. **2** *n* (*Pol etc*) progressiste *mf*. ♦ **progressively** *adv* progressivement, petit à petit.

prohibit [prə'hɪbɪt] *vt* (*forbid*) interdire, défendre (*sb from doing* à qn de faire); (*prevent*) empêcher (*sb from doing* qn de faire); (*Admin, Jur etc*) *weapons, drugs, swearing* prohiber. **smoking ~ed** défense de fumer, il est interdit *or* défendu de fumer; **pedestrians are ~ed from using this bridge** il est interdit aux piétons d'utiliser ce pont. ♦ **prohibition** *n* interdiction *f*, défense *f*; **prohibition** *f* (*also against alcohol*). ♦ **prohibitive** *adj* prohibitif.

project ['prɒdʒekt] **1** *n* (**a**) (*plan, scheme*) projet *m*, plan *m* (*to do, for doing* pour faire); (*undertaking*) opération *f*, entreprise *f*; (*study*) étude *f* (*on de*); (*Scol*) dossier *m* (*on sur*). (**b**) (*US: housing ~*) cité *f*, lotissement *m*. **2** [prə'dʒekt] *vt* (*all senses*) projeter. **3** *vi* faire saillie. **to ~ over** surplomber; **to ~ into** s'avancer dans. ♦ **projecting** *adj construction, part, knob* saillant; *tooth* qui avance. ♦ **projection 1** *n* (**a**) projection *f*; (**b**) (*overhang*) saillie *f*; **2** *adj* (*Cine*) **~ion booth**, **~ion room** cabine *f* de projection. ♦ **projectionist** *n* projectionniste *mf*. ♦ **projector** *n* projecteur *m*.

prolapse ['prəʊlæps] *n* descente *f* d'organe.

proletarian [ˌprəʊləˈtɛərɪən] 1 n (abbr **prole***) prolétaire mf (abbr **prolo***). 2 adj class, party prolétarien; life, mentality de prolétaire. ♦ **proletariat** n prolétariat m.

proliferate [prəˈlɪfəreɪt] vi proliférer. ♦ **proliferation** n prolifération f. ♦ **prolific** adj prolifique.

prologue [ˈprəʊlɒɡ] n prologue m (Literat: to de; fig: to à).

prolong [prəˈlɒŋ] vt prolonger. ♦ **prolongation** n (in space) prolongement m; (in time) prolongation f.

prom* [prɒm] n abbr of **promenade** and **promenade concert**.

promenade [ˌprɒmɪˈnɑːd] 1 n promenade f. 2 adj (Brit) ~ **concert** concert donné dans une salle à promenoir; (Naut) ~ **deck** pont m promenade. 3 vi (walk) se promener. 4 vt promener. ♦ **promenader*** n auditeur m, -trice f d'un 'promenade concert'.

prominent [ˈprɒmɪnənt] adj ridge, structure, nose proéminent; cheekbones saillant; tooth qui avance; (striking) frappant; (outstanding) person important, très en vue. to be ~ in jouer un rôle important dans; in a ~ position bien en vue. ♦ **prominence** n proéminence f; aspect saillant or frappant; importance f. ♦ **prominently** adv display, place, set bien en vue; his name figured ~ly in the case on a beaucoup entendu parler de lui dans l'affaire.

promiscuous [prəˈmɪskjʊəs] adj (sexually) person de mœurs faciles; conduct léger, libre. ♦ **promiscuity** or ♦ **promiscuousness** n promiscuité f sexuelle. ♦ **promiscuously** adv immoralement.

promise [ˈprɒmɪs] 1 n promesse f. to make sb a ~ faire une promesse à qn (to do de faire); is it a ~? c'est promis?; to keep one's ~ tenir sa promesse; a young man of ~ un jeune homme qui promet; it holds out a ~ of peace cela fait espérer la paix. 2 vt promettre (sth to sb qch à qn; sb to do à qn de faire; that que). I ~! je vous le promets!; I can't ~ je ne vous promets rien; (fig) to ~ sb the earth or the moon promettre la lune à qn; to ~ o.s. (to do) sth se promettre (de faire) qch. 3 vi (fig) to ~ well [person] promettre; [situation, first book, event] être prometteur; [crop, business] s'annoncer bien. ♦ **promising** adj situation, event prometteur; person qui promet; the future is promising l'avenir s'annonce bien; that's promising c'est prometteur; (iro) ça promet! ♦ **promisingly** adv d'une façon prometteuse.

promontory [ˈprɒməntrɪ] n promontoire m.

promote [prəˈməʊt] vt (a) person promouvoir (to au poste de; Mil) au rang de; (Ftbl etc) to be ~d to the first division monter en première division. (b) (encourage) cause, plan, sales, product promouvoir; trade développer; (Comm) firm, campaign lancer. ♦ **promoter** n [sport] organisateur m, -trice f; [product] promoteur m de vente; [business, company] fondateur m, -trice f. ♦ **promotion** n promotion f; to get promotion obtenir de l'avancement, être promu.

prompt [prɒmpt] 1 adj (speedy) action rapide, prompt; delivery, reply, payment, service rapide; (punctual) ponctuel. to be ~ to do faire avec promptitude. 2 adv: at 6 o'clock ~ à 6 heures exactement. 3 vt (a) pousser, inciter (sb to do qn à faire). ~ed by a desire to see ... poussé par un désir de voir ...; regret ~ed by the sight of ... regret provoqué par la vue de ... . (b) (Theat) souffler. ♦ **prompter** n (Theat) souffleur m, -euse f. ♦ **prompting** n: at my ~ing à mon instigation; without (any) ~ing de son propre chef. ♦ **promptly** adv rapidement, promptement; ponctuellement. ♦ **promptness** n promptitude f; ponctualité f.

prone [prəʊn] adj (a) (face down) étendu face

contre terre. (b) (liable) enclin (to sth à qch, to do à faire).

prong [prɒŋ] n [fork] dent f. **three-~ed** fork à trois dents; attack, advance sur trois fronts.

pronoun [ˈprəʊnaʊn] n pronom m.

pronounce [prəˈnaʊns] 1 vt (a) word etc prononcer. how is it **~d**? comment ça se prononce? (b) prononcer (that que). (Jur) to ~ **sentence** prononcer la sentence; they **~d him unfit to drive** ils l'ont déclaré inapte à la conduite; to ~ o.s. in favour of se prononcer or se déclarer en faveur de. 2 vi se prononcer (on sur); (Jur) prononcer (for en faveur de, against contre). ♦ **pronounceable** adj prononçable. ♦ **pronounced** adj prononcé, marqué. ♦ **pronouncement** n déclaration f. ♦ **pronunciation** n prononciation f.

pronto* [ˈprɒntəʊ] adv illico*.

proof [pruːf] 1 n (a) (gen, Jur, Math etc) preuve f. ~ **of identity** pièce(s) f(pl) d'identité; as (a) ~ of, in ~ of pour preuve de; I've got ~ that he did it j'ai la preuve qu'il l'a fait; (fig) to show ~ of faire preuve de. (b) to put sth to the ~ mettre qch à l'épreuve. (c) (Typ, Phot) épreuve f. (d) this whisky is 70° ~ ≃ ce whisky titre 40° d'alcool. 2 adj: ~ **against** bullets, time, wear à l'épreuve de; temptation, suggestion insensible à. 3 vt anorak, tent imperméabiliser. ♦ **proofread** vt corriger les épreuves de. ♦ **proofreader** n correcteur m, -trice f d'épreuves.

prop¹ [prɒp] 1 n support m; (for wall; in tunnel etc) étai m; (for clothes-line) perche f; (fig) soutien m (to, for de). 2 vt (~ **up**) (lean) ladder, cycle appuyer (against contre); (support) tunnel, wall étayer; clothes-line, lid caler; (fig) régime maintenir; business, company renflouer; organization soutenir; (Fin) the pound venir au secours de. to ~ o.s. (up) against se caler contre.

prop²* [prɒp] n (Theat) abbr of **property 1c**.

propaganda [ˌprɒpəˈɡændə] n propagande f.

propagate [ˈprɒpəɡeɪt] 1 vt propager. 2 vi se propager. ♦ **propagation** n propagation f.

propel [prəˈpel] vt vehicle etc propulser; person pousser (into dans). to ~ **sth/sb along** faire avancer qch/qn (en le poussant). ♦ **propellant** n [rocket] combustible m. ♦ **propeller** n hélice f. ♦ **propelling pencil** n porte-mine m inv.

propensity [prəˈpensɪtɪ] n propension f (to, towards, for à; to do, for doing à faire).

proper [ˈprɒpə^r] 1 adj (a) (appropriate, suitable, correct) clothes indiqué, convenable; tool, answer bon, qui convient; spelling, order correct; method, treatment indiqué, correct. in the ~ way comme il faut; (Admin) dans les règles; in the ~ meaning or sense of the word au sens propre du mot; at the ~ time à la bonne heure, à l'heure dite; (Admin etc) to go through the ~ channels passer par la filière officielle; to make a ~ job of sth bien réussir qch (also iro); to do the ~ thing by sb bien agir envers qn; (Gram) ~ **noun** nom m propre; if you think it ~ to do so si vous jugez bon de faire ainsi; (Philos, Chem etc) ~ to propre à. (b) (seemly) person comme il faut; book, behaviour convenable, correct. it isn't ~ to do that cela ne se fait pas. (c) (authentic) véritable. he's not a ~ electrician il n'est pas un véritable électricien; outside Paris ~ en dehors de Paris proprement dit; he's a ~ fool c'est un imbécile fini; I felt a ~ idiot je me suis senti vraiment idiot; he's a ~ gentleman c'est un monsieur très comme il faut; he made a ~ mess of it il (en) a fait un beau gâchis.

2 adv (‡) talk comme il faut; (very) vraiment, très.

♦ **properly** adv (a) (appropriately, correctly) dress convenablement; use correctement, comme il faut; speak, spell correctement; **~ly speaking** à proprement parler; he very **~ly**

refused il a refusé et avec raison; **(b)** (*in seemly way*) *behave, dress* convenablement, comme il faut; *speak* bien; **(c)** (*: completely*) vraiment.
property ['prɒpətɪ] 1 *n* **(a)** (*possessions*) biens *mpl*, propriété *f*; (*land, building*) propriété; (*estate*) domaine *m*. (*Jur*) **personal** ~ biens personnels; **is this your** ~? cela vous appartient?; **a man of** ~ un homme qui a des biens. **(b)** (*Chem etc*) propriété *f*. **(c)** (*Theat*) accessoire *m*. 2 *adj* **(a)** *owner, tax* foncier; *market* immobilier. ~ **developer** promoteur *m* (de construction). **(b)** (*Theat*) ~ **man/mistress** accessoiriste *m/f*.
♦ **propertied** *adj* possédant.
prophecy ['prɒfɪsɪ] *n* prophétie *f*. ♦ **prophesy** ['prɒfɪsaɪ] 1 *vt* prédire (*that* que). 2 *vi* prophétiser. ♦ **prophet** *n* prophète *m*. ♦ **prophetess** *n* prophétesse *f*. ♦ **prophetic(al)** *adj* prophétique.
♦ **prophetically** *adv* prophétiquement.
propitiate [prə'pɪʃɪeɪt] *vt* se concilier. ♦ **propitiation** *n* propitiation *f*.
propitious [prə'pɪʃəs] *adj* propice. ♦ **propitiously** *adv* d'une manière propice.
proportion [prə'pɔːʃən] 1 *n* **(a)** (*ratio*) proportion *f* (*of sth to sth* de qch par rapport à qch). **the** ~ **of blacks to whites** la proportion *or* le pourcentage des noirs par rapport aux blancs; **in perfect** ~ parfaitement proportionné; **in** ~ **as** à mesure que; **in** ~ **to** en proportion de; **to be in** ~ **to** être proportionné à; **out of** ~ **to** hors de proportion avec, disproportionné par rapport à; **it's out of** ~ [*drawing*] c'est mal proportionné; (*fig*) c'est hors de proportion; (*lit, fig*) **he has no sense of** ~ il n'a pas le sens des proportions. **(b)** (*size*) ~**s** proportions *fpl*. **(c)** (*part*) part *f*, partie *f*. **in equal** ~**s** à parts égales; **a certain** ~ **of the staff** une certaine partie du personnel. 2 *vt* proportionner (*to* à). **well-**~**ed** bien proportionné.
♦ **proportional** *or* ♦ **proportionate** *adj* proportionnel (*to* à). ♦ **proportionally** *adv* proportionnellement.
propose [prə'pəʊz] 1 *vt* **(a)** (*suggest*) proposer (*sth to sb* qch à qn; *doing* de faire; *that* que + *subj*; *sb for sth* qn pour qch). **to** ~ **a toast to sb** porter un toast à la santé de qn; **to** ~ **marriage to sb** demander qn en mariage. **(b)** (*have in mind*) **to** ~ **to do** *or* **doing** se proposer de faire. 2 *vi* (*offer marriage*) faire une demande en mariage (*to sb* à qn).
♦ **proposal** *n* **(a)** (*offer*) proposition *f*; (*of marriage*) demande *f* en mariage; **(b)** (*plan*) projet *m*, plan *m* (*for sth* de *or* pour qch; *to do* pour faire); (*suggestion*) proposition *f* (*to do* de faire). ♦ **proposer** *n* (*Admin, Parl etc*) auteur *m* de la proposition. ♦ **proposition** 1 *n* (*gen*) proposition *f*; (*fig*) **that's quite another proposition** ça c'est une tout autre affaire; **the journey alone is quite a proposition** rien que le voyage n'est pas une petite affaire; **to be a tough proposition** être ardu, [*person*] être coriace; 2 *vt* faire des propositions à.
propound [prə'paʊnd] *vt* *theory, idea* proposer, soumettre; *problem* poser; *programme* exposer.
proprietor [prə'praɪətər] *n* propriétaire *m*.
♦ **proprietary** *adj* (*Comm*) *article* de marque déposée; **proprietary brand** (produit *m* de) marque *f* déposée; **proprietary medicine** spécialité *f* pharmaceutique; **proprietary name** marque *f* déposée. ♦ **proprietress** *n* propriétaire *f*.
propriety [prə'praɪətɪ] *n* **(a)** (*decency*) bienséance *f*, convenance *f*. **to observe the proprieties** respecter les bienséances *or* les convenances. **(b)** (*appropriateness etc*) [*behaviour, step, phrase*] justesse *f*.
propulsion [prə'pʌlʃən] *n* propulsion *f*.
prosaic [prəʊ'zeɪɪk] *adj* prosaïque. ♦ **prosaically** *adv* prosaïquement.
proscribe [prəʊs'kraɪb] *vt* proscrire. ♦ **proscription** *n* proscription *f*.

prose [prəʊz] 1 *n* **(a)** prose *f*. **in** ~ en prose. **(b)** (*Scol etc*) ~ **translation**) thème *m*. 2 *adj*: ~ **writer** prosateur *m*.
prosecute ['prɒsɪkjuːt] *vt* **(a)** (*Jur etc*) poursuivre (en justice) (*for doing sth* pour qch). **(b)** (*further*) *enquiry* poursuivre. ♦ **prosecution** *n* (*Jur*) (*act, proceedings*) poursuites *fpl* judiciaires; **the prosecution** = le ministère public; **witness for the prosecution** témoin *m* à charge. ♦ **prosecutor** *n* (**public prosecutor**) = procureur *m* (de la République).
prosody ['prɒsədɪ] *n* prosodie *f*.
prospect ['prɒspekt] 1 *n* (*gen*) perspective *f* (*of, from* de); (*future*) (perspectives d')avenir *m*; (*hope*) espoir *m* (*of sth* de qch; *of doing* de faire). **this** ~ **cheered him up** cette perspective l'a réjoui; **to have sth in** ~ avoir qch en perspective *or* en vue; **there is little** ~ **of his coming** il y a peu de chances qu'il vienne; **he has little** ~ **of succeeding** il a peu de chances de réussir; **there is no** ~ **of that** rien ne laisse prévoir cela; **there is every** ~ **of success/of succeeding** tout laisse prévoir le succès/qu'on réussira; **the** ~**s for the harvest are good** la récolte s'annonce bien; **what are his** ~**s**? quelles sont ses perspectives d'avenir? **'good** ~**s of promotion'** 'situation *f* d'avenir'; **it offered the** ~ **of** cela offrait la possibilité de; **he is a good** ~ **for the team** c'est un bon espoir pour l'équipe; **to seem quite a good** ~ sembler prometteur.
    2 [prəs'pekt] *vti* prospecter (*for* pour trouver).
♦ **prospecting** *n* (*Min etc*) prospection *f*.
♦ **prospective** *adj* *son-in-law, home, legislation* futur (*before n*); *journey* en perspective; *customer* possible. ♦ **prospector** *n* prospecteur *m*, -trice *f*; *gold* ~**or** chercheur *m* d'or. ♦ **prospectus** *n* prospectus *m*.
prosper ['prɒspər] *vi* prospérer. ♦ **prosperity** *n* prospérité *f*. ♦ **prosperous** *adj* prospère.
prostate ['prɒsteɪt] *n* (~ **gland**) prostate *f*.
prostitute ['prɒstɪtjuːt] 1 *n* prostituée *f*. **male** ~ prostitué *m*. 2 *vt* prostituer. ♦ **prostitution** *n* prostitution *f*.
prostrate ['prɒstreɪt] 1 *adj* à plat ventre; (*in respect, submission*) prosterné; (*exhausted*) prostré. 2 [prɒs'treɪt] *vt*: **to** ~ **o.s.** se prosterner; **the news** ~**d him** la nouvelle l'a accablé. ♦ **prostration** *n* (*Med*) prostration *f*.
protagonist [prəʊ'tægənɪst] *n* protagoniste *m*.
protect [prə'tekt] *vt* (*gen*) protéger (*from* de; *against* contre); *interests, rights* sauvegarder. ♦ **protection** 1 *n* protection *f* (*against* contre); sauvegarde *f*; **under his** ~**ion** sous sa protection; 2 *adj*: **to pay** ~**ion money** verser de l'argent à un racketteur; ~**ion racket** racket *m*. ♦ **protectionism** *n* protectionnisme *m*. ♦ **protectionist** *adj*, *n* protectionniste (*mf*). ♦ **protective** *adj* (*gen*) protecteur; *clothing, covering* de protection. ♦ **protectively** *adv* d'un geste (*or* ton *etc*) protecteur. ♦ **protector** *n* protecteur *m*. ♦ **protectorate** *n* protectorat *m*.
protein ['prəʊtiːn] *n* protéine *f*.
protest ['prəʊtest] 1 *n* protestation *f* (*against* contre; *about* à propos de). **to do sth under** ~ faire qch en protestant. 2 *adj* *meeting* de protestation. ~ **march** *or* **demonstration** manifestation *f*. 3 [prə'test] *vt* protester (*that* que); *one's innocence, loyalty* protester de. 4 [prə'test] *vi* protester (*against* contre; *about* à propos de; *to sb* auprès de qn). ♦ **Protestant** ['prɒtɪstənt] *adj*, *n* protestant(e) *m(f)*. ♦ **Protestantism** *n* protestantisme *m*. ♦ **protestation** *n* protestation *f*. ♦ **protester** *n* protestataire *mf*; (*on march, in demonstration*) manifestant(e) *m(f)*.
protocol ['prəʊtəkɒl] *n* protocole *m*.
prototype ['prəʊtəʊtaɪp] *n* prototype *m*.
protract [prə'trækt] *vt* prolonger, faire traîner.
♦ **protracted** *adj* prolongé.

protrude [prə'tru:d] *vi [stick, gutter, rock, shelf]* dépasser; *[teeth]* avancer; *[eyes]* être globuleux. ♦ **protruding** *adj* qui dépasse; qui avance; globuleux.

protuberant [prə'tju:bərənt] *adj* protubérant. ♦ **protuberance** *n* protubérance *f*.

proud [praud] *adj* **(a)** *person* fier (*of* de; *that* que + *subj*; *to do* de faire); (*arrogant*) fier, orgueilleux. **that's nothing to be** ~ **of!** il n'y a pas de quoi être fier!; **as** ~ **as a peacock** fier comme Artaban, (*pej*) vaniteux comme un paon; **to do o.s.** ~* ne se priver de rien; **to do sb** ~* se mettre en frais pour qn. **(b)** (*splendid*) *ship* majestueux. ♦ **proudly** *adv* fièrement; (*arrogantly*) orgueilleusement; (*splendidly*) majestueusement.

prove [pru:v] **1** *vt* **(a)** (*gen*) prouver (*that* que). **you can't** ~ **anything against me** vous n'avez aucune preuve contre moi. **(b)** *will* homologuer. **to** ~ **o.s.** faire ses preuves. **2** *vi*: he/it ~d to be ... on s'est rendu compte plus tard qu'il était/que c'était ...; **he** ~d **(to be) incapable of helping us** il s'est révélé incapable de nous aider; **if it** ~s **otherwise** s'il en est autrement.

Provence [prɒ'vɑ̃:ns] *n* Provence *f*. ♦ **Provençal** *adj*, *n* provençal (*m*).

proverb ['prɒvɜ:b] *n* proverbe *m*. ♦ **proverbial** *adj* proverbial. ♦ **proverbially** *adv* proverbialement.

provide [prə'vaɪd] **1** *vt* **(a)** (*supply*) fournir (*sb with sth, sth for sb* qch à *or* pour qn); (*equip*) pourvoir (*sb with sth* qn de qch; *sth with sth* qch à qch). **to** ~ **o.s. with sth** se munir de qch; **the field** ~s **plenty of space for a car park** le champ offre suffisamment d'espace pour un parc à autos; ~d **with** pourvu de. **(b)** *[legislation etc]* stipuler, prévoir (*that* que). **2** *vi* (*financially*) **to** ~ **for sb** pourvoir aux besoins de qn; (*in the future*) assurer l'avenir de qn; **the Lord will** ~ Dieu y pourvoira; (*make arrangements*) **to** ~ **for sth** prévoir qch. ♦ **provided** *or* ♦ **providing** *conj* pourvu que + *subj*, à condition de + *infin*.

providence ['prɒvɪdəns] *n* providence *f*. ♦ **providential** *adj* providentiel. ♦ **providentially** *adv* providentiellement.

province ['prɒvɪns] *n* province *f*. **the** ~s (*collectively*) la province; **in the** ~s en province; (*fig*) **that is not (within) my** ~ cela n'est pas de mon domaine. ♦ **provincial** *adj*, *n* provincial(e) *m(f)*.

provision [prə'vɪʒən] **1** *n* **(a)** (*supply*) provision *f*. **to lay in a** ~ **of** faire provision de; (*food etc*) ~s **provisions** *fpl*; **to get in** *or* **lay in** ~s **faire des provisions**; **the** ~ **of housing** le logement; ~ **of food to the soldiers** approvisionnement *m* des soldats en nourriture; **to make** ~ **for one's family** *etc* assurer l'avenir de; *journey, siege* prendre des dispositions pour. **(b)** *[legislation etc]* disposition *f*, clause *f*. ~ **to the contrary** clause contraire; **there is no** ~ **for this in the rules** le règlement ne prévoit pas cela. **2** *adj*: ~ **merchant** marchand *m* de comestibles. **3** *vt* approvisionner. ♦ **provisional** *adj* *government, arrangement, licence* provisoire; (*Admin*) *appointment* à titre provisoire; (*Jur*) provisionnel. ♦ **provisionally** *adv* *agree* provisoirement; *appoint* à titre provisoire. ♦ **proviso** *n* condition *f*; (*Jur*) clause *f* restrictive; **with the proviso that** à condition que + *subj*.

provoke [prə'vəuk] *vt* provoquer (*sb to sth* qn à faire qch; *sb to do or into doing* qn à faire). ♦ **provocation** *n* provocation *f*; **under provocation** en réponse à une provocation. ♦ **provocative** *adj* (*gen*) provocant; (*thought-provoking*) *book, title, talk* qui donne à penser. ♦ **provocatively** *adv* d'un air *or* d'un ton provocant. ♦ **provoking** *adj* agaçant.

provost ['prɒvəst] *n* (*Brit Univ*) principal *m*; (*US*

Univ) ≃ doyen *m*; (*Scot: mayor*) maire *m*; (*Rel*) doyen *m*.

prow [prau] *n* proue *f*.

prowess ['prauɪs] *n* prouesse *f*.

prowl [praul] *vi* (~ **about**, ~ **around**) rôder. ♦ **prowler** *n* rôdeur *m*, -euse *f*.

proximity [prɒk'sɪmɪtɪ] *n* proximité *f*. **in** ~ **to** à proximité de.

proxy ['prɒksɪ] *n* (*power*) procuration *f*; (*person*) mandataire *mf*. **by** ~ par procuration.

prude [pru:d] *n* prude *f*, bégueule *f*. ♦ **prudery** *n* pruderie *f*. ♦ **prudish** *adj* prude.

prudent ['pru:dənt] *adj* prudent. ♦ **prudence** *n* prudence *f*. ♦ **prudently** *adv* prudemment.

prune[1] [pru:n] *n* (*fruit*) pruneau *m*.

prune[2] [pru:n] *vt* *tree* tailler; (~ **down**) *article, essay* faire des coupures dans. ♦ **pruning 1** *n* taille *f*; **2** *adj*: **pruning knife** serpette *f*.

prurient ['pruərɪənt] *adj* lascif. ♦ **prurience** *n* lascivité *f*.

Prussia ['prʌʃə] *n* Prusse *f*. ♦ **Prussian 1** *adj* prussien; **2** *n* Prussien(ne) *m(f)*.

pry[1] [praɪ] *vi* s'occuper de ce qui ne vous regarde pas. **to** ~ **into sb's desk** fureter dans le bureau de qn; **to** ~ **into a secret** chercher à découvrir un secret. ♦ **prying** *adj* fureteur, indiscret.

pry[2] [praɪ] *vt* (*US*) = **prise**.

psalm [sɑ:m] *n* psaume *m*. ♦ **psalmist** *n* psalmiste *m*.

pseudo- ['sju:dəu] *pref* pseudo-. ~**autobiography** pseudo-autobiographie *f*; ~**apologetically** sous couleur de s'excuser. ♦ **pseud** *n* bêcheur* *m*, -euse* *f*. ♦ **pseudo*** *adj* insincère, faux.

pseudonym ['sju:dənɪm] *n* pseudonyme *m*.

psoriasis [sɒ'raɪəsɪs] *n* psoriasis *m*.

psyche ['saɪkɪ] *n* psychisme *m*, psyché *f*.

psychedelic [ˌsaɪkɪ'delɪk] *adj* psychédélique.

psychiatry [saɪ'kaɪətrɪ] *n* psychiatrie *f*. ♦ **psychiatric** *adj* *hospital, treatment, medicine* psychiatrique; *disease* mental. ♦ **psychiatrist** *n* psychiatre *mf*.

psychic(al) ['saɪkɪk(əl)] *adj* **(a)** (*supernatural*) *phenomenon, research* métapsychique; (*telepathic*) télépathe. **I'm not** ~* je ne suis pas devin. **(b)** (*Psych*) psychique.

psychoanalysis [ˌsaɪkəuə'næləsɪs] *n* psychanalyse *f*. ♦ **psychoanalyst** *n* psychanalyste *mf*. ♦ **psychoanalytic(al)** *adj* psychanalytique. ♦ **psychoanalyze** *vt* psychanalyser.

psychology [saɪ'kɒlədʒɪ] *n* psychologie *f*. ♦ **psychological** *adj* psychologique. ♦ **psychologically** *adv* psychologiquement. ♦ **psychologist** *n* psychologue *mf*.

psychopath ['saɪkəupæθ] *n* psychopathe *mf*. ♦ **psychopathic** *adj* *person* psychopathe; *condition* psychopathique.

psychosis [saɪ'kəusɪs] *n*, *pl* **-oses** psychose *f*. ♦ **psychotic** *adj*, *n* psychotique (*mf*).

psychosomatic ['saɪkəusəu'mætɪk] *adj* psychosomatique.

psychotherapy ['saɪkəu'θerəpɪ] *n* psychothérapie *f*. ♦ **psychotherapist** *n* psychothérapeute *mf*.

ptomaine ['təumeɪn] *n* ptomaïne *f*. ~ **poisoning** intoxication *f* alimentaire.

pub [pʌb] *n* (*Brit abbr of* **public house**) *n* pub *m*, ≃ bistrot* *m*. **to go on a** ~ **crawl*** faire la tournée des bistrots et des pubs.

puberty ['pju:bətɪ] *n* puberté *f*.

pubis ['pju:bɪs] *n* pubis *m*. ♦ **pubic** *adj*: **pubic hair** poils *mpl* du pubis.

public ['pʌblɪk] **1** *adj* (*gen*) public (*f* -ique); (*Econ*: ~**ly owned**) *company* nationalisé. **to make sth** ~ rendre qch public, porter qch à la connaissance du public; (*of copyright*) **in the** ~ **domain** dans le domaine public; (*Econ, Ind*) **the** ~ **sector** le secteur public; **his** ~ **support of the communists** son appui déclaré aux communistes; **2** ~ **rooms and 3 bedrooms** 5 pièces dont 3 chambres;

~ **address system** (installation *f* de) sonorisation *f*; **to be in the ~ eye** être très en vue; **he's a ~ figure**, he's in ~ **life** c'est un homme public; ~ **holiday** fête *f* légale; (*Brit*) ~ **house** pub *m*, ≈ café *m*, bistrot *m*; ~ **lavatory** toilettes *fpl*, W.-C. *mpl*; ~ **library** bibliothèque *f* municipale; (*Pol Econ*) ~ **ownership** étatisation *f*; ~ **relations** relations *fpl* publiques, public-relations* *fpl*; ~ **relations officer** public-relations* *mf*; ~ **school** (*Brit*) collège *m* secondaire privé; (*US*) école *f* publique; ~ **servant** fonctionnaire *mf*; ~ **service** service *m* public; (*US*) ~ **service** corporation service public non étatisé; **he is a good ~ speaker** il parle bien en public; ~ **speaking** art *m* oratoire; ~ **spirit** civisme *m*; ~ **transport** transports *mpl* en commun.

2 *n* public *m*. **in ~** en public; **the reading/sporting ~** les amateurs *mpl* de lecture/de sport; **he couldn't disappoint his ~** il ne pouvait pas décevoir son public.

♦ **publican** *n* patron(ne) *m(f)* de bistrot.
♦ **publicly** *adv* publiquement, en public; (*Econ*) ~**ly-owned** nationalisé. ♦ **public-spirited** *adj* qui fait preuve de civisme.

publication [ˌpʌblɪˈkeɪʃən] *n* publication *f*. **this is not for ~** ceci doit rester entre nous.

publicity [pʌbˈlɪsɪtɪ] **1** *n* publicité *f*; (*posters, advertisements etc*) publicité *f*, réclame *f*. **2** *adj* **agency, agent** de publicité. ♦ **publicize** *vt* (a) (*make public*) rendre public, publier; **I don't publicize the fact, but ...** je ne le crie pas sur les toits, mais ...; (b) (*advertise*) faire de la publicité pour.

publish [ˈpʌblɪʃ] *vt news, banns, book* publier; *author* éditer. **'just ~ed'** 'vient de paraître'.
♦ **publisher** *n* éditeur *m*, -trice *f*. ♦ **publishing** *n* [*book etc*] publication *f*; **he's in ~ing** il travaille dans l'édition; ~**ing house** maison *f* d'édition.

pucker [ˈpʌkər] **1** *vi* (~ **up**) [*face*] se plisser; (*Sewing*) goder. **2** *vt* (*Sewing*) faire goder.

pudding [ˈpʊdɪŋ] **1** *n* (*dessert*) dessert *m*; (*steamed ~, meat ~*) pudding *m*. (*sausage*) **black/white ~** boudin *m* noir/blanc. **2** *adj*: ~ **basin** jatte *f*.

puddle [ˈpʌdl] *n* flaque *f* d'eau.

puerile [ˈpjʊəraɪl] *adj* puéril.

puff [pʌf] **1** *n* (a) [*air, wind, smoke*] bouffée *f*; (*from mouth*) souffle *m*; (*sound of engine*) teufteuf *m*. **he took a ~ at his cigarette** il a tiré une bouffée de sa cigarette. (b) (*powder ~*) houppe *f*, (*small*) houppette *f*. (*cake*) **jam ~** feuilleté *m* à la confiture. (c) (*: Press, Rad, TV advertisement*) réclame *f*. **he gave the record a ~** il a fait de la réclame *or* du boniment pour le disque. **2** *adj*: ~ **pastry**, (*US*) ~ **paste** pâte *f* feuilletée; ~(**ed**) **sleeves** manches *fpl* bouffantes. **3** *vi* (*blow*) souffler; (*pant*) haleter; [*wind*] souffler. **he was** ~**ing and panting** il soufflait comme un phoque; **to ~ (away)** at one's **pipe** tirer des bouffées de sa pipe. **4** *vt* (a) **to ~** (**out**) *smoke* envoyer des bouffées de fumée. (b) (*also* ~ **out**) *sails, cheeks, chest* gonfler. **his eyes are** ~**ed up** il a les yeux gonflés *or* bouffis. (c) **to be** ~**ed** (**out**)* être à bout de souffle. ♦ **puffball** *n* vesse-de-loup *f*. ♦ **puffiness** *n* gonflement *m*, bouffissure *f*. ♦ **puffy** *adj* gonflé, bouffi.

puffin [ˈpʌfɪn] *n* macareux *m*.

pug [pʌg] *n* carlin *m*. ♦ **pug-nosed** *adj* au nez rond retroussé.

pugilism [ˈpjuːdʒɪlɪzəm] *n* boxe *f*. ♦ **pugilist** *n* pugiliste *m*.

pugnacious [pʌgˈneɪʃəs] *adj* batailleur.
♦ **pugnaciously** *adv* avec pugnacité. ♦ **pugnacity** *n* pugnacité *f*.

pukes [pjuːk] *vi* vomir, dégobiller‡.

pukka [ˈpʌkə] *adj* (*genuine*) véritable; (*excellent*) de premier ordre; (*socially superior*) snob *inv*.

pull [pʊl] **1** *n* (a) (*act, effect*) traction *f*; [*moon,*

magnet, the sea, sb's personality] attraction *f*; [*current, family ties etc*] force *f*. **to give sth a ~** tirer sur qch; **one more ~!** encore un coup!; **I felt a ~ at my sleeve** j'ai senti qn qui tirait ma manche; **it was a long ~ up the hill** la montée était longue (et raide); (*fig*) **to have some ~ with sb** avoir de l'influence auprès de qn. (b) **he took a ~ at the bottle** il a bu une gorgée à même la bouteille; **he took a ~ at his pipe** il a tiré sur sa pipe. (c) (*handle*) poignée *f*; (*cord*) cordon *m*.

2 *vt* (a) (*draw*) *cart, caravan, curtains* tirer. **to ~ a door shut** tirer une porte derrière soi; **to ~ a door open** ouvrir une porte en la tirant; ~ **your chair closer to the table** approchez votre chaise de la table; **he** ~**ed the box over to the window** il a traîné la caisse jusqu'à la fenêtre; **he** ~**ed her towards him** il l'a attirée vers lui. (b) (*tug*) *bell, rope* tirer; *trigger* presser; *oars* manier. **to ~ to pieces** *or* **to bits** *toy, box etc* mettre en pièces, démolir; (*fig*) *argument, scheme* démolir; *play, film, person* éreinter; **to ~ sb's hair** tirer les cheveux à qn; (*fig*) **to ~ sb's leg** faire marcher qn*; **he didn't ~ any punches** il n'y est pas allé de main morte; (*fig*) **to ~ strings** se faire pistonner*; **to ~ strings for sb** exercer son influence pour aider qn, pistonner* qn; (*fig*) **to ~ one's weight** faire sa part du travail. (c) (*draw out*) *tooth, weeds* arracher; *cork, stopper* enlever; *gun, knife* sortir; *flowers* cueillir; *beer* tirer; (*Culin*) *chicken* vider. **he** ~**ed a gun on me** il a soudain braqué un revolver sur moi. (d) (*strain, tear*) *thread* tirer; *muscle, tendon* se déchirer. (e) (*fig: make, do*) *bank raid, burglary* effectuer. **to ~ a fast one on sb*** rouler qn*, avoir qn*.

3 *vi* (a) (*tug*) tirer (*at, on* sur). **he** ~**ed at her sleeve** il l'a tirée par la manche; **the car is** ~**ing to the left** la voiture tire à gauche. (b) (*move*) **the coach** ~**ed slowly up the hill** le car a gravi lentement la colline; **the train** ~**ed into/out of the station** le train est entré en gare/est sorti de la gare; **he** ~**ed clear of the traffic** il a laissé le gros de la circulation derrière lui; **he** ~**ed away from the kerb** il s'est éloigné du trottoir; **the car isn't** ~**ing** very well la voiture manque de reprises. (c) (*row*) ramer (*for* vers).

pull about, pull around *vt sep* (a) *wheeled object etc* tirer derrière soi. (b) (*handle roughly*) *watch, ornament etc* tirailler; *person* malmener.
pull along *vt sep wheeled object etc* tirer derrière soi. **to ~ o.s. along** se traîner.
pull apart *vt sep* (a) (*pull to pieces*) démonter; (*break*) mettre en pièces. (b) (*separate*) séparer.
pull away 1 *vi* [*vehicle, ship, train*] démarrer. **2** *vt sep object* arracher (*from sb* à qn, des mains de qn). **he** ~**ed the child away from the fire** il a écarté l'enfant du feu.
pull back 1 *vi* (*withdraw*) se retirer. **2** *vt object* retirer (*from* de); *person* tirer en arrière (*from* loin de); (*Mil*) *curtains* ouvrir; *lever* tirer (sur).
pull down *vt sep* (a) *blind* baisser, descendre; *one's skirt, hat* tirer; *one's opponent* mettre à terre; *object from shelf etc* faire tomber (*from* de). **his illness has** ~**ed him down** la maladie l'a affaibli. (b) (*demolish*) *building* démolir, abattre.
pull in 1 *vi* (*Aut etc: arrive*) arriver; [*train*] entrer en gare; (*enter*) entrer; (*stop*) s'arrêter. **2** *vt sep* (a) *rope, fishing line* ramener; *person* (*into room, car*) faire entrer, (*into pool etc*) faire piquer une tête dans l'eau à. (b) (*restrain*) *horse* retenir. (c) (**: earn*) [*person*] gagner; [*business, shop etc*] rapporter.
pull off *vt sep* (a) (*remove*) *handle, gloves, coat* enlever. (b) (*fig*) *plan, aim* réaliser; *deal* mener à bien; *attack, hoax* réussir. **he didn't ~ it off** il n'a pas réussi son coup.
pull on *vt sep* mettre.
pull out 1 *vi* (a) (*leave*) [*train, car, ship*]

démarrer; *(withdraw: lit, fig)* se retirer *(of* de). *(Aviat)* to ~ **out of a dive** se redresser. **(b)** *(Aut)* déboîter. he ~ed out to overtake the truck il a déboîté pour doubler le camion. **2** *vt sep* **(a)** *(extract) (gen)* arracher; *splinter, cork* enlever; *gun, knife, cigarette lighter, person* sortir, tirer *(of* de). **(b)** *(withdraw) troops, police etc* retirer *(of* de).

pull over 1 *vi* *(Aut)* to ~ **over (to one side)** se ranger sur le côté. **2** *vt sep* **(a)** *box* traîner *(to* jusqu'à); *person* entraîner *(to* vers). **(b)** *(topple)* faire tomber.

pull round 1 *vi [unconscious person]* revenir à soi; *[sick person]* se rétablir. **2** *vt sep chair, person etc* faire pivoter; *unconscious person* ranimer; *sick person* tirer de là.

pull through 1 *vi (from illness, difficulties)* s'en tirer. **2** *vt sep rope etc* faire passer; *(fig) person (from illness, difficulties)* tirer de là.

pull together *vt sep (fig)* to ~ **o.s. together** se ressaisir; ~ **yourself together!** ressaisis-toi!, ne te laisse pas aller!

pull up 1 *vi (stop)* s'arrêter (net). **2** *vt sep* **(a)** *object* remonter; *(haul up)* hisser; *stockings* tirer. **(b)** *weed, tree* arracher. *(fig)* to ~ **up one's roots** se déraciner *(fig)*. **(c)** *(halt) vehicle, horse* arrêter; *(scold)* réprimander.

♦ **pull-in** *n (Brit) (lay-by)* parking *m*; *(café)* café *m* au bord de la route. ♦ **pull-out 1** *n (magazine section)* supplément *m* détachable; **2** *adj page* détachable; *table leaf* rétractable. ♦ **pullover** *n* pull *m*, pull-over *m*.

pullet ['pʊlɪt] *n* jeune poule *f*.
pulley ['pʊlɪ] *n* poulie *f*.
Pullman ['pʊlmən] *n* (~ **car**) pullman *m*, voiture-salon *f*.
pulp [pʌlp] **1** *n (part of fruit)* pulpe *f*; *(for paper)* pâte *f* à papier. **crushed to a** ~ complètement écrasé. **2** *adj magazine, book* à sensation. **3** *vt* réduire en pulpe *or* en pâte; *book* mettre au pilon.
pulpit ['pʊlpɪt] *n* chaire *f (Rel)*.
pulsate [pʌl'seɪt] *vi (gen)* émettre des pulsations; *[heart, blood]* battre; *[music]* vibrer. ♦ **pulsating** *adj* rythmique. ♦ **pulsation** *n* pulsation *f*.
pulse[1] [pʌls] *n (Med)* pouls *m*; *(Elec, Phys, Rad)* pulsation *f*; *[radar]* impulsion *f*. **to take sb's** ~ prendre le pouls de qn.
pulse[2] [pʌls] *n (Culin)* légume *m* sec.
pulverize ['pʌlvəraɪz] *vt* pulvériser.
puma ['pjuːmə] *n* puma *m*.
pumice ['pʌmɪs] *n* (~ **stone**) pierre *f* ponce.
pummel ['pʌml] *vt* bourrer *or* rouer de coups.
♦ **pummelling** *n* volée *f* de coups.
pump [pʌmp] **1** *n* pompe *f*. **bicycle** ~ pompe à bicyclette; **petrol** ~ pompe d'essence.
2 *adj*: ~ **attendant** pompiste *mf*; ~ **house**, ~**ing station** station *f* de pompage; ~ **room** buvette *f (de station thermale)*.
3 *vt* **(a)** to ~ **sth out of sth** pomper qch de qch; to ~ **sth into sth** *(foam into walls etc)* injecter *or (oil into pipeline etc)* faire passer qch dans qch (au moyen d'une pompe); to ~ **water into sth** pomper de l'eau dans qch; to ~ **air into a tyre** gonfler un pneu (avec une pompe); **the water is** ~ed **up to the house** l'eau est amenée jusqu'à la maison au moyen d'une pompe; **they** ~ed **the tank dry** ils ont vidé le réservoir (à la pompe); **the heart** ~s **the blood** le cœur fait circuler le sang; *(fig)* to ~ **money into sth** injecter de plus en plus d'argent dans qch; *(fig: question)* to ~ **sb for sth** essayer de soutirer qch à qn. **(b)** *handle etc* lever et abaisser vigoureusement.
pump in *vt sep* injecter *or* faire passer (à l'aide d'une pompe).
pump out *vt sep* pomper.
pump up *vt sep tyre* gonfler.
pumpkin ['pʌmpkɪn] *n* citrouille *f*; *(bigger)* potiron *m*. ~ **pie** tarte *f* au potiron.

pun [pʌn] *n* calembour *m*, jeu *m* de mots.
Punch [pʌntʃ] *n* Polichinelle *m*. ~ **and Judy Show** *(théâtre m de)* guignol *m*.
punch[1] [pʌntʃ] **1** *n* **(a)** *(blow)* coup *m* de poing; *[boxer]* punch *m*; *(fig: drive) [publicity, statement]* force *f*; *[person]* punch*. **(b)** *(tool) (for tickets)* poinçonneuse *f*; *(for holes in paper)* perforateur *m*; *(for metal)* emporte-pièce *m inv*; *(for nails)* chasse-clou *m*. **2** *vt* **(a)** *(with fist) person* donner un coup de poing à; *ball, door* frapper d'un coup de poing. to ~ **sb's nose** donner un coup de poing sur le nez à qn. **(b)** poinçonner; perforer; découper à l'emporte-pièce; enfoncer (au chasse-clou). to ~ **a hole in sth** faire un trou dans qch; *(Ind)* to ~ **one's card** pointer. ♦ **punchball** *or* ♦ **punching bag** *(US)* *n* sac *m* de sable. ♦ **punch(ed) card** *n* carte *f* perforée. ♦ **punch-drunk** *adj* abruti. ♦ **punch-line** *n [joke]* astuce *f*; *[speech]* phrase-clé *f*. ♦ **punch-up*** *n* bagarre* *f*.
punch[2] [pʌntʃ] *n (drink)* punch *m*. ~ **bowl** bol *m* à punch.

punctilious [pʌŋk'tɪlɪəs] *adj* pointilleux. ♦ **punctiliously** *adv* de façon pointilleuse.
punctual ['pʌŋktjʊəl] *adj person for appointment, train* à l'heure; *employee, payment* ponctuel. ♦ **punctuality** *n* exactitude *f*. ♦ **punctually** *adv* arrive à l'heure; ~**ly at 7** à 7 heures précises.
punctuate ['pʌŋktjʊeɪt] *vt* ponctuer *(with* de). ♦ **punctuation** *n* ponctuation *f*; **punctuation mark** signe *m* de ponctuation.
puncture ['pʌŋktʃəʳ] **1** *n (in tyre)* crevaison *f*; *(in skin, paper etc)* piqûre *f*. *(Aut etc)* **I've got a** ~ j'ai crevé. **2** *adj*: ~ **repair kit** trousse *f* de secours pour crevaisons. **3** *vt* crever; piquer. **4** *vi [tyre etc]* crever.
pundit ['pʌndɪt] *n* expert *m*, pontife *m*.
pungent ['pʌndʒənt] *adj smell, taste* âcre; *sauce* piquant; *remark* mordant. ♦ **pungency** *n* âcreté *f*; goût *m* piquant; mordant *m*. ♦ **pungently** *adv remark* d'un ton mordant.
punish ['pʌnɪʃ] *vt (gen)* punir *(for sth* de qch; *for doing* pour avoir fait); *(fig) opponent, boxer* malmener; *engine* fatiguer; *roast beef* faire honneur à. **he was** ~ed **by having to clean it up** pour le punir on le lui a fait nettoyer. ♦ **punishable** *adj offence* punissable; ~**able by death** passible de la peine de mort. ♦ **punishing 1** *n* punition *f*; **2** *adj (fig: exhausting)* exténuant. ♦ **punishment** *n* punition *f*, *(solemn)* châtiment *m*; **as a** ~**ment** en punition *(for* de); **capital** ~**ment** peine *f* capitale; **to take one's** ~**ment** subir sa punition; **to make the** ~**ment fit the crime** adapter le châtiment au crime; *(fig)* **to take a lot of** ~**ment** *[boxer, fighter]* encaisser*; *[opposing team]* se faire malmener.
punk [pʌŋk] *n (nonsense)* foutaises‡ *fpl*; *(music, person)* punk *m*. ~ **rock** le punk rock.
punt[1] [pʌnt] *n (boat)* bachot *m* à fond plat. **2** *vt boat* faire avancer à la perche. **3** *vi*: **to go** ~**ing** faire un tour sur la rivière.
punt[2] [pʌnt] *vi (bet)* parier. ♦ **punter** *n* parieur *m*, -ieuse *f*.
puny ['pjuːnɪ] *adj person, animal* chétif; *effort* piteux.
pup [pʌp] *n* jeune chien(ne) *m(f)*. *(fig)* **he's an insolent young** ~ c'est un petit morveux*. ♦ **puppy 1** *n* = **pup**; **2** *adj*: ~**py fat** rondeurs *fpl* d'adolescent(e); ~**py love** premier amour *m (d'adolescent)*.
pupil[1] ['pjuːpl] **1** *n (Scol etc)* élève *mf*. **2** *adj*: ~ **power** pouvoir *m* des lycéens; ~ **teacher** professeur *m* stagiaire.
pupil[2] ['pjuːpl] *n [eye]* pupille *f*.
puppet ['pʌpɪt] **1** *n* marionnette *f*. **2** *adj theatre, play* de marionnettes; *(fig) state, leader* fantoche *m*. ~ **show** (spectacle *m* de) marionnettes *fpl*. ♦ **puppeteer** *n* marionnettiste *mf*.
purchase ['pɜːtʃɪs] **1** *n* **(a)** *(Comm etc)* achat *m*. **(b)** *(grip, hold)* prise *f*. **to get a** ~ **on** avoir une

prise sur. **2** adj: ~ **price** prix m d'achat; ~ **tax** taxe f à l'achat. **3** vt acheter (sth from sb qch à qn; sth for sb qch pour or à qn). ♦ **purchaser** n acheteur m, -euse f. ♦ **purchasing power** n pouvoir m d'achat.

pure [pjʊəʳ] adj pur. as ~ as the driven snow innocent comme l'enfant qui vient de naître; ~ in heart au cœur pur; ~ science science pure; a ~ wool suit un complet pure laine; ~ and simple pur et simple; it was a ~ accident c'était un pur accident; it was ~ chance/madness c'était un pur hasard/de la pure folie. ♦ **purebred 1** adj de race; **2** n animal m de race; (horse) pur-sang m inv. ♦ **pure-hearted** adj (au cœur) pur. ♦ **purely** adv purement; ~ly and simply purement et simplement. ♦ **pure-minded** adj pur d'esprit. ♦ **pureness** n pureté f.

purgative ['pɜːgətɪv] adj, n purgatif (m).

purgatory ['pɜːgətərɪ] n purgatoire m. (fig) it was ~ c'était un vrai purgatoire.

purge [pɜːdʒ] **1** n (gen, Med, Pol) purge f. **2** vt (a) (gen, Med, Pol) purger (of de); traitors éliminer. (b) (Jur) person disculper (of de); accusation se disculper de; offence purger.

purify ['pjʊərɪfaɪ] vt purifier. ♦ **purification** n [water, metal etc] épuration f; [person] purification f. ♦ **purifier** n purificateur m.

purist ['pjʊərɪst] adj, n puriste (mf).

puritan ['pjʊərɪtən] adj, n puritain(e) m(f). ♦ **puritanical** adj puritain. ♦ **puritanism** n puritanisme m.

purity ['pjʊərɪtɪ] n pureté f.

purl [pɜːl] **1** adj à l'envers. **2** vt tricoter à l'envers.

purloin [pɜːˈlɔɪn] vt dérober.

purple ['pɜːpl] **1** adj violet, pourpre. to go ~ in the face devenir cramoisi. (fig) ~ passages morceaux mpl de bravoure. **2** n (colour) violet m, pourpre m. (Rel) the ~ la pourpre.

purport ['pɜːpət] **1** n signification f, portée f. **2** [pɜːˈpɔːt] vt: to ~ to be prétendre être.

purpose ['pɜːpəs] n (aim, intention) but m, objet m; (use) usage m, utilité f. a ~ in life un but or un objectif dans la vie; a film with a ~ un film qui contient un message; with the ~ of doing dans le but or l'intention de faire; for this ~ dans ce but; sense of ~ résolution f; for my ~s pour ce que je veux faire; for the ~s of the meeting pour les besoins de cette réunion; on ~ exprès, délibérément; on ~ to annoy me exprès pour me contrarier; to no ~ en vain; to no ~ at all en pure perte; to some ~, to good ~ utilement; to the ~ à propos; not to the ~ hors de propos. ♦ **purpose-built** adj fonctionnalisé. ♦ **purposeful** adj (determined) résolu; (intentional) réfléchi. ♦ **purposefully** adv délibérément. ♦ **purposely** adv exprès, délibérément.

purr [pɜːʳ] **1** vi [cat] ronronner. **2** n ronronnement m.

purse [pɜːs] **1** n (for coins) porte-monnaie m inv, bourse f; (wallet) portefeuille m; (US: handbag) sac m à main; (esp Sport: prize) prix m. (fig) beyond my ~ au-delà de mes moyens. **2** adj (fig) to hold/tighten the ~ strings tenir/serrer les cordons de la bourse. **2** vt: to ~ (up) one's lips pincer les lèvres. ♦ **purser** n (Naut) commissaire m du bord.

pursue [pəˈsjuː] vt (a) (chase: gen) poursuivre; pleasure, fame rechercher; [misfortune etc] suivre. (b) (carry on) studies, career, plan, inquiry poursuivre; course of action suivre. ♦ **pursuer** n poursuivant(e) m(f).

pursuit [pəˈsjuːt] n (a) (chase) poursuite f; (fig: of pleasure, happiness) recherche f. to go in ~ of sb/sth se mettre à la poursuite de qn/qch; with two policemen in hot ~ avec deux agents à ses (or mes etc) trousses. (b) (occupation) occupation f; (work) travail m.

purveyor [pɜːˈveɪəʳ] n (Comm etc) fournisseur m,

-euse f (of sth en qch; to sb de qn).

pus [pʌs] n pus m.

push [pʊʃ] **1** n (a) (shove) poussée f. to give sb/sth a ~ pousser qn/qch; (Brit fig) to give sb the ~* [employer] flanquer qn à la porte*; [boyfriend etc] laisser tomber qn*. (b) (Mil: advance) poussée f; (fig) (effort) gros effort m; (campaign) campagne f. at a ~ au besoin, à la rigueur; when it comes to the ~* au moment critique. (c) (*: drive, energy) dynamisme m, initiative f.

2 vt (a) (shove, prod) pousser (into dans; off de); (press) knob, button appuyer sur; stick, finger etc enfoncer (into dans, between entre); rag etc fourrer (into dans). to ~ sb in/out etc faire entrer/sortir etc qn en le poussant; he ~ed him down the stairs il l'a poussé et l'a fait tomber dans l'escalier; they ~ed the car off the road ils ont poussé la voiture sur le bas-côté; he ~ed his head through the window il a passé la tête par la fenêtre; he ~ed the book into my hand il m'a fourré* le livre dans la main; to ~ a door open ouvrir une porte en poussant; to ~ one's way through a crowd se frayer un chemin dans la foule; (fig) it ~ed the matter right out of my mind cela m'a fait complètement oublier l'affaire; he's ~ing forty* il approche de la quarantaine.

(b) (fig: press, advance) advantage poursuivre; claim présenter avec insistance; one's views mettre en avant; product pousser la vente de; candidate etc soutenir. to ~ home an attack pousser à fond une attaque; to ~ the export side donner priorité aux exportations; to ~ drugs revendre de la drogue; don't ~ your luck* vas-y doucement!; he's ~ing his luck* il y va un peu fort.

(c) (put pressure on) pousser; (force) forcer, obliger; (harass) harceler. to ~ sb for payment presser qn à payer; he ~es himself too hard il exige trop de lui-même; don't ~ him too hard or too far ne soyez pas trop dur envers lui; to ~ sb to do pousser qn à faire; to ~ sb into doing forcer qn à faire; to be ~ed* for time/money/boxes être à court de temps/d'argent/de boîtes; I'm really ~ed* today je suis vraiment bousculé aujourd'hui; that's ~ing it a bit!* (indignantly) c'est un peu fort!; (not much room) c'est un peu juste!

3 vi (a) pousser. '~' (on door) 'poussez'; (on bell) 'sonnez'; (fig) he ~es too much il se met trop en avant; (fig) to ~ for better conditions faire pression pour obtenir de meilleures conditions. (b) they ~ed into the room ils sont entrés dans la pièce en se frayant un passage; he ~ed past me il a réussi à passer et en me bousculant; she ~ed through the crowd elle s'est frayé un chemin dans la foule.

push about, push around vt sep (a) cart, toy pousser de-ci de-là. (b) (*: bully) marcher sur les pieds à (fig).

push aside vt sep écarter (brusquement).

push away vt sep repousser.

push back vt sep cover, blankets, lock of hair rejeter; curtains ouvrir; crowd, enemy faire reculer; (fig) desire réprimer.

push down 1 vi appuyer (on sur). **2** vt sep switch, lever abaisser; knob, button appuyer sur; pin, stick enfoncer; (knock over) fence, barrier, person renverser. he ~ed the books down into the box il a entassé les livres dans la caisse.

push forward 1 vi avancer (en poussant). **2** vt sep person, box etc pousser en avant. he ~ed himself forward il s'est avancé, (fig) il s'est mis en avant.

push in 1 vi (into room) s'introduire de force; (into discussion etc) intervenir. **2** vt sep (a) stick, pin, finger enfoncer; rag fourrer dedans; knob, button appuyer sur; person faire entrer (en poussant), (into water) pousser dedans. (b) (break) door, sides of box enfoncer.

push off 1 *vi* (a) (*Naut*) pousser au large. (b) (*: *leave*) filer*, partir. **2** *vt sep* (a) *top, lid* enlever en poussant; *vase from shelf etc* faire tomber (*from* de); *person from cliff etc* pousser (*from* de, du haut de). (b) (*Naut*) déborder.

push on 1 *vi* (*in journey*) pousser (*to* jusqu'à); (*in work*) continuer. **2** *vt sep* pousser, inciter (*sb to do* qn à faire).

push out *vt sep* (a) *person, object* pousser dehors; *boat* pousser au large; *stopper* faire sortir (en poussant); (*fig*) *employee* se débarrasser de. (b) *roots, shoots* produire.

push over *vt sep* (a) *object* pousser (*to sb* vers qn); (*over cliff etc*) pousser. (b) (*topple*) *chair, person* renverser.

push through 1 *vi* se frayer un chemin. **2** *vt sep stick, hand etc* enfoncer; (*fig*) *deal, business* conclure à la hâte; *decision* faire accepter à la hâte; (*Parl*) *bill* réussir à faire voter.

push to *vt sep door* pousser (pour fermer).

push up *vt sep lever, switch, spectacles* relever; (*fig*) (*gen*) augmenter; *sb's temperature, blood pressure, total* faire monter.

♦ **push-bike*** *n* vélo *m*. ♦ **push-button** *adj* presse-bouton *inv*. ♦ **push-chair** *n* poussette *f* (*pour enfant*). ♦ **pusher** *n* (a) (*pej*) arriviste *mf*; (b) [*drugs*] revendeur *m*, *-euse f*. ♦ **pushful*** or ♦ **pushy*** *adj* qui se met trop en avant. ♦ **pushing** *adj person* dynamique, entreprenant; (*pej*) arriviste, qui se met trop en avant. ♦ **pushover*** *n*: it was a ~over c'était un jeu d'enfant. ♦ **push-up** *n* traction *f* (*Sport*).

pusillanimous [,pjuːsɪˈlænɪməs] *adj* pusillanime.

puss* [pʊs], **pussy*** [ˈpʊsɪ] *n* minet *m*, -ette *f*.

put [pʊt] *pret, ptp put* **1** *vt* (a) (*gen*) mettre; (*place*) placer; (*lay down*) poser; *energy, time* consacrer (*into* à); *money, savings* placer (*into* dans); *advertisement in paper* passer (*in* dans); *signature* apposer (*on, to* à); *mark* faire (*on sur*, à). he ~ some more coal on the fire il a remis du charbon sur le feu; to ~ one's arms round sb prendre qn dans ses bras; he ~ his head through the window il a passé la tête par la fenêtre; he ~ his hand over his mouth il s'est mis la main devant la bouche; he ~ me on the train il m'a mis *or* accompagné au train; he ~ me into a non-smoker il m'a trouvé une place dans un compartiment non-fumeurs; to ~ sb off a train etc débarquer qn d'un train etc; to ~ sb on to/off a committee nommer qn à/renvoyer qn d'un comité; to ~ one's confidence in placer sa confiance en; you get out of life what you ~ into it on ne retire de la vie que ce qu'on y met soi-même; he has ~ a lot into his marriage il a fait beaucoup d'efforts pour que son mariage soit une réussite; he ~ £10 on Black Beauty il a parié *or* misé 10 livres sur Black Beauty; I shouldn't ~ him among the greatest poets je ne le place pas parmi les plus grands poètes.

(b) (*thrust; direct*) *pointed object* enfoncer (*into* dans). to ~ one's fist through a window passer le poing à travers une vitre; I ~ a bullet through his head je lui ai tiré une balle dans la tête; (*Sport*) to ~ the shot *or* the weight lancer le poids.

(c) (*cause to be*) to ~ sb in a good/bad mood mettre qn de bonne/mauvaise humeur; to ~ sb on a diet mettre qn au régime; to ~ sb to some trouble déranger qn; they ~ him to digging the garden ils lui ont fait bêcher le jardin; I ~ him to work at once je l'ai mis au travail aussitôt; they had to ~ 4 men on to this job ils ont dû employer 4 hommes à ce travail.

(d) (*with preposition*) to ~ one across *or* over on sb* faire marcher* qn; to ~ sb against sb monter qn contre qn; to ~ sb off his food couper l'appétit à qn; it almost ~ me off opera for good cela a failli me dégoûter de l'opéra pour toujours;

to ~ sb off doing ôter à qn l'envie de faire; to ~ sb off his work distraire qn de son travail; to ~ sb through an examination faire subir un examen à qn; they really ~ him through it* ils lui en ont fait voir de dures*.

(e) (*express*) dire, exprimer (*to sb* à qn). can you ~ it another way? pouvez-vous vous exprimer autrement?; to ~ it bluntly pour parler franc; as he would ~ it selon son expression; as Shakespeare ~s it comme le dit Shakespeare; I don't know how to ~ it je ne sais pas comment le dire; how shall I ~ it? comment dire?; to ~ an expression into French mettre une expression en français; how would you ~ it in French? comment le dirais-tu en français?; to ~ into verse mettre en vers.

(f) (*expound*) *case, problem* exposer; *proposal, resolution, arguments* présenter; *question* poser. I ~ it to you that ... n'est-il pas vrai que ...?; it was ~ to me that on m'a fait clairement comprendre que.

(g) (*estimate*) estimer, évaluer (*at* à). what would you ~ it at? à combien l'estimez-vous? *or* l'évaluez-vous?; I'd ~ her age at 50 je lui donnerais 50 ans.

2 *vi* (*Naut*) to ~ into port faire escale, entrer au port; to ~ into Southampton entrer au port de Southampton; to ~ to sea appareiller, lever l'ancre.

put about 1 *vi* (*Naut*) virer de bord. **2** *vt sep* (*rumour: also* ~ around) he ~ it about *or* he ~ about the rumour that ... il a fait courir le bruit que ... .

put across *vt sep* (a) (*communicate*) *ideas, intentions* faire comprendre, communiquer (*to sb* à qn); (*Comm*) *new product* faire accepter (*to sb* à qn). to ~ sth across to sb faire comprendre qch à qn; he can't ~ himself across il n'arrive pas à se mettre en valeur. (b) to ~ one *or* it across on sb* faire marcher* qn.

put aside *vt sep* (a) (*lay down*) *one's book etc* poser; (*save*) mettre de côté. (*Comm*) I have had it ~ aside for you je vous l'ai fait mettre de côté. (b) (*fig*) *doubts, idea, hope* écarter.

put away *vt sep* (a) = **put aside**. (b) *clothes, toys, books* ranger; *car* rentrer. (c) (*confine*) (*in prison*) mettre en prison; (*in mental hospital*) (*faire*) enfermer. (d) (*: consume*) *food* engloutir; *drink* siffler*. (e) = **put down 2 h**.

put back 1 *vi* (*Naut*) rentrer (*to* à). **2** *vt sep* (a) (*replace*) remettre (à sa place). (b) (*retard*) *development, progress* retarder; *project* retarder la réalisation de; *clock* retarder (*by* de); *clock hands* remettre en arrière. this will ~ us back 10 years cela nous ramènera où nous en étions il y a 10 ans; (*fig*) you can't ~ the clock back ce qui est fait est fait. (c) (*postpone*) remettre (*to* à).

put by *vt sep* = **put aside a**.

put down 1 *vi* (*aircraft*) se poser. **2** *vt sep* (a) (*gen*) poser; (*Aut*) *passenger* déposer; *umbrella* fermer; *wine* mettre en cave. (*fig*) I couldn't ~ that book down je ne pouvais pas m'arracher à ce livre. (b) (*pay*) *deposit, money* verser (*on* pour). (c) (*suppress*) *revolt* réprimer; *custom, practice* supprimer. (d) (*snub*) rabrouer; (*humiliate*) humilier. (e) (*record*) noter, inscrire. to ~ sth down on paper mettre qch par écrit; (*Comm*) ~ it down on my account mettez-le sur mon compte; I have ~ you down as a teacher/for £10 je vous ai inscrit comme professeur/pour 10 livres. (f) (*attribute*) attribuer (*sth to sth* qch à qch). (g) (*assess*) I had ~ him down as a complete fool je l'avais pris pour *or* je le considérais comme un parfait imbécile; I'd ~ her down as about forty je lui donnerais environ quarante ans. (h) (*euph: kill*) *dog, cat* faire piquer; *horse* abattre.

put forth *vt sep* (*liter*) *leaves* produire; *arm* tendre; *idea* avancer.

put forward vt sep (a) (propose) theory, argument avancer; opinion exprimer; plan, person proposer (as comme; for pour). he ~ himself forward for the job il a posé sa candidature au poste. (b) (advance) meeting, starting time avancer (by de; to, until à).

put in 1 vi (Naut) faire escale (at à). 2 vt sep (a) (into box, drawer, room etc) mettre dedans; seeds planter. (packing) have you ~ in your shirts? est-ce que tu as pris tes chemises? (b) (insert) word, remark ajouter; (include: in letter, publication) inclure. have you ~ in why ...? est-ce que vous avez expliqué pourquoi ...? (c) (enter) document, claim présenter; application faire; one's name avancer; protest élever. (Jur) to ~ in a plea plaider; to ~ sb in for an exam présenter qn à un examen; to ~ sb in for a job/promotion proposer qn pour un poste/pour de l'avancement. (d) (esp Pol: elect), party, person élire. (e) time passer (on sth à qch; on doing à faire). we have an hour to ~ in before ... nous avons une heure à perdre avant ...; he has ~ in a full day's work il a fait sa journée, (fig) il a bien travaillé; can you ~ in a few hours at the weekend? pourrais-tu travailler quelques heures pendant le week-end?; she ~s in an hour a day at the piano elle fait une heure de piano par jour.

put in for vt fus job poser sa candidature pour or à; promotion, social benefits faire une demande de.

put off 1 vi (Naut) démarrer (from de). 2 vt sep (a) (postpone) departure, appointment, decision repousser, remettre à plus tard; visitor renvoyer à plus tard. to ~ off doing sth remettre qch (for de; until jusqu'à); (fig) he ~ her off with vague promises il l'a dissuadée avec de vagues promesses; he is not easily ~ off il ne se laisse pas facilement démonter; he ~s me off when he laughs like that cela me déconcerte quand il rit de cette façon; the colour ~ me off la couleur m'a plutôt dégoûté. (b) coat, hat etc enlever; passenger déposer. (c) (extinguish etc) light, gas éteindre; radio, TV, heater fermer.

put on vt sep (a) garment, glasses mettre. (b) (add, increase) pressure, speed augmenter. to ~ on weight grossir, prendre du poids. (c) (assume) indignation affecter, simuler; air, accent prendre; (*: deceive) person faire marcher*. he's just ~ting it on il fait seulement semblant; you're ~ting me on!* tu me fais marcher!* (d) concert, play, show organiser; film projeter; extra train, bus etc mettre en service. (Telec) ~ me on to Mr Brown passez-moi M. Brown. (e) light, gas allumer; radio, TV, heater ouvrir. ~ the kettle on mets l'eau à chauffer; I'll just ~ the soup on je vais juste mettre la soupe à cuire; to ~ the brakes on freiner. (f) (advance) clock avancer (by de). (g) (wager) parier. (h) (inform, indicate) indiquer. they ~ the police on to him ils l'ont signalé à la police; can you ~ me on to a good dentist? pourriez-vous m'indiquer un bon dentiste?; Paul ~ us on to you c'est Paul qui nous envoie; what ~ you on to it? qu'est-ce qui vous y a fait penser?

put out 1 vi: to ~ out to sea/from Dieppe quitter le port/Dieppe. 2 vt sep (a) (~ outside) chair etc sortir, mettre dehors; (get rid of) rubbish sortir; (expel) person, country, organization expulser (of de); the cat faire sortir. (fig) to ~ sth out of one's head ne plus penser à qch. (b) (Naut) boat mettre à la mer. (c) (stretch out, extend) arm, leg étendre; foot avancer; tongue tirer (at sb à qn); leaves produire. to ~ out one's hand tendre la main, [car driver, traffic policeman] tendre le bras; to ~ one's head out of the window passer la tête par la fenêtre. (d) (lay out in order) (gen) sortir; papers, cards étaler; chessmen etc disposer. (e) (extinguish) light, flames, cigarette

éteindre; heater fermer. (f) (disconcert) déconcerter (by, about par); (vex) contrarier, ennuyer (by, about par); (inconvenience) déranger. she ~ herself out for us elle s'est donné beaucoup de mal pour nous. (g) (issue) news annoncer; report, regulations, book publier; rumour faire courir; propaganda, statement faire. (h) (spend) dépenser (on pour). (i) (Comm) repairs, small jobs donner au dehors; (Ind: subcontract) donner à des sous-traitants. (j) (exert) one's strength, tact déployer, user de. (k) (dislocate) shoulder, back démettre.

put over vt sep = put across.

put through vt sep (a) (make, complete) deal conclure, mener à bien; decision prendre; proposal faire passer. (b) (Telec: connect) call passer. I'm ~ting you through now je vous mets en communication, vous êtes en ligne; ~ me through to Mr Smith passez-moi M. Smith.

put together vt sep (a) (lit) mettre ensemble, placer l'un à côté de l'autre. he's worth more than the rest of the family ~ together à lui tout seul il vaut largement le reste de la famille. (b) (assemble) table, radio monter; jigsaw assembler; book, story, account composer; (piece together) facts, what happened reconstituer; (mend) réparer. she ~ together an excellent supper elle a improvisé un délicieux dîner.

put up 1 vi (a) (lodge) descendre (at dans); (for one night) passer la nuit (at à). (b) (offer o.s.) se porter candidat(e) (for à). 2 vt sep (a) (raise) hand lever; flag, sail hisser; tent, fence, ladder dresser; collar, window remonter; umbrella ouvrir; notice, picture mettre (on sur); missile, rocket lancer; building, bridge construire. ~ them up!* (in robbery etc) haut les mains!; (challenge to fight) défends-toi! (b) (increase) (gen) augmenter; temperature, blood pressure, total faire monter. (c) (offer) proposal, idea présenter, soumettre; plea, resistance offrir; (nominate) person proposer comme candidat (for à; as comme). to ~ sth up for sale/auction mettre qch en vente/aux enchères; he was ~ up by his local branch il a été présenté comme candidat par sa section locale; to ~ sb up for a club proposer qn comme membre d'un club. (d) (provide) money, funds fournir (for pour); reward offrir. how much can you ~ up? combien pouvez-vous (y) mettre? (e) (prepare) picnic, sandwiches, prescription préparer; (Comm) order exécuter. (f) (lodge) loger. (g) (incite) to ~ sb up to doing pousser qn à faire. (h) (inform about) to ~ sb up to sth mettre qn au courant de qch.

put upon vt fus: to ~ upon sb en imposer à qn; I won't be ~ upon any more! je ne vais plus me laisser marcher sur les pieds!

put up with vt fus supporter, encaisser*. he has a lot to ~ up with il a beaucoup de problèmes.

♦ **put-up job*** n coup m monté. ♦ **put-you-up** n canapé-lit m.

putrefy ['pju:trifai] 1 vt putréfier. 2 vi se putréfier. ♦ **putrefaction** n putréfaction f.

putrid ['pju:trid] adj putride; (* fig) dégoûtant.

putsch [putʃ] n putsch m, coup m d'État.

putt [pʌt] (Golf) 1 n putt m. 2 vti putter.

♦ **putting** n putting m. ♦ **putting green** n green m.

putty ['pʌti] n mastic m (ciment).

puzzle ['pʌzl] 1 n (a) (mystery) énigme f, mystère m. he is a real ~ to me c'est une énigme vivante pour moi; it is a ~ to me how ... je n'arriverai jamais à comprendre comment ... . (b) (game) casse-tête m inv; (word game) rébus m; (crossword) mots mpl croisés; (jigsaw) puzzle m; (riddle) devinette f. 2 vt laisser perplexe. I am ~d to know why je n'arrive pas à comprendre pourquoi; he was ~d about what to say il ne savait pas quoi dire. 3 vi: to ~ over or about problem, mys-

tery essayer de résoudre; *sb's actions, intentions* essayer de comprendre; **I'm still puzzling over why** ... j'en suis encore à me demander pourquoi ... .

puzzle out *vt sep problem* résoudre; *mystery* éclaircir; *writing* déchiffrer; *answer, solution* trouver; *sb's actions, attitude* comprendre. **I'm trying to ~ out why** j'essaie de comprendre pourquoi.

♦ **puzzled** *adj* perplexe. ♦ **puzzlement** *n* perplexité *f*. ♦ **puzzler** *n* casse-tête *m inv*. ♦ **puzzling** *adj* incompréhensible.

pygmy ['pɪgmɪ] **1** *n* pygmée *m*. **2** *adj* pygmée (*f inv*).

pyjamas [pɪ'dʒɑːməz] *npl* (*Brit*) pyjama *m*. **in (one's) ~** en pyjama.

pylon ['paɪlən] *n* pylône *m*.

pyramid ['pɪrəmɪd] *n* pyramide *f*.

pyre ['paɪə^r] *n* bûcher *m* funéraire.

Pyrenees [pɪrə'niːz] *npl* Pyrénées *fpl*.

Pyrex ['paɪreks] *n* ® pyrex *m* ®.

pyro... ['paɪərəʊ] *pref* pyro... . ♦ **pyromaniac** *n* pyromane *mf*. ♦ **pyrotechnic** *adj* pyrotechnique.

python ['paɪθən] *n* python *m*.

Q

Q, q [kjuː] n (letter) Q, q m. on the q.t.* en douce*.

quack[1] [kwæk] 1 n coin-coin m. 2 vi faire coin-coin.

quack[2] [kwæk] 1 n (pej) charlatan m; (: doctor) toubib* m. 2 adj de charlatan.

quad [kwɒd] n abbr of **quadruplet** and **quadrangle b**.

quadrangle ['kwɒdræŋgl] n (a) (Math) quadrilatère m. (b) (courtyard) cour f (d'un collège etc).

quadraphonic ['kwɒdrə'fɒnɪk] adj quadriphonique. **in ~ sound** en quadriphonie.

quadratic [kwɒ'drætɪk] adj du second degré.

quadrilateral [,kwɒdrɪ'lætərəl] adj, n quadrilatère (m).

quadruped ['kwɒdrʊped] adj, n quadrupède (m).

quadruple ['kwɒdrʊpl] 1 adj, n quadruple (m). 2 ['kwɒ'druːpl] vti quadrupler. ♦ **quadruplet** n quadruplé(e) m(f).

quagmire ['kwægmaɪər] n bourbier m.

quail[1] [kweɪl] vi (flinch) perdre courage.

quail[2] [kweɪl] n (bird) caille f.

quaint [kweɪnt] adj (odd) bizarre, original; (picturesque) pittoresque; (old-fashioned etc) au charme vieillot.
♦ **quaintly** adv d'une manière originale or pittoresque.

quake [kweɪk] 1 vi trembler (with de). 2 n (earth-~) tremblement m de terre.

Quaker [kweɪkər] n quaker(esse) m(f).

qualification [,kwɒlɪfɪ'keɪʃən] n (a) ~s (gen) conditions fpl requises; (degrees etc) titres mpl, diplômes mpl; **what are your ~s**? (skill, degrees, experience etc) quelle est votre formation?; (paper ~s) qu'est-ce que vous avez comme diplômes?; **teaching ~s** les diplômes requis pour enseigner. (b) (limitation) réserve f, restriction f. **to accept with/without ~s** accepter avec des/sans réserves.

qualify ['kwɒlɪfaɪ] 1 vt (a) (make competent) qualifier (to do pour faire); (Admin) donner qualité à (for pour; to do pour faire). (b) (modify) attitude, praise mitiger; approval, support mettre des réserves à; statement, opinion nuancer. (c) (Gram) qualifier. 2 vi obtenir son diplôme (or son brevet etc); (Sport) se qualifier (for pour). **to ~ as an engineer** obtenir son diplôme d'ingénieur; **to ~ for a job** obtenir les diplômes nécessaires pour un poste; **does he ~**? est-ce qu'il remplit les conditions requises?; (fig) **he hardly qualifies** as a poet il ne mérite pas vraiment le nom de poète. ♦ **qualified** adj (a) (gen) qualifié (for pour; to do pour faire); engineer, doctor, teacher diplômé; **he was not qualified for this job** il ne remplissait pas les conditions requises pour ce poste; **to be qualified to do** (gen) être qualifié pour faire, avoir les diplômes requis pour faire; (Admin: officially) avoir qualité pour faire; **they are not qualified to vote** ils ne sont pas habilités à voter; (b) (modified) praise mitigé; support, acceptance conditionnel; success modéré. ♦ **qualifying** adj mark de passage; examination d'entrée; score qui permet de se qualifier.

quality ['kwɒlɪtɪ] 1 n qualité f. **of the best ~** de première qualité; **of good/poor ~** de bonne/de mauvaise qualité. 2 adj product de qualité; newspaper sérieux.

qualm [kwɑːm] n (scruple) scrupule m; (misgiving) inquiétude f (about sur). **to have ~s about doing** avoir des scrupules à faire.

quandary ['kwɒndərɪ] n: **to be in a ~** être dans l'embarras or dans un dilemme; **to be in a ~ about what to do** être bien embarrassé de savoir quoi faire.

quantity ['kwɒntɪtɪ] 1 n quantité f. **in ~** en grande quantité. 2 adj: ~ **surveying** métrage m; ~ **surveyor** métreur m (vérificateur).

quantum ['kwɒntəm], pl -ta 1 n quantum m. 2 adj mechanics, number quantique. ~ **theory** théorie f des quanta.

quarantine ['kwɒrəntiːn] 1 n quarantaine f. **in ~** en quarantaine. 2 vt mettre en quarantaine.

quarrel ['kwɒrəl] 1 n querelle f, dispute f; (breach) brouille f. **to have a ~ with** se disputer avec or se quereller avec; **to pick a ~ with sb** chercher querelle à qn; **I have no ~ with you** je n'ai rien contre vous. 2 vi se disputer, se quereller (with sb avec qn; about, over à propos de); (break off) se brouiller (with sb avec qn); (fig) **I cannot ~ with that** je n'ai rien à redire à cela. ♦ **quarrelling**, (US) **quarreling** n disputes fpl, querelles fpl. ♦ **quarrelsome** adj querelleur.

quarry[1] ['kwɒrɪ] 1 n carrière f (mine). 2 vt stone extraire; hillside exploiter. 3 vi: **to ~ for marble** exploiter une carrière de marbre. ♦ **quarryman** n (ouvrier m) carrier m. ♦ **quarry-tiled** adj carrelé.

quarry[2] ['kwɒrɪ] n (animal, bird etc) proie f; (Hunting) gibier m; (person) personne f pourchassée.

quart [kwɔːt] n ≃ litre m (Brit = 1,136 litres; US = 0,946 litre).

quarter ['kwɔːtər] 1 n (a) (fourth part) (gen) quart m; [object, apple, beef, moon] quartier m; [year] trimestre m. **to divide sth into ~s** diviser qch en quatre or en quartiers; **a ~ (of a pound) of tea** un quart (de livre) de thé; **a ~ as big as** quatre fois moins grand que; **a ~ of an hour** un quart d'heure; **a ~ to 7**, (US) **a ~ of 7** 7 heures moins le quart; **a ~ past 6**, (US) **a ~ after 6** 6 heures un or et quart; **a ~'s rent** un terme (de loyer). (b) (US, Can: money) quart m de dollar, 25 cents. (c) (direction) direction f, côté m; (compass point) point m cardinal. (Naut) **on the port ~** par la hanche de bâbord; **from all ~s** de toutes parts; **you must report that to the proper ~** vous devez signaler cela à qui de droit; **in responsible ~s** dans les milieux autorisés. (d) (part of town) quartier m. (e) (lodgings) ~s résidence f; (Mil) quartiers mpl, (temporary) cantonnement m.
2 vt (a) (divide into four) diviser en quatre, diviser en quartiers. (b) (lodge) troops caserner, (temporarily) cantonner; (gen) loger (on chez).
3 adj d'un quart. **a ~ share in sth** un quart de qch.
♦ **quarter-deck** n (Naut) plage f arrière. ♦ **quarter-final** n quart m de finale. ♦ **quarterly** 1 adj trimestriel; 2 n (periodical) publication f trimestrielle. ♦ **quartermaster** n (a) (Mil) intendant m militaire de troisième classe; (b) (Naut) maître m de manœuvre.

quartet(te) [kwɔ:'tet] *n* (*gen; also classical music*) quatuor *m*; (*jazz*) quartette *m*.

quarto ['kwɔ:təʊ] *n, adj* in-quarto (*m*) *inv*.

quartz ['kwɔ:ts] **1** *n* quartz *m*. **2** *adj* de *or* en quartz; *clock* à quartz. ~ **crystal** cristal *m* de quartz.

quash [kwɒʃ] *vt* *verdict* casser; *rebellion* réprimer; *proposal* rejeter.

quasi- ['kwɑ:zɪ] *pref* quasi- (+ *n*), quasi (+*adj*). ~**marriage** quasi-mariage *m*; ~**revolutionary** quasi révolutionnaire.

quaver ['kweɪvər] **1** *n* (*Mus: note*) croche *f*. **2** *vti* (*tremble*) chevroter.
♦ **quavering** **1** *adj* *voice* chevrotant; **2** *n* chevrotement *m*.

quay [ki:] *n* quai *m*. **at the** ~**side** à quai.

queasy ['kwi:zɪ] *adj*: **to feel** ~ avoir mal au cœur, avoir envie de vomir.
♦ **queasiness** *n* nausée *f*.

Quebec [kwɪ'bek] **1** *n* Québec *m*. **2** *adj* québécois.

queen [kwi:n] **1** *n* (**a**) reine *f*; (*Chess, Cards*) dame *f*. **Q~ Elizabeth** la reine Élisabeth; **Q~ Mother** reine mère; ~ **bee** reine des abeilles. (**b**) (*¹ pej: homosexual*) pédé¹ *m* (*pej*). **2** *vt* (***) **to ~ it** prendre des airs d'impératrice (*over sb* avec qn).
♦ **queenly** *adj* de reine.

queer [kwɪər] **1** *adj* (**a**) (*odd*) étrange, bizarre, drôle de (*before n*). (*pej*) **a ~ customer** un drôle de type*; ~ **in the head*** toqué*; **to be in Q~ Street*** se trouver dans une mauvaise passe. (**b**) (*suspicious*) louche, suspect. **there's sth ~ going on** il se passe qch de louche. (**c**) (*: *unwell*) mal fichu*. **to feel** ~ être pris d'un malaise. (**d**) (*: *homosexual*) homosexuel. **he's ~*** c'est un pédé¹. **2** *n* (*: *homosexual*) (*male*) pédé¹ *m*; (*female*) lesbienne *f*. **3** *vt*: **to ~ sb's pitch** couper l'herbe sous le pied à *or* de qn. ♦ **queerly** *adv* étrangement, bizarrement. ♦ **queerness** *n* étrangeté *f*, bizarrerie *f*.

quell [kwel] *vt* (*gen*) réprimer; *cheeky etc person* faire rentrer sous terre.

quench [kwentʃ] *vt* *flames* éteindre. **to ~ one's thirst** se désaltérer.

querulous ['kwerʊləs] *adj* ronchonneur*, bougon.
♦ **querulously** *adv* d'un ton bougon.

query ['kwɪərɪ] **1** *n* (**a**) (*question*) question *f*; (*doubt*) doute *m* (*about* sur). **this raises a ~ about the scheme** cela met le projet en question. (**b**) (*question mark*) point *m* d'interrogation. **2** *vt* mettre en question.

quest [kwest] *n* quête *f* (*for* de). **in ~ of** en quête de.

question ['kwestʃən] **1** *n* (**a**) question *f*. **to ask sb a ~**, **to put a ~ to sb** poser une question à qn. (**b**) (*doubt*) doute *m*. **without** ~ sans aucun doute; **there is no ~ about it** il n'y a pas de doute; **to call sth into** ~ mettre qch en doute. (**c**) (*matter*) question *f*, affaire *f*. **that's the ~!** c'est là toute la question!; **that's not the** ~ là n'est pas la question; **that's another** ~ ça, c'est une autre affaire; **the person in** ~ la personne en question; **there's some/no ~ of closing the shop** il est/il n'est pas question de fermer le magasin; **there's no ~ of that**, **that is out of the** ~ il n'en est pas question; **the** ~ **is how many** la question, c'est de savoir combien; **the** ~ **is to decide ...** il s'agit de décider ...; **it's a ~ of what you want to do** tout dépend de ce que tu veux faire; **it's an open** ~ personne ne sait (*whether* si).
2 *adj*: ~ **mark** point *m* d'interrogation; (*Parl*) ~ **time** heure *f* réservée aux questions orales.
3 *vt* (**a**) *person* interroger, questionner (*on* sur; *about* au sujet de, à propos de). (**b**) *motive, account* mettre en doute *or* en question; *claim* contester. **to ~ whether** douter que +*subj*.
♦ **questionable** *adj* discutable; (*pej*) douteux. ♦ **questioner** *n* personne *f* qui pose des questions. ♦ **questioning** **1** *adj* interrogateur, question-

neur; **2** *n* interrogation *f*. ♦ **question-master** *n* meneur *m* de jeu, (*Rad, TV*) animateur *m*.
♦ **questionnaire** *n* questionnaire *m*.

queue [kju:] (*Brit*) **1** *n* [*people*] queue *f*, file *f* (*d'attente*); [*cars*] file. **to stand in a ~**, **to form a ~** faire la queue; **the theatre** ~ les personnes qui font (*or* faisaient *etc*) la queue au théâtre; **ticket** ~ queue devant les guichets. **2** *vi* (~ **up**) [*people, cars*] faire la queue.

quibble ['kwɪbl] **1** *n* chicane *f*, ergotage *m*. **2** *vi* chicaner (*over* sur).

quick [kwɪk] **1** *adj* (**a**) (*rapid*) *train, route, method* rapide; *recovery, answer* prompt. **be ~!** dépêche-toi!, fais vite!; **try to be ~er** essaie de faire plus vite; (*Mil*) ~ **march!** en avant, marche!; **we had a ~ meal** nous avons mangé en vitesse; **to have a ~ one*** prendre un pot* en vitesse; **it's ~er by train** c'est plus rapide *or* ça va plus vite par le train. (**b**) (*lively*) *mind, child* vif, éveillé. **he's too ~ for me** il va trop vite pour moi; **he was ~ to see that ...** il a tout de suite vu que ...; **to be ~ to take offence** être prompt à s'offenser; **to have a ~ temper** s'emporter facilement; **he is ~ at figures** il calcule vite.
2 *n* (*fig*) **to cut sb to the ~** piquer qn au vif; **the ~ and the dead** les vivants *mpl* et les morts *mpl*.
3 *adv* vite. **as ~ as lightning** *or* **as a flash** avec la rapidité de l'éclair.
♦ **quick-acting** *adj* à action rapide. ♦ **quicken** **1** *vt* accélérer, hâter; (*fig*) *feelings* stimuler; **to ~en one's pace** accélérer son allure; **2** *vi*: **the pace ~ened** l'allure s'est accélérée. ♦ **quick-freeze**, *pret* -**froze**, *ptp* -**frozen** *vt* surgeler. ♦ **quickie*** *n* chose faite en vitesse; (*drink*) pot* pris en vitesse; (*question*) question *f* éclair *inv*. ♦ **quicklime** *n* chaux *f* vive. ♦ **quickly** *adv* (*fast*) vite, rapidement; (*without delay*) promptement, sans tarder. ♦ **quickness** *n* vitesse *f*, rapidité *f*; promptitude *f*; (*mind*) vivacité *f*. ♦ **quicksands** *npl* sables *mpl* mouvants. ♦ **quickset hedge** *n* haie *f* vive. ♦ **quicksilver** *n* vif-argent *m*, mercure *m*. ♦ **quickstep** *n* fox-trot *m*. ♦ **quick-tempered** *adj* prompt à s'emporter. ♦ **quick-witted** *adj* à l'esprit vif.

quids [kwɪd] *n* (*pl inv*: *Brit*) livre *f* (*sterling*).

quiescence [kwaɪ'esns] *n* calme *m*. ♦ **quiescent** *adj* passif, calme.

quiet ['kwaɪət] **1** *adj* (**a**) (*silent, still: gen*) tranquille, calme. **you're very** ~ tu ne dis pas grand-chose; **be ~!** keep ~! taisez-vous!; **isn't it ~!** que c'est calme *or* tranquille!; **it was ~ as the grave** il y avait un silence de mort; **try to be a little ~er** essayez de ne pas faire autant de bruit; **to keep** *or* **stay ~** (*still*) se tenir *or* rester tranquille; (*silent*) garder le silence; **to keep sb ~** (*still*) faire tenir qn tranquille; (*silent*) faire taire qn. (**b**) (*not loud*) *music* doux; *voice, tone* bas; *footstep, sound* léger; *cough, laugh* petit. **keep the radio** ~ baisse le volume de la radio. (**c**) (*subdued*) *person* doux; *dog, horse* docile; *dress, colour* discret. **she's a very** ~ **girl** elle n'est pas expansive. (**d**) (*peaceful, calm*) calme, paisible, tranquille. **he had a** ~ **sleep** il a dormi tranquillement; (*Mil etc*) **all** ~ rien de nouveau; **a** ~ **life** une vie tranquille; **this town is too** ~ cette ville manque d'animation; **business is** ~ les affaires sont calmes; ~ **mind** esprit *m* tranquille. (**e**) (*secret*) *envy* caché; *irony, humour* discret; (*private*) *evening, dinner* intime. **they had a** ~ **wedding** ils se sont mariés dans l'intimité; **I'll have a** ~ **word with her** je vais lui glisser un mot à l'oreille; **they had a** ~ **laugh over it** ils en ont ri doucement; **he kept the whole thing** ~ il n'en a pas parlé.
2 *n* (*silence*) silence *m*; (*peace*) calme *m*, tranquillité *f*. (*) **on the** ~ **do** en cachette, en douce*; **tell** en confidence.
3 *vt* = **quieten 1**.
♦ **quieten** **1** *vt* (*gen*) calmer; *conscience*

tranquilliser; 2 *vi* (~en down) se calmer; (*after unruly youth*) se ranger. ♦ **quietly** *adv* (*silently*) silencieusement, sans (faire de) bruit; (*not loudly*) speak, sing doucement; (*gently*) doucement, calmement; (*without fuss*) simplement; (*secretly*) en cachette, en douce*; *marry* dans la plus stricte intimité. ♦ **quietness** *n* (*silence*) silence *m*; (*stillness, peacefulness*) calme *m*, tranquillité *f*; (*gentleness*) douceur *f*.

quill [kwɪl] *n* (*feather*) penne *f*; (*also* ~-pen) plume *f* d'oie; [*porcupine etc*] piquant *m*.

quilt [kwɪlt] 1 *n* édredon *m* (piqué). **continental** ~ **couette** *f*. 2 *vt* *eiderdown, cover* ouater et piquer; *dressing gown* molletonner; *furniture* capitonner.

quin [kwɪn] *n abbr of* **quintuplet**.

quince [kwɪns] *n* coing *m*; (*tree*) cognassier *m*.

quinine [kwɪ'niːn] *n* quinine *f*.

quintessence [kwɪn'tesns] *n* quintessence *f*.

quintet(te) [kwɪn'tet] *n* quintette *m*.

quintuple ['kwɪntjupl] 1 *adj*, *n* quintuple (*m*). 2 ['kwɪn'tjuːpl] *vti* quintupler. ♦ **quintuplet** *n* quintuplé(e) *m(f)*.

quip [kwɪp] *n* mot *m* piquant.

quire ['kwaɪə^r] *n* ~ main *f* (*de papier*).

quirk [kwɜːk] *n* bizarrerie *f*. **by a** ~ **of fate** par un caprice du destin. ♦ **quirky** *adj* capricieux.

quit [kwɪt] *pret, ptp* quit *or* quitted 1 *vt* place, activity quitter; (*esp US: stop*) arrêter (*doing de* faire). **to** ~ **hold** lâcher prise; **to** ~ **hold of sth** lâcher qch; ~ **fooling!** arrête de faire l'idiot! 2 *vi* (*give up: in game etc*) se rendre; (*accept defeat*) abandonner la partie; (*resign*) démissionner. 3 *adj*: ~ **of** débarrassé de.

quite [kwaɪt] *adv* (a) (*entirely*) tout à fait, complètement, entièrement. ~ (**so**)! exactement!; **I** ~ **understand** je comprends très bien; **I** ~ **believe it** je le crois volontiers; **I don't** ~ **know** je ne sais pas trop; **that's** ~ **enough!** ça suffit comme ça!; **it wasn't** ~ **what I wanted** ce n'était pas tout à fait *or* exactement ce que je voulais; **that's** ~ **another matter** c'est une tout autre affaire; **he was** ~ **right** il avait bien raison *or* tout à fait raison; ~ **new** tout (à fait) neuf; ~ **alone** tout seul; **she was** ~ **a beauty** c'était une véritable

beauté. (b) (*to some degree*) assez. ~ **a long time** assez longtemps; ~ **a few people** un assez grand nombre de gens; ~ **good** pas mal du tout; ~ **a good singer** un assez bon chanteur; **I** ~ **like it** j'aime assez ça.

quits [kwɪts] *adj* quitte (*with sb* envers qn). **let's call it** ~ restons-en là.

quiver[1] ['kwɪvə^r] *vi* [*person, voice*] frémir, trembler (*with de*); [*eyelids*] battre.

quiver[2] ['kwɪvə^r] *n* (*for arrows*) carquois *m*.

quixotic [kwɪk'sɒtɪk] *adj person* chevaleresque; (*visionary*) chimérique; *plan, feeling* donquichottesque. ♦ **quixotically** *adv* sans penser à soi.

quiz [kwɪz] 1 *n* (*Rad/TV*) jeu-concours *m* (radiophonique/télévisé); (*in magazine etc*) série *f* de questions. 2 *vt*: **to** ~ **sb** presser qn de questions (*about* au sujet de).

♦ **quizmaster** *n* meneur *m* de jeu; (*Rad, TV*) animateur *m*. ♦ **quizzical** *adj* narquois. ♦ **quizzically** *adv* d'un air narquois.

quoit [kwɔɪt] *n* palet *m*. **to play** ~s jouer au palet.

quorum ['kwɔːrəm] *n* quorum *m*. **to have a** ~ atteindre le quorum.

quota ['kwəʊtə] *n* (*share*) quote-part *f*; (*permitted amount*) [*imports, immigrants*] quota *m*.

quote [kwəʊt] 1 *vt* (a) *author, poem, fact* citer; *reference number etc* rappeler. **don't** ~ **me** ne dites pas que c'est moi qui vous l'ai dit; **he was** ~d **as saying that** ... il aurait dit que ...; ~ ... **unquote** (*in dictation*) ouvrez les guillemets ... fermez les guillemets; (*in report, lecture etc*) je cite ..., fin de citation. (b) *price* (*Comm*) indiquer, proposer; (*St Ex*) coter (*at* à). 2 *vi* (a) faire des citations. **to** ~ **from** citer. (b) (*Comm*) **to** ~ **for** établir un devis pour. 3 *n* (a) = **quotation 1**. (b) **he said,** ~ '**I will never do it**' il a dit, (*in dictation*) ouvrez les guillemets *or* (*in lecture, report etc*) je cite 'je ne le ferai jamais'; ~s = **quotation marks**. ♦ **quotable** *adj* digne d'être cité. ♦ **quotation** 1 *n* (a) citation *f* (*from* de); (b) (*Comm: estimate*) devis *m*; 2 *adj*: **in quotation marks** entre guillemets *mpl*.

quotient ['kwəʊʃənt] *n* quotient *m*.

R

R, r [ɑːʳ] n (letter) R, r m. **the three R's** la lecture, l'écriture f et l'arithmétique f.

rabbi ['ræbaɪ] n rabbin m.

rabbit ['ræbɪt] **1** n lapin m. **doe ~** lapine f. **2** vi: to **go ~ing** chasser le lapin. **3** adj: **~ hole** terrier m (de lapin); **~ hutch** clapier m.

rabble ['ræbl] n cohue f, foule f(confuse). (pej) **the ~** la populace.

rabid ['ræbɪd] adj (fanatical) fanatique; (furious) forcené; hate farouche; (Vet) enragé.

rabies ['reɪbiːz] **1** n rage f (Med). **2** adj (*) injection contre la rage.

rac(c)oon [rə'kuːn] n raton m laveur.

race¹ [reɪs] **1** n (Sport etc) course f. **the 100 metres ~** la course sur 100 mètres, le 100 mètres; **cycle/horse ~** course cycliste/de chevaux; **~ against time** course contre la montre. **2** vt **(a)** person faire une course avec. **I'll ~ you to school!** à qui arrivera le premier à l'école! **(b)** horse faire courir. **the champion ~s Ferraris** le champion court sur Ferrari; (Aut) **to ~ the engine** emballer le moteur. **3** vi **(a)** to **~ against sb** faire la course avec qn; (fig) **to ~ against time** courir contre la montre. **(b)** (rush) courir à toute allure. **to ~ in/across** etc entrer/traverser etc à toute allure. **(c)** [engine] s'emballer; [propeller] s'affoler; [pulse] être très rapide. ♦ **racecourse** n champ m de courses, hippodrome m. ♦ **racegoer** n turfiste mf. ♦ **racehorse** n cheval m de course. ♦ **racetrack** n (gen) piste f; (for horses) champ m de courses. ♦ **racing 1** n courses fpl; horse/motor **racing** courses de chevaux/d'automobiles; **2** adj stables, cycle, car de course; **racing driver** pilote m de course.

race² [reɪs] **1** n race f. **the human ~** la race or l'espèce humaine. **2** adj hatred, prejudice racial. **~ relations** rapports mpl entre les races; **~ riot** bagarres fpl raciales. ♦ **racial** adj racial. ♦ **racialism** n racisme m. ♦ **racialist** or ♦ **racist** adj, n raciste (mf). ♦ **racism** n racisme m.

rack¹ [ræk] n (for bottles, documents, files) casier m; (for fodder, bicycles) râtelier m; (for luggage) filet m; (for hats, coats) porte-manteau m; (in shops) étagère f; (for plates) égouttoir m. **roof ~** galerie f.

rack² [ræk] **1** n (torture) chevalet m. **2** vt [pain] torturer. (fig) **~ed by remorse** tenaillé par le remords; **to ~ one's brains** se creuser la tête.

rack³ [ræk] n: **to go to ~ and ruin** [building]tomber en ruine; [business, economy] aller à vau-l'eau; [person, country] aller à la ruine.

racket¹, **racquet** ['rækɪt] n raquette f.

racket² ['rækɪt] n **(a)** (noise) [people] tapage m, raffut* m; [machine] vacarme m. **to make a ~** faire du raffut* or du vacarme. **(b)** (organized crime) racket m; (dishonest scheme) escroquerie f. **the drug/stolen car ~*** le trafic de la drogue/des voitures volées; **they're on to quite a ~*** ils ont trouvé une jolie combine*; **it was a dreadful ~*** c'était du vol manifeste!; **he's in on the ~*** il est dans le coup*. ♦ **racketeer** n racketteur m. ♦ **racketeering** n racket m.

racy ['reɪsɪ] adj speech, style plein de verve.

radar ['reɪdɑːʳ] **1** n radar m̸. **by ~** au radar. **2** adj screen, station radar inv. **~ operator** radariste mf; (Aut Police) **~ trap** piège m radar.

radiate ['reɪdɪeɪt] **1** vi (gen) rayonner (from de);

(Phys) irradier. **2** vt heat émettre, dégager; (fig) happiness rayonner de; enthusiasm respirer. ♦ **radiance** n éclat m, rayonnement m. ♦ **radiant** adj (gen) rayonnant (with de); colour éclatant; heat radiant; heater à foyer rayonnant; heating direct. ♦ **radiantly** adv smile d'un air radieux; **to be radiantly happy** rayonner de joie. ♦ **radiation 1** n [heat etc] rayonnement m; (radioactivity) radiation f; **2** adj: **radiation sickness** mal m des rayons; (Med) **radiation treatment*** radiothérapie f. ♦ **radiator 1** n radiateur m; **2** adj (Aut) **radiator cap** bouchon m de radiateur; **radiator grill** calandre f.

radical ['rædɪkəl] adj, n radical (m). ♦ **radically** adv radicalement.

radio ['reɪdɪəʊ] **1** n **(a)** (~ set) poste m (de radio), radio f. **on the ~** à la radio. **(b)** (Telec) radio f, radiotélégraphie f. **by ~** par radio. **2** vt person appeler par radio; one's position signaler par radio; message envoyer par radio. **3** vi: **to ~ for help** appeler au secours par radio. **4** adj beam, silence radio inv; programme, broadcast de radio, radiophonique. ♦ **announcer** speaker(ine) m(f); **~ beacon** radiophare m; **~ communication** contact m radio inv; **~ link** liaison f radio inv; **~ operator** opérateur m (radio), radio m; **~ programme** émission f (de radio); **~ station** station f de radio; **~ telescope** radiotélescope m; **~ wave** onde f hertzienne. ♦ **radioactive** adj radioactif. ♦ **radioactivity** n radioactivité f. ♦ **radiocontrolled** adj téléguidé. ♦ **radiogram** n (message) radiogramme m; (apparatus) combiné m. ♦ **radiographer** n radiologue mf (technicien). ♦ **radiography** n radiographie f. ♦ **radiologist** n radiologue mf (médecin). ♦ **radiology** n radiologie f. ♦ **radio-taxi** n radio-taxi m. ♦ **radiotelephone** n radiotéléphone m. ♦ **radiotherapy** n radiothérapie f.

radish ['rædɪʃ] n radis m.

radium ['reɪdɪəm] n radium m.

radius ['reɪdɪəs] n, pl radii rayon m (also Math). **within a ~ of** dans un rayon de.

raffia ['ræfɪə] n raphia m.

raffle ['ræfl] **1** n tombola f. **~ ticket** billet m de tombola. **2** vt mettre en tombola.

raft [rɑːft] n radeau m.

rafter ['rɑːftəʳ] n (Archit) chevron m.

rag¹ [ræg] **1** n **(a)** lambeau m; (for wiping etc) chiffon m. **~s** (for paper-making) chiffons; (old clothes) haillons mpl; **in ~s** en lambeaux; **dressed in ~s** vêtu de haillons; **in ~s and tatters** tout en loques; **to feel like a wet ~*** se sentir complètement vidé*. **(b)** (*pej: newspaper) torchon* m (journal). **2** adj doll de chiffon; **the ~ trade*** la confection.

♦ **rag-and-bone-man** n chiffonnier m. ♦ **ragbag** n sac à chiffons; (fig) ramassis m. ♦ **ragged** ['rægɪd] adj clothes en lambeaux; person en haillons; cuff effiloché. ♦ **ragman** or ♦ **ragpicker** n chiffonnier m.

rag²* [ræg] **1** n (joke) farce f, blague* f. **2** vt (tease) taquiner; (trick) faire une blague* à.

rage [reɪdʒ] **1** n rage f, fureur f. **in a ~** en rage, en fureur; **to fly into a ~** se mettre en rage; (fig) **to be (all) the ~** faire fureur. **2** vi [person] être furieux (against contre); [battle] faire rage; [sea]

être en furie; *[storm, wind]* se déchaîner.
♦ **raging** *adj person* furieux; *thirst* ardent; *pain* atroce; *fever* violent; *sea* en furie; *wind, storm* déchaîné; **in a raging temper** dans une rage folle; **raging toothache** rage *f* de dents.

raid [reɪd] **1** *n (Mil)* raid *m*; *(by police)* rafle *f*; *(by bandits)* razzia *f*; *(by thieves)* hold-up *m inv*. **air ~ bombardement** *m* aérien; **bank ~** hold-up d'une banque. **2** *vt* faire un raid *or* une rafle dans; razzier; faire un hold-up à; bombarder; *(fig) cashbox* puiser dans; *larder, orchard* dévaliser. ♦ **raider** *n (bandit)* pillard *m*; *(criminal)* brigand *m*; *(ship)* raider *m*; *(plane)* bombardier *m*; *(Mil)* the **~ers** le commando.

rail [reɪl] **1** *n* **(a)** *(bar) [bridge, boat]* rambarde *f*; *[balcony, terrace]* balustrade *f*; *[banister]* rampe *f*; *(for curtains, spotlights etc)* tringle *f*; *(towel ~)* porte-serviettes *m inv*. *(fence)* **~s** grille *f*. **(b)** *(for train, tram)* rail *m*. **by ~** *travel* en train; *send* par chemin de fer; **to go off the ~s** *[train etc]* dérailler; *[person] (err)* s'écarter du droit chemin; *(be confused)* être déboussolé*. **2** *adj strike* des employés de chemin de fer; *traffic* ferroviaire. **~ workers** employés *mpl* du chemin de fer. ♦ **railing** *n* **(a)** *(V rail 1a)* rambarde *f*; balustrade *f*; rampe *f*. **(b)** *(part of fence)* barreau *m*; *(fence: also* **~ings)** grille *f*. ♦ **railroad 1** *n (US)* = **railway**; **2** *vt (fig)* **to ~road sb** into doing **sth*** forcer qn à faire qch sans qu'il ait le temps de réfléchir.

railway ['reɪlweɪ] **1** *n (system)* chemin *m* de fer; *(track)* voie *f* ferrée. **2** *adj bridge, ticket* de chemin de fer. **~ guide** indicateur *m* des chemins de fer; **~ line** ligne *f* de chemin de fer; *(track)* voie ferrée; **~ network** réseau *m* ferroviaire; **~ station** gare *f*; **~ timetable** horaire *m* des chemins de fer. ♦ **railwayman** *n* cheminot *m*.

rain [reɪn] **1** *n* pluie *f*. **it looks like ~** le temps est à la pluie; **in the ~** sous la pluie; **heavy/light ~** pluie battante/fine; **the ~s** la saison des pluies. **2** *vi* pleuvoir *(also fig)*. **it is ~ing** il pleut; **it is ~ing heavily, it's ~ing cats and dogs** il pleut à torrents, il tombe des cordes*. ♦ **rainbow** *n* arc-en-ciel *m*. ♦ **raincheck** *n*: **I'll take a ~check*** je m'en souviendrai à l'occasion. ♦ **raincoat** *n* imperméable *m*. ♦ **raindrop** *n* goutte *f* de pluie. ♦ **rainfall** *n (shower)* chute *f* de pluie; *(amount)* hauteur *f* des précipitations. ♦ **rainproof 1** *adj* imperméable; **2** *vt* imperméabiliser. ♦ **rainstorm** *n* pluie *f* torrentielle. ♦ **rainwater** *n* eau *f* de pluie. ♦ **rainy** *adj* pluvieux; *temps* des pluies; *(fig)* **to put sth away for a ~y day** mettre de l'argent de côté.

raise [reɪz] **1** *vt* **(a)** *(lift: gen)* lever; *object, weight* lever, soulever; *building, level* élever; *sunken ship* renflouer; *dust* soulever; *(fig: to power, in rank)* élever. *(fig)* **he didn't ~ an eyebrow** il n'a pas sourcillé; **to ~ one's hat to sb** donner un coup de chapeau à qn, *(fig)* tirer son chapeau à qn*; **to ~ one's hand to sb** lever la main sur qn; **to ~ sb from the dead** ressusciter qn (d'entre les morts); **to ~ one's voice** élever la voix; **to ~ sb's spirits** remonter le moral de qn; **to ~ sb's hopes** donner à espérer à qn. **(b)** *(increase) salary, price* augmenter; *standard, temperature* faire monter. **(c)** *(erect) monument* élever; *building* construire. **(d)** *(produce) ghosts* faire apparaître; *question, problems, difficulties* soulever; *objection, protest* élever; *suspicions* faire naître; *blister* provoquer. **to ~ a laugh** faire rire; **to ~ a smile** *(oneself)* ébaucher un sourire; *(in others)* faire sourire; **to ~ Cain* or hell* or the roof*** *(noise)* faire du boucan*; *(fuss)* faire une scène de tous les diables*. **(e)** *(grow, breed) animals, children* élever; *crops* cultiver. **(f)** *(get together) army, taxes* lever; *money* se procurer; *funds* réunir. **to ~ a loan** emprunter; **to ~ money on sth** emprunter de l'argent sur qch; **I can't ~**

the **£500** je n'arrive pas à me procurer les 500 livres. **(g)** *(end) siege, embargo* lever. **(h)** *(contact)* **to ~ sb on the radio** entrer en contact avec qn par radio. **2** *n (US, also Brit*: payrise)* augmentation *f* (de salaire). **raise up** *vt sep* lever, soulever. **to ~ o.s. up** se soulever.

rake[1] [reɪk] **1** *n* râteau *m*. **2** *vt garden* ratisser; *hay* râteler; *fire* tisonner; *(fig: with gun)* balayer. **3** *vi (fig: search)* **to ~ through** fouiller dans. **rake in** *vt sep money* amasser. **rake off** *vt sep stones* enlever à l'aide d'un râteau. **rake out** *vt sep fire* éteindre en faisant tomber la braise. **rake up** *vt sep leaves* ramasser avec un râteau; *(fig) grievance* rappeler; **the past** revenir sur; *sb's past* fouiller dans. ♦ **rake-off*** *n* profit *m (souvent illégal)*.

rake[2]† [reɪk] **1** *n (person)* roué† *m*, débauché *m*. ♦ **rakish** *adj person* débauché; *appearance* cavalier; **hat at a rakish angle** chapeau campé sur le coin de l'œil.

rally ['rælɪ] **1** *n [troops]* ralliement *m*; *[people]* rassemblement *m*; *(Pol)* rassemblement, meeting *m*; *(Aut)* rallye *m*; *(Tennis)* échange *m*. **peace ~** rassemblement en faveur de la paix. **2** *vt troops, supporters* rallier. **3** *vi [troops, people]* se rallier *(also fig: to* à); *[sick person]* reprendre le dessus. **~ing point** point *m* de ralliement; *(St Ex)* **the market rallied** les cours ont repris. **rally round** *vi (fig)* venir en aide.

ram [ræm] **1** *n* bélier *m (also Astron)*. **2** *vt* **(a)** *(push down)* enfoncer; *(pack down)* tasser *(into* dans). **his hat ~med down over his ears** le chapeau enfoncé jusqu'aux oreilles; *(fig)* **to ~ sth down sb's throat** rebattre les oreilles à qn de qch; **to ~ sth into sb's head** enfoncer qch dans le crâne de qn. **(b)** *(crash into) (Naut)* heurter de l'avant, *(in battle)* éperonner; *(Aut) another vehicle* emboutir; *post, tree* percuter (contre).

ramble ['ræmbl] **1** *n* randonnée *f*. **2** *vi (wander about)* se promener au hasard; *(go on hike)* faire une randonnée; *(pej: in speech: ~ on)* parler pour ne rien dire; *[old person]* radoter. ♦ **rambler** *n* **(a)** *(person)* excursionniste *mf*; **(b)** *(rose)* rosier *m* grimpant. ♦ **rambling** *adj speech, writing* décousu; *person* qui radote; *town* construit au hasard; *house* plein de coins et de recoins; *plant* grimpant.

ramify ['ræmɪfaɪ] **1** *vt* ramifier. **2** *vi* se ramifier. ♦ **ramification** *n* ramification *f*.

ramp [ræmp] *n (on road etc)* rampe *f*; *(in garage etc)* pont *m* de graissage. *(Aviat) (boarding)* **~** passerelle *f*; *(Aut: sign)* **'~'** 'dénivellation'.

rampage [ræm'peɪdʒ] **1** *n*: **to go on the ~** se déchaîner. **2** *vi (~ about, ~ around)* se déchaîner.

rampant ['ræmpənt] *adj (fig)* **to be ~** sévir.

rampart ['ræmpɑːt] *n* rempart *m*.

ramshackle ['ræm,ʃækl] *adj building* délabré; *table* branlant; *machine* déglingué*.

ran [ræn] *pret of* **run**.

ranch [rɑːntʃ] *n* ranch *m*.

rancid ['rænsɪd] *adj* rance. **to smell ~** sentir le rance.

rancour, *(US)* **-or** ['ræŋkər] *n* rancœur *f*. ♦ **rancorous** *adj* plein de rancœur.

random ['rændəm] **1** *n*: **at ~** au hasard, *(stronger)* à l'aveuglette. **2** *adj choice* fait au hasard; *bullet* perdu; *sample* prélevé au hasard.

rang [ræŋ] *pret of* **ring**[2].

range [reɪndʒ] **1** *n* **(a)** *(scope, distance covered) [telescope, gun, missile]* portée *f*; *[plane, ship]* rayon *m* d'action. **at a ~ of** à une distance de; **at long ~** à longue portée; *(Mil)* **to find the ~** régler son tir; **out of ~** hors de portée; **within (firing) ~** à portée de tir; **~ of vision** champ *m* visuel. **(b)** *(extent between limits) [temperature]* variations fpl; [prices, salaries, values] échelle f; [musical instrument, voice] étendue f; (selection) [colours, feelings, speeds] gamme f; [patterns, goods] choix m. a wide ~ of subjects un grand choix de sujets. (c) (domain, sphere) [activity] champ m, rayon m; [influence] sphère f; [knowledge] étendue f. (d) (row) rangée f, rang m; [mountains] chaîne f. (e) (US: grazing land) prairie f. (f) (shooting ~) (Mil) champ m de tir; (at fair) stand m (de tir). (g) (cooking stove) fourneau m de cuisine. 2 vt objects ranger; troops aligner. 3 vi (a) (extend) [discussion, search] s'étendre (from ... to de ... à; over sur); [numbers, opinions] aller (from ... to de ... à); [results, temperatures] varier (from ... to entre ... et). (fig) researches ranging over a wide field recherches qui embrassent un large domaine. (b) (roam) to ~ over parcourir. (c) [guns, missiles, shells] to ~ over avoir une portée de. ♦ rangefinder n télémètre m. ♦ ranger n [forest etc] garde m forestier; (US: mounted patrolman) gendarme m à cheval.

rank¹ [ræŋk] 1 n (a) (row) rang m. taxi ~ station f de taxis. (b) (Mil) rang m. to break ~s rompre les rangs; the ~s, (Brit) other ~s les sous-officiers mpl et hommes mpl de troupe; the ~ and file (Mil) les hommes de troupe; (fig) la masse; [political party] les membres mpl ordinaires; to rise from the ~s sortir du rang; to reduce to the ~s casser. (c) (social etc position) rang m; (Mil: grade) grade m. the ~ of general le grade de général; people of all ~s des gens de toutes conditions; a person of ~ une personne de haut rang. 2 vt classer, ranger (among parmi). 3 vi compter (among parmi). to ~ above/below sb être supérieur/inférieur à qn.

rank² [ræŋk] adj (a) plants exubérant. (b) smell, drains fétide; fats rance; person répugnant. (c) disgrace absolu; traitor, insolence véritable; injustice, lie flagrant; liar fieffé (before n).

rankle ['ræŋkl] vi: to ~ with sb rester sur le cœur à qn.

ransack ['rænsæk] vt town mettre à sac; room, drawer fouiller (à fond) (for pour trouver).

ransom ['rænsəm] 1 n rançon f. to hold sb to ~ mettre qn à rançon; ~ demand demande f de rançon. 2 vt racheter.

rant [rænt] vi tempêter (at sb contre qn).

rap [ræp] 1 n (noise) petits coups mpl secs; (blow) tape f. there was a ~ at the door on a frappé bruyamment à la porte; to take the ~* payer les pots cassés. 2 vt (a) to ~ sb over the knuckles donner sur les doigts de qn. (b) (~ out) words dire brusquement; order, retort lancer. 3 vi frapper (at à), donner de petits coups secs (on sur). ♦ rapping n coups mpl secs et durs.

rapacious [rə'peiʃəs] adj rapace. ♦ rapaciously adv avec rapacité. ♦ rapacity n rapacité f.

rape [reip] 1 n viol m. 2 vt violer. ♦ rapist n violeur m, auteur m d'un viol.

rapid ['ræpid] 1 adj rapide. 2 npl (Geog) ~s rapides mpl. ♦ rapidity n rapidité f. ♦ rapidly adv rapidement.

rapier ['reipiə^r] n rapière f.

rapt [ræpt] adj attention profond; smile ravi. ♦ rapture ['ræptʃə^r] n ravissement m, extase f. to be in ~s over object être ravi de; person être en extase devant; to go into ~s over s'extasier sur. ♦ rapturous adj smile de ravissement; welcome chaleureux; applause frénétique. ♦ rapturously adv avec ravissement; avec frénésie.

rare [rɛə^r] adj (gen) rare; atmosphere raréfié; meat saignant. it is ~ for her to come il est rare qu'elle vienne; to grow ~(r) [plants, atmosphere] se raréfier; [visits] devenir plus rares; we had a ~ old time* nous nous sommes drôlement* bien amusés; a very ~ steak un bifteck bleu. ♦ rarebit n: Welsh ~bit toast m au fromage fondu. ♦ rarefied ['rɛərifaid] adj atmosphere raréfié;

(fig) trop raffiné. ♦ rarely adv rarement. ♦ rareness or ♦ rarity n rareté f.

rascal ['rɑːskəl] n (scoundrel) vaurien m; (scamp) polisson(ne) m(f). ♦ rascally adj person retors; trick vilain (before n).

rash¹ [ræʃ] n (Med: gen) rougeurs fpl; (from food etc) urticaire f; (in measles etc) éruption f. to come out in a ~ avoir une éruption etc.

rash² [ræʃ] adj person imprudent; words irréfléchi. ♦ rashly adv imprudemment; sans réfléchir. ♦ rashness n imprudence f.

rasher ['ræʃə^r] n (mince) tranche f (de lard).

rasp [rɑːsp] 1 n (tool) râpe f; (noise) grincement m. 2 vt (a) (Tech) râper. (b) (speak) dire d'une voix grinçante. 3 vi grincer. ♦ rasping adj grinçant.

raspberry ['rɑːzbəri] 1 n framboise f; (bush) framboisier m. (fig) to blow a ~* faire un bruit de dérision. 2 adj ice cream (à la) framboise inv; jam de framboise.

rat [ræt] 1 n rat m. he's a (dirty) ~* c'est un salaud*. 2 adj: ~ poison mort-aux-rats f; ~ race foire f d'empoigne. 3 vi: to ~ on sb* (desert) lâcher* qn; (inform on) moucharder* qn. ♦ ratcatcher n chasseur m de rats. ♦ rat-trap n ratière f.

ratchet ['rætʃit] n cliquet m. ~ wheel roue f à rochet.

rate [reit] 1 n (a) (ratio, proportion) taux m, proportion f; (speed) vitesse f, allure f. birth/death ~ (taux de) la natalité/la mortalité; the failure ~ le pourcentage d'échecs; ~ of consumption taux de consommation; (Elec, Water) ~ of flow débit m moyen; at the ~ of (amount etc) à raison de; (speed) à une vitesse de; (Med) pulse ~ fréquence f des pulsations; at a great ~, at a ~ of knots* à toute allure; if you continue at this ~ si vous continuez à ce rythme; at his ~ of working au rythme auquel il travaille; (fig) at any ~ en tout cas, de toute façon; at that ~ dans ce cas. (b) (Comm, Fin) taux m, tarif m. ~ of exchange/interest/pay taux du change/d'intérêt/de rémunération; postage/advertising ~s tarifs postaux/de publicité; insurance ~s primes fpl d'assurance; reduced ~ tarif réduit. (c) (municipal tax) ~s impôts mpl locaux; ~s and taxes impôts et contributions; a penny on/off the ~s une augmentation/réduction d'un pour cent des impôts locaux.

2 vt (a) (estimate worth of, appraise) évaluer (at à); (fig: consider) considérer (as comme), compter (among parmi). to ~ sb/sth highly faire grand cas de qn/qch; how does he ~ that film? que pense-t-il de ce film? (b) house ~d at £100 per annum = maison f dont la valeur locative imposable est de 100 livres par an. (c) (deserve) mériter.

3 vi (be classed) être classé (as comme). ♦ rateable adj: ~able value valeur f locative imposable. ♦ ratepayer n contribuable mf (impôts locaux). ♦ rating n (a) (assessment) estimation f, évaluation f; (b) (Naut) the ratings les matelots et gradés mpl.

rather ['rɑːðə^r] adv (a) (for preference) plutôt. ~ than wait, he ... plutôt d'attendre, il ...; I would ~ have the blue dress je préférerais or j'aimerais mieux la robe bleue; I would much ~ ... je préférerais de beaucoup ..., j'aimerais mieux ...; I would ~ do that than wait for him je préférerais faire ça plutôt que de l'attendre; I would ~ you came je préférerais que vous veniez (subj); I'd ~ not j'aime mieux pas*; I'd ~ not go j'aimerais mieux ne pas y aller. (b) (more accurately) plus exactement, plutôt. (c) (to a considerable degree) plutôt; (to some extent) un peu; (somewhat) quelque peu; (fairly) assez; (slightly) légèrement. he's ~ clever il est plutôt intelligent; it's ~ more difficult than you think c'est un peu plus difficile que vous ne croyez; **his book is ~ good** son livre n'est pas mauvais du tout; **that costs ~ a lot** cela coûte assez cher; **I ~ think that** je crois bien que; (*excl*) **~!*** et comment!*

ratify ['rætɪfaɪ] *vt* ratifier. ♦ **ratification** *n* ratification *f.*

ratio ['reɪʃɪəʊ] *n* proportion *f*, raison *f*. **in the ~ of 100 to 1** dans la proportion de 100 contre 1; **inverse ~** raison inverse.

ration ['ræʃən] **1** *n* (*allowance: of food, goods etc*) ration *f.* (*food*) **~s** vivres *mpl.* **2** *adj:* **~ book** carte *f* de rationnement. **3** *vt thing, person* rationner. **he was ~ed to 1 kg** sa ration était 1 kg. ♦ **rationing** *n* rationnement *m.*

rational ['ræʃənl] *adj creature* doué de raison; (*Med: lucid*) lucide; *faculty* rationnel; *action, argument, person* raisonnable; *explanation, solution* logique, rationnel. ♦ **rationalization** *n* rationalisation *f.* ♦ **rationalize 1** *vt* (a) *event, conduct etc* justifier (après coup); (b) (*organize efficiently*) *industry, production* rationaliser; **2** *vi* chercher une justification (après coup). ♦ **rationally** *adv* raisonnablement, rationnellement.

rattle ['rætl] **1** *n* (a) (*sound*) [*vehicle*] bruit *m* (de ferraille); [*chains, bottles, dice, typewriter*] cliquetis *m*; [*hailstones, bullets*] crépitement *m*; [*rattlesnake*] sonnettes *fpl.* **death ~** râle *m.* (b) (*object*) [*child*] hochet *m*; [*sports fan*] crécelle *f.* **2** *vi* [*box, object*] faire du bruit; [*articles in box*] s'entrechoquer; [*vehicle*] faire un bruit de ferraille; [*bullets, hailstones*] crépiter; [*machinery*] cliqueter; [*window*] trembler. [*vehicle*] **to ~ along** rouler dans un bruit de ferraille. **3** *vt* (a) *box, dice* agiter; *bottles, cans* faire s'entrechoquer; *keys* faire cliqueter. (b) (*: worry*) troubler. **to get ~d** se mettre dans tous ses états.

rattle off *vt sep* débiter à toute allure.
rattle on *vi* parler sans arrêt (*about sth* de qch).
♦ **rattlesnake** *n* serpent *m* à sonnettes.
ratty* ['rætɪ] *adj* en rogne*.

raucous ['rɔːkəs] *adj* rauque. ♦ **raucously** *adv* d'une voix rauque.

ravage ['rævɪdʒ] **1** *n* ravage *m.* **2** *vt* ravager.

rave [reɪv] **1** *vi* (*be delirious*) délirer; (*talk wildly*) divaguer; (*furiously*) tempêter (*at, against* contre); (*enthusiastically*) s'extasier (*about, over* sur). **2** *adj:* **~ review*** critique *f* dithyrambique. ♦ **raving** *adj* délirant; **raving mad** fou furieux (*f* folle furieuse). ♦ **ravings** *npl* délire *m.*

raven ['reɪvn] *n* corbeau *m.* ♦ **raven-haired** *adj* aux cheveux de jais.

ravenous ['rævənəs] *adj animal, appetite* vorace; *person* affamé; *hunger* dévorant. **I'm ~*** j'ai une faim de loup. ♦ **ravenously** *adv* voracement.

ravine [rə'viːn] *n* ravin *m.*

ravioli [ˌrævɪ'əʊlɪ] *n* ravioli *mpl.*

ravish ['rævɪʃ] *vt* ravir. ♦ **ravishing** *adj* ravissant; **~ing beauty** beauté *f* enchanteresse. ♦ **ravishingly** *adv:* **she is ~ingly beautiful** elle est belle à ravir.

raw [rɔː] **1** *adj* (a) *food, colour* cru; *cloth, leather* écru; *ore, sugar* brut; *spirit, alcohol* pur. **to give sb a ~ deal*** faire un sale coup à qn*; **to get a ~ deal*** être traité fort mal; (c) *material/s* matières *fpl* premières. (b) (*inexperienced*) inexpérimenté; (*uncouth*) mal dégrossi. **~ recruit** bleu* *m.* (c) (*sore*) irrité; *skin* écorché; *wound, nerves* à vif. [*cloth etc*] **~ edge** bord *m* coupé. (d) *climate, wind* âpre; *air* vif. **2** *n:* **to get sb on the ~** toucher qn au vif; **nature in the ~** la nature telle qu'elle est. ♦ **rawboned** *adj* décharné. ♦ **rawness** *n* (a) (*lack of experience*) inexpérience *f*; (b) (*on skin*) irritation *f*; (c) [*climate*] froid *m* humide; [*wind*] âpreté *f.*

Rawlplug ['rɔːlplʌg] ® *n* cheville *f* (*Menuiserie*).

ray¹ [reɪ] *n* rayon *m*; (*of hope*) lueur *f.*

ray² [reɪ] *n* (*fish*) raie *f.*

rayon ['reɪɒn] *n* (*Tex*) rayonne *f.*

raze [reɪz] *vt* (**~ to the ground**) raser.

razor ['reɪzə'] **1** *n* rasoir *m.* **2** *adj:* **~ blade** lame *f* de rasoir. ♦ **razor-sharp** *adj knife etc* tranchant comme un rasoir; (*fig*) *person, mind* très vif; *wit* acéré.

re¹ [reɪ] *n* (*Mus*) ré *m.*

re² [riː] *prep* (*referring to*) au sujet de.

re... [riː] *pref* (*before consonant*) re..., ré...; (*before vowel*) r..., ré... . **to ~do** refaire; **to ~heat** réchauffer; **to ~open** rouvrir; **to ~-elect** réélire.

reach [riːtʃ] **1** *n* (a) portée *f.* **within ~** à portée; **out of ~** hors de portée; **within sb's ~** à (la) portée de qn; **within easy ~** or **within my ~** à portée de main, sous la main; **not within easy ~** difficile-ment accessible; **within easy ~ of the sea** à proximité de la mer; **beyond the ~ of the law** à l'abri de la justice; **this subject is beyond his ~** ce sujet le dépasse. (b) (*esp Boxing*) allonge *f.* (c) [*river*] étendue *f*; [*canal*] bief *m.*

2 *vt* (a) (*get as far as*) *place* atteindre, arriver à; *age, goal, limit* atteindre; *agreement, conclusion, page* arriver à. **when we ~ed him** quand nous sommes arrivés auprès de lui; **the letter ~ed him** la lettre lui est parvenue; **the news ~ed us too late** nous avons appris la nouvelle trop tard; **you can ~ me at my hotel** vous pouvez me joindre à mon hôtel. (b) (*get and give*) passer. **~ me (over) that book** passez-moi ce livre.

3 *vi* (a) [*territory etc*] s'étendre; [*voice, sound*] porter (*to* jusqu'à). (b) (*stretch out hand:* **~ across, ~ out, ~ over**) étendre le bras (*for sth* pour prendre qch; **to grasp etc** pour saisir etc).

react [riː'ækt] *vi* réagir (*against* contre; *on* sur; *to* à). ♦ **reaction** *n* (*all senses*) réaction *f.* ♦ **reactionary** *adj, n* réactionnaire (*mf*). ♦ **reactor** *n* réacteur *m.*

read [riːd] *pret, ptp* **read** [red] **1** *vt* (a) (*gen*) lire; *meter* relever; *proofs* corriger. **I brought you sth to ~** je vous ai apporté de la lecture; **to be well-read** être très cultivé; (*fig*) **to ~ sb a lesson*** faire la leçon à qn; **to take sth as read** (*as self-evident*) considérer qch comme allant de soi; (*as agreed*) considérer qch comme convenu; (*Admin*) **to take the minutes as read** passer à l'ordre du jour; **to ~ sb's hand** lire les lignes de la main à qn; (*fig*) **these words can be read in several ways** ces mots peuvent s'interpréter de plusieurs façons; **to ~ between the lines** lire entre les lignes; **to ~ sb's mind** or **thoughts** lire la pensée de qn; **I can ~ him like a book** je sais toujours ce qu'il pense; **we mustn't ~ too much into this** nous ne devons pas y attacher trop d'importance; (*Telec*) **do you ~ me?** est-ce que vous me recevez? (b) (*Univ: study*) étudier, faire. **to ~ medicine/English** faire des études de médecine/d'anglais. (c) [*instruments*] marquer, indiquer. **2** *vi* lire. **he likes ~ing** il aime lire, il aime la lecture; **to ~ to sb** faire la lecture à qn; **I read about it in the paper** je l'ai lu dans le journal; **I've read about him** j'ai lu qch à son sujet. **3** *n:* **she enjoys a good ~*** elle aime bien la lecture, elle aime bouquiner*; **to have a quiet ~*** bouquiner* tranquillement.

read back *vt sep* relire.
read off *vt sep* (a) (*without pause*) lire d'un trait; (*at sight*) lire à livre ouvert. (b) *instrument readings* relever.
read out *vt sep* lire à haute voix.
read over *vt sep* relire.
read through *vt sep* (*rapidly*) parcourir; (*thoroughly*) lire d'un bout à l'autre.
read up *vt sep*, **read up on** *vt fus* étudier, potasser*.

♦ **readable** *adj handwriting* lisible; *book* facile à lire. ♦ **reader** *n* (a) lecteur *m*, -trice *f*; *publisher's* **~er** lecteur, -trice dans une maison d'édition; **he's a great ~er** il aime beaucoup lire; (b) (*Brit Univ*) ≃ maître *m* de conférences; (c) (*read-*

ing book) livre *m* de lecture; (*anthology*) recueil *m* de textes. ◆ **readership** *n [newspaper]* nombre *m* de lecteurs. ◆ **reading 1** *n* (a) (*gen*) lecture *f*; *[proofs]* correction *f*; **she likes ~ing** elle aime bien lire *or* la lecture; **it makes very interesting ~ing** c'est très intéressant (à lire); **I'd prefer some light ~ing** je préférerais un livre d'une lecture facile; (b) (*recital: of play, poems*) (séance *f* de) lecture *f*; (c) (*interpretation*) interprétation *f*; (d) (*variant*) variante *f*; (e) **to take a ~ing** (*from instrument*) lire un instrument, (*from meter*) relever un compteur; **the ~ing is ...** l'instrument indique ...; **2** *adj book* de lecture; *glasses* pour lire; **to have a ~ing knowledge of Spanish** savoir lire l'espagnol; **~ing lamp** lampe *f* de bureau; **~ing matter** choses *fpl* à lire; **~ing room** salle *f* de lecture.
readdress ['riːə'dres] *vt letter etc* faire suivre.
readjust ['riːə'dʒʌst] **1** *vt* rajuster. **2** *vi* se réadapter (*to* à).
ready ['redɪ] **1** *adj* (a) (*gen*) prêt. **'dinner's ~!'** 'à table!'; **everything is ~ for his visit** tout est prêt pour sa visite; **~ for anything** prêt à toute éventualité; **~ to use** *or* **for use** prêt à l'usage; **to be ~ to do** être prêt à faire; **to get ~ to do** se préparer à faire; **to be ~ with an excuse** avoir une excuse toute prête; **to get sth ~** préparer qch; (*Sport*) **~, steady, go!** prêts? 1-2-3 partez!; **I'm ~ for him!** je l'attends de pied ferme!; **get ~ for it!** tenez-vous prêt!, (*before momentous news etc*) tenez-vous bien!; (*Publishing*) **'now ~'** 'vient de paraître'; **~ money** (argent *m*) liquide *m*; **~ reckoner** barème *m*; **he is ~ to help** il est prêt à rendre service; **I am quite ~ to see him** je suis tout à fait disposé à le voir; **he was ~ to cry** il était sur le point de pleurer. (b) (*prompt*) *reply, wit* prompt. **to have a ~ tongue** avoir la langue déliée; **to have a ~ sale** se vendre facilement. **2** *n*: **at the ~** (*Mil*) prêt à faire feu; (*fig*) tout prêt. **3** *adv* (*in cpds*) **~-cooked/-furnished** *etc* tout cuit/meublé *etc* (d'avance). ◆ **readily** *adv* (*willingly*) volontiers; (*easily*) facilement. ◆ **readiness** *n* empressement *m* (*to do* à faire); **in readiness for** prêt pour. ◆ **ready-made** *adj curtains* tout fait; *clothes* de confection; *solution, answer* tout prêt. ◆ **ready-mix** *n* préparation *f* instantanée (*pour gâteaux etc*). ◆ **ready-to-serve** *adj* prêt à servir. ◆ **ready-to-wear** *adj* prêt à porter.
real [rɪəl] **1** *adj* véritable, vrai (*both before n*), réel, *reason, jewels* vrai (*before n*), véritable; *flowers, silk* naturel; (*Philos*) réel. **in ~ life** in *~* terms dans la réalité; **he is the ~ boss** c'est lui le véritable patron; **he has no ~ power** il n'a pas de pouvoir effectif; **when you've tasted the ~ thing, this whisky ...** quand tu as (*or* auras) goûté du vrai whisky, celui-ci ...; **it's the ~ thing*** c'est du vrai de vrai*. **2** *adv* (ɪ: *very*) rudement*. **3** *n*: **for ~*** pour de vrai*. ◆ **real estate** *n* (*US*) immobilier *m*; **~-estate office** agence *f* immobilière. ◆ **realism** *n* réalisme *m*. ◆ **realist** *adj, n* réaliste (*mf*). ◆ **realistic** *adj* réaliste. ◆ **realistically** *adv* avec réalisme, d'une façon réaliste. ◆ **reality** [riː'ælɪtɪ] *n* réalité *f*; **in ~ity** en réalité. ◆ **really** *adv* vraiment.
realize ['rɪəlaɪz] *vt* (a) (*become aware of*) se rendre compte de, prendre conscience de; (*understand*) comprendre. **the committee ~s the gravity of the situation** le comité se rend compte de *or* a pris conscience de la gravité de la situation; **he had not fully ~d that she was dead** il n'avait pas vraiment réalisé qu'elle était morte; **I ~d it was raining** je me suis rendu compte qu'il pleuvait, j'ai réalisé* qu'il pleuvait; **I made her ~ that I was right** je lui ai bien fait comprendre que j'avais raison; **I ~ that ...** je me rends compte du fait que ..., je sais bien que ...; **I ~d how/why** j'ai compris comment/pourquoi. (b) *hope, plan, assets* réaliser; *price* atteindre; *interest* rap-

porter. **how much did it ~?** combien est-ce que cela vous a rapporté? ◆ **realization** *n [assets, hope]* réalisation *f*; (*awareness*) prise *f* de conscience, découverte *f* soudaine (*that* que).
realm [relm] *n* royaume *m*; (*fig*) domaine *m*.
realtor ['rɪəltɔːr] *n* (*US*) agent *m* immobilier.
ream [riːm] *n* = rame *f* (*de papier*). (*fig*) **~s*** des volumes *mpl*.
reap [riːp] *vt* moissonner, faucher; (*fig*) *profit* récolter, tirer. ◆ **reaper** *n* (*person*) moissonneur *m*, -euse *f*; (*machine*) moissonneuse *f*; **~er and binder** moissonneuse-lieuse *f*.
reappear ['riːə'pɪər] *vi* réapparaître, reparaître. ◆ **reappearance** *n* réapparition *f*.
reappraisal ['riːə'preɪzəl] *n* réévaluation *f*.
rear¹ [rɪər] **1** *n* (a) (*back part*) arrière *m*, derrière *m*; (**: buttocks*) derrière*. **in** *or* **at the ~** à l'arrière; **from the ~** de derrière. (b) (*Mil*) arrière-garde *f*; *[squad]* dernier rang *m*; *[column]* queue *f*. **to bring up the ~** fermer la marche. **2** *adj* (*gen*) de derrière; (*Aut*) *door, window etc* arrière *inv*. **~ admiral** contre-amiral *m*. ◆ **rearguard** *n* (*Mil*) arrière-garde *f*; **~guard action** combat *m* d'arrière-garde. ◆ **rearmost** *adj* dernier. ◆ **rearview mirror** *n* rétroviseur *m*.
rear² [rɪər] **1** *vt* (a) *animals, family* élever; *plants* cultiver. (b) *a ladder, one's head* dresser. **violence ~s its ugly head** la violence fait son apparition dans toute son horreur. (c) *monument* dresser, ériger. **2** *vi* (**~ up**) *[animal]* se cabrer; *[snake]* se dresser.
rearm [ˌriː'ɑːm] *vti* réarmer. ◆ **rearmament** *n* réarmement *m*.
rearrange ['riːə'reɪndʒ] *vt* réarranger. ◆ **rearrangement** *n* nouvel arrangement *m*.
reason ['riːzn] **1** *n* (a) (*cause: gen*) raison *f* (*for sth* de qch; *why* pour laquelle). **my ~ for going** la raison pour laquelle je pars; **the ~ why** (le) pourquoi; **I have (good** *or* **every) ~ to believe that ...** j'ai (tout) lieu de croire que ...; **for no ~** sans raison; **for some ~** *or* **another** pour une raison ou pour une autre; **for ~s best known to himself** pour des raisons qu'il est seul à connaître; **all the more ~ for doing** *or* **to do** raison de plus pour faire; **with ~** avec juste raison; **by ~ of** en raison de. (b) (*mental faculty, common sense*) raison *f*. **to lose one's ~** perdre la raison; **it stands to ~ that** il va sans dire que; **anything within ~** tout ce qui est raisonnablement possible. **2** *vi* raisonner (*with sb* qn). **3** *vt* conclure, calculer (*that* que). ◆ **reasonable** *adj* (*gen*) raisonnable; *essay, results* acceptable; (*Jur*) *doubt* bien fondé; *chance, amount, hope* certain (*before n*). ◆ **reasonableness** *n* caractère *m* raisonnable. ◆ **reasonably** *adv* raisonnablement; **one can ~ably think that ...** il est raisonnable de penser que ...; **~ably priced** à un prix raisonnable. ◆ **reasoned** *adj* raisonné. ◆ **reasoning** *n* raisonnement *m*.
reassemble [ˌriːə'sembl] **1** *vt tool, machine* remonter. **2** *vi [people]* se rassembler. **school ~s tomorrow** c'est la rentrée demain.
reassure [ˌriːə'ʃʊər] *vt* rassurer. ◆ **reassurance** *n* réconfort *m*. ◆ **reassuring** *adj* rassurant.
reawaken ['riːə'weɪkən] **1** *vt* réveiller de nouveau. **2** *vi* se réveiller de nouveau.
rebate ['riːbeɪt] *n* (*discount*) rabais *m*; (*money back*) remboursement *m*; *[rent]* dégrèvement *m*.
rebel ['rebl] **1** *adj, n* rebelle (*mf*). **2** [rɪ'bel] *vi* se rebeller (*against* contre). ◆ **rebellion** *n* rébellion *f*. ◆ **rebellious** *adj* rebelle; (*fig*) *child* désobéissant. ◆ **rebelliousness** *n* esprit *m* de rébellion.
rebirth ['riː'bɜːθ] *n* renaissance *f*.
rebound [rɪ'baʊnd] **1** *vi* rebondir. **2** ['riːbaʊnd] *n [ball]* rebond *m*; *[bullet]* ricochet *m*.
rebuff [rɪ'bʌf] **1** *n* rebuffade *f*. **2** *vt* repousser.
rebuild [ˌriː'bɪld] *pret, ptp* **rebuilt** *vt* rebâtir.
rebuke [rɪ'bjuːk] **1** *n* reproche *m*. **2** *vt* faire des

reproches à. **to ~ sb for sth/sb for doing** reprocher qch à qn/à qn d'avoir fait.

rebut [rɪ'bʌt] *vt* réfuter. ♦ **rebuttal** *n* réfutation *f.*

recalcitrant [rɪ'kælsɪtrənt] *adj* récalcitrant.

recall [rɪ'kɔːl] 1 *vt* (a) (*call back: gen*) rappeler; (*Fin*) *capital* faire rentrer; *Parliament* convoquer en session extraordinaire. (b) (*remember*) se rappeler (*doing* avoir fait; *that* que). 2 *n* rappel *m* (*also* Mil). **beyond ~** (*adv*) irrévocablement.

recant [rɪ'kænt] *vi* se rétracter; (*Rel*) abjurer.

recap¹ ['riːkæp] 1 *n abbr of* recapitulation. 2 [riː'kæp] *vti abbr of* recapitulate: **to ~, ...** en résumé ... .

recap² ['riːkæp] (*US*) 1 *n* (*tyre*) pneu *m* rechapé. 2 *vt* rechaper.

recapitulate [ˌriːkə'pɪtjuleɪt] *vti* récapituler. ♦ **recapitulation** *n* récapitulation *f.*

recapture ['riː'kæptʃər] 1 *vt escapee* reprendre; *atmosphere* retrouver, *[book etc]* recréer. 2 *n [territory]* reprise *f*; *[escapee]* arrestation *f.*

recast ['riː'kɑːst] *vt play* changer la distribution de.

recede [rɪ'siːd] *vi* (*gen*) s'éloigner; *[tide]* descendre; *[chin]* être fuyant. **his hair is receding** son front se dégarnit. ♦ **receding** *adj chin, forehead* fuyant; **receding hairline** front dégarni.

receipt [rɪ'siːt] 1 *n* (a) (*for payment*) reçu *m*, quittance *f* (*for* de); (*for parcel, letter*) accusé *m* de réception. (b) (*esp Comm*) réception *f.* **to acknowledge ~ of** accuser réception de; **on ~ of** dès réception de; **I am in ~ of** ... j'ai reçu ... . (c) (*money taken*) ~s recettes *fpl.* 2 *adj*: ~ **book** livre *m* de quittances. 3 *vt bill* acquitter.

receive [rɪ'siːv] *vt* (*gen*) recevoir; *money, salary* recevoir, toucher; *refusal, setback* essuyer; (*Rad, TV*) *transmissions* capter, recevoir; (*Jur*) *stolen goods* receler. (*Jur*) **to ~ (a sentence of) 2 years' imprisonment** être condamné à 2 ans de prison; (*Comm*) ~**d with thanks** pour acquit; **his suggestion was well ~d** sa suggestion a reçu un accueil favorable. ♦ **received** *adj opinion* reçu; (*Ling*) ~**d pronunciation** prononciation *f* standard (de l'anglais). ♦ **receiver** *n* (a) (*gen*) personne *f* qui reçoit qch; *[letter]* destinataire *mf*; *[goods]* réceptionnaire *mf*; *[stolen property]* receleur *m*, -euse *f*; (*in bankruptcy*) administrateur *m* judiciaire (en matière de faillite); (b) *[telephone]* combiné *m*; **to lift the** ~**r** décrocher; **to replace the** ~**r** raccrocher. ♦ **receiving** *n [stolen goods]* recel *m.*

recent ['riːsnt] *adj* (*gen*) récent; *development* nouveau; *acquaintance etc* de fraîche date. **in ~ years** ces dernières années. ♦ **recently** *adv* récemment; **as** ~**ly as** pas plus tard que; **until quite** ~**ly** jusqu'à ces derniers temps.

receptacle [rɪ'septəkl] *n* récipient *m.*

reception [rɪ'sepʃən] 1 *n* (*all senses*) réception *f.* **to get a favourable ~** être bien accueilli; **to give sb a warm ~** faire un accueil chaleureux à qn. 2 *adj*: ~ **centre** centre *m* d'accueil; ~ **desk** (bureau *m* de) réception *f.* ♦ **receptionist** *n* réceptionniste *mf.*

receptive [rɪ'septɪv] *adj* réceptif (*to* à). ♦ **receptivity** *n* réceptivité *f.*

recess [rɪ'ses] 1 *n* (a) (*cessation of business*) (*Jur, Parl*) vacances *fpl*; (*US Jur: short break*) suspension *f* d'audience; (*Scol, esp US*) récréation *f.* (b) (*alcove*) renfoncement *m*; *[bed]* alcôve *f*; *[door, window]* embrasure *f*; *[statue]* niche *f.* 2 *vi* (*US Jur, Parl*) être en vacances. ♦ **recession** *n* (*Econ*) récession *f.*

recessive [rɪ'sesɪv] *adj* rétrograde; (*Genetics*) récessif.

recharge ['riː'tʃɑːdʒ] *vt battery, gun* recharger.

recidivism [rɪ'sɪdɪvɪzəm] *n* récidive *f.* ♦ **recidivist** *adj, n* récidiviste (*mf*).

recipe ['resɪpɪ] *n* (*Culin*) recette *f* (*for* de).

recipient [rɪ'sɪpɪənt] *n [letter]* destinataire *mf*; *[cheque]* bénéficiaire *mf*; *[award]* récipiendaire *m*; (*Jur*) donataire *mf.*

reciprocate [rɪ'sɪprəkeɪt] 1 *vt* (*gen*) donner *or* offrir en retour; *smile* rendre; *kindness* retourner. 2 *vi* en faire autant. ♦ **reciprocal** *adj* réciproque. ♦ **reciprocally** *adv* réciproquement. ♦ **reciprocity** *n* réciprocité *f.*

recite [rɪ'saɪt] 1 *vt poetry* réciter; *facts, details* énumérer. 2 *vi* réciter. ♦ **recital** *n* (a) *[poetry, music]* récital *m*; (b) (*account*) récit *m*; *[details]* énumération *f.* ♦ **recitation** *n* récitation *f.* ♦ **recitative** *n* récitatif *m.*

reckless ['reklɪs] *adj* (*gen*) imprudent; *person* insouciant, (*stronger*) imprudent; (*Aut*) *driving, driver* imprudent. ♦ **recklessly** *adv* avec insouciance; imprudemment. ♦ **recklessness** *n* insouciance *f*; imprudence *f.*

reckon ['rekən] 1 *vt* (*calculate*) *time, numbers, points* compter; *cost, surface* calculer; (*judge*) considérer (*sb to be* qn comme étant), compter (*among* parmi); (**: think*) penser, croire; (*estimate*) estimer (*that* que). **about thirty, I ~ une trentaine**, à mon avis. 2 *vi* compter, calculer; (*fig*) compter (*on* sur; *with* avec; *without* sb sans qn). **I wasn't** ~**ing on having to do that** je ne m'attendais pas à devoir faire ça; **a person to be** ~**ed with** une personne avec laquelle il faut compter; **he** ~**ed without the fact that** ... il n'avait pas tenu compte du fait que ... . ♦ **reckoning** *n* compte *m*, calcul *m*; **to be out in one's** ~**ing** s'être trompé dans ses calculs; **on the day of** ~**ing** le jour où il faudra rendre des comptes; **to the best of my** ~**ing** pour autant que je puisse en juger.

reclaim [rɪ'kleɪm] *vt land (from forest)* défricher; (*from sea*) assécher; (*Ind*) (*by-product*) récupérer (*from sb* à qn); (*demand back*) réclamer (*from sb* à qn).

recline [rɪ'klaɪn] *vi [person]* être étendu *or* allongé. **the seat** ~**s** le dossier est réglable. ♦ **reclining** *adj seat* à dossier réglable.

recluse [rɪ'kluːs] *n* reclus(e) *m(f).*

recognition [ˌrekəg'nɪʃən] *n* reconnaissance *f.* **in ~ of** en reconnaissance de; **to gain ~** être reconnu; **to change/change sth beyond all ~** devenir/rendre qch méconnaissable; **to improve out of (all)** ~ s'améliorer jusqu'à en être méconnaissable.

recognize ['rekəgnaɪz] *vt* (*all senses*) reconnaître (*by* à; *as* comme étant; *that* que). ♦ **recognizable** *adj* reconnaissable. ♦ **recognized** *adj* reconnu.

recoil [rɪ'kɔɪl] 1 *vi [person]* reculer (*from* devant; *in disgust* de dégoût); *[gun]* reculer; (*fig*) *[actions etc]* retomber (*on* sur). **to ~ from doing** se refuser à faire. 2 *n [gun]* recul *m*; (*fig*) dégoût *m.*

recollect [ˌrekə'lekt] 1 *vt* se rappeler, se souvenir de. 2 *vi* se souvenir. ♦ **recollection** *n* souvenir *m*; **to the best of my** ~**ion** autant que je m'en souvienne.

recommend [ˌrekə'mend] *vt* (a) recommander (*sb/sth for* qn/qch pour; *sb as* qn comme; *sb to do* à qn de faire). **it is/is not to be** ~**ed** c'est à conseiller/à déconseiller; **she has a lot to ~ her** elle a beaucoup de qualités en sa faveur. (b) (*commit*) *child, one's soul* confier (*to* à). ♦ **recommendation** *n* recommandation *f.*

recompense ['rekəmpens] 1 *n* récompense *f*; (*Jur: for damage*) dédommagement *m.* 2 *vt* récompenser (*for* de); (*Jur*) dédommager.

reconcile ['rekənsaɪl] *vt person* réconcilier (*to* avec); *two facts or ideas* concilier. *[people]* **to become** ~**d** se réconcilier; **to ~ o.s. to sth** se résigner à qch; **what** ~**d him to it was** ... ce qui le lui a fait accepter, c'était ... . ♦ **reconcilable** *adj* conciliable (*with* avec). ♦ **reconciliation** *n* réconciliation *f.*

recondition [ˈriːkən'dɪʃən] *vt* (*gen*) remettre à neuf; *engine, machine* réviser.

reconnaissance [rɪ'kɒnɪsəns] 1 *n* (*Aviat, Mil*)

reconnaissance *f*. 2 *adj patrol* de reconnaissance.
reconnoitre, (*US*) **-ter** [ˌrekəˈnɔɪtər] (*Mil*) 1 *vt*
reconnaître. 2 *vi* faire une reconnaissance.
reconsider [ˈriːkənˈsɪdər] *vt* reconsidérer.
♦ **reconsideration** *n* remise *f* en cause.
reconstruct [ˈriːkənˈstrʌkt] *vt building* reconstruire; *crime* reconstituer. ♦ **reconstruction** *n*
reconstruction *f*; reconstitution *f*.
record [rɪˈkɔːd] 1 *vt* **(a)** (*register*) rapporter (*that*
que); *population* recenser; *protest, disapproval*
prendre acte de; *event etc* noter, (*describe*)
décrire; *[thermometer etc]* enregistrer, marquer.
to ~ the proceedings tenir le procès-verbal; **to ~
one's vote** voter; **the author ~s that ...** l'auteur
rapporte que ... . **(b)** *speech, music* enregistrer
(*on tape* sur bande).
   2 [ˈrekɔːd] *n* **(a)** (*report*) rapport *m*; (*minutes:
of meeting*) procès-verbal *m*, (*of act, decision*)
minute *f*; (*Jur*) enregistrement *m*; (*historical
report*) document *m*. **~ of attendance** registre *m*
des présences; **the society's ~s** les actes *mpl* de
la société; **public ~s** archives *fpl*; **to make** *or*
keep a ~ of sth, to put sth on ~ noter *or* consigner
qch; (*fig*) **it is on ~ that ...** il est établi que ...; **there
is no similar example on ~** aucun exemple semblable n'est attesté; **to go on ~ as saying that ...**
déclarer publiquement que ...; **there is no ~ of his
having said** il n'est noté *or* consigné nulle part
qu'il ait dit; **to set the ~ straight** dissiper toute
confusion possible; **strictly off the ~*** à titre
purement confidentiel *or* officieux. **(b)** (*case history*) dossier *m*; (*card*) fiche *f*. **police ~** casier *m*
judiciaire; **~ of previous convictions** dossier
(*d'un prévenu*); (*Police*) **he's got a clean ~, he
hasn't got a ~*** il n'a pas de casier judiciaire vierge;
France's splendid ~ les succès glorieux de la
France; **his past ~** sa conduite passée; (*Scol*) **his
attendance ~ is bad** il a eu là été souvent absent; **a
good ~ at school** un bon dossier scolaire; **a good
safety ~** une bonne tradition de sécurité. **(c)**
(*gramophone ~*) disque *m*. **to make** *or* **cut a ~**
graver un disque. **(d)** (*Sport, fig*) record *m*. **to
beat** *or* **break the ~** battre le record; **to hold the ~**
détenir le record; **long-jump ~** record du saut en
longueur.
   3 *adj* **(a)** *amount, result* record *inv.* (*Sport*) **~
holder** détenteur *m*, **-trice** *f* du record; **to do sth in
~ time** faire qch en un temps record. **(b)** (*Mus
etc*) *programme, album* de disques. **~ changer**
changeur *m* de disques automatique; **~ dealer**
disquaire *mf*; **~ library** discothèque *f*
(*collection*); **~ player** électrophone *m*; **~ token**
chèque-disque *m*. **(c)** **~ card** fiche *f*.
♦ **record-breaking** *adj* qui bat tous les records.
♦ **recorded** *adj* **(a)** *music* enregistré; (*Rad*) *programme* enregistré à l'avance; **(b)** *fact, occurrence* attesté, noté; (*Brit Post*) **by ~ed delivery** ≈
avec avis de réception. ♦ **recorder** *n* **(a)** (*tape
~er*) magnétophone *m*; **(b)** (*Jur*) ≈ juge *m* suppléant; **(c)** (*Mus*) flûte *f* à bec. ♦ **recording** 1 *n*
[*sound, facts*] enregistrement *m*; (*Rad*) 'this
programme is a ~ing' 'ce programme est
enregistré'; 2 *adj artist* qui enregistre;
apparatus enregistreur; *session, studio*
d'enregistrement; (*Rad, TV*) **~ing van** car *m* de
reportage.
recount [rɪˈkaʊnt] *vt* (*relate*) raconter.
re-count [ˌriːˈkaʊnt] 1 *vt* recompter. 2 [ˈriːˈkaʊnt]
n [*votes*] deuxième dépouillement *m* du scrutin.
recoup [rɪˈkuːp] *vt* récupérer (*ses pertes*).
recourse [rɪˈkɔːs] *n* recours *m* (*to* à).
recover [rɪˈkʌvər] 1 *vt sth lost, appetite, reason,
balance* retrouver; *property* reprendre (*from sb* à
qn), récupérer; *lost territory* reconquérir; *sth
floating* repêcher; *space capsule, wreck,* (*Ind
etc*) *materials* récupérer; *debt, expenses, sight,
health* recouvrer; *one's breath, strength,
consciousness* reprendre; (*Jur*) *damages* obtenir.

to ~ land from the sea conquérir du terrain sur la
mer; (*fig*) **to ~ lost ground** se rattraper; **to ~ o.s.**
or **one's composure** se ressaisir; **to ~ one's losses**
récupérer ses pertes.
   2 *vi* (*after accident, illness*) se rétablir (*from*
de); (*regain consciousness*) reprendre connaissance; *[the economy, the dollar]* se redresser;
[stock market] reprendre; *[shares]* remonter. **she
is** *or* **has ~ed** elle est rétablie.
♦ **recovery** *n* **(a)** (*V recover 1*) récupération *f*;
reconquête *f*; recouvrement *m*; obtention *f*; **(b)**
(*V recover 2*) rétablissement *m*; redressement
m; reprise *f*; remontée *f*; (*Med*) **on the way to ~y**
en voie de guérison; (*Sport*) **to make a ~y** se
ressaisir.
re-cover [ˌriːˈkʌvər] *vt chair etc* recouvrir.
recreation [ˌrekrɪˈeɪʃən] 1 *n* récréation *f*. 2 *adj*: **~
ground** terrain *m* de jeux; **~ room** salle *f* de
récréation. ♦ **recreational** *adj* de récréation.
recrimination [rɪˌkrɪmɪˈneɪʃən] *n* récrimination *f*.
recruit [rɪˈkruːt] 1 *n* recrue *f*. 2 *vt* recruter. **to ~
sb to help** embaucher* qn pour aider.
♦ **recruiting** *or* ♦ **recruitment** *n* recrutement *m*.
rectangle [ˈrekˌtæŋgl] *n* rectangle *m*. ♦ **rectangular** *adj* rectangulaire.
rectify [ˈrektɪfaɪ] *vt* rectifier; *omission* réparer.
rectitude [ˈrektɪtjuːd] *n* rectitude *f*.
rector [ˈrektər] *n* (*Rel*) pasteur *m* (*anglican*);
[school] proviseur *m* (de lycée); (*Univ*) président
m élu. ♦ **rectory** *n* presbytère *m* (*anglican*).
rectum [ˈrektəm] *n* rectum *m*.
recumbent [rɪˈkʌmbənt] *adj* étendu, couché.
recuperate [rɪˈkuːpəreɪt] 1 *vi* (*Med*) se rétablir.
2 *vt object, losses* récupérer. ♦ **recuperation** *n*
(*Med*) rétablissement *m*; *[materials etc]*
récupération *f*. ♦ **recuperative** *adj powers* de
récupération.
recur [rɪˈkɜːr] *vi* [*error, event*] se reproduire, se
répéter; [*theme*] se retrouver, réapparaître; [*illness*] réapparaître; [*opportunity, problem*] se
représenter. ♦ **recurrence** *n* répétition *f*;
réapparition *f*; **a ~rence of the illness** une
rechute. ♦ **recurrent** *adj* fréquent, qui revient
souvent. ♦ **recurring** *adj* (*Math*) périodique.
recycle [ˌriːˈsaɪkl] *vt* recycler, récupérer.
red [red] 1 *adj* (*gen, also Pol*) rouge; *hair* roux (*f*
rousse). **~ as a beetroot** rouge comme une tomate; **~ in the face** tout rouge; (*fig*) rouge de confusion; **to go** *or* **turn ~** rougir; **to see ~** voir rouge;
like a ~ rag to a bull comme le rouge pour les
taureaux; (*fig*) **to roll out the ~ carpet for sb**
recevoir qn en grande pompe; **~ light** feu *m*
rouge; (*Aut*) **to go through the ~ light** brûler un
feu rouge; (*fig*) **to see the ~ light** se rendre
compte du danger; **R~ Cross** Croix-Rouge *f*; **~
deer** cerf *m* commun; **that's a ~ herring** c'est
pour brouiller les pistes; **R~ Indian** Peau-Rouge
mf; (*fig*) **~ tape** paperasserie *f*, bureaucratie *f*
tatillonne.
   2 *n* (*colour*) rouge *m*; (*Pol: person*) rouge *mf*.
(*fig*) **to be in the ~*** *[individual]* être à découvert;
[company] être en déficit.
♦ **red-blooded** *adj* vigoureux. ♦ **red-brick
university** *n* (*Brit*) université *f* de l'ère industrielle. ♦ **redcurrant** *n* groseille *f* (rouge).
♦ **redden** 1 *vt* rendre rouge; 2 *vi [person]* rougir;
[foliage] roussir. ♦ **reddish** *adj* rougeâtre; *hair*
qui tire sur le roux. ♦ **red-eyed** *adj* aux yeux
rouges. ♦ **red-faced** *adj* rougeaud; (*fig*) rouge de
confusion. ♦ **red-haired** *or* ♦ **red-headed** *adj*
roux. ♦ **red-handed** *adj*: **to be caught ~-handed**
être pris en flagrant délit. ♦ **redhead** *n* roux *m*,
rousse *f*. ♦ **red-hot** *adj* brûlant. ♦ **red-letter day**
n jour *m* mémorable. ♦ **red-light district** *n* quartier *m* réservé (*prostitution*). ♦ **redness** *n*
rougeur *f*; [*hair*] rousseur *f*. ♦ **redskin** *n* Peau-Rouge *mf*. ♦ **redwood** *n* séquoia *m*.
redeem [rɪˈdiːm] *vt* (*buy back*) racheter; (*from*

pawn) dégager; (*Fin*) *debt* amortir; *mortgage* purger; *promise* tenir; *obligation* s'acquitter de; *sinner, failing* racheter; *fault* réparer. **to ~ o.s.** se racheter. ♦ **Redeemer** *n* Rédempteur *m.* ♦ **redeeming** *adj quality* qui rachète les défauts; **only ~ing feature** seul bon côté. ♦ **redemption** *n* (*Rel*) rédemption *f.*

redirect [‚ri:daɪˈrekt] *vt letter* faire suivre.

redouble [ri:ˈdʌbl] *vt* redoubler; (*Bridge*) surcontrer.

redoubtable [rɪˈdaʊtəbl] *adj* redoutable.

redound [rɪˈdaʊnd] *vi* retomber (*upon* sur). **to ~ to sb's credit** être tout à l'honneur de qn.

redress [rɪˈdres] **1** *vt* redresser. **2** *n* réparation *f.*

reduce [rɪˈdjuːs] **1** *vt* (*gen*) réduire (*to/by a certain quantity* à une/d'une certaine quantité), diminuer; *drawing, expenses* réduire; *price* baisser; *speed, voltage, tax* diminuer; (*Med*) *swelling* résorber; *temperature* faire descendre; (*Culin*) *sauce* faire réduire. (*Mil*) **to ~ to the ranks** casser; **to ~ sth to pieces/to ashes** réduire qch en morceaux/en cendres; **to ~ sb to silence/despair** réduire qn au silence/au désespoir; **~d to nothing** réduit à zéro; **he's ~d to a skeleton** il n'est plus qu'un squelette ambulant; **to be ~d to doing** être réduit *or* contraint à faire; **to ~ sb to tears** faire pleurer qn. **2** *vi* (*slim*) maigrir. **to be reducing** être au régime. ♦ **reduced** *adj* réduit; **to buy at a ~d price** *ticket* acheter à prix réduit; *goods* acheter au rabais; (*Comm*) **~d goods** soldes *mpl*; **in ~d circumstances** dans la gêne. ♦ **reduction** [rɪˈdʌkʃən] *n* réduction *f*; diminution *f*; baisse *f*; (*Comm*) **to make a reduction on sth** faire un rabais sur qch; **to sell at a reduction** *ticket* vendre à prix réduit; *goods* vendre au rabais; **reduction for cash** escompte *m* au comptant.

redundant [rɪˈdʌndənt] *adj* (*gen*) superflu; (*Literat etc*) redondant; *helper, worker* en surnombre. (*Ind*) **to be made ~, to become ~** être licencié (pour raisons économiques). ♦ **redundancy** **1** *n* excès *m*, superfluité *f*; (*Literat*) redondance *f*; (*Ind*) licenciement *m* (pour raisons économiques); **there is a lot of redundancy** il y a beaucoup de licenciements; **2** *adj*: **redundancy payment** indemnité *f* de licenciement.

reed [riːd] **1** *n* (*Bot*) roseau *m*; [*wind instrument*] anche *f*; (*liter: pipe*) pipeau *m.* (*Mus*) **the ~s** les instruments *mpl* à anche. **2** *adj basket etc* de *or* en roseau(x). ♦ **reedy** *adj instrument, sound* aigu (*f -*guë); *voice* flûté.

reef¹ [riːf] *n* (**a**) récif *m*; (*fig*) écueil *m.* (**b**) (*Min*) filon *m.*

reef² [riːf] **1** *n* (*Naut*) ris *m.* **2** *vt* prendre un ris dans. **3** *adj*: **~ knot** nœud *m* plat. ♦ **reefer** *n* (**a**) (*jacket*) caban *m*; (**b**) (‡) joint‡ *m* (*de marijuana*).

reek [riːk] *vi*: **to ~ of sth** puer *or* empester qch.

reel [riːl] **1** *n* (**a**) (*gen*) bobine *f*; (*Fishing*) moulinet *m*; (*Cine*) [*film*] bande *f.* (**b**) (*dance*) reel *m* (*danse écossaise*). **2** *vi* chanceler, vaciller; [*drunken man*] tituber. **to ~ back from** s'écarter en chancelant de; (*fig*) **my head is ~ing** la tête me tourne; **I ~ed at the very thought** cette pensée m'a donné le vertige.

reel in *vt sep* ramener.

reel off *vt sep verses, list* débiter.

re-enact [ˈriːɪˈnækt] *vt scene, crime* reconstituer.

re-enter [‚riːˈentər] **1** *vi* (**a**) rentrer. (**b**) **to ~ for an exam** se représenter à un examen. **2** *vt* rentrer dans. ♦ **re-entry** *n* rentrée *f.*

re-examine [ˈriːɪgˈzæmɪn] *vt* examiner de nouveau; (*Jur*) *witness* interroger de nouveau.

refs [ref] *n* (*Sport: abbr of* referee) arbitre *m.*

refectory [rɪˈfektərɪ] *n* réfectoire *m.*

refer [rɪˈfɜːr] **1** *vt* (*gen*) soumettre (*to* à). **it was ~red to us for** (*a*) **decision** on nous a demandé de prendre une décision là-dessus; **I ~red him to the manager** je lui ai dit de s'adresser au gérant; **to ~**

sb to the article on ... renvoyer qn à l'article sur ...; **to ~ a cheque to drawer** refuser d'honorer un chèque.

2 *vi* (**a**) (*allude*) (*directly*) parler (*to* de); (*indirectly*) faire allusion (*to* à). **we shall not ~ to it again** nous n'en reparlerons pas; (*Comm*) **~ring to your letter** comme suite *or* en réponse à votre lettre. (**b**) (*apply*) s'appliquer (*to* à). **does that ~ to me?** est-ce que cela s'applique à moi? (**c**) (*consult*) **to ~ to sb/sth** consulter qch/qn. ♦ **reference** [ˈrefrəns] **1** *n* (**a**) (*allusion*) (*direct*) mention *f* (*to* de), (*indirect*) allusion *f* (*to* à); (*connection*) rapport *m* (*to* avec); **this has no ~ence to** ... cela n'a aucun rapport avec ...; **with ~ence to** en ce qui concerne, (*Comm*) comme suite à; **without ~ence to** sans tenir compte de; (**b**) (*testimonial*) **~ence(s)** références *fpl*; **to give sb a good ~ence** fournir de bonnes références à qn; **to give a ~ence for sb** fournir des renseignements sur qn; **to give sb as a ~ence** donner qn en référence; (**c**) (*in book, on letter*) référence *f*; (*on map*) coordonnées *fpl*; **2** *adj number, point* de référence; **~ence book** ouvrage *m* de référence *or* à consulter; **~ence library** bibliothèque *f* d'ouvrages à consulter.

referee [‚refəˈriː] **1** *n* (**a**) (*Sport, fig*) arbitre *m.* (**b**) **to be ~ for sb** fournir des références à qn; **to give sb as a ~** donner qn en référence. **2** *vt* arbitrer. **3** *vi* être arbitre.

referendum [‚refəˈrendəm] *n, pl* **-enda**: **to hold a ~** organiser un référendum.

refill [‚riːˈfɪl] **1** *vt* (*gen*) remplir à nouveau; *pen, lighter* recharger. **2** [ˈriːfɪl] *n* [*ballpoint, lipstick*] recharge *f*; [*propelling pencil*] mine *f* de rechange; [*cartridge pen*] cartouche *f*; [*notebook*] feuilles *fpl* de rechange.

refine [rɪˈfaɪn] **1** *vt ore, taste* affiner; *oil, sugar* raffiner; *machine, technique* perfectionner. **2** *vi* s'affiner. **to ~ upon sth** raffiner sur qch. ♦ **refined** *adj* (*gen*) raffiné; *ore* affiné. ♦ **refinement** *n* (**a**) [*person, language*] raffinement *m*; (**b**) (*in machine*) perfectionnement *m* (*in* de). ♦ **refiner** *n* raffineur *m.* ♦ **refinery** *n* raffinerie *f*; *oil* **~ry** raffinerie de pétrole.

refit [‚riːˈfɪt] **1** *vt* (*Naut*) remettre en état. **2** [ˈriːfɪt] *n* remise *f* en état.

reflate [‚riːˈfleɪt] *vt* (*Econ*) relancer. ♦ **reflation** *n* relance *f.* ♦ **reflationary** *adj* de relance.

reflect [rɪˈflekt] **1** *vt heat, sound* renvoyer; *light, image* refléter; [*mirror*] réfléchir; (*fig: show*) refléter; *credit, discredit* faire rejaillir (*on* sur). **the moon is ~ed in the lake** la lune se reflète dans le lac; **I saw him ~ed in the mirror** j'ai vu son image dans le miroir *or* reflétée par le miroir; **this is ~ed in his report** son rapport reflète cela. (**b**) (*think*) se dire, penser (*that* que). **2** *vi* (**a**) (*meditate*) réfléchir, méditer (*on* sur). (**b**) (*discredit*) **to ~ (up)on** *person* faire tort à; *reputation* nuire à; *motives, reasons* discréditer. ♦ **reflection** *n* (**a**) (*act*) réflexion *f*; (*in mirror etc*) reflet *m*; (**b**) (*thought*) réflexion *f* (*on* sur); **on ~ion** réflexion faite; **~ions** pensées *fpl*, réflexions *fpl* (*on, upon* sur); (**c**) (*adverse criticism*) réflexion désobligeante (*on* sur); (*on sb's honour*) atteinte *f* (*on* à); **to be a ~ion on sb/sth** discréditer qn/qch. ♦ **reflector** *n* réflecteur *m.*

reflex [ˈriːfleks] **1** *n* réflexe *m.* **2** *adj* (*gen*) réflexe; (*Math*) *angle* rentrant. **~ camera** (appareil *m*) reflex *m.*

reflexion [rɪˈflekʃən] *n* = **reflection.**

reflexive [rɪˈfleksɪv] **1** *adj* réfléchi. **2** *n* verbe *m* réfléchi.

refloat [‚riːˈfləʊt] *vt* renflouer.

reform [rɪˈfɔːm] **1** *n* réforme *f.* **2** *adj measures* de réforme. **3** *vt* réformer. **4** *vi* [*person*] s'amender. ♦ **reformation** *n* réforme *f.* ♦ **reformed** *adj* (*gen*) réformé; *behaviour, person* amendé. ♦ **reformer** *n* réformateur *m*, -trice *f.*

refrain¹ [rɪˈfreɪn] *vi* s'abstenir (*from sth* de qch; *from doing* de faire). **I couldn't ~ from laughing** je n'ai pas pu m'empêcher de rire.

refrain² [rɪˈfreɪn] *n* (*Mus etc*) refrain *m*.

refresh [rɪˈfreʃ] *vt* [*drink, bath*] rafraîchir; [*food, sleep*] redonner des forces à; (*fig*) *memory* rafraîchir. ♦ **refresher** *adj* course de recyclage.
♦ **refreshing** *adj* *fruit, drink* rafraîchissant; *sleep* réparateur (*f* -trice); *sight, news* réconfortant; *change* agréable; *idea, approach, point of view* nouveau. ♦ **refreshment** 1 *n*: ~ments rafraîchissements *mpl*; 2 *adj*: ~ment bar buvette *f*; (*Rail*) ~ment room buffet *m*.

refrigerate [rɪˈfrɪdʒəreɪt] *vt* réfrigérer. ♦ **refrigeration** *n* réfrigération *f*. ♦ **refrigerator** *n* réfrigérateur *m*, frigidaire *m* ®.

refuel [ˈriːˈfjʊəl] 1 *vi* se ravitailler en carburant. 2 *vt* ravitailler. ♦ **refuelling** *n* ravitaillement *m* en carburant; (*Aviat*) ~ling stop escale *f* technique.

refuge [ˈrefjuːdʒ] *n* (*lit, fig*) refuge *m* (*from* contre). **place of ~** asile *m*; (*lit, fig*) **to take ~** in se réfugier dans. ♦ **refugee** 1 *n* réfugié(e) *m(f)*; 2 *adj* camp de réfugiés.

refund [rɪˈfʌnd] 1 *vt* cost, postage rembourser (*to sb* à qn). **to ~ sb's expenses** rembourser qn de ses frais. 2 [ˈriːfʌnd] *n* remboursement *m*. **to get a ~** se faire rembourser.

refurbish [ˌriːˈfɜːbɪʃ] *vt* remettre à neuf.

refuse¹ [rɪˈfjuːz] 1 *vt* refuser (*sb sth* qch à qn; *to do* de faire), se refuser (*to do* à faire); *offer, candidate* refuser; *request, marriage proposal, suitor* rejeter. **they were ~d permission to do** on leur a refusé la permission de faire. 2 *vi* refuser. ♦ **refusal** *n* refus *m* (*to do* de faire); **to give sb first refusal of sth** accorder à qn l'option sur qch.

refuse² [ˈrefjuːs] 1 *n* détritus *mpl*, ordures *fpl*; (*industrial or food waste*) déchets *mpl*. **household ~** ordures ménagères; **garden ~** détritus de jardin. 2 *adj*: ~ **bin** poubelle *f*, boîte *f* à ordures; ~ **collection** ramassage *m* d'ordures; ~ **collector** éboueur *m*; ~ **disposal** traitement *m* des ordures; ~ **disposal service** service *m* de voirie; ~ **dump** (*public*) décharge *f* (publique); ~ **lorry** voiture *f* d'éboueurs.

refute [rɪˈfjuːt] *vt* réfuter. ♦ **refutation** *n* réfutation *f*.

regain [rɪˈgeɪn] *vt* (*gen*) regagner; *health, one's sight* recouvrer; *territory* reconquérir. **to ~ consciousness** reprendre connaissance; **to ~ possession** rentrer en possession (*of* de).

regal [ˈriːgəl] *adj* royal; (*fig*) majestueux.

regale [rɪˈgeɪl] *vt* régaler (*sb with sth* qn de qch).

regard [rɪˈgɑːd] 1 *vt* (a) (*consider*) considérer, regarder (*as* comme). **we ~ it as worth doing** à notre avis ça vaut la peine de faire. (b) (*concern*) concerner, regarder. **as ~s ...** pour *or* en ce qui concerne ... . 2 *n* (a) (*concern*) **to have** *or* **show little ~ for** faire peu de cas de; **to have** *or* **show no ~ for** ne faire aucun cas de; **without ~ to** *or* **for** sans égard pour; **out of ~ for** par égard pour; **in this ~** à cet égard; **with** *or* **in ~ to** relativement à. (b) (*esteem*) estime *f*. **to have a great ~ for sb** avoir beaucoup d'estime pour qn. (c) (*in messages*) **give him my ~s** faites-lui mes amitiés; **Paul sends his (kind) ~s** Paul vous fait ses amitiés; (*as letter-ending*) **(kindest) ~s** amicalement. ♦ **regarding** *prep* relativement à.
♦ **regardless** 1 *adj*: ~**less of** *sb's feelings, fate* indifférent à; *future, danger* insouciant de; *consequences, cost* sans se soucier de; *rank* sans distinction de; 2 *adv*: **he did it ~less*** il l'a fait quand même.

regatta [rɪˈgætə] *n* régates *fpl*.

regenerate [rɪˈdʒenəreɪt] 1 *vt* régénérer. 2 *vi* se régénérer. ♦ **regeneration** *n* régénération *f*.

regent [ˈriːdʒənt] *n* régent(e) *m(f)*. **prince ~**

prince *m* régent. ♦ **regency** 1 *n* régence *f*; 2 *adj*: **Regency** Régence *inv*.

reggae [ˈregeɪ] *n* reggae *m*.

régime [reɪˈʒiːm] *n* régime *m* (*politique etc*).

regiment [ˈredʒɪmənt] *n* régiment *m*. ♦ **regimental** *adj* du régiment. ♦ **regimentation** *n* (*pej*) discipline *f* excessive. ♦ **regimented** *adj* soumis à une discipline excessive.

region [ˈriːdʒən] *n* (*all senses*) région *f*. (*fig*) **in the ~ of** environ, aux alentours de. ♦ **regional** *adj* régional; (*Brit Admin*) ~**al development** ≃ aménagement *m* du territoire.

register [ˈredʒɪstə*r*] 1 *n* (a) (*gen*) registre *m*; (*of members etc*) liste *f*. **electoral ~** liste électorale; ~ **of births, marriages and deaths** registre d'état civil. (b) (*Tech*) compteur *m*. **cash ~** caisse *f* (enregistreuse).
2 *vt* (a) (*record*) *fact, figure* enregistrer; *birth, death* déclarer; *vehicle* (faire) immatriculer; *trademark* déposer; *one's disappointment etc* exprimer. ~**ed as disabled** officiellement reconnu comme handicapé; **to ~ a protest** protester. (b) (*take note of*) *fact* enregistrer; (*: *realize*) réaliser* (*that* que), se rendre compte de. (c) (*indicate*) *speed, quantity* enregistrer, indiquer. **he ~ed no emotion** il n'a pas paru ému. (d) (*Post*) *letter* recommander; (*Rail*) *luggage* faire enregistrer (*to* jusqu'à).
3 *vi* (a) (*gen*) s'inscrire; (*in hotel*) signer le registre. **to ~ with a doctor** se faire inscrire comme patient chez un médecin; **to ~ with the police** se déclarer à la police; **to ~ for military service** se faire recenser; **to ~ for a course** s'inscrire à un cours. (b) (*: *be understood*) être compris, pénétrer. **it hasn't ~ed (with him)** cela n'a pas encore pénétré, il n'a pas saisi. ♦ **registered** *adj* (a) *student, voter* inscrit; *vehicle* immatriculé; *name, trademark* déposé; *nursing home, charity* reconnu par les autorités; (*US*) ~**ed nurse** infirmière *f* diplômée d'État; (b) *letter* recommandé; *luggage* enregistré; **by ~ed post** par envoi recommandé. ♦ **registrar** *n* (*Admin*) officier *m* de l'état civil; (*Jur: in court*) greffier *m*; (*Univ*) secrétaire *m* (général); (*Med*) interne *mf*. ♦ **registration** 1 *n* enregistrement *m*; déclaration *f*; inscription *f*; [*letter*] recommandation *f*; [*luggage*] enregistrement *m*; (*Scol*) **during registration (period)** ≃ pendant l'appel *m*; 2 *adj*: **registration fee** (*Post*) taxe *f* de recommandation; (*Univ*) droits *mpl* d'inscription; (*Aut*) **registration number** numéro *m* d'immatriculation; **car (with) registration number X** voiture immatriculée X; **a T-registration car** *immatriculation indiquant l'année de fabrication d'une voiture*. ♦ **registry office** *n* (*Brit*) bureau *m* de l'état civil; **to get married in a registry office** se marier civilement *or* à la mairie.

regress [rɪˈgres] *vi* régresser (*to* à). ♦ **regression** *n* régression *f*.

regret [rɪˈgret] 1 *vt* regretter (*doing, to do* de faire; *that* que + *subj*). **he is very ill, I ~ to say** il est très malade, hélas; **we ~ to hear that ...** nous sommes désolés d'apprendre que ...; **it is to be ~ted that ...** il est regrettable que ... + *subj*. 2 *n* regret *m* (*for* de). **much to my ~** à mon grand regret; **I have no ~s** je ne regrette rien. ♦ **regretful** *adj* *person* plein de regrets; *look* de regret. ♦ **regretfully** *adv* (*sadly*) avec regret; (*unwillingly*) à regret. ♦ **regrettable** *adj* regrettable (*that* que + *subj*). ♦ **regrettably** *adv* *late, poor* fâcheusement; ~**tably, he ...** malheureusement, il ... .

regroup [ˌriːˈgruːp] *vi* se regrouper.

regular [ˈregjʊlə*r*] 1 *adj* (a) (*gen*) *pulse, shape, verb, employment, reminders* régulier. **at ~ intervals** à intervalles réguliers; **a ~ bus service to town** un service régulier d'autobus allant en ville; **he is as ~ as clockwork** il est très ponctuel;

visits as ~ as clockwork visites très régulières.
(b) (in order) action, procedure régulier, en
règle; (habitual) habituel; (Comm) size standard
inv; price normal; listener, reader fidèle; staff
permanent; (not conscript) soldier, army de
métier, officer de carrière; (not territorial) d'active. his ~ time for getting up l'heure à laquelle il
se lève habituellement; it is quite ~ to do so il est
tout à fait régulier de faire cela; a ~ idiot un
véritable imbécile; (US) ~ guy* chic type* m. 2 n
(Mil) soldat m de métier; (habitual customer etc)
habitué(e) m(f). (Rad, TV) he's one of the ~s on
that programme il participe régulièrement à ce
programme. ♦ **regularity** n régularité f.
♦ **regularize** vt régulariser. ♦ **regularly** adv
régulièrement. ♦ **regulate** vt régler (by sur).
♦ **regulation 1** n règlement m; 2 adj réglementaire. ♦ **regulator** n régulateur m.

rehabilitate [ˌriːəˈbɪlɪteɪt] vt the disabled (to
everyday life) rééduquer, (to work) réadapter;
refugees réadapter; demobilized troops réintégrer (dans la vie civile); disgraced person
réhabiliter. ♦ **rehabilitation** n rééducation f;
réadaptation f; réintégration f (dans la vie civile);
réhabilitation f; (Admin) **rehabilitation centre**
centre m de rééducation (professionnelle).

rehash [ˌriːˈhæʃ] **1** vt literary material etc
remanier. **2** [ˈriːhæʃ] n réchauffé m.

rehearse [rɪˈhɜːs] vt (Theat) répéter; what one is
going to say préparer; facts, grievances énumérer. ♦ **rehearsal** n répétition f; dress
rehearsal (répétition) générale f; this play is in
rehearsal on répète cette pièce.

rehouse [ˌriːˈhaʊz] vt reloger.

reign [reɪn] **1** n règne m. in the ~ of sous le règne
de; (fig) ~ of terror régime m de terreur. **2** vi (lit,
fig) régner. to ~ supreme [champion etc] être
sans rival; [justice, peace] régner en souve-
rain(e). ♦ **reigning** adj régnant.

reimburse [ˌriːɪmˈbɜːs] vt rembourser (sb for sth
qn de qch). ♦ **reimbursement** n remboursement
m.

rein [reɪn] n (gen) rêne f; [horse in harness] guide
f. (lit, fig) to hold the ~s tenir les rênes; (fig) to
keep a tight ~ on surveiller étroitement; to give
free ~ to lâcher la bride à.
rein in vt sep serrer la bride à.

reincarnation [ˈriːɪnkɑːˈneɪʃən] n réincarnation f.

reindeer [ˈreɪndɪəʳ] n, pl inv renne m.

reinforce [ˌriːɪnˈfɔːs] vt army, structure, wall
renforcer; one's demands etc appuyer. ~d concrete béton m armé. ♦ **reinforcement** n **1**
(action) renforcement m; (thing) armature f;
(Mil, fig) ~ments renforts mpl; **2** adj troops de
renfort.

reinstate [ˈriːɪnˈsteɪt] vt rétablir (in dans).
♦ **reinstatement** n rétablissement m.

reissue [ˌriːˈɪʃjuː] vt book rééditer; film ressortir.

reiterate [riːˈɪtəreɪt] vt réitérer. ♦ **reiteration** n
réitération f.

reject [rɪˈdʒekt] **1** vt (gen) rejeter; damaged
goods etc [customer, shopkeeper] refuser, [pro-
ducer] mettre au rebut; candidate, manuscript
refuser; (Med) [body] rejeter. **2** [ˈriːdʒekt] n
(Comm) article m de rebut. **3** [ˈriːdʒekt] adj goods
de rebut. ~ shop magasin m de deuxième choix.
♦ **rejection 1** n rejet m; refus m; 2 adj: ~ion slip
lettre f de refus.

rejoice [rɪˈdʒɔɪs] vi se réjouir, être enchanté (at,
over de). to ~ in sth jouir de qch, posséder qch.
♦ **rejoicing** n réjouissances fpl.

rejoin[1] [ˌriːˈdʒɔɪn] vt (gen) rejoindre. to ~ ship rallier le bord.

rejoin[2] [rɪˈdʒɔɪn] vi (reply) répliquer. ♦ **rejoinder**
n réplique f.

rejuvenate [rɪˈdʒuːvɪneɪt] vti rajeunir.

rekindle [ˌriːˈkɪndl] vt fire rallumer; enthusiasm
raviver.

relapse [rɪˈlæps] **1** n rechute f. to have a ~ faire
une rechute. **2** vi (gen) retomber (into dans);
[invalid] rechuter.

relate [rɪˈleɪt] **1** vt (a) (recount) story raconter,
relater; details rapporter. **strange to ~** ... chose
curieuse (à dire) ... . **(b)** (link) rattacher (sth to
sth qch à qch); two facts etc établir un rapport
entre. **to ~ the cause to the effect** établir un rapport de cause à effet. **2** vi se rapporter (to à).
♦ **related** adj (in family) parent (to de); (connected) ideas, subjects liés, connexes; substances, languages apparentés; [person] to be
closely/distantly ~d être proche parent/parent
éloigné. ♦ **relating to** prep relatif à.

relation [rɪˈleɪʃən] n (a) (relationship) rapport m,
relation f. to bear a ~ to avoir rapport à; in ~ to
relativement à; to have business ~s with être en
rapports or relations d'affaires avec;
diplomatic/international ~s relations diplomati-
ques/internationales; sexual ~s rapports
sexuels. **(b)** (family: person) parent(e) m(f); (kinship) parenté f. to be a ~ of sb's, to be some ~ to
sb avoir des liens de parenté avec qn.
♦ **relationship** n (a) (family ties) liens mpl de
parenté; what is your ~ship to him? quels sont
vos liens de parenté avec lui?; **(b)** (connection:
between 2 things) rapport m (between entre);
(with sb) relations fpl; (personal ties) rapports;
to see a ~ship between voir un rapport or un lien
entre; friendly/business ~ship relations
d'amitié/d'affaires; to have a ~ship with sb
(general) avoir des relations avec qn; (sexual)
avoir une liaison avec qn; he has a good ~ship
with his clients il est en bons rapports avec ses
clients; they have a good ~ship ils s'entendent
bien.

relative [ˈrelətɪv] **1** adj (gen) relatif (to à). the ~
merits of A and B les mérites respectifs de A et de
B. **2** n (person) parent(e) m(f); (Gram) relatif m.
♦ **relatively** adv relativement; respectivement;
(fairly, rather) assez. ♦ **relativity** n relativité f.

relax [rɪˈlæks] **1** vt (gen) relâcher; muscles décontracter; restrictions modérer; person, one's mind
détendre. **2** vi [sb's hold] se relâcher; (rest) se
détendre. (calm down) ~!* du calme! ♦ **relaxation** [ˌriːlækˈseɪʃən] n détente f. ♦ **relaxed** adj
(gen) relâché; person, voice détendu; (Med) ~ed
throat gorge f irritée or enflammée. ♦ **relaxing**
adj climate reposant, amollissant (pej); atmosphere, activity qui procure de la détente.

relay [ˈriːleɪ] **1** n (gen) relais m. in ~s par relais; ~
race course f de relais. **2** vt relayer. to ~ each
other se relayer.

release [rɪˈliːs] **1** n (a) (gen) libération f; (from
Customs) congé m. on his ~ from prison he ... dès
sa sortie de prison, il ... . **(b)** [news] autorisation f
de publier; [film, book, record] sortie f. this film is
now on general ~ ce film n'est plus en exclusivité. **(c)** (record/film etc) new ~ nouveau dis-
que/film etc; his latest ~ son dernier disque etc.
2 vt (a) (set free) (gen) libérer (from de); (Jur)
remettre en liberté; (from wreckage) dégager
(from de); (from promise, vow) relever (from de).
his employer agreed to ~ him son patron lui a
permis de cesser son travail; (temporarily) son
patron a accepté de le rendre disponible. **(b)** (let
go) object, pigeon lâcher; bomb larguer; gas
dégager. to ~ one's hold of or one's grip on sth
lâcher qch. **(c)** (issue) book, record, film sortir;
goods mettre en vente; news autoriser la publication de; statement publier. **(d)** clasp, catch faire
jouer; (Phot) shutter déclencher; handbrake
desserrer.

relegate [ˈrelɪɡeɪt] vt reléguer (to à; Sport: to en).
♦ **relegation** n relégation f.

relent [rɪˈlent] vi se laisser fléchir; (change one's
mind) changer d'avis. ♦ **relentless** adj implacable. ♦ **relentlessly** adv implacablement.

relevant ['reləvənt] *adj remark, fact* pertinent (*to* à); *regulation, reference* approprié (*to* à); *information, course* utile. **to be ~ to** sth avoir rapport à qch; **that is not ~** c'est sans rapport.

reliable [rɪ'laɪəbl] *adj person, employee* sérieux, sur qui l'on peut compter; *firm, company* sérieux; *machine* solide; *memory, description* bon, auquel on peut se fier. **a ~ source of information** une source sûre. ♦ **reliability** *n [person, character]* sérieux *m; [device, machine]* solidité *f.* ♦ **reliably** *adv work* sérieusement; *informed* de source sûre.

reliant [rɪ'laɪənt] *adj* (*trusting*) confiant (*on* en); (*dependent*) dépendant (*on* de). ♦ **reliance** *n* confiance *f;* dépendance *f.*

relic ['relɪk] *n* relique *f* (*also Rel*). **~s** restes *mpl;* (*fig: of the past*) vestiges *mpl.*

relief [rɪ'liːf] **1** *n* (a) (*from pain, anxiety*) soulagement *m* (*from* à). **to my ~** à mon grand soulagement; **that's a ~!** quel soulagement!; **it was a ~ to find it** j'ai été soulagé de le retrouver. (b) (*assistance*) secours *m.* **to go to tne ~ of** aller au secours de. (c) (*Mil*) [*town*] délivrance *f.* (d) (*tax ~*) dégrèvement *m.* (e) (*Art, Geog*) relief *m.* **to throw sth into ~** mettre qch en relief. **2** *adj* (a) *coach, typist* supplémentaire; *fund, work, organization, troops* de secours; *valve* de sûreté. **~ road** route *f* de délestage; **~ supplies** secours *mpl.* (b) *map* en relief.

relieve [rɪ'liːv] *vt* (a) *person, anxiety, pain* soulager; *fear, boredom* dissiper; *poverty, situation* remédier à. **to be ~d to learn** être soulagé d'apprendre; **to ~ sb of** his coat débarrasser qn de son manteau; **to ~ sb of a duty** décharger qn d'une obligation; (*Mil*) **to ~ sb of a command** relever qn de ses fonctions; **to ~ sb's mind** tranquilliser qn; **he ~d his feelings** il a déchargé sa colère; **to ~ congestion in the** sth décongestionner qch*; (go to lavatory)* **to ~ o.s.** faire ses besoins*.* (b) (*help*) secourir, aider; (*take over from*) relayer; (*Mil*) *guard* relever; *town* délivrer.

religion [rɪ'lɪdʒən] *n* (*gen*) religion *f.* **the Christian ~** la religion chrétienne; **a new ~** un nouveau culte; **it's against my ~** c'est contraire à ma religion (*to do* de faire); **to get ~** devenir bigot.

religious [rɪ'lɪdʒəs] **1** *adj* (*gen*) religieux (*also fig*); *person* pieux (*also pej*), croyant; *book* de piété; *wars* de religion. **2** *n* religieux *m,* -ieuse *f.* ♦ **religiously** *adv* religieusement.

relinquish [rɪ'lɪŋkwɪʃ] *vt object* lâcher; (*give up: gen*) abandonner; *plan, right* renoncer à (*to sb* en faveur de qn); *habit* renoncer à. **to ~ one's hold on** sth lâcher qch.

reliquary ['relɪkwərɪ] *n* reliquaire *m.*

relish ['relɪʃ] **1** *n* goût *m* (*for* pour). **with great ~ do** sth avec délectation; *eat* de bon appétit; (*fig*) **it had lost all ~** cela avait perdu tout attrait. **2** *vt food, wine* savourer. **to ~ doing** se délecter à faire; **I don't ~ the thought** l'idée ne me dit rien.

reluctant [rɪ'lʌktənt] *adj person* peu disposé (*to do* à faire), peu enthousiaste; *action* fait *etc* à contrecœur; *consent, praise* accordé à contrecœur. ♦ **reluctance** *n* répugnance *f* (*to do* à faire). ♦ **reluctantly** *adv* à contrecœur, sans enthousiasme.

rely [rɪ'laɪ] *vi:* **to ~ (up)on sb/sth** compter sur qn/qch; **to ~ on sb's doing** sth compter sur le fait que qn fera qch; **I ~ on him for my income** je dépends de lui pour mes revenus; **you can ~ on me not to say anything about it** vous pouvez compter sur moi pour ne pas en parler.

remain [rɪ'meɪn] *vi* rester. **nothing ~s to be said** il ne reste plus rien à dire; **it ~s to be seen whether ...** reste à savoir si ...; **that ~s to be seen** c'est ce que nous verrons; **the fact ~s that** il n'en est pas moins vrai que; **to ~ faithful** demeurer *or* rester fidèle; **to ~ behind** rester; **to ~ silent** garder le silence; **it ~s unsolved** ce n'est toujours pas résolu. (*in letters*) **I ~, yours faithfully** je vous

prie d'agréer l'expression de mes sentiments distingués. ♦ **remainder** *n* (*thing or things left over*) reste *m* (*also Math*); (*people*) autres *mfpl;* **~ders** (*Comm*) (*books etc*) invendus *mpl* soldés; (*other articles*) fins *fpl* de série. ♦ **remaining** *adj* qui reste; **I have one ~ing** il n'en reste qu'un; **the ~ing cakes** le reste des gâteaux, les gâteaux qui restent. ♦ **remains** *npl* (*gen*) restes *mpl; [fortune, army]* débris *mpl.*

remake ['riːmeɪk] *n* (*Cine*) remake *m.*

remand [rɪ'mɑːnd] **1** *vt* (*Jur*) renvoyer (*to* à). **to ~ in custody** renvoyer avec détention provisoire. **2** *n:* **on ~** en détention préventive; **~ home** = maison *f* d'arrêt.

remark [rɪ'mɑːk] **1** *n* remarque *f,* réflexion *f.* **worthy of ~** digne d'attention. **2** *vt* (a) (*say*) (faire) remarquer. (b) (*notice*) remarquer, observer. **3** *vi* faire des remarques (*on* sur). ♦ **remarkable** *adj* remarquable (*for* par). ♦ **remarkably** *adv* remarquablement.

remarry ['riː'mærɪ] *vi* se remarier.

remedy ['remədɪ] **1** *n* remède *m* (*for* contre). **2** *vt* remédier à. ♦ **remedial** [rɪ'miːdɪəl] *adj action* réparateur; *measures* de redressement; (*Med*) *treatment* curatif; *class* de rattrapage; **remedial exercises** gymnastique *f* corrective.

remember [rɪ'membər] *vt* (*gen*) se souvenir de, se rappeler; (*commemorate*) *a battle, the fallen* commémorer. **to ~ that** se rappeler que; **I ~ doing it** je me rappelle l'avoir fait; **I ~ed to do it** j'ai pensé à le faire; **that's worth ~ing** c'est bon à savoir; **I can't ~ everything** je ne peux pas penser à tout; **I ~ when ...** je me souviens de l'époque où ...; **I can't ~** je ne sais plus, je ne me souviens pas; **as far as I ~** autant qu'il m'en souvienne; **if I ~ right(ly)** si j'ai bonne mémoire; **don't you ~ me?** (*face to face*) vous ne me reconnaissez pas?; (*phone*) vous ne vous souvenez pas de moi?; **I don't ~ a thing about it** je ne me souviens de rien; **let us ~ that ...** n'oublions pas que ...; **sth to ~ him by** un souvenir de lui; **to ~ o.s.** se reprendre; **to ~ sb in one's prayers** ne pas oublier qn dans ses prières; **~ me to your mother** rappelez-moi au bon souvenir de votre mère. ♦ **remembrance** *n* souvenir *m;* **Remembrance Day** l'Armistice *m,* le 11 novembre; **in remembrance of** en souvenir de.

remind [rɪ'maɪnd] *vt* rappeler (*sb of sth* qch à qn, *sb that* à qn que). **you are ~ed that ...** nous vous rappelons que ...; **to ~ sb to do** faire penser à qn à faire; **she ~ed him of his mother** elle lui rappelait sa mère; **that ~s me!** à propos! ♦ **reminder** *n* (*note etc*) pense-bête *m;* (*Comm: letter*) lettre *f* de rappel; **as a ~er that** pour que (*vous etc*) rappeler que; **to be a ~er of** sth/sb rappeler qch/qn. ♦

reminisce [ˌremɪ'nɪs] *vi* raconter ses souvenirs (*about* de). ♦ **reminiscence** *n* réminiscence *f.* ♦ **reminiscent** *adj:* **reminiscent of** qui rappelle, qui fait penser à. ♦ **reminiscently** *adv smile* à ce souvenir; **to talk reminiscently** d'évoquer des souvenirs de.

remiss [rɪ'mɪs] *adj* négligent. **he was ~ in not doing it** c'est négligent de sa part de ne pas l'avoir fait.

remission [rɪ'mɪʃən] *n* (*gen, Med, Rel*) rémission *f; (Jur)* remise *f* (*for* pour).

remit [rɪ'mɪt] *vt* (a) *sins* pardonner; *fee, penalty* remettre. (b) (*send*) *money* envoyer. (c) (*Jur*) *case* renvoyer. ♦ **remittal** *n* (*Jur*) renvoi *m.* ♦ **remittance** *n* (*sending*) envoi *m* (*de fonds*); (*money sent*) versement *m;* **enclose your ~tance** joignez le paiement.

remnant ['remnənt] **1** *n* (*gen*) reste *m,* restant *m; [cloth]* coupon *m; [custom, splendour]* vestige *m; [food, fortune, army]* débris *mpl.* (*Comm*) **~s** soldes *mpl* (de fins de série). **2** *adj:* **~ sale** soldes *mpl* (de coupons).

remonstrate ['remənstreɪt] *vti* protester (*against* contre; *that* que). **to ~ with sb about sth** faire des

remontrances à qn au sujet de qch.
♦ **remonstrance** n (protest) protestation f; (reproof) remontrance f.
remorse [rɪ'mɔːs] n remords m (at de; for pour). a feeling of ~ un remords; without ~ sans pitié. ♦ **remorseful** adj plein de remords. ♦ **remorsefully** adv avec remords. ♦ **remorseless** adj dénué de remords; (fig) implacable. ♦ **remorselessly** adv sans remords; implacablement.
remote [rɪ'məut] adj (a) place (distant) lointain, éloigné; (isolated) isolé; time lointain; ancestor, relative éloigné; person distant. ~ **control** télécommande f; in the ~st parts of Africa au fin fond de l'Afrique; ~ **from a main road** loin d'une grande route; ~ **from the subject in hand** éloigné de la question. (b) (slight) resemblance vague; possibility petit. **not the** ~st **idea/hope** pas la moindre idée/le moindre espoir; **there is a** ~ **possibility that** il y a une petite chance que + subj. ♦ **remote-controlled** adj télécommandé. ♦ **remotely** adv (slightly) vaguement; ~ly possible tout juste possible. ♦ **remoteness** n (in space) éloignement m, isolement m; (in time) éloignement; [person] attitude f distante.
remould ['riːməuld] n (tyre) pneu m rechapé.
remove [rɪ'muːv] **1** vt (gen, also Med) enlever (from de); [removers] déménager; stain, graffiti enlever, faire partir; word, item on list rayer; threat, abuse supprimer; objection réfuter; difficulty, problem résoudre; obstacle, doubt écarter; suspicion, fear dissiper; official déplacer. he was ~d to the cells on l'a emmené en cellule; to ~ a child from school retirer un enfant de l'école; to ~ sb's name rayer qn (from de); to ~ one's make-up se démaquiller; (fig) far ~d from loin de; cousin once ~d cousin(e) m(f) au deuxième degré. **2** vi déménager (from de). to ~ to London aller s'installer à Londres. **3** n (fig) only a few ~s from tout proche de; it's a far ~ from ... c'est loin d'être ... . ♦ **removable** adj (detachable) part, piece amovible, détachable. ♦ **removal 1** n enlèvement m; déménagement m; suppression f; [pain] soulagement m; [Surgery] ablation f; **2** adj allowance, expenses de déménagement; removal man déménageur m; removal van camion m de déménagement. ♦ **remover** n (a) (removal man) déménageur m; (b) [varnish] dissolvant m; [stains] détachant m; [paint] décapant m; make-up ~r démaquillant m.
remunerate [rɪ'mjuːnəreɪt] vt rémunérer. ♦ **remuneration** n rémunération f (for de). ♦ **remunerative** adj rémunérateur.
renaissance [rɪ'neɪsɑːns] **1** n renaissance f. **2** adj: R~ art, scholar de la Renaissance; style, palace Renaissance inv.
renal ['riːnl] adj rénal.
render ['rendər] vt (a) service, homage rendre; assistance prêter; account présenter. **to account** ~ed £10 facture de rappel – 10 livres. (b) music interpréter; text traduire (into en). (c) (make) rendre. it ~ed him helpless cela l'a rendu infirme. (d) (Culin) fat faire fondre. (e) (Constr) plâtrer. ♦ **rendering** n [music] interprétation f; (translation) traduction f (into en).
rendez-vous ['rɒndɪvuː] **1** n, pl inv rendez-vous m. **2** vi se retrouver. **to** ~ **with sb** rejoindre qn.
renew [rɪ'njuː] vt (gen) renouveler; negotiations, discussions, strength reprendre. **to** ~ **one's acquaintance with sb** renouer connaissance avec qn. ♦ **renewable** adj renouvelable. ♦ **renewal** n renouvellement m; reprise f; [strength] regain m; ~al of subscription réabonnement m. ♦ **renewed** adj accru. **with** ~ed **vigour** avec une force accrue.
renounce [rɪ'nauns] vt (gen) renoncer à; religion abjurer; treaty dénoncer; cause renier.
renovate ['renəuveɪt] vt clothes, house remettre à neuf; building, painting restaurer. ♦ **renovation**

n remise f à neuf; restauration f.
renown [rɪ'naun] n renommée f. ♦ **renowned** adj thing renommé (for pour); person célèbre (for pour).
rent [rent] **1** n loyer m. ~ à louer; quarter's ~ terme m. **2** adj: ~ **collector** receveur m de loyers; ~ **rebate** dégrèvement m de loyer. **3** vt (a) (take for ~) louer, prendre en location. **we don't own it, only** ~ **it** nous ne sommes pas propriétaires, mais locataires seulement. (b) (also ~ out) louer, donner en location. (c) (hire) [house, land] louer m; [television etc] (prix m de) location f; [telephone] abonnement m. ♦ **rent-free 1** adj accommodation exempt de loyer; **2** adv live sans payer de loyer.
renunciation [rɪˌnʌnsɪ'eɪʃən] n (V renounce) renonciation f (of à); abjuration f; dénonciation f; reniement m.
reopen [ˌriː'əupən] **1** vt (gen) rouvrir; fight, battle, hostilities reprendre. **2** vi (gen) rouvrir; [wound] se rouvrir. ♦ **reopening** n réouverture f.
reorganize ['riː'ɔːgənaɪz] **1** vt réorganiser. **2** vi se réorganiser. ♦ **reorganization** n réorganisation f.
rep* [rep] n abbr of **repertory company** and (Comm) **representative**.
repair [rɪ'pɛər] **1** vt réparer. **2** n (gen) réparation f; [roof, road] réfection f. **under** ~ en réparation; damaged beyond ~ irréparable; closed for ~s fermé pour cause de travaux; 'road ~s' 'chantier'; in good/bad ~ en bon/mauvais état; to keep in good ~ entretenir. **3** adj: ~ **kit** or **outfit** trousse f de réparation; ~ **shop** atelier m de réparations. ♦ **repairable** or **reparable** ['repərəbl] adj réparable. ♦ **repairer** n réparateur m, -trice f; [shoes] cordonnier m. ♦ **reparation** n réparation f; **to make reparations for** réparer (une injure etc).
repartee [ˌrepɑː'tiː] n repartie f, réplique f.
repatriate [riː'pætrɪeɪt] vt rapatrier. ♦ **repatriation** n rapatriement m.
repay [riː'peɪ] pret, ptp **repaid** vt money rendre, rembourser; lender rembourser; debt, obligation s'acquitter de; sb's kindness payer de retour; helper récompenser (for de). ♦ **repayable** adj remboursable. ♦ **repayment** n [money] remboursement m.
repeal [rɪ'piːl] **1** vt law abroger; sentence annuler. **2** n abrogation f; annulation f.
repeat [rɪ'piːt] **1** vt (gen) répéter; demand, promise réitérer; efforts renouveler; (Mus) reprendre; (recite) poem etc réciter (par cœur); (Scol) class redoubler; (Comm) **this offer will never be** ~ed c'est une offre exceptionnelle; to ~ o.s. se répéter. **2** n répétition f; (Mus, Rad, TV) reprise f. **3** adj (Comm) order renouvelé. (fig) a ~ **performance** exactement la même chose. ♦ **repeated** adj requests, criticism répété; efforts renouvelé. ♦ **repeatedly** adv à maintes reprises, très souvent; I have ~edly told you je ne cesse de vous répéter; he had ~edly proclaimed ... il n'avait pas cessé de proclamer ... .
repel [rɪ'pel] vt repousser; (fig: disgust) dégoûter. ♦ **repellent** adj (a) (disgusting) repoussant, répugnant; (b) water-~lent imperméabilisateur.
repent [rɪ'pent] **1** vi se repentir (of de). **2** vt repentir de. ♦ **repentance** n repentir m. ♦ **repentant** adj repentant.
repercussion [ˌriːpə'kʌʃən] n répercussion f (on sur).
repertory ['repətərɪ] **1** n (Theat, fig: also repertoire) répertoire m. ~ (**theatre**) théâtre m de répertoire; **to act in** ~ faire partie d'une troupe de répertoire. **2** adj: ~ **company** troupe f de répertoire.
repetition [ˌrepɪ'tɪʃən] n répétition f. ♦ **repetitive** [rɪ'petɪtɪv] adj person rabâcheur; writing plein de redites; work monotone.
replace [rɪ'pleɪs] vt (a) (put back) remettre (à sa

place), ranger. (*Telec*) to ~ **the receiver** raccrocher. **(b)** (*be or provide substitute for*) remplacer (*by, with* par). ♦ **replaceable** *adj* remplaçable. ♦ **replacement 1** *n*(*person*) remplaçant(e) *m(f)*; (*product*) produit *m* de remplacement; **2** *adj* engine, part de rechange.

replenish [rɪˈplenɪʃ] *vt* remplir de nouveau (*with* de). **to** ~ **one's supplies of sth** se réapprovisionner en qch. ♦ **replenishment** *n* remplissage *m*.

replete [rɪˈpliːt] *adj* rempli (*with* de); (*well-fed*) rassasié. ♦ **repletion** *n* satiété *f*.

replica [ˈreplɪkə] *n* (*gen*) réplique *f*; [*document, book*] fac-similé *m*.

reply [rɪˈplaɪ] **1** *n* réponse *f*; (*quick*) réplique *f*. **in** ~ en réponse (*to* à). **2** *vti* répondre; (*quickly*) répliquer. **3** *adj* (*Post*) ~ **coupon** coupon-réponse *m*. ♦ **reply-paid** *adj* avec réponse payée.

report [rɪˈpɔːt] **1** *n* **(a)** (*gen*) rapport *m*; [*speech, debate, meeting*] compte rendu *m*; (*Scol*) bulletin *m* scolaire; (*Press, Rad, TV*) reportage *m*; (*at regular intervals: on weather, sales etc*) bulletin; (*rumour*) rumeur *f*. **Government** ~ rapport d'enquête parlementaire (*on* sur); (*Comm*) **annual/chairman's** ~ rapport annuel/présidentiel; **to make a progress** ~ **on** dresser un état périodique de; **to make** *or* **do a** ~ **on** faire un rapport sur, (*Press, Rad, TV*) faire un reportage sur; (*rumour*) **there is a** ~ **that ...** on dit que ...; **I have heard a** ~ **that ...** j'ai entendu dire que ... . **(b)** (*explosion*) détonation *f*; [*gun*] coup *m* de fusil *etc*.

2 *vt* **(a)** (*state*) annoncer (*that* que); *facts, figures* annoncer, rapporter; (*give account of*) rendre compte de; [*newspaper, TV programme*] signaler; *speech* faire le compte rendu de. **to** ~ **one's findings** présenter ses conclusions; **to** ~ **progress** faire un exposé de l'état de la situation; **he is** ~**ed as having said** il aurait dit; **a prisoner is** ~**ed to have escaped** un détenu se serait évadé; (*Gram*) ~**ed speech** style *or* discours indirect; **our correspondent** ~**s from Rome that ...** notre correspondant à Rome nous apprend que ...; **it is** ~**ed from Paris that ...** on annonce à Paris que ... . **(b)** (*notify*) *accident, crime, one's position* signaler (*to* à); *criminal, culprit* signaler (*sb for sth* qn pour qch), dénoncer (*to* à) (*often pej*). **to** ~ **sb sick** signaler que qn est malade; ~**ed missing** porté disparu; **nothing to** ~ rien à signaler.

3 *vi* **(a)** se présenter (*to sb* chez qn). **to** ~ **for duty** se présenter au travail; (*Mil*) **to** ~ **to one's unit** rallier son unité; **to** ~ **sick** se faire porter malade. **(b)** (*give a* ~) faire un rapport (*on* sur); (*Press, Rad, TV*) faire un reportage (*on* sur).

report back *vi* **(a)** (*return*) (*Mil etc*) rentrer au quartier; (*gen*) être de retour. **(b)** (*make report*) présenter son rapport (*to* à).

♦ **reporter** *n* (*Press*) journaliste *mf*; (*Rad, TV*) reporter *m*.

repose [rɪˈpəʊz] **1** *n* (*rest, peace*) repos *m*; (*sleep*) sommeil *m*. **in** ~ au repos. **2** *vi* se reposer; [*dead*] reposer. ♦ **repository** *n* (*safe place*) dépôt *m*; (*warehouse*) entrepôt *m*; [*facts etc*] mine *f*.

reprehend [ˌreprɪˈhend] *vt* réprimander. ♦ **reprehensible** *adj* répréhensible. ♦ **reprehensibly** *adv* de façon répréhensible.

represent [ˌreprɪˈzent] *vt* (*all senses*) représenter (*as* comme, comme étant). **many countries were** ~**ed at the ceremony** de nombreux pays s'étaient fait représenter à la cérémonie; **I** ~ **Mrs Wolff** je viens de la part de Mme Wolff. ♦ **representation** *n* (*gen*) représentation *f*; (*protest*) **to make** ~**ations to** faire une démarche auprès de. ♦ **representative 1** *adj* représentatif (*of* de); **2** *n* représentant(e) *m(f)*; (*Comm*) représentant (de commerce); (*US Pol*) R~ député *m*.

repress [rɪˈpres] *vt* (*gen*) réprimer; (*Psych*) refouler. ♦ **repressed** *adj* réprimé, refoulé. ♦ **repression** *n* répression *f*; refoulement *m*.

♦ **repressive** *adj attitude, government* répressif; *measures* de répression.

reprieve [rɪˈpriːv] **1** *n* (*Jur*) commutation *f* de la peine capitale; (*delay: also gen*) sursis *m*. **2** *vt* (*Jur*) accorder une commutation de la peine capitale à; (*delay*) surseoir à l'exécution de. [*building etc*] **to be** ~**d** bénéficier d'un sursis.

reprimand [ˈreprɪmɑːnd] **1** *n* réprimande *f*. **2** *vt* réprimander.

reprint [ˌriːˈprɪnt] **1** *vt* réimprimer. **it is being** ~**ed** c'est en réimpression. **2** *vi* être en réimpression. **3** [ˈriːprɪnt] *n* réimpression *f*.

reprisal [rɪˈpraɪzəl] *n*: ~**s** représailles *fpl*; **to take** ~**s** user de représailles; **as a** ~ **for** en représailles de.

reproach [rɪˈprəʊtʃ] **1** *n* reproche *m*. (*fig*) **to be a** ~ **to** être la honte de; **above** ~ irréprochable. **2** *vt* faire des reproches à. **to** ~ **sb for sth/for having done** reprocher à qn qch/d'avoir fait; **he has nothing to** ~ **himself with** il n'a rien à se reprocher. ♦ **reproachful** *adj look, tone, person* réprobateur; *words* de reproche. ♦ **reproachfully** *adv* avec reproche.

reproduce [ˌriːprəˈdjuːs] **1** *vt* reproduire. **2** *vi* se reproduire. ♦ **reproduction 1** *n* (*all senses*) reproduction *f*; **2** *adj*: **reproduction furniture** imitations *fpl* de meubles anciens. ♦ **reproductive** *adj* reproducteur.

re-proof [ˈriːˈpruːf] *vt garment* réimperméabiliser.

reproof [rɪˈpruːf] *n* réprimande *f*.

reprove [rɪˈpruːv] *vt person* blâmer (*for* de). ♦ **reproval** *n* blâme *m*. ♦ **reproving** *adj* réprobateur. ♦ **reprovingly** *adv* d'un air *or* ton réprobateur.

reptile [ˈreptaɪl] *adj, n* (*also fig pej*) reptile (*m*).

republic [rɪˈpʌblɪk] *n* république *f*. ♦ **republican** *adj, n* républicain(e) *m(f)*. ♦ **republicanism** *n* républicanisme *m*.

republish [ˈriːˈpʌblɪʃ] *vt book* rééditer.

repudiate [rɪˈpjuːdɪeɪt] *vt friend etc* renier; *secret agent* désavouer; *wife, accusation* répudier; [*government etc*] *debt, treaty* refuser d'honorer. ♦ **repudiation** *n* reniement *m*; désaveu *m*; répudiation *f*; refus *m* d'honorer (*un traité etc*).

repugnant [rɪˈpʌgnənt] *adj* répugnant. **to be** ~ **to sb** répugner à qn; **to find it** ~ **to do** répugner à faire. ♦ **repugnance** *n* répugnance *f* (*to* pour).

repulse [rɪˈpʌls] *vt* repousser. ♦ **repulsion** *n* répulsion *f*. ♦ **repulsive** *adj* répulsif, repoussant. ♦ **repulsiveness** *n* caractère *m* repoussant.

reputable [ˈrepjʊtəbl] *adj* de bonne réputation.

reputation [ˌrepjʊˈteɪʃən] *n* réputation *f* (*as a singer etc* de chanteur *etc*). **to have a** ~ **for honesty** avoir la réputation d'être honnête.

repute [rɪˈpjuːt] **1** *n* réputation *f*, renom *m*. **by** ~ de réputation; **of** ~ réputé, en renom. **2** *vt*: **to be** ~**d to be** être réputé être. ♦ **reputedly** *adv* d'après ce qu'on dit.

request [rɪˈkwest] **1** *n* demande *f*, requête *f*. **at sb's** ~ à la demande de qn; **by popular** ~ à la demande générale; **on** *or* **by** ~ sur demande; **to make a** ~ **for sth** faire une demande de qch. **2** *vt* demander (*sth from sb* qch à qn; *sb to do* à qn de faire). **'you are** ~**ed not to smoke'** 'vous êtes priés de ne pas fumer'. **3** *adj* (*Rad*) **programme** des auditeurs; **bus stop** facultatif.

requiem [ˈrekwɪem] *n* requiem *m*. ~ **mass** messe *f* de requiem.

require [rɪˈkwaɪər] *vt* **(a)** [*person*] avoir besoin de; [*thing, action*] demander, nécessiter. **all I** ~ tout ce qu'il me faut, tout ce dont j'ai besoin; **it** ~**s great care** cela demande *or* nécessite beaucoup de soin; **if** ~**d** au besoin; **when** ~**d** quand il le faut; **what qualifications are** ~**d?** quels sont les diplômes nécessaires *or* requis? **(b)** (*order*) exiger (*sb to do* de qn qu'il fasse; *sth of sb* qch de qn). **as** ~**d by law** comme la loi l'exige. ♦ **required** *adj*

conditions, qualifications requis; *amount* voulu; **in the ~d time** dans les délais prescrits.
♦ **requirement** *n* **(a)** *(need)* exigence *f*; **to meet sb's ~ments** satisfaire aux exigences de qn; **(b)** *(condition)* condition *f* requise; **to fit the ~ments** remplir ses conditions.

requisite ['rekwɪzɪt] **1** *n* chose *f* nécessaire *(for* pour). *(Comm)* **office ~s** articles *mpl* de bureau; **toilet ~s** accessoires *mpl* de toilette. **2** *adj* requis, nécessaire.

requisition [ˌrekwɪ'zɪʃən] **1** *n* réquisition *f*. **2** *vt* réquisitionner.

reredos ['rɪədɒs] *n* retable *m*.

reroute ['riː'ruːt] *vt* dérouter *(through* par).

rescind [rɪ'sɪnd] *vt judgment* rescinder; *law* abroger; *contract, decision* annuler.

rescue ['reskjuː] **1** *n (help)* secours *mpl*; *(saving)* sauvetage *m*; *(freeing)* délivrance *f*. **to go/come to sb's ~** aller/venir au secours de qn; **to the ~** à la rescousse. **2** *vt (save)* secourir, sauver; *(free)* délivrer *(from* de). **3** *adj operation, attempt* de sauvetage. **~ party** équipe *f* de sauvetage.
♦ **rescued** *npl:* **the ~d** les rescapés *mpl*.
♦ **rescuer** *n* sauveteur *m*; *(from imprisonment)* libérateur *m*, -trice *f*.

research [rɪ'sɜːtʃ] **1** *n* recherche(s) *f(pl)*. **a piece of ~** un travail de recherche; **to do ~** faire de la recherche *(on* sur). **2** *vi* faire des recherches *(into, on* sur). **3** *vt article* faire des recherches pour. **4** *adj student* qui fait de la recherche; *laboratory* de recherches. **~ establishment** centre *m* de recherches; *(Univ)* **~ fellow** ≈ chercheur *m*, -euse *f* attaché(e) à l'université.
♦ **researcher** *n* chercheur *m*, -euse *f*.

resemble [rɪ'zembl] *vt* ressembler à. ♦ **resemblance** *n* ressemblance *f*; **to bear a strong/faint resemblance to** avoir une grande/vague ressemblance avec.

resent [rɪ'zent] *vt* être contrarié de, *(stronger)* être indigné de. **I ~ that!** je proteste!; **I ~ your tone** votre ton me déplaît; **he ~ed your having seen her** il était très contrarié du fait que tu l'aies vue. ♦ **resentful** *adj* plein de ressentiment *(about* à cause de). ♦ **resentfully** *adv* avec ressentiment.
♦ **resentment** *n* ressentiment *m*.

reservation [ˌrezə'veɪʃən] *n* **(a)** réserve *f*. **without ~** sans réserve; **with ~s** avec certaines réserves; **mental ~** restriction *f* mentale; **to have ~s about** avoir des doutes sur. **(b)** *(booking)* réservation *f*. **to make a ~ at the hotel** réserver une chambre à l'hôtel; **to have a ~** *(seat/room/table)* avoir une place/chambre/table réservée. **(c)** *(area of land)* réserve *f*. *[roadway]* **central ~** bande *f* médiane.

reserve [rɪ'zɜːv] **1** *vt (most senses)* réserver. **to ~ one's strength** ménager ses forces, *(Sport)* se réserver; **to ~ judgment** se réserver de prononcer un jugement; **to ~ the right to do** se réserver le droit de faire. **2** *n (most senses)* réserve *f*; *(Sport: substitute)* remplaçant(e) *m(f)*. **cash ~** réserve de caisse; **gold ~s** réserves d'or; *(Mil)* **the R~** la réserve; **in ~** en réserve; **without ~** sans réserve; **he treated me with some ~** il s'est tenu sur la réserve avec moi. **3** *adj fund* de réserve; *price* minimum. *(Aut)* **~ tank** réservoir *m* de secours; **~ team** deuxième équipe *f*.
♦ **reserved** *adj (gen)* réservé; **to be ~d about ...** rester sur la réserve quant à ... . ♦ **reservist** *n* réserviste *m*. ♦ **reservoir** ['rezəvwaː'] *n* réservoir *m*.

resettle [ˌriː'setl] *vt refugee* établir; *land* repeupler.

reshuffle [ˌriː'ʃʌfl] **1** *n (Pol)* **Cabinet ~** remaniement *m* ministériel. **2** *vt* remanier.

reside [rɪ'zaɪd] *vi* résider *(fig: in, with* dans).
♦ **residence** ['rezɪdəns] *n (gen)* résidence *f*; *(hostel)* foyer *m*; **to take up ~nce** s'installer, élire domicile; *(Admin)* **in ~nce** *monarch etc* en résidence; *students etc* rentrés; *doctor*

résidant; **~nce permit** permis *m* de séjour.
♦ **residency** *n* résidence *f* officielle. ♦ **resident 1** *n* habitant(e) *m(f)*; *(in foreign country)* résident(e) *m(f)*; *(in street)* riverain(e) *m(f)*; *(in hostel)* pensionnaire *mf*; **2** *adj (gen)* résidant; *chaplain, tutor* à demeure; *population* fixe; **they are ~nt in France** ils résident en France.
♦ **residential** *adj area* résidentiel; *work* qui demande résidence.

residue ['rezɪdjuː] *n* reste(s) *m(pl)*; *(Chem)* résidu *m*; *(Math)* reste; *(Jur)* reliquat *m*. ♦ **residual** [re'zɪdjuəl] *adj* restant; *(Chem)* résiduel.
♦ **residuary** *adj* restant, *(Chem)* résiduaire; *(Jur)* **residuary legatee** ≈ légataire *mf* universel(le).

resign [rɪ'zaɪn] **1** *vt one's post* démissionner de; *the leadership etc* céder *(to* à). **to ~ one's commission** démissionner *(se dit d'un officier)*; **to ~ o.s. to (doing) sth** se résigner à (faire) qch. **2** *vi* démissionner *(from* de). ♦ **resignation** [ˌrezɪg'neɪʃən] *n* **(a)** *(from job)* démission *f*; **to tender one's ~ation** donner sa démission; **(b)** *(mental state)* résignation *f*. ♦ **resigned** *adj* résigné; **to become ~ed to (doing) sth** se résigner à (faire) qch. ♦ **resignedly** *adv* avec résignation.

resilient [rɪ'zɪlɪənt] *adj substance* élastique; *character* qui réagit. **he's very ~** *(physically)* il a beaucoup de résistance; *(mentally etc)* il a du ressort. ♦ **resilience** *n* résistance *f*; ressort *m*.

resin ['rezɪn] *n* résine *f*. ♦ **resinous** *adj* résineux.

resist [rɪ'zɪst] **1** *vt (gen)* résister à; *order* refuser d'obéir à; *change* s'opposer à. **I couldn't ~ (eating) another cake** je n'ai pas pu m'empêcher de manger encore un gâteau; **she can't ~ him** elle ne peut rien lui refuser. **2** *vi* résister.
♦ **resistance** *n (gen, Elec, Med, Mil, Phys)* résistance *f*; **he offered no ~ance** il n'a pas résisté *(to* à); *(Med)* **his ~ance was very low** il n'offrait presque plus de résistance (au mal); **2** *adj:* **~ance fighter** résistant(e) *m(f)*; **the ~ance movement** la résistance. ♦ **resistant** *adj* résistant; *(of virus, strain)* **~ant to** rebelle à.

resit ['riː'sɪt] *pret, ptp* **resat 1** *vt* se représenter à. **2** ['riːsɪt] *n* deuxième session *f (d'un examen)*.

resolute ['rezəluːt] *adj* résolu. ♦ **resolutely** *adv* résolument. ♦ **resoluteness** *n* résolution *f*.

resolution [ˌrezə'luːʃən] *n (all senses)* résolution *f*. **to make a ~** prendre une résolution.

resolve [rɪ'zɒlv] **1** *vt (gen)* résoudre *(into* en); *problem, difficulty* résoudre. **2** *vi* résoudre, décider *(to do* de faire; *that* que), se décider *(to do* à faire). **it has been ~d that** il a été résolu que. **3** *n* résolution *f*. **to make a ~ to do** prendre la résolution de faire. ♦ **resolved** *adj* résolu *(to do* à faire).

resonant ['rezənənt] *adj* résonant. ♦ **resonance** *n* résonance *f*.

resort [rɪ'zɔːt] **1** *n* **(a)** *(recourse)* recours *m*; *(thing ~ to)* ressource *f*. **without ~ to violence** sans recourir à la violence; **as a last ~, in the last ~** en dernier ressort; **it was the only ~ left to them** c'était la seule ressource qui leur restait. **(b)** *(place)* lieu *m* de séjour. **holiday ~** lieu de vacances; **seaside/summer ~** station *f* balnéaire/estivale; **winter sports ~** station de sports d'hiver. **2** *vi* avoir recours *(to sth/sb* à qch/qn), en venir *(to doing* à faire).

resound [rɪ'zaʊnd] *vi* retentir *(with* de); *(fig)* avoir un retentissement. ♦ **resounding** *adj shout, victory, success* retentissant; *defeat* écrasant.

resource [rɪ'sɔːs] *n* ressource *f*. **as a last ~** en dernière ressource; **mineral ~s** ressources en minerais; **left to his own ~s** livré à ses propres ressources. ♦ **resourceful** *adj person* plein de ressources, débrouillard*; *scheme* ingénieux.
♦ **resourcefully** *adv* d'une manière ingénieuse.
♦ **resourcefulness** *n* ressource *f (qualité)*.

respect [rɪs'pekt] **1** *n (gen)* respect *m*. **to have ~ for** respecter; **to treat with ~** traiter avec respect; **out of ~ for** par respect or égard pour; **with due ~ I still think ...** sans vouloir vous contredire je crois toujours ...; **with ~ to** pour or en ce qui concerne; **in ~ of** quant à; **in some ~s à** certains égards; **to pay one's ~s to sb** présenter ses respects à qn; **give my ~s to** présentez mes respects à. **2** vt respecter. ♦ **respectability** n respectabilité f. ♦ **respectable** adj **(a)** (decent: gen) respectable; clothes, behaviour convenable; **they are very ~able people** ce sont de très braves gens; **that's not ~able** ça ne se fait pas; **(b)** (quite big) size, income considérable, respectable. ♦ **respectably** adv dress, behave convenablement; (quite well) passablement; **very ~ably** pas mal du tout*. ♦ **respecter** n: **he is no ~er of persons** il ne s'en laisse imposer par personne. ♦ **respectful** adj respectueux. ♦ **respectfully** adv respectueusement. ♦ **respecting** prep concernant, touchant. ♦ **respective** adj respectif. ♦ **respectively** adv respectivement.

respire [rɪs'paɪəʳ] vti respirer. ♦ **respiration** [ˌrespɪ'reɪʃən] n respiration f. ♦ **respirator** n (Med) respirateur m; (Mil) masque m à gaz. ♦ **respiratory** adj respiratoire.

respite ['respaɪt] n répit m.

resplendent [rɪs'plendənt] adj resplendissant.

respond [rɪs'pɒnd] vi (gen) répondre (to à; with par). [patient] **to ~ to treatment** bien réagir au traitement; **the illness ~ed to treatment** le traitement a agi sur la maladie.

response [rɪs'pɒns] n (gen) réponse f; (to treatment) réaction f; (Rel) répons m. **in ~ to** en réponse à.

responsible [rɪs'pɒnsəbl] adj responsible (for de; to sb for sth de qch devant qn). **to be directly ~ to sb** relever directement de qn; **he is very ~** il a un grand sens des responsabilités; **it's a ~ job** c'est un poste qui comporte des responsabilités. ♦ **responsibility 1** n responsabilité f; **to put** or **place the responsibility for sth on sb** tenir qn pour responsable de qch; **to take responsibility for sth** prendre la responsabilité de qch; **it's not my responsibility to do that** ce n'est pas à moi de faire ça; **on my own responsibility** sous ma responsabilité; **2** adj: **responsibility payment** prime f de fonction. ♦ **responsibly** adv avec sérieux.

responsive [rɪs'pɒnsɪv] adj audience, class, pupil qui réagit bien; person qui n'est pas du tout réservé; (to affection) très affectueux.

rest [rest] **1** n **(a)** (gen) repos m; (Mus) silence m; (Poetry) césure f. **to need ~/a ~** avoir besoin de repos/de se reposer; **to have a ~** se reposer; **to have a good night's ~** passer une bonne nuit; **to be at ~** (dead) reposer en paix; **to lay to ~** porter en terre; **to set sb's mind at ~** tranquilliser qn; **to come to ~** [object] s'immobiliser; [bird] se poser (on sur); **it will give him a ~** ça le reposera; **give it a ~!*** laisse tomber!* **(b)** (support) support m, appui m. **arm ~** accoudoir m. **(c)** (remainder) **the ~** [substance, money] le reste, le restant; [things, people] les autres mfpl; **the ~ of us** will **wait here** nous (autres), nous attendrons ici; **and all the ~ of it*** et tout ça*.
2 adj cure, day de repos. **~ centre** centre m d'accueil; **~ home** maison f de repos; (US) **~ room** toilettes fpl.
3 vi **(a)** (repose) se reposer; [the dead] reposer. (fig) **he won't ~ till he finds out ...** il n'aura de cesse qu'il ne découvre (subj) ...; (fig: of actor) **to be ~ing** se trouver sans engagement; **may he ~ in peace** qu'il repose en paix. **(b)** (remain) rester, demeurer. **~ assured that** soyez assuré que; **there the matter ~s** l'affaire en est là; **it ~s with him to decide** il lui appartient de décider; **it doesn't ~ with me** cela ne dépend pas de moi. **(c)** (lean) [person] s'appuyer (on sur; against

contre); [roof, ladder] appuyer (on sur; against contre); [reputation, case] reposer (on sur); [eyes, gaze] se poser (on sur). **a heavy responsibility ~s on him** il a de lourdes responsabilités.
4 vt **(a)** laisser reposer. **I am quite ~ed** je me sens tout à fait reposé; **God ~ his soul!** que Dieu ait son âme! **(b)** (lean) hand, small object poser; ladder, cycle appuyer (on sur, against contre). ♦ **restful** adj reposant. ♦ **restless** adj agité; **to have a ~less night** mal dormir; **to get ~less** s'agiter, s'impatienter. ♦ **restlessly** adv move avec agitation; fidget nerveusement. ♦ **restlessness** n agitation f, impatience f.

restaurant ['restərɔ̃:ŋ] **1** n restaurant m. **2** adj (Rail) **~ car** wagon-restaurant m; **~ owner** restaurateur m, -trice f.

restitution [ˌrestɪ'tjuːʃən] n restitution f. **to make ~ of sth** restituer qch.

restive ['restɪv] adj horse rétif; person agité, énervé.

restore [rɪs'tɔːʳ] vt **(a)** (give back: gen) rendre (to à); rights, order, calm rétablir; confidence redonner (to sb à qn; in dans). **~d to health** rétabli; **to ~ sb to life** ramener qn à la vie; **to ~ sth to its former condition** remettre qch en état; **to ~ sb's strength** redonner des forces à qn; **to ~ to the throne** replacer sur le trône; **to ~ to power** ramener au pouvoir. **(b)** (repair) building etc restaurer. ♦ **restoration** n rétablissement m; restauration f (also Hist). ♦ **restorative** adj, n reconstituant (m). ♦ **restorer** n (Art etc) restaurateur m, -trice f.

restrain [rɪs'treɪn] vt (gen) retenir (sb from doing qn de faire); sb's activities limiter; anger réprimer; feelings dominer; struggling person maîtriser; **to ~ o.s.** se retenir; **~ yourself!** maîtrisez-vous! ♦ **restrained** adj emotions contenu; voice, words mesuré; person maître de soi; style sobre. ♦ **restraint** n **(a)** (restriction) contrainte f; wage **~t** contrôle m des salaires; **(b)** (moderation) [person, speech] retenue f; [style] sobriété f; **to show a lack of ~t** manquer de maîtrise de soi.

restrict [rɪs'trɪkt] vt authority, freedom restreindre; visits, price rise limiter (to à). ♦ **restricted** adj restreint, limité; document confidentiel; point of view, horizon étroit; (Aut) **~ed area** zone f à vitesse limitée. ♦ **restriction** n (gen) restriction f, limitation f; [prices etc] contrôle m; **to place ~ions on** apporter des restrictions à; (Aut) **speed ~ion** limitation de vitesse. ♦ **restrictive** adj restrictif; (Ind) **~ive practices** pratiques fpl restrictives de production.

result [rɪ'zʌlt] **1** n (gen) résultat m. **as a ~ he ...** en conséquence il ...; **to be the ~ of** être dû à; **as a ~ of my inquiry** par suite de mon enquête; **to get ~s*** [person] obtenir or [action] donner de bons résultats. **2** vi résulter (from de). **to ~ in** aboutir à, se terminer par. ♦ **resultant** adj résultant.

resume [rɪ'zjuːm] **1** vt **(a)** (restart: gen) reprendre; relations renouer. **to ~ one's seat** se rasseoir. **(b)** (sum up) résumer. **2** vi [classes etc] reprendre. ♦ **resumption** n reprise f.

resurrect [ˌrezə'rekt] vt ressusciter; (fig) fashion, ideas faire revivre; memories réveiller. ♦ **resurrection** n (Rel, fig) résurrection f.

resuscitate [rɪ'sʌsɪteɪt] vt (Med) réanimer. ♦ **resuscitation** n réanimation f.

retail ['riːteɪl] **1** n vente f au détail. **2** vt vendre au détail; (fig) gossip colporter. **3** vi se vendre au détail (at à). **4** adv au détail. **5** adj business, price de détail. ♦ **retailer** n détaillant(e) m(f).

retain [rɪ'teɪn] vt (keep) conserver, garder; heat conserver; (hold) retenir, maintenir; lawyer retenir, engager; (remember) garder en mémoire. ♦ **retainer** n (fee) provision f.

retaliate [rɪ'tælɪeɪt] vi se venger (against sb/sth de

qn/qch; *by doing* en faisant), user de représailles (*against sb* envers qn). ♦ **retaliation** *n* vengeance *f*, représailles *fpl*; **in retaliation** par représailles; **in retaliation for** pour venger. ♦ **retaliatory** *adj*: **retaliatory measures** représailles *fpl*.

retarded [rɪ'tɑːdɪd] *adj* (*Med*) retardé, arriéré. **mentally ~** arriéré.

retch [retʃ] *vi* avoir des haut-le-cœur.

retention [rɪ'tenʃən] *n* conservation *f*, maintien *m*; (*memory*) mémoire *f*; (*Med*) rétention *f*.

retentive [rɪ'tentɪv] *adj* **memory** fidèle; **person** qui a bonne mémoire.

reticent ['retɪsənt] *adj* réticent, réservé. **to be ~ about** ne pas parler beaucoup de. ♦ **reticence** *n* réticence *f*.

retina ['retɪnə] *n* rétine *f*.

retinue ['retɪnjuː] *n* suite *f*, escorte *f*.

retire [rɪ'taɪə'] 1 *vi* (a) (*withdraw*) se retirer (*from* de; *to* à); (*Mil*) reculer; (*Sport*) abandonner. (b) (*go to bed*) (aller) se coucher; (*give up work*) prendre sa retraite. **to ~ from business** se retirer des affaires. 2 *vt* **employee** mettre à la retraite. ♦ **retired** *adj* (a) (*no longer working*) retraité, à la retraite; **a ~d person** un(e) retraité(e); (b) (*secluded*) **life** retiré. ♦ **retirement** *n* (*stopping work*) retraite *f*. ♦ **retiring** *adj* (a) (*shy*) réservé. (b) (*departing*) **chairman etc** sortant; (c) **age** de la retraite.

retort[1] [rɪ'tɔːt] 1 *n* (*reply*) riposte *f*. 2 *vt* riposter.

retort[2] [rɪ'tɔːt] *n* (*Chem*) cornue *f*.

retrace [rɪ'treɪs] *vt* **developments etc** (*research into*) reconstituer, (*give account of*) retracer. **to ~ one's steps** revenir sur ses pas.

retract [rɪ'trækt] 1 *vt* (*gen*) rétracter; (*Aviat*) **undercarriage** rentrer. 2 *vi* se rétracter.

retrain [riː'treɪn] 1 *vt* recycler (*personne*). 2 *vi* se recycler. ♦ **retraining** *n* recyclage *m*.

retread ['riːtred] *n* (*tyre*) pneu *m* rechapé.

retreat [rɪ'triːt] 1 *n* (a) (*esp Mil*) retraite *f*, recul *m*. (*Mil*) **to be in ~** battre en retraite; (*fig*) **to beat a hasty ~** partir en vitesse. (b) (*place: also Rel*) retraite *f*. **a country ~** une maison tranquille à la campagne. 2 *vi* (*Mil*) battre en retraite; (*withdraw*) se retirer (*from* de); [*flood, glacier*] reculer; [*chin, forehead*] être fuyant.

retrench [rɪ'trentʃ] 1 *vt* réduire. 2 *vi* faire des économies.

retrial ['riːtraɪəl] *n* (*Jur*) nouveau procès *m*.

retribution [,retrɪ'bjuːʃən] *n* châtiment *m*.

retrieve [rɪ'triːv] *vt* (*recover*) **object** récupérer (*from* de); **dog** rapporter; **money** recouvrer; **information** extraire; **fortune, honour, position** rétablir; (*set to rights*) **error** réparer; **situation** redresser; (*rescue*) sauver (*from* de). ♦ **retrievable** *adj* **object, material** récupérable; **money** recouvrable; **error, loss** réparable. ♦ **retrieval** *n* récupération *f*; recouvrement *m*; réparation *f*; **beyond** or **past retrieval** irréparable. ♦ **retriever** *n* chien *m* d'arrêt.

retrograde ['retrəʊgreɪd] *adj* rétrograde.

retrospect ['retrəʊspekt] *n*: **in ~** rétrospectivement. ♦ **retrospective** 1 *adj* **pay rise** rétroactif. 2 *n* (*Art*) rétrospective *f*. ♦ **retrospectively** *adv* rétroactivement.

return [rɪ'tɜːn] 1 *vi* (*come back*) revenir; (*go back*) retourner; [*symptoms, doubts*] réapparaître. **to ~ home** rentrer; **have they ~ed?** sont-ils revenus or rentrés?; **to ~ to work, habit** reprendre; **subject, idea** revenir à; **to ~ to school** rentrer (en classe). 2 *vt* (a) (*give back*) (*gen*) rendre; **money** rembourser (*to sb* à qn); (*bring back*) rapporter; (*put back*) remettre; (*send back*) renvoyer; **compliment, salute, blow, visit, book** rendre; **sb's love** répondre à. (*on letter*) '**~ to sender**' 'retour à l'envoyeur'. (b) (*reply*) répliquer. (c) (*declare*) **income, details** déclarer; (*Jur*) **verdict** rendre.

(*Jur*) **to ~ a verdict of guilty on sb** déclarer qn coupable; **to ~ a verdict of murder** conclure au meurtre. (d) (*Parl*) **candidate** élire.

3 *n* (a) (*coming, going, giving back*) retour *m*; (*sending back*) renvoi *m*; [*sth lost etc*] restitution *f*; [*money*] remboursement *m*. **on my ~** dès mon retour; **~ home** retour; **by ~ of post** par retour du courrier; **many happy ~s (of the day)!** bon anniversaire! (b) (~ **ticket**) aller et retour *m*. (c) (*recompense*) récompense *f* (*for* de); (*from land, business, mine*) rapport *m* (*on* de). **~s** (*profits*) bénéfice *m*; (*receipts*) recettes *fpl*; **small profits and quick ~s** de bas prix et un gros chiffre d'affaires; **in ~** en revanche; **in ~ for** en échange de. (d) **official ~s** statistiques *fpl* officielles; **the population ~s** le recensement; **the election ~s** les résultats *mpl* de l'élection; **tax ~** déclaration *f* de revenus or d'impôts. (e) (*Parl*) [*candidate*] élection *f*.

4 *adj*: **~ fare, ~ ticket** aller et retour *m*; **~ flight** vol *m* de retour; [*ticket*] **~ half** coupon *m* de retour; (*Pol*) **~ing officer** scrutateur *m*; **~ journey** retour *m*; **~ match** match *m* retour; (*Tech*) **~ stroke** course *f* retour. ♦ **returnable** *adj* qu'on doit rendre; **bottle etc** consigné.

reunification [riː,juːnɪfɪ'keɪʃən] *n* réunification *f*.

reunion [riː'juːnjən] *n* réunion *f*.

reunite ['riːjuː'naɪt] *vt* réunir.

rev* [rev] 1 *n* (*aut*) tour *m*. **~ counter** compte-tours *m inv*; **4,000 ~s per minute** 4000 tours minute. 2 *vt* **engine** emballer. 3 *vi* (~ **up**) [*engine*] s'emballer; [*driver*] emballer le moteur.

reveal [rɪ'viːl] *vt* révéler (*that* que); (*uncover*) **hidden object etc** découvrir. ♦ **revealing** *adj* révélateur; **dress** décolleté. ♦ **revelation** [,revə'leɪʃən] *n* révélation *f*; (**the Book of the**) **Revelation** l'Apocalypse *f*.

reveille [rɪ'vælɪ] *n* (*Mil*) réveil *m*.

revel ['revl] 1 *vi* se délecter (*in sth* de qch; *in doing* à faire). 2 *npl*: **~s** festivités *fpl*. ♦ **reveller** *n*: the **~lers** les gens *mpl* de la fête. ♦ **revelry** *n* festivités *fpl*.

revenge [rɪ'vendʒ] 1 *n* vengeance *f*; (*Sport etc*) revanche *f*. **to take ~ on sb for sth** se venger de qch sur qn; **to get one's ~** se venger; **in ~ he ...** pour se venger il ... . 2 *vt* venger. **to be ~d** venger (*on sb* de qn; *on sb for sth* de qch sur qn).

revenue ['revənjuː] *n* revenu *m*.

reverberate [rɪ'vɜːbəreɪt] *vi* se répercuter; (*fig*) se propager. ♦ **reverberation** *n* répercussion *f*.

revere [rɪ'vɪə'] *vt* révérer, vénérer. ♦ **reverence** ['revərəns] 1 *n* vénération *f*; 2 *vt* révérer. ♦ **reverend** *adj*: the **R~nd Robert Martin** (*Anglican*) le révérend Robert Martin, (*Roman Catholic*) l'abbé (Robert) Martin; (*Nonconformist*) le pasteur (Robert) Martin; **R~nd Mother** révérende mère *f*. ♦ **reverent** *adj* respectueux. ♦ **reverently** *adv* avec vénération.

reverse [rɪ'vɜːs] 1 *adj* (*gen*) contraire; **direction** contraire, opposé; **movement, image** inverse. **~ side** V 2 b *below*; **in ~ order** en ordre inverse; (*Aut*) **~ gear** marche *f* arrière.

2 *n* (a) (*opposite*) **the ~** le contraire, l'opposé; **quite the ~!** bien au contraire!; (*Aut*) **in ~** en marche arrière. (b) (~ **side**) [*coin*] revers *m*; [*sheet of paper*] verso *m*; [*cloth*] envers *m*; [*painting*] dos *m*. (c) (*setback*) revers *m*; (*defeat*) défaite *f*.

3 *vt* (a) (*turn the other way round*) **object, garment** retourner; **trend, policy, situation** renverser; **2 objects, order, result** inverser. **to ~ one's policy** faire volte-face (*fig*); **to ~ a procedure** procéder par ordre inverse; (*Brit Telec*) **to ~ the charges** téléphoner en P.C.V.; **~d charge call** communication *f* en P.C.V. (b) (*move backwards*) **moving belt** renverser la direction de; **typewriter ribbon** changer de sens. **to ~ one's car**

= **to reverse** (V 4). (c) (*Jur: annul*) *verdict, judgment* réformer.

4 *vi* (*Aut*) faire marche arrière. **to ~ into the garage** rentrer dans le garage en marche arrière; **to ~ into a tree** heurter un arbre en faisant une marche arrière; **to ~ across the road** faire une marche arrière en travers de la route; **reversing lights** feux *mpl* de marche arrière.

♦ **reversal** *n* (*turning upside down*) renversement *m*; (*switching over of 2 objects*) interversion *f*; (*opinion, view etc*) revirement *m*; (*Jur*) réforme *f*. ♦ **reversible** *adj* réversible.

revert [rɪ'vɜːt] *vi* (*gen*) retourner (*to à*); (*to subject*) revenir (*to à*). (*Bio*) **to ~ to type** retourner au type primitif; (*fig*) **he has ~ed to type** le naturel a repris le dessus. ♦ **reversion** *n* retour *m* (*to à*); (*Bio*) réversion *f*.

review [rɪ'vjuː] **1** *n* (**a**) [*situation, development, the past*] revue *f*, examen *m*; (*Mil etc*) revue; [*book, film, play etc*] critique *f*. **to come up for ~ or come under ~** être révisé; **to give a ~ of sth** passer qch en revue. (**b**) (*magazine*) revue *f*. **2** *adj* [*book*] **~ copy** exemplaire *m* de service de presse. **3** *vt* *one's life, the past, troops* passer en revue; *the situation* réexaminer; *book, play, film* faire la critique de.

♦ **reviewer** *n* critique *m*; **book/film ~er** critique littéraire/de cinéma.

revile [rɪ'vaɪl] *vt* insulter.

revise [rɪ'vaɪz] **1** *vt* (**a**) (*change*) *opinion, estimate* réviser, modifier; *proof* corriger; *text* réviser. **~d edition** édition *f* revue et corrigée; (*Brit*) [*Bible*] **R~d Version** traduction (anglaise) de la Bible de 1884. (**b**) (*learn up*) réviser. **2** *vi* réviser (*for* pour). ♦ **revision** *n* révision *f*.

revive [rɪ'vaɪv] **1** *vt* *person* (*from fainting*) ranimer, (*from exhaustion*) remonter, (*from near death, esp Med*) réanimer; *fashion* remettre en vogue; *conversation, fire* ranimer; *hope, interest* faire renaître; *law* remettre en vigueur; *custom, usage* rétablir; *play* reprendre. **to ~ sb's courage** redonner du courage à qn.

2 *vi* [*person*] reprendre connaissance; [*hope, feelings*] renaître; [*business, trade*] reprendre.

♦ **revival** *n* [*custom, ceremony*] reprise *f*; [*faith*] renouveau *m*; **revival meeting** réunion *f* pour le renouveau de la foi.

revoke [rɪ'vəʊk] **1** *vt* *law* abroger; *order, edict* révoquer; *promise* revenir sur; *decision* annuler; *licence* retirer. **2** *vi* (*Cards*) faire une fausse renonce. ♦ **revocation** *n* abrogation *f*; révocation *f*; annulation *f*; retrait *m*.

revolt [rɪ'vəʊlt] **1** *n* révolte *f*. **to rise or be in ~** se révolter (*against* contre). **2** *vi* se révolter (*against* contre). **3** *vt* révolter. ♦ **revolting** *adj* révoltant, (*less strong*) dégoûtant, (*: unpleasant*) *weather, colour* épouvantable.

revolution [ˌrevə'luːʃən] *n* (*all senses*) révolution *f*. ♦ **revolutionary** *adj, n* révolutionnaire (*mf*). ♦ **revolutionize** *vt* révolutionner.

revolve [rɪ'vɒlv] **1** *vt* (*lit*) faire tourner. (*fig*) **to ~ a problem in one's mind** retourner un problème dans son esprit. **2** *vi* tourner. **to ~ on an axis/around the sun** tourner sur un axe/autour du soleil; (*fig*) **everything ~s around him** tout dépend de lui. ♦ **revolving** *adj* *light, stage* tournant; *chair, bookcase* pivotant; (*Tech*) rotatif; **revolving door** tambour *m*.

revolver [rɪ'vɒlvə^r] *n* revolver *m*.

revue [rɪ'vjuː] *n* (*Theat*) revue *f*.

revulsion [rɪ'vʌlʃən] *n* dégoût *m*.

reward [rɪ'wɔːd] **1** *n* récompense *f*. **as a ~ for sth** en récompense de qch; **as a ~ for doing** pour vous (*or* le etc) récompenser d'avoir fait. **2** *vt* récompenser (*for* de). **to ~ sb with a smile** remercier qn d'un sourire. ♦ **rewarding** *adj* (*financially*) rémunérateur; (*fig*) *book/film* qui vaut la peine

d'être lu/vu; *activity* qui a sa récompense.

rewire ['riː'waɪə^r] *vt* *house* refaire l'installation électrique de.

rhapsody ['ræpsədɪ] *n* (*Mus*) rhapsodie *f*; (*fig*) dithyrambe *m*. ♦ **rhapsodize** *vi* s'extasier (*over, about* sur).

rheostat ['riːəʊstæt] *n* rhéostat *m*.

rhesus ['riːsəs] **1** *n* rhésus *m*. **2** *adj* **factor** rhésus *inv*. **~ monkey** rhésus *m*.

rhetoric ['retərɪk] *n* rhétorique *f*. ♦ **rhetorical** *adj* *style* ampoulé (*pej*); **~al question** question *f* pour la forme. ♦ **rhetorically** *adv* *declaim* en orateur; *ask* pour la forme.

rheumatism ['ruːmətɪzəm] *n* rhumatisme *m*. ♦ **rheumatic fever** *n* rhumatisme *m* articulaire aigu. ♦ **rheumatics** *npl* rhumatismes *mpl*. ♦ **rheumatoid arthritis** *n* rhumatisme *m* chronique polyarticulaire.

rhinoceros [raɪ'nɒsərəs] *n* rhinocéros *m*.

rhododendron [ˌrəʊdə'dendrən] *n* rhododendron *m*.

rhubarb ['ruːbɑːb] **1** *n* rhubarbe *f*. **2** *adj* *jam* de rhubarbe; *pie* à la rhubarbe.

rhyme [raɪm] **1** *n* rime *f*; (*poetry*) vers *mpl*; (*poem*) poème *m*. (*fig*) **without ~ or reason** sans rime ni raison. **2** *vt* faire rimer (*with* avec). **3** *vi* rimer (*with* avec).

rhythm ['rɪðəm] *n* rythme *m*. (*Med*) **~ method** méthode *f* des températures. ♦ **rhythmic(al)** *adj* *movement* rythmique; *music* rythmé. ♦ **rhythmically** *adv* de façon rythmée.

rib [rɪb] *n* (*Anat, Culin*) côte *f*; [*leaf, ceiling*] nervure *f*; [*umbrella*] baleine *f*; [*knitting*] côte. **to dig or poke sb in the ~s** pousser qn du coude.

ribald ['rɪbəld] *adj* paillard. ♦ **ribaldry** *n* paillardises *fpl*.

ribbon ['rɪbən] **1** *n* ruban *m*. **in ~s** (*tatters*) en lambeaux. **2** *adj*: **~ development** extension *f* urbaine linéaire en bordure de route.

rice [raɪs] **1** *n* riz *m*. **2** *adj*: **~ pudding** riz *m* au lait. ♦ **ricefield** *n* rizière *f*. ♦ **rice-growing 1** *n* riziculture *f*; **2** *adj* producteur de riz.

rich [rɪtʃ] *adj* (*gen*) riche (*in* en); *profit* gros; *furniture, gift, clothes* somptueux; *voice* ample; *district* *of town* très chic. **to grow or get ~** (*er*) s'enrichir; **to make ~** enrichir; (*iro*) **that's ~!*** ça c'est pas mal!* (*iro*). ♦ **riches** *npl* richesse(s) *f(pl)*. ♦ **richly** *adv* richement; somptueusement; *deserve* largement. ♦ **richness** *n* richesse *f* (*in* en); somptuosité *f*; ampleur *f*; [*colour*] éclat *m*.

rickets ['rɪkɪts] *n* rachitisme *m*. **to have ~** être rachitique. ♦ **rickety** *adj* (*Med*) rachitique; *furniture, stairs* branlant.

ricochet ['rɪkəʃeɪ] **1** *n* ricochet *m*. **2** *vi* ricocher.

rid [rɪd] *pret, ptp* **rid** *or* **ridded** *vt* (*of pests, disease*) débarrasser (*of* de); (*of bandits etc*) délivrer (*of* de). **to get ~ of, to ~ o.s. of** *fleas, spots, cold* se débarrasser de; *habit, desire, fears* perdre; *debts* liquider; **to be ~ of** être débarrassé de; **the body gets ~ of waste** l'organisme élimine les déchets. ♦ **riddance** *n* débarras *m*; **good ~dance!** bon débarras!*

ridden ['rɪdn] (*ptp of* **ride**) *adj* *ending*: **fear-~** hanté par la peur; **remorse-~** tourmenté par le remords.

riddle[1] ['rɪdl] **1** *n* crible *m*. **2** *vt* *coal, soil etc* passer au crible; *stove* agiter la grille de; (*fig*) cribler (*with bullets etc* de balles etc).

riddle[2] ['rɪdl] *n* (*mystery*) énigme *f*. **to ask sb a ~** poser une devinette à qn.

ride [raɪd] (*vb: pret* **rode**, *ptp* **ridden**) **1** *n* (**a**) promenade *f* (*à cheval, à bicyclette etc*), tour *m*; (*distance covered*) trajet *m*. **horse ~, ~ on horseback** (*for pleasure*) promenade *or* tour à cheval; (*long journey*) chevauchée *f*; **he gave the child a ~ on his back** il a promené l'enfant sur son dos; **coach ~** tour *or* excursion *f* en car; **it's a short taxi ~** ce n'est pas loin en taxi (*to* jusqu'à); **he has a**

long (car/bus) ~ **to work** il a un long trajet (en voiture/en autobus) jusqu'à son travail; **to go for a** ~ **in a car** faire un tour or une promenade en voiture; **to take sb for a** ~ (in car etc) emmener qn en promenade; (fig: make fool of) mener qn en bateau*; (swindle) rouler qn*; **I've never had a** ~ **in a train** je n'ai jamais pris le train; **can I have a** ~ **on your bike**? est-ce que je peux monter sur ton vélo?; **a** ~ **on the merry-go-round** un tour sur le manège. (b) (forest path) allée f cavalière.
2 vi (a) (~ a horse) monter à cheval, faire du cheval. **can you** ~? savez-vous monter à cheval?; **he** ~**s well** il monte bien, il est bon cavalier. (b) (go on horseback/by bicycle/by motorcycle) aller à cheval/à bicyclette/en moto. **to** ~ **down/away** etc descendre/s'éloigner etc à cheval (or à bicyclette etc); **the witch was riding on a broomstick** la sorcière était à cheval sur un balai; **they were riding on a bus/in a car/in a train** ils étaient en autobus/en voiture/en train; **they rode in a bus to** ... ils sont allés en autobus à ...; (fig) **to be riding for a fall** courir à un échec; **to** ~ **at anchor** être à l'ancre; **to let things** ~ laisser courir*.
3 vt: **to** ~ **a horse/donkey/camel** monter à cheval/à dos d'âne/à dos de chameau; **he was riding Malfi** il montait Malfi; **I have never ridden Flash** je n'ai jamais monté Flash; **he rode Cass at Newmarket** il montait Cass à Newmarket; **he rode Buster into town** il a pris Buster pour aller en ville; **Jason will be ridden by J. Bean** Jason sera monté par J. Bean; **he** ~**s his pony to school** il va à l'école à dos de poney; **he rode his motorbike/cycle to the station** il est allé à la gare en moto/à bicyclette; **I have never ridden a bicycle/a motorbike** je ne suis jamais monté à bicyclette/à moto; **can I** ~ **your bike**? est-ce que je peux monter sur ton vélo?; **he was riding a bicycle** il était à bicyclette; **he always** ~**s a bicycle** il va partout à bicyclette; **they had ridden 10 km** ils avaient fait 10 km à cheval (or à bicyclette etc).
ride out vt sep (fig) difficult period surmonter, survivre à. **to** ~ **out the storm** (Naut) étaler la tempête; (fig) surmonter la crise.
ride up vi [skirt etc] remonter.
♦ **rider** n (a) [horse] cavalier m, -ière f; [racehorse] jockey m; [circus horse] écuyer m, -ère f; **a good** ~**r** un bon cavalier, une bonne cavalière; (b) (addition: to document) annexe f; (to insurance policy, jury's verdict) avenant m.
♦ **riding** 1 n (horse-riding) équitation f; (horsemanship) monte f; 2 adj boots, breeches de cheval; teacher d'équitation; **riding crop** or **whip** cravache f; **riding habit** tenue f d'amazone; **riding school** or **stables** manège m.
ridge [rɪdʒ] 1 n [roof, nose, line of hills] arête f; (ledge on hillside) corniche f; (chain of mountains) chaîne f; (on sand) ride f; (in ploughed land) billon m; (on cliff, rockface) strie f. (Met) **a** ~ **of high pressure** une ligne de hautes pressions.
2 adj: ~ **tent** tente f à armature simple.
ridicule ['rɪdɪkjuːl] 1 n raillerie f, ridicule m. **to hold sb/sth up to** ~ tourner qn/qch en ridicule.
2 vt ridiculiser. ♦ **ridiculous** [rɪ'dɪkjʊləs] adj ridicule; **to make o.s.** (look) **ridiculous** se rendre ridicule. ♦ **ridiculously** adv ridiculement.
♦ **ridiculousness** n ridicule m (état).
rife [raɪf] adj [disease, corruption] **to be** ~ sévir; **rumour is** ~ des bruits courent.
riffraff ['rɪfræf] n racaille f.
rifle[1] ['raɪfl] vt town piller; sb's pockets puiser dans; drawer, till, house dévaliser.
rifle[2] ['raɪfl] 1 n (gun) fusil m (rayé); (for hunting) carabine f de chasse. 2 adj: ~ **range** (outdoor) champ m de tir; (indoor) stand m de tir.
rift [rɪft] n (gen) fissure f; (in clouds) trouée f; (Pol: in party) division f.
rig [rɪg] 1 n (oil ~) (land) derrick m; (sea) plateforme f pétrolière. 2 vt election truquer; prices

faire monter (or baisser) de façon factice. **it was** ~**ged** c'était un coup monté.
rig out vt sep habiller (with de; as en).
rig up vt sep boat gréer; (with mast) mâter; (set up) equipment monter; (make hastily) faire avec des moyens de fortune; (arrange) arranger.
♦ **rigging** n (Naut) gréement m. ♦ **rigout*** n tenue f (vestimentaire).
right [raɪt] 1 adj (a) (just) juste, équitable; (morally good) bien inv. **it isn't** ~ **to lie** ce n'est pas bien de mentir; **to do what is** ~ faire ce qui est conforme au devoir or à la morale, se conduire bien; **he thought it** ~ **to warn me** il a cru or jugé bon de m'avertir; **it seemed only** ~ **to do it** il ne semblait que juste de le faire; **it is only** ~ **that she should go** il n'est que juste qu'elle y aille; **it is only** ~ **to point out that** ... en toute justice il faut signaler que ...; **would it be** ~ **to tell him**? ferait-on bien de le lui dire?; **to do the** ~ **thing by sb** agir honorablement envers qn.
(b) (correct) juste, exact. **to be** ~ [person] avoir raison (to do de faire); [answer] être juste, être exact; [clock] être à l'heure; **that's** ~ c'est juste, c'est exact; **the** ~ **answer/road/table** la bonne réponse/route/table; **the** ~ **time** l'heure exacte or juste; **at the** ~ **time** au bon moment; **on the** ~ **road** sur le bon chemin, (fig) sur la bonne voie; **to get one's sums** ~ réussir ses additions; **to get one's facts** ~ être sûr de ce qu'on avance; **let's get it** ~ **this time!** essayons d'y arriver cette fois-ci!; **to put** or **set** ~ error corriger; mistaken person détromper; sick person guérir; situation redresser; clock remettre à l'heure; **to put things** ~ arranger les choses; **put me** ~ **if I'm wrong** dites-moi si je me trompe; **the** ~ **clothes** les vêtements appropriés; **what's the** ~ **thing to do**? qu'est-ce qu'il vaut mieux faire?; **to do sth the** ~ **way** s'y prendre bien; **that is the** ~ **way of looking at it** c'est bien ainsi qu'il faut l'envisager; **the** ~ **word** le mot juste; **the** ~ **man for the job** l'homme qu'il faut; **the** ~ **size** la taille qu'il faut; **what is** ~ **for the country** ce qui est dans l'intérêt du pays; **she is on the** ~ **side of 40** elle n'a pas encore 40 ans; **to get on the** ~ **side of sb*** s'insinuer dans les bonnes grâces de qn; **the** ~ **side of the material** l'endroit m du tissu; **to know the** ~ **people** avoir des relations utiles; **more than is** ~ plus que de raison; ~**!**, ~**-oh!***, ~ **you are!*** d'accord!; **that's** ~! mais oui!, c'est ça!; **he's the** ~ **sort*** c'est un type bien*; **all** ~ V **all 3 b.**
(c) (well) **I don't feel quite** ~ je ne me sens pas très bien; **to be as** ~ **as rain*** (after illness) se porter comme un charme; (after fall) être indemne; **the car's not** ~* il y a qch qui cloche* dans la voiture; **he put the engine** ~ il a remis le moteur en état; **to be in one's** ~ **mind** avoir toute sa raison; **not** ~ **in the head** un peu dingue‡.
(d) (Math) droit. **at** ~ **angles** à angle droit (to avec).
(e) (opposite of left) droit, de droite. ~ **hand** main droite; **I'd give my** ~ **hand to know** ... je donnerais cher* pour savoir ... .
2 adv (a) (straight) tout droit, directement; (exactly, completely) tout, tout à fait. ~ **in front of you** (tout) droit devant vous; ~ **behind you** juste derrière vous; **go** ~ **on** continuez tout droit; ~ **away,** ~ **off*** (immediately) tout de suite; (at the first attempt) du premier coup; ~ **now** en ce moment; (at once) tout de suite; ~ **here** ici même; ~ **in the middle** en plein milieu; ~ **at the start** dès le tout début; ~ **round the house** tout autour de la maison; **rotten** ~ **through** complètement pourri; **to turn** ~ **round** se retourner; ~ **at the top of the mountain** tout en haut de la montagne; ~ **at the back,** ~ **at the bottom** tout au fond; **push it** ~ **in** enfoncez-le complètement or jusqu'au bout.
(b) (correctly) do, remember bien; guess, calculate juste; answer correctement; (well)

bien. **if I remember** ~ si je me souviens bien; **you did** ~ **to refuse** vous avez eu raison de refuser; **if everything goes** ~ si tout va bien; **if I get you** ~* si je comprends bien; **I'll see you** ~*▪ je veillerai à ce que vous n'y perdiez (*subj*) pas.

(c) (*opposite of left*) à droite. ~ **and left** *look etc* à droite et à gauche; (*fig*) ~, **left and centre*** de tous les côtés.

3 *n* (a) ~ **and wrong** le bien et le mal; **to be in the** ~ avoir raison, être dans le vrai; **I want to know the** ~ **and wrongs of it** je veux savoir qui a tort et qui a raison là-dedans; **to put** *or* **set sth to** ~**s** mettre qch en ordre. (b) *droit m.* **to have a** ~ **to sth** avoir droit à qch; **to have a** *or* **the** ~ **to do** avoir le droit de faire; **what** ~ **have you to say that?** de quel droit dites-vous cela?; **within his** ~**s** dans son droit; **by** ~**s** en toute justice; (*Jur*) **in his own** ~ de son propre chef; **she's a good actress in her own** ~ elle est elle-même une bonne actrice; **women's** ~**s movement** mouvement *m* pour les droits de la femme. (c) (*not left*) *droite f.* **on** *or* **to the** ~ à droite (*of* de); **to keep to the** ~ (*gen*) garder la droite; (*Aut*) tenir sa droite; **on my** ~ à ma droite; (*Pol*) **the R**~ la droite.

4 *vt vehicle, wrong etc* redresser; *injustice* réparer. **to** ~ **itself** [*vehicle*] se redresser; [*problem*] s'arranger.

♦ **right-angled** *adj* à angle droit; *triangle* rectangle. ♦ **righteous** *adj person* vertueux; *anger, indignation* justifié. ♦ **righteousness** *n* droiture *f*, vertu *f*. ♦ **rightful** *adj* légitime. ♦ **rightfully** *adv* à juste titre. ♦ **right-hand** *adj side* droit; ~**-hand drive** *car* voiture *f* avec la conduite à droite; **his** ~**-hand man** son bras droit (*personne*). ♦ **right-handed** *adj person* droitier; *punch, throw* du droit; *screw* fileté à droite. ♦ **rightly** *adv* (a) (*correctly*) bien, correctement; **I don't** ~**ly know*** je ne sais pas au juste; (b) (*justifiably*) à juste titre; ~**ly** *or* **wrongly** à tort ou à raison. ♦ **right-minded** *or* ♦ **right-thinking** *adj* sensé. ♦ **right-of-way** *n* (*across property*) droit *m* de passage; (*Aut:* priority) priorité *f*. ♦ **right-wing** 1 *n* (*Sport: also* ~**-winger**) ailier *m* droit; (*Pol*) droite *f*; 2 *adj* (*Pol*) de droite.

rigid ['rɪdʒɪd] *adj material* rigide; *person* rigide, inflexible; *specifications, interpretation* strict; *system* qui manque de flexibilité. **he's quite** ~ **about it** il est inflexible là-dessus. ♦ **rigidity** *n* rigidité *f*; inflexibilité *f* ♦ **rigidly** *adv stand etc* avec raideur; (*fig*) *behave, treat* inflexiblement; *oppose* absolument.

rigmarole ['rɪgmərəʊl] *n* (*speech*) galimatias *m*; (*complicated procedure*) comédie* *f*, histoire* *f*.

rigour, (*US*) **-or** ['rɪgə*r*] *n* rigueur *f*. ♦ **rigor mortis** *n* rigidité *f* cadavérique. ♦ **rigorous** *adj* rigoureux. ♦ **rigorously** *adv* rigoureusement.

rim [rɪm] *n* [*cup, bowl*] bord *m*; [*wheel*] jante *f*; [*spectacles*] monture *f*. ♦ **rimless** *adj spectacles* à verres non cerclés.

rind [raɪnd] *n* (*on fruit*) peau *f*, (*cut off*) pelure *f*; [*cheese*] croûte *f*; [*bacon*] couenne *f*.

ring¹ [rɪŋ] 1 *n* (a) (*gen*) anneau *m*; (*on finger*) anneau, (*with stone*) bague *f*; (*for napkin*) rond *m*; (*for swimmer*) bouée *f* de natation; (*for invalid to sit on*) rond (pour malade). **wedding** ~ alliance *f*. (b) (*circle*) (*of people; in tree trunk*) cercle *m*; (*of smoke, in water etc*) rond *m*. **the** ~**s of Saturn** les anneaux *mpl* de Saturne; **to have** ~**s round the eyes** avoir les yeux cernés; **to stand in a** ~ se tenir en cercle; (*fig*) **to run** ~**s round sb*** battre qn à plate couture. (c) (*group*) (*gen*) coterie *f*; [*dealers*] cartel *m*; [*spies*] réseau *m*. (d) (*enclosure*) (*at circus*) piste *f*; (*at exhibition*) arène *f*; (*Horse-racing*) enceinte *f* des bookmakers; (*Boxing*) ring *m.* 2 *vt* (*surround*) entourer, encercler; (*put* ~ *on*) *item on list etc* entourer d'un cercle; *bird, tree* baguer. 3 *adj:* ~ **binder** classeur

m à anneaux; ~ **finger** annulaire *m*; ~ **road** route *f* de ceinture, (*motorway-type*) périphérique *m*. ♦ **ringleader** *n* meneur *m*. ♦ **ringlet** *n* frisette *f*; (*long*) anglaise *f*. ♦ **ringmaster** *n* ≃ 'Monsieur Loyal'. ♦ **ringworm** *n* teigne *f*.

ring² [rɪŋ] (*vb: pret* **rang**, *ptp* **rung**) 1 *n* (a) [*bell*] sonnerie *f*, (*lighter*) tintement *m*; [*electric bell*] retentissement *m*; [*telephone*] sonnerie. **there was a** ~ **at the door** on a sonné à la porte; **his voice had an angry** ~ il y avait un accent de colère dans sa voix; **that has the** ~ **of truth** ça sonne juste. (b) (*: *phone call*) coup *m* de téléphone *or* de fil*. **to give sb a** ~ donner *or* passer un coup de téléphone *or* de fil* à qn.

2 *vi* (a) [*bell*] sonner, retentir, (*lightly*) tinter; [*alarm clock, telephone*] sonner. **to** ~ **for sb/sth** sonner qn/pour demander qch; **to** ~ **for the lift** appeler l'ascenseur. (b) (*telephone*) téléphoner. (c) [*words*] retentir (*through the room* dans la salle; *in his ears* à ses oreilles); [*voice*] vibrer (*with* de); [*coin*] sonner, tinter; (*resound*) résonner, retentir (*with* de); [*ears*] tinter, bourdonner. **to** ~ **false/true** [*coin*] sonner faux/clair; (*fig*) sonner faux/juste.

3 *vt* (a) *bell* faire sonner; *coin* faire tinter. **to** ~ **the doorbell** sonner (à la porte); **to** ~ **the bell** sonner, donner un coup de sonnette; (*fig*) **this name** ~**s a bell*** son nom me dit qch; [*bells*] **to** ~ **the changes** carillonner; (*fig*) **to** ~ **the changes on** varier. (b) (*Telec:* ~ **up**) téléphoner à, passer un coup de fil* à.

ring back *vi, vt sep* (*Telec*) rappeler.

ring off *vi* (*Telec*) raccrocher.

ring out *vi* [*bell*] sonner; [*voice*] résonner; [*shot*] retentir.

ring up *vt sep* (*Telec*) = **ring** 3 b.

♦ **ringing** 1 *adj voice, tone* retentissant; (*Telec*) ~**ing tone** tonalité *f*; 2 *n* [*bell, telephone*] sonnerie *f*, (*lighter*) tintement *m*; [*electric bell*] retentissement *m*; (*in ears*) bourdonnement *m*.

rink [rɪŋk] *n* [*ice-skating*] patinoire *f*; [*roller-skating*] skating *m*.

rinse [rɪns] 1 *n* rinçage *m.* **to give sth a** ~ rincer qch. 2 *vt clothes etc* rincer. **to** ~ **(the soap off) one's hands** se rincer les mains; (*colour*) **to** ~ **one's hair** se faire un rinçage.

rinse out *vt sep colour, dirt* faire partir à l'eau; *cup* rincer. **to** ~ **out one's mouth** se rincer la bouche.

riot ['raɪət] 1 *n* émeute *f*, bagarre *f*; [*flowers, colours*] profusion *f.* 2 *adj:* ~ **police** forces *fpl* d'intervention (de police); (*fig*) **to read sb the** ~ **act** tancer qn vertement. 3 *vi* manifester avec violence, (*stronger*) faire une émeute. ♦ **rioter** *n* émeutier *m*, -ière *f*. ♦ **riotous** *adj scene* tapageur; (*: *hilarious*) tordant*; ~**ous living** vie *f* de débauche; **a** ~**ous success** un succès fou* *or* monstre*. ♦ **riotously** *adv* tapageusement; ~**ously funny*** vachement rigolo▪.

rip [rɪp] 1 *n* déchirure *f.* 2 *vt* déchirer, fendre. **to** ~ **open** ouvrir en hâte. 3 *vi* (a) [*cloth*] se déchirer. (b) (*Aut*) **let her** ~! foncez!*; **he let** ~* **a string of oaths** il a lâché un chapelet de jurons; **he let** ~* **at me** il m'a passé un bon savon*.

rip off *vt sep* (a) arracher (*from* de). (b) (▪: *steal*) voler; (▪: *burgle*) cambrioler.

♦ **rip-roaring*** *adj success* monstre*.

ripe [raɪp] *adj* (*gen*) mûr (*for* pour); *cheese* fait. **to a** ~ **old age** jusqu'à un bel âge. ♦ **ripen** 1 *vt* (faire) mûrir; 2 *vi* mûrir. ♦ **ripeness** *n* maturité *f*.

ripple ['rɪpl] 1 *n* (*movement: on water, corn*) ondulation *f*; (*noise*) [*waves*] clapotis *m*; [*voices*] murmures *mpl*; [*laughter*] cascade *f.* 2 *vi* onduler.

rise [raɪz] (*vb: pret* **rose**, *ptp* **risen**) 1 *n* (a) [*theatre curtain, sun*] lever *m*; (*Mus*) hausse *f*; (*increase*) hausse, (*in wages*) augmentation *f*; (*fig*) [*person, party*] ascension *f*; [*town, industry, empire*] essor *m.* [*employee*] **to ask for a** ~

demander une augmentation (de salaire); *(fig)* his ~ to power sa montée au pouvoir; *(fig)* to get a ~ out of sb* faire marcher qn*. **(b)** *(small hill)* élévation *f*; *(slope)* côte *f*, pente *f*. **(c)** *(origin)* source *f (also fig)*. *(fig)* to give ~ to donner lieu à.

2 *vi* **(a)** *(get up: gen)* se lever; *(after falling)* se relever. to ~ to one's feet se mettre debout, se lever; to ~ from the dead ressusciter (des morts).

(b) *(go higher: gen)* monter; *[balloon]* s'élever; *[curtain, sun, wind]* se lever; *[dough]* lever; *[hair]* se dresser; *[barometer]* remonter; *[fish]* remonter; *[hopes, anger]* croître; *(in society, rank)* s'élever; *[cost of living]* augmenter; *[stocks, shares]* être en hausse; *(fig)* *[mountain, tower]* se dresser *(before sb* devant qn). to ~ to the surface remonter à la surface; *(fig)* he rose to the bait il a mordu à l'hameçon; he won't ~ to that il ne réagira pas à ça; his eyebrows rose il a levé les sourcils; the mountain ~s to 3,000 metres la montagne a une altitude de 3 000 mètres; to ~ to the occasion se montrer à la hauteur de la situation; I can't ~ to £10 je ne peux pas aller jusqu'à 10 livres; to ~ in price augmenter (de prix); *temperature, level* to ~ above sth dépasser qch; her spirits rose son moral a remonté; to ~ in the world réussir; to ~ from nothing partir de rien; *(Mil)* to ~ from the ranks sortir du rang; he rose to be President/a captain il s'est élevé jusqu'à devenir Président/jusqu'au grade de capitaine. **(c)** *(adjourn)* *[assembly]* clore la session; *[meeting]* lever la séance. *(Parl)* the House rose l'Assemblée a levé la séance. **(d)** *(start)* *[river]* prendre sa source *(in* dans). **(e)** *(rebel:* ~ up) se soulever *(against* contre).

rise up *vi* *[person]* se lever; *V also* **rise 2e**.

♦ **risen** ['rɪzn] *adj (Rel)* the ~n Lord le Christ ressuscité. ♦ **riser** *n*: to be an early/a late ~r (aimer) se lever tôt/tard. ♦ **rising 1** *n (rebellion)* soulèvement *m*; **2** *adj* *sun* levant; *prices, temperature* en hausse; *tide* montant; *wind* qui se lève; *tone* qui monte; *anger, fury* croissant; *ground* qui monte en pente; *(fig)* *generation* nouveau; **rising damp** humidité *f* (par capillarité); **rising young doctor** jeune médecin d'avenir; **she's rising six*** elle va sur ses six ans.

risk [rɪsk] **1** *n* risque *m*. to take *or* run ~s courir des risques; to run the ~ of doing courir le risque de faire; it's not worth the ~ ça ne vaut pas la peine de courir un tel risque; there is no ~ that he will come il ne risque pas de venir; at your own ~ à vos risques et périls; at the ~ of seeming stupid au risque de paraître stupide; at the ~ of his life au péril de sa vie; at ~ *child* en danger; *job* menacé; **fire** ~ risque d'incendie. **2** *vt life, future, savings* risquer; *battle, defeat, quarrel* s'exposer aux risques de; *accident* risquer d'avoir; *(venture)* *criticism, remark* risquer. **you** ~ **falling** vous risquez de tomber; **she won't** ~ **coming** elle ne se risquera pas à venir; **I'll** ~ **it** je vais risquer le coup*; to ~ one's neck risquer sa peau*.

♦ **riskiness** *n* risques *mpl*. ♦ **risky** *adj* risqué.

rissole ['rɪsəʊl] *n* croquette *f*.

rite [raɪt] *n (gen)* rite *m*. **last** ~s derniers sacrements *mpl*. ♦ **ritual** ['rɪtjʊəl] *adj, n* rituel (*m*). ♦ **ritually** *adv* rituellement.

rival ['raɪvəl] **1** *n* rival(e) *m(f)*. **2** *adj firm* rival; *attraction, claim* opposé. **3** *vt*: to ~ sb in sth rivaliser de qch avec qn. ♦ **rivalry** *n* rivalité *f*.

river ['rɪvəʳ] **1** *n* rivière *f*, *(major)* fleuve *m (also fig)*. **down** ~ en aval; **up** ~ en amont; **the R**~ **Seine** la Seine. **2** *adj police, system, fishing* fluvial; *fish* de rivière. ♦ **riverbank** *n* rive *f*, berge *f*. ♦ **riverbed** *n* lit *m* de rivière *or* de fleuve. ♦ **riverside 1** *n* bord *m* de la rivière *ou* du fleuve; **by the** ~**side** au bord de l'eau; **along the** ~**side** le long de la rivière *etc*; **2** *adj* au bord de la rivière.

rivet ['rɪvɪt] **1** *n* rivet *m*. **2** *vt* river. **3** *adj*: ~ **joint** assemblage *m* par rivets. ♦ **riveter** *n (person)*

riveur *m*; *(machine)* riveuse *f*. ♦ **rivet(t)ing 1** *n* rivetage *m*; **2** *adj* (*: *fig*) fascinant.

Riviera [ˌrɪvɪˈɛərə] *n*: the French ~ la Côte d'Azur; the Italian ~ la Riviera (italienne).

road [rəʊd] **1** *n (gen)* route *f*; *(minor)* chemin *m*; *(in town)* rue *f*; *(fig)* chemin, voie *f*. **trunk** ~ grande route, nationale *f*; **country** ~ petite route, route de campagne; '~ **up**' 'attention travaux'; **just across the** ~ juste en face *(from* de; *from us* de chez nous); **my car is off the** ~ ma voiture est *(laid up)* sur cales *or (being repaired)* en réparation; **this vehicle shouldn't be on the** ~ on ne devrait pas laisser circuler un véhicule dans cet état; **he is a danger on the** ~ au volant c'est un danger public; **to take the** ~ se mettre en route; *[salesman, theatre company]* **to be on the** ~ être en tournée; **we were on the** ~ **at 6 o'clock** nous étions sur la route à 6 heures; **we were on the** ~ **to Paris** nous étions en route pour Paris; **the** ~ **to London** la route de Londres; *(in towns)* **London R**~ rue de Londres; *(fig)* **on the** ~ **to success** sur le chemin du succès; *(fig)* **somewhere along the** ~ à un moment donné; **you're in my** ~* vous m'empêchez de passer; **(get) out of the** ~!* dégagez!; **to have one for the** ~* prendre un dernier verre avant de partir.

2 *adj bridge, map, safety, traffic* routier. ~ **accident** accident *m* de la route; ~ **book** guide *m* routier; ~ **haulage** *or* **transport** transports *mpl* routiers; ~ **haulier** entrepreneur *m* de transports routiers; *[driver]* ~ **sense** sens *m* de la conduite (sur route); *(Theat)* ~ **show** spectacle *m* de tournée; ~ **sign** panneau *m* indicateur; **international** ~ **signs** signalisation *f* routière internationale.

♦ **roadblock** *n* barrage *m* routier. ♦ **roadhog** *n* chauffard *m*. ♦ **roadhouse** *n* relais *m*. ♦ **roadmaking** *n* construction *f* de route. ♦ **roadman** *or* ♦ **roadmender** *n* cantonnier *m*. ♦ **roadroller** *n* rouleau *m* compresseur. ♦ **roadside 1** *n* bord *m* de la route; **along** *or* **by the** ~**side** au bord de la route; **2** *adj* au bord de la route. ♦ **roadsweeper** *n (person)* balayeur *m*, -euse *f*; *(vehicle)* balayeuse *f*. ♦ **road-test 1** *n* essais *mpl* sur route; **2** *vt*: to ~-test a car faire les essais sur route. ♦ **road-user** *n* usager *m* de la route. ♦ **roadway** *n* chaussée *f*. ♦ **roadworks** *npl* travaux *mpl* (d'entretien des routes). ♦ **roadworthy** *adj* en état de marche.

roam [rəʊm] **1** *vt streets etc (gen)* parcourir, *[child, dog]* traîner dans. **2** *vi* errer, rôder; *[thoughts]* vagabonder. ♦ **roaming 1** *adj* errant, vagabond; **2** *n* vagabondage *m*.

roan [rəʊn] *adj, n (horse)* rouan (*m*).

roar [rɔːʳ] **1** *vi [person, crowd]* hurler *(with* de); *[lion]* rugir; *[bull, wind, sea]* mugir; *[thunder, gun, waterfall, vehicle]* gronder; *(Aut: rev)* vrombir; *[fire in hearth]* ronfler. to ~ **with laughter** rire à gorge déployée; to ~ **past** *[trucks]* passer bruyamment à toute allure; *[car]* passer en vrombissant. **2** *vt* (~ **out**) *order* vociférer; *song* chanter à tue-tête; *one's disapproval* hurler. **3** *n* hurlement(s) *m(pl)*; rugissement *m*; mugissement *m*; grondement *m*; vrombissement *m*; ronflement *m*. ~**s of laughter** de gros éclats *mpl* de rire. ♦ **roaring** *adj* hurlant; rugissant; mugissant; grondant; vrombissant; ronflant; *(in hearth)* a ~**ing fire** une belle flambée; ~**ing success** succès *m* fou; **to do a** ~**ing trade** faire des affaires d'or*.

roast [rəʊst] **1** *n* rôti *m*. **2** *adj (gen)* rôti. ~ **beef** rôti *m* de bœuf. **3** *vt (gen)* rôtir; *coffee beans* torréfier. **4** *vi [meat]* rôtir. **I'm** ~**ing!*** je crève* de chaleur! ♦ **roasting 1** *n* rôtissage *m*; **2** *adj* **(a)** (*: *hot)* day torride; **(b)** *chicken etc* à rôtir.

rob [rɒb] *vt person, shop* dévaliser; *orchard* piller. to ~ sb of sth *(purse etc)* voler *or* dérober qch à qn; *(rights etc)* priver qn de qch; to ~ **the till** voler de l'argent dans la caisse; **he's been ~bed of his watch** on lui a volé sa montre; **I've been ~bed!** j'ai été volé! ♦ **robber** n voleur m. ♦ **robbery** n vol m; **highway ~bery** (lit) vol de grand chemin; (*fig) vol manifeste.

robe [rəʊb] n **(a)** (garment) robe f (de cérémonie); (for house wear) peignoir m. **his ~ of office** la robe de sa charge. **(b)** (US: rug) couverture f.

robin ['rɒbɪn] n rouge-gorge m.

robot ['rəʊbɒt] **1** n robot m. **2** adj automatique.

robust [rəʊ'bʌst] adj person, humour robuste; defence vigoureux; material, appetite solide. ♦ **robustness** n robustesse f; solidité f.

rock¹ [rɒk] **1** vt **(a)** child bercer; cradle, rocking chair balancer; boat (gently) balancer, (roughly) ballotter; [explosion etc] ébranler. **(b)** (shake; also fig*: startle) secouer. (fig) **to ~ the boat*** semer le trouble, compromettre la situation. **2** vi (gently) se balancer; (violently) être ébranlé. **to ~ with laughter*** se tordre de rire. **3** n (music) rock m. ♦ **rock-and-roll** n rock (and roll) m. ♦ **rocker** n **(a)** (chair) fauteuil m à bascule. **(b)** **off one's ~ers** cinglé*. ♦ **rocking chair** n fauteuil m à bascule. ♦ **rocking horse** n cheval m à bascule. ♦ **rocky¹** adj table, government branlant; health, situation, finances chancelant.

rock² [rɒk] **1** n **(a)** (gen) roche f; (hard) roc m; (~ face) rocher m; (large mass, huge boulder) rocher, (smaller) roche. **a huge ~ blocked their way** un énorme rocher leur bouchait le chemin; **a pile of fallen ~s** des éboulis mpl de roches; **the R~ of Gibraltar** le rocher de Gibraltar; (fig) **as solid as a ~** solide comme le roc; **the ship went on the ~s** le bateau est allé donner sur les écueils mpl; **on the ~s** drink avec des glaçons; (*) person qui n'a pas le sou; (*) marriage en train de craquer*. **(b)** (sweet) **stick of ~** ≃ bâton m de sucre d'orge. **2** adj: **~ crystal** cristal m de roche; **~ face** paroi f rocheuse; **~ fall** chute f de rochers; **~ garden** rocaille f; **~ painting** peinture f rupestre; **~ plant** plante f de rocaille; **~ salmon** roussette f; **~ salt** sel m gemme.

♦ **rock-bottom** n (fig) **to have reached ~-bottom*** [person] ne pas pouvoir tomber plus bas; (in spirits) avoir le moral à zéro*; [prices] être tombé au niveau le plus bas. ♦ **rock-bun** or ♦ **rock-cake** n rocher m (Culin). ♦ **rock-climber** n varappeur m, -euse f. ♦ **rock-climbing** n varappe f. ♦ **rockery** n rocaille f. ♦ **rocky²** adj hill rocheux; path rocailleux; **the R~y Mountains** les montagnes fpl Rocheuses.

rocket ['rɒkɪt] **1** n fusée f. **to fire** or **send up a ~** lancer une fusée; (fig) **to give sb a ~*** passer un savon* à qn. **2** vi [prices] monter en flèche. **3** adj: **~ base**, **~ range** base f de lancement de missiles; **~ launcher** lance-fusées m inv. ♦ **rocketry** n (rockets collectively) fusées fpl.

rod [rɒd] n (wooden) baguette f; (metallic) tringle f; [machinery] tige f; (fishing ~) canne f à pêche; (symbol of authority) verge f. **curtain/stair ~** tringle à rideaux/d'escalier; (fig) **to make a ~ for one's own back** se préparer des ennuis; **to rule with a ~ of iron** country gouverner d'une main de fer; family mener à la baguette.

rode [rəʊd] pret of **ride**.

rodent ['rəʊdənt] adj, n rongeur (m).

roe¹ [rəʊ] n [fish] **hard ~** œufs mpl (de poisson); **soft ~** laitance f.

roe²(-deer) ['rəʊ(dɪər)] n (species) chevreuil m; (female deer) chevreuil m femelle. ♦ **roebuck** n chevreuil m mâle.

rogue [rəʊg] **1** n (scoundrel) gredin m; (scamp) coquin(e) m(f). (Police) **~s' gallery** photographies fpl de repris de justice. **2** adj elephant solitaire. ♦ **roguish** adj espiègle, coquin. ♦ **roguishly** adv speak avec espièglerie; look d'un œil coquin.

role [rəʊl] n rôle m.

roll [rəʊl] **1** n **(a)** (gen) rouleau m; [banknotes] liasse f; [flesh, fat] bourrelet m. **(b)** (bread ~) petit pain m. **(c)** (movement) [ship] roulis m; (Aviat) vol m en tonneau. **(d)** [thunder, drums] roulement m; [organ] ronflement m. **(e)** (list) liste f, tableau m; (for court, ship's crew etc) rôle m. **we have 60 pupils on our ~** nous avons 60 élèves inscrits; **to call the ~** faire l'appel; **~ of honour** (Mil) liste des combattants morts pour la patrie; (Scol) tableau d'honneur; (Jur) **to strike sb off the ~s** radier qn des listes.

2 vi **(a)** [ball, ship, eyes] rouler; [horse, dog] se rouler. **to ~ over and over** [object] rouler sur soimême, [person] se rouler; **it ~ed under the table** ça a roulé sous la table; **to ~ down a slope** (falling) dégringoler une pente, (playing) rouler le long d'une pente; **tears were ~ing down her cheeks** les larmes roulaient sur ses joues; **the waves were ~ing on to the beach** les vagues déferlaient sur la plage; **the newspapers were ~ing off the presses** les journaux tombaient des rotatives; (Aut) **to ~ along** rouler; (fig) **to keep the ball** or **things ~ing** veiller à ce que tout marche bien; (fig) **he's ~ing in money*** il roule sur l'or; **they were ~ing in the aisles*** (laughing) ils se tordaient de rire. **(b)** [thunder, drums, words] rouler; [voice] retentir.

3 vt ball faire rouler; umbrella, cigarette, lawn rouler; pastry, dough étendre au rouleau; metal laminer; road cylindrer. **to ~ sth in/out etc** faire entrer/sortir etc qch en le roulant; **to ~ one's eyes** rouler les yeux; **to ~ one's r's** rouler les r; **to ~ string into a ball** enrouler de la ficelle en pelote.

roll about vi [coins, marbles] rouler çà et là; [ship] rouler; [person, dog] se rouler par terre.

roll away vi [clouds, vehicle] s'éloigner; [ball] rouler au loin.

roll back vt sep carpet rouler; sheet enlever (en roulant). (fig) **to ~ back the years** ramener le temps passé.

roll by vi [vehicle, years] passer.

roll in vi [letters, contributions] affluer; (*) [person] arriver, s'amener*.

roll on vi [time] s'écouler. **~ on Tuesday!*** vivement qu'on soit mardi!

roll out vt sep **(a)** sentence, verse débiter. **(b)** pastry étendre au rouleau; metal laminer.

roll over 1 vi [object] rouler; [person, animal] (once) se retourner (sur soi-même), (several times) se rouler. **2** vt sep retourner.

roll up 1 vi **(a)** [animal] se rouler (into en). **(b)** (*: arrive) arriver, s'amener*. (fairground) **~ up!** approchez! **2** vt sep cloth, paper, map rouler; one's sleeves retrousser.

♦ **roll-call** n appel m. ♦ **rolled gold 1** n plaqué m or; **2** adj plaqué or inv. ♦ **roller** n **(a)** (gen) rouleau m; (Papermaking, Tex) calandre f; (in metallurgy) laminoir m; [blind] enrouleur m; (little wheel) roulette f; **table on ~ers** table f à roulettes; **road ~er** rouleau compresseur. **(b)** (wave) lame f de houle. ♦ **roller-blind** n store m. ♦ **roller-coaster** n montagnes fpl russes. ♦ **roller-skate 1** n patin m à roulettes; **2** vi faire du patin à roulettes. ♦ **roller-skating** n patinage m à roulettes. ♦ **roller-towel** n essuie-mains m à rouleau. ♦ **rolling** adj ship qui roule; sea houleux; countryside, ground onduleux; (fig) **he's a ~ing stone** il roule sa bosse*; **~ing pin** rouleau m (à pâtisserie); (Rail) **~ing stock** matériel m roulant. ♦ **roll-neck(ed)** adj à col roulé. ♦ **roll-top desk** n bureau m à cylindre.

rollicking ['rɒlɪkɪŋ] adj joyeux (et bruyant).

Roman ['rəʊmən] **1** adj romain. **~ Catholic** (adj, n) catholique (mf); (Typ) **r~ letters** caractères mpl romains; **~ nose** nez m aquilin; **~ numerals** chiffres mpl romains. **2** n Romain(e) m(f).

romance [rəʊ'mæns] **1** n (tale of chivalry) roman m; (love story/film) roman/film m à l'eau de rose; (Mus) romance f; (love affair) idylle f; (attrac-

tion) charme *m*. **it's quite a** ~ c'est un vrai roman; (*fig: lies*) **it's pure** ~ c'est du roman. **2** *adj* (*Ling*) **R**~ roman. **3** *vi* enjoliver (à plaisir). ◆ **romantic 1** *adj* (*gen*) romantique; *adventure, setting* romanesque; **2** *n* romantique *mf*. ◆ **romantically** *adv* write, *describe* d'une façon romanesque; *sing, woo* en romantique. ◆ **romanticism** *n* romantisme *m*. ◆ **romanticize** *vti* romancer.
Romanesque [ˌrəʊməˈnesk] *adj* roman (*Archit*).
Romania [rəʊˈmeɪnɪə] *n* = **Rumania**.
Rome [rəʊm] *n* Rome. **when in** ~ **do as the Romans do** à Rome il faut vivre comme les Romains; **the Church of** ~ l'Église *f* (catholique) romaine.
romp [rɒmp] **1** *n* jeux *mpl* bruyants. **the horse** ~**ed home** le cheval est arrivé dans un fauteuil*; (*fig*) **to** ~ **through an exam** passer un examen haut la main. ◆ **rompers** *npl* barboteuse *f* (*pour enfant*).
roof [ruːf] **1** *n* (*gen*) toit *m*; [*cave, tunnel*] plafond *m*. **the** ~ **of the mouth** la voûte du palais; **without a** ~ **over one's head** sans abri; **red-**~**ed** à toit rouge; **under her** ~ chez elle; **to live under the same** ~ **as sb** vivre sous le même toit que qn; (*fig*) **to go through the** ~* [*person*] piquer une crise*; [*price, claim*] devenir excessif; (*fig*) **to raise the** ~ faire un boucan terrible*. **2** *adj*: ~ **garden** jardin *m* sur le toit; ~ **light** plafonnier *m*; (*Aut*) ~ **rack** galerie *f*. **3** *vt*: **to** ~ **sth over** recouvrir qch d'un toit. ◆ **rooftop** *n* toit *m*.
rook¹ [rʊk] **1** *n* (*bird*) corneille *f*. **2** *vt* (‡: *swindle*) rouler*. ◆ **rookery** *n* colonie *f* de corneilles.
rook² [rʊk] *n* (*Chess*) tour *f*.
rookies [ˈrʊkɪ] *n* (*esp Mil*) bleu* *m*.
room [rʊm] **1** *n* (a) (*in house, building*) pièce *f*; (*large*) salle *f*; (*bed*~) chambre *f*; (*office, study*) bureau *m*. ~**s to let** chambres à louer; ~ **and board** pension *f*; **his** ~**s** son appartement *m*; **they live in** ~**s** ils habitent un meublé; **a 6-**~**ed house** une maison de 6 pièces. (b) (*space*) place *f* (*for* pour). **is there** ~? y a-t-il de la place?; **there's no** ~ il n'y a pas de place; **to make** ~ **for sb/sth** faire une place pour qn/de la place pour qch; **there is** ~ **for improvement** cela laisse à désirer. **2** *vi* partager une chambre (*with* avec). **3** *adj*: ~ **divider** meuble *m* de séparation; **ring for** ~ **service** appelez le garçon d'étage; **wine at** ~ **temperature** vin *m* chambré. ◆ **roomful** *n* pleine salle *f*. ◆ **rooming-house** *n* (*US*) meublé *m* (*immeuble*). ◆ **roommate** *n* camarade *mf* de chambre. ◆ **roomy** *adj flat, handbag* spacieux; *garment* ample.
roost [ruːst] **1** *n* juchoir *m*. **to rule the** ~ faire la loi. **2** *vi* jucher. (*fig*) **to come home to** ~ retomber sur son auteur. ◆ **rooster** *n* coq *m*.
root [ruːt] **1** *n* (*gen, Ling, Math*) racine *f*; (*fig: of trouble etc*) cause *f*. **to pull up by the** ~**s** déraciner; **to take** ~ prendre racine; **she has no** ~**s** c'est une déracinée; **to put down** ~**s in a country** s'enraciner dans un pays; (*fig*) ~ **and branch** radicalement; **that is at the** ~ **of** ... c'est à l'origine de ... . **2** *adj*: ~ **cause** cause *f* première; ~ **crops** racines *fpl* alimentaires; ~ **word** mot *m* racine *inv*. **3** *vt* enraciner. (*fig*) ~**ed to the spot** cloué sur place. **4** *vi* [*plant etc*] s'enraciner.
root about, root around *vi* fouiller (*for sth* pour trouver qch).
root for *vt fus* (*: esp US*) encourager.
root out *vt sep* (*find*) dénicher; (*remove*) extirper.
rope [rəʊp] **1** *n* corde *f*; (*Naut*) cordage *m*; [*bell*] cordon *m*. (*fig*) **to give sb more** ~ lâcher la bride à qn; (*fig*) **to know/learn the** ~**s*** être/se mettre au courant; **to show sb the** ~**s*** mettre qn au courant; **a** ~ **of pearls** un collier de perles. **2** *adj*: ~ **ladder** échelle *f* de corde; **Indian** ~ **trick** tour *m* de la corde (*prestidigitation*). **3** *vt case* corder; *climbers* encorder.
rope in* *vt sep helper* enrôler, embringuer*. **to**

get ~**d in for sth** se laisser embringuer* pour faire qch.
rope off *vt sep part of area* réserver par une corde; (*block off*) interdire l'accès de.
◆ **rop(e)y*** *adj* (*bad*) pas fameux*.
rosary [ˈrəʊzərɪ] *n* chapelet *m*.
rose¹ [rəʊz] *pret* of **rise**.
rose² [rəʊz] **1** *n* (a) (*flower*) rose *f*; (~**bush**, ~ **tree**) rosier *m*. **wild** ~ églantine *f*; (*fig*) **my life isn't all** ~**s*** tout n'est pas rose dans ma vie. (b) [*watering can*] pomme *f*; (*on ceiling*) rosace *f* (de plafond). (c) (*colour*) rose *m*. **2** *adj* (*colour*) rose; *leaf, petal* de rose. ~ **garden** roseraie *f*; ~ **window** rosace *f*. ◆ **rosé** *n* rosé *m* (*vin*). ◆ **rosebed** *n* massif *m* de rosiers. ◆ **rosebud** *n* bouton *m* de rose. ◆ **rose-coloured** *adj* (*fig*) **to see sth through** ~**-coloured spectacles** voir qch en rose. ◆ **rose-grower** *n* rosiériste *mf*. ◆ **rose-hip** *n* gratte-cul *m*. ◆ **rosemary** *n* romarin *m*. ◆ **rose-red** *adj* vermeil. ◆ **rosette** *n* rosette *f*; (*Sport: as prize*) cocarde *f*. ◆ **rosewood** *n* bois *m* de rose. ◆ **rosy** *adj* rose; (*fig*) *future, situation* qui se présente bien; **to paint a rosy picture of sth** dépeindre qch en rose.
rostrum [ˈrɒstrəm] *n* tribune *f*.
rot [rɒt] **1** *n* pourriture *f*; (*Bot, Med*) carie *f*; (*:fig: nonsense*) bêtises *fpl*. (*fig*) **but the** ~ **set in*** mais les problèmes ont commencé; (*fig*) **to stop the** ~ redresser la situation; **that's a lot of** ~* ça, c'est de la blague*. **2** *vi* pourrir. **to** ~ **away** tomber en pourriture. **3** *vt* (*faire*) pourrir.
rota [ˈrəʊtə] *n* tableau *m* (de service).
rotate [rəʊˈteɪt] **1** *vt* (*revolve*) faire tourner; (*change round*) *crops* alterner; [*two people*] *jobs* faire à tour de rôle. **2** *vi* tourner; être alterné. ◆ **rotary** *adj* rotatif. ◆ **rotating** *adj* tournant; alternant. ◆ **rotation** *n* rotation *f*; **in** or **by rotation** à tour de rôle. ◆ **rotor** *n* rotor *m*.
rotten [ˈrɒtn] *adj* (a) (*gen*) pourri; *tooth* gâté; (*fig: corrupt*) corrompu. ~ **to the core** complètement pourri. (b) (*: bad*) mauvais; **to feel** ~ se sentir mal fichu*; **what** ~ **luck!** quelle poisse!*; **what a** ~ **trick!** quel sale tour!*
rotund [rəʊˈtʌnd] *adj person* rondelet; *object* rond, arrondi.
rouble, (*US*) **ruble** [ˈruːbl] *n* rouble *m*.
rouge [ruːʒ] *n* rouge *m* (à joues).
rough [rʌf] **1** *adj* (a) (*uneven*) *ground* accidenté; *skin, cloth, surface* rugueux; *path, road* rocailleux. ~ **hands** [*peasant*] mains *fpl* rugueuses, [*housewife*] mains rêches. (b) (*fig*) *sound, voice* rude; *taste* âpre; (*coarse, unrefined*) *person, manners, life* rude; (*harsh etc*) *person, play, game* brutal; *neighbourhood, weather, sea* gros, ~**ing, tongue** mauvais; *waves, sea* gros. ~ **handling of sth** manque *m* de soin envers qch; ~ **stuff*** brutalité *f*; **these boys are very** ~ ces garçons sont très durs; **a** ~ **customer*** un dur*; **to have a** ~ **time (of it)** en voir de durs*; **to give sb a** ~ **time (of it)** malmener qn, (*fig*) en faire voir de toutes les couleurs à qn*; (*fig*) **to make things** ~ **for sb*** mener la vie dure à qn; **it is** ~ **on him*** ce n'est pas marrant* pour lui; **to feel** ~* (*ill*) être mal fichu*. (c) (*approximate*) *plan* ébauché; *calculation, translation* approximatif. ~ **copy**, ~ **draft**, ~ **work** brouillon *m*; ~ **sketch** ébauche *f*; ~ **paper** papier *m* de brouillon; ~ **justice** justice *f* sommaire; ~ **estimate** approximation *f*; **at a** ~ **estimate** or **guess** approximativement; **in its** ~ **state** à l'état brut; (*fig*) **he's a** ~ **diamond** sous ses dehors frustes c'est un brave garçon. **2** *adv* **live, sleep** à la dure; **play** brutalement. (*fig*) **to cut up** ~* (*angry*) se mettre en rogne*; (*violent*) devenir violent. **3** *n* (a) **to take the** ~ **with the smooth** prendre les choses comme elles viennent. (b) (*: person*) voyou *m*, dur* *m*. **4** *vt*: **to** ~ **it*** vivre à la dure.
rough out *vt sep plan etc* ébaucher.

♦ **roughage** n aliments mpl qui régularisent les fonctions intestinales. ♦ **rough-and-ready** adj method, equipment rudimentaire; work fait à la hâte; person sans façons. ♦ **rough-and-tumble** n mêlée f, bagarre f. ♦ **roughen** vt rendre rude or rugueux or rêche. ♦ **rough-house*** n bagarre f. ♦ **roughly** adv (a) (not gently) push, play brutalement; answer, order avec brusquerie; to treat sth/sb ~ly malmener qch/qn; (b) (not finely) make, sew grossièrement; ~ly made grossier; to sketch sth ~ly faire un croquis de qch; (c) (approximately) en gros, à peu près; ~ly speaking en gros; she is ~ly 40 elle a à peu près 40 ans. ♦ **roughneck*** n voyou m, dur m à cuire*. ♦ **roughness** n [hands, surface] rugosité f; [person] rudesse f, brusquerie f, (stronger) brutalité f; [sea] agitation f; [road] inégalités fpl. ♦ **roughshod** adv: to ride ~shod over person passer sur le corps de; objection passer outre à. ♦ **rough-spoken** adj au langage grossier.

roulette [ruːˈlet] n roulette f (jeu).

Roumania [ruːˈmeɪnɪə] n = Rumania.

round [raund] 1 adv: right ~, all ~ tout autour; he went ~ by the bridge il a fait le détour par le pont; the long way ~ le chemin le plus long; it's a long way ~ ça fait un grand détour; come ~ and see me venez me voir; I asked him ~ for a drink je l'ai invité à passer prendre un verre (chez moi); I'll be ~ at 8 o'clock je serai là à 8 heures; all the year ~ pendant toute l'année; drinks all ~!* je paie une tournée!*; (fig) taking things all ~ tout compte fait; ~ about V 2b below.
2 prep (a) (of place etc) autour de. ~ the table/house etc autour de la table/maison etc; sitting ~ the fire assis au coin du feu; the villages ~ Lewes les villages des environs de Lewes; if you're ~ this way si tu passes par ici; (Aut) to go ~ a corner prendre un virage; to go ~ an obstacle contourner un obstacle; to look ~ a house visiter une maison; to show sb ~ a town faire visiter une ville à qn; they went ~ the cafés looking for ... ils ont fait le tour des cafés à la recherche de ...; put a blanket ~ him enveloppez-le d'une couverture. (b) (approximately: also ~ about) environ.
3 adj rond. to have ~ shoulders avoir le dos rond; (fig) a ~ dozen une douzaine tout rond; in ~ figures en chiffres ronds; ~ robin pétition f; the ~ trip le voyage aller et retour.
4 n (a) (circle etc) rond m, cercle m; (slice: of bread, meat) tranche f. (b) to do or make one's ~(s) [watchman, policeman] faire sa ronde; [postman, milkman] faire sa tournée; [doctor] faire ses visites; he has got a paper ~ il distribue des journaux; [infection, a cold etc] to go the ~s circuler; the story is going the ~s that ... le bruit court que ...; (fig) the daily ~ la routine quotidienne; one long ~ of pleasures une longue suite de plaisirs. (c) [cards, golf] partie f; (Boxing) round m; (Horse-riding) parcours m; [competition, tournament] manche f; [election] tour m; [talks, discussions] série f. a ~ of drinks une tournée*; ~ of ammunition cartouche f; a ~ of applause une salve d'applaudissements. (d) (Mus) canon m. (e) in the ~ (Theat) en rond; (fig) en détail.
5 vt (a) (make ~) edges etc arrondir. (b) (go ~) corner tourner; bend prendre; (Naut) cape doubler; obstacle contourner.
round off vt sep speech, list, series terminer; sentence parachever; meeting mettre fin à.
round up vt sep (a) (bring together) people, cattle rassembler; criminals effectuer une rafle de. (b) prices etc arrondir (au chiffre supérieur).
round (up)on vt fus attaquer.
♦ **roundabout** 1 adj route détourné; means contourné; ~about phrase circonlocution f; 2 n (Brit: merry-go-~) manège m (de fête foraine); (at road junction) rond-point m (à sens

giratoire). ♦ **rounded** adj (gen) arrondi; sentences élégant. ♦ **rounders** n (Brit) sorte de baseball. ♦ **round-eyed** adj aux yeux ronds. ♦ **round-faced** adj au visage rond. ♦ **roundly** adv say, tell carrément. ♦ **round-necked** adj pullover ras du cou inv. ♦ **roundness** n rondeur f. ♦ **round-shouldered** adj voûté. ♦ **roundsman** n, pl -men (Brit) livreur m; milk ~sman laitier m. ♦ **round-up** n [cattle, people] rassemblement m; [criminals, suspects] rafle f.

rouse [rauz] vt (gen) éveiller; (fig) admiration, interest susciter; indignation soulever; suspicions éveiller. to ~ sb to action pousser qn à agir; to ~ sb (to anger) mettre qn en colère. ♦ **rousing** adj speech, sermon vibrant; cheers, applause frénétique; music entraînant.

rout¹ [raut] 1 n (defeat) déroute f. 2 vt mettre en déroute.

rout² [raut] vi (search: ~ about) fouiller.

rout out vt sep (find) dénicher; (force out) déloger; (from bed) tirer.

route [ruːt] 1 n (gen, also of train, plane, ship etc) itinéraire m. **shipping/air** ~s routes fpl maritimes/aériennes; **we're on a bus** ~ nous sommes sur une ligne d'autobus; a **good** ~ to London un bon itinéraire pour aller à Londres; en ~ en route (for pour). 2 adj (Mil) ~ march marche f (d'entraînement). 3 vt train etc faire passer (through par); luggage etc expédier (through par).

routine [ruːˈtiːn] 1 n (a) routine f. daily ~ train-train m de la vie quotidienne; office ~ travail m courant du bureau; as a matter of ~ automatiquement. (b) (Theat) numéro m. dance ~ numéro de danse. 2 adj procedure, inquiry d'usage; work etc habituel, (pej) de routine. it was quite ~ ça n'avait rien de spécial.

roving [ˈrəʊvɪŋ] adj vagabond. he has a ~ eye il aime reluquer* les filles; ~ ambassador ambassadeur m itinérant; ~ reporter reporter m volant.

row¹ [rəʊ] n [objects, people] rang m; (behind one another) file f, ligne f; [houses, trees, figures] rangée f; [cars] file f; (Knitting) rang. in the front ~ au premier rang; sitting in a ~ assis en rang; 4 failures in a ~ 4 échecs de suite.

row² [rəʊ] 1 vt boat faire aller à la rame or à l'aviron. to ~ sb across faire traverser qn en canot. 2 vi ramer. to ~ away/back s'éloigner/revenir à la rame; to go ~ing (for pleasure) faire du canotage; (Sport) faire de l'aviron. ♦ **rowboat** or ♦ **rowing boat** n canot m (à rames). ♦ **rower** n rameur m, -euse f. ♦ **rowing** 1 n canotage m; (Sport) aviron m; 2 adj: ~ing club club m d'aviron. ♦ **rowlock** [ˈrɒlək] n dame f de nage.

row³* [rau] 1 n (noise) tapage m, vacarme m; (quarrel) querelle f, dispute f; (scolding) réprimande f, savon* m. to make a ~ faire du tapage; to have a ~ se disputer (with avec); to give sb a ~ passer un savon à qn*; to get (into) a ~ se faire passer un savon*. 2 vi se disputer (with avec).

rowan [ˈrauən] n sorbier m.

rowdy [ˈraudɪ] 1 adj (noisy) chahuteur; (rough) bagarreur*. 2 n (*) voyou m. ♦ **rowdyism** n chahut m; bagarre* f; (at football match etc) violence f.

royal [ˈrɔɪəl] 1 adj (gen) royal. ~ blue bleu roi inv; (Brit) R~ Commission Commission f extra-parlementaire; the ~ household la maison du roi or de la reine; (fig) the ~ road to la voie royale; they gave him a ~ welcome ils l'ont reçu de façon royale. 2 n: the ~s* la famille royale. ♦ **royalist** adj, n royaliste (mf). ♦ **royally** adv royalement. ♦ **royalty** n (a) (persons) la famille royale; (b) ~ties (from book) droits mpl d'auteur; (from oil well, patent) royalties fpl.

rub [rʌb] 1 vt to give sth a ~ (furniture, shoes, silver) donner un coup de chiffon à qch; (sore place, one's arms) frotter qch; (fig) there's the ~!

c'est là la difficulté! **2** vt frotter; (Art) brass, inscription prendre un frottis de. **to ~ one's nose** se frotter le nez; **to ~ one's hands together** se frotter les mains; **to ~ sth dry** sécher qch en le frottant; **to ~ a hole in sth** faire un trou dans qch à force de frotter; **to ~ sth through a sieve** passer qch au tamis; **to ~ lotion into the skin** faire pénétrer de la lotion dans la peau; (fig) **to ~ shoulders with** coudoyer; (fig) **to ~ sb's nose in sth** ne jamais laisser oublier qch à qn. **3** vi [thing] frotter (against contre); [person, cat] se frotter (against contre).

rub along* vi [two people] s'accorder tant bien que mal.

rub away vt sep faire disparaître (en frottant), effacer.

rub down vt sep horse bouchonner; person frictionner (with avec); wall, paintwork (clean) nettoyer (du haut en bas), (sandpaper) poncer.

rub in vt sep liniment faire pénétrer en frottant; (fig) idea insister sur; lesson faire entrer (to à). (fig) **don't ~ it in!*** pas besoin de me le rappeler!

rub off **1** vi: **the blue will ~ off on to your hands** tu vas avoir les mains toutes bleues; (fig) **it might ~ off on to her brother*** elle en passera peut-être à son frère. **2** vt sep writing effacer; dirt enlever en frottant.

rub out **1** vi s'effacer. **2** vt sep effacer.

rub up **1** vi (fig) **to ~ up against all sorts of people** côtoyer toutes sortes de gens. **2** vt sep vase, table frotter, astiquer. (fig) **to ~ sb up the right/wrong way** savoir/ne pas savoir s'y prendre avec qn.
♦ **rubbing** n frottement m; (Art) frottis m.

rubber¹ ['rʌbər] **1** n (material) caoutchouc m; (eraser) gomme f. (shoes) **~s** caoutchoucs. **2** adj goods, ball etc de or en caoutchouc. **~ band** élastique m; **~ plantation** plantation f de hévéas; **~ ring** (for swimming) bouée f de natation; **~ solution** dissolution f; **~ stamp** tampon m; **~ tree** hévéa m. ♦ **rubberized** adj caoutchouté.
♦ **rubbery** adj caoutchouteux.

rubber² ['rʌbər] n (Bridge) robre m.

rubbish ['rʌbɪʃ] **1** n (waste material) détritus mpl; (household **~**) ordures fpl, immondices fpl; [garden] détritus; [factory] déchets mpl; [building site] décombres mpl; (nonsense) bêtises fpl, absurdités fpl. **this shop sells a lot of ~** ce magasin ne vend que de la camelote*; **it's just ~** (nonsense) ça ne veut rien dire; **to talk ~** débiter des bêtises or des absurdités; **~!*** quelle blague!*; **it is ~ to say that ...** c'est idiot de dire que ... . **2** adj (Brit) **~ bin** poubelle f, boîte f à ordures; **~ cart** voiture f d'éboueurs; **~ collection** ramassage m d'ordures; **~ dump** décharge f publique. ♦ **rubbishy** adj goods, ideas, book sans valeur; shoes etc de mauvaise qualité.

rubble ['rʌbl] n (ruins) décombres mpl; (in road-building) blocaille f. **it was reduced to a heap of ~** il n'en restait qu'un tas de décombres.

rubicund ['ruːbɪkənd] adj rougeaud.

ruby ['ruːbɪ] **1** n rubis m. **2** adj (colour) rubis inv; (made of rubies) necklace, ring de rubis.

rucksack ['rʌksæk] n sac m à dos.

ructions* ['rʌkʃənz] npl (rows) disputes fpl, grabuge* m; (riots) bagarres fpl. **there'll be ~ if** ... il va y avoir du grabuge* si ... .

rudder ['rʌdər] n gouvernail m.

ruddy ['rʌdɪ] adj **(a)** complexion coloré; sky, glow rougeoyant. **(b)** (*Brit) fichu*, sacré* (before n).

rude [ruːd] adj **(a)** (impolite) impoli, mal élevé, (stronger) insolent; (coarse) grossier; (improper) indécent. **to be ~ to sb** être grossier envers qn; **it's ~ to stare** c'est très mal élevé de dévisager les gens; **~ word** gros mot m. **(b)** (fig) shock brusque, rude. (fig) **to have a ~ awakening** être rappelé brusquement à la réalité. **(c)** (primitive) primitif. **(d)** (vigorous) health robuste. ♦ **rudely** adv impoliment; insolemment; grossièrement; brus-

quement. ♦ **rudeness** n impolitesse f; insolence f; grossièreté f; brusquerie f.

rudiment ['ruːdɪmənt] n rudiment m. ♦ **rudimentary** adj rudimentaire.

rueful ['ruːfʊl] adj look, person attristé; situation attristant. ♦ **ruefully** adv avec regret.

ruffian ['rʌfɪən] n voyou m, brute f.

ruffle ['rʌfl] vt hair, feathers ébouriffer; surface, water agiter; clothes déranger, froisser; person (upset) froisser, (annoy) contrarier. **to grow ~d** perdre son calme.

rug [rʌg] n petit tapis m; (bedside etc) carpette f; (travelling **~**) couverture f; (in tartan) plaid m.

rugby ['rʌgbɪ] **1** n (abbr **rugger***) rugby m. **2** adj: **~ league** le rugby à treize; **~ player** rugbyman m.

rugged ['rʌgɪd] adj country, ground, road accidenté; cliff, coast, mountains aux contours déchiquetés; bark rugueux; features irrégulier; character, person bourru; resolve farouche.

ruin ['ruːɪn] **1** n ruine f. **to fall into ~** tomber en ruine; **in ~s** en ruine. **2** vt (gen) ruiner; clothes abîmer; event, enjoyment gâter. ♦ **ruined** adj building en ruine; person ruiné. ♦ **ruinous** adj ruineux. ♦ **ruinously** adv: **~ously expensive** ruineux.

rule [ruːl] **1** n **(a)** (gen) règle f; (regulation) règlement m. **the ~s of the game** la règle du jeu; **against the ~s** contraire à la règle or au règlement; **~s and regulations** statuts mpl; (Ind) **work(ing) to ~** grève f du zèle; **it's a ~ that** ... il est de règle que ... . + subj; **~ of the road** règle générale de la circulation; **by ~ of thumb** à vue de nez; **golden ~** règle d'or; (fig: usual) **it's the ~** c'est normal; **he makes it a ~ to get up early** il a pour règle de se lever tôt; **as a ~** en règle générale, normalement. **(b)** (authority) **under British ~** sous l'autorité f britannique; (Pol etc) **majority ~** le gouvernement par la majorité; **the ~ of law** l'autorité de la loi. **(c)** (for measuring) règle f (graduée). **folding ~** mètre m pliant. **2** adj: **~ book** règlement m. **3** vt **(a)** country gouverner; business firm etc diriger. **~d by his wife** mené par sa femme. **(b)** [umpire, judge] décider, déclarer (that que). **(c)** (draw lines on) paper régler; line tirer à la règle. **4** vi **(a)** [monarch] régner (over sur). (fig) **the prices ruling in Paris** les cours pratiqués à Paris. **(b)** (Jur) statuer (against contre; in favour of en faveur de; on sur).

rule out vt sep exclure, écarter. **the age limit ~s him out** il est exclu du fait de la limite d'âge; **murder can't be ~d out** il est impossible d'exclure l'hypothèse d'un meurtre.
♦ **ruler** n **(a)** (sovereign) souverain(e) m(f); (political leader) chef m (d'État); **the country's ~rs** les dirigeants mpl du pays; **(b)** (for measuring) règle f. ♦ **ruling 1** adj principle souverain; factor, passion dominant; price actuel; **the ruling class** la classe dirigeante; (Pol) **the ruling party** le parti au pouvoir; **2** n (Admin, Jur) décision f; **to get/give a ruling** obtenir/rendre un jugement.

rum [rʌm] n rhum m.

Rumania [ruːˈmeɪnɪə] n Roumanie f.

rumble ['rʌmbl] **1** vi (gen) gronder; [stomach, pipes] gargouiller. [vehicle] **to ~ past** passer avec fracas. **2** n grondement m; gargouillement m. ♦ **rumbling** n grondement m; gargouillement m; **tummy rumblings*** borborygmes mpl.

ruminate ['ruːmɪneɪt] vti ruminer. ♦ **ruminant** adj, n ruminant (m). ♦ **ruminative** adj pensif.

rummage ['rʌmɪdʒ] **1** vi (**~ about**, **~ around**) fouiller (among, in dans; for pour trouver). **2** adj: **~ sale** vente f de charité (de bric-à-brac).

rumour, (US) **rumor** ['ruːmər] **1** n rumeur f, bruit m. **~ has it that there will be war, there is a ~ of war** le bruit court or on dit qu'il va y avoir la guerre. **2** *vt*: it is ~ed that ... on dit que ..., le bruit court que ... .

rump [rʌmp] *n* [*animal*] croupe *f*; (*Culin*) culotte *f* (de bœuf); [*person*] derrière *m*. ♦ **rumpsteak** *n* culotte *f* (de bœuf); (*single steak*) rumsteck *m*.

rumple ['rʌmpl] *vt* (*gen*) chiffonner; *hair* ébouriffer.

rumpus* ['rʌmpəs] **1** *n* chahut *m*. **to make a ~** faire du chahut. **2** *adj*: **~ room** salle *f* de jeux.

run [rʌn] (*vb: pret* ran, *ptp* run) **1** *n* **(a)** (**to go for a ~** faire un peu de course à pied; **to go for a 2-km ~** faire 2 km de course à pied; **at a ~** au pas de course, en courant; **to break into a ~** se mettre à courir; **to make a ~ for it** prendre la fuite; **to have the ~ of a place** avoir un endroit à son entière disposition; **to be on the ~** être en cavale*; **to be on the ~ from the police** être recherché par la police; **to have the enemy on the ~** avoir mis l'ennemi en fuite; **to keep the enemy on the ~** harceler l'ennemi; **we've given him** (*etc*) **a good ~** for his money on ne s'est pas avoué vaincu d'avance; (*on retirement, death*) **he's had a good ~** il a bien profité de l'existence. **(b)** (*outing*) tour *m*, excursion *f*. **to go for a ~ in the car** faire un tour *or* une promenade en voiture; **I'll give you a ~ up to town** je vais vous conduire en ville. **(c)** [*bus, tram, boat, plane*] (*distance*) trajet *m*; (*route*) parcours *m*. **it's a 30-minute bus ~** il y a une demi-heure de trajet en autobus; **the boat no longer does that ~** le bateau ne fait plus cette traversée; **the ships on the China ~** les paquebots qui font la Chine. **(d)** (*series*) série *f*, suite *f*; (*Cards*) séquence *f*; (*Roulette*) série *f* (*on* à). (*Theat*) **the London ~** la saison à Londres; (*Theat*) **the play had a long ~** la pièce a tenu longtemps l'affiche; (*gen*) **it's had a long ~** ça a duré longtemps; **in the long ~** finalement; **to have a ~ of luck** être en veine*; **a ~ of bad luck** une période de malchance. **(e)** (*great demand*) ruée *f* (*on* sur). **there has been a ~ on** on s'est rué sur. **(f)** [*tide*] flux *m*; (*fig: trend*) tendance *f*. **the common ~ of mankind** le commun des mortels; **the ordinary ~ of things** le train-train habituel. **(g)** (*track for sledging, skiing etc*) piste *f*; (*animal enclosure*) enclos *m*. **(h)** (*Typ*) **a ~ of 5,000 copies** un tirage de 5 000 exemplaires.

2 *vi* **(a)** courir. **to ~ in/off** *etc* entrer/partir *etc* en courant; **she came ~ning out** elle est sortie en courant; **to ~ for the bus** courir pour attraper l'autobus; **she ran to meet him/to help him** elle a couru à sa rencontre/à son secours; **the car ran into a tree** la voiture a heurté un arbre; (*fig*) **the news ran like wildfire** la nouvelle s'est répandue comme une traînée de poudre; **a ripple of fear ran through the town** la peur a gagné toute la ville; **how does the last sentence ~?** comment la dernière phrase est-elle rédigée?; **so the story ~s** c'est ainsi que l'histoire est racontée; (*Pol etc*) **to ~ for President, to ~ for the Presidency** être candidat à la présidence.

(b) (*flee*) fuir, se sauver. **to ~ for one's life** se sauver à toutes jambes; **~ for it!** sauvez-vous!

(c) (*become etc*) [*river*] **to ~ dry** se tarir; **my pen's ~ dry** je n'ai plus d'encre; [*resources etc*] **to ~ dry** *or* **short** *or* **low** s'épuiser; **to ~ short of sth** se trouver à court de qch; **to ~ riot** [*people, imagination*] être déchaîné; [*vegetation*] pousser follement; **to ~ wild** [*person, children*] être déchaîné; [*animals*] courir en liberté; [*plants, garden*] retourner à l'état sauvage.

(d) (*move*) filer; [*drawer, curtains*] glisser; (*flow*) couler; [*river, tears, tap, eyes, nose*] couler; [*pen*] fuir; [*sore, abscess*] suppurer; (*melt*) fondre; [*cheese*] couler; [*colour, ink*] baver; (*in washing*) déteindre. **the rope ran through his fingers** la corde lui a filé entre les doigts; **rivers ~ into the sea** les fleuves se jettent dans la mer; **the street ~s into the square** la rue débouche dans la

place; **to ~ high** [*river*] être haut; [*sea*] être gros; [*feelings*] être exacerbé; [*prices*] être très haut; **to leave a tap ~ning** laisser un robinet ouvert; **to ~ with blood/sweat/moisture** ruisseler de sang/de sueur/d'humidité; (*fig*) **his blood ran cold** son sang s'est glacé dans ses veines.

(e) (*continue*) [*play*] tenir l'affiche, se jouer; [*film*] passer; [*contract*] être valide. (*Rad, TV*) **the programme ran for 50 minutes** le programme a duré 50 minutes; **the expenditure ~s into millions** les dépenses s'élèvent à des millions; **I can't ~ to a new car** je ne peux pas me payer* une nouvelle voiture; **the funds won't ~ to ...** les fonds ne permettent pas d'acheter ... .

(f) (*Naut*) **to ~ before the wind** courir vent arrière; **to ~ ashore** *or* **aground** s'échouer; (*fig*) **to ~ foul of sb** indisposer qn contre soi.

(g) **this train ~s between** ce train fait le service entre; **the buses ~ once an hour** les autobus passent toutes les heures.

(h) (*function*) [*machine, factory*] marcher; [*wheel*] tourner. **the car is ~ning smoothly** la voiture marche bien; **to leave the engine ~ning** laisser tourner le moteur; **to ~ on diesel/on electricity/off batteries** marcher au gas-oil/à l'électricité/sur piles.

(i) (*pass*) [*road, river etc*] passer (*through* à travers; *past* devant); [*mountain range*] s'étendre. **the road ~s north and south** la route va du nord au sud; **he has a scar ~ning across his chest** il a une cicatrice en travers de la poitrine; (*fig*) **this theme ~s through** ce thème se retrouve dans; **it ~s in the family** c'est de famille.

(j) [*stockings*] filer; [*knitting*] se démailler.

3 *vt* **(a)** courir. **he ~s 3 km every day** il fait 3 km de course à pied tous les jours; **to ~ a race** courir dans une épreuve; **to ~ errands** faire des commissions; **to ~ a blockade** forcer un blocus; (*fig*) **to ~ sb close** serrer qn de près; **you're ~ning things a bit close!*** ça va être juste!; **to ~ its course** suivre son cours; **to ~ a temperature** avoir de la fièvre; **to ~ the car into a tree** heurter un arbre.

(b) **to ~ to earth** finir par trouver; **to ~ a horse in the Derby** faire courir un cheval dans le Derby; **to ~ sb out of town** chasser qn de la ville; **she is ~ off her feet*** elle ne sait plus où donner de la tête.

(c) (*transport*) *person* conduire; *thing* transporter; (*smuggle*) *guns* passer en contrebande. **he ran her home** il l'a ramenée chez elle (en voiture).

(d) (*operate etc*) *machine* faire marcher. **he ~s a Rolls** il a une Rolls; **this car is very cheap to ~** cette voiture est très économique; **to ~ into the ground** *car* garder jusqu'à ce qu'elle soit bonne pour la ferraille; *business* laisser péricliter.

(e) (*organize etc*) *business, school, mine, hotel* diriger; *course, competition* organiser. **they ~ trains to London every hour** il y a un train pour Londres toutes les heures; **to ~ extra buses** mettre en service des autobus supplémentaires; **to ~ a house** tenir une maison; **I want to ~ my own life** je veux être maître de ma vie; **she ~s everything** c'est elle qui dirige tout; (*fig*) **I'm ~ning this show!*** c'est moi qui commande ici!

(f) (*move*) *hand, fingers, comb* passer (*over* sur; *through* dans). **to ~ one's finger down a list** suivre une liste du doigt; **to ~ one's eye over** jeter un coup d'œil sur; **he ran the vacuum cleaner over the carpet** il a passé rapidement le tapis à l'aspirateur; **she ran her pencil through the word** elle a barré le mot d'un coup de crayon; **to ~ a rope through** faire passer une corde dans; **to ~ water into a bath** faire couler de l'eau dans une baignoire; **I'll ~ you a bath** je vais te faire couler un bain.

(g) (*issue*) *article* publier; *film* présenter.

run about, run around *vi* courir çà et là.

run across 1 *vi* traverser en courant. **2** *vt fus*

(meet, find) person, thing, fact tomber sur.
run along *vi* courir; *(go away)* s'en aller.
run away 1 *vi* **(a)** partir en courant; *(flee)*
[person] s'enfuir; *[horse]* s'emballer. **to ~ away
from home** s'enfuir (de chez soi); *(fig)* **don't ~
away with the idea that ...** n'allez pas vous mettre
dans la tête que ... . **(b)** *[water]* s'écouler. **2** *vt sep*
water laisser s'écouler.
run away with *vt fus money etc* épuiser.
run down 1 *vi [watch etc]* s'arrêter; *[battery]* se
décharger. **2** *vt sep* **(a)** *(Aut) (knock over)*
renverser, *(run over)* écraser; *ship* heurter par
l'avant; *(in battle)* éperonner. **(b)** *(reduce)*
production restreindre de plus en plus; *factory*
restreindre la production de; *shop* réduire peu à
peu l'ampleur de. *(Med)* **to be ~ down** être
fatigué. **(c)** (*: *disparage*) dénigrer.
run in *vt sep* **(a)** *car* roder. '~**ning in**' 'en rodage'.
(b) (*: *arrest*) emmener au poste.
run into *vt fus (meet) person* rencontrer par
hasard, tomber sur; *difficulties, trouble* se
heurter à; *danger* se trouver exposé à. **to ~ into
debt** s'endetter.
run off 1 *vi* = **run away 1a. 2** *vt sep (Typ)* tirer.
run on 1 *vi* **(a)** (**fig: in talking etc**) parler sans
arrêt. **it ran on for 4 hours** ça a duré 4 bonnes
heures. **(b)** *(Typ)* suivre sans alinéa. **2** *vt sep letters, words* faire suivre sans laisser d'espace.
run out 1 *vi* **(a)** *[rope, chain]* se dérouler; *[liquid]*
couler. **(b)** *(end) [lease, contract]* expirer; *[sup-
plies]* s'épuiser; *[period of time]* s'écouler. **when
the money ~s out** quand il n'y aura plus d'argent.
2 *vt sep rope, chain* laisser filer.
run out of *vt fus money, time* manquer de.
run over 1 *vi* **(a)** *(overflow)* déborder. **(b)** *(go
briefly)* passer, faire un saut *(to sb's house* chez
qn). **2** *vt fus (reread)* revoir; *(recapitulate)* reprendre. **3** *vt sep (Aut)* écraser.
run through *vt fus* **(a)** *(use up) fortune* gaspiller.
(b) *(read quickly) notes, text* jeter un coup d'œil
sur. **(c)** *(rehearse) play* répéter; *(recapitulate)*
reprendre. **let's ~ through it again** reprenons
cela encore une fois.
run up *vt sep* **(a)** *flag* hisser. **(b)** *bill* laisser
accumuler. **(c)** (*: *sew quickly*) fabriquer*.
run up against* *vt fus person* tomber sur;
difficulties se heurter à.
♦ **runabout 1** *n (car)* petite voiture *f*; *(boat)*
runabout *m*; **2** *adj (Rail)* ~**about ticket** billet *m*
circulaire. ♦ **runaway 1** *n* fugitif *m*, -ive *f*; **2** *adj
person* fugitif; *horse* emballé; *car* fou; *wedding,
couple* clandestin; *inflation* galopant. ♦ **rundown
n** **(a)** réduction *f (in, of* de); **(b) to give sb a
~down*** on mettre qn au courant de. ♦ **runner** *n*
(a) *(athlete)* coureur *m*; *(horse)* partant *m*; *(messenger)* messager *m*; **(b)** *(sliding part) [sledge]*
patin *m*; *[skate]* lame *f*; *[drawer]* coulisseau *m*;
[curtain] anneau *m*; **(c)** *(table-runner)* chemin
de table; *(hall/stair carpet)* chemin de
couloir/d'escalier. ♦ **runner-bean** *n* haricot *m* à
rames. ♦ **runner-up** *n* second(e) *m(f)*. ♦ **running
1** *n (fig)* **to make the ~ning** mener la course; **to be
in the ~ning** avoir des chances de réussir; **in the
~ning for the job** sur les rangs pour avoir le
poste; **2** *adj tap* qui coule; *sore* qui suppure; a
~**ning stream** un cours d'eau; ~**ning water (in
every room)** eau courante (dans toutes les chambres); **to keep up a ~ning battle** être en lutte continuelle *(with* avec); ~**ning commentary** *(Rad,
TV)* commentaire *m* suivi; *(fig)* commentaire
détaillé *(on* sur); **4 days ~ning** 4 jours de suite;
~**ning board** marchepied *m*; ~**ning costs** frais
mpl d'exploitation; **the ~ning costs of the car are
high** la voiture revient cher; *(US Pol)* ~**ning mate**
candidat *m* à la vice-présidence; **in ~ning order**
en état de marche. ♦ **runny** *adj substance* qui
coule; *omelette* baveux. ♦ **run-of-the-mill** *adj*
banal. ♦ **run-through** *n* essai *m*. ♦ **run-**

up *n* période *f* préparatoire *(to* à). ♦ **runway** *n
(Aviat)* piste *f* (d'envol *or* d'atterrissage).
rung¹ [rʌŋ] *ptp of* **ring²**.
rung² [rʌŋ] *n [ladder, chair]* barreau *m*.
rupture ['rʌptʃər] **1** *n* rupture *f*; *(Med*: *hernia)*
hernie *f*. **2** *vt* rompre. *(Med)* **to ~ o.s.*** se donner
une hernie. **3** *vi* se rompre.
rural ['ruərəl] *adj (gen)* rural; *scenery* de la campagne.
ruse [ru:z] *n* ruse *f*.
rush¹ [rʌʃ] **1** *n* **(a)** ruée *f (for* vers; *on* sur); *(Mil:
attack)* assaut *m*. **gold ~** ruée vers l'or; **we have a
~ on in the office** c'est le coup de feu au bureau;
the Christmas ~ la bousculade des fêtes de fin
d'année; **we've had a ~ of orders** on nous a sub-
mergés de commandes; **a ~ of warm air** une
bouffée d'air tiède. **(b)** *(hurry)* **to be in a ~** être
extrêmement pressé; **I had a ~ to get here in time**
j'ai dû me dépêcher pour arriver à l'heure; **I did it
in a ~** je l'ai fait à toute vitesse; **what's all the ~?**
pourquoi est-ce que c'est si pressé? **(c)** *(Cine)*
projection *f* d'essai.
2 *adj*: ~ **hours** heures *fpl* de pointe; ~ **job**
travail *m* d'urgence, *(botched)* travail bâclé.
3 *vi (person)* se précipiter; *[car]* foncer. **to ~
up/down** *etc* monter/descendre *etc* précipitamment; **to ~ at sth** se jeter *or* se ruer sur qch; *(fig)*
don't ~ at it, take it slowly ne fais pas ça trop vite,
prends ton temps; **the train ~ed into the tunnel** le
train est entré à toute vitesse dans le tunnel; **I'm
~ing to finish it** je me dépêche pour en avoir fini;
to ~ through *book* lire à la hâte; *meal* prendre sur
le pouce*; *town* traverser à toute vitesse; *work*
expédier; **the blood ~ed to his face** le sang lui est
monté au visage.
4 *vt* **(a)** *(do hurriedly) job, task* dépêcher; *order*
exécuter d'urgence. **to ~ sb to hospital** transporter qn d'urgence à l'hôpital; **they ~ed him out
of the room** ils l'ont fait sortir en toute hâte de la
pièce; **I don't want to ~ you** je ne voudrais pas
vous bousculer; **to be ~ed off one's feet** être
débordé; **to ~ sb into a decision** forcer qn à prendre une décision à la hâte. **(b)** *(take by storm)*
town prendre d'assaut; *fence* franchir sur son
élan; *[crowd] police* s'élancer contre.
rush about, rush around *vi* courir çà et là.
rush through *vt sep (Comm) order* exécuter
d'urgence; *goods, supplies* envoyer de toute
urgence.
rush up 1 *vi (arrive)* accourir. **2** *vt sep help,
reinforcements* faire parvenir d'urgence *(to* à).
rush² [rʌʃ] *n (Bot)* jonc *m*. ~ **matting** tapis *m*
tressé.
rusk [rʌsk] *n* ≈ biscotte *f*.
russet ['rʌsɪt] **1** *n (apple)* reinette *f* grise. **2** *adj*
feuille-morte *inv*.
Russia ['rʌʃə] *n* Russie *f*. ♦ **Russian 1** *adj* russe;
2 *n* russe *m*; *(person)* Russe *mf*.
rust [rʌst] **1** *n* rouille *f*. **2** *vt* rouiller. **3** *vi* se
rouiller. ♦ **rust-coloured** *adj* rouille *inv*.
♦ **rustproof** *or* ♦ **rust-resistant** *adj* inoxydable.
♦ **rusty** *adj (lit, fig)* rouillé; *(lit)* **to get** *or* **go ~y** se
rouiller; *(fig)* **my English is ~y** mon anglais est
un peu rouillé.
rustic ['rʌstɪk] *adj* rustique.
rustle ['rʌsl] **1** *n* bruissement *m*. **2** *vi* bruire. **3** *vt*
(a) *papers* faire bruire. **(b)** *(steal) cattle* voler.
rustle up* *vt sep (find)* se débrouiller* pour
trouver; *(make)* préparer en vitesse.
♦ **rustler** *n* voleur *m* de bétail. ♦ **rustling** *n* vol *m*
de bétail.
rut [rʌt] *n* ornière *f (also fig)*. *[person]* **to be in** *or*
get into a ~ suivre l'ornière.
ruthless ['ru:θlɪs] *adj* impitoyable. ♦ **ruthlessly**
adv impitoyablement. ♦ **ruthlessness** *n* caractère *m* impitoyable.
rye [raɪ] **1** *n* seigle *m*; *(US: whisky)* whisky *m*
(américain). **2** *adj*: ~ **bread** pain *m* de seigle.

S

S, s [es] *n* (*letter*) S, s *m*.
Sabbath ['sæbəθ] *n* (*Jewish*) sabbat *m*; (†: *Sunday*) dimanche *m*. ♦ **sabbatical** *adj* sabbatique.
sable ['seɪbl] **1** *n* zibeline *f*. **2** *adj fur* de zibeline, de martre; *brush* en poil de martre.
sabotage ['sæbətɑːʒ] **1** *n* sabotage *m*. **an act of ~** un sabotage. **2** *vt* saboter. ♦ **saboteur** *n* saboteur *m*, -euse *f*.
sabre, (*US*) **saber** ['seɪbəʳ] *n* sabre *m*.
saccharin(e) ['sækərɪn,-iːn] *n* saccharine *f*.
sachet ['sæʃeɪ] *n* sachet *m*.
sack¹ [sæk] **1** *n* (*bag*) sac *m*. **coal ~** sac à charbon; **~ of coal** sac de charbon; (*fig*) **to give sb the ~*** renvoyer qn, mettre qn à la porte; **to get the ~*** être renvoyé, être mis à la porte. **2** *adj*: **~ race** course *f* en sac. ♦ **sackcloth** *n* (*Rel*) **~cloth and ashes** le sac et la cendre. ♦ **sackful** *n* plein sac *m*. ♦ **sacking** *n* **(a)** (*cloth*) toile *f* à sac; **(b)** (*: *dismissal*) renvoi *m*.
sack² [sæk] **1** *n* (*plundering: also* ~**ing**) sac *m*. **2** *vt* mettre à sac.
sacrament ['sækrəmənt] *n* sacrement *m*. **to receive the ~** communier.
sacred ['seɪkrɪd] *adj* sacré (*after n*). **the S~ Heart** le Sacré-Cœur; **~ writings** livres *mpl* sacrés; **~ to the memory of** consacré à la mémoire de; **is nothing ~?** vous ne respectez donc rien?; (*fig*) **~ cow*** chose *f* sacro-sainte.
sacrifice ['sækrɪfaɪs] **1** *n* sacrifice *m*. **to make great ~s** faire de grands sacrifices (*for sb* pour qn; *to do* pour faire). **2** *vt* sacrifier (*to* à; *for sb* pour qn; *for sth* pour avoir qch). ♦ **sacrificial** *adj* (*Rel*) sacrificiel; *price* extrêmement bas.
sacrilege ['sækrɪlɪdʒ] *n* sacrilège *m*. ♦ **sacrilegious** *adj* sacrilège.
sacristy ['sækrɪstɪ] *n* sacristie *f*. ♦ **sacristan** *n* sacristain(e) *m(f)*.
sacrosanct ['sækrəʊsæŋkt] *adj* sacro-saint.
sad [sæd] *adj person, smile* triste; *news, duty, condition* triste (*before n*); *loss* douloureux; *mistake* fâcheux. **to make sb ~** attrister qn; **to grow ~** devenir triste; **~ and sound** sain et sauf; **to be ~ from** être à l'abri de; **no girl is ~ with him** les filles courent toujours un risque avec lui; **you'll be quite ~ here** vous êtes en sécurité ici; **his life was not ~** sa vie était en danger; **I don't feel very ~ on this ladder** je ne me sens pas très sûr ♦ **sadden** *vt* attrister. ♦ **sad-eyed** *adj* aux yeux tristes. ♦ **sadly** *adv* (*unhappily*) tristement; (*regrettably*) fâcheusement; **~ly incompetent** fort incompétent; **~ly lacking in ...** qui manque fort de ... . ♦ **sadness** *n* tristesse *f*.
saddle ['sædl] **1** *n* selle *f*. **in(to) the ~** en selle; (*fig*) **when he was in the ~** quand c'était lui qui tenait les rênes; **~ of lamb** selle d'agneau. **2** *vt* (~ **up**) *horse* seller. (*fig*) **to ~ sb with (doing) sth*** imposer qch à qn, coller qch à qn*; **we're ~d with it** nous voilà avec ça sur les bras. ♦ **saddlebag** *n* sacoche *f*. ♦ **saddler** *n* sellier *m*. ♦ **saddlery** *n* sellerie *f*.
sadism ['seɪdɪzəm] *n* sadisme *m*. ♦ **sadist** *adj, n* sadique (*mf*). ♦ **sadistic** *adj* sadique.
safari [sə'fɑːrɪ] *n* safari *m*. **to go or be on ~** faire un safari. ♦ **park** réserve *f*.
safe [seɪf] **1** *adj* **(a)** (*not in danger*) *person* en sécurité, hors de danger. **~ and sound** sain et sauf; **to be ~ from** être à l'abri de; **no girl is ~ with him** les filles courent toujours un risque avec lui; **you'll be quite ~ here** vous êtes en sécurité ici; **his life was not ~** sa vie était en danger; **I don't feel very ~ on this ladder** je ne me sens pas très

en sécurité sur cette échelle; [*jewel, secret*] **it's quite ~** ça ne risque rien. **(b)** (*not dangerous*) *toy, animal, action* sans danger; *method, vehicle* sûr; *ice, ladder, bridge* solide; *beach, bathing* qui n'est pas dangereux; (*secure*) *hiding place, harbour, investment* sûr; (*prudent*) *choice, guess, estimate* prudent. **is it ~ to come out?** est-ce qu'on peut sortir sans danger?; **it's not ~ to go alone** il est dangereux d'y aller tout seul; **is that dog ~?** ce chien n'est pas méchant?; **that dog isn't ~ with children** il ne faut pas laisser les enfants s'approcher du chien; **~ journey!** bon voyage!; **I'll keep it ~ or in a ~ place for you** je vais vous le garder en lieu sûr; **in ~ hands** en mains sûres; **it's ~ as houses** (*runs no risk*) cela ne court aucun risque; (*offers no risk*) cela ne présente aucun risque; (*Med*) **the ~ period*** la période sans danger; **the ~st thing to do would be to wait** le plus sûr serait d'attendre; **just to be on the ~ side** pour être plus sûr; **better ~ than sorry!** mieux vaut être trop prudent!; **it's a ~ bet he'll win** il gagnera à coup sûr; (*Pol*) **a ~ seat** un siège assuré; **it is ~ to predict ...** on peut prédire sans risque d'erreur ... .
　2 *n* (*for money, valuables*) coffre-fort *m*; (*for food*) garde-manger *m inv*.
　♦ **safe-breaker** *n* perceur *m* de coffre-fort.
　♦ **safe-conduct** *n* sauf-conduit *m*. ♦ **safe-deposit** *n* (*vault*) dépôt *m* de coffres-forts; (*box*) coffre *m*.
　♦ **safeguard 1** *vt* sauvegarder (*against* contre); **2** *n* sauvegarde *f* (*against* contre). ♦ **safekeeping** *n*: **in ~keeping** en sécurité; **I gave it to him for ~keeping** je le lui ai donné à garder. ♦ **safely** *adv* (*without mishap*) sans accident; *arrive* bien; (*without risk*) sans danger; *say* sans risque d'erreur; (*securely*) en sûreté; *store* en lieu sûr.
　♦ **safeness** *n* [*construction, equipment*] solidité *f*.
safety ['seɪftɪ] **1** *n* [*person, valuables*] sécurité *f*; [*construction, equipment*] solidité *f*. **in a place of ~** en lieu sûr; **he reached ~ at last** il était enfin en sûreté en sécurité; **to play for ~** ne pas prendre de risques; **there is ~ in numbers** plus on est nombreux moins il y a de danger; **for ~'s sake** pour plus de sûreté, par mesure de sécurité; **~ on the roads** la sécurité sur les routes; **~ first!** la sécurité d'abord!; (*Aut*) **soyez prudents!**; **~-first campaign** campagne *f* de sécurité. **2** *adj belt, device, margin, measure, regulations, screen** de sécurité; *bolt, lock, razor, blade, chain, match* de sûreté. **~ catch** cran *m* de sûreté; (*Theat*) **~ curtain** rideau *m* de fer; **~ glass** verre *m* Sécurit ®; **~ net** filet *m* (de protection); **~ pin** épingle *f* de sûreté; **~ valve** soupape *f* de sûreté.
saffron ['sæfrən] **1** *n* safran *m*. **2** *adj colour* safran *inv*.
sag [sæg] *vi* [*roof, chair*] s'affaisser; [*beam, prices*] fléchir; [*breasts, hemline*] pendre; [*rope*] pendre au milieu, être détendu; [*gate*] être affaissé.
　♦ **sagging** *adj* affaissé; fléchi; pendant; détendu.
saga ['sɑːɡə] *n* saga *f*; (*novel*) roman-fleuve *m*; (*fig*) aventure *f* épique.
sagacious [sə'ɡeɪʃəs] *adj person* sagace; *comment* perspicace. ♦ **sagaciously** *adv* avec sagacité. ♦ **sagacity** *n* sagacité *f*.
sage¹ [seɪdʒ] *n* sauge *f*. **~ and onion stuffing** farce *f* à l'oignon et à la sauge; **~ green** vert cendré *inv*.

sage[2] [seɪdʒ] adj, n (wise) sage (m). ♦ **sagely** adv say, act avec sagesse; nod d'un air solennel.

Sagittarius [ˌsædʒɪˈteərɪəs] n le Sagittaire.

sago [ˈseɪgəʊ] n sagou m. ~ **pudding** sagou au lait.

Sahara [səˈhɑːrə] n Sahara m.

said [sed] pret, ptp of **say**.

sail [seɪl] 1 n (boat) voile f; (windmill) aile f. under ~ à la voile; (boat) to set ~ prendre la mer; to set ~ for (boat) partir à destination de; (person) partir pour; to go for a ~ faire un tour en bateau. 2 vi (a) (boat) to ~ into harbour entrer au port; the ship ~ed into Cadiz le bateau est arrivé à Cadix; to ~ round the cape doubler le cap; the boat ~s at 6 o'clock le bateau part à 6 heures. (b) (person) to ~ away/back etc partir/revenir etc en bateau; to ~ round the world faire le tour du monde en bateau; he goes ~ing il fait de la voile; (fig) he was ~ing close to the wind il jouait un jeu dangereux. (c) (fig) (swan, clouds etc) glisser. the book ~ed out of the window le livre est allé voler par la fenêtre; she ~ed into the room* elle est entrée dans la pièce toutes voiles dehors. 3 vt (a) to ~ the seas parcourir les mers; to ~ the Atlantic traverser l'Atlantique (en bateau). (b) boat piloter.

sail through* 1 vi (succeed) réussir haut la main. 2 vt fus exam, driving test avoir haut la main.

♦ **sailboat** n (US) voilier m. ♦ **sailcloth** n toile f à voile. ♦ **sailing** n (act) navigation f à voile; (pastime) la voile; (departure) départ m. ♦ **sailing boat** n voilier m. ♦ **sailing dinghy** n dériveur m. ♦ **sailing ship** n voilier m. ♦ **sailmaker** n voilier m (personne). ♦ **sailor** n (gen) marin m; (before the mast) matelot m; to be a good/bad ~or avoir/ne pas avoir le pied marin. ♦ **sailplane** n planeur m.

saint [seɪnt] n: for sb's ~ pour (l'amour de) qn; for God's ~ pour l'amour de Dieu; for my ~ pour moi; for your own ~ pour ton bien; to eat for the ~ of eating manger pour le plaisir de manger; for old times' ~ en souvenir du passé; for argument's ~ à titre d'exemple; art for art's ~ l'art pour l'art; for the ~ of peace pour avoir la paix.

salad [ˈsæləd] 1 n salade f. tomato ~ salade de tomates; ham ~ jambon accompagné de salade. 2 adj: ~ bowl saladier m; ~ cream = mayonnaise f (en bouteille etc); (fig) ~ days années fpl de jeunesse et d'inexpérience; ~ dressing = mayonnaise f, (oil and vinegar) vinaigrette f; ~ oil huile f de table; ~ servers couvert m à salade.

salary [ˈsælərɪ] 1 n (professional etc) traitement m, appointements mpl; (pay in general) salaire m. 2 adj: ~ earner personne f qui touche un traitement; ~ range/scale éventail m/échelle f des traitements. ♦ **salaried** adj (Ind) salaried staff employés mpl touchant un traitement (or des appointements).

sale [seɪl] 1 n (a) (act) vente f. to put up for ~ mettre en vente; (up) for ~ à vendre; on ~ en vente; sold on a ~ or return basis vendu avec possibilité de rendre; ~s are up/down les ventes ont augmenté/baissé; ~ auction ~ vente aux enchères; ~ in aid of the blind vente de charité en faveur des aveugles. (b) (Comm: also ~s) soldes mpl. the ~s are on c'est la saison des soldes; in the or a ~ en solde. 2 adj: ~ price prix m de solde; ~s department service m des ventes; ~s force ensemble m des représentants; ~s manager directeur m commercial; ~s talk* boniment m

(often pej). ♦ **saleable** adj vendable. ♦ **sale-of-work** n vente f de charité. ♦ **saleroom** n salle f des ventes. ♦ **salesman** n (in shop) vendeur m; (representative) représentant m de commerce. ♦ **salesmanship** n art m de la vente. ♦ **saleswoman** n vendeuse f.

salient [ˈseɪlɪənt] adj, n saillant (m).

saliva [səˈlaɪvə] n salive f.

sallow [ˈsæləʊ] adj jaunâtre. ♦ **sallowness** n teint m jaunâtre.

sally [ˈsælɪ] n (wit) saillie f.

sally forth, sally out vi sortir gaiement.

salmon [ˈsæmən] 1 n saumon m. 2 adj: ~ fishing pêche f au saumon; ~ pink saumon inv; ~ steak darne f de saumon; ~ trout truite f saumonée.

salmonella [ˌsælməˈnelə] n salmonellose f.

salon [ˈsælɔ̃ːŋ] n salon m.

saloon [səˈluːn] n (a) (public room) salle f; (Brit: ~ bar) = salle de café; (US: bar) bar m, saloon m. (b) (Brit: car) conduite f intérieure.

salsify [ˈsælsɪfɪ] n salsifis m.

salt [sɔːlt] 1 n sel m. there's too much ~ in the potatoes les pommes de terre sont trop salées; (fig) to rub ~ in the wound retourner le couteau dans la plaie; he's not worth his ~ il ne vaut pas grand-chose; to take sth with a pinch of ~ ne pas prendre qch au pied de la lettre; (sailor) an old ~ un vieux loup de mer. 2 adj water, butter, beef, taste salé; mine de sel; spoon à sel. ~ flats salants mpl; ~ pork petit salé m. 3 vt meat, one's food saler.

salt away vt sep meat saler; (fig) money mettre à gauche*.

♦ **saltcellar** n salière f. ♦ **salt-free** adj sans sel. ♦ **saltiness** n [water] salinité f; [food] goût m salé. ♦ **saltpetre**, (US) **-ter** n salpêtre m. ♦ **saltwater** adj fish de mer. ♦ **salty** adj taste salé.

salubrious [səˈluːbrɪəs] adj salubre.

salutary [ˈsæljʊtərɪ] adj salutaire.

salute [səˈluːt] 1 n (with hand) salut m; (with guns) salve f. to take the ~ passer les troupes en revue. 2 vt (Mil etc) saluer; (fig: acclaim) saluer (as comme). to ~ the flag saluer le drapeau. 3 vi faire un salut.

salvage [ˈsælvɪdʒ] 1 n (a) (saving) (ship etc) sauvetage m; (for re-use) récupération f. (b) (things saved from fire, wreck) objets mpl or biens mpl sauvés; (for re-use) objets récupérables. to collect newspapers for ~ récupérer les vieux journaux. (c) (payment) prime f de sauvetage. 2 adj operation, vessel de sauvetage. 3 vt sauver (from de); (for re-use) récupérer.

salvation [sælˈveɪʃən] n (gen, Rel) salut m. ♦ **Salvation Army** n Armée f du Salut. ♦ **salvationist** n salutiste mf.

salve [sælv] 1 n baume m. 2 vt: to ~ his conscience pour être en règle avec sa conscience.

salver [ˈsælvər] n plateau m (de métal).

salvo [ˈsælvəʊ] n (Mil) salve f.

Samaritan [səˈmærɪtən] n: the Good ~ le bon Samaritain; (organization) the ~s = S.O.S. Amitié.

same [seɪm] 1 adj même. the ~ book as le même livre que; the ~ day he came; the very ~ day le jour même; that ~ day ce même jour; in the ~ way ... de même ...; the ~ table as usual la table habituelle; it was just the ~ as usual c'était comme d'habitude; one and the ~ person une seule et même personne; always the ~ old thing toujours la même chose; it comes to the ~ thing cela revient au même; at the ~ time en même temps; at the very ~ time as ... au moment même où ...; (fig pej) to go the ~ way as sb suivre les traces de qn; (in health) she's much about the ~ son état est inchangé. 2 pron (a) the ~ (gen) le même, la même; (the ~ thing) la même chose; (Jur: aforementioned) le susdit, la susdite. the film is the ~ as before le film est le même

qu'avant; **it's always the** ~ **in politics** c'est toujours la même chose en politique; **the price is the** ~ **as last year** c'est le même prix que l'année dernière; **do the** ~ **as your brother** fais comme ton frère; **he left and I did the** ~ il est parti et j'en ai fait autant; **I would do the** ~ **again** je recommencerais; **I'll do the** ~ **for you** je te rendrai ça; (*in bar etc*) **the** ~ **again please** la même chose s'il vous plaît; **I don't feel the** ~ **about it as I did** maintenant je vois la chose différemment; **I still feel the** ~ **about you** mes sentiments à ton égard n'ont pas changé; **it's all the** ~ **to me** cela m'est égal; **all** *or* **just the** ~ tout de même, quand même; **it's not the** ~ **as before** ce n'est plus pareil; **it's the** ~ **everywhere** c'est partout pareil; **and the** ~ **to you!** à toi aussi, (*as retort: in quarrel etc*) et je te souhaite la pareille!; ~ **here!*** moi aussi! ♦ **sameness** *n* (*monotony*) monotonie *f*.
sample ['sɑ:mpl] **1** *n* (*gen*) échantillon *m*; (*Med*) [*urine*] échantillon; [*blood, tissue*] prélèvement *m*. **as a** ~ à titre d'échantillon. **2** *adj*: ~ **bottle** (*or* **cigarette** *or* **selection** *etc*) échantillon *m*; ~ **line** (*or* **verse** *etc*) exemple *m*; **a** ~ **section** of une section représentative de. **3** *vt food, wine* goûter.
sanatorium [,sænə'tɔ:rɪəm] *n*, *pl* **-ia** sanatorium *m*; (*Scol*) infirmerie *f*.
sanctify ['sæŋktɪfaɪ] *vt* sanctifier. ♦ **sanctity** *n* [*person*] sainteté *f*; [*oath, place*] caractère *m* sacré; [*marriage*] inviolabilité *f*.
sanctimonious [,sæŋktɪ'məʊnɪəs] *adj* moralisateur. ♦ **sanctimoniously** *adv* say d'un ton moralisateur.
sanction ['sæŋkʃən] **1** *n* (*all senses*) sanction *f*. **to impose economic** ~s on prendre des sanctions économiques contre. **2** *vt* (*gen*) sanctionner. ~**ed by usage** consacré par l'usage.
sanctuary ['sæŋktjʊərɪ] *n* (*holy place*) sanctuaire *m*; (*refuge*) asile *m*; (*for wild life*) réserve *f*. **to seek** ~ chercher asile.
sand [sænd] **1** *n* sable *m*. (*beach*) ~s plage *f*; **miles and miles of golden** ~s des kilomètres de plages de sable doré. **2** *adj*: ~ **dune** dune *f* (de sable); ~ **flea** puce *f* de mer. **3** *vt* (**a**) *road* sabler. (**b**) (~ **down**) *wood etc* poncer au papier de verre. ♦ **sandbag** *n* sac *m* de sable. ♦ **sandbank** *n* banc *m* de sable. ♦ **sandbox** *n* tas *m* de sable. ♦ **sandcastle** *n* château *m* de sable. ♦ **sandpaper** **1** *n* papier *m* de verre; **2** *vt* poncer au papier de verre. ♦ **sandpit** *n* carrière *f* de sable; (*for children*) tas *m* de sable. ♦ **sandshoes** *npl* (*rubber-soled*) tennis *fpl*; (*rope-soled*) espadrilles *fpl*. ♦ **sandstone** *n* grès *m*. ♦ **sandstorm** *n* tempête *f* de sable. ♦ **sandy** *adj soil, path* sablonneux; *water, deposit* sableux; *beach* de sable; (*colour*) sable *inv*; *hair* blond roux *inv*.
sandal ['sændl] *n* sandale *f*; (*rope-soled*) espadrille *f*.
sandwich ['sænwɪdʒ] **1** *n* sandwich *m*. **cheese** ~ sandwich au fromage; **open** ~ canapé *m*. **2** *adj*: ~ **loaf** pain *m* de mie; (*Ind*) ~ **course** ≃ cours *mpl* de formation professionnelle; ~ **man** homme-sandwich *m*. **3** *vt* (~ **in**) *person, appointment* intercaler. ~**ed between** pris en sandwich entre*.
sane [seɪn] *adj person* sain d'esprit; *judgment* sain. **he isn't quite** ~ il n'a pas toute sa raison. ♦ **sanely** *adv* sainement. ♦ **sanity** *n* [*person*] santé *f* mentale, raison *f*; **sanity prevailed** le bon sens l'a emporté.
sang [sæŋ] *pret of* **sing**.
sanguinary ['sæŋgwɪnərɪ] *adj* sanglant.
sanguine ['sæŋgwɪn] *adj* (**a**) *person* optimiste. (**b**) *complexion* sanguin.
sanitarium [,sænɪ'tɛərɪəm] *n* = **sanatorium**.
sanitary ['sænɪtərɪ] *adj* (**a**) (*clean*) hygiénique. (**b**) *system, equipment* sanitaire. ~ **engineer** ingénieur *m* sanitaire; ~ **inspector** inspecteur *m*,

-trice *f* de la Santé publique; ~ **towel**, (*US*) ~ **napkin** serviette *f* hygiénique. ♦ **sanitation** *n* (*in house*) installations *fpl* sanitaires; (*in town*) système *m* sanitaire.
sank [sæŋk] *pret of* **sink**[1].
Santa Claus [,sæntə'klɔ:z] *n* le père Noël.
sap[1] [sæp] *n* (*Bot*) sève *f*.
sap[2] [sæp] *vt strength, confidence* saper.
sapling ['sæplɪŋ] *n* jeune arbre *m*.
sapper ['sæpər] *n* (*Mil*) sapeur *m*. (*Brit*) **the S**~**s*** le génie.
sapphire ['sæfaɪər] **1** *n* saphir *m*. **2** *adj ring* de saphir(s). ~ **blue** saphir *inv*.
sarcasm ['sɑ:kæzəm] *n* sarcasme *m*. ♦ **sarcastic** *adj* sarcastique; **sarcastic remarks** sarcasmes *mpl*. ♦ **sarcastically** *adv* sarcastiquement.
sardine [sɑ:'di:n] *n* sardine *f*. **tinned** *or* (*US*) **canned** ~s ≃ sardines à l'huile.
Sardinia [sɑ:'dɪnɪə] *n* Sardaigne *f*.
sardonic [sɑ:'dɒnɪk] *adj* sardonique. ♦ **sardonically** *adv* sardoniquement.
Sark [sɑ:k] *n* Sercq *m*.
sartorial [sɑ:'tɔ:rɪəl] *adj* vestimentaire.
sash[1] [sæʃ] *n* (*on uniform*) écharpe *f*; (*on dress etc*) large ceinture *f* à nœud.
sash[2] [sæʃ] *adj*: ~ **window** fenêtre *f* à guillotine.
sat [sæt] *pret, ptp of* **sit**.
Satan ['seɪtn] *n* Satan *m*. ♦ **satanic** *adj* satanique.
satchel ['sætʃəl] *n* cartable *m*.
satellite ['sætəlaɪt] *adj, n* satellite (*m*).
satiated ['seɪʃɪeɪtɪd] *adj* assouvi (*with* de). ♦ **satiation** *n* assouvissement *m*; **to satiation point** (jusqu')à satiété. ♦ **satiety** *n* satiété *f*.
satin ['sætɪn] **1** *n* satin *m*. **2** *adj dress* en or de satin; *paper, finish* satiné.
satire ['sætaɪər] *n* satire *f* (*on* contre). ♦ **satirical** *adj* satirique. ♦ **satirically** *adv* d'une manière satirique. ♦ **satirist** *n* (*writer etc*) écrivain *m etc* satirique; (*cartoonist*) caricaturiste *mf*; (*in cabaret etc*) ≃ chansonnier *m*. ♦ **satirize** *vt* faire la satire de.
satisfaction [,sætɪs'fækʃən] *n* satisfaction *f* (*at* de). **it was a great** ~ **to us to hear that** ... nous avons appris avec beaucoup de satisfaction que ...; **it has not been proved to my** ~ cela n'a pas été prouvé de façon à me convaincre; **has it been done to your** ~? est-ce que vous en êtes satisfait? '
satisfactory [,sætɪs'fæktərɪ] *adj* (*gen*) satisfaisant. **to bring sth to a** ~ **conclusion** mener qch à bien. ♦ **satisfactorily** *adv* d'une manière satisfaisante.
satisfy ['sætɪsfaɪ] *vt* (**a**) *person* satisfaire, contenter. (**b**) *hunger, need, condition, creditor* satisfaire; (*Comm*) *demand* satisfaire à. (**c**) (*convince*) convaincre, assurer (*sb that* qn que; *of* de). **to** ~ **o.s. of sth** s'assurer de qch. ♦ **satisfied** *adj person, voice* satisfait, content; **he was satisfied to remain** ... il a accepté de rester ...; **I am not satisfied with that** cela ne me satisfait pas; **to be satisfied that** ... être convaincu *or* persuadé que .... ♦ **satisfying** *adj* satisfaisant; *food* substantiel.
saturate ['sætʃəreɪt] *vt* saturer (*with* de). ♦ **saturated** *adj* (*soaked*) trempé. ♦ **saturation** **1** *n* saturation *f*; **2** *adj*: **saturation bombing** tactique *f* de saturation (par bombardement); **to reach saturation point** arriver à saturation.
Saturday ['sætədɪ] *n* samedi *m*. **on** ~ samedi; **on** ~s le samedi; **next** ~, ~ **next** samedi prochain; **last** ~ samedi dernier; **every** ~ tous les samedis, chaque samedi; **every other** ~, **every second** ~ un samedi sur deux; **it is** ~ **today** nous sommes aujourd'hui samedi; **on** ~ **January 23rd** le samedi 23 janvier; **the** ~ **after next, a week on** ~, ~ **week** samedi en huit; **a fortnight on** ~, ~ **fortnight** samedi en quinze; **a week/fortnight past on** ~ il y a huit/quinze jours samedi dernier; **the following** ~ le samedi suivant; **the** ~ **before last** l'autre

samedi; ~ **morning** samedi matin; ~ **afternoon** samedi après-midi; ~ **evening** samedi soir; ~ **night** samedi soir, (*overnight*) la nuit de samedi; (*TV*) ~ **evening viewing** émissions *fpl* du samedi soir; (*Comm*) ~ **closing** fermeture *f* le samedi; (*Press*) **the** ~ **edition** l'édition de *or* du samedi.

Saturn ['sætən] *n* (*Myth*) Saturne *m*; (*Astron*) Saturne *f*.

sauce [sɔːs] *n* (**a**) (*Culin*) sauce *f*. **mint** ~ **sauce** à la menthe. (**b**) (**: impudence*) toupet* *m*. ♦ **sauceboat** *n* saucière *f*. ♦ **saucepan** *n* casserole *f*. ♦ **saucily** *adv* say avec impertinence; *look* d'un air coquin. ♦ **sauciness** *n* (*cheekiness*) toupet* *m*. ♦ **saucy** *adj* (*cheeky*) impertinent; *look* coquin; *hat* coquet.

saucer ['sɔːsəʳ] *n* soucoupe *f*.

Saudi Arabia ['saʊdɪə'reɪbɪə] *n* Arabie *f* Saoudite.

sauerkraut ['saʊəkraʊt] *n* choucroute *f*.

sauna ['sɔːnə] *n* sauna *m*.

saunter ['sɔːntəʳ] *vi*: to ~ **in/out** *etc* entrer/sortir *etc* d'un pas nonchalant.

sausage ['sɒsɪdʒ] **1** *n* saucisse *f*; (*pre-cooked*) saucisson *m*. **2** *adj*: ~ **meat** chair *f* à saucisse; ~ **roll** ≃ friand *m*.

sauté ['səʊteɪ] **1** *vt* faire sauter (*Culin*). **2** *adj* sauté.

savage ['sævɪdʒ] **1** *adj* (**a**) (*fierce*) (*gen*) féroce; *person* brutal. (**b**) (*primitive*) *tribe, customs* sauvage. **2** *n* sauvage *mf*. **3** *vt* [*dog etc*] attaquer férocement; [*critics etc*] attaquer violemment. ♦ **savagely** *adv* férocement; brutalement. ♦ **savagery** *n* (*cruelty*) férocité *f*; brutalité *f*.

save¹ [seɪv] **1** *vt* (**a**) (*rescue*) sauver (*from* de). to ~ **sb from death/drowning** *etc* sauver qn de la mort/de la noyade *etc*; to ~ **sb from falling** empêcher qn de tomber; to ~ **sb's life** sauver la vie à *or* de qn; **I couldn't do it to** ~ **my life** je ne le ferais pour rien au monde; (*fig*) to ~ **one's bacon*** se tirer du pétrin; to ~ **one's skin*** *or* **neck*** *or* **hide*** sauver sa peau*; to ~ **face** sauver la face; **God** ~ **the Queen!** vive la reine!; (*Sport*) to ~ **a goal** sauver un but; **they** ~**d the palace for posterity on** a préservé le palais pour la postérité. (**b**) (*store away*: ~ **up**) *money* mettre de côté; *food, newspapers* garder; (*collect*) *stamps etc* collectionner. **I've** ~**d you a piece of cake** je t'ai gardé un morceau de gâteau; **I** ~**d your letter till the last** j'ai gardé ta lettre pour la bonne bouche. (**c**) (*not spend, not use*) *money, labour, petrol* économiser; *time* gagner. **you have** ~**d me a lot of trouble** vous m'avez évité bien des ennuis; to ~ **time let's assume that ...** pour gagner du temps admettons que ... + *subj*; **it will** ~ **you 10 minutes** cela vous fera gagner 10 minutes; to ~ **one's strength** se ménager pour. **2** *vi* (**a**) (~ **up**) faire des économies. to ~ **up for sth** mettre de l'argent de côté pour qch. (**b**) to ~ **on sth** économiser sur qch. **3** *n* (*Sport*) arrêt *m* (*du ballon*). ♦ **saving 1** *n* [*time, money etc*] économie *f*; to **make savings** économiser, faire des économies; **to live on one's savings** vivre de ses économies; (*Econ*) to **encourage saving(s)** encourager l'épargne; **small savings** la petite épargne; **2** *adj*: **generosity is his saving grace** il se rachète par sa générosité. ♦ **savings bank** *n* caisse *f* d'épargne.

save² [seɪv] *prep* (*except*) sauf.

saveloy ['sævəlɔɪ] *n* cervelas *m*.

saviour, (*US*) **savior** ['seɪvjəʳ] *n* sauveur *m*.

savory ['seɪvərɪ] *n* (*herb*) sarriette *f*.

savour, (*US*) **savor** ['seɪvəʳ] **1** *n* saveur *f*. **2** *vt* savourer. **3** *vi*: to ~ **of sth** sentir qch. ♦ **savo(u)ry 1** *adj* (*appetizing*) savoureux; (*not sweet*) salé (*par opposition à sucré*); (*fig*) **not very** ~**y** *subject* peu appétissant; *district* peu recommandable; **2** *n* mets *m* non sucré; (*on toast*) canapé *m* chaud.

saw¹ [sɔː] (*vb: pret* **sawed**, *ptp* **sawed** *or* **sawn**) **1** *n* scie *f*. **2** *vt* scier. **to** ~ **sth off/up** enlever/débiter

qch à la scie. **3** *vi*: to ~ **through sth** scier qch. ♦ **sawdust** *n* sciure *f* (*de bois*). ♦ **saw-edged knife** *n* couteau-scie *m*. ♦ **sawmill** *n* scierie *f*. ♦ **sawn-off shotgun** *n* carabine *f* à canon scié.

saw² [sɔː] *pret of* **see¹**.

saxophone ['sæksəfəʊn] *n* (*abbr* **sax***) saxophone *m*, saxo* *m*. ♦ **saxophonist** *n* saxophoniste *mf*.

say [seɪ] *pret, ptp* **said 1** *vti* (**a**) (*gen*) dire (*sth to sb* qch à qn; *that* que); *lesson, poem* réciter; [*dial, gauge, clock*] marquer. (*Rel*) to ~ **mass/a prayer** dire la messe/une prière; (*fig*) to ~ **yes/no to an invitation** accepter/refuser une invitation; ~ **after me ...** répétez après moi ...; to ~ **sth again** répéter qch; **I shall have more to** ~ **about that** je reviendrai là-dessus plus tard; **let's** ~ **no more about it** n'en parlons plus; **I've got nothing more to** ~ je n'ai rien à ajouter; **all of that can be said in 2 sentences** tout cela tient en 2 phrases; **something was said about it** on en a parlé, il en a été question; **I should like to ask Mr Smith to** ~ **a few words** je voudrais prier M. Smith de prendre la parole; **he said I was to give you this** il m'a dit de vous donner ceci; to ~ **one's say** dire ce qu'on a à dire; **it** ~**s in the rules** il est dit dans le règlement; **he is said to have ...** on dit qu'il a ...; **I** ~ **he should take it** je suis d'avis qu'il le prenne; **I should** ~ **she's intelligent** je pense qu'elle est intelligente; **what would you** ~ **is the population of Paris?** quelle est à votre avis *or* d'après vous la population de Paris?; to ~ **someone left you a fortune** si vous héritiez d'une fortune.

(**b**) (*in phrases*) dire. **'10 o'clock'** he said to himself **'10 heures' se dit-il; and so** ~ **all of us** nous sommes tous d'accord là-dessus; to ~ **nothing of** her sister/of her breaking it sans parler de sa sœur/du fait qu'elle l'a cassé; **that's** ~**ing a lot*** ce n'est pas peu dire; **that isn't** ~**ing much*** ça ne veut pas dire grand-chose; **that doesn't** ~ **much for him** cela en dit long sur lui (*iro*); **it** ~**s a lot for his courage that he stayed** il a bien prouvé son courage en restant; **she has nothing to** ~ **for herself** (*no explanation*) elle se trouve sans excuse; (*no conversation*) elle n'a pas de conversation; **he always has a lot to** ~ **for himself** il a toujours son mot à dire; **you might as well** ~ **the earth is flat!** autant dire que la terre est plate!; **you can** ~ **THAT again!*** c'est le cas de le dire!; (*emphatic*) **you've said it!*** tu l'as dit!*; **enough said!*** en voilà assez!; to ~ **the least** c'est le moins qu'on puisse dire; **it goes without** ~**ing that ...** il va sans dire que ...; **just** ~ **the word and I'll go** vous n'avez qu'un mot à dire pour que je parte; **he hadn't a good word to** ~ **for her** il n'a rien trouvé à dire en sa faveur; **there's sth to be said for it** cela a du bon; **there's sth to be said for waiting** il y a peut-être intérêt à attendre; **it's easier** *or* **sooner said than done!** c'est plus facile à dire qu'à faire!; **when all is said and done** tout compte fait; **what do you** ~ **to a cup of tea?** que diriez-vous d'une tasse de thé?; **there's no** ~**ing what he'll do** il est impossible de dire ce qu'il fera; **so to** ~ **pour ainsi dire; that is to** ~ c'est-à-dire; **I** ~!* dites donc!; **you don't** ~!* pas possible!; **if there were,** ~**, 500** s'il y avait, disons, 500; **that's not for me to** ~ ce n'est pas à moi de dire ça.

2 *n*: to **have one's** ~ dire son mot, dire ce qu'on a à dire; to **have a** ~**/no** ~ **in the matter** avoir/ne pas avoir voix au chapitre. ♦ **saying** *n* dicton *m*; **as the** ~**ing goes** comme on dit. ♦ **say-so*** *n*: **on your** ~**-so** parce que vous le dites.

scab [skæb] *n* (**a**) croûte *f* (*Med*). (**b**) (*‡pej: blackleg*) jaune *m*.

scaffold ['skæfəld] *n* (**a**) (*gallows*) échafaud *m*. (**b**) (*Constr: also* ~**ing**) échafaudage *m*.

scald [skɔːld] *vt* ébouillanter; (*sterilize*) stériliser. ♦ **scalding (hot)** *adj* brûlant.

scale¹ [skeɪl] **1** *n* (**a**) (*gen*) échelle *f*; [*numbers*] série *f*. ~ **of charges** barème *m*; **(drawn) to** ~ à l'échelle; **on a** ~ **of 1 cm to 5 km** à une échelle de 1 cm pour 5 km; **on a large/small** ~ sur une grande/petite échelle; **on a national** ~ à l'échelle nationale. **(b)** *(Mus)* gamme *f*. **2** *adj*: ~ **drawing** dessin *m* à l'échelle; ~ **model** modèle *m* réduit. **3** *vt wall, mountain* escalader.

scale down *vt sep* (*gen*) réduire proportionnellement; *drawing* réduire l'échelle de; *production* réduire.

scale² [skeɪl] **1** *n* [*fish, rust etc*] écaille *f*; (*on skin*) squame *f*. **2** *vt teeth, kettle* détartrer.

scales [skeɪlz] *npl*: (**pair** *or* **set of**) ~ (*in kitchen, shop*) balance *f*; (*in bathroom*) pèse-personne *m inv*; (*for luggage, heavy goods*) bascule *f*. *(Astron)* **the S**~ la Balance; **to turn the** ~ **at 80 kilos** peser 80 kilos; (*fig*) **to tip the** ~ faire pencher la balance (*in sb's favour* du côté de qn; *against* sth contre qn).

scallop ['skɒləp] *n* coquille *f* Saint-Jacques. ~ **shell** coquille.

scalp [skælp] **1** *n* cuir *m* chevelu; (*trophy*) scalp *m*. **2** *vt* scalper.

scalpel ['skælpəl] *n* scalpel *m*.

scamp¹ᵉ [skæmp] *n* (*child*) polisson(ne) *m(f)*.

scamp² [skæmp] *vt one's work etc* bâcler*.

scamper ['skæmpəʳ] *vi* [*children*] **to** ~ **in/out** *etc* entrer/sortir *etc* en gambadant; **to** ~ **about** gambader.

scampi ['skæmpɪ] *npl* langoustines *fpl*.

scan [skæn] **1** *vt* **(a)** (*examine closely*) *horizon, sb's face* scruter; *crowd* fouiller du regard; *newspaper* lire attentivement. **(b)** (*glance at*) *horizon* promener son regard sur; *crowd* parcourir des yeux; *newspaper* parcourir rapidement. **(c)** (*Radar, TV*) balayer; (*Computers*) scruter. **2** *vi* (*Poetry*) se scander. ♦ **scanner** *n* (*Med*) scanner *m*. ♦ **scansion** *n* scansion *f*.

scandal ['skændl] *n* **(a)** (*disgrace*) scandale *m*. **it's a** ~ c'est scandaleux; **it's a** ~ **that** ... c'est un scandale que ... + *subj*. **(b)** (*gossip*) ragots* *mpl*. **there's a lot of** ~ **going around about him** il y a beaucoup de ragots* qui circulent sur son compte. ♦ **scandalize** *vt* scandaliser; **to be** ~**ized by** se scandaliser de. ♦ **scandalous** *adj* scandaleux. ♦ **scandalously** *adv* scandaleusement.

Scandinavia [,skændɪ'neɪvɪə] *n* Scandinavie *f*. ♦ **Scandinavian 1** *adj* scandinave; **2** *n* Scandinave *mf*.

scant [skænt] *adj*: **with** ~ **courtesy** avec bien peu de politesse; **to pay** ~ **attention** faire à peine attention; ~ **praise** éloge *m* des plus brefs. ♦ **scantily** *adv* insuffisamment; ~**ily clad** vêtu du strict minimum. ♦ **scanty** *adj meal, harvest* peu abondant; *income, swimsuit* minuscule.

scapegoat ['skeɪpgəʊt] *n* bouc *m* émissaire.

scar [skɑːʳ] **1** *n* (*gen*) cicatrice *f*; (*esp on face*) balafre *f*. (*fig*) **it left a deep** ~ **on his mind** il en est resté profondément marqué (*fig*). **2** *vt* marquer d'une cicatrice; (*on face*) balafrer. ~**red by smallpox** grêlé par la petite vérole; **war-**~**red town** ville *f* qui porte des cicatrices de la guerre.

scarce [skɛəs] *adj food, money* peu abondant; *edition* rare. **corn is getting** ~ le blé se fait rare; **such people are** ~ de telles gens sont rares; **to make o.s.** ~* se sauver*. ♦ **scarcely** *adv see, touch* à peine; ~**ly anybody knows** il y a très peu de gens qui savent; **he** ~**ly ever goes there** il n'y a presque jamais; **I can** ~**ly believe it** j'ai du mal à le croire. ♦ **scarceness** *or* ♦ **scarcity** *n* pénurie *f*.

scare [skɛəʳ] **1** *n*: **to give sb a** ~ effrayer qn, faire peur à qn; **to raise a** ~ semer la panique; **the war** ~ les rumeurs *fpl* de guerre. **2** *vt* effrayer, faire peur à. **to** ~ **sb stiff*** faire une peur bleue à qn; **to be** ~**d** avoir peur (*of* de); **to be** ~**d stiff***, **to be** ~**d to death***, **to be** ~**d out of one's wits*** avoir une peur bleue *or* une frousse* terrible (*of* de).

scare away, scare off *vt sep* [*dog etc*] faire fuir; [*price*] faire peur à. ♦ **scarecrow** *n* épouvantail *m*. ♦ **scared** *adj* effrayé, affolé (*of par*); *V also* **scare 2** *above*. ♦ **scaremonger** *n* alarmiste *mf*. ♦ **scary*** *adj* qui donne la frousse*.

scarf [skɑːf] *n* écharpe *f*; (*square*) foulard *m*.

scarlatina [,skɑːlə'tiːnə] *n* scarlatine *f*.

scarlet ['skɑːlɪt] *adj* écarlate. ~ **fever** scarlatine *f*.

scarper ['skɑːpəʳ] *vi* (*Brit*) ficher le camp*.

scathing ['skeɪðɪŋ] *adj remark* cinglant. **to be** ~ **about** sth critiquer qch de façon cinglante. ♦ **scathingly** *adv* d'une manière cinglante; **to look** ~**ly at sb** foudroyer qn du regard.

scatter ['skætəʳ] **1** *vt* **(a)** *crumbs, papers* éparpiller; *seeds* semer à la volée; *sand, salt, sawdust* répandre; *coins* jeter à la volée; *cushions* jeter çà et là. **(b)** *clouds, crowd* disperser; *enemy* mettre en déroute. **his paintings are** ~**ed all over the country** ses tableaux sont dispersés aux quatre coins du pays. **2** *vi* [*clouds, crowd*] se disperser. ♦ **scatterbrain** *n* écervelé(e) *m(f)*. ♦ **scatterbrained** *adj* écervelé.

scavenge ['skævɪndʒ] *vi* fouiller (*for* pour trouver). ♦ **scavenger** *n* (*insect/animal*) insecte *m*/animal *m* nécrophage; (*street cleaner*) éboueur *m*; (*person on dump etc*) maraudeur *m*, -euse *f*.

scenario [sɪ'nɑːrɪəʊ] *n* scénario *m*.

scene [siːn] **1** *n* **(a)** (*gen, Theat*) scène *f*. (*Cine, TV*) **outdoor** ~ extérieur *m*; **the** ~ **is set in Paris** la scène se passe à Paris; (*fig*) **the** ~ **was set for** toutes les conditions étaient réunies pour; **this set the** ~ **for** ceci a préparé le terrain pour; (*Theat, fig*) **behind the** ~**s** dans les coulisses; ~**s of violence** scènes de violence; **there were angry** ~**s** des incidents violents ont eu lieu; (*fuss*) **to make a** ~ faire toute une scène *or* toute une histoire*. **(b)** (*place*) lieu *m*, endroit *m*. **the** ~ **of the crime/accident** le lieu du crime/de l'accident; **he needs a change of** ~ il a besoin de changer de cadre; **to come on the** ~ arriver; **it's not my** ~* ça n'est pas mon genre*. **(c)** (*sight*) spectacle *m*; (*view*) vue *f*. **the** ~ **from the top** la vue *or* le panorama du sommet; **a** ~ **of utter destruction** un spectacle de destruction totale. **2** *adj* (*Theat*) ~ **change** changement *m* de décors; ~ **painter** peintre *m* de décors; ~ **shifter** machiniste *m*.

♦ **scenery** *n* (*countryside*) paysage *m*; (*Theat*) décors *mpl*; (*fig*) **a change of** ~**ry** un changement de cadre. ♦ **scenic** *adj* scénique; (*Rail*) **scenic car** voiture *f* panoramique; **scenic railway** (*panoramic*) petit train *m* d'agrément; (*Brit: switchback*) montagnes *fpl* russes; **scenic road** route *f* touristique.

scent [sent] **1** *n* **(a)** (*perfume*) parfum *m*. **(b)** (*animal's track*) fumet *m*; (*fig*) piste *f*. **to lose the** ~ perdre la piste; **to put sb off the** ~ déjouer qn. **2** *adj*: ~ **bottle** flacon *m* à parfum; ~ **spray** vaporisateur *m*; (*aerosol*) atomiseur *m*. **3** *vt* **(b)** (*make* ~**ed**) parfumer (*with* de). **(b)** (*smell*) *game, danger* flairer.

sceptic, (*US*) **skeptic** ['skeptɪk] *adj, n* sceptique (*mf*). ♦ **sceptical** *adj* sceptique (*of, about* sur). ♦ **sceptically** *adv* avec scepticisme. ♦ **scepticism** *n* scepticisme *m*.

sceptre, (*US*) **-ter** ['septəʳ] *n* sceptre *m*.

schedule ['ʃedjuːl, (*US*) 'skedjuːl] *n* **(a)** [*work, duties, visits*] programme *m*; [*trains etc*] horaire *m*; [*events*] calendrier *m*. **to go according to** ~ se passer comme prévu; **on** *or* **up to** ~ **train** à l'heure; **work** à jour; **to be behind** ~ avoir du retard; **to be ahead of** ~ (*in work*) avoir de l'avance sur son programme; **to work to a very tight** ~ avoir un programme de travail très serré. **(b)** (*list*) [*goods, contents*] liste *f*, inventaire *m*; [*prices*] barème *m*; (*Customs, Tax etc*) tarif *m*. ♦ **scheduled** *adj time, date, activity* prévu; *price* tarifé; *train or bus service* régulier; *stop* indiqué

scheme 382 **Scot**

dans l'horaire; **he is ~d to leave at midday** il doit partir à midi.

scheme [skiːm] **1** n **(a)** (plan) plan m, projet m (of doing de faire; to do, for doing pour faire; for sth pour qch). **a ~ of work** un plan de travail; **profit-sharing** ~ système m de participation (aux bénéfices); **it's not a bad ~*** ça n'est pas une mauvaise idée. **(b)** (plot) complot m (to do pour faire). **2** vi comploter (to do pour faire). ♦ **schemer** n (small-scale) intrigant(e) m(f); (large-scale) comploteur m, -euse f. ♦ **scheming 1** adj intrigant; **2** n intrigues fpl.

schism [ˈsɪzəm] n schisme m.

schizophrenia [ˌskɪtsəʊˈfriːnɪə] n schizophrénie f. ♦ **schizophrenic** adj, n schizophrène (mf).

scholar [ˈskɒləʳ] n lettré(e) m(f), érudit(e) m(f). **a Dickens** ~ un(e) spécialiste de Dickens. ♦ **scholarly** adj érudit, savant. ♦ **scholarship 1** n (knowledge) érudition f; (award) bourse f (d'études) (obtenue sur concours); **2** adj: ~ship holder boursier m, -ière f. ♦ **scholastic** adj scolaire.

school¹ [skuːl] **1** n **(a)** (gen) école f; (primary ~) école; (secondary ~) collège m; (grammar ~) lycée m; (lessons) cours mpl, (in primary ~) classes fpl. **~ of motoring** auto-école f; **to** or **at** or **in ~** à l'école (or au collège etc); **to leave ~** quitter l'école etc; (Art) **the Dutch ~** l'école hollandaise; **a ~ of thought** une école de pensée; (fig) **of the old ~** de la vieille école. **(b)** (Univ) faculté f. **he's at law/medical ~** il fait son droit/sa médecine; **S~ of Linguistics** etc Institut m or Département m de Linguistique etc. **2** adj doctor, holidays, life, report etc scolaire. **~ attendance** scolarisation f; **~ attendance officer** fonctionnaire mf chargé(e) de faire respecter les règlements de la scolarisation; **~ bus** car m de ramassage scolaire; **~ bus service** service m de ramassage scolaire; **~ fees** frais mpl de scolarité; **during ~ hours, in ~ time** pendant les heures de classe.

3 vt animal dresser; feelings, reactions contrôler; voice etc discipliner. **to ~ o.s. to do** s'astreindre à faire. ♦ **school-age** adj d'âge scolaire. ♦ **schoolbag** n cartable m. ♦ **schoolbook** n livre m de classe. ♦ **schoolboy 1** n élève m, écolier m; **2** adj: **~boy slang** argot m scolaire. ♦ **schoolchild** n écolier m, -ière f, lycéen(ne) m(f), collégien(ne) m(f). ♦ **schooldays** npl années fpl d'école. ♦ **schoolgirl** n élève f, écolière f. ♦ **schooling** n (gen) études fpl; compulsory ~ing scolarité f obligatoire. ♦ **school-leaver** n jeune mf qui a terminé ses études secondaires. ♦ **school-leaving age** m de fin de scolarité. ♦ **schoolmarm*** n (pej) institutrice f. ♦ **schoolmaster** n (primary) instituteur m; (secondary) professeur m. ♦ **schoolmate** n camarade mf de classe. ♦ **schoolmistress** n (primary) institutrice f; (secondary) professeur m. ♦ **schoolroom** n salle f de classe. ♦ **schoolteacher** n (primary) instituteur m, -trice f; (secondary) professeur m. ♦ **schoolteaching** n enseignement m.

school² [skuːl] n [fish] banc m.

schooner [ˈskuːnəʳ] n (Naut) goélette f.

sciatica [saɪˈætɪkə] n sciatique f.

science [ˈsaɪəns] **1** n science f; (subject for study) sciences. **it's a real ~** c'est une véritable science; **the S~ Faculty** la faculté des Sciences. **2** adj equipment, subject scientifique; exam, teacher de sciences. **~ fiction** science-fiction f. ♦ **scientific** adj (gen) scientifique; instrument de précision. ♦ **scientifically** adv scientifiquement. ♦ **scientist** n scientifique mf; **one of our leading scientists** l'un de nos grands savants.

Scilly Isles [ˈsɪlɪaɪlz] npl Sorlingues fpl.

scintillate [ˈsɪntɪleɪt] vi [star, jewel] scintiller; [person] pétiller d'esprit. ♦ **scintillating** adj scintillant; conversation etc pétillant.

scissors [ˈsɪzəz] npl ciseaux mpl.

scoff [skɒf] vi se moquer (at de). ♦ **scoffer** n moqueur m, -euse f.

scold [skəʊld] vt réprimander (for doing pour avoir fait); child gronder, attraper (for doing pour avoir fait). ♦ **scolding** n réprimande f, gronderie f; **to get a ~ing from sb** se faire réprimander or gronder par qn.

scone [skɒn] n ≃ petit pain m au lait.

scoop [skuːp] **1** n **(a)** (for flour, sugar) pelle f (à main); (for water) écope f; (for ice cream/potatoes) cuiller f à glace/à purée. **(b) to make a ~** (Comm) faire un gros bénéfice; (Press) faire un scoop. **2** vt (Comm) market s'emparer de; competitor devancer; profit ramasser; (Press) story publier en exclusivité.
scoop out vt sep water vider; hole creuser.
scoop up vt sep ramasser.

scooter [ˈskuːtəʳ] n scooter m; [child] trottinette f.

scope [skəʊp] n (opportunity: for activity, action etc) possibilités fpl; (range) [law, regulation] étendue f, portée f; (capacity) [person] compétence f, capacité(s) f(pl). **a programme of considerable ~** un programme d'une envergure considérable; **to extend the ~ of one's activities** élargir le champ de ses activités; **it is within/beyond his ~** cela entre dans/dépasse ses compétences; **it is within/beyond the ~ of this book** cela entre dans/dépasse les limites fpl de ce livre.

scorch [skɔːtʃ] **1** n (~ mark) brûlure f légère. **2** vt linen roussir; grass [fire etc] brûler; [sun] dessécher. **~ed earth policy** tactique f de la terre brûlée. **3** vi [car] **to ~ along** rouler à toute vitesse. ♦ **scorcher*** n journée f torride. ♦ **scorching** adj heat torride; sand brûlant; sun de plomb; weather très chaud.

score [skɔːʳ] **1** n **(a)** (Sport) score m; (Cards) marque f. **to keep (the) ~** (gen) compter les points; (Cards) tenir la marque; (Tennis) tenir le score; (Ftbl) **there's no ~ yet** on n'a pas encore marqué (de but); **there was no ~ in the match** ils ont fait match nul; **what's the ~?** (Sport) où en est le jeu or le match?; (*fig) où en sommes-nous?; (fig) **to know the ~*** en connaître un bout*; (fig) **he's got an old ~ to settle with him** il a un compte à régler avec lui. **(b)** (account) titre m. **on that ~** à ce titre. **(c)** (mark: on wood etc) rayure f; (on leather etc) incision f. **(d)** (Mus) partition f. **piano ~** partition de piano; **the film ~** la musique du film. **(e)** (twenty) **a ~** vingt; **a ~ of people** une vingtaine de personnes; (fig) **~s of** un grand nombre de, des tas* de.

2 vt **(a)** goal, point marquer. **to ~ 70% in an exam** avoir 70 sur 100 à un examen; **to ~ a hit** (Fencing) toucher; (Shooting) viser juste; (fig) remporter un grand succès. **(b)** (cut) rock strier; wood, metal rayer; leather, skin inciser. **(c)** music écrire (for violin etc pour violon etc); film etc composer la musique de.

3 vi [player] marquer un or des point(s); [football etc] marquer un but; [scorer] marquer les points; (fig) avoir l'avantage. (fig) **to ~ over** or **off sb** marquer un point aux dépens de qn.
score off, score out vt sep rayer, barrer.
♦ **scoreboard** n tableau m. ♦ **scorecard** n (Shooting) carton m; (Golf) carte f du parcours; (Cards) feuille f de marque. ♦ **scorer** n (keeping ~) marqueur m; (goal ~r) marqueur m (de but).

scorn [skɔːn] **1** n mépris m. **2** vt person, action mépriser; advice, danger faire fi de; suggestion rejeter. **to ~ to tell a lie** dédaigner de mentir. ♦ **scornful** adj méprisant; **to be ~ful about sth** parler de qch avec mépris. ♦ **scornfully** adv avec mépris.

Scorpio [ˈskɔːpɪəʊ] n le Scorpion (Astron).

scorpion [ˈskɔːpɪən] n scorpion m.

Scot [skɒt] n Écossais(e) m(f).

Scotch [skɒtʃ] **1** *n* (a) whisky *m*, scotch *m*. (b) (*abusivement pour* **Scottish** *ou* **Scots**) **the ~ les** Écossais *mpl*. **2** *adj* (*abusivement*) écossais. ~ **egg** œuf dur enrobé de chair à saucisse; ~ **mist** bruine *f*; ~ **tape** ® scotch *m* ®, ruban adhésif.

scotch [skɒtʃ] *vt rumour* étouffer; *plan, attempt* faire échouer; *revolt, uprising* réprimer; *claim* démentir.

scot-free ['skɒt'friː] *adj* (*unpunished*) sans être puni; (*not paying*) sans payer; (*unhurt*) indemne.

Scotland ['skɒtlənd] *n* Écosse *f*.

Scots [skɒts] *adj, n* écossais (*m*). ♦ **Scotsman** *n* Écossais *m*. ♦ **Scotswoman** *n* Écossaise *f*.

Scottish ['skɒtɪʃ] *adj* écossais. **the ~ Office** le ministère des Affaires écossaises.

scoundrel ['skaʊndrəl] *n* vaurien *m*; (*child*) coquin(e) *m(f)*.

scour ['skaʊər] *vt* (a) *pan, sink* récurer; *table, floor* frotter; (*with water*) nettoyer à grande eau; *metal* décaper. (b) (*search*) parcourir (*for* à la recherche de). ♦ **scourer** *n* (*powder*) poudre *f* à récurer; (*pad*) tampon *m* abrasif.

scourge [skɜːdʒ] *n* fléau *m*.

scout [skaʊt] **1** *n* (a) (*Mil*) éclaireur *m*; (*boy*) scout *m* (*gen Catholic*); éclaireur (*gen non-Catholic*). (b) **to have a ~ round*** reconnaître le terrain. **2** *adj camp, movement* scout; *uniform* de scout. **3** *vi* (*Mil*) aller en reconnaissance. (*gen*) **to ~ about for** chercher. ♦ **scouting** *n* scoutisme *m*. ♦ **scoutmaster** *n* chef *m* scout.

scowl [skaʊl] **1** *n* mine *f* renfrognée. **he said with a ~** dit-il en se renfrognant. **2** *vi* se renfrogner, froncer les sourcils. **to ~ at** jeter un regard mauvais à.

scrabble ['skræbl] **1** *vi*: **to ~ about** *or* **around for sth** chercher qch à tâtons. **2** *n* (*game*) S~ ® Scrabble *m* ®.

scraggy ['skrægɪ] *adj person, animal* efflanqué; *neck, limb* décharné.

scram* [skræm] *vi* ficher le camp*.

scramble ['skræmbl] **1** *vi* (a) **to ~ up/down/along** grimper/descendre/avancer tant bien que mal (et à toute vitesse); **to ~ for** *coins, seats* se bousculer pour (avoir); *jobs etc* faire des pieds et des mains pour (avoir). (b) (*Sport*) **to go scrambling** faire du moto-cross. **2** *vt* (*Culin, Telec*) brouiller. ~**d eggs** œufs brouillés. **3** *n* (a) (*rush*) ruée *f* (*for* pour). (b) (*motorcycle*) (réunion *f* de) moto-cross *m*. ♦ **scrambler** *n* (*Telec*) brouilleur *m*. ♦ **scrambling** *n* (*Sport*) moto-cross *m*.

scrap¹ [skræp] **1** *n* (a) (*piece: gen*) (petit) bout *m*; [*writing*] quelques lignes *fpl*; [*conversation*] bribe *f*; [*news*] fragment *m*. ~**s** (*broken pieces*) débris *mpl*; [*food*] restes *mpl*; **not a ~ of** *evidence/use* pas la moindre preuve/utilité; **not a ~** pas du tout. (b) (~ *metal*) ferraille *f*. **to sell for ~** vendre à la casse; **what is it worth as ~?** qu'est-ce que cela vaudrait à la casse? **2** *adj car* mis à la ferraille. ~ **dealer** *or* **merchant** marchand *m* de ferraille; (*fig*) **to throw sth on the ~ heap** mettre qch au rebut; ~ **iron** ferraille *f*; ~ **paper** (*for scribbling on*) papier *m* de brouillon; (*newspapers etc*) vieux papiers; ~ **yard** chantier *m* de ferraille; (*for cars*) cimetière *m* de voitures. **3** *vt* jeter; *car, ship* envoyer à la ferraille; *equipment* mettre au rebut; *project* laisser tomber. ♦ **scrapbook** *n* album *m* (*de coupures de journaux etc*). ♦ **scrappy** *adj conversation, essay* décousu; *education* incomplet; *meal* sur le pouce*.

scrap²* [skræp] **1** *n* (*fight*) bagarre *f*. **2** *vi* se bagarrer* (*with* avec).

scrape [skreɪp] **1** *n* (a) (*action*) coup *m* de racloir; (*sound*) raclement *m*; (*mark*) éraflure *f*. (b) (*: trouble*) **to get into/out of a ~** se mettre dans un/se sortir d'un mauvais pas. **2** *vt* (*clean*) racler; *vegetables* gratter; (*scratch*) érafler; (*just touch*) frôler. **to ~ one's plate clean** tout manger; **to ~ sth off sth** enlever qch de qch en raclant; **to ~ a**

living vivoter; (*Naut*) **to ~ the bottom** talonner; (*fig*) **to ~ the bottom of the barrel** en être réduit aux raclures; **to ~ (up) an acquaintance with sb** réussir à faire la connaissance de qn. **3** *vi* (*make sound*) racler, gratter; (*rub*) frotter (*against* contre). **to ~ along the wall** frôler le mur; **to ~ through the doorway** réussir de justesse à passer par la porte; **to ~ through an exam** réussir un examen de justesse.

scrape along *vi* (*manage*) se débrouiller; (*live*) vivoter.

scrape away, scrape off *vt sep* enlever en raclant.

scrape through *vi* (*succeed*) réussir de justesse.

scrape together, scrape up *vt sep objects* rassembler; *money* réunir à grand-peine. ♦ **scraper** *n* racloir *m*; (*at doorstep*) grattoir *m*.

scratch [skrætʃ] **1** *n* (a) (*mark*) (*on skin*) égratignure *f*; (*on paint*) éraflure *f*; (*on glass, record*) rayure *f*. (*unharmed*) **without a ~** indemne. (b) (*action, noise*) grattement *m*; (*by claw/nail*) coup *m* de griffe/d'ongle. (c) (*Sport*) scratch *m*. (*fig*) **to start from ~** partir de zéro*; **to come up to ~** se montrer à la hauteur; **to bring/keep sb up to ~** amener/maintenir qn au niveau voulu. **2** *adj crew, team* de fortune; *race, golfer* scratch *inv*. **3** *vt* (a) (*with nail, claw*) griffer; *varnish* érafler; *record, glass* rayer; *one's name* graver. **to ~ a hole in sth** creuser un trou en grattant qch; **he ~ed his hand on a nail** il s'est éraflé la main sur un clou. (b) (*to relieve itch*) gratter. **to ~ one's head** se gratter la tête; (*fig*) **you ~ my back and I'll ~ yours** un petit service en vaut un autre. (c) (*cancel*) *meeting, game* annuler; *competitor, horse* scratcher. **4** *vi* [*person, dog etc*] se gratter; [*hens*] gratter le sol; [*pen*] gratter. **the dog was ~ing at the door** le chien grattait à la porte.

scratch out *vt sep* (*from list*) rayer. **to ~ sb's eyes out** arracher les yeux à qn. ♦ **scratchy** *adj material* rêche; *pen* qui gratte.

scrawl [skrɔːl] **1** *n* gribouillage *m*, griffonnage *m*; (*brief letter*) mot *m* griffonné. **2** *vt* gribouiller, griffonner; *letter* griffonner.

scrawny ['skrɔːnɪ] *adj person, animal* efflanqué; *neck, limb* décharné.

scream [skriːm] **1** *n* [*pain, fear*] cri *m* perçant, hurlement *m*; [*laughter*] éclat *m*. **to give a ~** pousser un cri; (*fig*) **it was a ~*** c'était à se tordre (de rire); **he's a ~*** il est impayable*. **2** *vi* (~ **out**) crier (*at sb* après qn; *for help* à l'aide), hurler (*with pain/rage* de douleur/de colère). **to ~ with laughter** rire aux éclats. **3** *vt* (~ **out**) [*person*] hurler (*at* à); [*headlines, posters*] annoncer en toutes lettres. ♦ **screamingly*** *adv*: ~**ingly funny** tordant*.

scree [skriː] *n* éboulis *m* (*en montagne*).

screech [skriːtʃ] **1** *n* [*person, siren*] hurlement *m*; [*brakes*] grincement *m*; [*tyres*] crissement *m*; [*owl*] cri *m* (rauque et perçant). **she gave a ~ of laughter** elle est partie d'un rire perçant. **2** *vi* hurler; grincer; crisser; crier. **3** *vt* crier à tue-tête. ♦ **screech-owl** *n* effraie *f*.

screeds* ['skriːdz] *npl*: **to write ~** écrire des volumes.

screen [skriːn] **1** *n* (a) (*in room*) paravent *m*; (*for fire*) écran *m* de cheminée; (*of troops, trees*) rideau *m*. (b) (*Cine, TV etc*) écran *m*. (*Cine*) **the ~** l'écran, le cinéma; (*Cine/TV*) **the large/small ~** le grand/petit écran; **to write for the ~** écrire des scénarios. **2** *adj actor* de cinéma. ~ **test** essai *m* à l'écran; ~ **writer** scénariste *mf*. **3** *vt* (a) (*hide*) masquer (*from sight* aux regards), cacher; (*protect*) protéger (*from* de). **he ~ed the book with his hand** il a caché le livre de sa main. (b) *film* projeter. (c) (*sieve*) *coal* cribler. (*fig*) **to ~ sb** (*for a job*) vérifier le curriculum vitae de qn; (*Med*) **to ~ sb for cancer** faire subir à qn un test de dépis-

tage du cancer. ◆ **screening** n (a) [film] projection f; (b) (Med) test m de dépistage.
◆ **screenplay** n scénario m.
screw [skruː] 1 n (a) vis f; (action) tour m de vis. (Brit) a ~ **of sweets** cornet de bonbons etc; (fig) **he's got a ~ loose*** il lui manque une case*; **to put the ~(s) on sb*** forcer la main à qn. (b) (propeller) hélice f. (c) (Brit: income) salaire m. (d) (ː prison officer) garde-chiourme m. 2 vt (a) (~ **down**, ~ **on**) visser (on sur; to à). **to ~ sth tight** visser qch à bloc; (fig) **he's got his head ~ed on all right*** il a la tête sur les épaules. (b) (extort) soutirer (out of à). 3 vi (~ **down**, ~ **on**) se visser.
  screw off 1 vi se dévisser. 2 vt sep dévisser.
  screw round vt sep tourner, visser. **to ~ one's head round** se dévisser la tête.
  screw together vt sep two parts fixer avec une vis; object assembler avec des vis.
  screw up vt sep paper froisser; handkerchief rouler; one's eyes plisser; (ː spoil) bousiller*. **to ~ up one's face** faire la grimace; (fig) **to ~ up one's courage** prendre son courage à deux mains (to do pour faire).
  ◆ **screwball**ː adj, n cinglé(e) m(f). ◆ **screwdriver** n tournevis m. ◆ **screw-top(ped)** adj avec couvercle à pas de vis. ◆ **screwy**ː adj (mad) cinglé*.
scribble ['skrɪbl] 1 vti gribouiller, griffonner. 2 n griffonnage m.
  scribble down vt sep notes griffonner.
  ◆ **scribbler** n (bad author) plumitif m. ◆ **scribbling** n gribouillage m. ◆ **scribbling pad** n bloc-notes m.
scribe [skraɪb] n scribe m.
scrimmage ['skrɪmɪdʒ] n bagarre f.
script [skrɪpt] 1 n (a) (Cine) scénario m; (Rad, Theat, TV) texte m; (in exam) copie f. (b) (handwriting) script m. 2 vt film écrire le scénario de.
  ◆ **scripted** adj (Rad, TV) talk préparé d'avance.
  ◆ **script-girl** n script(-girl) f. ◆ **scriptwriter** n scénariste mf.
Scripture ['skrɪptʃər] n Écriture f sainte.
scroll [skrəʊl] n [parchment] rouleau m; (ancient book) manuscrit m; (Archit) volute f.
scrounge* [skraʊndʒ] 1 vt meal, clothes etc se faire payer (from, off sb par qn). **to ~ money from sb** taper qn; **he ~d £5 off him** il l'a tapé de 5 livresː 2 vi: **to ~ on sb** vivre aux crochets de qn.
  ◆ **scrounger*** n parasite m; (for meals) pique-assiette mf inv.
scrub¹ [skrʌb] 1 n: **to give sth a good ~** bien nettoyer qch (à la brosse); **give your face a ~**! lave-toi bien la figure! 2 vt (a) floor nettoyer or laver à la brosse; pan récurer. **to ~ one's hands** se brosser les mains. (b) (*: cancel) match etc annuler.
  scrub down vt sep room nettoyer à fond. **to ~ o.s. down** faire une toilette en règle.
  scrub off vt sep mark, stain enlever en frottant.
  ◆ **scrubber** n (pan-scrubber) tampon m à récurer. ◆ **scrubbing-brush** n brosse f dure.
  ◆ **scrubwoman** n (US) femme f de ménage.
scrub² [skrʌb] n (brushwood) broussailles fpl.
scruff [skrʌf] n (a) **by the ~ of the neck** par la peau du cou. (b) (*: untidy person) personne f débraillée. ◆ **scruffiness** n [person] débraillé m; [building, clothes] miteux m. ◆ **scruffy** adj appearance négligé; person débraillé; building, clothes miteux; **he looks ~y** il fait sale.
scrum [skrʌm] n (Rugby) mêlée f; (*: in crowd) bousculade f. (Rugby) ~ **half** demi m de mêlée.
scrumptious* ['skrʌmpʃəs] adj succulent.
scruple ['skruːpl] n scrupule m (about au sujet de). **he had no ~s about doing it** il ne se faisait pas scrupule de le faire. ◆ **scrupulous** adj scrupuleux. ◆ **scrupulously** adv pay, do scrupuleusement; **scrupulously honest/clean** d'une

honnêteté scrupuleuse/d'une propreté irréprochable. ◆ **scrupulousness** n scrupules mpl.
scrutinize ['skruːtɪnaɪz] vt (gen) scruter; votes pointer. ◆ **scrutiny** n (gen) regard m scrutateur; [document, conduct] examen m minutieux; [votes] pointage m.
scuba ['skuːbə] n scaphandre m autonome.
scuff [skʌf] vt shoes érafler; feet traîner.
scuffle ['skʌfl] 1 n bagarre f. 2 vi se bagarrer* (with avec).
scull [skʌl] vi: **to go ~ing** faire de l'aviron.
scullery ['skʌlərɪ] n arrière-cuisine f.
sculpt [skʌlpt] vti sculpter (out of dans).
  ◆ **sculptor** n sculpteur m. ◆ **sculptress** n femme f sculpteur. ◆ **sculpture** 1 n sculpture f; 2 vti sculpter.
scum [skʌm] n écume f. **to remove the ~ (from)** écumer; (fig) **the ~ of the earth** le rebut du genre humain.
scurf [skɜːf] n pellicules fpl (du cuir chevelu).
scurrilous ['skʌrɪləs] adj calomnieux.
scurry ['skʌrɪ] vi: **to ~ along/away** etc avancer/partir etc à toute vitesse.
scuttle¹ ['skʌtl] vi: **to ~ in/through** etc entrer/traverser etc précipitamment.
scuttle² ['skʌtl] vt ship saborder; plans faire échouer.
scythe [saɪð] 1 n faux f. 2 vt faucher.
sea [siː] 1 n mer f. **on the ~** boat en mer; town au bord de la mer; **by** or **beside the ~** au bord de la mer; **over** or **beyond the ~(s)** (adj) lands etc d'outre-mer; (adv) live etc outre-mer; **to go to ~** [boat] prendre la mer; [person] devenir or se faire marin; **to put to ~** prendre la mer; **by ~** par mer, en bateau; **look out to ~** regardez au large; (out) **at ~** en mer; (fig) **I'm all at ~** je nage* complètement; (fig) **the call of the ~** l'appel m du large; **what's the ~ like?** (for sailing) quel est l'état de la mer?; (for bathing) est-ce que l'eau est bonne?; **the ~ was very rough** la mer était très mauvaise; (fig) **a ~ of faces** une multitude de visages.
  2 adj air de la mer, marin; bird, breeze, fish, water de mer; god, scout marin; battle, power naval; route, transport maritime. ~ **anemone** anémone f de mer; ~ **bathing** bains mpl de mer; ~ **bed** fond m de la mer; ~ **captain** capitaine m (de marine marchande); ~ **coast** côte f; ~ **front** front m de mer; **to find one's ~ legs** s'habituer à la mer; ~ **level** niveau m de la mer; ~ **loch** bras m de mer; ~ **wall** digue f.
  ◆ **seaboard** n littoral m. ◆ **seafarer** n marin m. ◆ **seafaring** n vie f de marin. ◆ **seafood** n fruits mpl de mer. ◆ **sea-green** adj vert glauque inv.
  ◆ **seagull** n mouette f. ◆ **sea-lion** n otarie f.
  ◆ **seaman** n, pl **-men** marin m. ◆ **seamanship** n qualités fpl de marin. ◆ **seaplane** n hydravion m.
  ◆ **seaport** n port m de mer. ◆ **seascape** n (Art) marine f. ◆ **seashell** n coquillage m. ◆ **seashore** n rivage m, plage f; **by the ~shore** au bord de la mer; **on the ~shore** sur la plage, sur le rivage.
  ◆ **seasick** adj: **to be ~sick** avoir le mal de mer.
  ◆ **seasickness** n mal m de mer. ◆ **seaside** 1 n bord m de la mer; **at** or **beside** or **by the ~side** au bord de la mer; 2 adj holiday, town au bord de la mer; hotel sur le bord de la mer; ~**side resort** station f balnéaire. ◆ **sea-urchin** n oursin m.
  ◆ **seawards** adv vers le large. ◆ **seaway** n route f maritime. ◆ **seaweed** n algue(s) f(pl).
  ◆ **seaworthiness** n bon état m de navigabilité.
  ◆ **seaworthy** adj en état de naviguer.
seal¹ [siːl] n phoque m. ◆ **sealer** n (ship) navire m équipé pour la chasse au phoque. ◆ **sealskin** n peau f de phoque.
seal² [siːl] 1 n (gen) sceau m; (on letter) cachet m; (on package) plomb m. (fig) **to set one's ~ to sth, to give sth the ~ of approval** donner son approbation à qch; (fig) **to set the ~ on sth** sceller qch. 2 vt (a) (put ~ on) document sceller; (close) envelope

coller; *jar* fermer hermétiquement; *tin* souder; (*Culin*) *meat* saisir. ~ed **orders** instructions *fpl* secrètes; **my lips are** ~ed mes lèvres sont scellées. (b) (*decide*) *fate* régler; *bargain* conclure.
seal off *vt sep* (*close up*) *door, room* condamner; (*forbid entry to*) interdire l'accès de; (*with police etc*) *district* mettre un cordon autour de.
seal up *vt sep jar, door* fermer hermétiquement.
♦ **sealing wax** *n* cire *f* à cacheter.
seam [si:m] *n* (a) (*in fabric, rubber*) couture *f*; (*in plastic, metal*) joint *m*; (*in welding*) soudure *f*. **to come apart at the** ~s se découdre; (*fig*) **bursting at the** ~s* plein à craquer. (b) (*Min*) veine *f*; (*Geol*) couche *f*. ♦ **seamstress** *n* couturière *f*. ♦ **seamy** *adj district* louche; **the** ~y **side of life** le côté peu reluisant de la vie.
séance ['seiɑ̃:ns] *n* séance *f* de spiritisme.
search [sɜ:tʃ] **1** *n* (a) (*for sth lost*) recherches *fpl*. **in** ~ **of** à la recherche de; **to make a** ~ **for** sb/sth entreprendre des recherches pour retrouver qn/qch; **to begin a** ~ **for** *person* partir à la recherche de; *thing* se mettre à la recherche de. (b) (*person, building, drawer, pocket, district*) fouille *f*; (*Admin*) [*luggage etc*] visite *f*. **2** *vt* (a) (*hunt through*) *house, woods, district* fouiller (*for* sb/sth à la recherche de qn/qch). (b) (*examine*) (*gen*) fouiller (*for* pour essayer de retrouver); (*Admin*) *luggage* visiter. **they** ~ed **him for a weapon** ils l'ont fouillé pour s'assurer qu'il n'avait pas d'arme. (c) (*scan*) *documents, records, photograph* examiner (en détail) (*for* pour trouver); *one's conscience* sonder; *memory* chercher dans. (*fig*) **he** ~ed **her face for some sign of affection** il a cherché sur son visage un signe d'affection. **3** *vi* chercher. **to** ~ **after or for** sth chercher qch. **to** ~ **through** sth fouiller qch.
♦ **searcher** *n* chercheur *m*, -euse *f* (*for, after* en quête de). ♦ **searching** *adj look* pénétrant; *examination* minutieux. ♦ **searchlight** *n* projecteur *m* (*pour éclairer*). ♦ **search-party** *n* équipe *f* or expédition *f* de secours. ♦ **search-warrant** *n* mandat *m* de perquisition.
season ['si:zn] **1** *n* saison *f*. **to be in/out of** ~ être/ne pas être de saison; **a word in** ~ un mot dit à propos; (*fig*) **in** ~ **and out of** ~ à tout bout de champ; **the Christmas** ~ la période de Noël or des fêtes; **the busy** ~ (*for shops etc*) la période de pointe; (*for hotels etc*) la pleine saison; **the fishing/football etc** ~ la saison de la pêche/de football *etc*; 'S~'s **greetings'** 'Joyeux Noël et Bonne Année'; **the off-**~ la morte-saison; **during the off-**~ hors saison; (*Theat*) **he did a** ~ **at the Old Vic** il a joué à l'Old Vic pendant une saison; **the film is here for a short** ~ le film sera projeté quelques semaines; (*Vet*) **in** ~ en chaleur. **2** *adj*: ~ **ticket** carte *f* d'abonnement; ~ **ticket holder** personne *f* qui possède une carte d'abonnement. **3** *vt* (a) *wood* faire sécher. (b) (*Culin*) assaisonner; (*spice*) épicer, relever. **a highly** ~ed **dish** un plat relevé. ♦ **seasonable** *adj weather* de saison. ♦ **seasonal** *adj* saisonnier. ♦ **seasoned** *adj wood* séché; (*fig*) *worker, actor etc* expérimenté; *troops* aguerri; **a** ~ed **campaigner for** un vétéran des campagnes pour. ♦ **seasoning** *n* assaisonnement *m*; **to add** ~ing assaisonner.
seat [si:t] **1** *n* (a) (*gen: chair etc*) siège *m*; (*in theatre etc*) fauteuil *m*; (*in bus, train, car etc*) (*individual*) siège, (*for several people*) banquette *f*; (*on cycle*) selle *f*; (*place: on train, in theatre*) place *f*. **to take a** ~ s'asseoir; **to take one's** ~ prendre place; **there were 4** ~s **in the room** il y avait 4 sièges dans la pièce; (*Theat*) **2** ~s **for ...** 2 places pour ...; **keep a** ~ **for me** gardez-moi une place; **there are** ~s **for 70 people** il y a 70 places assises; **a two-**~**er car** une (voiture à) deux places. (b) (*part of chair*) siège *m*; [*trousers*] fond *m*; (*: buttocks*) postérieur* *m*. (c) (*Parl*) siège *m*. **to keep/lose one's** ~ être/ne pas être réélu; **to take**

one's ~ **in the Commons** prendre son siège aux Communes; **a majority of 50** ~s une majorité de 50 (députés *etc*). (d) (*centre*) [*government, learning*] siège *m*; [*commerce*] centre *m*; [*infection*] foyer *m*. **country** ~ château *m*. **2** *adj*: ~ **belt** ceinture *f* de sécurité. **3** *vt child* (faire) asseoir; (*at table*) *guest* placer. **to** ~ **o.s., to be** ~ed s'asseoir; **to be** ~ed (*sitting*) être assis; **to remain** ~ed rester assis; (*find room for*) **we cannot** ~ **them all** nous n'avons pas assez de sièges pour tout le monde; **how many does the hall** ~? combien y a-t-il de places assises dans la salle?; **this table/this car** ~s **8** on peut tenir à 8 à cette table/ dans cette voiture. ♦ **seating 1** *n* sièges *mpl*; (*as opp to standing room*) places *fpl* assises; **2** *adj*: ~**ing capacity** nombre *m* de places assises.
secateurs [ˌsekəˈtɜ:z] *npl* sécateur *m*.
secede [sɪˈsi:d] *vi* faire sécession (*from* de). ♦ **secession** *n* sécession *f*.
secluded [sɪˈklu:dɪd] *adj house* à l'écart; *garden* isolé; *life, place* retiré. ♦ **seclusion** *n* solitude *f*; **to live in seclusion** vivre retiré du monde.
second¹ ['sekənd] **1** *adj* (*esp one of many*) deuxième; (*gen one of two*) second. **to be** ~ **in the queue** être le (or la) deuxième dans la queue; **to be** ~ **in command** (*Mil*) commander en second; (*gen*) être deuxième dans la hiérarchie; (*Scol*) **he was** ~ **in French** il a été deuxième en français; (*fig*) **he's a** ~ **Beethoven** c'est un autre Beethoven; **give him a** ~ **chance** donnez-lui encore une chance; **you won't get a** ~ **chance to do it** vous ne retrouverez pas l'occasion de le faire; **every** ~ **day** un jour sur deux; (*Aut*) ~ **gear** seconde *f*; (*Med*) **to ask for a** ~ **opinion** demander l'avis d'un autre médecin; (*fig*) ~ **cousin** cousin(e) *m(f)* issu(e) de germain; (*Gram*) ~ **person** deuxième personne *f*; **in the** ~ **place** deuxièmement; **Charles the S**~ Charles Deux, Charles II; **to play** ~ **fiddle to** sb jouer un rôle secondaire auprès de qn; **it's** ~ **nature to him** c'est une seconde nature chez lui; ~ **to none** sans pareil; **my** ~ **self** un(e) autre moi-même; **to have** ~ **sight** avoir le don de seconde vue; **to have** ~ **thoughts** changer d'avis (*about* en ce qui concerne); **on** ~ **thoughts** ... réflexion faite ...; *for other phrases V* **sixth**.
2 *adv* (a) (*in race, exam, competition*) en seconde place. **he came** ~ (*in race, exam*) il s'est classé deuxième or second; (*at meeting etc*) il est arrivé le deuxième; **the** ~ **largest book** le plus grand livre sauf un. (b) = **secondly**. (c) (*Rail etc*) **to travel** ~ voyager en seconde.
3 *n* (a) deuxième *mf*, second(e) *m(f)*. **he came a good** ~ il s'est fait battre de justesse; **he came a poor** ~ il a été largement battu (en deuxième place); (*Comm*) ~s **articles** *mpl* de second choix. (b) (*Boxing*) soigneur *m*; (*in duel*) second *m*. (c) (*Aut*: ~ **gear**) seconde *f*. **in** ~ en seconde.
4 *vt* (a) *motion* appuyer; *speaker* appuyer la motion de. (*fig*) **I'll** ~ **that** je suis d'accord. (b) [sɪˈkɒnd] *employee* détacher (*to* à).
♦ **secondary** *adj secondaire* (*V* **school**).
♦ **second-best 1** *n*: **as a** ~**-best** faute de mieux; **2** *adv*: **to come off** ~**-best** perdre. ♦ **second-class** *adj mail* à tarif réduit; (*Rail*) de seconde (classe); (*pej*) *food, goods etc* de qualité inférieure; ~**-class citizen** déshérité(e) *m(f)* dans la société.
♦ **secondhand 1** *adj clothes, car* d'occasion; *information* de seconde main; ~**hand book-seller/bookshop** libraire *m*/librairie *f* d'occasion; ~**hand dealer** marchand(e) *m(f)* d'occasion; **2** *adv buy* d'occasion; *hear sth* de qn d'autre.
♦ **second-in-command** *n* (*Mil*) commandant *m* en second; (*Naut*) second *m*; (*gen*) adjoint *m*.
♦ **secondly** *adv* deuxièmement; (*more formally*) en second lieu. ♦ **secondment** [sɪˈkɒndmənt] *n* détachement *m*; **on** ~**ment** en détachement (*to* à).
♦ **second-rate** *adj* médiocre, de deuxième ordre.
second² ['sekənd] **1** *n* seconde *f* (*also Geog, Math*

etc). **at that very ~** à cet instant précis; **just a ~!, half a ~!*** une (petite) seconde! **2** *adj:* **~(s) hand** trotteuse *f*.
secret ['si:krɪt] **1** *n* secret *m*. **to keep a ~** garder un secret; **to let sb into the ~** mettre qn dans le secret; **to let sb into a ~** révéler un secret à qn; **to be in the ~** être au courant; **there's no ~ about it** cela n'a rien de secret; **to have no ~s from sb** ne pas avoir de secrets pour qn; **he makes no ~ of the fact that** il ne cache pas que; **in ~** en secret. **2** *adj* (*gen*) secret (*f* -ète); (*secluded*) retiré. **to keep sth ~** ne pas révéler qch (*from sb* à qn); **~ agent** agent *m* secret; **~ police** police *f* secrète; **the S~ Service** les services *mpl* secrets; **~ society** société *f* secrète. ♦ **secrecy** *n* secret *m*; **in secrecy** en secret; **there's no secrecy about it** on n'en fait pas un mystère; **an air of secrecy** un air mystérieux. ♦ **secretive** *adj* (*by nature*) secret, dissimulé (*pej*); **to be ~ive about sth** se montrer très réservé à propos de qch. ♦ **secretly** *adv* secrètement, en secret.
secretary ['sekrətrɪ] *n* secrétaire *mf*; (*company ~*) secrétaire général (*d'une société*). **S~ of State** (*Brit*) ministre *m* (*for* de); (*US*) ≈ ministre des Affaires étrangères. ♦ **secretarial** *adj work, college* de secrétariat; **secretarial course** études *fpl* de secrétariat. ♦ **secretariat** *n* secrétariat *m*. ♦ **secretary-general** *n* secrétaire *m* général.
secrete [sɪ'kri:t] *vt* (a) (*Anat, Bio, Med*) sécréter. (**b**) (*hide*) cacher. ♦ **secretion** *n* sécrétion *f*.
sect [sekt] *n* secte *f*. ♦ **sectarian** *adj* sectaire.
section ['sekʃən] **1** *n* (a) (*gen*) section *f*, partie *f*; [*country*] partie *f*; [*town*] quartier *m*; [*machine, furniture*] élément *m*; (*Mil*) groupe *m* (de combat). (*Press*) **the financial ~** les pages *fpl* financières; (*Admin*) **~ 2 of the by-laws** l'article *m* 2 des arrêtés. (**b**) (*department*) section *f*. (**c**) (*cut*) coupe *f*. **2** *vt* sectionner. **to ~ off** séparer. ♦ **sectional** *adj bookcase etc* à éléments, démontable; *interests* d'un groupe; *drawing* en coupe.
sector ['sektər] *n* secteur *m*.
secular ['sekjʊlər] *adj authority* séculier; *school* laïque, *writer, music* profane.
secure [sɪ'kjʊər] **1** *adj* (a) (*solid, firm*) *padlock, nail, knot* solide; *rope* bien attaché; *door* bien fermé; *ladder* qui ne bouge pas; *hold* bon. **to make ~** *rope* bien attacher; *door, window* bien fermer; *tile* bien fixer. (**b**) (*in safe place*) en sûreté; *place* sûr; (*certain*) *career, fame* assuré. **~ from** *or* **against** à l'abri de. (**c**) (*unworried*) tranquille, sans inquiétude. **to feel ~ about** ne pas avoir d'inquiétudes au sujet de; **~ in the knowledge that** ayant la certitude que. **2** *vt* (a) (*get*) *object* obtenir (*for sb* pour qn); *staff, performer* engager. (**b**) (*fix*) *rope* attacher; *door, window* bien fermer; *tile* fixer; (*tie up*) *person, animal* attacher. (**c**) (*make safe*) préserver (*against, from* de); *career, future* assurer. ♦ **securely** *adv* (*firmly*) solidement, bien; (*safely*) en sécurité.
security [sɪ'kjʊərɪtɪ] **1** *n* (a) (*safety*) sécurité *f*. **in ~** en sécurité; (*Admin, Ind*) *job* **~** sécurité de l'emploi; (*Jur*) **~ of tenure** bail *m* assuré. (**b**) (*against spying*) sécurité *f*. **~ was very lax** les mesures *fpl* de sécurité étaient très relâchées. (**c**) (*Fin: for loan*) caution *f*, garantie *f*. **loans without ~** crédit *m* à découvert; **to stand ~ for sb** se porter garant pour *or* de qn. (**d**) (*St Ex*) **securities** valeurs *fpl*, titres *mpl*; **government securities** fonds *mpl* d'État. **2** *adj council, forces* de sécurité; *officer, inspector* chargé de la sécurité. **~ guard** garde *m* chargé de la sécurité; (*transporting money*) convoyeur *m* de fonds; **~ leak** fuite *f* (*de secrets etc*); **~ police** services *mpl* de la sûreté; **he is a ~ risk** il n'est pas sûr.
sedate [sɪ'deɪt] **1** *adj* posé, calme. **2** *vt* (*Med*) mettre sous sédatif. ♦ **sedately** *adv* posément, calmement. ♦ **sedation** *n* sédation *f*. ♦ **sedative** ['sedətɪv] *adj, n* sédatif (*m*).

sedentary ['sedntrɪ] *adj* sédentaire.
sediment ['sedɪmənt] *n* (*Geol, Med*) sédiment *m*; (*in boiler, liquids*) dépôt *m*.
sedition [sə'dɪʃən] *n* sédition *f*. ♦ **seditious** *adj* séditieux.
seduce [sɪ'dju:s] *vt* séduire. ♦ **seducer** *n* séducteur *m*, **-trice** *f*. ♦ **seduction** *n* séduction *f*. ♦ **seductive** *adj person, charms* séduisant; *smile, perfume* séducteur; *offer* alléchant. ♦ **seductively** *adv* d'une manière séduisante.
see¹ [si:] *pret* saw, *ptp* seen *vti* (a) (*gen*) voir. **I can ~ him** je le vois; **I saw him read/reading the letter** je l'ai vu lire/qui lisait la lettre; **he was ~n to read the letter** on l'a vu lire la lettre; **there was no one to be ~n** il n'y avait pas âme qui vive; **there was not a house to be ~n** il n'y avait pas une seule maison en vue; **you can ~ for miles** on y voit à des kilomètres; **I'll go and ~** je vais aller voir; **let me ~** (*show me*) montre-moi, fais voir; (*let me think*) voyons (un peu); **~ for yourself** voyez vous-même; **as you can ~** comme vous pouvez le constater; **so I ~** c'est bien ce que je vois; (*in anger*) **~ here!** non, mais dites donc!*; **can I go out? — we'll ~** est-ce que je peux sortir? — on verra; **~ page 10** voir page 10; **to ~ sth with one's own eyes** voir qch de ses propres yeux; **I must be ~ing things*** je dois avoir des visions*; **he couldn't ~ to read** il n'y voyait pas assez clair pour lire; **to ~ in the dark** voir clair la nuit; **can you ~ your way?** est-ce que vous pouvez trouver votre chemin?; (*fig*) **to ~ one's way to doing sth** trouver le moyen de faire qch; **to ~ the world** voyager; **I saw in the paper that** j'ai vu à la une dans le journal que; **I ~ nothing wrong in it** je n'y trouve rien à redire; **I don't know what she ~s in him** je ne sais pas ce qu'elle lui trouve (de bien); **~ who's at the door** allez voir qui est à la porte; **to go and ~ sb, to go to ~ sb** aller voir qn; **they ~ a lot of him** ils le voient souvent; **~ you soon!*, I'll be ~ing you!*** à bientôt!, salut!*; **~ you later!*** à tout à l'heure!; **~ you on Sunday** à dimanche; **this hat has ~n better days** ce chapeau a connu des jours meilleurs; **I never thought we'd ~ the day when ...** je n'aurais jamais cru qu'un jour ...; **I couldn't ~ her left alone** je ne pouvais pas la supporter qu'on la laisse (*subj*) toute seule; **I've ~n some things in my time* but ...** j'en ai vu des choses dans ma vie* mais ... .
(**b**) (*understand*) voir, comprendre; *joke* comprendre. **do you ~ what I mean?** vous voyez ce que je veux dire?; **I don't ~ or can't ~ how ...** je ne vois pas du tout comment ...; **the way I ~ it, as I ~ it** à mon avis; **as far as I can ~** pour autant que je puisse en juger.
(**c**) (*accompany*) accompagner, conduire. **to ~ sb to the station** accompagner *or* conduire qn à la gare; **to ~ sb home** raccompagner qn jusque chez lui; **to ~ the children to bed** coucher les enfants.
(**d**) (*ensure*) s'assurer. **~ that he has all he needs** (*make sure*) faites en sorte qu'il ait tout ce dont il a besoin; (*check*) assurez-vous qu'il ne manque de rien; **I'll ~ he gets the letter** je me charge de lui faire parvenir la lettre.
(**e**) (*imagine*) imaginer, voir. **I can't ~ him as Prime Minister** je ne le vois *or* ne l'imagine pas du tout en Premier ministre; **I can't ~ myself doing that** je ne me vois mal *or* je m'imagine mal faisant cela; **I can't ~ myself being elected** je ne vois pas très bien comment je pourrais être élu.
see about *vt fus* (a) (*deal with*) s'occuper de. (**b**) (*consider*) **to ~ about sth** voir si qch est possible; **we'll ~ about it** on verra.
see in *vt sep:* **to ~ the New Year** in fêter la Nouvelle Année.
see off *vt sep:* **I saw him off at the station** je l'ai accompagné à la gare; **we'll come and ~ you off** on viendra vous dire au revoir à la gare (*etc*).
see out *vt sep person* raccompagner à la porte.

I'll ~ **myself out*** ne vous dérangez pas, je trouverai le chemin; **he won't ~ the week out** il ne passera pas la semaine.
see over *vt fus (visit)* visiter.
see through 1 *vt fus person* ne pas se laisser tromper par; *behaviour, promises* voir clair dans. **I saw through him at once** j'ai tout de suite compris où il voulait en venir. **2** *vt sep project, deal* mener à bonne fin. **£10 should ~ you through** 10 livres devraient vous suffire; **I'll ~ you through** vous pouvez compter sur moi.
see to *vt fus (deal with)* s'occuper de; *(mend)* réparer. **please ~ to it that** ... veillez s'il vous plaît à ce que ... + *subj.*
♦ **seeing** *conj:* ~**ing (that)** vu que, étant donné que. ♦ **see-through** *adj* transparent.
see² [siː] *n [bishop]* siège *m* épiscopal.
seed [siːd] **1** *n* **(a)** *(Agr, Bot etc)* graine *f*; *(in apple, grape etc)* pépin *m*. *(for sowing)* the ~ les graines *fpl*, la semence; **to go to ~** *[plant etc]* monter en graine; *[person]* se laisser aller. **(b)** *(Tennis:* ~**ed player)** tête *f* de série. **2** *adj potato etc* de semence. ~ **pearls** semence *f* de perles. **3** *vt* **(a)** *lawn, clouds* ensemencer; *raisin, grape* épépiner. **(b)** *(Tennis)* **he was** ~**ed third** il était classé troisième tête de série. **4** *vi* monter en graine. ♦ **seedless** *adj grapes etc* sans pépins.
♦ **seedling** *n* semis *m.* ♦ **seed-merchant** *or* ♦ **seedsman** *n* grainetier *m.* ♦ **seedy** *adj (shabby)* miteux; (*: *ill)* mal fichu*.
seek [siːk] *pret, ptp* **sought 1** *vt (gen)* chercher *(to do* à faire); *solution, person, thing* chercher; *fame, honours* rechercher; *advice, help* demander *(from sb* à qn). **to ~ one's fortune** chercher fortune. **2** *vi:* **to ~ for** *or* **after** rechercher; **sought after** recherché, demandé.
seek out *vt sep person* aller voir.
♦ **seeker** *n* chercheur *m*, -euse *f (after* en quête de).
seem [siːm] *vi* sembler, paraître, avoir l'air; *(impersonal vb)* paraître, sembler. **he** ~**s honest** il semble (être) honnête, il paraît honnête, il a l'air honnête; **she** ~**s to know you** elle semble vous connaître; **she** ~**s not to want to leave** on dirait qu'elle ne veut pas partir; **we ~ to have met before** il me semble que nous nous sommes déjà rencontrés; **I ~ to have heard that before** il me semble avoir déjà entendu cela; **I can't ~ to do it** je n'arrive pas à le faire; **I** ~**ed to be floating** j'avais l'impression de planer; **how did she ~ to you?** comment l'as-tu trouvée?; **how does it ~ to you?** qu'en penses-tu?; **it** ~**s that the government is going to fall** *(looks as if)* il semble bien que le gouvernement va tomber; *(people say)* il paraît que le gouvernement va tomber; **it** ~**s she's right** il semble qu'elle a raison; **it doesn't ~ she's right, it** ~**s she's not right** il ne semble pas qu'elle ait raison; **does it ~ that she is right?** est-ce qu'il semble qu'elle ait raison?; **it** ~**s to me that** ... il me semble que ...; **does it ~ to you as though** ...? est-ce que tu crois que ...?; **so it** ~**s** il paraît; **it** ~**s not** il paraît que non; **he died yesterday, it** ~**s** il est mort hier, paraît-il; **I did what I** ~**ed best** j'ai fait ce que j'ai jugé bon; **it** ~**s ages since we last met** il y a des siècles* que nous ne nous sommes vus; **there** ~**s to be a mistake** il semble y avoir une erreur.
♦ **seeming** *adj* apparent. ♦ **seemingly** *adv* à ce qu'il paraît, apparemment. ♦ **seemly** *adj behaviour* convenable; *dress* correct.
seen [siːn] *ptp of* see¹.
seep [siːp] *vi* filtrer *(through* à travers).
seep away *vi* s'écouler peu à peu.
seep in *vi* s'infiltrer peu à peu.
seep out *vi* suinter.
♦ **seepage** *n* déperdition *f.*
seersucker ['sɪəˌsʌkər] *n* crépon *m* de coton.
seesaw ['siːsɔː] **1** *n* (jeu *m* de) bascule *f.* **2** *adj motion* de bascule. **3** *vi (fig)* osciller.

seethe [siːð] *vi [liquid]* bouillonner; *[crowd]* s'agiter. *(fig)* **to ~ (with anger)** bouillir de colère; **the streets were seething with people** les rues grouillaient de monde.
segment ['seɡmənt] *n (gen)* segment *m*; *[orange etc]* quartier *m.*
segregate ['seɡrɪɡeɪt] *vt (gen, also Pol)* séparer *(from* de); *contagious patient etc* isoler *(from* de).
♦ **segregated** *adj (Pol)* school, club où la ségrégation (raciale) est appliquée. ♦ **segregation** *n (Pol)* ségrégation *f*; *(gen)* séparation *f*, isolement *m (from* de). ♦ **segregationist** *adj, n* ségrégationniste *(mf).*
seismic ['saɪzmɪk] *adj* sismique. ♦ **seismograph** *n* sismographe *m.* ♦ **seismology** *n* sismologie *f.*
seize [siːz] *vt (gen)* saisir; *(Mil, Police)* s'emparer de. **she** ~**d (hold of) his hand, she** ~**d him by the hand** elle lui a saisi la main; **to be** ~**d with rage** avoir un accès de rage; **she was** ~**d with fear/with this desire** la peur/ce désir l'a saisie; **he was** ~**d with a bout of coughing** il a eu un accès de toux.
seize up *vi (Tech)* se gripper; *(Med)* s'ankyloser.
seize (up)on *vt fus idea, chance* saisir.
♦ **seizure** *n* **(a)** *[goods, gun, property]* saisie *f*; *[city, ship]* capture *f*; *[power, territory]* prise *f*; **(b)** *(Med)* crise *f*, attaque *f.*
seldom ['seldəm] *adv* rarement, peu souvent.
select [sɪ'lekt] **1** *vt team, candidate* sélectionner *(from, among* parmi); *gift, book, colour* choisir *(from, among* parmi). ~**ed works** œuvres *fpl* choisies. **2** *adj audience, group* choisi; *club* fermé; *restaurant* chic *inv*, sélect. **a ~ few** quelques privilégiés *mpl.* ♦ **selection** **1** *n* sélection *f*, choix *m*; *(Literat, Mus)* ~**ions from** morceaux *mpl* choisis de; **2** *adj committee* de sélection.
♦ **selective** *adj (gen)* sélectif; *school* à recrutement sélectif; **to be** ~**ive** savoir faire un choix. ♦ **selectivity** *n (gen)* sélectivité *f*; *(Scol)* sélection *f.* ♦ **selector** *n (person)* sélectionneur *m*, -euse *f*; *(Tech)* sélecteur *m.*
self [self] **1** *n, pl* selves: **the ~ le moi** *inv*; **his better ~** le meilleur de lui-même; **her real ~** son vrai moi; **she's her old ~ again** elle est redevenue complètement elle-même.
2 *pref:* ~**-adjusting/-cleaning** *etc* à réglage/ nettoyage *etc* automatique; ~**-adhesive** autoadhésif; ~**-criticism** critique *f* de soi; ~**-inflicted** que l'on s'inflige à soi-même.
♦ **self-addressed envelope** *n* enveloppe *f* à mon *(or* son *etc)* nom et adresse. ♦ **self-assurance** *n* assurance *f.* ♦ **self-assured** *adj* plein d'assurance. ♦ **self-centred** *adj* égocentrique. ♦ **self-confessed** *adj:* **he is a** ~**-confessed thief** *etc* il est voleur *etc* de son propre aveu. ♦ **self-confidence** *n* confiance *f* en soi. ♦ **self-confident** *adj* sûr de soi. ♦ **self-conscious** *adj* embarrassé, gêné *(about* de). ♦ **self-consciousness** *n* gêne *f.* ♦ **self-contained** *adj* indépendant. ♦ **self-control** *n* maîtrise *f* de soi. ♦ **self-controlled** *adj* maître *(f* maîtresse) de soi. ♦ **self-defeating** *adj* infructueux. ♦ **self-defence** *n* légitime défense *f.* ♦ **self-denial** *n* abnégation *f.* ♦ **self-determination** *n* autodétermination *f.* ♦ **self-discipline** *n* discipline *f* (personnelle). ♦ **self-drive** *adj (Aut)* sans chauffeur. ♦ **self-educated** *adj* autodidacte. ♦ **self-employed** *adj* qui travaille à son compte. ♦ **self-esteem** *n* amour-propre *m.* ♦ **self-evident** *adj* évident. ♦ **self-explanatory** *adj* qui se passe d'explication. ♦ **self-expression** *n* expression *f* libre. ♦ **self-governing** *adj* autonome. ♦ **self-government** *n* autonomie *f.* ♦ **self-help** *n* débrouillardise* *f.* ♦ **self-importance** *n* suffisance *f.* ♦ **self-important** *adj* suffisant, m'as-tu-vu* *inv.* ♦ **self-indulgence** *n* sybaritisme *m.* ♦ **self-indulgent** *adj* qui ne se refuse rien, sybarite. ♦ **self-interest** *n* intérêt *m* (personnel). ♦ **selfish** *adj person, behaviour* égoïste; *motive* intéressé. ♦ **selfishly** *adv* égoïstement.

♦ **selfishness** n égoïsme m. ♦ **selfless** adj désintéressé. ♦ **selflessly** adv d'une façon désintéressée. ♦ **selflessness** n désintéressement m. ♦ **self-made man** n self-made man m. ♦ **self-pity** n apitoiement m sur soi-même. ♦ **self-portrait** n autoportrait m. ♦ **self-possessed** adj qui garde son sang-froid. ♦ **self-possession** n sang-froid m. ♦ **self-preservation** n instinct m de conservation. ♦ **self-raising flour** or (US) **self-rising flour** n farine f à levure. ♦ **self-reliant** adj indépendant. ♦ **self-respect** n respect m de soi. ♦ **self-respecting** adj qui se respecte. ♦ **self-righteous** adj satisfait de soi. ♦ **self-righteousness** n satisfaction f de soi. ♦ **self-sacrifice** n abnégation f. ♦ **selfsame** adj même. ♦ **self-satisfied** adj suffisant. ♦ **self-service** n libre-service m inv. ♦ **self-starter** n démarreur m. ♦ **self-sufficiency** n indépendance f; (economic) indépendance économique. ♦ **self-sufficient** adj indépendant; économiquement indépendant. ♦ **self-supporting** adj qui subvient à ses propres besoins. ♦ **self-taught** adj autodidacte.

sell [sel] pret, ptp **sold** 1 vt vendre. to ~ sth for 2 francs vendre qch 2 F; he sold it (to) me for 10 francs il me l'a vendu 10 F; are stamps sold here? est-ce qu'on vend des timbres ici?; I was sold this in Grenoble on m'a vendu cela à Grenoble; (fig) to ~ the pass trahir la cause; to ~ one's life dearly vendre chèrement sa vie; to ~ sb down the river lâcher qn*; to ~ sb a pup* rouler qn*; to ~ sb an idea faire accepter une idée à qn; he doesn't ~ himself very well il n'arrive pas à se mettre en valeur; to be sold on* sb/sth être emballé* par qn/qch.

2 vi se vendre. these books ~ at or for 10 francs each ces livres se vendent 10 F pièce.
sell off vt sep stock, shares liquider; goods solder.
sell out 1 vi (Comm) vendre son affaire. (fig) to ~ out to the enemy passer à l'ennemi. 2 vt sep (Comm) this item is sold out cet article est épuisé; we are sold out on n'en a plus; we are sold out of milk on n'a plus de lait; (Theat) the house was sold out toutes les places étaient louées.
sell up (esp Brit Comm) 1 vi vendre son affaire. 2 vt sep business liquider.
♦ **seller** n vendeur m, -euse f; ~er's market marché m vendeur; onion-~er marchand(e) m(f) d'oignons. ♦ **selling price** n prix m de vente. ♦ **sellout** n (a) (Theat etc) it was a ~out on a joué à guichets fermés; (b) (betrayal) trahison f (of de); capitulation f (to devant).
sellotape ['seləʊteɪp] ® 1 n scotch m ®, ruban m adhésif. 2 vt coller avec du ruban adhésif.
seltzer ['seltsər] n eau f de Seltz.
selvage, selvedge ['selvɪdʒ] n lisière f (d'un tissu).
semantic [sɪˈmæntɪk] adj sémantique. ♦ **semantically** adv du point de vue de la sémantique. ♦ **semantics** nsg sémantique f.
semaphore ['seməfɔːr] n (a) signaux mpl à bras. (b) (Rail) sémaphore m.
semblance ['sembləns] n semblant m.
semen ['siːmən] n sperme m.
semester [sɪˈmestər] n semestre m.
semi ['semɪ] pref semi-, demi-, à demi, à moitié. ♦ **semicircle** n demi-cercle m. ♦ **semicircular** adj en demi-cercle. ♦ **semicolon** n point-virgule m. ♦ **semiconscious** adj à demi conscient. ♦ **semidarkness** n pénombre f. ♦ **semidetached house** n maison f jumelée. ♦ **semifinal** n demi-finale f. ♦ **semifinalist** n joueur m, -euse f de demi-finale. ♦ **semiofficial** adj semi-officiel. ♦ **semiprecious** adj semi-précieux. ♦ **semiskilled** adj worker spécialisé; work d'ouvrier spécialisé.
seminal ['semɪnl] adj (fig) fécond.
seminar ['semɪnɑːr] n séminaire m (discussion);

(Univ) séance f de travaux pratiques. ♦ **seminarist** n séminariste m. ♦ **seminary** n séminaire m (Rel).
semolina [,seməˈliːnə] n semoule f. ~ **pudding** n semoule au lait.
senate ['senɪt] n (Pol) sénat m; (Univ) conseil m de l'université. ♦ **senator** n sénateur m.
send [send] pret, ptp **sent** vt (a) (gen) envoyer (to sb à qn); letter, parcel envoyer, expédier; ball, rocket, arrow lancer. I'll ~ a car for you j'enverrai une voiture vous chercher; to ~ sb for sth envoyer qn chercher qch; to ~ sb to do sth envoyer qn faire qch; ~ him along to see me envoie-le-moi; to ~ sb to bed envoyer qn se coucher; to ~ sb home renvoyer qn chez lui, (from abroad) rapatrier qn; to ~ sb to sleep endormir qn; he was sent to prison on l'a envoyé en prison; the rain sent us indoors la pluie nous a fait rentrer; (fig) to ~ sb packing* or about his business* envoyer promener qn*; (fig) to ~ sb to Coventry mettre qn en quarantaine; the explosion sent a cloud of smoke into the air l'explosion a projeté un nuage de fumée en l'air; to ~ a shiver down sb's spine faire passer un frisson dans le dos de qn; the sight of the dog sent her running to her mother en voyant le chien elle s'est précipitée vers sa mère; the blow sent him sprawling le coup l'a envoyé par terre; he sent the plate flying il a envoyé voler l'assiette; to ~ sb flying envoyer qn rouler à terre. (b) (cause to become) rendre. to ~ sb mad rendre qn fou. (c) (‡) emballer*. this music ~s me cette musique m'emballe*.
send away 1 vi: to ~ away for sth commander qch par correspondance. 2 vt sep person envoyer (to à); parcel, letter, goods envoyer, expédier; (post) mettre à la poste; (dismiss) renvoyer.
send back vt sep renvoyer.
send down vt sep person faire descendre, (expel) renvoyer; prices faire baisser.
send for vt fus (a) doctor, police etc faire venir; help envoyer chercher. (b) (order by post) commander par correspondance.
send in vt sep person faire entrer; troops, request, names, resignation envoyer; report envoyer, soumettre. to ~ in an application faire une demande; (for job) poser sa candidature.
send off 1 vi = send away 1. 2 vt sep person envoyer (to do faire); letter, parcel, goods envoyer, expédier; (post) mettre à la poste; (Ftbl etc) player renvoyer du terrain.
send on vt sep letter faire suivre; luggage (in advance) expédier à l'avance, (afterwards) faire suivre; object left behind renvoyer.
send out 1 vi: to ~ out for sth envoyer chercher qch. 2 vt sep (a) person, dog etc faire sortir. she sent the children out to play elle a envoyé les enfants jouer dehors. (b) (post) correspondence, leaflets envoyer (par la poste). (c) scouts, messengers envoyer. (d) (emit) smell, smoke, heat émettre, répandre; light diffuser.
send round vt sep document, bottle etc faire circuler; person envoyer (to sb's chez qn). I'll ~ it round to you as soon as it's ready je vous le ferai parvenir dès que cela sera prêt.
send up vt sep (a) person, luggage faire monter; smoke répandre; aeroplane envoyer; spacecraft, flare lancer; prices faire monter en flèche. (b) (*: make fun of) person mettre en boîte*; book parodier. (c) entry form envoyer. (d) (blow up) faire sauter*.
♦ **sender** n expéditeur m, -trice f, envoyeur m, -euse f. ♦ **send-off*** n: to give sb a ~-off faire des adieux chaleureux à qn. ♦ **send-up*** n parodie f.
senile ['siːnaɪl] adj sénile. ♦ **senility** n sénilité f.
senior ['siːnɪər] 1 adj (a) (older) aîné, plus âgé. he is 3 years ~ to me il est mon aîné de 3 ans, il est plus âgé que moi de 3 ans; Smith S~ Smith père; ~ citizen personne f âgée; the problems of ~ citi-

zens les problèmes du troisième âge; (US) ~ **high
school** lycée m; (US: Scol, Univ) ~ **year** dernière
année f d'études. **(b)** (of higher rank) employee
de grade supérieur; officer, executive, position
supérieur. **he is ~ to me in the firm** il est au-
dessus de moi dans l'entreprise; **the ~ partner**
l'associé m principal.
   2 n **(a)** (in age) aîné(e) m(f). **(b)** (US Univ)
étudiant(e) m(f) de dernière année.
   ♦ **seniority** n (in age) priorité f d'âge; (in rank)
supériorité f; (in years of service) ancienneté f;
promotion by ~ity avancement m à l'ancienneté.
sensation [sen'seɪʃən] n **(a)** (physical feeling;
impression) sensation f **(b)** (excitement) sensation f. **to be** or **cause a ~** faire
sensation. ♦ **sensational** adj **(a)** event, fashion
qui fait sensation; **(b)** film, novel, newspaper à
sensation; account, description dramatique; **(c)**
(*: marvellous) sensationnel*, formidable*.
   ♦ **sensationally** adv report, describe en recher-
chant le sensationnel; **~ally successful** qui a
connu un succès extraordinaire.
sense [sens] **1** n **(a)** (faculty etc) sens m. **~ of
hearing/smell** etc ouïe f/odorat m etc; **to come to
one's ~s** (regain consciousness) reprendre
connaissance (V also 1c); **~ of colour/direction**
sens de la couleur/de l'orientation; **~ of
duty/humour** sens du devoir/de l'humour; **to lose
all ~ of time** perdre toute notion de l'heure; **to
have no ~ of shame** ne pas savoir ce que c'est que
la honte. **(b)** (sensation, impression) (physical)
sensation f; (mental) sentiment m. **a ~ of warmth**
une sensation de chaleur; **a ~ of guilt** un sentiment de culpabilité. **(c)** (sanity) ~**s** raison f; **to
take leave of one's ~s** perdre la raison; **to come to
one's ~s** (become reasonable) revenir à la raison;
to bring sb to his ~s ramener qn à la raison; **no
one in his ~s** would do that il faudrait être fou
pour faire ça. **(d)** (common ~) bon sens, intelligence f. **you should have had more ~ than to do it**
vous auriez dû avoir assez de bon sens pour ne pas
le faire; **to see** ~ entendre raison; **there's no ~ in
doing that, what's the ~ of in doing that?** à quoi
bon faire cela?; (words, speech) **to make ~** avoir
du sens; **what she did makes ~** ce qu'elle a fait est
logique; **to make ~ of sth** arriver à comprendre
qch. **(e)** (meaning) sens m. **in the literal/
figurative ~** au sens propre/figuré; **in every ~ of
the word** dans toute l'acception du terme; **in a ~**
dans un certain sens; **to get the ~ of what sb says**
saisir l'essentiel de ce que dit qn.
   2 vt (gen) sb's presence, interest sentir
(intuitively) (that que); danger pressentir.
   ♦ **senseless** adj **(a)** (stupid) insensé; **(b)** (unconscious) sans connaissance. ♦ **senselessly** adv
d'une façon insensée. ♦ **senselessness** n [person]
manque m de bon sens; [action, idea] absurdité f.
sensible ['sensəbl] adj **(a)** (wise etc) person
raisonnable, sensé; act, decision, choice raisonnable, judicieux; clothes pratique. **(b)** (perceptible) change, difference sensible, appréciable.
   ♦ **sensibility** n sensibilité f; **sensibilities**
susceptibilité f. ♦ **sensibleness** n bon sens m.
   ♦ **sensibly** adv **(a)** (reasonably) raisonnablement; **(b)** (perceptibly) sensiblement.
sensitive ['sensɪtɪv] adj person, tooth, film sensible (to à); (delicate) skin, question délicat;
(easily offended) susceptible. **she is ~ about her
nose** elle n'aime pas qu'on lui parle (subj) de
son nez. ♦ **sensitively** adv avec sensibilité.
   ♦ **sensitiveness** or ♦ **sensitivity** n sensibilité f;
délicatesse f; susceptibilité f. ♦ **sensitize** vt
sensibiliser.
sensual ['sensjʊəl] adj sensuel. ♦ **sensuality** n
sensualité f. ♦ **sensually** adv sensuellement.
sensuous ['sensjʊəs] adj voluptueux. ♦ **sensuously** adv voluptueusement. ♦ **sensuousness** n volupté f.

sent [sent] pret, ptp of **send**.
sentence ['sentəns] **1** n **(a)** (Gram) phrase f. **(b)**
(Jur) (judgment) condamnation f, sentence f;
(punishment) peine f. (lit, fig) **to pass ~ on sb** prononcer une condamnation contre qn; **~ of death**
condamnation à mort; **under ~ of death**
condamné à mort; **he got a 5-year ~** il a été
condamné à 5 ans de prison; **a long ~** une longue
peine.
   2 vt: **to ~ sb to death/to 5 years** condamner qn à
mort/à 5 ans de prison.
sententious [sen'tenʃəs] adj sentencieux. ♦ **sen-
tentiously** adv sentencieusement.
sentiment ['sentɪmənt] n **(a)** (feeling) sentiment
m; (opinion) opinion f. **(b)** (sentimentality)
sentimentalité f. ♦ **sentimental** adj sentimental.
   ♦ **sentimentalist** n sentimental(e) m(f).
   ♦ **sentimentality** n sentimentalité f.
   ♦ **sentimentally** adv sentimentalement.
sentinel ['sentɪnl] n sentinelle f.
sentry ['sentrɪ] **1** n sentinelle f. **2** adj: ~ **box**
guérite f; **on ~ duty** en or de faction.
sepal ['sepəl] n sépale m.
separate ['seprɪt] **1** adj (gen) séparé; career,
existence, organization indépendant; department
spécial; entrance particulier; occasion, day,
issue différent, autre; **they have ~ rooms** ils ont
chacun leur propre chambre; **Paul and his wife
sleep in ~ beds/rooms** Paul et sa femme font
lit/chambre à part; (in restaurant etc) **we want ~
bills** nous voudrions des additions séparées;
there will be ~ discussions on this question cette
question sera discutée séparément; **keep the
novels ~ from the textbooks** séparez les romans
des livres de classe. **2** n (clothes) ~**s** coordonnés
mpl. **3** ['sepəreɪt] vt séparer (from de); (sort out)
séparer, trier; (divide up) diviser; strands dédoubler; milk écrémer. **they are ~d but not divorced**
ils sont séparés mais ils n'ont pas divorcé.
   4 ['sepəreɪt] vi [liquids, people] se séparer (from
de); [fighters] rompre; [married couple] se
séparer; [non-married couple] rompre.
   ♦ **separable** adj séparable. ♦ **separately** adv
séparément. ♦ **separation** n (all senses) séparation f (from sth de qch; from sb d'avec qn). ♦ **separatist** adj, n séparatiste (mf).
sepia ['siːpjə] n sépia f.
September [sep'tembər] n septembre m, mois m
de septembre. **the first of ~** le premier septembre; **(on) the tenth of ~** le dix septembre; **in ~**
en septembre; **in the month of ~** au mois de septembre; **each** or **every ~** chaque année en septembre; **at the beginning/in the middle/at the end
of ~** au début/au milieu/à la fin (du mois) de septembre; **during ~** pendant le mois de septembre;
there are 30 days in ~ il y a 30 jours au mois de
septembre; **~ was cold** septembre a été froid, il a
fait froid en septembre.
septic ['septɪk] adj septique; wound infecté. **to go**
or **become ~** s'infecter; **~ tank** fosse f septique.
   ♦ **septicaemia**, (US) **-cemia** n septicémie f.
sepulchre, (US) **-er** ['sepəlkər] n sépulcre m.
   ♦ **sepulchral** [sɪ'pʌlkrəl] adj sépulcral.
sequel ['siːkwəl] n [book, film etc] suite f; [event
etc] suites fpl.
sequence ['siːkwəns] n **(a)** (order) ordre m. **in ~**
par ordre; (Gram) ~ **of tenses** concordance f des
temps. **(b)** (series) suite f (of de); (Mus, Cards)
séquence f. film ~ séquence f; dance ~ numéro m
(de danse).
sequin ['siːkwɪn] n paillette f.
serenade [ˌserə'neɪd] **1** n sérénade f. **2** vt donner
une sérénade à.
serene [sə'riːn] adj person, sky serein; sea calme.
   ♦ **serenely** adv smile, say avec sérénité; **~ly
indifferent to** suprêmement indifférent à.
   ♦ **serenity** [sɪ'renɪtɪ] n sérénité f.
serge [sɜːdʒ] n serge f.

sergeant ['sɑːdʒənt] *n* (*Infantry*) sergent *m*; (*Artillery, Cavalry*) maréchal *m* des logis; (*US Air Force*) caporal-chef *m*; (*Police*) brigadier *m*. ♦ **sergeant-major** *n* (*Infantry*) sergent-major *m*; (*Artillery, Cavalry*) maréchal *m* des logis-chef.

serial ['sɪərɪəl] **1** *n* feuilleton *m*. **television** ~ feuilleton télévisé; **3-part** ~ feuilleton en 3 épisodes. **2** *adj*: ~ **number** [*goods, car engine*] numéro *m* de série; [*soldier*] matricule *m*; [*cheque, banknote*] numéro. ♦ **serialize** *vt* (*Press*) publier en feuilleton; (*Rad, TV*) adapter en feuilleton.

series ['sɪərɪz] *n, pl inv* (*gen*) série *f*; (*Rad, TV*) série (d'émissions); (*set of books*) collection *f*; (*set of stamps*) série.

serious ['sɪərɪəs] *adj* (a) (*in earnest*) (*gen*) sérieux; *attitude, voice, smile* plein de sérieux, grave; *tone, look* sérieux, grave. **I'm quite** ~ **je** parle sérieusement, je ne plaisante pas; **to give** ~ **thought to sth** (*ponder*) bien réfléchir à qch; (*intend*) songer sérieusement à (faire) qch; **to be** ~ **about one's work** être sérieux dans son travail; **the** ~ **student of jazz** qn qui s'intéresse sérieusement au jazz. (b) (*causing concern*) *illness, mistake, situation, threat* grave, sérieux; *damage* important; *loss, doubt* grave (*before n*). **the** **patient's condition is** ~ **le** patient est dans un état grave. ♦ **seriously** *adv* (a) (*in earnest*) sérieusement; **to take sth/sb** ~**ly** prendre qch/qn au sérieux; (b) (*dangerously*) *ill* gravement; *wounded* grièvement; *worried* sérieusement. ♦ **seriousness** *n* (*gen*) sérieux *m*; [*report, information*] caractère *m* sérieux; [*situation, illness, mistake, injury*] gravité *f*; [*damage*] importance *f*; **in all** ~**ness** sérieusement.

sermon ['sɜːmən] *n* sermon *m* (*on* sur).

serpent ['sɜːpənt] *n* serpent *m*.

serrated [se'reɪtɪd] *adj edge* en dents de scie; *knife* à dents de scie. ♦ **serration** *n* dentelure *f*.

serum ['sɪərəm] *n* sérum *m*.

serve [sɜːv] **1** *vt* (a) (*work for*) *master, employer, God, one's country, a cause* servir. (b) (*be used as etc*) **it** ~**s her as a table** ça lui sert de table; **it** ~**s its** (*or my or his etc*) **purpose** cela fait l'affaire; **it** ~**s a variety of purposes** cela sert à divers usages; **it** ~**s no useful purpose** cela ne sert à rien; **his knowledge** ~**d him well** ses connaissances lui ont bien servi *or* été très utiles; **it** ~**s** **him right** c'est bien fait pour lui; **it** ~**s you right** **for being so stupid** cela t'apprendra à être si stupide. (c) *food, meal* servir (*to sb* à qn); (*Tennis*) servir. (*in shop, restaurant*) **to** ~ **sb (with) sth** servir qch à qn; **are you being** ~**d?** est-ce qu'on vous sert?; **the bus** ~**s 6 villages** le car dessert 6 villages; **the power station** ~**s a large** **district** la centrale alimente une zone étendue. (d) (*work out*) **to** ~ **one's time** [*apprentice*] faire son apprentissage (*as* de); (*Mil*) faire son temps de service; (*Prison*) faire son temps de prison; (*in prison*) **to** ~ **time** faire de la prison; **to** ~ **a prison** **sentence** purger une peine (de prison). (e) (*Jur*) *summons* remettre (*on* à); *warrant* délivrer (*on* à). **to** ~ **notice on sb to the effect that** notifier à qn que; **to** ~ **a writ on sb** assigner qn.

2 *vi* (a) [*servant, waiter, soldier*] servir (*also* *Rel, Tennis*). **to** ~ **on a committee** être membre d'un comité; **he has** ~**d for 2 years as chairman** cela fait 2 ans qu'il exerce la fonction de président. (b) (*be useful*) servir (*for, as sth* de qch) **it** ~**s to explain** cela sert à expliquer.

3 *n* (*Tennis etc*) service *m*.

serve out *vt sep meal, soup* servir; *rations, provisions* distribuer.

serve up *vt sep* servir, mettre sur la table. ♦ **servant** *n* domestique *mf*; (*maid*) bonne *f*; (*fig*) serviteur *m*. ♦ **server** *n* (a) (*Rel*) servant *m*; (*Tennis etc*) serveur *m*, -euse *f*; (b) (*tray*) plateau *m*; (*piece of cutlery*) couvert *m* à servir.

service ['sɜːvɪs] **1** *n* (a) (*gen; also Mil etc*) service *m*. (*Mil*) **to see** ~ servir (*as* comme); **on Her Majesty's** ~ au service de Sa Majesté; [*domestic servant*] **in** ~ en service; **at your** ~ à votre service; **to be of** ~ **to sb** être utile à qn, rendre service à qn; **to bring/come into** ~ mettre/entrer en service; (*in shop, hotel etc*) **the** ~ **is very poor** le service est très mauvais; (*on bill*) **15%** ~ **included** service 15% compris. (b) (*department, system*) service *m*. **medical/social** *etc* ~**s** services médicaux/sociaux *etc*; **customs** ~ douane *f*; (*Mil*) **the S**~**s** l'armée *f* (*or* la marine *or* l'aviation *f*), les forces *fpl* armées; **the train** ~ **to London** les trains *mpl* pour Londres; **the number 4 bus** ~ la ligne du numéro 4. (c) (*help etc rendered*) service *m*. **to do sb a** ~ rendre service à qn. (d) (*Rel*) service *m*. **to hold a** ~ célébrer un service. (e) (*maintenance work*) révision *f*. **to put one's car in** **for** ~ donner sa voiture à réviser. (f) (*set of crockery*) service *m*. **coffee** ~ service à café. (g) (*Tennis etc*) service *m*.

2 *adj [motorway]* ~ **area** aire *f* de services; ~ **charge** service *m*; (*Mil*) ~ **families** familles *fpl* de militaires; (*Brit*) ~ **flat** appartement *m* avec service; ~ **hatch** passe-plat *m*; (*Aut*) ~ **road** voie *f* de service; ~ **station** station-service *f*.

3 *vt car, washing machine etc* réviser. ♦ **serviceable** *adj building, clothes* (*practical*) commode; (*durable*) solide; (*usable, working*) utilisable. ♦ **serviceman** *n* militaire *m*. ♦ **servicing** *n* [*car etc*] révision *f*.

serviette [ˌsɜːvɪ'et] *n* (*esp Brit*) serviette *f* (de table). ~ **ring** rond *m* de serviette.

servile ['sɜːvaɪl] *adj* servile. ♦ **servility** [sɜː'vɪlɪtɪ] *n* servilité *f*.

servitude ['sɜːvɪtjuːd] *n* servitude *f*.

servo- ['sɜːvəʊ] *pref* servo.... ~**assisted** servo-commandé.

session ['seʃən] *n* (a) (*sitting, meeting*) séance *f*. **to be in** ~ (*gen*) siéger; [*court*] être en séance; **I** **had a** ~ **with him** (*work*) nous avons travaillé ensemble; (*discussion*) nous avons eu une longue discussion. (b) (*Scol, Univ*) (*year*) année *f* universitaire *or* scolaire; (*US: term*) trimestre *m* universitaire.

set [set] (*vb: pret, ptp* **set**) **1** *n* (a) (*gen*) jeu *m*, série *f*, (*kit*) trousse *f*; [*keys, golf clubs, knives, spanners*] jeu; [*chairs, rugs, saucepans, numbers, stamps etc*] série; [*books, toy cars, bracelets, magazines*] collection *f*; [*dishes etc*] service *m*; [*tyres*] train *m*. **a** ~ **of rooms** un appartement; ~ **of teeth** dentition *f*; ~ **of false teeth** dentier *m*; **a** ~ **of dining-room furniture** un mobilier de salle à manger; **a whole** ~ **of telephones on his desk** toute une collection de téléphones sur son bureau; **in** ~**s** en jeux complets, en séries complètes; **sewing** ~ trousse de couture; **painting** ~ boîte *f* de peinture; **chess/draughts** ~ jeu d'échecs/de dames (*objet*). (b) (*Tennis*) set *m*; (*Math, Philos*) ensemble *m*. (c) (*Elec*) appareil *m*; (*Rad, TV*) poste *m*. (d) (*group*) bande *f* (*also pej*); (*larger*) monde *m*. **a** ~ **of thieves** une bande de voleurs; **the golfing** ~ le monde du golf. (e) (*stage*) (*Cine*) plateau *m*; (*Theat etc*) scène *f*; (*scenery*) décor *m*. **on the** ~ sur le plateau, en scène. (f) (*Hairdressing*) mise *f* en plis. **to have a** ~ se faire faire une mise en plis.

2 *adj* (a) (*unchanging: gen*) fixe; *smile etc* figé; *purpose, dogma* déterminé; *opinion, idea* arrêté; *lunch* à prix fixe; (*prearranged*) *time, date* fixé, décidé d'avance; (*Scol etc*) *book, subject* au programme; *speech, talk* préparé d'avance; *prayer* liturgique. ~ **in one's ways** qui tient à ses habitudes; ~ **in one's opinions** immuable dans ses convictions; (*Met*) ~ **fair** au beau fixe; ~ **phrase** expression *f* consacrée. (b) (*determined*) résolu; (*ready*) prêt. **to be** ~ **on (doing) sth** vouloir à tout prix (faire) qch; **to be dead** ~ **against** s'opposer absolument à; **to be all** ~ **to do** être prêt pour faire; *(fig)* **the scene is** ~ **for** tout est prêt pour.

3 *vt* **(a)** *(gen)* mettre; *(place)* placer; *(put down)* poser; *signature etc* apposer; *guard* poster. **house** ~ **on a hill** maison située sur une colline; **his stories,** ~ **in Paris** ses histoires, situées à Paris; **we must** ~ **the advantages against the disadvantages** il faut mettre en balance les avantages et les inconvénients; **to** ~ **fire to sth** mettre le feu à qch; *V also* **foot, store** *etc.* **(b)** *(arrange, adjust) clock, mechanism* régler; *alarm clock* mettre; *(on display) specimen, butterfly etc* monter; *type, page* composer; *(Med) arm, leg (in plaster)* plâtrer; *(with splint)* mettre une attelle à; *fracture* réduire. **he** ~ **the needle to zero** il a mis l'aiguille à zéro; **to have one's hair** ~ se faire faire une mise en plis; *V also* **sail, table** *etc.* **(c)** *(fix, establish) date, limit* fixer; *record* établir; *V also* **course, fashion** *etc.* **(d)** *(assign) task, subject* donner; *exam, test* choisir les questions de; *texts, books* mettre au programme. **to** ~ **sb a problem** poser un problème à qn; **I** ~ **him the job of clearing up** je l'ai chargé de ranger; *V also* **example** *etc.* **(e)** *(cause to do, begin etc)* **to** ~ **a dog on sb** lancer un chien contre qn; **she** ~ **my brother against me** elle a monté mon frère contre moi; **to** ~ **sth going** mettre qch en marche; **to** ~ **sb thinking** faire réfléchir qn; **to** ~ **sb to do sth** faire faire qch à qn; **to** ~ **o.s. to do** entreprendre de faire. **(f)** *gem* monter *(in* sur); *ring* orner *(with* de). **(g)** *jelly, concrete* faire prendre; *dye, colour* fixer.

4 *vi* **(a)** *[sun, moon etc]* se coucher. **(b)** *[broken bone, limb]* se ressouder; *[jelly, jam]* prendre; *[glue, concrete]* durcir; *[character]* se former. **his face** ~ **in a hostile expression** son visage s'est figé dans une expression hostile. **(c)** *(begin: gen)* se mettre, commencer *(to doing* à faire). **to** ~ **to work** se mettre au travail.

set about *vt fus* **(a)** *(begin) task, essay* se mettre à. **to** ~ **about doing** se mettre à faire; **I don't know how to** ~ **about it** je ne sais pas comment m'y prendre. **(b)** *(attack)* attaquer.

set apart *vt sep object etc* mettre à part; *(fig) person* distinguer *(from* de).

set aside *vt sep* **(a)** *(keep, save)* mettre de côté. **(b)** *(lay aside) book etc* poser. **(c)** *(reject) objection* rejeter; *will* annuler; *judgment* casser.

set back *vt sep* **(a)** *(replace)* remettre. **(b)** **the house was** ~ **back from the road** la maison était en retrait de la route. **(c)** *(retard) progress, clock* retarder *(by* de). **(d)** *(*: cost)* coûter.

set down *vt sep* **(a)** *(put down) object, passenger* déposer; *plane* poser. **(b)** *(record)* noter, inscrire. **to** ~ **sth down in writing** *or* **on paper** mettre qch par écrit. **(c)** *(attribute)* attribuer *(sth to sth* qch à qch).

set in 1 *vi [complications, difficulties]* surgir; *[disease]* se déclarer; *[reaction]* s'amorcer. **the rain has** ~ **in for the night** il va pleuvoir toute la nuit. **2** *vt sep (Sewing) sleeve* rapporter.

set off 1 *vi (leave)* se mettre en route. **to** ~ **off on a journey/an expedition** partir en voyage/en expédition. **2** *vt sep* **(a)** *bomb* faire exploser; *firework* faire partir; *mechanism* déclencher. **(b)** *(enhance) hair, furnishings etc* mettre en valeur. **(c)** *(balance etc)* **to** ~ **off profits against losses** balancer les pertes et les profits.

set out 1 *vi* partir *(for* pour; *from* de; *in search of* à la recherche de). **to** ~ **out to do** *(intend)* chercher à faire; *(attempt)* entreprendre de faire; **the book** ~**s out to show** ... le livre a pour objet de montrer ... . **2** *vt sep books, goods* exposer; *chessmen etc on board* disposer; *reasons, ideas* présenter, exposer.

set to *vi (start)* se mettre *(to do* à faire); *(start work)* s'y mettre*.

set up 1 *vi (Comm etc)* **to** ~ **up (in business) as a**

grocer s'établir épicier. **2** *vt sep* **(a)** *(place in position) chairs, stall* installer; *tent, statue* dresser; *type* assembler; *camp* établir. **(b)** *(fig: start) school, institution* fonder; *business, company, fund* créer, lancer; *tribunal, government* constituer; *fashion* lancer; *irritation, quarrel* provoquer; *record* établir; *theory* avancer; *inquiry* ouvrir. **to** ~ **up house** s'installer; **they** ~ **up house together** ils se sont mis en ménage; *(Comm, also fig)* **to** ~ **up shop** s'établir; **to** ~ **sb up in business** lancer qn dans les affaires; **I've** ~ **it all up for you** je vous ai tout installé *or* préparé; **I've never** ~ **myself up as a scholar** je n'ai jamais prétendu être savant. **(c)** *(after illness)* remettre sur pied. **(d)** *(equip)* munir *(with* de).

set upon *vt fus (attack)* attaquer.

♦ **setback** *n (hitch)* contretemps *m*; *(more serious)* revers *m*; *(in health)* rechute *f*. ♦ **setting** *1 n* **(a)** *[jewel]* monture *f*; *(fig: framework, background)* cadre *n*. **(b)** *(Mus: of poem etc)* mise *f* en musique; ~**ting for piano** arrangement *m* pour piano; **2** *adj*: ~**ting lotion** lotion *f* pour mise en plis. ♦ **setting-up** *n [institution etc]* création *f*. ♦ **set-to*** *n (fight)* bagarre *f*; *(quarrel)* prise *f* de bec*. ♦ **setup*** *n (situation)* situation *f*; *(business, firm etc)* affaire *f*.

sett [set] *n (in roadway etc)* pavé *m*.

settee [se'ti:] *n* canapé *m*. ~ **bed** canapé-lit *m*.

setter ['setə^r] *n* **(a)** *(dog)* setter *m*, chien *m* d'arrêt. **(b)** *(person) V* **typesetter** *etc.*

settle[1] ['setl] *n* banc *m* à haut dossier.

settle[2] ['setl] **1** *vt* **(a)** *(place carefully)* placer *or* poser délicatement; *(stop wobbling)* stabiliser; *(adjust)* ajuster; *person* installer. **to** ~ **o.s., to get** ~**d** s'installer. **(b)** *(arrange, solve etc) question, details, conditions, bill, account* régler; *date* fixer; *difficulty, problem* résoudre; *debt* rembourser; *(decide)* décider. **that** ~**s it** *(no more problem)* comme ça, le problème est réglé; *(that's made my mind up)* ça me décide; **that's** ~**d then?** alors, c'est convenu?; **nothing is** ~**d** rien n'est décidé; *(Jur)* **to** ~ **a case out of court** régler une affaire à l'amiable. **(c)** *(calm; stabilize) nerves* calmer; *doubts* dissiper. **to** ~ **one's digestion** calmer les douleurs d'estomac; **the weather is** ~**d** le temps est au beau fixe. **(d)** *(Jur)* **to** ~ **sth on sb** constituer qch à qn. **(e)** *(colonize) land* coloniser.

2 *vi* **(a)** *[bird, insect]* se poser *(on* sur); *[dust etc]* retomber; *[sediment, coffee grounds etc]* se déposer; *[building]* se tasser; *[emotions]* s'apaiser; *[conditions, situation]* s'arranger. *[dust, snow]* **to** ~ **on sth** couvrir qch; *(fig)* **when the dust has** ~**d** quand les choses se seront arrangées; **to** ~ **into armchair** s'installer confortablement dans; *new job* se faire à; *routine* adopter; *habit* prendre; **I can't** ~ **to anything** je suis incapable de me concentrer. **(b)** *(go to live)* s'installer, se fixer; *(as colonist)* s'établir. **(c)** **to** ~ **with sb for the cost of the meal** régler le prix du repas à qn; *(Jur)* **to** ~ **out of court** arriver à un règlement à l'amiable; **he** ~**d for £200** il a accepté 200 livres; **they** ~**d on £200** ils se sont mis d'accord sur 200 livres; **to** ~ **on sth** *(choose it)* fixer son choix sur qch.

settle down *vi [person] (in armchair, house etc)* s'installer *(in* dans); *(become calmer)* se calmer; *(after wild youth etc)* se ranger; *[situation]* s'arranger. **to** ~ **down to work** se mettre au travail; **he has** ~**d down in his new job** il s'est fait à son nouvel emploi; **to get married and** ~ **down** se marier et mener une vie stable; **when things have** ~**d down again** quand les choses seront redevenues normales.

settle in *vi (get things straight)* s'installer; *(get used to things)* s'adapter.

settle up *vi* régler (la note). **to** ~ **up with sb** *(pay)* régler qn; *(fig)* régler son compte à qn*.

♦ **settlement** n (a) [question, bill, debt] règlement m; (b) (agreement) accord m; (c) (dowry) dot f; (d) (colony) colonie f; (village) village m.
♦ **settler** n colon m.

seven ['sevn] adj, n sept (m) inv; for phrases V six.
♦ **seventeen** adj, n dix-sept (m) inv.
♦ **seventeenth** adj, n dix-septième (mf); (fraction) dix-septième (mf); (fraction) septième (mf); (fraction) soixante-dixième (mf); (fraction) soixante-dixième m. ♦ **seventieth** adj, n soixante-dixième (mf); (fraction) soixante-dixième m. ♦ **seventy** adj, n soixante-dix (m) inv; he's in his ~ties il a plus de soixante-dix ans.

sever ['sevər] vt rope etc couper; (fig) relations rompre; communications interrompre. ♦ **severance** n séparation f (from de); (Ind) ~ance pay indemnité f de licenciement.

several ['sevrəl] 1 adj plusieurs. ~ times plusieurs fois. 2 pron plusieurs mfpl. ~ of us plusieurs d'entre nous. ♦ **severally** adv séparément, individuellement.

severe [sɪ'vɪər] adj (gen) sévère (with, on, towards pour, envers); examination dur, difficile; competition acharné; climate, winter rigoureux; cold, frost intense; pain violent; wound, defeat, illness grave. (Med) a ~ cold un gros rhume.
♦ **severely** adv (gen) sévèrement; injure grièvement; ill gravement; to leave ~ly alone object ne jamais toucher à; politics, deal ne pas du tout se mêler de; person ignorer complètement.
♦ **severity** [sɪ'verɪtɪ] n sévérité f; difficulté f; rigueur f; intensité f; violence f; gravité f.

sew [səʊ] pret sewed, ptp sewn or sewed vti coudre. to ~ a button on sth coudre un bouton à qch.

sew on vt sep button etc coudre; (~ back on) recoudre.

sew up vt sep tear, wound recoudre; seam faire; sack fermer par une couture. to ~ sth up in a sack coudre qch dans un sac; (fig) it's all ~n up* c'est dans la poche*.
♦ **sewing** 1 n couture f; 2 adj: ~ing basket boîte f à couture; ~ing cotton fil m de coton; ~ing machine machine f à coudre.

sewage ['sjuːɪdʒ] 1 n vidanges fpl. 2 adj: ~ disposal évacuation f des vidanges; ~ works champ m d'épandage. ♦ **sewer** n égout m.

sex [seks] 1 n sexe m. to have ~ with sb coucher avec qn*. 2 adj discrimination, education, instinct sexuel. ~ act acte m sexuel; ~ appeal sex-appeal m; ~ maniac obsédé(e) m(f) sexuel(le); ~ offender délinquant(e) m(f) sexuel(le); ~ shop sex-shop m; ~ urge pulsion f sexuelle. ♦ **sexual** adj sexuel; ~ual intercourse rapports mpl sexuels. ♦ **sexuality** n sexualité f. ♦ **sexually** adv sexuellement.
♦ **sexy*** adj sexy* inv.

sextet [seks'tet] n sextuor m.

sexton ['sekstən] n sacristain m.

shabby ['ʃæbɪ] adj garment usé; furniture minable; house, district miteux; person pauvrement vêtu, miteux; behaviour mesquin. a ~ trick un vilain tour. ♦ **shabbily** adv pauvrement; mesquinement. ♦ **shabbiness** n [dress] aspect m usé; [person] mise f pauvre; [behaviour] mesquinerie f.

shack [ʃæk] 1 n cabane f, hutte f. 2 vi: to ~ up with sb‡ se coller avec qn‡.

shade [ʃeɪd] 1 n (a) ombre f. in the ~ à l'ombre; (Art) light and ~ les clairs mpl et les ombres; (fig) to put sth in the ~ éclipser qch. (b) [colour] nuance f, ton m; [opinion] nuance. several ~s darker plus sombre de plusieurs tons; a new ~ of lipstick un nouveau ton de rouge à lèvres; ~ of meaning nuance; not a ~ of difference pas la moindre différence; a ~ bigger un tout petit peu plus grand. (c) (lamp~) abat-jour m inv; (eye~) visière f; (US: blind) store m. (US: sunglasses) ~s lunettes fpl de soleil. 2 vt (a) (from sun) abriter du soleil; (from light) abriter de la lumière; eyes abriter; light, lamp voiler. ~d place endroit m ombragé. (b) (~ in) outline, drawing hachurer.
shade off 1 vi [colours] se fondre (into en). 2 vt sep colours etc estomper.
♦ **shady** adj ombragé; (dishonest) louche.

shadow ['ʃædəʊ] 1 n ombre f. in the ~ dans l'ombre (of de); to cast a ~ over sth projeter une ombre sur qch, (fig) assombrir qch; without a ~ of doubt sans l'ombre d'un doute; he's only a ~ of his former self il n'est plus que l'ombre de lui-même; to have ~s under one's eyes avoir les yeux cernés; (on chin) five o'clock ~ la barbe du soir. 2 adj. boxing boxe f à vide; (Parl) ~ cabinet cabinet m fantôme (de l'opposition); (Parl) the ~ Foreign Secretary le porte-parole de l'opposition pour les Affaires étrangères. 3 vt (follow) filer (un suspect etc). ♦ **shadowy** adj form, plan vague.

shaft [ʃɑːft] n (a) (stem etc) [arrow, spear] hampe f; [tool, golf club] manche m; [feather] tuyau m; [column] fût m; (on cart, carriage, plough etc) brancard m; (Aut, Tech) arbre m. (b) (liter: arrow) flèche f; [light] rayon m; [sarcasm] trait m. ~ of lightning éclair m. (c) [mine] puits m; [lift, elevator] cage f; (for ventilation) cheminée f.

shaggy ['ʃægɪ] adj hair, mane broussailleux; animal à longs poils rudes. (fig) ~ dog story anecdote f embrouillée.

shake [ʃeɪk] (vb: pret shook, ptp shaken) 1 n: to give sth a ~ secouer qch; with a ~ of his head avec un hochement de tête; he's got the ~s* il a la tremblote*; I'll be there in a ~* j'arrive dans un instant; it is no great ~s* ça ne casse rien*; he's no great ~s* at swimming il ne casse rien* comme nageur.
2 vt (a) (gen) object, person secouer; dice, bottle agiter; house, windows etc ébranler; (brandish) stick etc brandir. to ~ one's head (in refusal etc) faire non de la tête; (at bad news etc) secouer la tête; he shook his finger at me il m'a fait signe du doigt; to ~ one's fist at sb menacer qn du poing; to ~ hands with sb serrer la main à qn; they shook hands ils se sont serré la main; they shook hands on it ils se sont serré la main en signe d'accord; to ~ o.s. secouer; he shook the sand out of his shoes il a secoué ses chaussures pour en vider le sable; he shook himself free il s'est libéré d'une secousse. (b) (harm) confidence, belief, health ébranler; opinion affecter; reputation nuire à; (amaze) stupéfier; (disturb) secouer. even torture could not ~ him même la torture ne l'a pas ébranlé; to feel ~n être bouleversé or très secoué; this will ~ you! tu vas en être soufflé!*; '4 days which shook the world' '4 jours qui ébranlèrent le monde'.
3 vi (a) [person, hand, table] trembler; [building, windows, walls] trembler, être ébranlé; [leaves, grasses] trembler, être agité. to ~ with cold/fear trembler de froid/de peur; he was shaking with laughter il se tordait de rire. (b) (~ hands) they shook on the deal ils ont scellé leur accord d'une poignée de main; (let's) ~ on it! topez là!
shake down vt sep: to ~ down apples from a tree faire tomber des pommes en secouant l'arbre.
shake off vt sep dust, sand, water secouer (from de); cold, cough se débarrasser de; yoke se libérer de; habit se défaire de, perdre; pursuer semer*.
shake out vt sep flag, sail déployer; blanket bien secouer; bag vider en secouant. she shook some money out of her bag elle a secoué son sac et en a fait tomber de l'argent.
shake up vt sep (a) pillow secouer; bottle agiter. (b) (disturb) bouleverser, secouer. (c) (rouse, stir) person secouer, stimuler; firm, organization réorganiser de fond en comble.

♦ **shake-up** n (fig) grande réorganisation f.
♦ **shakily** adv (gen) en tremblant; walk d'un pas mal assuré; write d'une main tremblante; say, reply d'une voix tremblante. ♦ **shaky** adj (trembling) tremblant; (nervous) mal assuré; writing tremblé; table, building branlant; (fig) health, memory, knowledge assez mauvais; I feel a bit shaky je me sens faible.
shale [ʃeɪl] n schiste m argileux.
shall [ʃæl] modal aux vb (a) (1st person future tense and questions) I ~ or I'll arrive on Monday j'arriverai lundi, je vais arriver lundi; ~ I open the door? voulez-vous que j'ouvre (subj) la porte?; I'll buy 3, ~ I? je vais en acheter 3, n'est-ce pas or d'accord*?; let's go in, ~ we? entrons, voulez-vous?; ~ we ask him to come with us? si on lui demandait de venir avec nous? (b) (command etc) it ~ be done this way cela doit être fait de cette façon; thou shalt not kill tu ne tueras point.
shallot [ʃə'lɒt] n échalote f.
shallow ['ʃæləʊ] adj water, dish peu profond; breathing, person, conversation superficiel.
♦ **shallowness** n manque m de profondeur; esprit m superficiel. ♦ **shallows** npl hauts-fonds mpl.
sham [ʃæm] 1 n: to be a ~ [person] être un imposteur; [jewellery, furniture] être du toc*; [election, organization] être de la frime*. 2 adj jewellery faux, en toc*; piety feint; title faux; illness, fight simulé. 3 vt sickness, emotion feindre, simuler. to ~ ill faire semblant d'être malade; he is only ~ming il fait seulement semblant.
shamble ['ʃæmbl] vi: to ~ in/out etc entrer/sortir etc en traînant les pieds. ♦ **shambles** n, no pl (after fire, bombing) scène f de dévastation; (muddle) pagaille* f; his room was (in) a ~s la chambre était sens dessus dessous; the match degenerated into a ~s le match s'est terminé dans la pagaille*.
shame [ʃeɪm] 1 n (a) (feeling) honte f. he hung his head in ~ il a baissé la tête de honte or de confusion; to bring ~ on sb déshonorer qn; to put sb/sth to ~ faire honte à qn/qch. (b) it is a ~ c'est dommage (that que + subj; to do de faire); what a ~ he isn't here quel dommage qu'il ne soit pas ici. 2 vt (bring disgrace on) déshonorer; (make ashamed) faire honte à. to ~ sb into doing sth obliger qn à faire qch en lui faisant honte; to be ~d into doing sth faire qch par amour-propre.
♦ **shamefaced** adj (ashamed) honteux; (confused) confus. ♦ **shamefacedly** adv d'un air honteux; avec confusion. ♦ **shamefacedness** n air m honteux; confusion f. ♦ **shameful** adj honteux; it's ~ful to do that c'est une honte de faire cela.
♦ **shamefully** adv behave honteusement; bad, late scandaleusement, abominablement; he is ~fully ignorant il est si ignorant que c'en est une honte. ♦ **shameless** adj person éhonté; behaviour effronté; he is quite ~less about it il n'en a pas du tout honte. ♦ **shamelessly** adv effrontément, sans honte. ♦ **shamelessness** n effronterie f.
♦ **shaming** adj humiliant.
shammy* ['ʃæmɪ] n (~ leather) peau f de chamois.
shampoo [ʃæm'pu:] 1 n (product, process) shampooing m. ~ and set shampooing et mise f en plis. 2 vt hair faire un shampooing à; carpet shampooer. to have one's hair ~ed and set se faire faire un shampooing et mise en plis.
shamrock ['ʃæmrɒk] n trèfle m (de l'Irlande).
shandy ['ʃændɪ] n (Brit) panaché m (bière).
shan't [ʃɑ:nt] = shall not.
shanty¹ ['ʃæntɪ] n (hut) baraque f. ~ town bidonville m.
shanty² ['ʃæntɪ] n (sea ~) chanson f de marins.
shape [ʃeɪp] 1 n forme f. what ~ is the room? quelle est la forme de la pièce?; of all ~s and sizes de toutes les formes et de toutes les tailles; his nose is a funny ~ son nez a une drôle de forme; in the ~ of a cross en forme de croix; I can't stand

racism in any ~ or form je ne peux pas tolérer le racisme sous quelque forme que ce soit; to take the ~ of sth prendre la forme de qch; the news reached him in the ~ of a telegram c'est par un télégramme qu'il a appris la nouvelle; that's the ~ of things to come cela donne une idée de ce qui nous attend; to take ~ prendre tournure; to be in good ~ [person] être en forme; [business etc] marcher bien; in poor ~ person, business mal en point; to carve (or hammer etc) sth into ~ façonner qch; (fig) to knock or lick* into ~ assistant, soldier dresser*; team, plan mettre au point; to get o.s. into ~ retrouver la forme; to get one's ideas into ~ préciser ses idées; a ~ loomed up out of the darkness une forme imprécise a surgi de l'obscurité.
2 vt clay, stone façonner (into en); (fig) ideas, character former; (influence) course of events, sb's fate influencer. oddly ~d d'une forme bizarre; heart-~d en forme de cœur.
3 vi (fig) things are shaping (up) well tout marche bien; how is he shaping? comment s'en sort-il?*; he is shaping (up) nicely il fait des progrès.
♦ **shapeless** adj informe. ♦ **shapelessness** n manque m de forme. ♦ **shapeliness** n belles proportions fpl, beauté f. ♦ **shapely** adj object bien proportionné; woman, legs bien fait.
share [ʃɛəʳ] 1 n (a) part f (of, in de). to get a ~ of or in sth avoir part à qch; he has a ~ in the business il est l'un des associés dans cette affaire; he has a half-~ in the firm il possède la moitié de l'entreprise; (fig) he had a ~ in it il y était pour qch; to go ~s in sth partager qch; to take a ~ in sth participer à qch; he isn't doing his ~ il ne fournit pas sa part d'efforts; more than his fair ~ of misfortune plus que sa part de malheurs; he does his full ~ of work il fournit toute sa part de travail. (b) (Fin etc) action f (in a company d'une compagnie). 2 adj (St Ex) prices des actions. ~ index indice m de la Bourse. 3 vt (a) (gen) partager (with sb avec qn); (get one's ~ of) profits etc avoir part à. they ~d the money between them ils se sont partagé l'argent; (Telec) ~d line ligne f partagée; they ~ certain characteristics ils ont certaines caractéristiques en commun; I ~ your hope that ... j'espère comme vous que ... . (b) (~ out) partager, répartir (among, between entre). 4 vi partager. ~ and ~ alike à chacun sa part; to ~ in (get one's ~ in) profits etc avoir part à; (have etc with other people) expenses, work, blame, joy partager. ♦ **sharecropper** n métayer m, -ère f. ♦ **sharecropping** n (US) métayage m. ♦ **shareholder** n actionnaire mf. ♦ **share-out** n partage m.
shark [ʃɑːk] n requin m; (swindler) escroc m.
♦ **sharkskin** n (Tex) peau f d'ange.
sharp [ʃɑːp] 1 adj (a) razor, knife tranchant, bien aiguisé; point, needle aigu (f -guë), acéré; teeth acéré; pencil, nose, chin pointu; features anguleux; corner, angle aigu; bend in road brusque. (b) (abrupt) descent raide; fall in price, change soudain. (c) (well-defined) outline, (TV) picture net; difference marqué. (d) (Mus) C ~ do m dièse; the note was ~ la note était trop haute. (e) (harsh) cry, voice perçant; wind, cold pénétrant, âpre; frost fort; pepper vif; smell, taste piquant, âpre (pej); words, retort, tone cinglant; rebuke sévère. (fig) to have a ~ tongue avoir la langue acérée. (f) (brisk etc) pace, quarrel vif. look ~ about it! dépêche-toi! (g) (acute) eyesight perçant; hearing, smell fin; intelligence, mind pénétrant; person vif, dégourdi*. (pej) ~ practice procédés mpl malhonnêtes.
2 adv (a) (Mus) sing, play trop haut. (b) (abruptly) stop brusquement. take ~ left tournez tout à fait à gauche. (c) (punctually) at 3 o'clock ~ à 3 heures pile.

3 n (Mus) dièse m.

♦ **sharpen** vt (a) blade, tool aiguiser; pencil tailler; (b) outline, (TV) picture rendre plus net; difference rendre plus marqué; appetite aiguiser; desire exciter; pain, feeling aviver; intelligence affiner; to ~en one's wits se dégourdir. ♦ **sharpener** n (for knives) aiguisoir m; (for pencils) taille-crayons m inv. ♦ **sharp-faced** or ♦ **sharp-featured** adj aux traits anguleux. ♦ **sharply** adv (a) (abruptly) change, rise, stop brusquement; (b) (harshly) criticize sévèrement; observe, retort sèchement; (c) (distinctly) show up, stand out, differ nettement; (d) (alertly) say, ask, look avec intérêt. ♦ **sharpness** n (a) [razor, knife] tranchant m; [pencil etc] pointe f aiguë; (b) [turn, bend] angle m brusque; [outline etc] netteté f; [pain] violence f; [criticism, reproach, rebuke] sévérité f; [tone, voice] brusquerie f; [taste, smell] piquant m, âpreté f (pej); [wind, cold] âpreté f. ♦ **sharpshooter** n tireur m d'élite. ♦ **sharp-sighted** adj à qui rien n'échappe. ♦ **sharp-tempered** adj coléreux. ♦ **sharp-witted** adj à l'esprit vif.

shatter ['ʃætər] 1 vt window, door fracasser (against contre); glasses, health, self-confidence, career briser; faith détruire; hopes, chances ruiner; sb's nerves démolir. 2 vi [glass, windscreen, cup] voler en éclats; [box etc] se fracasser (against contre). ♦ **shattered** adj (grief-stricken) anéanti; (*: aghast) bouleversé; (*: exhausted) éreinté. ♦ **shattering** adj (fig) attack destructeur; defeat écrasant; news, experience, disappointment bouleversant; this was a ~ing blow to our hopes nos espoirs ont été gravement compromis.

shave [ʃeɪv] 1 n: to have a ~ se raser; (fig) to have a close or narrow ~ l'échapper belle. 2 vt person raser; wood raboter; (fig: graze) frôler. 3 vi se raser.

shave off vt sep (a) to ~ off one's beard se raser la barbe. (b) piece of wood enlever au rabot.

♦ **shaver** n rasoir m électrique. ♦ **shaving** n (wood etc) copeau m. ♦ **shaving brush** n blaireau m. ♦ **shaving cream** n crème f à raser. ♦ **shaving soap** n savon m à barbe. ♦ **shaving stick** n bâton m de savon à barbe.

shawl [ʃɔːl] n châle m.

she [ʃiː] pers pron (a) (stressed, unstressed) elle. ~ has come elle est venue; here ~ is la voici; ~ is a doctor elle est médecin, c'est un médecin; SHE didn't do it ce n'est pas elle qui l'a fait; younger than ~ plus jeune qu'elle. (b) (+ rel pron) celle.~ who celle qui. (c) it's a ~ (animal) c'est une femelle; (baby) c'est une fille. ♦ **she-bear** n ourse f.

sheaf [ʃiːf] n [corn] gerbe f; [papers] liasse f.

shear [ʃɪər] pret -ed, ptp -ed or shorn vt sheep tondre. (fig) shorn of dépouillé de.

shear off vt sep wool tondre; projecting part, nail arracher; car wing etc emporter.

shear through vt fus cloth trancher; wood, metal fendre.

♦ **shearer** n (person) tondeur m, -euse f; (machine) tondeuse f. ♦ **shearing** n (process) tonte f. ♦ **shears** npl (Gardening) cisaille f; (gen) grands ciseaux mpl.

sheath [ʃiːθ] n [sword] fourreau m; [scissors etc] étui m; [dagger, electric cable, flex] gaine f; (Bio, Bot) enveloppe f; (contraceptive) préservatif m. ♦ **sheath-knife** n couteau m à gaine.

shed[1] [ʃed] n (for tools, cycles etc) remise f; (smaller) cabane f; (huge, open-sided: Rail, Agr etc) hangar m; (for cattle etc) étable f; (Ind: part of factory) atelier m.

shed[2] [ʃed] pret, ptp shed vt (a) (get rid of) leaves, fur, horns, weight perdre; [truck] load déverser; coat etc enlever; unwanted thing, assistant se débarrasser de. the snake ~s its skin le ser-

pent mue. (b) blood, tears verser. (c) (send out) light, warmth, happiness répandre. to ~ light on (lit) éclairer; (fig) sb's motives etc jeter de la lumière sur; problem éclaircir; subject éclairer.

sheen [ʃiːn] n lustre m.

sheep [ʃiːp] 1 n, pl inv mouton m (animal); (ewe) brebis f. (fig) to make ~'s eyes at faire les yeux doux à; we must divide the ~ from the goats il ne faut pas mélanger les torchons et les serviettes* (fig). 2 adj: ~ farm ferme f d'élevage de moutons; ~ farmer éleveur m de moutons; ~ farming élevage m de moutons. ♦ **sheepdog** n chien m de berger. ♦ **sheepish** adj penaud. ♦ **sheepishly** adv d'un air penaud. ♦ **sheepishness** n air m penaud. ♦ **sheepskin** n peau f de mouton; ~skin jacket canadienne f.

sheer[1] [ʃɪər] adj (a) (utter) chance, kindness, madness pur; impossibility, necessity absolu; waste véritable (before n). it was ~ mud ce n'était que de la boue; by a ~ accident tout a fait par hasard; by ~ hard work uniquement grâce au travail; ~ robbery du vol manifeste. (b) stockings, material extra-fin. (c) rock, cliff à pic. a ~ drop or fall un à-pic.

sheer[2] [ʃɪər] vi (swerve) to ~ off [ship] faire une embardée; (gen) changer de direction.

sheet [ʃiːt] 1 n (a) (on bed) drap m; (dust ~) housse f; (tarpaulin) bâche f. (b) (piece etc) [plastic, rubber] morceau m; [paper, notepaper] feuille f; [iron, steel] tôle f; [glass, metal, ice etc] plaque f; [water, snow] étendue f; [flames] rideau m. [paper] an odd or a loose ~ une feuille volante; (Comm) order ~ bulletin m de commande. 2 adj: ~ lightning éclair m en nappes; ~ metal tôle f; ~ music partitions fpl.

sheik(h) [ʃeɪk] n cheik m.

shelf [ʃelf] 1 n, pl shelves (a) étagère f, rayon m; (in shop) rayon; (in oven) plaque f. a set of shelves un rayonnage; on the ~ woman laissée pour compte. (b) (edge) (in rock) rebord m; (underwater) écueil m. 2 adj (Comm) ~ life durée f de conservation avant vente; (Libraries) ~ mark cote f.

shell [ʃel] 1 n (a) [egg, nut, oyster, snail etc] coquille f; [tortoise, lobster] carapace f; (seashell) coquillage m; [peas] cosse f. (lit, fig) to come out of one's ~ sortir de sa coquille. (b) [building] carcasse f; [ship] coque f. (Culin) pastry ~ fond m de tarte. (c) (Mil) obus m. 2 adj necklace etc de or en coquillages. 3 vt (a) peas écosser; nut, crab, shrimp décortiquer; lobster retirer de sa carapace. (b) (Mil) bombarder (d'obus).

shell out* 1 vi casquer‡ (for pour), payer. 2 vt sep cracher‡, payer.

♦ **shellfish** n, pl inv (lobster, crab) crustacé m; (mollusc) coquillage m; (pl: Culin) fruits mpl de mer. ♦ **shelling** n (Mil) bombardement m (par obus). ♦ **shellproof** adj blindé.

shelter ['ʃeltər] 1 n (a) abri m. under the ~ of sous l'abri de; to take ~, to get under ~ se mettre à l'abri or à couvert; to take ~ from/under s'abriter de/sous; to seek ~ chercher un abri (from contre). (b) (on mountain) abri m, refuge m; (for sentry) guérite f; (bus ~) abribus m; (air-raid ~) abri. 2 vt (a) (protect) (from wind, shells etc) abriter, protéger (from de); (from blame etc) protéger (from de); criminal etc protéger, (hide) cacher. ~ed from the wind à l'abri du vent. (b) (give lodging to) recueillir. 3 vi s'abriter (from de; under sous). ♦ **sheltered** adj place abrité; (fig) life bien protégé; childhood sans soucis; conditions, environment, workshop protégé.

shelve [ʃelv] 1 vt (a) (fig: postpone) mettre en sommeil. (b) (lit) cupboard, wall garnir de rayons. 2 vi (slope: ~ down) descendre en pente douce. ♦ **shelving** n rayonnages mpl.

shepherd ['ʃepəd] 1 n berger m; (Rel) pasteur m.

(*Culin*) ~'s pie ≃ hachis *m* Parmentier. 2 *vt* (*fig*) to ~ sb in faire entrer qn; to ~ sb out escorter qn jusqu'à la porte; he ~ed us round Paris il nous a servi de guide dans Paris. ♦ **shepherdess** *n* bergère *f*.

sherbet ['ʃɜːbət] *n* (*Brit: powder*) poudre *f* acidulée; (*US: water ice*) sorbet *m*.

sheriff ['ʃerɪf] *n* shérif *m*.

sherry ['ʃerɪ] *n* xérès *m*, sherry *m*.

Shetland ['ʃetlənd] 1 *n* (*also* the ~ Isles, the ~s) les îles *fpl* Shetland. 2 *adj*: ~ pony poney *m* shetlandais; ~ wool shetland *m*.

shield [ʃiːld] 1 *n* (*gen*) bouclier *m*; (*not round*) écu *m*; (*on machine, against radiation etc*) écran *m* (de protection). 2 *vt* protéger (*from* de, contre). to ~ sb with one's body faire à qn un rempart de son corps.

shift [ʃɪft] 1 *n* (a) (*change*) changement *m* (in de); (*Ling*) mutation *f*; (*movement: of cargo, load etc*) déplacement *m* (in de). a sudden ~ in policy un retournement de la politique; a sudden ~ in the wind une saute de vent. (b) (*period of work*) poste *m*. to be on day/night~ être (au poste) de jour/de nuit; he works ~s il travaille par roulement; I work an 8-hour ~ je fais un poste de 8 heures; they worked in ~s to save him ils se sont relayés pour le sauver. (c) (*expedient*) expédient *m*, truc* *m*. to make ~ se débrouiller (*with* avec; *without* sans; *to do* pour faire). (d) (*US Aut: gear~*) changement *m* de vitesse.

2 *adj* [*typewriter*] ~ key touche *f* de majuscule; (*Ind*) ~ work travail *m* en poste *or* par roulement.

3 *vt* object, furniture déplacer, changer de place; one's head, arm etc bouger, remuer; (*Theat*) scenery changer; screw, lid débloquer; employee (*to another town*) muter (*to* à); (*to another job, department*) affecter (*to* à); (*fig*) blame, responsibility rejeter (*on to* sur). to ~ sth in/out/nearer etc rentrer/sortir/approcher etc qch; to ~ position changer de position; (*US Aut*) to ~ gears changer de vitesse.

4 *vi* (a) (*go*) aller; (*move house*) déménager; (*change position, stir*) [*person, limb*] bouger; [*wind*] tourner; [*cargo, load*] se déplacer; [*opinions*] changer; (*change one's mind*) changer d'avis. he ~ed over to the window il s'est approché de la fenêtre; ~ off the rug va-t-en du tapis; to ~ over *or* along *or* up se pousser; (*Aut*) to ~ into second gear passer la deuxième; he won't ~ il ne bougera pas; (*fig*) to ~ from one's position modifier sa position; come on, ~! allez, remue-toi!* (b) to ~ for o.s. se débrouiller* tout seul.

♦ **shiftily** *adv behave* sournoisement; *answer* de façon évasive. ♦ **shiftiness** *n* sournoiserie *f*; *caractère m* évasif. ♦ **shiftless** *adj* manquant de ressource. ♦ **shiftlessness** *n* manque *m* de ressource. ♦ **shifty** *adj person, behaviour* louche, sournois; *answer* évasif; *look* fuyant.

shilly-shally ['ʃɪlɪˌʃælɪ] *vi* hésiter. stop ~ing! décide-toi enfin! ♦ **shilly-shallying** *n* hésitations *fpl*.

shimmer ['ʃɪmər] *vi* [*satin, jewels*] chatoyer; [*water, heat haze*] miroiter. ♦ **shimmering** *adj* chatoyant; miroitant.

shin [ʃɪn] 1 *n* tibia *m*. 2 *vi*: to ~ up a tree grimper à un arbre; to ~ down a tree dégringoler lestement d'un arbre; to ~ over a wall escalader un mur. ♦ **shinbone** *n* tibia *m*.

shindy* ['ʃɪndɪ] *n* (*brawl*) bagarre *f*; (*commotion*) boucan* *m*. to kick up a ~ faire du boucan*.

shine [ʃaɪn] (*vb: pret, ptp shone*) 1 *n* [*sun, metal*] éclat *m*; [*shoes*] brillant *m*. to give sth a ~ faire briller qch; to take the ~ off brass, shoes ternir; (*fig*) success, news diminuer l'effet de. 2 *vi* briller. the sun is shining il y a du soleil, le soleil brille; the moon is shining il y a clair de lune; to ~ on sth éclairer qch; the light was shining in my eyes j'avais la lumière dans les yeux; the light

shone through the curtains la lumière passait à travers les rideaux; her face shone with happiness son visage rayonnait de bonheur; (*fig*) to ~ at football briller au football. 3 *vt* (a) ~ your torch *or* ~ the light over here éclairez par ici. (b) (*polish: pret, ptp shone or shined*) faire briller. ♦ **shining** *adj furniture etc* reluisant; (*happy*) *face* rayonnant; *eyes, hair* brillant; *example* resplendissant. ♦ **shiny** *adj* (*gen*) brillant; (*pej*) *clothes* lustré.

shingle ['ʃɪŋgl] *n* (*on beach etc*) galets *mpl*; (*on roof*) bardeaux *mpl*; (*US*: *signboard*) petite enseigne *f*. ♦ **shingly** *adj beach* de galets.

shingles ['ʃɪŋglz] *nsg* (*Med*) zona *m*.

ship [ʃɪp] 1 *n* (*gen*) bateau *m*; (*large*) navire *m*; (*vessel*) vaisseau *m*, bâtiment *m*. His *or* Her Majesty's *or* HMS Maria/le Falcon la Maria/le Falcon; ~'s boat chaloupe *f*; ~'s company équipage *m*; ~'s papers papiers *mpl* de bord. 2 *vt* (a) (*transport*) transporter; (*send*: ~ off) expédier. (b) (*put or take on board*) cargo, water embarquer; oars rentrer. ♦ **shipbuilder** *n* constructeur *m* de navires. ♦ **shipbuilding** *n* construction *f* navale. ♦ **shipload** *n* (*lit*) charge *f*; (*fig*) grande quantité *f*. ♦ **shipmate** *n* camarade *m* de bord. ♦ **shipment** *n* cargaison *f*. ♦ **shipowner** *n* armateur *m*. ♦ **shipper** *n* expéditeur *m*. ♦ **shipping** 1 *n* (*ships collectively*) navires *mpl*; (*traffic*) navigation *f*; (*Rad*) attention all ~ping! avis à la navigation!; a danger to ~ping un danger pour la navigation; canal closed to British ~ping canal fermé aux navires britanniques; 2 *adj*: ~ping agent agent *m* maritime; ~ping company, ~ping line compagnie *f* de navigation; ~ping lane voie *f* de navigation. ♦ **shipshape** *adj* en ordre. ♦ **ship-to-shore radio** *n* liaison *f* radio avec la côte. ♦ **shipwreck** 1 *n* (*event*) naufrage *m*; (*wrecked ship*) épave *f*; 2 *vt*: to be ~wrecked faire naufrage; ~wrecked on a desert island échoué sur une île déserte. ♦ **shipwrecked** *adj* naufragé. ♦ **shipwright** *n* constructeur *m* de navires. ♦ **shipyard** *n* chantier *m* naval.

shire ['ʃaɪər] *n* (*Brit*) comté *m*. ~ horse cheval *m* de gros trait.

shirk [ʃɜːk] 1 *vt task, work* ne pas faire; *duty, difficulty, issue* esquiver. to ~ doing s'arranger pour ne pas faire. 2 *vi* tirer au flanc*. ♦ **shirker** *n* tire-au-flanc* *m inv*.

shirt [ʃɜːt] *n* (*man's*) chemise *f*; (*woman's*) chemisier *m*. in (one's) ~ sleeves en bras *or* manches de chemise; (*Betting*) to put one's ~ on sth jouer tout ce qu'on a sur qch. ♦ **shirty*** *adj* (*esp Brit*) en rogne*.

shiver[1] ['ʃɪvər] 1 *vi* frissonner (*with* de). 2 *n* frisson *m*. it sent ~s down his spine cela lui a donné froid dans le dos; to give sb the ~s donner le frisson à qn. ♦ **shivery** *adj* (*from cold*) qui a des frissons; (*from fever*) fiévreux; (*from fear/emotion etc*) frissonnant (*de peur/d'émotion etc*).

shiver[2] ['ʃɪvər] 1 *n* [*glass*] éclat *m*. 2 *vi* voler en éclats. 3 *vt* fracasser.

shoal [ʃəʊl] *n* banc *m* (*de poissons*).

shock [ʃɒk] 1 *n* (*gen*) choc *m*; [*earthquake, explosion*] secousse *f*; (*Elec*) décharge *f* (électrique). (*Elec*) to get a ~ recevoir une décharge (électrique) (*from sth* en touchant qch), prendre le jus*; he got such a ~ when he heard that ... cela lui a donné un tel choc *or* un tel coup d'apprendre que ...; the ~ of the election results les résultats *mpl* stupéfiants de l'élection; it came as a ~ to me ça m'a stupéfié; it comes as a ~ to hear that ... il est stupéfiant d'apprendre que ...; you gave me a ~! vous m'avez fait peur!; I got such a ~! j'ai eu une de ces émotions!*; (*Med*) in a state of ~ en état de choc; pale with ~ pâle de saisissement; (*Med*) in a state of ~ en état de choc. 2 *adj* (a) (*Mil etc*) tactics, troops de choc. (*Aut*) ~ absorber amortisseur *m*; ~ wave onde *f* de choc.

(b) (*) result, reaction stupéfiant. **3** vt (take aback) secouer, (stronger) bouleverser; (scandalize) choquer. **easily** ~ed qui se choque facilement. ♦ **shocking** adj (appalling) crime, news, sight atroce; (scandalizing) book, behaviour choquant; (decision, waste, price scandaleux; (very bad) weather, results, handwriting épouvantable. ♦ **shockingly** adv unfair, expensive terriblement; (very badly) très mal.

shoddy ['ʃɒdɪ] adj de mauvaise qualité. ♦ **shoddily** adv made mal. ♦ **shoddiness** n mauvaise qualité f.

shoe [ʃuː] (vb: pret, ptp shod) **1** n chaussure f, soulier m; (horse~) fer m (à cheval); (brake ~) sabot m (de frein). **to shake** or **shiver in one's ~s** avoir une peur bleue; (fig) **I wouldn't like to be in his ~s** je n'aimerais pas être à sa place. **2** adj: ~ **polish** cirage m; ~ **repair** réparation f de chaussures. **3** vt horse ferrer. [person] **well/badly shod** bien/mal chaussé. ♦ **shoebrush** n brosse f à chaussures. ♦ **shoehorn** n chausse-pied m. ♦ **shoelace** n lacet m de soulier. ♦ **shoemaker** or ♦ **shoe-repairer** n cordonnier m; ~**maker's shop** cordonnerie f. ♦ **shoeshop** n magasin m de chaussures. ♦ **shoestring** n lacet m; (fig) **on a** ~**string** à peu de frais. ♦ **shoetree** n embauchoir m.

shone [ʃɒn] pret, ptp of shine.

shoo [ʃuː] vt (~ **away**, ~ **off**) chasser.

shook [ʃʊk] pret of shake.

shoot [ʃuːt] (vb: pret, ptp shot) **1** n (a) [plant] pousse f. (b) (chute) glissière f, déversoir m. (c) (fig) **the whole** ~**z** tout le tremblement*. **2** vt (a) (hit) atteindre d'un coup de fusil etc; (hunt) chasser; (kill) abattre; (execute) fusiller. **shot in the head** (hit) atteint or (killed) tué d'une balle dans la tête; (fig) **you'll get shot for that!*** tu vas te faire incendier* pour ça. (b) (fire) gun tirer or lâcher un coup de (at sur); arrow, rocket, missile lancer (at sur); bullet tirer (at sur). **to ~ a goal** marquer un but; **he shot the bolt** (fastened) il a mis le verrou; (opened) il a tiré le verrou; (fig) **he has shot his bolt** il a joué sa dernière carte; (fig) **to ~ a line about sth**: raconter des histoires à propos de qch; **to ~ dice** jeter les dés. (c) (direct) look lancer (at à); smile jeter (at à); [searchlight etc] beam of light braquer (at sur). **to ~ questions at sb** bombarder qn de questions. (d) (Cine etc) film, scene tourner; person, subject prendre (en photo). (e) rapids descendre. **3** vi (a) (with gun, bow) tirer (at sur). **to go ~ping** chasser; **to ~ to kill** tirer pour abattre; **to ~ on sight** tirer à vue. (b) (rush) **to ~ in/past** etc entrer/passer etc à toute vitesse; **the bullet shot past his ears** la balle lui a sifflé aux oreilles; [flames, water] **to ~out** or **up** etc jaillir; **the pain went ~ing up his arm** la douleur au bras le lancinait. (c) (Ftbl etc) shooter, tirer. **to ~ at goal** shooter. (d) (Bot) bourgeonner, pousser.

shoot down vt sep plane, person abattre.

shoot up vi (a) [flame, water] jaillir; [rocket, price etc] monter en flèche. (b) (grow quickly) pousser vite.

♦ **shooting 1** n (a) (shots) coups mpl de feu; (continuous) fusillade f; (b) (murder) meurtre m (avec une arme à feu); (execution) exécution f; (c) (Hunting) chasse f; **2** adj pain lancinant; ~**ing brake** break m; ~**ing gallery** stand m de tir; ~**ing incidents** échanges mpl de coups de feu; (fig) **the whole** ~**ing match*** tout le tremblement*; ~**ing star** étoile f filante; ~**ing stick** canne-siège f.

shop [ʃɒp] **1** n (a) magasin m, (small) boutique f. **wine** ~ marchand m de vins; **at the butcher's** ~ à la boucherie, chez le boucher; (lit, fig) **to shut up** ~ fermer boutique; (fig) **you've come to the wrong** ~* tu te trompes d'adresse*; (fig) **to talk** ~ parler boutique; (fig) **all over the** ~* (everywhere) partout; (in confusion) en pagaille*.

(b) (Ind: work~) atelier m. **2** adj (Brit) ~ **assistant** vendeur m, -euse f; (Ind) ~ **steward** délégué(e) syndical(e) m(f); ~ **window** vitrine f.

3 vi faire ses courses (at chez). **to go ~ping** (locally etc) faire les courses; (on shopping expedition) faire des courses; **I was ~ping for a coat** je cherchais un manteau.

4 vt (: betray) vendre, donner*.

shop around vi comparer les prix. **to ~ around for sth** comparer les prix avant d'acheter qch.

♦ **shop-floor** n (Ind) **he works on the** ~**-floor** c'est un ouvrier; **the** ~**-floor (workers)** les ouvriers. ♦ **shopgirl** n (Brit) vendeuse f. ♦ **shopkeeper** n commerçant(e) m(f). ♦ **shoplift** vi voler à l'étalage. ♦ **shoplifter** n voleur m, -euse f à l'étalage. ♦ **shoplifting** n vol m à l'étalage. ♦ **shopper** n (a) (person) personne f qui fait ses courses; (customer) client(e) m(f); (b) (*: bag) cabas m. ♦ **shopping 1** n (goods) achats mpl; **2** adj street, district commerçant; ~**ping bag** cabas m; ~**ping basket** panier m (à provisions); ~**ping centre** centre m commercial. ♦ **shopsoiled** adj qui a fait la vitrine.

shore¹ [ʃɔːr] **1** n [sea] rivage m; [lake] rive f; (coast) côte f; (beach) plage f. **on** ~ à terre; **to go on** ~ débarquer. **2** adj (Naut) ~ **leave** permission f à terre.

shore² [ʃɔːr] vt: **to** ~ **up** étayer, (fig) consolider.

shorn [ʃɔːn] ptp of shear.

short [ʃɔːt] **1** adj (a) (gen) court; person petit, de petite taille; step, walk petit; visit, vowel, syllable bref. ~ **distance away** à peu de distance; **to take a** ~ **holiday** prendre quelques jours de vacances; **a** ~ **time** or **while ago** de temps; **time is getting** ~ il ne reste plus beaucoup de temps; **the days are getting** ~**er** les jours raccourcissent; **make the skirt** ~ **er** raccourcis la jupe; **that was** ~ **and sweet** ça n'a pas traîné; **to take a** ~ **cut** prendre un raccourci; **a** ~ **drink** un petit verre d'apéritif (d'alcool); **to win by a** ~ **head** (Racing) gagner d'une courte tête; (fig) gagner de justesse; ~ **list** liste f des candidats sélectionnés; ~ **story** nouvelle f; ~**-story writer** nouvelliste mf; **they want a** ~**er working week** on veut réduire la semaine de travail; **to have a** ~ **temper** être coléreux; (Ind) **to work** ~ **time** être en chômage partiel; (fig) **to make** ~ **work of** job etc ne pas mettre beaucoup de temps à faire; (*) person envoyer promener*. (b) (phrases) **in** ~ bref; 'TV' **is** ~ **for 'television'** 'TV' est l'abréviation de 'television'; **he's called Fred for** ~ son diminutif est Fred; **to be** ~ **of sugar** être à court de sucre; **I'm £2** ~ il me manque 2 livres; **not far** ~ **of £100** pas loin de 100 livres; **it's little** ~ **of suicide** c'est presque un suicide; **it's nothing** ~ **of robbery** c'est du vol ni plus ni moins; ~ **of asking him yourself** à moins de lui demander vous-même; **everything** ~ **of (doing)** sth tout sauf (faire) qch; **to go** ~ **of** sth manquer de qch; **they never went** ~ ils n'ont jamais manqué du nécessaire; (fig) **to be taken** ~* être pris d'un besoin pressant; **petrol is** ~ **or in** ~ **supply** on manque d'essence; **to give** ~ **weight or** ~ **measure** ne pas donner le poids juste, (deliberately) tricher sur le poids. (c) (curt) reply, manner brusque, sec. **to be rather** ~ **with** sb se montrer assez sec or brusque à l'égard de qn.

2 vti (Elec) = **short-circuit**, V below.

♦ **shortage** n (gen) manque m, pénurie f; **there was no** ~**age of water** on ne manquait pas d'eau; **the food** ~**age** la disette; **the housing** ~**age** la crise du logement. ♦ **shortbread** or ♦ **shortcake** n sablé m. ♦ **short-change** vt ne pas donner son dû à. ♦ **short-circuit 1** n court-circuit m; **2** vt court-circuiter; **3** vi se mettre en court-circuit. ♦ **shortcoming** n défaut m. ♦ **short(crust) pastry** n pâte f brisée. ♦ **shorten 1** vt skirt, rope raccourcir; *holiday, journey* écourter; *life, book, programme* abréger; *distance, time* réduire; 2 *vi [days etc]* raccourcir. ♦ **shortening** *n (Culin)* matière *f* grasse. ♦ **shortfall** *n* manque *m*. ♦ **shorthand** 1 *n* sténo(graphie) *f*; in ~**hand** en sténo; 2 *adj notes* en sténo; *notebook* de sténo. ♦ **shorthand-typing** *n* sténodactylo *f*. ♦ **shorthand-typist** *n* sténodactylo *mf*. ♦ **shorthand-writer** *n* sténo(graphe) *mf*. ♦ **shortlist** *vt* mettre sur la liste des candidats sélectionnés. ♦ **short-lived** *adj (fig)* de courte durée. ♦ **shortly** *adv* **(a)** *(soon)* bientôt, dans peu de temps; ~**ly before twelve** peu avant midi; **(b)** *(curtly)* sèchement, brusquement. ♦ **shortness** *n* peu *m* de longueur; petite taille *f*; brièveté *f*; *[vowel, syllable]* brévité *f*; *(curtness)* sécheresse *f*. ♦ **short-range** *adj weather forecast* à court terme. ♦ **shorts** *npl*: **(a pair of)** ~**s** un short. ♦ **short-sighted** *adj person* myope; *policy, meas- . ure* qui manque de vision. ♦ **short-sightedness** *n* myopie *f*; manque *m* de vision. ♦ **short-staffed** *adj*: **to be** ~**-staffed** manquer de personnel. ♦ **short-tempered** *adj (in general)* coléreux; *(in a bad temper)* d'humeur irritable. ♦ **short-term** *adj* à court terme. ♦ **short-wave** *(Rad)* 1 *n* ondes *fpl* courtes; 2 *adj radio* à ondes courtes; *transmission* sur ondes courtes.

shot [ʃɒt] 1 *n* **(a)** *(act of firing)* coup *m*; *(sound)* coup de feu *(or* de fusil *etc); (bullet)* balle *f*; *(pellets:* lead ~) plomb *m*. *(fig)* a ~ **across the bows, a warning** ~ un avertissement; **the first** ~ **killed him** la première balle l'a tué; **he is a good/bad** ~ il est bon/mauvais tireur; *(fig)* **big** ~* personnage *m* important, gros bonnet* *m; Parthian* ~ flèche *f* du Parthe; *(fig)* **that was a** ~ **in the dark** c'était dit à tout hasard; **like a** ~ *leave*, ça comme une flèche; *agree* sans hésiter. **(b)** *(Space)* moon ~ tir *m* lunaire. **(c)** *(Ftbl, Golf, Tennis etc)* coup *m*; *(throw)* lancer *m*. **good** ~! bien joué!; *(Shooting)* bien visé!; **to put the** ~ lancer le poids; ~ **put** lancer du poids; **a** ~ **at goal** un tir au but. **(d)** *(attempt)* essai *m*, coup *m*; *(turn to play)* tour *m*. **to have a** ~ **at (doing)** sth essayer *(de* faire*)* qch; **have a** ~ **at it!** *(try it)* tentez le coup!; *(guess)* dites voir!* **(e)** *(Phot)* photo *f*; *(Cine)* prise *f* de vues. **(f)** *(injection)* piqûre *f (against* contre*); (of alcohol)* coup *m*. *(fig)* a ~ **in the arm** un coup de fouet. 2 *pret, ptp of* **shoot**. **to get** ~ **of**ʰ se débarrasser de. 3 *adj*: ~ **with yellow** strié de jaune; ~ **silk** soie *f* gorge-de-pigeon. ♦ **shotgun** 1 *n* fusil *m* de chasse; 2 *adj*: ~ **gun wedding** mariage *m* forcé.

should [ʃʊd] *modal aux vb* **(a)** *(obligation, advisability)* **I** ~ **go and see her** je devrais aller la voir, il faudrait que j'aille la voir; **he thought he** ~ **tell you** il a pensé qu'il ferait bien de vous le dire; **you** ~ **have been a teacher** vous auriez dû être professeur; **everything is as it** ~ **be** tout est en ordre; **how** ~ **I know?** comment voulez-vous que je le sache? **(b)** *(probability)* **he** ~ **win the race** il devrait gagner la course, il va probablement gagner la course; **he** ~ **have got there by now** il a dû arriver à l'heure qu'il est; **why** ~ **he suspect me?** pourquoi me soupçonnerait-il? **(c)** *(conditional tense)* **I** ~ **go, I'd go** j'irais; **we** ~ **have come** nous serions venus; **I** ~ **like to** j'aimerais bien; **who** ~ **come in but Paul!** et devinez qui est entré? Paul!

shoulder ['ʃəʊldə^r] 1 *n* **(a)** épaule *f*. **to have broad** ~**s** être large d'épaules; **put it round your** ~**s** mets-le sur tes épaules; **to weep on sb's** ~ pleurer sur l'épaule de qn; **over one** ~ à l'épaule; **to look over sb's** ~ regarder par-dessus l'épaule de qn, *(fig)* surveiller qn constamment; ~ **to** ~ coude à coude; *(fig)* **to put one's** ~ **to the wheel** s'atteler à la tâche. **(b)** *[road]* accotement *m*, bas-côté *m*; *[hill]* contrefort *m*. **hard/soft** ~ accotement stabilisé/non stabilisé. 2 *adj*: ~ **bag** sac *m* à bandoulière; ~ **blade** omoplate *f*; **between the** ~

blades en plein entre les épaules; *[garment]* ~ **strap** bretelle *f*. 3 *vt load* charger sur son épaule; *responsibility* endosser; *task* se charger de. *(Mil)* **to** ~ **arms** porter l'arme; **to** ~ **sb aside** écarter qn d'un coup d'épaule. ♦ **shoulder-high** *adv*: **to carry sb** ~**-high** porter qn en triomphe.

shout [ʃaʊt] 1 *n* cri *m (of joy etc* de joie *etc*). **there were** ~**s of applause/protest/laughter** des acclamations/des protestations bruyantes/des éclats de rire ont retenti; **to give sb a** ~ appeler qn. 2 *vt* crier. 3 *vi* crier *(to sb to do* à qn de faire; *at sb* après qn; *for help* au secours), pousser des cris *(for joy etc* de joie *etc*). **to** ~ **with laughter** éclater de rire; **she** ~**ed for someone to help her** elle a appelé pour qu'on l'aide *(subj)*. **shout down** *vt sep speaker* huer. **shout out** 1 *vi* pousser un cri. 2 *vt sep* crier. ♦ **shouting** *n* cris *mpl*; *(noise of quarrelling)* éclats *mpl* de voix; *(fig)* **it's all over bar the** ~**ing** c'est dans le sac*.

shove [ʃʌv] 1 *n* poussée *f*. **to give sb/sth a** ~ pousser qn/qch. 2 *vt (push)* pousser; *(with effort)* pousser avec peine; *(thrust)* stick, finger etc enfoncer *(into* dans; *between* entre); *rag* fourrer *(into* dans); *(jostle)* bousculer; *(put)* mettre. **to** ~ **sth in/out** etc faire entrer/sortir etc qch en poussant; **to** ~ **sth into a drawer/one's pocket** fourrer qch dans un tiroir/sa poche. 3 *vi* pousser. **he** ~**d (his way) past me** il m'a dépassé en me bousculant; **he** ~**d (his way) through the crowd** il s'est frayé un chemin à travers la foule. **shove off*** *vi (leave)* ficher le camp*. **shove over*** *vi (move over)* se pousser.

shovel ['ʃʌvl] 1 *n* pelle *f*; *(mechanical)* pelleteuse *f*. 2 *vt coal, grain* pelleter; *(~ out)* mud etc enlever à la pelle; *(~ up)* sth spilt etc ramasser avec une pelle; *snow* enlever à la pelle. ♦ **shovelful** *n* pelletée *f*.

show [ʃəʊ] *(vb: pret -ed, ptp -n or -ed)* 1 *n* **(a)** *[hatred, affection etc]* démonstration *f*; *(semblance)* semblant *m*; *(ostentation)* parade *f*. **some fine pieces on** ~ quelques beaux objets exposés; ~ **of power** étalage *m* de force; **a** ~ **of hands** un vote à main levée; **the dahlias make a splendid** ~ les dahlias sont splendides à voir; **they make a great** ~ **of their wealth** ils font parade de leur richesse; **with a** ~ **of emotion** en affectant l'émotion; **to make a** ~ **of doing** faire semblant de faire; **just for** ~ pour l'effet. **(b)** *(exhibition: Agr, Art, Tech etc)* exposition *f*; *(Comm)* foire *f*; *(Agr: contest)* concours *m*. **the Boat S**~ le Salon de la Navigation. **(c)** *(Theat etc)* spectacle *m*; *(variety* ~) show *m*. **I often go to a** ~ je vais souvent au spectacle; **the last** ~ **starts at 9** *(Theat)* la dernière représentation *or (Cine)* la dernière séance commence à 21 heures; **on with the** ~! que la représentation commence *(or* continue*)!* **(d)** *(phrases)* **good** ~!* bravo!; **to put up a good** ~ bien se défendre*; **to make a poor** ~ faire piètre figure; **it's a poor** ~* il n'y a pas de quoi être fier; **this is Paul's** ~* c'est Paul qui commande ici; **to run the** ~* faire marcher l'affaire; **to give the** ~ **away*** vendre la mèche*.

2 *adj house, flat* témoin *f inv*.

3 *vt* **(a)** *(gen)* montrer; *film, slides* passer; *(exhibit)* goods for sale, picture, dog exposer; *(express)* interest, surprise montrer, manifester; gratitude, respect témoigner; *(indicate) [clock, dial etc]* indiquer, marquer. ~ **it to me!** faites voir!, montrez-le-moi!; **what is** ~**ing at the Odeon?** qu'est-ce qu'on donne à l'Odéon?; **it has been** ~**n on television** c'est passé à la télévision; *(fig)* **there's nothing to** ~ **for it** on ne le dirait pas; **he has nothing to** ~ **for it** ça ne lui a rien donné; **he daren't** ~ **his face there again** il n'ose plus s'y montrer; *(fig)* **to** ~ **one's hand** *or* **cards** abattre son jeu; *(fig)* **to** ~ **sb the door** mettre qn à la porte; *(fig)* **to** ~ **the flag** faire acte de présence; **to** ~ **a**

loss/profit indiquer une perte/un bénéfice; **roads are ~n in red** les routes sont marquées en rouge; **to ~ loyalty** se montrer loyal (*to sb* envers qn); **this skirt ~s** the dirt cette jupe est salissante; **it ~ed signs of having been used** il était visible qu'on s'en était servi; **to ~ fight** faire montre de combativité; **that ~s his good taste** cela témoigne de son bon goût; **to ~ one's age** faire son âge; **this ~s great intelligence** cela révèle *or* dénote beaucoup d'intelligence; **he ~ed himself (to be) a coward** il s'est montré *or* révélé lâche; **it all goes to ~ that** ... tout cela montre bien que ...; **it only goes to ~!** c'est bien ça la vie!; **I ~ed him that it was impossible** il lui ai prouvé que c'était impossible; *(fig)* **I'll ~ him!*** je lui apprendrai! **(b)** *(conduct)* **to ~ sb in/up** *etc* faire entrer/monter *etc* qn; **to ~ sb to his seat** placer qn; **to ~ sb out, to ~ sb to the door** reconduire qn jusqu'à la porte; **to ~ sb over** *or* **round a house** faire visiter une maison à qn.

4 *vi [emotion]* être visible; *[stain, scar]* se voir; *[underskirt etc]* dépasser. **it doesn't ~** cela ne se voit pas.

show off 1 *vi* crâner*; *(show one's knowledge)* étaler sa science. **she's always ~ing off** c'est une crâneuse*; **he's ~ing off again** il essaie encore d'en ficher plein la vue*. **2** *vt sep* **(a)** *sb's beauty, complexion etc* mettre en valeur. **(b)** *(pej)* **one's wealth, knowledge** faire étalage de.

show through *vi* se voir au travers.

show up 1 *vi* **(a)** *(stand out)* *[feature]* ressortir; *[mistake]* être visible; *[stain]* se voir. **it ~ed up clearly against the sky** cela se détachait nettement sur le ciel. **(b)** (*: *appear*) arriver, se pointer*. **2** *vt sep* **(a)** *fraud, impostor* démasquer; *flaw, defect* faire ressortir. **(b)** *(embarrass)* faire honte à (en public).

♦ **show business** *or* ♦ **show biz** *n* le monde du spectacle, l'industrie *f* du spectacle. ♦ **showcase** *n* vitrine *f*. ♦ **showdown** *n* épreuve *f* de force. ♦ **showgirl** *n* girl *f*. ♦ **showground** *n* champ *m* de foire. ♦ **showing** *n [film]* projection *f*; *(cinema session)* séance *f*. ♦ **showing-off** *n* pose *f* *(affectation)*. ♦ **showjumping** *n* concours *m* hippique. ♦ **showman** *n* *(in fair etc)* forain *m*. ♦ **showmanship** *n* *(fig)* sens *m* de la mise en scène. ♦ **show-off** *n* m'as-tu-vu(e)* *m(f)* (*pl inv*). ♦ **showpiece** *n* *(of exhibition etc)* trésor *m*; *(new school etc)* modèle *m* du genre. ♦ **showplace** *n* *(tourist attraction)* lieu *m* de grand intérêt touristique. ♦ **showroom** *n* salle *f* d'exposition. ♦ **showy** *adj colour* éclatant, voyant *(pej)*.

shower ['ʃaʊəʳ] **1** *n* **(a)** *[rain]* averse *f*; *(fig)* *[blows]* grêle *f*; *[sparks, stones, arrows]* pluie *f*. **(b)** *(~ bath)* douche *f*. **to have** *or* **take a ~** prendre une douche. **2** *adj*: **~ cap** bonnet *m* de douche; **~ unit** bloc-douche *m*. **3** *vt (fig)* **to ~ sb with gifts/praise, to ~ gifts/praise on sb** combler qn de cadeaux/de louanges; **to ~ blows on sb** faire pleuvoir des coups sur qn; **to ~ abuse** *or* **insults on sb** accabler qn d'injures. ♦ **showerproof** *adj* imperméable. ♦ **showery** *adj day* pluvieux; **it will be ~y** il y aura des averses.

shrank [ʃræŋk] *pret of* **shrink**.

shrapnel ['ʃræpnl] *n* éclats *mpl* d'obus.

shred [ʃred] **1** *n [cloth, paper etc]* lambeau *m*; *(fig)* *[truth, commonsense]* grain *m*. **not a ~ of evidence** pas la moindre preuve; **in ~s** en lambeaux; **to tear to ~s** mettre en lambeaux; *(fig)* *argument etc* démolir entièrement. **2** *vt paper etc* mettre en lambeaux; *carrots etc* râper; *cabbage* couper en lanières. ♦ **shredder** *n (for documents)* destructeur *m*.

shrew [ʃruː] *n* *(Zool)* musaraigne *f*; *(woman)* mégère *f*.

shrewd [ʃruːd] *adj person, assessment* perspicace; *businessman, lawyer* habile; *reasoning* judicieux; *plan* astucieux. **I have a ~ idea that** ...

je soupçonne fortement que ... . ♦ **shrewdly** *adv suspect* avec perspicacité; *reason* judicieusement; *guess* astucieusement. ♦ **shrewdness** *n* perspicacité *f*; habileté *f*; astuce *f*.

shriek [ʃriːk] **1** *n* hurlement *m*. **~s of laughter** grands éclats *mpl* de rire. **2** *vti* hurler (*with* de). **to ~ with laughter** rire à gorge déployée.

shrill [ʃrɪl] *adj voice, cry* perçant; *whistle, laugh* strident. ♦ **shrillness** *n* ton *m* perçant. ♦ **shrilly** *adv* d'un ton perçant.

shrimp [ʃrɪmp] **1** *n* crevette *f*. **2** *adj*: **~ cocktail** hors-d'œuvre *m* de crevettes. **3** *vi*: **to go ~ing** aller pêcher la crevette.

shrine [ʃraɪn] *n (place)* lieu *m* saint; *(tomb)* tombeau *m* de saint; *(reliquary)* châsse *f*.

shrink [ʃrɪŋk] *pret* **shrank**, *ptp* **shrunk 1** *vi [clothes]* rétrécir; *[area]* se réduire; *[boundaries]* se resserrer; *[piece of meat]* réduire; *[body, person]* se ratatiner; *[wood]* se contracter; *[quantity, amount]* diminuer. **(b)** *(~ away, ~ back)* reculer *(from sth* devant qch; *from doing* devant l'idée de faire). **she shrank (away** *or* **back) from him** elle a eu un mouvement de recul; **he did not ~ from saying** il n'a pas craint de dire. **2** *vt wool* faire rétrécir; *metal* contracter. ♦ **shrinkage** *n* rétrécissement *m*; contraction *f*; diminution *f*.

shrivel ['ʃrɪvl] *(~ up)* **1** *vi [apple, body]* se ratatiner; *[skin]* se rider; *[leaf, steak]* se racornir. **2** *vt* ratatiner; rider; racornir.

shroud [ʃraʊd] **1** *n* **(a)** *[corpse]* linceul *m*. **(b)** *(Naut)* hauban *m*. **2** *vt (fig)* **~ed in mist, snow** sous un linceul de; *mystery* enveloppé de.

Shrove Tuesday [ʃrəʊv'tjuːzdɪ] *n* Mardi *m* gras.

shrub [ʃrʌb] *n* arbrisseau *m*; *(small)* arbuste *m*. ♦ **shrubbery** *n* massif *m* d'arbustes.

shrug [ʃrʌg] **1** *n* haussement *m* d'épaules. **to give a ~ of contempt** hausser les épaules en signe de mépris; ... **he said with a ~** ... dit-il en haussant les épaules. **2** *vti*: **to ~ (one's shoulders)** hausser les épaules.

shrug off *vt sep suggestion, warning* dédaigner; *remark* ne pas relever; *infection, a cold* se débarrasser de.

shrunk [ʃrʌŋk] *ptp of* **shrink**. ♦ **shrunken** *adj person, body* ratatiné.

shudder ['ʃʌdəʳ] **1** *n [person]* frisson *m*; *[vehicle, ship, engine]* vibration *f*. **to give a ~** *[person]* frissonner, frémir; *[vehicle, ship]* être ébranlé; **it gives me the ~s*** ça me donne des frissons; **he realized with a ~ that** ... il a frissonné *or* frémi, comprenant que ... . **2** *vi [person]* frissonner; *[thing]* vibrer. **I ~ to think what might have happened** je frémis rien qu'à la pensée de ce qui aurait pu se produire; **I ~ to think!** j'en frémis d'avance!

shuffle ['ʃʌfl] **1** *n (fig)* **a cabinet (re)~** un remaniement ministériel. **2** *vt* **(a)** **to ~ one's feet** traîner les pieds. **(b)** *cards* battre; *dominoes* mêler; *papers* remuer. **3** *vi* **(a)** traîner les pieds. **to ~ in/out** *etc* entrer/sortir *etc* d'un pas traînant. **(b)** *(Cards)* battre (les cartes).

shun [ʃʌn] *vt place, temptation, person, publicity* fuir; *work, obligation* esquiver.

shunt [ʃʌnt] *vt (Rail) (direct)* aiguiller; *(divert)* détourner; *(move about)* manœuvrer; *(position)* garer. ♦ **shunting 1** *n* manœuvres *fpl* d'aiguillage; **2** *adj*: **~ing yard** voies *fpl* de garage et de triage.

shush [ʃʊʃ] **1** *excl* chut! **2** *vt* (*) faire chut à; *(silence)* faire taire.

shut [ʃʌt] *pret, ptp* **shut 1** *vt (gen)* fermer. **to ~ one's finger in a drawer** se pincer le doigt dans un tiroir; **to ~ sb in a room** enfermer qn dans une pièce; **~ your mouth!** la ferme!* **2** *vi [door, box, lid]* se fermer, fermer; *[museum, theatre, shop]* fermer. **the door ~** la porte s'est (re)fermée; **the door ~s badly** la porte ferme mal.

shut away *vt sep person, animal* enfermer;

valuables mettre sous clef.
shut down 1 *vi [business, theatre]* fermer (définitivement). **2** *vt sep lid* fermer, rabattre; *business, theatre* fermer (définitivement); *machine* arrêter.
shut in *vt sep* enfermer.
shut off *vt sep* **(a)** *(stop) electricity, engine, supplies* couper. **(b)** *(isolate) person* isoler *(from* de).
shut out *vt sep* **(a)** he found himself ~ out il s'est aperçu qu'il ne pouvait pas entrer; I ~ **the cat out** j'ai mis le chat dehors; **close the door and** ~ **out the noise** ferme la porte pour qu'on n'entende pas le bruit. **(b)** *(block) view* boucher; *memory* chasser de son esprit.
shut up 1 *vi* (*: *be quiet)* se taire. **2** *vt sep* **(a)** *factory, business, theatre, house* fermer. **(b)** *person, animal* enfermer; *valuables* mettre sous clef. **to** ~ **sb up in prison** mettre qn en prison. **(c)** (*: *silence)* faire taire.
◆ **shutdown** *n* fermeture *f*. ◆ **shut-in** *adj* enfermé.
shutter [ˈʃʌtəʳ] **1** *n* volet *m*; *(Phot)* obturateur *m*. **2** *adj*: ~ **speed** vitesse *f* d'obturation. ◆ **shuttered** *adj house* aux volets fermés.
shuttle [ˈʃʌtl] **1** *n [loom, sewing machine]* navette *f*; *(fig: plane etc)* (avion *m etc* qui fait la) navette. **2** *adj* *(Aviat, Rail etc)* ~ **service** service *m* de navette. **3** *vi [person, vehicle, boat]* faire la navette *(between* entre). **4** *vt*: **to** ~ **sb to and fro** envoyer qn à droite et à gauche; **to** ~ **sb back and forth** faire faire la navette à qn; **the papers were** ~d **from one department to another** les documents ont été renvoyés d'un service à l'autre.
◆ **shuttlecock** *n* volant *m* (Badminton).
shy¹ [ʃaɪ] **1** *adj* *(gen)* timide; *(unsociable)* sauvage. **to make sb feel** ~ intimider qn; **don't be** ~ ne fais pas le *(or* la) timide; **don't be** ~ **of saying** n'ayez pas peur de dire, n'hésitez pas à dire. **2** *vi [horse]* se cabrer *(at* devant). ◆ **shyly** *adv* timidement. ◆ **shyness** *n* timidité *f*.
shy² [ʃaɪ] *vt (throw)* lancer, jeter.
Siamese [ˌsaɪəˈmiːz] *adj* siamois. ~ **twins** (frères) siamois *mpl*, (sœurs) siamoises *fpl*.
sibilant [ˈsɪbɪlənt] **1** *adj* sifflant. **2** *n* sifflante *f*.
sibling [ˈsɪblɪŋ] *n*: **one of his** ~s l'un de ses frères et sœurs; **Paul and Lucy are** ~s Paul et Lucie sont frère et sœur.
Sicily [ˈsɪsɪlɪ] *n* Sicile *f*.
sick [sɪk] **1** *adj* **(a)** *(ill) person* malade; *pallor* maladif. **he's a** ~ **man** c'est un malade; **he's off** ~ il n'est pas là, il est malade; **to go** ~ se faire porter malade; **to fall** *or* **take** ~ tomber malade; *(vomiting)* **to be** ~ vomir; **to feel** ~ avoir mal au cœur; **a** ~ **feeling** un malaise; **I get** ~ **in planes** je suis malade en avion; ~ **headache** migraine *f*. **(b)** *(fig) mind, imagination, joke* malsain; *humour* noir. **to be** ~ **at heart** avoir la mort dans l'âme; **to be** ~ **of sth/sb*** en avoir marre* de qch/qn; **to be** ~ **and tired of, to be** ~ **to death of*** en avoir par-dessus la tête de; **to be** ~ **of the sight of sth/sb*** en avoir marre* de voir qch/qn; **it makes me** ~ **to think that ...** ça me dégoûte de penser que ...; ~ **benefit** assurance *f* maladie; **on** ~ **leave** en congé *m* de maladie; **on the** ~ **list** *(Admin)* porté malade; (*: *ill)* malade; ~ **pay** indemnité *f* de maladie *(versée par l'employeur)*.
2 *npl*: **the** ~ les malades *mpl*.
sick up* *vt sep* vomir.
◆ **sickbay** *n* infirmerie *f*. ◆ **sickbed** *n* lit *m* de malade. ◆ **sicken 1** *vt* dégoûter; **2** *vi* tomber malade; **to** ~**en for sth** couver qch; **to** ~**en of** se lasser de. ◆ **sickening** *adj sight, smell* écœurant; *(fig) cruelty, crime* ignoble; *waste* dégoûtant; (*: *annoying) person, behaviour* exaspérant. ◆ **sickeningly** *adv*: ~**eningly polite*** d'une politesse écœurante. ◆ **sickliness** *n [person]* état *m* maladif; *[cake]* goût *m* écœurant. ◆ **sickly** *adj person* maladif; *complexion* blafard; *climate*

malsain; *plant* étiolé; *smile* faible; *colour, smell, cake* écœurant; ~**ly sweet** douceâtre. ◆ **sickness** **1** *n* maladie *f*; **there's a lot of** ~**ness in the village** il y a beaucoup de malades dans le village; *(vomiting)* **bouts of** ~**ness** vomissements *mpl*; **mountain** ~**ness** mal *m* des montagnes; **2** *adj*: ~**ness benefit** (prestations *fpl* de l')assurance *f* maladie. ◆ **sickroom** *n* chambre *f* de malade.
sickle [ˈsɪkl] *n* faucille *f*.
side [saɪd] **1** *n* **(a)** *[person]* côté *m*; *[animal]* flanc *m*. **he had the phone by his** ~ il avait le téléphone à côté de lui; **she was at** *or* **by his** ~ elle était à ses côtés; ~ **by** ~ *(people)* côte à côte; *(things)* à côté l'un de l'autre; ~ **of bacon** flèche *f* de lard; ~ **of beef/mutton** quartier *m* de bœuf/mouton.
(b) *(as opp to top, bottom etc) [box, house, triangle etc]* côté *m*; *[ship, mountain]* flanc *m*; *(inside) [cave, ditch, box]* paroi *f*. **by the** ~ **of the church** à côté de *or* tout près de l'église; **go round the** ~ **of the house** contournez la maison.
(c) *(outer surface) [coin]* côté *m*; *[cube, record, coin]* côté, face *f*; *(fig) [matter, problem etc]* aspect *m*. *[garment, cloth]* **the right** ~ l'endroit *m*; **the wrong** ~ l'envers *m*; **right/wrong** ~ **out** à l'endroit/l'envers; **right/wrong** ~ **up** dans le bon/mauvais sens; *(on box etc)* **'this** ~ **up'** 'haut'; **write on both** ~**s of the paper** écrivez au recto et au verso; **three-**~**d** à trois côtés; **many-**~**d** multilatéral; **I've written 6** ~**s** j'ai écrit 6 pages; *(fig)* **the other** ~ **of the coin** le revers de la médaille; **there are two** ~**s to every quarrel** dans toute querelle il y a deux points de vue; **he's got a nasty** ~* **to him** il a un côté très déplaisant.
(d) *(edge)* bord *m*. **by the** ~ **of au bord de.**
(e) *(lateral part) [street, town, face]* côté *m*. **on the other** ~ **of** de l'autre côté de; *(fig)* **the science** ~ **of the college** la section sciences du collège; **from all** ~**s, from every** ~ de tous côtés, de toutes parts; **from** ~ **to** ~ d'un côté à l'autre; **he moved to one** ~ il s'est écarté; **to take sb on one** ~ prendre qn à part; **to put sth to** *or* **on one** ~ mettre qch de côté; **on this** ~ **of London** entre ici et Londres; **he's on the wrong** ~ **of 50** il a passé la cinquantaine; **he's on the right** ~ **of 50** il n'a pas encore 50 ans; **he makes a bit of money on the** ~* il se fait un peu d'argent en plus; **a cousin on his mother's** ~ un cousin du côté de sa mère; *(fig)* **on the heavy/cold** ~* plutôt lourd/froid.
(f) *(team) (gen)* camp *m*, côté *m*; *(Sport)* équipe *f*; *(Pol etc)* parti *m*. **he's on our** ~ il est avec nous; **we have time on our** ~ nous avons le temps pour nous; **whose** ~ **are you on?** qui soutenez-vous?; **there are faults on both** ~**s** les deux côtés ont des torts; **to take** ~**s** prendre parti *(with sb* pour qn); **to pick** *or* **choose** ~**s** former les camps; **he let the** ~ **down** il ne leur *(etc)* a pas fait honneur.
(g) *(conceit)* **he's got no** ~* ce n'est pas un crâneur*; **to put on** ~* crâner*.
2 *adj entrance, chapel, seat* latéral; *(fig) effect, issue* secondaire. ~ **dish** plat *m* d'accompagnement; *(Phot)* ~ **face** de profil; ~ **glance** regard *m* de côté; ~ **plate** petite assiette *f*; ~ **road** route *f* transversale; ~ **street** rue *f* transversale; ~ **view** vue *f* de côté.
3 *vi*: **to** ~ **with sb** prendre parti pour qn.
◆ **sideboard** *n* buffet *m*. ◆ **sideboards** *or (US)* ◆ **sideburns** *npl* rouflaquettes* *fpl*. ◆ **sidecar** *n* side-car *m*. ◆ **sidekick*** *n (assistant)* sous-fifre* *m*; *(friend)* copain* *m*, copine* *f*. ◆ **sidelight** *n (Aut)* lanterne *f*; *(fig)* **it gives us a** ~**light on ...** cela nous donne un aperçu de ... . ◆ **sideline** *n* **(a)** *(Sport, fig)* on **the** ~**s** lignes sur la touche; **(b)** activité *f* (*or* travail *m*) secondaire; **he sells wood as a** ~**line** il a aussi un petit commerce de bois; *(Comm)* **it's just a** ~**line** ce n'est pas notre spécialité. ◆ **sidelong** *adj* oblique, de côté. ◆ **sidesaddle** *adv* en amazone. ◆ **sideshows** *npl*

attractions *fpl*. ♦ **side-splitting*** *adj* tordant*.
♦ **side-step 1** *vt* éviter; **2** *vi* (*lit*) faire un pas de
côté; (*fig*) rester évasif; (*Boxing*) esquiver. ♦
sidetrack *vt* (*fig*) faire dévier de son sujet; to
get ~**tracked** s'écarter de son sujet. ♦ **sidewalk** *n*
(*US*) trottoir *m*. ♦ **sideways 1** *adj* oblique, de
côté; **2** *adv* *look*, *fit* in de côté; *walk* en crabe;
stand de profil. ♦ **side-whiskers** *npl* favoris *mpl*.
♦ **siding** *n* (*Rail*) voie *f* de garage.

sidle ['saɪdl] *vi*: to ~ **in/out** *etc* entrer/sortir *etc*
(*sideways*) de côté or (*furtively*) furtivement; he
~**d up** to me il s'est glissé vers moi.

siege [siːdʒ] *n* siège *m*. in a state of ~ en état de
siège.

sienna [sɪ'enə] *n* terre *f* de Sienne.

siesta [sɪ'estə] *n* sieste *f*. to have a ~ faire une
sieste.

sieve [sɪv] **1** *n* (*for coal*, *stones*) crible *m*; (*for
sugar*, *flour*, *soil*) tamis *m*; (*for liquids*) passoire *f*.
(*Culin*) to rub through a ~ passer au tamis;
he's got a memory like a ~* sa mémoire est une
vraie passoire. **2** *vt* passer au crible; tamiser;
passer.

sift [sɪft] **1** *vt* (a) *flour*, *sugar*, *sand* tamiser; *coal*,
stones, *evidence* passer au crible. to ~ **flour** on to
sth saupoudrer qch de farine. (b) (~ **out**) *facts*,
truth dégager. **2** *vi* (*fig*) to ~ **through sth**
examiner qch. ♦ **sifter** *n* saupoudreuse *f*.

sigh [saɪ] **1** *n* soupir *m*. to heave a ~ pousser un
soupir. **2** *vt* soupirer. **3** *vi* soupirer; [*wind*] gémir.
to ~ **with relief** pousser un soupir de soulagement; to ~ **for** sth soupirer après qch; (*for sth
lost*: *also* ~ **over** sth) regretter qch. ♦ **sighing** *n*
soupirs *mpl*; [*wind*] gémissements *mpl*.

sight [saɪt] **1** *n* (a) (*act of seeing etc*) vue *f*. to have
good/poor ~ avoir une bonne/mauvaise vue; to
lose one's ~ perdre la vue; to know by ~
connaître de vue; to **shoot on** or **at** ~ tirer à vue; at
first ~ à première vue; **love at first** ~ le coup de
foudre; **it was my first** ~ **of Paris** c'était la première fois que je voyais Paris; at the ~ **of** à la vue
de, en voyant; **the train was still in** ~ on voyait
encore le train; **the end/a solution is in** ~ on
entrevoit la fin/une solution; **we live within** ~ of
the sea de chez nous on voit la mer; to **come into** ~
apparaître; **keep the luggage in** ~, don't let the
luggage out of your ~ ne perdez pas les bagages
de vue; **out of** ~ hors de vue; to **keep out of** ~ (*vi*)
ne pas se montrer; (*vt*) cacher; it is **out of** ~ on ne
le voit pas; **keep out of his** ~! qu'il ne te voie pas!;
to **catch** ~ **of** apercevoir; to **lose** ~ **of** sb/sth
perdre qn/qch de vue; the ~ **of the cathedral/of
blood** *etc* la vue de la cathédrale/du sang *etc*; I
can't bear or stand the ~ of him je ne peux pas le
voir or le sentir*; in the ~ of the law devant la loi.
(b) (*spectacle*) spectacle *m* (*also pej*). it is a ~ to
be seen cela vaut la peine d'être vu; to **see the** ~s
faire du tourisme, visiter la ville; **it's one of the**
~s of Paris c'est l'une des choses à voir à Paris;
it's not a pretty ~ ça n'est guère joli à voir; **it was**
a ~ for sore eyes (*welcome*) c'était un spectacle à
réjouir le cœur; (*pej) c'était à en pleurer; I must
look a ~! je dois avoir une de ces allures!* (c) (*on
gun*) mire *f*. to **take** ~ viser; in one's ~s dans sa
ligne de tir; (*fig*) to **set one's** ~s viser (*on sth* qch).
(d) (*phrases*) not by a long ~ loin de là; a **far** or
long ~ better infiniment mieux; a ~ **too clever***
bien trop malin.
2 *vt* apercevoir.
♦ **sighted 1** *adj* qui voit, doué de vision; to **be partially** ~**ed** avoir un certain degré de vision;
2 *npl*: the ~**ed** les voyants *mpl* (*lit*). ♦ **sighting** *n*:
numerous ~**ings** have been reported de nom-
breuses personnes ont déclaré l'avoir vu.
♦ **sightly** *adj* beau à voir. ♦ **sightread** *vt* déchiffrer (*Mus*). ♦ **sightreading** *n* déchiffrage *m*.
♦ **sightseeing** *n* tourisme *m*; to **do some** ~**seeing**,
to **go** ~**seeing** (*gen*) faire du tourisme;

(*in town*) visiter la ville. ♦ **sightseer** *n* touriste
mf.

sign [saɪn] **1** *n* (a) signe *m*. they communicated by
~s ils se parlaient par signes; to **make a** ~ to sb
faire signe à qn (*to do* de faire); to **make the** ~ of
the Cross faire le signe de la croix (*over* sur),
(*cross o.s.*) se signer; as a ~ of en signe de; **it's a
good/bad** ~ c'est bon/mauvais signe; a ~ **of the
times** un signe des temps; a **sure** ~ un signe
infaillible; at the **slightest** ~ of au moindre signe
de; **there is no** ~ **of his agreeing** rien ne laisse à
penser qu'il va accepter; **no** ~ **of life** aucun signe
de vie; **there's no** ~ **of him anywhere** on n'arrive
pas à le retrouver. (b) (*notice*) panneau *m*; (*on inn*, *shop*) enseigne *f*.
2 *adj*: ~ **language** langage *m* par signes; in ~ **language** par signes. **3** *vt* (a) *letter etc* signer. to ~
one's name signer; he ~s himself John Smith il
signe 'John Smith'. (b) (*Ftbl etc*) *player* engager.
4 *vi* (a) signer. you have to ~ for the key vous
devez signer pour obtenir la clef; he ~**ed for the
parcel** il a signé le reçu de livraison du paquet;
(*Ftbl*) Smith has ~**ed for Celtic** Smith a signé un
contrat d'engagement avec le Celtic. (b) to ~ to
sb to do sth faire signe à qn de faire qch.

sign away *vt sep* signer l'abandon de son droit
sur.

sign in *vi* (*in factory etc*) pointer (à l'arrivée); (*in
hotel*) signer le registre.

sign off *vi* (*in factory etc*) pointer (au départ);
(*Rad*, *TV*) terminer l'émission.

sign on 1 *vi* (*Mil*) s'engager (*as* comme); (*Ind
etc*) se faire embaucher (*as* comme); (*on arrival
at work*) pointer (à l'arrivée); (*enrol*) s'inscrire.
I've ~**ed on for German conversation** je me suis
inscrit au cours de conversation allemande. **2** *vt
sep employee* embaucher; (*Mil*) engager.

sign over *vt sep* céder par écrit (*to* à).

sign up *vi*, *vt sep* = **sign on**.
♦ **signpost 1** *n* poteau *m* indicateur; **2** *vt* *place*
indiquer. ♦ **signposting** *n* signalisation *f*.

signal ['sɪgnl] **1** *n* (*gen*) signal *m* (*for* de). at a
prearranged ~ à un signal convenu; (*Naut*) flag
~s signaux par pavillons; traffic ~s feux *mpl* de
circulation; (*Rad*) **station** ~ indicatif *m* (de
l'émetteur); (*Telec*) **I'm getting the engaged** ~ ça
sonne occupé; (*TV*) **the** ~ **is very weak** (*sound*) le
son or (*picture*) l'image *f* est très faible; (*Mil*) the
S~s les Transmissions *fpl*. **2** *adj* (*avant n*) *success* remarquable; *importance* capital. (*Rail*) ~
box poste *m* d'aiguillage. **3** *vt message* communiquer par signaux. to ~ **sb on/through** *etc* faire
signe à qn d'avancer/de passer *etc*; (*Aut*) to ~ a
turn indiquer un changement de direction. **4** *vi*
(*gen*) faire des signaux; (*Aut*) indiquer. to ~ **to sb**
faire signe à qn (*to do* de faire). ♦ **signally** *adv*
(*gen*) singulièrement; *fail* totalement. ♦ **signal-
man** *n* (*Rail*) aiguilleur *m*.

signature ['sɪgnətʃər] **1** *n* (a) signature *f*. to put
one's ~ to sth apposer sa signature à qch. (b)
(*Mus*: *key* ~) armature *f*. **2** *adj*: ~ **tune** indicatif
m musical. ♦ **signatory** *n* signataire *mf* (*to* de).

signet ['sɪgnɪt] *n* sceau *m*. ~ **ring** chevalière *f*.

signify ['sɪgnɪfaɪ] **1** *vt* (*mean*) signifier (*that* que);
(*indicate*) indiquer; (*make known*) indiquer,
faire comprendre (*that* que); one's approval signifier. **2** *vi* avoir de l'importance. ♦ **significance** *n* (*meaning*) signification *f*; [*event*, *speech*]
importance *f*, portée *f*; that is of no significance
cela importe peu. ♦ **significant** *adj achievement*,
increase, *amount* considérable; *event* important;
look significatif; it is **significant that** ... il est significatif or révélateur que ... + *subj.*
♦ **significantly** *adv smile etc* d'une façon
significative; *improve*, *change* considérablement; significantly, he refused fait révélateur, il
a refusé. ♦ **signification** *n* signification *f*.

silence ['saɪləns] **1** *n* silence *m*. (*lit*, *fig*) there was

~ on a gardé le silence (*about* en ce qui concernait); in ~ en silence; (*fig*) **to pass sth over in** ~ passer qch sous silence. **2** *vt person, opposition* réduire au silence; *noise* étouffer; *conscience* faire taire. ♦ **silencer** *n* silencieux *m* (*dispositif*).
♦ **silent** *adj* (*gen*) silencieux; *film, reproach* muet; **it was as silent as the grave** il y avait un silence de mort; **to be** *or* **fall** *or* **remain silent** se taire; **silent 'h'** 'h' muet. ♦ **silently** *adv* silencieusement.
silhouette [ˌsɪluːˈet] **1** *n* silhouette *f*. **2** *vt*: **to be** ~**d against** se découper contre.
silicon [ˈsɪlɪkən] *n* silicium *m*. ~ **chip** microplaquette *f*, plaquette *f* de silicium. ♦ **silicone** *n* silicone *f*. ♦ **silicosis** *n* silicose *f*.
silk [sɪlk] **1** *n* soie *f*. **2** *adj blouse etc* de *or* en soie. ~ **factory** soierie *f* (*fabrique*); ~ **industry** soierie (*industrie*); ~ **manufacturer** fabricant *m* en soierie. ♦ **silkscreen printing** *n* sérigraphie *f*. ♦ **silkworm** *n* ver *m* à soie. ♦ **silky** *adj* soyeux; *voice* doucereux.
sill [sɪl] *n* rebord *m*; (*Aut*) bas *m* de marche.
silly [ˈsɪlɪ] *adj* (*stupid*) bête, idiot, stupide; (*ridiculous*) ridicule. **you** ~ **fool!** espèce d'idiot(e)!; **don't be** ~ ne fais pas l'idiot(e); **to do sth** ~ faire une bêtise. ♦ **silliness** *n* bêtise *f*, stupidité *f*.
silo [ˈsaɪləʊ] *n* silo *m*.
silt [sɪlt] *n* vase *f*.
silt up 1 *vi* (*with mud*) s'envaser; (*with sand*) s'ensabler. **2** *vt sep* envaser; ensabler.
silver [ˈsɪlvəʳ] **1** *n* (*metal*) argent *m*; (~**ware, cutlery etc**) argenterie *f*. (*money*) **have you got any** ~? est-ce que vous avez de la monnaie?; **£2 in** ~ 2 livres en pièces d'argent. **2** *adj cutlery, jewellery etc* d'argent, en argent. ~ **birch** bouleau *m* argenté; ~ **coin** pièce *f* d'argent; ~ **fir** sapin *m*; ~ **foil,** ~ **paper** papier *m* d'argent; ~ **gilt** plaqué *m* argent; ~ **jubilee** vingt-cinquième anniversaire *m* (*d'un événement*); (*fig*) **to be born with a** ~ **spoon in one's mouth** naître avec une cuiller d'argent dans la bouche; ~ **wedding** noces *fpl* d'argent. ♦ **silver-grey** *adj* argenté. ♦ **silver-haired** *adj* aux cheveux argentés. ♦ **silver-plate** *n* (*objects*) argenterie *f*; (*material*) plaqué *m* argent. ♦ **silver-plated** *adj* argenté. ♦ **silver-plating** *n* argenture *f*. ♦ **silverside** *n* tranche *f* (*grasse*) (*viande*). ♦ **silversmith** *n* orfèvre *mf*. ♦ **silverware** *n* argenterie *f*. ♦ **silvery** *adj colour, scales* argenté; *sound* argentin.
similar [ˈsɪmɪləʳ] *adj* semblable (*to* à); (*less strongly*) comparable (*to* à). **a** ~ **house** une maison presque pareille; ~ **in size** de dimensions comparables; **the houses are so** ~ **that ...** les maisons sont si semblables que ...; **and** ~ **products** et produits similaires; **vehicles** ~ **to the bicycle** véhicules apparentés à la bicyclette. ♦ **similarity** [ˌsɪmɪˈlærɪtɪ] *n* ressemblance *f* (*to* avec; *between* entre), similarité *f* (*between* entre). ♦ **similarly** *adv* de la même façon; **and** ~**ly, ...** et de même ... .
simile [ˈsɪmɪlɪ] *n* comparaison *f* (*Literat*).
simmer [ˈsɪməʳ] **1** *vi* [*water*] frémir; [*vegetables, soup*] cuire à feu doux; (*fig*) (*with excitement*) être en ébullition; (*with rage/discontent*) bouillir de rage/de mécontentement; [*revolt, anger*] couver. **2** *vt* laisser frémir; faire cuire à feu doux.
simmer down* *vi* (*fig*) se calmer.
simper [ˈsɪmpəʳ] **1** *n* sourire *m* affecté. **2** *vi* minauder. ♦ **simpering 1** *n* minauderies *fpl*; **2** *adj* minaudier.
simple [ˈsɪmpl] *adj* (*gen*) simple. **as** ~ **as ABC** simple comme bonjour; **he's a** ~ **labourer** c'est un simple ouvrier; **they're** ~ **people** ce sont des gens simples; **to make** ~**(r)** simplifier; **in** ~ **terms** *or* **language** pour parler simplement *or* clairement; **in** ~ **English** ≃ en bon français; **the** ~ **fact that ...** le simple fait que ...; **the** ~ **truth** la vérité pure et

simple; **for the** ~ **reason that ...** pour la seule *or* simple raison que ...; ~ **equation** équation *f* du premier degré; (*Fin*) ~ **interest** intérêts *mpl* simples; **a** ~ **Simon** un nigaud; **he's a bit** ~ il est un peu simple d'esprit. ♦ **simple-minded** *adj* simple d'esprit. ♦ **simple-mindedness** *n* simplicité *f* d'esprit. ♦ **simpleton** *n* nigaud(e) *m(f)*. ♦ **simplicity** *n* simplicité *f*. ♦ **simplification** *n* simplification *f*. ♦ **simplify** *vt* simplifier. ♦ **simplistic** *adj* simpliste. ♦ **simply** *adv talk, live* simplement, avec simplicité; (*only*) (tout) simplement; (*absolutely*) **you simply** MUST **come!** il faut absolument que vous veniez! (*subj*).
simulate [ˈsɪmjʊleɪt] *vt* simuler. ♦ **simulation** *n* simulation *f*. ♦ **simulator** *n* simulateur *m*.
simultaneous [ˌsɪməlˈteɪnɪəs] *adj* (*gen*) simultané. (*Math*) ~ **equations** équations *fpl* équivalentes. ♦ **simultaneity** *n* simultanéité *f*. ♦ **simultaneously** *adv* simultanément; ~**ly with** en même temps que.
sin [sɪn] **1** *n* péché *m*. ~**s of omission/commission** péchés par omission/par action; **it's a** ~ **to do that** un manquement à la loi de Dieu; **it's a** ~ **to do that** (*Rel*) c'est un péché que de faire cela; (*fig) c'est un crime de faire cela. **2** *vi* pécher (*against* contre). ♦ **sinful** *adj* (*gen*) coupable; *act, waste* scandaleux. ♦ **sinfully** *adv* d'une façon coupable; scandaleusement. ♦ **sinfulness** *n* [*person*] péchés *mpl*; [*deed*] caractère *m* coupable *or* scandaleux. ♦ **sinner** *n* pécheur *m*, -eresse *f*.
since [sɪns] **1** *conj* (a) (*in time*) depuis que. ~ **I have been here** depuis que je suis ici; **ever** ~ **I met him** depuis que je l'ai rencontré; **it's a week** ~ **I saw him** cela fait une semaine que je ne l'ai pas vu. (b) (*because*) puisque, comme. **2** *adv* depuis. **he has not been here** ~ il n'est pas venu depuis; **he has been my friend ever** ~ il est resté mon ami depuis ce moment-là; **not long** ~ il y a peu de temps. **3** *prep* depuis. ~ **arriving** *or* **his arrival** depuis son arrivée, depuis qu'il est arrivé; **I have been waiting** ~ **10 o'clock** j'attends depuis 10 heures; ~ **then** depuis; **ever** ~ **that we ...** depuis que cela s'est produit nous ...; **how long is it** ~ **the accident?** il s'est passé combien de temps depuis l'accident?
sincere [sɪnˈsɪəʳ] *adj* sincère. **are they** ~ **in their desire to help us?** est-ce que leur désir de nous aider est vraiment sincère? ♦ **sincerely** *adv* sincèrement; (*letter-ending*) **Yours** ~**ly** ≃ Je vous prie d'agréer, Monsieur (*or* Madame *etc*), l'expression de mes sentiments les meilleurs; (*less formally*) cordialement à vous, bien à vous. ♦ **sincerity** [sɪnˈserɪtɪ] *n* sincérité *f*.
sine [saɪn] *n* sinus *m* (*Math*).
sinecure [ˈsaɪnɪkjʊəʳ] *n* sinécure *f*.
sinew [ˈsɪnjuː] *n* (*Anat*) tendon *m*. ~**s** (*muscles*) muscles *mpl*; (*strength*) force *f*. ♦ **sinewy** *adj* nerveux.
sing [sɪŋ] *pret* **sang,** *ptp* **sung 1** *vt* chanter. **2** *vi* [*person, bird, kettle*] chanter; [*ears*] bourdonner; [*wind*] siffler. **to** ~ **like a lark** chanter comme un rossignol; **to** ~ **soprano** chanter soprano.
sing out* *vi* (*call*) appeler (bien fort).
♦ **singer** *n* chanteur *m*, -euse *f*. ♦ **singing 1** *n* [*person, bird*] chant *m*; [*kettle, wind*] sifflement *m*; (*in ears*) bourdonnement *m*; **2** *adj lessons, teacher* de chant. ♦ **singsong** *n*: **to have a** ~**song** chanter en chœur; **to repeat sth in a** ~**song** (*voice*) répéter qch sur deux tons.
singe [sɪndʒ] **1** *vt* brûler légèrement; *cloth, clothes* roussir; *poultry* flamber. **2** *n* légère brûlure.
single [ˈsɪŋgl] **1** *adj* (a) (*only one*) seul (*before n*). **a** ~ **rose in the garden** une seule rose dans le jardin; **he gave her a** ~ **rose** il lui a donné une rose; **if there is a** ~ **objection** s'il y a une seule *or* la moindre objection; **the** ~ **survivor** le seul *or* l'unique survivant; (*Rail*) ~ **track** voie *f* unique;

every ~ **day** tous les jours sans exception; not a ~ **person spoke** pas une seule personne n'a parlé; **I didn't see a ~ soul** je n'ai vu personne; **I haven't a ~ moment to lose** je n'ai pas une minute à perdre; **a** *or* **one ~ department should deal with it all un** service unique devrait traiter tout cela. **(b)** (*not double etc*) **knot, flower** simple. **a ~ ticket** un aller simple (*to pour*); **~ fare** prix *m* d'un aller simple; **~ bed** lit *m* d'une personne; **~ room** chambre *f* pour une personne; (*Typ*) **in ~ spacing** à simple interligne. **(c)** (*unmarried*) célibataire. **~ people** célibataires *mpl*.
   2 *n* **(a)** (*Tennis*) **~s** simple *m*; **ladies' ~s** simple dames. **(b)** (*Rail etc: ticket*) aller *m* simple. **(c)** (*record*) a ~ un 45 tours.
single out *vt sep* (*distinguish*) distinguer; (*choose*) choisir.
   ◆ **single-breasted** *adj* (*Dress*) droit. ◆ **single-decker** *n* autobus *m* sans impériale. ◆ **single-engined** *adj* monomoteur. ◆ **single-handed 1** *adv* tout seul, sans aucune aide; **2** *adj achievement* fait sans aide; *sailing, voyage* en solitaire. ◆ **single-minded** *adj person, attempt* résolu; *determination* tenace; **to be ~-minded about sth** concentrer tous ses efforts sur qch. ◆ **singleness** *n*: **~ness of purpose** ténacité *f*. ◆ **single-party** *adj* (*Pol*) à parti unique. ◆ **single-seater aeroplane** *n* (avion *m*) monoplace *m*. ◆ **singleton** *n* singleton *m*. ◆ **singly** *adv* séparément, un(e) à un(e).
singlet ['sɪŋglɪt] *n* maillot *m* de corps.
singular ['sɪŋgjʊləʳ] **1** *adj* **(a)** (*Gram*) *noun, verb* au singulier; *form, ending* du singulier. **the masculine ~** le masculin singulier. **(b)** (*outstanding, strange*) singulier. **2** *n* (*Gram*) singulier *m*. **in the ~** au singulier. ◆ **singularity** *n* singularité *f*. ◆ **singularly** *adv* singulièrement.
sinister ['sɪnɪstəʳ] *adj* sinistre; (*Heraldry*) sénestre. ◆ **sinisterly** *adv* sinistrement.
sink[1] [sɪŋk] *pret* sank, *ptp* sunk **1** *vi* (*in water*) couler; (*fig: into despair, sleep*) sombrer (*into* dans); (*ground*) s'affaisser; (*sun*) se coucher; (*foundation, building*) se tasser; (*level, river*) baisser; (*prices, sales, temperature*) baisser (beaucoup); (*shares, the dollar*) tomber (*to* à). **to ~ to the bottom** couler au fond; **to ~ like a stone** couler à pic; (*fig*) **it was ~ or swim** il fallait bien s'en sortir* tout seul; **to ~ out of sight** disparaître; **to ~ to one's knees** tomber à genoux; **to ~ to the ground** s'affaisser; **he sank into a chair** il s'est laissé tomber dans un fauteuil; **he sank into the mud** il s'est enfoncé dans la boue; (**he water slowly sank into the ground** l'eau a pénétré lentement dans le sol; (*dying*) **he is ~ing fast** il baisse rapidement; **he has sunk in my estimation** il a baissé dans mon estime; **his voice sank** sa voix s'est faite plus basse; **his heart sank at the thought** il a été pris de découragement à cette idée; **it's enough to make your heart ~** c'est à vous démoraliser *or* à vous donner le cafard*.
   2 *vt* **(a)** *ship* couler; *object* faire couler au fond; (*fig*) *project, book, person* couler. (*fig*) **they sank their differences** ils ont enterré leurs querelles; **sunk in thought/despair** plongé dans ses pensées/le désespoir; **I'm sunk*** je suis fichu*. **(b)** *mine, well, foundations* creuser; *pipe etc* noyer; *stake* enfoncer (*into* dans). (*Golf*) **to ~ the ball** faire entrer la balle dans le trou; (*fig*) **to ~ a lot of money in a project** placer beaucoup d'argent dans une entreprise.
sink back *vi* (*object in water*) retomber; (*person in chair etc*) se laisser retomber.
sink down *vi*: **to ~ down into a chair** se laisser tomber dans un fauteuil; **to ~ down on one's knees** tomber à genoux; **to ~ down out of sight** disparaître.
sink in *vi* (*person, post etc*) s'enfoncer; (*water, ointment etc*) pénétrer; (*fig*) (*explanation*) rentrer; (*remark*) faire son effet. **it hasn't really**

sunk in yet il *etc* ne réalise* pas encore; **it took a long time to ~** il *etc* a mis longtemps à comprendre.
   ◆ **sinking 1** *adj*: **to have a ~ing feeling** avoir un serrement de cœur; (*stronger*) avoir la mort dans l'âme; **to have a ~ing feeling that ...** avoir le pénible pressentiment que ...; **2** *n* (*shipwreck*) naufrage *m*.
sink[2] [sɪŋk] **1** *n* évier *m*. **2** *adj*: **~ tidy** coin *m* d'évier (*ustensile ménager*); **~ unit** bloc-évier *m*.
Sino- ['saɪnəʊ] *pref* sino-.
sinuous ['sɪnjʊəs] *adj* sinueux.
sinus ['saɪnəs] *n* sinus *m inv* (*Med*). ◆ **sinusitis** *n* sinusite *f*.
sip [sɪp] **1** *n* petite gorgée *f*. **a ~ of rum** une goutte de rhum. **2** *vt* boire à petites gorgées.
siphon ['saɪfən] **1** *n* siphon *m*. **2** *vt* siphonner.
siphon off *vt sep liquid* siphonner; (*fig*) *people etc* séparer; *profits, funds* canaliser, (*illegally*) détourner.
sir [sɜːʳ] *n* monsieur *m*. **yes, ~ oui, Monsieur; (*to army officer*) oui, mon capitaine (*or* mon lieutenant *etc*); (*to surgeon*) oui, docteur; (*in letter*) (**Dear**) **S~** Monsieur; **S~ John Smith** sir John Smith.
siren ['saɪərən] *n* sirène *f*.
sirloin ['sɜːlɔɪn] *n* aloyau *m*. **a ~ steak** un bifteck dans l'aloyau.
sisal ['saɪsəl] *n* sisal *m*.
sissy* ['sɪsɪ] *n* (*coward*) poule *f* mouillée. (*effeminate*) **he's a bit of a ~** il est un peu efféminé.
sister ['sɪstəʳ] **1** *n* **(a)** sœur *f*. **(b)** (*Rel*) (bonne) sœur *f*. **yes, ~** oui, ma sœur; **S~ Mary** sœur Marie. **(c)** (*Brit Med*) infirmière *f* en chef. **yes, ~** oui, Madame (*or* Mademoiselle). **2** *adj*: **~ nations/organizations** nations *fpl*/organisations *fpl* sœurs; **~ peoples/countries** peuples *mpl*/pays *mpl* frères; **~ ship** sister-ship *m*. ◆ **sisterhood** *n* fraternité *f*. ◆ **sister-in-law** *n* belle-sœur *f*. ◆ **sisterly** *adj* de sœur, fraternel.
sit [sɪt] *pret, ptp* sat **1** *vi* **(a)** **to ~ (down)** s'asseoir; **to be ~ting (down)** être assis; (*to dog*) **~! assis!;** **~ by me** assieds-toi près de moi; **she just ~s at home** elle reste chez elle à ne rien faire; **he was ~ting over his books all evening** il a passé toute la soirée dans ses livres; **to ~ through a play** *etc* assister à une pièce *etc* jusqu'au bout; **don't just ~ there, DO something!** ne reste pas là à ne rien faire!; **to ~ still/straight** se tenir tranquille/droit; **to ~ tight** ne pas bouger; (*fig*) **to be ~ting pretty*** tenir le bon bout*; **to ~ for one's portrait/for an artist** poser pour son portrait/pour un artiste; **to ~ on a committee** être membre d'un comité; **to ~ for an exam** passer un examen, se présenter à un examen; (*Parl*) **he ~s for Moordown** il est (le) député de Moordown. **(b)** (*bird, insect*) se poser, se percher. **to be ~ting** être perché, (*on eggs*) couver; **to ~ on eggs** couver des œufs. **(c)** (*committee, assembly etc*) être en séance, siéger. **the committee is ~ting now** le comité est en séance; **it ~s from November to June** il siège de novembre à juin. **(d)** (*dress, coat etc*) tomber (*on sb* sur qn).
   2 *vt* **(a)** **(~ down)** *child, invalid* asseoir, installer; *guest* faire asseoir. **(b)** *exam* passer, se présenter à.
sit about, sit around *vi* rester assis (à ne rien faire), traîner.
sit back *vi* (*in an armchair*) se caler. **to ~ back and do nothing about it** s'abstenir de faire quoi que ce soit.
sit down **1** *vi* s'asseoir; (*at table*) s'attabler. **to be ~ting down** être assis; (*fig*) **to ~ down under an insult** encaisser* une insulte. **2** *vt sep* asseoir.
sit in *vi* **(a)** **to ~ in on a discussion** assister à une discussion (sans y prendre part). **(b)** (*demonstrators*) **to ~ in in an office** occuper un bureau.
sit on* *vt fus* (*fig*) **(a)** (*keep secret*) *news, facts,*

report garder secret; (*not pass on*) *file, document* garder pour soi. (b) *person* (*silence*) faire taire; (*snub*) remettre à sa place.

sit out *vt sep lecture, play* rester jusqu'à la fin de.

sit up 1 *vi* (a) (~ *upright*) se redresser. **to be** **~ting up** être assis bien droit; **he was ~ting up in** **bed** il était assis dans son lit; **you can ~ up now** vous pouvez vous asseoir maintenant; (*fig*) to **make sb ~ up** secouer *or* étonner qn; (*fig*) to **~ up** **and take notice** se secouer; (*after illness*) reprendre intérêt à la vie. (b) (*stay up*) ne pas se coucher. **to ~ up late** se coucher tard; **to ~ up all** **night** ne pas se coucher de la nuit; **to ~ up with an** **invalid** veiller un malade. 2 *vt sep doll, child* asseoir.

♦ **sit-down** *adj*: **to have a ~-down lunch** déjeuner à table; **~-down strike** grève *f* sur le tas. ♦ **sit-in** *n* [*demonstrators*] sit-in *m inv*; [*workers*] grève *f* sur le tas; **to hold a ~-in** (*gen*) occuper les lieux; [*workers*] faire une grève sur le tas. ♦ **sitter** *n* (*Art*) modèle *m*; (*baby-~ter*) baby-sitter *mf*. ♦ **sitting** 1 *n* [*committee etc*] séance *f*; (*for portrait*) séance de pose; (*in canteen etc*) service *m*; 2 *adj* tenant les positions des lieux; (*fig*) **~ting** **duck*** victime *f* facile; (*Parl*) **~ting member** député *m* en exercice; **~ting room** salon *m*.

sitcom* ['sɪtkɒm] *n* (*Rad, TV etc*) comédie *f* de situation.

site [saɪt] 1 *n* [*town, building*] emplacement *m*; (*Archeol*) site *m*; (*Constr*) chantier *m*; (*camp ~*) camping *m*. **the ~ of the battle** le champ de bataille. 2 *vt* placer, situer.

situate ['sɪtjʊeɪt] *vt* (*locate*) *building, town* placer; (*put into perspective*) *problem, event* situer. **the** **house is ~d in the country** la maison se trouve *or* est située à la campagne; **we are rather badly ~d** **as there is no bus** nous sommes assez mal situés car il n'y a pas d'autobus; (*fig*) **he is rather badly** **~d** il est en assez mauvaise posture; **I am well ~d** **to do that** je suis bien placé pour faire cela; **how** **are you ~d for money?** est-ce que tu as besoin d'argent? ♦ **situation** 1 *n* (*all senses*) situation *f*; **in a very difficult situation** dans une situation très difficile; **to save the situation** sauver la situation; **'situations vacant/wanted'** 'offres *fpl*/demandes *fpl* d'emploi'; 2 *adj*: **situation comedy** comédie *f* de situation.

six [sɪks] 1 *adj* six *inv*. **he is ~ (years old)** il a six ans; **he lives in number ~** il habite au (numéro) six. 2 *n* six *m inv*. **there were about ~** il y en avait six environ; **~ of the girls came** six des filles sont venues; **there are ~ of us** nous sommes six; **all ~** **of us left** nous sommes partis tous les six; **it is ~** **o'clock** il est six heures; **come at ~** venez à six heures; **it struck ~** six heures ont sonné; **they are** **sold in ~es** cela se vend par (lots *or* paquets de) six; **the children arrived in ~es** les enfants sont arrivés par groupes de six; **he lives at ~** **Churchill Street** il habite (au) six rue Churchill; (*fig*) **to be at ~es and sevens** [*books, houses etc*] être sens dessus dessous; [*person*] être tout retourné*; (*fig*) **it's ~ of one and a half a dozen of** **the other** c'est du pareil au même*. ♦ **sixfold** 1 *adj* sextuple; 2 *adv* au sextuple. ♦ **six-footer*** *n* ≈ grand *m* d'un mètre quatre-vingts. ♦ **sixish** *adj*: **he is ~ish** il a dans les six ans; **he came at ~ish** il est venu vers six heures. ♦ **six-pack** *n* pack *m* de six. ♦ **six-shooter** *n* pistolet *m* automatique. ♦ **six-sided** *adj* hexagonal. ♦ **sixteen** *adj, n* seize (*m*) *inv*. ♦ **sixteenth** *adj, n* seizième (*mf*); (*fraction*) seizième *m*. ♦ **sixth** 1 *adj* sixième; **to be ~th** **in a competition/in German** être sixième à un concours/en allemand; **she was the ~th to arrive** elle est arrivée la sixième; **Charles the S~th** Charles Six; **the ~th of November, November the ~th** le six novembre; (*fig*) **~th sense** sixième sens *m*; 2 *n* sixième *mf*; (*fraction*) sixième *m*; (*Mus*) sixte *f*; **he wrote on the ~th** il a écrit le six; (*Scol*) **the**

lower ~th ≈ la classe de première; **the upper ~th** ≈ la classe terminale; 3 *adv* (a) (*in race, exam,* *competition*) en sixième place; **he came** *or* **was** **placed ~th** il s'est classé sixième; (b) (*sixthly*) sixièmement. ♦ **sixthly** *adv* sixièmement, en sixième lieu. ♦ **sixtieth** *adj, n* soixantième (*mf*); (*fraction*) soixantième *m*. ♦ **sixty** *adj, n* soixante (*m*) *inv*; **about ~ty** une soixantaine, environ soixante; **about ~ty books** une soixantaine de livres; **he is about ~ty** il a une soixantaine d'années; **to** **be in one's ~ties** avoir la soixantaine, être sexagénaire; (*1960s etc*) **in the ~ties** dans les années soixante; **the temperature was in the** **~ties** ≈ il faisait entre quinze et vingt degrés; (*Aut*) **to do ~ty*** ≈ faire du cent (à l'heure). ♦ **sixty-first** *adj, n* soixante et unième (*mf*); (*fraction*) soixante et unième *m*. ♦ **sixty-four** *adj* (*fig*) **that's the ~ty-four (thousand) dollar question*** c'est toute la question. ♦ **sixty-odd*** *adj, n*: **there were ~ty-odd** il y en avait soixante et quelques*. ♦ **sixty-one** *adj, n* soixante et un (*m*) *inv*. ♦ **sixty-second** *adj, n* soixante-deuxième (*mf*). ♦ **sixty-two** *adj, n* soixante-deux (*m*) *inv*. ♦ **six-** **year-old** 1 *adj child, horse* de six ans; *house, car* vieux de six ans; 2 *n* (*child/horse*) enfant *mf*/cheval *m* de six ans.

size[1] [saɪz] 1 *n* (*for plaster etc*) colle *f*. 2 *vt* encoller.

size[2] [saɪz] *n* (a) [*person, animal, sb's head, hands*] taille *f*; [*room, building, car, chair, parcel*] dimensions *fpl*; [*egg, fruit, jewel*] grosseur *f*; [*book,* *photograph, sheet of paper, envelope*] taille, dimensions; (*format*) format *m*; [*sum*] montant *m*; [*estate, country, difficulty*] étendue *f*; [*operation, campaign*] envergure *f*. **medium-~d** de taille (*or* grosseur etc) moyenne; [*packet, tube* *etc*] **the small/large ~** le petit/grand modèle; **the** **~ of the town** l'importance *f* de la ville; **building** **of vast ~** bâtiment de belles dimensions; **it's the** **~ of a brick** c'est de la taille d'une brique; **it's the** **~ of a walnut** c'est de la grosseur d'une noix; **it's** **the ~ of a house/an elephant** c'est grand comme une maison/un éléphant; **he's about your ~** il est à peu près de la même taille que vous; (*fig*) **that's** **about the ~ of it!** c'est à peu près ça!; **he cut the** **wood to ~** il a coupé le bois à la dimension voulue. (b) [*garment*] taille *f*; [*shoes, gloves*] pointure *f*; [*shirt*] encolure *f*. **what ~ are you?, what ~ do you** **take?** (*in dress etc*) quelle taille faites-vous?; (*in* *shoes, gloves*) quelle pointure faites-vous?; (*in* *hats*) quel est votre tour de tête?; **what ~ of collar** *or* **shirt?** quelle encolure?; **I take ~ 12** je prends du 12; **hip ~** tour *m* de hanches; **I take ~ 5 shoes** ≈ je fais du 38.

size up *vt sep person* juger; *situation* mesurer; *problem* mesurer l'étendue de.

♦ **siz(e)able** *adj dog, building, estate* assez grand; *egg, fruit, jewel* assez gros; *operation* assez important; *sum, problem* assez considérable.

sizzle ['sɪzl] 1 *vi* grésiller. 2 *n* grésillement *m*.

skate[1] [skeɪt] *n* (*fish*) raie *f*.

skate[2] [skeɪt] 1 *n* patin *m*. (*fig*) **get your ~s on!*** dépêche-toi! 2 *vi* patiner. **to ~ across/down** *etc* traverser/descendre *etc* en patinant; **to go** **skating** (*ice*) faire du patin *or* du patinage; (*roller*) faire du patin à roulettes; (*fig*) **it went skating** **across the room** cela a glissé à travers la pièce.

skate over, skate round *vt fus problem, objection* glisser sur.

♦ **skateboard** *n* planche *f* à roulettes. ♦ **skater** *n* (*ice*) patineur *m*, -euse *f*; (*roller*) personne *f* qui fait du skating. ♦ **skating** 1 *n* (*ice*) patinage *m*; (*roller*) patinage à roulettes; 2 *adj*: **skating rink** (*ice*) patinoire *f*; (*roller*) skating *m*.

skein [skeɪn] *n* [*wool etc*] écheveau *m*.

skeleton ['skelɪtn] 1 *n* [*person, building, ship,* *model etc*] squelette *m*; [*plan, novel etc*] schéma *m*. **a walking ~** un cadavre ambulant; **staff**

reduced to a ~ personnel réduit au strict minimum; (*fig*) the ~ at the feast le *or* la trouble-fête *inv*; (*fig*) the ~ in the cupboard la honte cachée de la famille. **2** *adj army, staff* squelettique (*fig*); *map* schématique. ~ **key** passe(-partout) *m inv*; [*proposals etc*] ~ **outline** résumé *m*. ♦ **skeletal** *adj* squelettique.

skeptic(al) ['skeptɪk(əl)] (*US*) = **sceptic(al)**.

sketch [sketʃ] **1** *n* (**a**) (*drawing*) croquis *m*, esquisse *f*; (*fig*) [*ideas, proposals etc*] aperçu *m*, ébauche *f*. **a rough** ~ (*drawing*) une ébauche; (*fig*: *of one's plans etc*) un aperçu. (**b**) (*Theat*) sketch *m*, saynète *f*. **2** *adj*: ~(**ing**) **book/pad** carnet *m*/bloc *m* à dessins; ~ **map** carte faite à main levée. **3** *vi* faire des croquis. **4** *vt view, castle, figure* faire un croquis *or* une esquisse de; *map* faire à main levée; (*fig*: ~ **out**) *ideas, novel, plan* ébaucher, esquisser.

sketch in *vt sep detail* ajouter.
♦ **sketchily** *adv answer* incomplètement; *know* superficiellement. ♦ **sketchy** *adj* (*gen*) incomplet; *knowledge* superficiel.
skewer ['skjʊəʳ] **1** *n* (*for roast etc*) broche *f*; (*for kebabs*) brochette *f*. **2** *vt* embrocher.
ski [ski:] **1** *n* ski *m* (*équipement*); (*Aviat*) patin *m*. **2** *adj school, clothes* de ski. ~ **binding** fixation *f*; ~ **boot** chaussure *f* de ski; ~(**ing**) **instructor** moniteur *m*, -trice *f* de ski; ~ **lift** remonte-pente *m inv*; ~(**ing**) **pants** *or* **trousers** fuseau *m* (de ski); ~ **resort** station *f* de ski; ~ **run** piste *f* de ski; ~ **stick** bâton *m* de ski; ~ **tow** téléski *m*. **3** *vi* faire du ski, skier. **to go** ~**ing** faire du ski; (*as holiday*) partir aux sports d'hiver; **to** ~ **down a slope** descendre une pente à skis. ♦ **skier** *n* skieur *m*, -euse *f*. ♦ **skiing** *n* ski *m* (*sport*); **2** *adj clothes, school* de ski; *holiday* aux sports d'hiver; **to go on a** ~**ing holiday** partir aux sports d'hiver.
♦ **skijump** *n* (*place*) tremplin *m* de ski.
♦ **skijumping** *n* saut *m* à skis.
skid [skɪd] **1** *n* (*Aut*) dérapage *m*. **to get** *or* **go into a** ~ déraper; **to get out of a** ~, **to correct a** ~ redresser un dérapage. **2** *adj* (*US*) ~ **row** quartier *m* de clochards. **to** ~ **to a halt** s'arrêter en dérapant; **to** ~ **into a tree** déraper et percuter un arbre; **the toy** ~**ded across the room** le jouet a glissé jusqu'à l'autre bout de la pièce.
♦ **skidlid*** *n* casque *m* (de moto). ♦ **skidmark** *n* trace *f* de dérapage. ♦ **skidpan** *n* piste savonnée.
skiff [skɪf] *n* skiff *m*, yole *f*.
skill [skɪl] *n* (**a**) (*ability*) habileté *f*, adresse *f* (*at* à); (*gen manual*) dextérité *f*; (*talent*) savoir-faire *m*, talent *m* (*at* en matière de). **his** ~ **in persuading them** l'habileté dont il a fait preuve en les persuadant; **lack of** ~ maladresse *f*. (**b**) (*in craft etc*) technique *f*. **it's a** ~ **that has to be acquired** c'est une technique qui s'apprend; **we could make good use of his** ~**s** ses capacités *or* ses compétences nous seraient bien utiles. ♦ **skilful**, (*US*) **skillful** *adj* habile, adroit (*at doing* à faire).
♦ **skil(l)fully** *adv* habilement, adroitement.
♦ **skil(l)fulness** *n* habileté *f*, adresse *f*. ♦ **skilled** *adj* (**a**) *person* habile, adroit (*in, at doing* pour faire; *in, at sth* en qch); *movement, stroke* adroit; ~**ed in diplomacy** qui a beaucoup d'expérience en diplomatie; ~**ed in the art of** versé dans l'art de; (**b**) (*Ind*) *worker, engineer etc* qualifié; *work* de spécialiste; **it's a** ~**ed job** (*gen*) ça demande beaucoup d'adresse; (*Ind*) c'est un travail de spécialiste.
skillet ['skɪlɪt] *n* poêlon *m*.
skim [skɪm] **1** *vt* (**a**) *milk* écrémer; *soup* écumer. **to** ~ **the cream/scum/grease from sth** écrémer/écumer/dégraisser qch; ~(**med**) **milk** lait *m* écrémé. (**b**) *stone* faire ricocher (*across* sur). **2** *vi*: **to** ~ **the ground/water** raser le sol/l'eau. **2** *vi*: **to** ~ **across the water/along the ground** raser l'eau/le sol; (*fig*) **to** ~ **through a book** parcourir un livre.

skim off *vt sep cream, grease* enlever; (*fig*) *best pupils etc* mettre à part.
skimp [skɪmp] *vti* (*also* ~ **on**) *butter, cloth etc* lésiner sur; *praise, thanks* être chiche de; *piece of work* faire à la va-vite. ♦ **skimpily** *adv serve, provide* avec parcimonie; *live* chichement.
♦ **skimpiness** *n* (*gen*) insuffisance *f*; [*dress etc*] ampleur *f* insuffisante. ♦ **skimpy** *adj* (*gen*) insuffisant; *dress* étriqué.
skin [skɪn] **1** *n* (*gen*) peau *f*; [*boat, aircraft*] revêtement *m*; (*for duplicating*) stencil *m*; (*for wine*) outre *f*. **fair -~ned** à la peau claire; **next to the** ~ à même la peau; **wet** *or* **soaked to the** ~ trempé jusqu'aux os; **the snake casts its** ~ le serpent mue; **rabbit** ~ peau de lapin; **potatoes in their** ~**s** pommes de terre *fpl* en robe des champs; **banana** ~ peau de banane; (*fig*) **to be** ~ **and bone** n'avoir que la peau sur les os; **to escape by the** ~ **of one's teeth** l'échapper belle; **we caught the train by the** ~ **of our teeth** nous avons attrapé le train de justesse; (*fig*) **to have a thick/thin** ~ être insensible/susceptible; **to get under sb's** ~* taper sur les nerfs à qn*; (*fig*) **I've got you under my** ~* je t'ai dans la peau*; (*fig*) **it's no** ~ **off my nose** *(does not hurt me)* pour ce que ça me coûte!; *(does not concern me)* ce n'est pas mon problème. **2** *adj disease, colour* de (la) peau. **3** *vt animal* écorcher; *fruit, vegetable* éplucher. (*fig*) **I'll** ~ **him alive!*** je vais l'écorcher tout vif!; **to** ~ **one's knee** s'écorcher le genou. ♦ **skin-deep** *adj* superficiel; **it's only** ~**-deep** ça n'est pas bien sérieux. ♦ **skin diver** *n* plongeur *m*, -euse *f* sous-marin(e). ♦ **skin diving** *n* plongée sous-marine. ♦ **skinflick*** *n* film *m* porno* *inv*. ♦ **skinflint** *n* radin(e)* *m(f)*.
♦ **skinful** *n*: **to have (had) a** ~**ful** être soûl*.
♦ **skinhead** *n* jeune homme *m* aux cheveux tondus ras; (*thug*) jeune voyou *m*. ♦ **skinny** *adj* maigrichon; *sweater* moulant; (*Fashion*) **the** ~**ny look** la mode ultra-mince. ♦ **skintight** *adj* très ajusté.
skip[1] [skɪp] **1** *n* petit bond, petit saut. **2** *vi* sautiller; (*with rope*) sauter à la corde. **to** ~ **in/out** *etc* entrer/sortir *etc* en sautillant; (*fig*) **he** ~**ped off without paying** il a décampé sans payer; **he** ~**ped over that point** il a glissé sur ce point; **to** ~ **from one subject to another** sauter d'un sujet à un autre. **3** *vt* (*omit*) *page, class, meal* sauter. ~ **it!*** laisse tomber!*; **to** ~ **school** sécher les cours.
♦ **skipping** *n* saut *m* à la corde. ♦ **skipping rope,** (*US*) **skip rope** *n* corde *f* à sauter.
skip[2] [skɪp] *n* (*container*) benne *f*.
skipper ['skɪpəʳ] *n* (*Naut*) capitaine *m*, patron *m*; (*Sport*) capitaine.
skirmish ['skɜːmɪʃ] *n* escarmouche *f*.
skirt [skɜːt] **1** *n* jupe *f*. **2** *vti* (~ **round**) *town, obstacle* contourner; *difficulty* esquiver.
♦ **skirting (board)** *n* plinthe *f*.
skit [skɪt] *n* parodie *f* (*on* de); (*Theat*) sketch *m* satirique.
skittle ['skɪtl] *n* quille *f*. ~**s** (jeu *m* de) quilles.
skive* [skaɪv] *vi* tirer au flanc*. **to** ~ **off** se défiler*. ♦ **skiver*** *n* tire-au-flanc* *m inv*.
skivvy* ['skɪvɪ] *n* boniche *f* (*pej*).
skulduggery* [skʌl'dʌgərɪ] *n* maquignonnage *m*.
skulk [skʌlk] *vi* (~ **about**) rôder furtivement. **to** ~ **in/out** *etc* entrer/sortir *etc* furtivement.
skull [skʌl] *n* crâne *m*. ~ **and crossbones** tête *f* de mort, (*flag*) pavillon *m* à tête de mort. ♦ **skullcap** *n* calotte *f*.
skunk [skʌŋk] *n* mouffette *f*; (*fur*) sconse *m*; (*pej: person*) mufle* *m*.
sky [skaɪ] *n* ciel *m*. **in the** ~ dans le ciel; **under the open** ~ à la belle étoile; **the skies of England** le ciel *or* les ciels d'Angleterre; **under warmer skies** sous des cieux plus cléments; **to praise sb to the skies** porter qn aux nues; (*fig*) **the** ~**'s the limit*** tout est possible. ♦ **sky-blue** *adj* bleu ciel *inv*.
♦ **skydiving** *n* parachutisme *m* (en chute libre).

♦ **sky-high 1** *adv throw* très haut (dans le ciel); **to blow** ~**-high** *bridge* faire sauter; *theory* démolir; **2** *adj prices, temperature* extrêmement haut.
♦ **Skylab** *n* Skylab *m*. ♦ **skylark 1** *n* (*bird*) alouette *f* (des champs); **2** *vi* (*fig*) chahuter.
♦ **skylarking*** *n* chahut *m*. ♦ **skylight** *n* lucarne *f*.
♦ **skyline** *n* ligne *f* d'horizon; *[city]* ligne des toits.
♦ **skyscraper** *n* gratte-ciel *m inv*. ♦ **skyway** *n* (*US Aut*) route *f* surélevée. ♦ **skywriting** *n* publicité *f* tracée par un avion.

slab [slæb] *n* [*stone, wood*] bloc *m*; (*paving* ~) dalle *f*; (*flat*) plaque *f*; [*meat*] pièce *f*, (*smaller*) pavé *m*; [*cake*] pavé, (*smaller*) grosse tranche *f*; [*chocolate*] plaque, (*smaller*) tablette *f*.

slack [slæk] **1** *adj* (**a**) (*loose*) *rope* lâche; *joint, knot* desserré; *grip* faible. **to be** ~ *[screw etc]* avoir du jeu; *[rope etc]* avoir du mou. (**b**) (*inactive*) *demand, market, trade* faible. ~ **periods** périodes *fpl* creuses, (*in the day*) heures *fpl* creuses; **the** ~ **season** la morte-saison. (**c**) (*lacking energy*) mou; (*lax*) négligent; *student, worker* peu consciencieux. **to be** ~ **about one's work** négliger son travail; **to grow** ~ se laisser aller. **2** *n* (**a**) **to take up the** ~ **in a rope** tendre un cordage. (**b**) (*coal*) poussier *m*. **3** *vi* (*) ne pas travailler comme il le faudrait.
♦ **slack off*** *vi* (*stop working etc*) se relâcher; *[trade, demand]* ralentir.
♦ **slacken (off) 1** *vt rope* donner du mou à; *cable* donner du ballant à; *reins* relâcher; *screw* desserrer; *pressure etc* diminuer; **to** ~**en speed or one's pace** ralentir; **2** *vi* prendre du mou or du ballant; se desserrer; *[gale, speed, effort, pressure]* diminuer; *[activity, trade]* ralentir.
♦ **slacker*** *n* flemmard(e)* *m(f)*. ♦ **slackness** *n* [*rope etc*] manque *m* de tension; (*) [*person*] laisser-aller *m*; [*trade*] ralentissement *m*.
♦ **slacks** *npl* pantalon *m*.

slag [slæg] *n* (*Metal*) scories *fpl*; (*Min*) crasses *fpl*. ~ **heap** (*Metal*) crassier *m*; (*Min*) terril *m*.

slain [sleɪn] (*ptp* of **slay**) *npl*: **the** ~ les morts *mpl* (tombés au champ d'honneur).

slake [sleɪk] *vt* one's thirst étancher.

slam [slæm] **1** *vt door, lid* (faire) claquer. **to** ~ **on the brakes** freiner à mort*; **she** ~**med the books on the table** elle a flanqué* les livres sur la table; **he** ~**med the ball into the net** d'un coup violent il a envoyé le ballon dans le filet. **2** *vi* [*door, lid*] claquer. **3** *n* (*Bridge*) chelem *m*.

slander ['slɑːndəʳ] **1** *n* calomnie *f*; (*Jur*) diffamation *f*. **2** *vt* calomnier; (*Jur*) diffamer. ♦ **slanderous** *adj* calomnieux; diffamatoire. ♦ **slanderously** *adv* calomnieusement; de façon diffamatoire.

slang [slæŋ] **1** *n* argot *m*. **in** ~ en argot; **army/school** ~ argot militaire/d'écolier; **that word is** ~ c'est un mot d'argot; **to talk** ~ parler argot. **2** *adj word* d'argot. ♦ **slanging match*** *n* échange *m* d'insultes. ♦ **slangy*** *adj* argotique.

slant [slɑːnt] **1** *n* inclinaison *f*; (*fig: point of view*) angle *m* (*on* sur). **to give/get a new** ~* **on sth** présenter/voir qch sous un angle nouveau. **2** *vi* pencher. **3** *vt line* faire pencher; (*fig*) *account, news* présenter avec parti-pris. ♦ **slant-eyed** *adj* aux yeux bridés. ♦ **slanting** *adj roof, surface* incliné; *handwriting, line* penché; *rain* oblique.
♦ **slantwise** *adv* de biais.

slap [slæp] **1** *n* (*gen*) claque *f*. **a** ~ **on the bottom** une fessée; (*lit, fig*) **a** ~ **in the face** une gifle; **a** ~ **on the back** une grande tape dans le dos. **2** *adv* (*) **en plein** (*into* dans). ~ **in the middle** en plein milieu. **3** *vt* (**a**) (*hit*) *person* donner une tape or (*stronger*) claque à (*on the back* dans le dos). **to** ~ **a child's bottom** donner une fessée à un enfant; **to** ~ **sb's face** or **sb in the face** gifler qn. (**b**) (*put*) flanquer*. **he** ~**ped a coat of paint on the wall** il a flanqué* un coup de peinture sur le mur; (*fig*) **to** ~ **sb down*** rembarrer* qn. ♦ **slap-bang*** *adv* en

plein (*into* dans). ♦ **slapdash** *adj person* insouciant; *work* fait à la va-vite. ♦ **slapstick** (*comedy*) *n* grosse farce *f*. ♦ **slap-up*** *adj meal* fameux*.

slash [slæʃ] **1** *n* entaille *f*. **2** *vt* (**a**) entailler, (*several cuts*) taillader; *rope* trancher; *face* balafrer; (*with whip, stick*) cingler. **to** ~ **sb** taillader qn; ~**ed sleeves** manches *fpl* à crevés. (**b**) *prices* casser*; *costs, expenses* réduire radicalement; *speech, text* couper radicalement. (**c**) (*: *condemn*) *book, play* éreinter.

slat [slæt] *n* lame *f*; [*blind*] lamelle *f*.

slate [sleɪt] **1** *n* ardoise *f*. (*fig*) **put it on the** ~* mettez-le sur mon compte. **2** *adj* ardoisier; *roof* en ardoise. ~ **blue/grey** bleu/gris ardoise *inv*; ~ **quarry** ardoisière *f*. **3** *vt* (**a**) *roof* ardoiser. (**b**) (*) *book, play, actor* éreinter; (*scold*) attraper*. ♦ **slate-coloured** *adj* ardoise *inv*.

slaughter ['slɔːtəʳ] **1** *n* [*animals*] abattage *m*; [*people*] carnage *m*. **the** ~ **on the roads** les hécatombes *fpl* sur la route. **2** *vt animal* abattre; *person* tuer sauvagement; *people* massacrer. ♦ **slaughterhouse** *n* abattoir *m*.

Slav [slɑːv] **1** *adj* slave. **2** *n* Slave *mf*.

slave [sleɪv] **1** *n* esclave *mf* (*fig: to sth* de qch). **2** *adj* (*fig*) ~ **driver** négrier *m*, -ière *f*; (*fig*) ~ **labour** travail *m* de forçat; ~ **labour camp** *m* de travaux forcés; ~ **trade** commerce *m* des esclaves. **3** *vi* (~ **away**) travailler comme un nègre. **to** ~ **away at sth/at doing** s'escrimer sur qch/à faire. ♦ **slavery** *n* esclavage *m*. ♦ **slavey*** *n* bonniche* *f*. ♦ **slavish** *adj subjection* d'esclave; *imitation, devotion* servile. ♦ **slavishly** *adv* servilement.

slaver ['slævəʳ] *vi* (*dribble*) baver.

slay [sleɪ] *pret* slew, *ptp* slain *vt* (*liter*) tuer.

sleazy* ['sliːzɪ] *adj* minable, miteux.

sledge [sledʒ] **1** *n* (*also* sled) traîneau *m*; (*child's*) luge *f*. **2** *vi*: **to go sledging** faire de la luge; **to** ~ **down** descendre en luge or en traîneau.

sledgehammer ['sledʒ,hæməʳ] **1** *n* marteau *m* de forgeron. **2** *adj blow* violent, magistral.

sleek [sliːk] *adj hair, fur* lisse et brillant; *cat* au poil soyeux; *person* (*trop*) soigné, (*in manner*) onctueux. ♦ **sleekly** *adv reply* doucereusement.

sleep [sliːp] (*vb: pret, ptp* slept) **1** *n* sommeil *m*. **to be in a deep** or **sound** ~ dormir profondément; **to talk/walk in one's** ~ parler/marcher en dormant; **she sang the child to** ~ elle a chanté jusqu'à ce que l'enfant s'endorme; **to have a** ~, **to get some** ~ dormir, (*short while*) faire un somme; **to get** or **go to** ~ s'endormir; **my leg has gone to** ~ j'ai la jambe engourdie; **to put to** ~ endormir; (*put down*) *cat* faire piquer; **a 3-hour** ~ 3 heures de sommeil; **to have a good night's** ~ passer une bonne nuit; **he didn't lose any** ~ **over it** il n'en a pas perdu le sommeil pour autant. **2** *vi* (**a**) dormir. **to** ~ **like a log** or **a top** dormir comme une souche; ~ **tight!** dors bien!; **to** ~ **deeply** or **soundly** dormir profondément; (*without fear*) **to** ~ **soundly** dormir sur ses deux oreilles; **to** ~ **lightly** (*regularly*) avoir le sommeil léger; (*on one occasion*) dormir d'un sommeil léger; **I didn't** ~ **a wink all night** je n'ai pas fermé l'œil de la nuit; **to** ~ **on a problem/a letter/a decision** attendre le lendemain pour résoudre un problème/répondre à une lettre/prendre une décision; **I'll have to** ~ **on it** il faut que j'attende demain pour décider; **he slept through the storm** l'orage ne l'a pas réveillé; **he slept through the alarm clock** il n'a pas entendu son réveil. (**b**) (*spend night*) coucher. **he slept at his aunt's** il a couché chez sa tante; (*have sex*) **to** ~ **with sb** coucher* avec qn. **3** *vt*: **the house** ~**s 8** on peut coucher 8 personnes dans cette maison.

sleep around* *vi* coucher* avec n'importe qui.
sleep in *vi* (*lie late*) faire la grasse matinée;

(oversleep) ne pas se réveiller à temps.
sleep off *vt sep*: to ~ sth off dormir pour faire passer qch.
♦ **sleeper** *n* **(a)** to be a light/heavy ~er avoir le sommeil léger/lourd; **(b)** *(Rail) (track)* traverse *f*; *(berth)* couchette *f*; *(train)* train-couchettes *m*; **(c)** *(earring)* clou *m*. ♦ **sleepily** *adv* d'un air *or* ton endormi. ♦ **sleepiness** *n [person]* envie *f* de dormir. ♦ **sleeping** *adj person* qui dort, endormi; ~ing bag sac *m* de couchage; the S~ing Beauty la Belle au bois dormant; *(Rail)* ~ing car wagon-couchettes *m*; ~ing draught soporifique *m*; *(Comm)* ~ing partner commanditaire *m*; ~ing pill *or* tablet somnifère *m*; ~ing sickness maladie *f* du sommeil. ♦ **sleepless** *adj person* qui ne dort pas, éveillé; *hours* sans sommeil; to have a ~less night ne pas dormir de la nuit. ♦ **sleeplessly** *adv* sans dormir. ♦ **sleeplessness** *n* insomnie *f*.
♦ **sleepwalk** *vi* marcher en dormant, être somnambule. ♦ **sleepwalker** *n* somnambule *mf*. ♦ **sleepwalking** *n* somnambulisme *m*. ♦ **sleep-wear** *n* vêtements *mpl* de nuit. ♦ **sleepy** *adj person* qui a envie de dormir; *voice, look, village* endormi; to be *or* feel ~y avoir sommeil.
♦ **sleepyhead*** *n* endormi(e) *m(f)*.
sleet [sliːt] **1** *n* neige *f* fondue. **2** *vi*: it is ~ing il tombe de la neige fondue.
sleeve [sliːv] *n [garment]* manche *f*; *[record]* pochette *f*; *[cylinder etc]* chemise *f*. long-~d à manches longues; *(fig)* he's always got sth up his ~ il a plus d'un tour dans son sac; he's got sth up his ~ il a qch en réserve. ♦ **sleeveboard** *n* jeannette *f*.
sleigh [sleɪ] *n* traîneau *m*.
sleight [slaɪt] *n*: ~ of hand tour *m* de passe-passe.
slender [ˈslendər] *adj person* mince; *stem, hand, neck, waist* fin; *(fig) hope, chance, majority* faible; *income, means, knowledge* maigre. *[person]* tall and ~ élancé; small and ~ menu.
♦ **slenderness** *n* minceur *f*; finesse *f*.
slept [slept] *pret, ptp* of sleep.
sleuth [sluːθ] *n* limier *m*.
slew [sluː] *pret* of slay.
slice [slaɪs] **1** *n* **(a)** *(gen)* tranche *f*; *[lemon, cucumber, sausage]* rondelle *f*, tranche. ~ of bread and butter tartine *f* (beurrée); *(fig)* a ~ of the profits une bonne partie des bénéfices; ~ of life tranche de vie; ~ of luck coup *m* de chance. **(b)** *(utensil)* truelle *f*.
2 *vt* couper (en tranches *or* en rondelles); *rope etc* couper net; *(Sport) ball* couper. to ~ sth thin couper qch en tranches *or* rondelles fines; a ~d loaf un pain en tranches.
slice off *vt sep meat* couper; *piece of rope etc* couper net.
slice through *vt fus rope* couper net; *(fig) the air, the waves* fendre.
slice up *vt sep* couper en tranches *or* en rondelles.
♦ **slicer** *n* coupe-jambon *m inv*.
slick [slɪk] **1** *adj explanation* trop prompt; *excuse, answer* facile; *person (glib)* qui a la parole facile; *(cunning)* rusé. a ~ customer* une fine mouche. **2** *n (oil ~)* nappe *f* de pétrole. **3** *vt*: to ~ (down) one's hair *(with comb)* se lisser les cheveux; *(with haircream)* se brillantiner les cheveux.
♦ **slickly** *adv answer* habilement.
slide [slaɪd] *(vb: pret, ptp* slid) **1** *n (action)* glissade *f*; *(land~)* glissement *m* (de terrain); *(fig: in prices etc)* baisse *f* (in de); *(in playground, pool etc)* toboggan *m*; *[microscope]* porte-objet *m*; *(Phot)* diapositive *f*; *[between notes]* coulé *m*; *(hair~)* barrette *f*. **2** *adj (Phot)* ~ box classeur *m* pour diapositives; ~ projector projecteur *m* de diapositives; ~ rule règle *f* à calcul. **3** *vi (gen)* glisser; *(move silently)* se glisser. to ~ down the bannisters descendre en glissant sur la rampe; to ~ down a slope descendre une pente en glissant;

he slid into the room il s'est glissé dans la pièce; to let things ~ laisser les choses aller à la dérive. **4** *vt box, case, small object* glisser *(into dans; across* à travers); *chair, larger object* faire glisser. to ~ the top back onto a box remettre le couvercle sur une boîte; he slid the gun out of the holster il a sorti le revolver de l'étui. ♦ **sliding** *adj part* qui glisse; *panel, door, seat* coulissant; *(Aut) roof* ouvrant; *(Admin etc)* sliding scale échelle *f* mobile.
slight [slaɪt] **1** *adj* **(a)** *person (slim)* menu; *(frail)* frêle. **(b)** *(small: gen)* petit, léger *(before n)*; *(negligible: gen)* faible, insignifiant; *error* petit. some ~ optimism un peu d'optimisme; not the ~est danger pas le moindre danger; not in the ~est pas le moins du monde; he takes offence at the ~est thing il se pique pour un rien. **2** *vt* manquer d'égards envers; *(stronger)* offenser. **3** *n* manque *m* d'égards; *(stronger)* affront *m*.
♦ **slighting** *adj* offensant. ♦ **slightingly** *adv* d'une manière offensante. ♦ **slightly** *adv* **(a)** *sick, better* légèrement, un peu; *know etc* un peu; **(b)** ~ly built menu.
slim [slɪm] **1** *adj person, ankle, book* mince; *(fig) hope, excuse* faible; *evidence, resources* insuffisant. **2** *vi* maigrir; *(diet)* être au régime (pour maigrir). **3** *vt* faire maigrir. ♦ **slimmer** *n* personne *f* suivant un régime amaigrissant.
♦ **slimming** *adj diet, pills* amaigrissant, pour maigrir; *food* qui ne fait pas grossir; *dress etc* amincissant. ♦ **slimness** *n* minceur *f*.
slime [slaɪm] *n (mud)* vase *f*; *(sticky substance)* dépôt *m* visqueux; *(from snail)* bave *f*.
♦ **sliminess** *n* nature *f* vaseuse; viscosité *f*. ♦ **slimy** *adj (gen)* visqueux; *walls* suintant; *(muddy) stone, hands* couvert de vase; *(fig)* servile.
sling [slɪŋ] *(vb: pret, ptp* slung*)* **1** *n (catapult)* fronde *f*; *(child's)* lance-pierre *m inv*; *(Med)* écharpe *f*. in a ~ en écharpe. **2** *vt* **(a)** *(throw)* lancer *(at sb* à *or* contre qn; *at sth* sur qch). **(b)** *(hang) hammock* suspendre; *load etc* hisser. to ~ across one's shoulder *rifle, satchel* mettre en bandoulière; *load, coat* jeter par derrière l'épaule.
sling out* *vt sep person* flanquer* à la porte; *object* jeter.
slink [slɪŋk] *pret, ptp* slunk *vi*: to ~ away/out etc s'en aller/sortir etc furtivement. ♦ **slinkily*** *adv walk* d'une démarche ondulante. ♦ **slinking** *adj* furtif. ♦ **slinky*** *adj woman* aguichant; *body* sinueux; *walk* ondulant; *dress* moulant.
slip [slɪp] **1** *n* **(a)** *(slide)* dérapage *m*; *(trip)* faux pas *m*; *(mistake)* erreur *f*, bévue *f*; *(oversight)* oubli *m*; *(moral)* écart *m*. ~ of the tongue, ~ of the pen lapsus *m*; *earth* ~ éboulement *m* (de terre); to give sb the ~ fausser compagnie à qn. **(b)** *(pillow~)* taie *f* (d'oreiller); *(underskirt)* combinaison *f*. **(c)** in the ~s *(Naut)* sur cale *f*; *(Theat)* dans les coulisses *fpl*. **(d)** *(paper: in filing system etc)* fiche *f*. a ~ of paper *(small sheet)* un bout de papier; *(strip)* une bande de papier; *(fig)* a mere ~ of a boy/girl un gamin/une gamine.
2 *vi* **(a)** *(slide) [person, food, hand, object]* glisser *(on* sur; *out of* de); *(Aut) [clutch]* patiner. *(fig) money* ~s through her fingers l'argent lui file entre les doigts; several errors had ~ped into the report plusieurs erreurs s'étaient glissées dans le rapport; to let ~ an opportunity laisser échapper une occasion; he let (it) ~ that ... il a laissé échapper que ...; he's ~ping* *(getting old, less efficient)* il baisse; *(making more mistakes)* il ne fait plus assez attention. **(b)** *(move quickly)* to ~ into/out of *[person]* se glisser dans/hors de; *[vehicle]* se faufiler dans/hors de; to ~ away *[vehicle, boat]* s'éloigner doucement; *[person]* s'esquiver; to ~ back *[vehicle, boat]* revenir doucement; *[guest]* revenir discrètement; *[thief, spy]*

revenir furtivement; **I'll just ~ through the garden** je vais passer par le jardin; **I must just ~ out for some cigarettes** il faut que je sorte un instant chercher des cigarettes; **she ~ped out to the shops** elle a fait un saut jusqu'aux magasins; **the secret ~ped out** le secret a été révélé par mégarde; **the words ~ped out before he realized it** les mots lui ont échappé avant même qu'il ne s'en rende compte; **the years ~ped past** les années passèrent; **to ~ into/out of a dress** enfiler/enlever (rapidement) une robe; (*fig*) **to ~ into bad habits** prendre insensiblement de mauvaises habitudes.

3 *vt* (a) (*slide*) glisser (*to sb* à qn; *into* dans). **he ~ped the gun out of its holster** il a sorti le revolver de son étui; **the question was ~ped into the exam** l'épreuve a comporté cette question inattendue; (*Med*) **a ~ped disc** une hernie discale. (b) (*escape*) échapper à; *anchor, moorings* filer; *[dog] collar* se dégager de; *[Knitting] stitch* glisser. **to ~ sb's attention** *or* **notice** échapper à qn (*that* que); **it ~ped my memory** cela m'était complètement sorti de la tête.

slip up* *vi* (*make mistake*) gaffer*, cafouiller*.
♦ **slipcovers** *npl* housses *fpl*. ♦ **slipknot** *n* nœud *m* coulant. ♦ **slip-on** *adj* facile à mettre.
♦ **slippery** *adj* glissant; (*fig pej*) *person* fuyant; **it's ~pery underfoot** le sol est glissant; (*fig pej*) **he's as ~pery as an eel** il glisse comme une anguille. ♦ **slippy*** *adj* glissant. ♦ **slip-road** *n* [*motorway*] bretelle *f* d'accès. ♦ **slipshod** *adj* *person, work* négligé; *dress* débraillé; *worker* négligent. ♦ **slipstream** *n* (*Aviat*) sillage *m*. ♦ **slip-up*** *n* gaffe* *f*, bévue *f*; (*in communications*) cafouillage* *m*. ♦ **slipway** *n* (*Naut*) cale *f*.
slipper ['slɪpə^r] *n* pantoufle *f*, (*warmer*) chausson *m*.
slit [slɪt] (*vb: pret, ptp* slit) 1 *n* (*opening*) fente *f*; (*cut*) incision *f*; (*tear*) déchirure *f*. 2 *vt* fendre; inciser; déchirer; *sb's throat* trancher. **to ~ open** *letter* ouvrir; *sack* éventrer. ♦ **slit-eyed** *adj* aux yeux bridés.
slither ['slɪðə^r] *vi* [*person, animal*] glisser; [*snake*] onduler. **to ~ about** déraper.
sliver ['slɪvə^r] *n* [*glass, wood*] éclat *m*; [*cheese etc*] lamelle *f*.
slob* [slɒb] *n* rustaud(e) *m(f)*.
slobber ['slɒbə^r] *vi* baver.
sloe [sləʊ] *n* prunelle *f*. **~ gin** eau-de-vie *f* de prunelle.
slog [slɒg] 1 *n* (*work*) long travail *m* pénible, travail de Romain*; (*effort*) gros effort *m*; (*task*) corvée *f*. 2 *vt* *ball, opponent* donner un grand coup à. 3 *vi* (a) (*work etc*) travailler très dur. **he ~ged through the book** il s'est forcé à lire le livre; **to ~ away** travailler comme un nègre*; **to ~ away at sth** trimer* sur qch. (b) (*walk*) **to ~ along** avancer avec effort; **he ~ged up the hill** il a gravi la colline avec effort. ♦ **slogger*** *n* (*hard worker*) bosseur♦ *m*, -euse♦ *f*.
slogan ['sləʊgən] *n* slogan *m*.
slop [slɒp] 1 *n*: **~s** (*for invalids*) bouillon *m*; (*dirty water*) eaux *fpl* sales; (*in teacup*) fond *m* de tasse. 2 *vt* répandre (*par mégarde*) (*onto* sur; *into* dans). 3 *vi* (~ **over**) déborder. ♦ **sloppily** *adv* (*carelessly*) sans soin; (*sentimentally*) avec sensiblerie. ♦ **sloppiness** *n* (*carelessness*) manque *m* de soin; (*sentimentality*) sensiblerie *f*. ♦ **sloppy** *adj* *food* (trop) liquide; *work* peu soigné, bâclé*; *appearance, language* négligé; *garment* trop grand; (*: sentimental*) débordant de sensiblerie; (*sweater*) **~py joe*** gros pull *m* vague.
slope [sləʊp] 1 *n* pente *f*. **~ up** montée *f*; **~ down** descente *f*; **on the ~s of Mount Etna** sur les flancs *mpl* de l'Etna; **the southern ~s of the Himalayas** le versant sud de l'Himalaya. 2 *vi* [*ground, roof*] être en pente; [*handwriting*] pencher. **to ~ up** monter; **to ~ down** descendre. 3 *vt* pencher,

incliner. ♦ **sloping** *adj* *ground, roof* en pente; *handwriting* penché; *shoulders* tombant.
slosh* [slɒʃ] 1 *vt* *water, paint* répandre, flanquer* (*onto, over* sur; *into* dans). 2 *vi*: **to ~ about in water/mud** patauger dans l'eau/la boue. ♦ **sloshed** *adj* (*drunk*) bourré‡, soûl*.
slot [slɒt] 1 *n* (*slit: in machine, box etc*) fente *f*; (*groove*) rainure *f*; (*fig: in timetable etc*) heure *f*; (*Rad, TV*) créneau *m*. 2 *adj*: **~ machine** (*selling things*) distributeur *m* (automatique); (*for amusement*) machine *f* à sous; **~ meter** compteur *m* à paiement préalable. 3 *vt* *object* emboîter (*into* dans); (*fig*) insérer (*into a programme* dans une grille de programmes). 4 *vi* s'emboîter (*into* dans); (*fig*) s'insérer (*into* dans).
sloth [sləʊθ] *n* (a) paresse *f*. (b) (*animal*) paresseux *m*. ♦ **slothful** *adj* paresseux.
slouch [slaʊtʃ] *vi*: **to ~ in/out etc** entrer/sortir *etc* en se traînant; **he was ~ing in a chair** il était affalé dans un fauteuil; **she always ~es** elle ne se tient jamais droite; **stop ~ing!** tiens-toi droit!
slovenly ['slʌvnlɪ] *adj* *person* débraillé; *work* qui manque de soin. ♦ **slovenliness** *n* débraillé *m*; manque *m* de soin.
slow [sləʊ] 1 *adj* (*gen*) lent; (*fig*) *track, surface* lourd; (*boring*) *party, novel, play* ennuyeux; *person* (*phlegmatic*) flegmatique; (*stupid*) lent; (*Med*) *child* retardé. **~ but sure** lent mais sûr; **a ~ train** un omnibus; **at a ~ speed** à petite vitesse; (*lit, fig*) **it's ~ going** on n'avance pas vite; **it's ~ work** c'est un travail qui avance lentement; **he's a ~ worker** il travaille lentement; **~ to anger** lent à se mettre en colère; (*brain working ~ly*) **~ to understand/notice** lent à comprendre/remarquer *etc*; **~ in understanding/noticing** *etc* lent à comprendre/remarquer *etc*; (*taking one's time*) **~ to act/decide** *etc*, **~ in acting/deciding** *etc* long à agir/décider *etc*; **my watch is (10 minutes) ~** ma montre retarde (de 10 minutes); **in a ~ oven** à four doux; **business is ~** les affaires stagnent; (*Cine etc*) **in ~ motion** au ralenti. 2 *adv* lentement. **to go ~** [*walker, vehicle*] aller lentement; (*be cautious*) y aller doucement; (*be less active*) ralentir ses activités; (*Ind*) faire la grève perlée; [*watch etc*] prendre du retard; **to go ~er** ralentir; **~-acting/-burning** *etc* à action/combustion *etc* lente; **it is ~-acting** *etc* cela agit *etc* lentement. 3 *vt* (~ **down**, ~ **up**) (*gen*) retarder; *walker* faire ralentir; *vehicle, machine, traffic* ralentir; *horse* ralentir le pas de; *progress, production, negotiations, reaction* ralentir, retarder. **these interruptions have ~ed us down** ces interruptions nous ont retardés. 4 *vi* (~ **down**, ~ **off**, ~ **up**) ralentir. ♦ **slowcoach** *or* (*US*) ♦ **slowpoke*** *n* (*dawdler*) lambin(e)* *m(f)*; (*dullard*) esprit lent. ♦ **slowdown** *n* ralentissement *m*. ♦ **slowly** *adv* lentement; (*little by little*) peu à peu; **~ly but surely** lentement mais sûrement; **to go** (*or* **work** *etc*) **more ~ly** ralentir. ♦ **slow-moving** *adj* lent. ♦ **slowness** *n* lenteur *f*. ♦ **slow-witted** *adj* qui a l'esprit lent. ♦ **slow-worm** *n* orvet *m*.
sludge [slʌdʒ] *n* (*mud, sediment*) boue *f*; (*sewage*) vidanges *fpl*.
slug [slʌg] 1 *n* (*Zool*) limace *f*; (*bullet*) balle *f*; (*blow*) coup *m*. **a ~* of whisky un coup* de whisky sec. 2 *vt* (*: hit*) frapper comme une brute.
sluggish ['slʌgɪʃ] *adj* (*gen*) lent; (*lazy*) paresseux; *engine* peu nerveux; *market, business* stagnant; *sales* difficile; *liver* paresseux. **to feel ~** se sentir mou. ♦ **sluggishly** *adv* lentement.
sluice [slu:s] 1 *n* écluse *f*; (~ **gate**, ~ **valve**) vanne *f*; (~ **way**) canal *m* (à vannes). 2 *vt* (~ **down**) laver à grande eau.
slum [slʌm] 1 *n* (*house*) taudis *m*. **the ~s** les quartiers *mpl* pauvres, les bas quartiers. 2 *adj*: **~ area** quartier *m* pauvre; **~ clearance** aménagement *m* des quartiers insalubres; **~ clearance campaign**

lutte *f* contre les taudis. ♦ **slummy** *adj* misérable, sordide.

slumber ['slʌmbəʳ] **1** *n* (*liter: also* ~s) sommeil *m*. **2** *adj* (*Comm*) ~ **wear** lingerie *f* de nuit. **3** *vi* dormir paisiblement.

slump [slʌmp] **1** *n* (*gen*) baisse *f* soudaine (*in* de); (*Econ*) crise *f* économique; (*St Ex*) effondrement *m* des cours; (*in prices*) effondrement (*in* de). the 1929 ~ la crise de 1929. **2** *vi* (**a**) (*gen*) baisser brutalement; [*prices*] s'effondrer. (**b**) (~ **down**) s'effondrer, s'affaisser (*into* dans; *onto* sur). ~ed **on the floor** effondré par terre; ~ed **over the wheel** affaissé sur le volant.

slung [slʌŋ] *pret, ptp of* sling.

slunk [slʌŋk] *pret, ptp of* slink.

slur [slɜːʳ] **1** *n* (*stigma*) atteinte *f* (*on* à); (*insult*) affront *m*. it's no ~ on him to say ... ce n'est pas le calomnier que de dire .... **2** *vt* (*join*) *sounds, words* lier à tort; (*Mus*) lier; (*indistinctly*) *word etc* mal articuler. his speech was ~red il n'arrivait pas à articuler. **3** *vi* (*fig*) to ~ over sth glisser sur qch.

slurp [slɜːp] *vti* boire à grand bruit.

slush [slʌʃ] **1** *n* (*snow*) neige *f* fondante; (*mud*) gadoue *f*; (*sentiment*) sentimentalité *f*. **2** *adj*: ~ **fund** fonds *mpl* servant à des pots-de-vin. ♦ **slushy** *adj* fondant; (*fig*) fadement sentimental.

slut [slʌt] *n* (*dirty*) souillon *f*; (*immoral*) salopeɟ *f*. ♦ **sluttish** *adj* *appearance* de souillon; *behaviour* de salopeɟ.

sly [slaɪ] **1** *adj* (*wily*) rusé; (*secretive*) dissimulé; (*underhand*) sournois; (*mischievous*) espiègle. **2** *n*: on the ~ en cachette, en douce*. ♦ **slyly** *adv* de façon rusée *or* dissimulée; sournoisement; avec espièglerie; (*in secret*) en cachette, en douce*. ♦ **slyness** *n* ruse *f*; dissimulation *f*; sournoiserie *f*; espièglerie *f*.

smack¹ [smæk] *vi*: to ~ of sth sentir qch.

smack² [smæk] **1** *n* (*slap*) tape *f*, (*stronger*) claque *f*; (*on face*) gifle *f*; (*sound*) bruit *m* sec. it was a ~ **in the eye for them*** (*snub*) c'était une gifle pour eux; (*setback*) c'était un revers pour eux; (*fig*) to **have a** ~ **at doing sth*** essayer de faire qch. **2** *vt* *person* donner une tape *or* une claque à. to ~ sb's **face** gifler qn; to ~ sb's **bottom** donner la fessée à qn; to ~ one's **lips** se lécher les babines. **3** *adv* (*) en plein. ~ **in the middle** en plein milieu. ♦ **smacking** *n* fessée *f*; to **give sb a** ~**ing** donner une *or* la fessée à qn.

smack³ [smæk] *n* (*fishing* ~) barque *f* de pêche.

small [smɔːl] **1** *adj* (**a**) (*gen*) petit; *audience, population* peu nombreux; *income, sum* modeste; *meal* léger; *waist* mince; (*morally mean*) *person, mind* mesquin, petit. the ~est **details** les moindres détails; the ~est **possible number of books** le moins de livres possible; a ~ **proportion of** un pourcentage limité *or* restreint de; to **grow** *or* **get** ~**er** (*gen*) diminuer; [*town, organization*] décroître; to **make** ~**er** *income, amount* diminuer; *organization* réduire; *garden, object, garment* rapetisser; (*Typ*) **in** ~ **letters** en minuscules *fpl*; **he is a** ~ **eater** il ne mange pas beaucoup; ~ **shopkeeper/farmer** petit commerçant/cultivateur; to **feel** ~ se sentir tout honteux; to **make sb feel** ~ humilier qn; ~ **ads** petites annonces *fpl*; (*TV*) the ~ **screen** le petit écran; ~ **talk** papotage *m*; **he's got plenty of** ~ **talk** il a de la conversation; *V also* print, way *etc*. (**b**) (*little or no*) to **have** ~ **cause** *or* **reason to do** n'avoir guère de raisons de faire; **a matter of no** ~ **consequence** une affaire d'une grande importance.

2 *adv*: to **cut up** ~ *paper* couper en tout petits morceaux; *meat* hacher menu.

3 *n*: the ~ **of the back** le creux des reins; (*Dress: esp Brit*) ~**s*** dessous *mpl*, sous-vêtements *mpl*.

♦ **small-arms** *npl* (*Mil*) armes *fpl* portatives.

♦ **smallholder** *n* (*Agr*) ≃ petit cultivateur *m*. ♦ **smallholding** *n* ≃ petite ferme *f* (*de moins de deux hectares*). ♦ **small-minded** *adj* mesquin. ♦ **small-mindedness** *n* mesquinerie *f*. ♦ **smallness** *n* [*person*] petite taille *f*; [*hand, foot, object*] petitesse *f*; [*income, sum, contribution etc*] modicité *f*. ♦ **smallpox** *n* variole *f*. ♦ **small-scale** *adj* *undertaking* de peu d'importance. ♦ **small-time** *adj* peu important; a ~**-time crook** un escroc à la petite semaine. ♦ **small-town** *adj* (*pej*) provincial.

smarm* [smɑːm] *vi* (*Brit*) to ~ over sb flagorner qn. ♦ **smarmy*** *adj* flagorneur.

smart [smɑːt] **1** *adj* (**a**) (*not shabby*) (*gen*) chic *inv*, élégant; *hotel, shop, car, house* élégant; (*fashionable*) à la mode. she was looking very ~ elle était très élégante *or* très chic; the ~ **set** le grand monde. (**b**) (*clever*) intelligent, dégourdi*; (*shrewd*) malin; (*pej*) retors. a ~ **lad***, (*US*) a ~ **guy*** un malin; he's trying to be ~ il fait le malin; he's too ~ for me il est beaucoup trop futé pour moi. (**c**) (*quick*) *pace* vif, rapide; *action* prompt. that was ~ **work!** tu n'as pas (*or* il n'a pas *etc*) mis longtemps!; **look** ~ **about it!** remue-toi!* **2** *vi* [*cut, graze*] brûler; [*iodine etc*] piquer; (*fig: feel offended*) être piqué au vif. my eyes were ~**ing** j'avais les yeux qui me brûlaient *or* piquaient; to ~ **under an insult** ressentir vivement une insulte.

♦ **smart-alec(k)*** *n* bêcheur* *m*. ♦ **smarten (up) 1** *vt* (*beautify*) *house, town* (*bien*) arranger; *child* pomponner; (*speed up*) accélérer; **2** *vi* [*person*] se faire beau. ♦ **smartly** *adv* (*elegantly*) avec beaucoup de chic *or* d'élégance; (*cleverly*) astucieusement; (*quickly*) *move* vivement; *answer* du tac au tac. ♦ **smartness** *n* (*in appearance etc*) chic *m*, élégance *f*; (*cleverness*) intelligence *f*, astuce *f*; (*quickness*) promptitude *f*. ♦ **smarty*** *n* bêcheur* *m*, -euse* *f*.

smash [smæʃ] **1** *n* (**a**) (*sound*) fracas *m*; (*blow*) coup *m* violent; (*Tennis etc*) smash *m*. (**b**) (*also* ~**-up***) accident *m*. **car/rail** ~ accident de voiture/de chemin de fer. (**c**) (*Econ, Fin: collapse*) effondrement *m* (*financier*); (*St Ex*) krach *m*. **2** *adj*: it was a ~ **hit*** cela a eu un succès foudroyant; the ~ **hit*** of the year le succès de l'année. **3** *adv* (*) en plein. ~ **into a wall** en plein dans un mur. **4** *vt* (*break*) casser, briser; (*shatter*) fracasser; (*fig*) *spy ring etc* détruire; *hopes* ruiner; *enemy* écraser; *opponent, sports record* pulvériser. to ~ sth **to pieces** *or* **to bits** briser qch en mille morceaux; (*Tennis*) to ~**ed the ball into the net** il a envoyé son smash dans le filet. **5** *vi* [*cup etc*] se briser (en mille morceaux), se fracasser. the **car** ~**ed into the tree** la voiture s'est écrasée contre l'arbre.

smash down *vt sep* *door, fence* fracasser.

smash in *vt sep* *door* enfoncer. to ~ sb's **face in*** casser la figure à qn*.

smash up *vt sep* *room etc* tout casser dans; *car* accidenter, bousiller*.

♦ **smash-and-grab** (*raid*) *n* cambriolage *m* (*commis en brisant une devanture*). ♦ **smasher*** *n*: to **be a** ~**er** (*in appearance*) être vachement* beau; (*in character etc*) être vachement chouette*; it's a ~**er** c'est sensationnel*. ♦ **smashing*** *adj* formidable*, terrible*.

smattering ['smætərɪŋ] *n*: a ~ **of** quelques connaissances *fpl* vagues en.

smear [smɪəʳ] **1** *n* trace *f*, (*longer*) traînée *f*; (*dirty mark*) tache *f*; (*on reputation etc*) tache (*on* sur); (*insult*) calomnie *f*; (*Med*) frottis *m*. **2** *adj*: ~ **campaign** campagne *f* de diffamation. **3** *vt* (**a**) *butter etc* étaler (*on* sur). to ~ **cream on one's hands** s'enduire les mains de crème; **he** ~**ed his face with mud** il s'est barbouillé le visage de boue; **hands** ~**ed with ink** mains barbouillées d'encre. (**b**) *page of print* maculer; *wet paint* faire une marque sur; *lettering* étaler (*accidentellement*).

(*fig*) **to ~ sb** porter atteinte à la réputation de qn.
4 *vi [ink, paint]* se salir.
smell [smel] (*vb: pret, ptp* **smelled** or **smelt**[1]) **1** *n*
(*sense of* ~) odorat *m*; (*odour*) odeur *f*; (*stench*)
mauvaise odeur. **he has no sense of ~** il n'a pas
d'odorat; **it has a nice/nasty ~** cela sent bon/
mauvais; **what a ~ in here!** que ça sent mauvais
ici!; **a ~ of burning** une odeur de brûlé.
2 *vt* sentir; (*fig*) *danger* pressentir; (*sniff at*)
sentir, renifler; *[animal]* flairer. **he could ~ or he
smelt sth burning** il sentait que qch brûlait; **he
smelt the meat to see if it were bad** il a senti *or*
reniflé la viande pour voir si elle était encore
bonne; **the dog could ~ the bone** le chien a flairé
l'os; (*fig*) **to ~ a rat** soupçonner qch.
3 *vi* (**a**) **to ~ at sth** renifler qch. (**b**) **it doesn't ~
at all** *[mixture etc]* ça ne sent rien, ça n'a pas
d'odeur; *[gas]* c'est inodore; **these socks ~** ces
chaussettes sentent mauvais; **his breath ~s** il a
mauvaise haleine; **that ~s like chocolate** ça sent
le chocolat; **to ~ of onions** sentir l'oignon; **to ~
good** *or* **sweet** sentir bon; **to ~ bad** sentir
mauvais; **it ~s delicious!** ça embaume!; **it ~s
dreadful!** ça pue!; (*fig*) **that deal ~s a bit*** cette
affaire semble plutôt louche; **that idea ~s!*** cette
idée ne vaut rien!; **he ~s!*** c'est un sale type!*
smell out *vt sep* (**a**) *[dog etc]* découvrir en
flairant; *[person] criminal, treachery* découvrir.
(**b**) **it's ~ing the room out** ça empeste la pièce.
♦ **smelling salts** *npl* sels *mpl*. ♦ **smelly** *adj* qui
sent mauvais; **to be ~y** sentir mauvais, (*stronger*)
puer.
smelt[2] [smelt] *vt ore* fondre; *metal* extraire par
fusion. ♦ **smelting** *n* fonte *f*; extraction *f* par
fusion; **~ing works** fonderie *f*.
smile [smaɪl] **1** *n* sourire *m*. **he said with a ~** dit-il
en souriant; **he had a happy ~ on his face** il avait
un sourire heureux; **to give sb a ~** faire un sourire à qn; **she gave a little ~** elle a eu un petit sourire; **to be all ~s** être tout souriant *or* tout sourire;
take that ~ off your face! arrête donc de sourire
comme ça! **2** *vi* sourire (*at, to sb* à qn; *at sth* de
qch). **to keep smiling** garder le sourire. ♦ **smiling**
adj souriant. ♦ **smilingly** *adv* en souriant.
smirk [smɜːk] **1** *n* petit sourire *m* (*self-satisfied*)
satisfait *or* (*knowing*) narquois *or* (*affected*)
affecté. **2** *vi* sourire d'un air satisfait *etc*.
smith [smɪθ] *n* (*shoes horses*) maréchal-ferrant
m; (*forges iron*) forgeron *m*. ♦ **smithy** *n* forge *f*.
smithereens [ˌsmɪðəˈriːnz] *npl*: **to smash sth to ~**
briser qch en mille morceaux; **in ~** brisé en mille
morceaux.
smitten [ˈsmɪtn] *adj*: **to be ~ with** *remorse, desire*
être pris de; *terror, deafness* être frappé de; (*)
sb's beauty être enchanté par; *idea* s'enthousiasmer pour; (*in love*) *person* être toqué* de.
smock [smɒk] *n* (*dress, overall, maternity top*)
blouse *f*; (*maternity dress*) robe *f* de grossesse.
♦ **smocking** *n* smocks *mpl*.
smog [smɒg] *n* smog *m*.
smoke [sməʊk] **1** *n* (**a**) fumée *f*. **there's no ~
without fire** il n'y a pas de fumée sans feu; **to go
up in ~** *[house etc]* brûler; *[plans, hopes etc]*
partir en fumée. (**b**) **to have a ~** fumer une
cigarette (*or* une pipe *etc*). **2** *adj*: **~ bomb** bombe *f*
fumigène; **~ screen** (*Mil*) rideau *m* de fumée;
(*fig*) paravent *m* (*fig*); **~ signal** signal *m* de
fumée. **3** *vi* (*all senses*) fumer. **4** *vt* (*all senses*)
fumer. **he ~s cigarettes/a pipe** il fume la cigaret-
te/la pipe; **~d salmon** saumon *m* fumé.
smoke out *vt sep insects, snake etc* enfumer.
♦ **smokeless** *adj*: **~less fuel** combustible *m* non
polluant; **~less zone** zone *f* où l'usage de
combustibles solides est réglementé. ♦ **smoker** *n*
(**a**) fumeur *m*, -euse *f*; **~r's cough** toux *f* de
fumeur; **heavy ~r** grand fumeur. (**b**) (*Rail*)
wagon *m* fumeurs. ♦ **smoking** n: **'no smoking'**
'défense de fumer'; **smoking can damage your**

health le tabac est nuisible à la santé; **to give up
smoking** arrêter de fumer. ♦ **smoky** *adj atmosphere, room* enfumé; *fire* qui fume; *glass* fumé.
smolder [ˈsməʊldər] *vi* (*US*) = **smoulder**.
smooth [smuːð] **1** *adj* (**a**) (*gen*) lisse; *surface*
lisse, égal; *road* à la surface égale; (*hairless*) *chin*
glabre; *paste, sauce* onctueux; *flavour, wine*
moelleux; *voice, sound* doux. (**b**) *movement etc*
régulier, sans à-coups; *takeoff* en douceur; *flight*
confortable; *sea crossing, trip* par mer calme;
breathing, pulse régulier; *day, life* calme. **~ running** *[machinery etc]* bon fonctionnement;
[organization] bonne marche; (*fig*) **the way is now
~** il n'y a plus d'obstacles maintenant. (**c**) (*suave*)
doucereux, mielleux. **he's a ~ operator*** il sait s'y
prendre; **a ~ talker** un beau parleur.
2 *vt* (**a**) (**~ down**) *sheets, pillow, hair* lisser;
wood rendre lisse. (*fig*) **to ~ the way for sb**
aplanir le terrain pour qn. (**b**) **to ~ cream into
one's skin** faire pénétrer la crème dans la peau.
smooth out *vt sep dress* défroisser; *wrinkles,
creases* faire disparaître; *difficulties* aplanir.
smooth over *vt sep* (*fig*) **to ~ things over**
arranger ces choses.
♦ **smoothie** *n* (*pej*) beau parleur. ♦ **smoothly**
adv (*easily*) facilement; (*gently*) doucement;
move sans à-coups; *talk, say* doucereusement;
everything is going ~ly tout marche comme sur
des roulettes; **it went off ~ly** cela s'est bien
passé. ♦ **smoothness** *n* qualité *f or* aspect *m* lisse
or égal(e); moelleux *m*; douceur *f*; *[sea]* calme *m*;
rythme *m* régulier; régularité *f*; caractère *or* ton
doucereux. ♦ **smooth-running** *adj engine,
machinery* qui n'a pas d'à-coups; *business,
scheme* qui marche bien. ♦ **smooth-spoken** *or*
♦ **smooth-tongued** *adj* enjôleur.
smother [ˈsmʌðər] **1** *vt* (**a**) (*stifle*) étouffer. (**b**)
(*cover*) couvrir (*with, in* de). **2** *vi* mourir étouffé.
smoulder [ˈsməʊldər] *vi* couver.
smudge [smʌdʒ] **1** *n* (*légère*) tache *f*. **2** *vt face*
salir; *print* maculer; *paint* faire une marque sur;
writing étaler accidentellement. **3** *vi* se salir; se
maculer; s'étaler.
smug [smʌg] *adj person* suffisant; *optimism,
satisfaction* béat. ♦ **smugly** *adv* avec suffisance.
♦ **smugness** *n [person]* suffisance *f*; *[voice, reply]*
ton *m* suffisant.
smuggle [ˈsmʌgl] **1** *vt tobacco, drugs* passer en
contrebande; **to ~** *etc goods* faire entrer *etc* en
contrebande; (*fig*) *letters, person, animal* faire
entrer *etc* clandestinement; **to ~ sth past** *or*
through the customs passer qch en contrebande.
2 *vi* faire de la contrebande. ♦ **smuggler** *n*
contrebandier *m*, -ière *f*. ♦ **smuggling** *n [goods]*
contrebande *f* (*action*); *[drugs]* trafic *m*.
smut [smʌt] *n* (*dirt*) petite saleté *f*; (*soot*) flocon *m*
de suie; (*mark*) tache *f* de suie; (*in conversation
etc*) cochonneries* *fpl*. ♦ **smutty** *adj object*
noirci; *joke, film* cochon*.
snack [snæk] *n* casse-croûte *m inv*. **to have a ~**
manger un petit quelque chose. ♦ **snack-bar** *n*
snack *m*.
snag [snæg] *n* (*drawback*) inconvénient *m*; (*tear:
in cloth*) accroc *m*; (*in stocking*) fil *m* tiré. **there's
a ~ in it** il y a un inconvénient *or* une difficulté là-
dedans; **to hit a ~** tomber sur un os*; **that's the ~!**
voilà la difficulté!; **the ~ is that ...** l'embêtant*,
c'est que ...
snail [sneɪl] *n* escargot *m*. **at a ~'s pace** à un pas de
tortue.
snake [sneɪk] *n* serpent *m*. (*fig*) **~ in the grass**
traître(sse) *m(f)*. ♦ **snakebite** *n* morsure *f* de serpent. ♦ **snake-charmer** *n* charmeur *m* de serpent. ♦ **snakes-and-ladders** *n* jeu *m* de l'oie.
♦ **snakeskin** *n* peau *f* de serpent.
snap [snæp] **1** *n* (**a**) (*noise*) bruit *m* sec. **with a ~ of
his fingers he ...** faisant claquer ses doigts il ...;
(*Met*) **a cold ~** une brève vague de froid. (**b**)

(~*shot*) photo *f* (d'amateur). (**c**) (*Cards*) (jeu *m* de) bataille *f*. 2 *adj vote, strike* subit; *judgment, answer* irréfléchi. **to make a ~ decision** (**c**) décider tout d'un coup. 3 *vi* (**a**) (*break*) se casser net *or* avec un bruit sec. (**b**) [*whip, elastic*] claquer. **to ~ open** s'ouvrir avec un bruit sec; **to ~ back into place** revenir à sa place avec un claquement. (**c**) **to ~ at sb** [*dog*] essayer de mordre qn; [*person*] parler à qn d'un ton brusque. 4 *vt* (**a**) (*break*) casser net *or* avec un bruit sec. (**b**) **to ~ one's fingers** faire claquer ses doigts; (*fig*) **to ~ one's fingers at sb** faire la nique à qn; **to ~ sth open/shut** ouvrir/fermer qch d'un coup sec. (**c**) **'shut up!' he ~ped 'silence!'** fit-il avec brusquerie.

snap off *vt sep* casser net. (*fig*) **to ~ sb's head off** rabrouer qn, rembarrer* qn.

snap out 1 *vi*: **to ~ out of*** se sortir de, se tirer de; **~ out of it!*** secoue-toi!* 2 *vt sep question/order* poser/lancer d'un ton brusque.

snap up *vt sep* [*dog etc*] happer; (*fig*) *bargain* sauter sur.

♦ **snapdragon** *n* gueule-de-loup *f*. ♦ **snapfastener** *n* (*on clothes*) pression *f*; (*on handbag etc*) fermoir *m*. ♦ **snapshot** *n* photo *f* (d'amateur). ♦ **snappish** *adj* hargneux, cassant. ♦ **snappy*** *adj reply* bien envoyé; *phrase, slogan* qui a du punch*; **look ~py!** grouille-toi!*

snare [snɛəʳ] **1** *n* piège *m*. **2** *vt* prendre au piège.

snarl[1] [snɑːl] **1** *vi* [*dog*] gronder en montrant les dents; [*person*] lancer un grondement (*at sb* à qn). **2** *vt*: **'no' he ~ed** 'non' dit-il avec hargne. **3** *n* grondement *m* féroce.

snarl[2] [snɑːl] **1** *n* (*in wool etc*) nœud *m*; (*in traffic:* **~-up**) embouteillage *m*. **2** *vt*: **to get ~ed up** [*wool etc*] s'emmêler; [*traffic*] se bloquer.

snatch [snætʃ] **1** *n* (**a**) [*jewellery, wages etc*] vol *m* (à l'arraché); [*person*] enlèvement *m*. **there was a wages ~** des voleurs se sont emparés des salaires. (**b**) (*small piece*) fragment *m*. **a ~ of music/poetry** quelques mesures *fpl*/vers *mpl*; **a ~ of conversation** des bribes *fpl* de conversation; **to work in ~es** travailler par à-coups. **2** *vt* (*grab*) *object* saisir, s'emparer (brusquement) de; *few minutes' peace, short holiday* réussir à avoir; *opportunity* sauter sur; *kiss* voler (*from sb* à qn); *sandwich, drink* avaler à la hâte; (*steal*) voler (*from sb* à qn); (*kidnap*) enlever. **to ~ sth from sb** arracher qch à qn; **to ~ some sleep** réussir à dormir un peu; **to ~ a meal** déjeuner (*or* dîner) à la hâte. **3** *vi*: **to ~ at** *object* essayer de saisir; *opportunity* sauter sur.

snatch away *vt sep* enlever d'un geste brusque.

snatch up *vt sep* ramasser vivement.

sneak [sniːk] **1** *n* (*) rapporteur* *m*, -euse* *f*. **2** *adj attack, visit* subreptice. **~ thief** chapardeur* *m*, -euse* *f*. **3** *vi* (**a**) **to ~ in/out** *etc* entrer/sortir *etc* à la dérobée; **to ~ into the house** se faufiler dans la maison. (**b**) (*) moucharder* (*on sb* qn). **4** *vt*: **to ~ a look at sth** lancer un coup d'œil furtif à qch; **he was ~ing a cigarette** il était en train de fumer en cachette. ♦ **sneaker*** *n* (chaussure *f* de) tennis *f*. ♦ **sneaking** *adj dislike, preference* inavoué, secret; **I had a ~ing feeling that** je ne pouvais m'empêcher de penser que; **to have a ~ing suspicion that** soupçonner secrètement que. ♦ **sneaky*** *adj* sournois.

sneer [snɪəʳ] **1** *vi* ricaner. **to ~ at sb** se moquer de qn d'un air méprisant; **to ~ at sth** tourner qch en ridicule. **2** *n* (*act*) ricanement *m*; (*remark*) sarcasme *m*. ♦ **sneering 1** *adj* ricaneur, sarcastique; **2** *n* ricanements *mpl*, sarcasmes *mpl*. ♦ **sneeringly** *adv* de façon sarcastique.

sneeze [sniːz] **1** *n* éternuement *m*. **2** *vi* éternuer. (*fig*) **it is not to be ~d at** ce n'est pas à dédaigner.

snide [snaɪd] *adj* narquois.

sniff [snɪf] **1** *n* reniflement *m*. **one ~ of that is enough to kill you** il suffit de respirer cela une

fois pour en mourir. **2** *vi* renifler; (*disdainfully*) faire la grimace. **to ~ at sth** [*dog, person*] renifler qch; (*fig*) faire la grimace à qch; **it's not to be ~ed at** ce n'est pas à dédaigner. **3** *vt* [*dog*] renifler, flairer; [*person*] *food, bottle* renifler, (*suspiciously*) flairer; *air, perfume* humer; *smelling salts, glue etc* respirer; *drug, inhalant etc* aspirer.

♦ **sniffle 1** *n* (*slight cold*) petit rhume *m* (de cerveau); **2** *vi* renifler. ♦ **sniffy*** *adj* (**a**) (*disdainful*) dédaigneux, **to be ~y about sth** faire le (*or* la) dégoûté(e) devant qch; (**b**) (*smelly*) qui a une drôle d'odeur.

snigger [ˈsnɪgəʳ] **1** *n* rire *m* en dessous. **2** *vi* pouffer de rire. **to ~ at** *remark, question* pouffer de rire en entendant; *sb's appearance etc* se moquer de. ♦ **sniggering** *n* rires *mpl* en dessous.

snip [snɪp] **1** *n* (*cut*) petit coup *m*; (*small piece*) petit bout *m*; (*: bargain*) bonne affaire *f*. **2** *vt* couper.

snipe [snaɪp] **1** *n* (*pl inv: bird*) bécassine *f*. **2** *vi*: **to ~ at sb/sth** (*shoot*) canarder* qn/qch; (*fig: verbally*) critiquer qn/qch par en dessous. ♦ **sniper** *n* tireur embusqué, canardeur* *m*.

snippet [ˈsnɪpɪt] *n* [*cloth, paper*] petit bout *m*; [*conversation, news*] bribes *fpl*.

snivel [ˈsnɪvl] *vi* pleurnicher. ♦ **sniveller** *n* pleurnicheur *m*, -euse *f*. ♦ **snivelling 1** *adj* pleurnicheur; **2** *n* pleurnicheries *fpl*.

snob [snɒb] *n* snob *mf*. **he's a terrible ~** il est terriblement snob. ♦ **snobbery** *n* snobisme *m*. ♦ **snobbish** *adj* (*gen*) snob *inv*; *lowly placed person* très impressionné par les gens importants (*or* riches *etc*). ♦ **snobbishness** *n* snobisme *m*. ♦ **snobby*** *adj* snob *inv*.

snog‡ [snɒg] *vi* (*Brit*) se peloter*.

snooker [ˈsnuːkəʳ] *n* ≃ jeu *m* de billard.

snoop [snuːp] *vi* se mêler des *or* fourrer son nez* dans les affaires des autres. **he's been ~ing around here again** il est revenu fourrer son nez* par ici; **to ~ on sb** espionner qn. ♦ **snooper** *n* personne *f* qui fourre son nez* partout.

snooze* [snuːz] **1** *n* petit somme *m*. **2** *vi* sommeiller.

snore [snɔːʳ] **1** *vi* ronfler (*en dormant*). **2** *n* (*also* **snoring**) ronflement *m*.

snorkel [ˈsnɔːkl] *n* (*Sport*) tuba *m*.

snort [snɔːt] **1** *vi* [*horse etc*] s'ébrouer; [*person*] grogner; (*laughing*) s'étrangler de rire. **2** *n* ébrouement *m*; grognement *m*. ♦ **snorter*** *n* (**a**) **a ~er of a question/problem** une question/un problème vache‡; **a ~er of a game** un match formidable*; (**b**) (*drink*) petit verre *m*.

snot‡ [snɒt] *n* morve *f*. ♦ **snotty*** *adj nose* qui coule; *face, child* morveux.

snout [snaʊt] *n* museau *m*.

snow [snəʊ] **1** *n* neige *f*; (*on TV screen*) neige *f*; (*Drugs sl*) neige‡, cocaïne *f*. **hard/soft ~** neige dure/molle; (*Met*) **~ report** bulletin *m* d'enneigement. **2** *vi* neiger. **3** *vt*: **to be ~ed in** *or* **up** être bloqué par la neige; (*fig*) **to be ~ed under** être submergé (*with* de). ♦ **snowball 1** *n* boule *f* de neige; **~ball fight** bataille *f* de boules de neige; **2** *vi* se lancer des boules de neige; (*fig*) [*project etc*] faire boule de neige. ♦ **snow-blindness** *n* cécité *f* des neiges. ♦ **snowbound** *adj road, country* complètement enneigé; *village, person* bloqué par la neige. ♦ **snow-capped** *adj* couronné de neige. ♦ **snowcat** *or* (*US*) **snowmobile** *n* autoneige *f*. ♦ **snow-covered** *adj* enfoui sous la neige. ♦ **snowdrift** *n* congère *f*. ♦ **snowdrop** *n* perce-neige *m inv*. ♦ **snowfall** *n* chute *f* de neige. ♦ **snowflake** *n* flocon *m* de neige. ♦ **snowline** *n* limite *f* des neiges (éternelles). ♦ **snowman** *n* bonhomme *m* de neige; **the abominable ~man** l'abominable homme *m* des neiges. ♦ **snowplough** *or* (*US*) **snowplow** *n* chasse-neige *m inv*. ♦ **snowshoe** *n* raquette *f*. ♦ **snowslide** *n* avalanche f. ♦ **snowstorm** n tempête f de neige. ♦ **snow-white** adj blanc comme neige. ♦ **Snow White** n Blanche-Neige f. ♦ **snowy** adj weather, region neigeux; hills, roof enneigé; day etc de neige; (fig) linen neigeux; hair de neige; **it was very ~y yesterday** il a beaucoup neigé hier.

snub[1] [snʌb] **1** n rebuffade f. **2** vt person snober; offer repousser. **to be ~bed** essuyer une rebuffade.

snub[2] [snʌb] adj nose retroussé. ♦ **snub-nosed** adj au nez retroussé.

snuff [snʌf] n tabac m à priser. **pinch of ~** prise f; **to take ~** priser. ♦ **snuffbox** n tabatière f.

snug [snʌg] adj (cosy) douillet, confortable; (safe) harbour bien abrité; hideout très sûr. **it's nice and ~ here** il fait bon ici; **~ in bed** bien au chaud dans son lit. ♦ **snuggle** vi (~gle down, ~gle up) se blottir (into sth dans qch; beside sb contre qn). ♦ **snugly** adv douillettement, confortablement; **to fit ~ly** [garment] être bien ajusté; [object in box etc] rentrer juste bien.

so [səʊ] **1** adv **(a)** (to such an extent) si, tellement, aussi. **~ tiring** si or tellement fatigant; **he was ~ clumsy that he** ... il était si or tellement maladroit qu'il ...; **the body was ~ burnt that it** ... le cadavre était brûlé à un point tel qu'il ...; **he ~ loves her that he** ... il l'aime tant or tellement qu'il ...; **~ ... as to + infin** assez ... pour + infin; **he was ~ stupid as to tell her** il a été assez stupide pour le lui dire; **he was not ~ stupid as to say that to her** il n'a pas été bête au point de lui dire cela; **he is not ~ clever as his brother** il n'est pas aussi or si intelligent que son frère; **it's not ~ big as all that!** ce n'est pas si grand que ça!

(b) (~ as to, ~ that) **~ as not to be late** pour ne pas être en retard; **~ that** (purpose) pour + infin, pour que + subj; (result) si bien que + indic; **I'm going early ~ that I'll get a ticket** j'y vais tôt pour obtenir un billet; **I brought it ~ that you could read it** je te l'ai apporté pour que vous le lisiez; **he refused to move, ~ that the police had to carry him away** il a refusé de bouger, si bien que les agents ont dû l'emporter de force.

(c) (very) si, tellement. **I'm ~ tired!** je suis si or tellement fatigué!; **~ very tired** vraiment si fatigué; **~ much to do** tellement or tant de choses à faire.

(d) (thus, in this way) ainsi, comme ceci or cela. **you should stand just ~** vous devriez vous tenir ainsi or comme ceci; **he likes everything to be just ~** il aime que tout soit fait comme ça et pas autrement*; **as A is to B ~ C is to D** C est à D ce que A est à B; **~ it was that** ... c'est ainsi que ...; (frm) **~ be it** soit; **it ~ happened that** il s'est trouvé que.

(e) (phrases) **~ saying** ... sur ces mots ...; **~ I believe** c'est ce qu'il me semble; **is that ~?** vraiment?; **that is ~** c'est exact; **if that is ~** ... s'il en est ainsi ...; **if ~** si oui; **perhaps ~** peut-être si bien que oui; **just ~!**, **quite ~!** exactement!; **I told you ~ yesterday** je vous l'ai dit hier; **I told you ~!** je vous l'avais bien dit!; **he certainly said ~** il l'a bien dit; **do ~** faites-le; **I think ~** je (le) crois, je (le) pense; **I hope ~** je l'espère bien; ... **only more ~** ... mais encore plus; **how ~?** comment?; **he said they would be there and ~ they were** il a dit qu'ils seraient là, et en effet ils y étaient; **~ do I!**, **~ have I!**, **~ am I!** etc moi aussi!; **~ he did!** (or ~ it is! etc) en effet!; **I didn't say that! — you did so!** je n'ai pas dit ça! — mais si tu l'as dit!; **20 or ~** à peu près 20, environ 20, une vingtaine; **and ~ on** (and ~ forth) et ainsi de suite; **~ long!** à bientôt!

2 conj donc, par conséquent; alors. **he was late, ~ he missed the train** il est arrivé en retard, donc or par conséquent il a manqué le train; **~ there he is!** le voilà donc!; **the roads are busy, ~ be careful** il y a beaucoup de circulation, alors fais bien

attention; **~ you're selling it?** alors vous le vendez?; **and ~ you see** ... alors comme vous voyez ...; **~ what?*** et alors?

♦ **so-and-so** n: **Mr S~-and-~*** Monsieur un tel; **Mrs S~-and-~*** Madame une telle; **he's an old ~-and-~*** c'est un vieil imbécile; **if you ask me to do ~-and-~** si vous me demandez de faire ci et ça. ♦ **so-called** adj soi-disant inv, prétendu. ♦ **so-so*** adj comme ci comme ça.

soak [səʊk] **1** vt **(a)** faire tremper (in dans). **to be ~ed through** être trempé; **to be/get ~ed to the skin** être trempé/se faire tremper jusqu'aux os; **bread ~ed in milk** pain m imbibé de lait. **(b)** (‡: take money from) (by overcharging) estamper‡. (by taxation) **to ~ the rich** faire casquer* les riches. **2** vi tremper (in dans). **3** n (‡: drunkard) soûlard* m.

soak in vi [liquid] pénétrer. (fig) **I told him what I thought and left it to ~ in*** je lui ai donné mon opinion et je l'ai laissé méditer dessus.

soak up vt sep (lit, fig) absorber. ♦ **soaking** (wet) adj trempé.

soap [səʊp] **1** n savon m. **2** vt (~ down) savonner. ♦ **soapdish** n porte-savon m. ♦ **soapflakes** npl paillettes fpl de savon. ♦ **soap-opera** n mélo* m à épisodes. ♦ **soap-powder** n lessive f. ♦ **soapsuds** npl (lather) mousse f de savon; (~y water) eau f savonneuse. ♦ **soapy** adj water savonneux; taste de savon; (*fig pej) person doucereux.

soar [sɔːʳ] vi (often ~ up) [bird, aircraft, prices etc] monter en flèche; [ball etc] voler (over par-dessus); [tower] s'élancer vers le ciel; [ambitions, hopes] grandir démesurément; [spirits, morale] remonter en flèche. ♦ **soaring** adj qui monte en flèche; élancé.

sob [sɒb] **1** vi sangloter. **2** vt dire en sanglotant. **3** n sanglot m. **4** adj: **~ story*** histoire f à (vous) fendre le cœur; **~ stuff*** mélo* m, sensiblerie f. ♦ **sobbing** n sanglots mpl; **2** adj sanglotant.

sober ['səʊbəʳ] **1** adj **(a)** (moderate) person sérieux; estimate, statement modéré; occasion solennel; suit, colour sobre. **the ~ truth** la vérité toute simple; **the ~ fact of the matter** les faits tels qu'ils sont; **in a ~ mood** plein de gravité. **(b)** (not drunk) **I'm perfectly ~** je n'ai vraiment pas trop bu; **he's never ~** il est toujours ivre; **he is ~ now** il est désenivré maintenant; **to be as ~ as a judge**, **to be stone-cold ~** n'être absolument pas ivre. **2** vt (~ up) (calm) calmer; (deflate) dégriser. **(b)** (stop being drunk) désenivrer. **3** vi (~ up) (calm down) se calmer; (grow sadder) être dégrisé; (stop being drunk) désenivrer. (fig) **it had a ~ing effect on him** ça lui a donné à réfléchir.

♦ **soberly** adv speak, say avec modération; behave, act de façon posée; furnish, dress sobrement. ♦ **soberness** or ♦ **sobriety** n sérieux m; modération f; sobriété f.

soccer ['sɒkəʳ] **1** n football m, foot* m. **2** adj match, pitch, team de football, de foot*; season du football. **~ player** footballeur m.

sociable ['səʊʃəbl] adj person, animal sociable; evening, gathering amical. **I'll have a drink just to be ~** je prendrai un verre rien que pour vous faire plaisir; **I'm not feeling very ~** je n'ai pas envie de voir des gens. ♦ **sociability** n sociabilité f. ♦ **sociably** adv invite, say amicalement.

social ['səʊʃəl] **1** adj (a) behaviour, class, problems, customs, reforms social. **a ~ outcast** un paria; **~ anthropology** anthropologie f sociale; **S~ Democracy** social-démocratie f; **S~ Democrat** social-démocrate mf; (US) **~ insurance** sécurité f sociale; **~ science** sciences fpl humaines; **~ scientist** spécialiste mf des sciences humaines; **~ security** (n) aide f sociale; (adj) benefits etc de la sécurité sociale; **to be on ~ security*** recevoir l'aide sociale; **the ~ services** les services mpl sociaux; **Department of S~**

Services ministère *m* des Affaires sociales; ~ **studies** sciences sociales; ~ **welfare** sécurité sociale; ~ **work** assistance *f* sociale; ~ **worker** assistant(e) *m(f)* de service social, assistant(e) social(e). **(b)** (*in society*) *engagements, life* mondain. ~ **climber** (*still climbing*) arriviste *mf*; (*arrived*) parvenu(e) *m(f)*; (*Press*) ~ **column** carnet *m* mondain; **a gay** ~ **life** une vie très mondaine; **we've got no** ~ **life** nous ne sortons jamais; **how's your** ~ **life?*** est-ce que tu sors beaucoup? **(c)** (*gregarious*) *person* sociable; *evening* agréable. ~ **club** association *f* amicale.
2 *n* fête *f*.

♦ **socialism** *n* socialisme *m*. ♦ **socialist** *adj, n* socialiste (*mf*). ♦ **socialite** *n* personnalité *f* en vue dans la haute société. ♦ **socialize 1** *vt* (*Pol, Psych*) socialiser; **2** *vi* (*be with people*) fréquenter des gens; (*make friends*) se faire des amis; (*chat*) bavarder (**with** *sb* avec qn). ♦ **socially** *adv interact, be valid* socialement; *acceptable* en société; **I know him** ~**ly** nous nous rencontrons en société.

society [sə'saɪətɪ] **1** *n* **(a)** (*community*) société *f*. **to live in** ~ vivre en société; **it is a danger to** ~ cela met la société en danger. **(b)** (*high* ~) haute société *f*. **polite** ~ la bonne société. **(c)** (*companionship*) compagnie *f*. **in the** ~ **of** en compagnie de; **I enjoy his** ~ je me plais en sa compagnie. **(d)** (*association, group*) société *f*, association *f*; (*Scol, Univ etc*) club *m*, association. **dramatic** ~ club théâtral, association théâtrale; **learned** ~ société savante. **2** *adj photographer, wedding* mondain.

socio... ['səʊsɪəʊ] *pref* socio... . ~**economic** socio-économique.

sociology [‚səʊsɪ'ɒlədʒɪ] *n* sociologie *f*. ♦ **sociological** *adj* sociologique. ♦ **sociologist** *n* sociologue *mf*.

sock¹ [sɒk] *n* chaussette *f*, (*shorter*) socquette *f*. (*fig*) **to pull up one's** ~**s** se secouer*.

sock²* [sɒk] *n*: **to give sb a** ~ **on the jaw** flanquer un coup sur la gueule* à qn.

socket ['sɒkɪt] *n* (*gen*) cavité *f* (*où qch s'emboîte*); [*bone*] cavité articulaire; [*eye*] orbite *f*; [*tooth*] alvéole *f*; (*Elec: for light bulb*) douille *f*; (*Elec: also wall* ~) prise *f* de courant (*femelle*).

soda ['səʊdə] **1** *n* **(a)** (*Chem*) soude *f*; (*washing* ~) cristaux *mpl* de soude. **(b)** (~ **water**) eau *f* de Seltz. **whisky and** ~ whisky *m* soda. **(c)** (*US:* **pop**) soda *m*. **2** *adj:* ~ **fountain** buvette *f*; ~ **siphon** siphon *m* (d'eau gazeuse).

sodden ['sɒdn] *adj ground* détrempé; *clothes* trempé.

sodium ['səʊdɪəm] **1** *n* sodium *m*. **2** *adj:* ~ **bicarbonate** bicarbonate *m* de soude; ~ **light** lampe *f* à vapeur de sodium.

sofa ['səʊfə] *n* sofa *m*, canapé *m*.

soft [sɒft] **1** *adj* **(a)** (*not hard etc*) *mattress, pillow* doux (*f* douce), (*unpleasantly so*) mou (*f* molle); *mud, snow, ground, collar, cheese* mou; *substance* malléable; *wood, stone, pencil* tendre; *butter, leather, brush* souple; *fabric, hand, skin* doux; *hair* soyeux; *toy* de peluche; (*pej: flabby*) *person, muscle* avachi. ~ **fruit** = fruits *mpl* rouges; (*Comm*) ~ **furnishings** tissus *mpl* d'ameublement (*rideaux etc*); (*Comm*) ~ **goods** textiles *mpl*; (*Anat*) ~ **palate** voile *m* du palais; **to grow or become** ~(**er**) = soften 2; **to make** ~(**er**) = soften 1; **this sort of life makes you** ~ ce genre de vie vous ramollit; ~ **currency** devise *f* faible; ~ **drinks** boissons *fpl* non alcoolisées; ~ **drugs** drogues *fpl* douces; (*fig*) ~ **soap*** flagornerie *f*; **to be a** ~ **touch*** se faire avoir (facilement); (*Aut*) ~ **verges** accotements *mpl* non stabilisés; ~ **water** eau *f* qui n'est pas calcaire. **(b)** (*not rough*) *tap, pressure* doux, léger; *breeze, rain, weather* doux; (*Aviat*) *landing* en douceur. **(c)** (*not harsh*) *look, smile* doux, gentil; *answer* aimable, gentil; *heart*

tendre; *life, job, option* facile; *person* indulgent (*with or on sb* envers qn). **he has a** ~ **time of it*** il se la coule douce*; **to have a** ~ **spot for** avoir un faible pour; ~ **sell** promotion *f* de vente discrète. **(d)** (*not loud*) *sound, laugh* doux, léger; *tone, music, voice* doux; *steps* feutré. **in a** ~ **voice** d'une voix douce; **the radio is too** ~ la radio ne joue pas assez fort; **the music is too** ~ la musique n'est pas assez forte; ~ **pedal** pédale *f* douce. **(e)** *light, colour,* (*Ling*) *consonant* doux. (*Phot*) ~ **focus** flou *m* artistique. **(f)** (*: *stupid*) stupide. **(g)** (*: *no stamina*) **he's** ~ il n'a pas de nerf.
2 *adv* doucement.

♦ **soft-boiled egg** *n* œuf *m* à la coque. ♦ **soften (up) 1** *vt* **(a)** (*gen*) adoucir; *butter, clay, ground* ramollir; *collar, leather* assouplir; *outline* estomper; *resistance* amoindrir; (*fig*) **to** ~**en the blow** amortir le choc; **(b)** *person* attendrir; (*: *by cajoling*) *customer etc* baratiner‡; (*: *by bullying*) intimider; **2** *vi* s'adoucir; se ramollir; s'assouplir; s'estomper; **his heart** ~**ened** il s'est attendri; **his eyes** ~**ened** son regard s'est adouci. ♦ **softener** *n* (*water softener*) adoucisseur *m*; (*fabric softener*) adoucissant *m*. ♦ **soft-hearted** *adj* au cœur tendre. ♦ **softie*** *n* (*tender-hearted*) tendre *mf*; (*no stamina*) mauviette *f*; (*coward*) poule *f* mouillée. ♦ **softly** *adv* (*quietly*) *say, sing* doucement; *walk* à pas feutrés; (*gently*) *tap* légèrement; (*tenderly*) *smile, look* tendrement, gentiment. ♦ **softness** *n* (*gen*) douceur *f*; [*bed, mattress, pillow*] douceur, mollesse *f* (*pej*); [*snow, ground, butter*] mollesse; [*substance*] malléabilité *f*; [*leather, brush, collar*] souplesse *f*; [*person, muscle*] avachissement *m*; [*outline, photograph*] flou *m*; [*words, glance*] douceur, gentillesse *f*; [*answer*] amabilité *f*, gentillesse; (*indulgence*) manque *m* de sévérité (*towards* envers). ♦ **soft-spoken** *adj* à la voix douce. ♦ **software** *n* (*Computers*) software *m*, logiciel *m*. ♦ **softwood** *n* bois *m* tendre.

soggy ['sɒgɪ] *adj ground* détrempé; *clothes* trempé; *bread* mal cuit‡; *heat, pudding* lourd.

soh [səʊ] *n* (*Mus*) sol *m*.

soil [sɔɪl] **1** *n* sol *m*, terre *f*. **rich/chalky** ~ sol or terre riche/calcaire; **cover it over with** ~ recouvre-le de terre; **on French** ~ sur le sol français. **2** *vt* (*dirty*) salir. ~**ed linen** linge *m* sale. **3** *vi* [*material, garment*] se salir.

solar ['səʊlə'] *adj/gen/* solaire; *heating* à l'énergie solaire. ~ **plexus** plexus *m* solaire.

sold [səʊld] *pret, ptp of* sell.

solder ['səʊldə'] **1** *n* soudure *f*. **2** *vt* souder. ~**ing iron** fer *m* à souder.

soldier ['səʊldʒə'] **1** *n* soldat *m*, militaire *m*. **girl** ~ femme *f* soldat; **to play at** ~**s** (*pej*) jouer à la guerre; [*children*] jouer aux soldats; **old** ~ vétéran *m*. **2** *vi* servir dans l'armée. (*fig*) **to** ~ **on** persévérer (malgré tout). ♦ **soldierly** *adj* typiquement militaire.

sole¹ [səʊl] *n, pl inv* (*fish*) sole *f*.

sole² [səʊl] **1** *n* [*shoe*] semelle *f*; [*foot*] plante *f*. **2** *vt* ressemeler.

sole³ [səʊl] *adj* **(a)** (*only*) seul, unique. **the** ~ **reason** la seule *or* l'unique raison. **(b)** (*exclusive*) *right* exclusif. (*Comm*) ~ **agent** concessionnaire *mf* (*for* de). ♦ **solely** *adv* (*only*) seulement, uniquement; (*entirely*) entièrement.

solecism ['sɒlɪsɪzəm] *n* (*Ling*) solécisme *m*; (*social offence*) faute *f* de goût.

solemn ['sɒləm] *adj* (*gen*) solennel; *duty* sacré; *warning* plein de gravité. ♦ **solemnity** [sə'lemnɪtɪ] *n* solennité *f*; caractère *m* sacré; gravité *f*. ♦ **solemnization** *n* [*marriage*] célébration *f*. ♦ **solemnize** *vt* célébrer. ♦ **solemnly** *adv promise, utter* solennellement; *say, smile* gravement, d'un air solennel.

sol-fa ['sɒl'fɑː] *n* solfège *m*.

solicit [sə'lɪsɪt] **1** *vt* solliciter (*from* de). **2** *vi*

[prostitute] racoler. ♦ **soliciting** n racolage m.
solicitor [sə'lɪsɪtə^r] n *(Brit)* ≈ avocat m; *(US)* ≈
juriste m conseil.
solicitous [sə'lɪsɪtəs] adj *(anxious)* préoccupé
(for, about de); *(eager)* désireux *(of* de; *to do de*
faire). ♦ **solicitude** n sollicitude f.
solid ['sɒlɪd] **1** adj *(gen) substance, structure,
reasons, character* solide; *ball, block, tyre* plein;
crowd dense; *row, line* continu; *vote* unanime.
frozen ~ complètement gelé; **to become** ~ se solidifier; ~ **geometry** géométrie f dans l'espace;
cut out of ~ **rock** taillé à même la pierre; **in** ~
gold/oak en or/chêne massif; ~ **fuel** combustible
m solide; **a** ~ **stretch of yellow** une étendue de
jaune uni; **he was 6 ft 2 of** ~ **muscle** c'était un
homme de 2 mètres de haut et tout en muscles; **on**
~ **ground** sur la terre ferme, *(in discussion etc)*
en terrain sûr; ~ **common sense** solide bon sens
m; **a good** ~ **worker** un travailleur sérieux; **he's a
good** ~ **bloke*** c'est qn sur qui on peut compter;
the square was ~ **with cars*** la place était
complètement embouteillée; **Moordown is** ~ **for
Labour** Moordown vote massivement pour les
travaillistes; **a** ~ **hour** une heure entière; **2** ~
days 2 jours d'affilée; **a** ~ **day's work** une journée
entière de travail.
2 n *(gen)* solide m. *(food)* ~s aliments mpl
solides.
♦ **solidarity** n solidarité f. ♦ **solidification** n
solidification f. ♦ **solidify 1** vt solidifier; **2** vi se
solidifier. ♦ **solidity** n solidité f. ♦ **solidly** adv
build etc solidement; *vote* massivement; **they are**
~**ly behind him** ils le soutiennent à l'unanimité.
♦ **solid-state** adj *(Phys)* des solides; *(Electronics)* transistorisé.
soliloquy [sə'lɪləkwɪ] n soliloque m.
solitary ['sɒlɪtərɪ] adj **(a)** *(alone: gen)* solitaire;
hour de solitude; *(lonely)* seul. *(Jur)* **in** ~ **confinement** au régime cellulaire; **to take a** ~ **walk** se
promener tout seul. **(b)** *(only one)* seul, unique
(before n). **a** ~ **example** un seul or unique
exemple; **not a** ~ **one** pas un seul. ♦ **solitude** n
solitude f.
solo ['səʊləʊ] **1** n *(Mus)* solo m. **piano** ~ solo de
piano. **2** adv *play, sing* en solo; *fly* en solitaire.
3 adj *violin etc* solo inv; *flight etc* en solitaire.
♦ **soloist** n soliste mf.
solstice ['sɒlstɪs] n solstice m.
soluble ['sɒljʊbl] adj *(all senses)* soluble.
♦ **solubility** n solubilité f.
solution [sə'lu:ʃən] n *(all senses)* solution f *(to* de).
solve [sɒlv] vt *equation, problem* résoudre; *crossword puzzle* réussir; *mystery* éclaircir; *riddle*
trouver la solution de.
solvent ['sɒlvənt] **1** adj *(Fin)* solvable; *(Chem)*
dissolvant. **2** n *(Chem)* solvant m. ♦ **solvency** n
solvabilité f.
sombre, *(US)* **somber** ['sɒmbə^r] adj sombre.
some [sʌm] **1** adj **(a)** *(a certain amount or number
of)* ~ **tea/ice/water/cakes** du thé/de la glace/de
l'eau/des gâteaux; **there are** ~ **children outside** il
y a des enfants or quelques enfants dehors; ~ **old
shoes** de vieilles chaussures; **will you have** ~ **more meat?**
voulez-vous encore de la viande?
(b) *(unspecified)* ~ **woman was asking for her**
il y avait une dame qui la demandait; **in** ~ **book or
other** quelque part dans un livre; **at** ~ **place in
Africa** quelque part en Afrique; ~ **day** un de ces
jours, un jour ou l'autre; ~ **next week** dans le
courant de la semaine prochaine; ~ **other day** un
autre jour; ~ **other time!** pas maintenant!; ~ **time
last week** un jour la semaine dernière; ~ **more
talented person** quelqu'un de plus doué; **there
must be** ~ **solution** il doit bien y avoir une solution
quelconque.
(c) *(contrasted with others)* ~ **children like
school** certains enfants aiment l'école, il y a des

enfants qui aiment l'école; ~ **people say that** ... il
y a des gens qui disent que ...; **in** ~ **ways, he's
right** dans un *(certain)* sens, il a raison; **in** ~ **way**
or **(an)other** d'une façon ou d'une autre.
(d) *(a considerable amount of)* **it took** ~
courage to refuse il a fallu un certain courage or
pas mal de* courage pour refuser; **at** ~ **length**
assez longuement; ~ **distance away** à quelque
distance; **I haven't seen him for** ~ **years** cela fait
quelques années que je ne l'ai pas vu; *V* time.
(e) *(emphatic: a little)* **we still have** SOME
money left il nous reste quand même un peu d'argent; **that's** SOME **consolation** c'est quand même
une petite consolation.
(f) *(intensive)* **that's** ~ **fish!*** quel poisson!;
that was ~ **film!*** c'était un film formidable; *(iro)*
you're ~ **help!*** tu parles* d'une aide!
2 pron **(a)** *(a certain number)* quelques-un(e)s
m(f)pl, certain(e)s m(f)pl. ~ **went this way and
others** went that il y en a qui sont partis par ici et
d'autres par là; ~ **(of them) have been sold** certains (d'entre eux) ont été vendus, on en a vendu
un certain nombre; **I've still got** ~ **of them** j'en ai
encore quelques-uns; ~ **of my friends** certains or
quelques-uns de mes amis; **I've got** ~ j'en ai
quelques-uns. **(b)** *(a certain amount)* **I've got** ~
j'en ai; **have** ~! prenez-en!; **have** ~ **more**
reprenez-en; **if you find** ~ si vous en trouvez;
have ~ **of this cake** prenez un peu de ce gâteau; ~
(of it) has been eaten on en a mangé (un morceau);
~ **of this work** une partie de ce travail; ~ **of what
you said** certaines choses que vous avez dites.
3 adv *(about)* quelque, environ. ~ **twenty
houses** quelque vingt maisons, une vingtaine de
maisons.
somebody ['sʌmbədɪ] pron quelqu'un. **there is** ~
at the door il y a quelqu'un à la porte; **there is** ~
knocking at the door on frappe à la porte; ~ **else**
quelqu'un d'autre; ~ **strong** quelqu'un de fort; ~
French un Français, quelqu'un de français; ~ **or
other** quelqu'un, je ne sais qui; **Mr S**~**-or-other**
Monsieur Machin*; **she thinks she's** ~ elle se
prend pour quelqu'un (d'important).
somehow ['sʌmhaʊ] adv **(a)** *(in some way)* **it must
be done** ~ **(or other)** il faut que ce soit fait d'une
façon ou d'une autre; **he managed it** ~ il y est
arrivé tant bien que mal; **we'll manage** ~ on se
débrouillera; **we saved him** ~ or **other** nous
l'avons sauvé je ne sais comment. **(b)** *(for some
reason)* ~ **he's never succeeded** pour une raison
ou pour une autre il n'a jamais réussi; **it seems
odd** ~ je ne sais pas pourquoi, mais ça semble
bizarre.
someone ['sʌmwʌn] pron = **somebody**.
someplace ['sʌmpleɪs] adv *(US)* = **somewhere**.
somersault ['sʌməsɔ:lt] **1** n *(on ground; also accidental)* culbute f; *(by child)* galipette f; *(in air)*
saut m périlleux; *(by car)* tonneau m. **2** vi *(also
turn a* ~*)* faire la culbute or un saut périlleux or
un tonneau.
something ['sʌmθɪŋ] **1** pron quelque chose. ~
moved il y a quelque chose qui a bougé; ~ **has
happened** quelque chose est arrivé; ~ **unusual**
quelque chose d'inhabituel; **there must be** ~
wrong il doit y avoir quelque chose qui ne va pas;
did you say ~? pardon?, comment?; **I want** ~ **to
read** je veux quelque chose à lire; **would you like**
~ **to drink?** voulez-vous boire quelque chose?;
give him ~ **to drink** donnez-lui quelque chose à
boire; ~ **to live for** une raison de vivre; **I have** ~
else to do j'ai quelque chose d'autre à faire; ~ **or
other** quelque chose; ~ **of the kind** quelque chose
dans ce genre-là; **there's** ~ **about her I don't like**
il y a chez elle quelque chose que je n'aime pas;
there's ~ **in what you say** il y a du vrai dans ce que
vous dites; **here's** ~ **for your trouble** voici pour
votre peine; **give him** ~ **for himself** donnez-lui un
petit quelque chose; **you've got** ~ **there!*** c'est

vrai ce que tu dis là!; **that really is ~!*** c'est pas rien!*; **that certain ~* which makes all the difference** ce petit je ne sais quoi qui fait toute la différence; **he's called Paul ~** il s'appelle Paul quelque chose; **the 4-~ train** le train de 4 heures et quelques; **I hope to see ~ of you** j'espère vous voir un peu; **it is really ~* to find good coffee** ça n'est pas rien* de trouver du bon café; **that's ~!*** ça n'est pas rien!*; **that's always ~** c'est toujours ça; **or ~** ou quelque chose dans ce genre-là; **he is ~ of a miser** il est plutôt avare; **he is ~ of a pianist** il est assez bon pianiste.

  2 adv: **~ like 200** quelque chose comme 200; **~ over £5,000** plus de 5 000 livres; **~ under £10** un peu moins de 10 livres; **~ like his father** un peu comme son père; **that's ~ like a claret!** ça au moins, c'est du bordeaux!; **that's ~ like it!*** ça au moins, c'est bien!; **it was ~ dreadful*** c'était vraiment épouvantable.

sometime ['sʌmtaɪm] **1** adv: **~ last month** le mois dernier, au cours du mois dernier; **it was ~ last winter** c'était pendant l'hiver dernier (je ne sais plus exactement quand); **I'll do it ~** je le ferai un de ces jours; **~ soon** bientôt; **~ before January** d'ici janvier; **~ next year** (dans le courant de) l'année prochaine; **~ after my birthday** après mon anniversaire; **~ or (an)other it will have to be done** il faudra bien le faire tôt ou tard. **2** adj (former) ancien (before n).

sometimes ['sʌmtaɪmz] adv (a) quelquefois, parfois, de temps en temps. (b) **~ happy, ~ sad** tantôt gai, tantôt triste.

somewhat ['sʌmwɒt] adv quelque peu, assez.

somewhere ['sʌmwɛəʳ] adv (a) (in space) quelque part. **~ else** autre part, ailleurs; **he's ~ about** il est quelque part par ici; **~ near Paris** quelque part pas bien loin de Paris; **~ or other je** ne sais où, quelque part; **~ or other in France** quelque part en France. (b) (approximately) environ. **~ about 10 o'clock** vers 10 heures, à 10 heures environ; **~ about £12** environ 12 livres, dans les 12 livres.

somnambulism [sɒmˈnæmbjʊlɪzəm] n somnambulisme m. ♦ **somnambulist** n somnambule mf.

somnolence ['sɒmnələns] n somnolence f. ♦ **somnolent** adj somnolent.

son [sʌn] n fils m. **come here, ~*** viens ici, mon gars*. ♦ **son-in-law** n gendre m, beau-fils m.

sonar ['səʊnɑːʳ] n sonar m.

sonata [səˈnɑːtə] n sonate f.

song [sɒŋ] n (gen) chanson f; (more formal) chant m; [birds] chant. **to burst into ~** se mettre à chanter; **give us a ~** chante-nous qch; **~ without words** romance f sans paroles; (fig) **it was going for a ~** c'était à vendre pour une bouchée de pain; **to make a ~ and dance*** faire toute une histoire* (about à propos de). ♦ **songbird** n oiseau m chanteur. ♦ **songbook** n recueil m de chansons. ♦ **song hit** n chanson f à succès, tube* m. ♦ **songwriter** n compositeur m, -trice f de chansons.

sonic ['sɒnɪk] adj (gen) sonique. **~ depth-finder** sonde f à ultra-sons.

sonnet ['sɒnɪt] n sonnet m.

sonorous ['sɒnərəs] adj sonore. ♦ **sonority** n sonorité f. ♦ **sonorously** adv d'un ton sonore.

soon [suːn] adv (a) (before long) bientôt; vite. **we shall ~ be in Paris** nous serons bientôt à Paris; **you would ~ get lost** vous seriez vite perdu; **he ~ changed his mind** il a vite changé d'avis; **see you ~!** à bientôt!; **very ~** très vite, très bientôt; **quite ~** dans assez peu de temps, assez vite; **~ afterwards** peu après; **all too ~ it was over** ce ne fut que trop vite fini. (b) (early) tôt. **why have you come so ~?** pourquoi êtes-vous venu si tôt?; **much ~er than this** bien plus tôt que cela, bien avant; **how ~ can you get here?** dans combien de temps au plus tôt peux-tu être ici?; **how ~ will it be ready?** dans combien de temps est-ce que ce

sera prêt? (c) (in phrases) **as ~ as possible** dès que possible, aussitôt que possible. **I'll do it as ~ as I can** je le ferai aussitôt que je le pourrai or aussitôt que possible; **let me know as ~ as you've finished** prévenez-moi dès que or aussitôt que vous aurez fini; **as ~ as 7 o'clock** dès 7 heures; **the ~er we get started the ~er we'll be done** plus tôt nous commencerons plus tôt nous aurons fini; **the ~er the better** le plus tôt sera le mieux; **~er or later** tôt ou tard; **no ~er had he finished than ... à** peine avait-il fini que ... . (d) (expressing preference) **I'd as ~ do that** j'aimerais autant faire ça; **I'd ~er you didn't tell him** je préférerais que vous ne lui disiez pas; **I would ~er stay here than go** je préférerais or j'aimerais mieux rester ici plutôt que d'y aller; **I'd ~er not, I'd as ~ not** je n'y tiens pas; **I'd ~er die!** plutôt mourir!; **~er you than me!*** je n'aimerais pas être à ta place.

soot [sʊt] n suie f. ♦ **sooty** adj surface, hands noir de suie.

soothe [suːð] vt person, nerves, pain calmer; anger, anxieties apaiser. ♦ **soothing** adj medicine, ointment lénitif; tone, voice, words apaisant; sb's presence rassurant; hot bath relaxant. ♦ **soothingly** adv d'une manière apaisante; say d'un ton apaisant.

sop [sɒp] n (a) (Culin) **~s** aliments mpl semi-liquides; (fig) **as a ~ to his pride** pour flatter son amour-propre; **he said that as a ~ to the unions** il a dit cela pour amadouer les syndicats. (b) (*: sissy) poule f mouillée.

sop up vt sep [sponge, rag] absorber; [person] éponger (with avec).

♦ **sopping (wet)** adj trempé. ♦ **soppy*** adj sentimental; (sissy) mollasson.

sophisticated [səˈfɪstɪkeɪtɪd] adj person, mind, tastes raffiné; clothes, room d'une élégance raffinée; film, book, discussion subtil; song plein de recherche; machine, method sophistiqué, hautement perfectionné. **he's not very ~** il est très simple. ♦ **sophistication** n raffinement m; élégance f; subtilité f; recherche f; sophistication f.

sophomore ['sɒfəmɔːʳ] n (US) étudiant(e) m(f) de seconde année.

soporific [ˌsɒpəˈrɪfɪk] adj soporifique.

soprano [səˈprɑːnəʊ] **1** n soprano mf. **2** adj voice de soprano.

sorbet ['sɔːbɪt] n sorbet m.

sorcery ['sɔːsərɪ] n sorcellerie f. ♦ **sorcerer** n sorcier m.

sordid ['sɔːdɪd] adj (gen) sordide; agreement, deal, film, book ignoble.

sore [sɔːʳ] **1** adj (a) (painful) douloureux; (inflamed) irrité, enflammé. **that's ~!** ça me fait mal!; **where is it ~?** où est-ce que vous avez mal?; **I'm ~ all over** j'ai mal partout; **I have a ~ finger** j'ai mal au doigt; (fig) **a ~ point** un point délicat. (b) (*: offended) en rogne* (about à cause de; with sb contre qn). **he was feeling very ~ about it** il en était vraiment ulcéré; **to get ~** râler*, être en rogne*. **2** n (Med) plaie f. (fig) **to open up an old ~** rouvrir une ancienne blessure. ♦ **sorely** adv wounded grièvement; missed, regretted amèrement; tempted fortement; **it is ~ly needed** on en a grandement besoin. ♦ **soreness** n (painfulness) endolorissement m; (irritation) irritation f; (*: anger) colère f, rogne* f.

sorrel ['sɒrəl] n (Bot) oseille f; (horse) alezan m clair.

sorrow ['sɒrəʊ] **1** n peine f, chagrin m, tristesse f; (stronger) douleur f. **his ~ at the loss of his son** la douleur qu'il a éprouvée à la mort de son fils; **this was a great ~ to me** j'en ai eu beaucoup de peine or de chagrin; **more in ~ than in anger** avec plus de peine que de colère. **2** vi: **to ~ over sth** pleurer qch. ♦ **sorrowful** adj person triste, (stronger) affligé. ♦ **sorrowfully** adv tristement. ♦ **sorrowing** adj affligé.

sorry ['sɒrɪ] *adj* **(a)** *(regretful)* désolé. **I was ~ to hear of your accident** j'étais désolé d'apprendre que vous avez eu un accident; **I am ~ I cannot come/she cannot come** je regrette or je suis désolé de ne pas pouvoir venir/qu'elle ne puisse pas venir; **I am ~ to tell you that ...** je regrette de vous dire que ...; **he didn't pass, I'm ~ to say** il a échoué, malheureusement; **I am ~ I am late** excusez-moi d'être en retard; **say you're ~** demande pardon; **~!, ~ about that!*** pardon!, excusez-moi!; **I'm very** *or* **terribly ~** je suis vraiment désolé *or* navré; **I'm ~, but you're wrong** je regrette, mais vous avez tort; **~ about that vase** excusez-moi pour ce vase; **you'll be ~ for this** vous le regretterez. **(b)** *(pitying)* **to be** *or* **feel ~ for sb** plaindre qn, être désolé pour qn; **I feel so ~ for her** elle me fait pitié; **to be** *or* **feel ~ for o.s.** s'apitoyer sur son propre sort; **he looked very ~ for himself** il faisait piteuse mine. **(c)** *(woeful)* *condition, tale* triste, lamentable; *excuse* piètre *(before n)*, lamentable; *sight* désolant, affligeant. **in a ~ state** en piteux état.

sort [sɔ:t] **1** *n* *(gen)* genre *m*, espèce *f*, sorte *f*; *(make)* [*car, machine, coffee etc*] marque *f*. **this ~ of thing** ce genre de chose; **what ~ do you want?** vous en voulez de quelle sorte?; **what ~ of man is he?** quel genre d'homme est-ce?; **what ~ of dog is he?** qu'est-ce que c'est comme chien?; **he is not the ~ of man to refuse** ce n'est pas le genre d'homme à refuser; **he's the ~ that will cheat** il est du genre à tricher; **he's not that ~ of person** ce n'est pas son genre; **that's the ~ of person I am** c'est comme ça que je suis; **what ~ of an answer do you call that?** vous appelez ça une réponse?; **and all that ~ of thing** et tout ça*; **you know the ~ of thing I mean** vous voyez ce que je veux dire; **that ~ of behaviour** ce genre de conduite; **they're not our ~*** ce ne sont pas des gens comme nous; **it's my ~*** **of film** c'est le genre de film que j'aime; **sth of the ~** qch de ce genre(-là); **nothing of the ~!** pas le moins du monde!; *(pej)* **beef of a ~** qch qui peut passer pour du bœuf; **a painter of ~s** un peintre si l'on peut dire; **after a ~, in some ~** en quelque sorte; **to be out of ~s** ne pas être dans son assiette; *(fig)* **a good ~*** un brave type*, une brave fille; **there was a ~ of box** il y avait une sorte *or* une espèce de boîte, il y avait qch qui ressemblait à une boîte; **I was ~ of* frightened that ...** j'avais un peu peur que ... + ne + *subj*; **it's ~ of* blue** c'est plutôt bleu.

2 *vt* **(~ out)** *(classify)* *documents, stamps* classer; *(select those to keep)* *documents, clothes,* (*Post*) *letters etc* trier *(according to* selon*)*; *(separate)* séparer *(from* de*)*.

sort out *vt sep* **(a)** = **sort 2. (b)** *(tidy)* *papers, clothes* ranger; *ideas* mettre de l'ordre dans; *(solve)* *problem* régler; *difficulties* venir à bout de; *(fix, arrange)* arranger. **can you ~ this out?** est-ce que vous pourriez régler *or* arranger ça?; **we've got it all ~ed out now** nous avons réglé *or* résolu la question; **things will ~ themselves out** les choses vont s'arranger d'elles-mêmes; **I couldn't ~ out what had happened** je n'ai pas pu comprendre ce qui s'était passé; **did you ~ out with him when you had to be there?** est-ce que tu as décidé *or* fixé avec lui l'heure à laquelle tu dois y être?; **to ~ sb out*** *(by threatening etc)* régler son compte à qn*; *(get him out of difficulty etc)* tirer qn d'affaire.

♦ **sorter** *n* *(person)* trieur *m*, -euse *f*; *(machine)* trieur *m*. ♦ **sorting-office** *n* bureau *m* de tri.

sortie ['sɔ:tɪ] *n* (*Aviat, Mil*) sortie *f*.

soufflé ['su:fleɪ] *n* soufflé *m*. **cheese ~** soufflé au fromage; **~ dish** moule *m* à soufflé.

sought [sɔ:t] *pret, ptp* of **seek**.

soul [səʊl] **1** *n* **(a)** âme *f*. **with all one's ~** de toute son âme; **All S~s' Day** le jour des Morts; **he cannot call his ~ his own** il est complètement

dominé; **the ~ of discretion** la discrétion même. **(b)** *(person)* âme *f*, personne *f*. **the ship sank with all ~s** le bateau a péri corps et biens; **I didn't see a** *(single* or *living)* **~** je n'ai pas vu âme qui vive; **you poor ~!** mon (*or* ma) pauvre!; **he's a good ~** c'est une excellente personne. **2** *adj*: **~ mate** âme *f* sœur; **~ music** soul music *f*. ♦ **soul-destroying** *adj* *(boring)* abrutissant; *(depressing)* démoralisant. ♦ **soulful** *adj* attendrissant, *music* attendrissant; *eyes, glance* expressif. ♦ **soulfully** *adv* de façon attendrissante; d'un air expressif. ♦ **soulless** *adj* *person* sans cœur; *task* abrutissant. ♦ **soul-searching** *n*: **after a lot of ~- searching he ...** après avoir bien fait son examen de conscience il ... .

sound[1] [saʊnd] **1** *n* **(a)** *(gen)* son *m*; *[sea, breaking glass, car brakes etc]* bruit *m*. **the speed of ~** la vitesse du son; **within ~ of** à portée du son de; **to the ~ of the national anthem** au son de l'hymne national; **there was not a ~ to be heard** on n'entendait pas le moindre bruit; **without a ~** sans bruit; **we heard the ~ of voices** nous avons entendu un bruit de voix; **the Glenn Miller ~** la musique de Glenn Miller; *(fig)* **I don't like the ~ of it** *(it doesn't attract me)* ça ne me dit rien; *(it's worrying)* ça m'inquiète.

2 *adj* *film, recording* sonore. **~ archives** phonothèque *f*; **~ barrier** mur *m* du son; *(Rad etc)* **~ effects** bruitage *m*; *(Cine, Rad etc)* **~ engineer** ingénieur *m* du son; *(Cine)* **~ track** bande *f* sonore; **~ wave** onde *f* sonore.

3 *vi* **(a)** *[bell, trumpet, voice]* sonner, retentir; *[car horn, siren, signal, order]* retentir. **foot-steps/a gun ~ed a long way off** on entendit un bruit de pas/un coup de canon dans le lointain; **it ~s better if you read it slowly** ça sonne mieux si vous le lisez lentement. **(b) that ~s like a flute** on dirait le son de la flûte; **it ~s empty** on dirait que c'est vide; **a language which ~ed like Dutch** une langue qui semblait être du hollandais; **he ~s like an Australian** à l'entendre parler on dirait un Australien; **it ~ed as if sb were coming in** on aurait dit que qn entrait; **that ~s like Paul arriving** ça doit être Paul qui arrive; **she ~s tired** elle semble fatiguée; **you ~ like your mother** tu me rappelles ta mère. **(c)** *(seem)* **how does it ~ to you?** qu'en penses-tu?; **it ~s like a good idea** ça a l'air d'être une bonne idée, ça semble être une bonne idée; **it doesn't ~ too good** ce n'est pas très prometteur; **it ~s as if she'll come** il semble qu'elle viendra; **it ~s as if she isn't coming** il semble qu'elle ne vienne pas.

4 *vt* **(a)** *bell, alarm,* (*Mil*) *retreat* sonner; *trumpet, bugle* sonner de. (*Aut*) **to ~ one's horn** klaxonner; *(fig)* **to ~ a note of warning** lancer un avertissement. **(b)** *(Ling)* *a letter* prononcer. **(c)** *(Med)* **to ~ sb's chest** ausculter qn.

sound off *vi* *(proclaim one's opinions)* faire de grands discours *(about* sur*)*; *(boast)* se vanter *(about* de*)*; *(grumble)* râler* *(about* à propos de*)*.

♦ **soundless** *adj* silencieux. ♦ **soundlessly** *adv* sans bruit, en silence. ♦ **soundproof** **1** *vt* insonoriser; **2** *adj* insonorisé. ♦ **soundproofing** *n* insonorisation *f*.

sound[2] [saʊnd] **1** *adj* *(gen)* sain; *heart, bank, organization* solide; *structure, bridge* en bon état; *alliance, investment* sûr, sans danger; *sleep* profond; *(sensible)* *reasoning, judgment* juste; *doctrine, argument, case, training* solide; *decision, opinion, policy, behaviour* sensé, valable; *claim* valable; *statesman, player, worker etc* compétent. **of ~ mind** sain d'esprit; **to be ~ in wind and limb** avoir bon pied bon œil; **as a bell** en parfait état; **he is a ~ socialist** c'est un bon socialiste; **he is ~ enough on theory** il connaît très bien la théorie; **he is a ~ chap** il est très sérieux; **~ sense** bon sens *m*; **that was a ~ move** c'était une action judicieuse *or* sensée; **a ~ thrashing** une bonne correction; **he is a ~ sleeper** il dort bien. **2** adv: **to be ~ asleep** être profondément endormi. ♦ **soundly** adv sleep profondément; advise, reason, argue de façon sensée, avec justesse; organize, manage, invest bien; (Sport) play de façon compétente; **he was ~ly beaten** (defeated) il a été battu à plates coutures; (thrashed) il a reçu une bonne correction. ♦ **soundness** n [body, mind] santé f; [business, argument] solidité f; (solvency) solvabilité f; [judgment] justesse f.

sound³ [saʊnd] vt (gen, Med, Naut etc) sonder; (fig: ~ **out**) person sonder (on, about sur). ♦ **sounding** n (Naut etc) sondage m. ♦ **sounding line** n ligne f de sonde.

soup [suːp] **1** n soupe f; (thinner or sieved) potage m; (very smooth) velouté m. (fig) **to be in the ~•** être dans le pétrin•. **2** adj: **~ cube** potage m en cube; (stock cube) cube m de bouillon; **~ plate/spoon** assiette f/cuiller f à soupe; **~ tureen** soupière f. ♦ **souped-up•** adj au moteur gonflé•. ♦ **soupy** adj liquid, fog épais.

sour [saʊəʳ] **1** adj (gen) aigre; fruit, juice acide; milk tourné; (fig) person, voice, remark acerbe, aigre; face revêche. **whisky ~** cocktail m de whisky au citron; **~(ed) cream** ≃ crème f aigre; **to turn ~** [milk] tourner; [relationship] tourner au vinaigre; [plans] mal tourner; **in a ~ mood** d'humeur revêche; (fig) **it was clearly ~ grapes on his part** il l'a manifestement fait (or dit etc) par dépit. **2** vt aigrir. ♦ **sour-faced** adj à la mine revêche. ♦ **sourly** adv avec aigreur. ♦ **sourness** n aigreur f; acidité f; humeur f or ton m revêche.

source [sɔːs] n (gen) source f. (Med) **a ~ of infection** un foyer d'infection; **what is the ~ of this information?** quelle est la provenance de cette nouvelle?; **I have it from a reliable ~ that ...** je tiens de source sûre que ... .

souse [saʊs] vt (immerse) tremper (in dans); (soak) faire tremper (in dans); (Culin) mariner. **to ~ sth with water** inonder qch d'eau.

south [saʊθ] **1** n sud m. **to the ~ of** au sud de; **in the ~ of Scotland** dans le sud de l'Écosse; **the wind is in the ~/from the ~** le vent est au sud/vient du sud; **the S~ of France** le Sud de la France, le Midi. **2** adj (gen) sud inv; coast, door sud, méridional; wind du sud. **the ~ Atlantic** l'Atlantique m Sud; **S~ Africa** Afrique f du Sud; **S~ African** (adj) sud-africain; (n) Sud-Africain(e) m(f); **S~ America** Amérique f du Sud; **S~ American** (adj) sud-américain; (n) Sud-Américain(e) m(f); **S~ Sea Islands** Océanie f; **the S~ Seas** les Mers fpl du Sud. **3** adv au sud, vers le sud. **~ of the border** au sud de la frontière; **to go ~** aller en direction du sud or du midi; **to sail due ~** aller droit vers le sud, (Naut) avoir le cap au sud. ♦ **southbound** adj traffic en direction du sud; carriageway sud inv. ♦ **south-east 1** adj, n sud-est (m) inv; **S~-East Asia** le Sud-Est asiatique; **2** adv vers le sud-est. ♦ **south-eastern** adj sud-est inv. ♦ **southerly** ['sʌðəlɪ] adj wind du sud; situation, aspect au sud, au midi; **in a ~erly direction** vers le sud or le midi. ♦ **southern** ['sʌðən] adj region sud inv, du sud; wall, side exposé au sud; coast sud, méridional; **S~ern Africa** Afrique f australe; **~ern France** le Sud de la France, le Midi; **in ~ern Spain** dans le Sud de l'Espagne. ♦ **southerner** ['sʌðənəʳ] n homme m or femme f du Sud; (in France) Méridional(e) m(f). ♦ **southernmost** ['sʌðənməʊst] adj le plus au sud. ♦ **south-south-east 1** adj, n sud-sud-est (m) inv; **2** adv vers le sud-sud-est. ♦ **southward 1** adj au sud; **2** adv (also ~wards) vers le sud. ♦ **southwest 1** adj, n sud-ouest (m) inv; **2** adv vers le sud-ouest. ♦ **south-western** adj sud-ouest inv.

souvenir [ˌsuːvəˈnɪəʳ] n souvenir m (objet).

sovereign ['sɒvrɪn] **1** n souverain(e) m(f). **2** adj power, state, remedy souverain (after n); rights de souveraineté; (fig) contempt souverain (before n). ♦ **sovereignty** n souveraineté f.

soviet ['saʊvɪət] **1** n soviet m. **2** adj soviétique. **S~ Russia** Russie f soviétique; **the S~ Union** l'Union f soviétique.

sow¹ [saʊ] n (pig) truie f.

sow² [saʊ] pret sowed, ptp sown or sowed vt seed, grass, (fig) doubt semer; field ensemencer (with en). ♦ **sower** n (person) semeur m, -euse f; (machine) semoir m. ♦ **sowing** n semailles fpl.

soy [sɔɪ] or **soya** ['sɔɪə] n (~ **bean**) graine f de soja. **~ flour** farine f de soja.

spa [spɑː] n station f thermale.

space [speɪs] **1** n (a) (gen, Phys etc) espace m. **the rocket vanished into ~** la fusée a disparu dans l'espace; **to stare into ~** regarder dans le vide. (b) (room) espace m, place f. **to clear a ~ for sth** faire de la place pour qch; **to take up a lot of ~** [car, books, piece of furniture] prendre beaucoup de place; [building] occuper un grand espace; **there isn't enough ~ for it** il n'y a pas assez de place pour ça; **to buy ~ in a newspaper** acheter de l'espace dans un journal. (c) (gap between objects, words etc) espace m; (Mus) interligne m. **leave a ~ for the name** laissez de la place or un espace pour le nom; **in the ~ provided** dans la partie réservée à cet effet; **in an enclosed ~** dans un espace clos; **I'm looking for a ~ to park the car** je cherche une place pour me garer. (d) (interval) **after a ~ of 10 minutes** après un intervalle de 10 minutes; **for the ~ of a month** pendant une période d'un mois; **a ~ of 5 years** une période de 5 ans; **in the ~ of 3 generations/one hour** en l'espace de 3 générations/d'une heure; **a short ~ of time** un court laps de temps; **for a ~** pendant un certain temps.

2 adj research, age, capsule, laboratory spatial. [typewriter] **~ bar** barre f d'espacement; **~ fiction** science-fiction f; **~ flight** (act of flying in space) voyages mpl spatiaux; (journey) voyage spatial or dans l'espace; **~ heater** radiateur m; **~ station** station f spatiale.

3 vt (~ **out**) (gen) espacer; payments échelonner (over sur). ♦ **space-age** adj de l'ère spatiale. ♦ **spacecraft** or ♦ **spaceship** n engin spatial. ♦ **spaceman** n astronaute m, cosmonaute m. ♦ **space-saving** adj qui gagne de la place. ♦ **spacesuit** n scaphandre m de cosmonaute. ♦ **spacing** n espacement m (also Typ); échelonnement m; (Typ) **in single/double spacing** avec un interligne simple/double. ♦ **spacious** adj room, car spacieux, grand; garden grand; garment ample. ♦ **spaciousness** n grandes dimensions fpl.

spade [speɪd] n (a) bêche f, pelle f; (child's) pelle. (fig) **to call a ~ a ~** appeler un chat un chat, ne pas avoir peur des mots. (b) (Cards) pique m. **to play ~s** jouer pique; **one ~** un pique; **he played a ~** il a joué pique; **the six of ~s** le six de pique. ♦ **spadeful** n pelletée f. ♦ **spadework** n (fig) gros m du travail.

spaghetti [spəˈgetɪ] **1** n spaghetti mpl. **2** adj (Aut) **~ junction** échangeur m à niveaux multiples.

Spain [speɪn] n Espagne f.

span [spæn] **1** n [hands, arms] envergure f; [bridge] travée f; [arch, roof] portée f; [plane, bird] (wing~) envergure. **the average ~ of life** la durée moyenne de vie; **for a brief ~ of time** pendant un court espace de temps. **2** vt [bridge etc] enjamber, franchir. (fig) **it ~s almost two thousand years** cela embrasse presque deux mille ans.

Spaniard ['spænjəd] n Espagnol(e) m(f).

spaniel ['spænjəl] n épagneul m.

Spanish ['spænɪʃ] **1** adj (gen) espagnol; king, embassy, onion d'Espagne; teacher d'espagnol; (Culin) omelette, rice à l'espagnole. **~ America**

les pays *mpl* d'Amérique du Sud de langue espagnole. **2** *n* espagnol *m*. (*people*) **the ~** les Espagnols *mpl*.

spank [spæŋk] *vt* donner une fessée à. ♦ **spanking** *n* fessée *f*.

spanner ['spænər] *n* clef *f* (à écrous). (*fig*) **to put a ~ in the works** mettre des bâtons dans les roues.

spar¹ [spɑːr] *n* (*Naut*) espar *m*.

spar² [spɑːr] *vi* (*Boxing*) s'entraîner (*with* avec); (*argue*) se disputer (*with* avec). ♦ **sparring partner** *n* sparring-partner *m*.

spare [spɛər] **1** *adj* (*reserve*) de réserve, de rechange; (*surplus*) en trop, dont on n'a pas besoin. **take a ~ pen** prends un stylo de réserve or de rechange; **there are 2 going ~** il y en a 2 en trop or dont on n'a pas besoin; **2 ~ seats for the film** 2 places disponibles pour le film; **~ bed/room** lit *m*/chambre *f* d'ami; **~ cash** (*small amount*) argent *m* en trop; (*larger*) argent disponible; **I have very little ~ time** j'ai très peu de temps libre; **in my ~ time** pendant mes moments de loisir; **~-time activities** loisirs *mpl*; (*Tech*) **~ part** pièce *f* de rechange or détachée; (*Aut*) **~ tyre** pneu *m* de rechange; **~ wheel** roue *f* de secours.

2 *vt* **(a)** (*do without*) se passer de. **can you ~ it?** pouvez-vous vous en passer?, vous n'en avez pas besoin?; **can you ~ £10?** est-ce que tu as 10 livres en trop?; **can you ~ me £5?** est-ce que tu peux me passer 5 livres?; **I've only a few minutes to ~** je ne dispose que de quelques minutes; **I can ~ you 5 minutes** je peux vous accorder 5 minutes; **I can't ~ the time to do it** je n'ai pas le temps de le faire; **he had time to ~** il avait du temps devant lui; **to ~ a thought for** penser à; **I've got none to ~** j'en ai juste ce qu'il me faut; **I've enough and to ~** j'en ai plus qu'il ne m'en faut; **with 2 minutes to ~** avec 2 minutes d'avance; **we did it with £5 to ~** nous l'avons fait et il nous reste encore 5 livres. **(b)** (*show mercy to*) person, life, tree etc épargner. **if I'm ~d*** si Dieu me prête vie; **to ~ sb's feelings** ménager les sentiments de qn; **he doesn't ~ himself** il ne se ménage pas. **(c)** *suffering, embarrassment* épargner (*to sb* à qn). **you could have ~d yourself the trouble, you could have ~d your pains** vous vous êtes donné du mal pour rien, vous auriez pu vous épargner tout ce mal; **I'll ~ you the details** je vous fais grâce des détails. **(d)** (*refrain from using etc*) *one's strength, efforts* ménager. **he ~d no expense to do it** il a dépensé sans compter pour le faire; **'no expense ~d'** 'sans considération de frais'.

♦ **sparerib** *n* travers *m* de porc. ♦ **sparing** *adj amount, use* modéré; **sparing of praise** avare de compliments. ♦ **sparingly** *adv eat, live* frugalement; *spend, drink, praise, use* avec modération.

spark [spɑːk] **1** *n* (*gen*) étincelle *f* (*also Elec*); (*common sense, interest*) lueur *f*. (*fig*) **to make the ~s fly** mettre le feu aux poudres. **2** *vi* jeter des étincelles. **3** *vt* (**~ off**) *rebellion, complaints, quarrel* déclencher; *interest, enthusiasm* susciter (*in sb* chez qn). ♦ **spark(ing) plug** *n* (*Aut*) bougie *f*.

sparkle ['spɑːkl] **1** *vi* (*gen*) étinceler; [*surface of water, lake, diamond etc*] scintiller; [*wine*] pétiller; [*person*] briller; [*conversation, play, eyes*] pétiller (*with* de), être étincelant. **2** *n* étincellement *m*; scintillement *m*; (*fig*) éclat *m*. ♦ **sparkling** *adj* étincelant (*with* de); scintillant; pétillant (*with* de); brillant.

sparrow ['spærəʊ] *n* moineau *m*. ♦ **sparrowhawk** *n* épervier *m*.

sparse [spɑːs] *adj* clairsemé. ♦ **sparsely** *adv wooded, furnished, populated* peu.

spartan ['spɑːtən] *adj* spartiate.

spasm ['spæzəm] *n* spasme *m*; [*coughing, activity etc*] accès *m* (*of* de). ♦ **spasmodic** *adj work, attempt* intermittent. ♦ **spasmodically** *adv work, try* par à-coups.

spastic ['spæstɪk] **1** *adj movement, colon, paralysis* spasmodique; *child etc* handicapé moteur. **2** *n* (*Med*) handicapé(e) *m(f)* moteur.

spat [spæt] *pret, ptp of* **spit¹**.

spate [speɪt] *n* (*fig*) [*letters, orders etc*] avalanche *f*; [*words, abuse*] torrent *m*. [*river*] **in ~** en crue; **to have a ~ of work** être débordé de travail.

spatial ['speɪʃəl] *adj* spatial.

spatter ['spætər] *vt*: **to ~ mud on sth, to ~ sth with mud** (*accidentally*) éclabousser or (*deliberately*) asperger qch de boue.

spatula ['spætjʊlə] *n* spatule *f*.

spawn [spɔːn] **1** *n* [*fish, frog*] frai *m*, œufs *mpl*; [*mushroom*] blanc *m*. **2** *vt* (*fig pej*) engendrer. **3** *vi* [*fish*] frayer.

spay [speɪ] *vt* châtrer.

speak [spiːk] *pret* **spoke**, *ptp* **spoken** **1** *vi* parler (*to* à; *of, about, on* de; *with* avec). **to ~ in a whisper** chuchoter; **to ~ to o.s.** parler tout seul; **I don't know him** or **to ~** je ne le connais pas assez bien pour lui parler; **I'll never ~ to him again** je ne lui adresserai plus jamais la parole; **you have only to ~** tu n'as qu'un mot à dire; **so to ~** pour ainsi dire; **biologically ~ing** biologiquement parlant; **~ing personally** personnellement; **~ing as a member of the society** I ... en tant que membre de la société je ...; (*Telec*) **who's ~ing?** qui est à l'appareil?, (*passing on call*) c'est de la part de qui?; **this is Paul ~ing** c'est Paul à l'appareil; **~ing!** lui-or elle-même!; (*Parl*) **to ~ in the House** faire un discours à l'Assemblée; **to ~ in a debate** [*proposer, seconder*] prendre la parole au cours d'un débat; (*from floor of house*) participer à un débat; **~ for yourself!*** parle pour toi!*; **let him ~ for himself** laisse-le dire lui-même ce qu'il a à dire; **it ~s for itself** c'est évident; **the facts ~ for themselves** les faits parlent d'eux-mêmes; **that is already spoken for** c'est déjà retenu; **he is very well spoken of** on dit beaucoup de bien de lui; **~ing of holidays** à propos de vacances; **he has no money to ~ of** il n'a pour ainsi dire pas d'argent; **it's nothing to ~ of** ce n'est pas grand-chose. **2** *vt language* parler; *a poem, one's lines, the truth* dire. **'English spoken'** 'ici on parle anglais'; **French is spoken everywhere** le français se parle partout; **to ~ one's mind** dire ce que l'on pense; **I didn't ~ a word** je n'ai rien dit.

speak out, **speak up** *vi* (*fig*) **he's not afraid to ~ out** il n'a pas peur de dire ce qu'il pense; **to ~ out for sb** parler en faveur de qn; **to ~ out against sth** s'élever contre qch.

♦ **speaker** *n* **(a)** (*gen*) celui (*or* celle) qui parle; (*in dialogue*) interlocuteur *m*, -trice *f*; (*in public*) orateur *m*; (*lecturer*) conférencier *m*, -ière *f*; **he's a good/poor ~er** il parle bien/mal; **the previous ~er** la personne qui a parlé la dernière; (*Brit Parl*) **the S~er** le Président de la Chambre des Communes; **(b)** French **~er** personne *f* qui parle français, (*as native or official language*) francophone *mf*; **he is not a Welsh ~er** il ne parle pas gallois; **(c)** (*loudspeaker*) haut-parleur *m*. ♦ **speaking 1** *adj doll etc* parlant; German-**~ing** parlant allemand; **to be on ~ing terms with sb** adresser la parole à qn; **~ing tube** tuyau *m* acoustique; **2** *n* (*skill*) art *m* de parler.

spear [spɪər] *n* lance *f*. ♦ **spearhead 1** *n* (*fig, Mil*) fer *m* de lance. **2** *vt attack etc* être le fer de lance de. ♦ **spearmint** *n* menthe *f* verte; (*chewing gum*) chewing-gum *m* à la menthe.

spec* [spek] *n*: **on ~** à tout hasard.

special ['speʃəl] **1** *adj* **(a)** (*specific: gen*) *notebook, box, room* spécial, réservé à cet usage. **are you thinking of any ~ date?** est-ce que tu penses à une date particulière?; **I've no ~ person in mind** je ne pense à personne en particulier. **(b)** (*exceptional*) *attention, pleasure, effort* tout particulier; *favour, price, study, skill, care* spécial; *occasion, situation, case, circumstances* excep-

tionnel; (*Pol etc*) *powers, legislation* extraordinaire. take ~ care of it fais-y particulièrement attention; (*Comm*) ~ offer réclame *f*; her ~ friend l'amie qui lui est particulièrement chère; you're extra ~!* tu es quelqu'un à part!; this is a ~ day for me c'est une journée importante pour moi; to ask for ~ treatment demander à être considéré comme un cas à part; a ~ feature of the village une caractéristique du village; (*Press*) ~ feature article *m* spécial; my ~ chair mon fauteuil préféré; (*Univ etc*) ~ subject option *f*; nothing ~ rien de spécial *or* de particulier; (*when thanked*) it's nothing ~ c'est bien normal; what's so ~ about her? qu'est-ce qu'elle a d'extraordinaire?; ~ agent (*Comm etc*) concessionnaire *mf*; (*spy*) agent *m* secret; (*Brit*) ~ constable auxiliaire *m* de police; (*Press, Rad, TV*) ~ correspondent envoyé(e) *m(f)* spécial(e); (*Post*) by ~ delivery en exprès; (*Jur*) ~ licence dispense *f*; by ~ messenger par messager spécial.
2 *n* (*train*) train *m* supplémentaire; (*newspaper*) édition *f* spéciale. the chef's ~ la spécialité du chef.
♦ **specialist** 1 *n* (*gen, also Med*) spécialiste *mf* (in de); (*Med*) an eye/a heart ~ist un(e) ophtalmologiste/cardiologue; 2 *adj knowledge, dictionary* spécial. ♦ **speciality** [ˌspeʃɪˈælɪtɪ] *n* spécialité *f*; to make a ~ity of sth se spécialiser dans qch. ♦ **specialize** *vi* se spécialiser (*in* dans). ♦ **specialized** *adj* spécial. ♦ **specially** *adv* (*specifically*) spécialement; (*particularly*) particulièrement, surtout; (*on purpose*) tout spécialement, exprès.
species [ˈspiːʃiːz] *n, pl inv* espèce *f*.
specify [ˈspesɪfaɪ] *vt* spécifier, préciser. unless otherwise specified sauf indication contraire. ♦ **specific** [spəˈsɪfɪk] *adj statement, instruction* précis, explicite; *purpose, meaning, case* précis, particulier; *example* précis; (*Bio, Phys etc*) spécifique; he was very specific on that point il s'est montré très explicite sur ce point; (*Phys*) **specific gravity** densité *f*. ♦ **specifically** [spəˈsɪfɪkəlɪ] *adv* (*explicitly*) *warn, state etc* explicitement, de façon précise; (*especially*) *design, intend* particulièrement; I told you quite specifically je vous l'avais bien précisé *or* spécifié. ♦ **specification** *n* (*gen*) spécification *f*; (*item in contract etc*) stipulation *f*.
specimen [ˈspesɪmɪn] 1 *n* (*rock, species, style*) spécimen *m*; [*blood, tissue*] prélèvement *m*; [*urine*] échantillon *m*; (*fig: example*) exemple *m* (*of* de). (*fig: person*) an odd ~* un drôle de type*, une drôle de bonne femme*. 2 *adj*: ~ copy spécimen *m*; ~ page page *f* spécimen; ~ signature spécimen *m* de signature.
specious [ˈspiːʃəs] *adj* spécieux.
speck [spek] *n* [*dust, soot, truth etc*] grain *m*; [*dirt, ink*] petite tache *f*. I've got a ~ in my eye j'ai une poussière dans l'œil; a ~ on the horizon un point noir à l'horizon. ♦ **speckled** *adj* tacheté.
spectacle [ˈspektəkl] 1 *n* spectacle *m*. 2 *adj*: ~ case étui *m* à lunettes. ♦ **spectacles** *npl* (*abbr* **specs***) lunettes *fpl*. ♦ **spectacular** [spekˈtækjʊləʳ] 1 *adj* (*gen*) spectaculaire; *success* fou; 2 *n* (*Cine, Theat*) superproduction *f*.
spectator [spekˈteɪtəʳ] 1 *n* spectateur *m*, -trice *f*. 2 *adj sport* qui attire un très grand nombre de spectateurs.
spectre, (*US*) **-ter** [ˈspektəʳ] *n* spectre *m*, fantôme *m*.
spectrum [ˈspektrəm] 1 *n, pl* **-tra** (*Phys*) spectre *m*; (*fig*) gamme *f* (*fig*). 2 *adj colours* spectral.
speculate [ˈspekjʊleɪt] *vi* (*wonder*) s'interroger (*about, on* sur; *whether* pour savoir si); (*Philos, Fin*) spéculer. ♦ **speculation** *n* (*guessing*) conjectures *fpl* (*about* sur); (*Fin, Philos etc*) spéculation

f. ♦ **speculative** *adj* spéculatif. ♦ **speculator** *n* spéculateur *m*, -trice *f*.
sped [sped] *pret, ptp of* **speed**.
speech [spiːtʃ] 1 *n* (a) (*faculty*) parole *f*; (*enunciation*) élocution *f*; (*manner of speaking*) façon *f* de parler, langage *m*; (*as opp to writing*) parole; (*language: of district or group*) parler *m*; (*Gram*) discours *m*. to lose the power of ~ perdre l'usage de la parole; better in ~ than in writing mieux oralement que par écrit; free ~, freedom of ~ liberté *f* d'expression; (*Gram*) direct/indirect ~ discours direct/indirect. (b) (*formal talk*) discours *m* (*on* sur). 2 *adj*: ~ day distribution *f* des prix; ~ impediment défaut *m* d'élocution; (*Anat*) ~ organ organe *m* de la parole; ~ therapist orthophoniste *mf*; ~ therapy orthophonie *f*; ~ training leçons *fpl* d'élocution. ♦ **speechless** *adj* muet (*with* de); it left him ~less il en est resté sans voix. ♦ **speechmaking** *n* (*slightly pej*) beaux discours *mpl*.
speed [spiːd] (*vb*: *pret, ptp* **sped** *or* **speeded**) 1 *n* (a) (*rate of movement*) vitesse *f*; (*rapidity*) rapidité *f*; (*promptness*) promptitude *f*. shorthand/typing ~s nombre *m* de mots-minute en sténo/en dactylo; (*Aut*) what ~ were you doing? quelle vitesse faisiez-vous?; at a ~ of 80 km/h à une vitesse de 80 km/h; at a great ~ à toute vitesse; at top ~ go, run à toute vitesse; do sth très vite; with such ~ si vite; to pick up *or* get up *or* gather ~ prendre de la vitesse. (b) (*Tech: gear*) vitesse *f*. a 3-~ gear une boîte à 3 vitesses. (c) (*Phot*) [*film*] rapidité *f*; (*width of aperture*) degré *m* d'obturation; (*length of exposure*) durée *f* d'exposition.
2 *adj*: ~ cop = motard *m*; (*Brit*) there's no ~ limit il n'y a pas de limitation *f* de vitesse; the ~ limit is 80 km/h la vitesse maximale permise est 80 km/h; ~ merchant* mordu(e)* *m(f)* de la vitesse; (*Aut*) ~ restriction limitation *f* de vitesse; (*Aut*) ~ trap piège *m* de police pour contrôle de vitesse.
3 *vi* (a) *pret, ptp* **sped**: to ~ along/across *etc* aller/traverser *etc* à toute vitesse. (b) *pret, ptp* **speeded** (*Aut: go too fast*) conduire trop vite.
speed up *pret, ptp* **speeded up** 1 *vi* (*gen*) aller plus vite; [*walker/worker/train etc*] marcher/travailler/rouler *etc* plus vite; (*Aut*) accélérer; [*engine, machine etc*] tourner plus vite; [*production*] s'accélérer. 2 *vt sep* (*gen*) accélérer; *machine* faire tourner plus vite; *person* faire aller (*or* faire travailler) plus vite. to ~ things up activer les choses.
♦ **speedboat** *n* vedette *f* (*Naut*). ♦ **speedily** *adv* (*quickly*) *move, work* vite; (*promptly*) *reply, return* promptement; (*soon*) bientôt. ♦ **speeding** *n* (*Aut*) excès *m* de vitesse. ♦ **speedometer** *n* indicateur *m* de vitesse. ♦ **speed-up** *n* accélération *f*; (*Ind*) ~-up of production amélioration *f* de rendement. ♦ **speedway racing** *n* courses *fpl* de moto. ♦ **speedy** *adj* rapide.
speleology [ˌspiːlɪˈɒlədʒɪ] *n* spéléologie *f*. ♦ **speleologist** *n* spéléologue *mf*.
spell[1] [spel] *n* charme *m*; (*words*) formule *f* magique. an evil ~ un maléfice; to put *or* cast a ~ on sb jeter un sort à qn, (*fig*) ensorceler qn; (*fig*) under the ~ of ensorcelé par; to break the ~ rompre le charme. ♦ **spellbinding** *adj* ensorcelant. ♦ **spellbound** *adj* (*fig*) envoûté; (*fig*) to hold sb ~bound tenir qn sous le charme.
spell[2] [spel] *n* (a) (*turn*) tour *m*. ~ of duty tour de service. (b) (*brief period*) période *f*. (*Met*) cold/sunny ~s périodes de froid/ensoleillées; after a ~ après un certain temps; for a short ~ pendant un petit moment.
spell[3] [spel] *pret, ptp* **spelt** *or* **spelled** 1 *vt* (*in writing*) écrire; (*aloud*) épeler. how do you ~ it? comment est-ce que cela s'écrit?; d-o-g ~s 'dog' d-o-g forment le mot 'dog'; (*fig*) that would ~ ruin for him cela signifierait la ruine pour lui. 2 *vi*: to

learn to ~ apprendre l'orthographe; **he can't** ~ il fait des fautes d'orthographe.
spell out vt sep (fig) consequences, alternatives expliquer bien clairement (for sb à qn). **do I have to** ~ **it out for you?** faut-il que je mette les points sur les i?
♦ **spelling 1** n orthographe f; **2** adj: ~**ing mistake** faute f d'orthographe.
spend [spend] pret, ptp **spent** vt **(a)** money dépenser (on sth bought: on en; on person, car etc bought for: on pour; on doing pour faire). **without** ~**ing a penny** sans dépenser un sou; (Brit fig) **to** ~ **a penny** aller au petit coin*. **(b)** (pass) holiday, time, one's life passer (on sth sur qch; in doing à faire); (devote) labour, care consacrer (on sth à qch; doing, in doing à faire). **I spent 2 hours on that letter** j'ai passé 2 heures sur cette lettre.
♦ **spender** n: **to be a big** ~**er** dépenser beaucoup.
♦ **spending 1** n dépenses fpl; **government** ~**ing** dépenses publiques; **2** adj: ~**ing money** argent m de poche; ~**ing power** pouvoir m d'achat.
♦ **spendthrift** n, adj dépensier m, -ière f. ♦ **spent** adj match, cartridge etc utilisé; supplies épuisé.
sperm [spɜːm] n sperme m. ~ **whale** cachalot m.
sphere [sfɪəʳ] n (gen) sphère f. ~ **of influence** sphère d'influence; **the** ~ **of poetry** le domaine de la poésie; **in the social** ~ dans le domaine social; **in many** ~**s** dans de nombreux domaines; **within a limited** ~ dans un cadre restreint; **that is outside my** ~ cela n'entre pas dans mes compétences. ♦ **spherical** ['sferɪkəl] adj sphérique.
sphinx [sfɪŋks] n sphinx m.
spice [spaɪs] **1** n (Culin) épice f. **mixed** ~**(s)** épices mélangées; (fig) **a story with a bit of** ~ **to it** une histoire qui a du piquant; **the** ~ **of adventure** le piment de l'aventure. **2** vt (Culin) épicer (with de); (fig) relever (with de). ♦ **spicy** adj food épicé, relevé; (fig) piquant.
spick-and-span ['spɪkən'spæn] adj propre comme un sou neuf.
spider ['spaɪdəʳ] n araignée f. ~'**s web** toile f d'araignée. ♦ **spidery** adj writing tremblé.
spiel* [spiːl] n baratin* m (about sur).
spike [spaɪk] **1** n (gen) pointe f; (for letters, bills etc) pique-notes m inv; (Bot) épi m. (shoes) ~**s*** chaussures fpl à pointes. **2** vt (fig) **to** ~ **sb's guns** mettre des bâtons dans les roues à qn. ♦ **spiky** adj branch, wall hérissé de pointes.
spill [spɪl] pret, ptp **spilt** or **spilled 1** vt renverser. **to** ~ **blood** verser le sang; (fig) **to** ~ **the beans*** vendre la mèche*; (Naut) **to** ~ (**wind from**) **a sail** étouffer une voile. **2** vi [liquid, salt etc] se répandre.
spill out 1 vi se répandre; [people etc] sortir avec précipitation. **they** ~**ed out into the streets** ils se sont précipités dans la rue. **2** vt sep contents etc répandre; (fig) story, details révéler.
spill over vi déborder (into dans).
spin [spɪn] (vb: pret, ptp **spun**) **1** n (turn) tournoiement m; (Aviat) vrille f. **to give a wheel a** ~ faire tourner une roue; (on washing machine) **long/short** ~ essorage m complet/léger; (Sport) **to put a** ~ **on a ball** donner de l'effet à une balle; (Aviat) **to go into a** ~ tomber en vrille; (fig) [person] **to get into a** ~* paniquer*; **everything was in a** ~* c'était la pagaille*; (fig: try out) **to give sth a** ~ essayer qch; (ride) **to go for a** ~* faire un petit tour en voiture (or en vélo etc). **2** vt **(a)** wool, glass etc filer (into en, pour en faire); thread etc fabriquer; [spider etc] tisser. (fig) **to** ~ **a yarn** (make up) inventer or (tell) débiter une longue histoire (about sth sur qch). **(b)** wheel etc (~ round) faire tourner; top lancer; clothes essorer; (Sport) ball donner de l'effet à. **to** ~ **a coin** jouer à pile ou face. **3** vi **(a)** [spinner etc] filer; [spider] tisser sa toile. **(b)** (often ~ round: gen) tourner; [person] se retourner vivement; [car wheel] patiner; [ball]

tournoyer. **to** ~ **round and round** tournoyer; **to send sth/sb** ~**ning** envoyer rouler qch/qn; (fig) **my head is** ~**ning** j'ai la tête qui tourne; (fig) **the room was** ~**ning** la chambre tournait. **(c)** (Fishing) **to** ~ **for trout** pêcher la truite à la cuiller.
spin out vt sep story, visit, money faire durer.
♦ **spindrift** n embruns mpl. ♦ **spin-dry** vt essorer (à la machine). ♦ **spin-dryer** n essoreuse f. ♦ **spinner** n (person) fileur m, -euse f; (Fishing) cuiller f; (spin-dryer) essoreuse f; (Baseball, Cricket) **he sent down a** ~**ner*** il a donné de l'effet à la balle. ♦ **spinning 1** n (by hand) filage m; (by machine) filature f; (Fishing) pêche f à la cuiller; **2** adj: ~**ning mill** filature f; ~**ning top** toupie f; ~**ning wheel** rouet m. ♦ **spin-off** n (gen) avantage m inattendu; (Ind, Tech etc) application f secondaire.
spinach ['spɪnɪdʒ] n (Culin) épinards mpl.
spindle ['spɪndl] n (Spinning) fuseau m, (on machine) broche f; (Tech) [pump] axe m; [lathe] arbre m; [valve] tige f. ♦ **spindly** adj legs, person grêle; plant étiolé.
spine [spaɪn] n (Anat) colonne f vertébrale; [fish] épine f; [hedgehog] piquant m; (Bot) épine; [book] dos m; [hill etc] crête f. ♦ **spinal** adj nerve, muscle spinal; column, disc vertébral; injury à la colonne vertébrale; **spinal anaesthetic** péridurale f; **spinal cord** moelle f épinière. ♦ **spine-chilling** adj à vous glacer le sang. ♦ **spineless** adj (fig) mou, sans caractère. ♦ **spiny** adj épineux.
spinney ['spɪnɪ] n bosquet m.
spinster ['spɪnstəʳ] n célibataire f (also Admin), vieille fille f (pej).
spiral ['spaɪərəl] **1** adj movement, decoration, spring en spirale; nebula, galaxy spiral; (Aviat) en vrille. ~ **staircase** escalier m en colimaçon. **2** n spirale f. **in a** ~ en spirale; **the wage-price** ~ la montée inexorable des salaires et des prix; **the inflationary** ~ la spirale inflationniste. **3** vi [smoke] monter en spirale; [prices] monter en flèche; [prices and wages] former une spirale; [plane] **to** ~ **down** descendre en vrille; [rocket etc] **to** ~ **up** monter en spirale.
spire ['spaɪəʳ] n (Archit) flèche f.
spirit ['spɪrɪt] **1** n **(a)** (soul) esprit m. **he was there in** ~ il était présent en esprit; **one of the greatest** ~**s of his day** un des plus grands esprits de son temps; **the leading** ~ **in the party** l'âme f du parti. **(b)** (supernatural being, ghost etc) esprit m. **evil** ~ esprit malin. **(c)** (attitude etc) esprit m. **in a** ~ **of forgiveness** dans un esprit de pardon; **he's got the right** ~ il a la disposition or l'attitude qu'il faut; **you must take it in the** ~ **in which it was meant** prenez-le dans l'esprit où c'était voulu; **to take sth in the right/wrong** ~ prendre qch en bonne/mauvaise part; **you must enter into the** ~ **of the thing** il faut y participer de bon cœur; **the** ~, **not the letter of the law** l'esprit et non la lettre de la loi; **that's the** ~! voilà comment il faut réagir!; **community** ~ civisme m. **(d) in good** ~**s** de bonne humeur; **in poor or low** ~**s** qui n'a pas le moral; **to keep one's** ~**s up** garder le moral; **my** ~**s rose** j'ai repris courage; **to raise sb's** ~**s** remonter le moral à qn. **(e)** (courage) courage m, cran* m; (energy) énergie f; (vitality) entrain m. **(f)** (Chem) alcool m. (drink) ~**s** spiritueux mpl, alcool; **raw** ~ alcool pur.
2 adj **(a)** lamp etc à alcool. **(b)** (Spiritualism) help, world des esprits.
spirit away, spirit off vt sep person faire disparaître comme par enchantement; object, document etc subtiliser.
♦ **spirited** adj person, horse, reply, speech fougueux; conversation animé; music plein d'allant; undertaking, defence courageux; (Mus) **he gave a** ~**ed performance** il a joué avec fougue or avec brio. ♦ **spirit-level** n niveau m à bulle.

♦ **spiritual 1** *adj* spirituel (*par opp à matériel*); **2** *n* chant *m* religieux; (*also* Negro ~ual) negro-spiritual *m*. ♦ **spiritualism** *n* (*Rel*) spiritisme *m*. ♦ **spiritualist** *adj, n* spirite (*mf*). ♦ **spirituality** *n* spiritualité *f*. ♦ **spiritually** *adv* spirituellement.

spit[1] [spit] (*vb: pret, ptp* spat) **1** *n* (*spittle*) crachat *m*; (*saliva*) salive *f*; (*Bot*) crachat de coucou. ~ **and polish** astiquage *m*; (*fig*) he's the dead ~* of his uncle c'est le portrait craché* de son oncle. **2** *vt* cracher. **3** *vi* cracher (*at sb* sur qn); [*fire, fat*] crépiter. it was ~ting with rain il tombait quelques gouttes de pluie.

spit out *vt sep* cracher. (*fig: say it*) ~ it out!* allons, dis-le!

♦ **spitfire** *n*: to be a ~fire s'emporter pour un rien. ♦ **spitting 1** *n*: '~ting prohibited' 'défense de cracher'; **2** *adj*: to be the ~ting image of sb* être le portrait craché* de qn. ♦ **spittle** *n* (*ejected*) crachat *m*; (*dribbled*) salive *f*; [*animal*] bave *f*. ♦ **spittoon** *n* crachoir *m*.

spit[2] [spit] *n* (*Culin*) broche *f*; (*Geog*) langue *f* de terre. ♦ **spitroast** *vt* faire rôtir à la broche.

spite [spait] **1** *n* (**a**) (*ill-feeling*) rancune *f*, dépit *m*. out of pure ~ par pure rancune *or* malveillance; to have a ~ against sb* avoir une dent contre qn. (**b**) in ~ of malgré, en dépit de; in ~ of the fact that bien que +*subj*; in ~ of everyone envers et contre tous. **2** *vt* vexer. ♦ **spiteful** *adj* person, remark, comment malveillant; tongue venimeux. ♦ **spitefully** *adv* par dépit.

splash [splæʃ] **1** *n* (*sound*) plouf *m*; (*series of sounds*) clapotement *m*; (*mark*) éclaboussure *f*; (*fig*) [*colour*] tache *f*; [*publicity*] étalage *m*. (*fig*) to make a ~* faire sensation. **2** *vt* éclabousser (*sth over sb/sth* qch sur qn/qch; *sb/sth with sth* qn/qch de qch). to ~ milk on the floor renverser du lait par terre; he ~ed paint on the floor il a fait des éclaboussures de peinture par terre; to ~ cold water on one's face s'asperger la figure d'eau froide; the news was ~ed across the front page la nouvelle a fait cinq colonnes à la une. **3** *vi* (**a**) [*liquid, mud etc*] faire des éclaboussures. to ~ over sth éclabousser qch. (**b**) [*person, animal*] barboter, patauger (*in* dans). to ~ across a stream traverser un ruisseau en pataugeant; [*stone*] to ~ into the water tomber dans l'eau avec un gros plouf.

splash down *vi* [*spacecraft*] amerrir.

splash out* *vi* (*in spending*) faire une folie (*achat*).

splash up *vi* gicler (*on sb* sur qn).

♦ **splashboard** *n* (*Aut etc*) garde-boue *m inv*. ♦ **splashdown** *n* (*Space*) amerrissage *m*.

spleen [spliːn] *n* (*Anat*) rate *f*; (*bad temper*) mauvaise humeur *f*.

splendid ['splendɪd] *adj* (*imposing etc*) ceremony, beauty splendide; (*excellent*) holiday, idea, teacher etc excellent, formidable*. that's ~! c'est formidable!* ♦ **splendidly** *adv* splendidement; de façon excellente, formidablement*; it all went ~ly tout a très bien marché. ♦ **splendour, (US) splendor** *n* splendeur *f*.

splice [splais] *vt* rope, film épisser.

splint [splint] *n* (*Med*) éclisse *f*. to put in ~s éclisser; leg in ~s jambe éclissée.

splinter ['splintəʳ] **1** *n* [*glass, wood*] éclat *m*; [*bone*] esquille *f*; (*in finger etc*) écharde *f*. **2** *adj*: ~ group groupe *m* dissident. **3** *vt* wood fendre en éclats; glass, bone briser en éclats; (*fig*) party etc fragmenter. **4** *vi* se fendre *or* se briser en éclats; se fragmenter.

split [splɪt] (*vb: pret, ptp* split) **1** *n* (**a**) (*in garment, fabric*) fente *f*, (*tear*) déchirure *f*; (*in wood, earth's surface*) crevasse *f*; (*fig: quarrel*) rupture *f*; (*Pol*) scission *f*. there was a 3-way ~ in the committee le comité s'est trouvé divisé en 3 clans; to do the ~s faire le grand écart. (**b**) (*cake etc*) jam

~ brioche *f* fourrée à la confiture; **banana** ~ banana split *m*.

2 *adj* (*Gram*) ~ **infinitive** infinitif *où un adverbe est intercalé entre 'to' et le verbe*; ~ **peas** pois *mpl* cassés; ~ **personality** double personnalité *f*; a ~ **second** une fraction de seconde; in a ~ **second** en un rien de temps; ~-**second timing** [*military operation etc*] précision *f* à la seconde près; [*actor, comedian*] sens *m* du moment.

3 *vt* (**a**) (*gen*) fendre; slate cliver; (*tear*) déchirer; (*fig*) party etc diviser. to ~ the atom fissionner l'atome; to ~ sth open ouvrir qch en le fendant; he ~ his head open il s'est fendu le crâne; to ~ sth in two (*cut*) couper *or* (*break*) briser qch en deux; (*fig*) to ~ hairs couper les cheveux en quatre; (*fig*) to ~ one's sides (*laughing*) se tordre de rire; it ~ the party down the middle cela a divisé le parti en deux. (**b**) (*divide*) partager (*between* entre); (*share*) se partager. let's ~ a bottle of wine si on prenait une bouteille de vin à deux (*or* trois etc)?; to ~ the difference partager la différence; they ~ the work ils se sont partagé le travail.

4 *vi* (**a**) (*gen*) (*tear*) se déchirer; (*fig*) [*party etc*] se diviser. to ~ open se fendre; (*fig*) my head is ~ting j'ai atrocement mal à la tête. (**b**) (*divide*) [*group*] se diviser, se séparer. (**c**) to ~ on sb* dénoncer qn.

split off 1 *vi* [*piece of wood*] se détacher (*from* de); [*group*] se séparer (*from* de). **2** *vt sep* piece enlever (*from* de); group séparer (*from* de).

split up 1 *vi* [*ship*] se briser; [*boulder etc*] se fendre; [*meeting, crowd*] se disperser; [*party, movement*] se diviser; [*married couple*] se séparer; [*friends, engaged couple*] rompre. **2** *vt sep* wood, stones fendre (*into* en); money, work partager; compound, party, organization diviser (*into* en); meeting mettre fin à; crowd disperser; friends séparer. we must ~ the work up amongst us nous devons nous partager le travail.

♦ **split-cane** *adj* en osier. ♦ **split-level** *adj* cooker à plaques de cuisson et four indépendants; house à deux niveaux. ♦ **split-off** *n* séparation *f* (*from* de). ♦ **split-site** *adj* sur plusieurs emplacements. ♦ **splitting 1** *n* (*V* split 3a *above*) fendage *m*; clivage *m*; déchirement *m*; division *f*; [*atom*] fission *f*; **2** *adj*: I have a ~ting headache j'ai atrocement mal à la tête. ♦ **split-up** *n* [*engaged couple, friends*] rupture *f*; [*married couple*] séparation *f*; [*political party*] scission *f*.

splodge [splɒdʒ], **splotch** [splɒtʃ] *n* [*ink, colour, dirt etc*] tache *f*; [*cream*] monceau *m*.

splutter ['splʌtəʳ] **1** *vi* [*person*] (*spit*) crachoter; (*stutter*) bafouiller*; [*fire, fat*] crépiter; [*engine*] bafouiller*. **2** *vt* (~ **out**) bafouiller*. **3** *n* crachotement *m*; bafouillage* *m*; crépitement *m*.

spoil [spɔɪl] pret, ptp spoiled *or* spoilt **1** *vt* (**a**) (*damage*) paint, dress etc abîmer; ballot paper rendre nul. to ~ one's eyes s'abîmer la vue. (**b**) (*detract from*) view, style, effect, food gâter; holiday, occasion, pleasure, one's life gâcher; garden etc enlaidir; sb's peace of mind empoisonner. to ~ sb's fun gâcher l'amusement de qn; to ~ one's appetite se couper l'appétit; (*fig*) you tell me the ending you'll ~ the film for me si vous me racontez la fin vous me gâcherez tout l'intérêt du film. (**c**) (*pamper*) child etc gâter. **2** *vi* (**a**) [*food*] s'abîmer; (*in warehouse etc*) s'avarier. (**b**) to be ~ing for a fight brûler de se battre. **3** *n* (*gen pl*) ~s (*booty*) butin *m*. ♦ **spoilt** *adj* ballot paper nul; child gâté.

spoke[1] [spəʊk] *n* rayon *m*. (*fig*) to put a ~ in sb's wheel mettre des bâtons dans les roues à qn.

spoke[2], **spoken** ['spəʊk(ən)] pret, ptp of speak. ♦ **spokesman** *n* porte-parole *m inv* (*of, for* de).

sponge [spʌndʒ] **1** *n* (**a**) éponge *f*. (*fig*) to throw in the ~* s'avouer vaincu. (**b**) (~ **cake**) gâteau *m* de Savoie. **2** *adj*: ~ **bag** sac *m* de toilette. **3** *vt*

éponger. **4** vi (*: *cadge*) **to ~ on sb** vivre aux crochets de qn.
sponge down vt sep person, walls laver à l'éponge; horse éponger.
♦ **sponger*** n (pej) parasite m. ♦ **spongy** adj spongieux.
sponsor ['spɒnsə^r] **1** n (gen: of appeal etc) personne f qui accorde son patronage; (for loan etc) répondant(e) m(f); (for baptism, club membership) parrain m, marraine f; (Rad, TV, Advertising) personne (or organisme m) qui assure le patronage; (for fund-raising event) donateur m, -trice f. **2** vt appeal, proposal, announcement, programme patronner; (Fin) borrower se porter caution pour; (Rel) être le parrain (or la marraine) de; club member parrainer; fund-raising walker etc s'engager à rémunérer (en fonction de sa performance). ♦ **sponsorship** n patronage m; cautionnement m; parrainage m; (Rad, TV) commande f publicitaire.
spontaneous [spɒn'teɪnɪəs] adj (gen) spontané. **~ combustion** combustion f vive. ♦ **spontaneity** n spontanéité f. ♦ **spontaneously** adv spontanément.
spook* [spu:k] n revenant m. ♦ **spooky*** adj qui donne le frisson.
spool [spu:l] n (gen) bobine f; [fishing reel] tambour m; [sewing machine] canette f; [wire] rouleau m.
spoon [spu:n] **1** n cuiller f or cuillère f. **2** vt: **to ~ sth into a plate** verser qch dans une assiette avec une cuiller. ♦ **spoonfeed** vt nourrir à la cuiller; (fig) mâcher le travail à. ♦ **spoonful** n cuillerée f.
spoonerism ['spu:nərɪzəm] n contrepèterie f.
spoor [spuə^r] n foulées fpl, trace f, piste f.
sporadic [spə'rædɪk] adj sporadique. **~ fighting** échauffourées fpl. ♦ **sporadically** adv sporadiquement.
sport [spɔ:t] **1** n (a) sport m. **he is good at ~** il est très sportif; **outdoor/indoor ~s** sports de plein air/d'intérieur. (b) (amusement) divertissement m. **to have good ~** (Hunting/Fishing) faire bonne chasse/bonne pêche; (gen) bien se divertir. (c) (*: person) chic type* m, chic fille* f. **be a ~**! sois chic!* **2** vt arborer. ♦ **sporting** adj sportif, chic* inv; **there's a ~ing chance** that il est possible que + subj. ♦ **sportingly** adv (fig) très sportivement. ♦ **sports 1** npl (meeting) réunion f sportive; **2** adj (gen) de sport; clothes sport inv; **~s car** voiture f de sport; **~s ground** terrain m de sport; **~s jacket** veston m sport inv. ♦ **sportsman** n sportif m; (fig) **he's a real ~sman** il est très sportif. ♦ **sportsmanlike** adj sportif, chic* inv. ♦ **sportsmanship** n esprit m sportif. ♦ **sportswear** n vêtements mpl de sport. ♦ **sportswoman** n sportive f. ♦ **sporty*** adj sportif.
spot [spɒt] **1** n (a) (gen) tache f (on sur); (polka dot) pois m; (on dice, domino) point m; (pimple) bouton m. **a ~ of dirt** une tache; **a dress with red ~s** une robe à pois rouges; **a ~ of rain** quelques gouttes fpl de pluie; **to have ~s before the eyes** voir des mouches volantes devant les yeux; **to come out in ~s** avoir une éruption de boutons. (b) (small amount) **a ~ of** un peu de; whisky, coffee etc une goutte de; truth, common sense un grain de; **a ~ of sleep** un petit somme; **he did a ~ of work** il a travaillé un peu; **there's been a ~ of trouble** il y a eu un petit incident; **how about a ~ of lunch?*** et si on mangeait un morceau? (c) (place) endroit m. **a good ~ for a picnic** un bon endroit or coin pour un pique-nique; **a tender ~ on the arm** un point sensible au bras; **the police were on the ~ in 2 minutes** la police est arrivée sur les lieux en 2 minutes; **it's easy if you're on the ~** c'est facile si vous êtes sur place; **the man on the ~** la personne qui est sur place; (Press etc) l'envoyé spécial; **an on-the-~ report** un repor-

tage sur place; **he decided on the ~** il s'est décidé sur le champ or tout de suite; (fig) **to be in a (bad or tight) ~*** être dans le pétrin. (d) (*: Rad, Theat, TV: in show) numéro m; (Rad, TV: advertisement) spot m. (e) = **spotlight**.
2 adj: **~ cash** argent m comptant; **~ remover** détachant m.
3 vt (a) (speckle) tacher (with de). (b) (notice) person, vehicle apercevoir, repérer*; mistake relever; (recognize) bargain, winner, sb's ability découvrir.
♦ **spotless** adj (lit: **~lessly clean**) reluisant de propreté; (fig) sans tache. ♦ **spotlight** n (Theat: beam) rayon m de projecteur; (Theat: lamp) projecteur m, spot m; (Aut) phare m auxiliaire; (Theat) **in the ~light** sous le feu des projecteurs; (fig) **the ~light was on him** il était en vedette. ♦ **spotted** adj animal tacheté; fabric à pois. ♦ **spotter** n (a) (as hobby) train **~ter** passionné(e) m(f) de trains; (b) (Mil etc) (for enemy aircraft) guetteur m; (during firing) observateur m. ♦ **spotty** adj face boutonneux.
spouse [spaʊz] n époux m, épouse f; (Jur) conjoint(e) m(f).
spout [spaʊt] **1** n (gen) bec m; (for tap) brise-jet m inv; [gutter, pump etc] dégorgeoir m; [fountain] jet m. (Brit fig) **to be up the ~*** être fichu*. **2** vt liquid faire jaillir; smoke, lava vomir; (*fig) poem etc débiter.
sprain [spreɪn] **1** n entorse f, (less serious) foulure f. **2** vt muscle etc fouler. **to ~ one's ankle** se donner une entorse à la cheville, (less serious) se fouler la cheville.
sprang [spræŋ] pret of **spring**.
sprawl [sprɔ:l] **1** vi (fall) tomber, s'étaler*; (lie) être affalé; [plant] ramper (over sur); [handwriting, town] s'étaler (over dans). **2** n: **an ugly ~ of buildings down the valley** d'affreux bâtiments qui s'étalent dans la vallée; **London's suburban ~** l'étalement m de la banlieue londonienne. ♦ **sprawling** adj person affalé; handwriting étalé; city tentaculaire.
spray[1] [spreɪ] **1** n (a) (gen) nuage m de gouttelettes fpl; (from sea) embruns mpl; (from hose pipe) pluie f; (from atomizer) spray m; (from aerosol) pulvérisation f; (from fountain) jet m. (b) (container) (aerosol) bombe f, aérosol m; (for scent etc) atomiseur m; (refillable) vaporisateur m; (larger: for garden etc) pulvérisateur m. **insecticide ~** (aerosol) bombe d')insecticide m; (contents) insecticide m (en bombe). (c) (~ attachment, ~ nozzle) pomme f. **2** adj deodorant, insecticide (présenté) en bombe etc. **~ can** bombe f etc (V 1b); **~ gun** pistolet m (à peinture etc); **~ paint** peinture f en bombe. **3** vt (a) roses, garden, crops faire des pulvérisations sur; room faire des pulvérisations dans; hair vaporiser (with de). **they ~ed the oil slick with detergent** ils ont répandu du détergent sur la nappe de pétrole; (fig) **to ~ sth/sb with bullets** arroser qch/qn de balles. (b) water, insecticide, paint pulvériser (on sur); scent vaporiser. **they ~ed foam on the flames** ils ont projeté de la neige carbonique sur les flammes. ♦ **sprayer** n (a) = **spray**[1] **1b**; (b) (aircraft: crop-**~er**) avion-pulvérisateur m. ♦ **spraying machine** n (Agr) pulvérisateur m.
spray[2] [spreɪ] n [flowers] gerbe f; [greenery] branche f; (brooch) aigrette f.
spread [spred] (vb: pret, ptp spread) **1** n (a) [fire, disease, infection] propagation f; [nuclear weapons] prolifération f; [idea, knowledge] diffusion f; [education] progrès m. (b) (extent) [wings] envergure f; [arch] ouverture f; [bridge] travée f; [marks, prices, ages etc] échelle f. **he's got a middle-age ~** il a pris de l'embonpoint avec l'âge. (c) (cover) (for table) dessus m de table; (bed~) dessus-de-lit m inv. (d) (Culin) pâte f (à tartiner). **cheese ~** fromage m à tartiner; **anchovy ~** =

pâte d'anchois. **(e)** (*fig: meal*) festin *m*. **(f)** (*Press, Typ*) (*two pages*) double page *f*; (*across columns*) deux (*or* trois *etc*) colonnes *fpl*.

2 *vt* **(a)** (~ **out**) (*gen*) étendre (*on sth* sur qch); *wings, sails* déployer; *fingers, toes, arms, legs* écarter. (*fig*) to ~ **one's wings** élargir ses horizons. **(b)** *bread etc* tartiner (*with* de); *butter, glue* étaler (*on* sur). **(c)** (*distribute*) *sand etc* répandre (*on, over* sur); *fertilizer* épandre (*over, on* sur); (~ **out**) *objects, cards, goods* étaler (*on* sur); *soldiers etc* disposer (*along* le long de). **policemen** ~ **out all over the hillside** des agents de police dispersés sur toute la colline. **(d)** *disease, infection* propager; *germs* disséminer; *wealth* distribuer; *rumours* faire courir; *news, knowledge, panic, indignation* répandre; (*in time:* ~ **out**) *payment, studies etc* échelonner (*over* sur). **our resources are** ~ **very thinly** nous n'avons plus aucune marge dans l'emploi de nos ressources.

3 *vi* (*gen*) se répandre; [*river, stain*] s'étaler; [*flood, weeds, fire, disease, pain*] s'étendre. to ~ **into** *or* **over sth** (*gen*) se répandre dans *or* sur qch; [*fire, pain, disease*] atteindre qch; [*weeds, panic*] envahir qch; **the desert** ~s (**out**) **over 500 square miles** le désert s'étend sur 500 milles carrés.

spread out 1 *vi* [*people, animals*] se disperser; [*valley*] s'élargir. **2** *vt sep:* **the valley lay** ~ **out before him** la vallée s'étendait à ses pieds; **he was** ~ **out on the floor** il était étendu de tout son long par terre.

♦ **spread-eagled** *adj* étendu bras et jambes écartés.

spree [spriː] *n* fête *f*. **to go on** *or* **have a** ~ faire la fête; **to go on a spending** ~ faire des folies (*achats*).

sprig [sprɪg] *n* rameau *m*, brin *m*.

sprightly ['spraɪtlɪ] *adj* alerte, actif.

spring [sprɪŋ] (*vb: pret* sprang*, ptp* sprung) **1** *n* **(a)** (*leap*) bond *m*, saut *m*. **in** *or* **with** *or* **at one** ~ d'un bond, d'un saut. **(b)** (*for mattress, watch etc; also Tech*) ressort *m*. (*Aut*) the ~s la suspension. **(c)** (*resilience*) [*mattress*] élasticité *f*. **(d)** [*water*] source *f*. **hot** ~ source chaude. **(e)** (*season*) printemps *m*. **in (the)** ~ au printemps; ~ **is in the air** il fait un temps de printemps.

2 *adj* **(a)** *weather, day, flowers* printanier, de printemps. (*Brit*) ~ **onion** ciboule *f*. **(b)** *mattress* à ressorts. (*file*) ~ **binder** classeur *m* à ressort.

3 *vi* **(a)** (*leap*) bondir, sauter (*at* sur). **to** ~ **in/across** *etc* entrer/traverser *etc* d'un bond; (*fig*) **to** ~ **to sb's help** bondir à l'aide de qn; **to** ~ **to the rescue** se précipiter pour porter secours; **he sprang into action** il est passé à l'action; **to** ~ **into existence/into view** apparaître du jour au lendemain/soudain; **to** ~ **to mind** venir à l'esprit; **the door sprang open** la porte s'est brusquement ouverte; **hope** ~s **eternal** l'espoir fait ♦vivre. **(b)** (*originate*) provenir, découler (*from* de).

4 *vt trap, lock* faire jouer. (*fig*) **to** ~ **a surprise on sb** surprendre qn; **to** ~ **a question/a piece of news on sb** poser une question/annoncer une nouvelle à qn de but en blanc; **he sprang it on me** il m'a pris de court *or* au dépourvu.

spring up *vi* [*person*] se lever d'un bond; [*flowers, buildings*] surgir de terre; [*corn*] lever brusquement; [*wind, storm*] se lever brusquement; [*rumour, doubt, fear, friendship, alliance*] naître; [*problem, obstacle*] surgir.

♦ **springboard** *n* tremplin *m*. ♦ **spring-clean** *vt* nettoyer de fond en comble. ♦ **spring-cleaning** *n* grand nettoyage *m*. ♦ **spring-like** *adj* printanier. ♦ **springtime** *n* printemps *m*. ♦ **springy** *adj* (*gen*) souple; *rubber, mattress* élastique; *carpet* moelleux; *plank* flexible.

sprinkle ['sprɪŋkl] *vt* (*with water*) asperger (*with* de); (*with sugar*) saupoudrer (*with* de). **to** ~ **sand on** *or* **over sth** répandre une légère couche de sable sur qch; **to** ~ **sand/grit on the roadway**

sabler/cendrer la route. ♦ **sprinkler** *n* (*for lawn etc*) arroseur *m*; (*for sugar etc*) saupoudreuse *f*; (*for fire-fighting*) diffuseur *m* (d'extincteur automatique d'incendie). ♦ **sprinkling** *n* [*water*] quelques gouttes *fpl*; [*sand*] légère couche *f*; (*fig*) **there was a sprinkling of young people** il y avait quelques jeunes çà et là.

sprint [sprɪnt] **1** *n* (*Sport*) sprint *m*. **2** *vi* (*Sport*) sprinter; (*gen*) foncer (*for the bus* pour attraper l'autobus). **to** ~ **down the street** descendre la rue à toutes jambes. ♦ **sprinter** *n* (*Sport*) sprinteur *m*, -euse *f*.

sprout [spraʊt] **1** *n* (*from bulbs, seeds*) germe *m*. (**Brussels**) ~s **s** *mpl* de Bruxelles. **2** *vi* [*bulbs, onions etc*] germer; (*grow quickly*) [*plants*] bien pousser; [*child*] pousser vite*; (*appear*) surgir. **3** *vt leaves* produire; (*) *moustache* se laisser pousser. [*potatoes, bulbs*] **to** ~ **shoots** germer.

spruce[1] [spruːs] *n* (*tree*) épicéa *m*.

spruce[2] [spruːs] *adj* pimpant, net.

spruce up *vt sep child* faire beau; *house* bien astiquer. **all** ~d **up** *person* tiré à quatre épingles.

sprung [sprʌŋ] (*ptp of* spring) *adj seat, mattress* à ressorts. (*Aut*) **well-**~ bien suspendu.

spry [spraɪ] *adj* alerte, vif.

spud* [spʌd] *n* patate* *f*, pomme *f* de terre.

spun [spʌn] *pret, ptp of* spin.

spur [spɜːʳ] **1** *n* éperon *m*; (*fig*) aiguillon *m*. (*fig*) **to win one's** ~s **s** faire ses preuves; **on the** ~ **of the moment** sous l'impulsion du moment. **2** *adj:* ~ **road** route *f* d'accès. **3** *vt* (~ **on**) *horse* éperonner; [*ambition etc*] éperonner, aiguillonner. **to** ~ **sb (on) to do sth** pousser qn à faire qch.

spurious ['spjʊərɪəs] *adj* (*gen*) faux; *claim* fallacieux; *interest, affection* simulé.

spurn [spɜːn] *vt* repousser (avec mépris).

spurt [spɜːt] **1** *n* [*water, flame*] jaillissement *m*; [*anger, enthusiasm, energy*] sursaut *m*. **to put on a** ~ (*Sport*) sprinter; (*in running for bus etc*) foncer; (*fig: in work etc*) donner un coup de collier. **2** *vi* (~ **out**, ~ **up**) jaillir (*from* de).

spy [spaɪ] **1** *n* (*gen*) espion(ne) *m(f)*. **police** ~ indicateur *m*, -trice *f* de police. **2** *adj film, story etc* d'espionnage. **3** *vi* (*gen*) espionner; (*Ind, Pol*) faire de l'espionnage (*for a country* au service d'un pays). **to** ~ **on sb/sth** espionner qn/épier qch. **4** *vt* (*catch sight of*) apercevoir.

spy out *vt sep:* **to** ~ **out the land** reconnaître le terrain.

♦ **spyglass** *n* lunette *f* d'approche. ♦ **spyhole** *n* petit trou *m*. ♦ **spying** *n* espionnage *m*.

squabble ['skwɒbl] **1** *n* chamaillerie* *f*. **2** *vi* se chamailler* (*over sth* à propos de qch). ♦ **squabbling** *n* chamailleries* *fpl*.

squad [skwɒd] **1** *n* [*policemen, workmen, prisoners*] escouade *f*; [*soldiers*] groupe *m*; (*US Sport*) équipe *f*. (*Ftbl*) **the England** ~ le contingent anglais. **2** *adj* (*Police*) ~ **car** voiture *f* de police.

squadron ['skwɒdrən] *n* (*Mil*) escadron *m*; (*Aviat, Naut*) escadrille *f*.

squalid ['skwɒlɪd] *adj* (*gen*) sordide; *motive* vil. ♦ **squalor** *n conditions fpl* sordides.

squall [skwɔːl] **1** *n* (*Met*) rafale *f or* bourrasque *f* de pluie; (*at sea*) grain *m*. **2** *vi* [*baby*] hurler, brailler. ♦ **squalling** *adj* criard, braillard*.

squander ['skwɒndəʳ] *vt time, money, talents* gaspiller; *inheritance* dilapider; *opportunity* perdre.

square [skwɛəʳ] **1** *n* **(a)** (*gen*) carré *m*; [*chessboard, crossword, graph paper*] case *f*; (*in pattern, on fabric*) carreau *m*; (*head*~) carré, foulard *m*. **to fold into a** ~ plier en carré; (*fig*) **now we're back to** ~ **one*** nous repartons à zéro*; ~ **dance** quadrille *m*. **(b)** (*in town*) place *f*; (*with gardens*) square *m*; (*US: block of houses*) pâté *m* de maisons; (*Mil: barrack* ~) cour *f* (de caserne). **the town** ~ la grand-place. **(c)** (*Math*) carré *m*. **4**

is the ~ of 2 4 est le carré de 2. **(d)** *(pej)* he's a real ~* il est vraiment vieux jeu.

2 *adj* **(a)** *(in shape)* carré. **to cut sth ~** couper qch au carré; *(Typ)* ~ **bracket** crochet *m*; *(fig)* **he is a ~ peg in a round hole** il n'est pas à son affaire; *(fig)* **a ~ meal** un repas convenable. **(b)** *(even, balanced)* **books, accounts, figures** en ordre. **to get one's accounts ~** mettre ses comptes en ordre; **to get ~ with sb** *(financially)* régler ses comptes avec qn; *(get even with)* régler son compte à qn; *(fig)* **to be all ~** être quitte; *(Sport)* être à égalité. **(c)** *(honest)* **dealings** honnête, régulier*. **he is absolutely ~** il est l'honnêteté même; **to get or have a ~ deal** être traité équitablement; **to give sb a ~ deal** agir honnêtement avec qn. **(d)** *(Math etc)* **number** carré. **6 ~ metres** 6 mètres carrés; **6 metres ~** de 6 mètres sur 6; **~ root** racine *f* carrée. **(e)** *(*pej: conventional)* vieux jeu *inv*, rétro* *inv*.

3 *adv*: **~ in the middle** en plein milieu; **to look sb ~ in the face** regarder qn bien en face.

4 *vt* **(a)** *(make ~)* **figure, shape** rendre carré; **stone, timber** équarrir; **shoulders** redresser. **(b)** *(settle etc)* **books, accounts** mettre en ordre; **debts, creditors** régler; *(reconcile)* faire cadrer *(A with B* A avec B). **I can't ~ that with what he told me** ça ne cadre pas avec ce qu'il m'a dit; **he managed to ~ it with his conscience/the boss** il s'est arrangé avec sa conscience/le patron; **I can ~* him** je m'occupe de lui. **(c)** *(Math)* **number** élever au carré. **four ~d is sixteen** quatre au carré fait seize.

5 *vi* cadrer, s'accorder *(with* avec).

square off *vt sep* **paper** quadriller; **wood, edges** équarrir.

square up *vi* **(a)** *[boxers, fighters]* se mettre en garde *(to sb* devant qn). **(b)** *(pay debts)* régler ses comptes *(with sb* avec qn).

♦ **square-bashing** *n* *(Brit Mil sl)* exercice *m*. ♦ **square-built** *adj* trapu. ♦ **square-cut** *adj* coupé à angle droit. ♦ **square-faced** *adj* au visage carré. ♦ **squarely** *adv* **(a)** *(completely)* carrément; **we must face this ~ly** nous devons carrément y faire face; **~ly in the middle** en plein milieu; **(b)** *(honestly)* **treat etc** honnêtement.

squash [skwɒʃ] **1** *n* **(a)** *(crowd, crush)* cohue *f*. **(b) lemon/orange ~** citronnade *f*/orangeade *f* (concentrée). **(c)** *(Sport:* **~ rackets**) squash *m*. ~ **court** terrain *m* de squash.

2 *vt* *(gen)* écraser; *(fig)* **argument** réfuter; *(snub)* **person** remettre à sa place. **to ~ flat** **fruit, beetle** écraser; **hat, box** aplatir.

3 *vi* **(a)** *[people]* **they ~ed into the elevator** ils se sont entassés dans l'ascenseur; **they ~ed out of the gate** ils sont sortis en se bousculant près du portail. **(b)** *[fruit, parcel etc]* s'écraser.

squash in 1 *vi* *[people]* s'entasser. **2** *vt sep (into box, suitcase etc)* réussir à faire rentrer.

squash together 1 *vi* *[people]* se serrer (les uns contre les autres). **2** *vt sep* **objects** serrer.

squash up 1 *vi* *[people]* se serrer. **2** *vt sep* **object** écraser; **paper** chiffonner en boule.

♦ **squashy** *adj* **fruit** mou.

squat [skwɒt] **1** *adj* **person** ramassé; **building** lourd; **object** petit et épais. **2** *vi* **(a)** *(~ down)* *[person]* s'accroupir; *[animal]* se tapir. **to be ~ting (down)** *[person]* être accroupi; *[animal]* être tapi. **(b)** *[squatters]* faire du squattage*. **to ~ in a house** squatteriser* une maison. ♦ **squatter** *n* squatter *m*.

squawk [skwɔːk] **1** *vi* *[hen, parrot]* pousser un gloussement; *[baby]* brailler; *[person]* pousser un cri rauque; *(*: complain)* râler*. **2** *n* gloussement *m*; braillement *m*; cri rauque.

squeak [skwiːk] **1** *vi* *[hinge, wheel, pen, chalk]* grincer; *[shoe]* craquer; *[mouse, doll]* vagir; *[person]* glapir. **2** *vt*: 'no' she ~ed 'non' glapit-elle. **3** *n* grincement *m*; craquement *m*; vagisse-

ment *m*; glapissement *m*. **to give a ~ of surprise** pousser un petit cri de surprise; **not a ~*!** pas un murmure, hein!; **I don't want another ~ out of you** je ne veux plus t'entendre. ♦ **squeaky** *adj* **hinge, wheel** grinçant; **shoes** qui craquent.

squeal [skwiːl] **1** *vi* **(a)** *[animal, person]* pousser un cri aigu; *[brakes]* hurler; *[tyres]* crisser. **(b)** (*: inform)* vendre la mèche*. **to ~ on sb** dénoncer qn, donner* qn. **2** *vt*: 'help' he ~ed 'au secours' cria-t-il d'une voix perçante. **3** *n* cri *m* aigu; hurlement *m*; crissement *m*. **to give a ~ of pain** pousser un cri de douleur; **with a ~ of laughter** avec un rire aigu.

squeamish [ˈskwiːmɪʃ] *adj* *(easily nauseated; fastidious)* facilement dégoûté; *(queasy)* qui a mal au cœur; *(easily shocked)* qui s'effarouche facilement. **I'm too ~ to do that** je n'ose pas faire cela. ♦ **squeamishness** *n* *(queasiness)* nausée *f*; *(prudishness)* pruderie *f*.

squeeze [skwiːz] **1** *n* **(a)** *(act, pressure)* pression *f*, compression *f*; *(in crowd)* cohue *f*. **a ~ of lemon** quelques gouttes *fpl* de citron; **a ~ of toothpaste** un peu de dentifrice; **it was a tight ~ to get through** il y avait à peine la place de passer; *(fig)* **to put the ~ on sb** harceler qn; *(Econ)* **credit ~** restrictions *fpl* de crédit. **2** *vt* **(a)** *(press)* *(gen)* presser; **doll, teddy bear** appuyer sur; **sb's hand, arm** serrer. **she ~d it into the case** elle a réussi à le faire rentrer dans la valise; *(fig)* **he ~d his victim dry*** il a saigné sa victime à blanc. **(b)** *(extract:* **~ out)** **water, toothpaste** exprimer *(from, out of* de); **names, information, money** soutirer, arracher *(out of* à). **3** *vi* se glisser *(under* sous; *into* dans). **he ~d past me** il s'est glissé devant moi en me poussant un peu; **they all ~d into the car** ils se sont entassés dans la voiture; **he ~d through the crowd** il a réussi à se faufiler à travers la foule; **the car ~d into the empty space** il y avait juste assez de place pour la voiture.

squeeze in 1 *vi* *[person]* trouver une petite place; *[car etc]* rentrer tout juste. **can I ~?** est-ce qu'il y a une petite place pour moi? **2** *vt sep* **object** into box, *(*fig)* **item** on programme etc réussir à faire rentrer.

♦ **squeezer** *n* presse-fruits *m inv*; **lemon ~r** presse-citron *m inv*.

squelch [skweltʃ] *vi*: **to ~ in/out etc** entrer/sortir etc en pataugeant.

squib [skwɪb] *n* pétard *m*.

squid [skwɪd] *n* calmar *m*.

squiggle [ˈskwɪgl] **1** *n* gribouillis *m*. **2** *vi* gribouiller.

squint [skwɪnt] **1** *n* *(Med)* strabisme *m*; *(quick glance)* coup *m* d'œil. *(Med)* **to have a ~** loucher. **2** *vi* *(Med)* loucher. **to ~ at sth** *(obliquely)* regarder qch du coin de l'œil; *(quickly)* jeter un coup d'œil à qch.

squire [ˈskwaɪəʳ] *n* ≃ châtelain *m*; *(Hist)* écuyer *m*.

squirm [skwɜːm] *vi* *[worm etc]* se tortiller; *[person]* *(from embarrassment)* ne pas savoir où se mettre; *(from distaste)* avoir un haut-le-corps.

squirrel [ˈskwɪrəl] **1** *n* écureuil *m*. **2** *adj* **coat etc** en petit-gris.

squirt [skwɜːt] **1** *vt* **water** faire jaillir *(at, on, onto* sur; *into* dans); **oil** injecter; **detergent** verser une giclée de; *(from aerosol)* **insecticide etc** pulvériser *(on* sur). *(scent etc)* **to ~ sb with sth** asperger qn de qch. **2** *vi* *[liquid]* jaillir *(from* de). **the water ~ed into my eye** j'ai reçu une giclée d'eau dans l'œil. **3** *n* *[water]* jet *m*; *[detergent]* giclée *f*; *[scent]* quelques gouttes *fpl*.

stab [stæb] **1** *n* *(with dagger/knife etc)* coup *m* (de poignard/de couteau etc). *(fig)* **a ~ in the back** un coup déloyal; **a ~ of pain** un élancement; **a ~ of remorse/grief** un remords/une douleur lancinant(e); *(fig)* **to have a ~ at (doing) sth*** s'essayer à (faire) qch. 2 *adj*: ~ **wound** coup *m* de poignard (*or* couteau *etc*). 3 *vt* (*with dagger*) poignarder; (*with knife*) donner un coup de couteau à. **to** ~ **sb to death** tuer qn d'un coup de couteau *etc*; **he was** ~**bed through the heart** il a reçu un coup de couteau *etc* dans le cœur; (*lit, fig*) **to** ~ **sb in the back** poignarder qn dans le dos. ♦ **stabbing** 1 *n* agression *f* (à coups de couteau *etc*); 2 *adj* **pain** lancinant.

stable[1] ['steɪbl] *adj* (*gen*) stable; *prices* stable, (*St Ex*) ferme; *relationship, marriage* solide; *person* équilibré. ♦ **stability** *n* stabilité *f*; fermeté *f*; solidité *f*; équilibre *m*. ♦ **stabilize** *vt* stabiliser. ♦ **stabilizer** *n* (*Aut, Naut*) stabilisateur *m*; (*Aviat*) empennage *m*.

stable[2] ['steɪbl] 1 *n* (*gen*) écurie *f*. **racing** ~ écurie de courses; **riding** ~**s** manège *m*. 2 *vt* *horse* mettre à l'écurie. ♦ **stableboy** *or* ♦ **stablelad** *n* lad *m*.

stack [stæk] 1 *n* (a) (*gen*) tas *m*; (*hay*~) meule *f*. ~**s**[*] of un tas[*] de; **to have** ~**s**[*] of money** rouler sur l'or; **we've got** ~**s**[*] of time** on a tout le temps. (b) (*chimney*) cheminée *f*. 2 *vt* (~ **up**) *objects* empiler; *aircraft* faire attendre (sur niveaux différents); (*fig pej*) *jury, committee* sélectionner avec partialité (*in favour of* pour favoriser; *against* pour défavoriser).

stadium ['steɪdɪəm] *n* stade *m* (*sportif*).

staff [staːf] 1 *n* (a) (*work force: gen*) personnel *m*; (*Scol, Univ*) professeurs *mpl*; (*servants*) domestiques *mpl*; (*Mil*) état-major *m*. **a large** ~ un personnel nombreux; **to be on the** ~ faire partie du personnel; **he joined our** ~ **in 1974** il est entré chez nous en 1974. (b) (*liter: pole*) bâton *m*; (*flag*~) mât *m*. 2 *adj* (*Mil*) ~ **college** école *f* supérieure de guerre; (*Scol, Univ*) ~ **meeting** conseil *m* des professeurs. 3 *vt* *school etc* pourvoir en personnel. **it is** ~**ed mainly by immigrants** le personnel se compose surtout d'immigrants; **well-**~**ed** pourvu d'un personnel nombreux. ♦ **staffroom** *n* (*Scol etc*) salle *f* des professeurs.

stag [stæg] 1 *n* cerf *m*. 2 *adj*: ~ **party**[*] réunion *f* entre hommes. ♦ **stag beetle** *n* cerf-volant *m* (*Zool*).

stage [steɪdʒ] 1 *n* (a) (*platform: in theatre*) scène *f*; (*in hall*) estrade *f*. (*profession etc*) **the** ~ le théâtre; **on** ~ sur scène; **to come on** ~ entrer en scène; **to go on the** ~ monter à la scène, (*fig: as career*) monter sur les planches; **to write for the** ~ écrire des pièces de théâtre; (*fig*) **to hold the** ~ occuper le devant de la scène. (b) (*point, part*) [*journey*] étape *f*; [*road, pipeline*] section *f*; [*rocket*] étage *m*; [*operation, process, disease*] stade *m*; [*career*] échelon *m*. [*bus*] **fare** ~ section; **in** ~**s** travel par étapes; **study** par degrés; **in** *or* **by easy** ~**s** par petites étapes, par degrés; **in the early** ~**s** au début; **at an early** ~ in vers le début de; **at this** ~ **in the negotiations** à ce stade des négociations; **it has reached the** ~ **of being translated** c'en est au stade de la traduction; **we have reached a** ~ **where ...** nous en sommes arrivés à un stade où ...; **he's going through a difficult** ~ il passe par une période difficile. 2 *adj*: ~ **designer** décorateur *m*, -trice *f* de théâtre; ~ **director** metteur *m* en scène; ~ **door** entrée *f* des artistes; ~ **fright** trac[*] *m*; ~ **manager** régisseur *m*; ~ **name** nom *m* de théâtre; (*fig*) **in a** ~ **whisper** en aparté. 3 *vt* (*Theat*) monter, mettre en scène; (*fig*) *accident etc* (*organize*) organiser; (*feign*) monter. **to** ~ **a demonstration** (*organize*) organiser une manifestation; (*carry out*) manifester; **to** ~ **a strike** (*organize*) organiser une grève; (*go on strike*) faire la grève; **that was** ~**d** c'était un coup monté. ♦ **stagecraft** *n* technique *f* de la scène. ♦ **stagehand** *n* machiniste *m*. ♦ **stage-manage** *vt* *play, production* être régisseur pour; (*fig*) *event, confrontation* organiser, monter. ♦ **stage-struck**

adj: **to be** ~**-struck** brûler d'envie de faire du théâtre.

stagger ['stægə[r]] 1 *vi* chanceler, tituber. **to** ~ **along/in** *etc* avancer/entrer *etc* en chancelant *or* titubant. 2 *vt* (a) (*amaze*) renverser, stupéfier; (*upset*) bouleverser. (b) (*space out*) *objects* espacer; *visits, payments* échelonner; *working hours, holidays* étaler. ♦ **staggering** *adj* renversant, bouleversant; (*lit, fig*) ~**ing blow** coup *m* de massue.

stagnant ['stægnənt] *adj* stagnant. ♦ **stagnate** *vi* [*water*] être stagnant; (*fig*) stagner. ♦ **stagnation** *n* stagnation *f*.

staid [steɪd] *adj* (*trop*) sérieux, (*trop*) posé. ♦ **staidness** *n* caractère *m* trop sérieux *or* posé.

stain [steɪn] 1 *n* (a) (*mark*) tache *f* (*on sur*). **grease** ~ tache de graisse; **without a** ~ **on his character** sans une tache à sa réputation. (b) (*colouring*) colorant *m*. **wood** ~ couleur *f* pour bois. 2 *adj*: ~ **remover** détachant *m*. 3 *vt* (a) tacher (*with* de). (b) (*colour*) *wood* teinter; *glass* colorer. ~**ed glass** (*substance*) verre *m* coloré; (*windows collectively*) vitraux *mpl*; ~**ed-glass window** vitrail *m*. ♦ **stainless steel** *n* acier *m* inoxydable, inox *m*.

stair [steə[r]] 1 *n* (*step*) marche *f*; (*also* ~**s**) escalier *m*. **on the** ~**s** dans l'escalier; **below** ~**s** à l'office. 2 *adj* *carpet* d'escalier. ~ **rod** tringle *f* d'escalier. ♦ **staircase** *or* ♦ **stairway** *n* escalier *m*.

stake [steɪk] 1 *n* (a) (*gen*) pieu *m*, poteau *m*; (*for plant*) tuteur *m*. (*Hist*) **to be burnt at the** ~ mourir sur le bûcher. (b) (*Betting*) enjeu *m*; (*share*) intérêt *m*. (*horse-race*) ~**s** course *f* de chevaux; (*lit, fig*) **to play for high** ~**s** jouer gros jeu; **to be at** ~ être en jeu; **there is a lot at** ~ l'enjeu est considérable; **he has got a lot at** ~ il joue gros jeu, il a gros à perdre; **to have a** ~ **in sth** avoir des intérêts dans qch, (*on large scale*) avoir de gros investissements dans qch. 2 *vt* (a) (~ **out**) *area* marquer avec des piquets. **to** ~ **one's claim** to établir son droit à. (b) (~ **up**) *plant* mettre un tuteur à. (c) (*bet*) jouer (*on* sur). **I'd** ~ **my life on** it j'en mettrais ma tête à couper.

stalactite ['stæləktaɪt] *n* stalactite *f*.

stalagmite ['stæləgmaɪt] *n* stalagmite *f*.

stale [steɪl] *adj* *meat, eggs etc* qui n'est plus frais; *bread* rassis, (*stronger*) dur; *air* confiné; *news* déjà vieux; *joke* rebattu; *athlete* surentraîné. **the room smells** ~ cette pièce sent le renfermé; **I'm getting** ~ je perds mon enthousiasme. ♦ **stalemate** *n* (*Chess*) mat *m*; (*fig*) impasse *f*; **to have reached** ~**mate** être dans l'impasse; **to break the** ~**mate** sortir de l'impasse. ♦ **staleness** *n* (*gen*) manque *m* de fraîcheur.

stalk[1] [stɔːk] *n* [*plant*] tige *f*; [*fruit*] queue *f*; [*cabbage*] trognon *m*.

stalk[2] [stɔːk] 1 *vt* *game, prey* traquer; *suspect* filer. 2 *vi*: **to** ~ **in/off** *etc* entrer/partir *etc* avec raideur; **he** ~**ed in angrily** il est entré d'un air furieux.

stall [stɔːl] 1 *n* (*in market, at fair*) éventaire *m*; (*in stable, cowshed*) stalle *f*. (*Theat*) **the** ~**s** l'orchestre *m*; **newspaper/flower** ~ kiosque *m* à journaux/de fleuriste; **station book** ~ librairie *f* de gare; **coffee** ~ buvette *f*. 2 *vi* [*car, engine*] caler; [*aircraft*] être en perte de vitesse. (*fig*) **to** ~ **for time** essayer de gagner du temps. 3 *vt* (*Aut*) caler; (*Aviat*) causer une perte de vitesse à. (*fig*) **I managed to** ~ **him** j'ai réussi à le tenir à distance. ♦ **stallholder** *n* marchand(e) *m(f)* (*en plein air*).

stallion ['stæljən] *n* étalon *m* (*cheval*).

stalwart ['stɔːlwət] *adj* (*in build*) vigoureux; (*in spirit*) résolu. **to be a** ~ **supporter of sb/sth** soutenir qn/qch de façon inconditionnelle.

stamen ['steɪmen] *n* (*Bot*) étamine *f*.

stamina ['stæmɪnə] *n* résistance *f*, endurance *f*. **he's got** ~ il est résistant.

stammer ['stæmər] **1** *n* bégaiement *m*. **2** *vti* bégayer. ♦ **stammerer** *n* bègue *mf*. ♦ **stammering** *n* bégaiement *m*. ♦ **stammeringly** *adv* en bégayant.

stamp [stæmp] **1** *n* **(a)** timbre *m*. postage ~ timbre-poste *m*; savings ~ timbre-épargne *m*; trading ~ timbre-prime *m*; National Insurance ~ cotisation *f* à la Sécurité sociale. **(b)** (*rubber* ~) timbre *m*. date ~ timbre dateur. **(c)** (*mark*) look at the date ~ regardez la date sur le cachet; (*fig*) the ~ of genius/truth le sceau du génie/de la vérité. **2** *adj*: ~ album album *m* de timbres-poste; ~ collecting philatélie *f*; ~ collection collection *f* de timbres(-poste); ~ collector philatéliste *mf*; ~ dealer marchand(e) *m(f)* de timbres(-poste); ~ duty droit *m* de timbre; ~ machine distributeur *m* automatique de timbres(-poste). **3** *vt* **(a)** to ~ one's foot taper du pied; to ~ one's feet (*in rage*) trépigner; (*in dance*) frapper du pied; (*to keep warm*) battre la semelle. **(b)** (*stick a* ~ *on*) *letter, insurance card* timbrer. ~ed addressed envelope enveloppe timbrée pour la réponse. **(c)** (*mark with* ~) timbrer; *passport, document* viser; *visa, date* apposer (*on* sur); *metal* poinçonner. **4** *vi* taper du pied; [*horse*] piaffer. to ~ on sth piétiner qch; (*angrily*) to ~ in/out *etc* entrer/sortir *etc* en tapant du pied.

stamp out *vt sep fire* éteindre en piétinant; *rebellion* enrayer; *custom, tendency* détruire.

stampede [stæm'piːd] **1** *n* [*animals, people*] débandade *f*, sauve-qui-peut *m inv*; (*fig: rush*) ruée *f* (*for sth* pour obtenir qch; *for the door* vers la porte). **2** *vi* s'enfuir à la débandade (*from* de), fuir à la débandade (*towards* vers); (*fig: rush*) se ruer (*for sth* pour obtenir qch; *for the door* vers la porte). **3** *vt animals, people* jeter la panique parmi. (*fig*) we mustn't let ourselves be ~d il faut que nous prenions le temps de réfléchir.

stance [stæns] *n* position *f*.

stand [stænd] (*vb: pret, ptp* stood) **1** *n* **(a)** (*position: lit, fig*) position *f*; (*resistance*) résistance *f*, opposition *f*. (*lit, fig*) to take (up) one's ~ prendre position (*against* contre); he took (up) his ~ beside me (*lit*) il s'est placé à côté de moi; (*fig*) il m'a soutenu; (*fig*) to make a ~ résister (*against* à), prendre position (*against* contre). **(b)** (*taxi* ~) station *f* (de taxis). **(c)** (*for plant, bust etc*) guéridon *m*; (*for displaying goods*) étalage *m*; (*at exhibition, trade fair*) stand *m*; (*at fair*) baraque *f*; (*market stall*) éventaire *m*; (*US: witness* ~) barre *f*; (*in sports stadium, along procession route etc*) tribune *f*. lamp ~ support *m* or pied *m* de lampe; hat ~ porte-chapeaux *m inv*; coat ~ portemanteau *m*; music ~ pupitre *m* à musique; newspaper ~ kiosque *m* à journaux; band ~ kiosque (à musique).

2 *vt* **(a)** (*place*: ~ up) *object* mettre, poser (*on* sur; *against* contre). to ~ sth on its end faire tenir qch debout. **(b)** (*tolerate, withstand*) supporter. I can't ~ it any longer (*pain etc*) je n'en peux plus le supporter; (*boredom etc*) j'en ai assez, j'en ai par-dessus la tête*; I can't ~ (the sight of) her je ne peux pas la supporter *or* la voir*; she can't ~ being laughed at elle ne supporte pas qu'on se moque (*subj*) d'elle; I can't ~ gin/Giraudoux je déteste le gin/Giraudoux; to ~ the strain [*rope, beam etc*] supporter la tension; [*person*] tenir le coup; it won't ~ close examination cela ne résiste pas à un examen serré; the town stood constant bombardment la ville a résisté à un bombardement continuel. **(c)** (*pay for*) payer, offrir. to ~ sb a drink payer *or* offrir à boire à qn; to ~ the cost of sth payer le coût de qch. **(d)** (*phrases*) to ~ a chance avoir une bonne chance (*of doing de* faire); to ~ no chance ne pas avoir la moindre chance (*of doing* de faire); to ~ one's ground tenir bon; to ~ trial passer en jugement (*for* pour).

3 *vi* **(a)** (*be* ~ing: ~ up) être debout; (*stay*

~ing) rester debout. too weak to ~ trop faible pour se tenir debout; to ~ erect (*stay upright*) rester debout; (*straighten up*) se redresser; ~ up straight! tiens-toi droit!; (*fig*) to ~ on one's own feet se débrouiller tout seul; he ~s over 6 feet il fait plus de 1 mètre 80; the house is still ~ing la maison existe toujours; not much still ~s of the walls il ne reste plus grand-chose des murs; they didn't leave a stone ~ing ils n'ont rien laissé debout.

(b) (*rise*: ~ up) se lever, se mettre debout. **(c)** (~ *still*) rester (debout), être (debout). we stood talking for an hour nous sommes restés là à parler pendant une heure; he stood in the doorway il se tenait dans l'embrasure de la porte; don't ~ there, do something! ne reste pas là à ne rien faire!; (*fig*) he left the others ~ing il dépassait les autres d'une tête; the man ~ing over there'cet homme là-bas; ~ over there till ... mets-toi là-bas jusqu'à ce que ...; they stood in a circle ils se tenaient en cercle; to ~ in line faire la queue; ~ still! ne bougez pas!; (*fig*) time seemed to ~ still le temps semblait s'être arrêté; (*lit, fig*) to ~ fast *or* firm tenir bon; (*lit*) to ~ in sb's way barrer le passage à qn; (*fig*) I won't ~ in your way je ne vous ferai pas obstacle; nothing ~s in our way la voie est libre; his age ~s in his way son âge constitue un sérieux handicap; that was all that stood between him and ... c'était tout ce qui le séparait de ...; to ~ clear s'écarter; you're ~ing on my foot tu me marches sur le pied; (*Aut*) to ~ on the brakes freiner à mort; (*fig*) to ~ on ceremony faire des manières; to ~ on one's dignity garder ses distances; it ~s to reason that ... il va sans dire que ...; where do you ~ on this question? quelle est votre position sur cette question?; I like to know where I ~ j'aime savoir où j'en suis.

(d) (*be situated*) se trouver. the village ~s in the valley le village se trouve dans la vallée; [*statue, argument etc*] to ~ on reposer sur. **(e)** (*be*) être. to ~ accused/convicted of être accusé/déclaré coupable de; (*Parl*) to ~ (as a candidate *or* for election) être candidat (*for* à); he stood for the council il était candidat au poste de conseiller; (*have reached*) to ~ at [*thermometer, clock*] indiquer; [*offer, price, bid*] être à; [*score*] être de; accept the offer as it ~s acceptez l'offre telle quelle; (*Sport etc*) the record stood at ... le record est resté à ...; as things ~ les choses étant ce qu'elles sont; how do things ~? où en sont les choses?

(f) (*remain undisturbed*) [*liquid, dough etc*] reposer; [*tea, coffee*] infuser; [*offer*] demeurer valable. let the matter ~ as it is laissez les choses comme elles sont; they let the regulation ~ ils n'ont rien changé au règlement; [*project, results*] to ~ *or* fall by sth reposer sur qch.

(g) (*be likely*) to ~ to lose risquer de perdre; to ~ to win avoir des chances de gagner; he ~s to make a fortune il pourrait bien faire fortune.

(h) (*Naut*) to ~ out to sea (*move*) mettre le cap sur le large; (*stay*) être *or* rester au large.

stand about, stand around *vi* rester là, traîner (*pej*). to keep sb ~ing about faire faire le pied de grue à qn.

stand aside *vi* s'écarter, se pousser. (*fig*) to ~ aside in favour of sb laisser la voie libre à qn.

stand back *vi* (*move back*) reculer, s'écarter. the farm ~s back from the motorway la ferme est à l'écart de l'autoroute.

stand by 1 *vi* **(a)** (*be onlooker*) rester là (à ne rien faire). **(b)** [*troops*] être en état d'alerte; [*person, ship, vehicle*] (*be ready*) se tenir prêt; (*be at hand*) attendre sur place. ~ by for takeoff paré pour le décollage; ~ by to drop anchor paré à mouiller l'ancre; ~ by for further news tenez-vous prêt à recevoir d'autres nouvelles. **2** *vt fus promise* tenir; *sb else's decision* accepter; *one's*

own decision s'en tenir à; *friend* ne pas abandonner; *colleague etc* soutenir.
stand down *vi [troops]* être déconsigné (en fin d'alerte); *(fig: withdraw) [candidate]* se désister.
stand for *vt fus* **(a)** *(represent) [initials, political party]* représenter. **(b)** *(tolerate)* supporter, tolérer.
stand in *vi*: to ~ **in for sb** remplacer qn.
stand out *vi (project) [ledge, buttress]* avancer *(from* sur); *[vein etc]* ressortir *(on* sur); *(be conspicuous)* ressortir, se détacher *(against* sur). *(fig)* he ~s **out above all the rest** il surpasse tout le monde; *(fig)* that ~s **out a mile!*** cela saute aux yeux!; to ~ **out for sth** revendiquer qch; to ~ **out against** *attack* résister à; *demand* s'opposer fermement à.
stand over 1 *vi [items for discussion]* rester en suspens. **2** *vt fus person* surveiller, être sur le dos de.
stand to *vi (Mil)* se mettre en état d'alerte.
stand up 1 *vi (rise)* se lever, se mettre debout; *(be ~ing)* être debout; *(fig) [argument, case]* être valable. *(fig)* to ~ **up for sb/sth** défendre qn/qch; to ~ **up to** *opponent* affronter; *(in argument)* tenir tête à; *rough treatment, cold etc* résister à; *V also* **stand 3a, 3b. 2** *vt sep box etc* mettre debout. *(fig)* **she stood me up*** elle m'a fait faux bond; *V also* **stand 2a.**
♦ **stand-by 1** *n*: **it's a useful ~-by** ça peut toujours être utile; **to be on ~-by** *[troops]* être sur pied d'intervention; *[plane]* se tenir prêt à décoller; *[doctor]* être de garde; **2** *adj car, battery etc* de réserve; *generator* de secours; *(Aviat) ticket, passenger* sans garantie. ♦ **stand-in** *n* remplaçant(e) *m(f); (Cine)* doublure *f.* ♦ **standoffish** *adj* distant, froid. ♦ **stand-offishly** *adv* avec froideur. ♦ **standpoint** *n* point *m* de vue.
♦ **standstill** *n* arrêt *m*; **to come to a ~still** s'arrêter; **to bring to a ~still** arrêter; **to be at a ~still** *[person, car]* être immobile; *[production]* être paralysé; *[discussion]* être au point mort; *[trade]* être dans le marasme complet. ♦ **stand-to** *n (Mil)* alerte *f.* ♦ **stand-up** *adj collar* droit; *meal etc* (pris) debout; *fight, quarrel* en règle.
standard ['stændəd] **1** *n* **(a)** *(flag)* étendard *m*; *(Naut)* pavillon *m.* **(b)** *(norm)* norme *f*; *(criterion)* critère *m*; *(for weights and measures)* étalon *m*; *(intellectual etc)* niveau *m* (voulu). **monetary ~** titre *m* de monnaie; **the gold ~** l'étalon *or*; *(fig)* **to be** *or* **come up to ~** *[person]* être à la hauteur; *[thing]* être de la qualité voulue; **you are applying a double ~** vous appliquez deux mesures; **his ~s are high** il cherche l'excellence; *(morally, artistically)* **he has set us a high ~** il a établi un modèle difficile à surpasser; **first-year university ~** du niveau de première année d'université; **high/low ~ of living** niveau de vie élevé/bas; **to have high moral ~s** avoir un sens moral très développé; **I couldn't accept their ~s** je ne pouvais pas accepter leur échelle de valeurs. **(c)** *(street light)* pylône *m* d'éclairage; *(base: for lamp, street light)* pied *m.* **2** *adj size, height, procedure* ordinaire, normal; *metre, weight etc* étalon *inv; (Comm: regular) design, model, size* standard *inv; (Statistics) deviation etc* type; *reference book* classique, de base; *pronunciation, usage* correct. **it is now ~ practice to do so** c'est maintenant courant de faire ainsi; **a ~ model car** une voiture de série; **~ time** l'heure légale.
♦ **standard-bearer** *n* porte-étendard *m inv.*
♦ **standardization** *n* standardisation *f*; normalisation *f.* ♦ **standardize** *vt (gen)* standardiser; *product, terminology* normaliser.
♦ **standard-lamp** *n* lampadaire *m.*
standing ['stændɪŋ] **1** *adj* **(a)** *passenger* debout *inv; crop* sur pied. *(in bus etc)* ~ **room places** *fpl* debout; ~ **stone** pierre *f* levée. **(b)** *(permanent) army, committee, invitation* permanent; *rule*

fixe; *grievance, reproach* constant. ~ **expenses** frais *mpl* généraux; **a ~ joke** un sujet de plaisanterie continuel; ~ **order** *(Banking)* virement *m* automatique; *(Comm)* commande *f* permanente *(for* pour); *(Mil, Parl)* ~ **orders** règlement *m.* **2** *n* **(a)** *(importance etc) [person, newspaper]* importance *f; [restaurant, business]* réputation *f*, standing *m.* **social ~** position *f* sociale, standing; **professional ~** rang *m or* standing professionnel; **firms of that ~** des compagnies aussi réputées; **he has no ~ in this matter** il n'a aucune autorité dans cette affaire. **(b)** *(duration)* **of 10 years' ~ friendship** qui dure depuis 10 ans; *agreement, contract* qui existe depuis 10 ans; *doctor, teacher* qui a 10 ans de métier; **of long ~** de longue date.
stank [stæŋk] *pret of* **stink.**
stanza ['stænzə] *n [poem]* strophe *f; [song]* couplet *m.*
staple[1] ['steɪpl] *adj crop, industry* principal; *products, foods* de base. ~ **diet** nourriture *f* de base.
staple[2] ['steɪpl] **1** *n (for papers)* agrafe *f; (Tech)* crampon *m.* **2** *vt* (~ **together**) agrafer *(on to* à); cramponner. ♦ **stapler** *n* agrafeuse *f.*
star [stɑː^r] **1** *n* **(a)** étoile *f; (Typ etc)* astérisque *m.* **the S~s and Stripes** la Bannière étoilée; **3-~ hotel** hôtel *m* 3 étoiles; **4-~ petrol super*** *m; (US)* **four-~ general** général *m* à quatre étoiles; **born under a lucky ~** né sous une bonne étoile; **you can thank your (lucky) ~s*** **that** ... tu peux remercier le ciel de ce que ...; *(fig)* **to see ~s*** voir trente-six chandelles; *(horoscope)* **the ~s** l'horoscope *m*; **it was written in his ~s that** ... il était écrit que ... . **(b)** *(Cine, Sport etc)* vedette *f; (actress only)* star *f.* **2** *adj (Theat etc)* ~ **part** premier rôle; **a ~(ring) role** l'un des principaux rôles; *(Theat, fig)* **the ~ turn** la vedette. **3** *vt*: **the film ~s John Wayne** John Wayne est la vedette du film; **~ring Greta Garbo as** ... avec Greta Garbo dans le rôle de ... . **4** *vi* être la vedette *(in a film* d'un film); *(fig)* briller. **he ~red as Hamlet** c'est lui qui a joué le rôle de Hamlet. ♦ **stardom** *n (Cine, Sport etc)* célébrité *f.* ♦ **starfish** *n* étoile *f* de mer.
♦ **stargaze** *vi*: **to be ~gazing** être dans la lune. ♦ **starlet** *n (Cine)* starlette *f.* ♦ **starlight** *n*: **by ~light** à la lumière des étoiles. ♦ **starlit** *adj* étoilé. ♦ **starry** *adj sky, night* étoilé. ♦ **starry-eyed** *adj (idealistic)* idéaliste; *(innocent)* innocent; *(from wonder)* éberlué; *(from love)* éperdument amoureux. ♦ **star-studded** *adj sky* parsemé d'étoiles; *(fig) cast etc* à vedettes.
starboard ['stɑːbəd] *(Naut)* **1** *n* tribord *m.* **2** *adj* de tribord.
starch [stɑːtʃ] **1** *n (gen)* amidon *m. (food)* ~**es** féculents *mpl.* **2** *vt collar* amidonner, empeser.
♦ **starch-reduced** *adj bread* de régime.
♦ **starchy** *adj*: ~**y food** féculents *mpl.*
stare [stɛə^r] **1** *n* regard *m* (fixe). **curious/vacant ~** long regard curieux/vague. **2** *vi*: **to ~ at sb/sth** regarder qn/qch fixement, fixer qn/qch du regard; **to ~ at sb/sth in surprise** regarder qn/qch avec surprise; **what are you staring at?** qu'est-ce que tu regardes comme ça?; **to ~ into space** avoir le regard perdu dans le vague. **3** *vt*: **to ~ sb in the face** fixer qn du regard, dévisager qn; *(fig)* **they're staring you in the face!** ils sont là devant ton nez; **that ~s you in the face!** cela crève les yeux.
stare out *vt sep* faire baisser les yeux à.
stark [stɑːk] **1** *adj countryside* morne; *décor* austère. *(fig)* **the ~ truth** la vérité telle qu'elle est. **2** *adv*: ~ **raving** *or* **staring mad*** complètement fou *or* dingue*; ~ **naked** complètement nu.
starling ['stɑːlɪŋ] *n* étourneau *m (oiseau).*
start [stɑːt] **1** *n* **(a)** *(beginning: gen)* commencement *m*, début *m; [negotiations]* ouverture *f; [race etc]* départ *m;* **(~ing line)** point *m* de départ. **the ~ of the academic year** la rentrée universitaire et scolaire; **that was the ~ of all the**

trouble c'est là que tous les ennuis ont commencé; **from the** ~ dès le début, dès le commencement; **for a** ~ d'abord; **from** ~ **to finish** du début jusqu'à la fin; **to get off to a good** ~ bien commencer, prendre un bon départ; **to get a good** ~ **in life** bien débuter dans la vie; **a good** ~ **to his career** un bon début pour sa carrière; **to make a** ~ commencer; **to make an early** ~ commencer de bonne heure, (*in journey*) partir de bonne heure; **to make a fresh** ~ recommencer. **(b)** (*advantage*) (*Sport*) avance *f*; (*fig*) avantage *m* (*over* sur). **to give sb 10 metres'** ~ **or a 10-metre** ~ donner 10 mètres d'avance à qn; (*fig*) **that gave him a** ~ **over the others** cela lui a donné un avantage sur les autres. **(c)** (*sudden movement*) [*person*] sursaut *m*; [*animal*] tressaillement *m*. **to wake with a** ~ se réveiller en sursaut; **to give a** ~ sursauter; **to give sb a** ~ faire sursauter qn; **you gave me such a** ~! ce que vous m'avez fait peur!

2 *vt* **(a)** (*begin*) (*gen*) commencer (*to do, doing* à faire, de faire); *work* commencer, se mettre à; *task* entreprendre; *bottle, cheese etc* entamer. **to** ~ **a journey** partir en voyage; **to** ~ **life as** débuter dans la vie comme; **to** ~ **again** *or* **afresh** recommencer (*to do* à faire). **(b)** (~ **off,** ~ **up**) *discussion* commencer, ouvrir; *conversation* engager; *quarrel, rumour* faire naître; *reform, series of events* déclencher; *fashion, policy* lancer; *phenomenon, institution* donner naissance à; *war* causer. **to** ~ **a fire** (*in grate etc*) faire du feu; (*accidentally*) provoquer un incendie; **she has** ~**ed a baby*** elle est enceinte. **(c)** (*also* ~ **up, get** ~**ed**) *engine, vehicle* mettre en marche, démarrer; *clock* mettre en marche; (~ **off**) *race* donner le signal du départ. **to** ~ **sb** (**off** *or* **out**) **on a career** lancer qn dans une carrière; **if you** ~ **him** (**off**) **on that subject** ... si tu le lances sur ce sujet ...; **that** ~**ed him remembering** alors il s'est mis à se souvenir; (*fig*) **now you've** ~**ed sth!** quelle histoire!; **to get** ~**ed on** (**doing**) **sth** commencer (à faire) qch; **let's get** ~**ed** allons-y; **to get sb** ~**ed on** (**doing**) **sth** faire commencer qch à qn; **once I get** ~**ed I work very quickly** une fois lancé, je travaille très vite.

3 *vi* **(a)** (*also* ~ **off,** ~ **up**: *gen*) commencer (**with** par; **by doing** par faire); [*road*] partir (**at** de). **to** ~ **on** *book, study* commencer; *new bottle* entamer; **we must** ~ **at once** il faut commencer *or* nous y mettre immédiatement; **it's** ~**ing** (**off**) **rather well/badly** cela s'annonce plutôt bien/mal; **to** ~ **in business** se lancer dans les affaires; **before October** ~**s** avant le début d'octobre; **to** ~ **again** *or* **afresh** recommencer; ~**ing from Monday** à partir de lundi; **to** ~ **with,** there were only 3 d'abord, ils n'étaient que 3; ~ **on a new page** prenez une nouvelle page; **he** ~**ed** (**out**) **to say that** ... son intention était de dire que ... . **(b)** (*leave*: ~ **off,** ~ **out**) partir (*from* de; *for* pour; **on a journey** en voyage). **he** ~**ed** (**off** *or* **out**) **down the street** il a commencé à descendre la rue; (*fig*) **to** ~ (**off**) **as a clerk** débuter comme employé; **to** ~ (**off** *or* **out**) **as a Marxist** commencer par être marxiste. **(c)** (~ **up**) [*car, machine*] démarrer; [*clock*] se mettre à marcher. **(d)** (*jump nervously*) [*person*] sursauter; [*animal*] tressaillir.

♦ **starter** *n* **(a)** (*Sport*) (*official*) starter *m*; (*horse, runner*) partant *m*; (*Scol etc*) **the child was a late** ~**er** cet enfant a mis du temps à se développer; (*fig*) **it's a non-**~**er*** ça ne vaut rien; **(b)** (*Aut*) démarreur *m*; (*on machine etc*) bouton *m* de démarrage; **(c) for** ~**ers*** (*Culin*) comme hors-d'œuvre *m inv*; (*for a start*) pour commencer. ♦ **starting** *adj*: ~**ing point** point *m* de départ; ~**ing price** (*St Ex*) prix *m* initial; (*Racing*) cote *f* de départ.

startle ['stɑːtl] *vt* [*sound, sb's arrival*] faire sursauter *or* tressaillir; [*news, telegram*] alarmer. **to** ~ **sb out of his wits** donner un choc à qn; **you** ~**d**

me! vous m'avez fait peur! ♦ **startled** *adj animal* effarouché; *person, voice* très surpris. ♦ **startling** *adj* (*surprising*) surprenant; (*alarming*) alarmant.

starve [stɑːv] **1** *vt* **(a)** (*deliberately*) affamer. **to** ~ **sb to death** laisser qn mourir de faim; **she** ~**d herself to feed him** elle s'est privée de nourriture pour lui donner à manger; **to** ~ **sb into submission** soumettre qn par la faim. **(b)** (*deprive*) priver (*sb of sth* qn de qch). **2** *vi* manquer de nourriture, être affamé. **to** ~ (**to death**) mourir de faim. ♦ **starvation** **1** *n* inanition *f*; (*deliberate*) faim *f*; ~ **diet** *or* **rations** régime *m* de famine. ♦ **starving** *adj* affamé; (*fig*) **I'm starving*** j'ai meurs de faim.

stash* [stæʃ] *vt* (~ **away**) (*hide*) cacher; (*store away*) mettre de côté. **£500** ~**ed away** 500 livres (*stored away*) en réserve *or* (*safe*) en lieu sûr.

state [steɪt] **1** *n* **(a)** état *m*. ~ **of alert/war** état d'alerte/de guerre; **in your** ~ **of health/mind** dans votre état de santé/d'esprit; **in an odd** ~ **of mind** d'une humeur étrange; **you're in no** ~ **to reply** vous n'êtes pas en état de répondre; **to lie in** ~ être exposé solennellement; **to live in** ~ mener grand train; (*fig*) **what's the** ~ **of play?** où en est-on?; **in a good/bad** ~ **of repair** bien/mal entretenu; **to be in a good/bad** ~ [*chair, car, house*] être en bon/mauvais état; [*person, marriage*] aller bien/mal; **the** ~ **the car was in** l'état de la voiture; **he's not in a fit** ~ **to drive** il est hors d'état de conduire; **what a** ~ **you're in!** vous êtes dans un bel état!; **he got into a terrible** ~ **about it*** ça l'a mis dans tous ses états; **don't get into such a** ~!***** ne vous affolez pas! **(b)** (*Pol*) **the S**~ l'État *m*; (*US*) **the S**~**s** les États-Unis *mpl*; **affairs of** ~ affaires *fpl* de l'État.

2 *adj business, secret* d'État; *security, control* de l'État; *medicine* étatisé; (*US: often* **S**~) *law, prison* d'État. ~ **apartments** appartements *mpl* officiels; ~ **banquet** banquet *m* de gala; (*US*) **S**~ **Department** Département *m* d'État, ≃ ministère *m* des Affaires étrangères; (*Brit*) ~ **education** enseignement *m* public; (*US*) **the S**~ **line** la frontière entre les états; (*US*) **S**~'s **attorney** procureur *m*; (*Brit*) ~ **school** école publique; (*US*) ~ **trooper** ≃ CRS *m*; **to make a** ~ **visit to a country** se rendre en visite officielle dans un pays.

3 *vt* déclarer (**that** que); *one's views, the facts, problem* exposer; *time, place* fixer, spécifier; *conditions, theory, restrictions* formuler. **it is** ~**d in the records that** ... il est écrit dans les archives que ...; **as** ~**d above** ainsi qu'il est dit plus haut; ~ **your name and address** déclinez vos nom, prénoms et adresse; *cheques must* ~ **the sum clearly** les chèques doivent indiquer la somme clairement; **to** ~ **one's case** présenter ses arguments.

♦ **state-controlled** *adj* étatisé. ♦ **stated** *adj date, sum* fixé; *interval* fixe; *limit* prescrit; **on** ~**d days** à jours fixes; **at the time** ~**d** à l'heure dite. ♦ **state-enrolled nurse** *n* (*Brit*) infirmier *m*, -ière *f* auxiliaire, aide-soignante *mf*. ♦ **stateless** *adj* apatride; ~**less person** apatride *mf*. ♦ **stateliness** *n* majesté *f*. ♦ **stately** *adj* majestueux; (*Brit*) ~**ly home** château *m* (*de l'aristocratie*). ♦ **statement** *n* **(a)** [*views*] exposition *f*; [*conditions*] formulation *f*; (*written, verbal*) déclaration *f*; (*Jur*) déposition *f*; *official* ~**ment** communiqué *m* officiel; **to make a** ~**ment** faire une déclaration. **(b)** (*Comm: bill*) facture *f*; *bank* ~**ment** relevé *m* de compte. ♦ **state-owned** *adj* étatisé. ♦ **state-registered nurse** *n* (*Brit*) infirmier *m*, -ière *f* diplômé(e) d'État. ♦ **stateroom** *n* [*palace*] grande salle *f* de réception; [*ship, train*] cabine *f* de luxe. ♦ **statesman** *n* homme *m* d'État; (*fig*) **he is a real** ~**sman** il est extrêmement diplomate. ♦ **statesmanlike** *adj* diplomatique. ♦ **statesmanship** *n* habileté *f* politique. ♦ **state-subsidized** *adj* subventionné par l'État. ♦ **state-wide** *adj, adv* d'un bout à l'autre de l'État.

static ['stætɪk] **1** adj statique. **2** n **(a)** ~s statique f.
(b) (Elec, Rad etc) parasites mpl.
station ['steɪʃən] **1** n **(a)** (place) poste m, station f;
(Mil) poste. **fire** ~ caserne f de pompiers;
lifeboat ~ centre m de secours en mer; **police** ~
commissariat m (de police), gendarmerie f; **radio**
~ station de radio; **one's** ~ **in life** sa situation
sociale; (Rel) **the S**~**s of the Cross** le Chemin de
Croix. **(b)** (Rail) gare f; [underground] station f.
bus or **coach** ~ gare routière; **the train came into
the** ~ le train est entré en gare, (in underground)
la rame est entrée dans la station. **2** adj (Rail)
staff, bookstall etc de (la) gare. (US Rad) ~ **break**
page f de publicité; (Rail) ~ **master** chef m de
gare; (Aut) ~ **wag(g)on** break m. **3** vt (gen)
placer; look-out, troops poster. **to** ~ **o.s.** se placer;
to be ~**ed at** [troops] être en garnison à; [sailors]
être en station à. ♦ **stationary** adj stationnaire.
♦ **stationer** n papetier m, -ière f; ~**er's** (shop)
papeterie f (magasin). ♦ **stationery 1** n papeterie
f (articles); (writing paper) papier m à lettres;
2 adj (Brit) **the S**~**ery Office** ≃ l'Imprimerie
nationale.
statistics [stə'tɪstɪks] npl statistique f; (measurements) statistiques; (hum: woman's) mensurations fpl. **a set of** ~ une statistique. ♦ **statistical**
adj error de statistiques; probability, table statistique; expert en statistiques. ♦ **statistically** adv
statistiquement. ♦ **statistician** [ˌstætɪs'tɪʃən] n
statisticien(ne) m(f).
statue ['stætjuː] n statue f. ♦ **statuesque** adj sculptural. ♦ **statuette** n statuette f.
stature ['stætʃər] n stature f, taille f; (fig) envergure f. (fig) **his** ~ **increased when** ... il a pris de
l'envergure quand ...; **moral/intellectual** ~
envergure sur le plan moral/intellectuel.
status ['steɪtəs] **1** n **(a)** (economic etc position)
situation f, position f; (Admin, Jur) statut m.
social ~ **standing** m; **civil** ~ état m civil; **what is
his official** ~**?** quelle est sa position officielle?;
economic ~ situation économique; **the** ~ **of the
black population** la condition sociale or (Admin)
le statut de la population noire; **his** ~ **as an assistant director** son standing de directeur-adjoint.
(b) (prestige) [person, job] prestige m. **2** adj: ~
symbol signe m extérieur de richesse. ♦ **status
quo** n statu quo m.
statute ['stætjuːt] **1** n (Jur etc) loi f. **by** ~ selon la
loi. **2** adj: ~ **book** code m. ♦ **statutory** adj duty,
right, control statutaire; holiday légal; offence,
rape défini par un article de loi.
staunch[1] [stɔːntʃ] vt flow arrêter; blood étancher.
staunch[2] [stɔːntʃ] adj support loyal; friend, ally à
toute épreuve. ♦ **staunchly** adv loyalement.
stave [steɪv] (vb: pret, ptp stove or staved) n
[barrel etc] douve f; (Mus) portée f; (Poetry)
stance f, strophe f.
stave in vt sep enfoncer.
stave off vt sep danger, threat écarter; disaster,
defeat éviter; hunger tromper; attack parer.
stay [steɪ] **1** n **(a)** séjour m. **he is in Rome for a
short** ~ il est à Rome pour une courte visite or un
bref séjour; **a** ~ **in hospital** un séjour à l'hôpital.
(b) (Jur) ~ **of execution** sursis m à l'exécution
(d'un jugement).
2 vt **(a)** (check) arrêter; disease, epidemic
enrayer; (delay) retarder; (Jur) judgment
surseoir à; proceedings suspendre; decision
remettre. **(b) to** ~ **the course** (Sport) aller jusqu'au bout; (fig) tenir bon.
3 vi (remain) rester. ~ **there!** restez là!; **to** ~
still, to ~ **put*** ne pas bouger; **to** ~ **to dinner**
rester dîner; (Rad) ~ **tuned!** restez à l'écoute!; ~
with it* tenez bon; **it is here to** ~ c'est bien établi;
he's here to ~ il est là pour de bon; **if the weather**
~**s fine** si le temps se maintient au beau; **has she
come to** ~**?** est-ce qu'elle est venue avec l'intention de rester?; **she came to** ~ **for a few weeks**

elle est venue passer quelques semaines; **I'm**
~**ing with my aunt** je loge chez ma tante; **to** ~ **in a**
hotel descendre à l'hôtel; **he was** ~**ing in Paris** il
séjournait à Paris.
stay away vi: **he** ~**ed away for 3 years** il n'est pas
rentré avant 3 ans; **he** ~**ed away from the
meeting/from school** il n'est pas allé à la
réunion/à l'école.
stay behind vi rester (en arrière or à la fin).
stay down vi rester en bas; (bending) rester
baissé; (lying down) rester couché; (under water)
rester sous l'eau.
stay in vi (at home) rester à la maison, ne pas
sortir; (Scol) être en retenue; [screw etc] tenir.
stay out vi (away from home) ne pas rentrer;
(outside) rester dehors; (on strike) rester en
grève. **get out and** ~ **out!** sortez et ne revenez
pas!; **to** ~ **out late** rentrer tard; **to** ~ **out all night**
ne pas rentrer de la nuit; (fig) **to** ~ **out of argument etc** ne pas se mêler de; prison éviter; **to** ~
out of trouble se tenir tranquille.
stay over vi s'arrêter (un or plusieurs jour(s)),
faire une halte. **can you** ~ **over till Thursday?** est-
ce que vous pouvez rester jusqu'à jeudi?
stay up vi [person] rester debout, ne pas se
coucher; [trousers, fence etc] tenir. **to** ~ **up late** se
coucher tard.
♦ **stay-at-home** n, adj casanier (m), -ière (f).
♦ **stayer** n (horse) cheval m or (runner) coureur
m qui a du fond; (fig) **he's a** ~**er** il n'abandonne
pas facilement. ♦ **staying power** n endurance f.
stead [sted] n: **in my/his etc** ~ à ma/sa etc place; **to
stand sb in good** ~ être très utile à qn.
steadfast ['stedfəst] adj (unshakeable) ferme;
(constant) constant. ♦ **steadfastly** adv fermement. ♦ **steadfastness** n fermeté f.
steady ['stedɪ] **1** adj **(a)** (firm) table, pole, boat
stable; hand sûr; gaze franc; nerves solide;
person sérieux, (not nervous) calme. **he isn't very**
~ **on his feet** il n'est pas très solide sur ses
jambes; **he plays a very** ~ **game** il a un jeu très
régulier; ~ **on!*** doucement! **(b)** (regular: gen)
temperature, demand, speed constant; improvement, progress régulier; job, prices, sales,
market stable. **to keep prices** ~ stabiliser les
prix; **we were doing a** ~ **60 km/h** nous roulions à
une vitesse constante de 60 km/h; **her** ~ **boyfriend** son petit ami. **2** adv: **to go** ~ **with sb*** sortir
avec qn; **they're going** ~ ils sortent ensemble.
3 vt wobbling object assujettir; chair, table (with
hand) maintenir, (wedge) caler; nervous person,
horse calmer. **to** ~ **o.s.** reprendre son aplomb; **to**
~ **one's nerves** se calmer; **to have a** ~**ing effect
on sb** (make less nervous) calmer qn; (make less
wild) assagir qn. ♦ **steadily** adv (a) walk d'un pas
ferme; hold, grasp d'une main ferme; gaze, look
longuement; stay, reply, insist avec fermeté; (b)
improve, decrease, rise régulièrement; rain,
work, continue sans arrêt. ♦ **steadiness** n (a) (V
steady 1a) stabilité f; sûreté f; sérieux m; calme
m; **(b)** (V steady 1b) constance f; régularité f;
stabilité f.
steak [steɪk] **1** n [beef] bifteck m, steak m; [other
meat, fish] tranche f. **frying** ~ bifteck; **stewing** ~
bœuf m à braiser; ~ **and kidney pie** tourte f à la
viande de bœuf et aux rognons. **2** adj: ~ **knife**
couteau m à steak. ♦ **steakhouse** n ≃ grill-room
m.
steal [stiːl] pret **stole**, ptp **stolen 1** vt (gen) voler
(from sb à qn). **he stole money from the drawer**
etc il a volé de l'argent dans le tiroir etc; **to** ~ **the
credit for sth** s'attribuer tout le mérite de qch; **to**
~ **a glance at** jeter un coup d'œil furtif à; **to** ~ **a
march on sb*** prendre qn de vitesse; (fig) **he stole
the show** on n'a eu d'yeux que pour lui. **2** vi: **to** ~
up/out etc monter/sortir etc à pas de loup; **he stole
into the room** il s'est glissé dans la pièce.
♦ **stealing** n vol m.

stealth [stelθ] n: by ~ furtivement. ♦ **stealthily** adv furtivement. ♦ **stealthy** adj furtif.

steam [sti:m] 1 n vapeur f. it works by ~ ça marche à la vapeur; (Naut) full ~ ahead! en avant toute!; (fig) it's going full ~ ahead ça va de l'avant à plein régime; to get up ~ [train, ship] chauffer; [worker, project] démarrer vraiment*; (fig) to run out of ~ [speaker, worker] s'essouffler (fig); [programme, project] tourner court; under one's own ~ par ses propres moyens; to let off ~* (energy) se défouler*; (anger) épancher sa bile. 2 adj boiler, iron, engine à vapeur. 3 vt (Culin) cuire à la vapeur. ~ed pudding pudding m cuit à la vapeur; to ~ open an envelope décacheter une enveloppe à la vapeur. 4 vi (a) [liquid, wet clothes] fumer. (b) to ~ along/away etc [ship, train] avancer/partir etc; (*fig) [person, car] avancer/partir etc à toute vapeur*; the ship ~ed up the river le vapeur remontait la rivière.
steam up 1 vi [glass] se couvrir de buée. 2 vt sep embuer. (fig) to get ~ed up* se mettre dans tous ses états (about à propos de).
♦ **steamboat** n vapeur m. ♦ **steam-driven** adj à vapeur. ♦ **steamer** n (a) (boat) vapeur m; (liner) paquebot m; (b) (Culin) ≃ couscoussier m. ♦ **steamroller** 1 n rouleau m compresseur; 2 adj tactics dictatorial. ♦ **steamship** n paquebot m. ♦ **steamy** adj atmosphere, heat humide; room, window embué.

steel [sti:l] 1 n acier m. (fig) to be made of ~ avoir une volonté de fer; nerves of ~ nerfs mpl d'acier. 2 adj knife, tool d'acier; engraving sur acier; industry sidérurgique; (St Ex) shares, prices de l'acier. ~ band steel band m; ~ guitar guitare f aux cordes d'acier; ~ helmet casque m; ~ wool paille f de fer. 3 vt (fig) to ~ o.s. to do s'armer de courage pour faire; to ~ o.s. against se cuirasser contre. ♦ **steel-plated** adj revêtu d'acier. ♦ **steelworker** n sidérurgiste m. ♦ **steelworks** n aciérie f. ♦ **steely** adj substance dur comme l'acier; colour acier inv; (fig) person, eyes, expression dur; refusal, attitude inflexible; ~y blue/grey bleu/gris acier inv.

steep¹ [sti:p] adj slope, stairs, climb raide; cliff à pic; hill, path, road escarpé; (*fig) price (trop) élevé. (fig) it's rather ~ if ... c'est un peu fort* que ... +subj. ♦ **steeply** adv: to rise or climb ~ly [road etc] monter en pente raide; [prices etc] monter en flèche. ♦ **steepness** n [road etc] pente f (raide); [slope] abrupt m.
steep² [sti:p] 1 vt (in water, dye etc) tremper (in dans); washing faire tremper; (Culin) macérer (in dans). (fig) ~ed in ignorance, vice croupissant dans; prejudice imbu de; history, the classics imprégné de. 2 vi [clothes etc] tremper; (Culin) macérer.

steeple ['sti:pl] n clocher m, flèche f. ♦ **steeplechase** n steeple-chase m (course). ♦ **steeplechasing** n steeple-chase m (sport). ♦ **steeplejack** n réparateur m de hautes cheminées etc.

steer¹ [stɪər] n (ox) bœuf m; (esp US: castrated) bouvillon m.
steer² [stɪər] 1 vt (a) (handle controls of) ship gouverner; boat barrer. (b) (move) ship, boat, conversation diriger (towards vers); car conduire; (fig) person guider. 2 vi (Naut) tenir le gouvernail (or la barre); (Aut) conduire. to ~ by the stars se guider sur les étoiles; to ~ for sth faire route vers qch; (fig) to ~ clear of éviter. ♦ **steering** 1 n (Aut, Naut) conduite f; 2 adj (Aut) ~ing arm/column bras m/colonne f de direction; (Aut) ~ing gear (Aut) boîte f de direction; (Aviat) direction f; (Aut) ~ing lock antivol m de direction; ~ing wheel volant m; (b) committee d'organisation.
stem¹ [stem] vt (stop) flow contenir; river endiguer; disease, attack juguler. (fig) to ~ the course of events endiguer la marche des événe-

ments; (fig) to ~ the tide or flow of endiguer.
stem² [stem] 1 n (a) [flower, plant] tige f; [fruit, leaf] queue f; [glass] pied m; [word] radical m. (b) (Naut) from ~ to stern de bout en bout. 2 vi: to ~ from provenir de.

stench [stentʃ] n puanteur f.

stencil ['stensl] 1 n (gen) pochoir m; (of paper) poncif m; (in typing etc) stencil m; (decoration) décoration f au pochoir. (Typing) to cut a ~ préparer un stencil. 2 vt lettering marquer au pochoir; document polycopier.

stenographer [ste'nɒɡrəfər] n sténographe mf. ♦ **stenography** n sténographie f.

step [step] 1 n (a) (gen) pas m. to take a ~ back/forward faire un pas en arrière/en avant; with slow ~s à pas lents; (lit, fig) at every ~ à chaque pas; ~ by ~ pas à pas, (fig) petit à petit; he didn't move a ~ il n'a pas bougé d'un pas; a waltz ~ un pas de valse; (fig) it is a great ~ for them to take c'est pour eux un grand pas à faire; a ~ in the right direction un pas dans la bonne voie; a ~ up in his career une promotion pour lui; to take ~s prendre les dispositions or des mesures (to do pour faire); what's the next ~? qu'est-ce qu'il faut faire maintenant?; the first ~ is to decide ... la première chose à faire est de décider ...; to keep (in) ~ (in marching) marcher au pas; (in dance) danser en mesure; (lit, fig) to keep ~ with sb ne pas se laisser distancer par qn; to fall into ~ se mettre au pas; to get out of ~ rompre le pas. (b) (stair) marche f; (door~) seuil m; (on bus etc) marchepied m. (flight of) ~s (indoors) escalier m; (outdoors) perron m; (pair of) ~s escabeau m; mind the ~ attention à la marche.
2 vi faire un (or des) pas, aller. ~ this way venez par ici; to ~ off sth descendre de qch; to ~ aside/back etc s'écarter/reculer etc; he ~ped into the car il est monté dans la voiture; to ~ on sth marcher sur qch; to ~ on the brakes donner un coup de frein; (Aut) to ~ on the gas* appuyer sur le champignon*; (fig) ~ on it!* dépêche-toi!; (fig) to ~ out of line s'écarter du droit chemin (iro).
step down vi descendre (from de); (fig) se désister (in favour of sb en faveur de qn).
step forward vi faire un pas en avant; (fig) se faire connaître.
step in vi entrer; (fig) intervenir.
step up vt sep production, sales augmenter; campaign, efforts intensifier; attempts multiplier; (Elec) current augmenter.
♦ **stepbrother** n demi-frère m. ♦ **step-by-step** adj instructions point par point. ♦ **stepchild** n beau-fils m, belle-fille f (remariage). ♦ **stepdaughter** n belle-fille f. ♦ **stepfather** n beau-père m. ♦ **stepladder** n escabeau m. ♦ **stepmother** n belle-mère f. ♦ **stepping-stone** n (lit) pierre f de gué; (fig) tremplin m (to pour obtenir à). ♦ **stepsister** n demi-sœur f. ♦ **stepson** n beau-fils m.

stereo ['stɪərɪəʊ] 1 n (system) stéréo f; (record player/radio etc) chaîne f/radio f etc stéréo inv. in ~ en stéréo. 2 adj record player, tape etc stéréo inv; broadcast, recording en stéréo. ♦ **stereophonic** adj stéréophonique. ♦ **stereoscope** n stéréoscope m. ♦ **stereoscopic** adj stéréoscopique. ♦ **stereotype** 1 n (Psych etc) stéréotype m; 2 vt stéréotyper.

sterile ['sterail] adj stérile. ♦ **sterility** n stérilité f. ♦ **sterilization** n stérilisation f. ♦ **sterilize** vt stériliser.

sterling ['stɜ:lɪŋ] 1 n (Econ) livre f sterling inv. 2 adj gold, silver fin; (Econ) pound, area sterling inv; (fig) qualities, worth à toute épreuve; person de confiance.

stern¹ [stɜ:n] n (Naut) arrière m, poupe f.
stern² [stɜ:n] adj (gen) sévère; discipline strict. he was made of ~er stuff il était d'une autre

trempe. ♦ **sternly** adv sévèrement. ♦ **sternness**
n sévérité f.
steroid ['stɪərɔɪd] n stéroïde m.
stet [stet] impers vb (Typ) à maintenir.
stethoscope ['steθəskəʊp] n stéthoscope m.
stevedore ['stiːvɪdɔːʳ] n docker m.
stew [stjuː] **1** n [meat] ragoût m; [rabbit, hare]
civet m. (fig) **in a ~*** dans tous ses états. **2** vt meat
cuire en ragoût; rabbit, hare cuire en civet; fruit
faire cuire. **3** vi [food] cuire; [tea] devenir trop
infusé. (fig) **to let sb ~ in his own juice** laisser qn
mijoter dans son jus. ♦ **stewed** adj meat en
ragoût; fruit en compote; (pej) tea trop infusé; (ι:
drunk) soûl*. ♦ **stewpan** or ♦ **stewpot** n cocotte f.
steward ['stjuːəd] n (on estate, in club etc) intendant m; (on ship, plane) steward m; (at meeting)
membre m du service d'ordre; (at dance)
organisateur m. **shop ~** délégué(e) m(f) syn-
dical(e). ♦ **stewardess** n hôtesse f. ♦ **steward-
ship** n (duties) intendance f, économat m.
stick [stɪk] (vb: pret, ptp **stuck**) **1** n (gen) bâton m;
(twig) brindille f; (walking ~) canne f; (support
for plants) tuteur m; (Mil, Mus) baguette f;
(Hockey, Lacrosse) crosse f; (Ice Hockey) stick
m; (piece: of chalk etc: gen) bâton; [chewing gum]
tablette f; [celery] branche f; [rhubarb] tige f;
[bombs] chapelet m. (for fire) **~s** du petit bois; **a
few ~s of furniture** quelques pauvres meubles
mpl; (pej: backwoods) **in the ~s*** dans l'arrière-
pays, en pleine cambrousse*; (fig) **to wield the
big ~** manier la trique (fig), (Pol) faire de
l'autoritarisme; **the policy of the big ~** la
politique du bâton; (fig) **to give sb ~** engueuler¹
qn; (fig) **to get hold of the wrong end of the ~** mal
comprendre; **he is a dull old ~*** il est rasoir*.
2 vt **(a)** (thrust: gen) enfoncer, planter (into
dans); pin, needle piquer, enfoncer (into dans). **to
~ a pin through sth** transpercer qch avec une
épingle; **I stuck the needle into my finger** je me
suis piqué le doigt avec l'aiguille. **(b)** (put: gen)
mettre (on sur; under sous; into dans); (put down)
mettre, poser (on sur); (into drawer, pocket, hole)
mettre, fourrer (into dans). **he stuck his head
through the window** il a passé la tête par la
fenêtre. **(c)** (glue) coller (on sth sur qch; on the
wall au mur; with avec). **(d)** (tolerate) thing supporter; person souffrir, sentir*. **(e) to be stuck**
(gen) être coincé (between entre); (in mud, sand)
être enlisé; (broken down) [vehicle, machine, lift]
être en panne; **stuck fast** bien coincé; **it got stuck
in my throat** ça s'est mis en travers de ma gorge;
(fig) **he was stuck here all summer/for the night** il
a été obligé de rester ici tout l'été/de passer la
nuit ici; **I'm stuck at home all day** je suis cloué à la
maison toute la journée; **I was stuck*** **with him all
evening** je l'ai eu sur le dos toute la soirée; **to be
stuck for an answer** ne pas savoir que répondre;
(in puzzle, essay etc) **I'm stuck*** je sèche*; **I'll
help you if you're stuck*** je t'aiderai si tu as un
problème; **I was stuck*** **with organizing it all on**
m'a collé* le boulot de tout organiser.
3 vi **(a)** [needle, spear etc] se planter, s'enfoncer (into dans). **a knife ~ing into it** un couteau
planté là-dedans; **the nail was ~ing through the
plank** le clou dépassait de la planche. **(b)** [glue,
paste] tenir (to à); [stamp, label] être collé (to à);
(Culin) [sauce etc] attacher (to à); (fig) [habit,
name etc] rester (to sb à qn). **it stuck to the table**
c'est resté collé à la table. **(c)** (stay) rester. **to ~
close to sb** rester aux côtés de qn; (fig) **to ~ by sb**
rester fidèle à qn, ne pas abandonner qn; (fig) **to
~ to sb like a limpet** se cramponner à qn; **to ~ to**
promise tenir; principles rester fidèle à; one's
post rester à; the facts s'en tenir à; the subject ne
pas s'éloigner de; **to ~ at a job** rester dans un
emploi; **to ~ at it!** persévère!; **to ~ to one's guns*** ne
pas en démordre; **he stuck to his story** il a main-
tenu ce qu'il avait dit; **decide what you're going to**

say then ~ to it décidez ce que vous allez dire et
tenez-vous-y; **to ~ with sb*** (stay beside) rester
avec qn; (stay loyal) rester fidèle à qn. **(d)** (get
jammed) (gen) être coincé; (in mud, sand) être
enlisé; (break down) [vehicle, machine, lift] être
en panne. **to ~ fast** être bien coincé; **it stuck in my
throat** ça s'est mis en travers de ma gorge; (fig) **je
ne suis pas arrivé à digérer*** ça; (balk) **he will ~
at nothing to get what he wants** il ne recule devant
rien pour obtenir ce qu'il veut; **he wouldn't ~ at
murder** il irait jusqu'au meurtre.
stick around* vi (stay near) rester dans les parages; (hang about) traîner (à attendre).
stick down vt sep envelope etc coller.
stick in 1 vi (*) persévérer. **2** vt sep (put in) (gen)
enfoncer, planter; needle, pin piquer, enfoncer;
photo in album etc coller. (fig) **he stuck in a few
quotations** il a collé* quelques citations par-ci
par-là; (fig) **to get stuck in*** s'y mettre sérieusement.
stick on vt sep label, stamp coller.
stick out 1 vi **(a)** (protrude) (gen) sortir (from
de); [teeth] avancer; [rod etc] dépasser; [balcony
etc] faire saillie. **his ears ~ out** il a les oreilles
décollées; (fig) **it ~s out a mile*** ça crève les yeux
(that que). **(b)** (persevere etc) **to ~ out for more
money** tenir bon dans ses revendications pour
une augmentation de salaire. **2** vt sep **(a)** one's
arm, head sortir (of de); one's chest bomber. **to ~
one's tongue out** tirer la langue. **(b)** (*: endure)
supporter. **to ~ it out** tenir le coup.
stick together 1 vi [labels, pages, objects]
rester collés ensemble; (stay together) [people]
rester ensemble; (fig) se serrer les coudes. **2** vt
sep coller (ensemble).
stick up 1 vi **(a) to ~ up out of the water** sortir de
l'eau. **(b)** **to ~ up for sb/sth*** défendre qn/qch.
2 vt sep **(a)** notice etc afficher. **(b)** **one's hand**
lever la main. **~ 'em up!*** haut les mains! **(c)** (rob)
person, bank dévaliser.
♦ **sticker** n **(a)** (label) auto-collant m; **(b)** (fig)
he's a ~er* il n'abandonne pas facilement.
♦ **stickiness** n (V **sticky**) caractère poisseux or
collant or gluant; moiteur f. ♦ **sticking-plaster** n
sparadrap m. ♦ **stick insect** n phasme m. ♦ **stick-
in-the-mud*** adj, n encroûté(e)* m(f). ♦ **stick-on**
adj adhésif. ♦ **stick-up*** n hold-up m. ♦ **sticky**
adj **(a)** paste poisseux, collant; label adhésif;
paint, toffee, road, surface, pitch gluant; hands
(sweaty) moite, (with jam etc) poisseux; climate
chaud et humide; **~y tape** scotch m ®, ruban m
adhésif; **(b)** (*fig) problem, situation délicat;
person peu accommodant; (fig) **to be on a ~y
wicket** être dans une situation délicate; **to come
to a ~y end** mal finir; **to have a ~y time*** passer
un mauvais quart d'heure; **he's very ~y
about lending his car*** il répugne à prêter sa
voiture.
stickleback ['stɪklbæk] n épinoche f.
stickler ['stɪkləʳ] n: **to be a ~ for** être pointilleux
sur le chapitre de, insister sur.
stiff [stɪf] adj **(a)** (rigid) raide, rigide; arm, joint
ankylosé; door, lock, brush dur; dough, paste
ferme; (starched) shirt etc empesé. **as ~ as a
poker** or **a ramrod** raide comme un piquet; **you'll
feel ~ tomorrow** vous aurez des courbatures
demain; **he's getting ~ as he grows older** il se
raidit avec l'âge; **to have a ~ back** avoir mal au
dos; **to have a ~ neck** avoir le torticolis; **~ with
cold** engourdi par le froid; (fig) **to keep a ~ upper
lip** rester impassible. **(b)** (fig) smile, reception,
person froid, distant; resistance opiniâtre; exam,
course, task difficile; climb raide; wind, breeze
fort; price, bill (trop) élevé. **that's a bit ~!*** c'est
un peu fort!*; **I could do with a ~ drink** je boirais
bien qch de fort; **a ~ whisky** un grand verre de
whisky. ♦ **stiffen (up) 1** vt (gen) raidir; joint
ankyloser; (fig) morale, resistance etc affermir;

2 *vi* (*gen*) devenir raide *or* rigide; *[limb, joint]* s'ankyloser; *[door, lock]* devenir dur; *[resistance]* devenir opiniâtre; *[morale]* s'affermir; **he ~ened when ... il s'est raidi quand ... . ♦ stiffly** *adv* *move, bend* avec raideur; *stand to attention* sans bouger un muscle; (*fig*) *smile, greet, say* froidement. **♦ stiffness** *n* (a) raideur *f*, rigidité *f*; ankylose *f*; dureté *f*; fermeté *f*; (b) froideur *f*; difficulté *f*.

stifle ['staɪfl] **1** *vt* *person, fire, sobs* étouffer; *anger, smile, desire* réprimer. **to ~ a yawn** réprimer une envie de bâiller. **2** *vi* étouffer. **♦ stifling** *adj* *fumes* suffocant; *heat* étouffant; **it's stifling⁎** on étouffe.

stigma ['stɪgmə] *n, pl* (*gen*) **-s**, (*Bot, Rel*) **-mata** stigmate *m* (*on* sur). **♦ stigmatize** *vt* stigmatiser.

stile [staɪl] *n* échalier *m*; (*turn~*) tourniquet *m*.

stiletto [stɪ'letəʊ] *n* stylet *m*. **~ heel** talon *m* aiguille.

still¹ [stɪl] **1** *adv* (a) (*up to now*) encore, toujours. **he is ~ in bed** il est encore *or* toujours au lit; **he ~ hasn't arrived** il n'est pas encore arrivé, il n'est toujours pas arrivé; **you ~ don't believe me** vous ne me croyez toujours pas. (b) (+ *comparative: even*) encore. **~ better, better ~** encore mieux. (c) (*nonetheless*) quand même, tout de même. **you'll ~ come?** vous viendrez quand même *or* tout de même?; **he's ~ your brother** il n'en est pas moins votre frère. **2** *conj* (*nevertheless*) néanmoins, quand même.

still² [stɪl] **1** *adj* (*motionless*) immobile; (*peaceful*) calme, tranquille; (*quiet*) silencieux; (*not fizzy*) *lemonade* non gazeux. **keep ~!** reste tranquille⁑, ne bouge pas!; (*Art*) **~ life** nature *f* morte. **2** *adv* *sit, stand, hold* sans bouger. **3** *n* (a) **in the ~ of the night** dans le silence de la nuit. (b) (*Cine*) photo *f*. **♦ stillbirth** *n* enfant *m(f)* mort-né(e). **♦ stillborn** *adj* mort-né. **♦ stillness** *n* calme *m*, tranquillité *f*; silence *m*.

still³ [stɪl] *n* (*object*) alambic *m*; (*place*) distillerie *f*.

stilts [stɪlts] *npl* échasses *fpl*. **♦ stilted** *adj* guindé, qui manque de naturel.

stimulate ['stɪmjʊleɪt] *vt* (*Physiol, gen*) stimuler. **to ~ sb to do** inciter qn à faire. **♦ stimulant** *adj, n* stimulant (*m*). **♦ stimulating** *adj* stimulant. **♦ stimulation** *n* stimulation *f*. **♦ stimulus** *n, pl* **-li** (*Physiol*) stimulus *m*; (*fig*) stimulant *m*; **it gave trade a new stimulus** cela a donné une nouvelle impulsion au commerce; **under the stimulus of** stimulé par.

sting [stɪŋ] (*vb: pret, ptp* **stung**) **1** *n* [*insect*] dard *m*; (*pain, mark*) [*insect, nettle etc*] piqûre *f*; [*iodine etc*] brûlure *f*; [*attack, criticism, remark*] mordant *m*. (*fig*) **a ~ in the tail** une mauvaise surprise à la fin. **2** *vt* [*insect, nettle*] piquer; [*iodine*] brûler; [*rain, hail, whip*] cingler; [*remark, criticism*] piquer au vif. **stung by remorse** bourrelé de remords; **to ~ sb into action** pousser qn à agir; (*fig: robbed*) **I've been stung!⁎** je me suis fait avoir!⁎ **3** *vi* (a) piquer; brûler; [*blow, whip*] provoquer une sensation cuisante; [*remark, criticism*] être cuisant. (b) [*eyes*] piquer; [*cut, skin*] brûler. **the fumes made his eyes ~** les fumées picotaient ses yeux. **♦ stinging** *adj* *cut, remark* cuisant; **~ing nettle** ortie *f* brûlante.

stingy ['stɪndʒɪ] *adj* *person* avare, ladre; *portion* misérable. **to be ~ with** *food* lésiner sur; *praise* être chiche de. **♦ stingily** *adv* *spend* avec avarice; *serve* en lésinant. **♦ stinginess** *n* avarice *f*.

stink [stɪŋk] (*vb: pret* **stank**, *ptp* **stunk**) **1** *n* (a) puanteur *f*. **what a ~!** ce que ça pue! (b) (*fig: trouble*) **to make** *or* **kick up a ~⁑** faire toute une scène (*about* à propos de). **2** *vi* puer (*also fig*), empester (*of* sth qch); (: *fig*) [*idea, coffee etc*] être infect; [*person*] être dégueulasse⁑ (*lit, fig*) **it ~s to high heaven⁎** cela sent à plein nez. **3** *vt* (**~ out**) *room etc* empester. **♦ stinker⁑** *n*

(*person*) salaud⁑ *m*, salope⁑ *f*; (*question, essay etc*) vacherie⁑ *f*; (*meeting/task etc*) sale⁎ réunion *f*/corvée *f etc*; (*angry letter*) lettre *f* d'engueulade⁑. **♦ stinking 1** *adj* *substance* puant; (⁑*fig*) infect; **to have a ~ing⁑ cold** avoir un rhume épouvantable; **2** *adv:* **~ing rich⁑** bourré de fric⁑.

stint [stɪnt] **1** *n*: **to do one's ~** (*daily work*) faire son travail (quotidien); (*do one's share*) faire sa part de travail; **he does a ~ in the gym every day** il passe un certain temps chaque jour au gymnase; **I've done my ~ at the wheel** j'ai pris mon tour au volant. **2** *vt* (*also* **~ on**) *food* lésiner sur; *compliments* être chiche de. **to ~ sb of sth** mesurer qch à qn; **to ~ o.s.** se priver (*of* de).

stipend ['staɪpend] *n* (*Rel*) traitement *m*.

stipulate ['stɪpjʊleɪt] (*gen*) stipuler (*that* que); *quantity* prescrire. **♦ stipulation** *n* stipulation *f*; **on the stipulation that** ... à la condition expresse que ... (+*future or subj*).

stir [stɜːʳ] **1** *n*: **to give sth a ~** remuer qch; (*fig*) **there was a great ~ about** ... il y a eu beaucoup d'agitation à propos de ...; **to cause a ~** faire sensation. **2** *vt* (a) *tea, soup* remuer; *mixture* tourner; *fire* tisonner. **to ~ sth into sth** ajouter qch à qch (en tournant). (b) (*move etc*) *papers, leaves* agiter; *curiosity, passions, imagination* exciter; *emotions* éveiller; *person* émouvoir. (*fig*) **to ~ o.s.⁎** se secouer; **to ~ sb to do sth** inciter qn à faire qch; **to ~ sb's blood** réveiller l'enthousiasme de qn. **3** *vi* (*person*) bouger (*from* de); [*leaves, curtains etc*] remuer. **nobody is ~ring** yet personne n'est encore levé.

stir up *vt sep* (*fig*) (*gen*) exciter; *memories* réveiller; *revolt, hatred* susciter; *mob* ameuter; *trouble* provoquer; *person* secouer (*fig*). **to ~ sb up to (do) sth** pousser qn à (faire) qch.

♦ stirring *adj* *speech, music* enthousiasmant; *years* passionnant.

stirrup ['stɪrəp] *n* étrier *m*.

stitch [stɪtʃ] **1** *n* (*Sewing*) point *m*; (*Knitting*) maille *f*; (*Surgery*) point de suture; (*pain in side*) point de côté. **she put a few ~es in the tear** elle a fait un point à la déchirure; **to put ~es in a wound** suturer une plaie; (*Med*) **to get one's ~es out** se faire retirer ses fils de suture; (*fig*) **he hadn't a ~ (of clothing) on⁎** il était tout nu *or* à poil⁑; (*fig*) **to be in ~es⁎** se tenir les côtes (de rire); **it had us in ~es⁎** on se tordait de rire. **2** *vt* (*by hand*) coudre; (*on machine*) piquer; (*Med*) suturer. **3** *vi* coudre.

stitch down *vt sep* rabattre.

stitch on *vt sep* *button* coudre; **button that's come off** recoudre.

stitch up *vt sep* coudre; (*mend*) recoudre; (*Med*) suturer.

stoat [stəʊt] *n* hermine *f* (*d'été*).

stock [stɒk] **1** *n* (a) (*goods*) réserve *f*, (*Comm*) stock *m*; (*money*) réserve *f*; [*learning*] fonds *m*. (*Comm*) **in ~** en stock; **out of ~** épuisé; **to lay in a ~ of** s'approvisionner en; **to take ~** (*Comm*) faire l'inventaire; (*fig*) faire le point; (*fig*) **to take ~ of** *situation, prospects etc* faire le point de; *person* évaluer les mérites de. (b) (*Agr: animals and equipment*) cheptel *m* (vif et mort). **live~** bétail *m*; (*Rail*) **rolling ~** matériel *m* roulant. (c) (*Cards*) talon *m*. (d) (*Culin*) bouillon *m*. (e) (*Fin*) valeurs *fpl*, titres *mpl*; (*government* **~s**) fonds *mpl* d'État; (*company shares*) actions *fpl*. **~s and shares** valeurs (mobilières), titres. (f) (*flower*) giroflée *f*. (g) **to be on the ~s** [*ship*] être sur cale; (*fig*) [*piece of work, scheme*] être en chantier; (*Hist*) **the ~s** le pilori. (h) (*lineage*) souche *f*, lignée *f*.

2 *adj* (*Comm*) *goods, size* courant; (*stereotyped*) *argument, excuse* classique. (*Aut, Sport*) **~ car** stock-car *m*; (*Culin*) **~ cube** bouillon-cube *m*; **~ market** Bourse *f*, marché *m* financier; (*fig*) **~ phrase** expression *f* toute faite.

3 *vt* (a) (*supply*) *shop, larder* approvisionner

(*with* en); *library/farm* monter en livres/en bétail; *river, lake* peupler (*with* de). well-~ed *shop etc* bien approvisionné; *library, farm, garden* bien fourni. **(b)** (*Comm: hold in* ~) avoir, vendre.
stock up 1 *vi* s'approvisionner (*with, on* en; *for* pour). **2** *vt sep shop, cupboard* garnir; *library* accroître le stock de livres de; *river, lake* empoissonner.
♦ **stockbreeder** *n* éleveur *m*, -euse *f.* ♦ **stockbroker** *n* agent *m* de change. ♦ **stock exchange** *n* Bourse *f* (des valeurs); on the ~ **exchange** à la Bourse. ♦ **stockholder** *n* actionnaire *mf.* ♦ **stock-in-trade** *n* (*goods*) marchandises *fpl* en stock; (*tools, materials etc: also fig*) outils *mpl* du métier. ♦ **stockist** *n* stockiste *mf.* ♦ **stockpile** *vt* stocker. ♦ **stockpiling** *n* stockage *m.* ♦ **stockpot** *n* (*Culin*) marmite *f* de bouillon. ♦ **stockroom** *n* réserve *f*, magasin *m.* ♦ **stock-still** *adv*: to stand ~-**still** rester planté comme une borne, (*in fear, amazement*) rester cloué sur place. ♦ **stocktaking 1** *n* inventaire *m;* **2** *vi*: to be ~**taking** (*Comm*) faire l'inventaire, (*fig*) faire le point.
♦ **stocky** *adj* trapu, râblé.
stockade [stɒˈkeɪd] *n* palanque *f*, palissade *f.*
stocking [ˈstɒkɪŋ] **1** *n* bas *m.* **2** *adj*: in one's ~ **feet** sans chaussures; (*Knitting*) ~ **stitch** point *m* de jersey. ♦ **stockinet(te)** *n* jersey *m.*
stodge [stɒdʒ] *n* (*food*) aliment *m* bourratif.
♦ **stodgy** *adj food* bourratif; (*heavy*) *cake* lourd; *book* indigeste; (**: dull*) *person* sans imagination.
stoic(al) [ˈstəʊɪk(əl)] *adj* stoïque. ♦ **stoically** *adv* stoïquement. ♦ **stoicism** *n* stoïcisme *m.*
stoke [stəʊk] *vt* (~ **up**) *fire* garnir; *furnace* alimenter; *engine, boiler* chauffer. ♦ **stoker** *n* chauffeur *m* (*Naut etc*).
stole[1] [stəʊl] *n* étole *f.*
stole[2] [stəʊl], **stolen** [ˈstəʊlən] *pret, ptp of* steal.
stolid [ˈstɒlɪd] *adj* impassible. ♦ **stolidly** *adv* avec impassibilité.
stomach [ˈstʌmək] **1** *n* (*gen*) ventre *m;* (*Anat*) estomac *m.* lying on his ~ couché sur le ventre; to have a pain in one's ~ avoir mal au ventre. **2** *adj* ulcer à l'estomac; ~ ache mal *m* de or au ventre; ~ **pump** pompe *f* stomacale; ~ **trouble** ennuis *mpl* gastriques. **3** *vt* (*fig*) tolérer, digérer*.
stone [stəʊn] **1** *n* **(a)** (*gen*) pierre *f;* (*pebble*) caillou *m;* (*on beach etc*) galet *m;* (*gravestone*) pierre tombale; (*in fruit*) noyau *m;* (*Med*) calcul *m.* (made) of ~ de pierre; (*fig*) within a ~'s throw of à deux pas de; (*fig*) to leave no ~ unturned remuer ciel et terre (*to do* pour faire); (*vt*) pétrifier; (*vi*) se pétrifier. **(b)** (*Brit: weight: pl gen inv*) = 6,348 kg. **2** *adj* building de or en pierre. S~ **Age** l'âge *m* de la pierre. **3** *vt* **(a)** *person, object* lancer or jeter des pierres sur. to ~ **sb to death** lapider qn. **(b)** *date, olive* dénoyauter.
♦ **stone-blind** *adj* complètement aveugle. ♦ **stone-cold** *adj* complètement froid; ~-**cold sober*** pas du tout ivre. ♦ **stoned** *adj* (*drunk*) soûl*; (*Drugs*) défoncé. ♦ **stone-deaf** *adj* sourd comme un pot*. ♦ **stonemason** *n* tailleur *m* de pierre(s). ♦ **stonewall** *vi* (*fig*) donner des réponses évasives. ♦ **stoneware** *n* poterie *f* de grès. ♦ **stonework** *n* maçonnerie *f.* ♦ **stonily** *adv* avec froideur. ♦ **stony** *adj road, soil* pierreux; *beach* de galets; (*fig*) *person, heart* de pierre, dur; *look, welcome* froid. ♦ **stony-broke*** *adj* fauché comme les blés*. ♦ **stony-faced** *adj* au visage impassible.
stood [stʊd] *pret, ptp of* stand.
stooge [stuːdʒ] *n* (*Theat*) comparse *mf;* (*gen pej*) laquais *m.*
stool [stuːl] *n* **(a)** tabouret *m;* (*folding*) pliant *m.* (*fig*) to **fall between two** ~s se retrouver le bec dans l'eau*. **(b)** (*Med*) selle *f.* ♦ **stool-pigeon*** *n* indicateur *m*, -trice *f* (*de police*).
stoop [stuːp] **1** *n*: to have a ~ avoir le dos voûté. **2** *vi* (*have a* ~) avoir le dos voûté; (~ **down**) se

courber; (*fig*) s'abaisser (*to sth* jusqu'à qch; *to do, to doing* jusqu'à faire). (*fig*) he would ~ **to anything** il est prêt à toutes les bassesses. ♦ **stooping** *adj* voûté, courbé.
stop [stɒp] **1** *n* **(a)** (*halt*) arrêt *m;* (*short stay*) halte *f.* a ~ **for coffee** une pause-café; **6 hours without a** ~ 6 heures *fpl* d'affilée; **a 5-minute** ~ 5 minutes d'arrêt; to **be at a** ~ [*traffic, vehicle*] être à l'arrêt; [*work, production*] avoir cessé; to **come to a** ~ [*traffic etc*] s'arrêter; [*work etc*] cesser; to **bring to a** ~ [*traffic etc*] faire cesser; to **make a** ~ [*bus, train*] s'arrêter; [*plane, ship*] faire escale; to **put a** ~ **to sth** mettre fin or un terme à qch. **(b)** (*place*) [*bus, train*] arrêt *m;* [*plane, ship*] escale *f.* **(c)** [*flute, trumpet etc*] clef *f;* [*organ*] jeu *m.* (*fig*) to **pull out all the** ~s faire un suprême effort (*to do* pour faire). **(d)** (*Punctuation*) point *m;* (*in telegrams*) stop *m.*
2 *adj* button, lever, signal d'arrêt. (*Aut*) ~ **sign** stop *m* (*panneau*).
3 *vt* **(a)** (~ **up**) *hole, pipe, leak, jar* boucher; *tooth* plomber. to ~ **one's ears** se boucher les oreilles; to ~ **a gap** boucher un trou, (*fig*) combler une lacune. **(b)** (*halt, block: gen*) arrêter; *noise* étouffer; *activity, progress* interrompre, (*suspend*) suspendre; (*Boxing*) *fight* suspendre; *allowance, pay* supprimer; *part of wages* retenir (*out of* sur); *gas, electricity, water supply* couper; *subscription* résilier; *cheque* faire opposition à; *light* empêcher de passer; *pain, worry, enjoyment* mettre fin à. to ~ **sb short** or **in his tracks** (*lit*) arrêter qn net; (*fig*) couper qn dans son élan; (*silence*) couper la parole à qn; he ~**ped a bullet*** il a reçu une balle; **rain** ~**ped play** la pluie a interrompu la partie; [*bank*] to ~ **payment** suspendre ses paiements; he ~**ped the milk for a week** il a fait interrompre la livraison du lait pendant une semaine. **(c)** (*cease*) arrêter, cesser (*doing de* faire). ~ **it!** ça suffit!; ~ **that noise!** assez de bruit!; to ~ **work** arrêter or cesser de travailler. **(d)** (*prevent*) empêcher (*sb's doing, sb from doing* qn de faire; *sth happening, sth from happening* que qch n'arrive (*subj*)). there's **nothing to** ~ **you** rien ne vous en empêche.
4 *vi* **(a)** (*halt: gen*) s'arrêter; (*end: gen*) cesser, se terminer; [*allowance, privileges*] être supprimé; [*play, programme, concert*] finir, se terminer. ~ **thief!** au voleur!; you **can** ~ **now** vous pouvez (vous) arrêter maintenant; he ~**ped (dead) in his tracks** il s'est arrêté net or pile*; I'd ~ **short of murder** je n'irais pas jusqu'au meurtre; he **never knows where to** ~ il ne sait pas s'arrêter; he **will** ~ **at nothing** il ne recule devant rien (*to do* pour faire). **(b)** (*) (*remain*) rester; (*live temporarily*) loger (*with sb* chez qn).
stop by* *vi* s'arrêter en passant.
stop off, stop over *vi* s'arrêter, faire une halte.
stop up *vt sep hole, pipe, jar* boucher. **my nose is** ~**ped up** j'ai le nez bouché.
♦ **stopcock** *n* robinet *m* d'arrêt. ♦ **stopgap 1** *n* bouche-trou *m;* **2** *adj measure* intérimaire. ♦ **stoplight** *n* (*traffic light*) feu *m* rouge; (*brake light*) stop *m.* ♦ **stop-off** *n* arrêt *m.* ♦ **stopover** *n* halte *f.* ♦ **stoppage** *n* (*gen*) arrêt *m;* (*interruption*) interruption *f;* (*strike*) grève *f;* [*leave, wages, payment*] suspension *f;* (*amount deducted*) retenue *f.* ♦ **stopper** *n* bouchon *m;* to **put the** ~**per in/take the** ~**per out of sth** boucher/déboucher qch; (*fig*) to **put a** ~**per on sth*** mettre un terme à qch; V **conversation. 2** *vt* boucher. ♦ **stopping 1** *n* (*gen*) arrêt *m;* (*in tooth*) plombage *m;* **2** (*Aut*) **we were looking for a** ~**ping place** nous cherchions un coin où nous arrêter; ~**ping train** omnibus *m.* ♦ **stop-press** *n* nouvelles *fpl* de dernière heure. ♦ **stopwatch** *n* chronomètre *m.*
storage [ˈstɔːrɪdʒ] **1** *n* [*goods, fuel, food*] entreposage *m;* [*heat, electricity*] accumulation *f;* [*documents*] conservation *f;* (*Computers*) mise *f*

en réserve. **to put in(to)** ~ entreposer. **2** adj
capacity, problems d'entreposage; *charges* de
magasinage. ~ **battery** accumulateur m; ~
heater radiateur m électrique par accumulation;
~ **space** espace m de rangement; *[oil etc]* ~ **tank**
réservoir m d'emmagasinage; ~ **unit** meuble m
de rangement.
store [stɔːʳ] **1** n **(a)** *(supply)* provision f, réserve f;
[learning, information] fonds m. ~**s** provisions
fpl; **to lay in** ~**s** s'approvisionner, faire des provisions; **to get in** or **lay in a** ~ **of** sth faire provision
de qch; *(fig)* **to set great** ~/**little** ~ **by** sth faire
grand cas/peu de cas de qch. **(b)** *(depot,
warehouse)* entrepôt m; *(furniture* ~) garde-
meuble m; *[ammunition etc]* dépôt m; *(in office,
factory etc: also* ~s) réserve f, *(larger)* service m
des approvisionnements. **to put in(to)** ~ **goods etc**
entreposer; *furniture* mettre au garde-meuble; **to
keep** sth **in** ~ garder qch en réserve; *(fig)* **to have
sth in** ~ **for** sb réserver qch à qn. **(c)** *(shop)*
magasin m; *(large)* grand magasin; *(small)*
boutique f. **book** ~ librairie f.
  2 vt **(a)** *(keep, collect:* ~ **up)** *food, fuel, goods*
mettre en réserve; *documents* conserver; *electricity, heat* accumuler, emmagasiner; *(fig: in
one's mind) facts etc* enregistrer dans sa
mémoire. **(b)** *(place in* ~: ~ **away)** *food, fuel,
goods* entreposer; *one's furniture* mettre au
garde-meuble; *crops* engranger; *(Computers)*
mettre en réserve; *information (in filing system
etc)* classer; *(in mind)* enregistrer. **I've got them**
~**d (away)** je les ai mis de côté.
  3 vi *[food]* **to** ~ **well** bien se conserver.
  ♦ **storehouse** n entrepôt m; *(fig: of information
etc)* mine f. ♦ **storekeeper** n magasinier m;
(shopkeeper) commerçant(e) m(f). ♦ **storeroom**
n réserve f.
storey [ˈstɔːrɪ] n étage m. **on the 3rd** or *(US)* **4th** ~
au 3e (étage); **4-**~**(ed) building** bâtiment de 4
étages.
stork [stɔːk] n cigogne f.
storm [stɔːm] **1** n tempête f; *(thunder~)* orage m;
(fig) [arrows, missiles] grêle f; *[abuse]* torrent m;
[cheers, protests, applause] tempête. *(fig)* **a** ~ **in a
teacup** une tempête dans un verre d'eau; *(fig)* **it
caused quite a** ~ cela a provoqué une véritable
tempête; **to take by** ~ *(Mil)* prendre d'assaut;
(fig) audience etc conquérir. **2** adj *signal,
warning* de tempête; *window, door* double. *(US)*
~ **cellar** abri m tempête; *(fig)* ~ **centre** centre m
de l'agitation; ~ **cloud** nuage m orageux; *(fig)*
nuage noir; *(Mil)* ~ **troops** troupes fpl d'assaut.
3 vt *(Mil, also fig)* prendre d'assaut. **4** vi *[wind,
rain]* faire rage; *[person]* fulminer *(with rage*
de colère; *at* sb contre qn). **to** ~ **in/out etc** entrer/
sortir etc comme un ouragan. ♦ **stormy** adj
weather, sky orageux; *sea* démonté(e); *(fig) meeting*
houleux; *person* violent.
story[1] [ˈstɔːrɪ] n **(a)** *(gen)* histoire f; *[play, film]*
action f. **short** ~ nouvelle f; **do you know the** ~
about ...? connaissez-vous l'histoire de ...?; **it's a
long** ~ c'est toute une histoire; **that's not the
whole** ~ mais ce n'est pas tout; **according to your**
~ d'après ce que vous dites, d'après votre version
des faits; **or so the** ~ **goes** ou du moins c'est ce
qu'on raconte; **quite another** ~ une tout autre histoire; **it's the same old** ~ c'est toujours la même
histoire; *(fig)* **it tells its own** ~ cela en dit long; **to
tell stories*** *(fibs)* raconter des histoires. **(b)**
(Press: article) article m. **he was sent to cover the**
~ **of the refugees** on l'a envoyé faire un reportage
sur les réfugiés; **they daren't print that** ~ ils
n'osent pas publier cette nouvelle. ♦ **storybook** n
livre m de contes or d'histoires. ♦ **storyteller** n
conteur m, -euse f; *(*: fibber)* menteur m, -euse f.
story[2] [ˈstɔːrɪ] n *(US)* = **storey**.
stout [staut] **1** adj **(a)** *(fat)* gros, corpulent. **to
grow** ~ prendre de l'embonpoint. **(b)** *(strong)*

(gen) solide; *horse* vigoureux; *resistance, soldier*
vaillant. **with** ~ **hearts** vaillamment; **a** ~ **fellow***
un brave type*. **2** n *(beer)* bière f brune *(forte)*.
♦ **stout-hearted** adj vaillant. ♦ **stoutly** adv
defend vaillamment; *deny* catégoriquement;
maintain dur comme fer. ♦ **stoutness** n *(fatness)*
embonpoint m.
stove [stəʊv] n **(a)** *(heater)* poêle m. **(b)** *(cooker)*
(solid fuel) fourneau m; *(gas, electricity)*
cuisinière f; *(small)* réchaud m. **(c)** *(Ind, Tech)*
four m.
stow [stəʊ] vt *(put away)* ranger; *(hide)* cacher.
stow away 1 vi s'embarquer clandestinement.
2 vt sep *(put away)* ranger; *(hide)* cacher.
♦ **stowaway** n passager m, -ère f clandestin(e).
straddle [ˈstrædl] vt être à cheval sur.
straggle [ˈstrægl] vi: **to** ~ **in/out etc** entrer/sortir
etc par petits groupes détachés. ♦ **straggler** n
(person) traînard(e) m(f). ♦ **straggling** or
♦ **straggly** adj *plant, village* tout en longueur;
hair en désordre; *objects in row* disséminés; *line*
irrégulier.
straight [streɪt] **1** adj **(a)** *(not curved, not askew:
gen) line, edge, picture* droit; *route* direct; *hair*
raide; *posture, back* bien droit; *(Geom) angle*
plat; *(in order) room, books* en ordre. **to put** or **set**
~ *picture* remettre d'aplomb; *hat, tie* ajuster;
house, books, accounts mettre à l'ordre dans;
the picture isn't ~ le tableau est de travers; *(fig)*
to keep a ~ **face** garder son sérieux; *(Theat)* **a** ~
man un faire-valoir; **let's get this** ~ entendons-
nous bien sur ce point; **to put** or **set** sb ~ **about** sth
éclairer qn sur qch; **to keep** sb ~ **about** sth
empêcher qn de se tromper sur qch; *(don't owe
anything)* **now we're** ~ maintenant on est quitte.
(b) *(frank)* franc; *(honest)* honnête; *dealing* régulier; *denial, refusal* catégorique. ~ **speaking,**
~ **talking** franc-parler m; **to play a** ~ **game** agir
loyalement; **he's** ~ il est très honnête; *(*: not
homosexual)* c'est un hétéro*; *(*: not criminal)* il
est régulier. **(c)** *(plain etc) whisky etc* sans eau;
(Theat) part, actor sérieux. **a** ~ **play** une pièce de
théâtre proprement dite; *(Pol)* **a** ~ **fight** une campagne électorale à deux candidats.
  2 n **(a)** *[racecourse etc]* **the** ~ la ligne droite;
(fig) **we're in the** ~ ça va aller comme sur des
roulettes. **(b) to cut** sth **on the** ~ couper qch droit
fil; *(fig)* **to keep to the** ~ **and narrow** rester dans
le droit chemin.
  3 adv **(a)** *(in a* ~ *line) walk, grow, stand* droit;
sit correctement. **he came** ~ **at me** il est venu tout
droit vers moi; **to shoot** ~ tirer juste; **I can't see**
~* j'y vois trouble; ~ **up in the air** droit en l'air; ~
above/across juste au-dessus/en face; ~ **ahead go**
tout droit; *look* droit devant soi; **to look** sb **in the
face/the eye** regarder qn bien en face/droit dans
les yeux; *[criminal]* **to go** ~ rester dans le droit
chemin. **(b)** *(directly)* tout droit, directement;
(immediately) tout de suite, aussitôt. ~ **away,** ~
off tout de suite, sur-le-champ; ~ **out,** ~ **off**
(without hesitation) sans hésiter; *(without
beating about the bush)* sans mâcher ses mots;
(fig) ~ **from the horse's mouth** de source sûre;
I'm telling you ~ je vous le dis tout net.
  ♦ **straightedge** n *(tool)* limande f *(Menuiserie)*.
  ♦ **straighten 1** vt *(~en out) wire, nail* redresser;
road refaire en éliminant les tournants; *hair*
défriser; *(~en up) tie, hat* ajuster; *picture*
remettre d'aplomb; *room* mettre de l'ordre dans;
papers ranger; **to** ~ **en one's shoulders** se redresser; **2** vi *(~en up) [person]* se redresser.
  ♦ **straighten out** vt sep *situation* débrouiller;
problem résoudre; *ideas* mettre de l'ordre dans;
to ~**en things out*** arranger les choses; **to** ~**en** sb
out* remettre qn dans la bonne voie. ♦ **straight-
faced** adv en gardant son sérieux.
  ♦ **straightforward** adj *(frank)* franc; *(uncomplicated)* simple. ♦ **straightforwardly** adv *answer*

franchement; *behave* honnêtement; (*without a hitch*) sans anicroche. ♦ **straightforwardness** n franchise f; simplicité f.

strain¹ [streɪn] **1** n **(a)** (*Tech: on rope etc*) tension f (*on* de); (*on beam*) pression f (*on* sur); (*on person*) (*physical*) effort m (physique); (*mental*) tension nerveuse; (*overwork*) surmenage m; (*tiredness*) fatigue f. under the ~ sous la tension or la pression; to take the ~ off sth diminuer la tension de qch *or* la pression sur qch; (*fig*) to put a great ~ on *friendship* mettre à rude épreuve; *the economy , savings, budget* grever; *person* épuiser nerveusement; the ~(s) of city life la tension de la vie urbaine; listening for 3 hours is a ~ écouter pendant 3 heures demande un grand effort; the ~ of climbing the stairs l'effort requis pour monter l'escalier; he has been under a great deal of ~ ses nerfs ont été mis à rude épreuve. **(b)** (*Med: sprain*) entorse f, foulure f. **(c)** (*Mus*) to the ~s of aux accents mpl de.

2 vt **(a)** *rope, beam* tendre excessivement; (*Med*) *muscle* froisser; *arm, ankle* fouler; (*fig*) *friendship, marriage, sb's patience* mettre à rude épreuve; *resources, savings, budget, the economy* grever; *meaning* forcer. to ~ one's back se donner un tour de reins; to ~ one's heart se fatiguer le cœur; to ~ one's shoulder se froisser un muscle dans l'épaule; to ~ one's voice forcer sa voix; to ~ one's eyes s'abîmer les yeux; to ~ one's ears to hear sth tendre l'oreille pour entendre qch; to ~ every nerve to do fournir un effort intense pour faire; to ~ o.s. (*physically*) faire un faux mouvement; (*mentally*) se surmener; (*iro*) don't ~ yourself! surtout ne te fatigue pas! **(b)** (*filter*) *liquid, soup* passer; *vegetables* égoutter.

3 vi: to ~ to do (*physically*) peiner pour faire; (*mentally*) s'efforcer de faire; to ~ at sth (*pushing/pulling*) pousser/tirer qch de toutes ses forces.

strain off vt sep *liquid* vider.

♦ **strained** adj **(a)** *arm, ankle* foulé; *muscle* froissé; *eyes* fatigué; *voice, smile, cough* forcé; *look* contraint; *person, relations, atmosphere, nerves* tendu; *style* affecté; he has a ~ed shoulder/back il s'est froissé un muscle dans l'épaule/le dos; **(b)** *baby food* en purée. ♦ **strainer** n (*Culin*) passoire f.

strain² [streɪn] n (*breed, lineage*) race f; [*virus*] souche f. a ~ of madness des tendances fpl à la folie; (*fig*) a lot more in the same ~ encore beaucoup du même genre; he continued in this ~ il a continué dans ce sens.

strait [streɪt] n (*Geog: also* ~s: *gen*) détroit m. the S~s of Dover le Pas de Calais; (*fig*) in dire ~s dans une situation difficile. ♦ **straitened** adj: in ~ened circumstances dans la gêne. ♦ **strait-jacket** n camisole f de force. ♦ **strait-laced** adj collet monté inv.

strand [strænd] n [*thread, wire*] brin m; [*pearls*] rang m; (*in narrative etc*) fil m. a ~ of hair une mèche.

stranded ['strændɪd] adj *ship* échoué; (*fig*) *person* en rade*. to leave sb ~ laisser qn en rade*.

strange [streɪndʒ] adj **(a)** (*unfamiliar*) *language, country* inconnu; *work, activity* inaccoutumé. you'll feel under ~ vous vous sentirez un peu dépaysé; *several* ~ *people* plusieurs personnes que je ne connaissais pas, plusieurs inconnus; I never sleep well in a ~ bed je ne dors jamais bien dans un lit autre que le mien. **(b)** (*odd, unusual*) étrange, bizarre. it is ~ that il est étrange *or* bizarre que + subj; ~ as it may seem aussi étrange que cela puisse paraître. ♦ **strangely** adv étrangement, curieusement; ~ly enough, ... chose curieuse, ... ♦ **strangeness** n étrangeté f, bizarrerie f. ♦ **stranger** n (*unknown*) inconnu(e) m(f); (*from another place*) étranger m,

-ère f; he's a ~r to me il m'est inconnu; I'm a ~r here je ne suis pas d'ici; I am a ~r to Paris je ne connais pas Paris; a ~r to politics un novice en matière de politique.

strangle ['stræŋgl] vt étrangler (*also fig*). ♦ **stranglehold** n: to have a ~hold on tenir à la gorge. ♦ **strangler** n étrangleur m, -euse f. ♦ **strangulation** n strangulation f.

strap [stræp] **1** n (*of leather, cloth*) courroie f, sangle f; (*on shoe*) lanière f; (*ankle* ~) bride f; (*on garment*) bretelle f; (*on shoulder bag*) bandoulière f; (*watch* ~) bracelet m; (*in bus, tube*) poignée f de cuir; (*Tech*) lien m. **2** vt (*tie*: ~ down, ~ in, ~ on, ~ up) attacher (*sth to sth* qch à qch). ♦ **straphanger** n voyageur m, -euse f debout inv (*dans le métro etc*). ♦ **strapless** adj *dress, bra* sans bretelles. ♦ **strapping** adj costaud* f inv.

strategy ['strætɪdʒɪ] n stratégie f. ♦ **stratagem** n stratagème m. ♦ **strategic(al)** adj stratégique. ♦ **strategist** n stratège m.

stratosphere ['strætəʊsfɪəʳ] n stratosphère f.

stratum ['strɑːtəm] n, pl -ta (*Geol, fig*) couche f.

straw [strɔː] **1** n (*all senses*) paille f. to drink sth through a ~ boire qch avec une paille; (*fig*) to clutch at a ~ se raccrocher désespérément à un semblant d'espoir; (*fig*) a ~ in the wind une indication des choses à venir; (*fig*) the last ~ *or* the ~ that breaks the camel's back la goutte d'eau qui fait déborder le vase. **2** adj (*made of* ~) de paille. ~ hat chapeau m de paille; (*fig*) ~ vote sondage m d'opinion. ♦ **strawberry 1** n (*fruit*) fraise f; (*plant*) fraisier m; wild ~berry fraise des bois; **2** adj *jam* de fraises; *ice cream* à la fraise; *tart* aux fraises; (*Anat*) ~berry mark fraise f, envie f. ♦ **straw-coloured** adj paille inv.

stray [streɪ] **1** adj *dog, child, bullet* perdu; *sheep, cow* égaré; *taxi, shot etc* isolé. a few ~ cars quelques rares voitures; a ~ motorist un des rares automobilistes. **2** n (*child/dog*) enfant mf/chien m perdu(e). **3** vi [*person, animal*] s'égarer; [*thoughts*] vagabonder. to ~ from s'écarter de; to ~ into enemy territory s'égarer et se retrouver en territoire ennemi.

streak [striːk] **1** n (*line, band*) raie f; [*ore, mineral*] veine f; [*light, blood, paint*] filet m. his hair had ~s of grey in it ses cheveux commençaient à grisonner; (*deliberate*) blond ~s mèches blondes; like a ~ of lightning comme un éclair; a ~ of jealousy des tendances fpl à la jalousie; a ~ of luck une période de chance. **2** vt zébrer, strier (*with* de). ~ed with [*sky*] strié de; [*mirror*] zébré de; [*clothes*] maculé de; hair ~ed with grey cheveux qui commencent à grisonner. **3** vi **(a)** to ~ in/past etc entrer/passer etc comme un éclair. **(b)** (**: naked*) courir tout nu en public. ♦ **streaker*** n streaker m, -euse f. ♦ **streaky** adj *colour* marbré; *window, mirror, sky* zébré; *bacon* pas trop maigre.

stream [striːm] **1** n **(a)** (*brook*) ruisseau m. (*current*) against the ~ contre le courant. **(b)** (*flow*) [*water, blood, light, excuses, cars etc*] flot m; [*cold air*] courant m. [*oil*] to be/come on ~ être/être mis en service; ~s of people des flots de gens; (*Brit Scol*) divided into 5 ~s répartis en 5 classes de niveau; (*Brit Scol*) the B ~ le groupe B. **2** vi [*liquid, walls*] ruisseler (*with* de). his eyes were ~ing il pleurait à chaudes larmes; [*cold air, sunlight*] to ~ into entrer à flots dans; [*people, cars etc*] to ~ in/past etc entrer/passer etc à flots. **3** vi (*Scol*) *pupils* répartir par niveau. to ~ French répartir les élèves par niveau en français. ♦ **streamer** n serpentin m. ♦ **streaming 1** n (*Scol*) répartition f des élèves par niveau; **2** adj: a ~ing cold un gros rhume. ♦ **streamline** vt (*Aut, Aviat*) donner un profil aérodynamique à; (*fig*) rationaliser. ♦ **streamlined** adj (*Aviat*) fuselé; (*Aut*) aérodynamique; (*fig*) rationalisé.

street [striːt] **1** n rue f. in the ~ dans la rue; (*fig*)

the man in the ~ l'homme de la rue; **she is on the ~s** elle fait le trottoir*; *(fig)* **that is right up my ~*** c'est tout à fait dans mes cordes; **he is not in the same ~ as you*** il ne vous vient pas à la cheville; **to be ~s ahead of sb*** dépasser qn de loin; *(fig)* **~s better*** beaucoup mieux. **2** *adj:* ~ **directory** *or* **guide** répertoire *m* des rues; ~ **door** porte *f* sur la rue; ~ **fighting** combats *mpl* de rue; ~ **lamp** réverbère *m*; **at ~ level** au rez-de-chaussée; ~ **lighting** éclairage *m* des rues; ~ **map** plan *m* des rues; ~ **market** marché *m* à ciel ouvert; ~ **musician** musicien *m* des rues; ~ **sweeper** *(person)* balayeur *m*; *(machine)* balayeuse *f*; ~ **urchin** gamin *m* des rues.
♦ **streetcar** *n (US)* tramway *m*.

strength [streŋθ] *n* **(a)** *(gen)* force *f*; *[building, wood, shoes, claim, case]* solidité *f*; *[current]* intensité *f*; *[drink]* teneur *f* en alcool; *[solution]* titre *m*. **he hadn't the ~ to lift it** il n'avait pas la force de le soulever; **his ~ failed him** ses forces l'ont abandonné; **to get one's ~ back** reprendre des forces; ~ **of character** force de caractère; ~ **of purpose** résolution *f*; ~ **of will** volonté *f*; *(Fin)* **the ~ of the pound** la solidité de la livre; *(fig)* **on the ~ of** en vertu de. **(b)** *(Mil, Naut)* effectif *m*. **fighting ~** effectif mobilisable; **they are below** *or* **under ~** leur effectif n'est pas au complet; *(fig)* **they were there in ~** ils étaient là en grand nombre; *(gen)* **to be on the ~** faire partie du personnel. ♦ **strengthen 1** *vt (gen)* renforcer; *person, muscle* fortifier; *eyesight* améliorer; *(Fin)* **the pound** consolider; **2** *vi [muscle, limb]* se fortifier; *[wind, influence, characteristic]* augmenter. ♦ **strengthening** *n* renforcement *m*; amélioration *f*; consolidation *f*.

strenuous ['strenjʊəs] *adj exercise, work* ardu; *game, march, day* fatigant; *life, holiday* très actif; *effort, resistance* acharné; *protest* vigoureux, énergique. *(Med)* **he must not do anything too ~** il ne doit pas se fatiguer. ♦ **strenuously** *adv work, protest* énergiquement; *exercise, pull* vigoureusement; *resist, try* avec acharnement.

stress [stres] **1** *n* **(a)** *(load: on bridge, beam etc)* charge *f (of etc)*; *(on metal)* travail *m*; *(pressure: psychological, moral etc)* pression *f*; *(mental, nervous)* tension *f* nerveuse, stress *m*. **in times of ~** à des moments de grande tension; **the ~es and strains of modern life** les agressions *fpl* de la vie moderne; **to be under ~** être sous tension. **(b)** *(emphasis)* insistance *f*; *(Ling, Mus, Poetry)* accent *m*. **2** *adj (Ling)* ~ **mark** accent *m*. **3** *vt (gen)* insister sur; *(Ling, Mus, Poetry)* accentuer. ♦ **stressful** *adj* difficile, stressant.

stretch [stretʃ] **1** *n* **(a)** **there's a lot of ~ in this material** ce tissu prête bien; **by a ~ of the imagination** en faisant un effort d'imagination; **there's a straight ~ (of road)** la route est toute droite; **a magnificent ~ of country** une campagne magnifique; **in that ~ of the river** dans cette partie de la rivière; *(distance)* **for a long ~** sur des kilomètres; **not by a long ~!** loin de là! **(b)** *(time)* période *f*. **a long ~ of time** longtemps; **for hours at a ~** pendant des heures d'affilée; *(Prison)* **he's done a 10-year ~*** il a fait 10 ans de prison. **2** *adj fabric, garment* extensible; *(elasticated)* élastique. **3** *vt* **(a)** *rope, spring* tendre; *elastic* étirer; *shoe, glove, hat* élargir; *muscle* distendre; *(fig)* *law, rules* tourner; *meaning, truth* forcer; *one's principles* adapter; *one's authority* outrepasser. *(fig)* **to ~ a point** faire une concession. **(b)** *(often ~ out)* *neck* tendre; *arm, leg* tendre, *(extend)* allonger; *wing* déployer; *net, rope* tendre *(between* entre; *above* au-dessus de); *rug, linen* étendre; *(fig)* *athlete, student* pousser. *(fig: go for walk)* **I'm just going to ~ my legs** je vais me dégourdir les jambes; **to be fully ~ed** *[rope etc]* être complètement tendu; *[engine, factory]* tourner à plein; *[person]* donner son plein;

the work he is doing does not ~ him enough le travail qu'il fait n'exige pas assez de lui. **4** *vi* **(a)** *[person, animal]* s'étirer. **he ~ed across and touched her cheek** il a tendu la main et touché sa joue. **(b)** *(lengthen)* s'allonger; *(widen)* *[shoes]* s'élargir; *[elastic]* s'étirer; *[fabric, jersey]* prêter. **(c)** *[forest, procession, influence]* s'étendre *(over* sur); *(in time)* *[meeting etc]* se prolonger *(into* jusqu'à). **the rope won't ~ to that** post la corde ne va pas jusqu'à ce poteau; **how far will it ~?** jusqu'où ça va?; *(fig)* **my money won't ~ to a new car** mon budget ne me permet pas d'acheter une nouvelle voiture.
stretch out 1 *vi (reach)* arm, hand, foot tendre; *(extend)* leg etc allonger, étendre; *wing* déployer; *net, rope* tendre; *rug, linen* étendre; *(lengthen)* meeting, discussion prolonger; *story, explanation* allonger.
♦ **stretcher 1** *n (Med)* brancard *m*, civière *f*; **2** *adj:* ~**er case** malade *mf* or blessé(e) *m(f)* qui ne peut pas marcher. ♦ **stretcher-bearer** *n* brancardier *m*. ♦ **stretchy** *adj* extensible.

strew [struː] *pret* **strewed**, *ptp* **strewed** *or* **strewn** *vt straw, sand* répandre *(on, over* sur); *flowers, objects, wreckage* éparpiller *(over* sur); *ground, room* joncher *(with* de).

stricken ['strɪkən] *adj (wounded)* grièvement blessé; *(grief-~)* affligé; *(damaged)* city dévasté; *ship* très endommagé. ~ **with remorse/fear** pris de remords/peur.

strict [strɪkt] *adj* **(a)** *(severe: gen)* person, principle, views strict, sévère *(with sb* avec qn); *ban, rule* strict; *order* formel; *etiquette* rigide. **(b)** *(precise)* meaning strict *(after n)*; *translation, time limit* précis; *(absolute)* accuracy, secrecy, truth strict *(before n)*. **in the ~ sense of the word** au sens strict du mot. ♦ **strictly** *adv (gen)* strictement; ~**ly between ourselves** strictement entre nous; ~**ly speaking** à strictement parler; ~**ly prohibited** formellement interdit. ♦ **strictness** *n [person etc]* sévérité *f*. ♦ **stricture** *n* critique *f (on* de).

stride [straɪd] *vb: pret* **strode**, *ptp* **stridden**) **1** *n* grand pas *m*; *[runner]* foulée *f*. **with giant ~s** à pas de géant; **in a few ~s** en quelques enjambées; *(fig)* **to make great ~s** faire de grands progrès *(in* French en français; **in one's studies** dans ses études; **in doing** pour ce qui est de faire); **to get into one's ~** prendre le rythme; **to take in one's ~** changes etc accepter avec équanimité; *exam/ interrogation etc* passer/subir etc sans le moindre effort. **2** *vi:* **to ~ along/away** etc avancer/ s'éloigner etc à grands pas; **he was striding up and down the room** il arpentait la pièce.

strident ['straɪdənt] *adj* strident.

strife [straɪf] *n* conflits *mpl*, dissensions *fpl*. **internal ~** dissensions intestines; **industrial ~** conflits sociaux.

strike [straɪk] *(vb: pret, ptp* **struck)** **1** *n* **(a)** *(Ind)* grève *f (of, by* de). **electricity/rail ~** grève des employés de l'électricité/du chemin de fer; **to be on ~** être en grève *(for* pour obtenir; *against* pour protester contre); **to go on ~, to come out on ~** se mettre en grève; **to call a ~** lancer un ordre de grève. **(b)** *(Aviat, Mil)* raid *m* (aérien). **(c)** *(Fishing)* touche *f*; *(Baseball, Bowling)* strike *m*; *(of oil etc)* découverte *f*. *(Miner etc)* **to make a ~** découvrir un gisement; *(fig)* **a lucky ~** un coup de chance.
2 *adj* **(a)** *(Ind)* committee, fund de grève; leader des grévistes; pay de gréviste. **(b)** *(Aviat, Mil)* ~ **force** détachement *m* d'avions.
3 *vt* **(a)** *(hit)* person, ball frapper; *nail, table* frapper sur; *(knock against)* heurter; *(Mus)* string toucher; *[snake]* mordre. **to ~ sth with one's fist** frapper du poing sur qch; *(fig)* **to ~ a man when he is down** frapper un homme à terre; **to ~ the first blow** donner le premier coup; *(fig)*

to ~ **a blow for freedom** rompre une lance pour la liberté; **to ~ sth from sb's hand** faire tomber qch de la main de qn; **to ~ fear into sb** remplir qn d'effroi; **to ~ terror into sb** terroriser qn; **he struck his head against the table** sa tête a heurté la table, il s'est cogné la tête contre la table; **the stone struck him on the head** la pierre l'a frappé à la tête; **he was struck by a bullet** il a reçu une balle; **to be struck by lightning** être frappé par la foudre; **to ~ sb dumb** rendre qn muet; (*fig*) **I was struck by his intelligence** j'ai été frappé par son intelligence; **I wasn't very struck* with him** il ne m'a pas fait très bonne impression; **the funny side of it struck me** le côté drôle de la chose m'a frappé; **that ~s me as a good idea** cela me semble une bonne idée; **an idea struck him** il a eu une idée; **it ~s me that ...** j'ai l'impression que ...; **how did the film ~ you?** qu'avez-vous pensé du film? **(b)** (*find, discover*) **gold** trouver; (*fig*) **hotel, road** tomber sur; (*fig*) **difficulty, obstacle** rencontrer. **to ~ oil** (*Miner*) trouver du pétrole; (*fig*) trouver le filon*; (*fig*) **to ~ it rich** faire fortune. **(c)** (*make, produce etc*) **coin, medal** frapper; **sparks, fire** faire jaillir (*from* de); **match** gratter. **to ~ a light** allumer une allumette (*or* un briquet *etc*); **to ~ an average** établir une moyenne; **to ~ a balance** trouver le juste milieu; **to ~ a bargain** conclure un marché; **to ~ an attitude** poser; **to ~ an attitude of surprise** faire l'étonné(e). **(d) chord, note** sonner; (*clock*) sonner (*3 o'clock 3* heures). (*fig*) **that ~s a chord** cela me dit qch; (*fig*) **to ~ a false note** sonner faux; **it has just struck six** six heures viennent juste de sonner. **(e)** (*take down*) **tent** plier; **camp** lever; **flag** baisser. **(f)** (*delete*) **from list, record*) **name** rayer (*from* de); (*from professional register*) radier (*from* de).

4 *vi* **(a)** (*hit*) frapper; (*Mil*) attaquer; (*snake*) mordre; (*tiger*) sauter sur sa proie; (*disease etc*) frapper; (*panic*) s'emparer des esprits. (*lit,fig*) **to ~ home** faire mouche; **to ~ at person** porter un coup à; (*fig*) **root of sth** porter atteinte à; *evil etc* attaquer; **his foot struck against a rock** son pied a heurté un rocher. **(b)** (*clock*) sonner. **(c)** (*Ind: go on* ~) faire grève (*for* pour obtenir; *against* pour protester contre). **(d)** (*turn, go*) aller, prendre. ~ **left** prenez à gauche; **to ~ uphill** se mettre à grimper la côte; **he struck (out or off) across the fields** il s'en est allé à travers champs.

strike back *vi* (*Mil*) user de représailles (*at sb* à l'égard de qn); (*gen*) se venger (*at sb* de qn).

strike down *vt sep* terrasser.

strike off *vt sep* **(a)** *sb's head* trancher; *branch* couper. **(b)** (*from list*) rayer; *doctor etc* radier.

strike out 1 *vi* (*hit out*) se débattre. **he struck out at his attackers** a lancé des coups dans la direction de ses attaquants; (*in business*) **to ~ out on one's own** se mettre à son propre compte. **2** *vt sep* (*delete*) *word, question* rayer.

strike up 1 *vi* (*band etc*) commencer à jouer; (*music*) commencer. **2** *vt sep* (*band*) se mettre à jouer; (*singers*) se mettre à chanter. ~ **up the band!** faites jouer l'orchestre!; **to ~ up an acquaintance/a friendship** lier connaissance/amitié (*with sb* avec qn).

♦ **strikebound** *adj* immobilisé par une grève. ♦ **strikebreaker** *n* briseur *m* de grève. ♦ **strike-breaking** *n*: **he was accused of ~breaking** on l'a accusé d'être un briseur de grève. ♦ **striker** *n* (*Ind*) gréviste *mf*; (*Ftbl*) buteur *m*. ♦ **striking** *adj* **(a)** *change, sight* frappant, saisissant; **(b)** (*Mil*) *power* de frappe; (*Mil, fig*) **within striking distance of** à portée de; **(c)** (*Ind*) *workers* en grève. ♦ **strikingly** *adv* *change, different* d'une manière frappante; *beautiful etc* remarquablement.

string [strıŋ] (*vb: pret, ptp* **strung**) **1** *n* **(a)** (*gen*) ficelle *f*; (*violin, bow, racket etc*) corde *f*; (*apron, bonnet*) cordon *m*. **a piece of ~** un bout de ficelle; (*fig*) **there are no ~s attached** cela ne vous *etc*

engage à rien; **to have more than one ~ to one's bow** avoir plus d'une corde à son arc; **his first/second ~** sa première/deuxième ressource; (*Mus*) **the ~s** les (instruments *mpl* à) cordes. **(b)** (*beads, pearls*) rang *m*; (*onions, garlic, lies, excuses*) chapelet *m*; (*people, vehicles*) file *f*; (*racehorses*) écurie *f*. **2** *adj* **(a)** *instrument, orchestra, quartet* à cordes; *serenade, piece* pour cordes. **(b)** ~ **bag** filet *m* à provisions; ~ **bean** haricot *m* vert; ~ **vest** tricot *m* de corps à grosses mailles. **3** *vt racket* corder; *violin etc* monter; *bow* garnir d'une corde; *beads, pearls* enfiler; *rope* tendre (*across* en travers de; *between* entre); *lights, decorations* suspendre, attacher (*on* sur; *between* entre); *beans* enlever les fils de.

string along* 1 *vi* suivre. **to ~ along with sb** accompagner qn. **2** *vt sep* (*pej*) faire marcher (*fig*).

string out 1 *vi* (*people, things*) s'échelonner (*along a road* le long d'une route). **2** *vt sep* *lanterns, washing etc* suspendre; *guards, posts* échelonner.

string up *vt sep* *lantern, onions* suspendre; (*: *lynch*) pendre. (*fig*) **to be strung up** être très tendu (*about* à la pensée de).

♦ **stringed** *adj* (*Mus*) à cordes. ♦ **stringpulling** *n* (*fig*) *piston* m* (*fig*). ♦ **stringy** *adj* *celery, meat* filandreux; *cooked cheese* filant; *plant* tout en longueur.

stringent ['strındʒənt] *adj* (*gen*) rigoureux; *reasons, arguments* irrésistible; *necessity* impérieux. ♦ **stringency** *n* rigueur *f*; **economic stringency** austérité *f*.

strip [strıp] **1** *n* **(a)** (*piece: gen*) bande *f*; (*water, sea*) bras *m*. **a ~ of garden** un petit jardin tout en longueur; *comic* ~, ~ *cartoon* bande dessinée; (*fig*) **to tear a ~ off sb** bien sonner les cloches à qn*. **(b)** (*Aviat: landing* ~) piste *f* d'atterrissage. **(c)** (*Sport: clothes*) tenue *f*. **2** *adj*: ~ **lighting** éclairage *m* au néon; ~ **poker** strip-poker *m*; ~ **show** strip-tease *m*. **3** *vt person* déshabiller; (*often* ~ **down**) *room, house* vider; *car, engine, gun* démonter complètement; *screw, gears* arracher le filet de; *branches, bushes* dépouiller; *bed* défaire complètement; (*remove*) *wallpaper, decorations etc* enlever (*from sth* de qch; *from sb* à qn); *paint, furniture* décaper; (*deprive*) *person, object* dépouiller (*of* de). ~**ped pine furniture** meubles *mpl* anciens en pin; **to ~ the walls** enlever le papier peint; **to ~ a room of all its pictures** enlever tous les tableaux dans une pièce; (*Fin*) **to ~ a company of its assets** cannibaliser* une compagnie. **4** *vi* (*undress*) se déshabiller; (*striptease artist*) faire du strip-tease. **to ~ naked** se mettre nu; **to ~ to the waist** se déshabiller jusqu'à la ceinture; ~**ped to the waist** nu jusqu'à la ceinture.

strip off 1 *vi* se déshabiller complètement. **2** *vt sep* (*gen*) enlever (*from sth* de qch); *leaves* faire tomber (*from* de); *berries* prendre (*from* de). ♦ **stripper** *n* **(a)** (*paint-stripper*) décapant *m*; **(b)** (*: *striptease*) strip-teaseuse *f*. ♦ **striptease** *n* strip-tease *m*.

stripe [straıp] *n* **(a)** rayure *f*, raie *f*. (*pattern*) ~**s** rayures; **yellow with a white ~** jaune rayé de blanc. **(b)** (*Mil*) galon *m*. ♦ **striped** *adj* rayé (*with* de).

stripling ['strıplıŋ] *n* tout jeune homme.

strive [straıv] *pret* **strove**, *ptp* **striven** *vi* s'efforcer (*to do* de faire; *for sth* d'obtenir qch).

strode [strəud] *pret of* **stride**.

stroke [strəuk] **1** *n* **(a)** (*movement; blow: gen*) coup *m*; (*Swimming: style*) nage *f*. (*lit,fig*) **at a ~**, **at one ~** d'un seul coup; **with a ~ of his axe** d'un coup de hache; **to put sb off his ~** (*Sport*) faire perdre son rythme à qn; (*fig*) faire perdre tous ses moyens à qn; **he hasn't done a ~ (of work)** il n'a rien fait du tout; ~ **of diplomacy** chef-d'œuvre *m* de diplomatie; ~ **of genius** trait *m* de génie; ~ **of luck** coup de chance; **master** ~ coup de maître. **(b)** *(mark)* *[pen, pencil]* trait *m*; *[brush]* touche *f*; *(Typ: oblique)* barre *f*. **with a** ~ **of the pen** d'un trait de plume. **(c)** *[bell, clock]* coup *m*. **on the** ~ **of 10** sur le coup de 10 heures; **in the** ~ **of time** juste à temps. **(d)** *(Med)* **to have a** ~ avoir une attaque. **(e)** *(Tech: of piston)* course *f*. **a two-/four-~ engine** un moteur à deux/quatre temps. **(f)** *(Rowing: person)* chef *m* de nage. **2** *vt* caresser.

stroll [strəʊl] **1** *n* petite promenade *f*. **to take a** ~, **to go for a** ~ aller faire un tour. **2** *vi*: **to** ~ **in/away** *etc* entrer/s'éloigner *etc* nonchalamment. ♦ **stroller** *n* *(person)* flâneur *m*, -euse *f*; *(US: push-chair)* poussette *f*.

strong [strɒŋ] **1** *adj* *(gen)* fort; *(solid, robust)* *wall, table, shoes, bolt, reasons, evidence stomach, heart, nerves* solide; *eyesight* très bon; *candidate, contender* sérieux; *magnet* puissant; *(Elec)* *current* intense; *characteristic* marqué; *emotion, desire, interest* vif; *(St Ex)* *market* ferme; *(Econ)* *the pound, dollar* solide; *letter, protest, measures* énergique; *(Mus)* *beat* fort; *solution* concentré. **to be as** ~ **as a horse** or **an ox** *(powerful)* être fort comme un bœuf; *(healthy)* avoir une santé de fer; *(in circus etc)* ~ **man** hercule *m*; **do you feel** ~? est-ce que vous avez des forces?; *(in health)* **when you are** ~ **again** quand vous aurez repris des forces; **she has never been very** ~ elle a toujours eu une petite santé; *(in courage etc)* **you must be** ~ soyez courageux; *(mentally etc)* **he's a very** ~ **person** c'est un homme qui a du ressort; **an army 500** ~ une armée de 500 hommes; **they were 100** ~ ils étaient au nombre de 100; **in a** ~ **position** bien placé *(to do* pour faire); **his** ~ **suit** *(Cards)* sa couleur forte; *(fig: also his* ~ **point)** son fort; **to be** ~ **in maths** être fort en maths; **in** ~ **terms** en termes non équivoques; **there are** ~ **indications that ...** tout semble indiquer que ...; **a** ~ **effect** beaucoup d'effet; *(fig: too much)* **that's a bit** ~!* ça c'est un peu fort!*; **I had a** ~ **sense of ...** je ressentais vivement ...; **I've a** ~ **feeling that ...** j'ai bien l'impression que ...; **he's got** ~ **feelings on this matter** cette affaire lui tient à cœur; **it is my** ~ **opinion that** je suis fermement convaincu que; **a** ~ **socialist** un socialiste fervent; ~ **supporters of** d'ardents partisans de; **I am a** ~ **believer in** je crois fermement à; ~ **verb** verbe *m* irrégulier; ~ **drink** alcool *m*; **it has a** ~ **smell** ça sent fort.

2 *adv*: **to be going** ~ *[person]* être toujours solide; *[car etc]* marcher toujours bien; *[firm, business]* être florissant; *[relationship]* aller bien.

♦ **strong-arm** *adj* brutal. ♦ **strongbox** *n* coffrefort *m*. ♦ **stronghold** *n* *(Mil)* forteresse *f*; *(fig)* bastion *m*. ♦ **strongly** *adv* *fight, attack, protest* énergiquement; *attract, influence, desire* vivement; *accentuate, remind, indicate* fortement; *believe* fermement; *feel, sense* profondément; *constructed, made* solidement; ~**ly-worded letter** lettre *f* bien sentie; **it smells very** ~**ly** cela sent très fort; **it smells** ~**ly of onions** cela a une forte odeur d'oignons. ♦ **strong-minded** *adj* qui sait ce qu'il veut. ♦ **strong-mindedly** *adv* avec ténacité. ♦ **strongroom** *n* chambre *f* forte. ♦ **strong-willed** *adj*: **to be** ~**-willed** avoir de la volonté.

strove [strəʊv] *pret of* strive.

struck [strʌk] *pret, ptp of* strike.

structure ['strʌktʃə^r] **1** *n* **(a)** *(gen, Chem etc)* structure *f*; *social/administrative* ~ structure sociale/administrative. **(b)** *(Constr: of building etc)* ossature *f*; *(the building, bridge etc itself)* édifice *m*. **2** *vt* structurer. ♦ **structural** *adj* **(a)** *(gen, Chem etc)* structural; **(b)** *(Constr)* *fault etc* de construction; *alterations* des parties por-

tantes; **structural engineering** ponts et chaussées *mpl*. ♦ **structurally** *adv* *(gen, Chem etc)* du point de vue de la structure; *(Constr)* du point de vue de la construction.

struggle ['strʌgl] **1** *n* *(lit, fig)* lutte *f* *(for* pour; *against* contre; *with* avec; *to do* pour faire). **to put up a** ~ résister; **he lost his glasses in the** ~ il a perdu ses lunettes dans la bagarre; **without a** ~ *surrender etc* sans résistance; *(without difficulty)* sans beaucoup de difficulté; **the** ~ **to find somewhere to live** les difficultés qu'on a à trouver un logement; **I had a** ~ **to persuade him** j'ai eu beaucoup de mal à le persuader; **it was a** ~ cela a demandé beaucoup d'efforts.

2 *vi* **(a)** *(fight)* se battre, lutter *(against sth* contre qch; *with sb* avec qn); *(resist)* résister *(against sth* à qch); *(thrash around)* se débattre; *(fig: try hard)* se démener *(to do* pour faire). **they were struggling for power** ils se disputaient le pouvoir; *(fig)* **he was struggling to make ends meet** il avait beaucoup de mal à joindre les deux bouts. **(b)** **to** ~ **in/out** *etc* entrer/sortir *etc* avec peine; **to** ~ **through the crowd** se frayer péniblement un chemin à travers la foule; **he** ~**'d to his feet** *(from armchair etc)* il s'est levé non sans peine; *(during fight etc)* il s'est relevé péniblement; **he** ~**'d into a jersey** il a enfilé non sans peine un pullover.

struggle through *vi* *(fig)* s'en sortir.

♦ **struggling** *adj* *artist etc* qui vit péniblement.

strum [strʌm] *vti* (~ **on)** *piano* tapoter de; *guitar etc* racler.

strung [strʌŋ] *pret, ptp of* string.

strut¹ [strʌt] *vi*: **to** ~ **about** or **around** se pavaner; **to** ~ **in/along** *etc* entrer/avancer *etc* d'un air important.

strut² [strʌt] *n* *(support)* étai *m*, support *m*.

strychnine ['strɪkniːn] *n* strychnine *f*.

stub [stʌb] **1** *n* *[tree, plant]* souche *f*; *[pencil]* bout *m*; *[cigarette, cigar]* mégot* *m*; *[cheque, ticket]* talon *m*. **2** *vt* **(a)** **to** ~ **one's toe** se cogner le doigt de pied *(against* contre). **(b)** (~ **out)** *cigar, cigarette* écraser. ♦ **stubby** *adj* *person* trapu; *finger* boudiné; *pencil* gros et court.

stubble ['stʌbl] *n* *(Agr)* chaume *m*; *(on chin)* barbe *f* de plusieurs jours.

stubborn ['stʌbən] *adj* *(gen)* opiniâtre; *person* têtu, obstiné; *animal* rétif; *fever, disease* rebelle. ♦ **stubbornly** *adv* obstinément. ♦ **stubbornness** *n* opiniâtreté *f*; entêtement *m*; obstination *f*.

stucco ['stʌkəʊ] *n* stuc *m*.

stuck [stʌk] *pret, ptp of* stick. ♦ **stuck-up*** *adj* prétentieux.

stud¹ [stʌd] **1** *n* *(gen, also on roadway)* clou *m* (à grosse tête); *(on football boots)* crampon *m*. ~ **collar** ~ bouton *m* de col. **2** *vt* clouter. *(fig)* ~**ded with** parsemé de.

stud² [stʌd] **1** *n* *(racing* ~) écurie *f* (de courses); (~ *farm)* haras *m*. **to be at** ~ étalonner. **2** *adj*: ~ **book** stud-book *m*; ~ **horse** étalon *m*; ~ **mare** poulinière *f*.

student ['stjuːdənt] **1** *n* *(gen)* étudiant(e) *m(f)*; *(at school)* élève *mf*. **medical** ~ étudiant(e) en médecine; **he is a** ~ **of bird life** il étudie la vie des oiseaux; **he is a keen** ~ il est très studieux. **2** *adj* *life, power, unrest* étudiant; *residence, restaurant* universitaire; *attitudes, opinions* des étudiants. **the** ~ **community** les étudiants *mpl*; ~ **teacher** élève *mf* professeur. ♦ **studentship** *n* bourse *f* d'études.

studio ['stjuːdɪəʊ] **1** *n* studio *m* (de TV, d'artiste etc). **2** *adj*: ~ **couch** divan *m*; *(Phot)* ~ **portrait** portrait *m* photographique.

studious ['stjuːdɪəs] *adj* *person* studieux; *piece of work* soigné; *effort* assidu; *politeness* étudié; *avoidance* délibéré. ♦ **studiously** *adv* studieusement; soigneusement; délibérément; ~**ly polite**

d'une politesse étudiée. ♦ **studiousness** n application f (à l'étude).

study ['stʌdɪ] **1** n (a) étude f (of sur). (fig) his face was a ~ il fallait voir son visage. (b) (room) bureau m (particulier). **2** adj visit, hour d'étude; group de travail. **3** vt (gen) étudier; sb's face, reactions, stars observer. **4** vi étudier. to ~ hard travailler dur; to ~ under sb (Univ) travailler sous la direction de qn; [painter, composer] être l'élève de qn; to ~ for an exam préparer un examen; he is ~ing to be a doctor/teacher il fait des études de médecine/pour devenir professeur. ♦ **studied** adj calm, politeness étudié; insult, avoidance délibéré; (pej) style affecté.

stuff [stʌf] **1** n (a) (substance) what's this ~ in this jar? qu'est-ce que c'est que ça dans ce pot?; it's good ~ c'est bien or bon; there's some good ~ in it il y a de bonnes choses là-dedans; it's poor ~ ça ne vaut pas grand-chose; it's dangerous ~ c'est dangereux; I can't listen to his ~ at all je ne peux pas souffrir sa musique (or sa poésie etc); (pej) all that ~ about how he ... tous ces grands discours comme quoi il ...; that's the ~!* bravo, c'est ça!; ~ and nonsense!* balivernes!; he is the ~ that heroes are made of il a l'étoffe d'un héros; he knows his ~* il s'y connaît; do your ~!* vas-y!, c'est à toi!; he did his ~ very well* il s'en est bien sorti; put your ~ away range tes affaires; he brought back a lot of ~ il a rapporté des tas de choses. (b) (cloth) étoffe f.

2 vt (fill) cushion etc rembourrer (with avec); (Taxidermy) animal empailler; box, pockets bourrer (with de); (Culin) farcir (with avec); hole boucher (with avec); (cram) objects fourrer (in, into dans). to ~ one's fingers into one's ears fourrer ses doigts dans ses oreilles; he ~ed some money into my hand il m'a fourré de l'argent dans la main; (fig) he is a ~ed shirt* il est pompeux; ~ed toy jouet m de peluche; to ~ o.s. with food se gaver de nourriture.

3 vi (‡: guzzle) se gaver. ♦ **stuffed-up** adj: my nose is ~ed-up j'ai le nez bouché. ♦ **stuffily** adv say etc d'un ton désapprobateur. ♦ **stuffiness** n (in room) manque m d'air; [person] esprit m vieux jeu. ♦ **stuffing** n (gen) rembourrage m; (Culin) farce f; (fig) he's got no ~ing c'est une chiffe molle; to knock the ~ing out of sb [boxer, blow] dégonfler qn; [illness, news] mettre qn à plat. ♦ **stuffy** adj (a) room mal aéré; it's ~y in here on manque d'air ici; it smells ~y ça sent le renfermé; (b) person vieux jeu inv.

stumble ['stʌmbl] vi trébucher (over sur, contre); [horse] broncher. to ~ in/along etc entrer/avancer etc en trébuchant; (fig) to ~ across or on sth tomber sur qch; he ~ed through the first verse il a récité la première strophe d'une voix hésitante. ♦ **stumbling block** n pierre f d'achoppement.

stump [stʌmp] **1** n [tree] souche f; [limb, tail] moignon m; [tooth] chicot m; [cigar, pencil, chalk etc] bout m; (Cricket) piquet m. **2** vt (a) (*: puzzle) faire sécher*. to be ~ed by sth être incapable de répondre à qch, sécher* sur qch. (b) (Cricket) mettre hors jeu. **3** vi: to ~ in/along etc entrer/avancer etc (heavily) à pas lourds or (limping) clopin-clopant*.

stump up (Brit) **1** vi casquer‡, payer. **2** vt sep cracher*, y aller de. ♦ **stumpy** adj person ramassé; object épais et court.

stun [stʌn] vt étourdir; (fig: amaze) stupéfier. ♦ **stunned** adj stupéfait (by de). ♦ **stunning** adj étourdissant; stupéfiant; (*: lovely) girl, dress, car sensationnel*.

stung [stʌŋ] pret, ptp of sting.
stunk [stʌŋk] ptp of stink.
stunt[1] [stʌnt] n (feat) tour m de force; (Aviat) acrobatie f; (trick) truc* m, coup m monté; (pub-

licity ~) truc* publicitaire. ♦ **stuntman** n (Cine etc) cascadeur m.

stunt[2] [stʌnt] vt growth retarder; person, plant retarder la croissance de. ♦ **stunted** adj rabougri.

stupefy ['stju:pɪfaɪ] vt [blow] étourdir; [drink, drugs] abrutir; (fig: astound) stupéfier. ♦ **stupefaction** n stupéfaction f. ♦ **stupefying** adj (fig) stupéfiant.

stupendous [stju:'pendəs] adj ceremony, beauty prodigieux; (*) film, holiday fantastique. ♦ **stupendously** adv formidablement*.

stupid ['stju:pɪd] adj stupide, idiot; (from sleep, drink etc) abruti. I've done a ~ thing j'ai fait une bêtise; you ~ idiot!* espèce d'idiot(e)!; he drank himself ~ il s'est abruti d'alcool. ♦ **stupidity** or ♦ **stupidness** n stupidité f, bêtise f. ♦ **stupidly** adv look, smile stupidement; I ~ly told him your name j'ai été assez bête pour lui dire votre nom.

stupor ['stju:pər] n stupeur f.
sturdy ['stɜ:dɪ] adj person, chair robuste; (fig) resistance, refusal énergique. ♦ **sturdily** adv robustement; énergiquement. ♦ **sturdiness** n robustesse f.

sturgeon ['stɜ:dʒən] n esturgeon m.
stutter ['stʌtər] **1** n bégaiement m. **2** vti bégayer. ♦ **stutterer** n bègue mf. ♦ **stuttering** n bégaiement m.

sty [staɪ] n [pigs] porcherie f.
sty(e) [staɪ] n (Med) orgelet m.
style [staɪl] **1** n (a) (gen) style m; (sort, type) genre m. in the Renaissance ~ de style Renaissance; ~ of life or living style de vie; he won in fine ~ il l'a emporté haut la main; just the ~ of book I like justement le genre de livre que j'aime; (fig) it's not my ~* ce n'est pas mon genre; that's the ~!* bravo! (b) (Dress etc) modèle m; (Hairdressing) coiffure f. in the latest ~ (adv) à la dernière mode; (adj) du dernier cri; sth in that ~ qch dans ce genre or dans ce goût-là. (c) (distinction) [person] allure f, chic m. to live in ~ vivre sur un grand pied; he does things in ~ il fait bien les choses; they got married in ~ ils se sont mariés en grande pompe; he certainly travels in ~ quand il voyage il fait bien les choses. **2** vt (a) (call, designate) appeler. (b) to ~ sb's hair créer une nouvelle coiffure pour qn. ♦ **styling** n (Hairdressing) coupe f. ♦ **stylish** adj person qui a du chic; garment, hotel, district chic inv; film, book, car qui a une certaine élégance. ♦ **stylishly** adv live, dress élégamment; travel dans les règles de l'art. ♦ **stylishness** n élégance f, chic m. ♦ **stylist** n (Literat) styliste mf; (Hairdressing) coiffeur m, -euse f. ♦ **stylistic 1** adj (Literat etc) stylistique; **2** n: **stylistics** stylistique f. ♦ **stylize** vt styliser.

stylus ['staɪləs] n (tool) style m; [record player] pointe f de lecture.

suave [swɑ:v] adj doucereux. ♦ **suavely** adv doucereusement. ♦ **suavity** n manières fpl doucereuses.

sub... [sʌb] **1** pref sub..., sous-. **2** (*) abbr of subaltern, submarine, subscription, substitute. ♦ **subcommittee** n sous-comité m; (in local government) sous-commission f; the Housing S~committee la sous-commission du logement. ♦ **subcontinent** n sous-continent m. ♦ **subcontract 1** n sous-traité m; **2** vt sous-traiter. ♦ **subcontractor** n sous-traitant m. ♦ **subdivide 1** vt subdiviser (into en); **2** vi se subdiviser. ♦ **subdivision** n subdivision f. ♦ **sub-edit** vt préparer pour l'impression. ♦ **sub-editor** n secrétaire mf de rédaction. ♦ **subhead(ing)** n sous-titre m. ♦ **subhuman** adj moins qu'humain. ♦ **sublet** (pret, ptp ~let) **1** n sous-location f; **2** vti sous-louer. ♦ **sub-librarian** n bibliothécaire mf adjoint(e). ♦ **sub-lieutenant** n (Naut) enseigne m de vaisseau. ♦ **submachine gun** *n* mitraillette *f*. ♦ **subnormal** *adj* *temperature* au-dessous de la normale; *person* arriéré. ♦ **sub-post office** *n* petit bureau *m* de poste (*de quartier etc*). ♦ **subsoil** *n* (*Agr*) sous-sol *m*. ♦ **subsonic** *adj* subsonique. ♦ **substandard** *adj* (*gen*) inférieur; *goods* de qualité inférieure; *housing* inférieur aux normes exigées. ♦ **substratum** *n, pl* ~**strata** substrat *m*. ♦ **subtenant** *n* sous-locataire *mf*. ♦ **subtitle 1** *n* sous-titre *m*; **2** *vt* sous-titrer. ♦ **subtitling** *n* sous-titrage *m*. ♦ **subtotal** *n* total *m* partiel. ♦ **sub-zero** *adj* au-dessous de zéro.

subaltern ['sʌbltən] *n* (*Brit Mil*) lieutenant *m*.

subconscious ['sʌb'kɒnʃəs] *adj, n* inconscient (*m*). ♦ **subconsciously** *adv* inconsciemment.

subdue [səb'dju:] *vt* *people, country* soumettre; *feelings* maîtriser. ♦ **subdued** *adj* *emotion* contenu; *reaction, response* faible; *voice, tone* bas; *conversation, discussion* à voix basse; *light* voilé; **she was very** ~**d** elle avait perdu son entrain.

subject ['sʌbdʒɪkt] **1** *n* (*gen: most senses*) sujet *m* (*of, for* de); (*Scol etc*) matière *f*; (*citizen*) sujet(te) *m(f)*. **he is a French** ~ (*in France*) c'est un sujet français, il est de nationalité française; (*elsewhere*) c'est un ressortissant français; **to get off the** ~ sortir du sujet; **let's get back to the** ~ revenons à nos moutons; **on the** ~ **of** au sujet de; **while we're on the** ~ **of** ... à propos de ...; (*Scol, Univ*) **his best** ~ sa matière forte.
2 *adj* (**a**) *people, tribes, state* soumis. ~ **to** (*liable to*) *disease etc* sujet à; *flooding, subsidence etc* exposé à; *the law, taxation* soumis à; (*conditional upon*) sous réserve de; **our prices are** ~ **to alteration** nos prix sont donnés sous réserve de modifications; ~ **to doing that** à condition de faire cela. (**b**) ~ **heading** rubrique *f*; ~ **index** (*in book*) index *m* des matières; (*in library*) fichier *m* par matières; ~ **matter** (*theme*) sujet *m*; (*content*) contenu *m*.
3 [səb'dʒekt] *vt*: **to** ~ **sb to sth** soumettre qn à qch; **to** ~ **sth to heat** exposer qch à la chaleur; **he was** ~**ed to much criticism** il a été très critiqué. ♦ **subjection** *n* sujétion *f*, soumission *f*. ♦ **subjective** *adj* subjectif. ♦ **subjectively** *adv* subjectivement.

subjugate ['sʌbdʒʊɡeɪt] *vt* subjuguer.

subjunctive [səb'dʒʌŋktɪv] *adj, n* subjonctif (*m*). **in the** ~ au subjonctif.

sublime [sə'blaɪm] *adj* (*gen*) sublime; *contempt, indifference* suprême (*before n*); (**: excellent*) *dinner, person* divin, fantastique. ♦ **sublimate** *vt* sublimer. ♦ **sublimation** *n* sublimation *f*. ♦ **sublimely** *adv* (**a**) *beautiful* d'une beauté sublime; (**b**) *contemptuous etc* suprêmement; ~**ly unaware of** dans une ignorance absolue de. ♦ **subliminal** *adj* subliminal. ♦ **subliminally** *adv* au-dessous du niveau de la conscience.

submarine [ˌsʌbmə'ri:n] *adj, n* sous-marin (*m*).

submerge [səb'mɜ:dʒ] **1** *vt* submerger. **to** ~ **sth in sth** immerger qch dans qch. **2** *vi* [*submarine*] s'immerger.

submit [səb'mɪt] **1** *vt* soumettre (*to* à). **to** ~ **that** suggérer que. **2** *vi* (*Mil, also fig*) se soumettre (*to* à). ♦ **submission** *n* (*all senses*) soumission (*to* à); **starved/beaten into submission** réduit par la faim/les coups. ♦ **submissive** *adj* soumis, docile. ♦ **submissively** *adv* avec soumission, docilement. ♦ **submissiveness** *n* soumission *f*, docilité *f*.

subordinate [sə'bɔ:dnɪt] **1** *adj* (*gen*) subalterne; (*Gram*) subordonné. **2** *n* subordonné(e) *m(f)*. **3** [sə'bɔ:dɪneɪt] *vt* subordonner (*to* à). ♦ **subordination** *n* subordination *f*.

subpoena [səb'pi:nə] (*Jur*) **1** *n* citation *f*, assignation *f*. **2** *vt* citer *or* assigner (à comparaître).

subscribe [səb'skraɪb] **1** *vt* *money* donner (*to* à). **2** *vi* verser une somme d'argent. **to** ~ **to** *new*

publication, fund souscrire à; *newspaper* être abonné à; *idea, project* être partisan de. ♦ **subscriber** *n* souscripteur *m*, -trice *f* (*to* de); abonné(e) *m(f)* (*to* de) (*also Telec*); partisan *m* (*to* de); ~**r trunk dialling** automatique *m*. ♦ **subscription** *n* souscription *f*; abonnement *m*; (*to club*) cotisation *f*; **to pay one's subscription** payer sa cotisation *or* son abonnement; (*Press*) **to take out a subscription to** s'abonner à.

subsequent ['sʌbsɪkwənt] *adj* ultérieur, suivant. **a** ~ **visit** une visite ultérieure; **his** ~ **visit** sa visite suivante; ~ **to** à la suite de.

subservient [səb'sɜ:vɪənt] *adj* obséquieux. ♦ **subservience** *n* obséquiosité *f*.

subside [səb'saɪd] *vi* [*land, building*] s'affaisser; [*flood, river*] baisser; [*wind, emotion*] tomber; [*threat*] s'éloigner; [*person*] (*fall*) s'affaisser (*into* dans; *on* to sur); (**: be quiet*) se taire. ♦ **subsidence** *n* [*land etc*] affaissement *m* (*de terrain*).

subsidiary [səb'sɪdɪərɪ] **1** *adj* subsidiaire. **2** *n* (~ *company*) filiale *f*.

subsidize ['sʌbsɪdaɪz] *vt* subventionner. ♦ **subsidy** *n* subvention *f*; **government** *or* **state subsidy** subvention de l'État.

subsist [səb'sɪst] *vi* subsister. **to** ~ **on sth** vivre de qch. ♦ **subsistence** *n* existence *f*, subsistance *f*; (*allowance*) frais *mpl* de subsistance; **2** *adj* *wage* tout juste suffisant pour vivre; **to live at** ~**ence level** avoir tout juste de quoi vivre.

substance ['sʌbstəns] *n* (*gen*) substance *f*. **the** ~ **of his speech** la substance *or* l'essentiel de son discours; **a man of** ~ un homme riche; **to lack** ~ [*film, book*] manquer d'étoffe; [*argument*] être plutôt mince; [*accusation, claim*] être sans grand fondement. ♦ **substantial** *adj* (**a**) (*large*) (*gen*) important, considérable; *meal* substantiel; *firm* solide; *landowner, businessman* riche; *house etc* grand; (**b**) (*real*) substantiel, réel. ♦ **substantially** *adv* (**a**) (*considerably*) improve *etc* considérablement; **substantially bigger** beaucoup plus grand; **substantially different** très différent; (**b**) (*to a large extent*) en grande partie; (**c**) *built, constructed* solidement. ♦ **substantiate** *vt* justifier.

substantive ['sʌbstəntɪv] *n, adj* (*Gram*) substantif (*m*).

substitute ['sʌbstɪtju:t] **1** *n* (*person*) remplaçant(e) *m(f)* (*for* de); (*thing*) produit *m* de remplacement, succédané *m* (*gen pej*) (*for* de). (*Comm*) **'beware of** ~**s'** 'se méfier des contrefaçons'; **there is no** ~ **for wool** rien ne peut remplacer la laine. **2** *adj player etc* remplaçant. ~ **coffee** succédané *m* de café. **3** *vt* substituer (*A for B* A à B), remplacer (*A for B* B par A). **4** *vi*: **to** ~ **for sb** remplacer qn. ♦ **substitution** *n* substitution *f*, remplacement *m*.

subterfuge ['sʌbtəfju:dʒ] *n* subterfuge *m*.

subterranean [ˌsʌbtə'reɪnɪən] *adj* souterrain.

subtle ['sʌtl] *adj* (*gen*) subtil; *person* subtil, qui a beaucoup de finesse; *mind, intelligence* subtil, pénétrant. ♦ **subtleness** *or* ♦ **subtlety** *n* subtilité *f*; finesse *f*. ♦ **subtly** *adv* subtilement.

subtract [səb'trækt] *vt* soustraire (*from* de). ♦ **subtraction** *n* soustraction *f*.

suburb ['sʌbɜ:b] *n* faubourg *m*. **the** ~**s** la banlieue; **in the** ~**s** en banlieue; **the outer** ~**s** la grande banlieue. ♦ **suburban** *adj* (*gen*) de banlieue, suburbain; (*pej*) *person, accent* banlieusard*. ♦ **suburbanite** *n* banlieusard(e) *m(f)*. ♦ **suburbia** *n* la banlieue.

subvention [səb'venʃən] *n* subvention *f*.

subvert [səb'vɜ:t] *vt* *the law, tradition* bouleverser; (*corrupt*) *person* corrompre. ♦ **subversion** *n* subversion *f*. ♦ **subversive** *adj* subversif.

subway ['sʌbweɪ] *n* (*underpass*) passage *m* souterrain; (*railway: esp US*) métro *m*.

succeed [sək'si:d] **1** *vi* (**a**) (*be successful: gen*) réussir (*in sth* dans qch; *in doing* à faire). he ~s in all he does il réussit tout ce qu'il entreprend; to ~ in business/as a politician réussir en affaires/en tant qu'homme politique. (b) *(follow)* succéder (*to sth* à qch). 2 *vt* succéder à. he was ~ed by his son son fils lui a succédé. ♦ **succeeding** *adj (in past)* suivant; *(in future)* à venir, futur; each ~ing year brought ... chaque année qui passait apportait ...; each ~ing year will bring ... chacune des années à venir apportera ...; on 3 ~ing Saturdays 3 samedis consécutifs *or* de suite.

success [sək'ses] 1 *n [plan, venture, attempt, person]* succès *m*, réussite *f* (*in an exam* à un examen; *in maths* en maths; *in business* en affaires; *in one's career* dans sa carrière). his ~ in doing sth le fait qu'il ait réussi à faire qch; his ~ in his attempts la réussite qui a couronné ses efforts; without ~ sans succès, en vain; to make a ~ of *project, enterprise* mener à bien; *job, meal* réussir; he was a ~ at last il avait enfin réussi; he was a great ~ at the dinner/as Hamlet/as a writer il a eu beaucoup de succès au dîner/dans le rôle de Hamlet/en tant qu'écrivain; it was a ~ *(gen)* c'était une réussite; *[play, book, attempt]* ça a été couronné de succès; *[hotel etc]* on en a été très content. 2 *adj:* ~ story (histoire *f* d'une) réussite *f*. ♦ **successful** *adj plan, venture, application, deal* couronné de succès; *writer, painter, book* à succès; *candidate (in exam)* reçu, *(in election)* élu; *marriage, outcome* heureux; *career, businessman* prospère; *[performer, play etc]* to be ~ful avoir un succès fou; to be ~ful in doing réussir à faire. ♦ **successfully** *adv* avec succès.

succession [sək'seʃən] *n (gen)* succession *f*. in ~ successivement; 4 times in ~ 4 fois de suite; in close ~ coup sur coup; in ~ to his father à la suite de son père. ♦ **successive** *adj generations, discoveries* successif; *days, months* consécutif; on 4 successive days pendant 4 jours consécutifs *or* de suite; each successive failure chaque nouvel échec. ♦ **successively** *adv* successivement. ♦ **successor** *n* successeur *m (to, of* de); *(to throne)* héritier *m*, -ière *f (to* de).

succinct [sək'siŋkt] *adj* succinct. ♦ **succinctly** *adv* succinctement.

succulent ['sʌkjulənt] 1 *adj* succulent. 2 *n (Bot)* ~s plantes *fpl* grasses. ♦ **succulence** *n* succulence *f*.

succumb [sə'kʌm] *vi* succomber (*to* à).

such [sʌtʃ] 1 *adj* tel, pareil. ~ a book un tel livre, un livre pareil; ~ books de tels livres, des livres pareils; we had ~ a case last year nous avons eu un cas semblable l'année dernière; in ~ cases en pareil cas; did you ever hear of ~ a thing? avez-vous jamais entendu une chose pareille?; there's no ~ thing! ça n'existe pas!; there are no ~ things as unicorns les licornes n'existent pas; there is no ~ thing in France il n'y a rien de tel en France; I said no ~ thing! je n'ai jamais dit cela!; or some ~ thing ou une chose de ce genre; no ~ book exists un tel livre n'existe pas; ~ was my reply telle a été ma réponse; ~ is life! c'est la vie!; it was SUCH weather! il a fait un de ces temps!; I had ~ a fright! j'ai eu un de ces peurs!; a friend ~ as Paul, ~ a friend as Paul un ami tel que *or* comme Paul; ~ writers as Molière des écrivains tels que Molière; he's not ~ a fool as you think il n'est pas aussi bête que vous croyez; I'm not ~ a fool as to believe that! je ne suis pas assez bête pour croire ça!; have you ~ a thing as a penknife? auriez-vous un canif par hasard?; ~ as? quel genre de choses?; ~ books as I have les quelques livres que je possède; you can take my car, ~ as it is vous pouvez prendre ma voiture pour ce qu'elle vaut; (*so much*) ~ a noise tellement de bruit.

2 *adv* (a) *(so very)* si, tellement. ~ good coffee un si bon café; ~ big boxes de si grandes boîtes,

des boîtes si grandes; it was SUCH a long time ago! il y a si *or* tellement longtemps de ça!; ~ an expensive car that ... une voiture si *or* tellement chère que ... . (b) *(in comparisons)* aussi. I haven't had ~ good coffee for years ça fait des années que je n'ai pas bu une aussi bon café; ~ lovely children as his des enfants aussi gentils que les siens.

3 *pron:* ~ as wish to go ceux qui veulent partir; ~ as I have ceux que j'ai; teachers as ~ are ... les professeurs en tant que tels sont ...; the work as ~ is boring but ... le travail en soi est ennuyeux mais ...; there are no houses as ~ il n'y a pas de maisons à proprement parler; he was not recognized as ~ il n'était pas considéré comme tel; teachers and doctors and ~(like)* les professeurs, les docteurs et autres gens de la sorte.
♦ **such-and-such** 1 *n:* Mr S~-and-~* Monsieur Untel; 2 *adj:* in ~-and-~ a street dans telle rue.
♦ **suchlike*** *adj* de la sorte; *V also* such 3.

suck [sʌk] 1 *vt (gen)* sucer; *(through straw)* drink aspirer *(through* avec); *[baby]* téter; *[pump, machine]* aspirer *(from* de). to ~ one's thumb sucer son pouce; to ~ dry *orange etc* sucer tout le jus de; *(fig) person (of money)* sucer jusqu'au dernier sou; *(of energy)* sucer jusqu'à la moelle. 2 *vi [baby]* téter. to ~ at sth sucer qch.

suck down *vt sep [sea, mud]* engloutir.

suck in *vt sep [sea, mud]* engloutir; *[pump, machine]* aspirer.

suck out *vt sep [person]* sucer *(of, from* de); *[machine]* refouler à l'extérieur *(of, from* de).

suck up *vt (t)* to ~ up to sb lécher les bottes* de qn. 2 *vt sep* aspirer.
♦ **sucker** *n* (a) *(on machine, octopus etc)* ventouse *f; (plunger)* piston *m; (Bot)* surgeon *m;* (b) (‡: *person)* poire* *f,* imbécile *mf;* to be a ~er for sth* ne pas pouvoir résister à qch. ♦ **suckle** 1 *vt* allaiter; 2 *vi* téter. ♦ **suction** 1 *n* succion *f;* 2 *adj device* de succion; *pump* aspirant.

sudden ['sʌdn] *adj (gen)* soudain, brusque; *death, inspiration* subit; *bend in road, marriage, appointment* imprévu. all of a ~ soudain, tout à coup; it's all so ~! c'est arrivé tellement vite! ♦ **suddenly** *adv (gen)* brusquement, tout à coup, soudain; *die* subitement. ♦ **suddenness** *n* soudaineté *f;* caractère *m* imprévu.

suds [sʌdz] *npl (soap~) (lather)* mousse *f* de savon; *(soapy water)* eau *f* savonneuse.

sue [su:] 1 *vt (gen)* poursuivre en justice *(for sth* pour obtenir qch; *over, about* au sujet de). to ~ sb for damages poursuivre qn en dommages-intérêts; to ~ sb for libel intenter un procès en diffamation à qn; to ~ sb for divorce entamer une procédure de divorce contre qn. 2 *vi* intenter un procès. to ~ for divorce entamer une procédure de divorce.

suede [sweid] 1 *n* daim *m (cuir)*. 2 *adj (gen)* de daim; *gloves* de suède.

suet ['suit] *n* graisse *f* de rognon.

suffer ['sʌfər] 1 *vt* (a) *(undergo) (gen)* subir; *martyrdom, hardship* souffrir; *punishment, change, pain* éprouver; *hunger, headaches* souffrir de. he ~ed a lot of pain il a beaucoup souffert. (b) *(bear)* pain endurer, tolérer; *(allow)* opposition, sb's rudeness, refusal etc* tolérer. he doesn't ~ fools gladly il n'a aucune patience pour les imbéciles.

2 *vi (gen)* souffrir. he ~ed for it il en a souffert les conséquences; you'll ~ for this vous le paierez *(fig);* to ~ from *rheumatism, heart trouble, the cold, hunger* souffrir de; *deafness* être atteint de; *a cold, influenza, frostbite, pimples, bad memory* avoir; he ~s from a limp/ stammer il boite/bégaie; he was ~ing from shock il était commotionné; to ~ from the effects of *fall, illness* se ressentir de; *alcohol, drug* subir le contrecoup de; she ~s from lack of friends son problème, c'est qu'elle n'a pas d'amis; the house

is ~ing from neglect la maison se ressent du manque d'entretien; **your health will ~** votre santé en souffrira; **the regiment ~ed badly** le régiment a essuyé de grosses pertes.
♦ **sufferance** n: **on ~ance** par tolérance.
♦ **sufferer** n (from illness) malade mf; **diabetes ~ers** diabétiques mfpl. ♦ **suffering 1** n souffrances fpl; **2** adj qui souffre.
suffice [sə'faɪs] **1** vi suffire. **~ it to say** qu'il suffise de dire. **2** vt suffire à.
sufficient [sə'fɪʃənt] adj (enough) money, food, people assez de, suffisamment de; (big enough) number, quantity suffisant. **to be ~** être suffisant or assez (for pour), suffire (for à); **I've got ~** j'en ai assez or suffisamment; **~ to eat** assez à manger; **he earns ~ to live on** il gagne de quoi vivre; **that's quite ~** cela suffit. ♦ **sufficiency** n quantité f suffisante. ♦ **sufficiently** adv suffisamment, assez; **~ly clever to do** suffisamment or assez intelligent pour faire; **~ly large** amount, number suffisant.
suffix ['sʌfɪks] n suffixe m.
suffocate ['sʌfəkeɪt] vti suffoquer (with de).
♦ **suffocating** adj suffocant; (fig) étouffant; **it's suffocating in here** on étouffe ici. ♦ **suffocation** n suffocation f; (Med) asphyxie f; **to die from suffocation** mourir asphyxié.
suffrage ['sʌfrɪdʒ] n suffrage m. **universal ~** suffrage universel. ♦ **suffragette** n suffragette f.
sugar ['ʃʊgər] **1** n sucre m. **2** vt sucrer. (fig) **to ~ the pill** dorer la pilule. **3** adj: **~(ed) almond** dragée f; **~ basin** or **bowl** sucrier m; **~ beet** betterave f à sucre; **~ cane** canne f à sucre; (fig) **~ daddy*** vieux protecteur m; **~ lump** morceau m de sucre; **~ maple** érable m à sucre; **~ plantation** plantation f de canne à sucre; **~ refinery** raffinerie f de sucre; **~ tongs** pince f à sucre.
♦ **sugar-free** or ♦ **sugarless** adj sans sucre.
♦ **sugary** adj food, drink, taste sucré; (fig pej) person, voice mielleux.
suggest [sə'dʒest] vt suggérer (sth to sb qch à qn; that que). **I ~ that we go there** je suggère qu'on y aille; **he ~ed that they should go there** il leur a suggéré d'y aller; **what are you trying to ~?** que voulez-vous dire par là?; **the facts ~ that he did it** les faits semblent indiquer qu'il l'a fait.
♦ **suggestible** adj influençable. ♦ **suggestion** n (gen) suggestion f; (insinuation) allusion f; **have you any ~ions?** avez-vous qch à suggérer?; **there is no ~ion of** il ne saurait être question de; (trace) **a ~ion of** un soupçon de. ♦ **suggestive** adj suggestif (also pej).
suicide ['suɪsaɪd] **1** n suicide m. **it was political ~** cela représentait un véritable suicide politique. **2** adj: **~ attempt**, **~ bid** tentative f de suicide. ♦ **suicidal** adj suicidaire; (fig) **that would be suicidal!** ce serait un véritable suicide!
suit [suːt] **1** n (a) (man's) costume m, complet m; (woman's) tailleur m, ensemble m; (diver's, astronaut's etc) combinaison f. **~ of clothes** tenue f; **~ of armour** armure f complète. (b) (Jur) procès m. **to bring a ~** intenter un procès (against sb à qn). (c) (Cards) couleur f. **long** or **strong ~** couleur longue, (fig) fort m.
2 vt (gen) convenir à; [garment, colour, hairstyle] aller à. **it doesn't ~ me to leave now** cela ne me convient pas or ne m'arrange pas de partir maintenant; **it ~ed him perfectly, it just ~ed his book*** cela lui convenait or l'arrangeait parfaitement; **~ yourself!*** c'est comme vous voudrez!; **~s me!*** ça me va!; **the part ~ed him perfectly** le rôle lui allait comme un gant or était fait pour lui; **to be ~ed to sth** être fait pour qch; **they are well ~ed** ils sont faits l'un pour l'autre; **to ~ the action to the word** joindre le geste à la parole.
♦ **suitability** n fait m de convenir etc (V 2 above); [action, reply, example, choice] à-propos m; his

~ability for the post son aptitude f au poste.
♦ **suitable** adj (gen) approprié (to à); climate, food qui convient; colour, size qui va; place, time propice; clothes approprié, (socially) convenable; **the most ~able man for the job** l'homme le plus apte à faire ce travail; **I can't find anything ~able** je ne trouve rien qui me convienne; (clothes) **je ne trouve rien qui m'aille; the 25th is the most ~able for me** c'est le 25 qui m'arrange le mieux; **he is not at all a ~able person** ce n'est pas du tout l'homme qu'il faut; **the film isn't ~able for children** ce n'est pas un film pour les enfants.
♦ **suitably** adv reply à propos; explain de manière adéquate; thank, apologize comme il convient (or convenait etc); behave convenablement; **~ably impressed** favorablement impressionné. ♦ **suitcase** n valise f. ♦ **suiting** n (Tex) tissu m pour complet. ♦ **suitor** n soupirant m.
suite [swiːt] n (gen) suite f; (furniture) mobilier m.
sulk [sʌlk] **1** npl: **to be in the ~s**, **to have the ~s** bouder, faire la tête. **2** vi bouder. ♦ **sulkily** adv en boudant. ♦ **sulkiness** n (state) bouderie f; (temperament) caractère m boudeur. ♦ **sulky** adj boudeur; **to be** or **look ~y** faire la tête.
sullen ['sʌlən] adj (gen) maussade; comment, silence renfrogné. ♦ **sullenly** adv say etc d'un ton maussade; promise, agree de mauvaise grâce.
♦ **sullenness** n humeur f or aspect m maussade.
sulphur, (US) **sulfur** ['sʌlfər] n soufre m.
♦ **sulphate** n sulfate m. ♦ **sulphide** n sulfure m.
♦ **sulphonamide** n sulfamide m. ♦ **sulphuric** adj sulfurique. ♦ **sulphurous** adj sulfureux.
sultan ['sʌltən] n sultan m.
sultana [sʌl'tɑːnə] n raisin m sec (de Smyrne).
sultry ['sʌltrɪ] adj heat, atmosphere étouffant; weather, air lourd; (fig) voice, look, smile sensuel; person passionné.
sum [sʌm] **1** n (amount, total) somme f (of de). (Scol: arithmetic) **~s** le calcul; **~ of money** somme d'argent. **2** adj: **~ total** (amount) somme f totale; (money) montant m global; (fig: result) résultat m.
sum up 1 vi (gen) résumer (also Jur). **to ~ up, let me say that ...** en résumé, je voudrais dire que ... . **2** vt sep **(a)** (summarize) résumer; facts, arguments récapituler. **(b)** (assess) person jauger; situation apprécier d'un coup d'œil.
♦ **summarily** adv sommairement. ♦ **summarize** vt (gen) résumer; facts, arguments récapituler.
♦ **summary 1** n résumé m; **a ~mary of the news** les nouvelles fpl en bref; **2** adj (all senses) sommaire. ♦ **summing-up** n résumé m (also Jur).
summer ['sʌmər] **1** n été m. **in ~** en été; **in the ~ of 1977** au cours de l'été 1977. **2** adj weather, day, activities d'été, estival. **~ camp** colonie f de vacances; **~ holidays** grandes vacances fpl; **~ lightning** éclair m de chaleur; **~ school** cours mpl de vacances; (by clock) **~ time** heure f d'été; **~ visitor** estivant(e) m(f). ♦ **summerhouse** n pavillon m (dans un jardin). ♦ **summertime** n (season) été m. ♦ **summery** adj d'été.
summit ['sʌmɪt] **1** n (gen, also Pol) sommet m; (fig) [power, honours, glory] apogée m; [ambition] summum m. **2** adj (Pol) meeting au sommet.
summon ['sʌmən] vt (gen) appeler, faire venir; (to meeting) convoquer (to à); (Jur) citer, assigner (as comme); help, reinforcements requérir. **to ~ sb to do** sommer qn de faire; (Jur) **to ~ sb to appear** citer or assigner qn; **to ~ sb in** appeler qn.
summon up vt sep one's energy, strength, courage rassembler (to do pour faire); interest, enthusiasm faire appel à.
♦ **summons 1** n sommation f (also Mil); (Jur) assignation f; (Jur) **to take out a ~s against sb** faire assigner qn; **2** vt (Jur) citer, assigner (à comparaître).

sump [sʌmp] n (*Tech*) puisard m; (*Aut*) carter m.
~ **oil** huile f de carter.
sumptuous ['sʌmptjuəs] adj somptueux.
♦ **sumptuously** adv somptueusement.
♦ **sumptuousness** n somptuosité f.
sun [sʌn] **1** n soleil m. the ~ **is** shining il fait du
soleil, le soleil brille; **in the** ~ au soleil; **right in
the** ~ en plein soleil; **a place in the** ~ (*lit*) un
endroit ensoleillé; (*fig*) une place au soleil; **the** ~
is in my eyes j'ai le soleil dans les yeux; **everything under the** ~ tout ce qu'il est possible
d'imaginer; **nothing under the** ~ rien au monde;
there's no prettier place under the ~ il n'est pas
de plus joli coin au monde; **no reason under the** ~
pas la moindre raison; **there is nothing new under
the** ~ il n'y a rien de nouveau sous le soleil.
2 vt: **to** ~ **o.s.** [*lizard, cat*] se chauffer au soleil;
[*person*] prendre un bain de soleil.
3 adj oil, lotion solaire. ~ **umbrella** parasol m.
♦ **sunbathe** vi prendre un bain or des bains de
soleil. ♦ **sunbather** n personne f qui prend un
bain de soleil. ♦ **sunbathing** n bains mpl de soleil.
♦ **sunbeam** n rayon m de soleil. ♦ **sunbed** n
fauteuil m bain de soleil. ♦ **sunblind** n store m.
♦ **sunburn** n (*tan*) bronzage m; (*painful*) coup m
de soleil. ♦ **sunburned** or ♦ **sunburnt** adj
(*tanned*) bronzé; (*painfully*) brûlé par le soleil; **to
get** ~**burnt** bronzer; prendre un coup de soleil.
♦ **sundial** n cadran m solaire. ♦ **sundown** n
coucher m du soleil. ♦ **sun-drenched** adj inondé
de soleil. ♦ **sun-dried** adj séché au soleil.
♦ **sunflower 1** n tournesol m; **2** adj oil, seeds de
tournesol. ♦ **sunglasses** npl lunettes fpl de soleil.
♦ **sun-lamp** n lampe f à rayons ultraviolets.
♦ **sunlight** n (lumière f du) soleil m; **in the** ~**light**
au soleil, à la lumière du soleil. ♦ **sunlit** adj
ensoleillé. ♦ **sunlounger** n fauteuil m bain de
soleil. ♦ **sunny** adj ensoleillé; (*fig*) smile, person
épanoui; **it is** ~**ny** il fait du soleil; (*Met*) ~**ny
intervals** éclaircies fpl; (*Met*) **the outlook is** ~**ny**
on prévoit du soleil; (*fig*) **he always sees the** ~**ny
side of things** il voit tout du bon côté. ♦ **sunrise** n
lever m du soleil. ♦ **sun-roof** n toit m ouvrant.
♦ **sunset** n coucher m du soleil. ♦ **sunshade** n
(*lady's parasol*) ombrelle f; (*for eyes*) visière f;
(*for table, on pram*) parasol m; (*in car*) pare-soleil
m inv. ♦ **sunshine 1** n (lumière f du) soleil m; **in
the** ~**shine** au soleil; (*Met*) **5 hours of** ~**shine** 5
heures fpl d'ensoleillement; (*iro*) **he's a real ray
of** ~**shine** il est gracieux comme une porte de
prison; **2** adj (*Aut*) ~**shine** roof toit m ouvrant.
♦ **sunspecs*** npl lunettes fpl de soleil. ♦ **sunspot**
n tache f solaire. ♦ **sunstroke** n insolation f.
♦ **sunsuit** n costume m bain de soleil. ♦ **suntan 1**
n bronzage m; **to get a** ~**tan** bronzer; **2** adj: ~**tan
lotion/oil** lotion f/huile f solaire. ♦ **suntanned** adj
bronzé. ♦ **suntrap** n coin m très ensoleillé.
♦ **sunup*** n lever m du soleil.
sundae ['sʌndeɪ] n dessert m à la glace et aux
fruits.
Sunday ['sʌndɪ] **1** n dimanche m; **for phrases** V
Saturday. 2 adj clothes, paper du dimanche;
walk, rest, peace dominical. **in one's** ~ **best** en
habits du dimanche; ~ **school** ≃ catéchisme m.
sundry ['sʌndrɪ] **1** adj divers, différent. **all and** ~
tout le monde. **2** npl: **sundries** articles mpl divers.
sung [sʌŋ] ptp of **sing**.
sunk [sʌŋk] ptp of **sink**[1]. ♦ **sunken** adj ship, rock
submergé; eyes, cheeks creux; garden en
contrebas; bath encastré (*au ras du sol*).
super* ['su:pə'] adj formidable*, sensationnel*.
super... ['su:pə'] pref super..., sur..., hyper... . ~
salesman super-vendeur m; (*Pol*) ~**power**
superpuissance f; ~**fine** surfin; ~**
sensitive** hypersensible. ♦ **superabundant** adj
surabondant. ♦ **supercharged** adj surcomprimé.
♦ **supercharger** n compresseur m. ♦ **superego** n
sur-moi m. ♦ **superhuman** adj surhumain.

♦ **superman** n, pl ~**men** surhomme m. ♦ **supermarket** n supermarché m. ♦ **supernatural** adj, n
surnaturel (m). ♦ **supersonic** adj supersonique.
♦ **supersonically** adv en supersonique.
♦ **superstructure** n superstructure f. ♦ **super-
tanker** n pétrolier m géant.
superannuate [,su:pə'rænjueɪt] vt mettre à la
retraite. (*fig*) ~**d** suranné. ♦ **superannuation** n
(*pension*) pension f de retraite; (*contribution*)
cotisations fpl pour la pension.
superb [su:'pɜ:b] adj superbe. ♦ **superbly** adv
superbement; **he is** ~**ly fit** il est dans une forme
éblouissante.
supercilious [,su:pə'sɪlɪəs] adj hautain. ♦ **super-
ciliously** adv d'un air or d'un ton hautain.
♦ **superciliousness** n hauteur f.
superficial [,su:pə'fɪʃəl] adj superficiel.
♦ **superficiality** n caractère m superficiel, manque
m de profondeur. ♦ **superficially** adv superficiellement.
superfluous [su:'pɜ:fluəs] adj (*gen*) superflu. **it is**
~ **to say that** ... inutile de dire que ...; **he felt rather**
~* il se sentait de trop. ♦ **superfluity** n surabondance f (*of* de). ♦ **superfluously** adv d'une manière superflue.
superimpose [,su:pərɪm'pəʊz] vt superposer (*on*
à). (*Cine, Phot*) ~**d** en surimpression.
superintend [,su:pərɪn'tend] vt work, shop,
department diriger; exam surveiller; production
contrôler; vote-counting présider à. ♦ **super-
intendence** n direction f; surveillance f; contrôle
m. ♦ **superintendent** n [*institution, orphanage*]
directeur m, -trice f; [*department*] chef m;
(*Police*) ≃ commissaire m (de police).
superior [su'pɪərɪə'] **1** adj supérieur (*to* à); product, goods de qualité supérieure; (*pej: smug*)
person suffisant; air, smile de supériorité, suffisant. **he felt rather** ~ il a éprouvé un certain
sentiment de supériorité. **2** n supérieur(e) m(f).
♦ **superiority** n supériorité f (*to, over* par rapport à; 2 adj: ~**ity** complex complexe m de
supériorité.
superlative [su'pɜ:lətɪv] **1** adj quality, achievement sans pareil; happiness, indifference suprême; (*Gram*) superlatif. **2** n (*Gram*) superlatif
m. **in the** ~ au superlatif. ♦ **superlatively** adv
extrêmement.
supernumerary [,su:pə'nju:mərərɪ] adj, n sur-
numéraire (mf).
supersede [,su:pə'si:d] vt belief, object, order
remplacer; person supplanter. ~**d** method
méthode périmée.
superstition [,su:pə'stɪʃən] n superstition f.
♦ **superstitious** adj superstitieux. ♦ **superstitiously** adv superstitieusement.
supervise ['su:pəvaɪz] vt (*gen*) surveiller; (*Univ*)
research diriger. ♦ **supervision** n surveillance f.
♦ **supervisor** n (*gen*) surveillant(e) m(f); (*Comm*)
chef m de rayon; (*Univ: for studies*) directeur m,
-trice f de thèse. ♦ **supervisory** adj duty de
surveillance.
supine ['su:paɪn] adj étendu sur le dos.
supper ['sʌpə'] n (*main meal*) dîner m; (*after
theatre etc*) souper m; (*snack*) collation f. **to have**
~ dîner (or souper); (*Rel*) **the Last S**~ la Cène.
♦ **suppertime** n l'heure f du dîner; **at** ~**time** au
dîner.
supplant [sə'plɑ:nt] vt supplanter.
supple ['sʌpl] adj souple. **to become** ~(r) s'assouplir. ♦ **suppleness** n souplesse f. ♦ **supply**[1]
['sʌplɪ] adv avec souplesse.
supplement ['sʌplɪmənt] **1** n supplément m (*to* à).
2 [,sʌplɪ'ment] vt income augmenter (*by doing* en
faisant); book, information ajouter à, compléter.
♦ **supplementary** adj supplémentaire; (*Admin*)
~**ary benefit** allocation f supplémentaire.
supplication [,sʌplɪ'keɪʃən] n supplication f.
supply[2] [sə'plaɪ] **1** n (a) (*amount, stock*) provision

f, réserve *f*, stock *m* (*also Comm*). **to get** *or* **lay in a ~ of** faire des provisions de; **to get in a fresh ~ of sth** se réapprovisionner en qch; **supplies** (*gen*) provisions, réserves; (*food*) vivres *mpl*; (*Mil*) approvisionnements *mpl*; **electrical supplies** matériel *m* électrique; **office supplies** fournitures *fpl* de bureau. (**b**) alimentation *f*. **the ~ of fuel to the engine** l'alimentation du moteur en combustible; **the electricity/gas ~** l'alimentation en électricité/gaz; (*Econ*) **~ and demand** l'offre et la demande.

2 *adj train, truck, ship* ravitailleur; *pharmacist etc* intérimaire. **~ teacher** remplaçant(e) *m(f)*.

3 *vt* (**a**) (*gen*) fournir (*sth to sb* qch à qn; *sb with goods* qn en marchandises; *sb with help/information* de l'aide/des renseignements à qn); (*Comm*) fournir, approvisionner (*with en, de*). **to ~ electricity/gas/water to the town** alimenter la ville en électricité/gaz/eau; **they kept us supplied with milk** grâce à eux nous n'avons jamais manqué de lait; **a battery is not supplied with the torch** une pile n'est pas livrée avec la torche. (**b**) (*make good*) *need, deficiency* suppléer à; *sb's needs* subvenir à; *loss* compenser.

♦ **supplier** *n* fournisseur *m*.

support [sə'pɔːt] **1** *n* (**a**) appui *m*, soutien *m*. **he leaned on me for ~** il s'est appuyé sur moi, (*fig*) il a cherché mon appui; **to give ~ to sb/sth** soutenir qn/qch; (*fig*) **the proposal got no ~** personne n'a parlé en faveur de la proposition; **in ~ of the motion** en faveur de la motion; **in ~ of his theory/claim** à l'appui de sa théorie/revendication; **to give** *or* **lend one's ~ to** prêter son appui à; **that lends ~ to it** ceci le corrobore; **they stopped work in ~** ils ont cessé le travail par solidarité; **he has no visible means of ~** il n'a pas de moyens d'existence connus. (**b**) (*object*) (*gen*) appui *m*; (*Constr, Tech*) support *m*, soutien *m*; (*fig: moral, financial etc*) soutien *m*, (*US Econ: subsidy*) subvention *f*. **the sole ~ of his family** le seul soutien de sa famille; **he has been a great ~ to me** il a été pour moi un soutien précieux.

2 *adj* (*Mil etc*) *troops, vessel* de soutien.

3 *vt* (**a**) (*hold up*) [*pillar, beam*] soutenir, supporter; [*bridge*] porter; [*person*] soutenir. **the elements necessary to ~ life** les éléments nécessaires à l'entretien de la vie. (**b**) (*uphold*) (*gen*) être en faveur de, être partisan de; *candidate, action, protest* soutenir; *team* être supporter de. **the socialists will ~ it** les socialistes seront *or* voteront pour; **I cannot ~ what you are doing** je ne peux pas approuver ce que vous faites; **a subsidy to ~ the price of beef** une subvention pour maintenir le prix du bœuf; (*Ftbl*) **he ~s Celtic** c'est un supporter du Celtic. (**c**) (*financially*) subvenir aux besoins de. **he has a wife and 3 children to ~** il doit subvenir aux besoins de sa femme et de ses 3 enfants; **to ~ o.s.** subvenir à ses propres besoins; **the school is ~ed by money from ...** l'école reçoit une aide financière de ... . (**d**) (*endure*) supporter, tolérer.

♦ **supportable** *adj* supportable, tolérable. ♦ **supporter** *n* [*party*] partisan *m*; [*cause, opinion*] adepte *mf*, partisan *m*; (*Sport*) supporter *m*. ♦ **supporting** *adj wall* de soutènement; *film* qui passe en premier; (*Theat*) *role* secondaire; *actor* qui a un rôle secondaire; **~ing cast** partenaires *mpl*.

suppose [sə'pəuz] *vt* (**a**) (*imagine*) supposer (*that* que + *subj*); (*assume*) supposer (*that* que + *indic*). **~ he doesn't come?** et s'il ne vient pas?; **you'll come, I ~?** vous viendrez, je suppose?; (*as suggestion*) **~ or supposing we go for a walk?** et si nous allions nous promener?; **even supposing that** à supposer même que + *subj*; **always supposing that** en supposant que + *subj*. (**b**) (*believe*) supposer, penser, imaginer (*that* que). **what do you ~ he wants?** à votre avis, que peut-il bien

vouloir?; **he is generally ~d to be rich** on dit qu'il est riche; **I don't ~ he'll agree** je suppose qu'il ne sera pas d'accord, je ne pense pas qu'il soit d'accord; **I ~ so** probablement; **I ~ not** je ne (le) pense pas, probablement pas. (**c**) (*ought*) **to be ~d to do sth** être censé faire qch, devoir faire qch; **he isn't ~d to know** il n'est pas censé le savoir; **you're not ~d to do that** il ne vous est pas permis de faire cela. ♦ **supposed** *adj* (*presumed*) présumé, supposé; (*so-called*) prétendu. ♦ **supposedly** *adv* soi-disant, à ce que l'on suppose (*or* supposait *etc*). ♦ **supposition** *n* supposition *f*; **on the supposition that ...** à supposer que ... + *subj*.

suppository [sə'pɒzɪtərɪ] *n* suppositoire *m*.

suppress [sə'pres] *vt* (*gen*) supprimer; *revolt, one's feelings* réprimer; *yawn, scandal* étouffer; *facts, truth* dissimuler; *publication* interdire; (*Psych*) refouler; (*Elec, Rad etc*) éliminer; (*: silence*) heckler etc faire taire. **to ~ a cough/sneeze** *etc* se retenir de tousser/d'éternuer *etc*. ♦ **suppression** *n* suppression *f*; répression *f*; étouffement *m*; dissimulation *f*; interdiction *f*; refoulement *m*; élimination *f*. ♦ **suppressor** *n* dispositif *m* antiparasite.

suppurate ['sʌpjuəreɪt] *vi* suppurer. ♦ **suppuration** *n* suppuration *f*.

supra- ['suːprə] *pref* supra... . **~national** supranational.

supreme [su'priːm] *adj* (*all senses*) suprême. **to make the ~ sacrifice** faire le sacrifice de sa vie. ♦ **supremacy** *n* suprématie *f* (*over* sur). ♦ **supremo*** *n* grand patron* *m*.

surcharge ['sɜːtʃɑːdʒ] **1** *n* (*gen*) surcharge *f*; (*tax*) surtaxe *f*. **2** [sɜː'tʃɑːdʒ] *vt* surcharger; surtaxer.

sure [ʃuər] **1** *adj* (*gen*) sûr (*of* de). **it is ~ that she will come, she is ~ to come** il est sûr *or* certain qu'elle viendra; **it is not ~ that she will come, she is not ~ to come** il n'est pas sûr *or* certain qu'elle vienne; **it's ~ to rain** il va pleuvoir à coup sûr; **be ~ to tell me** ne manquez pas de me le dire; **you're ~ of a good meal** un bon repas vous est assuré; **he's ~ of success** *or* **of succeeding** *or* **to succeed** il est sûr *or* certain de réussir; **to be ~ of sb** être sûr de qn; **to make ~ of sth** s'assurer de qch; **get a ticket and make ~** prenez un billet pour plus de sûreté; **I've made ~ of having enough coffee** j'ai veillé à ce qu'il y ait assez de café; **~ thing!*** oui, bien sûr!; (*excl*) **well, to be ~!*** bien ça alors!; **he'll leave for ~** il partira sans aucun doute; **I'll find out for ~** je me renseignerai pour savoir exactement ce qu'il en est; **do you know for ~?** êtes-vous absolument certain?; **I'll do it for ~** je le ferai sans faute; **I'm ~ I've seen him** je suis sûr de l'avoir vu; **I'm ~ he'll help us** je suis sûr qu'il nous aidera; **I'm not ~** je ne suis pas sûr (*that* que + *subj*); **I'm not ~ how/why** *etc* je ne sais pas très bien comment/pourquoi *etc*; **I'm not ~ (if)** he can je ne suis pas sûr qu'il puisse; **I'm ~ I didn't mean to** je ne l'ai vraiment pas fait exprès; **~ of o.s.** sûr de soi.

2 *adv*: **and ~ enough he did arrive** et effectivement *or* en effet il est arrivé; **~ enough!** assurément!; **as ~ as my name's Smith** aussi sûr que je m'appelle Smith; **as ~ as fate, as ~ as anything, as ~ as eggs is eggs*** aussi sûr que deux et deux font quatre; (*: esp US*) **he can ~ play the piano** il sait drôlement* bien jouer du piano.

♦ **sure-fire*** *adj* certain, infaillible. ♦ **sure-footed** *adj* au pied sûr. ♦ **surely** *adv* (**a**) (*expressing confidence: assuredly*) sûrement, certainement; (*expressing incredulity*) tout de même; **~ly he didn't say that!** il n'a pas pu dire ça, tout de même!; **there is ~ly some mistake** il doit sûrement *or* certainement y avoir quelque erreur; **that's ~ly not true** ça ne peut pas être vrai; **~ly not!** pas possible!; (*US: with pleasure*) **~ly!** bien volontiers!; (**b**) (*slowly but* **~ly** lentement mais sûrement. ♦ **sureness** *n* (*certainty*) certitude f; [judgment, method, footing] sûreté f; [aim, shot] justesse f. ♦ **surety** n (Jur) caution f; **to stand** ~**ty for sb** se porter caution pour qn.

surf [sɜːf] **1** n (waves) vague f déferlante; (foam) écume f. **2** vi: **to go** ~**ing** surfer. ♦ **surfboard 1** n planche f de surf; **2** vi surfer. ♦ **surfboarder** or ♦ **surfrider** n surfeur m, -euse f. ♦ **surfboarding** or ♦ **surfriding** n surf m. ♦ **surf-boat** n surf-boat m. ♦ **surfing** n surf m.

surface ['sɜːfɪs] **1** n (gen) surface f; (side: of solid) côté m, face f. [sea, lake etc] **under the** ~ sous l'eau; **he rose to the** ~ il est remonté à la surface; **on the** ~ (Naut) en surface; (Min: also **at the** ~) à la surface; (fig) à première vue; **on the** ~ **of the table** sur la surface de la table; **his faults are all on the** ~ il a des défauts, mais il a bon fond; **the road** ~ la chaussée. **2** adj tension superficiel (also fig); (Naut) vessel etc de surface; (Min) work à la surface. **by** ~ **mail** par voie de terre. **3** vt road revêtir (with de). **4** vi [diver, whale] remonter à la surface; [submarine] faire surface; (*fig) (after absence) réapparaître; (after hard work) faire surface. ♦ **surface-to-air** adj (Mil) sol-air inv.

surfeit ['sɜːfɪt] n excès m (of de). **to have a** ~ **of** avoir une indigestion de (fig).

surge [sɜːdʒ] **1** n [rage, enthusiasm] vague f. **the** ~ **of the sea** la houle; **he felt a** ~ **of anger** il a senti la colère monter en lui. **2** vi (a) [waves] s'enfler; [anger] monter (within sb en qn). **the sea** ~**d against the rocks** la houle battait les rochers; (Elec) **the power** ~**d suddenly** il y a eu une brusque surtension de courant; **the blood** ~**d to his cheeks** le sang lui est monté au visage. (b) [crowd, vehicles etc] déferler. **to** ~ **in/out etc** entrer/sortir etc à flots; **they** ~**d round the car** ils se pressaient autour de la voiture; **they** ~**d forward** ils se sont lancés en avant. ♦ **surging** adj sea houleux; crowd déferlant.

surgeon ['sɜːdʒən] n chirurgien m. ♦ **surgery 1** n (gen) chirurgie f; (consulting room) cabinet m de consultation); (interview) consultation f; **come to the surgery** venez à la consultation; **when is his surgery?** à quelle heure sont ses consultations?; **during his surgery** pendant ses heures de consultation; **2** adj: **surgery hours** heures fpl de consultation. ♦ **surgical** adj chirurgical; **surgical cotton** coton m hydrophile; **surgical dressing** pansement m; **surgical spirit** alcool m à 90 (degrés).

surly ['sɜːlɪ] adj revêche, maussade. ♦ **surliness** n caractère m or air m revêche.

surmise ['sɜːmaɪz] **1** n conjecture f. **2** [sɜː'maɪz] vt conjecturer (from sth d'après qch; that que).

surmount [sɜː'maʊnt] vt surmonter.

surname ['sɜːneɪm] n nom m de famille.

surpass [sɜː'pɑːs] vt person surpasser (in en); hopes dépasser.

surplice ['sɜːplɪs] n surplis m.

surplus ['sɜːpləs] **1** n (gen) surplus m; (Fin) boni m, excédent m. **2** adj (gen) en surplus; (Fin) de boni, excédentaire. **it is** ~ **to requirements** cela excède nos besoins; [book, document etc] ~ **copies** exemplaires mpl de passe; ~ **stock** surplus mpl; ~ **wheat** surplus or excédent m de blé; **his** ~ **energy** son surcroît d'énergie; ~ **store** magasin m de surplus.

surprise [sə'praɪz] **1** n (gen) surprise f, étonnement m; (event etc) surprise. **much to my** ~ à ma grande surprise, à mon grand étonnement; **to take by** ~ person prendre au dépourvu; (Mil) fort, town prendre par surprise; **a look of** ~ un regard surpris; **to give sb a** ~ faire une surprise à qn; **nasty** ~ mauvaise surprise; **it came as a** ~ **to me to learn that** ... j'ai eu la surprise d'apprendre que ... .

2 adj (gen) inattendu; attack par surprise.

3 vt (a) (astonish) surprendre, étonner. **he was**

~**d to hear that** ... il a été surpris or étonné d'apprendre que ...; **I shouldn't be** ~**d if it snowed** cela ne m'étonnerait pas qu'il neige (subj); **don't be** ~**d if he refuses** ne soyez pas étonné or surpris s'il refuse; **I'm** ~**d at you!** cela me surprend de votre part!; **I'm** ~**d at his ignorance** son ignorance me surprend; **I'm** ~**d at you!** cela me surprend de votre part!; **I'm** ~**d he agreed** j'ai été étonné or surpris qu'il accepte (subj); (iro) qu'on, ~ **me!** allez, étonne-moi!; **he** ~**d me into agreeing to do it** j'ai été tellement surpris que j'ai accepté de le faire. (b) (catch unawares) surprendre.

♦ **surprised** adj surpris, étonné. ♦ **surprising** adj surprenant, étonnant; **it is surprising that** il est surprenant or étonnant que + subj. ♦ **surprisingly** adv big, sad etc étonnamment; **you look surprisingly cheerful for sb who** ... vous m'avez l'air de bien bonne humeur pour qn qui ...; **surprisingly enough,** ... chose étonnante, ...; **surprisingly he didn't come** comme on pouvait s'y attendre, il n'est pas venu.

surrealism [sə'rɪəlɪzəm] n surréalisme m. ♦ **surrealist** adj, n surréaliste (mf). ♦ **surrealistic** adj surréaliste.

surrender [sə'rendər] **1** vi se rendre (to à). **to** ~ **to the police** se livrer à la police. **2** vt (Mil) town, hill livrer (to à); firearms rendre (to à); stolen property, documents remettre (to à); lease céder; one's rights, claims, liberty renoncer à; hopes abandonner. **3** n (Mil etc) reddition f (to à). **no** ~! on ne se rend pas!

surreptitious [ˌsʌrəp'tɪʃəs] adj entry, removal subreptice; movement, gesture furtif. ♦ **surreptitiously** adv subrepticement; furtivement.

surround [sə'raʊnd] **1** vt entourer; (totally) encercler. ~**ed by** entouré de; (Police etc) **you are** ~**ed** vous êtes encerclé. **2** n bordure f. ♦ **surrounding 1** adj environnant; **the** ~**ing countryside** les environs mpl; **2** npl: ~**ings** [town] environs mpl; (setting) cadre m; **in their natural** ~**ings** dans leur cadre naturel.

surtax ['sɜːtæks] n tranche f supérieure de l'impôt sur le revenu.

surveillance [sɜː'veɪləns] n surveillance f. **to keep sb under** ~ garder qn à vue.

survey ['sɜːveɪ] **1** n (a) (comprehensive view) [prospects, development etc] vue f d'ensemble (of de). **he gave a general** ~ **of the situation** il a fait un tour d'horizon de la situation. (b) (study) enquête f (of sur). **to carry out a** ~ **of** enquêter sur; ~ **of public opinion** sondage m d'opinion. (c) (Surveying: of land, coast etc) levé m; (in house-buying) visite f d'expert; (report) expertise f. **2** adj: ~ **ship** bateau m hydrographique. **3** [sɜː'veɪ] vt (a) (look at) regarder; view, crowd embrasser du regard; prospects, trends passer en revue. (b) (study) ground etc inspecter; needs, prospects enquêter sur. (c) site, land faire le levé de; house, building inspecter; country, coast faire le levé topographique de; seas faire le levé hydrographique de.

♦ **surveying** n arpentage m. ♦ **surveyor** n [property, buildings etc] expert m; [land, site] arpenteur m géomètre; [country, coastline] topographe mf; [seas] hydrographe mf.

survive [sə'vaɪv] **1** vi (gen) survivre. **only three volumes** ~ il ne reste or il ne subsiste plus que trois tomes; (iro) **you'll** ~! vous n'en mourrez pas! **2** vt (gen) survivre à; injury, disease réchapper de. ♦ **survival 1** n (gen) survie f; **the survival of the fittest** la persistance du plus apte; **it's the survival of an old law** c'est la survivance d'une vieille loi; **2** adj: **survival course/kit** cours m/kit m de survie. ♦ **survivor** n survivant(e) m(f).

sus [sʌs] adj: ~ **law** garde f à vue préventive.

susceptible [sə'septəbl] adj (sensitive) sensible; (touchy) susceptible. **to be** ~ **to** (gen) être sensible à; *suggestion, sb's influence* être ouvert à; (*Med*) *disease* être prédisposé à; *treatment* répondre à; ~ **of** susceptible de. ♦ **susceptibility** *n* vive sensibilité *f*; susceptibilité *f*; (*Med*) prédisposition *f* (*to* à).

suspect ['sʌspekt] **1** *n* suspect(e) *m(f)*. **2** *adj* *evidence, act* suspect. **3** [sǝs'pekt] *vt* (*gen*) soupçonner (*that* que; *of a crime* d'un crime; *of doing* de faire or d'avoir fait); *ambush, swindle* flairer, soupçonner; (*have doubts about*) *sb's motives etc* suspecter, douter de. I ~ed as much je m'en doutais; he'll come, I ~ il viendra, j'imagine.

suspend [sǝs'pend] *vt* (a) (*hang*) suspendre (*from* à). (b) (*stop: gen*) suspendre; *licence, permission* retirer provisoirement; *bus service* interrompre provisoirement; *employee* suspendre (*from* de); *student, pupil* renvoyer temporairement. (*Jur*) he received a ~ed sentence of 6 months il a été condamné à 6 mois de prison avec sursis; (*fig*) to be in a state of ~ed animation ne donner aucun signe de vie. ♦ **suspender 1** *n*: ~ers (*Brit*) (*for stockings*) jarretelles *fpl*; (*for socks*) fixe-chaussettes *mpl*; (*US*) bretelles *fpl*; **2** *adj* (*Brit*) ~er belt porte-jarretelles *m inv*. ♦ **suspense** *n* incertitude *f*; (*in book, film etc*) suspense *m*; we waited in great suspense nous avons attendu haletants; to keep sb in suspense tenir qn en suspens; to put sb out of his suspense mettre fin à l'incertitude de qn; *novel of suspense* roman *m* à suspense; the suspense is killing me!* ce suspense me tue! (*also iro*). ♦ **suspension 1** *n* suspension *f* (*also Aut*); retrait *m* provisoire; interruption *f* provisoire; **2** *adj* bridge suspendu.

suspicion [sǝs'pɪʃǝn] *n* soupçon *m*. laden with ~ chargé de soupçons; above ~ au-dessus de tout soupçon; under ~ considéré comme suspect; he was regarded with ~ on s'est montré soupçonneux à son égard; (*Jur*) to arrest on ~ arrêter sur des présomptions; on ~ of murder sur présomption de meurtre; I had a ~ that ... je soupçonnais que ...; I had no ~ that ... je ne me doutais pas du tout que ...; I had (my) ~s about that j'avais mes doutes là-dessus. ♦ **suspicious** *adj* (a) (*feeling* ~) soupçonneux, méfiant; to be suspicious about sb/sth avoir des soupçons à l'égard de qn/quant à qch; to be suspicious of se méfier de; (b) (*causing* ~: suspicious-looking) *person, vehicle* suspect; *move, action* louche. ♦ **suspiciously** *adv* *examine, glance, ask etc* avec méfiance; *behave, run away etc* d'une manière suspecte *or* louche; it looks suspiciously like measles ça m'a tout l'air d'être la rougeole; it sounds suspiciously as though ... ça m'a tout l'air de signifier que ...; he arrived suspiciously early il me paraît suspect qu'il soit arrivé si tôt. ♦ **suspiciousness** *n* caractère *m* soupçonneux *or* suspect.

suss* [sʌs] *vt* (*Brit*) to ~ out découvrir.

sustain [sǝs'teɪn] *vt* (a) *weight, beam etc* supporter; *body* donner des forces à; *life* maintenir; (*Mus*) *note* tenir; *effort, role, theory* soutenir; *pretence* poursuivre. (*Jur*) *objection* ~ed = objection accordée. (b) (*suffer*) *attack, damage* subir; *loss* éprouver; *injury* recevoir. ♦ **sustained** *adj* *effort, applause* prolongé. ♦ **sustaining** *adj* *food* nourrissant. ♦ **sustenance** *n* (*food*) nourriture *f*; (*means of livelihood*) moyens *mpl* de subsistance; there's not much sustenance in it cela n'est pas très nourrissant.

swab [swɒb] **1** *n* (*mop, cloth*) serpillière *f*; (*Med: cotton wool etc*) tampon *m*; (*Med: specimen*) prélèvement *m* (*of* dans). **2** *vt* (~ **down**) *floor etc* nettoyer, essuyer; (~ **out**) *wound* tamponner.

swagger ['swægǝ'] **1** *n*: to walk with a ~ marcher d'un air fanfaron. **2** *vi*: to ~ about/in etc se promener/entrer *etc* d'un air fanfaron. ♦ **swaggering 1** *adj* *gait* assuré; *person, look, gesture* fanfaron; **2** *n* air *m* fanfaron.

swallow¹ ['swɒlǝu] **1** *n* (*bird*) hirondelle *f*. **2** *adj*:

~ **dive** saut *m* de l'ange. ♦ **swallowtail butterfly** *n* machaon *m*.

swallow² ['swɒlǝu] **1** *n* (*act*) avalement *m*; (*amount*) gorgée *f*. at one ~ d'un seul coup. **2** *vi* avaler. (*emotionally*) he ~ed hard sa gorge s'est serrée. **3** *vt food, story, insult* avaler; *anger, pride* ravaler. (*fig*) to ~ the bait se laisser prendre à l'appât; that's hard to ~ c'est dur à avaler; they ~ed it whole ils ont tout avalé. **swallow up** *vt sep* (*fig*) engloutir. he was ~ed up in the crowd il a disparu dans la foule.

swam [swæm] *pret of* swim.

swamp [swɒmp] **1** *n* marais *m*, marécage *m*. **2** *adj*: ~ **fever** paludisme *m*. **3** *vt* (*flood*) inonder; *boat* emplir d'eau; (*fig*) submerger (*with* de). (*fig*) ~ed with requests/letters submergé de requêtes/lettres; ~ed* with work débordé de travail; (*Ftbl etc*) towards the end of the game they ~ed us vers la fin de la partie ils nous ont fait le jeu. ♦ **swampland** *n* marécages *mpl*. ♦ **swampy** *adj* marécageux.

swan [swɒn] **1** *n* cygne *m*. **2** *adj* (*US*) ~ **dive** saut *m* de l'ange; (*fig*) ~ **song** chant *m* du cygne. **3** *vi* (*) he ~ned off to London il est parti à Londres sans s'en faire*; he's ~ning around in Paris il se balade dans Paris sans s'en faire*. ♦ **swansdown** *n* duvet *m* de cygne.

swank* [swæŋk] **1** *n* (a) esbroufe* *f*. out of ~ pour faire de l'esbroufe*. (b) (*person*) esbroufeur* *m*, -euse* *f*. **2** *vi* chercher à en mettre plein la vue*. to ~ about sth se vanter de qch. ♦ **swanky*** *adj* qui en met plein la vue*.

swap* [swɒp] **1** *n* troc *m*, échange *m*. it's a fair ~ ça se vaut; (*stamps etc*) ~s doubles *mpl*. **2** *vt* échanger (A *for* B A contre B; *with sb* avec qn). let's ~ places changeons de place (l'un avec l'autre); I'll ~ you! tu veux échanger avec moi? **3** *vi* échanger.

swarm¹ [swɔːm] **1** *n* [*bees, flying insects*] essaim *m*; [*ants, crawling insects*] grouillement *m*; [*people*] nuée *f*. (*fig*) in ~s en masse. **2** *vi* [*bees*] essaimer. [*crawling insects*] to ~ about grouiller; [*people*] to ~ in/out *etc* entrer/sortir *etc* en masse; [*ground, town*] to ~ with grouiller de.

swarm² [swɔːm] *vt* (~ **up**) *tree* grimper à toute vitesse à.

swarthy ['swɔːðɪ] *adj* basané. ♦ **swarthiness** *n* teint *m* basané.

swastika ['swɒstɪkǝ] *n* swastika *m*; (*Nazi*) croix *f* gammée.

swat [swɒt] **1** *vt* écraser. **2** *n* (*fly* ~, *also* ~ter) tapette *f*.

swathe [sweɪð] *vt* emmailloter (*in bandages* de bandages), envelopper (*in blankets* dans des couvertures).

sway [sweɪ] **1** *n* (a) (*motion*) (*gen*) oscillation *f*; [*boat*] balancement *m*. (b) (*liter*) emprise *f* (*over* sur). under his ~ sous son emprise. **2** *vi* (*gen*) osciller, se balancer; [*tower block, bridge*] osciller; [*train*] tanguer; [*person*] tanguer, osciller; (*fig: vacillate*) balancer (*between* entre). **3** *vt* (a) *hanging object* balancer, faire osciller; *hips* rouler; [*wind, waves*] balancer. (b) (*influence*) influencer.

swear [swɛǝ'] *pret* swore, *ptp* sworn **1** *vt* jurer (*on sth* sur qch; *that* que; *to do* de faire). to ~ an oath (*solemnly*) prêter serment; (*curse*) lâcher un juron; I could have sworn he touched me j'aurais juré qu'il l'avait touché; to ~ sb to secrecy faire jurer le secret à qn. **2** *vi* (a) jurer. to ~ to the truth of sth jurer que qch est vrai; I wouldn't ~ to it je n'en jurerais pas; (*fig*) he ~s by vitamin C tablets il ne jure que par les vitamines C. (b) (*curse*) jurer (*at* contre, après). to ~ like a trooper jurer comme un charretier.

swear in *vt sep jury etc* faire prêter serment à. ♦ **swearword** *n* juron *m*, gros mot.

sweat [swet] **1** *n* sueur *f*. by the ~ of his brow à la sueur de son front; **to be dripping with** ~ ruisseler de sueur; (*fig*) **to be in a cold** ~* avoir des sueurs froides; **it was an awful** ~* on en a eu du mal!; **no** ~!◊ pas de problème! 2 *vi [person, animal, cheese]* suer (*with, from* de); *[walls]* suinter. **to** ~ **like a bull** suer comme un bœuf; **he was** ~**ing profusely/over his essay*** il suait à grosses gouttes/sur sa dissertation. 3 *vt* (a) (*fig*) *workers* exploiter. ~**ed labour** main-d'œuvre *f* exploitée. (b) **to** ~ **blood*** (*work hard*) suer sang et eau (*over sth* sur qch); (*be anxious*) avoir des sueurs froides.

sweat out* *vt sep* (*fig*) **you'll have to** ~ **it out** il faudra t'armer de patience; **they left him to** ~ **it out** ils n'ont rien fait pour l'aider.

♦ **sweatband** *n* (*Sport*) bandeau *m*. ♦ **sweater** *n* pullover *m*, pull* *m*. ♦ **sweating** *n* transpiration *f*; (*Med*) sudation *f*; *[wall]* suintement *m*. ♦ **sweatshirt** *n* sweat-shirt *m*. ♦ **sweat-shop** *n* atelier *m* où les ouvriers sont exploités. ♦ **sweaty** *adj body* en sueur; *feet* qui suent; *hand* moite; *smell* de sueur; *sock* mouillé de sueur.

swede [swi:d] *n* rutabaga *m*.
Sweden ['swi:dn] *n* Suède *f*. ♦ **Swede** *n* Suédois(e) *m(f)*. ♦ **Swedish 1** *adj* suédois; **2** *n* suédois *m*; **the Swedish** les Suédois *mpl*.
sweep [swi:p] (*vb: pret, ptp* **swept**) **1** *n* (a) (*chimney* ~) ramoneur *m*. (b) (*movement*) *[arm]* grand geste *m*; *[sword, net]* grand coup *m*; *[scythe]* mouvement *m* circulaire; *[lighthouse beam]* trajectoire *f*; (*fig*) *[progress, events]* marche *f*. **with one** ~ d'un seul coup; **with a** ~ **of his arm** d'un geste large; **the police made a** ~ **of the district** la police a ratissé le quartier; **a wide** ~ **of meadowland** une vaste étendue de prairie.

2 *vt room, street, snow etc* balayer; *chimney* ramoner; *channel, mines* draguer. (*Naut*) **to** ~ **sth clean of mines** déminer qch; **to** ~ **the horizon** (*with binoculars*) parcourir l'horizon; *[lighthouse beam]* balayer l'horizon; **his glance swept the room** il a parcouru la pièce du regard; **a wave of indignation swept the city** une vague d'indignation a déferlé sur la ville; **he swept the rubbish off the pavement** il a enlevé les ordures du trottoir d'un coup de balai; (*fig*) **to** ~ **sth under the carpet** tirer le rideau sur qch; **to** ~ **sth on to the floor** faire tomber qch par terre d'un geste large; (*fig*) **to** ~ **everything before one, to** ~ **the board** remporter un succès complet; **they swept the board at the election** ils ont remporté l'élection haut la main; **the crowd swept him into the square** la foule l'a emporté sur la place; **the wave swept him overboard** la vague l'a jeté par-dessus bord; **the current swept the boat downstream** le courant a emporté le bateau; **the water swept him off his feet** le courant lui a fait perdre pied; (*fig*) **to be swept off one's feet** être enthousiasmé (*by* par); (*fig*) **he swept her off her feet** elle a eu le coup de foudre pour lui.

3 *vi*: **to** ~ **in/out/along** *etc* entrer/sortir/avancer *etc* (*swiftly*) rapidement *or* (*impressively*) majestueusement *or* (*angrily*) avec furie; **the car swept round the corner** la voiture a pris le virage comme un bolide; **the rain swept across the plain** la pluie a balayé la plaine; **panic swept through the city** la panique s'est emparée de la ville; **the Alps** ~ **down to the coast** les Alpes descendent majestueusement vers la côte.
sweep along *vt sep [crowd, flood]* emporter.
sweep aside *vt sep object, person, suggestion* repousser; *difficulty, obstacle* écarter.
sweep away *vt sep dust, snow, rubbish* balayer; *[crowd, current, gale]* entraîner.
sweep out *vt sep* balayer.
sweep up 1 *vi* balayer. **2** *vt sep leaves, dust etc* balayer; (*pick up*) *books etc* ramasser d'un geste brusque.

♦ **sweeper** *n* (*person*) balayeur *m*; (*machine*)

balayeuse *f*; (*carpet* ~*er*) balai *m* mécanique; (*vacuum cleaner*) aspirateur *m*. ♦ **sweeping** *adj movement, gesture* large; *bow, curtsy* profond; *glance* circulaire; *change, reorganization* radical; *reduction* considérable; *price cut* imbattable; ~**ing statement** *or* **generalization** généralisation *f* hâtive; **that's pretty** ~**ing!** c'est beaucoup dire! ♦ **sweepstake** *n* sweepstake *m*.
sweet [swi:t] **1** *adj* (a) (*not sour*) *apple, cider, wine* doux (*f* douce); *tea, biscuit, taste* sucré. **to have a** ~ **tooth** être friand de sucreries; **I love** ~ **things** j'aime les sucreries *fpl*; (*Culin*) ~ **and sour** aigre-doux; **a sickly** ~ **smell** une odeur fétide. (b) (*pleasant etc*) *air, breath* frais; *water* pur; *soil* sain; *scent* agréable; *sound, voice* mélodieux; *running of engine* sans à-coups; *person* gentil, charmant; *revenge, success, character, smile* doux; *child, dog, house, dress* mignon. (*fig*) **the** ~ **smell of success** la douceur exquise du succès; **it was** ~ **to his ear** c'était doux à son oreille; (*pej*) ~ **words** *or* **talk** flagorneries *fpl*; ~ **corn** maïs doux; ~ **herbs** fines herbes *fpl*; ~ **potato** patate *f* douce; **he carried on in his own** ~ **way** il a continué comme il l'entendait; **to be** ~ **on sb*** avoir le béguin* pour qn; ~ **Fanny Adams◊** rien de rien*; **a** ~ **old lady** une adorable vieille dame; ~ **little baby** mignon petit bébé *m*.

2 *adv*: **to smell** ~ sentir bon; **to taste** ~ avoir un goût sucré.

3 *n* (*toffee etc*) bonbon *m*; (*dessert*) dessert *m*. ♦ **sweetbread** *n* ris *m* de veau *or* d'agneau. ♦ **sweeten** *vt food etc* sucrer; *air* purifier; (*fig*) *person, temper, task* adoucir; (*: bribe*) graisser la patte à*. ♦ **sweetener** *n* (*Culin*) saccharine *f*, sucrette *f*; (*:fig: bribe*) pot-de-vin *m*. ♦ **sweetening** *n* (*substance*) édulcorant *m*. ♦ **sweetheart** *n* petit(e) ami(e) *m(f)*; **yes** ~**heart** oui mon ange. ♦ **sweetie*** *n* (*toffee etc*) bonbon *m*; **she's a** ~ c'est un ange; **yes** ~**ie** oui mon ange. ♦ **sweetly** *adv sing, play* mélodieusement; *smile, answer* gentiment; *[engine] run* sans à-coups. ♦ **sweet-natured** *or* **sweet-tempered** *adj* d'un naturel doux. ♦ **sweetness** *n* (*gen*) douceur *f*; (*to taste*) goût sucré; (*in smell*) odeur *f* suave. ♦ **sweetpea** *n* pois *m* de senteur. ♦ **sweet-scented** *or* **sweet-smelling** *adj* parfumé, odorant. ♦ **sweetshop** *n* confiserie *f*. ♦ **sweet-william** *n* œillet *m* de poète.
swell [swel] (*vb: pret* **swelled**, *ptp* **swollen** *or* **swelled**) **1** *n [sea]* houle *f*; (*Mus*) crescendo *m inv*. **2** *adj* (*:esp US: excellent*) sensationnel*, formidable*. **3** *vi* (~ **up**) *[tyre, airbed, sails]* se gonfler; *[part of body]* enfler; *[wood]* gonfler; *[river]* grossir; *[sound, music, voice]* s'enfler; *[numbers, membership]* augmenter. **4** *vt sail* gonfler; *sound* enfler; *river, population* grossir; *number* augmenter. **swollen with pride** gonflé d'orgueil. ♦ **swellheaded*** *adj* bêcheur. ♦ **swelling** *n* (*Med*) enflure *f*; (*lump*) grosseur *f*; (*on tyre etc*) hernie *f*.
swelter ['sweltər] *vi* étouffer de chaleur. ♦ **sweltering** *adj* oppressant; **it's** ~**ing in here** on étouffe de chaleur ici.
swept [swept] *pret, ptp of* **sweep**.
swerve [swɜ:v] **1** *vi [boxer, fighter]* faire un écart; *[ball]* dévier; *[vehicle, ship]* faire une embardée; *[driver]* donner un coup de volant; (*fig*) dévier (*from* de). **2** *n* écart *m*; embardée *f*.
swift [swift] **1** *adj* (*gen*) prompt (*to do* à faire), rapide; *vehicle, journey* rapide; *movement* vif. **2** *n* (*Orn*) martinet *m*. ♦ **swiftly** *adv* rapidement, vite. ♦ **swiftness** *n* promptitude *f*; rapidité *f*.
swig* [swɪg] **1** *n* lampée* *f*, (*larger*) coup *m*. **to take a** ~ **at a bottle** boire un coup à même la bouteille. **2** *vt* lamper*.
swill [swɪl] **1** *n* (*for pigs etc*) pâtée *f*; (*garbage*) eaux *fpl* grasses. **2** *vt* (a) (~ **out**) *floor* laver à grande eau; *glass* rincer. (b) (*: drink*) boire à grands traits.

swim [swɪm] (*vb: pret* swam, *ptp* swum) **1** *n:* to go for a ~, to have a ~ = to go ~ming (*V* 2); after a 2-km ~ après avoir fait 2 km à la nage; **I had a lovely** ~ ça m'a fait du bien de nager comme ça; (*fig*) **to be in the** ~ être dans le mouvement.

2 *vi* (*gen*) nager; (*as sport*) faire de la natation. to go ~ming (*in sea etc*) aller nager, aller se baigner; (*in* ~*ming baths*) aller à la piscine; to ~ **away/back** *etc* [*person*] s'éloigner/revenir *etc* à la nage; [*fish*] s'éloigner/revenir *etc*; **he swam under the boat** il est passé sous le bateau; (*fig*) to ~ **with the tide** suivre le courant; (*fig*) **the meat was** ~ming **in gravy** la viande baignait dans la sauce; **eyes** ~ming **with tears** yeux baignés de larmes; **the bathroom was** ~ming* **la salle de bains était inondée; the room swam before his eyes** la pièce semblait tourner autour de lui; **his head was** ~ming la tête lui tournait.

3 *vt* traverser à la nage. **it was first swum in 1900** la première traversée à la nage a eu lieu en 1900; **to** ~ **10 km** faire 10 km à la nage; **I can't** ~ **a stroke** je suis incapable de faire une brasse. ◆ **swimmer** *n* nageur *m*, -euse *f*. ◆ **swimming** 1 *n* nage *f*, (*as sport*) natation *f*; **2** *adj:* ~ming **bath(s)** *or* **pool** piscine *f*; ~ming **cap** bonnet *m* de bain; ~ming **costume** *or* **suit** maillot *m* (de bain) une pièce; ~ming **gala** fête *f* de natation; ~ming **trunks** caleçon *m* de bain. ◆ **swimmingly** *adv:* to go ~mingly aller à merveille. ◆ **swimsuit** *n* maillot *m* (de bain).

swindle ['swɪndl] 1 *n* escroquerie *f*. **it's a** ~ c'est du vol. 2 *vt* escroquer, rouler*. **to** ~ **sb out of sth, to** ~ **sth out of sb** escroquer qch à qn. ◆ **swindler** *n* escroc *m*.

swine [swaɪn] *n, pl inv* pourceau *m*; (↓*fig: person*) salaud‡ *m*.

swing [swɪŋ] (*vb: pret, ptp* swung) 1 *n* (a) (*movement*) balancement *m*; [*pendulum, needle, pointer*] oscillations *fpl*; (*distance*) arc *m*; (*Boxing, Golf*) swing *m*. **to take a** ~ **at sb** décocher un coup de poing à qn; (*fig*) **the** ~ **of the pendulum** le mouvement du pendule; (*Pol*) **a** ~ **of 5% to the left** un revirement de 5% en faveur de la gauche; **to walk with a** ~ (**in one's step**) marcher d'un pas rythmé; **music that goes with a** ~ musique *f* entraînante; (*fig*) **to go with a** ~ [*evening, party*] marcher du tonnerre*; [*business, shop*] très bien marcher; **to be in full** ~ battre son plein; **to get into the** ~ **of things** se mettre dans le bain. (b) (*play equipment*) balançoire *f*. **to have a** ~ se balancer; (*fig*) **what you gain on the** ~s **you lose on the roundabouts** ce qu'on gagne d'un côté on perd de l'autre. ◆ (~ **music**) swing *m*.

2 *adj* (a) (*Mus*) **band** de swing. ◆ **bridge** tournant; **door** battant.

3 *vi* (*gen*) se balancer; [*pendulum*] osciller; (*pivot*: ~ **round**) tourner, pivoter; [*person*] se retourner. ~ing **by his hands** suspendu par les mains; **to** ~ **to and fro** se balancer; **it swung round through the air** cela a décrit une courbe dans l'air; **he swung across on the rope** agrippé à la corde il s'est élancé et est passé de l'autre côté; **the door swung open/shut** la porte s'est ouverte/refermée; **he swung round on his heels** il a virevolté; **to** ~ **along/away** *etc* avancer/s'éloigner *etc* d'un pas rythmé; (*fig*) **to** ~ **into action** passer à l'action; **music that really** ~s musique *f* au rythme entraînant; **the river** ~s **north** la rivière décrit une courbe vers le nord; (*fig Pol*) **to** ~ **to the right** virer à droite; (*be hanged*) **he'll** ~ **for it*** on lui mettra la corde au cou pour cela.

4 *vt* (a) (*gen*) balancer; **child on swing** pousser; (*brandish*) brandir. **he swung the case** (**up**) **on to his shoulders** il a balancé la valise sur ses épaules; **he swung himself over the wall** il a sauté par-dessus le mur; **to** ~ **o.s. up into the saddle** sauter en selle; **to** ~ **one's hips** rouler *or* balancer les hanches. (b) (~ **round**) **propeller** lancer;

starting handle tourner. **to** ~ **a door open/shut** ouvrir/fermer une porte. (c) (*influence*) **election, decision** influencer. **to** ~ **a deal*** emporter une affaire. (d) (*Mus*) **the classics** *etc* jouer de manière rythmée.

swing round 1 *vi* [*person*] se retourner; [*crane etc*] pivoter; [*vehicle*] virer, *after collision*) faire un tête-à-queue; (*fig*) [*voters*] virer de bord; [*opinions etc*] connaître un revirement. 2 *vt sep* **object on rope** *etc* faire tourner.

◆ **swinging** *adj* **step** rythmé; **music, rhythm** entraînant; (*fig*) (*lively*) dynamique; (*fashionable etc*) **dans le vent***; *party* **du tonnerre***. ◆ **swing-wing** *adj* (*Aviat*) à géométrie variable.

swingeing ['swɪndʒɪŋ] *adj* **blow, attack** violent; **defeat, majority** écrasant; **damages, taxation, price** énorme.

swipe [swaɪp] 1 *n* (*) (*at ball etc*) grand coup *m*; (*slap*) gifle *f*. 2 *vt* (a) (*: hit*) **ball** frapper à toute volée; **person** gifler à toute volée. (b) (*: steal*) piquer*, voler (*sth from sb* qch à qn).

swirl [swɜːl] 1 *n* (*gen*) tourbillon *m*; [*cream etc*] volute *f*. 2 *vi* tourbillonner.

swish [swɪʃ] 1 *vi* [*cane, whip*] siffler, cingler l'air; [*water, long grass, skirts*] bruire. 2 *vt* **whip, cane** faire siffler. 3 *n* sifflement *m*; **bruissement** *m*. 4 *adj* (*: smart: also* **swishy***) rupin‡.

Swiss [swɪs] 1 *adj* suisse. ◆ **French/German** suisse romand/allemand; (*Culin*) ~ **roll** gâteau *m* roulé. 2 *n, pl inv* Suisse(sse) *m(f)*.

switch [swɪtʃ] 1 *n* (a) (*Elec*) interrupteur *m*, commutateur *m*; (*Aut: ignition* ~) contact *m*. (*Elec*) **the** ~ **was on/off** c'était allumé/éteint. (b) (*Rail: points*) aiguille *f*. (c) [*opinion, allegiance*] revirement *m*; [*funds*] transfert *m* (*from* de; *to* en faveur de). (*Bridge*) **the** ~ **to hearts** le passage à cœur.

2 *vt* (a) (*transfer*) **one's support, allegiance, attention** reporter (*from* de; *to* sur). **to** ~ **the conversation to another subject** changer de sujet de conversation. (b) (*exchange*) échanger (*A for B* A contre B; *sth with sb* qch avec qn); (~ **over**, ~ **round**) **two objects, letters in word** intervertir; (*rearrange:* ~ **round**) **books, objects** changer de place. **to** ~ **plans** changer de projet. (c) (*Rail*) aiguiller (*to another track* sur une autre voie). (d) (*Elec etc*) **to** ~ **the heater to 'low'** mettre le radiateur sur 'doux'; **to** ~ **the radio/TV to another programme** changer de station/de chaîne.

3 *vi* (~ **over**) **he** ~**ed** (**over**) **to Conservative** il a voté conservateur cette fois; **we** ~**ed** (**over**) **to gas** (nous avons changé et) nous avons maintenant fait installer le gaz; **many have** ~**ed** (**over**) **to teaching** beaucoup se sont recyclés dans l'enseignement.

switch back 1 *vi* (*gen*) revenir (*to* à). (*Rad, TV*) **to** ~ **back to the other programme** remettre l'autre émission. 2 *vt sep:* **to** ~ **the heater back to 'low'** remettre le radiateur sur 'doux'; (*Elec*) **to** ~ **back on** rallumer.

switch off 1 *vi* (a) (*Elec*) éteindre; (*Rad, TV*) éteindre le poste; (*fig: lose interest*) décrocher*. (b) [*heater, oven etc*] s'éteindre. 2 *vt sep* éteindre. (*Rad, TV*) **he** ~**ed the programme off** il a fermé le poste; (*Aut*) **to** ~ **off the engine** arrêter le moteur.

switch on 1 *vi* (a) (*Elec*) allumer; (*Rad, TV*) allumer le poste. (b) [*heater, oven etc*] s'allumer. 2 *vt sep* (*gen*) allumer; **water supply** ouvrir; **engine, machine** mettre en marche; (↓*fig: excite*) exciter. **to** ~ **on the light** allumer; (*fig*) **to be** ~**ed on** (*up-to-date*) être dans le vent*; (*by drugs*) planer*; (*sexually*) être tout excité (*by* par).

switch over *vi* (*TV/Rad*) changer de chaîne/de station. (*Rad, TV*) **to** ~ **over to sth** mettre qch.

◆ **switchback** 1 *n* montagnes *fpl* russes (*also fig*); 2 *adj* (*up and down*) tout en montées et descentes. ◆ **switchblade** (**knife**) *n* (*US*) couteau *m* à cran d'arrêt. ◆ **switchboard 1** n (*Elec*) tableau m de distribution; (*Telec*) standard m; **2** adj (*Telec*) **~board operator** standardiste mf. ◆ **switchover** n passage m (*from* de; *to* à).

Switzerland ['swɪtsələnd] n Suisse f. **French-/German-/Italian-speaking** ~ la Suisse romande/allemande/italienne.

swivel ['swɪvl] **1** n pivot m. **2** adj seat etc pivotant. **3** vt (~ **round**) faire pivoter. **4** vi (~ **round**) pivoter.

swollen ['swəʊlən] (*ptp of* swell) adj arm, face enflé; eyes, stomach gonflé (*with* de); river, lake en crue; population enflé. **to have ~ glands** avoir une inflammation des ganglions. ◆ **swollen-headed*** adj bêcheur.

swoon [swu:n] vi se pâmer; (*fig*) se pâmer d'admiration (*over* sb/sth devant qn/qch).

swoop [swu:p] **1** n (*attack*) attaque f en piqué (*on* sur); [police etc] descente f (*on* dans). **at one fell ~** d'un seul coup. **2** vi (~ **down**) [bird] fondre; [aircraft] descendre en piqué; [police etc] faire une descente.

swop [swɒp] = **swap**.

sword [sɔ:d] **1** n épée f. **to wear a ~** porter l'épée. **2** adj wound d'épée. **~ arm** bras m droit; **~ dance** danse f du sabre. ◆ **swordfish** n espadon m. ◆ **swordsman** n: **to be a good ~sman** être une fine lame. ◆ **swordsmanship** n habileté f dans le maniement de l'épée. ◆ **swordstick** n canne f à épée. ◆ **sword-swallower** n avaleur m de sabres.

swore [swɔ:ʳ] pret of **swear**.

sworn [swɔ:n] (*ptp of* swear) adj evidence, statement donné sous serment; enemy juré; ally, friend à la vie et à la mort.

swot* [swɒt] **1** n bûcheur* m, -euse* f. **2** vti bûcher*. **to ~ for an exam** bachoter; **to ~ up (on)** sth potasser* qch. ◆ **swotting*** n bachotage m.

swum [swʌm] ptp of **swim**.

swung [swʌŋ] (*pret, ptp of* swing) adj (*Typ*) ~ **dash** tilde m.

sycamore ['sɪkəmɔ:ʳ] n sycomore m.

sycophant ['sɪkəfənt] n flagorneur m, -euse f.

syllable ['sɪləbl] n syllabe f. ◆ **syllabic** adj syllabique.

syllabus ['sɪləbəs] n (*Scol, Univ*) programme m. **on the ~** au programme.

syllogism ['sɪlədʒɪzəm] n syllogisme m.

sylph [sɪlf] n sylphe m. ◆ **sylphlike** adj woman gracile; figure de sylphide.

symbiosis [ˌsɪmbɪ'əʊsɪs] n (*also fig*) symbiose f.

symbol ['sɪmbəl] n symbole m. ◆ **symbolic(al)** adj symbolique. ◆ **symbolically** adv symboliquement. ◆ **symbolism** n symbolisme m. ◆ **symbolist** adj, n symboliste (mf). ◆ **symbolization** n symbolisation f. ◆ **symbolize** vt symboliser.

symmetry ['sɪmɪtrɪ] n symétrie f. ◆ **symmetric(al)** adj symétrique. ◆ **symmetrically** adv symétriquement.

sympathy ['sɪmpəθɪ] n **(a)** (*pity*) compassion f. **please accept my deepest ~** veuillez agréer mes condoléances; **to feel ~ for** éprouver de la compassion pour; **to show one's ~ for** sb témoigner sa sympathie à qn. **(b)** (*fellow feeling*) solidarité f (*for* avec). **I have no ~ with** lazy people je n'ai aucune indulgence pour les paresseux; **he is in ~ with the workers** il est du côté des ouvriers; **I am in ~ with your proposals** je suis en accord avec vos propositions; **to strike in ~ with** sb faire grève en solidarité avec qn. ◆ **sympathetic** adj (*showing pity*) compatissant (*to, towards* envers); (*kind*) bien disposé (*to* envers), compréhensif; **you will find him very sympathetic** vous le trouverez bien disposé à votre égard. ◆ **sympathetically** adv (*showing pity*) avec compassion; (*kindly*) avec bienveillance. ◆ **sympathize** vi: **her cousin called to sympathize** sa cousine est venue témoigner sa sympathie; **I sympathize with you in your grief** je m'associe à votre douleur; **I sympathize with you** (*pity*) je vous plains; (*understand*) je comprends votre point de vue. ◆ **sympathizer** n (*in adversity*) personne f qui compatit; (*fig: esp Pol*) sympathisant(e) m(f) (*with* de).

symphony ['sɪmfənɪ] **1** n symphonie f. **2** adj concert, orchestra symphonique. ◆ **symphonic** adj symphonique.

symposium [sɪm'pəʊzɪəm] n, pl -ia symposium m.

symptom ['sɪmptəm] n symptôme m. ◆ **symptomatic** adj symptomatique (*of* de).

synagogue ['sɪnəgog] n synagogue f.

synchronize ['sɪŋkrənaɪz] **1** vt synchroniser. **2** vi [events] se passer en même temps (*with* que). ◆ **synchronization** n synchronisation f.

syncopate ['sɪŋkəpeɪt] vt syncoper. ◆ **syncopation** n syncope f (*Mus*).

syndicate ['sɪndɪkɪt] **1** n (*Comm etc*) syndicat m, coopérative f. **2** ['sɪndɪkeɪt] vt **(a)** (*US Press*) article etc vendre or publier par l'intermédiaire d'un syndicat de distribution. **(b)** workers syndiquer. ◆ **syndicalism** n syndicalisme m. ◆ **syndicalist** n syndicaliste mf.

syndrome ['sɪndrəʊm] n (*also fig*) syndrome m.

synod ['sɪnəd] n synode m.

synonym ['sɪnənɪm] n synonyme m. ◆ **synonymous** adj synonyme (*with* de). ◆ **synonymy** n synonymie f.

synopsis [sɪ'nɒpsɪs] n, pl -ses résumé m.

syntax ['sɪntæks] n syntaxe f. ◆ **syntactic(al)** adj syntaxique.

synthesis ['sɪnθəsɪs] n, pl -ses synthèse f. ◆ **synthesize** vt (*combine*) synthétiser; (*produce*) produire synthétiquement. ◆ **synthetic 1** adj synthétique; **2** n produit m synthétique; (*Tex*) synthetics fibres fpl synthétiques.

syphilis ['sɪfɪlɪs] n syphilis f. ◆ **syphilitic** adj, n syphilitique (mf).

syphon ['saɪfən] = **siphon**.

Syria ['sɪrɪə] n Syrie f.

syringe [sɪ'rɪndʒ] **1** n seringue f. **2** vt seringuer.

syrup ['sɪrəp] n sirop m; (*Culin*: **golden ~**) mélasse f raffinée. ◆ **syrupy** adj sirupeux.

system ['sɪstəm] n **(a)** (*gen*) système m; (*Physiol*) organisme m. **railway ~** réseau m de chemin de fer; **digestive ~** appareil m digestif; **a shock to his ~** une secousse pour son organisme; (*fig*) **to get sth out of one's ~** se purger de qch; (*Pol*) **down with the ~!** à bas le système!; (*order*) **to lack ~** manquer de méthode. ◆ **systematic** adj systématique. ◆ **systematically** adv systématiquement. ◆ **systematization** n systématisation f. ◆ **systematize** vt systématiser. ◆ **systems analyst** n analyste-programmeur mf.

T

T, t [tiː] n (letter) T, t m. (fig) **that's it to a T*** c'est exactement ça; **it fits him to a T*** ça lui va comme un gant. ♦ **T-junction** n intersection f en T. ♦ **T-shirt** n T-shirt m. ♦ **T-square** n équerre f en T.

ta! [taː] excl merci!

tab [tæb] n (part of garment) patte f; (loop on garment etc) attache f; (label) étiquette f; (on shoelace) ferret m; (marker: on file etc) onglet m; (US*: café check) addition f. **to keep ~s on*** person avoir à l'œil*; thing avoir l'œil sur*; (lit, fig) **to pick up the ~*** payer l'addition.

tabby ['tæbɪ] n (~ cat) chat(te) m(f) tigré(e).

tabernacle ['tæbənækl] n tabernacle m.

table ['teɪbl] 1 n (a) table f. **ironing/garden ~** table à repasser/de jardin; **at ~** à table; **to sit down to ~** se mettre à table; **to lay** or **set the ~** mettre la table or le couvert; (fig: drunk) **he was nearly under the ~** un peu plus et il roulait sous la table*. (b) [facts, statistics] table f (also Math); [prices, names] liste f; (Sport: league ~) classement m. **~ of contents** table des matières; (Math) **the two-times ~** la table de deux.

2 vt bill, motion etc (Brit: submit) présenter; (US: postpone) ajourner.

3 adj wine, knife, lamp de table. **he has good ~ manners** il sait se tenir à table; **~ napkin** serviette f (de table); **~ salt** sel m fin. ♦ **tablecloth** n nappe f. ♦ **table-cover** n tapis m de table. ♦ **table d'hôte** 1 adj à prix fixe; 2 n repas m à prix fixe. ♦ **tableland** n (Geog) (haut) plateau m. ♦ **tablemat** n (of linen) napperon m; (heat-resistant) dessous-de-plat m inv. ♦ **table-runner** n chemin m de table. ♦ **tablespoon** n cuiller f de service; (measurement: ~spoonful) cuillerée f à soupe (US Culin = 29,5 ml). ♦ **table-tennis** 1 n ping-pong m; 2 adj de ping-pong; **~-tennis player** joueur m, -euse f de ping-pong. ♦ **tabletop** n dessus m de table. ♦ **table-turning** n spiritisme m par les tables tournantes. ♦ **tableware** n vaisselle f.

tableau ['tæbləʊ] n, pl **-x** (Theat) tableau m vivant; (fig) tableau.

tablet ['tæblɪt] n (stone: inscribed) plaque f commémorative; (of wax, slate etc) tablette f; (Pharm) comprimé m; (for sucking) pastille f; [chocolate] tablette. **~ of soap** savonnette f.

tabloid ['tæblɔɪd] n (newspaper) tabloïd m.

taboo, tabu [tə'buː] adj, n tabou (m).

tabular ['tæbjʊləʳ] adj tabulaire. ♦ **tabulate** vt (gen) mettre sous forme de table; results etc classifier; (Typing) mettre en colonnes. ♦ **tabulator** n [typewriter] tabulateur m.

tachograph ['tækəgrɑːf] n tachygraphe m.

tacit ['tæsɪt] adj tacite. ♦ **tacitly** adv tacitement.

taciturn ['tæsɪtɜːn] adj taciturne. ♦ **taciturnity** n taciturnité f.

tack [tæk] 1 n (a) (for wood, lino, carpets etc) broquette f; (for upholstery) semence f; (US: thumb~) punaise f. (b) (Sewing) point m de bâti. (c) (Naut) bord m. **to make a ~** tirer un bord m; **on a starboard ~** tribord amures; (fig) **on the wrong ~** sur la mauvaise voie; (fig) **to try another ~** essayer une autre tactique. (d) (for horse) sellerie f (articles). 2 vt (Sewing) bâtir. 3 vi (make a ~) tirer un bord. **to ~ along** avancer en tirant des bords.

tack on vt sep wood, lino clouer; (Sewing) bâtir; (fig) ajouter après coup (to à). ♦ **tacking** n (~ing stitches) points mpl de bâti.

tackle ['tækl] 1 n (a) (esp Naut: ropes, pulleys) appareil m de levage; (gen: gear) équipement m. **fishing ~** matériel m de pêche. (b) (Ftbl etc) plaquage m. 2 vt (Ftbl etc) plaquer; thief, intruder saisir (à bras le corps); task, problem s'attaquer à; question, subject aborder; (*) meal, food attaquer*. **I'll ~ him about it** je vais lui en parler; **I ~d him about what he had done** je l'ai questionné sur ce qu'il avait fait.

tacky ['tækɪ] adj glue qui commence à prendre; paint pas tout à fait sec; surface poisseux.

tact [tækt] n tact m. ♦ **tactful** adj person, answer plein de tact; hint, inquiry, reference discret (f -ète); **to be ~ful with sb** agir envers qn avec tact; **you could have been a bit more ~ful** tu aurais pu avoir un peu plus de tact. ♦ **tactfully** adv avec tact. ♦ **tactless** adj person, answer qui manque de tact; hint grossier; inquiry, reference indiscret. ♦ **tactlessly** adv sans tact.

tactic ['tæktɪk] n tactique f. **~s** la tactique. ♦ **tactical** adj (gen) tactique; error etc de tactique. ♦ **tactically** adv du point de vue tactique. ♦ **tactician** n tacticien m.

tadpole ['tædpəʊl] n têtard m.

taffeta ['tæfɪtə] n taffetas m.

tag [tæg] 1 n (a) [shoelace, cord etc] ferret m; (on garment etc: loop) attache f; (label) étiquette f; (marker: on file etc) onglet m. (b) (quotation) citation f; (cliché) cliché m; (catchword) slogan m. **question ~** queue f de phrase interrogative. (c) (game) (jeu m du) chat m. 2 vt (a) (label) étiqueter. (b) (*: follow) suivre; [detective] filer.

tag along vi suivre le mouvement*. **to ~ along behind sb** traîner derrière qn; **to ~ along with sb** venir (or aller) avec qn.

tail [teɪl] 1 n (gen) queue f; [shirt] pan m; [coin] pile f. (Dress) **~s*** queue de pie; **heads or ~s** pile ou face; **long-~ed** à la queue longue; (fig) **with his ~ between his legs** la queue entre les jambes; **he was right on my ~** il me suivait de très près; (fig) **have followed) to put a ~ on sb*** faire filer qn. 2 adj: **~ coat** habit m; **~ end** (gen) bout m; [procession etc] queue f; [storm, debate] toutes dernières minutes fpl; (Aut, Rail etc) **~ lamp** or **light** feu m arrière inv. 3 vt (*) suspect etc suivre, filer.

tail away, tail off vi [sounds] se taire peu à peu; [interest, numbers] diminuer petit à petit. ♦ **tailback** n (Aut) bouchon m. ♦ **tailboard** or ♦ **tailgate** n (Aut) hayon m. ♦ **tailspin** n (Aviat) vrille f. ♦ **tailwind** n vent m arrière inv.

tailor ['teɪləʳ] 1 n tailleur m. **~'s chalk** craie f de tailleur; **~'s dummy** mannequin m. 2 vt garment façonner; (fig) speech, book adapter (to, to suit à; for pour). **a ~ed skirt** une jupe ajustée. ♦ **tailor-made** adj garment fait sur mesure; (fig) building fonctionnalisé (for pour); lesson préparé spécialement (for pour); **the job was ~-made for him** le poste était fait pour lui.

taint [teɪnt] vt (gen) polluer; meat, food gâter; (fig) reputation porter tache à. ♦ **tainted** adj pollué; gâté; entaché; action impur; money mal acquis.

take [teɪk] (*vb: pret* **took**, *ptp* **taken**) **1** *n* (*Cine, Phot*) prise *f* de vues; (*Sound recording*) enregistrement *m*.

2 *vt* (**a**) (*gen*) prendre (*from sth* dans qch; *from sb* à qn); *prize, degree* avoir, obtenir; *a bet* accepter. **to ~ sb's hand** prendre la main de qn; **to ~ sb by the throat** saisir qn à la gorge; **to ~ sth from one's pocket** prendre qch dans *or* tirer qch de sa poche; **I took these statistics from ...** j'ai tiré ces statistiques de ...; (*Math*) **~ 6 from 9** 9 moins 6; **he took 10 francs off the price** il a rabattu 10 F sur le prix; **he must be ~n alive** il faut le prendre *or* le capturer vivant; (*Cards*) **to ~ a trick** faire une levée; **my ace took his king** j'ai pris son roi avec mon as; **the grocer ~s about £500 per day** l'épicier se fait à peu près 500 livres de recette par jour; **you'll have to ~ your** *or* **a chance** il va falloir que tu prennes le risque; **to ~ sth upon o.s.** prendre qch sur soi; **to ~ it upon o.s. to do** prendre sur soi de faire; (*Med*) **to ~ cold** prendre froid; **to be ~n ill** tomber malade; **to ~ fright** prendre peur; **he took no food for 4 days** il n'a rien mangé *or* pris pendant 4 jours; **how much alcohol has he ~n?** combien d'alcool a-t-il bu?; **I can't ~ alcohol** je ne supporte pas l'alcool; **to ~ one's seat** s'asseoir; **is this seat ~n?** cette place est-elle prise *or* occupée?; **to ~ the train** prendre le train; **~ the first on the left** prenez la première à gauche; **the bus ~s 60 passengers** l'autobus a une capacité de 60 places; **the hall will ~ 200 people** la salle contient jusqu'à 200 personnes; **he won't ~ less than £50 for it** il en demande au moins 50 livres; **~ it from me!** croyez-moi!; **~ it or leave it** c'est à prendre ou à laisser; **I can ~ it or leave it*** j'aime ça mais sans plus; **how did he ~ the news?** comment a-t-il réagi en apprenant la nouvelle?; **she took his death quite well/very badly** elle s'est montrée très calme/a été très affectée en apprenant sa mort; **you must ~ us as you find us** vous devez nous prendre comme nous sommes; **to ~ things as they come/are** prendre les choses comme elles viennent/sont; (*handing over task etc*) **will you ~ it from here?** pouvez-vous prendre la suite?

(**b**) (*require*) prendre, demander; (*Gram*) être suivi de. **the journey ~s 5 days** le voyage prend *or* demande 5 jours; **it took me 2 hours to do it, I took 2 hours to do it** j'ai mis 2 heures à le faire; **~ your time!** prenez votre temps!; **that ~s courage** cela demande du courage; **it ~s a brave man to do that** il faut être courageux pour faire cela; **it ~s some doing*** cela n'est pas facile (à faire); **it ~s some believing*** c'est à peine croyable; **it took 3 policemen to hold him down** il a fallu 3 gendarmes pour le tenir; **he has got what it ~s to do the job** il est à la hauteur.

(**c**) (*carry*) *child, object* porter, apporter, emporter; *one's gloves, umbrella* prendre; (*lead*) emmener, conduire; (*accompany*) accompagner. **he took her some flowers** il lui a apporté des fleurs; **~ his suitcase upstairs** montez sa valise; **he took her to the cinema** il l'a emmenée au cinéma; **they took him over the factory** ils lui ont fait visiter l'usine; **to ~ sb to hospital** transporter qn à l'hôpital; **he took me home in his car** il m'a ramené dans sa voiture; **this road/bus will ~ you to ...** cette route/cet autobus vous mènera à ...; (*fig*) **what took you to Lille?** qu'est-ce qui vous a fait aller à Lille?

(**d**) (*negotiate*) *bend* prendre; *hill* grimper; *fence* sauter; *exam, test* se présenter à; (*study*) *subject* prendre, faire.

(**e**) (*tolerate*) accepter. **he won't ~ no for an answer** il n'acceptera pas un refus; **I can't ~ it any more** je n'en peux plus; **we can ~ it!** on ne se laissera pas abattre!

(**f**) (*assume*) supposer, imaginer. **I ~ it that ...** je suppose *or* j'imagine que ...; **how old do you ~**

him to be? quel âge lui donnez-vous?; **what do you ~ me for?** pour qui me prenez-vous?; **I took him to be foreign** je le croyais étranger, je l'ai pris pour un étranger; **now ~ Ireland** prenons par exemple l'Irlande; **taking one thing with another ... tout bien considéré ...** .

3 *vi* [*fire, vaccination, plant etc*] prendre.

take after *vt fus* ressembler à, tenir de.

take along *vt sep person* emmener; *camera etc* prendre.

take apart *vt sep machine, toy* démonter; (**fig: criticize harshly*) démolir*.

take aside *vt sep* prendre à part.

take away 1 *vi*: **it ~s away from its value** cela diminue sa valeur. **2** *vt sep* (**a**) (*carry, lead away*) *object* emporter; *person* emmener. (**b**) (*remove*) *object* prendre, enlever (*from sb* à qn; *from sth* de qch); *sb's child, wife* enlever (*from sb* à qn). **she took her children away from the school** elle a retiré ses enfants de l'école. (**c**) (*Math*) soustraire, ôter (*from* de).

take back *vt sep* (**a**) *gift, promise, one's wife etc* reprendre. (**b**) (*return*) *book, goods* rapporter (*to* à); (*accompany*) *person* raccompagner (*to* à). (*fig*) **it ~s me back to my childhood** cela me rappelle mon enfance; **that ~s me back!** ça me rappelle de vieux souvenirs!

take down *vt sep* (**a**) *vase from shelf etc* descendre (*from, off* de); *trousers* baisser; *picture, poster* enlever. (**b**) (*dismantle*) *scaffolding* démonter; *building* démolir. (**c**) (*write etc*) *notes, letter, address* prendre.

take in *vt sep* (**a**) *chairs, harvest* rentrer; *person* faire entrer; *lodgers* prendre; *friend* recevoir; *orphan, stray dog* recueillir; *newspaper etc* prendre; *sewing, washing* prendre à domicile. (**b**) *skirt, dress, waistband* reprendre; *knitting* diminuer. (**c**) (*include, cover*) couvrir, inclure. **we cannot ~ in all the cases** nous ne pouvons pas couvrir *or* inclure tous les cas; (*fig*) **we took in Venice on the way home** nous avons visité Venise sur le chemin du retour. (**d**) (*grasp, understand*) saisir, comprendre. **the children were taking it all in** les enfants étaient tout oreilles; **he hadn't fully ~n in that she was dead** il n'avait pas vraiment réalisé* qu'elle était morte; **he took in the situation at a glance** il a apprécié la situation en un clin d'œil. (**e**) (*: *cheat, deceive*) avoir*, rouler*. **he's easily ~n in** il se fait facilement avoir*; **to be ~n in by appearances/a disguise** se laisser prendre aux apparences/à un déguisement.

take off 1 *vi* [*person*] partir (*for* pour); [*aircraft*] décoller, (*head for*) s'envoler (*for* pour); [*high jumper etc*] s'élancer. **2** *vt sep* (**a**) (*remove*) *garment, price tag, lid* enlever; *telephone receiver* décrocher; *item on menu, train* supprimer. (*Med*) **they had to ~ his leg off** on a dû l'amputer d'une jambe; (*Comm*) **he took £5 off** il a fait un rabais de 5 livres. (**b**) (*lead etc away*) *person* emmener; *object* emporter. **he took her off to lunch** il l'a emmenée déjeuner; **to ~ sb off to jail** emmener qn en prison; **he was ~n off to hospital** on l'a transporté à l'hôpital; **to ~ o.s. off** s'en aller. (**c**) (*imitate*) imiter.

take on 1 *vi* (**a**) [*song, fashion etc*] prendre, marcher*. (**b**) (*: *be upset*) s'en faire*. **2** *vt sep* (**a**) *work, responsibility, bet* accepter; *challenger* (*for game/fight*) accepter de jouer/de se battre contre. **I'll ~ you on** (*Betting*) je parie avec vous; (*Sport*) je joue contre vous; **he has ~n on more than he bargained for** il n'avait pas compté prendre une si lourde responsabilité. (**b**) *employee* prendre; *cargo, passenger* embarquer; *form, qualities* revêtir.

take out *vt sep* (**a**) (*lead, carry outside*) *prisoner* faire sortir; *chair, dog, children etc* sortir. **he took her out to lunch/the theatre** il l'a emmenée déjeuner/au théâtre; **he has often ~n her out** il l'a souvent sortie. **(b)** *(from pocket, drawer)* prendre *(from, of* dans); *(remove)* sortir, enlever *(from, of* de); *tooth* arracher; *appendix, tonsils* enlever; *stain* ôter, enlever *(from* de). *(fig)* **that will ~ you out of yourself** cela vous changera les idées; *(fig)* **that ~s it out of you*** ces choses-là fatiguent beaucoup; **to ~ it out on sb** s'en prendre à qn. **(c)** *insurance, patent* prendre; *licence* se procurer.

take over 1 *vi [dictator, political party etc]* prendre le pouvoir. **to ~ over from sb** prendre la relève de qn; **let him ~ over** cédez-lui la place. **2** *vt sep* **(a)** *(assume responsibility for) business, goods etc* reprendre; *new car* prendre livraison de; *sb's debts* prendre à sa charge. **to ~ a job over from sb** remplacer qn à un poste. **(b)** *(Fin) another company* absorber. *(fig)* **the tourists have ~n over Venice** les touristes ont envahi Venise.

take to *vt fus* **(a)** *(conceive liking for) person* se prendre d'amitié pour, sympathiser avec; *game, action, study* prendre goût à. **I didn't ~ to the idea** l'idée ne m'a rien dit. **(b)** *(start, adopt) habit* prendre; *hobby* se mettre à. **to ~ to drink/drugs** se mettre à boire/à se droguer; **she took to saying ...** elle s'est mise à dire ... . **(c) to ~ to one's bed** s'a-liter; **to ~ to the woods** *[walker]* passer par les bois; *[hunted man]* s'enfuir à travers bois; **to ~ to the boats** abandonner le navire.

take up 1 *vi:* **to ~ up with sb** se lier avec qn. **2** *vt sep* **(a)** *(lead, carry upstairs, uphill etc) person* faire monter; *object* monter. **(b)** *(lift) object from ground etc* ramasser; *carpet* enlever; *roadway, pavement* dépaver; *hem, skirt* raccourcir; *passenger* prendre; *(fig: after interruption) one's work, conversation, book etc* reprendre. **(c)** *(occupy) space, attention* occuper; *time* prendre. **he's very ~n up** il est très pris; **he's quite ~n up with her/with his plan** il ne pense plus qu'à elle/qu'à son projet. **(d)** *(absorb) liquids* absorber. **(e)** *(raise question of) subject* aborder. **I'll ~ that up with him** je lui en parlerai. **(f)** *(start doing etc) hobby, sport etc* se mettre à; *career* embrasser; *method* adopter; *challenge* relever; *shares* souscrire à; *person* adopter. **I'll ~ you up on your promise** je me souviendrai de votre promesse. **(g)** *(understand)* comprendre. **you've ~n me up wrongly** vous m'avez mal compris.

♦ **takeaway 1** *n* café *m* qui fait des plats à emporter; **2** *adj food, meal* à emporter. ♦ **take-home pay** *n* salaire *m* net. ♦ **taken** *adj seat* pris, occupé; *(fig)* **to be very ~n with sb/sth** être très impressionné par qn/qch; **I'm not very ~n with him** il ne m'a pas fait une grosse impression; **I'm quite ~n with or by that idea** cette idée me plaît énormément. ♦ **takeoff** *n* **(a)** *(Aviat)* décollage *m;* *(fig)* démarrage *m;* **(b)** *(imitation)* pastiche *m.* ♦ **takeover 1** *n (Fin etc)* absorption *f;* **2** *adj:* **~over bid** offre *f* publique d'achat. ♦ **taker** *n:* **drug-~rs** les drogués *mpl;* **at £5 he found no ~rs** il n'a pas trouvé de preneurs pour 5 livres. ♦ **taking 1** *adj person, manners* engageant, attirant; **2** *n (Mil: capture)* prise *f.* ♦ **takings** *npl (Comm)* recette *f.*

talc [tælk], **talcum (powder)** ['tælkəm(ˌpaʊdəʳ)] *n* talc *m.*

tale [teɪl] *n (gen)* histoire *f;* *(story)* conte *m;* *(legend)* légende *f;* *(account)* récit *m.* **'T~s of King Arthur'** 'La Légende du Roi Arthur'; **he told us the ~ of** his adventures il nous a fait le récit de ses aventures; **I've been hearing ~s** about you on m'a raconté des choses sur vous; **to tell ~s** rapporter, cafarder*; *(fig)* **to tell ~s out of school** raconter ce qu'on devait taire. ♦ **talebearer** *n* rapporteur *m,* -euse *f.* ♦ **talebearing** *or* ♦ **taletelling** *n* rapportage *m.*

talent ['tælənt] **1** *n* talent *m.* **to have a ~ for drawing** être doué pour le dessin; **he is looking for ~ amongst the schoolboy players** il cherche de futurs grands joueurs parmi les lycéens. **2** *adj:* **~ scout** *or* **spotter** *(Theat/Sport)* dénicheur *m,* -euse *f* de vedettes/de futurs grands joueurs. ♦ **talented** *adj person* doué; *book, painting etc* plein de talent.

talisman ['tælɪzmən] *n* talisman *m.*

talk [tɔːk] **1** *n* **(a)** conversation *f,* discussion *f;* *(more formal)* entretien *m;* *(chat)* causerie *f.* **we've had several ~s about this** nous en avons parlé *or* discuté plusieurs fois; **I must have a ~ with him** il faut que je lui parle. **(b)** *(informal lecture)* exposé *m (on* sur); *(less academic)* causerie *f (on* sur). **to give a ~** faire un exposé, donner une causerie; **he will give us a ~ on ...** il va nous parler de ...; **to give a ~ on the radio** parler à la radio. **(c)** *propos mpl; (gossip)* bavardages *mpl; (pej)* racontars *mpl.* **the ~ was all about the wedding** les propos tournaient autour du mariage; **there is some ~ of his returning** *(being discussed)* il est question qu'il revienne; *(being rumoured)* on dit qu'il va peut-être revenir; **it's common ~ that ...** on dit partout que ...; **it's just ~** ce ne sont que des racontars; **there has been a lot of ~ about her** il a beaucoup été question d'elle, on a raconté beaucoup d'histoires sur elle *(pej);* **I've heard a lot of ~ about the factory** j'ai beaucoup entendu parler de l'usine; **all that ~ about what he was going to do!** tous ces beaux discours sur ce qu'il allait faire!; *(pej)* **he's all ~** c'est un hâbleur; **she's the ~ of the town** on ne parle que d'elle.

2 *adj (Rad/TV)* **~ show** entretien *m* (radiodiffusé/télévisé).

3 *vi (speak)* parler *(to sb* à qn; *with sb* avec qn; *about, of sth* de qch); *(chatter)* bavarder *(with* avec); *(converse)* discuter *(to, with* avec); *(more formally)* s'entretenir *(to, with* avec). **to ~ to o.s.** se parler tout seul; **the Foreign Ministers ~ed about ...** les ministres des Affaires étrangères se sont entretenus de ...; **try to keep him ~ing** essaie de le faire parler aussi longtemps que possible; **to get o.s. ~ed about** faire parler de soi; **now you're ~ing!*** voilà qui devient intéressant!; **it's all right for him to ~** il peut parler; **look who's ~ing!*** tu peux toujours parler, toi!*; **he ~s too much** il parle trop, *(indiscreet)* il ne sait pas se taire; **don't ~ to me like that!** ne me parle pas sur ce ton!; **he knows what he's ~ing about when he's on the subject of cars** il s'y connaît quand il parle de voitures; **he doesn't know what he's ~ing about** il ne sait pas ce qu'il dit; **he was ~ing of going to Greece** il parlait d'aller en Grèce; **I'm not ~ing to him any more** je ne lui adresse plus la parole; **~ing of films, have you seen ...?** à propos de films, avez-vous vu ...?; **~ about a stroke of luck!*** tu parles d'une aubaine!*; **who were you ~ing to?** à qui parlais-tu?; **I saw them ~ing (to each other)** je les ai vus en conversation l'un avec l'autre.

4 *vt a language, slang* parler. **to ~ business/politics** parler affaires/politique; **to ~ sb into doing sth** persuader qn de faire qch *(à force de paroles);* **to ~ sb out of doing sth** dissuader qn de faire (en lui parlant).

talk down 1 *vi:* **to ~ down to sb** parler à qn comme à un enfant. **2** *vt sep (Aviat) pilot, aircraft* aider à atterrir par radio-contrôle.

talk over *vt sep* discuter de. **I must ~ it over with my wife** je dois en parler à ma femme. ♦ **talkative** *adj* bavard, volubile. ♦ **talkativeness** *n* volubilité *f,* bavardage *m,* -euse *f; (pej)* bavard(e) *m(f).* ♦ **talkie*** *n (Cine)* film *m* parlant; **the ~ies** le cinéma parlant. ♦ **talking 1** *n* bavardage *m;* **he did all the ~ing** il a fait tous les frais de la conversation; **'no ~ing'** 'silence s'il vous plaît'; **2** *adj doll, parrot, film* parlant; **~ing book** livre *m* enregistré; **~ing point** sujet *m* de conversation. ♦ **talking-to*** n: to give sb a good ~ing-to passer un bon savon à qn*.

tall [tɔːl] adj person grand, de haute taille; building etc haut, élevé. how ~ is that mast? quelle est la hauteur de ce mât?; how ~ are you? combien mesurez-vous?; **he is 6 feet** ~ ≃ il mesure 1 mètre 80; (fig) **a ~ story** une histoire à dormir debout; **that's a ~ order!** c'est demander un peu trop! ♦ **tallboy** n commode f. ♦ **tallness** n grande taille f; hauteur f.

tally ['tælɪ] **1** n compte m. **to keep a ~ of** (count) tenir le compte de; (mark off on list) pointer. **2** vi correspondre (with à).

talon ['tælən] n [bird] serre f; [tiger etc] griffe f.

tamarisk ['tæmərɪsk] n tamaris m.

tambourine [,tæmbə'riːn] n tambourin m.

tame [teɪm] **1** adj bird, animal apprivoisé; (fig) story, match insipide. **to become** or **grow ~(r)** s'apprivoiser; (hum) **our ~ American** notre Américain de service. **2** vt bird, wild animal apprivoiser; esp lion, tiger dompter; (fig) passion maîtriser; person mater. ♦ **tamely** adv agree docilement. ♦ **tamer** n dresseur m, -euse f; lion-~r dompteur m, -euse f (de lions).

tamper ['tæmpə'] vi: **to ~ with** (gen) toucher à (sans permission); lock essayer de crocheter; document, text, (Jur) evidence falsifier.

tampon ['tæmpən] n (Med) tampon m.

tan [tæn] **1** n (sun~) bronzage m. **she's got a lovely ~** elle est bien bronzée. **2** adj brun roux inv. **3** vt (a) hides tanner. (fig) **to ~ sb's hide*** rosser qn*. (b) [sun] sunbather bronzer; sailor, farmer etc basaner. **to get ~ned = to tan** (V 4). **4** vi bronzer. ♦ **tanned** adj (sun~ned) bronzé; basané. ♦ **tanner** n tanneur m. ♦ **tannery** n tannerie f (établissement). ♦ **tanning** n [hides] tannage m; (‡fig: beating) tannée‡ f; (suntanning) bronzage m.

tang [tæŋ] n (taste) saveur f forte et piquante; (smell) odeur forte et piquante.

tangent ['tændʒənt] n (Math) tangente f. (fig) **to fly off at a ~** partir dans une digression.

tangerine [,tændʒə'riːn] **1** n mandarine f. **2** adj (colour) mandarine inv.

tangible ['tændʒəbl] adj (gen) tangible; assets matériel, réel. ♦ **tangibly** adv tangiblement.

tangle ['tæŋgl] **1** n [wool, rope, bushes] enchevêtrement m; (fig: muddle) confusion f. **to get into a ~** (gen) s'enchevêtrer; [hair] s'emmêler; (fig) [accounts etc] s'embrouiller; [traffic] se bloquer; [person] s'embrouiller; **the whole affair was a hopeless ~** toute cette histoire était affreusement embrouillée. **2** vt (~ up: lit, fig) enchevêtrer, embrouiller. **~d** string, rope, wool embrouillé, enchevêtré; hair emmêlé, enchevêtré; **to get ~d up** (= to get into a tangle (V 1). **3** vi (*fig) **to ~ with sb** se colleter avec qn*.

tank [tæŋk] n (a) (container) (for storage: for gas, petrol etc) réservoir m; (esp for rainwater) citerne f; (for transporting) réservoir m, cuve f; (esp oil) tank m; (for fermenting, processing etc) cuve (also Phot); (for fish) aquarium m. **fuel ~** réservoir à carburant. (b) (Mil) char m (de combat), tank m.

tank up* vi (Aut) faire le plein.

♦ **tanker** n (truck) camion-citerne m; (ship) pétrolier m; (aircraft) avion-ravitailleur m; (Rail) wagon-citerne m. ♦ **tankful** n: a ~ful of petrol un réservoir (plein) d'essence; a ~ful of water une citerne (pleine) d'eau.

tankard ['tæŋkəd] n chope f (à bière).

tannoy ['tænɔɪ] n ®: over the ~ par les haut-parleurs.

tantalize ['tæntəlaɪz] vt tourmenter (par de faux espoirs). ♦ **tantalizing** adj (gen) terriblement tentant; smell terriblement appétissant; slowness etc désespérant. ♦ **tantalizingly** adv d'une façon cruellement tentante; **tantalizingly slowly**

avec une lenteur désespérante.

tantamount ['tæntəmaunt] adj: ~ to équivalent à.

tantrum ['tæntrəm] n (temper ~) crise f de colère. **to have** or **throw a ~** piquer une colère.

tap¹ [tæp] **1** n (Brit) robinet m. **beer on ~** bière f en fût; (fig) **funds/resources on ~** fonds mpl/ressources fpl disponibles. **2** adj: (Brit) **~ water** eau f du robinet. **3** vt cask, barrel mettre en perce; pine gemmer; other tree inciser; (Elec) current capter; wire brancher; telephone mettre sur écoute; (fig) resources, supplies exploiter. **my phone is being ~ped** mon téléphone est sur écoute; **they ~ped her for a loan*** ils lui ont demandé un prêt; **to ~ sb for information** soutirer des renseignements à qn. ♦ **taproom** n salle f de bistrot. ♦ **taproot** n (Bot) racine f pivotante.

tap² [tæp] **1** n petit coup m. **there was a ~ at the door** on a frappé doucement à la porte. **2** vi frapper doucement, taper; (knock) frapper doucement; (pat) tapoter. **he ~ped me on the shoulder** il m'a tapé sur l'épaule; **to ~ out a message in Morse** transmettre un message en morse. ♦ **tap-dance 1** n claquettes fpl; **2** vi faire des claquettes. ♦ **tap-dancer** n danseur m, -euse f de claquettes.

tape [teɪp] **1** n (gen) ruban m, bande f; (Sewing: decoration) ruban, ganse f; (Sewing: for binding) extra-fort m; (for parcels) bolduc m; (sticky ~) scotch m ®; (Med) sparadrap m; (for recording) bande magnétique; (Sport) fil m d'arrivée; (at opening ceremonies) ruban. **the message was coming through on the ~** le message nous parvenait sur bande (perforée). **2** adj: ~ **deck** platine f de magnétophone; (Brit) ~ **machine** téléscripteur m; ~ **measure** mètre m à ruban. **3** vt (a) (~ up) parcel etc attacher avec du ruban or du bolduc, (with sticky ~) coller avec du scotch; (~ up, ~ together) broken vase etc recoller avec du scotch etc. (Brit fig) **I've got him/it all ~d*** je sais parfaitement ce qu'il vaut/de quoi il retourne*; **they had the game/situation ~d*** ils avaient le jeu/la situation bien en main. (b) (record) song, message, video material enregistrer. ♦ **tape-record** vt enregistrer. ♦ **tape-recorder** n magnétophone m. ♦ **tape-recording** n enregistrement m (au magnétophone). ♦ **tapeworm** n ténia m, ver m solitaire.

taper ['teɪpə'] **1** n (for lighting) bougie f fine; (Rel: narrow candle) cierge m. **2** vt table leg, trouser leg fuseler; hair effiler; structure, shape terminer en pointe.

taper off vi (sound, storm) aller en diminuant; [speech, conversation] s'effiloucher.

♦ **tapered** or ♦ **tapering** adj column, fingers fuselé; structure etc en pointe.

tapestry ['tæpɪstrɪ] n tapisserie f.

tapioca [,tæpɪ'əukə] n tapioca m.

tar [tɑː'] **1** n goudron m. **2** vt goudronner. ♦ **tarring** n goudronnage m. ♦ **tarry** adj substance goudronneux; (tarstained) plein de goudron.

tarantula [tə'ræntjulə] n tarentule f.

tardy ['tɑːdɪ] adj tardif.

target ['tɑːgɪt] **1** n (gen; also fig: of criticism etc) cible f; (Mil: in attack; fig: objective) objectif m. **to be on ~** [missile etc] suivre la trajectoire prévue; [remark, criticism] mettre en plein dans le mille; (in timing etc) ne pas avoir de retard; **dead on ~!** pile!; **to set o.s. a ~ of £100** se fixer comme objectif de réunir 100 livres. **2** adj date, amount etc fixé, prévu. ~ **practice** exercices mpl de tir.

tariff ['tærɪf] n (tax) tarif m douanier; (price list) tarif.

tarmac ['tɑːmæk] ® **1** n (substance) macadam m goudronné; (runway) piste f; (airport apron) aire f d'envol. **2** vt goudronner.

tarnish ['tɑːnɪʃ] **1** vt (gen) ternir; [mirror] désargenter. **2** vi se ternir; se désargenter.

tarot ['tærəʊ] n tarot m. ~ **card** tarot.

tarpaulin [tɑːˈpɔːlɪn] n (material) toile f goudronnée; (sheet) bâche f (goudronnée).

tarragon ['tærəgən] n estragon m.

tart[1] [tɑːt] adj (gen) âpre; answer etc acerbe. ♦ **tartly** adv d'une manière acerbe. ♦ **tartness** n aigreur f.

tart[2] [tɑːt] n (a) (Culin) tarte f; (small) tartelette f. **apple** ~ tarte(lette) aux pommes. (b) (⁑: prostitute) poulet f, putain⁑ f.
tart up⁑ vt sep retaper*.

tartan ['tɑːtən] 1 n tartan m. 2 adj garment écossais. ~ **rug** plaid m.

tartar[1] ['tɑːtəʳ] n (Chem etc) tartre m. ♦ **tartaric** adj tartrique.

tartar[2] ['tɑːtəʳ] 1 n homme m intraitable; (woman) mégère f. 2 adj (Culin) tartare.

task [tɑːsk] 1 n tâche f. a hard ~ une lourde tâche; to take sb to ~ prendre qn à partie (for, about pour). 2 vt brain, patience mettre à l'épreuve. it didn't ~ him too much cela ne lui a pas demandé trop d'effort. 3 adj (Mil, Police) ~ **force** détachement m spécial. ♦ **taskmaster** n: a hard ~master un véritable tyran.

tassel ['tæsl] n gland m (de tapisserie).

taste [teɪst] 1 n goût m. it has no ~ cela n'a aucun goût; it left a bad ~ cela m'a laissé un goût déplaisant, (fig) j'en ai gardé une amertume; (fig) to have (good) ~ avoir du goût; he has no ~ il a très mauvais goût; in good/bad ~ de bon/mauvais goût; would you like a ~ ? voulez-vous y goûter?; I gave him a ~ of the wine je lui ai fait goûter le vin; (fig) it gave him a ~ of the work cela lui a donné un aperçu du travail; a ~ of happiness une idée du bonheur; (small amount) a ~ of un tout petit peu de; to be to sb's ~ plaire à qn; to have a ~ for avoir du goût or un penchant pour; to acquire a ~ for prendre goût à; (Culin) sweeten to ~ sucrer à volonté; there's no accounting for ~ des goûts et des couleurs on ne discute pas; each to his own ~, ~s differ chacun son goût; one's ~(s) in music ses goûts musicaux; he has expensive ~s in cars il a le goût des voitures de luxe.
2 vt (perceive flavour of) sentir (le goût de). I can't ~ the garlic je ne sens pas l'ail; you won't ~ it tu n'en sentiras pas le goût. (b) (sample) food, drink, power, freedom goûter à; (esp for first time) goûter de; (to test quality) food, drink goûter; wine (at table) goûter; (at wine-tasting etc) déguster. ~ this! goûtez à ça!; I have never ~d snails je n'ai jamais mangé d'escargots; he had not ~d food for a week il n'avait rien mangé depuis une semaine.
3 vi: it doesn't ~ at all cela n'a aucun goût; to ~ bitter avoir un goût amer; to ~ good/bad avoir bon/mauvais goût; to ~ of or like sth avoir un goût de qch; it ~s all right to me d'après moi cela a un goût normal.
♦ **tasteful** adj de bon goût. ♦ **tastefully** adv avec goût. ♦ **tastefulness** n bon goût m. ♦ **tasteless** adj food fade; medicine qui n'a aucun goût; remark, decoration de mauvais goût. ♦ **tastelessly** adv sans goût. ♦ **tastelessness** n fadeur f; mauvais goût m. ♦ **taster** n dégustateur m, -trice f. ♦ **tastiness** n saveur f agréable. ♦ **tasty** adj food savoureux; titbit succulent.

ta-ta* ['tæ'tɑː] excl (Brit) salut!*

tatters ['tætəz] npl lambeaux mpl. ♦ **tattered** adj object en lambeaux; person déguenillé.

tattle ['tætl] 1 vi cancaner. 2 n cancans mpl. ♦ **tattler** n commère f (pej).

tattoo[1] [tə'tuː] 1 vt tatouer. 2 n tatouage m.

tattoo[2] [tə'tuː] n (Mil: show) parade f militaire.

tatty* ['tætɪ] adj (gen) défraîchi; paint écaillé; poster, book écorné.

taught [tɔːt] pret, ptp of teach.

taunt [tɔːnt] 1 n raillerie f. 2 vt railler. to ~ sb with cowardice taxer qn de lâcheté. ♦ **taunting**

1 adj railleur; 2 n railleries fpl.

Taurus ['tɔːrəs] n (Astron) le Taureau.

taut [tɔːt] adj (lit, fig) tendu.

tautology [tɔːˈtɒlədʒɪ] n tautologie f. ♦ **tautological** adj tautologique.

tavern† ['tævən] n taverne† f.

tawdry ['tɔːdrɪ] adj goods de camelote*, médiocre; clothes tapageur; (fig) motive etc indigne. ♦ **tawdriness** n qualité f médiocre.

tawny ['tɔːnɪ] adj fauve (couleur).

tax [tæks] 1 n (on goods, services) taxe f, impôt m (on sur); (income ~) impôts mpl. before/after ~ avant/après l'impôt; half of it goes in ~ on en perd la moitié en impôts; how much ~ do you pay? combien d'impôts payez-vous?; I paid £1,000 in ~ j'ai payé 1 000 livres d'impôts or de contributions; free of ~ exempt d'impôt; to put a ~ on sth taxer qch; petrol ~ taxe sur l'essence. 2 adj authorities, system etc fiscal. ~ **evasion** fraude f fiscale; ~ **form** feuille f d'impôts; for ~ **purposes** pour des raisons fiscales. 3 vt (a) goods etc taxer, imposer; income, profits, person imposer; (fig) patience etc mettre à l'épreuve. (b) taxer (sb with sth qn de qch). to ~ sb with doing accuser qn de faire (or d'avoir fait). ♦ **taxable** adj imposable.
♦ **taxation** 1 n (act) taxation f; (taxes) impôts mpl; 2 adj authority, system fiscal. ♦ **tax-collector** n percepteur m. ♦ **tax-deductible** adj sujet à dégrèvements (d'impôts). ♦ **tax-free** adj exempt d'impôts. ♦ **taxing** adj éprouvant.
♦ **taxman*** n: the ~man le percepteur. ♦ **taxpayer** n contribuable mf.

taxi ['tæksɪ] 1 n taxi m. by ~ en taxi. 2 adj charges etc de taxi. 3 vi (a) [aircraft] to ~ **along** the runway rouler lentement le long de la piste. (b) (go by ~) aller en taxi. ♦ **taxicab** n taxi m. ♦ **taxi-driver** n chauffeur m de taxi. ♦ **taximeter** n taximètre m. ♦ **taxi-rank** n station f de taxis.

taxidermy ['tæksɪdɜːmɪ] n empaillage m, taxidermie f. ♦ **taxidermist** n empailleur m, -euse f.

tea [tiː] n (a) thé m. she made a pot of ~ elle a fait du thé; mint etc ~ tisane f de menthe etc; beef ~ bouillon de viande; (fig) not for all the ~ in China pour rien au monde. (b) (meal) thé m; (for children) ⇒ goûter m. to have ~ prendre le thé; [children] goûter. ♦ **tea-bag** n sachet m de thé. ♦ **tea-break** n pause-thé f; to have a ~-break faire la pause-thé. ♦ **tea-caddy** n boîte f à thé. ♦ **teacake** n petit pain m brioché. ♦ **tea-chest** n caisse f (à thé). ♦ **teacloth** n (for dishes) torchon m; (for table) nappe f; (for trolley, tray) napperon m. ♦ **tea-cosy** n couvre-théière m. ♦ **teacup** n tasse f à thé. ♦ **tea-leaf** n feuille f de thé; to read the ~-leaves ⇒ lire dans le marc du café. ♦ **tea party** n thé m (réception). ♦ **tea-plate** n petite assiette. ♦ **teapot** n théière f. ♦ **tearoom** n salon m de thé. ♦ **tea-service** or ♦ **tea-set** n service m à thé. ♦ **teashop** n pâtisserie-salon de thé f. ♦ **teaspoon** n petite cuiller f. ♦ **teaspoonful** n cuillerée f à café. ♦ **tea-things** npl service m à thé; (dirty dishes) vaisselle f après le thé. ♦ **teatime** n l'heure f du thé. ♦ **tea-towel** n torchon m (à vaisselle).

teach [tiːtʃ] pret, ptp **taught** 1 vt (gen) apprendre (sb sth, sth to sb qch à qn); (Scol, Univ etc) enseigner (sb sth, sth to sb qch à qn); to ~ sb (how) to do apprendre à qn à faire; I'll ~ you what to do je t'apprendrai ce qu'il faut faire; he ~es French il enseigne le français; (US) to ~ school être professeur (or instituteur etc); to ~ o.s. (to do) sth apprendre (à faire) qch tout seul; (fig) that will ~ him a lesson! ça lui apprendra!; that will ~ you to mind your own business! ça t'apprendra à te mêler de tes affaires!
2 vi (gen) enseigner. he wanted to ~ il voulait enseigner; he had been ~ing all morning il avait fait cours toute la matinée.

♦ **teachable** *adj subject* enseignable. ♦ **teacher** *n*
(*gen*) professeur *m*; (*primary school*) instituteur
m, -trice *f*; **she is a maths** ~**er** elle est professeur
de maths; **the** ~**ers accepted the government's
offer** les enseignants *mpl* ont accepté l'offre du
gouvernement; ~**er's handbook** livre *m* du
maître; ~**er(s') training college** ≃ école *f* normale; ~**er training** formation *f* pédagogique; **to
get one's** ~**er training certificate** (*primary*) ≃
sortir de l'école normale; (*secondary*) ≃ avoir son
C.A.P.E.S. *etc.* ♦ **teach-in** *n* séance *f* d'études.
♦ **teaching 1** *n* (*gen*) enseignement *m* (*on, about*
sur); **to go into** ~**ing** entrer dans l'enseignement;
2 *adj* **staff** enseignant; *material* pédagogique;
machine à enseigner; ~**ing hospital** centre *m*
hospitalo-universitaire; **the** ~**ing profession**
(*teachers collectively*) les enseignants *mpl*.
teak [tiːk] *n* teck *m*.
team [tiːm] **1** *n* (*gen*) équipe *f*; [*horses, oxen*]
attelage *m*. **football/research** ~ équipe de foot-
ball/de chercheurs. **2** *adj*: ~ **games/spirit** jeux
mpl d'équipe; ~ **teaching** enseignement
m coordonné pour groupes. **3** *vt* (~ **up**) *person*
mettre en collaboration (*with* avec); *thing*
associer (*with* avec).
team up *vi* [*people*] faire équipe (*with* avec; *to do*
pour faire).
♦ **team-mate** *n* coéquipier *m*, -ière *f*. ♦ **team-
member** *n* équipier *m*, -ière *f*. ♦ **teamster** *n* (*US*)
camionneur *m*. ♦ **teamwork** *n* collaboration *f*
(d'équipe).
tear[1] [tɛəʳ] (*vb: pret* tore, *ptp* torn) **1** *n* déchirure *f*,
accroc *m*. **to make a** ~ **in** sth déchirer qch; **it has a**
~ **in it** c'est déchiré. **2** *vt* **(a)** (*gen*) déchirer. **to** ~
a hole in sth faire une déchirure *or* un accroc à; **to** ~
to pieces *or* **to bits*** *paper* déchirer en menus
morceaux; *garment* mettre en lambeaux; *prey*
mettre en pièces; (*fig*) *play etc* éreinter; *argument* démolir; **to** ~ **open** *envelope* déchirer;
letter déchirer l'enveloppe de; *parcel* ouvrir en
déchirant l'emballage de; **to** ~ **one's hair** s'arracher les cheveux; (*Med*) **to** ~ **a muscle** se
déchirer un muscle; (*fig*) **that's torn it!*** voilà qui
flanque tout par terre!*; (*fig*) **torn by war/
remorse** *etc* déchiré par la guerre/le remords *etc*;
to be torn between ... balancer entre ... . **(b)**
(*snatch*) arracher (*from* sb à qn; *out of, off, from*
sth de qch). **3** *vi* **(a)** [*cloth etc*] se déchirer. **(b)**
(*rush*) **to** ~ **out/down** *etc* sortir/descendre *etc* à
toute allure.
tear away *vt sep* (*lit, fig*) arracher (*from* sb à qn;
from sth de qch). (*fig*) **I couldn't** ~ **myself away** je
n'arrivais pas à m'en arracher.
tear down *vt sep poster, flag* arracher (*from* de);
building démolir.
tear off *vt sep wrapping* arracher (*from* de); sth
perforated détacher (*from* de).
tear out *vt sep* arracher (*from* de); *cheque, ticket*
détacher (*from* de).
tear up *vt sep* **(a)** *paper*, (*fig*) *contract* déchirer;
offer reprendre. **(b)** *stake, shrub* arracher.
♦ **tearing 1** *n* déchirement *m*; **2** *adj*: **in a** ~**ing
hurry*** terriblement pressé.
tear[2] [tɪəʳ] *n* larme *f*. **in** ~**s** en larmes; **there were**
~**s in her eyes** elle avait les larmes aux yeux;
near *or* **close to** ~**s** au bord des larmes; **to burst
into** ~**s** fondre en larmes; **it brought** ~**s to his
eyes** cela lui a fait venir les larmes aux yeux.
♦ **teardrop** *n* larme *f*. ♦ **tearful** *adj* (*gen*) larmoyant; **she was very** ~**ful** elle a beaucoup
pleuré. ♦ **tearfully** *adv* les larmes aux yeux.
♦ **teargas** *n* gaz *m* lacrymogène. ♦ **tear-stained**
adj barbouillé de larmes.
tease [tiːz] **1** *vt* (*playfully*) taquiner; (*cruelly*)
tourmenter. **2** *n* (*person*) taquin(e) *m(f)*. ♦ **teasel**
n (*Bot*) cardère *f*. ♦ **teaser** *n* problème *m*
(difficile). ♦ **teasing 1** *n* taquineries *fpl*; **2** *adj*
taquin.

teat [tiːt] *n* [*animal, bottle etc*] tétine *f*; [*woman*]
bout *m* de sein.
technical ['teknɪkəl] *adj* (*gen*) technique. ~ **college** collège *m* technique; ~ **hitch** incident *m*
technique; (*Jur*) ~ **offence** contravention *f*.
♦ **technicality** *n* (*detail/difficulty/fault*) détail
m/difficulté *f*/ennui *m* technique; **the** ~**ities** les
détails techniques. ♦ **technically** *adv* technique-
ment; (*fig*) ~**ly we shouldn't be here** en principe
on ne devrait pas être là. ♦ **technician** *n* tech-
nicien(ne) *m(f)*. ♦ **technique** [tek'niːk] *n* technique *f*.
technology [tek'nɒlədʒɪ] *n* technologie *f*. **Ministry
of T**~ ministère *m* des Affaires technologiques.
♦ **technological** *adj* technologique. ♦ **technologist** *n* technologue *mf*.
teddy ['tedɪ] *n* (~ **bear**) nounours *m* (*baby talk*),
ours *m* en peluche.
tedious ['tiːdɪəs] *adj* ennuyeux, assommant*.
♦ **tediously** *adv* d'une façon ennuyeuse.
♦ **tediousness** *or* ♦ **tedium** *n* ennui *m*.
tee [tiː] (*Golf*) *n* tee *m*.
teem [tiːm] *vi* **(a)** [*crowds, river, street*] grouiller
(*with* de). **(b) it was** ~**ing (with rain), the rain was**
~**ing down** il pleuvait à verse. ♦ **teeming** *adj* **(a)**
crowd grouillant; *street* grouillant de monde;
river grouillant de poissons; **(b)** *rain* battant.
teenage ['tiːneɪdʒ] *adj* adolescent (*de 13 à 19 ans*);
behaviour d'adolescent, de jeune; *fashions* pour
jeunes. ♦ **teenager** *n* jeune *mf*, adolescent(e)
m(f). ♦ **teens** *npl* jeunesse *f*, adolescence *f*; **still in
his teens** encore adolescent; **he is in his early
teens** il a un peu plus de treize ans.
teeny* ['tiːnɪ] *adj* tout petit.
tee-shirt ['tiːʃɜːt] *n* T-shirt *m*.
teeter ['tiːtəʳ] *vi* [*person*] chanceler; [*pile*] vaciller. **to** ~ **on the edge of** être prêt à tomber dans.
teeth [tiːθ] *npl of* **tooth**. ♦ **teethe** [tiːð] *vi* faire ses
dents. ♦ **teething 1** *n* poussée *f* des dents; **2** *adj*:
~**ing ring** anneau *m* (*de bébé qui fait ses dents*);
(*fig*) ~**ing troubles** difficultés *fpl* initiales.
teetotal [tiː'təʊtl] *adj* qui ne boit jamais d'alcool.
♦ **teetotaller**, (*US*) **teetotaler** *n* personne *f* qui ne
boit jamais d'alcool.
tele... ['telɪ] *pref* télé... . ♦ **telecommunications**
npl télécommunications *fpl*.
telegram ['telɪgræm] *n* télégramme *m*; (*Diplomacy, Press*) dépêche *f*.
telegraph ['telɪgrɑːf] **1** *n* télégraphe *m*. ~ **pole**
poteau *m* télégraphique. **2** *vti* télégraphier.
♦ **telegraphic** *adj* télégraphique. ♦ **telegraphist**
[tɪ'legrəfɪst] *n* télégraphiste *mf*. ♦ **telegraphy**
[tɪ'legrəfɪ] *n* télégraphie *f*.
telepathy [tɪ'lepəθɪ] *n* télépathie *f*. ♦ **telepathic**
[ˌtelɪ'pæθɪk] *adj* télépathique; (*iro*) **I'm not telepathic!*** je ne suis pas devin!
telephone ['telɪfəʊn] **1** *n* téléphone *m*. **on the** ~ au
téléphone. **2** *vt person* téléphoner à; *message*
téléphoner (*to* à). **3** *vi* téléphoner. **4** *adj*: ~ **book** *or
directory* annuaire *m*; ~ **booth** *or* **box** *or* **kiosk**
cabine *f* téléphonique; ~ **call** coup *m* de télé-
phone*, appel *m* téléphonique; ~ **exchange**
central *m* téléphonique; ~ **line** ligne *f*
téléphonique; ~ **message** message *m* téléphonique; ~ **number** numéro *m* de téléphone; ~
operator standardiste *mf*, téléphoniste *mf*; ~
subscriber abonné(e) *m(f)* au téléphone.
♦ **telephonic** [ˌtelɪ'fɒnɪk] *adj* téléphonique.
♦ **telephonist** [tɪ'lefənɪst] *n* téléphoniste *mf*.
telephoto ['telɪ'fəʊtəʊ] *adj*: ~ **lens** téléobjectif *m*.
teleprint ['telɪprɪnt] *vt* transmettre par téléscripteur. ♦ **teleprinter** *n* téléscripteur *m*.
telescope ['telɪskəʊp] **1** *n* (*reflecting, also Astron*)
télescope *m*; (*refracting*) lunette *f* d'approche.
2 *vi* (*railway carriages etc*) se télescoper;
[*umbrella*] se plier. ♦ **telescopic** [ˌtelɪs'kɒpɪk] *adj*
télescopique; *umbrella* pliant; **telescopic lens**
téléobjectif *m*.

teletype ['telɪtaɪp] ® (*US*) = **teleprint, tele-printer.**

televiewer ['telɪˌvjuːəʳ] *n* téléspectateur *m*, -trice *f*. ♦ **televiewing** *n* (*watching TV*) la télévision; **this evening's televiewing contains ...** le programme de la télévision pour ce soir comprend ... .

television ['telɪˌvɪʒən] **1** *n* télévision *f*; (~ **set**) télévision, téléviseur *m*. **on** ~ à la télévision, à la télé*; **colour** ~ télévision (en) couleur. **2** *adj actor, camera, studio* de télévision; *play, report, serial* télévisé. ~ **programme** émission *f* de télévision. ♦ **televise** *vt* téléviser.

telex ['teleks] **1** *n* télex *m*. **2** *vt* envoyer par télex.

tell [tel] *pret, ptp* **told 1** *vt* (a) (*gen*) dire (*sb sth* qch à qn; *sb to do à* qn de faire; *that* que); *story, adventure* raconter (*to* à); *a lie, the truth* dire; *secret, sb's age* révéler (*to* à); *the future* prédire. **I told him where/why** je lui ai dit où/pourquoi; **I told him the way to London** je lui ai expliqué comment aller à Londres; **to** ~ **sb sth again** répéter *or* redire qch à qn; **he's mad, I can** ~ **you!** il est fou, c'est moi qui te le dis!*; **don't** ~ **me you've lost it!** tu ne vas pas me dire que tu l'as perdu!; **I told you so!** je te l'avais bien dit!; **... or so I've been told ...** ou du moins c'est ce qu'on m'a dit; **do as you're told** fais ce qu'on te dit; **I** ~ **you what!** ~ tiens, si on allait ...*; **you're** ~**ing me!*** à qui le distu!; ~ **me another!*** à d'autres!*; **to** ~ **sb's fortune** dire la bonne aventure à qn; **to** ~ **fortunes** dire la bonne aventure; **can you** ~ **the time?** sais-tu lire l'heure?; **can you** ~ **me the time?** peux-tu me dire l'heure qu'il est?; **that** ~**s me all I need to know** maintenant je sais tout ce qu'il me faut savoir; **that** ~**s us a lot about ...** cela nous en dit long sur ...; **she was** ~**ing him about it** elle lui en parlait; **I told him about what had happened** je lui ai dit ce qui était arrivé.
(b) (*distinguish*) distinguer (*sth from sth* qch de qch); (*know*) savoir. **I can't** ~ **them apart** je ne peux pas les distinguer l'un de l'autre; **how can I** ~ **what he will do?** comment puis-je savoir ce qu'il va faire?; **there's no** ~**ing what ...** impossible de dire ce que ...; **no one can** ~ **what ...** personne ne peut savoir ce que ...; **you can** ~ **he's clever** on voit bien qu'il est intelligent; **I can't** ~ **the difference** je ne vois pas la différence (*between* entre); **you can't** ~ **much from his letter** sa lettre n'en dit pas très long.
(c) **30 all told** 30 en tout.
2 *vi* (a) (*of, about* de). **more than words can** ~ plus qu'on ne peut dire; **I won't** ~**!** je ne le répéterai à personne!; **to** ~ **on sb*** rapporter *or* cafarder* sur qn. (b) (*know*) savoir. **how can I** ~**?** comment le saurais-je?; **I can't** ~ je n'en sais rien; **who can** ~**?** qui sait?; **you never can** ~ on ne sait jamais; **you can't** ~ **from his letter** on ne peut pas savoir d'après sa lettre. (c) (*have effect*) se faire sentir (*on sb/sth* sur qn/qch). **his age told against him** il était handicapé par son âge.

tell off* *vt sep* gronder, attraper* (*sb for sth* qn pour qch; *for doing* pour avoir fait). **to be told off*** se faire attraper*.
♦ **teller** *n* (*Banking*) caissier *m*, -ière *f*; [*votes*] scrutateur *m*, -trice *f*. ♦ **telling** *adj figures, point* révélateur; *argument, style* efficace; *blow* bien assené. ♦ **telling-off*** *n* attrapade* *f*; **to get/give a good** ~**ing-off*** recevoir/passer un bon savon* (*from* de; *to* à). ♦ **telltale 1** *n* rapporteur *m*, -euse *f*, cafard* *m*; **2** *adj* mark *etc* révélateur.

telly* ['telɪ] *n* (*abbr of* **television**) télé* *f*. **on the** ~ à la télé.

temerity [tɪ'merɪtɪ] *n* audace *f*, témérité *f*.

temp* [temp] *n* (*abbr of* **temporary**) intérimaire *mf*.

temper ['tempəʳ] **1** *n* (*nature, disposition*) tempérament *m*, caractère *m*; (*mood*) humeur *f*; (*fit of bad* ~) (accès *m* de) colère *f*. **to have an even** ~, **to be even-**~**ed** être d'un caractère *or* tempérament égal; **to have a hot** *or* **quick** ~ être soupe au lait; **to have a nasty** ~ avoir un sale caractère; **in a foul** ~ d'une humeur massacrante; **in a good/bad** ~ de bonne/mauvaise humeur; **to keep one's** ~ garder son calme; **to lose one's** ~ se mettre en colère; **to be in a** ~ être en colère (*with sb* contre qn; *over, about* à propos de qch); **to put sb into a** ~ mettre qn en colère; **in a fit of** ~ **he ...** dans un accès de colère il ...; **he flew into a** ~ il a explosé. **2** *vt* (*fig*) *effects etc* tempérer (*with* par). ♦ **temperament** *n* (*nature*) tempérament *m*; (*moodiness*) humeur *f*. ♦ **temperamental** *adj* (a) (*capricious*) capricieux; (b) (*innate*) inné.

temperance ['tempərəns] **1** *n* modération *f*; (*in drinking*) tempérance *f*. **2** *adj movement* antial-coolique; *hotel* où l'on ne sert pas de boissons alcoolisées. ♦ **temperate** *adj* tempéré.

temperature ['temprɪtʃəʳ] *n* température *f*. **at a high** ~ à une foi̱e température; **to have** *or* **run a** ~ avoir de la température *or* de la fièvre; **to take sb's** ~ prendre la température de qn.

tempest ['tempɪst] *n* tempête *f*. ♦ **tempestuous** *adj* (*fig*) *meeting, relationship* orageux; *person* passionné.

template ['templɪt] *n* patron *m*, modèle *m*.

temple[1] ['templ] *n* (*Rel*) temple *m*.

temple[2] ['templ] *n* (*Anat*) tempe *f*.

tempo ['tempəʊ] *n, pl* -pi tempo *m*.

temporal ['tempərəl] *adj* temporel.

temporary ['tempərərɪ] *adj job, worker* temporaire; *secretary* intérimaire; *teacher* suppléant; *ticket, licence* valide à titre temporaire; *building, decision, method, powers* provisoire; *relief, improvement* passager. ♦ **temporarily** *adv agree, appoint etc* provisoirement, temporairement; *lame, disappointed etc* pendant un certain temps. ♦ **temporize** *vi* chercher à gagner du temps.

tempt [tempt] *vt* tenter. **to** ~ **sb to do** donner à qn l'envie *or* la tentation de faire; **try and** ~ **her** to **eat** tâchez de la persuader de manger; **I am very** ~**ed to accept** je suis très tenté d'accepter; **I'm very** ~**ed** c'est très tentant; **to** ~ **Providence** *or* **fate** tenter la Providence. ♦ **temptation** *n* tentation *f*; **there is no** ~**ation to do so** on n'est nullement tenté de le faire. ♦ **tempter** *n* tentateur *m*. ♦ **tempting** *adj* tentant; *food* appétissant. ♦ **temptingly** *adv* d'une manière tentante. ♦ **temptress** *n* tentatrice *f*.

ten [ten] *adj, n* dix (*m*) *inv.* **there were about** ~ il y en avait une dizaine; **about** ~ **books** une dizaine de livres; ~**s of thousands of ...** des milliers de ...; **to count in** ~**s** compter par dizaines; (*fig*) ~ **to one he won't come** je parie qu'il ne viendra pas; (*fig*) **they're** ~ **a penny** il y en a tant qu'on en veut; *for other phrases V* **six**. ♦ **ten-cent store** *n* (*US*) bazar *m*. ♦ **tenth** *adj, n* dixième (*mf*); (*fraction*) dixième *m*; **nine-**~**ths of** les neuf dixièmes de; (*fig*) la majeure partie de.

tenable ['tenəbl] *adj* défendable.

tenacious [tɪ'neɪʃəs] *adj* tenace. ♦ **tenaciously** *adv* avec ténacité. ♦ **tenacity** *n* ténacité *f*.

tenant ['tenənt] *n* locataire *mf*. ♦ **tenancy** *n* location *f*.

tench [tentʃ] *n* tanche *f*.

tend[1] [tend] *vt sheep, shop* garder; *invalid* soigner; *machine* surveiller.

tend[2] [tend] *vi* avoir tendance (*to do* à faire). **to** ~ **towards** incliner à *or* vers; **I** ~ **to think that** ~ j'incline *or* j'ai tendance à penser que ...; **that** ~**s to be the case with ...** c'est en général le cas avec ...; **grey** ~**ing to blue** gris tirant sur le bleu. ♦ **tendency** *n* tendance *f*; **to have a** ~**ency to do** avoir tendance à faire; **the** ~**ency towards socialism** les tendances socialistes.

tender[1] ['tendəʳ] *n* (*boat*) vedette *f* (*de liaison*).

tender[2] ['tendəʳ] **1** *vt* (*proffer*) *object, money,* *apologies* offrir; *resignation* donner. **2** *vi* (*Comm*) faire une soumission (*for sth* pour qch). **3** *n* **(a)** (*Comm*) soumission *f* (*for sth* pour qch). **to invite** ~**s for sth, to put sth out to** ~ mettre qch en adjudication. **(b)** (*Fin*) **that is no longer legal** ~ cela n'a plus cours.

tender³ ['tendər] *adj* (*gen*) tendre; *flower* délicat, fragile; *spot, bruise* sensible; *conscience, subject* délicat. ♦ **tender-hearted** *adj* sensible. ♦ **tenderloin** *n* filet *m*. ♦ **tenderly** *adv* tendrement. ♦ **tenderness** *n* tendresse *f* (*towards* envers); *[meat etc]* tendreté *f*; délicatesse *f*; fragilité *f*; sensibilité *f*.

tendon ['tendən] *n* tendon *m*.

tendril ['tendrɪl] *n* (*Bot*) vrille *f*.

tenement ['tenɪmənt] *n* (~ **house**) immeuble *m*.

tenet ['tenət] *n* principe *m*.

tennis ['tenɪs] **1** *n* tennis *m*. **a game of** ~ une partie de tennis. **2** *adj* *player, racket, club, shoe* de tennis. ~ **ball** balle *f* de tennis; ~ **court** (court *m* de) tennis *m*; (*Med*) ~ **elbow** synovite *f* du coude.

tenor ['tenər] **1** *n* **(a)** *[speech etc]* sens *m*, substance *f*; *[life, events]* cours *m*. **(b)** (*Mus*) ténor *m*. **2** *adj* (*Mus*) *voice, part* de ténor; *aria* pour ténor; *recorder, saxophone etc* ténor *inv*.

tense¹ [tens] *n* (*Gram*) temps *m*. **in the present** ~ au temps présent.

tense² [tens] **1** *adj* *muscles, person, voice* tendu; *period* de tension; *smile* crispé. **they were** ~ **with fear** ils étaient crispés de peur; **things were getting** ~ l'atmosphère devenait tendue. **2** *vt muscles* tendre; *wait* dans l'anxiété. ♦ **tensely** *adv* say d'une voix tendue; *wait* dans l'anxiété. ♦ **tenseness** *or* ♦ **tension** *n* tension *f*.

tent [tent] **1** *n* tente *f*. **2** *adj*: ~ **peg/pole** piquet *m*/montant *m* de tente. **3** *vi* camper.

tentacle ['tentəkl] *n* tentacule *m*.

tentative ['tentətɪv] *adj* *suggestion, gesture, smile* timide; *offer, voice* hésitant; *scheme* expérimental; *conclusion, solution, plan* provisoire. **everything is very** ~ rien n'est encore décidé. ♦ **tentatively** *adv* timidement; avec hésitation; expérimentalement; provisoirement.

tenterhooks ['tentəhʊks] *npl*: **on** ~ sur les charbons ardents.

tenuous ['tenjʊəs] *adj* ténu.

tenure ['tenjʊər] *n* bail *m*.

tepid ['tepɪd] *adj* (*lit, fig*) tiède. ♦ **tepidly** *adv* (*fig*) sans enthousiasme.

term [tɜːm] **1** *n* **(a)** (*limit*) terme *m*; (*period*) période *f*. **in the long** ~ à long terme; **in the short** ~ dans l'immédiat; **long-/short-**~ *loan* à long/court terme; *view* à longue/brève échéance; **his** ~ **of office** la période où il exerçait ses fonctions; ~ **of imprisonment** peine *f* de prison.
(b) (*Scol, Univ*) trimestre *m*; (*Jur*) session *f*. **the autumn/spring/summer** ~ le premier/deuxième/troisième trimestre.
(c) (*Math, Philos*) terme *m*. **A expressed in** ~**s of B** A exprimé en fonction de B; (*fig*) **in** ~**s of production** sur le plan de la production.
(d) (*conditions*) ~**s** (*gen*) conditions *fpl*; *[contract etc]* termes *mpl*; (*Comm etc*) prix *mpl*, tarif *m*; **you can name your own** ~**s** vous êtes libre de stipuler vos conditions; **not on any** ~**s** à aucune condition; **on his own** ~**s** sans concessions de sa part; **to come to** ~**s with** *person* arriver à un accord avec; *problem, situation* accepter; (*Jur*) ~**s and conditions** modalités *fpl*; ~**s of surrender/of payment** conditions de la reddition/de paiement; **it is not within our** ~**s of reference** cela n'entre pas dans les termes de notre mandat; **credit** ~**s** conditions de crédit; (*Comm*) **we offer it on easy** ~**s** nous offrons des facilités *fpl* de paiement; **our** ~**s for full board** notre tarif pension complète; **'inclusive** ~**s: £20'** '20 livres tout compris'.
(e) (*relationship*) **to be on good/bad** ~**s with sb**

être en bons/mauvais termes *or* rapports avec qn; **they're on fairly friendly** ~**s** ils ont des rapports assez amicaux.
(f) (*expression*) terme *m*, expression *f*. **technical/colloquial** ~ terme technique/familier; **in plain** *or* **simple** ~**s** en termes clairs.
2 *adj exams etc* trimestriel.
3 *vt* appeler, nommer.
♦ **termtime** *n*: **in** ~**time** pendant le trimestre.

terminal ['tɜːmɪnl] **1** *adj* *stage* terminal; *illness* dans sa phase terminale; *patient* en phase terminale. **2** *n* **(a)** (*Rail, Coach*) terminus *m inv*. **air** ~ aérogare *f*; **container** ~ terminus de containers; **oil** ~ terminal *m* de conduites pétrolières. **(b)** (*Elec*) borne *f*. ♦ **terminate 1** *vt* (*gen*) terminer; *contract* résilier; **2** *vi* se terminer (*in en, par*). ♦ **termination** *n* fin *f*; *[contract]* résiliation *f*; (*Med*) **termination of pregnancy** interruption *f* de grossesse. ♦ **terminus** *n, pl* **-ni** terminus *m inv*.

terminology [,tɜːmɪ'nɒlədʒɪ] *n* terminologie *f*. ♦ **terminological** *adj* de terminologie.

termite ['tɜːmaɪt] *n* termite *m*.

tern [tɜːn] *n* hirondelle *f* de mer.

terrace ['terəs] **1** *n* (*gen*) terrasse *f*; (*houses*) rangée *f* de maisons (*attenantes les unes aux autres*); (*Sport*) **the** ~**s** les gradins *mpl*. **2** *vt hillside* arranger en terrasses; ♦ **terraced** *adj garden, hillside* en terrasses; *house* attenant aux maisons voisines.

terracotta ['terə'kɒtə] *n* terre *f* cuite.

terrain [te'reɪn] *n* terrain *m* (sol).

terrestrial [tɪ'restrɪəl] *adj* terrestre.

terrible ['terəbl] *adj* (*gen*) terrible, effroyable; *heat, pain* atroce, terrible; (*less strong*) *holiday, disappointment, report* épouvantable. ♦ **terribly** *adv* (*very*) terriblement; (*very badly*) *play, sing* affreusement mal.

terrier ['terɪər] *n* terrier *m*.

terrific [tə'rɪfɪk] *adj* **(a)** (*terrifying*) terrifiant, épouvantable. **(b)** (**: extreme etc*) *amount, height* énorme, fantastique; *speed* fou; *noise* épouvantable; *hill, climb* terriblement raide; *heat, cold, anxiety* terrible; *pleasure* formidable*, terrible*. **(c)** (**: excellent*) *result, news* formidable*. ♦ **terrifically*** *adv* **(a)** (*extremely*) terriblement; (*pej*) épouvantablement. **(b)** (*very well*) *sing, play* formidablement bien*.

terrify ['terɪfaɪ] *vt* terrifier. **to be terrified of** avoir une terreur folle de. ♦ **terrifying** *adj* terrifiant, épouvantable. ♦ **terrifyingly** *adv* *loud, near* épouvantablement; *bellow etc* de façon terrifiante.

territory ['terɪtərɪ] *n* territoire *m*. ♦ **territorial 1** *adj* territorial; **2** *n* (*Mil*) **Territorial** territorial *m*; **the Territorials** l'armée territoriale.

terror ['terər] *n* terreur *f*. **to go in** ~ **of** avoir très peur de; **he went in** ~ **of his life** il craignait fort pour sa vie; **I have a** ~ **of flying** j'ai la terreur de monter en avion; **he's a** ~ ~ **on the roads*** c'est un danger public sur les routes; **that child is a** ~* cet enfant est une vraie terreur*. ♦ **terrorism** *n* terrorisme *m*. ♦ **terrorist** *adj, n* terroriste (*mf*). ♦ **terrorize** *vt* terroriser. ♦ **terror-stricken** *adj* épouvanté.

terry ['terɪ] *n* (~ **towelling**) tissu *m* éponge.

terse [tɜːs] *adj* laconique. ♦ **tersely** *adv* laconiquement. ♦ **terseness** *n* laconisme *m*.

tertiary ['tɜːʃərɪ] *adj* (*gen*) tertiaire. ~ **education** enseignement *m* du troisième cycle.

terylene ['terəliːn] *n* ® tergal *m* ®.

test [test] **1** *n* (*of product*) essai *m*; (*of strength etc*) épreuve *f*; (*Med: of blood, urine*) analyse *f*; (*Med: of organ*) examen *m*; (*Pharm, Chem*) analyse; (*Physiol, Psych etc*) test *m*; (*Scol*) interrogation *f* écrite (*or* orale); (*criterion*) critère *m*. (*Pharm etc*) **to do a** ~ **for sugar** faire une recherche de sucre; **they did a** ~ **for diphtheria**

ils ont fait une analyse pour voir s'il s'agissait de la diphthérie; **they did** ~**s on the water** ils ont analysé l'eau; **driving** ~ (examen du) permis *m* de conduire; **hearing** ~ examen de l'ouïe; **it wasn't a** ~ **of her abilities** cela n'a pas permis d'évaluer correctement ses aptitudes; **to put to the** ~ [person] mettre à l'essai *or* à l'épreuve; **to stand the** ~ [person] se montrer à la hauteur*; [machine, vehicle]* résister aux épreuves; **to stand the** ~ **of time** résister au passage du temps.

2 *adj pilot, flight, shot etc* d'essai; *district, experiment, year* test *inv*. ~ **ban treaty** traité *m* d'interdiction d'essais nucléaires; *[oil]* ~ **bore** sondage *m* de prospection; *(TV)* ~ **card** *or (US)* **pattern** mire *f*; *(Jur)* ~ **case** affaire-test *f (destinée à faire jurisprudence)*; **the strike is a** ~ **case** c'est une grève-test; *(Cricket, Rugby)* ~ **match** = match international; ~ **tube** éprouvette *f*; ~**-tube baby** bébé-éprouvette *m*.

3 *vt object, product, machine* essayer, mettre à l'essai; *(Comm) goods* vérifier; *(Chem) metal, water* analyser; *(Pharm) blood* faire des analyses de; *new drug etc* expérimenter; *(Psych) person, animal* tester; *(gen) person, intelligence, nerves* mettre à l'épreuve; *sight, hearing* examiner; *sb's reactions* mesurer. **they** ~**ed the material for resistance to** ... ils ont soumis le matériau à des essais destinés à vérifier sa résistance à ...; **these conditions** ~ **a car's tyres/strength** ces conditions mettent à l'épreuve les pneus/la résistance d'une voiture; **they** ~**ed him for hearing difficulties** ils lui ont fait passer un examen de l'ouïe; **they** ~**ed the children in geography** ils ont fait subir aux enfants une interrogation de contrôle en géographie; **they** ~**ed him for the job** ils lui ont fait passer des tests d'aptitude pour le poste.

4 *vi*: **to** ~ **for sugar** faire une recherche de sucre; **to** ~ **for a gas leak** faire des essais pour découvrir une fuite de gaz; *(Telec etc)* '~**ing**, ~**ing**' ≃ 'un, deux, trois!'.

♦ **test-drive** *(Aut)* **1** *n* essai *m* de route; **2** *vt* faire faire un essai de route à. ♦ **testing** *adj*: ~**ing ground** terrain *m* d'essai; *(fig)* **a** ~**ing time** une période éprouvante *(for sb* pour qn).

testament ['testəmənt] *n* testament *m*. **the Old/New T**~ l'Ancien/le Nouveau Testament.

testicle ['testɪkl] *n* testicule *m*.

testify ['testɪfaɪ] **1** *vt* témoigner *(that* que). **2** *vi* porter témoignage. **to** ~ **against/in favour of sb** déposer contre/en faveur de qn; **to** ~ **to sth** *(Jur)* attester qch; *(gen)* témoigner de qch. ♦ **testimonial** *n (reference)* recommandation *f*; *(gift)* témoignage *m* d'estime *(offert à qn par ses collègues etc)*. ♦ **testimony** *n (Jur)* témoignage *m*, déposition *f*; *(statement)* déclaration *f*.

testy ['testɪ] *adj* grincheux. ♦ **testily** *adv* d'un ton *or* d'un air irrité.

tetanus ['tetənəs] *n* tétanos *m*.

tetchy ['tetʃɪ] *adj* irritable.

tête-a-tête ['teɪtɑː'teɪt] *n* tête à tête *m inv*.

tether ['teðəʳ] **1** *n* longe *f*. *(fig)* **at the end of one's** ~ à bout de forces *or* de nerfs. **2** *vt* attacher *(to* à).

text [tekst] *n* texte *m*. ♦ **textbook** *n* manuel *m*, cours *m*. ♦ **textual** *adj* error de texte.

textile ['tekstaɪl] *adj*, *n* textile *(m)*.

texture ['tekstʃəʳ] *n (gen)* texture *f*; *[cloth]* contexture *f*; *[skin, wood etc]* grain *m*.

thalidomide [θə'lɪdəʊmaɪd] *n* ® thalidomide *f* ®. ~ **baby** victime *f* de la thalidomide.

Thames [temz] *n* Tamise *f*. *(fig)* **he'll never set the** ~ **on fire** il n'a pas inventé la poudre.

than [ðæn, *weak form* ðən] *conj* **(a)** que. **more** ~ plus que; **taller** ~ plus grand que; **I'd do anything rather** ~ **admit it** je ferais tout plutôt que d'avouer cela; **no sooner did he arrive** ~ ... il était à peine arrivé que ...; **it was a better play** ~ **we expected** la pièce était meilleure que nous ne l'avions prévu. **(b)** *(with numerals)* de. **more/**

less ~ **20** plus/moins de 20; **less** ~ **half** moins de la moitié; **more** ~ **once** plus d'une fois.

thank [θæŋk] **1** *vt* remercier, dire merci à *(sb for sth* qn de qch; *for doing* de faire, d'avoir fait). ~ **you** merci *(for sth* pour qch; *for doing* d'avoir fait); ~ **you very much** merci bien *(also iro)*, merci beaucoup; **no** ~ **you (no)** merci; ~ **goodness***, ~ **heaven(s)***, ~ **God*** Dieu merci; *(fig)* **you've got him to** ~ **for that** c'est à lui que tu dois cela; **he's only got himself to** ~ il ne peut s'en prendre qu'à lui-même. **2** *npl*: ~**s** remerciements *mpl*; *(excl)* ~**s!*** merci!; **many** ~**s** merci mille fois; **with my best** ~**s** avec mes remerciements les plus sincères; **give him my** ~**s** remerciez-le de ma part; **to give** ~**s to God** rendre grâces à Dieu; ~**s to you** grâce à toi. ♦ **thankful** *adj* reconnaissant *(for* de); **let us be** ~**ful that** estimons-nous heureux que + *subj*; **I was** ~**ful that** j'ai été bien content que + *subj*. ♦ **thankfully** *adv (gratefully)* avec reconnaissance; *(with relief)* avec soulagement. ♦ **thankless** *adj* ingrat. ♦ **thanksgiving** *n* action *f* de grâces; *(Can, US)* **T**~**sgiving Day** fête *f* nationale.

that [ðæt, *weak form* ðət] **1** *dem adj, pl* **those (a)** *(unstressed)* ce *(before vowel or mute 'h'* cet), cette *f*, ces *mfpl*. ~ **book** ce livre; ~ **man** cet homme; ~ **car** cette voiture; **those books** ces livres; **those cars** ces voitures; **I love** ~ **house of yours!** votre maison, je l'adore!; ~ **awful car of theirs** leur fichue* voiture; **what about** ~ **£5?** et ces 5 livres? **(b)** *(stressed; or as opposed to* **this**, **these)** ce ...-là, cet ...-là, cette ...-là, ces ...-là. **I mean** THAT **book** c'est de ce livre-là que je parle; **I like** ~ **photo better than this one** je préfère cette photo-là à celle-ci; ~ **hill over there** cette colline là-bas.

2 *dem pron, pl* **those (a)** cela, ça; ce. **what's** ~? qu'est-ce que c'est que ça?; **who's** ~? qui est-ce?; **is** ~ **you, Paul?** c'est toi, Paul?; ~**'s what they've been told** c'est ce qu'on leur a dit; **those are my children** ce sont mes enfants, *(pointing out)* voilà mes enfants; **do you like** ~? vous aimez ça *or* cela?; ~**'s fine!** c'est parfait!; ~**'s enough!** ça suffit!; **she's not as stupid as (all)** ~ elle n'est pas si bête que ça; **you're not going and** ~**'s** ~! tu n'y vas pas, un point c'est tout!; **well,** ~**'s** ~! eh bien voilà!; ~ **was** ~ les choses se sont arrêtées là; **if it comes to** ~ ... en fait ...; **before** ~ avant cela; **with** *or* **at** ~ **she** ... là-dessus *or* sur ce, elle ...; **there were 6 at** ~! en plus il y en avait 6!; ~ **is (to say)** ... c'est-à-dire ...; **like** ~ comme ça; **friendship and all** ~* l'amitié et tout ça. **(b)** *(*~ **one)** celui-là *m*, celle-là *f*, *(pl)* ceux-là *mpl*, celles-là *fpl*. **I prefer this to** ~ je préfère celui-ci à celui-là *(or* celle-ci à celle-là); **those over there** ceux-là *(or* celles-là) là-bas. **(c)** *(before rel pron)* celui *m*, celle *f*, ceux *mpl*, celles *fpl*. **those who** ceux qui.

3 *adv (so)* si, aussi. **it's** ~ **high** c'est haut comme ça; **it's not** ~ **cold!** il ne fait pas si froid que ça!; **he was** ~ **ill!*** il était vraiment malade.

4 *rel pron* **(a)** *(nominative)* qui; *(accusative)* que; *(with prep)* lequel *m*, laquelle *f*, lesquels *mpl*, lesquelles *fpl*. **the man** ~ **came to see you** l'homme qui est venu vous voir; **the letter** ~ **I sent** la lettre que j'ai envoyée; **fool** ~ **I am!** imbécile que je suis!; **the men** ~ **I was speaking to** les hommes auxquels je parlais; **the girl** ~ **I told you about** la jeune fille dont je vous ai parlé. **(b)** *(in expressions of time)* où. **the evening/summer etc** ~ ... le soir/l'été *etc* où ... .

5 *conj* que. **he said** ~ **he had seen her** il a dit qu'il l'avait vue, il a dit l'avoir vue; **so big** ~ ... si grand que ...; **not** ~ **I want to do it** non pas que je veuille le faire; **so** ~**, in order** ~ pour que + *subj*, afin que + *subj*.

thatch [θætʃ] **1** *n* chaume *m*. **2** *vi* faire un toit de chaume. ♦ **thatched** *adj* *roof* de chaume; ~**ed cottage** chaumière *f*.

thaw [θɔː] **1** n (Met) dégel m; (fig: Pol etc) détente f. **2** vt (~ out) (gen; also fig) dégeler; ice, snow faire fondre. **3** vi (~ out) (gen, Met; also fig) dégeler; (ice, snow) fondre.

the [ðiː, weak form ðə] **1** def art **(a)** le, la, (before vowel or mute 'h') l', les. of ~, from ~ du, de la, de l', des; to ~, at ~ au, à la, à l', aux. **(b)** (with sg n denoting whole class) ~ aeroplane is an invention of our century l'avion est une invention de notre siècle. **(c)** (distributive use) 50p ~ pound 50 pence la livre; **2 dollars to ~ pound** 2 dollars la livre; **paid by ~ hour** payé à l'heure; **30 miles to ~ gallon** ≈ 9 litres au 100 (km). **(d)** (with names etc) **Charles ~ First/Second/Third** Charles premier/deux/trois; ~ **Browns** les Brown. **(e)** (stressed) THE **Professor Smith** le célèbre professeur Smith; **it's** THE **restaurant in this part of town** c'est le meilleur restaurant du quartier; **it's** THE **book just now** c'est le livre à lire en ce moment. **(f)** (with demonstrative force) ~ **summer we went to France** l'été où nous sommes allés en France; ~ **shop over there** le magasin là-bas; **he hasn't** ~ **sense to refuse** il n'a pas assez de bon sens pour refuser; **how's** ~ **leg?*** et cette jambe?*
2 adv: ~ **more he works** ~ **more he earns** plus il travaille plus il gagne d'argent; ~ **sooner** ~ **better** le plus tôt sera le mieux; **all** ~ **more difficult** d'autant plus difficile.

theatre, (US) **-er** ['θɪətər'] **1** n **(a)** théâtre m. **to go to the** ~ aller au théâtre; **it makes good** ~ c'est du bon théâtre. **(b)** (large room) salle f de conférences. **lecture** ~ amphithéâtre m; **operating** ~ salle f d'opération. **(c)** (Mil etc) théâtre m. ~ **of war** théâtre des hostilités. **2** adj visit au théâtre; **management** du théâtre; ~ **company** troupe f de théâtre. ♦ **theatregoer** n habitué(e) m(f) du théâtre. ♦ **theatreland** n: London's ~land le Londres des théâtres. ♦ **theatrical 1** adj théâtral (also fig pej); **2** npl: **amateur theatricals** théâtre m d'amateurs; (fig pej) **all those theatricals** toute cette comédie. ♦ **theatrically** adv théâtralement.

thee [ðiː] pron (†, liter) te; (before vowel) t'; (stressed; after prep) toi.

theft [θeft] n vol m.

their [ðɛər'] poss adj leur (f inv). ♦ **theirs** poss pron le leur, la leur, les leurs; **this car is** ~s cette voiture est à eux (or à elles); **a friend of** ~s un de leurs amis (à eux or à elles); (pej) **that car of** ~s leur fichue* voiture.

them [ðem, weak form ðəm] pers pron pl **(a)** (direct) (unstressed) les; (stressed) eux mpl, elles fpl. **I have seen** ~ je les ai vu(e)s; **I don't know** THEM eux (or elles), je ne les connais pas; **if I were** ~ si j'étais à leur place; **it's** ~! ce sont eux!, les voilà! **(b)** (indirect) leur. **I gave** ~ **the book** je leur ai donné le livre; **I'm speaking to** ~ je leur parle. **(c)** (after prep etc) eux mpl, elles fpl. **I'm thinking of** ~ je pense à eux; **as for** ~ quant à eux; **younger than** ~ plus jeune qu'eux; **both of** ~ tous (or toutes) les deux; **several of** ~ plusieurs d'entre eux; **give me a few of** ~ donnez-m'en quelques-un(e)s; **I don't like either of** ~ je ne les aime ni l'un(e) ni l'autre; **none of** ~ **would do it** aucun d'entre eux (or aucune d'entre elles) n'a voulu le faire; **it was very good of** ~ c'était très gentil de leur part. ♦ **themselves** pers pron pl (reflexive) se; (emphatic) eux-mêmes mpl, elles-mêmes fpl; (after prep) eux, elles; **they've hurt** ~selves ils se sont blessés, elles se sont blessées; **they said to** ~selves ils (or elles) se sont dit; **they saw it** ~selves ils l'ont vu eux-mêmes; **they were talking amongst** ~selves ils discutaient entre eux; **all by** ~selves tout seuls, toutes seules.

theme [θiːm] **1** n thème m, sujet m; (Mus) thème, motif m. **2** adj: ~ **song** chanson principale (d'un film etc); (signature tune) indicatif m; (fig) refrain m habituel.

then [ðen] **1** adv **(a)** (at that time) alors, à cette

époque-là, à ce moment-là. **we had 2 dogs** ~ nous avions alors 2 chiens, nous avions 2 chiens à cette époque-là; **I'll see him** ~ je le verrai à ce moment-là; **(every) now and** ~ de temps en temps; ~ **and there** sur-le-champ; **from** ~ **on** dès lors, dès cette époque-là or ce moment-là; **before** ~ avant cela, avant ce moment-là; **between now and** ~ d'ici là; **until** ~ jusque-là, jusqu'alors. **(b)** (afterwards) ensuite, puis, alors. **first to London,** ~ **to Paris** d'abord à Londres, puis or et ensuite à Paris; **and** ~ **what?** et puis après? **(c)** (in that case) alors, donc. ~ **it must be in the sitting room** alors ça doit être au salon; **someone had warned you** ~? on vous avait donc prévenu?; **now** ~ ... alors ... . **(d)** (and also) et puis, d'ailleurs. ~ **there's my aunt** et puis il y a ma tante; ... **and** ~ **it's none of my business** ... et d'ailleurs cela ne me regarde pas; **and** ~ **again** ... remarqué ... . **2** adj: **the** ~ **Prime Minister** le premier ministre de l'époque.

thence [ðens] adv (†, liter) de là.

theodolite [θɪ'ɒdəlaɪt] n théodolite m.

theology [θɪ'ɒlədʒɪ] n théologie f. ♦ **theologian** n théologien(ne) m(f). ♦ **theological** adj théologique; **theological college** séminaire m.

theorem ['θɪərəm] n théorème m.

theory ['θɪərɪ] n théorie f. **in** ~ en théorie. ♦ **theoretic(al)** adj théorique. ♦ **theoretically** adv théoriquement. ♦ **theoretician** or ♦ **theorist** n théoricien(ne) m(f). ♦ **theorize** vi [scientist etc] élaborer des théories (about sur); (fig) se lancer dans de grandes théories (about sur).

therapy ['θerəpɪ] n thérapie f. ♦ **therapeutic(al)** adj thérapeutique. ♦ **therapeutics** nsg thérapeutique f. ♦ **therapist** n thérapeute mf.

there [ðɛər'] **1** adv **(a)** (place) y, là. **we shall be** ~ nous y serons, nous serons là; **put it** ~ posez-le là; **we left** ~ nous en sommes partis, nous sommes partis de là; **on** ~ là-dessus; **in** ~ là-dedans; **back** or **down** or **over** ~ là-bas; **about** or **around** ~ par là-bas; **here and** ~ çà et là, par-ci par-là; **from** ~ de là; **they went** ~ **and back** ils ont fait l'aller et retour; ~ **and then** sur-le-champ; **he's all** ~* c'est un malin; **he's not all** ~* il est un peu demeuré. **(b)** ~ **is,** ~ **are** il y a; **once upon a time** ~ **was** ... il était une fois ...; ~ **will be dancing** on dansera; ~ **are 3 apples left** il reste 3 pommes; ~ **comes a time when** ... il vient un moment où ...; ~'s **no denying it** c'est indéniable. **(c)** (pointing out etc) ~'s **my brother!** voilà mon frère!; ~ **are the others!** voilà les autres!; ~ **he is!** le voilà!; **that man** ~ cet homme-là; **hey you** ~! hé toi, là-bas!; **hurry up** ~! dépêchez-vous, là-bas!; ~'s **my mother calling me** voilà ma mère qui m'appelle; **I disagree with you** ~ là je ne suis pas d'accord avec vous; **you press this switch and** ~ **you are!** tu appuies sur ce bouton et ça y est!; ~ **you are, I told you that would happen** voilà or tiens, je t'avais dit que ça allait arriver; ~ **you go again***, ... ça y est, tu recommences à ... . **2** excl: ~, **what did I tell you?** alors, qu'est-ce que je t'avais dit?; ~, ~! allons, allons!; **but** ~, **what's the use?** mais enfin, à quoi bon?
♦ **thereabouts** adv (place) par là, près de là; **£5 or** ~abouts environ 5 livres. ♦ **thereafter** adv par la suite. ♦ **thereby** adv de cette façon; ~**by hangs a tale!** c'est toute une histoire! ♦ **therefore** adv donc, par conséquent. ♦ **thereupon** adv (then) sur ce; (on that subject) à ce sujet.

therm [θɜːm] n = 1,055 × 10^8 joules; (formerly) thermie f. ♦ **thermal** adj thermal; (Elec, Phys) thermique; ~**al baths** thermes mpl.

thermo- ['θɜːməʊ] pref therm(o)... . ♦ **thermodynamic** adj thermodynamique. ♦ **thermonuclear** adj thermonucléaire.

thermometer [θə'mɒmɪtər'] n thermomètre m.

Thermos ['θɜːməs] n ®: ~ **(flask)** (bouteille f) thermos f.

thermostat ['θɜːməstæt] n thermostat m.

thesaurus [θɪ'sɔːrəs] n [words] dictionnaire m synonymique.

these [ðiːz] pl of this.

thesis ['θiːsɪs] n, pl -ses thèse f.

they [ðeɪ] pers pron pl (a) ils mpl, elles fpl; (stressed) eux mpl, elles fpl. ~ have gone ils sont partis, elles sont parties; there ~ are! les voilà!; ~ are teachers ce sont des professeurs; THEY know nothing about it eux, ils n'en savent rien. (b) (people in general) on. ~ say that ... on dit que ... .

thick [θɪk] 1 adj (gen) épais (f -aisse); book, lips, nose, wool épais, gros (f grosse); print gras (f grasse); honey, vegetation épais, touffu; (stupid) bête, borné. to grow ~(er) (s')épaissir; to make ~(er) épaissir; wall 50 cm ~ mur de 50 cm d'épaisseur; (fig) to give sb a ~ ear* frotter les oreilles à qn*; (fig) that's a bit ~!* ça, c'est un peu fort!*; the air is very ~ in here on manque d'air ici; furniture ~ with dust meubles couverts de poussière; road ~ with cars rue encombrée de voitures; town ~ with tourists ville envahie de touristes; (fig) they are as ~ as thieves ils s'entendent comme larrons en foire; Paul and he are very ~* lui et Paul sont comme les deux doigts de la main.

2 adv spread, lie etc en couche épaisse; cut en tranches épaisses. the snow fell ~ la neige tombait dru; (fig) he lays it on a bit ~* il exagère un peu.

3 n: in the ~ of crowd au plus fort de; fight in plein cœur de; they were in the ~ of it ils étaient en plein dedans; through ~ and thin à travers toûtes les épreuves.

♦ **thicken** 1 vt sauce épaissir; 2 vi (gen; also fig) s'épaissir; [crowd] grossir. ♦ **thickheaded*** adj bête, borné. ♦ **thick-knit** adj en grosse laine. ♦ **thick-lipped** adj aux lèvres charnues. ♦ **thickly** adv spread en une couche épaisse; cut en tranches épaisses; speak, say (from head cold, fear) d'une voix voilée; (from drink) d'une voix pâteuse; wooded, populated très; ~ly spread (or covered etc) with couvert d'une épaisse couche de; the snow fell ~ly la neige tombait dru. ♦ **thickness** n (a) (gen) épaisseur f; [lips etc] grosseur f; [fog, forest] densité f; [hair] abondance f; (b) (layer) épaisseur f. ♦ **thickset** adj (and small) râblé; (and tall) bien bâti. ♦ **thickskinned** adj orange à la peau épaisse; (fig) person peu sensible.

thicket ['θɪkɪt] n fourré m, hallier m.

thief [θiːf] n, pl thieves voleur m, -euse f. set a ~ to catch a ~ à voleur voleur et demi; stop ~! au voleur! ♦ **thieve** vti voler. ♦ **thieving** 1 adj voleur; 2 n vol m.

thigh [θaɪ] n cuisse f. ~ boots cuissardes fpl. ♦ **thighbone** n fémur m.

thimble ['θɪmbl] n dé m (à coudre).

thin [θɪn] 1 adj (a) (gen) mince; glass fin; paper, waist, nose mince, fin; leg, person mince, maigre (slightly pej); string petit. [person] to get ~(ner) maigrir; as ~ as a rake maigre comme un clou. (b) soup, gravy, oil peu épais (f -aisse); cream, honey, mud liquide; hair, eyebrows, hedge clairsemé; fog, smoke léger; crowd épars; voice grêle; blood anémié. he's rather ~ on top* il perd ses cheveux; the air is ~ l'air est raréfié; (fig) to vanish into ~ air se volatiliser. (c) profits maigre; excuse, story peu convaincant; disguise facilement percé à jour. to have a ~ time of it* passer par une période plutôt pénible. 2 adv spread en une couche mince; cut en tranches minces. 3 vt (~ down) paint, sauce délayer; (~ out) trees, hair éclaircir. 4 vi (~ out) [fog, crowd] se disperser. his hair is ~ning il perd ses cheveux. ♦ **thin-lipped** adj aux lèvres minces, (with rage etc) les lèvres pincées. ♦ **thinly** adv cut en tranches minces; spread en

couche mince; wooded etc peu; clad insuffisamment; ~ly disguised as à peine déguisé en. ♦ **thinness** n minceur f; maigreur f. ♦ **thinskinned** adj orange etc à la peau mince; (fig) person susceptible.

thine [ðaɪn] (†, liter) 1 poss pron le tien, la tienne, les tiens, les tiennes. 2 poss adj ton, ta, tes.

thing [θɪŋ] n (a) (gen) chose f. ~ of beauty bel objet, belle chose; such ~s as des choses comme; the ~ he loves most is ... ce qu'il aime le plus au monde c'est ...; what's that ~? qu'est-ce que c'est que cette chose-là or ce machin-là* or ce truc-là?*; what sort of ~ is that to say? ça n'est pas une chose à dire; the good ~s in life les plaisirs mpl de la vie; he thinks the right ~s il pense comme il faut; the ~ is this voilà de quoi il s'agit; as ~s are dans l'état actuel des choses; the next ~ to do is ... ce qu'il y a à faire maintenant c'est ...; the best ~ would be to refuse le mieux serait de refuser; the last ~ on the agenda le dernier point à l'ordre du jour; you worry about ~s too much tu te fais trop de soucis; I must think ~s over il faut que j'y réfléchisse; how are ~s with you? et vous, comment ça va?; to expect great ~s of attendre beaucoup de; they were talking of one ~ and another ils parlaient de choses et d'autres; taking one ~ with another somme toute; the ~ is to know ... la question est de savoir ...; the ~ is, she'd already seen him ce qu'il y a, c'est qu'elle l'avait déjà vu; it's a strange ~, but ... c'est drôle, mais ...; for one ~, it doesn't make sense d'abord, ça n'a pas de sens; and for another ~ ... et en plus ...; it's the usual ~ c'est le coup* classique; it's just one of those ~s ce sont des choses qui arrivent; it's just one ~ after another les embêtements se succèdent; I hadn't done a ~ about it je n'avais strictement rien fait.

(b) (belongings etc) ~s affaires fpl; to take off one's ~s se débarrasser de son manteau etc; do take your ~s off! débarrassez-vous!; your swimming ~s tes affaires de bain; the first-aid ~s la trousse de secours.

(c) he's doing his own ~* il fait ce qui lui plaît; she has got a ~ about spiders* elle a horreur des araignées; he has got a ~ about blondes* il est obsédé par les blondes; he made a great ~ of it il en a fait tout un plat*; Mr T~* rang up Monsieur Machin* a téléphoné; poor little ~! pauvre petit(e)!; poor ~, he's very ill le pauvre, il est très malade; she's a spiteful ~ c'est une rosse*; that's just the ~ for me voilà justement ce qu'il me faut; yoga is the ~ nowadays le yoga c'est le truc* à la mode aujourd'hui; it's quite the ~ ça se fait beaucoup; the latest ~ in hats un chapeau dernier cri.

♦ **thingumabob*** or ♦ **thingumajig*** or ♦ **thingummy*** n machin* m, truc* m.

think [θɪŋk] (vb: pret, ptp thought) 1 vi (a) (gen) penser (of, about à; of, about doing à faire); (more carefully) réfléchir (of, about à). you can't ~ of everything on ne peut pas penser à tout; I've too many things to ~ of j'ai trop de choses en tête; he ~s about nothing but money il ne pense qu'à l'argent; what else is there to ~ about? c'est ce qu'il y a de plus important; ~ carefully réfléchissez bien; ~ twice before speaking réfléchissez-y à deux fois avant de parler; ~ again! (reflect on it) repensez-y!; (have another guess) ce n'est pas ça, recommencez!; to ~ ahead tout prévoir; let me ~ que je réfléchisse*, laissez-moi réfléchir; to ~ aloud penser tout haut; to ~ big* avoir de grandes idées; (iro) I don't ~!* ça m'étonnerait!; I'll ~ about it j'y penserai, je vais y réfléchir; it's not worth ~ing about ça ne vaut pas la peine d'y penser; there's so much to ~ about il y a tant de choses à prendre en considération; what are you ~ing about? à quoi pensez-vous?; what were you ~ing about! où avais-tu la tête?; I wouldn't ~ of such a thing! ça ne me viendrait jamais à l'idée!; would you ~ of letting him go alone? vous le laisseriez partir seul?; **I didn't ~ to ask** or **of asking** je n'ai pas eu l'idée de demander.

(b) (remember, consider) penser (of, about à). he ~s of nobody but himself il ne pense qu'à lui; **he's got his children to ~ of** or **about** il faut qu'il pense à ses enfants; **I can't ~ of her name** je n'arrive pas à me rappeler son nom; **I couldn't ~ of the right word** le mot juste ne me venait pas.

(c) (imagine) **to ~ of** imaginer; **~ of what might have happened** imagine ce qui aurait pu arriver; **just ~!** imagine un peu!

(d) (devise etc) **to ~ of** (gen) avoir l'idée de (doing faire); plan inventer; solution trouver; **what will he ~ of next?** qu'est-ce qu'il va encore inventer?

(e) (have as opinion) penser (of de). **to ~ well** or **highly** or **a lot of sb/sth** avoir une haute opinion de qn/qch; **very well thought of** très respecté; **I don't ~ much of that** cela ne me semble pas très bon; to ~ better of doing sth décider à la réflexion de ne pas faire qch; **he thought better of it** il a changé d'avis; **~ nothing of it!** n'y attachez aucune importance!; **he thought nothing of walking there** il trouvait tout naturel d'y aller à pied; **to my way of ~ing** à mon avis.

2 vt **(a)** (believe) penser, croire (that que). **I ~ so/not** je pense or crois que oui/non; **I rather ~ so** j'ai plutôt l'impression que oui; **I thought as much!, I thought so!** je m'en doutais!; **she's pretty, don't you ~?** elle est jolie, tu ne trouves pas?; **I don't know what to ~** je ne sais pas qu'en penser; **I ~ that** je pense or crois que + indic; **I don't ~ that** je ne pense or crois pas que + subj; **do you ~ that** croyez-vous que + subj; **what do you ~?** qu'est-ce que tu en penses?; (iro) **what do you ~?** qu'est-ce que tu crois, toi?; **what do you ~ of him?** comment tu trouves-tu?; **who do you ~ you are?** pour qui te prends-tu?; **you must ~ me very rude** vous devez me trouver très impoli; **he ~s he is intelligent** il se croit intelligent; **they are thought to be rich** ils passent pour être riches; **I didn't ~ to see you here** je ne m'attendais pas à vous voir ici.

(b) (imagine) imaginer. **~ what we could do** imagine ce que nous pourrions faire; **I can't ~ what he means** je ne vois vraiment pas ce qu'il veut dire; **who would have thought it!** qui l'aurait dit!; **to ~ that she's only 10!** quand on pense qu'elle n'a que 10 ans!; **to ~ evil thoughts** avoir de mauvaises pensées.

(c) (reflect) penser à. **~ what you're doing** pense à ce que tu fais; **we must ~ how to do it** il faut nous demander comment le faire; **I was ~ing (to myself) how ill he looked** je me disais qu'il avait l'air bien malade; **I didn't ~ to let him know** il ne m'est pas venu à l'idée de le mettre au courant; **did you ~ to bring it?** est-ce que tu as pensé à l'apporter?

3 n: **to have a ~* about sth** penser à qch; **to have a good long ~* about sth** bien réfléchir à qch; **he's got another ~ coming*** il se fait des illusions.

4 adj: **~ tank** groupe m d'experts.

think back vi essayer de se souvenir (to de).

think out vt sep problem, proposition étudier; plan, answer préparer.

think over vt sep offer, suggestion bien réfléchir à. **I'll have to ~ it over** il va falloir que j'y réfléchisse.

think up vt sep plan, improvement avoir l'idée de; idea avoir; answer trouver; excuse inventer. **what will he ~ up next?** qu'est-ce qu'il va encore bien pouvoir inventer?

♦ **thinkable** adj: **it's not ~able** that il n'est pas pensable que + subj. ♦ **thinker** n penseur m, -euse f. ♦ **thinking 1** adj creature rationnel; **to any ~ing person** pour toute personne qui

réfléchit; **to put on one's ~ing cap** réfléchir; **2** n (act) pensée f, réflexion f; (thoughts) opinions fpl (on, about sur); **I'll have to do some ~ing about it** il va falloir que j'y réfléchisse.

third [θɜːd] **1** adj troisième. **~ person,** (Jur) **~ party** tiers m; **~ party insurance** assurance f au tiers; **~ time lucky!** la troisième fois sera la bonne; **the ~ finger** le majeur; **the T~** World le Tiers-Monde. **2** n troisième mf; (fraction) tiers m; (Mus) tierce f; (Aut: **~ gear**) troisième vitesse f. **in ~** en troisième; **for phrases** V **sixth. 3** adv **(a)** (in race, exam) **to come** or **be placed ~** se classer troisième. **(b)** (thirdly) troisièmement. ♦ **third-class 1** adj (gen, Rail etc) de troisième classe; hotel de troisième catégorie; (fig pej) meal, goods de qualité très inférieure; (Univ) **~-class degree** ≃ licence f sans mention; **2** adv (Rail) travel en troisième. ♦ **thirdly** adv troisièmement. ♦ **third-rate** adj de qualité très inférieure.

thirst [θɜːst] **1** n soif f (for de). **2** vi (liter) avoir soif (for de). (fig) **~ing for** assoiffé de. ♦ **thirsty** adj qui a soif, (stronger) assoiffé; (fig) land desséché; **to be ~y** avoir soif (for de); **it makes you ~y,** it's **~y work** ça donne soif.

thirteen [θɜːˈtiːn] adj, n treize (m) inv; **for phrases** V **six.** ♦ **thirteenth** adj, n treizième (mf); (fraction) treizième m.

thirty [ˈθɜːtɪ] adj, n trente (m) inv. **about ~** une trentaine; **about ~ books** une trentaine de livres; **for other phrases** V **sixty.** ♦ **thirtieth** adj, n trentième (mf); (fraction) trentième m.

this [ðɪs] **1** dem adj, pl **these (a)** ce (before vowel and mute 'h' cet), cette f, ces mfpl. **~ book** ce livre; **~ man** cet homme; **~ woman** cette femme; **these books** ces livres; **these women** ces femmes; **~ week** cette semaine; **~ time last week** la semaine dernière à pareille heure; **~ time next year** l'année prochaine à la même époque; **~ coming week** la semaine prochaine. **(b)** (stressed; or as opposed to that, those) ce ...-ci, cet ...-ci, cette ...-ci, ces ...-ci. **I like ~ photo better than that one** je préfère cette photo-ci à celle-là; **~ chair over here** cette chaise-ci.

2 dem pron, pl **these (a)** ceci, ce. **what is ~?** qu'est-ce que c'est?; **who's ~?** qui est-ce?; **~ is my son** (in introduction) je vous présente mon fils; (in photo etc) c'est mon fils; **~ is the boy I told you about** c'est or voici le garçon dont je t'ai parlé; (on phone) **~ is Joe Brown** Joe Brown à l'appareil; **~ is Tuesday/May** nous sommes mardi/en mai; **~ is what he showed me** voici ce qu'il m'a montré; **~ is where we live** c'est ici que nous habitons; **it was like ~ ...** voici comment les choses se sont passées ...; **do it like ~** faites-le comme ceci; **after ~** après ceci; **before ~ I'd never noticed him** je ne l'avais jamais remarqué auparavant; **it ought to have been done before ~** cela devrait être déjà fait; **we were talking of ~ and that** nous parlions de choses et d'autres; **so it has come to ~!** nous en sommes donc là!; **at ~** sur ce; **with ~ he left us** sur ces mots il nous a quittés; **what's all ~ I hear about your new job?** qu'est-ce que j'apprends, vous avez un nouvel emploi? **(b)** (~ **one**) celui-ci m, celle-ci f, ceux-ci mpl, celles-ci fpl. **I prefer that to ~** je préfère celui-là à celui-ci (or celle-là à celle-ci).

3 adv: **~ long** aussi long que ça; **~ far** jusqu'ici.

thistle [ˈθɪsl] n chardon m. ♦ **thistledown** n duvet m de chardon.

thither [ˈðɪðəʳ] adv († , liter) là, y.

tho' [ðəʊ] abbr of **though.**

thong [θɒŋ] n lanière f (de cuir).

thorax [ˈθɔːræks] n thorax m.

thorn [θɔːn] n épine f; (haw~) aubépine f. (fig) **a ~ in sb's flesh** une épine dans le pied de qn. ♦ **thorny** adj (lit, fig) épineux.

thorough [ˈθʌrə] adj work, worker consciencieux;

search, *research* minutieux; *knowledge,* *examination* approfondi; *(fig) hooligan, idiot* véritable *(before n); scoundrel, rogue* fieffé. **to give sth a ~ clean** nettoyer qch à fond. ♦ **thoroughbred 1** *adj horse* pur-sang *inv; other animal* de race; **2** *n* pur-sang *m inv;* bête *f* de race. ♦ **thoroughfare** *n (street)* rue *f; (public highway)* voie *f* publique; **'no ~fare'** 'passage interdit'. ♦ **thoroughgoing** *adj examination, revision* complet; *hooligan* véritable *(before n); rogue, scoundrel* fieffé. ♦ **thoroughly** *adv (gen)* à fond; *understand* parfaitement; *agree* tout à fait; *(very) clean, nasty* tout à fait, tout ce qu'il y a de*; **to search ~ly** *house* fouiller de fond en comble; *drawer* fouiller à fond. ♦ **thoroughness** *n [worker etc]* minutie *f.*

those [ðəʊz] *pl of that.*

thou [ðaʊ] *pers pron* (†, *liter*) tu; *(stressed)* toi.

though [ðəʊ] **1** *conj* **(a)** *(despite the fact that)* bien que + *subj,* quoique + *subj.* **~ it's raining** bien qu'il pleuve, malgré la pluie. **(b)** *(even if)* **strange ~ it may seem** si *or* pour étrange que cela puisse paraître; **even ~ I shan't be there** I'll think of you je ne serai pas là, mais je n'en penserai pas moins à toi. **(c)** *(gen)* **as ~** comme si; **it looks as ~** il semble que + *subj.* **2** *adv* pourtant, cependant. **it's not easy ~** ce n'est pourtant pas facile.

thought [θɔːt] *(pret, ptp of think) n* **(a)** *(gen)* pensée *f; (daydreaming)* rêverie *f.* **lost or deep in ~** plongé dans ses pensées *or* dans une rêverie; **after much ~** après mûre réflexion; **without ~** sans réflexion; **without ~ for** *or* **of himself** sans considérer son propre intérêt; **to take ~ for, to give a ~ to** penser à; **to give ~ to** bien réfléchir à; **don't give it another ~** n'y pensez plus. **(b)** *(idea)* pensée *f,* idée *f.* **it's a happy ~** voilà une idée qui fait plaisir; **what a ~!** * imagine un peu!; **what a horrifying ~!** * quel cauchemar!; **what a lovely ~!** * comme ça serait bien!; **what a brilliant ~!** * quelle idée de génie!; **that's a ~!** * tiens, mais c'est une idée!; **the mere ~ of it** rien que d'y penser; **my ~s were elsewhere** j'avais l'esprit ailleurs; **the T~s of Chairman Mao** les pensées du Président Mao; **scientific ~ on the subject** les opinions *fpl* des scientifiques sur la question; **I had ~s of going to Paris** j'avais vaguement l'intention d'aller à Paris; **he gave up all ~ of marrying her** il a renoncé à toute idée de l'épouser; **it's the ~ that counts** c'est l'intention *f* qui compte; *(fig)* **it is a ~ too large** c'est un tout petit peu trop grand. ♦ **thoughtful** *adj* **(a)** *(pensive)* pensif; *(serious) person, book, remark* sérieux; **(b)** *(considerate) person* prévenant; *act, remark, invitation* gentil; **how ~ful of you!** comme c'est gentil à vous! ♦ **thoughtfully** *adv* pensivement; avec prévenance; **he ~fully offered ...** . il a eu la prévenance d'offrir ... . ♦ **thoughtfulness** *n* air *m* pensif; prévenance *f.* ♦ **thoughtless** *adj behaviour, words* irréfléchi; *person* étourdi; **he's very ~less** il se soucie fort peu des autres. ♦ **thoughtlessly** *adv (carelessly)* étourdiment; *(inconsiderately)* avec insouciance. ♦ **thoughtlessness** *n (carelessness)* étourderie *f; (lack of consideration)* manque *m* de prévenance. ♦ **thought-provoking** *adj* qui pousse à la réflexion. ♦ **thought-read** *vi* lire dans la pensée de qn. ♦ **thought-reader** *n* liseur *m,* -euse *f* de pensées.

thousand ['θaʊzənd] *adj, n* mille *(m) inv.* **a ~, one ~ mille; five ~** cinq mille; **a ~ thanks!** mille fois merci!; **about a ~** un millier; **about a ~ men** un millier d'hommes; **~s of** des milliers de; **they came in their ~s** ils sont venus par milliers. ♦ **thousandth** *adj, n* millième *(mf); (fraction)* millième *m.*

thrash [θræʃ] *vt (beat)* rouer de coups; *(as punishment)* donner une bonne correction à; (*: *Sport etc)* battre à plates coutures. **thrash about** *vi* se débattre.

thrash out *vt sep problem, difficulty (discuss)* débattre de; *(solve)* démêler; *plan* mettre au point avec difficulté. ♦ **thrashing** *n* correction *f;* **to give sb a good ~ing = to ~ sb.**

thread [θred] **1** *n* **(a)** fil *m. (fig)* **to hang by a ~** ne tenir qu'à un fil; *(fig)* **to lose the ~ (of what one is saying)** perdre le fil de son discours; *(fig)* **to pick up the ~ again** retrouver le fil. **(b)** *[screw]* pas *m,* filetage *m.* **2** *vt needle, beads* enfiler; *wire, cotton* faire passer *(through* à travers*); film* monter *(on* to* sur). **to ~ one's way through** se faufiler à travers. ♦ **threadbare** *adj rug, clothes* usé, râpé; *room* défraîchi; *(fig) excuse* rebattu.

threat [θret] *n* menace *f (to sb/sth* pour qn/qch). **to make a ~ against sb** proférer une menace à l'égard de qn; **under the ~ of** menacé de. ♦ **threaten** *vti* menacer *(sb with sth* qn de qch; *to do* de faire); **to ~en violence etc** proférer des menaces de; **~ened with** menacé de. ♦ **threatening** *adj (gen)* menaçant; *letter* de menaces; *(fig)* **to find sb ~ening** se sentir menacé par qn. ♦ **threateningly** *adv* d'un ton *or* d'une manière menaçant(e).

three [θriː] *adj, n* trois *(m) inv. (Pol)* **the Big T~** les trois Grands; *(Sport)* **the best of ~** deux jeux et la belle; *for other phrases V* six. ♦ **three-cornered** *adj* triangulaire. ♦ **three-dimensional** *adj object* à trois dimensions; *film* en relief. ♦ **three-legged** *adj table* à trois pieds; *race* de pieds liés. ♦ **three-piece suite** *n* salon *m* comprenant canapé et deux fauteuils. ♦ **three-ply** *adj wool* trois fils *inv.* ♦ **three-quarter** *n (Rugby)* trois-quarts *m inv.* ♦ **three-quarters** *npl (fraction)* trois quarts *mpl.* ♦ **threesome** *n (people)* groupe *m* de trois; **in a ~some** à trois. ♦ **three-way** *adj division* en trois; *discussion* à trois. ♦ **three-wheeler** *n (car)* voiture *f* à trois roues; *(tricycle)* tricycle *m.*

thresh [θreʃ] *vt (Agr)* battre. ♦ **thresher** *n (machine)* batteuse *f.* ♦ **threshing** *n* battage *m.*

threshold ['θreʃhəʊld] *n (lit, fig)* seuil *m.* **to cross the ~** franchir le seuil; *(fig)* **on the ~ of** au seuil de.

threw [θruː] *pret of throw.*

thrice [θraɪs] *adv* trois fois.

thrift [θrɪft] *n* économie *f.* ♦ **thriftless** *adj* imprévoyant. ♦ **thrifty** *adj* économe.

thrill [θrɪl] **1** *n (gen)* frisson *m.* **what a ~!** quelle émotion!; **it gave me a big ~** ça m'a vraiment fait qch!*; **to get a ~ out of doing sth** se procurer des sensations fortes en faisant qch; **film packed with ~s** film *m* à sensations. **2** *vt (gen) person, crowd* électriser. **his glance ~ed her** son regard l'a enivrée; **I was ~ed!** j'étais aux anges!; **I was ~ed to meet him** ça m'a vraiment fait qch* de le rencontrer. **3** *vi* frissonner (de joie). ♦ **thriller** *n (novel/film)* roman *m*/film *m* à suspense. ♦ **thrilling** *adj play, journey* palpitant; *news* saisissant.

thrive [θraɪv] *pret* throve, thrived, *ptp* thriven, thrived *vi [person, animal]* être florissant de santé; *[plant]* pousser bien; *[industry, businessman]* prospérer. **children ~ on milk** le lait est excellent pour les enfants; **he ~s on hard work** le travail lui réussit. ♦ **thriving** *adj person etc* florissant de santé; *plant* robuste; *industry etc* prospère.

throat [θrəʊt] *n* gorge *f.* **to take sb by the ~** prendre qn à la gorge; **I have a sore ~** j'ai mal à la gorge, j'ai une angine; **he had a bone stuck in his ~** il avait une arête dans le gosier; *(fig)* **that sticks in my ~** je n'arrive pas à accepter ça; *(fig)* **to thrust** *or* **shove* sth down sb's ~** rebattre les oreilles de qn avec qch. ♦ **throaty** *adj* guttural.

throb [θrɒb] **1** *vi [heart]* palpiter, battre fort; *[voice, engine]* vibrer; *[drums]* battre (en rythme); *[pain]* lanciner. **town ~bing with life** ville vibrante d'animation; **my head is ~bing** j'ai

des élancements dans la tête. **2** *n [heart]* battement *m; [engine]* vibration *f; [music]* rythme *m*
(fort); *[pain]* élancement *m.*

throes [θrəʊz] *npl*: in the ~ of death à l'agonie; in
the ~ of *war, disease, crisis etc* en proie à;
quarrel, debate au cœur de; in the ~ of *writing a*
book aux prises avec la rédaction d'un livre.

thrombosis [θrɒm'bəʊsɪs] *n* thrombose *f.*

throne [θrəʊn] *n* trône *m.* to come to the ~ monter
sur le trône; on the ~ sur le trône.

throng [θrɒŋ] **1** *n* foule *f.* **2** *vi* se presser (*round*
autour de; *to see* pour voir). **3** *vt streets* se
presser dans. ~ed with people plein de monde.

throttle ['θrɒtl] **1** *n* (*Aut, Tech*) papillon *m* des gaz.
to open the ~ mettre les gaz; to close the ~
réduire l'arrivée des gaz. **2** *vt* (*strangle*)
étrangler.

throttle back, throttle down *vt sep engine*
mettre au ralenti.

through [θruː] **1** *adv* **(a)** (*gen*) the nail went right
~ le clou est passé à travers; just go ~ passez
donc; to let sb ~ laisser passer qn; to get a train ~
to London attraper un train direct pour Londres;
(*in exam*) did you get ~? as-tu été reçu?; all night
~ toute la nuit; I knew all ~ that ... je savais
depuis le début que ...; wet ~ trempé; wet ~ and
~ complètement trempé; he's a liar ~ and ~ il
ment comme il respire; he's a Scot ~ and ~ il est
écossais jusqu'au bout des ongles; read it right ~
lis-le jusqu'au bout; I read it ~ quickly je l'ai lu
rapidement; (*Telec*) to put sb ~ to sb passer qn à
qn; I'll put you ~ to her je vous la passe; you're ~
now vous avez votre correspondant; you're ~ to
him il est en ligne. **(b)** (*finished*) I'm ~* ça y est,
j'ai fini; I'm not ~ with you yet* je n'en ai pas
encore fini avec vous; are you ~ with that book?*
tu n'as plus besoin de ce livre?; he told me we
were ~* il m'a dit que c'était fini entre nous.

2 *prep* **(a)** (*place*) à travers; a stream flows ~
the garden un ruisseau traverse le jardin *or* coule
à travers le jardin; to go ~ forest, garden,
building traverser; *hedge* passer au travers de;
(*Aut*) red light griller; (*fig*) *sb's pockets, luggage*
fouiller; to hammer a nail ~ a plank enfoncer un
clou à travers une planche; he was shot ~ the
head on lui a tiré une balle dans la tête; to look ~ a
window/telescope regarder par une fenêtre/dans
un télescope; he has really been ~ it* il en a vu de
dures*; to get ~ an exam réussir à un examen;
I'm half-way ~ the book j'en suis à la moitié du
livre; to speak ~ one's nose parler du nez.

(b) (*time*) pendant, durant. all *or* right ~ his
life pendant *or* durant toute sa vie; he won't live ~
the night il ne passera pas la nuit; (*US*) Monday ~
Friday de lundi à vendredi; ~ the week pendant la
semaine.

(c) (*by, from*) par; (*thanks to*) grâce à; (*because*
of) à cause de. ~ the post par la poste; it was all ~
him that ... c'est à cause de lui que ...; I heard it ~
my sister je l'ai appris par ma sœur; ~ his own
efforts par ses propres efforts; absent ~ illness
absent pour cause de maladie; ~ fear par peur; ~
not knowing the way he ... parce qu'il ne connais-
sait pas le chemin il ... .

3 *adj train, ticket* direct. 'no ~ way' 'impasse'.

♦ **throughout 1** *prep* **(a)** (*place*) partout dans;
~out the world partout dans le monde; (*time*)
pendant; ~out his life pendant toute sa vie; **2** *adv*
(*everywhere*) partout; (*the whole time*) tout le
temps. ♦ **throughway** *n* (*US*) autoroute *f* à péage.

throve [θrəʊv] *pret of* **thrive.**

throw [θrəʊ] (*vb: pret* **threw,** *ptp* **thrown**) **1** *n*
[ball, javelin etc] a good ~ un bon jet; with one ~
of the ball he ... d'un seul coup il ...; (*in table*
games) you lose a ~ vous perdez un tour.

2 *vt* **(a)** (*gen*) jeter (*to, at* à; *over* sur; *into* dans;
into jail en prison); *object, stone* lancer, jeter (*to,*
at à); *ball, javelin etc* lancer; *dice* jeter; *[fighter*

etc] opponent envoyer au sol; *[explosion, car*
crash etc] projeter; *pottery* tourner; (*fig*)
responsibility etc rejeter (*on* sur); (*'*) *party*
organiser (*for sb* en l'honneur de qn); (*': fig:*
disconcert) déconcerter, décontenancer. (*dice*)
to ~ a six avoir un six; **the horse threw him** le
cheval l'a désarçonné; he was ~n clear of the car
il a été projeté hors de la voiture; to ~ o.s. to the
ground/into sb's arms se jeter à terre/dans les
bras de qn; to ~ o.s. on sb's mercy s'en remettre à
la merci de qn; (*fig*) to ~ o.s. into a job se mettre
au travail avec enthousiasme; to ~ open *door,*
window ouvrir tout grand; (*fig*) *house, gardens*
ouvrir au public; *race, competition etc* ouvrir à
tout le monde; to ~ a switch allumer *or* éteindre
brusquement; to ~ a question at sb poser une
question à qn à brûle-pourpoint; to ~ sth/sb into
confusion jeter la confusion dans qch/dans l'esprit de qn; to ~ sb off the trail dépister qn; (*fig:*
disconcert) I was quite ~n* when ... je n'en
revenais pas quand ... .

(b) (*direct*) *light, shadow, glance* jeter; *slides*
projeter; *kiss* envoyer (*to* à); *punch* lancer (*at* à).

throw about, throw around *vt sep litter, con-*
fetti éparpiller. to be ~n about être ballotté; (*fig*)
to ~ one's weight about faire l'important.

throw away *vt sep rubbish etc* jeter; (*fig*) *one's*
life, talents gâcher; *money, sb's affection, chance*
perdre; *line, remark* (*say casually*) laisser
tomber; (*lose effect of*) perdre tout l'effet de. to ~
o.s. away gaspiller ses dons.

throw back *vt sep* **(a)** (*return*) *ball etc* renvoyer
(*to* à); *fish* rejeter; (*fig*) *image* renvoyer. **(b)**
head, hair rejeter en arrière; *shoulders* redresser. (*fig*) to be ~n back upon sth être obligé
de se rabattre sur qch.

throw down *vt sep object* jeter; *weapons*
déposer; *challenge* lancer. to ~ o.s. down se jeter
à terre.

throw in *vt sep object into box etc* jeter; (*Ftbl*)
ball remettre en jeu; (*fig*) *one's cards* jeter sur la
table; (*fig*) *remark, question* interposer; *refer-*
ence mentionner en passant. (*fig*) to ~ in one's
hand *or* the towel abandonner la partie; (*as extra*)
with £5 ~n in avec 5 livres en plus; (*included*)
with meals ~n in repas compris.

throw off *vt sep* (*get rid of*) (*gen*) se débarrasser
de; *disguise* jeter; *pursuers, dogs* perdre, semer*.

throw on *vt sep coal, sticks* ajouter; *clothes*
enfiler à la hâte.

throw out *vt sep* **(a)** (*lit*) jeter dehors; *rubbish*
etc jeter; *person* expulser; *suggestion, (Parl) bill*
repousser. (*fig*) to ~ out one's chest bomber la
poitrine. **(b)** (*offer*) *suggestion, idea* laisser
tomber; *challenge* lancer. **(c)** (*make wrong*)
calculation, prediction fausser.

throw over *vt sep* abandonner, laisser tomber*
(*for sth else* pour autre chose; *for sb else* pour qn
d'autre).

throw together *vt sep* **(a)** (*pack*) *belongings etc*
rassembler; (*make hastily*) *object* faire à la six-
quatre-deux*; (*'*) *essay* torcher*. **(b)** (*fig: by*
chance) *people* réunir (par hasard). they were
~n together le hasard les avait réunis.

throw up **1** *vi* (*vomit*) vomir. **2** *vt sep* **(a)** (*into*
air) *ball etc* lancer en l'air; *arms* lever. (*fig*) he
threw up several good ideas quelques bonnes
idées en sont sorties. **(b)** (*vomit*) vomir. **(c)** (*':*
abandon etc) *job, studies* abandonner; *oppor-*
tunity laisser passer.

♦ **throwaway** *adj packaging* à jeter; *remark* qui
n'a l'air de rien. ♦ **throwback** *n* (*fig*) it's a ~back
to ça remonte à. ♦ **thrower** *n* lanceur *m,* -euse *f.*
♦ **throw-in** *n* (*Ftbl*) remise *f* en jeu.

thru [θruː] (*US*) = **through.**

thrush[1] [θrʌʃ] *n* (*bird*) grive *f.*

thrush[2] [θrʌʃ] *n* (*Med*) muguet *m.*

thrust [θrʌst] (*vb: pret, ptp* **thrust**) **1** *n* **(a)** (*push*) poussée *f* (*also Mil*); (*stab: with knife, stick etc*) coup *m*; (*fig: remark*) pointe *f* (*at sb* contre qn). (**b**) (*propeller, jet engine etc*) poussée *f*; (**fig: energy*) dynamisme *m*. 2 *vt* (*push: gen*) pousser brusquement; *finger, stick, dagger* enfoncer (*into* dans; *between* entre); *sth into drawer, pocket, hole* fourrer* (*into* dans); (*fig*) *job, responsibility* imposer (*upon sb* à qn). he ~ it into my hand il me l'a fourré* dans la main; he ~ it at me il me l'a brusquement mis sous le nez; to ~ one's hands into one's pockets enfoncer les mains dans ses poches; he ~ his head through the window il a mis la tête par la fenêtre; (*fig*) some have greatness ~ upon them certains ont de la grandeur sans la rechercher; to ~ o.s. upon sb imposer sa présence à qn; to ~ one's way in/out etc entrer/sortir etc en se frayant un passage; to ~ aside *object, person* écarter brusquement; *suggestion* rejeter violemment.

thud [θʌd] 1 *n* bruit *m* sourd. 2 *vi* faire un bruit sourd (*on, against* en heurtant); [*guns*] gronder sourdement; (*fall*) tomber avec un bruit sourd.

thug [θʌg] *n* voyou *m*.

thumb [θʌm] 1 *n* pouce *m*. (*fig*) to be under sb's ~ être sous la coupe de qn; she's got him under her ~ elle le mène par le bout du nez; (*fig*) to be all ~s être très maladroit; he gave me the ~s up sign* (*all well*) il m'a fait signe que tout allait bien; (*for luck*) il m'a fait signe pour me souhaiter bonne chance. 2 *adj nail, print* du pouce. ~ index répertoire *m* à onglets. 3 *vt book, magazine* feuilleter. well ~ed tout écorné (par l'usage); to ~ one's nose faire un pied de nez (*at sb* à qn); he ~ed a lift to Paris il est allé à Paris en stop*; I managed to ~ a lift je suis arrivé à arrêter une voiture.

thumb through *vt fus book* feuilleter; *card index* consulter rapidement.

♦ **thumbnail** *adj*: ~nail sketch croquis *m* sur le vif. ♦ **thumbscrew** *n* (*Tech*) vis *f* à papillon. ♦ **thumbtack** *n* (*US*) punaise *f*.

thump [θʌmp] 1 *n* (*blow: with fist/stick etc*) grand coup *m* de poing/de canne etc; (*sound*) bruit *m* lourd et sourd. 'to fall with a ~ tomber lourdement. 2 *vt person* assener un or des coup(s) à; *table* taper sur; *door* cogner à. 3 *vi* cogner, taper (*on sur; at* à); [*heart*] battre fort, (*with fear*) battre la chamade. ♦ **thumping*** *adj* (~ing great) monumental*.

thunder [θʌndə'] 1 *n* tonnerre *m*; [*applause*] tonnerre; [*hooves, vehicles, trains*] fracas *m*. there's ~ in the air il y a de l'orage dans l'air. 2 *vi* (*Met*) tonner; [*guns*] tonner; [*hooves*] retentir. the train ~ed past le train est passé dans un grondement de tonnerre. 3 *vt* (~ out) *threat, order* proférer d'une voix tonitruante. ♦ **thunderbolt** *n* coup *m* de foudre; (*fig*) coup de tonnerre. ♦ **thunderclap** *n* coup *m* de tonnerre. ♦ **thundercloud** *n* nuage orageux; (*fig*) nuage noir. ♦ **thundering** *adj* (**a**) *rage* fou; *temper* massacrant; (**b**) (*: ~ing great) monumental*; *success* monstre. ♦ **thunderous** *adj welcome, shouts, noise* étourdissant; *applause* frénétique. ♦ **thunderstorm** *n* orage *m*. ♦ **thunderstruck** *adj* abasourdi. ♦ **thundery** *adj* orageux.

Thursday [θɜːzdɪ] *n* jeudi *m*; *for phrases V* **Saturday**.

thus [ðʌs] *adv* ainsi. ~ far (*up to here*) jusqu'ici; (*up to there*) jusque-là.

thwart [θwɔːt] *vt plan* contrecarrer; *person* contrecarrer les projets de. to be ~ed essuyer un échec.

thy [ðaɪ] *poss adj* (†, *liter*) ton, ta, tes.

thyme [taɪm] *n* thym *m*.

thyroid [θaɪrɔɪd] *adj, n* (~ gland) thyroïde (*f*).

ti [tiː] *n* (*Mus*) si *m*.

tiara [tɪˈɑːrə] *n* diadème *m*.

tibia [ˈtɪbɪə] *n* tibia *m*.

tic [tɪk] *n* tic *m* (nerveux).

tichy [ˈtɪtʃɪ] *adj* (~ little) minuscule.

tick¹ [tɪk] 1 *n* (**a**) [*clock*] tic-tac *m*; (*fig) instant *m*. just a ~!; half a ~!* un instant!; in a ~*, in a couple of ~s* en un rien de temps; I shan't be a ~* j'en ai pour une seconde. (**b**) (*mark*) coche *f*. to put a ~ against sth cocher qch. 2 *vt name, item* cocher. (*mark right*) *answer etc* marquer juste. 3 *vi* [*clock, bomb etc*] faire tic-tac. (*fig*) I don't understand what makes him ~* il est un mystère pour moi.

tick off *vt sep* (**a**) *name, item* cocher. (**b**) (*: *reprimand*) passer un savon à*.

tick over *vi* [*engine*] tourner au ralenti; [*taximeter*] tourner; [*business etc*] aller doucettement.

♦ **ticker*** *n* (*heart*) cœur *m*, palpitant* *m*. ♦ **ticker-tape** *n* (*US: at parades etc*) ≈ serpentin *m*; to get a ~er-tape welcome être accueilli par une pluie de serpentins. ♦ **ticking¹** *n* [*clock*] tic-tac *m*. ♦ **ticking-off*** *n* attrapade* *f*; to give sb a ~ing-off passer un savon à qn*; to get a ~ing-off se faire attraper. ♦ **tick-tack-toe** *n* (*US*) ≈ jeu *m* de morpion. ♦ **tick-tock** *n* [*clock*] tic-tac *m*.

tick² [tɪk] *n* (*Zool*) tique *f*.

tick³ [tɪk] *n*: on ~* à crédit.

ticket [ˈtɪkɪt] 1 *n* (**a**) (*gen*) billet *m*; (*for bus, tube, cloakroom*) ticket *m*; (*Comm: label*) étiquette *f*; (*from cash register*) ticket, reçu *m*; (*for left-luggage*) bulletin *m*; (*for library*) carte *f*. coach ~ billet de car; (*fig*) that's the ~!* voilà ce qu'il nous faut!; (*US Pol*) he is running on the Democratic ~ il se présente sur la liste des démocrates. (**b**) (*Aut: for fine*) P.-V. *m*, papillon *m*. a ~ on the windscreen un papillon sur le pare-brise; to give sb/get a ~ for parking mettre à qn/attraper un P.-V. pour stationnement illégal. 2 *adj*: (*Theat*) ~ agency agence *f* de spectacles; ~ collector contrôleur *m*; ~ holder personne *f* munie d'un billet; ~ office guichet *m*. 3 *vt goods* étiqueter.

ticking² [ˈtɪkɪŋ] *n* (*Tex*) toile *f* (à matelas).

tickle [ˈtɪkl] 1 *vt person, sb's vanity, palate etc* chatouiller; (*: *delight*) faire plaisir à; (*: *amuse*) faire rire. to be ~d to death* or ~d pink* (*pleased*) être heureux comme tout; (*amused*) rire aux larmes. 2 *vi* chatouiller. 3 *n* chatouillement *m*. ♦ **tickler*** *n* (*problem*) colle* *f*; (*situation*) situation *f* délicate. ♦ **tickling** 1 *n* chatouillement *m*; 2 *adj* sensation de chatouillement; *cough* d'irritation. ♦ **ticklish** or **tickly*** *adj* (**a**) sensation de chatouillement; *blanket* qui chatouille; *cough* d'irritation; *person* chatouilleux; (**b**) (*touchy*) *person* chatouilleux; (*difficult*) *situation* délicate.

tiddler* [ˈtɪdlə'] *n* (*stickleback*) épinoche *f*; (*tiny fish*) petit poisson *m*; (*child*) petit(e) mioche* *m(f)*.

tiddly* [ˈtɪdlɪ] *adj* pompette*, ivre. ♦ **tiddlywinks** *n* jeu *m* de puce.

tide [taɪd] *n* marée *f*; (*fig: of events*) cours *m*. at high/low ~ à marée haute/basse; the ~ turns at ... la marée commence à monter (*or* à descendre) à ...; (*fig*) the ~ has turned la chance a tourné; (*fig*) to go with the ~ suivre le courant; to go against the ~ aller à contre-courant. 2 *vt*: to ~ sb over (a difficulty) dépanner* qn (*till* en attendant); that should ~ me over until ... avec ça je devrais m'en sortir jusqu'à ... . ♦ **tidal** *adj river* qui a des marées; **tidal wave** raz-de-marée *m inv*; (*of enthusiasm etc*) immense vague *f*. ♦ **tidemark** *n* laisse *f* de haute mer; (*on neck, bath*) ligne *f* de crasse. ♦ **tideway** *n* (*channel*) chenal *m* de marée; (*current*) flux *m*.

tidy [ˈtaɪdɪ] 1 *adj* (**a**) *room, drawer, objects* bien rangé; *dress, hair, schoolwork* net; *habits* d'ordre; *person* (*in appearance*) soigné; (*in character*) ordonné. to make ~ or tidier = to ~ (*V 3*); to have a ~ mind avoir l'esprit méthodique. (**b**) (*) *amount, income* rondelet; *speed* bon. it cost him a ~ bit ça lui a coûté une jolie somme; a ~ bit of his salary une bonne partie de son salaire. **2** n (in car, cupboard etc) vide-poches m inv. **sink** ~ coin m d'évier (ustensile). **3** vti (~ away, ~ out, ~ up) ranger. **to ~ o.s. (up)** s'arranger; (to ~ (up) one's hair) arranger sa coiffure. ♦ **tidily** adv arrange, fold soigneusement; write proprement; dress avec soin. ♦ **tidiness** n [room, drawer, books] belle ordonnance f; [handwriting, school-work] propreté f; [person] sens m de l'ordre. ♦ **tidy-out*** or ♦ **tidy-up*** n: to have a ~-out or ~-up faire du rangement; **to give sth a (good) ~-out** or ~-up ranger qch à fond.

tie [taɪ] **1** n **(a)** (neck~) cravate f; (on garment, curtain) attache f; (on shoe) lacet m; (Mus) liaison f. (on invitation) **black ~** smoking m; **white ~** habit m; **family ~s** (links) liens mpl de famille; (responsibilities) attaches fpl familiales; **children are a great ~** avec les enfants on n'est pas libre. **(b)** (Sport) (draw) égalité f (de points); (drawn match) match m nul; (drawn race/competition) course f/concours m dont les vainqueurs sont ex æquo. **the match ended in a ~** les deux équipes ont fait match nul; **the election ended in a ~** les candidats ont terminé à égalité de voix; **to play off a ~** rejouer un match nul; **there was a ~ for second place** il y avait deux ex æquo en seconde position; **cup ~** match de coupe. **2** vt (fasten) attacher; (knot) nouer (to à); ribbon faire un nœud à; shoes lacer; (link: also Mus) lier (to à); (restrict) restreindre. (fig) his hands are ~d il a les mains liées; **to be ~d hand and foot** avoir pieds et poings liés; **to ~ a bow in** sth faire un nœud avec qch; **to ~ a knot in** sth faire un nœud à qch; **to get ~d in knots** [rope etc] faire des nœuds; (fig) [person] s'embrouiller; **house ~d to the job** maison liée au travail; **I'm ~d to the house** je suis retenu à la maison; **are we ~d to this plan?** sommes-nous obligés de nous en tenir à ce projet?; **we are very ~d in the evenings** nous sommes rarement libres le soir. **3** vi (draw) (Sport etc) faire match nul; (in competition) être ex æquo; (in election) obtenir le même nombre de voix. **they ~d for first place** ils ont été premiers ex æquo.

tie back vt sep curtains attacher sur les côtés; hair retenir en arrière.
tie down vt sep attacher. (fig) **to be ~d down** ne pas avoir assez de temps libre; **to ~ sb down to a promise/a price/a time** obliger qn à tenir sa promesse/à fixer un prix/à venir à une certaine heure; **to ~ o.s. down to doing sth** se trouver contraint de faire qch.
tie in 1 vi (be linked) être lié (with à); (be consistent) correspondre (with à). **2** vt sep meeting, visit, work combiner (with avec).
tie on vt sep attacher.
tie together vt sep attacher (ensemble).
tie up 1 vi (Naut) accoster. **2** vt sep parcel ficeler; prisoner, boat, horse attacher (to à); (fig) money immobiliser; (conclude) deal etc conclure; details régler. **it's all ~d up** tout est réglé. (fig) **to be ~d up** (linked) être lié (with avec); (busy) être très pris; (muddled) être embrouillé; (obstructed) [traffic] être bloqué; [production, sales] être suspendu. ♦ **tie-breaker** n (Tennis) tie-break m; (in quiz) question f subsidiaire. ♦ **tie-in** n (link) lien m, rapport m (with avec). ♦ **tie-on** adj label à œillet. ♦ **tiepin** n épingle f de cravate. ♦ **tie-up** n (connection) lien m (with avec; between entre).

tier [tɪəʳ] n (in stadium etc) gradin m; (of cake) étage m. **in ~s** (gen) par étages; seating en gradins; **to rise in ~s** s'étager; **three-~ed cake** ≈ pièce montée f à trois étages.
tiff [tɪf] n prise f de bec*.
tiger ['taɪgəʳ] **1** n tigre m. **2** adj: ~ **lily** lis m tigré; ~ **moth** écaille f (papillon). ♦ **tigress** n tigresse f.

tight [taɪt] **1** adj **(a)** (not loose) rope raide, tendu; garment ajusté; (too ~) trop étroit; belt, shoes qui serre; tap, lid, drawer dur; bend in road raide; knot, weave, knitting serré; restrictions, control sévère, strict; programme, schedule très chargé. **my shoes are too ~** mes chaussures me serrent; **it's a ~ fit** c'est juste; **to keep a ~ hold on** sth bien tenir qch, (fig) avoir qch en main; **it will be ~ but we'll make it in time** ce sera juste, mais nous y arriverons; (fig) **in a ~ corner** dans une situation difficile. **(b)** credit serré; business difficile; budget juste; transaction qui laisse peu de marge. **money is very ~** (Econ) l'argent est rare; (at home) les finances sont très justes; **to be ~** (miserly) être avare or radin*. **(c)** (*: drunk) rond*, ivre. **to get ~** se cuiter*.
2 adv grasp bien, solidement; close bien, hermétiquement; squeeze très fort. **screw the nut up ~** serrez l'écrou à bloc; **don't fasten or tie it too ~** ne le serrez pas trop (fort); V hold, sit, sleep etc.
♦ **tighten 1** vt (~en up) rope tendre; garment ajuster; screw, wheel, grasp resserrer; legislation, restrictions renforcer; (lit, fig) **to ~en one's belt** se serrer la ceinture; **2** vi (~en up) se tendre; se resserrer; être renforcé; (fig) **to ~en up on sth** devenir plus strict en matière de qch. ♦ **tight-fisted** adj avare, radin*. ♦ **tight-fitting** adj garment ajusté; lid, stopper qui ferme bien. ♦ **tight-knit** adj (fig) family uni; programme, schedule très chargé. ♦ **tightly** adv = tight 2. ♦ **tightness** n [garment] étroitesse f; [screw, lid] dureté f; [restrictions, control] sévérité f; **he felt a ~ness in his chest** il avait la poitrine oppressée. ♦ **tightrope** n corde f raide; **2** adj: ~**rope walker** funambule mf. ♦ **tights** npl collant m.
tile [taɪl] **1** n (on roof) tuile f; (on floor, wall) carreau m. (fig) **to be out on the ~s*** faire la noce*. **2** vt couvrir de tuiles; carreler. ♦ **tiled** adj roof en tuiles; floor, room etc carrelé.
till¹ [tɪl] = **until**.
till² [tɪl] n caisse f. (fig) **caught with one's hand in the ~** pris sur le fait.
till³ [tɪl] vt (Agr) labourer.
tiller ['tɪləʳ] n (Naut) barre f (du gouvernail).
tilt [tɪlt] **1** n **(a)** (slope) inclinaison f. **(b)** (at) **full ~** à toute vitesse. **2** vt object, one's head pencher, incliner; hat rabattre (over sur). **to ~ one's chair back** se balancer sur sa chaise. **3** vi (~ over) pencher, être incliné.
timber ['tɪmbəʳ] **1** n (wood) bois m de construction; (trees collectively) arbres mpl. **2** adj fence etc en bois. ♦ **timbered** adj house en bois; land boisé. ♦ **timber-merchant** n négociant m en bois. ♦ **timberyard** n chantier m de bois.
time [taɪm] **1** n **(a)** (gen) temps m. ~ **and space** le temps et l'espace; ~ **flies** le temps passe vite; **only ~ will tell** = qui vivra verra; ~ **will show if ...** le temps dira si ...; **with ~, in (the course of) ~, as ~ goes by** avec le temps; **it takes ~** ça prend du temps; **from ~ out of mind** de toute éternité; **I've no ~ for that sort of thing** (lit) je n'ai pas le temps de faire ce genre de chose; (fig) ce genre de chose m'agace; **I've enough ~** or **I have the ~ to go** there j'ai le temps d'y aller; **we've got plenty of ~**, **we've all the ~ in the world** nous avons tout notre temps; **you've got plenty of ~ to wait for me** vous avez bien le temps de m'attendre; **I can't find ~ to do** or **for (doing) that** je n'arrive pas à trouver le temps de faire ça; **to make up for lost ~** rattraper le temps perdu; **in no ~ at all, in less than no ~** en un rien de temps; **he had ~ on his hands** or ~ **to spare** il avait du temps devant lui; **I spent a lot of ~ preparing this**, **it took me a lot of ~ to prepare** this il m'a fallu pas mal de temps pour le préparer; **to spend one's ~ doing** passer son temps à faire; **for part** or **some of the ~** pendant une partie du temps; **some of the ~ he looks cheerful**

quelquefois *or* par moments il a l'air gai; **most of the ~** la plupart du temps; **all the ~** (*the whole ~*) tout le temps; (*from the start*) dès le début; **take your ~ (over it)** prenez votre temps (pour le faire); (*fig*) **it took me all my ~ to finish it** j'ai eu du mal à le finir; **your ~ is up** (*in exam, visit etc*) c'est l'heure; **free ~, ~ off** temps libre; **in his own good ~** quand bon lui semblera; **in good ~** à temps; **in good ~ for** en avance pour; **all in good ~!** chaque chose en son temps!; **a race against ~** une course contre la montre; **he was working against ~** il travaillait d'arrache-pied (*to finish pour terminer*); **for the ~ being** pour le moment.

(b) (*period, length of* ~) **for a ~** pendant un certain temps; **a long ~** longtemps; **he hasn't been seen for a long ~** on ne l'a pas vu depuis longtemps; **it's a long ~ since ...** il y a bien longtemps que ...; **what a (long) ~ you've been!** il vous en a fallu du temps!; **it took a very long ~ for that to happen** il a fallu attendre longtemps pour que cela arrive (*subj*); **for a long ~ (to come** *or* **past)** longtemps; **a short ~** peu de temps; **for a short ~ (pendant)** un moment; **in a short ~ they were all gone** quelques moments plus tard ils avaient tous disparu; **I waited for some ~** j'ai attendu assez longtemps; **some considerable ~** un temps considérable; **some little ~** un certain temps; **some ~ ago** il y a quelque temps *or* un certain temps; **it won't be ready for some ~** ce ne sera pas prêt avant un certain temps; **in half the ~** deux fois plus vite; **in 2 weeks' ~** dans 2 semaines; **what ~ did he do it in?** il a mis combien de temps?; **cooking ~** temps de cuisson; [*prisoner*] **to do ~*** faire de la prison; **we made good ~** nous avons bien marché; **to be on** *or* **to work full ~** travailler à plein temps; **to be on ~ and a half** faire des heures supplémentaires payées à 150%; **it is paid at double ~** c'est payé double; **in the firm's ~** pendant les heures de service; **in one's own ~** après les heures de service.

(c) (*era: often pl*) époque *f.* **the ~s we live in** l'époque où nous vivons; **in medieval ~s** à l'époque médiévale; **in Gladstone's ~** du temps de Gladstone; **in ~s past, in former ~s** dans le temps, jadis; **in my ~ it was different** de mon temps c'était différent; **I've seen some queer things in my ~** j'ai vu des choses étranges dans ma vie; **before my ~** (*before I was born*) avant que je ne sois né; (*before I came here*) avant que je ne vienne ici; **in ~(s) of peace** en temps de paix; **peace in our ~** la paix de notre vivant; (*fig*) **he is ahead of his ~,** he was born before his ~ il est en avance sur son époque; **to keep up with the ~s** être de son époque; **to be behind the ~s** être vieux jeu *inv*; **at the best of ~s** déjà quand tout va bien; **~s are hard** les temps sont durs; **to have a rough or bad** *or* **tough ~** (*of it*) en voir de dures*; **to give sb a bad ~** en faire voir de dures* à qn; **what great ~s we've had!** c'était le bon temps!; **to have a good ~** (*of it*) bien s'amuser; **to have the ~ of one's life** s'amuser comme un fou; **a tense ~** une période très tendue (*for pour*).

(d) (*by clock*) heure *f.* **what is the ~?, what ~ is it?** quelle heure est-il?; **what ~ do you make it?** quelle heure avez-vous?; **have you got the right ~?** est-ce que vous avez l'heure exacte?; **the ~ is 10.30** il est 10.30; **what ~ is he arriving at?** à quelle heure est-ce qu'il arrive?; **he looked at the ~** il a regardé l'heure; **it keeps good ~** c'est toujours à l'heure; **there's a ~ and a place for everything** il y a un temps pour tout; (*fig*) **to pass the ~ of day** échanger quelques mots (*with sb* avec qn); **at this ~ of (the) night** à cette heure de la nuit; **at any ~ of the day or night** à n'importe quelle heure du jour ou de la nuit; **open at all ~s** ouvert à toute heure; (*US*) **midnight, by Eastern ~** minuit, heure de la côte est; **ahead of/behind ~** en avance/retard; **just in ~** juste à temps (*for sth* pour

qch; *to do* pour faire); **on ~** à l'heure; **it's ~ for tea,** it's tea ~ c'est l'heure du thé; **it's ~ to go** c'est l'heure de partir, il est temps de partir; **it's ~ I was going,** it's ~ for me to go il est temps que je m'en aille; **it's about ~ he was here** il serait temps qu'il arrive (*subj*); **it's (high) ~ that** il est grand temps que +*subj*; **and about ~ too!** et ce n'est pas trop tôt!

(e) (*point of* ~) moment *m.* **at the** *or* **that ~** à ce moment-là; **at this ~** en ce moment; **at the present ~** en ce moment, actuellement; **at one ~** à un moment donné; **sometimes ... at other ~s ...** quelquefois ... d'autres fois ...; **at all ~s** à tous moments; **I have at no ~ said** that je n'ai jamais dit cela; **at ~s** par moments; **there are ~s when** il y a des moments où; **at his ~ of life** à son âge; **at an inconvenient ~** à un moment inopportun; **he may come (at) any ~** il peut arriver d'un moment à l'autre; **come (at) any ~** venez n'importe quand; **at this ~ of year** à cette époque de l'année; **two things at the same ~** deux choses à la fois; **at the same ~** en même temps que; **but at the same ~, you must admit ...** cependant, il faut avouer ...; **by the ~ I had finished le temps que je termine** (*subj*); **by this** *or* **that ~ they had drunk it all** à ce moment-là ils avaient déjà tout bu; **you must be cold by this ~** vous devez avoir froid maintenant; **by this ~ next year** dans un an; **this ~ tomorrow** demain à cette heure-ci; **this ~ last year** l'année dernière à cette époque-ci; **this ~ last week** il y a exactement huit jours; **in between ~s** entre temps; **from ~ to ~** de temps en temps; **from that ~ or this ~ on** (+ *past*) à partir de ce moment; (+ *future*) désormais; **until such ~ as** jusqu'à ce que + *subj*; **this is no ~ for quarrelling** ce n'est pas le moment de se disputer; **to choose one's ~** choisir son moment; **now's the ~ to do it** c'est maintenant qu'il faut le faire; **to die before one's ~** mourir avant l'âge; **his ~ has come** son heure a sonné; **when the ~ comes** quand le moment viendra; **the ~ has come to do ...** il est temps de faire ...; **the ~ has come for us to leave** il est temps que nous partions (*subj*); **it's ~ to get up** c'est l'heure de nous *etc* lever.

(f) (*occasion*) fois *f.* **this ~** cette fois; **(the) next ~** you come la prochaine fois que vous viendrez; **every** *or* **each ~** chaque fois; **several ~s** plusieurs fois; **at other ~s** d'autres fois; **at odd ~s** parfois; **many a ~, many ~s** bien des fois; **~ after ~, ~ and (~) again** maintes et maintes fois; **hundreds of ~s*** cent fois; **(the) last ~** la dernière fois; **the previous ~, the ~ before** la dernière fois; **some other ~** une autre fois; **some ~ or other** un jour ou l'autre; **I remember the ~ when** je me rappelle le jour où; **2 at a ~** par 2, (*stairs, steps*) 2 à 2; **for weeks at a ~** pendant des semaines entières; **10 francs a ~** 10 F chaque fois.

(g) (*multiplying*) fois *f.* **2 ~s 3 is 6** 2 fois 3 (font) 6; **10 ~s as big** 10 fois plus grand (*as* que).

(h) (*Mus etc*) mesure *f.* **in ~** en mesure (*to, with* avec); **three-four ~** mesure à trois temps; **to keep ~** rester en mesure.

2 *adj* **(a)** *bomb, fuse* à retardement; (*US*) *loan etc* à terme. **(b)** (*Phot*) **~ exposure** pose *f*; **to set a ~ limit** fixer une limite de temps *or* un délai (*on, for* pour); **without a ~ limit** sans limitation de temps; (*Ind etc*) **~ sheet** feuille *f* de présence; (*Rad*) **~ signal** signal *m* horaire; **~ switch** (*on apparatus*) minuteur *m*; (*for lighting*) minuterie *f*; **~ zone** fuseau *m* horaire.

3 *vt* **(a)** (*choose ~ of*) *invasion, visit* fixer (*for* à); *remark, interruption* choisir le moment de. **it was ~d to begin at ...** le commencement était fixé *or* prévu pour ...; **you ~d that perfectly** vous ne pouviez pas mieux choisir votre moment. **(b)** (*count ~ of*) *race, worker etc* chronométrer (*over* sur); *programme, piece of work* minuter; *egg* minuter la cuisson de. **~ how long it takes you**

notez le temps qu'il vous faut pour le faire.
♦ **time (and motion) study** n (*Ind etc*) étude *f* des cadences. ♦ **timeclock** n (*Ind*) (*machine*) enregistreur *m* de temps; (*place*) pointage *m*. ♦ **time-consuming** *adj* qui prend du temps. ♦ **time-honoured** *adj* consacré (par l'usage). ♦ **timekeeper** n (*person: at race etc*) chronométreur *m*; **to be a good** ~**keeper** être toujours à l'heure. ♦ **time-lag** n décalage *m*. ♦ **timeless** *adj* éternel. ♦ **timeliness** n à-propos *m*. ♦ **timely** *adj* à propos. ♦ **timeout** n (*US*) arrêt *m*. ♦ **timepiece** n (*gen*) mécanisme *m* d'horlogerie; (*watch*) montre *f*; (*clock*) horloge *f*. ♦ **timer** n (*Culin etc*) compte-minutes *m inv*; (*with sand*) sablier *m*; (*on machine etc*) minuteur *m*; (*Aut*) distributeur *m* d'allumage. ♦ **time-saver** n: **it is a great** ~**-saver** ça fait gagner beaucoup de temps. ♦ **time-saving** **1** *adj* qui fait gagner du temps; **2** n gain *m* de temps. ♦ **timeserver** n (*pej*) opportuniste *mf*. ♦ **timetable** n (*Rail etc*) horaire *m*; (*Scol*) emploi *m* du temps. ♦ **timing 1** n (*Aut*) réglage *m* de l'allumage; (*Ind, Sport*) chronométrage *m*; (*musician etc*) sens *m* du rythme; (*actor*) minutage *m*; (*in formation flying etc*) synchronisation *f*; **the timing of this demonstration** (*date/hour*) la date/l'heure *f* de cette manifestation; (*programme of various stages*) le minutage de cette manifestation; **2** *adj*: **timing mechanism** [*bomb etc*] mouvement *m* d'horlogerie; [*electrical apparatus*] minuteur *m*.

timid ['tɪmɪd] *adj* (*shy*) timide; (*unadventurous*) timoré, craintif. ♦ **timidity** n timidité *f*; caractère timoré *m*. ♦ **timidly** *adv* timidement; craintivement.

timorous ['tɪmərəs] *adj* timoré, craintif.

timpani ['tɪmpənɪ] *npl* timbales *fpl*.

tin [tɪn] **1** n (*gen*) (~*plate*) fer-blanc *m*. **(b)** (*can*) boîte *f* (en fer-blanc); (*mould*) moule *m*; (*dish*) plat *m*. ~ **of salmon** boîte de saumon; **cake** ~ (*for storing*) boîte à gâteaux; (*for baking*) moule à gâteau; **roasting** ~ plat à rôtir. **2** *vt food etc* mettre en conserve. **3** *adj* (*made of* ~) en étain (*or* fer-blanc); *mine* d'étain; *soldier* de plomb. ~ **can** boîte *f* (en fer-blanc); ~ **hat** casque *m*; ~ **whistle** flûteau *m*. ♦ **tinfoil** n papier *m* d'aluminium. ♦ **tinned** *adj fruit, salmon* en boîte, en conserve; ~**ned food** conserves *fpl*. ♦ **tinny** *adj sound, taste* métallique; (*pej) *car, machine* de camelote. ♦ **tin-opener** n ouvre-boîtes *m*. ♦ **tinplate** n fer-blanc *m*. ♦ **tinpot*** *adj* qui ne vaut pas grandchose. ♦ **tintack** n semence *f* (de tapissier).

tinder ['tɪndər] n: **as dry as** ~ sec comme de l'amadou.

tinge [tɪndʒ] **1** n teinte *f*. **2** *vt* teinter (*with* de).

tingle ['tɪŋgl] **1** *vi* picoter; (*with excitement*) frissonner. **her face was tingling** le visage lui picotait; **her cheeks were tingling with cold** le froid lui piquait les joues. **2** n picotement *m*; frisson *m*. (*sound*) **to have a** ~ **in one's ears** avoir les oreilles qui tintent. ♦ **tingling 1** n = **tingle 2**; **2** *adj sensation* de picotement.

tinker ['tɪŋkər] **1** n (*gen: often pej*) romanichel(le) *m(f)*; (*mending etc*) rétameur *m* ambulant. **2** *vi* (~ **about**) bricoler (*with sth* qch).

tinkle ['tɪŋkl] **1** *vi* tinter. **2** *vt* faire tinter. **3** n tintement *m*. (*Telec*) **to give sb a** ~* passer un coup de fil à qn*. ♦ **tinkling** n tintement *m*.

tinsel ['tɪnsəl] n guirlandes *fpl* de Noël (argentées); (*fig pej*) clinquant *m*.

tint [tɪnt] **1** n teinte *f*. **2** *vt* teinter (*with* de). **to** ~ **one's hair** se faire un shampooing colorant.

tiny ['taɪnɪ] *adj* tout petit, minuscule.

tip[1] [tɪp] n (*gen*) bout *m*; (*pointed*) pointe *f*; (*metalled: of cane etc*) embout *m*; [*billiard cue*] procédé *m*. (*fig*) **it's on the** ~ **of my tongue** je l'ai sur le bout de la langue; (*fig*) **the** ~ **of the iceberg** la partie émergée de l'iceberg. ♦ **tipped** *adj cigarettes* filtre *inv*; **steel-**~**ped** qui a un embout

de fer. ♦ **tiptoe 1** n: **on** ~**toe** sur la pointe des pieds; **2** *vi*: **to** ~**toe in/out** *etc* entrer/sortir *etc* sur la pointe des pieds. ♦ **tiptop*** *adj* excellent.

tip[2] [tɪp] **1** n **(a)** (*gratuity*) pourboire *m*. **the** ~ **is included** le service est compris. **(b)** (*hint*) suggestion *f*; (*advice*) conseil *m*; (*information*; *also Racing*) tuyau* *m*. **take my** ~ suivez mon conseil.

2 *vt* **(a)** donner un pourboire à. **to** ~ **sb 5 francs** donner 5 F de pourboire à qn. **(b)** *winner* pronostiquer; *horse* pronostiquer la victoire de (*for the race* dans la course). (*fig*) **he was** ~**ped for the job** on avait pronostiqué qu'il serait nommé.

tip off *vt sep* (*gen*) donner un tuyau* à (*about sth* sur qch); *police* prévenir. ♦ **tip-off** n tuyau* *m*; **to give sb a** ~**-off** prévenir qn. ♦ **tipster** n pronostiqueur *m*.

tip[3] [tɪp] **1** n (*for rubbish*) décharge *f*. **2** *vt* (~ **over**) incliner; (*overturn*) renverser; (~ **out**) *liquid* verser; *load, rubbish, books etc* déverser (*into* dans; *out of* de). **to** ~ **sth back** incliner qch en arrière; **to** ~ **sb into/out of sth** faire tomber qn dans/de qch. **3** *vi* pencher. **to** ~ **back(wards)** [*chair*] se rabattre en arrière; [*person*] se pencher en arrière.

tip up 1 *vi* [*table etc*] (*tilt*) pencher; (*overturn*) basculer; [*box, jug*] se renverser; [*seat*] se rabattre; [*truck*] basculer. **2** *vt sep* incliner. ♦ **tipper** n (*truck*) camion *m* à benne (basculante). ♦ **tipping** n: '**no** ~**ping**' 'défense de déposer des ordures'.

tipple ['tɪpl] **1** *vi* picoler*. **2** n: **gin is his** ~ ce qu'il préfère boire c'est du gin. ♦ **tippler** n picoleur* *m*, **-euse*** *f*.

tipsy ['tɪpsɪ] *adj* éméché, parti*. **to get** ~ devenir gai.

tirade [taɪˈreɪd] n diatribe *f*.

tire[1] ['taɪər] n (*US*) = **tyre**.

tire[2] ['taɪər] **1** *vt* fatiguer; (*weary*) fatiguer, lasser. **2** *vi* se fatiguer; se lasser. **he** ~**s easily** il se fatigue vite; **he never** ~**s of saying** ... il ne se lasse jamais de dire ... .

tire out *vt sep* épuiser, crever*. ♦ **tired** *adj person* fatigué; (*weary*) las; *movement, voice* las; (*fig*) *cliché* rebattu; **to be** ~**d of sth/sb** en avoir assez de qch/qn; **to be** ~**d of doing** en avoir assez de faire; **to get** ~**d of** commencer à en avoir assez de; **you make me** ~**d!*** tu me fatigues! ♦ **tiredness** n fatigue *f*; lassitude *f*. ♦ **tireless** *adj* infatigable; inlassable. ♦ **tirelessly** *adv* infatigablement; inlassablement. ♦ **tiresome** *adj* ennuyeux. ♦ **tiring** *adj* fatigant.

tissue ['tɪʃuː] **1** n (*Anat, Tex*) tissu *m*; (*paper handkerchief*) mouchoir *m* en papier, kleenex *m* ®. (*fig*) ~ **of lies** tissu de mensonges. **2** *adj*: ~ **paper** papier *m* de soie.

tit[1] [tɪt] n (*bird*: ~**mouse**) mésange *f*.

tit[2] [tɪt] n: ~ **for tat** un prêté pour un rendu.

tit[3]**s** [tɪt] n (*breast*) sein *m*, nichon *m*.

titanic [taɪˈtænɪk] *adj* titanesque.

titbit ['tɪtbɪt] n [*food*] friandise *f*; [*news*] détail *m* croustillant.

titillate ['tɪtɪleɪt] *vt* titiller.

titivate ['tɪtɪveɪt] **1** *vi* se pomponner. **2** *vt* pomponner.

title ['taɪtl] **1** n (*gen*) titre *m*; (*Jur*) titres *mpl* (*to* à). (*Cine, TV*) (*credit*) ~**s** générique *m*. **2** *adj*: ~ **deed** titre *m* de propriété; (*Sport*) ~ **holder** détenteur *m*, **-trice** *f* du titre; ~ **page** page *f* de titre; (*Theat*) ~ **role** = rôle principal. ♦ **titled** *adj person* titré.

titter ['tɪtər] **1** *vi* rire sottement (*at* de). **2** n petit rire *m* sot.

tittle-tattle ['tɪtl̩tætl] n cancans *mpl*.

tizzy* ['tɪzɪ] n: **to be in/get into a** ~ être/se mettre dans tous ses états.

to [tuː, *weak form* tə] **1** *prep* **(a)** (*gen*) à; (*direction*) à, vers, en, chez. **to give sth** ~ **sb** donner qch à qn; **he went** ~ **the door** il est allé à la porte; **he**

was walking ~ **the door** il marchait vers la porte; **to go** ~ **school/town** aller à l'école/en ville; **to go** ~ **France/Canada/the** U.S.A. aller en France/au Canada/aux États-Unis; **to go** ~ **London/Le Havre** aller à Londres/au Havre; **boats** ~ **and from Cherbourg** les bateaux à destination ou en provenance de Cherbourg; **to go** ~ **the doctor('s)** aller chez le docteur; ~ **the left** à gauche; **the road** ~ **London** la route de Londres; **to count** ~ **20** compter jusqu'à 20; **it comes** ~ **£20** ça fait 20 livres (en tout); **it is 90 km** ~ **Paris** nous sommes à 90 km de Paris; **8 years ago** ~ **the day** il y a 8 ans jour pour jour; **from morning** ~ **night** du matin au soir; **from town** ~ **town** de ville en ville; **50** ~ **60 people** de 50 à 60 personnes; **back** ~ **back** dos à dos; **bumper** ~ **bumper** pare-chocs contre pare-chocs; **what's it** ~ **you?** qu'est-ce que ça peut vous faire?; **be nice** ~ **her** sois gentil avec elle; **it's a great help** ~ **him** cela lui est très utile; **known** ~ **the Ancients** connu des anciens; **assistant** ~ **the manager** adjoint(e) *m(f)* du directeur; **ambassador** ~ **France/**~ **the king** ambassadeur en France/auprès du roi; **he has been a good friend** ~ **us** il a été pour nous un ami fidèle.

(b) (*time phrases*) **20** (**minutes**) ~ **2** 2 heures moins 20; **at (a) quarter** ~ **4** à 4 heures moins le quart; **it was 10** ~ il était moins 10.

(c) (*in proportions etc*) **A is** ~ **B as C is** ~ **D** A est à B ce que C est à D; **to bet 10** ~ **1** parier 10 contre 1; **by a majority of 10** ~ **7** avec une majorité de 10 contre 7; **they won by 4 goals** ~ **2** ils ont gagné 4 (buts) à 2; **one person** ~ **a room** une personne par chambre; **200 people** ~ **the square km** 200 personnes au km carré; **how many miles** ~ **the gallon?** ≒ combien de litres au cent?; **that's nothing** ~ **what is to come** ce n'est rien à côté de ce qui va venir.

(d) (*phrases*) **here's** ~ **you!** à la vôtre!; ~ **absent friends!** à la santé des absents!; **what would you say** ~ **a beer?** que diriez-vous d'une bière?; **that's all there is** ~ **it** (*it's easy*) ça n'est pas plus difficile que ça; (*no ulterior motive etc*) c'est aussi simple que ça; (*Comm*) '~ **repairing cooker: 100 francs'** 'remise en état d'une cuisinière: 100 F'; ~ **the best of my recollection** pour autant que je m'en souvienne; ~ **my delight** à ma grande joie; (*Math*) **3** ~ **the 4th** 3 à la puissance 4.

2 *particle* (*forming infin: shown in French by vb ending*) ~ **be** être; ~ **eat** manger; **I'll try** ~ j'essaierai; **I forgot** ~ j'ai oublié.

3 *adv:* **to push the door** ~ fermer la porte; **the door is** ~ la porte est fermée; **to go** ~ **and fro** [*person*] aller et venir; (*stride up and down*) faire les cent pas; [*machine part etc*] avoir un mouvement de va-et-vient; [*train, bus etc*] faire la navette (*between* entre).
♦ **to-do*** *n:* **to make a** ~**-do** faire toute une histoire* (*about* à propos de). ♦ **to-ing and fro-ing** *n* allées et venues *fpl.*

toad [təʊd] *n* crapaud *m.* ♦ **toad-in-the-hole** *n* (*Culin*) saucisses cuites dans de la pâte à crêpes. ♦ **toadstool** *n* champignon *m;* (*poisonous*) champignon vénéneux. ♦ **toady 1** *n* flagorneur *m,* -euse *f;* **2** *vi* flagorner; **to** ~**y to sb** flatter qn bassement. ♦ **toadying** *n* flagornerie *f.*

toast [təʊst] **1** *n* **(a)** pain *m* grillé, toast *m.* **you've burnt the** ~ tu as laissé brûler le pain *or* les toasts; **a piece** *or* **slice of** ~ une tartine grillée, un toast; **sardines on** ~ sardines *fpl* sur canapé. **(b)** toast *m.* **to drink a** ~ **to sb** porter un toast à qn (*in champagne* au champagne); **the** ~ **of the town** la vedette de la ville. **2** *vt* **(a)** *bread etc* faire griller. **(b)** (*drink* ~ *to*) porter un toast à; *event, victory* arroser (*in champagne* au champagne). ♦ **toaster** *n* grille-pain *m inv* (*électrique*). ♦ **toast-rack** *n* porte-toast *m inv.*

tobacco [tə'bækəʊ] **1** *n* tabac *m.* **2** *adj plantation,*

company de tabac; *pouch* à tabac; *industry* du tabac. ♦ **tobacconist** *n* marchand(e) *m(f)* de tabac; ~**nist's (shop)** (bureau *m* de) tabac *m.*
toboggan [tə'bɒgən] **1** *n* toboggan *m;* (*child's*) luge *f.* **2** *vi:* **to go** ~**ing** faire de la luge.
today [tə'deɪ] *adv, n* aujourd'hui. **all** ~ toute la journée aujourd'hui; **a week (past)** ~ il y a huit jours aujourd'hui; ~ **week, a week (from)** ~ aujourd'hui en huit jours; **what day is (it)** ~? quel jour est-on *or* est-ce aujourd'hui?; **what date is (it)** ~? quelle est la date aujourd'hui?; ~ **is Friday/the 4th** aujourd'hui c'est vendredi/le 4; ~ **is wet** il pleut aujourd'hui; ~ **was a bad day** aujourd'hui ça s'est mal passé; ~**'s paper** le journal d'aujourd'hui; (*fig*) **here** ~ **and gone tomorrow** ça va, ça vient; **the writers of** ~ les écrivains d'aujourd'hui.

toddle ['tɒdl] *vi* [*child*] **to** ~ **in/out** *etc* entrer/sortir *etc* à pas hésitants; [*adult*] **to** ~ **along*** se balader*. ♦ **toddler** *n* tout(e) petit(e) *m(f)* (*qui commence à marcher*), bambin* *m.*
toddy ['tɒdɪ] *n* ≈ grog *m.*
toe [təʊ] **1** *n* orteil *m,* doigt *m* de pied; [*sock, shoe*] bout *m.* **big/little** ~ gros/petit orteil; **three-**~**d** à trois orteils; (*lit, fig*) **to tread on sb's** ~**s** marcher sur les pieds de qn; (*fig*) **to keep sb on his** ~**s** forcer qn à rester alerte. **2** *vt* (*fig*) **to** ~ **the line** *or* (*US*) **mark** obéir. ♦ **toecap** *n* bout *m* renforcé (*de soulier*). ♦ **toeclip** *n* [*cyclist*] cale-pied *m inv.* ♦ **toenail** *n* ongle *m* du pied.
toffee ['tɒfɪ] *n* caramel *m* (*au beurre*). ~ **apple** pomme *f* caramélisée; (*fig*) **he can't do it for** ~* il n'est pas fichu* de le faire.
together [tə'geðəʳ] *adv* **(a)** (*gen*) ensemble. **I've seen them** ~ je les ai vus ensemble; (*fig*) **we're in this** ~ (*in same situation*) nous sommes logés à la même enseigne; (*must act* ~) il faut que nous fassions front commun; (*pej*) **they were both in it** ~ ils avaient partie liée tous les deux; **tie the ropes** ~ nouez les cordes; **all** ~ **now!** (*shouting, singing*) tous en chœur maintenant!; (*pulling*) (oh!) hisse!; ~ **with** avec; **if you look at the reports** ~ si vous considérez les rapports conjointement; **for weeks** ~ pendant des semaines entières; **for 5 weeks** ~ pendant 5 semaines de suite.
(b) (*simultaneously*) en même temps; (*Mus etc*) à l'unisson.
♦ **togetherness** *n* camaraderie *f.*
toggle ['tɒgl] *n* (*Dress*) bouton *m* de duffel-coat.
toil [tɔɪl] **1** *n* labeur *m.* **2** *vi* (~ **away**) peiner (*at, over* sur; *to do* pour faire). **to** ~ **along/up** *etc* avancer/monter *etc* péniblement.
toilet ['tɔɪlɪt] **1** *n* **(a)** (*dressing etc*) toilette *f.* **(b)** (*lavatory*) toilettes *fpl,* waters* *mpl.* **to go to the** ~ aller aux toilettes *or* aux waters*; **to put sth down the** ~ jeter qch dans la cuvette des cabinets. **2** *adj soap, water* de toilette. ~ **bag** sac *m* de toilette; ~ **case** trousse *f* de toilette; ~ **paper** papier *m* hygiénique; ~ **roll** rouleau *m* de papier hygiénique. ♦ **toiletries** *npl* articles *mpl* de toilette.
token ['təʊkən] **1** *n* (*symbol*) témoignage *m,* marque *f;* (*metal disc: for telephone etc*) jeton *m;* (*voucher*) bon *m.* **gift** ~ bon-cadeau *m;* **book** ~ chèque-livre *m;* **record** ~ chèque-disque *m;* **milk** ~ bon de lait; **as a** ~ **of, in** ~ **of** en témoignage de; (*fig*) **by the same** ~ de même. **2** *adj payment, strike* symbolique. **a** ~ **resistance** un semblant de résistance pour la forme.
told [təʊld] *pret, ptp of* **tell.**
tolerate ['tɒləreɪt] *vt* (*gen, Med, Tech*) tolérer; *heat, pain* supporter. ♦ **tolerable** *adj* (*bearable*) tolérable; (*fairly good*) passable. ♦ **tolerably** *adv work etc* passablement; *certain, competent* à peu près. ♦ **tolerance** *n* tolérance *f.* ♦ **tolerant** *adj* tolérant (*of sth* de qch, (*Med*) à qch; *of sb* à l'égard de qn). ♦ **tolerantly** *adv* d'une manière tolérante.
♦ **toleration** *n* tolérance *f.*

toll¹ [təʊl] **1** n (gen, also Aut) péage m. (fig) **to take a heavy ~ of** soldiers etc faire beaucoup de victimes parmi; sb's strength ébranler sérieusement; savings manger une grande partie de; **the accident ~ on the roads** le nombre des victimes de la route; **the ~ of dead** le nombre des morts. **2** adj bridge, road à péage.

toll² [təʊl] **1** vi [bell] sonner. **2** vt bell sonner; sb's death sonner le glas pour.

Tom [tɒm] n (fig) **any ~, Dick or Harry** n'importe qui. ♦ **tom**(cat) n matou m.

tomato [tə'mɑːtəʊ, (US) tə'meɪtəʊ] **1** n, pl **-es** tomate f. **2** adj: **~ juice** jus m de tomates; **~ ketchup** ketchup m; **~ sauce** sauce f tomate.

tomb [tuːm] n tombeau m, tombe f. ♦ **tombstone** n pierre f tombale.

tomboy ['tɒmbɔɪ] n garçon m manqué.

tome [təʊm] n tome m, gros volume m.

tomfool ['tɒm'fuːl] adj absurde, idiot. ♦ **tomfoolery** n âneries fpl.

tommy gun ['tɒmɪɡʌn] n mitraillette f.

tomorrow [tə'mɒrəʊ] adv, n demain. **all ~** toute la journée demain; **a week (past) ~** il y aura huit jours demain; **~ week, a week from ~** demain en huit; **he'll have been here a week ~** cela fera huit jours demain qu'il est là; **see you ~!** à demain!; **the day after ~** après-demain; **what day will ~ be** or **will it be ~?** quel jour sera-t-on demain?; **what date will it be ~?** quelle sera la date demain?; **~ will be Saturday/the 5th** demain ce sera samedi/le 5; **~ will be dry** il ne pleuvra pas demain; **~ never comes** demain n'arrive jamais; **~ is another day!** ça ira peut-être mieux demain!; (fig) **the writers of ~** les écrivains de demain; **~ morning/evening** demain matin/soir.

tomtom ['tɒmtɒm] n tam-tam m.

ton [tʌn] n (a) (weight) tonne f (Brit = 1016,06 kg; Can, US etc = 907,20 kg). **metric ~** tonne (= 1000 kg); **a 7-~ truck, a 7-~ner** un camion de 7 tonnes; (fig) **~s of*** des tas de*. (b) (Naut) (register ~) tonneau m; (displacement ~) tonne f. **a 60,000-~ steamer** un paquebot de 60 000 tonnes. ♦ **tonnage** n tonnage m.

tone [təʊn] **1** n (a) (sound: gen) ton m; [musical instrument] sonorité f; (Telec: also of radio, record player etc) tonalité f. **in low ~s** à voix basse; **in angry ~s** sur le ton de la colère; **don't speak to me in that ~ of voice!** ne me parlez sur ce ton!; (fig) **the ~ of his letter** le ton de sa lettre; **the whole ~ of the school** la tenue générale de l'école; (Fin) **the ~ of the market** la tenue du marché; **to raise/lower the ~ of sth** rehausser/rabaisser le ton de qch. (b) (colour) ton m. **two-~ car** voiture f de deux tons. (c) [muscles etc] tonus m. **2** adj: **~ control** bouton m de tonalité. **3** vi (**~ in**) s'harmoniser (**with** avec).

tone down vt sep colour adoucir; sound, radio etc baisser; (fig) criticism, effect atténuer.

tone up vt sep (Med) tonifier.

♦ **tonal** adj tonal. ♦ **tone-deaf** adj: **to be ~-deaf** ne pas avoir d'oreille. ♦ **tonelessly** adv speak d'une voix blanche.

tongs [tɒŋz] npl (**pair of ~**) pinces fpl; (for coal) pincettes fpl; (for sugar) pince f à sucre; (curling ~) fer m (à friser).

tongue [tʌŋ] n (a) (gen) langue f; [shoe] languette f; [bell] battant m. **to put out one's ~** tirer la langue (**at sb** à qn); **his ~ was hanging out** il tirait la langue; (fig) **he's lost his ~** il a perdu sa langue; **~ in cheek** ironiquement; **keep a civil ~ in your head!** tâchez d'être plus poli!; **I can't get my ~ round it** je n'arrive pas à le prononcer correctement. (b) (language) langue f. ♦ **tongue-tied** adj muet (fig). ♦ **tongue-twister** n phrase f très difficile à prononcer.

tonic ['tɒnɪk] **1** adj (gen) tonique. (Mus) **~ solfa** solfège m. **2** n (a) (Med; fig) tonique m. (lit, fig) **you need a ~** il vous faut un bon tonique; (fig) **it**

was a real ~ cela m'a vraiment remonté le moral. (b) (**~ (water)**) = Schweppes m ®; **gin and ~** gin-tonic m. (c) (Mus) tonique f.

tonight [tə'naɪt] adv, n (before bed) ce soir; (during sleep) cette nuit.

tonsil ['tɒnsl] n amygdale f. **to have one's ~s out** être opéré des amygdales.—♦ **tonsillectomy** n amygdalectomie f. ♦ **tonsillitis** n amygdalite f; **to have ~litis** avoir une angine or (more formally) une amygdalite.

too [tuː] adv (a) (excessively) trop. **it's ~ hard for me** c'est trop difficile pour moi; **it's ~ hard for me to explain** c'est trop difficile pour que je puisse vous l'expliquer; **~ heavy to carry** trop lourd à porter; **it's ~ heavy for me to carry** c'est trop lourd à porter pour moi; **he's ~ mean to pay for it** il est trop pingre pour le payer; **that's ~ kind of you!** vous êtes vraiment trop aimable!; **I'm not ~ sure about that** je n'en suis pas très certain. (b) (also) aussi; (moreover) en plus, en outre. **I went ~** moi aussi j'y suis allé; **they asked for a discount ~!** et en plus ils ont demandé un rabais!; **and then, ~, there's ...** et puis, il y a aussi ... .

took [tʊk] pret of **take**.

tool [tuːl] n (gen, Tech) outil m; (fig) instrument m (of de). **set of ~s** panoplie f d'outils; **garden ~s** outils or ustensiles mpl de jardinage; **the ~s of my trade** les outils de mon métier. ♦ **toolbag** or ♦ **toolcase** or ♦ **toolkit** n trousse f à outils. ♦ **toolbox** or ♦ **toolcase** or ♦ **toolchest** n boîte f à outils. ♦ **tooled** adj silver ciselé; leather repoussé; book-cover en cuir repoussé. ♦ **toolhouse** or ♦ **toolshed** n cabane f à outils. ♦ **toolmaker** n outilleur m.

toot [tuːt] pret of take. vti klaxonner.

tooth [tuːθ] n, pl **teeth** dent f. **front ~** dent de devant; **back ~** molaire f; **(set of) false teeth** dentier m; **to have a ~ out** se faire arracher une dent; (fig) **he's a bit long in the ~** il n'est plus tout jeune; (fig) **in the teeth of wind** contre; opposition en dépit de; **~ and nail** avec acharnement; (fig) **to get one's teeth into sth** se mettre à fond à qch; **there's nothing you can get your teeth into** ce n'est pas très substantiel; **the legislation has no teeth** la législation est impuissante; (fig) **to throw sth in sb's teeth** jeter qch à la tête de qn; **to be sick to the (back) teeth of sth*** en avoir ras le bol* de qch. ♦ **toothache** n mal m de dents; **to have ~ache** avoir mal aux dents. ♦ **toothbrush** n brosse f à dents. ♦ **toothcomb** n peigne m fin; (fig) **to go through sth with a (fine) ~comb** passer qch au peigne fin. ♦ **toothless** adj édenté. ♦ **toothpaste** n pâte f dentifrice. ♦ **toothpick** n cure-dent m. ♦ **tooth-powder** n poudre f dentifrice. ♦ **toothy** adj: **to be ~y** avoir des dents de cheval.

top¹ [tɒp] **1** n (a) [ladder, page, wall, pile, street etc] haut m; [mountain, tree, hill, head] sommet m; [box, container] dessus m; [plant, vegetable] fane f; [list, table, classification, queue] tête f; [profession etc] faîte m; (surface) surface f; (roof: of car etc) toit m. **at the ~, at the top** au sommet de, en tête de, au faîte de; **at/near the ~ of the pile** en haut de/vers le haut de la pile; (Scol) **to be at the ~ of the class** être premier de la classe; **~ of the milk** crème f du lait; **it's ~ of the pops** c'est en tête du hit-parade; **the men at the ~** ceux qui sont au pouvoir; **the ~ of the table** (solid piece) le plateau de la table; (surface) le dessus de la table; **to sit at the ~ of the table** être assis à la place d'honneur; (Mil) **to go over the ~** monter à l'assaut; **on (the) ~ of** sur; **the one on (the) ~** celui qui est en dessus; (fig) **to come out on ~** avoir le dessus; (in career etc) **he'll get to the ~** il réussira; (fig) **he's on ~ of things*** il s'en sort très bien; **things are getting on ~ of her*** elle est dépassée; **on ~ of the one he's got already** en plus de celui qu'il a déjà; **on ~ of all that he ... et puis**

par-dessus le marché il ... ; **from ~ to toe** de la tête aux pieds; **from ~ to bottom** *search etc* de fond en comble; (*whole*) *system etc* tout entier; **he's saying that off the ~ of his head*** il dit ça comme ça (mais il n'en est pas certain); **in ~** (*gear*) en quatrième; **he's the ~s*** il est champion*; (*on bus*) **seats on ~** places *fpl* à l'étage supérieur; **let's go up on ~** on va en haut. **(b)** (*lid etc*) [*box*] couvercle *m*; [*bottle*] (*screw-on*) bouchon *m*; (*snap-on*) capsule *f*; [*pen*] capuchon *m*. (c) (*Dress: blouse etc*) haut *m*; [*pyjamas*] veste *f*.

2 *adj* (*highest*) *shelf, drawer* du haut; (*Mus*) *note* le plus haut; (*in rank etc*) *storey, step* dernier; (*in rank etc*) premier; (*best*) *score, mark etc* (le) meilleur. [*paint*] **the ~ coat** la dernière couche; **the ~ right-hand corner** le coin en haut à droite; **~ price** (*highest*) prix *m* maximum; (*best*) le meilleur prix; **at ~ speed** à toute vitesse; (*Scol*) **~ in maths** premier en maths; (*fig*) **~ marks** vingt sur vingt (*for* pour); **in the ~ class** (*secondary school*) ≃ en terminale; (*primary*) ≃ au cours moyen 2; (**~ stream**) dans le premier groupe; (*Mus*) **the ~ 20** les 20 premiers du hit-parade; **one of the ~ pianists** un des plus grands pianistes; **a ~ job** un poste prestigieux; **~ people** l'élite *f*; (*fig*) **he's ~ dog* around here** c'est lui qui commande ici.

3 *vt* **(a)** *radish, carrot etc* couper les fanes de. **to ~ and tail** *fruit* ≃ préparer des fruits. **(b)** **~ped by a dome** surmonté d'un dôme. **(c)** (*exceed*) *previous figures etc* dépasser. (*fig*) **and to ~ it all** ... et pour couronner le tout .... **(d)** *list, queue* être en tête de. (*Theat*) **to ~ the bill** être en tête d'affiche.

top off *vt sep* (*finish*) terminer (*with* par).

top up *vt sep* (*Aut*) *battery* remettre de l'eau dans. **to ~ up a car with oil** remettre de l'huile dans une voiture; **can I ~ up your glass?** je vous en remets?

♦ **topcoat** *n* pardessus *m*. ♦ **topflight*** *adj* de premier ordre. ♦ **top hat** *n* (chapeau *m*) haut-de-forme *m*. ♦ **top-heavy** *adj structure etc* trop lourd du haut; (*fig*) *organization* mal équilibré. ♦ **topless** *adj costume* sans haut; *girl* aux seins nus; **~less swimsuit** monokini* *m*. ♦ **top-level** *adj meeting, discussion* au sommet; *decision* pris au sommet. ♦ **topmost** *adj* le plus haut. ♦ **topping** *n* (*Culin*) **with chocolate ~ping** nappé d'une crème au chocolat. ♦ **top-ranking** *adj* (très) haut placé. ♦ **top-secret** *adj* ultra-secret. ♦ **top-security wing** *n* [*prison*] quartier *m* sous surveillance spéciale. ♦ **topside** *n* (*Culin*) gîte *m* (à la noix). ♦ **topsoil** *n* couche *f* arable. ·

top² [tɒp] *n* (*toy*) toupie *f*.

topaz ['tɒpæz] *n* topaze *f*.

topic ['tɒpɪk] *n* [*essay, speech*] sujet *m*; (*for discussion*) sujet de discussion. ♦ **topical** *adj* d'actualité. ♦ **topicality** *n* actualité *f*.

topography [tə'pɒgrəfɪ] *n* topographie *f*.

topple ['tɒpl] **1** *vi* (*wobble*) basculer; (**~ over, ~ down**) tomber. **2** *vt* faire tomber.

topsy-turvy ['tɒpsɪ'tɜːvɪ] *adj, adv* sens dessus dessous.

torch [tɔːtʃ] *n* lampe *f* de poche, torche *f* électrique; (*flaming*) flambeau *m*. ♦ **torchlight procession** *n* retraite *f* aux flambeaux.

tore [tɔːʳ], **torn** [tɔːn] *pret, ptp of* **tear¹**.

torment ['tɔːment] **1** *n* supplice *m*. **to be in ~** être au supplice; **to suffer ~s** souffrir le martyre. **2** [tɔː'ment] *vt* (*gen*) tourmenter. **~ed by** torturé par. ♦ **tormentor** *n* persécuteur *m*, -trice *f*.

tornado [tɔː'neɪdəʊ] *n*, *pl* **-es** tornade *f*.

torpedo [tɔː'piːdəʊ] **1** *n*, *pl* **-es** torpille *f*. **2** *adj*: **~ boat** torpilleur *m*. **3** *vt* torpiller (*also fig*).

torpid ['tɔːpɪd] *adj* engourdi. ♦ **torpor** *n* torpeur *f*.

torrent ['tɒrənt] *n* torrent *m* (*also fig*). **the rain was coming down in ~s** il pleuvait à torrents. ♦ **torrential** *adj* torrentiel.

torrid ['tɒrɪd] *adj* torride; (*fig*) ardent.

torso ['tɔːsəʊ] *n* (*Anat*) torse *m*; (*Sculp*) buste *m*.

tortoise ['tɔːtəs] *n* tortue *f*. ♦ **tortoiseshell** *n* écaille *f* (de tortue).

tortuous ['tɔːtjuəs] *adj* tortueux.

torture ['tɔːtʃəʳ] **1** *n* torture *f*, supplice *m*. (*fig*) **it was sheer ~!** c'était un vrai supplice! **2** *vt person* torturer; *language* écorcher; *tune* massacrer.

toss [tɒs] **1** *n* (*throw*) lancement *m*; (*by bull*) coup *m* de cornes. (*from horse*) **to take a ~** faire une chute; **with a ~ of his head** d'un mouvement brusque de la tête; **by the ~ of a coin** à pile ou face; **to win/lose the ~** gagner/perdre à pile ou face; (*Sport: before match*) gagner/perdre le tirage au sort. **2** *vt ball etc* lancer (*to* à); *pancake* faire sauter; *head, mane* rejeter en arrière; [*bull*] projeter en l'air; [*horse*] désarçonner. **to ~ sb in a blanket** faire sauter qn dans une couverture; **to ~ a coin** jouer à pile ou face (*to decide* pour décider); (*Sport: before match*) tirer au sort; **I'll ~ you for it** on le joue à pile ou face; *boat* **~ed by the waves** bateau ballotté par les vagues. **3** *vi* (**~ about, ~ around**) [*person*] s'agiter; [*trees*] se balancer; [*boat*] tanguer. **to ~ and turn** se tourner et se retourner. **(b)** (**~ up**) jouer à pile ou face (*to decide* pour décider); (*Sport: before match*) tirer au sort. **let's ~ for it** on le joue à pile ou face; **I'll ~ you for the drinks** on joue à pile ou face et le perdant paie à boire.

toss off *vt sep drink* avaler d'un coup; *letter etc* écrire au pied levé.

♦ **toss-up** *n* [*coin*] coup *m* de pile ou face; (*fig*) **it was a ~-up between the theatre and the cinema** le théâtre ou le cinéma, ça nous était égal.

tot¹ [tɒt] *n* **(a)** (*child*) (*tiny*) **~** tout(e) petit(e) enfant *m(f)*. **(b)** **a ~ of whisky** un petit verre de whisky; **just a ~** juste une goutte.

tot² [tɒt] **1** *vt* (**~ up**) faire le total de. **2** *vi*: **to ~ up** faire le total.

total ['təʊtl] **1** *adj* (*gen*) total; *sum* total, global; *ignorance, disagreement* complet. **the ~ losses/sales** le total des pertes/ventes; **it was a ~ loss** on a tout perdu; (*memory*) **~ recall** remémoration *f* totale. **2** *n* total *m*. **grand ~** somme *f* globale. **(b) in ~** au total. **3** *vt* **(a)** (*add:* **~ up**) *figures* faire le total de. **(b)** (*amount to*) s'élever à. ♦ **totalitarian** *adj*, *n* totalitaire (*mf*). ♦ **totalitarianism** *n* totalitarisme *m*. ♦ **totality** *n* totalité *f*. ♦ **totalizator** *or* ♦ **totalizer** *n* (*abbr* **tote¹***: *Betting*) pari *m* mutuel. ♦ **totally** *adv* totalement.

tote²* [təʊt] *vt* (*gen*) trimballer*; *gun* porter.

totem ['təʊtəm] *n* totem *m*. **~ pole** mât *m* totémique.

totter ['tɒtəʳ] *vi* [*person*] chanceler; [*object*] vaciller; [*government etc*] chanceler. **to ~ in/out etc** entrer/sortir *etc* d'un pas chancelant.

touch [tʌtʃ] **1** *n* **(a)** (*sense of* ~) toucher *m*; (*act of* ~*ing*) contact *m*; (*light brushing*) frôlement *m*; [*pianist, typist*] toucher; [*artist*] touche *f*. **soft to the ~** doux au toucher; **the slightest ~** le moindre contact; **at the ~ of her hand** au contact de sa main; **with the ~ of a finger** à la simple pression d'un doigt; **to put the final or finishing ~(es) to sth** mettre la dernière touche à qch; **the personal ~** (*gen*) la chaleur humaine; (*in business, décor etc*) la note personnelle; **you've got the right ~ with him** vous savez vous y prendre avec lui; (*fig: borrowing*) **he's a soft or an easy ~*** il est toujours prêt à se laisser taper*.

(b) (*small amount*) **a ~ of** (*gen*) un tout petit peu de; *colour, gaiety* une touche de; *sadness, humour* une pointe de; *paint* une petite couche de; **a ~ of the sun** un petit coup de soleil; **to have a ~ of flu** être un peu grippé; **to have a ~ of rheumatism** faire un peu de rhumatisme.

(c) (*contact*) **to be in/get in/keep in ~ with sb** être/se mettre/rester en contact *or* en rapport avec qn; **I'll be in ~** je t'écrirai (*or* je te téléphonerai); **keep in ~** ne nous (*or* m')oubliez pas!; **to be out of ~ with, to have lost ~ with**

person ne plus être en contact *or* en rapport avec; *developments etc* ne plus être au courant de; **he's out of ~** il n'est plus dans le coup*; **you can get in ~ with me at this number** vous pouvez me contacter à ce numéro; **I'll put you in ~ with him** je vous mettrai en rapport avec lui.

(d) (*Ftbl, Rugby*) touche *f*. **the ball went into ~** le ballon est sorti en touche; **it is in ~** il y a touche.

2 *vt* **(a)** (*gen*) toucher (*with* de); (*brush lightly*) frôler. **he ~ed her arm** il lui a touché le bras; **the ship ~ed the bottom** le bateau a touché; **to ~ the ground** toucher terre. **(b)** (*tamper with*) toucher à. **don't ~ that!** n'y touchez pas!; **I didn't ~ him!** je ne lui ai rien fait; **~ nothing** ne touchez à rien. **(c)** (*fig*) toucher à; *topic, problem* effleurer; (*concern, move*) toucher. **their land ~es ours** leur terre touche à la nôtre; **Switzerland ~es Italy** la Suisse et l'Italie se touchent; **the fire didn't ~ the paintings** l'incendie a épargné les tableaux; **they can't ~ you if ...** ils ne peuvent rien contre vous si ...; **he won't ~ anything illegal** si c'est illégal il n'y touchera pas; **he didn't ~ his meal** il n'a pas touché à son repas; **I never ~ onions** je ne mange jamais d'oignons; **her cooking can't ~ yours** sa cuisine est loin de valoir la tienne; **there's no pianist to ~ him** personne ne peut l'égaler comme pianiste; **it ~es us all closely** cela nous touche *or* nous concerne tous de très près; **we were very ~ed by your letter** nous avons été très touchés de votre lettre; **to ~ sb for a loan*** taper* qn; **I ~ed him for £10*** je l'ai tapé de 10 livres.

3 *vi* **(a)** [*hands, ends, lands etc*] se toucher. (*fig*) **to ~ (up)on a subject** effleurer un sujet. **(b)** (*meddle*) **don't ~!** n'y touchez pas!; **'do not ~'** 'défense de toucher'.

touch down *vi* **(a)** (*on land*) atterrir; (*on sea*) amerrir; (*on moon*) alunir. **(b)** (*Rugby etc*) marquer un essai.

touch off *vt sep fuse, firework* faire partir; *mine etc* faire exploser; *explosion, crisis, riot, reaction, argument* déclencher.

touch up *vt sep* retoucher.

♦ **touch-and-go** *adj*: **it's ~-and-go with the sick man** le malade est entre la vie et la mort; **it was ~-and-go whether she did it** elle a failli ne pas le faire; **it was ~-and-go until the last minute** c'est resté incertain jusqu'au bout. ♦ **touch-down** *n* (*on land*) atterrissage *m*; (*on sea*) amerrissage *m*; (*on moon*) alunissage *m*. ♦ **touched** *adj* (*moved*) touché (*by* de); (*: *mad*) toqué*. ♦ **touchiness** *n* susceptibilité *f*. ♦ **touching 1** *adj* touchant; **2** *prep* concernant. ♦ **touchingly** *adv* d'une manière touchante. ♦ **touchline** *n* (*Ftbl etc*) ligne *f* de touche. ♦ **touch-type** *vi* taper au toucher. ♦ **touchy** *adj person* susceptible (*about* sur la question de); *business, situation* délicat; **he's very ~y** il se vexe *or* s'offense pour un rien.

tough [tʌf] **1** *adj* **(a)** *substance, fabric* solide, résistant; (*pej*) *meat* dur; (*fig*) *resistance, struggle* acharné; *task, journey* fatigant, pénible; *obstacle, sport* rude; *problem* épineux; *regulations* sévère; *conditions* dur. **it's ~ work** c'est un travail dur *or* pénible. **(b)** (*of person*) (*physically hard*) *mountaineer, athlete etc* robuste, résistant; (*mentally strong*) solide, endurant; (*hard: in character*) *negotiator etc* dur, impitoyable; (*rough*) *criminal, gangster* dur, brutal. **he is a ~ man to deal with** il ne fait pas souvent de concessions; **a ~ guy** un dur*; (*pej*) **they're a ~ lot** ce sont des durs à cuire*; **to get ~ with sb*** se montrer dur envers qn. **(c)** (*unfortunate*) **that's ~*** c'est vache* (*on sb* pour qn); **that's ~ luck on him*** (*pity*) il n'a pas de veine; (*he'll have to put up with it*) tant pis pour lui; **to have a ~ time of it*** en voir de dures*. **2** *n* (*) dur* *m*. ♦ **toughen** *vt substance* renforcer; *person* endurcir; *conditions* rendre plus sévère. ♦ **toughly** *adv fight* avec acharnement; *answer* durement. ♦ **toughness** *n* **(a)** so-

lidité *f*, résistance *f*; dureté *f*; acharnement *m*; caractère *m* fatigant *or* pénible (*or* rude *or* épineux); sévérité *f*; **(b)** résistance *f*; endurance *f*; dureté *f*.

tour [tuə'] **1** *n* (*journey*) voyage *m*; (*by team, actors, musicians etc*) tournée *f*; (*of town, factory, museum etc*) visite *f*, tour *m*; (*day ~*) excursion *f*; (*package ~*) voyage organisé. **to go on a ~ of region, country** faire un voyage dans (*or* en etc); (*guided ~*) faire un voyage organisé dans (*or* en etc); *museums, castles* visiter; **to go on a ~ round the world** faire le tour du monde; **to go on a walking/cycling ~** faire une randonnée à pied/en bicyclette; (*Sport, Theat etc*) **to go on/be on ~** faire une/être en tournée; **~ of inspection** tournée d'inspection; (*Mil etc*) **~ of duty** ronde *f*. **2** *adj*: **~ operator** tour-opérateur *m*, organisateur *m* de voyages. **3** *vt* [*tourist, visitor*] visiter; [*team, actors, play*] être en tournée en (*or* dans etc). **4** *vi*: **to go ~ing** faire du tourisme. ♦ **touring 1** *n* tourisme *m*; **2** *adj team, theatre company* en tournée. ♦ **tourism** *n* tourisme *m*. ♦ **tourist 1** *n* touriste *mf*; **2** *adj class, ticket* touriste *inv*; *attraction, guidebook, season* touristique; *industry* du tourisme; **~ist agency** agence *f* de tourisme; **~ist bureau** *or* **office** syndicat *m* d'initiative; **the ~ist trade** le tourisme; **3** *adv travel* en classe touriste. ♦ **touristy*** *adj* (*pej*) trop touristique.

tournament ['tuənəmənt] *n* tournoi *m*.

tourniquet ['tuənɪkeɪ] *n* (*Med*) garrot *m*.

tousled ['tauzld] *adj hair, person* ébouriffé; *clothes, clothing* chiffonné; *bedclothes* en désordre.

tout [taut] **1** *n* (*seller*) vendeur ambulant; (*for custom*) racoleur *m*; (*for hotels*) rabatteur *m*; (*Racing*) pronostiqueur *m*. **ticket ~** revendeur *m* de billets (*au marché noir*). **2** *vt wares* vendre (*avec insistance*); *tickets* revendre. **3** *vi*: **to ~ for custom** racoler les clients.

tow[1] [təu] **1** *n*: **on ~** en remorque; **to give sb a ~** remorquer qn; (*Aut*) **to give sb a ~** to start him faire démarrer qn en remorque; (*fig*) **he had a couple of girls in ~*** il remorquait deux filles. **2** *vt boat, vehicle* remorquer (*to, into* jusqu'à); *caravan, trailer* tirer; *barge* haler. [*police*] **to ~ a car away** emmener une voiture en fourrière. ♦ **towboat** *n* remorqueur *m*. ♦ **towline** *or* ♦ **towrope** *n* câble *m* de remorque. ♦ **towpath** *n* chemin *m* de halage. ♦ **towing-truck** *or* (*US*) ♦ **tow-truck** *n* dépanneuse *f*.

tow[2] [təu] *n* (*Tex*) filasse *f*. ♦ **tow-headed** *adj* aux cheveux filasse.

toward(s) [tə'wɔːd(z)] *prep* (*gen*) vers; (*of attitude*) envers, à l'égard de. **he came ~ me** il est venu vers moi; **we are moving ~ a solution/war** *etc* nous nous acheminons vers une solution/la guerre *etc*; **to save ~ sth** faire des économies pour acheter qch; **~ 10 o'clock/the end of the century** vers 10 heures/la fin du siècle; **my feelings ~ him** mes sentiments à son égard *or* envers lui.

towel ['tauəl] **1** *n* serviette *f* (*de toilette*); (*dish ~, tea ~*) torchon *m*; (*for hands*) essuie-mains *m inv*; (*for glasses*) essuie-verres *m inv*; (*sanitary ~*) serviette hygiénique. **2** *adj*: **~ rail** porte-serviettes *m inv*. **3** *vt*: **to ~ o.s. (dry)** se sécher avec une serviette. ♦ **towelling** *n* (*Tex*) tissu *m* éponge.

tower ['tauə'] **1** *n* (*gen*) tour *f*; [*church*] clocher *m*. (*fig*) **a ~ of strength** un grand soutien (*to sb* pour qn). **2** *adj*: **~ block** tour *f* (*d'habitation*). **3** *vi* [*building etc*] s'élever très haut. (*lit, fig*) **to ~ over sth/sb** dominer qch/qn. ♦ **towering** *adj building* très haut, imposant; *figure* imposant; (*fig*) **in a ~ing rage** dans une colère noire.

town [taun] **1** *n* ville *f*. **in (a) ~, into ~** en ville; **in the ~** dans la ville; **in a little ~** dans une petite ville; **he's out of ~** il est en déplacement, il n'est pas là; **a country ~** une ville de province; (*fig*) **to**

have a night on *or* **to go out on the** ~* faire la
bombe*; (*fig*) **he really went to** ~ **on that essay*** il
a mis le paquet* quand il a écrit cette dissertation. **2** *adj* centre de la ville; *house* en ville; *life*
urbain. ~ **clerk** ≃ secrétaire *m* de mairie; ~
council conseil *m* municipal; ~ **hall** ≃ mairie *f*,
hôtel *m* de ville. ♦ **town-and-country planning** *n*
≃ aménagement *m* du territoire. ♦ **town-dweller**
n citadin(e) *m(f)*. ♦ **town-planner** *n* urbaniste *mf*.
♦ **town-planning** *n* urbanisme *m*. ♦ **township** *n*
bourgade *f*. ♦ **townspeople** *npl* citadins *mpl*.
toxic ['tɒksɪk] *adj* toxique. ♦ **tox(a)emia** *n* toxé-
mie *f*. ♦ **toxin** *n* toxine *f*.
toy [tɔɪ] **1** *n* jouet *m*. **2** *adj* train, car, soldier petit;
house, railway miniature; *trumpet* d'enfant; (*fig*)
dog d'appartement. **3** *vi*: **to** ~ **with** *object*, *sb's*
affections jouer avec; *idea* caresser; **to** ~ **with**
one's food manger du bout des dents. ♦ **toybox** *n*
coffre *m* à jouets. ♦ **toyshop** *n* magasin *m* de
jouets.
trace¹ [treɪs] **1** *n* trace *f* (*of* de). **to vanish** *etc*
without ~ disparaître *etc* sans laisser de traces;
there is no ~ **of** it il n'en reste plus trace; **we have**
lost all ~ **of them** nous avons complètement
perdu leur trace; **without a** ~ **of ill-feeling** sans la
moindre rancune. **2** *vt* (**a**) (*draw*) tracer; (*with*
tracing paper etc) décalquer. (**b**) (*locate*) person,
object retrouver. **to** ~ **sb** suivre la trace de qn (*as*
far as jusqu'à), retrouver la trace de qn (*to* à);
they ~**d the weapon (back) to here** ils ont établi
que l'arme provenait d'ici; **to** ~ **back one's family**
to faire remonter sa famille à. ♦ **tracer** *n* (*instru-*
ment) traçoir *m*; (*Biochemistry*) traceur *m*;
(*bullet*) balle *f* traçante. ♦ **tracery** *n* (*on window*)
réseau *m* (*de fenêtre ajourée*); (*frost etc*)
dentelles *fpl*. ♦ **tracing** *n* (*process*) calquage *m*;
(*result*) calque *m*. ♦ **tracing-paper** *n* papier-
calque *m inv*.
trace² [treɪs] *n* [*harness*] trait *m*.
track [træk] **1** *n* (**a**) (*mark, trail*) trace *f*; [*animal,*
person] trace, piste *f*; (*route: on radar screen; also*
of bullet, comet, rocket etc) trajectoire *f*. **to**
destroy everything in its ~ tout détruire sur son
passage; **to follow in sb's** ~**s** suivre la trace de qn,
(*fig*) marcher sur les traces de qn; **to be on sb's** ~
être sur la piste de qn; (*fig*) **to be on the right** ~
être sur la bonne voie; **to be on the wrong** ~ faire
fausse route; **to put** *or* **throw sb off the** ~ désorienter qn; **to keep** ~ **of** *spacecraft, events,*
developments suivre; *person* suivre la trace de;
(*fig: keep in touch with*) rester en contact avec; **to**
lose ~ **of** *spacecraft etc* perdre; (*fig*) *develop-*
ments etc ne plus être au courant de; *person*
perdre la trace de; (*fig*) perdre tout contact avec;
I've lost ~ **of what he is saying** j'ai perdu le fil de
ce qu'il dit; (*fig*) **to make** ~**s*** filer (*for* à). (**b**)
(*path*) chemin *m*, piste *f*; (*Sport*) piste. **sheep** ~
piste à moutons; **mule** ~ chemin muletier; **race** ~
piste; **motor-racing** ~ autodrome *m*; **dog-racing**
~ cynodrome *m*. (**c**) (*Rail*) voie *f*, rails *mpl*. **to**
leave the ~**(s)** dérailler; **to cross the** ~ traverser
la voie. (**d**) [*tape*] piste *f*; [*record*] plage *f*. **4-**~
tape bande *f* à 4 pistes. (**e**) [*tractor*] chenille *f*. (**f**)
(*US Scol*) **divided into 5** ~**s** répartis en 5 classes
de niveau; **the B** ≃ **le** groupe B.
  2 *adj* (*Sport*) racing, event, athletics sur piste.
(*also fig*) **to have a good** ~ **record** avoir eu de bons
résultats.
  3 *vt* animal, person, vehicle suivre la trace de;
game, prey, wanted man traquer; *rocket, comet*
suivre la trajectoire de.
track down *vt sep* animal, wanted man traquer
et capturer; *sth* *or* *sb wanted* (finir par)
retrouver.
♦ **tracked** *adj vehicle* à chenille. ♦ **tracker 1** *n*
(*Hunting*) traqueur *m*; (*gen*) poursuivant(e) *m(f)*;
2 *adj*: ~**er dog** chien *m* policier. ♦ **tracking** *adj*
(*Space*) ~**ing station** station *f* d'observation.

♦ **tracksuit** *n* survêtement *m*.
tract¹ [trækt] *n* (**a**) [*land, water*] étendue *f*; (*US:*
housing estate) résidence *f*. (**b**) (*Anat*) digestive
~ appareil *m* digestif.
tract² [trækt] *n* (*pamphlet*) tract *m*.
tractable ['træktəbl] *adj* person accommodant;
animal docile; *material* malléable; *problem*
résoluble.
traction ['trækʃən] **1** *n* traction *f*. **2** *adj*: ~ **engine**
locomobile *f*.
tractor ['træktər] *n* tracteur *m*.
trade [treɪd] **1** *n* (**a**) (*Econ etc*) commerce *m*.
overseas ~ commerce extérieur; **the wool** ~ le
commerce de la laine; **he's in the wool** ~ il est
négociant en laine; **to do a lot of** ~ **with** faire
beaucoup de commerce or d'affaires avec; **to do a**
brisk *or* **roaring** ~ vendre beaucoup (*in* de);
(*Brit*) **Board of T**~, (*US*) **Department of T**~
ministère *m* du Commerce. (**b**) (*job*) métier *m*. **he**
is a butcher by ~ il est boucher de son métier; **to**
learn a ~ apprendre un métier; (*lit,fig*) **he's in the**
~ il est du métier; **known in the** ~ **as ...** que les
gens du métier appellent ... .
  2 *adj* association, fair, journal, route, school
commercial; *barriers* douanier; *price* de gros. ~
deficit balance *f* commerciale déficitaire; **the T**~
Descriptions Act la loi de protection du
consommateur; ~ **discount** remise *f* au détaillant; ~ **figures** *or* **returns** résultats *mpl*
financiers; ~ **name** marque *f* déposée; (*lit, fig*) ~
secret secret *m* de fabrication; ~ **wind** alizé *m*.
  3 *vi* faire le commerce (*in* de; *with* avec). (*fig*)
to ~ **on sb's kindness** abuser de la gentillesse de
qn.
  4 *vt* (*exchange*) échanger (*sth for sth* qch
contre qch; *sth with sb* qch avec qn).
trade in *vt sep* car, television etc faire reprendre. **I've** ~**d it in for a new one** je l'ai fait reprendre quand j'en ai acheté un nouveau.
♦ **trade-in 1** *n* (*Comm*) reprise *f*; **he took it as a** ~-
in il me l'a repris; **2** *adj* price, value à la reprise.
♦ **trademark** *n* marque *f* de fabrique; **registered**
~**mark** marque déposée. ♦ **trade-off** *n* (*US*)
échange *m*. ♦ **trader** *n* commerçant(e) *m(f)*;
(*bigger*) négociant(e) *m(f)* (*in* en); (*street* ~) vendeur *m*, -euse *f* de rue. ♦ **tradesman** *n* commerçant *m*. ♦ **trade(s) union** *n* syndicat *m*. ♦ **trade(s)**
unionism *n* syndicalisme *m*. ♦ **trade(s) unionist** *n*
syndicaliste *mf*. ♦ **trading 1** *n* commerce *m*; **2**
adj nation commerçant; *port, centre* de commerce; (*Brit*) **trading estate** zone *f* industrielle;
trading stamp timbre-prime *m*.
tradition [trə'dɪʃən] *n* tradition *f*. **according to** ~
selon la tradition; (*fig*) **it's in the best** ~ c'est dans
la plus pure tradition (*of* de). ♦ **traditional** *adj*
traditionnel (*to do* de faire). ♦ **traditionally** *adv*
traditionnellement.
traffic ['træfɪk] (*vb: pret, ptp* trafficked) **1** *n* (**a**)
(*Aut*) circulation *f*; (*Aviat, Naut, Rail, Telec*)
trafic *m*. **road** ~ circulation routière; **rail** ~
trafic ferroviaire; (*Aut*) **holiday** ~ circulation
des grands départs (*or* des grandes rentrées); **the**
~ **is heavy** (*Aut*) il y a beaucoup de circulation;
(*Aviat etc*) **le** trafic est intense; (*Aut*) **closed to**
heavy ~ interdit aux poids lourds; (*Aut*) **build-up**
or **backlog of** ~ bouchon *m*; ~ **coming into Paris**
la circulation dans le sens province-Paris; ~ **in**
and out of the airport le trafic à destination et en
provenance de l'aéroport. (**b**) (*trade*) commerce
m (*in* de); (*pej*) trafic *m* (*in* de). **the drug** ~ le
trafic de la drogue. **2** *vi* faire le commerce *or* le
trafic (*pej*) (*in* de). **3** *adj* (*Aut*) regulations,
policeman de la circulation; *police* de la route;
offence au code de la route; *sign* de signalisation.
(*Aviat*) ~ **controller** aiguilleur *m* du ciel; ~ **island**
refuge *m*; ~ **jam** embouteillage *m*; ~ **light** *or*
signal feu *m* (de signalisation); **the** ~ **lights were**
at green le feu était au vert; ~ **warden** contrac-

tuel(le) *m(f)*. ♦ **trafficker** *n* trafiquant(e) *m(f)* (*in* en).

tragedy ['trædʒɪdɪ] *n* (*gen*, *Theat*) tragédie *f*. **the ~ of it is that ...**, **it is a ~ that ...** il est tragique que ... + *subj*. ♦ **tragic** *adj* tragique; **tragic actor** tragédien *m*. ♦ **tragically** *adv* tragiquement.

trail [treɪl] **1** *n* (**a**) (*of blood, smoke; from plane, comet etc*) traînée *f*; (*tracks: gen*) trace *f*; (*Hunting*) piste *f*, trace. **a long ~ of refugees** une longue colonne de réfugiés; **to leave a ~ of destruction** tout détruire sur son passage; (*lit, fig*) **on the ~** sur la piste de. (**b**) (*path*) sentier *m*, chemin *m*. **2** *vt* (**a**) (*follow*) suivre la piste de. (**b**) (*tow*) *object on rope etc* traîner; (*Aut*) *caravan etc* tirer. **they ~ed dirt all over the carpet** ils ont couvert le tapis de traces sales; **to ~ one's fingers through the water** laisser traîner ses doigts dans l'eau. **3** *vi* (**a**) [*object*] traîner (*in* dans; *from* de); [*plant*] ramper. (*Sport*) **to ~ by 13 points** être en retard de 13 points. (**b**) **to ~ along/in** *etc* (*in straggling line*) passer/entrer *etc* à la queue leu leu; (*wearily*) passer/entrer *etc* en traînant les pieds.

trail away, **trail off** *vi* [*sound*] s'estomper.

♦ **trailblazer** *n* pionnier *m*, -ière *f*. ♦ **trailer** **1** *n* (**a**) (*Aut*) remorque *f*; (*caravan*) caravane *f*; (**b**) (*Cine*, *TV*) film *m* publicitaire (*for a film* pour un film); **2** *adj* (*US*) **~er park** camp *m* de caravaning. ♦ **trailing** *adj* *hair, blanket etc* traînant; *plant* rampant.

train [treɪn] **1** *n* (**a**) (*Rail*) train *m*; (*in underground*) rame *f*. **fast ~** rapide *m*; **slow ~** omnibus *m*; **to go by ~** prendre le train; **to go to London by ~** aller à Londres en train *or* par le train; **on** *or* **in the ~** dans le train; **to transport by ~** transporter par voie ferroviaire. (**b**) (*line: of vehicles, camels etc*) file *f*; (*entourage*) suite *f*. (*fig*) **it brought famine in its ~** cela a amené la famine dans son sillage. (**c**) (*series: of events etc*) suite *f*; [*gunpowder*] traînée *f*. **in an unbroken ~** en succession ininterrompue; **his ~ of thought** le fil de ses pensées. (**d**) [*robe etc*] traîne *f*.

2 *adj*: **~ ferry** ferry-boat *m*; **the ~ service to London** les trains pour Londres; **~ set** train *m* électrique (*jouet*).

3 *vt* (**a**) (*instruct etc*) *teacher, craftsman, employee, soldier etc* former; (*Sport*) entraîner; *animal* dresser (*to do* à faire); *voice* travailler; *ear, mind, memory* exercer. (*house~*) **to ~ a puppy/child** apprendre à un chiot/à un enfant à être propre; **to ~ sb to do** apprendre à qn à faire, (*professionally*) former qn à faire; **to ~ o.s. to do** s'entraîner à faire; **to ~ sb in a craft** préparer qn à un métier; **he was ~ed in weaving** *or* **as a weaver** il a reçu une formation de tisserand; **where were you ~ed?** où avez-vous reçu votre formation? (**b**) (*direct etc*) *gun, telescope etc* braquer (*on* sur); *plant* faire grimper (*along* le long de).

4 *vi* recevoir une (*or sa*) formation; (*Sport*) s'entraîner (*for* pour). **to ~ as** *or* **to be a teacher** *etc* recevoir une formation de professeur *etc*.

♦ **trained** *adj person* (*gen*) compétent (*for* pour); (*professionally*) qualifié (*for* pour); *engineer, nurse* diplômé; *teacher* habilité à enseigner; *animal* dressé; *eye, ear* exercé; **she has a ~ed voice** elle a pris des leçons de chant; **he is not ~ed** il n'a reçu aucune formation professionnelle; **well-~ed** *child* bien élevé; *animal*, (*iro*) *husband etc* bien dressé. ♦ **trainee** *adj*, *n* stagiaire (*mf*); **management ~ee** stagiaire de direction; **~ee typist** dactylo *f* stagiaire. ♦ **trainer** *n* (**a**) (*Sport*) entraîneur *m*; (*in circus*) dresseur *m*, -euse *f*; (**b**) (*shoe*) chaussure *f* de sport. ♦ **training 1** *n* (*for job*) formation *f*; (*Sport*) entraînement *m*; [*animal*] dressage *m*; (*Sport*) **to be in ~ing** (*preparing o.s.*) être en cours d'entraînement; (*on form*) être en forme; **she has had secretarial ~ing** elle a suivi des cours de secrétariat; **2** *adj*

scheme, centre (*for job*) de formation; (*Sport*) d'entraînement; **~ing college** (*gen*) école *f* professionnelle; (*for teachers*) ≃ école normale; **~ing course** cours *mpl* professionnels; **~ing plane/ship** avion-/navire-école *m*. ♦ **trainspotter** *n* passionné(e) *m(f)* de trains. ♦ **trainspotting** *n*: **to go ~-spotting** observer les trains.

traipse* [treɪps] *vi*: **to ~ in/out** *etc* entrer/sortir *etc* d'un pas traînant; **to ~ around** se balader*.

trait [treɪt] *n* trait *m* (*de caractère*).

traitor ['treɪtə'] *n* traître *m*. **to be a ~ to sth** trahir qch; **to turn ~** passer à l'ennemi. ♦ **traitress** *n* traîtresse *f*.

trajectory [trə'dʒektərɪ] *n* trajectoire *f*.

tram(car) ['træm(kɑː')] *n* tram(way) *m*.

tramp [træmp] **1** *n* (**a**) [*footsteps*] martèlement *m* (*de pas*). (**b**) (*hike*) randonnée *f* (à pied). (**c**) (*vagabond*) vagabond(e) *m(f)*, clochard(e) *m(f)*. (*pej*) **she's a ~*** elle est coureuse*. (**d**) ~ (*steamer*) tramp *m*. **2** *vi*: **to ~ along** (*hike*) poursuivre son chemin à pied; (*walk heavily*) marcher d'un pas lourd; [*soldiers etc*] marteler le pavé. **3** *vt*: **to ~ the streets** battre le pavé; **I ~ed the town looking for ...** j'ai parcouru la ville à pied pour trouver ... .

trample ['træmpl] *vti*, (*lit, fig*) **to ~ on sth/sb**, **to ~ sth/sb underfoot** piétiner qch/qn, fouler qch/qn aux pieds; **to ~ on sb's feelings** bafouer les sentiments de qn; **to ~ sth into the ground** enfoncer qch dans le sol.

trampoline ['træmpəlɪn] *n* trampolino *m*.

trance [trɑːns] *n* transe *f*. **to go** *or* **fall into a ~** entrer en transe.

tranquil ['træŋkwɪl] *adj* tranquille. ♦ **tranquillity**, (*US*) **tranquility** *n* tranquillité *f*. ♦ **tranquil(l)ize** *vt* (*Med*) mettre sous tranquillisants. ♦ **tranquil(l)izer** *n* tranquillisant *m*.

trans... [trænz] *pref* trans.... . ♦ **transatlantic** *adj* transatlantique.

transact [træn'zækt] *vt* traiter, régler. ♦ **transaction** *n* (*Econ*, *Fin*, *St Ex*) transaction *f*; (*in bank, shop*) opération *f*; **cash ~ion** opération au comptant.

transcend [træn'send] *vt* (*gen*) transcender; (*excel over*) surpasser. ♦ **transcendent** *adj* transcendant. ♦ **transcendental** *adj* transcendantal; **~ental meditation** méditation *f* transcendantale.

transcribe [træn'skraɪb] *vt* transcrire. ♦ **transcript** *or* ♦ **transcription** *n* transcription *f*.

transect [træn'sekt] *vt* sectionner (transversalement).

transept ['trænsept] *n* transept *m*.

transfer [træns'fɜː'] **1** *vt* (*gen*) transférer (*to* à); *power* faire passer (*from* de; *to* à); *design, drawing, one's affections* reporter (*to* sur). (*Telec*) **to ~ the charges** téléphoner en P.C.V.; **~red charge call** communication *f* en P.C.V. **2** *vi* (*gen*) être transféré (*to* à; *from* de). (*Univ etc*) **he's ~red from Science to Geography** il ne fait plus de science, il s'est réorienté en géographie. **3** ['trænsfɜː'] *n* (**a**) (*gen*) transfert *m* (*to* à; *from* de); (*Pol: of power*) passation *f*. **by bank ~** par virement *m* bancaire. (**b**) (*design etc*) (*rub-on type*) décalcomanie *f*; (*stick-on*) auto-collant *m*. ♦ **transferable** *adj* transmissible; **not ~able** personnel.

transfigure [træns'fɪgə'] *vt* transfigurer. ♦ **transfiguration** *n* transfiguration *f*.

transfix [træns'fɪks] *vt* (*lit*) transpercer. (*fig*) **~ed** cloué sur place (*with* de).

transform [træns'fɔːm] *vt* transformer (*into* en). **to be ~ed into** se transformer en. ♦ **transformation** *n* transformation *f*. ♦ **transformational** *adj* transformationnel. ♦ **transformer** *n* (*Elec*) transformateur *m*.

transfuse [træns'fjuːz] *vt* transfuser. ♦ **transfusion** *n* (*Med*, *fig*) transfusion *f*; **to give sb a**

transfusion faire une transfusion à qn.

transgress [træns'gres] vi pécher. ♦ **transgressor** n pécheur m, -eresse f.

transient ['trænziənt] adj transitoire, éphémère.

transistor [træn'zistər] n (Elec, Rad) transistor m. ♦ **transistorize** vt transistoriser.

transit ['trænzit] **1** n: **in** ~ **en** transit m. **2** adj goods, passengers en transit; documents, visa, (Aviat) lounge de transit; (Mil etc) camp volant. ♦ **transition** n transition f (from de; to à). ♦ **transitional** adj period, government de transition; measures transitoire.

transitive ['trænzitiv] adj transitif.

transitory ['trænzitəri] adj transitoire, éphémère.

translate [trænz'leit] **1** vt traduire (from de; into en). **the word is** ~**d as** ... le mot se traduit par ...; (fig) **to** ~ **ideas into actions** passer des idées aux actes. **2** vi [person] traduire. **it won't** ~ c'est intraduisible. ♦ **translatable** adj traduisible. ♦ **translation** n traduction f (from de; into en); (Scol etc) version f. ♦ **translator** n traducteur m, -trice f.

transliterate [trænz'litəreit] vt translittérer.

translucence [trænz'lu:sns] n translucidité f. ♦ **translucent** adj translucide.

transmit [trænz'mit] **1** vt (gen, Aut, Med etc) transmettre; (Rad, Telec, TV) émettre. **2** vi (Rad etc) émettre. ♦ **transmissible** adj transmissible. ♦ **transmission** 1 n transmission f; **2** adj (Aut) transmission shaft arbre m de transmission. ♦ **transmitter** n (Telec) transmetteur m; (microphone) capsule f microphonique; (Rad, TV) émetteur m. ♦ **transmitting** adj (Telec) set, station émetteur.

transmute [trænz'mju:t] vt transmuer (into en).

transom ['trænsəm] n traverse f.

transparent [træns'pɛərənt] adj transparent. ♦ **transparency** n transparence f; (Phot) diapositive f.

transpire [træns'paiər] vi (a) (happen) se passer. **it** ~**d that** ... on a appris par la suite qu... . (b) (Bot, Physiol) transpirer.

transplant [træns'plɑ:nt] **1** vt (gen) transplanter; (Med) greffer; seedlings etc repiquer. **2** ['trænsplɑ:nt] n (Med) transplantation f. **he's had a heart** ~ on lui a fait une greffe du cœur or une transplantation cardiaque.

transport ['trænspɔ:t] **1** n (a) transport m. **road/rail** ~ transport par route/par chemin de fer; **Ministry of T**~ ministère m des Transports; **have you got any** ~?* tu as une voiture? (b) [delight etc] transport m; [fury etc] accès m. **2** adj costs, ship etc de transport; system des transports. ~ **café** ≃ restaurant m de routiers. **3** [træns'pɔ:t] vt (lit, fig) transporter. ♦ **transportation** n transport m; [criminals] transportation f. ♦ **transporter** n (gen) transporteur m; (car transporter) (Aut) camion m or (Rail) wagon m pour transport d'automobiles.

transpose [træns'pəuz] vt transposer. ♦ **transposition** n transposition f.

transship [træns'ʃip] vt transborder. ♦ **transshipment** n transbordement m.

transubstantiation ['trænsəb,stænʃi'eiʃən] n transsubstantiation f.

transverse ['trænzvɜ:s] adj transversal. ♦ **transversely** adv transversalement.

transvestite [trænz'vestait] n travesti(e) m(f) (Psych).

trap [træp] **1** n (a) (gen) piège m; (gin-~) collet m; (covered hole) trappe f; (mouse~) souricière f. (lit, fig) **to set** or **lay a** ~ tendre un piège (for sb à qn); **to catch in a** ~ prendre au piège; **caught like a rat in a** ~ fait comme un rat. (b) ~(**door**) trappe f; **keep your** ~ **shut**‡ ferme ta gueule‡. **2** vt (a) (snare) animal, person prendre au piège. (b) (catch, cut off) miner, climber, vehicle, ship bloquer; gas, liquid retenir; object, one's finger coincer (**in** sth dans qch). ♦ **trapper** n trappeur m. ♦ **trapshooting** n ball-trap m.

trapeze [trə'pi:z] **1** n trapèze m. **2** adj: ~ **artist** trapéziste mf.

trappings ['træpiŋz] npl [kingship etc] cérémonial m; [success] signes mpl extérieurs.

Trappist ['træpist] **1** n trappiste m. **2** adj de la Trappe.

trash [træʃ] **1** n (refuse) ordures fpl; (cheap goods) camelote* f; (nonsense) bêtises fpl, blagues* fpl. **this is** ~ ça ne vaut rien, (message, letter etc) c'est de la blague*; [people] **they're just** ~‡ ce sont des moins que rien. **2** adj: ~ **can** poubelle f, boîte f à ordures. ♦ **trashy** adj (gen) qui ne vaut rien; goods de camelote*.

trauma ['trɔ:mə] n (Med, Psych) trauma m; (fig) traumatisme m. ♦ **traumatic** adj (Med) traumatique; (Psych, fig) traumatisant.

travel ['trævl] **1** vi (a) (journey) voyager; (Comm) être représentant (for de; in en). **they have** ~**led a long way** ils sont venus de loin, (fig) ils ont fait beaucoup de chemin; **he is** ~**ling in Spain** il est en voyage en Espagne; **as he was** ~**ling across France** pendant qu'il voyageait à travers la France; **to** ~ **through a region** parcourir une région; **to** ~ **round the world** faire le tour du monde; **to** ~ **light** voyager avec peu de bagages; [food, wine] **to** ~**s well** ça supporte bien le voyage. (b) (move, go) aller; [machine part etc] se déplacer. **you were** ~**ling too fast** vous alliez trop vite; **to** ~ **at 80 km/h** faire du 80 km/h; **light** ~**s at a speed of** ... la vitesse de la lumière est de ...; **news** ~**s fast** les nouvelles circulent vite. **2** vt country, district, distance parcourir. **much-**~**led road** route très fréquentée. **3** n les voyages mpl. **his** ~**s ses voyages; he's off on his** ~**s again** il repart en voyage; **on your** ~**s** au cours de vos voyages, (fig hum) au cours de vos allées et venues. **4** adj allowance, expenses de déplacement; story, film de voyages; organization de tourisme. ~ **agency** agence f de voyages; ~ **agent** agent m de voyages; ~ **brochure** dépliant m touristique. ♦ **travelator** n tapis roulant. ♦ **traveller**, (US) **traveler** n voyageur m, -euse f; (Comm) représentant m (de commerce) (in en); ~**ler's cheque**, (US) ~**er's check** chèque m de voyage. ♦ **travel(l)ing 1** n voyages mpl; **2** adj (a) circus, troupe ambulant; crane mobile; (Comm) ~(**l)ing salesman** représentant m de commerce; (b) bag, rug, clock, scholarship de voyage; expenses, allowance de déplacement. ♦ **travelogue** n (talk/film/book) compte rendu m/film m/récit m de voyages. ♦ **travel-sick** adj (in car/plane/boat) **to be** ~-**sick** avoir le mal de la route/de l'air/de mer. ♦ **travel-sickness 1** n mal m de la route etc; **2** adj pills contre le mal de la route etc.

traverse ['trævəs] vt traverser.

travesty ['trævisti] n (Art, Literat etc) pastiche m; (pej) [freedom, justice] simulacre m.

trawl [trɔ:l] **1** n (net) chalut m. **2** vi: **to** ~ (**for** sth) pêcher (qch) au chalut. ♦ **trawler** n chalutier m. ♦ **trawling** n pêche f au chalut.

tray [trei] n (for carrying) plateau m; (for storing) (box) boîte f; (basket) corbeille f; (drawer) tiroir m. ♦ **traycloth** n napperon m.

treacherous ['tretʃərəs] adj person, action, answer (gen; also fig) traître (f traîtresse). **road conditions are** ~ il faut se méfier de l'état des routes. ♦ **treacherously** adv traîtreusement; say perfidement. ♦ **treachery** n traîtrise f.

treacle ['tri:kl] n mélasse f.

tread [tred] (vb: pret trod, ptp trodden) **1** n (a) (footsteps) pas mpl; (sound) bruit m de pas. (b) [tyre] chape f; [stair] giron m. **2** vi marcher. **to** ~ **on** sth (accidentally) marcher sur qch; (deliberately) écraser qch; **to** ~ **carefully** or **warily** avancer avec précaution. **3** vt path, road parcourir. **to** ~ sth **underfoot** fouler qch aux pieds; **to**

~ **grapes** fouler du raisin; to ~ **water** nager en chien. ◆ **treadle 1** n pédale f (de tour etc); **2** adj **machine** à pédale. ◆ **treadmill** n (fig) routine f mortellement ennuyeuse.

treason ['tri:zn] n trahison f. ◆ **treasonable** adj qui constitue une trahison.

treasure ['treʒəʳ] **1** n trésor m. (fig) **she's a real ~** elle est adorable, (of servant etc) c'est une perle. **2** adj: ~ **house** trésor m (lieu); ~ **hunt** chasse f au trésor. **3** vt (value) attacher une grande valeur à; (keep: ~ **up**) money, valuables garder précieusement; memory, thought chérir. ◆ **treasurer** n trésorier m, -ière f. ◆ **treasure-trove** n trésor m (dont le propriétaire est inconnu). ◆ **treasury 1** n trésorerie f; (Brit) **the Treasury**, (US) **the Department of the Treasury** ≃ le ministère des Finances; **2** adj: **treasury bill** ≃ bon m du Trésor.

treat [tri:t] **1** vt (a) traiter (sb like a child qn comme un enfant; (Chem etc) sth with sth qch à qch; (Med) sb for sth qn pour qch). **to ~ sb well** bien traiter qn, bien se conduire envers qn; **to ~ sb badly** mal se conduire envers qn, traiter qn fort mal; **to ~ sb with respect** montrer du respect envers qn; **to ~ sth with care** faire attention à qch; **it ~s the problems of ...** cela traite les problèmes de ... ; **he ~ed the whole thing as a joke** il a pris tout cela à la plaisanterie; (Med) **to ~ sb/sth with penicillin** soigner qn/qch à la pénicilline. (b) **to ~ sb to sth** offrir or payer* qch à qn; **to ~ o.s. to sth** se payer* qch.

2 vi: **to ~ with sb** traiter avec qn (for sth pour qch); [article etc] **to ~ of** traiter de.

3 n (pleasure) plaisir m; (outing) sortie f; (present) cadeau m. **a ~ in store** un plaisir à venir; **it was a great ~ (for us) to see them** ça nous a vraiment fait plaisir de les voir; **it is a ~ for her to go out to a meal** c'est tout un événement* pour elle de dîner en ville; **to give sb a ~** faire plaisir à qn; **to stand ~** inviter; **this is my ~** c'est moi qui paie*. ◆ **treatise** n traité m (on de). ◆ **treatment** n (gen) traitement m; **his ~ment of his parents/this subject** la façon dont il traite ses parents/ce sujet; **he got good ~ment** (gen) on l'a bien traité; (Med) il a été bien traité or soigné; **to give sb preferential ~ment** accorder à qn un régime de faveur; **medical ~ment** soins mpl médicaux, traitement; (Med) **to have ~ment for sth** suivre un traitement pour qch. ◆ **treaty** n (Pol) traité m (with avec; between entre); **to make a ~y** signer un traité.

treble ['trebl] **1** adj (a) (triple) triple. (b) (Mus) voice de soprano (voix d'enfant). **the ~ clef** la clef de sol. **2** adv (thrice) trois fois plus que. **3** vti tripler.

tree [tri:] n arbre m. cherry ~ cerisier m; (fig) **to be at the top of the ~** être arrivé au haut de l'échelle. ◆ **tree-covered** adj boisé. ◆ **tree-house** n cabane f construite dans un arbre. ◆ **tree-lined** adj bordé d'arbres. ◆ **treetop** n cime f d'un arbre. ◆ **tree-trunk** n tronc m d'arbre.

trefoil ['trefɔɪl] n (Bot) trèfle m.

trek [trek] **1** vi voyager à la dure. (fig) **I had to ~* over to the library** il a fallu que je me traîne jusqu'à la bibliothèque. **2** n voyage m difficile. **it was quite a ~* to the hotel** il y avait un bon bout de chemin à faire jusqu'à l'hôtel.

trellis ['trelɪs] n treillis m, (tougher) treillage m.

tremble ['trembl] **1** vi (gen) trembler (with, from de); (from fear, passion) frémir, trembler; [engine, ship] vibrer. **2** n tremblement m. **to be all of a ~*** trembler de la tête aux pieds. ◆ **trembling 1** adj tremblant; frémissant; **2** n tremblement m.

tremendous [trə'mendəs] adj (huge) difference, number, pleasure énorme; (dreadful) storm, blow terrible; victory foudroyant; speed, success fou; (*: excellent) formidable*. **we had a ~ time*** on s'est drôlement bien amusé*. ◆ **tremendously**

adv extrêmement, terriblement.

tremor ['treməʳ] n tremblement m.

tremulous ['tremjuləs] adj (timid) timide; (trembling) tremblant. ◆ **tremulously** adv timidement; en tremblant.

trench [trentʃ] n tranchée f (also Mil), (wider) fossé m. ◆ **trenchcoat** n trench-coat m.

trenchant ['trentʃənt] adj incisif, mordant.

trend [trend] n (tendency) tendance f (towards à); [river, road] direction f; [events] cours m; (fashion: in clothes etc) mode f. **there is a ~ towards doing/away from doing** on a tendance à faire/à ne plus faire; **~s in popular music** les tendances de la musique populaire. ◆ **trendsetter** n personne f qui donne le ton. ◆ **trendy*** adj clothes dernier cri inv; opinions, person dans le vent*.

trepidation [,trepɪ'deɪʃən] n vive inquiétude f.

trespass ['trespəs] vi s'introduire sans permission (on sb's land dans la propriété de qn). **'no ~ing'** 'entrée interdite'; **you're ~ing** vous êtes dans une propriété privée. ◆ **trespasser** n intrus(e) m(f); **'~ers will be prosecuted'** 'défense d'entrer sous peine de poursuites'.

trestle ['tresl] adj: ~ **table** table f à tréteaux.

trial ['traɪəl] **1** n (a) (Jur: proceedings) procès m; (gen) jugement m. **at** or **during the ~** au cours du procès; ~ **by jury** jugement par jury; **to be** or **go on ~** passer en jugement; **on ~ for theft** jugé pour vol; **he was on ~ for his life** il encourait la peine de mort; **to bring sb to ~** faire passer qn en jugement. (b) (test) [machine, vehicle, drug etc] essai m. ~**s** (Ftbl etc) match m de sélection; (Athletics etc) épreuve f de sélection; [sheepdogs, horses] concours m; ~ **of strength** épreuve f de force; **by ~ and error** par tâtonnements; **to be/take on ~** être/prendre à l'essai; **to give sb a ~** mettre qn à l'essai. (c) (hardship) épreuve f. **it was a great ~** cela a été une véritable épreuve (for pour); **the ~s of old age** les afflictions fpl de la vieillesse; ~**s and tribulations** tribulations fpl; **he is a ~ to his mother** il donne beaucoup de souci à sa mère. **2** adj flight, period etc d'essai; offer, marriage à l'essai. ~ **run** période f d'essai.

triangle ['traɪæŋgl] n triangle m. ◆ **triangular** adj triangulaire.

tribe [traɪb] n tribu f. ◆ **tribal** adj (gen) tribal; warfare entre tribus. ◆ **tribesman** n membre m de la tribu.

tribunal [traɪ'bju:nl] n (gen, Jur) tribunal m. ~ **of inquiry** commission f d'enquête.

tribute ['trɪbju:t] n tribut m. **to pay ~** to payer tribut à, rendre hommage à; **that is a ~ to his generosity** cela témoigne de sa générosité. ◆ **tributary** n (river) affluent m.

trice [traɪs] n: **in a ~** en un clin d'œil.

trick [trɪk] **1** n (a) (ruse) ruse f, truc* m; (joke, hoax) tour m, blague* f; [conjurer, dog etc] tour; (special skill) truc* (for doing pour faire). **it's a ~ to make you believe ...** c'est une ruse or un truc* pour vous faire croire ...; **to play a ~ on sb** jouer un tour à qn; **a dirty** or **low** or **shabby** or **nasty ~** un sale tour; **a ~ of the trade** une ficelle du métier; **a ~ of the light** une illusion d'optique; **he's up to his old ~s again*** il fait de nouveau des siennes*; (fig) **he knows a ~ or two*** c'est un petit malin; **to do the ~*** faire l'affaire; **I'll soon get the ~ of it** je vais bientôt prendre le pli. (b) (habit) manie f (of doing de faire); (mannerism) tic m. **he has a ~ of scratching his ear** il a le tic de se gratter l'oreille; **he has a ~ of arriving just when ...** il a le don d'arriver au moment où ... . (c) (Cards) levée f. **to take a ~** faire une levée; (fig) **he never misses a ~** rien ne lui échappe. **2** adj photograph truqué. ~ **question** question-piège f. **3** vt (deceive) tromper; (swindle) escroquer. **I've been ~ed!** on m'a eu!*; **to ~ sb into doing** amener qn à faire par la ruse; **to ~ sb out of sth** obtenir qch de qn par la ruse. ◆ **trickery** n ruse f. ♦ **trickster** n filou m. ♦ **tricky** adj problem, situation, task difficile, délicat; (pej) person rusé; **he's a ~y man to deal with** (scheming) avec lui il faut se méfier; (touchy) **il n'est pas commode.**

trickle ['trɪkl] 1 n [water, blood etc] filet m. (fig) a **~ of people** quelques rares personnes; **there was a steady ~ of letters** les lettres arrivaient en petit nombre mais régulièrement. 2 adj (Elec) **~ charger** chargeur m à régime lent. 3 vi (drop slowly) couler goutte à goutte; (flow slowly) couler en un filet. **tears ~d down her cheeks** les larmes coulaient or dégoulinaient le long de ses joues; **to ~ in** [water] couler goutte à goutte; [people] entrer les uns après les autres; [money, letters] arriver peu à peu; **the ball ~d into the net** le ballon a roulé doucement dans le filet.

tricolo(u)r ['trɪkələr] n drapeau m tricolore.

tricycle ['traɪsɪkl] n tricycle m.

trier ['traɪər] n: **to be a ~** être persévérant.

trifle ['traɪfl] 1 n (a) (object, sum of money) bagatelle f. **it's only a ~** ce n'est rien; **he worries over ~s** il se fait du mauvais sang pour un rien; **a ~ difficult** un peu difficile. (b) (Culin) = diplomate m. 2 vi: **to ~ with** traiter à la légère. ♦ **trifling** adj insignifiant.

trigger ['trɪgər] 1 n [gun] détente f, gâchette f; [tool] déclic m. **to press or pull the ~** appuyer sur la détente. 2 vt (~ off) explosion, revolt déclencher; reaction, protest provoquer. ♦ **trigger-happy*** adj person qui a la gâchette facile; (fig) nation etc prêt à déclencher la guerre pour un rien.

trigonometry [ˌtrɪgə'nɒmɪtrɪ] n trigonométrie f.

trill [trɪl] 1 n (Mus) trille m; (Ling) consonne roulée. 2 vi triller. 3 vt (gen) triller; (Ling) one's rs rouler.

trilogy ['trɪlədʒɪ] n trilogie f.

trim [trɪm] 1 adj person, clothes net, soigné; boat, garden, house coquet, net. **~ figure** taille f svelte. 2 n (a) (in good) **~ garden, house etc** en bon état; person, athlete en forme; [athlete etc] **to get into ~** se remettre en forme; (Naut) **the ~ of the sails** l'orientation f des voiles. (b) (cut) **to give sth a ~** = to trim sth (V 3a); (at hairdresser's) **to have a ~** se faire rafraîchir les cheveux. (c) (decoration: Archit) moulures fpl; (Aut: outside) finitions fpl extérieures; (on garment) garniture f. **car with blue interior ~** voiture à intérieur bleu. 3 vt (a) (cut) hair rafraîchir; wick, lamp tailler; beard, hedge, roses tailler légèrement; edges couper; wood, paper couper les bords de, rogner. **to ~ one's nails** se rogner les ongles. (b) (decorate) garment garnir, orner (with de); Christmas tree, shop window décorer (with de). ♦ **trimming** n (on garment) garniture f; (edging) bordure f; **~mings** (cuttings) chutes fpl; **it costs £100 without the ~mings** cela coûte 100 livres sans les accessoires mpl; (Culin) **and all the ~mings** avec la garniture habituelle.

trimaran ['traɪməræn] n trimaran m.

trinity ['trɪnɪtɪ] n trinité f. **T~ (Sunday)** la fête de la Trinité.

trinket ['trɪŋkɪt] n (knick-knack) bibelot m; [jewellery] colifichet m.

trio ['triːəʊ] n trio m.

trip [trɪp] 1 n (a) voyage m; (excursion) excursion f. **away on a ~** en voyage; **to take a ~** (go on journey) partir en voyage; (go) aller (to à); **cheap ~s to Spain** des voyages à prix réduit en Espagne; **he does 3 ~s to Scotland a week** il va en Écosse 3 fois par semaine; **I don't want another ~ to the shops** je ne veux pas retourner dans les magasins. (b) (Drugs sl) **to be on a ~** faire un trip; **a bad ~** un trip qui tourne mal. 2 vi (a) (~ over, ~ up) trébucher (on, over contre, sur), faire un faux pas; (make mistake: ~ up) gaffer*. (b) (~ along/in etc) marcher/entrer etc d'un pas sau-

tillant. 3 vt (~ up) faire trébucher; (deliberately) faire un croche-pied à; (in questioning etc) prendre en défaut. ♦ **tripper** n touriste mf; (day ~) excursionniste mf. ♦ **tripwire** n fil m de détente.

tripe [traɪp] n (Culin) tripes fpl; (*: nonsense) bêtises fpl, foutaises† fpl.

triphthong ['trɪfθɒŋ] n triphtongue f.

triple ['trɪpl] 1 adj, n triple (m). 2 adv trois fois plus que. 3 vti tripler. ♦ **triplets** npl triplé(e)s m(f)pl. ♦ **triplicate** n: **in triplicate** en trois exemplaires.

tripod ['traɪpɒd] n trépied m.

triptych ['trɪptɪk] n triptyque m.

trite [traɪt] adj banal. ♦ **tritely** adv banalement.

triumph ['traɪʌmf] 1 n (victory) triomphe m (for pour; of de; over sur); (sense of ~) sentiment m de triomphe. **in ~** en triomphe. 2 vi triompher (over de). ♦ **triumphal** adj triomphal. ♦ **triumphant** adj (gen) triomphant; homecoming triomphal. ♦ **triumphantly** adv triomphalement.

trivia ['trɪvɪə] npl futilités fpl. ♦ **trivial** adj amount, reason insignifiant; remark, mistake, matter sans importance; film, book banal. ♦ **triviality** n caractère m insignifiant; manque m d'importance; banalité f; **~lities** futilités fpl.

trod [trɒd], **trodden** ['trɒdn] pret, ptp of tread.

trolley ['trɒlɪ] 1 n (in station, supermarket) chariot m; (two-wheeled) diable m; (tea ~) table roulante, (in office) chariot à boissons. 2 adj: **~ bus** trolleybus m.

trombone [trɒm'bəʊn] n trombone m (Mus).

troop [truːp] 1 n (gen) groupe m, troupe f; [scouts] troupe. (Mil) **~s** movements etc de troupes; train militaire. **~ carrier** (Aut) transport m de troupes; (Naut: also ~ship) transport (navire); (Aviat) avion m de transport militaire. 3 vi: **to ~ in/past** etc entrer/passer etc en groupe. ♦ **trooper** n (Mil) soldat m de cavalerie; (US: state trooper) = C.R.S. m. ♦ **trooping** n: **~ing the colour** le salut au drapeau.

trophy ['trəʊfɪ] n trophée m.

tropic ['trɒpɪk] n tropique m. **T~ of Cancer/Capricorn** tropique du cancer/du capricorne; **in the ~s** sous les tropiques. ♦ **tropical** adj tropical.

trot [trɒt] 1 n (pace) trot m. **at a ~** au trot; (fig) 5 **days on the ~*** 5 jours de suite; **to keep sb on the ~*** ne pas accorder une minute de tranquillité à qn. 2 vi trotter, courir. [person] **to ~ in/past** etc entrer/passer etc au trot; **she ~ted round to the grocer's** elle a fait un saut chez l'épicier.

trot out vt sep excuses, reasons débiter; names, facts etc réciter d'affilée.

♦ **trotter** n (Culin) pig's **~ters** pieds mpl de porc.

trouble ['trʌbl] 1 n (a) (difficulties) ennuis mpl. **to be in ~** avoir des ennuis (with sb avec qn; for doing pour avoir fait), être en difficulté; **to get into ~** s'attirer des ennuis (for de; for doing pour avoir fait); **to get into ~ with sb** s'attirer la colère de qn; **to get sb into ~** causer des ennuis à qn; **to get out of ~** se tirer d'affaire; **to make ~** causer des ennuis (for sb à qn); **it's asking for ~** c'est se chercher des ennuis; **there's ~ brewing** il y a de l'orage dans l'air.

(b) (bother, effort) mal m. **it's no ~** cela ne me dérange pas (to do de faire); **it's not worth the ~** ça ne vaut pas la peine; **nothing is too much ~ for her** elle se dépense sans compter; **I had all that ~ for nothing** je me suis donné tout ce mal pour rien; **he went to enormous ~** il s'est donné un mal fou (to help pour aider); **to go to the ~ of doing, to take the ~ to do** se donner le mal de faire; **he took a lot of ~ over it** il s'est donné beaucoup de mal pour cela; **to put sb to a lot of ~** donner beaucoup de mal à qn.

(c) (problem, nuisance) ennui m, problème m; (worry) souci m, ennui; (Pol etc) troubles mpl. **what's the ~?** qu'est-ce qu'il y a?; **that's the ~!** c'est ça l'ennui!; **the ~ is that ...** l'ennui or le problème, c'est que ...; **the carburettor is giving us** ~ nous avons des problèmes de carburateur; **he is trying to locate the** ~ il essaie de localiser le problème; **there is** ~ **between them** ils s'entendent mal; **to cause** ~ **between** causer des désaccords entre; **I'm having** ~ **with him** il me donne des soucis, il me cause des ennuis; **he is a** ~ **to his parents** il est un souci pour ses parents; **to have** ~ **in doing** avoir du mal à faire; **your** ~**s are over** vous voilà au bout de vos peines; (*Med*) **I have back** ~ mon dos me fait souffrir; **kidney** ~ ennuis rénaux; (*Aut*) **engine** ~ ennuis de moteur; **there is a lot of** ~ **in Africa** la situation est très tendue en Afrique; **labour** ~**s** troubles sociaux; **there's** ~ **at the factory** ça chauffe* à l'usine.

2 *adj*: ~ **spot** point *m* chaud *or* névralgique.

3 *vt* (*worry*) inquiéter; (*upset*) troubler; (*bother*) déranger; (*inconvenience*) gêner. **his eyes** ~ **him** ses yeux le font souffrir; **the heat** ~**d us** la chaleur nous a gênés; **nothing** ~**s him** rien ne le trouble; **I am sorry to** ~ **you** je suis désolé de vous déranger; **does it** ~ **you if** ... est-ce que cela vous dérange si ... + *indic or* que ... + *subj*; **don't** ~ **yourself!** ne vous dérangez pas!; **to** ~ **o.s. to do se** donner la peine de faire; **may I** ~ **you for a light?** puis-je vous demander du feu?; **I shan't** ~ **you with the details** je vous ferai grâce des détails.

4 *vi* se déranger. **please don't** ~ ne vous dérangez pas; **to** ~ **to do se** donner la peine de faire.

♦ **troubled** *adj* (*gen*) inquiet; *life*, *sleep* agité; *water* trouble; **to be** ~**d about sth** s'inquiéter de qch; **in** ~**d times** à une époque agitée. ♦ **trouble-free** *adj* (*gen*) sans ennuis *or* problèmes; *car* qui ne tombe jamais en panne. ♦ **troublemaker** *n* provocateur *m*, -trice *f*. ♦ **troubleshooter** *n* (*Tech*) expert *m* (appelé en cas de crise); (*Ind*, *Pol*) conciliateur *m*. ♦ **troublesome** *adj person* pénible; *request*, *cough* gênant; *task* ennuyeux; **his back is** ~**some** son dos le fait souffrir.

trough [trɒf] *n* (a) (*dip*) creux *m*; (*fig*) point *m* bas. (*Met*) ~ **of low pressure** zone *f* dépressionnaire. (b) (*drinking* ~) abreuvoir *m*; (*feeding* ~) auge *f*.

trounce [traʊns] *vt* battre à plates coutures.

troupe [truːp] *n* troupe *f* (*Theat*).

trousers ['traʊzəz] *npl*: (**pair of**) ~ pantalon *m*; **long** ~ pantalon long; **short** ~ culottes *fpl* courtes; (*fig*) **she wears the** ~* c'est elle qui porte la culotte *or* qui commande. ♦ **trouser-suit** *n* tailleur-pantalon *m*.

trousseau ['truːsəʊ] *n* trousseau *m* (*de mariée*).

trout [traʊt] **1**, *n*, *pl inv* truite *f*. **2** *adj stream* à truites; *fishing* à la truite.

trowel ['traʊəl] *n* (*Constr*) truelle *f*; (*gardening*) déplantoir *m*. (*fig*) **to lay it on with a** ~* y aller un peu fort.

truant ['truənt] *n* élève *mf* absent(e) sans autorisation. **to play** ~ (*Scol etc*) manquer les cours; (*fig: from office etc*) faire l'école buissonnière. ♦ **truancy** *n* absence *f* non autorisée (*de l'école etc*); **truancy is increasing** le nombre d'élèves qui s'absentent sans autorisation augmente.

truce [truːs] *n* trêve *f*. **to call a** ~ faire trêve (*to* à).

truck¹ [trʌk] *n* (a) (*fig*) **to have no** ~ **with** refuser d'avoir affaire à. (b) (*US: vegetables*) produits *mpl* maraîchers. ~ **farmer** maraîcher *m*.

truck² [trʌk] **1** *n* (*lorry*) camion *m*; (*Rail*) truck *m*; (*luggage handcart*) chariot *m* à bagages, (*two-wheeled*) diable *m*. **2** *vt* (*esp US*) camionner. ♦ **truckdriver** *or* ♦ **trucker** *n* camionneur *m*. ♦ **trucking** *n* camionnage *m*. ♦ **truckload** *n* plein camion.

truculent ['trʌkjʊlənt] *adj* brutal, agressif. ♦ **truculence** *n* brutalité *f*. ♦ **truculently** *adv* brutalement, agressivement.

trudge [trʌdʒ] *vi*: **to** ~ **in/along** *etc* entrer/marcher *etc* péniblement; **to** ~ **round the town** se traîner dans la ville.

true [truː] **1** *adj* (a) (*accurate: gen*) vrai; *description*, *account* exact, véridique; *copy* conforme; *statistics*, *measure* exact. **it's all** ~ tout est vrai; **too** ~!* ah oui alors!; **can it be** ~ **that** est-il possible que + *subj*; **it is** ~ **that** il est vrai que + *indic*; **is it** ~ **that** est-il vrai que + *indic or subj*; **it's not** ~ **that** il n'est pas vrai que + *indic or subj*; **if it is** ~ **that** s'il est vrai que + *indic*; **to come** ~ se réaliser; **the same holds** ~ **for** il en est de même pour. (b) (*genuine*) *repentance*, *friendship* vrai (*before n*), véritable; *friend*, *scholar etc* vrai, véritable (*both before n*). **what is the** ~ **situation?** quelle est la situation réelle?; **it is not a** ~ **reptile** ce n'est pas vraiment un reptile. (c) (*faithful*) fidèle (*to sb/sth* à qn/qch). ~ **to life/to type** conforme à la réalité/au type. (d) *wall*, *upright* d'aplomb; *beam* droit; *machine part* juste; *wheel* dans l'axe; (*Mus*) *voice etc* juste. **2** *n*: **out of** ~ *upright*, *wall* pas d'aplomb; *beam* tordu; *wheel* voilé. **3** *adv aim*, *sing* juste. ♦ **true-blue*** *adj* loyal. ♦ **truism** *n* truisme *m*. ♦ **truly** *adv* (*genuinely*) *love*, *believe* vraiment; (*faithfully*) *reflect*, *show* fidèlement; (*truthfully*) *answer*, *tell* franchement; (*without doubt*) *great*, *terrible* vraiment, véritablement; **well and truly** bel et bien; (*letter ending*) **yours truly** je vous prie d'agréer l'expression de mes sentiments respectueux.

truffle ['trʌfl] *n* truffe *f*.

trump [trʌmp] **1** *n* atout *m*. **spades are** ~(**s**) c'est atout pique; **what's** ~(**s**)? quel est l'atout?; **no** ~(**s**) sans atout; (*fig*) **he was holding all the** ~**s** il avait tous les atouts dans son jeu; (*fig*) **to turn up** ~**s*** faire des merveilles. **2** *adj* (*lit*, *fig*) ~ **card** atout *m*. **3** *vt* (*Cards*) prendre avec l'atout. (*fig*) **to** ~ **sb's ace** faire encore mieux que qn.

trump up *vt sep charge etc* inventer de toutes pièces.

trumpet ['trʌmpɪt] **1** *n* (*Mus*) trompette *f*. **2** *vi* [*elephant*] barrir. ♦ **trumpeter** *n* (*Mil*) trompette *m*. ♦ **trumpet-player** *n* (*Mus*) trompettiste *mf*.

truncheon ['trʌntʃən] *n* matraque *f*; (*directing traffic*) bâton *m* (*d'agent de police*).

trundle ['trʌndl] **1** *vt* (*push etc*) pousser *etc* bruyamment. **2** *vi*: **to** ~ **along/down** rouler/descendre bruyamment.

trunk [trʌŋk] *n* **1** (*Anat*, *Bot*) tronc *m*; [*elephant*] trompe *f*; (*luggage*) malle *f*; (*US Aut*) coffre *m*. ~**s** (*swimming*) slip *m* de bain; (*underwear*) slip (*d'homme*). **2** *adj* (*Telec*) ~ **call** communication *f* interurbaine; (*Rail*) ~ **line** grande ligne *f*; ~ **road** route *f* nationale.

truss [trʌs] **1** *n* [*hay etc*] botte *f*; [*flowers*, *fruit*] grappe *f*; (*Constr*) ferme *f*: (*Med*) bandage *m* herniaire. **2** *vt chicken* trousser; (~ **up**) *prisoner* ligoter.

trust [trʌst] **1** *n* (a) confiance *f* (*in* en). **breach of** ~ abus *m* de confiance; **to have** ~ **in** avoir confiance en; **to put one's** ~ **in** faire confiance à; **you'll have to take it on** ~ il vous faudra me (*or* le *etc*) croire sur parole. (b) (*Jur*) **to leave money in** ~ faire administrer un legs par fidéicommis (*for* à l'intention de). (c) (*Fin*) trust *m*.

2 *adj fund*, *account* en fidéicommis.

3 *vt* (a) *person*, *object* avoir confiance en; *method*, *promise* se fier à. **he is not to be** ~**ed on** ne peut pas lui faire confiance; **to** ~ **sb with sth** confier qch à qn; **to** ~ **sb to do sth** compter sur qn pour faire qch; **he is too young to be** ~**ed on the roads** il est trop petit pour qu'on le laisse aller dans la rue tout seul; **I can't** ~ **him out of my sight** je n'ose pas le quitter des yeux; (*iro*) ~ **you!*** pour ça on peut te faire confiance! (b) (*entrust*) confier (*sth to sb* qch à qn). (c) (*hope*) espérer (*that* que).

4 *vi*: **to** ~ **in sb** se fier à qn; **to** ~ **to luck** s'en

remettre à la chance.
♦ **trusted** *adj person* en qui l'on a toute confiance;
method éprouvé. ♦ **trustee** *n* (*Jur*) fidéicommis-
saire *m*; [*institution, school*] administrateur *m*,
-trice *f*; **the ~ees** le conseil d'administration.
♦ **trustful** *or* ♦ **trusting** *adj* confiant. ♦ **trustful-
ly** *or* ♦ **trustingly** *adv* avec confiance. ♦ **trust-
worthiness** *n* [*person*] loyauté *f*; [*statement*] véracité *f*. ♦ **trustworthy** *adj person* digne de confiance; *report, account* exact. ♦ **trusty** *adj* (*hum*)
fidèle.
truth [tru:θ] *n* vérité *f*. **to tell the ~** dire la vérité;
to tell (you) the ~, ~ to tell à vrai dire; **there's
some/no ~ in what he says** il y a du vrai/il n'y a pas
un mot de vrai dans ce qu'il dit; **~ will out** la
vérité finira toujours par se savoir; **the ~, the
whole ~ and nothing but the ~** la vérité, toute la
vérité et rien que la vérité; **the plain unvarnished
~** la vérité toute nue; **in ~** en vérité. ♦ **truthful**
adj person qui dit la vérité; *statement* véridique.
♦ **truthfully** *adv answer* sans mentir; **I don't
mind, ~fully** sincèrement, ça m'est égal.
♦ **truthfulness** *n* véracité *f*.
try [traɪ] **1** *n* (**a**) (*attempt*) essai *m*, tentative *f*. **to
have a ~** essayer (*at doing* de faire); **to give sth a
~** essayer qch; **it was a good ~** il a (*or* tu as *etc*)
vraiment essayé; **it's worth a ~** cela vaut le coup
d'essayer; **at the first ~** du premier coup; **after 3
tries** après avoir essayé 3 fois. (**b**) (*Rugby*) essai
m. **to score a ~** marquer un essai.
  2 *vt* (**a**) (*attempt*) essayer, tâcher (*to do* de
faire). **~ to eat it, ~ and eat it** essaie *or* tâche de le
manger; **I'll ~ anything once** je suis toujours prêt
à faire un essai; (*warning*) **just you ~ it!** essaie un
peu pour voir!*; **he tried 3 questions** il a essayé de
répondre à 3 questions; **to ~ one's best *or* one's
hardest** faire de son mieux (*to do* pour faire); **to ~
one's hand at sth/at doing** s'essayer à qch/à faire;
it's ~ing to rain* il a l'air de vouloir pleuvoir*. (**b**)
(*sample*) *food, method, car etc* essayer. **won't you
~ me for the job?** vous ne voulez pas me faire
faire un essai?; **~ pushing that button** essayez de
presser ce bouton; (*also *fig*) **~ this for size**
essaie ça pour voir. (**c**) (*test etc*) *person, sb's
patience, strength* mettre à l'épreuve; *eyes*
fatiguer; *vehicle, plane, machine* tester. **to ~
one's strength against sb** se mesurer à qn; **to ~
one's luck** tenter sa chance; **well-tried** qui a fait
ses preuves; **sorely tried** durement éprouvé. (**d**)
(*Jur*) *person, case* juger (*for* pour).
  3 *vi* essayer (*for sth* d'obtenir qch). **~ again!**
essaie encore une fois!
try on *vt sep* (**a**) *garment, shoe* essayer. (**b**) (*fig*)
to ~ it on essayer de voir jusqu'où on peut aller
(*with sb* avec qn); **don't ~ anything on!** ne fais pas
le malin!
try out *vt sep thing, method* essayer; *employee
etc* mettre à l'essai. **~ it out on the cat first** essaie
d'abord de voir quelle est la réaction du chat.
  ♦ **trying** *adj person, experience* pénible; *work*
ennuyeux; **to have a ~ing time** passer des
moments difficiles. ♦ **try-on*** *n*: **it's a ~-on** c'est
du bluff. ♦ **tryout** *n* essai *m*.
tsar [zɑːʳ] *n* tsar *m*. ♦ **tsarina** *n* tsarine *f*.
tsetse fly ['tsetsɪflaɪ] *n* mouche *f* tsé-tsé *inv*.
tub [tʌb] *n* (*gen*) cuve *f*; (*for washing clothes*)
baquet *m*; (*for flowers*) bac *m*; (*for cream etc*)
petit pot *m*; (*bath~*) tub *m*, (*in bathroom*) baignoire *f*. ♦ **tubby*** *adj* replet.
tuba ['tjuːbə] *n* tuba *m*.
tube [tjuːb] **1** *n* (*gen*) tube *m*; [*tyre*] chambre *f* à
air. (*Brit: underground*) **the ~** le métro; **to go by
~** prendre le métro; (*US: TV*) **the ~*** la télé*.
  2 *adj*: **~ station** station *f* de métro. ♦ **tubeless** *adj*
tyre sans chambre à air. ♦ **tubing** *n* tubes *mpl*;
rubber tubing tube *m* *or* tuyau *m* en caoutchouc.
  ♦ **tubular** *adj* tubulaire.
tuber ['tjuːbəʳ] *n* (*Bot*) tubercule *m*. ♦ **tubercle** *n*

(*Med*) tubercule *m*. ♦ **tubercular** *adj* tuberculeux. ♦ **tuberculin** *n* tuberculine *f*. ♦ **tuberculin-
tested** *adj milk* ≃ certifié. ♦ **tuberculosis** (*abbr
TB*) *n* tuberculose *f*; **he's got TB*** il est tuberculeux.
tuck [tʌk] *n* (*Sewing etc*) rempli *m*. **to take a ~ in**
faire un rempli dans. **2** *vt*: **to ~ sth under one's
arm** mettre qch sous son bras; **~ it away out of
sight** cache-la; **~ed away among the trees** caché
parmi les arbres; **to ~ one's shirt into one's
trousers** rentrer sa chemise dans son pantalon;
he was sitting with his feet ~ed under him il avait
les pieds repliés sous lui. **3** *vi*: **to ~ into a meal***
attaquer* un repas.
tuck in 1 *vi* (*: eat*) bien boulotter*. **~ in!** allez-y!
  2 *vt sep shirt, flap* rentrer; *sheets, child* border.
tuck up *vt sep skirt, sleeves* remonter; *legs*
replier; (*in bed*) border.
  ♦ **tuckbox** *n* (*Scol*) boîte *f* à provisions. ♦ **tuck-
in*** *n*: **they had a good ~-in** ils ont vraiment bien
boulotté*. ♦ **tuck-shop** *n* (*Scol*) boutique *f* à
provisions.
Tuesday ['tjuːzdɪ] *n* mardi *m*; *for phrases V*
Saturday.
tuft [tʌft] *n* touffe *f*. ♦ **tufted** *adj bird* huppé.
tug [tʌg] **1** *n* (**a**) (*pull*) petite saccade *f*. **to give sth
a ~** tirer qch; **I felt a ~ at my sleeve/on the
rope** j'ai senti qu'on me tirait par la manche/qu'on
tirait sur la corde. (**b**) (*~boat*) remorqueur *m*.
  2 *vt rope, sleeve etc* tirer sur; (*drag*) tirer,
traîner; (*Naut*) remorquer. **3** *vi* tirer fort (*at, on*
sur). ♦ **tug-of-war** *n* (*Sport*) lutte *f* à la corde;
(*fig*) lutte acharnée.
tuition [tjuːˈɪʃən] *n* cours *mpl*. **private ~** cours particuliers (*in de*); **~ fee** frais *mpl* d'inscription.
tulip ['tjuːlɪp] *n* tulipe *f*.
tulle [tjuːl] *n* tulle *m*.
tumble ['tʌmbl] **1** *n* (**a**) (*fall*) chute *f*; [*acrobat etc*]
culbute *f*. **to have *or* take a ~** faire une chute. (**b**)
(*confused heap*) amas *m*. **in a ~** en désordre. **2** *vi*
(**a**) (*fall*) tomber; (*trip*) trébucher (*over* sur);
[*acrobat etc*] faire des culbutes. **to ~ head over
heels** faire la culbute; **to ~ downstairs** dégringoler dans l'escalier. (**b**) (*rush*) **he ~d into bed** il
s'est jeté au lit; **he ~d out of bed** il a bondi hors du
lit; **they ~d out of the car** ils ont déboulé* de la
voiture. (**c**) (*realize*) **to ~ to sth*** réaliser* qch.
  3 *vt* pile renverser.
tumble about, tumble around *vi* [*puppies, children*] gambader; [*acrobat*] cabrioler.
tumble down *vi* [*building etc*] **to be tumbling
down** tomber en ruine.
  ♦ **tumbledown** *adj* délabré. ♦ **tumbledryer** *n*
séchoir *m* à linge (à air chaud). ♦ **tumbler** *n*
(*glass*) verre *m* (droit); (*of plastic, metal*)
gobelet *m*; (*tumbledryer*) séchoir *m* à linge (à air
chaud).
tummy* ['tʌmɪ] *n* ventre *m*. ♦ **tummy-ache** *n* mal
m de ventre.
tumour, (*US*) **tumor** ['tjuːməʳ] *n* tumeur *f*.
tumult ['tjuːmʌlt] *n* tumulte *m*. **in a ~** dans le
tumulte; (*emotionally*) en émoi. ♦ **tumultuous**
adj tumultueux. ♦ **tumultuously** *adv* tu-
multueusement.
tumulus ['tjuːmjʊləs] *n, pl* -**li** tumulus *m*.
tuna ['tjuːnə] *n* (~ **fish**) thon *m*.
tundra ['tʌndrə] *n* toundra *f*.
tune [tjuːn] **1** *n* (**a**) air *m*. **he gave us a ~** il nous a
joué un air; **to the ~ of** *sing* sur l'air de; *march,
process* aux accents de; (*fig*) **to the ~ of £30** réparations *etc* s'élevant à la coquette
somme de 30 livres; (*fig*) **to change one's ~**
changer de ton; (*fig*) **to call the ~** commander.
(**b**) **to be in ~/out of ~** [*instrument*] être
accordé/désaccordé; [*singer*] chanter juste/faux;
to sing/play in ~ chanter/jouer juste; **to sing/play
out of ~** chanter/jouer faux; (*fig*) **in ~ with** en
accord avec. **2** *vt* (*Mus*) accorder; (*Rad, TV*)

régler (*to* sur); (*Aut*) régler. (*Rad*) to be ~d (in) to ... être à l'écoute de ... .
tune in (*Rad*, *TV*) **1** *vi* se mettre à l'écoute (*to* de). **2** *vt sep* régler (*to* sur).
tune up *vi* [*orchestra*] accorder ses instruments.
♦ **tuneful** *adj* (*gen*) mélodieux; *singer* à la voix mélodieuse. ♦ **tunefully** *adv* mélodieusement.
♦ **tuneless** *adj* peu mélodieux. ♦ **tunelessly** *adv* sing faux. ♦ **tuner** **1** *n* (a) piano~r accordeur *m* de pianos; (b) (*Rad: knob*) bouton *m* de réglage; **2** *adj:* ~r amplifier radio-ampli *m*. ♦ **tuning** *n* (*Mus*) accord *m*; (*Aut*, *Rad*, *TV*) réglage *m*. ♦ **tuning-fork** *n* diapason *m*. ♦ **tuning-knob** *n* (*Rad etc*) bouton *m* de réglage.
tungsten ['tʌŋstən] *n* tungstène *m*.
tunic ['tju:nɪk] *n* tunique *f*.
Tunisia [tju:'nɪzɪə] *n* Tunisie *f*.
tunnel ['tʌnl] **1** *n* (*gen*) tunnel *m*; (*Min*) galerie *f*.. to make a ~ = **to tunnel** (*V* 2). **2** *vi* percer un tunnel (*into* dans; *under* sous). to ~ in/out *etc* entrer/sortir *etc* en creusant un tunnel.
tunny ['tʌnɪ] *n* thon *m*.
turban ['tɜ:bən] *n* turban *m*.
turbid ['tɜ:bɪd] *adj* turbide.
turbine ['tɜ:baɪn] *n* turbine *f*.
turbo... ['tɜ:bəʊ] *pref* turbo... . ♦ **turbojet** *n* (*engine*) turboréacteur *m*; (*aircraft*) avion *m* à turboréacteur. ♦ **turboprop** *n* turbopropulseur *m*.
turbot ['tɜ:bət] *n* turbot *m*.
turbulent ['tɜ:bjʊlənt] *adj* turbulent. ♦ **turbulence** *n* turbulence *f*.
tureen [təˈriːn] *n* soupière *f*.
turf [tɜ:f] **1** *n* (*grass*) gazon *m*; (*one piece*) motte *f* de gazon; (*peat*) tourbe *f*. (*Sport*) the T~ le turf. **2** *adj:* ~ accountant bookmaker *m*. **3** *vt* (a) (~ over) *land* gazonner. (b) (*) (*throw*) balancer*, jeter; (*put*) flanquer*. to ~ sb out flanquer* qn à la porte.
Turkey ['tɜ:kɪ] *n* Turquie *f*. ♦ **Turkish 1** *adj* turc (*f* turque); **Turkish bath** bain *m* turc; **Turkish delight** loukoum *m*; **2** *n* (*Ling*) turc *m*.
turkey ['tɜ:kɪ] *n* dindon *m*, dinde *f*; (*Culin*) dinde. ♦ **turkey-cock** *n* dindon *m*.
turmeric ['tɜ:mərɪk] *n* safran *m* des Indes.
turmoil ['tɜ:mɔɪl] *n* agitation *f*; (*emotional*) émoi *m*. everything was in a ~ c'était le bouleversement le plus complet.
turn [tɜ:n] **1** *n* (a) [*wheel, handle etc*] tour *m*. to give sth a ~ tourner qch (une fois); (*Culin*) done to a ~ à point.
(b) (*bend: in road etc*) tournant *m*. 'no left ~' 'défense de tourner à gauche'; take the next left ~ prenez la prochaine route à gauche; (*walk*) to take a ~ in the park aller faire un tour dans le parc; at the ~ of the year/century en fin d'année/de siècle; (*fig*) at every ~ à tout instant; things took a new ~ les choses ont pris une nouvelle tournure; to take a ~ for the worse s'aggraver; to take a ~ for the better s'améliorer; a scientific ~ of mind une tournure d'esprit scientifique; ~ of phrase tournure *f*.
(c) (*Med*) crise *f*. he had one of his ~s il a eu une nouvelle crise; she has giddy ~s elle a des vertiges; it gave me quite a ~* ça m'a fait un coup*.
(d) (*action etc*) to do sb a good ~ rendre un service à qn; to do sb a bad ~ jouer un mauvais tour à qn; his good ~ for the day sa bonne action pour la journée; one good ~ deserves another un prêté pour un rendu; it has served its ~ ça a fait son temps.
(e) (*Theat etc*) numéro *m*. to do a ~ faire un numéro.
(f) (*in game, queue etc*) tour *m*. it's your ~ c'est à vous (*to play* de jouer); whose ~ is it? c'est à qui le tour?; wait your ~ attendez votre tour; they answered in ~, they answered ~ and ~ about ils ont répondu à tour de rôle; and he, in ~, said ... et

lui, à son tour, a dit ...; hot and cold by ~s tour à tour chaud et froid; to take ~s at doing sth, to take it in ~(s) to do sth faire qch à tour de rôle; take it in ~s! chacun son tour!; to take ~s at the wheel se relayer au volant; to take a ~ at the wheel faire un bout de conduite*; (*fig*) to speak out of ~ commettre une indiscrétion.
2 *vt* (a) (*gen*) *handle, key, wheel etc* tourner; (*mechanically etc*) faire tourner. ~ the key in the lock ferme la porte à clef.
.(b) *page* tourner; *mattress, steak, record* retourner. to ~ one's ankle se tordre la cheville; it ~s my stomach cela me soulève le cœur.
(c) (*direct, object, thoughts* tourner, diriger (*towards* vers); *gun, telescope etc* braquer (*on* sur); *eyes* tourner (*to* vers); *steps* diriger (*to* vers); *conversation* détourner (*to* sur). to ~ a picture to the wall tourner un tableau face au mur; they ~ed hoses on them ils les ont aspergés avec des lances d'incendie; he ~ed his back on us il nous a tourné le dos, (*fig*) il s'est mis à nous battre froid; he ~ed his back on the past il a tourné la page; as soon as his back is ~ed dès qu'il a le dos tourné; without ~ing a hair sans sourciller; (*fig*) to ~ the other cheek tendre l'autre joue; he ~ed his hand to writing il s'est mis à écrire; he can ~ his hand to anything il sait tout faire; (*fig*) to ~ the tables renverser les rôles (*on sb* aux dépens de qn); they ~ed him against his father ils l'ont monté contre son père.
(d) (*deflect*) *blow* détourner. to ~ sb from doing dissuader qn de faire.
(e) (*shape*) *wood, metal* tourner. well-~ed phrase expression *f* bien tournée.
(f) (*go past*) to ~ the corner tourner le coin de la rue, (*fig*) passer le moment critique; he has ~ed 40 il a 40 ans passés; it's ~ed 3 o'clock il est 3 heures passées.
(g) (*change*) transformer (*sth into sth* qch en qch), changer (*sb into sth* qn en qch); (*translate*) traduire (*into* en); *milk* faire tourner. (*fig*) it ~ed him into an old man cela a fait de lui un vieillard; actor ~ed writer acteur devenu écrivain; to ~ a book into a play/film adapter un livre pour la scène/l'écran; to ~ sth black noircir qch; to ~ a boat adrift faire partir un bateau à la dérive.
3 *vi* (a) [*handle, wheel, key*] tourner; [*person*] (~ round, ~ over) se tourner (*to, towards* vers), (~ right round) se retourner; [*person, vehicle*] (*change course*: ~ off) tourner (*into* dans; *towards* vers), (*reverse direction*: ~ round) faire demi-tour; [*ship*] virer; [*road, river*] faire un coude; [*wind, milk*] tourner; [*tide*] changer de direction; [*weather*] changer; [*leaves*] jaunir. he ~ed to look at me il s'est retourné pour me regarder; ~ to face me tourne-toi vers moi; (*Mil*) right ~! à droite, droite!; to ~ (to the) left tourner à gauche; they ~ed and came back ils ont fait demi-tour et ils sont revenus; (*Aut*) there's nowhere to ~ il n'y a pas d'endroit où faire demi-tour; the car ~ed into a side street la voiture a tourné dans une rue transversale; it ~s on its axis cela tourne autour de son axe; (*fig*) my head is ~ing j'ai la tête qui tourne; it all ~s on whether ... tout dépend si ...; to ~ tail (and run) prendre ses jambes à son cou; he would ~ in his grave if he knew ... il se retournerait dans sa tombe s'il savait ...; our luck has ~ed la chance a tourné pour nous; the conversation ~ed on ... la conversation en est venue à ...; to ~ on sb attaquer qn; to ~ against sb se retourner contre qn; (*fig*) he didn't know which way to ~ il ne savait plus où donner de la tête; he ~ed to me for advice il s'est tourné vers moi pour me demander conseil; he ~ed to politics il s'est tourné vers la politique; he ~ed to drink il s'est mis à boire.
(b) (*change*) to ~ into sth se changer en qch; (*fig*) he ~ed into an old man overnight il est

devenu vieux en l'espace d'une nuit; **his admiration** ~ed **to scorn** son admiration s'est changée en mépris; **to** ~ **black** noircir; **to** ~ **angry** se mettre en colère; **to** ~ **communist/professional** devenir communiste/professionnel.
turn aside 1 vi se détourner (from de). **2** vt sep détourner.
turn away 1 vi se détourner (from de). **2** vt sep **(a)** object détourner. **(b)** (reject) person (gen) renvoyer; beggar chasser; offer, business, customers refuser.
turn back 1 vi (in journey etc) faire demi-tour; (to page) revenir (to à). **2** vt sep **(a)** bedclothes, collar rabattre. **(b)** (send back) person, vehicle faire faire demi-tour à. **(c)** clock, hands of clock reculer (to jusqu'à). (fig) **to** ~ **the clock back 50 years** revenir en arrière de 50 ans.
turn down vt sep **(a)** bedclothes, collar rabattre. **to** ~ **down the corner of the page** corner la page. **(b)** (reduce) gas, heat, music baisser. **(c)** (refuse) offer, suitor rejeter; candidate, volunteer refuser.
turn in 1 vi **(a)** [car, person] tourner (to dans). **(b)** (*: go to bed) aller se coucher. **2** vt sep (*: hand over) object rendre (to à); wanted man livrer (à la police); stolen goods apporter à la police.
turn off 1 vi **(a)** [person, vehicle] tourner. **(b)** [automatic heater etc] s'éteindre. **2** vt sep water, electricity, gas, radio, tap fermer; light éteindre; (at main) all services couper; engine arrêter. (fig) **it** ~ed **me off**s ça m'a totalement rebuté.
turn on 1 vi [automatic heater etc] s'allumer. **2** vt sep tap ouvrir; water faire couler; gas, electricity, light, radio, heater allumer; (at main) all services brancher; engine, machine mettre en marche. (fig) **that really** ~s **me on**s ça me fait vraiment qch*.
turn out 1 vi **(a)** (go out) sortir; [troops etc] aller au rassemblement. **they** ~ed **out to see her** ils sont venus la voir. **(b)** (prove to be) s'avérer; [person] se révéler. **it** ~ed **out that ...** il s'est avéré que ...; **it** ~ed **out to be true** cela s'est avéré juste; **he** ~ed **out to be a good student** il s'est révélé bon étudiant; **as it** ~ **out all right** tout finira bien. **2** vt sep **(a)** light, gas éteindre. **(b)** (empty out) pockets, contents vider (of de); room, cupboard nettoyer à fond; cake etc démouler (on to sur; of de); (expel) person mettre à la porte; tenant expulser; employee renvoyer. **(c)** troops, police envoyer. **(d)** (produce) goods produire; (fig) teachers, salesmen etc former. (fig) **well** ~ed **out** élégant.
turn over 1 vi [person, car etc] se retourner; [car engine] tourner au ralenti. **to** ~ **over and over** faire des tours sur soi-même; **my stomach** ~ed **over** (nausea) j'ai eu l'estomac retourné; (fright etc) mon sang n'a fait qu'un tour. **(b)** (in reading) tourner la page. (in letter etc) **please** ~ **over** (abbr PTO) tournez s'il vous plaît (abbr T.S.V.P.). **2** vt sep **(a)** page tourner; mattress, patient, card retourner. (fig) **to** ~ **over an idea in one's mind** retourner une idée dans sa tête. **(b)** (hand over) object rendre (to à); person livrer (to à).
turn round 1 vi [person] se retourner; (change direction) [person, vehicle] faire demi-tour; (rotate) [object] tourner. **to** ~ **round and round** tournoyer sur soi-même. **2** vt sep (gen) tourner; vehicle, ship etc faire faire demi-tour à.
turn up 1 vi **(a)** (arrive) arriver; (be found) être retrouvé; [playing card] sortir. **sth will** ~ **up** on va bien trouver qch. **(b)** (point upwards) remonter. **his nose** ~s **up** il a le nez retroussé. **2** vt sep **(a)** collar, sleeve remonter. ~ed-**up nose** nez m retroussé; (fig: stop) ~ **it up**!s la ferme!s **(b)** buried object déterrer; (find) lost object etc dénicher. **(c)** heat, gas, television etc mettre plus fort; (Rad, TV) volume augmenter.

♦ **turncoat** n renégat(e) m(f). ♦ **turning 1** n (side road) route f (or rue f) latérale; (fork) embranchement m; (bend) coude m; **the second** ~**ing on the left** la deuxième à gauche; **2** adj (fig) ~**ing point** moment m décisif (in de). ♦ **turnoff** n (in road) embranchement m. ♦ **turnout** n **(a)** (attendance) **there was a good/bad** ~**out** beaucoup de gens/peu de gens sont venus; **(b)** (clean) **to have a good** ~**out of a room** etc nettoyer une pièce à fond. ♦ **turnover** n **(a)** (Comm etc) [stock, goods] roulement m; (total business) chiffre m d'affaires; **he sold them cheaply hoping for a quick** ~**over** il les a vendus bon marché pour les écouler rapidement; **a high** ~**over of staff** de fréquents changements de personnel; **(b)** (Culin) apple etc ~**over** chausson m aux pommes etc. ♦ **turnpike** n (US) autoroute f à péage. ♦ **turnstile** n tourniquet m (barrière). ♦ **turntable** n [record player] platine f; (for trains, cars etc) plaque f tournante. ♦ **turn-up** n [trousers] revers m.

turnip ['tɜːnɪp] n navet m.
turpentine ['tɜːpəntaɪn] n (abbr **turps***) térébenthine f. ~ **substitute** white-spirit m.
turquoise ['tɜːkwɔɪz] **1** n (stone) turquoise f; (colour) turquoise m. **2** adj ring de turquoise; (colour) turquoise inv.
turret ['tʌrɪt] n tourelle f.
turtle ['tɜːtl] n tortue f marine. ~ **soup** consommé m à la tortue; (fig) **to turn** ~ chavirer. ♦ **turtledove** n tourterelle f. ♦ **turtlenecked** adj à col montant.
tusk [tʌsk] n défense f (d'éléphant etc).
tussle ['tʌsl] **1** n (struggle) lutte f (for pour). **to have a** ~ **with sb** se bagarrer* avec qn. **2** vi se battre (with sb avec qn; for sth pour qch). **to** ~ **over sth** se disputer qch.
tussock ['tʌsək] n touffe f d'herbe.
tutor ['tjuːtəʳ] **1** n (private teacher) précepteur m, -trice f (in de); (Brit Univ) = directeur m, -trice f d'études; (US Univ) = assistant(e) m(f) (en faculté). **2** vt: **to** ~ **sb in Latin** donner des cours particuliers de latin à qn. ♦ **tutorial** n (Univ) travaux mpl pratiques (in de).
tuxedo [tʌkˈsiːdəʊ] n (US) smoking m.
TV* [ˌtiːˈviː] n (abbr of **television**) télé* f.
twaddle ['twɒdl] n balivernes fpl, fadaises fpl.
twang [twæŋ] **1** n (wire etc) son m (de corde pincée); (in voice) nasillement m. **to speak with a** ~ parler du nez. **2** vt guitar etc pincer les cordes de. **3** vi (wire) vibrer.
tweak [twiːk] vt ear, nose tordre; rope, hair tirer.
twee* [twiː] adj (pej) **it's rather** ~ ça fait un peu maniéré.
tweed [twiːd] n tweed m. (suit) ~s costume m de tweed.
tweet [twiːt] **1** n (also ~-~) gazouillis m. **2** vi gazouiller.
tweezers ['twiːzəz] npl pince f à épiler.
twelve [twelv] adj, n douze (m) inv; for phrases V **six.** ♦ **twelfth** adj, n douzième (mf); (fraction) douzième m; **Twelfth Night** la fête des Rois.
twenty ['twentɪ] adj, n vingt (m). **about** ~ une vingtaine; **about** ~ **books** une vingtaine de livres; for phrases V **sixty.** ♦ **twentieth** adj, n vingtième (mf); (fraction) vingtième m.
twerps [twɜːp] n andouille* f, idiot(e) m(f).
twice [twaɪs] adv deux fois. ~ **as long as** deux fois plus long que; **she is** ~ **your age** elle a deux fois votre âge; ~ **a week** deux fois par semaine.
twiddle ['twɪdl] vti (also ~ **with**: gen) tripoter. (fig) **to** ~ **one's thumbs** se tourner les pouces.
twig[1] [twɪg] n brindille f.
twig[2]* [twɪg] vti (understand) piger*, saisir.
twilight ['twaɪlaɪt] n (evening) crépuscule m (also fig); (morning) aube f naissante. **at** ~ au crépuscule, à l'aube naissante; (half light) **in the** ~ dans la pénombre.

twill [twɪl] n (Tex) sergé m.

twin [twɪn] 1 n jumeau m, -elle f. 2 adj son, brother jumeau; daughter, sister jumelle; town jumelé. ~ **beds** lits mpl jumeaux. 3 vt, town etc jumeler (with avec). ♦ **twin-engined** adj bimoteur. ♦ **twinning** n jumelage m.

twine [twaɪn] 1 n ficelle f. 2 vt enrouler (round autour de). 3 vi s'enrouler.

twinge [twɪndʒ] n: ~ (of pain) élancement m; to feel a ~ of sadness or regret avoir un pincement au cœur; a ~ of conscience or remorse un petit remords.

twinkle ['twɪŋkl] 1 vi [star, lights] scintiller; [eyes] pétiller. 2 n scintillement m; pétillement m. ... he said with a ~ in his eye ... dit-il avec un pétillement dans les yeux. ♦ **twinkling 1** adj scintillant; pétillant; 2 n: in the twinkling of an eye en un clin d'œil.

twirl [twɜ:l] 1 n [body] tournoiement m; (in writing) fioriture f. 2 vi (~ round) [dancer etc] tournoyer. 3 vt (~ round) cane, lasso faire tournoyer; handle faire pivoter; moustache tortiller.

twirps [twɜ:p] n = **twerps**.

twist [twɪst] 1 n (a) (Med) foulure f. to give sth a ~ (handle) faire tourner qch; (wire) tordre qch; with a quick ~ of the wrist d'un rapide tour de poignet. (b) (in wire etc) tortillon m; [events] tournure f. a ~ of yarn une torsade de; tobacco un rouleau de; paper un tortillon de; lemon un zeste de; road full of ~s and turns route qui fait des zigzags; (fig) to give a new ~ to sth donner un tour nouveau à qch; (fig) to go round the ~s devenir dingue*. 2 vt (gen) tordre; (~ together) strands etc entortiller (into sth pour en faire qch); (coil) enrouler (round autour de); (turn) knob, handle, top tourner; (fig) meaning, facts, truth déformer. [rope etc] to get ~ed s'entortiller; to ~ one's ankle se fouler la cheville; to ~ one's neck attraper le torticolis; to ~ sb's arm tordre le bras à qn, (fig) forcer la main à qn. 3 vi [rope etc] s'enrouler (round autour de). [road, motorcycle etc] to ~ and turn zigzaguer.

twist off vt sep branch enlever en tordant; bottle-top enlever en dévissant.

twist round vi [person] se retourner.

♦ **twisted** adj (gen) tordu; rope, cord entortillé; wrist, ankle foulé; socks tirebouchonnant; (fig) logic faux; mind tordu. ♦ **twister*** n escroc m. ♦ **twisting** 1 n (gen) torsion f; [meaning] déformation f; 2 adj path sinueux.

twit¹ [twɪt] vt (tease) taquiner (about à propos de).

twit²s [twɪt] n idiot(e) m(f), crétin(e) m(f).

twitch [twɪtʃ] 1 n (nervous) tic m (in sth à qch); (pull on rope etc) saccade f. to give sth a ~ tirer d'un coup sec sur qch. 2 vi [person, animal, hands] avoir un mouvement convulsif, (permanent condition) avoir un tic; [face, muscle] se convulser; [nose, tail, ears] remuer. 3 vt rope etc tirer d'un coup sec. it ~ed its ears ses oreilles ont remué.

twitter ['twɪtər] 1 vi [bird] gazouiller; [person] parler avec agitation (about de). 2 n [birds] gazouillis m. (fig) to be in a ~* être tout sens dessus dessous* (about à cause de).

two [tu:] adj, n deux (m) inv. to cut in ~ couper en deux; ~ by ~, take, do deux par deux; climb steps deux à deux; in ~s par deux; in ~s and threes sell deux ou trois à la fois; arrive par petits groupes; they're ~ of a kind ils se ressemblent; (fig) to put ~ and ~ together faire le rapport; ~'s company on est mieux à deux; V one, and for other phrases V six. ♦ **two-edged** adj (lit, fig) à double tran-

chant. ♦ **two-faced** adj (fig) hypocrite. ♦ **twofold** 1 adj double; 2 adv au double. ♦ **two-legged** adj bipède. ♦ **two-party** adj (Pol) bipartite. ♦ **two-piece suit** n (man's) costume m deux-pièces; (woman's) tailleur m. ♦ **two-ply** adj wool à deux fils. ♦ **two-seater** n (car) voiture f or (plane) avion m (plane) à deux places. ♦ **twosome** n: in a ~some à deux. ♦ **two-stroke** n (engine) deux-temps m inv; (mixture/fuel) mélange m/carburant m pour deux-temps. ♦ **two-times** vt doubler*, tromper. ♦ **two-way** adj switch à deux départs; street à double sens; traffic dans les deux sens; a ~-way radio un émetteur-récepteur. ♦ **two-wheeler** n deux-roues m inv.

tycoon [taɪ'ku:n] n gros homme m d'affaires. oil ~ magnat m du pétrole.

type [taɪp] 1 n (a) (gen, Bio, Soc etc) type m; (sort) genre m, espèce f, sorte f; (make: of machine, coffee etc) marque f; [aircraft, car] modèle m. true to ~ conforme au type; gruyère-~ cheese fromage genre gruyère*; what ~ do you want? vous en (or le etc) voulez de quelle sorte?; what ~ of man is he? quel genre d'homme est-ce?; you know the ~ of thing I mean vous voyez ce que je veux dire; he's not my ~* il n'est pas mon genre*; it's my ~ of film c'est le genre de film que j'aime; (person) an odd ~* un drôle de numéro*. (b) (Typ) (one letter) caractère m; (letters collectively: print) caractères, type m. to set ~ composer; in large/small ~ en gros/petits caractères; in italic ~ en italiques.

2 vt blood sample etc classifier. (Theat etc) he is ~d as ... on ne lui donne plus que les rôles de ... . (b) (~ out) letter etc taper (à la machine); (~ up) notes taper.

3 vi taper à la machine.

♦ **type-cast** adj (Theat etc) to be ~-cast se voir toujours attribuer les mêmes rôles. ♦ **typeface** n œil m de caractère. ♦ **typescript** n manuscrit m dactylographié. ♦ **typeset** vt composer. ♦ **typesetter** n compositeur m, -trice f. ♦ **typesetting** n composition f. ♦ **typewriter** n machine f à écrire. ♦ **typewriting** n dactylographie f. ♦ **typewritten** adj tapé à la machine, dactylographié. ♦ **typing** 1 n (skill) dactylo f; pages of typing pages fpl dactylographiées; 2 adj lesson, teacher de dactylo; paper machine inv; typing error faute f de frappe; typing pool dactylo* f. ♦ **typist** n dactylo mf. ♦ **typography** n typographie f. ♦ **typology** n typologie f.

typhoid ['taɪfɔɪd] n typhoïde f.

typhoon [taɪ'fu:n] n typhon m.

typhus ['taɪfəs] n typhus m.

typical ['tɪpɪkəl] adj (gen) typique, caractéristique (of de); case, example typique, type inv. a ~ day in spring un jour de printemps comme il y en a tant; the ~ Frenchman le Français type or typique; with ~ modesty he said ... avec sa modestie habituelle il a dit ...; that's ~ of him! c'est bien lui!; (iro) ~! ça ne m'étonne pas! ♦ **typically** adv typiquement; he was ~ly rude il s'est conduit avec sa grossièreté habituelle. ♦ **typify** vt [thing] être caractéristique de; [person] avoir le type même de.

tyrant ['taɪərənt] n tyran m. ♦ **tyrannic(al)** adj tyrannique. ♦ **tyrannize** vi: to tyrannize over sb tyranniser qn. ♦ **tyranny** n tyrannie f.

tyre ['taɪər] 1 n pneu m. 2 adj: ~ gauge manomètre m (pour pneus); ~ lever démonte-pneu m; ~ pressure pression f de gonflage.

tyro ['taɪərəʊ] n novice mf.

tzar [zɑ:r] n = **tsar**.

u

U, u [ju:] **1** n (letter) U, u m. **2** adj (*: upper-class) U distingué; non-U vulgaire. ♦ **U-bend** n coude m (angle). ♦ **U-turn** n (Aut) demi-tour m; (fig, Pol) volte-face f inv.

ubiquitous [ju:ˈbɪkwɪtəs] adj doué d'ubiquité. ♦ **ubiquity** n ubiquité f.

udder [ˈʌdəʳ] n pis m, mamelle f.

ugh [ɜːh] excl pouah!

ugly [ˈʌglɪ] adj (gen) laid; custom, vice etc répugnant; situation moche*; war brutal; expression, look menaçant; wound, rumour, word vilain (before n). it is an ~ sight ce n'est pas beau à voir; ~ customer* sale individu m; (fig) ~ duckling vilain petit canard m. ♦ **ugliness** n laideur f.

ulcer [ˈʌlsəʳ] n ulcère m. ♦ **ulcerated** or ♦ **ulcerous** adj ulcéreux.

Ulster [ˈʌlstəʳ] n Ulster m.

ulterior [ʌlˈtɪərɪəʳ] adj ultérieur. ~ **motive** motif m secret.

ultimate [ˈʌltɪmɪt] adj (gen) ultime; destination, outcome final; authority suprême; principle, cause fondamental. (Mil) the ~ **deterrent** l'ultime moyen de dissuasion; (fig) the ~ **(in) luxury** le summum du luxe; the ~ **(in) selfishness** le comble de l'égoïsme. ♦ **ultimately** adv (at last) finalement; (eventually) par la suite; (in the last analysis) en dernière analyse. ♦ **ultimatum** n, pl **-ta** ultimatum m; to issue an **ultimatum** adresser un ultimatum (to à). ♦ **ultimo** adv (Comm) du mois dernier.

ultra... [ˈʌltrə] pref ultra..., hyper.... . ♦ **ultra-fashionable** adj du tout dernier cri. ♦ **ultrahigh** adj: ~**high frequency** très haute fréquence f. ♦ **ultramarine** adj, n bleu outremer (m) inv. ♦ **ultramodern** adj ultramoderne. ♦ **ultrasensitive** adj hypersensible. ♦ **ultrashort** adj ultra-court. ♦ **ultrasonic** adj ultrasonique. ♦ **ultraviolet** adj ultra-violet.

umber [ˈʌmbəʳ] adj, n terre (f) d'ombre.

umbilical [ˌʌmbɪˈlaɪkəl] adj ombilical. ~ **cord** cordon m ombilical.

umbrage [ˈʌmbrɪdʒ] n: to take ~ prendre ombrage (at de).

umbrella [ʌmˈbrelə] **1** n parapluie m. beach ~ parasol m; (Mil) air ~ écran m de protection aérienne; (fig) under the ~ of sous les auspices mpl de. **2** adj: ~ **pine** pin m parasol; ~ **stand** porte-parapluies m inv.

umlaut [ˈumlaut] n tréma m.

umpire [ˈʌmpaɪəʳ] (Sport) **1** n arbitre m. **2** vt arbitrer. **3** vi être l'arbitre.

umpteen* [ˈʌmptiːn] adj je ne sais combien de. ♦ **umpteenth*** adj énième.

unabashed [ˈʌnəˈbæʃt] adj nullement décontenancé.

unabated [ˈʌnəˈbeɪtɪd] adj non diminué.

unable [ˈʌnˈeɪbl] adj: to be ~ **to do** (have no means, power, opportunity) être incapable de faire, ne pas pouvoir faire; (not know how to) ne pas savoir faire.

unabridged [ˈʌnəˈbrɪdʒd] adj edition intégral.

unacceptable [ˈʌnəkˈseptəbl] adj °suggestion inacceptable; amount, extent inadmissible.

unaccompanied [ˈʌnəˈkʌmpənɪd] adj child, luggage non accompagné; singing sans accompagnement; instrument seul.

unaccountable [ˈʌnəˈkauntəbl] adj inexplicable. ♦ **unaccountably** adv inexplicablement. ♦ **unaccounted** adj: they are still **unaccounted for** ils n'ont toujours pas été retrouvés.

unaccustomed [ˈʌnəˈkʌstəmd] adj slowness etc inhabituel, inaccoutumé. to be ~ **to sth/to doing** ne pas avoir l'habitude de qch/de faire.

unacquainted [ˈʌnəˈkweɪntɪd] adj: to be ~ **with** ignorer.

unadorned [ˈʌnəˈdɔːnd] adj tout simple; (fig) facts tout nu.

unadulterated [ˈʌnəˈdʌltəreɪtɪd] adj (gen) pur; wine non frelaté; (fig) bliss, nonsense pur et simple.

unaffected [ˈʌnəˈfektɪd] adj **(a)** (sincere) person naturel, simple; behaviour non affecté; style sans recherche, simple. **(b)** (emotionally) non touché (by par); (otherwise) non affecté (by par). ♦ **unaffectedly** adv sans affectation.

unafraid [ˈʌnəˈfreɪd] adj qui n'a pas peur (of de).

unaided [ˈʌnˈeɪdɪd] adj sans aide, tout seul. his own ~ **efforts** ses propres efforts.

unalloyed [ˈʌnəˈlɔɪd] adj (fig) sans mélange.

unalterable [ʌnˈɔltərəbl] adj rule invariable; fact certain; friendship inaltérable. ♦ **unaltered** adj inchangé.

unambiguous [ˈʌnæmˈbɪgjuəs] adj non ambigu. ♦ **unambiguously** adv sans ambiguïté.

unambitious [ˈʌnæmˈbɪʃəs] adj person peu ambitieux; plan modeste.

un-American [ˈʌnəˈmerɪkən] adj antiaméricain.

unanimous [ju:ˈnænɪməs] adj group, decision unanime (in sth pour qch; in doing à faire); vote à l'unanimité. ♦ **unanimity** n unanimité f. ♦ **unanimously** adv à l'unanimité.

unannounced [ˈʌnəˈnaunst] adj sans se faire annoncer.

unanswerable [ʌnˈɑːnsərəbl] adj question à laquelle il est impossible de répondre; argument irréfutable. ♦ **unanswered** adj letter, question sans réponse; criticism non réfuté.

unappetizing [ˈʌnˈæpɪtaɪzɪŋ] adj peu appétissant.

unappreciated [ˈʌnəˈpriːʃɪeɪtɪd] adj person méconnu; offer, help non apprécié. ♦ **unappreciative** adj indifférent (of à).

unapproachable [ˈʌnəˈprəutʃəbl] adj d'un abord difficile.

unarmed [ˈʌnˈɑːmd] adj person non armé; combat sans armes.

unashamed [ˈʌnəˈʃeɪmd] adj pleasure, greed effronté. he was quite ~ **about it** il n'en avait absolument pas honte.

unasked [ˈʌnˈɑːskt] adj do spontanément; arrive sans y avoir été invité.

unassisted [ˈʌnəˈsɪstɪd] adj sans aide.

unassuming [ˈʌnəˈsjuːmɪŋ] adj modeste.

unattached [ˈʌnəˈtætʃt] adj part etc non attaché; (fig) person, group indépendant; (not married etc) sans attaches.

unattainable [ˈʌnəˈteɪnəbl] adj inaccessible.

unattended [ˈʌnəˈtendɪd] adj (not looked after) luggage abandonné; shop, person laissé sans surveillance.

unattractive [ˈʌnəˈtræktɪv] adj thing peu attrayant; person déplaisant.

unauthorized [ˈʌnˈɔːθəraɪzd] adj non autorisé.

unavailable ['ʌnə'veɪləbl] *adj* (*Comm*) *article* épuisé; *person* qui n'est pas disponible.

unavailing ['ʌnə'veɪlɪŋ] *adj* *effort* vain, inutile.

unavoidable [,ʌnə'vɔɪdəbl] *adj* inévitable (*that* que +*subj*). ♦ **unavoidably** *adv* slow, large inévitablement; *prevented, delayed* malencontreusement.

unaware ['ʌnə'weəʳ] *adj*: to be ~ of sth/that ... ignorer qch/que .... ♦ **unawares** *adv* do sth inconsciemment; to catch *or* take sb ~s prendre qn au dépourvu.

unbalanced ['ʌn'bælənst] *adj* déséquilibré.

unbandage ['ʌn'bændɪdʒ] *vt* débander.

unbearable [ʌn'bɛərəbl] *adj* insupportable. ♦ **unbearably** *adv* insupportablement.

unbeatable ['ʌn'biːtəbl] *adj* imbattable. ♦ **unbeaten** *adj* army, player invaincu; *record, price* non battu.

unbecoming ['ʌnbɪ'kʌmɪŋ] *adj* garment peu seyant; *behaviour* malséant.

unbeknown(st) ['ʌnbɪ'nəʊn(st)] *adv*: ~ to à l'insu de.

unbelievable [,ʌnbɪ'liːvəbl] *adj* incroyable (*that* que +*subj*). ♦ **unbelievably** *adv* incroyablement. ♦ **unbeliever** *n* incrédule *mf*. ♦ **unbelieving** *adj* incrédule. ♦ **unbelievingly** *adv* d'un air incrédule.

unbend ['ʌn'bend] *pret, ptp* unbent 1 *vt* pipe etc redresser. 2 *vi* (*fig*) [*person*] se détendre. ♦ **unbending** *adj* (*fig*) inflexible.

unbias(s)ed ['ʌn'baɪəst] *adj* impartial.

unbidden ['ʌn'bɪdn] *adj* sans y avoir été invité.

unbleached ['ʌn'bliːtʃt] *adj* linen écru.

unblemished ['ʌn'blemɪʃt] *adj* sans tache.

unblock ['ʌn'blɒk] *vt* pipe déboucher; *road, harbour* dégager.

unblushing ['ʌn'blʌʃɪŋ] *adj* effronté. ♦ **unblushingly** *adv* sans rougir.

unbolt ['ʌn'bəʊlt] *vt* door déverrouiller.

unborn ['ʌn'bɔːn] *adj* child qui n'est pas encore né; *generation* à venir, futur.

unbounded [ʌn'baʊndɪd] *adj* sans borne.

unbreakable ['ʌn'breɪkəbl] *adj* incassable.

unbridled [ʌn'braɪdld] *adj* (*fig*) débridé.

unbroken ['ʌn'brəʊkən] *adj* (*gen*) intact; *line* continu, (*Genealogy*) direct; (*fig*) promise tenu; *series, silence, sleep* ininterrompu; *record* non battu; *horse* indompté. his spirit remained ~ il ne s'est pas découragé.

unburden [ʌn'bɜːdn] *vt*: to ~ o.s. s'épancher (*to sb* avec qn).

unbusinesslike [ʌn'bɪznɪslaɪk] *adj* trader qui n'a pas le sens des affaires; *transaction* irrégulier; (*fig*) person qui manque d'organisation; *report* peu méthodique.

unbutton ['ʌn'bʌtn] *vt* déboutonner.

uncalled-for [ʌn'kɔːldfɔːʳ] *adj* criticism injustifié; *remark* déplacé. that was quite ~ vous n'aviez nullement besoin de faire (*or* dire) ça.

uncanny [ʌn'kænɪ] *adj* sound, atmosphere étrange, inquiétant; *resemblance, knack* troublant. ♦ **uncannily** *adv* silent, cold sinistrement; *alike* étrangement.

uncared-for ['ʌn'kɛədfɔːʳ] *adj* garden, building, child laissé à l'abandon; *appearance* négligé.

unceasing [ʌn'siːsɪŋ] *adj* incessant. ♦ **unceasingly** *adv* sans cesse.

unceremonious ['ʌn,serɪ'məʊnɪəs] *adj* brusque. ♦ **unceremoniously** *adv* sans cérémonie.

uncertain [ʌn'sɜːtn] *adj* (*gen*) incertain (*of, about* de); *temper* inégal. it is ~ whether on ne sait pas exactement si; he is ~ whether il ne sait pas au juste si; in no ~ terms en des termes on ne peut plus clairs. ♦ **uncertainly** *adv* d'une manière hésitante. ♦ **uncertainty** *n* incertitude *f*; (*doubts*) doutes *mpl*.

uncertificated ['ʌnsə'tɪfɪkeɪtɪd] *adj* non diplômé.

unchallengeable ['ʌn'tʃælɪndʒəbl] *adj* incontes-

table. ♦ **unchallenged** *adj* leader, rights incontesté; *statement, figures* non contesté; (*Jur*) witness non récusé; to let sth go unchallenged laisser passer qch sans protester.

unchangeable [ʌn'tʃeɪndʒəbl] *adj* invariable. ♦ **unchanged** *adj* inchangé. ♦ **unchanging** *adj* invariable.

uncharitable [ʌn'tʃærɪtəbl] *adj* peu charitable.

uncharted ['ʌn'tʃɑːtɪd] *adj* inexploré.

unchecked ['ʌn'tʃekt] *adj* (a) (*unrestrained*) anger non maîtrisé. to advance ~ avancer sans rencontrer d'opposition; to continue ~ continuer sans la moindre opposition. (b) (*not verified*) figures, statement non vérifié; *typescript* non relu.

unchristian ['ʌn'krɪstjən] *adj* peu chrétien.

uncivilized ['ʌn'sɪvɪlaɪzd] *adj* (*gen*) barbare; *amount, time etc* impossible*.

unclaimed ['ʌn'kleɪmd] *adj* non réclamé.

uncle ['ʌŋkl] *n* oncle *m*. yes, ~ oui, mon oncle.

unclean ['ʌn'kliːn] *adj* malpropre; (*fig*) impur.

unclear [,ʌn'klɪəʳ] *adj* qui n'est pas clair. it is ~ whether ... il n'est pas clair si ... .

unclouded ['ʌn'klaʊdɪd] *adj* (*lit*, *fig*) sans nuages.

uncoil [ʌn'kɔɪl] 1 *vt* dérouler. 2 *vi* se dérouler.

uncollected ['ʌnkə'lektɪd] *adj* tax non perçu; *bus* fare non encaissé; *luggage, lost property* non réclamé; *refuse* non ramassé.

uncoloured ['ʌn'kʌləd] *adj* non coloré; (*fig*) description objectif. (*fig*) ~ by non déformé par.

uncombed ['ʌn'kəʊmd] *adj* non peigné.

uncomfortable [ʌn'kʌmfətəbl] *adj* thing inconfortable; *afternoon* désagréable. [*person*] to be *or* feel ~ ne pas être à l'aise, (*uneasy*) être mal à l'aise (*about sth* au sujet de qch); this chair is very ~ ce fauteuil n'est pas du tout confortable; I had an ~ feeling that je ne pouvais pas m'empêcher de penser que; to make things ~ for sb créer des ennuis à qn; to have an ~ time passer un moment pénible. ♦ **uncomfortably** *adv* hot désagréablement; *seated, dressed* inconfortablement; (*uneasily*) think avec une certaine inquiétude; *say* avec gêne; *near, similar etc* un peu trop.

uncommitted ['ʌnkə'mɪtɪd] *adj* (*gen*) non engagé; *attitude, country* neutraliste.

uncommon [ʌn'kɒmən] *adj* (*unusual*) rare, peu commun; (*outstanding*) rare, extraordinaire. it is not ~ that il n'est pas rare que +*subj*. ♦ **uncommonly** *adv* (*extremely*) extraordinairement; not ~ly assez souvent.

uncommunicative ['ʌnkə'mjuːnɪkətɪv] *adj* peu communicatif.

uncomplaining ['ʌnkəm'pleɪnɪŋ] *adj* patient, résigné. ♦ **uncomplainingly** *adv* sans se plaindre.

uncomplicated [ʌn'kɒmplɪkeɪtɪd] *adj* peu compliqué, simple.

uncomplimentary ['ʌn,kɒmplɪ'mentərɪ] *adj* peu flatteur.

uncompromising [ʌn'kɒmprəmaɪzɪŋ] *adj* person intransigeant; *honesty* absolu.

unconcealed ['ʌnkən'siːld] *adj* non dissimulé.

unconcern ['ʌnkən'sɜːn] *n* sang-froid *m*; (*lack of interest*) indifférence *f*. ♦ **unconcerned** *adj* (*unworried*) imperturbable (*by* devant); (*unaffected*) indifférent (*by* à). ♦ **unconcernedly** *adv* sans s'inquiéter; avec indifférence.

unconditional ['ʌnkən'dɪʃənl] *adj* (*gen*) inconditionnel; *surrender* sans condition. ♦ **unconditionally** *adv* inconditionnellement; sans condition.

unconfirmed ['ʌnkən'fɜːmd] *adj* non confirmé.

uncongenial ['ʌnkən'dʒiːnɪəl] *adj* person peu sympathique; *work, place* peu agréable.

unconnected ['ʌnkə'nektɪd] *adj* events, facts sans rapport; *languages* sans connexion; *ideas* décousu; (*Elec*) débranché.

unconscious [ʌn'kɒnʃəs] 1 *adj* (a) (*Med*) sans

connaissance. **to be ~ for 3 hours** rester sans connaissance pendant 3 heures; **to become ~** perdre connaissance; **knocked ~** assommé. **(b)** (*unaware*) *person, humour, desire* inconscient (*of* de). **2** *n* (*Psych*) inconscient *m*. ♦ **unconsciously** *adv* inconsciemment, sans s'en rendre compte.

unconstitutional [ˈʌn͵kɒnstɪˈtjuːʃənl] *adj* anticonstitutionnel.

uncontested [ˈʌnkənˈtestɪd] *adj* incontesté; (*Parl*) *seat* non disputé.

uncontrollable [ˈʌnkənˈtrəʊləbl] *adj child, animal* indiscipliné; *desire, emotion* irrésistible; *epidemic, inflation* qui ne peut être enrayé. **to have an ~ temper** ne pas savoir se contrôler. ♦ **uncontrollably** *adv skid etc* sans pouvoir se reprendre; *feel* irrésistiblement; **to laugh uncontrollably** avoir le fou rire. ♦ **uncontrolled** *adj emotion* non contenu; *price rises* effréné; *inflation* incontrôlé.

unconventional [ˈʌnkənˈvenʃənl] *adj* peu conventionnel.

unconvinced [ˈʌnkənˈvɪnst] *adj*: **to be** *or* **remain ~** ne pas être convaincu (*of* de). ♦ **unconvincing** *adj* peu convaincant. ♦ **unconvincingly** *adv* d'une manière peu convaincante.

uncooked [ˈʌnˈkʊkt] *adj* cru.

uncooperative [ˈʌnkəʊˈɒpərətɪv] *adj* peu coopératif.

uncork [ˈʌnˈkɔːk] *vt* déboucher.

uncountable [ˈʌnˈkaʊntəbl] *adj* incalculable; (*Ling*) non comptable.

uncouple [ˈʌnˈkʌpl] *vt train* découpler; *trailer* détacher.

uncouth [ʌnˈkuːθ] *adj* fruste.

uncover [ʌnˈkʌvər] *vt* découvrir.

uncritical [ˈʌnˈkrɪtɪkəl] *adj* qui manque d'esprit critique (*of* à l'égard de); *attitude, report* non critique.

uncrossed [ˈʌnˈkrɒst] *adj cheque* non barré.

uncrushable [ˈʌnˈkrʌʃəbl] *adj* infroissable.

unction [ˈʌnkʃən] *n*: **extreme ~** extrême-onction *f*.

uncultivated [ˈʌnˈkʌltɪveɪtɪd] *adj* inculte.

uncurl [ˈʌnˈkɜːl] *vt* (*gen*) dérouler; *legs* déplier.

uncut [ˈʌnˈkʌt] *adj* (*gen*) non coupé; *diamond* brut; *gem, stone* non taillé; *edition etc* intégral.

undamaged [ʌnˈdæmɪdʒd] *adj goods* non endommagé; *reputation* intact.

undated [ˈʌnˈdeɪtɪd] *adj* non daté.

undaunted [ˈʌnˈdɔːntɪd] *adj* non intimidé (*by* par). **to carry on ~** continuer sans se laisser intimider.

undecided [ˈʌndɪˈsaɪdɪd] *adj* indécis. **that is still ~** cela n'a pas encore été décidé; **I am ~ whether ...** je n'ai pas décidé si ... .

undefeated [ˈʌndɪˈfiːtɪd] *adj* invaincu.

undefined [͵ʌndɪˈfaɪnd] *adj word* non défini; *sensation etc* vague.

undelivered [ˈʌndɪˈlɪvəd] *adj* non distribué. **if ~ return to sender** ≃ en cas d'absence prière de retourner à l'expéditeur.

undemonstrative [ˈʌndɪˈmɒnstrətɪv] *adj* peu démonstratif.

undeniable [͵ʌndɪˈnaɪəbl] *adj* incontestable. ♦ **undeniably** *adv* incontestablement.

under [ˈʌndər] **1** *adv* **(a)** (*below*) au-dessous, en dessous. **to stay ~** (**~** *water*) rester sous l'eau; (**~** *anaesthetic*) rester sous l'effet de l'anesthésie; (*Comm etc*) **as ~** comme ci-dessous. **(b)** (*less than*) moins de; (*in series, rank, scale etc*) au-dessous de. **to be ~ age** être mineur; **children ~ 15** enfants de moins de *or* enfants au-dessous de

15 ans; **~ £10** moins de 10 livres; **any number ~ 10** un chiffre au-dessous de 10. **(c)** (*fig*) sous. **~ the Tudors** sous les Tudors; **~ the circumstances** dans les circonstances; **~ an assumed name** sous un faux nom; **you'll find him ~ 'plumbers' in the book** vous le trouverez sous 'plombiers' dans l'annuaire; (*Mil etc*) **to serve ~ sb** servir sous les ordres de qn; **to study ~ sb** [*undergraduate*] suivre les cours de qn; [*postgraduate*] travailler sous la direction de qn; [*painter etc*] être l'élève de qn. **(d)** (*according to*) selon, conformément à. **~ this law** selon *or* conformément à cette loi.

2 *prep* **(a)** (*beneath*) sous. **~ the table** sous la table; **from ~ the bed** de dessous le lit; **it's ~ there** c'est là-dessous; **he went and sat ~** il il est allé s'asseoir dessous; **to stay ~ water** rester sous l'eau; **~ the microscope** au microscope. **(b)** (*less than*) moins de; (*in series, rank, scale etc*) au-dessous de. **to be ~ age** être mineur; **children ~ 15** enfants de moins de *or* enfants au-dessous de

3 (*in compounds*) (*insufficiently*) sous-; (*junior*) aide-, sous-. **~capitalized** sous-financé; **~populated** sous-peuplé; **~cooked** pas assez cuit; **~gardener** aide-jardinier *m*; (*in age*) **the ~-10's** les moins *mpl* de 10 ans.

♦ **underachieve** *vi* ne pas donner toute sa mesure. ♦ **underarm** *adv* par en-dessous. ♦ **underbelly** *n* (*fig*) point *m* vulnérable. ♦ **undercarriage** *n* train *m* d'atterrissage. ♦ **undercharge** *vt* ne pas faire payer assez à. ♦ **underclothes** *npl or* ♦ **underclothing** *n* sous-vêtements *mpl*. ♦ **undercoat** *n* [*paint*] couche *f* de fond. ♦ **undercover** *adj* secret. ♦ **undercurrent** *n* courant *m* (sous-marin); (*fig*) courant sous-jacent. ♦ **undercut** *pret, ptp* **-cut** *vt* (*Comm*) vendre moins cher que. ♦ **underdeveloped** *adj* (*Anat, Phot*) insuffisamment développé; (*Econ*) sous-développé. ♦ **underdog** *n* (*fig*) **the ~dog** (*in fight*) celui qui perd; (*socially*) l'opprimé *m*. ♦ **underdone** *adj* (*Culin*) saignant; (*pej*) pas assez cuit. ♦ **underemployed** *adj* sous-employé. ♦ **underestimate** *vt* sous-estimer. ♦ **underexpose** *vt* (*Phot*) sous-exposer. ♦ **underexposure** *n* sous-exposition *f*. ♦ **underfeed** *pret, ptp* **-fed** *vt* sous-alimenter. ♦ **underfelt** *n* thibaude *f*. ♦ **under-floor heating** *n* chauffage *m* par le sol. ♦ **underfoot** *adv* sous les pieds; **it is wet ~foot** le sol est humide; **to trample sth ~foot** fouler qch aux pieds. ♦ **undergarment** *n* sous-vêtement *m*. ♦ **undergo** *pret* **-went**, *ptp* **-gone** *vt* (*gen*) subir; *medical treatment* suivre. ♦ **undergraduate** **1** *n* étudiant(e) *m(f)*; **2** *adj circles* étudiant; *opinion* des étudiants; *attitude* d'étudiant. ♦ **underground** **1** *adj* (*gen*) souterrain; (*fig*) *organization* secret; *press* clandestin; (*Art, Ciné*) underground *inv*; **2** *adv* sous (la) terre; **to go ~ground** [*wanted man*] entrer dans la clandestinité; [*guerilla*] prendre le maquis; **3** *n*: **the ~ground** (*railway*) le métro; (*Mil, Pol etc*) la résistance; (*Art etc*) le mouvement underground; **by ~ground** en métro. ♦ **undergrowth** *n* sous-bois *m inv*. ♦ **underhand** **1** *adv* (*Sport*) par en-dessous; **2** *adj* (*also* **~handed**) sournois, en sous-main. ♦ **underlay** *n* thibaude *f*. ♦ **underlie** *pret* **-lay**, *ptp* **-lain** *vt* être à la base de. ♦ **underline** *vt* (*lit, fig*) souligner. ♦ **underling** *n* (*pej*) subalterne *m*. ♦ **underlining** *n* soulignement *m*. ♦ **underlying** *adj rock, cause* sous-jacent; *principle* fondamental. ♦ **undermentioned** *adj* (cité) ci-dessous. ♦ **undermine** *vt* (*gen*) saper; *health* miner; *effect* amoindrir. ♦ **underneath** **1** *prep* sous, au-dessous de; **2** *adv* (en) dessous; **3** *adj* d'en dessous; **4** *n* dessous *m*. ♦ **undernourish** *vt* sous-alimenter. ♦ **undernourishment** *n* sous-alimentation *f*. ♦ **underpaid** *adj* sous-payé. ♦ **underpants** *npl* slip *m* (*pour homme*). ♦ **underpass** *n* (*for cars*) passage *m* inférieur (*de l'autoroute*); (*for pedestrians*) passage souterrain. ♦ **underpay** *vt* sous-payer. ♦ **underpin** *vt* (*lit, fig*) étayer. ♦ **underpriced** *adj* dont le prix est trop bas. ♦ **underprivileged** *adj* (*gen*) défavorisé; (*Econ*) économiquement faible; **the ~privileged** les économiquement faibles *mpl*. ♦ **underrate** *vt* sous-estimer. ♦ **underseal** *vt* traiter contre la rouille. ♦ **undersecretary** *n* sous-secrétaire *m*. ♦ **undersexed** *adj* de faible

libido. ♦ **undershirt** n tricot m de corps.
♦ **underside** n dessous m. ♦ **undersigned**
adj, n soussigné(e) m(f); **I the ~signed** ... je
soussigné(e) ... . ♦ **undersized** adj trop petit.
♦ **underskirt** n jupon m. ♦ **understaffed** adj à
court de personnel. ♦ **understand** V **below**.
♦ **understate** vt minimiser. ♦ **understatement** n
affirmation f en dessous de la vérité; (Ling) litote
f; **that's an ~statement** c'est peu dire.
♦ **understudy 1** n doublure f; **2** vt doubler.
♦ **undertake** pret -**took**, ptp -**taken** vt task
entreprendre; duty se charger de; responsibility
assumer; obligation contracter; **to ~take to do**
s'engager à faire. ♦ **undertaker** n entrepreneur
m des pompes funèbres; **the ~taker's** les pompes
funèbres fpl. ♦ **undertaking** n (a) (operation)
entreprise f; **it is quite an ~taking** c'est toute une
entreprise; (b) (promise) engagement m; **to give
an ~taking** promettre (that que; to do de faire).
♦ **undertone** n: **in an ~tone** à mi-voix.
♦ **undervalue** vt (fig) sous-estimer. ♦ **under-
valued** adj (lit) qui vaut plus que son prix.
♦ **undervest** n tricot m de corps. ♦ **underwater**
adj sous-marin. ♦ **underwear** n sous-vêtements
mpl. ♦ **underworld 1** n (hell) enfers mpl; (criminals) milieu m, pègre f; **2** adj organization du
milieu; connections etc avec le milieu.
♦ **underwrite** vt (gen) garantir; (Insurance, St
Ex) souscrire. ♦ **underwriter** n souscripteur m.

understand [ˌʌndəˈstænd] pret, ptp -**stood 1** vt
(gen) comprendre (that que; why etc pourquoi
etc). **to make o.s. understood** se faire comprendre; **I can't ~** a word of it je n'y comprends
rien; **I understood we were to be paid** j'ai cru
comprendre que nous devions être payés; **I ~ you
are leaving** si je comprends bien vous partez; **she
is understood to have left** on croit qu'elle est
partie; **to let it be understood** that donner à
entendre que; **to be understood** [price, date] ne
pas être spécifié; [word] être sous-entendu; **it's
understood** that il est entendu que; **that's quite
understood** c'est entendu. **2** vi comprendre. **now I
~!** je comprends or j'y suis maintenant!; **he was, I
~** ... il était, si j'ai bien compris ... . ♦ **understandable** adj compréhensible; **it is ~able** that on
comprend que +subj; **that's ~able** ça se comprend. ♦ **understandably** adv: **he's ~ably
angry** il est en colère et ça se comprend, naturellement il est en colère. ♦ **understanding
1** adj person compréhensif (about à propos de);
smile, look bienveillant; **2** n (a) compréhension f
(of de); **to have a good ~ing of** sth bien comprendre qch; **the age of ~ing** l'âge m de discernement; (b) (agreement) accord m; (arrangement)
arrangement m; **to come to an ~ing with sb** s'entendre or s'arranger avec qn; **on the ~ing that** à
condition que +subj; **this will encourage ~ing
between** ... ceci favorisera l'entente f entre ... .
♦ **understandingly** adv avec bienveillance.

undeserved [ˌʌndɪˈzɜːvd] adj immérité. ♦ **unde-
servedly** [ˌʌndɪˈzɜːvɪdlɪ] adv indûment.
undesirable [ˌʌndɪˈzaɪərəbl] **1** adj peu souhaitable
(that que +subj), (stronger) indésirable. **2** n
indésirable mf.
undetected [ˌʌndɪˈtektɪd] adj: **to go ~** passer
inaperçu.
undeveloped [ˈʌndɪˈveləpt] adj (gen) qui ne s'est
pas développé; film ˌnon développé; land,
resources non exploité.
undies* [ˈʌndɪz] npl dessous mpl, lingerie f.
undignified [ʌnˈdɪgnɪfaɪd] adj qui manque de
dignité.
undiluted [ˈʌndaɪˈluːtɪd] adj concentrate non
dilué; pleasure sans mélange; nonsense pur.
undiplomatic [ˈʌnˌdɪpləˈmætɪk] adj person peu
diplomate; action, answer peu diplomatique.
undipped [ˈʌnˈdɪpt] adj (Aut) **his headlights were
~** il était en phares.

undischarged [ˈʌndɪsˈtʃɑːdʒd] adj bankrupt non
réhabilité; debt non acquitté.
undisciplined [ʌnˈdɪsɪplɪnd] adj indiscipliné.
undiscovered [ˈʌndɪsˈkʌvəd] adj (unknown)
inconnu. **it remained ~ for 700 years** cela n'a été
découvert que 700 ans après.
undiscriminating [ˈʌndɪsˈkrɪmɪneɪtɪŋ] adj qui
manque de discernement.
undisguised [ˈʌndɪsˈgaɪzd] adj non déguisé.
undisputed [ˈʌndɪsˈpjuːtɪd] adj incontesté.
undistinguished [ˈʌndɪsˈtɪŋgwɪʃt] adj médiocre,
quelconque.
undisturbed [ˈʌndɪsˈtɜːbd] adj (a) papers, clues
non dérangé; sleep paisible. **to work ~** travailler
sans être dérangé. (b) (unworried) non inquiet,
calme. **he was ~ by the news** la nouvelle ne l'a pas
inquiété.
undivided [ˈʌndɪˈvaɪdɪd] adj entier. **your ~ attention** toute votre attention.
undo [ˈʌnˈduː] pret -**did**, ptp -**done** vt (gen:
unfasten etc) défaire; good effect annuler; mischief, wrong réparer. ♦ **undoing** n perte f; **that
was his ~ing** c'est ce qui l'a perdu. ♦ **undone** adj
(unfastened etc) défait; **to come undone** se
défaire; **to leave sth undone** ne pas faire qch.
undoubted [ʌnˈdaʊtɪd] adj indubitable. ♦ **undoubtedly** adv indubitablement, sans aucun
doute.
undreamed-of [ʌnˈdriːˈmdɒv] adj insoupçonné.
undress [ˈʌnˈdres] **1** vt déshabiller. **2** vi se
déshabiller.
undrinkable [ˈʌnˈdrɪŋkəbl] adj (unpalatable)
imbuvable; (poisonous) non potable.
undue [ˈʌnˈdjuː] adj excessif. ♦ **unduly** adv trop,
excessivement.
undulate [ˈʌndjʊleɪt] vi onduler. ♦ **undulating** adj
(gen) onduleux; countryside vallonné.
undying [ʌnˈdaɪɪŋ] adj (fig) éternel.
unearned [ʌnˈɜːnd] adj reward immérité. **~
income** rentes fpl.
unearth [ʌnˈɜːθ] vt (lit, fig) déterrer.
unearthly [ʌnˈɜːθlɪ] adj surnaturel, sinistre; (*fig)
noise etc impossible*. **~ hour*** heure indue.
uneasy [ʌnˈiːzɪ] adj peace, truce difficile; silence
gêné; sleep, night agité; conscience non tranquille; person (ill-at-ease) gêné; (worried)
inquiet. ♦ **uneasily** adv (ill-at-ease) avec gêne;
(worriedly) avec inquiétude; sleep d'un sommeil
agité. ♦ **uneasiness** n inquiétude f.
uneatable [ˈʌnˈiːtəbl] adj immangeable. ♦ **uneat-
en** adj non mangé.
uneconomic(al) [ˈʌnˌiːkəˈnɒmɪk(əl)] adj machine, car peu économique; work, method peu
rentable.
uneducated [ˈʌnˈedjʊkeɪtɪd] adj person sans
éducation; speech populaire (pej). ·
unemotional [ˈʌnɪˈməʊʃənl] adj impassible.
♦ **unemotionally** adv avec impassibilité.
unemployed [ˈʌnɪmˈplɔɪd] **1** adj sans travail, en
chômage. **2** npl **the ~** les chômeurs mpl.
♦ **unemployable** adj incapable de travailler.
♦ **unemployment 1** n chômage m; **2** adj:
unemployment benefit allocation f de chômage.
unending [ʌnˈendɪŋ] adj interminable.
unendurable [ˈʌnɪnˈdjʊərəbl] adj insupportable.
unenterprising [ˈʌnˈentəpraɪzɪŋ] adj person qui
manque d'initiative; act qui manque de hardiesse.
unenthusiastic [ˈʌnɪnˌθjuːzɪˈæstɪk] adj peu enthousiaste. ♦ **unenthusiastically** adv sans
enthousiasme.
unenviable [ˈʌnˈenvɪəbl] adj peu enviable.
unequal [ˈʌnˈiːkwəl] adj (gen) inégal. **to be ~ to a
task** ne pas être à la hauteur d'une tâche.
♦ **unequalled** adj inégalé. ♦ **unequally** adv
inégalement.
unequivocal [ˈʌnɪˈkwɪvəkəl] adj sans équivoque.
♦ **unequivocally** adv sans équivoque.

unerring [ʌnˈɜːrɪŋ] *adj judgment, accuracy* infaillible; *aim, skill, blow* sûr.

unethical [ʌnˈeθɪkəl] *adj* immoral.

uneven [ʌnˈiːvən] *adj* inégal. ◆ **unevenly** *adv* inégalement. ◆ **unevenness** *n* inégalité *f*.

uneventful [ʌnɪˈventfʊl] *adj* peu mouvementé.

unexceptionable [ˌʌnɪkˈsepʃnəbl] *adj* irréprochable. ◆ **unexceptional** *adj* qui n'a rien d'exceptionnel.

unexciting [ʌnɪkˈsaɪtɪŋ] *adj* peu intéressant.

unexpected [ʌnɪksˈpektɪd] *adj* inattendu. **it was all very** ~ on ne s'y attendait pas du tout. ◆ **unexpectedly** *adv* (*gen*) subitement; *arrive* inopinément.

unexplained [ʌnɪksˈpleɪnd] *adj* inexpliqué.

unexposed [ʌnɪksˈpəʊzd] *adj film* vierge.

unexpurgated [ʌnˈekspɜːgeɪtɪd] *adj* non expurgé.

unfailing [ʌnˈfeɪlɪŋ] *adj supply, zeal* inépuisable; · *optimism* inébranlable; *remedy* infaillible. ◆ **unfailingly** *adv* infailliblement.

unfair [ʌnˈfeəʳ] *adj person, decision, deal* injuste (*to sb* envers qn; *that que* + *subj*); *competition, play, tactics* déloyal. ◆ **unfairly** *adv decide* injustement; *play* déloyalement. ◆ **unfairness** *n* injustice *f*; déloyauté *f*.

unfaithful [ʌnˈfeɪθfʊl] *adj* infidèle (*to* à).

unfamiliar [ʌnfəˈmɪljəʳ] *adj* peu familier, inconnu. **to be** ~ **with sth** mal connaître qch.

unfashionable [ʌnˈfæʃnəbl] *adj dress, subject* démodé; *district, shop* peu chic *inv*. **it is** ~ **to say** ça ne se fait plus de dire.

unfasten [ʌnˈfɑːsn] *vt* (*gen*) défaire; *door* déverrouiller.

unfavourable, (*US*) **unfavorable** [ʌnˈfeɪvərəbl] *adj* (*gen*) défavorable; *moment* peu propice. ◆ **unfavo(u)rably** *adv* défavorablement.

unfeeling [ʌnˈfiːlɪŋ] *adj* insensible. ◆ **unfeelingly** *adv* sans pitié.

unfeminine [ʌnˈfemɪnɪn] *adj* peu féminin.

unfinished [ʌnˈfɪnɪʃt] *adj* (*gen*) inachevé. **3** ~ **letters** 3 lettres à finir; **some** ~ **business** une affaire à régler; **it looks rather** ~ c'est mal fini.

unfit [ʌnˈfɪt] *adj* (*incompetent*) inapte (*for* à; *to do* à faire); (*unworthy*) indigne (*to do* de faire). [*footballer etc*] **he's** ~ il n'est pas en état de jouer; **he is** ~ **to be a teacher** il ne devrait pas enseigner; **he was** ~ **to drive/for work** il n'était pas en état de conduire/de reprendre le travail; ~ **for military service** inapte au service militaire; ~ **for habitation** inhabitable; ~ **for consumption/publication** impropre à la consommation/publication; **road** ~ **for lorries** route *f* impraticable aux camions.

unflattering [ʌnˈflætərɪŋ] *adj* peu flatteur.

unfold [ʌnˈfəʊld] **1** *vt* (*gen*) déplier; *wings* déployer; *arms* décroiser; (*fig*) *plans* exposer; *secret* dévoiler. **2** *vi* [*view, plot*] se dérouler.

unforeseeable [ʌnfɔːˈsiːəbl] *adj* imprévisible. ◆ **unforeseen** *adj* imprévu.

unforgettable [ʌnfəˈgetəbl] *adj* inoubliable. ◆ **unforgotten** *adj* inoublié.

unforgivable [ʌnfəˈgɪvəbl] *adj* impardonnable. ◆ **unforgivably** *adv* impardonnablement. ◆ **unforgiving** *adj* implacable.

unformed [ʌnˈfɔːmd] *adj* informe.

unforthcoming [ʌnfɔːˈθkʌmɪŋ] *adj* réticent.

unfortunate [ʌnˈfɔːtʃnɪt] **1** *adj* (*gen*) malheureux (*that que* + *subj*); *circumstances* triste; *event* fâcheux. **how** ~! quel dommage!; **he has been** ~ il n'a pas eu de chance. **2** *n* malheureux *m*, -euse *f*. ◆ **unfortunately** *adv* malheureusement.

unfounded [ʌnˈfaʊndɪd] *adj* sans fondement.

unframed [ʌnˈfreɪmd] *adj picture* sans cadre.

unfreeze [ʌnˈfriːz] *pret* **-froze,** *ptp* **-frozen** *vt* dégeler; (*Econ, Fin*) débloquer.

unfriendly [ʌnˈfrendlɪ] *adj person, reception* froid; *attitude, behaviour, remark* inamical. **to be**

~ **towards sb** manifester de la froideur à qn. ◆ **unfriendliness** *n* froideur *f* (*towards* envers).

unfulfilled [ʌnfʊlˈfɪld] *adj promise* non tenu; *ambition, prophecy* non réalisé; *desire* insatisfait; *condition* non rempli. [*person*] **to feel** ~ se sentir frustré.

unfurl [ʌnˈfɜːl] *vt* déployer.

unfurnished [ʌnˈfɜːnɪʃt] *adj* non meublé.

ungainly [ʌnˈgeɪnlɪ] *adj* gauche, disgracieux.

un-get-at-able* [ʌngetˈætəbl] *adj* inaccessible.

ungodly [ʌnˈgɒdlɪ] *adj* impie. (*fig*) ~ **hour*** heure *f* indue.

ungovernable [ʌnˈgʌvənəbl] *adj country* ingouvernable; *passion* irrépressible.

ungracious [ʌnˈgreɪʃəs] *adj* peu gracieux. ◆ **ungraciously** *adv* avec mauvaise grâce.

ungrammatical [ʌnˈgræmətɪkəl] *adj* incorrect, non grammatical. ◆ **ungrammatically** *adv* incorrectement.

ungrateful [ʌnˈgreɪtfʊl] *adj* ingrat (*towards* envers). ◆ **ungratefully** *adv* avec ingratitude.

ungrudging [ʌnˈgrʌdʒɪŋ] *adj help* donné sans compter; *praise* très sincère. ◆ **ungrudgingly** *adv* give généreusement; *help* de bon cœur.

unguarded [ʌnˈgɑːdɪd] *adj* (*Mil etc*) sans surveillance; (*fig*) *remark* irréfléchi. **in an** ~ **moment** dans un moment d'inattention.

unhappy [ʌnˈhæpɪ] *adj person* (*sad*) malheureux, triste; (*ill-pleased*) mécontent; (*worried*) inquiet; (*unfortunate*) malchanceux; *childhood, remark, coincidence* malheureux; *situation* regrettable; *circumstances* triste. **I feel** ~ **about it** cela m'inquiète. ◆ **unhappily** *adv* (*miserably*) d'un air malheureux; (*unfortunately*) malheureusement. ◆ **unhappiness** *n* tristesse *f*.

unharmed [ʌnˈhɑːmd] *adj person* indemne; *thing* intact.

unhealthy [ʌnˈhelθɪ] *adj person* maladif; *place, habit, curiosity* malsain.

unheard-of [ʌnˈhɜːdɒv] *adj* inouï.

unheeded [ʌnˈhiːdɪd] *adj* (*ignored*) négligé; (*unnoticed*) inaperçu. **it went** ~ **on** n'y a pas prêté attention.

unhelpful [ʌnˈhelpfʊl] *adj person* peu obligeant; *thing* qui n'aide guère. **I found that very** ~ ça ne m'a pas aidé du tout.

unhesitating [ʌnˈhezɪteɪtɪŋ] *adj reply, reaction* immédiat; *person* qui n'hésite pas. ◆ **unhesitatingly** *adv* sans hésitation.

unhindered [ʌnˈhɪndəd] *adj* sans encombre.

unholy [ʌnˈhəʊlɪ] *adj* impie; (**fig*) impossible*. ~ **hour*** heure indue.

unhook [ʌnˈhʊk] *vt* décrocher (*from* de).

unhoped-for [ʌnˈhəʊptfɔːʳ] *adj* inespéré.

unhurried [ʌnˈhʌrɪd] *adj movement* lent; *reflection* mûr (*before n*); *journey/meal etc* fait/pris *etc* sans se presser. ◆ **unhurriedly** *adv* sans se presser.

unhurt [ʌnˈhɜːt] *adj* indemne, sain et sauf.

unhygienic [ʌnhaɪˈdʒiːnɪk] *adj* non hygiénique.

unicorn [ˈjuːnɪkɔːn] *n* licorne *f*.

unidentified [ʌnaɪˈdentɪfaɪd] *adj* (*gen*) non identifié. ~ **flying object** (*abbr* **UFO**) objet *m* volant non identifié (*abbr* O.V.N.I. *m*).

uniform [ˈjuːnɪfɔːm] **1** *n* uniforme *m*. **in** ~ en uniforme; **in full** ~ en grand uniforme; **out of** ~ en civil. **2** *adj length* uniforme; *colour* uni; *temperature* constant. ◆ **uniformed** *adj policeman etc* en uniforme; *organization* qui porte un uniforme. ◆ **uniformity** *n* uniformité *f*. ◆ **uniformly** *adv* uniformément.

unify [ˈjuːnɪfaɪ] *vt* unifier. ◆ **unification** *n* unification *f*.

unilateral [ˈjuːnɪˈlætərəl] *adj* unilatéral. ◆ **unilaterally** *adv* unilatéralement.

unimaginable [ˌʌnɪˈmædʒnəbl] *adj* inimaginable. ◆ **unimaginative** *adj* qui manque d'imagination. ◆ **unimaginatively** *adv* sans imagination.

unimpaired ['ʌnɪm'pεəd] adj (gen) aussi bon qu'auparavant; quality non diminué.

unimportant ['ʌnɪm'pɔ:tənt] adj sans importance.

unimpressed ['ʌnɪm'prest] adj (gen) peu impressionné (by par); (unconvinced) peu convaincu (by par). **I was ~** ça ne m'a pas impressionné.

uninhabitable ['ʌnɪn'hæbɪtəbl] adj inhabitable. ♦ **uninhabited** adj inhabité.

uninhibited ['ʌnɪn'hɪbɪtɪd] adj person sans inhibitions; emotion non refréné; dance sans retenue.

uninitiated ['ʌnɪ'nɪʃɪeɪtɪd] npl (fig) **the ~** les non-initiés mpl.

uninjured ['ʌn'ɪndʒəd] adj indemne, sain et sauf.

uninspired ['ʌnɪn'spaɪəd] adj qui manque d'inspiration. ♦ **uninspiring** adj qui n'est guère inspirant.

unintelligent ['ʌnɪn'telɪdʒənt] adj inintelligent.

unintelligible ['ʌnɪn'telɪdʒɪbl] adj inintelligible. ♦ **unintelligibly** adv inintelligiblement.

unintentional ['ʌnɪn'tenʃənl] adj involontaire. **it was quite ~** ce n'était pas fait exprès. ♦ **unintentionally** adv involontairement, sans le faire exprès.

uninterested [ʌn'ɪntrɪstɪd] adj indifférent (in à). ♦ **uninteresting** adj book, activity inintéressant; person ennuyeux; offer non intéressant.

uninterrupted ['ʌn,ɪntə'rʌptɪd] adj ininterrompu. ♦ **uninterruptedly** adv sans interruption.

uninvited ['ʌnɪn'vaɪtɪd] adj: **to arrive ~** arriver sans invitation; **to do sth ~** faire qch sans y avoir été invité.

union ['ju:njən] **1** n (gen) union f; (trade ~) syndicat m. (US) **the U~** les États-Unis mpl; **U~ of Soviet Socialist Republics** (abbr USSR) Union des républiques socialistes soviétiques (abbr U.R.S.S. f). **2** adj (a) (Ind) card, leader, movement syndical; headquarters du syndicat. **~ member** membre m du syndicat; (US) **~ shop** atelier m d'ouvriers syndiqués. (b) **U~ Jack** drapeau du Royaume-Uni. ♦ **unionism** n (trade unionism) syndicalisme m. ♦ **unionist** n (a) (trade unionist) syndicaliste mf; the militant **~ists** les militants mpl syndicaux; (b) (Pol: Ir etc) unioniste mf. ♦ **unionize** vt (Ind) syndiquer.

unique [ju:'ni:k] adj unique. ♦ **uniquely** adv exceptionnellement. ♦ **uniqueness** n caractère m unique.

unisex ['ju:nɪseks] adj unisexe.

unison ['ju:nɪzn] n: **in ~** (Mus) à l'unisson m; (gen) en chœur.

unit ['ju:nɪt] **1** n (a) (gen, Elec, Math, Mil etc) unité f. **administrative/linguistic/monetary ~** unité administrative/linguistique/monétaire; **~ of length** unité de longueur. (b) (section) groupe m; [furniture] élément m. **compressor ~** groupe compresseur; **kitchen ~** élément de cuisine; **sink ~** bloc-évier m; **research ~** (building) bloc m de recherches; (personnel) groupe de recherches. **2** adj (a) price unitaire. **~ trust** société f d'investissement. (b) **~ furniture** mobilier m par éléments.

unite [ju:'naɪt] **1** vt (join) countries etc unir (A with B à B); (unify) one country etc unifier. **2** vi (join together) s'unir (with sth à qch; with sb à or avec qn; against contre; in doing, to do pour faire); (companies) fusionner; (become united) [party] s'unifier. ♦ **united** adj (gen) uni; (unified) unifié; front uni; efforts conjugué; **U~d Kingdom** Royaume-Uni m; **U~d Nations Organization** (abbr UN or UNO) Organisation f des Nations unies (abbr O.N.U. f); **U~d States of America** (abbr US or USA) États-Unis mpl. ♦ **unity** ['ju:nɪtɪ] n unité f; (fig) **in unity** en harmonie f (with avec).

universe ['ju:nɪvɜ:s] n univers m. ♦ **universal** adj universel; **she's a universal favourite** tout le monde l'aime; **to make sth universal** universa-

liser qch; **universal joint** joint m de cardan. ♦ **universally** adv universellement.

university [,ju:nɪ'vɜ:sɪtɪ] **1** n université f. **to be at/go to ~** être/aller à l'université; **to study at ~** faire des études universitaires. **2** adj degree, town, library universitaire; professor, student d'université. **he has a ~ education** il a fait des études universitaires.

unjust ['ʌn'dʒʌst] adj injuste (to envers). ♦ **unjustly** adv injustement.

unjustifiable [ʌn'dʒʌstɪfaɪəbl] adj injustifiable. ♦ **unjustifiably** adv sans justification. ♦ **unjustified** adj injustifié.

unkempt ['ʌn'kempt] adj (gen) débraillé; hair mal peigné.

unkind [ʌn'kaɪnd] adj person, behaviour peu aimable, pas gentil (to sb avec qn); (stronger) méchant (to sb avec qn); fate cruel. ♦ **unkindly** adv (gen) méchamment; **don't take it ~ly if ...** ne soyez pas offensé si ... . ♦ **unkindness** n manque m de gentillesse; méchanceté f; **an ~ness** une méchanceté.

unknown ['ʌn'nəʊn] **1** adj inconnu. **it was ~ to him** cela lui était inconnu, il l'ignorait; **~ to him, the plane had crashed** l'avion s'était écrasé, ce qu'il ignorait; **she did it quite ~ to him** elle l'a fait à son insu; **substance ~ to science** substance inconnue de la science; (Math, fig) **~ quantity** inconnue f; **the U~ Soldier or Warrior** le Soldat inconnu. **2** n (a) (gen) **the ~** l'inconnu m; (Math, fig) **many ~s** de nombreuses inconnues fpl. (b) (person) inconnu(e) m(f). ♦ **unknowable** adj inconnaissable. ♦ **unknowing** adj inconscient. ♦ **unknowingly** adv inconsciemment.

unladen ['ʌn'leɪdn] adj weight à vide.

unladylike ['ʌn'leɪdɪlaɪk] adj girl mal élevée. **it's ~ to yawn** une jeune fille bien élevée ne bâille pas.

unlawful ['ʌn'lɔ:fʊl] adj illégal, illicite. ♦ **unlawfully** adv illégalement.

unleavened ['ʌn'levnd] adj azyme (Rel).

unless [ən'les] conj à moins que ... (ne) + subj, à moins de + infin. **take it, ~ you can find another** prenez-le, à moins que vous (n')en trouviez un autre or à moins d'en trouver un autre; **~ I am mistaken** si je ne me trompe; **~ I hear to the contrary** sauf contrordre; **~ otherwise stated** sauf indication contraire.

unlicensed ['ʌn'laɪsənst] adj activity illicite; vehicle sans vignette; hotel etc non patenté pour la vente des spiritueux.

unlike ['ʌn'laɪk] **1** adj dissemblable, différent. **they are quite ~** ils ne se ressemblent pas du tout. **2** prep à la différence de. **~ his brother, he ...** à la différence de son frère, il ...; **it's quite ~ him to do that** ça ne lui ressemble pas de faire cela; **how ~ him!** on ne s'attendait pas à ça de sa part; **it is quite ~ mine** ça n'est pas du tout comme le mien.

unlikeable ['ʌn'laɪkəbl] adj person peu sympathique; thing peu agréable.

unlikely [ʌn'laɪklɪ] adj happening, outcome peu probable; explanation peu plausible. **it is ~ that she will come, she is ~ to come** il est peu probable qu'elle vienne, il y a peu de chances pour qu'elle vienne; **she is ~ to succeed** elle a peu de chances de réussir; **that is ~ to happen** cela ne risque guère d'arriver; **in the ~ event of his accepting** dans le cas fort improbable où il accepterait. ♦ **unlikelihood** n improbabilité f.

unlimited [ʌn'lɪmɪtɪd] adj illimité.

unlined ['ʌn'laɪnd] adj garment sans doublure; face sans rides; paper non réglé.

unlit ['ʌn'lɪt] adj lamp non allumé; road non éclairé; vehicle sans feux.

unload ['ʌn'ləʊd] **1** vt (gen) décharger; (get rid of) se débarrasser de; shares se défaire de. **~ sth onto sb** se décharger de qch sur qn. **2** vi être déchargé. ♦ **unloaded** adj gun qui n'est pas chargé. ♦ **unloading** n déchargement m.

unlock [ʌn'lɒk] vt ouvrir. it is ~ed ce n'est pas fermé à clef.

unlooked-for [ʌn'lʊktfɔːʳ] adj inattendu.

unlovable ['ʌn'lʌvəbl] adj peu attachant.

unlucky [ʌn'lʌki] adj person malchanceux; coincidence, event malencontreux; choice, decision malheureux; day de malchance; omen néfaste; colour, number qui porte malheur. he's ~ il n'a pas de chance; he tried to get a seat but he was ~ il a essayé d'avoir une place mais il n'y est pas arrivé; he was ~ enough to meet her il a eu la malchance de la rencontrer; it is ~ to do that ça porte malheur de faire ça. ♦ **unluckily** adv malheureusement (for sb pour qn). ♦ **unluckiness** n manque m de chance.

unmade ['ʌn'meɪd] adj bed défait.

unmanageable [ʌn'mænɪdʒəbl] adj vehicle, parcel, size peu maniable; animal indocile; person impossible; hair rebelle.

unmanned ['ʌn'mænd] adj spacecraft inhabité. it was left ~ il n'y avait personne là.

unmarked ['ʌn'mɑːkt] adj (unscratched etc) sans marque; (unnamed) non marqué; (uncorrected) essay non corrigé; police car banalisé.

unmarried ['ʌn'mærɪd] adj célibataire, qui n'est pas marié. ~ mother mère f célibataire.

unmask ['ʌn'mɑːsk] vt (lit, fig) démasquer.

unmentionable [ʌn'menʃnəbl] adj dont il ne faut pas parler.

unmerciful [ʌn'mɜːsɪfʊl] adj impitoyable (towards pour). ♦ **unmercifully** adv impitoyablement.

unmistakable ['ʌnmɪs'teɪkəbl] adj evidence, sympathy indubitable; voice, walk qu'on ne peut pas ne pas reconnaître. it is quite ~ on ne peut pas se tromper. ♦ **unmistakably** adv manifestement, sans aucun doute.

unmitigated [ʌn'mɪtɪgeɪtɪd] adj terror, admiration absolu; folly pur; disaster total; scoundrel, liar fieffé (before n).

unmixed ['ʌn'mɪkst] adj pur, sans mélange.

unmounted ['ʌn'maʊntɪd] adj gem, picture non monté.

unmoved ['ʌn'muːvd] adj indifférent (by à). he was ~ ça ne l'a pas ému, ça l'a laissé indifférent.

unmusical ['ʌn'mjuːzɪkəl] adj sound peu mélodieux; person peu musicien.

unnamed ['ʌn'neɪmd] adj person anonyme; thing innommé, (unlabelled) non marqué.

unnatural [ʌn'nætʃrəl] adj anormal; habit, vice, love contre nature; (affected) qui manque de naturel. it is ~ for her to do that il n'est pas normal or naturel qu'elle fasse cela. ♦ **unnaturally** adv anormalement; (affectedly) d'une manière affectée; not ~ly naturellement.

unnecessary [ʌn'nesɪsərɪ] adj (useless) inutile (to do de faire); (superfluous) superflu. it is ~ for you to come il n'est pas nécessaire or il est inutile que vous veniez (subj). ♦ **unnecessarily** adv do, say inutilement; strict sans nécessité.

unnerve ['ʌn'nɜːv] vt déconcerter. ♦ **unnerving** adj déconcertant.

unnoticed ['ʌn'nəʊtɪst] adj inaperçu. to go ~ passer inaperçu.

unnumbered ['ʌn'nʌmbəd] adj (lit) sans numéro.

unobjectionable ['ʌnəb'dʒekʃnəbl] adj thing acceptable; person à qui l'on ne peut rien reprocher.

unobserved adj: to escape ~ s'échapper sans être vu; to go ~ passer inaperçu.

unobstructed ['ʌnəb'strʌktɪd] adj pipe non bouché; road dégagé. the driver has an ~ view le conducteur a une excellente visibilité.

unobtainable ['ʌnəb'teɪnəbl] adj impossible à obtenir.

unobtrusive ['ʌnəb'truːsɪv] adj discret. ♦ **unobtrusively** adv discrètement.

unoccupied ['ʌn'ɒkjʊpaɪd] adj person inoccupé, qui n'a rien à faire; house inoccupé; seat, (Mil) zone libre; post vacant.

unofficial ['ʌnə'fɪʃəl] adj report etc officieux; visit privé. in an ~ capacity à titre privé; (Ind) ~ strike grève f sauvage. ♦ **unofficially** adv officieusement.

unopened ['ʌn'əʊpənd] adj qui n'a pas été ouvert. to remain ~ rester fermé.

unopposed ['ʌnə'pəʊzd] adj sans opposition.

unorganized ['ʌn'ɔːgənaɪzd] adj inorganisé; (badly organized) mal organisé; person qui ne sait pas s'organiser.

unoriginal ['ʌnə'rɪdʒɪnəl] adj qui manque d'originalité.

unorthodox ['ʌn'ɔːθədɒks] adj peu orthodoxe.

unostentatious ['ʌn,ɒstən'teɪʃəs] adj sans ostentation, simple. ♦ **unostentatiously** adv sans ostentation.

unpack ['ʌn'pæk] .. vt suitcase défaire; belongings déballer. 2 vi déballer ses affaires. ♦ **unpacking** n déballage m; to do one's ~ing déballer ses affaires.

unpaid ['ʌn'peɪd] adj bill impayé; debt non acquitté; work, helper non rétribué; leave non payé. to work ~ travailler gratuitement.

unpalatable [ʌn'pælɪtəbl] adj food qui n'a pas bon goût; fact, truth désagréable.

unparalleled [ʌn'pærəleld] adj sans égal.

unpardonable [ʌn'pɑːdnəbl] adj impardonnable.

unpatriotic ['ʌn,pætrɪ'ɒtɪk] adj person peu patriote; thing antipatriotique.

unperturbed ['ʌnpə'tɜːbd] adj non déconcerté. ~ by that, he ... sans se laisser déconcerter par cela, il ...

unpick ['ʌn'pɪk] vt seam défaire.

unpin ['ʌn'pɪn] vt détacher (from de).

unplaced ['ʌn'pleɪst] adj horse non placé; athlete non classé.

unplanned ['ʌn'plænd] adj occurrence imprévu; baby non prévu.

unpleasant [ʌn'pleznt] adj (gen) désagréable; person, remark désagréable (to sb avec qn), déplaisant; house, town déplaisant. he had an ~ time il a passé de mauvais moments. ♦ **unpleasantly** adv reply désagréablement; behave, smile de façon déplaisante; ~ly close un peu trop près. ♦ **unpleasantness** n caractère m désagréable or déplaisant; (quarrelling) a lot of ~ness beaucoup de frictions fpl.

unplug ['ʌn'plʌg] vt (Elec) débrancher.

unpolished ['ʌn'pɒlɪʃt] adj furniture, floor, shoes non ciré; diamond non poli; (fig) person fruste; manners peu raffiné; style qui manque de poli.

unpolluted ['ʌnpə'luːtɪd] adj non pollué.

unpopular ['ʌn'pɒpjʊləʳ] adj (gen) impopulaire. to be ~ with sb [person] être impopulaire auprès de qn; [decision etc] être impopulaire chez qn; to make o.s. ~ se rendre impopulaire. ♦ **unpopularity** n impopularité f.

unpractical ['ʌn'præktɪkəl] adj thing peu pratique; person qui manque de sens pratique.

unprecedented [ʌn'presɪdəntɪd] adj sans précédent.

unpredictable ['ʌnprɪ'dɪktəbl] adj (gen) imprévisible; weather incertain. he is quite ~ on ne sait jamais ce qu'il va faire.

unprejudiced [ʌn'predʒʊdɪst] adj impartial.

unprepared ['ʌnprɪ'peəd] adj speech non improvisé. I was ~ for the exam je n'avais pas suffisamment préparé l'examen; (fig) he was quite ~ for it cela l'a pris au dépourvu; he began it quite ~ il l'a commencé sans y être préparé.

unprepossessing ['ʌn,priːpə'zesɪŋ] adj qui fait mauvaise impression.

unpretentious ['ʌnprɪ'tenʃəs] adj sans prétention.

unprincipled [ʌn'prɪnsɪpld] adj sans scrupules.

unprintable ['ʌn'prɪntəbl] *adj* (*lit*) impubliable; (*fig*) que l'on n'oserait pas répéter.

unproductive [,ʌnprə'dʌktɪv] *adj* improductif.

unprofessional ['ʌnprə'feʃənl] *adj* contraire au code professionnel.

unprofitable [,ʌn'profɪtəbl] *adj* peu rentable; *job* peu lucratif. ♦ **unprofitably** *adv* sans profit.

unpromising [,ʌn'promɪsɪŋ] *adj* peu prometteur.

unpronounceable [,ʌnprə'naʊnsəbl] *adj* impronoçable.

unprotected [,ʌnprə'tektɪd] *adj person, town* sans défense; (*exposed to elements*) découvert.

unprovided-for [,ʌnprə'vaɪdɪdfɔːʳ] *adj person* sans ressources.

unprovoked [,ʌnprə'vəʊkt] *adj* sans provocation.

unpublished [,ʌn'pʌblɪʃt] *adj* inédit. ♦ **unpublishable** *adj* impubliable.

unpunctual [,ʌn'pʌŋktjʊəl] *adj* peu ponctuel.

unpunished ['ʌn'pʌnɪʃt] *adj* impuni. **to go ~** rester impuni.

unqualified ['ʌn'kwɒlɪfaɪd] *adj* (**a**) (*gen*) non qualifié (*to do* pour faire); (*in professions*) non diplômé. **no ~ person will be considered** les candidats n'ayant pas les diplômes requis ne seront pas considérés. (**b**) *statement, promise, approval etc* inconditionnel; *praise* sans réserve; *success* fou; (*) *idiot* fini; *rogue, liar* fieffé (*before n*).

unquestionable [ʌn'kwestʃənəbl] *adj fact* incontestable; *honesty* certain. ♦ **unquestionably** *adv* incontestablement. ♦ **unquestioned** *adj* incontesté. ♦ **unquestioning** *adj acceptance* inconditionnel; *belief, obedience* aveugle.

unravel [ʌn'rævəl] **1** *vt material* effilocher; *knitting* défaire; *threads* démêler; (*fig*) *mystery* débrouiller; *plot* dénouer. **2** *vi* s'effilocher.

unreadable ['ʌn'riːdəbl] *adj* illisible.

unready ['ʌn'rɛdɪ] *adj* mal préparé (*for sth* pour qch). ♦ **unreadiness** *n* impréparation *f*.

unreal ['ʌn'rɪəl] *adj* irréel. ♦ **unrealistic** *adj* peu réaliste. ♦ **unreality** *n* irréalité *f*.

unreasonable [ʌn'riːznəbl] *adj* (*gen*) qui n'est pas raisonnable, déraisonnable; *demand, length* excessif; *price* exagéré. **~ hour** heure *f* indue; **it is ~ to do** on ne peut pas raisonnablement faire. ♦ **unreasonableness** *n* [*person*] attitude *f* déraisonnable. ♦ **unreasonably** *adv* déraisonnablement; excessivement; exagérément. ♦ **unreasoning** *adj* irraisonné.

unrecognizable ['ʌn'rekəgnaɪzəbl] *adj* méconnaissable, qui n'est pas reconnaissable. ♦ **unrecognized** *adj talent etc* méconnu; (*Pol*) *régime etc* non reconnu; **to do sth unrecognized** faire qch sans être reconnu.

unrecorded ['ʌnrɪ'kɔːdɪd] *adj event etc* non mentionné.

unrefined ['ʌnrɪ'faɪnd] *adj substance* non raffiné; *person* fruste.

unreformed ['ʌnrɪ'fɔːmd] *adj person* non amendé.

unrehearsed ['ʌnrɪ'hɜːst] *adj speech etc* improvisé; *incident* inattendu.

unrelated ['ʌnrɪ'leɪtɪd] *adj*: **to be ~ to** [*facts, events*] n'avoir aucun rapport avec; [*person*] n'avoir aucun lien de parenté avec.

unrelenting ['ʌnrɪ'lentɪŋ] *adj person* implacable; *persecution* acharné.

unreliable ['ʌnrɪ'laɪəbl] *adj person* sur qui on ne peut pas compter; *firm* qui n'est pas sérieux; *car, machine* peu fiable; *map* peu fidèle; *news* sujet à caution; *source of information* douteux. **my watch is ~** je ne peux pas me fier à ma montre. ♦ **unreliability** *n* [*person etc*] manque *m* de sérieux; [*machine*] manque de fiabilité.

unrelieved ['ʌnrɪ'liːvd] *adj pain, gloom* constant; *boredom* mortel; *grey, black etc* uniforme.

unremarkable ['ʌnrɪ'mɑːkəbl] *adj* médiocre.

unremitting ['ʌnrɪ'mɪtɪŋ] *adj kindness* inlassable; *hatred* opiniâtre.

unremunerative ['ʌnrɪ'mjuːnərətɪv] *adj* peu rémunérateur, mal payé.

unrepeatable ['ʌnrɪ'piːtəbl] *adj offer, bargain* exceptionnel; *comment* que l'on n'ose pas répéter.

unrepentant ['ʌnrɪ'pentənt] *adj* impénitent.

unrepresentative ['ʌn,reprɪ'zentətɪv] *adj* peu représentatif (*of* de).

unrequited ['ʌnrɪ'kwaɪtɪd] *adj* non partagé.

unreserved ['ʌnrɪ'zɜːvd] *adj seat* non réservé; *admiration* sans réserve. ♦ **unreservedly** *adv* sans réserve.

unresponsive ['ʌnrɪs'pɒnsɪv] *adj* qui ne réagit pas. **~ to** insensible à.

unrest [ʌn'rest] *n* agitation *f*, troubles *mpl*.

unrestricted ['ʌnrɪ'strɪktɪd] *adj time, power* illimité; *access* libre.

unrewarded ['ʌnrɪ'wɔːdɪd] *adj* [*efforts etc*] **to go ~** rester sans récompense. ♦ **unrewarding** *adj* ingrat; (*financially*) peu rémunérateur.

unripe ['ʌn'raɪp] *adj* vert, qui n'est pas mûr.

unrivalled, (*US*) -**aled** [ʌn'raɪvəld] *adj* sans égal.

unroll ['ʌn'rəʊl] **1** *vt* dérouler. **2** *vi* se dérouler.

unromantic ['ʌnrə'mæntɪk] *adj* peu romantique.

unruffled ['ʌn'rʌfld] *adj hair, water* lisse; *person* calme.

unruled ['ʌn'ruːld] *adj paper* uni, non réglé.

unruly [ʌn'ruːlɪ] *adj* indiscipliné.

unsaddle ['ʌn'sædl] *vt* desseller.

unsafe ['ʌn'seɪf] *adj* (**a**) (*dangerous*) *machine, bridge, toy* dangereux; *journey* périlleux; *method* peu sûr. **~ to eat or drink** (*gen*) impropre à la consommation; *water* non potable. (**b**) (*in danger*) en danger. **to feel ~** ne pas se sentir en sécurité.

unsaid ['ʌn'sed] *adj*: **to leave sth ~** passer qch sous silence.

unsaleable ['ʌn'seɪləbl] *adj* invendable.

unsatisfactory ['ʌn,sætɪs'fæktərɪ] *adj* peu satisfaisant, qui laisse à désirer. ♦ **unsatisfied** *adj person, desire* insatisfait (*with* de); *need, demand, appetite* non satisfait; (*unconvinced*) non convaincu. ♦ **unsatisfying** *adj result* peu satisfaisant; *work* ingrat; *food* peu nourrissant.

unsaturated ['ʌn'sætʃəreɪtɪd] *adj* (*Chem*) non saturé.

unsavoury, (*US*) -**ory** ['ʌn'seɪvərɪ] *adj food* mauvais au goût; (*fig*) *person, district* peu recommandable; *reputation* équivoque; *subject* plutôt répugnant. **an ~ business** une sale affaire.

unscathed ['ʌn'skeɪðd] *adj* indemne.

unscientific ['ʌn,saɪən'tɪfɪk] *adj* peu scientifique.

unscratched ['ʌn'skrætʃt] *adj surface* intact; *person* indemne.

unscrew ['ʌn'skruː] **1** *vt* dévisser. **2** *vi* se dévisser.

unscripted ['ʌn'skrɪptɪd] *adj* (*Rad, TV*) improvisé.

unscrupulous [ʌn'skruːpjʊləs] *adj person* dénué de scrupules; *act* malhonnête. ♦ **unscrupulously** *adv* sans scrupules. ♦ **unscrupulousness** *n* manque *m* de scrupules; malhonnêteté *f*.

unseasonable [ʌn'siːznəbl] *adj fruit etc* hors de saison; *weather* qui n'est pas de saison. ♦ **unseasonably** *adv*: **unseasonably warm** chaud pour la saison.

unseasoned ['ʌn'siːznd] *adj timber* vert; *food* non assaisonné.

unseat ['ʌn'siːt] *vt rider* désarçonner.

unseemly [ʌn'siːmlɪ] *adj* inconvenant.

unseen ['ʌn'siːn] *adj* inaperçu. **to escape ~** s'échapper sans être vu; **~ translation** version *f* (*sans préparation*).

unselfconscious ['ʌn,self'kɒnʃəs] *adj* naturel. ♦ **unselfconsciously** *adv* sans la moindre gêne.

unselfish ['ʌn'selfɪʃ] *adj person* généreux; *act* désintéressé. ♦ **unselfishly** *adv* sans penser à soi. ♦ **unselfishness** *n* générosité *f*.

unserviceable [ʌnˈsɜːvɪsəbl] *adj* inutilisable.
unsettle [ʌnˈsetl] *vt* perturber. ♦ **unsettled** *adj person* perturbé; *weather, future* incertain; **he feels ~d** il n'est pas bien dans sa peau. ♦ **unsettling** *adj news* inquiétant; *effect* perturbateur.
unshakeable [ʌnˈʃeɪkəbl] *adj* inébranlable. ♦ **unshaken** *adj resolve* inébranlable; *person* non déconcerté.
unshaven [ʌnˈʃeɪvn] *adj* non rasé.
unshrinkable [ʌnˈʃrɪŋkəbl] *adj* irrétrécissable.
unsightly [ʌnˈsaɪtlɪ] *adj* disgracieux, laid.
unsinkable [ʌnˈsɪŋkəbl] *adj* insubmersible.
unskilful, (US) **unskillful** [ʌnˈskɪlfʊl] *adj* (*clumsy*) maladroit; (*inexpert*) malhabile. ♦ **unskil(l)fully** *adv* avec maladresse; malhabilement. ♦ **unskilled** *adj* (*gen*) inexpérimenté; (*Ind*) *work* de manœuvre; **unskilled worker** manœuvre *m*.
unsociable [ʌnˈsəʊʃəbl] *adj* insociable. **I'm feeling ~** je n'ai guère envie de voir des gens.
unsocial [ʌnˈsəʊʃəl] *adj* (*Ind*) **~ hours** heures *fpl* de travail peu pratiques.
unsold [ʌnˈsəʊld] *adj* invendu.
unsolved [ʌnˈsɒlvd] *adj mystery* non résolu; *crossword* non terminé.
unsophisticated [ʌnsəˈfɪstɪkeɪtɪd] *adj person* simple, naturel; *thing* simple.
unsound [ʌnˈsaʊnd] *adj timber* pourri; *structure, floor, bridge* en mauvais état; *organization, business* peu solide; *investment* peu sûr; *judgment, argument* peu valable; *policy, decision, advice* peu judicieux; *statesman, player* incompétent. (*Jur*) **of ~ mind** qui ne jouit pas de toutes ses facultés mentales.
unsparing [ʌnˈspeərɪŋ] *adj* prodigue (*of* de). ♦ **unsparingly** *adv give* généreusement; *work* inlassablement.
unspeakable [ʌnˈspiːkəbl] *adj* indescriptible. ♦ **unspeakably** *adv* (*bad etc*) affreusement.
unspoiled [ʌnˈspɔɪld] *adj countryside, beauty* qui n'est pas défiguré; *style* naturel; *person* qui reste simple.
unspoken [ʌnˈspəʊkən] *adj thought* inexprimé; *approval* tacite.
unsporting [ʌnˈspɔːtɪŋ] *adj* déloyal. **that's very ~ of you** ce n'est pas très chic de votre part.
unstable [ʌnˈsteɪbl] *adj* instable.
unstamped [ʌnˈstæmpt] *adj letter* non affranchi.
unsteady [ʌnˈstedɪ] *adj ladder, structure* instable, branlant; *hand* tremblant; *voice* mal assuré; *step* chancelant; *rhythm* irrégulier. **to be ~ on one's feet** ne pas très bien tenir sur ses jambes; (*from drink*) tituber. ♦ **unsteadily** *adv walk* d'un pas chancelant; *say* d'une voix mal assurée.
unstick [ʌnˈstɪk] *pret, ptp* **-stuck** *vt* décoller. **to come unstuck** [*stamp etc*] se décoller; (*) [*plan*] tomber à l'eau*; [*person*] tomber sur un bec*.
unstinting [ʌnˈstɪntɪŋ] *adj praise* sans réserve; *generosity* sans bornes; *efforts* illimité.
unstressed [ʌnˈstrest] *adj* inaccentué.
unsubstantiated [ʌnsəbˈstænʃɪeɪtɪd] *adj accusation* non prouvé; *rumour* non confirmé.
unsuccessful [ʌnsəkˈsesfʊl] *adj negotiation, attempt, visit* infructueux, qui est un échec; *candidate, marriage, outcome* malheureux; *application* non retenu; *writer, painter, book* qui n'a pas de succès; *firm* qui ne prospère pas. **to be ~** (*gen*) ne pas réussir (*in doing* à faire); (*Scol etc*) échouer (*in an exam* à un examen; *in maths* en maths); **I tried but I was ~** j'ai essayé mais sans succès; **after 3 ~ attempts** après avoir échoué 3 fois. ♦ **unsuccessfully** *adv* en vain, sans succès.
unsuitable [ʌnˈsuːtəbl] *adj* (*gen*) qui ne convient pas; *moment* inopportun; *colour, size* qui ne va pas; *action, example, device* peu approprié. **to be ~ for sth** (*gen*) ne pas convenir à qch; [*film, book*] ne pas être conseillé pour qch; **he is ~ for the post**

ce n'est pas l'homme qu'il faut pour le poste. ♦ **unsuited** *adj person* inapte (*to* à); *thing* impropre (*to* à); **they are quite unsuited** ils ne sont pas compatibles.
unsupported [ʌnsəˈpɔːtɪd] *adj structure, hypothesis* non soutenu; *statement* non confirmé; *mother, family* sans soutien financier.
unsure [ʌnˈʃʊər] *adj* incertain (*of, about* de). **to be ~ of o.s.** manquer d'assurance.
unsuspected [ʌnsəsˈpektɪd] *adj* insoupçonné. ♦ **unsuspecting** *adj* qui ne se doute de rien.
unsweetened [ʌnˈswiːtnd] *adj* sans sucre.
unswerving [ʌnˈswɜːvɪŋ] *adj* (*fig*) inébranlable.
unsympathetic [ʌnsɪmpəˈθetɪk] *adj* indifférent (*to* à). ♦ **unsympathetically** *adv* avec indifférence.
unsystematic [ʌnsɪstɪˈmætɪk] *adj* peu systématique. ♦ **unsystematically** *adv* sans système.
untangle [ʌnˈtæŋgl] *vt wool etc* démêler.
untapped [ʌnˈtæpt] *adj resources* inexploité.
untaxed [ʌnˈtækst] *adj goods* exempt de taxes; *income* non imposable.
unteachable [ʌnˈtiːtʃəbl] *adj person* à qui on ne peut rien apprendre.
untenable [ʌnˈtenəbl] *adj position* intenable.
untested [ʌnˈtestɪd] *adj person, theory, method* qui n'a pas été mis à l'épreuve; *product, invention* qui n'a pas été essayé; *new drug* non encore expérimenté.
unthinkable [ʌnˈθɪŋkəbl] *adj* impensable (*that* que +*subj*). ♦ **unthinking** *adj* irréfléchi. ♦ **unthinkingly** *adv* sans réfléchir.
untidy [ʌnˈtaɪdɪ] *adj appearance* négligé; *clothes* débraillé; *hair* mal peigné; *person* désordonné; *writing, work* brouillon; *room, desk* en désordre. ♦ **untidily** *adv work, live* sans ordre; *write, dress* sans soin. ♦ **untidiness** *n* (*in appearance*) débraillé *m*; (*in habits*) manque *m* d'ordre; [*room*] désordre *m*.
untie [ʌnˈtaɪ] *vt knot, string, parcel* défaire; *prisoner, hands, bonds* détacher.
until [ənˈtɪl] **1** *prep* jusqu'à. **~ such time as** (*in future*) jusqu'à ce que +*subj*; (*in past*) avant que +ne +*subj*; **from morning ~ night** du matin jusqu'au soir; **~ now** jusqu'ici; **~ then** jusque-là; **it won't be ready ~ tomorrow** ce ne sera pas prêt avant demain; **he didn't leave ~ the following day** il n'est parti que le lendemain; **I had heard nothing of it ~ 5 minutes ago** j'en ai seulement entendu parler il y a 5 minutes. **2** *conj* (*in future*) jusqu'à ce que +*subj*; (*in past*) avant que +ne +*subj*. **wait ~ I come** attendez que je vienne; **~ they built the new road** avant qu'ils ne fassent la nouvelle route; **~ they build the new road** en attendant qu'ils fassent la nouvelle route; **he won't come ~ you invite him** il ne viendra pas avant que vous ne l'invitiez *or* avant d'être invité; **do nothing ~ you get my letter/~ I come** ne faites rien avant d'avoir reçu ma lettre/avant que je n'arrive (*subj*).
untimely [ʌnˈtaɪmlɪ] *adj spring, death* prématuré; *moment, arrival, remark* inopportun. **to come to an ~ end** [*person*] mourir prématurément; [*project*] être enterré prématurément.
untiring [ʌnˈtaɪərɪŋ] *adj* infatigable. ♦ **untiringly** *adv* infatigablement.
untold [ʌnˈtəʊld] *adj amount, wealth* incalculable; *agony, delight* indescriptible.
untouchable [ʌnˈtʌtʃəbl] *adj, n* intouchable (*mf*). ♦ **untouched** *adj* (a) (*Comm*) **untouched by hand** sans manipulation directe; **he left his meal untouched** il n'a pas touché à son repas; (b) (*safe*) *person* indemne; *thing* intact; (*unaffected*) insensible (*by* à).
untoward [ʌntəˈwɔːd] *adj* fâcheux.
untrained [ʌnˈtreɪnd] *adj worker* qui n'a pas reçu de formation professionnelle; *animal* non dressé; *ear* inexercé;

untranslatable

490

up

untranslatable [ˈʌntrænzˈleɪtəbl] *adj* intraduisible.

untried [ˈʌnˈtraɪd] *adj product, invention* qui n'a pas été essayé; *person, method* qui n'a pas été mis à l'épreuve.

untroubled [ˈʌnˈtrʌbld] *adj* calme.

untrue [ˈʌnˈtruː] *adj (gen)* faux (*f* fausse); *lover etc* infidèle (*to* à). it is ~ that il est faux *or* il n'est pas vrai que +*subj.* ♦ **untruth** *n* contre-vérité *f.* ♦ **untruthful** *adj statement* mensonger; *person* menteur. ♦ **untruthfully** *adv* mensongèrement.

untrustworthy [ˌʌnˈtrʌstˌwɜːðɪ] *adj person* indigne de confiance; *source of information* douteux.

untwist [ˈʌnˈtwɪst] *vt wire* détordre.

unusable [ˈʌnˈjuːzəbl] *adj* inutilisable. ♦ **unused** *adj* **(a)** [ˈʌnˈjuːzd] *(new)* neuf; *(not in use)* inutilisé; **(b)** [ˈʌnˈjuːst] to be **unused** to (doing) sth ne pas avoir l'habitude de (faire) qch.

unusual [ʌnˈjuːʒʊəl] *adj shape, name* étrange, insolite; *talents, size* exceptionnel. it is ~ for him to be early il est rare qu'il arrive *(subj)* de bonne heure; that's ~ for him! ce n'est pas dans ses habitudes!; that's ~! ça n'arrive pas souvent! ♦ **unusually** *adv (unaccustomedly) happy, warm* exceptionnellement, anormalement; *(exceedingly) tall, gifted* exceptionnellement, extraordinairement; ~ly early plus tôt que d'habitude.

unutterable [ʌnˈʌtərəbl] *adj joy, boredom* indescriptible; (*) *idiot, fool* fini.

unvarnished [ʌnˈvɑːnɪʃt] *adj wood* non verni; *account, truth* pur et simple.

unvarying [ʌnˈvɛərɪɪŋ] *adj* invariable, constant.

unveil [ʌnˈveɪl] *vt* dévoiler. ♦ **unveiling** *n (ceremony)* inauguration *f.*

unventilated [ˈʌnˈventɪleɪtɪd] *adj* sans ventilation.

unvoiced [ˈʌnˈvɔɪst] *adj opinion* inexprimé; *consonant* sourd.

unwanted [ʌnˈwɒntɪd] *adj clothing etc* superflu, dont on n'a pas besoin; *child* non désiré; *effect* non recherché.

unwarranted [ʌnˈwɒrəntɪd] *adj* injustifié.

unwary [ʌnˈwɛərɪ] *adj* imprudent.

unwearying [ʌnˈwɪərɪɪŋ] *adj* inlassable.

unwelcome [ʌnˈwelkəm] *adj visitor, gift* importun; *news, delay, change* fâcheux. they made us feel ~ ils nous ont mal accueillis.

unwell [ʌnˈwel] *adj* souffrant. to feel ~ ne pas se sentir très bien.

unwholesome [ˈʌnˈhəʊlsəm] *adj* malsain.

unwieldy [ʌnˈwiːldɪ] *adj* difficile à manier.

unwilling [ˈʌnˈwɪlɪŋ] *adj:* to be ~ to do *(reluctant)* être peu disposé à faire; *(refuse)* ne pas vouloir faire. ♦ **unwillingly** *adv* à contrecœur.

unwind [ʌnˈwaɪnd] *pret, ptp* **-wound** 1 *vt* dérouler. 2 *vi* se dérouler; (*: relax)* se détendre.

unwise [ˈʌnˈwaɪz] *adj person* malavisé; *move, decision* imprudent. ♦ **unwisely** *adv* imprudemment.

unwitting [ʌnˈwɪtɪŋ] *adj* involontaire. ♦ **unwittingly** *adv* involontairement.

unwonted [ʌnˈwəʊntɪd] *adj* inaccoutumé.

unworkable [ˈʌnˈwɜːkəbl] *adj scheme etc* impraticable.

unworldly [ˈʌnˈwɜːldlɪ] *adj* détaché de ce monde.

unworthy [ʌnˈwɜːðɪ] *adj* indigne (*of* de; *to do* de faire).

unwrap [ʌnˈræp] *vt* défaire, ouvrir.

unwritten [ˈʌnˈrɪtn] *adj agreement* verbal. it is an ~ law that ... est tacitement admis que ... .

unyielding [ʌnˈjiːldɪŋ] *adj person* inflexible.

unzip [ʌnˈzɪp] *vt* ouvrir la fermeture éclair ® de.

up [ʌp] 1 *adv* **(a)** *(gen)* en haut, en l'air; *throw etc* en l'air. hold it ~ higher tiens-le plus haut; ~ there là-haut; ~ in the air en l'air; ~ in the sky/mountains dans le ciel/les montagnes; ~ on the hill sur la colline; ~ on top of sur; ~ at the top of en haut de; ~ above au-dessus; ~ above sth au-

dessus de qch; he lives 5 floors ~ il habite au 5e étage; all the way ~ jusqu'en haut; I met him on my way ~ je l'ai rencontré en montant; farther ~ *(on wall etc)* plus haut; *(along bench etc)* plus loin; close ~ to tout près de; with his head ~ (high) la tête haute; the blinds were ~ les stores étaient levés; ~ against the wall appuyé contre le mur; ~ on end debout; 'this side ~' 'haut'; you've been ~ and down all evening tu n'as pas arrêté toute la soirée; *[invalid]* he's been rather ~ and down il a eu des hauts et des bas; to jump ~ and down sauter; to walk ~ and down faire les cent pas.

(b) *(out of bed)* to be ~ être levé, être debout *inv;* get ~! debout!, levez-vous!; I was ~ late last night je me suis couché tard hier soir; he was ~ all night il ne s'est pas couché de la nuit; ~ and about, ~ and doing* à l'ouvrage; to be ~ and about again ne plus être alité.

(c) *(fig)* when the sun was ~ quand le soleil était levé; the tide is ~ la marée est haute; the river is ~ la rivière a monté; the road is ~ la route est en travaux; *(Parl)* the House is ~ la Chambre ne siège pas; ~ with Joe Bloggs! vive Joe Bloggs!; ~ with *or* among the leaders dans les premiers; he's well ~ in Latin *(place in class)* il a une bonne place en latin; *(knows a lot)* il est fort en latin; I'm ~ with him in maths nous sommes au même niveau en maths; I'm not very well ~ on what's been going on je ne suis pas vraiment au fait de ce qui s'est passé; ~ in London à Londres; ~ in Scotland en Écosse; he's ~ from Birmingham il arrive de Birmingham; to come ~ to town venir en ville; ~ north dans le nord; I'll play you 100 ~ je vous fais une partie en 100; Chelsea were 3 goals ~ Chelsea menait par 3 buts; we were 20 points ~ on them nous avions 20 points d'avance sur eux; to be one ~ on sb* faire mieux que qn; what's ~?* *(what's happening)* qu'est-ce qu'il y a?; *(what's wrong)* qu'est-ce qui ne va pas?; what's ~ with him?* qu'est-ce qu'il a?; there's sth ~* *(happening)* il se passe qch; *(wrong)* il y a qch qui ne va pas *(with sb* chez qn).

(d) *(higher etc)* to be ~ *[prices, salaries, goods]* avoir augmenté *(by* de); *[temperature, level]* avoir monté *(by* de); *[standard]* être plus élevé; it is ~ on last year cela a augmenté par rapport à l'an dernier

(e) *(upwards)* from £2 ~ à partir de 2 livres.

(f) *(installed, built etc)* to be ~ *[curtains, shutters]* être posé; *[pictures]* être accroché *[building]* être construit; *[tent]* être planté; *[flag]* être hissé; *[notice]* être affiché.

(g) *(finished)* his leave is ~ sa permission est terminée; it is ~ on the 20th ça se termine le 20; when 3 days were ~ au bout de 3 jours; time's ~! c'est l'heure!; it's all ~ with him* il est fichu*.

(h) to be ~ against *difficulties* se heurter à; *competitors, competition* avoir affaire à; you don't know what you're ~ against! tu n'as pas idée des difficultés qu'il t'attendent!; he's ~ against a very powerful man il a contre lui un homme très puissant; we're really ~ against it nous allons avoir du mal à nous en sortir.

(i) *(as far as)* ~ to jusqu'à; ~ to now jusqu'à maintenant, jusqu'ici; ~ to here jusqu'ici; ~ to there jusque-là; what page are you ~ to? à quelle page en êtes-vous?; ~ to and including chapter 5 jusqu'au chapitre 5 inclus.

(j) *(depending on)* it's ~ to you to decide c'est à vous de décider; it's ~ to you *(whether you go or not)* c'est à vous de décider (si vous y allez ou non); it's ~ to us to help him c'est à nous de l'aider.

(k) *(busy doing etc)* what is he ~ to? qu'est-ce qu'il peut bien faire?; he's ~ to sth il manigance qch; what have you been ~ to recently? qu'est-ce que vous devenez ces temps-ci?; what have you been ~ to? qu'est-ce que tu as manigancé?; he's ~ to no good il prépare une bêtise, *[adult]* il prépare un mauvais coup.

(l) *(equal to)* to be ~ to a task être à la hauteur d'une tâche; is he ~ to advanced work? est-il capable de faire des études supérieures?; it isn't ~ to his usual standard d'habitude il fait mieux que ça; are you feeling ~ to going? est-ce que tu te sens assez d'attaque* pour y aller?; I just don't feel ~ to it je ne m'en sens pas le courage; he really isn't ~ to going back to work il n'est vraiment pas en état de reprendre le travail; it's not ~ to much ça ne vaut pas grand-chose.

2 *prep*: to be ~ a tree/~ a ladder être dans un arbre/sur une échelle; to go ~ stairs, street monter; river remonter; he pointed ~ the hill il a indiqué du doigt le haut de la colline; the house is ~ that road la maison est dans cette rue; they live just ~ the road ils habitent un peu plus haut dans la rue; ~ and down the country un peu partout dans le pays; he went ~ and down the country il parcourait le pays; I've been ~ and down the stairs all evening je n'ai pas arrêté de monter et descendre les escaliers de toute la soirée; further ~ the page plus haut sur la même page; halfway ~ the hill à mi-côte.

3 *n*: ~s and downs *(in road)* accidents *mpl*; *(in career, health)* hauts *mpl* et bas *mpl*; he is on the ~ and ~* tout va de mieux en mieux pour lui.

4 *adj (Brit)* train qui va à Londres.

5 *vi*: I ~peds and told him sans plus attendre je lui ai dit.
♦ **up-and-coming** *adj* plein d'avenir. ♦ **up-and-down** *adj movement* de va-et-vient; *(fig) career, business* qui a des hauts et des bas. ♦ **upbringing** *n* éducation *f*. ♦ **upcountry** *adv* go vers l'intérieur *(d'un pays)*; *be* à l'intérieur. ♦ **update** *vt* mettre à jour. ♦ **upend** *vt box etc* mettre debout; *(*fig)* system etc* renverser. ♦ **upgrade** *vt employee* promouvoir; *job, post* revaloriser. ♦ **upheaval** *n (Geol)* soulèvement *m*; *(fig)* bouleversement *m*; *(esp Pol)* perturbations *fpl*; *(esp in home, family)* remue-ménage *m*; it caused a lot of ~heaval cela a tout perturbé. ♦ **uphill 1** *adv*: to go ~hill monter; **2** *adj road* qui monte; *(fig) task* pénible; it's ~hill all the way ça monte tout le long; *(fig)* c'est une lutte continuelle. ♦ **uphold** *pret, ptp* -held *vt institution, person* soutenir; *law* faire respecter; *(Jur) verdict* confirmer. ♦ **upholder** *n* défenseur *m*. ♦ **upholster** *vt* garnir *(in* de); *(pad etc)* rembourrer. ♦ **upholsterer** *n* tapissier *m*. ♦ **upholstery** *n* garniture *f*. ♦ **upkeep** *n* entretien *m*. ♦ **uplands** *npl* hautes terres *fpl*. ♦ **uplifted** *adj* grandi, exalté. ♦ **upon** *prep* = **on 1**. ♦ **upper 1** *adj (gen)* supérieur; *part, floor* supérieur, du dessus; *(in place names)* haut; the ~per classes les couches *fpl* supérieures de la société; the ~per middle class la haute bourgeoisie; *(fig)* the ~per crust le gratin*; the ~per income bracket la tranche des revenus élevés; the ~per school les grandes classes; **2** *n [shoe]* empeigne *f*. ♦ **upper-class** *adj* aristocratique. ♦ **uppermost** *adj (highest)* le plus haut, le plus élevé; *(on top)* en dessus; it was ~permost in my mind j'y pensais avant tout autre chose. ♦ **uppish*** *adj* prétentieux. ♦ **upright 1** *adj, adv* droit; **2** *n* **(a)** *[door, window]* montant *m*; *[goal-post]* montant de but; **(b)** *(piano)* piano *m* droit. ♦ **uprising** *n* soulèvement *m*, insurrection *f (against* contre). ♦ **uproar** *n (shouts)* tumulte *m*; *(protesting)* tempête *f* de protestations; the hall was in (an) ~roar le tumulte régnait dans la salle. ♦ **uproarious** *adj meeting, evening, discussion* tordant*, désopilant; *joke, mistake* hilarant; *laughter* éclatant; ~roarious success grand succès comique. ♦ **uproariously** *adv laugh* aux éclats; *greet etc* avec de grands éclats de rire; ~roariously funny désopilant. ♦ **uproot** *vt*

déraciner. ♦ **upset** *etc V below*. ♦ **upshot** *n* résultat *m*. ♦ **upside down 1** *adv hold etc* à l'envers; to turn ~side down *object* retourner; *(fig) cupboard etc* mettre sens dessus dessous; (*) *plans* flanquer à l'eau*; **2** *adj (gen)* à l'envers; *(upturned)* retourné; *(in disorder)* sens dessus dessous. ♦ **upstairs 1** *adv* en haut *(d'un escalier)*; he's ~stairs il est en haut; to go ~stairs monter; to take ~stairs *person* faire monter; *luggage etc* monter; the people ~stairs les gens du dessus; the room ~stairs la pièce d'en haut; **2** *n* étage *m (du dessus)*; **3** *adj*: an ~stairs room une chambre à l'étage. ♦ **upstanding** *adj (well-built)* bien bâti; *(honest)* droit; a fine ~standing young man un jeune homme très bien. ♦ **upstart** *n* parvenu(e) *m(f)*. ♦ **upstream** *adv* be en amont *(from* de); *sail* vers l'amont; *swim* contre le courant. ♦ **upsurge** *n [feeling]* vague *f*; *[interest]* regain *m*. ♦ **upswept** *adj (Aut, Aviat)* profilé. ♦ **uptake** *n*: to be quick/slow on the ~take avoir l'esprit vif/lent. ♦ **uptight*** *adj* crispé; to get ~tight se crisper *(about* à propos de). ♦ **up-to-date** *adj report, information* très récent; *building, person, ideas* moderne. ♦ **up-to-the-minute** *adj* de dernière heure. ♦ **upturned** *adj nose* retroussé. ♦ **upward 1** *adj movement* ascendant; *pull, thrust* vers le haut; *trend* à la hausse; *glance* levé; **2** *adv (also* ~wards) vers le haut; *(fig)* from 10 francs ~wards à partir de 10 F; from childhood ~wards dès sa jeunesse; ~wards of 300 300 et plus.

upset [ʌp'set] *pret, ptp* -set **1** *vt container, contents* renverser; *boat* faire chavirer; *(fig) plan, timetable, system, stomach* déranger; *calculation* fausser; *person (offend)* vexer; *(grieve)* faire de la peine à; *(annoy)* contrarier; *(make ill)* rendre malade. don't ~ yourself ne vous en faites pas*. **2** *adj stomach, digestion* dérangé; *person (offended)* vexé; *(grieved)* peiné, triste; *(annoyed)* fâché, contrarié; *(ill)* souffrant. to get ~ se vexer, devenir triste, se fâcher; what are you so ~ about? qu'est-ce qui ne va pas? **3** ['ʌpset] *n (upheaval)* désordre *m*; *(in plans etc)* bouleversement *m (in* de); *(emotional)* chagrin *m*. to have a stomach ~ avoir l'estomac dérangé. ♦ **upsetting** *adj (offending)* vexant; *(saddening)* triste, *(stronger)* affligeant; *(annoying)* contrariant.

uranium [juə'reɪnɪəm] *n* uranium *m*.
Uranus [juə'reɪnəs] *n (Astron)* Uranus *f*.
urban ['ɜːbən] *adj* urbain. ♦ **urbanization** *n* urbanisation *f*.
urbane [ɜː'beɪn] *adj* urbain, courtois. ♦ **urbanity** *n* urbanité *f*.
urchin ['ɜːtʃɪn] *n* polisson(ne) *m(f)*.
urge [ɜːdʒ] **1** *n* forte envie *f (to do* de faire). to have the ~ to do éprouver une forte envie de faire. **2** *vt person* pousser *(to do* à faire), conseiller vivement *(sb to do* à qn de faire); *caution, measure* préconiser, conseiller vivement; *(emphasize)* insister sur. he needed no urging il ne s'est pas fait prier; to ~ that recommander vivement que *+subj*; 'now!' he ~d 'tout de suite!' insista-t-il; to ~ sb in etc presser qn d'entrer *etc*.
urge on *vt sep horse* presser; *person, troops* faire avancer; *(fig) worker* presser; *work* activer; *(Sport) team* encourager. to ~ sb on to (do) sth inciter qn à (faire) qch.
urgent ['ɜːdʒənt] *adj need, case, attention* urgent; *tone* insistant; *entreaty, request* pressant. ♦ **urgency** *n [case etc]* urgence *f*; *[tone, entreaty]* insistance *f*; a matter of urgency une affaire urgente. ♦ **urgently** *adv need* d'urgence; *plead* instamment.
urine ['juərɪn] *n* urine *f*. ♦ **urinal** *n* urinoir *m*. ♦ **urinary** *adj* urinaire. ♦ **urinate** *vi* uriner.
urn [ɜːn] *n (gen)* urne *f*. tea ~ fontaine *f* à thé.
us [ʌs] *pers pron* nous. he hit ~ il nous a frappés; give it to ~ donnez-le-nous; in front of ~ devant

nous; let ~ *or* let's go! allons-y!; *younger than* ~ plus jeune que nous; **both of** ~ nous deux, tous les deux; **he is one of** ~ il est des nôtres; ~ **English** nous autres Anglais; *(me)* **give** ~ **it!** donne-le-moi!

use [ju:s] **1** *n* **(a)** *(gen)* usage *m*, emploi *m*; *(way of using)* emploi, utilisation *f.* **the** ~ **of steel** l'emploi de l'acier; **to learn the** ~ **of** apprendre à se servir de; **directions for** ~ mode *m* d'emploi; 'for the ~ of teachers only' *book, equipment* 'à l'usage des professeurs seulement'; *room* 'réservé aux professeurs'; **for one's own** ~ à son usage personnel; **for** ~ **in emergency** à utiliser en cas d'urgence; **fit for** ~ en état de servir; **ready for** ~ prêt à l'emploi; **to improve with** ~ s'améliorer à l'usage; **in** ~ *machine, word* en usage; **no longer in** ~ *machine* hors d'usage; *word* qui ne s'emploie plus; *(notice)* 'out of ~' 'en dérangement'; **in general** ~ d'usage courant; **it is in daily** ~ on s'en sert tous les jours; **it's gone out of** ~ on ne l'emploie plus; **to make** ~ **of** se servir de, utiliser; **to make good** ~ **of**, **to put to good** ~ *time, money* faire un bon emploi de; *opportunity, facilities* tirer parti de; **a new** ~ **for** un nouvel emploi de, une nouvelle utilisation de; **I'll find a** ~ **for it** je trouverai un moyen de m'en servir; **I've no further** ~ **for it** je n'en ai plus besoin; *(fig)* **I've no** ~ **for that sort of thing!** je n'ai rien à en faire!

(b) *(usefulness)* **to be of** ~ servir, être utile *(for, to à)*; **to be (of) no** ~ ne servir à rien; **he gave me the** ~ **of his car** il m'a permis de me servir de sa voiture; **to have lost the** ~ **of one's arm** avoir perdu l'usage de son bras; **what's the** ~ **of doing** ...? à quoi bon faire ...?; **is this (of) any** ~ **to you?** est-ce que cela peut vous être utile?; **he's no** ~ il est nul *(as* comme); **it's no** ~ **protesting** il ne sert à rien de protester; **it's no** ~ rien à faire, ça ne sert à rien.

2 [ju:z] *vt* **(a)** *(gen)* se servir de, utiliser, employer *(to do, for doing* pour faire); *a language* utiliser, se servir de; *money* utiliser *(to do* pour faire); *car* prendre, se servir de; *force, discretion* user de; *opportunity* profiter de; *method, means* employer; *sb's name* faire usage de. **are you using this?** vous servez-vous de ceci?; **he** ~**d it as a hammer** il s'en est servi comme marteau; **I** ~ **that as a table** ça me sert de table; **'to be** ~**d regularly'** 'à utiliser régulièrement'; **no longer** ~**d** *machine, room* qui ne sert plus; *word* qui ne s'emploie plus; ~ **your head** *or* **brains!** réfléchis un peu!; ~ **your eyes!** ouvre l'œil!; **I could** ~ **a drink!** je prendrais un verre!; **it could** ~ **a bit of paint** une couche de peinture ne ferait pas de mal. **(b)** *petrol etc* user, consommer; *(~ up)* *(finish)* finir; *left-overs* utiliser. **have you** ~**d all the sellotape?** avez-vous fini le scotch? **(c)** *(treat)* *person* traiter, agir envers. **he was badly** ~**d** on a mal agi envers lui.

3 *aux vb (translated by imperfect tense)* **I** ~**d to see him every day** je le voyais *or* j'avais l'habitude de le voir tous les jours.

use up *vt sep* *supplies, strength* épuiser; *food, paper* finir; *scraps* utiliser; *money* dépenser. **it is all** ~**d up** c'est épuisé, il n'en reste plus.

♦ **usable** *adj* utilisable. ♦ **usage** *n* **(a)** *(custom; also Ling)* usage *m*; **(b)** *(treatment)* *[object]* manipulation *f*; *[person]* traitement *m*; **it's had some rough usage** on s'en est mal servi. ♦ **used** [ju:zd] *adj* **(a)** *stamp* oblitéré; *car* d'occasion; **(b)** [ju:st] *(accustomed)* **to be** ~**d to** *(doing)* **sth** être habitué à *or* avoir l'habitude de (faire) qch; **to get** ~**d to** s'habituer à; **you'll get** ~**d to it** vous vous y

ferez. ♦ **useful** *adj* *(gen)* utile; *discussion, time* utile, profitable; *(fig)* *player etc* compétent; **it is** ~**ful for him to be able to ...** il est très utile qu'il puisse ...; **to make o.s.** ~**ful** se rendre utile; **to come in** ~**ful** être utile; **to be** ~**ful** to render service à; **he's a** ~**ful man to know** c'est un homme utile à connaître; **it's a** ~**ful thing to know** c'est bon à savoir; **he's** ~**ful with a gun** il sait bien manier un fusil. ♦ **usefully** *adv* utilement. ♦ **usefulness** *n* utilité *f.* ♦ **useless** *adj* *(no good)* qui ne vaut rien; *(unusable)* inutilisable; *remedy* inefficace; *person* incompétent; *volunteer* incapable; **shouting is** ~**less** il est inutile de crier, il ne sert à rien de crier; **he's** ~**less** il est nul *(as* comme). ♦ **uselessly** *adv* inutilement. ♦ **user** *n [public, dictionary etc]* utilisateur *m*, -trice *f*; *[public service, telephone, road, train]* usager *m*; *oil* ~**rs** consommateurs *mpl* de mazout; *car* ~**rs** automobilistes *mpl.*

usher [ˈʌʃər] **1** *n* *(in law courts etc)* huissier *m* *(audiencier)*; *(in theatre, church)* placeur *m.* **2** *vt:* **to** ~ **sb through/along** *etc* faire traverser/avancer *etc* qn; **to** ~ **sb to the door** reconduire qn à la porte; **to** ~ **in** *person* faire entrer; *(fig)* *period* inaugurer. ♦ **usherette** *n* ouvreuse *f.*

usual [ˈjuːʒʊəl] **1** *adj* *(gen)* habituel; *word* usuel; *remarks, conditions* d'usage. **the** ~ **practice** ce qui se fait d'habitude; **his** ~ **practice** son habitude *f*; **as is** ~ **with such machines** it ... comme toutes les machines de ce genre elle ...; **as is** ~ **on these occasions** comme le veut la coutume en ces occasions; **he'll soon be his** ~ **self again** il retrouvera bientôt sa santé *(or sa gaieté etc)*; **as** ~ comme d'habitude, comme à l'ordinaire; **more than** ~ . plus que d'habitude *or* d'ordinaire; **it's not** ~ **for him to be late** il est rare qu'il soit en retard. **2** *n* *(drink)* **the** ~**!** comme d'habitude! ♦ **usually** *adv* d'habitude, d'ordinaire; **more than** ~**ly careful** encore plus prudent que d'habitude.

usurp [juːˈzɜːp] *vt* usurper. ♦ **usurper** *n* usurpateur *m*, -trice *f.*

usury [ˈjuːʒʊrɪ] *n* usure *f* *(prêt).*

utensil [juːˈtensl] *n* ustensile *m.*

uterus [ˈjuːtərəs] *n* utérus *m.*

utility [juːˈtɪlɪtɪ] **1** *n* *(use)* utilité *f*; *(public* ~*)* service *m* public. **2** *adj* *(gen)* utilitaire. ~ **room** pièce réservée au repassage *etc.* ♦ **utilitarian** *adj* utilitaire. ♦ **utilizable** *adj* utilisable. ♦ **utilization** *n* utilisation *f.* ♦ **utilize** *vt* utiliser.

utmost [ˈʌtməʊst] **1** *adj* **(a)** *(greatest)* *simplicity, care etc* le plus grand; *skill* suprême; *danger* extrême. **with the** ~ **speed** à toute vitesse; **it is of the** ~ **importance that ...** il est extrêmement important que ... +*subj*; **a matter of the** ~ **importance** une affaire de la plus haute importance. **(b)** *(furthest)* *place, part* le plus éloigné, extrême. **2** *n:* **to do one's** ~ faire tout son possible *(to do* pour faire); **to the** ~ **of one's ability** à la limite de ses capacités; **to the** ~ au plus haut degré; **at the** ~ tout au plus.

Utopia [juːˈtəʊpɪə] *n* utopie *f.* ♦ **Utopian** *adj* utopique.

utter[1] [ˈʌtər] *adj* *sincerity, disaster* complet, total; *madness* pur; *idiot, fool* fini; *rogue, liar* fieffé *(before n).* **it was** ~ **nonsense!** c'était complètement absurde; **he's an** ~ **stranger** il m'est complètement inconnu. ♦ **utterly** *adv* complètement, tout à fait. ♦ **uttermost** = **utmost.**

utter[2] [ˈʌtər] *vt* *word* prononcer; *cry* pousser; *threat, insult* proférer; *libel* publier; *counterfeit money* émettre. **he didn't** ~ **a word** il n'a pas soufflé mot.

V

V, v [viː] n (letter) V, v m. ♦ **V-neck** n décolleté m en V or en pointe.

vacant ['veɪkənt] adj job vacant, à remplir; room, house, seat libre; hours de loisir; mind vide; stare vague; person (stupid) stupide; (dreamy) sans expression. ♦ **vacancy** n (room) chambre f à louer; (job) poste m vacant; **vacancy for a typist** poste de dactylo à suppléer, (notice) 'on cherche dactylo'; 'no vacancies' (of jobs) 'pas d'embauche'; (in hotel) 'complet'. ♦ **vacantly** adv: to gaze ~ly into space avoir le regard perdu dans le vide. ♦ **vacate** vt room, seat, job, house quitter; to vacate the premises vider les lieux.

vacation [və'keɪʃən] 1 n vacances fpl. on ~ en vacances; to take a ~ prendre des vacances; (Scol etc) long ~ grandes vacances. 2 adj: ~ course cours mpl de vacances.

vaccinate ['væksɪneɪt] vt vacciner (against contre). to get ~d se faire vacciner; have you been ~d against ...? est-ce que vous êtes vacciné contre ...? ♦ **vaccination** n vaccination f. ♦ **vaccine** n vaccin m; polio vaccine vaccin contre la polio.

vacillate ['væsɪleɪt] vi hésiter (between entre).

vacuum ['vækjʊm] 1 n vide m; (Phys) vacuum m. 2 adj brake, pump à vide. ~ cleaner aspirateur m; ~ flask or (US) bottle bouteille f thermos ®. 3 vt carpet passer à l'aspirateur. ♦ **vacuity** n vacuité f. ♦ **vacuous** adj eyes, stare vide; remark bête. ♦ **vacuum-packed** adj emballé sous vide.

vagabond ['vægəbɒnd] n vagabond(e) m(f).

vagary ['veɪɡərɪ] n caprice m.

vagina [və'dʒaɪnə] n vagin m. ♦ **vaginal** adj vaginal; ~l discharge pertes fpl blanches.

vagrant ['veɪɡrənt] n, adj vagabond(e) m(f). ♦ **vagrancy** n vagabondage m.

vague [veɪɡ] adj (not clear: gen) vague, imprécis; outline, photograph, memory flou; feeling, expression, idea vague, confus; (absent-minded) person distrait. I haven't the ~st idea je n'en ai pas la moindre idée; I had a ~ idea that je pensais vaguement que; he was ~ about it (didn't say exactly) il ne l'a pas bien précisé; (didn't know exactly) il n'en était pas sûr; to look ~, to have a ~ look in one's eyes avoir l'air vague. ♦ **vaguely** adv vaguement. ♦ **vagueness** n [person] distraction f, étourderie f.

vain [veɪn] adj (a) (useless, empty) attempt, hope vain (before n); promise vide; words creux. in ~ en vain, vainement; he tried in ~ to open the door elle a essayé en vain d'ouvrir la porte; I looked for him in ~, he had left j'ai eu beau le chercher, il était parti. (b) (conceited) vaniteux. ♦ **vainly** adv (a) (to no effect) en vain, vainement; (b) (conceitedly) vaniteusement.

valentine ['væləntaɪn] n (~ card) carte f de la Saint-Valentin (gage d'amour).

valet ['væleɪ] n valet m de chambre.

valiant ['væljənt] adj (gen) courageux, vaillant. to make a ~ effort to do essayer vaillamment de faire. ♦ **valiantly** adv vaillamment.

valid ['vælɪd] adj claim, contract, document, ticket valable, valide (for pour); excuse, argument valable. ♦ **validate** vt document etc valider; argument prouver la justesse de. ♦ **validity** n [document etc] validité f; [argument] justesse f.

valise [və'liːz] n sac m de voyage.

valley ['vælɪ] n vallée f; (small) vallon m. the Seine/Rhône etc ~ la vallée de la Seine/du Rhône etc; the Loire V~ le Val de Loire.

valour, (US) **valor** ['vælər] n bravoure f. ♦ **valorous** adj valeureux.

value ['væljuː] 1 n valeur f. to gain (in) ~ prendre de la valeur; to lose (in) ~ se déprécier; (Tax etc) increase/decrease in ~ plus-/moins-value f; he paid the ~ of the cup he broke il a remboursé la tasse qu'il a cassée; of no ~ sans valeur; it has been of no ~ to her ça ne lui a servi à rien; to be of great ~ valoir cher; to get good ~ for money en avoir pour son argent; it's the best ~ c'est le plus avantageux; to put too high/too low a ~ on sth surestimer/sous-estimer qch; to the ~ of £100 d'une valeur de 100 livres; at his (or its etc) proper ~ à sa juste valeur; (moral standards) ~s valeurs. 2 adj: ~ added tax (abbr V.A.T.) taxe f sur la valeur ajoutée (abbr T.V.A.); (fig) ~ judgment jugement m de valeur. 3 vt (a) house, painting évaluer (at à); (Comm, Jur) expertiser (at à). (b) friendship apprécier; comforts, independence tenir à. ♦ **valuable** 1 adj object de valeur; advice, time précieux; 2 npl: valuables objets mpl de valeur. ♦ **valuation** n (Comm, Jur) expertise f; (value decided upon) appréciation f; to have a valuation made of sth faire expertiser qch; the valuation is too high l'appréciation est trop élevée; (fig) to take sb at his own valuation prendre qn pour celui qu'il croit être. ♦ **valued** adj friend précieux; colleague estimé. ♦ **valueless** adj sans valeur.

valve [vælv] n (Anat) valvule f; (Bot, Zool) valve f; (Tech) [machine] soupape f; [tyre etc] valve; (Electronics, Rad) lampe f; [musical instrument] piston m.

vampire ['væmpaɪər] n vampire m. ~ bat vampire (chauve-souris).

van¹ [væn] n (a) (Aut: large) camion m, fourgon m; (smaller) camionnette f. (b) (Rail) fourgon m. (c) (*: abbr of caravan) caravane f. ♦ **van-boy** or ♦ **van-man** n livreur m.

van² [væn] n abbr of vanguard.

vandal ['vændəl] n vandale mf. ♦ **vandalism** n vandalisme m. ♦ **vandalize** vt saccager.

vane [veɪn] n (weather ~) girouette f.

vanguard ['vænɡɑːd] n avant-garde f. in the ~ (Mil etc) en tête (of de); (fig) à l'avant-garde (of de).

vanilla [və'nɪlə] 1 n vanille f. 2 adj cream, ice à la vanille.

vanish ['vænɪʃ] vi disparaître. to ~ into thin air se volatiliser. ♦ **vanishing** adj: ~ing cream crème f de jour; ~ing point point m de fuite; ~ing trick tour m de passe-passe.

vanity ['vænɪtɪ] 1 n vanité f. 2 adj: ~ case sac m de toilette.

vanquish ['væŋkwɪʃ] vt vaincre.

vantage ['vɑːntɪdʒ] 1 n avantage m. 2 adj: ~ point, (Mil) ~ ground position f avantageuse.

vapid ['væpɪd] adj sans intérêt.

vapour, (US) **vapor** ['veɪpər] 1 n vapeur f; (on glass) buée f. 2 adj (Aviat) ~ trail traînée f de condensation. ♦ **vaporize** 1 vt vaporiser; 2 vi se vaporiser. ♦ **vaporizer** n (Med) inhalateur m.

varicose ['værɪkəʊs] adj: ~ **vein** varice f.
varnish ['vɑːnɪʃ] **1** n vernis m. **nail** ~ vernis à ongles. **2** vt vernir. ◆ **varnishing** n (Art) vernissage m.
vary ['vɛərɪ] **1** vi (gen) varier (with selon). to ~ **from** sth différer de qch. **2** vt (gen) varier; temperature, results faire varier. ◆ **variability** n variabilité f. ◆ **variable** adj, n variable (f).
◆ **variance** n [people] to be at **variance** être en désaccord (with sb avec qn; about, over sth à propos de qch); [facts, statements] ne pas s'accorder (with avec). ◆ **variant** n variante f.
◆ **variation** n variation f. ◆ **varied** adj varié.
◆ **variegated** adj bigarré; (Bot) panaché.
◆ **variety** [və'raɪətɪ] **1** n (a) (gen) variété f; for a **variety of reasons** pour diverses raisons; a **large variety of** un grand choix de; (b) (Theat) variétés fpl; **2** adj (Theat) artiste de variétés; **variety show** (Theat, TV) spectacle m de variétés; (Rad, TV) émission f de variétés. ◆ **various** ['vɛərɪəs] adj (different) divers (before n), différent; (several) divers (before n), plusieurs; at **various times** (different) en diverses occasions; (several) à plusieurs reprises; **various people** plusieurs or diverses personnes. ◆ **variously** adv diversement. ◆ **varying** adj qui varie, variable; with ~**ing degrees of success** avec plus ou moins de succès.
vase [vɑːz] n vase m. **flower** ~ vase à fleurs.
vasectomy [væ'sektəmɪ] n vasectomie f.
vaseline ['væsɪliːn] n vaseline f.
vast [vɑːst] adj (gen) vaste (usually before n); success énorme. a ~ **amount of** énormément de; to a ~ **extent** dans une très large mesure; at ~ **expense** à grands frais; ~ **sums** des sommes folles. ◆ **vastly** adv grateful, amused infiniment; rich extrêmement; to be ~**ly mistaken** se tromper du tout au tout; ~**ly improved** infiniment meilleur. ◆ **vastness** n immensité f.
vat [væt] n cuve f, bac m.
Vatican ['vætɪkən] n Vatican m. the ~ **Council** le Concile du Vatican.
vaudeville ['vəʊdəvɪl] n spectacle m de music-hall.
vault[1] [vɔːlt] n **(a)** (cellar) cave f; (tomb) caveau m; (in bank) salle f des coffres. **(b)** (Archit) voûte f. ◆ **vaulting** n (Archit) voûtes fpl.
vault[2] [vɔːlt] vti: to ~ **(over)** sth sauter qch (d'un bond).
vaunt [vɔːnt] vt: much ~**ed** dont on (or il etc) a tant parlé.
veal [viːl] n veau m (Culin). ~ **cutlet** escalope f de veau.
veer [vɪəʳ] vi (~ **round**) [wind] tourner (to vers, à); [ship, car, road] virer. (fig: change one's mind) to ~ **round** changer d'opinion; to ~ **off the subject** s'éloigner du sujet.
vegetable ['vedʒɪtəbl] **1** n **(a)** légume m. **early** ~s primeurs fpl. **(b)** (generic term: plant) végétal m. **2** adj oil, matter végétal; soup de légumes. ~ **dish** légumier m; ~ **garden** potager m; ~ **kingdom** règne m végétal; ~ **knife** couteau m à éplucher; ~ **salad** macédoine f de légumes. ◆ **vegetarian** [,vedʒɪ'tɛərɪən] adj, n végétarien(ne) m(f). ◆ **vegetarianism** n végétarisme m. ◆ **vegetate** vi végéter. ◆ **vegetation** n végétation f.
vehement ['viːɪmənt] adj (gen) véhément; attack violent. ◆ **vehemence** n [feelings, speech] véhémence f; [actions] fougue f. ◆ **vehemently** adv speak etc avec véhémence; attack avec violence.
vehicle ['viːɪkl] n véhicule m. ◆ **vehicular traffic** [vɪ'hɪkjʊlə'træfɪk] n circulation f.
veil [veɪl] **1** n (gen) voile m; (on hat) voilette f; (fig) voile. (Rel) to take the ~ prendre le voile; (fig) to draw a ~ **over** mettre un voile sur. **2** vt voiler. ◆ **veiled** adj (lit, fig) voilé.
vein [veɪn] n (gen) veine f; (in leaf) nervure f. (fig) a ~ **of truth/cruelty** un fond de vérité/de cruauté;

in melancholy ~ d'humeur mélancolique; in the same ~ dans le même esprit. ◆ **veined** adj hand, stone veiné; leaf nervuré.
veld(t) [velt] n veld(t) m.
vellum ['veləm] n vélin m.
velocity [vɪ'lɒsɪtɪ] n vélocité f, vitesse f.
velour(s) [və'lʊəʳ] n velours m épais.
velvet ['velvɪt] **1** n velours m. (fig) to be on ~* jouer du velours*. **2** adj dress de velours.
◆ **velveteen** n velvet m. ◆ **velvety** adj velouté.
venal ['viːnl] adj vénal. ◆ **venality** n vénalité f.
vendetta [ven'detə] n vendetta f.
vending ['vendɪŋ] n vente f. ~ **machine** distributeur m automatique. ◆ **vendor** n vendeur m, -euse f.
veneer [və'nɪəʳ] **1** n placage m; (fig) apparence f. **2** vt plaquer.
venerate ['venəreɪt] vt vénérer. ◆ **venerable** adj vénérable. ◆ **veneration** n vénération f.
venereal [vɪ'nɪərɪəl] adj: ~ **disease** (abbr V.D.) maladie f vénérienne.
Venetian [vɪ'niːʃən] adj vénitien. ~ **glass** cristal m de Venise; ~ **blind** store m vénitien.
vengeance ['vendʒəns] n vengeance f. to take ~ **on** se venger de or sur; (fig) with a ~ pour de bon*.
venial ['viːnɪəl] adj véniel.
venison ['venɪsən] n venaison f.
venom ['venəm] n venin m. ◆ **venomous** adj (lit, fig) venimeux; tongue de vipère. ◆ **venomously** adv d'une manière venimeuse.
vent [vent] **1** n (hole) orifice m; (pipe) conduit m; [chimney] tuyau m. (fig) to give ~ to donner libre cours à. **2** vt (fig) anger etc décharger (on sur).
ventilate ['ventɪleɪt] vt room, tunnel ventiler; (fig) question livrer à la discussion; grievance étaler au grand jour. ◆ **ventilation** n ventilation f; **ventilation shaft** conduit m d'aération.
◆ **ventilator** n ventilateur m; (Aut) déflecteur m.
ventricle ['ventrɪkl] n ventricule m.
ventriloquist [ven'trɪləkwɪst] n ventriloque mf. ◆ **ventriloquism** n ventriloquie f.
venture ['ventʃəʳ] **1** n entreprise f (hasardeuse). at a ~ au hasard; ~ **into** business incursion f dans les affaires; **business** ~s tentatives fpl commerciales; a **new** ~ **in publishing** qch de nouveau en matière d'édition. **2** vt life, fortune, reputation risquer; explanation, opinion hasarder. to ~ a **guess** hasarder une réponse; he **did not** ~ to **speak** il n'a pas osé parler. **3** vi se risquer (on doing à faire). to ~ **in/through** etc se risquer à entrer/traverser etc; to ~ **out of doors** se risquer à sortir; to ~ **into town** s'aventurer dans la ville; when we ~**d on this** quand nous avons entrepris cela.
venue ['venjuː] n lieu m (de rendez-vous).
Venus ['viːnəs] n (Astron, Myth) Vénus f.
veracious [və'reɪʃəs] adj véridique. ◆ **veracity** [və'ræsɪtɪ] n véracité f.
veranda(h) [və'rændə] n véranda f.
verb [vɜːb] n verbe m. ◆ **verbal** adj (gen) verbal; memory auditif. ◆ **verbalize** vt exprimer.
◆ **verbally** adv verbalement. ◆ **verbatim** adj, adv mot pour mot.
verbena [vɜː'biːnə] n verveine f.
verbiage ['vɜːbɪɪdʒ] n verbiage m. ◆ **verbose** adj verbeux. ◆ **verbosely** adv avec verbosité.
◆ **verbosity** n verbosité f.
verdict ['vɜːdɪkt] n (Jur, also gen) verdict m. ~ **of guilty/not guilty** verdict de culpabilité/de non-culpabilité; (gen) to **give one's** ~ **on** se prononcer sur.
verge [vɜːdʒ] **1** n [road] accotement m; [forest] orée f. to be **on the** ~ **of** ruin, death être à deux doigts de; a discovery être à la veille de; tears être au bord de; **on the** ~ **of doing** sur le point de faire. **2** vi incliner, tendre (towards vers). to ~ **on** sth [ideas, actions] approcher de qch; [person] frôler qch.

verger ['vɜːdʒəʳ] n bedeau m.
verify ['verɪfaɪ] vt (gen) vérifier; documents contrôler. ♦ **verifiable** adj vérifiable. ♦ **verification** n vérification f.
veritable ['verɪtəbl] adj véritable, vrai (both before n).
vermicelli [,vɜːmɪ'selɪ] n vermicelle m.
vermilion [və'mɪljən] adj, n vermillon (m) inv.
vermin ['vɜːmɪn] collective n (animals) animaux mpl nuisibles; (insects, also people) vermine f. ♦ **verminous** adj couvert de vermine.
vermouth ['vɜːməθ] n vermouth m.
vernacular [və'nækjʊləʳ] n langue f vernaculaire.
veronica [və'rɒnɪkə] n véronique f.
verruca [və'ruːkə] n verrue f (plantaire).
versatile ['vɜːsətaɪl] adj person aux talents variés; mind souple; genius universel. ♦ **versatility** n [person] variété f de talents.
verse [vɜːs] n (a) (poetry) poésie f, vers mpl. **in ~** en vers. (b) (stanza) [poem] strophe f; [song] couplet m; [Bible] verset m. ♦ **versed** adj (well-~d) versé (in dans). ♦ **versification** n versification f. ♦ **versify** vi faire des vers.
version ['vɜːʃən] n (most senses) version f; [car] modèle m.
versus ['vɜːsəs] prep (Jur, Sport, gen) contre.
vertebra ['vɜːtɪbrə] n, pl -ae vertèbre f. ♦ **vertebrate** adj, n vertébré (m).
vertex ['vɜːteks] n, pl -tices (gen, Math) sommet m; (Anat) vertex m.
vertical ['vɜːtɪkəl] 1 adj (gen) vertical; cliff à pic. 2 n verticale f. ♦ **vertically** adv verticalement.
vertigo ['vɜːtɪgəʊ] n vertige m. **to suffer from ~** avoir des vertiges.
verve [vɜːv] n verve f, brio m.
very ['verɪ] 1 adv (a) (extremely) très, bien. **~ amusing** très or fort amusant; **I am ~ cold** j'ai très froid; **~ well** très bien; **~ little** très peu (de); **~ much** beaucoup, bien; **~ much bigger** beaucoup or bien plus grand; **he doesn't work ~ much** il ne travaille pas beaucoup; **~ high frequency** (Rad) ondes fpl ultra-courtes; (Electronics) très haute fréquence. (b) (absolutely) tout, de loin. **~ best quality** toute première qualité; **~ last/first** tout dernier/premier; **the ~ cleverest** de loin le plus intelligent; **at the ~ latest** au plus tard; **at the ~ most/least** tout au plus/moins; **in the ~ best of health** en excellente santé; **it's my ~ own** c'est à moi tout seul; **the ~ next shop** le magasin tout de suite après; **the ~ same day** le jour même; **the ~ same hat** exactement le même chapeau; **the ~ next day** le lendemain même.
2 adj (a) (precise) même. **that ~ day** ce jour même; **his ~ words** ses propos mêmes; **the ~ thing!** (of object) voilà justement ce qu'il me faut; (of idea etc) c'est idéal; **the ~ man I need** tout à fait l'homme qu'il me faut. (b) (extreme) tout. **at the ~ end** [year] tout à la fin; [road] tout au bout; **to the ~ end** jusqu'au bout; **in the ~ depths of** au plus profond de. (c) (mere) seul. **the ~ word** le mot seul, rien que le mot; **the ~ thought of it** rien que d'y penser; **the ~ idea!** quelle idée alors!
vespers ['vespəz] npl vêpres fpl.
vessel ['vesl] n (all senses) vaisseau m.
vest¹ [vest] 1 n (a) (Brit) [man] tricot m de corps; [woman] chemise f américaine. (b) (US) gilet m. 2 adj: **~ pocket** poche f de gilet.
vest² [vest] vt: **to ~ sb with sth, to ~ sth in sb** investir qn de qch; **the authority ~ed in me** l'autorité dont je suis investi; (Fin) **~ed interests** droits mpl acquis; (fig) **he has a ~ed interest in it** il est directement intéressé là-dedans.
vestibule ['vestɪbjuːl] n vestibule m.
vestige ['vestɪdʒ] n (gen) vestige m. (fig) **not a ~ of truth/common sense** pas une trace de vérité/de bon sens.

vestment ['vestmənt] n vêtement m sacerdotal.
vestry ['vestrɪ] n sacristie f.
vet [vet] 1 n (abbr of **veterinary surgeon**) vétérinaire mf. 2 vt revoir; application examiner minutieusement. **it was ~ted by him** c'est lui qui l'a approuvé; **to ~ sb for a job** se renseigner de façon approfondie au sujet de qn avant de lui offrir un poste.
vetch [vetʃ] n vesce f.
veteran ['vetərən] 1 n vétéran m. **war ~** ancien combattant m. 2 adj traveller, writer chevronné. **she is a ~ campaigner for ...** elle fait campagne depuis toujours pour ...; **a ~ teacher/golfer** un vétéran de l'enseignement/du golf; **~ car** voiture f d'époque (avant 1916).
veterinary ['vetərɪnərɪ] adj vétérinaire. **~ surgeon** vétérinaire mf.
veto ['viːtəʊ] 1 n, pl **-es** veto m. **to have a/use one's ~** avoir un/exercer son droit de veto. 2 vt (also **put a ~ on**) opposer son veto à.
vex [veks] vt contrarier, fâcher. ♦ **vexation** n ennui m. ♦ **vexatious** or ♦ **vexing** adj contrariant. ♦ **vexed** adj fâché (with sb contre qn); question controversé; **to get ~ed** se fâcher.
via ['vaɪə] prep par, via.
viable ['vaɪəbl] adj viable. ♦ **viability** n viabilité f.
viaduct ['vaɪədʌkt] n viaduc m.
vibes [vaɪbz] npl (abbr of **vibrations**) **the ~ are wrong** ça ne gaze pas*.
vibrate [vaɪ'breɪt] vi vibrer (with de). ♦ **vibrant** adj vibrant. ♦ **vibration** n vibration f.
viburnum [vaɪ'bɜːnəm] n viorne f.
vicar ['vɪkəʳ] n (C of E) pasteur m; (RC) vicaire m. ♦ **vicarage** n presbytère m (anglican).
vicarious [vɪ'kɛərɪəs] adj suffering etc à la place d'un autre. **to get ~ pleasure from** retirer indirectement du plaisir de. ♦ **vicariously** adv indirectement.
vice¹ [vaɪs] n vice m, (less strong) défaut m. [animal] **he has no ~s** il n'est pas vicieux. 2 adj (Police) **~ squad** brigade f des mœurs.
vice² [vaɪs] n (tool) étau m.
vice³ ['vaɪsɪ] prep à la place de.
vice- [vaɪs] pref vice-. **~admiral** vice-amiral m; **~chairman** vice-président(e) m(f); **~chancellor** (Univ) recteur m; (Jur) vice-chancelier m; **~president** vice-président(e) m(f). ♦ **viceroy** n vice-roi m.
vice versa ['vaɪsɪ'vɜːsə] adv vice versa.
vicinity [vɪ'sɪnɪtɪ] n (nearby area) environs mpl, alentours mpl; (closeness) proximité f. **in the ~** dans les environs; **in the ~ of** aux alentours de.
vicious ['vɪʃəs] adj remark, look méchant; kick, attack brutal; tongue de vipère; habit, animal, circle vicieux. ♦ **viciously** adv méchamment, brutalement. ♦ **viciousness** n méchanceté f; brutalité f.
vicissitude [vɪ'sɪsɪtjuːd] n vicissitude f.
victim ['vɪktɪm] n victime f. **to be the ~ of** être victime de; **to fall (a) ~ to** devenir la victime de; (fig: to sb's charms etc) succomber à. ♦ **victimization** n représailles fpl (subies par un ou plusieurs des responsables); **he alleged ~ization** il a prétendu être victime de représailles. ♦ **victimize** vt prendre pour victime; (after strike etc) exercer des représailles sur; **to be ~ized** être victime de représailles.
Victorian [vɪk'tɔːrɪən] 1 n Victorien(ne) m(f). 2 adj victorien. ♦ **Victoriana** n antiquités fpl victoriennes.
victory ['vɪktərɪ] n victoire f. **to win a ~ over** remporter une victoire sur. ♦ **victor** n vainqueur m. ♦ **victorious** [vɪk'tɔːrɪəs] adj (gen) victorieux; shout de victoire; **to be victorious** sortir victorieux (in de). ♦ **victoriously** adv victorieusement.
victuals ['vɪtlz] npl victuailles fpl.
video ['vɪdɪəʊ] 1 adj system etc vidéo inv. **~cas-**

sette vidéocassette *f*; ~ **(cassette) recorder** magnétoscope *m*; ~ **recording** enregistrement *m* sur magnétoscope; ~ **frequency** vidéofréquence *f*. **2** *n* (*: *US*) télévision *f*, télé* *f*. ◆ **videophone** *n* vidéophone *m*. ◆ **videotape 1** *n* (bande *f* de) magnétoscope *m*; **2** *vt* enregistrer sur magnétoscope.

vie [vaɪ] *vi* rivaliser (*with sb in doing* avec qn pour faire), lutter (*with sb for sth* avec qn pour (avoir) qch; *with sb for doing* avec qn pour faire).

view [vjuː] **1** *n* **(a)** (*gen*) vue *f*. in full ~ of en plein devant; to come into ~ apparaître; to come into ~ of arriver en vue de; the house is within ~ of the sea de la maison on voit la mer; hidden from ~ caché; (*lit, fig*) to keep sth in ~ ne pas perdre qch de vue; [*exhibit*] on ~ exposé; the house is on ~ on peut visiter la maison; back/front ~ of the house la maison vue de derrière/de devant; you'll get a better ~ from here vous verrez mieux d'ici; there is a splendid ~ la vue est splendide; a ~ over ... une vue sur ...; 50 ~s of Paris 50 vues de Paris; a room with a ~ une chambre avec une belle vue. **(b)** (*opinion*) avis *m*, opinion *f*. in my ~ à mon avis; to hold ~s on avoir des opinions sur; to take the ~ that penser que; to take a dim* or a poor ~ of sth apprécier médiocrement qch; to fall in with sb's ~s tomber d'accord avec qn; point of ~ point *m* de vue. **(c)** (*survey*) vue *f*, aperçu *m*. a general *or* an overall ~ of a problem une vue d'ensemble d'un problème; to take the long ~ prévoir les choses de loin; in ~ of étant donné, vu; in ~ of the fact that étant donné que, vu que. **(d)** (*intention*) but *m*. to have in ~ envisager (*sth* qch; *doing* de faire); with this in ~ dans ce but; with a ~ to doing dans l'intention de faire.

2 *vt* **(a)** *house etc* visiter. **(b)** (*consider*) *problem, prospect* envisager.

3 *vi* (*TV*) regarder la télévision.

◆ **viewer** *n* **(a)** (*TV*) téléspectateur *m*, -trice *f*; **(b)** (*for slides*) visionneuse *f*. ◆ **viewfinder** *n* viseur *m*. ◆ **viewpoint** *n* point *m* de vue.

vigil [ˈvɪdʒɪl] *n* (*gen*) veille *f*; (*by sickbed etc*) veillée *f*; (*Rel*) vigile *f*. ◆ **vigilance** *n* vigilance *f*. ◆ **vigilant** *adj* vigilant. ◆ **vigilante** *n* membre *m* d'un groupe d'autodéfense. ◆ **vigilantly** *adv* avec vigilance.

vigour, (*US*) **vigor** [ˈvɪɡər] *n* vigueur *f*. ◆ **vigorous** *adj* vigoureux. ◆ **vigorously** *adv* vigoureusement.

vile [vaɪl] *adj* (*base, evil*) vil, ignoble; (*extremely bad*) exécrable. in a ~ temper d'une humeur massacrante. ◆ **vilely** *adv* vilement. ◆ **vileness** *n* vilenie *f*. ◆ **vilification** [ˌvɪlɪfɪˈkeɪʃən] *n* calomnie *f*. ◆ **vilify** *vt* calomnier.

villa [ˈvɪlə] *n* (*in town*) pavillon *m* (*de banlieue*); (*in country*) maison *f* de campagne; (*by sea*) villa *f*.

village [ˈvɪlɪdʒ] **1** *n* village *m*, bourgade *f*, patelin* *m*. **2** *adj school etc*, idiot du village. ~ **green** pré *m* communal; the ~ **inn** l'auberge *f* du village; a ~ **inn** une auberge de campagne. ◆ **villager** *n* villageois(e) *m(f)*.

villain [ˈvɪlən] *n* scélérat *m*; (*in drama, novel*) traître(sse) *m(f)*; (*: *rascal*) coquin(e) *m(f)*; (*Police etc sl: criminal*) bandit *m*. ◆ **villainous** *adj* (*gen*) *deed etc* infâme; (*: *bad*) *coffee, weather* abominable. ◆ **villainy** *n* infamie *f*.

vim* [vɪm] *n* entrain *m*.

vindicate [ˈvɪndɪkeɪt] *vt* (*gen*) justifier; *rights* faire valoir. ◆ **vindication** *n* justification *f*; in vindication of pour justifier.

vindictive [vɪnˈdɪktɪv] *adj* vindicatif. ◆ **vindictively** *adv* vindicativement.

vine [vaɪn] *n* vigne *f*. ◆ **vine-grower** *n* viticulteur *m*, vigneron *m*. ◆ **vine-growing** *adj district* viticole. ◆ **vineyard** [ˈvɪnjəd] *n* vignoble *m*.

vinegar [ˈvɪnɪɡər] *n* vinaigre *m*.

vintage [ˈvɪntɪdʒ] **1** *n* (*harvesting; season*) ven-

danges *fpl*; (*year*) année *f*. what ~ is it? c'est de quelle année?; the 1972 ~ le vin de 1972. **2** *adj wine* de grand cru. a ~ **year** une bonne année (*for* pour); ~ **car** voiture *f* d'époque (*1917–1930*).

vinyl [ˈvaɪnɪl] **1** *n* vinyle *f*. **2** *adj* de vinyle.

viola¹ [vɪˈəʊlə] *n* (*Mus*) alto *m*. ~ **player** altiste *mf*.

viola² [ˈvaɪəʊlə] *n* (*Bot*) pensée *f*.

violate [ˈvaɪəleɪt] *vt* violer. ◆ **violation** *n* violation *f*; it's a violation of his privacy c'est s'ingérer dans sa vie privée.

violence [ˈvaɪələns] *n* violence *f*. to use ~ against employer la violence contre; there was an outbreak of ~ de violents incidents *mpl* ont éclaté; racial ~ violents incidents raciaux; crime of ~ voie *f* de fait; (*Jur*) robbery with ~ vol *m* avec coups et blessures; (*fig*) to do ~ to faire violence à. ◆ **violent** *adj* (*gen*) violent; *halt, braking* brutal; *colour* criard; to die a violent death mourir de mort violente; to have a violent temper avoir un tempérament violent; to be in a violent temper être dans une rage folle; by violent means par la violence; a violent dislike une vive aversion (*for* envers). ◆ **violently** *adv struggle, react* violemment; (*severely*) *ill, angry* terriblement; to behave violently se montrer violent; to fall violently in love with tomber follement amoureux de.

violet [ˈvaɪəlɪt] **1** *n* (*Bot*) violette *f*; (*colour*) violet *m*. **2** *adj* violet.

violin [ˌvaɪəˈlɪn] **1** *n* violon *m*. **2** *adj sonata* pour violon. ◆ **violinist** *n* violoniste *mf*.

viper [ˈvaɪpər] *n* vipère *f*.

virgin [ˈvɜːdʒɪn] **1** *n* vierge *f*; garçon *m* vierge. she/he is a ~ elle/il est vierge; the Blessed V~ la Sainte Vierge. **2** *adj*; (*fig*) *forest* vierge; *snow* frais. ◆ **virginity** *n* virginité *f*.

Virginia creeper [vəˈdʒɪnjəˈkriːpər] *n* vigne *f* vierge.

Virgo [ˈvɜːɡəʊ] *n* (*Astron*) la Vierge.

virile [ˈvɪraɪl] *adj* viril. ◆ **virility** *n* virilité *f*.

virtual [ˈvɜːtjʊəl] *adj*: he is the ~ **leader** en fait c'est lui le chef; it was a ~ **failure** ce fut pratiquement un échec. ◆ **virtually** *adv* (*when it comes to the bit*) en fait; (*to all intents and purposes*) pratiquement; he is ~ly the leader en fait c'est lui le chef; it ~ly failed ça a pratiquement échoué; ~ly certain pratiquement certain.

virtue [ˈvɜːtjuː] *n* vertu *f*. to make a ~ of necessity faire de nécessité vertu; by ~ of en vertu de; to have the ~ of being [*thing*] avoir l'avantage d'être; [*person*] avoir le mérite d'être; there is no ~ in doing that il n'y a aucun mérite à faire cela. ◆ **virtuous** *adj* vertueux. ◆ **virtuously** *adv* vertueusement.

virtuoso [ˌvɜːtjʊˈəʊzəʊ] **1** *n* virtuose *mf*. violin ~ virtuose du violon. **2** *adj performance* de virtuose. ◆ **virtuosity** *n* virtuosité *f*.

virulence [ˈvɪrʊləns] *n* virulence *f*. ◆ **virulent** *adj* virulent.

virus [ˈvaɪərəs] *n* virus *m*. rabies ~ virus de la rage; ~ **disease** maladie *f* virale.

visa [ˈviːzə] *n* visa *m* (*de passeport*).

vis-à-vis [ˈviːzəviː] *prep* vis-à-vis de.

viscera [ˈvɪsərə] *npl* viscères *mpl*.

viscount [ˈvaɪkaʊnt] *n* vicomte *m*.

viscous [ˈvɪskəs] *adj* visqueux.

vise [vaɪs] *n* (*US*) = **vice²**.

visible [ˈvɪzəbl] *adj* **(a)** visible. ~ **to the naked eye** visible à l'œil nu; to become ~ apparaître. **(b)** (*obvious*) manifeste. with ~ **impatience** avec une impatience manifeste. ◆ **visibility** *n* visibilité *f*. ◆ **visibly** *adv* visiblement; (*obviously*) manifestement.

vision [ˈvɪʒən] *n* (*gen*) vision *f*; (*eyesight*) vue *f*. a man of ~ un homme qui voit loin; his ~ of the future la façon dont il voit l'avenir; to see ~s avoir des visions; to have ~s of wealth avoir des visions de richesses; she had ~s of being drowned elle s'est vue noyée. ♦ **visionary** adj, n visionnaire (mf).

visit ['vɪzɪt] **1** n (call, tour) visite f; (stay) séjour m. **to pay a ~ to** person rendre visite à; place aller à; **to be on a ~ to.** person être en visite chez; place faire un séjour à; **on a private/an official ~** en visite privée/officielle; (fig) **to pay a ~*** aller au petit coin*. **2** vt **(a)** (go and see) person aller voir; (more formally) rendre visite à; town, museum, zoo, theatre aller à. **(b)** (stay with or in) person faire un séjour chez; town, country faire un séjour à (or en). **(c)** (inspect) place inspecter; troops passer en revue. ♦ **visitation** n [official] visite f d'inspection; [bishop] visite pastorale. ♦ **visiting** adj professor etc associé; ~**ing card** carte f de visite; ~**ing hours or time** heures fpl de visite; (Sport) **the** ~**ing team** les visiteurs mpl; I'm not on ~**ing terms** with him nous ne nous rendons pas visite. ♦ **visitor** n (guest) invité(e) m(f); (in hotel) client(e) m(f); (tourist; also at exhibition etc) visiteur m, -euse f; ~**ors' book** livre m d'or, (in hotel) registre m; ~**ors to Paris** les visiteurs de passage à Paris; ~**ors to the exhibition** les personnes fpl visitant l'exposition.

visor ['vaɪzə'] n visière f.

vista ['vɪstə] n (view) panorama m; (fig) perspective f.

visual ['vɪzjʊəl] adj visuel. **to teach with ~ aids** enseigner par des méthodes visuelles. ♦ **visualize** vt (imagine) se représenter (sth qch; sb doing qn faisant); (foresee) envisager. ♦ **visually** adv visuellement.

vital ['vaɪtl] adj **(a)** (gen) vital; importance capital; error fatal. ♦ ~ **statistics** [population] statistiques fpl démographiques; (*: woman's) mensurations fpl; ~ **to sb/sth** indispensable à qn/pour qch; **it is** ~ **that ...** il est indispensable or vital que ... +subj. **(b)** (lively) plein d'entrain. ♦ **vitality** n vitalité f. ♦ **vitally** adv necessary absolument; urgent extrêmement; **it is** ~**ly important** c'est d'une importance capitale; **it is** ~**ly important** that il est absolument indispensable que +subj.

vitamin ['vɪtəmɪn] **1** n vitamine f. ~ **A/B etc** vitamine A/B etc; **with added** ~**s** vitaminé. **2** adj content en vitamines; tablets de vitamines. ~ **deficiency** carence f en vitamines.

vitiate ['vɪʃɪeɪt] vt vicier.

vitreous ['vɪtrɪəs] adj (gen) vitreux; enamel vitrifié. ♦ **vitrify** vt vitrifier.

vitriol ['vɪtrɪəl] n (Chem, fig) vitriol m. ♦ **vitriolic** adj (fig) venimeux.

vituperation [vɪ,tjuːpə'reɪʃən] n vitupérations fpl.

viva ['vaɪvə] n oral m. ♦ **viva voce** [~'vəʊsɪ] adv de vive voix.

vivacious [vɪ'veɪʃəs] adj vif, enjoué. ♦ **vivaciously** adv avec vivacité. ♦ **vivacity** [vɪ'væsɪtɪ] n vivacité f.

vivid ['vɪvɪd] adj colour vif, éclatant; tie etc voyant; imagination vif; recollection très net; description vivant. ♦ **vividly** adv describe d'une manière vivante; imagine de façon précise; remember très nettement. ♦ **vividness** n [colour, light] éclat m; [style] vigueur f.

vivisection [,vɪvɪ'sekʃən] n vivisection f.

vixen ['vɪksn] n renarde f; (woman) mégère f.

viz [vɪz] adv c'est-à-dire.

vizier [vɪ'zɪə'] n vizir m.

vocabulary [vəʊ'kæbjʊlərɪ] n (gen) vocabulaire m; (in textbook) lexique m.

vocal ['vəʊkəl] adj **(a)** (gen) vocal. ~ **cords** cordes fpl vocales. **(b)** (voicing opinion) group, person qui se fait entendre. ♦ **vocalic** adj vocalique. ♦ **vocalist** n chanteur m, -euse f (dans un groupe). ♦ **vocalize** vt (Ling) vocaliser; opinions etc exprimer. ♦ **vocally** adv vocalement.

vocation [vəʊ'keɪʃən] n (Rel etc) vocation f. **to have a ~ for** teaching avoir la vocation de l'enseignement. ♦ **vocational** adj training etc

professionnel; ~**al guidance** orientation f professionnelle.

vocative ['vɒkətɪv] adj, n vocatif (m).

vociferate [vəʊ'sɪfəreɪt] vi vociférer, brailler*. ♦ **vociferous** adj bruyant. ♦ **vociferously** adv en vociférant.

vodka ['vɒdkə] n vodka f.

vogue [vəʊg] n vogue f. **to be the ~ or in ~** être en vogue; **to have a great ~** être très en vogue.

voice [vɔɪs] **1** n (gen, Gram etc) voix f. **to lose one's ~** avoir une extinction de voix; **in good ~** en voix; **in a soft ~** d'une voix douce; **soft-~d** à voix douce; **at the top of his ~** à tue-tête; (fig) **to have a ~ in the matter** avoir voix au chapitre; **with one ~** à l'unanimité. **2** vt feelings etc exprimer; (Ling) consonant voiser. ♦ **voiceless** adj sans voix; consonant sourd.

void [vɔɪd] **1** n vide m. **to fill the ~** combler le vide. **2** adj (gen) vide; (Jur) nul. ~ **of** dépourvu de.

volatile ['vɒlətaɪl] adj (Chem) volatil; (fig) situation explosif; person versatile.

volcano [vɒl'keɪnəʊ] n volcan m. ♦ **volcanic** [vɒl'kænɪk] adj volcanique.

vole [vəʊl] n (Zool) campagnol m.

volition [vɒ'lɪʃən] n: **of one's own ~** de son propre gré.

volley ['vɒlɪ] **1** n **(a)** (Mil) volée f; [stones] grêle f; [insults] bordée f; [applause] salve f. **(b)** (Sport) volée f. **2** vt ball reprendre de volée. ♦ **volleyball** n volley(-ball) m.

volt [vəʊlt] n volt m. ♦ **voltage** n voltage m, tension f; **high/low ~age** haute/basse tension.

volte-face ['vɒlt'fɑːs] n volte-face f inv.

voluble ['vɒljʊbl] adj voluble. ♦ **volubility** n volubilité f. ♦ **volubly** adv avec volubilité.

volume ['vɒljuːm] n **(a)** (book) volume m. **in 6 ~s** en 6 volumes; ~ **one** tome m premier; ~ **two/ three etc** tome deux/trois etc. **(b)** (size; sound) volume m; [tank] capacité f. ~ **of water/production** volume d'eau/de la production; (Rad, TV) **to turn the ~ up/down** augmenter/diminuer le volume; ~**s of smoke** nuages mpl de fumée; ~**s of tears** flots mpl de larmes; **to write ~s** écrire des volumes; **it speaks ~s for ...** cela en dit long sur ... . ♦ **voluminous** adj volumineux.

volunteer [,vɒlən'tɪə'] **1** n (Mil, gen) volontaire mf. **2** adj army, group de volontaires; helper bénévole. **3** vt help etc offrir de son plein gré; information, suggestion, facts fournir spontanément. **'seven' he ~ed** 'sept' dit-il spontanément. **4** vi s'offrir, se proposer (for sth pour qch; to do pour faire); (Mil) s'engager comme volontaire (for dans). ♦ **voluntarily** adv (willingly) volontairement; (without payment) bénévolement. ♦ **voluntary** adj confession, contribution volontaire; (unpaid) help, work, worker bénévole.

voluptuous [və'lʌptjʊəs] adj voluptueux. ♦ **voluptuously** adv voluptueusement. ♦ **voluptuousness** n volupté f.

vomit ['vɒmɪt] **1** vti vomir. **2** n vomi m. ♦ **vomiting** n vomissements mpl.

voracious [və'reɪʃəs] adj (gen) vorace; reader avide. ♦ **voraciously** adv eat avec voracité. ♦ **voracity** [vɒ'ræsɪtɪ] n voracité f.

vortex ['vɔːteks] n vortex m; (fig) tourbillon m.

votary ['vəʊtərɪ] n fervent(e) m(f) (of de).

vote [vəʊt] **1** n (gen) vote m; (~ cast) vote, voix f (for pour; against contre). **to give the ~ to sb** accorder le droit de vote à qn; ~**s for women!** droit de vote pour les femmes!; **to put sth to the ~** mettre qch au vote; **to take a ~** procéder au vote (on sur); ~ **of censure or no confidence** motion f de censure; **to pass a ~ of censure** voter la censure; **to pass a ~ of confidence** in passer un vote de confiance à l'égard de; ~ **of thanks** discours m de remerciement; **to win ~s** gagner des voix; **to count the ~s** compter les voix or les votes, (Pol) dépouiller le scrutin; **the Labour ~** les voix

travaillistes. **2** *vt* **(a)** (~ **through**) *bill, sum of money etc* voter. **the committee** ~**d to request a subsidy** le comité a voté une demande d'une subvention. **(b)** (*elect:* ~ **in**) élire. **he was** ~**d chairman** il a été élu président; (*fig*) **they** ~**d her the best cook** ils l'ont proclamée la meilleure cuisinière; **I** ~* **we go** je propose qu'on y aille. **3** *vi* voter (*for sb/sth* pour qn/qch; *against* contre). ~ **for Robert!** votez Robert!; **to** ~ **Socialist** voter socialiste; **to** ~ **on sth** mettre qch au vote. ♦ **voter** *n* électeur *m*, -trice *f*. ♦ **voting 1** *n* (*process of voting*) scrutin *m*; (*result*) vote *m*; **2** *adj*: **voting booth** isoloir *m*; **voting paper** bulletin *m* de vote.
votive ['vəʊtɪv] *adj* votif.
vouch [vaʊtʃ] *vi*: **to** ~ **for** (*gen*) répondre de; *truth of sth* garantir. ♦ **voucher** *n* (*gen*) bon *m*; (*receipt*) reçu *m*.
vow [vaʊ] **1** *n* vœu *m*. **to take** *or* **make a** ~ faire (le) vœu (*to do* de faire); (*Rel*) **to take one's** ~**s** pro-

noncer ses vœux. **2** *vt* jurer (*to do* de faire; *that* que); *obedience etc* vouer.
vowel ['vaʊəl] **1** *n* voyelle *f*. **2** *adj* vocalique.
voyage ['vɔɪdʒ] **1** *n* voyage *m* par mer, traversée *f*. **to go on a** ~ partir en voyage (par mer); **the** ~ **out/home** le voyage d'aller/de retour; ~ **of discovery** voyage d'exploration. **2** *vi* voyager (par mer). ♦ **voyager** *n* voyageur *m*, -euse *f*.
vulcanize ['vʌlkənaɪz] *vt* vulcaniser. ♦ **vulcanite** *n* ébonite *f*. ♦ **vulcanization** *n* vulcanisation *f*.
vulgar ['vʌlgəʳ] *adj* (*gen*) vulgaire; (*pej*) vulgaire, grossier. ~ **Latin** latin *m* vulgaire; ~ **word** gros mot *m*; ~ **fraction** fraction *f* ordinaire. ♦ **vulgarity** *n* vulgarité *f*. ♦ **vulgarly** *adv* (*all senses*) vulgairement. ♦ **Vulgate** *n* Vulgate *f*.
vulnerable ['vʌlnərəbl] *adj* vulnérable. **his** ~ **spot** son point faible. ♦ **vulnerability** *n* vulnérabilité *f*.
vulture ['vʌltʃəʳ] *n* vautour *m*.

W

W, w ['dʌblju:] n (letter) W, w m.
wad [wɒd] **1** n (cloth, paper, cotton wool) tampon m; (putty, chewing gum) boulette f; (straw) bouchon m; (tobacco) carotte f, (chewing) chique f; (documents, banknotes) liasse f. **2** vt garment ouater; quilt rembourrer. ♦ **wadding** n (gen) bourre f; (for lining) rembourrage m; (for garments) ouate f.
waddle ['wɒdl] vi se dandiner. **to ~ in/out** etc entrer/sortir etc en se dandinant.
wade [weɪd] **1** vi (for fun) barboter. **to ~ through** water, mud patauger dans; long grass avancer avec difficulté dans; (*fig) book, work etc venir péniblement à bout de; **to ~ ashore** regagner la rive à pied; (fig) **to ~ into sb*** (attack) tomber sur qn; (scold) engueuler‡ qn; **to ~ into a meal*** attaquer* un repas. **2** vt stream traverser à gué.
♦ **wader** n (boot) botte f de pêcheur; (bird) échassier m.
wafer ['weɪfər] n (Culin) gaufrette f; (Rel) hostie f.
♦ **wafer-thin** adj mince comme une pelure d'oignon.
waffle¹ ['wɒfl] n (Culin) gaufre f. **~ iron** gaufrier m.
waffle²* ['wɒfl] **1** n (words) verbiage m. **2** vi parler interminablement (about de), parler pour ne rien dire.
wag [wæg] **1** vt (gen) agiter, remuer (sth at sb/sth qch dans la direction de qn/qch). **the dog ~ged its tail at me** le chien a remué la queue en me voyant. **2** vi (tail) remuer. (fig) **his tongue never stops ~ging** il a la langue bien pendue; **it set tongues ~ging** cela a fait jaser. **3** n: **with a ~ of its tail** en remuant la queue. ♦ **wagtail** n hochequeue m.
wage [weɪdʒ] **1** n (also ~s) salaire m, paye f; (servant) gages mpl. **hourly/weekly ~** salaire horaire/hebdomadaire; **2 days' ~s** 2 jours de salaire or de paye; **his ~s are £75 per week** il touche 75 livres par semaine; **he gets a good ~** il est bien payé. **2** adj rise de salaire; scale, freeze des salaires. **~ demand** or **claim** demande f de révision de salaire; **~ earner** salarié(e) m(f); **the family ~ earner** le soutien de la famille; **~ packet** paye f; **~s clerk** ≃ aide-comptable mf; **~s slip** fiche f de paye. **3** vt: **to ~ war** faire la guerre (against à, contre); **to ~ a campaign** mener une campagne (for pour).
wager ['weɪdʒər] **1** vt parier (sth on qch sur; that que). **2** n pari m.
waggle ['wægl] **1** vt pencil, tail etc agiter; loose screw etc faire jouer; hips tortiller de. **2** vi (tail) frétiller; (tooth) branler.
waggon, (esp US) **wagon** ['wægən] n (horse-drawn) chariot m; (truck) camion m; (Rail) wagon m (de marchandises); (tea trolley) table f roulante, (larger: for tea urn) chariot. (fig) **to go on the ~*** ne plus boire (d'alcool). ♦ **wag(g)oner** n roulier m. ♦ **wag(g)onload** n (Agr) charretée f; (Rail) wagon m.
waif [weɪf] n enfant mf misérable. **~s and strays** enfants mpl abandonnés.
wail [weɪl] **1** vi (gen) gémir; (cry) pleurer; (whine) pleurnicher; (baby) vagir; (siren) hurler. **2** n gémissement m; pleurs mpl; pleurnichements mpl; vagissement m; hurlement m. ♦ **wailing 1** n gémissements mpl; vagissements mpl; hurle-

ments mpl; **2** adj child gémissant; sound plaintif.
wainscot(t)ing ['weɪnskətɪŋ] n lambrissage m (en bois).
waist [weɪst] **1** n (gen) taille f, ceinture f. **to put one's arm round sb's ~** prendre qn par la taille; **stripped to the ~** torse nu; **he was up to the ~ in water** l'eau lui arrivait à la ceinture; **high-/low-~ed dress** robe f à taille haute/basse. **2** adj: **~ measurement** or **size** tour m de taille.
♦ **waistband** n ceinture f (de jupe etc).
♦ **waistcoat** n gilet m. ♦ **waistline** n taille f; **to watch one's ~line** faire attention à sa ligne.
wait [weɪt] **1** n (a) (gen) attente f. **a 3-hour ~** 3 heures d'attente; (between trains) 3 heures de battement m; **to lie in ~** être à l'affût; **to lie in ~ for sb** (huntsman, lion, reporter) guetter qn; (bandits, guerrillas) dresser un guet-apens à qn. (b) (Brit) **the ~s** les chanteurs mpl de Noël.
  2 vi (a) attendre (for sb/sth qn/qch; until que). **~ a moment!** un instant!; **~ till you're old enough** attends d'être assez grand; **just you ~!** tu vas voir ce que tu vas voir!; **just ~ till your father finds out!** attends un peu que ton père apprenne ça!; **~ and see!** attends voir!; **we'll just have to ~ and see** il va falloir attendre; **to keep sb ~ing** faire attendre qn; **they'll do it while you ~** on va le faire pendant que vous attendez; **'repairs while you ~'** 'réparations à la minute'; **he didn't ~ to be told twice** il ne s'est pas fait dire deux fois; **that was worth ~ing for** cela valait la peine d'attendre; **I can't ~ to see him again** je meurs d'envie de le revoir; **they can't ~ to reverse this policy** ils brûlent de révoquer cette politique; **parcel ~ing to be collected** colis m en souffrance. (b) **to ~ at table** servir à table.
  3 vt (a) attendre. **we'll ~ lunch for you** nous vous attendrons pour nous mettre à table. (b) (US) **to ~ table** servir à table.
wait about, wait around vi attendre (for sb/sth qn/qch); (loiter) traîner.
wait behind vi rester (for sb pour attendre qn).
wait on vt fus (servant) servir. **she ~s on him hand and foot** elle est aux petits soins pour lui.
wait up vi ne pas se coucher (till 2 o'clock avant 2 heures; for sb avant que qn ne revienne). **don't ~ up for me** couchez-vous sans m'attendre; **you can ~ up to see the programme** tu peux voir le programme avant de te coucher.
wait upon vt fus (ambassador etc) présenter ses respects à.
♦ **waiter** n garçon m (de café); **~er!** garçon!, monsieur! ♦ **waiting 1** n attente f; (Aut) 'no ~ing' 'stationnement strictement interdit'; **2** adj crowd etc qui attend; (fig) **to play a ~ing game** (gen) attendre son heure; (in negotiations etc) mener une politique d'attente; **~ing list** liste f d'attente; **~ing room** salon m d'attente, (in station etc) salle f d'attente. ♦ **waitress** n serveuse f.
waive [weɪv] vt claim renoncer à; condition abandonner. ♦ **waiver** n renonciation f (of à).
wake¹ [weɪk] n (ship) sillage m. (fig) **in the ~ of** à la suite de; **to bring sth in its ~** amener qch dans son sillage; **to follow in sb's ~** marcher sur les traces de qn.
wake² [weɪk] pret **woke, waked,** ptp **waked, woken**

1 *vi* (~ **up**) se réveiller (*from* de); (*fig: start to work etc*) se secouer. ~ **up!** réveille-toi!; **she woke (up) to find them gone** à son réveil elle s'est aperçue qu'ils étaient partis; (*fig*) **to** ~ (**up**) **to sth** prendre conscience de qch. **2** *vt* (~ **up**) *person* réveiller (*from* de); (*fig*) *memories, desires* éveiller. **a noise that would** ~ **the dead** un bruit à réveiller les morts; (*fig*) **he needs sth to** ~ **him up** il a besoin d'être secoué. **3** *n* (**a**) (*over corpse*) veillée *f* mortuaire. (**b**) (*N Engl*) W~s (**Week**) semaine de congé annuel. ♦ **wakeful** *adj* (*awake*) éveillé; (*alert*) vigilant; *hours etc* sans sommeil. ♦ **waken** *vti* = **wake²**. ♦ **wakey-wakey!** *excl* réveillez-vous! ♦ **waking** **1** *adj* (*not sleeping*) éveillé; **in one's waking hours** pendant les heures de veille; **all his waking hours** chaque heure de sa journée; **2** *n*: **between waking and sleeping** entre la veille et le sommeil.

Wales [weilz] *n* pays *m* de Galles. **North/South** ~ le Nord/le Sud du pays de Galles; **Secretary of State for** ~ ministre *m* chargé du pays de Galles.

walk [wɔːk] **1** *n* (**a**) (*gen*) promenade *f*; (~*ing race*) épreuve *f* de marche. **to go for a** ~ se promener, faire une promenade, (*shorter*) faire un tour, (*hike*) faire une randonnée; **a long** ~ une grande promenade; **to take sb for a** ~ emmener qn se promener; **to take the dog for a** ~ promener le chien; **it is 10 minutes'** ~ **from here** c'est à 10 minutes à pied d'ici; **it's only a short** ~ **to the shops** il n'y a pas loin à marcher jusqu'aux magasins. (**b**) (*gait*) démarche *f*. **I knew him by his** ~ je l'ai reconnu à sa démarche. (**c**) **to slow down to a** ~ ralentir pour aller au pas; **at a** ~ sans courir. (**d**) (*avenue*) avenue *f*; (*path: in garden*) allée *f*; (*in country*) chemin *m*. (*fig*) **from all** ~**s of life** de toutes conditions sociales.

2 *vi* (*gen*) marcher (*on* sur); (*not run*) aller au pas; (*not ride or drive*) aller à pied; (*go for a* ~) se promener; [*ghost*] apparaître. **to** ~ **back/down** *etc* rentrer/descendre *etc* (à pied *or* sans courir); (*fig*) **you must** ~ **before you can run** on apprend petit à petit; **he** ~**s in his sleep** il est somnambule; **he's** ~**ing in his sleep** il marche en dormant; **to** ~ **up and down** marcher de long en large; (*fig*) **my pen seems to have** ~**ed*** mon stylo a fichu le camp*; **to** ~ **all the way to London** faire tout le chemin à pied jusqu'à Londres; **to** ~ **home** rentrer à pied; **to** ~ **into** *trap, ambush* tomber dans; (*bump into*) *table, person* se cogner à.

3 *vt* (**a**) *distance* faire à pied. **you can** ~ **it in a couple of minutes** à pied cela vous prendra deux minutes; (*fig: easy*) **he** ~**ed it*** cela a été un jeu d'enfant pour lui. (**b**) *town, road* parcourir. **to** ~ **the streets** se promener dans les rues; (*from poverty*) errer dans les rues; [*prostitute*] faire le trottoir; **to** ~ **the plank** subir le supplice de la planche. (**c**) (*cause to* ~) *invalid, prisoner* faire se promener; *dog* promener; *horse* conduire à pied; *cycle* pousser. **I** ~**ed him round Paris** je l'ai promené dans Paris; **to** ~ **sb in** *etc* faire entrer *etc* qn; **I'll** ~ **you home/to the station** je vais vous raccompagner/vous accompagner à la gare; **they** ~**ed him off his feet** ils l'ont tellement fait marcher qu'il ne tenait plus debout.

walk about, walk around *vi* aller et venir.
walk across *vi* (*over bridge etc*) traverser. **to** ~ **across to sb** s'approcher de qn.
walk away *vi* s'éloigner (*from* de), partir. (*fig: unharmed*) **to** ~ **away from an accident** sortir indemne d'un accident; **to** ~ **away with sth** (*steal*) emporter qch en partant; (*win easily*) gagner qch haut la main.
walk in *vi* entrer. **who should** ~ **in but Paul!** et voilà que Paul est entré à ce moment-là!; **he just** ~**ed in and gave me the sack** il est entré sans crier gare et m'a annoncé qu'il me mettait à la porte.
walk off 1 *vi* = **walk away**. **2** *vt sep excess weight* perdre en marchant. **to** ~ **off a headache**

faire une promenade pour se débarrasser d'un mal de tête.
walk on *vi* (*Theat*) être figurant(e).
walk out *vi* (*go out*) sortir; (*go away*) partir; (*as protest*) partir en signe de protestation; (*strike*) se mettre en grève. **they** ~**ed out of the discussion** ils ont quitté la séance de discussion (en signe de protestation); **to** ~ **out on sb*** laisser tomber qn*.
walk up *vi* (*approach*) s'approcher (*to sb* de qn). (*at fair etc*) ~ **up,** ~ **up!** approchez, approchez!

♦ **walkabout*** *n* [*celebrity*] bain *m* de foule; **to go on a** ~**about** prendre un bain de foule. ♦ **walker** *n* (**a**) (*esp Sport*) marcheur *m*, -euse *f*; (*for pleasure*) promeneur *m*, -euse *f*; **he's a good** ~**er** il est bon marcheur; **he's a fast** ~**er** il marche vite; (**b**) (*support: for convalescents etc*) déambulateur *m*; (*for babies*) trotte-bébé *m*. ♦ **walkie-talkie** *n* talkie-walkie *m*. ♦ **walk-in** *adj cupboard* de plain-pied. ♦ **walking 1** *n* marche *f* à pied, promenade *f*; **2** *adj shoes* de marche; *miracle* ambulant; (*Mil*) **the** ~**ing wounded** les blessés *mpl* capables de marcher; **a** ~**ing encyclopedia** une encyclopédie vivante; **it is within** ~**ing distance** on peut facilement y aller à pied (*of* de); **we had a** ~**ing holiday** comme vacances nous avons fait un voyage à pied; ~**ing race** épreuve *f* de marche; ~**ing stick** canne *f*; **to be on a** ~**ing tour** faire une longue randonnée à pied. ♦ **walk(ing)-on part** *n* (*Theat*) rôle *m* de figurant(e). ♦ **walkout** *n* (*strike*) grève *f* surprise; (*from meeting etc*) départ *m* en signe de protestation; **to stage a** ~**out** faire une grève surprise, partir en signe de protestation. ♦ **walkover** *n* (*Racing*) walk-over *m*; (*fig*) (*game etc*) victoire *f* facile; (*exam etc*) jeu *m* d'enfant. ♦ **walk-up** *n* (*US*) (*house*) immeuble *m* sans ascenseur; (*apartment*) appartement *m* dans un immeuble sans ascenseur. ♦ **walkway** *n* passage *m* pour piétons.

wall [wɔːl] **1** *n* (*gen*) mur *m*; (*as defence*) rempart *m*, muraille *f*; (*interior; also of tunnel, stomach etc*) paroi *f*; [*tyre*] flanc *m*; (*fig: of smoke etc*) muraille. **within the (city)** ~**s** dans les murs; **the Great W~ of China** la grande muraille de Chine; **the Berlin W~** le mur de Berlin; **they left only the bare** ~**s standing** ils n'ont ont laissé que les murs; (*Econ*) **tariff** ~ barrière *f* douanière; ~**s have ears** les murs ont des oreilles; [*prisoner*] **to go over the** ~ s'évader; (*fig*) **to go to the** ~ [*person*] perdre la partie; (*go bankrupt*) faire faillite; [*plan, activity*] **être sacrifié; it's the weakest to the** ~ **les plus faibles doivent céder le pas**; (*fig*) **he had his back to the** ~, **he was up against the** ~ il était acculé; (*fig*) **to bang one's head against a brick** ~ se taper la tête contre les murs; (*fig*) **to come up against a blank** ~ se heurter à un mur; **to drive sb up the** ~* rendre qn dingue* *or* fou. **2** *adj cupboard, clock, map, socket* mural. ~ **chart** planche *f* murale (*gravure*); ~ **lamp** *or* **light** applique *f* (*lampe*). **3** *vt* (~ **in**) *garden* entourer d'un mur; *city* fortifier. **to** ~ **sb/sth up** murer qn/qch. ♦ **walled** *adj garden* clos; *city* fortifié. ♦ **wall-eyed** *adj* qui louche. ♦ **wallflower** *n* giroflée *f*; (*fig*) **to be a** ~**flower** faire tapisserie. ♦ **wallpaper 1** *n* papier *m* peint; **2** *vt* tapisser (de papier peint). ♦ **wall-to-wall carpeting** *n* moquette *f*.

wallaby ['wɒləbɪ] *n* wallaby *m*.
wallet ['wɒlɪt] *n* portefeuille *m*.
Walloon [wɒˈluːn] **1** *adj* wallon. **2** *n* Wallon(ne) *m(f)*; (*Ling*) wallon *m*.
wallop* ['wɒləp] **1** *n* (*grand*) coup *m*; (*sound*) fracas *m*. **it hit the floor with a** ~ **flan!** c'est tombé par terre. **2** *vt person* rosser*; *object* taper sur.

♦ **walloping* 1** *adj* (*big etc*) sacré* (*before n*), formidable*; **2** *n* (*beating*) rossée* *f*.
wallow ['wɒləu] *vi* (*gen: also in vice etc*) se vau-

trer (*in* dans); (*in self-pity etc*) se complaire (*in* à); *[ship]* être ballotté.

walnut ['wɔːlnʌt] **1** *n* noix *f*; (*tree, wood*) noyer *m*. **2** *adj* table etc *en* noyer; *cake* aux noix; *oil de* noix.

walrus ['wɔːlrəs] *n* morse *m* (Zool). (*hum*) ~ moustache moustache *f* à la gauloise.

waltz [wɔːlts] **1** *n* valse *f*. **2** *vi* valser. (*fig*) to ~ in/out entrer/sortir *etc* (*gaily*) d'un pas joyeux or (*brazenly*) avec désinvolture.

wan [wɒn] *adj* (*gen*) pâle; *person, look* triste. ♦ **wanly** *adv* smile, say tristement.

wand [wɒnd] *n* baguette *f* (magique); *[usher etc]* verge *f*, bâton *m*.

wander ['wɒndəʳ] **1** *n*: to go for a ~ around the town/the shops aller faire un tour en ville/dans les magasins. **2** *vi* (~ about, ~ around) (*gen*) errer; (*idly*) flâner; *[river, road]* serpenter; (*stray*) s'écarter (*from* de), s'égarer. to ~ in/away *etc* entrer/partir *etc* sans se presser; they ~ed round the shop ils ont flâné dans le magasin; he ~ed off the path il s'est écarté du chemin, il s'est égaré; his thoughts ~ed back to ... ses pensées se sont distraitement reportées à ...; my mind was ~ing j'étais distrait; (*pej*) his mind is ~ing il divague. **3** *vt* streets, hills errer dans. to ~ the world courir le monde. ♦ **wanderer** *n* vagabond(e) *m(f)*; (*on seeing sb*) the ~er's returned! tiens, un revenant! ♦ **wandering 1** *adj* way of life, person errant, vagabond; *river, road* qui serpente; *tribe* nomade; *minstrel* ambulant; *glance* distrait; *thoughts* vagabond; the W~ing Jew le Juif errant; **2** *npl*: ~ings vagabondages *mpl*. ♦ **wanderlust** *n* envie *f* de voir le monde.

wane [weɪn] *vi, n* (*also* be on the ~) *[moon]* décroître; *[reputation, interest]* diminuer; *[beauty, strength]* décliner. ♦ **waning** *adj* décroissant; diminuant; déclinant.

wangle* ['wæŋgl] **1** *n* combine *f*. **2** *vt* (*get*) débrouiller pour obtenir (*sth from sb* qch de qn; *sth for sb* qch pour qn); (*without paying*) carotter* (*sth for sb* qch pour qn; *sth from sb* qch à qn). I'll ~ it somehow je me débrouillerai pour arranger ça. ♦ **wangler*** *n* débrouillard(e)* *m(f)*. ♦ **wangling*** *n* système D* *m*.

want [wɒnt] **1** *vt* **(a)** (*gen*) vouloir (*to do* faire); (*wish, desire*) avoir envie de, désirer (*to do* faire). what do you ~? que voulez-vous?, que désirez-vous?; what do you ~ with or of him? qu'est-ce que vous lui voulez?; what does he ~ for that picture? combien veut-il pour ce tableau?; I don't ~ to! je n'en ai pas envie!, (*more definite*) je ne veux pas!; all I ~ is ... tout ce que je veux, c'est ...; I ~ your opinion on this je voudrais votre avis là-dessus; I ~ you to tell me ... je veux que tu me dises ...; I ~ it done je veux qu'on le fasse; I was ~ing to leave j'avais envie de partir; to ~ out* vouloir sortir, (*fig: from project etc*) vouloir laisser tomber*; you're not ~ed here on n'a pas besoin de vous ici; I know when I'm not ~ed!* je me rends compte que je suis de trop; (*fig*) you've got him where you ~ him vous le tenez à votre merci; (*iro*) you don't ~ much il n'en faut pas beaucoup pour vous faire plaisir; he ~s you in his office il veut vous voir dans son bureau; you're ~ed on the phone on vous demande au téléphone; to be ~ed by the police être recherché par la police (*for sth* pour qch); the ~ed man l'homme que la police recherche; 'good cook ~ed' on demande une bonne cuisinière'; (*Press*) 'articles ~ed' 'articles demandés'; (*sexually*) to ~ sb désirer qn. **(b)** (*need*) *[person]* avoir besoin de; *[task etc]* care, skill exiger; (*: ought*) devoir (*to do* faire). we have all we ~ nous avons tout ce qu'il nous faut; you ~ a hammer if ... tu as besoin d'un marteau si ...; the car ~s cleaning la voiture a besoin d'être lavée; you ~ to see his boat!* tu devrais voir son bateau!; (*lack*) it ~ed only his

agreement il ne manquait que son accord.

2 *vi* (*lack*) to ~ for sth manquer de qch, avoir besoin de qch.

3 *n* **(a)** (*lack*) manque *m*. for ~ of faute de; for ~ of anything better faute de mieux; for ~ of anything better to do faute d'avoir quelque chose de mieux à faire; for ~ of sth to do par désœuvrement; it wasn't for ~ of trying that he ... ce n'était pas faute d'avoir essayé qu'il ...; there was no ~ of enthusiasm ce n'était pas l'enthousiasme qui manquait. **(b)** (*poverty*) besoin *m*, misère *f*. to live in ~ être dans le besoin. **(c)** (*requirement*) his ~s are few il a peu de besoins *mpl*; it meets a long-felt ~ cela comble enfin cette lacune.

♦ **want ad*** *n* (*Press*) demande *f* (*for* de). ♦ **wanting 1** *adj*: to be ~ing manquer; ~ing in qui manque de; to be tried and found ~ing *[person]* être jugé insuffisant; *[thing]* ne pas être suffisamment bien; (*pej*) he is a bit ~ing* il est simplet; **2** *prep* (*without*) sans; (*minus*) moins.

wanton ['wɒntən] *adj* cruelty, destruction gratuit, injustifié; *woman* dévergondé. ♦ **wantonly** *adv* destroy *etc* de façon injustifiée.

war [wɔːʳ] **1** *n* guerre *f*. to be at ~ être en guerre (*with* avec); (*country*) to go to ~ entrer en guerre (*against* contre; *over* à propos de); *[soldier]* to go off to ~ partir pour la guerre; (*also fig*) to make ~ on faire la guerre à; the Great W~ la guerre de 14-18; the period between the ~s (1918-39) l'entre-deux-guerres *m* inv; (*Brit*) the W~ Office, (*US*) the W~ Department le ministère de la Guerre; to carry the ~ into the enemy's camp prendre l'offensive; (*fig*) it was ~ to the knife or the death c'était une lutte à couteaux tirés (*between* entre); (*fig*) ~ of words guerre de paroles; (*fig*) you've been in the ~s again* tu t'es encore fait estropier. **2** *adj* (*gen*) crime, widow, wound, zone de guerre; (*fig*) clouds nuages *mpl* avant-coureurs de la guerre; ~ cry cri *m* de guerre; ~ dance danse *f* guerrière; on a ~ footing sur le pied de guerre; ~ games (*Mil: for training*) kriegspiel *m*; (*practice manoeuvres*) manœuvres *fpl* militaires; (*board games*) jeux *mpl* de stratégie militaire; ~ memorial monument *m* aux morts. **3** *vi* faire la guerre (*against* à). ♦ **war-disabled** *npl* invalides *mfpl* de guerre. ♦ **warfare** *n* guerre *f* (activité); class ~fare lutte *f* des classes. ♦ **warhead** *n* ogive *f*. ♦ **warhorse** *n* (*fig*) an old ~horse (*Mil*) un vieux militaire; (*Pol etc*) un vétéran. ♦ **warlike** *adj* guerrier. ♦ **warmonger** *n* belliciste *mf*. ♦ **warmongering 1** *adj* belliciste; **2** propagande *f* belliciste. ♦ **warpath** *n* (*fig*) to be on the ~path* chercher la bagarre*. ♦ **warring** *adj* nations en guerre; (*fig*) interests contradictoires; ideologies en conflit. ♦ **warship** *n* navire *m* de guerre. ♦ **wartime 1** *n* temps *m* de guerre, in ~time en temps de guerre; **2** *adj* de guerre. ♦ **war-weary** *adj* las de la guerre.

warble ['wɔːbl] *vi* *[bird]* gazouiller; *[person]* roucouler. ♦ **warbler** *n* oiseau *m* chanteur. ♦ **warbling** *n* gazouillis *m*.

ward [wɔːd] **1** *n* **(a)** *[hospital]* salle *f*. **(b)** (*Local Government*) section *f* électorale. **(c)** (*Jur*) pupille *mf*. ~ of court pupille sous tutelle judiciaire. **2** *vt*: to ~ sth off éviter qch. ♦ **warden** *n* *[city, castle]* gouverneur *m*; *[park, game reserve]* gardien *m*, -ienne *f*; *[institution, student hostel etc]* directeur *m*, -trice *f*; *[youth hostel]* père *m* or mère *f* aubergiste; *[traffic warden]* contractuel(le) *m(f)*. ♦ **warder** *n* gardien *m* (de prison). ♦ **wardress** *n* gardienne *f* (de prison). ♦ **wardroom** *n* (*Naut*) carré *m*.

wardrobe ['wɔːdrəʊb] *n* (*cupboard*) armoire *f*; (*clothes*) garde-robe *f*; (*Theat*) costumes *mpl*. (*Theat*) ~ mistress costumière *f*.

warehouse ['wɛəhaʊs] *n* entrepôt *m*, magasin *m*. ♦ **warehouseman** *n* magasinier *m*.

wares [wɛəz] *npl* marchandises *fpl*.

warm [wɔːm] **1** *adj* **(a)** *(gen)* (assez) chaud; *iron, oven* moyen. **I am ~** j'ai (assez) chaud; **this room is quite ~** il fait (assez) chaud dans cette pièce; **as ~ as toast** chaud comme une caille; **it's ~, the weather is ~** il fait chaud; **it's nice and ~ in here** il fait bon ici; in **~ weather** par temps chaud; *(Met)* **~ front** front *m* chaud; **the water is just ~** l'eau est juste chaude; **this coffee's only ~** ce café est tiède; **to get sth ~** chauffer qch; **to get** *or* **grow ~** *[person]* se réchauffer; *[water, object]* chauffer; (in guessing etc games) **you're getting ~(er)!** tu chauffes! **to keep sth ~** tenir qch au chaud; **it keeps me ~** ça me tient chaud; **keep him ~** ne le laissez pas prendre froid; **keep (yourself) ~** ne prenez pas froid; **it's ~ work** c'est du travail qui donne chaud. **(b)** *(fig)* *colour, discussion* chaud; *voice, feelings, welcome, congratulations* chaleureux; *apologies, thanks* vif; *supporter* ardent. **she is a very ~ person** elle est très chaleureuse de nature; (in letter) **with ~est wishes** avec tous mes vœux les plus amicaux.

2 *n*: **to give sth a ~** chauffer qch; **to have a ~ by the fire** se chauffer près du feu; **come and sit in the ~** venez vous asseoir au chaud.

3 *vt* **(~ up)** *person, room* réchauffer; *water, food, coat* chauffer, réchauffer. **to ~ one's hands** se (ré)chauffer les mains; *(fig)* **it ~ed my heart** ça m'a réchauffé le cœur.

4 *vi* **(a)** **(~ up)** *[person etc]* se réchauffer; *[water etc]* chauffer. **(b)** *(fig)* **to ~ to sth** s'enthousiasmer peu à peu pour qch; **to ~ to sb** se prendre de sympathie pour qn.

warm up 1 *vi* **(a) = warm 4a. (b)** *[engine, car]* se réchauffer; *[athlete, dancer]* s'échauffer; *[discussion, audience]* devenir animé; *[party]* commencer à être plein d'entrain; *[game]* devenir excitant. **things are ~ing up** ça commence à chauffer*. **2** *vt sep* *person, room* réchauffer; *water, food, coat* chauffer; *engine, car* faire chauffer; *discussion* animer; *(Theat etc)* *audience* mettre en train.
♦ **warm-blooded** *adj* à sang chaud. ♦ **warm-hearted** *adj* chaleureux. ♦ **warming-up exercises** *npl* exercices *mpl* d'échauffement. ♦ **warmly** *adv* *clothe, wrap up* chaudement; *(fig)* *welcome, applaud* chaleureusement; *thank, recommend* vivement; **tucked up ~ly in bed** bordé bien au chaud dans son lit. ♦ **warmth** *n* chaleur *f*. ♦ **warm-up*** *n* (Sport) période *f* d'échauffement; *(Theat, TV etc)* mise *f* en train.

warn [wɔːn] *vt* *(gen)* prévenir, avertir *(of* de, *that* que); *authorities, police* alerter. **you have been ~ed!** vous êtes averti!; **to ~ sb against doing** *or* **not to do** conseiller à qn de ne pas faire; **to ~ sb off** *or* **against sth** mettre qn en garde contre qch.
♦ **warning 1** *n* *(gen; also informal note)* avertissement *m*; *(formal letter)* avis *m*; *(signal)* alerte *f*; **without ~ing** *fall, happen* inopinément; *arrive, leave* à l'improviste, sans prévenir; **thank you for the ~ing** merci de m'avoir prévenu; a **note of ~ing** in his voice une mise en garde dans le ton qu'il a pris; **I gave you due ~ing** je vous avais bien prévenu *(that* que); *(Met)* **gale ~ing** avis de grand vent; **2** *adj* *glance, cry* d'avertissement; *sign* avertisseur; **~ing device** dispositif *m* d'alarme; **~ing light** voyant *m* avertisseur; **~ing shot** *(gen, Mil)* coup *m* tiré en guise d'avertissement; *(Naut)* coup de semonce; *(fig)* avertissement *m*; ... **he said in a ~ing tone** ... dit-il pour mettre en garde.

warp [wɔːp] **1** *n* **(a)** *(Tex)* chaîne *f*; *(fig: essence)* fibre *f*. **(b)** *(distortion: in wood etc)* voilure *f*. **2** *vt* *object* voiler; *(fig) judgment* fausser; *character* corrompre. **3** *vi* se voiler. ♦ **warped** *adj* *mind* tordu; *sense of humour* morbide; *account* tendancieux.

warrant ['wɒrənt] **1** *n* *(for travel, payment)* bon *m*; *(guarantee)* garantie *f*; *(Mil)* brevet *m*; *(Jur, Police)* mandat *m*. *(Jur)* **there is a ~ out for his arrest** on a émis un mandat d'arrêt contre lui; *(gen)* **he has no ~ for saying so** il ne s'appuie sur rien pour justifier cela. **2** *adj*: **~ officer** adjudant *m* *(auxiliaire de l'officier)*. **3** *vt* **(a)** *(justify)* justifier. **the facts do not ~ it** les faits ne le justifient pas. **(b)** *(guarantee)* garantir. **I'll ~ (you) he won't do it again!** je vous assure qu'il ne recommencera pas! ♦ **warranted** *adj* *goods* garanti; *remark* justifié. ♦ **warranty** *n* autorisation *f*; *(Comm, Jur)* garantie *f*.

warren ['wɒrən] *n* *[rabbits]* garenne *f*; *(overcrowded house)* taupinière *f* *(fig).* **a ~ of little streets** un dédale de petites rues.

warrior ['wɒrɪəʳ] *n* guerrier *m*, -ière *f*.

Warsaw ['wɔːsɔː] *n* Varsovie. **~ Pact** pacte *m* de Varsovie.

wart [wɔːt] *n* verrue *f*. *(fig)* **~s and all** sans aucun embellissement. ♦ **wart-hog** *n* phacochère *m*.

wary ['wɛərɪ] *adj* *(gen)* prudent; *manner* précautionneux. **to be ~ about sb/sth** se méfier de qn/qch; **to be ~ of doing** hésiter beaucoup à faire; **to keep a ~ eye on sb/sth** surveiller qn/qch de près. ♦ **warily** *adv* *(gen)* avec prudence; *say* avec précaution. ♦ **wariness** *n* prudence *f*.

wash [wɒʃ] **1** *n* **(a)** **to give sth a ~** laver qch; **to have a ~** se laver; **to have a quick ~** se débarbouiller; **it needs a ~** cela a besoin d'être lavé; **to send sth to the ~** envoyer qch au blanchissage; **put your jeans in the ~** mets tes jeans au sale; **your shirt is in the ~** ta chemise est à la lessive; **the colours ran in the ~** cela a déteint à la lessive; *(fig)* **it will all come out in the ~*** *(be known)* on finira bien par savoir ce qu'il en est; *(be all right)* ça finira par se tasser*. **(b) = washing 1b. (c)** *[ship]* sillage *m*; *(sound: of waves etc)* clapotis *m*. **(d)** *(with paint)* **to give sth a blue ~** badigeonner qch en bleu.

2 *vt* **(a)** *(gen)* laver. **to ~ o.s.** *[person]* se laver, faire sa toilette; *[cat]* faire sa toilette; *(fig)* **to ~ one's hands of sth** se laver les mains de; *sb* se désintéresser de; **he ~ed the dirt off his hands** il s'est lavé les mains (pour en enlever la saleté); **to ~ the dishes/clothes** faire la vaisselle/la lessive; *(fig)* **to ~ one's dirty linen in public** laver son linge sale en public; **to ~ sth clean** bien nettoyer qch; *(fig)* **~ed clean of sin** lavé de tout péché. **(b)** *[river etc]* *(carry away)* emporter; *(to shore)* rejeter; *(flow over)* *coast etc* baigner. **~ed out to sea** entraîné vers le large.

3 *vi* **(a)** *(have a ~)* se laver *(in hot water* à l'eau chaude), faire sa toilette; *(do the washing)* faire la lessive. **this fabric won't ~** ce tissu n'est pas lavable; *(fig)* **that just won't ~*** ça ne prend pas *(with* avec). **(b)** *[waves etc]* **to ~ over sth** balayer qch.

wash away *vt sep* **(a)** *stain* faire partir au lavage; *mud etc* enlever à l'eau; *[rain]* faire partir; *(fig)* *sins* laver. **(b)** *[river etc]* *boat* emporter; *river bank* éroder; *footprints* effacer.

wash down *vt sep* **(a)** *deck, car* laver à grande eau; *wall* lessiver. **(b)** *pill* faire descendre *(with* avec); *food* arroser *(with* de).

wash off 1 *vi* *(with soap)* partir au lavage; *(with water)* partir à l'eau; *(from walls)* partir au lessivage. **it won't ~ off** ça ne s'en va pas. **2** *vt sep* faire partir au lavage *or* à l'eau; *(from wall)* faire partir en lessivant.

wash out 1 *vi* **= wash off 1. 2** *vt sep* **(a) = wash off 2. (b)** *(clean)* *bottle, pan* laver. *(fig)* **the match was ~ed out** le match n'a pas eu lieu à cause de la pluie; **that has ~ed out any chance of ...** ça a anéanti toute possibilité de ...; *(tired etc)* **to be/look ~ed out*** être/avoir l'air complètement lessivé*.

wash through *vt sep* laver rapidement.

wash up 1 *vi* **(a)** *(Brit: dishes)* faire la vaisselle.

(b) (*US: have a* ~) se débarbouiller. 2 *vt sep*
(a)(*Brit*) *plates, cups* laver. (b) [*sea, tide*] rejeter
(sur le rivage). (c) (*fig*) **to be all ~ed up***
[*scheme*] être fichu*; [*marriage, relationship*]
être en ruines.
♦ **washable** *adj* lavable. ♦ **wash-and-wear** *adj*
shirt qui ne nécessite aucun repassage; (*on label*)
'ne pas repasser'. ♦ **washbasin** *or* ♦ **washbowl** *or*
♦ **wash-hand basin** *n* lavabo *m*. ♦ **washcloth** *n*
gant *m* de toilette. ♦ **washday** *n* jour *m* de lessive.
♦ **washer** *n* (a) (*in tap etc*) rondelle *f*; (b) (~*ing
machine*) machine *f* à laver; (*for windscreen*)
lave-glace *m inv*. ♦ **wash-house** *n* lavoir *m*.
♦ **washing** 1 *n* (a) (*act*) [*car*] lavage *m*; [*clothes*]
lessive *f*; [*walls*] lessivage *m*; (b) (*clothes themselves*) linge *m*, lessive *f*; **to do the** ~**ing** faire la
lessive; 2 *adj*: ~**ing day** jour *m* de lessive; ~**ing
line** corde *f* à linge; ~**ing machine** machine *f* à
laver; ~**ing powder** lessive *f* (en poudre); ~**ing
soda** cristaux *mpl* de soude. ♦ **washing-up** 1 *n*
(*Brit*) vaisselle *f* (*à laver etc*); **to do the** ~**ing-up**
faire la vaisselle; 2 *adj*: ~**ing-up bowl** bassine *f*;
~**ing-up liquid** lave-vaisselle *m inv* (*produit*);
~**ing-up water** eau *f* de vaisselle. ♦ **wash-leather**
n peau *f* de chamois. ♦ **wash-out*** *n* (*event, play*)
fiasco *m*; (*person*) nullité *f*. ♦ **washroom** *n*
toilettes *fpl*. ♦ **washstand** *n* lavabo *m*. ♦ **washtub**
n (*bath*) tub *m*; (*for clothes*) bassine *f*.
wasp [wɒsp] *n* guêpe *f*. ~**'s nest** guêpier *m*.
♦ **waspish** *adj* hargneux. ♦ **waspishly** *adv* avec
hargne.
waste [weɪst] 1 *n* (a) (*gen*) gaspillage *m*; [*time*]
perte *f*. **to go** *or* **run to** ~ (*gen*) être gaspillé; [*land*]
être à l'abandon; **the** ~ **in the kitchens** le gaspillage *or* le gâchis dans les cuisines; **it's a** ~ **of
money** to do that on gaspille de l'argent en faisant
cela; **that machine was a** ~ **of money** cela ne
valait vraiment pas la peine d'acheter cette
machine; **a** ~ **of effort** un effort inutile; **it's a** ~ **of
time doing that** on perd son temps à faire *or* en
faisant cela; **it's a** ~ **of time and energy** c'est
peine perdue; **it's a** ~ **of breath** c'est dépenser sa
salive pour rien. (b) (~ *material*) déchets *mpl*;
(*household* ~) ordures *fpl*; (*water*) eaux *fpl* sales.
nuclear ~ déchets nucléaires. (c) (*expanse: of
snow etc*) désert *m* (immense); (*in town*) terrain
m vague.
2 *adj material* de rebut; *energy, heat* perdu;
food inutilisé; *water* sale; *ground, district* à
l'abandon. ~ **products** (*Ind*) déchets *mpl* de
fabrication; (*Physiol*) déchets de l'organisme; **to
lay** ~ dévaster.
3 *vt* (*gen*) gaspiller (*on sth* pour qch; *on doing*
pour faire); *time, an evening* perdre; *opportunity*
laisser passer. **nothing is** ~**d** il n'y a aucun gaspillage; **to** ~ **one's breath** dépenser sa salive pour
rien; **the sarcasm was** ~**d on him** il n'a pas compris le sarcasme; **caviar is** ~**d on him** ça ne vaut
pas la peine de lui donner du caviar.
4 *vi* [*food, goods, resources*] se perdre, être gaspillé. **you mustn't let it** ~ il ne faut pas le laisser
perdre; ~ **not want not** l'économie protège du
besoin.
waste away *vi* dépérir.
♦ **wastage** *n* (*gen*) gaspillage *m*; [*time*] perte *f*;
(*amount lost from container*) pertes; (*rejects*)
déchets *mpl*; (*as part of industrial process etc*)
déperdition *f*; (*Comm: through pilfering etc*)
coulage *m*; **there is a huge wastage of** on gaspille
énormément de. ♦ **wastebasket** *n* corbeille *f* (à
papier). ♦ **wastebin** *n* (*basket*) corbeille *f* (à
papier); (*in kitchen*) poubelle *f*. ♦ **wasted** *adj* (a)
limb (*from disease, starvation*) décharné; (*withered*) atrophié. (b) *food, resources* gaspillé;
effort inutile, vain; *life* gâché; *time* perdu.
♦ **waste-disposal unit** *n* broyeur *m* d'ordures.
♦ **wasteful** *adj person* gaspilleur; *process* peu
rentable; *expenditure* inutile. ♦ **wastefully** *adv*

spend, throw away bêtement; **to use sth** ~**fully** ne
pas utiliser qch au mieux. ♦ **wastefulness** *n*
[*person*] manque *m* d'économie; [*process*]
manque de rentabilité. ♦ **wasteland** *n* terres *fpl* à
l'abandon; (*in town*) terrain *m* vague. ♦ **waste-
paper** *n* vieux papiers *mpl*; ~**paper basket** corbeille *f* (à papier). ♦ **waste-pipe** *n* (tuyau *m* de)
vidange *f*. ♦ **wasting** *adj disease* qui ronge.
♦ **wastrel** *n* (*good-for-nothing*) propre *mf* à rien;
(*spendthrift*) dépensier *m*, -ière *f*.
watch [wɒtʃ] 1 *n* (a) montre *f*. **by my** ~ à ma
montre. (b) **to keep** ~ faire le guet; **to keep (a)
close** ~ **on** *or* **over sth/sb** surveiller qch/qn de
près; **to be on the** ~ **for** *person, enemy, animal,
vehicle* guetter; *danger* être sur ses gardes à
cause de; *bargains* être à l'affût de. (c) (*Naut*)
quart *m*. **to be on** ~ être de quart; **officer of the** ~
officier *m* de quart.
2 *vt* (a) (*gen*) regarder (*sb doing sth* qn faire
qch), observer; (*keep an eye on*) suspect, house,
dish cooking, luggage, child, shop surveiller;
expression, birds etc observer; *notice board,
small ads etc* consulter régulièrement; *political
situation, developments* suivre de près. ~ **what I
do** regarde-moi faire; **he** ~**ed his chance and
slipped out** il a guetté le moment propice et s'est
esquivé; **have you ever** ~**ed an operation?** avez-
vous déjà assisté à une opération?; **we are being
~ed on** nous surveille; ~ **tomorrow's paper** ne
manquez pas de lire le journal de demain. (b) (*be
careful of*) *money, expenses, dangerous thing*
faire attention à. ~ **that knife!** fais attention avec
ce couteau!; ~ **your head!** attention *or* gare à
votre tête!; ~ **it!*** attention!; ~ **your step!, ~ how
you go!** (fais) attention!; **to** ~ **one's step** se surveiller; **I must** ~ **the time** il faut que je surveille
l'heure; **he does tend to** ~ **the clock** il a tendance à
surveiller la pendule; **to** ~ **sb's interests** veiller
aux intérêts de qn; ~ **your language** surveille ton
langage; ~ **you don't burn yourself** attention, ne
vous brûlez pas!; ~ **that he does his homework**
veillez à ce qu'il fasse ses devoirs.
3 *vi* (*gen*) regarder; (*pay attention*) faire attention. **to** ~ **by sb's bedside** veiller au chevet de qn;
to ~ **over sb/sth** surveiller qn/qch; **to** ~ **for sth/sb**
guetter qch/qn; **he's** ~**ing to see what you're
going to do** il attend pour voir ce que vous allez
faire.
watch out *vi* (*keep a look-out*) guetter (*for sb/sth*
qn/qch); (*take care*) faire attention, prendre
garde. ~ **out!** attention!; ~ **out for cars** faites
attention *or* prenez garde aux voitures; **to** ~ **out
for thieves** être sur ses gardes contre les voleurs;
~ **out for trouble if** ... préparez-vous à des ennuis
si ... .
♦ **watchdog** *n* chien *m* de garde; (*fig*) gardien *m*,
-ienne *f*. ♦ **watcher** *n* (*observer*) observateur *m*,
-trice *f*; (*hidden or hostile*) guetteur *m*; (*spectator*) spectateur *m*, -trice *f*. ♦ **watchful** *adj* vigilant; **to keep a** ~**ful eye on sth/sb** garder qch/qn
à l'œil; **under the** ~**ful eye of** ... sous l'œil vigilant
de .... ♦ **watchmaker** *n* horloger *m*, -ère *f*.
♦ **watchmaking** *n* horlogerie *f*. ♦ **watchman** *n*
gardien *m*. ♦ **watch-night service** *n* messe *f* de
minuit de la Saint-Sylvestre. ♦ **watchstrap** *n*
bracelet *m* de montre. ♦ **watchtower** *n* tour *f* de
guet. ♦ **watchword** *n* (*password*) mot *m* de passe;
(*fig: motto*) mot d'ordre.
water ['wɔːtər] 1 *n* eau *f*. **hot and cold** ~ **in all
rooms** eau courante chaude et froide dans toutes
les chambres; **drinking** ~ eau potable; **I want a
drink of** ~ je voudrais un verre d'eau; **to turn on
the** ~ (*at main*) ouvrir l'eau; (*from tap*) ouvrir le
robinet; **the road is under** ~ la route est inondée;
to swim under ~ nager sous l'eau; (*tide*) **at
high/low** ~ à marée haute/basse; **to make** ~
[*ship*] faire eau; (*urinate: also to pass* ~) uriner;
it won't hold ~ [*container*] ça n'est pas étanche;

[plan, excuse] ça ne tient pas debout; *(fig)* a lot of ~ **has passed under the bridge** il est passé beaucoup d'eau sous les ponts; **he spends money like** ~ l'argent lui fond entre les mains; *(fig)* **to pour** *or* **throw cold** ~ **on sth** se montrer peu enthousiaste pour qch; *(fig)* **it's like** ~ **off a duck's back*** c'est comme si on chantait*; **lavender/rose** ~ eau de lavande/de rose; *(at spa)* **to take the** ~s faire une cure thermale; **in French** ~s dans les eaux territoriales françaises; **the** ~s **of the Rhine** les eaux du Rhin; *(in pregnancy)* **the** ~s les eaux; *(Med)* ~ **on the knee** épanchement *m* de synovie; ~ **on the brain** hydrocéphalie *f*.

2 *adj* **level, pressure, pipe, snake, rat** d'eau; **pump, mill, clock, pistol** à eau; **plant, bird** aquatique. ~ **bed** matelas *m* d'eau; ~ **biscuit** craquelin *m*; *[soldier etc]* ~ **bottle** bidon *m*; ~ **cannon** grande lance *f* à eau; *(in streets)* ~ **cart** arroseuse *f* (municipale); *(Culin)* ~ **ice** sorbet *m*; ~ **main** conduite *f* principale d'eau; ~ **polo** water-polo *m*; ~ **power** énergie *f* hydraulique; ~ **purifier** *(device)* épurateur *m* d'eau; *(tablet)* cachet *m* pour purifier l'eau; ~ **rate** taxe *f* sur l'eau; ~ **softener** adoucisseur *m* d'eau; ~ **supply** *(for town)* approvisionnement *m* en eau; *(for house etc)* alimentation *f* en eau; *(for traveller)* provision *f* d'eau; **to cut off the** ~ **supply** couper l'eau; *(Geog)* ~ **table** niveau *m* hydrostatique; ~ **tank** réservoir *m* d'eau, citerne *f*; ~ **tower** château *m* d'eau.

3 *vi [eyes]* pleurer. **his mouth** ~**ed** il a eu l'eau à la bouche; **it made his mouth** ~ cela lui a fait venir l'eau à la bouche.

4 *vt [gardener, river]* arroser; **animal** donner à boire à; **wine** couper (d'eau).

water down *vt sep* **milk, wine** couper (d'eau); *(fig)* **story, version** édulcorer; **effect** atténuer.

♦ **watercolour** 1 *n (painting)* aquarelle *f*; *(paints)* ~**colours** couleurs *fpl* pour aquarelle; **in** ~**colours** à l'aquarelle; 2 *adj* à l'aquarelle. ♦ **watercourse** *n* cours *m* d'eau. ♦ **watercress** *n* cresson *m* (de fontaine). ♦ **watered** *adj* **silk** moiré. ♦ **waterfall** *n* chute *f* d'eau. ♦ **waterfowl** *npl* gibier *m* d'eau. ♦ **waterfront** *n (at docks etc)* quais *mpl*; *(sea front)* front *m* de mer. ♦ **waterheater** *n* chauffe-eau *m inv*. ♦ **water-hole** *n* mare *f*. ♦ **watering** *n* arrosage *m*. ♦ **watering-can** *n* arrosoir *m*. ♦ **waterlily** *n* nénuphar *m*. ♦ **waterline** *n (Naut)* ligne *f* de flottaison. ♦ **waterlogged** *adj* **wood** imprégné d'eau; **shoes** imbibé d'eau; **land, pitch** détrempé. ♦ **watermark** *n (in paper)* filigrane *m*; *(left by tide)* laisse *f* de haute mer. ♦ **water-meadow** *n* prairie *f* souvent inondée. ♦ **watermelon** *n* pastèque *f*. ♦ **waterproof** 1 *adj* **material** imperméable; **watch** étanche; ~**proof sheet** *(for bed)* alaise *f*; *(tarpaulin)* bâche *f*; 2 *n* imperméable *m*; 3 *vt* imperméabiliser. ♦ **waterproofing** *n* imperméabilisation *f*. ♦ **water-repellent** *adj*, *n* hydrofuge *(m)*. ♦ **watershed** *n (Geog)* ligne *f* de partage des eaux; *(fig)* grand tournant *m*. ♦ **waterside** *n* bord *m* de l'eau; **at** *or* **on** *or* **by the** ~**side** au bord de l'eau; **along the** ~**side** le long de la rive. ♦ **water-ski** *vi* faire du ski nautique. ♦ **waterskiing** *n* ski *m* nautique. ♦ **water-soluble** *adj* soluble dans l'eau. ♦ **waterspout** *n (on roof etc)* tuyau *m* de descente; *(Met)* trombe *f*. ♦ **watertight** *adj* **container** étanche; *(fig)* **excuse, plan** inattaquable; *(fig)* **in** ~**tight compartments** séparé par des cloisons étanches. ♦ **waterway** *n* voie *f* navigable. ♦ **water-wings** *npl* bouée *f*, flotteurs *mpl* de natation. ♦ **waterworks** *n (sg: place)* station *f* hydraulique; *(fig: cry)* **to turn on the** ~**works*** se mettre à pleurer comme une Madeleine*; **to have sth wrong with one's** ~**works*** avoir des ennuis de vessie. ♦ **watery** *adj* **substance** aqueux; **eyes** larmoyant; *(pej)* **tea, coffee** trop faible; **soup** trop liquide; **taste** fade; **colour** délavé.

Waterloo [ˌwɔːtəˈluː] *n* Waterloo. *(fig)* **to meet one's** ~ faire naufrage *(fig)*.

watt [wɒt] *n (Elec)* watt *m*. ♦ **wattage** *n* puissance *f* en watts.

wave [weɪv] 1 *n* **(a)** *(at sea, on lake)* vague *f*; *(on beach)* rouleau *m*; *(on river, pond)* vaguelette *f*; *(in hair, on surface)* ondulation *f*; *(fig: of attack, enthusiasm, strikes etc)* vague. *(liter)* **the** ~s les flots *mpl*; **her hair has a natural** ~ **in it** ses cheveux ondulent naturellement; **to come in** ~s *[people]* arriver par vagues; *[explosions etc]* se produire par vagues; *(Cine etc)* **the new** ~ la nouvelle vague. **(b)** *(Phys, Rad, Telec etc)* onde *f*. **long** ~ grandes ondes; **medium/short** ~ ondes moyennes/courtes. **(c)** *(gesture)* **to give sb a** ~ faire un signe de la main à qn; **with a** ~ **of his hand** d'un signe de la main.

2 *vi* **(a)** *[person]* faire signe de la main; *[flag]* flotter au vent; *[branch, tree]* être agité; *[grass, corn]* onduler. **to** ~ **to sb** *(in greeting)* saluer qn de la main; *(as signal)* faire signe à qn *(to do de* faire). **(b)** *[hair]* onduler.

3 *vt* **(a)** **flag, handkerchief etc** agiter; *(threateningly)* **stick, sword** brandir. **he** ~**d the ticket at me furiously** il a agité vivement le ticket sous mon nez; **to** ~ **goodbye to sb** dire au revoir de la main à qn; **to** ~ **sb back/on** *etc* faire signe à qn de reculer/d'avancer *etc*. **(b)** **hair** onduler.

wave about, wave around *vt sep* **object, one's arms** agiter dans tous les sens.

wave aside, wave away *vt sep* **person, object** écarter d'un geste; **offer, help** refuser d'un geste. ♦ **waveband** *n* bande *f* de fréquences. ♦ **wavelength** *n* longueur *f* d'ondes; *(fig)* **we're not on the same** ~**length** nous ne sommes pas sur la même longueur d'ondes. ♦ **wavy** *adj* **hair, surface** ondulé; **line** onduleux. ♦ **wavy-haired** *adj* aux cheveux ondulés.

waver [ˈweɪvər] *vi [flame, courage]* vaciller; *[voice]* trembler; *[person] (weaken)* lâcher pied; *(hesitate)* hésiter *(between* entre). ♦ **waverer** *n* indécis(e) *m(f)*. ♦ **wavering** 1 *adj* vacillant; tremblant; hésitant; 2 *n* vacillation *f*; tremblement *m*; hésitations *fpl*.

wax[1] [wæks] 1 *n (gen)* cire *f*; *(for skis)* fart *m*; *(in ear)* bouchon *m* de cire. 2 *adj* **candle etc** de or en cire. ~ **paper** papier *m* paraffiné. 3 *vt* **floor, furniture, shoes** cirer; **car** lustrer. ♦ **waxen** *adj* **colour** cireux. ♦ **waxworks** *n (pl: figures)* personnages *mpl* en cire; *(sg: wax museum)* musée *m* de cire. ♦ **waxy** *adj* **substance, complexion, colour** cireux; **potato** qui ne s'émiette pas.

wax[2] [wæks] *vi [moon]* croître. **to** ~ **poetic** *etc* devenir d'humeur poétique *etc*; **to** ~ **eloquent** déployer toute son éloquence *(about, over* à propos de); **to** ~ **enthusiastic** s'enthousiasmer *(about* pour).

way [weɪ] 1 *n* **(a)** *(road etc)* chemin *m*, voie *f*. **the** ~ **across the fields** le chemin qui traverse les champs; **they drove a** ~ **through the hills** ils ont ouvert un passage à travers les collines; **the Appian W**~ la voie Appienne; *(Rel)* **the W**~ **of the Cross** le chemin de la Croix; **private/public** ~ voie privée/publique; **across the** ~ de l'autre côté de la rue *(from* par rapport à), en face; *(fig)* **the middle** ~ le juste milieu.

(b) *(route)* chemin *m (to* de, *vers)*. **which is the** ~ **to ...?** pouvez-vous m'indiquer le chemin de ...?; **he talked/it rained** *etc* **all the** ~ il a parlé/il a plu *etc* pendant tout le chemin *(to* jusqu'à); **there are houses all the** ~ il y a des maisons tout le long du chemin; *(fig)* **I'm with you all the** ~* je suis entièrement d'accord avec vous; **the** ~ **to success** le chemin du succès; **the shortest** *or* **quickest** ~ **to Leeds** le chemin le plus court pour aller à Leeds; **I went the long** ~ **round** j'ai pris le chemin le plus long; **on the** ~ **to London we ...** en allant à Londres nous ...; **it's on the** ~ **to the station** c'est sur le chemin de la gare; **we met him on the ~** nous l'avons rencontré en route; **on the ~ here I saw ...** en venant ici j'ai vu ...; **on your ~ home** en rentrant chez vous; **I must be on my ~** il faut que je parte; **to start on one's ~** se mettre en route; **to go on one's ~** reprendre son chemin; **he went by ~ of Glasgow** il est passé par Glasgow; **they met him by the ~** ils l'ont rencontré en chemin; *(fig)* **by the ~, what did he say?** à propos, qu'est-ce qu'il a dit?; *(fig)* **that is by the ~** tout ceci est secondaire; **the village is quite out of the ~** le village est vraiment à l'écart; *(fig)* **it's nothing out of the ~** cela n'a rien de spécial; **an out-of-the-~ subject** un sujet peu commun; **if it's not out of my ~** si c'est sur mon chemin; *(fig)* **to go out of one's ~** to do sth se donner du mal pour faire qch; **don't go out of your ~ to do it** ne vous dérangez pas pour le faire; **to lose the** *or* **one's ~** perdre son chemin (*to* en allant à); **to ask the** *or* **one's ~** demander son chemin (*to* pour aller à); **I know the** *or* **my ~ to the station** je sais comment aller à la gare; *(fig)* **she knows her ~ about** elle sait se débrouiller; **they went their separate ~s** *(lit)* ils sont partis chacun de leur côté; *(fig)* **chacun a suivi son chemin;** *(fig)* **he went his own ~** il a fait à son idée; *(fig)* **he has gone the ~ of ...** il est parti par là; **she didn't know which ~ to look** elle ne savait pas où regarder; **he looked the other ~** il a détourné les yeux; **he never looks my ~** il ne regarde jamais dans ma direction; **I'll be down** *or* **round your ~** je serai près de chez vous; **if the chance comes your ~** si jamais vous en avez l'occasion; **over Oxford ~** du côté d'Oxford; *(fig)* **he's in a fair ~ to succeed** il est en passe de réussir; **the right ~ round** *or* **out** à l'endroit; **the wrong ~ round** *or* **out** à l'envers, dans le mauvais sens; **the right ~ up** dans le bon sens; **the wrong ~ up** sens dessus dessous; **the other ~ round** dans l'autre sens; **it's the other ~ round** c'est juste le contraire; **a one-~ street** une rue à sens unique; **a three-~ discussion** une discussion à trois participants.

(f) *(manner, method)* façon *f*, moyen *m* (*to do, of doing* de faire). **there are ~s and means** il y a différents moyens (*of doing* de faire); **we haven't the ~s and means to do it** nous n'avons pas les ressources suffisantes pour le faire; *(Admin)* **W~s and Means Committee** Commission *f* des Finances; **the French ~ of life** la manière de vivre des Français; *(in)* **this ~** comme ceci, de cette façon; **that's the ~ to do it** voilà comment il faut s'y prendre; *(encouraging)* **that's the ~!** voilà, c'est bien!; *(refusing)* **no ~!*** pas question!*; **do it either ~** fais-le de l'une ou l'autre façon; **either ~*** **I can't help you** de toute façon je ne peux pas vous aider; **do it your own ~** fais-le à ta façon; **to get one's own ~** obtenir ce que l'on désire; **to want one's own ~** ne vouloir en faire qu'à sa tête; **Arsenal had it all their own ~** Arsenal a complètement dominé le match; **I won't let him have things all his own ~** je ne vais pas lui passer tous ses caprices; **to my ~ of thinking** à mon avis; **her ~ of looking at it** son point de vue sur la question; **that's the ~ the money goes** c'est à ça que l'argent passe; **whatever ~ you like to look at it** de quelque façon que vous envisagiez *(subj)* la chose; **it's the ~ things are** c'est la vie; **it's just the ~ I'm made** c'est comme ça que je suis; **leave it all the ~ it is** laisse les choses comme elles sont; **the ~ things are going we shall have nothing left** du train où vont les choses il ne nous restera rien; **that's always the ~** c'est toujours comme ça; **it was this ~ ...** voici comment cela s'est passé ...; **to do sth the right/wrong ~** faire qch bien/mal; **in a general ~** en général; **once in a ~** de temps en temps; **by ~ of being a joke** en guise de plaisanterie.

(g) *(state; degree)* état *m*. **to be in a bad ~** *[person, situation]* aller mal; *[car etc]* être en piteux état; **there are no two ~s about it** c'est absolument clair; **one ~ or (an)other** d'une façon ou d'une autre; *(Racing)* **each ~** gagnant ou placé; **you can't have it both ~s** il faut choisir; *(fig)* **in a small ~** d'une façon limitée; **in his**

---

we've a long ~ to go *(lit)* nous avons encore un grand bout de chemin à faire; *(fig)* nous ne sommes pas au bout de nos peines; **your work has still a long ~ to go** vous avez encore de grands efforts à faire dans votre travail; *(fig)* **it should go a long ~ towards improving it/paying the bill** cela devrait l'améliorer considérablement/cela devrait couvrir une grande partie de la facture; **he makes a little go a long ~** il tire le meilleur parti de ce qu'il a; **a little kindness goes a long ~** un peu de gentillesse facilite bien des choses.

(e) *(direction)* direction *f*, sens *m*. **this ~** par ici; **'this ~ for** *or* **to the cathedral'** 'vers la cathédrale'; **this ~ and that** par-ci par-là, en tous sens; **which ~ did he go?** par où est-il passé?; **which ~ do we go from here?** *(lit)* par où passons-nous maintenant?; *(fig)* quelle voie devons-nous choisir maintenant?; **are you going my ~?** est-ce que vous allez dans la même direction que moi?; *(fig)* **everything's going his ~*** tout lui sourit; **he went that ~** il est parti par là;

(c) *(path)* **to be in sb's ~** barrer le passage à qn; *(fig)* **am I in the** *or* **your ~?** est-ce que je vous gêne?; **it's out of the ~** over there ça ne gêne pas là-bas; **to get out of the ~** s'écarter; **to get out of sb's ~** laisser passer qn; **to get out of the ~ of the car** s'écarter de la voiture; **get it out of the ~!** poussez-le!, écartez-le!; **as soon as I've got the exam out of the ~** dès que je serai débarrassé de l'examen; **keep matches out of children's ~** ne laissez pas les allumettes à la portée des enfants; **to keep out of sb's ~** éviter qn; **he kept well out of the ~** il a pris soin de rester à l'écart; **to put sth out of the ~** ranger qch; **to want sb/sth out of the ~*** vouloir se débarrasser de qn/qch; **to put difficulties in sb's ~** créer des difficultés à qn; **he put me in the ~ of one** *or* **two good bargains** il m'a indiqué quelques bonnes affaires; **to make ~ for sb** s'écarter pour laisser passer qn, *(fig)* laisser la voie libre à qn; **make ~!** écartez-vous!; *(fig)* **this made ~ for a reform of ...** ceci a préparé le terrain pour une réforme de ...; **to push** *or* **thrust** *or* **elbow one's ~ through a crowd** se frayer un chemin à travers une foule; **to hack** *or* **cut one's ~ through** sth s'ouvrir un chemin à la hache *etc* dans qch; **to crawl/limp** *etc* **one's ~ to the door** ramper/boiter *etc* jusqu'à la porte; **he talked his ~ out of it** il s'en est sorti avec de belles paroles; **to give ~** V **give 1d**.

(d) *(distance)* distance *f*. **a long ~ off** *or* **away** loin; **a little ~ away** *or* **off** pas très loin; **it's a long ~ c'est loin** (*from* de); **it's a long** *or* **good ~ to London** ça fait loin pour aller à Londres*; **it's a long ~ from here to ...** cela fait loin d'ici à ...;

own small ~ dans la limite de ses moyens; **he is a bookseller in a big** ~ c'est un gros libraire; **we lost in a really big** ~ nous avons vraiment beaucoup perdu; **in the ordinary** ~ **of things** normalement.

(h) (*custom*) coutume *f*; (*manner*) façon *f* (*of doing* de faire). **the** ~**s of the Spaniards** les coutumes espagnoles; **the** ~**s of God and men** les voies *fpl* de Dieu et de l'homme; **his foreign** ~**s** ses habitudes *fpl* d'étranger; **he is very slow in his** ~**s** il fait tout très lentement; **he is amusing in his** (**own**) ~ il est amusant à sa façon; **it's not my** ~ ce n'est pas mon genre (*to do* de faire); **she has a** ~ **with her** elle sait persuader; **he has a** ~ **with people/cars** il sait s'y prendre avec les gens/les voitures; **to mend one's** ~**s** s'amender; **to get into/out of the** ~ **of doing** prendre/perdre l'habitude de faire.

(i) (*respect, detail*) égard *m*, point *m*. **in some** ~**s** à certains égards; **in many** ~**s** à bien des égards; **can I help you in any** ~? puis-je vous aider en quoi que ce soit?; **does that in any** ~ **explain it?** est-ce là une explication satisfaisante?; **he's in no** ~ **to blame** ce n'est vraiment pas sa faute; **without in any** ~ **wishing to do so** sans vouloir le moins du monde le faire; **he's right in a** *or* **one** ~ il a raison dans un certain sens; **what is there in the** ~ **of books?** qu'est-ce qu'il y a comme livres?

(j) (*ship*) **to gather/lose** ~ prendre/perdre de la vitesse; **to have** ~ **on** avoir de l'erre; **to be under** ~ [*ship*] faire route; [*meeting, discussion*] être en cours; [*plans*] être en voie de réalisation; **to get under** ~ [*ship*] appareiller; [*person*] se mettre en route; [*vehicle, meeting, discussion*] démarrer; **to get sth under** ~ faire démarrer qch.

2 *adv*: ~ **back** *etc* = **away back** *etc* (V **away 1a**); **you're** ~ **out*** **in your calculations** tu es très loin du compte dans tes calculs.

◆ **wayfarer** *n* voyageur *m*, -euse *f*. ◆ **wayfaring** *n* voyages *mpl*. ◆ **waylay** *pret, ptp* **-laid** *vt* (*attack*) attaquer; (*speak to*) arrêter au passage. ◆ **way-out*** *adj* excentrique. ◆ **wayside 1** *n* bord *m* or côté *m* de la route; **along the** ~**side** le long de la route; **by the** ~**side** au bord de la route; (*fig*) **to fall by the** ~**side** abandonner en route; **2** *adj* café *etc* au bord de la route. ◆ **wayward** *adj* rebelle.
W.C. ['dʌblju(:)'si:] *n* W.-C. *mpl*, waters *mpl*.
we [wi:] *pers pron pl* nous. ~ **know** nous savons; (*stressed*) nous, nous savons; ~ **went to the pictures** nous sommes allés *or* on est allé* au cinéma; ~ **French** nous autres Français; **as** ~ **do in Scotland** comme on fait en Écosse; ~ **all make mistakes** tout le monde peut se tromper.

weak [wi:k] *adj* (*gen*) faible; *structure, material* qui manque de solidité; *coffee, tea* léger; (*fig*) *chin* fuyant; (*Med*) *health, lungs, stomach* fragile. ~ **from** *or* **with hunger** affaibli par la faim; **to grow** ~**(er)** = **to weaken 1**; **to have a** ~ **heart** avoir le cœur malade; **to have** ~ **eyes** *or* **eyesight** avoir une mauvaise vue; ~ **in the head*** faible d'esprit, débile*; **he went** ~ **at the knees** il avait les jambes comme du coton; ~ **in maths** faible en maths; ~ **spot** point *m* faible; (*fig*) **the** ~ **link in the chain** le point faible; ~ **verb** verbe *m* faible. ◆ **weaken 1** *vi* (*gen*) faiblir; (*in health*) s'affaiblir; [*influence, power*] baisser; [*prices*] fléchir; **2** *vt* (*gen*) affaiblir; *join, structure, material* enlever de la solidité à; *heart* fatiguer; *coffee, solution, mixture* diluer. ◆ **weakening 1** *n* (*gen*) affaiblissement *m*; [*structure, material*] fléchissement *m*; **2** *adj* (*gen*) affaiblissant; *disease* débilitant. ◆ **weak-kneed** *adj* mou, faible. ◆ **weakling** *n* (*physically*) mauviette *f*; (*morally etc*) faible *mf*. ◆ **weakly 1** *adj* faible, chétif; **2** *adv* faiblement. ◆ **weak-minded** *adj* faible d'esprit. ◆ **weakness** *n* faiblesse *f*; manque *m* de solidité; fragilité *f*; **one of his** ~**nesses** un de ses

points faibles; **to have a** ~**ness for** avoir un faible pour. ◆ **weak-willed** *adj* faible.
weal [wi:l] *n* (*on skin*) marque *f* d'un coup de fouet.
wealth [welθ] *n* (*fact of being rich*) richesse *f*; (*money, possessions, resources*) richesses, fortune *f*. **a man of great** ~ un homme richissime; **mineral** ~ richesses minières; (*fig*) **a** ~ **of ideas** une profusion d'idées. ◆ **wealthy** *adj* (très) riche.
wean [wi:n] *vt* *baby* sevrer; (*fig: from bad habits etc*) détourner (*from*, of de). **I've managed to** ~ **him off gin** je l'ai habitué à se passer de gin.
weapon ['wepən] *n* arme *f*.
wear [wɛəʳ] (*vb: pret* **wore**, *ptp* **worn**) **1** *n*: **clothes for everyday** ~ vêtements *mpl* pour tous les jours; **evening/town** ~ tenue *f* de soirée/de ville; (*Comm*) **children's/summer** ~ vêtements pour enfants/d'été; **what is the correct** ~ quelle est la tenue convenable (*for* pour); **this carpet has had some hard** ~ ce tapis a beaucoup servi; **it will stand up to a lot of** ~ cela fera beaucoup d'usage; **there is still some** ~ **left in it** (*garment*) c'est encore mettable; (*carpet, tyre*) cela fera encore de l'usage; **he got 4 years'** ~ **out of** it cela lui a fait 4 ans; **it has had a lot of** ~ **and tear** c'est très usagé; **fair** ~ **and tear** usure *f* normale; **the** ~ **and tear on the engine** l'usure du moteur; **to show signs of** ~, **to look the worse for** ~ commencer à être fatigué.

2 *vt* **(a)** (*gen*) porter; (*fig*) *smile, look* avoir. **he was** ~**ing a hat** il portait un chapeau, il avait (mis) un chapeau; **I never** ~ **a hat** je ne mets *or* porte jamais de chapeau; **what shall I** ~? qu'est-ce que je vais mettre?; **I've nothing to** ~ je n'ai rien à me mettre; **she was** ~**ing blue** elle était en bleu; **she** ~**s her hair long** elle a les cheveux longs; **I never** ~ **scent** je ne me mets jamais de parfum; **she was** ~**ing make-up** elle était maquillée; **she was** ~**ing lipstick** elle s'était mis du rouge à lèvres; **she wore a frown** elle fronçait les sourcils; (*fig: agree to*) **he won't** ~ **that*** il ne marchera pas*.

(b) (*rub etc*) *clothes, stone etc* user; *groove, path* creuser peu à peu; *hole* faire peu à peu (*in sth* dans *or* à qch). **worn thin** *blade* aminci à l'usage; *rug* complètement râpé; (*fig*) **worn with care** usé par les soucis.

3 *vi* **(a)** (*last*) faire de l'usage. **these shoes will** ~ **for years** ces chaussures feront des années; **to** ~ **well** [*garment, carpet*] faire beaucoup d'usage; [*theory, friendship*] résister au temps; **she has worn well*** elle est bien conservée.

(b) (*rub etc thin*) s'user. **worn at the knees** usé aux genoux; **to** ~ **into holes** se trouer; **the rock has worn smooth** la roche a été polie par le temps; **to** ~ **thin** [*cloth*] être râpé; [*patience*] s'épuiser; (*fig*) **that excuse has worn thin!** cette excuse ne prend plus!

wear away 1 *vi* [*substance*] s'user; [*inscription*] s'effacer. **2** *vt sep* user; effacer.
wear down 1 *vi* [*heels, pencil etc*] s'user. **2** *vt sep* *materials* user; *patience, strength, person* épuiser; *courage, resistance* miner.
wear off *vi* [*colour, inscription*] s'effacer; [*pain, anger, excitement*] passer; [*effects, anaesthetic*] se dissiper. **the novelty has worn off** cela n'a plus l'attrait de la nouveauté.
wear on *vi* [*day, winter etc*] avancer; [*war, discussions etc*] se poursuivre. **as the years wore on** avec le temps.
wear out 1 *vi* (*gen*) s'user; [*patience etc*] s'épuiser. **2** *vt sep* *shoes, clothes* user; *strength, patience, person, horse* épuiser. **to** ~ **o.s. out** s'épuiser (*doing* à faire); **to be worn out** être exténué.

◆ **wearable** *adj* *garment* mettable. ◆ **wearer** *n*: **they will delight the** ~**er** ils feront la joie de la personne qui les portera; **uniform** ~**ers** ceux qui portent l'uniforme; **from maker to** ~**er** du fabricant au client. ◆ **wearing** *adj* épuisant.

weary ['wɪərɪ] **1** *adj person, smile, look* las (*f* lasse) (*of sth* de qch; *of doing* de faire); *sigh* de lassitude; *journey* (*tiring*) fatigant; (*irksome*) lassant. **to grow** ~ **of sth/of doing** se lasser de qch/de faire; **4** ~ **hours** 4 heures mortelles. **2** *vi* se lasser (*of sth* de qch; *of doing* de faire). **3** *vt* (*tire*) fatiguer; (*try patience of*) lasser (*with* à force de). ♦ **wearied** *adj* las. ♦ **wearily** *adv say, sigh, look* avec lassitude; *move* péniblement. ♦ **weariness** *n* lassitude *f*; fatigue *f*. ♦ **wearisome** *adj* (*tiring*) épuisant; (*boring*) lassant, ennuyeux.

weasel ['wiːzl] *n* belette *f*.

weather ['weðər] **1** *n* temps *m*. ~ **permitting** si le temps le permet; **what's the** ~ **like?** quel temps fait-il?; **it's fine/bad** ~ il fait beau/mauvais; **in hot** ~ par temps chaud; **in all** ~s par tous les temps; (*fig*) **to be under the** ~* être mal fichu*. **2** *vt* **(a)** (*survive*) *tempest, crisis* réchapper à. **(b)** *wood etc* faire mûrir. ~**ed rocks** rochers *mpl* patinés par la pluie *etc*. **3** *adj knowledge, map, station* météorologique; *conditions, variations* atmosphérique; (*Naut*) *side, sheet* du vent. (*Brit*) W~ **Centre**, (*US*) W~ **Bureau** Office *m* national de la météorologie; ~ **chart** carte *f* du temps; (*fig*) **to keep a** ~ **eye on** sth surveiller qch; ~ **forecast** prévisions *fpl* météorologiques, météo* *f*; ~ **report** bulletin *m* météorologique, météo*; ~ **ship** navire *m* météo *inv*; **the** ~ **situation** le temps. ♦ **weather-beaten** *adj person* tanné; *building* dégradé par les intempéries. ♦ **weatherboarding** *n* planches *fpl* de recouvrement. ♦ **weathercock** *or* ♦ **weathervane** *n* girouette *f*. ♦ **weatherman*** *n* météorologiste *m*. ♦ **weatherproof** *adj clothing* imperméable; *house* étanche.

weave [wiːv] (*vb: pret* **wove**, *ptp* **woven**) **1** *n* tissage *m*. **2** *vt* (*gen*) tisser; *strands* entrelacer; *basket, garland* tresser; (*fig*) *story* inventer. **3** *vi* **(a)** (~ **along**) [*road, river*] serpenter. **(b) to** ~ **(one's way) through sth** se faufiler à travers qch; (*fig*) **let's get weaving!*** allons, remuons-nous! ♦ **weaver** *n* tisserand(e) *m(f)*.

web [web] *n* (*fabric; also of lies etc*) tissu *m*; [*spider*] toile *f*. ♦ **webbed** *adj* palmé. ♦ **webbing** *n* (*on chair*) sangles *fpl*. ♦ **webfooted** *adj*: **to be** ~**footed** avoir les pieds palmés.

wed [wed] **1** *vt* épouser. (*fig*) [*person*] **to be** ~**ded to sth** tenir infiniment à qch; *cunning* ~**ded to ambition** la ruse alliée à l'ambition. **2** *vi* se marier. **3** *npl*: **the newly-**~**s** les jeunes mariés *mpl*. ♦ **wedding 1** *n* (*ceremony*) mariage *m*; **silver/golden** ~**ding** noces *fpl* d'argent/d'or; **to have a quiet/a church** ~**ding** se marier dans l'intimité/à l'église; **2** *adj cake, night* de noces; *present, invitation, anniversary* de mariage; *dress* de mariée; *ceremony, march* nuptial; ~**ding breakfast** lunch *m* de mariage; **their** ~**ding day** le jour de leur mariage; ~**ding ring** alliance *f*.

wedge [wedʒ] **1** *n* (*under wheel etc*) cale *f*; (*for splitting sth*) coin *m*; (*piece: of cake etc*) part *f*. (*fig*) **it's the thin end of the** ~ c'est le commencement de la fin. **2** *vt* (*fix*) *table, wheels* caler; (*push*) enfoncer (*into* dans; *between* entre). **to** ~ **a door open** maintenir une porte ouverte à l'aide d'une cale; *car* ~**d between two trucks** voiture coincée entre deux camions; **to** ~ **sth in** faire rentrer qch; **to be** ~**d in** être coincé. ♦ **wedgeheeled** *adj* à semelles compensées.

Wednesday ['wenzdeɪ] *n* mercredi *m*; *for phrases* V **Saturday**.

wee [wiː] *adj* (*Scot*) tout petit.

weed [wiːd] **1** *n* mauvaise herbe *f*; (*pej: person*) mauviette *f*. **2** *vt* désherber. ♦ **weed out** *vt sep* (*fig*) *person* éliminer (*from* de); *old books, clothes* trier et jeter. ♦ **weeding** *n* désherbage *m*; **I've done some** ~**ing** j'ai un peu désherbé. ♦ **weed-killer** *n* désherbant *m*. ♦ **weedy** *adj* (*fig*) *person* qui a l'air d'une mauviette.

week [wiːk] *n* semaine *f*. **in a** ~ dans une semaine, dans huit jours; **what day of the** ~ **is it?** quel jour de la semaine sommes-nous?; ~ **in** ~ **out**,~ **after** ~ semaine après semaine; **this** ~ cette semaine; **next/last** ~ la semaine prochaine/dernière; **in the middle of the** ~ vers le milieu *or* dans le courant de la semaine; **a** ~ **today** aujourd'hui en huit; **a** ~ **past yesterday** il y a eu une semaine hier; **every two** ~s toutes les deux semaines, tous les quinze jours; **two** ~**s ago** il y a deux semaines, il y a quinze jours; **in 3** ~**s' time** dans 3 semaines; **the** ~ **ending May 6th** la semaine qui se termine le 6 mai; **the working** ~ la semaine de travail; **a 36-hour** ~ une semaine de 36 heures. ♦ **weekday 1** *n* jour *m* de semaine; **on** ~**days** en semaine, (*Comm*) les jours ouvrables; **2** *adj activities, timetable* de la semaine. ♦ **weekend 1** *n* week-end *m*, fin *f* de semaine; **at** ~**ends** pendant les week-ends; **at the** ~**end** pendant le week-end; **we're going away for the** ~**end** nous partons en week-end; **a long** ~**end** un week-end prolongé; **2** *adj visit, programme* de *or* du week-end; ~**end case** sac *m* de voyage; ~**end cottage** maison *f* de campagne. ♦ **weekly 1** *adj* hebdomadaire; **2** *adv* une fois par semaine; **twice** ~**ly** deux fois par semaine; **3** *n* (*magazine*) hebdomadaire *m*.

weep [wiːp] *pret, ptp* **wept 1** *vi* pleurer (*for joy* de joie; *for sb* qn; *over sth* sur qch; *to see* de voir); [*wound etc*] suinter. **to** ~ **bitterly** pleurer à chaudes larmes; **I could have wept!** j'en aurais pleuré! **2** *n*: **to have a good/a little** ~ pleurer un bon coup/un peu. ♦ **weeping 1** *n* larmes *fpl*; **2** *adj person* qui pleure; ~**ing willow** saule *m* pleureur. ♦ **weepy** *adj voice* larmoyant; **to be** ~**y** avoir envie de pleurer.

weevil ['wiːvl] *n* charançon *m*.

weewee* ['wiːwiː] **1** *n* pipi* *m*. **2** *vi* faire pipi*.

weft [weft] *n* (*Tex*) trame *f*.

weigh [weɪ] **1** *vt* **(a)** peser. **it** ~**s 9 kilos** ça pèse 9 kilos; **what do you** ~? combien est-ce que vous pesez?; (*fig*) **it** ~**s a ton** c'est du plomb; **to** ~ **one's words** peser ses mots; **to** ~ **sth in one's hand** soupeser qch; **to** ~ **(up) A against B** mettre en balance A et B; **to** ~ **(up) the pros and cons** peser le pour et le contre. **(b) to** ~ **anchor** lever l'ancre. **2** *vi* [*object, responsibilities*] peser (*on sur*). **to** ~ **heavy/light** peser lourd/peu; (*fig*) **it was** ~**ing on her mind** cela la tracassait, (*stronger*) cela la tourmentait.

weigh down 1 *vi* peser de tout son poids (*on sth* sur qch). **2** *vt sep branch etc* faire plier. **to be** ~**ed down by** *load, parcels etc* plier sous le poids de; *responsibilities etc* être accablé de.

weigh in *vi* [*boxer, jockey etc*] se faire peser. **to** ~ **in at 70 kilos** peser 70 kilos avant le match (*or* la course).

weigh out *vt sep sugar etc* peser.

weigh up *vt sep* (*consider*) examiner; (*compare*) mettre en balance (*A with B, A against B* A et B). ♦ **weighbridge** *n* pont-bascule *m*. ♦ **weigh-in** *n* (*Sport*) pesage *m*. ♦ **weighing-machine** *n* balance *f*. ♦ **weight 1** *n* **(a)** poids *m* (*also fig*); **atomic** ~**t** poids atomique; **to be sold by** ~**t** se vendre au poids; **what is your** ~**t?** combien pesez-vous?; **what a** ~**t it is!** que c'est lourd!; **they are the same** ~**t** ils font le même poids; (*fig*) **it is worth its** ~**t in gold** cela vaut son pesant d'or; **under-/over-**~**t** trop maigre/gros; **to put on/lose** ~**t** grossir/maigrir; **he put his full** ~**t on ...** il a pesé de tout son poids sur ...; **feel the** ~**t of this box!** soupesez-moi cette boîte!; (*fig*) **it's a** ~**t off my mind** c'est un gros souci de moins; (*fig*) **to give** ~**t to sth** donner du poids à qch; **to carry** ~**t** [*argument, factor*] avoir du poids (*with* pour); [*person*] avoir de l'influence; **(b)** (*for scales etc*) poids *m*; ~**ts and measures** poids et mesures; **2** *vt* (~**t down**) (*sink*) lester *or* (*hold down*) maintenir avec un poids (*or* une pierre *etc*). ♦ **weighting** *n* (*on salary*) indemnité *f*; **London** ~**ting** indemnité de résidence pour Londres. ♦ **weightless** *adj* en état d'apesanteur. ♦ **weightlessness** *n* apesanteur *f*. ♦ **weightlifter** *n* haltérophile *m*. ♦ **weightlifting** *n* haltérophilie *f*. ♦ **weighty** *adj load, responsibility* lourd; *argument, matter* de poids; *reason* probant; *consideration, deliberation* mûr; *problem* grave.

weir [wɪəʳ] *n* barrage *m* (*de rivière*).

weird [wɪəd] *adj* (*eerie*) surnaturel, mystérieux; (*odd*) bizarre, étrange. ♦ **weirdly** *adv* mystérieusement; bizarrement, étrangement. ♦ **weirdness** *n* étrangeté *f*. ♦ **weirdo**ɪ *or* ♦ **weirdy**ɪ *n* drôle d'oiseau* *m* (*pej*).

welcome ['welkəm] **1** *adj* (a) *reminder, interruption* opportun. [*person, thing*] **to be** ~ être le (*or* la) bienvenu(e); ~**!** soyez le bienvenu *etc*; ~ **to our house/to England** bienvenue chez nous/en Angleterre; **to make sb** ~ faire bon accueil à qn; **I didn't feel very** ~ je me suis senti de trop; **it was** ~ **news/a** ~ **sight** nous avons été (*or* il a été *etc*) heureux de l'apprendre/de le voir; **it is a** ~ **change** c'est un changement agréable; **it was a** ~ **relief** j'ai été vraiment soulagé. (b) **thank you — you're** ~ merci — il n'y a pas de quoi; **you're** ~ **to try** libre à vous d'essayer; **you're** ~ **to use my car** n'hésitez pas à prendre ma voiture; **you're** ~ **to any help I can give you** si je peux vous être utile, ce sera avec plaisir; (*iro*) **you're** ~ **to it** je vous souhaite bien du plaisir. **2** *n* accueil *m*. **to bid sb** ~ souhaiter la bienvenue à qn; **to give sb a warm** ~ faire un accueil chaleureux à qn; **I got a fairly cold** ~ j'ai été reçu plutôt froidement. **3** *vt* (*greet formally*) accueillir; (*greet warmly*) accueillir chaleureusement; (*bid* ~) souhaiter la bienvenue à; *news, suggestion, change* se réjouir de. **I'd** ~ **a cup of coffee** je prendrais volontiers une tasse de café. ♦ **welcoming** *adj smile, handshake* accueillant; *speech* d'accueil.

weld [weld] **1** *n* soudure *f*. **2** *vt* souder (*on to* à). ♦ **welder** *n* (*person*) soudeur *m*; (*machine*) soudeuse *f*. ♦ **welding 1** *n* soudure *f*; **2** *adj*: ~**ing torch** chalumeau *m*.

welfare ['welfɛəʳ] **1** *n* (a) (*gen*) bien *m*; (*comfort*) bien-être *m*. **the nation's** ~, **the** ~ **of all** le bien public; **the physical/spiritual** ~ **of** la santé physique/morale de; **child/animal** ~ protection *f* de l'enfance/des animaux; **to look after sb's** ~ avoir la responsabilité de qn. (b) (*social*) ~ assistance *f* sociale. **2** *adj milk, meals* gratuit. ~ **centre** centre *m* d'assistance sociale; (*gen*) **the W**~ **State** l'État-providence *m*; **thanks to the W**~ **State** grâce à la Sécurité sociale; ~ **work** travail social; ~ **worker** ≃ travailleur *m*, -euse *f* social(e).

well¹ [wel] **1** *n* (*for water etc*; *also between buildings*) puits *m*; [*staircase, lift*] cage *f*. **2** *vi* (a) (~ **up**) [*tears, emotion*] monter. (b) (~ **out**) [*spring*] sourdre; [*blood*] couler (*from* de).

well² [wel] **1** *adv, comp* **better**, *superl* **best** (a) (*gen*) bien. **very** ~ très bien; **he sings as** ~ **as he plays** il chante aussi bien qu'il joue; **he sings as** ~ **as she does** il chante aussi bien qu'elle; ~ **done!** bravo!; ~ **played!** bien joué!; **to do** ~ (*succeed: in work etc*) bien réussir; (*manage sth*) bien se débrouiller; **the patient is doing** ~ le malade est en bonne voie; **you did** ~ **to come** vous avez bien fait de venir; **to do as** ~ **as one can** faire de son mieux; **he did himself** ~ il ne s'est pas privé de rien; **to do** ~ **by sb** bien agir envers qn; **you're** ~ **out of it** c'est une chance que tu n'aies plus rien à voir avec cela (*or* lui *etc*); **how** ~ **I understand!** comme je vous (*or* le *etc*) comprends!; ~ **I know it!** je le sais bien!

(b) (*intensifying etc*) bien. ~ **over 100** bien plus de 100; **he is** ~ **past fifty** il a largement dépassé la cinquantaine; ~ **and truly** bel et bien; **he could** ~ **afford to pay for it** il avait largement les moyens

de le payer; **you would be** ~ **advised to leave** vous feriez bien de partir; **you may** ~ **be surprised to learn** vous serez sans aucun doute surpris d'apprendre; **one might** ~ **ask why** on pourrait à juste titre demander pourquoi; **you might** ~ **ask!** belle question!; **he couldn't very** ~ **refuse** il ne pouvait guère refuser; **you might as** ~ **say** autant dire que; **you may as** ~ **tell me** autant me le dire, tu ferais aussi bien de me le dire; **we might (just) as** ~ **have stayed** autant valait rester, nous aurions aussi bien fait de rester; **as** ~ **she might** comme il se devait; ~ **she might!** c'était la moindre des choses!

(c) **as** ~ (*also*) aussi; (*on top of it all*) par-dessus le marché; **by night as** ~ **as by day** aussi bien de jour que de nuit, de jour comme de nuit; **as** ~ **as his dog he has ...** en plus de son chien il a ... .

2 *excl* (*gen*) eh bien!; (*resignation*) enfin! (*after interruption*) ~, **as I was saying ...** donc, comme je disais ...; (*hesitation*) ~ ... c'est que ...; (*surprise*) ~, ~, ~! tiens, tiens, tiens!; ~ **I never!** ça par exemple!; **very** ~ **then** bon, d'accord.

3 *adj, comp* **better**, *superl* **best** (a) bien; bon. **all's** ~ **that ends well** tout est bien qui finit bien; **all's** ~ tout va bien; **all is not** ~ il y a qch qui ne va pas; **it's all very** ~ **to say** ... c'est bien joli de dire ...; **if you want to do it,** ~ **and good** si vous voulez le faire, d'accord; **it would be** ~ **to leave** on ferait bien de partir; **it is as** ~ **to remember** on ferait bien de se rappeler; **it would be just as** ~ **for you to stay** vous feriez tout aussi bien de rester; **it's as** ~ **for you that ...** heureusement pour vous que ... .

(b) (*healthy*) **how are you?** — **very** ~ comment allez-vous? — très bien; **I hope you're** ~ j'espère que vous allez bien; **to feel** ~ se sentir bien; **to get** ~ se remettre; **get** ~ **soon!** remets-toi vite!

4 *n*: **to think/speak** ~ **of** penser/dire du bien de; **I wish you** ~! je vous souhaite de réussir!; **sb who wishes you** ~ qn qui vous veut du bien; **to let** *or* **leave** ~ **alone** s'arrêter là; **leave** ~ **alone** (*gen*) il faut savoir s'arrêter là; (*Prov*) le mieux est l'ennemi du bien.

5 *pref*: **well-** bien; ~**-chosen/-dressed** *etc* bien choisi/habillé *etc*.

♦ **well-behaved** *adj child* sage; *animal* obéissant. ♦ **well-being** *n* bien-être *m*. ♦ **well-bred** *adj* (*good family*) de bonne famille; (*courteous*) bien élevé; *animal* de bonne race. ♦ **well-built** *adj* solide. ♦ **well-educated** *adj* qui a reçu une bonne éducation. ♦ **well-fed** *adj* bien nourri. ♦ **well-heeled*** *adj* nanti. ♦ **well-informed** *adj* bien informé (*about* sur); (*knowledgeable*) *person* instruit; (*Press etc*) ~**-informed sources** milieux *mpl* bien informés. ♦ **well-judged** *adj remark* judicieux; *shot* bien visé; *estimate* juste. ♦ **well-kept** *adj house, garden* bien tenu; *hands* soigné; *hair* bien entretenu; *secret* bien gardé. ♦ **well-known** *adj* bien connu, célèbre. ♦ **well-made** *adj* bien fait. ♦ **well-mannered** *adj* bien élevé. ♦ **well-meaning** *adj person* bien intentionné; (*also* ~**-meant**) *remark, action* fait avec les meilleures intentions. ♦ **well-nigh** *adv* presque. ♦ **well-off** *adj* (a) (*rich*) riche; (b) (*fortunate*) **you don't know when you're** ~**-off** tu ne connais pas ton bonheur; **she's** ~**-off without him** elle se passe fort bien de lui. ♦ **well-spent** *adj time* bien employé; *money* utilement dépensé. ♦ **well-thought-of** *adj* bien considéré. ♦ **well-thought-out** *adj* bien conçu. ♦ **well-timed** *adj* opportun, à propos. ♦ **well-to-do** *adj* aisé. ♦ **well-wishers** *npl* amis *mpl*; (*unknown*) amis *or* admirateurs *mpl* inconnus. ♦ **well-worn** *adj path* battu; *carpet, clothes* usagé; (*fig*) *expression* rebattu.

wellington ['welɪŋtən] *n* (~ **boot**: *also* **wellie***) botte *f* de caoutchouc.

Welsh [welʃ] **1** *adj* gallois. ~ **dresser** vaisselier *m*; (*Pol*) **the** ~ **Office** le ministère des Affaires galloises. 2 *n* gallois *m.* (*people*) the ~ les Gallois *mpl.* ◆ **Welshman** *n* Gallois *m.* ◆ **Welshwoman** *n* Galloise *f.*

welsh* [welʃ] *vi:* to ~ on sb lever le pied* en emportant l'argent de qn.

welterweight ['weltəweɪt] *n* (*Boxing*) poids *m* welter.

wend [wend] *vt:* to ~ one's way aller son chemin (*to, towards* vers).

went [went] *pret of* go.

wept [wept] *pret, ptp of* weep.

were [wɜːʳ] *pret of* be.

werewolf ['wɪəwulf] *n, pl* -wolves loup-garou *m.*

west [west] **1** *n* ouest *m.* (to the) ~ of à l'ouest de; in the ~ of dans l'ouest de; the wind is in the ~ le vent est à l'ouest; the wind is from the ~ le vent vient de l'ouest; to live in the ~ habiter dans l'ouest; (*Pol*) the W~ l'Occident *m*, l'Ouest *m.* **2** *adj side* ouest *inv; wind* d'ouest; *coast, door* ouest, occidental. W~ **Africa** Afrique *f* occidentale; W~ **Indies** Antilles *fpl*; W~ **Indian** (*adj*) antillais; (*n*) Antillais(e) *m(f)*; (*London*) the W~ **End** *le quartier élégant de Londres*; the W~ **Country** le sud-ouest (de l'Angleterre). **3** *adv drive, travel etc* en direction de l'ouest, vers l'ouest. ~ **of the border** à l'ouest de la frontière; to go due ~ aller droit vers l'ouest; (*fig*) to go ~* [*thing*] être fichu*; [*person*] passer l'arme à gauche*. ◆ **westbound** *adj traffic, vehicles* en direction de l'ouest; *carriageway* ouest *inv.* ◆ **westerly** *adj wind* de l'ouest; *situation, aspect* à l'ouest; **in a ~erly direction** en direction de l'ouest. ◆ **western 1** *adj region* ouest *inv*, de l'ouest; *coast* ouest, occidental; *wall, side* exposé à l'ouest; **in ~ern France** dans la France de l'ouest; **~ern France** l'Ouest *m* de la France; W~ern Europe Europe *f* occidentale; (*Pol*) W~ern countries pays *mpl* de l'Ouest *or* occidentaux; **2** *n* (*film*) western *m*; (*novel*) roman *m* d'aventures de cowboys. ◆ **westerner** *n* homme *m or* femme *f* de l'Ouest; (*Pol*) Occidental(e) *m(f).* ◆ **westernization** *n* occidentalisation *f.* ◆ **westernize** *vt* occidentaliser; **to become ~ernized** s'occidentaliser.

wet [wet] **1** *adj* (*gen*) (tout) mouillé; (*damp*) humide; (soaking ~) trempé; *paint frais; ink, watercolours* pas encore sec; *weather* pluvieux; *climate* humide; *day* de pluie; *season* des pluies. **it grows in ~ places** ça pousse dans les endroits humides; ~ **to the skin**, ~ **through** trempé jusqu'aux os; **to get ~** se mouiller; **to get one's feet ~** se mouiller les pieds; (*fig*) **he's still ~ behind the ears*** il manque d'expérience; (*weather*) **it's going to be ~** il va pleuvoir; (*fig*) **a ~ blanket*** un rabat-joie; **he's really ~**‡ c'est une vraie lavette*. **2** *n* (a) **the ~** (*rain*) la pluie; (*damp*) l'humidité *f*; it got left out in the ~ c'est resté dehors sous la pluie. (b) (‡*pej: person*) lavette* *f.* **3** *vt* mouiller. **to ~ one's lips** se mouiller les lèvres; **to ~ o.s. or one's pants** mouiller sa culotte; **to ~ the bed** mouiller le lit. ◆ **wetness** *n* humidité *f.* ◆ **wetsuit** *n* combinaison *f* de plongée.

whack [wæk] **1** *n* (a) (*blow*) grand coup *m*; (*sound*) claquement *m.* (*attempt*) **to have a ~ at doing*** essayer de faire; **I'll have a ~ at it*** je vais tenter le coup*. (b) (*: *share*) part *f.* **2** *vt thing, person* donner un grand coup à; (*spank*) fesser; (*: *defeat*) donner une raclée* à. ◆ **whacked*** *adj* (*exhausted*) crevé*. ◆ **whacker**‡ *n* (*fish etc*) poisson *m* etc énorme; (*lie*) mensonge *m* énorme. ◆ **whacking 1** *n* (*spanking*) fessée *f*; (*beating: lit, fig*) raclée* *f*; **2** *adj* (*also* ~**ing big***) énorme.

whale [weɪl] **1** *n* baleine *f.* (*fig*) **we had a ~ of a time*** on s'est drôlement* bien amusé; **a ~ of a difference*** une sacrée* différence. **2** *adj:* ~ **oil** huile *f* de baleine. **3** *vi* pêcher la baleine. ◆ **whalebone** *n* fanon *m* de baleine; (*in corset etc*) baleine *f.* ◆ **whaler** *n* (*man*) pêcheur *m* de

baleine; (*ship*) baleinier *m.* ◆ **whaling 1** *n* pêche *f* à la baleine; **2** *adj industry* baleinier. ◆ **wharfage** *n* droits *mpl* de quai.

wharf [wɔːf] *n* quai *m.* ◆ **wharfage** *n* droits *mpl* de quai.

what [wɒt] **1** *adj* (a) quel. ~ **play did you see?** quelle pièce avez-vous vue?; ~ **news?** quelles nouvelles?; **she showed me ~ book it was** elle m'a montré quel livre c'était; ~ **a man!** quel homme!; ~ **a nuisance!** que c'est ennuyeux!; ~ **fools we are!** que nous sommes bêtes!; ~ **a huge house!** quelle maison immense!
(b) **I gave him ~ money I had** je lui ai donné tout l'argent que j'avais; ~ **little I said** le peu que j'ai dit.

2 *pron* (a) (*in questions: subject*) qu'est-ce qui; (*object*) que, qu'est-ce que; (*after prep*) quoi. ~**'s happening?** qu'est-ce qui se passe?; ~ **did you do?** qu'est-ce que vous avez fait?, qu'avez-vous fait?; ~ **were you talking about?** de quoi parliez-vous?; ~ **is that?** qu'est-ce que c'est que ça?; ~**'s that book?** qu'est-ce que c'est que ce livre?; ~ **is his address?** quelle est son adresse?; ~ **is this called?** comment ça s'appelle?; ~**'s the French for 'pen'?** comment dit-on 'pen' en français?; ~ **can we do?** qu'est-ce que nous pouvons faire?, que pouvons-nous faire?; ~ **will it cost?** combien est-ce que ça coûtera?; **it's** WHAT? c'est quoi?
(b) (*that which: subject*) ce qui; (*object*) ce que. **I wonder ~ will happen** je me demande ce qui va arriver; **tell us ~ you're thinking about** dites-nous ce à quoi vous pensez; **he asked me ~ she'd told me** il m'a demandé ce qu'elle m'avait dit; **I don't know ~ that book is** je ne sais pas ce que c'est que ce livre; **he just doesn't know ~'s ~** il est complètement dépassé*; **I'll show them ~'s ~** je vais leur montrer de quoi il retourne; ~ **is done is done** ce qui est fait est fait; **say ~ you like** vous pouvez dire ce que vous voulez; ~ **I need is ...** ce dont j'ai besoin c'est ...; **I don't know who is doing ~** je ne sais pas qui fait quoi; **I know ~, I'll tell you** ~ tu sais quoi; **he's not ~ he was** il n'est plus ce qu'il était; **I've no clothes except ~ I'm wearing** je n'ai d'autres vêtements que ceux que je porte.
(c) ~ **about Robert?** et Robert?; ~ **about writing that letter?** et si vous écriviez cette lettre?; ~ **about the money you owe me?** et l'argent que vous me devez?; ~ **about it?** (*so* ~?) et alors?; (~ **do you think?**) alors, qu'est-ce que tu en penses?; ~ **about a coffee?** on prenait un café?; ~ **for?** pourquoi?; ~ **did you do that for?** pourquoi avez-vous fait ça?; ... **and** ~ **have you***, ... **and** ~ **not*** et je ne sais quoi encore; **and** ~ **is more** et qui plus est; **and** ~ **is worse** et ce qui est pire; **and,** ~ **is less common** et, ce qui est plus inhabituel; ~ **with X and Y** avec X et Y en plus; ~ **with one thing and another** avec ceci et cela, (*after listing things*) avec tout ça.

3 *excl:* ~, **no tea!** quoi *or* comment, pas de thé! ◆ **whatever 1** *adj, adv* (*any*) ~**ever** (**the**) **book you choose** quel que soit le livre que vous choisissiez (*subj*); (*all*) ~**ever money you've got** tout ce que tu as comme argent; **nothing** ~**ever** absolument rien; **2** *pron* (a) (*no matter what*) quoi que + *subj*; ~**ever happens** quoi qu'il arrive (*subj*); ~**ever you (may) find** quoi que vous trouviez; ~**ever it may be** quoi que ce soit; **I'll pay** ~**ever it costs** je paierai ce que ça coûtera; ~**ever it costs, get it** achète-le quel qu'en soit le prix; (b) (*anything that*) tout ce que; **do** ~**ever you please** faites ce que vous voulez; (c) (*emphatic*) ~**ever did you do?*** qu'est-ce que vous êtes allé faire? ◆ **what's-it*** *or* ◆ **what's-his-name*** *or* ◆ **what-d'ye-call-him*** *etc n* machin* *m.* ◆ **whatsoever** = **whatever**.

wheat [wiːt] **1** *n* blé *m*, froment *m.* **2** *adj flour, field* de blé. ◆ **wheatgerm** *n* germes *mpl* de blé. ◆ **wheatmeal** *n* farine *f* brute (*à 80%*).

wheedle ['wiːdl] *vt* cajoler. **to ~ sth out of sb**

obtenir qch de qn par des cajoleries. ♦ **wheedling**
1 *adj* enjôleur; **2** *n* cajoleries *fpl*.

wheel [wi:l] **1** *n* (*gen*) roue *f*; (*Naut*) roue de
gouvernail; (*Aut: steering* ~) volant *m*; (*spinning*
~) rouet *m*; (*potter's* ~) tour *m*. ~ **of fortune** roue
de la fortune; **at the** ~ (*Naut*) au gouvernail;
(*Aut*) au volant; **to take the** ~ (*Naut*) prendre le
gouvernail; (*Aut*) se mettre au volant; (*fig*) **the**
~**s of government** les rouages *mpl* du gouvernement; **to oil** *or* **grease the** ~**s** huiler les rouages;
there are ~**s within** ~**s** il y a toutes sortes de
forces en jeu; **the** ~ **has come full circle** la boucle
est bouclée.
2 *vt* *barrow, pushchair, bed* pousser, rouler;
cycle pousser; *person* pousser (dans un landau *or*
un fauteuil roulant *etc*). (*fig*) ~ **him in!**ⁱ amenez-
le!
3 *vi* (~ *round*) [*birds*] tournoyer; [*person*] se
retourner (brusquement); (*Mil*) effectuer une
conversion; [*procession*] tourner. (*Mil*) **right** ~!ⁱ à
droite!; (*fig*) **to be** ~**ing and dealing*** chercher
des combines *fpl*; **there has been a lot of** ~**ing and
dealing*** over that cela a donné lieu à toutes
sortes de combines.
♦ **wheelbarrow** *n* brouette *f*. ♦ **wheelbase** *n*
empattement *m*. ♦ **wheelchair** *n* fauteuil *m*
roulant. ♦ **wheeled** *adj* à roues; three-~**ed** à trois
roues. ♦ **-wheeler** *n ending:* four-~**er** voiture *f* à
quatre roues. ♦ **wheelwright** *n* charron *m*.

wheeze [wi:z] **1** *n* respiration *f* bruyante. **2** *vi*
[*person*] avoir du mal à respirer.

whelk [welk] *n* buccin *m*.

whelp [welp] **1** *n* petit(e) *m(f)* (*d'un animal*). **2** *vi*
mettre bas.

when [wen] **1** *adv* quand. ~ **does the train leave?**
quand *or* à quelle heure part le train?; ~ **is your
birthday?** c'est quand, votre anniversaire?; ~ **did
Columbus** ...? quand *or* en quelle année Christophe Colomb a-t-il ...?; **I don't know** ~ **we'll see
him again** je ne sais pas quand nous le reverrons;
~**'s the wedding?** à quand le mariage?; ~ **is the
best time** quel est le meilleur moment (*to do* pour
faire); **till** ~? jusqu'à quand?; **he's got to go by** ~?
il faut qu'il soit parti quand?; (*iro*) **since** ~?*
depuis quand?*
2 *conj* (**a**) (*at the time that*) quand, lorsque. ~ **I
heard his voice I smiled** quand *or* lorsque j'ai
entendu sa voix j'ai souri; ~ **I was a child there
was** ... quand *or* lorsque j'étais enfant il y avait ...;
let me know ~ **she comes** faites-moi savoir quand
elle arrivera; ~ **writing to her,** remember to say
... quand vous lui écrirez n'oubliez pas de dire ...;
~ **you like** quand vous voulez *or* voudrez; **hardly
had I got back** ~ ... je venais à peine de rentrer
quand ... .
(**b**) (*on, at etc which*) où; que. **on the day** ~ **le
jour où; at the time** ~ au moment *or* à l'heure où;
in spring, ~ ... au printemps, au moment où ...; **on
Saturday(s),** ~ ... le samedi, quand ...; (*each
Saturday that*) **on Saturday(s)** ~ ... les samedis où
...; (*last etc Saturday* ~) **on Saturday,** ~... samedi,
quand ...; **at 8 o'clock,** ~ ... à 8 heures, heure à
laquelle ...; **at the very moment** ~ juste au
moment où; **one day** ~ **the sun was shining** un
jour où le soleil brillait; **this is a time** ~ **we must
speak** c'est dans un moment comme celui-ci qu'il
faut parler; **there are times** ~ ... il y a des
moments où ...; (*drinks etc*) **say** ~!* vous me direz
..., vous m'arrêterez ... .
(**c**) (*the time that*) **he told me about** ~ **you** ... il
m'a raconté le jour où vous ...; **she spoke of** ~ **they
had visited London** elle a parlé de la semaine (*or*
du jour *etc*) où ils avaient visité Londres; **now is**
~ **I need you** c'est maintenant que j'ai besoin de
vous; **that's** ~ **the train leaves** c'est l'heure à
laquelle le train part; **that's** ~ **Napoleon was born**
c'est l'année (*or* le jour) où Napoléon est né; **that's**
~ **you ought to try** ... c'est le moment d'essayer ...;

that was ~ **the trouble started** c'est alors que les
ennuis ont commencé.
(**d**) (*after*) quand, une fois que. ~ **you've read
the book you'll know why** quand vous aurez lu le
livre vous saurez pourquoi; ~ **it is finished the
bridge will measure** ... une fois terminé, le pont
mesurera ...; ~ **they had left he** ... après leur
départ *or* après qu'ils furent partis, il ...; ~ **he'd
been to Greece he** ... après être allé en Grèce, il ...;
do it ~ **he's finished** faites-le quand il aura fini.
(**e**) (*whereas*) alors que. **he walked** ~ **he could
have taken the bus** il est allé à pied alors qu'il
aurait pu prendre le bus.
♦ **whenever 1** *conj* (**a**) (*at whatever time*) quand;
~**ever you wish** quand vous voulez; **leave** ~**ever
you're ready** partez quand vous serez prêt; (**b**)
(*every time that*) chaque fois que; ~**ever I see her
I think of Jenny** chaque fois que je la vois je pense
à Jenny; **2** *adv:* **last Monday, or** ~**ever** lundi dernier, ou je ne sais quand.

whence [wens] *adv, conj* (*liter*) d'où.

where [wɛəʳ] **1** *adv* où. ~ **do you live?** où habitez-
vous?; ~ **are you going (to)?** où allez-vous?; **I
wonder** ~ ... je me demande où ...; ~**'s the theatre?**
où est le théâtre?; ~ **do you come from?** d'où êtes-
vous?; **near** ~? près d'où?
2 *conj* (**a**) (*gen*) (là) où. **stay** ~ **you are** restez où
vous êtes; **there is a school** ~ **our house once
stood** il y a une école là où se dressait autrefois
notre maison; **go** ~ **you like** allez où vous voulez;
it's not ~ **I left it** ce n'est plus là où je l'avais
laissé; **it's not** ~ **I expected to see it** je ne m'attendais pas à le voir là.
(**b**) (*in etc which*) où. **the house** ~ ... la maison
où ...; **in the place** ~ à l'endroit où; **England is** ~
you'll find ... c'est en Angleterre que vous
trouverez ...; **this is** ~ **it was found** c'est là qu'on
l'a retrouvé.
(**c**) (*the place that*) là que. **so that's** ~ **my
gloves have got to!** voilà où sont passés mes
gants!; (*fig*) **that's** ~ **things started to go wrong**
c'est là que les choses se sont gâtées; **this is** ~
you've got to decide là il faut que tu décides; **I
walked past** ~ **he was standing** j'ai dépassé l'endroit où il se tenait; **from** ~ **I am** d'où *or* de là où je
suis.
(**d**) (*whereas*) alors que. **he walked** ~ **he could
have taken the bus** il est allé à pied alors qu'il
aurait pu prendre le bus.
♦ **whereabouts 1** *adv* où (donc); **2** *npl:* **to know
sb's** ~**abouts** savoir où est qn. ♦ **whereas** *conj* (*on
the other hand*) alors que, tandis que; (*Jur: since*)
attendu que. ♦ **wherefore** *n V* **why.** ♦ **whereupon**
conj sur quoi, et sur ce. ♦ **wherever 1** *conj* (**a**) (*no
matter where*) où que +*subj*; ~**ver I am** I'll
always remember où que je sois, je n'oublierai
jamais; (**b**) (*anywhere*) (là) où; **sit** ~**ver you like**
asseyez-vous (là) où vous voulez; **Barcombe,**
~**ver that is** un endroit qui s'appellerait Barcombe; (**c**) (*everywhere*) partout où; ~**ver you
go, I'll go too** partout où tu iras, j'irai; ~**ver you
see it, you know that** ... partout où vous le voyez,
vous savez que ...; **2** *adv:* **in London or Liverpool
or** ~**ver*** à Londres, Liverpool ou Dieu sait où.
♦ **wherewithal** *n:* **the** ~**withal** les moyens *mpl* (*to
do* de faire).

whet [wet] *vt* (*lit, fig*) aiguiser. ♦ **whetstone** *n*
pierre *f* à aiguiser.

whether ['weðəʳ] *conj* (**a**) si. **I don't know** ~ **it's
true or not** je ne sais pas si c'est vrai ou non; **I
don't know** ~ **to go** je ne sais pas si je dois y aller;
it is doubtful ~ il est peu probable que+*subj*; **I
doubt** ~ je doute que+*subj*; **I'm not sure** ~ je ne
suis pas sûr que+*subj*. (**b**) que+*subj*. ~ **it rains or
snows** qu'il pleuve ou qu'il neige; ~ **you go or not,
he** ... que tu y ailles ou non, il ... . (**c**) soit. ~ **before
or after** soit avant, soit après.

whew [hwu:] *excl* ouf!

whey [weɪ] *n* petit-lait *m*.
which [wɪtʃ] **1** *adj* **(a)** (*in questions etc*) quel. ~ **card?** quelle carte?, laquelle des cartes?; **I don't know** ~ **books** je ne sais pas quels livres?; ~ **one?** lequel (*or* laquelle)?; ~ **one of you?** lequel (*or* laquelle) d'entre vous?
(b) in ~ **case** auquel cas; **a week, during** ~ **time** ... une semaine au cours de laquelle ... .
2 *pron* **(a)** (*in questions etc*) lequel *m*, laquelle *f*. ~ **have you taken?** lequel avez-vous pris?; ~ **of your sisters?** laquelle de vos sœurs?; ~ **of you?** (*two people*) lequel de vous deux?; (*more than two*) lequel d'entre vous?; ~ **are the ripest apples?** quelles sont les pommes les plus mûres?
(b) (*the one or ones that: subject*) celui (*or* celle *etc*) qui; (*object*) celui *etc* que. **show me** ~ **is the cheapest** montrez-moi celui qui est le moins cher; **I know** ~ **I'd rather have** je sais celui que je préférerais; **I don't know** ~ **is** ~ je ne peux pas les distinguer; **I don't mind** ~ ça m'est égal.
(c) (*that: subject*) qui; (*object*) que; (*after prep*) lequel *etc*. **the book** ~ **is on the table** le livre qui est sur la table; **the apple** ~ **you ate** la pomme que vous avez mangée; **the box** ~ **you put it in** la boîte dans laquelle vous l'avez mis; **the book** ~ **I told you about** le livre dont je vous ai parlé.
(d) (*and that: subject*) ce qui; (*object*) ce que; (*after prep*) quoi. **you're late,** ~ **reminds me** ... vous êtes en retard, ce qui me fait penser ...; **she said she was 40,** ~ **I don't believe** elle a dit qu'elle avait 40 ans, ce que je ne crois pas; **after** ~ **she left** après quoi elle est partie; **of** ~ **more later** ce dont je reparlerai plus tard; **from** ~ **we deduce** d'où nous déduisons.

♦ **whichever 1** *adj* **(a)** (*that one which*) **I'll have** ~**ever apple you don't want** je prendrai la pomme dont vous ne voulez pas; **keep** ~**ever one you prefer** gardez celui que vous préférez (*peu importe lequel*); **(b)** (*no matter which: subject*) quel que soit ... qui+*subj*; (*object*) quel que soit ... que+*subj*; ~**ever book is left** quel que soit le livre qui reste (*subj*); ~**ever dress you wear** quelle que soit la robe que tu portes (*subj*); ~**ever way you look at it** de quelque manière que vous le considériez (*subj*); **2** *pron* **(a)** (*the one which: subject*) celui *m* (*or* celle *f etc*) qui; (*object*) celui *etc* que; ~**ever is best for him** celui qui lui convient le mieux; ~**ever you like** celui que vous voulez; **choose** ~**ever is easiest** choisissez le plus facile; **(b)** (*no matter which one: subject*) quel que soit celui qui+*subj*; (*object*) quel que soit celui que+*subj*; ~**ever of the two books he chooses** quel que soit le livre qu'il choisisse; ~**ever of the apples is left** quelle que soit la pomme qui reste (*subj*).
whiff [wɪf] *n* (*puff: of chloroform, sea air etc*) bouffée *f*; (*smell*) odeur *f*. **one** ~ **of this is enough to kill you** il suffit de respirer ça une fois pour mourir; **I caught a** ~ **of gas** j'ai senti l'odeur du gaz.
while [waɪl] **1** *conj* **(a)** (*during the time that*) pendant que. ~ **I was out of the room** pendant que j'étais hors de la pièce; **she fell asleep** ~ **reading** elle s'est endormie en lisant; ~ **you're away I'll write some letters** pendant ton absence *or* pendant que tu seras absent j'écrirai quelques lettres; **and** ~ **you're about it** et pendant que vous y êtes. **(b)** (*as long as*) tant que. **it won't happen** ~ **I'm here** cela n'arrivera pas tant que je serai là. **(c)** (*although*) bien que+*subj*, quoique+*subj*. ~ **there are a few people who like that** bien qu'il *or* quoiqu'il y ait un petit nombre de gens qui aiment cela. **(d)** (*whereas*) alors que, tandis que. **she sings quite well,** ~ **her sister can't sing a note** elle ne chante pas mal alors que *or* tandis que sa sœur ne sait pas chanter du tout.
2 *n*: **a** ~ quelque temps; **a short** ~, **a little** ~ un moment; **a long** ~, **a good** ~ (*assez*) longtemps;

after a ~ au bout de quelque temps; **for a** ~ **I thought** ... j'ai pensé un moment ..., (*longer*) pendant quelque temps j'ai pensé ...; **once in a** ~ une fois de temps en temps; **in between** ~**s** entre-temps; **all the** ~ pendant tout ce temps-là.
while away *vt sep* (faire) passer.
♦ **while-you-wait heel repairs** *npl* ≈ talon minute. ♦ **whilst** *conj* = **while 1.**
whim [wɪm] *n* caprice *m*, fantaisie *f*. **he gives in to her every** ~ il lui passe tous ses caprices; **as the** ~ **takes him** comme l'idée lui vient. ♦ **whimsical** *adj person* fantasque; *smile, book* étrange; *idea* saugrenu. ♦ **whimsically** *adv* say, suggest de façon saugrenue; *smile, look* étrangement.
whimper ['wɪmpə^r] **1** *vi* [*person, baby*] gémir, faiblement; (*whine*) pleurnicher; [*dog*] pousser de petits cris plaintifs. **2** *n* gémissement *m*.
♦ **whimpering 1** *n* gémissements *mpl*; **2** *adj voice* larmoyant; (*whining*) pleurnicheur; *person, animal* qui gémit faiblement.
whin [wɪn] *n* (*Bot*) ajonc *m*.
whine [waɪn] **1** *vi* [*person, dog*] gémir; (*fig: complain*) se lamenter (*about* sur), se plaindre (*about* de); [*siren*] gémir. **2** *vt*: **'no,' he** ~**d 'non,'** dit-il d'une voix geignarde. **3** *n* gémissement *m* prolongé; (*fig*) plainte *f*; [*bullet, machine*] plainte stridente. ♦ **whining 1** *n* [*person, child*] gémissements *mpl* continus, pleurnicheries *fpl*; [*dog*] gémissements *mpl*; (*fig: complaining*) plaintes *fpl* continuelles; **2** *adj voice, child* geignard; *dog* qui gémit.
whinny ['wɪnɪ] **1** *vi* hennir. **2** *n* hennissement *m*.
whip [wɪp] **1** *n* **(a)** fouet *m*; (*riding* ~) cravache *f*. **(b)** (*Parl*) (*person*) chef *m* de file (*d'un groupe parlementaire*). (*summons*) **three-line** ~ convocation *f* impérative (*pour voter*). **(c)** (*Culin*) strawberry *etc* ~ mousse *f* instantanée à la fraise *etc*.
2 *adj* (*fig*) **to have the** ~ **hand** avoir l'avantage (*over* sur).
3 *vt* **(a)** fouetter; (*Culin*) battre au fouet. ~**ped cream** crème *f* fouettée. **(b)** (*seize etc*) **to** ~ **sth out of sb's hands** enlever brusquement qch des mains de qn; **he** ~**ped a gun out of his pocket** il a brusquement sorti un revolver de sa poche; **to** ~ **sth away** *etc* enlever *etc* qch brusquement. **(c)** (:: *steal*) faucher*, voler. **(d)** *rope* surlier; (*Sewing*) surfiler.
4 *vi*: **to** ~ **along/away** *etc* filer/partir *etc* à toute allure; **the car** ~**ped round the corner** la voiture a pris le tournant à toute allure; **to** ~ **round** [*person*] se retourner vivement; [*object*] pivoter brusquement.
whip up *vt sep cream etc* battre au fouet; (*fig*) indignation, interest stimuler; (*: prepare*) meal préparer en vitesse. **can you** ~ **up sth to eat?*** est-ce que vous pourriez nous faire à manger* en vitesse?
♦ **whiplash** *n* (*blow from whip*) coup *m* de fouet; (*fig: in car accident*) coup du lapin*.
♦ **whippersnapper** *n* freluquet *m*. ♦ **whipping 1** *n* (*punishment*) correction *f*; **to give sb a** ~**ping** fouetter qn; **2** *adj*: ~**ping cream** crème fraîche (*à fouetter*); (*fig*) ~**ping boy** bouc *m* émissaire. ♦ **whip-round*** *n*: **to have a** ~**-round** faire une collecte (*for* pour).
whippet ['wɪpɪt] *n* whippet *m*.
whirl [wɜːl] **1** *vi* **(a)** (~ **round**) [*leaves, dancers, water*] tourbillonner; [*wheel, merry-go-round*] tourner. **the leaves** ~**ed down** les feuilles tombaient en tourbillonnant. **(b)** (*move rapidly*) **to** ~ **along/away** *etc* aller/partir *etc* à toute vitesse. **2** *vt* (~ **round**) *leaves etc* faire tourbillonner; *sword, object on rope* faire tournoyer. (*fig*) **they** ~**ed us round the Louvre** ils nous ont fait visiter le Louvre à toute vitesse; **the train** ~**ed us along** le train nous emportait à toute allure. **3** *n* tourbillon *m*. (*fig*) **the social** ~ la vie mondaine; **her**

thoughts/emotions were in a ~ tout tourbillonnait dans sa tête/son cœur; **my head is in a** ~ la tête me tourne; *(fig: try)* **to give sth a** ~* essayer qch. ♦ **whirlpool** tourbillon *m*. ♦ **whirlwind 1** *n* tornade *f*, trombe *f*; **2** *adj* éclair* *inv.*

whirr [wɜːr] **1** *vi [bird's wings, insect's wings]* bruire; *[cameras, machinery]* ronronner, *(louder)* vrombir. **to go** ~**ing off** partir en vrombissant. **2** *n* bruissement *m*; ronronnement *m*; vrombissement *m*.

whisk [wɪsk] **1** *n (Culin)* fouet *m*; *(rotary)* batteur *m* à œufs. **with a** ~ **of his tail** d'un coup de queue; *(Culin)* **to give sth a good** ~ bien battre qch. **2** *vt* **(a)** *(Culin)* battre au fouet; **egg whites** battre en neige. ~ **the eggs into it** incorporez-y les œufs avec un fouet. **(b)** to ~ **sth out of sb's hands** enlever brusquement qch des mains de qn; **she** ~**ed the letter off the table** elle a prestement fait disparaître la lettre de la table; **to** ~ **sth away/off** *etc* emporter/enlever *etc* qch brusquement; **the lift** ~**ed us up to the top floor** l'ascenseur nous a emportés jusqu'au dernier étage à toute allure.

whiskers ['wɪskəz] *npl (side* ~) favoris *mpl*; *(beard)* barbe *f*; *(moustache)* moustache *f*; *[animal]* moustaches.

whisky, *(US, Ir)* **whiskey** ['wɪskɪ] *n* whisky *m*. **a** ~ **and soda** un whisky soda.

whisper ['wɪspər] **1** *vi (gen)* chuchoter *(to sb* à l'oreille de qn). **you'll have to** ~ il faudra que vous parliez bas. **2** *vt* chuchoter, dire à voix basse *(sth to sb* qch à qn; *that que)*. **he** ~**ed a word in my ear** il m'a dit qch à l'oreille; *(fig)* **it is** ~**ed that ...** le bruit court que ... . **3** *n (gen)* chuchotement *m*; *[wind etc]* murmure *m*; *(fig: rumour)* bruit *m*. **in a** ~ à voix basse. ♦ **whispering 1** *n* chuchotement *m*; *(fig)* **there has been a lot of** ~**ing about them** toutes sortes de rumeurs ont couru sur leur compte; **2** *adj (fig)* ~**ing campaign** campagne *f* (diffamatoire) insidieuse; ~**ing gallery** galerie *f* à écho.

whist [wɪst] *n* whist *m*. ~ **drive** tournoi *m* de whist.

whistle ['wɪsl] **1** *n* **(a)** *(sound: gen)* sifflement *m*; *(made with a* ~) coup *m* de sifflet; *[audience] (cheering)* sifflements d'admiration; *(booing)* sifflets *mpl*. **(b)** *(thing blown)* sifflet *m*. **penny** ~ flûteau *m*; **he blew his** ~ il a donné un coup de sifflet; **the referee blew his** ~ **for half-time** l'arbitre a sifflé la mi-temps; **it broke off as clean as a** ~ ça a cassé net; *(fig)* **he blew the** ~ **on its** *(informed on it)* il a vendu la mèche*; *(stopped it)* il y a mis le holà.

2 *vi (gen)* siffler; *(casually, light-heartedly)* siffloter. **to** ~ **at** *or* **for** *or* **to sb/sth** siffler qn/qch; *(fig)* **he's whistling in the dark** il fait *(or* dit) ça pour se rassurer; *(fig)* **he can** ~ **for it!*** il peut toujours courir!*; **an arrow** ~**d past his ear** une flèche a sifflé à son oreille; **the cars** ~**d past** les voitures passaient à toute allure.

3 *vt tune* siffler; *(casually)* siffloter.

whistle up *vt sep dog, taxi* siffler; *(*fig)* helpers, more food etc* dégoter*, trouver.

♦ **whistle-stop** *adj (Pol etc)* **he made a** ~**-stop tour of ...** il a fait à toute allure le tour de ...

Whit [wɪt] **1** *n (also* ~**sun)** la Pentecôte. **2** *adj week, holiday* etc de Pentecôte. ~ **Sunday/ Monday** le dimanche/lundi de Pentecôte.

whit [wɪt] *n*: **not a** ~ **of truth** pas un brin de vérité; **it wasn't a** ~ **better** ce n'était pas mieux du tout.

white [waɪt] **1** *adj* **(a)** *(gen)* blanc *(f* blanche). **as** ~ **as a sheet/a ghost** pâle comme un linge/la mort; **as** ~ **as snow** blanc comme neige; ~ **with fear** blême de peur; **to go** *or* **turn** ~ *(with fear, anger)* blêmir; *[hair]* blanchir; **it gets the clothes** ~**r than** ~ ça lave encore plus blanc; **a** ~ **Christmas** un Noël sous la neige; *(fig)* **it's a** ~ **elephant** c'est tout à fait superflu; **the** ~ **flag** le drapeau blanc; ~ **frost** gelée *f* blanche; *(fig)* **the** ~ **hope of** le grand espoir de; *(at sea)* ~ **horses,** *(US)* ~ **caps** moutons

mpl; *(US)* **the W**~ **House** la Maison Blanche; *(fig)* **a** ~ **lie** un pieux mensonge; *(Acoustics)* ~ **noise** son *m* blanc; *(Parl)* ~ **paper** livre *m* blanc *(du gouvernement) (on* sur); *(Comm)* ~ **sale** vente *f* de blanc; *(Culin)* ~ **sauce** béchamel *f*; ~ **wedding** mariage *m* en blanc. **(b)** *(racially) person, skin* blanc; *supremacy* de la race blanche. **a** ~ **man** un Blanc; **a** ~ **woman** une Blanche; **the** ~ **South Africans** les Blancs d'Afrique du Sud.

2 *n* **(a)** *(colour)* blanc *m*; *(whiteness)* blancheur *f*; *[egg, eye]* blanc. **dressed in** ~ vêtu de blanc; *(linen etc)* **the** ~**s** le linge blanc; **his face was a deathly** ~ son visage était d'une pâleur mortelle; **to be a dazzling** ~ être d'une blancheur éclatante. **(b)** *(person)* Blanc *m*, Blanche *f*.

♦ **whitebait** *n (Culin)* petite friture *f*. ♦ **white-collar** *adj*: **a** ~**-collar job** un emploi dans un bureau; ~**-collar worker** employé(e) *m(f)* de bureau, col *m* blanc. ♦ **white-faced** *adj* blême. ♦ **white-haired** *adj person* aux cheveux blancs. ♦ **white-hot** *adj* chauffé à blanc. ♦ **whiten** *vt* blanchir. ♦ **whiteness** *n* blancheur *f*. ♦ **whitening** *n (substance)* blanc *m*. ♦ **white spirit** *n* white-spirit *m*. ♦ **whitethorn** *n* aubépine *f*. ♦ **whitewash 1** *n* lait *m* de chaux; *(fig)* **it was a** ~**wash of his character** ça visait à blanchir sa réputation; **2** *vt wall* etc blanchir à la chaux; *(fig) person, sb's reputation, motives* blanchir; *sb's faults* justifier (par des arguments fallacieux); *event, episode* peindre sous des traits anodins. ♦ **whitish** *adj* blanchâtre.

whiting ['waɪtɪŋ] *n (fish)* merlan *m*.

whitlow ['wɪtləʊ] *n* panaris *m*.

whittle [wɪtl] *vt* tailler au couteau *(out of* dans). **to** ~ **down** tailler; *(fig) costs* amenuiser.

whiz(z) [wɪz] **1** *n (sound)* sifflement *m*. **2** *adj*: ~ **kid*** petit prodige *m*. **3** *vi*: **to** ~ *or* **go** ~**ing through the air** fendre l'air (en sifflant); **to** ~ **past** *etc* passer *etc* à toute vitesse.

who [huː] *pron* **(a)** *(in questions: remplace aussi 'whom' dans le langage parlé)* (qui est-ce) qui; *(after prep)* qui. ~**'s there?** qui est là?; ~ **are you?** qui êtes-vous?; ~ **has the book?** (qui est-ce) qui a le livre?; ~ **should it be but Robert!** qui vois-je? Robert!; **I don't know** ~**'s** ~ **in the office** je ne connais pas très bien les gens au bureau; **'W**~**'s W**~**'** ≃ 'Bottin *m* Mondain'; ~**(m) did you see?** qui avez-vous vu?; ~**'s the book by?** le livre est de qui?; **you-know-**~* **said ...** qui vous savez a dit ... . **(b)** *(that)* qui. **my aunt** ~ **lives in London** ma tante qui habite à Londres; **those** ~ **can swim** ceux qui savent nager. ♦ **whodunit*** *n roman *m* policier. ♦ **whoever** *pron* **(a)** *(anyone that)* quiconque; ~**ever wishes may ...** quiconque le désire peut ...; ~**ever finds it can keep it** celui qui le trouvera pourra le garder; ~**ever said that was ...** celui qui a dit ça était ...; **ask** ~**ever you like** demandez à qui vous voulez; **(b)** *(no matter who: subject)* qui que ce soit qui + *subj*; *(object)* qui que ce soit que + *subj*; ~**ever you are** qui que vous soyez; ~**ever he marries** qui que ce soit qu'il épouse *(subj)*; **(c)** ~**ever told you that?** qui donc vous a dit ça?

whoa [wəʊ] *excl* (~ **there**) ho!, holà!

whole [həʊl] **1** *adj* **(a)** *(entire)* (+ *sing n)* entier, tout; (+ *pl n)* entier. **the** ~ **book** le livre entier, tout le livre; **a** ~ **hour** toute une heure, une heure entière; **3** ~ **days** 3 jours entiers; **the** ~ **world** le monde entier; **the** ~ **villages** des villages entiers; **the** ~ **road** toute la route; ~ **milk** lait *m* entier; **to swallow sth** ~ avaler qch tout entier; **roasted** ~ rôti tout entier; **the** ~ **truth** toute la vérité; **the** ~ **point of it** tout l'intérêt de la chose; **with my** ~ **heart** de tout mon cœur; **the** ~ **lot** le tout; **the** ~ **of you** vous tous; **a** ~ **lot better*** vraiment beaucoup mieux; **a** ~ **lot of things** tout un tas de choses; **to go the** ~ **hog*** aller jusqu'au bout, s'engager à fond. **(b)** *(unbroken) glass, seal, egg* intact; *series, set* complet; (*unhurt*) sain et sauf. (*Math*) ~ **number** nombre *m* entier.

2 *n* **(a)** (*all*) **the** ~ **of the book** tout le livre, le livre entier; **the** ~ **of the sum** la somme tout entière, la totalité de la somme; **the** ~ **of the time** tout le temps; **the** ~ **of France** la France tout entière; **the** ~ **of Paris was talking about it** dans tout Paris on parlait de ça; **as a** ~ dans son ensemble; **on the** ~ dans l'ensemble. **(b)** (*complete unit*) tout *m*. **they make a** ~ ils font un tout; **estate sold as a** ~ propriété vendue en bloc. ♦ **wholehearted** *adj approval, admiration* sans réserve; **to make a** ~**hearted attempt** essayer de tout cœur. ♦ **wholeheartedly** *adv* de tout cœur. ♦ **wholemeal** *adj flour* brut; *bread* ≈ complet. ♦ **wholesale** **1** *n* (*vente f* en) gros *m*; **2** *adj price, firm, trade etc* de gros; (*fig*) *slaughter, destruction, dismissals* en masse; *criticism, acceptance* en bloc; *campaign, movement* généralisé; **there was a** ~**sale attempt to do it** on a essayé par tous les moyens de le faire; **3** *adv buy, sell* en gros; *get, obtain* au prix de gros; (*fig*) *dismiss, imprison, destroy* en masse; *reject, accept* en bloc. ♦ **wholesaler** *n* grossiste *mf*. ♦ **wholesome** *adj* (*gen*) sain; *air, climate* sain, salubre. ♦ **wholly** *adv* complètement, entièrement.

whom [hu:m] *pron* **1** *n* (*souvent remplacé par 'who' dans le langage parlé*) (*in questions*) qui. ~ **did you see?** qui avez-vous vu?; **with** ~? avec qui? **(b)** (*that*) que; (*after prep*) qui. **my aunt,** ~ **I love** ma tante, que j'aime; **those** ~ **he had seen** ceux qu'il avait vus; **the man to** ~ l'homme à qui, l'homme auquel; **the man of** ~ l'homme dont.

whoop [hu:p] **1** *n* cri *m* (*de triomphe etc*). **2** *vi* pousser des cris; (*Med*) avoir des quintes de toux coquelucheuse. **3** *vt*: **to** ~ **it up‡** bien se marrer‡. ♦ **whoopee 1** *excl* youpi!; **2** *n*: **to make** ~**ee‡** bien se marrer‡. ♦ **whooping cough** *n* coqueluche *f*. ♦ **whoops** *excl* houp-là!

whopper* ['wɒpə'] *n* (*car/parcel etc*) voiture *f*/colis *m etc* énorme. (*lie*) mensonge *m* énorme. ♦ **whopping*** *adj* énorme.

whore‡ [hɔː'] *n* putain‡ *f*.

whose [hu:z] **1** *poss pron* à qui. ~ **is this?** à qui est ceci?; **I know** ~ **it is** je sais à qui c'est; **let's see** ~ **lasts longest** voyons celui de qui durera le plus longtemps. **2** *poss adj* **(a)** (*in questions: gen*) de qui; (*ownership*) à qui. ~ **hat is this?** à qui est ce chapeau?; ~ **son are you?** de qui êtes-vous le fils?; ~ **fault is it?** à qui la faute? **(b)** dont, de qui. **the man** ~ **hat I took** l'homme dont j'ai pris le chapeau; **the boy** ~ **sister I was talking to** le garçon à la sœur duquel *or* à la sœur de qui je parlais; **those** ~ **passports are here** ceux dont les passeports sont ici.

why [waɪ] **1** *adv* pourquoi. ~ **did you do it?** pourquoi l'avez-vous fait?; **I wonder** ~ je me demande pourquoi; **he told me** ~ **he did it** il m'a dit pourquoi il l'a fait *or* la raison pour laquelle il l'a fait; **that's (the reason)** ~ voilà pourquoi; ~ **not?** pourquoi pas?; **the reasons** ~ **he did it** les raisons pour lesquelles il l'a fait; **there's no reason** ~ **you shouldn't try again** il n'y a pas de raison pour que tu n'essayes {*subj*} pas de nouveau; ~ **not phone her?** pourquoi ne pas lui téléphoner? **2** *excl* (*surprise*) tiens!; (*remonstrating*) mais voyons donc!; (*explaining*) eh bien! **3** *n*: **the** ~(**s) and the wherefore(s)** les causes *fpl* et les raisons *fpl*; **the** ~ **and the how** le pourquoi et le comment.

wick [wɪk] *n* mèche *f*.

wicked ['wɪkɪd] *adj* (*iniquitous*) *person* méchant; *act* mauvais; *system, policy* inique; (*unpleasant*) *blow, wound* vilain (*before n*); *pain* violent; *satire, criticism* méchant; *waste* scandaleux; (*mischievous etc*) *person, smile, remark* malicieux. **that was a** ~ **thing to do** c'était vraiment méchant!; **he has a** ~ **temper** il a un carac-

tère épouvantable; (*fig: admiringly*) **a** ~***' shot/ game** *etc* un coup/un jeu *etc* du tonnerre*. ♦ **wickedly** *adv* (*evilly*) *behave* très mal; *destroy, kill* par un raffinement de méchanceté; (*mischievously*) malicieusement; (*': skilfully*) *play, manage etc* formidablement bien*. ♦ **wickedness** *n* méchanceté *f*; scandale *m*; malice *f*; [*murder*] atrocité *f*.

wicker ['wɪkə'] **1** *n* osier *m*. **2** *adj basket etc* d'osier. ♦ **wickerwork** *n* vannerie *f*.

wicket ['wɪkɪt] *n* **(a)** (*door*) portillon *m*. **(b)** (*Cricket*) guichet *m*. ♦ **wicket-keeper** *n* gardien *m* de guichet.

wide [waɪd] **1** *adj* (*gen*) large; *margin, variety* grand; *ocean, desert* immense; (*fig*) *knowledge* vaste, grand; *survey, study* de grande envergure. **how** ~ **is the room?** quelle est la largeur de la pièce?; **it is 5 metres** ~ cela fait 5 mètres de large; (*Ciné*) ~ **screen** écran *m* panoramique; (*fig*) ~ **boy*** filou *m*; **the shot was** ~ le coup est passé à côté; ~ **of the target** loin de la cible. **2** *adv aim, shoot, fall* loin du but. **the bullet went** ~ la balle est passée à côté; (*set*) ~ **apart** *trees, houses* largement espacés; *eyes, legs* très écartés; ~ **awake** bien éveillé; ~ **open** grand ouvert. ♦ **wide-eyed** *adj* aux yeux écarquillés (*from fear etc* de peur *etc*). ♦ **widely** *adv scatter, spread* sur une grande étendue; *travel* beaucoup; *differ, different* radicalement; *spaced* largement; *believed, understood etc* généralement; ~**ly-held opinions** des opinions *fpl* très répandues; ~**ly known for** connu partout pour; **to be** ~**ly read** [*author, book*] être très lu; [*reader*] avoir beaucoup lu (*in sth* qch). ♦ **widen 1** *vt* (*gen*) élargir; *margin* augmenter; *knowledge* accroître; *survey, study* accroître la portée de; **2** *vi* (~**n out**) s'élargir; s'accroître. ♦ **wide-ranging** *adj report* de grande envergure; *interests* divers, variés. ♦ **widespread** *adj arms* en croix; *wings* déployés; *belief* très répandu.

widow ['wɪdəʊ] **1** *n* veuve *f*. (*fig*) **she's a golf** ~ son mari la délaisse pour aller jouer au golf; ~**'s peak** pousse *f* de cheveux en V sur le front. **2** *vt*: **to be** ~**ed** devenir veuf (*f* veuve); **his** ~**ed mother** sa mère qui est veuve. ♦ **widower** *n* veuf *m*. ♦ **widowhood** *n* veuvage *m*.

width [wɪdθ] *n* (*gen*) largeur *f*; [*garment*] ampleur *f*. **it is 5 metres in** ~ cela fait 5 mètres de large; **a** ~ **of cloth** une largeur d'étoffe. ♦ **widthwise** *adv* en largeur.

wield [wiːld] *vt tool, weapon etc* manier; (*brandish*) brandir; *power etc* exercer.

wife [waɪf] *n, pl* **wives** (*gen*) femme *f*; (*Admin etc*) épouse *f*. **the farmer's/butcher's etc** ~ la fermière/bouchère *etc*; **the** ~**‡** la patronne‡; (*Admin etc*) **wives who have** ~ ... les femmes mariées qui ont ...; **old wives' tale** conte *m* de bonne femme; (*woman*) **a poor old** ~***' une pauvre vieille. ♦ **wifely** *adj duties* conjugal; *feelings* d'une bonne épouse. ♦ **wife-swapping** *n* échange *m* de partenaires (*par deux couples*).

wig [wɪg] *n* perruque *f*; (*hair-piece*) postiche *m*.

wiggle ['wɪgl] **1** *vt pencil, stick, toes* agiter, remuer; *loose screw, tooth* faire jouer. **to** ~ **one's hips** tortiller des hanches. **2** *vi* [*sth loose*] branler; [*tail*] remuer. ♦ **wiggly** *adj line* ondulé.

wigwam ['wɪgwæm] *n* wigwam *m*.

wild [waɪld] **1** *adj* **(a)** *animal, plant, tribe, countryside* sauvage; *rabbit* de garenne. **it was growing** ~ ça poussait à l'état sauvage; (*fig*) ~ **horses wouldn't make me tell** je ne le dirais pour rien au monde; (*fig*) **to sow one's** ~ **oats** jeter sa gourme; (*US*) **the W**~ **West** le Far West. **(b)** *wind* furieux; *sea* en furie; *weather* gros; *night* de tempête. **(c)** (*excited etc*) *person, youth, scheme, laughter* fou (*f* folle); *eyes* égaré; *appearance, look* farouche; *imagination, enthusiasm* débordant; *life, evening* mouvementé; (*': angry*) furieux. **a gang of** ~ **kids** une bande de casse-cou; **we had some** ~ **times** nous avons fait bien des folies; **there was a lot of** ~ **talk about ...** on a agité des tas d'idées folles au sujet de ...; **to make a** ~ **guess** risquer à tout hasard une hypothèse (*at sth* sur qch); (*excited*) **to go** ~ *[dog etc]* devenir comme fou; *[person]* ne plus se tenir (*with joy* de joie); *[audience]* entrer en délire; ~ **with indignation** fou d'indignation; (*enthusiastic*) **to be** ~ **about sth/sb** être dingue* or fou de qn/qch; **I'm not** ~ **about it*** ça ne m'emballe* pas beaucoup; **it's enough to drive you** ~!* c'est à vous rendre dingue*! or fou!

2 *n*: **the call of the** ~ l'appel *m* de la nature; **into the** ~**s** dans les régions *fpl* sauvages; **in the** ~**s of Alaska** au fin fond de l'Alaska.

♦ **wildcat 1** *n* chat *m* sauvage; **2** *adj* (*fig*) *scheme* insensé; *strike* sauvage. ♦ **wilderness** ['wıldənıs] *n* (*gen*) région *f* sauvage; (*Bible: also fig: of streets, snow etc*) désert *m*; (*overgrown garden*) jungle *f*. ♦ **wild-eyed** *adj* aux yeux égarés. ♦ **wildfire** *n*: **to spread like** ~**fire** se répandre comme une traînée de poudre. ♦ **wildfowl** *npl* (*collective*) oiseaux *mpl* sauvages; (*Hunting*) gibier *m* à plume. ♦ **wildlife 1** *n* la nature; (*more formally*) la flore et la faune; **2** *adj*: ~**life sanctuary** réserve *f* naturelle. ♦ **wildly** *adv* *blow, rage* furieusement; *behave* de façon extravagante; *gesticulate, talk* comme un fou; *applaud* frénétiquement; *protest* violemment; *shoot, hit out, guess* au hasard; *rush around* dans tous les sens; (*: very*) *happy, enthusiastic* follement; **her heart was beating** ~**ly** son cœur battait à se rompre; **he looked at them** ~**ly** il leur a jeté un regard fou. ♦ **wildness** *n* [*countryside, scenery*] aspect *m* sauvage; [*tribe*] sauvagerie *f*; [*wind, sea*] fureur *f*; [*appearance*] désordre *m*; [*imagination*] extravagance *f*; [*enthusiasm*] ferveur *f*; **the** ~**ness of the weather** le sale temps qu'il fait (*or* faisait *etc*).

wildebeest ['wıldıbi:st] *n* gnou *m*.

wiles [waılz] *npl* (*tricks*) ruses *fpl*; (*charms*) artifices *mpl*.

wilful, (*US*) **willful** ['wılfʊl] *adj person, character* têtu, obstiné; *action* délibéré; *murder* prémédité; *damage* commis avec préméditation. ♦ **wil(l)-fully** *adv* (*obstinately*) obstinément; (*deliberately*) délibérément.

will [wıl] **1** *modal aux vb* (**a**) (*making future tense*) **he** ~ *or* **he'll speak** il parlera; (*near future*) il va parler; **you won't lose it** tu ne le perdras pas; **you** ~ **come to see us, won't you?** vous viendrez nous voir, n'est-ce pas?; ~ **he come?** — **yes he** ~ est-ce qu'il viendra? — oui; **no you won't!** non, certainement pas!; **they'll arrive tomorrow** — ~ **they?** ils arriveront demain — ah bon?; (*in requests*) ~ **you please sit down!** voulez-vous vous asseoir, s'il vous plaît!; (*in commands*) **you** ~ **speak to no one** vous ne parlerez à personne; ~ **you be quiet!** veux-tu bien te taire!

(**b**) (*conjecture*) **that** ~ **be the postman** ça doit être le facteur; **that** ~ **have been last year** c'était l'année dernière, sans doute.

(**c**) (*willingness*) **I** ~ **help you** je vous aiderai, je veux bien vous aider; ~ **you help me?** — **yes I** ~/**no I won't** tu veux m'aider? — oui je veux bien/non je ne veux pas; **if you'll help me** si vous voulez bien m'aider; **won't you come with us?** tu ne veux pas venir avec nous?; ~ **you have a cup of coffee?** voulez-vous un petit café?; **won't you have a drink?** vous prendrez bien un verre?; **just a moment,** ~ **you?** un instant, s'il vous plaît; (*in marriage service*) **I** ~ oui; **I WILL see him!** on ne m'empêchera pas de le voir!; **I won't have it!** je n'admets pas ça!; **it won't open** ça ne s'ouvre pas; **do what you** ~ faites ce que vous voulez.

(**d**) (*habit, characteristic: usually present tense in French*) **he** ~ **sit for hours doing nothing** il reste assis pendant des heures à ne rien faire; **the car** ~ **do 150 km/h** cette voiture fait 150 km/h; **he WILL talk all the time!** il ne peut pas s'empêcher de parler!; **if you WILL tell her everything** si tu insistes pour lui raconter tout; (*ruefully*) **I WILL call him Richard** il faut toujours que je l'appelle (*subj*) Richard; **accidents** ~ **happen** il y aura toujours des accidents.

2 *pret, ptp* **willed** *vt* (**a**) (*wish, intend*) vouloir (*sth* qch; *that* que + *subj*). **it is as God** ~**s** c'est la volonté de Dieu; **you must** ~ **it really hard** il faut le vouloir très fort; **to** ~ **sb to do** prier intérieurement pour que qn fasse; **to** ~ **o.s. to do sth** faire un suprême effort pour faire qch.

(**b**) (*Jur: leave in one's* ~) léguer (*sth to sb* qch à qn).

3 *n* (**a**) volonté *f*. **he has a** ~ **of his own** il est très volontaire; **an iron** ~ une volonté de fer; **the** ~ **to live** la volonté de survivre; **where there's a** ~ **there's a way** vouloir, c'est pouvoir; **it is his** ~ **that** sa volonté est que + *subj*; **to take the** ~ **for the deed** juger la chose sur l'intention; **Thy** ~ **be done** que Ta volonté soit faite; **at** ~ (*as much as you like*) **borrow etc** à volonté; (*whenever you like*) **join, leave etc** quand vous le voulez *etc*; **to do sth against one's** ~ faire qch à contre-cœur; **with the best** ~ **in the world** avec la meilleure volonté du monde; **to work with a** ~ travailler avec détermination.

(**b**) (*Jur*) testament *m*. **the last** ~ **and testament of ...** les dernières volontés *fpl* de ...; **in his** ~ dans son testament.

♦ **willing 1** *adj* (**a**) **I'm quite** ~**ing to do it** je veux bien le faire, je suis prêt à le faire; **he wasn't very** ~**ing to help** il n'était pas tellement prêt à aider; **they are** ~**ing and able to go** ils veulent et ils peuvent y aller; **God** ~**ing** si Dieu le veut; (**b**) *obedience, help* spontané; *helper, worker* de bonne volonté; **he's very** ~**ing** il est plein de bonne volonté; ~**ing hands** des mains *fpl* empressées; (*fig*) **the** ~**ing horse** la bonne âme (qui se sacrifie toujours); **2** *n*: **to show** ~**ing** faire preuve de bonne volonté. ♦ **willingly** *adv* (*with pleasure*) volontiers; (*voluntarily*) volontairement, spontanément; (*agreeing*) ~**ingly!** volontiers!; **did he do it** ~**ingly?** l'a-t-il fait de lui-même *or* volontairement? ♦ **willingness** *n*: **I don't doubt his** ~**ingness** ce n'est pas sa bonne volonté que je mets en doute; **his** ~**ingness to help me** son empressement *m* à m'aider. ♦ **willpower** *n* volonté *f*, vouloir *m*.

will-o'-the-wisp ['wıləðə'wısp] *n* (*lit, fig*) feu *m* follet.

willow ['wıləʊ] *n* saule *m*. ♦ **willowherb** *n* épilobe *m*. ♦ **willow-pattern 1** *n* motif *m* chinois (bleu); **2** *adj china* à motif chinois (bleu). ♦ **willowy** *adj person* élancé; *object* mince.

willy-nilly ['wılı'nılı] *adv* bon gré mal gré.

wilt [wılt] *vi* [*flower*] se faner; [*plant*] se dessécher; [*person*] commencer à flancher*; [*effort, enthusiasm etc*] diminuer.

wily ['waılı] *adj* rusé, malin. **a** ~ **old devil*** *or* **bird*** un vieux renard.

wimple ['wımpl] *n* guimpe *f*.

win [wın] (*vb: pret, ptp* **won**) **1** *n* (*Sport etc*) victoire *f* (*for* pour). **to have a** ~ gagner; **to back a horse for a** ~ jouer un cheval gagnant.

2 *vi* (**a**) gagner, l'emporter (*by a length etc* d'une longueur *etc*). (**b**) **to** ~ **free** se dégager (*from sth* de qch).

3 *vt* (**a**) (*gen*) gagner; *prize, victory* remporter; *scholarship* obtenir; *fame, fortune* trouver; *sb's attention* captiver; *sb's friendship, esteem, sympathy, admirers* s'attirer; *friends, reputation* se faire (*as* en tant que). **he won it for growing radishes** il l'a eu pour sa culture de radis; **he won £5 from her** il lui a gagné 5 livres; **to** ~ **the day** (*Mil*) remporter la victoire; (*gen*) l'emporter;

this won him attention/the prize etc ceci lui a valu l'attention/le prix etc; to ~ sb's love/respect se faire aimer/respecter de qn. (b) (reach) shore, goal parvenir à.

win back vt sep land, trophy reprendre (from à); gaming loss etc recouvrer; sb's support, girlfriend etc reconquérir.

win out, win through vi y parvenir.

win over, win round vt sep convaincre. I won him over to my point of view je l'ai gagné à ma façon de voir.

♦ **winner** n (in fight, argument) vainqueur m; (in game, competition) gagnant(e) m(f); to be the ~ner gagner; (fig) it's a ~ner c'est sensationnel*; to pick a ~ner (Racing) choisir un gagneur; (gen) tirer le bon numéro. ♦ **winning 1** adj (a) person, car etc gagnant; goal, shot etc décisif; (b) (captivating) person charmant; smile, manner charmeur; **2** npl (Betting etc) ~nings gains mpl.

♦ **winning-post** n poteau m d'arrivée.

wince [wɪns] vi tressaillir; (grimace) grimacer (de douleur or dégoût etc). he ~d at the thought cette pensée l'a fait tressaillir; without wincing sans broncher.

winch [wɪntʃ] **1** n treuil m. **2** vt: to ~ sth up/down etc monter/descendre etc qch au treuil.

wind¹ [wɪnd] **1** n (a) vent m. high ~ grand vent, vent violent; the ~ was in the east le vent venait de l'est; to go/run like the ~ aller/filer comme le vent; (Naut) to run before the ~ avoir vent arrière; (fig) to sail close to the ~ (gen) y aller un peu fort; (almost illegal) friser l'illégalité; (blue joke etc) friser la vulgarité; (fig) to take the ~ out of sb's sails couper l'herbe sous le pied de qn; (fig) to see how the ~ blows voir la tournure que prennent les choses; (fig) the ~ of change is blowing un grand courant d'air frais souffle; (fig) there's sth in the ~ il y a qch dans l'air; (fig) to get ~ of sth avoir vent de qch; he threw caution to the ~s il a fait fi de toute prudence. (b) (breath) souffle m. he has still plenty of ~ il a encore du souffle; he had lost his ~ il avait perdu le souffle; to get one's ~ back or one's second ~ reprendre son souffle; (fig pej) it's all ~ ce n'est que du vent; (fig) to put the ~ up sb* flanquer la frousse* à qn; to get/have the ~ up* attraper/avoir la frousse* (about à propos de). (c) (Med) vents mpl. to break ~ lâcher un vent, avoir des gaz; to bring up ~ avoir un renvoi. (d) (Mus) the ~(s) les instruments mpl à vent.

2 adj erosion etc éolien; instrument à vent.

3 vt: to ~ sb [blow, boxer] couper le souffle à qn; [fall, exertion] essouffler qn; I'm only ~ed j'ai la respiration coupée, c'est tout.

♦ **windbag*** n hâbleur m, -euse f. ♦ **windbreak** n (tree, fence etc) abat-vent m inv; (for camping etc) pare-vent m inv. ♦ **windcheater** n anorak m léger. ♦ **windfall** n (fruit) fruit m abattu par le vent; (fig) aubaine f. ♦ **wind-gauge** n anémomètre m. ♦ **windmill** n moulin m à vent. ♦ **windpipe** n (Anat) trachée f. ♦ **windproof** adj qui ne laisse pas passer le vent. ♦ **windscreen** or (US) ♦ **windshield 1** n pare-brise m inv; **2** adj: ~screen washer lave-glace m inv; ~screen wiper essuie-glace m inv. ♦ **windsleeve** or ♦ **windsock** n manche f à air. ♦ **windswept** adj battu des vents. ♦ **windward 1** adj, adv du côté du vent; **2** n: to ~ward of sth contre le vent par rapport à qch. ♦ **windy** adj (a) place battu par les vents, exposé au vent; day, weather de grand vent; it's ~y il y a du vent; (b) (scared) to be or get ~y* about sth paniquer* à cause de qch.

wind² [waɪnd] (vb: pret, ptp wound) **1** n: to give sth a ~ = to ~ sth (V 2).

2 vt (a) (roll) enrouler (on sur; round autour de). to ~ wool (into a ball) enrouler de la laine (en pelote); he wound his way home il a pris lentement le chemin du retour. (b) clock, watch, toy remonter; handle donner des tours de. (with winch etc) to ~ sth up/down monter/descendre qch (avec un treuil etc).

3 vi (also ~ its way) [river, path, procession] serpenter (through à travers). to ~ up/down [path etc] monter/descendre en serpentant; [stairs] monter/descendre en tournant.

wind down* vi (relax) se détendre.

wind up 1 vi [meeting, discussion] se terminer (with par). they wound up* in Cannes/in jail ils se sont retrouvés à Cannes/en prison; he wound up* as a doctor il a fini par devenir médecin. **2** vt sep (a) (end) meeting, speech clore, terminer (with par); (Comm) business liquider; account clore. (b) watch etc remonter. (fig: tense) to be all wound up* être crispé (about à propos de).

♦ **winding** adj road, river sinueux, qui serpente; staircase tournant.

windlass [ˈwɪndləs] n treuil m.

window [ˈwɪndəʊ] n (gen) fenêtre f; (in car, train) vitre f; (~ pane) vitre, carreau m; (stained-glass ~) vitrail m, (larger) verrière f; [shop, café etc] vitrine f; (in post office, ticket office etc) guichet m; (in envelope) fenêtre. at the ~ à la fenêtre (or vitre); don't lean out of the ~ ne te penche pas par la fenêtre, (in train, car etc) ne te penche pas en dehors; to look etc out of the ~ regarder etc par la fenêtre, (in train etc) regarder etc dehors; to break a ~ casser une vitre; to clean the ~s net-toyer les carreaux; [shop] in the ~ en vitrine.

♦ **window-box** n jardinière f (à plantes). ♦ **window-cleaner** n (person) laveur m, -euse f de carreaux. ♦ **window-dresser** n (Comm) étalagiste mf. ♦ **window-dressing** n (Comm) composition f d'étalage; (fig pej) it's only ~-dressing ce n'est qu'une façade. ♦ **window-ledge** n rebord m de fenêtre. ♦ **window-pane** n vitre f. ♦ **window-seat** n (in room) banquette f (située sous la fenêtre); (in vehicle: gen) place f côté fenêtre inv; (in train) coin m fenêtre. ♦ **window-shopping** n lèche-vitrines m; **2** vi: to go ~-shopping faire du lèche-vitrines. ♦ **windowsill** n (inside) appui m de fenêtre; (outside) rebord m de fenêtre.

wine [waɪn] **1** n vin m. **2** vt: to ~ and dine sb emmener qn faire un très bon dîner. **3** adj bottle, cellar à vin; (colour) lie-de-vin inv. ~ list carte f des vins; ~ merchant marchand(e) m(f) de vin, (larger scale) négociant(e) m(f) en vins; ~ vinegar vinaigre m de vin; ~ waiter sommelier m.

♦ **wineglass** n verre m à vin. ♦ **wine-grower** n viticulteur m, -trice f, vigneron(ne) m(f). ♦ **winegrowing 1** n viticulture f; **2** adj district, industry viticole. ♦ **wine-tasting** n dégustation f (de vins).

wing [wɪŋ] **1** n (gen) aile f; [armchair] oreillette f; (Sport: player) ailier m. (fig) to take sb under one's ~ prendre qn sous son aile; (Theat) the ~s les coulisses fpl; (Theat; fig) in the ~s dans les coulisses; (Pol) on the left ~ of the party sur l'aile gauche du parti. **2** adj (Aut) ~ mirror rétroviseur m de côté; ~ tip bout m de l'aile. ♦ **winged** adj ailé. ♦ **winger** n (Sport) ailier m. ♦ **wingspan** n envergure f.

wink [wɪŋk] **1** n clin m d'œil; (blink) clignement m. with a ~ en clignant de l'œil; in a ~, as quick as a ~ en un clin d'œil. **2** vi faire un clin d'œil (to, at à); (blink) cligner des yeux; [star] clignoter; ♦ **winking 1** adj light clignotant. **2** n: as easy as ~ing simple comme bonjour.

winkle [ˈwɪŋkl] **1** n bigorneau m. **2** vt (*) extirper (sth/sb out of qch/qn de).

winter [ˈwɪntər] **1** n hiver m. in ~ en hiver; in the ~ of 1977 pendant l'hiver de 1977. **2** adj weather, day, activities, clothes d'hiver. ~ sports sports mpl d'hiver. ♦ **wintertime** n hiver m. ♦ **wintry** adj d'hiver; (fig) smile glacial.

wipe [waɪp] **1** n: to give sth a ~ donner un coup de

torchon (*or* d'éponge *etc*) à qch. **2** *vt* (*gen*) essuyer (*with* avec); *blackboard* effacer. **to ~ one's feet** s'essuyer les pieds (*on* sur; *with* avec); **to ~ one's nose** se moucher; **to ~ one's bottom** s'essuyer; **to ~ sth dry** essuyer soigneusement qch; (*fig*) **to ~ the floor with sb*** réduire qn en miettes*.

wipe away *vt sep tears* essuyer; *marks* effacer.
wipe off *vt sep* effacer.
wipe out *vt sep* (**a**) *container* bien essuyer; *writing, insult, memory* effacer; *debt* régler. (**b**) (*annihilate*) *town, people, opposing team* anéantir.
wipe up 1 *vi* (*dry dishes*) essuyer la vaisselle. **2** *vt sep* essuyer.

♦ **wiper** *n* (*Aut*) essuie-glace *m inv*.
wire ['waɪə^r] **1** *n* (**a**) fil *m* de fer; (*Elec*) fil (électrique); (~ *fence*) grillage *m*. **telephone ~s** fils téléphoniques; (*fig*) **we've got our ~s crossed*** nous ne sommes pas sur la même longueur d'ondes. (**b**) (*telegram*) télégramme *m*. **2** *adj object* en fil de fer; *brush* métallique. **~ cutters** cisaille *f*. **3** *vt* (**a**) (*Elec*) *house* faire l'installation électrique de; *circuit* installer. **to ~ sth to sth** (*tie*) rattacher qch à qch (avec du fil de fer); (*Elec*) brancher qch sur qch; **to ~ a room for sound** sonoriser une pièce. (**b**) (*telegraph*) télégraphier (*to* à). **4** *vi* télégraphier. ♦ **wireless 1** T.S.F. *f*; **by ~less** par sans-fil; **on the ~less** à la T.S.F.; **2** *adj station, programme* radiophonique; **~less message** radio *m*, sans-fil *m*; **~less operator** radiotélégraphiste *mf*; **~less set** poste *m* de T.S.F. ♦ **wire-netting** *n* treillis *m* métallique. ♦ **wirepulling*** *n* intrigues *fpl*, piston* *m*. ♦ **wiretapping** *n* mise *f* sur écoute d'une ligne téléphonique. ♦ **wiring** *n* (*Elec*) installation *f* électrique. ♦ **wiry** *adj hair* dru; *animal* nerveux, vigoureux; *person* maigre et nerveux.
wisdom ['wɪzdəm] **1** *n* [*person*] sagesse *f*; [*action, remark*] prudence *f*. **2** *adj*: **~ tooth** dent *f* de sagesse.
wise¹ [waɪz] *adj person* sage; (*learned*) savant; *look, nod* averti; *action, remark, advice* judicieux; (*prudent*) prudent. **a ~ man** un sage; **the Three W~ Men** les trois Rois mages; **to grow ~r** s'assagir; **how ~ of you!** vous avez (eu) bien raison; **the ~st thing to do is to wait** le plus sage est d'attendre; **I'm none the ~r** ça ne m'avance pas beaucoup; **nobody will be any the ~r if ...** personne n'en saura rien si ...; **~ guy*** gros malin* *m*; **to put sb/be ~ to sth*** mettre qn/être au courant de qch; **to get ~ to sb*** piger* le petit jeu de qn. ♦ **wisecrack*** *n* vanne‡ *f*, remarque désobligeante. ♦ **wisely** *adv* sagement; judicieusement; prudemment.
wise² [waɪz] **1** *n*: **in no ~** en aucune façon; **in this ~** ainsi. **2** *adv ending, e.g.* **health~** du point de vue santé.
wish [wɪʃ] **1** *vt* (**a**) (*desire*) souhaiter, désirer (*sth* qch; *to do* faire; *that que* + *subj*). **what do you ~ him to do?** que voudrais-tu *or* souhaites-tu *or* désires-tu qu'il fasse?; **I ~ I'd gone with you** j'aurais bien voulu vous accompagner, je regrette de ne pas vous avoir accompagné; **I ~ I hadn't said that** je regrette d'avoir dit cela; **I ~ you'd stop talking!** tu ne peux donc pas te taire!; **I ~ I could!** si seulement je pouvais!; **I ~ to heaven*** *or* **to goodness* he hadn't done it** si seulement il n'avait pas fait ça!; **he doesn't ~ her any harm** il ne lui veut aucun mal; (*fig*) **it was ~ed on to me*** je n'ai pas pu faire autrement que de l'accepter. (**b**) (*bid*) souhaiter. **I ~ you well** je vous souhaite de réussir; (*iro*) **I ~ you luck of it!** je te souhaite bien du plaisir!; **he ~ed us good luck** il nous a souhaité bonne chance; **to ~ sb good-bye** dire au revoir à qn; **to ~ sb a happy birthday** souhaiter bon anniversaire à qn.
2 *vi* faire un vœu. **to ~ for sth/for sth to happen**

souhaiter qch/que qch se produise; **everything I could ~ for** tout ce qu'il pourrait désirer; **what more could you ~ for?** que pourrais-tu souhaiter de plus?
3 *n* (**a**) désir *m* (*to do* de faire). **he had no ~ to go** il n'avait pas envie d'y aller; **against my ~(es)** contre mon gré. (**b**) souhait *m*, vœu *m*. **to make a ~** faire un vœu; **3 ~es** 3 souhaits; **his ~ came true**, **he got his ~** son souhait s'est réalisé. (**c**) **give him my good** *or* **best ~es** (*in conversation*) faites-lui mes amitiés; (*in letter*) transmettez-lui mes meilleures pensées; **he sends his best ~es** (*in conversation*) il vous fait ses amitiés; (*in letter*) il vous envoie ses meilleures pensées; **best ~es for a happy birthday** tous mes meilleurs vœux pour votre anniversaire; (*in letter*) **with best ~es from Paul** bien amicalement, Paul.
♦ **wishbone** *n* bréchet *m*. ♦ **wishful** *adj*: **it's ~ful thinking** c'est prendre ses désirs pour la réalité.
wishy-washy* ['wɪʃɪ,wɒʃɪ] *adj* (*gen*) fadasse*; *colour* délavé.
wisp [wɪsp] *n* [*straw*] brin *m*; [*hair*] fine mèche *f*; [*smoke*] mince volute *f*. ♦ **wispy** *adj* (trop) fin.
wisteria [wɪs'tɪərɪə] *n* glycine *f*.
wistful ['wɪstfʊl] *adj* nostalgique. ♦ **wistfully** *adv* avec regret.
wit [wɪt] *n* (**a**) (*intelligence*) **~(s)** esprit *m*, intelligence *f*; **quick-~ted** à l'esprit vif; **native ~** bon sens; **you'll need all your ~s about you** il va te falloir toute ta présence d'esprit; **keep your ~s about you!** restez attentif!; **use your ~s!** sers-toi de ton intelligence!; **it was a battle of ~s** ils jouaient au plus fin; **he lives by his ~s** il vit d'expédients; **to collect one's ~s** rassembler ses esprits; **he was at his ~'s end** il ne savait plus que faire; (*fig*) **out of one's ~s** fou (*f* folle). (**b**) (*wittiness*) esprit *m*; (*witty person*) homme *m or* femme *f* d'esprit. **flash of ~** trait *m* d'esprit.
♦ **witticism** *n* mot *m* d'esprit. ♦ **wittily** *adv* avec beaucoup d'esprit. ♦ **witty** *adj* plein d'esprit.
witch [wɪtʃ] *n* sorcière *f*. ♦ **witchcraft** *n* sorcellerie *f*. ♦ **witch-doctor** *n* sorcier *m* (*de tribu*).
♦ **witch-hunt** *n* (*fig*) chasse *f* aux sorcières.
with [wɪð, wɪθ] *prep* (**a**) (*gen*) avec. **I was ~ her** j'étais avec elle; **she was staying ~ friends** elle était chez des amis; **I'll be ~ you in a minute** je suis à vous dans un instant; **I have no money ~ me** je n'ai pas d'argent sur moi; **she had her umbrella ~ her** elle avait pris son parapluie; **that problem is always ~ us** ce problème ne nous lâche pas; **the hat doesn't go ~ the dress** le chapeau ne va pas avec la robe; (*fig*) **I'm ~ you** (*agree ~ you*) je suis d'accord avec vous; (*support you*) je suis avec vous; **he just wasn't ~ us*** (*didn't understand*) il ne voyait* pas du tout; (*wasn't paying attention*) il était tout à fait ailleurs; (*up-to-date*) **to be ~ it*** être dans le vent*.
(**b**) (*having etc*) à, qui à. **the boy ~ brown eyes** le garçon aux yeux marron; **a coat ~ a fur collar** un manteau à col de fourrure; **a room ~ a view of the sea** une chambre qui a vue sur la mer.
(**c**) (*manner, means, cause*) avec, de. **~ my whole heart** de tout mon cœur; **~ pleasure** avec plaisir; **~ all speed** à toute vitesse; **~ no trouble at all** sans la moindre difficulté; **... he said ~ a smile** ... dit-il en souriant *or* avec un sourire; **she left ~ tears in her eyes** elle est partie, les larmes aux yeux; **cut it ~ a knife** coupe-le avec un couteau; **take it ~ both hands** prenez-le à deux mains; **trembling ~ fear** tremblant de peur; **white ~ snow** blanc de neige; **in bed ~ flu** retenu au lit par la grippe; **to go down ~ measles** attraper la rougeole; **~ the price of food these days you can't ...** au prix où est la nourriture de nos jours on ne peut pas ... .
(**d**) (*as regards*) **the trouble ~ Paul is that** ce qu'il y a avec Paul, c'est que; **it's a habit ~ him** c'est une habitude chez lui; **she's good ~ children**

elle sait bien s'occuper des enfants; **what do you want ~ that book?** qu'est-ce que tu veux faire de ce livre?; **pleased ~** satisfait de.
 (e) (*indicating time*) avec. **he rose ~ the sun** il se levait avec le jour; **~ the approach of winter** à l'approche de l'hiver; **~ time** avec le temps; **~ these words** *or* **~ that he left us** là-dessus *or* sur ce il nous a quittés.
 (f) (*despite*) malgré. **~ all his faults I still like him** malgré tous ses défauts je l'aime bien quand même; **~ all that, he is still better than ...** malgré tout ça il est encore meilleur que ... .
 ♦ **with-its** *adj* dans le vent*.

withdraw [wɪθ'drɔː] *pret* **-drew,** *ptp* **-drawn 1** *vt* (*gen*) retirer (*from* de); *ambassador* rappeler; *opinion, statement* rétracter; *claim* renoncer à; *order* annuler; (*Comm*) *faulty goods etc* retirer de la vente; *banknotes* retirer de la circulation. **2** *vi* (*gen*) se retirer (*from* de); [*person*] (*move away*) se retirer; (*move back*) reculer (*from* de; *a few paces* de quelques pas); (*retract offer etc*) se rétracter; [*candidate*] se désister (*from* de; *in favour of* en faveur de). (*Mil*) **to ~ to a new position** se replier; (*fig*) **to ~ into o.s.** se replier sur soi-même. ♦ **withdrawal 1** *n* (*gen*) retrait *m* (*of* de); (*Mil: retreat*) repli *m* (*to* sur); **2** *adj* (*Med, Psych*) **to have ~al symptoms** être en état de manque. ♦ **withdrawn** *adj person* renfermé.

wither ['wɪðəʳ] **1** *vi* (*gen*) se flétrir; [*hope, love etc*] s'évanouir; [*beauty*] se faner. **2** *vt plant* flétrir. **to ~ sb with a look** foudroyer qn du regard. ♦ **withered** *adj* flétri; (*gen*) *limb* atrophié; *old person* tout desséché. ♦ **withering** *adj tone, look* profondément méprisant; *remark, criticism* cinglant.

withhold [wɪθ'həʊld] *pret, ptp* **-held** *vt money from pay etc* retenir (*from sth* de qch); *payment, decision* remettre; *one's taxes* refuser de payer; *one's consent, help, support* refuser (*from sb* à qn); *truth, news* cacher (*from sb* à qn).

within [wɪð'ɪn] *prep* **(a)** (*inside*) à l'intérieur de. **~ the box/park** à l'intérieur de la boîte/du parc; **a voice ~ him** une voix en lui; **to be ~ the law** être dans les limites de la légalité; **to live ~ one's income** vivre selon ses moyens. **(b)** (*less than*) **~ a kilometre** à moins d'un kilomètre de; **correct to ~ a centimetre** correct à un centimètre près; **~ a week of her visit** moins d'une semaine après (*or* avant) sa visite; **~ an hour (from now)** d'ici une heure; **he returned ~ the week** il est revenu avant la fin de la semaine.

without [wɪð'aʊt] *prep* sans. **~ a coat** sans manteau; **~ a coat or hat** sans manteau ni chapeau; **~ any money** sans argent; **he is ~ friends** il n'a pas d'amis; **not ~ difficulty** non sans difficulté; **he was quite ~ shame** il n'avait aucune honte; **~ speaking** sans parler; **~ anybody knowing** sans que personne ne le sache; **to go** *or* **do ~ sth** se passer de qch.

withstand [wɪθ'stænd] *pret, ptp* **-stood** *vt* résister à.

witness ['wɪtnɪs] **1** *n* **(a)** (*person*) témoin *m* (*to* or *of an incident* d'un incident; *to sb's signature* certifiant la signature de qn; *to a document* attestant l'authenticité d'un document). (*Jur*) **~ for the defence/prosecution** témoin à décharge/à charge; (*Jur*) **to call sb as ~** citer qn comme témoin. **(b)** (*evidence*) témoignage *m*. **in ~ whereof** en témoignage de quoi; **to bear ~ to sth** [*thing, result etc*] témoigner de qch; [*person*] attester qch; **~ the case of** témoin le cas de. **2** *adj*: **~ box** *or* (*US*) **stand** barre *f* des témoins; **in the ~ box** à la barre. **3** *vt* **(a)** (*see*) *event, crime* être témoin de; (*notice*) *change, improvement* remarquer. **(b)** (*esp Jur*) *document* attester l'authenticité de. **to ~ sb's signature** être témoin. **4** *vi* (*Jur*) témoigner (*to sth* de qch; *to having done* avoir fait).

wizard ['wɪzəd] *n* enchanteur *m*, sorcier *m*. (*fig*) **financial ~** un génie en matière financière; **a ~ with a paintbrush** un champion* du pinceau.
wizened ['wɪznd] *adj* ratatiné.
wobble ['wɒbl] **1** *vi* (*gen*) trembler; [*object about to fall, compass needle, cyclist etc*] osciller; [*acrobat, dancer*] chanceler; [*wheel*] avoir du jeu. **the table was wobbling** la table tremblait; **this table~s** cette table est branlante. **2** *n* (*Aut*) **wheel ~** shimmy *m*.
 ♦ **wobbly** *adj hand, voice* tremblant; *jelly* qui tremble; *table, chair* branlant, bancal; *object about to fall* qui oscille dangereusement; *wheel* qui a du jeu; (*feel weak*) **to be wobbly** se sentir faible.
woe [wəʊ] *n* malheur *m*. **~ is me!** pauvre de moi!; **~ betide him who ...** malheur à celui qui ...; **a tale of ~** une litanie de malheurs. ♦ **woebegone** *adj* désolé, abattu. ♦ **woeful** *adj* (*gen*) malheureux; *news, story, sight* affligeant. ♦ **woefully** *adv* (*sadly*) *say, look* très tristement; (*regrettably*) *small etc* regrettablement.
woke(n) ['wəʊk(n)] *pret* (*ptp*) *of* **wake**[2].
wold [wəʊld] *n* haute plaine *f*, plateau *m*.
wolf [wʊlf] **1** *n, pl* **wolves** loup *m*; (**fig: Don Juan type*) tombeur *m* de femmes. **she-~** louve *f*; (*fig*) **a ~ in sheep's clothing** un loup déguisé en brebis; **that will keep the ~ from the door** cela nous *etc* mettra à l'abri du besoin. **2** *adj* (*fig*) **he gave a ~ whistle** il a sifflé la fille. **3** *vt* (**~ down**) engloutir.
 ♦ **wolfhound** *n* chien-loup *m*. ♦ **wolfish** *adj* vorace.
woman ['wʊmən] *pl* **women** ['wɪmɪn] **1** *n* femme *f*. **young ~** jeune femme; **come along, young ~!** allez mademoiselle, venez!; (*hum: wife*) **the little ~** ma *etc* petite femme*; **~ of the world** femme d'expérience; **Paul and all his women** Paul et toutes les femmes dans sa vie; **I've got a ~ who comes in 3 times a week** j'ai une femme de ménage qui vient 3 fois par semaine; **Women's Liberation Movement, Women's Lib*** mouvement *m* de libération de la femme, M.L.F. *m*; (*Press*) **the women's page** la page des lectrices; **women's team** équipe *f* féminine. **2** *adj*: **a ~ music teacher** un professeur de musique femme; **~ worker** ouvrière *f*; **women doctors** les femmes *fpl* médecins; **he's got a ~ driver** son chauffeur est une femme; **women drivers are ...** les femmes au volant sont ...; **~ friend** amie *f*. ♦ **woman-hater** *n* misogyne *mf*. ♦ **womanhood** *n* féminité *f*; **to reach ~hood** devenir une femme. ♦ **womanizer** *n* coureur *m* de jupons. ♦ **womankind** *n* les femmes *fpl* (*en général*). ♦ **womanlike 1** *adj* féminin; **2** *adv* d'une manière très féminine. ♦ **womanliness** *n* féminité *f*. ♦ **womanly** *adj figure, bearing* féminin; *behaviour* digne d'une femme; *gentleness etc* tout féminin. ♦ **womenfolk** *npl* les femmes *fpl*.
womb [wuːm] *n* utérus *m*; (*fig: of nature etc*) sein *m*.
won [wʌn] *pret, ptp of* **win**.
wonder ['wʌndəʳ] **1** *n* **(a)** émerveillement *m*, étonnement *m*. (*lost*) **in ~** émerveillé. **(b)** (*sth wonderful*) merveille *f*, miracle *m*. **the ~s of science** les miracles de la science; **the Seven W~s of the World** les Sept Merveilles du monde; **the ~ of it all is that ...** la chose étonnant dans tout cela c'est que ...; **it's a ~ that ...** c'est extraordinaire que ... +*subj*; **it's a ~ to me that ...** je n'en reviens pas que ... +*subj*; **no ~ he ...** ce n'est pas étonnant qu'il ... +*subj* *or* **s'il ...** +*indic*; **no ~!** cela n'a rien d'étonnant!; **it's small ~ that ...** il n'est guère étonnant que ... +*subj*.
 2 *vi* **(a)** (*marvel*) s'étonner, s'émerveiller (*at sth* de qch). **I ~ that ...** cela m'étonne que ... +*subj*; **he'll be back, I shouldn't ~** cela ne m'étonnerait pas qu'il revienne. **(b)** (*reflect*) penser, songer (*about sth* à qch). **it makes you ~** cela donne à

penser; **I'm ~ing about going to the pictures** j'ai à moitié envie d'aller au cinéma.

3 *vt* se demander (*where/who etc* où/qui *etc*; *whether, if* si). **I ~ what to do** je ne sais pas quoi faire.

♦ **wonderful** *adj* merveilleux; **~ful to relate**, **he ... chose** étonnante, il ... . ♦ **wonderfully** *adv hot, quiet etc* merveilleusement; *manage, work etc* à merveille; **he looks ~fully well** il a très bonne mine. ♦ **wondering** *adj* (*astonished*) étonné; (*thoughtful*) songeur. ♦ **wonderland** *n* pays *m* merveilleux. ♦ **wonderment** *n* émerveillement *m*.

wonky* ['wɒŋkɪ] *adj chair, table* bancal; *machine* détraqué; *person (not well)* patraque*. **to go ~** [*machine*] se détraquer; [*TV picture etc*] se dérégler; [*handicraft, drawing*] aller de travers.

won't [wəʊnt] = **will not**; *V* **will**.

woo [wu:] *vt woman* faire la cour à, courtiser; (*fig*) *audience, influential person* chercher à plaire à; *fame, success* rechercher.

wood [wʊd] **1** *n* **(a)** bois *m*. **touch ~!**, (*US*) **knock on ~!** touchons du bois!; **aged in the ~** vieilli au tonneau. **(b)** (*forest*) *bois m.* **~s** bois *mpl*; **a pine ~** un bois de pins; (*fig*) **he can't see the ~ for the trees** les arbres lui cachent la forêt; (*fig*) **we're out of the ~** nous sommes tirés d'affaire. **(c)** (*Golf*) bois *m*; (*Bowls*) boule *f*.

2 *adj* **(a)** *floor, object* de bois, en bois. **~ carving** sculpture *f* en bois; **~ engraving** gravure *f* sur bois; **~ pulp** pâte *f* à papier; **~ shavings** copeaux *mpl* (de bois). **(b)** *nymph etc* des bois. **~ anemone** anémone *f* des bois.

♦ **woodbine** *n* chèvrefeuille *m*. ♦ **woodchuck** *n* marmotte *f* d'Amérique. ♦ **woodcock** *n* bécasse *f*. ♦ **woodcraft** *n* connaissance *f* des forêts. ♦ **woodcut** *n* gravure *f* sur bois. ♦ **woodcutter** *n* bûcheron *m*. ♦ **wooded** *adj* boisé; **thickly/sparsely ~ed** très/peu boisé. ♦ **wooden** *adj object* de bois, en bois; *leg* de bois; (*fig*) *movement* raide; *look, acting* sans expression; *personality, response* gauche. ♦ **woodland 1** *n* région *f* boisée; **2** *adj flower etc* des bois. ♦ **woodlouse** *n*, *pl* **-lice** cloporte *m*. ♦ **woodman** *n* forestier *m*. ♦ **woodpecker** *n* pic *m*. ♦ **woodpigeon** *n* ramier *m*. ♦ **woodpile** *n* tas *m* de bois. ♦ **woodshed** *n* bûcher *m*. ♦ **woodwind** *npl* (*Mus*) bois *mpl*. ♦ **woodwork** *n* (*craft, subject*) menuiserie *f*; (*more elaborate*) ébénisterie *f*; (*parts of house*) charpente *f*. ♦ **woodworm** *n* ver *m* du bois; **it's got ~worm** c'est vermoulu. ♦ **woody** *adj stem etc* ligneux.

woof¹ [wʊf] *n* (*Tex*) trame *f*.

woof² [wʊf] *vi* (*dog*) aboyer. **~, ~!** oua, oua!

wool [wʊl] **1** *n* laine *f*. **a ball of ~** une pelote de laine; *knitting/darning* **~** laine à tricoter/repriser; (*fig*) **to pull the ~ over sb's eyes** en faire accroire à qn; **it's pure ~** c'est pure laine. **2** *adj cloth, trade* de laine; *dress* en or de laine; *shop* de laines. ♦ **wool-gathering** *n* (*fig*) **to be ~-gathering** être dans les nuages. ♦ **woollen**, (*US*) **woolen 1** *adj cloth* de laine; *garment* en or de laine; *industry* lainier; *manufacturer* de lainages; **2** *npl*: **~lens** lainages *mpl*. ♦ **woolly**, (*US*) **wooly 1** *adj* (*gen*) laineux; (*fig*) *clouds* cotonneux; *ideas* confus; *essay, book* verbeux; **2** *n* tricot *m*; (*collectively*) **~lies** lainages *mpl*. ♦ **wool-merchant** *n* négociant *m* en laines.

word [wɜːd] **1** *n* **(a)** (*gen*) mot *m*; (*spoken*) mot, parole *f*. [*song etc*] **~s** paroles; **the written/spoken ~** ce qui est écrit/dit; **by ~ of mouth** de vive voix; **man of few ~s** homme peu loquace; **~ for ~** *repeat, copy out* mot pour mot, textuellement; *translate* mot à mot; *analyze, go over* mot par mot; **in other ~s** autrement dit; **in a ~** en un mot; **what's the ~ for 'table' in German?** comment dit-on 'table' en allemand?; **in the ~s of Racine** comme dit Racine; **to put sth into ~s** exprimer

qch; **~s fail me!** je ne sais plus que dire!; **without a ~** sans dire un mot; **with these ~s, he ...** sur ces mots, il ...; **too stupid for ~s** vraiment trop stupide; **that's not the ~ for it!** c'est trop peu dire!; **that's a better ~ for it** ce serait plus près de la vérité; **those were his very ~s** c'est ce qu'il a dit mot pour mot; **a flood of ~s** un flot de paroles; **in so many ~s** explicitement; **to have the last ~** avoir le dernier mot; (*fig*) **the last ~ in** ce qu'on fait de mieux en matière de; **a ~ of warning** un petit avertissement; **he won't hear a ~ against her** il n'admet absolument pas qu'on la critique (*subj*); **nobody had a good ~ to say about him** personne n'a trouvé la moindre chose à dire en sa faveur; **to put in a (good) ~ for** glisser un mot en faveur de; **I want a ~ with you** j'ai à vous parler; **I'll have a ~ with him about it** je vais lui en parler; **I never said a ~** je n'ai rien dit du tout; **he didn't say a ~ about it** il n'en a absolument pas parlé; **I can't get a ~ out of him** je ne peux rien en tirer; **you took the ~s right out of my mouth** c'est exactement ce que j'allais dire; **you put ~s into my mouth!** vous me faites dire ce que je n'ai pas dit!; (*quarrel*) **to have ~s with sb** se disputer avec qn.

(b) (*fig: no pl*) (*message*) mot *m*; (*news*) nouvelles *fpl* (*of, about* de). **to leave ~** laisser un mot (*with sb for sb* à qn pour qn; *that* que); **~ came from H.Q. that ...** le Q.G. nous *etc* a fait savoir que ...; **there's no ~ from John yet** on est toujours sans nouvelles de Jean; **~ of command** mot d'ordre; **his ~ is law** c'est lui qui fait la loi; **to give the ~ to advance** donner l'ordre d'avancer; (*Rel*) **the W~** le Verbe; **the W~ of God** la parole de Dieu.

(c) (*promise*) parole *f*. **~ of honour** parole d'honneur; **a man of his ~** un homme de parole; **he was as good as his ~** il a tenu parole; **to give one's ~** donner sa parole (*to sb* à qn; *that* que); **to break/go back on/keep one's ~** manquer à/retirer/tenir sa parole; **to take sb at his ~** prendre qn au mot; **his ~ against mine** sa parole contre la mienne; **I've only got her ~ for it** c'est elle qui le dit, je n'ai aucune preuve; **to take sb's ~ for it** croire qn sur parole; **(upon) my ~!*** ma parole!

2 *adj*: **~ game** jeu *m* avec des mots; **~ list** nomenclature *f*; **~ order** ordre *m* des mots.

3 *vt document, protest* formuler.

♦ **word-blind** *adj* dyslexique. ♦ **word-blindness** *n* dyslexie *f*. ♦ **wordbook** *n* lexique *m*. ♦ **word-for-word** *adj analysis* mot par mot; *translation* mot à mot. ♦ **wordiness** *n* verbosité *f*. ♦ **wording** *n* [*letter, statement*] termes *mpl*; **the ~ing is clumsy** c'est maladroitement exprimé; **the ~ing is important** le choix des termes est important; **change the ~ing slightly** changez quelques mots. ♦ **word-perfect** *adj*: **to be ~-perfect in sth** savoir qch sur le bout du doigt. ♦ **wordplay** *n* jeu *m* de mots. ♦ **word-processing** *n* traitement *m* des textes. ♦ **word-processor** *n* système *m* de traitement des textes. ♦ **wordy** *adj* verbeux.

wore [wɔːʳ] *pret of* **wear**.

work [wɜːk] **1** *n* **(a)** (*gen*) travail *m*. **to be at ~** travailler (*on* sur), être à l'œuvre *or* au travail; (*fig*) **other forces are at ~** d'autres forces sont en jeu; **to start ~, to set to ~** se mettre au travail *or* à l'œuvre; **to set to ~ doing** se mettre à faire; **to set sb to ~ doing** donner pour tâche à qn de faire; **good ~!** bravo!; **a good piece of ~** du bon travail; **she put a lot of ~ into it** elle a passé beaucoup de temps dessus; **there's a lot of ~ to be done on it** il reste beaucoup à faire; **I'm trying to get some ~ done** j'essaie de travailler un peu; **~ has begun on the bridge** les travaux du pont ont commencé; **it's women's ~** c'est un travail de femme; **it's quite easy ~** ce n'est pas difficile à faire; **it's hot ~** ça donne chaud; **to make short ~ of sth** faire très rapidement; (*fig*) *sb* envoyer promener*; **it's the**

~ **of a professional** c'est un travail de professionnel.

(b) (as employment) travail m. **to go to** ~ aller travailler, aller à l'usine (or au bureau etc); **to look for** ~ chercher du travail or un emploi; **he's at** ~ il est au bureau (or à l'usine etc); **he is in** ~ il a un emploi; **out of** ~ en chômage, sans emploi; **to put** or **throw sb out of** ~ réduire qn au chômage; **he's off** ~ il n'est pas allé (or venu) travailler, (longer-term) il est absent; **a day off** ~ un jour de congé; **I've got time off** ~ j'ai du temps libre; **domestic** ~ travaux mpl domestiques; **office** ~ travail de bureau; **I've done a full day's** ~ (lit) j'ai fait ma journée, (fig) j'ai eu une journée bien remplie; (fig) **it's all in the day's** ~ ça n'a rien d'extraordinaire.

(c) [writer, musician, politician, scholar etc] œuvre f; (writing) ouvrage m (on sb/sth sur qn/qch; of fiction etc de fiction etc); (piece of sewing) ouvrage. **the** ~**s of God** les œuvres de Dieu; **good** ~**s** bonnes œuvres; **his life's** ~ l'œuvre de sa vie; **his** ~ **will be remembered** son œuvre restera dans la mémoire des hommes; ~ **of art** œuvre d'art; **the complete** ~**s of** les œuvres complètes de; **he sells a lot of his** ~ il vend beaucoup de tableaux (or de livres etc); (fig) **he's a nasty piece of** ~* c'est un sale type*.

(d) (pl) ~**s** (gen, Admin, Mil) travaux mpl; [clock, machine etc] mécanisme m. **Ministry of W**~**s** ministère m des Travaux publics; **building/road** ~**s** travaux de construction/d'entretien de la route; (fig) **they gave him the** ~**s†** ils lui en ont fait voir de dures*; (fig) **the whole** ~**s*** tout le tralala*.

(e) (pl inv: factory) ~**s** usine f; **gas**~**s** usine à gaz.

2 adj (a) ~ **force** main-d'œuvre f; ~ **load** part f du travail; **his** ~ **load is too heavy** il a trop de travail; ~ **permit** permis m de travail; (US) ~ **week of 38 hours** semaine f de 38 heures.

(b) ~**s committee** or **council** comité m d'entreprise; ~**s manager** chef m d'exploitation.

3 vi (a) (gen) travailler (at sth à qch; on sth sur qch; in wood etc avec le bois etc). **to** ~ **hard** travailler dur; **to** ~ **like a horse** or **a Trojan** travailler comme un forçat or un bœuf; (Ind) **to** ~ **to rule** faire la grève du zèle; (fig) **I've been** ~**ing on him** j'ai bien essayé de le convaincre; **the police are** ~**ing on the case** la police enquête sur l'affaire; (gen) **we're** ~**ing on it** on y travaille; **they are** ~**ing on the principle that ...** ils partent du principe que ...; **there are not many facts to** ~ **on** on manque de faits sur lesquels on puisse se baser; **to** ~ **for/against sth** lutter pour/contre qch; (fig) **to** ~ **towards sth** se diriger petit à petit vers qch.

(b) [machine, car, scheme] marcher; [drug, medicine, spell] agir; [brain] fonctionner. **the lift isn't** ~**ing** l'ascenseur ne marche pas or est en panne; **it** ~**s on electricity** ça marche à l'électricité; (fig) **that** ~**s both ways** c'est à double tranchant.

(c) (move) [mouth] se contracter. [person] **to** ~ **(one's way) along/up** etc arriver petit à petit à avancer/à monter etc.

4 vt (a) (cause to ~) person, staff faire travailler; mechanism, machine faire marcher, actionner. **to** ~ **sb too hard** exiger trop de qn; **he** ~**s himself too hard** il se surmène; **can you** ~ **the machine?** sais-tu te servir de la machine?; **it's** ~**ed by electricity** ça marche à l'électricité.

(b) miracle faire, accomplir; change apporter. **to** ~ **wonders** [person] faire des merveilles; [thing] faire merveille; **to** ~ **one's passage** payer son passage en travaillant; **to** ~ **one's way through college** travailler pour payer ses études; (fig) **he has managed to** ~ **his promotion*** il s'est débrouillé pour obtenir son avancement; **can you**

~ **it*** so that ... pouvez-vous faire en sorte que ... +subj; **I'll** ~ **it*** je le ferai; **to** ~ **o.s. into a rage** se mettre dans une colère noire; **he** ~**ed the rope through the hole** il est petit à petit arrivé à faire passer la corde dans le trou; **to** ~ **sth free/loose** arriver à délier/desserrer qch; **he** ~**ed it into his speech** il s'est arrangé pour l'introduire dans son discours; **to** ~ **one's way along** arriver petit à petit à avancer; **the roots have** ~**ed their way into the foundations** les racines ont pénétré dans les fondations; (fig) **to** ~ **one's way into a firm** arriver à se faire une place dans une compagnie.

(c) mine, land exploiter; metal, leather, dough travailler; object façonner (out of dans); (sew) coudre; (embroider) design etc broder.

work in vi [arrangement etc] cadrer (with sb's plans avec les projets de qn).

work off vt sep **(a)** debt, obligation acquitter en travaillant. **(b)** surplus fat se débarrasser de; weight éliminer; annoyance passer (on sb sur qn); energy dépenser son surplus de.

work out 1 vi [plan, arrangement] réussir, marcher; [problem, sum] se résoudre exactement. [total] **to** ~ **out** at s'élever à; **it** ~**s out at 5 apples per child** ça fait 5 pommes par enfant; **it's all** ~**ing out as planned** tout se déroule comme prévu; **things didn't** ~ **out for her** les choses ont plutôt mal tourné pour elle; **it will** ~ **out right in the end** tout finira par s'arranger; **how did it** ~ **out?** comment ça a marché?* **2** vt sep calculation, problem résoudre; answer, total trouver; code déchiffrer; scheme, idea mettre au point. **I'll have to** ~ **it out** (gen) il faut que je réfléchisse; (counting) il faut que je calcule; **to** ~ **out where/why** etc finir par découvrir où/pourquoi etc; (of behaviour etc) **I can't** ~ **it out** ça me dépasse*.

work round vi: **to** ~ **round to a subject** aborder un sujet (avec tact); **what are you** ~**ing round to?** où voulez-vous en venir?

work up 1 vi: **to** ~ **up to sth/to doing** préparer le terrain pour qch/pour faire; **what is he** ~**ing up to?** où veut-il en venir? **2** vt sep trade développer; **he** ~**ed it up from almost nothing into ...** en partant de rien il a réussi à en faire ...; **to** ~ **one's way up** s'élever à la force du poignet (from de; to be jusqu'à être); **to** ~ **one's way up to the top** gravir un à un tous les échelons de la hiérarchie; **to** ~ **sb up into a fury** déchaîner la fureur de qn; **to** ~ **up an appetite** s'ouvrir l'appétit; **to** ~ **up enthusiasm for** s'enthousiasmer pour; **to get** ~**ed up** se mettre dans tous ses états. ♦ **workable** adj arrangement etc possible, réalisable. ♦ **workaday** adj clothes de tous les jours; event banal. ♦ **workbag** n sac m à ouvrage. ♦ **workbasket** n corbeille f à ouvrage. ♦ **workbench** n établi m. ♦ **workbook** n (exercise book) cahier m d'exercices; (manual) manuel m. ♦ **workbox** n boîte f à ouvrage. ♦ **workdesk** n bureau m de travail. ♦ **worker** 1 n travailleur m, -euse f, ouvrier m, -ière f (esp Agr, Ind etc); **he's a good** ~**er** il travaille bien; **the** ~**ers in this industry** ceux qui travaillent dans cette industrie; (Ind) **management and** ~**ers** patronat m et travailleurs; **office** ~**er** employé(e) m(f) de bureau; **2** adj participation etc des travailleurs; ~**er priest** prêtre-ouvrier m. ♦ **working** adj clothes, lunch, week etc de travail; wife qui travaille; model qui marche; partner actif; **the** ~**ing class** la classe ouvrière (V also working-class); **8-hour** ~**ing day** journée f de travail de 8 heures; (Pol etc) ~**ing majority** majorité f suffisante; **an ordinary** ~**ing man** un simple ouvrier; ~**ing party** (committee) commission f d'enquête; (squad: of soldiers etc) escouade f. ♦ **working-class** adj background, suburb ouvrier; person qui appartient à la classe ouvrière. ♦ **workings** npl (mechanism) mécanisme m; [government, *organization]* rouages *mpl;* *(Min)* chantier *m* d'exploitation; **the ~ings** of her mind ce qui se passe dans sa tête. ♦ **workman** *n,pl* **-men** *(gen, Comm, Ind etc)* ouvrier *m;* **he's a good ~man** il travaille bien. ♦ **workmanlike** *adj method, person* professionnel; *tool, product, essay* bien fait; *attempt* honnête. ♦ **workmanship** *n [craftsman]* habileté *f* professionnelle; **a superb piece of ~manship** un travail superbe. ♦ **workmate** *n* camarade *mf* de travail. ♦ **workout** *n* *(Sport)* séance *f* d'entraînement. ♦ **workroom** *n* salle *f* de travail. ♦ **workshop** *n* atelier *m.* ♦ **workshy** *adj* fainéant. ♦ **work-to-rule** *n* grève *f* du zèle.

world [wɜːld] **1** *n* **(a)** *(gen)* monde *m.* **all over the ~** dans le monde entier; **to go round the ~** faire le tour du monde; **to see the ~** voir du pays; **known throughout the ~** connu dans le monde entier; **alone in the ~** seul au monde; **it's a small ~**! le monde est petit!; **the New W~** le Nouveau Monde; **the ancient ~** l'antiquité *f;* **the ~ we live in** le monde où nous vivons; **since the beginning of the ~** depuis que le monde est monde; **~ without end** dans les siècles des siècles; *(Rel)* **in the ~** dans le siècle; **in this ~** ici-bas, en ce monde; **the next ~, the ~ to come** l'au-delà; **he's not long for this ~** il n'en a plus pour longtemps à vivre; **to bring a child into the ~** mettre un enfant au monde; **the ~ of nature** le monde de la nature; **the business ~** le monde *or* le milieu des affaires.

(b) *(phrases)* **he lives in a ~ of his own** il vit dans un monde à lui; **it's out of this ~** c'est extraordinaire; **to be dead to the ~** *(asleep)* dormir profondément; *(drunk)* être ivre mort; **to be on top of the ~*** être aux anges; **to think the ~ of sb** mettre qn sur un piédestal; **it did him a ~ of good** ça lui a fait énormément de bien; **there's a ~ of difference between ...** il y a un monde entre ...; **~s apart** diamétralement opposés; **it's not the end of the ~** ce n'est pas la fin du monde; **it was for all the ~ as if ...** c'était exactement comme si ...; **the ~'s worst cook** la pire cuisinière qui soit; **I'd give the ~ to know ...** je donnerais tout au monde pour savoir ...; **a man of the ~** un homme d'expérience; **to go up in the ~** faire du chemin *(fig);* **he has come down in the ~** il a connu des jours meilleurs; **the ~ and his wife** absolument tout le monde; **it's what he wants most in (all) the ~** c'est ce qu'il veut plus que tout au monde; **nowhere in the (whole wide) ~** nulle part au monde; **not for anything in the ~** pour rien au monde; **where/why in the ~ has he ...?** où/pourquoi donc a-t-il ...?

2 *adj power, scale* mondial; *record, champion, tour* du monde; *language* universel. *(Ftbl)* **the W~ Cup** la Coupe du monde; *(Comm)* **W~ Fair** Exposition *f* Internationale; **W~ Health Organization** *(abbr WHO)* Organisation *f* mondiale de la santé *(abbr O.M.S.);* **W~ War One/Two** la Première/Seconde guerre mondiale.

♦ **world-famous** *adj* de renommée mondiale. ♦ **worldly** *adj matters, pleasures* de ce monde; *attitude, person* matérialiste; *(Rel)* temporel; **all his ~ly goods** tout ce qu'il possède. ♦ **worldly-wise** *adj* qui a l'expérience du monde. ♦ **worldwide** *adj* mondial, universel.

worm [wɜːm] **1** *n* *(gen)* ver *m.* **earth~** ver de terre; *(Med)* **to have ~s** avoir des vers; *(fig)* **the ~ has turned** il *etc* en a eu assez de se faire marcher sur les pieds; *(US fig)* **a can of ~s*** un véritable guêpier; **you ~!*** misérable! **2** *vt* **(a) to ~ (one's way) into sth** se glisser dans qch; *(fig: into group, sb's confidence etc)* s'insinuer dans qch. **(b)** *(extract)* **to ~ it** *or* **information out of sb** tirer les vers du nez à qn *(about* à propos de; *why* pour savoir pourquoi *etc).* ♦ **worm-eaten** *adj fruit* véreux; *furniture* vermoulu. ♦ **wormwood** *n* armoise *f.*

worn [wɔːn] *(ptp of wear) adj object* usé; *person* las. ♦ **worn-out** *adj object* complètement usé; *person* épuisé.

worry ['wʌrɪ] **1** *n* souci *m* *(of doing* de faire; *to sb* pour qn). **the least of my worries** le cadet de mes soucis; **it's causing us a lot of ~** cela nous donne beaucoup de souci. **2** *vi* **(a)** se faire du souci, s'inquiéter *(about, over* au sujet de, pour). **don't ~ about me** ne vous inquiétez pas *or* ne vous en faites pas* pour moi. **(b) to ~ at sth = to ~ sth;** *V* **3b. 3** *vt* **(a)** inquiéter, tracasser. **it worries me that** cela m'inquiète que *+subj;* **don't ~ yourself** *or* **your head*** about it ne te fais pas de mauvais sang pour ça; **to ~ o.s. sick** se rendre malade d'inquiétude *(about* au sujet de); **what's ~ing you?** qu'est-ce qui ne va pas? **(b)** *[dog]* **bone** *etc* jouer avec; *sheep* harceler. ♦ **worried** *adj* inquiet *(about* au sujet de); **worried to death*** fou d'inquiétude. ♦ **worrier** *n* anxieux *m,* -euse *f.* ♦ **worrisome** *adj* inquiétant. ♦ **worrying** *adj* inquiétant; **to have a ~ing time** passer un mauvais quart d'heure, *(longer)* en voir de dures*.

worse [wɜːs] **1** *adj (comp of bad and ill)* pire, plus mauvais *(than* que). **you're ~ than he is!** tu es pire que lui!; **and, what's ~ ...** le pire, c'est que ...; **it could have been ~** ç'aurait pu être pire; **things couldn't be ~** ça ne pourrait pas aller plus mal; **~ things have happened** on a vu pire; **to make matters** *or* **things ~** aggraver la situation *(by doing* en faisant); **and, to make matters** *or* **things ~, he ...** et, pour comble de malheur, il ...; **it gets ~ and ~** ça ne fait qu'empirer; **he is getting ~** *(in behaviour, memory)* il ne s'arrange pas; *(in health)* il va de plus en plus mal; **to get ~** *(gen)* se détériorer; *[rheumatism, smell etc]* empirer; **I feel ~** je me sens plus mal; **so much the ~ for him!** tant pis pour lui!; **~ luck!*** hélas!; **none the ~** *V* **none 2.**

2 *adv (comp of badly and ill) sing, play etc* plus mal *(than* que); *(more)* rain, hate *etc* plus *(than* que). **you might** *or* **could do ~** vous pourriez faire pire *(than* to do que de faire); **he is ~ off than before** *(gen)* il se retrouve dans une situation pire qu'avant; *(less money)* il y a perdu; **I shan't think any the ~ of you** je n'en aurai pas une moins bonne opinion de toi *(for having done* pour avoir fait).

3 *n* pire *m.* **there's ~ to come** on n'a pas vu le pire; **~ followed** ensuite cela a été pire; **a change for the ~** *(gen)* une détérioration très nette de la situation; *(Med)* une aggravation très nette.

♦ **worsen** *vi* se détériorer, empirer; *[health etc]* empirer; *[chances of success]* diminuer.

worship ['wɜːʃɪp] **1** *n* **(a)** *(gen)* culte *m.* *(Rel)* **place of ~** lieu *m* de culte; **hours of ~** heures *fpl* des offices. **(b) His** *or* **Your W~** *(Mayor)* Monsieur le Maire; *(magistrate)* Monsieur le Juge. **2** *vt* *(Rel)* adorer; *(gen)* person adorer, vénérer; *money, success etc* avoir le culte de. **he ~ped the ground she trod on** il vénérait jusqu'au sol qu'elle foulait. **3** *vi* *(Rel)* faire ses dévotions. ♦ **worshipper** *n* adorateur *m,* -trice *f;* *(in church)* **~pers** fidèles *mpl.*

worst [wɜːst] **1** *adj (superl of bad and ill)* le *(or* la) plus mauvais(e), le *(or* la) pire. **the ~ student in the class** le plus mauvais élève de la classe; **his ~ mistake** son erreur la plus grave; **the ~ thing he ever did** la pire chose qu'il ait jamais faite; **the ~ winter for 20 years** l'hiver le plus rude depuis 20 ans; **at the ~ possible time** au plus mauvais moment; **the ~ possible job for him** l'emploi le plus contre-indiqué pour lui.

2 *adv (superl of badly and ill)* le plus mal. **he sings ~ of all** il chante le plus mal de tous; **the ~-dressed man in England** l'homme le plus mal habillé d'Angleterre; **he came off ~** c'est lui qui s'en est le plus mal sorti; **they are the ~ off** ils

sont le plus affectés; (*poorest*) ils sont le plus dans la géne; **my leg hurts** ~ **of all** c'est ma jambe qui me fait le plus mal.
3 *n* pire *m*. **the** ~ **that can happen** le pire *or* la pire chose qui puisse arriver; **at (the)** ~ **au pis aller; to be at its** *etc* ~ *[crisis, storm, epidemic]* être à son *etc* point culminant; *[situation, conditions, relationships]* n'avoir jamais été aussi mauvais; **at the** ~ **of the storm** au plus fort de l'orage; **matters were at their** ~ les choses ne pouvaient pas aller plus mal; **the** ~ **is yet to come** on n'a pas encore vu le pire; **the** ~ **of it is that** ... le pire c'est que ...; **the** ~ **of** ... ça c'est l'inconvénient de ...; **if the** ~ **comes to the** ~ en mettant les choses au pis; **to get the** ~ **of it** être le perdant; **do your** ~! vous pouvez toujours essayer!; **it brings out the** ~ **in me** ça réveille en moi les pires instincts.
worsted ['wʊstɪd] *n* worsted *m*.
worth [wɜːθ] **1** *n* **(a)** (*value*) valeur *f* (*in gold etc* en or *etc*). **I know his** ~ je sais ce qu'il vaut; **he showed his true** ~ il a montré sa vraie valeur. **(b)** (*quantity*) **he bought 20 pence** ~ **of sweets** il a acheté pour 20 pence de bonbons; **he bought 20 pence** ~ il en a acheté pour 20 pence.
2 *adj*: **to be** ~ **£10** valoir 10 livres; **what or how much is it** ~? ça vaut combien?; **how much is he** ~? à combien s'élève sa fortune?; (*lit, fig*) **it's** ~ **a great deal** ça a beaucoup de valeur (*to me* pour moi); **it's more than my life (or job etc) is** ~ **to do that** je ne peux pas risquer de faire ça; **to be** ~ **one's weight in gold** valoir son pesant d'or; **it's not** ~ **the paper it's written on** ça ne vaut pas le papier sur lequel c'est écrit; **this pen is** ~ **10 others** ce stylo en vaut 10 autres; (*fig*) **what's it** ~ **to you?*** vous donneriez combien pour le savoir (*or* l'avoir *etc*)?; **take it for what it's** ~ prenez-le pour ce que ça vaut; **it's well** ~ **the trouble (or effort or time)** ça vaut la peine; **it's** ~ **reading/having** *etc* ça vaut la peine d'être lu/d'en avoir un *etc*; **it's well** ~ **ça vaut la peine or le coup*; life isn't** ~ **living** la vie ne vaut pas la peine d'être vécue; **it's** ~ **a visit** ça vaut la visite; **it is** ~ **while to do that** on gagne à faire ça; **it's not** ~ **(my) while waiting** je perdrais mon temps à attendre; **it wasn't** ~ **his while to take the job** ça ne valait pas le coup* qu'il accepte (*subj*) l'emploi; **I'll make it** ~ **your while*** je vous récompenserai de votre peine.
♦ **worthless** *adj* (*gen*) qui ne vaut rien; *effort* vain; *person* qui ne vaut pas cher. ♦ **worthwhile** *adj* *visit* qui en vaut la peine; *book/film etc* qui mérite d'être lu/vu *etc*; *work, life* utile; *contribution* très valable; *cause* louable. ♦ **worthy** *adj* (*gen*) digne (*of* de; *to do* de faire); *citizen etc* digne (*before n*); *aim, effort* louable; **he found a** ~**y opponent** il a trouvé un adversaire digne de lui; **it is** ~**y of note that** ... il est bon de remarquer que ...; **nothing** ~**y of mention** rien de notable.
would [wʊd] *modal aux vb* (*cond of will*) **(a)** (*cond tense*) **he** ~ **do it if you asked him** il le ferait si vous le lui demandiez; **he** ~ **have done it if you had asked him** il l'aurait fait si vous le lui aviez demandé; **I wondered if you'd come** je me demandais si vous viendriez *or* si vous alliez venir; **you** ~ **think she had enough to do** on pourrait penser qu'elle a assez à faire. **(b)** (*conjecture*) **it** ~ **have been about 8 o'clock** il devait être 8 heures à peu près. **(c)** (*willingness*) **I said I** ~ **do it** je lui ai dit que je le ferais *or* que je voulais bien le faire; **he** ~**n't help me** il ne voulait pas m'aider, il n'a pas voulu m'aider; **the car** ~**n't start** la voiture n'a pas démarré; ~ **you please make some tea?** voulez-vous *or* voudriez-vous du thé?; ~ **you like to go?** voulez-vous y aller?, est-ce que vous aimeriez y aller?; ~ **you please help me?** pourriez-vous m'aider, s'il vous plaît? **(d)** (*habit, characteristic*) **he** ~ **always read in bed** il lisait toujours *or* il avait l'habitude de lire au lit; **50 years ago the streets** ~

be empty on Sundays il y a 50 ans, les rues étaient vides le dimanche; **you** WOULD **(do that)!** c'est bien de toi (de faire ça)!; **it** WOULD **rain!** il pleut, naturellement! **(e)** (*liter*) ~ **to God that** ... plût à Dieu que ... +*subj*; ~ **I were younger!** si seulement j'étais plus jeune! ♦ **would-be** *adj*: **a** ~**-be poet** *etc* une personne qui veut être poète *etc*; (*pej*) un prétendu poète *etc*.
wound[1] [wuːnd] **1** *n* blessure *f*. **chest/bullet** ~ blessure à la poitrine/par balle. **2** *vt* (*lit, fig*) blesser (*in the leg etc* à la jambe *etc*). ♦ **wounded 1** *adj* (*lit, fig*) blessé; **a** ~**ed man** un blessé; **2** *npl*: **the** ~**ed** les blessés *mpl*. ♦ **wounding** *adj* blessant.
wound[2] [waʊnd] *pret, ptp of* **wind**[2].
wove(n) ['wəʊv(ən)] *pret* (*ptp*) *of* **weave**.
wraith [reɪθ] *n* apparition *f*, spectre *m*.
wrangle ['ræŋgl] **1** *n* (*also* **wrangling**) dispute *f*. **2** *vi* se disputer (*about, over* à propos de).
wrap [ræp] **1** *n* (*shawl*) châle *m*; (*housecoat etc*) peignoir *m*; (*rug, blanket*) couverture *f*. (*on parcel etc*) ~**s** emballage *m*; (*fig*) **to keep a scheme under** ~**s*** ne pas dévoiler un projet.
2 *vt* (*cover: gen*) envelopper (*in* dans); (*pack*) *parcel* emballer (*in* dans); (*wind*) *tape etc* enrouler (*round* autour de). (*fig*) ~**ped in mist/mystery** enveloppé de brume/de mystère.
wrap up 1 *vi* (*dress warmly*) s'habiller chaudement. ~ **up well!** couvrez-vous bien! **2** *vt sep* **(a)** (*gen*) envelopper (*in* dans); *parcel* emballer (*in* dans). (*fig*) **he** ~**ped it up a bit***, but what he meant was** ... il ne l'a pas dit franchement, mais ce qu'il voulait dire c'est ...; (*fig: engrossed*) ~**ped up in one's work** absorbé par son travail; **he is** ~**ped up in himself** il ne pense qu'à lui-même. **(b)** (*: conclude*) *deal* conclure. **he had everything** ~**ped up** il avait tout arrangé.
♦ **wrapover** *adj* *skirt* portefeuille *inv*. ♦ **wrapped** *adj* *bread etc* pré-emballé. ♦ **wrapper** *n* [*chocolate, parcel*] papier *m* (d'emballage); [*newspaper for post*] bande *f*; [*book*] jaquette *f*. ♦ **wrapping 1** *n* [*parcel, chocolate*] papier *m* (d'emballage); **2** *adj*: ~**ping paper** (*brown paper*) papier *m* d'emballage; (*decorated*) papier cadeau.
wrath [rɒθ] *n* (*liter*) courroux *m*.
wreath [riːθ] *n* couronne *f* (*de fleurs*); [*smoke*] volute *f*. **laurel** ~ couronne de laurier. ♦ **wreathed** *adj*: ~**ed in mist** enveloppé de brume; **face** ~**ed in smiles** visage épanoui.
wreck [rek] **1** *n* (*of ship, plans etc*) naufrage *m*; (~**ed ship**) épave *f*; (~**ed plane/car etc**) avion *m*/voiture *f etc* accidenté(e); (*building*) ruines *fpl*. **the car was a** ~ il a une mine de déterré. **2** *vt* *train* faire dérailler; *plane* détruire; *building, furniture* démolir; *mechanism* détraquer; (*fig*) *marriage, friendship, life, career* briser; *plans, health* ruiner; *negotiations* faire échouer; *chances* anéantir. [*ship, sailor*] **to be** ~**ed** faire naufrage; **the house was** ~**ed** il n'est resté que des débris de l'avion; **he** ~**ed the whole house** il a tout démoli dans la maison. ♦ **wreckage** *n* (*pieces*) débris *mpl*; [*building*] décombres *mpl*; (~**ed ship**) épave *f*. ♦ **wrecked** *adj* *ship* naufragé; *train, car* accidenté; *plans* anéanti. ♦ **wrecker** *n* (*unlawful*) vandale *m*; (*lawful*) démolisseur *m*; [*cars*] marchand *m* de ferraille.
wren [ren] *n* roitelet *m*.
wrench [rentʃ] **1** *n* **(a) to give sth a** ~ tirer de toutes ses forces sur qch; (*fig: emotional*) **it was a** ~ cela a été un déchirement. **(b)** (*tool*) clé *f* (à écrous). **2** *vt handle etc* tirer violemment sur. **to** ~ **sth off (or out or away** arracher qch (*of, from sth* de qch; *from sb* des mains de qn); **he** ~**ed himself free** il s'est dégagé avec un mouvement violent; (*Med*) **to** ~ **one's ankle** se tordre la cheville.
wrestle ['resl] *vi* lutter (*with sb* contre qn); (*Sport*)

pratiquer la lutte libre; (*as staged fight*) catcher (*with sb* contre qn). (*fig*) to ~ **with** *conscience, sums, device* se débattre avec; *temptation* lutter contre. ◆ **wrestler** *n* lutteur *m*, -euse *f*; catcheur *m*, -euse *f*. ◆ **wrestling 1** *n* lutte *f*; **all-in wrestling** catch *m*; **2** *adj*: **wrestling match** rencontre *f* de catch *or* de lutte.

wretch [retʃ] *n* misérable *mf*. (*hum*) you ~! misérable!; little ~! petit polisson! ◆ **wretched** ['retʃid] *adj* (*very poor*) *person, conditions, house* misérable; (*unhappy*) malheureux; (*depressed*) déprimé; (*ill*) malade; (*too small*) *wage* de misère; *sum, amount* dérisoire; (*pej*) *behaviour, remark* mesquin; *weather, holiday, results* lamentable; (*conscience-stricken etc*) I feel ~ed about it je me sens vraiment coupable; what ~ed luck! quelle déveine!*; they played a ~ed game ils ont très mal joué; that ~ed dog* ce maudit chien. ◆ **wretchedly** *adv* live misérablement; *say, weep, apologize* pitoyablement; *treat, behave, pay, perform, play* très mal. ◆ **wretchedness** *n* (*poverty*) misère *f*; (*unhappiness*) extrême tristesse *f*.

wrick [rik] **1** *vt*: to ~ one's ankle se fouler la cheville; to ~ one's neck attraper un torticolis. **2** *n* entorse *f*; torticolis *m*.

wriggle ['rigl] **1** *vi* (~ *about*) /*worm, snake, eel*/se tortiller; /*fish*/ frétiller; /*person*/ (*restlessly*) remuer; (*in embarrassment*) se tortiller; (*excitedly*) frétiller. to ~ **along** /*worm etc*/ avancer en se tortillant; /*person*/avancer en rampant; to ~ **free** se dégager en se contorsionnant; to ~ **through** sth se glisser dans qch; (*fig*) to ~ **out of** sth esquiver qch; he'll manage to ~ **out of it** il trouvera un moyen de s'esquiver. **2** *vt* **toes** remuer. ◆ **wriggly** *or* ◆ **wriggling** *adj* worm qui se tortille; *fish* frétillant; *child* remuant.

wring [riŋ] *pret, ptp* **wrung** *vt* (a) (*twist*) *handkerchief etc* tordre. to ~ **a chicken's neck** tordre le cou à un poulet; I'll ~ **your neck!** je te tordrai le cou!*; to ~ **one's hands** se tordre les mains de désespoir; to ~ **sb's hand** serrer longuement la main à qn; (*fig*) a story to ~ **one's heart** une histoire à vous fendre le cœur. (b) (~ **out**) *wet clothes etc* essorer; *water* exprimer (*from sth* de qch); (*fig*) *confession etc* arracher (*from sb* à qn); *money* soutirer (*from sb* à qn). ◆ **wringer** *n* essoreuse *f*. ◆ **wringing** (wet) *adj* garment trempé; *person* trempé jusqu'aux os.

wrinkle ['riŋkl] **1** *n* (*on skin, fruit*) ride *f*; (*in stockings, cloth etc*) pli *m*. **2** *vt* (~ **up**) skin rider; *forehead* plisser; *nose* froncer; *rug, sheet* faire des plis dans. **3** *vi* se plisser; se froncer; faire des plis. ◆ **wrinkled** *adj* skin, apple ridé; *brow* plissé; *nose* froncé; *sheet, sweater* qui fait des plis.

wrist [rist] *n* poignet *m*. ◆ **wristband** *n* [shirt etc] poignet *m*; [watch etc]bracelet *m*. ◆ **wrist-watch** *n* montre-bracelet *f*.

writ [rit] *n* (*Jur*) acte *m* judiciaire. to issue a ~ **against** sb, to serve a ~ **on** sb assigner qn en justice (*for libel etc* pour diffamation *etc*); ~ **of habeas corpus** ordre *m* (écrit) d'habeas corpus.

write [rait] *pret* **wrote**, *ptp* **written 1** *vt* (*gen*) écrire; *cheque, list, bill* faire; *prescription, certificate* rédiger. how is it written? comment est-ce que ça s'écrit?; (*fig*) it was written all over his face cela se lisait sur son visage; (*fig*) he had 'policeman' written all over him* cela sautait aux yeux qu'il était policier.
2 *vi* écrire (*to sb* à qn; *on, about sth* sur qch). he can read and ~ il sait lire et écrire; ~ **on both sides of the paper** écrivez des deux côtés de la feuille; he had always wanted to ~ il avait toujours voulu écrire *or* être écrivain; what shall I ~ about? sur quoi est-ce que je vais écrire?; (*Comm*) ~ **for our brochure** demandez notre brochure.
write away *vi* (*Comm etc*) to ~ **away for** form,

details écrire pour demander; *goods* commander par lettre.
write back *vi* répondre (par lettre).
write down *vt sep* écrire; (*note*) noter; (*put in writing*) mettre par écrit.
write in 1 *vi*: a lot of people have written in beaucoup de gens nous ont écrit; to ~ **in for** sth écrire pour demander qch. **2** *vt sep* word, item on list etc ajouter.
write off 1 *vi* = **write away**. **2** *vt sep* debt passer aux profits et pertes; *operation, scheme* mettre un terme à; (*smash up*) car, machine détruire, bousiller*. (*fig*) I've written off the whole thing j'ai fait une croix dessus*, je le considère comme perdu; (*fig*) he had been written off as a failure on avait décidé qu'il ne ferait jamais rien de bon.
write out *vt sep* (*gen*) écrire; *cheque, list, bill* faire; *prescription, bill* rédiger; (*copy*) *essay etc* recopier.
write up *vt sep* notes, diary mettre à jour; (*write report on*) developments etc faire un compte rendu de; (*record*) (*Chem etc*) experiment rédiger; (*Archeol etc*) one's findings consigner. to ~ **sth up in a notebook** consigner qch dans un agenda.

◆ **write-off** *n* (*Comm*) perte *f* sèche; (*fig*) the car etc was a ~-off la voiture etc était bonne pour la ferraille. ◆ **writer** *n* (*of letter, book etc*) auteur *m*; (*as profession*) écrivain *m*; a thriller ~ un auteur de romans policiers; he is a ~r il est écrivain, c'est un écrivain; to be a good/bad ~r écrire bien/mal; ~r's cramp crampe *f* des écrivains. ◆ **write-up** *n* (*Press*) compte rendu *m* (*about* de); (*review*) critique *f*. ◆ **writing** *n* (*handwriting*) écriture *f*; (*sth written*) qch d'écrit; in his own writing écrit de sa main; (*fig*) he saw the writing on the wall il a vu le signe sur le mur; to put sth in writing mettre qch par écrit; he devoted his life to writing il a consacré sa vie à son œuvre d'écrivain; writing is his hobby écrire est son passe-temps favori; in this author's writing(s) dans les écrits *mpl* de cet auteur. ◆ **writing-case** *n* nécessaire *m* de correspondance. ◆ **writing-desk** *n* secrétaire *m* (*bureau*). ◆ **writing-pad** *n* bloc *m* de papier à lettres, bloc-notes *m*. ◆ **writing-paper** *n* papier *m* à lettres. ◆ **writing-table** *n* bureau *m*. ◆ **written** *adj* (*gen*) écrit, par écrit; *evidence* par écrit; **written exam** examen *m* écrit.

wrong [roŋ] **1** *adj* (a) (*bad*) mal *inv*; (*unfair*) injuste. it is ~ **to lie, lying is** ~ c'est mal de mentir; it is ~ **that she should do that** il est injuste qu'elle fasse cela; what's ~ **with going to the pictures?** quel mal y a-t-il à aller au cinéma?; there's nothing ~ **in that** il n'y a rien à redire à ça; there's nothing ~ **in** *or* **with doing that** il n'y a aucun mal à faire cela.
(b) (*incorrect*) *belief, guess* erroné; *answer, calculation* faux, inexact; (*Mus*) *note* faux. to be ~ se tromper (*about* sur, à propos de), avoir tort (*to do, in doing* de faire); you were ~ **to hit him** tu as eu tort de le frapper; my watch is ~ ma montre n'est pas à l'heure; to get sth ~ se tromper dans qch; they got it ~ **again** ils se sont encore trompés; he told me the ~ **time** (*gen*) il ne m'a pas donné l'heure exacte; (*for appointment etc*) il ne m'a pas donné la bonne heure; at the ~ **time** à un moment inopportun; the letter has the ~ **date** on it ils se sont trompés de date sur la lettre; (*Telec*) to get a ~ **number** se tromper de numéro; that's the ~ **number** ce n'est pas le bon numéro; he got on the ~ **train** il s'est trompé de train, il n'a pas pris le bon train; (*fig*) you're on the ~ **road** vous faites fausse route; I'm in the ~ **job** ce n'est pas le travail qu'il me faut; he's got the ~ **kind of friends** il a de mauvaises fréquentations; that's the ~ **kind of plug** ce n'est pas la prise qu'il faut; to say the ~ **thing** dire ce qu'il ne fallait pas dire;

that's the ~ way to go about it ce n'est pas comme ça qu'il faut s'y prendre; **the bread went down the** ~ **way** j'ai avalé le pain de travers; **on the** ~ **side** du mauvais côté; (*fig*) **he got out of bed on the** ~ **side, he got out of the** ~ **side of the bed** il s'est levé du pied gauche; **the** ~ **side of the cloth** le mauvais côté *or* l'envers *m* du tissu; **he's on the** ~ **side of forty** il a dépassé la quarantaine; (*fig*) **to get on the** ~ **side of sb** se faire mal voir de qn; **it's in the** ~ **place** ce n'est pas à sa place.

(c) (*amiss*) **sth's** ~ *or* **there's sth** ~ (**with it** *or* **him** *etc*) il y a qch qui ne va pas; **sth's** ~ **with my leg** j'ai qch à la jambe; **sth's** ~ **with my watch** ma montre ne marche pas comme il faut; **what's** ~? qu'est-ce qui ne va pas?; **there's sth** ~ il y a qch qui cloche*; **what's** ~ **with you?** qu'est-ce que vous avez?; **what's** ~ **with your arm?** qu'est-ce que vous avez au bras?; **what's** ~ **with the car?** qu'est-ce qu'elle a, la voiture?; **there's nothing** ~ tout va bien; **nothing** ~**, I hope?** tout va bien, j'espère?; **there's nothing** ~ **with it** (*theory, translation*) c'est tout à fait correct; (*method, plan*) c'est tout à fait valable; (*machine, car*) ça marche très bien; **there's nothing** ~ **with him** il va très bien.

2 *adv answer, guess* mal, incorrectement. **you've spelt it** ~ vous l'avez mal écrit; **you're doing it all** ~ tu t'y prends mal; **you did** ~ **to refuse** vous avez eu tort de refuser; **you've got it** ~ vous avez fait une erreur, (*misunderstood*) vous avez mal compris; **don't get me** ~* comprends-moi bien; **to go** ~ (*gen*) se tromper;

(*on road*) se tromper de route; (*plan*) mal tourner; (*business deal etc*) tomber à l'eau; (*machine, car*) tomber en panne; (*clock, watch etc*) se détraquer; **you can't go** ~ c'est très simple; **you won't go far** ~ **if ...** vous ne pouvez guère vous tromper si ...; **sth went** ~ il est arrivé qch; **sth went** ~ **with the gears** qch s'est détraqué dans l'embrayage; **nothing can go** ~ **now** tout doit marcher comme sur des roulettes maintenant; **everything went** ~ tout est allé de travers.

3 *n* **(a)** (*evil*) mal *m*. **to do** ~ mal agir; (*fig*) **he can do no** ~ **in her eyes** il lui semble parfait. **(b)** (*injustice*) injustice *f*. **he suffered great** ~ il a été la victime de graves injustices; **to right a** ~ réparer une injustice. **(c) to be/put sb in the** ~ être/mettre qn dans son tort.

4 *vt* faire tort à.

♦ **wrongdoer** *n* malfaiteur *m*, -trice *f*. ♦ **wrongdoing** *n* méfaits *mpl*. ♦ **wrongful** *adj arrest* arbitraire; *accusation, dismissal* injustifié. ♦ **wrongfully** *adv* à tort. ♦ **wrong-headed** *adj* buté. ♦ **wrongly** *adv answer, do, count, state* incorrectement; *treat* injustement; *accuse, dismiss* à tort.

wrote [rəʊt] *pret of* **write**.

wrought [rɔːt] *adj iron* forgé; *silver* ouvré. ♦ **wrought-iron** *adj* en fer forgé. ♦ **wrought-up** *adj* très tendu.

wrung [rʌŋ] *pret, ptp of* **wring**.

wry [raɪ] *adj* désabusé. **to make a** ~ **face** faire la grimace. ♦ **wryly** *adv* avec une ironie désabusée.

XYZ

X, x [eks] *n* (*letter*) X, x *m*; (*Math*) x *m*. **for x years** pendant x années; **X marks the spot** l'endroit est marqué d'une croix. ◆ **X-certificate** *adj* film interdit aux moins de 18 ans. ◆ **X-ray 1** *n* (*ray*) rayon *m* X; (*photo*) radiographie *f*, radio* *f*; **to have an X-ray** se faire radiographier, se faire

faire une radio*; **2** *vt* radiographier; **3** *adj* *examination* radioscopique; **X-ray photo** radio* *f*; **X-ray treatment** radiothérapie *f*.
Xerox ['zɪərɒks] *vt* ® photocopier.
Xmas ['krɪsməs, 'eksməs] *n abbr of* **Christmas.**
xylophone ['zaɪləfəʊn] *n* xylophone *m*.

Y, y [waɪ] *n* (*letter*) Y, y *m*. **Y-fronts** ® slip *m* (d'homme); **Y-shaped** en forme d'Y.
yacht [jɒt] **1** *n* yacht *m*. **2** *vi*: **to go ~ing** faire de la navigation de plaisance. **3** *adj*: **~ club** cercle *m* nautique. ◆ **yachting** *n* yachting *m*, navigation *f* de plaisance; **2** *adj cap* de marin; *magazine etc* de la voile. ◆ **yachtsman** *n* plaisancier *m*.
yak¹ [jæk] *n* (*Zool*) yak *m*.
yak²* [jæk] *vi* (*also* **yackety-yak**) caqueter.
yam [jæm] *n* igname *f*; (*sweet potato*) patate *f*.
yank [jæŋk] **1** *n* coup sec. **2** *vt* tirer d'un coup sec. **to ~ sth off** *or* **out** arracher qch.
Yank* [jæŋk] **1** *adj* amerloque‡ (*pej*). **2** *n* Amerloque‡ *mf* (*pej*). ◆ **Yankee*** *n* Yankee *mf*.
yap [jæp] **1** *vi* [*dog*] japper; (*) [*person*] jacasser. **2** *n* jappement *m*. ◆ **yapping 1** *adj dog* jappeur; **2** *n* jappements *mpl*.
yard¹ [jɑːd] *n* (**a**) yard *m* (91,44 *cm*), ≃ mètre *m*. **about a ~ long** long d'un mètre; **by the ~** au mètre; (*fig*) **~s of** * des kilomètres de*. (**b**) (*Naut*) vergue *f*. ◆ **yardage** *n* ≃ métrage *m*. ◆ **yardarm** *n* bout *m* de vergue. ◆ **yardstick** *n* (*fig*) mesure *f*.
yard² [jɑːd] *n* (*gen*) cour *f*; (*US: garden*) jardin *m*; (*work-site*) chantier *m*; (*for storage*) dépôt *m*. **back ~** cour de derrière; **builder's/shipbuilding ~** chantier de construction/de construction navale; **timber/coal ~** dépôt de bois/de charbon; (*Brit*) **the Y~, Scotland Y~** Scotland Yard *m* (= *le Quai des Orfèvres*).
yarn [jɑːn] *n* (**a**) fil *m*; (*Tech: for weaving*) filé *m*. **nylon** *etc* **~** fil de nylon *etc*. (**b**) (*tale*) longue histoire *f*.
yawn [jɔːn] **1** *vi* [*person*] báiller (*with boredom* d'ennui); [*chasm etc*] s'ouvrir. **2** *vt*: **to ~ one's head off** báiller à se décrocher la mâchoire; **'no' he ~ed** 'non' dit-il en báillant. **3** *n* báillement *m*. **to give a ~** báiller. ◆ **yawning** *adj chasm* béant.
yeah* [jɛə] *particle* oui, ouais*.
year [jɪəʳ] *n* (**a**) an *m*, année *f*. **this ~** cette année; **next ~** l'an prochain, l'année prochaine; **3 times a ~** 3 fois l'an *or* par an; **in the ~ of grace/of Our Lord** en l'an de grâce/de Notre Seigneur; **in the ~ 1969** en 1969; **~ by ~**, **from ~ to ~** d'année en année; **from one ~ to the other** d'une année à l'autre; **~ in, ~ out** année après année; **all the ~ round** d'un bout de l'année à l'autre; **over the ~s, as the ~s go by** au fil des années; **taking the good ~s with the bad** bon an mal an; **~s and ~s ago** il y a bien des années; **for ~s together** plusieurs années de suite; **to pay by the ~** payer à l'année; **valid one ~** valide un an; **a ~ last January** il y a un an au mois de janvier; **they have not met for ~s** ils ne se sont vus que depuis des années; (*fig*) **I've been waiting for ~s*** ça fait une éternité que j'attends; **15 ~s' imprisonment** 15 ans de prison; **he is 6 ~s old** il a 6 ans; **in his fortieth ~** dans sa quarantième année; **£10 a ~** 10 livres par an; **that new hat takes ~s off her** ce nouveau chapeau la rajeunit. (**b**) (*age*) **young for his ~s** jeune pour

son âge; **to get on in ~s** prendre de l'âge; **~s of discretion** l'âge adulte (*fig*). (**c**) (*Scol, Univ*) année *f*. **she was in my ~ at school** elle était de mon année au lycée; **in the second ~** (*Univ*) en deuxième année; (*school*) ≃ en cinquième. (**d**) [*coin, stamp, wine*] année *f*. ◆ **yearbook** *n* annuaire *m* (*d'un organisme etc*). ◆ **yearling** *n* animal *m* d'un an; (*racehorse*) yearling *m*. ◆ **yearly 1** *adj* annuel; **2** *adv* annuellement; **twice ~ly** deux fois par an.
yearn [jɜːn] *vi* languir (*for sb* après qn), aspirer (*for sth* à qch; *to do* à faire). **to ~ for home** avoir la nostalgie de chez soi. ◆ **yearning** *n* désir *m* ardent (*for* de; *to do* de faire).
yeast [jiːst] *n* levure *f*. **dried ~** levure déshydratée.
yell [jel] **1** *n* (*gen*) hurlement *m*, cri *m* (*of* de). **to give a ~** pousser un hurlement *or* un cri; **a ~ of laughter** un grand éclat de rire. **2** *vti* (~ **out**) hurler (*with* de). ◆ **yelling 1** *n* hurlements *mpl*; **2** *adj* hurlant.
yellow ['jeləʊ] **1** *adj object etc* jaune; *hair, curls* blond; (*fig: cowardly*) lâche. **to go** *or* **turn ~** jaunir; (*Med*) **~ fever** fièvre *f* jaune; (*Telec*) **the ~ pages** ≃ l'annuaire *m* des professions. **2** *n* (*colour: also of egg*) jaune *m*. **3** *vti* jaunir. **~ed with age** jauni par le temps. ◆ **yellowhammer** *n* (*bird*) bruant *m* jaune.
yelp [jelp] **1** *n* [*dog*] jappement *m*; [*fox*] glapissement *m*. **2** *vi* japper; glapir. ◆ **yelping 1** *n* jappements *mpl*; glapissements *mpl*; **2** *adj* jappeur; glapissant.
yen* [jen] *n*: **to have a ~ for sth/to do** avoir grande envie de qch/de faire.
yep‡ [jep] *particle* ouais*, oui.
yes [jes] **1** *particle* oui; (*answering neg question or contradicting*) si. **to say ~** dire oui; **~ certainly** mais oui. **2** *n* oui *m inv*. ◆ **yes-man** *n* béni-oui-oui* *m inv* (*pej*); **he's a ~-man** il dit amen à tout.
yesterday ['jestədeɪ] **1** *adv, n hier* (*m*). **all (day) ~** toute la journée d'hier; **a week (from) ~** d'hier en huit; **a week (past) ~**, **~ week** il y a eu hier huit jours; **late ~** hier dans la soirée; **~ was the second** c'était hier le deux; **~ was Friday** c'était hier vendredi; **~ was very wet** il a beaucoup plu hier; **~ was a bad day for him** la journée d'hier s'est mal passée pour lui; **the day before ~** avanthier (*m*); (*fig*) **the great men of ~** tous les grands hommes du passé *or* d'hier; **all our ~s** tout notre passé. **2** *adj*: **~ evening/morning** hier soir/matin.
yet [jet] **1** *adv* (**a** *~*, *still*) encore; (*till now*) jusqu'ici; (*till then*) jusqu'alors. **they haven't ~ returned** ils ne sont pas encore *or* ne sont toujours pas revenus; **no one has come ~** jusqu'ici, personne n'est venu; **no one had come ~** jusqu'alors, personne n'était venu; **places we have ~ to see** des endroits qu'il nous reste encore à voir, des endroits que nous n'avons pas encore vus; **~ more difficult** encore plus difficile; **~ once more**

encore une fois, une fois de plus; **and** ~ **another** et encore un autre; **he may** ~ **come** il peut encore *or* toujours venir; **I'll do it** ~ je finirai bien par le faire. **(b)** *(so far)* **has he arrived** ~? est-il déjà arrivé?; **I wonder if he's come** ~ je me demande s'il est arrivé maintenant; **not** *(just)* ~ pas encore; **don't come in** (just) ~ n'entrez pas encore; **must you go just** ~? faut-il que vous partiez *(subj)* déjà?; **I needn't go just** ~ je n'ai pas besoin de partir tout de suite. **(c) nor** ~ ni, et ... non plus; **I do not like him nor** ~ **his sister** je ne les aime ni lui ni sa sœur, je ne l'aime pas et sa sœur non plus. **2** *conj* pourtant, néanmoins, quand même. **and** ~ **everyone liked her** et pourtant *or* néanmoins tout le monde l'aimait, mais tout le monde l'aimait quand même; **strange** ~ **true** étrange mais pourtant vrai.

yew [juː] *n* if *m*.
Yiddish [ˈjɪdɪʃ] *n* yiddish *m*.
yield [jiːld] **1** *vt* **(a)** *(produce etc: gen)* rendre; *[mine, oil well]* débiter; *[an industry]* produire; *[business, tax, shares]* amount, profit rapporter; *opportunity* fournir; *results* produire. **(b)** *(surrender: gen, Mil)* céder (to à). **2** *vi* *(give way: gen, Mil)* céder (to devant), céder (to à); *[ice, door etc]* céder. **they begged him but he would not** ~ ils l'ont supplié mais il n'a pas cédé; *(Mil etc)* **they** ~**ed to us** ils se rendirent à nous; **to** ~ **to temptation** succomber à la tentation. **3** *n* (*V* **1a**) rendement *m*; débit *m*; production *f*; rapport *m*.
yippee [jɪˈpiː] *excl* hourra!
yob(bo) [ˈjɒb(əʊ)] *n* *(pej)* loubard *m* *(pej)*.
yod [jɒd] *n* *(Ling)* yod *m*.
yodel [ˈjəʊdl] *vi* faire des tyroliennes.
yoga [ˈjəʊɡə] *n* yoga *m*. ♦ **yogi** *n* yogi *m*.
yoghourt, yog(h)urt [ˈjəʊɡət] *n* yaourt *m*.
yoke [jəʊk] **1** *n* **(a)** *(lit, fig)* joug *m*. **under the** ~ **of** sous le joug de. **(b)** *[dress, blouse]* empiècement *m*. **2** *vt* accoupler.
yokel [ˈjəʊkəl] *n* rustre *m*.
yolk [jəʊk] *n* jaune *m* (d'œuf).
yonder [ˈjɒndəʳ] *adv* (over ~) là-bas.
you [juː] *pers pron* **(a)** *(subject)* tu, vous; *(object)* te, vous; *(stressed and after prep)* toi, vous. ~ **are very kind** tu es très gentil, vous êtes très gentil(s); **I shall see** ~ **soon** je te *or* je vous verrai bientôt; **for** ~ pour toi *or* vous; **younger than** ~ plus jeune que toi *or* vous; ~ **and yours** toi et les tiens, vous et les vôtres; ~ **French** vous autres Français; ~ **and I will go together** toi et moi *or* vous et moi, nous irons ensemble; ~ **fool!** espèce d'imbécile!; ~ **darling!** tu es un amour!; **it's** ~ c'est toi *or* vous; **there's a fine house for** ~! en voilà une belle maison! **(b)** *(one, anyone)* *(nominative)* on; *(accusative, dative)* vous, te. ~ **never know your luck** on ne connaît jamais son bonheur; **fresh air does** ~ **good** l'air frais (vous *or* te) fait du bien.
♦ **your** [jʊəʳ] *poss adj* **(a)** ton, ta, tes; votre, vos; ~**r book** ton *or* votre livre à toi, votre livre à vous; ~**r table** ta *or* votre table; ~**r friend** ton ami(e), votre ami(e); ~**r clothes** tes *or* vos vêtements; **give me** ~**r hand** donne-moi la main; **(b)** *(one's)* son, sa, ses; ton *etc*, votre *etc*;

you give him ~**r form and he gives you** ~**r pass** on lui donne son formulaire et il vous remet votre laissez-passer; **it's good for** ~**r health** c'est bon pour la santé; ~**r ordinary Englishman** l'Anglais moyen. ♦ **you're** = **you are.** ♦ **yours** *poss pron* le tien, la tienne, les tiens, les tiennes; le vôtre, la vôtre, les vôtres; **this book is** ~**rs** ce livre est à toi *or* à vous, ce livre est le tien *or* le vôtre; **a cousin of** ~**rs** un de tes *or* de vos cousins; **it's no fault of** ~**rs** ce n'est pas de votre faute (à vous); *(pej)* **that dog of** ~**rs** ton *or* votre sacré* chien; *(in pub etc)* **what's** ~**rs?** qu'est-ce que tu prends *or* vous prenez? ♦ **yourself** *pers pron, pl* **-selves** *(reflexive)* te, vous; *(after prep)* toi, vous; *(emphatic)* toi-même, vous-même; **have you hurt** ~**rself?** tu t'es fait mal?, vous vous êtes fait mal?; **you never speak of** ~**rself** tu ne parles jamais de toi, vous ne parlez jamais de vous; **you told me** ~**rself** tu me l'as dit toi-même, vous me l'avez dit vous-même; **all by** ~**rself** tout seul.
young [jʌŋ] **1** *adj* *(gen)* jeune. ~ **people** jeunes *mpl*, jeunes gens *mpl*; ~ **lady** *(unmarried)* jeune fille *f*; *(married)* jeune femme *f*; **listen to me,** ~ **man** écoutez-moi, jeune homme; ~ **at heart** jeune de cœur; ~ **for his age** jeune pour son âge; **to marry** ~ se marier jeune; **3 years** ~**er than you** plus jeune que vous de 3 ans; **my** ~**er brother** mon frère cadet; **my** ~**er sister** ma sœur cadette; **the** ~**er son** le cadet; **I'm not so** ~ **as I was** je n'ai plus mes vingt ans; **in my** ~ **days** quand j'étais jeune; **to grow** *or* **get** ~**er** rajeunir; **if I were** ~**er** si j'étais plus jeune; **if I were 10 years** ~**er** si j'avais 10 ans de moins; **you're only** ~ **once** jeunesse n'a qu'un temps; ♦ **Mr Brown, Mr Brown the** ~**er** le jeune M. Brown; *(as opposed to his father)* M. Brown fils; **the** ~**er generation** la jeune génération; **the** ~ **idea** ce que pensent les jeunes, *(fig)* la jeune génération; ~ **wine** vin *m* vert; ~ **nation** nouvelle nation *f*, *(fig)* ~ **blood** sang *m* nouveau *or* jeune. **2** *npl* **(a)** **the** ~ les jeunes *mpl*, les jeunes gens *mpl*; ~ **and old** les jeunes commes les vieux; **books for the** ~ livres pour les jeunes *or* la jeunesse. **(b)** *[animal]* petits *mpl*. ♦ **youngster** *n* jeune *mf*.
youth [juːθ] **1** *n* **(a)** jeunesse *f*. **in my** ~ dans ma jeunesse, lorsque j'étais jeune; **in early** ~ dans la première jeunesse. **(b)** *(young man)* jeune homme *m*. ~**s** jeunes gens *mpl*. **(c)** *(collective: young people)* jeunesse *f*, jeunes *mpl*. **the** ~ **of a country** la jeunesse d'un pays; **the** ~ **of today** les jeunes *or* la jeunesse d'aujourd'hui. **2** *adj* ~ **club** foyer *m* *or* centre *m* de jeunes, *de jeunesse.* ~ **hostel** *V* **hostel**; ~ **leader** animateur *m*, -trice *f* de groupes de jeunes; ~ **movement** mouvement *m* de la jeunesse. ♦ **youthful** *adj* *(gen)* jeune; *air, mistake de jeunesse; quality, freshness* juvénile. ♦ **youthfulness** *n* jeunesse *f*.
yowl [jaʊl] *vi* *[person, dog]* hurler; *[cat]* miauler.
yucky, yukky [ˈjʌkɪ] *adj* dégoûtant.
Yugoslavia [ˌjuːɡəʊˈslɑːvɪə] *n* Yougoslavie *f*.
Yule [juː] *n* (†) Noël *m*. ~ **log** bûche *f* de Noël.
♦ **Yuletide**† *n* époque *f* de Noël.
yummy† [ˈjʌmɪ] **1** *adj food* délicieux. **2** *excl* miam, miam!*

Z, z [zed, *(US)* ziː] *n* *(letter)* Z, z *m*.
zany [ˈzeɪnɪ] *adj* dingue*, fou.
zeal [ziːl] *n* zèle *m* *(for* pour). ♦ **zealot** [ˈzelət] *n* fanatique *mf*. ♦ **zealous** [ˈzeləs] *adj* *(fervent)* zélé; *(devoted)* dévoué; ~**ous for** plein de zèle pour. ♦ **zealously** *adv* avec zèle.
zebra [ˈziːbrə] **1** *n* zèbre *m*. **2** *adj* *(Brit)* ~ **crossing** passage *m* pour piétons.
zed [zed], *(US)* **zee** [ziː] *n* (la lettre) z *m*.
zenith [ˈzenɪθ] *n* zénith *m*.
zephyr [ˈzefəʳ] *n* zéphyr *m*.
zero [ˈzɪərəʊ] **1** *n*,*pl* **-s** *or* **-es** zéro *m*. **2** *adj*

tension, voltage nul; *altitude, growth* zéro *inv*. ~ **hour** *(Mil)* l'heure H; *(fig)* le moment décisif. **3** *vi:* **to** ~ **in on sth** piquer droit sur qch.
zest [zest] *n* **(a)** *(gusto)* entrain *m*; *(fig: spice)* piquant *m*. **with** ~ *(gen)* avec entrain; *eat* avec grand appétit; ~ **for living** appétit *m* de vivre; **it adds** ~ **to the episode** cela donne du piquant à l'histoire. **(b)** *(Culin: of orange etc)* zeste *m*. ♦ **zestful** *adj* plein d'entrain.
zigzag [ˈzɪɡzæɡ] **1** *n* zigzag *m*. **2** *adj path, course, line* en zigzag; *road* en lacets; *pattern, design* à zigzags. **3** *adv* en zigzag. **4** *vi* zigzaguer. **to** ~ **out/**

through *etc* sortir/traverser *etc* en zigzaguant.
zinc [zɪŋk] **1** *n* zinc *m*. **2** *adj* *plate, alloy* de zinc; *roof* zingué.
Zionism ['zaɪənɪzəm] *n* sionisme *m*.
zip [zɪp] **1** *n* **(a)** (*also* ~ **fastener, zipper**) fermeture *f* éclair ®. **pocket with a** ~ poche *f* à fermeture éclair, poche zippée*. **(b)** (*: *energy etc*) entrain *m*. **put a bit of** ~ **into it*** activez-vous! **2** *adj* (*US Post*) ~ **code** code *m* postal. **3** *vt* (~ **up**) *dress, bag* fermer avec une fermeture éclair ®. **to** ~ **sth on** attacher qch avec une fermeture éclair; **she** ~**ped open her bag** elle a ouvert la fermeture éclair de son sac. **4** *vi* **(a)** [*garment etc*] **to** ~ **up/on** *etc* se fermer/s'attacher *etc* avec une fermeture éclair ®. **(b)** (*) [*car, person*] **to** ~ **in/past** *etc* entrer/passer *etc* comme une flèche. ♦ **zip-on** *adj* à fermeture éclair ®.
zircon ['zɜːkən] *n* zircon *m*.
zither ['zɪðər] *n* cithare *f*.

zodiac ['zəʊdɪæk] *n* zodiaque *m*.
zombie* ['zɒmbɪ] *n* (*fig pej*) automate *m*.
zone [zəʊn] **1** *n* (*gen*) zone *f*; (*esp Mil*) (*area*) zone; (*subdivision of town*) secteur *m*. **danger** ~ zone dangereuse. **2** *vt* (*divide into* ~s) *area* diviser en zones. **district** ~**d for industry** zone réservée à l'implantation industrielle.
♦ **zonal** *adj* zonal. ♦ **zoning** *n* répartition *f* en zones.
zoo [zuː] *n* zoo *m*. ~ **keeper** gardien(ne) *m(f)* de zoo.
zoology [zəʊ'ɒlədʒɪ] *n* zoologie *f*. ♦ **zoological** *adj* zoologique; **zoological gardens** jardin *m* zoologique. ♦ **zoologist** *n* zoologiste *mf*.
zoom [zuːm] **1** *n* vrombissement *m*. **2** *vi* vrombir. **to** ~ **away/through** *etc* démarrer/traverser *etc* en trombe; (*Cine*) **to** ~ **in** faire un zoom (*on* sur). ♦ **zoom lens** *n* (*Phot*) zoom *m*.
zucchini [zuː'kiːnɪ] *n* (*US*) courgette *f*.

VERBES ANGLAIS À PARTICULE

(a) *vi* = verbe intransitif. ex: **blow off** dans 'his hat blew off'.

(b) *vt sep* = verbe transitif séparable. ex: **blow off** dans 'the wind blew off his hat' ou 'the wind blew his hat off'. Le complément d'objet du verbe peut se mettre soit après la particule, soit entre les deux éléments du verbe en les séparant. Cette dernière structure est d'ailleurs obligatoire lorsque le complément d'objet est un pronom: 'the wind blew it off'.

(c) *vt fus* = verbe transitif fusionné. ex: **admit to** dans 'he admitted to the theft'. Le complément d'objet ne peut jamais s'intercaler entre les deux éléments du verbe, même lorsqu'il s'agit d'un pronom: 'he admitted to it'.

(d) pour beaucoup de verbes qui indiquent un mouvement ou une direction, les verbes à particule correspondants n'ont pas été dissociés de l'article principal, car ils peuvent être déduits des illustrations fournies. Ainsi, à partir de **crawl 2** *vi* (*gén*) ramper; ... **to ~ in/out** *etc* entrer/sortir *etc* en rampant ... vous pouvez construire: 'to crawl across' (traverser en rampant), 'to crawl down' (descendre en rampant) etc.

Verbes forts anglais

Le prétérit et le participe passé des verbes forts anglais sont mentionnés directement après le mot souche.

ENGLISH PHRASAL VERBS

(a) *vi* = verb intransitive, e.g. **blow off** in 'his hat blew off'.

(b) *vt sep* = verb transitive separable, e.g. **blow off** in 'the wind blew off his hat'. The object of the verb may either come after the second part of the phrasal verb, as in this example, or between the two parts ('the wind blew it off').

(c) *vt fus* = verb transitive fused, e.g. **admit to** in 'he admitted to the theft', where the object of the phrasal verb never comes between the two parts (always 'he admitted to it', never 'he admitted it to').

(d) Note that for many verbs which involve movement and direction e.g. 'crawl', the related phrasal verbs have not been taken out of the main verb entry, as they may be constructed on the basis of the samples shown. Thus at **crawl 2** *vi* (*gen*) ramper; ... **to ~ in/out** *etc* entrer/sortir *etc* en rampant ... : you can form from that 'to crawl across' (traverser en rampant), 'to crawl down' (descendre en rampant) and so on.

English Strong Verbs

The forms of the English strong verbs are indicated immediately after the headword.

LE VERBE FRANÇAIS

THE FRENCH VERB

	Present	Imperfect	Future	Past Historic	Past Part.	Subjunctive
(1) **arriver** (regular: see table at the end of the list)						
(2) **finir** (regular: see table)						
(3) **placer**	je place nous plaçons	je plaçais	je placerai	je plaçai	placé	que je place
bouger	je bouge nous bougeons	je bougeais	je bougerai	je bougeai	bougé	que je bouge
(4) **appeler**	j'appelle nous appelons	j'appelais	j'appellerai	j'appelai	appelé	que j'appelle
jeter	je jette nous jetons	je jetais	je jetterai	je jetai	jeté	que je jette
(5) **geler**	je gèle nous gelons	je gelais	je gèlerai	je gelai	gelé	que je gèle
(6) **céder**	je cède nous cédons	je cédais	je céderai	je cédai	cédé	que je cède
(7) **épier**	j'épie nous épions	j'épiais	j'épierai	j'épiai	épié	que j'épie
(8) **noyer**	je noie nous noyons	je noyais	je noierai	je noyai	noyé	que je noie
envoyer **payer**	je paie *ou* paye		j'enverrai je paierai *ou* payerai			que je paie *ou* paye
(9) **aller** (see table)						
(10) **haïr**	je hais il hait nous haïssons ils haïssent	je haïssais	je haïrai	je haïs	haï	que je haïsse
(11) **courir**	je cours il court nous courons	je courais	je courrai	je courus	couru	que je coure
(12) **cueillir**	je cueille nous cueillons	je cueillais	je cueillerai	je cueillis	cueilli	que je cueille
(13) **assaillir**	j'assaille nous assaillons	j'assaillais	j'assaillirai	j'assaillis	assailli	que j'assaille
(14) **servir**	je sers il sert nous servons	je servais	je servirai	je servis	servi	que je serve
(15) **bouillir**	je bous il bout nous bouillons	je bouillais	je bouillirai	je bouillis	bouilli	que je bouille
(16) **partir**	je pars il part nous partons	je partais	je partirai	je partis	parti	que je parte
(17) **fuir**	je fuis il fuit nous fuyons ils fuient	je fuyais	je fuirai	je fuis	fui	que je fuie
(18) **couvrir**	je couvre nous couvrons	je couvrais	je couvrirai	je couvris	couvert	que je couvre

	Present	Imperfect	Future	Past Historic	Past Part.	Subjunctive
(19) **mourir**	je meurs il meurt nous mourons ils meurent	je mourais	je mourrai	je mourus	mort	que je meure
(20) **vêtir**	je vêts il vêt nous vêtons	je vêtais	je vêtirai	je vêtis	vêtu	que je vête
(21) **acquérir**	j'acquiers il acquiert nous acquérons ils acquièrent	j'acquérais	j'acquerrai	j'acquis	acquis	que j'acquière
(22) **venir**	je viens il vient nous venons ils viennent	je venais	je viendrai	je vins	venu	que je vienne
(23) **pleuvoir**	il pleut	il pleuvait	il pleuvra	il plut	plu	qu'il pleuve
(24) **prévoir**	je prévois il prévoit nous prévoyons ils prévoient	je prévoyais	je prévoirai	je prévis	prévu	que je prévoie
(25) **pourvoir**	je pourvois il pourvoit nous pourvoyons ils pourvoient	je pourvoyais	je pourvoirai	je pourvus	pourvu	que je pourvoie
(26) **asseoir**	j'assois il assoit nous assoyons ils assoient *ou* j'assieds il assied nous asseyons ils asseyent	j'assoyais *ou* j'asseyais	j'assoirai *ou* j'asseyerai *ou* j'assiérai	j'assis	assis	que j'assoie *ou* que j'asseye
(27) **mouvoir**	je meus il meut nous mouvons ils meuvent	je mouvais nous mouvions	je mouvrai	je mus	mû	que je meuve

N.B. *émouvoir* and *promouvoir* have the past participles *ému* and *promu* respectively.

	Present	Imperfect	Future	Past Historic	Past Part.	Subjunctive
(28) **recevoir**	je reçois il reçoit nous recevons ils reçoivent	je recevais nous recevions	je recevrai	je reçus	reçu	que je reçoive
devoir					dû	
(29) **valoir**	je vaux il vaut nous valons	je valais nous valions	je vaudrai	je valus	valu	que je vaille
falloir	il faut	il fallait	il faudra	il fallut	fallu	qu'il faille
(30) **voir**	je vois il voit nous voyons ils voient	je voyais nous voyions	je verrai	je vis	vu	que je voie
(31) **vouloir**	je veux il veut nous voulons ils veulent	je voulais nous voulions	je voudrai	je voulus	voulu	que je veuille
(32) **savoir**	je sais il sait nous savons	je savais nous savions	je saurai	je sus	su	que je sache

	Present	Imperfect	Future	Past Historic	Past Part.	Subjunctive
(33) pouvoir	je peux *ou* puis il peut nous pouvons ils peuvent	je pouvais nous pouvions	je pourrai	je pus	pu	que je puisse
(34) avoir (see table)						
(35) conclure **inclure**	je conclus il conclut nous concluons	je concluais	je conclurai	je conclus	conclu inclus	que je conclue
(36) rire	je ris il rit nous rions ils rient	je riais	je rirai	je ris	ri	que je rie
(37) dire **suffire** **médire** *etc*	je dis il dit nous disons vous dites ils disent vous suffisez vous médisez *etc*	je disais	je dirai	je dis	dit	que je dise
(38) nuire	je nuis il nuit nous nuisons	je nuisais	je nuirai	je nuisis	nui	que je nuise
(39) écrire	j'écris il écrit nous écrivons	j'écrivais	j'écrirai	j'écrivis	écrit	que j'écrive
(40) suivre	je suis il suit nous suivons	je suivais	je suivrai	je suivis	suivi	que je suive
(41) rendre **rompre** **battre**	je rends il rend nous rendons il rompt je bats il bat nous battons	je rendais je battais	je rendrai je battrai	je rendis je battis	rendu battu	que je rende que je batte
(42) vaincre	je vaincs il vainc nous vainquons	je vainquais	je vaincrai	je vainquis	vaincu	que je vainque
(43) lire	je lis il lit nous lisons	je lisais	je lirai	je lus	lu	que je lise
(44) croire	je crois il croit nous croyons ils croient	je croyais	je croirai	je crus	cru	que je croie
(45) clore	je clos il clôt *ou* clot ils closent	je closais	je clorai	not applicable	clos	que je close
(46) vivre	je vis il vit nous vivons	je vivais	je vivrai	je vécus	vécu	que je vive
(47) moudre	je mouds il moud nous moulons	je moulais	je moudrai	je moulus	moulu	que je moule

	Present	Imperfect	Future	Past Historic	Past Part.	Subjunctive
(48) coudre	je couds il coud nous cousons	je cousais	je coudrai	je cousis	cousu	que je couse
(49) joindre	je joins il joint nous joignons	je joignais	je joindrai	je joignis	joint	que je joigne
(50) traire	je trais il trait nous trayons ils traient	je trayais	je trairai	not applicable	trait	que je traie
(51) absoudre	j'absous il absout nous absolvons	j'absolvais	j'absoudrai	j'absolus	absous	que j'absolve
résoudre					résolu	
(52) craindre	je crains il craint nous craignons	je craignais	je craindrai	je craignis	craint	que je craigne
peindre	je peins il peint nous peignons	je peignais	je peindrai	je peignis	peint	que je peigne
(53) boire	je bois il boit nous buvons ils boivent	je buvais	je boirai	je bus	bu	que je boive
(54) plaire	je plais il plaît nous plaisons	je plaisais	je plairai	je plus	plu	que je plaise
taire	il tait					
(55) croître	je croîs il croît nous croissons	je croissais	je croîtrai	je crûs	crû	que je croisse

N.B. *accroître* and *décroître* have the past participles *accru* and *décru* respectively.

	Present	Imperfect	Future	Past Historic	Past Part.	Subjunctive
(56) mettre	je mets il met nous mettons	je mettais	je mettrai	je mis	mis	que je mette
(57) connaître	je connais il connaît nous connaissons	je connaissais	je connaîtrai	je connus	connu	que je connaisse
(58) prendre	je prends il prend nous prenons ils prennent	je prenais	je prendrai	je pris	pris	que je prenne
(59) naître	je nais il naît nous naissons	je naissais	je naîtrai	je naquis	né	que je naisse

(60) faire (see table)

(61) être (see table)

1. arriver (regular verb)

INDICATIVE

Present
j'arrive
tu arrives
il arrive
nous arrivons
vous arrivez
ils arrivent

Imperfect
j'arrivais
tu arrivais
il arrivait
nous arrivions
vous arriviez
ils arrivaient

Past Historic
j'arrivai
tu arrivas
il arriva
nous arrivâmes
vous arrivâtes
ils arrivèrent

Future
j'arriverai
tu arriveras
il arrivera
nous arriverons
vous arriverez
ils arriveront

Perfect
je suis arrivé
nous sommes arrivés

Pluperfect
j'étais arrivé

Past Anterior
je fus arrivé

Future Perfect
je serai arrivé

Present Participle
arrivant

Past Participle
arrivé

CONDITIONAL

Present
j'arriverais
tu arriverais
il arriverait
nous arriverions
vous arriveriez
ils arriveraient

Past I
je serais arrivé

Past II
je fusse arrivé

IMPERATIVE

Present
arrive
arrivons
arrivez

Past
sois arrivé
soyons arrivés
soyez arrivés

SUBJUNCTIVE

Present
que j'arrive
que tu arrives
qu'il arrive
que nous arrivions
que vous arriviez
qu'ils arrivent

Imperfect
que j'arrivasse
que tu arrivasses
qu'il arrivât
que nous arrivassions
que vous arrivassiez
qu'ils arrivassent

Past
que je sois arrivé

Pluperfect
que je fusse arrivé

2. finir (regular verb)

INDICATIVE

Present
je finis
tu finis
il finit
nous finissons
vous finissez
ils finissent

Imperfect
je finissais
tu finissais
il finissait
nous finissions
vous finissiez
ils finissaient

Past Historic
je finis
tu finis
il finit
nous finîmes
vous finîtes
ils finirent

Future
je finirai
tu finiras
il finira
nous finirons
vous finirez
ils finiront

Perfect
j'ai fini
nous avons fini

Pluperfect
j'avais fini

Past Anterior
j'eus fini

Future Perfect
j'aurai fini

Present Participle
finissant

Past Participle
fini

CONDITIONAL

Present
je finirais
tu finirais
il finirait
nous finirions
vous finiriez
ils finiraient

Past I
j'aurais fini

Past II
j'eusse fini

IMPERATIVE

Present
finis
finissons
finissez

Past
aie fini
ayons fini
ayez fini

SUBJUNCTIVE

Present
que je finisse
que tu finisses
qu'il finisse
que nous finissions
que vous finissiez
qu'ils finissent

Imperfect
que je finisse
que tu finisses
qu'il finît
que nous finissions
que vous finissiez
qu'ils finissent

Past
que j'aie fini

Pluperfect
que j'eusse fini

9. aller

INDICATIVE	CONDITIONAL
Present	**Present**
je vais	j'irais
tu vas	tu irais
il va	il irait
nous allons	nous irions
vous allez	vous iriez
ils vont	ils iraient

Imperfect	IMPERATIVE
j'allais	
tu allais	**Present**
il allait	va
nous allions	allons
vous alliez	allez
ils allaient	

Past Historic	**Past**
j'allai	sois allé
tu allas	soyons allés
il alla	soyez allés
nous allâmes	
vous allâtes	SUBJUNCTIVE
ils allèrent	
	Present
	que j'aille
	que tu ailles
Future	qu'il aille
j'irai	que nous allions
tu iras	que vous alliez
il ira	qu'ils aillent
nous irons	
vous irez	
ils iront	**Imperfect**
	que j'allasse
	que tu allasses
Present Participle	qu'il allât
allant	que nous allassions
	que vous allassiez
	qu'ils allassent
Past Participle	
allé	

Past Infinitive
être allé

34. avoir

INDICATIVE	CONDITIONAL
Present	**Present**
j'ai	j'aurais
tu as	tu aurais
il a	il aurait
nous avons	nous aurions
vous avez	vous auriez
ils ont	ils auraient

Imperfect	IMPERATIVE
j'avais	
tu avais	**Present**
il avait	aie
nous avions	ayons
vous aviez	ayez
ils avaient	

Past Historic	SUBJUNCTIVE
j'eus	
tu eus	**Present**
il eut	que j'aie
nous eûmes	que tu aies
vous eûtes	qu'il ait
ils eurent	que nous ayons
	que vous ayez
	qu'ils aient

Future	**Imperfect**
j'aurai	que j'eusse
tu auras	que tu eusses
il aura	qu'il eût
nous aurons	que nous eussions
vous aurez	que vous eussiez
ils auront	qu'ils eussent

Present Participle
ayant

Past Participle
eu

Past Infinitive
avoir eu

60. faire

INDICATIVE

Present
je fais
tu fais
il fait
nous faisons
vous faites
ils font

Imperfect
je faisais
tu faisais
il faisait
nous faisions
vous faisiez
ils faisaient

Past Historic
je fis
tu fis
il fit
nous fîmes
vous fîtes
ils firent

Future
je ferai
tu feras
il fera
nous ferons
vous ferez
ils feront

Present Participle
faisant

Past Participle
fait

Past Infinitive
avoir fait

CONDITIONAL

Present
je ferais
tu ferais
il ferait
nous ferions
vous feriez
ils feraient

IMPERATIVE

Present
fais
faisons
faites

Past
aie fait
ayons fait
ayez fait

SUBJUNCTIVE

Present
que je fasse
que tu fasses
qu'il fasse
que nous fassions
que vous fassiez
qu'ils fassent

Imperfect
que je fisse
que tu fisses
qu'il fît
que nous fissions
que vous fissiez
qu'ils fissent

61. être

INDICATIVE

Present
je suis
tu es
il est
nous sommes
vous êtes
ils sont

Imperfect
j'étais
tu étais
il était
nous étions
vous étiez
ils étaient

Past Historic
je fus
tu fus
il fut
nous fûmes
vous fûtes
ils furent

Future
je serai
tu seras
il sera
nous serons
vous serez
ils seront

Present Participle
étant

Past Participle
été

Past Infinitive
avoir été

CONDITIONAL

Present
je serais
tu serais
il serait
nous serions
vous seriez
ils seraient

IMPERATIVE

Present
sois
soyons
soyez

SUBJUNCTIVE

Present
que je sois
que tu sois
qu'il soit
que nous soyons
que vous soyez
qu'ils soient

Imperfect
que je fusse
que tu fusses
qu'il fût
que nous fussions
que vous fussiez
qu'ils fussent

ABRÉVIATIONS ET SIGLES

ADN   *nm* Acide désoxyribonucléique

AF   *nfpl* Allocations familiales

AFP   *nf* Agence France-Presse

AG   *nf* Assemblée générale

ANPE   *nf* Agence nationale pour l'emploi

Benelux   [benelyks] *nm* Union douanière de la Belgique, du Luxembourg et des Pays-Bas

BEPC   *nm* Brevet d'études du 1er cycle

BP   *nf* Boîte postale

BT(S)   *nm* Brevet de technicien (supérieur)

C.   Celsius, centigrade

CAP   *nm* Certificat d'aptitude professionnelle

CAPES   [kapεs] *nm* Certificat d'aptitude au professorat de l'enseignement du second degré

CC   *nm* Corps consulaire

CCP   *nm* Compte chèque postal

CD   *nm* Corps diplomatique

CEE   *nf* Communauté économique européenne

CES   *nm* Collège d'enseignement secondaire

CET   *nm* Collège d'enseignement technique

CFDT   *nf* Confédération française et démocratique du travail

CFTC   *nf* Confédération française des travailleurs chrétiens

CGC   *nf* Confédération générale des cadres

CGT   *nf* Confédération générale du travail

CIDUNATI   [sidynati] *nm* Comité d'information et de défense de l'union nationale des artisans et travailleurs indépendants

CNPF   *nm* Conseil national du patronat français

CNRS   *nm* Centre national de la recherche scientifique

CROUS   [krus] *nm* Centre régional des œuvres universitaires et scolaires

CRS   *nm* membre des Compagnies républicaines de sécurité

DCA   *nf* Défense contre avions

DDT   *nm* Dichloro-diphényl-trichloréthane

DEA   *nm* Diplôme d'études approfondies

DEUG   [døg] *nm* Diplôme d'études universitaires générales

DOMTOM   [dɔmtɔm] *mpl* Départements et territoires d'outre-mer

DST   *nf* Direction de la surveillance du territoire

DTTAB   *nm* vaccin antityphoïdique et antiparatyphoïdique A et B, antidiphtérique et tétanique

EDF   *nf* Électricité de France

ENA   [ena] *nf* École nationale d'administration

ENS ...   [əεnεs] *nf* École nationale supérieure ...

F   *nm(pl)* Franc(s)

FB   *nm* Franc belge

FEN   [fεn] *nf* Fédération de l'éducation nationale

FF   *nm* Frères; franc français

FMI   *nm* Fonds monétaire international

FNSEA   *nf* Fédération nationale des syndicats d'exploitants agricoles

FO   *nf* Force ouvrière

FS   *nm* Franc suisse

G.O.   *nfpl* Grandes ondes

Ha   *nm* Hectare

HEC   *nfpl* Hautes études commerciales

HF   *nf* Haute fréquence

HLM   *nf* Habitation à loyer modéré

IFOP   [ifɔp] *nm* Institut français d'opinion publique

INSEE   [inse] *nm* Institut national de la statistique et des études économiques

IUT   *nm* Institut universitaire de technologie

J-C   Jésus-Christ

JO   *nm* Journal officiel

Me   Maître

Mgr   Monseigneur

MLF   *nm* Mouvement de libération des femmes

O.C.   *nfpl* Ondes courtes

OCDE   *nf* Organisation de coopération et de développement économique

OLP   *nf* Organisation de libération de la Palestine

OMS   *nf* Organisation mondiale de la santé

ONU   *nf* Organisation des nations unies

OPEP   [ɔpεp] *nf* Organisation des pays exportateurs de pétrole

OS   *nm* Ouvrier spécialisé

OTAN   [ɔtɑ̃] *nf* Organisation du traité de l'Atlantique Nord

OUA   *nf* Organisation de l'unité africaine

OVNI   [ɔvni] *nm* Objet volant non-identifié

PC   *nm* Parti communiste; poste de commandement

PCC   *nm* Pour copie conforme

PCV   *nm* (Per-Ce-Voir) communication téléphonique payable par le destinataire

PDG   *nm* Président-directeur général

PME   *nfpl* Petites et moyennes entreprises

PMI   *nfpl* Petites et moyennes industries

PMU   *nm* Pari mutuel urbain

PNB   *nm* Produit national brut

P.O.   *nfpl* Petites ondes

PTT   *nfpl* Postes télégraphes téléphones

P.-V.   *nm* Procès-verbal

QG   *nm* Quartier général

QI   *nm* Quotient intellectuel

RATP   *nf* Régie autonome des transports parisiens

RDA   *nf* République démocratique allemande

RER   *nm* Réseau express régional

RF   *nf* République française

RFA   *nf* République fédérale allemande

RN   *nf* Route nationale

RPR   *nm* Rassemblement pour la république

RSVP   Répondez s'il vous plaît

SA(RL)   *nf* Société anonyme (à responsabilité limitée)

SGDG   Sans garantie du gouvernement

SMIC   [smik] *nm* Salaire minimum interprofessionnel de croissance

SNCF   *nf* Société nationale des chemins de fer français

SOFRES   [sɔfʁεs] *nf* Société française d'enquêtes par sondage

SPA   *nf* Société protectrice des animaux

SVP   S'il vous plaît

TEE   *nm* Trans-Europe-Express

TNT   *nm* Trinitrotoluène

TSVP   Tournez s'il vous plaît

TTC   Toutes taxes comprises

TVA   *nf* Taxe sur la valeur ajoutée

UDF   *nf* Union pour la démocratie française

UER   *nf* Unité d'enseignement et de recherche

URSS   *nf* Union des républiques socialistes soviétiques

USA   *nmpl* États-Unis d'Amérique

VDQS   *nm* Vin délimité de qualité supérieure

ABBREVIATIONS AND ACRONYMS

A	(*Brit Cine*) adults
AA	1 Automobile Association
	2 Alcoholics Anonymous
	3 (*Brit Cine*) restricted
AC	alternating current
A.D.	Anno Domini, in the year of our Lord
a.m.	ante meridiem, before noon
B.A.	Bachelor of Arts
BBC	British Broadcasting Corporation
B.C.	before Christ
Benelux	Belgium, Netherlands, Luxembourg
BR	British Rail
B.Sc.	Bachelor of Science
C.	1 (*US Fin*) cent; (*Fin: France*) centime
	2 century
	3 circa, about
	4 cubic
CBI	Confederation of British Industries
cf	confer, compare
CIA	(*US*) Central Intelligence Agency
c/o	care of
D.A.	(*US*) District Attorney
D.C.	direct current
dec.	deceased
D.I.Y.	do-it-yourself
do.	ditto
Dr	doctor
EEC	European Economic Community
e.g.	exempli gratia, for example
Esq.	Esquire
ETA	estimated time of arrival
FA	Football Association
FBI	(*US*) Federal Bureau of Investigation
F.R.S.	Fellow of the Royal Society
ft.	foot, feet
G.B.	Great Britain
G.C.E.	General Certificate of Education
GDR	German Democratic Republic
GHQ	General Headquarters
GMT	Greenwich Mean Time
G.P.	general practitioner
GPO	General Post Office
h. & c.	hot and cold (water)
H.F.	high frequency
HGV	heavy goods vehicle
H.M.	His (Her) Majesty
H.P., h.p.	1 (*Comm*) hire purchase
	2 (*Tech*) horsepower
H.R.H.	His (Her) Royal Highness
i.e.	id est, that is, namely
IMF	International Monetary Fund
in., ins.	inch(es)
Inc	(*US*) Incorporated
IOU	I owe you
IQ	intelligence quotient
I.R.A.	Irish Republican Army
J.C.	Jesus Christ
J.P.	Justice of the Peace
K.C.	King's Counsel
KGB	*Russian Secret Police*
K.O.	knock-out
LA	(*US*) Los Angeles
lb	libra, pound
L.P.	long-playing (record)
L.s.d.	Librae, solidi, denarii; pounds, shillings and pence
LSD	lysergic acid diethylomide
Ltd	Limited
M.A.	Master of Arts
M.C.	1 Master of Ceremonies
	2 (*US*) Member of Congress
	3 (*Mil*) Military Cross
M.I.5	Military Intelligence (5)
M.P.	Member of Parliament
m.p.g.	miles per gallon

m.p.h.	miles per hour
NASA	['næsə] (*US*) National Astronautics and Space Administration
NATO	['neɪtəu] North Atlantic Treaty Organization
N.B.	nota bene, note well
N.H.S.	National Health Service
no.	number
NSPCC	National Society for the Prevention of Cruelty to Children
O.A.U.	Organization of African Unity
OECD	Organization for European Cooperation and Development
O.H.M.S.	On His (Her) Majesty's Service
OPEC	['ɔupek] Organization of Petroleum Exporting Countries
oz	ounce(s)
p.	page
p.a.	per annum, yearly
P.A.	personal assistant
P.A.Y.E.	pay as you earn
P.C.	police constable
pd	paid
Ph.D.	Doctor of Philosophy
PLO	Palestinian Liberation Organization
p.m.	post meridiem, after noon
P.M.	Prime Minister
p.o.	postal order
P.O.B.	post office box
p.p.	per procurationem, by proxy
PPS	Parliamentary Private Secretary
P.R.	public relations
P.S.	postscript
PTO	please turn over
PVC	polyvinyl chloride
Q.C.	Queen's Counsel
RAC	Royal Automobile Club
RAF	Royal Air Force
R.I.P.	requiescat in pace, rest in peace
RN	1 Royal Navy
	2 (*US*) Registered Nurse
r.p.m.	revolutions per minute
RSPCA	Royal Society for the Prevention of Cruelty to Animals
RSVP	répondez s'il vous plaît
S.A.	South Africa
s.a.e.	stamped addressed envelope
S.R.N.	State Registered Nurse
STD	subscriber trunk dialling
stg	sterling
TB	tuberculosis
T.N.T.	trinitrotoluene
TT	1 teetotal, teetotaller
	2 (*Agr*) tuberculin-tested
TUC	Trades Union Congress
U	(*Brit Cine*) universal
UFO	['juːfəu] unidentified flying object
UHF	ultra-high frequency
U.K.	United Kingdom
UN	United Nations
UNESCO	[juːˈneskəu] United Nations Educational, Scientific and Cultural Organization
UNICEF	['juːnɪsef] United Nations International Children's Emergency Fund
UNO	United Nations Organization
USA	United States of America
USSR	Union of Soviet Socialist Republics
VAT	[væt] value-added tax
VHF	very high frequency
VIP	very important person
V.P., V. Pres.	Vice-President
VSOP	Very superior old pale
WHO	World Health Organization
X	(*Brit Cine*) adults only
Xmas	Christmas